Karsten Schmidt Gesellschaftsrecht 4. Auflage

Gesellschaftsrecht

Von Dr. iur. Dr. h.c. Karsten Schmidt

Professor an der Universität Bonn

Vizepräsident der Bucerius Law School in Hamburg

4., völlig neu bearbeitete und erweiterte Auflage

Carl Heymanns Verlag KG · Köln · Berlin · Bonn · München

Die Deutsche Bibliothek – CIP-Einheitsaufnahme

Schmidt, Karsten:
Gesellschaftsrecht / von Karsten Schmidt. – 4., völlig neu
bearb. und erw. Aufl. – Köln ; Berlin ; Bonn ; München :
Heymanns, 2002
ISBN 3-452-24679-5

50926 Köln
E-Mail: service@heymanns.com
http://www.heymanns.com

ISBN 3-452-24679-5

Gesamtherstellung: Grafik + Druck GmbH, München

Gedruckt auf säurefreiem und alterungsbeständigem Papier

Vorwort

Die dritte Auflage dieses Werks (abgeschlossen 1996 und erschienen im Jahr 1997) ist seit dem Jahr 2000 vergriffen. Das hat den Erfolg der Vorauflagen von 1986 und 1991 bestätigt. Die Arbeit an der nun vorgelegten vierten Auflage nahm zwei Jahre in Anspruch. Dazu trugen neben äußeren Umständen auch die permanente Aktienrechtsreform, die vom Kapitalmarktrecht und vom Europarecht ausgehenden Veränderungen, vor allem aber der unablässig anschwellende Strom von Gerichtsentscheidungen, Kommentaren, Monographien und Aufsatzveröffentlichungen bei, die gesichtet und nach Kräften eingearbeitet werden mußten. Für nachträgliche Eingriffe in abgeschlossen geglaubte Teile sorgten zwei in die Bearbeitungszeit fallende begrüßenswerte Richtungsänderungen der Rechtsprechung: die Entscheidungen »Arge weißes Ross« (BGHZ 146, 341 = NJW 2001, 1056) und »Bremer Vulkan« (BGHZ 149, 10 = NJW 2001, 3266). So habe ich den Gesamttext bis hinein in die Satzkorrektur mehrfach vollständig überarbeitet, ganze Passagen, vor allem im Aktien-, Konzern- und BGB-Gesellschaftsrecht neu geschrieben und noch im Umbruchstadium Umstellungen vorgenommen. Die Zahl der Beispiele wurde auf über 1440 vermehrt. Der Leser wird die aktienrechtlichen Teile stark erweitert, die Fortbildung des Rechts der Personengesellschaften fortgesetzt und viele Details ergänzt, geprüft und bisweilen verändert finden. Unverändert blieben wiederum die mit dem »Handelsrecht« (5. Aufl. 1999) verbundene Gesamtanlage, die meist auf eigenen Vorarbeiten basierende Herausarbeitung der institutionellen Grundlagen der Materie sowie das Bemühen um einen systematisch erschließbaren Text. Der dem Werk nachgesagte Nutzen für den Gebrauch in der Praxis ändert nichts an seiner wissenschaftlichen Intention. Für die mit ihm verbundenen Anliegen gelten nach wie vor die im Vorwort der ersten Auflage zusammengestellten Leitsätze:

1. Das Gesellschaftsrecht ist zuallererst praktisches Recht, aber es setzt zugleich einen hohen Stand an ausgereifter Dogmatik voraus. Eine wesentliche Aufgabe des vorliegenden Werkes besteht in der Herausarbeitung dieser Grundlagen. Dazu muß, mit dem Willen zu systembildender Arbeit, eine über hundertjährige Gesetzgebung, Praxis und Literatur ausgewertet werden. Kommentare, wie sie der Praktiker für die Detailarbeit immer wieder benötigt, können das nicht in gleicher Weise leisten.

2. Das Gesellschaftsrecht ist zuallererst Gesetzesrecht, aber es gibt wohl nur wenige Gebiete, auf denen der rechtsfortbildende Einfluß von Rechtsprechung und Wissenschaft so groß ist. Nicht nur die Gesetzgebung, sondern auch die Rechtsanwendung ist auf diesem Gebiet auf Grundsatzarbeiten und auf geschlossene rechtspolitische Konzepte angewiesen. Auch dies kann eine Gesamtdarstellung besser leisten als ein Kommentarwerk.

3. Es gibt keine Kodifikation des Gesellschaftsrechts. Das einschlägige Gesetzesrecht ist an den einzelnen Rechtsformen orientiert und befindet sich bei diesen Rechtsformen auf einem sehr uneinheitlichen Stand. Aufgabe der Wissenschaft ist es, das Recht dieser einzelnen Rechtsformen aus den oft mangelhaften Einzelregelungen und den allgemeinen Lehren des Gesellschaftsrechts herauszuarbeiten. Dazu ist ein

Prozeß der Institutionenbildung erforderlich, der wiederum in einer Gesamtdarstellung besser vollzogen werden kann als in Kommentarwerken.
4. Das Buch versteht sich als Beitrag zur »Einheit der Rechtsordnung«, und zwar in einem mehrfachen Sinn. Es will nicht nur zu einer dogmatischen und praktischen Geschlossenheit des Gesellschaftsrechts beitragen, sondern auf dieser Basis auch Rechtslehre, Rechtspraxis und Rechtspolitik miteinander in Einklang bringen. Gesetzgebung, Rechtsprechung und Gestaltungspraxis sind deshalb ebenso Gegenstand dieses Buchs wie die Theorie des Gesellschaftsrechts.

Die Entwicklung der letzten Jahre und Jahrzehnte scheint die Richtigkeit dieses Konzepts zu bestätigen. Gleichzeitig macht sie Schwerpunktverlagerungen erforderlich, nicht zuletzt unter dem Einfluß der europäischen Integration und des Kapitalmarktrechts. Bei der Neubearbeitung hatte ich tatkräftige Hilfe durch ehemalige und gegenwärtige Mitarbeiter im Institut für Handels- und Wirtschaftsrecht der Universität Bonn, vor allem bei der Beschaffung von Rechtsprechungsmaterial, bei der Aktualitätsprüfung von Belegstellen aus der Vorauflage und bei der wiederholten Satz- und Umbruchkorrektur. Daß mir die Übersicht über das Material und über meine Ergänzungen nicht vollends entglitt, verdanke ich der ordnenden Hand meiner früheren Mitarbeiterin Katharina Beisel und in der Schlußphase meinen Mitarbeiterinnen Beatrix Besche und Annette Scheipermeier. In Herrn Dr. Martin Tonner, Hamburg, fand ich einen sachkundigen Leser und hilfreichen Kritiker der aktienrechtlichen Teile. Bei der satzfertigen Umsetzung meiner Texte und Textfragmente halfen im Sekretariat Annegret Nettelbeck und die studentischen Hilfskräfte, bei der Erstellung der Register vor allem Frau Stephanie Knauth. Wer den mit der Erstellung und Publikation wissenschaftlicher Texte verbundenen sachlichen und technischen Aufwand kennt, wird einzuschätzen wissen, welchen Dank ich für diese Unterstützung schulde. Dem Verlag danke ich für Geduld mit einem Autor, dessen Werk in jeder Auflage mit nicht nur zeitlichem Aufwand vollständig neu gesetzt werden mußte. Der nunmehr vorgelegte Text ging im Laufe des Jahres 2001 zum Satz und konnte im Zuge der Korrekturen im wesentlichen bis zum Frühsommer 2002 aktualisiert werden. Die Anschriften für Hinweise aus dem Leserkreis, die stets willkommen sind, lauten: Institut für Handels- und Wirtschaftsrecht der Universität Bonn, Adenauerallee 24–42, 53113 Bonn, außerdem: Bucerius Law School, Jungiusstraße 6, 20355 Hamburg. Die Widmung im Vorwort der dritten Auflage – sie enthielt ein zweiteiliges, aber einfaches Musikrätsel – wird nunmehr vereinfacht.

Hamburg, Sommer 2002 *Karsten Schmidt*

Inhaltsübersicht

Inhalt

Abkürzungs- und Literaturverzeichnis*

a. A.	anderer Ansicht
a. a. O.	am angegebenen Ort
ABGG	(Österreichisches) Allgemeines Bürgerliches Gesetzbuch
abl.	ablehnend
ABl.	Amtsblatt
Abs.	Absatz
AcP	Archiv für die civilistische Praxis
ADHGB	Allgemeines Deutsches Handelsgesetzbuch
ADHGB-Protokolle	Protokolle der Commission zur Berathung eines allgemeinen deutschen Handelsgesetz-Buches, Nürnberg 1857–1861 (seitengleich: *Lutz*, Protokolle der Kommission zur Berathung eines allgemeinen deutschen Handelsgesetzbuches, 1858–1867)
ADS	*Adler/Düring/Schmaltz*, Rechnungslegung und Prüfung der Unternehmen, 6. Aufl. 1995 ff.
a. F.	alte Fassung
AG	Aktiengesellschaft; auch: Die Aktiengesellschaft (Zeitschrift)
AG	Amtsgericht
AGBG	Gesetz zur Regelung des Rechts der Allgemeinen Geschäftsbedingungen (ersetzt durch §§ 305 ff. BGB)
AgrarR	Agrarrecht, Zeitschrift für das gesamte Recht der Landwirtschaft, der Agrarmärkte und des ländlichen Raumes
AK BGB	Kommentar zum Bürgerlichen Gesetzbuch, Reihe Alternativkommentare, 1979 ff.
AktG	Aktiengesetz
ALB	Allgemeine Lebensversicherungs-Bedingungen
allg. M.	allgemeine Meinung
ALR	Allgemeines Landrecht für die Preußischen Staaten
a. M.	anderer Meinung
Amtl. Begr.	Amtliche Begründung
AnfG	Gesetz über die Anfechtung von Rechtshandlungen eines Schuldners außerhalb des Insolvenzverfahrens
Anh.	Anhang
Anm.	Anmerkung
AO	Abgabenordnung
AP	Arbeitsrechtliche Praxis (seit 1954: Nachschlagewerk des Bundesarbeitsgerichts)
ApothG	Gesetz über das Apothekenwesen
ArbG	Arbeitsgericht
ArbGG	Arbeitsgerichtsgesetz
AR-Blattei	Arbeitsrechtsblattei

* Das Verzeichnis enthält nur die durchgehend verwendeten fachlichen Abkürzungen und Literaturangaben.

ArbR Samml.	Arbeitsrechts-Sammlung, Entscheidungen des Reichsarbeitsgerichts und des Reichsehrengerichtshofs, der Landesarbeitsgerichte, Arbeitsgerichte und Ehrengerichte
ArchBürgR	Archiv für Bürgerliches Recht
arg.	argumentum
Art(t).	Artikel (Plural)
AT	Allgemeiner Teil
Aufl.	Auflage
AuslInvestmG	Gesetz über den Vertrieb ausländischer Investmentanteile und über die Besteuerung der Erträge aus ausländischen Investmentanteilen
AWD	Außenwirtschaftsdienst des BB
BAG	Bundesarbeitsgericht
BAGE	Entscheidungen des BAG
BankA	Bankarchiv, Zeitschrift für Bank- und Börsenwesen
BAnz.	Bundesanzeiger
Baumbach/Hopt	Handelsgesetzbuch mit Nebengesetzen ohne Seerecht, begründet von *Adolf Baumbach*, bearbeitet von *Klaus J. Hopt*, 30. Aufl. 2000
Baumbach/Hueck	Kurzkommentar zum GmbH-Gesetz, begründet von *Adolf Baumbach*, fortgeführt von *Alfred Hueck*, bearbeitet von *Lorenz Fastrich, Götz Hueck, Joachim Schulze-Osterloh, Wolfgang Zöllner*, 17. Aufl. 2000
Baumbach/Lauterbach	Zivilprozeßordnung mit Gerichtsverfassungsgesetz und anderen Nebengesetzen, begründet von *Adolf Baumbach*, fortgeführt von *Wolfgang Lauterbach*, bearbeitet von *Jan Albers, Peter Hartmann*, 60. Aufl. 2002
BayObLG	Bayerisches Oberstes Landesgericht
BayObLGZ	Entscheidungen des Bayerischen Obersten Landesgerichts in Zivilsachen
BeckHdbGmbH	*Welf Müller/Burkhard Hense* (Hrsg.), Beck'sches Handbuch der GmbH, 2. Aufl.1999
BeckHdbPersG	*Welf Müller/Wolf Dieter Hoffmann* (Hrsg.), Beck'sches Handbuch der Personengesellschaften, 1999
Beck'scher Bilanzkommentar	*Wolfgang Dieter Budde/Max Pankow* (Hrsg.), Beck'scher-Bilanzkommentar. Handels- und Steuerrecht. § 238–339 HGB, 4. Aufl. 1999
BB	Der Betriebs-Berater
Begr.GmbHG 1891	Begründung GmbHG, in: Entwurf eines Gesetzes betreffend die Gesellschaften mit beschränkter Haftung nebst Begründung und Anlagen, 1891
Begr.RegE	Begründung Regierungsentwurf
BetrAVG	Gesetz zur Verbesserung der betrieblichen Altersversorgung
BetrVG	Betriebsverfassungsgesetz
BFH	Bundesfinanzhof
BFHE	Sammlung der Entscheidungen und Gutachten des Bundesfinanzhofs
BFuP	Betriebswirtschaftliche Forschung und Praxis (Zeitschrift)
BG	(schweizerisches) Bundesgesetz

BGB	Bürgerliches Gesetzbuch
BGBl.	Bundesgesetzblatt
BGH	Bundesgerichtshof
BGHSt.	Entscheidungen des Bundesgerichtshofes in Strafsachen
BGHZ	Entscheidungen des Bundesgerichtshofes in Zivilsachen
BKR	Zeitschrift für Bank- und Kapitalmarktrecht
BörsG	Börsengesetz
Bolze	Die Praxis des Reichsgerichts in Civilsachen, bearbeitet von *Bolze*
Bork	*Reinhard Bork*, Allgemeiner Teil des Bürgerlichen Gesetzbuches 2001
BRAO	Bundesrechtsanwaltsordnung
BR-Drucks.	Bundesratsdrucksache
BSG	Bundessozialgericht
BSGE	Entscheidungen des Bundessozialgerichts
BStBl.	Bundessteuerblatt
BT-Drucks.	Bundestagsdrucksache
BuschsA	Archiv für Theorie und Praxis des Allgemeinen Deutschen Handels- (und Wechsel-)Rechts, herausgegeben von *Busch*
BuW	Betrieb und Wirtschaft
BVerfG	Bundesverfassungsgericht
BVerfGE	Entscheidungen des Bundesverfassungsgerichts
BVerwG	Bundesverwaltungsgericht
BVerwGE	Entscheidungen des Bundesverwaltungsgerichts
CC	Code Civil
CMLR	Common Market Law Review
D	Digesten
DB	Der Betrieb
DepotG	Gesetz über die Verwahrung und Anschaffung von Wertpapieren (Depotgesetz)
ders.	derselbe
dies.	dieselbe(n)
Diss.	Dissertation
DJ	Deutsche Justiz
DJT	Deutscher Juristentag (Verhandlungen des Deutschen Juristentages)
DJZ	Deutsche Juristenzeitung
DM-BilanzG	Gesetz über die Eröffnungsbilanz in Deutscher Mark und die Kapitalneufestsetzung
DNotZ	Deutsche Notar-Zeitschrift
DR	Deutsches Recht
DRiZ	Deutsche Richterzeitung
DRZ	Deutsche Rechts-Zeitschrift
DStR	Deutsches Steuerrecht
DStZ	Deutsche Steuerzeitung
DtZ	Deutsch-Deutsche Rechts-Zeitschrift

Düringer/Hachenburg	*Düringer/Hachenburg*, Das Handelsgesetzbuch, 3. Aufl. unter der Leitung von *Max Hachenburg* erläutert von *Fritz Bing, James Breit, Julius Flechtheim, Karl Geiler, Viktor Hoeniger, Julius Lehmann, Alfred Werner*, 1930 ff.
DWiR	Deutsche Zeitschrift für Wirtschaftsrecht (bis 1992)
DZWiR	Deutsche Zeitschrift für Wirtschaftsrecht (ab 1993)
ebd.	Ebenda
Ebenroth/Boujong/Joost	*Carsten Thomas Ebenroth, Karlheinz Boujong, Detlev Joost* (Hrsg.), Handelsgesetzbuch, 2001
ecolex	ecolex (österreichische Zeitschrift)
EFG	Entscheidungen der Finanzgerichte
eG	eingetragene Genossenschaft
EG	Europäische Gemeinschaft; Einführungsgesetz
EGAktG	Einführungsgesetz zum Aktiengesetz
EGBGB	Einführungsgesetz zum Bürgerlichen Gesetzbuch
EGG	(Österreichisches) Gesetz über eingetragene Erwerbsgesellschaften
EGHGB	Einführungsgesetz zum Handelsgesetzbuch
EGInsO	Einführungsgesetz zur Insolvenzordnung
EGKSV	Vertrag über die Gründung der Eurpäischen Gemeinschaft für Kohle und Stahl
EGV	Vertrag zur Gründung der Europäischen Gemeinschaft i.d.F. von 1999
Ehrenbergs Hdb.	Handbuch des gesamten Handelsrechts mit Einschluß des Wechsel-, Scheck-, See- und Binnenschiffahrtsrechts, des Versicherungsrechts sowie des Post- und Telegraphenrechts, herausgegeben von *Victor Ehrenberg*, 1913 ff.
Einigungsvertrag	Vertrag über die Herstellung der Einheit Deutschlands
Eisenhardt	*Ulrich Eisenhardt*, Gesellschaftsrecht, 9. Aufl. 2000
Einl.	Einleitung
Emmerich/Habersack	*Volker Emmerich, Mathias Habersack*, Aktien- und GmbH-Konzernrecht, 2. Aufl. 2001
Emmerich/Sonnenschein/Habersack	*Volker Emmerich, Jürgen Sonnenschein, Mathias Habersack*, Konzernrecht, 7. Aufl. 2001
Endemanns Hdb.	Handbuch des Deutschen Handels-, See- und Wechselrechts, herausgegeben von *W. Endemann*, 1881 ff.
Enneccerus/Nipperdey I, II	Allgemeiner Teil des Bürgerlichen Rechts, Ein Lehrbuch von *Ludwig Enneccerus*, Allgemeiner Teil des bürgerlichen Rechts, 15. Aufl. von *Hans Carl Nipperdey*, Erster Halbband 1959, Zweiter Halbband 1960
Ensthaler	Gemeinschaftskommentar zum Handelsgesetzbuch, herausgegeben von *Jürgen Ensthaler*, 6. Aufl. 1999
Erman	Handkommentar zum Bürgerlichen Gesetzbuch, herausgegeben von *Harm Peter Westermann*, 10. Aufl. 2000
EStG	Einkommensteuergesetz
EU	Europäische Union
EuGH	Europäischer Gerichtshof
EuGHE	Entscheidungen des Europäischen Gerichtshofes

EuR	Europarecht
EuZW	Europäische Zeitschrift für Wirtschaftsrecht
e.V.	eingetragener Verein
EWGV	Vertrag zur Gründung der Europäischen Wirtschaftsgemeinschaft
EWiR	Entscheidungen zum Wirtschaftsrecht
EWIV	Europäische Wirtschaftliche Interessenvereinigung
EWIV-AusführungsG	Gesetz zur Ausführung der EWG-Verordnung über die EWIV
EWIV-VO	Verordnung (EG) über die EWIV
EWS	Europäisches Wirtschafts- und Steuerrecht
f. (ff.)	folgende (Plural)
FamRZ	Ehe und Familie im privaten und öffentlichen Recht. Zeitschrift für das gesamte Familienrecht
FG	Finanzgericht
FGG	Gesetz über die Angelegenheiten der freiwilligen Gerichtsbarkeit
FGPrax	Praxis der Freiwilligen Gerichtsbarkeit
FKVO	Fusionskontrollverordnung
Flume, Juristische Person	*Werner Flume*, Allgemeiner Teil des Bürgerlichen Rechts, Erster Band, Zweiter Teil, Die juristische Person, 1983
Flume, Personengesellschaft	*Werner Flume*, Allgemeiner Teil des Bürgerlichen Rechts, Erster Band, Erster Teil, Die Personengesellschaft, 1977
Flume, Rechtsgeschäft	*Werner Flume*, Allgemeiner Teil des Bürgerlichen Rechts, Zweiter Band, Das Rechtsgeschäft, 3. Aufl. 1979 (= 4. unveränderte Auflage 1991)
Fußn.	Fußnote
GAAP	Generally Accepted Accounting Principles
GBl.	Gesetzblatt
GBO	Grundbuchordnung
GbR	Gesellschaft des bürgerlichen Rechts
GenG	Gesetz betreffend die Erwerbs- und Wirtschaftsgenossenschaften
GesRZ	Der Gesellschafter, Zeitschrift für Gesellschaftsrecht
Geßler/Hefermehl/Eckardt/Kropff	Aktiengesetz, Kommentar von *Ernst Geßler, Wolfgang Hefermehl, Ulrich Eckardt, Bruno Kropff* u.a., 1973ff.
GesO	Gesamtvollstreckungsordnung
GewArch.	Gewerbearchiv, Zeitschrift für Verwaltungs- und Gewerberecht
GewO	Gewerbeordnung
GewStG	Gewerbesteuergesetz
GG	Grundgesetz für die Bundesrepublik Deutschland
Gierke, Deutsches Privatrecht I	*Otto Gierke*, Deutsches Privatrecht, I. Bd., Allgemeiner Teil und Personenrecht, 1895, Neudruck 1936
Gierke, Genossenschaftstheorie	*Otto Gierke*, Die Genossenschaftstheorie und die deutsche Rechtsprechung, 1887, Nachdruck 1963
GK-HGB	Gemeinschaftskommentar zum HGB, begründet von *Georg W. Bandasch*, 4. Aufl.1989 (s. auch *Ensthaler*)
Glanegger	*Peter Glanegger* u.a., Kommentar zum Handelsgesetzbuch, 4. Aufl. 1996

GmbH	Gesellschaft mit beschränkter Haftung
GmbHG	Gesetz betreffend die Gesellschaften mit beschränkter Haftung
GmbHR	GmbH-Rundschau (bis 1963: Rundschau für GmbH)
GmS	Gemeinsamer Senat
v. Godin/Wilhelmi	Aktiengesetz, Kommentar, begründet von *Hans Freiherr von Godin* und *Hans Wilhelmi*, bearbeitet von *Sylvester Wilhelmi*, 4. Aufl. 1971
Großfeld	*Bernhard Großfeld*, Internationales und europäisches Unternehmensrecht, 2. Aufl. 1995
GroßkommAktG	Großkommentar zum Aktiengesetz, herausgegeben von *Klaus J. Hopt* und *Herbert Wiedemann*, 4. Aufl. 1992 ff.
GroßkommHGB	Handelsgesetzbuch, Großkommentar, begründet von *Hermann Staub*, 3. Aufl. 1967 ff.
GrS	Großer Senat
Gruch.	Beiträge zur Erläuterung des Preußischen (Deutschen) Rechts, begründet von *Gruchot*
Grunewald	*Barbara Grunewald*, Gesellschaftsrecht, 4. Aufl. 2000
GRUR	Gewerblicher Rechtsschutz und Urheberrecht
GVG	Gerichtsverfassungsgesetz
GWB	Gesetz gegen Wettbewerbsbeschränkungen
Hachenburg	Großkommentar zum GmbHG, begründet von *Max Hachenburg*, herausgegeben von *Peter Ulmer*, 8. Aufl. 1990 ff.
Hahn/Mugdan	*C. Hahn, B. Mugdan*, Materialien zum HGB, 1897
Handelsrecht	*Karsten Schmidt*, Handelsrecht, 5. Aufl. 1999
Hansa	Hansa, Zentralorgan für Schiffahrt, Schiffbau, Hafen
HansRGZ	Hanseatische Rechts- und Gerichtszeitschrift
Happ	*Wilhelm Happ*, Aktienrecht, 1995
Hdb.	Handbuch
HdbGmbH	GmbH-Handbuch, herausgegeben von der Centrale für GmbH, *Dr. Otto Schmidt*, Stand: Juli 2002
HdbPersG	s. *Westermann* I
Henn	*Günther Henn*, Handbuch des Aktienrechts, 7. Aufl. 2002
Heymann	Handelsgesetzbuch, Kommentar von *Klaus Peter Berger, Volker Emmerich, Martin Henssler, Harald Herrmann, Thomas Honsell, Norbert Horn, Willi Jung, Rudolf J. Niehus, Harro Otto, Jürgen Sonnenschein, Rainer Walz, Birgit Weitemeyer*, 2. Aufl. 1995 ff.
HGB	Handelsgesetzbuch
HGB-Denkschrift	Denkschrift zu dem Entwurf eines Handelsgesetzbuchs, in: Entwurf eines Handelsgesetzbuchs mit Ausschluß des Seehandelsrechts nebst Denkschrift, 1896
Hirte	*Heribert Hirte*, Kapitalgesellschaftsrecht, 3. Aufl. 2001
h.L.	herrschende Lehre
h.M.	herrschende Meinung
Holdheim	Monatsschrift für Handelsrecht und Bankwesen, Steuer- und Stempelfragen, begründet von *Holdheim*
Hopt/Hehl/Vollrath	*Klaus J. Hopt, Günther Hehl, Hans-Joachim Vollrath*, Gesellschaftsrecht, 4. Aufl. 1996

HRR	Höchstrichterliche Rechtsprechung
Hrsg.	Herausgeber
HRV	Handelsregisterverfügung
Hs.	Halbsatz
Huber, Vermögensanteil	*Ulrich Huber*, Vermögensanteil, Kapitalanteil und Gesellschaftsanteil an Personalgesellschaften des Handelsrechts, 1970
Hübner	*Heinz Hübner*, Allgemeiner Teil des Bürgerlichen Gesetzbuches, 2. Aufl. 1996
Alfred Hueck, oHG	*Alfred Hueck*, Das Recht der offenen Handelsgesellschaft, 4. Aufl. 1971
Hueck	*Götz Hueck*, Gesellschaftsrecht, 19. Aufl. 1991
Hüffer	*Uwe Hüffer*, Gesellschaftsrecht, 5. Aufl. 1998
Hüffer, AktG	*Uwe Hüffer*, Aktiengesetz, 5. Aufl. 2002
HypBankG	Hypothekenbankgesetz
IAS	International Accounting Standards
ICC	International Chamber of Commerce
i.d.F.	in der Fassung
i.d.R.	in der Regel
IdW	Institut der Wirtschaftsprüfer
i.e.S.	im engeren Sinne
IHK	Internationale Handelskammer; Industrie- und Handelskammer
InsO	Insolvenzordnung
InVO	Insolvenz und Vollstreckung (Zeitschrift)
IPR	Internationales Privatrecht
IPRax	Praxis des internationalen Privat- und Verfahrensrechts
i.S.	im Sinne
i.w.S.	im weiteren Sinne
JA	Juristische Arbeitsblätter
Jauernig	Bürgerliches Gesetzbuch, herausgegeben von *Othmar Jauernig*, 9. Aufl. 1999
JbFSt	Jahrbuch der Fachanwälte für Steuerrecht
JBl.	Juristische Blätter
JFG	Jahrbuch für Entscheidungen in Angelegenheiten der freiwilligen Gerichtsbarkeit und des Grundbuchrechts, begründet von *Ring*
JherJb	Jahrbücher für die Dogmatik des heutigen römischen und deutschen Privatrechts (später: Jherings Jahrbücher für die Dogmatik des bürgerlichen Rechts)
JR	Juristische Rundschau
Jura	Juristische Ausbildung
JurA	Juristische Analysen
JurBl.	Juristische Blätter
JurBüro	Das juristische Büro
JuS	Juristische Schulung
JW	Juristische Wochenschrift
JZ	Juristenzeitung

KAGG	Gesetz über Kapitalanlagegesellschaften
KapCoRiLiG	Kapitalgesellschaften- und Co-Richtlinie-Gesetz
KapErhG	Gesetz über die Kapitalerhöhung aus Gesellschaftsmitteln
Kastner/Doralt/Nowotny	*Walther Kastner/Peter Doralt/Christian Nowotny*, Grundriß des österreichischen Gesellschaftsrechts, 5. Aufl. Wien 1990
KG	Kammergericht
KG	Kommanditgesellschaft
KGaA	Kommanditgesellschaft auf Aktien
KGBl.	Blätter für Rechtspflege im Bezirk des Kammergerichts
KGJ	Jahrbuch für Entscheidungen des Kammergerichts
Kilger/Karsten Schmidt	Insolvenzgesetz, begründet von *Alois Böhle-Stamschräder*, früher fortgeführt von *Joachim Kilger*, neu bearbeitet von *Karsten Schmidt*, 17. Aufl. 1997
KK	Kölner Kommentar zum Aktiengesetz, herausgegeben von *Wolfgang Zöllner*, 2. Aufl. 1986 ff.
KO	Konkursordnung
Koller/Roth/Morck	Handelsgesetzbuch, Kommentar von *Ingo Koller, Wulf-Henning Roth* und *Winfried Morck,* 3. Aufl. 2001
Komm.	Kommentar
KonTraG	Gesetz zur Kontrolle und Transparenz im Unternehmensbereich
Koppensteiner	*Hans-Georg Koppensteiner,* GmbHG, Wien 1994
Kraft/Kreutz	*Alfons Kraft, Peter Kreutz,* Gesellschaftsrecht, 11. Aufl. 2000
krit.	kritisch
Kropff	Aktiengesetz, Textausgabe mit Materialien, zusammengestellt von *Bruno Kropff,* 1965
KStG	Körperschaftsteuergesetz
KTS	Konkurs, Treuhand, Sanierung (früher: Zeitschrift für Konkurs-, Treuhand- und Schiedsgerichtswesen)
Kübler	*Friedrich Kübler*, Gesellschaftsrecht, 5. Aufl. 1998
KVStG	Kapitalverkehrsteuergesetz
KWG	Gesetz über das Kreditwesen
LAG	Landesarbeitsgericht
Lehmann/Dietz	*Heinrich Lehmann, Rolf Dietz*, Gesellschaftsrecht, 3. Aufl. 1970
Lehmann/Hübner	Allgemeiner Teil des Bürgerlichen Gesetzbuches von *Heinrich Lehmann*, 16. Aufl. von *Heinz Hübner*, 1966
LG	Landgericht
LM	Nachschlagewerk des Bundesgerichtshofs (Loseblattsammlung), herausgegeben von *Lindenmaier, Möhring* u. a.
LöschG	Löschungsgesetz
Lutter	Umwandlungsgesetz, herausgegeben von *Marcus Lutter*, 2. Aufl. 2000
Lutter/Hommelhoff	GmbH-Gesetz, Kommentar von *Marcus Lutter* und *Peter Hommelhoff*, 15. Aufl. 2000
LZ	Leipziger Zeitschrift für Deutsches Recht
m. Anm.	mit Anmerkung
m. a. W.	mit anderen Worten

m.b.H.	mit beschränkter Haftung
m.krit.Anm.	mit kritischer Anmerkung
MDR	Monatsschrift für Deutsches Recht
m.E.	meines Erachtens
Medicus	*Dieter Medicus,* Bürgerliches Recht, 18. Aufl. 1999
Meyer-Landrut	GmbH-Gesetz, Kommentar von *Joachim Meyer-Landrut, Georg Miller, Rudolf J. Niehus, Willi Scholz,* 1987
Michalski	*Lutz Michalski,* Gesellschaftsrecht, 2001
Michalski, oHG	*Lutz Michalski,* Kommentar zum Recht der oHG, 2000
MitbestErgG	Gesetz zur Ergänzung des Gesetzes über die Mitbestimmung der Arbeitnehmer in den Aufsichtsräten und Vorständen der Unternehmen des Bergbaus und der Eisen und Stahl erzeugenden Industrie
MitbestG	Gesetz über die Mitbestimmung der Arbeitnehmer
MontanmitbestErgG	Gesetz zur Ergänzung des MontanmitbestG
MontanmitbestG	Gesetz über die Mitbestimmung der Arbeitnehmer in den Aufsichtsräten und Vorständen der Unternehmen des Bergbaus und der Eisen und Stahl erzeugenden Industrie
Mot.	Motive
MünchHdbGesR	Münchener Handbuch des Gesellschaftsrechts, Band 1–3, 1991 ff.; Band 4, 2. Aufl. 1999
MünchKommAktG	Münchener Kommentar zum Aktiengesetz, herausgegeben von *Bruno Kropff* und *Johannes Semter,* 2. Aufl. 2000 f.
MünchKommBGB	Münchener Kommentar zum Bürgerlichen Gesetzbuch, herausgegeben von *Kurt Rebmann* und *Franz Jürgen Säcker,* 4. Aufl. 2001 (teilweise noch 3. Aufl. 1992 ff.)
MünchKommHGB	Münchener Kommentar zum Handelsgesetzbuch, herausgegeben von *Karsten Schmidt,* 1996 ff.
MünchKommInsO	Münchner Kommentar zur Insolvenzordnung, herausgegeben von *Hans-Peter Kirchhof,* 2001
MünchKommZPO	Münchener Kommentar zur Zivilprozeßordnung, herausgegeben von *Gerhard Lüke* und *Peter Wax,* 2. Aufl. 2000 f.
Mugdan	*Benno Mugdan,* Die gesammten Materialien zum Bürgerlichen Gesetzbuch für das Deutsche Reich, 5 Bde., 1899
m. w. N.	mit weiteren Nachweisen
Nachw.	Nachweise
NaStraG	Gesetz zur Namensaktie und zur Erleichterung der Stimmrechtsausübung
NdsRpfl.	Niedersächsische Rechtspflege
n. F.	neue Fassung
NJ	Neue Justiz
NJW	Neue Juristische Wochenschrift
NJW-RR	NJW-Rechtsprechungsreport
n.rkr.	nicht rechtskräftig
NVwZ	Neue Zeitschrift für Verwaltungsrecht
NWB	Neue Wirtschafts-Briefe, Zeitschrift für Steuer- und Wirtschaftsrecht
NZA	Neue Zeitschrift für Arbeits- und Sozialrecht

NZG	Neue Zeitschrift für Gesellschaftsrecht
NZI	Neue Zeitschrift für Insolvenzrecht
ÖJT	Österreichischer Juristentag
OGH	Oberster Gerichtshof
OGHZ	Entscheidungen des Obersten Gerichtshofes für die Britische Zone in Zivilsachen
oHG	offene Handelsgesellschaft
OLG	Oberlandesgericht
OLGE	Die Rechtsprechung der Oberlandesgerichte auf dem Gebiete des Zivilrechts
OLGZ	Entscheidungen der Oberlandesgerichte in Zivilsachen einschließlich der freiwilligen Gerichtsbarkeit
OVG	Oberverwaltungsgericht
OWiG	Gesetz über Ordnungswidrigkeiten
Palandt	*Otto Palandt*, Bürgerliches Gesetzbuch, 61. Aufl. 2002
ParteiG	Parteiengesetz
PartGG	Gesetz über Partnerschaftsgesellschaften Angehöriger Freier Berufe
Planck	*Planck's* Kommentar zum Bürgerlichen Gesetzbuch nebst Einführungsgesetz, herausgegeben von *Gottlieb Planck* und *Emil Strohal*, 4. Aufl. 1913ff.
Preußischer Entwurf	Entwurf eines Handelsgesetzbuches für die Preussischen Staaten, nebst Motiven, erster Theil, Entwurf; zweiter Theil, Motive, Berlin 1857
Prot.	Protokolle
PublG	Gesetz über die Rechnungslegung von bestimmten Unternehmen und Konzernen (Publizitätsgesetz)
RabelsZ	Zeitschrift für ausländisches und internationales Privatrecht, begründet von *Rabel*
RAG	Reichsarbeitsgericht
RAGE	Entscheidungen des Reichsarbeitsgerichts
Raiser	*Thomas Raiser*, Recht der Kapitalgesellschaften, 3. Aufl. 2001
Raiser, MitbestG	*Thomas Raiser*, Mitbestimmungsgesetz, 3. Aufl. 1998
RdA	Recht der Arbeit
RdW	Recht der Wirtschaft
Rdnr(n).	Randnummer(n)
Recht	Das Recht, begründet von *Soergel*
RefE	Referentenentwurf
RegE	Regierungsentwurf
Reinhardt/Schultz	*Rudolf Reinhardt, Dietrich Schultz*, Gesellschaftsrecht, 2. Aufl. 1981
RFHE	Entscheidungen des Reichsfinanzhofes
RG	Reichsgericht
RGBl.	Reichsgesetzblatt
RGRK	Das Bürgerliche Gesetzbuch, Kommentar, herausgegeben von Mitgliedern des Bundesgerichtshofes, 12. Aufl. 1974ff.
RGSt.	Entscheidungen des Reichsgerichts in Strafsachen

RGZ	Entscheidungen des Reichsgerichts in Zivilsachen
RIW	Recht der Internationalen Wirtschaft, Außenwirtschaftsdienst des Betriebs-Beraters
RJA	Entscheidungen in Angelegenheiten der freiwilligen Gerichtsbarkeit und des Grundbuchrechts, zusammengestellt im Reichsjustizamt
ROHG	Reichsoberhandelsgericht
Röhricht/v. Westphalen	*Volker Röhricht/Friedrich Graf v. Westphalen* (Hrsg.), Handelsgesetzbuch, 2. Aufl. 2001
ROHGE	Entscheidungen des Reichsoberhandelsgerichts
Roth	*Günter H. Roth*, Handels- und Gesellschaftsrecht, 6. Aufl. 2001
Roth/Altmeppen	*Günter H. Roth/Holger Altmeppen*, Gesetz betreffend die Gesellschaften mit beschränkter Haftung, 3. Aufl. 1997
Rowedder	GmbH-Gesetz, Kommentar von *Heinz Rowedder, Hans Fuhrmann, Hans-Georg Koppensteiner, Josef Lanfermann, Henning Rasner, Fritz Rittner, Klaus Zimmermann*, 3. Aufl. 1997
Rpfleger	Der Deutsche Rechtspfleger
RpflG	Rechtspflegergesetz
Rspr.	Rechtsprechung
RT-Drucks.	Reichstags-Drucksache
SAE	Sammlung arbeitsrechtlicher Entscheidungen
SAG	Die schweizerische Aktiengesellschaft
SavZRG	Zeitschrift der Savigny-Stiftung für Rechtsgeschichte
Schlegelberger	Handelsgesetzbuch, Kommentar, begründet von *Franz Schlegelberger*, bearbeitet *von Ernst Geßler, Wolfgang Hefermehl, Wolfgang Hildebrandt, Klaus Peter Martens, Karsten Schmidt, Georg Schröder*, 5. Aufl. 1973 ff.
SchlHA	Schleswig-Holsteinische Anzeigen
Karsten Schmidt	s. Handelsrecht
Ludwig Schmidt	Einkommensteuergesetz, herausgegeben von *Ludwig Schmidt*, 20. Aufl. 2001
Scholz	Kommentar zum GmbH-Gesetz, begründet von *Franz Scholz*, bearbeitet von *Georg Crezelius, Volker Emmerich, Hans-Joachim Priester, Karsten Schmidt, Uwe H. Schneider, Klaus Tiedemann, Harm Peter Westermann, Heinz Winter*, 9. Aufl. 2000/2002
SE	Societas Europaea
SeuffA	Seufferts Archiv für Entscheidungen der obersten Gerichte in den deutschen Staaten
SE-VO	Verordnung über das Statut der Europäischen Aktiengesellschaft
Siegmund/ van Venrooy	*Iris Siegmund, Gerd J. van Venrooy*, Gesellschaftsrecht, 1983
SJZ	Süddeutsche Juristenzeitung
Slg.	Sammlung
Soergel	Bürgerliches Gesetzbuch, begründet von *Hs. Th. Soergel*, 13. Aufl. 2000 ff. (teilweise noch 12. Aufl. 1988 ff., 11. Aufl. 1978 ff.)

Staub	Handelsgesetzbuch, Großkommentar, begründet von *Hermann Staub*, herausgegeben von *Claus-Wilhelm Canaris, Wolfgang Schilling* und *Peter Ulmer*, 4. Aufl. 1983 ff.
Staudinger	*J. von Staudingers* Kommentar zum Bürgerlichen Gesetzbuch mit Einführungsgesetz und Nebengesetzen, 13. Aufl. 1993 ff. (weitere Neuerscheinungen nach Jahreszahl ohne Auflage angeführt)
StBerG	Steuerberatungsgesetz
StbJb	Steuerberater-Jahrbuch
std. Rspr.	ständige Rechtsprechung
StGB	Strafgesetzbuch
str.	streitig
Straube	Handelsgesetzbuch, herausgegeben von *Manfred Straube*, 2. Aufl. Wien 1995
StuW	Steuer und Wirtschaft
Thöl I	*Heinrich Thöl*, Das Handelsrecht, Bd. 1, 6. Aufl. 1879
TransPuG	Gesetz zur weiteren Reform des Aktien- und Bilanzrechts, zur Tranaparenz und Publizität (Transparenz und Publizitätsgesetz)
TreuhandG	Gesetz zur Privatisierung und Reorganisation des volkseigenen Vermögens (Treuhandgesetz)
v. Tuhr I	*Andreas v. Tuhr*, Der Allgemeine Teil des Deutschen Bürgerlichen Rechts, Bd. I, 1910
UCC	Uniform Commercial Code
Ulmer, Gesellschaft bürgerlichen Rechts	*Peter Ulmer*, Die Gesellschaft bürgerlichen Rechts (= Sonderdruck aus: Münchener Kommentar zum Bürgerlichen Gesetzbuch, Band 4), 3. Aufl. 1997
UmwG	Umwandlungsgesetz
UmwStG	Umwandlungssteuergesetz
US-GAAP	United States Generally Accepted Accounting Standards
UStG	Umsatzsteuergesetz
UWG	Gesetz gegen den unlauteren Wettbewerb
VAG	Gesetz über die Beaufsichtigung der privaten Versicherungsunternehmen und Bausparkassen (Versicherungsaufsichtsgesetz)
VereinsG	Vereinsgesetz
Verf.	Verfasser
VerglO	Vergleichsordnung
VerkProspG	Verkaufsprospektgesetz
VersR	Versicherungsrecht, Juristische Rundschau für die Individualversicherung
VG	Verwaltungsgericht
VGH	Verwaltungsgerichtshof
VGR	Gesellschaftsrechtliche Vereinigung (Hrsg.), Gesellschaftsrecht in der Diskussion (periodische Tagungsbände)
VO	Verordnung
Vorbem.	Vorbemerkung
VVaG	Versicherungsverein auf Gegenseitigkeit
VVG	Gesetz über den Versicherungsvertrag

VwGO	Verwaltungsgerichtsordnung
VwVfG	Verwaltungsverfahrensgesetz
Warn.	Die Rechtsprechung des Reichsgerichts auf dem Gebiete des Zivilrechts, herausgegeben von *Warneyer*
WBl.	Wirtschaftsrechtliche Blätter
WEG	Gesetz über das Wohnungseigentum und das Dauerwohnrecht (Wohnungseigentumsgesetz)
Westermann I	Handbuch der Personengesellschaften, Band I, begründet von *Harry Westermann*, seit 1989 fortgeführt von *Harm Peter Westermann*, Stand 2000
WG	Wechselgesetz
WiB	Wirtschaftsrechtliche Beratung
Widmann/Mayer	Umwandlungsrecht, herausgegeben von *Siegfried Widmann* und *Dieter Mayer*, Stand 2002
Wiedemann I	*Herbert Wiedemann*, Gesellschaftsrecht, Band I, Grundlagen, 1980
Wieland I, II	*Karl Wieland*, Handelsrecht, Erster Band, Das kaufmännische Unternehmen und die Handelsgesellschaften, 1921; Zweiter Band, Die Kapitalgesellschaften, 1931
WiGBl	Gesetzblatt der Verwaltung des Vereinigten Wirtschaftsgebiets
WiR	Wirtschaftsrecht, Beiträge und Berichte aus dem Gesamtbereich des Wirtschaftsrechts
wistra	Wirtschaft, Steuer, Strafrecht
WM	Wertpapier-Mitteilungen, Zeitschrift für Wirtschafts- und Bankrecht, Teil IV
Wpg.	Die Wirtschaftsprüfung
WP-Handbuch	Wirtschaftsprüfer-Handbuch
WpHG	Wertpapierhandelsgesetz
WPO	Gesetz über eine Berufsordnung der Wirtschaftsprüfer (Wirtschaftsprüferordnung)
WpÜG	Wertpapiererwerbs- und Übernahmegesetz
WRP	Wettbewerb in Recht und Praxis
WRV	Weimarer Reichsverfassung
WuB	Entscheidungssammlung zum Wirtschafts- und Bankrecht
Würdinger	*Hans Würdinger*, Aktienrecht und das Recht der verbundenen Unternehmen, 4. Aufl. 1981
WuW	Wirtschaft und Wettbewerb
WuW/E	WuW-Entscheidungssammlung zum Kartellrecht
ZAkDR	Zeitschrift der Akademie für Deutsches Recht
ZAP	Zeitschrift für Anwaltspraxis
ZBB	Zeitschrift für Bankrecht und Bankwirtschaft
ZBH	Zentralblatt für Handelsrecht
ZEuP	Zeitschrift für Europäisches Privatrecht
ZEV	Zeitschrift für Erbrecht und Vermögensnachfolge
ZfA	Zeitschrift für Arbeitswissenschaft
ZfbF	Zeitschrift für betriebswirtschaftliche Forschung
ZfB	Zeitschrift für Betriebswirtschaft
ZGen.	Zeitschrift für das gesamte Genossenschaftswesen

ZGR	Zeitschrift für Unternehmens- und Gesellschaftsrecht
ZHR	Zeitschrift für das gesamte Handelsrecht und Wirtschaftsrecht
ZInsO	Zeitschrift für das gesamte Insolvenzrecht
ZIP	Zeitschrift für Wirtschaftsrecht (früher: Zeitschrift für die gesamte Insolvenzpraxis)
ZMR	Zeitschrift für Miet- und Raumrecht
Zöller	Zivilprozeßordnung, begründet von *Richard Zöller*, bearbeitet von *Reinhold Geimer, Reinhard Greger, Peter Gummer, Kurt Herget, Peter Philippi, Kurt Stöber, Max Vollkommer*, 23. Aufl. 2002
ZPO	Zivilprozeßordnung
ZRP	Zeitschrift für Rechtspolitik
ZSR	Zeitschrift für schweizerisches Recht
ZStaatsW	Zeitschrift für die gesamte Staatswissenschaft
ZVG	Gesetz über die Zwangsversteigerung und Zwangsverwaltung
ZVglRWiss.	Zeitschrift für vergleichende Rechtswissenschaft
ZZP	Zeitschrift für Zivilprozeß, begründet von *Busch*

Erster Teil
Allgemeine Lehren

Erster Abschnitt: Grundlagen

§ 1 Zum Gegenstand des Gesellschaftsrechts

I. Der Begriff des Gesellschaftsrechts*

1. Die Gesellschaften als kooperative Schuldverhältnisse und als Verbände

a) Am Anfang eines Lehrbuchs zum Gesellschaftsrecht wird eine begriffliche Abgrenzung des Stoffes erwartet. Unter den landläufigen *Definitionen des Gesellschaftsrechts* – sie sind zahlreich – ragen zwei Formeln heraus, die in unterschiedlichen Varianten immer wiederkehren. Die eine heißt (hier frei formuliert): Gesellschaftsrecht befaßt sich mit dem zweckgerichteten Zusammenwirken aufgrund privatrechtlichen Vertrags; Gesellschaftsrecht ist privatrechtliches Kooperationsrecht[1]. Die andere Definition lautet (gleichfalls in der hier gewählten Formulierung): Gesellschaftsrecht ist das Recht der privaten Zweckverbände[2] oder der privaten Organisationen[3]. Ersichtlich lenkt die erste Definition die Aufmerksamkeit auf den Verpflichtungs- und Aktionsaspekt kooperativen Handelns, die zweite auf die Verfassung der kooperativen Verbände. Über beide Begriffsbestimmungen ließe sich lange diskutieren, und beide könnten ausführlich interpretiert und gewürdigt werden. Führt etwa die sog. Einmann-Kapitalgesellschaft (unten, § 26 III 2d und § 40) den Gesellschaftsbegriff ad absurdum, weil doch niemand kooperiert und auch ein »Einmann-Verband« eine befremdliche Vorstellung ist[4], oder ist sie vielleicht – ganz im Gegenteil – der lupenreine Fall einer verselbständigten privatrechtlichen Organisation? Überlegungen dieser Art sollen hier nicht ausgeführt werden, denn einem lebendigen Rechtsstoff wie dem Gesellschaftsrecht sollte man sich nicht begriffsexegetisch nähern[5]. Wichtiger ist, daß beide Umschreibungen charakteristische Merkmale des

---

* Literatur: *Grunewald*, Einführung; *Hueck*, § 1; *Kübler*, § 1; *Wiedemann* I, § 1.

1 So etwa *Hueck*, § 1 I 1; s. auch *Kraft/Kreutz*, A I: »›Gesellschaft‹ ist jede privatrechtsgeschäftlich begründete Vereinigung von Personen zur Verfolgung eines gemeinsamen Zweckes.«

2 So *Wiedemann* I, § 1 I 1.

3 In dieser Richtung *Grunewald*, Einführung Rdnr. 1; *Kübler*, § 1 III 1.

4 Vgl. *BGHZ* 21, 378, 384: »rechtstheoretisch nicht überzeugend begründbar«; dazu krit. *Flume*, Juristische Person, § 4 III.

5 Im Grundsatz ähnlich *Kübler*, § 1 III 2; Begriffspurismus brächte uns wohl zu dem Ergebnis, daß es einen in jeder Beziehung überzeugenden Begriff nicht gibt; so in der Tat *Siegmund/van Venrooy*, deren positivistischer Begriff lautet: »Gesellschaftsrecht ist derjenige Teil des Privatrechts, der selbst den seinem Bereich unterfallenden Strukturen(?) die Bezeichnung ›Gesellschaft‹ zuspricht und die jeweiligen Voraussetzungen und Rechtsfolgen normiert.« *(Siegmund/van Venrooy*, Rdnr. 6); der Verein stünde danach außerhalb des Gesellschaftsrechts, ebenso wohl die Genossenschaft und der VVaG (inkonsequent *Siegmund/van Venrooy*, Rdnr. 6).

Gesellschaftsrechts zusammenfassen: Das Gesellschaftsrecht ist zum einen das Recht der privaten Verbände. Es ist insoweit Personenrecht, Organisationsrecht und Schuldrecht zugleich. Das Gesellschaftsrecht erfaßt aber auch kooperative Verträge ohne organisationsrechtliche Merkmale und ist insoweit reines Schuldrecht. Deshalb mag man zusammenfassen: *Gesellschaftsrecht ist das Recht der privatrechtlichen Zweckverbände und der kooperativen Vertragsverhältnisse.* Sucht man ohne systematischen Ehrgeiz in unseren Gesetzen, so gehören dazu:
- der Verein (§§ 21ff. BGB),
- die Gesellschaft bürgerlichen Rechts (§§ 705ff. BGB),
- die offene Handelsgesellschaft (§§ 105ff. HGB),
- die Kommanditgesellschaft (§§ 161ff. HGB),
- die stille Gesellschaft (§§ 230ff. HGB),
- die Partenreederei (§§ 489ff. HGB),
- die Aktiengesellschaft (§§ 1ff. AktG),
- die Kommanditgesellschaft auf Aktien (§§ 278ff. AktG),
- die Gesellschaft mit beschränkter Haftung (§§ 1ff. GmbHG),
- die eingetragene Genossenschaft (§§ 1ff. GenG),
- der Versicherungsverein auf Gegenseitigkeit (§§ 15ff. VAG),
- die Europäische Wirtschaftliche Interessenvereinigung (dazu unten, § 66),
- die Freiberufliche Partnerschaftsgesellschaft (dazu unten, § 64).

b) *Nicht* zu den privatrechtlichen Zweckverbänden oder zu den kooperativen Schuldverhältnissen gehören:
- die Bruchteilsgemeinschaft (§§ 741ff. BGB),
- die Erbengemeinschaft (§§ 2032ff. BGB),
- die eheliche Gütergemeinschaft (§§ 1415ff. BGB) und
- die privatrechtliche Stiftung (§§ 80ff. BGB).

Die *Bruchteilsgemeinschaft* ist kein Verband, sondern nur eine Form gemeinsamer Rechtsträgerschaft. Sie wird sogleich unter § 1 I 2 und später in § 59 I 3 gegen die Gesamthand abgegrenzt. Die *Erbengemeinschaft* ist zwar eine Gesamthand, aber kein Zweckverband der Gesamthänder. Sie entsteht kraft Gesetzes und nicht kraft Vertrags. Sie hat nur Berührungspunkte zum Gesellschaftsrecht (unten, § 12 IV 4 und § 45 V) und wird, soweit es um ein ererbtes Unternehmen geht, im Handelsrecht unter § 5 I 3 besprochen. Die *eheliche Gütergemeinschaft* entsteht zwar, im Gegensatz zur Erbengemeinschaft, durch Vertrag, aber dieser sog. Ehevertrag (§§ 1408ff. BGB) ist weder auf die Einrichtung eines Verbandes noch auf die kooperative Verfolgung eines gemeinsamen Zwecks gerichtet, sondern er basiert auf der ehelichen Lebensgemeinschaft (§ 1353 BGB) und ordnet nur die güterrechtlichen Verhältnisse unter Ehegatten. Hierdurch unterscheidet er sich von der sog. Ehegatten-Innengesellschaft (zu dieser vgl. unten, § 1 II 2b). Die rechtsfähige *Stiftung* ist eine juristische Person, aber kein Verband, denn sie hat keine Mitglieder. Sie kann als Nicht-Verbandsperson den privatrechtlichen Verbänden gegenübergestellt werden und verdient aus der Sicht des Gesellschaftsrechts einige grundsätzliche Betrachtungen (unten, § 7 II). Solche Betrachtungen sind deshalb um so mehr gerechtfertigt, weil die Stiftung im

Unternehmensbereich beträchtliche Bedeutung erlangt hat. Unmittelbarer Gegenstand des Gesellschaftsrechts so, wie es oben definiert wurde, ist aber die Stiftung nicht. Das Stiftungsrecht wird denn auch hier nur im Zusammenhang mit den allgemeinen Lehren dargestellt (unten, § 7 II) und nicht bei den einzelnen Rechtsformen.

c) Die hier zugrundegelegte Definition des Gesellschaftsrechts versteht sich als eine *Funktionsbeschreibung*, nicht als eine vorgegebene Begriffsdefinition. Abzugrenzen ist der Bereich des Rechtslebens, der von spezifisch gesellschaftsrechtlichen Kategorien beherrscht wird, und das heißt umgekehrt: der Bereich, für den spezifisch gesellschaftsrechtliche Regeln zu entwickeln sind. Eine schlechthin zwingende Abgrenzung kann daraus nicht abgeleitet werden. Wozu die hier zugrundegelegte Abgrenzung des Gesellschaftsrechts als Rechtsmaterie dient, erkennt man besonders klar, wenn man die Vorzüge und Nachteile in Betracht nimmt, die eine Ausdehnung mit sich brächte.

Die *Einbeziehung der Stiftung* als einer Vermögensträgerin ohne Verbandsgrundlage in die allgemeine Darstellung ließe an eine Ausdehnung auf der Subjektseite denken, etwa indem man statt von »privatrechtlichen Verbänden« von »durch Zwecksatzung verselbständigten privatrechtlichen Organisationen« spräche. Innerhalb eines so weit umschriebenen Gesellschaftsrechts könnten Einmanngesellschaft und Stiftung miteinander verglichen werden, und es käme nicht darauf an, daß die eine mitgliedschaftlich, die andere nichtmitgliedschaftlich verfaßt ist. Insbesondere käme es auch nicht darauf an, ob Stiftungszwecke in der Form der rechtsfähigen Stiftung oder in einer Verbandsform (z.B. GmbH) verfolgt werden. Das vorliegende Buch geht nicht von einem so weiten Begriff aus. Nur wo Mitglieder oder Vertragspartner vorhanden sind, handelt es sich um »Gesellschafts«-Recht, denn nur in diesem Bereich stellt das Gesellschaftsrecht besondere Regeln auf.

Zur anderen Seite hin ließe sich der Gegenstand des Gesellschaftsrechts um Fälle erweitern, die nur um der gemeinschaftlichen Verwaltung von Rechten wegen bestehen: z.B. *Miturheberschaft*[6], *Gemeinschaftspatent*[7] und *Wohnungseigentum*[8]. Vor allem für die durch eine dauerhafte Zweckbindung gekennzeichnete Wohnungseigentümergemeinschaft[9] wird neuerdings die Zugehörigkeit zum Gesellschaftsrecht und die Einordnung des in § 1 WEG sachenrechtlich beschriebenen Wohnungseigentums als »dinglicher Gesellschaftsanteil« behauptet, denn die Wohnungseigentümergemeinschaft sei eine durch Rechtsgeschäft begründete Personenverbindung zum »Halten und Verwalten« eines gemeinschaftlichen Grundstücks[10]. Es ist nicht zu verkennen, daß die soeben beschriebenen Personenverbindungen als Varianten der Gesellschaft bürgerlichen Rechts begriffen werden können, sofern sie, wie das

6 Dazu *Sontag*, Das Miturheberrecht, 1972.
7 Vgl. *Bernhardt/Kraßer*, Lehrbuch des Patentrechts, 4. Aufl. 1986, § 19 III, V.
8 Dazu *Bärmann*, Wohnungseigentum, 1991; *ders.*, NJW 1989, 1057; *Bärmann/Pick*, WEG, 15. Aufl. 2001; *Bärmann/Pick/Merk*, WEG, 8. Aufl. 2000; *Weitnauer*, WEG, 8. Aufl. 1995.
9 *BGHZ* 121, 22, 25; *BGH*, NJW 2002, 1647.
10 *Michael Junker*, Die Gesellschaft nach dem Wohnungseigentümergesetz, 1993, insbes. S. 75ff.

Wohnungseigentum, auf einem vertraglichen Zusammenschluß der Teilhaber beruhen[11]. Aber die gesetzlichen Sonderregelungen sind nur um der gemeinschaftlichen Verwaltung von Urheberrechten, Patenten, Wohnungsanlagen etc. willen geschaffen. Der gemeinsame Zweck besteht um dieser Vermögenswerte willen, nicht sind die Vermögenswerte um des gemeinsamen Zwecks willen zusammengeführt, und auch der Gesetzgeber bedient sich gesellschaftsrechtlicher Elemente nur um nicht-gesellschaftsrechtlicher Zwecke willen[12].

2. Gesellschaftsrecht und Gesellschaftsvermögen*

a) Nicht zum Begriff des Gesellschaftsrechts gehört das Vorhandensein eines Verbands- oder Gesellschaftsvermögens. Das hängt mit dem Gegensatz von Außen- und Innengesellschaften, m. a. W. von Gesellschaften als Rechtsträgerinnen und bloß schuldrechtlichen Koperationsverhältnissen zusammen. Entsteht ein Verband als Körperschaft (unten, § 8 II) oder als rechtsfähige Personengesellschaft (unten, § 8 III), so entsteht allerdings ausnahmslos auch ein Gesellschaftsvermögen (auch ein überschuldeter Rechtsträger hat ein Vermögen). Aber begriffsnotwendig für jedes Gesellschaftsverhältnis ist dies nicht.

Beispiel Nr. 1: Eine Aktiengesellschaft oder eine offene Handelsgesellschaft ohne Gesellschaftsvermögen – und bestehe es überwiegend aus Schulden – ist schwerlich vorstellbar. Aber eine Gesellschaft kann auch als reines Kooperationsverhältnis strukturiert sein. Wenn sich etwa ein Forscherteam oder ein Streichquartett durch Gesellschaftsvertrag verbindet, kann ein Gesellschaftsvermögen gebildet werden, aber das muß nicht so sein. Die Gesellschaft kann als reines Schuldverhältnis angelegt sein: als sog. Innengesellschaft (vgl. zur Abgrenzung unten, § 3 I 3 a).

b) Auf der anderen Seite läßt das Vorhandensein eines gemeinschaftlichen Vermögens nicht ohne weiteres auf ein Gesellschaftsverhältnis schließen. Als klarstes Beispiel wurde schon die Gemeinschaft nach Bruchteilen (§§ 741 ff. BGB) erwähnt. Sie wird in § 741 BGB dahin definiert, daß mehreren ein

---

11 Das schließt nicht aus, daß das gemeinschaftliche Vermögen den Teilhabern i.S. von §§ 741 ff., 1008 ff. zu Bruchteilen und nicht als Gesellschaftsvermögen zusteht; vgl. *Karsten Schmidt,* in: MünchKomm. BGB, § 741 Rdnr. 4.

12 Völlig anders ist dies, wie unter § 65 I zu zeigen sein wird, bei der Partenreederei nach § 489 HGB; sie ist entgegen hergebrachter Auffassung Handelsgesellschaft und Reeder i. S. von § 484; vgl. *Karsten Schmidt,* Die Partenreederei als Handelsgesellschaft, 1995.

* Literatur (Auswahl): *Engländer,* Die regelmäßige Rechtsgemeinschaft, 1914; *Gramentz,* Die Aufhebung der Gemeinschaft nach Bruchteilen ..., 1988; *Joerges*, Zur Lehre vom Miteigenthum und der gesamten Hand nach deutschem Privatrecht, ZHR 49 (1900), 140; *Michael Junker,* Die Gesellschaft nach dem Wohnungseigentumsgesetz, 1993; *Larenz,* Zur Lehre von der Rechtsgemeinschaft, JherJb. 83 (1933), 83; *Ropeter,* Die Beteiligung als Bruchteilsgemeinschaft, 1980; *Saenger,* Gemeinschaft und Rechtsteilung, 1913; *Karsten Schmidt*, Die Partenreederei als Handelsgesellschaft, 1995; *Karl Schultz,* Gemeinschaft und Miteigentum, 1924; *Würdinger,* Theorie der schlichten Interessengemeinschaft, 1934; *ders.,* Gesellschaften. Erster Teil: Recht der Personalgesellschaften, 1937; *Wüst,* Die Gemeinschaftsteilung als methodisches Problem, 1956; *ders.,* Die Interessengemeinschaft, ein Ordnungsprinzip des Privatrechts, 1958; *ders.,* Die Gemeinsamkeit der Interessen, JZ 1985, 1077.

Recht gemeinschaftlich zusteht. Die Gemeinschaft wird meist als »schlichte« Rechtsgemeinschaft bezeichnet[13]. Ihr charakteristisches Merkmal ist das gemeinsame Innehaben eines Gegenstandes, nicht das kollektiv-einheitliche Innehaben eines Gesellschaftsvermögens[14]. Die Bruchteilsgemeinschaft orientiert sich an subjektiver Vielheit (der Mitberechtigten) und objektiver Einheit (des Gegenstandes), das Gesellschaftsvermögen an subjektiver Einheit (der Gesellschaft) und objektiver Vielheit (des Vermögens)[15].

Beispiel Nr. 2: Das Miteigentum (§§ 1008ff. BGB) ist ein Spezialfall der Bruchteilsgemeinschaft. Gehört ein Grundstück den Eheleuten Herrmann und Dorothea (H und D) in Bruchteilsgemeinschaft, so hat jeder Eigentum an dem Grundstück, allerdings eben nur Bruchteilseigentum. Sind H und D Miteigentümer dreier Grundstücke, so hat jeder an jedem einzelnen Grundstück Bruchteilseigentum; es besteht nicht etwa eine Gemeinschaft an den drei Häusern. Ganz anders bei der Gesamthand. Ist das Grundstück das Gesellschaftsvermögen einer von H und D gebildeten Personengesellschaft, so gehört es weder H noch D, sondern der Gesellschaft (str.; vgl. unten, § 8 III, § 60 II 1). Handelt es sich um mehrere Grundstücke, so können diese doch Teil eines einstigen Gesellschaftsvermögens sein, wenn H und D nur eine Gesellschaft gegründet haben und nicht etwa drei. H und D haben auch dann keine Eigentumsbruchteile an den Grundstücken, sondern Gesellschaftsanteile. Wollen H und D aus dem Miteigentum Gesellschaft machen, so müssen sie die ihnen gehörenden Grundstücke in das Gesellschaftsvermögen einbringen, also nach §§ 747, 873, 925 BGB an die Gesellschaft übereignen.

c) Aus diesem Grund wird bisweilen gesagt, es bestehe ein Gegensatz zwischen der Gesellschaft und der Gemeinschaft. Die Gesellschaft sei ein Gebilde mit gemeinsamem Zweck (§ 705 BGB), die Gemeinschaft dagegen ein Gebilde ohne gemeinsamen Zweck (§ 741 BGB). Diese Gegenüberstellung ist so nicht richtig. Der Gegensatz heißt nicht »Gemeinschaft oder Gesellschaft«, er heißt »Gemeinschaft oder Gesellschaftsvermögen«, denn die Gesellschafter einer bürgerlich-rechtlichen Gesellschaft können ohne weiteres Bruchteilseigentum bilden, nur kann dieses nicht gleichzeitig »Gesellschaftsvermögen« sein.

Beispiel Nr. 3: Tun sich A und B durch rechtsverbindlichen Vertrag für Regattafahrten in der Starbootklasse zusammen (Gesellschaft nach § 705 BGB), so können sie entscheiden, ob das zu erwerbende Boot nur dem A, nur dem B oder beiden zu Miteigentum gehören soll; sie können das Boot auch als Gesellschaftsvermögen (sog. Gesamthandsvermögen) erwerben (unten, § 59 IV 1). Eine Gesellschaft liegt in all diesen Fällen vor, ein Gesellschaftsvermögen nur im letzten Fall.

3. Kooperation, Verband und Rechtsträgerschaft

a) Ebensowenig wie das Vorhandensein eines Gesellschaftsvermögens setzt das Gesellschaftsrecht die Entstehung eines Verbandes oder einer Rechts-

13 So die üblich gewordene Terminologie von *Cosack*; *Engländer* (a.a.O.), bezeichnete sie als die »regelmäßige« Rechtsgemeinschaft.

14 Näher *Karsten Schmidt*, in: MünchKomm. BGB, § 741 Rdnrn. 2ff.

15 Das schließt nicht aus, daß ein ganzer Vorrat von Sachen im Miteigentum steht (vgl. § 469 HGB) oder daß ein Gesellschaftsvermögen tatsächlich nur aus einem Gegenstand, z.B. einem Bankkonto, besteht.

person voraus. Unrichtig wäre es auch, wollte man Kooperationsverhältnisse und Verbände einander als unvereinbare Gegensätze gegenüberstellen. Vielmehr ist das Verhältnis komplizierter (vgl. auch unten, § 7 I).

aa) Es gibt gesellschaftliche Zweckvereinigungen, die sich in der Begründung eines Schuldverhältnisses erschöpfen.

Beispiel Nr. 4: Wenn die beiden Regattasegler in unserem Beispiel Nr. 3 kein Gesellschaftsvermögen bilden, sondern nur gemeinsam ein dem A allein oder dem A und dem B als Miteigentümern gehörendes Boot verwenden, haben sie ein bloßes Schuldverhältnis begründet, das nach § 705 BGB eine Gesellschaft darstellt.

bb) Es gibt gesellschaftsrechtliche Zweckvereinigungen, die Schuldverhältnis, Verband und Rechtsperson zugleich sind.

Beispiel Nr. 5: Wird ein rechtsfähiger Verein oder eine Handelsgesellschaft (AG, GmbH, oHG, KG) gegründet, so entsteht ein als Verband strukturierter Rechtsträger, und es entstehen für jedes Mitglied (jeden Gesellschafter) Schuldverhältnisse.

cc) Es gibt schließlich auch Verbände, die keine Rechtsträgerschaft aufweisen.

Beispiel Nr. 6: Wird für den Betrieb eines Ferienzentrums zwischen einer Betriebs-GmbH und einer Vielzahl von stillen Anlegern eine »GmbH & Still« gegründet, in der die stillen Anleger durch Gesellschafterversammlung und Gesellschafterbeirat mitsprechen können, so entstehen Schuldverhältnisse (§§ 230ff. HGB). Es entsteht mit dieser »mehrgliedrigen stillen Gesellschaft« sogar ein Verband, aber es entsteht kein Rechtsträger, denn anders als eine GmbH & Co. KG (unten, § 56) ist die »GmbH & Still« nicht Trägerin von Rechten und Pflichten (unten, § 62 I 2 b).

b) Daß diese Unterscheidungen nicht nur theoretischer Natur sind, erkennt man z. B. am Umwandlungsrecht: Nur Rechtsträger können nach § 1 UmwG umgewandelt werden. Deshalb kann im Beispiel Nr. 5 die GmbH in eine AG oder die KG in eine GmbH umgewandelt werden. Die rein schuldrechtliche Gesellschaft in unserem Beispiel Nr. 4 ist nicht umwandlungsfähig, und dasselbe gilt für die »GmbH & Still« unseres Beispiels Nr. 6. Wäre sie GmbH & Co. KG, so könnte sie als Rechtsträgerin in eine AG oder GmbH umgewandelt werden. Als »GmbH & Still« kann sie es trotz ihrer Verbandsverfassung nicht.

II. Das Gesellschaftsrecht im System der Rechtsordnung

1. Gesellschaftsrecht als Privatrecht

a) Als Recht der *privatrechtlichen* Organisationen und Kooperationsverhältnisse ist das Gesellschaftsrecht dem Privatrecht zuzuordnen. *Nicht* zum Gesellschaftsrecht gehören insbesondere die *Körperschaften, Anstalten und Stiftungen des öffentlichen Rechts*[16]. Hiermit nicht zu verwechseln ist das

16 Verwiesen sei auf: *Wolff/Bachof/Stober*, Verwaltungsrecht I, 11. Aufl. 1999, § 34 I 3.

Recht der öffentlichen Unternehmen[17]. Staat und Gemeinden führen diese Unternehmen in großem Umfang auf privatrechtlicher Grundlage. Soweit sich die öffentliche Hand gesellschaftsrechtlicher Organisationsformen bedient, ist Gesellschaftsrecht anwendbar.

b) Im übrigen wirkt das öffentliche Recht in das Gesellschaftsrecht hinein. Nur beispielhaft sei hingewiesen
- auf das Grundrecht der Vereinigungsfreiheit (Art. 9 GG)[18],
- auf die verfassungsrechtliche Gewährleistung von Mitgliedschaftsrechten[19],
- auf die Auflösung von Verbänden wegen Verstoßes gegen öffentlich-rechtliche Verbote[20],
- auf Vorschriften über die ordnungsmäßige Unternehmensorganisation, z. B. durch Bestellung von verantwortlichen Organen oder von Betriebsbeauftragten für Umweltrecht[21],
- auf die ordnungsrechtliche Verantwortlichkeit von Gesellschaften und Gesellschaftsorganen[22] oder

17 Dazu etwa *Backhaus,* Öffentliche Unternehmen, 2. Aufl. 1980; *Blankart,* Ökonomie der öffentlichen Unternehmen, 1980; *Bartosch,* Neue Transparenzpflichten – eine kritische Analyse des Kommissionsentwurfs einer neuen Transparenzrichtlinie, EuZW 2000, 333; *Brede/Loesch,* Unternehmen der öffentlichen Wirtschaft, 1986; *Emmerich,* Das Wirtschaftsrecht der öffentlichen Unternehmen, 1969; *Janson,* Rechtsformen öffentlicher Unternehmen in der EG, 1980; *Koch,* Die wirtschaftliche Betätigung der Gemeinden, 1992; *Kolbe,* Rechtsformen und Ziele öffentlicher Unternehmen, 1987; *Ernst T. Kraft,* Das Verwaltungsgesellschaftsrecht, 1982; *Oettle,* Grundfragen öffentlicher Betriebe I/II, 1976; *Püttner,* Die öffentlichen Unternehmen, 2. Aufl. 1985; *Schachtschneider,* Staatsunternehmen und Privatrecht, 1986; *Reiner Schmidt,* Der Übergang öffentlicher Aufgabenerfüllung in private Rechtsformen, ZGR 1996, 345; *Schmidt-Aßmann,* Der Grundrechtsschutz gemischt-wirtschaftlicher Unternehmen nach Art. 19 III GG, BB-Beil. 27/1990; *Roman Schneider,* Öffentliche Unternehmen als Mittel einer interventionistischen Wettbewerbspolitik, 1982; *Schön und Spannowsky,* Der Einfluß öffentlich-rechtlicher Zielsetzung auf das Statut privatrechtlicher Eigengesellschaften der öffentlichen Hand, ZGR 1996, 400, 429; *Spannowsky,* Öffentlich-rechtliche Bindungen für gemischt-wirtschaftliche Unternehmen, ZHR 160 (1996), 560; *Vahle,* Die erwerbswirtschaftliche Betätigung der öffentlichen Hand, NWB 1993, 1163; *Veelken,* Der Staat als Unternehmer im Gesellschaftsrecht, in: Deutsches und sowjetisches Wirtschaftsrecht V, 1991, S. 37; *Wenger,* Die öffentliche Unternehmung, 1969; *Wieland,* Besonderheiten der öffentlichen Unternehmen, in: Blaurock (Hrsg.), Recht der Unternehmen in Europa, 1993, S. 9.

18 Dazu umfassend *Wiedemann* I, § 12 m. w. N.; seither *Rübenach,* »Wirtschaftliche Vereinigungsfreiheit« und Vereinigungsfreiheit, 1984; *Marauhn,* Die wirtschaftliche Vereinigungsfreiheit ..., RabelsZ 63 (1999), 537; zur Grundrechtsfähigkeit *Mertens,* JuS 1989, 857 ff.; *Koppensteiner,* NJW 1990, 3105 ff.

19 Dazu etwa BVerfG, NJW 1999, 1701; NJW 2000, 129; NJW 2000, 349.

20 Vgl. z. B. §§ 43 BGB, 396 AktG, 62 GmbHG, 81 GenG, §§ 1, 41 III GWB, Art. 8 III FKVO.

21 Dazu *Bartsch,* Umweltschutz und Unternehmensorganisation, 1997; *Becher* u. a., Umweltschutz und technische Sicherheit im Unternehmen, Umwelt- und Technikrecht Bd. 26, 1994; *Kloepfer,* Umweltrecht, 2. Aufl. 1998, § 5; *Seidel,* Betriebliches Umweltmanagement im 21. Jahrhundert, 1999; *Steger* (Hrsg.), Handbuch des integrierten Umweltmanagements, 1997; *Wagner* (Hrsg.), Unternehmung und ökologische Umwelt, 1990; *Feldhaus,* NVwZ 1991, 927 ff.; *Uwe H. Schneider,* DB 1993, 1909 ff.; *Rehbinder,* ZHR 165 (2001), 1 ff.

22 Dazu *Drews/Wacke/Vogel/Martens,* Gefahrenabwehr, 9. Aufl. 1986, § 19, 4 a (S. 294); *Spindler,* Unternehmensorganisationspflichten, 2001, S. 567 ff.

– auf die strafrechtliche und ordnungswidrigkeitenrechtliche Verantwortlichkeit in Gesellschaften[23].

Man kann insgesamt feststellen, daß Fragen des öffentlichen Rechts und des Gesellschaftsrechts einerseits voneinander unterschieden werden müssen, andererseits miteinander verzahnt sind. Dies tritt besonders hervor bei einem Blick auf das *Parteiengesetz*[24] und das *Vereinsgesetz*[25]. Beide Gesetze befassen sich mit Fragen des öffentlichen Rechts. Beide enthalten allerdings auch privatrechtliche und damit gesellschaftsrechtliche Regelungen, z.B. über die Parteifähigkeit (§ 3 PartG) oder über die Vermögensabwicklung im Fall eines Vereinsverbots (§ 13 VereinsG). Aber auch soweit rein öffentlich-rechtliche Regelungen und Maßnahmen in Frage stehen, besteht eine Wechselwirkung zwischen ihnen und dem privaten Verbandsrecht.

c) Dem öffentlichen Recht zugehörig, aber mit weitgehenden Konsequenzen für das Innenrecht der privaten Verbände konzipiert, waren auch *Pläne zur Schaffung eines allgemeinen Verbändegesetzes*[26]. Es ging dabei um die Kontrolle nicht nur der äußeren, sondern vor allem auch der inneren Verbandsmacht und um die Gewährleistung einer demokratischen Verbandsverfassung. Geplant war also eine umfassende öffentlich-rechtliche Verbandsverfassung, während sich die staatliche Verbandsaufsicht historischer Prägung vor allem mit den Voraussetzungen der äußeren Rechtsträgerschaft befaßte (vgl. dazu unten, § 8 II 5). Für einen solchen Sinnwandel vom privaten Organisationsrecht hin zum Ordnungsrecht der Verbände wurden vor allem in den 70er Jahren erwägenswerte Gründe vorgetragen. Daß die Verbandsmacht ein rechtspolitisches Problem darstellt, ist kaum zu bestreiten. Eine Betrachtung der Rechtspraxis lehrt aber, daß hier mit privatrechtlichen – also gesellschaftsrechtlichen – Mitteln besser gesteuert werden kann als mit dem Instrumentarium hoheitlicher Aufsicht und Intervention. Erst ein Versagen des Privatrechts gäbe Grund für ein allgemeines Verbands-Ordnungsrecht. Es ist deshalb etwas still geworden um den Plan eines allgemeinen Verbändegesetzes.

---

23 Dazu *Schünemann*, Unternehmenskriminalität und Strafrecht, 1979; *Wiesener*, Die strafrechtliche Verantwortung von Stellvertretern, 1971; *Ekkehard Müller*, Die Stellung der juristischen Person im Ordnungswidrigkeitenrecht, 1985; *Otto*, Die Strafbarkeit von Unternehmen und Verbänden, 1993; *Schroth*, Unternehmen als Normadressaten und Sanktionsobjekte, 1993; *Heine*, Die strafrechtliche Verantwortlichkeit von Großunternehmen, 1995; *Eidam*, Unternehmen und Strafe, 2. Aufl. 2001; *Lewisch/Parker*, Strafbarkeit der juristischen Personen, Wien 2001; *Karsten Schmidt*, wistra 1990, 131 ff.

24 Gesetz über die politischen Parteien (Parteiengesetz) v. 24.7.1967 (BGBl. I S. 773), i.d.F. v. 31.1.1994 (BGBl. I S. 149).

25 Gesetz zur Regelung des öffentlichen Vereinsrechts (Vereinsgesetz) v. 5.8.1964 (BGBl. I S. 593) mit Änderungen.

26 Dazu *Göhner*, Möglichkeiten und Grenzen einer gesetzlichen Regelung des Verbandswesens, ZRP 1977, 25; *Häberle*, Verbände als Gegenstand demokratischer Verfassungslehre, ZHR 145 (1981), 473; *Leisner*, Organisierte Opposition in Verbänden und Parteien? ZRP 1979, 275; *Leßmann*, Die öffentlichen Aufgaben und Funktionen privatrechtlicher Wirtschaftsverbände, 1976; *Meessen*, Erlaß eines Verbändegesetzes als rechtspolitische Aufgabe? 1976; *Nicklisch*, Gesetzliche Kontrolle und Anerkennung von Verbandsmacht, in: Festschrift Schiedermair, 1976, S. 459; *Scheller*, Demokratisierung der Verbände? 1976; *H.J. Schröder*, Gesetzgebung und Verbände, 1976; *Teubner*, Organisationsdemokratie und Verbandsverfassung, 1978.

2. Gesellschaftsrecht und allgemeines Privatrecht

a) Als Recht der privaten Verbände (Organisationen) und der kooperativen Vertragsverhältnisse ist das Gesellschaftsrecht selbstverständlich *Anwendungsfeld der allgemeinen privatrechtlichen Lehren.* Welche Verbände (Organisationen) Träger von Rechten und Pflichten sein können, ist eine Frage des allgemeinen Personenrechts (vgl. zur juristischen Person und zur rechtsfähigen Personengesellschaft unten, § 8 II und § 8 III). Das Entstehen der Verbände wirft Fragen der allgemeinen Rechtsgeschäftslehre auf (vgl. zur fehlerhaften Gesellschaft unten, § 6). Auch die Vertragsfreiheit im Gesellschaftsrecht und die Grenzen dieser Vertragsfreiheit sind Probleme des angewandten bürgerlichen Rechts (dazu unten, § 5 III). Die Leistungsverhältnisse in Verbänden und bei gesellschaftsrechtlichen Schuldverhältnissen sind Erscheinungsformen des Schuldrechts (vgl. insbesondere über Beitrag und Einlage unten, § 20 II). Es kommt auf die dingliche Rechtszuordnung und damit auf das Verhältnis von Schuld- und Sachenrecht an, wenn gefragt wird, ob die Einbringung eines Grundstücks »zu Eigentum«, nur »zur Nutzung« oder »dem Werte nach« erfolgt (dazu unten, § 20 II 2 d). Aber nicht nur im Innenrecht der Verbände und Gesellschaften, sondern auch in deren Außenrecht kommen immer wieder zivilrechtliche Grundsätze zum Tragen, so wenn es um die Zurechnung rechtsgeschäftlicher Erklärungen (§ 164 BGB) oder unerlaubter Handlungen (§ 31 BGB) geht (dazu unten, § 10 IV 1). Ohne sorgsamen Umgang mit privatrechtlichen Grundfiguren kann demnach das Gesellschaftsrecht nicht betrieben werden.

b) Spezieller Art sind schon die *Zusammenhänge zwischen dem Gesellschaftsrecht und dem Familienrecht*[27]. Bedarf ein im gesetzlichen Güterstand lebender Ehegatte nach § 1365 BGB der Einwilligung des anderen Ehegatten, wenn er – z.B. als bisheriger Einzelkaufmann – sein wesentliches Vermögen in eine Gesellschaft einbringt?[28] Können Ehegatten, die in Gütergemeinschaft leben, ohne weiteres eine Gesellschaft gründen?[29] Welche gesellschaftsrechtlichen Vorgänge bedürfen nach §§ 1821, 1822, 1643 BGB der familiengerichtlichen Genehmigung?[30] Insbesondere das Minderjährigen-Haftungsbegrenzungsgesetz[31] trifft Regelungen, die gerade bei Gesellschaftsbeteiligungen von Minderjährigen einen Schutz gegen Altschuldenbelastung bei Eintritt

27 Vgl. nur *Hennerkes/Kirchdörfer*, Unternehmenshandbuch Familiengesellschaften 1998; *Hommelhoff/Schmidt-Diemitz/A. Sigle* (Hrsg.), Familiengesellschaften, Festschrift Sigle, 2000.

28 Vgl. nur *Wiedemann,* Die Übertragung und Vererbung von Mitgliedschaftsrechten ..., 1965, S. 253ff.

29 Vgl. *RGZ* 146, 282; *BGHZ* 57, 123, 128; 65, 79, 82ff.; *Reuter/Kunath,* JuS 1977, 376.

30 Dazu besonders *Biddermann,* Der minderjährige Gesellschafter, 1965; *Nagel,* Familiengesellschaft und elterliche Gewalt, 1968; *Stahl,* Minderjährigenschutz im Gesellschaftsrecht und vormundschaftsgerichtliche Genehmigung, 1988; *Wiedemann,* Die Übertragung und Vererbung von Mitgliedschaftsrechten ..., 1965, S. 243ff.; *Bilsdorfer,* NJW 1980, 2788; *Klüsener,* Rpfleger 1990, 321; *Winkler,* ZGR 1990, 131.

31 Gesetz zur Beschränkung der Haftung Minderjähriger v. 25.8.1998 (BGBl. I S. 2487); dazu *Behnke*, NJW 1998, 3078; *Habersack*, FamRZ 1999, 1.

in die Volljährigkeit bezwecken (§§ 1629 a, 1793 II, 1915 III BGB) und unmittelbar auch in das Gesellschaftsrecht eingreifen (§ 723 I 2–6 BGB).

Diese Beispiele genügen, um die Relevanz des Familienrechts für das Gesellschaftsrecht zu verdeutlichen. Umgekehrt kann aber auch das Gesellschaftsrecht Einfluß auf das Familienrecht nehmen: Unter welchen Voraussetzungen kann die Mitarbeit eines Ehegatten im Unternehmen des anderen als Begründung einer Innengesellschaft angesehen werden?[32] Unter welchen Voraussetzungen stellt die gemeinsame Haus- oder Betriebswirtschaft bei einer nichtehelichen Lebensgemeinschaft eine Innengesellschaft dar?[33] Können auf diese Weise Ausgleichsansprüche gesellschaftsrechtlicher Art entstehen, wo das Familienrecht solche Ansprüche versagt? Soll das Gesellschaftsrecht »Zugewinngemeinschaften« begründen, wo das Familienrecht keinen Zugewinnausgleich gewährleistet (zu den Grenzen dieser Methode vgl. kritisch unten, § 59 I 2 b)?

c) Praktisch besonders bedeutsam sind schließlich *die Zusammenhänge zwischen Gesellschaftsrecht und Erbrecht*[34]. Auch hier brauchen vorerst nur einige Stichworte genannt zu werden: Wird eine Gesellschaft durch den Tod eines Gesellschafters aufgelöst (§ 727 I BGB) und, wenn ja, mit welcher Folge? Sind Gesellschaftsanteile vererblich (§ 15 I GmbHG), oder scheidet ein Gesellschafter mit seinem Tod aus der Gesellschaft aus (§ 131 III Nr. 1 HGB), und kann die Fortsetzung der Gesellschaft im Todesfall jedenfalls durch den Gesellschaftsvertrag sichergestellt werden (unten, § 45 V 4)? Können, wenn eine Anteilsübertragung der Genehmigung der Gesellschaft bedarf (§§ 68 II AktG, 15 V GmbHG), die Mitgesellschafter des Erblassers den Vollzug eines Vermächtnisses vereiteln? Kann eine Erbengemeinschaft nach einem Einzelkaufmann in eine Handelsgesellschaft umgewandelt werden (Handelsrecht, § 5 I 3; s. auch unten, § 13 I 3 c)? Kann der Erbe eines unbeschränkt haftenden Gesellschafters erreichen, daß er den ererbten Anteil ohne unbeschränkte Haftung fortführt (dazu unten, § 45 V 7)?

d) Zwischen *Gesellschaftsrecht und allgemeinem Privatrecht* gibt es einen *Überschneidungsbereich*, der eine eindeutige Zuordnung aller Probleme unmöglich macht. Es gibt, mit anderen Worten, Fragenbereiche, die mancher als gesellschaftsrechtlich, mancher als nicht gesellschaftsrechtlich ansehen wird, weil sich die praktischen Probleme dem Schubladendenken wissen-

32 Dazu *BGHZ* 8, 249; 31, 197; 47, 157, 162ff.; 84, 361, 366; 115, 261, 264f.; 142, 137, 144f.; *BGH*, NJW 1974, 1554, 2045, 2278; 1982, 170; NJW-RR 1989, 66; 1990, 736; WM 1990, 1463; FamRZ 1994, 295; NJW 1995, 3383.

33 Dazu etwa *BGHZ* 77, 55, 56f.; 84, 388; *BGH*, NJW 1983, 2375; 1986, 51; NJW-RR 1993, 774; *Grziwotz*, Nichteheliche Lebensgemeinschaft, 3. Aufl. 1999; *ders.*, FamRZ 1999, 413; *Battes*, Nichteheliches Zusammenleben im Zivilrecht, 1983; *ders.*, JZ 1988, 908, 957; *Hausmann*, Nichteheliche Lebensgemeinschaften und Vermögensausgleich, 1989; *Lieb*, in: Verhandlungen des 57. DJT I, 1988, S. A 1; *Steinert*, NJW 1986, 683.

34 *Crezelius*, Unternehmenserbrecht, 1998; *Dauner-Lieb*, Unternehmen in Sondervermögen, 1998; *Hennerkes/Kirchdörfer*, Unternehmenshandbuch Familiengesellschaften, 1998; *Lorz*, Testamentsvollstreckung und Unternehmensrecht, 1995; *Sudhoff*, Unternehmensnachfolge, 2000.

schaftlicher Kategorienbildung entziehen. Auch insofern soll nur auf wenige Beispiele hingewiesen werden:

- *Prospekthaftung und Anlegerschutz*[35] sind sicherlich Rechtsbereiche, die von der Gesellschaftsrechtspraxis ausgehen, aber man kann darüber streiten, ob diese Fragen zum materiellen Gesellschaftsrecht oder zum Kapitalmarktrecht gehören oder ob sie allgemeines Schuldrecht sind, das sich hier in Spezialfällen zu bewähren hat.
- Dasselbe gilt für die *Aufklärungspflicht* und *Verschuldenshaftung* der Gesellschaftsorgane im *Vorfeld der Insolvenz* (vgl. unten, § 14 V 2).
- Auch die *Leistungsstörungen bei Gesellschaftsverhältnissen* – insbesondere die Frage, inwieweit die §§ 320ff. BGB anwendbar sind – gehören in diesen Überschneidungsbereich (vgl. unten, § 20 III).
- Schließlich hat sich im Recht der Gesellschaft bürgerlichen Rechts erst allmählich herausgestellt, inwieweit diese Rechtsform allgemeinen BGB-Regeln untersteht und inwieweit sie von gesellschaftsrechtlichen Grundsätzen beherrscht ist, die nicht im BGB stehen.

Die vorliegende Darstellung greift diese und ähnliche schuldrechtliche Probleme punktuell auf, wo sie sich vom Gesellschaftsrecht her typischerweise stellen (vgl. zum Anlegerschutz unten, § 27 II 5 und § 57 IV; zur Aufklärungspflicht unten, § 14 V 2; zu den Leistungsstörungen unten, § 20 III). Es tut der Bedeutung dieser Fragen – insbesondere des Anlegerschutzes – keinen Abbruch, wenn man sie zu den Marginalien des Gesellschaftsrechts rechnet und ihre breite Erörterung speziellen Darstellungen überläßt.

3. Gesellschaftsrecht und Kapitalmarktrecht*

a) Nicht Gegenstand des Rechts der Verbände und der kooperativen Verträge, aber für einen sachgerechten Umgang mit dem Gesellschaftsrecht und

35 Dazu etwa *Kübler*, § 31 V; *Wiedemann* I, § 9; *Assmann*, Prospekthaftung als Haftung für die Verletzung kapitalmarktbezogener Informationsverkehrspflichten, 1985; *ders.*, Konzeptionelle Grundlagen des Anlegerschutzes, ZBB 1989, 49; *Assmann/Schütze*, Handbuch des Kapitalanlagerechts, 2. Aufl. 1997; *Hopt*, Der Kapitalanlegerschutz im Recht der Banken, 1975; *ders.*, Die Verantwortung der Banken bei Emissionen, 1991; *Kiel*, Internationales Kapitalanlegerschutzrecht, 1994; *Köndgen*, Zur Theorie der Prospekthaftung, 1983 (= Sonderveröffentlichung aus: AG 1983, 85ff., 120ff.); *König*, Anlegerschutz im Investmentrecht, 1998; *Merkt*, Unternehmenspublizität, 2001; *Möllers*, Anlegerschutz durch Aktien- und Kapitalmarktrecht, ZGR 1997, 334; *Nowak*, Prospekthaftung nach dem Börsengesetz, 1991; *Schäfer*, Haftung für fehlerhafte Anlageberatung und Vermögensverwaltung, 1993; *Nowotny*, Schutz des Anlegers, GesRZ 1990, 126; *Schwark*, Anlegerschutz durch Wirtschaftsrecht, 1979; *Wüst*, Präventiver und repressiver Rechtsschutz bei Anlegerwerbung und Anlagevermittlung, JZ 1989, 67.

* Literatur (Auswahl): *Kübler*, § 31; *Assmann*, in: GroßkommAktG, Einl. Rdnrn. 343ff.; *Assmann/Schütze* (Hrsg.), Handbuch des Kapitalanlagerechts, 2. Aufl. 1997; *Hommelhoff*, Anlegernationen im Aktien-, Bilanz- und Kapitalmarktrecht, ZGR 2000, 748; *Groß*, Kapitalmarktrecht, 2000; *Hopt*, Vom Aktien- und Börsenrecht zum Kapitalmarktrecht? ZHR 140 (1976), 201; 141 (1977), 389; *Hopt*, Kapitalmarktrecht in der Rechtsprechung des Bundesgerichtshofs, in: Festschrift 50 Jahre BGH II, 2000, S. 497; *ders.*, Europäisches Kapitalmarktrecht, in: Grundmann (Hrsg.), Systembildung ..., 2000, S. 307; *Kübler*, Aktie, Unternehmensfinanzierung und Kapitalmarkt, 1989; *Kümpel*, Bank- und Kapitalmarktrecht, 2. Aufl. 2000; *Lutter*, Gesellschaftsrecht und Kapitalmarkt, in: Festschrift Zöllner I, 1998, S. 363; *Möllers*, Kapitalmarkttauglichkeit des

seiner Fortentwicklung unentbehrlich, ist *das sog. Kapitalmarktrecht.* Dieses befaßt sich mit den Funktionsbedingungen und Regulativen des Marktes, auf dem mitgliedschaftliche oder obligatorische Kapitalanlagen angeboten und gehandelt werden. Es steht in Wechselwirkung mit dem Gesellschaftsrecht, z.B. wenn es darum geht,

- ob nur Aktien oder auch GmbH- oder KG-Anteile an der Börse gehandelt werden können[36],
- ob man das Finanzierungsinstrumentarium kapitalintensiver Gesellschaften durch neue Formen erweitern soll[37],
- ob Schutzprobleme des Gesellschaftsrechts – insbesondere solche des Anleger- und Minderheitenschutzes oder des Schutzes von Gesellschaften gegen feindliche Übernahmen – kapitalmarktrechtlich gelöst und gesellschaftsrechtliche Schutzinstrumente entlastet werden können[38].

b) Unter den Rechtsquellen des deutschen Kapitalmarktrechts, die Einfluß auf das Gesellschaftsrecht haben können, interessieren insbesondere das *Börsengesetz (BörsG)*[39] und das *Wertpapierhandelsgesetz (WpHG)*[40], seit 2002 auch das *Wertpapiererwerbs- und Übernahmegesetz*[41]. Durch das Zweite, Dritte und Vierte Finanzmarktförderungsgesetz vom 26.7.1994[42] bzw. vom 24.3.1998[43] und vom 26.6.2002[44] wurde das deutsche Kapitalmarktrecht auf einen dem internationalen Standard und den Richtlinien der EU entsprechenden Stand gebracht. Insbesondere wurde durch das neue Wertpapierhandelsgesetz ein gesetzliches Verbot des Insiderhandels eingeführt (§§ 12ff. WpHG). Es wurde ein Bundesaufsichtsamt für den Wertpapierhandel geschaffen (§§ 3ff. WpHG), und es wurden Meldepflichten für den Erwerb von 5, 10, 25, 50 oder 75% der Anteile an börsennotierten Gesellschaften eingeführt, die weit über die bisherigen Mitteilungspflichten des § 20 AktG hinausgehen.

---

deutschen Gesellschaftsrechts, AG 1999, 433; *Mülbert*, Aktiengesellschaft, Unternehmensgruppe und Kapitalmarkt, 1995, (2. unv. Aufl. 1996); *Reul*, Die Pflicht zur Gleichbehandlung der Aktionäre bei privaten Kontrolltransaktionen, 1991; *Dieter Reuter*, Welche Maßnahmen empfehlen sich, insbesondere im Gesellschafts- und Kapitalmarktrecht, um die Eigenkapitalausstattung der Unternehmen langfristig zu verbessern? in: Verhandlungen des 55. DJT I, 1984, S. B 5; *Schwark*, Anlegerschutz durch Wirtschaftsrecht, 1979; *ders.*, Gesellschaftsrecht und Kapitalmarktrecht, in: Festschrift Stimpel, 1985, S. 1087; *Seibt*, Kapitalmarktrechtliche Überlagerungen im Aktienrecht, VGR 2000, 2001, 38ff.; *Stefan Weber*, Kapitalmarktrecht, Wien 1999.

36 Dazu etwa *Vollmer* (Hrsg.), Arbeitsgruppe Zweiter Börsenmarkt, 1987, S. 86ff.; *Assmann*, in: GroßkommAktG, Einl. Rdnrn. 493ff.; *Hommelhoff*, ZHR 153 (1989), 181ff.; *Reuter*, a.a.O.; *Karsten Schmidt*, JZ 1994, 771ff.

37 Überblick bei *Assmann*, in: GroßkommAktG, Einl. Rdnrn. 470ff.

38 Vgl. etwa *Lutter*, in: Festschrift Zöllner, a.a.O., S. 372ff.; *Schiessl*, AG 1999, 442ff.

39 Börsengesetz (BGBl. III Nr. 4110–1), zuletzt geändert durch Gesetz v. 13.7.2001, BGBl. I S. 1542.

40 Gesetz über den Wertpapierhandel (Wertpapierhandelsgesetz – WpHG) vom 26.7.1994, BGBl. I S. 1749; *Assmann/Schneider*, WpHG, 1995.

41 Gesetz zur Regelung von öffentlichen Angeboten zum Erwerb von Wertpapieren und von Unternehmensübernahmen vom 20.12.2001, BGBl. I S. 3822; dazu *Geibel/Süßmann*, WpÜG, 2002

42 BGBl. I S. 1749.

43 BGBl. I S. 529.

44 BGBl. I S. 2010.

c) Gesellschaftsrecht und Kapitalmarktrecht wirken in immer noch steigendem Maß aufeinander ein. Dies geht so weit, daß traditionelles gesellschaftsrechtliches Denken schon mit dem Negativ-Etikett »korporatistisches Denken« versehen wird. Richtig ist, daß sich das Gesellschaftsrecht nicht für das Kapitalmarktrecht blind stellen darf. Im Bereich der Publikumsgesellschaften, insbesondere der Kapitalgesellschaften, kann Gesellschaftsrecht nicht ohne Blick auf das Kapitalmarktrecht betrieben werden. So sind im Gesellschaftsrecht für Publikumspersonengesellschaften Sonderregeln entwickelt worden, die dem Kapitalmarktrecht entlehnt wurden (unten, § 57, IV 3). Vor allem aber können etwa die Interessen, Rechte und Pflichten von Aktionären nicht unabhängig sein von deren Anlegerinteressen am Kapitalmarkt[45]. Mehr und mehr zeichnet sich deshalb auch im Gesellschaftsrecht eine *Verschiedenbehandlung börsennotierter und nicht börsennotierter Gesellschaften* ab (dazu unten, § 26, IV 1 c). Diese vielfältige wechselseitige Einflußnahme ändert indes nichts an der Verschiedenheit beider Rechtsmaterien.

4. Gesellschaftsrecht, Handelsrecht, Unternehmensrecht und Arbeitsrecht*

a) Herkömmlicherweise wird das Gesellschaftsrecht in die *Nähe des Handelsrechts* gerückt, beides oft sogar zu einer Materie – dem »Handels- und

45 Eingehend *Mülbert*, a. a. O., S. 143 ff.

* Literatur (Auswahl): *Adomeit*, Gesellschaftsrechtliche Elemente im Arbeitsverhältnis, 1988; *Ballerstedt*, Was ist Unternehmensrecht? in: Festschrift Duden, 1977, S. 15; *Benda*, Industrielle Herrschaft und sozialer Staat, 1966; *Beuthien*, Arbeitsrecht und Vereinsfreiheit, in: 25 Jahre BAG, 1979, S. 1; *ders.*, Löst sich das Arbeitsrecht in Gesellschaftsrecht auf? in: Recht und Rechtserkenntnis, Festschrift Ernst Wolf, 1985, S. 17; *Biedenkopf*, Zur Diskussion um ein neues Unternehmensrecht, in: Festschrift Raiser, 1974, S. 339; *Bohr* u. a., Unternehmensverfassung, 1981; *Diller*, Gesellschafter und Gesellschaftsorgane als Arbeitnehmer, 1994; *Dreher*, Unternehmen und Politik, ZHR 155 (1991), 349; *Duden*, Zur Methode der Entwicklung des Gesellschaftsrechts zum »Unternehmensrecht«, in: Festschrift Schilling, 1972, S. 309; *Erdmann*, Unternehmerische Freiheit und Mitbestimmung, in: Festschrift Molitor, 1988, S. 81; *Flume*, Um ein neues Unternehmensrecht, 1980; *Geßler*, Vom Gesellschaftsrecht zum Unternehmensrecht, ZHR 143 (1979), 421; *Heussler*, Die Unternehmensmitbestimmung, in: Festschrift 50 Jahre BGH II, 2000, S. 387; *Hentze/Brose*, Unternehmensführung und Mitbestimmung, 1985; *Kießler/Kittner/Nagel*, Unternehmensverfassung – Recht und Betriebswirtschaftslehre, 1983; *Kübler*, Unternehmensorganisation zwischen Sachverstand und Interessenpolitik, ZGR 1981, 377; *Kunze*, Unternehmensverband und Unternehmensrecht, in: Festschrift Duden, 1977, S. 201; *ders.*, Unternehmen und Gesellschaft, ZHR 147 (1983), 16; *Lutter*, Vermögensbildung und Unternehmensrecht, 1975; *Lutter/Semler* (Hrsg.), Rechtsgrundlagen freiheitlicher Unternehmenswirtschaft, 1991; *Martens*, Das Unternehmen und seine Organisation, RdA 1972, 269; *Oetker*, Das Recht der Unternehmensmitbestimmung im Spiegel der neueren Rechtsprechung, ZGR 2000, 19; *Ott*, Recht und Realität der Unternehmenskorporation, 1977; *Preis*, Grundfragen der Vertragsgestaltung im Arbeitsrecht, 1993; *Raisch*, Unternehmensrecht I/II, 1973/74; *Thomas Raiser*, Das Unternehmen als Organisation, 1969; *ders.*, Die Zukunft des Unternehmensrechts, in: Festschrift Fischer, 1979, S. 561; *Reinhardt*, Vom Gesellschaftsrecht zum Unternehmensrecht? in: Festschrift Hartmann, 1976, S. 213; *Reuter*, Die Mitbestimmung als Bestandteil des Normativsystems für die juristischen Personen des Handelsrechts, 1983; *Rittner*, Unternehmensfreiheit und Unternehmensrecht, 1998; *ders.*, Der 30jährige Krieg um das deutsche Gesellschaftsrecht und seine Lehren, in: Festschrift Peltzer, 2001, S. 367; *Schilling*, Rechtsform und Unternehmen, in: Festschrift Duden, 1977, S. 537; *ders.*, Das Aktienunternehmen, ZHR 144 (1980), 136; *Semler*, Vom Gesellschaftsrecht zum Unternehmensrecht, in: Festschrift Raisch, 1995, S. 291; *Steinmann*, Das Großunternehmen im

Gesellschaftsrecht« – zusammengefaßt[46]. Der Zusammenhang rührt von der dominierenden Bedeutung der Handelsgesellschaften im Gesellschaftsrecht her, die ursprünglich – nämlich im ADHGB von 1861 – auch noch sämtlich in der Handelsrechtskodifikation geregelt waren. Heute noch sind die Handels-Personengesellschaften im HGB geregelt, und der Sachzusammenhang zwischen Handels- und Gesellschaftsrecht ist bei allen unternehmenstragenden Gesellschaften unverkennbar. Gesellschaftsrechtsfälle in Praxis und Lehre sind in aller Regel zugleich Handelsrechtsfälle. Als Rechtsmaterien lassen sich beide gleichwohl voneinander unterscheiden: Das Handelsrecht ist das Außenprivatrecht der Unternehmen (Handelsrecht, § 3); das Gesellschaftsrecht dagegen ist das Recht der privaten Zweckverbände und der kooperativen Schuldverhältnisse (oben unter I 1).

Beispiel Nr. 7: Läßt der geschäftsführende Gesellschafter einer Unternehmensberatungs-Gesellschaft das Auftragsschreiben eines Mandanten ungelesen zu den Akten gehen, und entsteht durch die Nicht-Erledigung ein Schaden, so ist es eine handelsrechtliche Frage (§ 362 HGB), ob die Gesellschaft vertraglich zum Tätigwerden verpflichtet war (dazu Handelsrecht, § 18 II). Die Frage, ob neben der Gesellschaft auch deren Gesellschafter haften, ist dagegen gesellschaftsrechtlicher Art.

b) Hiervon zu unterscheiden ist das Verhältnis zwischen *Gesellschaftsrecht und Unternehmensrecht.* Das Unternehmensrecht ist noch nicht zu einer eindeutig abgrenzbaren juristischen Disziplin herangewachsen[47]. Es steht vorerst mehr für rechtspolitische Arbeitsfelder und Programme als für eine abgrenzbare Rechtsmaterie (vgl. auch Handelsrecht, § 1 II). Unternehmensrecht als rechtspolitisches Programm spricht z.B. aus dem Bericht der Unternehmensrechtskommission[48] und aus den gewerkschaftlichen »Vorschlägen zum Unternehmensrecht«[49]. Auch das vor allem in den 60er und 70er Jahren vieldiskutierte Schlagwort von der »Unternehmensverfassung« demonstriert eine politische Dimension des Innenrechts der Gesellschaften: einen Sinnwandel von einem instrumentell begriffenen zu einem kritisch aufbereiteten Organisationsrecht[50], einen Sinnwandel von der Maßgeblichkeit kapitalistischer Unternehmensbeteiligung hin zum Gedanken eines partnerschaftlichen Unternehmensverbandes[51]. Der juristische Gehalt des Schlagworts vom Unternehmensrecht ist ambivalent. »Unternehmensrecht« als politisch-programmatische Formel kann nicht deckungsgleich sein mit einer

---

Interessenkonflikt, 1979; *Steinmann/Gerum,* Reform der Unternehmensverfassung, 1978; *Karsten Schmidt,* Vom Handelsrecht zum Unternehmens-Privatrecht? JuS 1985, 249; *Vollmer,* Die Entwicklung partnerschaftlicher Unternehmensverfassungen, 1976; *H. P. Westermann,* Unternehmensverfassung und Gesellschaftsrecht, in: Festschrift Westermann, 1974, S. 563; *Wiedemann,* Grundfragen der Unternehmensverfassung, ZGR 1975, 385; *ders.,* Die Zukunft des Gesellschaftsrechts, in: Festschrift Fischer, 1979, S. 883; *Windbichler,* Arbeitsrecht im Konzern, 1989.

46 Exemplarisch: *Wieland,* Handelsrecht I/II, 1921/1931; *Julius v. Gierke,* Handelsrecht und Schifffahrtsrecht, 8. Aufl. 1958; *Roth,* Handels- und Gesellschaftsrecht, 6. Aufl. 2001.

47 Übereinstimmend *Raiser,* Kapitalgesellschaften, § 6.

48 Bericht über die Verhandlungen der Unternehmensrechtkommission, 1980.

49 Projektgruppe im WSI, Vorschläge zum Unternehmensrecht. Arbeitnehmerinteressen und Unternehmensorganisation, 1981.

50 Charakteristisch *Ott,* a.a.O., S. 107ff.; *Steinmann/Gerum,* a.a.O., S. 8ff.

51 Charakteristisch *Vollmer,* a.a.O.; *Semler,* a.a.O., S. 300ff.

systematisch geordneten Rechtsmaterie. »Unternehmensrecht« als rechtssystematische Formel kann dagegen als Aufruf zu intensiver Abstimmung von Rechtsdisziplinen – insbesondere des Handels-, Gesellschafts- und Arbeitsrechts – verstanden werden. Möglicherweise können wesentliche Teile dieser Rechtsmaterien einmal unter dem Stichwort des Unternehmensrechts zu einer relativ geschlossenen Rechtsmaterie zusammengefaßt werden. Ein so verstandenes Unternehmensrecht wird von *Ballerstedt*[52] definiert als »Inbegriff der Rechtsnormen, die das Unternehmen als sozialen Verband der in ihm durch Kapitalbeiträge oder personale Leistungen kooperierenden Rechtssubjekte und als Institution der Wirtschaftsverfassung betreffen«. Auch ohne sogleich einem geschlossenen »Unternehmensrecht« das Wort zu reden, werden im vorliegenden Werk wesentliche Anstöße des Unternehmensrechts aufgegriffen und zum Gesellschaftsrecht – wie auch zum Handelsrecht – in integrierende Beziehung gesetzt (vgl. Handelsrecht, § 3 und passim). Mit dem Schlagwort »Vom Gesellschaftsrecht zum Unternehmensrecht« ist dann allerdings noch nicht viel gewonnen, sondern es sind nur differenzierte Aussagen möglich. Sie lassen sich folgendermaßen zusammenfassen:

aa) Seinem *Umfang* nach ist das Gesellschaftsrecht *teils weiter, teils enger* als das Unternehmensrecht. Es befaßt sich einerseits nicht nur mit unternehmenstragenden Gesellschaften, anderseits nicht mit dem gesamten Unternehmensrecht dieser Gesellschaften. Liegt nämlich eine unternehmenstragende Organisation – meist eine Handelsgesellschaft – vor, so umfaßt das Gesellschaftsrecht nicht das gesamte Innenrecht und Außenrecht dieser Organisation; es teilt sich diese Aufgabe vielmehr mit dem Arbeitsrecht und dem Handelsrecht.

bb) Ist demnach das Gesellschaftsrecht weder mit dem Unternehmensrecht identisch noch zur totalen Umwandlung in ein Unternehmensrecht fähig, so haben doch unternehmensrechtliche Überlegungen erheblichen Einfluß auf das Gesellschaftsrecht. Man kann insofern von einer *Wechselwirkung* sprechen. Nur beispielhaft sei verwiesen
- auf die Bedeutung der Mitbestimmungsdiskussion für das Gesellschaftsrecht (unten, § 16 IV) und
- auf den Unterschied zwischen unternehmenstragenden und nicht-unternehmenstragenden BGB-Gesellschaften (unten, § 58 V).

cc) Bei all dem muß unbedingt zwischen dem *rechtssystematischen* und dem *rechtspolitischen* Inhalt des Schlagworts vom »Unternehmensrecht« unterschieden werden. Die beschriebene Wechselwirkung bringt also qualitative Verschiebungen mit sich. Ändert sich die Unternehmensverfassung im Sinn eines partnerschaftlichen »Unternehmensrechts«, so finden diese Änderungen Niederschlag im Gesellschaftsrecht. Beispielsweise ist das Mitbestimmungsrecht ein zentral gesellschaftsrechtlicher Regelungsbereich. »Unternehmensrecht« kann auf diese Weise das »Gesellschaftsrecht« u. U. auch, wie die Funktionalisierung deutschen Mitbestimmungsdenkens gegenüber europäischen Rechtsentwicklungen zeigt, blockieren. Dies ist aber Aufgabe des

52 ZHR 135 (1971), 484.

politisch entscheidenden Gesetzgebers. Dagegen darf das Schlagwort »Vom Gesellschaftsrecht zum Unternehmensrecht« nicht dazu mißbraucht werden, dem Gesellschaftsrecht unter dem Schein einer systematischen Neubesinnung ohne Spruch des Gesetzgebers ein politisch neues Gesicht zu geben.

c) Vielfältig sind die *Zusammenhänge mit dem Arbeitsrecht*[53]. Das Arbeitsrecht wird beschrieben als Sonderrecht der abhängig, d.h. weisungsgebunden und für fremde Rechnung Arbeitenden (Arbeitnehmer). Charakteristische Fragen im Zusammenhang mit dem Gesellschaftsrecht sind etwa:
- Welche arbeitsrechtlichen Normen gelten für die Leitungsorgane einer Gesellschaft?[54]
- Wer schließt den Dienstvertrag mit diesen Leitungsorganen ab?[55]
- Welchen Einfluß haben Betriebsverfassung und Mitbestimmung auf die Organisation einer Gesellschaft?[56]
- Welche gesellschaftsrechtlichen Formen stehen für die Arbeitnehmerbeteiligung zur Verfügung?[57]

---

53 Umfassend *Wiedemann* I, § 11; seither krit. vor allem *Beuthien*, a.a.O.; *Rittner,* a.a.O.

54 Vgl. *BGHZ* 10, 187, 191ff.; 12, 1, 5ff.; 36, 142; 49, 30; *BGH*, WM 1963, 159; 1978, 1106; *BAG,* NJW 1996, 614; *Brachert*, Organmitgliedschaft und Arbeitnehmerstatus, 1991; *Diller*, a.a.O., S. 129ff.; *Gissel*, Arbeitnehmerschutz für den GmbH-Geschäftsführer, 1987; *Haas*, Geschäftsführerhaftung und Gläubigerschutz 1997; *Hoffmann/Lieb*, Der GmbH-Geschäftsführer, 2. Aufl. 2000; *Heisse*, Die Beschränkung der Geschäftsführerhaftung gegenüber der GmbH, 1988; *Lieb/Eckardt*, Der GmbH-Geschäftsführer in der Grauzone zwischen Arbeitsrecht und Gesellschaftsrecht, 1987; *Nordhues*, Arbeitsrechtliche Einordnung von Organmitgliedern, Diss. Bielefeld 1992; *Sandmann*, Die Haftung von Arbeitnehmern, Geschäftsführern und leitenden Angestellten, 2001; *Gaul*, GmbHR, 1988, 172.

55 Vgl. *BGHZ* 89, 48; *BGH*, NJW 1991, 1680; *Baums*, Der Geschäftsleitervertrag, 1987, S. 64ff.; *Groß*, Das Anstellungsverhältnis des GmbH-Geschäftsführers..., 1987; *Jaeger*, Der Anstellungsvertrag des GmbH-Geschäftsführers, 2. Aufl. 1992; *Fleck*, WM 1968, Sonderbeilage 3, S. 4f.; *ders.*, ZHR 149 (1985), 387.

56 *Kübler*, § 32; *Wiedemann* I, § 11; *Ulmer*, Die Anpassung der Satzung mitbestimmter Aktiengesellschaften an das MitbestG 1976, 1980; *Konzen*, Unternehmensaufspaltungen und Organisationsänderungen im Betriebsverfassungsrecht, 1986; *Gaul/Gajewski*, Die Betriebsänderung, 1993; *Heussler*, Die Unternehmensmitbestimmung, in: Festschrift 50 Jahre BGH II, 2000, S. 387; *Reuter*, a.a.O.; *Reuter/Körnig*, Mitbestimmung und gesellschaftsrechtliche Gestaltungsfreiheit, ZHR 140 (1976), 494.

57 Vgl. *Wiedemann* I, § 11 V m.w.N.; *Beuthien* (Hrsg.), Arbeitnehmer oder Arbeitsteilhaber? 1987; *Fohrmann*, Der Arbeitnehmer als Gesellschafter, 1982; *Friedrichsen*, Aktienoptionsprogramme für Führungskräfte, 2000; *Harrer* (Hrsg.), Mitarbeiterbeteiligungen und Stock-Option-Pläne, 2000; *Jungen/Lehmann*, Mitarbeiterbeteiligung, 2000; *Langhein*, Arbeitnehmerbeteiligungen an mittelständischen Unternehmen, 1987; *Laßmann/Schwark*, Beteiligung der Arbeitnehmer am Produktivvermögen, 1985; *Loritz*, Die Mitarbeit Unternehmensbeteiligter, 1984; *Picot*, Gewinnumverteilung und Verfassungsrecht, 1978; *Reuter*, Verbesserung der Risikokapitalausstattung der Unternehmen durch Mitarbeiterbeteiligung? NJW 1984, 1849.

5. Gesellschaftsrecht und Wirtschaftsrecht, insbesondere Kartellrecht*

a) Da der Begriff des Wirtschaftsrechts außerordentlich umstritten ist (vgl. Handelsrecht, § 1 II 4), könnte eine verbindliche Abgrenzung und Inbezugsetzung beider nur nach einem breiten Exkurs über das Wirtschaftsrecht formuliert werden. Hier kann das Verhältnis beider zueinander nur skizziert werden. In einem populären Sinne – z. B. in den Kolumnen der Fachzeitschriften – wird das Gesellschaftsrecht, weil wirtschaftsnah, meist zum Wirtschaftsrecht gezählt. Begreift man Wirtschaftsrecht jedoch als das *Recht der Wirtschaftsordnung*, so ist die Abgrenzung deutlich: Gesellschaftsrechtliche *Sachverhalte* können zugleich wirtschaftsrechtliche *Sachverhalte* sein, aber die *Rechtsmaterien* sind voneinander zu trennen.

b) Daß ungeachtet dieser Trennung enge *Funktionszusammenhänge* bestehen und daß diese Funktionszusammenhänge die Trennung doch nicht aufheben, läßt sich am *Beispiel des Rechts gegen Wettbewerbsbeschränkungen*, des sog. Kartellrechts, verdeutlichen.

Die Grundtatbestände des Gesellschaftsrechts und des Kartellrechts weisen auf die Nähe der Materien hin und könnten zu vorschnellen Folgerungen verleiten (näher unten, § 4 I 2 c): § 705 BGB beschreibt den Gesellschaftsvertrag dahin, daß sich die Gesellschafter gegenseitig verpflichten, die Erreichung eines gemeinsamen Zweckes in der durch den Vertrag bestimmten Weise zu fördern, insbesondere die vereinbarten Beiträge zu leisten. Der Kartellvertrag wurde bis 1998 in § 1 GWB a. F. beschrieben als ein Vertrag, den Unternehmen oder Vereinigungen von Unternehmen zu einem gemeinsamen Zweck schließen und der geeignet ist, die Erzeugung oder die Marktverhältnisse für den Verkehr mit Waren oder gewerblichen Leistungen durch Beschränkungen des Wettbewerbs zu beeinflussen. – Ähnliche Berührungspunkte gibt es im Bereich der Fusion. Die §§ 2 ff. UmwG regeln die Verschmelzung von Gesellschaften, die §§ 35 ff. GWB sowie die Fusionskontrollverordnung (FKVO) die sog. Fusionskontrolle (Zusammenschlußkontrolle). Die Zusammenhänge sind evident.

Trotzdem hat das Recht gegen Wettbewerbsbeschränkungen einen anderen Zweck und Regelungsgegenstand: Es ist nicht Organisationsrecht, sondern Ordnungsrecht der Wirtschaft. Es zielt auf Offenhaltung der Märkte und zielt gegen den Mißbrauch wirtschaftlicher Macht bzw. gegen die Manipulation von Marktbedingungen. Es ist weder reines Organisationsrecht (inso-

* Literatur (Auswahl; älteres Material in der 3. Aufl.): Wiedemann I, § 13; *Benner*, Kartellrechtliche Unwirksamkeit bei verfaßten Verbänden, 1993; *Emmerich*, Kartellrecht, 9. Aufl. 2001; *Fikentscher*, Wirtschaftsrecht I, II, 1983; *Harms*, Konzerne im Recht der Wettbewerbsbeschränkungen, 1968; *Immenga*, Die Befreiung des Kartellverbots nach § 1 GWB von der Kartellformenlehre, in: Festschrift 50 Jahre BGH II, 2000, S. 699; *Herrmann*, Interessenverbände und Wettbewerbsrecht, 1984; *Kübler/Schmidt*, Gesellschaftsrecht und Konzentration, 1988; *Möschel*, Recht der Wettbewerbsbeschränkungen, 1983; *Pohlmann*, Der Unternehmensverbund im europäischen Kartellrecht, 1999; *Rittner*, Wettbewerbs- und Kartellrecht, 6. Aufl. 1999; *Säcker*, Zielkonflikte und Koordinationsprobleme im deutschen und europäischen Kartellrecht, 1971; *Karsten Schmidt*, Kartellverbot und »sonstige Wettbewerbsbeschränkungen«, 1978; *ders.*, Europäisches Kartellrecht und nationales Gesellschaftsrecht, in: EU-Regierungskonferenz 1996, Referate des XXIX. FIW-Symposions, 1996, S. 29; *ders.*, Altes und neues Kartellverbot, AG 1998, 551; *ders.*, Gesellschaftsrechtsstreitigkeiten vor Kartellgerichten, in: Festschrift Peltzer, 2001, S. 409; *Schwarz*, Kartellvertrag und sonstige wettbewerbsbeschränkende Verträge, 1984; *Steindorff*, Sind Handelsgenossenschaften Kartelle? 1978.

fern ist der Ausdruck »Kartellrecht« mißverständlich), noch befaßt es sich primär mit dem Verbot von (Kartell-)Gesellschaften, denn es können z.B. auch schlicht abgestimmte oder diskriminierende Verhaltensweisen oder Empfehlungen kartellrechtswidrig sein (vgl. §§ 1 20, 22 GWB). Das Kartellrecht stellt sich nicht als Gesellschaftsrecht, sondern als ein Recht der marktschützenden Verbote und Verbotssituationen dar[58]. Das war im europäischen Kartellrecht deutlicher als anfangs im deutschen. Nach Art. 81 I EG sind mit dem Gemeinsamen Markt unvereinbar und verboten »alle Vereinbarungen zwischen Unternehmen, Beschlüsse von Unternehmensvereinigungen und aufeinander abgestimmte Verhaltensweisen, welche den Handel zwischen Mitgliedstaaten zu beeinträchtigen geeignet sind und eine Verhinderung, Einschränkung oder Verfälschung des Wettbewerbs innerhalb des Gemeinsamen Marktes bezwecken oder bewirken«.

Nach langem Tauziehen ist auch der Grundtatbestand des Kartellrechts, nämlich das sog. Kartellverbot, auch in § 1 GWB seit 1998 endlich funktionsgerecht abgegrenzt: § 1 GWB spricht nicht mehr von »Verträgen zu einem gemeinsamen Zweck«, sondern verbietet wettbewerbsbeschränkende Vereinbarungen, Beschlüsse oder aufeinander abgestimmte Verhaltensweisen[59].

c) Das komplexe Verhältnis zwischen Kartellrecht und Gesellschaftsrecht läßt sich auf folgende Formeln bringen:

- Kartellrecht und Gesellschaftsrecht sind *unterschiedliche Materien*. Gesellschaftsrechtliche Abreden und Organisationsformen können Anlaß und Gegenstand kartellrechtlicher Verbote und Maßnahmen sein, aber zum Gegenstand des Kartellrechts werden sie nur wegen ihres Einflusses auf das Marktverhalten (Kartellvertrag) oder auf die Marktstruktur (Zusammenschluß), nicht wegen ihrer gesellschaftsrechtlichen Qualität.
- Kartellrechtliche Tatbestände sind deshalb *eigenständig auszulegen*. Besonders bedeutsam war dies, solange § 1 GWB die Kartellvereinbarung wie einen Gesellschaftsvertrag als zu einem »gemeinsamen Zweck« abgeschlossen bezeichnete, was lange Zeit zu der Annahme verleitete, der »Kartellvertrag« müsse notwendig ein Gesellschaftsvertrag i.S. von § 705 BGB sein[60], bis sich dann die selbständige wettbewerbsrechtliche Auslegung durchsetzte[61]. Ähnliches gilt für den Zusammenschlußbegriff, der sich nicht notwendig mit dem gesellschaftsrechtlichen Begriff der Verschmelzung deckt (unten, § 13 III). Ein Zusammenschluß im kartellrechtlichen Sinne liegt bereits dann vor, wenn mehrere Handelsgesellschaften (als

58 Vgl. zu den rechtssystematischen Folgerungen *Karsten Schmidt*, Kartellverfahrensrecht – Kartellverwaltungsrecht – Bürgerliches Recht, 1977, S. 8ff., 33ff.; *ders.*, ZHR 142 (1978), 151f.; *ders.*, in: Helmrich (Hrsg.), Wettbewerbspolitik und Wettbewerbsrecht, 1987, S. 23ff.; zust. *Bahntje*, Ist das Kartellverbot in § 25 Abs. 1 GWB geregelt? 1990; str.; scharf ablehnend *Wilhelm*, ZHR 149 (1985), 444; die Rechtsentwicklung hat das Konzept des *Verf.* bestätigt.

59 Dazu *Immenga*, a.a.O.; *Karsten Schmidt*, AG 1998, 551ff.

60 Charakteristisch etwa *BGH*, WuW/E BGH 359, 361 »Gasglühkörper«; 605, 607 »Flußspat«.

61 Vgl. besonders *BGHZ* 68, 6 = JuS 1977, 622 m.Anm. *Emmerich* = NJW 1977, 804 m.Anm. *Ulmer*; *BGH*, WuW/E BGH 2285, 2288 »Spielkarten«; 3115, 3118 »Druckgußteile«; eingehend Karsten Schmidt, a.a.O.; *Niederleithinger*, in: Festschrift Benisch, 1989, S. 277ff.; *Immenga*, a.a.O.

Unternehmen im kartellrechtlichen Sinne) unter gemeinschaftliche Kontrolle geraten (§ 37 GWB, Art. 3 FKVO)[62].

- In der praktischen Handhabung besteht eine *Wechselwirkung von Kartellrecht und Gesellschaftsrecht*. Beim Abschluß von Kooperationsverträgen unter Unternehmen oder bei Zusammenschlußvorhaben müssen sich die Beteiligten intensiv mit den durch das Kartellrecht gezogenen Grenzen befassen. Sind einzelne Abreden in einem Gesellschaftsvertrag nach § 1 GWB unwirksam, so löst dies gesellschaftsrechtliche Folgeprobleme aus (Teilnichtigkeit? Vertragsanpassungspflicht? Vollnichtigkeit?). Kann eine Gesellschaft, deren Vertrag gegen das Kartellverbot verstößt, als fehlerhafte Gesellschaft aufrechterhalten werden (dazu unten § 6 III 3c aa)? Noch deutlicher sind die Folgeprobleme der Zusammenschlußkontrolle. Nach § 41 III GWB ist ein vom Bundeskartellamt untersagter Zusammenschluß aufzulösen, wenn nicht der Bundesminister für Wirtschaft die Erlaubnis zu dem Zusammenschluß erteilt. Auch die EU-Kommission kann, wenn ein europarechtswidriger Zusammenschluß vollzogen ist, Maßnahmen zur Wiederherstellung wirksamen Wettbewerbs anordnen. Hier werden also gesellschaftsrechtliche Maßnahmen durch einen kartellbehördlichen Eingriff ausgelöst. Und doch bleibt der charakteristische Unterschied: So wenig nämlich, wie der kartellrechtliche Zusammenschlußbegriff eine Verschmelzung i.S. der §§ 2ff. UmwG voraussetzt, muß die kartellrechtliche Entflechtung eine Spaltung i.S. der §§ 123ff. UmwG sein. Es genügt, daß die gemeinschaftliche Kontrolle ausgeschaltet wird, z.B. auch durch die Veräußerung eines Aktienpakets, durch die Aufgabe von Stimmrechten etc.

6. Gesellschaftsrecht und Steuerrecht*

a) Im Grundsatz bekannt, aber in der Einzelproblematik sehr vielschichtig sind die *Zusammenhänge zwischen Gesellschaftsrecht und Steuerrecht*. Die

62 Dazu *Paschke*, Der Zusammenschlußbegriff des Fusionskontrollrechts, 1989.

* Literatur (Auswahl): *Kübler*, § 19; *Barth*, Die Steuern als gestaltende Faktoren im deutschen Gesellschaftsrecht, in: Festschrift Duden, 1977, S. 37; *Brönner*, Die Besteuerung der Gesellschaften, 17. Aufl. 1999; *Crezelius*, Steuerecht II, 1991; *ders.*, Steuerrechtliche Rechtsanwendung und allgemeine Rechtsordnung, 1983; *Döllerer*, Die Rechtsprechung des BFH zum Steuerrecht der Unternehmen, jährlich in ZGR 1972–1993; *Findeisen*, Unternehmung und Steuer, 1923; *ders.*, Die Unternehmensform als Rentabilitätsfaktor, 1924; *Flämig*, Gesellschaften und Steuerrecht, JuS 1978, 662, 741; 1979, 13, 89, 166, 243, 397, 548, 625, 773, 850; 1980, 255, 327, 406; *Flume*, Besteuerung und Wirtschaftsordnung, StbJb 1973/1974, 53; *Groh*, Die Rechtsprechung des BFH zum Steuerrecht der Unternehmen, ZGR 1974–2000; *Jakobs*, Unternehmensbesteuerung und Rechtsform, 1988; *Knobbe-Keuk*, Bilanz- und Unternehmenssteuerrecht, 9. Aufl. 1993; *dies.*, Empfiehlt sich eine rechtsformunabhängige Besteuerung der Unternehmen? in: Verhandlungen des 53. DJT II, 1980, S. O 9ff.; *Kruse*, Steuerrecht I, 1991; *Paulick*, Der Einfluß des Steuerrechts auf die Wahl der Gesellschaftsform, JuS 1967, 481; *Ludwig Schmidt*, Einkommensteuergesetz, 20. Aufl. 2001; *Dieter Schneider*, Grundzüge der Unternehmensbesteuerung, 6. Aufl. 1994; *Schöne*, Die Besteuerung der Kapitalgesellschaften, 1985; *Schulze-Osterloh*, Zivilrecht und Steuerrecht, AcP 190 (1990), 140; *Sontheimer*, Vertragsgestaltung und Steuerrecht, JuS 2000, 43; *Tipke/Lang*, Steuerrecht, 16. Aufl. 1998; *von Wallis/Brandmüller/Schulze zur Wiesche*, Die Besteuerung von Personen- und Kapitalgesellschaften, 5. Aufl. 2000; *Walz*, Steuergerechtigkeit und Rechtsanwendung, 1980; *ders.*, Empfiehlt sich eine rechtsformunabhängige Besteuerung der Unternehmen? Gutachten F, in: Verhandlungen des 53. DJT I, 1980; *Harald Weber*, Grundgesetz,

außerordentliche Bedeutung des Steuerrechts für die Gesellschaftsrechtspraxis und für die Gesellschaftsrechtspolitik ist Folge der *gewachsenen Steuerbelastungen*[63].

Bis zur Steuerreform von 1920 unterlagen alle Gesellschaften den einzelnen bundesstaatlichen Einkommensteuergesetzen. Seit Einbeziehung der AG (1891) und der GmbH (1906) waren deren Gewinne ebenfalls – wie die der Personengesellschafter – der Einkommensteuer in einer Höhe von bis zu 5% unterworfen, wobei allerdings die tatsächliche Belastung durch eine Art gemeindlicher Hebesätze höher lag[64]. Ab 1920 unterlagen juristische Personen der neu geschaffenen, reichseinheitlichen Körperschaftsteuer in Höhe von 10% auf den Gewinn, ab 1922 dann in Höhe von 20%. Seit 1954 differiert der Tarif danach, ob Gewinne ausgeschüttet oder thesauriert werden; die Belastung stieg auf 36% bzw. 56%. Eine steuerliche Doppelbelastung bei ausgeschütteten Gewinnen wurde seit 1977 durch ein kompliziertes Anrechnungsverfahren vermieden. Seit 2001 gilt aufgrund der Steuerreform von 2000 für die Körperschaftsteuer ein Steuersatz von 25% (§ 23 I KStG), und ab 2002 versteuern die Gesellschafter einer Körperschaft nach dem sog. Halbeinkünfteverfahren ausgeschüttete Gewinne nur noch zur Hälfte (vgl. § 3 Nr. 40 EStG). Die bei der Betrachtung der Personengesellschaften interessierende Einkommensteuer betrug ab 1920 bis zu 60%, wurde 1925 auf 40% ermäßigt, stieg wieder auf 56% und lag seit 1994 bei maximal 53 %, für gewerbliche Einkünfte 47%. Aufgrund der Steuerreform 2000 wird dieser Höchststeuersatz bis voraussichtlich 2005 sukzessiv gesenkt (für 2000: 51% bzw. 43%; für 2001: 48,5%; 2003 und 2005 voraussichtlich 47% und 42%). Etwa seit den 20er Jahren des vergangenen Jahrhunderts spielt wegen dieser Daten das Steuerrecht für gesellschaftsrechtliche Gestaltungsfragen eine dominierende Rolle[65].

b) *Ganze Entwicklungsstränge – auch Fehlentwicklungen!*[66] *– des Gesellschaftsrechts* lassen sich ausschließlich oder doch überwiegend als Konsequenzen dieser steuerrechtsorientierten Rechtsformwahl erklären. Die GmbH & Co. KG – es gibt sie seit etwa 1910[67] – ist ganz überwiegend ein Kind des Steuerrechts, auch wenn sie heute zu einer eigenen Organisationsform herangediehen und nach vielen Mühen gesellschaftsrechtlich geordnet ist (eingehend unten, § 56). Das Phänomen der Publikumspersonengesellschaften findet seine Erklärung im Steuerrecht (unten, § 57 I 1 b), denn das Motiv für den Beitritt zu solchen Gesellschaften lag ganz überwiegend im einkommensteuerrechtlichen Abschreibungseffekt. Der Nießbrauch an Gesellschaftsanteilen (unten, § 61 II), scheinbar nichts anderes als die gesellschaftsrechtliche Variante eines Sachenrechtsinstituts, verdankt seine Bedeu-

---

Gesellschaftsrecht und die Besteuerung der selbständigen Unternehmen, 1971; *Wöhe*, Betriebswirtschaftliche Steuerlehre I/1, 6. Aufl. 1988; *Zartmann/Litfin*, Unternehmensform nach Maß, 6. Aufl. 1991.

63 Zur historischen Entwicklung vgl. *Barth*, Die Entwicklung des deutschen Bilanzrechts, Bd. II/I, 1955.

64 Vgl. *Barth*, in: Festschrift Duden, a.a.O., S. 42.

65 Eingehend *Ottmar Bühler*, Der Einfluß des Steuerrechts auf die Gesellschaftsformen, Zeitschrift für handelswissenschaftliche Forschung 35 (1941), 81; *Herzig/Kessler*, Steuerorientierte Wahl der Unternehmensform, GmbHR 1992, 232.

66 Dazu *Knobbe-Keuk*, Das Steuerrecht – eine unerwünschte Rechtsquelle des Gesellschaftsrechts? 1986; *Groh*, BB 1984, 304ff.

67 Als »Geburtsjahr« wird meistens das Jahr 1912 genannt, weil hier das *BayObLG* folgenreich über die Zulässigkeit der GmbH & Co. entschied (OLGE 27, 331 = DJZ 1913, 647 = SeuffA 67 Nr. 263); aber der forensische Segen darf bestenfalls als »Taufe« der von der Kautelarpraxis geschaffenen Gestaltung bezeichnet werden.

tung in erster Linie dem Steuerrecht. Dasselbe gilt für die sog. Betriebsaufspaltung, bei der ein Unternehmen von einer sog. Betriebsgesellschaft geführt wird, während eine sog. Besitzgesellschaft das Anlagevermögen hält (dazu vgl. Handelsrecht, § 9 IV 2b sowie unten, § 12 II 3 d). Schließlich ist auch die Gestaltung von Konzernverhältnissen stark vom Steuerrecht dominiert. In der deutschen Praxis wird die Konzerleitungsmacht eines herrschenden Unternehmens vielfach durch sog. Unternehmensverträge (»Beherrschungs- und Ergebnisabführungsverträge«) sichergestellt, deren Verständnis aus der Sicht des Gesellschaftsrechts schwierig ist (unten, § 17 I 3). Die Erklärung für diesen scheinbaren Fremdkörper ist: Es ist das Steuerrecht, das uns diese Verträge zwischen Mutter- und Tochtergesellschaften aufzwingt.

c) Die *Wahl der Rechtsform im Gesellschaftsrecht* wird neben anderen Faktoren ganz wesentlich vom Steuerrecht bestimmt. Der steuerliche Belastungsvergleich[68] gehört zu den wichtigsten Bestimmungsfaktoren bei der Rechtsformwahl, und das moderne Umwandlungsrecht (unten, §§ 12, 13) macht es leicht, auch vorhandene Unternehmen nach aktuellen Steuervorteilen umzugestalten. Unter § 5 II 2b wird auszuführen sein, daß dieser Bestimmungsfaktor nur einer unter mehreren sein sollte. Die Vertragsgestaltungspraxis muß davor gewarnt werden, Steuervorteile einseitig in den Vordergrund zu rücken. Selbstverständlich ändert dies nichts daran, daß jeder, der Vertragsgestaltung betreibt, ausreichende steuerrechtliche Kenntnisse benötigt oder ggf. steuerrechtliche Hilfe beiziehen muß. Bestandteil des Gesellschaftsrechts sind diese Steuerrechtsfragen allerdings nicht. Auf sie kann im vorliegenden Buch nur hingewiesen werden, wo es für die Darstellung auf solche Zusammenhänge ankommt.

d) *Aus gesellschaftsrechtlicher Sicht* erweist sich das Steuerrecht damit teils als unentbehrliches Werkzeug der Gestaltungspraxis, teils als notwendiges Datum für die Erklärung von Rechtsentwicklungen, teils allerdings auch als Störfaktor, weil sich Unstimmigkeiten in der Besteuerung sogleich in der gesellschaftsrechtlichen Gestaltungspraxis niederschlagen. Es fehlt nicht an Bemühungen, diesen Mißstand zu beseitigen.[69] Schon 1924 beschloß deshalb der 33. Deutsche Juristentag[70]: »Die Einkommen- und Körperschaftsteuer ist so zu gestalten, daß die Gewerbetreibenden nicht genötigt werden, der Einkommen- oder Körperschaftsteuer wegen bestimmte Rechtsformen zu wählen oder von einer Rechtsform zur anderen überzugehen.« Bis heute ist das Unternehmenssteuerrecht von diesem Ziel weit entfernt. Zwar hat die Körperschaftsteuerreform von 1977 durch ein Anrechnungsverfahren bei der Besteuerung ausgeschütteter Gewinne die Diskriminierung der GmbH im Vergleich zu den Personengesellschaften abgebaut; dies geschah auch mit dem erklärten Ziel, den Einfluß des Steuerrechts auf die Rechtsformwahl zurück-

68 Dazu statt vieler *Krüger,* Zweckmäßige Wahl der Unternehmensform, 6. Aufl. 1999, Rdnrn. 186ff.; ältere Nachweise noch in der 3. Aufl.
69 Vgl. *Knobbe-Keuk,* DB 1989, 1303ff.; *Lang,* StuW 1989, 3ff.; *Ritter,* BB 1990, 2200.
70 Verhandlungen des 33. DJT, 1925, S. 492.

zudrängen[71]; dieses Ziel wurde aber deshalb nicht wirklich erreicht, weil man nur ein Einzelproblem aufgriff und sich der großen Aufgabe einer Neukonzeption der Unternehmensbesteuerung nicht stellte[72]. Über eine solche Neukonzeption wurde 1980 auf dem 53. Deutschen Juristentag in Berlin beraten, wo *Brigitte Knobbe-Keuk* im Gegensatz zu dem relativistischen Gutachten von *Rainer Walz*[73] vortrug[74]: »Der derzeitige Zustand der Unternehmensbesteuerung ist unbefriedigend und in Teilbereichen auch verfassungsrechtlich bedenklich. Unternehmen vergleichbarer Größenordnung und vergleichbarer Struktur... sind je nachdem, ob sie in der Form des Personenunternehmens oder der Kapitalgesellschaft oder in einer Mischform geführt werden, durch die Besteuerung ganz unterschiedlich getroffen. Eine Änderung dieses Zustandes ist geboten. Die sinnvollste Lösung einer Betriebssteuer... ist seit der Einführung des Körperschaftsteuer-Anrechnungsverfahrens praktisch nicht mehr durchführbar. Bei realistischer Betrachtung muß davon ausgegangen werden, daß der Gesetzgeber in absehbarer Zeit eine grundlegende, auf die Unternehmen bezogene Änderung des überkommenen ESt-KSt-Systems nicht vornehmen wird. Es kann damit zur Zeit nur um den Versuch gehen, im Rahmen des derzeitigen Systems die wesentlichen rechtsformspezifischen Unterschiede in der Besteuerung der Unternehmen einzuebnen und die größten Mißstände abzubauen.« Auch die Beschlüsse des Juristentags[75] liefen dann nur noch auf weitere Detailänderungen hinaus, und bei der Steuerreform von 2000 hat sich nicht einmal der Plan durchsetzen lassen, nach dem Personengesellschaften für eine Besteuerung nach den Grundsätzen der Körperschaftsteuer optieren sollten[76]. Die Praxis wird demnach auch künftig mit rechtsformspezifischen Unterschieden zu arbeiten haben. Solange dies der Fall ist, wird das Steuerrecht weiterhin bei der Rechtsformwahl und bei der Vertragsgestaltung Pate stehen.

7. Gesellschaftsrecht, Prozeßrecht und Insolvenzrecht*

Auch die *Zusammenhänge mit dem Prozeßrecht und Insolvenzrecht* können nur beispielhaft verdeutlicht werden. Die Berührungspunkte sind vielfältig, auch wenn sich die Rechtsdisziplinen unterscheiden.

---

71 Begr.RegE, BT-Drucks. 7/1470, S. 328.
72 Vgl. *Knobbe-Keuk*, Bilanz- und Unternehmenssteuerrecht, a.a.O., Schlußteil nach § 27.
73 A.a.O.
74 *Knobbe-Keuk*, DJT, a.a.O., S. O 35.
75 Verhandlungen des 53. DJT II, 1980, S. O 180.
76 Vgl. als Überblick *Voß*, Unternehmenssteuer- und Einkommensteuertarifreform 2000, ZRP 2000, 253.

* Literatur (Auswahl): *Braun/Uhlenbruck*, Unternehmensinsolvenz, 1997; *Robert Fischer*, Die Personenhandelsgesellschaft im Prozeß, in: Festschrift Hedemann, 1958, S. 75 = Gesammelte Schriften, 1985, S. 121; *Grüneberg*, Die Rechtsposition der Organe der GmbH und des Betriebsrates im Konkurs, 1988; *Haas*, Besonderheiten der Gesellschaftsinsolvenz, in: Gottwald (Hrsg.), Insolvenzrechtshandbuch, 2. Aufl. 2000, §§ 91–94; *Hadding*, Actio pro socio, 1966; *Happ*, Die GmbH im Prozeß, 1997; *Hassold*, Die Voraussetzungen der besonderen Streitgenossenschaft, 1970; *Heller*, Der Zivilprozeß der Gesellschaft bürgerlichen Rechts, 1989; *Alfred Hueck*, Gestaltungsklagen im Recht der Handelsgesellschaften, in: Recht im Wandel, Festschrift Heymanns Verlag, 1965, S. 287; *Hüffer*, Die Gesamthandsgesellschaft in Prozeß, Zwangsvollstreckung

a) Im *Recht des Erkenntnisverfahrens* kann die Parteifähigkeit von Gesellschaften und Verbänden Zweifelsfragen aufwerfen (§ 50 ZPO). Beispielsweise hat die Anerkennung der Parteifähigkeit von BGB-Außengesellschaften durch *BGHZ* 146, 341 = NJW 2001, 1056 nicht nur die ZPO durcheinandergewirbelt, sondern auch die Praxis verändert (dazu unten, § 60 II 1). Es kann die Frage entstehen, was aus einem laufenden Prozeß wird, wenn es zur Auflösung oder zur Vollbeendigung der prozessierenden Gesellschaft kommt (unten, § 11 V 6 c). Die prozessuale Geltendmachung von Gesellschaftsrechten, Gesellschafterrechten und Haftungsansprüchen kann die Frage entstehen lassen, wer der richtige Kläger oder der richtige Beklagte ist (vgl. zu den Anfechtungsklagen unten, § 15 II 1 b dd; zum Organstreit in der AG vgl. unten, § 14 IV 2; zum Binnenstreit in Personengesellschaften unten, § 45 I 1 b). Wird gleichzeitig gegen eine Gesellschaft und ihre Gesellschafter geklagt, so entstehen Rechtsfragen der Streitgenossenschaft. Hinzu kommen Prozeßprobleme bei den gesellschaftsrechtlichen Gestaltungsklagen (Anfechtungsklagen, Auflösungsklagen, Ausschließungsklagen usw.). Schließlich kann bis in die kleinsten Fragen hinein der Zusammenhang zwischen Gesellschaftsrecht und Prozeßrecht zum Tragen kommen, z.B. bei der Zustellung einer Klagschrift an einen von mehreren Geschäftsführern.

b) Das *Zwangsvollstreckungsrecht* muß sich z.B. mit der Frage befassen, mit welchem Titel man in ein Gesellschaftsvermögen vollstrecken kann (§§ 124 II HGB, 736 ZPO). Hat ein Privatgläubiger gegen einen Gesellschafter einen Titel erwirkt, so stellt sich die Frage, in welcher Weise und mit welcher Folge er auf die Rechte des Gesellschafters in der Gesellschaft zugreifen kann (vgl. z.B. §§ 725 BGB, 135 HGB). Zahlreiche Detailprobleme der Zwangsvollstreckung kommen hinzu.

c) Besonders nachhaltiges Interesse verdienen die *Zusammenhänge zwischen dem Insolvenzrecht und dem Gesellschaftsrecht.* Das Insolvenzrecht ist nicht nur – wie herkömmlich gelehrt wurde – Gesamtvollstreckungsrecht, sondern es hat nachhaltigen Einfluß auf das Organisations- und Haftungsrecht der Gesellschaften[77]: Welche Gesellschaften und Verbände sind »insolvenzrechtsfähig« (§ 11 InsO)? Welche Rechtsfolgen hat die Verfahrenseröffnung für die Verfassung und für den Fortbestand einer insolventen Gesellschaft sowie für

---

und Konkurs, in: Festschrift Stimpel, 1985, S. 165; *Kressin*, Die Einleitung eines Insolvenzverfahrens für Unternehmen, 1990; *H.F. Müller*, Der Verband in der Insolvenz, 2002; *Noack*, Gesellschaftsrecht und Insolvenzrecht, 1998; *Scheumann*, Parteifähigkeit im Zivilprozeß, 2002; *Schlosser*, Gestaltungsklagen und Gestaltungsurteile, 1966; *Karsten Schmidt*, Mehrseitige Gestaltungsprozesse bei Personengesellschaften, 1993; *ders.*, Wege zum Insolvenzrecht der Unternehmen, 1990; *ders.*, Insolvenzordnung und Unternehmensrecht, in: Kölner Schrift zur InsO, 2. Aufl. 2000, S. 1199; ders., Insolvenzordnung und Gesellschaftsrecht, ZGR 1998, 633; *Karsten Schmidt/Uhlenbruck*, Die GmbH in Krise, Sanierung und Insolvenz, 2. Aufl. 1999; *Uhlenbruck*, Gesellschaftsrechtliche Aspekte des Insolvenzrechts, in: Kölner Schrift zur InsO, 2. Aufl. 2000, S. 1157; *Ulmer*, Gestaltungsklagen im Personengesellschaftsrecht und notwendige Streitgenossenschaft, in: Festschrift Geßler, 1971, S. 269; *Friedrich Weber*, Die Funktionsteilung zwischen Konkursverwalter und Gesellschaftsorganen im Konkurs der Kapitalgesellschaft, KTS 1970, 73.

77 Vgl. *Karsten Schmidt*, Wege zum Insolvenzrecht, a.a.O., S. 99ff.; ZIP 1980, 233ff.; 1985, 713ff.; KTS 1988, 1ff.; ebenso jetzt *H.F. Müller*, a.a.O.

ihre Rechtsbeziehungen zu Dritten? Welche Stellung und Aufgabe haben der Insolvenzverwalter und – neben ihm – die Organe der Gesellschaft?[78] Wie werden Einlageschulden und Haftungsverhältnisse im Insolvenzverfahren abgewickelt?[79] Welchen Einfluß haben Kapitalflüsse vor der Verfahrenseröffnung auf die Inanspruchnahme von Gesellschaftern (vgl. z.B. §§ 31, 32a, b GmbHG, 172 IV, 172a HGB, §§ 135, 136 InsO)? Diese Fragen und zahlreiche Folgeprobleme liegen im Schnittpunkt zwischen Gesellschaftsrecht und Insolvenzrecht. Sie werden in diesem Buch wiederholt in Erscheinung treten (unten, § 18 IV, § 29 I und II, § 37 IV, § 56 V).

8. Gesellschaftsrecht, Internationales Privatrecht und Rechtsvereinheitlichung*

a) Das *gesellschaftsrechtliche Kollisionsrecht* befaßt sich mit der vor allem bei ausländischen und transnationalen Gesellschaften wichtigen Frage, welchem Recht die Gesellschaft und die mitgliedschaftlichen Beziehungen ihrer Gesellschafter unterliegen. Das gesellschaftsrechtliche Kollisionsrecht ist systematisch Bestandteil des Internationalen Privatrechts und soll hier nicht eingehend dargestellt werden. Neben dem angeführten Spezialschrifttum ist zu

78 Dazu *Karsten Schmidt*, Wege zum Insolvenzrecht, a.a.O., S. 106ff.; KTS 1984, 345ff.

79 Dazu *Karsten Schmidt*, Wege zum Insolvenzrecht, a.a.O., S. 76ff.; JZ 1985, 302.

* Literatur (Auswahl): *Abrahams*, Les sociétés en droit international privé, Paris 1957; *Bärmann*, Europäische Integration im Gesellschaftsrecht, 1970; *Bayer*, Der grenzüberschreitende Beherrschungsvertrag, 1988; *Behrens*, Der Anerkennungsbegriff im internationalen Gesellschaftsrecht, ZGR 1978, 499; *ders.*, Niederlassungsfreiheit und Internationales Gesellschaftsrecht, RabelsZ 52 (1988), 498; *Bungert*, Das Recht ausländischer Kapitalgesellschaften auf Gleichbehandlung ..., 1994; *ders.*, Entwicklungen im internationalen Gesellschaftsrecht Deutschlands, AG 1995, 489; *Buxbaum/Hopt*, Legal Harmonization and the Business Enterprise, in: Capelleti/Weiler (Hrsg.), Integration through Law, Bd. IV, 1988; *Ebenroth*, Die verdeckten Vermögenszuwendungen im transnationalen Unternehmen, 1979; *Ebenroth/Bippus*, Die Anerkennungsproblematik im Internationalen Gesellschaftsrecht, NJW 1988, 2137; *Ebenroth/Sura*, Das Problem der Anerkennung im internationalen Gesellschaftsrecht, RabelsZ 43 (1979), 315; *Ebenroth/Wilken*, Entwicklungstendenzen im deutschen Internationalen Gesellschaftsrecht, JZ 1991, 1014, 1061, 1116; *Grasmann*, System des internationalen Gesellschaftsrechts, 1970; *Großfeld*, Internationales und Europäisches Unternehmensrecht, 2. Aufl. 1995; *Großfeld/König*, Identitätswahrende Sitzverlegung in der Europäischen Gemeinschaft, IPRax 1991, 380; *Habersack*, Europäisches Gesellschaftsrecht, 1999; *Henssler* u.a. (Hrsg.) Europäische Integration und globaler Wettbewerb, 1994; *Knobbe-Keuk*, Der Umzug von Gesellschaften, ZHR 154 (1990), 325; *Koppensteiner*, Internationale Unternehmen im deutschen Gesellschaftsrecht, 1971; *Kruse*, Sitzverlegung von Kapitalgesellschaften in der EG, 1997; *Luchterhandt*, Deutsches Konzernrecht bei grenzüberschreitenden Konzernverbindungen, 1971; *Lutter*, Die Gründung einer Tochtergesellschaft im Ausland, 3. Aufl. 1995; *ders.*, Europäisches Unternehmensrecht, 4. Aufl. 1996; *Nagel*, Deutsches und europäisches Gesellschaftsrecht, 2000; *Panthen*, Der Sitzbegriff im internationalen Gesellschaftsrecht, 1987; *Raupach* u.a., Globalisierung, in: JbFSt 1994/95, S. 307; *Sandrock*, Die multinationalen Korporationen im Internationalen Privatrecht, in: Berichte der Gesellschaft für Völkerrecht 18 (1978), S. 169; *Karsten Schmidt*, Freie Beweglichkeit von Unternehmen über nationale Grenzen, in: Multimedia: Kommunikation ohne Grenzen – grenzenloser Wettbewerb? XXXI FIW-Symposium, 1998, S. 41; *Schwarz*, Europäisches Gesellschaftsrecht, 2 Bde., 2000; *Staudinger/Großfeld*, Internationales Gesellschaftsrecht, 13. Bearb. 1993; *Vischer*, Die Wandlung des Gesellschaftsrechtes zu einem Unternehmensrecht und die Konsequenzen für das Internationale Privatrecht, in: Festschrift Mann, 1977, S. 639; *Wiedemann*, Internationales Gesellschaftsrecht, in: Festschrift Kegel, 1977, S. 187; *Zisowski*, Grenzüberschreitender Umzug von Kapitalgesellschaften, 1994; *Zimmer*, Internationales Gesellschaftsrecht, 1996.

verweisen auf die allgemeinen Darstellungen des Internationalen Privatrechts, auf die einschlägigen Bearbeitungen in den Großkommentaren[80] sowie auf die eingehenden Ausführungen im Lehrbuch von *Wiedemann*[81]. Beim Internationalen Privatrecht der Gesellschaften geht es um Kollisionsregeln für die Rechtsverhältnisse der privaten Verbände. Hauptpunkte sind damit

- die Bestimmung des anwendbaren Rechts,
- die »Anerkennung« der Verbände als Rechtssubjekte und, hiermit zusammenhängend,
- die Freizügigkeit von Gesellschaften (Sitzverlegung über die Grenze).

Für diese Fragen gibt es keine allgemeingültige Rechtsnorm[82], weshalb die Grundlagen des internationalen Gesellschaftsrechts ebenso umstritten sind wie die Details. Für den Zweck der vorliegenden Darstellung kann nur festgehalten werden, daß nach der traditionellen Lehre die gesellschaftsrechtlichen Beziehungen eines Verbandes grundsätzlich einem einheitlichen Recht, dem sog. *Gesellschaftsstatut*, unterstellt sind[83]. Dieses Gesellschaftsstatut wird nach der in Deutschland herrschenden Auffassung durch den Sitz der Gesellschaft bestimmt (Sitztheorie[84]), nicht also unbedingt nach dem von den Gründern beim Konstitutionsakt gewählten Recht (so die Gründungstheorie)[85]. Die Sitztheorie basiert auf der Annahme, daß eine Gesellschaft grundsätzlich die am Ort ihres Sitzes geltenden Normativbestimmungen erfüllen muß. Dadurch wird einer Ausbreitung von »Billig-Gesellschaften« begegnet, allerdings auch die Freizügigkeit seriöser Gesellschaften eingeschränkt[86]: Die Sitzverlegung ins Ausland löst eine deutsche Gesellschaft auf[87], und eine Auslandsgesellschaft mit Sitz im Inland wird »nicht anerkannt«[88]. Dies wird bisweilen dahingehend mißverstanden, daß die Sitztheorie eine Auslandsgesellschaft als »inexistent« betrachtet, sobald sie ihren Sitz in das Inland verlegt[89]. Die richtige Antwort der Sitztheorie auf diesen Tatbestand kann aber nur sein,

80 *Assmann*, in: GroßkommAktG, Einl. D; *Kindler*, in: MünchKommBGB, 3. Aufl., Band 11, IntGesR; *Hachenburg/Behrens*, Einl. Rdnrn. 106ff.

81 *Wiedemann* I, § 14.

82 Vgl. allerdings §§ 23, 80 BGB, Artt. 43, 48 EG; s. auch das Übereinkommen über die gegenseitige Anerkennung von Gesellschaften und juristischen Personen v. 29.2.1968 (BGBl. II 1972 S. 370); zum Stand dieses Abkommens vgl. *Lutter*, a.a.O., S. 695f.

83 *Großfeld*, a.a.O., S. 42; *Staudinger/Großfeld*, Internationales Gesellschaftsrecht, a.a.O., Rdnrn. 13ff. m.w.N.; a.M. *Grasmann* und *Sandrock*, a.a.O.

84 *RGZ* 77, 19, 22; 92, 73, 76; 159, 33, 46; std. Rspr.; *BGHZ* 51, 27, 28; 53, 181; 53, 383, 385; 78, 318, 334; 97, 269, 271f.; std. Rspr.; *BayObLG*, DB 1992, 1400 = EuZW 1993, 548 m.Anm. *Behrens* = JZ 1993, 372 m.Anm. *Ebenroth/Auer* = NJW-RR 1993, 43; *Kindler*, in: MünchKommBGB, 3. Aufl., Band 11, IntGesR, Rdnrn. 219ff.; *Staudinger/Großfeld*, Internationales Gesellschaftsrecht, a.a.O., Rdnrn. 34ff. m.w. N.; differenzierend *Wiedemann* I, § 14 II 2; *Zimmer*, a.a.O., S. 232ff.; *Zisowski*, a.a.O.

85 Für die Gründungstheorie etwa *Eckardt*, in: Geßler/Hefermehl/Eckardt/Kropff, § 1 Rdnr. 65.

86 Kritisch *Knobbe-Keuk*, ZHR 154 (1990), 325ff.

87 *BayObLG*, DB 1992, 1400 = EuZW 1992, 548 m.Anm. *Behrens* = JZ 1993, 372 m.Anm. *Ebenroth/Auer* = NJW-RR 1993, 43; *OLG Hamm*, ZIP 1997, 1696 m. Anm. *Neye* = GmbHR 1997, 848.

88 Vgl. nur *OLG Oldenburg*, NJW 1990, 1422; *OLG Düsseldorf*, NJW-RR 1995, 1124 = ZIP 1995, 1009.

89 So *Lutter*, Europäisches Unternehmensrecht, a.a.O., S. 44.

daß das Inlandsrecht die im Ausland gewählte *Rechtsform* des zugewanderten Rechtsträgers nicht »anerkennt«[90]. Dies kann Haftungsfolgen haben.

Beispiel Nr. 8 (nach *OLG Oldenburg*, NJW 1990, 1422): Unter der Firma »CBE Limited la vitale« hatte B bei der Druckerei K Broschüren in Auftrag gegeben. Die »CBE Limited« war in Cardiff registriert, hatte jedoch nach Auffassung des *OLG* ihren Sitz ausschließlich in einer deutschen Stadt. Ihre »Nichtanerkennung« führte zur Verurteilung des B, wofür das OLG nicht § 179 BGB, sondern § 11 II GmbHG in analoger Anwendung heranziehen will. Daß nicht auch die Gesellschaft hätte verurteilt werden können, steht damit nicht fest.

Beispiel Nr. 9 (nach *OLG Düsseldorf*, NJW-RR 1995, 1124 = ZIP 1995, 1009, besprochen von *Ebenroth/Kemner/Willburger*, ZIP 1995, 972): In Düsseldorf war eine nach dem Recht des US-Bundesstaats Delaware gegründete Brokergesellschaft tätig. Im Rahmen eines vom Beklagten namens dieser Gesellschaft geschlossenen Brokervertrages erlitt eine US-amerikanische Handelsgesellschaft als Kundin erhebliche Schäden. Das *OLG* verurteilte den Beklagten: »Einer im US-Bundesstaat Delaware gegründeten ›Corporation‹ ist ... die Anerkennung zu versagen, wenn die Gesellschaft keine tatsächlichen, effektiven Beziehungen zum amerikanischen Gründungsstaat hat (sog. ›genuine link‹) und sämtliche Aktivitäten in der Bundesrepublik Deutschland entfaltet. Es handelt sich dann um eine rechtsmißbräuchliche Umgehungsgründung zu dem Zweck, unter Ausnutzung der ›liberalen bis laxen‹ Rechtsordnung des US-Bundesstaates Delaware im deutschen Inland sämtliche gesellschaftlichen und geschäftlichen Aktivitäten zu entfalten (sog. ›pseudo-foreign-Corporation‹). Derjenige, der für eine derartige nach deutschem Recht nicht wirksam gegründete Kapitalgesellschaft handelt, haftet analog § 11 II GmbHG, § 41 I 2 AktG persönlich.« Ob der Fall richtig entschieden war, kann in Anbetracht der Tätigkeit gegenüber einer amerikanischen Kundin bezweifelt werden (vgl. *Ebenroth/Kemner/Willburger*, a. a. O.). Der vom Gericht angewandte Haftungsgrundsatz entspricht aber einer verbreiteten Praxis (z. B. *LG Stuttgart*, NJW-RR 2002, 463).

Die Haftungsdiskussion um solche ›pseudo-foreign-Corporations‹ ist noch nicht an ihrem Ende[91]. Die Heranziehung der §§ 41 I 2 AktG, 11 II GmbHG hat unverkennbar ebenso provisorische Züge wie die Nicht-Anerkennung von Gesellschaften nach der Sitztheorie. Was die Gesellschafterhaftung anlangt, so ist auf eine durch Rechtsformzwang begründete Haftung analog § 128 HGB zu verweisen[92]. Doch ist die Zukunft der Sitztheorie offen, nachdem der Europäische Gerichtshof in dem berühmten »*Centros*«-*Urteil* entschieden hat (*EuGHE* 1999 I 1491 = NJW 1999, 2017)[93]: »Ein Mitgliedstaat, der die Eintragung der Zweigniederlassung einer Gesellschaft verweigert, die in einem anderen Mitgliedstaat, in dem sie ihren Sitz hat, rechtmäßig errichtet worden ist, aber keine Geschäftstätigkeit entfaltet, verstößt gegen die Art. 43 und 48 EGV, wenn die Zweigniederlassung es der Gesellschaft ermöglichen soll, ihre gesamte Geschäftstätigkeit in dem Staat auszuüben, in dem diese Zweigniederlassung errichtet wird, ohne dort eine Gesellschaft zu errichten und damit das dortige Recht über die Gesellschaften zu umgehen,

---

90 Eingehend *Karsten Schmidt*, a. a. O., S. 47 f.; *ders.*, ZGR 1999, 20, 24.

91 Eingehend *Zimmer*, a. a. O., S. 273 ff.; *Kruse*, a. a. O., passim.

92 Vgl. *Kruse*, a. a. O., S. 40 f.; *Karsten Schmidt*, ZGR 1999, 25.

93 Dazu statt vieler *Behrens*, IPRax 1999, 323; *Bungert*, DB 1999, 1841; *Ebke*, JZ 1999, 656; *Freitag*, NZG 2000, 357; *Görk*, GmbHR 1999, 793; *Kindler*, NJW 1999, 1993; *Koppensteiner*, VGR 2 (2000), S. 151; *Kieninger*, ZGR 1999, 724; *Meilicke*, DB 1999, 627; *Roth*, ZGR 2000, 311; *Sandrock*, BB 1999, 1337; *Schön*, in: Festschrift Lutter, 2000, S. 685; *Sonnenberger/Großerichter*, RIW 1999, 721; *Steindorff*, JZ 1999, 1140; *Zimmer*, ZHR 164 (2000), 23.

das höhere Anforderungen an die Einzahlung des Mindestgesellschaftskapitals stellt. Diese Auslegung schließt jedoch nicht aus, daß die Behörden des betreffenden Mitgliedstaats alle geeigneten Maßnahmen treffen können, um Betrügereien zu verhindern oder zu verfolgen. Das gilt sowohl – gegebenenfalls im Zusammenwirken mit dem Mitgliedstaat, in dem sie errichtet wurde – gegenüber der Gesellschaft selbst als auch gegenüber den Gesellschaftern, wenn diese sich mittels der Errichtung der Gesellschaft ihren Verpflichtungen gegenüber inländischen privaten oder öffentlichen Glaubigern entziehen möchten.« Im Hinblick auf dieses Urteil und die von ihm ausgehende Rechtsunsicherheit ist es an der Zeit, daß die im Entwurf vorliegende europäische *Sitzverlegungsrichtlinie*[94] verabschiedet und in nationales Recht umgesetzt wird. Solange dies nicht der Fall ist, besteht die Abhilfe darin, daß Auslandsgesellschaften mit Sitz im Inland durch satzungsändernde »Umgründung« in die Rechtsform einer vom deutschen Recht »anerkannten« Gesellschaft überführt werden[95]. Sitztheorie und Sitzverlegungsrichtlinie sind miteinander durchaus in Einklang zu bringen. Beide basieren auf demselben Sachgesichtspunkt: Es geht um Gesellschaften, die nicht den nach deutschem Recht maßgeblichen Normativbestimmungen für den Gläubigerschutz entsprechen.

b) Kein ausschließlich kollisionsrechtliches Problem ist die umstrittene Frage, ob eine Auslands-Kapitalgesellschaft als Komplementärin einer inländischen Kommanditgesellschaft taugt[96].

Beispiel Nr. 10 (nach *BayObLGZ* 1986, 61 = NJW 1986, 3029): Es wird eine Kommanditgesellschaft mit der Firma »Landshuter Druckhaus Ltd. & Co. KG« zum Handelsregister angemeldet, deren einzige Komplementärin eine nach dem Recht Großbritanniens errichtete und mit einem Stammkapital von 100 Pfund Sterling ausgestattete private limited company ist. Zulässig?

Das *Bayerische Oberste Landesgericht* hat die Zulässigkeit im Grundsatz bejaht. Ganz ähnlich entschied sodann auch das *OLG Saarbrücken* für die Aktiengesellschaft schweizerischen Rechts als Komplementärin einer deutschen KG[97]. Die Frage ist vielschichtig, denn es müssen mindestens zwei Aspekte unterschieden werden: Für das internationale Gesellschaftsrecht geht es um die Frage, ob das deutsche Recht die Auslandskapitalgesellschaft als juristische Person »anerkennt«. Dies kann mit den Gerichten bejaht werden, sofern ein Auslandssitz der ausländischen Komplementär-Gesellschaft anerkannt werden kann. Aber es ist dann immer noch als zweite Frage zu prüfen, ob das deutsche

94 Text in ZGR 1999, 157ff. und ZIP 1997, 1721ff.; dazu die Beiträge von *diMarco, Neye, Karsten Schmidt, Priester, Heinze, Hügel, Rajakt, Wymeersch* und *Timmermann*, ZGR 1999, 3–156; vgl. auch *Koppensteiner*, in: Festschrift Lutter, 2000, 141ff.; *Schön*, ebd., S. 705f.

95 Vgl. *Karsten Schmidt*, a.a.O., S. 48; *ders.*, in: Festschrift Zöllner I, 1998, S. 536; *ders.*, ZGR 1999, 27ff.; grundlegende Ansätze hierfür schon bei *Behrens*, RIW 1986, 593.

96 Dazu *BayObLGZ* 1986, 61 = NJW 1986, 3029; *OLG Saarbrücken*, DB 1989, 1076 = NJW 1990, 647; *Baumbach/Hopt*, Anh. § 177a Rdnr. 11; *Duys*, Auslandskapitalgesellschaft & Co. KG, 2001; *Grothe*, Die »ausländische Kapitalgesellschaft & Co.« 1989; *Haidinger*, Die »ausländische Kapitalgesellschaft & Co. KG«, 1990; *Zimmer*, a.a.O., S. 209ff.; *Ebenroth/Eyles*, DB-Beilage 2/1988; *Ebke*, ZGR 1987, 245; *Großfeld*, IPrax. 1986, 351.

97 *OLG Saarbrücken*, DB 1989, 1076.

Kommanditgesellschaftsrecht die ausländische Kapitalgesellschaft als Komplementärin ausreichen läßt. Diese Frage wird unter § 56 VII 2 untersucht.

c) Von dieser kollisionsrechtlichen Frage – welchem Recht unterliegen ausländische oder transnationale Gesellschaften? – muß das *Phänomen der Rechtsvereinheitlichung* unterschieden werden: die Schaffung supranationalen Gesellschaftsrechts und die Angleichung nationalen Gesellschaftsrechts durch internationales Einheitsrecht[98]. Hier ist nicht mehr die Kollisions- und Anknüpfungsfrage im Spiel, sondern es geht um den Inhalt gesellschaftsrechtlicher Normen und um ihre übernationale Koordination. Vor allem die europäische Rechtsvereinheitlichung gewinnt immer mehr an Bedeutung[99]. Der Fragenkreis wird bei der Darstellung der gesellschaftsrechtlichen Rechtsquellen aufgegriffen (unten, § 2 II). Besondere Darstellung wird die Europäische Wirtschaftliche Interessenvereinigung finden (unten, § 66; zur Europäischen AG vgl. unten, § 2 II 3 b sowie § 26 I 4; zur Europäischen Privatgesellschaft unten, § 2 II 3 c).

d) Schließlich wirkt der vielzitierte Prozeß der Globalisierung nachhaltig auf die Gesellschaftsrechtspraxis ein[100]. Unternehmen, auch wenn sie dem deutschen Unternehmensrecht unterliegen, folgen, sobald sie – z. B. als Konzernspitze oder umgekehrt als Konzernglieder einer ausländischen Konzernmutter – in weltweite Unternehmenseinheiten einbezogen sind, zunehmend den ihnen von den internationalen Kapitalmärkten vorgegebenen ausländischen Regeln. Das gilt für ihre Herrschaftsstrukturen, für ihre Finanzierung und für ihre Rechnungslegung und Publizität gleichermaßen. Nationales Recht kann solche Veränderungen nicht verhindern, internationales Recht sie nicht erzwingen. Es sind die Fakten des Welthandels und des Welt-Kapitalmarkts, die weltweite Annäherungsprozesse bewirken.

98 Vgl. dazu *Kropholler*, Internationales Einheitsrecht, 1975; *Zweigert/Kötz*, Einführung in die Rechtsvergleichung, 3. Aufl. 1996, S. 23 ff.

99 Vgl. *Habersack*, *Lutter*, *Nagel* und *Schwarze*, alle a. a. O.; zum Stand der Rechtsvereinheitlichung vgl. *Lutter*, ZGR 2000, 1 ff.

100 Dazu etwa *Baums/Hopt/Horn* (Hrsg.), Corporations, Capital Markets and Business in the Law, 2000; *Hommelhoff*, Das Unternehmensrecht vor den Herausforderungen der Globalisierung, in: Festschrift Lutter, 2000, S. 95.

§ 2 Quellen des Gesellschaftsrechts

I. Rechtsquellen des deutschen Gesellschaftsrechts*

1. Gesellschaftsrechtliche Rechtsnormen

a) Wie bei anderen Rechtsgebieten ist zwischen *Gesetzesrecht* und *Gewohnheitsrecht* zu unterscheiden. Eine Gesellschaftsrechtskodifikation gibt es nicht, sondern anzuwenden sind zahlreiche einzelne Gesetze, vor allem
- das Bürgerliche Gesetzbuch,
- das Handelsgesetzbuch,
- das Aktiengesetz,
- das Gesetz betreffend die Gesellschaften mit beschränkter Haftung (GmbHG),
- das Gesetz betreffend die Erwerbs- und Wirtschaftsgenossenschaften (GenG),
- das Gesetz über die Ausführung der EWG-Verordnung über die Europäische Wirtschaftliche Interessenvereinigung (EWIV-Ausführungsgesetz),
- das Gesetz über Partnerschaftsgesellschaften Angehöriger Freier Berufe (PartGG),
- das Gesetz über die Beaufsichtigung der Versicherungsunternehmen (Versicherungsaufsichtsgesetz – VAG).

---

* Literatur (Auswahl): *Wiedemann* I, § 1 III und IV; *Beier*, Der Regelungsauftrag als Gesetzgebungsinstrument im Gesellschaftsrecht, 2002; *Boujong*, Legitime richterliche Rechtsfortbildung im Recht des qualifizierten faktischen Konzerns, in: Festschrift Brandner, 1996, S. 31; *Robert Fischer*, Zur Methode revisionsrichterlicher Rechtsprechung auf dem Gebiet des Gesellschaftsrechts, in: Festgabe Kunze, 1969, S. 95 = Gesammelte Schriften, 1985, S. 23; *Kübler*, Autorität der Sachnähe, in: Festschrift Stimpel, 1985, S. 3; *Mühl*, Die Rechtsfindungsmethode des Reichsgerichts und des Bundesgerichtshofs im Gesellschaftsrecht, in: Festschrift Fischer, 1979, S. 509; *Pehle/Stimpel*, Richterliche Rechtsfortbildung unter besonderer Berücksichtigung des gewerblichen Rechtsschutzes und des Personalgesellschaftsrechts, 1969; *Röhricht*, Von Rechtswissenschaft und Rechtsprechung, ZGR 1999, 445; *Karsten Schmidt*, Rechtsfortbildung im Unternehmens- und Gesellschaftsrecht durch die Rechtsprechung des BGH, NJW 2000, 2927; *Schulte*, Zu den Gesichtspunkten des BGH bei der Fortbildung des Gesellschaftsrechts, in: Festschrift Westermann, 1974, S. 525; *Stimpel*, Aus der Rechtsprechung des II. Zivilsenats, in: 25 Jahre Bundesgerichtshof, 1975, S. 13; *Ulmer*, Richterrechtliche Entwicklungen im Gesellschaftsrecht, 1986; *ders.*, Entwicklungen im Kapitalgesellschaftsrecht 1975 bis 1999, ZGR 1999, 754; *Westermann*, Probleme mit der Rechtsrückbildung im Gesellschaftsrecht, in: Festschrift Zöllner I, 1998, S. 607; *Wilhelm*, Rechtswissenschaft und Rechtsprechung im Gesellschaftsrecht, in: Gedächtnisschrift Knobbe-Keuk, 1997, S. 321.

Hinzu treten zahlreiche andere Gesetze, z.B.
- das Gesetz über die Mitbestimmung der Arbeitnehmer (MitbestG),
- das Umwandlungsgesetz,
- das Gesetz über die Rechnungslegung von bestimmten Unternehmen und Konzernen (Publizitätsgesetz),
- die Insolvenzordnung (InsO),
- das Wertpapierhandelsgesetz (WpHG),
- das Wertpapiererwerbs- und Übernahmegesetz (WpÜG).

Keine dominierende Rolle mehr ist dem Sonder-Gesellschaftsrecht der neuen Bundesländer zuzuerkennen[1]. Es handelt sich dabei um Folgeerscheinungen der früheren Teilung Deutschlands und der Wiedervereinigung von 1989, die hier nicht mehr dargestellt werden.

b) Das *Gewohnheitsrecht* als von den Verkehrskreisen geübtes und durch Rechtsgeltungswillen in den Rang objektiven Rechts gehobenes Recht[2] spielt im Gesellschaftsrecht eine geringere Rolle als im Handelsrecht (zum Handelsgewohnheitsrecht vgl. näher Handelsrecht, § 1 III 2). Das hängt damit zusammen, daß gesellschaftsrechtliche Organisations- und Schuldverhältnisse nicht in gleichem Maße an Verkehrsusancen anknüpfen, die sich zu Gewohnheitsrecht verdichten können. Gewohnheitsrechtliche Entwicklungen können sich allerdings aus der Prozeßpraxis sowie aus der Vertragsgestaltungspraxis ableiten. Auf beide ist sogleich einzugehen.

2. Rechtsfortbildung

a) Die *Fortbildung des Rechts durch Praxis und Lehre* hat auf dem Gebiet des Gesellschaftsrechts besondere Schlagkraft erlangt (wegen der grundsätzlichen Bedeutung der Rechtsfortbildung vgl. Handelsrecht, § 1 III 2). Das liegt nicht so sehr an dem oft überbetonten Alterungsprozeß unserer Gesetze wie daran, daß die institutionellen Grundlagen des Gesellschaftsrechts nicht in langer Tradition gewachsen sind und oft nur in scheinbaren Spezialregeln zum Ausdruck gelangen. Es gibt keine allgemeine Kodifikation des Gesellschaftsrechts. Erst allmählich wird diese Materie durch Herausbildung allgemeiner Lehren urbar gemacht. Die Aufgabe der Rechtsfortbildung im Gesellschaftsrecht besteht deshalb nur teilweise in echten Veränderungen, zu einem erheblichen Teil vielmehr darin, daß das Gesellschaftsrecht erst »zu sich selbst finden« mußte und muß. An diesem – naturgemäß im Einzelfall oft heftig umstrittenen – Fortbildungsprozeß hat die Wissenschaft des Gesellschaftsrechts beträchtlichen Anteil[3]. Träger der Rechtsfortbildung sind aber in erster Linie die Gerichte, allen voran der *II. Zivilsenat des Bundesgerichts-*

1 Eingehendere Hinweise noch in der 2. Aufl. (§ 1 II 8) und der 3. Aufl. (§ 2 III); darauf wird verwiesen.
2 Vgl. *Brie*, Die Lehre vom Gewohnheitsrecht, 1899; *Mokre*, Theorie des Gewohnheitsrechts, 1932.
3 Man sollte deshalb nicht, wie dies bei *Wiedemann* I geschieht, die wissenschaftlichen Aussagen als bloß »faktische Rechtsgrundlagen« (§ 1 IV 1) in Gegensatz zur richterlichen Rechtsfortbildung als einer »normativen Rechtsquelle« (§ 1 III 1 b) stellen; vgl. zum Verhältnis zwischen Rechtswissenschaft und Praxis nach dem Verständnis des Verf. *Karsten Schmidt,* NJW 2000, 2928.

hofs, der sich dieser schwierigen Aufgabe mit Besonnenheit und Mut gestellt hat. Die Gerichte stehen in ständigem Dialog mit der Rechtswissenschaft, und dieser Dialog wird in diesem Buch fortgesetzt. Ohne daß hier schon auf Details eingegangen oder die Grundsatzfrage der Rechtsfortbildung aufgegriffen werden kann[4], sollen jedenfalls die *Maximen* festgehalten werden, *nach denen das vorliegende Werk zur Fortbildung des Gesellschaftsrechts beitragen soll.* Sie lassen sich auf folgende Leitsätze bringen:

- Alle Rechtsanwendung in Praxis und Lehre ist auf die Bindung an Gesetz und Recht verpflichtet (Art. 20 III GG). Je nach Problemlage kann deshalb Rechtsfortbildung geboten oder verboten sein[5].
- Rechtsfortbildung ist zulässig, wo es um das Zuendedenken eines systematisch angelegten Gesetzesrechts, um den Abbau von Wertungswidersprüchen und um die Ausfüllung von Lücken im unvollkommenen Normengefüge geht. Vor allem die Herausbildung allgemeiner Lehren des Gesellschaftsrechts – sie steht auf der Grenze zwischen Erkenntnis und Rechtsschöpfung – ist eine vornehme Aufgabe von Rechtswissenschaft und Rechtspraxis. Beide haben einen Beitrag zur Einheit der Rechtsordnung[6] zu leisten und dem Gesellschaftsrecht zu einer kodifikationsgerechten, vielleicht sogar kodifikationsfähigen Geschlossenheit zu verhelfen[7], ohne daß in dieser rechtssystematischen Hinsicht eine strikte Bindung an den Wortlaut des Gesetzes oder auch nur an die in Gerichtsentscheidungen zugrundegelegten »Theorien« bestünde[8]. Die Ergebnisse solcher Bemühungen können nach den juristischen Kunstlehren und Wertungsmaximen »richtig« oder »falsch« sein, aber sie sind keine Übergriffe auf das Terrain des politisch entscheidenden Gesetzgebers, solange nicht mit dem positiven Recht gebrochen, sondern dieses ergänzt und stimmig gemacht wird.
- Unzulässig ist Rechtsfortbildung allerdings, wo sie sich in den Dienst von Gruppeninteressen und sozialen Veränderungen stellt, deren Abwägung dem politisch entscheidenden Gesetzgeber vorbehalten ist. Insbesondere können politische Kompromißentscheidungen des Gesetzgebers nicht durch konsequentes »Weiterdenken« in einen permanenten Prozeß umgedeutet oder gar als unzeitgemäß negiert werden. Sie sind ohne Einschreiten des Gesetzgebers dem Zugriff der Rechtsfortbildung nur preisgegeben, wenn schwere, gleichheitswidrige Inkonsistenzen oder ein gravierender Wandel der Normsituation dies gebietet.

b) Neben der ordentlichen Rechtspflege spielt die *Rechtsprechung der Schiedsgerichte* (§§ 1025 ff. ZPO) in der Praxis eine außerordentliche Rolle[9].

4 Dazu eingehend *Larenz*, Methodenlehre der Rechtswissenschaft, 6. Aufl. 1991, Systematischer Teil Kapitel 5; zum Rechtsfortbildungskonzept des Verf. vgl. *Karsten Schmidt*, in: Festschrift Stimpel, 1985, S. 217 ff.; *ders.*, in: Rechtsdogmatik und Rechtspolitik, 1990, S. 20 ff.; *ders.*, JZ 1992, 866; *ders.*, AG 1994, 195; *ders.*, NJW 2000, 2928.

5 Eingehend *Seidl* und *Wank*, ZGR 1988, 296 ff., 314 ff.

6 So der zur Parömie gewordene Titel bei *Engisch*, Die Einheit der Rechtsordnung, 1935; eingehende Nachweise bei *Sandrock*, Die Einheit der Wirtschaftsordnung, 1971, S. 1 f.; *Karsten Schmidt* (Hrsg.), Vielfalt des Rechts – Einheit der Rechtsordnung? 1994.

7 Zur kodifikationsgerechten Rechtsprechung vgl. *Karsten Schmidt*, Die Zukunft der Kodifikationsidee, 1985, S. 68 ff.

8 Vgl. etwa zur Theorie der juristischen Person und der Gesamthand *Karsten Schmidt*, NJW 2001, 995 f; nur wo die hier zugrundegelegte Arbeitsteilung nicht beachtet wird, drohen die von *Röhricht* (ZGR 1999, 457 ff.) befürchteten Auswüchse »wissenschaftlich« betriebener Rechtsfortbildung; *Röhricht* wird z. B. in AG 1994, 195 und NJW 2000, 2928 Übereinstimmung feststellen; ähnlich *Ulmer*, ZGR 1999, 776 f.

9 Vgl. *Böckstiegel* (Hrsg.), Schiedsgerichtsbarkeit in gesellschaftsrechtlichen und erbrechtlichen Angelegenheiten, 1996; s. auch *H. Westermann*, in: Festschrift Fischer, 1979, S. 835; *Weber/*

Die Verträge personalistischer Gesellschaften enthalten – jedenfalls wenn es Handelsgesellschaften sind – in der Mehrzahl eine Schiedsgerichtsklausel, die etwa lauten kann[10]: »Über alle Streitigkeiten aus diesem Vertrag, ausgenommen nur solche, die von Gesetzes wegen den ordentlichen Gerichten vorbehalten sind, entscheidet unter Ausschluß des ordentlichen Rechtsweges ein Schiedsgericht.« Nach der bisher herrschenden Auffassung können solche Schiedsklauseln bei Vereinen und Kapitalgesellschaften einfach in die Satzung aufgenommen werden (§ 1066 ZPO), während bei den Personengesellschaften besondere Schiedsverträge nach §§ 1028, 1031 ZPO verlangt werden[11]. Wie unter § 5 I 2a noch zu zeigen sein wird, beruht diese Unterscheidung auf einer überholten Gegenüberstellung von Gesellschaftsvertrag und Satzung. Schiedsklauseln sind auch bei Personengesellschaftsverträgen zuzulassen[12]. So oder so aber muß mit einem hohen Anteil der Schiedsgerichte an der gesellschaftsrechtlichen Rechtsprechung gerechnet werden. Ein nicht geringer Teil der Binnenstreitigkeiten in Vereinen und Handelsgesellschaften wird auf diese Weise auf die Schiedsgerichtsbarkeit verlagert und damit der Öffentlichkeit entzogen. Eine umfassende Publikationspraxis, etwa in Zeitschriften oder gar in Entscheidungssammlungen, gibt es im Schiedsgerichtswesen nicht[13]. Aus diesem Grunde hat die Schiedsgerichtspraxis, so groß ihre Bedeutung für gesellschaftsrechtliche Streitigkeiten ist, an der Rechtsfortbildung weitaus geringeren Anteil als die Praxis der ordentlichen Gerichte. Ihr fehlt in weitem Maße die Wirkung über den konkreten Fall hinaus.

3. Die Bedeutung der Kautelarjurisprudenz*

a) Erhebliches Gewicht bei der Gestaltung der gesellschaftsrechtlichen Wirklichkeit kommt der Vertragsgestaltungspraxis zu. Manche Verträge und

v. Schlabrendorff, in: Festschrift Glossner, 1994, S. 477; *Karsten Schmidt*, Neues Schiedsverfahrensrecht und Gesellschaftsrechtspraxis, ZHR 162 (1998), 265.

10 Dazu eingehend *Vollmer*, Satzungsmäßige Schiedsklauseln, 1970.

11 *BGHZ* 45, 282, 286; *BGH*, NJW 1980, 1049; *Staub/Ulmer*, § 105 Rdnr. 44; *Münch*, in: MünchKommZPO, § 1066 Rdnr. 10.

12 *Karsten Schmidt*, JZ 1989, 1077; *ders.*, DB 1989, 2315; *ders.*, ZHR 162 (1998), 278; *ders.*, BB 2001, 1857; zur GmbH & Co. vgl. *dens.*, GmbHR 1990, 16.

13 Nur wenig Gesellschaftsrecht enthält die wichtige Sammlung *Straatmann/Ulmer*, Handelsrechtliche Schiedsgerichts-Praxis II, 1982.

* Literatur (Auswahl): *Wiedemann* I, § 1 IV 2; *Heidenhain/Meister* (Hrsg.), Münchener Vertragshandbuch I, Gesellschaftsrecht, 4. Aufl. 1996; *Hoffmann-Becking*, Münchener Handbuch des Gesellschaftsrechts, Bd. IV, Aktiengesellschaft, 2. Aufl. 1999; *Hoffmann-Becking/Schippel* (Hrsg.), Beck'sches Formularbuch zum Bürgerlichen, Handels- und Wirtschaftsrecht, 7. Aufl. 1998; *Hopt* (Hrsg.), Vertrags- und Formularbuch zum Handels-, Gesellschafts-, Bank- und Transportrecht, 2. Aufl. 2000; *Kanzleiter*, Der Blick in die Zukunft als Voraussetzung der Vertragsgestaltung, NJW 1995, 905; *Priester/Mayer*, Münchener Handbuch des Gesellschaftsrechts, Bd. III, GmbH, 1996; *Peter/Crezelius*, Neuzeitliche Gesellschaftsverträge und Unternehmensformen, 5. Aufl. 1987; *Plum*, Der fortschreitende Strukturwandel der Personengesellschaft durch Vertragsgestaltung, in: Festschrift DJT II, 1960, S. 137; *Rehbinder*, Vertragsgestaltung, 2. Aufl. 1993; *ders.*, Richterlicher Aktionismus im Gesellschaftsrecht und Kautelarjurisprudenz, in: Festschrift Stimpel, 1985, S. 47; *Riegger/Weipert* (Hrsg.), Münchener Handbuch des Gesellschaftsrechts, Bd. II, KG und stille Gesellschaft, 1991; *Sudhoff*, Der Gesellschaftsvertrag der GmbH, 8. Aufl. 1992; *ders.*, Personengesellschaften, 7. Aufl. 1999; *ders.*, Der

Satzungen enthalten nur die nötigsten Regeln. Im übrigen gilt dann gesetzliches Gesellschaftsrecht. Solche Verträge oder Satzungen lassen evtl. die individuellen Belange der Beteiligten außer acht, können ihnen aber auch Überraschungen ersparen. Andere Verträge oder Satzungen sind bis ins Detail ausgefeilt und ausgeklügelt. Da die Gesetze – das Aktiengesetz ausgenommen – den Gründern einer Gesellschaft großen Gestaltungsspielraum lassen (dazu unten, § 5 III), sind mit der Entscheidung für eine bestimmte Rechtsform meist nur wenige grundsätzliche Fragen der Organisations-, Finanz- und Haftungsverfassung geklärt, während im übrigen breiter Gestaltungsspielraum besteht. Die *Vertragsgestaltungspraxis* schöpft diese Spielräume weitgehend aus, steht aber auf diese Weise immer wieder vor der Frage nach den Grenzen der Gestaltungsfreiheit (unten, § 5 III). Noch bei der besten Vertragsgestaltung können allerdings nicht alle künftig auftretenden Fragen bedacht werden, und so sieht sich die *forensische Praxis* ständig vor die Aufgabe gestellt, das für typische Gestaltungen gedachte Gesetzesrecht sachgerecht auf atypische Gestaltungen anzuwenden (unten, § 3 II 1 und § 5 II 4).

b) In der Praxis ergibt sich hieraus ein *Wechselspiel*, das großen Sachverstand aller Beteiligten voraussetzt: Wer gesellschaftsrechtliche Verträge und Satzungen gestaltet, muß seine Aufmerksamkeit nicht nur auf die Interessen der Gesellschafter oder Mitglieder, sondern auch auf die rechtlichen Folgen der in Betracht gezogenen Gestaltungen – oder auch ihres Unterbleibens – verwenden; das ist ohne ein hohes Maß an gesellschaftsrechtlichen Kenntnissen gar nicht möglich und setzt überdies einen Blick für künftige Entwicklungen voraus[14]. Wer als Richter gesellschaftsrechtliche Prozesse entscheidet, muß nicht nur die Interessen der Parteien am Ausgang des konkreten Rechtsstreits bedenken, sondern er muß sich auch der *institutionellen Tragweite* seiner Rechtsprechung bewußt sein, sobald eine über den Fall hinaus bedeutsame Rechtsfrage auftritt. Grundsatzentscheidungen, wie sie immer wieder gefällt werden, können erzieherische, aber auch verunsichernde Wirkung haben. Beispielsweise hat sich die höchstrichterliche Beurteilung von Abfindungsbeschränkungen im Personengesellschaftsrecht im Laufe der Jahre mehrfach verändert (dazu unten, § 50 IV 2 c). Es ist der besondere Vorteil der Rechtsfortbildung, daß sie ganz andere Kurskorrekturen zuläßt als eine Gesetzesänderung[15], aber von solchen Kurskorrekturen können über das konkrete Prozeßergebnis hinaus unterschiedliche Wirkungen ausgehen. Sie führen einerseits dazu, daß sich die Gestaltungspraxis bei Neuverträgen auf die Änderung einzurichten sucht, aber sie schmälern auf der anderen Seite auch das Vertrauen der Kautelarpraxis in die Rechtsprechung. Solches Vertrauen ist aber nicht zu entbehren. Gesellschaftsverträge begründen in aller Regel langfristig angelegte Rechtsverhältnisse, so daß ihre Verfasser in besonderem

---

Gesellschaftsvertrag der GmbH & Co KG, 5. Aufl. 2000; *H. P. Westermann*, Kautelarjurisprudenz, Rechtsprechung und Gesetzgebung im Spannungsfeld zwischen Gesellschafts- und Wirtschaftsrecht, AcP 175 (1975), 375.

14 Treffend *Kanzleiter*, NJW 1995, 905 ff.

15 Vgl. *Westermann*, a. a. O.

Maße auf Rechtssicherheit angewiesen sind[16]. Korrekturen der Gerichtspraxis können sich zwar als unausweichlich erweisen, aber ihre Voraussetzungen und Folgen wollen wohl bedacht sein. Vor allem da, wo eine neue Rechtsprechung zur Nichtigkeit althergebrachter Klauseln führt, kann die drohende Rechtsunsicherheit nur durch sachgerechten Umgang mit den Instituten der Teilnichtigkeit (unten, § 6 I 1 b), der geltungserhaltenden Reduktion (unten, § 5 I 4 d) und der Pflicht zur Anpassung von Gesellschaftsverträgen an veränderte Umstände (unten, § 5 IV) aufgefangen werden.

II. Gesellschaftsrecht und Rechtsvereinheitlichung: »Europäisches Gesellschaftsrecht«*

1. Grundsätzliches

a) Rechtsvereinheitlichung ist nicht nur ein Anliegen des EG-Rechts[17], sie gehört aber zu den erklärten Aufgaben und Zielen gerade der Europäischen

16 Gewiß ist Rechtssicherheit kein »absoluter Wert« (*Wiedemann*, in: Festschrift Larenz, 1973, S. 199), aber das Bedürfnis der gestaltenden Praxis nach Rechtssicherheit ist ein bei jeder einschlägigen Änderung der Judikatur zu bedenkendes Datum.

* Literatur (Auswahl; vgl. auch 1. und 2. Aufl.): *Wiedemann* I, § 1 III 2; *Abeltshauser*, Strukturalternativen für eine europäische Unternehmensverfassung, 1990; *Bärmann*, Europäische Integration im Gesellschaftsrecht, 1970; *Behrens*, Gesellschaftsrecht, in: Dauses (Hrsg.), Handbuch des EG-Wirtschaftsrechts, 1993; *ders.*, Das Gesellschaftsrecht im Europäischen Binnenmarkt, EuZW 1990, 13; *ders.*, Die Europäisierung des Gesellschaftsrechts, GmbHR 1993, 129; *Boucourechliev/Hommelhoff* (Hrsg.), Vorschläge für eine Europäische Privatgesellschaft, 1999; *Buxbaum/Hopt*, Legal Harmonization and the Business Enterprise, Integration Through Law, Bd. IV 1988; *Gleichmann*, Über neue Kooperationsformen..., AG 1988, 159; *Groß*, Deutsches Gesellschaftsrecht in Europa, EuZW 1994, 395; *Großfeld*, Internationales und Europäisches Unternehmensrecht, 2. Aufl. 1995; *Habersack*, Europäisches Gesellschaftsrecht, 1999; *Hauschka*, Entwicklungslinien und Integrationsfragen der gesellschaftsrechtlichen Akttypen des Europäischen Gemeinschaftsrechts, AG 1990, 85; *Helms*, Die Europäische Privatgesellschaft, 1998; *Hohloch* (Hrsg.), EU-Handbuch Gesellschaftsrecht, 1997; *Hommelhoff*, Konturen eines gemeinschaftlichen Unternehmensrechts, in: Müller/Graff (Hrsg.), Gemeinsames Privatrecht in der EG, 1993, S. 287; *Klinke*, Europäisches Unternehmensrecht und EuGH, ZGR 1993, 1; *Krieger*, Gesetzgeberische Perspektiven auf dem Gebiet des Gesellschaftsrechts, ZHR 150 (1986), 182; *Lutter*, Europäisches Unternehmensrecht, 4. Aufl. 1996; *ders.*, Perspektiven eines europäischen Unternehmensrechts, ZGR 1992, 435; *ders.*, Die Einbindung der nationalen Gesellschaftsrechte in das europäische Recht, in: Semler u. a. (Hrsg.), Reformbedarf im Aktienrecht, 1994, S. 121; *Müller-Graff* (Hrsg.), Gemeinsames Privatrecht in der EG, 1993; *Nagel*, Deutsches und Europäisches Gesellschaftsrecht, 2000; *Schmitthoff* (Hrsg.), The Harmonization of European Company Law, 1973; *Schön*, Gesellschaftsrecht nach Maastricht, ZGR 1995, 1; *ders.*, Mindestharmonisierung im europäischen Gesellschaftsrecht, ZHR 160 (1996), 221; *Schwarz*, Europäisches Gesellschaftsrecht, 2 Bde., 2000; *Steindorff*, Gesellschaftsrecht, EG-Richtlinien und Art. 177 EGV, AG 1988, 57; *Timmermans*, Die europäische Rechtsangleichung im Gesellschaftsrecht, RabelsZ 48 (1984), 1; *Werlauff*, From a National Company Law towards a »Federal« Enterprise Law, Universität Bonn (Sonderdruck des Zentrums für Europäisches Wirtschaftsrecht) 1995; *Wiesner*, Stand des Europäischen Unternehmensrechts, EuZW 1994, 588; *ders.*, Europäisches Unternehmensrecht im Umbruch, AG 1996, 390.

17 Vgl. nur *Demogue*, L'unification internationale du droit privé, 1927; *Kropholler*, Internationales Einheitsrecht. Allgemeine Lehren, 1975; *Zweigert*, Rechtsvereinheitlichung, in: Strupp/Schlochauer, Wörterbuch des Völkerrechts III, 1962, S. 74.

Gemeinschaft[18]. Nach Art. 44 II Buchst. g EGV gehört es zu den Aufgaben des Rats und der Kommission, die gesellschaftsrechtlichen Schutzbestimmungen zu koordinieren. Im Gesellschaftsrecht hat die Rechtsangleichung – mißt man sie mit dem Maßstab eines politischen Realismus – bereits bemerkenswerte Fortschritte gemacht. Gleichzeitig zeigt allerdings auch dieses Gebiet die Schwierigkeiten bei der Angleichung von Rechtsgebieten, die auf dem Boden nationaler Traditionen gesetzlich geordnet sind. Der Angleichungsprozeß hat im Laufe der Entwicklung der EU eher eine nur maßvolle Beschleunigung erfahren.

b) Die Instrumente des Angleichungsprozesses sind unterschiedlich. Es gibt
- *internationales Einheitsrecht und Einheitsrahmenrecht*[19], also angeglichenes nationales Recht, auf der Basis von Richtlinien,
- *supranationales Recht* der Europäischen Gemeinschaft und
- innergemeinschaftliches *Vertrags-Völkerrecht.*

2. Angleichung durch Richtlinien

a) Richtlinien, die die nationalen Gesetzgeber zur internationalen Rechtsvereinheitlichung anhalten, werden erlassen aufgrund von Artt. 89, 249 EGV. Nach Art. 89 EGV erläßt der Rat auf Vorschlag der Kommission Richtlinien für die Rechtsangleichung. Nach Art. 249 EGV sind die in der Richtlinie genannten Ziele für die Mitgliedstaaten verbindlich; die Wahl der Form und der Mittel bleibt jedoch den innerstaatlichen Stellen überlassen. *Die Richtlinie dient der Angleichung einzelstaatlichen Rechts in einem zweistufigen Rechtsetzungsverfahren*[20]: Die Gesetzgebungshoheit bleibt bei den nationalen Gesetzgebern, aber der Inhalt des in dieser Weise zu setzenden Rechts ist durch die EU-Organe vorgeprägt. Die Mitgliedstaaten sind verpflichtet, ihre Rechtsvorschriften binnen einer in der Richtlinie festgesetzten Frist anzupassen. Wird hiergegen verstoßen, so kann die Kommission nach Art. 226 EGV ein Vertragsverletzungsverfahren bei dem EuGH gegen den betreffenden Mitgliedstaat anstrengen. Über die Auslegung der Richtlinie entscheidet im Wege der Vorabentscheidung nach Art. 234 EGV der EuGH[21]. Dagegen können Richtlinienbestimmungen nur ausnahmsweise unmittelbar als geltendes Recht anwendbar sein[22].

b) Der *Stand dieser Rechtsangleichung* kann naturgemäß stets nur zeitbezogen festgehalten werden. Nach dem Stand von 2001/2002 sind in deutsches Recht umgesetzt

18 Vgl. nur *Zweigert*, Grundsatzfragen der europäischen Rechtsangleichung, in: Festschrift Dölle II, 1963, S. 401.

19 Dazu *Kropholler*, Internationales Einheitsrecht, 1975, insbes. S. 66f., 114ff., 272f.

20 *Lutter*, a.a.O., S. 4ff.

21 Vgl. *EuGHE* 1974, 1201.

22 Vgl. zu den Fällen des »effet utile« *EuGHE* 1974, 1337; 1977, 113; 1982, 53; 1984, 1075; 1991 I, 5357 »Francovich«; dazu auch *BVerfGE* 89, 155, 210; *Streinz*, Der effet utile in der Rechtsprechung des Gerichtshofs der Europäischen Gemeinschaften, in: Festschrift Everling, 1995, S. 1491.

- die Erste Richtlinie von 1968 (sog. Publizitätsrichtlinie)[23], die u.a. zur Einführung des § 15 III HGB führte (dazu Handelsrecht, § 1 III 1);
- die Zweite Richtlinie von 1976 (sog. Kapitalrichtlinie), die zur Harmonisierung des aktienrechtlichen Kapitalschutzes führte[24];
- die Dritte Richtlinie von 1978 (sog. Verschmelzungs- oder Fusionsrichtlinie), die vor allem den Minderheitenschutz bei der Verschmelzung verbessert[25];
- die Vierte Richtlinie (sog. Bilanzrichtlinie), die zu einer systematischen Vervollständigung und Vereinheitlichung des Rechts der Rechnungslegung geführt hat und im »Handelsrecht« (§ 15) näher erläutert wird[26]; auf das neue Recht der Rechnungslegung wird unter § 29 IV und §§ 31 V, 37 VI im Zusammenhang mit dem Aktien- und GmbH-Recht zurückzukommen sein;
- die Sechste Richtlinie (sog. Spaltungsrichtlinie), die vor allem Anleger- und Gläubigerschutz gewährleistet[27];
- die Siebente Richtlinie (sog. Konzernabschlußrichtlinie)[28] und die Achte Richtlinie (sog. Abschlußprüferrichtlinie)[29], die durch das Bilanzrichtliniengesetz 1985 beide gemeinsam mit der Bilanzrichtlinie umgesetzt wurden;
- die sog. Mittelstandsrichtlinie, die u.a. Ausnahmen für kleinere und mittlere Gesellschaften von den Regelungen der Vierten und Siebten Richtlinie enthält[30];
- die Elfte Richtlinie über die Offenlegung von Zweigniederlassungen[31] und die Zwölfte Richtlinie über die Zulässigkeit der Einpersonen-GmbH[32];

---

23 Richtlinie 68/151/EWG v. 9.3.1968 (*Lutter*, a.a.O., S. 163ff.), dazu Gesetz v. 15.8.1969 (BGBl. I S. 1146).

24 Richtlinie 77/91/EWG v. 13.12.1976, geändert durch die Richtlinie 92/101/EWG v. 23.11.1992 (*Lutter*, a.a.O., S. 109ff.); dazu Gesetz vom 13.12.1978 (BGBl. I S. 1959); ein Durchführungsgesetz zur Änderungsrichtlinie war entbehrlich, weil das deutsche Recht schon ihren Vorgaben entsprach (§ 71d AktG).

25 Richtlinie 78/855/EWG v. 9.10.1978 (*Lutter*, a.a.O., S. 128ff.); dazu Gesetz v. 25.10.1982 (BGBl. I S. 1425) und jetzt das richtlinienkonform erlassene Umwandlungsgesetz v. 28.10.1994 (BGBl. I S. 3210).

26 Richtlinie 78/660/EWG v. 25.7.1978 (*Lutter*, a.a.O., S. 139ff.); dazu Bilanzrichtliniengesetz v. 19.12.1985 (BGBl. I S. 2355); über ergänzende Richtlinien und Richtlinienvorschläge vgl. *Wiesner*, EuZW 1994, 591.

27 Richtlinie 82/891/EWG v. 17.12.1982 (*Lutter*, a.a.O., S. 196); dazu Umwandlungsgesetz v. 28.10.1994 (BGBl. I S. 3210).

28 Richtlinie 83/349/EWG v. 13.6.1983 (*Lutter*, a.a.O., S. 207ff.); dazu Bilanzrichtliniengesetz v. 19.12.1985 (BGBl. I S. 2355).

29 Richtlinie 84/253/EWG v. 10.4.1984 (*Lutter*, a.a.O., S. 229ff.); dazu Bilanzrichtliniengesetz v. 19.12.1985 (BGBl. I S. 2355).

30 Richtlinie 90/604/EWG v. 8.11.1990 (*Lutter*, a.a.O., S. 144f.); dazu DM-Bilanz-Änderungsgesetz v. 25.7.1994 (BGBl. I S. 1682).

31 Richtlinie 89/666/EWG v. 21.12.1989 (*Lutter*, a.a.O., S. 266ff.); dazu Gesetz v. 22.7.1993 (BGBl. I S. 1282); dazu *Kindler*, NJW 1993, 3301.

32 Richtlinie 89/667/EWG v. 21.12.1989 (*Lutter*, a.a.O., S. 274ff.); dazu Gesetz v. 18.12.1991 (BGBl. I S. 2206); zur Vereinbarkeit der Konzernhaftungsrechtsprechung mit dieser Richtlinie vgl. *BGHZ* 122, 123, 135f.; zum Stand der Angleichung *Lutter*, in: Festschrift Brandner, 1996, S. 81ff.

- Richtlinien über Offenlegungspflichten bei Beteiligungserwerb (sog. Transparenzrichtlinie)[33] und über Insidergeschäfte[34];
- die Richtlinie zur Änderung des Anwendungsbereichs der Bilanzrichtlinien (sog. GmbH & Co. KG-Richtlinie), die von der EG verabschiedet, aber noch nicht umgesetzt ist[35];

In früheren Stadien befinden sich

- Richtlinien, die erst als Entwürfe, Vorschläge oder Vorentwürfe existieren: die Fünfte Richtlinie (Strukturrichtlinie)[36], die Neunte Richtlinie (Konzernrichtlinie)[37], die Zehnte Richtlinie über die grenzüberschreitende Verschmelzung von Aktiengesellschaften[38] und die Vierzehnte Richtlinie betreffend Sitzverlegungen[39];
- Richtlinien über die Liquidation von Kapitalgesellschaften sowie eine Kapital- und Fusionsrichtlinie für die GmbH[40].
- Im Jahr 2001 vorerst gescheitert ist der Vorschlag einer Dreizehnten Richtlinie über Übernahmeangebote, die sog. Übernahmerichtlinie (dazu unten, § 26 II 1)[41] Nach dem Stand von 2002 befindet sich ein neuer Vorschlag in Vorbereitung.

3. Supranationales Gesellschaftsrecht

a) *Europäisches – supranationales – Gesellschaftsrecht* kann nach Artt. 308, 249 EGV geschaffen werden. Geschieht dies, so entsteht *Gemeinschaftsrecht.* Dieses Recht ist im Verhältnis zum nationalen Recht höherrangig und kann durch dieses nicht beseitigt oder abgeändert werden[42]. Die erste solche Verordnung war die Verordnung über die Schaffung einer Europäischen Wirtschaftlichen Interessenvereinigung (EWIV) vom 25.7.1985[43]. Diese europäische Rechtsform wird unten in § 66 behandelt.

---

33 Richtlinie 88/627/EWG v. 12.12.1988 (*Lutter*, a.a.O., S. 585ff.); dazu Gesetz v. 26.7.1994 (BGBl. I S. 1749).

34 Richtlinie 89/592/EWG v. 13.11.1989 (*Lutter*, a.a.O., S. 594ff.); dazu Gesetz v. 26.7.1994 (BGBl. I S. 1749).

35 Richtlinie 90/605/EWG v. 8.11.1990 (*Lutter*, a.a.O., S. 594ff.); dazu Gesetz v. 24.2.2000 (BGBl. I S. 154); *Bitter/Grashoff*, DB 2000, 833; *Strobel*, DB 2000, 53.

36 Dritter geänderter Vorschlag einer Fünften Richtlinie v. 20.11.1991; (ABl. der EG v. 12.12.1991 Nr. C 321, S. 9); vgl. *Lutter*, a.a.O., S. 143f.

37 *Lutter*, a.a.O., S. 239ff.; Kommissionsvorschlag mitgeteilt in ZGR 1985, 446; dazu *Hommelhoff*, in: Festschrift Fleck, 1988, S. 125ff.

38 Vorschlag einer Zehnten Richtlinie v. 14.1.1985 (ABl. der EG v. 25.1.1985 Nr. C 23, S. 11); dazu *Ganske*, DB 1985, 581 mit Nachweisen.

39 Vorentwurf einer Vierzehnten Richtlinie v. 20.4.1997 (Abdruck bei *Schwarz* II, a.a.O., Nr. 14; ZIP 1997, 1723; ZGR 1999, 157); dazu *di Marco, Neye, Karsten Schmidt, Priester, Heinze, Hügel, Rajalc, Wymeersch, Timmerman* in ZGR 1999, 3–156.

40 Vgl. dazu *Schwarz* I, a.a.O., Rdnrn. 851, 1462; *Wiesner*, EuZW 1995, 826.

41 Geänderter Vorschlag einer Dreizehnten Richtlinie v. 11.11.1997 (ABl. der EG v. 13.12.1997 Nr. C 378, S. 10; Abdruck auch bei *Schwarz* II, a.a.O., Nr. 13; ZIP 1997, 2173).

42 Vgl. *EuGHE* 1964, 1269ff.; 1967, 1049; 1972, 294ff.; 1975, 1219ff.; 1978, 629ff.

43 ABl. der EG v. 31.7.1985 Nr. L 199, S. 1; Ausführungsgesetz vom 14.4.1988 (BGBl. I S. 514).

Hinzugekommen ist im Jahr 2001 die Verordnung über das Statut der *Europäischen Aktiengesellschaft*, abgekürzt »SE« = »Societas Europaea« (dazu auch unten, § 26 I 4)[44]. Diese Gesellschaftsform soll die Aktiengesellschaft des Aktiengesetzes nicht ersetzen oder verdrängen, sondern diese Rechtsform nur ergänzen. Gedacht ist vor allem an grenzüberschreitende Unternehmen und Unternehmenszusammenschlüsse. Die SE soll durch Verschmelzung, Errichtung einer Holdinggesellschaft oder durch Gründung einer gemeinsamen Tochtergesellschaft zustande kommen und entweder dualistisch (mit Leitungs- und Aufsichtsorgan) oder monistisch (mit nur einem Verwaltungsorgan) organisiert sein. Gegenüber dem noch in der ersten Auflage geschilderten Verordnungsentwurf von 1975[45] lag schon seit 1991 nur noch ein kleinerer, in das System des europäischen Gesellschaftsrechts eingebetteter Entwurf vor[46]. Die diesem Konzept in der Literatur zugewendete Aufmerksamkeit[47] stand zu den Erträgen einer jahrzehntelangen rechtspolitischen Arbeit zwar in einem Mißverhältnis, aber jetzt kann sich zeigen, ob die neue Rechtsform akzeptiert wird.

c) Die Tendenz zu Europäischen Rechtsformen ist gleichwohl ungebremst. Die Kommission hat im Jahr 1991 Verordnungsentwürfe über das Statut eines *Europäischen Vereins* (unten, § 23 I 4)[48], einer *Europäischen Genossenschaft*[49] und einer *Europäischen Gegenseitigkeitsgesellschaft*[50] vorgelegt[51]. Vor allem aber hält die Diskussion über kapitalgesellschaftsrechtliche Rechtsformen für

---

44 Verordnung über das Statut der Europäischen Gesellschaft (SE) v. 8.10.2001 (ABl. der EG v. 10.11.2001 Nr. L 294, S. 1); dazu *Hirte,* Die Europäische Aktiengesellschaft, NZG 2002, 1; *Lutter,* Europäische Aktiengesellschaft – Rechtsfigur mit Zukunft? BB 2002, 1; zur Vorgeschichte *Gutsche,* Die Eignung der Europäischen AG für kleine und mittlere Unternehmen in Deutschland, 1994; *Hommelhoff,* Einige Bemerkungen zur Organisationsverfassung der Europäischen Aktiengesellschaft, AG 2001, 279; *Hauschka,* Die Europäische Aktiengesellschaft (SE) im Entwurf der Kommission von 1991, EuZW 1992, 147; *Jaeger,* Die Europäische Aktiengesellschaft – europäischen oder nationalen Rechts, 1994; *Kolvenbach,* Die europäische AG: eine wohlgemeinte Utopie? in: Festschrift Heinsius, 1993, S. 397; *Menil,* Die faktisch abhängige SE ..., 1998; *Merkt,* Europäische AG: Gesetzgebung als Selbstzweck? BB 1992, 652; *Monti,* Statut der Europa-AG, WM 1997, 607; *Raiser,* Die Europäische AG und die nationalen Aktiengesetze, in: Festschrift Semler, 1993, S. 277; *Rasner,* Die Europäische AG – ist sie wünschenswert? ZGR 1992, 314; *Schwarz,* Zum Statut der Europäischen Aktiengesellschaft, ZIP 2001, 1847; *Wenz,* Die Societas Europaea (SE), 1993; *Wiesner,* Der Nizza-Kompromiß zur Europa-AG, ZIP 2001, 397.

45 Vgl. dazu vor allem den Sammelband von *Lutter* (Hrsg.), Die Europäische Aktiengesellschaft, 1976 (= 2. Aufl. 1978); weitere Angaben in der 1. Aufl.

46 Vgl. dazu die Angaben in der 2. und 3. Aufl.; zum Stand der Mitbestimmungsdiskussion vgl. *Wiesner,* ZIP 2001, 917.

47 Ein krasses Beispiel ist die Dissertation von *Kunz,* Die Insolvenz (!) der Europäischen Aktiengesellschaften, 1995.

48 Text bei *Schwarz* II, a.a.O., Nr. 17.

49 Text ebd. Nr. 18.

50 Text ebd. Nr. 19.

51 Dazu *Großfeld/Fischer,* Europa steht vor der Tür, ZGen. 43 (1993), 57; *Hagen-Eck,* Die Europäische Genossenschaft, 1995; *Helms,* a.a.O., S. 28; *Kohte,* Die Genossenschaft – eine Rechtsform der Zukunft? ZIP 1991, 905; *Kessel,* Der Entwurf zum Statut der Europäischen Genossenschaft, EuZW 1992, 475; *Schneider,* Europäischer Verein, Europäische Genossenschaft, Europäische Gegenseitigkeitsgesellschaft, EuZW 1992, 193; *Vollmer,* Der Europäische Verein, ZHR 157 (1993), 373.

den Mittelstand an, so über eine »kleine SE« bzw. über eine europäische Société par Actions Simplifiée[52]. Eine der rechtswissenschaftlichen Forschungsabteilungen der Pariser Handelskammer (Centre de recherche sur le droit des affaires = CREDA) hat Ende 1998 einen Verordnungsentwurf für eine *»Europäische Privatgesellschaft«* vorgelegt, die gleichsam als GmbH-Parallele neben die Europäische Aktiengesellschaft treten würde[53].

4. Übereinkommen

Europäisches Gesellschaftsrecht entsteht schließlich durch *Vertrags-Völkerrecht.* Nach Art. 293 EGV leiten die Mitgliedstaaten Verhandlungen ein, um die gegenseitige Anerkennung von Gesellschaften, die Beibehaltung der Rechtspersönlichkeit bei Verlegung des Sitzes von einem Mitgliedstaat in einen anderen und die Möglichkeit der Verschmelzung von Gesellschaften, die den Rechtsvorschriften verschiedener Mitgliedstaaten unterstehen, sicherzustellen. Der EGV soll auf diese Weise dem Bedürfnis nach grenzüberschreitender unternehmerischer Tätigkeit gerecht werden[54]. Einschlägige Übereinkommen sind:

- das Übereinkommen über die gegenseitige Anerkennung von Gesellschaften und juristischen Personen vom 29.2.1968[55];
- ursprünglich auch der Entwurf eines Übereinkommens über die internationale Verschmelzung von Aktiengesellschaften von 1972[56], der inzwischen vom Entwurf einer Zehnten Richtlinie abgelöst ist.

III. Literatur zum Gesellschaftsrecht

1. Lehrbücher, Monographien, Jahrbücher und Handbücher

a) Die Literatur zum Gesellschaftsrecht ist kaum übersehbar. Sie ist ihrer Art nach – ganz unabhängig von der Qualität der Werke – sehr unterschiedlich. Als größere Lehrbücher können heute vor allem genannt werden die Werke von *Grunewald* (4. Aufl. 2000), *Hueck* (19. Aufl. 1991), *Kübler* (5. Aufl. 1998) und namentlich *Wiedemann* (bisher nur Bd. I, 1980). Reinen Lehrzwecken dienen die kurzen Darstellungen von *Eisenhardt* (9. Aufl. 2000), *Hüffer* (5. Aufl. 1998), *Michalski* (zwei Bände, 2002) und *Kraft/Kreutz* (11. Aufl. 2001) sowie der systematische Studienkurs von *Hopt/Hehl/Vollrath* (4. Aufl. 1996) und das zweibändige Arbeitsbuch von *Timm/Schöne* (Handels- und Wirtschaftsrecht, 2. Aufl. 1999/2002)[57]. Das »Handels- und Gesellschafts-

52 Dazu *Helms*, a.a.O., S. 29.
53 Dazu *Bouchourechliev/Hommelhoff* und *Helms*, a.a.O.; *Schwarz* I, a.a.O., Rdnr. 1462.
54 Vgl. nur *Wiedemann* I, § 1 III 2 c.
55 BGBl. 1972 II S. 370, noch nicht in Kraft.
56 Abgedruckt bei *Lutter*, Europäisches Gesellschaftsrecht, 2. Aufl. 1984, S. 351.
57 Ergänzend sei hingewiesen auf folgende Fallsammlungen: *Hadding*, Die HGB-Klausur, 3. Aufl. 2002; *Martinek/Wimmer/Leonhardt*, Handelsrecht, Gesellschafts- und Wertpapierrecht, 3. Aufl.

recht« ist für Lehrzwecke zusammengefaßt bei *Roth* (6. Aufl. 2001). Sonderpositionen nehmen die Werke von *Heße/Enders* (2001), *Klunzinger* (11. Aufl. 1999), *Maiberg* (7. Aufl. 1990) und *Nagel* (Wirtschaftsrecht III, 1994) ein, sämtlich hervorgegangen aus praxisorientiertem Fachhochschulunterricht, sowie von *Siegmund/van Venrooy* (1983, ein Lehrbuch auf der Grundlage der Rechtsprechung). Hilfsmittel für Teilbereiche des Gesellschaftsrechts sind die Spezial-Lehrbücher vor allem von *Emmerich/Sonnenschein/Habersack* (Konzernrecht, 7. Aufl. 2001), von *Flume* (Die Personengesellschaft, 1977; Die juristische Person, 1983), von *Hirte* (Kapitalgesellschaftsrecht, 3. Aufl. 2001), von *Thomas Raiser* (Recht der Kapitalgesellschaften, 3. Aufl. 2001) und von *Wilhelm* (Kapitalgesellschaftsrecht, 1998). Unter diesen Werken ragen die bisweilen sehr eigenwilligen und stets grundlegenden rechtsdogmatischen Werke von *Flume* und das auf einer stark rechtsvergleichenden Wertungsjurispudenz basierende Buch von *Wiedemann* heraus. Bisweilen ist auch auf ältere Darstellungen zurückzugreifen, z. B. auf die Grundlagenwerke des 19. Jahrhunderts oder auf die Handelsrechtsbücher von *Wieland* (1921/1931) und von *Julius von Gierke* (8. Aufl. 1958) oder auf die Gesellschaftsrechtslehrbücher von *Lehmann/Dietz* (3. Aufl. 1970) und von *Reinhardt/Schultz* (2. Aufl. 1981). Auch das Aktienrecht und Recht der verbundenen Unternehmen von *Würdinger* (4. Aufl. 1981) zählt mittlerweile schon zu den historischen Werken. Aus dem außerdeutschen Rechtsraum verdient wegen der vielfältigen Übereinstimmung der gesellschaftsrechtlichen Normen vor allem der Grundriß des österreichischen Gesellschaftsrechts von *Kastner/Doralt/Nowotny* (5. Aufl. 1990) Beachtung für das deutsche Gesellschaftsrecht. Lehrbuchliteratur, die sich nicht auf die Vermittlung anerkannten Wissens beschränkt, leistet auch Beiträge zur Gestaltung und Fortentwicklung des Gesellschaftsrechts. Diese Art Lehrbuchliteratur ist deshalb nicht ohne Einfluß auf die Praxis.

b) Die Fortentwicklung des Gesellschaftsrechts ist in starkem Maß von *monographischen Werken* betrieben worden, die sich nicht selten als bahnbrechende Leistungen in die Gesellschaftsrechtsgeschichte eingeschrieben haben. Das vorliegende Werk greift Anstöße des monographischen Schrifttums an vielen Stellen auf. Auch grundlegende Zeitschriftenaufsätze werden in die Diskussion einbezogen.

c) Aktuelle Entwicklungen lassen sich vielfach anhand von *Jahrbüchern* verfolgen, die meist aus regelmäßig stattfindenden Tagungen hervorgehen, so z. B. die als »Gesellschaftsrecht 1999 bzw. 2001 etc.« bezeichnete Reihe, die unter dem Titel »Gesellschaftsrecht in der Diskussion« erscheinende »VGR«-Reihe der Gesellschaftsrechtlichen Vereinigung sowie die steuerrechtlichen Veranstaltungsjahrbücher.

2001; *Michalski*, Übungen im Handels- und Gesellschaftsrecht I, 1995; *Müller-Laube*, 20 Probleme aus dem Handels- und Gesellschaftsrecht, 3. Aufl. 2001; *Timm*, Fälle zum Handels- und Gesellschaftsrecht, 4. Aufl. 2001; *Wank*, WuV-Kurs Personengesellschaftsrecht, 1996; *Wiedemann/Frey*, Prüfe dein Wissen – Gesellschaftsrecht, 6. Aufl. 2002.

d) Die Gerichtspraxis arbeitet vorzugsweise mit *Kommentaren*. Deren Zahl beträgt ein Vielfaches der im Gesellschaftsrecht anzuwendenden Gesetze. Im wesentlichen kann man zwischen den auf Grundlagenarbeit angelegten Großkommentaren und kurzen Kommentierungen unterscheiden. Der Leser findet die bibliographischen Angaben teils im Abkürzungsverzeichnis, teils bei den Literaturberichten zu Einzelbereichen.

e) Größere Bedeutung als auf anderen Gebieten haben die *Handbücher*, also Gesamtdarstellungen für den praktischen Alltagsgebrauch. Nur beispielhaft seien hier die Handbücher der Personengesellschaften (*Westermann* u. a.), der GmbH (*Eder/Kallmeyer* u. a. sowie *Hense/Müller*), der Aktiengesellschaft (*Happ, Henn, Henze* sowie *Möhring/Nirk/Tank*) und der stillen Gesellschaft (*Blaurock*) genannt, die Standardwerke zur GmbH & Co. (*Binz, Hesselmann/Tillmann* und *Sudhoff*), weiter das in vier Bänden erschienene Münchener Handbuch des Gesellschaftsrechts (*Hoffmann-Becking* u. a.), das Holding-Handbuch (*Lutter*), das Unternehmenshandbuch Familiengesellschaften (*Hennerkes/Kirchdörfer*) sowie folgende Formularbücher: der mehrbändige *Formularkommentar* (Heymanns Verlag), das *Beck'sche Formularbuch* (7. Aufl. 1998), die Heidelberger Musterverträge (Verlag Recht und Wirtschaft), das Formularbuch von *Hopt* (2. Aufl. 2000) sowie das *Münchener Vertragshandbuch zum Gesellschaftsrecht* (4. Aufl. 1996). Als Spiegelbilder der Praxis verdienen solche Werke durchaus auch die Aufmerksamkeit der Lehre und Wissenschaft.

2. Materialien

Wer die Bedeutung von Gesetzgebung und Entwicklungsgeschichte für das Gesellschaftsrecht erkennt (unten, § 3 IV), wird nicht ohne Gesetzesmaterialien arbeiten können. Als besonders wichtig seien hervorgehoben:
- die Materialien zum BGB (Protokolle und Motive in *Mugdan*, 1899, sowie die unveröffentlichten Materialien, herausgegeben von *Jakobs/Schubert*, 1978 ff.);
- die Materialien zum HGB (Denkschriften, komplett neu herausgegeben von *Schubert/Schmiedel/Krampe*, 1986–1988) und zum ADHGB (ADHGB-Protokolle 1857–1861 = *Lutz*, Protokolle 1858–1867);
- die Materialien zum Aktiengesetz (*Kropff*, Aktiengesetz 1965) und zu dessen wichtigsten Änderungen (vgl. zu diesen unten, § 26 II 1);
- der Entwurf eines GmbHG von 1891 sowie die (gescheiterten) Entwürfe eines GmbHG von 1939 (herausgegeben 1985 von *Werner Schubert*) und von 1969 (Referentenentwurf, herausgegeben vom Bundesministerium der Justiz; später Regierungsentwurf 1971/1973, BT-Drucks. VI/3088 bzw. VII/253);
- die Materialien zum Genossenschaftsgesetz (herausgegeben 1989 von *Beuthien/Hüsken/Aschermann*);
- die Materialien zum Umwandlungsgesetz von 1994 (herausgegeben von *Ganske* und von *Neye*).

Über das Europäische Gesellschaftsrecht unterrichten die Sammlungen von *Habersack*, Europäisches Gesellschaftsrecht, 1996; *Lutter*, Europäisches Unternehmensrecht, 4. Aufl. 1996; *Nagel*, Deutsches und europäisches Gesellschaftsrecht, 2000; *Schwarz*, Europäisches Gesellschaftsrecht, 2000.

3. Zeitschriften

Auch auf dem Gebiet der Periodika ist das Handwerkszeug des Gesellschaftsrechtlers weit gestreut. Neben Zeitschriften von allgemeinem Praxisbezug (z.B. BB, BKR, DB, DNotZ, DZWiR, JR, JZ, NJW, NZG, WiB, Wpg., WM, ZIP) kommen steuerrechtliche Periodika (z.B. DStR und StuW), Rechtsprechungsberichte (wie EWiR, NJW-RR und WuB), Zeitschriften für die europäische grenzüberschreitende Praxis (z.B. CMLR, EuR, EuZW, IPrax., RIW und ZEuP) sowie regelrechte Spezialzeitschriften in Betracht. Als solche seien genannt: *Die Aktiengesellschaft* (erscheint seit 1956), *GmbH-Rundschau* (erscheint seit 1910) und die österreichischen Zeitschriften *ecolex, Der Gesellschafter* (GesRZ) und *Wirtschaftsrechtliche Blätter* (WBl.). Praxisbezogene Fortentwicklung der Gesellschaftsrechtswissenschaft ist das Anliegen der Archivzeitschriften: *ZHR* (Zeitschrift für das gesamte Handelsrecht und Wirtschaftsrecht, gegründet 1858 von *Levin Goldschmidt*) und *ZGR* (Zeitschrift für Unternehmens- und Gesellschaftsrecht, seit 1972).

§ 3 System und Entwicklung des Gesellschaftsrechts

I. Die Ordnung der gesellschaftsrechtlichen Rechtsformen*

Die Systematik des Gesellschaftsrechts orientiert sich herkömmlicherweise an den positivrechtlichen Rechtsformen, die teils außerordentlich heterogen, teils dagegen untereinander artverwandt sind und lediglich abgestufte Differenzierungen aufweisen. Diese Rechtsformen können unter ganz unterschiedlichen Aspekten geordnet werden. Dies geschieht nicht nur um der Freude am Systematisieren willen, sondern im Hinblick auf rechtsgrundsätzliche Übereinstimmungen und Unterschiede. Deshalb müssen die Gruppen so gebildet werden, daß sie rechtsgrundsätzliche Unterschiede benennen und typische Rechtsfolgen indizieren. Im einzelnen sind die Ordnungskriterien umstritten. Die Systematik sollte vom praktischen Nutzen der Differenzierungen bestimmt sein.

1. Gesellschaften im weiteren und Gesellschaften im engeren Sinne

Vielfach werden im Gesellschaftsrecht Gesellschaften im weiteren und im engeren Sinne unterschieden[1]. Als *Gesellschaften im weiteren Sinne* werden dann alle privatrechtlichen Zweckvereinigungen bezeichnet, als Gesellschaften im engeren Sinne dagegen nur diejenigen, die auf der Grundlage persönlicher Verbundenheit errichtet werden und von der Individualität ihrer Mitglieder abhängen. Gesellschaften im engeren Sinne wären demnach die Personengesellschaften (Gesellschaft bürgerlichen Rechts, offene Handelsgesellschaft, Kommanditgesellschaft und stille Gesellschaft). Alle anderen, vor allem die Vereine, wären nur Gesellschaften im weiteren Sinne. Diese Unterscheidung ist insofern nicht unberechtigt, als die Personengesellschaften nach Art und Struktur eine eigene Gruppe im Gesellschaftsrecht bilden. Sie

---

* Literatur (Auswahl): *Wiedemann* I, § 2; *Geiler*, Die wirtschaftsrechtliche Methode im Gesellschaftsrecht, Gruch. 68 (1927), 593; *Götze*, Wesen und Bedeutung der Gesellschaftsformen, 1948; *Haff*, Die juristischen Personen des bürgerlichen Rechts und ihre Umbildung, in: Die Reichsgerichtspraxis im deutschen Rechtsleben II, 1929, S. 178; *Laband*, Beiträge zur Dogmatik der Handelsgesellschaften, ZHR 30 (1885), 469; 31 (1885), 1; *Liefmann*, Die Unternehmensformen mit Einschluß der Genossenschaften und der Sozialisierung, 3. Aufl. 1923; *Karsten Schmidt*, Zur Stellung der oHG im System der Handelsgesellschaften, 1972; *Schultz*, Der Rechtsbegriff der Genossenschaft und die Methode seiner richtigen Bestimmung, 1958.

1 In diesem Sinne *Lehmann/Dietz*, § 1 I; ähnlich *Hüffer*, § 2/1; s. auch *Kraft/Kreutz*, A III 1.

ist aber doch inhaltlich blaß. Sie deckt sich weitgehend mit der sogleich zu besprechenden Unterscheidung zwischen Personengesellschaften und Körperschaften und besagt im Grunde nur, daß zum Gesellschaftsrecht nicht nur die Gesellschaften im Wortsinne, sondern auch Vereine und mit ihnen die Kapitalgesellschaften und Genossenschaften gehören.

2. Personengesellschaften und Körperschaften

a) Zu unterscheiden sind Personengesellschaften und Körperschaften[2]. Als *Charakteristikum der Personengesellschaft* gilt die Abhängigkeit von der Individualität ihrer Gesellschafter, als *Charakteristikum der Körperschaft* dagegen die überindividuelle Verselbständigung (Fortdauer bei Tod und Austritt, Vertretung durch Dritte, Mehrheitsentscheidungen in der Versammlung). Es wird noch zu zeigen sein, daß diese Eigenschaften den Personengesellschaften bzw. Körperschaften nur typischerweise, nicht dagegen begriffsnotwendig zukommen. Sie prägen aber doch den gesetzlichen Strukturtypus. Zu den Personengesellschaften gehören:
- die Gesellschaft bürgerlichen Rechts,
- die offene Handelsgesellschaft,
- die Kommanditgesellschaft,
- die stille Gesellschaft,
- die Partenreederei,
- die Freiberufliche Partnerschaft,
- die Europäische Wirtschaftliche Interessenvereinigung.

Körperschaften (Vereine i. w. S.) sind die Vereine, die Kapitalgesellschaften und die Genossenschaften, nämlich im einzelnen:
- der Verein des bürgerlichen Rechts,
- die Aktiengesellschaft und die Kommanditgesellschaft auf Aktien,
- die Gesellschaft mit beschränkter Haftung,
- die Genossenschaft,
- der Versicherungsverein auf Gegenseitigkeit.

b) Diese Unterscheidung ist jedenfalls für die *Ordnung der gesetzlichen Rechtsformen* von großer Bedeutung. Historisch gesehen sind die Personengesellschaften des geltenden Rechts als deutschrechtlich modifizierte societas entstanden[3], die Körperschaften dagegen als Vereine[4], unter denen als eine besondere Gruppe die Kapitalgesellschaften herausragen: die Aktiengesellschaft, die (im ADHGB noch als Personengesellschaft eingeordnete) Kommanditgesellschaft auf Aktien und die GmbH. Für beide Gruppen gelten nach dem Gesetz je unterschiedliche Grundregeln.

---

2 Vgl. nur *Eisenhardt,* Rdnr. 12 (Personengesellschaften und Vereine); *Hüffer,* § 2; *Kübler,* § 3; *Wiedemann* I, § 2 I 1, 3; verabsolutierend *Liefmann,* a. a. O., S. 24.

3 Vgl. etwa *Knoke*, Das Recht der Gesellschaft nach dem Bürgerlichen Gesetzbuch für das Deutsche Reich, 1901.

4 Vgl. nur *Flume*, Juristische Person, § 4 I.

c) Die Unterscheidung zwischen Personengesellschaften und Körperschaften ist für das *Verständnis der gesetzlichen Rechtsformen* unentbehrlich. Klarheit muß allerdings darüber bestehen, daß mit ihr nur die vom Gesetz unterstellte *Idealstruktur* und nicht in jedem Fall die tatsächlich vorgefundene *Realstruktur* benannt ist[5]. Die Gestaltungsfreiheit im Gesellschaftsrecht hat zum Entstehen kapitalistischer Personengesellschaften[6] und personalistischer Kapitalgesellschaften geführt[7]. Im Fall der GmbH kann man sogar sagen, daß diese Gesellschaft – obwohl als kleine Kapitalgesellschaft konzipiert (dazu unten, § 33 II 1) – in der Mehrheit der Fälle personalistisch strukturiert ist, vor allem im Bereich der Familiengesellschaften. Schon aus diesem Grund darf der Gegensatz zwischen Personengesellschaften und Körperschaften, soweit die praktische Verwendung der Rechtsformen in Rede steht, nicht als eine unüberwindbar trennende Schlucht verstanden werden. Wer von der hiernach bestehenden Gestaltungsfreiheit Gebrauch machen will, muß aber die ganz unterschiedliche Architektur der Personengesellschaft und der Körperschaft als Rechtsgebilde kennen und beachten.

3. Rechtsfähige und nichtrechtsfähige Personenvereinigungen, Verbandsorganisationen und schlichte Schuldverhältnisse

a) Vielfach unterscheidet man zwischen *Vereinigungen mit und ohne Rechtsfähigkeit*[8]. Zu den Vereinigungen mit Rechtsfähigkeit gehören eindeutig die herkömmlich anerkannten juristischen Personen (rechtsfähiger Verein, Aktiengesellschaft, KGaA, GmbH, eingetragene Genossenschaft, Versicherungsverein auf Gegenseitigkeit). Als Vereinigungen ohne Rechtsfähigkeit galten dagegen herkömmlich die Personengesellschaften und die sog. nichtrechtsfähigen Vereine. Diese scheinbar so klare Gegenüberstellung setzt aber ein einheitliches Verständnis des Begriffs »Rechtsfähigkeit« voraus, sie ist überdies durch die Rechtsentwicklung überholt, und sie verdeckt Differenzierungsprobleme. In dogmatischer Hinsicht besteht nämlich Streit, ob Rechtsfähigkeit überhaupt dergestalt verabsolutiert werden kann, daß sie entweder vollständig vorhanden oder nicht vorhanden ist (unten, § 8 V 1). Weiter ist das Verhältnis zwischen den Begriffen der »Rechtsfähigkeit« und der »Rechtspersönlichkeit« rechtsdogmatisch und praktisch umstritten. Im Gesetz findet diese rechtsdogmatische Unsicherheit darin Ausdruck, daß den »juristischen Personen« (z.B. § 14 I BGB, § 11 I 1 InsO) die »Gesellschaften ohne Rechtspersönlichkeit« (z.B. § 11 II Nr. 1 InsO) gegenübergestellt werden, die aber durchaus Gesellschaften mit »Rechtsfähigkeit« sein können (§ 14 II BGB)[9]. Hintergrund dieser zunächst verwirrenden Terminologie ist der Streit um die Rechtsnatur und Rechtsfähigkeit der sog. Gesamthands-

5 Grundlegend *Zielinski*, Grundtypvermischung und Handelsgesellschaftsrecht, 1925.
6 Grundlegend *Boesebeck*, Die kapitalistische Kommanditgesellschaft, 1938; *Nitschke*, Die kapitalistisch strukturierte Personengesellschaft, 1970.
7 Grundlegend *Immenga*, Die personalistische Kapitalgesellschaft, 1970.
8 Vgl. *Hueck*, § 2 I; *Hopt/Hehl/Vollrath*, Rdnr. 2.
9 Vgl. *BGHZ* 146, 341 = NJW 2001, 1056.

gesellschaften (dazu unten, § 8 I 1 und 2, § 8 III). Diese werden traditionellerweise von den juristischen Personen unterschieden, gelten aber nach der neueren, auch hier vertretenen Auffassung als rechtsfähig. Folgt man der damit vorgegebenen Systematik, so ist eine Dreiteilung vorzunehmen:
- juristische Personen,
- rechtsfähige Gesellschaften »ohne Rechtspersönlichkeit«,
- reine Innengesellschaften.

Wem dies zu verwirrend ist, der unterscheide einfach zwischen
- Rechtsträgern und
- Innengesellschaften.

Damit sind die Extreme einander gegenübergestellt. Eine juristische Person kann gewiß Trägerin von Rechten und Pflichten sein (das ist ja der Sinn dieser Rechtsfigur), und ebenso gewiß fehlt einer bloßen Innengesellschaft diese Fähigkeit (vgl. zum Begriff der Innengesellschaft unten, § 7 I 2). Dazwischen ist Spielraum für die umstrittenen sog. Gesamthandsgemeinschaften, insbesondere für die »nichtrechtsfähigen« (?) Vereine und die Personen-Außengesellschaften. Ihre Dogmatik, vor allem ihr Verhältnis zu den juristischen Personen, wird näher zu behandeln sein (unten, § 8 I 2 und 3, III).

b) Von erheblicher Tragweite ist daneben der *Unterschied zwischen Verbandsorganisationen und bloßen Schuldverhältnissen* im Gesellschaftsrecht. Auf ihn wird zurückzukommen sein (unten, § 7 I 2b bb). Verbandsorganisationen haben Mitglieder, Schuldverhältnisse haben Parteien. Die Unterscheidung ist nicht völlig deckungsgleich mit derjenigen zwischen Außengesellschaften und Innengesellschaften (dazu unten, § 7 I 2 und § 44 I 2). Außengesellschaften treten gegenüber Dritten als kollektive Rechtsträger in Erscheinung, und zwar als Verbände (was die Möglichkeit von Einpersonen-Kapitalgesellschaften nicht ausschließt). Hieran fehlt es bei Innengesellschaften, insbesondere bei der stillen Gesellschaft. Diese Gesellschaften können daher auch nicht Träger von Rechten und Pflichten, nicht Inhaber eines Gesellschaftsvermögens, nicht Prozeßparteien und nicht Gemeinschuldner im Insolvenzverfahren sein. Nicht generell ausgeschlossen ist dagegen die Ausstattung auch der Innengesellschaften mit einer Verbandsstruktur, die Mitglieder und Organe aufweist (näher § 7 I 2 b). Ein Verband muß nicht Körperschaft oder Außengesellschaft, muß also nicht Träger von Rechten und Pflichten sein (vgl. auch unten, § 4 I 2 c).

Die Unterscheidung zwischen Verbänden und bloßen Schuldverhältnissen wird als einer der Leitgedanken dieses Buchs immer wieder in Erscheinung treten. Beispielsweise haben die Satzungen und Gesellschaftsverträge bei Verbänden gegenüber rein schuldrechtlichen Verträgen eine völlig andere Qualität (unten, § 5 I), was sich nicht zuletzt dann auswirkt, wenn ein fehlerhafter Vertrag vorliegt (unten, § 6). Auch im Recht der Mitgliedschaft kommt die Unterscheidung zum Tragen (unten, § 19 I 1). Der verfaßte Verband ist eben weitaus mehr als ein Schuldverhältnis.

4. Zweckunterscheidungen

a) Der Unterschied zwischen *Zivil- und Handelsgesellschaften*[10] ist nur Spiegelbild der positivrechtlichen Einordnung in das Handelsrecht. Handelsgesellschaften sind Kaufleute nach § 6 HGB (dazu Handelsrecht, § 10 II). Gesellschaftsrechtlich gibt diese Systematik nur wenig her.

b) Nicht hiermit zu verwechseln ist die *Unterscheidung zwischen nichtwirtschaftlichen und wirtschaftlichen Vereinigungen*[11]. Sie spielt im Vereinsrecht eine ganz wesentliche Rolle (§§ 21, 22 BGB und dazu unten, § 23 III). Darüber hinaus werden im Recht der BGB-Gesellschaft und des nicht eingetragenen Vereins unterschiedliche Haftungsgrundsätze für nichtwirtschaftliche und wirtschaftliche Gesellschaften postuliert[12]. Diese Unterscheidung ist allerdings fragwürdig; besser sollte nicht auf den ideellen oder materiellen Zweck abgestellt werden, sondern darauf, ob die Gesellschaft Trägerin eines Unternehmens ist (unten, § 58 V und § 60 III 2, 3).

c) Bei der Rechtsformwahl kann es schließlich eine Rolle spielen, ob eine Rechtsform als Allzweckinstrument für jeden erlaubten Zweck zur Verfügung steht (so die Gesellschaft bürgerlichen Rechts nach § 705 BGB und die GmbH nach § 1 GmbHG) oder ob sie nur für bestimmte Zwecke gewählt werden kann (so die Genossenschaft, der Versicherungsverein auf Gegenseitigkeit, die Partenreederei, die Freiberufliche Partnerschaft und die Europäische Wirtschaftliche Interessenvereinigung). Insofern kann man von *Universal- und Spezialrechtsformen* sprechen.

II. Grenzen der Rechtsformsystematik

Das Denken in Rechtsformen beruht auf den positivrechtlichen und teilweise verstreuten Regelungen der oben unter § 2 I aufgezählten Gesetze. Es stößt in doppelter Hinsicht auf Grenzen, sobald man den Blick auf die Gesellschaftsrechtswirklichkeit lenkt.

1. Rechtsformen und Typen im Gesellschaftsrecht[*]

Es wurde schon darauf hingewiesen, daß sich die idealtypischen Merkmale der gesellschaftsrechtlichen Rechtsformen nicht voll mit den Realitäten des

---

10 *Wiedemann* I, § 2 I 2 a.
11 *Wiedemann* I, § 2 I 2 b.
12 Vgl. besonders *Flume*, Personengesellschaft, § 16 IV 5.
* Literatur: *Larenz*, Methodenlehre der Rechtswissenschaft, 5. Aufl. 1983, S. 207ff., 443ff.; *Pawlowski*, Methodenlehre für Juristen, 1981, Rdnrn. 145ff.; *Leenen*, Typus und Rechtsfindung, 1972, S. 25ff.; *Wank*, Die juristische Begriffsbildung, 1985, S. 98, 124ff.; speziell zum Gesellschaftsrecht: *Friedewald*, Die personalistische Aktiengesellschaft, 1991, S. 120ff.; *Nitschke*, Die körperschaftlich strukturierte Personengesellschaft, 1972, S. 5f.; *Walter Ott*, Die Problematik einer Typologie im Gesellschaftsrecht, 1972, S. 21ff.; *Rasner*, Die atypische stille Gesellschaft, 1961; *Karsten Schmidt*, Zur Stellung der oHG im System der Handelsgesellschaften, 1972, S. 77ff.; *Schulze-*

Rechtslebens decken. Die Rechtsformen der Gesellschaften und Verbände sind tatbestandlich definiert und vom Gesetz zugelassen. Die Typen der Gesellschaften und Verbände ergeben sich aus der Anschauung des Rechtslebens. Auch die gesetzlichen Tatbestände wachsen zwar aus Anschauungstypen heraus (klassisches Beispiel: der Genossenschaftsbegriff des § 1 GenG), aber sie weisen jedenfalls im Idealfall ein hohes Maß an Abstraktion auf und sind auf Subsumtionsfähigkeit zugeschnitten (Beispiele: die Begriffe der oHG, der KG oder der KGaA in §§ 105, 161 HGB, 278 AktG). Hier und da blickt der typologische Hintergrund auch durch die gesetzlichen Tatbestände hindurch. Ob in einem konkreten Fall ein rechtsfähiger oder ein sog. nichtrechtsfähiger Verein vorliegt, kann mit begrifflicher Schärfe festgestellt werden, denn der rechtsfähige Verein muß entweder in das Vereinsregister eingetragen oder von einer Verwaltungsbehörde konzessioniert sein (§§ 21f. BGB); ob dagegen ein sog. nichtrechtsfähiger Verein oder eine Gesellschaft bürgerlichen Rechts vorliegt, kann nur durch typologischen Strukturvergleich festgestellt werden (vgl. unten, § 25 I 2 b). Im Grundsatz aber lassen sich Tatbestand und Typus im Gesellschaftsrecht unterscheiden. Ein Blick auf das Rechtsleben zeigt nun, daß es innerhalb einer scheinbar einheitlichen Rechtsform
- Typusvariationen und
- atypische Gestaltungen

gibt.

a) Die in einer Rechtsform angelegten *Typusvariationen* lassen sich gut am Beispiel der GmbH demonstrieren. Die *Einheitsrechtsform* der GmbH ist im tatsächlichen Leben weit ausdifferenziert. Sie kann »personalistisch«, z.B. als Familiengesellschaft, aber auch »kapitalistisch« strukturiert sein. Es gibt die Mehrpersonen-GmbH und die Einpersonen-GmbH. Wir unterscheiden die GmbH als Unternehmensträgerin, die nichtwirtschaftlich tätige »Non-Profit«-GmbH und die Komplementär-GmbH, die nur Komplementärin einer GmbH & Co. KG oder KGaA ist. Das Gesellschaftsrecht darf für diese Variationen nicht blind sein. Bisweilen nimmt auch der Gesetzgeber von ihnen Notiz, z.B. indem er durch das *Gesetz für kleine Aktiengesellschaften und zur Deregulierung des Aktienrechts* 1994 die »kleine AG« einbezog (unten, § 26 III 2 b) oder die »geschlossene« von der börsennotierten AG unterschieden hat (§ 3 II AktG).

b) Auch die *Möglichkeit atypischer Gestaltungen* beruht auf der Variationsbreite der gesellschaftsrechtlichen Rechtsformen. Klassische Beispiele sind die Publikumskommanditgesellschaften (unten, § 57) und die atypischen stillen Gesellschaften (unten, § 62 II 2 c). Hier steht die Rechtsform eindeutig fest,

---

Osterloh, Der atypisch stille Gesellschafter ist der typische stille Gesellschafter, in: Festschrift Kruse, 2001, S. 377; *Sethe*, Die personalistische Kapitalgesellschaft mit Börsenzugang, 1996; *Teichmann*, Gestaltungsfreiheit in Gesellschaftsverträgen, 1970, S. 139f.; *H. P. Westermann*, Vertragsfreiheit und Typengesetzlichkeit im Recht der Personengesellschaften, 1970, S. 12, 98ff.; terminologisch abweichend *Huber*, JurA 1970, 786ff., der zwischen dem tatbestandlichen »formalen Typus« und dem »Strukturtypus« unterscheidet.

aber die Gesellschaft weicht in ihrer Realstruktur vom gesetzlichen Idealtypus ab, was à la longue sogar dazu führen kann, daß die Praxis die »atypische« Gestaltung als typisch und das gesetzliche Modell als entwertet wahrnimmt[13]. Auch dies kann nicht folgenlos sein. Die bloße Festlegung auf eine Rechtsform besagt ersichtlich nichts Endgültiges über die Verfassung einer Zweckvereinigung. Das Denken in Rechtsformen ist einerseits notwendig, aber anderseits unzureichend.

2. Rechtsformübergreifende Strukturen[*]

Charakteristisch für das Denken in Rechtsformen ist sodann, daß der Blick auf einzelne Rechtsgebilde gerichtet ist, hinter denen sich in Wahrheit komplexere Sozialgebilde verbergen können. Auch hier darf das Gesellschaftsrecht nicht die Augen vor der Rechtserheblichkeit formübergreifender Rechtsverhältnisse verschließen. Die Verzahnung mehrerer Rechtsträger zu einer Funktionseinheit kann dazu führen, daß jeder dieser Rechtsträger besonderen, nur durch die Funktionseinheit erklärbaren Regeln unterliegt. Als Beispiele seien genannt:
– die Kapitalgesellschaft & Co.,
– die Unterbeteiligung an einem Gesellschaftsanteil,
– der Konzern und
– die Holdingstruktur.

a) *Die Kapitalgesellschaft & Co.* – meist eine GmbH & Co. KG – ist eine Gesellschaft mit einer Kapitalgesellschaft als persönlich haftendem Gesellschafter. Diese »Grundtypvermischung«, wie das Phänomen anfangs genannt worden ist[14], wird unter § 56 am Beispiel der GmbH & Co. KG diskutiert. Seit dem Urteil *BGHZ* 134, 392 = NJW 1997, 1923 wird das Konzept der Kapitalgesellschaft & Co. auch auf die Kommanditgesellschaft auf Aktien erstreckt (dazu unten, § 32 III 2 a, IV). Vorerst sei nur festgehalten, daß es bei einem solchen Gebilde nicht angeht, die Personengesellschaft und die Kapitalgesellschaft als je einzelne Gebilde zu betrachten, sondern es kommt auf den ganzen Funktionsmechanismus an.

b) Nicht anders verhält es sich mit der *mittelbaren Unternehmensbeteiligung* (unten, § 61). Hat ein Unternehmen zehn Kommanditisten und zehn stille Gesellschafter, so geht es nicht an, daß einmal nur die Kommanditgesellschaft als Unternehmensträgerin und dann nur die stille Gesellschaft betrachtet wird, sondern es kann auch hier eine Funktionseinheit aus KG und atypischer stiller Gesellschaft vorliegen, die die stillen Gesellschafter mit umfaßt (unten,

---

13 Vgl. für die atypische stille Gesellschaft *Schulze-Osterloh*, a. a. O.

* Literatur (Auswahl): *Blaurock*, Unterbeteiligung und Treuhand an Gesellschaftsanteilen – Formen mittelbarer Teilhabe an Gesellschaftsverhältnissen, 1981; *Lutter* (Hrsg.), Holding-Handbuch, 3. Aufl. 1998; *Kronstein*, Die abhängige juristische Person, 1931 (Nachdruck 1973); *Rehbinder*, Konzernaußenrecht und allgemeines Privatrecht, 1973; *Wiedemann*, Die Unternehmensgruppe im Privatrecht, 1988; *Zielinski*, Grundtypvermischung und Gesellschaftsrecht, 1925.

14 Vgl. besonders *Zielinski*, a. a. O.

§ 62). Ähnlich kann es sich verhalten, wenn sich dritte Personen durch Unterbeteiligungsverträge intern am Anteil eines Gesellschafters in einer Handelsgesellschaft beteiligen (dazu unten, § 63). Innerhalb der Handelsgesellschaft bildet sich gleichsam ein Beteiligungs-Mikrokosmos.

c) Es kann sich auch umgekehrt verhalten, nämlich so, daß die Gesellschaftsorganisation, gleichsam als Makrokosmos, nach außen über die einzelne Gesellschaft hinausweist. So entstehen aus Unternehmensverbindungen Funktionseinheiten und Funktionszusammenhänge. Das *Konzernrecht* befaßt sich nicht nur mit Einzelgesellschaften, die untereinander durch mehr oder weniger intensive Rechtsverhältnisse verbunden sind, sondern es ist ein Demonstrationsfall für rechtsformübergreifende Strukturen im Gesellschaftsrecht. Wird etwa eine GmbH als Gemeinschaftsunternehmen von zwei Muttergesellschaften beherrscht, so verwirklicht sich in ihr der Unternehmensverbund. Das Gesellschaftsrecht kann nicht die drei Gesellschaften nur als je einzelne Rechtsträger in den Blick nehmen, sondern notwendig ist auch der Blick auf das Ganze, das wiederum auf das Innen- und Außenrecht der einzelnen verbundenen Gesellschaften zurückstellt (dazu unten, § 17).

Bemerkenswert ist in diesem Zusammenhang das *Vordringen von Holdingstrukturen*[15]. Von einer Holding sprechen wir bei einer Gesellschaft, deren Unternehmensgegenstand (unten, § 4 II 3 b) darin besteht, unmittelbar oder mittelbar auf Dauer Unternehmensbeteiligungen (d.h. Anteile an unternehmenstragenden Gesellschaften) zu halten und zu verwalten.

III. Die allgemeinen und die besonderen Lehren des Gesellschaftsrechts

1. Allgemeines Gesellschaftsrecht und besonderes Gesetzesrecht

Das Gesellschaftsrecht ist ein kompliziertes und schwieriges Rechtsgebiet. Sein Formenreichtum und sein Praxisbezug haben dafür gesorgt, daß es immer weiter ausdifferenziert und damit immer mehr zur Spezialisierungsmaterie wurde. Dem System des Gesellschaftsrechts hat dies nicht gutgetan. Auch das unkoordinierte Nebeneinander getrennter Gesetze hat diese Materie unübersichtlich, nicht selten auch im Inhalt unstimmig gemacht. Vor uns liegt damit ein Rechtsgebiet, dessen Einzelprobleme hier detailliert, dort fragmentarisch geregelt worden sind und dessen Gesetzesbestand, je nach den rechtspolitischen Tagesbedürfnissen, hier reformiert, dort aber unverändert belassen worden ist. Das positive Gesellschaftsrecht trägt insofern provisorische Züge, die nur durch einen zuverlässigen Kanon von allgemeinen Lehren überwunden werden können. Der Allgemeine Teil des Bürgerlichen Gesetzbuchs, von dem solche Lehren erwartet werden könnten,

15 Dazu *Lutter*, a.a.O.; *Raupach* u.a., in: JbFSt 1995/96, S. 343ff.

entspricht in vielen Punkten nicht den besonderen Anforderungen des Kooperations- und Verbandsrechts[16], und so ist die Gesellschaftsrechtswissenschaft aufgerufen, aus dem teils unvollkommenen und unstimmigen Normenbestand sowie aus der Praxis und Lehre des Gesellschaftsrechts allgemeine Lehren zu entwickeln. Hier liegt – weit über die Erläuterung des positiven Gesellschaftsrechts hinaus – die Verantwortung und die Chance der Lehrbuchliteratur[17]. Das vorliegende Werk greift diese Herausforderung auf. Daß auch der Gesetzgeber begonnen hat, diesen Weg zu beschreiten, hat er mit dem Umwandlungsgesetz von 1994 gezeigt[18].

2. Institutionenbildung als Aufgabe

Die Herausbildung allgemeiner Lehren aus dem durch Gesetze, Gerichtsentscheidungen und Anschauung vorgegebenen Material wird hier als Institutionenbildung bezeichnet[19]. Es kann dabei nicht darum gehen, das Rechtsformdenken einfach durch Einebnung aller Unterschiede zu überwinden, sondern es geht um allgemeine Lehren, die eine differenzierte, aber doch stimmige Handhabung der Einzelrechtsformen tragen. Dadurch soll eine Konsolidierung des Gesellschaftsrechts vorangetrieben und eine sachgerechte Handhabung des gesellschaftsrechtlichen Instrumentariums erleichtert werden. Verschiedentlich kann dabei auf bereits anerkannte Prinzipien zurückgegriffen werden, z.B. auf die Lehre vom gemeinsamen Zweck, von der juristischen Person, von der rechtsfähigen Personengesellschaft, von der Unternehmensfinanzierung, von der fehlerhaften Gesellschaft, von den mitgliedschaftlichen Informations- und Mitwirkungsrechten, von der Treupflicht, von der actio pro socio, von den fehlerhaften Beschlüssen usw. Diese Prinzipien müssen zwar kritisch fortgebildet, aber nicht neu geschaffen werden. In vielerlei Hinsicht ist der hier geforderte Institutionalisierungsprozeß seit der ersten Auflage dieses Buches – nicht selten in Einklang mit den hier unterbreiteten Vorschlägen – erheblich vorangebracht worden: teils durch den Gesetzgeber (Beispiel: Umwandlungsrecht), teils durch Rechtsprechung und Literatur (Beispiel: Konzernrecht). Aber es gibt noch unerforschtes Terrain, und hier und da hängt auch die Rechtsentwicklung noch hinter dem Klärungsbedarf zurück. In mancher Beziehung müssen neue Wege gesucht werden. Dabei werden neben Gesetzesnormen, praktischen

16 Vgl. auch *Lehmann/Dietz*, § 1 III.

17 Beispielhaft *Wiedemann* I; distanziert *Zöllner*, in: Festschrift Claussen, 1997, S. 423.

18 Die in der 3. Aufl. angekündigte Arbeit zur Integrationswirkung des Umwandlungsgesetzes ist vorerst nicht zustandegekommen. Aspekte, die darin eine Rolle spielen sollten, finden sich etwa in folgenden Untersuchungen: *Leinekugel*, Die Ausstrahlungswirkungen des Umwandlungsgesetzes, 2000; *von Riegen*, Gesellschafterschutz bei Ausgliederungen durch Einzelrechtsnachfolge, 1999; *Karsten Schmidt*, ZGR 1995, 675; *Teichmann*, Ausstrahlungswirkungen des Umwandlungsgesetzes auf den Nießbrauch ..., in: Festschrift Lutter, 2000, S. 1261.

19 Vgl. zum methodischen Konzept *Karsten Schmidt*, in: Rechtsdogmatik und Rechtspolitik, 1990, S. 20ff.; s. auch schon früher in Einzelzusammenhängen: *Karsten Schmidt*, Informationsrechte in Gesellschaften und Verbänden, 1984; für das Insolvenzrecht *ders.*, Gutachten D, in: Verhandlungen des 54. DJT I, 1982; *ders.*, ZIP 1985, 713ff.; für Gesellschafterdarlehen *ders.*, ZHR 147 (1983), 165ff.; für die Beschlußanfechtung *ders.*, in: Festschrift Stimpel, 1985, S. 217.

und rechtspolitischen Einsichten auch entwicklungsgeschichtliche Beobachtungen eine Rolle spielen.

IV. Zur Geschichte und Gegenwart der Gesellschaftsrechtswissenschaft*

1. Die historische Dimension des Gesellschaftsrechts

Eine umfassende Geschichte des deutschen Gesellschaftsrechts liegt nicht vor. Das dürfte teils auf der problematischen Begriffsbildung, teils auf einem ahistorischen Zug der Gesellschaftsrechtsliteratur beruhen. Die Gesellschaftsrechtswissenschaft so, wie wir sie heute verstehen, entstand im wesentlichen erst im 19. Jahrhundert und hat vor allem im 20. Jahrhundert an Bedeutung und Ausdifferenzierung ständig zugenommen. Die Gesellschaftsrechtspraxis lebt aus modernen Erscheinungen und Anforderungen des Rechtslebens, und sie droht – nicht zuletzt unter dem Einfluß des Steuerrechts (dazu oben, § 1 II 6) – immer kurzatmiger zu werden. Das gilt nicht nur für das Gesellschaftsrecht insgesamt, sondern auch die einzelnen Gesellschaften bekommen den provisorischen Charakter des Gesellschaftsrechts zu spüren. Rechtsformänderungen und Umstrukturierungen, die noch vor Jahrzehnten als Ausnahmeerscheinungen angesehen wurden, werden mehr und mehr zur Normalstrategie. Elastizität und Wandel, wie sie hiernach im Vordergrund stehen, erlauben indes keine Vernachlässigung der historischen Dimension allen Rechts (dazu schon Handelsrecht, § 2 I 1). Das zeigt sich besonders, wenn man – wie dies hier geschehen soll – dem Gesellschaftsrecht eine institutionelle Basis zu geben versucht. Rechtsordnung ist System und Prozeß. Wer nicht um das Woher weiß, wird das Heute und das Wohin nicht begreifen können. Viele Unstimmigkeiten im Normengefüge des gesetzlichen Gesellschaftsrechts finden durch eine historische Schau – und nur durch sie! – ihre Erklärung und nicht selten auch ihre Auflösung. Rückblicke auf die Vergangenheit sollen deshalb diesem Buch nicht Patina und historisierende Würde verleihen, sondern sie sind Teil von Erkenntnis und Fortschritt.

2. Sozialgeschichte und Normengeschichte

a) Die Geschichte des Gesellschaftsrechts ist Sozialgeschichte und Normengeschichte. Dabei haben freilich *die sozialgeschichtlichen Strömungen* das gesellschaftsrechtliche Normengefüge wesentlich geprägt, denn dieses ist nicht zuletzt instrumentelle Umsetzung sozialer und ökonomischer Wirk-

* Literatur (Auswahl): *Kübler*, § 2; *Wiedemann* I, § 1 II 2; *Goldschmidt*, Alte und neue Formen der Handelsgesellschaft, 1892; *Klein*, Das Organisationswesen der Gegenwart, 1913, S. 14–59; *ders.*, Die wirtschaftlichen und sozialen Grundlagen des Rechtes der Erwerbsgesellschaften, 1914.

lichkeit. Die gesellschaftsrechtliche Literatur hat in dieser Hinsicht vor allem
- dem römischen Recht[20],
- dem vormittelalterlichen deutschen Recht[21],
- dem Recht des Mittelalters und der Renaissance[22],
- dem Recht des beginnenden Kolonialismus[23],
- dem Recht der industriellen Revolution[24],
- dem Recht der Genossenschafts-[25] und der Arbeiterbewegung[26],
- dem Recht der Kollektivierung im Wirtschaftsleben[27],
- dem Recht der konzentrativen Wirtschaftsverfassung[28],
- dem Recht der modernen Großverbände[29],
- dem Recht der internationalen Unternehmensverflechtung[30] und
- dem Recht der modernen Medien in Unternehmen[31]

ihr Augenmerk zugewandt.

b) Die *Normengeschichte* des Gesellschaftsrechts ist kompliziert und wird in diesem Buch referiert, wo es auf historische Zusammenhänge ankommt. Die Bedeutung der Normengeschichte kann dann an Ort und Stelle im konkreten Zusammenhang deutlich gemacht werden. Vorerst geht es um eine grundsätzliche Feststellung: Die Bedeutung der Normengeschichte beschränkt sich nicht auf einzelne Fragen der historischen oder teleologischen Interpretation von Rechtsnormen, sondern sie erstreckt sich auf die Grundlagen des gesamten Gesellschaftsrechts. Dies hat folgenden Grund: Es gibt Rechtsformen, deren Regelung seit 1861 (Allgemeines Deutsches Handelsgesetzbuch) annähernd unverändert geblieben ist (oHG, KG und stille Gesellschaft), die aber trotzdem ihr Gesicht in der Rechtswirklichkeit radikal

---

20 Vgl. nur *Max Cohn*, Zum römischen Vereinsrecht, 1873; *Schnorr v. Carolsfeld*, Geschichte der juristischen Person I, 1933 (Nachdruck 1969).

21 Vgl. exemplarisch *Otto v. Gierke*, Deutsches Genossenschaftsrecht I/II, 1868, 1873.

22 Exemplarisch *Max Weber*, Zur Geschichte der Handelsgesellschaften im Mittelalter, 1889; *Lutz*, Die rechtliche Struktur süddeutscher Handelsgesellschaften in der Zeit der Fugger, Bd. I, 1976.

23 Vgl. *Gmür*, Die Emder Handelscompagnien des 17. und 18. Jahrhunderts, in: Festschrift Westermann 1974, S. 167.

24 *Horn/Kozka*, Recht und Entwicklung der Großunternehmen im 19. und frühen 20. Jahrhundert, 1979.

25 Vgl. *Schulze-Delitzsch*, Die Entwicklung des Genossenschaftswesens in Deutschland, 1870; *Schütte*, Die Rolle der Genossenschaften bei der Industrialisierung, 1971; *Weuster*, Theorie der Konsumgenossenschaftsentwicklung, 1980; *Beuthien*, Genossenschaftsrecht: Woher – Wohin? 1989; *Steding* (Hrsg.), Genossenschaftsrecht im Spannungsfeld von Bewährung und Veränderung, 1994.

26 Vgl. nur *Grebing*, Die Geschichte der deutschen Arbeiterbewegung, 4. Aufl. 1973; *Kögler*, Arbeiterbewegung und Vereinsrecht, 1974.

27 *Dahrendorf*, Soziale Klassen und Klassenkonflikte in der industriellen Gesellschaft, 1957; *Rittner*, in: Festschrift Peltzer, 2001, S. 367ff.

28 Vgl. nur *Mestmäcker*, Verwaltung, Konzerngewalt und Rechte der Aktionäre, 1958; *ders.*, Recht und ökonomisches Gesetz, 1978 (2. Aufl. 1984).

29 Vgl. nur *Leßmann*, Die öffentlichen Aufgaben und Funktionen privatrechtlicher Wirtschaftsverbände, 1976.

30 Vgl. nur *Raupach* u.a., Globalisierung, in: JbFSt. 1994/95, S. 307ff.; *Hommelhoff*, in: Festschrift Lutter, 2000, S. 95ff.

31 Vgl. nur *Than*, in: Festschrift Peltzer 2001, S. 577; *Timm*, in: Festschrift Lutter, 2000, S. 157; *Wymeersch*, ebd., S. 213ff.

verändert haben. Ganz im Gegensatz dazu stehen Rechtsformen, die ebenso alt oder kaum jünger sind, aber wiederholten gesetzgeberischen Reformen unterworfen wurden (AG und Genossenschaft). Bei der ersten Gruppe muß die Handhabung der Gesetze einer geänderten Wirklichkeit angepaßt werden, während bei der zweiten der Gesetzgeber wesentlichen Einfluß auf die Gesellschaftsrechtswirklichkeit nahm. Andere Rechtsformen wurden erst künstlich geschaffen (so die GmbH) oder erst durch das BGB reichseinheitlich geregelt (so der Verein und die Gesellschaft bürgerlichen Rechts). Auch die Europäisierung des Gesellschaftsrechts (oben, § 2 II) trägt nicht zu seiner inhaltlichen Geschlossenheit bei, weil die supranationale Harmonisierung nicht beim Ganzen, sondern bei Einzelproblemen anzusetzen pflegt (vgl. die ganz ähnliche Beobachtung zum Transportrecht im Handelsrecht, § 32 I 1 b). Das Gesellschaftsrecht erweist sich damit nicht nur als normativ zersplittert, sondern das Gesetzesrecht befindet sich bei den einzelnen Rechtsformen auf einem ganz unterschiedlichen Entwicklungsstand. Es fehlt deshalb nicht nur äußerlich an einer geschlossenen Gesellschaftsrechtskodifikation, sondern die vergleichende Betrachtung wird immer wieder Friktionen im Normenbestand aufdecken. Durch historische, vergleichende und institutionelle Betrachtung will das vorliegende Werk dazu beitragen, allgemeine Lehren des Gesellschaftsrechts herauszuarbeiten und das provisorische Stadium des Gesellschaftsrechts zu überwinden.

V. Der Plan der vorliegenden Darstellung

Ziel und Aufgabe des vorliegenden Werks schlagen sich im Plan der Darstellung und in einem unkonventionellen Aufbau nieder:

- Ein Erster Teil ist der Herausbildung und Darstellung der Allgemeinen Lehren gewidmet.
- Das Körperschaftsrecht als das Recht der institutionell am stärksten verfestigten Verbände bildet den Zweiten Teil, der mit dem Verein als dem Urbild der Körperschaften beginnt.
- Erst im Dritten Teil werden die besonderen Lehren des Personengesellschaftsrechts dargestellt, und zwar beginnend mit den am stärksten verfestigten Personengesellschaften: der offenen Handelsgesellschaft und der Kommanditgesellschaft. Die Gesellschaft bürgerlichen Rechts, deren sachgerechte Behandlung besonders differenzierte gesellschaftsrechtliche Kenntnisse voraussetzt, wird erst im weiteren Zuge der Darstellung analysiert, bevor die Darstellung auf Spezialformen eingeht.

Zweiter Abschnitt: Vertrag, Vertragszweck und Vertragsfreiheit im Gesellschaftsrecht

§ 4 Verbandszweck und gemeinsamer Zweck*

I. Das Grundproblem des »gemeinsamen Zwecks«

1. Der Meinungsstand

Die privaten Verbände und kooperativen Vertragsverhältnisse sind *Zweckgebilde*. Als Grundbegriff des Gesellschaftsrechts – oft allerdings nur als Grundbegriff der Personengesellschaften – wird der »gemeinsame Zweck« bezeichnet. Ohne »gemeinsamen Zweck« entsteht kein Gesellschaftsverhältnis und kein Verband. Die genaue Bedeutung dieses Merkmals ist umstritten, bisweilen auch undeutlich. Unklar und für die Rechtsanwendung wenig hilfreich sind oft auch die Formulierungen[1]. So heißt es in den Motiven zu § 705 BGB[2]: »Aus der Gemeinsamkeit des vereinbarten Zwecks folgt, daß im Wesen der Gesellschaft die Antheilnahme eines jeden Gesellschafters an diesem Zwecke liegt. Ein Vertrag, durch welchen ein Gesellschafter von der Beitragspflicht befreit, aber zur Theilnahme am gemeinsamen Zwecke, also insbes. am Gewinne berechtigt, oder zwar am Verluste, nicht aber am Gewinne betheiligt sein soll, ist hiernach kein Gesellschaftsvertrag.« Demgemäß werden vielfach

* Literatur: *Flume*, Personengesellschaft, § 3; *Wiedemann* I, § 1 I 1 b; *Ballerstedt*, Der gemeinsame Zweck als Grundbegriff des Rechts der Personengesellschaften, JuS 1963, 253; *Fikentscher*, Zu Begriff und Funktion des »Gemeinsamen Zwecks« im Gesellschafts- und Kartellrecht, in: Festschrift H. Westermann, 1974, S. 87; *ders.*, Die Interessengemeinschaft, 1966; *W. Kellermann*, Der Zweck insbes. der Gesellschaft bürgerlichen Rechts, Diss. Kiel 1988; *Lenz*, Personenverbände, Verbandspersonen, Kartellverträge. Eine Studie zum Merkmal des gemeinsamen Zwecks, 1987; *Müller-Gugenberger*, Bemerkungen zur »societas leonina«, in: Gedächtnisschrift Rödig, 1978, S. 274; *Karsten Schmidt*, Kartellverbot und »sonstige Wettbewerbsbeschränkungen«. Begriff und Funktion des gemeinsamen Zwecks in § 1 GWB, 1978; *ders.*, Verbandszweck und Rechtsfähigkeit im Vereinsrecht, 1984; *Schulze-Osterloh*, Der gemeinsame Zweck der Personengesellschaft, 1973; *Sonnenberg*, Die Änderung des Gesellschaftszwecks, 1990; *Tieves*, Der Unternehmensgegenstand der Kapitalgesellschaft, 1998; *H. Westermann*, Zweck der Gesellschaft und Gegenstand des Unternehmens im Aktien- und Genossenschaftsrecht, in: Festschrift Schnorr v. Carolsfeld, 1972, S. 517.

1 Berechtigte Kritik bei *Fikentscher*, a. a. O.

2 Mot., in: *Mugdan* II, S. 332.

– die Übereinstimmung der Interessenrichtung[3] und
– die allseitige Teilnahme an den Vorteilen[4]

als Voraussetzungen eines Gesellschaftsverhältnisses bezeichnet. Beide Merkmale gehen vielfach eine Einheit ein mit dem in § 705 BGB gleichfalls genannten *Merkmal der Beitrags-, also Zweckförderungspflicht*[5]. Am gemeinsamen Zweck fehlt es nach der herrschenden Meinung bei der »societas leonina« (der Löwengesellschaft)[6]. Die Bezeichnung wird den Digesten entnommen[7]. Sie geht auf eine Fabel des Phädrus[8] zurück, in der eine Jagdgesellschaft, bestehend aus Löwe, Kuh, Ziege und Schaf, geschildert wird. Es liegt auf der Hand, wer hier den »Löwenanteil« erhält, und demgemäß soll es am gemeinsamen Zweck fehlen. Da einer der Beteiligten allein die Vorteile ziehen soll, während alle anderen nur die Lasten tragen, heißt es, die Bezeichnung der Löwengesellschaft als »societas« sei nur scherzhaft oder ironisch gemeint[9]. Die Fabel von der »societas leonina« ist aber als Basis juristischer Überlegungen wenig hilfreich. Sie hat wohl dazu beigetragen, daß die Merkmale »Zweckgemeinschaft«, »Interessengemeinschaft« und »Vorteilsgemeinschaft« oft zu wenig unterschieden werden. Dies kann zu fragwürdigen Lösungen führen. Das zeigt unser

Beispiel Nr. 1: Kaufmann Kuno K, Alleininhaber eines Import- und Exportunternehmens, will schon zu Lebzeiten für die Nachfolge vorsorgen. Er gründet mit seinem Sohn S, der keine Einlage zu leisten hat, eine »Samuel K Import oHG«, an deren Gewinn nur der S beteiligt ist, während K selbst sich nur noch Mitspracherechte vorbehält. Soll es hier am oHG-Tatbestand fehlen (so *RG*, JW 1930, 2655; *Schulze-Osterloh*, a. a. O., S. 21 ff.)? Seiner Tochter T wendet K eine stille Beteiligung an seinem Unternehmen »Kuno K Exporte« zu, ohne daß die T eine Einlage zu erbringen hat (§ 230 HGB). Soll es hier am Tatbestand einer stillen Gesellschaft fehlen (so *Elke Herrmann*, ZHR 147 [1983], 313 ff.)?

Gerade die Schenkung von Anteilen[10] zwingt zu einem genauen Umgang mit dem Merkmal des gemeinsamen Zwecks.

Beispiel Nr. 2 (vereinfacht nach *BGHZ* 112, 40 = NJW 1990, 2616; dazu *Karsten Schmidt*, BB 1990, 1992): Vater V hatte seinen Sohn S im Wege der vorweggenommenen Erbfolge unentgeltlich als Kommanditisten in sein Unternehmen aufgenommen (vgl. zu diesem Tatbestand Handelsrecht, § 8 III 1 b cc). Wegen groben Undanks (§ 530 BGB) forderte er die Kommanditbeteiligung wieder zurück (§ 531 II BGB). Daß hier eine Schenkung vorlag, hätte jedermann eingeleuchtet, wenn V dem S einen ihm zustehenden Anteil

3 Vgl. mit Unterschieden im einzelnen *RGZ* 73, 286, 287; RG, JW 1938, 1025; *Ballerstedt*, JuS 1963, 255.
4 Vgl. besonders *RG*, JW 1930, 2655; *Düringer/Hachenburg/Geiler*, vor § 105 Anm. 15; *Staudinger/Keßler*, 12. Aufl., vor § 705 Rdnr. 31; *Schulze-Osterloh*, a. a. O., S. 21 ff.
5 Eingehende Analyse bei *Fikentscher*, a. a. O.
6 Vgl. nur *Hueck*, § 5 I 3; *Wiedemann* I, § 1 I 1 b; *Müller-Gugenberger*, a. a. O.; *Ballerstedt*, JuS 1963, 255; krit. *Flume*, Personengesellschaft, § 3 V.
7 Ulp.D 17, 2, 29, 2.
8 Erster lateinischer Fabeldichter (bis etwa 50 n. Chr.).
9 Vgl. *Wiedemann* I, § 1 I 1 b; *Ballerstedt*, JuS 1963, 255.
10 Dazu *Bermel*, Die Schenkung von Gesellschaftsanteilen, 1994; *Brandner/Bergmann*, Die Schenkung von Gesellschaftsanteilen, in: Festschrift Sigle, 2000, S. 327; *Alfred Hueck*, DB 1966, 1043 ff.; *Karsten Schmidt*, BB 1990, 1992; *Wiedemann/Heinemann*, DB 1990, 1649; *Heinemann*, ZHR 155 (1991), 447; *Lindacher*, JuS 1995, 1002 ff.; *Dieter Mayer*, ZGR 1995, 93; *Jülicher*, ZGR 1996, 82.

schenkweise übertragen hätte. Mit Recht beurteilt der *Bundesgerichtshof* den hier vorliegenden Fall einer »Einbuchung« (unten, § 45 II 3 b, 54 II 2 d, 62 II 1 d) nicht anders.

Es wäre schlechte – und das heißt auch: praxisfremde – Dogmatik, in einem Fall wie diesem zu fragen, ob eine Schenkung oder ein Gesellschaftsvertrag vorliegt. Vielmehr muß zwischen dem Schenkungsvertrag und dem Schenkungsgegenstand unterschieden werden. Schenkungsvertrag und Gesellschaftsvertrag sind hier keine Gegensätze, sondern sie erfüllen nebeneinander je unterschiedliche Aufgaben. Den Schenkungsgegenstand – nämlich die Beteiligung als Kommanditist – kann in einem Fall wie diesem nur der Gesellschaftsvertrag zustande bringen, den Rechtsgrund für die Zuwendung nur der Schenkungsvertrag. Deshalb vertragen sich auch die schenkungsrechtlichen und die gesellschaftsrechtlichen Rechtsfolgen miteinander: Ob der Beschenkte aus der Gesellschaft ausgeschlossen werden kann (dazu unten, § 50 III), und wie er dann abzufinden ist (dazu unten, § 50 IV), ist ein Problem des Gesellschaftsrechts, das ggf. unter Einbeziehung etwaiger Mitgesellschafter zu lösen ist. Die Rückgewähr des Anteils wegen groben Undanks ist eine schenkungsrechtliche Frage, die nur das Schuldverhältnis zwischen dem Zuwendenden und dem Schenkungsempfänger betrifft (vgl. unten, § 50 III 3 a).

2. Differenzierungen

Wer das Problem teleologisch angeht, stößt alsbald darauf, daß sich hinter dem Merkmal »gemeinsamer Zweck« völlig *unterschiedliche Sachfragen* verbergen. Dies beruht auf dem Unterschied zwischen Verbänden und bloßen Schuldverhältnissen.

a) Die Formeln der herrschenden Auffassung passen nur auf die *Gesellschaft als Schuldvertragstyp* und nicht auf das Recht der privaten Verbände. Sie passen, wo es darum geht, einem schuldrechtlichen Vertrag den richtigen Platz unter den Besonderen Schuldverhältnissen zuzuweisen[11]. Die Gesellschaft als Schuldverhältnis steht vor allem zu den Austauschverträgen in einem typischen Gegensatz: Sie ist nicht bloßer Leistungsaustausch, sondern Kooperation. Auf dieses Problem paßt die Formulierung von *Ballerstedt*[12]: »Gemeinsam ist der verfolgte Zweck dann, wenn jeder Partner ihn ebensowohl als den eigenen wie als den Zweck des anderen zu fördern verspricht.« Auf die schwierigen Abgrenzungsprobleme wird im Zusammenhang mit der BGB-Innengesellschaft und mit der stillen Gesellschaft zurückzukommen sein (unten, § 59 I 3 und § 62 II 1 c). Hier ist nur festzuhalten, daß diese Definition einer rein schuldrechtlichen Problemsicht entspringt. § 705 BGB und die zitierten Motive zu dieser Vorschrift stammen aus dem Ersten

11 Übereinstimmend *Flume*, Personengesellschaft, § 3 IV.
12 JuS 1963, 255; krit. *Flume*, Personengesellschaft, § 3 I.

BGB-Entwurf[13], der die Gesellschaft noch nicht als Gesamthand kannte[14], sondern nach dem Vorbild der societas des römischen Rechts unter der Gesellschaft nur ein Besonderes Schuldverhältnis verstand[15]. Demgemäß hieß es in den Motiven[16]: »Wesentlich ist ein in dem Vertrage bestimmter, gemeinsamer Zweck, zu dessen Erreichung die Gesellschafter frei zusammentreten und sich vertragsmäßig gegen einander, Jeder gegen den anderen, so Viele ihrer sind, verpflichten, bestimmte Leistungen beizutragen.« Hierzu paßt es, wenn das Gesetz die Gesellschaft enden läßt, wenn der Gesellschaftszweck erreicht oder vereitelt ist (§ 726 BGB). Dieser Ansatz ist für die *rein schuldrechtlich* angelegten Gesellschaften noch heute bedeutsam. Es ist aber ein rechtshistorischer, rechtsdogmatischer und rechtspraktischer Fehler, diesen rein schuldrechtlichen Ansatz zur Grundlage des allgemeinen Verbandsrechts zu erklären.

b) Im *Recht der Personenverbände* wird der gemeinsame Zweck zum *überindividuellen Verbandszweck* und zum konstituierenden Element des Verbandes[17]. Das geltende Recht erkennt die Personenverbände nicht um ihrer selbst willen, sondern nur als Zweckgebilde an. Deshalb ist der Verbandszweck maßgebend für die Konstitution des Verbandes (näher alsbald unter II). Das ist für die juristischen Personen kaum bestritten[18], gilt aber auch für die Gesamthandsgesellschaften, und man wird sogar für Innengesellschaften dann dasselbe anerkennen müssen, wenn eine mitgliedschaftliche Organisation vorhanden ist, die über bloß schuldrechtliche Leistungsverhältnisse hinausgeht (dazu § 7 I 2b bb). Überall hier läßt sich mit *Flume*[19] sagen, daß der in § 705 BGB apostrophierte »gemeinsame Zweck« eben nicht ein Zweck der *Gesellschafter* ist, sondern ein Zweck der entstehenden *Körperschaft* oder *Personengesellschaft*. Die Rede ist dann vom Verbandszweck, und es kommt nicht mehr darauf an, ob die individuellen Zwecke, Interessen und Leistungen der Gesellschafter gleichgerichtet sind oder nicht (näher alsbald unter II). Das bedeutet nicht, daß etwa der Verbandszweck mit dem Innenverhältnis der Gesellschafter nichts zu tun hätte. Er gibt diesem Innenverhältnis vielmehr eine mehrheitsfeste Geschäftsgrundlage (dazu unter II 3 a), und Erschütterungen dieser Geschäftsgrundlage können zur Auflösung des Verbandes führen (dazu unter II 2 b). An dem Unterschied zwischen beiden ändert dies nichts.

---

13 § 629 I BGB-E I: »Durch den Gesellschaftsvertrag werden die Gesellschafter sich gegenseitig verpflichten, zur Erreichung des vereinbarten gemeinsamen Zweckes die vereinbarten Leistungen beizutragen.«

14 Vgl. zum Umschwung durch den Zweiten Entwurf, Prot. in: *Mugdan* II, S. 988ff.

15 Vgl. Mot., in: *Mugdan* II, S. 332ff.

16 Vgl. Mot., in: *Mugdan* II, S. 332.

17 Grundlegend (freilich mit Begrenzung der Rechtspersönlichkeit auf diesen Zweck) *O. v. Gierke*, Die Genossenschaftstheorie, 1887 (Nachdruck 1963), S. 631ff.; heute in gleicher Richtung *Wiedemann* I, § 1 I 1 b; *H. Westermann*, a.a.O.

18 Statt vieler *H. Westermann*, a.a.O., S. 521ff.

19 Personengesellschaft, § 3 I; *Flume* vertritt dies freilich für den ganzen Bereich des § 705 BGB.

c) Es ist hiernach streng *zwischen der Gesellschaft als reinem bloßen Schuldverhältnis und der Körperschaft oder Personengesellschaft als Verband zu unterscheiden.* Nur bei der ersten kommt es auf die individuelle Feststellung eines »gemeinsamen Zwecks« i.S. von § 705 BGB an, während jede Verbandsgründung ausnahmslos einem die Anwendung von Gesellschaftsrecht rechtfertigenden (»gemeinsamen«) Zweck dient. Was nun die Unterscheidung von Schuldverhältnissen und Verbänden anlangt, so läge es nahe, diese Unterscheidung mit der zwischen Innengesellschaft und Außengesellschaft gleichzusetzen. Als grobe Richtschnur trifft diese Regel zu. Eine Außengesellschaft ist niemals bloß Schuldverhältnis. Eine Innengesellschaft ist dagegen zwar typischerweise, nicht jedoch notwendig bloß ein schuldrechtlicher Vertrag; denn es gibt durchaus Innengesellschaften mit Verbandscharakter (unten, § 7 I 2 b bb). Allein zutreffend ist also das Gegensatzpaar: »bloßes Schuldverhältnis« und »Verband« (dazu schon oben, § 3 I 3 b).

II. Der Verbandszweck

1. Der Verbandszweck als konstituierendes Verbandselement

a) Wie unter I 2 festgestellt wurde, erkennt das geltende Recht die privaten Verbände nur um ihres Verbandszwecks willen an. Der »gemeinsame Zweck« als *überindividueller Verbandszweck* ist Merkmal nicht nur bei den Personengesellschaften[20], sondern z.B. auch bei den Vereinen des bürgerlichen Rechts[21], bei den Aktiengesellschaften[22], Gesellschaften m.b.H.[23] und Genossenschaften[24]. Bei allen Körperschaften und Gesamthandsgesellschaften gibt dieser Verbandszweck den Ausschlag. Zweifelhaft kann nur sein, ob auch bei Innengesellschaften – z.B. bei der stillen Gesellschaft – von einem Verbandszweck gesprochen werden kann. Für Innengesellschaften von rein schuldrechtlichem Charakter ist dies klar zu verneinen. Es gibt aber, wie wir nun bereits wissen, Innengesellschaften – vor allem stille Gesellschaften und Unterbeteiligungsgesellschaften – mit verbandsrechtlichen Zügen, in die sich der Gesellschafter durch Mitgliedschaft und Vermögensbeteiligung eingliedert. Trotz des Fehlens jeglicher Außenbeziehungen sollte man den Verbandscharakter und den überindividuellen Verbandszweck einer solchen Gesellschaft anerkennen (s. auch § 7 I 2b bb).

b) Nicht eine Gemeinschaftlichkeit von *Individualinteressen*, sondern das *Vorhandensein eines Verbandszwecks* ist also erforderlich und ausreichend für die Schaffung eines Verbandes. Dies erkennt man besonders klar an der

20 Der überindividuelle Charakter des gemeinsamen Zwecks wird deutlich bei *Flume*, Personengesellschaft, § 3 I; *Alfred Hueck*, oHG, § 1 I b.

21 Eingehend *Karsten Schmidt*, Verbandszweck, a.a.O., S. 29ff.

22 Vgl. *Eckardt*, in: Geßler/Hefermehl/Eckardt/Kropff, § 23 Rdnr. 64; *H. Westermann*, a.a.O., S. 517ff.

23 Vgl. *Hachenburg/Ulmer*, § 1 Rdnrn. 4ff.; *Scholz/Emmerich*, § 1 Rdnrn. 2ff.

24 Vgl. *Beuthien*, GenG, 13. Aufl. 2000, § 1 Rdnrn. 6ff.; *H. Westermann*, a.a.O., S. 517ff.

seit 1980 bzw. 1994 zugelassenen Einpersonengründung im Recht der Kapitalgesellschaften. Nach § 1 GmbHG können Gesellschaften m.b.H. nach Maßgabe der gesetzlichen Normativbestimmungen »zu jedem zulässigen Zweck durch eine oder mehrere Personen errichtet werden«, und nach § 3 I Nr. 2 GmbHG muß in der Satzung ein Unternehmensgegenstand angegeben werden. Auch eine Aktiengesellschaft kann nach § 2 AktG durch »eine oder mehrere Personen« errichtet werden, und wiederum muß die Satzung den Unternehmensgegenstand benennen (§ 23 III Nr. 2 AktG). Die Einpersonengesellschaft benötigt einen Verbandszweck. Der genügt. Von einem »gemeinsamen Zweck« der in einer Gesellschaft zusammengeschlossenen Individuen zu sprechen wäre hier sinnlos und ist auch überflüssig (oben unter I 2 b).

c) Der Verbandszweck ist im Recht der Körperschaften und der Gesamthandsgesellschaften maßgebend für die *Bestimmung der Rechtsform* und für die Einhaltung der jeweils einschlägigen Normativbestimmungen. Eine Vereinssatzung muß den Vereinszweck benennen (§ 57 BGB), die Satzung einer Aktiengesellschaft, GmbH oder Genossenschaft den Unternehmensgegenstand (§§ 23 AktG, 3 GmbHG, 6 GenG). Beim eingetragenen Verein (§ 21 BGB) und bei der Genossenschaft (§ 1 GenG) kann auf dieser Grundlage geprüft werden, ob der Verband für die gewählte Rechtsform geeignet ist, während Aktiengesellschaft und GmbH (§ 1 GmbHG) für jeden zulässigen Zweck errichtet werden können (vgl. schon oben, § 3 I 4 c). Eine oHG oder KG liegt nur vor, wenn der Gesellschaftszweck auf den Betrieb eines kaufmännischen Unternehmens gerichtet oder die Rechtsform einer nicht gewerblichen Handelsgesellschaft gewählt ist (§§ 105, 161 HGB). Dies ist erforderlich, aber auch ausreichend. Stellt man richtig auf den überindividuellen Verbandszweck ab und nicht auf die subjektive Zweckidentität oder die Zweckgemeinschaft unter den Gründern, so erweisen sich alle weiteren Probleme als bloßer Schein. Insbesondere das Problem der societas leonina tritt hier überhaupt nicht auf.

Beispiel Nr. 3: Wird ein Idealverein auf das Drängen nur eines Initiators (nehmen wir an: eines politisch verfolgten Emigranten) und nur auf seine Kosten gegründet, so ist dies für den Tatbestand eines Verbandszwecks belanglos. Ebenso belanglos ist es, wenn der Verein – z.B. als Förderverein eines alljährlichen Kunstereignisses – allein seinem Initiator (Veranstalter) dienen und seinen Bedarf decken soll; ernsthafte Probleme des »gemeinsamen« Zwecks entstehen auch hier nicht, weil der Verbandszweck entscheidet. So kommt es, daß z.B. für gemeinnützige Stiftungszwecke nicht nur die Rechtsform der Stiftung verwendet werden kann (§§ 80ff. BGB), sondern durchaus auch die eines Vereins oder einer Kapitalgesellschaft[25]. Bei einer AG oder GmbH wird nicht gefragt, ob alle Gründer in gleicher Weise an der Errichtung der Gesellschaft interessiert sind, auf wessen Kosten die Einlagen aufgebracht werden und wohin die Gewinne gehen. Genauso verhält es sich entgegen der wohl noch herrschenden Ansicht bei den organisierten (also nicht bloß schuldrechtlichen) Personengesellschaften. Nur wer dies beachtet, kann auch die eingangs dieses § 4 dargestellten Schenkungsfälle sachgerecht lösen: Die Gründung einer Personengesellschaft setzt keine Gleichartigkeit der Interessen und der Beitragsleistungen der an ihr beteiligten Personen voraus.

25 Vgl. dazu *Karsten Schmidt*, in: *Hopt/Reuter* (Hrsg.), 190ff.

2. Verbandszweck und Rechtssubjektivität

a) Da der Verbandszweck konstituierendes Element der privatrechtlichen Verbände ist, findet im *Gründungsverfahren* eine *Kontrolle des Verbandszwecks* statt, und auch der Fortbestand eines Verbands kann von der Zulässigkeit seines Zwecks abhängen (vgl. zum Vereinsrecht unten, § 24 VII 2 a). Das Problem der Verwertung von GmbH-Mänteln – meist als Problem des Unternehmensgegenstands ausgegeben – ist im Kern gleichfalls ein Problem des Verbandszwecks: Es geht darum, ob nicht leere GmbH-Mäntel als juristische Personen, denen der rechtfertigende Verbandszweck fehlt, eliminiert werden müssen (dazu alsbald unter III). Ist der Rechtsträger wirksam entstanden, so begrenzt sich allerdings seine Rechtssubjektivität nicht auf diejenigen Rechtsverhältnisse, die vom Verbandszweck gedeckt sind[26]. Eine so verstandene Relativität der Rechtsfähigkeit ist mit den Belangen des Rechtsverkehrs unvereinbar und abzulehnen (dazu unten, § 8 V 1). Man kann also sagen, daß der Verbandszweck die Voraussetzungen, nicht aber die Grenzen der Rechtspersönlichkeit bestimmt.

b) Auch eine *Zweckerreichung* oder ein nachträglicher *Zweckfortfall läßt den Verband nicht automatisch enden.* Wo sich das Gesetz hiermit befaßt, hat es nicht den Verbandszweck, sondern den gemeinsamen Zweck der *Gesellschafter* im Auge. Charakteristisch ist § 61 GmbHG. Danach können die Gesellschafter einer GmbH auf Auflösung klagen, wenn die Erreichung des Gesellschaftszwecks unmöglich wird (näher unten, § 38 IV 2b bb). Es tritt also keine Auflösung ipso iure ein, sondern die GmbH kann nur zur Auflösung gebracht werden. Häufiger ist die Auflösung durch Gesellschafterbeschluß (§§ 41 BGB, 262 I Nr. 2 AktG, 60 I Nr. 2 GmbHG, 78 GenG). Der Fortfall des gemeinsamen Zwecks kann das Motiv einer solchen Auflösung sein, aber auch dann bleibt es dabei, daß keine automatische Auflösung stattfindet. Die herrschende Auffassung folgert allerdings aus den §§ 726 BGB, 105 III, 161 II HGB, daß eine Personengesellschaft automatisch aufgelöst ist, wenn der gemeinsame Zweck erreicht oder wenn seine Erreichung unmöglich geworden ist. Aber die Auflösung allein beseitigt den Rechtsträger noch nicht, sondern sie überführt ihn nur in das Auseinandersetzungsstadium (unten, § 11 V 3, 4). Außerdem paßt diese automatische Auflösung nach § 726 BGB nur auf rein schuldrechtliche Innengesellschaften, insbesondere auf sog. Gelegenheitsgesellschaften, also auf solche Gesellschaften, denen der überindividuelle Verbandszweck fehlt. Wenn etwa eine solche Gesellschaft auf den gemeinsamen Erwerb einer Auslandsbeteiligung gerichtet ist, ist der Zweck erreicht, sobald der Erwerb stattgefunden hat. Läßt sich der Erwerb nicht durchführen, weil das Auslandsunternehmen verstaatlicht wird, so ist der gemeinsame Zweck vereitelt. Bei einer Gesellschaft als Schuldverhältnis leuchtet das ein. Bei einer organisierten Dauergesellschaft (z.B. einer oHG oder KG) ist dagegen eine Auflösung durch Zweckerreichung kaum denkbar. Ähnliches gilt für die Zweckvereitelung. Sie muß,

26 Wie hier *H. Westermann*, a.a.O., S. 531.

damit sie zur automatischen Auflösung führt, eine »dauernde, offenbare und ausgemachte« Vereitelung des Zwecks sein[27]. Mißerfolge allein – insbesondere verlustreiche Geschäfte – sind keine auflösende Zweckvereitelung. Deshalb sind Personengesellschaften mit einem Verbandszweck kaum je automatisch nach § 726 BGB aufgelöst. Wie resistent solche Gesellschaften sind, zeigt etwa unser

Beispiel Nr. 4 (vereinfacht nach *BGHZ* 32, 307): Eine oHG betrieb eine Waschanstalt. Diese wurde Anfang 1945 ausgebombt und nach dem Zusammenbruch von den Besatzungsmächten beschlagnahmt, weil die Gesellschafter politisch belastet waren. 1947, 1949 und 1956 starben die Gesellschafter. Neue Gesellschafter waren hiernach die Erbinnen K und B. B und ihr Ehemann – dieser als von den Alliierten eingesetzter Treuhänder des beschlagnahmten Unternehmens – bauten den Betrieb wieder auf und führten ihn nach Freigabe des Betriebes ohne Beteiligung der K in Form einer neuen Gesellschaft fort. Obwohl die B und ihr Ehemann hier das Unternehmen aus der oHG herausgelöst hatten, war die oHG nicht automatisch aufgelöst, denn der gemeinsame Zweck konnte eben nicht ohne Mitwirkung der K in Fortfall gebracht werden. Allenfalls bei einer endgültigen und entschädigungslosen Konfiskation, wie es sie im Nachkriegsdeutschland bisweilen gegeben haben mag, käme ein Zweckfortfall in Betracht. Hier bestand die Gesellschaft fort. Ob sie – wie der *Bundesgerichtshof* annahm – zur Gesellschaft bürgerlichen Rechts geworden war[28], braucht vorerst nicht geklärt zu werden (dazu unten, § 44 III 1 a). Erloschen war sie jedenfalls nicht.

3. Verbandszweck und »Gegenstand des Unternehmens« als Probleme des Verbands-Innenrechts*

Vom *Verbandszweck* unterscheidet die herrschende Auffassung in Anlehnung an den Gesetzeswortlaut[29] den *Gegenstand des Unternehmens*[30] oder – wie man bei Einbeziehung auch der nicht-unternehmerischen Verbände sagen sollte[31] – den Gegenstand der Verbandstätigkeit[32]. Diese Unterscheidung gilt für alle Zweckverbände des Privatrechts. Aber die genaue Bedeu-

27 *RGZ* 164, 129, 142; *BGHZ* 24, 279, 293.

28 Berechtigte Bedenken bei *Baur*, JZ 1961, 215; *Wagner*, JuS 1961, 125.

* Literatur (Auswahl): *Wiedemann* I, § 1 I 1 b, § 3 I 3; *Brandner*, Geschäftsführungsbefugnis, Unternehmensgegenstand und Unternehmenszweck, in: Festschrift Rowedder, 1994, S. 41; *Großmann*, Unternehmensziele im Aktienrecht, 1980, S. 12ff.; *Mummenhoff*, Gründungssysteme und Rechtsfähigkeit, 1979, S. 104ff.; *Karsten Schmidt*, Verbandszweck und Rechtsfähigkeit im Vereinsrecht, 1984, S. 29ff.; *ders.*, Der Vereinszweck nach dem Bürgerlichen Gesetzbuch, BB 1987, 556; *Tieves*, Der Unternehmensgegenstand der Kapitalgesellschaft, 1998; *Timm*, Die Aktiengesellschaft als Konzernspitze, 1980, S. 22ff.; *Wallner*, Der Unternehmensgegenstand der GmbH als Ausdruck der Unternehmensfreiheit, JZ 1986, 721; *Zöllner*, Die Schranken mitgliedschaftlicher Stimmrechtsmacht bei den privatrechtlichen Personenverbänden, 1963, S. 24ff.

29 Vgl. z.B. §§ 1, 3 GmbHG.

30 Vgl. *Kübler*, § 5; *Wiedemann* I, § 3 I 3; *Würdinger*, § 10 II 1 b; *Zöllner*, a.a.O., S. 27; *Hachenburg/Ulmer*, § 3 Rdnr. 17; *Scholz/Emmerich*, § 3 Rdnrn. 12f.; *Hüffer*, AktG, § 23 Rdnr. 21; *Kraft*, in: KK, § 23 Rdnr. 43; *Pentz*, in: MünchKommAktG, § 23 Rdnrn. 70ff.; *Röhricht*, in: GroßkommAktG, § 23 Rdnrn. 90ff.

31 Nach § 3 I Nr. 2 GmbHG muß der »Gegenstand des Unternehmens« in jeder GmbH-Satzung erscheinen, also auch dann, wenn der »Gegenstand des Unternehmens« gerade ein nicht-unternehmerischer ist.

32 Zur Maßgeblichkeit der Verbandstätigkeit vgl. *BGHZ* 53, 1; 96, 245, 251f.; *H. Westermann*, a.a.O., S. 518.

tung dieses Unterschiedes liegt meist ebenso im Dunkeln wie die genaue Abgrenzung. Mit leeren Händen steht z.B. da, wer mit dem Urteil *RGZ* 164, 129, 140 lediglich konstatiert, der Unternehmensgegenstand sei die Haupterkenntnisquelle, aber nicht die einzige Erkenntnisquelle für den »begrifflich übergeordneten« Verbandszweck[33]. Auf diese Weise erfährt man weder, warum ein Unterschied besteht, noch erfährt man, wie unterschieden werden soll. Wie beim gemeinsamen Zweck muß es auch hier zunächst um den Sinn der Unterscheidung gehen[34]. Dieser Sinn hat mit der Unterscheidung zwischen Verbandsverfassung und Verbandstätigkeit zu tun. Der Verbandszweck hat nämlich nicht nur die bisher beschriebene verbandskonstituierende Funktion, sondern er hat zugleich auch begrenzende Funktion[35]: Er schreibt im Innenverhältnis die Geschäftsgrundlage des Verbandes fest und sichert sie gegen willkürliche Änderungen. Begrenzende Funktion hat auch der Gegenstand der Verbandstätigkeit (»des Unternehmens«): Er bildet den Handlungsrahmen des durch den Verbandszweck konstituierten Verbandes.

a) Der *Verbandszweck als Maßstab des inneren Verbandsrechts* ist eine weit gezogene, dafür aber unbewegliche Schranke der Mehrheitsherrschaft[36]. Die generelle nichtwirtschaftliche oder wirtschaftliche Zielsetzung des Verbandes ist für alle Mitglieder verbindlich – für die Mehrheit ebenso wie für die Minderheit. Nach § 33 I 2 BGB ist eine Zweckänderung beim Verein nur mit Zustimmung aller Mitglieder möglich. Dieser Grundsatz ist Ausdruck allgemeinen Verbandsrechts: Eine *Zweckänderung* stellt eine *Grundlagenänderung* dar und ist unwirksam, solange nicht alle Mitglieder zugestimmt haben[37]. Allerdings sind solche Zweckänderungen selten. Nach *BGHZ* 96, 245, 251 f. = NJW 1986, 1604 ist nur das »Lebensgesetz des Verbandes« (*Wiedemann*) in dieser Weise festgeschrieben, und das ist bei einem Verein i.d.R. nur derjenige Teil der Satzung, »in dem der oberste Leitsatz für die Vereinstätigkeit zum Ausdruck gebracht wird und mit dessen Abänderung schlechterdings kein Mitglied ... rechnen kann«; eine Änderung des Verbandszwecks liegt hiernach nur vor, wenn sich der »Charakter« des Verbandes ändert. Zweckänderung ist z.B. die Aufgabe der Gewinnerzielungsabsicht bei einer Handelsgesellschaft[38]. Zweckänderung ist auch die Umwandlung eines nichtwirtschaftlichen Vereins in einen Wirtschaftsverein[39].

b) Der *Gegenstand der Verbandstätigkeit – oder: Gegenstand des Unternehmens* – ist enger begriffen. Es ist hier ein Tätigkeitsrahmen beschrieben, auf den sich die Mitglieder verständigt haben, der aber im Rahmen des

---

33 So *Mummenhoff*, a.a.O., S. 105; *Pentz*, in: MünchKommAktG, § 23 Rdnr. 76; weitere Nachw. bei *Zöllner*, a.a.O., S. 27; nach *Tieves*, a.a.O., S. 26ff. ist der Zweck die Zusammenfassung von Unternehmensgegenstand und Unternehmensziel.

34 Überblick über die vertretenen Ansichten bei *Pentz*, in: MünchKommAktG, § 23 Rdnrn. 70ff.

35 Vgl. *Karsten Schmidt*, Verbandszweck, a.a.O., S. 31.

36 Vgl. *BGHZ* 96, 245; *Zöllner*, a.a.O., S. 29; *Karsten Schmidt*, BB 1987, 558.

37 *Zöllner*, a.a.O., S. 30; *Pentz*, in: MünchKommAktG, § 23 Rdnr. 70; *Röhricht*, in: Großkomm-AktG, § 23 Rdnr. 91 m.w.N.; str.

38 *Würdinger*, § 10 II 1 b; *Hüffer*, AktG, § 23 Rdnr. 22.

39 *Karsten Schmidt*, Verbandszweck, a.a.O., S. 35.

Verbandszwecks nach den allgemein für Vertragsänderungen (Satzungsänderungen) geltenden Regeln modifiziert werden kann. Solange dies allerdings nicht geschehen ist, bleibt auch diese Grenze für die Mitglieder und die Organe verbindlich. Bei den Vereinen, Genossenschaften und Kapitalgesellschaften muß der Gegenstand der Verbandstätigkeit in der Satzung stehen (§§ 57 BGB, 23 AktG, 3 GmbHG, 6 GenG)[40]. Auf diese Weise ist gesichert, daß eine Änderung des Gegenstands der Verbandstätigkeit, auch wenn sie sich im Rahmen des Verbandszwecks hält, jedenfalls einer Satzungsänderung und damit der qualifizierten Mehrheit bedarf. Für die Leitungsorgane bestimmt der Gegenstand der Verbandstätigkeit (Gegenstand des Unternehmens) einen verbindlichen Pflichtenrahmen. Anerkannt ist dies vor allem bei den Kapitalgesellschaften und Genossenschaften. Hier sind die Leitungsorgane verpflichtet, den Verbandszweck im Rahmen des satzungsmäßigen Unternehmenszwecks zu vollziehen[41]. Sinngemäß gilt dies für jeden Verband: Der satzungsmäßige Gegenstand der Verbandstätigkeit ist eine verbindliche Vorgabe für die Organe[42].

c) Der Unterschied läßt sich an Beispielen verdeutlichen:

Beispiel Nr. 5: Soll ein Verein, dessen Tätigkeit in der Satzung auf den Rudersport festgeschrieben ist, eine Segelabteilung erhalten, oder soll eine auf Feriendörfer festgelegte GmbH zur Holdinggesellschaft werden, so ist eine Satzungsänderung erforderlich und auch ausreichend. Soll dagegen der Ruderverein in ein Freizeitunternehmen oder die GmbH in einen karitativen Verband für Kinderdörfer verwandelt werden, so ändert dies die grundsätzlich unverrückbare Geschäftsgrundlage. Eine Mehrheitsentscheidung ist unzulässig. Es müssen alle Mitglieder zustimmen.

Beispiel Nr. 6: Eine erwerbswirtschaftlich tätige, unternehmenstragende GmbH kann nur mit Zustimmung aller Gesellschafter in eine karitative Vereinigung verwandelt werden (Zweckänderung), kann aber durch bloße Satzungsänderung die Branche wechseln oder sich der Konzernleitung der Mehrheitsgesellschafterin unterstellen (Änderung des Unternehmensgegenstandes).

III. Das Problem der Mantelgründung und der Mantelverwendung*

Erkennt man die verbandskonstituierende Funktion des Verbandszwecks, so läßt sich auch ein scheinbar ganz spezielles Problem der Praxis einordnen. Als

40 Nur für den Verein ist dies zweifelhaft, weil das BGB in § 57 wie in § 33 I 2 vom »Zweck« des Vereins spricht; trotzdem gelten auch hier die im Text genannten Grundsätze; vgl. *Karsten Schmidt*, Verbandszweck, a.a.O., S. 33f.; *ders.*, BB 1987, 558f.

41 *Würdinger*, § 10 II 1 b; *Pentz*, in: MünchKommAktG, § 23 Rdnr. 77; *H. Westermann*, a.a.O., S. 531.

42 Zustimmend *BGHZ* 127, 176, 180 = LM Nr. 13 zu § 23 AGBG = NJW 1995, 192f.

* Literatur: *Ahrens*, Mantelverwertung und Vorgesellschafterhaftung, DB 1998, 1069; *Bärwald/Schabacher*, Keine Angst vor Mantel- und Vorratsgesellschaften, GmbHG 1998, 1005; *Banerjea*, Die rechtliche Behandlung des Mantelkaufs, GmbHR 1998, 814; *ders.*, Das Stammkapital und die Verwertung von Vorratsgesellschaften, NZG 1999, 817; *Beuck*, Der Mantelkauf, GmbHR 1957,

irregulär erscheint dann nämlich die Existenz, die Verwendung[43] oder gar die Gründung von sog. Mänteln. Bei Mantel-Verbänden – praktisch stets Kapitalgesellschaften – handelt es sich um Verbandspersonen, die ohne eigenen Tätigkeitskreis, also insbesondere als Handelsgesellschaften ohne Unternehmen, gleichsam als »juristische Personen an sich«, im Raum stehen. Der Rechtsdogmatiker wird einem solchen Gebilde mißtrauisch gegenüberstehen; der Praktiker macht sich die Existenz solcher Mantel-Verbände zunutze. Rechtsdogmatisch handelt es sich um ein Problem des allgemeinen Verbandsrechts, das beispielsweise auch bei Aktiengesellschaften auftreten kann[44]. In der Praxis pflegt das Problem bei der flexibleren und »billigeren« GmbH aufzutreten, doch befaßt sich ausgerechnet der Grundlagenbeschluß *BGHZ* 117, 323 von 1992 mit einer AG. Die herrschende Auffassung sieht das Problem vor allem als ein solches des Unternehmensgegenstands an[45]. Nach richtiger Auffassung handelt es sich um ein Problem des Verbandszwecks: Kann eine juristische Person ohne einen greifbaren Verbandszweck gegründet werden oder fortbestehen?

1. Der Begriff des Mantels und die rechtspolitische Problematik

a) Als *Mantel* bezeichnet man die nur durch Aktien bzw. Geschäftsanteile verkörperte, aber nicht durch Zweckverfolgung und Unternehmensgegenstand lebensfähige äußere Rechtsform der Gesellschaft[46]. Alte GmbH-Mäntel sind meistens »leere« GmbH-Mäntel. Es handelt sich dabei um Gesellschaften m.b.H. und deren Geschäftsanteile, die zur leeren »Hülse« geworden sind[47], weil die Gesellschaft ihren Geschäftsbetrieb eingestellt hat und nicht

69; *Bommert*, GmbH-Mantelkauf und Gründungsrecht, GmbHR 1953, 209; *Butz*, Die Mantelverwertung bei der GmbH, GmbHR 1972, 270; *Ebenroth/Müller*, Vorratsgründungen im Kapitalgesellschaftsrecht ..., DNotZ 1994, 75; *Götz/Gehlich*, Die Haftung von Gesellschafter und Geschäftsführer bei Verwendung eines GmbH-Mantels, ZIP 1999, 1653; *Heerma*, Mantelverwendung und Kapitalaufbringungspflicht, 1997; *Ihrig*, Die Verwertung von GmbH-Mänteln, BB 1988, 1197; *Kantak*, Mantelgründung und Mantelverwertung bei der GmbH, 1988; *Lübbert*, Verwendung einer Vorratsgesellschaft ..., BB 1998, 2221; *Meller-Hannich*, Verwendung von Vorrats- und Mantelkapitalgesellschaften, ZIP 2000, 345; *Meyding*, Die Mantel-GmbH im Gesellschafts- und Steuerrecht, 1989; *Justus Meyer*, Neue und alte Mäntel im Kapitalgesellschaftsrecht, ZIP 1994, 1661; *Peters*, Der GmbH-Mantel als gesellschaftsrechtliches Problem, 1989; *Priester*, Mantelverwendung und Mantelgründung bei der GmbH, DB 1983, 2291; *Skibbe*, Der Erwerb eines GmbH-Mantels in zivilrechtlicher Sicht, in: Festschrift Felix, 1989, S. 417; *Tieves*, Der Unternehmensgegenstand der Kapitalgesellschaft, 1998, S. 173 ff.; *Ulmer*, Die wirtschaftliche Neugründung einer GmbH unter Verwendung eines GmbH-Mantels, BB 1983, 1123.

43 *Priester* (DB 1983, 2291 Fußn. 1) zieht die Bezeichnung »Mantelverwendung« dem negativ besetzten Ausdruck »Mantelverwertung« vor; sie verdient aber auch sachlich den Vorzug, weil es um eine Fortdauer des bisherigen Mantels als Rechtsträger geht.

44 Vgl. *BGHZ* 117, 323 = NJW 1992, 1824; *KG*, JFG 1, 200 = OLGE 43, 296; zum Aktienrecht besonders *Kraft*, in: KK, § 23 Rdnrn. 55 ff.

45 Nach dieser Problemansiedelung müßte die offene Vorratsgründung mit entsprechender Bezeichnung des Unternehmensgegenstands völlig problemlos sein; sie setzt sich aber nicht von ungefähr nur allmählich durch.

46 Ähnlich *KG*, JFG 10, 152, 154 f. = HRR 1933 Nr. 833 = DNotZ 1933, 161, 162; *Hachenburg/Ulmer*, § 3 Rdnr. 27; *Priester*, DB 1983, 2291; kritisch, weil der Begriff ein nicht vorhandenes Defizit impliziere, *Heerma*, S. 68.

47 *KG*, JW 1924, 1535, 1537.

mehr über nennenswertes Vermögen verfügt[48]. Es liegt nahe, solche funktionslosen GmbH-Mäntel für neue Zwecke zu verwenden. Dies kann nicht nur durch die gegenwärtigen Gesellschafter geschehen, sondern, wie bereits angedeutet, auch durch Anteilskäufer im Wege des Mantelkaufs.

Beispiel Nr. 7: Will U ein neues Unternehmen gründen, dieses aber weder einzelkaufmännisch noch unter Beteiligung Dritter führen, so besteht der gesetzestypische Weg darin, daß U eine Einpersonen-GmbH gründet. Er gründet dann nicht nur das Unternehmen, sondern auch die GmbH als neuen Rechtsträger. Um einen Mantelkauf handelt es sich dagegen, wenn U von einem Dritten die Geschäftsanteile eines »leeren« GmbH-Mantels erwirbt. Es spart dann die Gründung einer neuen Gesellschaft. Nicht von ungefähr wird für den Mantelkauf mit Zeitungsanzeigen geworben, die etwa lauten: »Firma, fertig, los!«

Wie schon gesagt, hat eine Grundsatzentscheidung des *BGH* die Aufmerksamkeit auch auf die Mantel-AG gelenkt:

Beispiel Nr. 8: Im Fall *BGHZ* 117, 323 = NJW 1992, 1824 ging es um Personen, die bereits mehrfach nichtssagende Aktiengesellschaften als »Vorratsgesellschaften« gegründet hatten und nunmehr wieder die Eintragung einer solchen AG betrieben. Das spricht dafür, daß es auch einen Markt für AG-Mäntel gibt.

b) Die Mantelverwendung spielt in der Praxis eine beträchtliche Rolle. Die Motive können sehr unterschiedlicher Art sein. Wie bei vielen Absonderlichkeiten im Gesellschaftsrecht standen lange Zeit steuerliche Motive im Vordergrund, nämlich das Bestreben, von den Gewinnen des in die Mantel-Kapitalgesellschaft eingebrachten Unternehmens alte Verluste abzuziehen. Dieser Gesichtspunkt ist weitgehend entfallen, seit das Körperschaftsteuerrecht den Verlustabzug davon abhängig macht, daß die Kapitalgesellschaft nicht nur rechtlich, sondern auch wirtschaftlich identisch geblieben ist[49]. Vielfältig sind aber auch die nichtsteuerlichen Motive. Es kann z.B. darum gehen, die umständliche und langwierige Gründung mit den daraus resultierenden Haftungsgefahren zu vermeiden oder die altbewährte Firma einer vorhandenen GmbH oder Aktiengesellschaft für ein Unternehmen zu verwenden. Bis 1980 (bei der AG bis 1994) konnte die Mantelverwendung auch als Ersatz für die damals noch unzulässige Einpersonengründung dienen, indem sämtliche Geschäftsanteile oder Aktien einer Mantelgesellschaft in einer Hand vereinigt wurden. Die Mantelverwendung birgt aber auch ihrerseits Risiken, und rechtspolitisch ist eine Umgehung von Gründungsvorschriften zu befürchten. Schließlich muß schon die Existenz leerer Mäntel als irregulär bezeichnet werden. Die Anerkennung von Mantel-Verbänden ist und bleibt Fremdkörper in einem Recht, das Verbandspersonen nur als Zweck-Subjekte und nicht schon um der leeren Form willen anerkennt.

---

48 *KG*, JFG 10, 152, 154f. = HRR 1933 Nr. 833 = DNotZ 1933, 161, 162.

49 § 8 IV KStG und dazu Erlaß des Bundesfinanzministers, BB 1990, 1333; vgl. auch bereits 2. Aufl.

2. Mantelbestand und Mantelgründung

a) Der Bestand von Mantel-Kapitalgesellschaften ist rechtspolitisch nicht unbedenklich. Auch wenn es gelingt, ihre Verwertung zu legitimieren, so stellt doch die Existenz funktionsloser Rechtsträger, die irgendwann einmal aus ihrer Reservestellung in den Rechtsverkehr vorrücken, eine Belastung des Rechtslebens dar. *Rechtspolitisch stimmig* und auch dogmatisch in sich geschlossen wäre das folgende *Modell einer Mantelverhinderung*:

- Die Mantelgründung müßte als generell unzulässig betrachtet werden; dies war denn auch lange Zeit h.M.[50].
- Der Fortbestand von Mänteln müßte, wo dies (z.B. auf Anzeige) zur Kenntnis des Gerichts kommt, durch Auflösung von Amts wegen verhindert werden. Dieser Auflösung unterfielen dann sowohl »alte« GmbH-Mäntel als auch Mantelgründungen, die die Registerkontrolle passiert und zur konstitutiven Eintragung geführt haben.
- Die Mantelverwendung wäre damit nicht etwa verboten, denn es wäre möglich, der Auflösung durch alsbaldige Verwertung eines vorhandenen Mantels zuvorzukommen; die Beteiligten hätten aber Grund, einen GmbH-Mantel alsbald wieder mit Leben zu füllen, wenn sie ihn nicht liquidieren wollen.

Dieses Modell ist aber nach geltendem Recht *so nicht durchführbar*, denn allenfalls gegen Mantelgründungen könnte durch Eintragungsverweigerung oder durch Amtslöschung nach § 144 FGG vorgegangen werden[51]. Dagegen gibt es nach geltendem Recht kein Einschreiten gegen eingetragene Kapitalgesellschafts-Mäntel, deren Satzung nicht zu beanstanden ist. Nur wenn solche Mäntel vermögenslos sind, werden sie von Amts wegen durch Löschung beseitigt (dazu § 11 V 3a cc)[52]. Ist dies nicht der Fall, so kann die alte Mantelgesellschaft jahre- und jahrzehntelang unbeanstandet fortbestehen, selbst wenn das Registergericht um die Sachlage weiß. Das in sich stimmige Modell einer Mantelverhinderung entspricht also nicht dem geltenden Recht. Nur der Gesetzgeber könnte es einführen[53], und er würde es nur tun, soweit er die Existenz zweckloser Rechtsträger verhindern wollte.

b) In Anbetracht dieser maßgeblichen Gesetzeslage wird man nicht umhin können, den Bestand – und dann konsequenterweise auch die Gründung – von Mantelgesellschaften nach geltendem Recht zu akzeptieren. Die neuere Literatur hat hierzu folgenden Weg geebnet, und der Bundesgerichtshof hat sich dem angeschlossen:

aa) *Verdeckte Mantelgründungen*, bei denen ein fiktiver Unternehmensgegenstand angegeben wird, sind *unzulässig*. Die Satzungsbestimmung über den Unternehmensgegenstand ist nach § 117 BGB nichtig[54]. Deshalb unter-

50 *KG*, JFG 1, 200 = OLGE 43, 296; JFG 3, 193; *Feine*, in: Ehrenbergs Hdb. III/3, S. 151f.; vgl. auch noch *Scholz/Emmerich*, 8. Aufl., § 3 Rdnrn. 19, 19a.

51 Vgl. auch *OLG Köln*, OLGZ 1987, 403 = GmbHR 1988, 25 = NJW-RR 1987, 1059.

52 Vgl. *OLG Frankfurt*, GmbHR 1992, 456.

53 Zust. *BGHZ* 117, 323, 332 = NJW 1992, 1824, 1826.

54 Die Rechtsgrundlage ist str.; für § 117 BGB: *KG*, JFG 1, 200 = OLGE und JFG3, 193; *Baumbach/Hueck/Fastrich*, § 3 Rdnr. 13 (gegen Voraufl.); *Hachenburg/Ulmer*, § 3 Rdnr. 32 (noch ohne Beschränkung auf verdeckte Vorratsgründung); *Scholz/Emmerich*, § 3 Rdnr. 20; *Meyding*,

liegt die Gesellschaft der Nichtigkeitsklage nach § 75 GmbHG (im Fall der AG § 275 AktG) und der Amtslöschung nach § 144 FGG[55]. Die Löschung der durch die Eintragung fehlerhaft entstandenen Gesellschaft (unten, § 6 II 1) kann allerdings dadurch abgewendet werden, daß die Satzung geändert oder der Mantel verwertet wird. Die Gesellschafter können also die Gründung nachträglich legitimieren, wenn das Scheingeschäft »auffliegt«.

bb) Zulässig ist die *offene Vorratsgründung*[56]. Bei einer solchen offenen Vorratsgründung wird der Vorratscharakter der GmbH bei der Benennung des Unternehmensgegenstandes offengelegt, so daß ein Verstoß gegen § 117 BGB nicht in Betracht kommt. Das Problem ist dann in Wahrheit nicht ein solches des satzungsmäßigen Unternehmensgegenstandes, sondern es besteht darin, ob nicht unzulässigerweise eine juristische Person ohne Verbandszweck geschaffen wird. Solange aber das Modell der Mantelverhinderung nicht dem geltenden Recht entspricht, muß der Vorratszweck trotz rechtsdogmatischer und rechtspolitischer Bedenken als hinreichender Verbandszweck anerkannt werden.

In BGHZ 117, 323 = NJW 1992, 1824 wurde dieser Gegensatz dahin präzisiert, daß eine verdeckte Vorratsgründung schon dann vorliegt, wenn der angegebene Unternehmensgegenstand nicht in absehbarer Zeit verwirklicht werden soll. Für die zulässige offene Vorratsgründung soll es auf der anderen Seite ausreichen, wenn als Gegenstand des Unternehmens die »Verwaltung des eigenen Vermögens« angegeben wird[57].

3. Die Mantelverwendung und ihre Folgen

a) »Alte« GmbH-Mäntel werden üblicherweise von Anteilskäufern verwertet. Deshalb ist die Mantelverwendung zunächst ein *Problem des Mantelkaufs*. Ein Mantelkauf ist gegeben, wenn leere Geschäftsanteile (bzw. Aktien an einer leeren AG) gekauft werden, nicht auch, wenn im Zuge des Anteilserwerbs ein eigenes Unternehmen des Erwerbers lediglich zusätzlich eingebracht, außerdem aber ein von der erworbenen Kapitalgesellschaft noch betriebenes Unternehmen fortgeführt wird[58]. Eine solche Verschmelzung durch Sacheinlage ist zulässig (unten, § 12 I 5). Handelt es sich aber um einen echten Mantelkauf, so ist die Rechtslage zweifelhaft.

---

a. a. O., S. 37 f.; *Priester*, DB 1983, 2298; *Tieves*, S. 183 f.; *Justus Meyer*, ZIP 1994, 1663 f.; für § 134 BGB: *Kantak*, a. a. O., S. 65 f.; *Kraft*, in: KK, § 23 Rdnr. 56; *Scholz/Emmerich*, § 3 Rdnr. 20; unentschieden *BGHZ* 117, 323, 334 = NJW 1992, 1824, 1826; a. M. *Kraft*, DStR 1993, 103.

55 *Hachenburg/Ulmer*, § 3 Rdnr. 32; *Justus Meyer*, ZIP 1994, 1665 f.; zu § 144 a FGG vgl. *OLG Köln*, OLGZ 1987, 403 = BB 1987, 711.

56 Für die AG *BGHZ* 117, 323 = NJW 1992, 1824; *OLG Stuttgart*, ZIP 1992, 250, 251 f.; *Hüffer*, AktG, § 23 Rdnr. 26; *Kraft*, in: KK, § 23 Rdnr. 57; *Pentz*, in: MünchKommAktG, § 23 Rdnr. 91; für die GmbH *Priester*, DB 1983, 2298 f.; heute h. M.; repräsentativ *Hachenburg/Ulmer*, § 3 Rdnr. 33; *Lutter/Hommelhoff*, § 3 Rdnr. 11; abl. noch *Baumbach/Hueck*, § 3 Rdnr. 13; *Wallner*, JZ 1986, 729.

57 Vgl. zu dem Urteil *Ebenroth/Müller*, DNotZ 1994, 75 ff.; *Kraft*, DStR 1993, 101 ff.; *Justus Meyer*, ZIP 1994, 1661 ff.

58 Vgl. *KG*, JW 1934, 988 m. krit. Anm. *Crisolli*.

Beispiel Nr. 9: Die Geschäftsanteile der seit Jahren leer im Register stehenden X-GmbH werden vom Einzelkaufmann K gekauft und nach § 15 GmbHG erworben, weil K sein Unternehmen in die X-GmbH einbringen will. Wirksam?

Der Mantelkauf wurde in der älteren Praxis als nichtig angesehen, und zwar teils aufgrund von § 134, teils aufgrund von § 138 BGB[59]. Die neuere Praxis tendiert zur *Zulassung des Mantelkaufs*[60]. Ihr ist zuzustimmen. Kann das geltende Recht den Bestand von Mänteln nicht hindern (oben unter III 2), so muß es auch den Anteilsverkauf zulassen, solange Anteile vorhanden sind. Sofern der Vertrag nicht an sonstigen Mängeln leidet, ist er wirksam. Bedenken gegen den Mantelkauf können nur von einer *Umgehung des Gründungsrechts* herrühren. Dieses Problem ist aber ein Kapitalsicherungsproblem, kein Kaufvertragsproblem.

b) Der *Begriff der Mantelverwendung* kann nur teleologisch determiniert werden. Anknüpfungspunkt ist zum einen die Zusammengehörigkeit von Unternehmen und Unternehmensträger (dazu Handelsrecht, § 4 IV 2) und zum anderen der Umgehungsgedanke: Es geht um Fälle, in denen eine vorhandene Gesellschaft als Unternehmensträger verwendet wird, obwohl eine Neugründung angezeigt wäre. Erforderlich sind hierfür

- Unternehmenslosigkeit der Gesellschaft[61] und
- ihre Verwandlung in eine Unternehmensträgerin durch Aufbau eines neuen oder durch Einbringung eines vorhandenen Unternehmens[62].

Nicht erforderlich ist Vermögenslosigkeit der Gesellschaft[63]. Typisch, aber weder begriffsnotwendig noch in jedem Fall ausreichend, sind Inhaberwechsel und Branchenwechsel[64]. Die Inhaber einer »auf Vorrat« gegründeten Kapitalgesellschaft können auch ohne Anteilsveräußerung die Gründungsvorschriften umgehen, indem sie selbst den Gesellschaftsmantel als Unternehmensträger verwenden. Nicht ausreichend sind dagegen Umstrukturierungs- und Reorganisationsmaßnahmen eines vorhandenen Unternehmens[65], wenn die wesentlichen persönlichen und sachlichen Mittel bestehen bleiben. Insbesondere der verschmelzende Hinzuerwerb neuer Unternehmen als Ergänzung des vorhandenen Gesellschaftsunternehmens ist keine Mantelverwertung, und selbst ein Branchenwechsel – etwa um einer Strukturkrise

59 *KG*, JW 1924, 1535; 1925, 635 m.Anm. *Breit*; JFG 10, 152, 155 = HRR 1933 Nr. 833 = DNotZ 1933, 661, 662; s. auch *OLG Hamburg*, BB 1983, 1116 = GmbHR 1983, 219 = ZIP 1983, 570; zweifelnd *RG*, JW 1934, 27 m.Anm. *W. Fischer*.

60 *OLG Karlsruhe*, DB 1978, 1219; *OLG Frankfurt*, GmbHR 1992, 456; *LG Ravensburg*, NJW 1964, 597; *LG Kleve*, NZG 2002, 587; *AG Erfurt*, GmbHR 1997, 74; eingehend *Heerma*, S. 69ff.; *Kantak*, a.a.O., S. 130ff.; *Meyding*, a.a.O., S. 51ff.; *Peters*, a.a.O., S. 9ff.; *Baumbach/Hueck/Fastrich*, § 3 Rdnrn. 14f.; *Hachenburg/Ulmer*, § 3 Rdnr. 38; *Lutter/Hommelhoff*, § 3 Rdnr. 8; *Rowedder/Rittner*, § 3 Rdnr. 17; *Scholz/Emmerich*, § 3 Rdnr. 21; *Pentz*, in: MünchKommAktG, § 23 Rdnr. 96; *Röhricht*, in: GroßkommAktG, § 23 Rdnrn. 132ff.; *Priester*, DB 1983, 2292ff.; *Bommert*, GmbHR 1983, 210f.

61 Vgl. *Kantak*, a.a.O., S. 16f.; *Meyding*, a.a.O., S. 16ff.; a.M. *Peters*, a.a.O., S. 40ff.

62 Ähnlich *Kantak*, a.a.O., S. 17.

63 Vgl. *Peters*, a.a.O., S. 34ff.

64 *Hachenburg/Ulmer*, § 3 Rdnr. 35; *Priester*, DB 1983, 2298; a.M. *Peters*, a.a.O., S. 32–69.

65 Vgl. auch *Hachenburg/Ulmer*, § 3 Rdnr. 35; *Priester*, DB 1983, 2297f.

auszuweichen – kann unbedenklich sein. Auch das sog. Management-Buy-out – der Erwerb aller Anteile durch die Geschäftsleiter – ist kein Mantelkauf (zu den Kapitalsicherungsproblemen vgl. unten, § 37 III 1 c).

c) Der *Vollzug der* Mantelverwendung erfolgt typischerweise, aber nicht notwendig, durch Satzungsänderung[66].

Beispiel Nr. 10: Ist die Gesellschaft im Wege der »offenen Vorratsgründung« als »Verdener Vorrats-GmbH Nr. 5« gegründet und eingetragen, oder war sie als »Trierer Tiermarkt GmbH« eingetragen, so müssen Firma und Unternehmensgegenstand (§ 3 I GmbHG) neu gefaßt werden, wenn die GmbH Trägerin einer Gaststätte werden soll. War sie dagegen bereits als »Gaststätte Gauting GmbH« eingetragen, ohne jedoch noch ihre frühere Gaststätte zu betreiben, so kann sich die Mantelverwendung ohne formale Satzungsänderung vollziehen.

d) Die *Kapitalsicherung bei der Mantelverwendung* ist umstritten. Man muß sich zunächst darüber klar sein, daß der Mantel seine Vergangenheit mit sich führt. Deshalb müssen etwa rückständige Einlagen in jedem Fall aufgebracht werden (vgl. besonders §§ 16 III, 24 GmbHG), und bei der Verwendung des GmbH-Mantels muß das zur Erhaltung des Stammkapitals erforderliche Vermögen in der Gesellschaft angespart werden, bevor die Gesellschaft Ausschüttungen vornehmen darf (vgl. § 30 GmbHG). Das folgt aus allgemeinem GmbH-Recht und ist kein Sonderproblem der Mantelverwendung. Deren Sonderproblem besteht vielmehr darin, ob der Tatbestand der Mantelverwendung in Anlehnung an gründungsrechtliche Regeln mit einer *Kapitalaufbringungsgarantie* verbunden ist. Müssen sich die Gesellschafter, so lautet die Frage, behandeln lassen, als liege eine Neugründung vor? Im wesentlichen werden drei Konzepte vertreten:
- Ablehnung einer gründungsrechtlichen Kapitalaufbringungsgarantie[67],
- Anwendung der Regeln über das Mindeststammkapital und die Mindeststammeinlagen (§§ 5 I, 7 II, III GmbHG; im Fall der AG §§ 7, 36a AktG) sowie über die Sicherung der Sacheinlagenaufbringung (§ 8 I Nr. 5, II, §§ 9, 9a GmbHG; im Fall der AG §§ 27, 36a II, 37 AktG)[68],
- Verpflichtung der Gründer zur Aufbringung des satzungsmäßigen Stammkapitals[69].

Schon in der ersten Auflage hat sich das vorliegende Werk für die zweite dieser Ansichten ausgesprochen. Die erste stellt eine Kapitulation vor dem vom Gesetzgeber nicht gelösten und zugegebenermaßen schwer abgrenzbaren Problem der Mantelverwendung dar und prämiiert die Umgehung des gesetz-

66 Vgl. auch *Priester*, DB 1983, 2298f.

67 *BayObLG*, GmbHR 1999, 607 = NZG 1999, 666; *OLG Frankfurt*, GmbHR 1992, 456; *Kübler*, § 22 II 4; *Heerma*, S. 109ff.; *Kantak*, a.a.O., S. 81f., 146f.; *Meyding*, a.a.O., S. 96ff.; *Bommert*, GmbHR 1983, 212; *Banerjea*, NZG 1999, 817.

68 Vgl. mit Unterschieden im einzelnen *OLG Brandenburg*, NJW-RR 2002, 971; *Baumbach/Hueck/Fastrich*, § 3 Rdnr. 15; *Hachenburg/Ulmer*, § 3 Rdnr. 39; *Lutter/Hommelhoff*, Rdnr. 8; *Hüffer*, AktG, § 23 Rdnr. 27a; *Röhricht*, in: GroßkommAktG, § 23 Rdnr. 139; *Priester*, DB 1983, 2295f.; *Ulmer*, BB 1983, 1125f.; *Ihrig*, BB 1988, 1201ff.

69 Vgl. *Peters*, a.a.O., S. 71ff.; *Pentz*, in: MünchKommAktG, § 23 Rdnr. 101.

lichen Gründungsrechts. Auch *BGHZ* 117, 323, 331 = NJW 1992, 1824, 1827 hat sich für eine entsprechende Anwendung der Gründungsvorschriften bei der Mantelverwertung ausgesprochen. Ob damit die zweite oder die dritte Auffassung gemeint ist, ist nicht recht deutlich. Die dritte hat den Vorzug der Konsequenz, wenn man davon ausgeht, daß die Mantelverwendung wie eine Neugründung behandelt wird, so daß die Beteiligten haften, als hätten sie diese konkrete Gesellschaft jetzt erst errichtet oder eine vorhandene Gesellschaft jetzt erst in die Kapitalgesellschaftsform umgewandelt (vgl. §§ 220 I, 245 I 2 UmwG). Nach dieser dritten Auffassung müßte im Fall der Mantelverwendung eine Unterbilanz ausgeglichen werden. Für die zweite Auffassung spricht, daß die Gesellschaft bei der Mantelverwertung nicht, wie bei der Neugründung oder beim Formwechsel, erstmals die gesetzlichen Normativbestimmungen erfüllen muß, sondern nur in Ersparung einer Neugründung für neue Zwecke verwendet wird. Das Gesetz schreibt bei der Neugründung nur ein Mindestgrund- oder -stammkapital vor (§§ 7 AktG, 5 GmbHG; zur Verschuldenshaftung bei materieller Unterkapitalisierung vgl. unten, § 9 IV 4 c), und der Umgehungsschutzgedanke rechtfertigt zusätzlich zu den für die schon vorhandene Gesellschaft geltenden Kapitalschutzregeln nur eine Haftung der Gesellschafter, als hätten sie *eine* – nicht diese konkrete – GmbH neu gegründet.

Beispiel Nr. 11: Eine vermögenslose GmbH steht mit einem statutarischen Stammkapital von 500 000 Euro im Handelsregister, das vor zehn Jahren aufgebracht war. Der Alleingesellschafter G veräußert die Geschäftsanteile an die A-AG, die diesen Mantel nach Umfirmierung in T-GmbH für den Betriebe eines Tochterunternehmens verwendet. Nach der hier vertretenen Ansicht muß die A-AG der GmbH Vermögenswerte in Höhe von 25 000 Euro, nicht von 500 000 Euro zuführen. Mehr ist unter dem Gesichtspunkt der Gesetzesumgehung nicht zu verlangen. Die A-AG hat zwar *diesen* Gesellschaftsmantel verwendet, aber der Umgehungsvorwurf besteht einzig darin, daß sie nicht eine *neue* Gesellschaft gegründet hat. Die Aufbringung eines Reinvermögens von 25 000 Euro muß also genügen. Entnahmen sind allerdings nach § 30 GmbHG unzulässig, solange das Reinvermögen nicht den Wert von 500 000 Euro überschritten hat.

e) Im übrigen bleibt es dabei, daß *keine Neugründung*, sondern nur die Verwendung einer vorhandenen Gesellschaft vorliegt: Da keine Barkapitalerhöhung versprochen ist, stellt die Mantelverwendung keine verdeckte Sacheinlage dar (vgl. zu dieser §§ 29 II 1 c, 37 II 4). Es findet auch keine registergerichtliche Prüfung statt, ob das satzungsmäßige Grund- oder Stammkapital (in unserem Beispiel 500 000 Euro) voll gedeckt ist, eben weil keine Neugründung und kein Formwechsel vorliegt, sondern nur eine vorhandene Gesellschaft verwendet wird[70]. Da die Registereintragung keine Unversehrtheit des Stammkapitals dokumentiert, gibt es auch keine Haftung auf die Differenz zwischen dem Aktivvermögen der Gesellschaft und dem satzungsmäßigen Stammkapital[71]. Umstritten ist, ob für die Zeit bis zur registergerichtlichen Prüfung wie bei der Gründung der Gesellschaft (dazu

70 *BayObLG*, GmbHZ 1999, 607; *Werner*, NZG 1999, 146; *Meller-Hannich*, ZIP 2000, 348.
71 *Hachenburg/Ulmer*, § 3 Rdnr. 41; *Priester*, DB 1983, 2295; *Ulmer*, BB 1983, 1126; a.M. *Pentz*, in: MünchKommAktG, § 23 Rdnr. 106.

§ 34 III 3 c, d) eine Vorbelastungshaftung für Anlaufverluste[72] und eine persönliche Haftung der für die GmbH Handelnden nach § 11 II GmbHG[73] zu bejahen sind, wenn bereits mit der Unternehmenstätigkeit begonnen wurde, bevor die regelmäßig gebotene Satzungsänderung im Handelsregister stand. Auch hier sollte es bei der Feststellung bleiben, daß nicht eine Neugesellschaft gegründet, sondern eine eingetragene Gesellschaft verwendet wird. Der gründungsrechtliche Unversehrtheitsgrundsatz, auf dem die Vorbelastungshaftung beruht (unten, § 34 III 4 d), findet keine Anwendung, und ebensowenig paßt die Handelndenhaftung der Organe (§ 11 II GmbHG), weil diese eben für eine eingetragene juristische Person, nicht für eine noch ungeprüfte Vorgesellschaft gehandelt haben.

Beispiel Nr. 12 (nach *OLG Hamburg*, BB 1983, 1116 = GmbHR 1983, 219 = ZIP 1983, 570): B gründete ein Unternehmen zur Vermittlung von Warentermingeschäften, die »X-Hongkong«. Er vergab, als Geschäftsführer einer noch nicht in das Handelsregister eingetragenen »X-GmbH« handelnd, an K Aufträge für die Büroausstattung. Sodann erwarb er die Geschäftsanteile einer Y-GmbH und beschloß eine Satzungsänderung, mit der er die Firma, den Unternehmensgegenstand und den Sitz der bisherigen Y-GmbH und künftigen X-GmbH änderte. Zur Eintragung der Satzungsänderung kam es nicht mehr, denn im August mußte die GmbH Insolvenzantrag stellen. Daraufhin verlangte K Zahlung von B. Das *OLG* gab der Klage analog § 11 II GmbHG statt, jedoch wohl zu Unrecht. Die Vorschrift des § 11 II GmbHG paßt nur auf die Vorgesellschaft (unten, § 34 I 2), deren Eintragung noch ungewiß ist, während der GmbH-Mantel als juristische Person in der Welt ist. Im Ergebnis kann zwar dem *OLG* zugestimmt werden, dies aber nicht wegen § 11 II GmbHG, sondern aus einem anderen Grund: B hatte im zu entscheidenden Fall entweder gegen das Offenkundigkeitsprinzip verstoßen (vgl. zu den Haftungsfolgen Handelsrecht, § 5 IV 2) oder ohne Vertretungsmacht für die GmbH gehandelt (vgl. zu den Haftungsfolgen dann § 179 BGB). Mit Recht hat dann auch der OLG seinen Standpunkt zur Anwendung des § 11 II GmbHG später aufgegeben (*OLG Hamburg*, GmbHZ 1987, 477), doch ist der Fragenkreis bis heute umstritten geblieben.

72 Dafür z.B. *Hachenburg/Ulmer*, § 3 Rdnr. 40; *Pentz*, in: MünchKommAktG, § 23 Rdnr. 106; *Ulmer*, BB 1983, 1126; *Lübbert*, BB 1998, 2221ff.; dagegen etwa *Scholz/Karsten Schmidt*, § 11 Rdnr. 125; *Peters*, a.a.O., S. 121f.; *Priester*, DB 1983, 2296; *Bommert*, GmbHR 1983, 212.

73 Bejahend *OLG Hamburg*, BB 1983, 1116 = GmbHR 1983, 219 = ZIP 1985, 570; *KG*, GmbHR 1998, 789 = NZG 1998, 731; *OLG Stuttgart*, GmbHR 1998, 610; *Baumbach/Hueck/Fastrich*, § 3 Rdnr. 15; *Hachenburg/Ulmer*, § 3 Rdnr. 40; *Pentz*, in: MünchKommAktG, § 23 Rdnr. 105; *Ihrig*, BB 1988, 1203; verneinend *OLG Karlsruhe*, DB 1978, 1219f.; *OLG Hamburg*, GmbHR 1987, 477; *OLG Brandenburg*, GmbHR 1998, 1031; *Heerma*, a.a.O., S. 142ff.; *Röhricht*, in: GroßkommAktG, § 23 Rdnr. 140; *Rowedder/Rittner*, § 3 Rdnr. 17, § 11 Rdnr. 102; *Scholz/Karsten Schmidt*, § 11 Rdnr. 99; *Bommert*, GmbHR 1983, 211f.; *Priester*, DB 1983, 2297f.; *Werner*, NZG 1999, 146ff.

§ 5 Gesellschaftsvertrag und Satzung als Grundlagen gesellschaftsrechtlicher Rechtsverhältnisse*

I. Grundlagen

1. Gesellschaftsvertrag oder Satzung als rechtsgeschäftliche Grundlagen

a) *Es gibt keinen privatrechtlichen Verband und keine Gesellschaft ohne rechtsgeschäftliche Grundlage.* Privatrechtliche Gesellschaften und Verbände können weder durch bloßen Hoheitsakt des Staates (Oktroi) noch durch das bloße soziale Faktum ihres Vorhandenseins zur Entstehung gelangen (zur Kritik der Lehre von der faktischen Gesellschaft vgl. unten, § 6 I 2).

b) Die *Rechtsnatur der Satzung bzw. des Gesellschaftsvertrags* ist umstritten. Der Streit bezieht sich nicht auf die rein schuldrechtlichen Gesellschaftsverträge, sondern auf die verbandsbegründenden Rechtsakte. Nach *Otto von Gierke*[1] ist der den Verband begründende »Vereinigungsakt« kein Vertrag, sondern »ein sozialrechtlicher Konstitutivakt, der im Individualrecht kein Vorbild hat und daher nicht unter den Begriff irgend eines Rechtsgeschäfts gebracht werden darf«. Er ist ohne Parallele im Individualrecht, ist »einseitiger Gesamtakt«[2]. Nach einer Gegenansicht sind Satzung und Gesell-

* Literatur (Auswahl): *Otto v. Gierke*, Deutsches Privatrecht I, 1895 (Nachdruck 1936); *ders.*, Die Genossenschaftstheorie und die deutsche Rechtsprechung, 1887 (Nachdruck 1963); *Hadding*, Korporationsrechtliche oder rechtsgeschäftliche Grundlagen des Vereinsrechts? in: Festschrift Fischer, 1979, S. 165; *Heermann*, Die Geltung von Verbandssatzungen gegenüber mittelbaren Mitgliedern und Nichtmitgliedern, NZG 1999, 325; *Kuntze*, Der Gesamtakt – ein neuer Rechtsbegriff, in: Festgabe Otto Müller, 1892, S. 27; *Nicklisch*, Inhaltskontrolle von Verbandsnormen, 1982; *Nitschke*, Die körperschaftlich strukturierte Personengesellschaft, 1970; *Priester*, Nichtkorporative Satzungsbestimmungen bei Kapitalgesellschaften, DB 1979, 681; *Reuter*, Privatrechtliche Schranken der Perpetuierung von Unternehmen, 1973; *Schulte*, Zu den Gesichtspunkten des Bundesgerichtshofes bei der Fortbildung des Gesellschaftsrechts, in: Festschrift Westermann, 1974, S. 525; *Sester*, Treupflichtverletzung bei Widerspruch und Zustimmungsverweigerung im Recht der Personenhandelsgesellschaften, 1996; *Stein*, Rechtsschutz gegen gesetzwidrige Satzungsnormen bei Kapitalgesellschaften, ZGR 1994, 472; *Vollmer*, Satzungsmäßige Schiedsklauseln, 1970; *Wiedemann*, Die Legitimationswirkung von Willenserklärungen im Recht der Personengesellschaften, in: Festschrift Westermann, 1974, S. 585; *ders.*, Der Gesellschaftsvertrag der Personengesellschaften, WM-Beilage 8/1990; *Winkler*, Materielle und formelle Bestandteile in Gesellschaftsverträgen und Satzungen und ihre verschiedenen Auswirkungen, DNotZ 1969, S. 394.

1 Deutsches Privatrecht I, S. 486; s. auch ebd., S. 283 Fußn. 2.

2 *Otto v. Gierke*, Genossenschaftstheorie, S. 133; s. auch *Kuntze*, a.a.O.

schaftsvertrag Verträge wie alle anderen auch, wenn auch keine rein obligatorischen Verträge[3]. Richtig ist hieran, daß die krasse Gegenüberstellung von Körperschaften (Satzungen) und Personengesellschaften (Gesellschaftsverträgen) an den Realitäten des Gesellschaftsrechts scheitert. Unrichtig ist aber die Annahme, beides habe dieselbe Basis wie jeder Individualvertrag. Nicht zuletzt im Zusammenhang mit den fehlerhaften Gesellschaften wird sich nämlich zeigen, daß die Anwendung allgemeiner Regeln der Rechtsgeschäftslehre mit dem verbandsrechtlichen Charakter von Satzungen und Gesellschaftsverträgen unvereinbar sein kann (unten, § 6 I 3). *Gierke* hat diese Sonderstellung der verbandsbegründenden Rechtsakte vor einem Jahrhundert gegen eine ganz herrschende Lehre entwickelt und konsequent ausgebaut. Seine Lehre hat tiefe Spuren in Praxis und Lehre hinterlassen[4]. Er ist allerdings zu weit gegangen, indem er den Mythos einer sozialen Verbandsschöpfung über die Rechtsgeschäftslehre stellte und damit den Verband einer rechtsgeschäftlichen Kontrolle entzog. Heute werden Satzungen und Gesellschaftsverträge als Rechtsgeschäfte eingeordnet[5], was allerdings nicht an der Herausbildung von Sonderregeln hindert. Bei Verbänden muß man nämlich klar unterscheiden zwischen der Satzungs*errichtung* (bzw. dem Vertrags*schluß*) als *rechtsgeschäftlichem Handeln* und der Satzung (dem Gesellschaftsvertrag) als *Verfassung des Verbandes*. Das erste ist Rechtsgeschäft, das zweite ist Rechtszustand. Treffend heißt es bei *RGZ* 165, 140, 143[6]: »Auch beim rechtsfähigen Verein hat der Inhalt der Satzung vor seiner die Rechtspersönlichkeit des Vereins begründenden Eintragung nicht die Eigenschaft eines Willensaktes des Vereins, sondern wie beim nicht rechtsfähigen Verein vertragliche Wesensart. In beiden Fällen gilt aber die Satzung, sobald der Verein ins Leben getreten ist, als die von der Persönlichkeit seiner Mitglieder losgelöste Verfassung seines Eigenlebens ...« Und ähnlich sagt *BGHZ* 47, 172, 179: »Diese (scl.: die Satzung) ist zwar zunächst ein von den Gründern geschlossener Vertrag ... Mit der Entstehung des Vereins löst sie sich aber völlig von deren Person. Sie erlangt ein unabhängiges rechtliches Eigenleben, wird zur körperschaftlichen Verfassung des Vereins und objektiviert fortan das rechtliche Wollen des Vereins als der Zusammenfassung seiner Mitglieder. Gründerwillen und -interessen treten zurück; an ihrer Stelle gewinnen der Vereinszweck und die Mitgliedsinteressen die rechtsgestaltende Kraft, auf die es allein noch ankommen kann.« Entgegen herkömmlicher Ansicht gilt dies aber nicht nur für Vereine, Genossenschaften und Kapitalgesellschaften[7], sondern für jeden *verfaßten Verband* (zur Abgrenzung vgl. § 3 I 3 b)[8]. Satzungen und – soweit nicht bloß von kooperativen Schuldverhältnissen die Rede ist (oben, § 1 I) – auch Gesellschaftsverträge von organisierten

3 Lesenswert vor allem die Auseinandersetzung mit Gierke bei *v. Tuhr* I, § 34 I; Meinungsüberblick bei *Enneccerus/Nipperdey* I, § 108 II.
4 Vgl. die Nachweise bei *Wiedemann* I, § 3 II 1 b.
5 *BGHZ* 21, 370, 373; 47, 172, 179; *Flume*, Juristische Person, § 9 I; *Wiedemann* I, § 3 II 1 b aa; *Nitschke*, a.a.O., S. 160ff.
6 Krit. *Flume*, Juristische Person, § 9 I.
7 So aber wohl *BGHZ* 21, 370, 374; *BGH*, WM 1961, 303, 304.
8 Der Text folgt insofern also nicht der strikten Gegenüberstellung von juristischer Person und Gesamthand bei *Flume*, Personengesellschaft, § 7.

Personengesellschaften sind verbandskonstituierende Organisationsverträge[9]. Was sie schaffen, ist mehr als ein mehrseitiges Leistungsverhältnis: *Es ist eine rechtlich verfaßte Organisation!* Nur bei Innengesellschaften, die sich in einem Schuldverhältnis erschöpfen, fehlt es hieran (vgl. auch unter I 2 c).

c) Der Organisationscharakter der Gesellschaftsverträge und Satzungen hat – meist auf die Satzungen von Vereinen und Kapitalgesellschaften beschränkt – die *Frage* entstehen lassen, ob nicht die *Satzungsautonomie als Normsetzungsbefugnis* und der Inhalt der Satzungen als *normative Verbandsverfassung*, also gesetzesähnlich, behandelt werden muß. Auch hier wirkt *Otto von Gierkes* Genossenschaftstheorie nach. *Gierke* sprach von »Satzungen, welche für ihren Bereich objektives Recht sind«, und von »statutarischen Normen«[10]. Heute streiten drei Lehren[11]:

- Die *Vertragstheorie* sieht in der Satzung nur eine Variante des Vertrags[12].
- Die *Normentheorie* sieht in der Satzung objektives Recht, das in den Grenzen der Satzungsautonomie durch Verbandsschöpfungsakt geschaffen und auch als objektives Recht ausgelegt und geprüft wird[13].
- Die *herrschende Auffassung* (sog. *modifizierte Normentheorie*) differenziert: Die Satzungserrichtung wird rechtsgeschäftlich eingeordnet, aber die hierdurch geschaffene Verbandsverfassung wird wie objektives Recht behandelt, was namentlich bei der Auslegung, bei der Teilnichtigkeit und bei der revisionsrichterlichen Prüfung eine bedeutsame Rolle spielt[14].

Die herrschende Auffassung kommt – wenn man einmal die Beschränkung auf Körperschaften beiseiteläßt – der Sache am nächsten. Den Grund für die Schwierigkeit der Problematik hat *Wiedemann* klargestellt[15]: Wer auf die Wirkungsweise von Satzungsregelungen und auf deren inhaltliche Gestaltung sieht, wird ihren Rechtsnormencharakter betonen; aber es ist eben eine andere Frage, ob diese Regelungen hierdurch auch zu Normen werden und ob hieraus insbesondere Folgerungen für einen normativen Geltungsgrund gezogen werden dürfen[16]. Das ist mit *Wiedemann* zu verneinen: »Alle Satzungen und

9 S. auch *Wiedemann* I, § 3 II 1; § 14 IV 1 b.
10 *Otto v. Gierke*, Genossenschaftstheorie, S. 164.
11 Vgl. die vorzügliche Analyse bei *Reuter*, in: MünchKommBGB, § 25 Rdnrn. 9ff.
12 Vgl. *v. Tuhr* I, § 35 III; *Flume*, Juristische Person, § 9 I; *Wiedemann* I, § 3 II 1b aa; *Müller-Erzbach*, Das private Recht der Mitgliedschaft, 1948, S. 147f., 181ff.; *Nitschke*, a.a.O., S. 160ff., 163ff., 171; *Soergel/Hadding*, § 25 Rdnr. 17; *Hadding*, a.a.O., S. 165ff.; *Lutter*, AcP 180 (1980), 95, 97.
13 Vgl. grundlegend *Otto v. Gierke*, Deutsches Privatrecht I, S. 142ff.; *Leist*, Untersuchungen zum inneren Vereinsrecht, 1904, S. 174; heute besonders *Meyer-Cording*, Die Rechtsnormen, 1971, S. 83f., 90ff.; *Reuter*, in: MünchKommBGB, § 25 Rdnr. 10; *ders.*, a.a.O., S. 57f.; *Vollmer*, a.a.O.; *Larenz*, in: Gedächtnisschrift Dietz, 1973, S. 49.
14 Vgl. *RGZ* 165, 140, 143; std. Rspr.; *BGHZ* 21, 370, 373ff.; 47, 172, 179f.; 96, 245ff.; *Staudinger/Weick*, § 25 Rdnrn. 15ff.
15 *Wiedemann* I, § 3 II 1b aa.
16 Insofern dient eine konsequent angewandte Normentheorie nicht etwa der Freisetzung, sondern der Disziplinierung privater Gestaltungskompetenzen; die Normentheorie ist also ein weittragendes rechtspolitisches Instrument; vgl. charakteristisch *Nicklisch*, a.a.O., S. 34ff.; *Reuter*, a.a.O., S. 59ff.; charakteristisch auch für den AGB-Bereich vor der gesetzlichen Klärung: *Helm*, Private Norm und staatliches Recht beim Massenvertrag, JuS 1965, 121ff.

Gesellschaftsverträge und die zu ihrer Ausführung ergehenden Gesellschafterbeschlüsse sind Rechtsgeschäfte, denn sie müssen sich durch entsprechende private Einverständniserklärungen legitimieren lassen.« Die Vertragstheorie, der insofern zu folgen ist, erinnert uns an die privatrechtlichen Geltungsgrundlagen der Satzung und taugt insofern als Grundlage eines allgemeinen, die Körperschaften und Personengesellschaften umfassenden Verbandsrechts[17]. Sie darf uns jedoch nicht blind machen für die Besonderheiten der Verbandsverfassung, die zwar nicht ihrem Geltungsgrund, wohl aber ihren Wirkungen nach normenähnliche Bindungen für alle gegenwärtigen und künftigen Mitglieder begründet (insofern Normentheorie). Charakteristisch ist etwa die schon erwähnte Bindung an *satzungsmäßige Schiedsklauseln* (oben, § 2 I 2 b)[18]: Wer sich einer Schiedsgerichtsbarkeit unterwirft, tut dies nach §§ 1025 ff. ZPO grundsätzlich durch individuellen Schiedsvertrag. Aber § 1066 ZPO läßt es zu, daß Schiedsgerichte auch »in gesetzlich statthafter Weise durch letztwillige oder andere nicht auf Vereinbarung beruhende Verfügungen« angeordnet werden. Diese nicht eben klare Formulierung deckt auch satzungsmäßige Schiedsklauseln: Sie binden alle gegenwärtigen und künftigen Mitglieder, also auch solche, die sich nicht individuell gebunden haben!

d) Erkennt man, daß die Sonderbehandlung von Satzungen und Gesellschaftsverträgen auf deren Organisationscharakter beruht, so wird verständlich, daß nicht jede gesellschaftsrechtliche Vereinbarung dieser Sonderbehandlung unterliegen kann. Den allgemeinen Grundsätzen über Schuldverträge unterliegen die rein obligatorischen Innengesellschaften. Aber der Sonderbehandlung unterliegen nicht einmal alle Vereinbarungen, die in die Satzungsurkunde eines Verbandes aufgenommen sind. Nur *»echte«, »materielle« oder »korporative« Satzungsbestandteile* unterliegen spezifisch gesellschaftsvertraglichen Grundsätzen (vgl. auch zu dem Sozialansprüchen unten, § 19 III 3 a)[19]. Nur für sie gelten also insbesondere die noch zu erläuternden
- Sonderregeln über die Satzungsauslegung,
- Sonderregeln über die Satzungsänderung,
- Sonderregeln über die Rechtsnachfolge kraft Mitgliedschaft.

Diesen Satzungsbestandteilen stehen *»unechte«, bloß »formelle« oder »nicht korporative« Satzungsbestandteile* gegenüber, die zwar in der Satzungsurkunde enthalten, aber nicht Teil des verbandsrechtlichen Organisationsstatuts sind und deshalb nur als gewöhnliche schuldrechtliche Abreden behandelt werden. Die Abgrenzung kann Schwierigkeiten bereiten. Nach einer vom *BGH* formulierten Regel kommt es darauf an, ob die Satzungsbestimmung für einen unbestimmten Personenkreis Bedeutung hat[20]. Aber das trifft nicht den Kern, denn auch in einer Gesellschaft mit geschlossenem

17 Zutreffend *Nitschke*, a. a. O., S. 171 ff.

18 Dazu *Vollmer*, a. a. O. (Normentheorie); ablehnend *Heinemann*, Gruch. 73 (1933), 316 ff. (aufgrund der Vertragstheorie); eingehend *Karsten Schmidt*, JZ 1989, 1077 ff.

19 Vgl. *BGHZ* 14, 25, 36 f.; 18, 205, 207 f.; 48, 141, 144; 116, 359, 364; 123, 347, 350; eingehend *Priester*, DB 1979, 681; *Ulmer*, a. a. O.; *Winkler*, DNotZ 1969, 394.

20 *BGHZ* 123, 347 = NJW 1994, 51.

Mitgliederkreis – z.B. bei der gemeinschaftlichen GmbH-Tochter zweier Aktiengesellschaften – kann es echte Satzungsbestimmungen geben. Man wird *drei Fallgruppen* unterscheiden können[21]:

aa) *Notwendig korporative Satzungsbestandteile* sind solche, die entweder als Satzungsbestandteile vorgeschrieben sind (z.B. §§ 57 BGB, 23 II AktG, 3 I GmbHG, 6, 7 GenG) oder zwar nicht vorgeschrieben, aber nur als Organisationsregeln möglich sind (z.B. ein mehrfaches Stimmrecht).

bb) *Notwendig nichtkorporative Satzungsbestandteile* sind solche, die mit der Mitgliedschaft weder verbunden sind noch verbunden sein können, so insbesondere Vereinbarungen mit Dritten, die weder Mitglieder noch Organe sind[22].

cc) *Zwischen diesen Fallgruppen* liegt eine dritte, bei der von Fall zu Fall danach gefragt werden muß, ob die Regelung Teil des Organisationsvertrags oder nur äußerlich mit der Satzungsurkunde verbunden ist.

Beispiel Nr. 1: Eine Regelung über die Stammeinlagen in der GmbH oder über den Vorsitz in der Gesellschafterversammlung kann nur korporativer Satzungsbestandteil sein (erste Fallgruppe). Ist die Gemeinde A Gesellschafter, und werden in der Satzungsurkunde Vorkaufsrechte der A an anderen Geschäftsanteilen sowie bestimmte Leistungen zugunsten der Gemeinde B festgelegt, so kann dies ein Vertrag der A mit den anderen Gesellschaftern, teilweise zugunsten der Gemeinde B, sein (§ 328 BGB), nicht aber ein Bestandteil der Verbandsverfassung (zweite Fallgruppe). Ist das Geschäftsführergehalt eines Gesellschafters G im Vertrag festgelegt, und ist dem Gesellschafter P eine Prokura zugesagt, so können dies mitgliedschaftliche Vorzugs- oder Sonderrechte sein (vgl. § 19 III 3c bb). Es liegen dann korporative Satzungsbestandteile vor, aber es kann nach dem Willen der Vertragsparteien auch eine rein schuldrechtliche Vereinbarung vorliegen (dritte Fallgruppe).

e) Hinsichtlich der *Form von Gesellschaftsverträgen und Satzungen* enthält das geltende Recht sehr unterschiedliche Bestimmungen: Die Satzung der AG und der Gesellschaftsvertrag der GmbH bedürfen der notariellen Beurkundung (§§ 23 I AktG, 2 I GmbHG), das Statut der eingetragenen Genossenschaft muß schriftlich abgefaßt sein (§ 5 GenG). Für die Satzung eines Vereins besteht keine Formvorschrift, aber die Eintragung bzw. die Verleihung der Rechtsfähigkeit ist ohne schriftliche Dokumentation der Satzung nicht zu erlangen (vgl. ausdrücklich § 59 II Nr. 1 BGB); auch wird vor einer schriftlichen Niederlegung der Satzung kaum ein Errichtungswille vorhanden sein; eine Vereinsgründung nur durch Rütlischwur dürfte wohl praktisch nicht vorkommen. Für die Gesellschaftsverträge von Personengesellschaften gibt es keine Formvorschriften. Nur aus dem Inhalt der getroffenen Vereinbarungen kann sich gesetzlich ein Formbedürfnis ergeben. Hauptbeispiel ist die Pflicht zur Übertragung von Grundstückseigentum. Hier ist der Vertrag bzw. die betreffende Abrede nach §§ 125, 311 b I BGB nichtig, wenn es an der

---

21 Vgl. *Priester*, DB 1979, 681.
22 Vgl. *Priester*, DB 1979, 681; *Ulmer*, a.a.O.

notariellen Beurkundung fehlt[23]. Nichts anderes gilt, wenn es sich etwa um eine Holdinggesellschaft handelt, deren Gesellschafter GmbH-Geschäftsanteile einbringen sollen (§ 15 GmbHG). Stellt die Aufnahme in eine Gesellschaft eine Schenkung dar, so ist § 518 BGB zu beachten (vgl. besonders zum Streit um die Schenkung stiller Einlagen unten, § 62 III 1). Ähnlich wie im Vereinsrecht ist auch bei Personengesellschaften eine schriftliche Dokumentation praktisch unentbehrlich, wenn der Vertrag dem Handelsregistergericht (oHG oder KG!) oder zur Genehmigung dem Familiengericht (§ 1822 Nr. 3 BGB!) vorgelegt werden soll. Im übrigen aber spielen formlose, oft durch schlüssiges Verhalten geschlossene Gesellschaftsverträge bei den Personengesellschaften eine beträchtliche Rolle (vgl. näher unten, § 59 I 2 b). Selbst eine offene Handelsgesellschaft kann ohne ausdrückliche Vereinbarung zustande kommen, wenn nur mehrere Personen in gewollter Mitunternehmerschaft ein kaufmännisches Unternehmen mit Außenwirkung gemeinsam betreiben[24], und dasselbe gilt, wenn das Unternehmen nicht kaufmännisch ist, für die Gesellschaft bürgerlichen Rechts.

2. Funktionsunterschiede zwischen der »Satzung« und dem »Gesellschaftsvertrag«?

a) Es ist eine zunächst rein theoretisch anmutende Frage, ob die Begriffe »Gesellschaftsvertrag« und »Satzung« Gegensätze markieren oder ob sie austauschbar sind. Das Gesetz bedient sich beider Begriffe. Es spricht bei Personengesellschaften (§§ 705 BGB, 109, 163, 231 II HGB), aber auch bei der GmbH (§§ 2, 3 GmbHG) vom Gesellschaftsvertrag, dagegen bei den Vereinen des bürgerlichen Rechts, den Aktiengesellschaften und den Genossenschaften von der Satzung bzw. vom Statut (§§ 25, 57, 58 BGB, 2, 23 AktG, 6ff. GenG), verhält sich aber in § 2 GmbHG (»Gesellschaftsvertrag = Satzung«) demonstrativ indifferent. Richtig ist, daß die Aktiengesellschaften und Genossenschaften historisch mit den Vereinen zusammengehören[25]. Trotzdem kann diese Terminologie systematisch nicht überzeugen[26]. Vor allem anhand des GmbHG, das bewußt ungenau sogar bei der Einpersonen-

23 *RGZ* 68, 260, 262; 79, 303, 304; 162, 78, 80; 166, 160, 165; *BGH*, NJW 1977, 1820 = JuS 1977, 687 m. Anm. *Karsten Schmidt*; *Petzoldt*, BB 1975, 905; *Wiesner*, NJW 1984, 95; *Wiedemann*, WM-Beilage 8/1990, S. 8f.

24 *Karsten Schmidt*, Zur Stellung der oHG im System der Handelsgesellschaften, 1972, S. 185.

25 Vgl. *Renaud*, Das Recht der Actiengesellschaften, 2. Aufl. 1875, S. 1ff.

26 Schon unter dem ADHGB, das bei der Aktiengesellschaft (beim »Aktienverein«) noch vom Gesellschaftsvertrag sprach, sagte *Otto v. Gierke*, Genossenschaftstheorie, S. 133 Fußn. 3: »Der Begriff des ›Gesellschaftsvertrages‹ ist genau so unpassend für die Gründung eines Vereines wie für die Aufrichtung eines Staates oder einer Kirche... Wenn die deutsche Reichsgesetzgebung bei Aktiengesellschaften und eingetragenen Genossenschaften von einem ›Gesellschaftsvertrag‹ spricht, so ist die Benennung ›Vertrag‹ für die juristische Konstruktion des Gründungsaktes so wenig maßgebend, wie die Bezeichnung ›Gesellschaft‹ dem Verein den körperschaftlichen Charakter entzieht.«

gründung vom »Gesellschaftsvertrag« spricht[27], läßt sich dies zeigen. Warum das Statut dieser Kapitalgesellschaft anders heißen muß als das der AG, ist nicht unmittelbar einsichtig. In der Praxis ist denn auch meist von der »GmbH-Satzung« und von »Satzungsänderungen« bei der GmbH die Rede, obwohl das Gesetz vom »Gesellschaftsvertrag« und von der »Abänderung des Gesellschaftsvertrages« spricht. Man mag die Wortwahl des Gesetzgebers auf die typischerweise personalistische Struktur der Gesellschaft mit beschränkter Haftung zurückführen, aber es bleibt doch dabei, daß der Schnitt ziemlich willkürlich quer durch die Rechtsformen geht. Hätte allerdings der Gesetzgeber der GmbH von einer »Satzung« gesprochen, so würde man sich gewiß wieder darüber verwundern, daß eine GmbH & Co. KG teils durch GmbH-Satzung, teils durch KG-Gesellschaftsvertrag zustande gebracht wird. So, wie das Gesetz unterscheidet, besagt der *formelle* Gegensatz zwischen Gesellschaftsvertrag und Satzung ersichtlich nichts. Daß diese Einsicht noch nicht in das Bewußtsein der h. M. gedrungen ist, läßt sich vor allem am Beispiel der GmbH & Co. KG und hier besonders gut bei dem *Problem der satzungsmäßigen Schiedsklauseln* aufzeigen (dazu schon unter I 1 c):

Beispiel Nr. 2 (vgl. *Karsten Schmidt*, GmbHR 1990, 16 ff.): A, B und C sind Kommanditisten einer GmbH & Co. KG und gleichzeitig Gesellschafter der Komplementär-GmbH. Enthalten die Gesellschaftsverträge beider Gesellschaften eine Schiedsklausel, so begründet diese nach h. M. zwar eine Schiedsgerichtszuständigkeit für GmbH-Prozesse, weil hier eine satzungsmäßige Schiedsklausel zugelassen ist (§ 1066 ZPO), nicht aber für KG-Prozesse, weil der Vertrag der Personengesellschaft Gesellschaftsvertrag bleibt[28]. Nur bei den Körperschaften (Vereinen, Kapitalgesellschaften, Genossenschaften) läßt nämlich die h. M. eine satzungsmäßige Schiedsklausel gelten, nicht dagegen bei den Personengesellschaften. Dieser Gegensatz ist weder sachlich gerechtfertigt noch irgendwie durch das positive Recht gestützt[29]. In der Personengesellschaft sind ebenso wie in der Kapitalgesellschaft »satzungsmäßige« Schiedsklauseln zulässig.

b) Wer trotzdem eine *sachliche Differenzierung* zwischen Gesellschaftsvertrag und Satzung begründen will, muß sich von rein formalen Kriterien lösen. Auf einen qualitativen Unterschied, der sich auf die Verfassung des Verbandes beschränkt, hat *Dieter Reuter* aufmerksam gemacht[30]. *Reuter* unterscheidet bei Personengesellschaften und bei Gesellschaften m.b.H. zwischen »Vertragsgesellschaften« und »Satzungsgesellschaften«. Eine »Vertragsgesellschaft« liegt nach *Reuter* vor, wenn »mehrere Personen sich (entsprechend der Vorstellung des historischen Gesetzgebers des Personalgesellschafts-

27 Vgl. Ausschußbericht, BT-Drucks. 8/3908, S. 68; § 2 II RegE GmbH-Novelle hatte noch gelautet: »Wird die Gesellschaft nur durch eine Person errichtet, steht dem Gesellschaftsvertrag die Erklärung über die Errichtung gleich.«

28 *BGHZ* 48, 35, 43; *BGH*, NJW 1980, 1049; *Staub/Ulmer*, § 105 Rdnr. 44; *Münch*, in: MünchKommZPO, § 1066 Rdnr. 10; dagegen *Schlegelberger/Karsten Schmidt*, § 105 Rdnrn. 104 ff.; *Karsten Schmidt*, JZ 1989, 1079 f.; GmbHR 1990, 16 ff.; BB 2001, 1857; zust. *Zöller/Geimer*, ZPO, 23. Aufl. 2002, § 1066 Rdnr. 1; s. auch *OLG Karlsruhe*, DB 1991, 903 m. Anm. *Karsten Schmidt*.

29 Eine andere Frage ist, ob die Gesellschafter einer Publikumspersonengesellschaft gegen Schiedsklauseln geschützt werden müssen (vgl. den Fall *BGH*, NJW 1980, 1049); das ist zu bejahen, hat aber nichts mit §§ 1025, 1048 ZPO zu tun; näher *Karsten Schmidt*, DB 1989, 2317.

30 *Reuter*, a. a. O., S. 62.

rechts) zu einer Personengesellschaft oder zu einer GmbH zusammenschließen, um auf diese Weise ihre Interessen zu verfolgen«. Dagegen handelt es sich um eine »Satzungsgesellschaft«, wenn »eine Personengesellschaft oder GmbH unabhängig von den Interessen bestimmter Personen zur dauerhaften Verwirklichung einer (idealistischen oder materialistischen) Leitidee gegründet wird«. Die aus dieser Unterscheidung von *Reuter* abgeleiteten Folgerungen[31] verdienen großenteils keine Zustimmung (vgl. zur Typengesetzlichkeit und zur »Perpetuierung« von Unternehmen unten, III 2 b). Einleuchtend ist aber, daß *überpersonal angelegte Verbandsverfassungen* anderen Grundsätzen unterworfen werden müssen als solche Verträge, die nur die Beteiligten untereinander binden. Man könnte demnach die Terminologie des Gesetzes bei der formalen Rechtsanwendung beibehalten, sodann aber bei der Interessenbewertung zwischen

- *Satzungen im materiellen Sinne* (Vereinssatzungen, AG-Satzungen, Genossenschaftssatzungen, überpersonellen Organisationsverträgen in Personengesellschaften und Gesellschaften m.b.H.) und
- *Gesellschaftsverträgen im materiellen Sinne* (personengebundenen Verträgen bei Personengesellschaften und evtl. auch bei Gesellschaften m.b.H.)

unterscheiden. Das Unterscheidungskriterium besteht dann in der Übertragbarkeit und Vererblichkeit der Anteile. Ein Personengesellschaftsvertrag, der das Nachrücken eines Dritten ohne allseitige Vereinbarung durch Anteilserwerb oder Erbfolge zuläßt, hat also entgegen der traditionellen Sicht der Dinge materiell Satzungsqualität (so etwa, wie § 177 HGB zeigt, die meisten KG-Verträge!). Dasselbe gilt, wie § 15 GmbHG zeigt, für die gesetzestypische GmbH. Zwar geht es – schon in Anbetracht der bisweilen unklaren Abgrenzung – nicht an, »Satzungsgesellschaften« und »Vertragsgesellschaften« völlig unterschiedlichen Regeln zu unterwerfen, aber in Wertungsbereichen – z.B. bei der Vertragsauslegung (dazu alsbald unter I 4) – spielen diese mehr graduellen Unterschiede eine Rolle. Gemeinsamer Oberbegriff bleibt die Verbandsverfassung.

c) Die Unterscheidung zwischen »Vertragsgesellschaften« und »Satzungsgesellschaften« bringt einen Fortschritt insofern, als sie uns zu einem funktionellen, von den Gesetzesbegriffen unabhängigen Umgang mit »Verträgen« und »Satzungen« anhält (zustimmend insofern schon die Vorauflagen). Nicht zuzustimmen ist allerdings dem Bestreben, mit dieser Methode verschiedene Arten von Gesellschaften zu unterscheiden (in dieser Richtung *Reuter*), während es beim Satzungsbegriff nur um verschiedene Arten von rechtsgeschäftlichen Regelungen und um das Verständnis ihres Geltungsgrundes geht. Richtigerweise ist deshalb nicht zwischen »Satzungsgesellschaften« und »Vertragsgesellschaften«, sondern zwischen Organisationsregeln und reinen Vertragsregeln zu unterscheiden:

- *Satzung im materiellen Sinn* ist jede Verbandsverfassung; *Satzungsregelung* im materiellen Sinn ist jede korporative Regelung, der ein Mitglied (Gesell-

31 Pointiert *Wiedemann* I, § 1 IV 1b aa, dessen *Reuter*-Kritik sich auf den Gegensatz zwischen »guten« Gesellschaftsverträgen und »bösen« Satzungen zuspitzt.

schafter) als Glied eines verfaßten Verbandes, also kraft Mitgliedschaft, unterworfen ist. Das gilt gleichermaßen für Vereine, Kapitalgesellschaften und Personengesellschaften, unabhängig davon, ob das Gesetz oder die Satzungsurkunde von einer Satzung oder von einem Gesellschaftsvertrag spricht.
- Bloße *Vertragsregelung* ist jede Regelung, deren Verbindlichkeit allein auf der schuldrechtlichen Vereinbarung zwischen den gesellschaftsrechtlich verbundenen Rechtssubjekten beruht.

Die Satzung gibt einem Verband eine Organisation, die bloße Vertragsregelung bindet lediglich die Beteiligten untereinander. *Reuters* »Satzungsgesellschaften« sind ohne Satzung nicht denkbar. Aber auch *Reuters* »Vertragsgesellschaften« haben Satzungselemente, soweit sie über die bloß schuldrechtliche Bindung der Parteien untereinander hinausreichen. So hat die Geschäftsführungsregelung in einer oHG (§ 114 I HGB) vom ersten Tag an – d.h. auch im Verhältnis der Gründer untereinander – materiell Verfassungscharakter, und Satzungscharakter hat auch die Regelung in einem GmbH-Vertrag, wonach die Anteile nur mit Genehmigung abtretbar sind (§ 15 V GmbHG), obwohl ausgerechnet diese Satzungsbestimmung die GmbH in *Reuters* Sinn zu einer »Vertragsgesellschaft« macht. Auch der Gründer einer Einpersonen-GmbH, die nie in fremde Hände gelangen soll, gibt dieser Gesellschaft eine echte Satzung. Reinen Vertragscharakter haben nur nicht-kooperative Regelungen, und nun erkennen wir auch, auf welche Gesellschaften die Bezeichnung als reine »Vertragsgesellschaften« passen könnte: auf Innengesellschaften rein schuldrechtlicher Art (zu ihnen vgl. unten § 58 II 2). Alle verbandsmäßig strukturierten Gesellschaften haben dagegen auch eine Verbandsverfassung, und das heißt: Satzungsregelungen im materiellen Sinne.

3. Die Gesellschafter (Mitglieder) als Herren des Gesellschaftsvertrags (der Satzung): das Problem der sog. Satzungsautonomie*

a) Die *Satzungsautonomie*, von der hier die Rede sein wird, zielt auf Freiheit der Verbandsverfassung – nicht auch des Verbandes selbst! – von rechtsverbindlichen Außeneinflüssen. Sie war im 19. Jahrhundert vor allem eine

* Literatur: *Beuthien/Gätsch*, Vereinsautonomie und Satzungsrechte Dritter, ZHR 156 (1992), 459; *dies.*, Einfluß Dritter auf die Organbesetzung und Geschäftsführung bei Vereinen, Kapitalgesellschaften und Genossenschaften, ZHR 157 (1993), 483; *Dütz*, Tendenzaufsicht im Vereinsrecht, in: Festschrift Herschel, 1982, S. 55; *Flume*, Vereinsautonomie und kirchliche oder religiöse Vereinigungsfreiheit und das Vereinsrecht, JZ 1992, 238; *Herfs*, Einwirkung Dritter auf den Willensbildungsprozeß der GmbH, 1994; *Mertens*, Satzungs- und Organisationsautonomie im Aktien- und Konzernrecht, ZGR 1994, 426; *Schockenhoff*, Vereinsautonomie und Autonomie kirchlicher Vereine, NJW 1992, 1013; *ders.*, Der Grundsatz der Vereinsautonomie, AcP 193 (1993), 35; *Steinbeck*, Vereinsautonomie und Dritteinfluß, 1999; *Teubner*, Organisationsdemokratie und Verbandsverfassung, 1978; *Ulmer*, Begründung von Rechten für Dritte in der Satzung einer GmbH? in: Festschrift Werner, 1984, S. 911; *Vieweg*, Normsetzung und -anwendung deutscher und internationaler Verbände, 1990; *Christoph Weber*, Privatautonomie und Außeneinfluß im Gesellschaftsrecht, 2000.

Frage der Staatsfreiheit von Verbänden[32]. Heute steht fest, daß jedenfalls die Verfassung von Verbänden mit Rechtssubjektivität an Normativbestimmungen gebunden ist (unten, § 8 II 5) und daß ein Verband auch keine der Gerichtskontrolle entzogene Verbandsmacht nach innen ausüben kann (vgl. zu den sog. Vereinsstrafen unten, § 24 V 3). Die Verbandsautonomie stellt also den Verband nicht außerhalb des staatlichen Rechts, die Satzungsautonomie stellt die Satzung nicht über staatliches Recht. Auch von Bindungen des Europäischen Rechts befreit die Satzungsautonomie, wie das *Bosman-Urteil des EuGH* für das Gebiet des Vereinssports zeigt[33] nicht. Aus Art. 9 GG ergibt sich eine so verstandene Autonomie nicht, auch nicht eine Befreiung von strikten Regeln des Verbands-Innenrechts. Eine nur scheinbare Ausnahme ist die Entscheidung des *Bundesverfassungsgerichts* in unserem

Beispiel Nr. 3: (nach *BVerfGE* 83, 341 = NJW 1991, 2623; dazu *Steinbeck*, a.a.O., S. 21, 88f.; *Chr. Weber*, a.a.O., S. 125; *Flume*, JZ 1992, 238; *Jean d'Heur*, JuS 1992, 830; *Schokkenhoff*, NJW 1992, 1013): Der »Geistige Rat der Bahaíí in Tübingen« sollte in das Vereinsregister eingetragen werden. Das Registergericht und die Beschwerdeinstanzen hatten seine Eintragungsfähigkeit verneint, weil er nicht mit den Regeln des BGB übereinstimme, insbesondere einen unzulässigen Fremdeinfluß des der örtlichen Gemeinde übergeordneten Rats vorsehe. Das *BVerfG* hat der hiergegen eingelegten Verfassungsbeschwerde nicht etwa deshalb stattgegeben, weil der Staat dem Verein hierüber keine Vorschriften machen dürfe, sondern deshalb, weil das Vereinsrecht im Rahmen der Artt. 4, 140 GG, 137 WRV die glaubensbedingten Anforderungen an die Organisation des Vereins besonders zu berücksichtigen habe. Vor allem im Innenverhältnis können deshalb verfassungskonforme Sonderregeln gelten (vgl. auch *OLG Köln*, NJW 1991, 1048). Daran, daß die Satzung dem geltenden Recht zu folgen hat, ändert der Beschluß des *BVerfG* selbstverständlich nichts.

b) Die Entscheidung des *BVerfG* hat aber die Aufmerksamkeit auf die Möglichkeiten und Grenzen des Dritteinflusses in Verbänden gelenkt. Indem das deutsche Gesellschaftsrecht Gesellschaften und Verbände nur auf rechtsgeschäftlicher Grundlage anerkennt, trifft es eine bedeutsame Wertungsentscheidung: Die vertragliche Ordnung der gesellschaftsrechtlichen Rechtsverhältnisse liegt in der unentziehbaren *Zuständigkeit der Gesellschafter* (*Mitglieder*). Bei rein schuldrechtlichen Gesellschaftsverhältnissen ist dies eine Selbstverständlichkeit. Da es weder oktroyierte Gesellschaftsverträge noch Verträge zu Lasten Dritter gibt, bestimmen die Gesellschafter selbst – und nur sie! – über den Vertragsinhalt und über Vertragsänderungen. Im Recht der Verbände entspricht dem die Satzungsautonomie. Diese Satzungsautonomie eines Verbandes ist notwendiger Bestandteil seiner *Selbstbestimmung (Verbandssouveränität)*[34] zugleich aber auch schützende Grenze dieser Selbstbestimmung[35]. Das korporative Schicksal des Verbandes darf nicht in die Hände anderer gelegt werden[36]. Dieser Grundsatz der Verbandsautono-

32 Vgl. *Staudinger/Weick*, vor § 21 Rdnr. 10.

33 *EuKG*, Slg. 1995 I – 4921 = NJW 1996, 505; Analyse und umfassende Nachweise bei *Vieweg/Röthel*, ZHR 166 (2000), 6ff.

34 Vgl. *Flume*, Juristische Person, § 7 I 2, 3; skeptisch *Chr. Weber*, a.a.O., S. 53.

35 *Wiedemann*, in: Festschrift Schilling, 1973, S. 111.

36 Vgl. zur Verbandssouveränität *Steinbeck*, a.a.O., S. 84ff.; *Chr. Weber*, a.a.O., S. 47ff.; *Wiedemann*, in: Festschrift Schilling, 1973, S. 111ff.

mie wird häufig mißverstanden und demgemäß auf einer unrichtigen Ebene kritisiert[37]. Er ist ein Rechtsprinzip und weder gedacht noch imstande, rein faktische Einflußnahmen Dritter (z.B. des Staates, einer politischen Partei oder auch nur der Hausbank) zu unterbinden. Sodann schützt der Grundsatz der Verbandsautonomie den Verband auch in rechtlicher Hinsicht nicht gegen jede Begründung von Dritteinflüssen[38], insbesondere nicht gegen das Hineinregieren Dritter in die Geschäftsführung. Wäre es anders, so wäre jede Konzernherrschaft verbandsrechtlich verboten, während sie in Wahrheit nur einer verbandsrechtlichen Legitimation bedarf (dazu unter § 17 I). Durch das Prinzip der Verbandssouveränität verboten sind nicht handlungsbezogene Einflußnahmen, sondern nur Einflußnahmen auf die Verfassung des Verbandes. Deshalb kann die Satzungsgestaltung nicht wirksam in die Hände Dritter gelegt werden[39], und zwar

- weder durch Stimmbindungen (dazu näher § 21 II 4)
- noch durch unwiderrufliche Stimmrechtsvollmacht (dazu näher § 19 III 4)
- noch durch Zustimmungsrechte (dazu unten, § 19 III 3c bb).

Die Frage ist allerdings umstritten. Sie wird für die Aktiengesellschaft und für die GmbH überwiegend wie hier beantwortet[40], während für das Vereinsrecht wohl die Gegenansicht vorherrscht[41]. Dies beruht aber wohl auf Besonderheiten der im Vereinsrecht auftretenden Fälle.

Beispiel Nr. 4 (nach *KG*, OLGZ 1974, 385 = MDR 1975, 140): In die Satzung des eingetragenen Vereins »Kreuzbund, Landesverband Berlin« wurde eine Regelung aufgenommen, wonach eine Satzungsänderung oder die Auflösung des Vereins nur mit Genehmigung des Bischöflichen Ordinariats beschlossen werden konnte. Das *Kammergericht* entschied, es gebe keinen allgemeinen Grundsatz, der jeden Fremdeinfluß auf die Satzungsgestaltung ausschlösse. »In der gesellschaftlichen Wirklichkeit ist eine gewisse tatsächliche Abhängigkeit von der materiellen und geistigen Unterstützung durch außenstehende Personen oder Institutionen gerade bei Vereinen mit ideeller Zielsetzung häufig ... Es besteht geradezu ein Bedürfnis nach rechtlichen Formen, die einerseits den Vereinsmitgliedern im Rahmen des bestehenden Vereinszwecks die Möglichkeit zur Entfaltung eigenbestimmter Tätigkeit sichern, andererseits aber auch das Interesse eines Außenstehenden an der Wahrung einer gewissen Kontinuität in den Verhältnissen des Vereins ... berücksichtigen. Irgendwelche übergeordnete Rechtsprinzipien, die es verbieten, diesem Bedürfnis dadurch zu entsprechen, daß der Verein dem Außenstehenden beschränkte Befugnisse in bezug auf die innere Organisation oder die Satzung einräumt, sind nicht ersichtlich ... Eine Grenze des rechtlich Zulässigen ist nach Auffassung des Senats erst dort zu ziehen, wo der Fremdeinfluß derart überwiegt, daß der Verein sein ... Wesen verliert, weil er nicht mehr vornehmlich von der Willensbestimmung und -betätigung seiner

37 So namentlich bei *Schockenhoff*, AcP 193 (1993), 35ff.
38 Über Wertungsgrundlagen vgl. *Chr. Weber*, S. 58ff.
39 *Flume*, Juristische Person, § 7 I 3.
40 Vgl. für die AG: *RGZ* 169, 65, 80; *RG*, JW 1930, 1412; *Wiedemann*, in: GroßkommAktG, § 179 Rdnr. 6; für die GmbH: *RGZ* 169, 65, 80; *KG*, OLGE 42, 225; 44, 237; *Scholz/Priester*, 8. Aufl., § 53 Rdnrn. 34f.; einschr. *Hachenburg/Ulmer*, § 53 Rdnrn. 39, 84; *Beuthien/Gätsch*, ZHR 156 (1992), 459ff.
41 *KG*, OLGZ 1974, 385; *BayObLG*, NJW 1980, 1756; *Dütz*, in: Zweite Festschrift Herschel, 1982, S. 55ff.; eingehend *Beuthien/Gätsch*, ZHR 156 (1992), 459ff.; differenzierend *Reuter*, in: MünchKomm. BGB, § 33 Rdnrn. 7f.; *Soergel/Hadding*, § 33 Rdnr. 7; s. aber auch *OLG Frankfurt*, NJW 1983, 2576.

Mitglieder getragen wird, sondern zur bloßen Verwaltungsstelle oder zu einem bloßen Sondervermögen des Außenstehenden wird ...«

Beispiel Nr. 5 (nach *BayObLG*, NJW 1980, 1756): Ein Caritas-Verein beschloß folgende Satzungsänderung: »Nachstehende Entscheidungen bedürfen zu ihrer Rechtswirksamkeit der schriftlichen Genehmigung des Bischofs: Satzungsänderungen, Stellenplan, Etat und Jahresabrechnung, Auflösung des Vereins.« Der Rechtspfleger beanstandete die Genehmigungsbedürftigkeit von Auflösungsbeschlüssen, dies aber nach Auffassung des *BayObLG* zu Unrecht. Dieses Gericht betont, daß die Vereinsautonomie dem Verein Gestaltungsfreiheit gibt, solange nur der »Kern der Vereinsautonomie« erhalten bleibe. Unzulässig seien solche, aber auch nur solche Regelungen, »die mit dem Wesen des eingetragenen Vereins als eigenständige Rechtspersönlichkeit nicht mehr in Einklang gebracht werden können«. Dies sei, wie das *BayObLG* unter Berufung auf das *Kammergericht* ausführt, »unter anderem dann der Fall, wenn der Fremdeinfluß derart überwiegt, daß der Verein nicht mehr vornehmlich von der Willensbestimmung seiner Mitglieder getragen wird, so daß er praktisch nur noch ein rechtlich verselbständigtes Sondervermögen des Dritten darstellen würde (*KG*, OLGZ 1974, 385, 387, 390)«.

Beispiel Nr. 6 (nach *OLG Köln*, NJW 1992): Ein Verein zur Förderung der katholischen Seelsorge im Ausland hatte die Aufnahme neuer Mitglieder und die Änderung der Satzung oder die Auflösung von der Zustimmung der Deutschen Bischofskonferenz abhängig gemacht. Dies wurde vom Registergericht beanstandet. Das *OLG* ging davon aus, daß ein Verein grundsätzlich von der Willensbildung der Mitglieder getragen sein müsse und nicht bloß unselbständige Verwaltungsstelle einer anderen Organisation sein dürfe. Es folgerte aber aus Art. 140 GG, 137 III WRV, daß kirchlich zugeordnete Vereine in ihrem Innenrecht ohne strenge Bindung an vereinsrechtliche Grundsätze organisiert werden dürfen.

Beispiel Nr. 7 (nach *LG Oldenburg*, JZ 1992, 250): Ein der katholischen Kirche verbundener Altenpflegeverein hatte dem Bischöflichen Münsterischen Offizialrat in Vechta Aufsichtsrechte sowie Mitwirkungsrechte bei der Bestellung des Vorstands sowie bei Beschlüssen über die Satzungsänderung oder Auflösung eingeräumt. Das *LG Oldenburg* ließ dahingestellt. ob eine solche Satzungsgestaltung mit dem Grundsatz der Satzungsautonomie vereinbar sei. Ein eventuelles Verbot satzungsmäßigen Fremdeinflusses habe jedenfalls bei kirchlichen Vereinen hinter dem verfassungsmäßig verankerten Selbstbestimmungsrecht der Kirche zurückzustehen.

Mit *Flume*[42] wird man die Rechtfertigung dieser Sonderfälle im Staatskirchenrecht (Artt. 140 GG, 137 WRV) zu suchen haben[43]. Auch das *BayObLG* entnimmt diesen Regelungen »das Recht der katholischen Kirche, im Rahmen des verfassungsrechtlich Gebotenen und des gesetzlich Zulässigen die Organisationsform eines ihr nahestehenden Caritas-Vereins frei zu bestimmen«[44]. Sieht man von den staatskirchenrechtlich begründbaren Fällen drittbestimmter Verbände ab, so bleibt die Einräumung derartiger Dritteinflüsse bedenklich. Das Prinzip der Satzungsautonomie wird mit solchen Tendenzen bedenklich beschnitten. Wie es dazu kommt, ist leicht zu verstehen. Gründe für Dritteinflüsse auf Grundlagenentscheidungen eines Verbandes können in vielen Fällen erwogen werden, in denen ein Dritter – z.B. der Staat, eine

---

42 Juristische Person, § 7 I 4.

43 Vgl. jetzt auch *Steinbeck*, a.a.O., S. 141 f.

44 *BayObLG*, NJW 1980, 1756, 1757; insofern zust. auch *Reichert*, Handbuch des Vereins- und Verbandsrechts, 8. Aufl. 2001, Rdnr. 429; eingehend *Machanek*, JuS 1985, 440, gegen *OLG Frankfurt*, NJW 1983, 2576.

Gebietskörperschaft, ein Unternehmen, ein Dachverband oder ein sog. Sponsor – als Schirmherr oder gar als Mäzen des Verbandes fungieren soll.

Beispiel Nr. 8: Eine halbstaatliche Förderungsstelle, ein Fremdenverkehrsverein, eine Betriebsunterstützungskasse oder die Sektion eines Sportverbandes wird auf Initiative und mit Unterstützung »von oben« gegründet und unterhalten.

Es leuchtet ein, daß hier auch die Möglichkeit eines Mitspracherechts für Grundlagenentscheidungen eröffnet werden muß[45]. Eine verbandsrechtlich überzeugende Lösung kann gefunden werden, wenn der Dritte – also z.B. der Staat, die Gebietskörperschaft, das Unternehmen oder der Dachverband – als Mitglied in den Verband aufgenommen wird und ein Sonderrecht in Gestalt eines Mehrstimmrechts oder eines Vetorechts eingeräumt erhält[46]. Bleibt der Dritte ein Nichtmitglied, so können ihm allenfalls Zustimmungsrechte, aber keine eigenen Satzungsänderungsrechte gegeben werden. Unbenommen bleibt dem Dritten auch eine über schuldrechtliche Verträge vermittelte Einflußnahme (Entzug einer Förderung, Auflösung einer Lieferbeziehung). Aber diese liegt außerhalb der Autonomiediskussion.

c) Nicht mit diesem Prinzip der Satzungsautonomie gleichzusetzen ist die vieldiskutierte Frage, ob durch Satzungsregeln *korporative Rechte Dritter* begründet werden können[47]. Die Frage ist in weit größerem Umfang, als in der Vergangenheit angenommen, zu bejahen[48]. Wie bereits angedeutet, zeigt sich hier sogar die entscheidende Verbindungslinie zwischen dem inneren Verbandsrecht und dem Konzernrecht: Die vertragsmäßige Begründung des Dritteinflusses bedarf geradezu der satzungsmäßigen Legitimation, wie denn auch der Abschluß eines Beherrschungsvertrags nach § 291 AktG der Sache nach die Qualität einer Satzungsänderung hat (dazu näher unter § 17 III 1, § 31 III 1). Allerdings gestattet der Grundsatz der Satzungsautonomie nur zwei Arten der Einflußnahme: entweder die Beteiligung Dritter in organschaftlicher Position, z.B. als Beirat, oder die Beschränkung auf externe Einflußnahmen durch Weisungsbefugnisse, z.B. in Gestalt des Beherrschungsvertrags. Persönliche, d.h. von einer Organzugehörigkeit unabhängige, Satzungsbefugnisse Dritter wären mit der Verbandsverfassung unvereinbar.

4. Auslegung von Gesellschaftsverträgen*

a) Die Grundsätze der Auslegung von Gesellschaftsverträgen und Satzungen sind uneinheitlich und umstritten. Im Ausgangspunkt werden Gesellschafts-

45 Vgl. *Reichert, ebd.*, Rdnr. 429 mit Hinweis auf die betriebliche Unterstützungseinrichtung im Fall *BAG*, NJW 1982, 1773.
46 Vgl. *Reuter*, in: MünchKommBGB, § 33 Rdnr. 8.
47 Dazu *Herfs*, a.a.O.; *Steinbeck*, a.a.O., S. 147ff.; *Beuthien/Gätsch*, ZHR 187 (1993), 483ff.; *Ulmer*, a.a.O.
48 In gleicher Richtung und umfassend jetzt *Chr. Weber*, a.a.O., z.B. S. 120ff.
* Literatur: *Grunewald*, Die Auslegung von Gesellschaftsverträgen und Satzungen, ZGR 1995, 68; *Hey*, Ergänzende Vertragsauslegung und Geschäftsgrundlagenstörung im Gesellschaftsrecht,

verträge und Satzungen nach den für Rechtsgeschäfte – nicht für Gesetze – geltenden Grundsätzen ausgelegt, also insbesondere nach §§ 133, 157 BGB[49]. Bei rein schuldrechtlichen Regelungen, insbesondere bei Innengesellschaften ohne Verbandscharakter, kann es dabei bleiben. Aber es entstehen doch Sonderprobleme. Handelt es sich um einen formbedürftigen Gesellschaftsvertrag oder um eine formbedürftige Satzung (vgl. insbesondere §§ 23 I AktG, 2 I GmbHG, 5 GenG), so stellt sich zunächst die allgemeine Frage, inwieweit Tatsachen, die außerhalb der Urkunde liegen, berücksichtigt werden können. Die außergesellschaftsrechtliche Rechtsprechung ist in dieser Hinsicht großzügig[50]. Sie stellt selbst bei formbedürftigen Verträgen das einheitliche Verständnis der Beteiligten vor den Wortlaut der Urkunde und erkennt selbst den Grundsatz »falsa demonstratio non nocet« an[51]. Allgemein gilt ja im Vertragsrecht der Grundsatz, daß subjektives Einigsein jeden noch so mißverständlichen Wortlaut bedeutungslos macht[52]. Demgegenüber gibt es im Gesellschaftsrecht eine sehr viel strengere Judikatur. Vor allem bei GmbH-Verträgen hat schon das *Reichsgericht* mehrfach die Berücksichtigung von Umständen, die außerhalb der Satzungsurkunde oder der sonstigen zum Handelsregister einzureichenden Unterlagen lagen, abgelehnt, soweit es um Vertragsbestimmungen ging, die auch für Gläubiger oder spätere Anteilsinhaber bedeutsam sind[53]. Der *Bundesgerichtshof* hat diese Rechtsprechung um folgende Differenzierung bereichert: Bei »körperschaftlichen«, die Gesellschaftsgrundlagen betreffenden Regelungen kommt es nur auf objektiv erkennbare Umstände an, während es für »individualrechtliche« Vereinbarungen bei den allgemeinen Auslegungsgrundsätzen der §§ 133, 157 BGB bleibt[54]. Die »körperschaftlichen« Regelungen in den Satzungen von Vereinen, Kapitalgesellschaften und Genossenschaften werden also wie Rechtsnormen objektiv ausgelegt, und diese Auslegung ist revisibel[55]. Der Gegensatz soll an zwei Beispielen verdeutlicht werden:

Beispiel Nr. 9 (nach *RGZ* 165, 68): Die Klägerin, die mit etwa 30% an einer GmbH beteiligt war, nahm ein Recht auf einen Sitz im Aufsichtsrat in Anspruch. § 11 der

---

1990; *Nitschke*, Die körperschaftlich strukturierte Personengesellschaft, 1970; *Ostheim*, Zur Auslegung des Gesellschaftsvertrags bei der GmbH, in: Festschrift Demelius, 1973, S. 381; *Priester*, Nichtkorporative Satzungsbestimmungen bei Kapitalgesellschaften, DB 1979, 681; *Rogier*, Die Auslegung von Gesellschaftsverträgen und Satzungen privatrechtlicher Personenverbände, Diss. Köln 1981; *H. P. Westermann*, Die geltungserhaltende Reduktion im Gesellschaftsrecht, in: Festschrift Stimpel, 1985, S. 69; *Wiedemann*, Die Auslegung von Satzungen und Gesellschaftsverträgen, DNotZ Sonderheft 1977, 99; *Winkler*, Materielle und formelle Bestandteile in Gesellschaftsverträgen und Satzungen und ihre verschiedenen Auswirkungen, DNotZ 1969, 394.

49 *RGZ* 79, 418, 422; 159, 321, 326; 165, 68, 73; *BGH*, WM 1975, 662; *Erman/Westermann*, § 705 Rdnr. 32; *Schlegelberger/Karsten Schmidt*, § 105 Rdnr. 131; *Grunewald*, ZGR 1995, 68f.

50 Vgl. nur *BGHZ* 63, 359, 362.

51 Vgl. *BGH*, NJW 1983, 1610.

52 *BGHZ* 87, 150, 152ff.; *BGH*, NJW 2002, 888, 891.

53 *RGZ* 79, 418, 422; 159, 272, 278f.; 164, 129; 165, 68, 73; 170, 358, 367.

54 Vgl. *RGZ* 156, 129, 133; *BGHZ* 14, 25, 36f.; 123, 347, 350; *BGH*, LM Nr. 25 zu § 549 ZPO; LM Nr. 20 zu § 47 GmbHG; NJW 1973, 1039, 1040; WM 1955, 65; 1974, 372, 373; *OGH Wien*, AG 1998, 199; *OGH Stuttgart*, AG 1995, 283, 284.

55 *RGZ* 164, 129, 140; *BGHZ* 14, 25, 36f.; 36, 296, 314; 48, 141, 144; 96, 245, 250; 106, 67, 71; 113, 237, 240; 116, 359, 364; 123, 347; *BGH*, NJW 1973, 1039, 1040; 1983, 1910, 1911.

GmbH-Satzung lautete: »Ein Gesellschafter, welcher auf seinen Namen mindestens 25 % des Gesellschaftskapitals besitzt, ist berechtigt, eine Stelle im Aufsichtsrat zu beanspruchen.« Der von der Klägerin benannte Kandidat war bei der Aufsichtsratswahl durchgefallen. Entgegen der Auffassung des *OLG* vertrat das *Reichsgericht* den Standpunkt, aus § 11 des Gesellschaftsvertrags ergebe sich ein unmittelbares Entsendungsrecht der Klägerin, nicht nur ein Anspruch darauf, daß ihr Kandidat gewählt werden solle. Es lag eine der revisionsrichterlichen Auslegung unterliegende »körperschaftliche« Regelung vor.

Beispiel Nr. 10 (nach *BGH*, WM 1955, 65): Die Satzung einer GmbH enthielt eine Regelung über die Witwenpension für Geschäftsführerwitwen. Ein ehemaliger, jetzt verstorbener Geschäftsführer hatte nach seinem Ausscheiden aus dem Amt die W geheiratet, die nunmehr die Pension verlangte. Das *Landgericht* wies die Klage ab. Das *OLG* sprach der Witwe die Pension zu. Da eine »individualrechtliche« Vereinbarung vorlag, konnte der *Bundesgerichtshof* die Klausel in der Revisionsinstanz nicht letztverbindlich auslegen, wohl allerdings konnte er die Auslegungsmethode revisionsrichterlich nachprüfen, und diese war falsch. Die »individualrechtliche« Vereinbarung war nicht streng wortlautgemäß auszulegen. Sie wies für den vorliegenden Fall eine Lücke auf. Der *BGH* verwies deshalb die Sache an das *OLG* zurück (§ 565 ZPO).

b) Der Geltungsumfang dieser Regeln bedarf der Klarstellung: Herkömmlich wurde auf die Rechtsform abgestellt: »Satzungen« von Körperschaften sollten ausnahmslos[56], »Gesellschaftsverträge« von Personengesellschaften niemals objektiv ausgelegt werden[57]. Dem wurde hier seit der ersten Auflage widersprochen[58]. Das Beispiel der Publikumspersonengesellschaft (unten, § 57) zeigt, daß das Bedürfnis nach objektiver und revisibler Vertragsauslegung größer sein kann als bei mancher typischen GmbH, und demgemäß werden denn diese Verträge auch objektiv ausgelegt[59]. Die Praxis hat sich hier also schon von der Rechtsformbetrachtung gelöst. In der Literatur besteht Unklarheit über den inneren Grund. Die Erklärung liegt nicht darin, daß die Publikumspersonengesellschaft ein irregulärer Sonderfall wäre[60], und auch nicht im »körperschaftlichen« Typus der Gesellschaft[61], sondern allein entscheidend ist der materielle Satzungscharakter der auszulegenden Klausel (vgl. dazu oben unter I 2 c). Auf den Gegensatz von Körperschaften (»Satzungen«) und Personengesellschaften (»Gesellschaftsverträgen«) kommt es hierfür nicht an[62]. Jeder andere Ansatz führt zu unnötigen Schwierigkeiten.

Beispiel Nr. 11: Wird eine Familien-GmbH gegründet, so unterliegen die »korporativen« Satzungsbestimmungen unzweifelhaft den Grundsätzen über die objektive Satzungsauslegung. Handelt es sich bei sonst gleicher Gestaltung um eine GmbH & Co. mit übertragbaren und vererblichen Anteilen, so wäre es absonderlich, wollte man diese

---

56 Auch für die personalistisch strukturierte GmbH; vgl. *BGH*, GmbHR 1982, 129, 130, gegen *Wiedemann*, DNotZ 1977, 102, 106f.; s. aber *RGZ* 140, 303, 306f.

57 Besonders deutlich *Kraft/Kreutz*, 9. Aufl., C I 1 e; gegen die Unterscheidung zu Recht *Teichmann*, Gestaltungsfreiheit in Gesellschaftsverträgen, 1970, S. 129.

58 Insoweit zustimmend *Grunewald*, ZGR 1995, 89.

59 *BGH*, NJW 1979, 419, 420; 1979, 2102f.; 1982, 877, 878; s. auch *BGH*, NJW 1990, 2684, 2685; NJG 2001, 1270 = ZIP 2001, 243; *OLG Hamburg*, NJW-RR 1996, 1436.

60 *Flume*, Personengesellschaft, § 2 V; *Ulmer*, Gesellschaft bürgerlichen Rechts, § 705 Rdnr. 144.

61 In dieser Richtung aber *Wiedemann*, DNotZ 1977, 101ff., 105ff.; richtig dagegen *Nitschke*, a.a.O., S. 173; *Teichmann*, Gestaltungsfreiheit in Gesellschaftsverträgen, 1970, S. 131ff.; s. auch für die personalistische GmbH *BGH*, GmbHR 1982, 129, 130.

62 So nunmehr auch *Kraft/Kreutz*, B I 1 e.

Grundsätze zwar auf den Gesellschaftsvertrag der Komplementär-GmbH anwenden, nicht jedoch auf den der Kommanditgesellschaft.

Beispiel Nr. 12: In *BGHZ* 116, 359 = NJW 1992, 892 hat der *BGH* der Abfindungsregelung in einem GmbH-Vertrag körperschaftlichen Charakter zuerkannt mit allen daraus resultierenden Folgen. In *BGHZ* 123, 281 = NJW 1993, 3193 hat er eine unangemessene Abfindungsregelung bei einer KG im Wege der ergänzenden Vertragsauslegung korrigiert. Soll daraus gefolgert werden, daß die Gerichte mit derselben Vertragsklausel ganz unterschiedlich verfahren sollen, je nachdem, ob sie in einem GmbH-Vertrag oder in einem Personengesellschaftsvertrag steht? Schwerlich!

Die hier vertretene Auffassung vermeidet solche Fehlschlüsse. Abgestellt wird darauf, ob eine *Satzungsregelung im materiellen Sinne* (oben unter I 2) vorliegt[63], ob also die auszulegende Klausel *überindividuellen verbandsrechtlichen Charakter* hat[64]. Es liegt auf der Hand, daß dies bei den Satzungen von Vereinen, Genossenschaften und Kapitalgesellschaften in weitestem Maße der Fall ist, denn diese Satzungen sind überindividuelle Organisationsregelungen, die zudem der registergerichtlichen Prüfung unterzogen werden (vgl. zur Bedeutung der Normativbestimmungen unten, § 8 II 5). Auf der Hand liegt auch, daß viele Personengesellschaften – insbesondere rein schuldrechtliche Innengesellschaften – reine »Vertragsgesellschaften« sind (dazu oben, I 2) und daß selbst die Verträge von »Satzungsgesellschaften« auch rein schuldrechtlich-individuelle und damit nichtkorporative Regelungen enthalten. Welche Vertragsregelung *verbandsrechtlichen* und welche nichtkorporativen Charakter hat, kann es im Einzelfall allerdings wieder vom Gesetz und damit von der Rechtsform abhängen[65].

Beispiel Nr. 13: Gründet ein Kaufmann mit seiner Ehefrau eine GmbH, in die er sein Unternehmen einbringt, so unterliegt die Sacheinlagevereinbarung der registergerichtlichen Prüfung (§§ 5 IV, 8 I Nr. 5, 9c GmbHG). Sie ist deshalb objektiv auszulegen (vgl. *BayObLG*, DB 1979, 1075). In einer Personengesellschaft kann es dagegen durchaus auch auf die subjektive Einigung der Beteiligten über die Modalitäten der Sacheinlage ankommen.

c) In Anbetracht der objektiven Auslegung korporativer Satzungsbestandteile (und überindividueller Gesellschaftsvertrags-Bestandteile) muß die *Bedeutung der ergänzenden Auslegung der innergesellschaftlichen Übung und des Verbots des widersprüchlichen Verhaltens* betont werden[66]. Es muß unterschieden werden zwischen der für jedermann maßgeblichen objektiven

---

63 Die Bedeutung der Rechtsnachfolge ist erkannt bei *Nitschke*, a.a.O., S. 171.

64 A.M. *Nitschke*, a.a.O., S. 172f.; *Nitschke* will darauf abstellen, ob bereits neue Mitglieder hinzugekommen sind; ist dies nicht der Fall, so lehnt er selbst bei der AG und der GmbH die objektive Auslegung ab; dies ist im Hinblick auf die gesetzlichen Normativbestimmungen unannehmbar.

65 Ob die im folgenden angeführte Entscheidung des *BayObLG* (DB 1979, 1075) überhaupt ein Auslegungsfall war, kann man füglich bestreiten. Der Ehemann hatte sein mit 19000 DM bewertetes Unternehmen eingebracht. Nachträglich wurden ihm aufgrund Gesellschafterbeschlusses 33500 DM wegen Unterbewertung dieser Sacheinlage gutgebracht, die er für eine Kapitalerhöhung verwandte; das ist kein Auslegungsproblem, sondern ein schlichter Verstoß gegen §§ 19, 30 GmbHG.

66 *Wiedemann* I, § 3 II 2 b; *ders.*, DNotZ Sonderheft 1977, 99.

Auslegung und den daraus resultierenden Rechten und Pflichten der einzelnen Mitglieder (Gesellschafter). Denn die Rechtsstellung eines jeden ist nicht nur durch die abstrakte Verbandsverfassung, sondern auch durch konkrete Abreden und durch individuelle Treupflichten bestimmt. Im Verhältnis untereinander sind die Gründer deshalb bei unklaren und unvollständigen Verträgen an ihr subjektives Verständnis des Gesellschaftsvertrags[67] gebunden[68]. Soweit dieses nicht gegen zwingendes Recht oder gegen den eindeutigen Satzungs- bzw. Vertragsinhalt verstößt, bindet es die Parteien untereinander. Es wird allerdings nicht zum korporativen Satzungsinhalt und bindet nicht generell alle Rechtsnachfolger. Die Verbandsverfassung behält ihren objektiven Inhalt. Aber alle Mitglieder (Gesellschafter) müssen sich auch an eine einverständliche Übung halten und können nach Treu und Glauben nicht unbegrenzt von ihr abweichen. Inwieweit auch Rechtsnachfolger – insbesondere Erben – hieran gebunden sind, kann nicht abstrakt bestimmt werden. Festzuhalten ist aber, daß die objektive (»normative«) Auslegung von Gesellschaftsverträgen und Satzungen nicht zu einer starren Ausrichtung des Innenverhältnisses nur auf den Vertrags- oder Satzungswortlaut führen darf. Vor allem bei einer Familien-Personengesellschaft mit übertragbaren und vererblichen Anteilen können die Gründungsbeteiligten gegenüber dem einverständlich Gewollten und Praktizierten nicht vorbehaltlos auf die Vertragsurkunde verwiesen werden, solange noch keine Rechtsnachfolge eingetreten und noch kein außenstehender Dritter in die Gesellschaft aufgenommen worden ist[69]. Es kann hier durchaus auf das subjektive Verständnis der Beteiligten ankommen, solange sie »unter sich« bleiben.

Beispiel Nr. 14 (vereinfacht nach *RGZ* 140, 303): In einem GmbH-Gesellschaftsvertrag hieß es: »§ 7: Das Geschäftsjahr läuft vom 1. Juli bis zum 30. Juni jedes Kalenderjahres. § 8: Eine Kündigung ist in den ersten 15 Jahren unstatthaft ...« Unter den Beteiligten entstand Streit, ob mit den 15 Jahren Geschäftsjahre gemeint waren und wann die 15-Jahres-Frist begonnen hat. Das *Reichsgericht* hielt eine Heranziehung des Gründerwillens für berechtigt, weil es galt, »eine unklare und mehrdeutiger Auslegung fähige Bestimmung zu deuten ... Es kommt hinzu, daß die hier in Rede stehende Gesellschaft mbH in den wesentlichen Punkten ... der offenen Handelsgesellschaft angenähert ist und daß ein Wechsel der Inhaber der Geschäftsanteile bisher nicht stattgefunden hat«. Diese Begründung deckt sich in wesentlichen Teilen mit der auch hier vertretenen Auffassung: Zwar lag eine »satzungsmäßige« Klausel vor, aber diese konnte im Kreis der Gründer noch »individualrechtlich« gehandhabt und ausgelegt werden.

Die *Bedeutsamkeit der gesellschaftlichen Übung* für die Vertragsauslegung und -gestaltung zeigt sich schließlich an unserem

Beispiel Nr. 15 (nach *BGH*, LM Nr. 22 zu § 105 HGB = NJW 1966, 826 = WM 1966, 159): Im Jahre 1935 hatte der Senior R (SR), bis dahin Einzelkaufmann, mit seinen Söhnen Otto R jun. (OR) und Hans R (HR) eine oHG gegründet. Nach der Gewinnverteilungsklausel des Gesellschaftsvertrags lautete die Gewinnverteilung: 50 (SR) : 25 (OR) : 25 (HR). 1937 trat HR den Militärdienst an. Seither wurde die Gewinnverteilung, abweichend vom

67 Zur Bedeutung des subjektiven Verständnisses bei der Vertragsauslegung im allgemeinen vgl. *Flume*, Rechtsgeschäft, § 16/1 d.
68 Vgl. nun *BGH*, ZIP 1983, 297, 298 (unter 3 b).
69 Insofern im Ergebnis überzeugend *Nitschke*, a.a.O., S. 172f.

Vertragswortlaut, nach dem Schlüssel 50 (SR) : 37,5 (OR) : 12,5 (HR) vorgenommen. Seit 1940 entfielen auf den Anteil des SR nur noch 35 %, auf den Anteil des OR gleichfalls 35 % und auf den Anteil des HR 30 %. SR starb 1954 und wurde von seiner Ehefrau beerbt. OR war kriegsverschollen, wurde für tot erklärt und von seiner Ehefrau beerbt. Diese nahm nun weiterhin 35 % Gewinnanteil in Anspruch, während die Witwe des SR und der HR zu der vertraglichen Gewinnverteilungsklausel zurückkehren wollten. Daraufhin klagte die Witwe des OR auf Feststellung des Gewinnverteilungsschlüssels von 35 : 35 : 30. Sie unterlag in den ersten Instanzen, aber der *BGH* gab ihr Recht und führte aus: »Es wäre schlechthin ungewöhnlich, würden die Gesellschafter einer offenen Handelsgesellschaft mehr als zwanzig Jahre lang einen dem Vertrag widersprechenden Verteilungsschlüssel vorbehaltlos anwenden, ohne diesem früher oder später Verbindlichkeit zumessen zu wollen. Eine jahrelang vertraglich ungeregelte, nicht für die Zukunft gültige Gewinnverteilung kann erfahrungsgemäß kaufmännisch kaum je gewollt sein ... Auch den Interessen der Mitglieder einer Familiengesellschaft steht in aller Regel entgegen, für längere Zeit nach vertragslosen und ungewissen Grundsätzen die Gewinnverteilung zu handhaben. Die Annahme, in der Gesellschaft der Parteien könnte die Verteilung des Gewinns zwanzig Jahre hindurch gewolltermaßen unverbindlich gewesen sein, widerspricht daher einem feststehenden Erfahrungssatz des Gesellschaftsrechts. Die Lebenserfahrung spricht im Gegenteil in entscheidender Weise dafür, daß eine derart lange tatsächliche Übung im Laufe der Zeit auch eine feste vertragliche Grundlage gefunden hat.«

Man wird diesem Urteil im Grundsatz zustimmen müssen (s. auch *BGH*, NJW-RR 1989, 993, 994). Nach der Auffassung des *Bundesgerichtshofs* hindert nicht einmal eine Schriftformklausel im Vertrag die Annahme stillschweigender Vertragsänderungen[70]. Eine solche Klausel lautet etwa: »Änderungen oder Ergänzungen dieses Vertrages sind nur wirksam, wenn sie in schriftlicher Form abgeschlossen (oder: als Beschluß schriftlich beurkundet) werden.« Hinzu kommt häufig die Klausel: »Schriftlicher Form bedarf auch eine Vereinbarung, durch die auf dieses Formerfordernis verzichtet wird.« Nach verbreiteter Auffassung sichert auch eine solche Abrede nicht gegen formlose Vertragsänderungen[71]. Man muß nur, wenn derartige Klauseln vorhanden sind, sorgsam prüfen, ob aus einer Übung unter den Gesellschaftern ohne weiteres ein Vertragsänderungswille spricht. Um Rechtsunsicherheit zu vermeiden, werden die Gesellschafter die formlose Änderung schriftlich nachvollziehen müssen. Fehlt diese Bereitschaft, so kann – wie im BGH-Fall – auf Feststellung des geänderten Vertragsinhalts geklagt werden. Das rechtskräftige Feststellungsurteil ersetzt dann die Schriftform. Nicht ausgeschlossen ist allerdings, daß die Gesellschafter eine vom Vertragswortlaut abweichende Handhabung gerade nicht zur dauernden Praxis machen wollen. Dann kann in ihrem Verhalten keine Vertragsänderung für die Zukunft gesehen werden, sondern nur ein Konsens, ad hoc vom fortgeltenden Vertrag abzuweichen. Nach Ansicht des *BGH* spricht bei einer Publikumsgesellschaft eine tatsächliche Vermutung für einen solchen Willen[72], ins-

70 Vgl. speziell für Gesellschaften *BGH*, LM Nr. 22 zu § 105 HGB = NJW 1966, 826 = WM 1960, 159; s. auch *BGHZ* 49, 364, 366; allgemein *BGHZ* 71, 162, 164; 132, 263, 271; *BGH*, NJW 1962, 1908; 1965, 293; 1975, 1653, 1654; str.; vgl. *Böhm*, AcP 179 (1979), 425ff.

71 Vgl. *Erman/Palm*, § 125 Rdnr. 8; *Soergel/Hefermehl*, § 125 Rdnr. 32; *Reinicke*, DB 1976, 2298; *Häsemeyer*, JuS 1980, 8f.; a.M. anscheinend *BGHZ* 66, 378, 383.

72 *BGH*, NJW 1990, 2684.

besondere wenn eine Einarbeitung in den Gesellschaftsvertrag unterbleibt[73]. Insgesamt wird man unterscheiden müssen zwischen

- echten Änderungen der inneren Verbandsverfassung (also der Regeln mit materieller Satzungsqualität),
- Übungen und Einverständnissen, die die Beteiligten nach Maßgabe des § 242 BGB binden, obwohl eine Änderung der Satzung oder des Gesellschaftsvertrages selbst weder vorgenommen oder auch nur beabsichtigt ist, und
- reinen Ad-hoc-Abweichungen von der Satzung oder dem Gesellschaftsvertrag.

Zur Frage, inwieweit Durchbrechungen der Satzung auch mit bloßer Mehrheit beschlossen werden können, vgl. unten, § 38 I 1 b.

d) Charakteristisch für die Auslegung von Gesellschaftsverträgen sind schließlich die Instrumente der *ergänzenden Vertragsauslegung* und der *geltungserhaltenden Reduktion.* Die ergänzende Vertragsauslegung dient der Ausfüllung von Lücken im Gesellschaftsvertrag[74], die geltungserhaltende Reduktion, praktiziert vor allem bei Ausschließungs- und Abfindungsklauseln (unten, § 50 III 2, 3, § 50 IV 2), erlaubt die Aufrechterhaltung einer ihrem Wortlaut nach unwirksamen Vertragsklausel mit einem weniger einschneidenden Inhalt[75]. Soweit ein hypothetischer Parteiwille feststellbar ist, gibt der *BGH* einer ergänzenden Vertragsauslegung gerade bei mangelhaften Abfindungsklauseln gegenüber dem Rückgriff auf das dispositive Recht den Vorzug[76]. Schließlich gilt auch für Gesellschaftsverträge § 140 BGB, wonach eine *Umdeutung* zulässig ist, wenn ein Rechtsgeschäft nichtig ist, jedoch den Erfordernissen eines anderen, von den Parteien bei Kenntnis der Nichtigkeit gewollten Geschäfts entspricht[77].

5. Satzungsähnliche Wirkungen von Nebenabreden der Gesellschafter?[*]

Von der Frage der Vertragsauslegung und der formlosen Vertragsänderung ist die andere zu unterscheiden, ob sich die Mitglieder auch durch formlose Nebenabreden satzungsähnlich binden können.

---

73 *BGH*, NJW 1990, 2684, 2685 mit Hinweis auf *BGH*, NJW 1972, 623.

74 Vgl. *BGHZ* 123, 281, 286 = NJW 1993, 3193, 3194; *BGH*, NJW 1978, 264, 265f.; 1979, 1705, 1706; 1985, 192, 193.

75 Vgl. *BGHZ* 105, 213, 220ff.; 107, 351, 355ff.; *H. P. Westermann*, a.a.O., S. 69ff.

76 *BGHZ* 123, 281, 286 = NJW 1993, 3193, 3194; zur Methode vgl. *Dauner-Lieb*, ZHR 158 (1994), 273ff.

77 Vgl. *BGHZ* 19, 269ff.; *BGH*, WM 1967, 951, 952.

* Literatur: *Baumann/Reiss*, Satzungsergänzende Vereinbarungen, ZGR 1989, 157; *Dürr*, Nebenabreden im Gesellschaftsrecht, Wien 1994; *Happ*, Stimmbindungsverträge und Beschlußanfechtung, ZGR 1984, 168; *Hoffmann-Becking*, Der Einfluß schuldrechtlicher Gesellschaftervereinbarungen auf die Rechtsbeziehungen in der Kapitalgesellschaft, ZGR 1994, 442; *Joussen*, Gesellschafterabsprachen neben Satzung und Gesellschaftsvertrag, 1995; *Noack*, Gesellschaftervereinbarungen bei Kapitalgesellschaften, 1994; *Priester*, Rechtskontrolle nach Registerpublizität als Schranken satzungsgleicher Gesellschaftsvereinbarungen bei der GmbH? In: Festschrift Claussen, 1997, S. 319; *Ulmer*, Verletzung schuldrechtlicher Nebenabreden als Anfechtungsgrund im GmbH-Recht? NJW 1987, 1849; *Werner Weber*, Der side-letter zum GmbH-Vertrag als

Beispiel Nr. 16 (nach *BGH*, NJW 1987, 1890): M, der Minderheitsgesellschafter einer GmbH, war bisher deren Geschäftsführer. Er ist durch Gesellschafterbeschluß vom Geschäftsführeramt abberufen worden und erhebt gegen diesen Beschluß Anfechtungsklage mit der Begründung, alle Gesellschafter hätten vereinbart, daß er auf unbestimmte Zeit Geschäftsführer bleiben solle.

Der *Bundesgerichtshof* läßt solche Anfechtungsklagen zu[78]. Er ist hiermit auf erhebliche Kritik gestoßen[79]. Gleichwohl ist ihm zu folgen. Die Frage kann auch bei *Gemeinschaftsunternehmen* eine erhebliche Rolle spielen:

Beispiel Nr. 17: Die Chemiewerke C und die Pharmawerke P gründen als GmbH eine gemeinsame Forschungsstätte (zur kartellrechtlichen Problematik vgl. *BGH*, WuW/E BGH 1583 »Erdgas Schwaben«; 1608 »WAZ«; 1810 »Transportbeton«; 2321 »Mischguthersteller«). Regelmäßig wird in einem solchen Fall die Satzung (der Gesellschaftsvertrag) der GmbH nur Mindestangaben enthalten, während sich die Rechte und Pflichten der beiden Gesellschafterinnen aus einer nicht beim Handelsregister eingereichten »Grundvereinbarung« ergeben. Kann ein Verstoß gegen diese »Grundvereinbarung« unmittelbar auf die Rechte in der GmbH durchschlagen, z.B. als Pflicht zu Satzungsänderungen oder als Ausschließungsgrund bei Unbotmäßigkeit?

Es versteht sich von selbst, daß die Mitglieder eines Verbandes neben der Verbandsorganisation eine Zweckgemeinschaft eingehen und sich in Form einer Innengesellschaft binden können[80]. Fraglich ist nur, ob eine solche Abrede unmittelbar in die Verbandsstruktur hineinwirken und mitgliedschaftliche Bindungen herbeiführen kann[81], obwohl sie nicht nach den für eine Satzungsänderung geltenden Regeln dokumentiert werden muß[82]. Das Problem besteht nicht darin, ob Nebenabreden der Mitglieder (Gesellschafter) untereinander dieselben Wirkungen haben wie eine förmliche Satzungsänderung (sie haben es nicht!), sondern das Problem besteht darin, ob sich die Wirkung solcher Nebenabreden in schuldrechtlichen Bindungen und Ansprüchen zwischen den an ihnen Beteiligten erschöpfen oder sich ihren mitgliedschaftlichen Rechten und Pflichten mitteilen[83]. Einerseits kann keine Rede davon sein, daß eine außerhalb der Satzung niedergelegte oder sogar nur formlos abgesprochene Nebenabrede den Effekt einer Ergänzung oder gar Änderung der korporativen Bestandteile der Satzung (des Gesellschaftsver-

Grundlage und Grenze von Gesellschafterbeschlüssen, 1996; *Westermann*, Das Verhältnis von Satzung und Nebenordnungen in der Kapitalgesellschaft, 1994; *Winter*, Satzung und schuldrechtliche Gesellschaftervereinbarungen, in: Gesellschaftsrecht 1995, 1996, S. 131; *ders.*, Organisationsrechtliche Schranken bei Verletzung schuldrechtlicher Gesellschaftervereinbarungen? ZHR 154 (1990), 259; *Zöllner*, Wechselwirkungen zwischen Satzung und Gesellschaftsvereinbarungen, in: Gesellschaftsrecht 1995, 1996, S. 88.

78 *BGH*, NJW 1983, 1910; 1987, 1890; dazu *Joussen*, a.a.O., S. 142ff.; *Baumbach/Hueck/Zöllner*, § 47 Rdnr. 79; *Scholz/Karsten Schmidt*, § 45 Rdnr. 116; *Röhricht*, in: GroßkommAktG, § 23 Rdnrn. 238ff.; *Karsten Schmidt*, ebd., § 243 Rdnr. 19.

79 *Hachenburg/Ulmer*, § 3 Rdnrn. 124f.; *Hachenburg/Hüffer*, § 47 Rdnr. 84; *Hachenburg/Raiser*, Anh. § 47 Rdnrn. 142ff.; *Winter*, Mitgliedschaftliche Treubindungen im GmbH-Recht, 1988, S. 51f.; *ders.*, ZHR 154 (1990), 259ff.; *Vomhof*, GmbHR 1984, 181f.; *Ulmer*, NJW 1987, 1849.

80 Dazu umfassend *Joussen*, a.a.O., S. 59ff.

81 Dazu *Noack*, a.a.O., S. 113ff.

82 Dazu *Priester*, a.a.O., 736.

83 *Zöllner*, a.a.O., spricht hier von einer »Durchlöcherung« (?) des »Trennungsprinzips« (?).

trags) hat[84]; auch bindet die Nebenabrede nur die an ihr Beteiligten, nicht also ohne weiteres alle gegenwärtigen und künftigen Verbandsmitglieder, muß also ggf. nachträglich auf diese erstrecht werden, um »satzungsähnlich« zu wirken. Anderseits kann aber auch nicht bestritten werden, daß eine wirksame Vereinbarung unter allen Gebundenen durchsetzbar ist, so daß unser Gesellschafter M mindestens eine Leistungsklage, gerichtet auf Wiederbestellung zum Geschäftsführer, gegen die einzelnen Mitgesellschafter erheben könnte, und das heißt, wenn sich alle Gesellschafter gebunden haben: gegen sämtliche Mitgesellschafter. Bedenkt man nun, daß schon eine Treupflichtverletzung der Gesellschafter zur Anfechtungsklage berechtigt (dazu unter §§ 28 IV 5 d, 36 III 4c bb), so kann die Verletzung einer bindenden Nebenabrede keine geringeren Folgen haben, sofern nur alle Gesellschafter gebunden sind. Die allseitige Bindung hat also nicht bloß schuldrechtliche, sondern verbandsrechtliche (im Fall einer Körperschaft: korporative) Wirkungen! Die Hauptprobleme der Nebenabreden sind im übrigen nicht, wie es Teile der Literatur wohl annehmen, rechtsdogmatischer Art, sondern sie bestehen in der schwierigen Beweisbarkeit und der geringen Festigkeit dieser Bindungen. Insbesondere die Dauer und Kündbarkeit einer solchen Bindung kann Streitigkeiten auslösen, und dann spätestens zeigt sich, daß ihre Wirkung doch nur in Grenzen »satzungsähnlich« ist (vgl. auch unten, § 21 II 4). Das gilt auch für die Auslegung der Nebenvereinbarung: Die unter I 4 dargestellten Grundsätze der objektiven Auslegung gelten für sie nicht, denn bei ihnen ist die individuelle Bindung Grund und Ursache der verbandsrechtlichen Bindung, nicht umgekehrt.

II. Die Rechtsformen- und Typenordnung*

Unter § 3 II 1 wurde hervorgehoben, daß im Gesellschaftsrecht zwischen den gesetzlichen Rechtsformen und den tatsächlichen Typen der Gesellschafts-

---

84 Deshalb ist nicht von »satzungsgleichen Gesellschaftervereinbarungen« zu sprechen; so aber *Priester*, a.a.O.

* Literatur: *Battes*, Rechtsformautomatik oder Willensherrschaft? AcP 174 (1974), 429; *Betti*, Der Typenzwang bei den römischen Rechtsgeschäften und die sogenannte Typenfreiheit des heutigen Rechts, in: Festschrift Wenger I, 1944, S. 249; *Boesebeck*, Die kapitalistische Kommanditgesellschaft, 1938; *Bydlinski*, Privatautonomie und objektive Grundlagen des verpflichtenden Rechtsgeschäfts, 1967; *Delp*, Die Stiftung & Co. KG, 1991; *Duden*, Grenzen der Vertragsfreiheit im Recht der Personengesellschaften, ZGR 1973, 360; *Friedewald*, Die personalistische Aktiengesellschaft, 1991; *Graf*, Die Kapitalgesellschaft & Co. auf Aktien, 1993; *Helm*, Theorie und Sachanalyse im Recht »atypischer« Gesellschaften, ZGR 1973, 479; *Huber*, Typenzwang, Vertragsfreiheit und Gesetzesumgehung, JurA 1970, 784; *Immenga*, Die personalistische Kapitalgesellschaft, 1970; *Jahnke*, Rechtsformzwang und Rechtsformverfehlung bei der Gestaltung privater Rechtsverhältnisse, ZHR 146 (1982), 595; *Arnold Koller*, Grundfragen einer Typuslehre im Gesellschaftsrecht, Freiburg/Schweiz 1967; *Krejci*, Empfiehlt sich die Einführung neuer Unternehmensformen? Verhandlungen des 10. ÖJT, Wien 1988; *Leenen*, Typus und Rechtsfindung, 1971; *Lieb*, Die Ehegattenmitarbeit im Spannungsfeld zwischen Rechtsgeschäft, Bereicherungsausgleich und gesetzlichem Güterstand, 1970; *Limbach*, Theorie und Wirklichkeit der GmbH, 1966 (Die empirischen Normaltypen der GmbH ..., Diss. Berlin 1966); *Nitschke*, Die körperschaftlich strukturierte Personengesellschaft, 1970; *Claus Ott*, Typenzwang und Typenfreiheit im

verhältnisse und Verbände zu unterscheiden ist. Dies wirkt sich auch bei der Begründung der Rechtsverhältnisse aus.

1. Der numerus clausus der Rechtsformen

a) Die gesellschaftsrechtlichen Rechtsformen sind durch einen *numerus clausus* gekennzeichnet[85]. Damit ist das Prinzip der *Vertragsfreiheit* nicht etwa außer Kraft gesetzt, aber es funktioniert völlig anders als im Besonderen Schuldrecht. Die Regeln des BGB über einzelne Vertragsschuldverhältnisse (§§ 433–808 BGB) können und sollen keine abschließende Aufzählung der zulässigen Vertragsschuldverhältnisse sein[86]. Deshalb konnten sich wichtige Rechtsinstitute wie etwa Leasing, Factoring, Garantievertrag usw. mühelos neben den im Gesetz erfaßten klassischen Schuldverträgen etablieren. Man kann dann zweifeln, welchen gesetzlichen Leitbildern (Kauf, Miete, Geschäftsbesorgung etc.) diese Verträge entsprechen, aber ihre Zulässigkeit steht außer Zweifel. Gleiches gilt im Gesellschaftsrecht, solange wir die rein schuldrechtliche Ebene nicht verlassen. Die Rechtsform der Innengesellschaft läßt beliebige Unter-Rechtsformen entstehen (Unterbeteiligungen, Konsortion usw.). Im Recht der Personenverbände ist dies ganz und gar anders. Hier herrscht *Rechtsformzwang*: Jeder, mindestens jeder nach außen auftretende Verband, muß einer gesetzlichen Rechtsform zugehören. Daß dies so sein muß, ist besonders klar auf dem Gebiet der Juristischen Personen und der sog. Gesamthandsgesellschaften. Wer ein Rechtsgebilde schaffen will, das ein eigenes Vermögen haben, selbständig handeln und haften, vielleicht sogar klagen und verklagt werden soll, muß gesetzliche Mindestvoraussetzungen erfüllen. Er darf dem Rechtsverkehr kein Phantasiegebilde als Rechtssubjekt vorsetzen, sondern er hat die Wahl zwischen vorgegebenen Rechtsformen, deren Organisation und Haftungsverfassung vom objektiven Recht geordnet ist. Der Rechtsformzwang beruht auf dem Gedanken des Verkehrsschutzes.

Recht der Personengesellschaft, Diss. Tübingen 1966; *Walter Ott*, Die Problematik einer Typologie im Gesellschaftsrecht, dargestellt am Beispiel des schweizerischen Aktienrechts, 1972; *Paulick*, Die eingetragene Genossenschaft als Beispiel gesetzlicher Typenbeschränkung, 1954; *Plum*, Der fortschreitende Strukturwandel der Personengesellschaft durch Vertragsgestaltung, in: Hundert Jahre deutsches Rechtsleben II, 1960, S. 137; *Reiff*, Die Haftungsverfassungen nichtrechtsfähiger unternehmenstragender Verbände, 1996; *Sack*, Typusabweichung und Institutsmißbrauch im Gesellschaftsrecht, DB 1974, 369; *Karsten Schmidt*, Zur Stellung der oHG im System der Handelsgesellschaften, 1972; *ders.*, Deregulierung des Aktienrechts durch Denaturierung der KGaA? ZHR 160 (1996), 265; *Friedrich Schönle*, Grundtypenvermischung im neuen Recht, 1935; *Schultze-v. Lasaulx*, Zur Frage der Gestaltungsfreiheit für Gesellschaftsverträge, ZGen 21 (1971), 325; *Sethe*, Die personalistische Kapitalgesellschaft mit Börsenzugang, 1996; *Teichmann*, Gestaltungsfreiheit in Gesellschaftsverträgen, 1970; *H. P. Westermann*, Vertragsfreiheit und Typengesetzlichkeit im Recht der Personengesellschaften, 1970; *ders.*, Die Gestaltungsfreiheit im Personengesellschaftsrecht in den Händen des Bundesgerichtshofs, in: Festschrift 50 Jahre BGH II, 2000, S. 246; *Wiedemann*, Die Legitimationswirkung von Willenserklärungen im Recht der Personengesellschaften, in: Festschrift Westermann, 1974, S. 585; *Wüst*, Gestaltungsfreiheit und Typenkatalog im Gesellschaftsrecht, in: Festschrift Duden, 1977, S. 749; *Zielinski*, Grundtypvermischungen und Handelsgesellschaftsrecht, 1925.

85 Vgl. *Arnold Koller*, a.a.O., S. 96ff.; *Karsten Schmidt*, a.a.O., S. 121; *H. P. Westermann*, a.a.O., S. 118.

86 *Leenen*, a.a.O., S. 126ff.

b) Der numerus clausus der Verbandsformen ist für die *Rechtssicherheit im Verbandsrecht* unentbehrlich. Da das Verbandsrecht den Gestaltungsbedürfnissen des Wirtschafts- und Rechtslebens gerecht werden muß, wird man allerdings fragen, ob nicht diese Rechtssicherheit durch ein unzuträgliches Maß an Starrheit erkauft wird. Dies ist jedoch aus zwei Gründen nicht der Fall. Der erste Grund besteht in der verbandsrechtlichen Typenfreiheit (dazu unter III 1). Die einzelnen Verbandsformen weisen eine zwar unterschiedliche, aber doch beträchtliche Elastizität auf und können den Bedürfnissen der Praxis in weitem Maße angepaßt werden (oben, § 3 II 1; unten, § 5 II 4). Der zweite Grund besteht darin, daß der numerus clausus der Rechtsformen nicht ein für allemal unveränderbar feststeht. Der Gesetzgeber kann Verbandsformen aus dem numerus clausus der Gesellschaften streichen, wie dies z.B. mit der altertümlichen Spezialform der bergrechtlichen Gewerkschaft geschehen ist[87]. Er kann umgekehrt neue Rechtsformen in den numerus clausus aufnehmen. Ein klassisches Beispiel ist die GmbH. Sie wurde, weil man ein praktisches Bedürfnis für eine kapitalgesellschaftliche Form unterhalb der Aktiengesellschaft erkannte, im Jahr 1892 durch das Gesetz betreffend die Gesellschaften mit beschränkter Haftung gleichsam aus der Retorte geschaffen. Aktuell ist die Einführung der Europäischen Wirtschaftlichen Interessenvereinigung (zu ihr vgl. unten, § 66) und der Freiberuflichen Partnerschaft (unten, § 64), nunmehr auch der Europäischen Aktiengesellschaft (unten, § 26 I 4).

Es gibt in der Rechtsgeschichte auch Beispiele von Rechtsformen, die im Verbandsleben bereits existierten und denen der Gesetzgeber die gesicherte Rechtsform erst nachliefern mußte, so die Aktiengesellschaft (vgl. unten, § 26 II 1 a) und die eingetragene Genossenschaft (vgl. unten, § 41 I 1 b). Schließlich kann der numerus clausus in engen Grenzen sogar durch Rechtsfortbildung korrigiert werden. Dies ist geschehen im Bereich der Vorgesellschaften im Aktien- und GmbH-Recht[88]. Aktiengesellschaft und GmbH bestehen nach dem Wortlaut der §§ 41 I 1 AktG, 11 I GmbHG vor der Eintragung in das Handelsregister »als solche« nicht, was zunächst Überlegungen darüber auslöste, ob wenigstens schon ein Verein oder eine Gesellschaft bürgerlichen Rechts vorhanden sei. Heute kann als geklärt gelten, daß die Körperschaften (auch Vereine und Genossenschaften) zwischen ihrer Errichtung und ihrer Eintragung bereits existieren, ein eigenes Vermögen haben, haften und durch ihre Organe handeln können (vgl. unten, § 11 IV). Auch die in dem Urteil *BGHZ* 146, 341 = NJW 2001, 1056 kulminierende

87 Die auf das ALR zurückgehende und durch das Preußische Allgemeine Berggesetz 1865 noch um die »neue Gewerkschaft« ergänzte bergrechtliche Gewerkschaft war eine kapitalgesellschaftliche Spezialform für den Bergbau, deren Mitglieder (»Gewerken«) durch »Kuxe« am Bergvermögen beteiligt waren. Die Gewerkschaft wurde zunehmend durch die Rechtsform der Aktiengesellschaft verdrängt und durch §§ 163–165 des Bundesberggesetzes v. 13.8.1980 (BGBl. I 1980 S. 1310) i.d.F. des Gesetzes v. 20.12.1988 (BGBl. I S. 2450) abgeschafft; zum Auflösungszeitpunkt vgl. § 163 I, IV BBergG (spätestens 1.1.1994); Literatur: *Miesbach/Engelhardt*, Bergrecht, 1962/1969; *Müller-Erzbach*, Das Bergrecht Preußens und des weiteren Deutschlands, 1917; *Rudolph*, Das Recht der AG und der GmbH als ergänzende Rechtsquelle für die bergrechtliche Gewerkschaft, 1970; *Boldt*, Überlegungen zur Neugestaltung des Rechts der bergrechtlichen Gewerkschaft, in: Festschrift Westermann, 1974, S. 1.

88 Historische Analyse bei *Karsten Schmidt*, a.a.O., S. 271ff.

Fortbildung im Recht der BGB-Gesellschaft (unten, § 58 IV, § 60 II 1) läuft auf eine solche Korrektur hinaus: Die Außengesellschaft ist vom »Gesamthandsvermögen« zur Rechtsträgerin aufgestiegen.

2. Die Rechtsformwahl*

a) Aufgabe derjenigen, die eine Gesellschaft gründen, ist zunächst die Auswahl unter den zur Verfügung stehenden Rechtsformen. Welche Rechtsformen für den Zweck der Gründer zur Wahl stehen, ergibt sich teils aus dem Gesellschaftsrecht, teils auch aus Bestimmungen des öffentlichen Rechts. Das Gesellschaftsrecht kennt *Rechtsformen, die von Rechts wegen universell verwendbar sind,* z.B. die GmbH (vgl. § 1 GmbHG) und die Aktiengesellschaft, im Grundsatz auch die Gesellschaft bürgerlichen Rechts[89], die nur eines nicht kann: ein vollkaufmännisches Handelsgewerbe betreiben (vgl. dazu unten, § 44 III 1). Auch offene Handelsgesellschaft und Kommanditgesellschaft sind seit dem Handelsrechtsreformgesetz von 1998 (Handelsrecht, § 10 VII) universell verwendbar (vgl. § 105 II HGB, dazu unten, § 46 I 1)[90], also nicht mehr auf den Betrieb eines Handelsgewerbes beschränkt. Andere Rechtsformen sind *auf bestimmte Zwecke beschränkt.* So muß z.B. die eingetragene Genossenschaft die Förderung des Erwerbes oder der Wirtschaft ihrer Mitglieder mittels gemeinschaftlichen Geschäftsbetriebes bezwecken (§ 1 GenG). Bei der Partnerschaftsgesellschaft muß der gemeinsame Zweck auf den gemeinsamen Betrieb einer freiberuflichen Praxis gerichtet sein (§ 1 PartGG), während die Europäische Wirtschaftliche Interessenvereinigung (EWIV), genau umgekehrt, selbst kein Unternehmen betreiben darf (unten, § 66 I 2). *Beschränkungen* der Rechtsformwahl, *die sich aus dem öffentlichen Recht ergeben*, haben meistens mit der *Wirtschaftsaufsicht* oder mit dem beruflichen *Standesrecht* zu tun. Beispielsweise können Versicherungen nur entweder in der Rechtsform des Versicherungsvereins auf Gegenseitigkeit (dazu unten, § 42) oder der Aktiengesellschaft (vgl. § 7 I VAG), Hypothekenbanken und Schiffspfandbriefbanken nur als Aktiengesellschaften oder als Kommanditgesellschaften auf Aktien betrieben werden (§ 2 HypBankG, § 2 I SchiffspfandbriefbankG). Bankunternehmen müssen von Handelsgesellschaften betrieben werden (§ 2a I KWG). Für Kapitalanlagegesellschaften schreibt § 1 III KAGG die Rechtsform der Aktiengesellschaft oder der GmbH vor. Berufsrechtlich motivierte Rechtsformbeschränkungen gelten für Apotheken (§ 8 ApothG) sowie für Steuerbe-

* Literatur (vgl. zunächst die Angaben unter § 5 II): *Doralt/Grün/Nowotny*, Die Rechtsform-Entscheidung in der Projektorganisation, Wien 1978; *Krüger*, Zweckmäßige Wahl der Unternehmensform, 6. Aufl. 1999; *Lanz*, Die Wahl der Rechtsform als Entscheidungsproblem, 1978; *Rose*, Betriebswirtschaftliche Überlegungen zur Unternehmensrechtsformwahl, in: Festschrift Meilicke, 1985, S. 111; *ders.*, Unternehmensrechtsformwahl, in: JbFSt 1986/87, S. 55; *Zartmann/Litfin*, Unternehmensform nach Maß, 2. Aufl. 1977.

89 Über das Prinzip der Universalität im Recht der Gesellschaft bürgerlichen Rechts vgl. *Karsten Schmidt*, in: Gutachten und Vorschläge zur Überarbeitung des Schuldrechts, Bd. III, 1983, S. 460ff.

90 Allerdings ist die hier vertretene weite Auslegung des § 105 II HGB umstritten; vgl. Handelsrecht, § 10 VII.

ratungs- und Wirtschaftsprüfungsgesellschaften (§§ 49 StBerG, 27 WPO). Die Gemeinschaftspraxen der Ärzte, Zahnärzte, Rechtsanwälte und Notare mußten herkömmlich aus berufsrechtlichen und letztlich aus haftungsrechtlichen Gründen Gesellschaften bürgerlichen Rechts sein (dazu unten, § 58 III 5)[91]. Seit 1995 kommt die Freiberufliche Partnerschaft (unten, § 64) hinzu, deren Mitglieder aber gleichfalls als Personengesellschafter haften. Das traditionelle Berufsrecht der klassischen freien Berufe beruht auf dem Grundsatz persönlicher Verantwortlichkeit. Doch ist die GmbH als Rechtsform für Wirtschaftsprüfer und Steuerberater seit langem schon zugelassen (§ 27 I WPO, § 49 I StBerG), und nunmehr auch für die Anwaltstätigkeit (§§ 59c–m BRAO)[92]. Vorreiter war eine vieldiskutierte Entscheidung des *Bayerischen Obersten Landesgerichts*[93] (dazu auch unten, § 33 I 1), das sich inzwischen sogar bis in die Rechtsanwalts-Aktiengesellschaft vorgewagt hat[94].

b) Steht fest, welche Rechtsformen von Gesetzes wegen zur Verfügung stehen, so werden die Gründer die *Vor- und Nachteile der einzelnen Rechtsformen* gegeneinander abwägen. Sehr unterschiedliche Gesichtspunkte sind dabei zu berücksichtigen, z.B.:
- steuerrechtliche Erwägungen,
- organisationsrechtliche Erwägungen,
- haftungsrechtliche Erwägungen,
- bilanzrechtliche Erwägungen,
- betriebswirtschaftliche Erwägungen wie die Frage der zweckmäßigen Managementstruktur und der zweckmäßigen Kapitalausstattung,
- Kapitalmarkterwägungen wie die Frage der Börsenfähigkeit,
- Marketingerwägungen (das Image der Rechtsform),
- Erwägungen der Auslands-Anerkennung.

Vor allem der Einfluß des Steuerrechts auf die Rechtsformwahl und auf sonstige Gestaltungsentscheidungen im Gesellschaftsrecht ist erheblich (oben, § 1 II 6 c). Es besteht aber kein Grund, ihn allein in den Mittelpunkt zu stellen, denn es ist stets darauf zu achten, ob nicht eine steuerlich günstige Gestaltung Nachteile mit sich bringt, die als Preis für die erstrebten steuerrechtlichen Vorteile zu hoch sind. Man darf wohl sagen, daß eine Rechtsform, die nur um eines einzigen – meist steuerlichen – Vorteils willen ohne Berücksichtigung anderer Vor- und Nachteile gewählt ist, fast immer die falsche Rechtsform ist. Einige ganz einfache Beispiele sollen die Vielfalt der Gesichtspunkte andeuten:

---

91 Vgl. näher *Donath*, Rechtsberatungsgesellschaften, ZHR 156 (1992), 134; *Lutz Fischer*, Die Gesellschaft bürgerlichen Rechts, 1977, S. 125ff.; *Sandberger/Müller-Graff*, ZRP 1975, 1ff.; *Michalski*, Das Gesellschafts- und Kartellrecht der berufsrechtlich gebundenen freien Berufe, 1989; *Karsten Schmidt*, in: Gutachten und Vorschläge zur Überarbeitung des Schuldrechts III, 1983, S. 457ff., 502ff.

92 Dazu *Zuck*, Anwalts-GmbH, 1999; *Römermann*, GmbHR 1998, 966; *ders.*, GmbHR 1999, 526.

93 *BayObLG*, NJW 1995, 199; dazu etwa *Taupitz*, NJW 1995, 369; *Boin*, NJW 1995, 371; *Damm*, in: Festschrift Brandner, 1996, S. 49ff.

94 *BayObLG*, BB 2000, 946 = NJW 2000, 1647.

Beispiel Nr. 18: Wer einen Amateur-Hockeyclub gründet, wird ihm nicht – was zulässig wäre – die Rechtsform einer GmbH geben; er wird die Vereinsform wählen, und zwar schon deshalb, weil die Zahl der Mitglieder beliebig und der Austritt eines Mitglieds zulässig und nicht mit Abfindungsproblemen belastet sein soll. Anders kann die Entscheidung aussehen, wenn etwa ein Golfclub durch Ausgabe übertragbarer Anteile mit Eigenkapital ausgestattet werden soll; hier ist durchaus an die Aktiengesellschaft zu denken. – Ein kleines Unternehmen wird man nicht in die komplizierte und schwerfällige, auf Publikumsgesellschaften zugeschnittene Rechtsform der Aktiengesellschaft kleiden, auch wenn das Mindestgrundkapital von 50000 Euro (§ 7 AktG) ohne weiteres aufgebracht werden könnte. – Wer Haftungsrisiken scheut, wird nicht die Rechtsform der offenen Handelsgesellschaft wählen usw.

Bemerkenswert ist bei der Vorteils-Nachteilsabwägung der *Einfluß von Gesetzesänderungen auf die Rechtsformwahl.* Es gibt sogar Praktiker, die eine permanente Beobachtung aller Rechtsformgesichtspunkte für notwendig halten, damit jede Gesellschaft immer die optimale Rechtsform hat und ggf. rechtzeitig umgewandelt werden kann. Obwohl die Praxis vor einem unablässigen Hin und Her auf der Jagd nach kurzfristigen rechtlichen Vorteilen eher gewarnt werden muß, ist jedenfalls bei Neugründungen ein beträchtlicher Einfluß der Gesetzgebung zu verzeichnen.

Beispiel Nr. 19: Die GmbH & Co. KG, eine Kommanditgesellschaft, deren Komplementär eine GmbH ist, ist aus der Kombination von Haftungsvorteilen mit Organisationsvorteilen (Geschäftsführer der Komplementär-GmbH kann ein Dritter sein, sog. Fremdorganschaft) und Steuervorteilen erwachsen (näher unten, § 56 I). Seit der Körperschaftsteuerreform von 1977, die die steuerliche Doppelbelastung ausgeschütteter Gewinne bei der GmbH durch Körperschaftsteuer und Einkommensteuer beseitigt hat, büßte die GmbH & Co. im Vergleich zur GmbH allerdings an Attraktivität ein. Die Unternehmenssteuerreform von 2001 läßt bei Gewinnthesaurierung die GmbH, bei Gewinnentnahmen die KG als vorteilhafter erscheinen (vgl. nämlich § 3 Nr. 40a EstG)[95]. Auch eine Bevorzugung der GmbH & Co. KG in der bilanzrechtlichen Behandlung (dazu hier in der 1. bis 3. Aufl.) ist seit dem Jahr 2000 entfallen (dazu auch unten, § 56 I 3 b)[96].

Beispiel Nr. 20: Die Kommanditgesellschaft auf Aktien (KGaA) gehörte lange Zeit hindurch zu den wenig beachteten Randerscheinungen der Gesellschaftsrechtspraxis, und sie wird als Sonderform auch hier nur in wenigen Grundzügen vorgestellt werden (vgl. unten, § 32). Bemerkenswert war aber die Reaktion der Gestaltungspraxis auf das Mitbestimmungsgesetz. Nach § 278 II AktG hat der persönlich haftende Gesellschafter in einer solchen Gesellschaft die gleiche Stellung wie in einer Kommanditgesellschaft: Er haftet unbeschränkt persönlich, und er ist zur Geschäftsführung und Vertretung berufen. Folgerichtig kann der Aufsichtsrat – anders als bei der Aktiengesellschaft – hier nicht das Vertretungsorgan der Gesellschaft bestellen (§ 31 I 2 MitbestG), und dem Vertreterorgan ist kein Arbeitsdirektor zur Seite gestellt (§ 33 I 2 MitbestG)[97]. Dieses sich aus der

95 Dazu *Frotscher/Maas*, KStG, Sonderdruck Unternehmenssteuerreform 2001, S. 102f., 130f.

96 Kapitalgesellschaften- und -Co.-Richtliniengesetz (KapCoRiLiG) v. 24.2.2000, BGBl. I S. 154.

97 Vgl. *Martens*, ZHR 138 (1974), 179, 212ff.; eingehend m.w.N. *Lothar Fischer*, Die Kommanditgesellschaft auf Aktien nach dem Mitbestimmungsgesetz, 1982, passim; *Fischer* konstatiert einen Widerspruch zwischen dem Mitbestimmungstelos und der Privilegierung der KGaA (S. 90), hält aber das Mitbestimmungstelos als Interpretationsrichtlinie für ungeeignet (S. 97f.); im Ergebnis erkennt er aber diese Privilegierung nur für die normaltypische KGaA an, betrachtet das MitbestG hinsichtlich atypischer Gestaltungen – insbesondere der Kapitalgesellschaft & Co. KGaA – als lückenhaft (»verdeckte« Regelungslücke) und plädiert für eine entsprechende Anwendung des § 4 MitbestG (S. 126ff.). Nach der hier vertretenen Auffassung bestehen Bedenken gegen die Kapitalgesellschaft & Co. KGaA.

persönlichen Haftung des Komplementärs ergebende Defizit an Mitbestimmung hat die Attraktivität der Kommanditgesellschaft auf Aktien aus der Kapitaleignersicht ansteigen lassen[98]. Weiterer Zulauf für die KGaA als Rechtsform wurde erwartet, als durch *BGHZ* 134, 392 auch eine juristische Person als Komplementärin der KGaA zugelassen wurde (vgl. unten, § 32 III 2). Doch blieb eine sprunghafte Vermehrung dieser Gesellschaften aus.

Beispiel Nr. 21: Nach § 489 HGB besteht eine Partenreederei, wenn von mehreren Personen ein ihnen gemeinschaftlich zustehendes Schiff zum Erwerb durch die Seefahrt für gemeinschaftliche Rechnung betrieben wird. Auch diese spezielle Rechtsform wird im vorliegenden Werk nur gestreift werden (vgl. unten, § 65). Betreiben mehrere Personen auf gesellschaftsrechtlicher Basis ein Reedereiunternehmen, so werden sie dies in Form einer Handelsgesellschaft (Aktiengesellschaft, GmbH, offene Handelsgesellschaft, Kommanditgesellschaft etc.) tun, die ohne Veränderung ihrer Rechtsform beliebig viele Schiffe erwerben oder veräußern, chartern oder verchartern kann. Deshalb trat die veraltete Rechtsform der Partenreederei seit dem 19. Jahrhundert gegenüber den Handelsgesellschaften zurück. Die Steuergesetzgebung hat dann aber im 20. Jahrhundert zu einer Renaissance der Partenreederei geführt, weil sie beträchtliche Abschreibungsvorteile mit sich brachte[99], vor allem solange die Verlustzuweisung an Personengesellschafter noch unbeschränkt möglich war.

3. Der Rechtsformzwang

a) Mit dem numerus clausus der Rechtsformen geht ein Rechtsformzwang einher[100]. Der Begriff »Rechtsformzwang« wird sehr unterschiedlich gebraucht. In der rechtspolitischen Diskussion meint man mit »Rechtsformzwang« vielfach nichts anderes als eine Einengung der Rechtsformwahl, wie wir sie schon für den Bereich der Versicherungen, der Hypothekenbanken, der freien Berufe etc. kennengelernt haben. So wurde z.B. unter dem Stichwort des Rechtsformzwangs darüber diskutiert, ob Kommanditgesellschaften von einer bestimmten Größe an gesetzlich verpflichtet werden sollten, sich in die Rechtsform der GmbH oder der Aktiengesellschaft umzuwandeln[101]. Begrifflich ist es ganz gewiß nicht unerlaubt, hierbei von einem »Rechtsformzwang« zu sprechen: vom Zwang zur Wahl einer bestimmten Rechtsform oder vom Zwang aus einer Rechtsform in die andere. Aber ein solches Verständnis des Begriffs vom Rechtsformzwang ist dogmatisch nichtssagend, denn dann müßte auch jede tatbestandliche Begrenzung einer Rechtsform – wie bei der Genossenschaft oder beim eingetragenen Verein – schon als »Rechtsformzwang« bezeichnet werden. Eine solche folgenlose Terminologie ist nicht hilfreich. Hier wird deshalb der Begriff des Rechtsformzwangs im Sinne einer rechtsdogmatischen Kategorie verwendet: als Reaktionsmechanismus für Fälle der Rechtsformverfehlung.

98 Vgl. eingehend *Martens*, AG 1982, 113.

99 Vgl. eingehend *Ruhwedel*, Die Partenreederei, 1973, S. 28ff., 178ff.; *Karsten Schmidt*, Die Partenreederei als Handelsgesellschaft, 1995, S. 109ff.; zur Behandlung der Reederei unter der Geltung des § 15a EStG vgl. *Ludwig Schmidt*, EStG, 19. Aufl. 2000, § 15a Rdnr. 209.

100 Eingehend *Karsten Schmidt*, Stellung der oHG, a.a.O., passim; übereinstimmend jetzt *Reiff*, a.a.O., S. 45ff., 79ff.

101 Bericht über die Verhandlungen der Unternehmensrechtskommission, 1980, Rdnrn. 816ff.

b) Rechtsformzwang kann sehr unterschiedlich funktionieren. Die Funktionsweise kann zunächst darin bestehen, daß der begründende Rechtsakt nur wirksam ist, wenn eine zulässige Rechtsform gewählt ist. Diesen Weg geht z. B. das Sachenrecht des BGB. Im Gesellschaftsrecht funktioniert der Rechtsformzwang anders. Die Nichtigkeitsfolge im Fall einer Rechtsformverfehlung wäre im Gesellschaftsrecht kaum annehmbar, weil eine Gesellschaft als Organisation »in der Welt« ist und einen Rechtsstatus zugewiesen erhalten muß, auch wenn sich die Parteien keine oder falsche Vorstellungen von ihrer Rechtsform gemacht haben. Deshalb kann die Funktion des Rechtsformzwangs im Verbandsrecht nur darin bestehen, daß jeder Personenverband – notfalls ohne oder sogar gegen den Willen der Gründer – einer der zulässigen Rechtsformen zugewiesen wird[102]. Um die Fälle der Rechtsformverfehlung mit zu erfassen, muß das objektive Recht bestimmte Rechtsformen zu *Grundformen* erklären. Unter sie fällt jeder Personenverband, sofern er nicht die Voraussetzungen einer besonderen Rechtsform erfüllt. Grundformen sind:

- bei Gesellschaften, deren gemeinsamer Zweck auf den Betrieb eines Handelsgewerbes gerichtet ist, die *offene Handelsgesellschaft*;
- bei Gesellschaften, deren gemeinsamer Zweck nicht auf den Betrieb eines kaufmännischen Handelsgewerbes gerichtet ist, die *Gesellschaft bürgerlichen Rechts* (bzw. bei Erfüllung der organisatorischen Voraussetzungen eines Vereins der »nichtrechtsfähige Verein«; vgl. zu diesem unten, § 25).

Dieser Rechtsformzwang kann dazu führen, daß im Gesellschaftsrecht Rechtsgestaltungen kraft Rechtsgeschäfts zustande kommen, die die Beteiligten nicht oder so nicht gewollt haben. Er macht einen Rückgriff auf Rechtsscheinkonstruktionen in weitem Maße entbehrlich, denn wenn den Beteiligten vorgehalten werden kann, ihre Gesellschaft sei eine oHG oder eine Gesellschaft bürgerlichen Rechts, dann braucht nicht gesagt zu werden, die Beteiligten hafteten kraft Rechtsscheins wie oHG-Gesellschafter. So weit wie der Rechtsformzwang reicht, wird ein entgegenstehender Parteiwille kraft objektiven Rechts für unmaßgeblich erklärt[103]. Deshalb können sich die Beteiligten auch nicht im Wege der Anfechtung nach § 119 I BGB von dem Gründungsgeschäft lossagen[104].

c) Die Funktionsweise dieses Rechtsformzwangs soll zunächst an *Beispielen anfänglicher Rechtsformverfehlung* demonstriert werden.

Beispiel Nr. 22 (nach *BGHZ* 22, 240): Die im Handelsregister eingetragene »Rohfaser GmbH« in G hatte die Herstellung von Rohfaserplatten betrieben. Ihre Gesellschafter betrieben in M ein Unternehmen unter der Firma »Rohfa, Gesellschaft mit beschränkter Haftung, Rohfleischversand und Fabrikation«. Diese »Rohfa GmbH« wurde niemals formgerecht als GmbH errichtet und eingetragen, und sie war auch weder mit der »Rohfaser GmbH« identisch noch eine Zweigniederlassung der »Rohfaser GmbH«.

102 »Absorptionsfunktion« des numerus clausus der Gesellschaftsformen; vgl. *Karsten Schmidt*, Stellung der oHG, a.a.O., S. 121; zust. *Jahnke*, ZHR 146 (1982), 597.

103 *BGHZ* 10, 91, 97; 22, 240, 244; 32, 307, 310; *Karsten Schmidt*, Stellung der oHG, a.a.O., S. 158 ff.; *Fenn*, in: Festschrift Bosch, 1976, S. 175; eingehend *Jahnke*, ZHR 146 (1982), 603 ff.

104 *Karsten Schmidt*, Stellung der oHG, a.a.O., S. 168 f.

V hatte an die »Rohfa GmbH« Räume vermietet und klagte sowohl gegen die Gesellschaft als auch gegen einen Gesellschafter unbezahlte Mietzinsen ein. Die Klage hatte Erfolg. Obwohl die Gesellschafter gar nicht die Absicht gehabt hatten, in M eine neue Gesellschaft – und schon gar eine offene Handelsgesellschaft! – zu gründen, sah der *Bundesgerichtshof* die »Rohfa GmbH« in M als oHG an, weil es an der rettenden Gründung und Eintragung einer GmbH gefehlt hatte. Folglich konnte nicht nur diese Gesellschaft verklagt werden (vgl. § 124 I HGB), sondern für ihre Verbindlichkeiten hafteten auch die Gesellschafter persönlich und unbeschränkt.

Beispiel Nr. 23 (nach *BGHZ* 10, 91, 95 ff.): E und K hatten gemeinsam einen Adreßbuchverlag gegründet und diesen als »Adreßbuchverlag E & K« beim Gewerberegister, nicht jedoch beim Handelsregister, angemeldet. Auch schon nach damaligem Handelsrecht war diese Gesellschaft auf den Betrieb eines vollkaufmännischen Handelsgewerbes gerichtet, ohne daß es auf die Eintragung im Handelsregister ankam (vgl. dazu 3. Aufl., § 5 II 3 c). Folglich war die Gesellschaft eine oHG. Der *Bundesgerichtshof* betonte, »daß es in diesem Punkt nicht auf die Beurteilung der Vertragschließenden ankommt. Sind die objektiven Voraussetzungen für das Vorliegen einer offenen Handelsgesellschaft gegeben, so ist es ohne Belang, ob die Beteiligten für ihren gesellschaftlichen Zusammenschluß auch die Rechtsform der offenen Handelsgesellschaft gewollt haben oder nicht ... Das Vorliegen einer offenen Handelsgesellschaft ist in diesem Fall unabhängig von dem Willen der Vertragschließenden.«

Liegen die Voraussetzungen des Kaufmannsbegriffs nicht vor und wird die Gesellschaft nicht im Handelsregister eingetragen, so tritt im System des Rechtsformzwangs die Gesellschaft bürgerlichen Rechts an die Stelle der oHG.

Beispiel Nr. 24 (nach *BGHZ* 19, 269): Die Parteien schlossen einen Gesellschaftsvertrag, durch den zum Zweck der gemeinschaftlichen Nutzung und des weiteren Ausbaus eines Geschäftshauses eine »offene Handelsgesellschaft« gegründet wurde. Da diese Gesellschaft nicht auf den Betrieb eines vollkaufmännischen Unternehmens zielte, konnte sie nur eine Gesellschaft bürgerlichen Rechts sein. Der *BGH* begründete dies überflüssigerweise mit § 140 BGB. Einer Umdeutung bedurfte es nicht. Selbst wenn die Parteien eine Gesellschaft bürgerlichen Rechts gerade nicht hatten begründen wollen, war doch der Tatbestand einer solchen Gesellschaft erfüllt. Es lag ein Fall des Rechtsformzwangs vor.

Beispiel Nr. 25 (nach *BAG*, DB 1994, 1782 = JuS 1994, 1074 m. Anm. *Karsten Schmidt*): Um dem Maurermeister M den Betrieb auch des Dachdeckerhandwerks zu ermöglichen, trat Dachdeckermeister D der »Firma M« aufgrund eines »Konzessionsträgervertrags« bei. Das Handwerksrecht setzt nämlich bei einer Personengesellschaft voraus, daß für die technische Leitung ein persönlich haftender Gesellschafter zuständig ist, der die Voraussetzungen des betreffenden Handwerks erfüllt. Obwohl die Unternehmen des D und des M in Wahrheit getrennt blieben und die Parteien nur einen schuldrechtlichen Geschäftsbesorgungs- oder Innengesellschaftsvertrag hatten schließen wollen, verurteilte das *BAG* den D, den Arbeitnehmern des M die Löhne zu bezahlen. D und M hatten sich im Außenverhältnis mitunternehmerisch zusammengeschlossen. Daraus wäre bei einem kaufmännischen Handelsgewerbe eine oHG und war hier mangels Eintragung eine unternehmenstragende BGB-Gesellschaft entstanden.

d) Neben den Fällen des anfänglichen Rechtsformzwangs gibt es auch *Fälle des nachträglichen Rechtsformzwangs*. Hier ändert sich die gewählte Rechtsform automatisch, auch ohne daß die Parteien dies beabsichtigen. Hauptbeispiel ist der automatische Wechsel zwischen der Gesellschaft bürgerlichen Rechts auf der einen Seite und der offenen Handelsgesellschaft oder der

Kommanditgesellschaft auf der anderen Seite. Eine Personengesellschaft, die ein kaufmännisches Handelsgewerbe betreibt, kann nicht Gesellschaft bürgerlichen Rechts sein; umgekehrt kann eine Personengesellschaft, die weder ein kaufmännisches Handelsgewerbe betreibt noch als nicht-gewerbliche Handelsgesellschaft registriert ist (§ 105 II HGB), nicht offene Handelsgesellschaft oder Kommanditgesellschaft sein. Daraus ergeben sich folgende Umwandlungsfälle (vgl. auch unten, § 12 I 4 und § 44 II, III):

Beispiel Nr. 26: Es wird eine Gesellschaft bürgerlichen Rechts zum Betrieb einer kleinen Bekleidungsboutique gegründet (Fall des § 2 HGB). Wächst das Unternehmen zu vollkaufmännischer Größe heran, so wird die Gesellschaft automatisch zur oHG (vgl. *BGH*, BB 1967, 143).

Beispiel Nr. 27: Es wird eine nicht unter § 1 HGB fallende Kino-Kommanditgesellschaft gegründet (Fall des § 2 HGB). Vor der Eintragung in das Handelsregister kann dies nur eine Gesellschaft bürgerlichen Rechts sein (vgl. zu dem viel weiteren § 2 HGB a.F. *BGHZ* 59, 179; 61, 59; 69, 95). Diese verwandelt sich mit der Eintragung automatisch in eine Kommanditgesellschaft.

Beispiel Nr. 28: Die Bekleidungsboutique-oHG oder die Kino-KG schrumpft in Jahren schlechter Ertragslage so sehr, daß kein kaufmännisch eingerichteter Geschäftsbetrieb mehr erforderlich ist (vgl. § 1 II HGB). Die Gesellschaft kann hierdurch automatisch zu einer Gesellschaft bürgerlichen Rechts werden (vgl. *RGZ* 155, 75, 82; s. auch *BGHZ* 32, 307, 310f.). Zu beachten sind allerdings die §§ 2, 5, 105 II HGB (dazu Handelsrecht, § 10 III): Solange die Gesellschaft im Handelsregister eingetragen ist, bleibt sie Handelsgesellschaft (vgl. zur oHG auch KG als Formkaufmann Handelsrecht § 10 II 3).

Beispiel Nr. 29 (nach *BGH*, NJW 1979, 1705): Eine Kommanditgesellschaft verliert ihren letzten Komplementär. Sie kann als KG so nicht fortbestehen, muß also, wenn sich kein neuer Komplementär findet, liquidiert werden. Geschieht dies nicht, so wandelt sich die KG zur oHG um (unten, § 53 V 1 a).

Auch die Funktionsweise der zunehmend umstrittenen »Sitztheorie« im internationalen Gesellschaftsrecht (oben, § 2 II) versteht sich aus dem Konzept des Rechtsformvertrags[105]:

Beispiel Nr. 30: Verlegt eine Gesellschaft kolumbianischen Rechts ihren Verwaltungssitz nach Deutschland, so hat ihre »Nichtanerkennung« nach der Sitztheorie entgegen einer verbreiteten Auffassung nicht zur Folge, daß die Gesellschaft als »rechtliches nullum« betrachtet wird. Sie wird aber an den deutschen Normbestimmungen gemessen und, da sie diesen nicht genügt, den Regeln über die oHG unterstellt.

e) Die *Rechtsgeltung des geschilderten numerus clausus* ist keine Selbstverständlichkeit. Weder der Rechtsformzwang im allgemeinen noch der Rückgriff auf die offene Handelsgesellschaft und die Gesellschaft bürgerlichen Rechts als Grundformen ist im Gesetz besonders ausgesprochen. Das Gesetz läßt nur mittelbare Rückschlüsse zu. *BGHZ* 22, 240, 244 verweist z.B. auf § 22 BGB (vgl. zu dieser Bestimmung näher unten, § 23 III). Die geschilderte Funktionsweise des Rechtsformzwangs ist aber aus der Vorgeschichte des

105 Vgl. *Kruse*, Sitzverletzung von Kapitalgesellschaften innerhalb der EG, 1997, S. 37; *Karsten Schmidt*, in: Multimedia – Kommunikation ohne Grenzen – grenzenloser Wettbewerb? 1998, S. 41, 48; *ders.*, ZGR 1999, 24ff.

HGB nachweisbar[106], und sie allein entspricht auch praktischen Verkehrsbedürfnissen. Der automatisch wirkende Rechtsformzwang ist deshalb nahezu allgemein anerkannt[107]. Allerdings werden auch Bedenken geäußert[108]. Wortführer der Gegenansicht ist für das Gesellschaftsrecht *Manfred Lieb*. Er rechnet die Wahl der Rechtsform zu den essentialia negotii, also zum notwendigen Bestandteil des Rechtsgeschäfts, und will diese privatautonome Rechtsformwahl nach allgemeinen Rechtsgeschäftsregeln gegen Verfälschung schützen. Damit leugnet *Lieb* nicht den Rechtsformzwang schlechthin, gibt ihm aber eine andere Funktionsweise: Sofern nicht die Wahl einer ungeeigneten Rechtsform eine unschädliche falsa demonstratio darstellt, macht sie das Gründungsgeschäft nichtig. Die Gesellschaft kann nur nach Maßgabe der §§ 139, 140 BGB oder als fehlerhafte Gesellschaft (dazu unten, § 6) aufrechterhalten werden. Dieses Lösungskonzept ist rechtslogisch nicht widerlegbar, aber es leistet nicht das an Rechtssicherheit, was der Verkehr benötigt. Auf den ersten Blick besteht zwar ein Vorteil darin, daß der gesellschaftsrechtliche Rechtsformzwang in die allgemeine Rechtsgeschäftslehre reintegriert wird, aber hier trügt der Anschein. Mit *Flume*[109] ist Privatautonomie nur als Freiheit der Wahl unter vorgeprägten Aktstypen zu begreifen. Deshalb entscheidet nicht die allgemeine Rechtsgeschäftslehre, sondern das den Gegenstand des Rechtsgeschäfts regelnde Recht darüber, welche für ein bestimmtes Rechtsverhältnis angeordneten Rechtsfolgen vom Parteiwillen umfaßt sein müssen[110]. Wenn sich das Gesellschaftsrecht für den automatisch wirkenden Rechtsformzwang entschieden hat, läßt sich hiergegen mit allgemeinen rechtsgeschäftlichen Grundsätzen nichts ausrichten.

f) Nicht mit dem automatisch wirkenden Rechtsformzwang zu verwechseln ist die Frage, wie die verbandsrechtlichen Normativbestimmungen (dazu unten, § 8 II 5) in Fällen *von Rechtsformverfehlung und Rechtsformmißbrauch* durchgesetzt werden können. Ist beispielsweise ein Verein als e.V. im Vereinsregister eingetragen, obwohl er als Wirtschaftsverein eintragungsunfähig war, so ist er nach §§ 159, 142 FGG wieder zu löschen (unten, § 24 II 1 e). Diese Löschung ist aber kein ipso iure wirkender Rechtsformzwang, sondern nur eine in die Zukunft weisende Berichtigung der zu Unrecht erlangten Rechtsform. Dasselbe gilt für die bisweilen auftretende Frage, ob die Wahl einer einem Verband nicht zustehenden Rechtsform auch von Konkurrenten im Wege der Klage nach §§ 1, 13 UWG beseitigt werden kann[111]. So klagten in dem unter § 23 III 3 dargestellten ADAC-Fall *BGHZ* 85, 84 die mit den ADAC-Tochtergesellschaften konkurrierenden Versiche-

---

106 Eingehend *Karsten Schmidt*, Stellung der oHG, a.a.O., S. 163f.
107 Vgl. nur *BGHZ* 10, 91, 97; 22, 240, 244f.; 32, 307, 310; std. Rspr.; *Flume*, Personengesellschaft, § 13 III; *Alfred Hueck*, oHG, § 1 II; *Westermann* I 124; *John*, Die organisierte Rechtsperson, 1977, S. 312; eingehend *Karsten Schmidt*, Stellung der oHG, a.a.O., S. 158ff.; *Jahnke*, ZHR 146 (1982), 602ff.
108 Vgl. namentlich *Bydlinski*, a.a.O., S. 30ff.; *Lieb*, a.a.O., S. 18ff.; *Battes*, AcP 174 (1974), 429ff.; s. auch *Wiedemann*, in: Festschrift Westermann, a.a.O., S. 596ff.
109 Rechtsgeschäft, § 1/2.
110 *Karsten Schmidt*, Stellung der OHG, a.a.O., S. 161f; ebenso jetzt *Reiff*, a.a.O., S. 227ff.
111 Dazu *Kübler*, ZHR 147 (1983), 454ff.; *Lehmann*, WRP 1986, 63ff.

rungen mit der Begründung, der ADAC bediene sich in wettbewerbswidriger Weise der Rechtsform eines e.V. Der *Bundesgerichtshof* wies die Klage ab, weil der ADAC zu Recht eingetragen sei. Er hätte sich die Sache auch einfacher machen können, denn § 21 BGB hat keinen unmittelbaren Wettbewerbsbezug, so daß die unrechtmäßige Wahl einer vorteilhaften Rechtsform nicht schon per se gegen die guten Sitten im Wettbewerb verstößt[112].

4. Das Problem der Typengesetzlichkeit

Wie unter § 3 I festgestellt wurde, haben sich im Rahmen fester, tatbestandsmäßig erfaßter Rechtsformen variationenreiche Typen herausgebildet. Dem starren numerus clausus steht eine Vielfalt des Rechtslebens gegenüber. Daraus ergeben sich unterschiedliche Rechtsprobleme, denn die Gesellschaftsformen des geltenden Rechts sind mehr oder weniger offen für Abwandlungen. Sie weisen einen mehr oder minder vorgeprägten Normaltypus auf.

a) *Rechtsformen mit ausgeprägtem gesetzlichem Regeltypus* sind etwa die offene Handelsgesellschaft, der eingetragene Verein, die Genossenschaft oder die Aktiengesellschaft. Hier sorgt das Gesetz für relativ homogene Gestaltungen und gibt auf die meisten Rechtsfragen einfache und klare Antworten. Wem das Vermögen gehört, wie die Vertretungsverhältnisse sind, wer für Verbindlichkeiten haftet, ob die Mitglieder einstimmig oder mehrheitlich beschließen – diese und andere Fragen lassen sich hier in aller Regel einfach beantworten, ohne daß man z.B. fragen muß, ob der Verein, die Genossenschaft oder die Gesellschaft groß oder klein ist oder welches die von den Mitgliedern verfolgten Ziele sind. Mag auch jeder Gesellschaftsvertrag und jede Satzung einzelne Sonderprobleme mit sich bringen, so ist doch die Frage nach atypischen Gestaltungen hier eher ein Randproblem.

Ein krasses *Gegenbeispiel* ist die Gesellschaft bürgerlichen Rechts. Nach § 705 BGB kann sie von zwei oder beliebig vielen weiteren Personen zu jedem erlaubten gemeinsamen Zweck gegründet werden, kann Gelegenheitsgesellschaft oder Dauergesellschaft, kann Innengesellschaft oder Außengesellschaft, kann rein schuldrechtlicher Vertrag oder organisierter Verband, kann personalistische oder kapitalistisch strukturierte Gesellschaft, kann gezielt gewählte oder konkludent vereinbarte Rechtsform sein usw. Diese extreme Variationsbreite bringt es mit sich, daß das Gesetz in §§ 705–740 BGB keinen Normaltypus und demgemäß keine fertigen Lösungsmodelle für »die« Gesellschaft bürgerlichen Rechts vorgibt. Es ist deshalb unsinnig, etwa zu fragen: Wie sind »die« Vertretungsverhältnisse bei »der« Gesellschaft bürgerlichen Rechts? Welche Folgen hat die Kündigung »der« Gesellschaft bürgerlichen Rechts? Bei jeder dieser Fragen muß man sich vielmehr den konkreten Typus der Gesellschaft vor Augen führen, und jede dieser Fragen kann nur derjenige lösen, der das System des Gesellschaftsrechts im Griff hat.

112 *BGH*, GRUR 1986, 823 = ZIP 1986, 1354; zustimmend *Kreft*, EwiR 1986, 1025; *Immenga*, WuB II L § 21 BGB 1.87.

Das Recht der Gesellschaft bürgerlichen Rechts – in den üblichen Lehrwerken an den Anfang der Einzeldarstellung gestellt – wird hier erst unter §§ 58 ff. dargestellt. Es ist – zumindest nach der gegenwärtigen Gesetzeslage – das schwierigste Gebiet des gesamten Gesellschaftsrechts, eben weil es vom Gesetzgeber nur unvollkommen durchgebildet ist.

Zwischen den Extremen der typmäßig vorgebildeten und der typmäßig offenen Rechtsformen spielt sich der überwiegende Anteil der gesellschaftsrechtlichen Praxis ab. Insbesondere für die Kommanditgesellschaft (§§ 161 ff. HGB) und die GmbH gibt das Gesetz eine schemenhaft umrissene Normalverfassung vor, die in der Praxis tausendfach variiert wird, so daß von einem homogenen Rechtsbild dieser Rechtsformen keine Rede sein kann.

b) Der rechtstatsächliche Variationenreichtum der Gesellschaftstypen bringt es mit sich, daß sich auch *atypische Verbandszwecke und atypische Strukturen entwickelt haben.*

Atypische Verbandszwecke sind zugelassen, wo das Gesetz den Verbandszweck nicht festlegt. So können etwa Aktiengesellschaften und Gesellschaften m.b.H.[113] – Rechtsformen, die als Unternehmensträgerinnen konzipiert sind – auch für Holdingzwecke[114], Genossenschaftszwecke[115], für Kartellzwecke[116] oder für Stiftungszwecke bzw. andere idealistische Zwecke[117] gegründet werden. Es liegt auf der Hand, daß solche Zwecksetzung nicht ohne Einfluß auf das Innenrecht der Gesellschaft ist.

Schwierige Probleme löst eine *atypische Organisations- oder Vermögensstruktur* aus. Keine Verbandsform ist von diesem Problem vollständig frei, nicht einmal die Aktiengesellschaft, wie im Jahr 1994 das Gesetz für kleine Aktiengesellschaften und zur Deregulierung des Aktienrechts (BGBl. I S. 1961) gezeigt hat. Die Beweglichkeit des Organisationsrechts hat vor allem bei den Handels-Personengesellschaften[118] und bei der GmbH[119] seit Jahrzehnten zu einem »fortschreitenden Strukturwandel« (*Maria Plum*) geführt. Dieser Wandel wurde vor allem durch die Entwicklung der GmbH & Co. KG manifest, die schon zwischen den Weltkriegen als Modellfall der »Grundtypvermischung« untersucht wurde[120]. Vor allem um steuerlicher Vorteile willen hat die Kautelarpraxis des 20. Jahrhunderts die inneren Grenzen der Gesellschaftsrechtsformen immer weiter ausgeschöpft. Das läßt sich am Beispiel atypischer Kommanditistenbeteiligungen und stiller Beteiligungen verdeutlichen.

Beispiel Nr. 31 (nach *BGHZ* 69, 207 = JuS 1978, 198 m. Anm. *Karsten Schmidt*): Die B-Wirtschaftstreuhand-KG in Berlin bestand aus dem Komplementär B und etwa 300 Kommanditisten, die der Gesellschaft mit vielfachen Millionenbeträgen aus Gründen der Kapitalanlage und Steuerersparnis beigetreten waren. Die Gesellschaft hatte einen Ver-

113 Vgl. *H. P. Westermann*, Die GmbH – ein »Allzweckinstrument«? in: Pro GmbH, 1980, S. 23.
114 Dazu *Kraft*, in: Lutter (Hrsg.), Holding-Hdb., 3. Aufl. 1998, Rdnrn. B 1 ff.
115 Vgl. *Martin Luther*, Die genossenschaftliche Aktiengesellschaft, 1978, passim.
116 Vgl. *Held*, Rechtsformen zulässiger Kartelle, 1963, S. 19.
117 Vgl. *Loidl*, Die GmbH ohne erwerbswirtschaftliche Zielsetzung, 1970, S. 78 ff.
118 Dazu *Plum*, a. a. O.
119 Dazu *Limbach*, a. a. O.
120 Grundlegend *Zielinski* und *Boesebeck*, a. a. O.; dagegen polemisch *Schönle*, a. a. O.

waltungsrat, der die Geschäftsführung überwachen und die Interessen der Kommanditisten gegenüber der Geschäftsführung wahrnehmen sollte. Rechtsanwalt R, selbst einer der Kommanditisten, war Mitglied dieses Verwaltungsrats. Mit der Begründung, R habe übermäßige persönliche Entnahmen des Komplementärs geduldet und durch eine verlustreiche Beteiligung an einer Kaffeerösterei große Schäden verursacht, klagte die Gesellschaft – natürlich nicht mehr vertreten durch B – gegen R auf Schadensersatz. R berief sich auf § 708 BGB, wonach die Gesellschafter einer Personengesellschaft einander nur für die eigenübliche Sorgfalt einstehen müssen. Zu Unrecht: »Der Gesellschafter, der die Stellung eines Aufsichtsratsmitglieds in einer Publikumsgesellschaft erlangt hat, kann sich nicht auf die Haftungsbeschränkung des § 708 BGB berufen. Er hat bei der Erfüllung seiner Verpflichtungen vielmehr die im Verkehr erforderliche Sorgfalt zu beachten und haftet in entsprechender Anwendung der §§ 116, 93 AktG.«

Beispiel Nr. 32: S hat sich still an der Getreide-GmbH Gütersloh beteiligt und eine Einlage von 50000 Euro gezahlt. Vereinbart ist, daß S »alle Rechte und Pflichten eines Kommanditisten« hat und »am Gesellschaftsvermögen nach dem Verhältnis beteiligt ist, in welchem seine Einlage zum Stammkapital der Gesellschaft steht«. Erweist sich die Gesellschaft als erfolglos, so kann sich die Frage stellen, ob das stille Gesellschaftsverhältnis einfach durch Kündigung seitens der GmbH aufgelöst werden kann (typische stille Gesellschaft) oder ob hier nicht ein Beschluß unter Mitwirkung des S gefaßt werden muß. Im Fall eines Insolvenzverfahrens wird zu prüfen sein, ob S seine Forderung zur Tabelle anmelden kann. Grundsätzlich kann der stille Gesellschafter im Insolvenzverfahren seine Forderung als Insolvenzgläubiger geltend machen (§ 236 HGB; *BGH*, NJW 1983, 1855 = JuS 1983, 718 m. Anm. *Karsten Schmidt*). Wenn aber Abreden so zu verstehen sind, daß die stille Einlage den Charakter von Eigenkapital erhalten soll, muß sich der stille Gesellschafter auch insofern wie ein Kommanditist behandeln lassen (näher unten, § 18 III 3).

c) Die *Probleme atypischer Gestaltungen* sind ebenso vielschichtig wie diese Gestaltungen selbst. Sie konzentrieren sich vor allem auf
- die Frage, inwieweit atypische Gestaltungen auch ohne gesetzliches Verbot unzulässig sind und auf
- die Frage typusgerechter Rechtsanwendung.

Die erste Frage wird im Zusammenhang mit der Gestaltungsfreiheit bei Satzungen und Gesellschaftsverträgen diskutiert (sogleich unter III). Die zweite Frage zielt auf die Herausbildung von Sonderregeln für atypische Vertrags- oder Satzungsgestaltungen. Eine »kapitalistische« GmbH oder KG unterliegt u.U. anderen Regeln als eine »personalistische«; für eine »atypische« stille Gesellschaft gelten im Handelsgesetzbuch nicht vorgeprägte Sonderregeln usw. Dabei können sich »Typen atypischer Gesellschaften« herausbilden, denen dann wieder »typische«, verallgemeinerungsfähige Merkmale zu eigen sind. Solche Merkmale lassen sich vor allem bei der vergleichenden Auswertung von Präjudizien verwerten, und sie können zu einem verfestigten Richterrecht für Sondergestaltungen führen.

Beispiel Nr. 33: Es ist ein Unterschied, ob eine »atypische« stille Beteiligung atypisch nur insofern ist, als der stille Gesellschafter Mitspracherechte hat, oder ob, wie schon im Beispiel Nr. 32, gar vereinbart ist, daß er im Innenverhältnis wie ein Kommanditist behandelt werden soll (vgl. dazu unten, § 62 II 2 c). Hier zeigen sich abgrenzbare Typen atypischer stiller Gesellschaften mit je eigenen Sonderregeln.

Beispiel Nr. 34: Als Typusmerkmale einer kapitalistisch strukturierten Personengesellschaft haben sich folgende Eigenschaften herausgebildet: Regeln über die Abtretbarkeit von Gesellschaftsanteilen, Zulassung von Mehrheitsbeschlüssen, häufig auch Lösung der engen Verbindung der Gesellschafter mit der Unternehmenskontrolle durch Bildung besonderer Organe (Beiräte usw.), Kapitalschutz gegen Entnahmen. Bei einer solchen Gestaltung – zumal wenn auch noch die Form einer GmbH & Co. gewählt wurde – drängt sich die Herausbildung GmbH-ähnlicher Sonderregeln im Innenrecht geradezu auf.

Bedenkt man schließlich, daß auch die gesetzlichen Tatbestände aus Typen der Rechtswirklichkeit hervorgegangen sind[121], so kann es nicht verwundern, daß bestimmte Gestaltungstypen auf dem Wege sind, sich zu rechtlichen Sondertatbeständen mit subsumierbaren Rechtsfolgenanordnungen zu verfestigen. So ist die GmbH & Co. KG zwar ein Sondertypus der Kommanditgesellschaft, also einer Personengesellschaft, aber für sie wurden Sonderregeln entwickelt, die sie bereits einer eigenständigen quasi-kapitalgesellschaftlichen Rechtsform nahebringen. An dieser Entwicklung hat nicht nur die Rechtsprechung teil, sondern auch die Gesetzgebung hat Sonderbestimmungen eingeführt, die zwar nicht expressis verbis, aber doch typischerweise auf die GmbH & Co. bezogen sind (§§ 19 II, 130a, b, 131 II, 172 VI, 172a, 177a HGB, § 19 III InsO). Im einzelnen ist das Recht der GmbH & Co. unter § 56 dargestellt. Ob nach der Zulassung der GmbH & Co. KGaA eine vergleichbare Entwicklung im Recht der KGaA bevorsteht ist z.Z. offen (Stellungnahme unten, § 32 IV).

III. Die Gestaltungsfreiheit und ihre Grenzen*

1. Zwingendes Recht, dispositives Recht und das Problem der Typenfreiheit

a) Wie allgemein im Privatrecht existieren auch im Gesellschaftsrecht *zwingende und dispositive Normen*[122]. Mit dispositiven Vorschriften stellt der

121 Vgl. für das Gebiet des Strafrechts *Hassemer*, Tatbestand und Typus, 1968, insbes. S. 65ff.

* Literatur (Auswahl): *Flume*, Personengesellschaft, § 13; *Kübler*, § 20; *Wiedemann* I, § 12; *Boesebeck*, Die kapitalistische Kommanditgesellschaft, 1938; *Graf*, Die Kapitalgesellschaft & Co. KG auf Aktien, 1993; *Hommelhoff/Hopt/Lutter/Odersky/Wiedemann* (Hrsg.), Gestaltungsfreiheit im Gesellschaftsrecht, 1998; *Huber*, Typenzwang, Vertragsfreiheit und Gesetzesumgehung, JurA 1970, 784; *Immenga*, Die personalistische Kapitalgesellschaft, 1970; *Arnold Koller*, Grundfragen einer Typuslehre im Gesellschaftsrecht, Fribourg 1967; *Laufke*, Die Handelsgesellschaften und das zwingende Recht, Prag 1931; *Leenen*, Typus und Rechtsfindung, 1972; *Mertens*, Die Einmann-GmbH & Co. KG und das Problem der gesellschaftsrechtlichen Grundtypenvermischung, NJW 1966, 1049; *Nitschke*, Die körperschaftlich strukturierte Personengesellschaft, 1970; *C. Ott*, Typenzwang und Typenfreiheit im Recht der Personengesellschaft, Diss. Tübingen 1966; *W. Ott*, Die Problematik einer Typologie im Gesellschaftsrecht, Bern 1972; *Paulick*, Die eingetragene Genossenschaft als Beispiel gesetzlicher Typenbeschränkung, 1954; *Reuter*, Privatrechtliche Schranken der Perpetuierung von Unternehmen, 1973; *ders.*, Ein Plädoyer für das institutionelle Rechtsdenken, in: Festschrift Mestmäcker, 1996, S. 271; *Sack*, Typusabweichung und Institutsmißbrauch im Gesellschaftsrecht, DB 1974, 369; *Karsten Schmidt*, Zur Stellung der oHG im System der Handelsgesellschaften, 1972; *ders.*, Deregulierung des Aktienrechts durch Denaturierung der KGaA? ZHR 160 (1996), 265; *Schulte*, Zu den Gesichtspunkten des Bundesgerichtshofes bei der Fortbildung des Gesellschaftsrechts, in: Festschrift Westermann, 1974, S. 525; *Sethe*, Die personalistische Kapitalgesellschaft mit Börsenzugang, 1996; *Teichmann*, Gestaltungsfreiheit in Gesellschaftsverträgen, 1970; *Christoph Weber*, Privatautonomie und Außeneinfluß im Gesellschaftsrecht, 2000; *H. P. Westermann*, Vertrags-

Gesetzgeber für die einzelnen Gesellschaftsformen ein gesetzliches Normalstatut zur Verfügung[123], mit zwingenden Normen begrenzt es die Gestaltungsfreiheit der Beteiligten, und dies wird es in einem auf Privatautonomie basierenden Gesellschaftsrecht nicht um bloßer Freude an Ordnungskonzepten tun. Die Mehrzahl der gesellschaftsrechtlichen Bestimmungen ist jedenfalls im Recht der Personengesellschaften abdingbar. Zwingende Bestimmungen finden sich vor allem im Bereich des Verkehrsschutzes, teilweise auch im Bereich des Mitgliederschutzes.

Beispiele für den Verkehrsschutz: Wer einer offenen Handelsgesellschaft beitritt, haftet zwingend unbeschränkt und gesamtschuldnerisch (§§ 105, 128, 130 HGB); eine gesellschaftsvertragliche Regelung, die diese Haftung ausschließt, wirkt nicht gegen die Gläubiger (§ 128 S. 2 HGB). Dasselbe gilt für die BGB-Außengesellschaft (*BGHZ* 142, 333; 146, 341). Wer eine GmbH gründet, verdient sich die Haftungsbeschränkung, indem er durch seine Stammeinlage das haftende Vermögen der Gesellschaft mehrt; von dieser Pflicht kann der Gesellschafter nicht befreit werden (vgl. § 19 II 1 GmbHG). In der Aktiengesellschaft, die gleichfalls auf ein haftendes Gesellschaftsvermögen angewiesen ist, gilt eine vergleichbare Regel (§ 66 I AktG). Auch dürfen die Einlagen der Aktionäre weder verzinst noch an die Aktionäre zurückgewährt werden (§ 57 AktG), und in der GmbH darf das zur Erhaltung des Stammkapitals erforderliche Vermögen der Gesellschaft nicht an die Gesellschafter ausgezahlt werden (§ 30 I GmbHG). Beide Regelungen sind zwingend.

Beispiele für den Mitgliederschutz: Nach § 39 BGB ist das Recht zum Austritt aus einem Verein zwingend; es kann nur durch eine Kündigungsfrist modifiziert werden, die höchstens auf zwei Jahre bemessen werden darf. Nach § 723 III BGB ist auch das Kündigungsrecht bei der Personengesellschaft grundsätzlich zwingend. Eine Vereinbarung, die dieses Recht entgegen den näheren Vorschriften des § 723 BGB beschränkt, ist nichtig. § 51 a III GmbHG erklärt das Informationsrecht des GmbH-Gesellschafters für unabdingbar usw.

b) Selbstverständlich findet die Gestaltungsfreiheit auch eine Grenze in den *gesetzlichen Verboten* (§ 134 BGB) und in den *guten Sitten* (§ 138 BGB). Gesetzliche Verbote i.S. von § 134 BGB sind solche Verbotsnormen, die nicht nur ein Verhalten verbieten, sondern mit denen die Rechtswirksamkeit des Rechtsgeschäfts unvereinbar wäre[124].

Beispiel Nr. 35: Verbotswidrig ist ein Gesellschaftsvertrag, der gegen das Rechtsberatungsgesetz verstößt (*BGHZ* 62, 234), oder ein Vertrag, durch den entgegen § 8 S. 2 ApothG die stille Beteiligung an einer Apotheke vereinbart wird (*BGHZ* 75, 214, 217; *BGH*, WM 1980, 14). § 1 GWB verbietet Kartellverträge, soweit sie nicht vom Kartellverbot freigestellt sind. Im übrigen muß stets sorgsam geprüft werden, ob das gesetzliche Verbot

---

freiheit und Typengesetzlichkeit im Recht der Personengesellschaften, 1970; *ders.*, Gestaltungsfreiheit im Personengesellschaftsrecht in den Händen des BGH, in: Festschrift 50 Jahre BGH II, 2000, S. 245; *Wüst*, Gestaltungsfreiheit und Typenkatalog im Gesellschaftsrecht, in: Festschrift Duden, 1977, S. 749; *Zielinski*, Grundtypvermischung im Handelsrecht, 1925.

122 Eingehend *Laufke*, a.a.O.

123 Der Gesetzgeber wird hier umso sorgsamer verfahren müssen, je weniger er auf ausdrückliche (z.B. förmliche) Gründungsakte zielt, also z.B. bei der oHG sorgsamer als bei der GmbH; das vernachlässigt die Kritik am GmbH-Gesetzgeber bei *Hommelhoff*, in: Hommelhoff/Hopt et al., a.a.O., S. 36ff.

124 Die tautologische Formulierung ist kein Zufall; § 134 BGB besagt in den Worten von *Flume* »in Wirklichkeit nichts« (Rechtsgeschäft, § 17/1); dazu aber krit. *Canaris*, Gesetzliches Verbot und Rechtsgeschäft, 1983, S. 14ff.

seinem Sinn und Zweck nach den Gesellschaftsvertrag berührt und ob es ggf. den Vertrag insgesamt oder nur einzelne Abreden zu Fall bringt. So entschied *BGH*, WM 1976, 1026: »Eine Gesellschaft ist nur dann wegen Verstoßes gegen ein gesetzliches Verbot oder die guten Sitten nichtig, wenn der Vertrag als solcher wegen des verfolgten Gesellschaftszwekkes verboten oder sittenwidrig ist. Eine von den Gesellschaftern gewollte Hinterziehung von Grunderwerbsteuer berührt die Wirksamkeit des Gesellschaftsvertrags als solchen nicht.«

Die guten Sitten sind außergesetzliche Normen[125], denen § 138 BGB dieselbe Tragweite gibt wie den gesetzlichen Verboten[126]. Das Problem der Konkretisierung des Begriffs »gute Sitten« ist bekannt und Gegenstand der allgemeinen Privatrechtslehre[127].

Beispiel Nr. 36: Verpflichtet sich der geschäftsführende Gesellschafter einer für 30 Jahre eingegangenen Handels-Personengesellschaft, alle über dem Existenzminimum liegenden privaten Einkünfte der Gesellschaft zur Verfügung zu stellen, so ist dies eine sittenwidrige und nach § 138 BGB nichtige Knebelung (*BGHZ* 37, 381). Die Befugnis, einen Gesellschafter grundlos aus einer Gesellschaft auszuschließen, kann gegen § 138 BGB verstoßen (BGHZ 105, 213, 216 f.; unten, § 50 III 4; auf allgemeine »Prinzipien des Gesellschaftsrechts« gestützt noch *BGHZ* 81, 263, 266; dazu m. w. N. *Westermann*, in: Festschrift 50 Jahre BGH II, 2000, S. 251). Wettbewerbsverbote (vgl. *BGHZ* 91, 1, 6; *Dieter Mayer*, NJW 1991, 24) und Abfindungsklauseln werden vom *Bundesgerichtshof* einer Kontrolle nach § 138 BGB unterworfen (z. B. *BGH*, NJW 1979, 104; näher unten, § 50 IV 2 c). Auch hier muß genau zwischen der Gesamtnichtigkeit eines Gesellschaftsvertrags und der bloßen Sittenwidrigkeit einzelner Bestimmungen unterschieden werden. Im Fall *BGH*, NJW 1970, 1540 hatte ein Kaufmann K mit einer Frau F eine Fischverarbeitungs-oHG gegründet und sein Unternehmen in die Gesellschaft eingebracht. Die Ehefrau des K behauptete, K unterhalte mit Frau F ein ehebrecherisches Verhältnis, und der Gesellschaftsvertrag sei nur abgeschlossen, um die F hierfür zum Schaden der Ehefrau zu belohnen. Der *Bundesgerichtshof* konnte hierin keine Sittenwidrigkeit des gemeinsamen Zwecks (§ 705 BGB) erkennen: »Ein Gesellschaftsvertrag ist i. d. R. nur dann gemäß § 138 BGB in seiner Gesamtheit von Anfang an nichtig, wenn der Gesellschaftszweck sittenwidrig ist.«

c) Schwieriger ist das schon unter § 5 II angedeutete *Problem der gesellschaftsrechtlichen Typengesetzlichkeit*. Die Problematik läßt sich in die scheinbar absurde Fragestellung kleiden, ob auch »dispositives« Gesellschaftsrecht »zwingend« sein kann[128]. Man kann in Anlehnung an das Recht der Allgemeinen Geschäftsbedingungen von einer *Ordnungs- oder Leitbildfunktion des dispositiven Rechts* sprechen[129]. Das Problem der Typengesetzlichkeit oder des Typenzwangs darf nicht mit dem unter II 3 besprochenen Rechtsformzwang verwechselt werden[130]. Beim Rechtsformzwang geht es darum, daß jeder Verband einer der Rechtsformen des positiven Rechts zugeordnet wird. Das Problem der Typengesetzlichkeit besteht demgegenüber in der Frage, ob eine zulässigerweise gewählte Rechtsform bis an die

125 Zum Gesetzesbegriff des BGB vgl. Art. 2 EGBGB.
126 Vgl. zur systematischen Einordnung der §§ 138, 826 BGB *Karsten Schmidt*, Kartellverfahrensrecht, Kartellverwaltungsrecht, Bürgerliches Recht, 1977, S. 110; *Mayer-Maly*, in: Festschrift 50 Jahre BGH I, 2000, S. 69 ff.; *ders.*, AcP 194 (1994), 126 ff.; str.
127 Zur Methode vgl. *Sack*, NJW 1985, 761; *Mayer-Maly*, AcP 194 (1994), 132 ff.
128 Vgl. besonders *H. P. Westermann*, a. a. O., S. 49 ff.
129 Vgl. zum AGBG *BGHZ* 41, 151, 154 f.; 54, 106, 110; 60, 377, 380; *Weick*, NJW 1978, 11.
130 *H. P. Westermann*, a. a. O., S. 114 ff.; *Karsten Schmidt*, a. a. O., S. 74 ff.

Grenze des zwingenden Rechts beliebigen Variationen unterworfen werden kann.

Paradebeispiel ist die GmbH & Co. KG[131]. Unter dem Gesichtspunkt des Rechtsformzwangs bereitet sie keine Schwierigkeiten, denn wir haben hier eindeutig eine Kommanditgesellschaft vor uns, deren Komplementärin ebenso eindeutig eine GmbH ist. Mit dem historischen Rechtsbild der Kommanditgesellschaft aber hat diese Gestaltung nicht viel zu tun, und so hat man die Frage gestellt: Läßt es das Gesetzesmodell der Kommanditgesellschaft zu, daß der »unbeschränkt« haftende Komplementär eine Gesellschaft mit »beschränkter« Haftung und überhaupt eine Kapitalgesellschaft ist? Läßt es sich mit dem geltenden Recht in Einklang bringen, daß die nach der Vorstellung des Gesetzgebers passiven Kommanditisten als Gesellschafter und Geschäftsführer der Komplementär-GmbH die Geschicke der KG bestimmen?

Die *Idee des Typenzwangs* ist vor allem als *Bollwerk gegen die immer neuen Phantasieprodukte der Kautelarjurisprudenz* eingesetzt worden. Es geht um die Reinhaltung der Gesellschaftsrechtsordnung. Noch in den 50er Jahren genoß der Gedanke eines Typenzwangs im Gesellschaftsrecht hohes Ansehen. Maßgebliche Gesellschaftsrechtsbücher hielten die GmbH & Co. für unzulässig[132] und traten für eine unbeschränkte Haftung des geschäftsleitenden Kommanditisten ein[133]. Beide Lehren haben sich nicht durchgesetzt. In dem berühmten »Rektorfall«-Urteil in *BGHZ* 45, 204 heißt es wörtlich: »Ein Kommanditist haftet nicht schon dann unbeschränkt, wenn er wirtschaftlich gesehen der alleinige Inhaber des Handelsgeschäfts ist und der persönlich haftende Gesellschafter mittellos ist.« In den Entscheidungsgründen sagt der *Bundesgerichtshof*:

»Die gesetzliche Typenregelung der genannten Gesellschaftsformen läßt der Parteidisposition in weitem Umfang freie Hand und gibt den Vertragsschließenden auch die Möglichkeit, den dispositiv zugrunde gelegten Zusammenhang zwischen Handlungsbefugnis und Haftung in mehr oder weniger starkem Umfang aufzulösen. Hätte das Gesetz etwas anderes gewollt, dann hätte es auch hier wie bei der Gesellschaft mit beschränkter Haftung und in stärkerem Maß bei der Aktiengesellschaft den Rechtssätzen über Handlungsbefugnis und Haftung zwingenden Charakter beigelegt. Denn keinesfalls kann angenommen werden, daß das Gesetz einerseits die Rechtssätze über die Unternehmensleitung bei den Personengesellschaften und der stillen Gesellschaft für eine Abänderung durch die Vertragschließenden freigeben und andererseits den Umfang der Haftung unabhängig von der gewählten Gesellschaftsform bestimmen wollte. Denn das müßte bei der Fülle der verschiedenartigen Gestaltungsmöglichkeiten einer Typenvermischung im Einzelfall zu einer unheilvollen Rechtsunsicherheit führen. Man könnte mit Sicherheit niemals sagen, wie im Einzelfall die Haftungsverhältnisse in einer der genannten Gesellschaften zu beurteilen sind, zumal man den angeblich zwingenden wirtschaftsverfassungsrechtlichen Grundsatz über den Zusammenhang von Herrschaft und Verantwortung auch dann zur Geltung bringen müßte, wenn in einer offenen Handelsgesellschaft ein Gesellschafter von der Geschäftsführungs- und Vertretungsbefugnis ausgeschlossen ist

131 Dazu *Boesebeck*, a.a.O., S. 72ff.; *H. P. Westermann*, Die GmbH & Co. KG im Lichte der Wirtschaftsverfassung, 1973; *Karsten Schmidt*, GmbHR 1984, 275f.

132 Vgl. *Haupt/Reinhardt*, Gesellschaftsrecht, 4. Aufl. 1952, § 20 IV 5a; *J. v. Gierke*, Handelsrecht und Schiffahrtsrecht, 8. Aufl. 1958, § 37 IV 4; *Heinrich Lehmann*, Gesellschaftsrecht, 2. Aufl. 1959, § 23 III; vgl. demgegenüber schon *Zielinski*, a.a.O., *Boesebeck*, a.a.O., S. 72ff.

133 Vgl. *Haupt/Reinhardt*, Gesellschaftsrecht, 4. Aufl. 1952, § 20 III; *J. v. Gierke*, Handelsrecht und Schiffahrtsrecht, 8. Aufl. 1958, § 37 IV 4.

und etwa auf die gesetzlich vorgesehenen Kontrollrechte eines Kommanditisten beschränkt worden ist (vgl. dazu Rasner, Die atypische stille Gesellschaft, 1961, S. 130ff.)«.

Auch bei der *Zulassung der GmbH & Co. KGaA* in dem Grundsatzurteil *BGHZ* 134, 392 = NJW 1997, 1923 hat der Bundesgerichtshof dem Typenzwang eine klare Absage erteilt. Es ging um die bis dahin umstrittene Frage, ob Komplementär einer Kommanditgesellschaft auf Aktien nach § 278 AktG auch eine Kapitalgesellschaft sein kann. Die Frage war mit der Zulassung der GmbH & Co. KG als einer Personengesellschaft keineswegs mitentschieden, weil die KGaA eine kapitalmarktfähige und deshalb nach dem Aktiengesetz standardisierte Kapitalgesellschaft ist. Der *Bundesgerichtshof* hat die Gestaltung als Kapitalgesellschaft & Co. KGaA gleichwohl zugelassen (dazu unten, § 32 IV) und sich im wesentlichen auf folgende Argumente gestützt: Ein Wille des Gesetzgebers, die GmbH & Co. KGaA zu verbieten, sei im Gesetzeswortlaut nicht zum Ausdruck gelangt (*BGHZ* 134, 392, 395 = NJW 1997, 1923, 1924). Ein zwingendes Organisationsmodell, das bei der KGaA eine natürliche Person als Komplementär vorschreibe, sei dem Aktiengesetz nicht zu entnehmen (*BGHZ* 134, 392, 396 = NJW 1997, 1923, 1924). Auch Argumente des Gläubigerschutzes, Anlegerschutzes und Minderheitenschutzes sowie des Mitbestimmungsrechts stünden der GmbH & Co. KGaA nicht entgegen (*BGHZ* 134, 392, 397ff. = NJW 1997, 1923, 1925). Das Urteil ist charakteristisch für das die Gesellschaftsrechtspraxis beherrschende Verständnis der Typenfreiheit. Auf die Folgen dieser Entscheidung für das Recht der KGaA wird unter § 32 einzugehen sein.

d) Das Konzept der Typenfreiheit nötigt indessen zur Wachsamkeit. Der *Erfindungsreichtum der Praxis* hat sich nicht immer als segensreich erwiesen. Wenn wir etwa heute mit einer in die Legalordnung eingebetteten GmbH & Co. KG arbeiten können (vgl. §§ 19 II, 129a, 130a, b, 131 II, 172 IV, 172a, 177a HGB, § 19 III InsO), dann dürfen wir nicht vergessen, daß dies das Ergebnis einer rechtshistorischen Entwicklung seit etwa 1910 ist und daß die Fortbildung und Ordnung des Rechts der GmbH & Co. KG von Generationen in teuren und schmerzlichen Prozessen erkämpft worden ist (dazu unten, § 56 I 2). Bis heute beschert eine ruhelose Kautelarpraxis dem Gesellschaftsrecht neue, nicht weniger problematische Varianten, deren Systemstimmigkeit zweifelhaft ist:
- die Stiftung und Co. KG (dazu unten, § 7 II 3 und § 56 VII 3),
- die Auslandskapitalgesellschaft und Co. KG (dazu oben, § 1 II 8 b; unten, § 56 VII 2),
- die vom BGH zugelassene GmbH & Co. KGaA (dazu unten, § 32 III 2 a, IV).

Im Hinblick auf solche Erscheinungen, die zu wachsamer Besinnung auf die *Normativbestimmungen* der einzelnen Verbandsformen nötigen (dazu unten, § 8 II 5), wird es um den Gedanken des Typenzwangs entgegen dem gegenwärtig bestehenden Eindruck[134] nicht endgültig still werden, denn wenn sich

134 Charakteristisch *Röhricht*, ZGR 1999, 450.

die Gesellschaftsrechtsordnung als Rechts-»Ordnung« verstehen will, wird sie sich früher oder später auf ungeschriebene Grenzen der Privatautonomie zu besinnen haben[135]. Die Frage ist nur, ob eine Typenlehre der hierbei zu erfüllenden Aufgabe gerecht werden kann.

2. Das Problem der Gestaltungsfreiheit zwischen Rechtsdogmatik und Ideologie

Dem Gedanken eines Typenzwangs kann man um so mehr an Rechtsfolgen abgewinnen, je entschiedener man das Gesellschaftsrecht in den Dienst eines wirtschafts- oder sozialpolitischen Modells stellt[136]. Mit diesem rechtspolitischen Gewinn verbindet sich aber auch eine Gefahr: die Gefahr eines »ideologischen«, von einem politischen Vorverständnis abhängigen Gesellschaftsrechts.

a) Ohne damit unerlaubte Parallelen zur Gegenwartsdiskussion zu ziehen, kann man Charakteristika eines ideologisch verhärteten Gesellschaftsrechts am Beispiel solcher politischer Richtungen verdeutlichen, die das Recht nachweislich ideologisch festlegen wollen. So stand insbesondere der Nationalsozialismus nicht nur dem Vertrag und der Vertragsfreiheit allgemein kritisch gegenüber[137], sondern er legte auch der Gestaltungsfreiheit im Gesellschaftsrecht Fesseln an. Der »Rechtserneuerungs«-Phase nach 1933 war es vor allem darum zu tun, den Grundsatz der unbeschränkten Haftung[138] und die »Wahrheit der Unternehmensformen«[139] zu sichern, Mischtatbestände zu beseitigen[140] und ein »Auseinanderfallen von rechtlicher Form und wirtschaftlichem Inhalt« zu verhindern, wo bis dahin der Gesetzgeber der Wirtschaft eine Reihe von Rechtsformen zum freien Gebrauch zur Verfügung gestellt hatte[141]. Der Grundtypenvermischung wurde der Kampf angesagt[142].

Eine politisch dienende Funktion kam dem Privatrecht auch in den sozialistischen Ländern zu[143]. Im sozialistischen Recht werden gesellschaftsrechtliche Probleme als Fragen der Wirtschaftsleitung diskutiert, und das objektive Recht wird politischen Zielen untergeordnet: Es hat »die Wechselwirkungen zwischen dem Ziel unserer Wirtschaftstätigkeit und den erforder-

135 Vgl. *Karsten Schmidt*, ZHR 160 (1996), 271.
136 Vgl. zu diesen Zusammenhängen *Schulte*, a.a.O., insbes. S. 538ff.
137 Dazu *Rüthers*, Die unbegrenzte Auslegung, 1968, S. 360ff.
138 Vgl. charakteristisch *Hohlfeld*, Gedanken zur Neugestaltung des deutschen Unternehmensrechtes, 1935, S. 11ff., 29, 95.
139 Ebd., S. 15ff.
140 Ebd., S. 44ff., 65f.
141 Ebd., S. 94.
142 Vgl. *Friedrich Schönle*, Das Problem der Grundtypenvermischung im neuen Recht, 1935, S. 28ff.; nach *Schönle* (S. 83) streiten hier »nicht nur zwei gegensätzliche Rechtsphilosophien, sondern auch zwei feindliche Weltanschauungen: der Liberalismus und der Nationalsozialismus«.
143 Lesenswert *Westen/Schleider*, Zivilrecht im Systemvergleich, 1984, insbesondere zur Vertragsfreiheit S. 226f., 413; ausführlicher dazu noch in der 1. Auflage.

lichen Voraussetzungen zu gestalten«[144]. Es ist »Wirkungsbedingung der objektiven Gesetze des Sozialismus«[145] und »wichtiger Bestandteil sozialistischer Leitungstätigkeit«, wobei »Pflichten, Rechte und Verantwortung eine Einheit bilden«[146]. Trotz unvermeidlicher Blicke und Bezugnahmen auf zweckmäßige Kooperationsmodelle des bürgerlich-liberalen Gesellschaftsrechts[147] wurden diese Kooperationsmodelle der privaten Wirtschaft unter der Herrschaft des Sozialismus als »Formen zur Beherrschung, Unterdrükkung und Angliederung schwächerer Unternehmen« verstanden[148], weil das bürgerliche Gesellschaftsrecht dazu diene, »die Rechte der Mitglieder *gegeneinander* schuldrechtlich und eigentumsrechtlich im Interesse der Sicherung des Profits abzugrenzen«, während im sozialistischen Recht »*gemeinsam* das gestellte Ziel in weitestgehender Übereinstimmung mit den gesellschaftlichen Interessen erreicht« werde[149]. Der ideologische Zug dieses Denkens verrät sich von selbst.

b) Weitaus weniger anstößig, aber doch unverkennbar, wirkt der Faktor politischen Ordnungsdenkens in das Gesellschaftsrechtsbild derjenigen Wissenschaftler hinein, die der »neoliberalen« oder »ordoliberalen« Schule entstammen oder nahestehen. Die Ordoliberalen – zunächst zwischen den Weltkriegen angeführt von *Franz Böhm, Walter Eucken* und *Hans Großmann-Doerth*[150] – strebten eine als »Wirtschaftsverfassung« bezeichnete rechtliche und ökonomische Ordnung des Gemeinwesens an, die auf Verkehrswirtschaft, Wettbewerb und Verantwortung basiert und das Vertrags- und Gesellschaftsrecht in einen gesamtwirtschaftlichen Legitimationszusammenhang stellt. Dabei trat als Lieblingsidee ordoliberalen Gesellschaftsrechts die Korrelation zwischen Herrschaft, Haftung und Wettbewerb in Erscheinung: Macht, Verantwortung und wettbewerbliche Auslese wurden in einen strengen, teils sogar zwingenden Zusammenhang gebracht[151]. Die unmittelbaren und mittelbaren Folgen dieses Ansatzes für die Vertragsfreiheitsdiskussion im Gesellschaftsrecht waren erheblich[152]. Sie sind heute am deutlichsten bei der von *Ernst Joachim Mestmäcker* begründeten Schule von Gesellschafts- und Wirtschaftsrechtlern nachzuweisen, die das »nicht private Privatrecht« als durch die wirtschaftsverfassungsrechtliche Ordnung vor-

144 *Bley/Feige*, Staat und Recht 1971, 1690.
145 Ebd., S. 1692.
146 Ebd., S. 1691.
147 Vgl. etwa *Osterland*, Staat und Recht 1965, 2033 ff.
148 Ebd., S. 2035.
149 *Hans Müller*, Staat und Recht 1968, 951.
150 Lesenswert ist das gemeinsame Leitwort »Unsere Aufgabe« von *Böhm/Eucken/Großmann-Doerth*, in: Böhm, Die Ordnung der Wirtschaft als geschichtliche Aufgabe und rechtsschöpferische Leistung, 1937.
151 Vgl. nur *Böhm*, ebd., S. 126; *Eucken*, Grundsätze der Wirtschaftspolitik, 1952; *Großmann-Doerth*, HansRGZ 1937, A, 281.
152 Charakteristisch etwa: *Haupt/Reinhardt*, Gesellschaftsrecht, 4. Aufl. 1952, § 54; *Paulick*, a. a. O., S. 35 ff.; s. auch *Großfeld*, Aktiengesellschaft, Unternehmenskonzentration und Kleinaktionär, 1968, S. 181 ff.

geprägt ansieht[153]. So hat *Immenga*[154] im Jahr 1970 neben rechtsvergleichenden Forschungserträgen weittragende Überlegungen zum gesellschaftsrechtlichen Typenzwang vorgelegt, deren wesentliche Grundlage in der Vorstellung besteht, daß die Wirtschafts(rechts)ordnung dem Gesellschaftsrecht verbindliche Grundentscheidungen vorgibt[155]. Die Haftungsbeschränkung in der personenbezogenen GmbH – die meisten Gesellschaften m.b.H. sind personalistisch strukturiert! – wird zwar von *Immenga* im Grundsatz noch hingenommen[156], aber die rechtlich verfaßte Wirtschaftsordnung setzt doch der Gestaltungsfreiheit der Gesellschafter Grenzen, deren Überschreitung mit dem Fortfall der Haftungsbeschränkung geahndet wird[157]. Noch deutlicher wird der »wirtschaftsverfassungsrechtliche« Ansatz bei *Dieter Reuter*, der im Jahr 1973 ein Plädoyer für »Privatrechtliche Schranken der Perpetuierung von Unternehmen« vorlegte. *Reuter* streitet für eine Rückbesinnung des Gesellschaftsrechts auf die Funktionsbedingungen der Privatautonomie und für ein ordnungspolitisch orientiertes Organisationsrecht. Die Funktionsbedingungen der Vertragsfreiheit aber hängen nach *Reuter* wesentlich von der Machtgleichheit der Kontrahenten sowie davon ab, daß das Verhältnis der Vertragsbeteiligten und nur dieses Verhältnis geregelt wird[158]. Da das durch Satzungsgewalt »perpetuierte Unternehmen« als Dauerorganisation institutionelle Züge gewinnt[159] und von der Legitimation durch Wettbewerb und öffentliches Interesse wegtendiert[160], bedürfen dauerhafte »Satzungsgesellschaften«[161] einer Rechtskontrolle, die über die §§ 134, 138 BGB hinausgeht. Die Gestaltungsfreiheit wird also erheblich beschnitten. Der Ansatz hat erwartungsgemäß ein unterschiedliches Echo ausgelöst[162]. Er ist eindrucksvoll, soweit nur die unterschiedlichen Funktionen von individuellen und überindividuellen Verträgen herausgearbeitet werden (vgl. zur »Satzungsgesellschaft« oben, I 2 b), und eindrucksvoll ist auch die Umsetzung eines wertbezogenen Privatrechtsverständnisses in rechtliche Konsequenzen. Die Stärke dieses auch von anderen verfochtenen Denkansatzes besteht darin, daß Privatrecht nicht bloß als Instrument des Interessenausgleichs, sondern als Gestaltungsaufgabe[163] begriffen und in den Dienst einer vorgedachten Sozial- und Wirtschaftsverfassung gestellt wird. Genau dies ist aber auch die

153 Vgl. *Mestmäcker*, Macht – Recht – Wirtschaftsverfassung, ZHR 137 (1973), 97ff. = Die sichtbare Hand des Rechts, 1978, S. 9ff.
154 Die personalistische Kapitalgesellschaft, 1970; s. dazu als Gegenposition *Helm*, ZGR 1973, 478ff.
155 A.a.O., S. 115ff.
156 A.a.O., S. 128.
157 A.a.O., S. 425.
158 *Reuter*, a.a.O., S. 53.
159 *Reuter*, a.a.O., S. 54.
160 *Reuter*, a.a.O., S. 67–87.
161 Zur Unterscheidung von »Vertragsgesellschaften« und »Satzungsgesellschaften« vgl. *Reuter*, a.a.O., S. 62.
162 Tendenziell zustimmend z.B.: *Paulick*, ZHR 138 (1974), 387ff.; krit. z.B. *Wiedemann* I, § 1 IV 1 b; *Flume*, Personengesellschaft, § 13 I; *Michalski*, Gesellschaftsrechtliche Gestaltungsmöglichkeiten zur Perpetuierung von Unternehmen, 1980, S. 78ff.; *H. P. Westermann*, AcP 175 (1975), 412f.; *Reinhardt*, ZGR 1975, 366ff.
163 Vgl. *Großfeld*, Zivilrecht als Gestaltungsaufgabe, 1977; charakteristisch auch *Reuter*, in: Festschrift Stimpel, 1985, S. 645ff.

Gefahr einer Methode, die aus unbewiesenen – im Grunde politisch-programmatischen – Zielvorgaben[164] Rechtsfolgen ableitet und ihren Vertretern nicht von ungefähr den Ideologievorwurf eingetragen hat[165]. Nun kann man darüber streiten, ob es ideologiefreies Recht gibt oder geben soll und kann[166]. Es muß auch konzediert werden, daß das Gesellschaftsrecht gegen Mißbräuche und Fehlentwicklungen nicht hinreichend geschützt werden kann, wenn es rein instrumentell begriffen und dem Gutdünken der Kautelarjurisprudenz überlassen wird, soweit ihr nicht durch zwingendes Recht klare Grenzen gezogen werden[167]. Aber wer geltendes Recht zum ordnungspolitischen Steuerungsinstrument erklären und den Rechtsanwender für ein »wirtschaftsverfassungsrechtliches« Programm einspannen will, schuldet eben doch den Beweis, daß die zugrunde gelegten Ordnungsziele auch insoweit rechtliche Verbindlichkeit verdienen, als dies im positiven Recht nicht zum Ausdruck gelangt ist. Es ist deshalb zur Vorsicht zu mahnen.

c) In diesem Punkt unterscheidet sich ein 1970 von *Arndt Teichmann* vorgelegtes Konzept von dem soeben besprochenen Ansatz[168]. *Teichmann* sucht Hilfe bei der von den französischen Rechtstheoretikern *Maurice Hauriou*[169] und *Georges Renard*[170] entwickelten Institutionenlehre[171]. Ausgangspunkt ist die Feststellung, daß Rechtsinstitute einen Prozeß der Institutionalisierung durchlaufen, der ihnen eine verbindliche Gestalt verleiht und damit die Vertragsfreiheit eingrenzt[172]. Dieser Prozeß der Institutionalisierung wird in erster Linie in der Gesetzgebung, im übrigen aber auch in der Rechtsanwendung vollzogen[173]. Leitgedanken des Institutionalisierungsprozesses sind vor allem[174]: öffentliche Interessen, Schutzinteressen der Gesellschafter und der Gläubiger sowie Funktionsinteressen, die bestimmte Wirkungsmechanismen in den Gesellschaften sichern. Diese institutionelle Lehre

164 Vgl. die Nachweise bei *Karsten Schmidt*, a.a.O., S. 111f.; s. auch kontrovers über die »Integrationswirkung des GWB« *H. P. Westermann*, a.a.O., S. 90; *Reuter*, a.a.O., S. 39ff.

165 Besonders deutlich *Flume*, Personengesellschaft, § 14 VIII (gegen *Immenga*: »bare Ideologie«); ebd., § 13 I (gegen *Reuter*: »politische Ideologie ohne Bezug zur Wirklichkeit«); gegen den Ideologievorwurf aber *Immenga*, a.a.O., S. 121f.; *Reuter*, in: Festschrift Mestmäcker, a.a.O., S. 271ff.

166 Vgl. speziell für das Gesellschaftsrecht *Schulte*, a.a.O.; zur Kritik des Ideologiebegriffs vgl. *Erich Hahn*, Zur Kritik des bürgerlichen Bewußtseins, in: Kurt Lenk (Hrsg.), Ideologiekritik und Wissenssoziologie, 1961 (6. Aufl. 1972), S. 144; polemisch *Fritz v. Hippel*, Ideologie und Wahrheit in der Jurisprudenz, 1973, S. XIIf.; zum Problem vgl. noch *Zinke*, Der Erkenntniswert politischer Argumente in der Anwendung und wissenschaftlichen Darstellung des Zivilrechts, 1981; *Zöllner*, Recht und Politik, in: Tradition und Fortschritt im Recht, 1977, S. 131.

167 Auch das vorliegende Werk stellt das Gesellschaftsrecht nicht wehrlos zur Disposition der Kautelarpraxis.

168 *Teichmann*, a.a.O.; dazu *Geßler*, ZHR 135 (1971), 90; *Schultze-v. Lasaulx*, ZGen. 21 (1971), 338ff.; *Duden*, ZGR 1972, 360ff.; *Konzen*, AcP 172 (1972), 92.

169 Theorie der Institution und zwei andere Aufsätze, herausgegeben von *Roman Schnur*, 1965.

170 La Théorie de l'Institution, Paris 1930.

171 *Teichmann*, a.a.O., S. 26ff.; s. auch bereits *Ludwig Raiser*, in: Hundert Jahre deutsches Rechtsleben, Bd. I, 1960, S. 101ff.; *C. Ott*, a.a.O.

172 *Teichmann*, a.a.O., S. 53ff.

173 *Teichmann*, a.a.O., S. 48ff., 250.

174 *Teichmann*, a.a.O., S. 97ff., 100ff., 102ff., 107ff.

ist, wie *Teichmann* betont, nicht eigentlich etwas anderes als die Vorstellung vom Typenzwang, vielmehr nur ein Versuch, dem Anliegen des Typenzwangs materielle Kriterien nachzureichen[175]. Es ist richtig, daß mit der Formel vom Typenzwang nur eine Fragestellung umrissen ist, während die weitere Frage nach dem Warum eine Wertungsfrage ist. Richtig ist auch, daß eine institutionelle Betrachtungsweise im Gesellschaftsrecht helfen kann, zwischen historisch-typischen und funktionell-notwendigen Grundstrukturen zu unterscheiden (oben, § 3 III). Aber es ist doch zu bezweifeln, ob es für die konkreten Ergebnisse des institutionellen Ansatzes bedarf[176]. Sachliche Leitgedanken, wie wir sie bei dem ordoliberalen Ansatz anerkennen müssen, liefert die Institutionenlehre nicht. Sie ist nur der rechtstheoretische Rahmen für vielfältige Problemvarianten. Deshalb wird auch im vorliegenden Werk das Schlagwort der »Institutionalisierung« stets nur zur Kennzeichnung einer Aufgabe der Gesellschaftsrechtswissenschaft verwandt (z.B. oben, § 3 III 2), nicht aber im Sinne einer bestimmten Rechtsanwendungsmethode.

d) Pragmatisch und relativistisch nimmt sich daneben der gleichfalls im Jahr 1970 von *Harm Peter Westermann* vorgelegte und bis heute weiterverfolgte, Ansatz aus[177]. *Westermann*, der dem Prinzip der Vertragsfreiheit breiten Raum gibt[178], ohne dabei die maßstabbildende Funktion des dispositiven Gesetzesrechts zu vernachlässigen[179], erkennt in der gesellschaftsrechtlichen Typologie keine durchgehende Gesetzmäßigkeit. Anhand zahlreicher Gestaltungsprobleme der Gesellschaftsrechtspraxis geht er vielmehr, was für jedes typologische Arbeiten charakteristisch ist, den Weg des Vergleichens und Zuordnens von einzelnen Merkmalen[180]. Ein großer rechtspolitischer Ansatz, der der Gesellschaftsrechtspraxis Wertprämissen vorgibt, wird also absichtsvoll vermieden. Wollte man nach einer »ideologischen« Komponente suchen, so ginge diese jedenfalls in Richtung Vertragsfreiheit. Diese wird weder durch ein vorgefertigtes Wertungsprogramm noch durch feste Typen eingeengt, sondern nur aufgrund differenzierter Wertungen. Vertragsfreiheit ist die Regel, Typenzwang die zu beweisende Ausnahme.

e) Gleichfalls 1970 publiziert und von ideologischen Vorgaben noch weiter entfernt ist die Typuslehre von *Manfred Nitschke*[181]. *Nitschke* stellt treffend heraus, daß gewisse »Atypizitäten« – man braucht nur an die Publikums-Personengesellschaft, die GmbH & Co. KG ohne Kapitalbeteiligung der Komplementärin oder die »atypische« stille Gesellschaft zu denken – bereits »typisch« im Sinne der Häufigkeitstypizität sind[182]. Die Frage nach der Grenze der Vertragsfreiheit läßt sich in seinen Augen nicht generell, unter

175 *Teichmann*, a.a.O., S. 140.
176 *Flume*, Personengesellschaft, § 13 I; *Duden*, ZGR 1973, 363.
177 *H. P. Westermann*, Vertragsfreiheit, a.a.O.; dazu *Flume*, Personengesellschaft, § 13 I; *Schultze-v. Lasaulx*, ZGen. 21 (1971), 341ff.; ähnlich wie *Westermann* auch *Sack*, DB 1974, 369ff.
178 *H. P. Westermann*, a.a.O., S. 25ff.
179 *H. P. Westermann*, a.a.O., S. 44ff.
180 Zusammenfassend *Westermann*, in: Festschrift 50 Jahre BGH, a.a.O.
181 *Nitschke*, a.a.O.; dazu *Schultze-v. Lasaulx*, ZGen. 21 (1971), 334ff.
182 *Nitschke*, a.a.O., S. 8.

Berufung auf einen institutionell oder wesensmäßig bedingten Typenzwang, beantworten, sondern sie muß Punkt für Punkt untersucht und entschieden werden. Man hat diese Methode als »positivistische Typuslehre« bezeichnet und treffend bemerkt, daß *Nitschkes* Arbeit praktische Erträge nicht eigentlich aus der typologischen Betrachtungsweise, sondern aus der Punkt-für-Punkt-Analyse von Normen und Interessen gewinnt[183]. Besser kann diese Methode wohl nicht gekennzeichnet werden.

f) Dieser desillusionierende Verlauf der Typenzwangdiskussion hat inzwischen dazu geführt, daß die Lehre von der gesellschaftsrechtlichen Typengesetzlichkeit als vollständig »überholt« und »nicht einschlägig« bezeichnet worden ist[184]. Als Bestandteil der Privatrechtsordnung unterliegt das Gesellschaftsrecht seinem Grundprinzip nach nicht der Typengesetzlichkeit, sondern der Typenfreiheit[185]. Einengende Funktionsvorgaben werden im modernen Privatrecht als »Rechtspaternalismus«[186] gering geachtet, die Wahl zwischen »richtigen« und »falschen« Gestaltungen eher dem Urteil der Kapitalmärkte überlassen[187].

3. Stellungnahme

a) Es ist im Gesellschaftsrecht wie bei allem Privatrecht eine unausweichliche Aufgabe, der Privatautonomie Raum und Grenzen zuzuweisen. Dazu bedarf es der Einbindung in ein rechtlich verbindliches Wertungssystem. Das positive Privatrecht der Bundesrepublik Deutschland ist von dem *Grundsatz der Privatautonomie* beherrscht und gestattet deshalb atypische Gestaltungsformen, wo nicht
- zwingendes Recht,
- gesetzliche Verbote (§ 134 BGB) oder
- die guten Sitten (§ 138 BGB)

entgegenstehen. Das Problem der Typengesetzlichkeit sollte deshalb nur unter der Fragestellung behandelt werden: Welche Regeln über die Normalverfassung von Gesellschaften und Verbänden sind als Gesetzesnormen zwingend, welche sind umgehungsfest, und was besagen die guten Sitten im Gesellschaftsrecht? Die hierbei erforderliche Wertung ist unter Berücksichtigung
- des öffentlichen Interesses,
- des Verkehrsschutzes und
- des Schutzes der Beteiligten

nach allgemeinen privatrechtlichen Grundsätzen anzustellen. Es kann nicht ausbleiben, daß auf diese Weise neben Grundvorstellungen über Selbstver-

183 *Helm*, ZGR 1973, 478ff.; *Keuk*, ZHR 137 (1973), 182ff.
184 *Graf*, a.a.O., S. 158; vgl. auch *Karsten Schmidt*, ZHR 160 (1996), 271.
185 So unter Berufung auf das vorliegende Werk *Christoph Weber*, a.a.O., S. 153.
186 Vgl. *Enderlein*, Rechtspaternalismus, 1996, S. 15ff.
187 Charakteristisch *Sethe*, Die personalistische Kapitalgesellschaft mit Börsenzugang, 1996, S. 265ff.

antwortung und Rechtsethik[188] auch Vorstellungen über den Soll-Typus einer Gesellschaft Eingang in die Gesellschaftsrechtspraxis finden[189]. Auch kann im Verkehrsschutzinteresse die Abweichung der Gesellschaftsverträge von der gesetzlichen Normalverfassung nicht schrankenlos zugelassen werden, vor allem nicht bei Gesellschaften, die als Rechtsträger besonderen Normativbestimmungen unterliegen (unten, § 8 II 5). Zunächst hat es der Gesetzgeber in der Hand, solche Abweichungen zu verbieten. Das hat er in § 23 V AktG auf dem Gebiet des Aktienrechts weitgehend getan und erhält dafür heute keineswegs nur gute Noten (zur aktienrechtlichen Satzungsstrenge vgl. unten, § 26 III 1 c)[190]. Wo es an solchen Verboten fehlt, ist Vertragsfreiheit die Regel, und jede Beschränkung muß als Bestandteil des geltenden Rechts überzeugend begründet werden[191]. Ein der Vertragsfreiheit übergeordneter »Typenzwang« ist dem geltenden Recht fremd[192]. Deshalb bestehen Bedenken gegen jede Methode, die das Gesellschaftsrecht in den Dienst sozial- und wirtschaftspolitischer Zielvorgaben zu stellen und aus ihnen die Grenzen der Vertragsfreiheit abzulesen sucht. So unbestreitbar sich die Sozial- und Wirtschaftsordnung eines Landes im Gesellschaftsrecht widerspiegelt, so bedenklich ist es, das Gesellschaftsrecht zum Vehikel politischer Ziele zu erklären und diesen Zielen über das Gesellschaftsrecht Rechtsverbindlichkeit zu verleihen.

b) Der großangelegte *Ansatz eines Typenzwangs* ist damit *abgelehnt* und auf Detailprobleme zurückgeführt. Diese können allerdings dann wieder zu dem Ergebnis führen, daß bestimmte Typusmerkmale im Verbandsrecht zwingend sind. Als Beispiele sind zu nennen:

- das Prinzip der Selbstorganschaft bei Personengesellschaften, wonach die organschaftliche Vertretung stets in die Hand eines unbeschränkt haftenden Gesellschafters gehört (dazu unten, § 14 II 2), und
- das Abspaltungsverbot, nach dem Mitgliedschaftsrechte nicht von der Mitgliedschaft gelöst werden dürfen (dazu unten, § 19 III 4).

188 Vgl. *Wiedemann*, Rechtsethische Maßstäbe im Unternehmens- und Gesellschaftsrecht, Kölner Universitätsreden Bd. 55, 1979 = ZGR 1980, 147.

189 Zum Typus als Konkretisierungshilfe vgl. *Wüst*, a. a. O., S. 759.

190 Vgl. nur *Hirte*, in: Hommelhoff et al., a. a. O., S. 61 ff.; *Spindler*, AG 1998, 53 ff.

191 In der Methode steht damit dieses Werk den Arbeiten von *Teichmann, Westermann* und vor allem *Nitschke* näher als den unbestreitbar fesselnden und folgenreicheren Werken von *Immenga* und *Reuter*; vgl. aber auch die Ausführungen des Verfassers in ZHR 160 (1996), 270 ff.

192 Übereinst. *Flume*, Personengesellschaft, § 13 I; *Christoph Weber*, a. a. O., S. 153; *Schultze-v. Lasaulx*, ZGen. 21 (1971), 348 f.; s. auch *Sack*, DB 1974, 372.

4. Die Inhaltskontrolle bei Publikumsgesellschaften und bei Vereinen*

a) Jede Privatautonomie lebt aus dem Grundgedanken der »Richtigkeitsgewähr«[193]. Privatautonomie ist den Rechtssubjekten nicht nur um ihrer eigenen Freiheit und Würde willen gegeben[194], sondern auch in der Erwartung[195], daß die von den Parteien in eigener Sache selbstverantwortlich ausgehandelten Bedingungen auch von der Rechtsordnung als »richtig« hingenommen werden können. Die Frage ist, inwieweit dieser – nicht unbestrittene – Grundgedanke der Privatautonomie dem Richter die Befugnis verleiht, Verträge auf ihre innere »Richtigkeit« zu überprüfen.

Die Lehre von der »Richtigkeitsgewähr« von Verträgen hält den Richter an, die Voraussetzungen dieser »Richtigkeit« – insbesondere die Information der Beteiligten und das Fehlen von Druck oder Zwang – im Auge zu behalten, aber sie gibt ihm kein Recht, das eigene Gutdünken an die Stelle des Parteiwillens zu setzen. Grundsätzlich muß er eine Vertragsgestaltung, die nicht gegen zwingendes Recht oder gegen die guten Sitten verstößt, respektieren, eben weil sie die Vermutung der »Richtigkeit« für sich hat. An dieser Voraussetzung fehlt es nicht schon dann, wenn wir es mit einer »Satzungsregelung im materiellen Sinne« zu tun haben (zu diesem Begriff vgl. oben unter I 2 c). Die überpersonale Geltung von Vertragsregeln auch für Rechtsnachfolger ändert nichts daran, daß die Gründer einer GmbH oder einer Personengesellschaft mit übertragbaren Anteilen zuvörderst in eigener Sache und damit präsumtiv »richtig« kontrahieren[196]. Wird beispielsweise eine GmbH zur Eintragung in das Handelsregister angemeldet, so darf der Registerrichter die Eintragung nicht mit der Begründung ablehnen, die Regelungen des Gesellschaftsvertrags seien zwar wirksam, aber »unange-

---

* Literatur (Auswahl): *Coester-Waltjen*, Die Inhaltskontrolle von Verträgen außerhalb des AGBG, AcP 190 (1990), 1; *Dannecker*, Die richterliche Inhaltskontrolle der Gesellschaftsverträge von Personengesellschaften, Diss. Tübingen 1992; *Fastrich*, Richterliche Inhaltskontrolle im Privatrecht, 1991; *Grunewald*, Der Ausschluß aus Gesellschaft und Verband, 1987; *dies.*, Die in § 23 AGBG vorgesehene Bereichsausnahme für das Gesellschaftsrecht, in: Festschrift Semler, 1993, S. 179; *Hille*, Die Inhaltskontrolle der Gesellschaftsverträge von Publikumspersonengesellschaften, 1986; *Hönn*, Inhaltskontrolle von Gesellschaftsverträgen, JA 1987, 337; *Kanzleiter*, Zur richterlichen Inhaltskontrolle von Gesellschaftsverträgen, in: Festschrift 125 Jahre Bayerisches Notariat, 1987, S. 231; *Martens*, Allgemeine Gesellschaftsvertragsbedingungen auf dem Prüfstand der Privatautonomie, JZ 1976, 511; *Möschel*, Monopolverband und Satzungskontrolle, 1978; *Nicklisch*, Inhaltskontrolle von Verbandsnormen, 1982; *Reuter*, Privatrechtliche Schranken der Perpetuierung von Unternehmen, 1973; *ders.*, Richterliche Kontrolle der Satzung von Publikums-Personengesellschaften? AG 1979, 321; *ders.*, Die Verbände in der Privatrechtsordnung, in: Festschrift 50 Jahre BGH II, 2000, S. 211; *Harry Schmidt*, Stille Gesellschaft und ABG-Gesetz, ZHR 159 (1995), 734; *Uwe H. Schneider*, Die Inhaltskontrolle von Gesellschaftsverträgen, ZGR 1978, 1; *Schulte*, Besprechung der Entscheidung BGHZ 64, 238, ZGR 1976, 97; *H. P. Westermann*, Kautelarjurisprudenz, Rechtsprechung und Gesetzgebung im Spannungsfeld zwischen Gesellschafts- und Wirtschaftsrecht, AcP 175 (1975), 375; *Wüst*, Vom Präjudiz zur Prinzipienbildung bei der Publikums-Kommanditgesellschaft, ZHR 152 (1988), 215.

193 Grundlegend *Schmidt-Rimpler*, AcP 147 (1941), 130ff., 138ff.; s. auch *Reuter*, a.a.O., S. 32ff.

194 Vgl. aber *Flume*, Rechtsgeschäft, § 1/5: »stat pro ratione voluntas«.

195 Von bloßer »Richtigkeitschance« spricht deshalb *Manfred Wolf*, Rechtsgeschäftliche Entscheidungsfreiheit und vertraglicher Interessenausgleich, 1970, S. 73f., 81f.

196 A. M. *Reuter*, a.a.O., S. 62.

messen«[197]. Ist auf der anderen Seite eine Regelung mit zwingenden Grundsätzen des Gesellschafterschutzes unvereinbar, so können diese Schutzgrundsätze auch zugunsten desjenigen ins Gewicht fallen, der den Vertrag selbst formuliert hat[198].

b) Den Schutz gegenüber vorformulierten Gesellschaftsverträgen und Satzungen überläßt das AGB-Recht dem Gesellschaftsrecht selbst. Nach § 310 IV BGB (bisher § 23 I AGBG) finden die §§ 305 ff. BGB bei Verträgen auf dem Gebiet des Gesellschaftsrechts keine Anwendung. Der Grund besteht darin, daß die Regeln des AGB-Rechts auf Austauschverträge und nicht auf Organisationsverträge zugeschnitten sind. Die Ausnahmeregelung wird vom *Bundesgerichtshof* weit, aber nicht formalistisch gehandhabt: Sie gilt nicht nur für reine Organisationsregelungen – Auskunftsrechte, Stimmrechte, Abfindungsrechte etc. –, aber auch nicht für jede in einem Gesellschaftsvertrag (einer Satzung) enthaltene Regelung. Vielmehr ist die Anwendung des AGB-Rechts für solche Regelungen ausgeschlossen, die unmittelbar auf dem Gesellschaftsvertrag (der Satzung) beruhen, mitgliedschaftlicher Natur sind und dazu dienen, den gemeinsamen Zweck zu verwirklichen[199]. Was das bedeutet, läßt sich anhand der Rechtsprechung exemplifizieren:

Beispiel Nr. 37 (nach *BGHZ* 103, 219 = NJW 1988, 1729): B war als Mitglied der K-Genossenschaft, einer Taxifunkzentrale, ausgeschieden und betrieb seit April keine Taxen mehr. Gestützt auf die Satzung verlangte K von B bis zum Jahresende das Entgelt für die Bereitstellung des Taxifunkdienstes. Die Klage hatte Erfolg. Der *BGH* lehnte eine Inhaltskontrolle nach § 309 Nr. 9 c BGB (damals § 11 Nr. 12 c AGBG) ab, weil die eingeklagte Pflicht der B nicht der körperschaftsfreien, rein schuldrechtlichen Sphäre angehöre: »Die Verpflichtung zur Benutzung der Einrichtungen der Klägerin beruht unmittelbar auf der Satzung. Sie entsteht ohne weiteres mit dem Erwerb der Mitgliedschaft ... Sie betrifft ferner die wichtigste Förderleistung der Klägerin ...«.

Beispiel Nr. 38 (nach *BGHZ* 136, 394 = NJW 1998, 454): Ein Interessenverband hatte Klage gegen einen Versicherungsverein auf Gegenseitigkeit erhoben, um diesen vom Gebrauch einer Satzungsklausel abzuhalten, die den Versicherungsverein zur einseitigen Abänderung von Prämien ermächtigte. Charakteristisch für eine solchen Versicherungsverein ist, daß er Versicherungsleistungen nicht auf schuldvertraglicher, sondern auf mitgliedschaftlicher Basis erbringt, also aufgrund einer Satzung, nicht eines schuldrechtlichen Vertrages (näher unten, § 42). Die hierdurch bedingte Einbettung von Versicherungsbedingungen in die Form der Vereinssatzung kann aber diese Bedingungen nicht von der AGB-Inhaltskontrolle freistellen.

Beispiel Nr. 39 (nach *BGH*, LM Nr. 10 zu § 23 AGBG m. Anm. *Stein* = NJW-RR 1992, 379): Eine stille Gesellschaft, die nach dem Gesellschaftsvertrag für sieben Jahre unkündbar und danach mit zwölfmonatiger Frist zum Ende eines Geschäftsjahres kündbar war, war mit einer Clubmitgliedschaft verbunden, die zusätzliche Beiträge kostete und der Benutzung von Ferienobjekten diente. Der *BGH* erklärte die Kündigungsregelung nach § 309 Nr. 9 a BGB (damals § 11 Nr. 12 a AGBG) für nichtig und wandte die Freistellungsregelung nicht auf diesen Vertrag an, weil die Leistungen, wenn auch mitgliedschaftlich

197 *BayObLG*, BB 1983, 83.
198 Charakteristisch *BGH*, LM Nr. 5 zu § 166 HGB = NJW 1989, 225.
199 *BGHZ* 103, 219, 222 f. = NJW 1988, 1729 (1730); *BGHZ* 127, 176, 185 = LM Nr. 13 zu § 23 AGBG m. Anm. *Basedow* = NJW 1995, 192, 193; s. auch *Grunewald*, in: Festschrift Semler, a. a. O.

vereinbart, nicht dazu dienten, den Gesellschaftszweck zu verwirklichen. Die Klausel war also am AGB-Recht zu messen.

Beispiel Nr. 40 (nach *BGHZ* 127, 176 = LM Nr. 13 zu § 23 AGBG m. Anm. *Basedow* = NJW 1995, 192; dazu krit. *Harry Schmidt*, ZHR 159 (1995), 734 ff.): Eine Immobiliengesellschaft betrieb die Vermittlung von Kapitalanlagepapieren an eine Vielzahl von Personen, die ihr als stille Gesellschafter beitraten. Der *BGH* lehnte, wie schon das OLG, eine AGBG-Kontrolle ab, weil auch die stille Gesellschaft ein Vertrag auf dem Gebiete des Gesellschaftsrechts i. S. von § 23 I AGBG (jetzt § 310 IV BGB) sei, jedenfalls soweit es sich nicht nur um rein schuldrechtliche Beziehungen handle (vgl. dagegen zur atypischen stillen Gesellschaft unten, § 62 II 2 c). – Die Entscheidung paßt grundsätzlich ins allgemeine Bild der Rechtsprechung. Methodisch bedenklich ist allerdings, daß der BGH das Gewicht auf die Einordnung des ganzen Vertrages legt und lediglich prüft, ob »die rein schuldrechtlichen Beziehungen ... derart überwiegen, daß die typisch gesellschaftsrechtlichen Elemente dahinter zurücktreten«. Besser hätte der *Senat*, wie bei Genossenschaften und Handelsgesellschaften, zwischen den dem AGB-Recht unterliegenden und den gesellschaftsrechtlichen Vertragsteilen unterscheiden sollen. Dann wäre der Vertrag nicht in toto den gesetzlichen AGB-Regeln entzogen gewesen.

Angesichts dieser Enthaltsamkeit des AGB-Rechts ist die spezifisch gesellschaftsrechtliche Kontrolle gegenüber vorformulierten Verträgen nur um so bedeutsamer. Das gilt insbesondere für Publikumsgesellschaften, Genossenschaften und Vereine. Während der Gesetzgeber im Aktienrecht keine beliebigen Abweichungen vom gesetzlichen Normalstatut zuläßt (§ 23 V AktG), kann bei anderen Verbänden nur eine Inhaltskontrolle die Gesellschafter oder Mitglieder vor dem einseitigen Diktat unangemessener Bedingungen schützen. Geradezu klassisch ist die Rechtsprechung zu den Publikumspersonengesellschaften[200]. Grundlegend war das *BGH*-Urteil in unserem

Beispiel Nr. 41 (nach *BGHZ* 64, 238): Der Konkursverwalter der B-Kapitalbeteiligungs-GmbH & Co. KG, einer Publikumsgesellschaft mit etwa 50 Kommanditisten, machte die Mitglieder des Aufsichtsrats für Pflichtverletzungen verantwortlich. In erster Linie warf er ihnen vor, daß durch unzulässige Gewinnausschüttungen ein Schaden von fast einer Viertelmillion entstanden sei. Die Beklagten bestritten diese Pflichtverletzungen. Hilfsweise beriefen sie sich auf eine Haftungsausschlußklausel und erhoben die Verjährungseinrede. Im Gesellschaftsvertrag war nämlich folgende Bestimmung enthalten: »Ansprüche ... gegen Mitglieder des Aufsichtsrats ... verjähren in drei Monaten. Die Haftung ... der Mitglieder des Aufsichtsrats beschränkt sich ... auf das in der Gesellschaft angelegte Vermögen.« Der *Bundesgerichtshof* hat diese Vertragsklausel nicht gelten lassen. Er betonte, daß der Vertrag von wenigen Gründern vorformuliert sei und daß die als Kommanditisten beitretenden Anleger, »wenn sie beitreten wollen, nur einen Gesellschaftsvertrag unterzeichnen, der fertig vorformuliert ist und auf dessen Inhalt sie keinen irgendwie gearteten mitgestaltenden, ihre Interessen wahrenden Einfluß ausüben können. Die Rechtslage ist daher ähnlich wie bei Allgemeinen Geschäftsbedingungen und Formularverträgen, die nicht zwischen den Parteien ausgehandelt werden, bei denen vielmehr für eine Vielzahl gleichgelagerter Fälle die künftigen Rechtsbeziehungen einseitig vorweg festgelegt werden und infolgedessen der Vertragskompromiß als Gewähr dafür fehlt, daß

200 *BGHZ* 64, 238; 84, 11; 102, 172, 177; 104, 50, 53; eingehend *Wiedemann* I, § 3 II 3; *Coester-Waltjen*, AcP 190 (1990), 8 ff.; *Fastrich*, a. a. O., S. 124 ff.; *Martens*, JZ 1976, 511 ff.; *Schulte*, ZGR 1976, 97 ff.; *Uwe H. Schneider*, ZGR 1978, 1 ff.; *Stimpel*, in: Festschrift Fischer, 1979, S. 772 ff.; *H. P. Westermann*, AcP 175 (1975), 408 ff.; *ders.*, in: Festschrift 50 Jahre BGH II, 2000, S. 252; *Wüst*, ZHR 152 (1988), 222; abl. *Hille*, a. a. O.; *Reuter*, AG 1979, 321 ff.

die Interessen aller Beteiligten berücksichtigt worden sind. Ebenso wie dort besteht auch bei Gesellschaftsverträgen der hier vorliegenden besonderen Art zum Schutz der Anlagegesellschafter ein Bedürfnis, dem unter solchen Umständen leicht möglichen Mißbrauch der Vertragsfreiheit mit Hilfe einer an den Maßstäben von Treu und Glauben (§ 242 BGB) ausgerichteten Inhaltskontrolle durch die Gerichte zu begegnen.« Dieser Ansatz wurde vom *BGH* weiterverfolgt (vgl. nur *BGHZ* 84, 11; 104, 50; *BGH*, NJW 1982, 2495).

Man muß sich darüber klar sein, daß der Nutzen dieser Inhaltskontrolle begrenzt ist[201]. Sie beseitigt unangemessene Vertragsklauseln, zaubert aber kein positives Recht der Publikumspersonengesellschaft herbei (dazu unten, § 57). Als Schutzinstrument ist sie jedoch unverzichtbar und auch durch ein außerordentliches Austrittsrecht, wie es getäuschten Gesellschaftern selbstverständlich zuerkannt wird[202], nicht zu ersetzen[203]. Ein unentziehbares Austrittsrecht ist insbesondere bei Vereinen gegeben (§ 39 BGB), aber wenn dieses die Inhaltskontrolle nicht ersetzt, stellt sich die *Frage, ob auch Vereinssatzungen einer Inhaltskontrolle unterworfen werden können.* Dies ist umstritten[204]. Nach richtiger Auffassung ist solche Inhaltskontrolle selten, kann aber unentbehrlich sein.

Beispiel Nr. 42 (nach *OLG Frankfurt*, OLGZ 1979, 5; 1981, 391): Das *OLG Frankfurt* beanstandete die in einer Vereinssatzung des X-Vereins enthaltene Bestimmung, wonach die Mitgliederversammlung nur bei Anwesenheit von 50 % der Mitglieder Personen zum Vorstand bestellen konnte, die nicht schon dem Vorstand eines Y-Vereins angehörten. Der X-Verein hatte 4500 Mitglieder, von denen nur etwa 2 % in den Versammlungen zu erscheinen pflegten. Was das *OLG Frankfurt* hier als »Inhaltskontrolle« von Vereinssatzungen bezeichnete, war in Wahrheit eine Prüfung der Satzung auf Gesetzeskonformität. Das Gericht sah die Satzungsregel nicht als unangemessen, sondern als nichtig an, weil sie gegen den Grundsatz der Vereinsautonomie verstieß.

Beispiel Nr. 43: Wenn um den Aufnahmezwang bei Vereinen gestritten wird, stellt sich immer wieder die Frage, ob der Verein auf eine Satzungsklausel verweisen kann, nach der der Bewerber kein taugliches Mitglied ist (vgl. nur *BGHZ* 63, 282, 285). Auch hier geht es in Wahrheit nicht um eine Inhaltskontrolle der Satzung auf Angemessenheit. Eine Satzungsklausel, mit der ein Verein einen zwingenden Aufnahmeanspruch abzuwehren sucht, ist schlicht rechtswidrig.

Daß eine Inhaltskontrolle gleichwohl stattfindet und sogar Nichtmitgliedern zugutekommen kann, zeigen folgende Beispiele:

Beispiel Nr. 44 (nach *BGHZ* 105, 306 = NJW 1989, 1724): Eine Kreditgenossenschaft hatte Klage gegen den Spitzenverband der Kreditgenossenschaften erhoben und u. a. geltend gemacht, die in den Garantiefonds dieses Bundesverbandes zu zahlenden Beiträge seien unangemessen. Der *II. Senat* entschied zugunsten der Klägerin: »Die Rechtsstellung der Mitglieder regelnde interne Normen eines Vereins oder Verbandes unterliegen jedenfalls dann richterlicher Inhaltskontrolle auf ihre Vereinbarkeit mit Treu und Glauben (§ 242

---

201 Vgl. *Martens*, JZ 1976, 514 f.

202 *BGHZ* 63, 338, 345 ff.; *BGH*, NJW 1978, 225; WM 1981, 452; eingehend *Stimpel*, in: Festschrift Fischer, 1979, S. 771 ff.

203 Vgl. demgegenüber *Reuter*, AG 1979, 321 ff.

204 Bejahend *OLG Frankfurt*, OLGZ 1981, 391, 392; *Flume*, Juristische Person, § 9 I; *Reichert*, Handbuch des Vereins- und Verbandsrechts, 8. Aufl. 2001, Rdnrn. 299 ff.; *Wiedemann* I, § 3 II 3 a; *Reuter*, in: MünchKomm. BGB, § 25 Rdnr. 19; *ders.*, in: 50 Jahre BGH II, 2000, S. 228 ff.; verneinend *Fastrich*, a. a. O., S. 141 ff.

BGB), wenn die Vereinigung im wirtschaftlichen oder sozialen Bereich eine überragende Machtstellung innehat und das Mitglied auf die Mitgliedschaft angewiesen ist.«

Beispiel Nr. 45 (nach *BGH*, LM Nr. 10 zu § 25 BGB = [Leitsatz) BB 1972, 1073): In einem Verband auf dem Gebiet der Traberzucht und des Trabrennsports waren die Meldefristen unangemessen und unzumutbar. Der *BGH* entschied hier in der Tat: »Satzungsbestimmungen eines Verbandes, mit denen dieser den Inhalt seiner Rechtsbeziehungen zu Nichtmitgliedern, die seine Einrichtungen benutzen, vorweg bestimmt, unterliegen der Inhaltskontrolle nach § 242 BGB.«

Beispiel Nr. 46 (nach *BGHZ* 128, 93 = NJW 1995, 583): Ein Turnierreiter hatte sich, wie bei Turnierteilnahmen üblich, der Disziplinargewalt eines Dachverbandes, der Turniere ausrichtete, unterstellt und war wegen eines Regelverstoßes mit Bußgeld und Verfahrenskosten belegt worden (vgl. zu dieser sog. Verbandsstrafgewalt auch unten, § 24 V 3). Der *BGH* entschied, daß sportliche Regelwerke eines Vereins keine Allgemeinen Geschäftsbedingungen i. S. des Gesetzes sind, aber der Inhaltskontrolle nach § 242 BGB unterliegen.

c) Die *Inhaltskontrolle von Gesellschaftsverträgen und Satzungen geht über die Kontrolle nach §§ 134, 138 BGB hinaus.* Sie stellt einen irregulären Eingriff in die private Gestaltungsfreiheit dar und sollte einem abgrenzbaren Sonderbereich unpersönlicher Gestaltungsformen vorbehalten bleiben. Nur in diesem Bereich dürfen die Gerichte den Verfassern von Gesellschaftsverträgen vorschreiben, welche Regelungen angemessen und welche unangemessen sind. Bedenken werden deshalb gegen Entscheidungen vorgetragen, die auf eine umfassende Inhaltskontrolle im Verbandsrecht hinzudeuten scheinen[205].

Beispiel Nr. 47 (nach *BGHZ* 81, 263 = JuS 1982, 65 m. Anm. *Karsten Schmidt*): In einem Kommanditgesellschaftsvertrag – wohlgemerkt bei einer Nicht-Publikumsgesellschaft! – fand sich die Klausel: »Den persönlich haftenden Gesellschaftern steht das Recht der Kündigung gegenüber einem oder einigen Kommanditisten mit der Folge des Ausscheidens zu.« K war als Erbe seines Vaters Kommanditist geworden. Er wurde aufgrund der Vertragsklausel ohne Angabe von Gründen »hinausgekündigt«. Der *Bundesgerichtshof* sah diese Kündigung als unwirksam an, obwohl die Ausschließungsklage des § 140 HGB auch nach seiner Auffassung durch Gestaltungsrechte der Gesellschafter ersetzt und auch der Kreis der Ausschließungsgründe erweitert werden kann. »Bei der Festlegung im einzelnen sind jedoch die der Vertragsfreiheit immanenten Grenzen zu beachten. Danach müssen nicht nur die allgemeinen Grundsätze der Rechtsordnung (§ 138 BGB), sondern auch die Grundprinzipien des Gesellschaftsrechts beachtet werden. Der Gesellschaftsvertrag ist im Unterschied zum reinen Austauschvertrag auf ein gedeihliches Zusammenwirken der Gesellschafter zur Erreichung eines gemeinsamen Zwecks angelegt. Die persönlichen Beziehungen zwischen den Gesellschaftern beruhen in besonderem Maße auf gegenseitigem Vertrauen und begründen eine besondere Treuepflicht. Schon bei Eingehung des Gesellschaftsverhältnisses ist deshalb unter anderem zu fordern, daß Vertragsklauseln, die einzelnen Gesellschaftern das Recht zur Ausschließung von Mitgesellschaftern geben, nicht so gestaltet sind, daß sie die nach dem Gesellschaftsvertrag erforderliche Zusammenarbeit der Gesellschafter im Kern treffen, die Erfüllung der dem einzelnen Gesellschafter obliegenden Aufgaben gefährden und die im Rahmen des gemeinsamen Unternehmens gebotene gesellschaftstreue Mitarbeit in Frage stellen. Bei einer Kommanditgesellschaft, die, wie hier, im wesentlichen dem gesetzlichen Regeltyp entspricht, sind diese Forderungen grundsätzlich dann als verletzt anzusehen, wenn den persönlich haftenden Gesell-

205 Vgl. auch die Kritik bei *Grunewald*, Rdnr. 1 A 33; *Westermann*, a. a. O., S. 249 f.; *Hille*, a. a. O., S. 40 ff.; *Krämer*, NJW 1981, 2553 ff.; *Bunte*, ZIP 1983, 8 ff.; *Kreutz*, ZGR 1983, 111 f.

schaftern das Recht eingeräumt wird, die Mitgesellschafter nach freiem Ermessen – ohne Begründung –, wenn auch unter Einhaltung gewisser Fristen, aus der Gesellschaft auszuschließen.«

Diese Entscheidung entspricht im Ergebnis einer inzwischen gefestigten Rechtsprechung (unten, § 50 III 3), die auch auf die GmbH und auf die atypische stille Gesellschaft ausgedehnt worden ist[206]. Hier geht es zunächst nur um die Methode. Insofern hat man das Urteil unterschiedlich eingeordnet, nämlich
- entweder als einen uneingestandenen Schritt zur allgemeinen Billigkeitskontrolle bei allen Gesellschaftsverträgen
- oder als eine falsch bezeichnete verschärfte Anwendung des § 138 BGB auf Ausschließungsklauseln.

Der Wortlaut der im Beispiel zitierten Entscheidung weist in die erste Richtung, doch haben sich hierauf gestützte Befürchtungen nicht bestätigt[207].

IV. Die Anpassung von Satzungen und Verträgen an veränderte Umstände*

1. Problemstellung

a) Die *Veränderung der Geschäftsgrundlage* kann den Bestand von auf Dauer angelegten Rechtsverhältnissen in Gefahr bringen. Das gilt auch für Gesellschaftsverhältnisse und für privatrechtliche Verbände. Das *Gesetz trifft in § 726 BGB eine bedeutsame, jedoch für das Verbandsrecht nur mittelbar weiterführende Wertung*: Eine Gesellschaft bürgerlichen Rechts endigt, wenn der gemeinsame Zweck erreicht oder dessen Erreichung unmöglich geworden ist. Die Regelung ist auf die rein schuldrechtliche Innengesellschaft zugeschnitten und handelt vom gemeinsamen Zweck der Gesellschafter als

206 *BGHZ* 112, 103 = NJW 1990, 2622 (GmbH); *BGHZ* 125, 74 = JuS 1994, 711 (stille Gesellschaft).

207 Gegen eine Qualifikation als Inhaltskontrolle denn auch *Dannecker*, a. a. O., S. 123 ff.; *Fastrich*, a. a. O., S. 156 ff.

* Literatur (Auswahl): *Eidenmüller*, Unternehmenssanierung zwischen Markt und Gesetz, 1999; *Flume*, Das Problem der Zustimmungspflicht ..., in: Festschrift Rittner, 1991, S. 119; *Haarmann*, Wegfall der Geschäftsgrundlage bei Dauerrechtsverhältnissen, 1979, S. 247 ff.; *Häsemeyer*, Obstruktion gegen Sanierungen und gesellschaftsrechtliche Treupflichten, ZHR 160 (1996), 109; *Horn*, Neuverhandlungspflicht, AcP 181 (1981), 255; *Alfred Hueck*, Inwieweit besteht eine gesellschaftsrechtliche Pflicht des Gesellschafters einer Handelsgesellschaft zur Zustimmung zu Gesellschafterbeschlüssen? ZGR 1972, 236; *Kollhosser*, Zustimmungspflicht zur Abänderung von Gesellschaftsverträgen bei Personengesellschaften? in: Festschrift Westermann, 1974, S. 275; *ders.*, Nochmals: Zustimmungspflicht zur Abänderung von Gesellschaftsverträgen bei Personengesellschaften (Rechtsprechungsübersicht)? in: Festschrift Bärmann, 1975, S. 533; *Martinek*, Die Lehre von den Neuverhandlungspflichten, AcP 198 (1998), 329; *Nelle*, Neuverhandlungspflichten, 1993; *Pabst*, Die Mitwirkungspflicht bei der Abänderung der Grundlagen von Personengesellschaften, 1976; *Weipert*, Vorsorgliche Anpassung von Personengesellschaftsverträgen ..., ZGR 1990, 142; *H. P. Westermann*, Die Anpassung von Gesellschaftsverträgen an veränderte Umstände, in: Festschrift Hefermehl, 1976, S. 225; *Zöllner*, Die Anpassung von Personengesellschaftsverträgen an veränderte Umstände, 1979; *ders.*, Die Schranken mitgliedschaftlicher Stimmrechtsmacht bei den privaten Personenverbänden, 1963, S. 345 ff.

Vertragspartner. Da bei den Verbänden des privaten Rechts – sie seien Körperschaften oder Personengesellschaften – der gemeinsame Zweck als Verbandszweck von den Zwecken der Einzelmitglieder losgelöst ist (näher oben, § 4 II 1), ist eine Zweckvereitelung i. S. v. § 726 BGB bei Verbänden ein seltener Ausnahmefall (näher oben, § 4 II 2; unten, § 59 V 1 b). Sehr viel häufiger sind behebbare Störungen. Die Frage ist, ob dann die Anpassung des Gesellschaftsvertrags oder der Satzung an die veränderten Umstände vom Belieben der Mitglieder abhängt (also auch willkürlich verhindert werden kann) oder ob das Gesellschaftsrecht dabei Hilfe leistet.

b) Das Problem wird i. d. R. nur am Beispiel der Personengesellschaft diskutiert. Auch das Material an Gerichtsentscheidungen kommt – gewiß nicht zufällig – aus diesem Bereich. Folgende Ursachen dürften hierfür wesentlich sein:
- das grundsätzliche Erfordernis der Einstimmigkeit (jeder Gesellschafter kann eine Änderung des Gesellschaftsvertrags verhindern, wenn er nicht zur Zustimmung gezwungen wird),
- die meist personalistische Struktur der Gesellschaften (Treupflicht und Geschäftsgrundlage passen in das Rechtsbild der Personengesellschaft),
- die Möglichkeit formloser Vertragsänderungen (Klage und Vollstreckung sind als Sanktionen sinnvoll).

Daß aber das Problem ein allgemein verbandsrechtliches ist und auch außerhalb der Personengesellschaft auftreten kann[208], beweist unser

Beispiel Nr. 48 (vgl. *BGHZ* 98, 276 = NJW 1987, 189; dazu auch unten, § 21 II 3 c): Nach den Übergangsbestimmungen der GmbH-Novelle 1980 waren Altgesellschaften mit weniger als 50000 DM Stammkapital mit Ablauf des 31. 12. 1985 aufgelöst. Sie konnten durch Kapitalerhöhungs- und Fortsetzungsbeschluß in das werbende Stadium rückgeführt werden. Auch konnte bis Ende 1985 die bevorstehende Auflösung durch rechtzeitige Kapitalerhöhung abgewendet werden. War nun in einer gesunden ABC-GmbH der Gesellschafter C an der Versilberung und Auszahlung des Gesellschaftsvermögens interessiert, so mußte er doch der für die Unternehmenserhaltung erforderlichen Kapitalerhöhung zustimmen (unten, § 35 I 2 d). Die gleiche Frage konnte sich nach der deutschen Wiedervereinigung aufgrund des Einigungsvertrages (Anl. I Sachgebiet D Abschn. III Nr. 7) auf dem Boden der neuen Bundesländer mit dem Stichtag zum 1.7. 1995 stellen.

Auch bei Vereinen, Genossenschaften und selbst bei Aktiengesellschaften ist eine Pflicht zur Mitwirkung bei Anpassungsentscheidungen keineswegs generell auszuschließen (vgl. auch zur Treupflicht unten, § 20 IV 2). Bei breit gestreuter Mitgliedschaft wird hier zwar als Regulativ meist das Mehrheitsprinzip ausreichen (vgl. aber zu den Schranken der Mehrheitsherrschaft unten, § 16 II 4). Ein unumstößlicher Grundsatz ist dies aber nicht. Vor allem für den unternehmerisch beteiligten Aktionär dürfte nunmehr feststehen, daß er für das Schicksal der Gesellschaft in besonderem Maße mitverantwortlich ist[209]. Das »Girmes«-Urteil *BGHZ* 129, 136 = NJW 1995, 1739 m. Anm. *Altmeppen* trägt folgenden Leitsatz: »Aufgrund der unter den Aktionären bestehenden Treupflicht ist es dem einzelnen Aktionär nicht

---

208 Rechtsformübergreifend auch der Beitrag von *Alfred Hueck*, ZGR 1972, 236ff.
209 Vgl. *BGHZ* 90, 381 = NJW 1984, 1893 zum Eigenkapitalersatz.

erlaubt, eine sinnvolle und mehrheitlich angestrebte Sanierung der Gesellschaft ... aus eigennützigen Gründen zu verhindern.« Wie immer man über dieses Urteil im einzelnen denkt, es unterstreicht doch die Möglichkeit rechtlicher Anpassungspflichten.

2. Überblick über den Meinungsstand

a) Der *Bundesgerichtshof* bejaht eine Vertragsänderungspflicht bei Personengesellschaften, wenn[210]
- ein besonderer Ausnahmefall vorliegt,
- die Vertragsänderung zur Verwirklichung des Gesellschaftszwecks oder sonst mit Rücksicht auf die Rechtsbeziehungen unter den Beteiligten erforderlich ist und
- die vorgesehene Veränderung dem einzelnen Gesellschafter zumutbar ist.

Dogmatische Grundlage solcher Vertragsänderungspflichten ist nicht die ergänzende Vertragsauslegung[211]. Es kommen vielmehr zwei Institute in Betracht, deren Verhältnis zueinander zweifelhaft ist[212]:
- die Treupflicht[213] und
- der Fortfall der Geschäftsgrundlage (jetzt § 313 BGB)[214].

b) *Flume* sieht die ganze Frage offenbar als ein Scheinproblem an[215]. Er hält es für unrichtig, hier von einem richterlichen Eingriff in Vertragsgestaltungen zu sprechen, und er nennt den Rückgriff auf die gesellschaftliche Treupflicht »geradezu paradox«. Es geht nach *Flume* ausschließlich um ein Problem der ergänzenden Vertragsauslegung. Der Gesellschaftsvertrag ist – ganz ohne Vertragsänderung oder richterlichen Eingriff – nach seiner Auffassung bereits selbst »darauf ausgerichtet, daß er bei Änderung der für die Gesellschaft relevanten Verhältnisse offen für die Anpassung durch ergänzende Auslegung ist«. – Diese Auffassung kann für rein schuldrechtliche Personengesellschaftsverträge akzeptiert werden, nicht aber für Verträge, die Organisationscharakter haben und objektiv auszulegen sind. Sie kann auch die von ihr versprochene Rechtsklarheit nicht zuverlässig herbeischaffen. So sehr nämlich die ergänzende Vertragsauslegung einerseits stärker wirkt als eine Vertragsänderung (weil sie ja ipso iure wirkt), so wenig trägt sie zu dauerhafter

---

210 Vgl. grundlegend *BGH*, LM Nr. 8 zu § 138 HGB = NJW 1961, 724; s. auch *RGZ* 162, 388, 396; *BGHZ* 44, 40, 41; *BGH*, LM Nr. 8 zu § 109 HGB = NJW 1970, 706 = JuS 1970, 357 m. Anm. *Emmerich*; *BGH*, NJW 1985, 974 = JuS 1985, 554; NJW 1987, 952 = JZ 1987, 95 m. Anm. *Westermann* = JuS 1987, 409 m. Anm. *Karsten Schmidt*; eingehende Analyse bei *Zöllner*, Anpassung, a. a. O., S. 25; *Schlegelberger/Karsten Schmidt*, § 105 Rdnrn. 143 ff.; *Staub/Ulmer*, § 105 Rdnrn. 246 f.

211 Dafür aber *Flume*, Personengesellschaft, § 15 IV.

212 Vgl. *Zöllner*, Anpassung, a. a. O., S. 33 ff., 53 ff. m. w. N.

213 Dazu *Zöllner*, Anpassung, a. a. O., S. 32 ff.; *Pabst*, a. a. O., S. 144 ff.; *Alfred Hueck*, ZGR 1972, 240 ff.; scharf ablehnend *Flume*, Personengesellschaft, § 15 IV.

214 Dazu besonders *H. P. Westermann*, a. a. O., S. 236 ff.; *Pabst*, a. a. O., S. 175 ff.

215 *Flume*, Personengesellschaft, § 15 IV; s. auch *Flume*, a. a. O.

Klärung bei, wenn die Bereitschaft von Gerichten, ergänzende Korrekturen vorzunehmen, von Fall zu Fall unsicher bleibt.

c) Jede Vertragsänderungspflicht wird abgelehnt von *Kollhosser*[216]. Nach ihm ist die Pflicht zur Anpassung von Gesellschaftsverträgen dogmatisch verfehlt, interessenwidrig und obendrein überflüssig. Gestützt auf den Grundsatz der Privatautonomie auf der einen und auf die Gesetzesregeln der §§ 133, 140ff. HGB auf der anderen Seite erkennt *Kollhosser* nur drei Lösungswege an:
- entweder einverständliche Vertragsanpassung
- oder Ausschließung des änderungsunwilligen Gesellschafters, wenn die anderen die Gesellschaft auch ohne ihn tragen können,
- oder Auflösung der Gesellschaft.

Diese Auffassung ist mit Recht auf Ablehnung gestoßen[217]. Sie enthält einen richtigen Kern insofern, als sie übertriebene Vorstellungen von der Realisierbarkeit von Anpassungsansprüchen vermeidet: Es wäre unrealistisch, wenn man mit den Anpassungspflichten die Vorstellung verbinden wollte, durch Klage und Vollstreckung lasse sich jeder Anpassungsbedarf praktikabel umsetzen. Die Anpassungspflicht führt nur selten über einen Anpassungsprozeß und ein mit notarieller Gründlichkeit formuliertes Anpassungsurteil zur Anpassungsvollstreckung und auf diese Weise zur Zwangs-Anpassung. Aber ihre Anerkennung ist damit noch lange nicht bedeutungslos. Mit welchem Recht soll schließlich der änderungsunwillige Gesellschafter nach § 140 HGB aus der Gesellschaft ausgeschlossen werden, wenn nicht eine Pflicht zur Anpassung des Vertrags anerkannt werden kann? Und: Ist denn die Anpassung des Gesellschaftsvertrags an veränderte Umstände wirklich ein Bruch mit der privatautonomen Regelung des Gesellschaftsverhältnisses oder nicht vielmehr deren Verwirklichung[218]? Nach dem Grundsatz der Verhältnismäßigkeit hat die Anpassung Vorrang vor der Auflösung des Gesellschaftsverhältnisses, solange nicht eine grundsätzliche Umgestaltung des Gesellschaftsverhältnisses, sondern die Zweckverwirklichung und eine Äquivalenz der Leistungsverhältnisse unter veränderten Umständen angestrebt wird[219].

d) Im Grundsatz ist hiernach der Rechtsprechung zu folgen: Verbandsmitglieder können verpflichtet sein, an einer Satzungs- oder Vertragsänderung mitzuwirken. Versucht man, die Fälle zu systematisieren, so treten drei Fallgruppen in Erscheinung:
- Vorgänge, die den Verbandszweck und seine Verwirklichung berühren,
- Vorgänge, die den Sinn und Zweck einzelner Klauseln berühren,
- Vorgänge, die zu Äquivalenzstörungen in den Leistungsbeziehungen führen.

---

216 A.a.O.; ähnlich *Konzen*, AcP 172 (1972), 336ff.
217 *H. P. Westermann*, a.a.O., S. 227f., 234f.; *Zöllner*, Anpassung, a.a.O., S. 20ff.
218 Ähnlich *Zöllner*, Anpassung, a.a.O., S. 38, gegen *Kollhosser*, in: Festschrift Westermann, a.a.O., S. 284; richtig auch *Reuter*, ZGR 1976, 90.
219 Vgl. auch *OLG Nürnberg*, WM 1958, 710, 714.

Grundlage einer Vertragsänderungspflicht ist bei der ersten Fallgruppe die Treupflicht, bei der dritten und meist auch bei der zweiten das Institut der Geschäftsgrundlage, doch ist vor einer übermäßigen Zuspitzung des Gegensatzes zu warnen: Die Konkretisierung von Treupflichten kann nur im Lichte der verbandsrechtlichen Geschäftsgrundlage erfolgen, und auf Störungen der Geschäftsgrundlage kann nur im Lichte der Treupflichten angemessen reagiert werden.

3. Anpassung, Anpassungsvollzug und Anpassungspflicht

a) Das Problem der Anpassung von Satzungen und Gesellschaftsverträgen an veränderte Umstände ist in erster Linie ein Problem der ordnungsmäßigen Satzungs- oder Vertragsänderung, nicht der Anpassungspflicht. Das Rechtsleben im allgemeinen und das Verbandsleben im besonderen besteht zunächst nicht aus förmlichen Rechtsstreitigkeiten, und auch der Jurist muß sich vor einer rein forensischen Vorstellung vom Gesellschaftsrecht, also vor einer Fixierung auf die Kategorien »Prozeß und Vollstreckung« hüten. Es muß deshalb unterschieden werden zwischen
- der Anpassungsentscheidung der Mitglieder,
- dem förmlichen Anpassungsvollzug und
- der Anpassungspflicht.

b) Die Technik des Anpassungsvollzugs und des Anpassungszwangs ist kompliziert. Die Satzungsänderung bei Vereinen, Kapitalgesellschaften und Genossenschaften kann wirksam nur unter Wahrung strenger Förmlichkeiten durchgeführt werden: durch qualifizierten Mehrheitsbeschluß, der erst mit der Eintragung in das Vereins-, Handels- oder Genossenschaftsregister wirksam wird (§§ 33, 71 BGB, 179ff. AktG, 53f. GmbHG, 16 GenG). Demgegenüber ist die Vertragsänderung bei Personengesellschaften grundsätzlich formlos zulässig, und zwar – vorausgesetzt, daß ein Vertragsänderungswille aller Beteiligten vorhanden ist – selbst dann, wenn der Gesellschaftsvertrag vorschreibt, daß jede Vertragsänderung schriftlich erfolgen muß[220]. Auf diese Weise kann sogar eine unter den Gesellschaftern bestehende Übung verbindliche Kraft erhalten (oben, § 5 I 4 c), und ein förmlicher Vollzug der Vertragsänderung sichert dann nur die dauerhafte Verbindlichkeit auch für Dritte. Weigern sich Gesellschafter, die Verbindlichkeit einer formlosen Vertragsänderung anzuerkennen, so ist hierüber durch Feststellungsklage zu entscheiden[221]. Die Rechtskraft des Feststellungsurteils stellt mit Wirkung unter den Parteien den geänderten Vertragsinhalt klar. Soll dagegen ein änderungsunwilliger Gesellschafter zu einer förmlichen Vertragsänderung gezwungen werden, so geht es um eine von ihm geschuldete Leistung. Eine etwa zu erhebende Klage ist Leistungsklage, gerichtet auf Abgabe einer Willenserklärung. Diese Erklärung wird durch das rechtskräftige Urteil ersetzt (§ 894 ZPO). Zwischen diesen Fallgruppen liegen diejenigen Fälle,

220 *BGH*, LM Nr. 22 zu § 105 HGB = NJW 1966, 826 = WM 1966, 159; s. auch *BGHZ* 49, 364, 366.
221 Charakteristisch *BGH*, LM Nr. 22 zu § 105 HGB = NJW 1966, 826 = WM 1966, 159.

bei denen ein Mehrheitsbeschluß gefaßt ist und lediglich noch die Zustimmung eines von dem Beschluß betroffenen Minderheitsgesellschafters fehlt. Hier kann auf einen besonderen Prozeß verzichtet werden. In dem noch zu behandelnden Urteil *BGH*, NJW 1985, 974 wird ausgesprochen: »Beschließen die Gesellschafter einer Publikumsgesellschaft mit der für Vertragsänderungen gesellschaftsvertraglich vorgeschriebenen ¾-Mehrheit, die Verpflichtung zur Verzinsung von Kapitaleinlagen aufzuheben, so ist dieser Beschluß wirksam, wenn die nicht zustimmenden Gesellschafter aufgrund der gesellschaftlichen Treuepflicht zustimmen müßten.«

c) Bei *Personengesellschaften* kann zweifelhaft sein, ob eine von einem Mitgesellschafter bestrittene Vertragsänderung bereits konkludent durch einverständliche Übung vollzogen oder von ihm nur geschuldet ist. Im Prozeßfall kann sich dann eine eventuelle Klaghäufung empfehlen.

Beispiel Nr. 49: Soll der Gewinn und Verlust in der A & B oHG nach dem schriftlichen Vertrag im Verhältnis 50:50 verteilt werden und wird er, weil sich B aus Gesundheitsgründen nicht an der Geschäftsführung beteiligt, seit Jahren im Verhältnis 60:40 verteilt, so ist die Rechtslage, wenn nunmehr B zu der alten Gewinnverteilung zurückkehren will, außerordentlich zweifelhaft. A wird ggf. auf Feststellung des Verteilungsschlüssels 60:40, hilfsweise auf Zustimmung zur Vertragsänderung, klagen. Sieht das Gericht den Vertrag als stillschweigend geändert an, so wird es dem Hauptantrag stattgeben. War die Änderung der Gewinnverteilung in der Vergangenheit eine einseitige Willkürmaßnahme des A, so wird das Gericht den Hauptantrag abweisen, vielleicht aber dem Hilfsantrag stattgeben, weil es eine Vertragsänderung für die Zukunft als geboten ansieht. Verneint es auch dies, so wird es die Klage insgesamt abweisen.

Bei Körperschaften kann derselbe Effekt durch satzungsbegleitende Nebenabreden bewerkstelligt werden (dazu unter I 5), die gleichfalls konkludent abgeschlossen werden können.

d) Von dem Vollzug einer Anpassung ist die Frage zu unterscheiden, ob die Beteiligten hinsichtlich einzelner Punkte nach § 242 BGB behandelt werden können, als wäre der Vertrag schon geändert.

Beispiel Nr. 50 (nach *BGH*, LM Nr. 8 zu § 109 HGB = NJW 1970, 706 = JuS 1970, 357 m. Anm. *Emmerich*): Bei der Abberufung eines Beirats in einer Kommanditgesellschaft hatte sich eine Gesellschafterin durch ihren Ehemann vertreten lassen, weil sie aus unabwendbaren Gründen an der Teilnahme verhindert war. Der Gesellschaftsvertrag ließ dies nicht zu. Deshalb hatte man die Stimme dieser Gesellschafterin nicht mitgezählt. Zu Unrecht, denn die Gesellschafter wären verpflichtet gewesen, eine solche Vertretung durch entsprechende Regelung im Gesellschaftsvertrag zuzulassen.

Diese Methode kommt in ihrer direkten Wirkung der unter IV 2b besprochenen ergänzenden Vertragsauslegung nahe. Ebensowenig wie diese sorgt sie allerdings für Rechtssicherheit.

e) Wo eine konkludente Vertragsänderung nicht vorliegt, d.h. nicht gewollt oder nicht möglich ist, und auch nicht im Einzelfall mit § 242 BGB geholfen werden kann, ist der Vollzug der Anpassung schwierig. Das gilt insbesondere für die Satzungsänderung bei Kapitalgesellschaften, Vereinen und Genossenschaften, die einer strengen Prozedur bedürfen und erst mit der Registereintragung wirksam werden (vgl. §§ 179ff. AktG, 53f. GmbHG, 33, 71 BGB, 16 VI GenG). Hier einfach die Neinstimmen zu übergehen ist nicht nur bedenklich, sondern auch sinnlos, denn spätestens bei dem Registergericht führt dieser Weg nicht mehr weiter. Einen Registerrichter, der einen nicht gefaßten Beschluß unter Berufung auf § 242 BGB einträgt, wird man nicht finden. So hilft denn – jedenfalls theoretisch – nur die Klage auf Zustimmung und die Vollstreckung nach § 894 ZPO. Praktisch ist es nicht leicht, hier zu einem vollstreckungsfähigen, also hinreichend bestimmten, Urteil zu gelangen, so daß das Ziel darin bestehen wird, den widerstrebenden Gesellschafter zu einer gütlichen Einigung zu bewegen. Den Weg hierzu ebnet die auf dem Änderungspflichtigen lastende Schadensersatzdrohung (vgl. zu den Sanktionen der Treupflicht unten, § 20 IV 4). Nicht ausgeschlossen ist auch, daß die geschuldete Satzungsänderung im Innenverhältnis wie schon vollzogen behandelt wird, denn wenn Übung und Nebenabrede korporative Wirkungen haben können (oben unter I 4 und 5), dann sollte dies bei der Zustimmungspflicht nicht anders sein.

4. Kasuistik

a) Als *erste und wichtigste Fallgruppe* wurde hier die ausgemacht, bei der die Satzungs- oder Vertragsänderung der unveränderten *Verwirklichung des Vertragszwecks* unter veränderten Bedingungen dient.

Beispiel Nr. 51 (nach *BGH*, LM Nr. 8 zu § 138 HGB = NJW 1961, 724): Ist ein Gesellschafter im Interesse der Gesellschaft bereit, wegen persönlicher Zahlungsschwierigkeiten durch Vertrag mit den Mitgesellschaftern aus der Gesellschaft auszutreten, so kann sich hieraus die Verpflichtung der Mitgesellschafter ergeben, dem Ausscheiden zuzustimmen.

Beispiel Nr. 52 (in Anlehnung an *BGHZ* 43, 384; dazu *Konzen*, AcP 172 (1972), 317): Ein geschäftsführender und unbeschränkt haftender Gesellschafter in einer Kommanditgesellschaft ließ sich gegen den Willen eines zweiten Komplementärs und ohne Zustimmung der übrigen Gesellschafter in den Deutschen Bundestag wählen. Daraufhin wurde er mit einer Klage auf Feststellung überzogen, daß diese Tätigkeit pflichtwidrig sei und daß er allen der Gesellschaft entstehenden Schaden zu ersetzen habe. Diese Klage wurde abgewiesen. Nicht vom *BGH* zu entscheiden war die ganz andere Frage, ob der beklagte Gesellschafter jedenfalls zu einer vorübergehenden Modifikation des Vertrages verpflichtet war. Dies hätte bejaht werden müssen[222].

Beispiel Nr. 53 (nach *BGH*, NJW 1985, 974 = JuS 1985, 554 m. Anm. *Karsten Schmidt*): Um das Unternehmen zu erhalten, beschlossen die Kommanditisten einer Publikums-KG mit der im Gesellschaftsvertrag für Vertragsänderungen vorgeschriebenen qualifizierten Mehrheit, daß die im Gesellschaftsvertrag vorgesehene Verzinsung von Einlagen und Darlehen ausgesetzt sein solle. Da dies ein Eingriff in den Kernbereich der Mitgliedschaft war, bedurfte der Beschluß grundsätzlich der Zustimmung aller betroffenen Gesellschafter (vgl. dazu unten, § 16 III 3b bb). Mehrere Kommanditisten hatten die Zustimmung verweigert und klagten auf Zinszahlung. Die Klage blieb erfolglos, denn der vorüberge-

222 Vgl. *Zöllner*, Anpassung, a. a. O., S. 45.

hende Zinsverzicht hatte den Zweck, das Unternehmen zu erhalten, und war den Gesellschaftern auch zumutbar.

Beispiel Nr. 54 (nach *BGH*, NJW 1987, 952 = JuS 1987, 409 m. Anm. *Karsten Schmidt* = JZ 1987, 95 m. Anm. *Westermann*; dazu auch *Weißer*, ZGR 1990, 142): Die Gesellschafter einer umsatzstarken und erfolgreichen oHG waren 70 und 65 Jahre alt. Der 70jährige Kläger verlangte vom 65jährigen Beklagten Zustimmung zu einer Anteilsübertragung auf seinen Sohn. Der *Bundesgerichtshof* entschied: »Wenn es die Vorsorge für die Zukunft des Gesellschaftsunternehmens erfordert, kann der Gesellschafter einer oHG aus dem Gesichtspunkt der gesellschaftsrechtlichen Treuepflicht gehalten sein, auf Verlangen seines Mitgesellschafters zuzustimmen, daß dieser seine Stellung als persönlich haftender Gesellschafter schon bei Lebzeiten auf seinen zur Nachfolge berufenen Erben überträgt.«

Der Variationenreichtum der Praxis ist groß. So hat z. B. der *Bundesgerichtshof* entschieden, daß ein Gesellschafter einer durch Tod aufgelösten oHG aus dieser ausscheiden muß, wenn die anderen volle Entschädigung anbieten und selbst die Gesellschaft fortführen wollen (dazu auch unten, § 20 IV 2)[223]. Auch dies ist eine Vertragsänderung, die der Unternehmenserhaltung dient. Auf die Anpassung alter GmbH-Verträge an das neu festgesetzte Mindeststammkapital wurde schon unter IV 1 b hingewiesen.

b) Die zweite Gruppe der gebotenen Änderungen betrifft Fälle, bei denen nicht das Vertragsganze, sondern *nur eine einzelne Vertragsklausel* von der Geschäftsgrundlagenänderung betroffen ist.

Beispiel Nr. 55 (nach *BGH*, NJW 1974, 1656 m. Anm. *Reuter*, ZGR 1976, 88): Gehören Eheleute zu einer Personengesellschaft und ist die Ehefrau eines Gesellschafters im Fall seines Todes durch Nachfolgeklausel als Nachfolgerin von Todes wegen berufen, so kann im Fall der Ehescheidung eine Vertragsänderungspflicht bestehen. Nachfolgeklauseln stehen allgemein unter dem Risiko, daß sie später leer laufen, denn sie setzen voraus, daß der Berufene gleichzeitig Erbe ist (näher unten, § 45 V 4, 5). Es liegt nahe, daß bei einer solchen Vertragsklausel eine Anpassung unentbehrlich werden kann.

c) Besonders schwierig sind die *Äquivalenzstörungsfälle* zu beurteilen.

Beispiel Nr. 56 (nach *BGHZ* 44, 40): Der geschäftsführende Gesellschafter, der eine Festvergütung erhielt, verlangte deren Erhöhung und klagte gegen die Mitgesellschafter auf Zustimmung zur Vertragsänderung. Der *BGH* wies die Klage ab: »Ein Gesellschafter ist unter dem Gesichtspunkt der Treuepflicht nur in besonderen Ausnahmefällen gehalten, einer Erhöhung der einem geschäftsführenden Gesellschafter gesellschaftsvertraglich zugesagten Tätigkeitsvergütung zuzustimmen.« Diesen Ausführungen wird man insofern folgen müssen, als sich eine Vertragsänderungspflicht in derartigen Fällen überhaupt nicht aus der Treupflicht der Gesellschafter, sondern allenfalls aus einem Fortfall der Geschäftsgrundlage ergibt. Eine Anpassungspflicht kann sich ausnahmsweise auch da ergeben, wo die Treupflicht nicht weiterhilft. Die Begründung des BGH-Urteils ist demgemäß unvollständig. Richtig ist allerdings, daß eine fehlende Wertsicherung im Gesellschaftsvertrag nicht ohne weiteres durch eine Vertragsänderungspflicht ersetzt werden kann. Die Gesellschafter müssen hier in erster Linie selbst Vorsorge treffen[224].

---

223 *BGH*, NJW-RR 1986, 256 = JuS 1986, 407 m. Anm. *Karsten Schmidt.*

224 Zur Wertsicherung des Geschäftsführergehalts vgl. *Dürkes*, Wertsicherungsklauseln, 10. Aufl. 1992, Rdnr. D 36f.

5. Mitwirkungspflichten in der Krise und Insolvenz

a) Besonders schwierig und umstritten ist naturgemäß die Frage, inwieweit es Pflichten zur *Mitwirkung an Sanierungs- oder Abwicklungsmaßnahmen* in insolventen Unternehmen gibt. Die Treubindung verpflichtet kein Mitglied zur Unternehmenserhaltung um jeden Preis, aber sie verbietet dem einzelnen, eine sinnvolle und mehrheitlich angestrebte Sanierung eigennützig zu verhindern. Auf das Urteil *BGH*, NJW 1985, 974 = JuS 1985, 554 wurde bereits hingewiesen. Nach dem aktienrechtlichen »Girmes«-Urteil *BGHZ* 129, 136 = NJW 1995, 1739 m. Anm. *Altmeppen* ist es auch einem Aktionär nicht erlaubt, eine sinnvolle und mehrheitlich angestrebte Sanierung der Gesellschaft – einschließlich einer zum Sanierungskonzept gehörenden Kapitalherabsetzung – aus eigennützigen Gründen zu verhindern. Bei *BGH*, NJW-RR 1989, 993 wurde auf der anderen Seite entschieden, daß die Kommanditisten einer Publikumsgesellschaft jedenfalls bei Fehlen einer Mehrheit nicht gehalten sind, einer Kapitaländerungsmaßnahme zuzustimmen. Es wird auf folgende Fragen ankommen[225]:

- Wird, wenn die hier beabsichtigte Sanierungsmaßnahme scheitert, der Zusammenbruch der Gesellschaft unvermeidlich?
- Wäre im Fall eines Zusammenbruchs der Gesellschaft die Stellung des einzelnen Gesellschafters (mindestens) ebenso ungünstig wie bei einem Austritt aus der fortbestehenden Gesellschaft?
- Ist objektiv zu erwarten (nicht bloß subjektiv zu hoffen), daß eine Durchführung der Sanierungsmaßnahme die Verfolgung des Gesellschaftszwecks nachhaltig sicherstellt und den Interessen aller Gesellschafter – auch der widerstrebenden – entspricht?
- Ist das Gebot der Verhältnismäßigkeit gewahrt, d. h.: Steht der beabsichtigte Eingriff in einer vernünftigen Relation zu den Vorteilen für Gesellschaft und Gesellschafter, und wäre nicht eine schonendere Sanierung möglich?

Einem Gesellschafter, der unter solchen Umständen überstimmt wird, bleibt nur die Möglichkeit, aus der Gesellschaft auszutreten oder der mehrheitlich beschlossenen Regelung doch noch zuzustimmen. Besteht die Maßnahme in einer Kapitalerhöhung, so muß der Gesellschafter abwägen, ob er von seinem Bezugsrecht Gebrauch macht und ein entsprechendes Opfer bringt (vgl. zum Bezugsrecht unten, § 29 III 2 d) oder ob er sich mit einer künftig geringeren Kapitalquote begnügt. Der notwendigen Kapitalerhöhung widersetzen darf er sich nicht, ebensowenig einer damit evtl. notwendig verbundenen nominellen Kapitalherabsetzung. Besonders gilt dies, wenn eine Sanierung der Gesellschaft in einem bedingten Insolvenzplan nach § 249 InsO an die Fassung eine Fortsetzungs- und Kapitaländerungsbeschlusses aufschiebend bedingt gekoppelt ist.

225 *Karsten Schmidt*, ZIP 1980, 336; *ders.*, ZGR 1982, 524 f.; vgl. seither *Eidenmüller*, a. a. O., S. 609 ff.; 650 ff.; 778 f., 801 ff.; *Häsemeyer*, ZHR 160 (1996), 109 ff.; *Marsch-Barner*, ZIP 1996, 853.

b) Nicht mit der Zustimmungspflicht zu verwechseln ist die Frage, ob *Nachschußpflichten* bestehen. Grundsätzlich kann auch bei der Anpassung der Satzung oder des Gesellschaftsvertrags an veränderte Umstände kein Mitglied zu neuen Vermögensopfern gezwungen werden. Zu den allgemeinen Grundsätzen des Verbandsrechts gehört nämlich der, daß kein Mitglied gegen seinen Willen über die eingegangenen Verpflichtungen hinaus Beiträge leisten muß (vgl. §§ 707 BGB, 53 III GmbHG; näher unten, § 16 III 3 b cc). Dies gilt selbst in Krisensituationen[226]. Das Preußische Allgemeine Landrecht von 1794[227] kannte noch die Möglichkeit, einen Gesellschafter aus der Gesellschaft auszuschließen, wenn er nicht so viel an Beiträgen nachschoß, wie zur Erreichung des gemeinsamen Zwecks erforderlich sei. Ähnliches schlug vor einer Reihe von Jahren die Insolvenzrechtskommission vor[228]. Geltendem Recht entspricht dies nicht. Vielmehr kann ein Mitglied nur dann vor die Alternative »Nachschüsse oder Ausschließung« gestellt werden, wenn die Verweigerung von Nachschüssen ausnahmsweise treuwidrig sein sollte.

c) Die Mitwirkungspflichten in der Insolvenz können nicht nur auf Sanierung der Gesellschaft zielen, sondern auch auf eine *Auflösung und interessengerechte Abwicklung* der Gesellschaft.

Beispiel Nr. 57 (in Anlehnung an *BGH*, LM Nr. 13 zu § 161 HGB = NJW 1960, 434): Es stellt sich heraus, daß die wirtschaftliche Lage der K-KG aussichtslos und eine Insolvenz auf Dauer unvermeidlich ist. In diesem Fall können die Gesellschafter verpflichtet sein, die Auflösung der Gesellschaft zu beschließen und einem Verkauf des Unternehmens zuzustimmen, sofern dieser einen den Umständen nach optimalen Erlös und ein Höchstmaß an Gläubigerbefriedigung verspricht.

Bei all dem ist streng zwischen den Pflichten der Gesellschafter im Innenverhältnis und im Außenverhältnis zu unterscheiden. Gesetzliche Sanierungspflichten gegenüber den Gläubigern kennt das Gesellschaftsrecht grundsätzlich nicht[229].

---

226 *Karsten Schmidt*, ZIP 1980, 335.

227 § 190 I 17: »Zu mehreren Beyträgen aber, als wozu ein jeder Mitgenosse sich ausdrücklich verbunden hat, kann derselbe, auch unter veränderten Umständen, von den übrigen nicht angehalten werden.« § 191 I 17: »Findet jedoch ohne dergleichen mehreren Beytrag die Erreichung des gemeinsamen Endzwecks gar nicht statt: so kann das weigernde Mitglied zum Austritte aus der Gesellschaft angehalten werden.«

228 Erster Bericht der Kommission für Insolvenzrecht, 1985, Leitsatz 2.4.9.5.; zur Problematik vgl. *Karsten Schmidt*, in: Verhandlungen des 54. DJT I, 1982, S. D 83; *ders.*, ZGR 1986, 199f.; *Ulmer*, ZHR 149 (1985), 550f.

229 *BGH*, DB 1996, 1028 = ZIP 1996, 637.

§ 6 Verbände auf fehlerhafter Vertragsgrundlage*

I. Allgemeine Grundlagen

1. Grundsatz

a) Nach der allgemeinen Rechtsgeschäftslehre können Verträge nichtig, unwirksam oder anfechtbar sein. Die Nichtigkeit oder Unwirksamkeit beseitigt zwar nicht, wie bisweilen angenommen wird, den Vertragstatbestand, aber sie nimmt dem Vertrag die gewollten Rechtswirkungen. Für Satzungen und Gesellschaftsverträge gilt dies nicht uneingeschränkt. Die *sog. Lehre von*

* Literatur (Auswahl): *Battes*, Rechtsformautomatik oder Willensherrschaft? AcP 174 (1974), 429ff.; *Beitzke*, Nichtigkeit, Auflösung und Umgestaltung von Dauerrechtsverhältnissen, 1948; *Betti*, Über sog. faktische Vertragsverhältnisse, in: Festschrift Lehmann I, 1956, S. 253; *Canaris*, Die Vertrauenshaftung im deutschen Privatrecht, 1971; *Cohn*, Die nichtige offene Handelsgesellschaft im Rechtsverkehr und der Gläubigerschutz, 1930; *Dörr*, Die fehlerhafte GmbH, 1988; *Goette*, Fehlerhafte Personengesellschaftsverhältnisse in der jüngeren Rechtsprechung des Bundesgerichtshofs, DStR 1996, 266; *Hartmann*, Der fehlerhafte Vertrag über das Ausscheiden aus einer Personengesellschaft, in: Festschrift Schiedermair, 1976, S. 257; *Haupt*, Über faktische Vertragsverhältnisse, in: Festschrift Siber II, 1940, S. 1; *Hübner*, Zum Abbau von Nichtigkeitsvorschriften, in: Festschrift Wieacker, 1978, S. 399; *Alfred Hueck*, Mängel des Gesellschaftsvertrages bei der offenen Handelsgesellschaft, AcP 149 (1944), 1; *Kort*, Bestandsschutz fehlerhafter Strukturänderungen im Kapitalgesellschaftsrecht, 1998; *Kuhn*, Das Problem der Gründungs- und Beitrittsmängel bei Personengesellschaften, JR 1951, 513; *Lambrecht*, Die Lehre vom faktischen Vertragsverhältnis, 1994; *Lehmann*, Faktische Vertragsverhältnisse, NJW 1958, 1; *Möschel*, Das Außenverhältnis der fehlerhaften Gesellschaft, in: Festschrift Hefermehl, 1976, S. 171; *Müller-Graff*, Die Außenhaftung des Kommanditisten bei fehlerhaftem KG-Eintritt, JuS 1979, 24; *Nikisch*, Über »Faktische Vertragsverhältnisse«, in: Festschrift Dölle I, 1963, S. 79; *Paschke*, Die fehlerhafte Korporation, ZHR 155 (1991), 1; *Pörnig*, Die Lehre von der fehlerhaften Gesellschaft, 1999; *Reindl*, Zur Haftung des fehlerhaft eingetretenen Gesellschafters, in: Festschrift Demelius, 1973, S. 427; *Rödig*, Bereicherung ohne Rechtfertigung durch Gesellschaftsvertrag, 1972; *Röwer*, Fehlerhafte Innengesellschaften, in: Beiträge zum Gesellschafts- und Notarrecht, 1997, S. 115; *Ronke*, Die Rechtsprechung des BGH zur fehlerhaften Gesellschaft, in: Festschrift Paulick, 1973, S. 55; *Karsten Schmidt*, Zur Stellung der oHG im System der Handelsgesellschaften, 1972; *ders.*, Fehlerhafte Gesellschaft und allgemeines Verbandsrecht, AcP 186 (1986), 421; *ders.*, Grenzen des Minderjährigenschutzes im Handels- und Gesellschaftsrecht, JuS 1990, 517; *ders.*, Europäisches Kartellverbot und »fehlerhafte Gesellschaft«, in: Festschrift Mestmäcker, 1996, S. 763; *Schulze-Osterloh*, Das Prinzip der gesamthänderischen Bindung, 1972; *Schwintowski*, Grenzen der Anerkennung fehlerhafter Gesellschaften, NJW 1988, 601; *Siebert*, Die »faktische« Gesellschaft, in: Festschrift Hedemann, 1938, S. 266; *ders.*, Faktische Vertragsverhältnisse, 1958; *Simitis*, Die faktischen Vertragsverhältnisse ..., 1957; *Ulmer*, Die Lehre von der fehlerhaften Gesellschaft ..., in: Festschrift Flume II, 1978, S. 301; *Hansjörg Weber*, Zur Lehre von der fehlerhaften Gesellschaft, 1978; *Wiedemann*, Die Übertragung und Vererbung von Mitgliedschaftsrechten bei Handelsgesellschaften, 1965; *Wiesner*, Die Lehre von der fehlerhaften Gesellschaft, 1980.

der fehlerhaften Gesellschaft besagt, daß ein ins Leben getretener Verband auch dann rechtswirksam entstanden sein kann, wenn der Entstehungsakt – Satzungserrichtung oder Gesellschaftsvertrag – an Mängeln leidet, die (z.B. nach §§ 116ff. BGB) zur Nichtigkeit oder Unwirksamkeit des Gesellschaftsvertrags bzw. der Satzung führen müßten. Es kann dann weder nach außen hin geltend gemacht werden, die Gesellschaft sei niemals entstanden, noch muß die Gesellschaft im Innenverhältnis als Rechtsverhältnis auf nichtiger Grundlage nach den §§ 812ff. BGB abgewickelt werden. Das Bedürfnis nach solchen Regeln liegt auf der Hand: Verbände und Kooperationsverhältnisse, die tatsächlich ins Leben getreten sind, können nicht einfach aus Rechtsgründen als inexistent angesehen werden. Das Problem der fehlerhaften Gesellschaft besteht darin, die soziale Wirklichkeit des Verbandes mit den Maßstäben des Vertragsrechts zu versöhnen. Die Lehre von der fehlerhaften Gesellschaft ist ein Versuch, dieses Problem zu lösen.

Beispiel Nr. 1: Angenommen, es ist von den Gesellschaftern A, B und C eine oHG gegründet und seit dem 2.1. in Gang gesetzt worden, so sind das Unternehmen und der unternehmenstragende Verband in der Welt. Es wird nach außen gehandelt, es werden nach innen Beschlüsse gefaßt und verteilungsfähige Gewinne (oder Verluste) erwirtschaftet. Stellt sich nun heraus, daß sich der A in einem Inhaltsirrtum über die Gewinnverteilungsregelung befunden hat und daß der Vertrag privatschriftlich abgeschlossen worden ist, obgleich die Einlage des B in einem Betriebsgrundstück besteht, so fragt sich, ob das Gesellschaftsverhältnis ex tunc vernichtbar (§§ 142, 119 BGB) oder gar anfänglich nichtig ist (§§ 125, 311 b BGB). Die Nichtigkeit des *Gesellschaftsvertrags* ergibt sich aus dem Gesetz, aber das Gesellschafts*verhältnis* ist damit nicht ohne weiteres beseitigt. Das Institut der fehlerhaften Gesellschaft läßt die Gesellschaft als zwar fehlerhaft, aber als existent und wirksam erscheinen.

b) Von der fehlerhaften Gesellschaft ist die *Teilnichtigkeit von Gesellschaftsverträgen* zu unterscheiden[1]. Hierbei geht es nicht um die unwirksame Konstituierung eines Verbandes, sondern um die Unwirksamkeit einzelner Regelungen. Fragen der Teilnichtigkeit können mit Hilfe des § 139 BGB und der ergänzenden Vertragsauslegung bewältigt werden[2]. Nur wenn der verbandskonstituierende Akt als solcher – d.h. die Errichtung des Verbandes durch Gesellschaftsvertrag oder Satzung – nichtig bzw. unwirksam ist, kann von einer fehlerhaften Gesellschaft gesprochen werden. Im Gesellschaftsrecht führt die Nichtigkeit einzelner Vertragsklauseln regelmäßig nicht zur Gesamtnichtigkeit der Satzung bzw. des Vertrages[3]. Zu weit gehende Vertragsklauseln können sogar im Wege der geltungserhaltenden Reduktion korrigiert werden (dazu vgl. § 5 I 4 d). Kann der Gesellschaftsvertrag auf diese Weise aufrechterhalten werden, so liegt keine fehlerhafte Gesellschaft vor. Dies entspricht regelmäßig dem Willen der Beteiligten. Die meisten Verträge über Personengesellschaften und Gesellschaften m.b.H. enthalten überdies ausdrücklich eine salvatorische Klausel wie: »Sollten einzelne Bestimmungen dieses Vertrages ganz oder teilweise unwirksam sein oder sollte sich in dem Vertrag eine Lücke befinden, so wird hierdurch die Gültigkeit des Vertrages

1 Dazu *Pierer von Esch*, Teilnichtige Rechtsgeschäfte, 1968, S. 118ff.
2 Vgl. *BGHZ* 47, 293, 301; *Flume*, Personengesellschaft, § 2 III.
3 *BGHZ* 49, 364, 365.

nicht berührt. An die Stelle der unwirksamen Bestimmung oder der Lücke soll eine angemessene Regelung treten, die dem am nächsten kommt, was die Gesellschafter bei Kenntnis der Unwirksamkeit oder Lücke redlicherweise nach dem Sinn und Zweck dieses Vertrages vereinbart hätten.«

Beispiel Nr. 2: Verstößt in einem GmbH- oder KG-Vertrag ein gesellschaftsvertragliches Wettbewerbsverbot gegen das Kartellverbot des Art. 81 EGV bzw. des § 1 GWB, so ist diese Vertragsklausel unwirksam, nicht aber ist die ganze Gesellschaft fehlerhaft (*Karsten Schmidt*, in: Festschrift Mestmäcker, 1996, S. 763).

Beispiel Nr. 3 (nach *BGHZ* 8, 157): Apotheker A hatte den Apotheker Dr. U still an seiner realkonzessionierten Apotheke beteiligt, und zwar dergestalt, daß Dr. U schuldrechtlich am Unternehmensvermögen beteiligt sein und auch Mitspracherechte erhalten sollte. Intern war die Gesellschaft ähnlich wie eine oHG ausgestaltet. Für den Fall einer Auflösung der Gesellschaft war eine Grundstücksübertragung vereinbart, und die aus diesem Grunde gebotene Form § 311 b BGB (damals § 313 BGB) war nicht gewahrt. Damit wies der Vertrag einen gravierenden Mangel auf, aber dieser hinderte nicht das Entstehen einer fehlerhaften Gesellschaft. Die Gesellschaft war vorhanden, nur die Verpflichtung zur Grundstücksübereignung war zu verneinen.

2. Die dogmatischen Grundlagen: faktische Gesellschaft, fehlerhafte Gesellschaft oder Scheingesellschaft?

Das Schlagwort »fehlerhafte Gesellschaft« – man spräche besser vom »fehlerhaften Verband« – beschreibt zunächst nur ein *Problem*: Was wird aus einem fehlerhaft errichteten Verband? Diese Frage kann von ganz unterschiedlichen Standpunkten her unterschiedlich beantwortet werden.

a) Die *Doktrin von den »faktischen Vertragsverhältnissen«* im allgemeinen und den »faktischen Gesellschaften« im besonderen[4] geht davon aus, daß die Regeln des BGB über Rechtsgeschäfte in bestimmten sozialen Bereichen ausgedient haben. Vor allem *Siebert* hat in den 30er Jahren den Versuch unternommen, die Gegenüberstellung von Gesellschaften mit und ohne vertragliche Grundlage zu überwinden und für sie alle eine gemeinsame Grundlage zu finden[5]. Er sah diese Grundlage in einer »eigentümlich unternehmens- und verbandsrechtlichen Betrachtungsweise«, die die Gründung als »körperschaftliche Schöpfungshandlung« und nicht als Vertrag erscheinen lasse. Die Ähnlichkeit mit dem Ansatz *Otto von Gierkes* (oben, 5 I 1 b) ist auffallend, aber damit steht auch schon fest, warum sich dieser Ansatz nicht hat durchsetzen können[6]: Indem die Lehre von der faktischen Gesellschaft den sozialen Tatbestand über den Vertragstatbestand stellt, hebt sie das ganze Funktions- und Schutzsystem der allgemeinen Rechtsgeschäftslehre aus den Angeln; indem sie pathologische Fälle in den Rang eines Prinzips erhebt, gibt sie bewährte Rechtsmechanismen voreilig preis.

4 *Haupt, Siebert, Simitis*, alle a.a.O.
5 *Siebert*, in: Festschrift Hedemann, a.a.O., S. 266ff., insbes. S. 287ff.; *ders.*, DRW 1936, 225ff.; vgl. zum folgenden die Analyse bei *Karsten Schmidt*, a.a.O., S. 155ff.
6 Vgl. nur *BGHZ* 11, 190f.; eingehend *Lambrecht*, a.a.O., S. 125ff.; s. auch *Kort*, a.a.O., S. 5ff.

b) Die *Lehre von der fehlerhaften Gesellschaft* muß von dieser Lösung unterschieden werden[7]. Sie hält an der rechtsgeschäftlichen Grundlage der Verbände fest und versagt nur den Nichtigkeitsgründen die Anerkennung. Damit ist ihr Kompromißcharakter deutlich: Dem Vertragsrecht des BGB wird nicht insgesamt der Gehorsam versagt, wohl aber werden Nichtigkeitsfolgen ausgeschaltet, wo sie mit den Belangen der Verbandsordnung unvereinbar sind. Diese Auffassung hat sich weitgehend durchgesetzt.

c) Allerdings ist auch die Lehre von der fehlerhaften *Gesellschaft nicht unbestritten*. Nach manchen schießt sie immer noch über das Ziel hinaus und sollte durch eine Rechtsscheinhaftung im Außenverhältnis ersetzt werden[8]. Das würde bedeuten, daß die fehlerhafte Gesellschaft nicht als ein rechtswirksamer Verband behandelt, sondern nur zugunsten Gutgläubiger einem solchen Verband gleichgestellt würde. Für das Innenverhältnis wird eine Modifikation der Bereicherungsansprüche vorgeschlagen[9]. Dieser Auffassung ist entgegenzuhalten, daß mit bloßen Rechtsscheinerwägungen und mit bloßen Korrekturen im Recht des Bereicherungsausgleichs das verbandsrechtliche Problem der fehlerhaften Gesellschaft nicht praxisgerecht bewältigt werden kann. Fehlerhafte Gesellschaftsverhältnisse können jahrelang bestehen; nicht Rechtsschein und guter Glaube, sondern die tatsächliche Durchführung des Verbandsrechtsverhältnisses bestimmt ihre äußere Existenz, und die Vorgänge im Innenverhältnis (Schaffung von Anlage- und Umlaufvermögen, Einlagen und Entnahmen, Ergebnisverteilungen und Ausschüttungen etc.) können Fakten schaffen, die nicht bereicherungsrechtlich entwirrt, sondern nur noch gesellschaftsrechtlich auseinandergesetzt werden können und sollten. Die Lehre von der fehlerhaften Gesellschaft ist nicht zu entbehren. Sie wird bei *BGHZ* 55, 5, 8 mit Recht als »gesicherter Bestandteil des Gesellschaftsrechts« bezeichnet.

d) Damit ist eine klare *Unterscheidung zwischen der fehlerhaften Gesellschaft und der bloßen Scheingesellschaft* geboten, beispielsweise also auch zwischen dem fehlerhaften Beitritt eines Gesellschafters zu einer Gesellschaft und dem nur haftungsbegründenden Rechtsschein eines solchen Beitritts[10]. Die fehlerhafte Gesellschaft ist als Verband wirksam ins Leben getreten, der fehlerhaft beigetretene Gesellschafter ist wirklich Gesellschafter (vgl. unter III 2). Um ein bloßes »als Ob«, um bloße Rechtsscheinhaftung geht es bei der fehlerhaften Gesellschaft nicht.

---

7 Mißverständlich die Terminologie in der früheren BGH-Rechtsprechung; dort ist mit der »faktischen« eine »fehlerhafte« Gesellschaft gemeint; vgl. *BGHZ* 3, 285; 8, 157; 11, 190; klarstellend dann *BGH*, LM Nr. 19 zu § 105 HGB m. Anm. *Fischer*.

8 Vgl. *Canaris*, a. a. O., S. 120ff., 167ff., 447ff.; *Schulze-Osterloh*, a. a. O., S. 278; *Möschel*, a. a. O., S. 187f.; *Hansjörg Weber*, a. a. O., S. 159ff., 171ff.; *Reindl*, a. a. O.; *Müller-Graff*, JuS 1979, 28f.

9 Vgl. mit Unterschieden im einzelnen *Rödig*, a. a. O., S. 61ff.; *Schulze-Osterloh*, a. a. O., S. 272ff.; *Hansjörg Weber*, a. a. O., S. 102ff.

10 Vgl. zu den Voraussetzungen dieser Haftung vgl. BGHZ 146, 341ff. = NJW 2001, 1056ff.

3. Die Begründung der Lehre von der fehlerhaften Gesellschaft

Die *Versuche einer dogmatischen Begründung* sind vielgestaltig[11]. Die Rechtsprechung stützt sich im wesentlichen auf *Argumente des Bestandsschutzes der Gesellschaft und des Verkehrsschutzes*[12]. Die ältere Rechtsprechung stellte allein auf den Verkehrsschutz ab und beschränkte den Schutz auf Dritte; ihnen gegenüber sollten die Gesellschafter gehindert sein, sich auf die Nichtigkeit zu berufen, während es im Innenverhältnis bei der Nichtigkeitsfolge bleiben sollte[13]. Damit stand die ältere Rechtsprechung der Rechtsscheinbetrachtung nahe, die hier als unzureichend kritisiert wurde. Immerhin sagte schon RG, JW 1935, 2617, auch unter den Beteiligten könne ein in Vollzug gesetzter nichtiger Gesellschaftsvertrag nicht folgenlos sein. Den entscheidenden Schritt tat dann das Reichsgericht im Fall *RGZ* 165, 193, bei dem es um einen angefochtenen KG-Vertrag ging. Auf S. 206 dieses Urteils kam das *RG* zu dem Ergebnis, »daß bei schon in Vollzug gesetzten gesellschaftsrechtlichen Gebilden wie offenen Handelsgesellschaften und Kommanditgesellschaften Willensmängel (Irrtum, arglistige Täuschung, widerrechtliche Drohung) nur in der Rechtsform der Auflösung aus wichtigem Grunde nach Maßgabe der §§ 133 ff. HGB Beachtung finden können«. Damit war der Grund gelegt für die heutige Rechtsprechung zum Recht der fehlerhaften Gesellschaft. Diese hebt meistens im Einzelfall hervor, daß eine Leugnung des Gesellschaftsverhältnisses zu ungerechten Ergebnissen führen müßte.

Die tragenden Erwägungen sind damit treffend herausgestellt[14], aber offen bleibt doch die Grundsatzfrage, warum gerade im Gesellschaftsrecht Verkehrsschutz und Bestandsschutz eine so überragende Bedeutung haben. Nun hat bereits *Otto von Gierke* in dem organisationsrechtlichen und personenrechtlichen Moment die Besonderheit der Satzungen und Gesellschaftsverträge erkannt[15], und genau hier muß man auch heute ansetzen[16]. *Gierke* hatte daraus die Folgerung abgeleitet, die Regeln über die Unwirksamkeit von

11 Vgl. die umfassende Übersicht bei *Wiesner*, a.a.O., S. 42ff.; die Aneinanderreihung bei *Wiesner* berücksichtigt nicht immer hinreichend die Verschiedenheit der Ebenen und unterscheidet die dogmatische Ansiedelung (z.B.: Beschränkung der Nichtigkeitsfolgen) nicht deutlich genug von der materialen Wertung (z.B.: Bestandsschutz); die vom Verf. vertretene »Lehre von der gewollten Mitunternehmerschaft« führt nach *Wiesner* als Begründung fehlerhafter Gesellschaftsverhältnisse »nicht weiter« (a.a.O., S. 57); das kann nicht verwundern, denn es geht bei der »gewollten Mitunternehmerschaft« um den Mindesttatbestand der fehlerfreien Gesellschaft, nicht um eine Rechtfertigung der fehlerhaften Gesellschaft (vgl. *Karsten Schmidt*, a.a.O., S. 185; s. auch *Hübner*, ZHR 145 (1981), 86).

12 *BGHZ* 3, 285, 288; 13, 320, 324; 55, 5, 8; 62, 20, 26f.; *BGH*, NJW 1983, 748 = JuS 1983, 468 m.Anm. *Karsten Schmidt*; eingehender Überblick bei *Pörnig*, a.a.O., S. 42ff.; *Wiesner*, a.a.O., S. 42ff.

13 *RGZ* 51, 33, 37; 76, 439, 441; 93, 227, 228; 142, 98, 108; 145, 155, 158; Überblick bei *Wiesner*, a.a.O., S. 35.

14 Ablehnend freilich *Flume*, Personengesellschaft, § 2 III.

15 *Gierke*, Genossenschaftstheorie, S. 470ff.

16 Vgl. *Flume*, Personengesellschaft, § 2 III; *Baumbach/Hopt*, § 105 Rdnr. 76; *Soergel/Hadding*, 11. Aufl., § 705 Rdnr. 88; *Ulmer*, a.a.O., S. 308ff.; *Wiesner*, a.a.O., S. 81ff.; nichts mit solchen dogmatischen Überlegungn anzufangen weiß *Grunewald*, Rdnr. 1 A 156: »sehr abstrakte« und »für die juristische Handhabung auch wenig griffige Überlegungen«.

Verträgen könnten überhaupt keine Anwendung finden. Die Lehre von der fehlerhaften Gesellschaft führt diese zu weit gehende These auf ihren berechtigten Kern zurück: *Die Regeln über die Rechtsfolgen der Vertragsnichtigkeit bzw. -unwirksamkeit bedürfen der Modifikation*, soweit sie auf mitgliedschaftliche Rechtsverhältnisse nicht passen. Die mitgliedschaftlich angelegte Verbandsverfassung unterscheidet die fehlerhafte Gesellschaft von fehlerhaften Verpflichtungs- und Verfügungsgeschäften. Diese können nach dem BGB außer Vollzug gesetzt bzw. rückabgewickelt werden, die mitgliedschaftliche Verbandsverfassung kann es im allgemeinen nicht. Das ist die Grundlage für das *allgemeine* Institut der fehlerhaften Verbände. Eine *andere*, davon unabhängige, Grundlage ist die konstitutive Verleihung der Rechtsfähigkeit oder Registrierung, durch die eine juristische Person entsteht. Das gilt nicht nur für rechtsfähige Verbände[17], aber doch auch für sie. Der fehlerhaft errichtete Verband kann also
- kraft Staatsakts oder
- kraft Vollzugs

wirksam sein. Beides ist bisweilen hintereinandergeschaltet, etwa wenn eine GmbH oder Aktiengesellschaft zunächst fehlerhaft gegründet, dann als Vorgesellschaft bereits in Vollzug gesetzt und schließlich trotz ihrer Fehlerhaftigkeit sogar eingetragen wird. Die Wirksamkeit kraft Staatsakts – insbesondere kraft konstitutiver Registereintragung – geht weiter als die Wirksamkeit kraft Vollzugs. Sie kann ohne Formalakt, d.h. ohne Löschungs- oder Nichtigkeitsverfahren, nicht aus der Welt geschafft werden.

II. Der Anwendungsbereich

1. Fehlerhafte Satzungen bei Kapitalgesellschaften, Genossenschaften und Vereinen

a) Eingetragene Kapitalgesellschaften, Genossenschaften und Vereine sind *aufgrund ihrer konstitutiven Eintragung* wirksam und rechtsfähig, auch wenn ihre Satzung fehlerhaft ist. Stellt der Registerrichter Mängel – z.B. Unvollständigkeiten, Formverstöße oder fehlende Genehmigungen – fest, so soll er die Eintragung verweigern. Dies kann zur Auflösung des Verbandes führen, aber das Entstehen des fehlerhaft begründeten Verbandes ist hierdurch grundsätzlich nicht ausgeschlossen[18]. Es ist eine Frage des Einzelfalls, ob der Gründungsmangel behoben wird oder ob er zur Auflösung des Verbandes führt. *Sobald die Eintragung in das Handels-, Vereins- oder Genossenschaftsregister stattgefunden hat, erfährt der Verband eine rechtliche Ver-*

17 Auch die fehlerhaft errichtete Stiftung kann deshalb die Rechtsfähigkeit erlangen; vgl. *Reuter*, in: MünchKommBGB, § 80 Rdnr. 2; a.M. *RGZ* 170, 22, 24; *BVerwGE* 29, 314, 316 = NJW 1969, 339; *Staudinger/Rawert*, § 80 Rdnr. 30; *Erman/Westermann*, § 80 Rdnr. 4; s. auch für konzessionsbedürftige juristische Personen *OLG Düsseldorf*, NJW 1990, 328.

18 Vgl. *Brändel*, in: GroßkommAktG, § 2 Rdnr. 81; *Hachenburg/Ulmer*, § 2 Rdnr. 92.

festigung. Ein zu Unrecht eingetragener Verein genießt unbedingten Bestandsschutz, solange er eingetragen und als Personenverband vorhanden ist[19]. Für Kapitalgesellschaften und Genossenschaften besteht die Möglichkeit der (mißverständlich) sog. Nichtigkeitsklage. Wenn schwere Satzungsmängel vorliegen – wesentliche Satzungsbestimmungen fehlen oder sind nichtig –, kann nach §§ 275 ff. AktG, 75 ff. GmbHG, 94 ff. GenG Klage erhoben werden mit dem Antrag, daß die Gesellschaft (Genossenschaft) für nichtig erklärt werde. Es handelt sich bei dieser sog. Nichtigkeitsklage nicht um eine Feststellungsklage[20], sondern um eine Gestaltungsklage[21]. Mit dieser Klage können nur die im Gesetz festgelegten »Nichtigkeitsgründe« geltend gemacht werden[22]. Das Urteil wirkt nur für die Zukunft und bringt die Gesellschaft zur Auflösung (vgl. §§ 277 AktG, 77 GmbHG, 97 GenG). Bezogen auf den fehlerhaft konstituierten Verband sind damit aus den »Nichtigkeitsgründen« in Wahrheit Auflösungsgründe geworden, und die »Nichtigkeitsklage« stellt sich in Wahrheit als Auflösungsklage dar[23]; sie zielt auf die Auflösung eines durch nichtiges Rechtsgeschäft errichteten, damit aber keinesfalls selbst »nichtigen« Verbandes.

b) Die *»Nichtigkeitsklage«* fügt sich aus dieser Sicht in das Recht der fehlerhaften Verbände nahtlos ein. Sie gilt heute als das gesetzliche Grundmuster des Rechts der fehlerhaften Gesellschaft[24], obwohl sich der Gesetzgeber offenbar selbst hierüber nicht klar war. Die »Nichtigkeitsklage« wurde mit dem HGB von 1897 in das Aktien-, GmbH- und Genossenschaftsrecht aufgenommen[25]. Der HGB-Gesetzgeber[26] bezeichnete es als zweifellos, »daß eine Aktiengesellschaft trotz der Eintragung in das Handelsregister nicht besteht, wenn im Gesellschaftsvertrag eine der vom Gesetz für wesentlich erklärten Bestimmungen fehlt oder wenn eine solche Bestimmung ungültig ist«. Er beteuerte weiter: »Das Urtheil, durch welches die Gesellschaft für nichtig erklärt wird, hat nur deklaratorische Bedeutung; der Standpunkt des Entwurfs ist nicht etwa der, daß die Gesellschaft bis dahin als AG zu Recht bestände.« Später machte *RGZ* 148, 225, 232 hieraus die etwas gedrechselt anmutende Formel, der Verband bestehe zwar nicht »zu Recht«, aber er bestehe »vor dem Recht«. Heute kann unumwunden gesagt werden, daß die »Nichtigkeitsklage« nichts anderes ist als eine Auflösungsklage, die vom Gesetz auf schwere Satzungsmängel beschränkt wird.

---

19 Vgl. *RGZ* 81, 206, 208; *OLG Köln*, OLGZ 1977, 65, 66; eingehend *Reuter*, in: MünchKomm. BGB, §§ 21, 22 Rdnrn. 48 a ff.

20 So aber noch *RGZ* 54, 418, 420; s. auch noch *RGZ* 148, 225, 230.

21 Vgl. statt vieler *Schlosser*, Gestaltungsklagen und Gestaltungsurteile, 1966, S. 52; *Roßner*, Der Einfluß von Gründungsmängeln auf die AG, die GmbH und die eG, Diss. Würzburg 1967, S. 68 ff.

22 Vgl. für die AG: *RGZ* 82, 292; 114, 80; für die GmbH: *BGHZ* 21, 378, 381; *KGJ* 23, A 100; *KG*, OLGE 19, 371; GmbHR 1968, 182; *Dörr*, a.a.O., S. 101 ff.

23 Vgl. näher *Scholz/Karsten Schmidt*, Erl. zu §§ 75–77.

24 Charakteristisch etwa *Wiedemann* I, § 3 I 2; *Müller-Graff*, JuS 1979, 28.

25 §§ 309 ff. HGB; später §§ 216 ff. AktG 1937; später §§ 275 ff. AktG; die Änderungen des GmbHG und des GenG erfolgten durch Gesetz v. 10.5.1897, RGBl. S. 437 ff.

26 HGB-Denkschrift, S. 168 ff.

c) Für *konzessionierte Verbände* gilt Entsprechendes: Hat etwa ein Versicherungsverein auf Gegenseitigkeit nach § 15 VAG die Erlaubnis erhalten, so ist er bis zu seiner Auflösung rechtsbeständig, auch wenn die Gründung fehlerhaft war[27].

d) Ist eine juristische Person noch nicht registriert (bzw. konzessioniert), so kann sie als *Vorverein* bzw. *Vorgesellschaft* bereits Trägerin von Rechten und Pflichten sein (unten, § 11 IV 2). Sie kann dann im Fall ihrer fehlerhaften Begründung kraft Vollzugs wirksam sein (dazu sinngemäß sogleich unter II 2 b)[28]. Dasselbe gilt für den nicht eingetragenen Verein (zu diesem vgl. § 25). Für die Praxis bedeutet dies: Die fehlerhaft errichtete Körperschaft kann auch ohne Eintrag schon kraft Vollzugs als werdende juristische Person Bestand haben.

2. Fehlerhafte Außen-Personengesellschaften

a) Im *Recht der fehlerhaften Personengesellschaft* stellte die Rechtsprechung anfangs ganz auf das Außenverhältnis ab und erklärte nur im Verhältnis zu Dritten die Berufung auf Vertragsmängel für unzulässig[29]. Das änderte sich mit dem Grundlagenurteil *RGZ* 165, 193, 203ff. Hier knüpfte das *Reichsgericht* an die für Kapitalgesellschaften ergangene Rechtsprechung an und betonte, oHG und KG besäßen »nach herrschender Rechtsprechung und Rechtslehre keine eigene Rechtspersönlichkeit«; es dürfe aber nicht verkannt werden, »daß die Verselbständigung des Gesellschaftsvermögens ... immerhin auch bei der offenen Handelsgesellschaft und der Kommanditgesellschaft in erheblichem Umfang anerkannt ist ... So gesehen nehmen die offene Handelsgesellschaft und die Kommanditgesellschaft zwischen den juristischen Personen des Handelsrechts einerseits und den Einzelpersonen andererseits eine Mittelstellung ein. Ist ferner eine offene Handelsgesellschaft oder eine Kommanditgesellschaft ins Leben getreten, so sind damit ... Rechtstatsachen geschaffen, die als solche in aller Regel nach außen hin aus Gründen des Rechts und der Verkehrssicherheit nicht ungeschehen gemacht werden und deshalb auch nicht unbeachtet bleiben können ... Der Senat ist jedoch dabei nicht stehen geblieben. Denn gerade in dem Urteil JW 1935 S. 2617 Nr. 1 ist ausgeführt, daß ein nichtiger Gesellschaftsvertrag, wenn er bereits in Vollzug gewesen sei, selbst im Verhältnis der Gesellschafter untereinander nicht ohne jegliche Wirkung bleiben könne ... Alle diese Gesichtspunkte sprechen dafür, daß bei schon in Vollzug gesetzten gesellschaftsrechtlichen Gebilden wie offenen Handelsgesellschaften und Kommanditgesellschaften Willensmängel (Irrtum, arglistige Täuschung, widerrechtliche Drohung) nur in der Rechtsform der Auflösung aus wichtigem Grunde nach Maßgabe der §§ 133ff. HGB Beachtung finden können.« – Auch hier ist also aus der Unwirksamkeit des Verbandes eine bloße Auflösbarkeit geworden. Dieser

27 Vgl. *Fahr/Kansbach,* Versicherungsaufsichtsgesetz, 2. Aufl., 1997, § 15 Rdnr. 9.
28 Vgl. *BGHZ* 13, 320; *Scholz/Karsten Schmidt*, § 11 Rdnr. 22.
29 *RGZ* 51, 33, 37; 76, 439, 441; 89, 97, 98; 93, 227, 228; 142, 98, 108; 145, 155, 158.

Standpunkt hat sich durchgesetzt. Er entspricht der ständigen Rechtsprechung[30], und zwar auch für die Außengesellschaft bürgerlichen Rechts[31]. Die moderne Lehre von der Rechtsfähigkeit der Außen-Personengesellschaft unterstreicht sogar, daß zwischen der Sichtweise sogenannter Gesamthandsgesellschaften und der Anerkennung fehlerhafter Gesellschaften ein Begründungszusammenhang besteht[32]. »Gesamthand« und juristische Person sind einander nähergerückt, als es das *Reichsgericht* vorhersehen konnte.

b) Im Gegensatz zu den Kapitalgesellschaften, Vereinen und Genossenschaften wird eine *Personengesellschaft* nach der bisher herrschenden Auffassung nicht kraft Eintragung wirksam, sondern nur kraft Vollzugs[33]. Das versteht sich von selbst bei der Gesellschaft bürgerlichen Rechts, die überhaupt nicht registriert wird, gilt aber auch für die eintragungspflichtige oHG oder KG. Die Eintragung dieser Gesellschaften wirkt in vielen Fällen überhaupt nur deklaratorisch (vgl. §§ 1, 123 HGB). Wo sie konstitutiv wirkt (§§ 2, 3, 105 II, 123 HGB, § 7 I PartGG), macht sie zwar aus einer BGB-Gesellschaft eine Handelsgesellschaft bzw. Freiberufliche Partnerschaftsgesellschaft, hat aber keine *verbands*konstituierende Bedeutung (vgl. auch unten, § 46 III 1 a). Praktisch wirkt sich der Unterschied nicht aus, denn spätestens mit ihrer Eintragung muß die Gesellschaft als vollzogen gelten[34]. Daß dieser Vollzug des Gesamtwillens der Eintragung einer Körperschaft qualitativ trotzdem nicht gleichsteht, erkennt man daran, daß die fehlerhafte Personengesellschaft auch nach ihrer Eintragung durch andere Weise als durch Löschung abgewikkelt werden kann, z.B. durch Austritt der Mitgründer (die Löschung wirkt dann nur deklaratorisch).

3. Die fehlerhafte Innengesellschaft

Umstritten ist die *Anwendung der Grundsätze über fehlerhafte Gesellschaften auf Innengesellschaften*, insbesondere auf die stille Gesellschaft nach §§ 230ff. HGB. Im wesentlichen werden drei Ansichten vertreten:

---

30 Vgl. *BGHZ* 3, 285; 10, 44, 51; 44, 235, 236; zum Fall des fehlerhaften Beitritts vgl. *BGHZ* 26, 330, 335; 63, 338, 344; *BGH*, NJW 1966, 107.

31 Vgl. *RG*, DR 1943, 801; JW 1933, 1996; eingehend *Wiesner*, a.a.O., S. 157ff.

32 Vgl. namentlich *Flume*, Personengesellschaft, § 2 III; *Ulmer*, a.a.O., S. 310f.; *Wiesner*, a.a.O., S. 81ff.

33 Vgl. *Grunewald*, Rdnr. 1 A 157; *Ebenroth/Boujong/Joost*, § 105 Rdnr. 182; *Schlegelberger/Karsten Schmidt*, § 105 Rdnr. 209; *Staub/Ulmer*, § 105 Rdnr. 343; a.M. *Alfred Hueck*, oHG, § 7 III 6.

34 Vgl. nur *Baumbach/Hopt*, § 105 Rdnr. 82; *Koller/Roth/Morck*, § 105 Rdnr. 26; a.M. *Ebenroth/Boujong/Joost*, § 105 Rdn. 182; nach der früher vom Verf. vertretenen Auffassung wird der Vollzug durch die Eintragung nur indiziert (*Karsten Schmidt*, AcP 186 [1986], 440f.; zust. *Ebenroth/Boujong/Joost*, § 105 Rdnr. 182; *Staub/Ulmer*, § 105 Rdnr. 343).

a) Eine in der Literatur verbreitete Ansicht lehnt die Anwendung generell ab, weil nur die Außengesellschaft den Bestandsschutz bei Fehlerhaftigkeit verdiene[35].

b) Die bisherige Praxis des *BGH* wendet die Grundsätze generell an[36]. Ein erheblicher Teil der Literatur stimmt dem zu[37].

c) Eine vermittelnde Auffassung beschränkt die Anwendung auf atypische stille Gesellschaften. Diese Meinung herrschte auf der Grundlage des ersten maßgeblichen BGH-Urteils (*BGHZ* 8, 157) lange Zeit vor[38], wobei eine Schwierigkeit darin bestand, daß es nicht »die« atypische stille Gesellschaft, sondern verschiedene Varianten atypischer stiller Gesellschaftsverhältnisse gibt[39]. Diese lange Zeit vernachlässigte differenzierende Auffassung verdient Unterstützung[40].

d) *Stellungnahme*[41]: Da es nicht nur um den Verkehrsschutz, sondern um den verbandsrechtlichen Bestandsschutz geht, kann das Institut der fehlerhaften Gesellschaft nicht auf Außengesellschaften beschränkt bleiben. Auf der anderen Seite gelten die Bestandsschutzgrundsätze auch nicht für jedes Schuldverhältnis, nur weil es im Gegensatz zu reinen Austauschverträgen als Gesellschaftsverhältnis eingestuft wird. Begreift man das Institut der fehlerhaften Gesellschaft als ein verbandsrechtliches Institut (oben, I 3), so kommt es darauf an, ob auch Innengesellschaften Verbände sein können. Dies ist zu bejahen: Innengesellschaften mit einer Verbandsverfassung sind zwar atypisch, aber zulässig (oben, § 3 I 3; unten, § 7 I 2b bb, § 62 II 2 c). Auf eine mitgliedschaftlich und damit verbandsrechtlich verfaßte Innengesellschaft können deshalb die Grundsätze über fehlerhafte Gesellschaften angewandt werden, auf eine rein schuldrechtliche Innengesellschaft nicht. Bei einer stillen Gesellschaft wird es darauf ankommen müssen, ob der stille Gesellschafter schuldrechtlich am Unternehmensvermögen beteiligt ist und mitgliedschaftliche Teilhaberechte mindestens in Gestalt eines Widerspruchsrechts (vgl. § 164 HGB)

35 Vgl. nur *Koenigs*, Die stille Gesellschaft, 1961, S. 111 ff.; *Rasner*, Die atypische stille Gesellschaft, 1961, S. 103 ff.; *Soergel/Hadding*, 11. Aufl., § 705 Rdnr. 92; *Wiesner*, a.a.O., S. 162 ff.; *Ulmer*, a.a.O., S. 318; *Hüffer*, § 22 Fußn. 28; Kritik an der Rechtsprechung auch bei *Flume*, Personengesellschaft, § 2 III.

36 *BGHZ* 55, 5, 8 f.; 62, 234, 237; 75, 214, 217 f.; *BGH*, WM 1973, 900, 901; 1977, 196, 197; NJW-RR 1991, 613; zweifelnd aber *BGH*, BB 1990, 1997.

37 Vgl. nur *Hopt/Hehl/Vollrath*, Rdnr. 833; *Grunewald*, Rdnr. 1 A 157; *Blaurock*, Handbuch der stillen Gesellschaft, 5. Aufl. 1997, § 11 II; *Westermann*, Rdnr. I 181; *Ebenroth/Boujong/Joost/Gehrlein*, § 230 Rdnr. 31; *Erman/Westermann*, § 705 Rdnr. 83 (mit Vorbehalten); *Koller/Roth/Morck*, § 230 Rdnr. 15; *Palandt/Sprau*, § 705 Rdnr. 19; zuvor bereits *Steckhan*, Die Innengesellschaft, 1966, S. 112 ff.

38 Vgl. nur *OLG Nürnberg*, BB 1961, 1341; *Staudinger/Keßler*, 12. Aufl., § 705 Rdnr. 140; *Siebert*, BB 1958, 1068; *Rob. Fischer*, JR 1962, 204; *Brox*, BB 1964, 527.

39 Differenzierend deshalb *Aulinger*, Die atypische stille Gesellschaft, 1955, S. 56 ff.; *Röwer*, a.a.O.; *Habscheid*, BB 1955, 52.

40 Vgl. *Karsten Schmidt*, AcP 186 (1986), 433; jetzt auch *Heymann/Horn*, § 230 Rdnr. 28.

41 Vgl. *Schlegelberger/Karsten Schmidt*, § 335 a.F. = § 230 n.F. Rdnrn. 107–114; *Karsten Schmidt*, in: MünchKommHGB, § 230 Rdnrn. 126–134; *ders.*, AcP 186 (1986), 433.

oder eines Stimmrechts hat. Klassischer und ganz eindeutiger Fall eines den Regeln über fehlerhafte Gesellschaften unterliegenden »Innenverbandes« ist die unter § 62 II 2 e dargestellte »GmbH & Still«.

e) Abzulehnen ist demgegenüber die durch *BGHZ* 55, 5 eingeleitete Rechtsprechung, nach der die Grundsätze über die fehlerhafte Gesellschaft auf jedes unter §§ 230ff. HGB fallende Rechtsverhältnis – d.h. auch auf rein schuldrechtliche Innengesellschaften – anwendbar sind[42]. Es ist zwar zuzugeben, daß sich manches Einzelproblem auf diese Weise erledigen kann. Bei jedem fehlerhaften Dauerschuldverhältnis – nicht nur bei Gesellschaften – bringt die rückwirkende Abwicklung nach §§ 812ff. BGB Schwierigkeiten und Härten mit sich, aber deshalb unterliegt doch eben nicht jedes Dauerschuldverhältnis den Grundsätzen über fehlerhafte Gesellschaften[43]. Bei Nähe besehen hat denn auch die Rechtsprechung ihre Feuerprobe noch nicht bestanden.

Beispiel Nr. 4: Im Fall *BGHZ* 55, 5 ging es darum, ob die Rückgewähr der Einlage an den stillen Gesellschafter nach § 136 InsO (damals noch: § 342 HGB; von 1985 bis 1998: § 237 HGB) anfechtbar war. Der *BGH* erstreckte die Lehre von der fehlerhaften Gesellschaft nunmehr auf jedes Gesellschaftsverhältnis, »ohne daß es in dem inzwischen erreichten Rechtszustand noch geboten oder aus Gründen der Rechtssicherheit auch nur möglich wäre, die Anwendung jener Grundsätze von der individuellen Gestaltung des Einzelfalls abhängig zu machen und zu prüfen, ob die Abweichung von den bürgerlich-rechtlichen Regeln jeweils mehr oder weniger dringend geboten erscheint. Das muß auch für die typische stille Gesellschaft gelten. Auch sie ist, ungeachtet der im allgemeinen schwächeren Bindung der Partner, eine echte Risikogemeinschaft ... Die Gesichtspunkte, die gegen die Anwendung der bürgerlich-rechtlichen Vorschriften sprechen, treffen daher im Grundsatz auch hier zu. Das zeigt sich besonders deutlich daran, daß es ebenso grob unbillig wäre, in Zeiten eines wirtschaftlichen Niedergangs das Risiko der Betriebsführung ... allein dem Geschäftsinhaber aufzubürden, wie es unerträglich erschiene, in Zeiten eines fortschreitenden wirtschaftlichen Aufschwungs die auch auf dem Kapitalbeitrag des stillen Gesellschafters beruhenden Erfolge des Unternehmens allein dem Geschäftsinhaber zugute kommen zu lassen ...«

Das liest sich wie eine klare, verbindliche Anerkennung der fehlerhaften Innengesellschaft. Bevor man diese Entscheidung verallgemeinert, sei aber bedacht, daß es bei § 136 InsO in Wahrheit nicht um einen Vollzug der stillen Gesellschaft geht, sondern um eine Anfechtung von Kapitalrückflüssen (unten, § 62 V 2). Die Vorschrift setzt, wie noch zu erläutern sein wird, als insolvenzrechtliche Anfechtungsvorschrift gar kein wirksames stilles Gesellschaftsverhältnis voraus; ihre Anwendung auch auf unwirksam eingegangene Gesellschaftsverhältnisse steht deshalb ganz außer Frage. Daß die Gesellschaft nach innen und außen wie eine wirksam abgeschlossene stille Gesellschaft behandelt würde, läßt sich aus diesem Fall nicht ablesen. Dasselbe gilt für die sich anschließende Rechtsprechung:

---

42 Insoweit übereinstimmend *Flume*, Personengesellschaft, § 2 III; unentschieden *BGH*, BB 1990, 1997.

43 Nicht einmal die zunehmend kritisierte »Saldotheorie« bei § 818 III BGB ist diesen Weg gegangen.

Beispiel Nr. 5: Im Fall *BGHZ* 62, 234 ging es um die stille Beteiligung an einem Unternehmen, das unter Verstoß gegen das Rechtsberatungsgesetz Rechtsangelegenheiten besorgte. Der *BGH* führte zwar aus, »daß die Grundsätze über fehlerhafte Gesellschaften ... uneingeschränkt auch für die stille Gesellschaft gelten« (S. 237), aber er wandte diese Grundsätze im Ergebnis eben nicht an, weil dies bei einem gesetzeswidrigen Gesellschaftsvertrag (§ 134 BGB) nicht möglich sei. Ebenso entschied er in *BGHZ* 75, 214 bei einer gegen das Apothekengesetz verstoßenden stillen Gesellschaft. Im Fall *BGH*, NJW-RR 1991, 613 handelte es sich um einen zunächst nach §§ 125, 313 BGB formnichtigen, aber nach § 313 S. 2 BGB geheilten Gesellschaftsvertrag, so daß eine fehlerhafte Gesellschaft nicht vorlag.

III. Tatbestand und Rechtsfolgen

1. Voraussetzungen

Die Regeln über fehlerhafte Gesellschaften haben nach der herrschenden Auffassung drei – richtigerweise aber nur zwei – Voraussetzungen[44]:

- Es muß ein Vertrag geschlossen (eine Satzung errichtet) sein, der (die) nach allgemeinen Grundsätzen anfänglich unwirksam oder anfechtbar wäre (dazu sogleich unter a)[45].
- Der Verband muß entweder als juristische Person registriert bzw. konzessioniert oder tatsächlich in Vollzug gesetzt worden sein (dazu alsbald unter b)[46].
- Schließlich darf nach der – wie freilich zu zeigen sein wird: unberechtigterweise – vorherrschenden Auffassung die Durchführung des fehlerhaften Rechtsverhältnisses nicht mit vorrangigen Schutzanliegen unvereinbar sein (dazu später unter 3)[47].

a) *Ohne Vertragsgrundlage (Satzungsgrundlage) gibt es keine fehlerhafte Gesellschaft*[48]. Insbesondere muß deshalb die fehlerhafte Gesellschaft von einer Nicht-Gesellschaft oder bloßen Scheingesellschaft unterschieden werden. Fakten, denen jede rechtsgeschäftliche Grundlage fehlt, genügen nicht, nur muß eben kein makelloser Vertrag vorliegen. Ein die Vertragswirksamkeit hindernder Dissens ist unschädlich[49]. Abgrenzungsprobleme bereitet der Fall des § 117 BGB, also des Scheingeschäfts. Nach *BGH*, LM Nr. 4 zu § 105 HGB = NJW 1953, 1220 gibt es keine fehlerhafte Gesellschaft, »wenn die Beteiligten selbst ein Gesellschaftsverhältnis übereinstimmend nicht gewollt und demgemäß nicht die Absicht gehabt haben, einen gemeinsamen Geschäftsbetrieb zu führen«. Der Umstand, daß die Beteiligten »aus Tarnungs- oder sonstigen

44 Konzeption der hier entwickelten Auffassung in AcP 186 (1986), 440ff.
45 Vgl. nur *BGHZ* 11, 190 = LM Nr. 5 zu § 105 HGB m.Anm. *Fischer* = JZ 1954, 240 m.Anm. *Duden*; std. Rspr.
46 Vgl. *BGHZ* 3, 285, 288; 13, 320, 321; std. Rspr.
47 Vgl. nur *BGHZ* 55, 5, 9; 75, 214, 217f.; std. Rspr.
48 *BGHZ* 11, 190, 191; 26, 330, 337; *BGH*, NJW 1992, 1501, 1502; h.M.
49 Im Ergebnis ebenso *BGH*, NJW 1992, 1501, 1502; *Leenen*, AcP 188 (1988), 392: »Abschluß«, nicht »Zustandekommen« des Vertrags entscheide.

Verschleierungsgründen nach außen den Eindruck eines Gesellschaftsverhältnisses erweckt haben und infolgedessen als Gesellschafter aufgetreten sind«, genügt nach diesem Urteil nicht. Dieser Standpunkt ist bestritten[50], aber er verdient Zustimmung. Man muß nur klar genug unterscheiden: Haben die Gesellschafter zu Tarnungszwecken etwa eine Strohmanngesellschaft gegründet, so ist diese Gründung als Rechtsfolge ernsthaft gewollt; haben sie die ganze Gründung nur vorgespiegelt, so liegt eine bloße Scheingesellschaft vor (oben unter I 2 d).

b) *Die Eintragung als juristische Person oder der Vollzug* bildet die äußere Geltungsgrundlage des fehlerhaften Verbandes. Zur Eintragung wurde unter II 1 schon das Notwendige gesagt. Das *Merkmal des Vollzugs* ist umstritten. Herkömmlicherweise wird darauf abgestellt, ob Maßnahmen durchgeführt wurden, die nicht ohne weiteres ungeschehen zu machen sind[51]. Diejenigen, die das Institut der fehlerhaften Gesellschaft auf Außengesellschaften beschränkt wissen wollen, stellen auf die äußere Ingangsetzung des Verbandes, insbesondere auf die Konstituierung eines Gesellschaftsvermögens, ab[52]. Das sind nützliche Daumenregeln. Die indizielle Bedeutung des äußeren Tätigwerdens für die Beurteilung von Einzelfällen ist unbestreitbar. Unbestreitbar ist auch, daß mit Herstellung eines Gesellschaftsvermögens der Vollzug zwingend zu bejahen ist[53]. Ebenso unbestreitbar genügt es, wenn ein von den Gründern bestellter Geschäftsführer seine Tätigkeit im Außenverhältnis begonnen hat [54]. Die abstrakte Abgrenzungsformel ist eine andere[55]: Erforderlich und ausreichend ist das Ingangsetzen einer verfaßten Organisation. Auch eine mitgliedschaftlich organisierte Innengesellschaft, in der bereits Dispositionen getroffen und Beschlüsse gefaßt worden sind, ist in Vollzug gesetzt.

2. Rechtsfolgen

Rechtsfolge der Anerkennung fehlerhafter Gesellschaften ist, daß diese *wirksam begründet sind*[56]. Der Vertrag (die Satzung) ist als verbandskonstituierendes Rechtsgeschäft fehlerhaft, der Verband aber ist entstanden. Dies ist nicht Rechtsschein oder Fiktion, denn eine Gesellschaft, die als rechtswirksam »behandelt« wird, *ist* rechtswirksam. Das Rechtsverhältnis kann nur durch Auflösung der Gesellschaft oder durch Austritt des Gesellschafters aus

50 Bestätigend *BGHZ* 11, 190, 191; zust. *Hueck*, § 13 III 1; *Kraft/Kreutz*, D V 1 c (1); *Kübler*, § 25 IV 3; abl. *Flume*, Personengesellschaft, § 2 III.

51 Vgl. nur *BGH*, NJW 1978, 2505, 2506; *Hueck*, § 13 III 2b aa; *Alfred Hueck*, oHG, § 7 III 6.

52 Vgl. *Ulmer*, Gesellschaft bürgerlichen Rechts, § 705 Rdnr. 249; *ders.*, a. a. O., S. 311; *Staub/Ulmer*, § 105 Rdnr. 209; *Wiesner*, a. a. O., S. 117ff.; *Reinhardt/Schultz*, Rdnr. 236.

53 Vgl. nur *RGZ* 166, 51, 58f.; *BGHZ* 13, 320, 321; 116, 37, 40.

54 *BGH*, NJW 1992, 1501, 1502f.

55 Ausdrücklich zustimmend *BGHZ* 116, 37, 40; ähnlich *Erman/Westermann*, § 705 Rdnr. 74, der allerdings die Unbestimmtheit der Formel rügt und »konkrete Vorkehrungen« verlangt; daß diese in casu vorliegen müssen, ist aber selbstverständlich.

56 *Kübler*, § 25 III 1; *Siegmund/van Venrooy*, Rdnrn. 60ff.; mit Recht wendet sich *Flume*, Personengesellschaft, § 2 III Fußn. 18 gegen die Ansicht, die die fehlerhafte Gesellschaft gleichsam fiktiv nur wie eine wirksam begründete Gesellschaft behandelt.

wichtigem Grund gelöst werden, also bei der BGB-Gesellschaft durch außerordentliche Kündigung (§ 723 I 2, 3 BGB), bei der Handels-Personengesellschaft oder der GmbH durch Auflösungsklage (§§ 133 HGB, 61 GmbHG)[57]. Umstritten sind die genauen Voraussetzungen dieser Auflösung. Die außerordentliche Kündigung oder die Auflösungsklage setzt einen wichtigen Grund voraus. Nach der Rechtsprechung des *Bundesgerichtshofs* ist grundsätzlich die *Fehlerhaftigkeit der Gesellschaft schon per se ein wichtiger Grund*[58]. Dem liegt die Vorstellung zugrunde, daß aus der Nichtigkeit der Gesellschaft eine Vernichtbarkeit wird, weil die Anerkennung der fehlerhaften Gesellschaft den rechtlichen Mangel nicht heilt. Eine Gegenansicht meint, der wichtige Grund müsse von Fall zu Fall festgestellt werden[59]. Richtig ist, daß der wichtige Auflösungsgrund ein gegenwärtiger sein muß. Es liegt eine fehlerhaft und doch wirksam begründete Gesellschaft vor, und es ist nach dem Jetzt-Zeitpunkt zu entscheiden, ob die Fehlerhaftigkeit zur Abwicklung des Gesellschaftsverhältnisses führt. Jedenfalls bei Mängeln, die sich im Entstehungstatbestand erschöpfen oder durch Vertragsänderung heilbar sind (vgl. zu den Anpassungspflichten oben, § 5 IV), kann nicht generell von der Fehlerhaftigkeit auf ein Auflösungsrecht der Beteiligten geschlossen werden. In vielen Fällen haftet allerdings der Makel der Fehlerhaftigkeit dem Gesellschaftsverhältnis weiterhin an. Dann ist dieser Mangel auch Auflösungs- bzw. Austrittsgrund. Auf der anderen Seite werden die Rechtsfolgen meistens nicht »schulmäßig«, sondern nach streitigen Verhandlungen im Vergleichswege bereinigt. Aus diesen Gründen wirkt sich der Gegensatz der Standpunkte praktisch nur selten aus[60].

Beispiel Nr. 6: Wer beim Vertragsschluß arglistig getäuscht worden ist, wird in aller Regel berechtigt sein, auf Auflösung der Gesellschaft (§ 133 HGB) oder auf Ausschließung des Täuschenden (§ 140 HGB) zu klagen oder aus der Gesellschaft auszutreten, weil das Fehlen der Vertrauensbasis als wichtiger Grund anzuerkennen ist. In der Praxis führt die Geltendmachung dieser Rechte häufig zu einer vertraglichen Lösung durch einen gerichtlichen oder außergerichtlichen Vergleich.

3. Grenzen

a) Nach ständiger Rechtsprechung findet die Anerkennung der fehlerhaften Gesellschaft da ihre Grenze, wo *vorrangige Interessen der Allgemeinheit oder schutzwürdiger Personen* entgegenstehen[61]. Fälle dieser Art sind die Gesetz-

---

57 Vgl. *RGZ* 165, 193, 200; *BGHZ* 3, 285.

58 *BGHZ* 3, 285; 47, 293, 300; *BGH*, WM 1974, 318, 319; zust. *Grunewald*, Rdnr. 1 A 159; *Hueck*, § 13 III 2 b; *Kraft/Kreutz*, D V 2 d; *Kübler*, § 25 III 2 a; *Reinhardt/Schultz*, Rdnr. 239; *Alfred Hueck*, oHG, § 7 III 1 b; *Ebenroth/Boujong/Joost,* § 105 Rdnr. 196; *Erman/Westermann*, § 705 Rdnr. 78; *Soergel/Hadding*, 11. Aufl., § 705 Rdnr. 78; *Wiesner*, a. a. O., S. 126.

59 *Flume*, Personengesellschaft, § 2 III; *Teubner*, in: AK BGB, § 705 Rdnrn. 12, 16; s. auch noch *RGZ* 165, 193, 199f.; *RG*, DR 1941, 1943; 1943, 1221, 1222.

60 *Schlegelberger/Karsten Schmidt*, § 105 Rdnr. 217; s. auch *Wiedemann*, WM-Beilage 8/1990, S. 28.

61 *BGHZ* 3, 285, 288; 17, 160, 167; 26, 330, 335; 55, 5, 9; 62, 234, 241; 75, 214, 217f.; *BGH*, NJW 1992, 1503, 1504; *BayObLG*, NJW-RR 1990, 476, 477; *OLG Hamm*, WuW/E OLG 3748 und 4033; *Kraft/Kreutz*, D V 2 c (vgl. aber auch die Zweifel unter D V 1 c); *Kübler*, § 25 IV; *Baumbach/Hopt*, § 105 Rdnr. 83; *Ebenroth/Boujong/Joost,* § 105 Rdnrn. 185ff.; *Erman/Wester-*

widrigkeit i.S. von § 134 BGB[62], die Kartellrechtswidrigkeit[63], die grobe Sittenwidrigkeit i.S. von § 138 BGB[64] oder Fälle, bei denen ein Gesellschafter durch Täuschung oder Drohung in ein Beteiligungsverhältnis gebracht wird, dessen bloße Auflösung dem anderen unverdiente Vorteile brächte[65]. Auch der Minderjährigenschutz ist verschiedentlich als Grenze der Anerkennung fehlerhafter Gesellschaften herausgestellt worden[66]. Diese bisher allgemein anerkannte Doktrin stößt seit einer Reihe von Jahren – nicht nur im vorliegenden Werk – auf Kritik[67]. Die Berechtigung dieser Kritik läßt sich am besten am Beispiel der Handelsgesellschaften verdeutlichen: Soll wirklich eine Handelsgesellschaft ein nullum sein, wenn ihre Gründung gegen schutzwürdige Allgemein- oder Individualbelange verstößt? Die Zweifel vergrößern sich bei einem Blick auf § 3 VereinsG (dazu unten, § 24 VII 3b dd), wonach mit dem Verbot eines Verbandes die Einziehung seines Vermögens verbunden ist. Offenbar geht selbst dasjenige Gesetz, das sich speziell mit der Bekämpfung strafbarer, verfassungswidriger und völkerrechtswidriger Vereine befaßt, von der Rechtsträgerschaft solcher Vereine aus. Auch eine kritische Durchsicht der Rechtsprechung zeigt, daß die Praxis den Konsequenzen der herrschenden Meinung eher ausweicht:

Beispiel Nr. 7: Der *BGH* hat beim Verstoß gegen das Apothekengesetz (*BGHZ* 75, 214) und gegen das Rechtsberatungsgesetz (*BGHZ* 62, 234) die Nichtigkeit der Gesellschaften angenommen. Allerdings handelte es sich in beiden Fällen um Innengesellschaften. Im Fall *BGH*, LM Nr. 8 zu § 105 HGB = BB 1954, 456 heißt es dagegen: »Ist ein Gesellschaftsvertrag wegen Verstoßes gegen ein Verbotsgesetz nichtig, so ist es nicht in jedem Fall ausgeschlossen, daß der in Vollzug gesetzten Gesellschaft eine rechtliche Anerkennung unter dem Gesichtspunkt der faktischen Gesellschaft zuteil wird.« Es ging um ein konzessionsbedürftiges, aber konzessionsunfähiges Unternehmen, das ohne die erforderliche Genehmigung betrieben worden war.

b) *Keinen Anwendungsbereich* hat die h.M. zunächst *bei den kraft Verleihung oder kraft Eintragung* rechtsfähigen juristischen Personen[68]. Diese können im Fall einer wirksamen Verleihung oder Eintragung nur noch durch

mann, § 705 Rdnrn. 72f.; *Heymann/Emmerich*, § 105 Rdnrn. 82ff.; *Ulmer*, Gesellschaft bürgerlichen Rechts, § 705 Rdnrn. 250ff.; *Staub/Ulmer*, § 105 Rdnr. 345; *Kort*, a.a.O., S. 34ff.; *Wiesner*, a.a.O., S. 132f.; *Wiedemann*, WM-Beilage 8/1990, S. 26.

62 Beispiel: *BGHZ* 75, 214; *BGH*, LM Nr. 8 zu § 105 HGB.

63 *OLG Hamm*, WuW/E OLG 3748 und 4033; s. auch *BGH*, WuW/E BGH 2675, 2678 »Nassauische Landeszeitung«; *Paschke*, ZHR 155 (1991), 21.

64 Beispiel: *BGH*, LM Nr. 18 (Cd) zu § 138 BGB = NJW 1970, 1540.

65 Vgl. *BGHZ* 13, 320, 323; 55, 5, 10; einlenkend in diesem Fall *Ebenroth/Boujong/Joost*, § 105 Rdnr. 190.

66 *RGZ* 145, 155, 159; *BGHZ* 17, 160, 167f.; 38, 26, 29.

67 *Karsten Schmidt*, AcP 186 (1986), 444ff.; *ders.*, WuW 1988, 7ff.; *ders.*, JuS 1990, 521; *ders.*, in: Festschrift Mestmäcker, a.a.O.; *Schwintowski*, NJW 1987, 937ff.; s. jetzt auch *Grunewald*, Rdnr. 1 A 161; *Wertenbruch*, Die Rechtsfolgen der Doppelkontrolle von Gemeinschaftsunternehmen nach dem GWB, 1990, S. 55ff.

68 Vgl. nur *Reichert*, Handbuch des Vereins- und Verbandsrechts, 8. Aufl. 2001, Rdnr. 199; *Reuter*, in: MünchKommBGB, §§ 21, 22 Rdnr. 53 (Verein); *Brändel*, in: GroßkommAktG, § 2 Rdnrn. 81, 89; *Eckardt*, in: Geßler/Hefermehl/Eckardt/Kropff, § 2 Rdnr. 16 (AG); *Hachenburg/Ulmer*, § 2 Rdnrn. 113ff.; *Biedermann*, GmbHR 1966, 5 (GmbH).

einen konstitutiven Rechtsakt[69] aus der Welt geschafft werden, auch wenn das verbandsbegründende Rechtsgeschäft an schweren Fehlern leidet. Eine Nichtanerkennung der fehlerhaften juristischen Person um öffentlicher oder privater Belange willen wäre hier mit dem Sinn und Zweck der konstitutiven Verleihung oder Eintragung nicht zu vereinbaren.

c) In Wahrheit kann es also nur um die *Fälle* gehen, *bei denen der fehlerhafte Verband kraft Vollzugs wirksam* wird, also insbesondere um fehlerhafte Personengesellschaften (vgl. oben unter II 2 b). Aber auch hier vermag die herrschende Auffassung, wie vor allem das Recht der Handelsgesellschaften zeigt, nicht zu überzeugen.

aa) Kein hinreichender Grund für die Nichtanerkennung einer fehlerhaft begründeten Handels-Personengesellschaft ist zunächst das oft beschworene *Interesse der Allgemeinheit*, insbesondere bei Verbots- und Sittenwidrigkeit (§§ 134, 138 BGB). Das zeigt unser geradezu abschreckendes

Beispiel Nr. 8 (nach *OLG Hamm*, WuW/E OLG 3748 und 4033; dazu *Karsten Schmidt*, WuW 1988, 5ff.): Das *OLG Hamm* hat in zwei Fällen eine GmbH & Co. KG für inexistent und parteiunfähig erklärt, weil es sich um ein mit dem Kartellverbot (§ 1 GWB) unvereinbares Gemeinschaftsunternehmen handle. Dieser Standpunkt scheint zunächst auf der Grundlage der h. M. konsequent, denn zweifellos dient das Kartellverbot allgemeinen, nämlich wirtschaftspolitischen Interessen. Mit dem Allgemeininteresse geradezu unvereinbar ist aber die Annahme, daß die Gesellschaft kein Vermögen haben, ihren Lieferanten nichts schulden und von ihnen nicht verklagt werden kann oder daß ihre Mitarbeiter keinen Arbeitgeber haben. Abgesehen von der Frage, ob wirklich die Gesellschaftsgründung in toto – nicht bloß ein Teil der Vertragsregelungen – gegen § 1 GWB verstieß, ist es Sache der Kartellbehörde, die Beteiligten so lange mit Untersagungsverfügungen (§ 32 GWB) oder Bußgeldbescheiden (§ 81 GWB) zu überziehen, bis diese die Rechtswidrigkeit des Gesellschaftsverhältnisses – durch Vertragsänderung oder durch Auflösung – abstellen. Die Gesellschaft ist wirksam entstanden (vgl. auch Art. 81 EGV und dazu *Karsten Schmidt*, in: Festschrift Mestmäcker, a. a. O.).

bb) Daß auch der *Individualschutz* die Anerkennung fehlerhafter Gesellschaften nicht hindern muß, zeigt die Praxis zum *Fall der arglistigen Täuschung*[70].

Wer beim Vertragsschluß oder beim Beitritt zu einer Gesellschaft arglistig getäuscht worden ist, kann die Gesellschaft zur Auflösung bringen (§ 133 HGB) bzw. aus wichtigem Grund austreten[71]. In aller Regel muß dieser Schutz genügen, während eine Nichtanerkennung der Gesellschaft über das Ziel hinausschösse[72]. Das Institut der fehlerhaften Gesellschaft beruht auf der Anerkennung des privatautonom – wenn auch rechtsfehlerhaft – geschaffenen

69 Rücknahme bzw. Widerruf einer Verleihung (vgl. §§ 48f. VwVfG), Entziehung der Rechtsfähigkeit (vgl. § 43 BGB), Vereinsverbot (vgl. § 3 VereinsG), Nichtigkeitsurteil (vgl. §§ 275ff. AktG, 75ff. GmbHG), Löschung oder Mangelfeststellung durch das Registergericht (vgl. §§ 142, 144, 144a FGG).

70 Dazu *RG*, DR 1941, 1943; 1943, 1221; *BGHZ* 13, 320, 323; *Kübler*, § 25 IV 5; *Erman/Westermann*, § 705 Rdnr. 73.

71 Vgl. *BGHZ* 3, 285, 291f.; 63, 338, 345; *BGH*, NJW 1976, 894.

72 Wie hier auch *OLG Stuttgart*, ZIP 2001, 692, 697; *Kraft/Kreutz*, D V 1c (4); *Ebenroth/Boujong/Joost*, § 105 Rdnr. 190.

Verbandes, und ein solcher Verband liegt auch im Fall der arglistigen Täuschung vor. Vor allem im *Außenverhältnis* bedeutet dies, daß niemand der Haftung als oHG-Gesellschafter oder Kommanditist mit der Begründung entgehen kann, er sei bei der Gründung oder beim Beitritt zur Gesellschaft getäuscht worden. Für Ausgleich ist im *Innenverhältnis* zu sorgen: durch Regreßansprüche, Schadensersatzansprüche usw. Wer wegen arglistiger Täuschung aus der Gesellschaft ausscheidet, wird schuldrechtlich so gestellt, als wäre er nie beigetreten. Allerdings genügen solche Ansprüche nicht in jedem Fall. Deshalb sucht die Rechtsprechung zu vermeiden, »daß sich ein Gesellschafter durch Drohung oder Täuschung einen überaus günstigen Gewinn- und Liquidationsanteil zugestehen läßt und ein deswegen in die Auseinandersetzungsrechnung einzustellender Schadensersatzanspruch keinen genügenden Ausgleich ermöglicht«[73]. Eben dies kann aber im Innenverhältnis berücksichtigt werden, notfalls durch »Übernahmeklage« nach § 140 I 2 HGB (§ 142 HGB a. F.)[74]. Dies läßt sich verdeutlichen an unserem

Beispiel Nr. 9: A und B haben eine oHG gegründet. A hat, von B arglistig getäuscht, sein Einzelunternehmen in die oHG eingebracht, während B nur die Teilnahme an der Geschäftsführung zugesagt hat. Stellt sich nunmehr die arglistige Täuschung heraus, so kann A nach § 142 HGB die Klage auf (Wieder-)Übernahme des Unternehmens erheben. Lag dagegen eine dreigliedrige ABC-oHG vor und hat nur der B nur den A getäuscht, so wird A in aller Regel gar nicht anfechten können (§ 123 II BGB; vgl. *Flume*, Personengesellschaft, § 2 III). Für die künftige Abwicklung entsteht hier die Frage, ob B nach § 140 HGB ausgeschlossen werden kann. Hat C an der Täuschung mitgewirkt oder von ihr gewußt, so können wiederum B und C unter Übernahme des Geschäfts durch den A ausgeschlossen werden (§ 140 I 2 HGB; dazu unten, § 50 III 1).

cc) Für unentbehrlich hält die noch herrschende Meinung den *Vorrang des Minderjährigenschutzes* (genauer: des Schutzes eines nicht voll geschäftsfähigen Gesellschafters)[75]. Allerdings leugnet sie grundsätzlich nicht die Gesellschaft insgesamt, sondern nur die Beteiligung des Minderjährigen.

Beispiel Nr. 10 (nach *BGH*, NJW 1983, 748 = JuS 1983, 468 m. Anm. *Karsten Schmidt*): Der Alleininhaber der Gaststätte »Eisvogel« war verstorben. Er wurde von seiner Ehefrau, von den minderjährigen Kindern A, B und C sowie von der volljährigen T beerbt. Ohne vormundschaftsgerichtliche Genehmigung (vgl. §§ 1822 Nr. 3, 1643 BGB) gründeten die Beteiligten eine Gesellschaft bürgerlichen Rechts. Die Mutter nahm für die Gesellschaft einen Kredit auf, und es ging darum, ob die volljährige Tochter T für diese Schuld haftete. Der *BGH* entschied, daß nur die Beteiligung der minderjährigen Gesellschafter A, B und C unwirksam gewesen sei, während es hinsichtlich der Mutter und der T bei den Regeln über die fehlerhafte Gesellschaft blieb: »Ein bei Gründung einer Gesellschaft bürgerlichen Rechts unter Einschluß Minderjähriger bereits volljähriger Gesellschafter haftet, wenn die Gesellschaft in Vollzug gesetzt ist, für ein von dem geschäftsführenden Gesellschafter aufgenommenes Darlehen grundsätzlich auch dann in vollem Umfang nach den Regeln

---

73 *BGHZ* 55, 5, 9.

74 Vgl. *BGHZ* 47, 293, 300 f.; *Alfred Hueck*, oHG, § 7 III 4 d; *Reinhardt/Schultz*, Rdnr. 249; *Wiesner*, a. a. O., S. 134; *Rob. Fischer*, NJW 1958, 971 ff.

75 Vgl. statt aller *BGHZ* 17, 160; *BGH*, NJW 1983, 748 = JuS 1983, 468 m. Anm. *Karsten Schmidt*; NJW 1992, 1503, 1504; *BayObLG*, NJW-RR 1990, 476, 477; *Eisenhardt*, Rdnr. 356; *Kübler*, § 25 IV 4; *Westermann* I 177; *Baumbach/Hopt*, § 105 Rdnr. 84; *Ebenroth/Boujong/Joost*, § 105 Rdnr. 189; *Staub/Ulmer*, § 105 Rdnrn. 369, 350; *Erman/Westermann*, § 705 Rdnr. 72; *Soergel/Hadding*, 11. Aufl., § 705 Rdnr. 82; *Goette*, DStR 1996, 266, 270.

über die fehlerhafte Gesellschaft, wenn der Gesellschaftsvertrag wegen des Fehlens einer erforderlichen vormundschaftsgerichtlichen Genehmigung nichtig ist.«

Daß dies nur eine Scheinlösung ist, zeigt sich nicht nur bei der Gründung einer Einpersonen-GmbH, sondern auch, wenn bei der Gründung einer Personengesellschaft nach Fortfall des Minderjährigen keine Mehrpersonengesellschaft mehr übrig bleibt. Dann entstehen Schwierigkeiten im Innenverhältnis wie im Außenverhältnis.

Beispiel Nr. 11 (nach *BGHZ* 17, 160): Alleinerbin des Kaufmanns K war dessen minderjährige Tochter T. Ohne vormundschaftsgerichtliche Genehmigung (vgl. § 1822 Nr. 3 BGB) schloß T mit ihrem Onkel O einen Kommanditgesellschaftsvertrag, nach dem sie das ererbte Unternehmen in die Gesellschaft einbrachte, während O eine Geldeinlage leistete. Drei Jahre lang wurde das Unternehmen auf dieser Basis betrieben. Danach verweigerte die T, inzwischen volljährig geworden, die Genehmigung des Gesellschaftsvertrags und sprach vorsorglich eine Kündigung aus. O verlangte eine Abfindung als ausscheidender Gesellschafter. Der *BGH* gab ihm Unrecht und bekannte sich eindeutig zum Vorrang des Minderjährigenschutzes: »Hier muß also nach dem Grundgedanken der Vorschriften, die den Minderjährigen betreffen, die rechtliche Anerkennung des tatsächlich geschaffenen Zustandes zum Schutz des Minderjährigen eine Einschränkung erfahren, weil sonst Sinn und Zweck dieser Vorschriften in rechtlich untragbarer Weise verletzt werden würden.«

Beispiel Nr. 12 (vgl. *Karsten Schmidt*, JuS 1990, 521): Es wird eine Einpersonen-GmbH in das Handelsregister eingetragen. Gründer und Geschäftsführer ist der Gesellschafter G. Kann die Gesellschaft den Gläubigern entgegenhalten, ihr Gründer sei unerkennbar geisteskrank gewesen, was zur Folge hätte, daß die Gläubiger leer ausgingen, weil die GmbH mangels Existenz und der G mangels Geschäftsfähigkeit (vgl. § 179 III 2 BGB) nicht zu haften brauchten?

Beispiel Nr. 13 (nach *RGZ* 145, 155): Das *RG* hatte über die Haftung bei einer fehlerhaft gegründeten Zweipersonen-oHG zu entscheiden, bei der ein Gesellschafter geisteskrank war. Auf der Basis der h.M. konnte hier nur mit Rechtsscheinüberlegungen geholfen werden: Gab es keine zwei Gesellschafter, so gab es auch keine oHG. Der geschäftsfähige Gesellschafter haftete nach Auffassung des *RG* allerdings wie ein Gesellschafter nach § 128 HGB, weil ihm der Rechtsschein einer oHG zuzurechnen war.

Diesen Fällen kann man gerecht werden, wenn man den Minderjährigenschutz mit der Lehre von der fehlerhaften Gesellschaft versöhnt: Auch der fehlerhaft vollzogene Beitritt des Minderjährigen ist wirksam, nur kann er keine Haftungsfolgen und keine sonstigen Rechtsnachteile für den Minderjährigen auslösen[76].

Beispiel Nr. 14 (vgl. *Karsten Schmidt*, JuS 1990, 521): Angenommen, im »Eisvogel«-Fall (Beispiel Nr. 10) hätte die Mutter M als Komplementärin nur mit einer minderjährigen Tochter T als Kommanditistin eine KG gegründet und dieser Vertrag wäre mangels familiengerichtlicher Genehmigung unwirksam gewesen (§§ 1822, 1829, 1643 BGB), so hätten die Unternehmensgläubiger nach der hier vertretenen Ansicht mit einer fehlerhaften Kommanditgesellschaft, nicht mit einer bloßen Schein-KG, kontrahiert. Die T wüßte, von wem sie geleistete Einlagen zurückerhielte (§§ 985, 894, 812 BGB), nämlich von der KG. Sie wäre nicht verpflichtet, versprochene Einlagen zu leisten, könnte unwirksam eingebrachte Sach-

76 Vgl. mit Unterschieden im einzelnen *Grunewald*, Rdnr. 1 A 162; *Kraft/Kreutz*, E V 1 c (3), 2 e bb; *Alfred Hueck*, oHG, § 7 III 4 c; *Schlegelberger/Karsten Schmidt*, § 105 Rdnr. 211; *Rob. Fischer*, NJW 1955, 851; *Ganssmüller*, DB 1955, 260; *ders.*, NJW 1955, 1067; *Karsten Schmidt*, JuS 1990, 521.

einlagen im Insolvenzfall aus dem Gesellschaftsvermögen aussondern (§ 47 InsO) und haftete auch nicht gegenüber den Gläubigern der Gesellschaft. Selbst eine Rechtsscheinhaftung aufgrund von § 15 III HGB scheidet aus, seitdem § 162 HGB n. F. die Anwendung des § 15 HGB gegenüber Kommanditisten ausschließt (zum Rechtszustand vor 2001 vgl. 3. Aufl., § 6 III 3 c cc; zur Anwendung des § 15 III HGB gegenüber Minderjährigen vgl. Handelsrecht, § 14 III 3 b).

Der Minderjährigenschutz verträgt sich also besser als gemeinhin angenommen mit der Lehre von der fehlerhaften Gesellschaft. Allerdings muß noch geklärt werden, wem die Gewinne und Verluste zustehen. Nicht durchgesetzt hat sich die Auffassung, der Minderjährige sei zwar an den Gewinnen, aber nicht an den Verlusten beteiligt[77]. Gewinn- und Verlustbeteiligung lassen sich nicht trennen. Richtig scheint folgendes[78]: Wird die fehlerhafte Beteiligung nicht genehmigt, so wird sie mit schuldrechtlicher Rückwirkung, d. h. ohne Gewinn- und Verlustbeteiligung, abgewickelt. Sehen die gesetzlichen Vertreter bzw. das Familiengericht die Beteiligung als vorteilhaft an, so können sie diese genehmigen. Nach §§ 108 II, 1829 II BGB können die Mitgesellschafter den Schwebezustand durch Fristsetzung beenden. Dasselbe wird sich unter V 1 b für das fehlerhafte Ausscheiden eines nicht voll geschäftsfähigen Gesellschafters herausstellen. Der Schwebezustand endet auch, wenn der minderjährige Gesellschafter volljährig wird und nicht binnen drei Monaten aus der Gesellschaft ausscheidet (arg. § 723 I 3 und 4 BGB).

IV. Fehlerhafte Strukturänderungen*

1. Von der »fehlerhaften Gesellschaft« zur fehlerhaften Verbandsverfassung

Das Institut der sog. fehlerhaften Gesellschaft hat sich historisch am Beispiel der Gesellschaftsgründung herausgebildet, ist aber ein allgemeines verbands-

77 So z. B. *Alfred Hueck*, oHG, § 7 III 4 c; *Ganssmüller*, DB 1955, 260; *ders.*, NJW 1955, 1067; anfangs auch *Rob. Fischer*, NJW 1955, 851.

78 Näher *Karsten Schmidt*, JuS 1990, 522.

* Literatur (vgl. zunächst die Angaben vor § 6 I): *Döss*, Auswirkungen von Mängeln einer Verschmelzung …, Diss. Mainz 1990; *Hommelhoff*, Zum vorläufigen Bestand fehlerhafter Strukturänderungen in Kapitalgesellschaften, ZHR 158 (1994), 11; *Huber*, Die Abfindung der Aktionäre bei Nichtigkeit der Kapitalerhöhung, in: Festschrift Claussen, 1997, S. 147; *Kleindiek*, Fehlerhafte Unternehmensverträge im GmbH-Recht, ZIP 1988, 613; *Köhler*, Rückabwicklung fehlerhafter Unternehmenszusammenschlüsse, ZGR 1985, 307; *Kort*, Bestandsschutz fehlerhafter Strukturänderungen im Kapitalgesellschaftsrecht, 1998; *ders.*, Aktien aus vernichteten Kapitalerhöhungen, ZGR 1994, 291; *Krieger*, Fehlerhafte Satzungsänderungen, ZHR 158 (1994), 35; *Konzen*, Der vermeintliche Erbe in der oHG, ZHR 145 (1981), 29; *Lauber-Nöll*, Die Rechtsfolge fehlerhafter Unternehmensverträge, 1994; *Lieberich*, Fehlerhafte Abänderungen des Gesellschaftsvertrages bei Personengesellschaften, Diss. Bonn 1972; *Karsten Schmidt*, Die fehlerhafte Anteilsübertragung, BB 1988, 1053; *ders.*, Die fehlerhafte Verschmelzung nach dem Aktiengesetz, AG 1991, 131; *ders.*, Fehlerhafte Verschmelzung und allgemeines Verbandsrecht, ZGR 1991, 373; *ders.*, Haftungsrisiken bei »steckengebliebenen« Verschmelzungen? DB 1996, 1859; *Stolzenberger-Wolters*, Fehlerhafte Unternehmensverträge im GmbH-Recht, 1990; *Ulmer*, Fehlerhafte Unternehmensverträge im GmbH-Recht, BB 1989, 10; *Zöllner*, Folgen der Nichtigerklärung

rechtliches Rechtsinstitut und betrifft alle verbandskonstituierenden Akte. Diese schon in den Vorauflagen vertretene Auffassung wird durch die Rechtsentwicklung mehr und mehr bestätigt, womit sich auch hier eine für die Institutionenbildung im Gesellschaftsrecht (oben, § 3 III 2) charakteristische Erscheinung zeigt: Ein zunächst nur für einen Teilbereich ausformuliertes Prinzip wird erst nach längerer Bewährung in seiner viel grundsätzlicheren Bedeutung erkannt: Nicht nur die Konstituierung eines Verbandes durch Gründung, sondern auch seine konstitutionelle Veränderung folgt den Grundsätzen über »fehlerhafte Gesellschaften«.

2. Die fehlerhafte Satzungsänderung

Eine *fehlerhafte Satzungsänderung* kann durch Registereintragung wirksam werden[79]. Im Kapitalgesellschaftsrecht kann die Eintragung in das Handelsregister sogar einen nichtigen Beschluß heilen (näher § 242 AktG)[80]. Fehlerhafte Vertragsänderungen in Personengesellschaften mit Verbandscharakter – z.B. die fehlerhafte Einführung des Mehrheitsprinzips für die Beschlußfassung in einer Personengesellschaft, der fehlerhafte Austausch der Komplementärstellung und der Kommanditistenstellung oder die fehlerhafte Begründung von allgemeinen Sonderrechten – unterliegen den Grundsätzen über fehlerhafte Gesellschaftsverhältnisse[81]. Der *Bundesgerichtshof* hat dies allerdings in der Vergangenheit nur mit großer Zurückhaltung anerkannt[82]. Dazu besteht im Grundsatz kein Anlaß. Auch die Anfechtung und Nichtigerklärung einer eingetragenen Satzungsänderung ändert nichts daran, daß deren Wirkungen eingetreten und nur für die Zukunft zu beseitigen sind[83]. Die Fehlerhaftigkeit des Satzungsänderungsbeschlusses berechtigt das Registergericht insbesondere nur in den engen Grenzen des § 141 II FGG, die Eintragung im Handelsregister von Amts wegen zu löschen (Spezialität gegenüber § 142 I FGG)[84]. Für flexible Lösungen im Verhältnis der Gesellschafter untereinander kann durch schuldrechtliche Ausgleichsansprüche gesorgt werden. Man wird die Frage, inwieweit Änderungen im Innenverhältnis rückwirkend auszugleichen sind, dem Einzelfall überlassen können. Dies kann regelmäßig bei Regelungen bejaht werden, die – wie beispielsweise

---

durchgeführter Kapitalerhöhungsbeschlüsse, AG 1993, 68; *Zöllner/Winter*, Folgen der Nichtigerklärung durchgeführter Kapitalerhöhungsbeschlüsse, ZHR 158 (1994), 59.

79 Vgl. *Scholz/Priester*, § 54 Rdnr. 66.

80 *BGHZ* 99, 211, 217; h.M.; anders nur *Säcker*, in: Festschrift Stimpel, 1985, S. 884; § 242 AktG sperrt nach wohl h.M. den Rückgriff auf die allgemeinen Grundsätze über fehlerhafte Gesellschaften; vgl. auch *Zöllner*, in: KK, § 181 Rdnrn. 52ff.; zur analogen Anwendung im GmbH-Recht vgl. *Hachenburg/Ulmer*, § 53 Rdnrn. 92, 94; viel spricht für die Anwendung beider Institute nebeneinander; dagegen aber die noch h.M.; über Grenzen des § 242 AktG vgl. *Stein*, ZGR 1994, 483ff.; *Karsten Schmidt*, AG 1996, 385ff.

81 Vgl. *Flume*, Personengesellschaft, § 2 III; *Lieberich*, a.a.O.; *Wiesner*, a.a.O., S. 138ff.; *Krieger*, ZHR 158 (1994), 35ff.

82 *BGHZ* 62, 20, 29; *BGH*, WM 1955, 1702, 1703f.; NJW 1969, 1483.

83 *Karsten Schmidt*, in: GroßkommAktG, § 248 Rdnr. 7; *Hommelhoff*, ZHR 158 (1994), 11ff. will schon die Anfechtung einschränken.

84 *Hüffer*, AktG, § 181 Rdnr. 29; *Wiedemann*, in: GroßkommAktG, § 181 Rdnr. 54ff.

Gewinnverteilungsvereinbarungen – ausschließlich schuldrechtliche Bedeutung haben und für die Verbandsverfassung bedeutungslos sind[85].

3. Fehlerhafte Kapitalveränderungen

Eine besonders bedeutsame Variante der fehlerhaften Satzungsänderung ist die fehlerhafte Erhöhung oder Herabsetzung des Kapitals: Wird ein Kapitalerhöhungsbeschluß und nach der Übernahme nach dessen Eintragung (§§ 184, 189 AktG, 57 GmbHG) und nach Zeichnung der neuen Aktien oder Geschäftsanteile für nichtig erklärt, so ist auch hier nach den Grundsätzen der fehlerhaften Gesellschaft zu verfahren[86]: Einlagen auf das erhöhte Kapital sind nicht rechtsgrundlos erbracht (§ 812 BGB). Die Gesellschafter können nicht nur den vorhandenen Mangel durch einen fehlerfreien Beschluß heilen[87], sondern sie können eine fehlerhaft beschlossene, jedoch eingetragene Kapitalerhöhung nur durch eine Herabsetzung des Kapitals wieder beseitigen[88]. Selbstverständlich bleiben Schadensersatzansprüche betroffener Gesellschafter von der Wirksamkeit der Kapitalveränderung unberührt[89]. Denn diese ist zwar wirksam, aber darum noch nicht fehlerfrei, so daß fehlerhaft begründete Neu-Aktien bei der Abwicklung der fehlerhaften Kapitalerhöhung auch keine Beteiligung an stillen Reserven des Unternehmens begründen können[90]. Nur soweit die Zeichner ihrerseits Schadensersatzansprüche auf das positive Interesse gegen die Gesellschaft haben, können sie Teile der stillen Reserven aus der fehlerhaften Kapitalerhöhung gleichsam mitnehmen[91]. – Dagegen kann eine fehlerhafte Kapitalherabsetzung so lange folgenlos gelöscht werden, wie sie nicht – z. B. durch Auskehrung von Einlagen – vollzogen ist.

4. Fehlerhafte Unternehmensverträge

Nichts anderes gilt für *Unternehmensverträge*, die gleichfalls nicht bloß Schuldverträge, sondern verbandsrechtliche Organisationsakte sind und des-

85 Vgl. auch *Flume*, Personengesellschaft, § 2 III; *Alfred Hueck*, oHG, § 7 III 7 c; *Rob. Fischer*, NJW 1955, 852; krit. *Wiesner*, a. a. O., S. 140.

86 Vgl. *Hüffer*, AktG, § 248 Rdnr. 7a; *Karsten Schmidt*, in: GroßkommAktG, § 248 Rdnr. 7; *Wiedemann*, in: GroßkommAktG, § 189 Rdnrn. 25ff.; *Baumbach/Hueck/Zöllner*, § 57 Rdnr. 17; *Scholz/Priester*, § 57 Rdnr. 47; *Zöllner*, AG 1993, 68ff.; *Huber*, a. a. O.; a. M. noch *Lutter*, in: KK, § 185 Rdnr. 36, § 191 Rdnr. 5; *Hachenburg/Ulmer*, § 57 Rdnr. 48.

87 Dazu *Zöllner*, AG 1993, 68ff.; *Zöllner/Winter*, ZHR 158 (1994), 79ff.

88 *Krieger*, ZHR 158 (1994), 49; für analoge Anwendung von § 237 AktG *Kort*, ZGR 1994, 315ff.; dagegen aber und damit auch gegen die Beteiligung der fehlerhaft beigetretenen Aktionäre an stillen Reserven *Huber*, a. a. O., S. 167f.

89 Dazu *Kort*, a. a. O., S. 218f.; *Zöllner/Winter*, ZHR 158 (1994), 72ff.

90 So im Ergebnis auch *Huber*, a. a. O.

91 Unklar *Kort*, a. a. O., S. 223f.

halb kraft Eintragung oder kraft Vollzugs auch als fehlerhafte Organisationsakte Bestand haben können[92].

Beispiel Nr. 15 (nach *BGHZ* 103, 1 = NJW 1988, 1326 »Familienheim«): Eine KG hatte mit einer GmbH ohne die nach neuerer Rechtsprechung erforderliche Beschlußfassung und Eintragung einen Beherrschungs- und Gewinnabführungsvertrag geschlossen. Ein solcher Unternehmensvertrag führt zu einer Verlustübernahmepflicht des herrschenden Unternehmens (dazu unten, § 31 III 2 d). Gegenüber dem Nichtigkeitseinwand entschied der *BGH*: »Wird ein Beherrschungs- oder Gewinnabführungsvertrag mit einer GmbH, obwohl nichtig, gleichwohl durchgeführt, so ist er nach den Grundsätzen der fehlerhaften Gesellschaft solange als wirksam zu behandeln und das herrschende Unternehmen zum Ausgleich der Verluste verpflichtet, bis sich einer der Vertragspartner auf die Nichtigkeit beruft und die Beherrschung ein Ende findet.«

Beispiel Nr. 16 (nach *BGHZ* 116, 37 = NJW 1992, 213 »Stromlieferung«): Die HF-GmbH hatte jahrelang Strom bei der Klägerin bezogen. Sie war der Beklagten (B-GmbH) durch einen Ergebnisabführungsvertrag untergeordnet, der entgegen der seit *BGHZ* 105, 324 (»Supermarkt«) ständigen Rechtsprechung nicht in das Handelsregister eingetragen und damit unwirksam war. Trotzdem haftete die B-GmbH analog §§ 302, 303 AktG aufgrund des Ergebnisabführungsvertrages. Dieser war durch jahrelange Ergebnisübernahme vollzogen, so daß die B-GmbH die Verluste zu übernehmen hatte wie bei einem wirksamen Ergebnisabführungsvertrag.

5. Fehlerhafte Umwandlung

Positivrechtlich geregelt ist der *Fall der fehlerhaften Umwandlung (Verschmelzung, Spaltung, Formwechsel)*. Die Eintragung einer Verschmelzung – nicht schon ihr »faktischer Vollzug«[93] – hat nach § 20 I UmwG das Erlöschen der übertragenden Rechtsträger und den Rechtsübergang auf den übernehmenden Rechtsträger zur Folge (näher unten, § 13 III 7). Die Eintragung einer Spaltung führt nach § 131 I UmwG gleichfalls zum Rechtsübergang auf den übernehmenden Rechtsträger (näher unten, § 13 IV 4 b). Die Eintragung eines Formwechsels hat nach § 202 I UmwG zur Folge, daß der umgewandelte Rechtsträger in neuer Rechtsform weiterbesteht (näher unten, § 13 II 2 b). Zu allen diesen Fällen sagt das Gesetz, daß Mängel der beschlossenen und eingetragenen Umwandlung die Wirkungen der Eintragung unberührt lassen (§§ 20 II, 131 II, 202 III UmwG). Die genaue Bedeutung dieser auf das bis 1994 geltende Verschmelzungsrecht[94] zurückgehenden Regelungen ist umstritten: Führen sie zu einer materiellen Heilung des Mangels, oder besagen sie nur, daß Fehler der zugrundeliegenden Verträge oder Beschlüsse den Eintritt der strukturändernden Wirkung nicht hindern? Die Gesetzesbegründung zu § 20 UmwG sagt nur, daß die Ent-

92 Vgl. *BGHZ* 103, 1 = NJW 1988, 1326; *BGH*, WM 2002, 77; dazu eingehend *Kort*, a.a.O., S. 156ff.; *Lauber-Nöll*, a.a.O.; *Altmeppen*, in: MünchKommAktG, § 291 Rdnrn. 193ff.; *Ulmer*, BB 1989, 10ff.; *Kleindiek*, ZIP 1988, 613ff. (für den Fall fehlender Zustimmung der Gesellschafter freilich ablehnend); *OLG Koblenz*, DB 1991, 155 = GmbHR 1991, 420.

93 Vgl. *BGH*, NJW 1996, 659; dazu *Karsten Schmidt*, DB 1996, 1859ff.

94 § 352a AktG a.F.; vgl. auch zur Umwandlung einer LPG (Landwirtschaftlichen Produktionsgenossenschaft) in eine AG *BGH*, NJW 1996, 2165.

schmelzung praktisch nicht durchführbar sei[95]. Das ist nicht zu bestreiten, aber es fragt sich doch, ob auf eine solche Rück-Umwandlung, wenn sie denn möglich sein sollte, ein Anspruch besteht.

Beispiel Nr. 17: Gegen die Stimmen des Minderheitsaktionärs M wird die A-Aktiengesellschaft mit der G-GmbH verschmolzen. Die Verschmelzung ist trotz einer von M gegen den Verschmelzungsbeschluß erhobenen Nichtigkeitsklage eingetragen worden (vgl. § 16 UmwG). Hat nun die Klage des M Erfolg, so bleibt es nach § 20 II UmwG doch dabei, daß die AG erloschen und ihr Vermögen auf die GmbH übergegangen ist[96]. Nach einer weitverbreiteten Ansicht ist diese Rechtsfolge unverrückbar, womit ein Anspruch auf Entschmelzung ausscheidet (vgl. auch § 16 III 6 UmwG)[97]. Eine Gegenansicht gesteht dem Betroffenen jedenfalls außerhalb § 16 III 6 UmwG neben dem Schadensersatz einen Anspruch auf Wiederherstellung des rechtmäßigen Zustands, also z.B. auf Spaltung der Verschmelzungsgesellschaft, zu (näher unten, § 13 I 2 c bb)[98].

Es wurde schon klargestellt, daß ein solcher Restitutionsanspruch in aller Regel unrealisierbar ist, so wie auch die Abwicklung einer fehlerhaften Gesellschaft selten, ihr Fortbestand dagegen die Regel ist. Im Lichte der in diesem Buch unternommenen Institutionenbildung im Gesellschaftsrecht ist indessen festzustellen: Die Mitgliedschaft ist durch Unterlassungs- und Beseitigungsansprüche gegen rechtswidrige Eingriffe geschützt (unten, § 21 V), und das Institut der fehlerhaften Gesellschaft hindert eine Abwicklung ex nunc nicht, wenn der Mangel des strukturändernden Rechtsaktes der Gesellschaft noch anhaftet (oben unter III 2). Soweit also die Beeinträchtigung andauert und eine Entschmelzung noch durchführbar ist, müßte dem Betroffenen hierauf ein Anspruch zustehen. Der Umwandlungsgesetzgeber will ihm aber, wie § 16 III 6 UmwG zeigt, jedenfalls keinen generellen (!) Restitutionsanspruch zugestehen.

6. Fehlerhafte Auflösung und Abwicklung

Auch die fehlerhafte Auflösung und Abwicklung kann – obgleich geradezu das konträre Gegenteil von dem, was man sich einst unter einer »fehlerhaften Gesellschaft« vorstellte – ein Fall der fehlerhaften Strukturänderung sein. Das müßte insbesondere aus der Perspektive der herkömmlichen Ansicht gelten, die sich unter der Auflösung eine Zweckänderung vorstellt (unten, § 11 V 4 c). Hier wird dagegen ein Kontinuitätskonzept vertreten: Die Auflösung einer Gesellschaft ist keine Zweckänderung, sondern sie überführt nur die

---

95 BT-Drucks. 12/6699 zu § 20 RegE UmwG; abgedruckt auch bei *Ganske*, Umwandlungsrecht, 2. Aufl. 1995; *Neye*, Umwandlungsgesetz, 2. Aufl. 1995; *Schaumburg/Rödder*, UmwG und UmwStG, 1995; *Widmann/Mayer*, Umwandlungsrecht, Band 1, Texte/Materialien, Lfg. 1995.

96 Zur Bedeutung dieses Vorgangs für den Anfechtungsprozeß vgl. *Karsten Schmidt*, in: GroßkommAktG, § 245 Rdnr. 80.

97 So *Kort*, a.a.O., S. 277f.; *Grunewald*, in: Lutter, Umwandlungsgesetz, 2. Aufl. 2000, § 20 Rdnr. 69ff.

98 So namentlich *Chr. Schmid*, ZGR 1997, 514ff.; *Karsten Schmidt*, ZIP 1998, 187ff.; *Hommelhoff/Schubel*, ZIP 1998, 544ff.; für das alte Verschmelzungsrecht *Martens*, AG 1986, 64ff. (grundlegend); *Karsten Schmidt*, AG 1991, 131ff.; im Ergebnis auch *Döss*, Die Auswirkungen von Mängeln der Verschmelzung, Diss. Mainz 1990, S. 109ff. (jedoch nur über § 249 BGB).

Gesellschaft in das Liquidationsstadium (unten, § 11 V c). Demgemäß ist auch ein Auflösungsbeschluß grundsätzlich keine Satzungsänderung[99]. Er gehört nicht zu den strukturändernden Beschlüssen. Ist er nichtig oder auf Anfechtungsklage für nichtig erklärt, so besteht der Rechtsträger als werbende – nur scheinbar aufgelöste – Gesellschaft fort[100]. Etwa schon vorgenommene Liquidationsmaßnahmen müssen u. U. rückgängig gemacht werden[101]. Dagegen kann eine fehlerhafte Vollbeendigung, wenn sie – z.B. durch Registereintragung – vollzogen und kein Restvermögen mehr vorhanden ist, definitiv sein: der fehlerhafte, aber endgültig aus der Welt geschaffene Rechtsträger ist erloschen. Freilich setzt dies eine Vollbeendigung und Vermögenslosigkeit des fehlerhaft abgewickelten Rechtsträgers voraus (unten, § 11 V b). Zweifelhaft ist deshalb die Entscheidung in unserem

Beispiel Nr. 18 (nach *BGH*, NJW-RR 1995, 1237 = WM 1995, 1446): Ein 1875 gegründeter Versicherungsverein auf Gegenseitigkeit hatte im Juli seine Auflösung zum 31. Dezember beschlossen. Am 30. Dezember hatte die Mitgliederversammlung beschlossen, daß der Verein nicht aufgelöst sein, sondern zunächst ohne Geschäftstätigkeit fortbestehen solle. Im August des folgenden Jahres trat der Verein an seinen Rückversicherer heran, um die Geschäftstätigkeit wieder aufzunehmen, und zwar, wie sich inzwischen herausstellte, mit neuen Mitgliedern. Als der Rückversicherer dies erfuhr, focht er seine Deckungszusage wegen arglistiger Täuschung an und wurde daraufhin vom Verein verklagt. Alles sprach hier dafür, die Klage wegen §§ 123, 142 BGB abzuweisen. Der BGH aber hielt sie für unzulässig, weil es den klagenden Verein überhaupt nicht mehr gebe. Hierfür konnte sprechen, daß der Verein seine Rücklage an die Altmitglieder ausgezahlt hatte. Nach Ansicht des *BGH* aber ließ schon die dem Beschluß nachfolgende Aufgabe der Versicherungstätigkeit den VVaG erlöschen, und selbst solange er nur aufgelöst und noch nicht erloschen war, konnte er keine neuen Mitglieder als Versicherungsnehmer mehr aufnehmen. Dieser Teil der Gründe überzeugt nicht. Die bloße Auflösung bewirkt keine (auch keine fehlerhafte) Vollbeendigung.

99 *RGZ* 65, 266; 101, 78; *Hachenburg/Ulmer*, § 60 Rdnr. 33; *Scholz/Karsten Schmidt*, § 60 Rdnr. 14.
100 Beispiel für Nichtigerklärung: *BGHZ* 76, 352; unklar *Kort*, a.a.O., S. 127, 130: »ex-nunc-Vernichtung (?) der fehlerhaften Auflösung«.
101 *BGHZ* 76, 352, 357.

V. Fehlerhafter Wechsel von Mitgliedern*

1. Fehlerhafter Beitritt und fehlerhafter Austritt

a) Der *fehlerhafte Beitritt* zu einem bestehenden Verband unterliegt gleichfalls den Regeln über fehlerhafte Gesellschaftsverhältnisse[102]. Das leuchtet nach den unter IV angestellten Überlegungen ein, denn die Schaffung einer neuen Mitgliedschaft oder die Beseitigung einer alten stellt ja eine partielle Umstrukturierung dar. Bemerkenswerterweise reicht die Rechtsprechung hier viel weiter zurück als bei der eigentlichen fehlerhaften Gesellschaft. Der Beitritt zu einer Kapitalgesellschaft oder Genossenschaft bzw. die Zeichnung neuer Anteile im Fall der Kapitalerhöhung ist nicht nach allgemeinen Regeln nichtig oder anfechtbar, wenn ein Willensmangel vorliegt[103]. Für den fehlerhaften Beitritt zu einer Publikumspersonengesellschaft gilt nach heutiger Rechtsprechung dasselbe: Willensmängel berechtigen zum Austritt bzw. zum Ausschluß aus der Gesellschaft, begründen aber nicht die Nichtigkeit des Beitritts[104]. Das muß nach dem unter III 3 c cc Gesagten sogar für den Beitritt eines arglistig getäuschten oder nicht voll geschäftsfähigen Gesellschafters gelten, nur daß dieser im Innenverhältnis die Einlageleistung verweigern, geleistete Einlagen zurückfordern und den Austritt aus wichtigem Grund erklären kann[105]. Der *Unterschied gegenüber einer bloßen Rechtsscheinhaftung* manifestiert sich gerade am Beispiel des Gesellschafterbeitritts. Der eingetretene Gesellschafter haftet (den Fall der mangelnden Geschäftsfähigkeit einmal ausgenommen) nicht nur für Forderungen der (auf seinen Beitritt vertrauenden) Neugläubiger, sondern nach §§ 130, 173 HGB auch für Altverbindlichkeiten aus der Zeit vor seinem Beitritt. Ginge es nur um eine Rechtsscheinhaftung, so bliebe die Haftung auf die Dauer des Rechtsscheins begrenzt[106]. Auch müßte es im Einzelfall auf eine Vertrauenssituation ankommen. Die Bedeutung des Unterschieds läßt sich anhand von Rechtsprechungsbeispielen belegen.

---

* Literatur (vgl. zunächst die Angaben unter § 6 I und IV): *Däubler*, Das fehlerhafte Ausscheiden eines Gesellschafters aus der oHG, BB 1966, 1292; *Falkenstein*, Fehlerhaftes Ausscheiden eines Gesellschafters aus einer oHG, Diss. Tübingen 1977; *Grunewald*, Die Anfechtung wegen arglistiger Täuschung bei der Übertragung von GmbH-Gesellschaftsanteilen, ZGR 1991, 452; *Konzen*, Der vermeintliche Erbe in der oHG, ZHR 145 (1981), 29; *Limmer*, Haftung beim Erwerb von GmbH-Geschäftsanteilen, ZIP 1993, 412; *Klaus J. Müller*, Haftung des Erwerbers von GmbH-Geschäftsanteilen und Schutz bei anfechtbarer Übertragung, 1996; *ders.*, Haftung des Erwerbers von GmbH-Geschäftsanteilen nach Anfechtung der Abtretung, GmbHR 1996, 881; *Karsten Schmidt*, Die fehlerhafte Anteilsübertragung, BB 1988, 1053; *Vetter*, Altschuldenhaftung auf fehlerhafter Vertragsgrundlage, 1995; *Zutt*, Rechtsfragen der Anmeldung gemäß § 16 GmbHG, in: Festschrift Oppenhoff, 1985, S. 555.

102 *BGHZ* 44, 235; *BGH*, NJW 1992, 1501; *Flume*, Personengesellschaft, § 2 III; *Grunewald*, Rdnrn. 1 A 163 ff.; *Wiesner*, a.a.O., S. 148ff.; *Vetter*, a.a.O., S. 207ff.

103 Vgl. bereits *ROHGE* 5, 415, 417; *RGZ* 2, 130, 132.

104 *BGHZ* 63, 338, 345f. = JuS 1975, 531 m. Anm. *Karsten Schmidt*; *BGH*, NJW 1976, 894; BB 1988, 698 = WM 1988, 414; näher *Kraft*, in: Festschrift Fischer, 1979, 323ff.

105 Anders *BGH*, NJW 1992, 1503, 1504 (unter 2 a).

106 So denn auch *Canaris*, a.a.O., S. 176; *Möschel*, a.a.O., S. 176ff.; *Müller-Graff*, JuS 1979, 29; s. auch *Reindl*, a.a.O., S. 435ff.

Beispiel Nr. 19 (nach *BGHZ* 44, 235): G hatte eine Forderung gegen die S-oHG. Danach trat B in die Gesellschaft ein. B ist inzwischen aus der Gesellschaft wieder ausgeschieden und hat den Gesellschafterbeitritt wegen arglistiger Täuschung angefochten. B wird nunmehr von G in Anspruch genommen. – Hier hatte das Berufungsgericht die Klage mit der Begründung abgewiesen, die Inanspruchnahme eines Gesellschafters, dessen Beitritt unwirksam sei, durch einen Altgläubiger setze voraus, daß sich der Gläubiger auf den durch den Beitritt erzeugten Rechtsschein verlassen, also sein späteres Verhalten entsprechend eingerichtet habe. Der *Bundesgerichtshof* lehnte diese Auffassung mit folgender Begründung ab: »Die Gesellschaft ist unstreitig auch nach dem Eintritt der Beklagten werbend tätig geworden, und die Beklagten sind der Klägerin gegenüber bei Verhandlungen als Gesellschafter aufgetreten. Bei dieser Sachlage war es den Beklagten nach den für die fehlerhafte Gesellschaft geltenden Rechtsgrundsätzen nicht mehr möglich, ihren Eintritt durch Anfechtung rückwirkend zu beseitigen (vgl. für das Innenverhältnis BGHZ 26, 334f). Das hat nicht nur Folgen für das Innenverhältnis, für die Rechtsbeziehungen der Gesellschafter untereinander, sondern ebenso auch für das Außenverhältnis, für die Rechtsbeziehungen der Gesellschaft zu Dritten sowie für die Rechtsstellung der Gesellschafter gegenüber dem Gesellschaftsgläubiger ... Demgemäß muß auch die Vorschrift des § 130 HGB Anwendung finden, sei es, daß ein Gesellschafter rechtlich fehlerfrei in eine fehlerhafte offene Handelsgesellschaft oder rechtlich fehlerhaft in eine voll wirksame offene Handelsgesellschaft eintritt. In beiden Fällen haftet der neu eintretende Gesellschafter auch für die vor seinem Eintritt begründeten Verbindlichkeiten der Gesellschaft persönlich und unbeschränkt. Einer Anwendung des Vertrauensgrundsatzes – wie etwa bei einem Auftreten im Verkehr als Gesellschafter einer offenen Handelsgesellschaft (vgl. BGHZ 17, 13) – bedarf es hier nicht, weil in diesem Fall die Haftung des neu eintretenden Gesellschafters schon nach § 130 HGB ohne Rücksicht auf ein schutzwertes Vertrauen des einzelnen Gesellschaftsgläubigers besteht.«

Beispiel Nr. 20 (in Anlehnung an *BGH*, NJW 1977, 1820 = JuS 1977, 687 m. Anm. *Karsten Schmidt*; *Müller-Graff*, JuS 1979, 24): K war als Kommanditist einer schon bestehenden Kommanditgesellschaft beigetreten und hatte als Einlage die Einbringung eines Grundstücks versprochen. Da der Vertrag nur privatschriftlich geschlossen war, war er nach §§ 125, 313 BGB formnichtig. Trotzdem war K Kommanditist geworden und haftete in Höhe seiner Haftsumme persönlich. Er haftete nicht bloß als Scheingesellschafter (so aber *Müller-Graff*, JuS 1979, 28), sondern aufgrund fehlerhaften Beitritts als wirklicher Kommanditist (zur Bemessung der Haftsumme vgl. unten, § 54 I 2 d). Deshalb mußte K für alle Schulden haften, auch für Altschulden nach § 173 HGB.

Beispiel Nr. 21 (*BGH*, NJW 1992, 1501): B war einem als Gesellschaft bürgerlichen Rechts organisierten Gläubiger-Pool im Rahmen eines Konkursverfahrens fehlerhaft beigetreten (»Baustellen-Verwertungs-Gesellschaft«). Hier nahm der *BGH* an, daß B für Altschulden nur hafte, soweit er sie sich »zu eigen gemacht« habe. Aber das beruht lediglich darauf, daß § 130 HGB mit der zwingenden Haftung für Altschulden nach Auffassung des *BGH* für eine BGB-Gesellschaft nicht gilt (dagegen unten, § 60 III 2 d). Für Neuverbindlichkeiten bejahte der *BGH* auch hier die unbeschränkte persönliche Haftung des fehlerhaft beigetretenen B.

b) Auch *der fehlerhafte Austritt aus einer Personengesellschaft* wird grundsätzlich nur mit Wirkung ex nunc berichtigt[107]. Handelte es sich um einen fehlerhaften *Ausschluß*, so kann der ausgeschlossene Gesellschafter bei seinem Wiedereintritt verlangen, daß er gestellt wird, als wäre er Gesellschafter

---

107 *BGH*, NJW 1969, 1483; WM 1975, 512; NJW 1992, 1503, 1504; *Grunewald*, Rdnr. 1 A 163; *Alfred Hueck*, oHG, § 7 III 7 b; *Lieberich*, a. a. O., S. 115f.; *Däubler*, BB 1966, 1292f.; a. M. *Möschel*, a. a. O., S. 183.

geblieben. Im Verhältnis zu Dritten aber bleibt es dabei, daß er ausgeschieden und wieder eingetreten ist.

Beispiel Nr. 22: Gesellschafter G der G & Co. oHG hatte Gesamtvertretungsbefugnis gemeinsam mit Gesellschafter T. Nach dem Gesellschaftsvertrag waren die Anteile vererblich, aber T oder seine Erben konnten jederzeit auch ohne wichtigen Grund aus der Gesellschaft ausgeschlossen, werden. Wird nun E, ein Erbe des T, aufgrund dieser Klausel ausgeschlossen, und stellt man sich mit dem *BGH* auf den Standpunkt, daß eine solche Ausschließungsklausel nichtig ist (*BGHZ* 68, 212, 215), so kann E auf Wiederaufnahme in die Gesellschaft klagen. Er kann auch verlangen, daß er gestellt wird, als habe er die Gesellschaft nicht verlassen. Erst wenn er wieder eintritt, haftet er aber für die zwischenzeitlich eingegangenen Verbindlichkeiten (vgl. § 130 HGB), und auch die von Gesellschafter G ohne Mitwirkung des E zwischenzeitlich abgeschlossenen Verträge bleiben wirksam.

Die Lehre vom fehlerhaften Austritt aus der Gesellschaft wirkt sich in der Prozeßpraxis auch auf die Klageanträge aus:

Beispiel Nr. 23 (nach *BGH*, NJW 1992, 1503): K war einer Familiengesellschaft als Kommanditist beigetreten. 1977 hatte er seinen Austritt erklärt, und der Austritt war im Handelsregister eingetragen worden. Zehn Jahre später klagte er auf Feststellung, daß er noch Gesellschafter sei und trug vor, er habe seinerzeit an einer Geisteskrankheit des manisch-depressiven Krankheitsbildes gelitten. Die Klage hatte Erfolg, weil die h. M. im Fall der Geisteskrankheit das Institut der fehlerhaften Gesellschaft nicht anerkennt. Nach der oben unter III 3c cc vertretenen Auffassung konnte K richtigerweise nur Neuaufnahme in die Gesellschaft und Ausgleich erlittener Nachteile (z. B. etwa entgangener Gewinnbeteiligungen) im Innenverhältnis verlangen, was insbesondere eine rückwirkende Änderung von zehn Jahresbilanzen erspart und die Wirkung zwischenzeitlicher Gesellschafterbeschlüsse nicht in Frage gestellt hätte. Die Klage hätte also richtigerweise als Leistungsklage (auf Aufnahme in die Gesellschaft) und nicht als Feststellungsklage erhoben werden müssen.

2. Fehler bei der Rechtsnachfolge in die Mitgliedschaft

Wie unter § 19 II näher dargestellt wird, muß beim Mitgliederwechsel streng zwischen dem Eintritt und Austritt auf der einen Seite und der Rechtsnachfolge in die Mitgliedschaft auf der anderen Seite unterschieden werden. Der Eintritt oder Austritt stellt einen Eingriff in die Verbandsverfassung dar, denn es wird eine Mitgliedschaft neu geschaffen oder eine Mitgliedschaft beseitigt. Die Rechtsnachfolge in die Mitgliedschaft dagegen läßt diese nur auf einen anderen Rechtsträger übergehen. Unterlaufen hier Irrtümer oder rechtliche Fehler, so geht es nicht darum, eine vollzogene Strukturänderung trotz ihrer Rechtsmängel zu akzeptieren, vielmehr lauten die Fragen nur: Wer ist der wahre Inhaber der Mitgliedschaft? Ist das in die scheinbare Rechtsnachfolge gesetzte Vertrauen geschützt? Ein Problem der fehlerhaften Gesellschaft ist dies nicht, und es sprechen – worüber man streiten kann – auch keine überzeugenden Gründe für eine Gleichbehandlung. Vielmehr gelten hier eigene Regeln. Es ist dabei zwischen der Nachfolge von Todes wegen (sogleich unter a) und unter Lebenden (unter b) zu unterscheiden.

a) Nach dem Tod eines Gesellschafters entsteht bisweilen die *Frage, wie man einen Scheinerben in der Personen- oder Kapitalgesellschaft behandeln soll.* Hier geht es nicht um die Anerkennung eines fehlerhaften Erwerbsakts, sondern nur um Rechtsscheinschutz.

Beispiel Nr. 24: Nach dem Tod des Gesellschafters G hat S als vermeintlicher Erbe jahrelang Gewinne bezogen und in Versammlungen abgestimmt, als sich ein Testament anfindet, nach dem E wahrer Erbe ist. Hier braucht S nicht aus der Gesellschaft auszutreten, denn er war niemals Gesellschafter. Aber für die Vergangenheit bedarf es des Vertrauensschutzes.

aa) *Anteile an Kapitalgesellschaften* (Aktien, GmbH-Geschäftsanteile) unterliegen der normalen Gesamtrechtsnachfolge von Todes wegen. Die Gesellschaft wird tunlichst auf der Vorlage eines Erbscheins bestehen, wenn es um die Nachfolge nach einem verstorbenen Aktionär oder GmbH-Gesellschafter geht. Dann ist die Gesellschaft nach § 2367 BGB vor Überraschungen sicher, denn nach dieser Vorschrift genießt der Erbschein öffentlichen Glauben, wenn an den im Erbschein Benannten auf Grund eines zur Erbschaft gehörenden Rechts eine Leistung bewirkt wird oder wenn er eine Verfügung vornimmt. Diese Vorschrift ist nicht nur auf Ausschüttungen an den Scheinerben anzuwenden, sondern auch auf alle Beschlüsse, an denen er mitwirkt[108].

bb) Handelt es sich um eine *Personengesellschaft*, so wird man zwischen der sog. Nachfolgeklausel und der Eintrittsklausel unterscheiden müssen: In einer Personengesellschaft mit *Nachfolgeklausel* ist die Mitgliedschaft vererblich; weder wird die Gesellschaft durch den Tod aufgelöst, noch führt der Tod zum Ausscheiden des Gesellschafters bzw. seiner Erben (unten, § 45 V 4). Wie bei der Kapitalgesellschaft wird man in der Praxis auf der Vorlage eines Erbscheins bestehen. Wird ein Erbschein vorgelegt, so gilt auch hier § 2367 BGB[109]. Die Eintrittsklausel gibt dem Berechtigten nur die Befugnis zum Eintritt in die Gesellschaft (unten, § 45 V 6). War der Eingetretene, z.B. weil er nur scheinbar der Erbe war, überhaupt nicht zum Eintritt berechtigt, so ist dies nicht ein Problem des § 2367 BGB, sondern ein Problem des fehlerhaften Beitritts[110]: Ist aufgrund einer Eintrittsklausel ein Scheinerbe beigetreten, so ist sein Beitritt wirksam; die Auseinandersetzung mit der Gesellschaft und mit dem wahren Erben ist ein Problem des Innenverhältnisses.

b) aa) Auch die *fehlerhafte Anteilsveräußerung unter Lebenden* muß von dem fehlerhaften Eintritt und Austritt unterschieden werden (näher unten, § 19 II). Die Anteilsveräußerung ist kein verbandsrechtliches Satzungsgeschäft, sondern eine Verfügung über die Mitgliedschaft. Es wird keine Mitgliedschaft begründet oder beseitigt, die Verbandsstruktur also nicht geändert, sondern es findet eine Rechtsnachfolge statt. Ist die Übertragung unwirksam, so

108 So *Däubler*, GmbHR 1963, 182f.; zust. *Promberger*, in: MünchKommBGB, § 2367 Rdnr. 10; *Soergel/Damrau*, § 2367 Rdnr. 4; *Staudinger/Schilken*, § 2367 Rdnr. 5; a.M. *Schreiner*, NJW 1978, 922; für Anwendung des § 16 GmbHG *Priester*, GmbHR 1984, 193ff.

109 Demgegenüber für weitgehende Anwendung der Grundsätze über fehlerhafte Gesellschaften *Konzen*, ZHR 145 (1981), 61ff.

110 Vgl. im einzelnen *Konzen*, ZHR 145 (1981), 46ff.

scheitert die Rechtsnachfolge. Die Grundsätze über fehlerhafte Gesellschaften finden keine Anwendung[111]. Anders sah es allerdings bis 1990 die Rechtsprechung[112].

Beispiel Nr. 25 (modifiziert nach *BGH*, LM Nr. 12 zu § 15 GmbHG = JZ 1975, 448): K, dem sämtliche Anteile in einer GmbH & Co. KG gehörten, hatte diese GmbH-Geschäftsanteile und die Kommanditistenbeteiligungen an X, Y und Z veräußert. Er focht die Anteilsübertragung dann nach § 123 BGB wegen arglistiger Täuschung an. Er meinte deshalb, Gesellschafter geblieben zu sein. Der *BGH* aber entschied, daß die Grundsätze über fehlerhafte Gesellschaften auch dann Anwendung finden, wenn die Übertragung eines GmbH-Anteils durch Irrtum, arglistige Täuschung oder unter sittenwidriger Übervorteilung veranlaßt wurde. »Es könnte zu unerträglichen Ergebnissen führen und wäre mit dem Zweck der bürgerlichrechtlichen Nichtigkeits- und Anfechtungsvorschriften nicht zu vereinbaren, wenn der tatsächlich geschaffene Zustand ... mit rückwirkender Kraft aus dem Rechtsleben gestrichen würde ...«

Beispiel Nr. 26 (nach *BGHZ* 84, 47 = NJW 1982, 2822): G hat von X alle Geschäftsanteile einer GmbH erworben. X hat zugesagt, die Geschäftsanteile seien voll eingezahlt. Erst im Konkurs der Gesellschaft stellt sich heraus, daß dies nicht der Fall ist. G, vom Konkursverwalter in Anspruch genommen, ficht den Anteilserwerb wegen arglistiger Täuschung an. Der *Bundesgerichtshof* zog den – für diese Frage nicht passenden – § 16 GmbHG heran und entschied: »Ein Gesellschafter kann sich von seiner Haftung für rückständige Stammeinlagebeträge ... nicht mehr durch eine nachfolgende Anfechtung seines Anteilserwerbs wegen arglistiger Täuschung befreien.«

Beispiel Nr. 27 (nach *BGH*, BB 1988, 580 = NJW 1988, 1324 = JuS 1988, 656 m. Anm. *Karsten Schmidt*): K (Kläger) und B (Beklagter) sind Brüder. Die Eltern haben ihre Kommanditanteile an einer GmbH & Co. KG dem K und dem B übertragen, dem B jedoch nur unter einer aufschiebenden Bedingung. B hat inzwischen einen Ausschließungsbeschluß gegen K erwirkt. Nunmehr klagt K gegen B auf Feststellung, daß dieser nicht Kommanditist sei, weil es am Eintritt der Bedingung fehle. Der *BGH* wies die Klage ab: »Tritt innerhalb einer Kommanditgesellschaft ein Gesellschafter seinen Gesellschaftsanteil an einen außenstehenden Dritten ab, und leidet dieser Gesellschafterwechsel an einem Rechtsmangel, so ist er nach den Grundsätzen der fehlerhaften Gesellschaft in der Regel gleichwohl wirksam, wenn er vollzogen worden ist.«

Diese Entscheidungen stellten im Ergebnis – die erste und die dritte auch in der Begründung – eine Ausdehnung der Lehre von der fehlerhaften Gesellschaft auf fehlerhafte Übertragungsvorgänge dar. So nahe diese Analogie liegen mochte, so unbefriedigend waren jedoch ihre Konsequenzen. Die Grundsätze über fehlerhafte Gesellschaften könnten nur gar zu leicht dazu führen, daß der wahre Anteilsinhaber zum Nichtgesellschafter und der »faktische« Gesellschafter statt seiner zum Anteilsinhaber erklärt werden müßte, obwohl nur der Schein eines wirksamen Erwerbes vorliegt. Anders verhält es sich, wenn der Erwerbsakt wirksam und nur das Kausalgeschäft unwirksam ist, etwa weil allein dieses angefochten wurde. Dann findet nach § 812 BGB nur eine Rückabwicklung unter den Vertragsbeteiligten statt

111 *BGH*, NJW 1990, 1915; ZIP 1995, 1085, 1086; *Grunewald*, Rdnr. 2 E 185 (unsicher, ob nur für GmbH); *Huber*, Vermögensanteil, S. 410; *Vetter*, a. a. O., S. 220 ff.; *Knobbe-Keuk*, ZIP 1983, 274; *Karsten Schmidt*, AcP 186 (1986), 438; eingehend *ders.*, BB 1988, 1053 ff.

112 Vgl. *BGH*, JZ 1975, 448; *OLG Hamm*, GmbHR 1985, 22; *Wiesner*, a. a. O., S. 155; *Eisenhardt*, Rdnr. 349, *Soergel/Hadding*, 11. Aufl., § 719 Rdnr. 15; teilweise auch *Wiedemann*, a. a. O., S. 70 f.; eingehend *Zutt*, a. a. O., S. 555 ff.

(ähnlich zur Rückforderung geschenkter Anteile oben, § 4 I 1), und nach außen behält dann der Leitsatz von *BGHZ* 84, 47 Gültigkeit: »Ein Gesellschafter kann sich von seiner Haftung für rückständige Stammeinlagebeträge ... nicht mehr durch eine nachfolgende Anfechtung seines Anteilserwerbs wegen arglistiger Täuschung befreien.« Die allgemeine Ausdehnung der Grundsätze über fehlerhafte Gesellschaften auf die fehlerhafte Anteilsveräußerung war aber nicht zu billigen[113]. Mit Recht hat deshalb der *Bundesgerichtshof* seine Rechtsprechung unter dem Eindruck der an ihr geübten Kritik revidiert:

Beispiel Nr. 28 (nach *BGH*, NJW 1990, 1915; dazu *Grunewald*, ZGR 1991, 452): Auch hier ging es um die Anfechtung von GmbH-Geschäftsanteilsabtretungen, nur daß diesmal die Veräußerer angefochten hatten. Entschieden wurde: »Wird die Abtretung eines GmbH-Anteils wegen arglistiger Täuschung oder Irrtums angefochten, so greifen die bürgerlichrechtlichen Anfechtungs- und Nichtigkeitsvorschriften ein; die Grundsätze der fehlerhaften Gesellschaft sind auf eine anfechtbare Abtretung nicht anwendbar.« Bestätigt wurde diese neue Rechtsprechung durch *BGH*, NJW-RR 1995, 1182.

bb) *Für die Praxis* bedeutet dies, daß der fehlerhafte Anteilserwerb den Erwerber nur zum Scheingesellschafter macht. Einer besonderen Rückübertragung bedarf es nicht, vielmehr genügt es, den bestehenden Rechtszustand – also die fortbestehende Gesellschaftereigenschaft des Veräußerers – festzustellen[114]. Soweit es eines Vertrauensschutzes bedarf, hat dieser nichts mit den Grundsätzen der fehlerhaften Gesellschaft zu tun[115]. Das zeigt sich zunächst im Innenverhältnis:

Beispiel Nr. 29: K hat von V ein Aktienpaket, einen GmbH-Geschäftsanteil oder einen Kommanditanteil erworben und seither in Haupt- bzw. Gesellschafterversammlungen abgestimmt. Berührt es die gefaßten Beschlüsse, wenn sich nunmehr die Nichtigkeit des Erwerbsakts herausstellt?

Es ist in diesem Fall davon auszugehen, daß der Übertragungsakt unwirksam ist; eine Rückübertragung ist nicht erforderlich. Für einen Vertrauensschutz sorgt bei Inhaberaktien § 793 I 2 BGB[116], bei Namensaktien § 67 II AktG, bei GmbH-Geschäftsanteilen eine erweiternde Anwendung des § 16 GmbHG[117], bei Personengesellschaftsanteilen §§ 413/409 BGB[118]. Auch im Außenverhältnis kommen Rechtsscheingrundsätze zum Tragen[119].

---

113 *Karsten Schmidt*, BB 1988, 1053ff.

114 Daß eine »vorsorgliche« Rückübertragung der Rechtssicherheit dient, steht auf einem anderen Blatt.

115 Anders *Grunewald*, Rdnr. 2 E 185: Anwendung der Grundsätze »nur im Verhältnis des Gesellschafters zu seiner Gesellschaft«.

116 Zur Anwendung des § 793 BGB auf Inhaberaktien vgl. grundsätzlich *RG*, Warn. 1914 Nr. 16; *Lutter*, in: KK, Anh. § 68 Rdnr. 13.

117 Vgl. *BGHZ* 84, 47 = NJW 1982, 2822; *Scholz/Winter*, § 16 Rdnr. 22; *Grunewald*, Rdnr. 2 E 185; *Wiedemann*, a.a.O., S. 132; eingehend *Zutt*, a.a.O., S. 555ff., insbes. S. 556, 563ff.; *Karsten Schmidt*, BB 1988, 1058f.; *Grunewald*, ZGR 1991, 459ff.; *Limmer*, ZIP 1993, 416f.

118 *Huber*, Vermögensanteil, S. 411; *Karsten Schmidt*, BB 1988, 1060; nur im Ergebnis ähnlich *Wiedemann*, a.a.O., S. 71; *ders.*, WM-Beilage 8/1990, S. 29f.

119 Näher *Karsten Schmidt*, BB 1988, 1060.

Beispiel Nr. 30: Hat K durch nichtige Anteilsübertragung einen oHG-Anteil nur scheinbar erworben, so haftet er den Gläubigern als *Schein*-Gesellschafter, wenn ihn die Gläubiger aufgrund einer Eintragung und Bekanntmachung (§ 15 III HGB) oder aufgrund seines Auftretens für einen Gesellschafter halten durften (zu Begrenzung dieses Rechtsscheintatbestands vgl. *BGHZ* 146, 341 = NJW 2001, 1056). Soweit er einem Dritten gegenüber als Gesellschafter gilt (§ 15 III HGB), wird man zugunsten dieses Dritten sogar einen gutgläubigen Anteilserwerb bejahen können, wenn K den vermeintlich ihm gehörenden Anteil weiter überträgt.

Dritter Abschnitt: Gesellschaftsrecht und Verbands-Organisationsrecht

§ 7 Gesellschaft und Verbandsorganisation

I. Schuldverhältnis, Organisation und Verband*

1. Verbandsbegriff und Verbandsorganisation

a) Das Gesellschaftsrecht als Recht der privaten Verbände und der kooperativen Schuldverhältnisse (oben, § 1 I 1) ist stets mindestens Schuldrecht, in weitem Umfang aber darüber hinaus Verbandsrecht. Das Verhältnis zwischen Schuldrecht und Verbandsrecht gehört zu den Grundlagen der Gesellschaftsrechtsordnung. *Es gibt keinen Verband und keine Gesellschaft ohne die Begründung von Schuldverhältnissen.* Jeder Verein, jede Kapitalgesellschaft, Genossenschaft oder Personengesellschaft hat stets *mindestens* auch die Begründung von Schuldverhältnissen zum Gegenstand. Die meisten dieser Verbindungen, aber nicht alle, stellen darüber hinaus *echte Verbände* dar[1]: mitgliedschaftliche Personenvereinigungen, denen folgende Merkmale zu eigen sind:

- die organisatorische Verselbständigung des Verbandes gegenüber seinen individuellen Mitgliedern, die z. B. auch einen Ein- und Austritt erlauben kann,

---

* Literatur (Auswahl): *Ballerstedt*, Mitgliedschaft und Vermögen beim rechtsfähigen Verein, in: Festschrift Knur, 1972, S. 1; *Bock*, Zur Verbrauchstheorie Otto von Gierkes, *Eichler*, Die Verfassung von Körperschaft und Stiftung, 1986; *Flume*, Körperschaftliche juristische Person und Personenverband, in: Festschrift Kegel, 1987, S. 147; *Otto v. Gierke*, Die Genossenschaftstheorie und die deutsche Rechtsprechung 1887 (Nachdruck 1936); *ders.*, Das Wesen der menschlichen Verbände, 1902; *Haff*, Rechtstheorie 25 (1994), 87; Institutionen der Persönlichkeitslehre und des Körperschaftsrechts, 1918; *ders.*, Die juristischen Personen des bürgerlichen Rechts und ihre Umbildung, in: RG-Festgabe II, 1929, S. 178; *K. Heinsheimer*, Mitgliedschaft und Ausschließung, 1913; *R. Heinsheimer*, Über die Teilhaberschaft, 1930; *John*, Personenrecht und Verbandsrecht im Allgemeinen Teil des Bürgerlichen Rechts, AcP 185 (1985), 209; *Leist*, Untersuchungen zum inneren Vereinsrecht, 1904; *Lutter*, Theorie der Mitgliedschaft, AcP 180 (1980), 84; *Friedrich Müller*, Korporation und Assoziation, 1965; *Müller-Erzbach*, Das private Recht der Mitgliedschaft als Prüfstein eines kausalen Rechtsdenkens, 1948; *Ott*, Recht und Realität der Unternehmenskorporation, 1977; *Thomas Raiser*, Das Unternehmen als Organisation, 1969; *Reuter*, Die Verbände in der Privatrechtsordnung, in: Festgabe BGH II, 2000, S. 211; *Rittner*, Die werdende juristische Person, 1973; *Karsten Schmidt*, Verbandszweck und Rechtsfähigkeit im Vereinsrecht, 1984; *Teubner*, Organisationsdemokratie und Verbandsverfassung, 1978; *Zöllner*, Die Schranken mitgliedschaftlicher Stimmrechtsmacht bei den privatrechtlichen Personenverbänden, 1963.

1 Dem hier zugrunde gelegten Verbandsbegriff entspricht aus der Sicht des Mitglieds das von *Flume* (Personengesellschaft, § 2 I) apostrophierte personenrechtliche Element.

– die Unterscheidung der einem Verband zugeordneten Sozialforderungen und Sozialverpflichtungen von den seinen Mitgliedern zugeordneten Individualansprüchen und Individualverpflichtungen und von den rein schuldrechtlichen Drittansprüchen und Drittpflichten (unten, § 19 III 2).

b) Diesen Merkmalen liegt ein *juristischer Verbandsbegriff* zugrunde, der folgendermaßen umschrieben werden kann: *Ein privatrechtlicher Verband ist eine durch Gesellschaftsvertrag oder Satzung verfaßte, auf Mitgliedschaft beruhende und gegenüber den Mitgliedern verselbständigte, einem Verbandszweck (»gemeinsamen Zweck«) dienende Organisation.* Mit diesem Verständnis des Verbandes wird keine (rechts-)politisch tragfähige Verbandstheorie vorgelegt[2], sondern es geht um juristisch umsetzbare Merkmale. Der Verbandsbegriff ist die Grundlage für das Recht der Mitgliedschaft (dazu unten, §§ 19–21).

2. Verband, Körperschaft und Außengesellschaft

a) Der hier zugrundeliegende *Verbandsbegriff deckt sich nicht mit dem Begriff der Körperschaft* oder – wie die Doktrin des 19. Jahrhunderts teilweise sagte – der Verbandsperson. Ein Zusammenhang zwischen Korporationsstruktur und Rechtspersönlichkeit[3] ist zwar unleugbar insofern, als die körperschaftliche Struktur eines Verbandes Voraussetzungen für die Anerkennung der Rechtsfähigkeit schaffen kann. Ein Gegensatz zwischen Verband (= Körperschaft) und Gesellschaft (= Nichtkörperschaft) läßt sich hieraus aber nicht herleiten. Dieser vermeintliche Gegensatz[4] ist eine Spätfolge des Kampfes um die Anerkennung juristischer Personen. Die Begrenzung des Rechts der Mitgliedschaft auf Körperschaften geht vor allem auf *Otto von Gierke* zurück, der die Körperschaft als »Verbandspersönlichkeit« in krassen Gegensatz zu den Gesamthandsgesellschaften stellte und den auch die »gesetzliche Anerkennung als juristische Einheit« (heute z. B. § 124 HGB) nicht davon abbrachte, daß es der Gesellschaft »in Wahrheit an einer von den verbundenen Individuen abgelösten Willenseinheit fehlt«[5]. Im Innenverhältnis löst sich nach *Gierke*[6] »die gesamte Hand, da ihr kein von den verbundenen Personen verschiedenes Rechtssubjekt entspricht, unter den Gesamthändern in gegenseitige Rechte und Pflichten auf«. Diese strenge Gegenüberstellung von juristischer Person und Gesamthand wirkt bis in unsere Tage fort[7], z. B. in der Formulierung des Bundesgerichtshofs, juristi-

2 Vgl. demgegenüber *Ott*, a. a. O., S. 9ff., 85ff., 260ff.; *Teubner*, a. a. O., S. 6ff.

3 Eingehend *Ott*, a. a. O., S. 88ff.; s. auch *Raiser*, a. a. O., S. 167: Organisation als »ideales Substrat« der juristischen Person.

4 Charakteristisch *Enneccerus/Nipperdey* I, § 112, wo die Mitgliedschaft als ein Phänomen der juristischen Person diskutiert wird.

5 *V. Gierke*, Genossenschaftstheorie, S. 47f.

6 Deutsches Privatrecht I, S. 683.

7 Charakteristisch *Rittner*, a. a. O., S. 229; besonders kraß, jedoch ohne dogmengeschichtliche Basis, *Bork*, AT, Rdnrn. 186ff.; einschränkend *Flume*, Personengesellschaft, § 7 I a. E.; s. dann aber ebd., § 7 II.

sche Personen seien »als solche«, Personengesellschaften dagegen nur »als Gruppe ihrer gesamthänderisch verbundenen Mitglieder« rechtsfähig[8]. Aber sie mußte nicht nur an den Realitäten des Rechtslebens – z.B. an der koordinierten Zugehörigkeit zu zwei Gesellschaften in der GmbH & Co. KG – scheitern, sondern sie ist auch rechtsdogmatisch nicht zu halten. Es kann zwar keine juristisch personifizierte Körperschaft – und nach richtiger Auffassung auch keine rechtsfähige Personengesellschaft – ohne Verbandsstruktur geben[9], wohl aber kann umgekehrt einer Personenmehrheit eine Verbandsstruktur gegeben werden, ohne daß eine juristische Person entsteht. Der Verband ist ein organisationsrechtliches Verhältnis, das keine Rechtsfähigkeit voraussetzt.

b) *Der Gegensatz zwischen Schuldverhältnis und Organisation ist auch nicht identisch mit dem Gegensatz zwischen Innengesellschaft und Außengesellschaft*[10]. Der Unterschied zwischen Innengesellschaft und Außengesellschaft existiert nur bei den Personengesellschaften; können diese nach außen als kollektive Handlungs- und Rechtsträger in Erscheinung treten, so sind sie Außengesellschaften, anderenfalls sind sie Innengesellschaften (näher unten, § 43 II 3; s. auch oben, § 3 I 3). Aber damit ist über ihren Verbandscharakter noch nichts entschieden.

aa) Es besteht allerdings ein *unleugbarer Zusammenhang* zwischen den Gegensatzpaaren Innengesellschaft/Außengesellschaft und Schuldverhältnis/Organisation. *Außengesellschaften sind nur als verfaßte Verbände möglich*, wobei die Verfassung mehr oder minder stark von der Gesamtheit der Mitglieder abgehoben sein kann. Körperschaftlich verfaßte Verbände haben eine gegenüber den Mitgliedern ausgeprägt verselbständigte Verfassung. Nach außen treten Verein, Aktiengesellschaft und Genossenschaft durch ihren Vorstand in Erscheinung, und die mehrheitlich beschließende Versammlung der Mitglieder (Mitgliederversammlung, Hauptversammlung, Generalversammlung) ist nur das demokratische Willensbildungsorgan. In der Gesellschaft mit beschränkter Haftung, deren systematischer Standort zwischen den Vereinen und den Personengesellschaften schon bei der Schaffung dieser Rechtsform umstritten war[11], ist das Gewicht der Gesellschafterversammlung bereits größer, und das Gesetz hebt hervor, daß der Geschäfts-

8 *BGHZ* 146, 341, 343f. = NJW 2001, 1056, 1057f.; vgl. auch *Huber*, in: Festschrift Lutter, 2000, S. 110.

9 Der Verband ist insofern notwendiges Substrat der juristischen Verbandsperson wie auch der Gesamthand (a.M. *Flume*, Juristische Person, § 8 I).

10 Mindestens tendenziell anders die h.M.; vgl. nur *Ulmer*, Gesellschaft bürgerlichen Rechts, § 705 Rdnrn. 229f.; Grundlagen für die hier vertretene Ansicht finden sich bei *Haff*, a.a.O., S. 110ff., und bei *R. Heinsheimer*, a.a.O., S. 16ff.; *Haff* unterscheidet klar zwischen der »Rechtswirksamkeit und Realität des Verbandes« und seiner Rechtssubjektivität; *R. Heinsheimer* macht die Anerkennung eines Verbandes nicht von der Rechtsform abhängig und meint, »daß ein größeres oder kleineres Maß in der Anerkennung der Geschlossenheit (der Rechtssubjektivität) durch das Gesetz nur einen Unterschied des Grades, nicht einen solchen der Art bedeutet« (S. 16); Grundlage von *Heinsheimers* These ist die Überlegung, daß die Natur des Verbandes »eine rein geistige« ist (S. 18).

11 Dazu *Schilling*, in: Festgabe Kunze, 1969, S. 194ff.; *Geßler*, in: Pro GmbH, 1980, S. 91ff.

führer auch aus der Mitte der Gesellschafter bestellt werden kann (§ 6 III GmbHG). Sehr uneinheitlich ist das Bild der Personengesellschaften. Bei den Außengesellschaften bindet das Prinzip der Selbstorganschaft die organschaftliche Vertretung der Gesellschaft streng an die Mitgliedschaft (unten, § 14 II 2)[12], aber die Trennung von Geschäftsführung (§§ 709ff. BGB, 114ff. HGB) und Vertretung (§§ 714 BGB, 125ff. HGB) verdeutlicht doch die organisatorische Verselbständigung. Selbst wo die Gesellschafter gemeinsam handeln (vgl. §§ 709, 714 BGB), tritt eine Außengesellschaft als organisierter Verband in Erscheinung. Und das die Mitglieder umfassende Organisationsverhältnis ist mehr als eine bloß schuldvertragliche Beziehung der je einzelnen Mitglieder untereinander.

bb) *Innengesellschaften haben keine gesetzlich vorgeprägte Verbandsverfassung*, denn Innengesellschaften können sich in einem Schuldverhältnis erschöpfen (unten, § 43 II 3). Besonders gut erkennt man dies am Paradigma der Innengesellschaft: an der stillen Gesellschaft. Da es im strengen Sinn des Wortes kein Außenrecht der stillen Gesellschaft gibt (klarstellend § 230 II HGB), enthalten die §§ 230ff. HGB auch nur schuldrechtliche Bestimmungen, die auf ein Zweipersonenverhältnis zugeschnitten sind: Regelungen über die Einlageleistung (§ 230 I HGB), über die Berechnung und Verteilung von Gewinn und Verlust (§§ 231, 232 HGB), über das Informationsrecht des stillen Gesellschafters (§ 233 HGB) und über die Beendigung des Rechtsverhältnisses (§§ 234–237 HGB). Innengesellschaften stellen weder notwendigerweise noch auch nur in der Regel Verbände dar. In aller Regel erschöpfen sie sich in einer schuldrechtlichen Sonderverbindung.

Beispiel Nr. 1 (nach *BGH*, BB 1964, 12): A und B hatten einen Warenbestand des B gemeinsam finanziert und verabredet, daß der aus dem Weiterverkauf zu erzielende Gewinn halbiert werden solle. Dies war ein sog. Metageschäft (a conto metà = rechnerisch zu halben Teilen). Der *BGH* definiert ein solches Geschäft folgendermaßen: »Unter einem solchen Geschäft ist regelmäßig eine Verbindung zu verstehen, die zwei oder mehrere Personen in der Absicht, einen hälftig zu teilenden Gewinn zu erzielen, auf eine gewisse Zeit zur Ausführung ... von Umsatzgeschäften eingehen, die auf gemeinschaftliche Rechnung, nach außen aber ... im eigenen Namen geschlossen werden.« Es liegt auf der Hand, daß ein solcher Vertrag als reines Schuldverhältnis abgewickelt wird (vgl. auch *BGH*, WM 1982, 1403: Metageschäft über Nahost-Aktivitäten; *BGH*, NJW 1990, 573: Metageschäft im Bauträgergeschäft).

Bis zum Erscheinen der Erstauflage dieses Buchs wurde mehrheitlich die Innengesellschaft mit einem bloß schuldrechtlichen Rechtsverhältnis identifiziert. Neben diesen rein schuldrechtlichen – regelmäßig nur zweigliedrigen – *Innengesellschaften* gibt es aber auch *Innengesellschaften, die als Verbände organisiert sind*, u.U. sogar den Eintritt und Austritt von Gesellschaftern zulassen, ohne doch zu Außengesellschaften zu werden[13].

---

12 Vgl. als Ausnahmen aber Art. 16 I EWIV-VO sowie für die Partenreederei § 492 I 2 HGB.

13 Verf. kündigte schon in der 1. Aufl. eine einschlägige Untersuchung an; dieser Plan besteht fort; die seither geführte Diskussion und die mit stillen Publikumsgesellschaften gemachten Erfahrungen bestätigen die Annahme des Textes.

Beispiel Nr. 2: Ein Kartell kann als Innengesellschaft organisiert sein[14], aber es benötigt auch dann einen sog. Kartellvertreter (§ 13 GWB), und es kann eine Verbandsorganisation erhalten, die sogar den Eintritt und Austritt von Mitgliedern erlaubt.

Beispiel Nr. 3: Die Rechtsform der Innengesellschaft (Gesellschaft bürgerlichen Rechts, stille Gesellschaft, Unterbeteiligungsgesellschaft) wird sogar als Publikumsgesellschaft verwendet[15]. Die Anleger treten dann nicht in eine Handelsgesellschaft (z. B. GmbH & Co.) ein, sondern sie werden als stille Gesellschafter oder als Unterbeteiligte nur mittelbar am Unternehmen beteiligt. Trotzdem kann eine solche Gesellschaft eine Verbandsverfassung mit Repräsentationsorganen, Stimmrechten und mit der Möglichkeit eines Eintritts und Austritts erhalten (vgl. dazu auch unten, § 62 II 2). Die stille Gesellschaft kann buchstäblich als »Innen-KG« ausgestaltet werden, der zur Kommanditgesellschaft nach § 161 HGB nur eines fehlt: die Rechtsfähigkeit im Außenverhältnis[16]. Oft wird auch die stille Einlage mit einer Kommanditbeteiligung gekoppelt[17], so daß jeder Anleger zwar Einlagen als Kommanditist und als stiller Gesellschafter leistet; trotzdem ist er Mitglied nur eines Verbandes, und es schadet nichts, daß dieser teilweise als Innengesellschaft organisiert ist. Eine stille Gesellschaft kann auch wie eine GmbH & Co. KG organisiert sein (sog. »GmbH & Still«), der stille Gesellschafter wie Kommanditisten mit Stimmrechten etc. beitreten können, obwohl doch nach außen hin niemals die »GmbH & Still«, sondern nur die GmbH als Unternehmensträgerin tätig werden kann (unten, § 62 II 2 e). Auch dies ist eine als Verband organisierte stille Gesellschaft.

3. Innenverhältnis und Außenverhältnis

a) Mit den soeben behandelten Unterschieden hängt der Gegensatz zwischen dem Innenverhältnis und dem Außenverhältnis zusammen. Das sog. *Innenverhältnis* bestimmt die Beziehungen der Gesellschafter oder Mitglieder untereinander, das sog. Außenverhältnis die Beziehungen des Verbandes zu Dritten. Ein *Außenverhältnis* in diesem strengen Sinn können nur Außengesellschaften, nämlich Körperschaften und rechtsfähige Personengesellschaften, haben, denn nur hier tritt der Verband selbst – als eine von den Mitgliedern unterscheidbare Einheit – in Rechtsbeziehungen zu Dritten:

Beispiel Nr. 4: Mietet ein Verein eine Turnhalle oder nimmt der Gläubiger einer oHG die Gesellschaft und einen Gesellschafter auf Zahlung in Anspruch, so betrifft dies das Außenverhältnis. Wird der Vereinsbeitrag erhöht oder nimmt der in Anspruch genommene oHG-Gesellschafter bei der Gesellschaft Regreß, so betrifft dies das Innenverhältnis. Tritt eine Innengesellschaft erkennbar als solche hervor – bestellen etwa Grundstücksnachbarn als Interessengemeinschaft gemeinsam zum Sonderpreis Heizöl –, so entstehen zwar Außenbeziehungen, aber ein Außenverhältnis der Gesellschaft als solcher kann dies nicht sein. Es handeln, wenn auch gesellschaftlich verbunden, die einzelnen Gesellschafter je für sich. Ob sie als Gesamtschuldner haften (vgl. § 427 BGB) oder ob jeder nur den Preis seiner Lieferung schuldet, ist eine Frage der Vertragsauslegung, nicht des Gesellschaftsrechts (vgl. *Karsten Schmidt*, JuS 1988, 444, gegen *LG Konstanz*, NJW 1987, 2521).

14 Vgl. *Held*, Rechtsformen zulässiger Kartelle, 1963, S. 49, 53.

15 Beispiele: *BGHZ* 125, 74 = NJW 1994, 1156; *BGH*, NJW 1985, 1079 = JuS 1985, 557 m. Anm. *Karsten Schmidt*; *Karsten Schmidt*, in: MünchKommHGB, § 230 Rdnr. 89; eingehend *Reusch*, Die stille Gesellschaft als Publikumspersonengesellschaft, 1989.

16 Über stille Gesellschaften als »virtuelle Kommanditgesellschaften« vgl. *Karsten Schmidt*, in: Festschrift Bezzenberger, 2000, S. 405 ff.; *Groh*, in: Festschrift Kruse, 2001, S. 471 ff.

17 Z. B. *BGHZ* 69, 160 = JuS 1978, 201 m. Anm. *Karsten Schmidt*; *BGH*, BB 1980, 381 = NJW 1980, 1522; *Schlegelberger/Karsten Schmidt*, § 335 Rdnr. 77.

b) Der Unterschied zwischen dem Innenverhältnis und dem Außenverhältnis tritt besonders im Gegensatz zwischen *Geschäftsführung* und *Vertretung* hervor (vgl. besonders zur oHG unten, § 47 V 1 d): Die Geschäftsführung betrifft stets Entscheidungskompetenzen im Innenverhältnis, die Vertretung dagegen die Befugnis zu äußerem rechtsgeschäftlichem Handeln.

Beispiel Nr. 5: In der ABC-oHG kann im Zweifel jeder Gesellschafter auch außergewöhnliche Geschäfte mit Wirkung für und gegen die Gesellschaft abschließen (Vertretung im Außenverhältnis nach §§ 125, 126 HGB), obwohl seine Befugnis, solche Geschäfte ohne Beschluß der Mitgesellschafter durchzuführen, im Innenverhältnis auf Handlungen beschränkt ist, die der gewöhnliche Betrieb des Handelsgewerbes der Gesellschaft mit sich bringt (Geschäftsführung nach § 116 HGB).

c) Der Unterschied zwischen dem Innen- und dem Außenverhältnis erlaubt sogar die *Bildung virtueller Rechtsträger*[18]: Es werden natürliche und juristische Personen mit Rechten und Pflichten ausgestattet, die sie zu Organen weiterer, jedoch nur fiktiver Rechtsträger machen. Dadurch entstehen organisierte »Als-Ob-Rechtsträger«. Möglich ist z. B.

- die fiktive Spaltung einer Einheitsgesellschaft durch *Spartengliederung*[19] und *Spartenbeteiligungen* (»tracking stocks«)[20], gleich als wäre jede Sparte für sich eine juristische Person mit eigenen Organen;
- die *fiktive Bildung von Kommanditgesellschaften* durch Innengesellschaften, bei denen der im Außenverhältnis auftretende Rechtsträger mit den Rechten und Pflichten eines bloßen Komplementärs ausgestaltet ist (»Innen-KG«; zu dieser Variante der atypischen stillen Gesellschaft vgl. auch unten, § 62 II 2)[21];
- die *Bildung einer virtuellen Stiftung,* indem ein Stiftungsträger (z. B. eine GmbH) mit den Rechten und Pflichten eines Stiftungsorgans ausgestattet wird, obwohl es die Stiftung, für die dieser Stiftungsträger tätig sein soll, überhaupt nicht gibt[22].

Es handelt sich hierbei um atypische Gestaltungen mit überschießender Binnenorganisation. Rechtsträger, die im Außenverhältnis vollwertig im eigenen Namen agieren, handeln im Innenverhältnis für Rechnung fiktiver Rechtspersonen als deren Organe.

18 Verf. arbeitet an dieser Thematik.
19 Vgl. nur *Hommelhoff*, Die Konzernleitungspflicht, 1982, S. 41 ff.
20 Vgl. dazu *Theil*, Spartenaktien, 2001; *Tonner*, Tracking Stocks, 2002.
21 Eingehend *Groh*, in: Festschrift Kruse, 2001, S. 417 ff.; *Karsten Schmidt*, Festschrift Bezzenberger, 2000, S. 401 ff.
22 Vgl. *Karsten Schmidt*, in: Hopt/Reuter (Hrsg.), Stiftungsrecht in Europa, 2001, S. 180 ff.

II. Organisation ohne Verbandsstruktur: die rechtsfähige Stiftung*

1. Grundlagen

a) Eine organisierte juristische Person ohne verbandsrechtliche Grundlage ist die rechtsfähige Stiftung. *Die Stiftung ist eine juristische Person, die zur Verwirklichung bestimmter Sonderzwecke geschaffen ist und nicht aus einem Personenverband besteht*[23]. Schon *Otto von Gierke*[24] nannte die Stiftung – insofern treffend[25] – eine »als Person anerkannte Anstalt«, einen »selb-

---

* Literatur (Auswahl): Arbeitskreis Unternehmensnachfolge (Institut der Wirtschaftsprüfer), Gestaltungen zur Unternehmensfortführung: Die Stiftung, 1985; *Ballerstedt*, Soll das Stiftungsrecht bundesgesetzlich vereinheitlicht und reformiert werden? 44. DJT I 1962, S. 5f.; *Berndt*, Stiftung und Unternehmen, 4. Aufl. 1986; *Binz/Sorg*, Die Unternehmensstiftung, NWB 1989; *v. Campenhausen/Kronke/Werner* (Hrsg.), Stiftungen in Deutschland und Europa, 1998; *Czoklich/Müller*, Die Stiftung als Unternehmer, Wien 1990; *David*, Die Carl-Zeiss-Stiftung, 1956; *Eichler*, Die Verfassung von Körperschaft und Stiftung, 1986; *Ebersbach*, Handbuch des deutschen Stiftungsrechts, 1972; *Erb*, Sammelvermögen und Stiftung, 1971; *Fasselt*, Die Beteiligungsstiftung, Diss. Berlin 1989; *Flitner*, Stiftungsprofile, 1972; *Otto v. Gierke*, Deutsches Privatrecht I, 1895 (Nachdruck 1936); *Goerdeler*, Die Stiftung als Rechtsform für Unternehmungen, ZHR 113 (1950), 145ff.; *ders.*, Rechtsfragen bei Unternehmensträger-Stiftungen, in: Festgabe Kunze, 1969, S. 209; *ders.*, Zur Problematik der Unternehmensstiftung, NJW 1992, 1487; *ders.*, Stiftungen in der Bundesrepublik aus heutiger Sicht, in: Festschrift Heinsius, 1993, S. 169; *Härtl*, Ist das Stiftungsrecht reformbedürftig? 1990; *Henkel-Hoffmann*, Die Stiftung im Umfeld wirtschaftlicher Tätigkeit, Diss. Bayreuth 1988; *Hennerkes/Binz/Sorg*, Die Stiftung als Rechtsform für Familienunternehmen, DB 1986, 2217, 2269; *Hinz*, Die Haftung der Stiftung für Verbindlichkeiten des Stifters, 1996; *Hopt/Reuter* (Hrsg.), Stiftungsrecht in Europa, 2001; *Hüttemann*, Der Grundsatz der Vermögenserhaltung im Stiftungsrecht, in: Festgabe Flume, 1999, S. 79; *Institut der Wirtschaftsprüfer*, Stiftungen: Rechnungslegung, Kapitalerhaltung, Prüfung und Besteuerung, 1997; *John*, Die organisierte Rechtsperson, 1977; *Kohl*, Brauchen wir ein Stiftungskonzernrecht? NJW 1992, 1922; *Kronke*, Stiftungstypus und Unternehmensträgerstiftung, 1988; *Liermann*, Handbuch des Stiftungsrechts I, 1963; *Maier*, Die Besteuerung der Stiftung nach der Reform, BB 2001, 494; *Mestmäcker/Reuter*, Stiftungen in Deutschland, in: Neuhoff/Pavel (Hrsg.), Stiftungen in Europa 1971, S. 109; *Neuhoff/Schindler/Zwingmann*, Stiftungshandbuch, 1983; *Michalski*, Gesellschaftsrechtliche Gestaltungsmöglichkeiten zur Perpetuierung von Unternehmen, 1980; *Plagemann*, Stiftungsunternehmen, AG 1962, 199; *Rawert*, Die Genehmigungsfähigkeit der unternehmensverbundenen Stiftung, 1990; *Rittner*, Die werdende juristische Person, 1973; *Reuter*, Privatrechtliche Schranken der Perpetuierung von Unternehmen, 1973; *ders.*, Rechtsprobleme unternehmensbezogener Stiftungen, DWiR 1991, 192; *v. Scheuerl*, Familienstiftungen, AcP 177 (1977), 243; *Scheyhing*, Stiftungsunternehmen ..., DB 1983, 1412; *Schindler*, Die Familienstiftung als Organisationsstruktur für Familienunternehmen, Diss. Hamburg 1974; *Karsten Schmidt*, Stiftungswesen – Stiftungsrecht – Stiftungspolitik, 1987; *Schwinge*, Die Stiftung im Errichtungsstadium, BB 1978, 527; *Schwintowski*, Die Stiftung als Konzernspitze? NJW 1991, 2736; *Seifart/v. Campenhausen*, Handbuch des Stiftungsrechts, 2. Aufl. 1999; *Sorg*, Die Familienstiftung, 1984; *Strickrodt*, Die Stiftung als neue Unternehmensform, 1951; *ders.*, Stiftungsrecht, 1977; *ders.*, Stiftungen als urbildhaftes Geschehen im Gemeinwesen, 1984; *Turner*, Die Stiftung – eine Möglichkeit zukunftsorientierter Vermögensbindung, DB 1995, 413; *Wiederhold*, Stiftung und Unternehmen im Spannungsverhältnis, 1971; *Wochner*, Rechtsfähige Stiftungen – Grundlagen und aktuelle Reformbestrebungen, BB 1999, 1441.

23 *Enneccerus/Nipperdey* I, § 117 I; *Reuter*, in: MünchKommBGB, vor § 80 Rdnr. 11; eingehend zum Stiftungsbegriff *Rawert*, in: Hopt/Reuter, a.a.O., S. 113ff.

24 Deutsches Privatrecht I, § 78 III.

25 Schwerlich haltbar dagegen die Bezeichnung als »Verbandsperson«; in *v. Gierkes* Genossenschaftstheorie paßte die Stiftung nur hinein als ein »Organismus, dessen Seele der in ihm fortwirkende Wille des Stifters und dessen Körper der zur Verwirklichung dieses Willens hergestellte Verband von Menschen bildet«. Dieser angebliche Verband ist nichts anderes als

ständigen gesellschaftlichen (scl.: nicht gesellschafts*rechtlichen*!) Organismus«. Grundlagen für das Entstehen eines solchen Rechtssubjekts sind
- der Stiftungszweck,
- das Stiftungsvermögen,
- die Stiftungsorganisation.

aa) Von einem *Sammelvermögen* (§ 1914 BGB) unterscheidet sich die Stiftung durch Dauer, Organisation und Rechtsfähigkeit. Jede Stiftung hat zwar ein Stiftungsvermögen. Das Stiftungsvermögen ist aber nicht identisch mit der Stiftung[26], vielmehr ist diese eine juristische Person, und die juristische Person als Rechtssubjekt muß von ihrem Vermögen als einem bloßen Inbegriff von Rechtsobjekten ebenso unterschieden werden, wie wir eine Gesellschaft vom Gesellschaftsvermögen unterscheiden[27].

bb) Von *Fördervereinen*, wie sie vor allem für öffentliche Einrichtungen – Schulen, Institute, Museen etc. – gegründet werden, unterscheidet sich die Stiftung durch die fehlende Verbandsstruktur[28]. Der Förderverein hat Mitglieder, die oft mit den Spendern identisch sind. Bei der Stiftung gibt es keine Mitgliedschaft.

cc) Auch die *Zweckzuwendung* eines Stifters an eine schon vorhandene juristische Person – z. B. an eine Stadt oder an ein Museum, eine karitative Institution, eine Universität usw. – ist keine Stiftung i. S. der §§ 80 ff. BGB[29].

dd) Das gilt auch für die »unselbständige« oder »fiduziarische (treuhänderische) Stiftung«[30]. Regelmäßig wird hierbei ein rechtsfähiger Verein oder eine GmbH als »Stiftungsträger« gegründet, der die Stiftungsmittel verwaltet und als Treuhänder einer »virtuellen Stiftung« tätig ist[31]. Nicht selten agiert der »Stiftungsträger« sogar unter einem Stiftungsnamen, aber es muß Klarheit darüber bestehen, daß der Stifter in diesen Fällen Stiftungszwecke erfüllt, ohne daß eine Stiftung im Rechtssinne entsteht.

b) Die *Arten der Stiftungen* sind teils durch den Gegensatz zwischen Stiftungen des privaten und des öffentlichen Rechts[32], teils durch die ganz unterschiedlichen Stiftungszwecke gekennzeichnet[33].

aa) Ob eine Stiftung eine *privatrechtliche oder eine öffentlichrechtliche* ist, entscheidet sich nicht nach dem privaten oder dem öffentlichen Nutzen der Stiftung und auch nicht nach der Art des Stiftungsgeschäfts, sondern danach, ob die Stiftung in das staatliche Verwaltungssystem eingegliedert ist[34]. Auch

die Stiftungsorganisation. Mit Recht sagt *Gierke*, der Stifterwille könnte nicht fortleben, »wenn er sich nicht in einem anstaltlichen Organismus verkörpert hätte, der fort und fort lebendige Willensträger ihm dienstbar macht«.

26 Vgl. nachdrücklich *Flume*, Juristische Person, § 4 V 1; grundlegend *Otto v. Gierke*, Deutsches Privatrecht I, § 78 III.

27 Ähnlich *Enneccerus/Nipperdey* I, § 117 I.

28 Über die Verfolgung von Stiftungszwecken in Vereinsform vgl. *Strickrodt*, NJW 1964, 2085; s. auch über die »Stiftungs-GmbH« *BayObLG*, NJW 1973, 249; *OLG Stuttgart*, NJW 1964, 1231.

29 *Enneccerus/Nipperdey* I, § 117 I 1.

30 Vgl. *Reuter*, in: v. Campenhausen/Kronke/Werner, a. a. O., S. 203 ff.

31 Vgl. zur unselbständigen Stiftung als einer »virtuellen juristischen Person« *Karsten Schmidt*, in: Hopt/Reuter, a. a. O., S. 180 ff.

32 Dazu *Flume*, Juristische Person, § 4 V 1; *Seifert/v. Campenhausen*, a. a. O., §§ 15 ff.; *Staudinger/Rawert*, vor § 80 Rdnrn. 181 ff.

33 Eingehend *Soergel/Neuhoff*, vor § 80 Rdnrn. 10 ff., 51; *Staudinger/Rawert*, vor § 80 Rdnrn. 6 ff., § 80 Rdnrn. 13 ff. m. w. N.

34 *BVerfGE* 15, 46, 66 = NJW 1963, 900; *BGH*, WM 1975, 198.

Stiftungen, die dem öffentlichen Wohl dienen, sind in der Mehrzahl privatrechtliche Stiftungen.

bb) Der *Stiftungszweck* wird grundsätzlich frei vom Stifter bestimmt. Regelmäßig handelt es sich um gemeinnützige und dauerhafte Zwecke. Ob Dauerhaftigkeit vorgeschrieben ist, ist umstritten[35]. Gemeinnützigkeit verlangt das BGB jedenfalls nicht.

Besonders hervorzuheben ist die *Problematik des Stiftungsunternehmens.* Hier ist die Stiftung entweder selbst als Einzelunternehmerin Trägerin eines Unternehmens[36], oder sie betreibt – so das übliche Modell in der Praxis – über den alleinigen oder mehrheitlichen Anteilsbesitz an einer Gesellschaft deren Unternehmen[37]. Die Unternehmensrechtskommission spricht im ersten Fall von einer unmittelbaren Unternehmensträgerstiftung, im zweiten – bei dem eine Handelsgesellschaft als Trägerin des Unternehmens fungiert – von einer mittelbaren Unternehmensträgerstiftung[38]. *Kronke* hat dargelegt, daß ein Ausbau des Stiftungswesens den Unternehmensformen neue Varianten und dem Stiftungsrecht neue Impulse geben kann[39]. Man muß jedoch unterscheiden: So berechtigt es ist, Unternehmen in den Dienst eines Stiftungszwecks zu stellen, so problematisch ist es, die Rechtsform der Stiftung in den Dienst der Unternehmenspraxis zu stellen. Ziel solcher Stiftungsunternehmen ist vor allem die Verewigung einer vorgeplanten Unternehmensstruktur[40]. Gegen diese Zementierung von Unternehmen sind vor allem von *Dieter Reuter* grundsätzliche Einwände erhoben worden[41]. *Reuters* Bedenken verdienen keine Gefolgschaft, soweit sie das Ziel der Unternehmenserhaltung an sich in Frage stellen[42]. Zu denken gibt aber doch die Verwendung gerade der Stiftungsform, weil sie mit der Verbandsstruktur der kapitalgesellschaftlich gesteuerten Unternehmen nicht harmoniert und die Legitimation der Unternehmensleitung infrage stellt. In einem Unternehmen, das – wirtschaftlich gesprochen – »sich selbst« gehört, wird ja die charakteristische Richtigkeitsgewähr von Kapitaleignerentscheidungen definitiv durch die Entscheidungen von Drittorganen und Aufsichtsorganen ersetzt[43]. Das mag bei gemeinnützigen Stiftungen angehen, denn die Widmung für einen gemeinnützigen Zweck hat nun einmal Entprivatisierungseffekte. Auf verständliche Bedenken stoßen dagegen die privatnützigen sog. Familienstiftungen. Wie im Verbandsrecht (oben, § 3 II 1 und § 5 II 4) setzt man auch hier eine Rechtsform für Zwecke ein, für die sie typischerweise nicht geschaffen ist. Rechtspolitisch wird deshalb die Zukunft der Unternehmensträgerstiftung

35 Eingehend *Reuter*, in: MünchKommBGB, vor § 80 Rdnr. 12; *Staudinger/Rawert*, § 80 Rdnr. 14.
36 Beispiel: *BGHZ* 84, 352.
37 Beispiel: *KG*, WM 1968, 856.
38 Bericht über die Verhandlungen der Unternehmensrechtskommission, 1980, Rdnrn. 933ff.
39 *Kronke*, a.a.O., S. 187ff., 228ff., 291ff.
40 Vgl. *Michalski*, a.a.O., S. 5ff.; *Schiffer/Schubert*, BB 2002, 265; *Schwarz*, BB 2001, 2381; inwieweit auch Umgehungsabsichten bestimmend wirken, ist schwer abzuschätzen.
41 *Reuter*, a.a.O., S. 138, 257ff., 446ff.; abl. vor allem auch *Duden*, JZ 1968, 4; *Däubler*, JZ 1969, 499.
42 Eingehende Problemdiskussion bei *Michalski*, a.a.O., S. 29ff., 37ff.
43 Vgl. mit unterschiedlicher Akzentuierung *Ballerstedt*, a.a.O., S. 33ff.; *Reuter*, a.a.O., S. 258ff.

unterschiedlich beurteilt[44]. De lege lata geht es um die Frage, ob Stiftungsunternehmen genehmigt werden dürfen.

Reuter meint, diese Stiftungen dürften nicht genehmigt werden, weil es wirtschaftliche Stiftungen so wenig geben dürfe wie wirtschaftliche eingetragene Vereine[45]. Eine den §§ 21, 22 BGB entsprechende Unterscheidung zwischen nichtwirtschaftlichen und wirtschaftlichen Stiftungen ist in §§ 80ff. BGB nicht enthalten. Eine Unternehmenstätigkeit ist der Stiftung nicht versagt, aber die Genehmigung ist zu verweigern, wenn die Unternehmensführung Selbstzweck der Stiftung ist[46]. Unzulässig ist damit insbesondere die privatnützige Familienstiftung, während die dauerhafte Widmung eines Unternehmens für gemeinnützige Zwecke Förderung verdient. Ein wesentlicher Anreiz für die Gründung privatnütziger Familienstiftungen ist bereits dadurch entfallen, daß diese Stiftungen seit 1974 in Zeitabständen von je 30 Jahren einer sog. Ersatzerbschaftsteuer unterworfen worden sind. Bis zu diesem Zeitpunkt wurden nur Vermögensübergänge bei der Stiftungserrichtung, bei späteren Zuwendungen und bei Auflösung der Stiftung erbschaftsteuerlich erfaßt, weil ja das Stiftungsvermögen der Stiftung selbst und nicht dem Stifter oder der Stifterfamilie gehört. Nachdem ein Finanzgericht einen Rechtsstreit gemäß Art. 100 GG durch Vorlagebeschluß ausgesetzt hatte, wurde in *BVerfGE* 63, 312 = NJW 1983, 1841 entschieden, daß diese Neuregelung weder gegen Art. 3 GG noch gegen Art. 14 GG noch gegen ein verfassungsrechtliches Rückwirkungsverbot verstößt.

c) Die Stiftungserrichtung unterliegt nach dem traditionellen Konzept des BGB dem *Konzessionssystem* (dazu näher unten, § 8 II 5). Nach § 80 S. 1 BGB ist zur Entstehung der Stiftung die staatliche Genehmigung erforderlich. Zuständig sind die nach den Landesstiftungsgesetzen handelnden Landesbehörden[47]. Es ist viel über die Reformbedürftigkeit des Stiftungsrechts diskutiert worden[48], und man hat schon lange gefordert, das Konzessionssystem müsse durch das System der Normativbestimmungen ersetzt werden[49]. In Wahrheit besteht gar kein Gegensatz zwischen Konzessionssystem und Normativbestimmungen[50], sondern es kann nur darum gehen, ob die für eine juristische Person geltenden Normativbestimmungen sinnvollerweise in einem Registrierungsverfahren oder durch eine Konzessionsbehörde geprüft werden (unten, § 8 II 5)[51]. Der Formenreichtum im Stiftungsrecht erschwert aber eine schematische Prüfung durch Registergerichte[52], und auch die

---

44 Lesenswert der Bericht über die Verhandlungen der Unternehmensrechtskommission, a.a.O.

45 *Reuter*, in: MünchKommBGB, vor § 80 Rdnrn. 18ff.; *ders.*, DWiR 1991, 198f.; eingehend *Rawert*, a.a.O., S. 84ff.

46 Vgl. auch *Soergel/Neuhoff*, vor § 80 Rdnr. 70; es gilt, anders als nach §§ 21, 22 BGB, die subjektive Abgrenzungstheorie; krit. aber *Erman/Westermann*, vor § 80 Rdnr. 8; für Übernahme der vereinsrechtlichen Kriterien auch *Staudinger/Rawert*, vor § 80 Rdnrn. 101ff.

47 Überblick über die Landesstiftungsgesetze bei *Staudinger/Rawert*, vor § 80 Rdnrn. 57f.; *Rawert*, BB-Beilage 6/1991, S. 13 Fußn. 10; dort eingehend zum Stiftungsrecht der neuen Bundesländer.

48 Vgl. insbes. die Verhandlungen des 44. DJT 1962 mit Gutachten von *Ballerstedt* und *Salzwedel* und Referat von *Mestmäcker*; eingehend *Reuter*, in: MünchKommBGB, vor § 80 Rdnrn. 54ff.; *Staudinger/Rawert*, vor § 80 Rdnrn. 37ff.

49 Vgl. Vorschläge zur Reform des Stiftungsrechts (Studienkommission des DJT), 1968.

50 Insofern treffend die Erwägungen zur Kombination von Konzessionssystem und Normativbestimmungen im Bericht über die Verhandlungen der Unternehmensrechtskommission, 1980, Rdnr. 936.

51 Zustimmend *Kronke*, a.a.O., S. 51ff.; jetzt auch *Staudinger/Rawert*, vor § 80 Rdnr. 48.

52 Vgl. *Flume*, Juristische Person, § 4 V 2; *Karsten Schmidt*, in: v. Campenhausen/Kronke/Werner, a.a.O., S. 229ff.; s. aber *Reuter*, in: MünchKommBGB, vor § 80 Rdnr. 8.

Verknüpfung der Gründungskontrolle mit der Stiftungsaufsicht spricht für eine Beibehaltung des Konzessionsverfahrens[53]. Nachdem die rechtspolitische Entwicklung zunächst auf das Registrierungsverfahren hinauszulaufen schien[54], hat der Gesetzgeber im Jahr 2002 das Konzessionssystem beibehalten und die »Genehmigung« lediglich auf den weniger autoritär anmutenden Namen »Anerkennung« umbenannt[55].

d) Die Stiftungen unterliegen nach Landesrecht einer *Stiftungsaufsicht*. Diese Aufsicht wird mißverstanden, wenn man sie nur als autoritäre Zwangsfürsorge des Staats begreift. Sie dient nicht nur den Belangen der Öffentlichkeit, sondern sie schützt auch die Stiftung selbst und ist nicht zuletzt deshalb schwer zu entbehren, weil es an einem kontrollierenden Kapitaleigner fehlt. *BGHZ* 68, 142 = NJW 1977, 1148 hat deshalb mit Recht festgehalten, daß aus der Aufsicht auch Amtspflichten gegenüber der Stiftung und ggf. Schadensersatzansprüche wegen Amtspflichtverletzung resultieren können, wenn die Aufsichtsbehörde eine gehörige Kontrolle des Vorstands versäumt.

2. Das Stiftungsrecht des BGB

a) Nach § 80 S. 1 BGB setzt die *Entstehung der Stiftung* ein Doppeltes voraus: ein *Stiftungsgeschäft* als Rechtsgeschäft und die *Anerkennung* seitens der obersten Landes- oder Bundesbehörde. Das *Stiftungsgeschäft* muß den Stiftungszweck bestimmen[56]. Es kann ein einseitiges Rechtsgeschäft unter Lebenden (§ 81 BGB) oder eine Verfügung von Todes wegen sein (§ 83 BGB). Handelt es sich um ein Stiftungsgeschäft unter Lebenden, so ist der Stifter bis zur Genehmigungserteilung zum Widerruf berechtigt und kann das Entstehen der Stiftung noch aufhalten (§ 81 II 1 BGB).

b) Die *staatliche Anerkennung* (bis 2002: Genehmigung) ist ein Konstitutivakt[57]. Erst durch sie erlangt die Stiftung die Rechtsfähigkeit[58]. Im Gegensatz zu den Eintragungen und Genehmigungen bei rechtsfähigen Verbänden (unten, § 8 II 5) bringt hier erst die staatliche Genehmigung den Rechtsträger zustande[59]. Es ist also nicht so, daß die Stiftung als ein latent vorhandenes Rechtssubjekt ohne (volle) Rechtsfähigkeit schon vor der Genehmigung existiert und nur noch zur juristischen Person zu werden braucht. *Es gibt unter der Geltung des Konzessionssystems keine »Vor-Stiftung«* wie es einen Vor-Verein, eine Vor-AG, Vor-GmbH oder Vor-Genossenschaft gibt[60]. Das entspricht dem klaren Gesetzgeberwillen und ist eine geplante Folge des

53 Vgl. *Karsten Schmidt*, ebd., S. 232ff.
54 Vgl. dazu die Gesetzesentwürfe der Grünen und der FDP und dazu *Funke*, in: Hopt/Reuter, a.a.O., S. 219ff.
55 Gesetz zur Modernisierung des Stiftungsrechts; krit. *Karsten Schmidt*, ZHR 166 (2002), 145ff.
56 *RGZ* 170, 22 (zum österreichischen Recht); allg. M.
57 *BVerwGE* 29, 314, 316 = NJW 1969, 339, 340; *BGHZ* 70, 313, 321.
58 *BGHZ* 70, 313, 321, 326.
59 Vgl. *Rittner*, a.a.O., S. 36ff.; *Soergel/Neuhoff*, § 80 Rdnr. 16; *Staudinger/Rawert*, § 80 Rdnr. 42.
60 A. M. *Palandt/Heinrichs*, § 80 Rdnr. 2; *Schwinge*, BB 1978, 527f.

Strukturunterschiedes zwischen Stiftung und Verband[61]. Demgemäß überträgt auch der Stifter erst nach der Genehmigung das zugesicherte Vermögen auf die Stiftung (§ 82 BGB). Für die Stiftung von Todes wegen hilft sich das Gesetz mit einer Fiktion: Nach § 84 BGB gilt die Stiftung, wenn sie erst nach dem Tod des Stifters genehmigt wird, für die Zuwendungen des Stifters als vor dessen Tod entstanden[62].

Beispiel Nr. 6: Der verwitwete und kinderlose Industrielle I hat durch Verfügung von Todes wegen (§ 83 BGB) eine Stiftung errichtet und diese Stiftung zu seiner Alleinerbin eingesetzt. Stirbt I, so entsteht zunächst eine Schwebelage. Wird die Stiftung genehmigt, so gilt sie nach § 84 BGB als vor seinem Tode entstanden und wird damit rückwirkend zur Alleinerbin.

Umstritten ist, ob die Genehmigung – ähnlich wie die Registrierung einer fehlerhaften Vereins-, AG- oder GmbH-Gründung – *Rechtsmängel des Stiftungsgeschäfts* heilen kann[63] oder ob die Genehmigung eines fehlerhaften Stiftungsgeschäfts ins Leere geht[64]. Die zweite Auffassung überwiegt. Trotzdem meint *BVerwGE* 29, 314 = NJW 1969, 339, die Stiftungsbehörde könne die Genehmigung nicht mit Wirkung ex tunc widerrufen, wenn sie nachträglich Unwirksamkeitsgründe bei dem Stiftungsgeschäft feststelle. Obwohl die allgemeinen Grundsätze über fehlerhafte Gesellschaften auf die Stiftung als Nichtverband nicht ohne weiteres übertragbar sind, wird anzunehmen sein, daß Mängel des Stiftungsgeschäfts die Wirksamkeit der erteilten Genehmigung nicht rückwirkend beseitigen können[65]. Die Rücknahme der Genehmigung mit etwaigen Liquidationsfolgen richtet sich dann nach § 48 VwVfG bzw. nach den Verwaltungsverfahrensgesetzen der Länder.

c) Die *Verfassung der Stiftung* wird durch das Stiftungsgeschäft und durch wenige gesetzliche Vorschriften bestimmt (§ 85 BGB). Das Stiftungsgeschäft gibt also nicht nur den Stiftungszweck an (zu seiner nachträglichen Änderung vgl. § 87 BGB), sondern es regelt auch die Organisation der Stiftung. § 86 BGB verweist auf eine Reihe vereinsrechtlicher Vorschriften, aus denen sich folgendes ergibt: Die Stiftung hat einen Vorstand als Leitungsorgan, der sie bei Rechtsgeschäften vertritt und für dessen Verschulden sie haftet. Der Vorstand muß ein Insolvenzverfahren beantragen, wenn die Stiftung überschuldet ist. Die meisten Stiftungssatzungen sehen neben dem Vorstand als Aufsichtsorgan ein Kuratorium vor, das i.d.R. Aufsichtsratsfunktionen hat. Wird die Stiftung aufgehoben oder endet sie aus einem anderen Grunde, so regeln sich Liquidation und Vermögensanfall nach den vereinsrechtlichen

---

61 Vgl. *Karsten Schmidt*, Verbandszweck und Rechtsfähigkeit im Vereinsrecht, 1984, S. 15f. m. Nachw. aus den Materialien; die 1. Aufl. verwies auch noch auf den Wortlautunterschied zwischen § 22 und § 80 S. 1 BGB.

62 Diese Fiktion ist die Lehre aus dem Streit um die berühmte Städel'sche Stiftung in Frankfurt; vgl. *Karsten Schmidt*, a.a.O., S. 18ff.

63 So *Reuter*, in: MünchKommBGB, § 80 Rdnr. 2; näher *Kronke*, a.a.O., S. 45; *Karsten Schmidt*, a.a.O., S. 14ff.

64 Vgl. *RGZ* 170, 22, 24f.; *BVerwGE* 29, 314, 316 = NJW 1969, 339; *Erman/Westermann*, § 80 Rdnr. 4; *Soergel/Neuhoff*, § 80 Rdnr. 15; s. auch *Staudinger/Coing*, 12. Aufl., § 80 Rdnrn. 17f.

65 So auch *Staudinger/Rawert*, § 80 Rdnr. 30.

Vorschriften (§ 88 BGB). Im übrigen besteht großer Gestaltungsspielraum. Die meisten Stiftungen haben Leitungs- und Aufsichtsgremien (Stiftungsräte, Kuratorien o. ä.). Diese Gremien können – vor allem bei Stiftungsunternehmen – auch Mitbestimmungszwecken dienen. Beispielsweise ging es in *BGHZ* 84, 352 um die Wahl von Arbeitnehmervertretern in den »Unternehmensrat« eines Stiftungsunternehmens.

d) Der *Nicht-Verbandscharakter der Stiftung* zeigt sich mit besonderer Deutlichkeit an der Rechtsstellung des Stifters und der sog. Destinatäre, also der Stiftungsbegünstigten[66]. Soweit die Stiftungsverfassung dem Stifter noch Einfluß läßt – ihm z. B. das Vorstandsamt oder dessen Besetzung zuerkennt –, ist dies ein Einfluß »über« die Stiftung, nicht ein mitgliedschaftlicher Einfluß »in« der Stiftung. Und soweit den Destinatären eigene subjektive Rechte auf Stiftungsleistungen zustehen, sind dies keine Mitgliedschaftsrechte, sondern verfassungsmäßig begründete Drittansprüche[67]. Mitgliedschaftliche Abwehrrechte (vgl. unten, § 21 V) werden den Destinatären nicht zuerkannt[68], wohl allerdings kann das Stiftungsgeschäft den Destinatären im Einzelfall Ansprüche einräumen[69].

Beispiel Nr. 7 (nach *BGHZ* 99, 344 = NJW 1987, 2364 = JuS 1988, 310 m. Anm. *Karsten Schmidt*): Destinatäre einer im Jahr 1602 in Lübeck errichteten Stiftung waren die Angehörigen der Stifterfamilie, denen aus dem Stiftungsvermögen Studien- und Aussteuerbeihilfen zufließen sollten. Im Jahr 1950 wurde der Stiftungszweck ohne Mitwirkung der Destinatäre geändert und insbesondere auf sonstige bedürftige junge Lübecker ausgedehnt. Angehörige der Stifterfamilie erhoben gegenüber diesen Maßnahmen Klage auf Wiederherstellung des ursprünglichen Stiftungszwecks. Nach allgemeinem Verbandsrecht hätte diese Klage Erfolg versprochen (vgl. unten, § 21 V). Sie blieb aber in allen Instanzen erfolglos. Der *BGH* entschied: »Ob den Destinatären einer Stiftung das Recht zusteht, im Wege der Klage auf die Gestaltung der Satzung Einfluß zu nehmen mit dem Ziel, eine sie benachteiligende Änderung des Stiftungszwecks rückgängig zu machen, beurteilt sich, sofern das Landesrecht nichts anderes bestimmt, nach dem im Stiftungsgeschäft zum Ausdruck gekommenen Willen des Stifters.«

e) Das Stiftungsrecht steht vor einer Reform[70]. Die Verleihung der Rechtsfähigkeit (sie soll künftig »Anerkennung der Stiftung« heißen) soll nur noch voraussetzen, daß eine Mindestsatzung erstellt worden ist, daß Dauerhaftigkeit gesichert ist und daß die Stiftung nicht gemeinwohlschädlich ist. Würde es dazu kommen, so könnte sich die Zahl der Stiftungen – allerdings nicht ihre Qualität – sprunghaft erhöhen.

---

66 Dazu ausführlich *Kronke*, a. a. O., S. 139 ff.
67 Str.; anders wohl *Erman/Westermann*, § 85 Rdnr. 3.
68 So wohl auch *Staudinger/Rawert*, § 85 Rdnr. 21.
69 Dazu *Staudinger/Rawert*, § 85 Rdnr. 13.
70 Kritik und Nachweise bei *Karsten Schmidt*, ZHR 166 (2002), 145 ff.

3. Die Stiftung & Co. als Verband*

Die Stiftung wurde hier als Organisation ohne Verbandsstruktur festgehalten. Ein Verband auf mitgliedschaftlicher Grundlage ist demgegenüber die *Stiftung & Co.* Die Stiftung & Co., eine absonderliche Schwester der GmbH & Co. KG (zu dieser vgl. ausführlich § 56), ist eine Handelsgesellschaft – praktisch stets eine Kommanditgesellschaft –, deren geschäftsführender Gesellschafter (Komplementär) nicht eine Kapitalgesellschaft, sondern eine Stiftung ist. Die Stiftung & Co. KG ist ein *Mischgebilde aus Stiftung und Personengesellschaft.* Sie wurde von einer Reihe großer Familienunternehmen als Rechtsform gewählt. Neben haftungsrechtlichen und steuerrechtlichen Vorteilen verspricht man sich von ihr eine Flucht aus der Publizität und der Mitbestimmung, schließlich aber auch eine Stabilisierung des Personenunternehmens durch einen unsterblichen Komplementär. Gegen die Stiftung & Co. bestehen aus doppelter Richtung Bedenken: Aus personengesellschaftsrechtlicher Sicht fragt sich, ob eine Stiftung – wie eine Komplementär-GmbH – eine vollwertige Komplementärin sein kann (vgl. unten, § 56 VII 3). Bejaht man dies, so könnte die Diskussion sogar auf die Kommanditgesellschaft auf Aktien ausgedehnt werden, d. h. auf die börsenfähige Stiftung & Co. KGaA[71]. Es ist eine umstrittene Frage, ob das Gesellschaftsrecht solche Personen- und Kapitalgesellschaften mit Stiftungen als persönlich haftenden Gesellschaftern zuläßt (vgl. zur gesellschaftsrechtlichen Typenlehre unten, § 56 VII 3). Stiftungsrechtlich ist zu bemerken, daß eine Komplementär-Stiftung ebensowenig genehmigt werden sollte wie eine selbstnützige Unternehmensstiftung[72]. Ob sich diese Bastion aber halten läßt, wird nach der Reform des Stiftungsrechts aus dem Jahr 2002 neu zu diskutieren sein (dazu oben unter II 1 e).

---

* Literatur: *Delp*, Die Stiftung & Co., 1991; *Fasselt*, Die Beteiligungsstiftung, Diss. Berlin 1989; *Hennerkes*, Die Stiftung & Co. – eine interessante Alternative zur GmbH & Co., in: Steuerberater-Jahrbuch 1984/85, S. 107; *Hennerkes/Binz/Sorg*, Die Stiftung als Rechtsform für Familienunternehmen, DB 1986, 2217, 2269; *Karsten Schmidt*, Wohin steuert die Stiftungspraxis? DB 1987, 261; *ders.*, Brave new world ..., ZHR 166 (2002), 145; *Schulze zur Wiesche*, Die Stiftung & Co. KG – eine attraktive Unternehmensform, Wpg. 1988, 128; *Weimar/Delp*, Die Stiftung & Co. KG – ein dauerhafter Schutz gegen Bilanzeinsicht? BB 1987, 1707.

71 Warnung davor bei *Karsten Schmidt*, ZHR 160 (1996), 284.

72 Vgl. *Karsten Schmidt*, DB 1987, 262 f.; zweifelnd *Erman/Westermann*, vor § 80 Rdnr. 9; Überblick bei *Staudinger/Rawert*, vor § 80 Rdnr. 92.

§ 8 Verbände als Rechtsträger

I. Grundlagen*

1. Fragestellung

Verbände, welchen das geltende Recht – nicht unbedingt ein geschriebenes Gesetz! – die Fähigkeit zuerkennt, Träger von Rechten und Pflichten zu sein, werden Rechtsträger genannt[1]. Es gehört nicht zum Begriff des Verbandes, daß er Rechtsträger ist. Dies ergibt sich schon aus den Ausführungen unseres § 7 I. Es entspricht auf der anderen Seite der Natur der Sache, daß eine Verbandsorganisation zur rechtlichen Verselbständigung drängt. Die Rechtsfähigkeit der Verbände ist, wie die rechtspolitische Diskussion des 19. Jahrhunderts zeigt, ein entscheidendes Freiheitselement gegenüber dem Staat. Allerdings ist sie auch, wie die Auseinandersetzungen um die Verbandsmacht im 20. Jahrhundert gezeigt haben, ein Machtinstrument gegenüber den Mitgliedern. Die Verbandsperson, ursprünglich als Garant der Freiheit gegenüber dem Staat begrüßt, kann sich im Innenverhältnis zu einem despotischen Staat im Staate mausern. Doch zuallererst sei hier von der äußeren Rechtsfähigkeit die Rede. Die Rechtsfähigkeit wird meist definiert als die Fähigkeit, Träger von Rechten und Pflichten zu sein. Es ist unstreitig, daß neben natürlichen Personen auch juristische Personen diese Fähigkeit aufweisen. Der dogmatische Streit unserer Tage wird nicht mehr um die Rechtsfähigkeit der juristischen Person geführt, wohl aber um die *Rechtsfähigkeit der sog. Gesamthandsgesellschaft*. Nach der hier in sämtlichen Vorauflagen vertretenen, heute herrschenden Auffassung gibt es drei Arten von Rechtsträgern: die natürlichen Personen, die juristischen Personen und die Außen-Personengesellschaften als »Gesamthandsgesellschaften«. Dem wird entgegengehalten, nur natürliche und juristische Personen seien rechtsfähig. Aber mit dieser Kritik ist ganz Unterschiedliches gemeint:

- Die einen meinen, auch die rechtsfähige Außengesellschaft sei juristische Person (dazu unter I 2). Diese Auffassung widerspricht der Lehre von der rechtsfähigen »Gesamthandsgesellschaft« nur in systematisch-theoretischer

* Literatur: *Bork*, AT, Rdnrn. 185ff.; *Flume*, Juristische Person, 1993, § 1; *ders.*, Personengesellschaft, § 5; *Kübler*, § 4; *Raiser*, § 3; *Wiedemann* I, §§ 4, 5; im einzelnen vgl. die Angaben bei § 8 II und § 8 III.

1 Dies ist keine umfassende Definition des Rechtsträgers, denn Rechtsträger sind auch Menschen, rechtsfähige Anstalten und Stiftungen.

Hinsicht, nicht im Ergebnis. Sie wird sich als Gegenstand zum Nachdenken erweisen.

- Die anderen meinen, die Außen-Personengesellschaften seien nicht juristische Personen, sondern nur »Gesamthandsgesellschaften« und deshalb eben nicht rechtsfähig (dazu unter III 2 a). Diese Auffassung weicht von der Lehre von der Außen-Personengesellschaft auch in den Ergebnissen radikal ab. Sie wird hier, wie schon in den Vorauflagen, abgelehnt und ist inzwischen auch überholt (vgl. unter III 2 b).

Es handelt sich hierbei um eine das ganze Privatrecht betreffende Elementardebatte.

Was Rechtsfähigkeit bedeutet und wie sie legitimiert werden kann – dies sind Grundfragen des allgemeinen Personenrechts wie auch des Gesellschaftsrechts.

2. Systematik, Terminologie und Sachdiskussion: Körperschaft, juristische Person und Gesamthand

a) Die folgende Darstellung geht von einer die bisherige Diskussion beherrschenden und *aus der bisherigen Rechtsentwicklung* resultierenden, jedoch keineswegs zwingend vorgegebenen und nur für den deutschen Rechtskreis gebräuchlichen Systematik aus. Die Frage, ob außer den juristischen Personen auch Personengesellschaften Trägerinnen von Rechten und Pflichten sein können, kann sinnvollerweise nur gestellt werden, wenn man nicht von der Prämisse ausgeht, daß nur natürliche und juristische Personen Träger von Rechten und Pflichten sein können. Diese Prämisse würde unterschiedliche Folgerungen zulassen, je nachdem, ob ihr nur terminologische oder sachliche Qualität beigemessen würde. Am einfachsten läßt sich das am Beispiel der offenen Handelsgesellschaft verdeutlichen, von der es in *§ 124 I HGB* heißt, daß sie unter ihrer Firma Rechte erwerben und Verbindlichkeiten eingehen, Eigentum und andere dingliche Rechte an Grundstücken erwerben, vor Gericht klagen und verklagt werden kann. Dasselbe gilt für die Kommanditgesellschaft, die Partnerschaftsgesellschaft und die Europäische Wirtschaftliche Interessenvereinigung (§§ 161 II HGB, 7 II PartGG, 1 EWIV-AusführungsG). Wer davon ausgeht, daß außer den natürlichen nur juristische Personen Träger von Rechten und Pflichten sein können, kann hieraus unterschiedliche Konsequenzen ziehen:

- Einerseits ließe sich sagen, daß die offene Handelsgesellschaft, da herkömmlich als Gesamthandsgesellschaft eingeordnet, nicht wirklich Trägerin von Rechten und Pflichten sein kann und daß § 124 HGB nichts anderes beschreibt als das »gemeinschaftliche Vermögen der Gesellschafter« (§ 718 I BGB)[2].

2 So z.B. *Kraft/Kreutz*, C I 1d; *Bork*, AT, Rdnrn. 194ff.; *Schulze-Osterloh*, Das Prinzip der gesamthänderischen Bindung, 1972, S. 12.

– Anderseits könnte gesagt werden, daß § 124 HGB, da er die oHG unmißverständlich zur Trägerin von Rechten und Pflichten erklärt, aus dieser Gesellschaft eine juristische Person macht[3].

b) Die Frage, so gestellt, wäre im zweiten Sinne zu beantworten (vgl. alsbald unter III 4 a und unten, § 46 II). Ob die Frage richtig gestellt ist, hängt mit dem *Systemverständnis unseres Verbandsrechts* zusammen, nämlich damit, ob man sich unter den juristischen Personen des Verbandsrechts lediglich Körperschaften vorstellt und einen kategorischen Unterschied zwischen der juristischen Person und der Personengesellschaft annimmt[4]. Nach *Flume* kann eine juristische Person Anstalt, Stiftung oder – im Gesellschaftsrecht allein von Interesse – eine Körperschaft sein[5], die als organisierte Rechtsträgerin gegenüber ihren Mitgliedern verabsolutiert ist[6], während die Personengesellschaft als »Gruppe« in ihren Mitgliedern lebt[7], hierdurch in einen unverrückbaren Gegensatz zur juristischen Person tritt[8] und auch nicht in gleichem Sinne wie diese rechtsfähig sein kann[9]. Wohl aber kann die Gruppe, wie dies auch § 124 HGB zum Ausdruck bringt, als gesamthänderische Personengemeinschaft Rechte und Pflichten erwerben[10]. Beide Rechtsformen agieren als »überindividuelle Wirkungseinheiten«[11], unterscheiden sich aber als Organisationsformen. Es wird noch zu zeigen sein, daß hier der Ausgangspunkt für die Anerkennung der Gesamthandsgesellschaft als Rechtsträgerin liegt.

c) Demgegenüber hat *Raiser* seit 1994 zum Sturm auf die Rechtsfigur der Gesamthandsgesellschaft aufgerufen[12]. Ausgangspunkt ist für *Raiser* das neue Umwandlungsrecht, das einen Formwechsel zwischen Kapitalgesellschaften und Personengesellschaften – nach herkömmlicher Terminologie also: zwischen juristischen Personen und Gesamthandsgesellschaften – zuläßt (unten, § 12 IV 2 b, § 13 II 3, 4). Nach *Raiser* sieht es so aus, als sei die Gesamthand als Rechtsfigur mindestens im Gesellschafts- und Verbandsrecht heute überholt[13]: Nur das Merkmal der Rechtsfähigkeit sei für die rechtliche Gliederung der Personenverbände geeignet[14], was im Ergebnis bedeutet: Die als Zuordnungssubjekte geeigneten herkömmlich sog. Gesamthandsgesellschaften könnten zu juristischen Personen erklärt werden.

---

3 So z. B. *Ostheim*, Zur Rechtsfähigkeit von Verbänden im österreichischen Recht, 1967, S. 169 ff.; *Kohler*, ZHR 74 (1913), 456 ff.; ähnlich *Kämmerer*, NJW 1966, 801 ff.
4 *Flume*, Personengesellschaft, § 7 I.
5 *Flume*, Juristische Person, § 4 I.
6 *Flume*, Personengesellschaft, § 7 II; *ders.*, in: Festschrift Kegel, a. a. O., S. 152.
7 *Flume*, Personengesellschaft, § 7 III 5.
8 *Flume*, Juristische Person, § 8 I.
9 *Flume*, Personengesellschaft, § 7 II; *ders.*, in: Festschrift Kegel, a. a. O., S. 152.
10 *Flume*, Personengesellschaft, § 5.
11 *Raiser*, AcP 194 (1994), 495 ff.
12 *Raiser*, AcP 194 (1994), 495 ff.; vgl. sodann *Raiser*, in: Festschrift Zöllner, 1999, S. 469 ff.; *ders.*, AcP 199 (1999), 104 ff.
13 *Raiser*, AcP 194 (1994), 512.
14 *Raiser*, AcP 194 (1994), 510.

3. Der eigene Standpunkt

a) *Raisers* These kann nicht für die Gesamthand als zivilistische Rechtsfigur schlechthin, sondern nur für die gesamthänderisch verfaßten Verbände (»Gesamthandsgesellschaften«) gelten[15]. Für diesen Bereich steht sie den hier vertretenen Ansichten entgegen dem ersten Anschein außerordentlich nahe: Nicht »die Gesamthand«, sondern der nach bisheriger Redeweise gesamthänderisch verfaßte Verband kann Träger von Rechten und Pflichten sein (dazu unten, III), und es läuft im Ergebnis auf eine rein terminologische Frage hinaus, ob man diese Verbände dann allesamt als juristische Personen bezeichnet. Von einer Gesamthand brauchte dann nur noch bei einem gebundenen Sondervermögen mehrerer Personen (Gütergemeinschaft und Erbengemeinschaft) gesprochen zu werden. Geht man diesen Schritt, *so sind die Begriffe im Verbandsrecht neu zu ordnen*: Verbände sind dann, soweit es sich nicht bloß um verbandsrechtlich strukturierte Innengesellschaften handelt (oben, § 7 I), juristische Personen, und diese sind
- entweder *Körperschaften* (Vereine, Kapitalgesellschaften, Genossenschaften)
- oder *Außenpersonengesellschaften* (Gesamthandsgesellschaften im Sinne der bisherigen Terminologie).

b) Eine solche *Neuorientierung* kann sich – nicht zuletzt unter dem Einfluß der außerdeutschen Diskussion[16] – auf die Dauer als unentbehrlich erweisen[17]. Wenn hier trotzdem noch *von der bisher verwendeten Systematik und Terminologie noch nicht radikal Abstand genommen* und unter III noch nach der Verselbständigung der sog. Gesamthandsgesellschaften gefragt wird, so hat das im wesentlichen *drei Gründe*:
- Der eine Grund ist *positivistischer* Art: Solange das Recht der offenen Handelsgesellschaften und Kommanditgesellschaften auf das Recht der BGB-Gesellschaft verweist und dieses nicht modernisiert ist (dazu unten § 58 IV), muß auf die strukturelle Gleichartigkeit von offener Handelsgesellschaft und Außengesellschaft bürgerlichen Rechts (§ 718 BGB) Rücksicht genommen werden, so daß eine Anerkennung als juristische Person nicht in Betracht kommt, wenn sie nicht auch auf diese Gesellschaft erstreckt werden kann. Auch die steuerrechtliche Rechtsfigur der Mitunternehmerschaft (§ 15 EStG) wirkt sich, so kritisch man sie einschätzen mag, einstweilen als Hemmnis für die Gleichsetzung mit den Körperschaften als juristische Person aus. Auch der Gesetzgeber unterscheidet einstweilen noch zwischen »juristischen Personen« und »rechtsfähigen Personengesellschaften« (§ 14 BGB, § 7 MarkenG), die er als »Gesellschaften ohne Rechtspersönlichkeit« bezeichnet (§ 11 II InsO).
- Der zweite Grund ist *rechtspraktischer und rechtspolitischer* Art: Wer das Modell einer zur juristischen Person aufgewerteten oHG »nach unten« in

15 Gütergemeinschaft und Erbengemeinschaft bleiben unberührt.

16 Die romanischen Rechte bezeichnen die oHG und KG durchweg als juristische Personen; vgl. für Frankreich Art. 5 des Gesetzes 66–537 sur les sociétés commerciales.

17 Das wäre, wie neuerlich zu betonen ist, eine Änderung der Systematik, nicht der in diesem Buch vertretenen Sachpositionen!

das Recht der BGB-Gesellschaft verlängern will, findet dort eine Vielfalt von Erscheinungen vor, die von organisierten Gebilden bis hin zu bloßen Gemeinschaftsvermögen reichen (unten, § 58 III, IV 3). Die Aufwertung der »Gesamthandsgesellschaft« zur juristischen Person setzt deshalb voraus, daß Ordnung im Recht der BGB-Gesellschaft geschaffen wird. Erst wenn feststeht, daß wirklich jede BGB-Außengesellschaft den Status einer »kleinen oHG« verdient, ist die Zeit reif für die Gleichsetzung beider mit den juristischen Personen des Körperschaftsrechts.

– Der dritte, mit dem ersten zusammenhängende Grund ist *dogmengeschichtlicher* Art. Die Rechtsfigur der Gesamthand war in der Diskussion des ausgehenden 20. Jahrhunderts unentbehrlich, um den argumentativen Boden für das Umdenken vom bloßen Sondervermögen der Gesamthänder hin zur rechtlichen Verselbständigung der Gesellschaft zu bereiten, wo eine dem § 124 HGB entsprechende gesetzliche Hilfe fehlt. Den Mutsprung zur Anerkennung etwa der Gesellschaft bürgerlichen Rechts oder der Partenreederei als Rechtsträgerin (unten §§ 58 I 3, 60 II und § 65 I) hätten Literatur und Praxis schwerlich gewagt, wenn es sogleich um die Anerkennung als juristische Personen gegangen wäre. Auch das Grundlagenurteil *BGHZ* 146, 341 = NJW 2001, 1056 über die Rechtsfähigkeit der BGB-Außengesellschaft operiert noch ängstlich mit den Worten, diese Gesellschaft sei – anders als die juristische Person – nicht »als solche« Trägerin von Rechten und Pflichten. Diese Denkweise hat Tradition[18], aber sie trägt provisorische Züge[19]. Die Rechtsfigur der Gesamthand hat hier eine Brücke geschlagen, die freilich am Ende zur Rechtsfigur der juristischen Personifizierung führen mag. Die sofortige Einbürgerung aller Außen-Personengesellschaften in das Reich der juristischen Personen ist eine terminologische Radikalkur, die die Kontinuität der rechtsdogmatischen Debatte verdeckt und das Verständnis erschwert.

c) Aus diesen Gründen wird hier die *Diskussion um die Verselbständigung der sog. Gesamthand neben der juristischen Person* fortgeführt (vgl. unter III). Man muß sich nur klar darüber sein, daß es dabei um *dieselbe* Frage geht, die unter anderen systematischen und terminologischen Prämissen auch lauten kann: Ist die oHG, die KG, die BGB-Außengesellschaft etc. eine nichtkörperschaftliche juristische Person? Diese terminologische Neubesinnung wurde bereits in der 3. Auflage der Zukunft überlassen. Es dient dem fortschreitenden rechtswissenschaftlichen Diskurs, wenn es vorerst dabei bleibt, doch wird dem aufmerksamen Leser nicht entgehen, daß die vorliegende Auflage den Begriff »Gesamthandsgesellschaft« bisweilen mit dem Epitheton »sog.« Gesamthandsgesellschaft versieht und ihn nach Kräften durch den neutralen Begriff »Außen-Personengesellschaft« ersetzt hat.

---

18 Vgl. nur *Wertenbruch*, Die Haftung von Gesellschaften ..., 2000, S. 9ff., 46ff., 132; *Huber*, in: Festschrift Lutter, 2000 S. 110.

19 Kritisch *Karsten Schmidt*, NJW 2001, 997.

II. Die juristische Person*

1. Grundlagen

Ein Gesellschaftsrechtslehrbuch im 19. Jahrhundert hätte zu einem ganz wesentlichen Teil aus Ausführungen über die Theorie der juristischen Person bestehen müssen. Unsere gegenwärtigen Lehrbücher üben demgegenüber Enthaltsamkeit, und ähnliches gilt für die Lehrbücher zum Allgemeinen Teil des Bürgerlichen Rechts[20]. Das hat seinen Grund im positiven Recht[21] und in der Technisierung des Begriffs der juristischen Person[22]. Es ist für das Tagewerk der Juristen einfach nicht mehr notwendig, alle Probleme, die sich hinter dieser Rechtsfigur verbergen, wieder und wieder zu reflektieren. Die juristische Person ist zu einer handhabbaren Kategorie geworden. Man hat die hierin liegende Verarmung beklagt[23], indessen zu Unrecht[24]. Es handelt sich um die technische Ausreifung einer Rechtsfigur. Eine einst schwierige

* Literatur (Auswahl): *Beitzke*, Konzessionssystem, Normativbestimmungen und freie Körperschaftsbildung, ZHR 108 (1941), 32; *Bolze*, Der Begriff der juristischen Person, 1879; *Eichler*, Personenrecht, 1983, S. 325ff.; *ders.*, System des Personenrechts, 1989; *Enneccerus/Nipperdey* I, §§ 103ff.; *Flume*, Körperschaftliche juristische Person und Personenverband, in: Festschrift Kegel, 1987, S. 147; *Otto v. Gierke*, Die Genossenschaftstheorie und die Deutsche Rechtsprechung, 1887 (Nachdruck 1963); *ders.*, Deutsches Privatrecht I, 1895 (Nachdruck 1936); *Huber*, Rechtsfähigkeit, juristische Person und Gesamthandel, in: Festschrift Lutter, 2000, S. 107; *Hölder*, Natürliche und juristische Personen, 1905; *Jhering*, Geist des römischen Rechts, 4. Aufl., Bd. III/1, 1888; *John*, Die organisierte Rechtsperson, 1977; *ders.*, Personenrecht und Verbandsrecht im Allgemeinen Teil des Bürgerlichen Rechts, AcP 185 (1985), 209; *v. Lübtow*, Zur Theorie des Rechtssubjektes und ihrer geschichtlichen Entwicklung, in: Recht und Rechtserkenntnis, Festschrift Ernst Wolf, 1985, S. 421; *Mertens*, Die Grundrechtsfähigkeit der juristischen Person und das Gesellschaftsrecht, JuS 1989, 857; *Meurer*, Die Juristischen Personen nach Deutschem Reichsrecht, 1901; *Mummenhoff*, Gründungssysteme und Rechtsfähigkeit, 1979; *Nobel*, Anstalt und Unternehmen, 1978; *Ostheim*, Zur Rechtsfähigkeit von Verbänden im österreichischen bürgerlichen Recht, 1967; *Claus Ott*, Recht und Realität der Unternehmenskorporation, 1977; *Raiser*, Der Begriff der juristischen Person, AcP 199 (1999), 104; *Rhode*, Juristische Person und Treuhand, 1932; *Rittner*, Die werdende juristische Person, 1973; *Savigny*, System des heutigen Römischen Rechts II, 1840; *Schikorski*, Die Auseinandersetzung um den Körperschaftsbegriff in der Rechtslehre des 19. Jahrhunderts, 1978; *Karsten Schmidt*, Verbandszweck und Rechtsfähigkeit im Vereinsrecht, 1984; *Schnorr v. Carolsfeld*, Geschichte der juristischen Person I, 1933; *Teubner*, Unternehmenskorporatismus: New industrial policy und das »Wesen« der juristischen Person, KritVierteljahresschrift 1987, 61; *Ulmer*, Zu einer neuen Theorie der juristischen Person, ZHR 140 (1976), 61; *Vormbaum*, Die Rechtsfähigkeit der Vereine im 19. Jahrhundert, 1976; *Wieacker*, Zur Theorie der Juristischen Person des Privatrechts, in: Festschrift E.R. Huber, 1973, S. 339 (neuveröffentlicht in: *Wieacker*, Kleine juristische Schriften, 1988, S. 313); *Wiedemann* I, § 4; *ders.*, Juristische Person und Gesamthand als Sondervermögen, WM-Beilage 4/1975; *Wieland* I, § 35; *Windscheid/Kipp*, Lehrbuch des Pandektenrechts I, 9. Aufl. 1906 (Nachdruck 1963), §§ 57ff.; *Hans J. Wolff*, Organschaft und Juristische Person, 2 Bde. 1933/1934; *Zitelmann*, Begriff und der sog. juristischen Personen, 1873.

20 *Flume* (Juristische Person, § 1 IV) spricht von bloßen »Pflichtübungen«; charakteristisch *Bork*, AT, Rdnr. 188: »Eine juristische Person ist notwendigerweise rechtsfähig«.

21 Das BGB legt sich nicht auf eine Theorie fest (vgl. *Flume*, Juristische Person, § 1 III) und überläßt die Klärung der Wissenschaft (Mot., in: *Mugdan* I, S. 395; Prot., ebd. S. 609).

22 Vgl. namentlich *Hans J. Wolff* I, a.a.O., S. 142ff., 151, 207ff., 230; *Mummenhoff*, a.a.O., S. 2ff.; *Reuter*, in: MünchKommBGB, vor § 21 Rdnrn. 1ff.

23 *Rittner*, a.a.O., S. 159, 185ff.

24 Eingehend *Karsten Schmidt*, Verbandszweck, a.a.O., S. 4ff.; vgl. auch zur Absicherung der Grundrechtsfähigkeit *Mertens*, JuS 1989, 859.

akademische Diskussion hat ihr Ziel erreicht und sich dadurch weitgehend erschöpft.

Beispiel Nr. 1: Soll die X-AG als Grundstückseigentümerin eingetragen werden, über das Vermögen der Y-GmbH ein Insolvenzverfahren eröffnet werden, der eingetragene Z-Verein Klage nach § 13 UWG erheben, so denkt der Jurist über die Grundlagen der juristischen Personifikation nicht mehr nach. Es ist für das geltende Recht eine Selbstverständlichkeit, daß die AG Trägerin von Rechten und Pflichten sein kann (vgl. § 1 S. 1 AktG), daß die GmbH insolvenzrechtsfähig ist (vgl. § 11 InsO) und daß der rechtsfähige Verein die Fähigkeit besitzt, Partei eines Zivilprozesses zu sein (vgl. § 50 I ZPO). Ausführungen über das »Wesen« oder über die »Theorie« der juristischen Person wären in einem solchen Fall fehl am Platze.

Ersichtlich kann sich der heutige Jurist der Rechtsfigur der juristischen Person mit einer technischen Selbstverständlichkeit bedienen, die diese Rechtsfigur leicht als das erscheinen läßt, was schon *Jhering*[25] in ihr sah: als einen rechtstechnischen Kunstgriff. Das ist gut so und überaus nützlich. Es liegt kein Sinn darin, die Dogmen der juristischen Persönlichkeit um ihrer selbst willen weiterzuschleppen[26] oder sie gar bei der Lösung von Fällen immer wieder nachzuzeichnen und zu reflektieren. Trotzdem sollte dem Juristen die *Theorie der juristischen Person* nicht gleichgültig sein, und zwar aus drei Gründen: Zum einen gehört das Hinterfragen von Rechtsfiguren zu den Grundanliegen der Rechtswissenschaft; zum zweiten kann nur auf diese Weise verhindert werden, daß sich die technisch ausgereifte Rechtsfigur der juristischen Person von ihren Wertungsgrundlagen loslöst und sich unkontrolliert verselbständigt; und zum dritten dürfen die Aufgaben der Rechtspolitik und der Rechtsfortbildung nicht vergessen werden. Bei ihnen muß sich der Jurist ständig auf die Wertungsgrundlagen dessen, was er technisch beherrscht, besinnen. Insbesondere die hier als schwierig erkannte Frage, ob aus dem Recht der »Gesamthandsgesellschaften« eine Erweiterung des Kreises juristischer Personen geworden ist (oben unter I 2), entzieht sich, solange noch unentschieden, einer rein rechtstechnischen Betrachtung.

2. Zum Theorienstreit

a) Dieser Aufgabe können wir nicht ohne einen Rückblick auf den heftig geführten *Meinungsstreit über die juristische Person im 19. Jahrhundert* gerecht werden. Es präsentiert sich dabei allerdings eine unübersehbare Literatur[27], die zwischen zwei Extremen schwankt: zwischen der sog. *Fiktionstheorie* (juristische Person als fingiertes Rechtssubjekt) und der *Genossenschaftstheorie* (juristische Person als *körperschaftliche Verbandsperson*). Protagonist der Fiktionstheorie ist der Romanist *Friedrich Carl von*

25 A.a.O., § 55, S. 225.

26 Dazu *Nußbaum*, ArchBürgR 42 (1916), 170f.

27 Überblick bei *Windscheid/Kipp*, a.a.O., §§ 57ff.; *Enneccerus/Nipperdey* I, § 103; *Hübner*, Rdnr. 192; *Wiedemann* I, § 4 I 1; *Soergel/Hadding*, vor § 21 Rdnrn. 8ff.; eingehendste Analysen bei *Hans J. Wolff* I, a.a.O., S. 1–87; *Rhode*, a.a.O., S. 32–50; *Ostheim*, a.a.O., S. 50ff.; *Vormbaum*, a.a.O., S. 5ff.; *Eichler*, Personenrecht, a.a.O., S. 325ff.; *v. Lübtow*, a.a.O.; *Creutzfeldt*, Entwicklung und Kritik der Lehren vom Rechtssubjekt ..., Diss. Trier 1992, S. 21ff.

Savigny (1779–1861), Protagonist der Genossenschaftstheorie der Germanist *Otto von Gierke* (1841–1921).

Nur diese beiden Lehren und ihre Folgen für die Rechtsentwicklung sollen hier analysiert werden, denn sie haben eine entscheidende Gemeinsamkeit: Im Gegensatz zur »Genießertheorie«, die hinter der Verbandsperson deren Mitglieder als wahre Rechtsträger zu erkennen glaubte[28], und im Gegensatz zu den von *Alois Brinz* angeführten zahlreichen Zweckvermögenstheorien[29] befassen sich diese Lehren wirklich mit der Rechtssubjektivität der juristischen Person. Sie versuchen auch nicht, Ersatzkonstruktionen für diese Rechtssubjektivität zu ersinnen[30]. Die Fiktionstheorie und die Lehre von der realen Verbandspersönlichkeit befassen sich also genau mit dem Thema, um das es noch heute bei der juristischen Person geht. In dieser Aufgabenstellung sind sich die streitenden Lehren durchaus einig. Insofern wird vielfach der Gegensatz zwischen diesen Theorien in ein zu scharfes Licht gerückt[31], oder es werden Grenzen der Gegensätzlichkeit als ein Versagen dieser Theorien gedeutet[32], gerade als hätten die Theorien keine andere Aufgabe als die der Kontroverse.

b) Wer sich mit der Rechtsfähigkeit von Verbandspersonen beschäftigt, muß notwendig zwei Dinge im Auge haben: den *rechtssoziologischen* Befund und die im engeren Sinne *juristische* Frage, unter welchen Voraussetzungen der Verband als soziales Substrat vom Recht als Subjekt anerkannt werden kann[33]. Beide Fragen werden meistens zu wenig getrennt. Es ist ein Mißverständnis, wenn *Savigny* unterstellt wird, er habe den Verband als soziale Realität geleugnet[34]; nur auf die Rechtsfolgenseite bezieht sich nämlich seine

28 Vgl. *Jhering*, a.a.O., § 61, S. 356; *Meurer*, a.a.O., S. 19ff.

29 Grundlegend *Brinz*, Pandekten, 3. Aufl. Bd. I 1884, §§ 59ff.; dazu krit. *Lehmann/Hübner*, § 60 I 2c; *Wieacker*, a.a.O., S. 365; ein Versuch, diese Lehre mit der Aufgabe zu versöhnen, die Rechtssubjektivität der juristischen Person zu begründen, ist die »Theorie der Zweckpersonifikation« bei *Enneccerus/Nipperdey* I, § 103 I 1. Nach *Enneccerus/Nipperdey* paßt der Begriff des subjektiven Rechts nicht auf die juristischen Personen, vielmehr handle es sich nur um »Zweckgebundenheiten« die aber »in Analogie der subjektiven Rechte« zu behandeln seien. »Die analoge Behandlung wird dadurch bewirkt, daß man die ... Organisation ... als Rechts- und Willenssubjekt denkt und den Willen der verfassungsmäßigen Verwalter (Organe) als den Willen dieses Subjekts betrachtet« (a.a.O. Fußn. 2 unter Nr. 6). Ersichtlich führt dieser Ansatz wieder in die Nähe der Fiktionstheorie. Eine neue Variante der Zweckvermögenstheorien vertritt *Wiedemann* I, § 4 I 1c, § 4 I 2; *Wiedemann*, der die Grenzen jeder Zweckvermögenstheorie sehr genau erkennt, betrachtet die juristische Persönlichkeit als eine »mitgliedsunabhängige Sondervermögensordnung« und sieht deren Organisation als Folge, nicht als »gedankliche Voraussetzung« der Rechtsverleihung an. Eben die Verkehrung von Voraussetzung und Folge macht die Schwäche dieser in sich schlüssigen Sondervermögenstheorie aus. *Wiedemanns* Lehre paßt nur auf die Stiftung, nicht auf den Verband.

30 Vernachlässigt wird deshalb auch der Ansatz von *Hans J. Wolff* I, a.a.O., S. 187ff., der den Begriff der juristischen Person in Zurechnungen auflöst und die juristische Person nur als ein notwendiges Zurechnungssubjekt für einen »Komplex von Rechtsbeziehungen« ansieht.

31 Charakteristisch *Larenz/Wolf*, AT, 8. Aufl. 1997, § 9 I.

32 Vgl. die Kritik an *v. Gierke* bei *Schikorski*, a.a.O., S. 207f., 211f.; *Schikorski*, dessen Arbeit sich vor allem um die Dialektik der Rechtsperson verdient macht, wird im übrigen der Bedeutsamkeit des *Gierke*'schen Ansatzes durchaus gerecht (S. 243f.).

33 Deshalb darf das Problem der juristischen Personifikation nicht zu einer metajuristischen, rein sozialwissenschaftlichen Entscheidung werden; vgl. *Ritter*, a.a.O., S. 190f.; *Karsten Schmidt*, Verbandszweck, a.a.O., S. 12.

34 So *Wieacker*, a.a.O., S. 363, 366f.; s. demgegenüber die überzeugende Analyse bei *Flume*, Juristische Person § 1 I; bei Verbänden spricht *Savigny* (a.a.O., § 86, S. 243) ausdrücklich vom »sachlichen Substrat«, und er unterscheidet sehr wohl zwischen juristischen Personen, denen ein

»Fiktionstheorie«. Ein Mißverständnis ist es auch, wenn *Gierkes* Verbandslehre in dem Sinne geschildert wird, als wäre die juristische Personifikation ein rein soziologisches Thema; auch die Besonderheit dieser Lehre liegt ganz auf der Rechtsfolgenseite. Weder *Gierke* noch seine Vorgänger haben bestritten, »daß eine juristische Person als solche nur kraft des objektiven Rechtes zu bestehen vermag«[35]. *Gierke*, der sehr genau zwischen dem Recht und dem Opportunitätsspielraum des rechtsetzenden Staates unterschied, sagte wörtlich: »Dem Rechte und ihm allein gebührt die Entscheidung, ob ein irgendwie beschaffenes Etwas die Eigenschaft eines Rechtssubjektes hat oder nicht.«[36] Darum geht es: um die Frage, unter welchen Voraussetzungen das Recht einen Verband als Rechtssubjekt anzuerkennen hat. Hier, nicht bei dem Sozialbestand des Verbandes, liegt das Rechtsproblem der juristischen Person. Ob die *Karstadt AG* oder die *Robert Bosch GmbH* in der Realität oder nur in den Köpfen der Juristen existiert, ist keine ernst zu nehmende rechtswissenschaftliche Frage, und wer den Streit um die juristische Person auf diese Frage reduziert, wird dem Anliegen der Theorie der juristischen Person nicht gerecht.

3. Die rechtspolitische Komponente: die reale Verbandspersönlichkeit als soziale Basis der juristischen Person

Otto von Gierke hat die von *Beseler* und *Bluntschli* entwickelte deutschrechtliche Genossenschaftstheorie in Gestalt der »Theorie der realen Verbandspersönlichkeit« ausgebaut und diese Lehre in einem Riesenwerk immer wieder propagiert. Er sagt den Fiktionstheorien den Kampf an: Die Verbandsperson ist eine wirkliche, nicht bloß erdichtete Person[37]. Er knüpft an die soziale Realität des Verbandes an, den er als einen handlungsfähigen Organismus begreift. Das macht die *Modernität des Gierkeschen Ansatzes* und seine rechtspolitische Wirksamkeit aus[38]. Die Theorie der realen Verbandspersönlichkeit hat nicht nur die theoretische Grundlage für die Handlungsfähigkeit der juristischen Personen geschaffen (dazu unten, § 10 I), sondern sie hat uns gelehrt, die Unterschiede wie die Zusammenhänge zwischen der Existenz und der Rechtsfähigkeit von Verbänden zu erkennen[39]. *Zwei Grundthesen* hat *Gierke* insofern hinterlassen. Die erste ist die, daß nur die Rechtsfähigkeit, nicht aber das Dasein eines Verbandes eine Rechtsfrage ist, so daß Staat und Recht fertige Verbandspersonen bereits vorfinden[40]. Die zweite These ist, daß die juristische Per-

»natürliches oder nothwendiges Daseyn« zukommt, und solchen, deren Dasein ein »künstliches oder willkürliches« ist (a.a.O., § 86, S. 242).

35 So wörtlich *Gierke*, Genossenschaftstheorie, S. 19f.; *ders.*, Deutsches Privatrecht I, S. 487; krit. *Schikorski*, a.a.O., S. 208, 211.

36 *Gierke*, Genossenschaftstheorie, S. 21.

37 *Gierke*, Deutsches Privatrecht I, S. 470.

38 Würdigung bei *Ott*, a.a.O., S. 66; *Karsten Schmidt*, Einhundert Jahre Verbandstheorie im Privatrecht, Berichte aus den Sitzungen der Joachim-Jungius-Gesellschaft der Wissenschaften V/4, 1987; *Scheyhing/Wilhelm*, in: Festschrift Locher, 1990, S. 495ff.; *Bock*, Rechtstheorie 25 (1994), 87ff.

39 Eingehend *Karsten Schmidt*, Verbandszweck, a.a.O., S. 14ff.

40 Vgl. *Gierke*, Genossenschaftstheorie, S. 22: »Hat nun aber so das Recht die Macht, die Eigenschaft der Rechtssubjektivität zu erzeugen, so ist es doch schlechthin nicht im Stande, die thatsächliche

sonifikation dieser Gebilde zwar eine Rechtsfrage, aber keinesfalls eine der Staatswillkür unterliegende Rechtsfrage ist, so daß juristische Personen nicht nur durch staatliche Verleihung, sondern auch aufgrund eines einfachen Rechtssatzes entstehen können, wobei selbst ein Gewohnheitsrechtssatz ausreichen kann[41]. Hier zeigt sich, daß *Gierkes* Lehre – wie die seines Lehrers *Beseler*! – ein Stück angewandte Rechtspolitik ist und nur begriffen werden kann, wenn man das politisch-liberale Engagement beider Juristen[42] mit in Betracht zieht. Indem *Gierke* die Brücke vom Faktum der Verbandsrealität zur Rechtsfolge der Verbandspersönlichkeit zieht, engt er den rechtspolitischen Spielraum des Gesetzgebers gegenüber den Verbänden ein und legt sogar Grundlagen für eine Rechtsfortbildung qua Gewohnheitsrecht. Hierin liegt – bezogen auf die Verbände[43] – seine rechtspolitische Bedeutsamkeit. Es kann nicht verwundern, daß *Gierkes* Name immer wieder berufen wird, wenn es darum geht, die Anerkennung juristischer Personen über den allgemein gesicherten Bereich hinaus auszudehnen. *Thomas Raisers* These von der Rechtspersönlichkeit des Unternehmens ist ein modernes Beispiel hierfür (vgl. zu dieser These Handelsrecht, § 4 IV 1). Sozialer Tatbestand und Rechtsfolge werden also verknüpft, aber dies ändert doch nichts daran, daß es sich um zweierlei Dinge handelt.

4. Die rechtspositivistische Komponente: Lehren aus der »Fiktionstheorie«

So wenig, wie die soziale Realität der Verbände ausreicht, um *Gierke* zuzustimmen, so wenig genügt sie, um *Savignys* sog. Fiktionstheorie zu widerlegen. Dies hat namentlich *Flume*[44] herausgearbeitet. Wenn heute über die von *Savigny* angeführte Fiktionstheorie gelächelt wird, so sind *Savignys* eigene Parteigänger daran ebenso schuld wie *Gierkes* Polemik. Es liegt einer der häufigen Fälle vor, daß erst die Parteigänger eine Lehre recht in Mißkredit gebracht haben. So heißt es im Pandektenrechtslehrbuch von *Windscheid/Kipp*[45]: »Eine juristische Person ist eine nicht wirklich existierende, nur

---

Unterlage dieser Eigenschaft zu erschaffen.« Ebd., S. 23: »Das Recht empfängt also die von ihm mit Persönlichkeit bekleideten realen Willensträger von außen. Es kann weder natürliche noch soziale Organismen aus dem Boden stampfen.«

41 Vgl. *Gierke*, Deutsches Privatrecht I, S. 487; s. auch Genossenschaftstheorie, S. 22: »Jedenfalls ist gewiß, daß bei der speciellen Verleihung der Korporationsrechte der Staat insoweit, als er ein Rechtssubjekt begründet, nur als Organ des objektiven Rechts fungiert.«

42 *Beseler* nahm Partei für die »Göttinger Sieben«, gehörte der Nationalversammlung von 1848 an und war nationalliberaler Abgeordneter des Reichstags sowie des preußischen Herrenhauses (Würdigung bei *Jan Schröder*, in: Quaderni Fiorentini XI/XII, 1982–83, S. 399); *Gierke*, dessen sozial engagiertes deutschrechtliches Pathos ihm den unberechtigten Vorwurf eines juristischen Wegbereiters des Nationalsozialismus eingetragen hat (so *Ernst Wolf*, ZRP 1982, 3), hat vor allem durch seine sozialliberale Kritik am Entwurf des BGB politisch Stellung bezogen (Der Entwurf eines bürgerlichen Gesetzbuchs und das deutsche Recht, 1889).

43 Zum problematischen Verhältnis zwischen dem sozialen Substrat und der juristischen Person vgl. *Teubner*, a. a. O.

44 Juristische Person, § I 1.

45 A.a.O., § 57, S. 255f.

vorgestellte Person, welche als Subjekt von Rechten und Pflichten behandelt wird.« *Savigny* spricht aber nicht von der Inexistenz des Verbandes[46], und es ist auch nicht richtig, daß er die juristische Person als fiktiven Menschen konstruiert[47]. *Savignys* »Fiktionstheorie« besagt nur, daß die Rechtsfähigkeit natürlicher und juristischer Personen etwas völlig Unterschiedliches ist[48] und daß sich auch die Voraussetzungen dieser Rechtsfähigkeit unterscheiden. Die »natürliche Rechtsfähigkeit« wird nur dem Menschen zuteil[49], und deshalb spricht *Savigny* von der Ausdehnung der Rechtsfähigkeit »auf künstliche, durch bloße Fiction angenommene Subjecte«[50]. Mit dieser aus heutiger Sicht mißverständlichen Formulierung ist keine realitätsfremde Erfindung gemeint[51]. Die entscheidende Aussage der Fiktionstheorie besteht darin, daß die Rechtsfähigkeit juristischer Personen auf positivrechtlicher Zuweisung beruht und dem Staat nicht, wie bei natürlichen Personen[52], zwingend vorgegeben ist. Die Verschiedenheit natürlicher und juristischer Personifikation ist für *Savigny* teils rechtsethischer, teils rechtstechnischer Art. In rechtsethischer Hinsicht geht es darum, daß subjektive Rechte um der Freiheit des Menschen willen bestehen und daß deshalb – vice versa – jeder Mensch, aber auch nur er, zwingend zur Rechtsträgerschaft befähigt sein muß. In rechtstechnischer Hinsicht setzt Rechtsfähigkeit Identität und Publizität des Subjekts voraus, und diese Eigenschaften sind nur dem Menschen von Natur aus gegeben[53]. Diese Feststellung *Savignys* verlangt heute noch größte Aufmerksamkeit[54]: *Der Staat hat durch einen Publizitätsakt dafür zu sorgen, daß das Vorhandensein einer juristischen Person klargestellt wird*, denn der Rechtsverkehr soll nicht mit rechtsfähigen Verbandspersonen leben, deren Existenz ungesichert ist, von den einen behauptet und von den anderen

---

46 So aber wohl *Wieacker*, a. a. O., S. 363, 366f.

47 So *Lehmann/Hübner*, § 60 I 2 a; *Rhode*, a. a. O., S. 33; *Ott*, a. a. O., S. 62; s. auch *Hübner*, Rdnr. 192; auf die angeblich notwendige Fiktion stützt sich auch die Polemik gegen die juristische Person bei *Ernst Wolf*, Allgemeiner Teil des Bürgerlichen Rechts, 3. Aufl. 1983, S. 653f.

48 *Savigny* (a. a. O., § 85, S. 238f.) begrenzt die Rechtsfähigkeit der juristischen Personen auf die Vermögensfähigkeit.

49 *Savigny*, a. a. O., § 60, S. 1ff.; ausführliche Kritik dieses Personenbegriffs bei *Schikorski*, a. a. O., S. 42ff.

50 *Savigny*, a. a. O., § 85, S. 236.

51 Die Fiktion läuft auf eine Verweisung hinaus; insoweit überzeugen *Enneccerus/Nipperdey* I, § 103 Fußn. 2 unter Nr. 6.

52 Deutlich *Savigny*, a. a. O., § 60, S. 2; hier knüpft der oft mißverstandene Satz an: »Darum muß der ursprüngliche Begriff der Person oder des Rechtssubjects zusammen fallen mit dem Begriff der Menschen, und diese ursprüngliche Identität beider Begriffe läßt sich in der Formel ausdrücken: Jeder einzelne Mensch, und nur der einzelne Mensch, ist rechtsfähig.« *Savigny* hätte besser enden sollen: »... genießt natürliche Rechtsfähigkeit.«

53 Deutlich *Savigny*, a. a. O., S. 277f.: »Der einzelne Mensch trägt seinen Anspruch auf Rechtsfähigkeit schon in seiner leiblichen Erscheinung mit sich ... Durch diese Erscheinung weiß jeder Andere, daß er in ihm eigene Rechte zu ehren, jeder Richter, daß er in ihm solche Rechte zu schützen hat. Wird nun die natürliche Rechtsfähigkeit des einzelnen Menschen durch Fiction auf ein ideales Subject übertragen, so fehlt jene natürliche Beglaubigung gänzlich; nur der ›Wille der höchsten Gewalt kann dieselbe ersetzen ...‹.«

54 Vgl. eingehend *Karsten Schmidt*, Verbandszweck, a. a. O., S. 62; s. auch zur Gesamthand *dens.*, BB 1983, 1697.

bestritten werden kann und von Fall zu Fall in Prozessen geklärt werden muß.

5. Normativbestimmungen, Registrierung und Konzession bei der Erlangung der Rechtsfähigkeit

a) Die vorstehenden Ausführungen machen den engen Rechtszusammenhang zwischen der »Theorie der juristischen Person« und den gesetzlichen *Voraussetzungen der Rechtsfähigkeit* begreiflich. Der Streit um die juristische Person im 19. Jahrhundert kulminierte in der Frage nach der Mitwirkung des Staates. Öffentliches und privates Verbandsrecht gingen daher ineinander über. Es ging darum, wie weit der Staat in das Vereinswesen hineinregieren konnte. Für die Entstehung der juristischen Personen bildeten sich drei Systeme heraus, die heute üblicherweise als drei Schlagworte nebeneinandergestellt werden[55]: das *System der freien Körperschaftsbildung*, das *Konzessionssystem* und das *System der Normativbestimmungen*. Das erste System überläßt die Entstehung der juristischen Person ganz dem Willen der Beteiligten; das zweite gibt die Entscheidung in die Hand einer Behörde, die durch Verleihung die Rechtsfähigkeit herbeiführen kann; das dritte System besteht darin, daß gesetzliche Mindestvoraussetzungen vom Verband erfüllt und vom Staat – meist in einem Registrierungsverfahren – geprüft werden müssen. Über diese Systeme herrscht viel Unklarheit. Unklar ist es z.B., diese Systeme als »Gründungssysteme« zu bezeichnen[56], denn die Gründung von Verbänden ist frei (Art. 9 GG), und es geht nur um die Erlangung der Rechtsfähigkeit. Aber auch inhaltlich werden die Systeme durchweg in falsche Beziehung zueinander gesetzt, so, als stünde der Gesetzgeber vor der Wahl, eines der drei Systeme einzuführen. So heißt es denn immer wieder, es habe sich überwiegend das System der Normativbestimmungen durchgesetzt, vereinzelt allerdings auch das Konzessionssystem[57]. In Wahrheit besteht überhaupt kein Gegensatz zwischen diesen Systemen[58]. Freie Körperschaftsbildung, Konzessionssystem und Normativbestimmungen dürfen einander nicht wahlweise zur Seite gestellt werden, denn es sind in diesen Begriffen zwei Elemente enthalten: ein *formelles* und ein *materielles Element*. Das formelle Element betrifft die rechtstechnische Frage, welche Prozedur durchlaufen werden muß, damit eine juristische Person entsteht. Das materielle Element betrifft eine Frage der Privatautonomie. Es geht darum, welche Anforderungen der Verband erfüllen muß, damit er juristische Person werden kann.

---

55 Vgl. statt vieler *Hopt/Hehl/Vollrath*, Rdnrn. 16ff.; *Hübner*, Rdnr. 200; *Kübler*, § 4 IV 3; *Lehmann/Dietz*, § 4 IV, 1; *Enneccerus/Nipperdey* I, § 106 III; *Meurer*, a.a.O., S. 216ff.; teilweise abweichend aber schon *Beitzke*, ZHR 108 (1941), 32ff.; ähnlich wie hier vor allem *Wiedemann* I, § 4 II 1: System der freien Körperschaftsbildung/Konzessionssystem/Registrierungssystem.

56 So *Mummenhoff*, a.a.O., passim; dagegen *Karsten Schmidt*, Verbandszweck, a.a.O., S. 23f.; *ders.*, ZHR 147 (1983), 49ff.

57 Vgl. statt vieler *Hüffer*, § 3/2; *Lehmann/Hübner*, § 61 I 4 b; *Lehmann/Dietz*, § 4 IV 2; *Kübler*, § 4 IV 3.

58 Vgl. zum folgenden eingehend *Karsten Schmidt*, Verbandszweck, a.a.O., S. 58ff.; *ders.* AcP 182 (1982), 9f.

Beide Elemente müssen miteinander sinnvoll verknüpft, dürfen aber nicht miteinander verwechselt werden. Solche Verwechselungen sind aber an der Tagesordnung. Am besten erkennt man dies an dem Verhältnis zwischen Konzessionssystem und Normativbestimmungen. Die landläufige Vorstellung, das Konzessionssystem führe notwendig zur Staatswillkür, verdient im modernen Rechtsstaat keinen Platz mehr. Unter der Geltung des Art. 20 III GG ist vom Konzessionssystem nicht mehr Willkür zu befürchten als etwa vom Registrierungssystem. Ist dies alles einmal erkannt, so ergibt sich das Verhältnis der Normativbestimmungen, der Registrierung und der Konzession wie von selbst.

b) In *materieller Hinsicht* kommt nur ein *System der Normativbestimmungen* in Frage. Entgegen geläufiger Ansicht ist das gesamte deutsche Verbandsrecht vom Prinzip der Normativbestimmungen beherrscht, gleichgültig, ob die Rechtsfähigkeit durch Eintragung, durch behördliche Verleihung oder wie sonst immer erworben wird[59]. Nur unter den durch die gesellschaftsrechtlichen Normativbestimmungen definierten Voraussetzungen kann ein Verband Träger von Rechten und Pflichten werden. Eine Ausnahme soll nach einer verbreiteten Auffassung für religiöse und weltanschauliche Vereine gelten, denn nach Artt. 137 WRV, 140 GG erwerben diese Vereine die Rechtsfähigkeit nach den allgemeinen Vorschriften des bürgerlichen Rechts[60]. Dem ist nicht zu folgen, denn Art. 137 WRV sollte nur sicherstellen, daß auch den Religionsgemeinschaften die Erlangung der Rechtsfähigkeit nach dem BGB offenstehe, nicht dagegen diese Gemeinschaften von den Normativbestimmungen des BGB freistellen[61]. Aus der Religionsfreiheit (Art. 4 GG) i.V.m. den durch Art. 140 GG einbezogenen Weimarer Kirchenartikeln folgt kein Rechtsanspruch auf einen von den gesetzlichen Normativbestimmungen unabhängigen Zugang zu bestimmten Rechtsformen, sondern gewährleistet ist nur die Möglichkeit, sich in einer gesetzlich geprägten Rechtsform zusammenzuschließen und am Rechtsverkehr teilzunehmen[62]. Im System der Normativbestimmungen kann sich nicht jede beliebige Personenmehrheit – etwa jedes Ehepaar, jedes Kollegium, jede Reisegesellschaft – nach Belieben zur juristischen Person erklären. Man muß sich allerdings von der Vorstellung lösen, alle Normativbestimmungen müßten formell als Gesetze verkündet sein. Wo die Rechtsfähigkeit durch Verwaltungsakt erlangt wird (Konzessionssystem), können durchaus auch Verwaltungsvorschriften als Normativbestimmungen dienen[63]. Sie spielen vor allem bei der Verleihung der Rechtsfähigkeit nach § 22 BGB eine Rolle (dazu unten, § 24 II 2). Sogar durch Gewohnheitsrecht und Rechtsfortbildung können Normativbestimmungen entstehen. Werden wir uns einmal an die Vorstellung von der BGB-Außengesellschaft als einer juristischen Person gewöhnt haben (vgl.

59 *Karsten Schmidt*, Verbandszweck, a.a.O., S. 60f.

60 Vgl. besonders für die Scientology-Sekte *LG Hamburg*, NJW 1988, 2617; *Kopp*, NJW 1989, 2498.

61 Näher *Karsten Schmidt*, NJW 1988, 2575f.; zust. *v. Campenhausen*, NJW 1990, 887; die Diskussion wurde fortgesetzt durch *Kopp* und *v. Campenhausen* in NJW 1990, 2669f.

62 *BVerfGE* 83, 341 = NJW 1991, 2623; dazu *Jean d'Heur*, JuS 1992, 830.

63 Vgl. *Karsten Schmidt*, Verbandszweck, a.a.O., S. 82ff.; *ders.*, AcP 182 (1982), 41ff.

oben unter I 2), so werden wir in dem Grundlagenurteil über die Rechtsfähigkeit der BGB-Außengesellschaft (*BGHZ* 146, 341 = NJW 2001, 1056) nichts anderes sehen als die Herausarbeitung solcher Normativregeln, die freilich in diesem Bereich überaus lax sind: Die Gründung einer organisierten Zweckgemeinschaft mit eigenem Vermögen genügt!

c) Bestimmen die Normativbestimmungen über die *materielle Frage*, unter welchen Voraussetzungen ein Verband die Rechtsfähigkeit verdient, so ist noch die *formelle* Frage zu klären, wie er sie erhält. Hier bedarf es grundsätzlich einer Mitwirkung des Staates, und zwar nicht, wie man im 19. Jahrhundert argwöhnte, aus Gründen obrigkeitlicher Reglementierung, sondern im öffentlichen Interesse: *Nach traditioneller Sicht hat der Staat dafür zu sorgen, daß ohne Publizität des Subjekts keine juristische Person entsteht*[64]. Charakteristisch heißt es in den Motiven zum BGB[65]: »Die Persönlichkeit kann selbstverständlich den in Rede stehenden Vereinen nicht in der Weise zugänglich gemacht werden, daß im Wege eines allgemeinen Rechtssatzes ausgesprochen wird, ein solcher Verein erlange, wenn er korporativ angelegt sei und juristische Person sein wolle, mit seiner Begründung ohne weiteres die Persönlichkeit. Ein solches Vorgehen würde, abgesehen von anderen Bedenken, die mißlichste Rechtsunsicherheit zur Folge haben.« In formeller Hinsicht sucht also das Gesetz vor die Rechtsfähigkeit einen Publizitätsakt zu stellen: entweder eine Registrierung oder eine Verleihung[66]. Welches Verfahren der Gesetzgeber wählt, ist weitgehend eine Frage der Zweckmäßigkeit[67]. Dabei erweist sich folgendes:

aa) Den ausgereiften Normativbestimmungen des Vereins-, Genossenschafts- und Kapitalgesellschaftsrechts entspricht am besten das *Registrierungsverfahren*. Deshalb erlangen eingetragene Vereine, Genossenschaften, Aktiengesellschaften, Kommanditgesellschaften auf Aktien und Gesellschaften m.b.H. die Rechtsfähigkeit durch Eintragung in das Vereins-, Genossenschafts- bzw. Handelsregister (§§ 21 BGB, 13 GenG, 41 AktG, 11 GmbHG). Im Eintragungsverfahren werden standardisierte Normativbestimmungen, gleichsam nach einer Checkliste geprüft.

bb) Das *Konzessionssystem* ist heute noch dort angebracht, wo mit der Rechtsformkontrolle eine Tätigkeitskontrolle zwingend verbunden ist. Das ist im Gesellschaftsrecht nur ganz ausnahmsweise der Fall (zur Stiftung vgl. oben, § 7 II 2). Grundsätzlich sind Rechtsformkontrolle und Tätigkeitskontrolle (z.B. Gewerbeaufsicht) getrennt. Eine wichtige Ausnahme ist der Versicherungsverein auf Gegenseitigkeit (dazu unten, § 42). Der VVaG kann nur zu dem Zweck gegründet werden, die Versicherung seiner Mitglieder nach dem Grundsatz der Gegenseitigkeit zu betreiben (§ 15 VAG). Er hat also stets einen nach § 5 VAG erlaubnispflichtigen Zweck. Aus diesem Grund koordiniert der Gesetzgeber die Rechtsformkontrolle mit der Tätigkeitskon-

64 Vgl. *Karsten Schmidt*, Verbandszweck, a.a.O., S. 62f.
65 *Mugdan* I, S. 400.
66 Vgl. auch *Wiedemann* I, § 4 II 1; *v. Gierke*, Deutsches Privatrecht I, S. 489f.
67 Vgl. zum folgenden eingehend *Karsten Schmidt*, Verbandszweck, a.a.O., S. 65ff.

trolle: Der Verein wird dadurch rechtsfähig, daß ihm die Aufsichtsbehörde erlaubt, als VVaG Geschäfte zu betreiben (§ 15 VAG).

Das *Konzessionssystem* ist außerdem dort noch angebracht, wo gesetzliche Normativbestimmungen noch nicht herausgebildet sind und durch Normativbestimmungen unter Gesetzesrang (Verwaltungsvorschriften, Ermessensbegrenzungen) ersetzt werden müssen. Hier sollte nicht ein eher schematisch entscheidender Registerrichter zuständig sein, sondern eine Verwaltungsbehörde. Dies ist im Bereich des § 22 BGB der Fall: Wirtschaftliche Vereine sollen grundsätzlich die Rechtsfähigkeit nicht nach dem Vereinsrecht, sondern nach dem Genossenschafts- oder Kapitalgesellschaftsrecht erwerben (dazu unten, § 24 II 2). Wo aber passende Vorschriften fehlen, erlangen sie die Rechtsfähigkeit nach § 22 BGB durch staatliche Verleihung. Hierbei herrscht keine Staatswillkür, aber es fehlt an subsumtionsfähigen gesetzlichen Normativbestimmungen. Die aus diesem Grund erforderliche Elastizität gewährleistet nur das Konzessionssystem.

cc) Die *formelle Seite der Rechtsfähigkeit*, vom Gesetzgeber des 19. Jahrhunderts noch für selbstverständlich erachtet, *ist im Laufe des 20. Jahrhunderts mehr und mehr ins Zwielicht geraten.* Von den Kapitalgesellschaften vor ihrer Eintragung (unten, § 11 II 3) über die nicht eingetragenen Vereine (unten, § 25) bis hin zu den Außengesellschaften bürgerlichen Rechts (unten, § 58 II, § 60 I 2, II 1) hat die Rechtsentwicklung mehr und mehr zur Entstehung von Rechtsträgern ohne konstitutiven Staatsakt geführt. Die Rechtsfähigkeit ohne staatliche Mitwirkung wird zwar durch *Haftungsregeln* kompensiert. Mehr und mehr verliert aber das traditionelle Konzept an Gültigkeit, wonach im Bereich der nichtnatürlichen Rechtsträger der Staat für *Publizität* aller *Subjekte* zu sorgen hat. Das Problem wird im vorliegenden Werk wiederholt auftreten.

III. Die sog. Gesamthandsgesellschaft*

1. Die Theorie der Gesamthand

a) Die Theorie der Gesamthand – hier paßt das inflatorisch entwertete, heute auch minder bedeutsamen Rechtsansichten zuerkannte Prädikat »Theorie«[68]! – gehört zu den schwierigsten und umstrittensten Fragen der gegenwärtigen Zivilrechtsdogmatik. Man darf feststellen, daß die Theorie der Gesamthand das ausgehende 20. Jahrhundert so beschäftigt hat, wie die Theorie der juristischen Person das 19. Jahrhundert beschäftigt hat, und wie oben unter I 2 gezeigt wurde, mag beides künftig ineinander aufgehen. Es geht um Kernprobleme der Rechtsträgerschaft und der Rechtszuordnung[69]. Mag auch

---

* Literatur: *Aderhold*, Das Schuldmodell der BGB-Gesellschaft, 1981; *Adler*, Zur Entwicklungslehre und Dogmatik des Gesellschaftsrechts, 1895; *Ascheuer*, Der Anteil des Gesamthänders am Gesamthandsvermögen, 1992; *Berndt/Boin*, Zur Rechtsnatur der Gesellschaft bürgerlichen Rechts, NJW 1998, 2854; *J. Blomeyer*, Die Rechtsnatur der Gesamthand, JR 1971, 397; *Breuninger*, Die BGB-Gesellschaft als Rechtssubjekt im Wirtschaftsverkehr, 1991; *Buchda*, Geschichte und Kritik der deutschen Gesamthandslehre, 1936; *Buchner*, Zur rechtlichen Struktur der Personengesellschaft, AcP 169 (1969), 483; *Cordes*, Die Gesellschaft bürgerlichen Rechts auf dem Weg zur juristischen Person, JZ 1998, 545; *Creutzfeld*, Entwicklung und Kritik der Lehren vom Rechtssubjekt ..., Diss. Trier 1992; *Dauner-Lieb*, VGR 2001, 117; *Fabricius*, Relativität der Rechtsfähigkeit, 1963; *Flume*, Gesellschaft und Gesamthand, ZHR 136 (1972), 177; *Hennecke*, Das Sondervermögen der Gesamthand, 1976; *Huber*, Rechtsfähigkeit, juristische Person und Gesamthand, in: Festschrift Lutter, 2000, S. 107; *ders.*, Vermögensanteil, Kapitalanteil und Gesellschaftsanteil an Personalgesellschaften des Handelsrechts, 1970; *Hueck*, Drei Fragen zur Gesamthandsgesellschaft, in: Festschrift Zöllner, 1998, S. 275; *Hüffer*, Die Reform des Schuldrechts im Spiegel weiterer Gutachten und Vorschläge, AcP 184 (1984), 584; *John*, Die organisierte Rechtsperson, 1977; *Kirberger*, Die BGB-Gesellschaft auf dem Wege zur Rechtspersönlichkeit, in: Festschrift Leser, 1998, S. 219; *Kunz*, Über die Rechtsnatur der Gemeinschaft zur Gesamten Hand, 1963; *Mülbert*, Die rechtsfähige Personengesellschaft, AcP 199 (1999), 38; *Raiser*, Gesamthand und juristische Person im Licht des neuen Umwandlungsrechts, AcP 194 (1994), 495; *ders.*, Gesamthandsgesellschaft oder juristische Person ...?, in: Festschrift Zöllner I, S. 469; *Karsten Schmidt*, Gesellschaft bürgerlichen Rechts, in: Gutachten und Vorschläge zur Überarbeitung des Schuldrechts, Bd. III 1983, S. 413; *ders.*, Die Personengesellschaft als Rechtsträger, in: Personengesellschaft und Bilanzierung, 1990, S. 41 ff.; *ders.*, Die BGB-Außengesellschaft: rechts- und parteifähig, NJW 2001, 993; *Schulze-Osterloh*, Das Prinzip der gesamthänderischen Bindung, 1972; *Schünemann*, Grundprobleme der Gesamthandsgesellschaft, 1975; *Schwichtenberg*, Gesprochenes Recht oder gesetztes Recht? Wpg. 1990, 72; *Seibert*, Die rechtsfähige Personengesellschaft, JZ 1996, 785; *Timm*, Die Rechtsfähigkeit der Gesellschaft bürgerlichen Rechts und ihre Haftungsverfassung, NJW 1995, 3209; *Ulmer*, Rückbesinnung als Fortschritt? ZGR 1984, 313; *ders.*, Die Gesamthandsgesellschaft – ein noch immer unbekanntes Wesen, AcP 198 (1998), 113; *Wertenbruch*, Die Haftung von Gesellschaften und Gesellschaftsanteilen in der Zwangsvollstrekkung, 2000; *Weber-Grellet*, Die Gesamthand – ein Mysterienspiel? AcP 182 (1982), 316; *Wiedemann*, Juristische Person und Gesamthand als Sondervermögen, WM-Beilage 4/1975; *Zöllner*, Rechtssubjektivität von Personengesellschaften? in: Festschrift Gernhuber, 1993, S. 563; *ders.*, Rechtsfähigkeit der BGB-Gesellschaft: ein Sachverstands- oder ein Kommunikationsproblem?, in: Festschrift Kraft, 1998, S. 701.

68 Zwischen »großen« und »kleinen« Theorien unterscheidet *Medicus*, in: Wolfgang Thiele, Reden zu seinem Gedächtnis, herausgegeben von der Rechtswissenschaftlichen Fakultät der Universität Kiel, 1984, S. 38 ff.

69 Die von *Buchda* (a. a. O., S. 265) vollzogene strenge Begrenzung des Gesamthandsprinzips auf ein Prinzip des rechtsgeschäftlichen Handelns ist ohne dogmatische Grundlage; der ähnliche Ansatz bei *Kunz* (a. a. O., S. 91, 111) scheint als Versuch erklärbar, aus der Statik (Abstraktion) in die

der Meinungsstreit als »Mysterienspiel«[70] anmuten, so handelt es sich doch um Grundfragen, deren Diskussion die Gesamthandslehre nicht von ungefähr seit Jahrhunderten durchzieht[71]: *Ist, was wir als »Gesamthand« bezeichnen* (dazu oben unter I 2), *ein Sondervermögen der Gesamthänder, oder ist die »Gesamthand« selbst Rechtsträgerin?*

Die Tragweite der Gesamthandsdoktrin für die Lösung von Rechtsproblemen wird unterschiedlich beurteilt. Ein Teil der Literatur mißt ihr »mehr theoretisch grundsätzliche als praktische Bedeutung« bei[72]. Richtig ist zweifellos, daß die Theorie der Gesamthand – wie jede rechtsdogmatische Theorie – weitgehend darstellende Aufgaben hat. Sie dient dann dazu, Problemlösungen auf eine möglichst widerspruchsfreie Formel zu bringen, nicht dagegen dient sie der begrifflichen Ableitung solcher Problemlösungen. Bereits in dieser Hinsicht aber sollte man theoretischen Grundfragen nicht gleichgültig gegenüberstehen, denn hier wie allgemein gilt der Satz, daß eine gute Theorie Problemlösungen erhellen, eine schlechte dagegen Problemlösungen vernebeln und den Zugang zu neuen Problemen erschweren kann (vgl. z.B. die unnötigen Schwierigkeiten im Umgang mit § 124 HGB; s. unter III 4a und unten, § 46 II 1). Sodann ist weiter zu bedenken, daß im Bereich der Gesamthand nicht alle Problemkreise vom Gesetzgeber so eindeutig vorentschieden sind wie im Bereich der juristischen Personen. Für oHG und KG gilt zwar nach § 124 I HGB, daß sie »unter ihrer Firma Rechte erwerben und Verbindlichkeiten eingehen, Eigentum und andere dingliche Rechte an Grundstücken erwerben, vor Gericht klagen und verklagt werden« können (vgl. auch §§ 7 II PartGG, 1 EWIV-AusführungsG); offen ist aber die Rechtszuständigkeit bei anderen Gesamthandsgemeinschaften: bei der Gesellschaft bürgerlichen Rechts (bzw. dem nichtrechtsfähigen Verein), bei der ehelichen Gütergemeinschaft und bei der Erbengemeinschaft. Zahlreiche unentschiedene Rechtsprobleme machen gerade diese Gesamthandsgemeinschaften – und unter ihnen vor allem die Gesellschaft bürgerlichen Rechts – zum Schauplatz der Streitigkeiten um die »Rechtsnatur« der Gesamthand[73]. Auch hier läßt sich zweifellos ein Großteil der Probleme ohne Reflexionen über die Gesamthandstheorie lösen, und nicht selten kommen die streitenden Lehren auch zu übereinstimmenden Ergebnissen. Die Rechtswissenschaft sollte gleichwohl den Sinn für System- und Grundsatzfragen nicht verlieren, zumal dies den Blick für neue Probleme und Lösungsperspektiven schärft. Eine Jurisprudenz, die aus Furcht vor der heute verspotteten »Begriffsjurisprudenz« dogmatische Leitbilder für irrelevant erklärt, richtet sich selbst. Falsch wäre es auf der anderen Seite, wollte man die »Rechtsnatur« oder das »Wesen« der Gesamthand vorpositiv, d.h. unabhängig vom geltenden Recht, zu klären versuchen. Eine Theorie der Gesamthand kann immer nur so lange überzeugen, wie sie als Ausdruck und als Schlüssel zum Verständnis des geltenden Rechts dienen kann.

b) Die Theorie der Gesamthand kulminiert, wie schon bemerkt, in der *Frage, ob die Gesamthand ein Rechtssubjekt oder nur ein gebundenes Sondervermögen der Gesamthänder ist.* Historisch blieb die erste Deutung – Rechtssubjektivität der Gesamthand – vereinzelten, freilich herausragenden, Stim-

---

Dynamik (Anschauung) des subjektiven Rechts zu flüchten; zur Kritik dieser Lehre vgl. eingehend *Schünemann*, a.a.O., S. 96ff.

70 Vgl. den pointierten Aufsatztitel bei *Weber-Grellet*, AcP 182 (1982), 316ff.

71 Eindrucksvoll insofern die ausführliche »Geschichte und Kritik der deutschen Gesamthandslehre« von *Buchda*, a.a.O., insbesondere auch zur Auseinandersetzung um das »dominium plurium in solidum« und um die »persona mystica«; zur Charakterisierung der Arbeit im übrigen vgl. *Schünemann*, a.a.O., S. 157 Fußn. 54.

72 *Hueck*, § 3 II; s. auch *Erman/Westermann*, § 718 Rdnr. 1.

73 Vgl. auch *Karsten Schmidt*, JZ 1985, 909f.

men vorbehalten, aber sie ist nach grundlegenden Arbeiten von *Werner Flume* seit 1972[74] vorgedrungen, vor allem von *Peter Ulmer*[75] zu einem umfassenden und praktikablen Modell ausgebaut und im vorliegenden Werk seit der 1. Auflage (1986) fortgedacht worden[76]. Die rechtssystematische Tragweite dieser Lehre wird daran erkennbar, daß *Flume* die »Personengesellschaft« (1977) als Teil des Personenrechts in den Allgemeinen Teil des Bürgerlichen Rechts einordnet[77]. Die zweite der genannten Deutungen – Gesamthand als Sondervermögen der Gesamthänder – kann als die traditionelle Gesamthandslehre bezeichnet werden. Sie blickt nicht auf die Gesamthand als Rechtsträger, sondern sie sieht die Besonderheit des Gesamthandsprinzips in der »gesamthänderischen Bindung« des den Gesamthändern zustehenden Sondervermögens[78]. Nach §§ 719 I, 1419 I, 2033 II BGB können Gesellschafter, in Gütergemeinschaft lebende Ehegatten und Miterben nicht über ihren Anteil an den einzelnen Gegenständen des Gesamthandsvermögens verfügen (vgl. demgegenüber für die Bruchteilsgemeinschaft § 747 S. 1 BGB). In dieser Vermögensbindung nun soll nach der traditionellen Lehre das Prinzip der gesamten Hand liegen. Dagegen muß die Annahme einer Rechtssubjektivität zu einer anderen Deutung führen: Ist die Gesamthand ein Rechtssubjekt, so gehört das Gesamthandsvermögen ihr; die Gesamthänder können nur Anteile an der Gesamthand in toto innehaben; Anteile der Gesamthänder an den einzelnen Gegenständen des Gesamthandsvermögens gibt es überhaupt nicht[79]. In Anbetracht dieser krassen Gegensätzlichkeit müssen Gesetzgebung und Wissenschaft Antworten vor allem auf folgende Fragen geben:

Erstens: Wem gehört das »Gesamthandsvermögen«: der Gesamthand oder den Gesamthändern?

Zweitens: Welcher Art sind konsequenterweise die Vermögensrechte, die den Gesellschaftern in Ansehung des Gesellschaftsvermögens zustehen: Sind es mitgliedschaftlich gebundene Anteile an »der Gesamthand«, oder sind es Anteilsrechte an den Gegenständen des Gesellschaftsvermögens?

Drittens: Wer tritt beim äußeren rechtsgeschäftlichen Handeln in Erscheinung: die Gesamthand oder die Gesamthänder?

Daß dies keine rein theoretischen Fragen sind, hat im Jahre 1994 die *Umwandlungsgesetzgebung* gezeigt, die jetzt endlich den Formwechsel zwischen Personen- und Kapitalgesellschaften zugelassen hat (§§ 191, 214, 226 UmwG und dazu unten, § 12 IV 2b): Eine oHG oder KG kann ohne Verlust ihrer Identität und ihres Vermögens zur AG oder GmbH werden und umgekehrt. Eine Kapitalgesellschaft kann durch Formwechsel sogar in eine Gesellschaft bürgerlichen Rechts verwandelt werden (§§ 191 II Nr. 1, 228 II UmwG). Soll dies zu einem Wegfall ihrer Rechtsträgerschaft führen? Ein

74 Vgl. zuerst *Flume*, Gesellschaft und Gesamthand, ZHR 136 (1972), 177ff.; zusammenfassend mit anderen Arbeiten dann *Flume*, Personengesellschaft, passim.

75 Gesellschaft bürgerlichen Rechts, 3. Aufl. 1997.

76 Darstellung der dogmengeschichtlichen Entwicklung durch den *Verf.* in NJW 2001, 993f.

77 *Flume*, Personengesellschaft, Vorwort.

78 Vgl. namentlich *Schulze-Osterloh*, a.a.O., passim.

79 *Flume*, Personengesellschaft, § 17 II; *Soergel/Hadding*, 11. Aufl., § 718 Rdnr. 3; *Ulmer*, Gesellschaft bürgerlichen Rechts, § 719 Rdnr. 6; *ders.*, ZGR 1984, 332f.; *Schünemann*, a.a.O., S. 81ff.

weiteres Beispiel für die praktische Relevanz des Theorienstreits ist das Urteil *BGHZ* 146, 341 = NJW 2001, 1056, in dem die Parteifähigkeit der BGB-Außengesellschaft geprüft und gegen die bis dahin herrschende Rechtsprechung und Lehre mit Recht bejaht wurde (näher unten, § 60 IV 1). Ist also die Außen-Personengesellschaft als bisher sog. »Gesamthand« Trägerin von Rechten und Pflichten?

Klare Antworten gibt das Gesetz nur für die oHG und für die KG (§§ 124, 161 II HGB) sowie für die Partnerschaftsgesellschaft und für die EWIV (§§ 7 II PartGG, 1 EWIV-AusführungsG). Bei diesen Gesellschaften haben alle Überlegungen, sie seien »eigentlich« doch nur Gesamthandsgemeinschaften und deshalb nicht wirklich rechtsfähig, nur die Entscheidungen des Gesetzgebers verwässert; wir sollten solche doktrinären Begriffsdebatten beiseitelassen (vgl. eingehend unten, § 46 II). Bei den Gesamthandsgemeinschaften des BGB hat der Gesetzgeber die Fragen der Rechtszuständigkeit weitgehend im Dunkel gelassen. Hier ist die Wissenschaft zur Klärung aufgerufen.

2. Der Meinungsstand

Das differenzierte Spektrum der Meinungen kann hier nur in den Grundzügen dargestellt werden. Schon diese erweisen sich dabei als kompliziert genug.

a) Die in der Kernfrage vertretenen Positionen wurden schon deutlich: Die *traditionelle Gesamthandsdoktrin* sieht die Gesamthänder als Rechtsträger und das Gesamthandsvermögen nur als *ein den Gesamthändern zustehendes Sondervermögen* an[80]. Nicht Einheit, sondern gesamthänderisch gebundene Vielheit ist nach dieser Theorie das Prinzip der Gesamthand. Durch die gemeinschaftliche Vermögensbindung unterscheidet sich die Gesamthand nach ihr von der Bruchteilsgemeinscahft nach §§ 741 ff., 1008 ff. BGB (oben, § 1 I 2). Die nunmehr bereits herrschende *Gegenansicht* geht von einer *Rechtssubjektivität der Gesamthand* aus[81].

---

80 Vgl. *Bork*, AT, Rdnrn. 194f.; *Fikentscher*, Schuldrecht, 9. Aufl. 1997, § 88 I 3; *Kunz*, a. a. O., S. 85; *Schulze-Osterloh*, a. a. O., S. 8 ff., 163 ff.; *Huber*, Vermögensanteil, S. 61 ff., 89 ff.; *Eisenhardt*, Rdnr. 71 (anders Rdnr. 79); *Hopt/Hehl/Vollrath*, Rdnrn. 65, 68; *Hueck*, § 5 I 5; *Kraft/Kreutz*, C I 1 d; *Kübler*, §§ 4 III, 6 III 3 c; *Kastner/Doralt/Nowotny*, B III 2, D III; *Düringer/Hachenburg/Geiler*, Allg. Einl., Teil B, Rdnrn. 20 ff.; *Hueck*, in: Festschrift Zöllner, a. a. O.; *Zöllner*, a. a. O.; *Berndt/Boin*, NJW 1998, 2854; *Cordes*, JZ 1998, 545; *Buchner*, AcP 169 (1969), 483 ff.; *Schwichtenberg*, Wpg. 1990, 72 ff.

81 *Eisenhardt*, Rdnrn. 74 ff. (gegen frühere Auflagen); *Flume*, Personengesellschaft, § 4 II, § 5; *ders.*, ZHR 136 (1972), 177 ff.; *Grunewald*, Rdnrn. 1 A 98 ff. (gegen frühere Auflagen); *Hüffer*, § 7; *Erman/Westermann*, vor § 705 Rdnrn. 14 ff.; *Ulmer*, Gesellschaft bürgerlichen Rechts, § 705 Rdnrn. 127 ff.; *Soergel/Hadding*, 11. Aufl., § 718 Rdnr. 3; *Staub/Ulmer*, § 105 Rdnrn. 41 f.; *Karsten Schmidt*, in: Personengesellschaft und Bilanzierung, a. a. O., S. 45 ff.; *ders.*, NJW 2001, 993 ff.; *Dauner-Lieb*, in: Die Reform des Handelsstandes und der Personengesellschaften, 1999, S. 95 ff.; *Fabricius*, a. a. O., S. 139 ff.; *Schünemann*, a. a. O., S. 110 ff.; *Hennecke*, a. a. O., S. 61 ff.; *Aderhold*, a. a. O., S. 146 ff., 259; *Wertenbruch*, a. a. O., S. 50 ff., 122 ff.; *Habersack*, JuS 1990, 179 ff.; *Timm*, NJW 1995, 3210 f.; s. auch schon *v. Beseler*, Juristische Miniaturen, 1929, S. 132 ff.

b) Bei Nähe besehen, sind die beiden Lehren recht inhomogen, weil die Grundpositionen jeweils zu weiteren Fragen führen. Wer die Gesamthand als Rechtssubjekt ansieht, muß sich über das Verhältnis zwischen der Gesamthand und der Juristischen Person Klarheit verschaffen (oben unter I 2)[82]. Wer die Gesamthand als Sondervermögen der Gesamthänder ansieht, muß über die genauere Struktur dieses Modells nachdenken. Die Konstruktionen reichen von einem gebundenen Miteigentum an den einzelnen Vermögensgegenständen (Theorie der geteilten Mitberechtigung)[83] über die Lehre von der Rechtsgemeinschaft als Oberbegriff für Bruchteilsgemeinschaft und Gesamthand[84] weiter über die Lehre von der personenrechtlich überlagerten Rechtsgemeinschaft[85] bis hin zu der Lehre, wonach die Mitberechtigung der Gesamthänder das gesamte Sondervermögen umfaßt (Theorie der ungeteilten Mitberechtigung)[86]. In Anbetracht dieser Unklarheit im Grundsätzlichen ist sogar vorgeschlagen worden[87], man solle auf jede Prinzipienbildung verzichten. Auch wer die Konfliktlösungen nicht begrifflich vorentscheiden will, sollte indes nicht den Blick für das Grundsätzliche verlieren[88]. Dann aber konzentriert sich der Meinungsstreit doch auf zwei Lösungsmodelle: Was die Doktrin »Gesamthand« nennt, ist entweder als Rechtssubjekt oder nach dem Modell der geteilten Mitberechtigung als gebundenes Miteigentum der Gesamthänder konzipiert. Zwischen diesen Modellen ist zu entscheiden. Allerdings kann nicht für alle bisher als Gesamthandsgemeinschaften eingeordneten Gebilde dieselbe Lösung richtig sein (zur Terminologie vgl. oben unter I 3): Die sog. »Gesamthand« als Rechtsfigur ist der rechtlichen Verselbständigung *fähig*, aber nicht jede gesamthänderische Rechtsform nimmt an dieser Verselbständigung teil.

3. Kein Einheitsmodell der Gesamthand nach geltendem Recht

a) Während die juristische Person im geltenden Recht durchgehend als Rechtsträgerin – nicht bloß als Sondervermögen der Teilhaber[89] – anerkannt wird, ist jede Fixierung auf »das« Modell der Gesamthand im geltenden Recht jedenfalls so lange verfehlt, wie man auch die Personengesellschaften in die

82 Dazu mit Unterschieden *Fabricius*, a.a.O., S. 21ff., 82ff.; *Flume*, Personengesellschaft, § 7 II; *Schünemann*, a.a.O., S. 110ff.; *Reuter*, in: MünchKommBGB, vor § 21 Rdnrn. 9ff.; *Raiser*, AcP 194 (1994), 495ff.

83 In dieser Richtung heute noch *Schulze-Osterloh*, a.a.O., S. 14ff., 278; *Buchner*, AcP 169 (1969), 483ff.; grundlegend *Cosack*, Lehrbuch des Handelsrechts, 6. Aufl. 1903, § 107 III 1 b; *Joerges*, ZHR 49 (1900), 140ff.; 51 (1902), 47ff.; *Nagler*, Sächsisches Archiv für Bürgerliches Recht und Prozeß 10 (1900), 695ff.

84 *Engländer*, Die regelmäßige Rechtsgemeinschaft, Teil I, 1914, insbes. S. 33ff., 183ff.; s. auch *Larenz*, JherJ 83 (1933), 108ff.

85 *Sohm*, in: Festgabe Degenkolb, 1905, S. 60ff.

86 Diese Lehre (z.B. *Düringer/Hachenburg/Geiler*, Allg. Einl. zu § 105 Anm. 21 m.w.N.) nähert sich wieder der Rechtssubjektivität der Gesamthand.

87 *Blomeyer*, JR 1971, 403.

88 Vgl. näher in der 1.–3. Aufl., § 8 III 2 b.

89 So aber noch *Schwarz*, ArchBürgR 32 (1908), 12ff.; 35 (1910), 10ff.; vorher z.B. *Brinz*, Pandekten I, 3. Aufl. 1884, §§ 59–63.

Gesamthandsdoktrin hineinzwängt (dazu oben unter I 3)[90]. Ein Blick auf die ganz unterschiedlichen Gesamthandsvarianten des geltenden Rechts bringt kein Einheitsmodell »der« Gesamthand, sondern eine Abstufung zum Vorschein: Das Gesamtgut bei der Gütergemeinschaft ist nur ein Sondervermögen der Ehegatten[91]. Es wäre sinnloser Konstruktivismus, den Eheleuten nur um dieses Sondervermögens willen eine dritte Rechtsperson zuzugesellen. Ebenso sieht es die herrschende Auffassung bei der Erbengemeinschaft[92], wenngleich diese Trägerin eines Unternehmens sein kann und insofern der Verselbständigung fähig scheint (Handelsrecht, § 5 I 3b). Außerordentlich streitig und in diesem Buch näher zu behandeln ist die Struktur der sog. Gesamthands-BGB-Gesellschaft (dazu unten, § 60 I 2). Demgegenüber ist die Rechtslage für die Handels-Personengesellschaften sowie für die Partnerschaftsgesellschaft und die EWIV vom Gesetzgeber klar entschieden (§§ 124, 161 II HGB, 7 II PartGG, 1 EWIV-AufsührungsG), und auch für den nicht eingetragenen Verein, auf den nach § 54 BGB die Vorschriften des BGB-Gesellschaftsrechts angewandt werden sollen, läßt sich aus den geltenden Rechtsvorschriften eine eindeutige Entscheidung ablesen: Der herkömmlich als »nichtrechtsfähig« eingestufte Verein selbst kann Träger von Rechten und Pflichten sein (dazu unten, § 25). Wirklich umstritten war und ist noch bis heute der Status der BGB-Außengesellschaft.

b) Nach dem, was hier unter I 2 und I 3 ausgeführt wurde, kann ernsthaft bezweifelt werden, ob die hier anzustellenden Überlegungen noch unter dem Titel »Gesamthandslehre« weitergeführt werden sollten. Denn die Frage, ob die im Gesellschaftsrecht zu betrachtenden Rechtsformen neben der Güter- und Erbengemeinschaft des BGB noch als »Gesamthandsgemeinschaften« klassifiziert werden sollten, hat unbedingt Nachrang hinter der einzigen praktischen – darum noch lange nicht einfachen! – Frage: Kann die Außen-Personengesellschaft Trägerin von Rechten und Pflichten sein?

4. Gesetzespositivismus und Natur der Sache

Unsere Frage wird viel zu oft auf die Formel gebracht: Ist »die Personengesellschaft« Trägerin von Rechten und Pflichten? Daß diese Frage falsch formuliert ist, wird schon beim Blick auf die Vielzahl von Innengesellschaften (stille Gesellschaften und BGB-Innengesellschaften) deutlich. Es kann bei rechtsfähigen BGB-Gesellschaften nur um verfaßte Gebilde mit einem Vereins- oder Gesellschaftsvermögen gehen. Blickt man in unsere Gesetze, so

90 Vgl. zum folgenden ausführlicher und m.w.N. *Karsten Schmidt*, in: Gutachten und Vorschläge III, a.a.O., S. 468ff.

91 Vgl. nur *Dölle*, Familienrecht I, 1964, § 66 III; *Gernhuber/Coester-Waltjen*, Familienrecht, 6. Aufl. 2001, § 38 II, *Schulze-Osterloh*, a.a.O., S. 8ff., 13ff., 26; ganz h. M.; anders *Buchda*, a.a.O., S. 154; *Fabricius*, a.a.O., S. 152ff.; *Hennecke*, a.a.O., S. 98ff.; *Schünemann*, FamRZ 1976, 137; teilweise auch noch *Karsten Schmidt*, FamRZ 1976, 685.

92 Vgl. nur *v. Lübtow*, Erbrecht II, 1971, S. 795; *Lange/Kuchinke*, Erbrecht, 4. Aufl. 1995, § 42 I 4b Fußn. 39; *Schlüter*, Erbrecht, 14. Aufl. 2000, § 30 Rdnr. 642; für Rechtsträgerschaft der Erbengemeinschaft aber *Ann*, Die Erbengemeinschaft, 2001, 397ff.; *Grunewald*, AcP 197 (1997), 305.

zeigt sich Bewegung nur da, wo man sie zunächst nicht vermutet: nicht im Gesellschaftsrecht, wohl aber bei verstreuten Normen mit gesellschaftsrechtlichem Bezug[93]. Während das Grundgesetz als Grundrechtsträger nur natürliche und juristische Personen nennt (Art. 19 III GG), unterscheidet § 14 BGB natürliche Personen, juristische Personen und rechtsfähige Personengesellschaften. Dieselbe Kette ist gemeint, wenn § 11 InsO natürliche Personen, juristische Personen und Gesellschaften ohne Rechtspersönlichkeit aufzählt. Wiederum im gleichen Sinne spricht § 7 MarkenG von natürlichen Personen, juristischen Personen und Personengesellschaften mit der Fähigkeit, Rechte zu erwerben und Verbindlichkeiten einzugehen. Das scheinbare Durcheinander ist Ausdruck der unter I 2 und 3 angesprochenen systematischen Unsicherheit. Es wird also im folgenden darum gehen, ob wir von einer »juristischen Person« i.S. des Grundgesetzes, einer »rechtsfähigen Personengesellschaft« i.S. des § 14 BGB bei der »Gesamthands-BGB-Gesellschaft« und einer »Gesellschaft ohne Rechtspersönlichkeit« i.S. von § 11 InsO sprechen dürfen, was, so verschieden es klingt, auf dasselbe hinausläuft.

a) Für die *Personengesellschaften des Handelsrechts* (oHG und KG) und damit auch für die Partnerschaftsgesellschaft sowie für die EWIV ist die Rechtslage durch § 124 I HGB geklärt[94]: Diese Gesellschaften können Träger von Rechten und Pflichten sein, sind also rechtsfähig; und sie können Parteien eines Zivilprozesses sein, sind also parteifähig. Ihre Insolvenzrechtsfähigkeit steht gemäß § 11 InsO außer Zweifel. Das neue Umwandlungsrecht läßt auch den identitätswahrenden Formwechsel zwischen den Handels-Personengesellschaften und den juristisch personifizierten Kapitalgesellschaften zu (§§ 191, 214, 226 UmwG und dazu unten, § 12 IV 2b)[95]. Jeder Versuch, diese klaren gesetzgeberischen Entscheidungen aufgrund der Gesamthandstheorie zu hinterfragen – etwa in dem Sinne, »eigentlich« seien die Gesellschafter Träger aller Rechte und Pflichten, Prozeßpartei im Gesellschaftsprozeß oder Gemeinschuldner im Insolvenzverfahren –, ist überflüssig und hat die Praxis nur auf unnötige Irrwege geleitet (näher unten, § 46 I; § 48 I 1 b).

b) Die *Partenreederei* (§ 489 HGB) als Sonderrechtsform für die gemeinschaftliche Nutzung eines Seeschiffs wurde nach älterer Lehre nicht als Gesamthand, sondern als eine Variante der Bruchteilsgemeinschaft an einem Seeschiff angesehen. Diese Deutung ist überholt und mit ihr die Ansicht, das »den Reedern gemeinschaftlich zustehende Seeschiff« (Definition in § 489 HGB) gehöre den Reedern. Unabhängig von aller Gesamthandstheorie hat sich als allein praktikabel die Auffassung durchgesetzt, daß die Partenreederei Unternehmensträgerin und Trägerin von Rechten und Pflichten ist; ihr gehört auch das gemeinsame Schiff (vgl. unten, § 65 I).

---

93 Vgl. den Überblick bei *Karsten Schmidt*, NJW 2001, 996.

94 Der historische Befund ist weitaus komplizierter (vgl. *Wertenbruch*, a.a.O., S. 58ff.), aber das war sogar bei der AG der Fall, deren Rechtspersönlichkeit lange außer Streit steht.

95 Vgl. zur Bedeutung des UmwG für die Akzeptanz der neuen Lehre *Mülbert*, AcP 199 (1999), 62ff.; *Raiser*, AcP 194 (1994), 104ff.; *Timm*, NJW 1995, 3209.

c) Die *nicht eingetragenen Vereine* (§ 54 BGB; eingehend unten, § 25) sind, obgleich Körperschaften, durch § 54 BGB in das hergebrachte Gesamthandsmodell hineingezwängt worden. Gerade für sie kann die Rechtslage jedoch als geklärt gelten. Der sog. nichtrechtsfähige Verein ist – so paradox sich dies ausnimmt – als solcher fähig, Träger von Rechten und Pflichten zu sein[96]. Daß dies nicht anders sein kann, ergibt sich aus folgender Überlegung: Der Verein unterscheidet sich dadurch von der Gesellschaft bürgerlichen Rechts, daß er in seiner Existenz vom Wechsel der Mitglieder unabhängig ist (vgl. unten, § 25 I 2b); der Verein ist positivrechtlich für passiv parteifähig erklärt (§ 50 II ZPO), so daß für die Vollstreckung in das Vereinsvermögen ein gegen den Verein gerichteter Titel ausreichend ist (§ 735 ZPO); schließlich erklärte schon § 213 KO den Verein für konkursfähig, was nichts anderes besagen konnte, als daß der nichtrechtsfähige Verein Insolvenzschuldner und Inhaber einer Insolvenzmasse sein kann (vgl. § 11 I 2 InsO). Mit dieser eindeutigen Rechtslage wäre es unvereinbar, wollte man ein eigenes Vermögen des Vereins leugnen. Jede theoretische Deutung in dem Sinne, hier seien »eigentlich« die gesamthänderisch verbundenen Vereinsmitglieder Vermögensinhaber, Prozeßpartei und Gemeinschuldner[97], kann nur als ein eigensinniger Versuch angesehen werden, eine vorgefaßte Meinung über die Rechtsnatur der »Gesamthand« mit entgegenstehenden gesetzgeberischen Entscheidungen zu koordinieren (vgl. dagegen auch unten, § 25 II 1). Da die Theorie der Gesamthand der Natur der Sache folgen muß und nicht umgekehrt das geltende Recht der Gesamthandstheorie, kann die richtige Antwort nur lauten: Der »nichtrechtsfähige« Verein kann als solcher Träger eines Vermögens und damit auch Gläubiger und Schuldner sein. Er ist rechtsfähig!

d) Immer noch umstritten ist die Situation bei der *Gesellschaft bürgerlichen Rechts*. Auch dies hängt aber nicht damit zusammen, daß die eine oder die andere »Gesamthandstheorie« von vornherein besser oder schlechter wäre, sondern auch hier liegen die Probleme im geltenden Recht begründet[98]. Die positive Gesetzeslage macht es uns in dieser Hinsicht nicht leicht – jedenfalls schwerer, als uns das Urteil *BGHZ* 146, 341 = NJW 2001, 1056 glauben machen will[99]. Der Erste Entwurf des BGB lehnte das Gesamthandskonzept eindeutig ab: Es sollte kein vom Gesellschaftervermögen getrenntes Gesellschaftsvermögen möglich sein, sondern jedem Gesellschafter sollte nach Art der Bruchteilsgemeinschaft ein Anteil an jedem Stück des »Gesellschaftsvermögens« zustehen[100]. Das geltende Recht beruht auf dem Zweiten Entwurf, durch den ausweislich der Protokolle das Prinzip der gesamten Hand

96 Vgl. nur *Reuter*, in: MünchKommBGB, § 54 Rdnrn. 10f.; *Soergel/Hadding*, § 54 Rdnr. 16; ausführlich *Flume*, ZHR 148 (1984), 503ff.

97 So z.B. noch *RGZ* 127, 309, 311; *Lehmann/Dietz*, § 38 V; *Kübler*, § 11 I 1, III 2; *Staudinger/Weick*, 12. Aufl., § 54 Rdnrn. 74ff.; für den Zivilprozeß z.B. *Nußbaum*, ZZP 34 (1905), 122f.; für den Konkurs *ders.*, ebd., S. 136.

98 Vgl. zum folgenden ausführlich *Karsten Schmidt*, in: Gutachten und Vorschläge III, a.a.O., S. 472f.; *ders.*, JZ 1985, 910.

99 Vgl. dazu *Karsten Schmidt*, NJW 2001, 996f.

100 Mot., in: *Mugdan* II, S. 335.

eingeführt werden sollte[101]. Der Gesetzgeber hat damit geklärt, daß es ein einem Sonderstatus unterliegendes Gesellschaftsvermögen gibt. Ohne jegliche Klärung blieb aber die Frage, ob dieses Vermögen ein dinglich gebundenes Vermögen der Gesellschafter oder ein Vermögen der Gesellschaft selbst ist[102]. Es ist nicht zu leugnen, daß der Gesetzeswortlaut schwankt und eher auf ein dinglich gebundenes Gesellschaftervermögen hindeutet[103]. Das Gesetz spricht zwar vom »Gesellschaftsvermögen«[104], aber es spricht auch vom »gemeinschaftlichen Eigentum der Gesellschafter«[105], und es definiert das »Gesellschaftsvermögen« in § 718 I BGB geradezu als »gemeinschaftliches Vermögen der Gesellschafter«. Es verbietet in § 719 I BGB die Verfügung des Gesellschafters über seinen Anteil an den zum Gesellschaftsvermögen gehörenden Gegenständen, obwohl es diesen Anteil nicht gibt, wenn das Vermögen der Gesellschaft gehört. Es ordnet in § 738 I 1 BGB an, daß beim Ausscheiden eines Gesellschafters dessen Anteil am Gesellschaftsvermögen den übrigen Gesellschaftern zuwächst, was eine Selbstverständlichkeit ist, wenn dieses Vermögen der Gesellschaft und nicht den Gesellschaftern gehört. Nach all dem kann sich, wer die Gesamthand als Rechtssubjekt ansehen will, schwerlich auf den Willen des BGB-Gesetzgebers berufen[106]. Der Gesetzgeber hat mit der Übernahme des Gesamthandsprinzips für das Vermögen der BGB-Außengesellschaft zwar ein Gebilde geschaffen, das der Verselbständigung zum Rechtssubjekt *fähig* ist. Eine Entscheidung dahin, daß diese »Gesamthand« Rechtssubjekt ist, hat die Zweite BGB-Kommission aber nicht getroffen. Sie hat überdies Unrecht daran getan, alle BGB-Außengesellschaften einander gleichzustellen. Hierin liegt ein wesentlicher Mangel, der de lege ferenda behoben werden sollte[107] und auch im Umgang mit der neuesten Rechtsprechung die Frage nach Differenzierungen aufwirft[108]. Das wird unter § 58 IV 3 auszuführen sein. Vorerst muß aber die BGB-Außengesellschaft als Einheitsfigur beleuchtet werden. Schon aus systematischen und praktischen Gründen zeigt sich dann, daß der Ausbau der »Gesamthandsgesellschaft« im Sinne der Rechtsträgerschaft auf Dauer unvermeidlich war:

aa) Eine Gesellschaft bürgerlichen Rechts kann unter Wahrung ihrer Identität kraft Gesetzes zur oHG oder KG werden und umgekehrt, indem das Gesellschaftsunternehmen den kaufmännischen Status erlangt oder verliert (eingehend unten, § 11 IV 1 und § 12 I 4 a). Nach § 105 II HGB kann auch eine vermögensverwaltende, also nicht unternehmenstragende, Gesellschaft zwischen der Rechtsform der BGB-Gesellschaft und Handelsgesellschaft wechseln, und das neue Umwandlungsrecht gestattet sogar den Formwechsel

101 Prot., in: *Mugdan* II, S. 989 f.

102 Eingehende Nachw. bei *Karsten Schmidt*, in: Gutachten und Vorschläge III, a. a. O., S. 472.

103 S. auch *Weber-Grellet*, AcP 182 (1982), 323 f.

104 §§ 716 I, 719, 720, 725 I, 730, 733 III, 738 I BGB.

105 § 706 II 1 BGB.

106 Hierin zutr. *Weber-Grellet*, AcP 182 (1982), 326; s. auch die massive Kritik des hier eingenommenen Standpunkts bei *Schwichtenberg*, Wpg. 1990, 73 ff.

107 Eingehend *Karsten Schmidt*, in: Gutachten und Vorschläge III, a. a. O., S. 413–566; a. M. *Ulmer*, ZGR 1984, 313 ff.; *Hüffer*, AcP 184 (1984), 588 ff.; *Schwichtenberg*, BB 1985, 429 ff.

108 Eingehend *Karsten Schmidt*, JZ 1985, 910 ff.

einer Kapitalgesellschaft (AG, KGaA, GmbH), also einer juristischen Person, in eine Gesellschaft bürgerlichen Rechts (§§ 191 Abs. 2, 226 UmwG). In einer auf Stimmigkeit bedachten Rechtsordnung kann dies vernünftigerweise nur bedeuten, daß die Gesellschaft Rechtsträgerin ist, auch wenn sie (noch) nicht oder nicht mehr Handelsgesellschaft ist.

Beispiel Nr. 2: Eine oHG oder Kommanditgesellschaft wird durch Verpachtung des Unternehmens (Aufgabe der Unternehmensträgerschaft!) und Löschung im Handelsregister zur Gesellschaft bürgerlichen Rechts. Gehört der Gesellschaft ein Grundstück, so ist aufgrund § 47 GBO nunmehr die Gesellschaft im Grundbuch zu löschen, und die Gesellschafter sind einzutragen. Die Eintragung ist aber eine rein deklaratorische (*BayObLG*, BB 1983, 333; s. auch *OLG Hamm*, OLGZ 1984, 50), und es läßt sich auch schwerlich die Auffassung vertreten, daß das Grundstückseigentum nunmehr von der Gesellschaft auf die Gesellschafter übergegangen ist. An der dinglichen Rechtslage hat sich nichts geändert. Die Gesellschaft war und blieb Eigentümerin. Nur ihre Eintragungsfähigkeit ist fortgefallen, weil das Gesetz diese nur den Handelsgesellschaften zubilligt.

bb) Es kann im Grenzbereich außerordentlich zweifelhaft sein, ob eine Gesamthands-BGB-Gesellschaft oder ein nichtrechtsfähiger Verein vorliegt (vgl. zur Abgrenzung unten, § 25 I 2b). Diese Streitfrage muß ausgetragen werden, wo immer sie rechtserheblich ist. Sie wird dann möglicherweise von dem einen Gericht in einem Rechtsstreit anders entschieden als von einem anderen Gericht in einem anderen Rechtsstreit. Die Frage aber, ob der Verband ein Rechtssubjekt ist und ob das Gesamthandsvermögen ihm oder den Gesamthändern gehört, kann vernünftigerweise nicht von diesen schwankenden Rechtsansichten abhängen.

Beispiel Nr. 3: Eine »kapitalistisch« strukturierte, d.h. auf Mitgliederwechsel angelegte und mehrheitlich beschließende Personengesellschaft ist nach manchen ein Sondertypus der Gesellschaft (z.B. *BGH*, WM 1982, 40 = BB 1982, 201), nach anderen ein nichtrechtsfähiger Verein (z.B. *Nitschke*, Die körperschaftlich strukturierte Personengesellschaft, 1970, § 8 II 1; *Reuter*, Gutachten 55. DJT I, 1984, S. B 59f.). Eine genossenschaftsähnliche Baugemeinschaft, die vom *Bundesgerichtshof* als Gesellschaft bürgerlichen Rechts qualifiziert wird (*BGH*, NJW 1997, 2592 = JuS 1997, 1135 m. Anm. *Karsten Schmidt*), könnte es durchaus verdienen, als nicht eingetragener Verein zu gelten. Man mag über diese Abgrenzungsfragen streiten, wenn es beispielsweise darum geht, ob die Vertretungsorgane persönlich haften (§ 54 S. 2 BGB) oder ob ein Notvorstand nach § 29 BGB bestellt werden kann (vgl. unten, § 10 I 1c). Es wäre aber mit den rechtssichernden Aufgaben der Gesetzgebung schwer vereinbar, wollte man die Frage, wem das Gesamthandsvermögen gehört, von der subtilen Abgrenzung zwischen Vereinen und Gesellschaften abhängig machen.

cc) Versuche, die Rechtsfähigkeit der Außengesellschaft bürgerlichen Rechts gleichsam als Ergebnis von Rechtsbeugung zu diskreditieren[109], haben den Bundesgerichtshof mit Recht unbeeindruckt gelassen (*BGHZ* 146, 341 = NJW 2001, 1056)[110]: »Die (Außen-)Gesellschaft bürgerlichen Rechts besitzt Rechtsfähigkeit, soweit sie durch Teilnahme am Rechtsverkehr eigene Rechte und Pflichten begründet.« Das Urteil ist ein Markstein in der Fortbildung des

109 Vgl. am eindringlichsten *Zöllner*, a.a.O.; in gleicher Richtung aber auch *Hueck*, a.a.O.; *Berndt/Boin*, NJW 1998, 2854; *Cordes*, JZ 1998, 545.

110 Zustimmend etwa *Dauner-Lieb*, DStR 2001, 357; *Habersack*, BB 2001, 477; *Karsten Schmidt*, NJW 2001, 993ff.; *Ulmer*, ZGR 2000, 339ff.

Rechts der Rechtssubjekte. Der mit ihm erreichte Stand wird unter § 58 IV, V näher zu analysieren sein.

5. Gesamtergebnis

Die »positivistische« Durchsicht der Rechtsformen führt zu einem klaren und einfachen Gesamtergebnis: Alle dem Gesellschaftsrecht zugehörigen sog. Gesamthandsgemeinschaften – die Personengesellschaften des Handelsrechts und die Außengesellschaft bürgerlichen Rechts, der nichtrechtsfähige Verein, die EWIV, die Partnerschaftsgesellschaft und die Partenreederei – sind gegenüber ihren Mitgliedern dergestalt rechtssubjektiv verselbständigt, daß sie als Inhaber des zweckgebundenen Vermögens und als Träger von Ansprüchen und Verbindlichkeiten anzusehen sind. Auch im öffentlichen Recht kann die Gesamthandsgesellschaft Rechts- und Pflichtsubjekt sein. Sie muß sogar als grundrechtsfähig anerkannt werden, obgleich Art. 19 III GG nur von juristischen Personen spricht. Dies beruht nicht auf der apriorischen Richtigkeit einer »Gesamthandstheorie« oder der Klassifizierung als juristische Person (oben unter I 2, 3), sondern ergibt sich teils aus dem Gesetz selbst, teils aus seiner systemgerechten Anwendung. Daß diese Verselbständigung bei einem Teil der BGB-Gesellschaften zu bedenklichen Konsequenzen führt und deshalb kritisch durchdacht werden muß, hängt mit der problematischen Einheitsfigur der Gesamthands-BGB-Gesellschaft zusammen und wird unter § 58 IV 2, 3 auszuführen sein. Doch ist dies nur Rechtsfolgenbewältigung im Detail das Prinzip steht fest

IV. Der Unterschied zwischen Körperschaft und Personengesellschaft (»Gesamthand«)

1. Fragestellung

Die folgenden Ausführungen müssen im Lichte der unter I dargestellten Grundlagendiskussion gesehen werden. Ob man es mit der herrschenden Meinung bei dem Unterschied zwischen juristischen Personen und Gesamthandsgesellschaften beläßt oder ob man diese Rechtsträger einheitlich als juristische Personen begreift und nur noch zwischen »juristischen Personen als Körperschaften« und »juristischen Personen als Personengesellschaften« unterscheidet, ändert nichts an der Fragestellung: Besteht noch ein kategorialer Unterschied zwischen den ersten und den zweiten, der es rechtfertigt, von Rechtsträgern verschiedener Gattung zu sprechen? Die Lehre von der Rechtssubjektivität der Gesamthand mußte sich schon vor ihrer Anerkennung die Frage gefallen lassen, ob sie nicht die Grenzen zur juristischen Person unzulässig verwischt[111]. Bis vor einem Jahrzehnt herrschte noch die »dualistische Lehre« vor, die juristische Personen und Gesamthandsgesell-

111 Dazu grundlegend *Flume*, Personengesellschaft, § 7 II.

schaften in einen übersteigerten Gegensatz zueinander stellte. Vor allem *Wieland* hat diese »dualistische Lehre« vor 80 Jahren bekämpft[112], und *Josef Kohler* ging gar schon vor 90 Jahren so weit, die Handels-Pesonengesellschaften zu juristischen Personen zu erklären[113], und wer dieses Konzept heute auf alle Außengesellschaften überträgt, wird den hier darzustellenden Strukturunterschieden einen anderen Namen geben müssen: Es geht dann um den Gegensatz zwischen »Körperschaften« und »Personengesellschaften« (oben unter I 2). Wie unter I 3 dargestellt wurde, ändert dies jedoch an dem Sachproblem nichts.

2. Grenzen der Verselbständigung gegenüber den Mitgliedern

a) Die Mitgliedschaft in der Personengesellschaft ist anders strukturiert als bei der juristischen Person. Diesen Unterschied beschreibt *Flume*[114] dahin, daß die Organisation in der juristischen Person verabsolutiert ist, während die »Gesamthandsgesellschaft« als Gruppe der durch den Gesellschaftsvertrag verbundenen Gesellschafter zu begreifen sei. Dasselbe ist gemeint, wenn *Ulmer* von einer verbandsrechtlichen »Wirkungseinheit« spricht[115]. Die »Gesamthandsgesellschaft« ist nach solchem Verständnis zwar ein Rechtsträger, aber sie lebt nur im Verbund der Gesamthänder. Für den Fall der Personengesellschaften ist dieser Auffassung zuzustimmen. Ihre Richtigkeit ergibt sich freilich nicht aus einer der Gesamthand schlechthin vorgegebenen »Rechtsnatur«, sondern aus dem Sozietätsmodell der Personengesellschaften[116]: Die Mitgliedschaft in der Personengesellschaft basiert auf der in § 705 BGB exemplarisch beschriebenen vertraglichen Verbindung der Gesellschafter, nicht auf einer ganz auf die Gesellschaft bezogenen Satzungsverfassung. Die Gesamthandslehre – alt oder neu – hat diese Besonderheit der Personengesellschaften vor allem auf das Vermögen bezogen. Die i. d. R. mit der Mitgliedschaft korrespondierenden »Wertrechte« der Gesellschafter sind Rechte an einem Vermögen, das nicht ihnen, sondern ihrer Gesellschaft gehört. Als Bestandteile der Mitgliedschaft verteilen sich die »Wertrechte« der Gesellschafter auf den Gesellschafterbestand, der sich durch Eintritt und Austritt verändern kann. Die *vermögensrechtliche Folge* dieser Veränderungen wird als *»Abwachsung«* und als *»Anwachsung«* bezeichnet (vgl. auch unten, § 45 II 5). Die Anwachsung ist in § 738 I 1 BGB ausdrücklich geregelt: Scheidet ein Gesellschafter aus der Gesellschaft aus, so wächst sein »Anteil am Gesellschaftsvermögen« nach dieser Vorschrift den übrigen Gesellschaftern zu. Dafür erhält der ausscheidende Gesellschafter nach § 738 I 2 BGB eine Abfindung. Umgekehrt wächst, wenn ein neuer Gesellschafter in die Gesellschaft aufgenommen wird, allen bisherigen Gesellschaftern etwas von

112 *Wieland* I, § 35.
113 *Kohler*, ZHR 74 (1913), 456ff.; *ders.*, ArchBürgR 40 (1914), 235ff.
114 Personengesellschaft, § 7 II.
115 *Staub/Ulmer*, § 105 Rdnr. 41.
116 Vgl. schon *Karsten Schmidt*, Zur Stellung der oHG im System der Handelsgesellschaften, 1972, S. 194.

ihrem »Anteil am Gesellschaftsvermögen« ab[117]. Sie können – müssen aber nicht! – deshalb von dem Neugesellschafter die Leistung einer Einlage verlangen.

Beispiel Nr. 4: Nehmen A und B, die zu gleichen Anteilen an einer oHG beteiligt sind, den C als neuen Gesellschafter mit gleichem Anteil auf, weil die Gesellschaft Eigenkapital benötigt, so werden die Gesellschafter künftig nur noch mit je 1/3 beteiligt sein (»Abwachsung«). A und B werden den Wert des Unternehmens begutachten lassen (dazu Handelsrecht, § 4 II 2) und von C die Leistung einer entsprechenden Einlage in das Gesellschaftsvermögen verlangen. Das nunmehr auf drei »Wertrechte« verteilte Gesellschaftsvermögen wird dann also größer.

Beispiel Nr. 5: Beteiligen Vater V und Mutter M im Wege der vorweggenommenen Erbfolge durch »Einbuchung« den Sohn S an ihrer oHG, so kommt es zur »Abwachsung« und nun auch zu einer echten Vermögenseinbuße bei V und M. S leistet keine Einlage, ist aber nunmehr auf Kosten von V und M an der Gesellschaft beteiligt.

Wer die Gesellschafter als Träger des Gesamthandsvermögens ansieht, wird die An- und Abwachsung als eine bedeutsame Verlagerung des Gesellschaftsvermögens auf eine geringere oder größere Anzahl von Gesellschaftern ansehen[118]. Sieht man richtig die Gesellschaft als die Vermögensträgerin an, so besteht die An- und Abwachsung nur in der eigentlich selbstverständlichen Folge, daß die Gesellschaft Vermögensinhaberin bleibt, auch wenn die Gesellschafter wechseln (unten, § 45 II 5)[119]. Die den Gesellschaftern zustehenden »Wertrechte« bestimmen nur den Wert der Mitgliedschaft, sind aber keine Rechte am Gesellschaftsvermögen. Trotzdem ist die Anwachsung ein bedeutsames Charakteristikum des Gesamthandsprinzips[120]. Die Mitgliedsverhältnisse können durch Eintritt und Austritt von Gesellschaftern verschoben werden, weil nicht jedem Gesellschafter ein absolut fixiertes »Wertrecht« am Gesellschaftsvermögen zugewiesen ist (vgl. auch unten, § 45 II 5). Richtigerweise ist aber das Charakteristikum der Personengesellschaften viel weniger in der Vermögensstruktur als in der *Organisation* zu erblicken: Nicht weil wir »Gesamthänder« benötigen, sondern weil wir Mitglieder benötigen, kann eine Personengesellschaft – ganz anders als eine Körperschaft – nicht entstehen und grundsätzlich auch nicht fortbestehen, wenn sie nicht von mehreren Gesellschaftsvertragspartnern getragen ist. Dies ist sie allerdings auch dann, wenn gar nicht alle Gesellschafter »Wertrechte« in der Gesellschaft haben.

Beispiel Nr. 6: Kommanditist K und die von ihm gegründete G-GmbH haben eine Kommanditgesellschaft ohne Kapitalbeteiligung der GmbH gegründet. Das ist möglich (unten, § 53 II 1 a). Der GmbH kann hier gar nichts »an-« oder »abwachsen«, und doch liegt eine makellose Personengesellschaft (»Gesamthand«) vor.

---

117 Eingehend – jedoch auf der dogmatischen Grundlage gesamthänderischen Miteigentums – *Huber*, Vermögensanteil, S. 65 m.w.N.

118 So besonders *Huber*, Vermögensanteil, S. 62ff.

119 Vgl. *Flume*, Personengesellschaft, § 17 VIII; *Schünemann*, Grundprobleme der Gesamthandsgesellschaft, 1975, S. 194; nach *Hennecke*, Das Sondervermögen der Gesamthand, 1976, S. 138, muß »jede sachenrechtliche Bedeutung des Anwachsungsprinzips verneint werden«.

120 Vgl. *BGH*, LM Nr. 15 zu § 142 HGB; *Flume*, Personengesellschaft, § 17 VIII.

b) *Es gibt grundsätzlich keine Einmann-Personengesellschaft* (über Sonderfälle vgl. unten, § 45 I 2b bb)[121]. Auch dieser Grundsatz ist nicht eine begriffsnotwendige Rechtsfolge des Gesamthandsprinzips, sondern er beruht auf der Sozietätskonstruktion der Personengesellschaften[122]. Eine Kapitalgesellschaft bleibt als juristische Person und Vermögensträgerin erhalten, wenn sich die Anteile in einer Person vereinigen (vgl. unten, § 11 V 3 a, § 44 II 2). Bei der juristischen Person ist dieser Fall unproblematisch (vgl. zur Einpersonen-GmbH unten, § 40 II 1). Selbst der Fortfall aller Mitglieder kann bei der juristischen Person nur zur Auflösung, nicht zum Erlöschen des Rechtsträgers führen (vgl. zum Vereinsrecht unten, § 24 VII 3 d; zum Problem der »Keinmann-GmbH« unten, § 33 V 2b). Ganz anders ist dies bei der Personengesellschaft. Erwirbt ein Gesellschafter oder ein Dritter im Wege der Rechtsnachfolge alle Anteile an einer Personengesellschaft[123] oder scheidet aus einer Personengesellschaft der zweitletzte Gesellschafter aus – dies wird meist als »Geschäftsübernahme« durch den verbleibenden Gesellschafter bezeichnet[124] –, so endet das Gesellschaftsverhältnis durch Konfusion, und die Gesamthand fällt in sich zusammen. Sie erlischt ohne Auseinandersetzung, und der »Alleingesellschafter« wird ihr Gesamtrechtsnachfolger (unten, § 45 I 2)[125]. Dieses liquidationslose Erlöschen, das uns unter § 11 V 3a näher beschäftigen wird, kann vorerst am Beispiel der Grundstückseintragung und der Verschmelzung veranschaulicht werden:

Beispiel Nr. 7 (nach *BGH*, BB 1979, 397 = WM 1979, 249 = JuS 1979, 668 m. Anm. *Karsten Schmidt*): Werden sämtliche Anteile an einer Personengesellschaft gleichzeitig auf einen Erwerber übertragen, so wird der Erwerber im Wege der Grundbuchberichtigung als Eigentümer eines bisher der Gesellschaft gehörenden Grundstücks eingetragen; einer Auflassung bedarf es nicht. Die Mitgliedschaftsrechte der Gesellschafter – auch des Anteilserwerbers selbst! – erlöschen, und mit ihnen erlöschen auch alle Rechte an diesen Mitgliedschaftsrechten (vgl. *OLG Düsseldorf*, NJW-RR 1999, 619 = JuS 1999, 917 m. Anm. *Karsten Schmidt*).

Beispiel Nr. 8: Ist an einer Personengesellschaft, z. B. einer KG, eine Kapitalgesellschaft, z. B. GmbH, beteiligt, so kann die Personengesellschaft auf die Kapitalgesellschaft verschmolzen werden, indem alle Mitgesellschafter ausscheiden oder ihre Anteile auf die Kapitalgesellschaft übertragen (vgl. *BGHZ* 71, 296 = JuS 1979, 668 m. Anm. *Karsten Schmidt*). Auch auf eine Gesellschaft, die nicht an ihr beteiligt ist, kann die Personengesellschaft verschmolzen werden, indem alle Gesellschafter ihre Anteile auf diese Drittgesellschaft übertragen (vgl. *BGH*, NJW-RR 1990, 798 = JuS 1990, 1020 m. Anm. *Karsten*

121 Vgl. statt vieler *Flume*, Personengesellschaft, § 7 III 3 a. E.; *Kübler*, § 6 IV 2 d; *Ulmer*, Gesellschaft bürgerlichen Rechts, vor § 723 Rdnrn. 9, 17; *Sieveking*, in: Festschrift Schippel, 1996, S. 505 ff.; a. M. *Kanzleiter*, in: Freundesgabe Weichler, 1997, S. 39 ff.; *Baumann*, BB 1998, 225; *Weimar*, ZIP 1997, 1769 ff.; wohl auch *Raiser*, AcP 194 (1994), 509 f.

122 *Karsten Schmidt*, Zur Stellung der oHG im System der Handelsgesellschaften, 1972, S. 194; a. M. *Huber*, Vermögensanteil, S. 104 f.

123 Vgl. nur *BGHZ* 71, 296; *BGH*, WM 1979, 249 = JuS 1979, 668 m. Anm. *Karsten Schmidt*; NJW-RR 1990, 798 = JuS 1990, 1020 m. Anm. *Karsten Schmidt*; *BGHZ* 113, 132 = NJW 1991, 844; *OLG Köln*, NJW-RR 1997, 160; *OLG Düsseldorf*, NJW-RR 1999, 619 = JuS 1999, 917 m. Anm. *Karsten Schmidt*.

124 Vgl. *BGHZ* 48, 203.

125 *BGHZ* 48, 203, 206; 71, 296, 300; *BGH*, NJW 1993, 1917, 1918; um Anwachsung, nicht Gesamtrechtsnachfolge, geht es nach *Flume*, Personengesellschaft, § 17 VIII.

Schmidt). In beiden Fällen erlischt die verschmolzene Gesellschaft, und ihr Vermögen geht ohne weiteres auf die aufnehmende Gesellschaft über, ohne daß hierfür das Umwandlungsgesetz in Anspruch genommen werden müßte (unten, § 12 I 5, § 44 III 2).

c) Nach herrschender Auffassung gibt es auch keine *Mehrmitgliedschaftsrechte* in Personengesellschaften[126]: Während ein und dieselbe Person mehrere Aktien oder Geschäftsanteile halten, auch zugleich Stamm- und Vorzugsaktionär sein kann, kann ein Personengesellschafter grundsätzlich nicht mehrere Kommanditanteile an derselben Gesellschaft halten und auch nicht zugleich Komplementär und Kommanditist sein. Auch das hat nichts mit der »Gesamthand« zu tun, viel dagegen mit der Organisationsverfassung der Personengesellschaft: Jeder ist Partner des anderen, und das nur einmal!

d) Fragwürdig geworden sind die Unterschiede in der *Übertragung und Vererbung von Mitgliedschaftsrechten* (vgl. besonders zur Vererbung von Personengesellschaftsanteilen unten, § 45 V). Die Vereinsmitgliedschaft ist nicht übertragbar und nicht vererblich (§ 38 S. 1 BGB). Die Mitgliedschaft in der Genossenschaft ist gleichfalls unübertragbar und kann nur in den Grenzen des § 77 GenG auf einen Erben übergehen[127]. Die Aktie und der GmbH-Geschäftsanteil sind nach §§ 929ff. BGB, 68 AktG, 15 GmbHG übertragbar und auch vererblich, aber die Übertragung kann durch sog. Vinkulierung an die Zustimmung der Gesellschaft gebunden, also erschwert werden (vgl. §§ 68 II AktG, 15 V GmbHG). Umgekehrt sind die Anteile an einer Gesamthandsgesellschaft grundsätzlich nicht ohne Zustimmung der Mitgesellschafter übertragbar, können aber durch den Gesellschaftsvertrag für frei übertragbar erklärt werden (unten, § 19 IV 2a und § 45 III 2b). Vor allem ein Vergleich zwischen der GmbH und den Personengesellschaften zeigt, daß es sich nur um ein Problem von Regel und Ausnahme handelt und nicht – wie eine früher herrschende Auffassung glaubte – ein Gegensatz zwischen übertragbaren Anteilen an Kapitalgesellschaften und unübertragbaren Anteilen an Personengesellschaften:

Beispiel Nr. 9: Schweigt der Gesellschaftsvertrag einer GmbH, so können die Geschäftsanteile frei veräußert werden (§ 15 I GmbHG), aber der Gesellschaftsvertrag kann auch bestimmen, daß die Veräußerung nur mit Zustimmung aller Gesellschafter wirksam ist (§ 15 V GmbHG). Schweigt der Gesellschaftsvertrag einer oHG oder KG, so können die Anteile nur mit Zustimmung aller Gesellschafter veräußert werden, aber der Gesellschaftsvertrag kann auch bestimmen, daß die Veräußerung ohne weiteres zulässig und wirksam ist.

e) Signifikante Unterschiede sind wiederum bei der *Organisation* zu vermerken. Zwar muß eine juristische Person nicht »körperschaftlich« und eine Gesamthand nicht »personalistisch« organisiert sein, denn es herrscht Gestaltungsfreiheit (vgl. oben, § 5 III). Aber in rechtlicher Hinsicht besteht ein

126 Vgl. nur *BGHZ* 24, 106, 108f.; a.M. *Bippus*, AcP 195 (1995), 24ff.; *Priester*, DB 1998, 55ff.; *Weimar*, ZIP 1997, 1769ff.

127 Vgl. *M. Brazel*, Die Rechtsstellung der Genossen-Erben gegenüber der eingetragenen Genossenschaft und ihre Nachschußpflicht im Genossenschaftskonkurs – ein Beitrag zum Problem der Vererbung der Mitgliedschaft, Diss. Mainz 1983, S. 39ff.

strenger Unterschied: Da die Personengesellschaft als eine verfaßte Sozietät von ihren partnerschaftlich zusammengefaßten Mitgliedern konstituiert wird, »hat« sie Organe (vgl. zur Selbstorganschaft unten, § 14 II 2), und diese handeln als »geborene« Geschäftsführer »in« der Gesellschaft[128], während die juristische Person erst mit Organträgern auszustatten ist. Deshalb ist die Geschäftsführung und Vertretung bei einer Personengesellschaft unmittelbar Gegenstand des mitgliedschaftlichen Gesellschaftsverhältnisses (vgl. die dispositiven Regeln in §§ 709ff. BGB, 114ff., 125ff. HGB), während die Verfassung einer juristischen Person mitgliedschaftliche Organkompetenzen nur durch sog. Sonderrechte begründen kann (vgl. dazu unten, § 16 III 3 b aa, § 19 III 3 c bb, § 21 I 2).

Dem entspricht die unterschiedliche *Struktur der Mitgliedschaftsrechte*: Bei den Körperschaften ist die Mitgliedsbeziehung zunächst eine solche zwischen dem Mitglied und dem Verband, weshalb die mitgliedschaftliche Verbindung der Körperschaftsmitglieder untereinander erst der Entdeckung bedurfte (unten, § 19 III 1 und § 20 IV 2). Bei den Personengesellschaften verhält es sich umgekehrt, weshalb die Rechtsprechung bis heute auf dem Standpunkt steht, daß Prozesse über das Gesellschaftsverhältnis unter den Mitgliedern und nicht durch Klage eines Mitglieds gegen die Gesellschaft auszutragen sind[129]. Auf die Zweifelhaftigkeit dieser herrschenden Meinung wird unter § 19 III 1 b einzugehen sein.

f) Kein zwingender Strukturunterschied sind auch die *Haftungsverhältnisse*[130]. Typischerweise geht zwar mit einer körperschaftlichen Verfassung eine Haftungsbeschränkung und mit einer personengesellschaftsrechtlichen Verfassung eine persönliche Haftung einher. Aber auch dieser Gegensatz paßt nur, solange man einander Archetypen wie die Aktiengesellschaft und die oHG gegenüberstellt. Blickt man dagegen auf die Kommanditgesellschaft (§§ 161ff. HGB) und auf die Kommanditgesellschaft auf Aktien (§§ 278ff. AktG), so relativieren sich die Gegensätze. Demgemäß ist es kein Zufall, daß die KGaA unter dem ADHGB noch als Personengesellschaft eingeordnet wurde, während wir sie heute als Variante der Aktiengesellschaft verstehen (unten, § 32 I 2). Auch hier sind die Gegensätze nicht so absolut, wie sie bisweilen erscheinen.

---

128 Vgl. zu diesem Verständnis der Selbstorganschaft *Karsten Schmidt*, in: Gedächtnisschrift Knobbe-Keuk, 1997, S. 307; *ders.*, DB 1988, 2242; sachlich ähnlich bereits *Flume*, Personengesellschaft, § 10 I.

129 *BGHZ* 30, 195, 197f.; 81, 263, 264f.; 91, 132, 133; *BGH*, WM 1990, 309; 1990, 675; *OLG Frankfurt*, DB 1993, 2172; *Staub/Ulmer*, § 105 Rdnrn. 212f.; krit. *Bork*, ZGR 1991, 125ff.; *Karsten Schmidt*, DB 1993, 2167ff.

130 So auch *Raiser*, in: Festschrift Lutter, 2000, S. 637ff.

V. Gegenständliche Grenzen der Rechtsfähigkeit*

1. Relativität der Rechtsfähigkeit?

a) Nach traditioneller Lehre ist die Rechtsfähigkeit, also die Fähigkeit, Träger von Rechten und Pflichten zu sein, umfassend und ungeteilt[131]. Demgegenüber besagt die Theorie von der Relativität der Rechtsfähigkeit, daß die Rechtsfähigkeit nicht eine Eigenschaft ist, die entweder vorhanden oder nicht vorhanden ist, sondern daß es sich um gestufte Zurechnungsfähigkeiten handelt. *Pawlowski*, selbst Anhänger dieser Lehre, spricht von einem »konkreten« Begriff der Rechtsfähigkeit, der im Gegensatz zum »abstrakten« Begriff der herrschenden Ansicht auch die inhaltlichen Konsequenzen der Rechtsfähigkeit einbezieht und z. B. die Rechtsfähigkeit des Säuglings von der des Erwachsenen und diese von der der juristischen Person unterscheidet[132]. Die damit bezeichneten Unterschiede sind zweifellos vorhanden.

Geradezu zwingend gelangt man zur Rechtsfigur der relativen Rechtsfähigkeit, wenn man den Begriff der Rechtsperson in Einzelzurechnungen auflöst[133]. Wer nicht von der Rechtsfähigkeit schlechthin, sondern von der Grundrechtsfähigkeit, von der Erbfähigkeit, von der Deliktsfähigkeit, von der Wechselrechtsfähigkeit, von der Parteifähigkeit (Prozeßrechtsfähigkeit), von der Insolvenzrechtsfähigkeit, von der Grundbuchfähigkeit usw. spricht, kennzeichnet unverkennbare Unterscheidungen. Sehen wir etwa die nichtrechtsfähigen Vereine als Grundstückseigentümer an, so steht noch lange nicht fest, ob diese Vereine – und nicht vielleicht ihre Mitglieder – im Grundbuch einzutragen sind (dazu vgl. unten, § 25 II 1 b). Kann die Gesellschaft bürgerlichen Rechts Gläubigerin sein, so bedarf doch noch besonderer Prüfung, ob sie diesen Anspruch auch selbst einklagen kann (vgl. dazu unten, § 60 IV 1). Wissen wir, daß eine oHG Trägerin von Rechten und Pflichten sein kann, klagen und im Grundbuch stehen kann, so wissen wir doch noch nicht, ob sie auch Grundrechtsträgerin sein kann (Auslegung des Art. 19 III GG). Ein rechtsfähiger Verein oder eine Aktiengesellschaft kann nicht zum Vormund bestellt werden und sich nicht im strafrechtlichen Sinne verantwortlich machen. Eine GmbH kann gewiß nicht Bundespräsident, wohl aber Komplementärin einer KG sein usw. Die Differenzierungen sind endlos. Daß

* Literatur: *Büttner*, Identität und Kontinuität bei der Gründung juristischer Personen, 1967, S. 90; *Creutzfeld*, Entwicklung und Kritik der Lehren vom Rechtssubjekt ..., Diss. Trier 1992, S. 140 ff.; *Eggert*, Die deutsche ultra-vires-Lehre, 1977; *Fabricius*, Relativität der Rechtsfähigkeit, 1963; *Julius v. Gierke*, Handelsrecht und Schiffahrtsrecht, 8. Aufl. 1958; *John*, Die organisierte Rechtsperson, 1977; *Ostheim*, Zur Rechtsfähigkeit von Verbänden im österreichischen Bürgerlichen Recht, 1967, S. 157; *Pawlowski*, Allgemeiner Teil des BGB, 6. Aufl. 2000, § 2 I 2; *Raiser*, Der Begriff der juristischen Person, AcP 199 (1999), 104; *Karsten Schmidt*, Verbandszweck und Rechtsfähigkeit im Vereinsrecht, 1984, S. 36; *ders.*, Ultra-vires-Doktrin: tot oder lebendig? AcP 184 (1984), 529; *Hans J. Wolff*, Organschaft und Juristische Person I, 1933, S. 187 ff.

131 Vgl. nur *Bork*, AT, Rdnr. 191; *Enneccerus/Nipperdey* I, § 105 I.

132 *Pawlowski*, a. a. O., Rdnr. 112.

133 So bei sonst unterschiedlichem Ansatz vor allem *Hans J. Wolff*, *Fabricius* und *John*, alle a. a. O.; vgl. auch *Kübler*, § 4 IV 4; *Breuninger*, Die BGB-Gesellschaft als Rechtssubjekt im Wirtschaftsverkehr, 1991, S. 26 ff.; nähere Darstellung bei *Karsten Schmidt*, Verbandszweck, a. a. O.

auch der Bundesgerichtshof dies anerkennt, hat er in dem Grundlagenurteil *BGHZ* 146, 341 = NJW 2001, 1056 zum Ausdruck gebracht: »Eine (Außen-)Gesellschaft bürgerlichen Rechts besitzt Rechtsfähigkeit, soweit sie durch Teilnahme am Rechtsverkehr eigene Rechte und Pflichten begründet.« Vor allem im Recht der Personengesellschaften wurde aus diesen Gründen zaghaft von bloßer »Teilrechtsfähigkeit« gesprochen[134].

b) Eine Kritik der Theorie von der Relativität der Rechtsfähigkeit muß von diesem Befund ausgehen. Es wäre durchaus verfehlt, die Lehre von der Relativität der Rechtsfähigkeit als eine Erfindung abzutun. Die Phänomene und Probleme, von denen diese Lehre spricht, sind nicht zu leugnen. Deshalb steht der *Darstellungswert* dieser Lehre außer Zweifel[135]. Bei der Lösung von Einzelfragen sollte trotzdem nicht von dieser Lehre ausgegangen werden[136]. Methodenkritische Betrachtung zeigt nämlich, daß ihre Nachteile die Vorteile überwiegen. Ihr *Argumentationswert* ist zweifelhaft, und sie befrachtet den Begriff der Rechtsfähigkeit mit so vielen Einzelproblemen, daß dieser Begriff am Ende bis zur Unbrauchbarkeit zergliedert ist. Das ist dogmatisch fragwürdig und entspricht auch nicht dem Gesetz[137]. Selbst bei den Personengesellschaften wird die Rechtsfigur bloßer Teilrechtsfähigkeit mittlerweile aus guten Günden preisgegeben[138]. Die Einzelprobleme, mit denen die Lehre von der relativen Rechtsfähigkeit den Rechtsfähigkeitsbegriff belädt, gehören alle an ihren spezifischen Platz. Ob ein Rechtsträger Grundrechte haben, wählen oder sich wählen lassen kann, ist eine Frage des Staatsrechts. Das Familienrecht entscheidet darüber, wer heiraten oder Vormund sein kann. Welche Rechtsträger sich an der Gründung einer Personengesellschaft oder Kapitalgesellschaft oder an einer Verschmelzung beteiligen oder als Leitungsorgane ihre Geschäfte führen und sie vertreten können, entscheidet das Gesellschaftsrecht. Das Verfahrensrecht bestimmt, welche Rechtsträger prozessieren oder im Grundbuch stehen können, das Insolvenzrecht, welche Rechtsträger als Insolvenzschuldner in Betracht kommen, das Wertpapierrecht, welche Rechtsträger Wechsel zeichnen können usw.

Indem wir den Begriff der Rechtsfähigkeit von diesem Variantenreichtum befreien, soll nicht der Zusammenhang dieser Fragen mit der Rechtssubjektivität geleugnet werden. Ein Gebilde, das überhaupt nicht imstande ist, Träger von Rechten und Pflichten zu sein – etwa eine rein schuldrechtliche Innengesellschaft –, ist ganz bestimmt auch nicht »grundrechtsfähig«, »grundbuchfähig«, »wechselrechtsfähig« usw. Aber es muß festgehalten werden, daß die Frage der (generellen) Rechtsfähigkeit vor diesen Detailproblemen zu prüfen und nicht mit ihnen auf eine Stufe zu stellen ist.

---

134 Vgl. etwa *Flume,* Personengesellschaft § 7 II; *Ulmer,* Gesellschaft bürgerlichen Rechts, § 714 Rdnr. 7; *ders.,* AcP 198 (1998) 133; Kritik etwa bei *Huber,* in: Festschrift Lutter, 2000, S. 112; *Mülbert,* AcP 199 (1999) 44ff.

135 S. auch *Flume,* Personengesellschaft, § 7 II; *Karsten Schmidt,* Verbandszweck, a.a.O., S. 38.

136 Vgl. bereits *Karsten Schmidt,* Verbandszweck, a.a.O., S. 39f.

137 § 1 BGB läßt die Rechtsfähigkeit des Menschen mit der Vollendung der Geburt entstehen, ohne weiter zu differenzieren.

138 Repräsentativ *Ulmer,* ZIP 2001, 588.

2. Begrenzung der Rechtsfähigkeit durch den Verbandszweck (ultra-vires-Doktrin)?

a) Nach der im angloamerikanischen Rechtskreis anerkannten ultra-vires-Doktrin ist die Rechts- und Handlungsfähigkeit eines Verbandes durch den satzungsmäßigen Verbandszweck beschränkt[139]. Da Verbandspersonen Zweckschöpfungen sind, hat die ultra-vires-Doktrin gute Gründe für sich. Nach *Otto von Gierke*[140] wird der Umfang der Willens- und Handlungsfähigkeit »durch den Umfang der körperschaftlichen Rechtsfähigkeit bestimmt«. Die Verbandsperson kann »nur innerhalb einer ihr vom Recht gesetzten Lebenssphäre rechtswirksam wollen und handeln«. Jede Verbandsperson hat »ein Aktionsgebiet ..., außerhalb dessen sie nicht bloß nicht handeln soll, sondern nicht handeln kann«. Es liegt auf der Hand, daß diese Lehre eine Gefahr für den Rechtsverkehr darstellt. Das deutsche Verbandsrecht kennt eine solche Begrenzung bei den juristischen Personen des Privatrechts[141] nicht[142]. Nicht nur die Fähigkeit der juristischen Person, Trägerin von Rechten und Pflichten zu sein, ist nach deutschem Recht ungeteilt, sondern ungeteilt ist auch die Handlungsfähigkeit.

Beispiel Nr. 10: Ist ein rechtsfähiger Verein Eigentümer eines Grundstücks, so kommt es nicht darauf an, ob sich das Grundstückseigentum mit dem Vereinszweck verträgt. Kauft oder verkauft er ein Grundstück, so kommt es darauf an, ob er ordnungsgemäß vertreten ist, nicht darauf, ob der Kauf oder Verkauf dem Vereinszweck entspricht.

Die Frage wird meist als Bestandteil der Theorie der juristischen Person diskutiert. Nach den unter I 2, 3 angestellten Überlegungen kann aber nicht verwundern, daß sie auch bei den »gesamthänderischen« Verbänden auftritt. Wenn etwa bei *RGZ* 125, 380 gesagt wird, daß eine oHG, vertreten durch einen Gesellschafter, nicht nur Handelsgeschäfte, sondern z.B. auch Schenkungen vornehmen kann, geht es um ein ultra-vires-Problem[143]: Der Verbandszweck begrenzt nur das interne Dürfen, nicht das externe Können des Vertretungsorgans (zum Mißbrauch der Vertretungsmacht vgl. unten, § 10 II 2). Inwieweit die Vertretungsmacht der organschaftlichen Vertreter privatrechtlicher Verbände durch die Satzung beschränkt werden kann, ist eine andere Frage, die für jeden Verband gesondert zu entscheiden ist (vgl. § 26 II 2 BGB und demgegenüber §§ 126 II HGB, 82 I AktG, 37 II GmbHG, 27 II

---

139 Vgl. *Wiedemann* I, § 14 IV 1 a; *Baumann*, Das Recht der Handelsgesellschaften im englischen Rechtskreis, 1961, S. 72ff.; *Merkt*, US-amerikanisches Gesellschaftsrecht, 1991, Rdnrn. 245ff.

140 Genossenschaftstheorie, S. 630ff.

141 Zu den juristischen Personen des öffentlichen Rechts vgl. demgegenüber *BGHZ* 20, 119; eingehend *Eggert*, a.a.O.

142 Vgl. nur *Wiedemann* I, § 10 II 1 a; *Flume*, Juristische Person, § 10 II; *John*, a.a.O., S. 118ff.; *Jüngst*, Der Mißbrauch organschaftlicher Vertretungsmacht, 1981, S. 32ff.; *Karsten Schmidt*, Verbandszweck, a.a.O., 1984, S. 40f.; *Raiser*, AcP 199 (1999), 134; vgl. demgegenüber vereinzelt *J. v. Gierke*, a.a.O., § 43 II 3 b; *Ostheim* (in: Kroinek/Krejci, Der Verein als Unternehmer, 1988, S. 214) hat die für das österreichische Recht vertretene ultra-vires-Lehre (*Ostheim*, a.a.O., S. 111ff.) aufgegeben.

143 In der Problemstellung (nicht im Ergebnis) treffend *J. v. Gierke*, a.a.O., § 34 I 1 b.

GenG). Die Rechtsfähigkeit selbst ist nicht durch den Verbandszweck begrenzt.

b) Während nun allgemein die Nichtgeltung der ultra-vires-Lehre im deutschen Recht betont wird, stößt man doch immer wieder auf die Ansicht, die Organvertretungsmacht stehe in notwendiger Abhängigkeit vom Verbandszweck[144]. Nach dieser Auffassung begrenzt der Verbandszweck zwar nicht die Rechtsfähigkeit, wohl aber die *Handlungsfähigkeit* des Verbandes. Diese Auffassung wird vor allem im Gründungsrecht und im Liquidationsrecht vertreten, weil der Zweck der Vorgesellschaft angeblich auf den Gründungszweck beschränkt ist (dagegen unten, § 34 III 3 b bb) und die Auflösung eines Verbandes angeblich seinen Zweck ändert (dazu unten, § 11 V 3). Beides ist unrichtig. Mehr und mehr wird das erkannt. Aber hier sind noch Klippen zu überwinden. Im Gründungsrecht will *BGHZ* 80, 129, 139 und *BGHZ* 80, 182, 183 die Gründer durch Beschränkung der Organvertretungsmacht vor Haftung schützen, jedoch zu Unrecht (unten, § 11). Im Liquidationsrecht sorgt zwar die neuere Gesetzgebung – vor allem § 269 AktG[145] – für umfassende Vertretungsmacht, aber im übrigen hielt die herrschende Auffassung bis vor kurzem an der Doktrin fest, die Organvertretungsmacht der Liquidatoren sei auf Abwicklungsgeschäfte beschränkt[146]. Aus §§ 49 BGB, 70 GmbHG, 88 GenG, 149 HGB las man diese Beschränkung heraus, und sie hatte auch dem Gesetzgeber vorgeschwebt. Das war eine verkehrsfeindliche Lösung, denn ob ein Geschäft mit dem Liquidationszweck vereinbar ist, kann ihm nur sehr selten angesehen werden. Die Rechtsprechung half deshalb immer wieder mit Vertrauensschutzerwägungen.

Beispiel Nr. 11 (nach *RGZ* 146, 376): L, ein Vorstandsmitglied und Liquidator des V-Vereins, war an einer Presse-GmbH beteiligt, die auch die Vereinszeitung herausgegeben hatte. Gedruckt wurde die Zeitung bei der Druckerei D. Die D hatte der Presse-GmbH einen Wechselkredit eingeräumt und für diesen hatte sich der in Auflösung befindliche Verein, vertreten durch L, verbürgt. Das RG hielt die Bürgschaft für wirksam. Es begrenzte zwar die Vertretungsmacht auf Liquidationsgeschäfte und lehnte ausdrücklich die Auffassung ab, die Vertretungsmacht der Liquidatoren sei unbeschränkt. Es meinte dann aber, im Verkehrsschutzinteresse sei jedes Geschäft, das in den Rahmen der Liquidationsgeschäfte fallen *könne*, auch als Liquidationsgeschäft anzusehen. Anderes solle nur gelten, wenn eine sorgfältige Prüfung durch den Dritten ergebe, daß kein Liquidationsgeschäft vorliege.

Beispiel Nr. 12 (nach *BGH*, LM Nr. 2 zu § 149 HGB = WM 1959, 324): Der *BGH* hatte über die Frage zu entscheiden, ob der Ankauf von Aktien durch eine Liquidations-oHG

144 *BGH*, JZ 1953, 474f.; *J. v. Gierke*, a.a.O., § 34 I 1 b, § 43 II 3 b; richtig dagegen *RGZ* 125, 380, 381 (oHG); *Frotz*, Verkehrsschutz im Vertretungsrecht, 1972, S. 584ff.; die meisten einschlägigen Entscheidungen betreffen juristische Personen des öffentlichen Rechts; vgl. *RGZ* 145, 311, 314; *RG*, SeuffA 40 (1885) Nr. 271; Recht 1907 Nr. 2497.

145 Nach Abs. 1 vertreten die Abwickler die Gesellschaft gerichtlich und außergerichtlich; nach Abs. 5 kann ihre Vertretungsmacht nicht beschränkt werden.

146 Vgl. für den Verein: *RGZ* 146, 376, 377; für die GmbH: *RG*, HRR 1940 Nr. 232; *KGJ* 21 (1901), A 256, 258 = OLGE 3, 67, 68; für die Genossenschaft: *RGZ* 44, 80, 82; für die Personengesellschaft: *RGZ* 72, 119, 122f.; *KG*, JFG 4 (1927), 276, 278; für das österreichische Recht *Kastner/Doralt/Nowotny*, D VIII 5c bb, G VIII 2 e, H VIII 2.

wirksam sei. Er führte aus: »Im allgemeinen wird die Abwicklungsgesellschaft auch durch den Abschluß eines liquidationsfremden Geschäfts seitens des Liquidators gegenüber Dritten unmittelbar berechtigt und verpflichtet. Dieses ist im Interesse eines redlichen Geschäftsverkehrs geboten ... Etwas anderes gilt nur, wenn der Dritte den liquidationsfremden Charakter des in Betracht kommenden Geschäfts kannte oder kennen mußte.«

Beispiel Nr. 13 (nach *BGH*, ZIP 1984, 312 = NJW 1984, 982): L war alleiniger Liquidator einer KG. Ein Finanzamt F bedrängte den L und drohte mit einer Zwangsversteigerung seines Hauses. Die KG hatte im Zuge der Liquidation Schiffe verkauft und konnte einen Millionenbetrag als Kaufpreis verlangen. Wegen seiner Steuerschulden erklärte L die Abtretung dieses Kaufpreisanspruchs an das Finanzamt F und sandte noch eine von ihm selbst gezeichnete Erklärung der Gesellschaft hinterher: »Wir erkennen die Abtretungserklärung des Herrn L an und genehmigen sie. Firmenstempel. Unterschrift L.« Die Gesellschaft wollte dann die Abtretungserklärung nicht gelten lassen. Der *BGH* befand: »Eine Gesellschaft ist an liquidationsfremde Geschäfte ihres Liquidators nicht gebunden, wenn der Geschäftsgegner wußte oder wissen mußte, daß sich das Geschäft nicht mehr im Rahmen des Liquidationszwecks hielt.« War der Geschäftsgegner dagegen gutgläubig, so ist er nach Auffassung des *BGH* geschützt, obwohl die Vertretungsmacht fehlte.

Diese Rechtsprechung gelangt von einem verfehlten Ausgangspunkt zu vernünftigen Ergebnissen[147]. Man muß nur ihr Konzept vom Kopf auf die Füße stellen, um das Prinzip zu erkennen: Pflichtwidriges Vertreterhandeln, wozu auch der Verstoß gegen den Liquidationszweck gehört, macht den Liquidator im Innenverhältnis schadensersatzpflichtig, ist aber kein Handeln ohne Vertretungsmacht, sondern nur ein Mißbrauch der Vertretungsmacht (unten, § 11 V 4d). Inwieweit ein solcher Mißbrauch nach außen gegenüber dem Geschäftspartner durchschlägt, richtet sich nach den allgemeinen zivilrechtlichen Regeln, also nach der Schutzwürdigkeit des Geschäftspartners (dazu unten, § 10 II 2). Nicht anders sollte auch im Gründungsstadium entschieden werden: Die Vertretungsmacht des Vorstands oder Geschäftsführers einer Vor-AG oder Vor-GmbH ist nicht auf Gründungsgeschäfte beschränkt (unten, § 11 IV 2 b).

c) Als *Fazit* kann festgehalten werden, daß weder die Rechtsfähigkeit noch die Handlungsfähigkeit des Verbandes durch dessen Zweck begrenzt wird. Alle Körperschaften und rechtsfähigen Personengesellschaften genießen umfassende Rechts- und Handlungsfähigkeit. Das folgt nicht aus irgendwelchen zwingenden Rechtskonstruktionen, sondern aus der Verkehrsschutzfunktion der Rechtsfähigkeit.

147 Eingehend *Karsten Schmidt*, AcP 174 (1974), 55 ff.; AcP 184 (1984), 529 ff.

§ 9 Das Durchgriffsproblem*

I. Grundlagen

1. Gegenstand der Diskussion

a) Als Durchgriff pflegt man eine Methode zu bezeichnen, mit der die rechtliche Selbständigkeit einer Rechtsperson beiseitegeschoben, also gleichsam hinwegfingiert wird. *Rechtspolitisch* geht es darum, Konsequenzen oder vermeintliche Konsequenzen auszuschalten, die sich aus der Selbständigkeit des Rechtsträgers ergeben. Das *juristische* Problem besteht darin, unter welchen Voraussetzungen Rechtsverhältnisse und rechtlich relevante Tatsachen über die Grenzen des Rechtsträgers hinweg zugerechnet werden sollen. Hier hat sich eine ständige Rechtsprechung herausgebildet, die von folgendem, meist stereotyp formulierten Grundsatz ausgeht: Es dürfe zwar über die

---

* Literatur (Auswahl): *Bitter*, Konzernrechtliche Durchgriffshaftung bei Personengesellschaften, 2000; *Boujong*, Das Trennungsprinzip des § 13 II GmbHG und seine Grenzen ..., in: Festschrift Odersky, 1996, S. 739; *Ehricke*, Zur Begründbarkeit der Durchgriffshaftung in der GmbH, insbesondere aus methodischer Sicht, AcP 199 (1999), 257; *Flume*, Juristische Person, § 3; *Geißler*, Stillstand oder Geltungsverlust für die Durchgriffshaftung im Recht der GmbH? GmbHR 1993, 71; *Hachenburg/Mertens*, Anh. zu § 13; *Hueck*, § 35 IV 2; *Hüffer*, § 31/3; *Kübler*, § 23; *Raiser*, Kapitalgesellschaften, § 29; *Wiedemann* I, § 4 III; *Bauschke*, Durchgriff bei juristischen Personen, BB 1975, 1322; *Benne*, Haftungsdurchgriff bei der GmbH, 1978; *Coing*, Zum Problem des sog. Durchgriffs bei juristischen Personen, NJW 1977, 1793; *Diez*, Die Erstreckung vertraglicher Schuldverhältnisse von der GmbH auf ihre Gesellschafter, 1994; *Drobnig*, Haftungsdurchgriff bei Kapitalgesellschaften, 1959; *Drüke*, Die Haftung der Muttergesellschaft für Schulden der Tochtergesellschaft, 1990; *Elsing*, Erweiterte Kommanditistenhaftung und atypische Kommanditgesellschaft, 1977; *Franzmann*, Die sog. Durchgriffstatbestände im Privatrecht als Problem einer interessengerechten Risikoverteilung, 1984; *Hofmann*, Zum »Durchgriffs«-Problem bei der unterkapitalisierten GmbH, NJW 1966, 1941; *Hübner*, Der Durchgriff bei juristischen Personen im europäischen Gesellschafts- und Unternehmensrecht, JZ 1978, 703; *Kübler*, Haftungstrennung und Gläubigerschutz im Recht der Kapitalgesellschaften, in: Festschrift Heinsius, 1993, S. 397; *Georg Kuhn*, Haften die GmbH-Gesellschafter für Gesellschaftsschulden persönlich? in: Festschrift Rob. Fischer, 1979, S. 351; *Ottmar Kuhn*, Strohmanngründung bei Kapitalgesellschaften, 1964; *Lehmann*, Das Privileg der beschränkten Haftung ..., ZGR 1986, 345; *Litschen*, Die juristische Person im Spannungsfeld zwischen Norm und Interne, 1999; *Merkt*, US-amerikanisches Gesellschaftsrecht, 1991, Rdnrn. 315 ff.; *Justus Meyer*, Haftungsbeschränkung im Recht der Handelsgesellschaften, 2000; *Müller-Freienfels*, Zur Lehre vom sogenannten »Durchgriff« bei juristischen Personen im Privatrecht, AcP 156 (1957), 522; *Mummenhoff*, Zur Alleinhaftung juristischer Personen, in: Arbeitsrecht und Zivilrecht in Entwicklung Festschrift Hyung-Bae Kim, 1995, S. 155;

juristische Person nicht leichtfertig hinweggegangen werden[1], aber dies sei eben doch möglich und erforderlich, wenn »die Wirklichkeiten des Lebens und die Macht der Tatsachen« ein solches Hinweggehen über die Selbständigkeit des Rechtsträgers gebieten[2]. Die Literatur spricht meist von dem der juristischen Person zugrundeliegenden »Trennungsprinzip«[3], das in Durchgriffsfällen durchbrochen wird[4]: Verband und Verbandsmitglied werden behandelt, als sei eine Trennungslinie zwischen ihnen nicht vorhanden[5].

Das Durchgriffs*problem* ist alt, die wissenschaftliche Durchgriffsdiskussion in Deutschland dagegen vergleichsweise jung. Vor allem in der Zeit nach dem Zweiten Weltkrieg wurde in Auswertung angloamerikanischer Rechtsgrundsätze – insbesondere nach Untersuchungen von *Serick* und *Drobnig* – einer längst vorhandenen deutschen Rechtsprechung eine dogmatische Grundlage nachgeschoben, die auf diese Durchbrechung des Trennungsprinzips zielte. In anschaulicher Bildersprache wird hier davon gesprochen, daß der den Rechtsträger schützende Schleier gehoben oder durchstoßen wird (lifting [oder: piercing] the corporate veil). Diese suggestive Bildersprache verdeutlicht sehr gut das rechtspolitische Anliegen der Durchgriffsdoktrin[6]:

Nacke, Die Durchgriffshaftung in der US-amerikanischen Corporation, 1989: *Nirk*, Zur Rechtsfolgenseite der Durchgriffshaftung, in: Festschrift Stimpel, 1985, S. 443; *Paschke*, Rechtsfragen der Durchgriffsproblematik im mehrstufigen Unternehmensverbund, AG 1988, 196; *Raiser*, Kapitalgesellschaften, § 29; *ders.*, Die Haftungsbeschränkung ist kein Wesensmerkmal der juristischen Person, in: Festschrift Lutter, 2000, S. 637; *Rehbinder*, Konzernaußenrecht und allgemeines Privatrecht, 1969; *ders.*, Zehn Jahre Rechtsprechung zum Durchgriff im Gesellschaftsrecht, in: Festschrift Fischer, 1979, S. 579; *ders.*, Neues zum Durchgriff unter Berücksichtigung der höchstrichterlichen Rechtsprechung, in: Freundesgabe Kübler, 1997, S. 439; *Reiner,* Unternehmerisches Gesellschaftsinteresse und Fremdsteuerung, 1995; *Reinhardt*, Gedanken zum Identitätsproblem bei der Einmanngesellschaft, in: Festschrift Lehmann II, 1956, S. 576; *Rittner*, Die werdende juristische Person, 1973; *Schanze*, Einmanngesellschaft und Durchgriffshaftung, 1975; *ders.*, Durchgriff, Normanwendung oder Organhaftung? AG 1982, 42; *Scheel*, Konzerninsolvenzrecht, 1995; *Claudia Schmidt*, Der Haftungsdurchgriff und seine Umkehrung im internationalen Privatrecht, 1993; *Karsten Schmidt*, Zum Haftungsdurchgriff wegen Sphärenvermischung und zur Haftungsverfassung im GmbH-Konzern, BB 1985, 2074; *ders.*, Zur Durchgriffsfestigkeit der GmbH, ZIP 1994, 837; *Serick*, Rechtsform und Realität juristischer Personen, 1955 (2. unveränd. Aufl. 1980); *Stimpel*, »Durchgriffshaftung« bei der GmbH, in: Festschrift Goerdeler, 1987, S. 601; *Teubner*, Die »Politik des Gesetzes« im Recht der Konzernhaftung, in: Festschrift Steindorff, 1990, S. 261; *Unger*, Der dingliche Durchgriff, BB 1976, 290; *Vonnemann*, Haftung der GmbH-Gesellschafter bei materieller Unterkapitalisierung, 1991; *ders.*, Haftung von GmbH-Gesellschaftern wegen materieller Unterkapitalisierung, GmbHR 1992, 77; *Weitbrecht*, Haftung der Gesellschafter bei materieller Unterkapitalisierung, 1990; *Wilhelm*, Rechtsform und Haftung bei der juristischen Person, 1981; *Willburger*, Der Durchgriff auf die Gesellschafter wegen ausgeübter Herrschaftsmacht, Diss. Mainz 1994; *Georg Winter*, Die Haftung der Gesellschafter im Konkurs der unterkapitalisierten GmbH, 1973; *Wüst*, Das Problem des Wirtschaftens mit beschränkter Haftung, JZ 1992, 710.

1 *BGHZ* 20, 4, 11; 26, 31, 37; 54, 222, 224; 61, 380, 383; 78, 318, 333; 102, 95, 103; std. Rspr.; *BSG*, ZIP 1984, 1217, 1219; NJW-RR 1997, 94.

2 *RGZ* 99, 232, 234; 103, 64, 66; 104, 128, 130; 129, 50, 53f.; 156, 271, 277; *BGHZ* 10, 205, 207; 54, 222; 61, 380, 383; std. Rspr.

3 Vgl. *Wiedemann* I, § 4 I 2b; *Ottmar Kuhn*, a.a.O., S. 199ff.; *Coing*, NJW 1977, 1794.

4 Vgl. nur *Kübler*, § 23 I; *Rehbinder*, Konzernaußenrecht, a.a.O., S. 107; *Coing*, NJW 1977, 1796.

5 Vgl. die kritische Bestandsaufnahme bei *Wilhelm*, a.a.O., S. 2ff.; krit. auch *Flume*, Juristische Person, § 3 I.

6 Vgl. zu den Metaphern des US-amerikanischen Gesellschaftsrechts *Merkt*, a.a.O., Rdnr. 316; unangebrachte Kritik an der Verdeutlichungskraft dieser Bilder bei *Raiser*, in: Festschrift Lutter, a.a.O., S. 640f.; es ist gerade die auch von *Raiser* ins Zentrum gerückte Selbständigkeit, die die Durchgriffsfrage aufwirft, jeden Durchgriff aber auch von Legitimationsbedürfnissen abhängig macht.

Das als künstlich empfundene »Trennungsprinzip« wird übergangen, wo sich das Rechtsgefühl gegen die Anerkennung dieses Prinzips sträubt. Sie verdeutlicht aber zugleich auch die rechtspolitische und methodische Bedenklichkeit der Durchgriffsdoktrin, denn es verträgt sich schlecht mit einer technisch ausgereiften und auf Rechtssicherheit bedachten Privatrechtsordnung, wenn die Rechtsfigur der juristischen Person oder der Gesamthand gerade da zur Disposition gestellt wird, wo es besonders auf sie ankommt.

b) *Die im Gewande des »Durchgriffs« auftretenden Fragen* sind vielfältig. Nur einige ganz besonders typische Fragen sollen zur besseren Verdeutlichung vorausgeschickt werden:
- Kann der Gesellschafter einer GmbH u. U. persönlich für deren Verbindlichkeiten in Anspruch genommen werden?
- Kann er Zeuge im Prozeß seiner Gesellschaft sein, oder ist er als Partei zu vernehmen?
- Kann er von der GmbH ein Grundstück oder eine bewegliche Sache gutgläubig erwerben? Oder kann die Gesellschaft ein Grundstück gutgläubig erwerben, wenn zwar ihr Geschäftsführer als Vertretungsorgan, nicht aber ihr Alleingesellschafter als wirtschaftlicher Eigner gutgläubig ist?
- Kann die GmbH eine Maklerprovision verlangen, wenn sie als Grundstücksmaklerin einen Vertrag mit dem eigenen Gesellschafter vermittelt?

2. Der Problemansatz: Einheitsdoktrin oder Vielfalt der Kasuistik?

Die Durchgriffsproblematik gehört zu den schwierigsten und umstrittensten Problemkreisen des Gesellschaftsrechts. Weil das so ist, fällt schon die Ordnung des Stoffes schwer. Wer nicht in den Zufälligkeiten der auf den ersten Blick ins Auge fallenden Standardsituationen befangen bleiben will, muß sich zunächst die Breite des Problemfeldes vor Augen führen und sich von Verengungen frei machen, die durch vorgefaßte Lösungskonzepte entstanden sind. Dann wird aber auch deutlich, wie schwer das Einende des Ausgangsproblems und das Trennende der Kasuistik miteinander in Einklang zu bringen ist.

a) Das Durchgriffsproblem wird gemeinhin als ein *Problem der juristischen Person* ausgegeben. Das ist richtig, wenn man jeden Rechtsträger, der keine natürliche Person ist, als juristische Person bezeichnet, also z.B. auch die offene Handelsgesellschaft, die Kommanditgesellschaft oder den nicht eingetragenen Verein, am Ende auch die BGB-Außengesellschaft (oben, § 8 I 2, 3). Unterscheidet man dagegen zwischen den juristischen Personen und den Außen-Personengesellschaften als bloßen »Gesamthandsgemeinschaften« (oben, § 8 II, III), und sieht man beide als Rechtsträger an (oben, § 8 IV), so erweist sich, daß das Problem *bei den sog. Gesamthandsgesellschaften* ebenso auftreten kann wie bei juristischen Personen[7]. Am deutlichsten liegt

7 Richtig *John*, AcP 185 (1985), 226; zust. *Bitter*, a.a.O., S. 96.

dies auf der Hand, wenn man sich die Frage vorlegt, ob nicht die Durchgriffsprobleme der GmbH (juristische Person) sinngemäß auch bei der GmbH & Co. KG (Gesamthand) auftreten müssen.

Beispiel Nr. 1: Im Fall *BGH,* BB 1985, 77 m. Anm. *Bauschke* war über die Frage zu entscheiden, ob die Mitglieder einer GmbH & Co. KG wegen Vermögensvermengung unbeschränkt persönlich hafteten. Bei *BAG,* NJW 1991, 2923 wird die – hier allerdings nicht als Durchgriffskonstruktion eingeschätzte – Konzernhaftung des qualifiziert faktisch herrschenden GmbH-Gesellschafters auch auf die GmbH & Co. ausgedehnt. Im Fall *BSG,* ZIP 1984, 1217 ging es um die persönliche Haftung des Gründers und Gesellschafters einer unterkapitalisierten GmbH & Co. KG. Die Fälle lassen sich beliebig vermehren. *BGHZ* 102, 95 hatte über die Frage zu entscheiden, ob eine Sicherungshypothek nach § 648 BGB einzutragen ist, wenn das im Auftrag einer GmbH & Co. KG bebaute Betriebsgrundstück dem Gesellschafter gehört. Ob der Einmanngesellschafter von der eigenen Gesellschaft ein Grundstück gutgläubig erwerben kann, ob die Gesellschaft für die Vermittlung eines Vertragsschlusses mit ihm eine Maklergebühr verlangen kann usw. usw. – dies alles sind Fragen, die bei der GmbH & Co. ebenso auftreten wie bei der GmbH.

b) Mißverständlich ist es auch, wenn die Durchgriffsproblematik immer wieder als ein reines *Haftungsproblem* dargestellt und der Durchgriff als ein Sonderproblem der Verbände ohne persönliche Gesellschafterhaftung ausgegeben wird[8]. Die sog. Durchgriffshaftung ist nur ein – allerdings besonders aufsehenerregender – Teilaspekt aus dem mit dem Schlagwort »Durchgriff« bezeichneten Problemkreis. Es können sogar Durchgriffsprobleme auftreten, wo die unbeschränkte Haftung aller Gesellschafter für Gesellschaftsverbindlichkeiten völlig außer Zweifel steht.

Beispiel Nr. 2 (nach *RGZ* 136, 266): Eine oHG vermietet ein Tankstellengrundstück und verpflichtet sich in einem vertraglichen Wettbewerbsverbot, nicht selbst in der Nachbarschaft der Tankstelle Treib- und Schmierstoffe zu verkaufen. Das tut sie auch nicht. Wohl aber kaufen ihre Gesellschafter ein Nachbargrundstück, auf dem sie eine Tankstelle errichten. Hier stand die persönliche Haftung der Gesellschafter für die Gesellschaftsverbindlichkeiten fest (§ 128 HGB), aber es mußte der Inhalt der Verpflichtung geklärt werden: Traf das Wettbewerbsverbot nur die oHG mit der Folge, daß die Gesellschafter nur für etwaige Verstöße der oHG haften mußten, oder traf es auch unmittelbar die Gesellschafter selbst (dazu unten, § 49 III 2 c)?

Im Hinblick auf die Vielgestaltigkeit des Problemkreises »Durchgriff« wird vielfach zwischen dem »Haftungsdurchgriff« und dem sich viel häufiger stellenden Problem des »Zurechnungsdurchgriffs« unterschieden[9]. Diese Unterscheidung wird auch hier in den Ausführungen unter III und IV zu erkennen sein.

c) Auch wo von *Durchgriffshaftung* die Rede ist, geht es um unterschiedliche Aspekte. In erster Linie wird beim Durchgriff – und hier vor allem bei den Haftungsproblemen – an Durchgriffsentscheidungen gegen den Gesellschafter gedacht. Es sind aber verschiedene Durchgriffsrichtungen zu unterscheiden:

8 Charakteristisch *Grunewald*, Rdnr. 2 A 62, Rdnr. 2 C 183, Rdnr. 2 E 147; *Kraft/Kreutz*, B III 3 b; *Brändel*, in: GroßkommAktG, § 1 Rdnrn. 91 ff.

9 Repräsentativ *Wiedemann*, GesR I, § 4 III; *Raiser*, Kapitalgesellschaften, § 29 Rdnr. 1.

- der Durchgriff zu Lasten des Gesellschafters,
- der Durchgriff zu Lasten der Gesellschaft,
- der Durchgriff zugunsten des Gesellschafters sowie schließlich
- der Durchgriff zugunsten der Gesellschaft.

Das ändert allerdings nichts daran, daß der Schwerpunkt bei dem Durchgriff zu Lasten des Gesellschafters liegt. Fragen des »gesellschafterfreundlichen Durchgriffs« treten am deutlichsten bei der Einmanngesellschaft hervor und werden dort ausführlich behandelt (unten, § 40 III 4). Auf Fragen der Durchgriffshaftung zu Lasten der Gesellschaft wird hier unter IV 6 eingegangen.

II. Die streitenden Lehren

Die gedankliche Ordnung der Durchgriffslehren fällt deshalb schwer, weil sich Urteile und Autoren nicht immer Gewißheit über ihre *Methode* verschaffen und weil vielfach die Methode mit den im Einzelfall ausschlaggebenden *Kriterien* des »Durchgriffs« vermischt wird. Ohne Anspruch auf Vollständigkeit lassen sich in der Standardliteratur folgende wichtige Methoden unterscheiden[10]:

- *Mißbrauchslehren* (die dann teils objektive Kriterien ausreichen lassen, teils subjektive Umgehungskriterien einbeziehen),
- *institutionelle Lehren*, die der Verselbständigung des Rechtsträgers innere Grenzen ziehen,
- *Normanwendungslehren*, die differenzierte Lösungsmuster für die Anwendung einzelner Normen auf juristische Personen vorlegen.

Das Gewirr der Theorien wird noch verstärkt durch nebulöse Unterscheidungen wie die zwischen »bürgerlichrechtlichen« und »wirtschaftsrechtlichen« Lösungsmethoden[11]. Auch organisationsrechtliche Ansätze werden genannt, die jedoch einmal auf Korrekturen des Organisationsstatus zielen[12], dann wieder auf Verschuldenskriterien rekurrieren, die überhaupt nichts mit der Durchgriffslehre im allgemeinen zu tun haben, sondern nur auf die individuelle Aufhebung der Haftungsbeschränkung zugeschnitten sind[13]: die Lehre von der Erklärungshaftung[14] und von der Organisationsfehlerhaftung[15]. Es ist schwer, bei solcher Fülle von Einzelgesichtspunkten die Orientierung zu behalten, zumal Übereinstimmungen oder Unterschiede in der Begrifflichkeit nicht immer ihre Entsprechung bei den Wertungen und Ergebnissen finden. Deshalb sollte man die Methoden nicht so sehr nach dem

---

10 Vgl. umfassend *Wiedemann* I, § 4 III; *Hachenburg/Mertens*, Anh. zu § 13 Rdnrn. 28ff.; *Rehbinder*, Konzernaußenrecht, a.a.O., S. 85ff.; *Coing*, NJW 1977, 1793ff.; krit. mit Recht *Nirk*, a.a.O.
11 Vgl. *Rehbinder*, in: Festschrift Fischer, a.a.O., S. 581.
12 Vgl. *Kübler*, § 23: richterliche Korrektur privatautonomer Organisationsentscheidungen.
13 Vgl. den Überblick bei *G. Winter*, a.a.O., S. 78ff.
14 *Erman*, KTS 1959, 129ff.
15 Vgl. *Erlinghagen*, GmbHR 1962, 171ff.

rechtstheoretischen Ansatz, sondern stärker danach ordnen, wie sie sich in der *Lösung von Fällen* niederschlagen.

1. Echte Durchgriffslehren

Als echte Durchgriffslehren werden hier diejenigen bezeichnet, die bei aller Unterschiedlichkeit des dogmatischen Ansatzes wirklich über die juristische Person (oder »Gesamthand«) hinweggreifen, deren Lösungskonzept also bei dem Rechtsträger ansetzt. Im Vordergrund stehen dabei die Mißbrauchslehren und die institutionellen Durchgriffslehren. Sie beruhen auf dem Grundgedanken, daß die Selbständigkeit des Rechtsträgers (Trennungsprinzip) von der Rechtsordnung nicht in jeder Konsequenz anerkannt wird. In der praktischen Rechtsanwendung unterscheiden sich diese Lehren vor allem darin, daß sie teils subjektive Erfordernisse aufstellen, teils dagegen objektive Merkmale ausreichen lassen.

a) Als *Hauptvertreter der subjektiven Mißbrauchslehre* wird *Rolf Serick* genannt[16]. Nach *Serick* darf die Verselbständigung der juristischen Person vernachlässigt werden, wenn die Rechtsform zu unlauteren Zwecken mißbraucht wird[17]. Die Komponente subjektiver Vorwerfbarkeit ist bei diesem Ansatz unverkennbar. Wie jede Mißbrauchskonstruktion läßt sich freilich auch diese verobjektivieren. Es kommt dann nicht mehr auf eine subjektive Vorwerfbarkeit an, sondern auf eine objektiv-zweckwidrige Verwendung der juristischen Person[18]. *BGHZ* 20, 4, 13 erklärt die subjektive Mißbrauchslehre für zu eng: »Beim absichtlichen Mißbrauch der juristischen Person kann es nicht schwer fallen, die durch das Rechtssubjekt verdeckte Wirklichkeit bloßzulegen. Die Rechtsprechung hat den Durchgriff auf die hinter der juristischen Person stehenden Kräfte nicht von einem absichtlichen Mißbrauch der Rechtsfigur der juristischen Person abhängig gemacht.« Diese *objektive Variante der Mißbrauchslehre* führt hin zur *institutionellen Durchgriffslehre*, nach der ein Durchgriff geboten ist, wenn die Trennung zwischen Verband und Mitglied der Rechtsordnung widerspricht[19]. Damit ist dem Durchgriff das Odium der »Strafe« für Manipulation und Rechtsungehorsam konsequent genommen, aber man muß sich auch darüber klar sein, daß die Grenzziehung immer schwieriger und die Rechtfertigung des Durchgriffs immer problematischer wird, je weiter man sich von den subjektiven Lehren entfernt. Da hilft es auch wenig, wenn neuerdings der Blick vom institutionellen Mißbrauch mehr auf den individuellen »Mißbrauch der Gesellschafterstellung« gelenkt und dies als die wahre Botschaft der durch das »TBB«-Urteil *BGHZ* 122, 123 eingetretenen neueren Konzernhaftungsrechtsprechung

---

16 Vgl. besonders *Serick*, a.a.O., S. 38.

17 *Serick*, a.a.O., S. 203ff.; weitere Nachweise bei *Hachenburg/Mertens*, Anh. zu § 13 Rdnr. 39.

18 Charakteristisch *BGHZ* 20, 4, 13; 31, 258, 271; *BSG*, ZIP 1984, 1217, 1222; *Reinhardt*, a.a.O., S. 579ff.; *Georg Kuhn*, a.a.O., S. 154; weitere Nachweise bei *Hachenburg/Mertens*, Anh. § 13 Rdnrn. 28ff.; *Reuter*, in: MünchKommBGB, vor § 21 Rdnr. 19.

19 Vgl. *Rebinder*, Konzernaußenrecht, a.a.O., S. 119ff.; *Ottmar Kuhn*, a.a.O., S. 199ff.; in gleicher Richtung z.B. *Franzmann*, a.a.O.

angepriesen wird[20]: Gerade das vom Bundesgerichtshof aufgestellte Kriterium der Führung der Gesellschaft ohne hinreichende Rücksichtnahme mag das Rechtsgefühl befriedigen und funktioniert wohl auch als eine Justizirrtümer vermeidende Daumenregel recht gut. Ein für die Radikallösung eines Durchgriffs taugendes Merkmal ist dieser Gesichtspunkt nicht.

b) Stärker durchgesetzt hat sich die vor allem von *Müller-Freienfels*[21] angeführte *Normzwecklehre*[22]. Nach der Normzwecklehre handelt es sich bei der Durchgriffsproblematik nicht um ein generalisierbares Problem der juristischen Person, sondern es liegt ein Normanwendungsproblem vor. Man muß sich dann allerdings fragen, ob diese Normzwecklehre überhaupt eine Durchgriffslehre ist[23]. Das kann man bejahen, soweit diese Lehre sich noch mit dem Trennungsprinzip und mit den Grenzen des Rechtsträgers und nicht bloß mit der Anwendung von Einzelnormen auf diesen Rechtsträger befaßt[24]. Sie wird etwa folgendermaßen definiert[25]: »Durchgriff ist die Nichtanwendung einer Norm, die den Zuordnungs- oder Zurechnungsumfang bei der juristischen Person festlegt. Methodisch handelt es sich dabei um eine Restriktion der Trennungsnorm unter Ausfüllung durch eine andere Norm.« Eine so begriffene Normzwecklehre steht in Wahrheit der institutionellen Durchgriffslehre nahe, denn sie relativiert die institutionelle Tragweite des Trennungsprinzips. Eingeschränkt wird nur »die abstrakt-generell alle Tatbestände der juristischen Person erfassende Norm«[26], und dies ist das Trennungsprinzip oder eine dieses Prinzip verdeutlichende Norm (z.B. § 13 II GmbHG). Der Gegensatz zur institutionellen Lehre oder zur objektiven Mißbrauchslehre liegt dann weniger in der Lösung von Fällen als im rechtsdogmatischen Verständnis der juristischen Person begründet. *Müller-Freienfels* geht von der von *Hans Julius Wolff*[27] herausgearbeiteten Deutung aus, nach der die juristische Person nicht ein rechtliches Ganzes ist, sondern nur eine »konstruktive Abbreviatur«, eine gedankliche Zusammenfassung vieler einzelner Tatbestände, Beziehungen und Normen[28]. Der Betrachtung der juristischen Person als einer bloßen Denkfigur entspricht von vornherein der Gedanke einer nur relativen Rechtsfähigkeit[29]. Der Brückenschlag von der Figur des Rechtssubjekts zur Anwendung von Einzelnormen muß nach diesem Ansatz als ein geradezu zwingendes Gebot erscheinen. Was nach den meisten Durchgriffslehren wie ein Sündenfall wider das »Trennungsprinzip« aussieht, erscheint als eine konsequente Besinnung auf das Wesen der Rechts-

20 So *Bitter*, a.a.O., S. 522ff., 565f.; *ders.*, WM 2001, 2133.
21 AcP 156 (1957), 522ff.
22 Dafür z.B. *Kübler*, § 23 I; *Schanze*, a.a.O., S. 102ff.; vgl. auch *Soergel/Hadding*, vor § 21 Rdnr. 39; krit. *Reuter*, in: MünchKommBGB, vor § 21 Rdnr. 20.
23 Dazu *Flume*, Juristische Person, § 3 I.
24 S. auch *Wilhelm*, a.a.O., S. 8.
25 *Rehbinder*, in: Festschrift Fischer, a.a.O., S. 580.
26 *Rehbinder*, in: Festschrift Fischer, a.a.O., abl. *Flume*, Juristische Person, § 3 I.
27 Organschaft und juristische Person, 1933/1934.
28 *Müller-Freienfels*, AcP 156 (1957), 529.
29 Vgl. *Müller-Freienfels*, AcP 156 (1957), 530: »Die ›Relativität‹ der Denkfigur ›juristische Person‹ ist soweit eine einfache Notwendigkeit.« Insofern ähnlich *Ottmar Kuhn*, a.a.O., S. 199ff.; *Rittner*, a.a.O., S. 272ff.; *Lutter*, ZGR 1982, 254.

fähigkeit, die eben von vornherein keine technisch umfassende Rechtssubjektivität hergibt. Thema bleiben aber auch nach dieser Lehre die Grenzen der Zuordnungssubjektivität. Hierdurch unterscheidet sie sich von den sogleich zu schildernden echten Normzwecklehren, die mit ihr – sehr zum Schaden für die Sache – terminologisch meistens gleichgesetzt werden.

c) In der Literatur überwiegen die *Mischtheorien*[30]. Schon *Serick* muß im Grunde hierher gerechnet werden, denn er unterscheidet zwei Fälle, in denen die Rechtsform der juristischen Person mißachtet werden darf[31]: »einmal, wenn sie zu unlauteren Zwecken mißbraucht wird, und zum anderen, wenn es gilt, gewisse Normen mit der juristischen Person zu verknüpfen«. *Eckard Rehbinder*[32] unterscheidet zwischen solchen Lösungen, die als »Sonderrecht der juristischen Person« anzusehen sind (Durchgriffslösung), und den »über die juristische Person hinaus generalisierbaren Normen« (Normzwecklösung). Diese vermittelnden Lehren entfernen sich bisweilen schon deutlich vom Ansatz der Durchgriffslehre, aber sie sind dieser Lehre doch insofern verhaftet, als sie noch nach der Relativierung des Rechtssubjekts fragen.

2. Zurechnungs-, Auslegungs- und echte Normzweckmethoden

a) Von ganz anderer Art ist der vor allem von *Erich Schanze*[33] unternommene Versuch einer »vom Durchgriffsdenken gelösten Zurechnung«. Hier wird der »Durchgriff« wirklich nicht mehr als eine Durchbrechung der Rechtspersönlichkeit oder als eine Rückbesinnung auf die Relativität der Rechtsfähigkeit begriffen, sondern das Nebeneinander des Verbandes und seiner Mitglieder ist nur mehr der Anlaß für Zurechnungs-, Auslegungs- und Normanwendungsprobleme[34]. Dies wird – bei Unterschieden im einzelnen – auch der Hauptansatzpunkt der hier vertretenen Lösung sein.

b) Eine weitere, von *Jan Wilhelm* vertretene Aufassung lehnt das Institut des Durchgriffs generell ab. *Wilhelms* Ansatz basiert auf demjenigen seines Lehrers *Flume*. Mit ihm ist sich *Jan Wilhelm* darin einig, daß es ein »Trennungsprinzip« zwischen der juristischen Person und ihren Mitgliedern ebensowenig gibt wie eine Überwindung dieses »Trennungsprinzips« im Wege des »Durchgriffs«[35]. *Wilhelm* will die Durchgriffsdiskussion dadurch erledigen, daß er die juristische Person nicht vernachlässigt, sondern im Gegenteil mit ihrer Verselbständigung Ernst macht[36]. Der Sache nach läuft diese überaus kompliziert entwickelte Lehre darauf hinaus, daß die angeb-

30 Vgl. nur *Hueck*, § 35 IV 2 c; *Raiser*, Kapitalgesellschaften, § 29 Rdnrn. 3f., 19ff.
31 *Serick*, a.a.O., S. 203.
32 *Rehbinder*, in: Festschrift Fischer, a.a.O., S. 583.
33 A.a.O., S. 102ff.
34 Teilweise ähnlich schon *Rittner*, a.a.O., S. 275, bei grundsätzlicher Anknüpfung an die Lehre von *Müller-Freienfels*; eingehend *Hachenburg/Mertens*, Anh. § 13 Rdnrn. 1, 3ff., 46ff.
35 *Flume*, Juristische Person, § 3 I; teilweise in ähnlicher Richtung nach Durchsicht des positivrechtlichen Instrumentierung *Ehricke*, AcP 199 (1999), 146ff.
36 *Wilhelm*, a.a.O., passim.

lichen Durchgriffsprobleme teils in differenzierter Normanwendung, teils aus dem gesellschaftsrechtlichen Innenverhältnis gelöst werden. Auch diese Lehre hat Spuren im vorliegenden Werk hinterlassen.

3. Stellungnahme

a) Man sollte nicht generell sagen, daß es den Durchgriff im Gesellschaftsrecht »gibt« oder »nicht gibt«. Durchgriffs*probleme* gibt es sicherlich in dem Sinne, daß bestimmte Fallkonstellationen die Frage aufwerfen, ob man die juristische Person (oder Gesamthand) bei der Rechtsanwendung stets streng von ihren Mitgliedern trennen und den Mitgliedern alle damit regelmäßig verbundenen Rechtsfolgen belassen soll. Unbestrittenermaßen gibt es Fälle, bei denen diese vermeintlich zwingenden Rechtsfolgen der juristischen Verselbständigung den Mitgliedern unverdiente Vorteile – nach Lage des Falls aber auch einmal unverdiente Nachteile – bringen. Mit *Flume*[37] läßt sich sagen, daß Durchgriffsprobleme darin bestehen, die Zugehörigkeit der Mitglieder zu einem Verband auch in schwierigen Fällen rechtlich zu bewältigen. Dazu bedarf es aber nicht der bei der Rechtsfigur der juristischen Person ansetzenden Durchgriffs*methode*, mit der der verselbständigte Rechtsträger entweder weggedacht oder als nur relativ rechtsfähiges Zurechnungssubjekt begriffen wird.

b) In *grundsätzlicher Hinsicht* muß zunächst auf die Ausführungen zur Relativität der Rechtsfähigkeit verwiesen werden (oben, § 8 V 1). Wenn es richtig ist, daß die Rechtsfigur der juristischen Person (und der zum Rechtsträger verselbständigten »Gesamthand«) in einem ausgereiften Privatrecht in hohem Grade technisch verfestigt ist, geht es nicht an, diese Verfestigung von Fall zu Fall wieder in Frage zu stellen. Der juristischen Person (oder Gesamthand) wird in den sog. Durchgriffsfällen nichts von ihrer Rechtssubjektivität genommen: Sie bleibt Eigentümerin, Vertragspartnerin, Schuldnerin, Prozeßpartei, Insolvenzschuld usw. Wer etwa neben der GmbH auch ihren Gesellschafter aufgrund »Durchgriffs« in Anspruch nehmen will, muß gegen zwei Rechtssubjekte klagen, eben weil zwei Rechtssubjekte vorhanden sind. Und weil dies der Fall ist, wird das Gericht nur dann beide Beklagten verurteilen können, wenn Ansprüche gegen beide begründbar sind. Die Durchgriffsproblematik beruht geradezu auf der Trennung der Rechtssubjekte. Wer Durchgriffsprobleme zu lösen vorgibt, indem er einen Rechtsträger im entscheidenden Moment ausblendet, verdeckt ohne Not den aufzulösenden Wertungskonflikt. Ihn und die die Problemstellung leitenden Kriterien unverdeckt zu lassen, ist jedoch ein Gebot juristischer Seriosität. Die Differenzierungsmöglichkeiten des geltenden Rechts sind so groß, daß Durchgriffs*probleme* in aller Regel ohne die Durchgriffs*methode* bewältigt werden können. Vor allem die Haftungsprobleme bei Konzernherrschaft, Vermögensvermischung und Unterkapitalisierung werden dies zeigen (dazu

37 Juristische Person, § 3 II.

alsbald unter IV 3 und 4 sowie unten, § 39 III 4). Ob dann der eine oder andere Betrachter die so gefundenen Ergebnisse doch als »Durchgriff« bezeichnen will, weil ein Durchgriffs*problem* gelöst worden ist, ist dann nur noch ein terminologisches Problem und kein Sachproblem mehr.

c) Besonders deutlich wird sich dies bei der *Durchgriffshaftung* zeigen (dazu unter IV). Bei ihr wird nämlich klar zwischen denjenigen Haftungstatbeständen unterschieden werden müssen, die noch durch Einzelausgleich und Schadensersatz bewältigt werden können, und denjenigen, die zu einer Negation der Haftungsbeschränkung als solcher führen. Wo diese letzte Stufe erreicht ist, ist es nur noch eine Frage der Rechtstechnik, ob wir von einem Durchgriff sprechen oder nicht.

III. Charakteristische Zurechnungs-, Auslegungs- und Normanwendungsfälle

Ohne Anspruch auf Vollständigkeit soll hier nur an wichtigen Standardproblemen gezeigt werden, wie Durchgriffsprobleme ohne Durchgriffsmethode gelöst werden können. Dabei wird sich zeigen, daß die Rechtsprechung, so viel auch vom »Durchgriff« die Rede ist, der hier vertretenen Methode vielfach näher steht als den echten Durchgriffsmethoden[38]. Der sog. »Zurechnungsdurchgriff« setzt – anders als die unter II 1b dargestellten Lehren – nicht bei der Anerkennung oder Nichtanerkennung des Rechtsträgers an, sondern bei der jeweils in Rede stehenden vertraglichen oder gesetzlichen Zurechnungsregel.

1. Vertragsprobleme

Fälle der vertraglichen Pflichten und der vertraglichen Haftung können oft nur unter Berücksichtigung der Tatsache gelöst werden, daß ein Verband als Rechtsträger eingeschaltet ist.

Beispiel Nr. 3: Wer eine Aktie oder einen GmbH-Geschäftsanteil verkauft, haftet nicht wie ein Unternehmensverkäufer, wenn das Unternehmen Mängel aufweist; anders jedoch, wenn alle Anteile verkauft werden, obwohl sich der Vorgang auch hier als Anteilsübertragung und nicht als Unternehmensübertragung vollzieht (eingehend Handelsrecht, § 6 II 2). Entgegen *BGHZ* 20, 4, 13 und 65, 246, 251 ist dies kein Durchgriff, sondern eine sachgerechte Anwendung der Unternehmenskaufregeln auf einen Vorgang, der schuldrechtlich-wirtschaftlich Unternehmenskauf ist[39].

Beispiel Nr. 4 (nach *BGHZ* 59, 64; dazu auch unten, § 49 III 2c): Eine Josef K KG durfte kraft Vertrages ein Gelände ausbeuten. Im Vertrag hieß es: »In einem Umkreis von 1 km

38 Ganz ähnlich zum folgenden *Raiser*, Kapitalgesellschaften, § 29 Rdnrn. 5ff.; *Rehbinder*, in: Freundesgabe Kübler, a.a.O., S. 503ff.

39 Richtig *Wilhelm*, a.a.O., S. 26; s. auch *Rittner*, a.a.O., S. 275; *Reuter*, in: MünchKommBGB, vor § 21 Rdnr. 23.

um das hier fragliche Auskiesungsgelände darf die Firma K keine Auskiesung ohne Zustimmung des Verpächters betreiben.« Dies geschah auch nicht, aber die Gesellschafter gründeten eine Sand- und Kiesbaggerei GmbH. Im Anschluß an *RGZ* 136, 266 gibt der *BGH* den »unmittelbaren Zugriff auf die Gesellschafter selbst« frei. Diese Methode bleibt undeutlich. Der *BGH* stellt teils auf den Sinn und Zweck der Sperrbezirksklausel, teils auf § 242 BGB, teils auf § 128 HGB ab. »Der diesem Anspruch entsprechenden Unterlassungspflicht können sich die Gesellschafter nicht dadurch entziehen, daß sie nicht persönlich, sondern im Rahmen einer anderen Gesellschaft tätig werden ... Jede andere rechtliche Beurteilung würde der Umgehung der persönlichen Unterlassungspflicht der Gesellschafter Tür und Tor öffnen.« Die spezifische Schwierigkeit des Falls lag in der doppelten »Durchgriffs«-Problematik, denn es wurde sowohl objektiv (Inhalt der Unterlassungspflicht) als auch subjektiv (Schuldnerschaft auch der Gesellschafter) auf die Gesellschafter »durchgegriffen«. Die Lösungs*methode* ist aber nicht die des Durchgriffs (auch dazu unten, § 49 III 2c)[40]. Noch deutlicher ist dies in unserem

Beispiel Nr. 5 (nach *BGHZ* 89, 162; dazu *Löffler*, NJW 1986, 223ff.; *Wiedemann/Hirte*, ZGR 1986, 223ff.): Die Klägerinnen waren als Erbinnen des Unternehmensgründers zu 20% an einer GmbH & Co. KG beteiligt. 80% des Kommanditkapitals und des Stammkapitals der Komplementär-GmbH befanden sich in der Hand einer ausländischen Gesellschaft (M-Ltd.), und diese war Konzerntochter der Beklagten. Die Beklagte hatte ein Konkurrenzunternehmen gegründet und wurde nun von den Klägerinnen wegen Verstoßes gegen das Wettbewerbsverbot des § 112 HGB in Anspruch genommen. Gewiß unterlag hier die Komplementär-GmbH diesem Wettbewerbsverbot, aber galt dasselbe für deren ausländische Gesellschafterin (die M-Ltd.) und gar für die von der GmbH noch weiter entfernte Beklagte? Der *BGH* hob hervor, daß das Wettbewerbsverbot Ausdruck der Gesellschafter-Treupflicht ist und daß es für diese nicht auf die »äußere«, sondern auf die »innere« Stellung des verpflichteten Gesellschafters ankommt. Das ist nicht Durchgriff, sondern teleologische Normanwendung. Der Leitsatz des Urteils lautet: »Einem Wettbewerbsverbot kann auch unterliegen, wer in einer Kommanditgesellschaft mit hoher Mehrheit sowohl am Kommanditkaptial als auch am Kapital der Komplementär-GmbH beteiligt ist und aufgrund dieser mehrheitlichen Beteiligungen die Gesellschaft beherrscht. Ist dieser Gesellschafter eine Holding-Gesellschaft, deren sich ihre Muttergesellschaft beim Erwerb jener Mehrheitsbeteiligungen bedient hat, so kann das Wettbewerbsverbot auch gegenüber der Muttergesellschaft durchgreifen.«

Beispiel Nr. 6 (nach *BGHZ* 54, 222 = JZ 1970, 687 m. Anm. *Karsten Schmidt*): Zur Erleichterung der vertraglichen Beziehungen hatten die einzelnen Benutzer eines Kleingartengeländes nicht je einzelne Pachtverträge mit dem Verpächter geschlossen, sondern einen rechtsfähigen Verein zwischengeschaltet, den »M-Koppel e. V.«. Dieser Verein schloß einen Hauptpachtvertrag mit dem Verpächter und Unterpachtverträge mit den einzelnen Kleingärtnern. Nach zwölf Jahren bemühte sich der Verpächter um eine erhebliche Erhöhung des Pachtzinses. Der Verein wurde hierzu rechtskräftig verurteilt. Da er die erhöhte Pacht nicht an seine Mitglieder, die Kleingärtner, weiterleitete, wurde der Verein insolvent; eine Konkurseröffnung wurde mangels Masse abgelehnt, und der Verein löste sich auf. Der Verpächter ließ die angeblichen erhöhten Unterpachtforderungen des Vereins gegen die Mitglieder pfänden und sich überweisen (§§ 829, 835 ZPO). Der *BGH* hielt die hierauf gestützte Klage aufgrund Haftungsdurchgriffs für begründet: Zwar dürfe über die Rechtsfigur der juristischen Person nicht leichtfertig hinweggegangen werden, aber anderes müsse gelten, »wenn die Anwendung dieses Grundsatzes zu Ergebnissen führen würde, die mit Treu und Glauben nicht in Einklang stehen, und wenn die Ausnutzung der rechtlichen Verschiedenheit zwischen der juristischen Person und den hinter ihr stehenden natürlichen Personen einen Rechtsmißbrauch bedeutet«. Der *BGH*

40 Richtig *Rehbinder*, in: Festschrift Fischer, a.a.O., S. 600; *Reuter*, in: MünchKommBGB, vor § 21 Rdnr. 24.

hielt deshalb die Unterpächter je anteilig für zahlungspflichtig. Diesem Ergebnis, nicht aber der Durchgriffsbegründung, ist zuzustimmen[41]. Die Lösung ergab sich schlicht aus dem Treuhandcharakter des Vertragsverhältnisses, denn nur als Treuhänder war der Verein zwischengeschaltet. Die Mitglieder mußten ihm deshalb nach § 670 BGB die Aufwendungen, d.h. die auf sie entfallenden Anteile an der Hauptpacht, erstatten.

Die Beispiele lassen sich endlos vermehren, und zwar bis in das Prozeßrecht hinein. Ob z.B. eine Schiedsgerichtsvereinbarung der Gesellschaft mit einem Vertragspartner auch gegen die Gesellschafter wirkt[42], ist ein Durchgriffsproblem, aber die Lösung ist auf der Schiedsvertragsebene zu suchen.

2. Normanwendungsprobleme

Auch Probleme, die sich bei der Anwendung von Rechtsnormen stellen, lassen sich ohne Durchgriff lösen, wenn man nur darauf achtet, wie diese Normen im Hinblick auf das Nebeneinander der juristischen Person und ihrer Mitglieder angewandt werden müssen. Bisweilen hilft der Gesetzgeber selbst. So erhält nach § 116 1 Nr. 2 ZPO eine juristische Person oder parteifähige Vereinigung *Prozeßkostenhilfe* nur, wenn die Kosten des Rechtsstreits weder von ihr noch von den am Gegenstand des Rechtsstreits wirtschaftlich Beteiligten aufgebracht werden können. Auch bei der Insolvenzanfechtung hat der Gesetzgeber – anders als noch unter der Geltung der Konkursordnung[43] – klargestellt, daß maßgeblich beteiligte Gesellschafter in der Insolvenz der Gesellschaft als »nahestehende Personen« einbezogen werden können. Ähnliches gilt im Kapitalersatzrecht, das außer Gesellschaftern auch nahestehende Dritte einbezieht (§ 32a III 1 GmbHG), und das Aktiengesetz kennt zahlreiche Zurechnungstatbestände unter Konzerngesellschaften (z.B. §§ 56 III, 71d, 136 III, 151 AktG). In einer Vielfalt anderer Fälle aber hat der Gesetzgeber auftretende Durchgriffsprobleme unentschieden gelassen.

a) Auf dem Schnittpunkt zwischen Vertragsauslegung und Normanwendung liegen zunächst die *Maklerfälle*[44]:

Beispiel Nr. 7 (nach *BGH*, NJW 1974, 1130): Die M-GmbH betreibt das Maklergewerbe, die W-GmbH ist ein Wohnungsbauunternehmen. Beide gehören zu derselben Unternehmensgruppe. Die von der W-GmbH errichteten Eigenheime können aufgrund eines Alleinauftrags nur über die M-GmbH als Maklerin erworben werden. Im Anschluß an seine ständige Rechtsprechung (*BGH*, NJW 1971, 1839; 1973, 1649) entschied der *BGH*, daß die enge Verflechtung der beiden Gesellschaften einen Provisionsanspruch ausschließt. Diese meist als Durchgriffsrechtsprechung geschilderte Praxis befaßt sich in Wahrheit mit

41 Vgl. außer meiner Anm. (JZ 1970, 689) auch *Rehbinder*, in: Festschrift Fischer, a.a.O., S. 602; *Wilhelm*, a.a.O., S. 317 Fußn. 125; *Reuter*, in: MünchKommBGB, vor § 21 Rdnr. 38.

42 Zum Streitstand *Karsten Schmidt,* BB 2001, 1875.

43 Vgl. zum Durchgriffsproblem im alten Konkursrecht noch *BGHZ* 58, 20 und dazu hier in der 3. Aufl., § 9 III 2e.

44 Ausführlich dazu *Wilhelm*, a.a.O., S. 48ff.; *Franzmann*, a.a.O., S. 100ff.; *Hachenburg/Mertens*, Anh. zu § 13 Rdnrn. 62ff.; *Rehbinder*, in: Freundesgabe Kübler, a.a.O., S. 504; *Dehner*, NJW 1993, 2225f.

einem schlichten Normanwendungsproblem[45]. Von einer Nachweis- oder Vermittlungstätigkeit i. S. des § 652 BGB kann nur gesprochen werden, wenn der Makler einen Vertrag mit einem Dritten zustandebringt. So wenig, wie wenn der Makler einen Vertragsschluß mit seiner Ehefrau zustande bringt, kann eine Makler-GmbH für den Vertragsschluß mit einer eng verflochtenen Gesellschaft eine Provision verlangen (zust. *OLG Karlsruhe*, NJW-RR 1995, 1136).

Beispiel Nr. 8: Auch umgekehrt, d. h. auf der Auftraggeberseite, können sich Durchgriffsprobleme der hier geschilderten Art ergeben. In Fällen *BGH*, ZIP 1995, 1755 und *OLG Stuttgart*, NJW-RR 1995, 1136 hatte die beklagte GmbH der klagenden Maklerin einen Maklerauftrag erteilt, aber die Objekte waren dann von einer anderen GmbH erworben worden, die von denselben Gesellschaftern wie die Beklagte gegründet worden war (vgl. auch bereits *BGH*, NJW 1984, 358). Der *BGH* und das *OLG Stuttgart* machen jetzt mit dieser Möglichkeit Ernst: »Wird das einer GmbH durch einen Makler nachgewiesene Grundstück durch eine andere GmbH erworben, die von denselben Gesellschaftern mit demselben Gesellschaftszweck später gegründet worden ist, so erwächst dem Makler daraus ein Provisionsanspruch gegen die erstgenannte GmbH« (*BGH*, ZIP 1995, 1755). Und: »Eine feste, auf Dauer angelegte ... Beziehung zwischen dem Auftraggeber des Maklers und einem der Vertragspartner des Hauptvertrags ... liegt auch dann vor, wenn hinter der auftragerteilenden GmbH und der den Hauptvertrag abschließenden GmbH dieselben natürlichen Personen als Gesellschafter und Geschäftsführer stehen« (*OLG Stuttgart*, NJW-RR 1995, 1136). Die Zurechnungsmethode läßt mit aller Klarheit erkennen, daß als Schuldnerin nur die Beklagte in Betracht kam, aber der Grundstückserwerb ihrer Schwestergesellschaft war ihr zuzurechnen.

b) Ähnliches gilt für die *Sicherung eines Werkunternehmers*:

Beispiel Nr. 9 (nach *BGHZ* 102, 95): Der Beklagte B war mit 95 % an einer GmbH & Co. KG beteiligt. Diese Gesellschaft ließ von der Klägerin Bauarbeiten auf einem dem B gehörenden, von der KG genutzten Betriebsgrundstück durchführen. Über das Vermögen der KG wurde das Konkursverfahren eröffnet. Die Klägerin meinte, B müsse sich wie der Besteller behandeln lassen und deshalb die Eintragung einer Bauwerksicherungshypothek nach § 648 BGB dulden. Der *Bundesgerichtshof* setzte sich mit der Frage auseinander, ob man den Bestellerbegriff bei § 648 BGB »wirtschaftlich« sehen könne. Das wird aus Gründen der Rechtssicherheit verneint, worauf dann § 242 BGB herangezogen und wieder der Grundsatz berufen wird, »die Wirklichkeit des Lebens und die Macht der Tatsachen« könne es gebieten, daß sich der Richter über die Verschiedenheit von Besteller und Eigentümer hinwegsetzt. Der Formulierung nach ist dies eine klassische Durchgriffsentscheidung, der Sache nach ein klarer Normanwendungsfall: Der *Bundesgerichtshof* behandelt den Gesellschafter im Ergebnis als Besteller i. S. von § 648 BGB, wenn er die Gesellschaft beherrscht und ihr das Grundstück für Betriebszwecke zur Verfügung gestellt hat. Ähnlich würde er wohl für das Werkunternehmerpfandrecht bei einer beweglichen Sache entscheiden (vgl. § 647 BGB).

c) Charakteristische Zurechnungsfälle treten auch im *Versicherungsrecht* auf:

Beispiel Nr. 10 (vgl. *Georg Kuhn*, a. a. O., S. 356 m. w. N.): Nach § 61 VVG ist der Versicherer von der Leistungspflicht frei, wenn der Versicherungsnehmer den Versicherungsfall vorsätzlich oder durch grobe Fahrlässigkeit herbeiführt. Ist der Versicherungsnehmer eine Einpersonen-GmbH, und ist der schuldhaft Handelnde ihr Geschäftsführer, so muß sich die Gesellschaft dieses Verschulden nach § 31 BGB zurechnen lassen. Aber auch wenn ein nicht geschäftsführender Alleingesellschafter gehandelt hat, verliert die

---

45 *Reuter*, in: MünchKommBGB, vor § 21 Rdnr. 29; *Scholz/Emmerich*, § 13 Rdnr. 70.

Gesellschaft ihren Versicherungsschutz. Das ergibt sich aus dem Sinn und Zweck des § 61 VVG (zu eng *Reuter*, in: MünchKommBGB, vor § 21 Rdnr. 28).

d) Eindeutige Normanwendungsprobleme sind sodann die *Durchgriffsfälle beim gutgläubigen Erwerb*[46]:

Beispiel Nr. 11 (in Anlehnung an *RGZ* 119, 126): Eine Hypothek auf dem Grundstück des A ist gelöscht worden, und zwar zu Unrecht. Die Beteiligten glauben, die Hypothek bestehe wirklich nicht mehr. A veräußert das Grundstück an die A-AG, deren einziger Aktionär er ist. Ist nun die zu Unrecht gelöschte Hypothek durch gutgläubig lastenfreien Erwerb nach § 892 BGB wirklich erloschen? Das *Reichsgericht* verneinte und argumentierte: Da die AG eine von dem Aktionär verschiedene Rechtsperson sei, spreche der Wortlaut des § 892 BGB für den gutgläubigen Erwerb. »Der Wortlaut des Gesetzes muß aber bei seiner Auslegung aus seinem Grundgedanken und Zweck ergänzt werden. Es bedarf deshalb der Prüfung, ob es bei der Auslegung einer zum Schutze des Rechtsverkehrs bei Wechsel der Rechtsinhaberschaft bestimmten Vorschrift nicht eine Überspannung der formalrechtlichen Unterscheidung zwischen den Rechtspersönlichkeiten natürlicher Personen und der einer von ihnen gebildeten Gesellschaft bedeuten würde, wenn man den öffentlichen Glauben des Grundbuchs auch zugunsten einer Aktiengesellschaft wirksam werden ließe, die beim Erwerb keine anderen Personen in sich schließt als die der Veräußerer.« An diesen Erwägungen wird sehr gut klar: Das *Problem* ist ein Durchgriffsproblem. Die Lösungs*methode* ist die einer – wenn auch im Wertungsergebnis bestrittenen[47] – teleologischen Reduktion der Gutglaubensvorschriften[48].

e) Auf gleicher Ebene liegen die Fälle der *Zurechnung von Täuschungshandlungen nach § 123 BGB*:

Beispiel Nr. 12 (nach *BGH*, NJW 1990, 1915): In einem BGH-Fall, der uns auch in einem Zusammenhang mit der fehlerhaften Anteilsveräußerung begegnet ist, (oben, § 6 V 2) ging es um die Frage, ob eine vom Alleingesellschafter einer GmbH begangene Täuschung als Täuschung eines Dritten gilt (§ 123 II BGB) oder der GmbH ebenso wie eine Täuschungshandlung ihres Geschäftsführers (unten § 10 IV 4). Der II. Zivilsenat hat die Frage mit Recht bejaht, weil sich der weisungsberechtigte Gesellschafter des Geschäftsführers als eines Werkzeugs bedient hatte (dazu auch *Kramer*, in: MünchKommBGB, § 123 Rdnr. 23).

f) Typisch für die *Zurechnung im Konzern* sind die Streitfragen um § 16 BetrAVG (Gesetz zur Verbesserung der betrieblichen Altersversorgung). Nach dieser Vorschrift hat der Arbeitgeber – meist eine Handelsgesellschaft – alle drei Jahre eine Anpassung der laufenden Leistungen der betrieblichen Altersversorgung zu prüfen und hierbei – auch unter Berücksichtigung der wirtschaftlichen Lage des Arbeitgebers – nach billigem Ermessen zu entscheiden. Gehört die Arbeitgeberin als Handelsgesellschaft einem Unternehmensverbund an, so ist und bleibt doch grundsätzlich nur sie die Arbeitgeberin, nicht etwa »der Konzern«. Wird aber die Gesellschaft von einem

46 Nachweise bei *Hachenburg/Mertens*, Anh. § 30 Rdnrn. 65f.; *Scholz/Emmerich*, § 13 Rdnr. 74; *Rehbinder*, in: Freundesgabe Kübler, a.a.O., S. 508.

47 Vgl. als Gegenansicht *Flume*, Juristische Person, § 3 II; *Wilhelm*, a.a.O., S. 266ff.; *Hager*, Verkehrsschutz durch gutgläubigen Erwerb, 1990, S. 172ff.; *Wittkowski*, Die Lehre vom Verkehrsgeschäft, 1990, S. 90ff.

48 *Staudinger/Wiegand*, vor §§ 932ff. Rdnrn. 43ff.; *Reuter*, in: MünchKommBGB, vor § 21 Rdnr. 25.

herrschenden Unternehmen aufgrund eines Beherrschungsvertrags oder im Rahmen qualifiziert faktischer Konzernherrschaft (unten, § 17 III 1, 2) straff geführt, so kann dies dazu führen, daß die wirtschaftliche Lage des Konzernverbunds insgesamt maßgeblich ist[49].

Beispiel Nr. 13 (nach *BAG*, AP Nr. 25 zu § 16 BetrAVG m. Anm. *Wiedemann*): Eine zum »Rank-Xerox«-Konzern gehörige Gesellschaft verweigerte unter Berufung auf ihre schlechte Ertragslage die Betriebsrentenanpassung. Die Konzernmutter hatte aber durch Einflußnahme auf die Mitarbeiterauswahl, durch Konzernverrechnungspreise etc. massiv auf die Betriebsführung Einfluß genommen. Das genügte dem *BAG*, um für die wirtschaftliche Lage des Arbeitgebers auf den Gesamtkonzern abzustellen. Man mag über diese »Wohlstandsnivellierung« im Konzern (*Wiedemann*, a. a. O.) unterschiedlich denken. Auffallend ist jedoch, daß auch hier ein Durchgriffsproblem mit einer normspezifischen Zurechnung gelöst wird. Bei der »Konzernhaftung« werden wir ähnliches feststellen (unten, § 39 III 4).

g) Auch *bei den Informationsrechten* (unten, § 21 III) treten Durchgriffsprobleme auf, und wiederum werden sie als Normanwendungsprobleme gelöst[50].

Beispiel Nr. 14 (nach *OLG Köln*, GmbHR 1985, 358; *OLG Hamm*, GmbHR 1986, 384; *KG*, BB 1993, 2036 m. Anm. *Ebenroth/Wilken*; *OLG Hamburg*, DStR 1994, 547): Angenommen, der Gesellschafter einer G-GmbH begehrte Informationen über eine 100%ige Tochtergesellschaft dieser GmbH, die T, so könnte die Durchgriffsmethode zu dem Ergebnis führen, daß ein direkter Informationsanspruch gegen die T bestünde. Die Praxis geht diesen Weg aber nicht (*OLG Köln*, GmbHR 1985, 358), wohl aber stellt und bejaht sie ggf. die Frage, ob zu den »Angelegenheiten der Gesellschaft« auch diejenigen ihres Tochterunternehmens gehören, so daß der Gesellschafter von der G Information über Angelegenheiten der T verlangen kann.

h) Bei der *Stimmrechtsausübung* und bei den Stimmverboten wird über den Durchgriff diskutiert[51]:

Beispiel Nr. 15 (nach *RGZ* 146, 385): V war Hauptaktionär und Vorstandsmitglied der A-AG. Da seine Entlastung als Vorstand umstritten war, versuchte V, auch die eigenen Stimmen für die Entlastung einzubringen. Nun ist – heute nach § 136 I AktG – ein Aktionär von der Stimmrechtsausübung ausgeschlossen, wenn über seine Entlastung beschlossen werden soll. Deshalb hatte V zunächst seinem Sohn Stimmrechtsvollmacht gegeben, doch war der so gefaßte Beschluß erfolgreich angefochten worden, weil das Stimmverbot auf diesem Wege nicht umgangen werden kann. Da nun neu zu beschließen war, brachte V seine Aktien in eine von ihm gegründete GmbH ein und ließ diese abstimmen. Wiederum wurde der Entlastungsbeschluß aufgehoben, und zwar mit Recht. Ablehnung verdient aber die vom *RG* angewandte Durchgriffskonstruktion[52]. Das *Reichsgericht* begründet seine Entscheidung mit einer »Gleichstellung der juristischen Person mit der hinter ihr stehenden natürlichen Person«. In Wahrheit liegt ein Normanwendungsproblem vor: Es geht um den Umgehungsschutz bei Stimmverboten (dazu unten, § 28 IV 4 b dd)[53].

---

49 Vgl. *BAG*, AP Nr. 22, 25 und 29 zu § 16 BetrAVG.
50 Nachweise bei *Scholz/Karsten Schmidt*, § 51 a Rdnr. 20.
51 Überblick bei *Wand*, ZGR 1979, 224 m. w. N.
52 Wie hier *Wilhelm*, a. a. O., S. 61; *Scholz/Karsten Schmidt*, § 47 Rdnr. 148; s. auch *Zöllner*, Die Schranken mitgliedschaftlicher Stimmrechtsmacht, 1963, S. 271 Fußn. 5.
53 Dazu *Scholz/Karsten Schmidt*, § 47 Rdnrn. 148–171; grundlegend *Zöllner*, ebd., S. 283 ff.

i) Zu den Normanwendungsproblemen gehört schließlich die *Ausdehnung handelsrechtlicher Bestimmungen auf die Gesellschafter von Handelsgesellschaften* (dazu Handelsrecht, § 18 I 1 c aa):

Beispiel Nr. 16 (nach *BGH*, WM 1986, 939 = ZIP 1986, 1457; dazu *Karsten Schmidt*, ZIP 1986, 1510): Der – wie der *BGH* unterstellte – Alleingesellschafter und Alleingeschäftsführer einer GmbH hatte sich für eine Geschäftsschuld mündlich verbürgt (vgl. § 350 HGB). Das Gericht stellte Durchgriffserwägungen an und prüfte auch, ob der Gesellschafter als Scheinkaufmann haften könne. In Wahrheit ging es um ein klassisches Normanwendungsproblem, nämlich um die Frage, ob § 350 HGB wirklich nur dem Kaufmann – das war hier die GmbH – oder auch einem geschäftsleitenden Gesellschafter den Schutz des § 766 BGB entzieht.

Wer dies richtig sieht, wird auch manches Handelsrechtsproblem bei den Personengesellschaften leicht begreifen. Können sich die Gesellschafter einer oHG oder KG z.B. formlos verbürgen (§ 350 HGB)? Die in der hergebrachten Gesamthandslehre verwurzelte herrschende Ansicht vermag hier kein Durchgriffsproblem zu erkennen, denn sie sieht die persönlich haftenden Gesellschafter selbst – allerdings auch nur sie! – als Kaufleute an[54]. Wer das Gesetz ernst nimmt, muß hier umdenken: Kaufmann und Teilnehmer am unternehmerischen Rechtsverkehr ist – wie bei der GmbH – die Handelsgesellschaft (§ 6 I HGB, vgl. Handelsrecht, § 5 I 1 b; vgl. auch unten, § 46 II 1). Die Anwendung des § 350 HGB auf die Gesellschafter ist ein Durchgriffsproblem, das sich mit Hilfe der Normzwecklehre lösen läßt: Nach dem Normzweck des § 350 HGB können sich die unbeschränkt haftenden oder geschäftsleitenden Gesellschafter formlos verbürgen[55].

3. Mißbräuchliche Rechtsausübung

Von den geschilderten Fällen sind die Fälle des Rechtsmißbrauchs zu unterscheiden. Hin und wieder sind die Gerichte gezwungen, den Gesellschaftern unter Berufung auf § 242 BGB Rechtsvorteile zu versagen, die die Gesellschafter treuwidrig aus dem Vorhandensein getrennter Rechtsträger herzuleiten suchen. Die Anwendung des § 242 BGB auf diese Fälle darf aber nicht, wie es die Durchgriffslehre will, dazu führen, daß die Trennung zwischen Verband und Verbandsmitglied einfach aufgehoben wird, wenn die gewählte Gestaltung als mißbräuchlich erscheint. Vielmehr kann dem Mitglied stets nur die Berufung auf bestimmte einzelne Tatsachen, Rechte oder Rechtsverhältnisse gemäß § 242 BGB versagt werden. Ein zweifelhafter Fall ist etwa unser

Beispiel Nr. 17 (nach *OLG Hamm*, NJW 1977, 1159 m.Anm. *Wilhelm* S. 1887 = JuS 1977, 690 m.Anm. *Karsten Schmidt*): B hatte gegen G einen Vollstreckungstitel erwirkt. G war Alleingesellschafter und Geschäftsführer der K-GmbH. Aufgrund des Titels wurde ein

54 Vgl. nur *ROHGE* 3, 432, 434f.; 14, 209, 210f.; *RGZ* 55, 121, 126; 34, 293, 296f.; 45, 282, 284; *BGH*, NJW 1980, 1572, 1574; 1982, 570; *Flume*, Personengesellschaft, § 4 II; *Staub/Brüggemann*, § 1 Rdnrn. 32ff.

55 *Karsten Schmidt*, in: MünchKommHGB, § 350 Rdnr. 10; *ders.*, ZIP 1986, 1510ff.; *Schlegelberger/Karsten Schmidt*, § 105 Rdnr. 16; *Staub/Ulmer*, § 105 Rdnrn. 77ff.

Pkw gepfändet, der auf G zugelassen war. G hatte auf Befragen erklärt, Eigentümer des Pkw sei er selbst, also nicht die GmbH. Nach der Pfändung erhob die GmbH die Drittwiderspruchsklage (§ 771 ZPO), weil sie Eigentümerin sei. Diese Klage wurde vom OLG mit Durchgriffsargumenten abgewiesen. Dem ist mindestens in der Begründung zu widersprechen. Allenfalls konnte gemäß § 242 BGB gesagt werden, daß die GmbH durch die Einlassung ihres Geschäftsführers die Befugnis verloren hatte, sich auf ihr Eigentum zu berufen (auch hiergegen *Wilhelm*, NJW 1977, 1888).

IV. Das Problem der sog. Durchgriffshaftung

1. Problemstand und Lösungsansatz

a) Die Durchgriffsdiskussion kreist vor allem um die Durchgriffshaftung. Das ist verständlich, denn wer im Zusammenhang mit der juristischen Person an einen »Mißbrauch« denkt, denkt wohl zuerst stets an die Flucht aus der persönlichen Haftung. Die Durchgriffshaftung wird vom *Bundessozialgericht* plastisch in folgenden Worten beschrieben[56]: »In diesen Fällen versagt die Berufung auf das Haftungsprivileg des § 13 II GmbHG; die haftungsausschließende Trennung zwischen Gesellschaft und Gesellschafter ist aufgehoben, die Schuldverpflichtung greift auf den Gesellschafter durch.« Folgende Fallkonstellationen sind es vor allem, die eine Durchgriffshaftung nahelegen[57]:
- die Sphärenvermischung,
- die Beherrschung der Gesellschaft,
- die Unterkapitalisierung.

In der Tat können derartige Konstellationen haftungserweiternd wirken. Die Frage ist nur, ob dies im Wege des »Durchgriffs« zu geschehen hat.

b) Auch auf dem Gebiet der Durchgriffshaftung muß klar und deutlich zwischen Durchgriffs*problemen* und Durchgriffs*lösungen* unterschieden werden. Der *Bundesgerichtshof* verfährt in diesem Punkt weitaus genauer als ein Großteil der Durchgriffsliteratur. Bei *BGHZ* 31, 258, 271 heißt es mit Recht: »Wenn der Gesellschafter aus einem besonderen Rechtsgrunde (Bürgschaft, Schuldbeitritt, Kreditauftrag, Garantievertrag, Verschulden beim Vertragsschluß oder unerlaubte Handlung) ohnehin haftet, geht es nicht um das Durchgriffsproblem.« Auch die Behandlung von kapitalersetzenden Darlehen als Haftkapital – bisweilen als eine Durchgriffsmethode bezeichnet[58] – ist gerade keine Durchgriffshaftung[59]. Treffend heißt es dazu bei *BGHZ* 81, 311, 317: »Es geht hier auch nicht um einen ›Durchgriff‹ auf das Vermögen der

56 *BSG*, ZIP 1984, 1217, 1219.
57 Vgl. *Raiser*, Kapitalgesellschaften, § 29 Rdnrn. 22ff.; *Bitter*, a.a.O., S. 103ff., 521ff.; weitere Nachweise bei *Karsten Schmidt*, ZIP 1994, 838; eingehend *Wiedemann* I, § 4 III 1, der noch den Institutsmißbrauch hinzufügt (ebenso *Lutter*, ZGR 1982, 252); der Institutsmißbrauch als dogmatisches Durchgriffskonzept paßt aber nicht in diesen Katalog.
58 Vgl. nur *Benne*, a.a.O., S. 179ff.; *G. Winter*, a.a.O., S. 66ff.
59 S. auch *Flume*, Juristische Person, § 3 III 2.

Beklagten …« Darauf wird zurückzukommen sein (vgl. zum Eigenkapitalersatz unten, § 18 III 4, § 37 IV). Dem hier vertretenen Lösungskonzept entspricht es jedenfalls, Durchgriffs*problemen* nicht auszuweichen, sie aber zu lösen, ohne die juristische Person (oder »Gesamthandsgesellschaft«) als Rechtsträgerin beiseitezuschieben.

c) Durchgriffsprobleme markieren ein rechtspolitisch wie auch rechtsdogmatisch intrikates Problemfeld. Der Mißbrauch der Haftungsbeschränkung im Gesellschaftsrecht ist ein Phänomen, dem man nicht tatenlos gegenüberstehen darf. Wer nach Herzenslust Gesellschaften m.b.H. gründet, sie im Fall eines Mißerfolgs auf Kosten der Gläubiger liquidiert und dann durch neue, schuldenfreie Gesellschaften ersetzt, muß mit haftungsrechtlichen Konsequenzen rechnen. Auf der anderen Seite muß aus Gründen der Rechtssicherheit vor einer Tendenz zur allgemeinen Billigkeitshaftung gewarnt werden, und dabei hilft eine Besinnung auf Einzeltatbestände. Es gibt keinen allgemeinen Grundsatz, nach dem die Herbeiführung einer Haftungsbeschränkung durch gesellschaftsrechtliche Formenwahl per se unerwünscht ist und aus den Angeln gehoben werden kann, sobald es auf sie wirklich ankommt. Und nicht nur das Ob einer Haftungsverschärfung bei »Durchgriffslagen« zwingt uns, das Recht unter Kontrolle zu halten, sondern auch das Wie muß sich einem Gesellschaftsrecht einfügen, das noch den an die Rechts-»Ordnung« zu stellenden Anforderungen genügt. Das nötigt zur Wachsamkeit und spricht für einen Vorrang spezieller Haftungssanktionen, bevor wirklich einmal regelrecht »durchgegriffen« wird[60]. Radikallösungen, die gleichsam aus einer Kapitalgesellschaft in jeder Hinsicht gegenüber jedermann eine oHG machen, gehen selbst in krassen Fällen über das zu lösende Durchgriffsproblem hinaus. Die Frage ist stets, in welcher Hinsicht und in welchem Umfang das Recht die Haftungsbeschränkungsinteressen von Gesellschaftern durchkreuzt.

2. Die Fälle der Sphärenvermischung

Es leuchtet ein, daß die Mitglieder einer juristischen Person oder Gesamthand die haftungsrechtliche Trennung der Vermögensmassen nur insoweit zu ihrem Vorteil in Anspruch nehmen können, als sie auch die Voraussetzungen dieser Vermögenstrennung wahren. Wo dies nicht der Fall ist, wird aber nicht einfach der Verband hinfortgedacht, sondern es können sich unterschiedliche Folgen ergeben.

a) Von einer *gegenständlichen Sphärenvermischung* (Vermögensvermengung) kann man sprechen, wenn bestimmte Gegenstände – es kann sich um ganze Vermögensmassen handeln – nicht deutlich genug dem einen oder dem

60 Dies ist wohl der Grundgedanke von *Ehricke*, AcP 199 (1999), 146ff., der für den Durchgriff wie für eine Gesamtanalogie eine »Gesetzes- bzw. Regelungslücke« verlangt (S. 273) und eine solche in allen vermeintlichen Durchgriffslagen vermißt.

anderen Vermögen zugeordnet sind[61]. Hieraus kann neben einer Beweislasterschwerung auch das Verbot folgen, die Vermögenstrennung materiellrechtlich geltend zu machen. Ob daraus eine regelrechte Durchgriffshaftung folgen kann, hat der *BGH* mit folgenden Worten offen gelassen[62]: »Die deutliche, aus den Büchern zu belegende Trennung von Gesellschafts- und Gesellschaftervermögen gehört zu den unverzichtbaren Voraussetzungen für die beschränkte Haftung, die die Gesellschafter von Rechts wegen durch die Errichtung von Kapital- oder Kommanditgesellschaften mit jeweils eigenem Gesellschaftsvermögen herbeiführen können; die zum Schutze der Gesellschaftsgläubiger erlassenen Kapitalerhaltungsvorschriften beruhen geradezu darauf, daß ein selbständiges Gesellschaftsvermögen gebildet und seinem Umfange nach vom Eigenvermögen der Gesellschafter abgegrenzt feststellbar bleibt. Daher ist, wenn die Vermögenszugehörigkeit nicht unterscheidbar ist, der Fortbestand der beschränkten Gesellschafterhaftung problematisch. Ob Sachverhalte dieser Art freilich sinnvoll mit allgemeinen Durchgriffserwägungen oder, wie auch sonst in den sogenannten ›Durchgriffs‹-Fällen, besser fallgruppenweise mit allgemeinen Rechtsgrundsätzen zu erfassen sind, kann hier dahingestellt bleiben ...« Die aus diesen Worten sprechenden Bedenken sind berechtigt. Die gegenständliche Vermögensvermengung führt *grundsätzlich* nur zu einer *gegenständlichen* Haftungserweiterung.

Beispiel Nr. 18: Wenn der Gesellschafter und Geschäftsführer einer Einpersonen-GmbH die Gegenstände des Anlagevermögens nicht mit hinreichender Klarheit vom Privatvermögen trennt, kann ihm die Geltendmachung von Privateigentum versagt sein. Wird etwa aus einem gegen die GmbH gerichteten Titel der Teppich im Büro gepfändet, so setzt eine erfolgreiche Drittwiderspruchsklage (§ 771 ZPO) eine klare Vermögenstrennung voraus.

Auf eine regelrechte Durchgriffshaftung beziehen sich allerdings die folgenden Ausführungen in dem berühmten »Autokran«-Urteil des *Bundesgerichtshofs*[63], in welchem entschieden wurde, daß § 129 HGB für die persönliche Haftung wegen Vermögensvermischung entsprechende Anwendung findet (zum konzernrechtlichen Kern des Urteils vgl. unten, § 39 III 2c): »Wenn aber ein Ausnahmetatbestand vorliegt, dessentwegen sich die GmbH-Gesellschafter auf die rechtliche Selbständigkeit der GmbH als juristische Person nicht berufen dürfen, so heißt das, daß sie zu behandeln sind, als hätten sie das von der GmbH betriebene Handelsgeschäft selbst ohne Beschränkung der Haftung auf das Gesellschaftsvermögen (§ 13 Abs. 2 GmbHG) geführt. In entsprechender Anwendung der §§ 105, 128 HGB haften sie daher persönlich; entsprechend § 129 Abs. 1 HGB können sie ferner Einwendungen, die der Gesellschaft nicht zustehen, ebenfalls den Gesellschaftsgläubigern gegenüber nicht geltend machen.« Der Kern dieses Urteils liegt indes nicht bei der Schärfe, sondern bei der Begrenzung der Durchgriffshaftung wegen Sphärenvermischung. Nur wenn die Vermögensabgrenzung zwischen Gesellschafts- und Privatvermögen durch eine undurchsichtige Buchführung oder auf

61 Dazu *Bitter*, a.a.O., S. 107 (unter Übernahme der Terminologie); *Drüke*, a.a.O., S. 73 ff.; *Lutter*, ZGR 1982, 251; *Brändel*, in: GroßkommAktG, § 1 Rdnrn. 103 ff.

62 *BGH*, BB 1985, 77 m. Anm. *Bauschke*; dazu auch *Ehricke*, AcP 199 (1999), 290.

63 *BGHZ* 95, 330 = BB 1985, 2065 = NJW 1986, 188; dazu im vorliegenden Zusammenhang näher *Stimpel*, a.a.O.; *Karsten Schmidt*, BB 1985, 2074.

andere Weise »allgemein« verschleiert und die Kapitalsicherung damit unkontrollierbar wird, bejaht der *BGH* eine solche Haftung. In diesem Fall ist die Sphärenvermischung nicht mehr gegenständlich abgrenzbar, und die die Haftungsbeschränkung rechtfertigenden Normativbestimmungen (unten, § 11 III) sind nicht mehr kontrollierbar. Aber selbst wenn dies der Fall ist, läßt der *Bundesgerichtshof* nicht alle Gesellschafter wie die einer oHG haften, sondern die Haftung setzt die Zurechnung des Durchgriffstatbestands gegenüber dem individuellen Gesellschafter voraus[64]. Mindestens setzt deshalb die persönliche Haftung voraus, daß der Gesellschafter den die Sphärenvermischung begründenden Sachverhalt kannte oder daß dieser Sachverhalt evident war[65]. Der *Bundesgerichtshof* verlangt sogar noch mehr[66]:

Beispiel Nr. 19 (*BGHZ* 125, 366 = NJW 1994, 1801; dazu *Karsten Schmidt*, ZIP 1994, 837): Die Beklagte war neben ihrem Ehemann zu 1/5 Gesellschafterin einer Vermögensverwaltungs-GmbH, und formell war sie auch deren Geschäftsführerin. Faktisch betrieb allein ihr Ehemann, dem sie Prokura erteilt hatte, die Vermögensanlagegesellschaft, deren Vermögen er undurchschaubar mit dem Privatvermögen vermischt und weitgehend verbraucht hatte. Eine von ihm um über 300 000 DM betrogene Kundin verlangte Schadensersatz von der Beklagten. Der *II. Senat* hielt zwar den objektiven Tatbestand der Vermögensvermischung für gegeben, verneinte aber die Verantwortlichkeit der Beklagten für diese Vermögensvermischung, denn die persönliche Durchgriffshaftung könne nur diejenigen Gesellschafter treffen, die aufgrund des ihnen in dieser Stellung gegebenen Einflusses für den Vermögensvermischungstatbestand verantwortlich seien. Die bloß nominelle Geschäftsführerstellung der Beklagten, die in Wahrheit nur Hausfrau gewesen sei, reiche nicht aus.

b) Von einer *haftungsbegründenden Sphärenvermischung* kann gesprochen werden, wenn die Trennung der Rechts*subjekte* nicht hinreichend offenkundig ist[67]. Dann kann es den Gesellschaften bzw. den an ihnen beteiligten Gesellschaftern versagt sein, sich auf Kosten des Rechtsverkehrs auf die nicht hinreichend verdeutlichte Trennung der Haftungssubjekte zu berufen. Aber das ist ein *Offenkundigkeitsproblem des Firmen- und Stellvertretungsrechts* (näher Handelsrecht, § 5 III 1 c)[68].

Beispiel Nr. 20 (in Anlehnung an *BGH*, JuS 1979, 212 Nr. 3): V hat Tuche an »Fashion Express« geliefert. Tatsächlich gibt es zwei Gesellschaften dieses Namens: die »Fashion Express Vertriebs KG« und die »Fashion Express Produktions GmbH«. Geschäftsführender Gesellschafter in beiden Gesellschaften ist B, der auch die Bestellung aufgegeben hat. Hier hat V einen vertraglichen Erfüllungsanspruch gegen diejenige Gesellschaft, die nach den objektiven Umständen als Vertragspartnerin in Betracht kommt. Das wird bei einer Tuchlieferung die Produktions-GmbH sein und nicht die Vertriebs-KG. Da B mit Vertretungsmacht handelte, haftet nicht etwa er selbst nach § 179 BGB (der *BGH*-Fall war

---

64 *Karsten Schmidt*, ZIP 1994, 840.
65 *Hachenburg/Mertens*, Anh. § 13 Rdnr. 49.
66 *BGHZ* 125, 366 = NJW 1994, 1810 = ZIP 1994, 867; dazu *Raiser*, in: Festschrift Lutter, a.a.O., S. 645 f.; *Karsten Schmidt*, ZIP 1994, 837 ff.
67 Zur Terminologie *Bitter*, a.a.O., S. 108; *Lutter*, ZGR 1982, 251 f. spricht überhaupt nur hier von einer Sphärenvermischung; ebenso *Drüke*, a.a.O., S. 81 ff.; *Brändel*, in: GroßkommAktG, § 1 Rdnr. 114; für Haftung wegen Unaufklärbarkeit *Reiner*, a.a.O., S. 273 ff.
68 Eingehend *Karsten Schmidt*, JuS 1987, 425 ff.

problematischer). Hat aber B ohne hinreichende Offenlegung kontrahiert, so wird man eine Vertrauenshaftung auch der Vertriebs-KG erwägen müssen.

Beispiel Nr. 21 (vereinfacht nach *BGH*, NJW-RR 1986, 456): Ein Chemieunternehmen, das Kunststoff-Rohprodukte lieferte, stand in Geschäftsverbindung mit einem von dem Geschäftsführer L vertretenen Unternehmen namens G. Tatsächlich verbargen sich dahinter zwei verschiedene Gesellschaften: die »G-Kunststoff-Handels-GmbH« und deren Schwestergesellschaft, die »G-Maschinen-GmbH«. Beide Gesellschaften handelten u. a. auch mit Produkten des liefernden Chemieunternehmens. Nachdem L eine Bestellung aufgegeben hatte und auch die Lieferung erfolgt war, entstand Streit, ob die »G-Kunststoff-Handels-GmbH« den Kaufpreis zu zahlen hatte. Diese berief sich darauf, nicht sie, sondern nur die »G-Maschinen-GmbH« habe mit der Sache zu tun. Die Lieferantin erhob Klage gegen die »G-Kunststoff-Handels-GmbH« und trug vor, diese Gesellschaft habe von ihr sogar eine Auftragsbestätigung erhalten und dieser nicht widersprochen. Unter dieser Voraussetzung bejaht der *Bundesgerichtshof* einen Zahlungsanspruch. Wörtlich heißt es in seinem Urteil: »Die beiden ›G-Gesellschaften‹ waren unter ähnlicher Bezeichnung im selben Markt tätig und wurden vom selben Geschäftsführer vertreten. Damit hatten sie einen Zustand geschaffen, der bei gemeinsamen Geschäftspartnern ... leicht zur Unklarheit darüber führen konnte, für welche Gesellschaft L auftrat, und die deshalb eine Verwahrung der einen oder anderen Gesellschaft erwarten konnten, wenn sie der falsche Adressat war.«

Beispiel Nr. 22: Der Geschäftsführergesellschafter einer GmbH oder einer GmbH & Co. schließt schriftliche Verträge ab, ohne durch Verwendung des warnenden Firmenzusatzes darauf hinzuweisen, daß er nicht Einzelkaufmann ist (Verstoß gegen § 4 GmbHG, 19 I HGB). Er vertritt dann zwar die GmbH oder GmbH & Co., haftet aber dem auf die unbeschränkte Haftung vertrauenden Vertragspartner persönlich (*BGHZ* 62, 216, 224ff.; 64, 11, 17; *BGH*, WM 1990, 600; std. Rspr.; s. auch unten, § 36 II 5a und § 56 II 2d; Handelsrecht, § 5 IV 2). Auch dies ist keine Durchgriffslösung. Der Gesellschafter haftet aus besonderem Rechtsgrund (Vertrauenshaftung) neben der GmbH. Deutlich wird dies auch in unserem

Beispiel Nr. 23 (nach *BGH*, NJW-RR 1987, 335; NJW 2001, 2716; *OLG Düsseldorf*, ZMR 1972, 307): Wer ein Einzelunternehmen und eine GmbH mit gleichem Namen, gleichem Briefkopf, gleichem Geschäftsgegenstand und gleicher Adresse führt, darf sich bei Verträgen und Vertragsänderungen nicht darauf berufen, daß einmal im eigenen Namen, ein andermal im Namen der GmbH gehandelt wurde (so das *OLG Düsseldorf*, a. a. O.); *BGH*, NJW 2001, 2716 läßt Firmenähnlichkeiten, Adressengleichheit und Kontoidentität hierfür allein noch nicht ausreichen, hält aber Ansprüche aus culpa in contrahendo für möglich.

3. Die Beherrschung der Gesellschaft

Die Beherrschung einer Gesellschaft als angeblich weitere Fallgruppe taugt nicht für eine allgemeine Durchgriffshaftung[69].

a) Die Beherrschung einer Gesellschaft durch eine natürliche Person
- als Einpersonengesellschafter oder Mehrheitsgesellschafter (vgl. *BGHZ* 95, 330) oder
- als geschäftsführender Kommanditist einer KG (vgl. *BGHZ* 45, 204)

69 Vgl. jetzt auch *Bitter*, a.a.O., S. 137ff., 208ff.

begründet noch nicht die Durchgriffshaftung dieses Gesellschafters (*BSG*, NJW-RR 1997, 94, 95). Soweit Fälle dieser Art als Durchgriffsfälle eingeschätzt würden, bewirkte das auf der unter § 39 II abgelehnten Doktrin, daß Herrschaft mit Haftung einherzugehen habe. Die Ausübung der Herrschaftsmacht kann zwar, sofern rechtswidrig, Schadensersatzansprüche der Gesellschaft auslösen, aber eine Direkthaftung des Gesellschafters gegenüber den Gläubigern läßt sich so nicht begründen. Auf die Urteile »Autokran« (*BGHZ* 95, 330) und »Video« (*BGHZ* 115, 187) des *Bundesgerichtshofs*, die vom Konzernrecht her teilweise einen anderen Weg zu weisen schienen, wird unter IV 5 sowie unten bei § 39 III 3 und 4 näher einzugehen sein. Es handelt sich um eine Rechtsprechung, die spätestens seit dem Urteil »Bremer Vulkan« (*BGHZ* 149, 10 = NJW 2001, 3622) in ihrer Zuspitzung überholt ist.

b) Auch die Beherrschung einer Gesellschaft durch eine andere ist für sich *kein die Durchgriffshaftung tragender Gesichtspunkt*. Von der Gegenansicht wird ausgeführt[70]: »Die Rechtsordnung gestaltet die juristische Person als selbständige Trägerin von Rechten und Pflichten in der Voraussetzung, daß sie auch im Rechtsverkehr als Trägerin eigener Interessen handelt. Dies ist aber gerade nicht mehr der Fall, sobald sich die juristische Person im Rahmen eines Konzerns dessen Interessen unterordnet ... Da durch die Konzernverbindung die Konzerntochter institutionell zum Instrument der Interessen der Konzernmutter wird, ergibt sich demnach die sachliche Notwendigkeit, daß das Vermögen der Konzernmutter als Haftungssubstanz für die Verbindlichkeiten der Tochtergesellschaft zur Verfügung steht.« *Raiser* greift sogar auf das Bild der Versklavung zurück, das dem Privileg der Haftungsbeschränkung Grenzen setze und zum Haftungsdurchgriff führen müsse[71]. Ein solcher Haftungsgrundsatz ist aber dem geltenden Recht fremd[72]. Zwar wirft die Abhängigkeit eines Unternehmens von einem anderen schwierige Legitimations-, Schutz- und Haftungsprobleme auf (unten, § 17 I 2), dem deutschen Konzernrecht entspricht es aber gerade, diese Probleme durch ein ausdifferenziertes Organisations-, Zurechnungs- und Haftungsrecht zu meistern und nicht mit der Keule des Haftungsdurchgriffs. Zwei Gesichtspunkte stehen dabei im Mittelpunkt: zum einen die Legitimation der Herrschaftsmacht über ein Unternehmen, zum anderen der Ausgleich von Nachteilen, Verlusten und Schäden gegenüber dem abhängigen Unternehmen (dazu unten, § 31 und § 39). Solcher Einzelausgleich bleibt unter der Schwelle des allgemeinen Durchgriffs, womit feststeht: Abhängigkeit i.S. von § 17 AktG rechtfertigt noch keinen Durchgriff[73]. Wo dagegen eine breitflächige Risikoerweiterung zu Lasten des herrschenden Unternehmens unentbehrlich ist, haben wir es mit einem Durchgriffsproblem zu tun: mit einer Durchbrechung der Haf-

70 *Klaus Müller*, ZGR 1977, 26; dagegen *Wilhelm*, a.a.O., S. 307.

71 *Raiser*, in: Festschrift Lutter, a.a.O., S. 646f.

72 Insofern zutr. das umstrittene Urteil *BGHZ* 68, 312; zur Haftung in der Unternehmensgruppe vgl. eingehend *Wiedemann*, Die Unternehmensgruppe im Privatrecht, 1988, S. 18ff.; *Teubner*, a.a.O.; *Lutter*, ZGR 1982, 244ff.; *Paschke*, AG 1988, 196ff.

73 Vgl. zum Vorrang des Einzelausgleichs *BGHZ* 122, 123, 126ff.; *BAG*, ZIP 1999, 24, 27; *OLG Celle*, NZG 1999, 728; *Bitter*, a.a.O., S. 553.

tungsschranke. Aber das deutsche Gesellschaftsrecht gibt dieser Haftung – wie bei der Unterkapitalisierung – ihren Platz grundsätzlich im Innenverhältnis und nicht im Außenverhältnis[74]: nicht bei der Außenhaftung, sondern bei einer internen Verlustausgleichspflicht. Eine zum Verlustausgleich verpflichtende qualifizierte Abhängigkeit liegt vor

- wenn zwischen dem abhängigen und dem herrschenden Unternehmen ein Beherrschungs- oder Gewinnabführungsvertrag geschlossen wurde (vgl. § 302 AktG)[75] oder
- wenn zwar kein solcher Unternehmensvertrag vorliegt, aber das herrschende Unternehmen ständig Leitungsmacht in dem abhängigen Unternehmen in solchem Ausmaß ausübt, als läge ein Unternehmensvertrag vor (sog. qualifizierter faktischer Konzern)[76].

In diesen Fällen sind das abhängige Unternehmen und seine Gläubiger dadurch geschützt, daß das herrschende Unternehmen Verluste des abhängigen Unternehmens auszugleichen hat (näher zu dieser Konzernhaftung unten, § 31 IV 4 und § 39 III 3 und 4). Um eine oHG-ähnliche Durchgriffshaftung des herrschenden Unternehmens für alle Gesellschaftsverbindlichkeiten handelt es sich nicht. Zu einer Außenabwicklung kommt es erst im Fall der masselosen Insolvenz (dazu alsbald unter IV 5). Unleugbar wird damit ein Durchgriffsproblem gelöst, so daß sich der Verlustausgleich materiell als »geordneter Durchgriff« darstellt[77]. Aber in technischer Hinsicht ist er eben kein Durchgriff, sondern geradezu eine Alternative zum Durchgriff.

Beispiel Nr. 24: Die A-Aktiengesellschaft hat für ihre drei Schiffe Xenia, Ypsilander und Zerlina je eine GmbH gegründet: die X-GmbH als Reederin der Xenia, die Y-GmbH als Reederin der Ypsilander und die Z-GmbH als Reederin der Zerlina. Angenommen, die X macht Gewinne, die Y macht Verluste, und die Z ist konkursreif, so werden die Gläubiger der Z sich an die A-AG zu halten suchen. Das ist im Grundsatz nicht möglich (insofern richtig die umstrittene Entscheidung *BGHZ* 68, 312). Wenn aber die Muttergesellschaft dergestalt in die Tochtergesellschaften hineinregiert, daß diese faktisch zu bloßen Betriebsabteilungen degradiert und jeder Entscheidungsautonomie beraubt sind, dann ergibt sich in Analogie zu § 302 AktG eine Verlustausgleichspflicht der Muttergesellschaft gegenüber ihren Töchtern. Eine solche Gestaltung kann also haftungsschädlich sein (insofern noch

74 Krit. allerdings *Bitter*, a. a. O., S. 525; *Teubner*, a. a. O.; s. auch *Brändel*, in: Großkomm.AktG, § 1 Rdnr. 125.

75 Dazu statt vieler *Würdinger*, §§ 70, 71; *Lutter*, ZGR 1982, 262; *Karsten Schmidt*, ZGR 1983, 513.

76 Vgl. *BGHZ* 107, 7 = NJW 1989, 1800; Arbeitskreis GmbH-Reform, Thesen und Vorschläge II, 1972, S. 53; *Flume*, Juristische Person, § 4 IV; *Emmerich/Sonnenschein*, § 31 III; *Drüke*, a. a. O., S. 151 ff.; *Schilling*, ZHR 140 (1976), 532 f.; *Karsten Schmidt*, ZGR 1981, 473; *ders.*, BB 1985, 2077; *ders.*, ZIP 1986, 147; *ders.*, ZIP 1989, 545; *ders.*, NJW 2001, 3580 f.; *Lutter*, ZGR 1982, 266 f.; *ders.*, AG 1990, 179; *Ulmer*, ZHR 148 (1984), 422 ff.; *ders.*, NJW 1986, 1579 ff.; *ders.*, in: Festschrift BGH II, 2000, S. 302 ff.; s. auch *BGH*, NJW 1979, 2245 (Gervais-Danone); dazu *Baumgartl*, Die konzernbeherrschte Personengesellschaft, 1986, S. 104 ff.; *Stimpel*, in: Probleme des Konzernrechts, 1989, S. 11 ff.; krit. *Uwe H. Schneider*, ZGR 1980, 539 f.; abl. *Altmeppen*, Abschied vom »qualifizierten faktischen Konzern«, 1991; *ders.*, NJW 2002, 321 ff.; *Bitter*, a. a. O., S. 497 ff.; *Schießl*, Die beherrschte Personengesellschaft, 1985, S. 85 ff.; *Versteegen*, Konzernverantwortlichkeit und Haftungsprivileg, 1993, S. 237 ff.; *Rowedder/Koppensteiner*, Anh. § 52 Rdnrn. 61 ff.; stark einschränkend auch *Lutter*, ZIP 1985, 1429.

77 Näher *Karsten Schmidt*, ZIP 1991, 1329.

bedeutungsvoll *BGHZ* 95, 330 = NJW 1986, 188; *BGHZ* 107, 7 = NJW 1989, 1800; *BGHZ* 122, 123 = NJW 1993, 1200; dazu unten, § 39 III 3).

c) Nicht anders verhält es sich bei dem gleichfalls umstrittenen *»Haftungsdurchgriff zwischen Schwestergesellschaften«*, wie ihn eine Reihe von Gerichten in krassen Fällen für möglich hält[78]. Auch hier kommen nur Ausgleichsansprüche der Schwestergesellschaften untereinander in Betracht, während die Gläubiger jeweils nur auf eine Gesellschaft – ihre Schuldnerin – zugreifen können (näher unten, § 39 III)[79].

4. Das Problem der Unterkapitalisierung

a) Das wohl brennendste Gläubigerschutzproblem im Zusammenhang mit dem Durchgriff ist das der *Unterkapitalisierung von Gesellschaften.* Da das Gesetz für die Gründung von Kapitalgesellschaften nur ein abstrakt bemessenes Garantiekapital vorschreibt (§§ 7 AktG, 5 GmbHG), gewährleistet es keine dem konkreten Unternehmenszweck entsprechende Eigenkapitalausstattung. Dies kann es nicht tun, weil die Betriebswirtschaftslehre keine verallgemeinerungsfähigen, in zwingendes Recht umsetzbaren Größenangaben zu liefern vermag[80]. Deshalb sind die Registergerichte nicht imstande, das Entstehen unterkapitalisierter Gesellschaften wirksam zu verhindern (näher unten, § 18 II 4). Daran ändern auch rechtspolitische Programme wenig wie etwa der folgende Satz aus dem Bericht der Unternehmensrechtskommission[81]: »Wer sich mit einem Unternehmen wirtschaftlich betätigen wolle, müsse es grundsätzlich auch auf die Dauer mit ausreichendem Eigenkapital ausstatten, so daß das Unternehmen seine Funktion auch im Interesse der Arbeitnehmer erfüllen könne.«

Unterkapitalisierung ist ein Tatbestand, der sich auf die *Fähigkeit der Gesellschaft zu angemessenem Wirtschaften* bezieht. Unterkapitalisierung ist nicht identisch mit *Vermögenslosigkeit* (dazu unten, § 11 VI 5b), *Überschuldung* (dazu unten, § 11 VI 3a) oder *Unterbilanz* (dazu unten, § 37 III 1d). Unter zahlreichen Definitionsversuchen ragt derjenige von *Peter Ulmer* heraus[82]: »Eine Gesellschaft ist unterkapitalisiert, wenn das Eigenkapital nicht ausreicht, um den nach Art und Umfang der angestrebten oder tatsächlichen Geschäftstätigkeit unter Berücksichtigung der Finanzierungsmethoden bestehenden, nicht durch Kredite Dritter zu deckenden mittel- oder langfristigen Finanzbedarf zu befriedigen.« Vergleicht man diesen Tatbestand mit dem aus dem Kapitalersatzrecht bekannten Merkmal der Kreditunwürdigkeit (dazu § 18 III 4 c, § 37 IV 2 b)[83], so läßt sich sagen: Eine konstitutionell

78 Vgl. BAG, NJW 1999, 2612; OLG Dresden, NZG 2000, 598.
79 Dazu *Verf.* in: Festschrift Wiedemann, 2002.
80 Nachweise bei *Karsten Schmidt*, JZ 1984, 777.
81 Bericht über die Verhandlungen der Unternehmensrechtskommission, 1980, Rdnr. 176.
82 *Hachenburg/Ulmer*, Anh. § 30 Rdnr. 16; zust. auch *Bitter*, a.a.O., S. 111; ablehnend *Vonnemann*, a.a.O., S. 180ff.
83 Für Gleichsetzung *Roth*, ZGR 1993, 182; wenig überzeugend die Würdigung bei *Bitter*, a.a.O., S. 133.

kreditunwürdige Gesellschaft ist unterkapitalisiert[84]. Was weiter daraus folgt, hängt davon ab, wie die Gesellschaften weiter mit dieser Insuffizienz umgehen: Decken sie den Eigenkapitalbedarf mit Fremdkapital – insbesondere mit Gesellschaftsdarlehen –, so spricht man von *nomineller Unterkapitalisierung*; auf diesen Tatbestand reagiert das Gesellschaftsrecht statt mit Durchgriffskonstruktionen mit Eigenkapitalersatzregeln. Von der nur *nominellen* unterscheiden wir den Tatbestand *der materiellen Unterkapitalisierung*[85]. Um eine *materielle Unterkapitalisierung* handelt es sich, wenn die notwendige Mittelzuführung gänzlich unterbleibt (zur Unterscheidung auch unten, § 18 III 4 d). Bei ihr stellen sich Durchgriffsprobleme, denn es kann nur zwei Grundentscheidungen geben: Entweder steht das Recht wehrlos da, oder es muß irgendeine Haftung der Gesellschafter begründet werden.

b) Die materielle Unterkapitalisierung soll nach einer verbreiteten Auffassung zur direkten Außenhaftung der Gesellschafter auch bei der Kapitalgesellschaft und bei der GmbH & Co. führen[86]. Es bedarf aber auch hier einer sorgsamen Abgrenzung. Um Haftungserweiterung ohne Durchgriff geht es, wenn die Haftung auf besondere Einzeltatbestände – meist Deliktstatbestände – gestützt werden kann.

Beispiel Nr. 25: Nach §§ 823 II BGB, 263 StGB oder nach § 826 BGB kann haften, wer die Gläubiger der Gesellschaft bewußt durch Unterkapitalisierung schädigt[87]. Nach §§ 823 II BGB, 92 AktG, 64 GmbHG, 130 a, b, 177 a HGB haften die Verwaltungsmitglieder einer AG, GmbH der GmbH & Co., wenn sie das Unternehmen trotz Konkursreife fortführen[88]. Schließen sie unter Verdeckung der Insolvenz noch Einzelgeschäfte mit Gläubigern, so können sie diesen Gläubigern aus culpa in contrahendo haften[89], nach neuester Rechtsprechung aus deliktischem Verschulden (dazu unten, § 36 II 5 b, c)[90]. In all diesen Fällen wird die Haftungsbeschränkung durch eine Verschuldenshaftung konterkariert, die eine Erkennbarkeit der Gläubigerschädigung voraussetzt (vgl. zu § 826 BGB BAG, ZIP 1999, 24 m. Anm. *Banerjea* S. 1153). Um eine Durchgriffshaftung handelt es sich dabei nicht[91].

---

84 Nicht akzidentielle, sondern konstitutionelle Kreditunwürdigkeit begründet den Tatbestand der Unterkapitalisierung.

85 *Wiedemann* I, § 10 II 3 a und b; *Ulmer*, in: Festschrift Duden, 1977, S. 669; *Winkler*, BB 1969, 1205; *Karsten Schmidt*, ZIP 1990, 78; der Sache nach ähnlich *Benne*, a. a. O., S. 88 ff., 179 ff.; *G. Winter*, a. a. O., S. 42 f.

86 Vgl. nur *BSG*, NJW 1984, 2117 = ZIP 1984, 1217; NJW-RR 1995, 730; 1997, 94, 95; *Wiedemann* I, § 4 III 1 b, § 10 IV 3 b; *Immenga*, Die personalistische Kapitalgesellschaft, 1970, S. 403, 416; *Ulmer*, in: Festschrift Duden, 1977, S. 676 ff.; *ders.*, GmbHR 1984, 262; eingehend *Drüke*, a. a. O., S. 30 ff.; reserviert *Justus Meyer*, a. a. O., S. 407 ff.; *Brändel*, in: GroßkommAktG, § 1 Rdnr. 107 ff.; ablehnend *Weitbrecht*, a. a. O., S. 42 ff.; *Vonnemann*, a. a. O., S. 130 ff.; *ders.*, GmbHR 1992, 77; zur Abgrenzung *BSG*, NJW 1997, 94, 95.

87 Vgl. *RG*, JW 1938, 862; *BGH*, NJW 1979, 2104, 2105; *OLG Karlsruhe*, BB 1978, 1332.

88 Vgl. *BGHZ* 29, 100, 104; 75, 96, 106; 100, 19; 126, 181; std. Rspr.

89 Dazu *BGHZ* 87, 27; *BGH*, NJW 1983, 676; *Ulmer*, GmbHR 1984, 263 f.; *Karsten Schmidt*, ZIP 1988, 1503; *Kort*, DB 1990, 921.

90 *BGHZ* 126, 181 = NJW 1994, 2220; *BGH*, NJW 1994, 2149.

91 Unrichtig deshalb die Annahme bei *BAG*, ZIP 1999, 24, 26, es handle sich um Spezialtatbestände der Durchgriffshaftung; wie hier *Banerjea*, ZIP 1999, 1155, 1162.

Solche Einzelbegründung des Gläubigerschutzes verdient gegenüber schneidigen Durchgriffslösungen den Vorzug. Deren Problematik zeigt sich deutlich an unserem

Beispiel Nr. 26 (nach *BSG*, NJW 1984, 2117 = ZIP 1984, 1217): Eine GmbH & Co. KG hatte Beihilfeleistungen in Höhe von 120 000 DM als Darlehen zur Neuschaffung von Arbeitsplätzen erhalten, obwohl die Gesellschaft zahlungsunfähig und in mehrfacher Höhe ihres Kapitals überschuldet war. Die anfängliche Komplementär-GmbH war alsbald zusammengebrochen und durch eine Strohmanngesellschaft ersetzt worden, hinter der sich der Gründer und Hauptgesellschafter der GmbH & Co. verbarg. Ein Konkursantrag wurde mangels Masse abgelehnt. Daraufhin hob die Bewilligungsbehörde den Bewilligungsbescheid auf und erließ Rückzahlungsbescheide nicht nur gegen die Gesellschaft, sondern auch gegen den Gründer und Hauptgesellschafter. Dieser legte Widerspruch ein und klagte durch drei Instanzen gegen den Bescheid, dies aber ohne Erfolg. Das *BSG* hat in diesem Fall die persönliche Durchgriffshaftung bejaht. Der persönlichen Haftung stehe § 13 II GmbHG nicht entgegen, denn der Kläger könne sich auf die Alleinhaftung der GmbH nicht berufen: »Nach dem in Literatur und Rechtsprechung anerkannten Rechtsinstitut der sog. Durchgriffshaftung muß der GmbH-Gesellschafter in besonderen Ausnahmefällen ... auch für Verbindlichkeiten der Gesellschaft persönlich einstehen, d.h. dafür mit seinem Privatvermögen haften.«

Dem Rechtsgefühl fällt es nicht schwer, diesem Urteil zu folgen, zumal das Bundessozialgericht in NJW-RR 1997, 94 strenge Anforderungen an den Unterkapitalisierungstatbestand gestellt hat. Aber bei näherer Betrachtung stellen sich doch wieder Bedenken ein. Das *Bundessozialgericht* verfährt nach der objektiven Mißbrauchslehre, indem es festhält, »daß diese Rechtsfolge sich bereits aus der Feststellung einer objektiv zweckwidrigen Verwendung der juristischen Person herleitet, das Hinzutreten subjektiver Elemente im Sinn vorwerfbaren Verschuldens nicht erforderlich ist«. Es schneidet dem Kläger sogar den Einwand ab, die Behörde sei über die wirtschaftliche Misere der Gesellschaft informiert gewesen. Auch insofern geschah wohl dem Kläger in casu kein Unrecht, denn er hatte gar nicht behauptet, daß er die Behörde über die aktuelle Geschäftsentwicklung unterrichtet hatte. Bedenklich ist es aber, wenn das *BSG* aufgrund seiner objektiven Mißbrauchslehre dem Gesellschafter einer unterkapitalisierten GmbH oder GmbH & Co. diesen Einwand generell abschneiden will. Das *BSG* hält hier dem Kläger entgegen, »daß es eine zumindest eigenartige, für seine Einstellung aber zugleich bezeichnende Betrachtung ist, die eigene Haftung damit abwenden zu wollen, der Gläubiger habe selbst Schuld an seinen wirtschaftlichen Nachteilen, wenn er sich mit einem zahlungsunfähigen Partner einlasse«. Wer die hier diskutierten Fälle der sog. Durchgriffshaftung richtig als Fälle der Vertrauens- oder Schadensersatzhaftung löst, kann den Gesellschaftern diesen Einwand nicht abschneiden[92]. Wird ein Gläubiger – etwa im Zuge von Sanierungsverhandlungen – über den Krisenstand eines Unternehmens dergestalt informiert, daß er das eigene Risiko abschätzen kann, so haften die Gesellschafter nicht. Sofern nicht die öffentlichrechtliche Ermächtigungsnorm einen Heranziehungsbescheid gegenüber den Gesellschaftern trägt, kann die Gesellschafterhaftung schwerlich begründet werden. Auch hier verdient deshalb die

92 Vgl. dazu aber auch *Banerjea*, ZIP 1999, 1161.

Begründung von Einzelansprüchen den Vorzug gegenüber einer generalisierenden Durchgriffslösung.

c) Es bleiben Fälle, in denen eine Gesellschaft schuldhaft ohne hinreichendes Eigenkapital gegründet bzw. fortgeführt wird, ohne daß den Gesellschaftern eine individuelle Gläubigerschädigung angelastet werden kann. Hier wird neben § 826 BGB[93] eine Durchgriffshaftung befürwortet[94]. In diesen Fällen scheint eine Haftung in der Tat unausweichlich, und richtig ist auch, daß sie allen Gläubigern zugute kommen muß. Die Frage ist nur, ob wirklich eine Durchgriffshaftung der Gesellschafter gegenüber allen Gläubigern die angemessene Reaktion ist. Dagegen spricht sowohl die Unbestimmtheit des Unterkapitalisierungstatbestandes (deshalb nur Verschuldenshaftung)[95] als auch die Überlegung, daß selbst eine unterkapitalisierte Gesellschaft darum noch nicht zur offenen Handelsgesellschaft wird (darum keine Direkthaftung gegenüber den Gläubigern)[96]. Begründbar ist nur eine *Verschuldenshaftung gegenüber der Gesellschaft selbst* (vgl. auch unten, § 18 II 5)[97].

aa) Die Haftung muß eine *Verschuldenshaftung* sein. Abstrakte Normativbestimmungen über das betriebswirtschaftlich notwendige Eigenkapital haben sich nicht aufzeigen lassen (vgl. oben unter IV 4 a), aber es kann sich durchaus so verhalten, daß die Unterkapitalisierung im Einzelfall erkennbar war[98].

bb) Die Haftung muß *gegenüber der Gesellschaft* bestehen. In den hier besprochenen Fällen (Unterkapitalisierung ohne individuelle Gläubigerschädigung) ist dies die einzig überzeugende Haftungsabwicklung: Soweit durchführbar, sollte das Vermögen der Gesellschaft zum Vorteil aller Gläubiger aufgefüllt werden, während eine Außenhaftung der Gesellschafter am Gesellschaftsvermögen vorbeiginge[99]. Aber auch rechtsdogmatisch läßt sich nur diese Haftung rechtfertigen, denn die Gesellschafter stehen zu ihrer Gesellschaft, nicht zu den einzelnen Gesellschaftsgläubigern, in einem Sonderrechtsverhältnis, das sie für jeden schuldhaft herbeigeführten Vermögensschaden haften läßt[100]. Grundlage ist die unter § 18 II 5 zu behandelnde Finanzierungsverantwortung. Wer als Gesellschafter die Gesellschaft ohne

93 Dazu *BGHZ* 31, 258, 270f.; 68, 312, 317f.; *BAG*, ZIP 1999, 24, 27; auf § 823 II BGB rekurriert *Roth*, ZGR 1993, 170ff.; indes ist eine auf ausreichende Kapitalausstattung hinwirkende *Rechtsnorm* nicht in Sicht.

94 Vgl. namentlich *Ulmer*, in: Festschrift Duden, 1977, S. 676ff.; *ders.*, GmbHR 1984, 261f.; ähnlich z.B. *Georg Kuhn*, a.a.O., S. 358f.; s. auch die von *Reinhardt* (in: Festschrift Lehmann, a.a.O., S. 588ff.) entwickelte Organisationsfehlerhaftung; vgl. insbes. *Erlinghagen*, GmbHR 1962, 171ff.; *Klaus Müller*, ZRP 1975, 103ff.

95 Eingehende Kritik bei *Vonnemann*, a.a.O., S. 134ff., 163ff., 186ff.; *ders.*, GmbHR 1992, 77.

96 Dazu *Flume*, Juristische Person, § 3 III 1 (S. 83).

97 *Wilhelm*, a.a.O., S. 336ff.; *Karsten Schmidt*, ZIP 1988, 1506f.

98 Abl. freilich *Schanze*, AG 1982, 44; diese Kritik verkennt, daß der gesetzlich vorgeschriebene »statische Kapitalfonds« (Grund- bzw. Stammkapital) nur den Zugang zur Rechtsform, also die Eintragungsfähigkeit, regelt und eine Pflicht der Gesellschafter zur ordnungsmäßigen Unternehmensfinanzierung nicht ausschließt.

99 Näher *Karsten Schmidt*, JZ 1985, 303ff.; *ders.*, BB 1985, 2077f.

100 Grundlegend *Wilhelm*, a.a.O., S. 330ff.; dazu auch *Flume*, Juristische Person, § 3 III 1; *Karsten Schmidt*, ZIP 1994, 843; *ders.*, NJW 2001, 3579f.; *Priester*, ZGR 1993, 521ff. (mit irreführender

hinreichendes Eigenkapital gründet oder sie, statt sie zu liquidieren, fortführt oder ihr sonst existenzgefährdende Schäden zufügt, unterliegt dieser im Interesse aller Gläubiger begründeten Verschuldenshaftung[101]. Im Urteil »Bremer Vulkan« *BGHZ* 149, 10 = NJW 2001, 3622 hat der *Bundesgerichtshof* diesen Ansatz aufgegriffen und eine Gesellschafterhaftung für existenzbedrohende Eingriffe angenommen.

cc) Die Haftung ist eine *Schadensersatzhaftung* für existenzgefährdende Beeinträchtigungen der Gesellschaft. Um diese Haftung ging es in Wahrheit in dem als Einstieg in die sog. Konzernhaftung vieldiskutierten »Autokranfall«, in dem der *Bundesgerichtshof* den Gesellschafter mehrerer unterkapitalisierter Gesellschaften unter angeblich konzernrechtlichem Aspekt heranzog (Kritik daran unten, § 39 III 2 c)[102]:

Beispiel Nr. 27 (nach *BGHZ* 95, 330 = NJW 1986, 188): Der Beklagte war – hier etwas vereinfacht – Alleingesellschafter und Geschäftsführer mehrerer unterkapitalisierter Gesellschaften mbH, die unter seiner Leitung zusammenbrachen. Der *Bundesgerichtshof* entschied: »Bei Vermögenslosigkeit einer abhängigen GmbH kommt eine Ausfallhaftung des herrschenden Konzernunternehmens in entsprechender Anwendung der §§ 303, 322 Abs. 2 und 3 AktG in Betracht, wenn dieses die Geschäfte der abhängigen GmbH dauernd und umfassend selbst geführt hat und nicht dartun kann, daß der pflichtgemäß handelnde Geschäftsführer einer selbständigen GmbH die Geschäfte ebenso geführt hätte.« Seit der Sache »Bremer Vulkan« ist ein solcher »Konzernhaftungs«-Ansatz nicht mehr aktuell (unten, § 39 III 2 c). Vorerst ist nur zu betonen, daß die angebliche Konzernhaftung schon damals nur eine Schadensersatzhaftung aus vermutetem Verschulden (also mit Exkulpationsmöglichkeit) des die Gesellschaften beherrschenden Gesellschafters sein konnte (eingehend *Karsten Schmidt*, ZIP 1989, 547f.; AG 1994, 193). Ist die Gesellschaft zusammengebrochen, so macht der Insolvenzverwalter diesen Anspruch geltend.

5. Außenhaftung oder Innenhaftung in der Insolvenz

Eine allgemeine Durchgriffshaftung der Gesellschafter gegenüber den Gläubigern der Gesellschaft ist nach all dem weder in Fällen der materiellen Unterkapitalisierung noch in Fällen der qualifizierten Abhängigkeit angezeigt. Unentbehrlich ist freilich eine subsidiäre Befugnis der Gläubiger, die Innenhaftung geltend zu machen. Die Gründe hierfür liegen aber nicht im Gesellschaftsrecht, sondern im Insolvenzrecht[103]. Bricht eine unterkapitalisierte oder abhängige Gesellschaft zusammen, so findet häufig kein Insolvenzverfahren statt, denn nach § 26 I 1 InsO wird der Eröffnungsantrag abgelehnt, wenn eine die Kosten des Verfahrens deckende Abwicklungsmasse nicht vorhanden ist. In der gegenwärtigen Praxis findet deshalb in der Mehrheit der Gesellschaftsinsolvenzen überhaupt kein Insolvenzverfahren

---

Bezeichnung der Gesellschaft als »fremder Dritter«); *Ulmer*, ZIP 2001, 1845f.; abl. *Schanze*, AG 1982, 43f.

101 *Karsten Schmidt*, ZIP 1988, 1506f.; 1989, 546; NJW 2001, 1845f.; *Drüke*, a.a.O., S. 44ff., *Weitbrecht*, a.a.O., S. 50ff.

102 Vgl. die Würdigung bei *Karsten Schmidt*, ZIP 1986, 146; 1989, 547; ähnlich *Wilhelm*, DB 1986, 2117f.; krit. *Stimpel*, ZGR 1991, 145ff., insbes. S. 154: Risikoübernahmepflicht.

103 Vgl. zum folgenden *Karsten Schmidt*, JZ 1985, 301ff.

statt[104]. In diesen Fällen muß verhindert werden, daß die sich aus der Unterkapitalisierung bzw. aus der Beherrschung ergebenden Haftungsansprüche brach liegen, weil Ansprüche der Gesellschaft gegen die Gesellschafter vom Management nicht geltend gemacht werden. Das Lösungskonzept ergibt sich aus einer Analogie zu §§ 93 V, 117 V, 309 IV 3, 310 IV, 317 IV, 318 IV AktG[105]: Die Innenhaftung kann auch von den Gläubigern der Gesellschaft geltend gemacht werden, soweit sie von dieser keine Befriedigung erlangen können. Charakteristisch für die Problematik ist das in der Literatur sehr umstrittene, in diesem Buch mehrfach besprochene

Beispiel Nr. 28 (nach *BGHZ* 68, 312 = NJW 1977, 1449 m. Anm. *Karsten Schmidt*; dazu krit. *Emmerich*, NJW 1977, 2163; *Lutter/Hommelhoff*, ZGR 1979, 61 f., 65): Eine Baugesellschaft B gründete eine GmbH-Tochter T, um künftig den Fertighausbau durch sie betreiben zu lassen. Die Tochtergesellschaft wurde nur mit dem gesetzlichen Mindest-Kapital ausgestattet. Sie übte ihre Tätigkeit ohne eigene Geschäftsräume auf dem Betriebshof der Baugesellschaft aus. Als die GmbH masselos zusammenbrach, klagte ihr Lieferant L gegen die Baugesellschaft. Der *VIII. Senat* wies diese Klage mit folgendem Leitsatz ab: »Der Umstand, daß eine GmbH, deren Alleingesellschafterin ebenfalls eine juristische Person ist, mit einem Stammkapital ausgestattet ist, das außer Verhältnis zu ihrem satzungsmäßigen Zweck steht (Unterkapitalisierung), rechtfertigt weder für sich allein noch dann ohne weiteres einen Haftungsdurchgriff ihrer Gläubiger gegen die Alleingesellschafterin, wenn die GmbH finanziell, wirtschaftlich und organisatorisch in diese eingegliedert ist.«

Die Entscheidung ist auf heftige Kritik gestoßen[106], und der für das Gesellschaftsrecht zuständige *II. Senat* hat sich alsbald von dem Urteil distanziert[107] und ihm später sein – wiederum umstrittenes – Konzernhaftungskonzept entgegengesetzt (dazu unten, § 39 III 3, 4). In einem Punkt muß aber dem Urteil zugestimmt werden: Nicht eine unbeschränkte *Außenhaftung*, sondern eine Haftung im *Innenverhältnis* liefert das Lösungskonzept. Da allerdings ein Konkursverfahren mangels einer liquiden Masse nicht stattfand, hätte der *VIII. Senat* der Klage stattgeben müssen. Grundlage hierfür wäre nach der Durchgriffslehre ein Direktanspruch gegen die Muttergesellschaft B gewesen, nach der hier vertretenen Auffassung eine subsidiäre Klagebefugnis des L: Er konnte seinen Forderungsausfall bei der Konzernmutter B liquidieren. Im Ergebnis führt zwar auch diese Lösung zu einer direkten Inanspruchnahme, aber dies ist eben nur eine subsidiäre und provisorische Lösung, mit der das Versagen des Insolvenzrechts in den Fällen masseloser Insolvenz ausgeglichen wird. Eine Direkthaftung gegenüber den Gläubigern

---

104 Vgl. Insolvenzstatistik 1998 (ZIP 1999, 2181): 73,6 % masselose Insolvenzen allerdings rückläufig: 55,1 % im Jahr 2000 (Quelle: Bürgel-Studie 2001, unter www.buergel.de); rechtspolitische Kritik bereits bei *Karsten Schmidt*, Wege zum Insolvenzrecht der Unternehmen, 1990, S. 177 ff.

105 Einschränkend freilich *Reuter*, in: MünchKommBGB, vor § 21 Rdnr. 44.

106 Vgl. nur *Raiser*, Kapitalgesellschaften, § 29 Rdnr. 26; *Georg Kuhn*, a. a. O., S. 360; *Emmerich*, NJW 1977, 2163; *Ulmer*, GmbHR 1984, 262; teilweise zustimmend *Lutter/Hommelhoff*, ZGR 1979, 65; *Karsten Schmidt*, NJW 1977, 1451; eingehend zur Lösung des Falls *ders.*, ZIP 1989, 548 ff.

107 *BGH*, NJW 1977, 1683, 1686.

kommt nur unter den strengen Voraussetzungen des § 826 BGB als Schadensersatzhaftung in Betracht[108].

6. Haftungsdurchgriff gegen die Gesellschaft?

Wie schon die oben unter III 3 diskutierte Entscheidung des *OLG Hamm* zeigt, kann die Frage des Haftungsdurchgriffs auch dahin zielen, ob ausnahmsweise eine Gesellschaft für Verbindlichkeiten des sie beherrschenden Gesellschafters haftet. Das wurde vom *Bundesgerichtshof* geprüft und verneint in unserem

Beispiel Nr. 29 (nach *BGH*, NJW-RR 1990, 738): Eine R-GmbH nahm den Beklagten B auf Zahlung in Anspruch. B wandte ein, daß R, der Geschäftsführer der GmbH, Freistellung von dieser Verbindlichkeit zugesagt habe. Der *BGH* verneinte die Frage, ob dies auch der GmbH entgegengehalten werden könne, mit folgender Begründung: »Ein solcher ›umgekehrter Haftungsdurchgriff‹ wird heute allgemein abgelehnt, da er mit den Kapitalerhaltungsvorschriften des GmbH-Gesetzes unvereinbar ist. Das Vermögen der GmbH ist ausschließlich für ihre Gläubiger reserviert (vgl. dazu statt aller Scholz-Emmerich, GmbHG, 7. Aufl., § 13 Rdnr. 94; Fischer-Lutter-Hommelhoff, GmbHG, 12. Aufl., § 13 Rdnr. 13; Hachenburg-Mertens, GmbHG, 8. Aufl., Anh. § 13 Rdnr. 41; Wiedemann, GesellschaftsR, Bd. I, § 4 III 1 b; Wilhelm, NJW 1977, 1887: abl. Anm. zu OLG Hamm, NJW 1977, 1159). Der vorliegende Fall gibt keinen Anlaß, darauf einzugehen, ob dieser Grundsatz in besonders gelagerten Ausnahmekonstellationen eng umgrenzte Durchbrechungen erleiden könnte (vgl. dazu etwa Wilhelm, NJW 1977, 1887 und Wiedemann, § 4 III 1 b).«

108 Vgl. dazu auch *BGH*, DB 1996, 1028 = ZIP 1996, 637: keine Verpflichtung, eine Gesellschaft im Interesse der Gläubiger fortzuführen; *BAG*, ZIP 1999, 24: keine Haftung am § 826 BGB ohne Vorhersehbarkeit der Insolvenz.

§ 10 Die Verbände als Handlungseinheit: Organschaftliche Zurechnung

I. Grundlagen*

1. Handlungsfähigkeit und Zurechnung als Problem

a) Jedes Rechtssubjekt – nicht nur die natürliche Person – muß in zurechenbarer Weise am Rechtsverkehr teilnehmen können, muß rechtsrelevantes Wissen und rechtsrelevantes Wollen an den Tag legen können und muß in der Lage sein, Schadensverantwortung zu tragen. Ein Verband, der Träger von Rechten und Pflichten sein kann, muß konsequenterweise auch eine Willens- und Wirkungseinheit sein. Dies ist ein Rechtsprinzip, das ungeachtet zahlreicher Theorienstreitigkeiten allgemeine Anerkennung genießt. Nun gibt es im geltenden Recht verschiedene Techniken der Zurechnung, die grundsätzlich ohne weiteres auch für Rechtsträger ohne natürliche Rechtsfähigkeit gelten. Aber diese allgemeinen Zurechnungsregeln führen doch immer wieder zum Rechtsträger selbst zurück und damit zu der Frage: Wie kann die juristische Person bzw. Gesamthand wissen, wollen und handeln? Zum Verständnis einige Eingangsbeispiele:

Beispiel Nr. 1: Der Prokurist P der A-AG schließt mit der B-Bank einen Kreditvertrag ab. Dies ist ein ganz normales Vertretergeschäft (§ 164 BGB), über dessen theoretische Probleme man nicht viele Worte verlieren wird. Dasselbe gilt, wenn P eine, wie er weiß, fremde bewegliche Sache erwirbt: Da böser Glaube eines Bevollmächtigten schadet (§ 166 I BGB), kann die Gesellschaft nach § 932 BGB kein Eigentum erwerben. Denkt man aber einmal über die Dogmatik der Fälle nach, so kommt man zu der Frage, wie denn die AG als juristische Person eine Prokura, also eine Vollmacht (vgl. § 166 II BGB), erteilt (§ 48 I HGB). Eine ganz ähnliche Frage stellt sich, wenn P einen Vertragspartner bei den Vertragsverhandlungen täuscht und dadurch einen Vertrauensschaden verschuldet. So sehr es einleuchtet, daß P als Erfüllungsgehilfe der AG gehandelt hat (§ 278 BGB), so sehr

* Literatur (Auswahl): *Beuthien*, Zur Theorie der Stellvertretung im Gesellschaftsrecht, in: Festschrift Zöllner I, 1998, S. 87; *Flume*, Juristische Person, § 11 III 2; *Gierke*, Deutsches Privatrecht I, § 67; *ders.*, Genossenschaftstheorie, S. 603ff.; *Martinek*, Repräsentantenhaftung, 1979; *Matusche-Beckmann,* Das Organisationsverschulden, 2001; *Savigny*, System des heutigen Römischen Rechts II, 1840, § 90; *Spindler*, Unternehmensorganisationspflichten, 2001; *Windscheid/Kipp*, Lehrbuch des Pandektenrechts, 9. Aufl. 1906 (Nachdruck 1963); *Hans J. Wolff,* Organschaft und Juristische Person II, 1934 (Nachdruck 1968).

bedarf doch der Klärung, wie eine Verbandsperson eine Person – hier den P – zu ihrem Erfüllungsgehilfen macht.

Beispiel Nr. 2: Am Lagerbestand einer Lagerhaus-AG hat nicht der Lagerverwalter L Besitz, denn er ist nach § 855 BGB nur Besitzdiener. So einfach diese Feststellung ist, so sehr drängt sich die Frage auf, wie es denn die AG als juristische Person anstellt, Besitzherrin zu sein.

Beispiel Nr. 3: Verursacht unser Lagerverwalter L beim Einwinken eines Lkw die Verletzung eines Passanten P, so richtet sich die Haftung der AG nach § 831 BGB. Auch das ist zunächst eine einfache Feststellung, aber bei § 831 BGB kommt es bekanntlich auf das Verschulden des Geschäftsherrn – hier also der AG – an, der sich durch den Beweis sorgfältiger Auswahl und Aufsicht exkulpieren kann. Wiederum stellt sich die Frage, wie denn die AG als juristische Person ihren Verrichtungsgehilfen sorgfältig oder unsorgfältig auswählen oder beaufsichtigen soll.

Ersichtlich genügen die auf natürliche Personen zugeschnittenen Regeln über die *Dritt*zurechnung hier nicht. Erforderlich sind auch Regeln über eine *Eigen*zurechnung, denn alle Drittzurechnungsfälle führen, wie die Beispiele zeigen, auf Fragen der Eigenzurechnung zurück: Kann der Verband im Rechtssinne wissen, wollen und handeln?

b) Wie man sieht, *kann* der Verband wie eine natürliche Person durch willkürlich ausgewählte Bevollmächtigte, Besitzdiener und Gehilfen für sich *handeln lassen*, aber er *muß* darüber hinaus in der Lage sein, *selbst verantwortlich* tätig zu *sein.* Hierzu bedient er sich seiner Organe. Nun kann sich aus der mehr oder weniger komplizierten Verbandsverfassung ergeben, daß es in einem Verband mehrere Organe mit unterschiedlichen Kompetenzen gibt, etwa ein Handlungsorgan (z.B. Vorstand), ein reines Willensbildungsorgan (z.B. Hauptversammlung) und ein Aufsichtsorgan (z.B. Aufsichtsrat). Von diesen Komplikationen ist hier noch nicht die Rede, sondern es geht nur um die schlichte Feststellung: *Kein rechtsfähiger Verband darf ohne Handlungsorgan sein, und Handlungsorgan der Verbände ist das Geschäftsführungs- und Vertretungsorgan: der Vorstand des Vereins (§ 26 BGB), der AG (§§ 76ff. AktG) oder der Genossenschaft (§§ 24ff. GenG), der Geschäftsführer der GmbH (§§ 35ff. GmbHG), der geschäftsführende Gesellschafter der Außen-Personengesellschaft (§§ 709ff. BGB, 114ff., 125ff. HGB)*[1]. Ohne daß hier schon der Theorie des organschaftlichen Handelns vorgegriffen werden kann, ist bereits festzustellen, daß das Zurechnungsverhältnis zwischen diesen Organen und dem Verband eine andere Qualität hat als bei den Bevollmächtigten, Besitzdienern und Gehilfen. Das Handlungsorgan eines Verbandes handelt als unentbehrlicher Teil der Verbandsorganisation, nicht als ein willkürlich eingeschalteter Dritter. Es ist stets der dem Verband nächste Zurechnungspunkt. Alle Wissens-, Wollens- und Handlungszurechnung dem Verband gegenüber wird durch seine Organe vermittelt, ganz gleich, ob diese selbst oder durch selbstgewählte Vertreter, Besitzdiener oder Gehilfen handeln.

1 Zu ergänzen sind die Liquidatoren im Fall der Auflösung und nach der in KTS 1984, 345ff. näher entwickelten Auffassung auch der Insolvenzverwalter; vgl. *Karsten Schmidt*, Wege zum Insolvenzrecht der Unternehmen, 1990, S. 106ff.

c) Die *Unentbehrlichkeit eines Handlungsorgans* ist nicht bloß Gegenstand rechtssystematisch-kontemplativer Betrachtung, sondern Bestandteil des geltenden Rechts. Das soll an zwei einfachen Beispielen erläutert werden:

aa) Es kann – z. B. bei Unstimmigkeiten in einem Verband – dazu kommen, daß dieser vorübergehend handlungsunfähig wird. Das Gesellschaftsrecht nimmt sich dieser Frage an.

Beispiel Nr. 4: Der Umweltschutzverband U e.V. hat seinen Vorstand abgewählt und auf einer turbulenten Versammlung einen neuen Vorstand gewählt. Diese Wahl stellt sich als nichtig heraus.

Für diesen Fall ermächtigt § 29 BGB das Amtsgericht, in dringenden Fällen für die Zeit bis zur Behebung des Mangels auf Antrag einen Notvorstand zu bestellen[2]. Für die AG enthält § 85 AktG eine entsprechende Ermächtigung. Wird eine GmbH oder Genossenschaft handlungsunfähig, so ist § 29 BGB analog anzuwenden[3]. Dasselbe gilt nach bestrittener, aber richtiger Auffassung auch für den nicht eingetragenen Verein[4].

bb) Keine Anwendung findet § 29 BGB auf die Personengesellschaften[5]. Das hängt mit der Organisationsstruktur der sog. Gesamthand (oben, § 8 IV 2 e) und mit dem Prinzip der Selbstorganschaft zusammen: Die Personengesellschaft bildet ihre Organe aus sich heraus: Sie »hat« Organe, wird also nicht erst mit diesen ausgestattet, und die organschaftliche Vertretung liegt zwingend in der Hand der Gesellschafter (dazu unten, § 14 II 2). Zwar könnte, wenn § 29 BGB anwendbar wäre, das Gericht ein Mitglied zum geschäftsführenden und vertretungsberechtigten Gesellschafter bestellen, aber das Bedürfnis nach einer solchen Zwangsfürsorge und die Legitimation eines solchen Eingriffs ist im Personengesellschaftsrecht ersichtlich geringer als bei den Körperschaften. Man kann auf die Selbstheilungskräfte der Personengesellschaft bauen.

Beispiel Nr. 5 (nach *BGHZ* 41, 367): In einer Kommanditgesellschaft waren die persönlich haftenden Gesellschafter W und R nur gemeinschaftlich zur Vertretung berechtigt (§§ 125 II, 161 II HGB). W starb. Hierdurch wurde die Gesellschaft nicht etwa handlungsunfähig, sondern R wurde zum alleinvertretungsberechtigten Gesellschafter. Grundsätzlich kann zwar nach Auffassung des *BGH* der Fortfall eines Gesamtvertreters nicht zur Folge haben, daß nun der andere allein vertretungsberechtigt ist, »denn ein solcher Zuwachs an Vertretungsmacht läge im Zweifel nicht im Sinne des Gesellschaftsvertrages, der die Einzelvertretung gerade ausgeschlossen hat (*Hueck*, Das Recht der offenen Handelsgesellschaft, 2. Aufl., S. 181 f.; *Fischer*, NJW 1959, 1059, 1061; RGZ 116, 116, 103, 417) … Etwas anderes muß aber dann gelten, wenn, wie im vorliegenden Fall, in einer Kommanditgesellschaft nach dem Ausscheiden des einen von nur zwei gesamtvertretungsberechtigten

2 Dazu eingehend *v. Kalm*, MDR 1956, 17; *Hahn*, NJW 1973, 2012.

3 Vgl. zur GmbH *RGZ* 68, 172, 180; 138, 98, 101; *OLG Hamburg*, MDR 1977, 1016; *BayObLG*, WM 1977, 408; DB 1995, 2364; zur Genossenschaft *RG*, JW 1936, 2311, 2312; *BGHZ* 18, 334, 337.

4 *LG Berlin*, NJW 1970, 1047; *Erman/Westermann*, § 29 Rdnr. 4; *Staudinger/Weick*, § 29 Rdnr. 4; *Habscheid*, AcP 155 (1956), 397; jetzt wohl schon h.M.; der entscheidende Unterschied gegenüber der Gesellschaft besteht darin, daß das Prinzip der Selbstorganschaft nicht gilt.

5 Vgl. *BGHZ* 33, 105, 108; zweifelnd *RGZ* 116, 116, 119; die Anwendung auf die GmbH & Co. (*BayObLG*, WM 1977, 408; *OLG Stuttgart*, OLGZ 1977, 291, 293) kann nur eine Anwendung des § 29 BGB innerhalb der Komplementär-GmbH sein.

Gesellschaftern nur noch ein persönlich haftender Gesellschafter vorhanden ist. Hier ist aus Rechtsgründen keine andere Lösung denkbar als die, daß der nunmehr einzige persönlich haftende Gesellschafter die Gesellschaft vertritt.«

Beispiel Nr. 6 (nach *BGHZ* 33, 105): In einer Dreipersonen-oHG war gemäß § 125 HGB vereinbart, daß nur einer der drei Gesellschafter das Geschäftsführungs- und Vertretungsrecht haben solle. Zur Vorbereitung eines Ausschließungsprozesses war beantragt, diesem Gesellschafter die Vertretungsmacht zu entziehen. Der *BGH* prüfte, ob dies zu einem rechtlich unhaltbaren Zustand führe, und verneinte diese Frage, weil in diesem Fall die Gesamtvertretungsbefugnis aller Gesellschafter wieder auflebt.

Beispiel Nr. 7 (nach *BGHZ* 51, 198): Gegen den einzigen persönlich haftenden Gesellschafter einer Kommanditgesellschaft war nach §§ 117, 127 HGB Klage auf Entziehung der Geschäftsführungs- und Vertretungsbefugnis erhoben. Nach dem Grundsatz der Selbstorganschaft kann aber nur der Komplementär vertretungsberechtigter Gesellschafter sein (vgl. unten, § 14 II 2). Dem einzigen Komplementär kann deshalb nach Auffassung des *BGH* zwar die Geschäftsführungsbefugnis, nicht aber die Vertretungsbefugnis entzogen werden, aber auch hier stehen die Mitgesellschafter nicht wehrlos da, wenn man ihnen das Recht konzediert, von dem Komplementär eine Vertragsänderung zu verlangen oder ihn auszuschließen (unten, § 53 IV 2a).

2. Die Theorie des Organhandelns: Der dogmatische Streit zwischen der Organtheorie und der Vertretertheorie

a) Die Eigenzurechnung im Verbandsrecht ist Gegenstand eines umfassenden rechtsdogmatischen Streits, in dem sich die organisationsrechtliche Seite des Streits um die Rechtsnatur der juristischen Person widerspiegelt. Gemeint ist der Streit zwischen der »Vertretertheorie« und der »Organtheorie«[6]. *Nach der Vertretertheorie ist die juristische Person selbst nicht fähig zum Wollen und Handeln; dies erledigen Dritte, nämlich ihre Vertreter. Nach der Organtheorie ist der Verband selbst mittels seiner Organe*[7] *Willens- und Handlungsträger.*

b) Da der Meinungsstreit nur das organisationsrechtliche Spiegelbild des aus dem 19. Jahrhundert überkommenen Streits um die Theorie der juristischen Person ist, wird es nicht überraschen, wenn er sich wiederum mit den Namen *Friedrich Carl von Savigny* und *Otto von Gierke* verbindet.

Savigny hält zwar die juristische Person für vermögensfähig, nicht aber für handlungsfähig: »Handlungen setzen ein denkendes und wollendes Wesen, einen einzelnen Menschen, voraus ... Und so erscheint hier der innere Widerspruch eines der Vermögensrechte fähigen Subjects, welches doch die Bedingungen zum Erwerb derselben nicht erfüllen kann.«[8] Dieser Widerspruch ist nach *Savigny* ein ähnlicher wie bei »Unmündigen und

6 Vgl. *Enneccerus/Nipperdey* I, § 103 IV; *Hübner*, Rdnr. 197; *Beuthien*, a.a.O.

7 Der Organbegriff wird meist in doppeltem Sinne gebraucht und bezeichnet sowohl das Organ als Institution (z.B.: den Vorstand) als auch das Organmitglied (z.B.: das Vorstandsmitglied); terminologisch genauer, aber ungebräuchlich ist es, zwischen dem »Organ« und dem »Organwalter« zu unterscheiden; so eingehend *Hans J. Wolff*, a.a.O., § 11, S. 224ff.; vgl. zum Organbegriff auch *Wiedemann*, WM-Beilage 4/1975, S. 15f.

8 *Savigny*, a.a.O., § 90, S. 282.

Wahnsinnigen«[9], und wie bei diesen lautet die Folgerung: Die juristische Person kann nicht selbst Rechtsgeschäfte abschließen, sondern sie bedarf hierzu eines Vertreters[10]; die juristische Person ist auch deliktsunfähig, denn jedes Delikt setzt Schuldfähigkeit voraus[11]. Für diese Sichtweise hat sich das Schlagwort »Vertretertheorie« eingebürgert.

Diese auch aus romanistischen Quellen belegte These entsprach einer verbreiteten Lehre. In der Gerichtspraxis setzte sich aber schon im 19. Jahrhundert mehr und mehr die Auffassung durch, die juristische Person müsse für unerlaubte Handlungen ihrer verfassungsmäßig berufenen Vertreter haften[12]. Teilweise sprach man hier wieder von einer fiktiven Willens- und Handlungsfähigkeit der juristischen Person[13]. Eine gedankliche Basis für diese Zurechnungslehre aber schuf erst die Genossenschaftstheorie (oben, § 8 II 2), repräsentiert vor allem durch *Otto von Gierke*. *Gierke*, für den ja die Verbandsperson ein sozialer Organismus ist, erklärt diesen Organismus selbst für handlungsfähig[14]. Er hebt hervor, daß auch für die juristische Person, wie für jede Rechtsperson, dritte Personen als Stellvertreter handeln können, aber er unterscheidet streng zwischen einer solchen Stellvertretung und dem Selbsthandeln der juristischen Person durch ihre Organe[15]. Die Willens- und Handlungsfähigkeit der Körperschaft gilt ihm »als eine in und mit ihrer Persönlichkeit gegebene Wirklichkeit«[16]. Willens- und Handlungsträger sind für *Gierke* die Organe[17]. Diese entscheiden und handeln nicht als Dritte für die juristische Person, sondern ihr Wollen und Handeln ist das der juristischen Person[18]. Die juristische Person selbst gibt Willensentscheidungen ab, übt Besitz aus, begeht unerlaubte Handlungen usw. – alles durch ihre Organe (sog. »Organtheorie«). Damit war vor allem die Grundlage für die heute in § 31 BGB enthaltene Vorschrift gelegt: Der rechtsfähige Verein ist danach für den Schaden verantwortlich, den sein Vorstand, ein Vorstandsmitglied oder ein anderer verfassungsmäßig berufener Vertreter durch eine in Ausführung der ihm zustehenden Verrichtungen begangene rechtswidrige Handlung einem Dritten zufügt.

Man wird hierin einen rechtspolitischen Sieg der Organtheorie erblicken müssen[19], aber es wäre unrichtig, wollte man diese Theorie damit gleichsam als positiv-rechtlich ratifiziert ansehen. Der Gesetzgeber hat darauf verzichtet, ein theoretisches Bekenntnis für oder gegen die Organtheorie abzugeben[20]: »Die Entscheidung der Konstruktionsfrage, ob die juristische Person ein handlungsfähiges Wesen sei und durch ihre Organe sich im Verkehre bethätige oder ob sie handlungsunfähig sei und deshalb der Vertretung bedürfe, sollte der Wissenschaft überlassen bleiben.« Daran tat der Gesetzgeber recht, denn seine Aufgabe ist die der Regelung, nicht der Gelehrsamkeit[21]. Nachdem nun das BGB für den Bereich des § 31 BGB Klarheit

---

9 *Savigny*, a.a.O., § 90, S. 282, und § 95, S. 317.

10 *Savigny*, a.a.O., § 90, S. 283; insofern anders *Windscheid/Kipp*, a.a.O., § 59 Fußn. 1 a.

11 *Savigny*, a.a.O., § 95, S. 317; vgl. dagegen aber *Regelsberger*, Pandekten I, 1893, § 82.

12 Nachweise bei *Windscheid/Kipp*, a.a.O., § 59 Fußn. 10.

13 Besonders deutlich *Windscheid/Kipp*, a.a.O., § 59 Fußn. 1 a.

14 *Gierke*, Genossenschaftstheorie, S. 603ff.; *ders.*, Deutsches Privatrecht I, § 67 I, S. 518.

15 *Gierke*, Genossenschaftstheorie, S. 623f.; *ders.*, Deutsches Privatrecht I, § 67 I, S. 519.

16 *Gierke*, Genossenschaftstheorie, S. 608.

17 *Gierke*, Genossenschaftstheorie, S. 615.

18 *Gierke*, Genossenschaftstheorie, S. 624f.

19 So z.B. *Enneccerus/Nipperdey* I, § 103 IV 2; *Hübner*, Rdnr. 197; a.M. *Flume*, Juristische Person, § 11 I; die Rückzugsgefechte der Vertretertheorie, insbesondere der Hinweis, nach der Organtheorie hätte es des § 31 BGB nicht bedurft, nehmen sich als kleinliche Rechthaberei aus; charakteristisch *Meurer*, Die Juristischen Personen nach Deutschem Reichsrecht, 1901, S. 156ff.

20 Prot., in: *Mugdan* I, S. 609; s. auch Mot., in: *Mugdan* I, S. 408f.; *Flume*, Juristische Person, § 11 I; *Martinek*, a.a.O., S. 31.

21 »Lex moneat, non doceat.«

geschaffen hat, ist vorgeschlagen worden, man solle »die Waffe der Organtheorie mit dankbarem Gefühl an die Wand hängen«[22]. Aber das trifft nur zu, soweit der Fragenbereich durch den Gesetzgeber oder durch eine einhellige Praxis und Literatur geklärt ist. Niemand wird einen durch einfachen Blick in das Gesetz lösbaren Fall durch Exkurse über die Organtheorie und die Vertretertheorie in die Länge ziehen. Wo aber solche Klarheit noch fehlt, muß sich der Jurist auf die Grundlagen besinnen.

c) Was diese Grundlagen anlangt, so kann als Verdienst der *Savigny*schen Lehre die Erkenntnis verbucht werden, daß nur Menschen wie Menschen verantwortlich handeln und daß den juristischen Personen nur das Wollen und Handeln natürlicher Personen zugerechnet werden kann. Es ist und bleibt wichtig, den Zurechnungscharakter der hier diskutierten Regeln im Blick zu behalten[23], den *Savigny*, ohne von »Zurechnung« zu sprechen, sichtbar gemacht hat. Diesen Charakter hat aber in Wahrheit auch *Gierke* nicht verkannt, dem aufgrund seiner bildhaften Sprache[24] gern unterstellt wird[25], er habe die juristische Person wie einen Menschen angesehen, der durch Hand und Mund zu handeln imstande ist[26]. *Gierkes* Organtheorie will weder den Zurechnungscharakter des Organhandelns leugnen[27] noch stellt sie die Organe der juristischen Person mit denen des Menschen gleich[28]. Gegenstand seiner Theorie sind im Kern zwei heute noch gültige Aussagen. In *rechtsdogmatischer* Hinsicht geht es *Gierke* darum, daß das Organhandeln etwas qualitativ anderes ist als das Handeln irgendwelcher dritter Personen als Vertreter, Besitzdiener oder Gehilfen. In *rechtspolitischer* Hinsicht setzt sich *Gierke* für eine zwingende Zurechnung allen Organhandelns für und gegen die juristische Person ein, womit aus heutiger Sicht die positivrecht-

22 So *v. Tuhr*, Allgemeiner Teil des Deutschen Bürgerlichen Rechts I, 1910 (Nachdruck 1957), § 32 II, S. 464; ihm zustimmend *Altmeppen*, NJW 1996, 1021 Fußn. 39.

23 In dieser Hinsicht treffend *Flume*, Juristische Person, § 11 I.

24 Vgl. Deutsches Privatrecht I, § 59 II 4: »Die Verbandsperson ist auch handlungsfähig. Sie ist kein todtes Begriffsding ..., sondern ein lebendiges Wesen, das als solches will und handelt. Freilich vermag sie sich in ihrer unsinnlichen Einheit nur durch Organe zu bethätigen, die aus einzelnen Menschen gebildet sind. Allein sie kommt in den Lebensaktionen ihrer Organe ... gleich unmittelbar zur Erscheinung, wie die Einzelperson in der Rede des Mundes oder der Bewegung der Hand.«

25 *Flume* (Juristische Person, § 1 II) erklärt *Gierkes* anthropomorphe Sicht zu einer »Fiktionstheorie«; ganz ähnlich schon *v. Tuhr* I, § 32 II, S. 461; vgl. demgegenüber die Würdigung bei *Karsten Schmidt*, Einhundert Jahre Verbandstheorie im Privatrecht, 1987, S. 15ff.

26 Diese Ansicht wurde vertreten von *Laband*, AcP 73 (1888), 187f.; *Kohler*, Lehrbuch des bürgerlichen Rechts I, 1906, § 136 I; in gleicher Richtung heute noch *Raiser*, Kapitalgesellschaften, § 3 Rdnr. 10: »Gleichstellung ... mit natürlichen Personen«.

27 Vgl. Genossenschaftstheorie, S. 622f.: »Von einer ›Vertretung‹ oder ›Repräsentation‹ läßt sich ja freilich auch hier sprechen, da das Organ nicht die Körperschaft, sondern nur der in einer bestimmten Sphäre als Werkzeug ... fungierende Bestandteil des körperlichen Organismus ist.«

28 Vgl. Genossenschaftstheorie, S. 615: »Die Persönlichkeit, welche in ihrer untheilbaren und ununterbrochenen geistigen Einheit aller sinnlichen Wahrnehmung entrückt ist, greift immer nur durch die Vermittlung leiblich er Organe in die sichtbare Welt ein ... Allein nur die juristische Person hat Organe im Rechtssinne, ... während die Organe der Einzelperson auch im Rechtsleben lediglich nach Maßgabe der natürlichen Ordnung des individuellen menschlichen Organismus als Werkzeuge der sie beseelenden physischen Einheit fungieren ...«

liche Vorschrift des § 31 BGB nur mehr als Teil eines umfassenden Konzepts erscheint. Darin ist ihm voll zuzustimmen, und deshalb hat sich das Anliegen der Organtheorie noch keineswegs erledigt[29]. Sie wird mittlerweile sogar als die herrschende Lehre bezeichnet[30] und beweist noch immer rechtspolitische Schlagkraft, wie sich hier zeigen wird.

Insgesamt kann man festhalten, daß das Handeln der Verbandsorgane dem Verband als Eigenhandeln zuzurechnen ist (richtig *Gierke*), ohne doch rechtsethisch verantwortliches Eigenhandeln im natürlichen Sinne zu sein (richtig *Savigny*).

3. Ausdehnung auf alle rechtsfähigen Verbände

Die Dogmengeschichte der juristischen Person hat bei all ihren Verdiensten die Gefahr einer Verengung mit sich gebracht, indem sie die Notwendigkeit verdeckt hat, viele ihrer Prinzipien auf alle rechtsfähigen Verbände auszudehnen. Neuerlich muß hier daran erinnert werden, daß schon *Karl Wieland* im Jahr 1920 für den Bereich der Handelsgesellschaften die strenge Trennung zwischen juristischen Personen und »Gesamthandsgesellschaften« bekämpft hat[31] und daß die Berechtigung dieses Gegensatzes heute mit guten Gründen (oben, § 8 I 2) bezweifelt wird. Hält man gleichwohl noch an dieser entwicklungsgeschichtlich und organisationsrechtlich bedingten Trennung fest, so muß man die Konsequenz ziehen, daß die Willens- und Handlungsfähigkeit der Verbände – m.a.W. die organschaftliche Willens- und Handlungszurechnung – nicht auf den Bereich der juristischen Personen beschränkt bleiben kann. Für den Bereich der Stellvertretung hat bereits *Gierke* vor einem Jahrhundert herausgearbeitet, daß auch bei den Gesamthandsgesellschaften streng zwischen der organschaftlichen Vertretung durch einen vertretungsberechtigten Gesellschafter und der Vertretung durch einen Bevollmächtigten unterschieden werden muß[32]. Um so verwunderlicher ist es, wenn man heute noch liest, die Vertretung durch einen vertretungsberechtigten Gesellschafter[33] bzw. durch den Vorstand eines nichteingetragenen Vereins[34] sei keine organschaftliche Vertretung der Gesellschaft bzw. des Vereins, sondern eine Vollmacht. Wir haben es hierbei mit unbewältigten Folgen der jahrzehntelangen *Gesamthandsdiskussion* zu tun (dazu oben, § 8 III). Wer die »Gesamthand« strikt von der juristischen Person unterscheidet (dazu oben, § 8 I 2, 3) und überdies die Gesellschafter bzw. die Vereinsmitglieder als die wahren Rechtssubjekte und als Träger des Ver-

29 Ganz anders *Flume*, Juristische Person, § 11 I: Organtheorie als »noch immer« vertretener »Rest der Theorie der realen Verbandspersönlichkeit« sei »schlechthin für eine juristische Argumentation unzulässig«.

30 Vgl. *Beuthien*, NJW 1999, 1142.

31 *Wieland* I, § 35.

32 *Gierke*, Genossenschaftstheorie, S. 587.

33 Vgl. nur *Lehmann/Dietz*, § 14 II; *v. Gamm*, in: RGRK, § 714 Rdnr. 1; dagegen aber *Flume*, Personengesellschaft, § 10 I; *Ulmer*, Gesellschaft bürgerlichen Rechts, § 714 Rdnrn. 7f.

34 Vgl. nur *Rittner*, Die werdende juristische Person, 1973, S. 262; dagegen aber z.B. *Lehmann/Dietz*, § 38 III 3b m.w.N.

bandswillens betrachtet (dazu oben, § 8 III), wird die Organqualität der Vertreter bei einer »Gesamthand« nicht erkennen. Wer dagegen mit der Verselbständigung gesamthänderischer Verbände Ernst macht, muß den Grundgedanken auch hierher ausdehnen: Ein Verband, der Träger von Rechten und Pflichten sein kann, ist notwendig auch eine Willens- und Handlungseinheit, mag er nun nach der konventionellen Systematik als juristische Person oder als »Gesamthand« einzuordnen sein (vgl. zu dieser systematischen Frage oben, § 8 I 2).

4. Grundsätzliche Folgerungen

Drei grundsätzliche Folgerungen lassen sich auf die bisherigen Überlegungen stützen.

Erstens: Die Grundsätze über organschaftliches Wollen und Handeln gelten für jeden Verband, der fähig ist, Träger von Rechten und Pflichten zu sein. Sie sind keine Spezifika der juristisch personifizierten Körperschaften, sondern sie gelten auch für rechtsfähige Personengesellschaften (sog. »Gesamthandsgesellschaften«).

Zweitens: Die Grundsätze über organschaftliches Wollen und Handeln sind Zurechnungsgrundsätze, denn der Verband kann nicht wie ein Mensch selbstverantwortlich handeln. Die rechtspolitische Notwendigkeit und der Grundgedanke dieser Zurechnung beruht aber darauf, daß der Verband im Rechtsverkehr als Träger von Willensmacht fungieren muß.

Drittens: Die organschaftliche Zurechnung ist etwas qualitativ anderes als die Zurechnung des Wissens, Wollens und Handelns eingeschalteter Dritter (Bevollmächtigter, Erfüllungsgehilfen, Verrichtungsgehilfen, Besitzdiener). Zwar kann sich der Verband im Rechtsverkehr solcher Dritten bedienen, aber dies steht in seinem Belieben (im Belieben seiner Organe). Die Organe dagegen sind unverzichtbare Zurechnungsträger.

II. Organschaftliche Vertretung*

1. Anwendung der §§ 164ff. BGB

Jeder als juristische Person oder als sog. Gesamthand verselbständigte Verband benötigt organschaftliche Vertreter. Beim Verein, bei der Aktiengesellschaft und bei der Genossenschaft ist dies der Vorstand (§§ 26 BGB, 78 AktG, 24 GenG), bei der KGaA der Komplementär (§ 278 II AktG), bei der GmbH sind es die Geschäftsführer (§ 35 GmbHG) und bei den Personengesellschaften die geschäftsführenden Gesellschafter (§§ 714 BGB, 125 HGB). Nach der *Organtheorie* muß die Ausübung organschaftlicher Vertretungs-

* Literatur (Auswahl): *Beuthien*, Zur Theorie der Stellvertretung im Gesellschaftsrecht, in: Festschrift Zöllner I, 1998, S. 87; *ders.*, Gibt es die organschaftliche Stellvertretung? NJW 1999, 1142; *ders.*, Zur Theorie der Stellvertretung im Bürgerlichen Recht, in: Festschrift Medicus, 1999, S. 1; *Gierke*, Deutsches Privatrecht I, § 67; *ders.*, Genossenschaftstheorie, S. 603ff.

macht als ein Eigenhandeln des Verbandes angesehen werden[35]. Damit scheint es sich nicht zu vertragen, die §§ 164ff. BGB auf das Handeln der Vertretungsorgane anzuwenden[36], ja: Schon der Begriff »organschaftliche *Vertretung*« müßte als ein Widerspruch in sich bezeichnet werden[37]. Aber wir müssen uns davor hüten, aus der rechtspolitischen Richtigkeit der Organtheorie voreilige rechtsdogmatische Folgerungen abzuleiten. Als richtig haben wir allerdings erkannt, daß die organschaftliche Zurechnung eine andere Qualität hat als die Zurechnung fremden Handelns: Der Bevollmächtigte ist eine Hilfsperson: ein Dritter, den der Vollmachtgeber nach eigenem Gutdünken in seine rechtsgeschäftliche Tätigkeit einschaltet; die Vertretungsorgane gehören dagegen dem Verband als verfassungsmäßige Glieder an und stehen ihm selbst dann nicht als Dritte gegenüber, wenn der individuelle Organträger – Vorstand, Geschäftsführer – eine von den Mitgliedern bestellte verbandsfremde Person ist (vgl. zur Drittorganschaft unten, § 14 II 2)[38]. Das Vertretungsorgan handelt nicht gleichsam anstelle des Verbands über diesen hinweg, sondern aus ihm heraus. Diese Besonderheit muß aber nicht besagen, daß nicht *die Zurechnungsvorschriften der §§ 164ff. BGB* auf Organe wie auf Bevollmächtigte passen können[39]. Das tragende Prinzip der §§ 164ff. BGB besteht im Kern in der doppelten Voraussetzung wirksamen Vertreterhandelns: Handeln im Namen des Vertretenen und Handeln in den Grenzen der Vertretungsmacht. Drei wesentliche Grundprinzipien sind hieraus für den Fall der organschaftlichen Vertretung zu entnehmen: Handelt das Gesellschaftsorgan im Namen des Verbandes und im Rahmen seiner Organvertretungsmacht, so verpflichtet es den Verband und nur den Verband. Handelt das Organ im eigenen Namen, so berechtigt und verpflichtet es sich selbst. Handelt es zwar im Namen des Verbandes, aber unter Überschreitung seiner Vertretungsmacht, so ist das abgeschlossene Geschäft schwebend unwirksam (§ 177 BGB), und das Organ haftet nach Maßgabe des § 179 BGB persönlich[40].

Beispiel Nr. 8: Der Vereinsvorstand kauft für den Verein ein Sportgelände, der Vorstand der Aktiengesellschaft erwirbt für sie eine Fabrik, der Geschäftsführer der GmbH stellt einen Prokuristen ein, der geschäftsführende Gesellschafter einer oHG oder KG kauft und erwirbt in dieser Eigenschaft eine Maschine. Damit diese Geschäfte dem Verein, der Aktiengesellschaft, GmbH, oHG oder KG als Eigenschaft zugerechnet werden können, bedarf es des Handelns im Namen dieses Rechtsträgers und der Vertretungsmacht. Das erste kann sich aus den Umständen ergeben (§ 164 I 2 BGB; vgl. auch zum unternehmens-

---

35 Vgl. *Gierke*, Genossenschaftstheorie, S. 624f.; scharf pointiert *Laband*, AcP 73 (1888), 187f.; *Beuthien*, NJW 1999, 1142ff.

36 So aber *Meurer*, Die Juristischen Personen nach Deutschem Reichsrecht, 1901, S. 168.

37 Vgl. *Beuthien*, NJW 1999, 1142ff.

38 Insoweit wie hier *Beuthien*, NJW 1999, 1143 f.

39 Dafür im Ergebnis die h.M.; vgl. nur *Flume*, Juristische Person, § 11 I; *Hübner*, § 14 V 2 b; *Schramm*, in: MünchKommBGB, vor § 164 Rdnr. 7; *Soergel/Leptien*, vor § 164 Rdnr. 18; *Staudinger/Weick*, § 26 Rdnrn. 22ff.; *Beuthien*, in: Festschrift Zöllner, a.a.O., S. 99ff.; *ders.*, NJW 1999, 1144; nach *Beuthien*, in: Festschrift Medicus, a.a.O., ist auch die Stellvertretung nach dem BGB Eigenhandeln des Vertretenen.

40 Vgl. *RG*, HRR 1928 Nr. 1396; *Hübner*, § 14 V 2 b; *Soergel/Hadding*, § 26 Rdnr. 23; *Klaus Müller*, AcP 168 (1968), 125, 147.

bezogenen Handeln Handelsrecht, § 5 III). Die Vertretungsmacht ergibt sich aus §§ 26 BGB, 78 AktG, 35 GmbHG, 125 HGB.

Beispiel Nr. 9: In der Satzung des Hockeyclub e.V. ist gemäß § 26 II 2 BGB bestimmt und in das Handelsregister eingetragen, daß der Vorstand für Rechtsgeschäfte über 10000 Euro die Zustimmung der Mitgliederversammlung benötigt. Ohne diese Zustimmung kauft der Vorstand im Namen des Vereins ein Parkplatzgelände für 100000 Euro. Hier ergibt sich die schwebende Unwirksamkeit des Geschäfts aus § 177 BGB, die Eigenhaftung des Vorstands aus § 179 BGB.

Geschäftsunfähigkeit des organschaftlichen Vertreters – offenbar keine rein akademische Fallgestaltung – kann die Frage aufwerfen, ob nichtsahnende Vertragspartner nach § 15 I HGB oder durch allgemeine Vertrauenshaftung geschützt sind (*BGHZ* 115, 78 = NJW 1991, 2566 und dazu *Karsten Schmidt*, JuS 1991, 1002). Dies wird im Handelsrecht unter § 14 II 4e behandelt.

2. Grenzen und Mißbrauch organschaftlicher Vertretungsmacht*

a) Organschaftliche Vertretungsmacht ist ihrem Umfang nach gesetzlich umschrieben. Soweit die Vertretungsmacht beschränkbar ist (vgl. für den Verein § 26 II 2 BGB) und von dieser Beschränkungsmöglichkeit Gebrauch gemacht wurde, kann ein Vertretungsorgan ausnahmsweise einmal Vertreter ohne Vertretungsmacht sein. Es kommen dann die §§ 177, 179 BGB zur Anwendung (vgl. oben unter II 1). Vertreter ohne Vertretungsmacht ist, soweit nicht Vertrauensschutzregeln helfen, auch ein Gesellschafter oder Geschäftsführer, der nur gemeinsam mit anderen handeln darf (Gesamtvertretung; vgl. §§ 714 BGB, 125 II HGB, 7 III PartGG, 78 II AktG, 35 II 2 GmbHG, 25 I GenG), aber das Vertretergeschäft allein abschließt[41]. Inhaltlich aber ist die Vertretungsmacht der Organe meistens unbeschränkt und sogar unbeschränk-

* Literatur: *Robert Fischer*, Der Mißbrauch der Vertretungsmacht, in: Festschrift Schilling, 1973, S. 3 = Gesammelte Schriften, 1985, S. 173; *Flume*, Rechtsgeschäft, § 5 II 3; *Frotz*, Verkehrsschutz im Vertretungsrecht, 1972, S. 602ff.; *Gessler*, Zum Mißbrauch organschaftlicher Vertretungsmacht, in: Festschrift v. Caemmerer, 1978, S. 532; *Giesen*, Organhandeln und Interessenkonflikt, 1984; *Heckelmann*, Mitverschulden des Vertretenen beim Mißbrauch der Vertretungsmacht, JZ 1970, 62; *Hezel*, Der Mißbrauch der Vertretungsmacht, Diss. Tübingen 1937; *John*, Der Mißbrauch organschaftlicher Vertretungsmacht, in: Festschrift Mühl, 1981, S. 349; *Jüngst*, Der Mißbrauch organschaftlicher Vertretungsmacht, 1981; *Kipp*, Zur Lehre von der Vertretung ohne Vertretungsmacht, in: Die RG-Praxis im deutschen Rechtsleben II, 1929, S. 273; *Lüderitz*, Prinzipien des Vertretungsrechts, JuS 1976, 766; *Mertens*, Die Schranken gesetzlicher Vertretungsmacht, JurA 1970, 466; *Michalski*, Mißbrauch der Vertretungsmacht bei Überschreiten der Geschäftsführungsbefugnis, GmbHR 1991, 349; *Michalski/Arends*, Zur Wirkung eines Mißbrauchs der Vertretungsmacht im Außenverhältnis, NZG 1999, 1011; *Rinck*, Pflichtwidrige Vertretung, 1936; *Günter H. Roth*, Mißbrauch der Vertretungsmacht durch den GmbH-Geschäftsführer, ZGR 1985, 265; *Karsten Schmidt*, Liquidationszweck und Vertretungsmacht der Liquidatoren, AcP 174 (1974), 55; *Schott*, Der Mißbrauch der Vertretungsmacht, AcP 171 (1971), 385; *Siebert*, Zur Lehre vom Mißbrauch der Vertretungsmacht, ZStaatsW 95 (1935), 629; *Stoll*, Der Mißbrauch der Vertretungsmacht, in: Festschrift H. Lehmann, 1937, S. 115; *Tank*, Der Mißbrauch von Vertretungsmacht und Verfügungsbefugnis, NJW 1969, 6; *H.P. Westermann*, Mißbrauch der Vertretungsmacht, JA 1981, 521; *Zacher*, Beschränkung und Mißbrauch der Vertretungsmacht ..., GmbHR 1994, 842.

41 Mißbrauch der Vertretungsmacht wird in diesem Fall zu Unrecht angenommen bei *OLG Dresden*, NJW-RR 1995, 803.

bar (vgl. §§ 126 II HGB, 7 III PartGG, 82 I AktG, 37 II GmbHG, 27 II GenG). Bei verbandsrechtlichen Organisationsakten gibt es zwar Kompetenzgrenzen, weil die Vertretungsorgane nicht durch Vertretergeschäfte sog. »faktische Satzungsänderungen« herbeiführen dürfen (vgl. dazu auch § 21 V 3 a). So kann ein GmbH-Geschäftsführer nicht ohne Zustimmung der Gesellschafter die GmbH rechtlich bindend der Leitungsmacht eines anderen Unternehmens unterstellen (unten, § 17 IV 2 und § 39 II 2 a), und auch bei Unternehmensausgliederungen und Vermögensveräußerungen stößt die Rechtsmacht der Gesellschaftsorgane auf Grenzen (vgl. § 179 a AktG sowie *BGH*, NJW 1995, 596; dazu unten, § 30 V 2). Bei Außengeschäften des Rechtsverkehrs ist dagegen die Vertretungsmacht nicht, auch nicht durch den Verbandszweck, beschränkt (oben, § 8 V 2). Die Organe eines Verbandes sind zwar, wie die Mitglieder, auf den Verbandszweck verpflichtet, aber dies ist im Grundsatz eine reine Frage des Innenverhältnisses. Soweit nun ein Organ innerhalb des gesetzlichen Umfangs seiner Vertretungsmacht, aber doch pflichtwidrig handelt, stellt sich die Frage, ob und unter welchen Voraussetzungen diese Pflichtwidrigkeit auf das Außenverhältnis durchschlägt.

Beispiel Nr. 10 (nach *RGZ* 145, 311): Ein gemeinnütziger Verband zur Förderung der öffentlichen Feuerversicherung hatte, vertreten durch seinen Verbandsdirektor D, der A-Aktiengesellschaft gegen eine Vergütung Gold-Kommunalobligationen und Hypothekenpfandbriefe zur Kreditbeschaffung versprochen, den Vertrag aber nicht erfüllt. D hatte im Namen des Verbandes schon mehrfach Spekulationsgeschäfte betrieben und wollte mit diesem neuen Geschäft eingetretene Verluste ausgleichen. Das *Reichsgericht* folgerte aus dieser Verbandsfremdheit nicht ohne weiteres die Nichtigkeit des Geschäfts, meinte aber, es liege ein dem Geschäftsgegner erkennbarer Mißbrauch der Vertretungsmacht vor, der dem Geschäftsgegner entgegengehalten werden könne, wenn dieser daraus Rechte herleiten wolle.

Beispiel Nr. 11 (vereinfacht nach *BGH*, GmbHR 1976, 208 = WM 1976, 658): An der W-GmbH waren zwei Gesellschaftergruppen beteiligt, die je einen Geschäftsführer bestellen durften. Die W-Gruppe bestellte den für die Finanzen zuständigen Geschäftsführer Waldemar W, die H-Gruppe den für den Ein- und Verkauf zuständigen Geschäftsführer Heribert H. Jeder Geschäftsführer war allein zeichnungsberechtigt. H war gleichzeitig Mehrheitsgesellschafter einer KG, die bei der B-Bank erhebliche Kreditschulden hatte. Im Namen der W-GmbH übernahm er für diese Kreditschulden gegenüber der B-Bank eine Höchstbetragsbürgschaft, ohne den Geschäftsführer W oder die W-Gruppe auch nur zu verständigen. Er handelte dabei im Rahmen der nicht einschränkbaren Vertretungsmacht des GmbH-Geschäftsführers. Trotzdem wiesen die Gerichte die Bürgschaftsklage der B-Bank wegen Mißbrauchs der Vertretungsmacht ab.

Beispiel Nr. 12 (nach *RGZ* 58, 356): K war Gesellschafter der K & S oHG. Zur Sicherung eines Darlehns, das er für sich persönlich aufgenommen hatte, gab er im Namen der oHG dem Darlehnsgeber ein Bürgschaftsversprechen. Die oHG wurde aufgelöst. K konnte nicht zahlen. Der Darlehnsgeber nahm deshalb den Mitgesellschafter S in Anspruch. Eine solche Inanspruchnahme war möglich, wenn die oHG als Bürgin haftete (§ 765 BGB), denn dann haftete für diese Schuld auch der S (§ 128 HGB). K hatte nach § 125 HGB Vertretungsmacht und konnte grundsätzlich auch Bürgschaftsverpflichtungen im Namen der oHG eingehen. Aber er hatte diese Vertretungsmacht mißbraucht, und das *Reichsgericht* wies die Klage ab, weil der Darlehnsgeber »durch Mitwirkung an der Untreue des K« den Mitgesellschafter S sittenwidrig geschädigt habe.

Beispiel Nr. 13 (vereinfacht nach *BGH,* LM Nr. 6 zu § 29 GmbHG m. Anm. *Heidenhain* = NJW 1996, 589): Die A-GmbH, vertreten durch ihren Geschäftsführer und Alleingesellschafter A, machte gegen die XY-GmbH einen der Höhe nach überzogenen Anspruch aus Planungsleistungen geltend und stützte sich hierfür auf einen zwischen der A-GmbH und der durch Y vertretenen XY-GmbH geschlossenen Vertrag. Das *Oberlandesgericht* hatte in der Berufungsinstanz der Klage teilweise stattgegeben. Der *Bundesgerichtshof* gab dem Berufungsgericht auf, wegen der Möglichkeit grob nachteiliger Vertragskonditionen einen Mißbrauch der Vertretungsmacht zu prüfen.

b) Die *rechtsdogmatische Ansiedelung* des Problems ist umstritten. Nach der in der Rechtsprechung und Literatur herkömmlich verwendeten Formel handelt es sich um einen Anwendungsfall des § 242 BGB[42]. Eine vor allem im Schrifttum verbreitete Gegenansicht operiert mit einer analogen Anwendung der §§ 177ff. BGB[43]. Die streitenden Meinungen messen der Frage eine unverdiente Bedeutung bei (vgl. schon Handelsrecht, § 16 III 4). So wird etwa gegen die Anwendung der §§ 177ff. BGB vorgebracht, sie sei im Ergebnis zu rigoros, sie stelle das Außen- und das Innenverhältnis unzutreffend gleich, und sie verwechsele deshalb den Mißbrauch einer vorhandenen Vertretungsmacht mit dem Fehlen der Vertretungsmacht[44]. Demgegenüber ist folgendes zu sagen: Die Tatbestandsvoraussetzungen des Mißbrauchs der Vertretungsmacht ergeben sich, wie bei Analogiediskussionen üblich, naturgemäß nicht aus den § 177ff. BGB und haben zweifellos etwas mit Treu und Glauben zu tun, denn es geht darum, unter welchen Voraussetzungen dem Geschäftsgegner die Vorteile der umfassenden Vertretungsmacht versagt werden dürfen, weil er sie nicht verdient. Nach *RGZ* 134, 67, 71 beruhen die Grundsätze über den Mißbrauch der Vertretungsmacht auf dem Gedanken, daß von der Maßgeblichkeit der externen Vertretungsmacht eine Ausnahme zu machen ist, »wenn zuungunsten des Geschäftsgegners die Grundsätze vom Handeln wider Treu und Glauben Platz greifen und damit dem Vollmachtgeber die Einrede der Arglist in die Hand gegeben wird«. Es geht einfach darum, Schutzbedürfnis und Schutzwürdigkeit des Geschäftsgegners sachgerecht zu begrenzen (vgl. auch *BGHZ* 113, 315, 320). Das ändert aber nichts daran, daß die *Rechtsfolgen* der §§ 177ff. BGB passen, *wenn* der Mißbrauch nach außen durchschlägt: Das Geschäft ist dann schwebend unwirksam. In diesem Sinne ist der Auffassung zu folgen, die die §§ 177ff. BGB analog anwendet. Nur hinsichtlich der Voraussetzungen sind Regel und Ausnahme gegenüber den Regelfällen des § 177 BGB umgekehrt. Das BGB geht davon aus, daß der Geschäftsgegner das Risiko pflichtwidrigen Vertreterhandelns trägt, soweit nicht ausnahmsweise der Vertrauensschutz hilft. Die umfassende organschaftliche Vertretungsmacht macht den Verkehrs-

42 Z.B. *RGZ* 134, 67, 72; 145, 311, 315; *BGH*, WM 1960, 611, 614; 1966, 491, 492; *Jüngst*, a.a.O., S. 138ff. m.w.N.; *Soergel/Leptien*, § 177 Rdnr. 15; *H.P. Westermann*, JA 1981, 525.

43 Grundlegend *Kipp*, a.a.O.; heute z.B. *Enneccerus/Nipperdey* II, § 183 I 5; *Flume*, Rechtsgeschäft, § 45 II 3; *Larenz/Wolf*, AT, 8. Aufl. 1997, § 46 VII; *Hübner*, Rdnrn. 1296ff.; *John*, a.a.O., S. 361ff.; *Schramm*, in: MünchKommBGB, § 164 Rdnr. 111; *Karsten Schmidt*, AcP 174(1974), 59 m.w.N.; mißverständlich *Staub/Habersack*, § 126 Rdnr. 27: »Bei mißbräuchlicher Ausübung der organschaftlichen Vertretungsmacht handelt der Gesellschafter ohne Vertretungsmacht.«

44 *Robert Fischer*, a.a.O., S. 12f. bzw. S. 182f., der die Voraussetzungen und die Rechtsfolgen des Mißbrauchs schlicht durcheinanderwirft.

schutz zum Prinzip, aber dieser Verkehrsschutz stößt auf Grenzen, wo der Geschäftsgegner ihn ausnahmsweise nicht verdient.

c) Die *Tatbestandsvoraussetzungen* sind im einzelnen umstritten, lassen sich aber auf folgende Grundsätze bringen (vgl. auch Handelsrecht, § 16 III 4):

aa) *Auf der Seite des Vertreters* muß eine interne Pflichtwidrigkeit vorliegen. Das ist der Fall, wenn das Rechtsgeschäft dem Vertreter verboten worden ist (vgl. *RG*, JW 1936, 643), wenn es nicht durch den Verbandszweck gedeckt ist (vgl. *RGZ* 145, 311), wenn es seinem Inhalt nach die Interessen des Vertretenen verletzt (vgl. *BGH*, GmbHR 1976, 208) oder wenn es unter tatsächlichen Voraussetzungen abgeschlossen wird, deren Kenntnis den Vertretenen vom Vertragsschluß abgehalten hätte (*RGZ* 134, 67, 72; *BGH*, WM 1972, 1380, 1381; 1984, 305 = NJW 1984, 1461). Entgegen einer inzwischen überholten Rechtsprechung kommt es nur auf die objektive Pflichtwidrigkeit des Vertretergeschäfts an, nicht aber darauf, ob der Vertreter bewußt zum Nachteil des Vertretenen handelt[45]. Die früher entgegenstehende Praxis erklärte sich aus Nachwirkungen einer alten Rechtsprechung, die auf kollusive Schädigung des Vertretenen (§§ 138, 826 BGB) abstellte, vielleicht auch aus der gar nicht unzutreffenden Beobachtung, daß der mit einem bösartig handelnden Vertreter kontrahierende Vertragsgegner im Einzelfall weniger schutzwürdig sein kann. Aber ein besonderes Tatbestandsmerkmal ergibt sich hieraus nicht.

bb) *Auf der Seite des Geschäftsgegners* fragt sich, unter welchen Voraussetzungen er als bösgläubig anzusehen ist und den Schutz verliert. Nach richtiger Auffassung kommt es hier auf objektive *Evidenz des Mißbrauchs* an[46]: Wenn der Mißbrauch aus der verobjektivierten Perspektive des Geschäftsgegners auf der Hand lag, sich also, wie der *BGH* heute zu sagen pflegt, »aufdrängen mußte«, schlägt der Mißbrauch auf das Außenverhältnis durch. Diese Evidenz deckt sich im wesentlichen mit den Voraussetzungen grober Fahrlässigkeit[47], doch ist eben nicht ein Verschulden zu prüfen, sondern zu prüfen sind die objektiven Grenzen des vertretungsrechtlichen Verkehrsschutzes (vgl. auch Handelsrecht, § 16 III 4). Erforderlich, aber auch ausreichend, sind »massive Verdachtsmomente«, aufgrund derer sich die Notwendigkeit einer klärenden Rückfrage beim Vertretenen »geradezu aufdrängen« mußte[48]. Bloßes Kennenmüssen, also einfache Fahrlässigkeit (§ 122 II BGB), genügt nicht[49], denn wo das Gesetz den Verkehr durch formalisierte Vertretungsregeln schützt, darf dieser Schutz nicht durch weitreichende Erkundigungspflichten infrage gestellt werden. Da Evidenz des

45 Wie hier jetzt *BGH*, NJW 1984, 1461, 1462 m. Anm. *Roth*, ZGR 1985, 265; *BGH*, NJW 1988, 3012, 3013; anders noch *BGHZ* 50, 112, 114; *BGH*, WM 1960, 611, 612; BB 1976, 852 = (ausführlich) GmbHR 1976, 208 = WM 1976, 658; *LG Kassel*, NJW-RR 1995, 1063, 1064; *Soergel/Leptien*, § 177 Rdnr. 17; *Staub/Habersack*, § 126 Rdnr. 25.

46 *BGHZ* 127, 239, 241 f. = LM Nr. 78 zu § 164 BGB m. Anm. *Langenfeld*; *BGH*, LM Nr. 35 zu § 167 BGB = WM 1992, 1362 (1363); LM Nr. 75 zu § 164 BGB m. Anm. *Leptien* = NJW 1994, 2082 (2083); NJW 1999, 2883; grundlegend *Flume*, Rechtsgeschäft, § 45 II 3; ähnlich *BGH*, WM 1968, 841, 842; 1976, 632, 633; 1976, 658, 659 = GmbHR 1976, 208; WM 1980, 953; DB 1984, 661; *Schramm*, in: MünchKommBGB, § 164 Rdnr. 14; eingehende Analyse bei *Jüngst*, a. a. O., S. 75 ff. m. w. N.

47 Vgl. *Schramm*, in: MünchKommBGB, § 164 Rdnr. 115; *Schott*, AcP 171 (1971), 397; *Lüderitz*, JuS 1976, 768; s. aber *Hübner*, in: Festschrift Klingmüller, 1974, S. 173.

48 BGHZ 127, 239, 241 f. = LM Nr. 78 zu § 164 BGB m. Anm. *Langenfeld*; BGH, LM Nr. 75 zu § 164 BGB m. Anm. *Leptien* = NJW 1994, 2082 (2083).

49 Anders *RGZ* 75, 299, 301; 83, 348, 353; 130, 131, 142 (jeweils zum Testamentsvollstrecker); *RGZ* 134, 67, 72; 143, 196, 201 (jeweils zur Vollmacht); *RGZ* 145, 311, 315 (zur organschaftlichen Vertretung); *RG*, JW 1931, 2229, 2230; 1936, 643 (jeweils zur Vollmacht); *BGH*, JZ 1964, 420 (zur elterlichen Sorge).

Mißbrauchs erforderlich und ausreichend ist[50], ergibt sich von allein, daß bei positiver Kenntnis des Dritten (vgl. den Fall *BGHZ* 12, 308) oder bei kollusivem Zusammenwirken zwischen dem Vertreter und dem Dritten (vgl. den Fall *RGZ* 58, 356) ohne weiteres das Vertretergeschäft unwirksam ist. Im Fall der Kollusion greifen neben den hier dargestellten Grundsätzen auch die §§ 138, 826 BGB ein[51].

d) Die *Rechtsfolgen* ergeben sich, wenn man der hier vertretenen Auffassung folgt, nicht aus § 242 BGB, sondern aus den entsprechend anzuwendenden §§ 177 ff. BGB. Hat der Mißbrauch aufgrund der dargelegten Kriterien Außenwirkung, so ist ein vom Vertreter abgeschlossener Vertrag analog § 177 BGB schwebend unwirksam. Der vertretene Verband kann den Vertrag genehmigen[52]. Ein Widerrufsrecht des anderen Vertragsteils besteht analog § 178 BGB nicht, wenn er den Mißbrauch kannte. Da eine Eigenhaftung des Vertreters analog § 179 BGB schon bei einfacher Fahrlässigkeit des Geschäftsgegners ausgeschlossen ist (vgl. § 179 III BGB), kommt sie in den Fällen rechtserheblichen Mißbrauchs der Vertretungsmacht kaum in Betracht (vgl. auch Handelsrecht, § 16 III 4 b aa). Nicht möglich ist es entgegen *BGHZ* 50, 112, ein Geschäft bei beiderseitigem Verschulden teils als wirksam, teils als unwirksam anzusehen.

3. Verbotene und erlaubte Insichgeschäfte (§ 181 BGB)[*]

a) Nach § 181 BGB kann ein Vertreter, soweit ihm dies nicht wirksam gestattet ist, kein Rechtsgeschäft des Vertretenen mit sich selbst oder mit

50 Um eine bloße Beweiserleichterung handelt es sich nicht; unrichtig *Hübner*, Rdnr. 1300; zu eng auch *LG Kassel*, NJW-RR 1995, 1063: erheblicher Verdacht genüge nicht.

51 Vgl. *RGZ* 9, 148 f.; 130, 131, 142; 136, 359, 360; *BGHZ* 12, 308; *Lehmann/Hübner*, § 36 VI 4; *Jüngst*, a. a. O., S. 58 f.; *H.P. Westermann*, JA 1981, 523.

52 Naturgemäß darf nicht auch die Genehmigung wieder den Makel des Mißbrauchs aufweisen; daß der mißbräuchlich Handelnde selbst das Geschäft bestätigt, genügt deshalb nicht.

* Literatur (Auswahl): *Altmeppen*, Gestattung zum Selbstkontrahieren in der GmbH, NJW 1995, 1182; *Bachmann*, Zum Verbot von Insichgeschäften im GmbH-Konzern, ZIP 1999, 85; *W. Blomeyer*, Zur Problematik des § 181 BGB für die Einmann-GmbH, NJW 1969, 127; *ders.*, Die teleologische Korrektur des § 181 BGB, AcP 172 (1972), 1; *Boesebeck*, Insichgeschäfte des Gesellschafter-Geschäftsführers einer Einmann-GmbH, NJW 1961, 481; *Brodmann*, GmbH und § 181 BGB, JW 1925, 596; *Ekkenga*, Insichgeschäfte geschäftsführender Organe, AG 1985, 40; *Robert Fischer*, Zur Anwendung von § 181 BGB im Bereich des Gesellschaftsrechts, in: Festschrift Hauß, 1978, S. 61 = Gesammelte Schriften, 1985, S. 225, *Frank*, Selbstkontrahieren bei der GmbH & Co. KG, NJW 1974, 1073; *Giesen*, Organhandeln und Interessenkonflikt, 1984; *Goette*, Befreiung des Alleingesellschafter-Geschäftsführers vom Selbstkontrahierungsverbot, DStR 2000, 697; *Hildesheim*, Das Selbstkontrahierungsverbot in der neueren Rechtsprechung des BFH ..., DStZ 1998, 741; *Ulrich Hübner*, Interessenkonflikt und Vertretungsmacht, 1977; *Kreutz*, § 181 BGB im Lichte des § 35 Abs. 4 GmbHG, in: Festschrift Mühl, 1981, S. 409; *Lessmann*, Telologische Reduktion des § 181 BGB beim Handeln des Gesellschafter-Geschäftsführers der Einmann-GmbH, BB 1976, 135; *Plander*, Geschäfte des Gesellschafter-Geschäftsführers der Einmann-GmbH mit sich selbst, 1969; *ders.*, Insichgeschäfte des Alleingesellschafters, BGH gibt bisherige Rechtsprechung auf, GmbHR 1971, 151; *ders.*, Rechtsgeschäfte zwischen Gesamtvertretern, DB 1975, 1493; *Reinicke*, Gesamtvertretung und Insichgeschäft, NJW 1975, 1185; *Schilling*, Gesellschafterbeschluß und Insichgeschäft, in: Festschrift Ballerstedt, 1975, S. 257; *Tiedtke*, Zur Form der Gestattung von Insichgeschäften des geschäftsführenden Mitgesellschafters einer GmbH, GmbHR 1993, 385; *Timm*, Mehrfachvertretung im Konzern, AcP 193 (1993), 423; *Westermeier*, Die Befreiung von den Beschränkungen des § 181 BGB bei der GmbH & Co. KG, MittBayNot 1998, 155; *Wilhelm*,

einem von ihm gleichfalls vertretenen Dritten vornehmen, sofern nicht das Rechtsgeschäft ausschließlich in der Erfüllung einer Verbindlichkeit besteht. Dieses sog. Verbot des Selbstkontrahierens hat auch im Gesellschaftsrecht und hier insbesondere bei der Ausübung organschaftlicher Vertretungsmacht erhebliche praktische Bedeutung, soweit nicht durch Verlagerung der Vertretungsbefugnisse vom Vertretungs- auf ein Aufsichtsorgan (§ 112 AktG) Abhilfe geschaffen wird[53].

b) Zur *Problemabgrenzung* ist anzumerken, daß § 181 BGB im Gesellschaftsrecht nicht nur bei Akten der Vertretungsorgane zum Tragen kommen kann. Die Problematik des Insichgeschäfts tritt vielmehr auch auf
- bei der Errichtung und bei der Änderung von Satzungen und Gesellschaftsverträgen[54] und
- bei Mitgliederbeschlüssen (vgl. zum Stimmverbot unten, § 21 II 2)[55].

Darum geht es hier nicht. Es geht um das *Selbstkontrahieren bei organschaftlicher Vertretung*. Dabei sollte die grundsätzliche Anwendbarkeit des § 181 BGB außer Zweifel stehen. Sie hängt nach dem unter II 1 Gesagten nicht von der dogmatischen Einordnung der organschaftlichen Vertretung ab. Die Vorschrift soll der Verkehrssicherheit dienen[56] und zum Schutz des Vertretenen die Gefahr von Interessenkollisionen abwenden[57]. Dieses Schutzes bedarf es bei der organschaftlichen und bei der gesetzlichen Vertretung ebenso wie bei der Vollmacht. Dem Verbot des § 181 BGB unterliegen damit
- der Vorstand einer AG (soweit nicht der zwingende § 112 AktG vorgeht), einer Genossenschaft oder eines Vereins,
- der Geschäftsführer einer GmbH,
- der vertretungsberechtigte Gesellschafter einer Personengesellschaft,
- der Liquidator oder Insolvenzverwalter[58] eines Verbandes.

Nach § 35 IV GmbHG gilt § 181 BGB auch für den *Gesellschafter-Geschäftsführer einer Einpersonen-GmbH*. Ebenso hatte die ältere Rechtsprechung entschieden[59]. Der BGH war dann von diesem Standpunkt abgerückt[60], weil

Rechtsform und Haftung bei der juristischen Person, 1981; *Winkler*, Insichgeschäfte des Gesellschafter-Geschäftsführers einer Einmann-GmbH, DNotZ 1970, 476.

53 Dazu *Wiesner*, in: MünchHdbGesR IV, § 23 Rdnr. 22; *Hüffer*, AktG, § 78 Rdnr. 6; *Mertens*, in: KK, § 78 Rdnrn. 69f.; *Ekkenga*, AG 1985, 41.

54 *BGH*, NJW 1961, 724; *BayObLGZ* 1977, 76, 80; *OLG Zweibrücken*, OLGZ 1980, 213; *Flume*, Personengesellschaft, § 14 IX; *Schramm*, in: MünchKommBGB, § 181 Rdnrn. 17ff.; *Staudinger/Schilken*, § 181 Rdnr. 22; *Bernstein/Schultze-v. Lasaulx*, ZGR 1976, 33ff.

55 Zur umstrittenen Bedeutung des § 181 BGB in diesem Bereich vgl. *BGHZ* 112, 339 = NJW 1991, 691; *Flume*, Juristische Person, § 7 IV 8; *Baumbach/Hueck/Zöllner*, § 47 Rdnr. 41; *Scholz/Karsten Schmidt*, § 47 Rdnrn. 177ff.; *Schilling*, a.a.O.; *Wilhelm*, a.a.O.; *Winkler*, ZGR 1973, 212ff.

56 Vgl. Prot., in: *Mugdan* I, S. 795; *Ulrich Hübner*, a.a.O., S. 13f.

57 Vgl. Prot., in: *Mugdan* I, S. 795; *RGZ* 68, 172, 175f.; 157, 24, 31; *Flume*, Rechtsgeschäft, § 48/1, 5; *Ulrich Hübner*, a.a.O., S. 20f.

58 Die Anwendung des § 181 ist im Ergebnis anerkannt (*BGHZ* 30, 67, 69; *OLG Frankfurt*, MDR 1976, 675, *Häsemeyer*, Insolvenzrecht, 2. Aufl. 1998, Rdnrn. 15.02ff.); nach der hier vertretenen Auffassung ist der Insolvenzverwalter Gesellschaftsorgan (vgl. *Kilger/Karsten Schmidt*, Insolvenzgesetze, 17. Aufl. 1997, § 6 KO Anm. 2 b; *Karsten Schmidt*, Wege zum Insolvenzrecht der Unternehmen, 1990, S. 106; *ders.*, KTS 1984, 345ff.).

59 *RGZ* 68, 172, 178f.; 85, 380, 383; *BGHZ* 33, 189, 193; 49, 117, 119.

60 *BGHZ* 56, 97; 75, 358; Literatur dazu in der 3. Aufl., § 10 II 3 b.

- kein Interessenkonflikt zwischen Vertreter und Vertretenem drohe,
- kein Defizit an Rechtssicherheit drohe (klarer Ausnahmetatbestand) und
- kein Defizit an Gläubigerschutz drohe (auch § 181 BGB könne ohnedies umgangen werden).

Die GmbH-Novelle von 1980 hat hier bewußt gegengesteuert. Der Dreierausschuß des Bundestags[61] hielt es »für erforderlich, auf die hier fraglichen Geschäfte § 181 des Bürgerlichen Gesetzbuchs anzuwenden. Solche Insichgeschäfte sollen also nur wirksam sein, wenn sie dem Einmann-Gesellschafter-Geschäftsführer durch den Gesellschaftsvertrag ausdrücklich gestattet sind. Durch die Publizität des Gesellschaftsvertrags (§ 9 HGB) werden Gläubiger der Gesellschaft auf die Möglichkeit solcher Geschäfte und damit von Vermögensverlagerungen zwischen dem Gesellschafter und der Gesellschaft hingewiesen und können sich darauf einstellen.«

c) Ein gegen § 181 BGB verstoßendes Geschäft ist nicht nichtig, sondern schwebend unwirksam. Es kann also genehmigt werden[62]. Eine Einwilligung, also eine im voraus erklärte Zustimmung (§ 183 BGB), hat der Gesetzgeber nicht vorgesehen, weil das Verbot des § 181 BGB ohnehin nur eingreift, wenn dem Vertreter nicht ein Selbstkontrahieren »gestattet« ist. Der Vertreter kann also von dem Verbot befreit werden. Ob es daneben die Ad-hoc-Zustimmung zu einem einzelnen Geschäft gibt und ob ein Vertreter der Gesellschaft dem anderen durch schlichte Einwilligung ein konkretes Insichgeschäft gestatten kann, ist zweifelhaft, sollte aber bejaht werden.

Beispiel Nr. 14: A und B haben Einzelvertretungsmacht. B kann ein von A geschlossenes Insichgeschäft genehmigen, aber auch in ein von A zu schließendes Einzelgeschäft einwilligen. B selbst könnte ja auch die Gesellschaft bei diesem Geschäft vertreten.

Ist kein zweiter Vertreter mit Einzelvertretungsmacht vorhanden, der dem Geschäft wirksam zustimmen kann, so wird man einen Zustimmungsbeschluß der Gesellschafter (Mitglieder) zulassen müssen. Nur bei Insichgeschäften des Geschäftsführers einer Einpersonen-GmbH steht § 35 IV GmbHG dem entgegen. Hier ist eine Satzungsregelung vonnöten.

d) Von der Zustimmung zu einem einzelnen Rechtsgeschäft ist die *Befreiung des Vertretungsorgans vom Verbot des Selbstkontrahierens* zu unterscheiden. Wenn »ein anderes gestattet ist«, läßt § 181 BGB das Selbstkontrahieren zu. Hierbei ist zu unterscheiden zwischen einer generell erteilten Befreiung und einer ad hoc erteilten Zustimmung[63]. Die generelle Befreiung – sie ist vor allem bei kleineren Gesellschaften gebräuchlich – kann durch die Satzung bzw. durch den Gesellschaftsvertrag erteilt werden. Im Fall einer Aktiengesellschaft ist zu bedenken, daß eine solche Satzungsklausel nur von § 181 BGB freistellt, nicht von dem strengen § 112 AktG (Vertretung gegenüber

61 BT-Drucks. 8/3908, S. 74.
62 *RGZ* 56, 104, 107f.; std. Rspr.; *BGHZ* 65, 123, 126; std. Rspr.; eingehend *Ulrich Hübner*, a.a.O., S. 104.
63 Abl. *Baumbach/Hueck/Zöllner*, § 35 Rdnr. 75 (»begriffsjuristisches Vorgehen, mit dem erwünschtes Ergebnis ... präformiert wird«).

den Vorstandsmitgliedern nur durch den Aufsichtsrat)[64]. Die Befreiung ist Teil des Gesellschaftsvertrags (echter Satzungsbestandteil)[65]. Sie gehört in die Vertragsurkunde und bedarf jedenfalls bei der GmbH der Eintragung in das Handelsregister[66]. Doch ist die satzungmäßige Befreiung auch ohne die Eintragung wirksam[67]. Dagegen wird ein satzungsändernder Beschluß, durch den der Geschäftsführer nachträglich von den Beschränkungen des § 181 BGB befreit werden soll, erst durch Eintragung in das Handelsregister wirksam[68]. Die Satzung kann allerdings auch zulassen, daß dem Geschäftsführer durch einfachen Beschluß oder durch Erklärung eines Mitgeschäftsführers ad hoc die erforderliche Zustimmung erteilt wird[69]. Umstritten ist, ob auch ohne eine solche Ermächtigung dem Bestellungsorgan – z.B. also die einfache Mehrheit der Gesellschafter einer GmbH – diese Zustimmung formlos erteilt werden kann[70]. Man wird hierfür verlangen müssen, daß die Voraussetzungen eines sog. satzungsdurchbrechenden Beschlusses erfüllt sind (dazu unten, § 38 I 1b)[71]. Weiter reicht demgegenüber eine allseitige Gesellschaftervereinbarung, weil diese auch ohne förmliche Satzungsänderung korporativ bindende Wirkung haben (oben, § 5 I 5). Befreiungswirkung hat demgegenüber also auch die Zustimmung des Alleingesellschafters, sofern er nicht selbst der Geschäftsführer ist[72], sowie bei der Mehrpersonengesellschaft ein allseitiger Konsens, der allerdings formlos beendigt werden kann und keinen stabilen Satzungszustand herstellt (vgl. zur Satzungsdurchbrechung unten, § 38 I 1b). Auch bei einer Personengesellschaft ist grundsätzlich eine Vertragsänderung oder ein vertragsändernder Mehrheitsbeschluß erforderlich[73]. Die Eintragung in das Handelsregister ist hier nach der bisher herrschenden, jedoch bedenklichen Ansicht nicht vorgeschrieben[74]. Sie ist aber zulässig[75] und schon wegen der zweifelhaften Rechtslage anzuraten. Daß eine

---

64 Vgl. *OLG Hamburg*, NJW-RR 1986, 1483; *Ulrich Hübner*, a.a.O., S. 249f.; *Hüffer*, AktG, § 78 Rdnr. 7; *Kraft*, in: KK, § 1 Rdnr. 70; *Mertens*, in: KK, § 112 Rdnr. 4; *Ekkenga*, AG 1985, 41.

65 Vgl. für die GmbH: *BFHE* 169, 171 = GmbHR 1993, 45; *BayObLG*, GmbHR 1982, 257; *Tiedtke*, GmbHR 1995, 385ff.; für die Personengesellschaft: *BGH*, MDR 1970, 398.

66 Vgl. § 10 I 2 GmbHG; *BGHZ* 87, 59, 114, 167, 172f.; *BayObLGZ* 1979, 182; *OLG Köln*, BB 1981, 143; *OLG Düsseldorf*, NJW-RR 1995, 488; *Tiedtke*, GmbHR 1993, 385ff.; a.M. *Altmeppen*, NJW 1995, 1182ff.

67 *BayObLG*, GmbHR 1982, 257; NJW-RR 1990, 420, 421; *BFH*, DB 1995, 2452, 2453; *Ekkenga*, AG 1985, 46.

68 Vgl. *BGHZ* 33, 189, 191; *BayObLGZ* 1981, 132; *OLG Frankfurt*, NJW 1983, 945; *Ekkenga*, AG 1985, 46.

69 Die Eintragungfähigkeit einer solchen Regelung ist str.; vgl. *BayOblG*, NJW-RR 1990, 420, 421; *OLG Hamm*, GmbHR 1993, 500; *OLG Frankfurt*, GmbHR 1994, 118.

70 Vgl. *Henze*, Handbuch zum GmbH-Recht, 2. Aufl. 1997, Rdnr. 1229; *Baumbach/Hueck/Zöllner*, § 35 Rdnr. 75; *Scholz/Schneider*, § 35 Rdnr. 99.

71 Die Weisungskompetenz der Gesellschafter spricht nur scheinbar für eine einfache Mehrheit; der Beschluß beseitigt eine gesetzliche Handlungsbarriere.

72 Arg. § 35 IV GmbHG! Von dieser Bestimmung kann nur die Satzung befreien; vgl. *Baumbach/Hueck/Zöllner*, § 35 Rdnr. 79.

73 *BGHZ* 58, 115; *BGH*, MDR 1970, 398; NJW 1976, 1538.

74 *Ulrich Hübner*, a.a.O., S. 245; *Heymann/Emmerich*, § 125 Rdnr. 42; für Eintragungspflicht aber *Baumbach/Hopt*, § 125 Rdnr. 26; *Schlegelberger/Karsten Schmidt*, § 125 Rdnr. 55; *Staub/Habersack*, § 125 Rdnr. 64.

75 Vgl. *OLG Hamm*, BB 1983, 858f.; *OLG Hamburg*, ZIP 1986, 1186; anders noch *OLG Hamburg*, OLGZ 1983, 23; *LG Berlin*, Rpfleger 1982, 427.

Ad-hoc-Zustimmung sämtlicher Gesellschafter den Vertreter zum Selbstkontrahieren berechtigen kann, versteht sich auch hier. Ist ein unerlaubtes Insichgeschäft bereits abgeschlossen, so ist es schwebend unwirksam. Bemerkenswerterweise hat der *BGH* keine Bedenken, ein solches Geschäft durch einen organschaftlichen Vertreter genehmigen zu lassen, sofern nicht auch dieser wieder durch § 181 BGB am Handeln gehindert ist[76].

e) Eine *Umgehung des § 181 BGB* ist nach der Rechtsprechung des *Reichsgerichts* dadurch möglich, daß das Vertretungsorgan einen Dritten bevollmächtigt, an seiner Stelle zu handeln[77].

Beispiel Nr. 15 (nach *RGZ* 108, 405): X und Y, die Vorstandsmitglieder der G-Genossenschaft, hatten einen V für den Abschluß von Kaufverträgen im Namen der G bevollmächtigt. Sie schlossen sodann mit der durch V vertretenen G Grundstückskaufverträge. Die G klagte auf Feststellung, daß diese Verträge unwirksam seien. Das *RG* gab ihr Unrecht. Da nicht X und Y selbst, sondern der V die G vertreten hatte, sah es § 181 BGB nicht als verletzt an.

Diese Rechtsprechung muß auf Bedenken stoßen[78]. Sie geht von einer formalistischen Handhabung der Schutzvorschrift aus und läßt es genügen, wenn auf beiden Seiten des Geschäfts verschiedene Personen handeln. Das Stellvertretungsrecht der §§ 164 ff. BGB basiert aber gerade nicht auf solcher Förmlichkeit, sondern auf Zurechnungsgedanken. Wer einen anderen zum Abschluß eines Geschäfts bevollmächtigt, ist selbst auf dessen Seite am Geschäft beteiligt[79]. Die formale Erwägung, daß der Bevollmächtigte den Verband und nicht die für ihn handelnden Organe – im *RG*-Fall also X und Y – vertritt, kann daran nichts ändern[80]. Das gilt übrigens auch, wenn der am Geschäft beteiligte organschaftliche Vertreter einen Untervertreter nicht auf der Seite des von ihm vertretenen Verbandes (der Gesellschaft), sondern auf seiner Privatseite einschaltet[81]. Es kann auch nicht auf das schwer erkennbare Kriterium ankommen, ob der Bevollmächtigte weisungsabhängig und deshalb als Vertreter konkret gefährlich ist[82].

Ähnliche Bedenken bestehen gegen die *Umgehung des § 181 BGB im Fall der Gesamtvertretung*. Ausgangsfall war unser

Beispiel Nr. 16 (nach *BGHZ* 64, 72): Nach dem Gesellschaftsvertrag einer Kommanditgesellschaft konnten die persönlich haftenden Gesellschafter A und B die Gesellschaft nur gemeinschaftlich vertreten. B wollte mit der Gesellschaft einen Pachtvertrag schließen. Da er nicht von den Beschränkungen des § 181 BGB befreit war, konnte er an dem Geschäfts-

76 Vgl. für einen Sonderfall *BGH*, LM Nr. 31 zu § 35 GmbHG = NJW-RR 1994, 291.

77 *RGZ* 108, 405; 157, 24, 31 f.; *Ulrich Hübner*, a. a. O., S. 175 ff.; Meinungsüberblick bei *Schramm*, in: MünchKommBGB, § 181 Rdnr. 21.

78 *BGHZ* 64, 72, 76 f.; *OLG Frankfurt*, OLGZ 1974, 347; *OLG Hamm*, NJW 1982, 1105; *Flume*, Rechtsgeschäft, § 48/4; *Schramm*, in: MünchKommBGB, § 181 Rdnr. 24; *Erman/Palm*, § 181 Rdnr. 15; *Baumbach/Hueck/Zöllner*, § 35 Rdnr. 77; *Harder*, AcP 170 (1970), 300; Zweifel auch bei *BGHZ* 64, 72, 74.

79 So überzeugend *Flume*, ebd.

80 Bedenklich deshalb *BGHZ* 91, 334, 336 = NJW 1984, 2085.

81 *OLG Hamm*, NJW 1982, 1105.

82 So *Baumbach/Hueck/Zöllner*, § 35 Rdnr. 77; a. M. *Roth/Altmeppen*, § 35 Rdnr. 63; *Scholz/Schneider*, § 35 Rdnr. 94.

abschluß nicht als Vertreter der GmbH mitwirken. Deshalb ermächtigte er den A, die Gesellschaft allein zu vertreten, worauf der Vertrag zwischen B und der Gesellschaft, diese vertreten durch A, abgeschlossen wurde.

Der *Bundesgerichtshof* hielt den Vertrag für wirksam: Sei auch die vom *Reichsgericht* zugelassene Umgehung durch Untervollmacht zweifelhaft, so gehe es hier darum, daß die Vertretungsmacht eines Gesamtvertreters durch Ermächtigung seitens des anderen zur Alleinvertretungsmacht erstarke. Der nun allein handelnde organschaftliche Vertreter leite seine Vertretungsmacht nicht von dem nach § 181 BGB am Rechtsgeschäft gehinderten Gesamtvertreter ab, sondern handle in eigener Vertretungsbefugnis. Der Gesamtvertreter, der die Ermächtigung erteile, wirke deshalb auch nicht mittelbar an dem Geschäft mit. Auch handle es sich nicht um jene Interessenkollision, um die es bei § 181 BGB gehe. Mit dieser Auffassung ist der *BGH* auf berechtigte Ablehnung gestoßen[83]. Seine Lösung läßt sich nur mit der Begründung aufrechterhalten, daß der vom Verbot des § 181 BGB betroffene Gesellschafter aus dem Gesamtvertretungsverbund herausfällt und daß dem Mitvertreter schon kraft Gesetzes die Alleinvertretungsmacht zuwächst[84]. So sieht es der *BGH* aber gerade nicht, denn er hat mittlerweile entschieden, daß das gemeinschaftliche Handeln eines nach § 181 BGB ausgeschlossenen und eines nicht ausgeschlossenen Gesamtvertreters für eine GmbH unwirksam ist, weil darin keine Ermächtigung des einen durch den anderen gesehen werden könne[85]. Damit zeigt sich die Perplexität dieser Rechtsprechung: Wollen der durch § 181 BGB nicht gehinderte und der durch § 181 BGB gehinderte Gesamtvertreter das Insichgeschäft wirksam abschließen (was ja erklärtes Ziel sein dürfte!), so hängt der Erfolg von der Qualität ihres Rechtsberaters ab. Dieser wird, wenn er die Rechtsprechung kennt, dem befangenen Vertreter raten: »Gib Deine Erklärung gegenüber dem anderen Vertreter ab und schweige im Außenverhältnis! Dann ist alles in Ordnung.«

f) *Nicht mit § 181 BGB zu verwechseln sind die gesellschaftsrechtlichen Bestimmungen über das Verbot bestimmter Geschäfte des Verbandes mit seinen Organen.* Auch dabei geht es allerdings um den Schutz vor Interessenkollisionen. Nach §§ 89, 115 AktG darf eine Aktiengesellschaft ihren Vorstands- und Aufsichtsratsmitgliedern, Prokuristen und Generalhandlungsbevollmächtigten nur mit Zustimmung des Aufsichtsrats Kredit gewähren (dazu unten, § 29 II 3b). Die Begründung zu § 89 AktG sagt[86]: »Zweck der Vorschrift ist es nicht, solche Kreditgeschäfte zu verhindern ... Die Vorschrift will vielmehr nur Mißbräuchen entgegentreten, die bei der Gewährung solcher Kredite auftreten können.« Nach § 39 II GenG bedarf auch bei einer Genossenschaft die Kreditgewährung an Vorstandsmitglieder der Genehmigung des Aufsichtsrats. Ohne Rücksicht auf die Rechtsform unter-

83 Vgl. *Schramm*, in: MünchKommBGB, § 181 Rdnr. 22; *Staudinger/Schilken*, § 181 Rdnr. 36; *Klamroth*, BB 1975, 851; *Plander*, DB 1975, 1493; *Reinecke*, NJW 1975, 1185; für die GmbH *Baumbach/Hueck/Zöllner*, § 35 Rdnr. 76; *Lutter/Hommelhoff*, § 35 Rdnr. 18.
84 Vgl. *Ulrich Hübner*, a. a. O., S. 236; *Schlegelberger/Karsten Schmidt*, § 125 Rdnr. 45.
85 *BGH*, NJW 1992, 618; dazu zust. *Palandt/Heinrichs*, § 181 Rdnr. 3.
86 *Kropff*, S. 113.

liegt die Kreditgewährung an Angehörige der Geschäftsleitung im Bankengewerbe der Genehmigung (§ 15 KWG). Weiter vom Gedanken des § 181 BGB entfernt ist § 43a GmbHG. Diese Vorschrift verbietet es der GmbH, den Geschäftsführern, anderen gesetzlichen Vertretern, Prokuristen oder Generalhandlungsbevollmächtigten Kredit aus dem zur Erhaltung des Stammkapitals erforderlichen Vermögen zu gewähren[87]. Sie ist zwingend und schützt nicht die Interessen der Gesellschafter, sondern die Kapitalbindung in der Gesellschaft (näher unten, § 37 III 6).

III. Der Verband als Besitzer*

1. Zur Rechtsfigur des Organbesitzes

a) Soweit er tauglicher Rechtsträger ist (oben, § 8 II–IV), kann der Verband – gleichgültig, ob juristische Person oder »Gesamthand« – auch Besitzer sein. Daß dies rechtspolitisch eine unabdingbare Notwendigkeit ist, wird schon bei einer ganz einfachen Überlegung erkennbar: Jeder als juristische Person oder als Gesamthand verfaßte Verband muß zum Empfang von Einlagen, und zwar auch von Sacheinlagen, in der Lage sein (dazu unten, § 20 II 3). Bei beweglichen Sachen geschieht dies nach § 929 BGB. Es muß also eine Übergabe an den Verein, an die AG, GmbH oder Genossenschaft, aber auch an die oHG, KG oder Gesellschaft bürgerlichen Rechts stattfinden können, und dies geschieht durch Besitzverschaffung. Besitz aber ist willensgetragene Sachherrschaft[88], und demgemäß ist zu fragen, wie die Verbandsperson zur Sachherrschaft und zum Herrschaftswillen befähigt sein soll. Eine Antwort hält wiederum *Otto von Gierke* bereit[89]:

> »Insoweit das Verhältnis zu der dem Verbande fremden Aussenwelt in Frage steht, entsprechen der Befugniss einer juristischen Person dieselben thatsächlichen Herrschaftsakte, zu welchen durch die gleiche Befugniss eine Einzelperson ermächtigt wird. Ebenso sind es dieselben thatsächlichen Leistungsakte, durch welche die Verwirklichung einer individualrechtlichen Verbindlichkeit seitens einer juristischen Person und seitens einer Einzelperson erfolgt. Insbesondere ist im heutigen Recht auch hinsichtlich der Besitzeshandlungen für und wider Verbandspersonen die Anwendung der unter Individuen geltenden Normen im Princip durchgedrungen.«

b) *Organbesitz* kann im Ergebnis nur bedeuten, daß der Verband Besitzer der in der tatsächlichen Gewalt seiner Organe und Besitzdiener befindlichen

87 Hierzu *Peltzer*, in: Festschrift Rowedder, 1994, S. 325; *Uwe H. Schneider*, in: Festschrift Döllerer, 1988, S. 537.

* Literatur (vgl. zunächst oben, § 8 und § 10 I, II): *Flume*, Personengesellschaft, § 6; *ders.*, Die Gesamthand als Besitzer, in: Freundesgabe Hengeler, 1972, S. 76; *Huber*, Vermögensanteil, S. 111ff.; *Klett*, Die Besitzverhältnisse bei der Personengesellschaft, 1989; *Kuchinke*, Die Besitzlage bei Sachgütern des Gesellschaftsvermögens, in: Festschrift Paulick, 1973, S. 45; *Schünemann*, Grundprobleme der Gesamthandsgesellschaft, 1975, S. 256ff.; *Steindorff*, Besitzverhältnisse beim Gesamthandvermögen in oHG und KG, in: Festgabe Kronstein, 1967, S. 151.

88 Vgl. nur *Baur/Stürner*, Lehrbuch des Sachenrechts, 17. Aufl. 1999, § 7 B II 2.

89 *Gierke*, Genossenschaftstheorie, S. 729.

Sachen ist und daß sein Besitzwille von den Organen ausgeübt wird. Das Organ selbst ist nicht Besitzer. Es wird von manchen als besitzdienerähnliche Person eingeordnet[90]. Das führt zwar zu richtigen Ergebnissen, aber der Zurechnungsgedanke des § 855 BGB paßt gerade nicht. Der Besitzdiener ist eine vom Besitzherrn bestimmte Person, die den »sich auf die Sache beziehenden Weisungen« des Besitzherrn Folge zu leisten hat. Das Organ kann Besitzdiener bestellen, ist aber nicht selbst Besitzdiener, sondern selbst Träger des Verbandswillens und damit auch des Besitzwillens[91]. Das Organ begründet durch Sachherrschaft und Besitzwillen den Besitz des Verbandes. Eigenen Besitz begründet es nicht einmal dann, wenn es selbst – ohne Einschaltung von Besitzdienern – die tatsächliche Herrschaftsmacht über die Sache ausübt. Voraussetzung ist allerdings, daß das Organ den Besitzwillen auch als organschaftlichen Besitzwillen ausübt. Macht es sich – etwa durch Unterschlagung – selbst zum Besitzer, so verliert der Verband seinen Besitz.

2. Die juristische Person als Besitzerin

a) Es wird kaum noch ernsthaft bestritten, daß die als juristische Personen verfaßten Verbände – Verein, AG, KGaA, GmbH, eG – Besitzer sein können[92]. Richtig heißt es bei *BGHZ* 56, 73, 77, der Besitz des Vertretungsorgans einer juristischen Person werde dieser »unmittelbar zugerechnet«, so daß das Vertretungsorgan selbst keinen Besitz erlange. Die Bedeutsamkeit dieser Frage sei anhand von zwei Beispielen verdeutlicht:

Beispiel Nr. 17: Stehen die vom Turnverein T gewonnenen Pokale in der Wohnküche des Sportwarts S, so ist nicht S, sondern T Besitzer der Pokale. Angenommen, S erleidet einen tödlichen Unfall, so erlangen seine Erben keinen Besitz nach § 857 BGB, vielmehr kommen die Pokale dem Verein abhanden, weil der Organbesitz endet. Aber auch dann, wenn sich das Organ, ohne hierzu berechtigt zu sein, willkürlich zum Eigenbesitzer macht, etwa die Pokale unterschlägt und veräußert, ist ein Abhandenkommen anzunehmen, denn der Verband verliert den unmittelbaren Eigenbesitz durch ein Handeln, das ihm nicht zuzurechnen ist.

Beispiel Nr. 18 (vereinfacht nach *BGHZ* 56, 73 = [vollständig] *BGH*, WM 1971, 589): Die K-GmbH, vertreten durch ihren Geschäftsführer G, ließ sich von V Erdöl liefern, das sie mit eigenen Beständen vermischte. Dieses Erdöl war von der Mineralölgesellschaft M unter Eigentumsvorbehalt an eine V-GmbH geliefert worden, deren Geschäftsführer der V war. Die V-GmbH hat die Lieferung nicht bezahlt. Sie ist jetzt in Konkurs. M klagt gegen die K-GmbH und gegen den G auf Schadensersatz. – Hier war M zunächst Eigentümerin geblieben (§ 455 BGB). Die V-GmbH hatte mangels Kaufpreiszahlung kein Eigentum erworben, und erst recht war V selbst nicht ermächtigt, im eigenen Namen über

90 *Heck*, Grundriß des SachenR, 1930, § 18 V 1; *Ballerstedt*, JuS 1965, 272; *Schwerdtner*, JZ 1972, 116.

91 Für unmittelbare Zurechnung ohne § 855 BGB z.B. *RGZ* 44, 303, 306 (jurist. Person des öffentlichen Rechts); *BGHZ* 56, 73, 77; 57, 166, 167f.; *Wolff/Raiser*, SachenR, 10. Bearb. 1957, § 5 I; *Baur/Stürner*, Lehrbuch des Sachenrechts, 17. Aufl. 1999, § 7 C I 3; *Gursky*, in: Westermann, Sachenrecht I, 7. Aufl. 1998, § 20 II; *Erman/Werner*, § 854 Rdnr. 6; *Kregel*, in: RGRK, § 854 Rdnr. 19; *Staudinger/Bund*, Bearbeitung 2000, § 854 Rdnr. 58.

92 Anders vereinzelt noch *Ernst Wolf*, Lehrbuch des Sachenrechts, 2. Aufl. 1979, § 2 A II b a.E., »weil eine solche vermeintliche Person nicht existiert«.

die Ware zu verfügen. Nach den Feststellungen der Tatsacheninstanzen war nun G und damit auch die K-GmbH als bösgläubig anzusehen (vgl. zur Wissenszurechnung unten, § 10 V). Deshalb hatte die K-GmbH nicht nach §§ 932 BGB, 366 HGB Eigentum erworben. Sie erwarb dieses Eigentum erst durch die Vermischung (§ 948 BGB). Sie mußte deshalb nicht nur die auf diese Weise erlangte Bereicherung herausgeben (§ 951 BGB), sondern sie haftete als unredliche Besitzerin auch nach §§ 989, 990 BGB auf Schadensersatz. Anderes galt für den G. Da er als Gesellschaftsorgan kein Besitzer war, war kein Raum für §§ 987ff. BGB, wohl aber für § 823 I BGB. Der Leitsatz des *BGH* lautet: »Erwirbt der gesetzliche Vertreter einer juristischen Person für diese den Besitz an Sachen und ist er beim Besitzerwerb nicht in gutem Glauben, so haftet er, wenn der unredliche Besitzerwerb zum Verlust des Eigentums führt, dem früheren Eigentümer zwar nicht aus den Sonderbestimmungen über das Verhältnis zwischen Eigentümer und Besitzer, jedoch aus § 823 Abs. I BGB auf Schadensersatz.«

Diesem Leitsatz ist zuzustimmen. Ergänzen sollte man allerdings, daß die Sperrwirkung der §§ 987ff. BGB dem Organ mittelbar zugute kommen muß, wenn das Organ nur leicht fahrlässig gehandelt hat und ein Anspruch gegen den Besitzer selbst nach §§ 987–993 BGB ausscheidet. Es geht schwerlich an, hier einen deliktsrechtlichen Zugriff auf das handelnde Organ zuzulassen[93].

b) Ist nicht das Organ, sondern die juristische Person der Besitzer, so kann dieselbe Person als Organ auch den Besitzwillen für mehrere Verbandspersonen ausüben.

Beispiel Nr. 19 (in Anlehnung an *OLG Düsseldorf*, OLGZ 1969, 461): Gerda G ist alleinige Geschäftsführerin der A-GmbH, der B-GmbH und der C-GmbH. Sie führt die Geschäfte der drei Gesellschaften in denselben Räumen. Hier liegt die Gefahr eines Mißbrauchs nahe (vgl. auch unseren Vollstreckungsfall im Beispiel Nr. 27): Die Besitzverhältnisse sind undurchsichtig, weil sie vom Besitzwillen der Gerda G abhängen. Führt Gerda G eine A-Kasse, eine B-Kasse und eine C-Kasse, so ist jede der Gesellschaften Alleinbesitzerin ihrer Kasse. Handelt es sich um Räume, die im Namen der drei Gesellschaften gemietet worden sind, so haben wir es mit drei Besitzerinnen zu tun. Jede GmbH ist Mitbesitzerin. Gerda G selbst hat keinen Besitz. Mitbesitz aller Gesellschaften an den gemieteten Räumen kann nach Auffassung des *OLG Düsseldorf* sogar dann vorliegen, wenn nur eine dieser Gesellschaften Mieterin ist.

3. Die Personengesellschaft als Besitzerin

Sehr umstritten ist, ob auch eine sog. »Gesamthandsgesellschaft« Besitz ausüben kann. Der Streit hängt eng mit der Debatte um die Rechtszuordnung bei der Gesamthand zusammen (dazu oben unter § 8 III). Die dogmatischen Schwierigkeiten beruhen nicht zuletzt darauf, daß die Rechtsfigur des »Gesamthandsbesitzes« im sachenrechtlichen Schrifttum mit einem qualifizierten Mitbesitz gleichgesetzt wird[94]. Diese Einordnung mag bei der Güter- oder Erbengemeinschaft überzeugen, aber sie führt gesellschaftsrechtlich nicht

93 Problem der Haftungsbefreiung für Dritte; dazu vgl. allgemein *BGHZ* 61, 227, 232f.; *BGH*, VersR 1960, 727; 1962, 141; MDR 1971, 462; 1977, 819; 1980, 648; *Blaurock*, ZHR 146 (1982), 238ff.

94 Grundlegend *Martin Wolff*, JherJ 44 (1902), 143ff., 159ff.; heute z.B. *Wolff/Raiser*, Sachenrecht, 10. Bearb. 1957, § 9 II 2 Fußn. 6; *Erman/Werner*, § 854 Rdnr. 6.

weiter. Die Frage ist nämlich gerade, ob überhaupt ein Mitbesitz mehrerer Personen oder ein Alleinbesitz der Gesamthand vorliegt.

a) Für die *Handels-Personengesellschaften* – oHG und KG – sollte außer Zweifel stehen, daß diese Gesellschaften Besitzer sein können und daß dann kein Besitz der Gesellschafter vorliegt[95]. Wenn sich aus § 124 I HGB ergibt, daß oHG und KG Eigentum erwerben können, muß auch eine Übergabe nach § 929 BGB an die oHG oder KG möglich sein.

Beispiel Nr. 20: Die aus den Gesellschaftern A und B bestehende Adam A oHG kauft und erwirbt einen Geschäftswagen. Die Rechte aus Kauf und Übereignung stehen der Gesellschaft zu (vgl. § 124 I HGB). Dazu einigt sich der Verkäufer mit der oHG und verschafft ihr – nicht den Gesellschaftern! – unmittelbaren Besitz (vgl. § 929 BGB).

Beispiel Nr. 21: Der neu eingetretene Gesellschafter C hat als Sacheinlage eine Rechneranlage in unsere oHG einzubringen. Dies geschieht durch Einigung mit der oHG und durch Übergabe des Computers an die oHG. Die oHG wird dadurch Besitzerin. Holt C, etwa weil er seinen Beitritt zur Gesellschaft angefochten hat, die Anlage eigenmächtig wieder ab, so kann die oHG nicht nur Herausgabe nach § 985 BGB, sondern auch Wiedereinräumung ihres Besitzes nach § 861 BGB verlangen, und es steht ihr auch das Selbsthilferecht nach § 859 II BGB zu. Veräußert C die Anlage nunmehr im eigenen Namen an einen Dritten, so kann dieser nach § 935 BGB nicht gutgläubig erwerben.

Immer noch wird allerdings die Auffassung vertreten, der Besitz der Handels-Personengesellschaft sei nur ein »Mitbesitz der Gesellschafter zur gesamten Hand«[96], also ein durch den Sondervermögenscharakter des Gesellschaftsvermögens gebundener Besitz der »Gesamthänder«. Diese Auffassung paßt gut in das Konzept derer, die nicht die Gesellschaft, sondern die einzelnen als »Gesamthänder« zusammengefaßten Gesellschafter als Träger des Gesellschaftsvermögens betrachten (vgl. oben, § 8 III 1, 2). Sie paßt auch in das traditionelle Konzept des Mitbesitzes[97], aber ihre dogmatische Einfachheit ist nur Schein.

Beispiel Nr. 22: In unserem vorangegangenen Beispiel Nr. 21 wird die Lehre vom »Mitbesitz zur gesamten Hand« sagen, die Übergabe mache die Gesellschafter A, B und C zu Gesamthandsbesitzern, und C breche, wenn er die Anlage an sich nimmt, den Gesamthandsbesitz des A und des B. Schwer zu begründen ist, warum dies einen Besitzschutzanspruch der oHG auslöst. Im übrigen kommt die Lehre vom »Mitbesitz zur gesamten Hand« auch nicht an der Rechtsfigur des Organbesitzes vorbei, denn auch sie muß zwischen der tatsächlichen Gewalt und dem Besitz unterscheiden. Ist die A & Co. eine KG und übt allein A als Komplementär die tatsächliche Gewalt aus, so ist auch nach dieser Lehre nicht etwa A Alleinbesitzer, sondern es muß auch hier ein »Gesamthandsbesitz«

---

95 *BGH*, LM Nr. 7 zu § 987 BGB = WM 1963, 560, 561; *BGH*, JZ 1968, 69 m.krit. Anm. *Steindorff* = (ausführlich) WM 1967, 938; *Alfred Hueck*, oHG, § 19 II; *Gursky*, in: Westermann, Sachenrecht I, 6. Aufl. 1990, § 20 III 2; *Palandt/Bassenge*, § 854 Rdnr. 15; *Staudinger/Bund*, Neubearbeitung 2000, § 866 Rdnr. 18; unentschieden *BGHZ* 57, 166, 168 = JR 1972, 115 m. Anm. *Schwerdtner*; ablehnend noch *Steindorff*, in: Festgabe Kronstein, a.a.O., S. 160.

96 *Steindorff*, in: Festgabe Kronstein, a.a.O., S. 160; *Huber*, Vermögensanteil, S. 112f.; ähnlich *Kuchinke*, a.a.O., S. 53f.; als »Formen des Mitbesitzes« erscheinen die Besitzfragen hinsichtlich der Personengesellschaften bei *Staudinger/Bund*, Neubearbeitung 2000, § 966 Rdnrn. 15ff.

97 Daß kein »schlichter« Mitbesitz vorliegt (*Kuchinke*, a.a.O.), ist eine Trivialität; vgl. freilich *Staudinger/Bund*, Neubearbeitung 2000, § 866 Rdnr. 16.

vorliegen. Warum dies so ist, kann die Lehre vom »Mitbesitz zur gesamten Hand« nicht erklären.

Nach den hier zur »Gesamthand« angestellten Überlegungen (oben, § 8 III 3a) ist der Lehre vom »Mitbesitz zur gesamten Hand« für den Bereich des Gesellschaftsrechts nicht zu folgen. Steht das Gesellschaftsvermögen der Gesellschaft, und nur ihr, zu, so muß für den Besitz dasselbe gelten, womit ein neues Indiz für die Einbeziehung der »Gesamthandsgesellschaften« in den Kreis der juristischen Personen gegeben ist (dazu oben unter § 8 I 2, 3).

Beispiel Nr. 23 (vereinfacht nach *BGHZ* 57, 166 = JR 1972, 115 m. Anm. *Schwerdtner*): Eine V-GmbH & Co. KG verkaufte und veräußerte, vertreten durch ihre Komplementär-GmbH, eine Maschine an eine K-Gesellschaft. Gesellschafter der V war auch der G, aber er war nur Kommanditist und demgemäß nicht vertretungsberechtigt. G, der von dem Veräußerungsgeschäft nichts wußte, klagte nach § 861 BGB auf Rückschaffung der Maschine, weil ihm der Besitz durch verbotene Eigenmacht entzogen worden sei. Er hatte mit diesem Vorbringen keinen Erfolg. Der *BGH* ließ zwar offen, ob bei einer Personengesellschaft die Gesellschafter Besitz haben, führte aber aus, jedenfalls einem Kommanditisten fehle die tatsächliche Herrschaftsmacht. Für die Entscheidung des konkreten Falls mochte diese Begründung genügen. Richtigerweise ist aber die Gesamthand selbst unter Ausschluß aller Gesellschafter als Besitzer anzusehen. Träger des Besitzwillens sind die vertretungsberechtigten Gesellschafter als Organe der Personengesellschaft.

b) Sehr viel komplizierter verhält es sich bei der *Gesellschaft bürgerlichen Rechts*. Richtiger Auffassung nach taugt auch sie als Besitzerin, doch ist dies noch heftig umstritten[98]. Das hängt damit zusammen, daß ihre Rechtssubjektivität im allgemeinen besonders umstritten und ohne eine dem § 124 HGB vergleichbare Stütze im Gesetz ungesichert ist. Naturgemäß kann ein Besitz der Gesellschaft von vornherein nur bei Außengesellschaften in Betracht kommen (vgl. zur Abgrenzung unten, § 43 II 3), und diese wurden durch BGHZ 146, 341 = NJW 2001, 1056 als Rechtsträger anerkannt (dazu oben, § 8 III 4d; unten § 58). Bei *BGHZ* 86, 300 hieß es noch lapidar: »Der Besitz an einer der BGB-Gesellschaft zur Benutzung überlassenen beweglichen Sache wird von allen Gesellschaftern als unmittelbaren Mitbesitzern gemeinschaftlich ausgeübt, sofern die Sachherrschaft nicht tatsächlich nur einzelnen Gesellschaftern überlassen ist.« Fast wörtlich übereinstimmend lautete auch das Urteil *BGHZ* 86, 340 = NJW 1983, 1123 = JuS 1983, 637 m. Anm. *Karsten Schmidt*. Dabei wird es nicht bleiben können. Das Hauptproblem besteht nicht mehr darin, ob es einen »Gesamthandsbesitz« der Gesellschaft geben kann, sondern darin, ob jede BGB-Außengesellschaft

98 Für echten Gesamthandsbesitz namentlich *Flume*, Personengesellschaft, § 6; *ders.*, in: Freundesgabe Hengeler, a. a. O., S. 76ff.; *Ulmer*, Gesellschaft bürgerlichen Rechts, § 718 Rdnr. 27; *Soergel/Hadding*, 11. Aufl., § 718 Rdnr. 18; *Schünemann*, a. a. O., S. 261ff.; a. M. *Gursky*, in: Westermann, Sachenrecht I, 7. Aufl. 1998, § 20 III 1; *Erman/Werner*, § 854 Rdnr. 6; *Staudinger/Bund*, § 866 Rdnr. 15; *Steindorff*, in: Festgabe Kronstein, a. a. O.; *Huber*, Vermögensanteil, S. 111ff.; *Klett*, a. a. O., S. 81ff.

solchen Besitz ausübt[99]. Der schwierige Fragenkreis kann erst bei der Behandlung des BGB-Gesellschaftsrechts näher besprochen werden (unten, § 60 II 3). Hier sei nur in Konsequenz der kollektiven Rechtszuordnung das folgende festgehalten: Die BGB-Außengesellschaft kann Besitzerin sein, so wie sie auch selbst Trägerin des Gesellschaftsvermögens sein kann[100]. Damit ist freilich im Einzelfall die Frage nicht entschieden, ob auch die Gesellschafter selbst Besitzer oder Mitbesitzer von Gegenständen sind, die dem Gesellschaftszweck dienen, aber nicht der Gesellschaft zum Besitz überlassen sind.

Beispiel Nr. 24: Bewohnen die Gesellschafter gemeinsam ein Haus und benutzen sie die gemeinsam gemietete Tiefgarage auch zum Einstellen eines für Zwecke der Gesellschaft erworbenen Wagens, so wird sich für den Wagen die Frage des »Gesamthandseigentums« und des »Gesamthandsbesitzes« stellen. Beides ist überhaupt nur möglich, wenn die Gesellschafter eine Außengesellschaft gebildet haben (unten, § 60 I 2b). Selbst wenn die Gesellschafter »Gesamthandsvermögen« gebildet haben, ist dann aber noch zweifelhaft, ob sie Mitbesitz oder Organbesitz für die Gesellschaft ausüben (dazu unten, § 60 II 3). Die Tiefgarage steht dagegen im Mitbesitz der Gesellschafter. Aber das ist keine Besonderheit der Gesellschaft bürgerlichen Rechts, sondern die Frage wäre ebenso zu beurteilen, wenn die Gesellschaft etwa eine oHG oder GmbH wäre. Der Mitbesitz an der Tiefgarage hat rechtlich nichts mit dem Gesellschaftsverhältnis zu tun.

4. Der Gewahrsam im Strafrecht und im Vollstreckungsrecht

Die hier dargestellte Rechtslage – Besitz des Verbandes, kein Besitz des Organs – betrifft nur den Besitz im BGB. Sie läßt sich nicht ohne weiteres auf die Gewahrsamsabgrenzung im Straf- und Vollstreckungsrecht übertragen.

a) Der *strafrechtliche Gewahrsamsbegriff* spielt vor allem für die Abgrenzung von Diebstahl und Unterschlagung eine Rolle. Sieht man über die strafrechtliche Rechtsgutsdiskussion und über die hier nicht interessierenden tatbestandlichen Feinheiten hinweg, so geht es bei dieser Abgrenzung um Eigentumsdelikte unterschiedlicher krimineller Intensität: um die rechtswidrige Zueignung mit und ohne Gewahrsamsbruch[101]. Der strafrechtliche Gewahrsamsbegriff – tatsächliches Herrschaftsverhältnis, getragen von einem Herrschaftswillen – ist stärker als der Besitzbegriff an der sozialen Anschauung orientiert. Mit einen durch bloße Zurechnung vermittelten Gewahrsam ohne tatsächlich-menschliche Sachherrschaft tut sich das Strafrecht schwer. Der Kassenwart eines Vereins, der dessen Scheckbuch und Kasse zu Hause verwahrt, hat zwar keinen Besitz, wohl aber hat er Alleingewahrsam an der Kasse. Wenn er »mit ihr durchgeht«, begeht er Unterschlagung, nicht Diebstahl. Charakteristisch ist auch das vom *Reichsgericht* entschiedene

99 Eines der Hauptprobleme des Urteils *BGHZ* 146, 341 = NJW 2001, 1056 ist die Frage, ob die »Gesamthands-BGB-Gesellschaft« noch eine Einheitsfigur darstellt; vgl. *Karsten Schmidt*, NJW 2001, 1001.

100 Dieser Zwischenbefund ist seit der ersten Auflage des Buches unverändert.

101 So denn auch die – strafrechtsdogmatisch umstrittene – Formel bei *Welzel*, Das Deutsche Strafrecht, 11. Aufl. 1969, § 47 1b; *ders.*, JZ 1952, 617.

Beispiel Nr. 25 (nach *RGSt.* 60, 271): Die X-AG mit Sitz im Harz hatte in Oberschlesien eine Fabrik, deren Direktor N und deren Angestellter A (der Angeklagte im Fall des *RG*) mehrere Güterwagen mit Waren im eigenen Namen und für eigene Rechnung an K veräußert hatten. Privatrechtlich war dies ein Fall des § 935 BGB, denn N und A hatten als Organ bzw. als Besitzdiener Besitz für die X-AG ausgeübt und diesen Besitz gebrochen. Auch in der Strafsache hatte das Berufungsgericht wegen gemeinschaftlichen Diebstahls verurteilt. Das *RG* hob dieses Urteil auf: »Nach den vom Berufungsgericht getroffenen Feststellungen muß mit der Möglichkeit gerechnet werden, daß der Direktor N. als Leiter der Fabrik, die sich lediglich mit der Herstellung von chemischen Erzeugnissen befaßte, während deren Verkauf von der Hauptniederlassung aus vorgenommen wurde, diejenige Person war, die in dieser Fabrik, sei es allein, sei es in Gemeinschaft mit anderen dortigen Angestellten, die tatsächliche Herrschaft über die dort befindlichen Sachen für die Aktiengesellschaft ausübte. Dafür spricht, daß, wie es im Urteil heißt, der Angeklagte als Betriebsmeister die Verschiebung der Wagen nicht ohne Wissen des Leiters der Fabrik, N., dieser aber auch nicht ohne Hilfe des Angeklagten, der mit den Arbeitern in direkter Fühlung war, vornehmen konnte. Es ist hiernach nicht ausgeschlossen, daß das Berufungsgericht zu seiner Annahme, die Aktiengesellschaft habe über die verschobenen Wagen den Gewahrsam durch die Hauptniederlassung ausgeübt, infolge irriger Rechtsanwendung gelangt ist. Ist das aber der Fall, so fehlt es an der rechtlichen Grundlage für die Verurteilung wegen Diebstahls.«

b) Nicht dasselbe gilt für den *Gewahrsamsbegriff des Vollstreckungsrechts*. Nach §§ 808f. ZPO kann der Gerichtsvollzieher eine Sache aufgrund eines Vollstreckungstitels pfänden, wenn sie sich im Gewahrsam des Schuldners oder eines zur Herausgabe bereiten Dritten befindet. Ist der Dritte nicht zur Herausgabe bereit, so muß der Gläubiger den Herausgabeanspruch des Schuldners gegen den Dritten nach §§ 846, 847 ZPO pfänden. Dieser vollstreckungsrechtliche Gewahrsamsbegriff hat eine vollkommen andere Funktion als der Gewahrsamsbegriff im Strafrecht. Es geht einzig und allein darum, daß der Vollstreckungstitel den Staat nur zum Eingriff in den Herrschaftsbereich des Titelschuldners und nicht auch in den Herrschaftsbereich eines Dritten berechtigt. Deshalb deckt sich der Gewahrsamsbegriff des Vollstreckungsrechts weitgehend mit dem Begriff des unmittelbaren Besitzes[102].

Beispiel Nr. 26: Das von dem Geschäftsführer Isidor I benutzte Geschäftsführerzimmer der Immobilien-GmbH ist mit kostbaren Gemälden ausgestattet. Erscheint der Gerichtsvollzieher mit einem gegen die GmbH gerichteten Vollstreckungstitel, so kann er die Gemälde pfänden, ohne sich um den Widerspruch des Isidor I zu kümmern, denn nicht Isidor I, sondern die GmbH ist Gewahrsamsinhaber. Jede andere Lösung wäre auch evident unsinnig, insbesondere kann man vom Gläubiger nicht verlangen, daß er einen Herausgabeanspruch der Gesellschaft gegen ihren Geschäftsführer nach §§ 846, 847 ZPO pfändet, denn einen solchen Herausgabeanspruch gibt es nicht, weil die Gesellschaft selbst die Alleinbesitzerin ist. Erscheint dagegen der Gerichtsvollzieher mit einem gegen Isidor I gerichteten Vollstreckungstitel, den ein Privatgläubiger erwirkt hat, so ist nunmehr Isidor I der Schuldner, und die Bilder sind Sachen im Gewahrsam eines Dritten: der GmbH. Der Gerichtsvollzieher kann deshalb die Bilder nur unter der Voraussetzung pfänden, daß die GmbH, vertreten durch Isidor I, wirksam[103] ihre Herausgabebereitschaft erklärt.

102 Vgl. statt vieler *Rosenberg/Gaul/Schilken*, Zwangsvollstreckungsrecht, 11. Aufl. 1997, § 51 I 1a; *Schilken*, in: MünchKommZPO, § 808 Rdnrn. 5f.; *Stein/Jonas/Münzberg*, § 808 Rdnrn. 7ff.

103 Dabei sind etwaige Bedenken wegen Mißbrauchs der Vertretungsmacht zu prüfen.

Beispiel Nr. 27 (nach *OLG Düsseldorf*, OLGZ 1969, 461): In dem oben als Beispiel Nr. 19 dargestellten Fall hatte ein Kläger K einen Vollstreckungstitel gegen die A-GmbH erstritten. Der Gerichtsvollzieher verweigerte die Durchführung von Pfändungen, nachdem die Geschäftsführerin im Namen der B-GmbH und der C-GmbH erklärt hatte, sie sei nicht zur Herausgabe bereit. Nach § 766 II ZPO hatten das *LG* und das *OLG* darüber zu entscheiden, ob die Weigerung der Gesellschaften berechtigt war. Sie verneinten diese Frage. Befürworter der »Durchgriffs«-Konstruktion würden hier wohl einen Durchgriff bejahen (dazu aber oben, § 9 IV 2). Das *OLG* geht im Ausgangspunkt davon aus, daß alle Gesellschaften an den Räumen Mitbesitz hatten, meint aber, der Mitbesitz müsse hier unbeachtet bleiben. Denn die Gesellschaften hätten hier ihre Vermögensgegenstände vermischt, und es gehe nicht an, daß jede Gesellschaft nach Belieben jede Vollstreckung unter Berufung auf den Organbesitzwillen der Geschäftsführerin vereiteln könne. Der Fall gehört insofern in den Bereich der unter § 9 behandelten Durchgriffsprobleme.

IV. Zurechnung des Organverhaltens*

1. § 31 BGB als Ausdruck eines allgemeinen Rechtssatzes

a) Rechtswidrig-schuldhaftes Verhalten der Organe ist dem Verband als Eigenverschulden zuzurechnen. Dies ist der allgemeine Grundgedanke der §§ 31, 89 BGB, wonach rechtsfähige Vereine und juristische Personen des öffentlichen Rechts für Schäden verantwortlich sind, die ihre verfassungsmäßig berufenen Vertreter durch rechtswidrig-schuldhafte Handlungen in Ausführung der ihnen zustehenden Verrichtungen einem Dritten zufügen. Als positivrechtliche gesetzliche Vorschrift ist § 31 BGB eine Zurechnungsnorm und nicht eine selbstverständliche Folge körperschaftlicher Handlungs-

* Literaturauswahl (vgl. zunächst die allgemeine Literatur zur juristischen Person oben, § 8): *Bir*, Die Haftung der Verbandsperson und ihrer Vertreter aus unerlaubten Handlungen, 1914; *Bruggemeier*, Prinzipien des Handelsrechts, 1999, S. 111 ff.; *v. Caemmerer*, Objektive Haftung, Zurechnungsfähigkeit und »Organhaftung«, in: Festschrift Flume I, 1978, S. 359; *Coing*, Die Vertretungsordnung juristischer Personen und deren Haftung gem. § 31 BGB, in: Festschrift Robert Fischer, 1979, S. 65; *Derpa*, Die Zurechnung nichtrechtsgeschäftlichen Handelns bei Vertretung kraft Amtes, 1973; *W. Ehmcke*, Deliktshaftung nicht rechtsfähiger Gebilde, 1938; *Fabricius*, Zur Haftung der BGB-Gesellschaft für unerlaubte Handlungen aus der Geschäftsführung von Gesellschaftern, in: Gedächtnisschrift Rudolf Schmidt, 1966, S. 171; *Fritz Klingmüller*, Die Haftung für Vereinsorgane nach § 31 BGB, 1900 (auch in: DJZ 1902, 172 und 269); *ders.*, Zur Deliktsfähigkeit der juristischen Person, 1900; *Korn*, Die Deliktsfähigkeit der juristischen Personen nach dem Bürgerlichen Gesetzbuch, in: Festgabe R. Wilke, 1900, S. 177; *Landwehr*, Die Haftung der juristischen Person für körperschaftliche Organisationsmängel, AcP 164 (1964), 482; *Lenel*, Zur Deliktshaftung der juristischen Person, DJZ 1902, 9; *Martinek*, Repräsentantenhaftung, 1979; *Matusche/Beckmann*, Das Organisationsverschulden, 2001, S. 134 ff.; *Neukamp*, Findet § 31 BGB auf nicht rechtsfähige Vereine Anwendung? LZ 1914, 332; *Nitschke*, Die Anwendbarkeit des in § 31 BGB enthaltenen Grundgedankens auf alle Unternehmensträger, NJW 1969, 1737; *Reuber*, Die haftungsrechtliche Gleichbehandlung von Unternehmensträgern, 1990; *Schmiedel*, Die sog. Organhaftung und die Gesellschaft bürgerlichen Rechts. Versuch einer Analogiebildung zu Richterrecht, in: Gedächtnisschrift Rödig, 1978, S. 261; *Sellert*, Zur Anwendbarkeit der §§ 831, 31 BGB auf die Gesellschaft bürgerlichen Rechts, AcP 175 (1975), 77; *Spindler*, Unternehmensorganisationspflichten, 2001; *Ulmer*, Zur Haftung der abordnenden Körperschaft nach § 31 BGB, in: Festschrift Stimpel, 1985, S. 705; *v. Werder*, Grundsätze ordnungsgemäßer Unternehmensführung (zfbf-Sonderheft), 1996.

fähigkeit[104], aber die rechtspolitische Notwendigkeit und die Allgemeingültigkeit des Rechtsgedankens für alle rechtsfähigen Verbände folgt eben doch aus der Überlegung, daß ein Verband nicht Träger von Rechten und Pflichten sein kann, ohne zugleich Willens- und Wirkungseinheit zu sein. Mit *Harry Westermann*[105] kann man von einer »Repräsentationshaftung« sprechen: Das Organ handelt als Repräsentant des Verbandes, jedoch nicht bloß als dessen »Angestellter oder Beauftragter« (vgl. § 13 IV UWG)[106] oder gar nur als »Gehilfe« (§ 831 BGB[107]), sondern als organisatorisches Glied der Verbandsorganisation. Sein Organhandeln ist diesem unmittelbar zuzurechnen.

b) Rechtssystematisch ist § 31 BGB als Zurechnungsnorm, niemals als Anspruchsgrundlage einzuordnen.

Beispiel Nr. 28: Der Vorstand eines als e.V. organisierten Wirtschaftsverbandes macht in Ausübung seiner Vorstandstätigkeit geschäftsschädigende Äußerungen über ein Unternehmen. Hier sind als Anspruchsgrundlagen die §§ 823 I BGB (Eingriff in den eingerichteten und ausgeübten Gewerbebetrieb) und 824 BGB zu prüfen. § 31 BGB wird nur inzident untersucht, wo es um die Zurechnung des Vorstandshandelns und des Vorstandsverschuldens gegenüber dem Verein geht.

c) Nur von der *Verpflichtung zum Schadensersatz* spricht der Wortlaut des § 31 BGB. Es geht indes allgemein um die Zurechnung rechtswidrigen Verhaltens, insbesondere auch im Rahmen von Unterlassungs- und Beseitigungsansprüchen, etwa nach § 1004 BGB oder nach § 1 UWG.

Beispiel Nr. 29: Nimmt ein Wirtschaftsverband e.V. Wettbewerbsmaßnahmen vor, die unlauter und deshalb nach § 1 UWG verboten sind, so kann er nach § 13 IV UWG auch dann auf Unterlassung in Anspruch genommen werden, wenn die Zuwiderhandlung von einem Angestellten oder Beauftragten, z.B. einem Werbefachmann, begangen wurde. Hat der Vorstand selbst gehandelt, so bedarf es dieser Regel nicht. Sein Handeln wird dem Verein schon nach § 31 BGB zugerechnet.

2. Der Geltungsbereich dieses Rechtssatzes

Die in § 31 BGB zum Ausdruck gekommene Repräsentationshaftung für Organverschulden ist ein *allgemeines Rechtsinstitut*, das für alle Verbände Geltung verdient, die Träger von Rechten und Pflichten sein können[108]. In Anbetracht seiner rechtspolitischen Unabweisbarkeit hätte sich dieses Institut

---

104 *Martinek*, a.a.O., S. 35; *Reuber*, a.a.O., S. 172ff.; *Landwehr*, AcP 164(1964), 504ff.

105 JuS 1961, 335; ganz ähnlich *Martinek*, a.a.O.: »Repräsentantenhaftung«; kritisch zu *Westermann* aber ebd. S. 207.

106 Vgl. zu dieser Zurechnungsnorm *Spindler*, a.a.O., S. 903ff.; *Köhler*, GRUR 1991, 344; *ders.*, WRP 1997, 897; *Schünemann*, WRP 1998, 120.

107 Dazu *Karsten Schmidt*, in: Karlsruher Forum 1993, S. 7f.

108 Im Ergebnis übereinstimmend *Martinek*, a.a.O., S. 109f.; aber hierzu bedarf es keiner Fortbildung des § 31 BGB (so *Martinek*, a.a.O., S. 84ff.), sondern einer Rückbesinnung auf die allgemeine Institution der Repräsentationshaftung; der Gesetzgeber hat, was keine Seltenheit ist, mit einer scheinbaren Spezialregel in einen weit fortgeschrittenen Konsolidierungsprozeß eingegriffen, nicht ein begrenztes, der Fortbildung bedürftiges Institut geschaffen.

auch ohne die punktuelle Regelung des § 31 BGB behauptet[109], und zwar rechtsformunabhängig jedenfalls für alle organisierten Verbände und Unternehmensträger (vgl. auch Handelsrecht, § 5 II 4)[110]. Ansätze dieser Art sind schon in den Vorarbeiten zum ADHGB nachweisbar, dessen Entwürfe für alle Handelsgesellschaften und sogar für Einzelkaufleute ähnliche Zurechnungsnormen enthielten[111]. Angesichts der positivrechtlichen Regelung des § 31 BGB wird das Problem heute üblicherweise mit der Frage umschrieben, auf welche Gebilde § 31 BGB analog anwendbar ist. Daran wird in rechtshistorischer und in rechtsmethodischer Hinsicht bisweilen Kritik geübt[112]. Diese Kritik ist nicht unbegründet, denn hier wird Institutionenbildung als Gesetzesanalogie ausgegeben. Wer auf die Sache sieht und Rechtsdogmatik ohne schulmeisterlichen Eifer betreibt, wird sich jedoch mit dem Hinweis begnügen können, daß die vor allem von den Gerichten diskutierte Analogie zu § 31 BGB in der Sache nichts anderes ist als der hier reklamierte Rückgriff auf das allgemeine Institut der Repräsentationshaftung.

a) Der Geltungsbereich des in § 31 BGB zum Ausdruck gebrachten Rechtssatzes ist positivrechtlich entschieden für den *rechtsfähigen Verein*[113], und ausweislich des § 89 BGB für die in diesem Buch nicht näher interessierende juristische Person des öffentlichen Rechts.

b) Unbestrittenermaßen gilt dasselbe für *die sonstigen Körperschaften* unter den Personenverbänden, also für die AG, die KGaA, die GmbH und die eingetragene Genossenschaft. Das stand im Grundsatz schon vor 1900, d.h. vor dem Inkrafttreten des § 31 BGB, fest[114]. Heute wird die Zurechnung auf eine analoge Anwendung des § 31 BGB gestützt[115]. Zu dieser Begründung ist das Nötige gesagt. Das Ergebnis ist unstreitig.

c) Dasselbe gilt für die *Handels-Personengesellschaften*[116]. Auch hier bedeutet die Analogie nichts anderes als den Rückgriff auf das allgemeine in § 31 BGB zum Ausdruck gebrachte Institut[117]. Der oHG und der KG ist das rechtswidrig-schuldhafte Verhalten ihrer vertretungsberechtigten Gesellschafter als Organverschulden zuzurechnen. Es haftet die Gesamthandsgesellschaft als Verband. Ob daneben die Gesellschafter persönlich haften, ist keine Frage des § 31 BGB, sondern eine Frage der §§ 128, 171 f. HGB (vgl. unten, § 49 I 2)[118].

109 Richtig *H. Westermann*, JuS 1961, 335.
110 Übereinstimmend jetzt *Reuber*, a.a.O., S. 131 ff.
111 Nachweise bei *RGZ* 15, 121, 123.
112 Vgl. *Schmiedel*, a.a.O.; *Martinek*, a.a.O., S. 58 ff., 64 ff., 81.
113 Beispiel: *BGH*, NJW 1978, 2390 = JuS 1978, 563 m. Anm. *Karsten Schmidt*.
114 Vgl. *RGZ* 22, 259; *RG*, Bolze 10 (1891) Nr. 541.
115 Für AG: *RGZ* 78, 347, 353 f.; *RG*, JW 1930, 2927, 2928 m. Anm. *Hoeniger*; für GmbH: *RGZ* 57, 93, 94 f.; 91, 72, 75; für Genossenschaft: *RGZ* 76, 35, 48; *BGH*, LM Nr. 13 zu § 31 BGB.
116 *RG*, JW 1931, 1689, 1690; *BGH*, NJW 1952, 537; VersR 1962, 664; WM 1974, 153; in gleichem Sinn schon vor dem BGB: *RGZ* 15, 121, 127 ff.; 17, 93; 20, 190; 32, 32.
117 Soviel zu der Kritik von *Schmiedel*, a.a.O.
118 Gegen die persönliche Haftung vereinzelt *Flume*, Personengesellschaft, § 16 IV 6; *Altmeppen*, NJW 1996, 1017 ff.

Für die Partnerschaftsgesellschaft und für die EWIV (unten, §§ 64 und 66) gilt dasselbe.

d) Umstritten war lange Zeit die Anwendbarkeit des § 31 BGB auf den *nicht eingetragenen Verein*[119]. Erkennt man jedoch, daß ein solcher Verein Träger von Rechten und Pflichten sein kann und daß für ihn der Vorstand handelt, so kann an seiner Repräsentationshaftung kein Zweifel bestehen (näher unten, § 25 III 1b). Insbesondere § 831 BGB, mit dem sich das *Reichsgericht* noch behelfen wollte, paßt nur auf das Handeln weisungsabhängiger Gehilfen und löst die Frage des Organverschuldens auch schon deshalb nicht, weil § 831 BGB auf das Verschulden des Geschäftsherrn, hier also des Verbandes, abstellt und damit genau die Frage unentschieden läßt, die es zu beantworten gilt.

e) Noch immer umstritten ist die Anwendung des § 31 BGB auf *Außengesellschaften bürgerlichen Rechts* (eingehend unten, § 60 II 4). Der *BGH* hat sie ausgerechnet in dem besonders klar für die Anwendung sprechenden Fall einer Mitunternehmer-BGB-Gesellschaft verneint, was sich bei der Betrachtung des BGB-Gesellschaftsrechts als rechtspolitisch wie juristisch unannehmbar erweisen wird (unten, § 60 II 4; vgl. auch Handelsrecht, § 5 II 4c).

Beispiel Nr. 30 (nach *BGHZ* 45, 311): G und T unterhielten gemeinsam in Gesellschaft bürgerlichen Rechts eine kleine Kfz-Werkstatt. T schraubte beim Wagen des K das Bremsventil nicht ordnungsgemäß zu und verschuldete hierdurch einen Unfall, bei dem K verletzt wurde. Während die Vertragshaftung vom *BGH* bestätigt wurde, entschied der *VII. Zivilsenat des BGH* über den Schmerzensgeldanspruch, daß T nicht Verrichtungsgehilfe des G gewesen sei und daß auch § 31 BGB auf die Gesellschaft bürgerlichen Rechts nicht anzuwenden sei, weil die Gesellschaft bürgerlichen Rechts hierfür »zu wenig körperschaftlich organisiert« sei. Deshalb hafte G nicht »aus § 31 BGB« für die unerlaubte Handlung seines Mitgesellschafters T. Diese Entscheidung wird unter § 60 II 4 näher analysiert werden. Hier sei aber schon zweierlei vermerkt: Erstens kann eine Zurechnung nach § 31 BGB natürlich nicht den Mitgesellschafter G, sondern nur die Gesellschaft treffen. Zweitens ist die BGB-Gesellschaft als Unternehmensträgerin nicht weniger »körperschaftlich organisiert« als eine oHG; hätten G und T ihre Gesellschaft als oHG eintragen lassen, so wäre deren »Deliktsfähigkeit« unbestreitbar gewesen. Man konnte zwar streiten, ob im konkreten Fall wirklich ein der Gesellschaft zurechenbares »Organ«-Verschulden vorlag. Die prinzipielle Fähigkeit der Gesellschaft zur Repräsentationshaftung aber war entgegen der Auffassung des *Bundesgerichtshofs* klar zu bejahen.

3. Beschränkung der Repräsentationshaftung auf nichtrechtsgeschäftliches Verhalten?

Ein rechtsdogmatisches Problem ohne nennenswerte praktische Tragweite ist das Verhältnis zwischen der Haftung für Organverschulden und § 278 BGB. Wo Forderungsverletzungen im Spiel sind, wo es also nicht um die Abgrenzung des starken § 31 BGB gegen den schwachen § 831 BGB geht, ist es im

119 Verneinend noch *RG*, Warn. 1913 Nr. 449; *RGZ* 143, 212, 214; *Neukamp*, LZ 1914, 332ff.

Ergebnis meistens belanglos, ob die Zurechnung über § 31 BGB oder über § 278 BGB vorgenommen wird.

Beispiel Nr. 31: Das Vorstandsmitglied V des Basketballclubs B e.V. sperrt wegen Streitigkeiten mit dem Sporthallenvermieter S die Mietzinszahlungen. S verlangt Verzugszinsen (§ 288 BGB) und Schadensersatz (§§ 280ff. BGB), was allerdings voraussetzt, daß der B die Leistungsverzögerung zu vertreten hat. Selbstverständlich muß sich der B das Verhalten des V zurechnen lassen, und es ist im Ergebnis belanglos, ob § 31 BGB oder § 278 BGB die richtige Zurechnungsnorm ist.

Immerhin kann es einmal auf die Frage ankommen. Beispielsweise kann eine Haftung für Vorsatz in Individualverträgen[120] ausgeschlossen werden, soweit es um das Gehilfenverschulden geht (§ 278 S. 2 BGB), nicht dagegen beim Eigenverschulden des Schuldners (§ 276 III BGB)[121]. Hinzu kommt, daß gerade in Zurechnungsfragen die dogmatisch »richtige« Begründung auch ein juristisches Legitimationsanliegen ist. Die herkömmliche Praxis und ein großer Teil der Literatur greift bei Forderungsverletzungen auf § 278 BGB zurück[122], und zwar nicht selten mit der bequemen Begründung, hier brauche man die Sondervorschrift des § 31 BGB nicht. Ebensogut könnte man allerdings sagen, daß man § 278 BGB nicht benötigt, wo schon § 31 BGB hilft. Einen sowohl rechtspositivistisch als auch rechtsdogmatisch bemerkenswerten Ansatz für den Rückgriff auf § 278 BGB liefert *Flume*[123]. In rechtspositivistischer Hinsicht hebt er hervor, daß § 278 BGB – im Gegensatz zu § 31 BGB – nicht nur im Schadensersatzrecht Platz greife. In rechtsdogmatischer Hinsicht stellt sich *Flume* jedem Versuch entgegen, die von der Organtheorie vertretene »Mystifikation« der juristischen Person als eines handlungsfähigen Subjekts mit Hilfe des § 31 BGB zu belegen und zu verallgemeinern. Beiden Begründungen ist zu widersprechen. Zunächst einmal beschränkt sich auch der Gedanke der Repräsentantenhaftung nicht auf den Schadensersatz (vgl. zum Unterlassungsanspruch oben unter IV 1 c; zur Wissenszurechnung unten unter V 2). Sodann geht es auch nicht, wie dies *Flume* meint, um die »Mystifikation, daß das Verschulden des Organs ein Eigenverschulden der juristischen Person sei«. Worum es geht, ist: einzugestehen, daß die Zurechnung des Organverschuldens eine andere Qualität hat als die Zurechnung des Verschuldens willkürlich eingeschalteter Gehilfen. Die Repräsentationshaftung ist Teil des Personenrechts (insbesondere des Rechts der juristischen Person), § 278 BGB dagegen nur eine Regel über zurechenbares Drittverschulden im Recht der Forderungsverletzungen. Ist dies erkannt, so kann die in § 31 BGB zum Ausdruck gelangte Repräsentationshaftung zu einem allgemeinen Prinzip ausgebaut werden, das die *Zurechnung allen Organverschuldens*, wo immer es auf ein Verschulden des

120 S. demgegenüber § 309 Nr. 7 BGB (ehemals § 11 Nr. 7 AGBG).

121 Zur geringen praktischen Bedeutung der Frage s. aber *Martinek*, a.a.O., S. 47.

122 *RGZ* 122, 351, 355, 359; *RG*, JW 1904, 5; *Korn*, a.a.O., S. 180; *Flume*, Juristische Person, § 11 III 5; *Planck/Knoke*, BGB, 4. Aufl. 1913, § 31 Anm. 1 b; *Staudinger/Weick*, § 31 Rdnr. 3; unentschieden *RGZ* 110, 145, 147; 152, 129, 132; *BGHZ* 13, 198, 203; *BGH*, NJW 1977, 2259; bemerkenswert aber *BGHZ* 90, 92, 95; *BGH*, WM 1984, 126 nennt § 31 BGB, stützt aber den Anspruch wegen falscher Auskunftserteilung auf § 826 BGB.

123 Juristische Person, § 11 III 5.

Verbandes ankommt, umfaßt. § 278 BGB ist dann auf Fälle des Organverschuldens nicht anwendbar[124]. Die Anwendung des § 278 BGB erspart zwar der Rechtsprechung die bisweilen schwierige und unökonomische Abgrenzung zwischen Organen und Gehilfen, aber die Gerichte können, was sie ohnedies bereits tun[125], in Grenzfällen ohne weiteres die §§ 31, 278 BGB als alternative Zurechnungsnormen nennen, wo dies im Ergebnis keinen Unterschied macht.

Beispiel Nr. 32 (in Anlehnung an *BGH*, NJW 1975, 533): Ein Motorsportverein M veranstaltet ein Autorennen. Wegen unzulänglicher Sicherungen gerät ein Rennwagen, der aus der Bahn getragen wird, in eine Zuschauergruppe und verletzt den Zuschauer Z schwer. Hier wird dem Z nach §§ 823, 31 BGB für das Verschulden des Vorstandes gehaftet. Wenn auch die Eintrittskarten im Namen des M verkauft worden waren, kommt ein Anspruch wegen positiver Forderungsverletzung hinzu, wobei dann die Zurechnung des Organverschuldens wiederum nach § 31 BGB stattfinden sollte und nicht nach § 278 BGB. Wenn ein Vertragspartner des Vereins – z.B. ein Werbeunternehmen – durch den Abbruch des Rennens Vermögensausfälle erleidet, wird ihm nur vertraglich gehaftet; Zurechnungsnorm ist § 31 BGB, soweit ein Organverschulden vorliegt, § 278 BGB, soweit Erfüllungsgehilfen schuldhaft gehandelt haben.

4. Die allgemeinen Haftungsvoraussetzungen

a) Nur für das *Handeln der »verfassungsmäßig berufenen Vertreter«* wird gehaftet. Hierher gehören ohne weiteres die *Geschäftsführungs- und Vertretungsorgane* eines Verbandes: der Vorstand eines Vereins, einer AG, einer Genossenschaft oder eines VVaG, die Geschäftsführer einer GmbH, die geschäftsführenden und vertretungsberechtigten Gesellschafter einer Gesamthands-Personengesellschaft[126]. Ferner gehören hierher ohne weiteres die *Liquidatoren* eines aufgelösten Verbandes[127], der *Insolvenzverwalter*[128] sowie satzungsmäßig bestellte Vertreter[129]. Ob das handelnde Organ alleinvertretungsberechtigt ist oder nur Gesamtvertretungsmacht hat, ist belanglos, denn es geht nicht um die Vertretungsmacht, sondern um die Zurechnung des Verschuldens[130]. Auch der ursprüngliche Kern der Haftung – die Orientierung am Handeln von Verbandsorganen – wird bereits erheblich verwässert. Seit langem wendet die Praxis den § 31 BGB, weit über Organe hinaus, auch

124 So im Ergebnis auch *Martinek*, a.a.O., S. 46ff.; *Bork*, AT, Rdnr. 213; *Enneccerus/Nipperdey*, § 110 Fußn. 16; *Larenz*, SchuldR I, 14. Aufl. 1987, § 20 VII; *Soergel/Hadding*, § 31 Rdnrn. 4, 6f.; *Erman/Westermann*, § 31 Rdnr. 10; *Palandt/Heinrichs*, § 278 Rdnr. 6; *Jauernig/Vollkommer*, § 278 Rdnr. 17.

125 Vgl. *BGH*, NJW 1977, 2259.

126 *Martinek*, a.a.O., S. 144.

127 Vgl. nur *Staudinger/Weick*, § 48 Rdnr. 3.

128 Über den Insolvenzverwalter als Gesellschaftsorgan vgl. *Karsten Schmidt*, KTS 1985, 345ff.

129 Vgl. dazu § 30 BGB.

130 Vgl. *RGZ* 57, 93, 94; 74, 250, 257; 78, 347, 353f.; 110, 145, 146f.; 117, 61, 64f.; 134, 375, 377; *RG*, JW 1917, 593, 594; 1930, 2927, 2930; *BGH*, WM 1970, 633, 634; NJW 1977, 2259, 2260 = JuS 1978, 51 Nr. 4 m. Anm. *Emmerich*; *BGHZ* 98, 148 = NJW 1986, 2941; zur Problematik, wenn die unerlaubte Handlung gerade in der Anmaßung von Alleinvertretungsmacht besteht, vgl. einerseits *OLG München*, NJW-RR 1991, 672; anderseits *Dieckmann*, WM 1987, 1473ff.

auf leitende Angestellte an[131], was zu der These geführt hat, aus der Organhaftung sei in Wahrheit eine allgemeine Repräsentantenhaftung geworden[132]. Nach *BGHZ* 49, 19, 21 genügt es, daß dem Vertreter durch die allgemeine Betriebsregelung und Handhabung »bedeutsame, wesensmäßige Funktionen der juristischen Person zur selbständigen, eigenverantwortlichen Erfüllung zugewiesen sind, daß er also die juristische Person auf diese Weise repräsentiert«. Eine weitere Ausdehnung des § 31 BGB ist in der Lehre vom Organisationsmangel zu erblicken, die praktisch dazu führt, daß die Verbandsperson nach § 31 BGB haftet, wenn ein für den betreffenden Bereich zuständiges Organ vorhanden ist, und wegen Organisationsmangels haftet, wenn ein solches Organ nicht vorhanden ist[133]. Einzelheiten gehören in Darstellungen des allgemeinen Haftungsrechts. Hier sei nur hervorgehoben, daß die Ausdehnung des § 31 BGB aus zwei Quellen, einer verbandsrechtlichen und einer allgemein haftungsrechtlichen, gespeist wird. Die verbandsrechtliche Quelle besteht darin, daß kein Aktionsbereich des Verbandes von der Organverantwortlichkeit frei sein kann. Die allgemein haftungsrechtliche Quelle besteht in dem Bestreben, den haftungsrechtlich unwirksamen § 831 BGB bei leitenden Angestellten durch eine schneidige Zurechnungsnorm zu ersetzen. Das ist in Wahrheit ein deliktsrechtliches, nicht ein im engeren Sinne verbandsrechtliches Thema[134].

b) Nur wenn der Repräsentant *innerhalb seines organschaftlichen Wirkungskreises* handelt, tritt die Zurechnung nach § 31 BGB ein[135]. Dazu gehört zunächst, daß der Repräsentant überhaupt für den betreffenden Rechtsträger handelt.

Beispiel Nr. 33 (vereinfacht nach *BGHZ* 99, 298 = JuS 1987, 571 m. Anm. *Karsten Schmidt*): K hatte bei einer gescheiterten Abschreibungs-KG aufgrund unredlicher Zusagen viel Geld investiert und verloren. Komplementärin dieser KG war bis März die B-GmbH, danach ab April die C-GmbH. Geschäftsführer beider Gesellschaften war G. Die schädlichen Manipulationen hatte G ab Juni begangen. K verlangte jetzt Schadensersatz von der B-GmbH. Die Klage blieb erfolglos, denn G hatte die unerlaubten Handlungen als Organ der C-GmbH, nicht der B-GmbH begangen.

Wie allgemein bei der Verhaltens- und Verschuldenszurechnung gilt auch hier der Grundsatz, daß ein Handeln im Rahmen des zurechnungsbegründenden Wirkungskreises erforderlich ist und daß ein bloßes Handeln »bei

---

131 *RGZ* 94, 318, 320; 117, 61, 64; 157, 228, 236; 163, 21, 29f.; *RG*, JW 1917, 285; 1930, 2927, 2929f. m. Anm. *Hoeniger*; *BGHZ* 49, 19; *BGH*, WM 1970, 632 und 633; NJW 1977, 2259, 2260; WM 1984, 126; s. auch *Matusche-Beckmann*, a. a. O., S. 134ff.; *Reuber*, a. a. O., S. 304ff.

132 *Martinek*, a. a. O., S. 196ff.; *Staudinger/Weick*, § 31 Rdnrn. 33f.; krit. *John*, AcP 181(1981), 150ff.

133 Vgl. *RGZ* 89, 136, 137f.; 157, 228, 235; 162, 129, 166; 163, 21, 30; *RG*, JW 1936, 915; 1938, 1651, 1652; *BGHZ* 24, 200, 213; 39, 124, 130; *BGH*, VersR 1965, 1055; *BGH*, NJW 1965, 685, 686; 1980, 2810, 2811; *Reuber*, a. a. O., S. 313ff.; *Hassold*, JuS 1982, 583, 586f. m. w. N.; krit. etwa *Landwehr*, AcP 164 (1964), 512ff.; *Matusche-Beckmann*, a. a. O., S. 137ff.; *Neumann-Duesberg*, NJW 1966, 715f.

134 Treffend *Wiesner*, ZHR 144 (1980), 665, der einer Korrektur des § 831 BGB den Vorzug gibt; vgl. zur Gesamtproblematik *Karsten Schmidt*, in: Karlsruher Forum 1993, S. 4ff.

135 *RGZ* 94, 318, 320; 128, 229, 233; *RG*, Recht 1909 Beilage 12 Nr. 1837; JW 1930, 2927; *BGHZ* 49, 19, 23; 99, 298.

Gelegenheit« nicht genügt[136]. Aber das bedeutet nur, daß er nach außen hin als im Lager des Verbandes handelnd angesehen werden muß; keineswegs bedeutet es, daß etwa jeder Vorsatz der Organperson oder jede Kompetenzüberschreitung den Verband von der Haftung befreit. Erforderlich und ausreichend ist vielmehr ein enger objektiver Zusammenhang zwischen der rechtswidrig-schuldhaften Handlung mit dem Tätigkeitskreis des verfassungsmäßig berufenen Vertreters[137]. Charakteristisch für die Haftung auch bei Kompetenzüberschreitungen sind die Filialleiterentscheidungen des *Bundesgerichtshofs*:

Beispiel Nr. 34 (nach *BGH*, NJW 1977, 2259 = JuS 1978, 51 m. Anm. *Emmerich*): Der Zweigstellenleiter einer Bank veruntreute Kundengelder, die ihm zur Anlage ausgehändigt worden waren. Der *BGH* betonte für § 31 BGB wie auch für § 278 BGB, daß der Zweigstellenleiter auch bei derartigen Kompetenzüberschreitungen innerhalb seines Wirkungskreises tätig werde, solange nicht seine Machenschaften nach außen hin als ein »fremdes«, nicht zur Bank gehöriges Geschäft ausgewiesen werden (ähnlich *OLG Nürnberg*, NJW-RR 1988, 1319; vgl. auch für bewußt falsche Auskünfte eines Zweigstellenleiters *BGH*, NJW 1984, 921 = WM 1984, 126; für den Kreditbetrug eines Bürgermeisters *BGH*, NJW 1980, 115 = JuS 1980, 384 m. Anm. *Lerke Osterloh*; für bewußt falsche Kreditauskünfte des Filialleiters einer Auskunftei *BGHZ* 49, 19).

Eine andersartige Ausdehnung der Haftung wird für die Fälle diskutiert, bei denen ein Organmitglied der Körperschaft X (z. B. Vorstandsmitglied einer Bank-AG) zugleich in das Organ einer Körperschaft Y (z. B. Aufsichtsrat eines Industrieunternehmens) entsandt wird und dieser Y einen Schaden zufügt[138]. Die Praxis lehnt eine Haftung der entsendenden Gesellschaft bisher ab[139]. Die Schwierigkeit liegt nicht nur bei der Frage, ob das Organmitglied bei seiner Tätigkeit zugleich im Wirkungskreis der entsendenden Gesellschaft handelt, sondern es bedarf auch eines Haftungstatbestandes, den § 31 BGB nicht ersetzen kann: Erst wenn uns ein Haftungstatbestand einfällt, in dessen Rahmen die X für schuldhafte Schädigungen der Y haften muß (vgl. etwa oben § 9 IV 4c zum Urteil »Bremer Vulkan«), dürfen wir über die Zurechnung nach § 31 BGB nachdenken.

c) Schließlich kann die Frage auftreten, *wem gegenüber nach § 31 BGB gehaftet wird*. Grundsätzlich hat § 31 BGB nur mit dem äußeren Handeln des Verbandes etwas zu tun, und so ist denn auch im Gesetz nur von einem Schaden die Rede, den das Organ »einem Dritten« zufügt. Schadensersatzansprüche von Mitgliedern fallen nach herkömmlicher Auffassung jedenfalls dann nicht unter § 31 BGB, wenn die Geschädigten im fraglichen Bereich selbst als Repräsentanten des Vereins verantwortlich sind[140]. Die von dieser Verengung ausgehenden Schwierigkeiten zeigen sich deutlich in einem vom *Bundesgerichtshof* entschiedenen Grenzfall:

136 Vgl. zu diesem allgemeinen Rechtsgedanken *H. Westermann*, JuS 1961, 382 f.
137 *RGZ* 104, 286, 288; *BGHZ* 49, 19, 23; *BGH*, NJW 1991, 3208, 3209; *Staudinger/Weick*, § 31 Rdnr. 39.
138 Vgl. *Ulmer*, in: Festschrift Stimpel, a. a. O., S. 705 ff.
139 *BGHZ* 36, 296, 309; 90, 381, 398.
140 Vgl. *Reichert*, Handbuch des Vereins- und Verbandsrechts, 8. Aufl. 2000, Rdnr. 1902; *Soergel/Hadding*, § 31 Rdnr. 26; *Staudinger/Weick*, § 31 Rdnr. 11.

Beispiel Nr. 35 (nach *BGH*, NJW 1978, 2390 = JuS 1978, 563 m.Anm. *Karsten Schmidt*): Ein Unteroffiziersheim auf einem Fliegerhorst der Bundeswehr wurde von einem e.V. betrieben. Mitglied und geschäftsführendes Vorstandsmitglied war Stabsunteroffizier S. Eines Tages erlitt S beim Kaffeetrinken schwere Verätzungen der Speiseröhre, weil ihm statt Kaffee Reinigungsflüssigkeit eingeschenkt worden war. Der Unfall beruhte auf der in dem Heim üblichen Reinigung der Kaffeemaschine mit einer gefährlichen Flüssigkeit und wurde dadurch begünstigt, daß am Unfalltag ein schlecht eingewiesener Urlaubsvertreter als Ordonnanz tätig war. S verlangte vom Verein ein Schmerzensgeld.

Daß hier nicht mit einer Anwendung des § 278 BGB geholfen werden konnte, ergab sich aus §§ 253, 847 BGB. Es kam auf einen deliktsrechtlichen Anspruch aus § 823 BGB i.V.m. § 31 BGB an. Der Urlaubsvertreter war nur Verrichtungsgehilfe (§ 831 BGB), aber die Verkettung von Gefahrenmomenten beruhte auf einer Fehlorganisation, die dem Verein nach § 31 BGB zugerechnet werden konnte, wenn S »Dritter« i.S. des § 31 BGB war. Das wurde im Ergebnis mit Recht bejaht. Auf der Basis der noch als herrschend angesehenen Meinung machte sich der *Bundesgerichtshof* freilich die Begründung sehr schwer und stellte darauf ab, daß S für die gefahrlose Benutzung der Kaffeemaschine weder alleinverantwortlich noch mitverantwortlich war. Es leuchtet indes nicht ein, warum der Verein nicht auch einem Mitglied des Vereins und Vorstands – ggf. gekürzt nach § 254 BGB – soll haften können. Fragt man, was § 31 BGB mit dem »Dritten« meint, so bieten sich zwei Lösungen an: Entweder muß es genügen, daß der Geschädigte dem Verein wie ein beliebiger Dritter – z.B. als Kantinenbenutzer – gegenübertritt[141], oder der Begriff des »Dritten« besagt nur, daß das handelnde Organ »jemanden«, aber nicht den Verein, geschädigt haben muß. Praktisch ist damit der Begriff des »Dritten« bedeutungslos. Der *BGH* wendet § 31 BGB inzwischen selbst dann an, wenn die Verbandsorgane Mitgliedsinteressen verletzen[142]. Damit ist der Begriff des »Dritten« praktisch bedeutungslos geworden.

5. Die Zurechnung im Strafrecht, im Recht der Ordnungswidrigkeiten und im Ordnungsrecht*

a) Keine dem § 31 BGB entsprechende Zurechnung gibt es im Kriminalstrafrecht. Die juristische Person ist nicht Adressatin von Strafdrohungen. Sie

141 In dieser Richtung die 1. Aufl.

142 *BGHZ* 90, 92, 95; 110, 323, 327f. = JuS 1991, 152 Nr. 3; ebenso *OLG Stuttgart*, NJW 1996, 1352. *Kowalski*, Der Ersatz von Gesellschafts- und Gesellschafterschaden, 1990, S. 220ff.; *Karsten Schmidt*, JZ 1991, 161.

* Literatur: *Eidam*, Straftäter Unternehmen, 1997; *ders.*, Unternehmen und Gesetz, 2. Aufl. 2001; *Heine*, Die strafrechtliche Verantwortlichkeit von Unternehmen, 1995; *Hetzer*, Schuldlose Sanktionssubjekte? Unternehmenskriminalität und Verbandsstrafe, wistra 1999, 361; *Jescheck/Weigend*, Lehrbuch des Strafrechts, Allgemeiner Teil, 5. Aufl. 1996, § 23 VII; *Kühlen*, Strafrechtliche Produkthaftung, in: Festschrift BGH IV, 2000, S. 647; Unternehmensstrafrecht, 1994; *Ekkehard Müller*, Die Stellung der juristischen Person im Ordnungswidrigkeitenrecht, 1985; *Otto*, Die Strafbarkeit von Unternehmen und Verbänden, 1993; *ders.*, Die Haftung für kriminelle Handlungen in Unternehmen, Jura 1988, 409; *Ransiek*, Strafrecht im Unternehmen und Konzern, ZGR 1999, 613; *Rotsch*, Individuelle Haftung in Großunternehmen, 1998; *Roxin*, Strafrecht Allgemeiner Teil, 3. Aufl. 1997; *Karsten Schmidt*, Zur Verantwortung von Gesell-

wird demgemäß im Strafrecht als handlungsunfähig angesehen[143]. Im Hinblick auf die Probleme der Wirtschaftskriminalität hat man hierüber heftig gestritten[144]. Aus unternehmensrechtlicher und rechtspolitischer Perspektive müßte das Strafrecht von individuellem personalen Unrecht ein Primärunrecht von Verbänden – beispielsweise von Unternehmen im »Umweltstrafrecht« – unterscheiden und in diesem letzten Fall eine Strafbarkeit des Verbandes kraft Organzurechnung anerkennen[145]. Aber das konventionelle Kriminalstrafrecht ist nun einmal von einer individualistischen Sozialethik geprägt, in der für eine Bestrafung des Verbandes kein Platz ist. Handelt eine natürliche Person als Organ für einen Verband, so kommt als Straftäter stets nur das Organ in Betracht. Soll das Organ aus einer Strafnorm verurteilt werden, die auf persönliche Eigenschaften, Verhältnisse oder Umstände abstellt, so genügt es nach § 14 I StGB, wenn diese Merkmale bei dem Verband vorliegen[146]. Soweit nach einer echten Handlungs- und Schuldfähigkeit von Verbänden – insbesondere von »Unternehmen« – gerufen wird[147], ist dies Ausdruck einer neuen verbandsrechtlichen Sicht, die den hier angestellten Überlegungen nahe, dem tradierten Individualstrafrecht jedoch außerordentlich fern steht[148]. Dieses ist – wie etwa die strafrechtlichen Grundsatzentscheidungen »Erdal« oder »Lederspray« (*BGHSt.* 37, 106 = NJW 1990, 2560) und »Glykolskandal« (*BGH*, NJW 1995, 2933) zeigen – nahezu ausschließlich mit der umgekehrten Frage beschäftigt, unter welchen Voraussetzungen »Unternehmensunrecht« dem Management persönlich zuzurechnen ist (dazu unten, § 36 II 5 d)[149], denn wo diese individuelle Zurechnung nicht gelingt, kann das konventionelle Strafrecht seine Sanktionsinstrumente nur tatenlos aus der Hand legen. Eine Änderung dieses Rechtszustandes wäre wünschenswert[150].

---

schaften und Verbänden im Kartell-Ordnungswidrigkeitenrecht, wistra 1990, 131; *Schmidt-Salier*, Strafrechtliche Produktverantwortung, NJW 1990, 2966; *Rudolf Schmitt*, Strafrechtliche Maßnahmen gegen Verbände, 1958; *Schroth*, Unternehmen als Normadressaten und Sanktionsobjekte, 1993; *Schünemann*, Unternehmenskriminalität und Strafrecht, 1979; *ders.*, Die Strafbarkeit der juristischen Personen aus deutscher und europäischer Sicht, in: Bausteine eines europäischen Wirtschaftsrechts, 1994, S. 265; *ders.*, Unternehmenskriminalität, in: Festschrift BGH IV, 2000, S. 621; *Spindler*, Unternehmensorganisationspflichten, 2001, S. 891 ff.; *Stratenwerth*, Strafrechtliche Unternehmenshaftung, in: Festschrift Rudolf Schmitt, 1993, S. 295; *Tiedemann*, Die strafrechtliche Vertreter- und Unternehmenshaftung, NJW 1986, 1842; methodologisch bemerkenswert *Schwander*, Der Einfluß der Fiktions- und Realitätstheorie auf die Lehre von der strafrechtlichen Verantwortlichkeit der Juristischen Personen, in: Festgabe Gutzwiller, 1959, S. 603 ff.

143 *RGZ* 16, 121, 123; 34, 374, 377 f.; 57, 190, 191; *Roxin*, a. a. O., § 8 III 5; *Rudolf Schmitt*, a. a. O., S. 129, 178 ff.

144 Eingehend *Engisch*, in: Verhandlungen des 40. DJT II, Teil E, 1953, S. E 7 ff.; *Hartung*, ebd., S. 43 ff.; *Schroth*, a. a. O., S. 174 ff.

145 In gleicher Richtung *Spindler*, a. a. O., S. 897; *Ransieck*, ZGR 1999, 652 ff.; für das Kartellrecht *Karsten Schmidt*, wistra 1990, 133.

146 Dazu *Schünemann*, in: Leipziger Kommentar, 11. Aufl. 1993, § 14; eingehend *Blauth*, »Handeln für einen anderen« nach geltendem und kommendem Strafrecht, 1968, S. 14 ff.

147 Besonders entschieden *Schroth*, a. a. O., S. 174–190, 191–210.

148 Vgl. nur *Roxin*, a. a. O., § 8 III 5; *Hetzer*, wistra 1999, 361.

149 Dazu *Schünemann*, in: Festschrift BGH, a. a. O., S. 623 ff.; *Ransiek*, ZGR 1999, 633 ff.; krit. *Dreher*, ZGR 1992, 55.

150 Über rechtspolitische Ansätze vgl. den Bericht in DRiZ 1999, 52 ff.

b) Auch im Ordnungswidrigkeitenrecht werden herkömmlich nur natürliche Personen, nicht Verbände und Unternehmen, als Normadressaten angesehen[151]. Hiergegen bestehen vor allem im Bereich des Wirtschaftsrechts – z.B. des sich an »Unternehmen« wendenden Kartellrechts – grundsätzliche Bedenken[152]. Immerhin kann nach § 30 I OWiG eine Geldbuße auch gegen eine juristische Person oder Personenvereinigung festgesetzt werden, und zwar auch dann, wenn aus tatsächlichen Gründen eine bestimmte Person nicht verfolgt oder mit einer Geldbuße belegt werden kann (§ 30 IV OWiG)[153]. Ersichtlich setzt sich im Ordnungswidrigkeitenrecht allmählich doch der in § 31 BGB zum Ausdruck gekommene Zurechnungsgedanke durch, was allerdings voraussetzen müßte, daß die Vorschrift des § 30 OWiG auf alle rechtsfähigen Verbände und auch auf Handlungen solcher Organpersonen ausgedehnt wird, die keine Vertretungsorgane sind[154]. Einen Schritt in diese Richtung tat schon de lege lata das *Kammergericht* in unserem

Beispiel Nr. 36 (nach *KG*, WuW/E OLG 4108 »Sportartikelhandel«): Ein Fachhandelsverband e.V. war mit einer Geldbuße belegt worden, weil einer seiner »Geschäftsführer« zu einer verbotenen Sperre aufgefordert hatte (§§ 26 I, 38 GWB). Dieser »Geschäftsführer« hatte keine Vorstandsaufgaben, sondern er war ein »besonderer Vertreter« des Verbandes i.S. von § 30 BGB. Das *Kammergericht* entschied, daß dies für die Verhängung eines Bußgeldes nach § 30 OWiG ausreiche. Die Entscheidung wäre nicht anders ausgegangen, wenn der Verband als nicht eingetragener Verein organisiert gewesen wäre. Hätte es sich allerdings um eine Gesellschaft bürgerlichen Rechts gehandelt, so wäre die Verhängung eines Bußgeldes nach der bisher h.M. nicht in Betracht gekommen.

c) Im Ordnungsrecht schließlich – also im Polizeirecht, wie es früher genannt wurde – kann nicht nur eine Zustandshaftung von Verbänden begründet werden, sondern auch eine Handlungshaftung. Es hat auch hier einer Neubesinnung bedurft, ehe die ordnungsrechtliche Handlungsverantwortung organisierter Rechtsträger hinreichende Aufmerksamkeit und Durchdringung erfahren hat. Aber heute dürfen wir sagen: Das Verhalten der Organe ist auch hier der juristischen Person bzw. der sog. Gesamthand zuzurechnen[155].

---

151 *BGH*, WuW/E BGH 704f. »Saba«; 858, 862 »Konkurrenzfiliale«; *Tiedemann*, NJW 1979, 1849.

152 Krit. *Karsten Schmidt*, wistra 1990, 131; dazu auch *Otto*, a.a.O., S. 25ff.; *Ransieck*, ZGR 1999, 654f.

153 *Bode*, NJW 1969, 1286; *Demuth/Schneider*, BB 1970, 649ff.

154 Die Änderung des § 30 OWiG durch das Zweite Gesetz zur Bekämpfung der Umweltkriminalität von 1994 (BGBl. I S. 1440) brachte immerhin eine Ausdehnung auf nichtorganschaftliche Vertreter; zuvor schon *Schroth*, wistra 1986, 162ff.; zu den Defiziten der alten Fassung vgl. *Karsten Schmidt*, wistra 1990, 136f.

155 Eingehend *Karsten Schmidt*, in: Gedächtnisschrift Wolfgang Martens, a.a.O.

V. Wissenszurechnung*

1. Das Problem

Im geltenden Recht kommt es immer wieder darauf an, ob ein Rechtssubjekt gutgläubig oder bösgläubig ist (z.B. §§ 892, 932, 990 BGB, 15, 366 HGB), ob es sich geirrt hat (§ 119 BGB), sich hat täuschen lassen (§ 123 BGB), ob es einen Sachmangel, einen Mangel der Vertretungsmacht, das Fehlen eines Rechtsgrundes usw. kannte (§§ 179, 442, 819 I BGB). Auch beim kaufmännischen Bestätigungsschreiben – etwa wenn eine GmbH von einer AG ein solches Schreiben empfangen hat – spielen subjektive Momente eine Rolle (Handelsrecht, § 18 III 6). In diesen und in vielen anderen Fällen stellt sich die Frage, unter welchen Voraussetzungen bestimmte Kenntnisse dem Verband zuzurechnen sind. Dasselbe gilt für das Wissenmüssen.

Beispiel Nr. 37: Der Vereinsvorstand weiß, daß das an den Verein aufgelassene Sportgelände überhaupt nicht dem in das Grundbuch eingetragenen Veräußerer gehört (§ 892 BGB!), der Vorstand der Aktiengesellschaft kennt einen Mangel der gekauften Fabrik (§ 442 BGB!), der Geschäftsführer der GmbH begeht gegenüber dem einzustellenden Prokuristen eine arglistige Täuschung (§ 123 BGB!), der geschäftsführende Gesellschafter der oHG oder KG übersieht infolge grober Fahrlässigkeit, daß eine an die Gesellschaft übereignete Maschine nicht dem Veräußerer gehört (§ 932 II BGB).

Natürlich kann man hier mit der Organtheorie einfach von einer Kenntnis, Täuschung oder von bösem Glauben des Vereins, der AG, GmbH, oHG oder

---

* Literatur: *Aden*, Wissenszurechnung in der Körperschaft, NJW 1999, 3098; *Altmeppen*, Verbandshaftung kraft Wissenszurechnung am Beispiel des Unternehmenskaufs, BB 1999, 749; *Baum*, Die Wissenszurechnung, 1999; *Baumann*, Die Kenntnis juristischer Personen des Privatrechts von rechtserheblichen Umständen, ZGR 1973, 284; *Beuthien*, Zur Wissenszurechnung nach § 166 BGB, NJW 1999, 3595; *Bohrer*, DNotZ 1991, 124 (Anm. zu BGH, DNotZ 1991, 122); *Buck*, Wissen und juristische Person, 2001; *Dauner-Lieb*, Wissenszurechnung im Gewährleistungsrecht, in: Festschrift Kraft, 1998, S. 43; *Drexl*, Wissenszurechnung im Konzern, ZHR 161 (1997), 491; *Faßbender*, Innerbetriebliches Wissen, 1998; *Flume*, Juristische Person, § 11 IV; *Grunewald*, Wissenszurechnung bei juristischen Personen, in: Festschrift Beusch, 1993, S. 301; *Hagen*, Wissenszurechnung bei Körperschaften und Personengesellschaften als Beispiel richterlicher Rechtsfortbildung, DRiZ 1997, 157; *Kieser/Kloster*, GmbHR 2001, 176; *Koller*, Wissenszurechnung, Kosten und Risiken, JZ 1998, 75; *Medicus*, Probleme der Wissenszurechnung, in: Karlsruher Forum 1994, S. 4; *Müller-Freienfels*, Die Vertretung beim Rechtsgeschäft, 1955, S. 413ff.; *Oldenbourg*, Die »Wissenszurechnung«, 1934; *Paulus*, Zur Zurechnung arglistigen Vertreterhandelns, in: Festschrift Michaelis, 1972, S. 215; *Reischl*, »Wissenszurechnung« auch bei Personalgesellschaften, JuS 1997, 783; *Richardi*, Die Wissensvertretung, AcP 169 (1969), 385; *Rohde*, Die Wissenszurechnung bei rechtsgeschäftlicher ..., 1999; *Scheuch*, Die Wissenszurechnung bei GmbH und GmbH & Co. KG, GmbHR 1996, 828; *Schilken*, Wissenszurechnung im Zivilrecht, 1983, insbes. S. 116ff., 127ff.; *Schüler*, Die Wissenszurechnung im Konzern, 2000; *Michael Schultz*, Zur Vertretung im Wissen, NJW 1990, 477; *Wolfgang Schultz*, Die Bedeutung der Kenntnis des Vertretenen beim Vertreterhandeln für juristische Personen und Gesellschaften, NJW 1996, 1392; *ders.*, Nochmals: Die Bedeutung der Kenntnis des Vertretenen beim Vertreterhandeln für juristische Personen und Gesellschaften, NJW 1997, 2093; *Spindler*, Unternehmensorganisationspflichten, 2001, S. 610ff., 1007ff.; *Stein*, Die neue Dogmatik der Wissensverantwortung ..., ZGR 1999, 264; *Taupitz*, Wissenszurechnung nach englischem und deutschem Recht, in: Karlsruher Forum 1994, S. 16; *ders.*, Die »Augen und Ohren« des Versicherers, in: Festschrift E. Lorenz, 1994, S. 673; *Waltermann*, Zur Wissenszurechnung ..., AcP 192 (1992), 181.

KG sprechen. Aber nicht alle Fälle liegen so einfach wie die beschriebenen, und wiederum scheint es sachgerecht, die Fragen um das »Organwissen« als Zurechnungsprobleme zu begreifen. Mit Recht wird also der Fragenkreis unter dem Thema »Wissenszurechnung«[156] behandelt.

2. Wissenszurechnung bei Vertretern und Organen

a) Nach h.M. ist der juristischen Person bzw. »Gesamthandsgesellschaft« in jedem Fall die Kenntnis auch nur *eines* Vertretungsorgans zuzurechnen[157]. Das soll gelten ohne Rücksicht darauf, ob dieses Vertretungsorgan Einzelvertretungsmacht oder nur Gesamtvertretungsmacht hat[158], ob es überhaupt bei dem in Frage stehenden Rechtsgeschäft mitgewirkt hat[159] und ob es die Kenntnis in seiner Eigenschaft als Organmitglied oder im privaten Bereich erworben hat[160]. Im Gegensatz zur Regelung des § 166 BGB muß sogar bezweifelt werden, ob es für die organisationsrechtliche Wissenszurechnung überhaupt auf die Vertreterqualität des Wissensträgers ankommt. Neuerdings dominiert darüberhinaus die Auffassung, die Wissenszurechnung basiere nicht auf der Organstellung des Wissensträgers allein, sondern auf der Informations-Organisationspflicht in dem betreffenden Verband, dem Unternehmen oder der Behörde, aber diese ausdifferenzierte Zurechnung paßt nicht auf der Organebene, sondern nur bei der Zurechnung der Kenntnis oder Unkenntnis unterhalb der Organebene (vgl. zur Zurechnung im Unternehmen auch Handelsrecht, § 5 II). Aber das ist nichts anderes als das schon von § 31 BGB bekannte Eindringen der Zurechnung in Organisationsinstanzen unter der Leitungsebene (oben unter IV 4 a). Schließlich verliert die Verbandsperson ihre einmal erworbene Kenntnis nicht ohne weiteres, wenn das betreffende Organmitglied ausgeschieden ist, neue Organmitglieder bestellt wurden und diese, ohne ihrerseits Kenntnis von dem fraglichen Sachverhalt zu haben, für die juristische Person handeln[161]. So wenig, wie einer natürlichen Person das rasche Vergessen oder Verdrängen einmal erlangter Kenntnis hilft, kann sich ein organisierter Verband durch die Ablösung seiner Organe vom zurechenbaren Wissen lösen. Anders hat der *VIII. Zivilsenat des Bundesgerichtshofs* zu Unrecht bei der GmbH & Co. entschieden:

Beispiel Nr. 38 (nach *BGH*, LM Nr. 34 zu § 166 BGB m.Anm. *Manfred Wolf* = NJW 1995, 2159; dazu auch *Reischl*, JuS 1997, 783ff.): K hatte von der B-GmbH & Co. KG einen Autobus für 145000 DM zuzüglich Mehrwertsteuer unter Ausschluß von Mängelgewährleistung gekauft. Der Bus war für einen Saudi-Arabischen Scheich speziell ange-

---

156 *BGHZ* 132, 30, 36f. = NJW 1996, 1339 = JZ 1996, 731 m. Anm. *Taupitz*; *Reischl*, JuS 1997, 784.

157 *RGZ* 53, 227, 231; 78, 347, 353f.; *RG*, JW 1927, 1675, 1676; 1935, 2044; *BGHZ* 20, 149, 153; 41, 282, 287; *BGH*, WM 1959, 81, 84; *Schilken*, a.a.O., S. 127; zum Streitstand *Baum*, a.a.O., S. 330ff.

158 *RG*, Gruch. 29 (1885) Nr. 43; krit. *Baumann*, ZGR 1973, 295ff.

159 *RG*, JW 1935, 2044; *BGHZ* 109, 327; *BGH*, WM 1959, 81, 84.

160 *BGH*, WM 1955, 830, 832.

161 *BGHZ* 109, 327, 331 = NJW 1990, 975, 976; *BGH*, WM 1959, 81, 84; a.M. *Flume*, Juristische Person, § 11 IV 2; *Schilken*, a.a.O., S. 138f.; krit. *Baum*, a.a.O., S. 323ff.; einschränkend *BGHZ* 132, 30, 38; *BGH*, LM Nr. 36 zu § 166 BGB = NJW 1997, 1917.

fertigt, aber nach Jahren wegen Nichtgefallens unbenutzt zurückgegeben worden. Die B-GmbH & Co. hatte ihn ein Jahr lang benutzt, wobei es zu einem Achsschaden durch Unfall kam. Dies und das Alter des Fahrzeugs hatte der Geschäftsführer dem K nicht mitgeteilt. Gegenüber der auf § 463 BGB a.F. (jetzt § 437 BGB) gestützten Klage wurde geltend gemacht, der beim Kaufvertrag tätige Geschäftsführer habe alles, was er persönlich geprüft habe, beim Verkauf mitgeteilt. Verschwiegen worden sei also nur, was der Vorgänger des Geschäftsführers, nicht auch, was dieser selbst gewußt habe. Das *OLG* hatte dies nicht gelten lassen. Anders der *VIII. Zivilsenat des BGH*: Es sei zwar richtig, daß die Wissenszurechnung nach dem Ausscheiden oder Tod des Organvertreters fortdauern könne (Hinweis auf *BGHZ* 109, 327, 331), aber die GmbH & Co. KG sei keine juristische Person. Sodann wörtlich: »Die Zurechnung von Wissen eines ausgeschiedenen oder verstorbenen Organmitglieds kommt bei Personengesellschaften nicht in Betracht, da sie in ihrem Bestand nicht in dem Maße von den jeweils handelnden Gesellschaftern unabhängig sind wie juristische Personen von ihren Organvertretern. Trotz einer sehr weitgehenden Verselbständigung, welche die oHG und KG in die Nähe der juristischen Person rückt und die Anwendung zahlreicher für diese geltenden Regeln rechtfertigt, sind oHG und KG hinsichtlich ihrer Rechtspersönlichkeit nicht anders zu behandeln als die Gesellschaft bürgerlichen Rechts (vgl. *Schilken*, S. 117f.).« *Manfred Wolf* hat das Ergebnis dieser Entscheidung mit Recht kritisiert. Es ist schlicht unrichtig, und zwar nicht nur für die GmbH & Co. KG[162], sondern für alle rechtlich verselbständigten Personalgesellschaften[163]. Gleichwohl hat der *VIII. Senat* vorerst keine Neigung gezeigt, seinen Standpunkt zu Überdenken (vgl. *BGH*, NJW 1996, 1205: »Bestätigung und Fortführung von BGH, LM Nr. 34 zu § 166 BGB = NJW 1995, 2159«; dazu krit. *Schultz*, NJW 1997, 2093).

Inzwischen hat der *V. Zivilsenat des Bundesgerichtshofs* in einer gleichfalls den § 463 BGB a.F. und gleichfalls die Wissenszurechnung in einer GmbH & Co. KG betreffenden Entscheidung die Zurechnungsfrage von dem vermeintlichen Gegensatz zwischen juristischer Person und Personengesellschaft unabhängig gemacht und mit Recht darauf abgestellt, wie lange ein bestimmtes Wissen »gespeichert« werden muß (*BGHZ* 132, 30 = NJW 1996, 1339 = JZ 1996, 731 m.Anm. *Taupitz*). In NJW 2001, 359, 360 hat er diesen Standpunkt als Wissenszurechnung bei der »nicht rechtsfähigen« Gesellschaft bezeichnet – eine gewiß überholte Einordnung! – und diese Zurechnung auf die Gesellschaft bürgerlichen Rechts ausgedehnt. Sowohl bei der Auswechslung von Organmitgliedern als auch bei der Aufgabenteilung innerhalb einer Gesellschaft, um die es bei diesem Urteil ging, sollte in der Tat darauf abgestellt werden, wie und in welchem Umfang der Verband organschaftliches Wissen zu »speichern« hat. Da auch das Erinnerungsvermögen eines Menschen nicht ewig währt, wird man auch einer Gesellschaft das Vorwissen früherer Organe nicht ad infinitum zurechnen dürfen[164].

b) Die rechtsdogmatischen Grundlagen dieser Wissenszurechnung sind nicht unzweifelhaft. Der *BGH* sagt in WM 1959, 81, 84 einfach[165]: »Das Wissen eines Organmitglieds ist das Wissen der Rechtsperson.« Erkennbar prägt sich in derartigen Formulierungen die *Organtheorie* aus, für die *Otto von Gierke*

162 So aber *Reischl*, JuS 1997, 787.
163 So im Ergebnis auch *BGH*, LM Nr. 43 zu § 166 BGB = NJW 2001, 359, 360.
164 So überzeugend *BGH*, LM Nr. 36 zu § 166 BGB = NJW 1997, 1917, 1917.
165 Krit. *Flume*, Juristische Person, § 11 IV.

vor einem Jahrhundert sagte[166]: »Hier sei nur darauf hingewiesen, daß sie (scl.: die juristische Person) insbesondere auch durch die hierfür geeigneten Organe in einen rechtswirksamen Zustand des eigenen Wissens oder Nichtwissens verletzt wird, ohne daß eines der Verhältnisse vorzuliegen braucht, in denen die Stellvertretung als Willensvertretung sich zugleich auf eine durch den Zusammenhang bedingte Vertretung im Wissen erstreckt.« Erstrecken wir diesen Satz auch auf die sog. »Gesamthandsgesellschaft«[167], so haben wir die entscheidende Formel: *Jedem rechtsfähigen Verband – er sei Körperschaft oder Personengesellschaft – ist das Wissen seiner Geschäftsführungs- und Vertretungsorgane sowie seiner sonstigen »verfassungsmäßig berufenen Vertreter« (Filialleiter, Abteilungsleiter etc.) zuzurechnen.* Für diese Erweiterung muß man den Boden der Organtheorie nicht verlassen[168]. Naturgemäß kann diese Theorie nicht als ein alles klärendes Schlagwort eingesetzt werden[169], aber sie macht doch deutlich, daß die Zurechnungsfrage eine ganz verschiedene ist, wenn es um ein Organ und nicht um einen Bevollmächtigten geht[170].

Allerdings ist die Begründung umstritten. Häufig wird § 166 I BGB als Grundlage der Wissenszurechnung genannt[171]. Nach dieser Vorschrift kommt es, soweit die rechtlichen Folgen einer Willenserklärung durch Willensmängel oder durch die Kenntnis oder das Kennenmüssen gewisser Umstände beeinflußt werden, beim Vertretergeschäft nicht auf die Person des Vertretenen, sondern auf die des Vertreters an. Diese Bestimmung paßt indessen nur scheinbar auf die Kenntnis eines Verbandsorgans[172] und auf die Zurechnung dieser Kenntnis gegenüber dem Verband. Denn dem § 166 BGB fehlt die organisationsrechtliche Zurechnungsbasis. Das zeigen zwei Überlegungen. Die erste betrifft die Zurechnungssubjekte. Sie besteht darin, daß § 166 BGB zwischen der Kenntnis des Vertreters und der des Vertretenen unterscheidet und in Abs. 2 ausnahmsweise auch einmal auf die Kenntnis des Vertretenen abstellt; es geht dem Gesetz also um Zurechnungsfragen zwischen voneinander verschiedenen Subjekten, nicht um das Handeln und Wissen eines Willensträgers als organisationsrechtlicher Teil eines anderen; bei einer Verbandsperson muß die Kenntnis eines Organs dem Verband als eigene Kenntnis zugerechnet werden, und nur die Kenntnis nichtorganschaftlicher Vertreter fällt unter § 166 I BGB. Die zweite Überlegung betrifft den Zurechnungsgrund. § 166 I BGB stellt darauf ab, daß der Vertreter ein konkretes Rechtsgeschäft im Namen des Vertretenen getätigt hat[173], während die Kenntnis eines Organs dem Verband unabhängig davon zugerechnet wird, ob das Organ am konkreten Rechtsgeschäft mitwirkt (vgl. auch unter V 2a zum ausgeschiedenen Organ). Zwar hat der Bundesgerichtshof inzwischen auch außerhalb des unmittelbaren Anwendungsbereichs von § 166 BGB eine ausdifferenzierte

166 *Gierke*, Genossenschaftstheorie, S. 627.

167 Dagegen aber das im Text besprochene Urteil *BGH*, LM Nr. 34 zu § 166 BGB = NJW 1995, 2159.

168 So jedoch offenbar in der Annahme, die Organtheorie habe keinen Raum bei den Personengesellschaften, *BGHZ* 132, 30, 37.

169 Soviel zu *Spindler*, a.a.O., S. 627 und den dort Zitierten.

170 An dieser Differenzierung läßt es die BGH-Praxis weiterhin vermissen.

171 Vgl. *Soergel/Leptien*, § 166 Rdnr. 6; eingehend *Baumann*, ZGR 1973, 290ff.; zur Zurechnung der Kenntnis eines Sparkassen-Filialleiters vgl. *BGH*, BB 1989, 1641; zur Wissenszurechnung bei einem Sozialversicherungsträger BGH, NJW 1996, 2508, 2510.

172 S. auch *Buck*, a.a.O., S. 267ff.; *Richardi*, AcP 169 (1969), 388f.

173 Vgl. zu dieser Begrenzung des § 166 I BGB *BGHZ* 144, 331, 333 = LM Nr. 20 zu § 117 BGB m. Anm. *Singer* = NJW 2000, 3127; *Waltermann*, AcP 192 (1992) 181ff.

Zurechnungslehre bei arbeitsteiligen Organisationen entwickelt[174], aber diese Zurechnung paßt – wie schon herausgekehrt – nicht auf das Wissen der Leitungsorgane. Hier ist eine strikte Zurechnung kraft Leitungsmacht angezeigt. Die Zurechnung organschaftlichen Wissens sollte deshalb nicht aus § 166 I BGB, sondern aus dem in § 31 BGB zum Ausdruck gelangten allgemeinen Rechtsgedanken hergeleitet werden[175], und zwar bei der Außen-Personengesellschaft ebenso wie bei der juristisch personifizierten Körperschaft[176]. Allerdings kann die Feststellung, welche Personen »Wissensorgane« einer Personengesellschaft sind, Schwierigkeiten bereiten, die wir von den Körperschaften nicht kennen.

Beispiel Nr. 39: Besitzen in der ABC-oHG der A Einzelvertretungsbefugnis, der B nur Gesamtvertretungsbefugnis und der C überhaupt keine Vertretungsbefugnis, so wird man das Wissen des A, aber auch des B der Gesellschaft ohne weiteres zurechnen können, während die Zurechnung eines etwa vorhandenen Wissens des C zweifelhaft ist (verneinend *Spindler*, a. a. O., S. 632). Ist C wenigstens zur Mit-Geschäftsführung im Innenverhältnis befugt, so wird man, da es nicht um § 166 BGB geht, sein Wissen ausreichen lassen (a. M. *Spindler*, ebd.). Ist C auch im Innenverhältnis nicht an der Leitung beteiligt, so ist die analog § 31 BGB begründete strikte Zurechnung zu verneinen (womit die vom *BGH* auf § 166 BGB gestützte differenzierende Zurechnung im Einzelfall nicht ausgeschlossen ist).

---

174 *BGHZ* 109, 327, 331 f.; 117, 104, 106 f.; 132, 30, 36 f.; *BGH* LM Nr. 36 zu § 166 BGB = NJW 1997, 1917; LM Nr. 43 zu § 166 BGB = NJW 2001, 359, 360; krit. *Baum*, a. a. O., S. 320 ff.; *Koller*, JZ 1998, 75 ff.

175 Ähnlich für die juristische Person *Schilken*, a. a. O., S. 138, 144; zust. *Spindler*, a. a. O., S. 629 ff.; *Staub/Habersack*, § 125 Rdnr. 20; *Grunewald*, (a. a. O., S. 303) vermag Wertung und Rechtsgedanken nicht zu erkennen und nimmt zu einem Interessenrelativismus zwischen § 166 und § 31 BGB Zuflucht; formal ablehnend *Baum*, a. a. O., S. 353; der von *Buck* (a. a. O., S. 252 f.) gegen einen Rekurs auf den Gedanken des § 31 BGB vorgebrachte Hinweis auf ein fehlendes Bekenntnis des Gesetzgebers zur Organtheorie verfängt nicht; diese rechtstheoretische Offenheit der Gesetzesverfasser wurde gerade auch hier unter I 2 betont, ebenso aber, daß § 31 BGB einen rechtspolitischen Sieg der Organtheorie demonstriert.

176 Unrichtig wiederum das im Text besprochene Urteil *BGH*, LM Nr. 34 zu § 166 BGB = NJW 1995, 2159; dem BGH insoweit zustimmend aber *Reischl*, JuS 1997, 787.

Vierter Abschnitt: Entstehung, Auflösung und Veränderung von Verbandsorganisationen

§ 11 Entstehung und Beendigung des Rechtsträgers

I. Problemstellung

Für das gesamte Verbandsrecht ist die Frage von außerordentlicher Bedeutung, wann ein Verband als Rechtsträger zu entstehen beginnt und wann er endet. Auch hierbei muß klar zwischen der Gesellschaft als Schuldverhältnis und der Gesellschaft als Organisation unterschieden werden (vgl. zu dieser Unterscheidung oben, § 7 I).

1. Gesellschaftsstruktur und Gründungsprobleme

Der genannte Zusammenhang kann zunächst für das Gründungsrecht verdeutlicht werden.

Beispiel Nr. 1: Beteiligt Kaufmann K seine Tochter T durch Vertrag vom 1.7. als typische stille Gesellschafterin (§ 230 HGB), so begründen beide eine Innengesellschaft, also ein Schuldverhältnis (oben, § 7 I 2b bb; unten, § 62 II 2b). Sie können vereinbaren, daß T ab 1.1., ab 1.7. oder auch erst nach Ablauf des laufenden Geschäftsjahres als stille Gesellschafterin beteiligt sein soll, denn der Vertrag kann sofort oder erst in Zukunft wirksam werden (§§ 158, 163 BGB). Es kann auch problemlos vereinbart werden, daß die vermögensrechtlichen Folgen der Beteiligung von einem zurückliegenden Zeitpunkt an gerechnet werden sollen. Die schuldrechtliche Beziehung unterliegt der Vertragsfreiheit.

Beispiel Nr. 2: Gründen K und T eine Kommanditgesellschaft oder eine GmbH, so bekommt dieselbe Frage ein anderes Gewicht, denn hier soll ein Rechtsträger geschaffen werden. Deshalb stellt sich die Frage, von wann an die Gesellschaft Trägerin von Rechten und Pflichten und damit auch Unternehmensträgerin sein kann. Eine Rückbeziehung ist zwar in schuldrechtlicher Hinsicht möglich. Beispielsweise kann Kaufmann K seine Tochter T rückwirkend für das ganze Geschäftsjahr am Gewinn beteiligen. Aber die Gesellschaft als Rechtsträgerin entsteht erst, wenn die erforderlichen gesetzlichen Voraussetzungen erfüllt sind.

Im Gründungsrecht der Außengesellschaften sind vor allem die folgenden Fragen zu klären:

- Wann wird der Gesellschaftsvertrag bzw. die Satzung als Statut der Gesellschaft als Rechtsgeschäft wirksam?

- Welche Voraussetzungen müssen erfüllt werden, um die Gründung zum Abschluß zu bringen?
- Von wann an ist der gegründete Verband als Rechtsträger vorhanden?

2. Gesellschaftsstruktur und Abwicklungsprobleme

Zusammenhänge mit der Rechtsstruktur und der Existenz eines Verbandes lassen sich auch für den Fall der Beendigung der Gesellschaft nachweisen.

Beispiel Nr. 3: Lösen K und T in unserem ersten Fall ihre typische stille Gesellschaft auf, so müssen sie sich schuldrechtlich auseinandersetzen (vgl. näher unten, § 62 V 1 b). Sie können ohne weiteres vereinbaren, daß alle gegenseitigen Rechte und Pflichten schlagartig erlöschen und sich hieraus ergebende Ansprüche schuldrechtlich ausgeglichen werden sollen; die Beteiligten können sogar alles rückwirkend ungeschehen machen, die ganze stille Gesellschaft also schuldrechtlich »zurückrechnen«. Da es nur um ein Schuldverhältnis geht, ist all dies völlig unproblematisch.

Beispiel Nr. 4: Handelte es sich um eine Kommanditgesellschaft oder um eine GmbH, so mögen zwar die Beteiligten im Verhältnis untereinander schuldrechtlich diese oder jene Verteilung des Vermögens und der Gewinne und Verluste vereinbaren. Sie können einander rechnerisch auch hier so stellen, als hätte es die Gesellschaft nie gegeben. Im Vordergrund steht aber die ganz andere Frage, was aus dem Rechtsträger und aus seinen Rechten und Pflichten wird. Ist beispielsweise die Gesellschaft als Grundstückseigentümerin im Grundbuch eingetragen, oder wird ein Prozeß gegen die Gesellschaft geführt, so kann es nicht in der Hand der Beteiligten liegen, diesen Rechtsträger nach ihrem Belieben inexistent zu machen. Sie können ihn zwar auflösen, aber die Gesellschaft als Rechtsträgerin bleibt in der Welt, bis ihre Rechtsverhältnisse abgewickelt sind.

II. Die Vorgründungsgesellschaft und der Verband im Gründungsstadium

1. Unterscheidung

Für das Entstehen von Rechtsträgern macht es einen erheblichen Unterschied, ob vorerst nur ein schuldrechtlicher Vertrag zustande kommt, durch den sich die Parteien zur Errichtung eines Verbandes *verpflichten*, oder ob der Verband schon *gegründet* wird. Im ersten Fall liegt nur ein (rein schuldrechtliches) *Verpflichtungsgeschäft* vor, im zweiten Fall ein *Organisationsakt*. Im ersten Fall werden nur Rechte und Pflichten der Vertragsparteien begründet, im zweiten Fall wird bereits der Verband errichtet. Um diesen Unterschied zu kennzeichnen, spricht man im ersten Fall vom bloßen *Vorgründungsstadium*, im zweiten Fall von einer *Vor-Gesellschaft*, einem *Vor-Verein* oder einer *Vor-Genossenschaft*[1]. Beide Vereinbarungen – der Vorvertrag und die Gesellschaftsgründung – sind zwar gesellschaftsrechtliche

1 So die überwiegende Terminologie; vgl. z.B. *OGH Wien*, GesRZ 1981, 178 m.Anm. *Ostheim*; *Wiedemann* I, § 3 I 1 a; *Hachenburg/Ulmer*, § 11 Rdnr. 21; *Scholz/Karsten Schmidt*, § 11 Rdnr. 7; die steuerrechtliche Terminologie hat sich dem angepaßt; vgl. *BFHE* 158, 540 = BStBl. 1990 II S. 91; zur früher abweichenden Terminologie vgl. z. B. *BFHE* 109, 190; *BFH*, BStBl. III 1952, 172, 173; 1960, 319 f.

Rechtsgeschäfte, aber Rechtsgeschäfte ganz verschiedener Art. Der Unterschied zwischen rein schuldrechtlichen Innengesellschaften und Verbänden wurde schon unter § 7 I 2b hervorgekehrt. Hier wirkt er sich augenfällig aus. Im Zusammenhang mit dem GmbH-Gründungsrecht, wo die Fragen der Vorgründungsgesellschaft und der Vorgesellschaft in erster Linie praktisch werden, wird auf Einzelheiten zurückzukommen sein (unten, § 34 III 2, 3). Das Prinzip aber muß hier schon verdeutlicht werden.

2. Vorgründungsstadium, Vorvertrag und Innengesellschaft[*]

a) Die durch Verpflichtungsgeschäft entstehende Vorgründungsgesellschaft ist kein notwendiges Vorstadium der Verbandsgründung. Vielen Gründungen geht kein Vorgründungsvertrag, vor allem kein wirksamer Gründungsvorvertrag, voraus. Im Fall der sog. Einpersonengründung ist dies nicht einmal möglich, denn der Gründer kann keinen schuldrechtlichen Vertrag mit sich selbst schließen[2]. Häufig haben die Parteien, bevor sie den Verband errichten, miteinander nur verhandelt, nicht kontrahiert. Versprechen aber die Gründer einander verbindlich die Teilnahme an der Gründung, so ist dieses Gründungskonsortium eine Gesellschaft bürgerlichen Rechts mit dem gemeinsamen Zweck, einen Verband – z.B. eine AG, GmbH, Genossenschaft – zu gründen. Diesen Vertrag bezeichnen wir zweckmäßigerweise, um eine terminologische Verwirrung in der Literatur zu vermeiden, als *Gründungsvorvertrag (Vorgründungsvertrag)*[3]. Das durch diesen Vertrag herbeigeführte Gesellschaftsverhältnis ist eine reine Innengesellschaft, auch wenn die Gründer bei Verhandlungen, Registeranmeldungen etc. bereits als Gesellschafter hervortreten (s. auch unten, § 34 III 2). Der Vertrag ist gleichzeitig schuldrechtlicher Gesellschaftsvertrag und Vorvertrag[4]. Der auf Gründung gerichtete gemeinsame Zweck ist ein anderer als der Zweck des fertigen Verbandes (vgl. zum Unterschied zwischen dem gemeinsamen Zweck der Gesellschafter und dem Zweck eines Verbandes bereits oben, § 4). Es besteht deshalb auch keine Identität zwischen diesem Gesellschaftsverhältnis und dem späteren Verband, auch wenn die Mitglieder dieselben sind[5]. Der Gründungsvorvertrag und die vertragsgemäß zu errichtende (Vor-)Gesellschaft bestehen

---

* Literatur: *Kießling*, Vorgründungs- und Vorgesellschaft, 1999; *Kort*, Die Haftung der Beteiligten im Vorgründungsstadium einer GmbH, DStR 1991, 1317; *Michalski/Sixt*, Die Haftung in der Vorgründungs-GmbH, in: Festschrift Boujong, 1996, S. 349; *Priester*, Das Gesellschaftsverhältnis im Vorgründungsstadium – Einheit oder Dualismus? GmbHR 1995, 481; *Karsten Schmidt*, Zur Stellung der oHG im System der Handelsgesellschaften, 1972, S. 271ff.; *ders.*, Rechtsgrundlagen der Mitunternehmerschaft im Vorgründungsstadium der GmbH, GmbHR 1982, 6; *ders.*, Haftung aus Rechtsgeschäften vor Errichtung einer GmbH, GmbHR 1998, 613.

2 *BGH*, NJW 1992, 2698f.; s. auch *Priester*, GmbHR 1995, 486.

3 Vgl. zu dieser Terminologie *Scholz/Karsten Schmidt*, § 11 Rdnr. 9; sachlich ist die Position der Vorauflagen nicht verändert.

4 Näher *Scholz/Karsten Schmidt*, § 11 Rdnr. 9; *Karsten Schmidt*, GmbHR 1982, 7; unentschieden *Priester*, GmbHR 1995, 483.

5 *BGHZ* 91, 148, 151 = NJW 1984, 2164; *Karsten Schmidt*, oHG, a.a.O., S. 260, 263f.; *ders.*, GmbHR 1982, 9; vgl. auch die haftungsrechtliche Konsequenz bei *BGH*, BB 1983, 1433 = NJW 1983, 2822; a.M. *Kießling*, a.a.O., S. 352ff.

grundsätzlich auch nicht nebeneinander[6], denn das Vorgründungsvertragsverhältnis endet in aller Regel, wenn der Verband errichtet und der gemeinsame Vorvertragszweck erreicht ist (§ 726 BGB)[7]. Der Gründungsvorvertrag beschränkt sich, wenn ein solcher Vertrag überhaupt abgeschlossen wird, i.d.R. auf die Dauer des Vorgründungsstadiums, aber es können, wenn die Parteien das wollen, auch weiterwirkende Pflichten bestehen (z.B. bei einem Dauerkonsortium der Gründer).

b) Es versteht sich, daß die Rechtsfragen des Gründungsvorvertrags in erster Linie rein zivilrechtlicher Art sind. In bezug auf die *Rechtsgeschäftslehre* wirft der Gründungsvorvertrag Probleme auf, die allgemein für Vorverträge charakteristisch sind. Da ist zunächst das *Bestimmtheitsproblem*: Damit ein wirksamer Vorvertrag geschlossen werden kann, müssen sich die Gründer über einen Mindestinhalt der in Aussicht genommenen Gründung einig geworden sein[8]. Die zweite Frage ist das *Formproblem*: Soweit Formvorschriften (auch) die Vertragspartner schützen, bedarf schon die Vorgründungsgesellschaft der für den Hauptvertrag vorgeschriebenen Form, im Fall einer GmbH-Planung also der notariellen Beurkundung nach § 2 GmbHG[9]. In der Praxis fehlt es unter den Gründern aus diesem Grund oft an einem wirksamen Vorgründungsvertrag, weil man erst zum Zweck der Errichtung der Gesellschaft zum Notar geht. Dann ist vor der notariellen Errichtung der Gesellschaft kein Gründer zum Abschluß des Hauptvertrages verpflichtet. Wohl allerdings besteht ein vorvertragliches Vertrauensverhältnis, dessen Verletzung aus culpa in contrahendo haften läßt, z.B. wenn die Gründungsabsicht nur vorgetäuscht war (näher unten, § 34 III 2a).

c) *Die gesellschaftsrechtlichen Probleme* sind vor allem Fragen der Unternehmensträgerschaft und der Haftung. Als bloßes Schuldverhältnis auf Zeit kann die durch den Gründungsvorvertrag herbeigeführte Innengesellschaft nicht Trägerin eines Unternehmens sein[10]. Insbesondere kann ein etwa schon vorhandenes Unternehmen nicht im Wege der Sacheinlage in diese Gesellschaft eingebracht werden. Wer eine solche Sacheinlage beabsichtigt, muß das Unternehmen bis zur Errichtung der (Vor-)AG, GmbH oder Genossenschaft einstweilen selbst weiterführen[11]. Naturgemäß kann es vorkommen, daß die Gründer schon im Vorgründungsstadium gemeinsam ein Unternehmen betreiben oder sonst bereits Rechtsgeschäfte nicht nur für gemeinsame

6 So aber die Lehre von der »Nebengesellschaft«, vgl. *Feine*, in: Ehrenbergs Hdb. III/3, S. 190; früher auch *Kraft*, in: KK, 1. Aufl., § 1 Rdnrn. 27, 30.

7 Vgl. *Baumbach/Hueck/Fastrich*, § 11 Rdnr. 34; *Scholz/Karsten Schmidt*, § 11 Rdnrn. 13, 19; jetzt auch *Kraft*, in: KK, § 41 Rdnr. 17; a.M. *Michalski/Sixt*, a.a.O., S. 369.

8 *RGZ* 66, 116, 121; 149, 385, 395; 156, 129, 138; *BGH*, LM Nr. 3 zu § 705 BGB; *OLG München*, BB 1958, 787.

9 Vgl. *RGZ* 66, 116, 120; 149, 385, 395; 156, 129, 138; *RG*, JW 1929, 645 m.Anm. *Bing*; *BGH*, NJW-RR 1988, 288; *OLG München*, BB 1958, 787; *LG Aachen*, NJW-RR 1986, 662; h. M.; anders *Kießling*, a.a.O., S. 19ff.

10 *Karsten Schmidt*, oHG, a.a.O., S. 259ff.; *ders.*, GmbHR 1982, 7f.; *Scholz/Karsten Schmidt*, § 11 Rdnr. 17; a.M. *Hachenburg/Ulmer*, § 2 Rdnr. 50; *Baumbach/Hueck/Fastrich*, § 11 Rdnr. 33.

11 Charakteristisch *BGH*, NJW 1992, 2698, 2699.

Rechnung, sondern bereits »im Namen der Gesellschaft« – was immer dies sei – eingehen[12]. Es ist dann besonders wichtig, die Begrenzung des (hier sog.) Vorgründungsvertragsverhältnis als Vorvertrag und Innengesellschaft zu erkennen: Da diese Innengesellschaft nicht selbst Trägerin des Unternehmens sein kann und soll, entsteht neben dieser Innengesellschaft – sofern eine solche überhaupt wirksam vereinbart ist – eine Außengesellschaft[13]. Manche bezeichnen diese Außengesellschaft als »Vorgründungsgesellschaft«, während genau dieser Terminus hier in den Vorauflagen für das Rechtsverhältnis der vorvertraglichen Innengesellschaft verwendet wurde[14]: Diese terminologische Verwirrung hat zu Mißverständnissen und zu überflüssigen Debatten geführt[15]. Die Mitunternehmerschaft im Vorgründungsstadium ist von dem Gründungskonsortium (hier Vorgründungsgesellschaft genannt) streng zu unterscheiden. Das wird deutlich in unserem

Beispiel Nr. 5 (nach *RG*, JW 1929, 645 m. Anm. *Bing*): Drei Personen hatten sich formlos geeinigt, eine GmbH zu gründen und gemeinsam eine kleine Motorradproduktion, Marke »Hermes«, aufzunehmen. Dieser Vertrag war als Vorvertrag formnichtig. Niemand hätte also erfolgreich auf Gründung einer GmbH klagen können. Hatten allerdings die Beteiligten – wie im Fall des *RG* – mit dem gemeinsamen Unternehmen schon begonnen, so war damit auch ein Unternehmensträger entstanden (Handelsrecht, § 5). Ein etwaiges Vorgründungsvertragsverhältnis kam als Unternehmensträger nicht in Betracht. Unternehmensträgerin war kraft Rechtsformzwangs eine oHG (s. auch oben, § 5 II 3, unten, § 34 III 2 b) bzw., wenn das Unternehmen nicht kaufmännisch war, eine Gesellschaft bürgerlichen Rechts. So entschied mit Recht auch das *Reichsgericht*. Diese Entscheidung wird zu Unrecht als widersprüchlich gescholten, weil es nicht angehen könne, daß dieselbe Gesellschaft unwirksam sei, soweit auf Abschluß des GmbH-Vertrages geklagt werde, dagegen wirksam, soweit es um andere Vertragspflichten gehe[16]. Trennt man richtig zwischen dem Vorvertrag (Innengesellschaft) und der Unternehmensträger-Gesellschaft, so erkennt man, daß das *Reichsgericht* richtig entschieden hat.

Auch die umstrittenen Haftungsprobleme im Vorgründungsstadium sind mit diesem Beispiel teilweise vorgeklärt: Die durch den Vorgründungsvertrag entstandene Gesellschaft selbst kann als reine Innengesellschaft nicht haften. Dies kann aber die im Reichsgerichtsfall entstandene, mit dem Vorgründungsvertragsverhältnis jedoch nicht identische Außengesellschaft, und haften können selbstverständlich auch die Gesellschafter. Auf Einzelheiten wird im Zusammenhang mit dem GmbH-Gründungsrecht einzugehen sein (unten, § 34 III 2).

---

12 Ratsam ist dies nicht; vor allem bei der Sachgründung (Einbringung eines Unternehmens) sollte der bisherige Unternehmensträger das Unternehmen für gemeinsame Rechnung weiterbetreiben, bis der künftige Unternehmensträger geschaffen ist.

13 Eingehend *Karsten Schmidt*, oHG, a. a. O.; *ders.*, GmbHR 1982, 6 ff.; charakteristisch für die übliche Vermengung dieser Rechtsverhältnisse *Grunewald*, Rdnr. 2 E 26.

14 *Baumbach/Hueck/Fastrich*, § 11 Rdnr. 33.

15 Soviel neuerlich zur vermeintlichen Gegenansicht von *Priester*; charakteristisch auch die Auffassungen von *Kießling* und *Michalski/Sixt*, a. a. O.

16 So besonders *Bing*, JW 1929, 647; vgl. auch die Kritik bei *Staudinger/Keßler*, 12. Aufl., vor § 705 Rdnr. 118; *Rob. Fischer*, GmbHR 1954, 131; vgl. dagegen *Karsten Schmidt*, oHG, a. a. O., S. 263 f.; *ders.*, GmbHR 1982, 8; *Priester*, GmbHR 1995, 486.

3. Der Verband im Gründungsstadium

Wie bereits unter II 1 ausgeführt wurde, besteht ein grundlegender Unterschied zwischen der rein schuldrechtlich vereinbarten Vorgründungsgesellschaft und dem durch Gesellschaftsvertrag oder Satzung errichteten Verband, also der sog. Vorgesellschaft, dem Vorverein oder der Vorgenossenschaft. Unter IV 2 wird zu zeigen sein, daß es sich hierbei bereits um den – wenn auch noch nicht als juristische Person eingetragenen – Verband handelt.

III. Die Normativbestimmungen für den Abschluß der Gründung

1. Personengesellschaften

Die materiellrechtlichen Regeln des Gründungsrechts sind von Rechtsform zu Rechtsform unterschiedlich, und sie sind um so strenger, je bedeutsamer die vom Gesetz zu wahrenden Schutzbelange sind (vgl. zum System der Normativbestimmungen auch oben, § 8 II 5). Deshalb ist herkömmlich nur bei den juristischen Personen von Normativbestimmungen die Rede, nicht dagegen im Recht der *Personengesellschaften* (oHG, KG und Gesellschaft bürgerlichen Rechts)[17]. Hier muß zwar geprüft werden, ob der gesetzliche Tatbestand der einen oder der anderen Rechtsform vorliegt; ist dies aber der Fall, so verlangt das Gesetz den Gründern außer dem Abschluß eines wirksamen Vertrags keine weiteren Erfordernisse ab. Insbesondere kann eine oHG und selbst eine KG in das Handelsregister eingetragen werden, ohne daß das Registergericht zu prüfen hätte, ob die versprochenen Einlagen geleistet sind. Die Grundsätze der Kapitalaufbringung und Kapitalerhaltung setzen erst bei der Haftungsfrage an (vgl. §§ 171 I, 172 IV HGB und dazu unten, § 54 II, III). Gleichwohl gibt es Normativbestimmungen auch für rechtsfähige Außen-Personengesellschaften (vgl. oben, § 8 IV 1 a). So setzt der Tatbestand der Kommanditgesellschaft das Vorhandensein mindestens eines Komplementärs voraus, und uns wird noch die Frage beschäftigen, ob dieser Normativbestimmung auch z.B. durch Aufnahme einer Stiftung oder einer Auslands-Kapitalgesellschaft als Komplementärin Genüge getan werden kann (unten, § 56 VII). Die Partnerschaftsgesellschaft setzt voraus, daß alle Gesellschafter natürliche Personen und Freiberufler i.S. des Partnerschaftsgesellschaftengesetzes sind (§ 1 I PartGG und dazu unten, § 64 II 1). Die Partenreederei kann nur zum Betrieb eines Seeschiffes eingegangen werden (§ 489 HGB und dazu unten, § 65 I). Erkannt werden muß allerdings, daß das Recht der Personengesellschaften eine förmliche Prüfung von Normativbestimmungen nicht durchgehend gewährleistet, denn diese Rechtsträger können nicht nur vor der Eintragung ins Leben treten (§§ 1, 105, 123, 161 HGB für die oHG oder KG), sondern die Gesellschaft bürgerlichen Rechts

---

17 Charakteristisch auch *Reuter*, Die Mitbestimmung als Bestandteil des Normativsystems für die juristischen Personen des Handelsrecht, 1987, S. 16.

tritt als Rechtsträgerin sogar in Erscheinung, wenn eine nach § 105 II HGB vielleicht mögliche Eintragung niemals intendiert ist. Doch geht dieses formale Defizit mit einer um so strengeren Haftung einher.

2. Vereine und Genossenschaften

Unverkennbar sind die gesetzlichen Normativbestimmungen beim *rechtsfähigen Verein* und *bei der eingetragenen Genossenschaft.* Hier muß eine Mindestzahl von sieben Gründungsmitgliedern vorhanden sein, es müssen Organe bestellt sein, und die Satzung muß einen bestimmten Mindestinhalt haben, damit der Verband in das Vereins- bzw. Genossenschaftsregister eingetragen wird (§§ 56f. BGB, §§ 4, 6f. GenG; näher unten, § 24 II 1 und § 41 II 1, 2).

3. Kapitalgesellschaften

Am strengsten sind die *Normativbestimmungen im Recht der Kapitalgesellschaften* (AG, GmbH und KGaA), denn hier wird nicht nur der Satzungsinhalt genau geprüft, sondern die Prüfung erstreckt sich auf die Kapitalaufbringung (vgl. §§ ff., 9c GmbHG, §§ 23ff., 38 AktG; näher unten, § 34 II 2, 3 und § 27 II 3). Das hängt damit zusammen, daß die Nichthaftung der Gesellschafter im Kapitalgesellschaftsrecht nach dem Haftungskonzept des deutschen Rechts nur durch das Vorhandensein eines Garantiekapitals legitimierbar ist (näher unten, § 18 II 4 und IV 1).

IV. Wann entsteht der Rechtsträger?

Die Frage, wann der gegründete Rechtsträger entsteht, muß von der soeben erörterten Frage streng unterschieden werden. Auch diese Frage stellt sich bei den Personengesellschaften auf der einen und bei den Vereinen und Kapitalgesellschaften auf der anderen Seite unterschiedlich.

1. Personengesellschaften*

a) Die *Personengesellschaften* können Rechtsträger sein, wenn sie Außengesellschaften sind (oben, § 8 III). *Das Entstehen der Außengesellschaft bestimmt das Gesetz niemals – auch nicht bei oHG, KG und freiberuflicher Partnerschaft – nach dem Zeitpunkt einer Registereintragung*[18]. Die Außengesellschaft entsteht, wenn sie aufgrund eines wirksamen oder sogar fehler-

* Literatur: *Beyerle*, Der unbeschränkt haftende Kommanditist, 1976.

18 Richtig *RGZ* 112, 280, 281; eingehend *Schlegelberger/Karsten Schmidt*, § 123 Rdnrn. 3ff.; naturgemäß kann, wenn die Gesellschaft nicht vorher ins Leben tritt, der Entstehungszeitpunkt nach dem Parteiwillen durch aufschiebende Bedingung bis zur Eintragung aufgeschoben werden.

haften Gesellschaftsvertrags ins Leben gerufen ist; sie kann von diesem Zeitpunkt an nach außen hin wirksam tätig werden. Das versteht sich für die BGB-Außengesellschaft nahezu von selbst, gilt aber auch für die nach §§ 1, 14, 29 HGB in das Handelsregister einzutragende oHG oder KG: Die Eintragung ist zwar im Fall des § 1 HGB obligatorisch, und sie wirkt in den Fällen der §§ 2, 3 und 105 II HGB sogar »konstitutiv« (vgl. Handelsrecht, § 9 III und § 10 V 2, VI und VII); aber der Rechtsträger existiert schon vor der Eintragung.

b) *Das Gegenteil scheint sich aus § 123 HGB zu ergeben*, der für die oHG und gemäß § 161 II HGB auch für die Kommanditgesellschaft folgendes besagt: Im Verhältnis zu Dritten tritt die »Wirksamkeit« der Gesellschaft grundsätzlich mit der Eintragung im Handelsregister ein (§ 123 I HGB). Ähnlich sagt *§ 7 I PartGG* über die Partnerschaftsgesellschaft, sie werde »im Verhältnis zu Dritten mit ihrer Eintragung wirksam«.

§ 123 HGB – und für § 7 I PartGG gilt nichts anderes – ist eine mißverständliche Bestimmung. Man muß sich zunächst darüber klar sein, daß § 123 HGB nicht von der Wirksamkeit des Gesellschaftsvertrags spricht. Dieser wird mit dem Abschluß wirksam, sofern er nicht im Einzelfall betagt, bedingt oder genehmigungsbedürftig ist. Es geht auch nicht darum, wann aus einer bloßen »Innen-oHG« eine »Außen-oHG« wird[19], denn wer eine oHG oder KG gründet, bringt sogleich eine Außengesellschaft zustande. Für das Verständnis des § 123 HGB muß man zwei Fragen unterscheiden: zum einen die Frage, wann die Außengesellschaft entsteht (hierfür bedarf es keiner Eintragung!), zum anderen die Frage, ob diese Gesellschaft nach dem HGB bereits vor oder erst nach der Eintragung eine Handelsgesellschaft (also oHG oder KG) sein kann. Nur diese zweite Frage ist in § 123 HGB geregelt (vgl. auch unten, § 46 III 1)[20]. Die Bestimmung hat also weder im Innenverhältnis noch im Außenverhältnis etwas mit der Entstehung des Rechtsträgers zu tun. Sie zieht nur die Konsequenz aus dem Kaufmannsbegriff der §§ 1 ff. HGB und aus der allgemeinen Regel, daß eine Personengesellschaft vor ihrer Eintragung ins Handelsregister Handelsgesellschaft nur sein kann, wenn sie die Voraussetzungen des § 1 HGB erfüllt. In den Fällen der §§ 2, 3 und 105 II HGB gehört dazu die Eintragung im Handelsregister (vgl. Handelsrecht, § 9 III, V, VI 1). Fehlt es an diesen Voraussetzungen, so ist die Gesellschaft vorerst eine Gesellschaft bürgerlichen Rechts. Erlangt oder verliert die Gesellschaft die Kaufmannseigenschaft, so wandelt sie sich ohne Verlust ihrer Identität aus einer Gesellschaft bürgerlichen Rechts in eine oHG (KG) bzw. umgekehrt aus einer oHG (KG) in eine Gesellschaft bürgerlichen Rechts um (vgl. unten, § 12 I 4 a, § 44 III 1).

Beispiel Nr. 6: Am 1.2. wurde durch notariell beurkundeten Vertrag die A & B oHG gegründet. Am 1.3. erklärte A die Auflassung eines Grundstücks, zu dessen Einbringung er sich verpflichtet hatte (Auflassungsvertrag zwischen A und der Gesellschaft). Am 1.4.

---

19 So die Terminologie bei *Beyerle*, a.a.O., S. 9 ff., 23 ff.; in der Sache entgeht es *Beyerle* nicht, daß es um die Abgrenzung zwischen Gesellschaft bürgerlichen Rechts und oHG geht.

20 *Schlegelberger/Karsten Schmidt*, § 123 Rdnrn. 4 ff.

ließen die Gesellschafter A und B bei der Sparkasse S unter dem Namen der Gesellschaft ein Girokonto eröffnen und zahlten die versprochenen Geldeinlagen auf das Konto ein. Am 1.6. begann die Gesellschaft mit dem vollen Geschäftsbetrieb. Am 1.8. wurde sie in das Handelsregister eingetragen. Es wäre verfehlt, wollte man davon sprechen, daß die Gesellschaft erst am 1.4., am 1.6. oder am 1.8. »wirksam« geworden oder »entstanden« ist. Der ganze § 123 HGB regelt eben nicht die »Wirksamkeit der Gesellschaft im Verhältnis zu Dritten«, sondern nur die Frage, ob die Gesellschaft Handelsgesellschaft und damit oHG (bzw. KG) ist oder vorerst nur Gesellschaft bürgerlichen Rechts. Rechtsfähig ist sie allemal vor wie nach der Eintragung (vgl. für oHG und KG § 124 HGB, für die Gesellschaft bürgerlichen Rechts *BGHZ* 146, 341 = NJW 2001, 1056).

Welche Mißverständnisse der so gewichtig scheinende Wortlaut des § 123 HGB auslösen kann, zeigt unser

Beispiel Nr. 7 (nach *BayObLG*, NJW 1984, 497 = WM 1983, 1198 = JuS 1984, 392 m. Anm. *Karsten Schmidt*): Am 14.7. verkaufte V Grundstücke an die gegründete, aber noch nicht eingetragene »Kuno K-KG«. Beide Seiten – V und die »KG«, vertreten durch Kuno K als persönlich haftenden Gesellschafter – erklärten die Auflassung (§ 925 BGB), so daß es für den Eigentumserwerb nur noch der Eintragung der KG in das Grundbuch bedurfte. Diese wurde beantragt, nachdem die KG am 29.7. ihrerseits in das Handelsregister eingetragen worden war. Der Rechtspfleger als Grundbuchrichter wies die Eintragung mit der Begründung zurück, die Auflassung sei ins Leere gegangen, weil das Grundstück an eine noch nicht eingetragene und deshalb im Außenverhältnis noch nicht wirksame Gesellschaft aufgelassen worden sei (§ 123 HGB). Erinnerung und Beschwerde gegen diese Zurückweisung waren erfolglos. Erst das *BayObLG* entschied auf die weitere Beschwerde: »Schon vor der Eintragung einer Kommanditgesellschaft in das Handelsregister kann Grundeigentum an die Gesellschaft aufgelassen werden; darauf, ob der Gewerbebetrieb der Gesellschaft unter § 1 HGB oder unter § 2 HGB fällt, kommt es nicht an.«

Die Lösung des *BayObLG* überzeugt. Sie entspricht nicht nur den Bedürfnissen der Praxis, sondern sie entspricht auch dem recht verstandenen Sinn des § 123 HGB. Die Frage war von großer Bedeutung, solange § 2 HGB a.F. noch die meisten Dienstleistungsunternehmen zu Nichtkaufleuten erklärte, solange es an der Registrierung im Handelsregister fehlte. Heute interessiert die Frage nur noch bei Kleinunternehmen, Unternehmen der Land- oder Forstwirtschaft und vermögensverwaltenden Gesellschaften (§§ 2, 3, 105 II HGB).

2. Vereine, Kapitalgesellschaften und Genossenschaften*

Sehr viel komplizierter ist die *Rechtslage der werdenden juristischen Person*[21]. Von einer solchen können wir sprechen, wenn der Verband satzungsmäßig errichtet, jedoch noch nicht eingetragen oder konzessioniert ist. Beim Verein verhält es sich auf den ersten Blick noch einfach, weil es neben dem rechtsfähigen Verein auch noch die Rechtsfigur des »nichtrechtsfähigen« Vereins gibt[22]. Wenn ein Verein nach § 21 BGB durch Eintragung die Rechtsfähigkeit erlangt, setzt das Gesetz offenbar bereits seine Existenz voraus. Viel Streit hat dagegen die Rechtslage der Vor-Genossenschaft, der Vor-GmbH und der Vor-AG ausgelöst. Von der Genossenschaft heißt es in § 13 GenG: »Vor der Eintragung in das Genossenschaftsregister ... hat die Genossenschaft die Rechte einer eingetragenen Genossenschaft nicht.« Auch hier gibt der Gesetzestext noch zu erkennen, daß der Verband vor der Eintragung schon vorhanden ist, wenn auch noch nicht als fertige juristische Person[23]. Wesentlich größer sind in theoretischer und in praktischer Hinsicht die Probleme im *Gründungsrecht der Kapitalgesellschaften.* Sie treten, bedingt durch die Häufigkeit der Gründungen, vor allem bei der GmbH auf und werden unter § 34 II ausführlicher dargestellt. Hier geht es zunächst nicht um Einzelheiten, sondern um die *Grundfrage, von wann an der Verband als Organisation und als Rechtsträger existiert.* Dazu sagt § 41 I 1 AktG: »Vor der Eintragung in das Handelsregister besteht die Aktiengesellschaft als solche nicht«. Entsprechend heißt es in § 11 I GmbHG: »Vor der Eintragung in das Handelsregister ... besteht die Gesellschaft mit beschränkter Haftung als solche

* Literatur (Auswahl; vgl. außerdem das unten bei § 34 angegebene Spezialschrifttum zur GmbH): *Eisenhardt*, Rdnrn. 106ff., 782ff.; *Flume*, Juristische Person, § 5; *Grunewald*, Rdnrn. 2 E 26ff.; *Hueck*, §§ 22 I 2, 35 II; *Kraft/Kreutz*, B I 5; *Kübler*, §§ 10 II 1, § 24; *Th. Raiser*, Kapitalgesellschaften, § 26 Rdnrn. 61ff.; *Reinhardt/Schultz*, Rdnrn. 815ff.; *Büttner*, Identität und Kontinuität bei der Gründung juristischer Personen, 1967; *Derwisch-Ottenberg*, Die Haftungsverhältnisse der Vor-GmbH, 1988; *Gerhard Dilcher*, Rechtsfragen der sog. Vorgesellschaft, JuS 1966, 89; *Fabricius*, Vorgesellschaften bei der AG und der GmbH – Ein Irrweg? in: Festschrift Kastner, 1972, S. 85; *Flume*, Die werdende juristische Person, in: Festschrift Geßler, 1971, S. 3; *ders.*, Die Haftung der Vorgesellschaft bei Gründung einer Kapitalgesellschaft, in: Festschrift v. Caemmerer, 1978, S. 517; *ders.*, Zur Enträtselung der Vorgesellschaft, NJW 1981, 1753; *Gummert*, in: MünchHdbGesR III, § 16; *Hueck*, Vorgesellschaft, in: Festschrift 100 Jahre GmbH-Gesetz, 1992, S. 127; *John*, Die organisierte Rechtsperson, 1977, S. 307ff.; *Kersting*, Die Vorgesellschaft im europäischen Gesellschaftsrecht, 2000; *Kießling*, Vorgründungs- und Vorgesellschaft, 1999; *Ostheim*, Die Vorgesellschaft im österreichischen Recht, in: Die Zukunft der GmbH, 1981, S. 183; *Rittner*, Die werdende juristische Person, 1973; *Karsten Schmidt*, Zur Stellung der oHG im System der Handelsgesellschaften, 1972, S. 271ff.; *ders.*, Theorie und Praxis der Vorgesellschaft nach gegenwärtigem Stand, GmbHR 1987, 77; *ders.*, Umwandlung von Vorgesellschaften, in: Festschrift Zöllner I, 1998, S. 521; *Schultz*, Rechtsfragen der Vor-GmbH ..., JuS 1982, 732; *Schultze-v. Lasaulx*, Gedanken zur Rechtsnatur der sog. Vorgesellschaft, in: Festschrift Olivecrona, 1964, S. 576; *Theobald*, Vor-GmbH und Gründerhaftung, 1984; *Ulmer*, Abschied vom Vorbelastungsverbot ..., ZGR 1983, 593; *Wiedemann*, Das Rätsel Vorgesellschaft, JurA 1970, 439.

21 Nicht hierher gehörte der Fall der Kapitalgesellschaft »im Aufbau« nach dem Treuhandgesetz (*Karsten Schmidt*, GmbHR 1992, 570ff.); hier ging es um die Umwandlung selbständiger Wirtschaftseinheiten der ehemaligen DDR.

22 Im Ergebnis wird man den Vor-Verein als Sonderform vom nichtrechtsfähigen Dauerverein unterscheiden müssen.

23 Vgl. eingehend *Bernauer*, Die Genossenschaft vor der Eintragung und nach der Auflösung, 1922; *Zülch*, Rechtsnatur und Haftungsverhältnisse der Vor-Genossenschaft, Diss. Hamburg 1964.

nicht.« Aus diesen Bestimmungen bzw. aus den Vorläufern des § 41 AktG wurde in früherer Zeit gefolgert, daß vor der Handelsregistereintragung das einzutragende Rechtssubjekt inexistent sei. Bei *Brodmann*[24] kann man den schönen Satz nachlesen: »Es ist so, daß erst mit der Eintragung in das Handelsregister die Aktiengesellschaft da ist, nicht einen Augenblick früher, jetzt aber fertig und gerüstet, wie Athene aus Jupiters Haupt.« Gegner dieser Auffassung meinten, die errichtete und die eingetragene AG oder GmbH seien ein und dasselbe Subjekt; es verhalte sich wie bei Embryo und Kind, Knospe und Blüte oder Puppe und Schmetterling[25]. Man muß sich darüber klar sein, daß dies nur bildhafte Wiedergaben eines auf andere Weise zu begründenden Ergebnisses sind, denn die Entstehung der juristischen Person ist weder ein mythologischer Vorgang noch ein Naturereignis. Der Streit wurde im wesentlichen um folgende Fragen geführt:

- *Erstens:* Ist im Zeitraum zwischen der Errichtung und der Eintragung der Gesellschaft schon ein Rechtsträger vorhanden?
- *Zweitens:* Welches ist der Zweck dieses Rechtsträgers, und darf insbesondere die errichtete, aber noch nicht registrierte juristische Person bereits am Rechtsverkehr teilnehmen?
- *Drittens:* Welche Folge hat die Eintragung für das Schicksal der Rechte und Pflichten des Verbandes?

a) Die *erste dieser Fragen* kann nach dem geltenden Kapitalgesellschaftsrecht nur bejaht werden. So müssen nach §§ 36, 36a AktG, § 7 GmbHG bereits vor der Eintragung Einlagen geleistet, insbesondere Sacheinlagen vollständig geleistet sein. Die errichtete Gesellschaft muß deshalb bereits zum Erwerb von Rechten fähig sein, und sie ist deshalb sogar schon grundbuchfähig[26]. Was die Gründer als Einlagen in die Gesellschaftskasse tun, was sie auf ein im Namen der Gesellschaft errichtetes Konto überweisen, was sie ihr übereignen etc., ist nicht ein Sondervermögen der Gesellschafter, sondern bereits Gesellschaftsvermögen. Die Anmeldung zur Eintragung in das Register erfolgt durch die Vorstands- oder Geschäftsführungsmitglieder (§§ 59 I BGB, 36 I AktG, 7 I GmbHG, 11 I GenG), die hierbei aber schon im Namen der werdenden juristischen Person handeln[27]. Der Vor-Verein, die Vor-AG, Vor-GmbH oder Vor-Genossenschaft selbst begehrt die eigene Eintragung im Register!

b) Die *zweite Frage* zielt auf den Zweck des errichteten Verbandes und auf sein Außenverhältnis. Über den Zweck kann man lesen, er liege in der Herbeiführung der Eintragung (bzw. Konzessionierung)[28]. Das ist nicht richtig. Der Zweck des bereits satzungsmäßig errichteten Gebildes ist ein Verbandszweck

24 Aktienrecht, 1928, § 200 A I a.

25 *RGZ* 105, 228, 230; *Hachenburg/Schilling*, GmbHG, 6. Aufl., Bd. I 1956, § 11 Anm. 1; zur methodologischen Kritik vgl. m.w.N. *Karsten Schmidt*, oHG, a.a.O., S. 310.

26 *BGHZ* 45, 338, 348; *Hachenburg/Ulmer*, § 11 Rdnr. 48; *Böhringer*, Rpfleger 1988, 846.

27 Vgl. *BGHZ* 105, 324 = NJW 1992, 1824; *BGHZ* 117, 323, 327 = NJW 1992, 1824.

28 *BGHZ* 80, 129, 139; *Grunewald*, Rdnr. 2 E 28; *Kießling*, a.a.O., S. 75ff.; *Rowedder/Rittner/Schmidt-Leithoff*, § 11 Rdnr. 34, 83.

(oben, § 4 1) und ist mit dem Zweck der einzutragenden (oder zu konstruierenden) Rechtsperson identisch[29]. Verbandszweck und Verbandsstruktur sind auch maßgebend für die Rechtsfortbildung im Gesellschaftsrecht. Die Frage, ob die errichtete juristische Person bereits im Rechtsverkehr auftreten kann, wurde vom Gesetzgeber des 19. Jahrhunderts verneint[30]. Hierauf beruhen die Gesetzesformulierungen der §§ 13 GenG, 41 I 1 AktG, 11 I GmbHG, die der Rechtspraxis Schwierigkeiten gemacht haben. Die traditionelle Ablehnung einer handlungsfähigen Vorgesellschaft läßt sich auf *zwei Quellen* zurückführen, die einen gemeinsamen Grund haben: den Verkehrsschutz. Die *eine* hängt mit dem Konzessionsprinzip zusammen (oben, § 8 II 5), das bis 1870 das Kapitalgesellschaftsrecht beherrschte (vgl. unten, § 26 II 2 a, b)[31]. Kennzeichen des Konzessionsprinzips im Recht der juristischen Personen war nach dem Rechtsbild des 19. Jahrhunderts, daß die Existenz, die Rechtsfähigkeit und die Handlungserlaubnis bei juristischen Personen von einer und derselben staatlichen Entscheidung abhängig gemacht wurden (dazu oben, § 8 II 5). Demgemäß sah man ein Handeln im Namen einer noch nicht konzessionierten juristischen Person als verboten und die errichtete juristische Person vor der Konzessionserteilung als handlungsunfähig an; wurde trotz dieses Verbots im Namen der juristischen Person gehandelt, so sollten die Handelnden gleichsam »zur Strafe« und zum Schutz des Rechtsverkehrs, persönlich haften (vgl. §§ 41 I 2 AktG, 11 II GmbHG; zur gegenwärtigen Bedeutung dieser Bestimmungen vgl. unten, § 27 II 3 und § 34 III 3 d). Die *zweite Ursache* der vermeintlichen Handlungsunfähigkeit der errichteten juristischen Personen lag im sog. *Vorbelastungsverbot*[32]. Als Unternehmensträger kann handlungsfähig nur sein, wer auch haftungsfähig ist (Handelsrecht, § 5 II 4), denn jedes unternehmerische Handeln bringt es mit sich, daß der Unternehmensträger mit Verbindlichkeiten belastet wird. Genau diese Fähigkeit wurde den Vorgesellschaften traditionellerweise abgesprochen, denn man ging davon aus, daß das aufgebrachte Vermögen im Zeitpunkt der Handelsregistereintragung unversehrt sein müsse; nur gründungsnotwendige Kosten sollten die juristische Person im voraus belasten können[33]. Dieses Vorbelastungsverbot beruhte auf der Überlegung, daß die Eintragung der Kapitalgesellschaft das Ergebnis einer gerichtlichen Kontrolle und zugleich die Garantie für gläubigersichernde Kapitalaufbringung ist[34]. *Julius von Gierke*[35] faßte diesen Gedanken in dem launigen Stoßseufzer zusammen: »Was hat das alles für einen Sinn, wenn es einfach über den Haufen geworfen werden kann, so daß später ein Jammerlappen zur Welt kommt.«

29 *Scholz/Karsten Schmidt*, § 11 Rdnr. 26 m.w.N.

30 Vgl. zum folgenden eingehend *Karsten Schmidt*, oHG, a.a.O., S. 275ff.

31 Vgl. zu diesem Zusammenhang außer der vorhergehenden Fußnote besonders *Fabricius*, a.a.O., S. 89ff., 94f.; *Ulmer*, in: Festschrift Ballerstedt, 1975, S. 281f.

32 Vgl. zum folgenden *Hueck*, a.a.O., S. 153ff.; *Karsten Schmidt*, oHG, a.a.O., S. 307ff.; *ders.*, NJW 1973, 1595ff.; *Ulmer*, in: Festschrift Ballerstedt, 1975, S. 287ff.; *ders.*, ZGR 1981, 593ff.

33 Vgl. zur Begrenzung des automatischen »Übergangs« *RGZ* 83, 370, 373f.; 105, 228, 229; 141, 204, 209; 149, 293, 303; 151, 86, 91; 154, 276, 286; *RG*, JW 1905, 31; *BGHZ* 17, 385, 390f.; 53, 210, 212; 65, 378, 383; *BGH*, LM Nr. 12 zu § 11 GmbHG.

34 Zu diesem Gesichtspunkt *RGZ* 149, 293, 303; *BGHZ* 53, 210, 212; 65, 378, 383; 80, 129, 136; *Theobald*, a.a.O., S. 57ff.; s. aber auch *Karsten Schmidt*, ZHR 156 (1992), 98ff.

35 *J. v. Gierke*, Handelsrecht und Schiffahrtsrecht, 8. Aufl. 1958, § 41 IV 1a.

Heute ist das Vorbelastungsverbot überholt. Einbruchstelle war das Recht der Sachgründung[36].

Beispiel Nr. 8: A und B gründen eine GmbH. A soll 25000 Euro, B soll sein Handelsgeschäft einbringen. B muß nach § 7 III GmbHG sein Handelsgeschäft vor der Registeranmeldung eingebracht haben. Wird das Geschäft nunmehr von der Vorgesellschaft weiterbetrieben, so wird die Vorgesellschaft notwendigerweise mit Verbindlichkeiten belastet. Würde es monatelang, nämlich bis zur Eintragung, stillgelegt, so könnte es erheblich an Wert verlieren, vielleicht gar wertlos werden, so daß nun erst recht der *Gierkesche* »Jammerlappen« zur Welt käme. Die Lösung kann nur darin bestehen, daß die Vorgesellschaft taugliche Unternehmensträgerin ist (Handelsrecht, § 5 I 2 b).

Heute ist das Vorbelastungsverbot als Verbot überholt. Nach jahrzehntelangen Vorstößen der Wissenschaft[37] hat der *Bundesgerichtshof* im Jahr 1981 das Verbot der Vorbelastung durch eine bloße Vorbelastungs*haftung* ersetzt (eingehend unter § 34 III)[38]. Seit dem in *BGHZ* 80, 129 veröffentlichten Urteil steht für die Bargründung wie für die Sachgründung fest, daß bereits die Vorgesellschaft imstande und befugt ist, am unternehmerischen Rechtsverkehr teilzunehmen. Die haftungsrechtlichen Konsequenzen werden im Zusammenhang mit dem Recht der Vor-GmbH eingehender dargestellt (unten, § 34 III 3c). Die Anerkennung der Vorgesellschaft als vollwertiger Rechtsträger ist jedenfalls gesichert. Immer noch wird allerdings der Standpunkt vertreten, *der gemeinsame Zweck der Vorgesellschaft* beschränke sich auf den Abschluß der Gründung[39], und es bestehe auch noch keine unbeschränkte Vertretungsmacht der Geschäftsführer[40]. Beides ist abzulehnen (vgl. auch unten, § 34 III 3 a, b bb): Die Vorgesellschaft ist keine von der fertigen Gesellschaft verschiedene Organisation, sondern sie ist nach Zweck und Struktur mit dieser identisch[41]. Auch die Rechtsnatur der Vorgesellschaft ist durch diese Kontinuität der Verfassung geprägt: Die Vorgesellschaft ist auch nicht, wie vielfach noch angenommen wird, Gesamthandsgesellschaft[42], sondern sie ist als »werdende juristische Person« bereits in gleicher Weise körperschaftlich verfaßt wie später als eingetragene juristische Person[43].

36 Vgl. *Karsten Schmidt*, oHG, a. a. O., S. 274 f.; *Ballerstedt*, ZHR 127 (1965), 101 f.

37 Vgl. besonders *Reinhardt/Schultz*, Rdnr. 829; *Schreiber*, Die Kommanditgesellschaft auf Aktien, 1923, S. 6 f.; *Müller-Erzbach*, Handelsrecht, 2./3. Aufl. 1928, S. 258; *ders.*, Das private Recht der Mitgliedschaft, 1948, S. 191; *Karsten Schmidt*, oHG, a. a. O., S. 306 ff.; *Ulmer*, in: Probleme der GmbH-Reform, 1970, S. 59 f.; *ders.*, in: Festschrift Ballerstedt, 1975, S. 287 ff.; *G. Dilcher*, JuS 1966, 94; *Lieb*, DB 1970, 966.

38 *BGHZ* 80, 129 = NJW 1981, 1373; dazu *Hueck*, a. a. O., S. 153 ff.; *Flume*, NJW 1981, 1753; *Hüffer*, JuS 1983, 161; *Priester*, ZIP 1982, 1141; *Karsten Schmidt*, NJW 1981, 1345; *ders.*, ZHR 56 (1992), 93 ff.; *Ulmer*, ZGR 1981, 593.

39 Vgl. *RGZ* 83, 370, 373; 105, 228, 229; 134, 121, 122; *BGHZ* 80, 129, 139 = NJW 1981, 1373, 1375; *BayObLG*, NJW 1965, 2254, 2256; *Hachenburg/Ulmer*, § 11 Rdnr. 26; *Rowedder/Rittner/Schmidt-Leithoff*, § 11 Rdnr. 34; *Horn*, NJW 1964, 88.

40 Vgl. *BGHZ* 80, 129, 139 = NJW 1981, 1373, 1375; *BGHZ* 80, 182, 183; *Hachenburg/Ulmer*, § 11 Rdnrn. 54 f.; *Rowedder/Rittner/Schmidt-Leithoff*, § 11 Rdnr. 83.

41 *Scholz/Karsten Schmidt*, § 11 Rdnr. 25; *Karsten Schmidt*, in: GroßKommAktG, § 41 Rdnr. 99; *ders.*, GmbHR 1987, 77 ff.

42 So noch *BGH*, WM 1980, 955, 956; *Kraft/Kreutz*, B I 5 b bb; *Hachenburg/Ulmer*, § 11 Rdnr. 30; *Baumbach/Hueck/Fastrich*, § 11 Rdnr. 7.

43 Vgl. *Raiser*, Kapitalgesellschaften, § 26 Rdnr. 98; *Rittner*, a. a. O., S. 142 ff., 331 ff.; *Scholz/Karsten Schmidt*, § 11 Rdnr. 24; *Karsten Schmidt*, GmbHR 1987, 79.

c) Die *dritte Frage* lautete: Was wird im Augenblick der Registereintragung aus den Rechten, Pflichten und Rechtsverhältnissen der Vorgesellschaft? Die Frage betrifft, wohlgemerkt, Rechte ebenso wie Pflichten, z.B. also die Zugehörigkeit eingebrachten Gesellschaftsvermögens ebenso wie die Schuldenhaftung, auch wenn in der Diskussion stets die Haftungsfragen – also die Schulden – im Vordergrund standen. Hier herrschte ein jahrzehntelanger Streit, der weitgehend mit dem Schlagwort der »Identität« gekennzeichnet werden kann: Nach der *Identitätsthese* ist die eingetragene Kapitalgesellschaft mit der Vorgesellschaft identisch (eben wie »Puppe und Schmetterling«). Herkömmlicherweise wurde demgegenüber die Frage gestellt, ob die Kapitalgesellschaft die Rechte, Verbindlichkeiten und Rechtsverhältnisse aus dem Gründungsstadium »übernimmt« oder in sie »eintritt«. Eine solche Fragestellung muß nach der Identitätsthese als juristischer Irrweg angesehen werden. So wenig wie der Volljährige in die Rechte und Pflichten des Minderjährigen »eintritt«, bedarf es nach der Identitätsthese eines Eintritts oder einer Übernahme durch die juristische Person. Die traditionelle Auffassung hatte sich dagegen mit dem Vorbelastungsverbot auseinanderzusetzen, das in diesen Fragenkomplex hineinwirken mußte. So blieb heftig umstritten, inwieweit vor und nach der Eintragung eine Kontinuität der Rechtsverhältnisse anzuerkennen war. Im wesentlichen wurden *drei Auffassungen* vertreten: Die eine – überwiegend, aber nicht ausschließlich von Vertretern der *Identitätsthese* vertretene – Ansicht trat für eine *automatische Fortsetzung* aller Rechte und Pflichten durch die eingetragene Gesellschaft ein[44]. Eine *zweite Ansicht* lehnte jede Kontinuität ab; nach ihr sollten die Rechte und Pflichten aus dem Gründungsstadium nur durch besondere Übernahme auf die juristische Person übergehen; nur satzungsmäßige Rechte und Pflichten wurden hiervon ausgenommen[45]. Vorherrschend war lange eine *vermittelnde Auffassung*; nach ihr sollten die empfangenen Einlagen sowie alle Rechte und Pflichten aus satzungsmäßigen oder gründungsnotwendigen Geschäften automatisch von der fertigen Gesellschaft fortgesetzt werden, alle sonstigen Rechtsgeschäfte sollten die eingetragene Kapitalgesellschaft dagegen nur dann etwas angehen, wenn und soweit diese die Geschäfte genehmigt[46]. Diese »eingeschränkte Kontinuitätstheorie« beherrschte lange Zeit die Gerichtspraxis, aber gerade in praktischer Hinsicht war sie nicht zu halten. Die Schranke des Vorbelastungsverbots mußte fallen. In den Leitsätzen des Grundlagenurteils *BGHZ* 80, 129 heißt es: »Eine Vorgesellschaft wird durch Geschäfte, die ihr Geschäftsführer mit Ermächtigung aller Gesellschafter im Namen der Gesellschaft abschließt, auch dann verpflichtet, wenn nach der Satzung nur Bareinlagen vereinbart sind. Die Rechte und Pflichten aus

44 Vgl. besonders *Reinhardt/Schultz*, Rdnrn. 829f.; *Feine*, in: Ehrenbergs Hdb. III/3, S. 203; *Hachenburg/Ulmer*, § 11 Rdnr. 71; *Kraft*, in: KK, § 41 Rdnrn. 68ff.; *Rowedder/Rittner*, § 11 Rdnr. 126; *Dregger*, Haftungsverhältnisse bei der Vorgesellschaft ..., Diss. Marburg, 1951, S. 80ff.; *Karsten Schmidt*, oHG, a.a.O., S. 311; *G. Dilcher*, JuS 1966, 92ff.; *Wiedemann*, JurA 1970, 450; *Lieb*, DB 1970, 968; *Hüffer*, JuS 1983, 167.

45 *Horn*, NJW 1964, 89f.

46 *RGZ* 105, 228, 230; 134, 121, 122; *BGHZ* 17, 385; 20, 281, 286f.; 53, 210, 212; eingehend *Fleck*, ZGR 1975, 219f.

solchen Geschäften gehen mit der Eintragung der GmbH voll auf diese über (kein sogenanntes Vorbelastungsverbot).« Wie noch zu zeigen sein wird, geht das vorliegende Werk noch weiter und bekennt sich zu einer vollständigen Zweck- und Organisationsidentität des Verbands vor und nach seiner Eintragung bzw. Konzessionierung (unten, § 27 II 3, § 34 III 3). Damit ist ein *Prinzip vollständiger Kontinuität* geschaffen: Alle Rechte, Pflichten und Rechtsverhältnisse der Vorgesellschaft setzen sich mitsamt der Verbandsorganisation in der eingetragenen Kapitalgesellschaft fort. Es kann also ohne Schaden von einem Verhältnis der Identität zwischen Vorgesellschaft und juristischer Person gesprochen werden (vgl. alsbald unter IV 4).

Beispiel Nr. 9: Hat der Gründer A im März einen Webstuhl in die GmbH eingebracht und wird die GmbH am 1.6. eingetragen, so ist die GmbH Eigentümerin des Webstuhls. Ihr steht auch das in ihrem Namen von der Vor-GmbH begründete Bankkonto, auf das der Gesellschafter B seine Geldeinlage eingezahlt hat, zu. Sie hat die Gründungskosten zu bezahlen. Hat Lieferant L im April Waren geliefert, so kann er Zahlung von der GmbH verlangen. Hatte ein Kläger K im Mai gegen die Vor-GmbH Klage erhoben, so wird der Prozeß ohne weiteres mit der GmbH fortgesetzt, ohne daß ein Parteiwechsel erforderlich wäre.

Die Haftungskontinuität betrifft nicht nur rechtsgeschäftliche Verbindlichkeiten, sondern z.B. auch Deliktsverbindlichkeiten. Ist die haftungsrechtliche Zurechnungsnorm des § 31 BGB auf nichtrechtsfähige wie auf rechtsfähige Vereine anwendbar (oben, § 10 IV 2; unten, § 25 III 1b), so gilt sie gewiß auch für die in Gründung befindliche juristische Person. Wird die Gründung durch Eintragung (oder Konzessionierung) des Verbandes abgeschlossen, so bleibt dieser Rechtsträger aus der deliktischen Verantwortlichkeit haftbar. Überholt ist deshalb der differenzierende Standpunkt des *Bundesarbeitsgerichts* in unserem

Beispiel Nr. 10 (nach *BAG*, AP Nr. 1 zu § 31 BGB m. Anm. *Wiedemann*): Die Gewerkschaft Öffentliche Dienste, Transport und Verkehr (ÖTV) klagte gegen die »Vereinigung Luftfahrt«, weil diese eine rechtswidrige Flugblattaktion gegen die ÖTV veranstaltet hatte. Die Vereinigung war im Zeitpunkt der Flugblattaktion noch nicht eingetragen. Das *BAG* entschied, daß der inzwischen rechtsfähige Verein nur dann für vor der Eintragung begangene unerlaubte Handlungen seiner Organmitglieder hafte, »wenn sein Verhalten im Anschluß an diese Handlungen selbständig deliktsrechtlich zu bewerten ist«. Wörtlich heißt es in den Gründen: »Die Rechtsfigur des Vorvereins ... vermag nur die Zurechnung rechtsgeschäftlichen Verhaltens zu vermitteln ... Eine eigene Deliktshaftung der juristischen Person für Vorgründungsfehlverhalten ihrer Organmitglieder kommt nur dann in Betracht, wenn das Verhalten der juristischen Person im Anschluß an die vorausgegangenen unerlaubten Handlungen ihrer Gründungsmitglieder selbständig deliktsrechtlich zu bewerten ist.« *Wiedemann* ist diesen Ausführungen in der Anmerkung entgegengetreten. In der Tat: Bedenkt man einmal, daß die ganze Frage nur ein Vorbelastungs- und Kontinuitätsproblem ist, so ist nicht zu erkennen, inwiefern nur eine Vertragshaftung aus dem Gründungsstadium die fertige juristische Person belasten soll. Dem *Bundesarbeitsgericht* wäre zuzustimmen, wenn wirklich ein »Vorgründungsfehlverhalten« der Organmitglieder vorgelegen hätte. Was diese vor der Vereinsgründung getan haben, ist nicht im Zuständigkeitsbereich des Vereins geschehen und kann ihm dann auch nicht zugerechnet werden. So hatte es sich hier wohl verhalten, denn nach der Sachverhaltsschilderung hatte die Flugblattaktion im April, die Vereinsgründung im Juli und die Eintragung im Dezember stattgefunden. Die Organmitglieder waren dann noch gar nicht zu einem dem Verein nach § 31 BGB zuzurechnenden Verhalten imstande gewesen. Hätte dagegen – wie man nach den Gründen des *BAG* annehmen könnte – der schon gegründete Verein das Delikt durch seine Organe begangen, so wäre an seiner Forthaftung nach der Eintragung nicht zu zweifeln gewesen.

Heute kann dies alles als gesichert gelten. Das Hauptproblem der Verbände im Gründungsstadium ist in der persönlichen Haftung der Mitglieder zu sehen. Aber davon ist später zu handeln (unter § 34 III 3).

3. Das Sonderproblem der Einpersonengründung*

a) Die Identitätsbetrachtung erleichtert auch den Umgang mit der Sonderproblematik bei der sog. Einpersonengründung im Kapitalgesellschaftsrecht, wobei man sich darüber klar sein muß, daß dieser Gründer in der Praxis oft seinerseits eine Handelsgesellschaft ist (Gründung einer hundertprozentigen Tochtergesellschaft). Seit 1981 ist aufgrund der GmbH-Novelle von 1980 die sog. Einmanngründung zugelassen (näher unten, § 40), und seit 1995 gilt dasselbe für die Gründung einer AG (näher unten, § 27 II 3). Zuvor konnte eine GmbH oder AG nur nachträglich zur Einmanngesellschaft werden; als Gründer mußten mehrere Personen auftreten. Heute können nach § 1 GmbHG bzw. § 2 AktG Gesellschaften m.b.H. und Aktiengesellschaften durch eine oder durch mehrere Personen errichtet werden. Auch hier gilt nach § 11 I GmbHG bzw. § 41 I AktG, daß die Gesellschaft vor ihrer Eintragung »als solche« nicht besteht. Solange nun die Mehrpersonen-Vorgesellschaft als Gesamthand eingeordnet worden war, wurde die Durchführbarkeit der Einpersonengründung mit der Begründung in Zweifel gezogen, hier sei vor der Eintragung kein Rechtsträger vorhanden, der die Einlagen in Empfang nehmen und mit der Eintragung als fertige GmbH fortexistieren

* Literatur (Auswahl; vgl. zunächst die Angaben unter § 11 IV 2): *Albach*, Die Einmanngründung der GmbH, Diss. Bonn 1986; *Bode*, Die gescheiterte Gründung der Einmann-GmbH, Diss. Hannover 1994; *Fezer*, Die Einmanngründung der GmbH, JZ 1981, 608; *Flume*, Die Gründung der Einmann-GmbH nach der Novelle zum GmbH-Gesetz, DB 1980, 1781; *ders.*, Die GmbH-Einmanngründung, ZHR 146 (1982), 205; *Hüffer*, Vorgesellschaft, Kapitalaufbringung und Drittbeziehungen bei der Einmanngründung, ZHR 142 (1978), 486; *ders.*, Zuordnungsprobleme und Sicherung der Kapitalaufbringung bei der Einmanngründung der GmbH, ZHR 145 (1981), 521; *ders.*, Das Gründungsrecht der GmbH, JuS 1983, 168; *John*, Die Gründung der Einmann-GmbH, 1986; *Koppensteiner*, Zur Neuregelung der Einmann-GmbH in Österreich, in: Festschrift Claussen, 1997, S. 213; *Kusserow*, Die Einmann-GmbH in Gründung, 1986; *Thomas Raiser*, Die neuen Gründungs- und Kapitalerhöhungsvorschriften für die GmbH, in: Das neue GmbH-Recht in der Diskussion, 1981, 21, 35ff.; *Karsten Schmidt*, Grundzüge der GmbH-Novelle, NJW 1980, 1774; *ders.*, Einmanngründung und Einmann-Vorgesellschaft, ZHR 145 (1981), 540; *ders.*, Zur Rechtslage der gescheiterten Einmann-Vor-GmbH, GmbHR 1988, 89; *Albert Schröder*, Die Einmann-Vorgesellschaft, 1990; *Ulmer*, Die Einmanngründung der GmbH – Ein Danaer-Geschenk? BB 1980, 1001; *Ulmer/Ihrig*, Die Rechtsnatur der Einmann-Gründungsorganisation, GmbHR 1988, 373; *Winter*, Gründungs- und Satzungsprobleme bei der Einmanngesellschaft nach der GmbH-Novelle, in: Pro GmbH, 1980, 191.

könne[47]. Diese Auffassung verdiente keine Gefolgschaft[48]. Sie ist Ausdruck eines verfehlten Verständnisses von Rechtsdogmatik. Wenn der Gesetzgeber die Einpersonengründung zuläßt (§ 1 GmbHG und § 2 AktG) und wenn er weiter vorschreibt, daß Sacheinlagen vollständig und Bareinlagen in einer bestimmten Mindesthöhe vor der Eintragung bewirkt sein müssen, dann ist damit – über alle rechtsdogmatischen Konstruktionsschwierigkeiten hinweg – vom Gesetzgeber anerkannt, daß es auch hier eine regelrechte Vorgesellschaft als Rechtsträgerin gibt[49]. Aufgabe der Rechtsdogmatik ist es dann nicht, dies für möglich oder für unmöglich zu erklären, sondern die Aufgabe besteht darin, dies richtig zu erklären. Das fällt um so leichter, wenn man erkennt, daß die Vorgesellschaft keine »Gesamthand« ist, sondern eine nach Zweck und Organisation mit dem Ziel-Rechtsträger identische »werdende juristische Person« (dazu oben unter IV 2b)[50]. Hilfskonstruktionen wie die Bildung eines Sondervermögens[51] sind nicht am Platze.

Beispiel Nr. 11: Am 1.2. errichtet G in notarieller Form die Gustav G GmbH. Am 1.3. eröffnet er auf den Namen der GmbH ein Bankkonto und zahlt 25000 Euro ein. Am 1.4. wird die GmbH eingetragen. Erkennt man, daß dieser Rechtsträger schon ab 1.2. vorhanden war, so wird deutlich, daß das Bankkonto von vornherein diesem Rechtsträger zustand, der bis zum 1.4. eine Einpersonen-Vor-GmbH, also eine juristische Person in Gründung, war und seither eine fertige juristische Person ist. Beispielsweise hätte ein Privatgläubiger des G aus einem gegen G gerichteten Titel schon im März nicht in das Bankkonto vollstrecken können, denn dieses Konto stand der Einmann-Vor-GmbH zu.

Das ist nicht leerer Formalismus, vielmehr entspricht die konsequente Verselbständigung der Einpersonen-Vorgesellschaft zur Inhaberin des Gesellschaftsvermögens dem Sinn und Zweck des Kapitalaufbringungsrechts im GmbH-Recht: Hätte Gustav G den Weg der Ausgliederung eines von ihm betriebenen Unternehmens auf die GmbH gewählt (§§ 152ff. UmwG), so wäre das Unternehmensvermögen im Zeitpunkt der Eintragung auf die erst jetzt entstehende GmbH übergegangen (dazu unten, § 13 V 1). Da er den Weg der Einmanngründung gewählt hat, muß von ihm verlangt werden, daß er bereits vor der Eintragung Einlagen in das Gesellschaftsvermögen leistet (§ 7 GmbHG).

---

47 So *Hüffer*, ZHR 142 (1978), 486ff.; *ders.*, ZHR 145 (1981), 521; *Ulmer*, BB 1980, 1001; vgl. auch *Rob. Fischer*, GmbHG, 10. Aufl. 1983, § 1 Anm. 1; *Fleck*, GmbHR 1983, 16.

48 Vgl. mit Unterschieden im einzelnen *Hueck*, § 35 IV 2a cc; *John*, Gründung, a.a.O., S. 11ff.; *Raiser*, Kapitalgesellschaften, § 26 Rdnrn. 84ff.; *ders.*, a.a.O., S. 35ff.; *Karsten Schmidt*, ZHR 145 (1981), 540ff.

49 Vgl. *Th. Raiser*, Kapitalgesellschaften, § 26 V; *Scholz/Karsten Schmidt*, § 11 Rdnr. 147; *Albach*, a.a.O., S. 161ff.; *Derwisch-Ottenberg*, a.a.O., S. 122f.; *John*, a.a.O., S. 35ff.; *Schröder*, a.a.O., S. 151ff.; *Karsten Schmidt*, ZHR 145 (1981), 556ff.; *ders.*, GmbHR 1988, 89f.

50 Die vom Verf. in die Debatte eingeführte und meist mit Verwunderung quittierte Rechtsfigur der »Einmann-Gesamthand« (NJW 1980, 1775) war nicht als »Lösungsansatz« (*Hüffer*) zu verstehen, sondern sie wurde nur denen entgegengehalten, die die Unmöglichkeit der Einmann-Vor-GmbH auf die Prämisse stützten, die Vorgesellschaft müsse Gesamthand sein; vgl. näher ZHR 145 (1981), 548.

51 Vgl. *Hachenburg/Ulmer*, § 11 Rdnrn. 16f.; *Hüffer*, ZHR 145 (1981), 531f.; *ders.*, AktG § 41 Rdnr. 17c; *Flume*, Juristische Person, § 5 IV 2; *ders.*, DB 1980, 1783; *ders.*, ZHR 146 (1982), 208f.; *Fezer*, JZ 1981, 608, 616f.; *Ulmer/Ihrig*, GmbHR 1988, 373ff.

b) *Schwierigkeiten* bereiten allerdings zwei Konstellationen: Einmal muß jedenfalls theoretisch mit Mißbräuchen gerechnet werden, etwa wenn ein unseriöser Geschäftsmann eine Gründungsurkunde in der Schublade hält, die er seinen Gläubigern im rechten Moment vorhält, um sein Vermögen der Vollstreckung zu entziehen. Hier helfen, soweit überhaupt noch eine eintragungsfähige Vorgesellschaft besteht, notfalls die §§ 242, 826 BGB, wenn es dem Gründer überhaupt gelingt, die Einbringung von Privatvermögensgegenständen in die Gesellschaft zu beweisen[52]. Zum zweiten muß, wenn eine Einpersonengründung scheitert, gefragt werden, ob nun das Gesellschaftsvermögen ipso iure an den Gründer zurückfällt (so dieses Buch unter § 40 II 2 d) oder ob eine Liquidation der Vorgesellschaft, also eine Rückübertragung des Gesellschaftsvermögens an den Gründer, erforderlich ist[53]. Dies sind aber Folgeprobleme, die nur in Ausnahmefällen auftreten und vom Gesetzgeber hingenommen wurden, als er die Einpersonengründung zuließ. Wer das mißbilligt, mag das Institut der Einpersonengründung ein »Danaergeschenk« des Gesetzgebers nennen[54]. An der Verselbständigung der Einmann-Vorgesellschaft ändern diese Folgeprobleme nichts.

4. Rechtsdogmatische Konsequenzen

a) Man kann heute in rechtsdogmatischer Hinsicht von einem *Sieg der Identitätstheorie* sprechen[55]. Nicht nur für Personengesellschaften gilt, daß sie vor und nach ihrer Eintragung im Handelsregister identisch bleiben, sondern dasselbe gilt auch für Vereine, Kapitalgesellschaften und Genossenschaften. Die Identitätstheorie war fragwürdig, solange sie verwendet wurde, um die noch offenen Gründungsprobleme mit bildhaft-naturalistischen Argumenten gleichsam vom Tisch zu wischen (dazu oben unter IV 2). Die Identitätstheorie konnte nicht aufgrund vorgegebener Kategorien global die Kontinuität aller Rechtsverhältnisse in begriffsjuristischer Manier beweisen, wohl aber kann sich die Gesellschaftsrechtswissenschaft, da nun die Kontinuität feststeht, den Darstellungswert der Identitätstheorie zunutze machen. Die Identitätsthese bringt die vollständige Kontinuität des Rechtsträgers und seiner Rechtsverhältnisse auf eine einfache Formel. Die juristische Person ist nicht Rechtsnachfolgerin der Vorgesellschaft, vielmehr sind die Rechtsverhältnisse so anzusehen, daß die in Gründung begriffene juristische Person als Rechtsträger schon mit der Errichtung (Gesellschaftsvertrag bzw. Satzungsfeststellung) vorhanden ist und durch die Eintragung nur ihren Status

52 Dazu *Karsten Schmidt*, in: MünchKommZPO, § 771 Rdnr. 50.

53 Dazu *John*, Gründung, a. a. O., S. 58ff.; *Scholz/Karsten Schmidt*, § 11 Rdnr. 148; *Karsten Schmidt*, ZHR 145 (1981), 562f.; *ders.*, GmbHR 1988, 89f.

54 *Ulmer*, BB 1980, 1001.

55 Vgl. *Raiser*, Kapitalgesellschaften, § 26 Rdnr. 119; *Scholz/Karsten Schmidt*, § 11 Rdnr. 133; s. bereits *Karsten Schmidt*, NJW 1981, 1345ff.; näher *ders.*, GmbHR 1987, 78ff.; skeptisch *Rowedder/Rittner*, § 11 Rdnr. 15; zur Bedeutung der »Identitäts«-Vorstellung im Gesellschaftsrecht vgl. allgemein instruktiv *Schnorr von Carolsfeld*, Geschichte der juristischen Person I, 1933, S. 123ff., 350 Fußn. 6.

wechselt[56]. Die Vor-AG, Vor-GmbH oder Vor-Genossenschaft ist bereits die juristische Person in Gründung. Eines Rechtsübergangs bedarf es nicht.

b) Wir stehen damit vor einem abgeschlossenen Identitätsmodell, das selbst die Begriffe »Vorgesellschaft« oder »werdende juristische Person« schon hinter sich zu lassen beginnt, denn diese stammen erkennbar noch aus einer Zeit, die den Ziel-Rechtsträger im Gründungsstadium »als solchen« nicht anerkannte. Man mag fragen, worin denn nach der hier vertretenen Auffassung der Unterschied liegen soll zwischen dem Verband vor und nach der Eintragung bzw. Konzessionierung. Die Antwort lautet: Er liegt nicht im Zweck und auch nicht in der Organisation des Gebildes, sondern er liegt in der Haftungsverfassung. Wie in *BGHZ* 134, 333 endlich anerkannt worden ist, haften die Gründer für alle während des Gründungsstadiums begründeten Verbindlichkeiten persönlich. Das mit der Errichtung der juristischen Person erstrebte Haftungsprivileg greift im Gründungsstadium noch nicht, weil es noch an der erfolgreichen Prüfung der Normativbestimmungen fehlt.

V. Die Beendigung des Rechtsträgers*

1. Fragestellungen

Auch bei der Beendigung des Rechtsträgers stehen drei Fragen im Vordergrund:
- *Erste Frage:* Welches sind die Auflösungsgründe?
- *Zweite Frage:* Wann endet der Rechtsträger?
- *Dritte Frage:* Welches sind die Rechtsverhältnisse zwischen der Auflösung und dem Ende des Rechtsträgers?

56 *Scholz/Karsten Schmidt*, § 11 Rdnr. 133; *Rowedder/Rittner*, § 11 Rdnr. 126; *Karsten Schmidt*, GmbHR 1987, 85.

* Literatur: *Josef Bauer*, Auflösung und Liquidation der GmbH, 1904; *Bork*, Die als vermögenslos gelöschte GmbH im Prozeß, JZ 1991, 891; *Buchner*, Amtslöschung, Nachtragsliquidation und masselose Insolvenz von Kapitalgesellschaften, 1988; *Ensthaler*, Die Liquidation von Personengesellschaften, 1985; *Rob. Fischer*, Die Fortsetzung einer GmbH, GmbHR 1955, 165; *Heller*, Die vermögenslose GmbH, 1989; *Hillers*, Personengesellschaft und Liquidation, 1989; *Hennrichs*, Fortsetzung einer mangels Masse aufgelösten GmbH, ZHR 159 (1995), 593; *Hintzen*, Auflösung und Liquidation von Personengesellschaften, 1965; *Hüffer*, Das Ende der Rechtspersönlichkeit von Kapitalgesellschaften, in: Gedächtnisschrift Schultz, 1987, S. 99; *Paura*, Liquidation und Liquidationspflichten, Diss. Hamburg 1996; *Saenger*, Die gelöschte GmbH im Prozeß, GmbHR 1994, 300; *Hubert Schmidt*, Zur Vollbeendigung juristischer Personen, 1989; *Karsten Schmidt*, Löschung und Beendigung der GmbH, GmbHR 1988, 209; *ders.*, Die Handels-Personengesellschaft in Liquidation, ZHR 153 (1989), 270; *Franz Scholz*, Fortsetzung der aufgelösten GmbH und AG, ZHR 93 (1929), 73; *ders.*, Fortsetzung der aufgelösten GmbH, JZ 1952, 299; *Peter Scholz*, Die Fortsetzung der Liquidations-GmbH, GmbHR 1982, 228; *Wolf Schulz*, Die masselose Liquidation der GmbH, 1986; *Wimpfheimer*, Die Gesellschaften des Handelsrechts und des bürgerlichen Rechts im Stadium der Liquidation, 1908.

2. Die Auflösungsgründe

Die zur Beendigung von Gesellschaften und Vereinen führenden Auflösungsgründe sind zahlreich und vielgestaltig. Sie werden bei den einzelnen Rechtsformen näher behandelt. Für jede Gesellschaftsform gilt ein *numerus clausus der gesetzlichen Auflösungsgründe*[57], aber das muß nicht bedeuten, daß etwa alle Auflösungsgründe im Katalog einer Bestimmung enthalten sein müßten. Beispielsweise ist ein Verein nicht nur in den Fällen der §§ 41–43 BGB aufgelöst, sondern auch dann, wenn er nach § 3 VereinsG verboten wird. Dieses Vereinsverbot besteht gerade darin, daß die Auflösung des Vereins angeordnet wird. Auch bei den Personengesellschaften sind nicht alle gesetzlichen Auflösungsgründe aus dem Gesetzes*text* ablesbar, so nicht die Auflösung einer KG durch Wegfall des Komplementärs (dazu unten, § 53 V 1 a). Die gesetzlichen Auflösungsgründe sind teilweise zwingend, soweit sie nämlich Spiegelbild der Normativbestimmungen sind (dazu oben unter III), teilweise sind sie dispositiv (Beispiel: § 131 Nr. 4 HGB). Hinzu kommt die durch Gesellschaftsvertrag, Satzung oder Beschluß angeordnete Auflösung. Die einschlägigen Vorschriften nennen unter den Auflösungsgründen auch den Auflösungsbeschluß (vgl. §§ 41 BGB, 262 I Nr. 2 AktG, § 60 I Nr. 2 GmbHG, 78 GenG, § 131 Nr. 2 HGB). Aber es können bei allen Vereinen und Gesellschaften satzungs- und vertragsmäßige Endigungsgründe hinzugefügt werden[58].

3. Das Ende des Rechtsträgers

Nur der Laie stellt sich die »Auflösung« eines Verbandes als dessen Verschwinden vor. In aller Regel löst sich eine Gesellschaft oder ein Verein jedoch nicht ohne weiteres »in Luft« auf, sondern es bedarf grundsätzlich einer Abwicklung der Rechtsverhältnisse. Bei einem Rückblick auf unsere Beispiele oben unter I 2 wird dies auf Anhieb klar: Das der Gesellschaft gehörende Vermögen kann durch die Auflösung nicht herrenlos werden; die Gesellschaft kann durch die Auflösung nicht einfach ihre Schulden abschütteln oder einen laufenden Prozeß beenden. Auflösung *kann* automatisches Erlöschen bedeuten, regelmäßig aber muß zuvor eine Abwicklung (Liquidation) stattfinden. Das Erlöschen des Rechtsträgers muß dann durch eine vermögensmäßige Abwicklung vorbereitet werden.

a) Die *Beendigung von Gesellschaften ohne Abwicklungsverfahren* ist die Ausnahme. Keine Abwicklung findet statt, wo ein Abwicklungsverfahren gegenstandslos und entbehrlich wäre. Das ist einmal dann der Fall, wenn die Auflösung eine Gesamtrechtsnachfolge einleitet, denn es ist dann für das Schicksal des Vermögens gesorgt; zum anderen ist ein Abwicklungsverfahren entbehrlich, wenn ein der Abwicklung unterliegendes Aktivvermögen nicht vorhanden ist. Drei Fälle der automatischen Vollbeendigung sind zu nennen:

57 Vgl. z.B. *BGHZ* 75, 178, 179; *BGH*, WM 1973, 863, 864; *BayObLGZ* 1967, 458, 464; *Baumbach/Hopt*, § 131 Rdnr. 6; *Schlegelberger/Karsten Schmidt*, § 131 Rdnr. 6.

58 Vgl. *RGZ* 64, 264, 267; h.M.

- der liquidationslose Vermögensübergang des Gesellschaftsvermögens auf einen Personengesellschafter (erste Fallgruppe),
- der liquidationslose Vermögensübergang im Fall der Verschmelzung oder Aufspaltung der Gesellschaft nach dem Umwandlungsgesetz (zweite Fallgruppe),
- das liquidationslose Erlöschen einer vermögenslosen Gesellschaft (dritte Fallgruppe).

aa) *Erste Fallgruppe:* Fallen bei einer Personengesellschaft alle Anteile in einer Hand zusammen oder endet die Personengesellschaft dadurch, daß bis auf einen Gesellschafter alle anderen Gesellschafter ausscheiden (vgl. dazu oben, § 8 IV 2), so erlischt die Gesellschaft ohne Liquidation, und ihr Vermögen geht im Wege der Gesamtrechtsnachfolge auf den »Alleingesellschafter« über[59]. Die Gesamtrechtsnachfolge macht eine Liquidation entbehrlich (näher oben, § 8 IV 2 b; unten, § 44 II 2). Das gilt auch dann, wenn aus einer Personengesellschaft der einzige Mitgesellschafter ausgeschlossen wird oder alle Mitgesellschafter ausgeschlossen werden, so daß nur der ausschließende Gesellschafter allein übrigbleibt (§ 140 I 2 HGB und dazu unten, § 50 III 1 e)[60]. In dieser ersten Fallgruppe entfällt eine Liquidation, weil sie überflüssig wäre.

Beispiel Nr. 12 (nach *BGH*, BB 1979, 397 = WM 1979, 249 = JuS 1979, 668): Eine X-KG steht als Eigentümerin im Grundbuch. Ihre Gesellschafter übertragen alle Anteile an Y (oder, was auf dieselbe Rechtsfolge hinausliefe: es scheiden alle bis auf einen Gesellschafter Y aus, oder: diesem Gesellschafter werden alle übrigen Anteile abgetreten). Y begehrt nunmehr die Berichtigung des Grundbuchs. Das Grundbuchamt ist der Auffassung, hierzu bedürfe es einer Auflassung, also m.a.W. eines Übertragungsakts. Dies ist in der Tat vom *OLG Zweibrücken* vertreten worden (OLGZ 1975, 405ff.). Anders entscheidet im Einklang mit der h.M. der *BGH*: Eine X-KG, die das Grundstück an Y übertragen könnte, gibt es nicht mehr. Y ist im Wege der Gesamtrechtsnachfolge Alleineigentümer geworden[61]. Wie unter § 13 II 5b gezeigt werden wird, kann diese Technik auch für den Zweck der Umwandlung und Verschmelzung von Personengesellschaften verwendet werden (vgl. *BGH*, NJW-RR 1990, 798 = ZIP 1990, 502 = JuS 1990, 1020 m.Anm. *Karsten Schmidt*).

---

59 *BGHZ* 48, 203, 206; 71, 296 = JuS 1979, 668 m.Anm. *Karsten Schmidt*; 113, 132 = NJW 1991, 844; *BGH*, WM 1979, 249 = JuS 1979, 668 m.Anm. *Karsten Schmidt*; *BGH*, NJW-RR 1990, 798 = JuS 1990, 1020 m.Anm. *Karsten Schmidt; BGH*, NJW 1991, 844; NJW 1993, 1917, 1918; *BFH*, NJW 1995, 478, 480; *OLG Frankfurt*, WM 1967, 103; *OLG Düsseldorf*, NJW-RR 1998, 245; *Huber*, Vermögensanteil, S. 406f.; *Ulmer*, Gesellschaft bürgerlichen Rechts, § 730 Rdnrn. 45f., 56f.; a.M. *Weimar*, ZIP 1997, 1769.

60 Bis 1998 war dieser Fall in § 142 HGB als »Übernahmeklage« geregelt, aber der Anfall des Unternehmens beim ausschließenden Gesellschafter beruht nicht auf »Übernahme«, sondern auf Gesamtrechtsnachfolge; *RGZ* 65, 227, 237ff.; 68, 410, 414f.; 111, 274, 276; 136, 97, 98f.; *BGHZ* 50, 307, 308; *OLG Frankfurt*, WM 1967, 103; *Alfred Hueck*, oHG, § 30 III; *Schlegelberger/Karsten Schmidt*, § 142 Rdnr. 25.

61 Vgl. *Kübler*, § 7 VI 4; *Baumbach/Hopt*, § 105 Rdnr. 69, § 131 Rdnr. 35; *Schlegelberger/Karsten Schmidt*, § 142 Rdnrn. 26f.

bb) *Zweite Fallgruppe:* Die vorstehenden Ausführungen gelten sinngemäß auch für den Fall der Verschmelzung sowie der Aufspaltung von Handelsgesellschaften[62]:

Beispiel Nr. 13: Zwei Gesellschaften m.b.H. werden auf eine neue AG verschmolzen (sog. Verschmelzung durch Neugründung nach §§ 2, 56ff. UmwG). Mit der Eintragung der AG in das Handelsregister erlöschen die Gesellschaften m.b.H., und ihr Vermögen geht im Wege der Gesamtrechtsnachfolge auf die AG über (§ 20 UmwG). Einer Liquidation bedarf es nicht. Nicht viel anders sieht es aus, wenn etwa die B-AG auf die A-AG verschmolzen wird und durch Eintragung der Verschmelzung nach § 20 UmwG erlischt (sog. Verschmelzung durch Aufnahme nach §§ 2, 60ff. UmwG). Hier geht das Gesamtvermögen der B-AG auf die A-AG über, ohne daß irgendein Liquidationsbedarf vorhanden ist (näher zur Verschmelzung unten, § 13 III).

Beispiel Nr. 14: Wird eine A-GmbH unter Auflösung auf zwei schon vorhandene (Aufspaltung zur Aufnahme) oder neu entstehende Gesellschaften m.b.H. (Aufspaltung zur Neugründung) aufgespalten, wir wollen sie B und C nennen (§§ 123 I, 126ff. bzw. 135ff., 138ff. UmwG), so erlischt sie mit der Eintragung des Spaltungsvorgangs (§ 131 Abs. 1 Nr. 2 UmwG). Einer Liquidation bedarf es nicht, denn ihr Vermögen geht im Wege der Gesamtrechtsnachfolge auf die beiden Zielgesellschaften B und C über (näher zur Spaltung unten, § 13 IV).

cc) Die *dritte Fallgruppe* zeichnet sich nicht dadurch aus, daß niemand an einer Liquidation interessiert wäre, wohl aber dadurch, daß die Liquidation keinen sinnvollen Ertrag verspricht.

Beispiel Nr. 15: Eine Aktiengesellschaft, Kommanditgesellschaft auf Aktien, GmbH, Genossenschaft oder GmbH & Co., die kein Vermögen besitzt, kann auf Antrag oder von Amts wegen im Handelsregister gelöscht werden (§§ 262 I Nr. 6 AktG, 60 I Nr. 7 GmbHG, 81a GenG, 131 II Nr. 2 HGB, 141a FGG). Eine Liquidation findet nicht statt, sofern sich nicht herausstellt, daß doch noch Gesellschaftsvermögen vorhanden ist (§ 264 II AktG, § 66 V GmbHG, § 145 III HGB). Der Sinn und Zweck dieser Sonderregelung besteht darin, den Rechtsverkehr vor der Fortexistenz vermögensloser juristischer Personen zu schützen[63]. Eine Liquidation ist evident sinnlos, wenn keine Aktiven vorhanden sind, denn hier könnte die Auseinandersetzung nur in der Feststellung ungedeckter Verbindlichkeiten bestehen.

b) *Im Regelfall ist eine Abwicklung erforderlich* (§ 47 BGB, § 730 I BGB, § 145 HGB, § 264 AktG, § 66 GmbHG, § 83 GenG, § 10 PartGG). Die Abwicklung ist ein Liquidationsverfahren (terminologisch mißverständlich § 145 HGB). Die Liquidation erfolgt, wenn die juristische Person insolvent, aber nicht masselos ist, in einem staatlich geordneten und gerichtlich beaufsichtigten Sonderverfahren: dem Insolvenzverfahren (dazu unten, § 11 VI). In allen anderen Fällen erfolgt die Liquidation nach gesellschaftsrechtlichen Grundsätzen (vgl. §§ 47, 730 BGB, 145 HGB, 264 AktG, 66 GmbHG, 83

62 Vgl. nur *Hennrichs*, Formwechsel und Gesamtrechtsnachfolge bei Umwandlungen, 1995, S. 35ff.; *Grunewald*, in: Lutter, Kölner Umwandlungsrechtstage: Verschmelzung, Spaltung, Formwechsel, 1995, S. 55; *Teichmann*, in: Lutter, Kölner Umwandlungsrechtstage, a.a.O., S. 147; *Karsten Schmidt*, AcP 191 (1991), 502ff.

63 Gesetz über die Auflösung und Löschung von Gesellschaften und Genossenschaften v. 9.10.1934 (RGBl. I S. 914); dazu eingehend *Crisolli/Groschuff/Kaemmel*, Umwandlung und Löschung von Kapitalgesellschaften, 3. Aufl. 1937; *Hachenburg/Ulmer*, Anhang zu § 60 und *Scholz/Karsten Schmidt*, § 60; *Heller*, a.a.O., S. 100.

GenG, 10 I PartGG). Der aufgelöste Personenverband erhält Liquidatoren als Geschäftsführungs- und Vertretungsorgane (§§ 48, 730 II 2, 2. Hs. BGB, 265 AktG, 146 HGB, 66 GmbHG, 83 GenG, 10 I PartGG). Die Liquidatoren haben die laufenden Geschäfte zu beendigen, die Aktivmasse des Verbandes zu sammeln, insbesondere also die ausstehenden Forderungen einzuziehen, das Gesellschaftsvermögen in Geld umzusetzen, die Gläubiger zu befriedigen und das verbleibende Vermögen zu verteilen (vgl. §§ 49, 733f. BGB, 149, 155 HGB, 268, 271 AktG, 70, 72f. GmbHG, 88, 91 GenG, 10 I PartGG). Eine *Vollbeendigung* tritt erst mit der *Beendigung der Liquidation*, also erst mit der restlosen Verteilung des verwertbaren Aktivvermögens ein[64]. Bei juristischen Personen, die im Vereins-, Genossenschafts- oder Handelsregister eingetragen sind, muß die *Löschung im Register* hinzukommen, während bei den Personengesellschaften die Vermögenslosigkeit allein den Ausschlag gibt (näher unter V 6).

Die Einzelheiten sind außerordentlich umstritten, doch geht es hier nur um das Grundsätzliche. Das Recht der Liquidation ist vor allem von dem *Gedanken des Gläubigerschutzes* getragen: Vorrangig sind die Gläubiger zu befriedigen; nur über einen hiernach verbleibenden Überschuß darf zugunsten der Anfallberechtigten (§ 45 BGB), bei den Gesellschaften also durch Auskehrung an die Gesellschafter, verfügt werden (vgl. §§ 49, 733 II, 734 BGB, 155 HGB, 271f. AktG, 72f. GmbHG, 90f. GenG, 10 I PartGG). Bei den Vereinen, Kapitalgesellschaften und Genossenschaften ist überdies eine öffentliche Bekanntmachung, verbunden mit einer Aufforderung zur Anmeldung von Forderungen, vorgeschrieben, und das verbleibende Vermögen darf erst nach Ablauf eines Sperrjahrs ausgekehrt werden (vgl. §§ 50f. BGB, 267, 272 AktG, 65 II, 73 GmbHG, 82 II, 90 GenG). Das hängt damit zusammen, daß hier jede persönliche Haftung fehlt. Mit der Vollbeendigung des Rechtsträgers erlöschen alle gegen ihn gerichteten Forderungen[65], und dies gilt nicht nur für Vereine und Kapitalgesellschaften als juristische Personen, sondern auch für die Personengesellschaften[66]. Aber die persönliche Haftung der Gesellschafter bleibt bestehen[67]. Sie endet erst nach dem Ablauf einer Nachhaftungsbegrenzungsfrist (§§ 736 II BGB, 160 HGB, 10 II PartGG; vgl. dazu besonders unten, § 51 II). Zum Sonderfall der GmbH & Co. vgl. unten, § 56 VI 1.

64 Vgl. für das Vereinsrecht: *BGHZ* 74, 212, 213; *BGH*, LM Nr. 2 zu § 21 BGB; *Reuter*, in: MünchKommBGB, § 49 Rdnr. 17; *Staudinger/Weick*, § 51 Rdnr. 4; für das Kapitalgesellschaftsrecht: *RGZ* 41, 93, 95; 48, 305, 311f.; 92, 77, 84; 134, 91, 94; *KGJ* 45 A 184ff.; *OLG Stuttgart*, NJW 1969, 1493; für das Personengesellschaftsrecht: *RGZ* 106, 63, 66; 155, 75, 80; *KG*, Holdheim 1911, 29.

65 *RGZ* 148, 65, 67; 153, 338, 343; *KG*, WM 1955, 1388, 1390; unentschieden *BGHZ* 48, 303, 306; rechtsdogmatisch unklar (kein anerkennenswertes Gläubigerinteresse) *BGHZ* 74, 212, 213; *BGH*, BB 1988, 2407; *OLG Karlsruhe*, NJW-RR 1990, 100f.

66 Vgl. *KGJ* 28 A 42, 45; *BGHZ* 24, 91, 93; zur Frage der Vollbeendigung bei Verlustausgleichspflicht vgl. *Karsten Schmidt*, ZHR 153 (1989), 297.

67 Die Akzessorietät der Gesellschafterhaftung ändert hieran nichts, weil sie nur den Haftungsumfang und -inhalt bestimmt; aus der aktuellen Akzessorietät wird eine fiktive Akzessorietät; vgl. auch zur Bürgschaft *BGHZ* 82, 323 = ZIP 1982, 294 m. Anm. *Karsten Schmidt*.

c) Mit der *Vollbeendigung* erlischt der Verband. Er besteht dann auch nicht mehr mit Liquidationszweck fort, und zwar auch dann nicht, wenn es noch unbefriedigte Gläubiger gibt. Nur wenn sich nachträglich das Vorhandensein von Vermögen ergibt, kommt es zu einer sog. Nachtragsliquidation (dazu später unter V 6).

4. Die Verfassung der Vereine und Gesellschaften in Liquidation

a) Der aufgelöste Verband hat durch die Auflösung *von seiner Existenz nichts verloren*. Er besteht bis zur Vollbeendigung fort[68]. Diese Auffassung hat sich in Praxis und Rechtswissenschaft erst sehr mühsam durchsetzen können. Vor allem das für unsere Gesetzgebung so wichtige 19. Jahrhundert liebte die Vorstellung, genau genommen falle der Verband mit seiner Auflösung fort[69]. Die Existenz des aufgelösten Verbandes mußte bei diesem Ausgangspunkt als eine fiktive Existenz erscheinen. Hierauf beruhen vor allem die Formulierungen des BGB, wonach Vereine und Gesellschaften insoweit als fortbestehend »gelten« sollen, als es der Zweck der Liquidation erfordert (§§ 49 II, 730 II 1 BGB). Die handelsrechtlichen Regelungen treffen die Sache besser: Die allgemeinen Vorschriften bleiben anwendbar, soweit nicht der Liquidationszweck entgegensteht.

b) Auch die *Rechtsfähigkeit des aufgelösten Verbandes* bleibt ungeteilt – einschließlich der Parteifähigkeit, Insolvenzrechtsfähigkeit und Grundbuchfähigkeit – erhalten[70]. Nach einer verbreiteten Ansicht können aufgelöste Vereine und Gesellschaften nur noch relativ rechtsfähig sein[71]; ihre Rechtsfähigkeit wäre danach durch den Liquidationszweck begrenzt[72]. Diese Auffassung verdient keine Gefolgschaft[73]. Ihr stehen die allgemein gegen die Rechtsfigur der relativen Rechtsfähigkeit erhobenen Bedenken entgegen (oben, § 8 IV 1, 2), und es sind auch rechtspolitische Bedenken zu erheben. Die Beschränkung der Rechtsfähigkeit auf den Liquidationszweck würde den Rechtsverkehr mit unvertretbaren Risiken belasten. Abwicklungsverfahren können sich über Jahre hinziehen, und es ist oft schwer auszumachen, wo der Liquidationszweck endet.

---

68 *RGZ* 92, 77, 84; 106, 63, 66; 134, 91, 94; 155, 75, 80; *BGHZ* 48, 303, 307; 53, 264, 266; *Wimpfheimer*, a.a.O., S. 114ff.; h.M.

69 Entwurf eines Handelsgesetzbuches für die preußischen Staaten, Bd. II 1857, S. 70; *Anschütz/v. Völderndorff*, ADHGB, 3. Aufl. Bd. II, 1870, Art. 133 Anm. I, Art. 244 Anm. II; *Lastig*, in: Hallenser Festschrift Dernburg, 1900, S. 178.

70 Vgl. *RGZ* 41, 93, 95; 134, 91, 94; *BGHZ* 1, 324, 329; *BGH*, WM 1964, 152, 153; NJW-RR 1986, 394; *Wimpfheimer*, a.a.O., S. 114ff.; *Paura*, a.a.O., S. 18ff.

71 Vgl. *Fabricius*, Relativität der Rechtsfähigkeit, 1963, S. 104f.

72 *Gierke*, Genossenschaftstheorie, S. 630ff.; *Dernburg*, Preußisches Privatrecht, 5. Aufl., Bd. I, 1894, § 54, S. 111; *Rudolf Fischer*, in: Ehrenbergs Handbuch, Bd. III/1, S. 405; *Anschütz/v. Völderndorff*, ADHGB, Bd. II, 3. Aufl. 1870, Art. 144 Anm. I, Art. 244 Anm. II.

73 Vgl. *Scholz/Karsten Schmidt*, § 69 Rdnrn. 2ff.; *Karsten Schmidt*, AcP 174 (1974), 67ff.; *Staudinger/Weick*, § 49 Rdnrn. 16f.; *Hueck*, §§ 11 I, 17 III 1, 31 II.

Beispiel Nr. 16: Eine aufgelöste Maschinenbau-GmbH wird gewiß vorhandene Lagerbestände weiterhin nutzen und noch fehlendes Zubehör erwerben können. Wie aber, wenn sie bei länger andauernder Abwicklung die ganze Produktion weiterlaufen läßt? Wie, wenn ein Grundstücksstreifen hinzuerworben wird, weil auf diese Weise andauernde Nachbarschaftsstreitigkeiten beendet und die Chancen, das Unternehmen im ganzen zu veräußern, verbessert werden? Soll hier der Grundbuchrichter die Eintragung davon abhängig machen, ob der Liquidationszweck gewahrt ist, und soll das Grundbuch unrichtig sein, wenn der Grundbuchrichter hierbei irrte? Wer die Rechtsfähigkeit auf den Liquidationszweck beschränkt, schafft Rechtsunsicherheit und fordert unliebsame Rechtsprobleme heraus. Es besteht die Gefahr, daß sich die GmbH bei passender Gelegenheit auf ihren Liquidationszweck besinnt und ein Geschäft, das ihr lästig wird, abzuschütteln versucht.

c) Die Auflösung führt nach h.M. zu einer *Änderung des gemeinsamen Zwecks*[74]. Demgegenüber heißt es bei *RGZ* 118, 337 (341) = JW 1928, 633 m.Anm. *Bing*, nicht der satzungsmäßige Zweck werde verändert, sondern es handle sich nur um die Frage des Weiterbestehens. Diese Verwirrung der Positionen kann nicht verwundern, wenn man bedenkt, wie komplex die Fragen des »gemeinsamen Zwecks« und des »Unternehmensgegenstands« sind (dazu oben, § 4 II 3). Sie werden im Liquidationsrecht nicht einfacher. Richtigerweise ist zwischen dem Zweck des Liquidations*verfahrens* und dem des aufgelösten *Verbandes* zu unterscheiden[75]. Der Verbandszweck (oben, § 4 II) ändert sich nicht dadurch, daß der Verband in ein Liquidationsverfahren eintritt[76]. Der »Liquidationszweck« als bloßer Verfahrenszweck tritt nicht an die Stelle des bisherigen gemeinsamen Zwecks und schon gar nicht an die Stelle des Unternehmensgegenstandes; er überlagert aber beide insofern, als er die Rechte und Pflichten der Mitglieder und Organe verändert[77]. Was den Verbandszweck angeht (oben, § 4 I), so besteht entgegen der hergebrachten Auffassung vollständige Kontinuität des Verbandes vom Gründungsstadium, wo das Vorhandensein des Verbandszwecks herkömmlich gleichfalls geleugnet wurde (oben unter IV 2b) bis zur Vollbeendigung des Verbandes.

d) Die *Vertretungsmacht der Abwicklungsorgane* ist nicht auf den Liquidationszweck begrenzt[78]. Traditionellerweise sah man auch diese Frage anders[79]. In der Tat deutet das Gesetz verschiedentlich auf eine Beschränkung der Vertretungsmacht hin: Da heißt es, daß die Liquidatoren die Gesellschaft »innerhalb ihres Geschäftskreises« gerichtlich und außergerichtlich vertreten

74 Vgl. nur *Grunewald*, Rdnr. E 188; *Kraft/Kreutz*, B IV 2; *Ballerstedt*, JuS 1963, 257; dies war vor der hier vertretenen Auffassung wohl ungeteilte Auffassung aller Autoren.

75 *Karsten Schmidt*, Liquidationsbilanzen und Konkursbilanzen, 1989, S. 20ff., 28f.; eingehend jetzt *Paura*, a.a.O., S. 19ff.

76 Vgl. ebd.; s. auch *Schlegelberger/Karsten Schmidt*, § 145 Rdnrn. 28f., § 156 Rdnrn. 10f.; a.A. *Staub/Habersack*, § 145 Rdnr. 16.

77 Vgl. *Scholz/Karsten Schmidt*, § 69 Rdnr. 3.

78 Vgl. eingehend *Karsten Schmidt*, AcP 174 (1974), 55ff.; 184 (1984), 529ff.; seither ebenso *Staudinger/Weick*, § 49 Rdnrn. 14f.; *Soergel/Hadding*, § 49 Rdnr. 15.

79 Verein: *RGZ* 146, 376, 377; GmbH: *RG*, HRR 1940 Nr. 232; *KGJ* 21 A 256, 258 = OLGE 3, 67, 68; Genossenschaft: *RGZ* 44, 80, 82; KG: *RGZ* 72, 119, 122f.; *KG*, JFG 4, 276, 287; *Wimpfheimer*, a.a.O., S. 148f.; ebenso noch *Hueck*, § 17 III 4 (für die oHG); *Alfred Hueck*, oHG, § 32 IV 5; *Baumbach/Hopt*, § 149 Rdnr. 7.

(§ 149 S. 2 HGB), und es wird hinzugefügt, daß sie »zur Beendigung schwebender Geschäfte« auch neue Geschäfte eingehen können (vgl. § 49 I 2 BGB, § 149 S. 1 2. Hs. HGB, § 268 I 2 AktG, § 70 S. 2 GmbHG, § 88 S. 2 GenG). Wollte man damit Ernst machen, so wäre auch dieses für den Rechtsverkehr eine Belastung.

Beispiel Nr. 17: Soll sich im vorhergehenden Beispiel der Lieferant von Zubehörteilen auf einen Streit darüber einlassen, ob hier »schwebende Geschäfte« abzuwickeln waren oder ob es um eine dem Liquidationszweck widersprechende Unternehmensfortführung ging?

Die Gesetzeslage basiert auf einem überholten Verständnis der Gesellschaft in Liquidation. Sie begründet die Gefahr, daß die Gesellschafter alle Liquidatorengeschäfte so lange billigen, bis sie sich von einem unliebsamen Geschäft lossagen wollen und sich hierfür auf den Liquidationszweck berufen. Die richtige Lösung der Problematik ist in dem – moderneren – Aktiengesetz angelegt. Es geht um die in den älteren Gesetzen völlig vernachlässigte Trennung des Außenverhältnisses vom Innenverhältnis. Die Abwickler (Liquidatoren) vertreten die Gesellschaft gerichtlich und außergerichtlich (§ 269 I AktG). Intern sind sie an den Liquidationszweck gebunden und dürfen – nicht: können! – neue Geschäfte nur eingehen, soweit es die Abwicklung erfordert (§ 268 I 2 AktG). Der Wandel der Normsituation zwischen dem 19. Jahrhundert und der Gegenwart spricht für eine Fortbildung des Liquidationsrechts i. S. des Aktiengesetzes von 1965. Gehen die Liquidatoren beim Abschluß von Rechtsgeschäften über diese interne Pflichtbindung hinaus, so handeln sie pflichtwidrig, aber nicht ohne Vertretungsmacht. Diese Pflichtwidrigkeit kann nach den Grundsätzen des Mißbrauchs der Vertretungsmacht im Einzelfall nach außen durchschlagen (vgl. dazu oben, § 10 II)[80]. Es kommt dabei wesentlich auf die Evidenz der Pflichtwidrigkeit an, und hier wiederum ist zu beachten, daß die Liquidatoren der Gesellschaftsfirma einen Liquidationszusatz hinzufügen müssen (§§ 153 HGB, 268 IV AktG, 71 V GmbHG, 85 III GenG). Auch der *Bundesgerichtshof* hat inzwischen erklärt, eine Liquidationsgesellschaft sei an liquidationsfremde Geschäfte ihres Liquidators nur dann nicht gebunden, wenn der Geschäftsgegner wußte oder wissen mußte, daß sich das Rechtsgeschäft nicht mehr im Rahmen des Liquidationszwecks hielt[81].

Beispiel Nr. 18: Angenommen, der Liquidator einer GmbH kauft unter Verstoß gegen den Liquidationszweck Rohstoffe und ein Betriebsgrundstück, so wird es bestimmt an der Evidenz des Verstoßes fehlen, wenn ohne Liquidationszusatz firmiert wurde und den Geschäftsgegnern die Auflösung auch nicht sonst bekannt war. War ausdrücklich im Namen einer »GmbH-in-Liquidation« gehandelt worden, so durfte sich der Grundstücksverkäufer nicht ohne weiteres auf die Vertretungsbefugnis des Liquidators verlassen, während der Kauf von Rohstoffen auch bei einer aufgelösten Gesellschaft nicht evident pflichtwidrig ist.

80 Vgl. *Schlegelberger/Karsten Schmidt*, § 149 Rdnr. 53; *Scholz/Karsten Schmidt*, § 70 Rdnr. 3; zust. *Soergel/Hadding*, § 49 Rdnr. 13; *Staudinger/Weick*, § 49 Rdnr. 15.

81 *BGH*, ZIP 1984, 312 = NJW 1984, 982; dazu *Karsten Schmidt*, AcP 184 (1984), 529ff.

5. Die Fortsetzung aufgelöster Verbände

Eine aufgelöste juristische Person oder Gesamthand kann reaktiviert werden. Die Auflösung versetzt die Gesellschaft in einen grundsätzlich auf Abwicklung zielenden Schwebezustand[82]. Die Liquidationsrichtung der Gesellschaft kann aber noch umgekehrt, die aufgelöste Gesellschaft also in den vor Eintritt des Auflösungstatbestandes bestehende Stadium zurückgeführt werden. Dies ist ein allgemeines verbandsrechtliches Prinzip, das seine Begründung in der Verbandsautonomie findet: Solange nur die gesetzlichen Mindestanforderungen (Normativbestimmungen) gewahrt sind, können die Mitglieder über den Verbandszweck verfügen. Erforderlich ist für die Fortsetzung dreierlei[83]:

– *Erstens* muß der Auflösungsgrund beseitigt werden.

Beispiel Nr. 19: Die Gesellschafter einer durch den Tod eines Gesellschafters aufgelösten Gesellschaft bürgerlichen Rechts vereinbaren, daß die Gesellschaft mit den Erben bzw. unter Abfindung der Erben fortgesetzt wird. Die Kommanditisten der durch Austritt des einzigen Komplementärs aufgelösten KG gründen eine GmbH und nehmen diese als neue Komplementärin auf; die Gesellschafter einer überschuldeten GmbH erhöhen nach der Eröffnung des Insolvenzverfahrens das Stammkapital, leisten die Einlagen und bewirken eine Einstellung des Verfahrens (§ 213 InsO).

– *Zweitens* muß die Fortsetzung vereinbart bzw. beschlossen werden. Ob alle Mitglieder mitwirken müssen, ist eine schwierige Frage, die sich nicht für alle Rechtsformen einheitlich beantworten läßt.

Beispiel Nr. 20: Im Eingangsfall des vorigen Beispiels müssen nicht nur alle verbleibenden Gesellschafter, sondern auch die Erben des verstorbenen Gesellschafters als Mitglieder des aufgelösten Verbandes an der Fortsetzungsentscheidung mitwirken. Eine Mehrheitsentscheidung für derartige Grundlagenentscheidungen wird im Gesellschaftsvertrag schwerlich zugelassen sein. Bei Vereinen und Kapitalgesellschaften wird man dagegen eine satzungsändernde Mehrheit ausreichen lassen, aber auch verlangen müssen[84].

– *Drittens* darf noch nicht mit der Vermögensverteilung begonnen worden sein[85]. Dieses dritte Erfordernis ist keine Selbstverständlichkeit, denn es ließe sich auch die Auffassung vertreten, daß erst die Vollbeendigung irreversibel ist. Um Klarheit zu schaffen und Mißbräuche zu verhindern, sollte man aber die Mitglieder vom Beginn der Vermögensverteilung an der Auflösung festhalten. Die Vermögensverteilung ist bereits ein die Vollbeendigung einleitender, unumkehrbarer Rechtsakt.

Beispiel Nr. 21: Stehen die Liquidatoren einer GmbH nach Ablauf des Sperrjahrs vor der Vermögensverteilung, so besteht eine letzte Gelegenheit zur Reaktivierung der Gesellschaft. Haben sie – sei es erlaubt, sei es unerlaubt – auch nur Teilbeträge an die

---

82 Eingehend zu den sich hieraus ergebenden Pflichten der Beteiligten *Paura*, a.a.O., S. 77ff.

83 Der Text folgt der bei *Scholz/Karsten Schmidt*, § 60 Rdnrn. 80ff. näher entwickelten Auffassung; dort eingehende Nachweise; vgl. auch – nicht in allen Punkten übereinstimmend – *Peter Scholz*, GmbHR 1982, 228ff.; *Hennrichs*, ZHR 159 (1995), 593ff.

84 Übereinstimmend *Hachenburg/Ulmer*, § 60 Rdnr. 90; *Hofmann*, GmbHR 1975, 227; für einfache Mehrheit *Peter Scholz*, GmbHR 1982, 232; *Feine*, in: Ehrenbergs Handbuch, Bd. III/3, S. 649 (Fortsetzung nach Konkurs).

85 Heute ganz h.M.; Nachweise bei *Hachenburg/Ulmer*, § 60 Rdnr. 85; *Scholz/Karsten Schmidt*, § 60 Rdnr. 82; a.M. noch *RGZ* 118, 337, 340 = JW 1928, 633 m.Anm. *Bing*.

Gesellschafter ausgekehrt, so ist es für die Fortsetzung der Gesellschaft zu spät. Dasselbe wird gelten müssen, wenn ein Insolvenzverfahren mangels Masse abgelehnt (§ 26 InsO) oder eingestellt worden ist (§ 207 InsO), denn eine solche Gesellschaft erscheint nicht als fortführungswürdig[86].

6. Vollbeendigung und Nachtragsliquidation

a) Mit der Schlußverteilung ist das Liquiditätsverfahren reif für die *Vollbeendigung des Verbandes.* Sie ist im Vereins-, Handels-, Partnerschafts- oder Genossenschaftsregister einzutragen[87]. Die Bedeutung dieser Eintragung ist umstritten. Herkömmlich wurde ihr nur deklaratorische Wirkung zuerkannt[88], was im Ergebnis bedeuten muß, daß der Eintritt der Vermögenslosigkeit erforderlich, aber auch ausreichend ist, um die Vollbeendigung herbeizuführen. Der Tatbestand der Vermögenslosigkeit ist jedoch ein viel zu unsicheres, sich bisweilen sogar von heute auf morgen änderndes Merkmal, um allein eine so weitgehende Rechtsfolge zu tragen[89]. Eine Gegenansicht meint, die Löschung beseitige den Rechtsträger[90]. Wie an anderer Stelle ausführlicher entwickelt wurde, muß zwischen juristischen Personen und Gesamthandsgesellschaften unterschieden werden: Das Erlöschen einer juristischen Person beruht auf einem *Doppeltatbestand*, bestehend aus Vermögenslosigkeit und Löschung; beides zusammen läßt die juristische Person als Rechtsträgerin erlöschen[91]. Nicht dasselbe gilt für die Gesamthandsgesellschaften – oHG, KG, Gesellschaft bürgerlichen Rechts, EWIV und Partnerschaftsgesellschaft –, denn soweit diese überhaupt in das Register eingetragen werden, hat die Löschung ebenso wie die Eintragung (oben unter IV 1) keine Bedeutung für den Bestand des Verbandes. Hier ist vielmehr die

86 H.M.; vgl. nur *Baumbach/Hueck/Schulze-Osterloh*, § 60 Rdnr. 55; nunmehr auch *Scholz/Karsten Schmidt*, § 60 Rdnr. 85.

87 Vgl. §§ 157 I HGB (§ 10 I PartGG), 273 I AktG; für die GmbH und für die eG ergibt sich die Eintragungspflicht aus §§ 6, 29, 31 II HGB, nach einer Gegenansicht analog § 273 I AktG (vgl. *Hubert Schmidt*, a.a.O., S. 20); eine Eintragung der Vollbeendigung des Vereins in das Vereinsregister sieht das Gesetz hingegen nicht vor, sie ist aber geboten; so jetzt die h.M.; vgl. *Staudinger/Habermann*, § 74 Rdnr. 3.

88 Ganz h.M.; vgl. nur *RGZ* 109, 387, 391; *RG*, JW 1926, 1432, 1433; *BGHZ* 53, 264, 266; *BGH*, LM Nr. 1 zu § 157 HGB = NJW 1979, 1987; *BAG*, NJW 1982, 1831; *OLG Stuttgart*, NJW 1969, 1493; *Theil*, JZ 1979, 567; ebenso zu § 2 LöschG *RGZ* 149, 293, 296; *BGHZ* 48, 303, 307; *BGH*, LM Nr. 1 zu § 74 GmbHG.

89 *Scholz/Karsten Schmidt*, § 74 Rdnrn. 12ff.; Hinweis auf Unvereinbarkeit mit dem Normativsystem (gemeint wohl: Registrierungssystem) bei *Hachenburg/Ulmer*, Anh. § 60 Rdnr. 35.

90 Vgl. *Hönn*, ZHR 138 (1972), 50ff.; s. auch *Hachenburg/Ulmer*, Anh. § 60 Rdnrn. 35ff.; für das Entstehen einer Nachgesellschaft vgl. mit Unterschieden *Heller*, a.a.O., S. 128ff.; *Hüffer*, a.a.O.; *Hubert Schmidt*, a.a.O., S. 169ff.

91 Zusammenfassend *Karsten Schmidt*, GmbHR 1988, 209ff.; die »Lehre vom Doppeltatbestand« wurde vom Verf. 1979 für die GmbH-Kommentierung herausgearbeitet; vgl. jetzt *Scholz/Karsten Schmidt*, § 60 Rdnrn. 56ff., § 74 Rdnr. 14; jetzt h.M.; vgl. z.B. *BAG*, GmbHR 1988, 388; NJW 1988, 2637; *KG*, NJW-RR 1991, 933; *OLG Stuttgart*, ZIP 1986, 647, 648; *LAG Hessen*, GmbHR 1994, 483; *Baumbach/Hueck/Schulze-Osterloh*, § 60 Rdnr. 7; *Hachenburg/Hohner*, § 74 Rdnr. 26; *Bork*, JZ 1991, 844.

Vermögenslosigkeit allein ausschlaggebend[92]. Auf haftungsrechtliche Fragen wird unter § 52 IV 3 einzugehen sein.

b) Liegt der Doppeltatbestand (Löschungseintragung und Vermögenslosigkeit) vor, so hindert das Bestehen von Verbindlichkeiten nicht das Erlöschen des Rechtsträgers. Selbst wenn noch ein Handlungsbedarf – aber kein Liquidationsbedarf – besteht, etwa noch Erklärungen gegenüber dem Grundbuchamt oder der Finanzbehörde abzugeben oder Arbeitszeugnisse zu erteilen sind, braucht deshalb nicht der Rechtsträger wiederbelebt zu werden[93], sondern es müssen nur Personen bestimmt werden, die diese nachwirkenden Aufgaben wahrnehmen[94]. Dies ist gegenüber einer Wiederbelebung des gelöschten Rechtsträgers der praktikablere Weg. Auch die Notwendigkeit, noch Rechtsbeziehungen unter Dritten zu klären, rechtfertigt nicht die Nachtragsliquidation[95]. *Liquidationsbedarf* besteht aber dann, wenn sich nachträglich das Vorhandensein verteilbaren Aktivvermögens herausstellt[96]. Ersatzansprüche gegen Gesellschaftsorgane können genügen[97]. Ansprüche, die die Gesellschaft nicht geltend macht, können aber analog §§ 93 V, 117 V, 309 IV 3, 310 IV, 317 IV, 318 IV AktG auch von den Gesellschaftsgläubigern geltend gemacht werden (vgl. auch oben, § 9 IV 5). Kein Liquidationsbedarf besteht, wenn liquidationsbedürftiges Aktivvermögen nicht mehr besteht. Hierfür kann es genügen, daß etwa vorhandenes Restvermögen konkludent aufgegeben wurde, so häufig bei geringwertigen – auch unbekannten – Gegenständen.

Beispiel Nr. 22 (in Anlehnung an *BGH*, LM Nr. 1 zu § 157 HGB = NJW 1979, 1987 = JuS 1979, 905 m. Anm. *Karsten Schmidt*): Eine Handelsgesellschaft, die unter der nationalsozialistischen Herrschaft aufgrund von Verfolgungsmaßnahmen ihr Bankunternehmen eingestellt hatte und als vollbeendigt gelöscht worden war, konnte nach dem Recht der Bundesrepublik Deutschland Wiedergutmachungsansprüche geltend machen. Auch seit der Wiedervereinigung kommen solche Fälle in Betracht, so, wenn eine im Handelsregister gelöschte GmbH noch Grundeigentum auf dem Boden der ehemaligen DDR hat, das bei ihrer Löschung in den 80er Jahren als wertlos abgeschrieben worden war. In solchen Fällen ist die Gesellschaft nur scheinbar vollbeendigt. Es findet eine sog. Nachtragsliquidation statt. Dazu muß ein Nachtragsliquidator bestellt werden. Solange die Fortexistenz der Gesellschaft unbekannt bleibt, ist die Verjährung der gegen sie gerichteten Forderungen gehemmt[98]. Das Auffinden eines bei der Liquidation unbemerkt gebliebenen Aktenordners rechtfertigt demgegenüber nicht die Annahme, hier bestehe eine vermeint-

92 Vgl. nur *RG*, JW 1926, 1432f.; h.M.; zur Korrektur dieser h.M. (keine Vollbeendigung der Gesamthand bei Vorhandensein von Ausgleichsansprüchen) vgl. *Karsten Schmidt*, ZHR 153 (1989), 297f.

93 Für Nachtragsliquidation aber z.B. *OLG Hamm*, NJW-RR 1990, 1371f; 1997, 32, 33; *OLG Köln*, GmbHR 1993, 823f.; *Baumbach/Hueck/Schulze-Osterloh*, § 60 Rdnr. 64.

94 Vgl. §§ 157 II HGB, 74 GmbHG; zur Analogiefähigkeit dieser Regelungen vgl. *Scholz/Karsten Schmidt*, Anh. § 60 Rdnr. 57, § 74 Rdnr. 20; eingehend *Karsten Schmidt*, GmbHR 1988, 212f.; str.; unentschieden *BGH*, BB 1988, 2407.

95 *Scholz/Karsten Schmidt*, § 74 Rdnr. 21; im Grundkonzept anders *Hubert Schmidt*, a.a.O., S. 115ff.

96 *RGZ* 92, 77, 84; 109, 387, 391; 134, 91, 94; *RG*, JW 1926, 1432; *BGHZ* 48, 303, 307; 53, 264, 266; *BGH*, LM Nr. 1 zu § 74 GmbHG; *OLG Hamm*, NJW-RR 1990, 477.

97 Vgl. *OLG Karlsruhe*, NJW-RR 1990, 100f.

98 *OLG Hamm*, NJW-RR 1990, 477 m. krit. Anm. *Hubert Schmidt*, DB 1990, 1703.

lich erloschene Gesellschaft fort. Das Eigentum hieran ist mit der Beendigung der Liquidation konkludent aufgegeben worden (§ 959 BGB).

c) Zweifelhaft ist die Auswirkung der Vollbeendigung auf schwebende Prozesse. *Aktivprozesse*, mit denen ein Vermögensrecht der Gesellschaft geltend gemacht wird, müssen grundsätzlich zu Ende geführt werden, denn in solchen Prozessen wird ja gerade um das Vorhandensein von Gesellschaftsvermögen gestritten[99]. Selbst wenn die Gesellschaft bereits gelöscht war, bleibt sie als Gesellschaft in Nachtragsliquidation parteifähig[100]. Das Problem liegt bei den *Passivprozessen*.

Beispiel Nr. 23 (nach *BGHZ* 74, 212 = JZ 1979, 566 m. Anm. *Theil* = JuS 1979, 822 m. Anm. *Karsten Schmidt*): Zwischen dem Vorstandsmitglied eines Vereins und dem Verein schwebte ein Prozeß über die Frage, ob der Verein das Anstellungsverhältnis des Vorstandsmitglieds rechtmäßig oder unrechtmäßig gekündigt hatte. Während des Prozesses trat Vollbeendigung des Vereins ein. Die Löschung wurde in das Vereinsregister eingetragen.

Der *BGH* hielt in dieser Entscheidung strikt an dem Grundsatz fest, daß das Prozeßrechtsverhältnis mit der Vollbeendigung erlischt, die Klage also unzulässig wird. Grundsätzlich gilt dies nach *BGHZ* 62, 131 auch für die Vollbeendigung einer Personengesellschaft im Prozeß. Der *BGH* hat dann allerdings die Rechtsfolgen doch entschärft:

Beispiel Nr. 24 (nach *BGH*, NJW 1982, 238): Eine GmbH & Co. KG sowie ihre Komplementär-GmbH waren in erster Instanz verurteilt worden. Während des Berufungsverfahrens wurden beide Gesellschaften im Handelsregister gelöscht. Der *BGH* bestätigte, daß hiermit beide Gesellschaften inexistent geworden waren (insoweit wie *BGHZ* 74, 212 = JZ 1979, 566 m. Anm. *Theil* = JuS 1979, 822 m. Anm. *Karsten Schmidt*). Er sah allerdings die Klage gegen die nicht mehr existierenden (!) Gesellschaften jetzt nicht mehr als unzulässig an, sondern formulierte folgende Leitsätze: »Verlieren eine KG und ihre Komplementär-GmbH während des Rechtsstreits ihre Rechts- und Parteifähigkeit, so ist der Rechtsstreit, sofern die gegen sie gerichtete Klage bis dahin begründet war, in der Hauptsache erledigt. Trotz Verlustes der Rechts- und Parteifähigkeit können die erloschenen Gesellschaften im Prozeß eine Erledigungserklärung abgeben und gegebenenfalls auch zur Tragung von Kosten verurteilt werden.«

Dogmatisch fundiert kann man diesen Standpunkt nicht nennen. Entweder sind die Gesellschaften erloschen – dann gilt für das Prozeßrechtsverhältnis dasselbe, und die Gesellschaften können auch keine Erledigungserklärungen mehr abgeben –, oder die Gesellschaften sind bis zur Prozeßbeendigung als fortbestehend zu behandeln. Das erste war der klare Standpunkt von *BGHZ* 74, 212, das zweite ist der Standpunkt des *Bundesarbeitsgerichts* in unserem

Beispiel Nr. 25 (nach *BAG*, JZ 1982, 372 m. Anm. *Theil* = NJW 1982, 1831): Hier ging es wieder um die fristlose Kündigung eines Organ-Anstellungsvertrags. Die Beklagte, eine GmbH, wurde während des Rechtsstreits aufgelöst. Nach Auffassung des *BAG* »dauert die Parteifähigkeit einer beklagten juristischen Person, die während des Rechtsstreits liquidiert wird, wenigstens in den Fällen bis zum Ende des anhängigen Prozesses fort, in

99 Vgl. nur *BGH*, LM Nr. 1 zu § 74 GmbHG; NJW-RR 1986, 394; *BayObLG*, NJW-RR 1994, 947; *Scholz/Karsten Schmidt*, § 74 Rdnr. 17.

100 Vgl. *BGH*, LM Nr. 1 zu § 74 GmbHG; *Scholz/Karsten Schmidt*, § 74 Rdnr. 24.

denen nicht Zahlung verlangt wird, sondern ein Klagbegehren vorliegt, für das ein schutzwertes Interesse auch dann besteht, wenn davon ausgegangen wird, daß die juristische Person vermögenslos ist«. Das *BAG* sieht ein solches Interesse etwa beim Zeugnisanspruch oder dann als gegeben an, wenn über die Wirksamkeit einer fristlosen Kündigung gestritten wird.

Auch die *Rechtsprechung des Bundesfinanzhofs* steht auf dem Standpunkt, daß eine gelöschte und vermögenslose Gesellschaft fortbesteht, solange sie steuerliche Pflichten zu erfüllen hat und gegen sie ergangene Bescheide im Prozeßwege angreift[101]. Dem entspricht eine für das Zivilprozeßrecht entwickelte Lehre, wonach der Rechtsträger während eines laufenden Rechtsstreits parteifähig bleibt[102]. Wer spontan nach dem Rechtsgefühl entscheidet, wird in der Tat nicht zulassen mögen, daß sich der Beklagte aus dem Prozeß ins Nirwana davonstiehlt. Richtigerweise wird man annehmen müssen, daß die Löschung der Gesellschaft während des Rechtsstreits – d.h. ohne vorherige (!) Erledigungserklärung – unzulässig ist[103]. Ist trotzdem gelöscht worden, so tritt grundsätzlich keine Vollbeendigung ein, zumal Kostenerstattungsansprüche, also Aktiva, vorhanden sein können[104]. Selbst ein Fortfall der Vertretungsorgane muß dann die Beendigung eines Anwaltsprozesses nicht hindern (vgl. §§ 241, 246 ZPO)[105].

VI. Das Insolvenzrecht der Verbände*

1. Insolvenzrecht und Insolvenzverfahren

a) Das *Insolvenzrecht* kann definiert werden als *Inbegriff aller Rechtsvorschriften, die den finanziell existenzbedrohenden Zustand eines Schuldners*

101 *BFHE* 96, 335, 336; 130, 477 = BB 1980, 1515; *BFHE* 146, 192 = GmbHR 1986, 401; zust. *BayObLG*, ZIP 1988, 938, 940; 1984, 450, 451; DB 1985, 107; *OLG Karlsruhe*, NJW-RR 1990, 100; gegen einen Fortbestand des Klagerechts aus § 48 I Nr. 3 FGO aber *BFH*, NJW 1990, 2647.

102 Vgl. mit unterschiedlichen Begründungen *Henckel*, Parteilehre und Streitgegenstand im Zivilprozeß, 1961, S. 179; *Hubert Schmidt*, a.a.O., S. 6ff., 115ff.; *ders.*, DB 1990, 1703ff.; *Theil*, JZ 1979, 567f.; 1981, 631f.; 1982, 373f.; zusammenfassend *Baumbach/Hueck/Schulze-Osterloh*, § 74 Rdnrn. 16ff.

103 *Scholz/Karsten Schmidt*, § 74 Rdnr. 17.

104 Vgl. *Stein/Jonas/Bork*, § 50 Rdnr. 34 c; *Bork*, JZ 1991, 847ff.; *Saenger*, GmbHR 1994, 304f.; die Berufung auf den evtl. Kostenerstattungsanspruch als Hauptargument scheint allerdings fragwürdig; vgl. *Baumbach/Hueck/Schulze-Osterloh*, § 74 Rdnr. 15; *Lutter/Hommelhoff*, § 74 Rdnr. 19.

105 *Scholz/Karsten Schmidt*, § 74 Rdnr. 17.

* Literatur (Auswahl; ältere Angaben in der 3. Aufl., § 11 VI): *Bork*, Einführung in das neue Insolvenzrecht, 1995; *Braun/Uhlenbruck*, Unternehmensinsolvenz, 1997; *Budde/Förschle*, Sonderbilanzen, 2. Aufl. 1999; *Drukarczyk*, Unternehmen und Insolvenz, 1987; *Eickmann* u.a., Heidelberger Kommentar zur InsO, 2. Aufl. 2001; *Eidenmüller*, Unternehmenssanierung zwischen Markt und Gesetz, 1996; *Flessner*, Sanierung und Reorganisation, 1982; *Gottwald* (Hrsg.), Insolvenzrechtshandbuch, 2. Aufl. 2001; *Hanau*, Möglichkeiten der Sanierung von Unternehmen, Gutachten E zum 54. Deutschen Juristentag, 1982; *Häsemeyer*, Insolvenzrecht, 2. Aufl. 1998; *Hanisch*, Rechtszuständigkeit der Konkursmasse, 1973; *Hess*, InsO, 2. Aufl. 2001; *Jaeger/Henckel*, KO, 9. Aufl., seit 1977; *Jauernig*, Zwangsvollstreckungs- und Insolvenzrecht, 21. Aufl. 1999; *Kilger/Karsten Schmidt*, Insolvenzgesetze, 17. Aufl. 1997; *Kübler* (Hrsg.), Neuordnung des

und die Abwendung oder Abwicklung seiner finanziellen Krisensituation regeln[106]. Die Insolvenzverfahren stellen damit nur einen Ausschnitt aus dem Bereich des Insolvenzrechts dar; sie sind gesetzlich geregelte Verfahren, die aufgrund eines Insolvenztatbestandes eingeleitet werden[107]. Bis 1990 kannte das Bundesrecht zwei unterschiedliche Insolvenzverfahren: den *Konkurs* nach der Konkursordnung von 1877 und den *Vergleich* nach der Vergleichsordnung von 1935. Für die neuen Bundesländer kam nach der Wiedervereinigung noch die DDR-Gesamtvollstreckungsordnung von 1990 hinzu[108]. Mit der Insolvenzordnung von 1994, anzuwenden seit 1999[109], gehören diese Gesetze – sieht man von der Abwicklung von Altinsolvenzen ab[110] – zur Rechtsgeschichte[111]. Seit 1989 lag ein Referentenentwurf des Bundesjustizministeriums vor, seit 1992 ein Regierungsentwurf, und als Gesetz vom 5.10.1994 konnte sodann die neue *Insolvenzordnung* (InsO) im Bundesgesetzblatt verkündet werden[112]. Die rechtspolitische Diskussion um die Insolvenzrechtsreform hat teilweise darunter gelitten, daß man die Konkursordnung als ein schlechtes Gesetz bezeichnet und die Vorstellung verbreitet hat, durch pure Gesetzesänderung könne eine Vielzahl von Konkursunternehmen saniert werden. Demgegenüber ist zu betonen, daß die Konkursordnung als Gesetz der Gesamtvollstreckung vorzüglich durchdacht, allerdings zu wenig auf das Insolvenzrecht der Unternehmen zugeschnitten war. Die nachträglich eingeführte Vergleichsordnung wies Mängel auf und war nicht hinreichend auf die Konkursordnung abgestimmt. Was schließlich die in den neuen Bundesländern geltende Gesamtvollstreckungsordnung angeht, so beruhte ihr relativ guter Ruf weniger auf den ihr innewohnenden Qualitäten als darauf, daß ihre Lückenhaftigkeit es dem Praktiker häufig erlaubte, sich aus den konkurs- und vergleichsrechtlichen Regeln das vermeintlich Passende herauszusuchen. Als Basis für ein in sich konsistentes Insolvenzrecht taugte sie nicht. Von der Insolvenzrechtsreform konnten von vornherein keine ökonomischen Wunder erwartet werden, wohl aber war folgendes anzustreben: Es sollte eine *Insolvenzrechtskodifikation* geschaffen werden, in der Konkurs und Vergleich dergestalt miteinander verzahnt sind, daß *ein* Insolvenzverfahren durchgeführt wird, an dessen Ende entweder die

Insolvenzrechts, 1989; *Kübler/Prütting*, InsO (Stand 2001); *Kuhn/Uhlenbruck*, KO, 11. Aufl. 1994; *Leipold* (Hrsg.), Insolvenzrecht im Umbruch, 1991; *Hans-Friedrich Müller*, Der Verband in der Insolvenz, 2002; MünchKommInsO, 2001; *Noack*, InsO-Gesellschaftsrecht (Sonderband I aus Kübler/Prütting), 1999; *Nerlich/Römermann*, InsO (Stand 2000); *Scherrer/Heni*, Liquidations-Rechnungslegung, 2. Aufl. 1996; *Karsten Schmidt*, Möglichkeiten der Sanierung von Unternehmen, Gutachten D zum 54. Deutschen Juristentag, 1982; *ders.*, Liquidationsbilanzen und Konkursbilanzen, 1989; *ders.*, Wege zum Insolvenzrecht der Unternehmen, 1990; *ders.*, Insolvenzordnung und Gesellschaftsrecht, ZGR 1998, 633; *ders./Uhlenbruck*, Die GmbH in Krise, Sanierung und Insolvenz, 2. Aufl. 1999; *R. H. Schmidt*, Ökonomische Analyse des Insolvenzrechts, 1980; *Wolf Schulz*, Die masselose Liquidation der GmbH, 1986; *Smid* (Hrsg.), InsO, 1999; *Veit*, Die Konkursrechnungslegung, 1982.

106 Ähnlich *Uhlenbruck*, Insolvenzrecht, 1979, Rdnr. 6.
107 Vgl. zur Systematik eingehend *Karsten Schmidt*, Gutachten, a.a.O., S. D 17f.
108 Kommentierung der Gesetze bei *Kilger/Karsten Schmidt*, a.a.O.
109 Art. 110 EGInsO.
110 Dazu Art. 104 EGInsO.
111 Näher noch 3. Aufl., § 11 VI 1 mit Nachweisen auch zur Insolvenzrechtsreform.
112 BGBl. I 1994 S. 2866 = BGBl. III 311–13.

sanierende Schuldenbereinigung oder die Zerschlagung steht. Das ist mit der neuen Insolvenzordnung im wesentlichen gelungen. Allerdings tritt die Insolvenzordnung nach Art. 110 ihres Einführungsgesetzes (EG InsO) erst mit dem 1.1.1999 in Kraft.

b) Die Insolvenzordnung ist weitaus besser als die alte Konkurs- und Vergleichsordnung auf die Insolvenz von Gesellschaften eingerichtet. Das Insolvenzrecht der Gesellschaften ist nicht mehr als Fremdkörper in »Besonderen Bestimmungen« angehängt (so noch §§ 207ff. KO, 108ff. VerglO), sondern es ist integrierter Bestandteil des allgemeinen Insolvenzrechts.

2. Die »Insolvenzrechtsfähigkeit« der Verbände

a) »Gemeinschuldner« i.S. des bis 1998 geltenden alten und Schuldner i.S. des seit 1999 geltenden neuen Insolvenzrechts kann nur sein, wer »insolvenzrechtsfähig« ist[113]. Es ist ein allgemeines Postulat des Unternehmensrechts, daß jeder Träger eines Unternehmens insolvenzrechtsfähig sein muß, mag er nun natürliche Person, Körperschaft oder Personengesellschaft sein (Handelsrecht, § 5 II 3). Dieser Grundsatz war nach dem alten Insolvenzrecht nicht vollständig gesichert. So galt die Gesellschaft bürgerlichen Rechts nach herrschender Auffassung als insolventsrechtsunfähig[114]. Anderes wurde hier bereits damals für den Fall postuliert, daß die Gesellschaft Trägerin eines Unternehmens ist[115]. Mittlerweile haben Gesetzgebung und Rechtsentwicklung auch auf diesem Gebiet zueinandergefunden: Die Außengesellschaft bürgerlichen Rechts ist nach *BGHZ* 146, 341 = NJW 2001, 1056 rechtsfähig und nach § 11 II Nr. 1 InsO auch insolvenzrechtsfähig (dazu auch unten, § 58 5).

b) Die *Insolvenzordnung* erklärt, soweit dies hier interessiert, folgende Rechtsträger für insolvenzrechtsfähig (§ 11 InsO):
- jede natürliche und juristische Person (also insbesondere den rechtsfähigen Verein, die AG, KGaA, GmbH, eingetragene Genossenschaft und den Versicherungsverein auf Gegenseitigkeit),
- den nichtrechtsfähigen Verein und die »Gesellschaften ohne Rechtspersönlichkeit« (offene Handelsgesellschaft, Kommanditgesellschaft, Gesellschaft bürgerlichen Rechts, Partenreederei, freiberufliche Partnerschaft und EWIV).

Damit sind die Defizite des alten Konkursrechts behoben, wobei über die Bezeichnung »Gesellschaften ohne Rechtspersönlichkeit« füglich gestritten werden kann (vgl. zur Gesamthandsdogmatik oben, § 8 I 3 und III). Mit der

113 Dazu eingehend *Karsten Schmidt*, Unternehmenskonkurs, Unternehmensträgerkonkurs, Gesellschafterkonkurs – gesetzliche Grundentscheidungen zu den Koordinationsproblemen von Insolvenzrecht und Handelsrecht, in: Einhundert Jahre KO, 1977, S. 247ff.

114 Vgl. nur *Baur/Stürner*, Insolvenzrecht, 12. Aufl. 1990, Rdnr. 7.23; h.M.

115 Vgl. *Karsten Schmidt*, Wege zum Insolvenzrecht, a.a.O., S. 28ff.; *ders.*, JZ 1985, 909; de lege ferenda *Karsten Schmidt*, Gutachten, a.a.O., S. D 44f.; *ders.*, ZIP 1985, 717.

»Gesellschaft bürgerlichen Rechts« kann allerdings nur die BGB-Außengesellschaft, nicht die Gesellschaft bürgerlichen Rechts in toto, gemeint sein[116]. Die Vielzahl der rein schuldrechtlichen Innengesellschaften bleibt insolvenzrechtsunfähig. Dasselbe gilt für die in §§ 230ff. geregelte stille Gesellschaft (zu ihr vgl. unten, § 62 I).

3. Die Insolvenztatbestände

a) Jedes Insolvenzverfahren benötigt einen Auslösungstatbestand. Dieser Insolvenztatbestand kann entweder bei der Liquiditätssituation oder bei der Vermögenssituation anknüpfen. Grundtatbestand des deutschen Insolvenzrechts ist die *Zahlungsunfähigkeit,* also die Illiquidität[117]. Der Schuldner ist zahlungsunfähig, wenn er nicht in der Lage ist, die fälligen Zahlungspflichten zu erfüllen, und dieser Tatbestand ist in der Regel anzunehmen, wenn der Schuldner seine Zahlungen eingestellt hat (§ 17 II InsO)[118]. Auf Eigenantrag, der bei einer Gesellschaft von allen organschaftlichen Vertretern gemeinsam gestellt werden muß (§ 18 III InsO), kann das Insolvenzverfahren auch eröffnet werden, wenn Zahlungsunfähigkeit nicht schon eingetreten ist, sondern droht (§ 18 I InsO). Drohende Zahlungsunfähigkeit liegt vor, wenn der Schuldner voraussichtlich nicht in der Lage sein wird, die bestehenden Zahlungspflichten im Zeitpunkt der Fälligkeit zu erfüllen (§ 18 II InsO). Bei Körperschaften und bei Personengesellschaften, in denen keine natürliche Person unbeschränkt haftet (GmbH & Co.!), ist auch die *Überschuldung* Insolvenzgrund (§ 19 I, III InsO). Dieser Tatbestand geht einher mit strengen Insolvenzantragspflichten: Die Leitungsorgane sind im Interesse des Gläubigerschutzes zur Stellung des Insolvenzantrags verpflichtet (§§ 42 BGB, 130a HGB, 92 AktG, 64 GmbHG, 99 GenG)[119]. Die Überschuldung wurde herkömmlicherweise rein statisch dahin definiert, daß die Passiven höher sind als die Aktiven[120]. Diese traditionelle Definition paßte auf den Nachlaßkonkurs (§ 214 KO), bei dem es darum ging, eine unzulängliche Vermögensmasse gerecht auf die Gläubiger zu verteilen. Die Insolvenz eines lebenden Unternehmens kann aber nicht ohne Rücksicht auf dessen Dynamik festgestellt werden. Hierauf beruht das prognostische Element der Überschuldungsfeststellung[121]. Ob die Aktiven die Passiven überwiegen, hängt in aller Regel davon ab, ob der Unternehmenswert unter der Fortführungsprognose (»going concern«) oder unter der Zerschlagungsprognose angesetzt wird. Um nun die Prognose nicht mit der Vermögensbewertung zu vermischen, wurde hier seit der ersten Auflage zwischen »rechnerischer« und

116 *Karsten Schmidt*, ZGR 1998, 640; diese Eingrenzung ist weder verwunderlich noch rein akademisch; so aber *Prütting*, ZIP 1997, 1833f.
117 Dazu im einzelnen *Drukarczyk*, in: Gottwald, a.a.O., § 2.
118 Dazu *Scholz/Karsten Schmidt*, vor § 74 Rdnrn. 6ff.; betriebswirtschaftlich *Eilenberger*, in: MünchKomm.InsO, § 17.
119 Vgl. zu den Insolvenzantragspflichten und zur Notwendigkeit ihrer Erweiterung *Karsten Schmidt*, Wege zum Insolvenzrecht der Unternehmen, a.a.O., S. 59ff.
120 *BGHZ* 31, 258, 272; *BGH*, NJW 1983, 676, 677; *Baur/Stürner*, a.a.O., Rdnr. 7.29.
121 Eingehend *Karsten Schmidt*, Wege zum Insolvenzrecht, a.a.O., S. 47ff.

»rechtlicher« Überschuldung unterschieden[122] und das Prognosemoment in den Überschuldungstatbestand aufgenommen werden[123]. Die Insolvenzrechtskommission hatte dieses Überschuldungsmodell übernommen[124], und ebenso verfuhr in Anwendung der Konkursordnung sodann auch die Rechtsprechung. Nach ihr liegt Überschuldung vor, »wenn das Vermögen bei Ansatz von Liquidationswerten die bestehenden Verbindlichkeiten nicht dekken würde (rechnerische Überschuldung) und die Finanzkraft mittelfristig nicht zur Fortführung des Unternehmens ausreicht (Überlebens- oder Fortbestehensprognose)«[125]. *Die seit 1999 geltende Insolvenzordnung* folgt diesen Ansätzen nur teilweise. Überschuldung liegt nach § 19 II InsO vor, wenn das Vermögen des Schuldners die Verbindlichkeiten nicht mehr deckt (Satz 1), wobei die Fortführung des Unternehmens zugrunde zu legen ist, wenn sie nach den Umständen überwiegend wahrscheinlich ist (Satz 2)[126]. Inwieweit dieser gesetzliche Überschuldungsbegriff die Praxis zwingen wird, entgegen der bisherigen *BGH*-Praxis zur alten Methode der Überschuldungsfeststellung zurückzukehren, ist zweifelhaft[127]. Voraussichtlich wird er sich der Voraussetzungen des § 19 II InsO bedienen, ohne doch in den Ergebnissen von der bisher überzeugenden Praxis abzuweichen[128]. Besser hätte der Gesetzgeber weder den alten noch den neuen Überschuldungsbegriff festgeschrieben[129]. Wichtiger als die Neudefinition des Überschuldungstatbestandes wäre dessen Ausdehnung auf alle Unternehmensträger gewesen. Es geht nicht an, daß überschuldete Unternehmen – je nach Rechtsform – ohne Konkurseröffnung weiteroperieren. Rechtspolitisch ist deshalb die Begrenzung der Überschuldung als Insolvenztatbestand auf Vereine und Gesellschaften ohne persönliche Haftung nicht zu billigen, denn der Gläubigerschutz durch persönliche Haftung erweist sich in der Unternehmenspraxis als zu schwach, um den Fortbestand überschuldeter Unternehmen zu rechtfertigen[130].

b) Von der Überschuldung ist die *Masselosigkeit* zu unterscheiden. Masselosigkeit liegt vor, wenn eine die Kosten des Verfahrens deckende Insolvenz-

122 Dem Verf. hierin folgend *BGHZ* 119, 201 = NJW 1992, 2891; *BGH*, NJW 1994, 1477, 1479; *OLG Hamm*, GmbHR 1993, 584; vgl. schon vorher für Österreich *OGH Wien*, RdW (= [österreichisches] Recht der Wirtschaft) 1987, 126 m. Anm. *Ostheim*.

123 Vgl. die eingehend begründete Überschuldungsdefinition des Verf. bei *Karsten Schmidt*, Gutachten, a. a. O., S. D 61 ff., D 64; *ders.*, Wege zum Insolvenzrecht, a. a. O., S. 50 ff.; *ders.*, JZ 1982, 171; insofern zust. vor allem *Ulmer*, KTS 1981, 477 ff.; krit. *Drukarczyk*, a. a. O.; *ders.*, WM 1994, 1737 ff.; *Drukarczyk/Schüler*, § 19 Rdnrn. 38 ff.

124 Erster Bericht der Kommission für Insolvenzrecht, 1985, Leitsatz 1.2.6 Abs. 1; dazu *Karsten Schmidt*, ZIP 1985, 719.

125 *BGHZ* 119, 201 = NJW 1992, 2891; *BGHZ* 129, 136, 154 = NJW 1995, 1739, 1743; *BGH*, NJW 1994, 1477, 1479; *OLG Hamm*, GmbHR 1993, 584.

126 Vgl. zur Vorgeschichte des § 19 II InsO *Karsten Schmidt*, in: Kölner Schrift, a. a. O., S. 1205.

127 Verneinend *Karsten Schmidt*, in: Kölner Schrift, a. a. O., S. 1206.

128 Vgl. ebd.

129 *Karsten Schmidt*, Wege zum Insolvenzrecht, a. a. O., S. 47, 57 f.; a. M. *Drukarczyk/Schüler*, in: MünchKomm.InsO, § 19 Rdnrn. 52 ff.

130 Vgl. die rechtspolitischen Vorschläge des Verf. im Gutachten, a. a. O., S. D 64 f. sowie in JZ 1985, 302; eingehend *ders.*, Wege zum Insolvenzrecht, a. a. O., S. 59 ff.

masse nicht vorhanden ist. In diesem Fall wird das Insolvenzverfahren »mangels Masse« nicht eröffnet, bzw. ein eröffnetes Insolvenzverfahren wird »mangels Masse« eingestellt, sofern nicht von der Gläubigerseite ein Vorschuß geleistet wird, der die Masselosigkeit behebt (§§ 26, 207 InsO). Ist der Gemeinschuldner eine Kapitalgesellschaft, Kapitalgesellschaft & Co. oder Genossenschaft, so ist diese im Fall der Insolvenzablehnung mangels Masse zwingend aufgelöst (§§ 131 II Nr. 1 HGB, 262 I Nr. 4 AktG, 60 I Nr. 5 GmbHG, 81a Nr. 1 GenG). Masselose Gesellschaften unterliegen, da ein Insolvenzverfahren nicht stattfindet, der konkursfreien Liquidation (dazu alsbald unter VI 5a). Im Fall der *Vermögenslosigkeit* wird die Gesellschaft ohne Liquidationsverfahren gelöscht (dazu oben unter V 3a cc).

4. Die Verfassung der Verbände im Insolvenzverfahren

a) Die Eröffnung eines Insolvenzverfahrens hat gravierende Auswirkungen auf die Verfassung des insolventen Verbandes. Sie beseitigt aber nicht seine Rechtsfähigkeit. Bis 1998 hieß es in § 42 I BGB allerdings: »Der Verein verliert die Rechtsfähigkeit durch die Eröffnung des Konkurses.« Die herrschende Auffassung nahm diese Bestimmung beim Wort: Die Konkurseröffnung sei nicht gleichbedeutend mit der Auflösung, sondern sie nehme dem Verein »nur« die Rechtsfähigkeit[131]. Aber der BGB-Gesetzgeber hatte sich nachweislich im Ausdruck vergriffen[132], und dies wurde mit Wirkung ab 1999 korrigiert[133]: »Der Verein wird durch die Eröffnung des Insolvenzverfahrens aufgelöst.« Die übrigen Gesetze messen der Verfahrenseröffnung mit Recht schon bisher nur *Auflösungswirkung* bei (vgl. §§ 131 I Nr. 3 HGB, 262 I Nr. 3 AktG, 60 I Nr. 4 GmbHG, 101 GenG). Die Besonderheit dieser Auflösungstatbestände besteht einzig darin, daß die Insolvenzverfahrenseröffnung kein gesellschaftsrechtliches Liquidationsverfahren, sondern ein staatlich geordnetes Insolvenzverfahren auslöst. Eine *Sanierung und Fortsetzung des Verbandes* – Stichwort: Insolvenzplan – ist damit nicht ausgeschlossen[134]. Auch darf, wie sich aus dem unter V 4c Gesagten ergibt, aus der Auflösung nicht gefolgert werden, daß sich der Verbandszweck mit der Verfahrenseröffnung ändert[135].

b) Die *Konkursordnung von 1877*, die auf die Gesamtvollstreckung gegen zahlungsunfähige natürliche Personen zugeschnitten war und nur in einer Art

131 *RG*, JW 1936, 2063; *OLG Hamburg*, HRR 1933 Nr. 1634; *Staudinger/Weick*, § 42 Rdnr. 6; widersprüchlich *BGH*, WM 1986, 160 = ZIP 1986, 240 = JuS 1986, 562 m. Anm. *Karsten Schmidt*.

132 § 39 I BGB-E II hatte noch richtig gelautet: »Der Verein wird aufgelöst durch Eröffnung des Konkurses.« Der Kommissionsbericht begründet die »nur redaktionelle(!) Änderung« mit der unrichtigen Überlegung, »daß das BGB nur den Erwerb bzw. den Verlust der Rechtsfähigkeit der Vereine ordnet, während die Entstehung, bzw. die Auflösung an sich zu bestimmen, dem öffentlichen Vereinsrechte vorbehalten sei« (vgl. *Mugdan* I, S. 956; dazu *Karsten Schmidt*, KTS 1984, 368f.).

133 § 42 I 1 BGB i.d.F. von Art. 33 Nr. 1 EG InsO v. 5.10.1994 (BGBl. I S. 2911).

134 Eingehend *Karsten Schmidt*, Wege zum Insolvenzrecht, a.a.O., S. 159ff.

135 Vgl. ebd., S. 151ff.

Anhang »Besondere Bestimmungen« für den Konkurs von juristischen Personen und Gesamthandsgesellschaften enthielt (§§ 207ff. KO), ließ die Verfassung konkursbefangener Verbände kaum erahnen. Die Vorschriften über die Konkursmasse, den Konkursverwalter und die Konkursbeendigung beruhen deutlich auf dem Gemeinschuldnerbild einer zahlungsunfähigen natürlichen Person. Nach § 1 KO umfaßte das Konkursverfahren das gesamte der Zwangsvollstreckung unterliegende Vermögen des Gemeinschuldners, das ihm zur Zeit der Verfahrenseröffnung gehört (Konkursmasse). Diesem statisch angelegten Gesamtvollstreckungsmodell steht nunmehr ein dynamischer Massebegriff gegenüber. Nach § 35 InsO umfaßt das Insolvenzverfahren das gesamte Vermögen, das dem Schuldner zur Zeit der Verfahrenseröffnung gehört oder das er während des Verfahrens erlangt (»Insolvenzmasse«). Auch soweit ist die insolvenzmäßige Abwicklung von Verbänden nicht – oder doch nicht nur – vom Zweck der Gesamtvollstrekkung, sondern vom Zweck der Liquidation beherrscht[136]. Besinnt man sich auf den Liquidationscharakter des Insolvenzverfahrens im Gesellschaftsrecht, so kommen folgende Besonderheiten zum Vorschein:

aa) *Erste Besonderheit: Zweck des Insolvenzverfahrens über das Vermögen eines Verbandes* ist nicht bloß die Vermögensverwertung und Gläubigerbefriedigung, sondern – sofern nicht eine Sanierung gelingt – die *Vollabwicklung des Rechtsträgers*[137]. Das kann nicht bedeuten, daß diese Vollabwicklung Vorrang vor der Gläubigerbefriedigung hat[138]. Wohl aber ist daraus zu folgern, daß sich der Verwalter nicht auf die Wahrung der Gläubigerbelange beschränken, insbesondere den leergeräumten Rechtsträger als wertlosen Gesellschaftsmantel seinem Schicksal überlassen darf. Er muß vielmehr auch nach der Auskehrung der Liquidationsquoten die Vollabwicklung des Rechtsträgers betreiben (arg. § 199 Satz 1 InsO).

bb) *Zweite Besonderheit:* Die Masse ist mit dem Verbandsvermögen (bei Unternehmensträgern: dem Unternehmen) identisch; es gibt kein massefremdes Vermögen, weder aufgrund Unpfändbarkeit noch aufgrund Hinzuerwerbs[139].

Beispiel Nr. 26: Am 1. 2. ist das Konkursverfahren über das Vermögen der »A & B Werbung und Design GmbH & Co.« eröffnet worden. Der Konkursverwalter führt das Unternehmen vorerst unter Mithilfe der Gesellschafter fort. Es fragt sich, ob folgende Gegenstände in die Masse gehören:
- die *Firma* trotz § 23 HGB (vgl. *BGHZ* 85, 221, 223; 109, 364; dazu *Wolf Schulz*, ZIP 1983, 194f.; *Ulmer*, NJW 1983, 1697ff.; eingehend Handelsrecht, § 12 I 3)?
- das *Warenzeichen*, in dem der Familienname enthalten ist (dazu *BGHZ* 109, 364)?
- die *Zeichengeräte* des A und des B trotz § 811 Nr. 5 ZPO?

---

136 *Karsten Schmidt*, Wege zum Insolvenzrecht, a.a.O., S. 26f., 151ff.

137 *Kilger/Karsten Schmidt*, a.a.O., § 1 KO Anm. 1 A, 2 D; *Karsten Schmidt/Uhlenbruck*, a.a.O., Rdnr. 263; *Karsten Schmidt*, Wege zum Insolvenzrecht der Unternehmer, a.a.O., S. 26f., 69, 99ff.; *ders.*, in: Kölner Schrift, a.a.O., S. 1208; jetzt auch *H.-F. Müller*, a.a.O., S. 13ff.

138 Dies gegen die Einwände bei *BGH*, NJW 2001, 2966.

139 *Kilger/Karsten Schmidt*, a.a.O., § 1 KO Anm. 3 D; eingehend *Karsten Schmidt*, Wege zum Insolvenzrecht, a.a.O., S. 70ff.; *Karsten Schmidt/Wolf Schulz*, ZIP 1982, 1015ff.; a.M. *Kuhn/Uhlenbruck*, a.a.O., § 1 Rdnr. 4 a; unentschieden *BGH*, NJW 1995, 1483, 1484.

– die Eingänge auf dem *Geschäftskonto* (vgl. zum alten Massebegriff eingehend *Jaeger/Henckel*, a.a.O., § 1 Rdnrn. 117ff.)?

Diese Problemfälle sind durch § 35 InsO teilweise gelöst, im übrigen ergibt sich die Lösung aus der Abwicklungsfunktion des Verbands-Insolvenzverfahrens. Nimmt man zur Kenntnis, daß es in der Gesellschaftsinsolvenz kein massefreies Gesellschaftsvermögen gibt, so ergibt sich von selbst, daß diese Gegenstände ausnahmslos in die Masse fallen. Die *Insolvenzordnung* kommt dem hier vertretenen Anliegen insofern entgegen, als sie das gesamte Vermögen erfaßt, das dem Schuldner zur Zeit der Eröffnung des Verfahrens gehört und das er während des Verfahrens erlangt (§ 35 InsO). Sie nimmt zwar immer noch die unpfändbaren Gegenstände von der Insolvenzmasse aus (§ 36 InsO), doch paßt dies wiederum nur bei natürlichen Personen[140]. Für die Gesellschaften und Verbände gilt nach wie vor: Das ganze Gesellschaftsvermögen ist Insolvenzmasse[141]!

Es geht also nicht nur darum, eine von der Konkurseröffnung wie von einer Pfändung erfaßte Vollstreckungsmasse zugunsten der Gläubiger aufzuteilen, sondern es geht um eine insolvenzrechtlich geregelte Liquidation der Gesellschaft als Rechtsträgerin[142]. Damit klärt sich auch unser sonderbares

Beispiel Nr. 27 (nach *BVerwG*, NJW 1984, 2427 m.Anm. *Wolf Schulz*; Vorinstanz *VGH München*, KTS 1983, 462 m.Anm. *Kölsch*): Der Konkursverwalter einer in Konkurs gefallenen GmbH & Co. KG hatte grundwassergefährdende Lagerbehälter aus der verwalteten Masse freigegeben, bevor ihm die auf wasserrechtliche Vorschriften gestützte Ordnungsverfügung des Landratsamts zugestellt worden war. Das Verwaltungsgericht hatte seine gegen die Ordnungsverfügung gerichtete Anfechtungsklage abgewiesen. Der *Bayerische VGH* und das *Bundesverwaltungsgericht* gaben der Klage statt, weil infolge der Freigabe aus der Masse nicht mehr der Konkursverwalter, sondern die aufgelöste GmbH & Co. KG als Gemeinschuldnerin beseitigungspflichtig sei.

Diese Entscheidungen sind inakzeptabel[143]. Erkennt man, daß es massefreies Vermögen in der Gesellschaftsinsolvenz nicht geben kann, stellt sich heraus, daß eine Haftungsbefreiung durch Freigabe aus der Masse (§ 32 III InsO) in diesem Verfahren nicht möglich ist[144].

cc) *Dritte Besonderheit*: Der *Insolvenzverwalter* ist nicht ein das Vermögen des Gemeinschuldners verwaltender und im eigenen Namen handelnder Amtstreuhänder, sondern er ist Organ des in Konkurs gefallenen Verbandes[145]. Die

140 *Karsten Schmidt*, Wege zum Insolvenzrecht, a.a.O., S. 69.

141 So jetzt auch *H.-F. Müller*, a.a.O., S. 25ff.

142 Vgl. Karsten Schmidt, in: Kölner Schrift, a.a.O., S. 1207ff.

143 *Karsten Schmidt*, Wege zum Insolvenzrecht, a.a.O., S. 73f.; *ders.*, in: Gedächtnisschrift Wolfgang Martens, 1987, S. 697ff.; *ders.*, NJW 1993, 2833ff.; s. auch *Stürner*, in: Festschrift Merz, 1992, S. 563ff.; a.M. namentlich *Kilger*, in: Festschrift Merz, 1992, S. 267ff.; *Pape*, ZIP 1991, 1544ff.; *Smid/Rattunde*, a.a.O., § 80 Rdnr. 30; *Weitemeyer*, Ordnungsrechtliche Maßnahmen im Konkursverfahren, 1995, S. 164ff.; unentschieden *OVG Lüneburg*, ZIP 1993, 1174f.

144 Zusammenfassend mit Nachweisen *Karsten Schmidt*, ZIP 2000, 1920; str.

145 Vgl. *Karsten Schmidt*, Wege zum Insolvenzrecht, a.a.O., S. 107ff.; ausführlich *ders.*, KTS 1984, 345ff.; *ders.*, NJW 1995, 911ff.; ZGR 1998, 645; zust. *Reuter*, in: MünchKomm. BGB, § 42 Rdnr. 7; *Rosenberg/Schwab/Gottwald*, Zivilprozeßrecht, 15. Aufl. 1993, § 40 II 1 d; *Lindacher*, in: MünchKomm. ZPO, 2. Aufl. vor § 50 Rdnrn. 36f.; *Wieczorek/Hausmann*, ZPO, 3. Aufl. 1994, vor § 50 Rdnr. 34; *Thomas/Putzo*, ZPO, 23. Aufl. 2001, § 51 Rdnr. 29.

unter dem alten Konkursrecht vorherrschende, auch auf den Gesellschaftskonkurs angewandte und jetzt auch für die neue Insolvenzordnung propagierte[146] Amtstheorie[147] bedarf insofern der Revision[148]. Nach ihr handelt und prozessiert der Verwalter im eigenen Namen, wenn auch für Rechnung der Masse. Zu welchen Absonderlichkeiten diese Rechtskonstruktion (mehr ist es ja nicht!) führen kann, zeigt unser

Beispiel Nr. 28 (nach *BGHZ* 88, 331 = NJW 1984, 739 = ZIP 1984, 82): Konkursverwalter der zusammengebrochenen K-GmbH & Co. KG in Ravensburg war Rechtsanwalt R in Stuttgart. Nach Auffassung des *BGH* waren Klagen, die sich materiell gegen die Konkursmasse richten, gegen den Konkursverwalter zu erheben, und zwar – sofern kein ausschließlicher Gerichtsstand gegeben ist – am Wohnsitz des Konkursverwalters. Sachgerecht war aber schon damals eine ganz auf die Gesellschaft abstellende Lösung. Ist die konkursbefangene Gesellschaft der richtige Beklagte und wird sie nur vom Konkursverwalter organschaftlich vertreten, so richtet sich der Gerichtsstand gemäß § 17 ZPO nach ihrem Sitz (*Karsten Schmidt*, NJW 1984, 1339f.). Seit Einführung der Insolvenzordnung wird nunmehr auch diese Frage gesetzlich geklärt: »Der allgemeine Gerichtsstand eines Insolvenzverwalters für Klagen, die sich auf die Insolvenzmasse beziehen, wird durch den Sitz des Insolvenzgerichts bestimmt« (§ 19a ZPO n.F.).

Auch die Außenhaftung der Gesellschaft für Forderungsverletzungen und für unerlaubte Handlungen, die vom Konkursverwalter in seiner Amtszuständigkeit begangen werden[149], erklärt sich problemlos, wenn man den Konkursverwalter als Gesellschaftsorgan begreift.

Beispiel Nr. 29: Der Insolvenzverwalter, der das Unternehmen fortführt, bricht einen Vertrag mit dem Lieferanten L (Vertragsverletzung) und verstößt zum Nachteil des Konkurrenten K gegen das UWG (unerlaubte Handlung). Hierfür haftet die Gesellschaft als Insolvenzschuldnerin gemäß § 31 BGB, der nach der vorherrschenden Amtstheorie nur analog auf den Insolvenzverwalter anzuwenden ist. Sieht man den Konkursverwalter richtig als Organ des insolventen Verbandes an, so zeigt sich, daß eine Anwendung der in § 31 BGB angelegten Repräsentationshaftung (oben, § 10 IV) der Natur der Sache entspricht[150].

Die Vorzüge der hier vertretenen Auffassung (Insolvenzverwalter als Liquidationsorgan der Gesellschaft) und die Absonderlichkeiten der Amtstheorie wirken bis in das öffentliche Recht hinein, und zwar wiederum bis in das Polizei-, Ordnungs- und Umweltrecht[151]:

Beispiel Nr. 30 (nach *VGH Mannheim*, NJW 1992, 64; *OVG Schleswig*, NJW 1993, 2004; *OVG Sachsen*, Sächsische Verwaltungsblätter 1995, 99 m.Anm. *Karsten Schmidt* = ZIP 1995, 852): Angenommen, der Insolvenzverwalter unseres Beispiels Nr. 27 hätte den Giftmüll nicht aus der Masse freigegeben, wäre aber auch der Beseitigungsanordnung der Behörde nicht nachgekommen, so hätte die Behörde wohl zur Ersatzvornahme

146 *Bork*, a.a.O., Rdnrn. 68f.; *H.-F. Müller,* a.a.O., S. 56ff.
147 Vgl. allgemein: *RGZ* 29, 36; 35, 28, 31; 52, 330, 333; 53, 8, 9; 66, 113, 114; 73, 312, 315; 80, 416, 418; 120, 189, 192; *BGHZ* 24, 393, 396; 35, 13, 17; 49, 11, 16; 127, 156, 163; besonders für Handelsgesellschaften: *RGZ* 99, 136ff.; *BGHZ* 32, 114, 118; 35, 180ff.; 88, 331; für die Amtstheorie z.B. auch *Kuhn/Uhlenbruck*, a.a.O., § 6 Rdnr. 17.
148 Gegen das »Erzübel« aller Theorien *Klopp/Kluth*, in: Gottwald, a.a.O., § 22 Rdnr. 20.
149 Dazu im einzelnen *Jaeger/Henckel*, a.a.O., § 6 Rdnrn. 41ff.
150 *Karsten Schmidt*, KTS 1984, 393f.
151 Dazu *Karsten Schmidt*, BB 1991, 1273ff.; *ders.,* NJW 1993, 2833ff.

schreiten müssen. Nach Auffassung der Mannheimer und Schleswiger Richter wäre dies, wenn er schon die Freigabe versäumte, noch die »klügste«, nämlich billigste, Strategie gewesen, denn die aus der Zeit vor der Verfahrenseröffnung resultierende Zustandshaftung begründet nach diesen Gerichten nur eine Insolvenzforderung, weil ja der Verwalter als Amtstreuhänder nicht selbst ordnungspflichtig ist[152]. Auch die Ersatzvornahmekosten werden dann angeblich nur mit der Quote bedient, nicht als Masseverbindlichkeiten nach § 55 InsO. Bedenkt man, daß die Gesellschaft vor der Verfahrenseröffnung durch die Geschäftsführer und nach der Verfahrenseröffnung durch den Insolvenzverwalter die fortbestehende Beseitigungspflicht zu erfüllen hat, so liegt auf der Hand, daß die Untätigkeit des Verwalters die Gesellschaft nicht entlasten kann. Läßt er den Altmüll durch einen Dritten beseitigen, so erhält dieser die volle Vergütung, und nichts anderes gilt, wenn es die Behörde statt seiner tut (§ 55 I Nr. 1 InsO; *OVG Sachsen*, a.a.O.; *Karsten Schmidt*, BB 1991, 1281; NJW 1993; 2833ff.). Die jüngere Rechtsprechung des *Bundesverwaltungsgerichts* weist endlich in diese rechtsdogmatisch wie rechtspolitisch allein überzeugende Richtung (*BVerwGE* 107, 299 = NJW 1999, 1416; *BVerwGE* 108, 269 = NZI 1999, 246, zust. *Karsten Schmidt*, ZIP 2000, 1913, abl. *Lwowski/Tetzlaff*, NZI 2001, 57; distanziert wohl auch *BGH*, NJW 2001, 2966).

dd) *Vierte Besonderheit:* Bei der Beendigung des Konkurses gibt es das Problem »discharge oder freies Nachforderungsrecht der Gläubiger?« nicht. Das Insolvenzverfahren des Verbandes führt, sofern es nicht etwa mangels Masse aufgehoben oder durch Insolvenzplan nach §§ 217ff. InsO bereinigt wird, zur Beseitigung des Gemeinschuldners. Zweck des Insolvenzverfahrens kann hier nur die Sanierung oder die Vollbeendigung des Verbandes sein[153]. Allerdings versperrt das exekutorische Verständnis des Insolvenzverfahrens der herrschenden Meinung den Blick dafür, daß die Gesellschaft das Konkursverfahren in keinem Fall überdauern darf[154].

c) Ist einmal erkannt, daß das Insolvenzverfahren im Recht der Verbände als ein staatlich geordnetes Liquidationsverfahren zu verstehen ist, so werden auch die spezifischen Organisationsprobleme in der Insolvenz eines Vereins, einer Genossenschaft oder einer Handelsgesellschaft deutlich[155]: Der Insolvenzverwalter nimmt die Aufgaben eines obligatorischen Drittliquidators wahr. Er kann entgegen der wohl immer noch herrschenden Meinung zu seiner Entlastung Prokuristen bestellen (Handelsrecht, § 16 III 2d)[156]. Die verbandsrechtlichen Zuständigkeiten der Mitglieder und der Gesellschaftsorgane[157] sind auf das besondere Regime des insolvenzrechtlichen Liquidationsverfahrens abzustimmen[158]. Wird Eigenverwaltung nach §§ 270ff. InsO

152 So auch *Kuhn/Uhlenbruck*, a.a.O., § 29 Rdnr. 2k ; *Pape*, EWiR 1993, 167; *Petersen*, NJW 1992, 1206; *Stoll*, ZIP 1992, 1437.

153 Dazu *Karsten Schmidt*, Wege zum Insolvenzrecht, a.a.O., S. 160f.

154 Vgl. *RGZ* 134, 91, 94 (AG); *BayObLG*, Rpfleger 1979, 212 (GmbHG); 1979, 214 (KG).

155 Eingehend zum folgenden *Karsten Schmidt*, Wege zum Insolvenzrecht, a.a.O., S. 99–132; *ders.*, in: Kölner Schrift, a.a.O., S. 1199ff.; KTS 2001, 373ff.

156 Eingehend *Karsten Schmidt*, BB 1989, 232ff.; für die entgegenstehende h.M. vgl. etwa *BGH*, WM 1958, 430, 431.

157 Vorstand bzw. Geschäftsführer einer Kapitalgesellschaft bleiben für die Wahrnehmung der Gemeinschuldneraufgaben unentbehrlich; vgl. *BGH*, KTS 1981, 234, 236; *BayObLG*, DB 1988, 1006; grundlegend *Friedrich Weber*, KTS 1973, 73ff.; a.M. *Wolf Schulz*, KTS 1986, 389ff.

158 Eingehend *Grüneberg*, Die Rechtsposition der Organe der GmbH und des Betriebsrates im Konkurs, 1988.

angeordnet, also auf die Einsetzung eines Insolvenzverwalters verzichtet, so bedeutet dies nicht, wie bei der natürlichen Person, daß das Management identisch bleibt, vielmehr kann »Eigenverwaltung« auch unter Auswechslung der Geschäftsführer durchgeführt werden[159]. Die Rechnungslegung einer Handelsgesellschaft läuft im Insolvenzverfahren weiter (klärend jetzt § 155 InsO), während die bisher herrschende Meinung unter der »Konkursrechnungslegung« immer nur die Rechenschaft des Verwalters gegenüber den Beteiligten (jetzt § 66 InsO) verstand[160]. All dies sind Folgen der neuen Sicht, wonach das Insolvenzverfahren einer Handelsgesellschaft nicht – oder doch nicht in erster Linie – als Gesamtvollstreckungsverfahren, sondern als ein insolvenzrechtliches Liquidationsverfahren zu begreifen ist.

5. Masselosigkeit und Vermögenslosigkeit

a) Wie unter IV 3c ausgeführt, muß von den Tatbeständen der Zahlungsunfähigkeit und der Überschuldung die *Masselosigkeit* unterschieden werden: Reicht das Vermögen voraussichtlich nicht aus, um die Kosten des Insolvenzverfahrens zu decken, und leisten die Gläubiger keinen Massekostenvorschuß, so wird das Verfahren nicht eröffnet (§ 26 InsO) bzw. nach Eröffnung wieder eingestellt (§ 207 InsO). Die Verfahrensablehnung mangels Masse führt nach §§ 131 II Nr. 1 HGB, 262 I Nr. 4 AktG, 60 I Nr. 5 GmbHG, 81a Nr. 1 GenG wie die Verfahrenseröffnung zur Auflösung (oben unter IV 3c)[161]. Aber die Folgen dieser Auflösung sind ganz und gar unterschiedlicher Art: Die Eröffnung des Insolvenzverfahrens überführt die Gesellschaft in ein staatlich geordnetes Liquidationsverfahren (oben unter VI 4) mit einem obligatorischen Drittliquidator (dem Verwalter) und gesetzlich geregeltem Ausgang (Vollbeendigung oder gerichtlich beaufsichtigte Sanierung); die Masselosigkeit führt dagegen in ein gesellschaftsrechtliches Liquidationsverfahren nach §§ 145ff. HGB, 264ff. AktG, 66ff. GmbHG, 83ff. GenG[162]. Das bedeutet nach dem herkömmlichen Verständnis, daß insolvenzrechtliche Grundsätze – z.B. die Ablösung des Managements durch einen Verwalter und die Gleichbehandlung der Gläubiger – wirkungslos sind und daß auch wieder Raum ist für die Einzelzwangsvollstreckung[163]. Beispielsweise wird die Abwicklung einer masselosen GmbH ganz in die Hand der Geschäftsführer gelegt (§ 66 GmbHG)[164], und diese können aus dem verbliebenen Vermögen beliebige Forderungen – auch die eigenen – befriedigen. Dieser Zustand ist inakzeptabel[165]. Die Zahl der masselosen Verfahren ist auch nach dem Inkrafttreten der Insolvenzordnung noch alarmierend hoch[166]. In all diesen Insolvenzfällen versagt der Insolvenzgeber seine Hilfe. Bedenkt man,

159 Vgl. Scholz/Karsten Schmidt, vor § 64 Rdnr. 73f.
160 Eingehend *Karsten Schmidt*, Liquidationsbilanzen und Konkursbilanzen, a.a.O., S. 74ff.
161 Dazu im einzelnen *Karsten Schmidt*, GmbHR 1994, 833f.
162 Eingehend *Wolf Schulz*, a.a.O.
163 Krit. *Karsten Schmidt*, ZIP 1982, 9ff.
164 *OLG Nürnberg*, GmbHR 1988, 399; *OLG Koblenz*, GmbHR 1991, 315.
165 *Wolf Schulz*, a.a.O.; *Karsten Schmidt*, ZIP 1982, 9f.; KTS 1988, 16ff.
166 Immer noch über 50% (Insolvenzstatistik 2001).

daß Masselosigkeit nicht dasselbe ist wie Vermögenslosigkeit, und bedenkt man, daß insolvente Gesellschaften häufig ungewisse Ansprüche gegen Organmitglieder, Gesellschafter, Konzernmütter etc. haben und damit vielleicht nur scheinbar masselos sind, so wird deutlich, daß die »konkursfreie Liquidation« Bestandteil des Insolvenzrechts ist und als solcher neu durchdacht werden muß[167]. Eine Abwicklung masseloser Gesellschaften nach dem Gutdünken der Gesellschafter und Geschäftsführer stößt auf Bedenken.

b) Schließlich muß der Tatbestand der *Vermögenslosigkeit* von der Überschuldung und der Masselosigkeit unterschieden werden. Überschuldete Vereine und Gesellschaften können ein beträchtliches Vermögen haben, nur deckt dieses eben nicht die noch höheren Verbindlichkeiten. Masselosigkeit sieht oft wie Vermögenslosigkeit aus, aber ein Verband ist schon dann masselos, wenn zwar nennenswertes Vermögen vorhanden, dieses aber zur Bestreitung der hohen Verfahrenskosten unzureichend ist; auch ist Masselosigkeit häufig eher ein Liquiditätsproblem (eine aus ungewissen Ansprüchen mit hohem Prozeßrisiko bestehende Masse ist bei fast jedem Unternehmenszusammenbruch vorhanden!). Eine Gesellschaft ist vermögenslos, wenn kein für die Gläubigerbefriedigung verwertbares Aktivvermögen vorhanden ist[168]. Kapitalgesellschaften sowie Kapitalgesellschaft-&-Co.-Personengesellschaften und Gemeinschaften werden nach § 141 a FGG im Fall der Vermögenslosigkeit gelöscht (dazu schon unter V 3 b cc)[169]. Sie erlöschen dann ohne Liquidationsverfahren, sofern sich nicht doch noch Aktivvermögen auffindet, das einen Liquidationsbedarf auslöst (§§ 131 II Nr. 2, 145 III HGB; §§ 262 I Nr. 6, 264 II AktG; §§ 60 I Nr. 7, 66 V GmbHG; §§ 81 a Nr. 2, 83 V GenG).

167 Eingehend *Wolf Schulz*, a. a. O., S. 155 ff.; *Karsten Schmidt*, Wege zum Insolvenzrecht, a. a. O., S. 177 ff.; s. auch *Kilger/Karsten Schmidt*, a. a. O., § 107 Anm. 6; *Scholz/Karsten Schmidt*, § 60 Rdnrn. 7 f.; abl. *Buchner*, a. a. O., S. 48 ff., 58 ff., 65 ff.; *Heller*, a. a. O., S. 150 ff.; *Uhlenbruck*, ZIP 1993, 241.

168 Vgl. *BayObLG*, GmbHR 1979, 176, 177; BB 1982, 1590 m. Anm. *Hartung*; BB 1984, 315 f.; *OLG Karlsruhe*, JFG 13, 379, 381 f.; *OLG Frankfurt*, OLGZ 1978, 48, 49; WM 1983, 281; *Heller*, Die vermögenslose GmbH, 1989, S. 24 ff.

169 Belege noch in der 3. Aufl., § 11 VI.

§ 12 Umwandlungsrecht*

I. Grundlagen**

1. Bedeutung des Umwandlungsrechts

a) Die Umwandlung spielt vor allem im Recht der unternehmenstragenden Verbände eine beträchtliche Rolle. Unternehmen (Unternehmensträger) erhalten ihr Rechtskleid und ihre Struktur nicht immer durch eine Gesell-

* Literatur (Einzelnachweise bei den einzelnen Abschnitten): *Ballreich*, Fallkommentar zum Umwandlungsrecht, 1999; *Bayer*, Umwandlung der Unternehmensform, 7. Aufl. 1999; *Dehmer*, Umwandlungsgesetz, 2. Aufl. 1996; *Goutier/Knopf/Tulloch*, Kommentar zum Umwandlungsgesetz, 1996; *Grünwald*, Umwandlung, Verschmelzung, Spaltung, 1996; *Kallmeyer* (Hrsg.), Kommentar zum Umwandlungsgesetz, 2. Aufl. 2001; *Lutter* (Hrsg.), Umwandlungsgesetz, 2. Aufl. 2000; *Sagasser/Bula/Brünger*, Umwandlungen, 2. Aufl. 2000; *Schwarz*, Umwandlung mittelständischer Unternehmen im Handels- und Steuerrecht, 1995; *Schwedhelm*, Die Unternehmensumwandlung, 3. Aufl. 1999; *Schmitt/Hörtnagl/Stratz*, Umwandlungsgesetz, 3. Aufl. 2001; *Widmann/Mayer* (Hrsg.), Umwandlungsrecht (Loseblattausgabe), Stand 2001; Materialien (insbesondere Regierungsbegründungen): *Ganske*, Umwandlungsrecht, 2. Aufl. 1995; *Neye*, UmwG, UmwStG, 1994; *Schaumburg/Rödder*, UmwG, UmwStG, 1995.

** Literatur (Auswahl; älteres Material auch in den Vorauflagen): *Arbeitskreis Umwandlungsrecht*, Vorschläge zum Referentenentwurf eines Umwandlungsgesetzes, ZGR 1993, 321; *Balser/Bokelmann/Piorreck/Dostmann/Kauffmann*, Umwandlung, Verschmelzung, Vermögensübertragung, 1990; *Barz*, Gesellschaftsrecht und Umwandlungsrecht, in: Handbuch der Unternehmenszusammenschlüsse, 1971/72, S. 249; *Böttcher/Zartmann/Kandler*, Wechsel der Unternehmensform, 4. Aufl. 1982; *Duvinage*, Die Spaltung der Personengesellschaften, 1984; *Ganske*, Die Reform des Umwandlungsrechts, WM 1993, 1117; *Gersch/Herget/Marsch/Stützle*, GmbH-Reform 1980; *Hennrichs*, Formwechsel und Gesamtrechtsnachfolge, 1995; *Himmelreich*, Unternehmensteilung durch partielle Universalsukzession, 1987; *Hommelhoff*, Minderheitenschutz bei Umstrukturierungen, ZGR 1993, 452; *Institut der Wirtschaftsprüfer* (Hrsg.), Reform des Umwandlungsrechts, 1992; *Christoph Lange*, Privatisierung der Rechtsform. Umwandlung öffentlicher Einheiten in Kapitalgesellschaften, 1984; *Lutter* (Hrsg.), Kölner Umwandlungsrechtstage, 1995; *ders.*, Zur Reform von Umwandlung und Fusion, ZGR 1990, 392; *Kai Mertens*, Umwandlung und Universalsukzession, 1993; *Petersen*, Der Gläubigerschutz im Umwandlungsrecht, 2001; *Pikhardt*, Die handels- und steuerrechtliche Behandlung von Umwandlungen gewerblicher Unternehmen ..., 1998; *Priester*, Strukturänderungen in Beschlußvorbereitung und Beschlußfassung, ZGR 1990, 420; *Reinhardt*, Die Umwandlung, ein Gegenstand zum Nachdenken, in: Festschrift Bartholomeyczik, 1973, S. 307; *Karsten Schmidt*, Gesetzliche Gestaltung und dogmatisches Konzept eines neuen Umwandlungsgesetzes, ZGR 1990, 581; *ders.*, Universalsukzession kraft Rechtsgeschäfts, AcP 191 (1991), 495; *ders.*, Gläubigerschutz bei Umstrukturierungen, ZGR 1995, 366; *Zöllner*, Bemerkungen und allgemeine Fragen zum RefE UmwG, ZGR 1993, 334 *ders.*, Grundsatzüberlegungen zur umfassenden Umstrukturierbarkeit der Gesellschaftsformen nach dem Umwandlungsgesetz, in: Festschrift Claussen, 1997, S. 423.

schaftsgründung, sondern häufig durch die Umwandlung vorhandener Rechtsträger bzw. Unternehmen.

Beispiel Nr. 1: Da die A-GmbH keine Aktien ausgeben kann, wird sie, wenn Eigenkapital an der Börse beschafft werden soll, in eine Aktiengesellschaft umzuwandeln sein (sog. Formwechsel). Wenn sie zur Stärkung und zur Aktivierung sog. Synergieeffekte mit einer A-Aktiengesellschaft zu einer Einheitsgesellschaft verschmolzen werden soll, bedarf es der Überführung ihres Unternehmens auf die AG (sog. Verschmelzung). Wenn umgekehrt die A-Aktiengesellschaft in eine bloße Holdinggesellschaft umfunktioniert und ihr Unternehmen auf eine Reihe von Tochter-GmbH verteilt werden soll, ist dies ein Spaltungsvorgang.

Das Recht der Umwandlungen wurde herkömmlich als Spezialproblem einzelner Gesellschaftsformen dargestellt, und gesetzeshistorisch ist es auch so entstanden (vgl. eingehend unter II). Im vorliegenden Werk wurde und wird die Umwandlung als Bestandteil der allgemeinen Lehren des Gesellschaftsrechts verstanden[1], und dies entspricht seit 1994 auch dem gesetzlichen Stand (vgl. dazu unter II 4 und III 3 sowie eingehend unten, § 13): Das Umwandlungsrecht ist eine Kraftprobe für das Recht der Verbände und Unternehmen, und das Umwandlungsgesetz von 1995 ist ein Musterbeispiel für die Schlagkraft einer praktisch verstandenen Dogmatik des Gesellschaftsrechts.

b) Schwierig sind die *Zusammenhänge des Umwandlungsrechts mit dem sog. Konzernrecht* (dem Recht der Unternehmensverbindungen). Gedanklich handelt es sich um verschiedene Dinge. Im Konzernrecht geht es um rechtliche Verbindungen zwischen rechtlich selbständigen Unternehmen (also Rechtsträgern). Das Umwandlungsrecht spricht von diesen Rechtsträgern selbst, von ihrer Rechtsform, ihrer Zusammenlegung und ihrer Teilung. Das hindert nicht, daß beides zusammentreffen kann. Beispielsweise kann eine Umwandlung der Konzernbildung dienen und umgekehrt eine Konzernbildung umwandlungsähnliche Wirkungen haben.

Beispiel Nr. 2: Gliedert eine Mineralöl-AG ein ihr gehörendes Tanklager durch Spaltung nach §§ 123, 135 ff. UmwG auf eine GmbH aus, so entsteht eine Konzernlage i. S. von § 17 AktG, vielleicht sogar § 18 AktG: Die AG beherrscht die GmbH. Erwirbt die Mineralöl-AG alle Geschäftsanteile an einer Tanklager-GmbH, so wird wiederum eine Konzernlage entstehen (§ 17 bzw. § 18 AktG). Um eine Verschmelzung handelt es sich nicht, weil die beiden Rechtsträger getrennt bleiben. Das Gesellschaftsrecht muß diese Vorgänge genau trennen, während das auf den wirtschaftlichen Effekt blickende Kartellrecht beide Fälle (die Konzernbildung wie die Verschmelzung) als Zusammenschlußsachverhalte ansehen kann (§ 23 GWB).

2. Terminologie des Umwandlungsrechts

Bis zum Umwandlungsgesetz von 1994 wurde unter der Umwandlung nur der Wechsel der Rechtsform verstanden[2], während Verschmelzung und Spaltung als besondere, eine Überführung von Vermögen auf neue Rechts-

---

1 Vgl. bereits 1. und 2. Aufl., §§ 12 und 13.
2 Vgl. 2. Aufl., § 12.

träger erfordernde Strukturänderungen von der Umwandlung unterschieden wurden[3]. Das geltende Umwandlungsrecht unterstreicht diesen sachlich-technischen Gegensatz[4], aber es führt eine neue Terminologie ein, der um der klaren Verständigung willen zu folgen ist: Der *Begriff der Umwandlung* umfaßt nach § 1 UmwG

- die Verschmelzung,
- die Spaltung,
- die Vermögensübertragung und
- den Formwechsel (also die Umwandlung i. S. der älteren Terminologie).

Darin enthalten sind

- Umwandlungen ohne Vermögensübergang (Formwechsel) und
- Umwandlungen mit Vermögensübergang (Verschmelzung, Spaltung, Vermögensübertragung).

Man kann über diese Terminologie unterschiedlicher Auffassung sein[5]. Seit 1994 wird man sie aber künftig jeder Diskussion zugrundelegen, mag auch der enge Umwandlungsbegriff und seine Abgrenzung gegen Verschmelzungs- und Spaltungsvorgänge vielleicht anschaulicher gewesen sein. Im übrigen waren auch schon vorher Überschneidungsfälle bekannt, so die »verschmelzende Umwandlung«: eine verschmelzende Überführung des Gesellschaftsvermögens auf einen Rechtsträger anderer Rechtsform (2. Aufl. § 12 I 4 b). Der scheinbar so klare alte Umwandlungsbegriff ließ sich hiernach nicht rein durchführen. Belassen wir es also bei der Terminologie des Gesetzes!

3. Umwandlungsmotive*

a) Die wirtschaftlichen Gründe von Umwandlungsvorgängen sind äußerst vielgestaltig. Das gilt schon für den vergleichsweise leicht übersehbaren Bereich des Formwechsels. Seine wachsende Bedeutung hat nur teilweise *gesellschaftsrechtliche Gründe*. Richtig ist allerdings, daß Gesetzesänderungen im Gesellschaftsrecht ein Motiv für Umwandlungen sein können und sogar das klassische Motiv sind. Nicht von ungefähr ist das GmbH-Gesetz von 1892 Ausgangspunkt späterer Umwandlungsregeln geworden, denn es lag damals nahe, die neue Rechtsform auch Altgesellschaften zugute kommen zu

---

3 Vgl. 2. Aufl., § 13.

4 Es hat das rechtstechnische Provisorium der »übertragenden Umwandlung« (2. Aufl., § 12 III) beseitigt und unterscheidet streng zwischen dem identitätswahrenden Formwechsel (§ 202 UmwG) und dem Rechtsübergang bei Verschmelzung und Spaltung.

5 Vgl. *Arbeitskreis Umwandlungsrecht*, ZGR 1993, 321.

* Literatur: *Blaschke*, Profit centers in gesellschaftsrechtlicher Form, ZfB 1982, 397; *Bühner*, Unternehmenszusammenschlüsse, 1990; *Buyer*, Änderung der Unternehmensform, 7. Aufl. 1999; *Picot* (Hrsg.), Unternehmenskauf und Restrukturierung, 2. Aufl. 1998; *Ropella*, Synergie als strategisches Ziel der Unternehmung, 1989; *Karsten Schmidt*, Die Sanierungsfusion, AG 1982, 169; *ders.*, Die Umwandlung einer GmbH in eine AG zu Kapitaländerungszwecken, AG 1985, 150; *Stein*, Motive für internationale Unternehmensakquisitionen, 1992; *Steuck*, Die privatisierende Umwandlung, NJW 1995, 2887; *Welge*, Profit-Center-Organisation, 1975.

lassen[6]. Umgekehrt und zugleich ähnlich verhielt es sich mit dem Aktiengesetz von 1937, das die Aktiengesellschaft als Rechtsform für Großunternehmen ausgestaltete (Mindestgrundkapital 500 000 RM!) und viele Altgesellschaften in die Rechtsform der GmbH mit einem Mindeststammkapital von 20 000 RM ausweichen ließ[7]. In den 80er Jahren sorgte die Abschaffung der bergrechtlichen Gewerkschaft für Umwandlungsvorgänge (dazu oben, § 5 II 1b), und in den 90er Jahren kamen die gesellschaftsrechtlichen Vorgänge in der ehemaligen DDR hinzu. Umwandlungen haben z. B. auch im Gefolge der Publizitäts- und der Mitbestimmungsgesetzgebung stattgefunden. Wichtige Umwandlungsmotive sind weiter die kaufmännischen Vorteile einer Rechtsform, z. B. hinsichtlich der Kapitalbeschaffung oder der Sanierung[8]. Aber vor allem hat die Börsengängigkeit der Aktie der Aktiengesellschaft als Rechtsform Auftrieb gegeben, und dieser Trend hält seit den 1994 eingeführten Sonderregeln über die kleine Aktiengesellschaft an (unten, § 26 III 2b). Nicht zuletzt spielen aber auch *steuerliche Motive* eine Rolle[9]. Steht ein Unternehmen aufgrund der gewählten Rechtsform im steuerlichen Belastungsvergleich ungünstig da, so kann dies ein Anreiz für die Umwandlung sein. Allerdings sollten hierfür nur nachhaltige Steuervorteile genügen.

b) Besonders vielgestaltig sind die Motive der Verschmelzung und Spaltung: Es kann sich um Vorteile der internen oder externen Organisation handeln (Zusammenführung oder Trennung sogenannter profit centers, Bildung oder Beseitigung von Holdingstrukturen, Neuordnung von Nachfrage und Vertrieb, Betriebsaufspaltung), um Unternehmenskonzentration bzw. Unternehmensentflechtung, um Neupositionierungen in internationalen Konzernen, um steuerliche Vorteile, aber auch um Sanierungsmaßnahmen:

Beispiel Nr. 3: Es kann der Erhaltung eines sanierungsbedürftigen Presseunternehmens dienen, wenn es einem großen Verlagshaus einverleibt wird. Ebenso kann die Sanierung eines Verlagshauses dadurch betrieben werden, daß es einzelne Zeitungsredaktionen auf selbständige Gesellschaften abspaltet, um diese isoliert zu liquidieren oder ihre Anteile einem Übernehmer anzubieten.

c) Das Umwandlungsgesetz kann auch bei der Privatisierung öffentlichrechtlich organisierter Tätigkeiten helfen. Die §§ 168ff. UmwG ermöglichen die Ausgliederung von Vermögensteilen aus dem Vermögen von Gebietskörperschaften, die §§ 188f. UmwG die Vermögensübertragung. Eines allerdings konnte das Umwandlungsgesetz nicht: auch die öffentlichrechtlichen Voraussetzungen hierfür schaffen.[10]

6 Vgl. Begründung GmbHG, 1891, S. 115f.; *Paul Gerhard Müller*, Die Umwandlung einer AG in eine GmbH, Diss. Leipzig 1896, S. 7ff.
7 Vgl. dazu *Herbig*, DJ 1937, 196.
8 Vgl. *Karsten Schmidt*, AG 1985, 150ff.
9 Über Umwandlungsmotive vgl. auch *Werner/Kindermann*, ZGR 1981, 17ff.
10 Vgl. *Steuck*, NJW 1995, 2887ff.

4. Umwandlung kraft Rechtsgeschäfts und Umwandlung kraft Gesetzes*

Unter Umwandlungen versteht man normalerweise rechtsgeschäftliche Umgestaltungen. Von ihnen müssen Fälle der gesetzlichen Umwandlung unterschieden werden, die weder im Umwandlungsgesetz noch sonst im Gesetz geregelt sind, sondern sich aus dem allgemeinen Recht der Personengesellschaften ergeben.

a) Ein identitätswahrender *gesetzlicher Formwechsel* zwischen den personengesellschaftsrechtlichen Rechtsformen
- der Gesellschaft bürgerlichen Rechts,
- der offenen Handelsgesellschaft und
- der Kommanditgesellschaft

findet aufgrund des bei § 5 II 3 und unten bei § 44 III 1a beschriebenen Rechtsformzwangs statt. Eine Personengesellschaft kann nur Gesellschaft bürgerlichen Rechts sein, wenn sie kein kaufmännisches Unternehmen betreibt (vgl. unten, § 58 II 1b). Betreibt sie ein kaufmännisches Unternehmen, so kann sie nur oHG oder Kommanditgesellschaft, aber nicht Gesellschaft bürgerlichen Rechts sein (vgl. unten, § 46 I 1c). Ändert sich das kritische Merkmal (Betrieb eines kaufmännischen Unternehmens), so wird eine BGB-Gesellschaft automatisch zur oHG bzw. KG, bzw. es verwandelt sich umgekehrt eine oHG oder KG automatisch in eine Gesellschaft bürgerlichen Rechts (vgl. schon oben, § 5 II 3d und § 11 IV 1).

Beispiel Nr. 4: Die nicht im Handelsregister eingetragene Gastwirtschaft der Gesellschafter X & Y wächst zu kaufmännischer Höhe oder schrumpft auf kleingewerbliches Niveau (vgl. § 1 II HGB).

Seit der Handelsrechtsreform von 1998 hat sich diese Automatik teilweise geändert: Zwar ist es dabei geblieben, daß eine Gesellschaft bürgerlichen Rechts ohne Zutun der Gesellschafter zur offenen Handelsgesellschaft wird, wenn sich ihr Unternehmen vergrößert (§§ 1, 105 I HGB). Sie kann aber auch gezielt durch Registereintragung in eine Handelsgesellschaft verwandelt werden (§ 105 II HGB) und bleibt dann eine Handelsgesellschaft, bis sie im Register gelöscht worden ist (über oHG und KG als Formkaufleute nach neuem Recht vgl. Handelsrecht, § 10 II 3).

---

* Literatur (Auswahl): *Battes*, Rechtsformautomatik oder Willensherrschaft? AcP 174 (1974), 429; *Beyerle*, Gesetzliche Umwandlung einer oHG oder KG in eine Gesellschaft bürgerlichen Rechts, NJW 1971, 1698; *Hennerkes/Binz*, Das sog. Anwachsungsmodell – zur »Umwandlung« einer GmbH & Co. auf ihre Komplementär-GmbH durch Ausscheiden aller Kommanditisten, in: Festschrift Meilicke, 1985, S. 31; *Hennrichs*, Formwechsel und Gesamtrechtsnachfolge bei Umwandlungen, 1995, S. 31 ff.; *Kraus*, Fragen der Rechtsformverfehlung und des automatischen Rechtsformwechsels bei den Personengesellschaften, Diss. Bayreuth 1990; *Kropholler*, Wechsel der Unternehmensform im Wege der Anwachsung – Gestaltungsmöglichkeiten und Steuerfolgen, NJW 1982, 2847; *Karsten Schmidt*, Zur Stellung der oHG im System der Handelsgesellschaften, 1972; *ders.*, Universalsukzession kraft Rechtsgeschäfts, AcP 191 (1991), 495; *Wiedemann*, Die Legitimationswirkungen von Willenserklärungen im Recht der Personengesellschaften, in: Festschrift Westermann, 1974, S. 585.

b) Gleichfalls automatisch geschieht die *Verschmelzung* einer Personengesellschaft »auf« einen Gesellschafter: Da Personengesellschaften nicht als »Einmanngesellschaften« bestehen können, erlischt die Personengesellschaft, und es tritt Gesamtrechtsnachfolge ihres letzten »Gesellschafters« ein,
- wenn aus einer Personengesellschaft alle Gesellschafter bis auf einen austreten oder ausgeschlossen werden,
- wenn alle Anteile an einer Personengesellschaft durch Übertragung oder Erbfall in der Hand eines Gesellschafters zusammenfallen (näher oben, § 11 V 3; unten, § 44 II 2).

Diese Vorgänge sind irreversibel, denn die Vollbeendigung der Personengesellschaft macht deren Fortsetzung und Wiederbelebung unmöglich. Es kann allenfalls eine neue Gesellschaft mit der Maßgabe geschaffen werden, daß die Vertragsbeteiligten einander schuldrechtlich so zu stellen haben, als wäre die alte Gesellschaft niemals erloschen.

c) Die geschilderten Umwandlungsfälle sind nicht Vertragsgestaltungsvorgänge, sondern *gesetzliche und in diesem Sinne sogar zwingende »Verwandlungen«* der Gesellschaft. Das ändert aber nichts daran, daß eine kluge *Vertragsgestaltungspraxis* diese Möglichkeiten einkalkuliert, sei es, um ihren Eintritt zu verhindern, sei es, um sich dieser Umwandlungstechnik bewußt zu bedienen.

Beispiel Nr. 5: Besteht eine Personengesellschaft aus zwei Eheleuten, die einander zu Erben und ihre Kinder zu Erbeserben eingesetzt haben (Berliner Testament nach § 2269 BGB), so ist dies für den Bestand der Gesellschaft gefährlich, denn der länger lebende Ehegatte kann unverhofft zum Einzelkaufmann werden und zur Gründung einer neuen Gesellschaft gezwungen sein. Hier ist u. U. eine GmbH & Co. von Vorteil. Die Eheleute gründen eine GmbH und nehmen sie als dritten Gesellschafter auf. Damit ist die Gesellschaft »umgewandelt« und stabilisiert.

Beispiel Nr. 6: Die Umwandlung einer offenen Handelsgesellschaft in eine Kommanditgesellschaft wird wohl nie ein Versehen sein. Angenommen, die Gastwirtschaft X & Y unseres Beispiels Nr. 4 wird aus einer kleingewerblichen Gesellschaft bürgerlichen Rechts nolens volens zu einer oHG, so können die Gesellschafter nunmehr die Chance wahrnehmen, diese automatisch entstandene oHG in eine Kommanditgesellschaft umzuwandeln, in der nur noch X unbeschränkt haftet, während Y in die Kommanditistenrolle zurücktritt (vgl. hierzu unten, § 44 III 1a; § 51 II 3). Dies ist eine gesetzliche (!) Umwandlung der oHG in eine KG, aber diese kraft Gesetzes eintretende Rechtsfolge ist das Ergebnis einer gezielten Vertragsgestaltungsstrategie.

Beispiel Nr. 7: Wie unter § 44 III 2a anhand des »Bleyle«-Falls gezeigt werden soll, kann eine Betriebs-Kommanditgesellschaft im Wege der Verschmelzung auf die Besitz-BGB-Gesellschaft überführt werden, indem alle Gesellschafter ihre KG-Anteile auf diese Gesellschaft übertragen, womit die bisherige Besitz-BGB-Gesellschaft zur Handelsgesellschaft wird und die bisherige Betriebs-Kommanditgesellschaft erlischt (*BGH*, NJW-RR 1990, 798 = JuS 1990, 1020 m. Anm. *Karsten Schmidt*). Umgekehrt könnten auch die Gesellschafter ihre Anteile an der Besitz-BGB-Gesellschaft komplett auf die Betriebs-KG übertragen, womit dieser als Gesamtrechtsnachfolgerin automatisch – d. h. ohne irgendwelche Übertragungsakte – das Anlagevermögen der Besitzgesellschaft zufiele (vgl. zu dieser Rechtsfolge *BGH*, BB 1979, 397 = JuS 1979, 668 m. Anm. *Karsten Schmidt*).

d) Vor allem bei der *Verschmelzung einer GmbH & Co. »auf« ihre Komplementär-GmbH* bedient sich die Praxis dieses sog. Anwachsungsmodells[11]. Nach §§ 191 ff. UmwG kann zwar heute eine GmbH & Co. als Personengesellschaft auch durch Formwechsel nach dem UmwG in eine AG oder GmbH umgewandelt werden (dazu unter II 1 c), so daß nicht mehr, wie noch vor 1969, auf das Anwachsungsmodell zurückgegriffen werden muß[12], aber das Anwachsungsmodell ist nach wie vor zulässig und gebräuchlich. Die unterschiedlichen Umwandlungstechniken führen auch zu unterschiedlichen Folgen (dazu auch unten, § 13 I 4 a).

Beispiel Nr. 8: Die Braunschweiger Brauerei GmbH & Co. KG besteht aus der Braunschweiger Brauerei-Beteiligungs GmbH und den Kommanditisten X, Y und Z, die zu gleichen Teilen auch an der GmbH beteiligt sind. Soll das Unternehmen künftig in der Form einer GmbH betrieben werden, so kann die KG nach §§ 214 ff. UmwG in eine GmbH umgewandelt werden, womit aber das Schicksal der fortbestehenden, jedoch überflüssig gewordenen Komplementär-GmbH zweifelhaft bleibt (dazu unten, § 13 II 3 e). Einfacher kann es sein, wenn man die bisherige Komplementär-GmbH zur Unternehmensträgerin macht. Dazu brauchen X, Y und Z nur das Stammkapital der GmbH zu erhöhen und entweder als Kommanditisten aus der KG auszutreten oder (wegen § 20 UmwStG besser) ihre Kommanditanteile als Sacheinlagen auf die GmbH zu übertragen. Es gibt dann nur noch eine Gesellschaft: die Braunschweiger Brauerei-Beteiligungs GmbH mit den Gesellschaftern X, Y und Z. Aus ihrer Firma wird man nunmehr aus Gründen der Firmenwahrheit den Zusatz »Beteiligungs-« entfernen. Er diente ja nur der Unterscheidbarkeit gegenüber der KG-Firma (vgl. unten, § 56 II 2). Das Ergebnis ist eine *gesetzliche* Umwandlung der Kommanditgesellschaft »auf« ihre Komplementär-GmbH, wobei dieser gesetzliche Tatbestand listenreich durch Rechtsgeschäfte herbeigeführt wurde. Das ist ein erlaubtes und sinnvolles Gebrauchmachen von dem Rechtsformzwang im Personengesellschaftsrecht, der eine Einpersonen-KG nicht zulässt.

5. Umwandlung ohne und mit Umwandlungsgesetz

a) Die soeben geschilderten Fälle der gesetzlichen Umwandlung existieren nur im Personengesellschaftsrecht. Sie haben verdeutlicht, daß der Praktiker im Personengesellschaftsrecht auf recht einfache Weise Umwandlungseffekte außerhalb des Umwandlungsgesetzes herbeiführen kann. Aber auch wenn man von diesen Sonderfällen der gesetzlichen Umwandlung absieht, muß *Klarheit über den Sinn und Zweck allen Umwandlungsrechts* bestehen: Das Umwandlungsgesetz hat nicht die Aufgabe, Unmögliches zu ermöglichen, sondern es soll Mögliches vereinfachen.

Beispiel Nr. 9: Soll ein GmbH-Unternehmen künftig als AG-Unternehmen geführt werden, so wäre es denkbar, wenn auch hoffnungslos unpraktisch, an Stelle des Formwechsels eine Auflösung und Liquidation der bisherigen GmbH mit der Sachgründung einer Aktiengesellschaft zu verbinden und das GmbH-Unternehmen unter Wahrung des Spezialitätsgrundsatzes (Handelsrecht, § 6 I 2) in die Vor-AG einzubringen.

---

11 Vgl. *Hennerkes/Binz*, in: Festschrift Meilicke, a.a.O., S. 31; *Krüger*, NJW 1982, 2847; *Kruse*, GmbHR 1979, 280.

12 Vgl. zur Rechtsentwicklung *Karsten Schmidt*, Zur Stellung der oHG im System der Handelsgesellschaften, 1972, S. 251 ff.

Beispiel Nr. 10: Sollen die Unternehmen der GmbH und der AG verschmolzen werden, so steht nichts entgegen, die Liquidationsmasse der GmbH, wiederum unter Wahrung des Spezialitätsgrundsatzes, im Zuge einer Sach-Kapitalerhöhung der Aktiengesellschaft in diese einzubringen (Verschmelzung durch Aufnahme) oder beide Gesellschaften zu liquidieren und ihr Vermögen Stück für Stück in eine neu zu gründende Gesellschaft einzubringen (Verschmelzung durch Neugründung).

Beispiel Nr. 11: Soll das GmbH-Unternehmen auf Tochtergesellschaften ausgegliedert oder sonst gespalten werden, so kann auch dies durch die Gründung neuer Gesellschaften und Einzeleinbringung von Vermögensteilen geschehen.

b) Die *Vereinfachungsfunktion des gesetzlichen Umwandlungsrechts* besteht in folgendem: Auflösungen und Liquidationen sowie Gründungen und Einzeleinbringungen werden ersetzt durch rechtsdogmatisch kompliziertere, rechtspraktisch aber viel einfachere Vorgänge:
- im Fall des Formwechsels durch die Fortsetzung des umzuwandelnden Rechtsträgers unter Fortbestand seiner Identität (§ 202 UmwG),
- im Fall der Verschmelzung und Spaltung durch den Übergang von Vermögensmassen auf einen neu entstehenden oder schon vorhandenen Rechtsträger, ggf. unter automatischem Fortfall eines bisher vorhandenen Rechtsträgers (§§ 20, 36, 131, 135 UmwG).

6. Umwandlungsgesetzgebung: Ihre Aufgabe und ihr Instrumentarium

a) Die vorausgegangenen Überlegungen sind für das *Verständnis des Umwandlungsrechts* von essentieller Bedeutung: Die Umwandlungsgesetzgebung ist nicht dazu da, Umstrukturierungen zu ermöglichen, die ohne gesetzgeberische Hilfe durchgeführt werden könnten. Kein im Umwandlungsgesetz vorgesehener Umwandlungsvorgang wäre ohne das Gesetz unmöglich. Ziel der Umwandlungsgesetzgebung ist, diese Vorgänge zu erleichtern. An die Stelle von Gründungen, Liquidationen und Einzelübertragungen werden andere Techniken gesetzt.

b) Diese Techniken heißen: *Identität* (dazu unter IV 2) und *Universalsukzession* (dazu unter IV 3). Wenn eine Gesellschaft aufgrund eines Formwechsels (§§ 190ff. UmwG) in neuer Rechtsform weiterbesteht (§ 202 I Nr. 1 UmwG), bedarf es keiner Einzelübertragungen, weil überhaupt nichts übergeht. Wenn das Vermögen einer Gesellschaft aufgrund einer Verschmelzung (§§ 2ff. UmwG) einschließlich der Verbindlichkeiten auf einen anderen Rechtsträger übergeht (§ 20 I Nr. 1 UmwG), bedarf es wiederum keiner Einzelübertragungen, denn hier findet zwar ein Rechtsübergang statt, jedoch eben im Wege der Gesamtrechtsnachfolge. Selbst bei der Spaltung lässt der Gesetzgeber Teile des Vermögens im Wege der »partiellen Universalsukzession« ohne Einzelübertragung übergehen (§ 131 I Nr. 1 UmwG).

c) Der außerordentliche rechtstechnische *Fortschritt*, der sich mit diesen Rechtstechniken verbindet, wird erst erkennbar, wenn man die beschwerlichen Folgen des Spezialitätsprinzips für die Einzelübertragung überblickt.

Das Spezialitätsprinzip bedeutet ja nicht nur, daß jeder Rechtsgegenstand übertragen werden muß, sondern er hat auch zur Folge, daß die einzelnen Verfügungen unterschiedlichen, bisweilen komplizierten Rechtsregeln folgen.

Beispiel Nr. 12: Zum Vermögen der G-GmbH gehören neben vielen Einzelgegenständen ein Grundstück, ein eingetragenes Seeschiff, ein Lkw, ein in einem Lagerhaus eingelagerter Warenbestand, ein Bankkonto, der Geschäftsanteil an einer Tochter-GmbH, ein Aktienpaket an einer amerikanischen Gesellschaft und eine Geldforderung, die am Umwandlungsstichtag vielleicht schon durch Zahlung erloschen ist. Soll dieses Vermögen zu Umwandlungszwecken auf eine Aktiengesellschaft überführt werden, so muß das Grundstück nach §§ 873, 925 BGB übertragen werden, das Seeschiff nach Schiffs-Sachenrecht, der Lkw nach § 929 BGB, die eingelagerte Ware nach § 931 BGB oder nach §§ 929 BGB, 475g HGB, das Bankkonto nach § 398 BGB, der Geschäftsanteil nach § 15 GmbHG und das Aktienpaket nach amerikanischem Recht; hinsichtlich der Geldforderung wird sogar unklar sein, ob sie noch abtretbar oder schon in Bargeld (Übereignung nach §§ 929ff. BGB) oder in Buchgeld auf dem Bankkonto verwandelt ist. Wird dagegen die GmbH formwechselnd in eine Aktiengesellschaft umgewandelt oder auf eine Aktiengesellschaft verschmolzen, so stehen alle diese Gegenstände und mit ihnen das weitere, vielleicht schwer übersehbare Gesellschaftsvermögen aufgrund der Identität beider Gesellschaften (Formwechsel nach § 202 I Nr. 1 UmwG) bzw. aufgrund der Gesamtrechtsnachfolge (Verschmelzung nach § 20 I Nr. 1 UmwG) ohne weiteres der Aktiengesellschaft zu. Um die einzelnen Übertragungsregeln (die amerikanischen Aktien eingeschlossen) braucht sich niemand zu kümmern. Selbst das Grundbuch wird nur berichtigt. Einer Auflassung bedarf es nicht.

Die Nichtgeltung des Spezialitätsprinzips in Umwandlungsfällen hat vielfache Rechtsfolgen, z.B. auch hinsichtlich des redlichen Erwerbes, denn dieser knüpft an einzelne Übertragungsakte an[13]:

Beispiel Nr. 13: Angenommen, die G-GmbH wäre zu Unrecht als Eigentümerin des Grundstücks eingetragen gewesen, wahrer Eigentümer wäre E gewesen. Dann wäre trotz guten Glaubens auch die Aktiengesellschaft nicht nach § 892 BGB Eigentümerin geworden. Für den Fall des Formwechsels wäre dies evident. Aber auch die Universalsukzession bei der Verschmelzung löst keinen gutgläubigen Erwerb aus. Das beruht nicht etwa darauf, daß es an einem Rechtsgeschäft fehlte (dazu alsbald unter IV 3), aber § 892 BGB gilt nur für Verfügungen über Grundstücksrechte, nicht für den Grundstückserwerb kraft Gesamtrechtsnachfolge.

7. Das Problem des internationalen Umwandlungsrechts*

a) Das Umwandlungsgesetz gilt nur für Rechtsträger mit Sitz im Inland (§ 1 I UmwG). Das erinnert an die umstrittene Sitztheorie im internationalen Gesellschaftsrecht (dazu oben, § 1 II 8a), und demgemäß wird debattiert, ob das Gesetz den satzungsmäßigen Sitz oder den Verwaltungssitz meint[14]. Man wird unterscheiden müssen: Da das Umwandlungsgesetz auf die Ein-

13 Eingehend *Karsten Schmidt*, AcP 191 (1991), 517ff.

* Literatur: *Kallmeyer*, a.a.O., § 1 Rdnrn. 10ff.; *Lutter*, a.a.O., § 1 Rdnrn. 5ff.; *Schmidt/Hörtnagl/Stratz*, a.a.O., § 1 Rdnrn. 3ff.; *Großfeld*, Internationales Umwandlungsrecht, AG 1996, 302; *Kallmeyer*, Grenzüberschreitende Verschmelzungen und Spaltungen? ZIP 1996, 535; *ders.*, Die Mobilität der Gesellschaften in der europäischen Union, AG 1998, 88; *Wiesner*, Europäisches Unternehmensrecht, ZIP 2000, 1792.

14 Vgl. *Lutter*, a.a.O., § 1 Rdnr. 7.

tragung im Handelsregister abstellt, meint es die im Inland eintragbaren Gesellschaften, und dies sind, solange das deutsche Recht von der Sitztheorie ausgeht, diejenigen, die auch ihren Verwaltungssitz in Deutschland haben. Dafür, daß nicht eine Gesellschaft mit ausländischer Rechtsform nach dem Umwandlungsgesetz umgewandelt werden kann, sorgt überdies der Katalog der nach dem Gesetz umwandlungsfähigen Rechtsträger. Will eine englische »Ltd.« oder »plc« eine GmbH oder AG nach deutschem Recht werden, so reicht ihr das Umwandlungsgesetz dazu nicht die Hand. An seine Stelle könnte die leider nur im Entwurf vorliegende Sitzverlegungsrichtlinie treten (dazu oben, § 1 II 8).

b) Die Beschränkung des Umwandlungsgesetzes auf deutsche Gesellschaften und auf deutsche Umwandlungsvorgänge ist bemängelt worden[15]. Richtig ist, daß wir damit kein komplettes Umwandlungsrecht für die Praxis vor uns haben. Aber der nationale Gesetzgeber stößt hier an Grenzen. Hätte er sich erkühnt, sich in die Verfassung ausländischer Gesellschaften einzumischen oder die sitzverlegende Auslandsverschmelzung deutscher Gesellschaften zu regeln, wäre die Kritik unausdenkbar und obendrein berechtigt gewesen. Der Richtlinienvorschlag über die grenzüberschreitende Verschmelzung von Aktiengesellschaften[16] ist bislang nicht zu einer umsetzungsfähigen Richtlinie gediehen.

c) Halten wir also fest, daß das deutsche Gesetz internationale Gesellschaften so wenig erleichtern kann, wie es sie behindern will. Soweit das Umwandlungsrecht reicht, können dagegen selbstverständlich auch Ausländer von ihm Gebrauch machen, z.B. wenn zwei ausländische Muttergesellschaften ihre Tochtergesellschaften in Deutschland verschmelzen.

II. Geschichte des positiven Umwandlungsrechts

1. Entwicklungsgeschichte des Formwechsels

Das geltende Umwandlungsgesetz ist das Produkt eines allmählichen kodifikatorischen Fortschritts und läßt kaum mehr die Mühen erkennen, die sich hinter der Geschichte des Umwandlungsrechts verbergen.

a) Die vom Gesetz zugelassenen Fälle des Formwechsels bilden einen *numerus clausus*, der sich erst sehr allmählich entwickelt hat. Das ADHGB von 1861, das noch alle Handelsgesellschaftsformen vereinte und die Chance einer stimmigen Lösung geboten hätte, enthielt zunächst zwar Vorschriften über die Verschmelzung von Aktiengesellschaften (Artt. 215 II, 247), regelte aber nicht die Umwandlung. Die Novelle von 1884 (Gesetz betreffend die

15 Vgl. nur *Kallmeyer*, a.a.O., § 1 Rdnrn. 10ff.
16 KOM (84) 727 = BT-Drucks. 10/2856.

Kommanditgesellschaft auf Aktien und die Aktiengesellschaft) ließ in Art. 206a ADHGB jedenfalls die Umwandlung einer Kommanditgesellschaft auf Aktien in eine Aktiengesellschaft zu. Die Umwandlung einer AG in andere Rechtsformen blieb dagegen im Aktienrecht ungeregelt, und hierbei blieb es auch nach dem Aktienrecht des HGB von 1897 (§§ 332–334 HGB). Eine Ausnahme stellte die Umwandlung der AG in eine GmbH dar. Der GmbH-Gesetzgeber von 1892 wollte die neu geschaffene Rechtsform auch denjenigen Gesellschaften öffnen, die bereits als Aktiengesellschaften bestanden, weil sie keine andere Wahl hatten[17]. Nach §§ 80f. GmbHG a.F. konnte eine Aktiengesellschaft »zum Zweck der Umwandlung in eine GmbH« aufgelöst werden. In diesem Fall konnte eine Liquidation der AG unterbleiben (§ 80 I GmbHG a.F.). Das Vermögen der AG ging im Wege der Universalsukzession[18] auf die GmbH über (§ 81 I GmbHG a.F.). Die Aktionäre konnten sich an der neuen GmbH mit dem auf ihre Aktien entfallenden Anteil beteiligen (§ 80 III GmbHG a.F.). Taten sie es nicht, so konnten sie eine Abfindung verlangen (§ 81 II GmbHG a.F.). Diese Regelung stellte eine Keimzelle des modernen Umwandlungsrechts dar. Hier ist das Modell der übertragenden Umwandlung angelegt, das freilich auf die Dauer nicht ausreichen konnte. Die §§ 80f. GmbHG wurden durch das AktG 1937 aufgehoben (§ 25 EGAktG 1937) und durch §§ 263ff. AktG 1937 (später durch §§ 369ff. a.F. AktG) ersetzt. Seit 1937 ist die formwechselnde Umwandlung von Kapitalgesellschaften in andere Kapitalgesellschaften lückenlos im Aktiengesetz geregelt (§§ 257ff. AktG 1937, §§ 362ff. AktG a.F.). Für *Kapitalgesellschaften* lag seitdem ein geschlossenes gesetzliches Umwandlungskonzept vor.

b) Andere Umwandlungsgestaltungen sind vom Gesetzgeber nur Schritt für Schritt zugelassen worden. Das hing nicht zuletzt damit zusammen, daß der Gesetzgeber einen Formwechsel – also ein Verhältnis der Identität – zwischen Kapitalgesellschaften (juristischen Personen) und Personengesellschaften (Gesamthandsgesellschaften) aus dogmatischen Gründen für unmöglich hielt[19]. Das *Gesetz über die Umwandlung von Kapitalgesellschaften von 1934*[20] schuf immerhin die Möglichkeit, Kapitalgesellschaften »auf« Personengesellschaften umzuwandeln oder sie durch Vermögensübertragung auf ihren Alleingesellschafter umzuwandeln. Diese Regelung diente mehr der gegen »anonymes Kapital« und für unbeschränkte Haftung eingenommenen nationalsozialistischen Gesellschaftsrechtsideologie (dazu oben, § 5 III 2 a; zur AG unten, § 26 II 2 e; zur GmbH unten, § 33 II 2b) als den Bedürfnissen der Gestaltungspraxis[21]. Einen wesentlichen Schritt zur Erwei-

17 Vgl. Begr. GmbHG, 1891, S. 115f.

18 Vgl. *RGZ* 64, 10, 12; *BayObLG*, OLGE 22, 24; *Paul Gerhard Müller*, Die Umwandlung einer AG in eine GmbH, Diss. Leipzig 1896, S. 51; *Hergenhahn*, Holdheim 1892, 254.

19 Dazu *Karsten Schmidt*, AcP 191 (1991), 508.

20 RGBl. I S. 569 mit Durchführungsverordnung v. 14.12.1934 (RGBl. I S. 1262), v. 17.5.1935 (RGBl. I S. 721), v. 2.12.1936 (RGBl. I S. 1003) und v. 24.6.1937 (RGBl. I S. 661).

21 Vgl. Amtliche Erläuterung, DJ 1934, 883, abgedruckt auch in: *Crisolli/Groschuff*, Umwandlung und Löschung von Kapitalgesellschaften, 2. Aufl. 1935, S. 34.

terung und Vereinheitlichung des Umwandlungsrechts brachte das *Gesetz über die Umwandlung von Kapitalgesellschaften und bergrechtlichen Gewerkschaften (Umwandlungsgesetz) von 1956*[22]. Dieses Gesetz sah immerhin schon die übertragende Umwandlung von Kapitalgesellschaften und bergrechtlichen Gewerkschaften auf eine Personengesellschaft oder auf einen Gesellschafter vor. Der umgekehrte Fall einer Umwandlung durch Übertragung von der Personengesellschaft oder vom Einzelkaufmann auf eine Kapitalgesellschaft wurde erst durch das 1969 erheblich überarbeitete *»Umwandlungsgesetz«* nachgetragen[23]. Dieses Umwandlungsgesetz wurde auch nach 1969 mehrfach geändert, vor allem durch die GmbH-Novelle von 1980[24] und das Verschmelzungsrichtlinie-Gesetz von 1982[25].

c) Das Umwandlungsrecht war nach diesem Stand unübersichtlich und auch rechtsdogmatisch rückständig, weil der Gesetzgeber meinte, einen *Formwechsel zwischen juristischen Personen und Personengesellschaften* aus rechtsdogmatischen Gründen nicht zulassen zu können[26]. Erst das Umwandlungsgesetz von 1994 hat Konsequenzen aus der Rechtsträgerschaft der Personengesellschaften (oben, § 8 III; unten, § 46 II) gezogen und nunmehr den Formwechsel auch hier zugelassen (§ 191 UmwG und dazu unter IV 2 b). Die Umwandlung eines einzelkaufmännischen Unternehmens ist nunmehr als Ausgliederung in das Spaltungsrecht einbezogen (§§ 123 III, 152 ff. UmwG).

2. Entwicklungsgeschichte des Verschmelzungsrechts

a) Historisch ist das *Bedürfnis nach Verschmelzungen* früher erkannt worden als das Bedürfnis nach Umwandlungsvorgängen. Schon die Urfassung des ADHGB 1861 ließ in Artt. 215 II, 247 zu, daß eine Aktiengesellschaft mit staatlicher Genehmigung (Konzessionssystem!) »durch Übertragung ihres Vermögens und ihrer Schulden an eine andere Aktiengesellschaft gegen Gewährung von Aktien der letzteren aufgelöst werden soll«[27]. Bis 1937 blieb es ein Nachteil der alten Regelungen, daß die Verschmelzung als eine vereinfachte Liquidation geregelt war, bei der das Vermögen der übertragenden Gesellschaft vorübergehend getrennt verwaltet werden mußte (Art. 247 ADHGB, § 306 HGB Fassung 1897). Das änderte sich erst mit dem Ak-

---

22 BGBl. I S. 844; dazu *Veith/Börnstein*, Umwandlungsgesetz und Umwandlungs-Steuergesetz, 1958.

23 BGBl. I S. 2081; dazu die Begründung BT-Drucks. V/3165, abgedruckt auch bei *Widmann/Mayer*, a. a. O.; zu dem Gesetz vgl. *Meyer-Ladewig*, BB 1968, 1005; *ders.*, GmbHR 1969, 231; *Knur*, DNotZ 1971, 10.

24 Gesetz zur Änderung des GmbHG und anderer handelsrechtlicher Vorschriften v. 4.7.1980, BGBl. I S. 836.

25 BGBl. I S. 1425.

26 So die Begründungen von 1934 (DJ 1934, 884) und von 1969 (BT-Drucks. V/3165, S. 8 f.); umfassende Kritik bei *Karsten Schmidt*, AcP 189 (1989), 508.

27 Die Konzessionspflicht wurde beseitigt durch das Gesetz vom 11.6.1870, BGBl. 1870, S. 375 Nr. 21.

tiengesetz von 1937[28], das in §§ 233ff. erstmalig ein modernes Verschmelzungsrecht regelte, auch den Schutz der Aktionäre der übertragenden Gesellschaft verbesserte und neben der Verschmelzung durch Aufnahme auch die Verschmelzung durch Neubildung regelte. Der Gesetzgeber von 1965 behielt diese Regelungen im wesentlichen bei, weil er sie als bewährt ansah[29]. Allerdings wollte er den Aktionärsschutz verbessern, und genau hier tat er nicht genug[30]. Eine entscheidende Änderung brachte insofern das Verschmelzungsrichtlinie-Gesetz von 1982[31], das aufgrund der dritten gesellschaftsrechtlichen EG-Richtlinie[32] ergangen ist, allerdings über diesen Regelungsauftrag erheblich hinausging[33]. Mittlerweile waren Verschmelzungsvorschriften auch für die GmbH erlassen worden. Sie beruhten auf der GmbH-Novelle 1980[34] und waren in §§ 19–35 des Gesetzes über die Kapitalerhöhung aus Gesellschaftsmitteln und über die Verschmelzung von Gesellschaften mit beschränkter Haftung (KapErhG) enthalten.

b) Auch das Verschmelzungsrecht ist erst durch das *Umwandlungsgesetz von 1994* zu einer Geschlossenheit gediehen, die nicht mehr von den Zufälligkeiten der Rechtsform abhängt. Die verschmelzungsfähigen Rechtsträger sind jetzt in § 3 UmwG zusammengestellt, und der historisch bedingte Gesetzeswirrwarr ist behoben.

3. Entwicklung eines Sonderrechts der Spaltung

a) Die *Spaltung einer Gesellschaft* besteht darin, daß das Gesellschaftsvermögen einer Gesellschaft auf künftig mindestens zwei Gesellschaften aufgeteilt, also ganz oder teilweise auf getrennte Rechtsträger verteilt wird (§ 123 UmwG)[35]. Als Spaltungsvarianten wurden herkömmlich die *Aufspaltung* und die *Abspaltung* unterschieden[36]. Im ersten Fall überführt die zu spaltende Gesellschaft ihr gesamtes Vermögen auf mehrere Folge-Gesellschaften, im

28 Dazu die Amtl. Begr., in: *Klausing*, Gesetz über Aktiengesellschaften und Kommanditgesellschaften auf Aktien (Aktiengesetz) nebst Einführungsgesetz und Amtlicher Begründung, 1937, S. 20f.

29 Begr. RegE, in: *Kropff*, S. 455.

30 Vgl. nur *Kraft*, in: KK, 1. Aufl., § 339 Rdnr. 7; *Schilling*, in: GroßkommAktG, 3. Aufl., vor § 339 Anm. 3; *Günther*, AG 1968, 103ff.; *Immenga*, BB 1970, 634f.; *Wiedemann*, ZGR 1978, 490f.; *Timm*, JZ 1982, 406f.

31 Gesetz zur Durchführung der Dritten Richtlinie des Rates der Europäischen Gemeinschaften zur Koordinierung des Gesellschaftsrechts (Verschmelzungsrichtlinie-Gesetz) v. 25.10.1982, BGBl. I S. 1425.

32 Dritte Richtlinie des Rates vom 9.10.1978 gemäß Art. 54 Abs. 3 Buchst. g des Vertrages betreffend die Verschmelzung von Aktiengesellschaften, ABl. EG v. 20.10.1978 Nr. L 295, S. 36 = *Lutter*, Europäisches Unternehmensrecht, 4. Aufl. 1996, S. 128ff.

33 Eingehend *Priester*, NJW 1983, 1459ff.

34 Gesetz zur Änderung des Gesetzes betreffend die Gesellschaften mit beschränkter Haftung und anderer handelsrechtlicher Vorschriften v. 4.7.1980, BGBl. I S. 836.

35 Vgl. *Kottmann*, a.a.O., S. 1f.; im einzelnen war die Terminologie vor dem UmwG umstritten; vgl. *Duvinage*, a.a.O., S. 21ff.; dazu eingehend *Schulze-Osterloh*, ZHR 149 (1985), 615f.

36 Terminologie des Diskussionsentwurfs eines Umwandlungsgesetzes von 1989; *Duvinage*, a.a.O., S. 39ff., 46f., sprach im ersten Fall von einer »totalen Gründungsspaltung«, im zweiten von einer

zweiten Fall gibt sie nur einen Teil ihres Gesellschaftsvermögens an eine aufnehmende Gesellschaft ab. § 123 UmwG hat die Ausgliederung als eine dritte Variante der Spaltung hinzugefügt. Sie unterscheidet sich von der Abspaltung dadurch, daß bei ihr die bisherige Gesellschaft (Allein-)Gesellschafterin der neuen Gesellschaft wird. Bei der Ausgliederung wird also die Zielgesellschaft gleichsam »unter die Ausgangsgesellschaft gehängt«, während im Fall der Abspaltung die Gesellschafter der bisher einzigen (Ausgangs-)Gesellschaft Gesellschafter auch der Zielgesellschaft werden[37].

b) Die Spaltung von Gesellschaften wurde im Gegensatz zur Verschmelzung *erst spät im Gesetz geregelt.* Auch die 6. EG-Richtlinie zur Koordinierung des Gesellschaftsrechts (Spaltungsrichtlinie) von 1982[38] hielt die Mitgliedstaaten nicht zur durchgehenden Normierung an. Das war kein Zufall, denn im Vergleich mit dem Formwechsel und der Verschmelzung ist die Spaltung ohne Einzelübertragung der rechtstechnisch schwierigste Umwandlungsfall: Der Gesetzgeber muß die Entscheidungskompetenzen und den Minderheiten- und Gläubigerschutz klären und nach dem Vorbild der früheren Umwandlung eines einzelkaufmännischen Unternehmens »auf« eine AG oder GmbH an die Stelle der umständlichen Einzeleinbringung eine Gesamtrechtsnachfolge setzen[39], denn hier wie dort geht es um die Überführung eines abzugrenzenden Vermögensteils auf einen neuen Rechtsträger. Die seit 1980 zugelassene »Umwandlung« eines einzelkaufmännischen Unternehmens ohne Einzeleinbringung[40] war insofern eine Vorform des modernen Spaltungsrechts. Echte gesellschaftsrechtliche Spaltungsvorschriften wurden dann zunächst für die von der Treuhandanstalt verwalteten Unternehmen auf dem Boden der ehemaligen DDR erlassen[41]. Erst das Umwandlungsgesetz von 1994 schuf ein vollständiges Spaltungsrecht (§§ 123ff. UmwG).

c) Solange eine gesetzliche Regelung fehlte, konnte die Spaltung von Gesellschaften nur im Wege der *Einzeleinbringung* durchgeführt werden, sei es als Sachgründung einer neuen Gesellschaft (Spaltung zur Neugründung)[42], sei es als Sachkapitalerhöhung einer schon vorhandenen Gesellschaft (Spaltung zur Aufnahme)[43], mit der dann regelmäßig eine Kapitalherabsetzung in der Ursprungsgesellschaft[44], u.U. sogar eine Liquidation dieser Gesellschaft[45], einhergehen mußte. Bei Personengesellschaften war dies noch leidlich prak-

---

Gründungsabspaltung; *Duden/Schilling*, AG 1974, 203, bezeichneten den ersten Fall als »horizontale Spaltung«; Überblick bei *Kottmann*, a.a.O., S. 4.

37 Vgl. *Duvinage*, a.a.O., S. 30; *Teichmann*, AG 1980, 85.

38 Richtlinie v. 17.12.1982, ABl. EG L 378 v. 31.12.1982, S. 47 = *Lutter*, Europäisches Unternehmensrecht, 4. Aufl. 1996, S. 196ff.

39 So hier schon die 1. und 2. Aufl., § 13 III 3; s. auch bereits *Kropff*, a.a.O., S. 121ff.; seither eingehend *Himmelreich*, a.a.O.; *Karsten Schmidt*, AcP 191 (1991), 512ff.

40 §§ 48ff., 50aff. UmwG 1969/1980.

41 Das Gesetz über die Spaltung der von der Treuhandanstalt verwalteten Unternehmen (SpTrUG) vom 5.4.1991 (BGBl. I S. 854) war eine Teil-Vorwegnahme des UmwG 1994.

42 Spaltung zur Neugründung.

43 Spaltung zur Aufnahme.

44 Abspaltung.

45 Aufspaltung.

tikabel, kaum aber bei Kapitalgesellschaften mit ihrem komplizierten Kapitalherabsetzungs- und Liquidationsrecht. Auf der Seite der aufnehmenden Gesellschaften entstanden auch ungelöste Probleme der Haftungskontinuität nach § 25 HGB (dazu auch Handelsrecht, § 8 II 1 e)[46]. Das Umwandlungsgesetz nimmt der Praxis hier viele Schwierigkeiten ab. Die Unternehmensspaltung ohne Umwandlungsgesetz beschäftigt uns allerdings noch bis heute, denn hier stellt das Fehlen jeglicher Regelung die Ausgliederungspraxis vor wenig geklärte Kompetenzprobleme, die aus dem »Holzmüller«-Urteil bekannt sind (*BGHZ* 83, 122; dazu unten, § 13 I 4 b, § 21 V 3 und § 28 V 2 b): Darf der Vorstand einer AG ohne Mitwirkung der Hauptversammlung eine Tochtergesellschaft gründen und wesentliche Betriebsteile in diese Gesellschaft einbringen, wenn er den Vollzug nach dem Umwandlungsgesetz vermeidet? Auf die Umgehungsfestigkeit des Umwandlungsgesetzes wird unter § 13 I 4 b zurückzukommen sein.

d) Nicht mit der Spaltung im beschriebenen Sinne identisch ist die *Betriebsaufspaltung*[47]. Das schließt nicht aus, daß eine Betriebsaufspaltung durch Spaltung nach dem Umwandlungsgesetz zustande gebracht wird (§ 134 UmwG)[48], bedeutet aber, daß der Zustand der Betriebsaufspaltung nicht eigentlich ein umwandlungsrechtlicher Sachverhalt ist. Bei einer Betriebsaufspaltung wird die Unternehmensträgerschaft dadurch vom Anlagevermögen getrennt, daß eine sog. Betriebsgesellschaft das Unternehmen betreibt, während das Anlagevermögen oder ein wesentlicher Teil dieses Vermögens einer sog. Besitzgesellschaft gehört und von dieser an die Betriebsgesellschaft vermietet oder verpachtet wird. Die Betriebsaufspaltung ist ein Kind des Steuerrechts und wird gerade aus diesem Grund nicht nur mit Beifall bedacht[49]. In haftungsrechtlicher Hinsicht ist die Betriebsaufspaltung nicht selten von dem Bestreben geleitet, das Anlagevermögen aus dem haftenden Vermögen der Betriebsgesellschaft herauszuhalten und damit dem Haftungszugriff zu entziehen[50]. Inwieweit dies noch gelingen kann, ist zunehmend zweifelhaft, seitdem der *Bundesgerichtshof* die Überlassung von notwendigem Anlagevermögen als Eigenkapitalersatz ansieht (dazu unten, § 37 IV 3 b). Auch an den Arbeitnehmerschutz nach § 134 UmwG muß gedacht werden[51].

---

46 Wenig klärend *Duvinage*, a. a. O., S. 53 ff.; dazu mit Recht krit. *Schulze-Osterloh*, ZHR 149 (1985), 619 ff.; rechtspolitisch *Karsten Schmidt*, ZGR 1990, 599 f.

47 Dazu *Bentler*, Das Gesellschaftsrecht der Betriebsaufspaltung, 1986; *Brandmüller*, Betriebsaufspaltung nach Handels- und Steuerrecht, 7. Aufl. 1997; *Dehmer*, Die Betriebsaufspaltung, 2. Aufl. 1987; *Donath*, Die Betriebsaufspaltung, 1991; *Holzwarth*, Konzernrechtlicher Gläubigerschutz bei der klassischen Betriebsaufspaltung, 1994; *Kaligin*, Die Betriebsaufspaltung, 4. Aufl. 2001; *Kern*, Die Aufspaltung mittelständischer Unternehmen in ein Besitz- und ein Betriebsunternehmen, 1987; *Knoppe*, Betriebsverpachtung, Betriebsaufspaltung, 7. Aufl. 1985; *Priester/Timm* (Hrsg.), Abschied von der Betriebsaufspaltung? 1990.

48 Dazu *Krüger*, Die umwandlungsrechtliche Haftungsregelung bei der Betriebsaufspaltung und ihre Analogiefähigkeit, 2000.

49 Eingehend *Knobbe-Keuk*, Bilanz- und Unternehmenssteuerrecht, 9. Aufl. 1993, § 22 X; vgl. demgegenüber *Weilbach*, BB 1990, 829.

50 Dazu *Drygala*, Der Gläubigerschutz bei der typischen Betriebsaufspaltung, 1991.

51 Dazu *Krüger*, Die umwandlungsrechtliche Haftungsregelung bei der Betriebsaufspaltung und ihre Analogiefähigkeit, 2001.

Bei der Besitzgesellschaft entstehen auch gesellschaftsrechtliche Gestaltungsprobleme. Im Fall einer Personengesellschaft war lange umstritten, ob die Besitzgesellschaft Handelsgesellschaft (oHG oder KG) bleiben kann oder ob nicht vielmehr mit dem Spaltungsvorgang eine Umwandlung der Handels-Personengesellschaft in eine Gesellschaft bürgerlichen Rechts verbunden ist. Diese Umwandlung war kaum zu vermeiden, wenn die vormalige Handelsgesellschaft das Unternehmen als nunmehrige Besitzgesellschaft in die Hände einer Betriebsgesellschaft gelegt hatte (vgl. 3. Aufl., § 12 II 3 d)[52]. Die früheren Auflagen dieses Buchs haben deshalb an den Gesetzgeber appelliert[53]. Dieser hat inzwischen reagiert: Nach §§ 105 II, 161 II HGB kann auch eine vermögensverwaltende Personengesellschaft als oHG oder KG eingetragen werden, folglich auch als solche eingetragen bleiben, wenn sie das Unternehmen an eine Betriebsgesellschaft abgegeben hat (vgl. zu § 105 II HGB unten, § 46 I a; Handelsrecht, § 10 II 3).

Sollten Anlagevermögen und Unternehmensträgerschaft nach einer Betriebsaufspaltung wieder zusammengeführt werden, so kann dies durch Einzeleinbringung, aber auch durch Verschmelzung der Besitzgesellschaft mit der Betriebsgesellschaft geschehen. Damit endet, wie in unserem Beispiel Nr. 7 am Fall »Bleyle« verdeutlicht wurde, der Zustand der Betriebsaufspaltung.

4. Die Entstehung des Umwandlungsgesetzes von 1994

Das die komplizierten Entwicklungsstränge des Umwandlungsrechts bündelnde Umwandlungsgesetz von 1994 hat Kodifikationscharakter: Es ist dem Willen zu systematischer und geschlossener Normierung des gesamten Umwandlungsrechts entsprungen und schließt die unübersichtliche historische Entwicklung in diesem Sinne ab. Diesem Ehrgeiz des Gesetzgebers entspricht eine sorgsame, wissenschaftlich gestützte Vorbereitung. Im Jahr 1988 legte das Bundesministerium der Justiz den Diskussionsentwurf eines Gesetzes zur Bereinigung des Umwandlungsrechts vor[54], dem 1992 ein Referentenentwurf[55] und 1994 der Regierungsentwurf folgte[56], der Gegenstand des Gesetzgebungsverfahrens einschließlich einer Anhörung von Fachleuten durch den Rechtsausschuß des Bundestages war[57]. In jedem Stadium

52 *BGH*, WM 1962, 10, 12; BB 1971, 973, 974 = NJW 1971, 1698; NJW-RR 1990, 798, 799 = JuS 1990, 1020 m. Anm. *Karsten Schmidt*; *OLG Hamm*, NJW 1994, 392; *OLG Koblenz*, DB 1996, 136 = NJW-RR 1996, 744 (Betriebsverpachtung); *Karsten Schmidt*, DB 1971, 2345; *ders.*, DB 1988, 897ff.; a.M. *OLG München*, NJW 1988, 1036 = JuS 1988, 572; *LG Nürnberg-Fürth*, BB 1980, 1549; *LG Heidelberg*, BB 1982, 142 m. zust. Anm. *Theil*; *Bentler*, Das Gesellschaftsrecht der Betriebsaufspaltung, 1986, S. 51ff.; *Brandmüller*, Betriebsaufspaltung nach Handels- und Steuerrecht, 7. Aufl. 1997, Rdnr. B 7 (aber auch Rdnr. D 8); *ders.*, BB 1976, 641f.; 1979, 466; *Kern*, Die Aufspaltung mittelständischer Unternehmen ..., 1987, S. 105f.

53 Vgl. 3. Aufl., § 12 II 3 d; s. auch *Karsten Schmidt*, Gesellschaft bürgerlichen Rechts, in: Gutachten und Vorschläge zur Überarbeitung des Schuldrechts III, 1983, S. 515.

54 Beilage 214a zum BAnz. v. 15.11.1988.

55 Beilage 112a zum BAnz. v. 20.6.1992.

56 BT-Drucks. 12/6699 = BR-Drucks. 75, 94; dazu *Neye*, ZIP 1994, 165ff.

57 Als Gesellschaftsrechtler nahmen *Lutter*, *Hoffmann-Becking* und der *Verf.* daran teil.

der Entwürfe fand ein umfangreicher Dialog der Gesetzgebungsreferenten mit der Praxis und Wissenschaft statt[58]. Nachdem die zunächst verabschiedete Fassung wegen des Arbeitnehmerschutzes im Bundesrat gescheitert und der Vermittlungsausschuß eingeschaltet worden war, wurde die nunmehr endgültig überarbeitete Gesetzesfassung im September 1994 von Bundestag und Bundesrat verabschiedet und im Oktober 1994 im Bundesgesetzblatt verkündet.

III. Rechtspolitische Bedeutung des Umwandlungsgesetzes*

1. Rechtspolitische Hauptprobleme der Umwandlungsgesetzgebung

Der Umwandlungsgesetzgeber hat eine ganze Reihe von *Gestaltungszielen* und *Schutzaspekten* zu beachten, deren wichtigste die folgenden sind:
- Vereinfachung ohne unzuträgliche Einbuße an Legitimation und Rechtssicherheit,
- strukturgerechte Unterscheidung von Formwechsel und Gesamtrechtsnachfolge,
- Minderheitenschutz,
- Gläubigerschutz,
- Schutz der Arbeitnehmerinteressen.

a) Die Verbindung von Vereinfachungs-, Legitimations- und Rechtssicherheitsaspekten kommt vor allem im Eintragungsverfahren zur Geltung: Umwandlungsvorgänge werden regelmäßig erst mit der Registereintragung wirksam (§§ 20, 125, 131, 176, 177, 202 UmwG). Da die zugrundeliegenden Beschlüsse anfechtbar sein können, sucht das Gesetz *die Eintragung angefochtener Umwandlungsmaßnahmen* zu verhindern, gibt aber den Gesellschaftsorganen zugleich die Möglichkeit, eine unsachgemäße Blockade zu verhindern (§§ 16 und 198 III UmwG und dazu unter III 2).

b) Die Unterscheidung von Formwechsel und Gesamtrechtsnachfolge mußte von rechtsdogmatischen Skrupeln befreit werden: Nicht mehr die überholte Annahme, daß juristische Personen und Gesamthandsgesellschaften nicht identisch sein könnten, sondern Sachgesichtspunkte mußten die Neuregelung

58 Vgl. nur *IdW* (Hrsg.), Reform des Umwandlungsrechts, a. a. O.; *Lutter* u. a., ZGR 1990, 392–611; *Zöllner* u. a., ZGR 1993, 334–473.

* Literatur (Auswahl): *Bayer*, 1000 Tage neues Umwandlungsrecht – eine Zwischenbilanz, ZIP 1997, 1613; *Ganske*, Reform des Umwandlungsrechts, WM 1993, 1117; *Heckschen*, Die Entwicklung des Umwandlungsrechts ..., DB 1998, 1385; *Lutter*, a. a. O., Einl. UmwG; *ders.*, *Priester*, *Hommelhoff*, *Hoffmann-Becking* u. a., Die Reform von Umwandlung und Fusion, ZGR 1990, 391 ff.; *Neye*, in: Lutter, a. a. O., Kölner Umwandlungsrechtstage, S. 1; *ders.*, Die Reform des Umwandlungsgesetzes, DB 1994, 2069; *Petersen*, a. a. O.; *Sagasser/Bula/Brünger*, a. a. O., Rdnrn. C 1 ff.; *Schmalz-Brüggemann*, Die Auswirkung der Umwandlung von Kapitalgesellschaften auf die Rechtsverhältnisse zwischen der Gesellschaft und den Gesellschaftsorganen, 1993.

bestimmen. Nur für die Verschmelzung und Spaltung, nicht auch für den Formwechsel wird das Instrument der Gesamtrechtsnachfolge benötigt.

c) *Mehrheitsentscheidungen* über die Umwandlung von Unternehmen stellen ein erhebliches rechtspolitisches Problem dar, und zwar auch dann, wenn den Minderheitsgesellschaftern die Wahl gegeben wird, ob sie zu den beschlossenen Bedingungen an der Umwandlung teilhaben oder abgefunden werden wollen. Können die Minderheitsgesellschafter sogar durch Mehrheitsbeschluß aus der Gesellschaft gedrängt werden, so ergeben sich darüber hinaus auch verfassungsrechtliche Bedenken. Die Frage kulminierte in dem »Feldmühle-Fall«, der zu einer Entscheidung des *Bundesverfassungsgerichts* führte[59]:

Beispiel Nr. 14 (*BVerfGE* 14, 263): Nach §§ 9–15 des UmwG 1956 konnte eine Aktiengesellschaft durch qualifizierten Hauptversammlungsbeschluß unter Ausschluß und Abfindung der Minderheitsgesellschafter umgewandelt werden, wenn sich mehr als 3/4 der Aktien in der Hand eines Aktionärs befanden. Hauptaktionäre der Feldmühle AG in Düsseldorf-Oberkassel, eines bedeutenden Papierherstellers, waren der Flick-Konzern und die Dresdner Bank. Sie brachten ihre Aktien in eine neu gegründete Aktiengesellschaft ein, die auf diese Weise 79 % der Feldmühle-Aktien hielt und alsbald die Umwandlung der Feldmühle AG auf sich selbst unter Ausschluß und Abfindung der 21 %-Minderheit beschloß. Ein Minderheitsaktionär erhob Klage gegen dieses Verfahren. Das Zivilgericht setzte den Prozeß unter Vorlage an das *Bundesverfassungsgericht* aus (Art. 100 GG). Das *Bundesverfassungsgericht* erkannte keinen Verstoß gegen Artt. 2, 3, 14 GG. Es betonte die Wertneutralität und Ambivalenz des Umwandlungsrechts und gestand dem Gesetzgeber das Recht zu, »aus gewichtigen Gründen des Gemeinwohls ... den Schutz des Eigentums der Minderheitsaktionäre hinter den Interessen der Allgemeinheit an einer freien Entfaltung der unternehmerischen Initiative im Konzern zurücktreten zu lassen«. Das folgt in den Augen des *Bundesverfassungsgerichts* »aus einer Abwägung zwischen der Bedeutung der Grundrechte aus Art. 2 I und Art. 14 I GG im Rahmen einer konzernabhängigen Gesellschaft«. Wegen des ambivalenten Charakters der Aktienrechtsvorschriften sieht das *Bundesverfassungsgericht* eine Verfassungswidrigkeit auch nicht in der Möglichkeit eines Mißbrauchs.

Erwartungsgemäß hat diese recht problematische Entscheidung die Diskussion nicht zum Abschluß gebracht. Der Gesetzgeber des neuen Umwandlungsgesetzes hat die Möglichkeit, widerstrebende Gesellschafter im Zuge der Umwandlung auszubooten, grundsätzlich abgeschafft (vgl. § 202 I Nr. 2 UmwG)[60], weil sie nur selten zum Zuge kommt und »heutigen Vorstellungen über den Schutz von Anteilsinhabern nicht mehr entspricht«[61]. Mit dem Übernahmerecht aus dem Jahr 2001 (unten, § 26 II 3 d) hat er jetzt aber doch

59 Vgl. dazu *Wiedemann* I, § 12 III 2; *v. Falkenhausen*, Verfassungsrechtliche Grenzen der Mehrheitsherrschaft nach dem Recht der Kapitalgesellschaften, 1967; *ders.*, Aktienrecht und Verfassungsrecht, AG 1963, 150; *Fechner*, Das Umwandlungsgesetz und das Bundesverfassungsgericht, AG 1962, 229; *Fechner/Peter Schneider*, Verfassungswidrigkeit und Rechtsmißbrauch im Aktienrecht, 1960; *dies.*, Nochmals: Verfassungswidrigkeit und Rechtsmißbrauch im Aktienrecht, 1962; *Hamann*, Umwandlungsgesetz und Eigentumsgarantie, BB 1960, 1306; *Alfred Hueck*, Zur Frage der Verfassungsmäßigkeit des Umwandlungsgesetzes, DB 1960, 375; *Körner*, Zur Verfassungswidrigkeit der sog. Mehrheitsumwandlung, BB 1960, 687; *Schleyer*, Übertragende Umwandlung – verfassungs- und gesetzwidrig? NJW 1960, 1552; *Winter*, Umwandlung unter Ausscheiden der Minderheitsgesellschafter verfassungswidrig? GmbHR 1960, 101.

60 Ausnahmen: §§ 294 I 2 UmwG, §§ 233 III i.V.m. § 236 UmwG.

61 Begründung zu § 202 UmwG.

ein »Squeeze-out«-Verfahren eingeführt (§ 28 I 5 b)[62], und es ist mit verfassungsrechtlichen Grundsatzbedenken nicht zu rechnen[63].

d) Das *Gläubigerschutzanliegen*[64] besteht zunächst darin, daß nicht durch Umwandlungsvorgänge Verbindlichkeiten abgeschüttelt werden können. Diese müssen also auch den Ziel-Rechtsträger treffen (vgl. §§ 20 I Nr. 1, 131 I Nr. 1 UmwG). Im Fall der Verschmelzung kann das aber auch die Gläubiger des Ziel-Rechtsträgers gefährden, die – z.B. im Fall der sanierenden Verschmelzung – künftig unter den Gläubigern eines anderen Unternehmens konkurrieren und deshalb besonderer Sicherungen bedürfen (vgl. § 22 UmwG). Überhaupt muß bei dem Anliegen des Gläubigerschutzes zwischen »individuellem« Gläubigerschutz (Schutz vorhandener Altgläubiger) und »institutionellem« Gläubigerschutz (Schutz potentieller Gläubiger) unterschieden werden[65]. Es ist also nicht mit einem Haftungs-Bestandsschutz für Altgläubiger getan, sondern es muß für ein ausgewogenes Verhältnis von Haftung und Kapital auch für die Zukunft gesorgt werden (dazu allgemein unten, § 18 IV 2). Im übrigen lenkt das Thema »Gläubigerschutz« die Aufmerksamkeit des Juristen viel zu einseitig auf die Erfüllung einzelner Forderungen bzw. Verbindlichkeiten und viel zu wenig auf die Kontinuität ganzer Rechtsverhältnisse (vgl. auch Handelsrecht, § 8 I 4 c zu § 25 HGB)[66]. Sogar der Übergang von Arbeitsverhältnissen nach § 613 a BGB war in Fällen der umwandlungsrechtlichen Gesamtrechtsnachfolge alles andere als unstreitig[67]. Nunmehr stellt § 324 UmwG klar, daß § 613 a BGB »unberührt« bleibt, also auf den umwandlungsrechtlichen Betriebsübergang anwendbar ist[68]. Aber damit sollte es nicht sein Bewenden haben: Die zu einem übergehenden Vermögen oder Vermögensteil (meist: Betrieb oder Betriebsteil) gehörenden Rechtsverhältnisse gehen auch außerhalb des Arbeitsrechts in toto – d.h. nicht nur als Summe einzelner Forderungen und Verbindlichkeiten – über.

e) Hinsichtlich des Arbeitnehmerschutzes ist vor allem auf die Bestimmungen der *§§ 323ff. UmwG* hinzuweisen[69]. Die Bestimmungen enthalten Besitz-

---

62 Dazu *Grunewald*, AG 2001, 288; *dies.*, ZIP 2002, 18; *Habersack*, ZIP 2001, 1230; *Krieger*, BB 2002, 53.

63 Vgl. BVerfG, ZIP 2000, 1670; dazu auch aus der Sicht des Umwandlungsgesetzes *Krüger*, BB 2002, 54.

64 Dazu umfassend *Petersen*, a.a.O.

65 Vgl. *Petersen*, a.a.O., S. 16ff., im Anschluß an *Karsten Schmidt*, ZGR 1993, 367ff.

66 Eingehend *Voigt*, Umwandlung und Schuldverhältnis, 1997, S. 17ff., 76ff.; *Karsten Schmidt*, DB 2001, 1019ff.

67 Angaben bei *Karsten Schmidt*, AcP 191 (1991), 495, 515f.; vgl. dann aber *BAG*, DB 1994, 1683, 1684; dazu ausführlich *Wlotzke*, DB 1994, 40, 42f.

68 Die Diskussion darüber, ob § 324 UmwG als Rechtsgrundverweisung die Anwendbarkeit des § 613a BGB davon abhängig macht, ob diese Vorschrift in sich die Anwendung auf Umwandlungsfälle trägt (*Joost*, in: Lutter, Kölner Umwandlungsrechtstage, a.a.O., S. 318f.), ist müßig: § 324 UmwG ist Rechtsgrundverweisung (setzt also einen Betriebsübergang i.S. von § 613a BGB voraus) und zugleich authentische Interpretation (besagt also, daß der Übergang durch umwandlungsrechtliche Gesamtrechtsnachfolge ein rechtsgeschäftlicher i.S. von § 613a BGB ist); vgl. zu dem unstreitigen Ergebnis jetzt auch *Lutter/Joost*, a.a.O., § 324 Rdnr. 3.

69 Eingehend *Wendeling-Schröder*, Unternehmensumstrukturierung, 1996; *Kreßel*, BB 1995, 925ff.

standsregelungen über die kündigungsrechtliche Stellung und die Mitbestimmung sowie eine ausdrückliche Verweisung auf § 613a BGB, so daß die Arbeitnehmer nicht schlechter dastehen als im Fall des Betriebsübergangs durch Einzelübertragung (dazu Handelsrecht, § 8 I 4c).

2. Der Kompromiß zwischen Legitimation, Minderheitenschutz und Effektivität: Überwindung der Registersperre bei Anfechtungsklagen (§§ 16, 125, 198 III UmwG)*

a) Die Praxis des Umwandlungsrechts hat – vor allem auf dem Gebiet der Verschmelzung – immer wieder erkennen lassen, wie schwierig ein ausgewogenes Verhältnis zwischen der Legitimation von Umwandlungsvorgängen, dem durch Anfechtungsklagen garantierten formellen Minderheitenschutz und dem Bedürfnis nach effektiver Durchführung von Umwandlungsmaßnahmen ist: Soll nicht durch die Schaffung endgültiger Tatsachen der Minderheitenschutz gegen rechtswidrige Umstrukturierungen geschmälert werden, so muß der Gesetzgeber während eines Anfechtungsprozesses durch eine *Registersperre* die Eintragung verhindern (§§ 16, 125, 198 III UmwG und dazu unten, § 13 III 7a). Auf der anderen Seite wächst, wie vor allem die Aktienrechtspraxis gezeigt hat (unten, § 28 IV 5), der Minderheit hiermit ein unerwünschtes Erpressungspotential zu: Mit der Registersperre wächst der »Lästigkeitswert« einer Anfechtungsklage ins Ungeheure, und mit ihm wächst die Gefahr, daß Klagen nur mit dem Ziel erhoben werden, sich diesen »Lästigkeitswert« abkaufen zu lassen (unten, § 13 III 7a). Umwandlungsvorgänge sind nämlich sehr oft unternehmensstrategische Maßnahmen von großer kaufmännischer Tragweite, die – auch aus bilanziellen und steuerlichen Gründen – zeitgenau eingetragen sein müssen, so daß jede Verzögerung von Schaden wäre. Die Kalamität liegt in der Ungewißheit der meisten Anfechtungsprozesse begründet. Wüßte man um die Berechtigung der Anfechtungsklage, so spräche alles für die Registersperre. Wüßte man umgekehrt, daß die Anfechtungsklage unzulässig oder unbegründet ist, so wäre keine Registersperre gerechtfertigt. Der *Bundesgerichtshof* hat sich vor dem neuen Umwandlungsrecht mit folgendem Grundsatz geholfen[70]: »Ist die gegen einen Verschmelzungsbeschluß erhobene Anfechtungsklage ... zweifelsfrei ohne Erfolgsaussicht, so ist das Registergericht ... nicht gehindert, die Verschmelzung bereits vor der rechtskräftigen Beendigung des Anfechtungs-

* Literatur: *Bork*, Das Unbedenklichkeitsverfahren nach § 16 III UmwG, in: Lutter (Hrsg.), Kölner Umwandlungsrechtstage, 1995, S. 261; *Decher*, Die Überwindung der Registersperre nach § 16 III UmwG, AG 1997, 388; *Heermann*, Auswirkungen einer Behebbarkeit oder nachträglichen Korrektur von gerügten Verfahrensmängeln auf das Unbedenklichkeitsverfahren nach § 16 Abs. 3 UmwG, ZIP 1999, 1861; *Jaeger*, Die Registersperre im neuen Verschmelzungsrecht, RdW 1996, 157; *Kiem*, Die schwebende Umwandlung, ZIP 1999, 173; *Riegger/Schockenhoff*, Das Unbedenklichkeitsverfahren ..., ZIP 1997, 2105; *Schmid*, Einstweiliger Rechtsschutz von Kapitalgesellschaften gegen die Blockade von Strukturentscheidungen durch Anfechtungsklagen, ZIP 1998, 1057; *Sasnitza*, Das Unbedenklichkeitsverfahren nach § 16 III UmwG, NZG 1999, 965; *Veil*, Die Registersperre ..., ZIP 1996, 1065.

70 *BGHZ* 112, 9 = NJW 1990, 2747; dazu *Karsten Schmidt*, in: GroßkommAktG, § 245 Rdnr. 79.

verfahrens in das Handelsregister einzutragen.« Der Registerrichter war also befugt, die eindeutige Unzulässigkeit oder Unbegründetheit der erhobenen Klage im Registerverfahren inzident zu prüfen.

b) Nach neuem Umwandlungsrecht ist an die Stelle dieser etwas provisorischen, jedoch nützlichen Inzidentprüfungslösung ein etwas perfektionistisch anmutendes *Zwischenverfahren bei dem Prozeßgericht* getreten (§ 16 III UmwG für die Verschmelzung sowie §§ 125, 198 Abs. 3 UmwG für die Spaltung und für den Formwechsel)[71]. Grundlage bleibt die Registersperre, denn die Vertretungsorgane haben bei der Registeranmeldung zu erklären, daß eine Klage gegen die Wirksamkeit des Beschlusses nicht oder nicht fristgemäß erhoben oder zurückgenommen oder rechtskräftig abgewiesen ist (§ 16 II 1 UmwG). Liegt die Erklärung nicht vor, so darf die Umwandlung grundsätzlich nicht eingetragen werden (§ 16 II 2 UmwG). Jedoch kann diese Registersperre nach §§ 16 III, 125, 198 III UmwG durch einen Beschluß des Prozeßgerichts überwunden werden, der in dringenden Fällen auch ohne mündliche Verhandlung ergehen kann. Der Beschluß wird erlassen, wenn das Prozeßgericht aufgrund glaubhaft zu machender Tatsachen zu dem Ergebnis gelangt, daß die Anfechtungsklage unzulässig oder offensichtlich unbegründet ist oder wenn das alsbaldige Wirksamwerden der Umwandlung (Verschmelzung, Spaltung, Formwechsel) nach freier Überzeugung des Gerichts unter Berücksichtigung der Schwere der mit der Klage geltend gemachten Rechtsverletzung zur Abwendung der vom Antragsteller dargelegten Nachteile für die beteiligten Rechtsträger und ihre Anteilsinhaber vorrangig erscheint (§ 16 III 2 UmwG). Offensichtlich unbegründet ist die Klage, wenn das Gericht aufgrund der unstreitigen oder glaubhaft gemachten Tatsachen ohne besondere tatsächliche Ermittlungen zu der Überzeugung kommt, daß die Klage aussichtslos ist[72]. Die Abwägungsklausel in § 16 III 2 UmwG erlaubt aber eine Aufhebung der Eintragungssperre auch dann, wenn die Klage möglicherweise begründet, das Vollzugsinteresse aber nach Abwägung der im Gesetz genannten Gesichtspunkte vorrangig ist[73]. Die Rechtsprechung hat vor allem bei Verschmelzungen von dieser Variante des § 16 III 2 UmwG in zahlreichen Fällen Gebrauch gemacht[74]. Erweist sich die Anfechtungsklage dann allerdings doch als begründet, so muß der Rechtsträger, der den Beschluß erwirkt hat, dem Antragsgegner den aus der Überwindung der Eintragungssperre entstandenen Schaden ersetzen (§ 16 III 6 UmwG). Die Parallele zum einstweiligen Rechtsschutz ist offenbar (vgl. § 945 ZPO), aber hier wird das Vollstreckungsrisiko eines Arrestklägers nicht dem Angreifer

---

71 Dazu im Überblick *Kallmeyer/Zimmermann*, a.a.O., § 16 UmwG; *Lutter/Bork*, a.a.O., § 16 UmwG; *Schmitt/Hörtnagl/Stratz*, a.a.O., § 16 UmwG.

72 Vgl. mit Unterschieden im Detail *OLG Frankfurt*, ZIP 1996, 379; 1997, 1291; WM 1999, 386; *OLG Stuttgart*, AG 1997, 138, 139; *OLG Düsseldorf*, ZIP 2001, 1717; *Schmitt/Hörtnagl/Stratz*, a.a.O., § 16 Rdnr. 52.

73 Dazu im einzelnen *Schmitt/Hörtnagl/Stratz*, a.a.O., § 16 Rdnr. 56.

74 Vgl. nur *OLG Stuttgart*, DB 1997, 217; *OLG Frankfurt*, ZIP 1996, 379; *OLG Hamm*, NJW-RR 1999, 973; *OLG Düsseldorf*, ZIP 1999, 793; AG 2002, 47.

(d.h. dem Anfechtungskläger), sondern dem Verteidiger (d.h. der umwandlungsbereiten Gesellschaft) zugewiesen[75].

c) *Rechtspolitisch* hat § 16 III UmwG viel bewirkt, weil er den Anreiz zu erpresserischen Anfechtungsklagen, mit denen auf Zeit spielende Kläger ihre Gesellschaften unter Abfindungsdruck setzen (unten, § 28 IV 5 f), erheblich vermindert hat[76]. Es wird deshalb erwogen, die Bestimmung allgemein auf die Anfechtung eintragungsbedürftiger Beschlüsse auszudehnen.[77] Man muß allerdings auch den Kompromißcharakter der Bestimmung, ihren Eingriff in das aktienrechtliche Rechtsschutzkonzept und die Verkomplizierung des Eintragungsverfahrens sehen. Die gefundene Lösung ist überaus umständlich, weil sie neben das Registerverfahren und den Anfechtungsprozeß ein drittes Verfahren mit eigenen Rechtsmitteln stellt, während vor der Geltung des Umwandlungsgesetzes der Registerrichter die Mißbräuchlichkeit der Anfechtungsklage prüfen konnte. Dies setzte allerdings eine bei den Registerrichtern wohl nicht immer gewährleistete Entschlußbereitschaft voraus, während § 16 III UmwG das Prozeßgericht instand setzt, unter dem Schutz des Spruchrichterprivilegs (§ 839 II BGB) zwischen Rechtsschutz und Bestandsschutz abzuwägen. Wenn die Prozeßgerichte zu Entscheidungen ohne mündliche Verhandlung bereit sind und sich durch Ablehnungsanträge, die aus dem Hauptsacheprozeß abgeleitet werden, nicht einschüchtern lassen[78], kann sich § 16 UmwG als effektiv erweisen.

3. Integrationswirkung des Umwandlungsgesetzes

Wie schon unter § 2 III bemerkt wurde, hat die in diesem Buch betriebene *Institutionenbildung im Gesellschaftsrecht* mit dem Umwandlungsgesetz einen erheblichen Schritt nach vorn getan. Das ist kein Zufall, vielmehr liegt es in der Natur der Sache, daß die in diesem Fall unentbehrliche rechtsdogmatische Fundierung des neuen Gesetzes wiederum verfestigend auf die Dogmatik des Gesellschaftsrechts zurückwirkt. Das gilt z.B.
- für die Lehre von den Rechtssubjekten (die Umwandlungsfähigkeit von Personengesellschaften läßt diese als Rechtssubjekte erscheinen; vgl. zum Streit um die Rechtsnatur der Gesamthand oben, § 8 III),
- für das Recht der Mitgliedschaft (vgl. zum Verhältnis zwischen der Mitgliedschaft bei Körperschaften und Personengesellschaften unten, § 19 I 3 b),
- für die Lehre von den fehlerhaften Beschlüssen (es gelten allgemein Monatsfristen für jede Klage gegen die Wirksamkeit eines Beschlusses

75 Die Parallelität des Verfahrens zum einstweiligen Rechtsschutz wird insofern meist falsch herum gesehen, als ergäbe sich das Haftungsrisiko aus einer Angreiferstellung der beklagten Gesellschaft; vgl. zum Standpunkt der Verf. *Karsten Schmidt*, in: Verhandlungen des 63. DJT II/1, 2001, S. 21.

76 *Sasnitza*, a.a.O., 967ff.

77 Vgl. *Bayer*, in: VGR 2, 2000, S. 49; *Karsten Schmidt*, in: Verhandlungen des 63. DJT II/1, 2001, S. O 21; *Zöllner*, AG 2000, 149.

78 Dazu *OLG Frankfurt*, NJW-RR 1996, 417.

[§§ 14, 195 UmwG], während bisher zwischen den Rechtsformen unterschieden wird; dazu unten, § 15 II und § 21 V),
- für die Lehre von den fehlerhaften Strukturänderungen, denn die Umwandlungswirkungen treten, wenn die Eintragung stattgefunden hat, auch dann ein, wenn der Umwandlungsvorgang fehlerhaft ist (§§ 20 II, 202 III UmwG; vgl. über fehlerhafte Strukturänderungen oben, § 6 IV).

IV. Umwandlungsrecht und Rechtsdogmatik*

1. Rechtsträger und Vermögen als Grundfiguren des Umwandlungsgesetzes

Die Umwandlungsgesetzgebung ist als »ein Gegenstand zum Nachdenken« bezeichnet worden[79]. Sie ist ein treffendes Beispiel für das Zusammenwirken von Rechtsdogmatik, Gesetzgebung und Rechtspraxis[80], denn mit dem bloßen Aufruf, Gesetze müßten »anschaulich und praxisnah« sein, konnte es hier nicht sein Bewenden haben. Vielmehr war der Gesetzgeber in hohem Maße gezwungen, Rechtsfragen der Praxis buchstäblich zu »begreifen« und sich auf die genaue Tragweite von Rechtsinstituten (Identität, Einzel- und Gesamtrechtsnachfolge, fehlerhafte Gesellschaft etc.) zu besinnen[81]. So ging der dem Umwandlungsrecht vorausgegangene Diskussionsentwurf (oben unter II 4) noch vom »Unternehmen« als dem Grundbegriff des Umwandlungsrechts aus. Das mochte für Regelfälle der praktischen Anschauung entsprechen – Umwandlungsrecht in der Praxis ist »Unternehmensrecht« –, war aber als Grundlage einer die Vereine, die genossenschaftsrechtlichen Prüfungsverbände usw. in sich begreifenden Umwandlungsgesetzgebung untauglich, wie sich z.B. zeigt, wenn Gewerkschaften oder politische Parteien verschmolzen werden sollen oder wenn ein Verein seine Schwimmhalle oder sein Leistungszentrum auf eine Tochtergesellschaft ausgliedert. Die Grundfiguren, um die alles Umwandlungsrecht kreist, sind vielmehr[82]
- der Rechtsträger (seine Identität, seine Umwandlungsfähigkeit, sein Entstehen oder Erlöschen, seine Organisation) und
- das Vermögen (seine Zugehörigkeit zu einem Rechtsträger und sein Übergang auf einen Rechtsträger).

Die Gesetzesfassung ist diesem Leitbild gefolgt (vgl. auch § 13 I 2).

* Literatur: *Lorenz Claussen*, Gesamtnachfolge und Teilnachfolge, 1995; *Hennrichs*, Formwechsel und Gesamtrechtsnachfolge bei Umwandlungen, 1995; *Petersen*, Der Gläubigerschutz im Umwandlungsrecht, 2001; *Karsten Schmidt*, Gesetzliche Gestaltung und dogmatisches Konzept eines neuen Umwandlungsgesetzes, ZGR 1990, 580; *ders.*, Universalsukzession kraft Rechtsgeschäfts, AcP 191 (1991), 495; *Voigt*, Umwandlung und Schuldverhältnis, 1997; *Wiedemann*, Identität beim Rechtsformwechsel, ZGR 1999, 568; *Zöllner*, Grundsatzüberlegungen, in: Festschrift Claussen, 1997, S. 423.

79 *Reinhardt*, in: Festschrift Bartholomeyczik, 1973, S. 307ff.

80 Dazu allgemein *Karsten Schmidt*, in: Rechtsdogmatik und Rechtspolitik, 1990, S. 9ff.; s. auch *Behrends/Henckel* (Hrsg.), Gesetzgebung und Dogmatik, 1990.

81 Vgl. zum folgenden *Karsten Schmidt*, ZGR 1990, 592ff.

82 Vgl. ebd.

2. Die Rechtsfigur der Identität

a) Die Rechtsfigur der Identität ist die einfachste und vollkommenste Möglichkeit, Einzelübertragungen zu vermeiden, weil es eben nichts zu übertragen gibt. Um Identität handelt es sich beim *Formwechsel*, sei dieser nun ein gesetzlicher (oben unter I 4) oder ein rechtsgeschäftlicher. Für den zweiten Fall heißt es in § 202 I Nr. 1 UmwG: »Der formwechselnde Rechtsträger besteht in der in dem Umwandlungsbeschluß bestimmten Rechtsform weiter.« Als Element des modernen Umwandlungsrechts wirkt diese Identitätsregel in solchem Maße erhellend und erleichternd, daß dies – da wir sie nun einmal haben – kaum noch hinreichend bemerkt und gewürdigt wird. Bei allem rechtstheoretischen Reiz[83] sind Grundsatzdebatten darüber, ob Rechtsformwechsel und Identität miteinander verträglich sind[84], ob also ein Rechtsträger noch »derselbe« sein kann, obwohl er nicht mehr »der gleiche« ist[85], nach dem heute erreichten rechtstechnischen Stand unfruchtbar. Sie führen nicht weiter und haben den Gang der Entwicklung nur aufgehalten[86]. Die gesellschaftsrechtlichen Rechtsträger sind *Rechts*gebilde, und wenn das Recht ihre identitätswahrende Umwandlung anerkennt, ist dies keine sachfremde Fiktion[87], sondern die adäquate Abbildung von Kontinuitätsproblemen und ihrer gesetzlichen Lösung[88]. Naturgemäß stand nicht die Identitätsthese, aus der sich dann alles weitere mit logischer Folgerichtigkeit ergab und ergibt, vor der gesetzlichen Regelung[89]. Aber die Annahme der Identität des Rechtsträgers vor und nach dem Rechtsformwechsel steht für vollkommene Zurechnungskontinuität trotz Diskontinuität seiner Organisations- und Verbandsverfassung[90], und diese Kontinuität ist gewährleistet. Vereinzelt wird kritisiert, daß die Universalsukzession von der alten Gesellschaft »auf« die neue Gesellschaft – also die übertragende Umwandlung des bis 1994 geltenden Rechts (oben unter II 1 b, c) – die überzeugendere Darstellung des Umwandlungsvorgangs sei und daß der Formwechsel durch die Identitätskonstruktion nur künstlich von den anderen Umwandlungsfällen isoliert werde[91]. Dem ist nicht zu folgen. Die übertragende Umwandlung alten Rechts war eine überflüssige, der Natur der Sache nicht entsprechende

83 Zur Bedeutung des Identitätsproblems für die Entwicklung der Rechtsfigur der juristischen Person vgl. *Schnorr v. Carolsfeld*, Geschichte der juristischen Person I, 1933, S. 123ff., 350 Fußn. 6; *Priester*, in: Festschrift Zöllner, Bd. I, 1998, S. 450ff.; *Zöllner*, in: Festschrift Gernhuber, 1993, S. 563ff.; *ders.*, in: Festschrift Claussen, 1997, S. 424ff.

84 Umfassend *Petersen*, a.a.O., S. 95ff.; *Wiedemann*, ZGR 1999, 568ff.

85 Dagegen *Horn*, NJW 1964, 89; *Zöllner*, in: Festschrift Claussen, a.a.O., S. 424 (»Tollkühnheit«), S. 428 (»Mumpitz«); *ders.*, ZGR 1993, 337 (»Identität eines Dr. Jekyll und Mr. Hyde«).

86 Eingehend *Karsten Schmidt*, AcP 191 (1991), 507ff.

87 Für den Einzelunternehmer, bei dem nur ein fiktiver Formwechsel »des Unternehmens« denkbar wäre, gibt es denn auch keine formwechselnde Umwandlung, sondern nur die Ausgliederung des Unternehmens aus dem Gesamtvermögen; vgl. §§ 152ff. UmwG.

88 *Karsten Schmidt*, AG 1985, 150; *ders.*, ZIP 1995, 1388; vgl. zum Methodischen schon *dens.*, DB 1971, 2345; kritisch zum Identitätsmodell aber *Kai Mertens*, a.a.O., S. 237ff.; *Dehmer*, in: Lutter, Kölner Umwandlungstage, a.a.O., S. 205; *Zöllner*, a.a.O.

89 Vgl. auch zur Identitätstheorie bei der Vorgesellschaft *Karsten Schmidt*, GmbHR 1998, 614.

90 Dazu *Karsten Schmidt*, AcP 191 (1991), 505ff.

91 *Kai Mertens*, a.a.O., S. 238f.

Begriffskonstruktion, nach der uno actu die alte Gesellschaft erlosch, eine neue Gesellschaft entstand und das Gesamtvermögen der alten Gesellschaft auf die neue überging[92]. Keiner dieser drei Vorgänge dient der *Darstellung des entscheidenden Kernproblems der Umwandlung*. Dieses lautet[93]: Wie wird gesichert, daß der Rechtsträger nach der Umwandlung die für ihn nunmehr geltenden Normativbestimmungen erfüllt, und welcher Schutz der Beteiligten ist bei einem solchen Formwechsel erforderlich? Auf dieses Kernproblem lenkt die Identitätskonstruktion hin, während ein Erlöschen und Entstehen von Gesellschaften ebenso wie der Rechtsübergang nach dem Modell der übertragenden Umwandlung hiervon nur ablenkt.

b) Erst ein *mühsamer Weg der Erkenntnis* hat zur Anerkennung des Identitätsgedankens geführt. Historische Vorform des Formwechsels war die Universalsukzession: Selbst die Umwandlung einer AG in eine GmbH war ursprünglich als liquidationslose Überführung aus dem Vermögen einer aufgelösten Aktiengesellschaft auf eine neu entstehende GmbH konzipiert (§§ 78f. GmbHG i. d. F. von 1892; dazu unter II 1 a). Erst 1937 wurde die Umwandlung zwischen AG und GmbH als Formwechsel anerkannt[94]. Und bis 1994 war auch die Umwandlung einer Personengesellschaft in eine Kapitalgesellschaft nur im Wege der Universalsukzession als »übertragende Umwandlung« möglich (§§ 40ff. UmwG 1969), weil der Gesetzgeber eine Identität aus dogmatischen Gründen für ausgeschlossen hielt[95]. Dahinter verbarg sich die überkommene Vorstellung von der Personengesellschaft als Nicht-Subjekt (oben, § 8 III), die aufgrund § 15 EStG noch heute im Steuerrecht nachwirkt[96]. Die »übertragende Umwandlung« war ein Provisorium des Umwandlungsrechts, das überwunden werden mußte[97] und mit dem neuen Umwandlungsgesetz überwunden worden ist: Nicht Rechtsübergang, sondern Identität ist die adäquate Darstellungsform, denn was sich beim Formwechsel ändert, ist nur die Organisations- und Haftungsstruktur des fortbestehenden Rechtsträgers. Deshalb fällt auch im Hinblick auf Grundeigentum bei einem Formwechsel keine Grunderwerbsteuer an, und zwar auch nicht beim Wechsel aus der Personengesellschaft in die Kapitalgesellschaft[98].

---

92 *Karsten Schmidt*, AcP 191 (1991), 505ff.

93 Ebd.

94 §§ 263ff. AktG 1937; dazu Amtl. Begr., in: *Klausing*, Aktiengesetz nebst Einführungsgesetz und Amtlicher Begründung, 1937, S. 223.

95 Begr. UmwG 1969, BT-Drucks. V/3165, S. 8f.

96 Vgl. dazu die Allgemeine Begründung des UmwStG (Text bei *Ganske*, *Neye* und *Schaumburg/Rödder*, jeweils a. a. O.): »Beim vorgesehenen handelsrechtlichen Formwechsel kann das Steuerrecht dem Handelsrecht nicht folgen, soweit es um den Formwechsel einer Kapitalgesellschaft in eine Personengesellschaft und umgekehrt geht.«

97 *Karsten Schmidt*, AcP 191 (1991), 505ff.

98 Vgl. *BFHE* 181, 349 = BStBl. II 1997, 661 = DStR 1997, 112 = ZIP 1997, 144; anders zuvor noch der Erlaß der Finanzverwaltung vom 14.7.1995, DB 1995, 1685.

3. Die Rechtsfigur der Universalsukzession

a) Als *Universalsukzession (Gesamtrechtsnachfolge)* bezeichnen wir einen Rechtsübergang, der einen ganzen Vermögensinbegriff ohne Anwendung des Spezialitätsprinzips auf einen Rechtsnachfolger übergehen läßt. Gesamtrechtsnachfolge muß nicht, wie uns das Paradigma des Erbfalls suggeriert (§§ 1922, 1967 BGB), kraft Gesetzes eintreten, und sie muß nicht einmal das Gesamtvermögen erfassen[99]. Diese Rechtstechnik macht sich das Umwandlungsrecht zunutze: die totale oder partielle Gesamtrechtsnachfolge kraft Rechtsgeschäfts[100]. Wie soeben unter IV 2 gezeigt wurde, beherrscht die Gesamtrechtsnachfolge nicht das gesamte Umwandlungsrecht[101], aber ihr Platz ist überall da, wo mit der Umwandlung eine Neuordnung der Vermögenszuordnung einhergeht, ein Rechtsübergang also unvermeidlich ist. So verhält es sich

- bei der Verschmelzung (§§ 2ff. UmwG), bei der das Gesamtvermögen eines oder mehrerer Rechtsträger auf einen vorhandenen oder das Gesamtvermögen mehrerer Rechtsträger auf einen neuen Rechtsträger überführt wird (dazu unten, § 13 III);
- bei der Spaltung (§§ 123ff. UmwG), bei der das Vermögen eines bisherigen Rechtsträgers auf mehrere Rechtsträger verteilt wird (dazu unten, § 13 IV), und
- bei der Vermögensübertragung (§§ 174ff. UmwG), bei der ein Rechtsträger sein Vermögen oder Teile davon z.B. auf den Bund, ein Land oder eine Gebietskörperschaft überführt (dazu unten, § 13 V 2).

In allen diesen Fällen ist an eine Identitätskonstruktion nicht zu denken, so daß nur eine Universalsukzession die Einzelübertragung der Gegenstände entbehrlich machen kann.

b) Das Umwandlungsrecht unterscheidet zwischen der totalen und der partiellen Universalsukzession[102]. *Musterbeispiel der totalen Universalsukzession* kraft Rechtsgeschäfts ist die *Verschmelzung*. Sie soll bewirken, daß der übertragende Rechtsträger erlischt (§ 20 I Nr. 2 UmwG) und daß sein Gesamtvermögen auf den übernehmenden Rechtsträger übergeht (§ 20 I Nr. 1 UmwG). Es vermischt sich dort mit dem Vermögen des übernehmenden Rechtsträgers zu einer Einheit. *Musterbeispiel der partiellen Universal-*

---

99 Dies wurde vom *Verf.* ausführlich entwickelt in AcP 191 (1991), 495ff.; unter der Geltung des Umwandlungsgesetzes von 1994 wird sich diese Dogmatik voraussichtlich rasch zu einer Selbstverständlichkeit entwickeln.

100 Eingehend *Kai Mertens*, a.a.O., S. 75ff.; *Karsten Schmidt*, AcP 191 (1991), 495ff.

101 A.M. offenbar *Kai Mertens*, a.a.O., passim; daß auch die Annahme einer Universalsukzession zu dem gesetzlich vorgegebenen Gestaltungsziel führen müßte (ebd. S. 232), wird auch hier konzediert; die Überlegenheit der Identitätskonstruktion besteht nicht in ihrem rechtsverbindlichen Regelungsgehalt, sondern in der Darstellung des Umwandlungsvorgangs.

102 Dazu vgl. bereits die 1. und 2. Aufl. sowie eingehend *Karsten Schmidt*, AcP 191 (1991), 495ff.; seither vor allem *Hennrichs*, a.a.O., S. 36ff., 122ff.; *Kai Mertens*, Umwandlung und Universalsukzession, 1993, S. 64ff.; *L. Claussen*, Gesamtnachfolge und Teilnachfolge, 1994, S. 152ff.; *Schöne*, Die Spaltung unter Beteiligung von GmbH, 1998, S. 30ff.; *Gutzler*, Die »partielle Gesamtrechtsnachfolge« bei der Spaltung, Diss. Mainz 1999, S. 142ff.

sukzession ist die Spaltung (§§ 123 ff. UmwG). Entweder erlischt hier der bisherige Rechtsträger, und sein Vermögen fällt geteilt – also ganz anders als im Fall der Erbengemeinschaft – mehreren Nachfolgerechtsträgern an (Aufspaltung); oder der bisherige Rechtsträger überführt einen Teil seines Vermögens auf einen anderen (Abspaltung, Ausgliederung). Soll dies nicht durch Einzelübertragungen geschehen, so kommt nur die partielle Gesamtrechtsnachfolge in Betracht.

4. Die partielle Universalsukzession als Schlußstein des rechtsdogmatischen Umwandlungsgebäudes

a) Erst die *Zulassung der partiellen Universalsukzession* hat die mit dem Umwandlungsgesetz von 1994 bezweckte Komplettierung des Umwandlungsrechts möglich gemacht, denn die Instrumente der Identität und der totalen Universalsukzession erlaubten ein Abgehen von der Einzelübertragung nur, wenn der Ausgangsrechtsträger lediglich seine Verfassung änderte oder wenn er vollständig erlosch. Gleichzeitig wurde die partielle Universalsukzession zum rechtsdogmatischen Lehrstück, denn herkömmlich hatte man sich – befangen im Leitbild der Erbfolge – die Universalsukzession als eine notwendig gesetzliche und als eine notwendig totale vorgestellt, doch beschreibt dieser Vorgang nur den häufigsten Anwendungsfall, nicht die Grenzen des Rechtsinstituts Universalsukzession[103]. Diese kann auch ein rechtsgeschäftlicher Erwerbsvorgang sein, und sie kann auch bloße Vermögensteile erfassen. Entscheidend ist die Befreiung des Rechtserwerbs vom Spezialitätsgrundsatz[104].

b) Das mit der Zulassung der partiellen Gesamtrechtsnachfolge verbundene gesetzgeberische Wagnis[105] wird möglicherweise unter der Geltung des Umwandlungsgesetzes von 1994 bald in Vergessenheit geraten. Man muß sich aber über den *Stellenwert dieses Konzepts in einem sonst ganz vom Spezialitätsgrundsatz beherrschten Vermögensrecht* klar sein. Während nach dem Spezialitätsgrundsatz jeder Gegenstand für sich und nach den für ihn geltenden Regeln übertragen werden muß (z. B. als bewegliche Sache nach § 929 BGB und als unbewegliche Sache nach §§ 873, 925 BGB), genügt nach § 126 I Nr. 9 UmwG die genaue Bezeichnung der übergehenden Vermögensgegenstände im Spaltungs- und Übernahmevertrag, worauf dann die Eintragung im Handelsregister mit einem Schlag deren Übergang bewirkt, mag es sich um Grundstücke, Seeschiffe, Maschinen, Wertpapiere oder Bankkonten handeln (§ 131 I Nr. 1 UmwG). Grundbücher werden nur noch berichtigt, Sachen an die übernehmende Gesellschaft als neue Eigentümerin herausgegeben, Bankkonten nur noch deklaratorisch umgeschrieben usw. Aber ganz neu ist diese Technik nicht. Schon das Umwandlungsgesetz von 1969 hatte die Umwandlung eines einzelkaufmännischen Unternehmens auf

103 *Karsten Schmidt*, AcP 191 (1991), 495 ff.
104 Ebd., S. 501 f.
105 Dazu ebd., S. 510 ff.

eine AG – seit 1980 auch auf die GmbH – zugelassen, bei der sich die auf die Kapitalgesellschaft übergehenden Gegenstände aus einer beglaubigten Übersicht zu ergeben hatten (§§ 50ff., 56a ff. UmwG 1969 und dazu eingehend 2. Aufl., § 12 III 4). Das Gesetz über die Spaltung der von der Treuhandanstalt verwalteten Unternehmen (SpTrUG; dazu 2. Aufl., § 2 III 1c) nahm sodann schon Regelungen des neuen Umwandlungsgesetzes vorweg. Aber es bleibt doch dabei: Die Individualisierung der übergehenden Vermögensgegenstände und die Rechtfertigung ihres uno-actu-Übergangs macht das rechtspraktisch wie rechtspolitisch Komplizierte an der partiellen Universalsukzession aus.

5. Formwahl und Kombination der Umwandlung mit anderen Strukturmaßnahmen

Die Rechtsdogmatik des Umwandlungsgesetzes muß als Hilfe für die Praxis verstanden werden. Sie weist Grenzen auf, die als einengend empfunden werden können (vgl. zur internationalen Umwandlung oben unter I 7, zum Numerus clausus des Umwandlungsgesetzes unten, § 13 I 3). Sie darf aber nicht als Begrenzung für andere strukturändernde Maßnahmen verstanden werden, ist also keine Zwangsjacke und bewirkt keine Uniformität. Diese offenbar gar nicht so selbstverständliche Erkenntnis ist für die Praxis der Umstrukturierung von großer Bedeutung. Beispielsweise zeigt sich dies

- an der Zulässigkeit von Umwandlungsmaßnahmen ohne Verwendung der vom Umwandlungsgesetz angebotenen Rechtstechnik (unten, § 13 I 4) und
- an der zulässigen Kombination von Umwandlungen mit simultan einzutragenden weiteren Umstrukturierungen (vgl. insbesondere für Umwandlungen zwischen GmbH und GmbH & Co. KG unten, § 13 II 3e und § 13 II 4c bb).

Beispiel Nr. 15: Soll ein GmbH & Co.-Unternehmen aus der KG-Form in ein GmbH-Unternehmen umgewandelt werden, so kann dies nicht nur durch Formwechsel nach §§ 191ff., 214ff. UmwG geschehen (unten, § 13 II 3), sondern auch durch Übertragung aller Kommanditanteile auf die Komplementär-GmbH (vgl. oben, § 12 I 4, unten, § 45 I 3). Wird der Formwechsel gewählt, so hindert nichts die Gesellschafter, zugleich mit der Umwandlung der KG den Austritt der Komplementär-GmbH aus der Gesellschaft eintragen zu lassen (unten, § 13 II 3e).

§ 13 Die Umwandlung nach dem Umwandlungsgesetz von 1994

I. Die Grundlagen des Umwandlungsgesetzes von 1994*

1. Terminologie und Gesetzestechnik

a) Während bis 1994 Umwandlung, Verschmelzung und Vermögensübertragung als begrifflich gegensätzliche Formen der Umstrukturierung voneinander unterschieden wurden (vgl. 2. Aufl., §§ 12 und 13)[1], stellt sich der Begriff »Umwandlung« nach § 1 I UmwG als *Oberbegriff* dar. Unterbegriffe der Umwandlung sind nunmehr (oben, § 12 I 2)
- die Verschmelzung,
- die Spaltung,

---

* Literatur (Auswahl; vgl. auch bereits die Angaben mit Materialien zum UmwG bei § 12): *Arbeitskreis Umwandlungsrecht*, Vorschläge zum Referentenentwurf eines Umwandlungsgesetzes, ZGR 1993, 321; *Dehmer*, Umwandlungsgesetz, Umwandlungssteuergesetz, 2. Aufl. 1996; *Ganske*, Umwandlungsrecht, 2. Aufl. 1994; *Hennrichs*, Formwechsel und Gesamtrechtsnachfolge bei Umwandlungen, 1995; *Hoffmann-Becking*, Der materielle Gesellschafterschutz: Abfindung und Spruchverfahren, ZGR 1990, 482; *Hommelhoff*, Minderheitenschutz bei Umstrukturierungen, ZGR 1993, 452; *Goutier/Knopf/Tulloch*, Kommentar zum Umwandlungsgesetz, 1996; *Institut der Wirtschaftsprüfer* (Hrsg.), Reform des Umwandlungsrechts, 1993; *Kallmeyer*, (Hrsg.), Kommentar zum Umwandlungsgesetz, 2. Aufl. 2000; *Limmer*, Umwandlungsrecht, 1995; *Lutter* (Hrsg.), Kölner Umwandlungsrechtstage: Verschmelzung, Spaltung, Formwechsel, 1995; *ders.* (Hrsg.), Umwandlungsgesetz, 2. Aufl. 2000 (zitiert Lutter/Bearbeiter); *Dieter Mayer*, Erste Zweifelsfragen bei der Unternehmensspaltung, DB 1995, 861; *Neye/Limmer/Harnacke*, Handbuch der Unternehmensumwandlung, 1996; *Petersen*, Gläubigerschutz im Umwandlungsrecht, 2001; *Priester*, Kapitalgrundlage beim Formwechsel, DB 1995, 911; *Sagasser/Bula*, Umwandlungen, 1995; *Sagasser/Bula/Brünger*, Umwandlungen, 2. Aufl. 2000; *Karsten Schmidt*, Konzeption des neuen Umwandlungsgesetzes, ZGR 1990, 580; *ders.*, Gläubigerschutz bei Umstrukturierungen, ZGR 1993, 366; *ders.*, Vermögensveräußerung aus der Personengesellschaft: ein Lehrstück am Rande des neuen Umwandlungsrechts, ZGR 1995, 675; *Schmitt/Hörtnagl/Stratz*, Umwandlungsgesetz, Umwandlungssteuergesetz, 3. Aufl. 2001; *Schwedhelm*, Die Unternehmensumwandlung, 3. Aufl. 1999; *Streck/Mack/Schwedhelm*, Verschmelzung und Formwechsel nach dem neuen Umwandlungsgesetz, GmbHR 1995, 161; *Widmann/Mayer*, Umwandlungsrecht, Stand 2001; *Zöllner*, Bemerkungen zu den allgemeinen Fragen des Referentenentwurfs eines Umwandlungsgesetzes, ZGR 1993, 334.

1 Umwandlung nach §§ 362ff. AktG a.F., §§ 1ff. UmwG 1969; Verschmelzung nach §§ 339ff. AktG a.F., §§ 19ff. Kapitalerhöhungsgesetz 1959; Vermögensübertragung nach §§ 359ff. AktG a.F.; eine Spaltung war möglich nach dem Gesetz über die Spaltung der von der Treuhandanstalt verwalteten Unternehmen (SpTrUG), das aber schon auf den Entwürfen des neuen UmwG beruhte.

- die Vermögensübertragung und
- der Formwechsel.

b) Das Umwandlungsgesetz ist mit *325 Vorschriften* kaum kürzer als das ganze Aktiengesetz und erweist sich bei der Verwendung durch eine Vielzahl von Verweisungen (ohne die es noch länger wäre) als unübersichtlich und spröde. Durch redaktionelle Schönheit glänzt es nicht. Wer dies kritisiert, sollte den spezifischen Zweck des Umwandlungsgesetzes mit bedenken[2]: Es ist nicht für den täglichen Gebrauch bestimmt, sondern für außergewöhnliche Umstrukturierungsmaßnahmen, denen ein Unternehmen allenfalls in größeren zeitlichen Abständen unterworfen wird. Diese Umwandlungsmaßnahmen stellen an die Legitimation der gestaltenden Rechtsakte (Minderheitenschutz, Gläubigerschutz), an die zu gewährleistende Rechtssicherheit (Vermeidung unwirksamer Umstrukturierungen) und an die gebotene Rechtsklarheit (Publizität und Klarheit der Rechtszuordnung) hohe Ansprüche (oben, § 12 III), und die Verbindung dieser Ziele konnte kein leicht überschaubares Gesetz erwarten lassen. Die Durchführung von Umwandlungsmaßnahmen ist die Angelegenheit von besonderen Sachkennern, die das Umwandlungsgesetz gleichsam als Checkliste für Umwandlungsmaßnahmen benutzen[3]. Um die dafür benötigte Übersicht über die Grundlagen wird es hier gehen.

c) Das Umwandlungsrecht ist *weitgehend zwingend.* Nach § 1 III UmwG kann durch Satzung, Vertrag oder Beschluß von dem Gesetz nur abgewichen werden, wenn dies ausdrücklich zugelassen ist. Ergänzende Bestimmungen in Verträgen, Satzungen, Statuten oder Willenserklärungen sind dagegen zulässig, soweit nicht das Gesetz sie verbietet.

2. Die rechtstechnischen Grundlagen des Umwandlungsgesetzes*

a) *Grundbegriffe* des Umwandlungsgesetzgebers sind »Rechtsträger« und »Vermögen« (oben, § 12 IV 1). In der Praxis stellen sich die Umwandlungsvorgänge allerdings in aller Regel als Fälle der Umstrukturierung von Unternehmen dar. Deshalb hatte der zunächst im Bundesjustizministerium erarbeitete Diskussionsentwurf[4] das Unternehmen in den Mittelpunkt gestellt. Die sich anschließende wissenschaftliche Diskussion[5] führte dann aber zur Konzentration auf die Begriffe des Rechtsträgers und des Vermögens, denn nur diese sind als Rechtsfiguren hinreichend verallgemeinerungsfähig[6]:

---

2 Überspitzt jetzt *Schöne*, Die Spaltung unter Beteiligung von GmbH, 1998, S. 7: kodifiziertes Umwandlungsrecht als »Verfahrensrecht«.
3 *Karsten Schmidt*, in: IdW, a. a. O., S. 40; *ders.*, ZGR 1990, 40.
* Literatur: *Karsten Schmidt*, Konzeption des neuen Umwandlungsgesetzes, ZGR 1990, 580.
4 Diskussionsentwurf »Gesetz zur Bereinigung des Umwandlungsrechts« mit Begründung, Bundesanzeiger Nr. 214 a, 1988.
5 *Karsten Schmidt*, ZGR 1990, 593 f.
6 Vgl. *dens.*, in: IdW, a. a. O., S. 44.

Beispiel Nr. 1: Soll ein eingetragener, also nichtwirtschaftlicher, Verein im Wege des Formwechsels in eine GmbH umgewandelt werden (§ 273 UmwG), so kommt es weder GmbH-rechtlich noch umwandlungsrechtlich darauf an, ob der Verein ein Unternehmen betreibt (die GmbH kann auch nichtunternehmerische Zwecke verfolgen und ist doch stets Kaufmann; vgl. §§ 1, 13 III GmbHG). Es geht schlicht und einfach darum, daß der Rechtsträger (bisher Verein, künftig GmbH) seine Rechtsform ändert.

Beispiel Nr. 2: Wenn eine Kommanditgesellschaft ihr Grundvermögen im Wege der Aufspaltung, Abspaltung oder Ausgliederung auf eine Vermögensverwaltungs-GmbH überführen will (§ 123 UmwG), kann es nicht darauf ankommen, ob sich dieses Grundvermögen und seine Nutzung als Unternehmen darstellt. Es geht einfach darum, daß ein Vermögensteil auf einen anderen Rechtsträger überführt wird (vgl. auch unten, IV 6b).

b) Rechtstechnische *Instrumente* des neuen Umwandlungsgesetzes sind (vgl. schon oben, § 12 IV):
- der identitätswahrende Formwechsel (§§ 190ff. UmwG),
- die totale Universalsukzession, wenn ein übertragender Rechtsträger erlischt (so insbesondere bei der Verschmelzung nach §§ 2ff. UmwG und bei der Aufspaltung nach § 123 I UmwG),
- die partielle Universalsukzession (so insbesondere bei der Abspaltung und Ausgliederung nach § 123 II, III UmwG).

Mit diesen rechtstechnischen Instrumenten verbinden sich Instrumente
- der Gestaltungsfreiheit (Vertrag, Plan, Beschluß),
- der Partizipation (Informations- und Mitwirkungsrechte),
- der Kontrolle (Prüfungs- und Registrierungsverfahren),
- der Haftung und des sonstigen Gläubigerschutzes.

c) Für *Bestandsschutz im Umwandlungsrecht* sorgt das Gesetz auf mehrfache Weise:

aa) Gegen *Bestandsschutzgefährdungen während des Umwandlungsverfahrens* gibt es Anfechtungsbeschränkungen (§§ 14 II, 125, 195 II UmwG) und das schon unter § 12 III 2 geschilderte *Freigabeverfahren bei Anfechtungsklagen* (§§ 16, 125, 198 III UmwG).
- *Anfechtungsbeschränkungen* sorgen dafür, daß die immer schwer absehbaren Bewertungsprobleme bei Umwandlungen in einem besonderen Spruchverfahren geprüft werden (§§ 15, 196 UmwG) und nicht als Anfechtungsgründe gegen Umwandlungsbeschlüsse ins Feld geführt werden (§§ 14 II, 125, 195 II) UmwG)[7]
- Das *Freigabeverfahren bei Anfechtungsklagen* besteht in der Anordnung des Prozeßgerichts, daß eine Anfechtungsklage der Eintragung einer beschlossenen Umwandlung nicht entgegensteht, weil sie vom Prozeßgericht als aussichtsreich eingeschätzt wird oder weil bei ungewissem Prozeßausgang das Interesse am Vollzug der Umwandlung nach der Einschätzung des Gerichts Vorrang vor dem Interesse des Klägers an der Blockade der von ihm bekämpften Umwandlung hat (§§ 16, 125, 198 III UmwG und dazu oben, § 12 III 2).

7 Dazu statt vieler *Mertens,* AG 2000, 301; rechtspolitisch: Vorschläge des Deutschen Anwalt-Vereins zur Änderung des Umwandlungsgesetzes, NZG 2000, 802.

bb) Gegen *Bestandsschutzgefährdungen nach der Eintragung* hält das Gesetz wiederum zwei Schutzmechanismen bereit:

- Für *Bestandsschutz nach angefochtener Umwandlung* sorgen die §§ 16 III 6, 125, 198 III UmwG. Danach kann, wenn die Umwandlung auf die geschilderte Weise trotz Anfechtung zur Eintragung freigegeben und eingetragen ist, der Antragsteller im Fall einer erfolgreichen Klage zwar Schadensersatz in Geld, nicht dagegen Rückabwicklung als Naturalrestitution verlangen[8]. Das läuft auf eine Entwertung des Rechtsschutzes im Interesse des Bestandsschutzes hinaus[9].
- Dem Bestandsschutz von nicht angefochtenen, aber fehlerhaften Umwandlungen dienen die §§ 20 II, 131 II, 202 III UmwG: Mängel der Umwandlung – und zwar gerade auch solche, die durch die Eintragung nicht materiell geheilt worden sind (dazu §§ 20 I Nr. 4, 202 III Nr. 3 UmwG) – lassen die Wirkungen der Eintragung unberührt[10]. Daraus ergibt sich zunächst nur, daß eine materiell fehlerhafte (z.B. nach dem Umwandlungsgesetz so nicht zugelassene oder eines wirksamen Verschmelzungs- bzw. Spaltungsvertrages oder Beschlusses entbehrende) Umwandlung im Moment ihrer Eintragung trotz dieses Mangels wirksam wird (vgl. über fehlerhafte Strukturänderungen oben, § 6 IV). Nicht gesetzlich geklärt und deshalb umstritten ist, ob damit auch – wie im Spezialfall des § 16 III 6 UmwG – Rückumwandlungsansprüche der Beteiligten ausgeschlossen sind. Die wohl herrschende Auffassung bejaht diese Frage[11]. Demnach wäre der Schlußsatz von § 16 III 6 UmwG (kein Rückumwandlungsanspruch) nur die Bestätigung eines allgemeinen Bestandsschutzgrundsatzes: Die fehlerhafte Umwandlung wäre unumkehrbar. Es ist aber zu bestreiten, daß dieser Grundsatz in solcher Allgemeinheit Geltung beanspruchen kann (oben, § 6 IV)[12]. Soweit sich die fehlerhafte Umwandlung ausnahmsweise als andauernde, analog § 1004 BGB abzuwehrende materielle Beeinträchtigung darstellt (dazu unten, § 21 V)[13], können Rückabwicklungsansprüche geltend gemacht werden, denn andernfalls wäre dem gesetzlichen Bestandsschutz jede Legitimation abzusprechen. Die diese Überlegung zurückweisende herrschende Meinung basiert auf verständlicher Sorge um den mit der Eintragung herbeigeführten Rechtsfrieden. Hervorzuheben ist aber, daß Rückabwicklungsansprüche nur bei dauerhaften, auch nicht durch Duldung geheilten Rechtsverstößen in

8 Berechtigte rechtspolitische Bedenken bei *Chr. Schmid,* ZGR 1997, 504ff.; nur bei Annahme einer Verfassungswidrigkeit haltbar dagegen der Vorschlag eines Rückumwandlungsanspruchs analog § 1004 BGB (ebd. S. 510ff.).

9 Kritisch deshalb *Lutter/Bork*, a.a.O., § 16 Rdnr. 34; *Heermann,* ZIP 1999, 1681.

10 Dazu umfassend *Karsten Schmidt*, ZIP 1998, 184ff.

11 Vgl. nur *Kort,* Bestandsschutz fehlerhafter Strukturänderungen ..., 1998, S. 266ff., 273ff.; *Kallmeyer/Marsch-Barner*, a.a.O., § 20 Rdnr. 47; *Lutter/Grunewald*, § 20 Rdnrn. 69ff.; *Schmitt/Hörtnagl/Stratz*, a.a.O., § 20 Rdnr. 97; *Widmann/Mayer/Vossius*, a.a.O., § 20 Rdnr. 375.

12 Vgl. *Chr. Schmid*, ZGR 1997, 514ff.; *Karsten Schmidt*, ZIP 1998, 187ff.; *Henze*, BB 1999, 2209; *Hommelhoff/Schubel*, ZIP 1998, 544ff.; vgl. auch für die Rechtslage vor dem Umwandlungsgesetz *Kiens*, Die Eintragung der angefochtenen Verschmelzung, 1991, S. 171; *Martens*, AG 1986, 64; *Karsten Schmidt*, AG 1991, 131.

13 Vgl. zu dieser Einschränkung *Karsten Schmidt*, ZIP 1998, 189.

Betracht kommen und darum in der Praxis als Basis einer Vergleichsregelung mit dem Anspruchsinhaber dienen (z.B. in Form einer Abfindung).

3. Der Numerus clausus des Umwandlungsgesetzes*

a) Zur Tradition des Umwandlungsrechts gehört der *Numerus clausus der gesetzlichen Umwandlungsarten.* Nur dem Gesetzgeber und nicht dem Rechtsverkehr sollte die Ausdehnung der im Umwandlungsgesetz vorgesehenen Umwandlungsmöglichkeiten obliegen. Das betrifft sowohl die umwandlungsfähigen Rechtsträger als auch die zugelassenen Umwandlungstechniken. Bereits in der 2. Auflage (§ 12 IV) wurde indes ausgeführt, daß zwischen der privatautonomen Willkür von Vertragsparteien und der rechtsfortbildenden Ausdehnung der gesetzlichen Umwandlungstatbestände unterschieden werden müsse. Dargelegt wurde außerdem, daß die zunehmende Dichte der zunächst noch singulären Umwandlungstatbestände zu einer Institutionalisierung des Umwandlungsrechts dränge und lückenfüllende Analogiebildungen im Bereich der Gesamtrechtsnachfolge nicht mehr ausschließe[14]. Die Komplettierung des Umwandlungsrechts hätte ein weiterer Schritt in diese Richtung sein können. Der Gesetzgeber des Umwandlungsgesetzes von 1994 hatte den Ehrgeiz, die Ausdehnung und Vervollkommnung des Umwandlungsrechts unter Wahrung seines Monopols selbst zu betreiben, und verabschiedete trotz mehrfacher – auch im Rechtsausschuß des Bundestages vorgetragener[15] – Mahnung des Schrifttums[16] folgenden § 1 II UmwG: »Eine Umwandlung im Sinne des Absatzes 1 ist außer in den in diesem Gesetz geregelten Fällen nur möglich, wenn sie durch ein anderes Bundesgesetz oder ein Landesgesetz ausdrücklich vorgesehen ist.«

b) Dieser Wortlaut ist eindeutig. Das Umwandlungsgesetz verbietet nicht nur, was notwendig ist, die freie Erfindung neuer Umwandlungsfälle durch Vertragsbeteiligte (ein Beispiel wäre der Formwechsel eines eingetragenen Fördervereins in eine rechtsfähige Stifung), sondern der Gesetzeswortlaut (»ausdrücklich«) verbietet auch die lückenfüllende, durch Registergerichte sinnvoll kontrollierbare Analogiebildung. Die herrschende Auffassung nimmt ein solches *Analogieverbot* als gesetzlich vorgegeben hin[17]. Ein solches *Rechtsfortbildungsverbot* in einem auf Vollständigkeit zielenden Gesetz erinnert an Untugenden der Kodifikationsverfasser der Aufklärungszeit

---

* Literatur: *Karsten Schmidt*, Zum Analogieverbot des § 1 Abs. 1 UmwG, in: Festschrift Kropff, 1997, S. 261; *Schnorbus*, Analogieverbot und Rechtsfortbildung im Umwandlungsrecht, DB 2001, 1654; *Zöllner*, Grundsatzüberlegungen zur umfassenden Umstrukturierbarkeit der Gesellschaftsform nach dem UmwG, in: Festschrift Claussen, 1997, S. 423.

14 2. Aufl., § 12 IV 1.

15 *Verf.* in der Sitzung vom 20.4.1994.

16 *Arbeitskreis Umwandlungsrecht*, ZGR 1993, 322; *Karsten Schmidt*, in: IdW, a.a.O., S. 49f.; ausführlich *ders.*, ZGR 1990, 590ff.

17 Vgl. nur *Kallmeyer*, a.a.O., § 1 Rdnr. 23; *Schmitt/Hörtnagl/Stratz*, a.a.O., § 1 Rdnrn. 27f.; *Schnorbus*, DB 2001, 1654ff.

und ist rechtspolitisch nicht zu rechtfertigen[18], zumal schon im Zeitpunkt des Inkrafttretens jedenfalls drei eindeutige Lücken erkannt worden waren: Unberücksichtigt geblieben waren neben der inzwischen nachgetragenen Partnerschaftsgesellschaft[19]

- die Erbengemeinschaft[20] und
- die Partenreederei[21].

c) Der künftige *Umgang mit dem Analogieverbot* des § 1 II UmwG muß von der Annahme geleitet sein, daß der Wille des Gesetzgebers eindeutig und eine bloße Beschränkung der Vertragsfreiheit nicht gewollt ist. Die Vorschrift enthält ein Rechtsfortbildungsverbot. Nur über den Gleichbehandlungsgrundsatz des Art. 3 GG läßt sich das Analogieverbot überwinden[22]. Das bloße rechtspolitische Ungenügen reicht also nicht aus, und zu der Feststellung einer ausfüllungsbedürftigen Lücke muß die Feststellung hinzukommen, daß sich unter Mitberücksichtigung des Maßstabs der Verhältnismäßigkeit[23] und Rechtssicherheit[24] ein vernünftiger, sachlich einleuchtender Grund für gesetzliche Differenzierungen nicht finden läßt[25]. Da der Gesetzgeber ein Ausweichen auf Umwandlungstechniken außerhalb des Umwandlungsgesetzes nicht verbietet (dazu sogleich unter I 4), wird es hierfür nicht zuletzt darauf ankommen, ob ein solches Ausweichen zumutbar ist. Was das bedeutet, soll anhand von Beispielen erläutert werden:

Beispiel Nr. 3 (Erbengemeinschaft): Der Einzelkaufmann und Erblasser E hätte zu Lebzeiten sein Unternehmen auf eine Handelsgesellschaft ausgliedern können (§§ 152ff. UmwG), um seinen künftigen Erben erheblichen Haftungsverdruß (vgl. *BGHZ* 92, 259 und dazu Handelsrecht, § 5 I 3b) zu ersparen. Wäre er verstorben, nachdem der Spaltungsplan und die Registeranmeldung bereits vorgelegen hätten, so hätte das Registergericht die Ausgliederung wohl als Abschluß der gesetzesgemäß eingeleiteten Umwandlungsmaßnahme eingetragen, obwohl die Ausgliederung nunmehr erst in der Erbengemeinschaft greift. Hat E die Ausgliederung nicht mehr in die Wege geleitet, so würde die h.M. eine Ausgliederung aus der ungeteilten Erbengemeinschaft für unzulässig erklären, obwohl auch der Nachlaß nichts anderes ist als das zu Lebzeiten umwandlungsfähige Vermögen des Einzelkaufmanns (vgl. nur *Schmitt/Hörtnagl/Stratz*, § 152 Rdnr. 4). Da die Erbengemeinschaft ebenso wie der Einzelkaufmann selbst der Eintragung im Handelsregister fähig und bedürftig ist, sie ohne Zutun oder Wahlrecht der Miterben das Unternehmen ohne weiteres fortsetzt (*Karsten Schmidt*, ZHR 157 [1993], 609f.) und dieses Unternehmen zur Vermeidung unbeschränkter Haftung auf eine Handelsgesellschaft überführen sollte (Handelsrecht, § 8 IV 3b), erscheint die Nicht-Zulassung einer Ausgliederung als willkürlich, eine Analogie zu §§ 152ff. UmwG deshalb als verfassungs-

---

18 *Arbeitskreis Umwandlungsrecht*, ZGR 1993, 322; *Karsten Schmidt*, in: Festschrift Kropff, a.a.O., S. 263.

19 Gesetz zur Änderung des Umwandlungsgesetzes, des Partnerschaftsgesellschaftsgesetzes und anderer Gesetze v. 22.7.1998, BGBl. I S. 1878; dazu *Neye*, DB 1998, 1649; *Römermann*, NZG 1998, 675; zur vorherigen Rechtslage vgl. 3. Aufl., § 13 I 3; *Wertenbruch*, ZIP 1995, 712ff.

20 *Karsten Schmidt*, ZGR 1990, 592; *Karollus*, in: Lutter, Kölner Umwandlungsrechtstage, a.a.O., S. 188ff.

21 *Karsten Schmidt*, Die Partenreederei als Handelsgesellschaft, 1995, S. 124f.; *ders.*, ZGR 1990, 591.

22 Selbst hiergegen *Schnorbus*, DB 2001, 1659.

23 Vgl. *BVerfGE* 55, 72, 88ff.

24 *BVerfGE* 72, 302, 329; std. Rspr.

25 *BVerfGE* 1, 14, 52; 10, 234, 246; 25, 101, 105; 49, 192, 209; 82, 126; std. Rspr.

rechtlich geboten (*Karsten Schmidt*, in: Festschrift Kropff, a.a.O., S. 267ff.; a.M. *Schnorbus,* DB 2001, 1659; referierend *Sagasser/Bula/Brünger*, Rdnr. B 15; sogar für direkte Anwendung *Lutter/Karollus*, a.a.O., § 152 Rdnr. 15). Ein Formwechsel bleibt dagegen unzulässig (dazu alsbald unter II 1b).

Beispiel Nr. 4 (Partenreederei): Die Partenreederei (§ 489 HGB) wird heute nicht mehr als bloßes Miteigentum an einem Schiff angesehen, sondern als eine unternehmerisch agierende Gesamthand (unten, § 65 I). Ob die Versagung der Umwandlungsfähigkeit gegen Art. 3 GG verstößt, ist aus einem doppelten Grund zweifelhaft. Zum einen hält die bisher noch h.M. die Partenreederei nicht für handelsregisterfähig (dagegen *Karsten Schmidt*, Die Partenreederei als Handelsgesellschaft, 1995, S. 44ff.). Zum anderen können Formwechsel und Verschmelzung (nicht allerdings die Spaltung) durch Gesamtrechtsnachfolge außerhalb des Umwandlungsgesetzes ersetzt werden: durch Übertragung aller Schiffsparten auf einen übernehmenden Rechtsträger (vgl. zu dieser Technik oben, § 12 I 4 sowie sogleich unter I 4). Auch hinsichtlich der *Partnerschaftsgesellschaft* (unten, § 64), für die es bis 1998 gleichfalls keine gesetzliche Umwandlungsmöglichkeit gab, konnte man sich weitgehend mit den bei Personengesellschaften durch Gesamtrechtsnachfolge möglichen Umwandlungstechniken behelfen[26]. Seit 1998 ist das Umwandlungsgesetz aber offen auch für diese Rechtsform (Änderung der §§ 3, 126, 191 UmwG) und Neueinführung der §§ 45aff., 225aff. UmwG).

Es stimmt bedenklich, daß der Gesetzgeber gerade da, wo außerhalb des Umwandlungsgesetzes Abhilfe geschaffen werden kann, nämlich bei der zu Unrecht von ihm so geliebten Partnerschaftsgesellschaft (unten, § 64), den Katalog der umwandlungsfähigen Rechtsträger ergänzt hat, während er bei der Erbengemeinschaft, wo seine Hilfe dringender notwendig gewesen wäre, seine Hilfe versagt. Um so mehr muß hier – auch aus verfassungsrechtlichen Gründen – zur Rechtsfortbildung aufgerufen werden[27]. Mindestens muß, wenn eine in ihrer Zuständigkeit umstrittene Umwandlungsvariante durchgeführt und eingetragen ist, deren Wirkung anerkannt werden[28].

d) Nicht ausgeschlossen ist eine *Kombination der Umwandlungsarten*[29]: Soweit das Umwandlungsgesetz Vorgänge des Formwechsels, der Verschmelzung und der Spaltung zuläßt, können diese Vorgänge nach Art eines Baukastenverfahrens kombiniert und hierdurch ohne Verletzung des Analogieverbots neue Umwandlungsvarianten zusammengesetzt werden, z.B. durch zeitliche Koordination einer Verschmelzung mit Spaltungsvorgängen[30] oder durch Kombination verschiedener Spaltungsvarianten (dazu unter IV 1c).

e) Die *analoge Anwendung von Schutznormen* ist durch das Analogieverbot gleichfalls nicht ausgeschlossen, weil dieses Verbot nur den Kreis der Umwandlungsarten beschränkt. Damit stellt sich die nunmehr zu untersuchende Frage, inwieweit die Regeln des Umwandlungsrecht umgehungsfest sind.

---

26 Vgl. 3. Aufl., § 13 I Beispiel Nr. 5; *Karsten Schmidt*, NJW 1995, 7.
27 Vgl. neuerlich *Karsten Schmidt*, in: Festschrift Kropff, a.a.O., S. 267ff.
28 Vgl. *Karsten Schmidt*, ZIP 1998, 184ff.; vgl. aber *BGH*, BB 1999, 1450f. und dazu *Heinze*, BB 1999, 2208ff.
29 Wie hier *Kallmeyer*, a.a.O., § 1 Rdnr. 24.
30 Vgl. nur die Analyse bei *Karsten Schmidt*, ZIP 1998, 182f.

4. Offenheit und Umgehungsschutz*

a) Es gibt keinen Zwang zur Verwendung der im Umwandlungsgesetz angebotenen Gestaltungsmöglichkeiten. Auch der Numerus clausus des § 1 II UmwG verbietet nur Analogiebildungen innerhalb des Umwandlungsgesetzes, nicht auch ein Ausweichen auf Ersatzformen außerhalb des Gesetzes (vgl. bereits oben, § 12 IV 5). Die Regierungsbegründung sagt wörtlich[31]: »Die von dem neuen Umwandlungsgesetz eröffneten Möglichkeiten der Umwandlung in all ihren Formen treten ... neben die nach allgemeinem Zivil- und Handelsrecht schon jetzt möglichen Methoden, die Vereinigung, Realteilung oder Umgründung von Rechtsträgern durchzuführen. Die zwingenden Vorschriften des Umwandlungsgesetzes müssen demnach nur dann beachtet werden, wenn sich die beteiligten Rechtsträger der Vorteile bedienen wollen, die das Gesetz und die mit ihm verbundenen steuerrechtlichen Regelungen mit sich bringen.« Damit ist dreierlei gesagt:

- Erstens kann eine Gesellschaft nach wie vor durch Auflösung und Neugründung umgewandelt, durch Auflösung und Sachkapitalerhöhung oder Sachgründung verschmolzen oder durch Sachgründung ausgegliedert werden, wenn die Beteiligten die Einzelübertragung aller an der Veränderung beteiligten Vermögensgegenstände in Kauf nehmen (vgl. zu diesen Techniken oben, § 12 I 5).
- Zweitens kann auch nach wie vor von der gesetzlichen Universalsukzession bei den Gesamthandsgesellschaften Gebrauch gemacht werden, etwa indem eine GmbH & Co. KG durch Austritt sämtlicher Kommanditisten bzw. durch Abtretung sämtlicher Kommanditanteile auf die Komplementär-GmbH verschmolzen wird (vgl. zu dieser Technik oben, § 12 I 4).
- Drittens ist ein Formwechsel zwischen strukturgleichen Rechtsformen (z. B. zwischen Gesellschaft bürgerlichen Rechts und oHG) nicht nur kraft Gesetzes möglich (oben, § 12 I 4), sondern er kann, soweit nicht spezielles Umwandlungsrecht im Wege ist, auch durch Satzungsänderung herbeigeführt werden. So kann richtigerweise eine z. B. als Verein gegründete, aber wegen wirtschaftlichen Geschäftsbetriebs nicht als Verein eintragbare Körperschaft durch Neufassung ihrer Satzung zu einer als AG, GmbH

* Literatur: *Bungert*, Ausgliederung durch Einzelübertragung und analoge Anwendung des Umwandlungsgesetzes, NZG 1998, 367, *Engelmeyer*, Ausgliederung durch partielle Gesamtrechtsnachfolge und Einzelrechtsnachfolge – ein Vergleich, AG 1999, 263; *Feddersen/Kiem*, Die Ausgliederung zwischen »Holzmüller« und neuem Umwandlungsrecht, ZIP 1994, 1078; *Joost*, »Holzmüller 2000« vor dem Hintergrund des Umwandlungsgesetzes, ZHR 163 (1999), 164; *Kollmar*, Die Ausstrahlungen des UmwG auf Spaltungen nach traditionellem Recht, 1999; *Leinekugel*, Die Ausstrahlungswirkungen des Umwandlungsgesetzes, 2000; *Nagel*, Die Spaltung durch Einzelnachfolge und nach neuem Umwandlungsrecht, DB 1996, 1221; *Neuhaus*, Spaltung oder Einzelübertragung, in: Freundesgabe Weichler, 1997, S. 83; *Pfeifer*, Schutzmechanismen bei der Umwandlung von Kapitalgesellschaften, 1998; *Priester*, Die klassische Ausgliederung: ein Opfer des Umwandlungsgesetzes 1994? ZHR 163 (1999), 187; *Reichert*, Ausstrahlungswirkung der Ausgliederungsvoraussetzungen nach dem UmwG, in: Habersack/Koch/Winter (Hrsg.), Die Spaltung im neuen Umwandlungsrecht ..., 1999, S. 10; *von Riegen*, Gesellschafterschutz bei Ausgliederungen durch Einzelrechtsnachfolge, 1999; *Karsten Schmidt*, Vermögensveräußerung aus der Personengesellschaft ..., ZGR 1995, 675.

31 BegrRegE UmwG zu § 1 = *Ganske*, a. a. O., S. 44 = *Neye*, a. a. O., S. 111 f.

oder Genossenschaft eintragbaren Körperschaft umstrukturiert werden (vgl. unten, § 13 II 1 b aa)[32].

Es ist keineswegs gesagt, daß diese Vorgänge in jedem Fall mühsamer sind als das Gebrauchmachen von den Erleichterungen des Umwandlungsgesetzes. Die verschmelzende Umwandlung einer GmbH & Co. KG auf die Komplementär-GmbH zeigt dies auf das Beste: Sie kann, wenn alle Kommanditisten dies wollen, im Nu vollzogen werden, und alle Registereintragungen haben nur noch berichtigenden Charakter. Aber sogar die Einzeleinbringung kann – vor allem bei leicht übersehbarem Gesellschaftsvermögen – nach Lage des Einzelfalls eine geringe Mühe im Vergleich mit den Formalitäten des Umwandlungsgesetzes sein.

b) Um so nachhaltiger ist zu fragen, ob die strengen Regeln des Umwandlungsgesetzes gegen *Umgehung* geschützt sind[33]. Der ministerielle Diskussionsentwurf hatte besondere Umgehungsschutzregeln enthalten[34]. Sie besagten, auf einen kurzen Nenner gebracht, daß auch bei Verträgen über die Voll- oder Teilübertragung eines Gesellschaftsvermögens die Schutzvorschriften des Umwandlungsgesetzes einschließlich der Vorbereitung, Prüfung und Beschlußfassung auch dann beachtet werden sollten, wenn keine Verschmelzung oder Ausgliederung nach dem Umwandlungsgesetz durchgeführt werde. Diese als gesetzliche Zementierung der »Holzmüller«-Doktrin aus *BGHZ* 83, 122 (unten, § 28 V 2) kritisierten Vorschriften[35] sind mit Recht nicht in das Gesetz aufgenommen worden. Aber ihr Anliegen hat sich damit nicht etwa erledigt. Für die Vermögensübertragung gilt § 179a AktG (dazu sogleich). Im übrigen muß die Praxis zu einem flexiblen, jedoch hinreichenden Umgehungsschutz finden. Zwei BGH-Urteile markieren den Weg zu einem solchen Schutz[36]:

- Nach *§ 179a I AktG* bedarf ein Vertrag, durch den sich eine Aktiengesellschaft zur Übertragung des ganzen Gesellschaftsvermögens außerhalb des Umwandlungsgesetzes verpflichtet, auch dann eines mit satzungsändernder Mehrheit zu fassenden Hauptversammlungsbeschlusses, wenn damit keine Änderung des Unternehmensgegenstandes verbunden ist. Ohne diese Zustimmung der Aktionäre ist der Vertrag unwirksam. Die Bestimmung enthält einen verallgemeinerungsfähigen, d. h. auch für sonstige Gesellschaften geltenden Grundsatz. Demgemäß bedarf nach *BGH*, NJW 1995, 596 = JZ 1995, 576 m. Anm. *Grunewald* = JuS 1995, 553 *(Karsten Schmidt)* der Abschluß eines Vertrages, durch den sich eine Kommanditgesellschaft verpflichtet, das von ihr betriebene, ihr gesamtes Vermögen darstellende Unternehmen zu veräußern, zu seiner Wirksamkeit eines zustimmenden Beschlusses der Gesellschafter. Fehlt es daran, so ist der Vertrag unwirk-

32 *Karsten Schmidt*, in: Festschrift Zöllner I, 1998, S. 521 ff.

33 Eingehend *Bungert*, *Feddersen/Kiem*, *Kollmar*, *Joost*, *Nagl*, *Neuhaus*, *Pfeifer*, *Priester*, *Reichert*, *von Riegen*, *Karsten Schmidt*, alle a. a. O.

34 §§ 251, 252 Diskussionsentwurf Gesetz zur Bereinigung des Umwandlungsrechts, wiedergegeben auch in Festschrift Heinsius, S. 716 f.; s. auch ZGR 1995, 677.

35 *Karsten Schmidt*, in: Festschrift Heinsius, 1991, S. 715 ff.; vgl. bereits *dens.*, ZGR 1990, 586 ff.

36 Eingehend *Karsten Schmidt*, ZGR 1995, 675 ff.

sam. Nicht unwirksam sind allerdings die in Vollzug des Vertrages abgeschlossenen Verfügungsgeschäfte (*BGH*, NJW 1991, 2564).

- Nach *BGHZ* 83, 122 = NJW 1982, 1703 »Holzmüller« kann der Vorstand einer AG bei schwerwiegenden Eingriffen in die Rechte und Interessen der Aktionäre – z.B. bei der Ausgliederung eines den wertvollsten Teil des Gesellschaftsvermögens bildenden Betriebs auf eine dazu gegründete Tochtergesellschaft – nicht nur berechtigt, sondern auch verpflichtet sein, gemäß § 119 II AktG eine Entscheidung der Hauptversammlung über die Maßnahme herbeizuführen (dazu unten, § 28 V 2, § 30 V 2). Dieser Grundsatz gilt erst recht bei anderen Gesellschaftsformen, deren Leitungsorgane weniger unabhängig sind (vgl. zur GmbH unten, § 36 I 2; zur Personengesellschaft §§ 116 II, 164 HGB und dazu unten, § 47 V 1, § 53 III 2). Fehlt es an der erforderlichen Zustimmung, so ist die strukturändernde Geschäftsführungsmaßnahme rechtswidrig, damit allerdings nicht ohne weiteres unwirksam (*BGHZ* 83, 122, 132 = NJW 1982, 1703, 1705). Wird die Maßnahme vollzogen, so können sich daraus Abwehr- oder Beseitigungsansprüche der Gesellschafter ergeben (unten, § 21 V).

Der Unterschied gegenüber der im Regierungsentwurf vorgesehenen Voll-Unterstellung umwandlungsgleicher Maßnahmen unter das Umwandlungsgesetz ist groß. Die Ausstrahlungswirkungen dieses Gesetzes sind flexibel zu handhaben und richten sich nach den jeweils in Frage stehenden Schutzinteressen[37]. Keine Gefolgschaft hat demgegenüber die »Badenwerk«-Entscheidung des *LG Karlsruhe* gefunden, wonach das Umwandlungsrecht bei Strukturänderungen mit Umwandlungswirkungen einschließlich seiner formalen Schutzregeln analog anwendbar sein soll[38]. Eine solche Pauschallösung ist vom Gesetzgeber entgegen den Plänen des Regierungsentwurfs gerade nicht in Kraft gesetzt worden, also nicht gewollt und auch nicht geboten.

II. Der Formwechsel nach dem Umwandlungsgesetz[*]

1. Grundlagen

a) Als *Formwechsel* bezeichnet das Gesetz den Vorgang, daß ein Rechtsträger eine andere Rechtsform erhält (§ 190 I UmwG), und zwar *unter Wahrung seiner Identität*. Umstrukturierungsmaßnahmen, die im Wege der Einzel-

---

37 Vgl. eingehend *von Riegen*, a.a.O., S. 92ff., 117ff., 124ff., 134ff.; vgl. auch *Leinekugel*, a.a.O., S. 222ff.

38 *LG Karlsruhe*, DB 1998, 120 = ZIP 1998, 385; zust. *Bork*, EWiR 1997, 1148; abl. *Bungert*, NZG 1998, 367; *Heckschen*, DB 1998, 1385; *Mutter*, DZWiR 1998, 212; *Priester*, ZHR 163 (1999), 192; *Trölitzsch*, WiB 1997, 795.

* Literatur (Auswahl): *Bärwaldt/Schabacker*, Der Formwechsel als modifizierte Neugründung, ZIP 1998, 1293; *Busch*, Die Deckung des Grundkapitals beim Formwechsel einer GmbH in eine Aktiengesellschaft, AG 1995, 555; *Decher*, Formwechsel – Allgemeine Vorschriften, in: Lutter (Hrsg.), Kölner Umwandlungsrechtstage, a.a.O., S. 102; *Schöne*, Das Aktienrecht als »Maß aller Dinge« im neuen Umwandlungsrecht, GmbHR 1995, 325; *Wiedemann*, Identität beim Rechtsformwechsel, ZGR 1999, 568.

übertragung oder im Wege der Gesamtrechtsnachfolge durchgeführt werden, sind kein Formwechsel, und zwar auch nicht in den Fällen, die bis 1994 der »formwechselnden Umwandlung« als Fälle der »übertragenden Umwandlung« zur Seite gestellt wurden. Kein Formwechsel ist daher die »Umwandlung« eines einzelkaufmännischen Unternehmens »auf« eine Kapitalgesellschaft (bis 1994 §§ 50ff., 56aff. UmwG a.F.) oder die »Umwandlung« eines in Personengesellschaft geführten Unternehmens »auf« eine Kapitalgesellschaft, z.B. auf ihre Komplementär-GmbH, nach dem »Anwachsungsmodell« (darüber oben, § 12 I 4). Insbesondere für den Fall des Einzelkaufmanns leuchtet ein, daß sich jede Umwandlung nur auf der Vermögensseite abspielen kann, also durch Universalsukzession, nicht durch Formwechsel stattfindet: Das Unternehmen wird von einem Unternehmensträger (dem Einzelkaufmann) auf einen anderen überführt. Das ist kein Formwechsel, sondern eine Ausgliederung (§§ 152ff. UmwG).

b) *§ 191 UmwG* (»einbezogene Rechtsträger«) regelt, welche Rechtsträger als »formwechselnde Rechtsträger« und welche als »Rechtsträger neuer Rechtsform« in Betracht kommen. Gemeint ist die Ausgangsrechtsform und die Zielrechtsform.

aa) *Formwechselnde Rechtsträger* können nach § 191 I UmwG sein:
- Handelspersonengesellschaften und Partnerschaftsgesellschaften[39] sowie aufgrund Verweisung (§ 1 EWIV-AusführungsG) auch Europäische wirtschaftliche Interessenvereinigungen[40],
- Kapitalgesellschaften,
- eingetragene Genossenschaften,
- rechtsfähige Vereine,
- Versicherungsvereine auf Gegenseitigkeit,
- Körperschaften und Anstalten des öffentlichen Rechts.

Eine aufgelöste, jedoch noch fortsetzungsfähige Gesellschaft kann nach § 191 III UmwG umgewandelt werden (vgl. zum Status der aufgelösten Gesellschaften oben, § 11 V). Nicht nach dem Umwandlungsgesetz umwandlungsfähig ist eine Vor-AG, Vor-GmbH, Vor-Genossenschaft oder ein Vorverein (zu ihrer Rechtsnatur oben, § 11 IV)[41]. Ein solches Gebilde, um es umwandlungsfähig zu machen, erst noch durch Aufgabe der Eintragungsabsicht zur oHG werden und als solche eintragen zu lassen[42], entspricht nicht dem Willen der Beteiligten und ist allemal umständlich. Richtig scheint, daß die §§ 1 II, 191 I UmwG eine »Umwandlungsgründung« nicht hindern: Die Satzung der noch nicht eingetragenen Körperschaft wird in dem Sinne geändert, daß sie die Voraussetzungen der neuen Rechtsform erfüllt und

39 Gesetz vom 22.7.1998 (BGBl. I S. 1878); zur vorherigen Rechtslage vgl. 3. Aufl., § 13 II 1a sowie *Karsten Schmidt*, in: Festschrift Kropff, 1997, S. 264f.

40 *Lutter/Decher*, a.a.O., § 191 Rdnr. 2; *Karsten Schmidt*, NJW 1995, 7; a.M. *Widmann/Mayer/Vossius*, a.a.O., § 191 Rdnr. 9, weil eine »bloße Rechtsfolgenverweisung« (sic!) vorliege.

41 *Lutter/Decher*, a.a.O., § 191 Rdnr. 3.

42 So *Goutier/Laumann*, a.a.O., § 191 UmwG Rdnr. 19.

auf diese Weise eingetragen wird (unten, § 24 II 2c)[43]. Es ist dies keine Umwandlung nach §§ 190ff. UmwG, sondern ein außerhalb des Umwandlungsgesetzes ablaufender Vorgang, den der Numerus clausus des § 1 UmwG nicht hindert (oben, § 12 I 4c). Gesichert ist diese Auffassung allerdings vorerst nicht, zumal der Gläubigerschutz Zweifelsfragen aufwerfen kann.

bb) Rechtsträger neuer Rechtsform können sein:
- Gesellschaften bürgerlichen Rechts,
- Handelspersonengesellschaften und Partnerschaftsgesellschaften,
- Kapitalgesellschaften,
- eingetragene Genossenschaften.

Beispiel Nr. 5: Eine oHG kann in eine GmbH, ein e.V. in eine eingetragene Genossenschaft umgewandelt werden. Nicht möglich ist nach dem UmwG die Umwandlung einer eingetragenen Genossenschaft in einen e.V. oder einer Gesellschaft bürgerlichen Rechts in eine GmbH. Hier scheidet der schlichte Formwechsel aus. Im Fall der Gesellschaft bürgerlichen Rechts kann evtl. Abhilfe geschaffen werden, indem diese zunächst nach § 105 II HGB n.F.) als oHG eingetragen wird. Aber auch die Erbengemeinschaft nach einem Einzelkaufmann kann nicht umgewandelt werden. Hier bleibt den Miterben nur die Neugründung einer Handelsgesellschaft unter Einzeleinbringung des Unternehmensvermögens (vgl. auch Handelsrecht, § 5 I 3 b, § 8 IV 3b). Eine Überwindung des in § 1 II UmwG festgeschriebenen Numerus clausus der Umwandlungsformen (oben unter I 3c) ist nur im Bereich der Universalsukzession (insbesondere der Ausgliederung), nicht des Formwechsels möglich (vgl. schon 2. Auflage, § 12 IV 1).

c) Die *rechtspolitische Aufgabe bei der Regelung des Formwechsels* besteht darin, daß zwischen der rechtstechnischen Identität und *Kontinuität des Rechtsträgers* auf der einen und der *Diskontinuität seiner Verfassung* auf der anderen Seite die Balance gehalten wird. Charakteristisch hierfür ist die Regelung über die *Firmenfortführung* in § 200 UmwG: Grundsätzlich darf die bisherige Firma weiterverwendet werden (§ 200 I 1 UmwG). Aber bei Umwandlung in eine Personengesellschaft darf eine kapitalgesellschaftliche Sachfirma nicht fortgeführt werden (§ 200 I 2 UmwG). Auch Rechtsformzusätze müssen gestrichen bzw. entsprechend der neuen Rechtsform neu hinzugefügt werden (näher § 200 I 3 und II UmwG).

d) Die Identität und Kontinuität des Rechtsträgers bringt es mit sich, daß im Regelfall auch *Anteilsidentität* besteht: Soweit nicht Anteilsinhaber nach § 207 UmwG im Zuge der Umwandlung aus der Gesellschaft austreten, sind alle Anteilsinhaber vor und nach dem Formwechsel mit gleichen Anteilen beteiligt (§ 202 II UmwG), nur eben z.B. als Aktionäre statt als GmbH-Gesellschafter. Das hat zu der Streitfrage geführt, ob auch ein »nicht verhältniswahrender Formwechsel« oder sogar die Auswechslung von Anteilsinhabern zulässig ist: Können gleichzeitig mit dem Formwechsel die Beteiligungsquoten verändert und vielleicht sogar neue Gesellschafter aufgenommen werden? Die bloße Quotenveränderung wird überwiegend zu-

---

43 So für das alte Umwandlungsrecht *Karsten Schmidt*, Verbandszweck und Rechtsfähigkeit im Vereinsrecht, 1984, S. 312ff., 317ff.; für das neue Recht *ders.*, in: Festschrift Zöllner I, 1998, S. 521ff.

gelassen[44], der Ein- und Austritt von Mitgliedern dagegen, soweit nicht Spezialregelungen dies bei der KGaA zulassen, herkömmlich verneint[45], indes zu Unrecht[46]. Die vom Gesetzgeber angenommene Quotenidentität besagt nur, daß das Umwandlungsgesetz mit seinen Vereinfachungen nicht auch bei der Quotenveränderung hilft. Niemand ist aber gehindert, simultan eine andere Maßnahme – z. B. einen Gesellschafterwechsel – durchzuführen (oben unter I 4). Die Frage wird bei der GmbH & Co.-Umwandlung wiederkehren (unter II 3 e und II 4 c bb).

2. Allgemeine Regeln für die Durchführung des Formwechsels*

a) Kern des Umwandlungsvorgangs und wesentliches Legitimationsinstrument ist der *Umwandlungsbeschluß* nach § 193 UmwG. Dieser bedarf der Vorbereitung. Nach § 192 UmwG hat das Vertretungsorgan des formwechselnden Rechtsträgers einen ausführlichen Umwandlungsbericht zu erstatten, in dem der Formwechsel und insbesondere die künftige Beteiligung der Anteilsinhaber rechtlich und wirtschaftlich erläutert werden. Bestandteil des Berichts ist eine Vermögensaufstellung (§ 192 II UmwG). Der Umwandlungsbericht ist entbehrlich, wenn an dem formwechselnden Rechtsträger nur ein Anteilsinhaber beteiligt ist oder wenn alle Anteilsinhaber auf ihn verzichten (§ 192 III UmwG). Der Umwandlungsbeschluß kann nur in einer Versammlung gefaßt werden und bedarf der notariellen Beurkundung. Die erforderlichen Mehrheiten richten sich nach den einzelnen Rechtsformen. Zwingende Untergrenze ist die qualifizierte Mehrheit von ¾ (§§ 233 II, 240 I, 252 II, 262 I, 275 II, 284 Satz 2, 293 UmwG). Bei der Personengesellschaft gilt das Prinzip der Einstimmigkeit (§ 217 I UmwG), bei Gesellschaftsverträgen mit wirksamer Mehrheitsklausel (unten, § 16 II 2) ist wiederum die qualifizierte Mehrheit unerläßlich. Gibt es vinkulierte Anteile, die nur mit Genehmigung einzelner Anteilsinhaber abgetreten werden können, bedarf der Umwandlungsbeschluß auch ihrer Zustimmung (§ 193 UmwG)[47]. Zustim-

44 Überblick bei *Lutter/Decher*, § 202 Rdnrn. 14 ff.; *Priester*, DB 1997, 565 f.; *Bayer*, ZIP 1997, 1616.

45 Vgl. statt vieler *Widmann/Mayer/Vossius*, a. a. O., § 202 Rdnr. 30, § 228 Rdnrn. 94 ff.; *Decher*, in: Kölner Umwandlungstage, a. a. O., S. 2.

46 *Kallmeyer/Meister/Klöcker*, § 202 Rdnr. 32; *Karsten Schmidt*, GmbHR 1995, 695; *ders.*, ZIP 1998, 186; *Kallmeyer*, GmbHR 1996, 82 (in Abkehr von der zuvor vertretenen Gegenansicht); umfassend *Priester*, DB 1995, 660 ff. (in Abkehr von der zuvor vertretenen Gegenansicht); *Veil*, DB 1996, 2529 ff.; *Bayer*, ZIP 1997, 1616; *Wiedemann*, ZGR 1999, 577 ff.; unentschieden *BGH*, BB 1999, 1450.

* Literatur (Auswahl): *Bärwaldt/Schabacher*, Der Formwechsel als modifizierte Neugründung, ZIP 1998, 1293; *Decher*, Formwechsel, in: Lutter, Kölner Umwandlungsrechtstage, a. a. O., S. 201; *Petersen*, a. a. O., S. 27 ff.; *Priester*, Gründungsrecht contra Identitätsprinzip – Kapitalausstattung beim Formwechsel, in: Festschrift Zöllner I, 1998, S. 449; *ders.*, Kapitalgrundlage beim Formwechsel, DB 1995, 911; *Karsten Schmidt*, Volleinzahlungsgebot beim Formwechsel in die AG oder GmbH? ZIP 1995, 1385; *Sagasser/Bula/Brünger*, a. a. O., Rdnrn. R 17 ff.; *Wolfsteiner*, Gründungsaufwand beim Formwechsel, in: Festschrift Bezzenberger, 2000, S. 467.

47 Nicht alle Vinkulierungsklauseln lösen das Zustimmungsbedürfnis nach § 193 II UmwG aus; nach h. M. fallen aber Zustimmungsvorbehalte zugunsten aller (nicht bloß einzelner) Gesellschafter im Gegensatz zu Zustimmungsvorbehalten zugunsten der Gesellschaft unter § 193 II UmwG (eingehend *Goutier/Laumann*, a. a. O., § 193 Rdnrn. 45 ff.; *Kallmeyer/Zimmermann*, a. a. O., § 193

mung aller ist erforderlich, wenn die Gesellschaft durch Formwechsel oHG oder Gesellschaft bürgerlichen Rechts werden soll (§ 233 I UmwG).

Notwendiger *Inhalt des Umwandlungsbeschlusses* ist nach § 194 UmwG: die neue Rechtsform, die neue Firma bzw. der Name, die Beteiligung der Anteilsinhaber und ihre mitgliedschaftlichen Rechte nach dem Formwechsel, ein Abfindungsangebot für überstimmte Anteilsinhaber und die Folgen des Formwechsels für die Arbeitnehmer und ihre Vertretungen. Beim Formwechsel in eine Kapitalgesellschaftsform gehört auch die neue Satzung zum Inhalt des Umwandlungsbeschlusses (§§ 218 I, 243 UmwG; zum Formwechsel in die Form einer Personengesellschaft vgl. unter II 4b).

Nach *§ 197 UmwG* sind grundsätzlich die Gründungsvorschriften der neuen Rechtsform anzuwenden. Diese Regelung darf nicht als Rückfall in einen vor-umwandlungsrechtlichen Rechtszustand mißverstanden werden[48]. Es geht nicht darum, den Formwechsel der Neugründung gleichzustellen, sondern um die Wahrung der gesetzlichen Normativbestimmungen (oben, § 8 II 5): Sie dürfen vor allem bei Kapitalgesellschaften nicht umgangen werden, nur weil diese statt aus einem Gründungsvorgang aus einem Formwechsel hervorgehen (näher alsbald unter II 3c). Vorschriften über die Bildung des ersten Aufsichtsrats (vgl. § 30 AktG) und etwaige Vorschriften über die Mindestzahl der Gründer gelten nicht (§ 197 S. 2 UmwG).

b) Der Formwechsel wird durch *Registereintragung* bewerkstelligt (§ 202 UmwG): Der formwechselnde Rechtsträger besteht unter *Wahrung seiner Identität* in der im Umwandlungsbeschluß bestimmten Rechtsform weiter (zu dieser Rechtsfigur oben, § 12 IV 2). Dazu ist der beschlossene Formwechsel nach § 198 I UmwG zur Eintragung in das Register, in dem der formwechselnde Rechtsträger bisher eingetragen war, anzumelden (Handelsregister, Vereinsregister oder Genossenschaftsregister; für den Formwechsel in eine Gesellschaft bürgerlichen Rechts vgl. § 235 I UmwG). Ist der formwechselnde Rechtsträger (z.B. als Anstalt des öffentlichen Rechts) nicht registriert, so erfolgt die Anmeldung bei dem für die neue Rechtsform zuständigen Register (§ 198 II UmwG). Bei der Registeranmeldung haben die Vertretungsorgane zu erklären, daß eine Klage gegen die Wirksamkeit des Umwandlungsbeschlusses nicht fristgemäß erhoben oder rechtskräftig abgewiesen oder zurückgenommen worden ist (§§ 198 III, 16 II 1 UmwG). Ohne diese Erklärung darf die Umwandlung grundsätzlich nicht in das Register eingetragen werden (§§ 198 III, 16 II 2 UmwG). Die Eintragung ist aber zulässig, wenn die klageberechtigten Anteilsinhaber durch notariell beurkundete Verzichtserklärung auf ihr Klagrecht verzichten (§§ 198 III, 16 II UmwG) oder wenn das Prozeßgericht in einem Zwischenverfahren auf Antrag festgestellt hat, daß die Erhebung der Klage der Eintragung nicht entgegensteht (§§ 198 III, 16 III UmwG; vgl. zu diesem besonderen Verfahren oben, § 12 III 2). Ist der Formwechsel eingetragen, so bleiben die Eintragungswirkungen von etwaigen Mängeln unberührt (§ 202 III UmwG).

Rdnrn. 16ff.; *Lutter/Decher*, a.a.O., § 193 Rdnrn. 15ff.; *Schmitt/Hörtnagl/Stratz*, a.a.O., § 193 Rdnrn. 15ff.; *Reichert*, GmbHR 1995, 179).

48 Vgl. auch *OLG Frankfurt*, DB 1999, 733 = NZG 1999, 351, 352.

Die Frage, ob damit alle Rechte auf Rückgängigmachung der Umwandlung ausgeschlossen sind, wurde unter § 6 IV 5 behandelt.

c) Die *Anteilsinhaber* werden durch ihre *Partizipation am Umwandlungsverfahren* und durch dessen formale Ausgestaltung geschützt. Soweit die Umwandlung durch qualifizierte Mehrheit beschlossen werden kann, genügt dieser Schutz allerdings nicht. Überstimmte Anteilsinhaber können nach §§ 207ff. UmwG von einem *Barabfindungsangebot* Gebrauch machen[49]. Den Beschluß anfechten können sie – unabhängig von der Rechtsform – nur binnen Monatsfrist (§ 195 I UmwG)[50] und nicht mit der Begründung, daß ihre Anteile oder die Abfindungsangebote zu niedrig bemessen sind (§§ 195 II, 210 UmwG)[51]. Insoweit sind die Anteilsinhaber auf eine Geltendmachung ihrer Zuzahlungs- oder Abfindungsrechte im gerichtlichen Spruchstellenverfahren verwiesen (§§ 196, 212, 305ff. UmwG und dazu oben unter I 2c). Die *Erhebung einer Anfechtungsklage* löst grundsätzlich eine Registersperre aus, die aber durch das schon unter II 2b erwähnte Freigabeverfahren des Prozeßgerichts aufgehoben werden kann (dazu oben, § 12 III 2). Den Inhabern von stimmrechtslosen Sonderrechten, insbesondere von Anteilen ohne Stimmrecht, von Wandelschuldverschreibungen, von Gewinnschuldverschreibungen und von Genußrechten müssen gleichwertige Rechte auch im Rahmen der neuen Rechtsform gegeben werden (§§ 204, 23 UmwG).

d) Auch ein *Gläubigerschutz* ist erforderlich[52]. Zwar sorgt die Identität des formwechselnden Rechtsträgers dafür, daß alle gegen diesen gerichteten Ansprüche fortbestehen und daß auch die Haftungsmasse identisch bleibt. Aber die Haftungsverfassung des Rechtsträgers kann sich verändern: Dabei ist die Umwandlung einer Personengesellschaft in eine Kapitalgesellschaft typischerweise ungefährlicher als umgekehrt die Umwandlung einer Kapitalgesellschaft in eine Personengesellschaft. Wird eine Personengesellschaft in eine Kapitalgesellschaft umgewandelt, so besteht die persönliche Haftung für Altverbindlichkeiten bis zum Ablauf einer fünfjährigen Enthaftungsfrist fort (§ 224 UmwG), und es müssen die Kapitalaufbringungsvorschriften gewahrt bleiben (§ 197 UmwG); immerhin können aber die Gläubiger langfristiger Forderungen durch die nach fünf Jahren eintretende Enthaftung gefährdet sein (§ 224 II UmwG)[53]. Wird eine Kapitalgesellschaft in eine Personengesellschaft umgewandelt, so entfällt die für Kapitalgesellschaften charakteristische Vermögenssicherung (§§ 57 AktG, 30 GmbHG); die nunmehr einsetzende persönliche Haftung gibt nicht in allen Fällen einen gleichwertigen Schutz (vgl. oben, § 18 IV 2). Deshalb gesteht das Gesetz den Gläubigern einen

---

49 Die Ausübung dieses Rechts setzt einen Widerspruch des Anteilsinhabers gegen den Beschluß voraus (vgl. zu dieser Voraussetzung, bezogen auf die Verschmelzung, *BGHZ* 108, 217, 219ff.); krit. *Lutter/Decher*, a.a.O., § 207 Rdnr. 11; *Decher*, in: Kölner Umwandlungsrechtstage, a.a.O., S. 218; vgl. bereits *Hommelhoff*, ZGR 1993, 470.

50 Zur Rechtsnatur der Monatsfrist vgl. *Karsten Schmidt*, DB 1995, 1849f.

51 Dazu *Lutter/Decher*, a.a.O., § 210 Rdnrn. 1ff.

52 Dazu umfassend *Petersen*, a.a.O., S. 66ff.

53 Die haftungsrechtliche Regelung ist angelehnt an das Recht der Nachhaftung ausscheidender Gesellschafter; eingehend *Lutter/Decher*, a.a.O., § 224 Rdnrn. 12ff.

Anspruch auf Sicherheitsleistung zu, wenn sie glaubhaft machen, daß durch den Formwechsel ihre Forderungen gefährdet sind (§§ 204, 22 UmwG).

e) Eine *Organhaftung für schuldhaft-rechtswidrige Umwandlungsmaßnahmen* sieht § 205 UmwG vor: Die Mitglieder des Vertretungsorgans und eines etwa vorhandenen Aufsichtsorgans des formwechselnden Rechtsträgers sind zum Ersatz des Schadens verpflichtet, den der Rechtsträger, seine Anteilsinhaber oder seine Gläubiger durch den Formwechsel erleiden. Die Haftungsansprüche nach § 205 UmwG können nicht von jedem Geschädigten, sondern nur von einem gerichtlich bestellten besonderen Vertreter geltend gemacht werden (§ 206 UmwG). Grundsätzlich wird es sich um Schäden handeln, die am Gesellschaftsvermögen entstehen und reflexartig die Anteilsinhaber oder Gläubiger treffen. Nach h.M. erstreckt sich die Haftung aber auch auf Einzelschäden von Gläubigern und Anteilsinhabern, soweit sie auf der Pflichtverletzung beruhen[54].

3. Formwechsel von Personengesellschaften[*]

a) Nach *§ 214 UmwG* kann eine Handels-Personengesellschaft (oHG, KG) auf Grund eines Umwandlungsbeschlusses in die Rechtsform einer Kapitalgesellschaft oder einer eingetragenen Genossenschaft umgewandelt werden. Ist die Gesellschaft aufgelöst, so schadet dies nicht, sofern die Gesellschaft noch fortgesetzt werden kann (§ 191 II UmwG) und die Gesellschafter nicht nach § 145 HGB eine andere Art der Auseinandersetzung vereinbart haben (§ 214 II UmwG). Handels-Personengesellschaft ist auch die GmbH & Co. KG (unten, § 56 I). Die Europäische Wirtschaftliche Interessenvereinigung steht einer oHG auch in dieser Hinsicht gleich (§ 1 EWIV-AusführungsG), und die Freiberufliche Partnerschaft ist seit 1998 gleichfalls umwandlungsfähig (vgl. §§ 191, 225a ff., oben unter II 1 b aa). Nicht umwandlungsfähig ist die Gesellschaft bürgerlichen Rechts[55], aber seit Einführung des neuen § 105 II HGB kann eine BGB-Außengesellschaft jederzeit als eine eintragungs- und

54 Vgl. *Dehmer*, a.a.O., § 205 Rdnrn. 10ff.; *Goutier/Laumann*, a.a.O., § 205 Rdnrn. 21ff.; zum alten Recht bereits *Grunewald*, in: Geßler/Hefermehl/Eckardt/Kropff, § 349 Rdnrn. 10ff.

* Literatur (Auswahl): *Fischer*, Formwechsel zwischen GmbH und GmbH & Co. KG, BB 1995, 2173; *Heidinger*, Haftung der BGB-Gesellschafter beim Formwechsel aus einer GmbH, GmbHR 1996, 890; *Hildebrandt*, Entwicklungen und Rechtsprobleme freiberuflicher Zusammenschlüsse im ärztlichen und anwaltlichen Bereich sowie der Formwechsel der Partnerschaft in die GmbH, 2000; *Joost*, Formwechsel von Personenhandelsgesellschaften, in: Lutter, Kölner Umwandlungsrechtstage, a.a.O., S. 245; *Kallmeyer*, Der Ein- und Austritt der Komplementär-GmbH ... bei Verschmelzung, Spaltung und Formwechsel ..., GmbHR 1996, 80; *Priester*, Mitgliederwechsel im Umwandlungszeitpunkt, DB 1997, 561; *Harry Schmidt*, Mehrheitsklauseln für Umwandlungsbeschlüsse ..., in: Festschrift Brandner, 1996, S. 133; *Karsten Schmidt*, Formwechsel zwischen GmbH und GmbH & Co. KG, GmbHR 1995, 693; *ders.*, Volleinzahlungsgebot beim Formwechsel in die AG oder GmbH? ZIP 1995, 1385; *Semler*, Zur Umwandlung einer Personenhandelsgesellschaft in eine AG, in: Festschrift Fleck, 1988, S. 331; *Timmermans*, Kapitalaufbringung und Kapitalfestsetzung beim Formwechsel einer Personengesellschaft, DB 1999, 948; *Wolf*, Die Haftung des Kommanditisten beim Formwechsel in die GmbH, ZIP 1996, 1200; *Zürbig*, Der Formwechsel einer Personengesellschaft in eine Kapitalgesellschaft, 1999.

55 *Zürbig*, a.a.O., S. 16ff. mit Kritik de lege ferenda.

umwandlungsfähige oHG oder KG eingetragen werden (vgl. dazu unten, § 46 I 1). Andere Umwandlungen läßt das UmwG nicht zu, aber es ist daran zu erinnern, daß sich der Formwechsel zwischen oHG, KG und Gesellschaft bürgerlichen Rechts außerhalb des UmwG vollzieht (oben, § 12 I 4) und daß durch Anwachsung oder Anteilsübertragung auch eine verschmelzende Umwandlung »auf« einen Rechtsträger anderer Rechtsform durchgeführt werden kann.

Beispiel Nr. 6: Soll das Vermögen einer Kommanditgesellschaft in Vereinsform weitergeführt werden, so können die Gesellschafter ihre Anteile auf einen von ihnen gegründeten Verein übertragen, womit er ihr Gesamtrechtsnachfolger wird und die KG erlischt. Ob dann der Verein die Rechtsfähigkeit als e.V. behalten darf oder zum Wirtschaftsverein wird, ist eine andere, rein vereinsrechtliche Frage (unten, § 23 III).

b) Die *Vorbereitung des Umwandlungsbeschlusses* hängt davon ab, ob alle Gesellschafter geschäftsführungsberechtigt sind (so typischerweise bei der oHG) oder ob nur einzelne Gesellschafter die Geschäfte führen (so typischerweise bei der KG). Im zweiten Fall (und damit in den meisten Umwandlungsfällen) muß ein Umwandlungsbericht erstellt werden (§§ 192, 215 UmwG), und alle von der Geschäftsführung ausgeschlossenen Gesellschafter müssen unter Mitteilung des Berichts von dem bevorstehenden Formwechsel unterrichtet werden (§ 216 UmwG). Der Umwandlungsbeschluß muß die neue AG-, GmbH- oder Genossenschaftssatzung enthalten (§ 218 UmwG) und bedarf grundsätzlich der Zustimmung aller Gesellschafter (§ 217 I 1 UmwG). Der Gesellschaftsvertrag kann eine Beschlußfassung mit qualifizierter Mehrheit zulassen (§ 217 I 2, 3 UmwG; vgl. zum Bestimmtheitsgrundsatz oben, § 16 II 2). Dann müssen im Beschlußprotokoll die für den Formwechsel stimmenden Gesellschafter namentlich genannt werden (§ 217 II UmwG), denn alle zustimmenden Personengesellschafter – nicht nur die beschränkt haftenden[56] – haben mit allen Haftungsfolgen die Stellung von Gründern in der künftigen Kapitalgesellschaft oder Genossenschaft (§ 219 UmwG)[57]. Auch ein Barabfindungsangebot muß für den Fall eines Mehrheitsbeschlusses vorgesehen werden (§ 207 UmwG). Eine besondere Prüfung dieses Angebots durch einen Umwandlungsprüfer findet nur statt, wenn ein Gesellschafter dies verlangt (§ 225 UmwG). Nach Anmeldung (§§ 198, 222 UmwG) und Eintragung besteht die bisherige Personengesellschaft nunmehr als AG, GmbH oder eG weiter (§ 202 UmwG). Eine Rechtsübertragung findet nicht statt.

Beispiel Nr. 7: Besteht die ABC-oHG aufgrund Formwechsels als ABC-GmbH fort, so bedarf es keiner besonderen Regeln für die Übertragung von Rechten, Rechtsverhältnissen (z.B. Arbeitsverhältnissen) und Pflichten, denn diese bestehen fort. Auch Grundbucheintragungen werden nur berichtigt. Die Gesellschafter haften künftig nur noch nach GmbH-Recht (zur Nachhaftung für Altschulden vgl. unter d). Ob die neue Haftungsverfassung für Vertragspartner der Gesellschaft eine Forderungsverletzung oder einen Grund zur außerordentlichen Kündigung darstellt, ist eine andere Frage.

---

56 So aber *Lutter/Joost*, a.a.O., § 219 Rdnr. 5; *Wolf*, ZIP 1996, 1200.
57 Vgl. nur *Schmitt/Hörtnagl/Stratz*, a.a.O., § 219 Rdnr. 3; *Petersen*, a.a.O., S. 77f.

c) Die *neue Haftungsverfassung* setzt vor allem bei der Umwandlung in eine Kapitalgesellschaft eine Wahrung des im AktG und im GmbHG gewährleisteten Schutzes voraus. Das Gesetz bewerkstelligt dies durch eine teilweise Bezugnahme auf das Gründungsrecht der Kapitalgesellschaften: Nach § 220 I UmwG muß das nach Abzug der Schulden verbleibende Vermögen der formwechselnden Gesellschaft mindestens den Nennbetrag des Grund- bzw. Stammkapitals decken. Kann diese nicht jedenfalls durch Auflösung stiller Rücklagen behoben werden[58], so ist die Eintragung des Formwechsels unzulässig *(Gebot der Volldeckung)*. Damit verbietet das Gesetz einen Formwechsel bei Unterbilanz[59]. Dagegen ergibt sich aus § 220 I UmwG nicht, ob das Gesetz auch den Formwechsel ohne vorherige Leistung aller Einlagen untersagt[60]. Demgemäß ist umstritten, ob mit dem Gebot der Volldeckung auch ein *Gebot der Volleinzahlung* einhergeht[61].

Beispiel Nr. 8 (vgl. *Karsten Schmidt*, ZIP 1995, 1385ff.): Das Reinvermögen einer KG (Aktiva minus Verbindlichkeiten) beträgt 80000 Euro. Nach § 220 I UmwG kann diese KG zwar in eine GmbH mit 50000 oder 80000 Euro Stammkapital umgewandelt werden, nicht aber in eine AG (Mindestgrundkapital 100000 Euro). Bestehen die Aktiva in Höhe von 40 000 Euro aus noch nicht eingezahlten Kommanditeinlagen, so steht § 220 I UmwG dem Formwechsel nicht entgegen (a.M. wohl *Joost*, a.a.O.). Die Frage ist nur, ob sich aus §§ 197 UmwG, 7 GmbHG ergibt, daß ein Formwechsel nur eingetragen werden darf, wenn die Kommanditeinlagen vollständig geleistet sind, denn Sacheinlagen müssen bei der GmbH voll eingebracht sein (§ 7 GmbHG).

Der Konflikt ist folgender[62]: Einerseits sieht das Umwandlungsgesetz, wie auch das Erfordernis eines (Sach-)Gründungsberichts in § 220 II UmwG und einer Gründungsprüfung beim Formwechsel in die AG (§ 220 III UmwG) zeigt, den Formwechsel als eine technisch vereinfachte Sachgründung an, und Sacheinlagen in Kapitalgesellschaften müssen vor der Eintragung erbracht worden sein. Andererseits handelt es sich in der neuen wie in der alten Gesellschaft um ausstehende Bareinlagen (nicht Sacheinlagen), und nach Maßgabe des § 7 II GmbHG kann eine GmbH eingetragen werden, soweit mindestens ein Viertel jeder Bareinlage eingezahlt ist und der Gesamtbetrag der eingezahlten Bareinlagen zuzüglich der Sacheinlagen mindestens 25000 DM erreicht. Unter diesen Voraussetzungen sind also die Normativbestimmungen des GmbH-Gesetzes erfüllt. Ein Volleinzahlungsgebot ergibt sich

58 Nach h.M. genügt Kapitaldeckung nach Verkehrswerten; vgl. *Goutier/Laumann*, a.a.O., § 220 Rdnr. 10; *Lutter/Joost*, a.a.O., § 220 Rdnr. 13; *Kallmeyer/Dirksen*, a.a.O., § 220 Rdnr. 7; *Schmitt/Hörtnagl/Stratz*, a.a.O., § 220 Rdnr. 6; *Widmann/Mayer/Vossius*, a.a.O., § 220 Rdnrn. 17ff.; *Petersen*, a.a.O., S. 86ff.; *Zürbig*, a.a.O., S. 132ff.; *Priester*, DB 1995, 911ff.; *Timmermans*, DB 1999, 984; s. aber *Dehmer*, a.a.O., § 220 Rdnr. 12.

59 *Lutter/Joost*, a.a.O., § 220 Rdnr. 11; *Petersen*, a.a.O., S. 118ff.; a.M. *Busch*, AG 1995, 555f.

60 A.M. *Joost*, in: Lutter, Kölner Umwandlungsrechtstage, a.a.O., S. 257; *Lutter/Joost*, a.a.O., § 220 Rdnrn. 15f.

61 Befürwortend *Petersen*, a.a.O., S. 101ff.; *Lutter/Joost*, a.a.O., § 220 Rdnr. 15; verneinend *Karsten Schmidt*, ZIP 1995, 1385ff.

62 Vgl. *Karsten Schmidt*, ZIP 1995, 1385ff.; dagegen aber *Lutter/Joost*, a.a.O., § 220 Rdnr. 15; *Petersen* (a.a.O., S. 101) rügt, daß *Verf.* das Stichwort »Gläubigerschutz« nicht erwähnt, doch sollte der Leser dem Verf. zutrauen, daß er Zusammenhänge zwischen Kapitalaufbringung und Gläubigerschutz nicht übersieht.

aus § 220 UmwG nicht[63]. Daß das Sachgründungsdenken des GmbH-Gesetzes nicht zur Volleinzahlung vor der Umwandlung zwingt, zeigen auch die Verschmelzungsvorschriften der §§ 51 I 3, 54 I 1 Nr. 3, 68 I 1 Nr. 3 UmwG.

d) Die *persönliche Haftung* eines Gesellschafters für Altverbindlichkeiten besteht zunächst fort: Der Formwechsel berührt nicht die Ansprüche der Gläubiger der Gesellschaft aus Verbindlichkeiten der formwechselnden Gesellschaft, für die dieser im Zeitpunkt des Formwechsels nach § 128 HGB persönlich haftet (§ 224 I UmwG). Der Gesellschafter haftet für diese Verbindlichkeiten, wenn sie vor Ablauf von fünf Jahren nach dem Formwechsel fällig geworden und daraus Ansprüche gegen ihn gerichtlich geltend gemacht worden sind oder wenn der Gesellschafter den Anspruch schriftlich anerkannt hat (§ 224 II–IV UmwG). Diese Begrenzung kommt dem bisher persönlich haftenden Gesellschafter auch dann zugute, wenn er in der Gesellschaft neuer Rechtsform geschäftsleitend tätig ist (§ 224 V UmwG). Im einzelnen entspricht diese Nachhaftung und Nachhaftungsbegrenzung der Rechtslage beim Austritt eines Gesellschafters (§ 160 HGB und dazu unten, § 51 II 1, 2)[64]. Die Tragweite dieser Regelung wird vor allem bei Dauerschuldverhältnissen erkennbar (auch dazu vgl. unten, § 51 I 3).

Beispiel Nr. 9: Wird eine Kommanditgesellschaft mit Wirkung vom 1.4.2002 durch Handelsregistereintragung in eine GmbH umgewandelt, so haftet der bisherige Komplementär K für einen am 1.3. vergebenen Bauauftrag weiterhin persönlich, ebenso für eine im Jahr 2001 einem Angestellten gegebene Pensionszusage (§ 224 I UmwG). Aus der Pensionszusage haftet K jedoch ab April 2007 nicht mehr (§ 224 II UmwG), und zwar auch dann nicht, wenn er als nunmehriger Geschäftsführer weiterhin die Geschäfte leitet (§ 224 V UmwG). Insbesondere ergibt sich auch daraus nichts anderes, daß er die Pensionszusage als Komplementär selbst gegeben hat, denn er hat es nur als Vertreter der Gesellschaft getan (§ 164 BGB).

Nicht in § 224 UmwG geregelt, aber entsprechend zu behandeln ist die persönliche Haftung eines Kommanditisten nach §§ 171 I, 172 IV, 176 HGB[65]. Geht man davon aus, daß der Formwechsel außer der Eintragung der Gesellschaft auch die vollständige Einzahlung aller Einlagen voraussetzt, so wird die Frage nicht häufig auftreten. Die hier unter II 3c vertretene Gegenauffassung – kein Volleinzahlungsgebot beim Formwechsel in die Kapitalgesellschaft – legt auf den ersten Blick die Frage nahe, ob ein Kommanditist, der seine Einlage nicht vollständig erbracht hat, wirklich nach fünf Jahren befreit sein soll. Indes befreit § 224 UmwG eben nur von der Außenhaftung gegenüber den Gläubigern und nicht von der internen Pflicht zur Leistung einer Einlage. Diese kann dem Alt-Kommanditisten nach dem nunmehr maßgeblichen GmbH-Recht nicht erlassen werden (§ 19 II 1 GmbHG). Wenn ein Kommanditist aus der Gesellschaft ausgetreten ist

63 Wie hier *Lutter/Decher*, § 197 Rdnr. 13; *Lutter/Happ*, § 245 Rdnr. 21; so wohl auch *Goutier/Laumann*, a.a.O., § 220 Rdnr. 15; *Zürbig*, a.a.O., S. 140ff.; a.M. *Lutter/Joost*, a.a.O., § 220 Rdnrn. 15, 19.

64 *Lutter/Joost*, a.a.O., § 224 Rdnr. 11; *Petersen*, a.a.O., S. 45; *Karsten Schmidt*, ZGR 1993, 378f.

65 *Goutier/Laumann*, a.a.O., § 224 Rdnr. 23; *Lutter/Joost*, a.a.O., § 224 Rdnr. 11; *Petersen*, a.a.O., S. 60.

und nicht mehr am Formwechsel teilnimmt, ergibt sich die Forthaftung und Enthaftung bereits aus §§ 160, 161 II HGB:

Beispiel Nr. 10: Die KG, bestehend aus dem Komplementär K und den Kommanditisten A, B und C wird unter Austritt und Abfindung des C mit Eintragung am 1.4.1996 in eine GmbH umgewandelt. Dann haftet C nicht nach § 224 UmwG, wohl aber nach § 172 IV HGB für die Altverbindlichkeiten (unten, § 54 III), und zwar wiederum nur fünf Jahre lang (§§ 160, 161 II HGB).

Diese ganz einfache Gesetzeslage wird allerdings von der herrschenden Auffassung auf wundersame Weise negiert: Der Simultanaustritt des Kommanditisten im Umwandlungsfall soll ihm eine haftungsfreie Abfindung gestatten[66]. Erst recht soll es dem Ex-Kommanditisten gestattet sein, haftungsfrei als Gesellschafter neuer Rechtsform auszuscheiden, weil ja die Abfindung nun nicht mehr unter § 172 IV HGB fallen und keine Haftung mehr begründen könne[67]. Beides ist unrichtig[68]. Die herrschende Auffassung beruht auf einer Verkennung der in § 224 UmwG vorgesehenen Nachhaftungsregel. Diese spricht zwar von »Ansprüchen, für die der Gesellschafter im Zeitpunkt des Formwechsels persönlich haftet«, und bei formaler Sicht wird man feststellen, daß es solche Ansprüche gegen den Kommanditisten vor dem Formwechsel nicht gab. Aber Sinn und Zweck des § 224 UmwG geht dahin, daß der Haftungsstatus des Expersonengesellschafters für die Nachhaftungsdauer fortbestehen soll. Auch eine vor dem Formwechsel noch nicht aktualisierte Haftung kann also noch fünf Jahre lang zum Tragen kommen. Die herrschende Meinung ist mit dem Nachhaftungskonzept des Gesetzes nicht in Einklang zu bringen.

e) Für die Praxis besonders wichtig ist die *Umwandlung einer GmbH & Co. KG in eine Kapitalgesellschaft.* Wie unter I 4a sowie unter § 12 I 4 geschildert, steht hier neben dem Formwechsel der Kommanditgesellschaft nach wie vor auch die Umwandlung »auf« die fortbestehende Komplementär-GmbH zur Verfügung, bei der die bisherige Kommanditgesellschaft liquidationslos erlischt. Soll die Kommanditgesellschaft nach §§ 214 ff. UmwG in eine GmbH (oder AG) umgewandelt werden, so kann sich eine aus der typischen Realstruktur der GmbH & Co. KG folgende Komplikation ergeben: An dieser ist die GmbH zwar als Komplementärin beteiligt, jedoch regelmäßig ohne Kapitalanteil (dazu unten, § 56 IV 1). In der Kapitalgesellschaft ist eine solche Gestaltung nicht möglich, und auch sonst hat ja die bisherige Komplementär-GmbH in der Gesellschaft neuer Rechtsform nichts zu suchen, während sie auf der anderen Seite bis zum Umwandlungsstichtag in der KG unentbehrlich ist. Es liegt ein Problem der Gesellschafteridentität vor (dazu oben unter II 1 d). Man wird es für diesen Fall entgegen der herrschenden Auffassung zulassen müssen, daß ein Austritt der Komplementär-GmbH und der Formwechsel uno actu miteinander verbunden werden (vgl. auch vice

66 *Bärwaldt/Schabacker*, NJW 1998, 1909 ff.; *dies.*, ZIP 1998, 1293 ff.; zust. *Zürbig*, a.a.O., S. 124 f.; *Petersen*, a.a.O., S. 115; vgl. auch *Wiedemann*, ZGR 1999, 581.

67 Vgl. *Lutter/Joost*, a.a.O., § 224 Rdnr. 8; *Kallmeyer/Dirksen*, a.a.O., § 224 Rdnr. 13; *Bärwaldt/Schabacker*, NJW 1998, 1910; ZIP 1998, 1296.

68 Dazu Verf. in einer 2003 erscheinenden Festschrift.

versa zur Umwandlung der Kapitalgesellschaft in eine GmbH & Co. alsbald unter II 4 c bb)[69]. Zwar ist nicht zu leugnen, daß das Umwandlungsgesetz von der Identität der Gesellschafter vor und nach dem Formwechsel ausgeht. Aber das bedeutet nicht, daß es simultan erfolgende Aus- oder Beitrittsvorgänge untersagt, sondern nur, daß sich die Beteiligten hierbei selbst helfen müssen und nicht ein fertiges Kombinationsmodell aus Formwechsel und Mitgliederwechsel im Gesetz vorfinden.

Beispiel Nr. 11: Komplementärin ohne Kapitalbeteiligung und ohne Beteiligung am Gewinn und Verlust ist die K-GmbH, Kommanditisten mit je 100000 Euro Festkapitalanteil sind A, B und C. Die Gesellschaft kann, sofern § 220 UmwG nicht entgegensteht, in eine AG oder GmbH mit 300000 Euro Grund- oder Stammkapital umgewandelt werden, an der A, B und C mit 100000 Euro Aktien bzw. Geschäftsanteilen beteiligt sind. Die GmbH erklärt aufschiebend bedingt auf den Zeitpunkt der Registereintragung ihren Austritt aus der Gesellschaft, so daß dieser gleichzeitig mit dem Formwechsel wirksam wird. Die Gesellschaft ist zu keinem Zeitpunkt – auch nicht eine »logische Sekunde« lang – KG ohne Komplementär, was unzulässig und haftungsrechtlich riskant wäre (str.).

4. Formwechsel von Kapitalgesellschaften*

a) Eine Kapitalgesellschaft kann nach *§ 226 UmwG* in eine Gesellschaft bürgerlichen Rechts, eine Handels-Personengesellschaft (oHG, KG), eine Partnerschaftsgesellschaft[70], eine andere Kapitalgesellschaft oder eine eingetragene Genossenschaft umgewandelt werden. Die Europäische Wirtschaftliche Interessenvereinigung steht auch hier einer oHG gleich (§ 1 EWIV-AusführungsG). Zulässig ist nach § 226 UmwG auch die Umwandlung in eine GmbH & Co. KG, denn diese ist Handelspersonengesellschaft (unten, § 56 I). Das ist entwicklungsgeschichtlich keine Selbstverständlichkeit. Nach § 1 II 1 UmwG 1969 war die Umwandlung einer Kapitalgesellschaft in eine Personengesellschaft ausgeschlossen, an der eine Kapitalgesellschaft beteiligt war[71].

b) Für die Praxis besonders wichtig ist der *Wechsel in eine Kapitalgesellschaft anderer Rechtsform*, vor allem aus der Rechtsform der GmbH in die

69 So *Karsten Schmidt*, GmbHR 1995, 693ff.; zust. *Priester*, DB 1997, 562f.; *Veil*, DB 1996, 2530 Fußn. 16; s. auch *Kallmeyer*, GmbHR 1996, 82; a.M. *Lutter/Decher*, a.a.O., § 202 Rdnrn. 17f. m.w.N.

* Literatur: *Bärwaldt/Schabacker*, Der Formwechsel als modifizierte Neugründung, ZIP 1998, 1293; *Busch*, Die Deckung des Grundkapitals beim Formwechsel einer GmbH in eine AG, AG 1995, 555; *Happ*, in: Lutter, Kölner Umwandlungsrechtstage, a.a.O., S. 223; *Heidinger*, Haftung der BGB-Gesellschafter beim Formwechsel aus einer GmbH, GmbHR 1996, 890; *Lempenau*, Der Formwechsel zwischen Kapitalgesellschaft und Personengesellschaft, in: Freundesgabe Haas, 1996, S. 225; *Mertens*, Die formwechselnde Umwandlung einer GmbH in eine AG mit Kapitalerhöhung, AG 1995, 561; *Richard/Weinheimer*, Der Weg zurück: Going Private, BB 1999, 1613; *Sagasser/Bula/Brünger*, a.a.O., Rdnrn. R 24ff.; *Sarrazin*, Von der Kapital- in die Personengesellschaft, DStZ 1996, 321; *Thiel*, Wege aus der Kapitalgesellschaft, DB 1995, 1196; *Veil*, Umwandlung einer AG in eine GmbH, 1996; *ders.*, Der nicht-verhältniswahrende Formwechsel von Kapitalgesellschaften, DB 1996, 2529.

70 Gesetz vom 22.7.1998 (BGBl. I S. 1878); zur vorausgegangenen Rechtslage vgl. 3. Aufl.

71 Kritik dieser Regelung in der 2. Aufl., § 12 III 2 a.

– börsenfähige! – AG. Hier ist die Vorbereitung der Beschlußfassung insofern vereinfacht, als der Umwandlungsbericht keine Vermögensaufstellung enthalten muß (§ 238 Satz 2 UmwG). Sofern es sich nicht um eine Einpersonengesellschaft handelt oder die Aktionäre oder Gesellschafter auf den Bericht verzichten (§ 192 III UmwG), muß der Umwandlungsbericht spätestens mit der Einberufung der Haupt- oder Gesellschafterversammlung mit der Ankündigung der Tagesordnung mitgeteilt werden (§§ 230, 238 Satz 1 UmwG). Er muß in der Versammlung ausliegen (§ 239 UmwG). Der Umwandlungsbeschluß muß die neue Satzung enthalten (§§ 218, 243 UmwG). Diese muß den Normativbestimmungen der neuen Rechtsform entsprechen. Der Beschluß bedarf einer Mehrheit von mindestens drei Vierteln (näher § 240 Abs. 1 UmwG), im Fall einer umzuwandelnden KGaA auch der Zustimmung der persönlich haftenden Gesellschafter (§ 240 Abs. 3 UmwG). Waren die Geschäftsanteile einer GmbH nach § 15 V GmbHG zugunsten der Gesellschafter vinkuliert, also nur mit Zustimmung der Gesellschafter abtretbar, muß diese Satzungsregel z.B. geändert werden, weil die Aktienübertragung nur an die Zustimmung der Gesellschaft gebunden werden kann (§ 68 AktG)[72]. Durch Eintragung des Formwechsels wird aus dem Stammkapital einer GmbH das Grundkapital einer AG oder KGaA (und umgekehrt). Handelt es sich um die Umwandlung einer GmbH in eine AG oder KGaA, so haften diejenigen GmbH-Gesellschafter, die für den Formwechsel gestimmt haben, nach § 245 I 1 UmwG wie die Gründer einer AG (vgl. § 46 AktG).

Probleme kann die *Kapitalsicherung* aufwerfen. Das gilt zunächst für den Fall einer Unterbilanz. Eine solche liegt vor, wenn das Reinvermögen (Aktivvermögen abzüglich der Verbindlichkeiten) nicht das Stamm- oder Grundkapital der umzuwandelnden Gesellschaft deckt (unten, § 37 III 1 d). Nach altem Umwandlungsrecht war dies kein Hindernis für den Formwechsel zwischen GmbH und AG[73]. Nach der Regierungsbegründung soll es dabei bleiben[74]. Trotzdem verweist § 245 I 2 UmwG auf § 220 UmwG, in dessen Absatz 1 es heißt: »Der Nennbetrag des Stammkapitals einer Gesellschaft mit beschränkter Haftung oder des Grundkapitals einer Aktiengesellschaft oder einer Kommanditgesellschaft auf Aktien darf das nach Abzug der Schulden verbleibende Vermögen der formwechselnden Gesellschaft nicht übersteigen.« Daraus wird man zu folgern haben, daß bei der Umwandlung einer GmbH in eine AG eine Unterbilanz zuvor ausgeglichen werden muß[75]. Dies ist im Verfahren der vereinfachten Kapitalherabsetzung nach §§ 58a ff. GmbHG seit dem Inkrafttreten des Umwandlungsgesetzes möglich (dazu unten, § 37 V 3 b). Bis 1994 gab es diese vereinfachte Kapitalherabsetzung nur bei der Aktiengesellschaft, weshalb im Sanierungsfall geradezu ein Bedürfnis

72 Vgl. *Sagasser/Bula*, a.a.O., Rdnr. O 35; *Reichert*, GmbHR 1995, 176ff.

73 2. Aufl., § 12 II 4 a; exemplarisch *OLG Hamm*, Rpfleger 1984, 21.

74 BegrRegE UmwG zu § 246 und zu § 247, mitgeteilt bei *Ganske*, Umwandlungsrecht, a.a.O.; *Neye*, a.a.O.; dazu *Busch*, AG 1995, 555ff.

75 *Kallmeyer/Dirksen*, § 245 Rdnr. 5; *Widmann/Mayer/Vossius*, a.a.O., § 245 Rdnrn. 49ff.; *Petersen*, a.a.O., S. 69f., 117ff.; a.M. *Happ*, in: Lutter, Kölner Umwandlungsrechtstage, a.a.O., S. 243f.; *Lutter/Happ*, a.a.O., § 245 Rdnr. 13.

danach bestehen konnte, eine GmbH trotz Unterbilanz in eine AG umzuwandeln und danach das Grundkapital nominell herabzusetzen[76]. Dafür besteht heute kein Bedürfnis mehr. Der Ausgleich einer Unterbilanz kann nach wohl richtiger Auffassung auch durch bloße Berichtigung von Buchwerten erfolgen[77]. Etwa noch ausstehende Bareinlagen müssen aber richtigerweise auch hier nicht vor der Eintragung der Umwandlung eingezahlt werden, denn ein solches Gebot ergibt sich aus § 220 UmwG nicht (oben unter II 3 c)[78]. Auch die Anwendung der Gründungsvorschriften gemäß § 197 UmwG zwingt nicht zur Volleinzahlung von Bareinlagen. Sie versteht sich als eine Verweisung auf die Normativbestimmungen der neuen Rechtsform, die wiederum den Bestand der AG mit nur teilweise eingezahltem Kapital zulassen (§ 36a AktG)[79].

Schwierigkeiten kann auch die *Abfindung von Gesellschaftern oder Aktionären* aufwerfen. Nach den neu gefaßten § 71 I Nr. 3 AktG bzw. § 33 III GmbHG ist der Erwerb eigener Aktien bzw. Geschäftsanteile zur Abfindung nach § 207 UmwG erlaubt. Die Zahlung eines Erwerbspreises gilt dann nicht als verbotene Rückgewähr einer Einlage (vgl. § 57 I 2 AktG). Vorausgesetzt ist aber, daß diese Zahlung aus einer gemäß § 272 IV HGB für eigene Aktien zu bildenden Rücklage geleistet werden kann (§§ 71 II 2 AktG, 33 III GmbHG n.F.). Wird hiergegen verstoßen, so ändert das jedoch an der dinglichen und schuldrechtlichen Wirksamkeit der Geschäfte nichts (§§ 71 IV AktG, 33 II 3 GmbHG, 207 I 1, 2. Halbsatz UmwG[80]).

c) aa) Der *Wechsel in die Rechtsform einer Personengesellschaft* muß auf den personengesellschaftsrechtlichen Rechtsformzwang Rücksicht nehmen (vgl. zum Verhältnis zwischen Handels-Personengesellschaften und Gesellschaft bürgerlichen Rechts unten, § 44 III)[81]: Die Umwandlung in eine oHG oder KG ist nur möglich, wenn die Gesellschaft nach dem Formwechsel auch als Handels-Personengesellschaft eintragbar ist (§ 228 I UmwG). Ist dies nicht der Fall, so kann durch den Umwandlungsbeschluß bestimmt werden, daß die formwechselnde Gesellschaft die Rechtsform einer Gesellschaft bürgerlichen Rechts erlangen soll (§ 228 II UmwG), doch wird der Fall seit dem Inkrafttreten des neuen § 105 II HGB kaum vorkommen können, denn oHG und KG sind jetzt Formkaufleute (Handelsrecht, § 10 II 3; str.). Eine Rechtsformverfehlung kann allerdings vorkommen, wenn Zielrechtsform die Gesellschaft bürgerlichen Rechts (§ 228 II UmwG) oder die Partnerschaftsgesellschaft ist (§ 228 III UmwG) und das Gericht die Gesellschaft als kaufmännisch einschätzt (§ 1 HGB). Dann kommt als personengesellschafts-

---

76 *Karsten Schmidt*, AG 1985, 150ff.

77 *Priester*, DB 1995, 911ff.; aber zweifelhaft und sehr str.; abl. *Sagasser/Bula*, a.a.O., Rdnr. R 57; krit. auch *Goutier/Laumann*, a.a.O., § 245 Rdnr. 11.

78 *Karsten Schmidt*, ZIP 1995, 1385ff.; insoweit zust. *Petersen*, a.a.O., S. 117ff.; *Lutter/Happ*, a.a.O., § 245 Rdnrn. 14ff.; s. auch *Goutier/Laumann*, a.a.O., § 245 Rdnr. 14.

79 *Karsten Schmidt*, ZIP 1995, 1389.

80 Hier wird nur § 71 IV 2 AktG ausgeschlossen; für den entsprechenden Passus des § 33 II 3 GmbHG wird dasselbe gelten.

81 Zust. *Lutter/Happ*, a.a.O., § 228 Rdnr. 3.

rechtliche Zielform nur die oHG oder KG in Betracht. Dies kann auch hilfsweise beschlossen werden[82].

Beispiel Nr. 12: Soll eine Unternehmensberatungs-GmbH Personengesellschaft in der Rechtsform der Gesellschaft bürgerlichen Rechts (§ 228 II UmwG) oder der Partnerschaftsgesellschaft werden, so mag es sein, daß das Registergericht die Tätigkeit nicht als freiberuflich, sondern als kaufmännisch ansieht und die Eintragung dieses Formwechsels ablehnt. Hilfreich kann dann sein, daß Beschluß und Anmeldung dahin lauten, daß die Gesellschaft hilfsweise auch offene Handelsgesellschaft werden solle (a.M. *Lutter/Happ*, a.a.O. § 228 Rdnr. 21).

bb) Ein Sonderproblem entsteht bei der *Umwandlung in eine GmbH & Co. KG* (vgl. schon oben unter II 3 e zum umgekehrten Fall des Formwechsels aus der GmbH & Co. KG):

Beispiel Nr. 13: Die ABC-GmbH mit einem Stammkapital von 150 000 Euro (je 50 000 Euro Stammeinlage für A, B und C) soll in eine GmbH & Co. KG umgewandelt werden, an der wiederum A, B und C paritätisch mit je 50 000 Euro Festkapitalanteil beteiligt sein sollen. Wie ist die Beteiligung der Komplementär-GmbH (K) technisch zu bewerkstelligen?

Wiederum tritt das unter II 1 d behandelte Problem der Gesellschafteridentität auf. Die traditionelle und wohl noch herrschende Auffassung geht von dem Gebot aus, daß die Gesellschafter alter und neuer Rechtsform identisch sein müssen[83]. Eintritts- und Austrittsvorgänge müssen dem Formwechsel vorausgehen oder folgen. Deshalb wird empfohlen, die künftige Komplementär-GmbH bereits vor der Umwandlung in die ABC-GmbH aufzunehmen[84]. Das ist kompliziert und dürfte kaum dem Gewollten entsprechen, denn regelmäßig ist die Komplementär-GmbH ohne Kapitalanteil an der KG beteiligt (unten, § 56 IV 1), und auch hier wollen A, B und C mit je 1/3 vermögensmäßig an der Gesellschaft beteiligt bleiben, ohne sich diese Beteiligungen mit der K teilen zu müssen. Richtig scheint das hier unverändert vertretene, sich offenbar durchsetzende Gegenmodell: Der Beitritt der GmbH kann uno actu mit dem Formwechsel verbunden werden[85]. Sie tritt der Gesellschaft mit dem Zeitpunkt der Umwandlung als Komplementärin ohne Kapitalanteil bei. An der bisherigen GmbH ist sie zu keiner Zeit beteiligt, während die neue KG zu keiner Zeit ohne Komplementär existiert (vgl. schon zum umgekehrten Umwandlungsfall oben unter II 3 e).

---

82 So für den kaum noch aktuellen Fall eines Scheiterns der Umwandlung in eine Handels-Personengesellschaft *Happ*, in: Lutter, Kölner Umwandlungsrechtstage, a.a.O., S. 228; *Lutter/Happ*, a.a.O., § 228 Rdnr. 20; *Streck/Mack/Schwedhelm*, GmbHR 1995, 161, 175; zu Unrecht gegen eine Hilfsumwandlung in eine Handelsgesellschaft *Lutter/Happ*, a.a.O., § 228 Rdnr. 21; die Zulässigkeit des »Hilfsformwechsels« war aber schon vor 1998 nicht auf § 228 II UmwG beschränkt.

83 Vgl. nur *Lutter/Decher*, a.a.O., § 202 Rdnrn. 14ff.; *Sagasser/Bula*, a.a.O., Rdnr. 112; *Widmann/Mayer/Vossius*, § 228 Rdnrn. 94ff.

84 So *Lutter/Decher*, a.a.O., § 202 Rdnrn. 14f.; *Happ*, in: Lutter, Kölner Umwandlungsrechtstage, a.a.O., S. 225; *v.d. Osten*, GmbHR 1995, 439; als Praktikermodell dargestellt von *Priester*, DB 1997, 561f.

85 *Karsten Schmidt*, GmbHR 1995, 693ff.; ebenso seither *Kallmeyer/Meister/Klöcker*, a.a.O., § 228 Rdnr. 31; *Lutter/Happ*, a.a.O.,§ 228 Rdnr. 28; *Kallmeyer*, GmbHR 1996, 80ff.; *Priester*, DB 1997, 560ff.; *Bayer*, ZGR-Sonderheft 1998, 41; *Karsten Schmidt*, ZIP 1998, 186; a.M. *Schulze zur Wiesche*, DB 1996, 1539.

cc) Der *Umwandlungsbericht*, der außer im Fall der Einpersonengesellschaft oder eines Verzichts aller Gesellschafter erforderlich ist (§ 192 UmwG), muß, wie auch das Abfindungsangebot, vor der Versammlung mitgeteilt werden und in der Versammlung ausliegen. Gegenstand des Umwandlungsbeschlusses sind nach §§ 233, 234 UmwG mindestens die künftige Rechtsform, der Sitz der Gesellschaft und im Fall der Umwandlung in eine KG auch die Bestimmung der Kommanditisten sowie ihrer Einlagen (Haftsummen). Das Gesetz schreibt im Gegensatz zu § 218 nicht vor, daß der neue Personengesellschaftsvertrag Gegenstand des Beschlusses zu sein hat, so daß zumindest theoretisch eine Umwandlung ohne genaue Feststellung des neuen Gesellschaftsvertrags denkbar wäre[86]. Die Gesellschaft unterläge dann einfach den gesetzlichen Regeln über die oHG, KG oder Gesellschaft bürgerlichen Rechts (im Gegensatz zum Kapitalgesellschaftsrecht bietet das Personengesellschaftsrecht ein ohne Vertragsregeln funktionierendes dispositives Recht an)[87]. Doch dürfte diese Frage theoretisch bleiben, denn eine aus einer Kapitalgesellschaft hervorgegangene Personengesellschaft wird kaum je die gesetzliche Normalverfassung aufweisen, und ohne Verständigung über den neuen Gesellschaftsvertrag wird auch ein Umwandlungsbeschluß nicht zustandekommen. Deshalb wird in der Praxis ein kompletter Gesellschaftsvertrag zum Gegenstand des Beschlusses gemacht[88]. Der Beschluß der Haupt- oder Gesellschafterversammlung bedarf bei der Umwandlung in eine oHG oder Gesellschaft bürgerlichen Rechts der Zustimmung aller – auch der nicht anwesenden – Aktionäre bzw. Gesellschafter (§ 233 I UmwG), bei der Umwandlung in eine KG der qualifizierten Mehrheit und der Zustimmung derer, die Komplementäre werden sollen (§ 233 II UmwG). Da nur die Umwandlung in eine KG mit Mehrheit beschlossen werden kann, kommt auch nur bei dieser Umwandlung eine Abfindung nach § 207 UmwG in Betracht. Gläubiger, die eine Gefährdung ihrer Forderungen glaubhaft machen, können nach §§ 22, 204 UmwG Sicherheitsleistung verlangen (vgl. auch oben unter II 2d). Das wird nur ganz ausnahmsweise der Fall sein, ist aber nicht auszuschließen, weil die persönliche Haftung bei der Personengesellschaft die kapitalgesellschaftsrechtliche Vermögenssicherung als Gläubigerschutzinstrument nicht voll zu ersetzen vermag.

d) Der Wechsel in die Rechtsform einer eingetragenen Genossenschaft ist in §§ 251 ff. UmwG geregelt.

---

86 *Happ*, in: Lutter, Kölner Umwandlungsrechtstage, a.a.O., S. 236; zu den gesetzlichen Mindestangaben vgl. *Lutter/Happ*, a.a.O., § 234 Rdnrn. 4 ff.; *Widmann/Mayer/Vossius*, § 234 Rdnrn. 22 ff.

87 Nur eintragungsfähige Haftsummen bei der KG wären zwingend festzulegen.

88 Vgl. *Kallmeyer/Dirksen*, a.a.O., § 234 Rdnr. 7; *Sagasser/Bula/Brünger*, a.a.O., Rdnr. R 109.

5. Formwechsel eingetragener Genossenschaften*

Eine eingetragene Genossenschaft kann nach § 258 I UmwG durch Formwechsel nur die Rechtsform einer Kapitalgesellschaft erlangen, also nicht auch z. B. die eines wirtschaftlichen Vereins oder einer Gesellschaft bürgerlichen Rechts. Die Umwandlung in eine Kapitalgesellschaft entspricht einem starken rechtspolitischen Bedürfnis (unten, § 41 I). Sie war bis 1994 zugelassen als Umwandlung in eine Aktiengesellschaft (§§ 385 m ff. AktG a. F.). Nunmehr kann eine eingetragene Genossenschaft auch in eine GmbH umgewandelt werden (oder, mehr theoretisch, auch in eine KGaA). Die Umwandlung ist unzulässig, wenn durch sie eine Unterbilanz entstünde (§ 264 I UmwG). Es gelten also die unter II 3 c entwickelten Grundsätze sinngemäß[89]. Der Beschlußfassung geht ein vom Prüfungsverband zu erstellendes Prüfungsgutachten voraus (§ 259 UmwG). Der Umwandlungsbeschluß wird von der Generalversammlung gefaßt. Er muß auch hier die neue Satzung enthalten (§§ 263 I, 218 UmwG) und mit qualifizierter Mehrheit gefaßt werden (§ 262 UmwG). Durch die Eintragung des Formwechsels wird aus der eingetragenen Genossenschaft eine AG, KGaA oder GmbH. Die bisherigen Geschäftsanteile der Genossen werden Aktien bzw. GmbH-Geschäftsanteile (§ 266 UmwG). Bei der Umwandlung ist der Nennbetrag des Grund- oder Stammkapitals so zu bemessen, daß auf jeden Genossen möglichst eine volle Aktie oder je ein voller GmbH-Geschäftsanteil oder ein möglichst hoher Teil einer Aktie oder eines Geschäftsanteils als sog. Teilrecht entfällt (§ 263 II 2 UmwG).

III. Die Verschmelzung*

1. Grundbegriffe

a) Verschmelzung ist die Zusammenführung zweier oder mehrerer Rechtsträger zu einem einzigen ohne Liquidationsverfahren, wobei die Anteils-

---

* Literatur: *Beuthien*, Genossenschaftsgesetz mit Umwandlungsrecht, 13. Aufl. 2000; *Geck*, Die Stellung des genossenschaftlichen Prüfungsverbands bei der Umwandlung der eG in eine AG, 1996; *van Husen*, Rechtsformwechsel von Genossenschaften, 1995; *Walter Müller*, Der Rechtsformwechsel von der eG in die AG, 1993; *Schmitz-Riol*, Der Formwechsel der eG in die Kapitalgesellschaft, 1996.

89 Dazu ausführlich *Petersen*, a. a. O., S. 124.

* Literatur (Auswahl): *Aha*, Ausgewählte Fragen zur Rechnungslegung bei Verschmelzungen, BB 1996, 2559; *Grunewald/Winter*, Die Verschmelzung von Kapitalgesellschaften, in: Lutter (Hrsg.), Kölner Umwandlungsrechtstage, a. a. O., S. 19; *Heckschen*, Verschmelzung von Kapitalgesellschaften, 1989; *Hügel*, Verschmelzung und Einbringung, 1993; *IdW-Hauptfachausschuß*, Zweifelsfragen der Rechnungslegung bei Verschmelzungen, Wpg. 1996, 536; *Ihrig*, Gläubigerschutz durch Kapitalaufbringung bei Verschmelzung und Spaltung, GmbHR 1995, 622; *Kiem*, Die Eintragung der angefochtenen Verschmelzung, 1991; *Dieter Mayer*, Anteilsgewährung bei der Verschmelzung mehrerer übertragender Rechtsträger, DB 1998, 913; *Naraschewski*, Stichtage und Bilanzen bei der Verschmelzung, 2001; *ders.*, Gläubigerschutz bei der Verschmelzung von GmbH, GmbHR 1998, 356; *Neumayer/Schulz*, Die Verschmelzung von rechtsfähigen Vereinen, DStR 1996, 872; *Pohl*, Handelsbilanzen bei der Verschmelzung, 1995; *Rettmann*, Die Recht-

inhaber erlöschender Rechtsträger Anteilsrechte an dem übernehmenden Verschmelzungsrechtsträger erhalten. Das Gesetz kennt zwei Arten der Verschmelzung (§ 2 UmwG):

- Die *Verschmelzung durch Aufnahme* besteht darin, daß ein schon bestehender Rechtsträger (der übernehmende Rechtsträger), das Vermögen eines oder mehrerer Rechtsträger (übertragende[r] Rechtsträger) übernimmt, was zum Erlöschen des übertragenden Rechtsträgers bzw. der übertragenden Rechtsträger führt (§ 2 Nr. 1 UmwG).
- Die *Verschmelzung durch Neugründung* besteht darin, daß das Gesamtvermögen zweier oder mehrerer Rechtsträger (übertragende Rechtsträger) unter Wegfall dieser Rechtsträger auf einen neuen Rechtsträger überführt wird.

Beispiel Nr. 14: Wird die Klein-GmbH »auf« die Groß-GmbH verschmolzen (Verschmelzung durch Aufnahme), so erlischt sie, und ihre Gesellschafter werden Gesellschafter der Groß-GmbH. Sollen zwei annähernd gleich bedeutende Konkurrenzgesellschaften (A-AG und X-AG) mit Billigung der Kartellbehörden verschmolzen werden, so liegt es nicht zuletzt aus psychologischen Gründen nahe, ihre Vermögen auf eine neue AX-AG zu überführen (Verschmelzung durch Neugründung). Dann erlöschen die beiden Ausgangsgesellschaften, und ihre Aktionäre werden Aktionäre der AX-AG.

b) Als verschmelzungsfähige Rechtsträger nennt § 3 I UmwG:
- Handels-Personengesellschaften (oHG oder KG; zur EWIV vgl. sinngemäß oben unter II 1 b aa) und Partnerschaftsgesellschaften,
- Kapitalgesellschaften (AG, KGaA, GmbH),
- eingetragene Genossenschaften (eG),
- eingetragene Vereine (eV),
- genossenschaftliche Prüfungsverbände und
- Versicherungsvereine auf Gegenseitigkeit (VVaG).

Als übertragender Rechtsträger kommt außerdem ein konzessionierter wirtschaftlicher Verein nach § 22 BGB in Betracht (§ 3 II Nr. 1 UmwG), als übernehmender Rechtsträger auch eine natürliche Person, wenn sie ihre Einpersonen-Kapitalgesellschaft übernehmen soll (§ 3 II Nr. 2, §§ 120 ff. UmwG)[90]. Die Auflösung eines Rechtsträgers (oben, § 11 V) hindert seine Verschmelzungsfähigkeit nicht, solange seine Fortsetzung (oben, § 11 V 5) beschlossen werden könnte (§ 3 III UmwG). Nach § 3 IV UmwG kann die Verschmelzung unter Beteiligung von Rechtsträgern verschiedener Rechtsform erfolgen.

---

mäßigkeitskontrolle von Verschmelzungsbeschlüssen, 1998; *Harry Schmidt*, Verschmelzung von Personengesellschaften, in: Lutter (Hrsg.), Kölner Umwandlungsrechtstage, a. a. O., S. 59; *Karsten Schmidt*, Haftungsrisiken bei »steckengebliebenen« Verschmelzungen, DB 1996, 1859; *Streck/Mack/Schwedhelm*, Verschmelzung und Formwechsel nach dem neuen Umwandlungsgesetz, GmbHR 1995, 161.

90 Da § 122 UmwG die Eintragung der natürlichen Person in das Handelsregister vorsieht, ist umstritten, ob eine nicht-vollkaufmännische Kapitalgesellschaft (z. B. Wirtschaftsprüfungsgesellschaft) auf ihren nicht-vollkaufmännischen Alleingesellschafter verschmolzen werden kann; verneinend *OLG Zweibrücken*, DB 1996, 418; mit Recht bejahend *Lutter/Karollus*, a. a. O., § 122 Rdnr. 6 f.; *Widmann/Mayer/Heckschen*, a. a. O., Rdnr. 4.1; *Priester*, DB 1996, 413.

Beispiel Nr. 15: Es kann eine AG nicht nur mit einer anderen AG, sondern auch z. B. mit einer GmbH verschmolzen werden. Im Fall der Verschmelzung durch Neugründung können die übertragenden Gesellschaften auch auf eine Gesellschaft neuer Rechtsform verschmolzen werden, z. B. kann aus einer KG und einer GmbH eine neue AG gemacht werden. Die Verschmelzung von Kapitalgesellschaften auf das Vermögen des Alleingesellschafters richtet sich nur dann nach §§ 120 ff. UmwG, wenn dieser eine natürliche Person ist, sonst nach §§ 46 ff., 60 ff. UmwG. Deswegen werden die §§ 120 ff. UmwG kaum praktisch zum Tragen kommen. Sie passen z. B., wenn der Friseurmeister F meint, sein bisher in Einmann-GmbH betriebenes Friseurgeschäft künftig besser als Einzelunternehmer führen zu sollen (die Tendenz in der Praxis ist genau umgekehrt). Soll dagegen eine 100 %ige Tochter-GmbH oder -AG auf die Mutter-AG verschmolzen werden, so ist dies ein Fall der §§ 46 ff., 60 ff. UmwG.

c) Die *Verschmelzung im Konzern* – übrigens ein gutes Beispiel dafür, daß das geltende Recht den Konzern als verbundene Vielheit und nicht als Einheit versteht (unten, § 17 II 1) – unterliegt gleichfalls dem Umwandlungsrecht. Verständlicherweise ist die Verschmelzung einer 100 %igen Tochtergesellschaft auf die Mutter (»up stream merger«) besonders einfach (vgl. §§ 5 II, 9 II UmwG), die Verschmelzung einer Muttergesellschaft auf die Tochter (»down stream merger«) dagegen jedenfalls in der Rechtskonstruktion kompliziert, weil die Gesellschafterin der aufnehmenden Tochtergesellschaft (eben die Muttergesellschaft) erlischt und die Anteile an der fortbestehenden (Tochter-)Gesellschaft nicht ihr, sondern ihren Gesellschaftern zufallen müssen[91]. Regelmäßig sind die Sachverhalte noch komplizierter, so z. B. wenn eine Konzerngesellschaft mit einem Drittunternehmen verschmolzen wird. Grundsätzlich ist dann zu sagen, daß nur in den verschmelzungsbeteiligten Gesellschaften und nicht auch in den anderen Gesellschaften der Unternehmensgruppe die Verschmelzungsvorschriften beachtet werden müssen[92].

2. Allgemeine Grundlagen

a) Rechtstechnische Elemente der Verschmelzung sind[93]:

- der Verschmelzungsvertrag (§§ 4 ff., 36, 37 UmwG),
- der Verschmelzungsbericht (§§ 8, 36 UmwG) und die Verschmelzungsprüfung (§§ 9 ff., 36 UmwG),
- die Beschlüsse der beteiligten Rechtsträger über den Verschmelzungsvertrag (§§ 13, 36 UmwG) und
- die Anmeldung und Eintragung der Verschmelzung (§§ 16 ff., 36, 38 UmwG).

Der Verschmelzungsvertrag, der notariell beurkundet sein muß (§ 6 UmwG), legt die Konditionen der Verschmelzung im Verhältnis zwischen den an der Verschmelzung beteiligten Rechtsträgern fest (über den Mindestinhalt vgl. §§ 5, 37 UmwG). Verschmelzungsbericht und Verschmelzungsprüfung dienen der Kontrolle der Verschmelzungsbedingungen. Der Verschmelzungs-

91 Vgl. nur *Sagasser/Bula/Brünger*, a. a. O., Rdnr. K 58.
92 Vgl. *OLG Köln*, NJW-RR 1993, 804 = ZIP 1993, 110.
93 Näher *Goutier/Bermel*, a. a. O., § 2 Rdnrn. 27 ff.; *Sagasser/Bula/Brünger*, a. a. O., Rdnrn. J 23 ff.

beschluß, der nur in einer Versammlung der Anteilsinhaber gefaßt werden darf (§ 13 I 2 UmwG), soll die verbandsrechtliche Legitimation der Verschmelzung innerhalb der beteiligten Rechtsträger gewährleisten. Die Eintragung in das Handelsregister markiert den Vollzug der Verschmelzung und bewirkt den Rechtsübergang sowie das Erlöschen der übertragenden Rechtsträger (§ 20 UmwG).

b) Die Verschmelzung ist meist das *Produkt eines komplizierten Widerstreits und Ausgleichs von Interessen*, der nicht im Gesetz, sondern im Verschmelzungsvertrag seinen Niederschlag findet. Die vom Gesetzgeber selbst zu lösenden Hauptprobleme der Verschmelzung sind:
- die Anpassung des inneren Organisationsrechts, insbesondere bei Gesellschaftern mit besonderen Rechten (Mehrstimmrechten) oder sonstigen Rechtsinhabern (z.B. Genußrechtsinhabern),
- die Bestimmung der Umtauschverhältnisse der Anteile an den bisher getrennt geführten Vermögensmassen,
- der Minderheitenschutz und
- der Gläubigerschutz.

Die Bedeutsamkeit dieser Schutzanliegen versteht sich großenteils von selbst. Ihnen auf rechtstechnisch praktische Weise gerecht zu werden, ist für den Gesetzgeber eine schwierige Aufgabe. Doch kann die Verschmelzungsgesetzgebung inzwischen auf eine hundertjährige Geschichte zurückblicken (oben, § 12 II 2). Daß auch die Gläubiger durch Verschmelzungen gefährdet sein können, obwohl sich doch die Haftungsmasse zu mehren scheint, wird vor allem bei einem Blick auf den Fall der Sanierungsfusion verständlich: Die Verschmelzung einer sanierungsbedürftigen oder sonst in ihrer Solvenz wenig gesicherten Handelsgesellschaft mit einer solventen Gesellschaft mag für die Gläubiger der ersteren ein Segen sein, kann sich für die der letzteren aber als eine Gefährdung ihrer Gläubigerrechte darstellen.

3. Der Verschmelzungsvertrag

a) Der notariell zu beurkundende (§ 6 UmwG) Verschmelzungsvertrag wird zwischen den beteiligten Rechtsträgern geschlossen, die (soweit nicht natürliche Personen) durch ihre Vertretungsorgane handeln (§ 4 I UmwG). Soll er erst nach den Verschmelzungsbeschlüssen geschlossen werden, so muß jedenfalls ein Entwurf aufgestellt werden (§ 4 II UmwG). Der Verschmelzungsvertrag muß *mindestens folgende Angaben* enthalten (§ 5 UmwG):

(1) den Namen oder die Firma und den Sitz der an der Verschmelzung beteiligten Rechtsträger;

(2) die Vereinbarung über die Übertragung des Vermögens jedes übertragenden Rechtsträgers als Ganzes gegen Gewährung von Anteilen oder Mitgliedschaften an dem übernehmenden Rechtsträger;

(3) das Umtauschverhältnis der Anteile und gegebenenfalls die Höhe der baren Zuzahlung oder Angaben über die Mitgliedschaft bei dem übernehmenden Rechtsträger;

(4) die Einzelheiten für die Übertragung der Anteile des übernehmenden Rechtsträgers oder über den Erwerb der Mitgliedschaft bei dem übernehmenden Rechtsträger;

(5) den Zeitpunkt, von dem an diese Anteile oder die Mitgliedschaften einen Anspruch auf einen Anteil am Bilanzgewinn gewähren, sowie alle Besonderheiten in bezug auf diesen Anspruch;

(6) den Zeitpunkt, von dem an die Handlungen der übertragenden Rechtsträger als für Rechnung des übernehmenden Rechtsträgers vorgenommen gelten (Verschmelzungsstichtag);

(7) die Rechte, die der übernehmende Rechtsträger einzelnen Anteilsinhabern sowie den Inhabern besonderer Rechte wie Anteile ohne Stimmrecht, Vorzugsaktien, Mehrstimmrechtsaktien, Schuldverschreibungen und Genußrechte gewährt, oder die für diese Personen vorgesehenen Maßnahmen;

(8) jeden besonderen Vorteil, der einem Mitglied eines Vertretungsorgans oder eines Aufsichtsorgans der an der Verschmelzung beteiligten Rechtsträger, einem geschäftsführenden Gesellschafter, einem Abschlußprüfer oder einem Verschmelzungsprüfer gewährt wird;

(9) die Folgen der Verschmelzung für die Arbeitnehmer und ihre Vertretungen sowie die insoweit vorgesehenen Maßnahmen.

b) Doch gibt es zahlreiche *Varianten*. Die Angaben unter (2)–(5) entfallen nach § 5 II UmwG bei einem übertragenden Rechtsträger, dessen Anteile sich sämtlich in der Hand des übernehmenden Rechtsträgers befinden, also bei der Verschmelzung einer 100%igen Tochtergesellschaft auf die Muttergesellschaft (sog. »up stream merger«). Ist eine Personengesellschaft als übernehmender Rechtsträger beteiligt, so muß der Verschmelzungsvertrag auch für jeden Anteilsinhaber bestimmen, ob ihm in der übernehmenden oder der neuen Handels-Personengesellschaft die Stellung eines persönlich haftenden Gesellschafters oder eines Kommanditisten gewährt wird; dabei ist auch der Betrag der Einlagen festzusetzen (§ 40 I UmwG). Gesellschafter, die bisher nicht persönlich hafteten, können die Einräumung einer Kommanditistenstellung verlangen (§ 40 II UmwG).

4. Verschmelzungsbericht und Verschmelzungsprüfung

a) Die Vertretungsorgane der an der Verschmelzung beteiligten Rechtsträger haben entweder je einen oder einen gemeinschaftlichen *Verschmelzungsbericht* zu erstatten, in dem die Verschmelzung, der Verschmelzungsvertrag oder -vertragsentwurf wirtschaftlich und rechtlich erläutert und begründet werden. Der Verschmelzungsbericht war erfahrungsgemäß Ausgangspunkt vieler Anfechtungsprozesse, weshalb der Gesetzgeber die Rechtsprechung zum alten Umwandlungsrecht in § 8 UmwG berücksichtigt hat[94]. Besondere Schwierigkeiten bei der Bewertung sind ebenso einzubeziehen wie die für die

94 Vgl. nur *BGHZ* 107, 296; *BGH*, BB 1993, 879; *Hommelhoff*, ZGR 1993, 462f.

Verschmelzung etwa relevanten Angaben über verbundene Unternehmen. Der Bericht ist entbehrlich, wenn alle Anteilsinhaber aller beteiligten Rechtsträger durch notarielle Erklärung auf seine Erstattung verzichten oder sich alle Anteile des übertragenden Rechtsträgers in der Hand des übernehmenden Rechtsträgers befinden (§ 8 III UmwG).

b) Eine *Verschmelzungsprüfung* nach §§ 9ff. UmwG ist in folgenden Fällen vorgeschrieben:
- Bei Personengesellschaften, wenn die Verschmelzung durch Mehrheitsbeschluß erfolgen kann, sowie bei Gesellschaften mbH auf Verlangen eines Gesellschafters (§§ 44, 48 UmwG),
- bei Aktiengesellschaften und Vereinen grundsätzlich (§§ 60, 100 UmwG).

Die Verschmelzungsprüfung entfällt, wenn es sich um die Verschmelzung einer 100%igen Tochter auf die Mutter handelt oder wenn alle Anteilsinhaber aller beteiligten Gesellschaften durch notarielle Erklärung auf die Prüfung verzichten (§ 9 II, III UmwG). Die Verschmelzungsprüfer sind Wirtschaftsprüfer, Wirtschaftsprüfungsgesellschaften oder vereidigte Buchprüfer, die mit den beteiligten Gesellschaften nicht als Anteilsinhaber, Organe usw. verbunden sein dürfen (§ 11 I UmwG i.V.m. § 319 HGB). Sie berichten schriftlich über das Ergebnis der Prüfung (§ 12 UmwG) und haften wie Abschlußprüfer für die pflichtgemäße Erfüllung ihrer Prüfungs- und Verschwiegenheitspflichten (§§ 11 II UmwG, 323 HGB). Der Prüfungsbericht muß mit einer Erklärung über die Angemessenheit des Umtauschverhältnisses der Anteile und ggf. der baren Zuzahlung enden.

5. Der Verschmelzungsbeschluß

a) Bevor die für das Wirksamwerden der Verschmelzung entscheidenden Verschmelzungsbeschlüsse gefaßt werden, schreibt das Gesetz eine genaue *Unterrichtung der Gesellschafter* über den Verschmelzungsvertrag bzw. -vertragsentwurf, über den Verschmelzungsbericht, bei Kapitalgesellschaften auch über die Jahresabschlüsse und Lageberichte sowie ggf. über den Verschmelzungsbericht vor (§§ 42, 47, 49, 61, 63, 82, 101 UmwG).

b) Der Verschmelzungsvertrag wird nur wirksam, wenn die Anteilsinhaber der beteiligten Rechtsträger ihm durch einen *Beschluß* zustimmen, der nur in einer Versammlung der Anteilsinhaber gefaßt werden kann (§ 13 I 2 UmwG). Ist die Abtretung der Anteile eines übertragenden Rechtsträgers von der Genehmigung bestimmter einzelner Anteilsinhaber (nicht: des Rechtsträgers selbst!) abhängig, so bedarf der Beschluß ihrer Zustimmung (§ 13 II UmwG)[95]. Besondere Zustimmungserfordernisse gelten auch, wenn an der Verschmel-

95 Zur Abgrenzung vgl. *Goutier/Bermel*, a.a.O., § 13 Rdnrn. 51ff.; *Kallmeyer/Zimmermann*, a.a.O., § 13 Rdnrn. 22ff.; *Lutter*, a.a.O., § 13 Rdnrn. 22ff.; *Schmitt/Hörtnagl/Stratz*, a.a.O., § 13 Rdnr. 31; *Widmann/Mayer/Heckschen*, a.a.O., § 13 Rdnrn. 164ff.; *Reichert*, GmbHR 1995, 176ff.; nach h.M. ist § 13 II UmwG auch anwendbar, wenn alle Gesellschafter zustimmen müssen, nicht dagegen, wenn die Gesellschaft zustimmen muß.

zung eine GmbH beteiligt ist, deren Stammeinlagen nicht voll eingezahlt sind (§ 51 UmwG; Grund: § 24 GmbHG). Umgekehrt kann im Fall der sog. Konzernverschmelzung der Hauptversammlungsbeschluß bei einer aufnehmenden AG entbehrlich sein, wenn sie mindestens 9/10 des Kapitals einer übertragenden Kapitalgesellschaft hält (§ 62 UmwG). Im übrigen bedarf er bei Kapitalgesellschaften, Vereinen und Genossenschaften einer qualifizierten Mehrheit (§§ 50, 59, 65, 73, 84, 96, 103 UmwG), bei Personengesellschaften der Zustimmung aller Gesellschafter (§ 43 I UmwG), sofern nicht der Gesellschaftsvertrag eine qualifizierte Mehrheit ausreichen läßt (§ 43 II UmwG). Ob der Beschluß, um rechtmäßig zu sein, einer sachlichen Rechtfertigung bedarf (dazu unten, § 21 II 3), ist vom Gesetz nicht geklärt[96]. Da der *Bundesgerichtshof* über Auflösungsbeschlüsse entschieden hat, daß sie die sachliche Rechtfertigung grundsätzlich in sich tragen[97], wird man jedenfalls auf Seiten der übertragenden Gesellschaften auf eine positive Rechtfertigung des Verschmelzungsbeschlusses verzichten müssen[98]. Aber auch auf Seiten der übernehmenden Gesellschaft wird dasselbe zu gelten haben[99]. Der Verschmelzungsbeschluß ist eine gesetzlich typisierte und verfahrenstechnisch geordnete Strukturänderungsmaßnahme. Das schließt nicht aus, daß der Beschluß nach Lage des Einzelfalls – z. B. bei Schädigungsabsicht oder in Fällen der Treupflichtverletzung – wegen Inhaltsmangels rechtswidrig sein kann[100].

c) Eine *Klage gegen die Wirksamkeit eines Verschmelzungsbeschlusses* bei einem übertragenden Rechtsträger kann nach § 14 II UmwG nicht darauf gestützt werden, daß das *Umtauschverhältnis* zu niedrig bemessen ist oder daß die Mitgliedschaft bei dem übernehmenden Rechtsträger kein ausreichendes Äquivalent für die Einbuße an Anteilen oder Mitgliedschaftsrechten beim übernehmenden Rechtsträger ist. Stattdessen kann ein Ausgleich durch bare Zuzahlung verlangt werden (§ 15 UmwG). Auch Informationsmängel, die nur das Umtauschverhältnis betreffen, berechtigen deshalb nicht zur Anfechtung des Verschmelzungsbeschlusses[101]. Ebensowenig können Opponenten nach § 32 UmwG den Verschmelzungsbeschluß mit der Begründung anfechten, das Abfindungsangebot im Verschmelzungsvertrag sei zu gering, vielmehr bleibt auch hier nur die gerichtliche Nachprüfung der Anspruchshöhe (§ 34 UmwG). Die Ansprüche werden in einem besonderen Spruchstellenverfahren nach §§ 305 ff. UmwG bei dem Landgericht geltend gemacht.

d) *Klagen gegen die Wirksamkeit des Verschmelzungsbeschlusses* können unabhängig von der Rechtsform der beteiligten Rechtsträger nur binnen Monatsfrist erhoben werden (§ 14 I UmwG)[102]. Das gilt insbesondere auch für Mehrheitsbeschlüsse in der Personengesellschaft, die nach richtiger

96 Vgl. *Winter*, in: Lutter, Kölner Umwandlungsrechtstage, a. a. O., S. 40.
97 *BGHZ* 76, 352; 103, 184 = NJW 1988, 1579 m. Anm. *Timm*.
98 So auch *Goutier/Bermel*, a. a. O., § 13 Rdnrn. 21 ff.; *Kallmeyer/Zimmermann*, a. a. O., § 13 Rdnr. 12; *Lutter*, a. a. O., § 13 Rdnrn. 32 f; *Schmidt/Hörtnagl/Stratz*, a. a. O.; § 13 Rdnr. 21.
99 A.M. *Winter*, in: Lutter, Kölner Umwandlungsrechtstage, a. a. O., S. 41.
100 Vgl. *Lutter*, a. a. O., § 13 Rdnr. 39.
101 *BGHZ* 146, 179 = ZIP 2001, 199; *BGH*, ZIP 2001, 412.
102 Vgl. zur Rechtsnatur dieser Frist *Karsten Schmidt*, DB 1995, 1849 ff.

– freilich noch nicht herrschender – Auffassung ähnlich wie GmbH-Beschlüsse mit der Anfechtungsklage angegriffen werden.

6. Kombination von Verschmelzung und Kapitalerhöhung

a) Zielgesellschaft ist bei der Verschmelzung regelmäßig eine Kapitalgesellschaft. Hierdurch entstehen Probleme der Bestimmung und Sicherung des satzungsmäßigen Garantiekapitals[103]. Handelt es sich um eine *Verschmelzung durch Neugründung*, so kann deren Grund- oder Stammkapital von vornherein genügend hoch festgesetzt werden. Im Fall einer *Verschmelzung durch Aufnahme* bedarf es in vielen Fällen zur Realisierung des Anteilstausches einer Kapitalerhöhung[104]. Diese wird vom Gesetz für Verschmelzungsfälle vereinfacht (§§ 55, 69 UmwG). Sie ist allerdings nicht zulässig, soweit die übernehmende Kapitalgesellschaft Anteile eines übertragenden Rechtsträgers innehat, soweit ein übertragender Rechtsträger eigene Anteile innehat oder soweit ein übertragender Rechtsträger Anteile an der übernehmenden Gesellschaft innehat, auf welche die Einlagen nicht in voller Höhe bewirkt sind (§§ 54 I 1, 68 I 1 UmwG). Die Kapitalerhöhung ist zulässig, aber entbehrlich, soweit die übernehmende Kapitalgesellschaft eigene Anteile (Aktien) besitzt oder soweit ein übertragender Rechtsträger voll eingezahlte Anteile (Aktien) am übernehmenden Rechtsträger besitzt (§§ 54 I 2, 68 I 2 UmwG).

Beispiel Nr. 16: Soll die Klein-GmbH auf die Groß-AG verschmolzen werden, so wird die Groß-AG eine Kapitalerhöhung durchführen, um die bisherigen GmbH-Gesellschafter mit Aktien bedienen zu können. Soweit die AG ihrerseits bereits Geschäftsanteile an der GmbH innehat, ist eine Kapitalerhöhung nicht zugelassen (und auch nicht durch einen Zuwachs an Gesellschaftsvermögen gerechtfertigt).

Für die Gesellschafter (Aktionäre) der übernehmenden Gesellschaft kann die Verschmelzung mit Kapitalerhöhung ähnliche *Verwässerungseffekte* haben wie eine Kapitalerhöhung mit *Bezugsrechtsausschluß* (dazu unten, § 29 III 2d). Deshalb wird die Auffassung vertreten, daß der Kapitalerhöhungsbeschluß als Bezugsrechtsausschluß auch nach den Grundsätzen des § 186 AktG der sachlichen Rechtfertigung bedarf[105]. Andere vertreten die Auffassung, daß dieser Effekt nur Bestandteil des Verschmelzungsvorgangs und § 186 AktG nicht anzuwenden ist[106]. Dem wird zuzustimmen sein, was eine Berücksichtigung der Verwässerung unter Treupflichtgesichtspunkten nicht ausschließt, denn die Kapitalerhöhung soll der Verschmelzung, nicht soll die Verschmelzung einer Kapitalerhöhung ohne Bezugsrecht dienen.

b) Wird das Stamm- bzw. Grundkapital zur Durchführung der Verschmelzung erhöht, so darf die Verschmelzung erst eingetragen werden, nachdem

---

103 Dazu *Ihrig*, GmbHR 1995, 623ff., 639ff.

104 Zur Frage, ob auf die Gewährung neuer Anteile verzichtet werden kann, vgl. *Ihrig*, ZHR 160 (1996), 317ff.

105 Z.B. *Winter*, in: Lutter, Kölner Umwandlungsrechtstage, a.a.O., S. 41.

106 Z.B. *Goutier/Bermel*, a.a.O., § 13 Rdnr. 25; *Kallmeyer/Marsch-Barner*, a.a.O., § 69 Rdnr. 12; *Lutter/Grunewald*, a.a.O., § 69 Rdnr. 15; *Schmitt/Hörtnagl/Stratz*, a.a.O., § 69 Rdnr. 10.

die Kapitalerhöhung bzw. ihre Durchführung ihrerseits in das *Handelsregister* eingetragen und dadurch wirksam geworden ist (§§ 53, 66 UmwG). Deshalb muß die Kapitalerhöhung zugleich mit der Verschmelzung vorbereitet werden.

7. Registeranmeldung und Eintragung

a) Die Verschmelzung wird von den Vertretungsorganen der beteiligten Rechtsträger zur *Eintragung in das Register* (Handelsregister, Genossenschaftsregister oder Vereinsregister) angemeldet (§ 16 I UmwG). Bei der Anmeldung haben die Vertretungsorgane zu erklären, daß binnen der Anfechtungsfrist keine Klage gegen die Verschmelzung erhoben oder daß sie rechtskräftig abgewiesen oder zurückgenommen worden ist (§ 16 II 1 UmwG). Ohne eine solche Erklärung darf die Verschmelzung grundsätzlich nicht eingetragen werden (§ 16 II 2 UmwG). Dadurch will der Gesetzgeber verhindern, daß zum Nachteil von anfechtungsberechtigten Anteilsinhabern durch Eintragung einer rechtswidrigen Verschmelzung vollendete Tatsachen geschaffen werden. Die klageberechtigten Anteilsinhaber können allerdings durch notariell beurkundete Erklärung auf die Klage gegen die Wirksamkeit verzichten (§ 16 II 2 UmwG). Ist Klage erhoben, so kann die Registersperre durch einen Beschluß des Prozeßgerichts überwunden werden, mit dem dieses rechtskräftig feststellt, daß die Erhebung der Klage der Eintragung nicht entgegensteht (§ 16 III 1 UmwG). Dieser Beschluß darf allerdings nur ergehen, wenn die Klage unzulässig oder offensichtlich unbegründet ist oder wenn das Eintragungsinteresse bei Abwägung der geltend gemachten Rechtsverletzungen nach freier Überzeugung des Gerichts vorrangig ist (§ 16 III 2 UmwG). Mit diesem Verfahren[107] versucht der Gesetzgeber einem vor allem in der Verschmelzungspraxis der 80er Jahre bedrohlich angewachsenen Erpressungsgeschehen Einhalt zu gebieten: In zahlreichen Fällen hatten Minderheitsaktionäre gegen Verschmelzungsbeschlüsse mit dem offenkundigen Ziel geklagt, sich unter dem Drohpotential der Registersperre den »Lästigkeitswert« ihrer Klagen abkaufen zu lassen (dazu unten, § 20 IV, 28 IV 5)[108]. Da jede Verzögerung des Verschmelzungsstichtags exorbitante Schäden mit sich bringen kann, ist das Drohpotential der Registersperre gerade hier besonders gravierend. Im Fall *BGH*, NJW 1992, 2821 waren beispielsweise 1,5 Mio. DM gefordert und bezahlt worden. Dem wirkt das Verfahren nach § 16 III UmwG entgegen[109]. Das Problem und die Neuregelung ist näher geschildert unter § 12 III 2.

---

107 Dazu eingehend *Bork*, in: Lutter, Kölner Umwandlungsrechtstage, a. a. O., S. 261 ff.

108 Dazu eingehend *Diekgräf*, Sonderzahlungen an opponierende Kleinaktionäre im Rahmen von Anfechtungs- und Spruchstellenverfahren, 1990; *Timm* (Hrsg.), Mißbräuchliches Aktionärsverhalten, 1990; *Karsten Schmidt*, in: GroßkommAktG, § 245 Rdnrn. 47 ff.

109 Vgl. aus der Praxis *OLG Stuttgart*, DB 1997, 217; *OLG Frankfurt*, NJW-RR 1999, 334; *OLG Düsseldorf*, ZIP 1999, 793; AG 2002, 47.

b) Die *Eintragung der Verschmelzung* in das Register des übernehmenden Rechtsträgers hat folgende Wirkungen (§ 20 UmwG):

- Alle Aktiven und Passiven und damit auch ganze Rechtsverhältnisse der übertragenden Rechtsträger gehen im Wege der Gesamtrechtsnachfolge auf den übernehmenden Rechtsträger über[110].
- Die übertragenden Rechtsträger erlöschen, ohne daß es einer Abwicklung oder einer besonderen Löschung bedarf.
- Die Anteilsinhaber der übertragenden Rechtsträger werden, soweit nicht mit dem übernehmenden Rechtsträger identisch, Anteilsinhaber des übernehmenden Rechtsträgers.
- Formmängel werden geheilt.

Mängel der Verschmelzung lassen die Wirkungen der Eintragung unberührt (§ 20 II UmwG). Die umstrittene Bedeutung dieser Regelung – Heilung oder fehlerhafte Verschmelzung? – wurde bereits unter § 6 IV 5 diskutiert. Nicht mit der eingetragenen, aber fehlerhaften Verschmelzung zu verwechseln ist der bloß faktische Vollzug einer Verschmelzung ohne die erforderliche Eintragung. Er führt die Folgen des § 20 UmwG – auch die Haftungsfolgen – nicht herbei[111].

c) Soweit eine Handels-Personengesellschaft als übertragende Gesellschaft beteiligt ist, bleibt die *persönliche Haftung von Gesellschaftern* für Altverbindlichkeiten der Gesellschaft bestehen, jedoch kommt ihnen nach dem Vorbild des § 160 HGB eine Enthaftungsregelung zugute (§ 45 UmwG): Die Nachhaftung soll nach fünf Jahren enden (vgl. zu § 160 HGB unten, § 51 II).

Beispiel Nr. 17: Wird die ABC-oHG nicht, wie in unserem früheren Beispiel Nr. 8, in eine ABC-GmbH umgewandelt, sondern auf eine XYZ-GmbH verschmolzen, so kann von einer Identität des Rechtsträgers keine Rede sein. Aber die Rechte, Pflichten und Rechtsverhältnisse gehen in toto auf die GmbH über (§ 20 UmwG), so daß auch hier das Grundbuch nur berichtigt zu werden braucht (keine Auflassung erforderlich). Für die Schulden der oHG haftet nunmehr die GmbH, aber die oHG-Gesellschafter A, B und C haften nach Maßgabe des § 45 UmwG für die bisherigen oHG-Verbindlichkeiten weiter.

8. Schutzregeln

a) Die *Anteilsinhaber* sind in mehrfacher Hinsicht geschützt: zum einen durch die Vorinformation, insbesondere durch den Verschmelzungsbericht, und ihre Mitwirkung beim Verschmelzungsbeschluß, zum anderen durch die Zuweisung von Anteilsrechten beim übernehmenden Rechtsträger und zum dritten durch die schon erwähnten, aber auch eingeschränkten, Anfechtungsmöglichkeiten (über Schadensersatzansprüche sogleich unter c). Wird ein Rechtsträger im Wege der Verschmelzung durch einen Rechtsträger anderer Rechtsform aufgenommen, so ist ein *Abfindungsangebot* in den Verschmelzungsvertrag aufzunehmen (§§ 29ff. UmwG). Besonders geschützt sind auch

110 Zum Übergang von Rechtsverhältnissen vgl. *BGH*, NJW 2002, 2168; *Voigt*, Umwandlung und Schuldverhältnis, 1997; *Karsten Schmidt*, DB 2001, 1019.

111 *BGH*, NJW 1996, 659; dazu *Karsten Schmidt*, DB 1996, 1859.

die *Inhaber von stimmrechtslosen Rechten*, insbesondere die Inhaber von stimmrechtslosen Anteilen, von Wandelschuldverschreibungen, von Gewinnschuldverschreibungen und von Genußrechten. Ihnen sind gleichwertige Rechte bei dem übernehmenden Rechtsträger einzuräumen (§ 23 UmwG).

b) Die *Gläubiger* sind institutionell durch Vorschriften des Bilanz- und Kapitalsicherungsrechts geschützt[112]. Ihre Befriedigungschancen dürfen sich nicht verschlechtern. Von diesem »institutionellen« Gläubigerschutz wurde bereits unter § 12 der individuelle Schutz vorhandener Gläubiger unterschieden. Diese können durch Haftungssynergien durchaus gefährdet sein, weil sie nach der Fusion mit den Gläubigern anderer Gesellschaften konkurrieren. Sie müssen also geschützt werden[113]. Gläubiger der an der Verschmelzung beteiligten Rechtsträger haben, soweit sie noch nicht Befriedigung verlangen können und eine Gefährdung ihrer Forderungen glaubhaft machen, ein Recht auf *Sicherheitsleistung* (§ 22 UmwG). Wenn eine Personengesellschaft durch Verschmelzung erlischt, unterliegen die Personengesellschafter auch hier wieder einer an § 160 HGB angelehnten Nachhaftung (§ 45 UmwG; vgl. sinngemäß zu § 224 UmwG oben unter II 3 d).

c) Hinzu kommt ein Schutz durch die schon erwähnte *Schadensersatzhaftung* der Vertretungs- und Aufsichtsorgane der übertragenden Rechtsträger (§ 25 UmwG), die allerdings nur durch einen besonderen Vertreter geltend gemacht werden kann (§ 26 UmwG), sowie eine mögliche Schadensersatzhaftung von Organen des übernehmenden Rechtsträgers (§ 27 UmwG) und der Verschmelzungsprüfer (§ 11 UmwG).

IV. Die Spaltung*

1. Aufspaltung, Abspaltung und Ausgliederung

a) § 123 UmwG nennt drei Arten der Spaltung:
- Eine *Aufspaltung* liegt vor, wenn ein Rechtsträger (der übertragende Rechtsträger) sein Vermögen durch gleichzeitige Übertragung der Vermögensteile jeweils als Gesamtheit auf andere Rechtsträger überführt und dadurch ohne Liquidation erlischt (§ 123 I UmwG).

---

112 Dazu umfassend *Petersen*, a.a.O., S. 147–235.

113 Dazu *Petersen*, a.a.O., S. 236ff.

* Literatur (Auswahl; Angaben zum alten Recht unter § 12 II 3): *Engelmeyer*, Die Spaltung von Aktiengesellschaften nach dem neuen Umwandlungsrecht, 1995; *Freitag*, Der Einfluß von § 4 BetrAVG auf Spaltungen … – zugleich ein Beitrag zu § 132 UmwG, 1998; *Geck*, Die Spaltung von Unternehmen nach dem neuen Umwandlungsrecht, DStR 1995, 416; *Gutzler*, Die »partielle Gesamtrechtsnachfolge« bei der Spaltung …, Diss. Mainz, 1999; *Habersack/Koch/Winter* (Hrsg.), Die Spaltung im neuen Umwandlungsrecht und ihre Rechtsfolgen, 1999; *Habersack*, Grundfragen der Spaltungshaftung nach § 133 UmwG, in: Festschrift Bezzenberger, 2000, S. 93; *Heidenhain*, Spaltungsvertrag und Spaltungsplan, NJW 1995, 2873; *ders.*, Die Sonderrechtsnachfolge bei der Spaltung, ZIP 1995, 801; *Heiss*, Die Spaltung von Unternehmen im deutschen Gesellschaftsrecht, 1995; *Hennrichs*, Zum Formwechsel und zur Spaltung nach dem neuen

- Von einer *Abspaltung* spricht das Gesetz, wenn ein Rechtsträger (der übertragende Rechtsträger) einen oder mehrere Teile seines Vermögens jeweils als Gesamtheit auf einen oder mehrere Rechtsträger überführt, an denen dann die Mitglieder des übertragenden Rechtsträgers Mitgliedschaftsrechte erhalten (§ 123 II UmwG).
- Um eine *Ausgliederung* handelt es sich, wenn ein Rechtsträger (der übertragende Rechtsträger) aus seinem Vermögen einen oder mehrere Teile auf einen oder mehrere andere Rechtsträger überführt und dafür selbst Anteile oder Mitgliedschaftsrechte erhält.

Beispiel Nr. 18: Die Hotel-GmbH der Gesellschafter X, Y und Z führt den Nordseehof in St. Peter und den Ostseehof in Travemünde. Angenommen, sie wollen die beiden Hotels aus Organisationsgründen künftig durch je eine GmbH führen (vgl. zu dem Konzernhaftungsaspekt dieser Gestaltung unten, § 39 III 3, 4), so können sie nach § 123 UmwG verschiedene Wege gehen:

aa) Sie können das Vermögen der Hotel-GmbH auf eine Nordsee-GmbH und eine Ostsee-GmbH überführen. Die Hotel-GmbH erlischt, und X, Y und Z werden Gesellschafter der beiden neuen Gesellschaften. Das ist die *Aufspaltung.*

bb) Sie können das Nordseehotel in der Hotel-GmbH belassen und das Ostseehotel auf eine neue Ostsee-GmbH überführen, deren Gesellschafter sie werden. Das ist die *Abspaltung.*

cc) Sie können das Nordseehotel in der Hotel-GmbH belassen und das Ostseehotel auf eine Ostsee-GmbH als Tochtergesellschaft der Hotel-GmbH überführen, die dann einzige Gesellschafterin der Ostsee-GmbH wird. Das ist die *Ausgliederung.*

b) § 123 UmwG unterscheidet zusätzlich noch zwischen der *Spaltung (Aufspaltung, Abspaltung oder Ausgliederung) »zur Aufnahme« oder »zur Neugründung«.* Der Unterschied besteht darin, daß der aufnehmende Rechtsträger nicht immer, wie in den soeben betrachteten Fällen, neu entsteht, sondern auch schon vorhanden sein kann. Die Spaltung »zur Aufnahme« hat aus der Sicht des übernehmenden Rechtsträgers einen Teil-Verschmelzungseffekt, und es läßt sich denken, daß hier die Interessenkonflikte komplizierter sind.

Beispiel Nr. 19: Angenommen, es gab schon eine Ostsee-GmbH, die unter Beteiligung der Gesellschafter A, X, Y und Z ein kleines Hotel in Warnemünde betreibt. Überführt jetzt

Umwandlungsgesetz, ZIP 1995, 794; *Hommelhoff/Priester/Teichmann*, Spaltung, in: Lutter, Kölner Umwandlungsrechtstage, a.a.O., S. 89; *Ihrig*, Gläubigerschutz durch Kapitalaufbringung bei Verschmelzung und Spaltung, GmbHR 1993, 622; *Kallmeyer*, Kombination von Spaltungsarten nach dem neuen Umwandlungsgesetz, DB 1995, 81; *Krüger*, Die umwandlungsrechtliche Haftungsregelung bei der Betriebsaufspaltung und ihre Analogiefähigkeit, 2000; *Kai Mertens*, Umwandlung und Universalsukzession, 1993; *Klaus J. Müller*, Die gesamtschuldnerische Haftung bei der Spaltung nach §§ 133, 134 UmwG, DB 2001, 2637; *Naraschewski*, Die vereinfachte Kapitalherabsetzung bei der Spaltung einer GmbH, GmbHR 1996, 697; *Neuhaus*, Spaltung oder Einzelübertragung, in: Festschrift Weichler, 1997, S. 83; *Pieroth*, Schutz von Minderheitsgesellschaftern bei nichtverhältniswahrender Spaltung von Kapitalgesellschaften, 1994; *Rosener*, Parallele Aufspaltung von Gesellschaften, in: Festschrift Semler, 1993, S. 593; *Schöne*, Die Spaltung unter Beteiligung einer GmbH, 1998; *Schwedhelm/Streck/Mack*, Die Spaltung der GmbH nach neuem Umwandlungsrecht, GmbHR 1995, 7; *Teichmann*, Die Spaltung von Rechtsträgern als Akt der Vermögensübertragung, ZGR 1993, 396; *Wirth*, Spaltungen einer eingetragenen Genossenschaft, 1998.

die Hotel-GmbH (Gesellschafter X, Y und Z) ihr Travemünder Hotel im Wege der »Abspaltung zur Aufnahme« auf diese Ostsee-GmbH und erhalten X, Y und Z dafür zusätzliche Anteile an dieser GmbH, so kann das die Interessen des A empfindlich berühren. Es bedarf also seines Schutzes.

Unverkennbar ist der *Legitimationsbedarf* gegenüber den Beteiligten bei der Spaltung zur Aufnahme größer als bei der Spaltung zur Neugründung. Deshalb bedarf es stets eines Spaltungs- und Übernahmevertrags zwischen dem übertragenden und dem übernehmenden Rechtsträger (§ 126 UmwG) und eines Beschlusses beim übernehmenden Rechtsträger.

c) Eine *Kombination der im Gesetz beschriebenen Spaltungsvorgänge* ist ohne Verstoß gegen § 1 II UmwG möglich (vgl. bereits oben unter I 3d)[114]. Beispielsweise ist es bei der Konzernbildung nicht unzulässig, daß eine Gesellschaft durch Ausgliederung eine Tochtergesellschaft bildet und die ihr auf diese Weise zuwachsenden Anteile zugleich durch Abspaltung einer anderen Gesellschaft – z.B. ihrer eigenen Muttergesellschaft – zuweist.

d) Rechtstechnisch basiert das Spaltungsrecht auf dem unter § 12 IV 4 dargestellten *Prinzip der »partiellen Universalsukzession«:* Nicht nur, wie bei der Verschmelzung, ganze Vermögenseinheiten, sondern auch Teilvermögen können ohne Geltung des Spezialitätsgrundsatzes auf neue Rechtsträger überführt werden.

2. Spaltungsfähige Rechtsträger

a) An jeder Art Spaltung können in jeder Hinsicht (also als übertragende, übernehmende oder neue Rechtsträger) nach *§§ 3, 124 I UmwG* beteiligt sein:
- Handelspersonengesellschaften (und EWIV) sowie Partnerschaftsgesellschaften,
- Kapitalgesellschaften,
- eingetragene Genossenschaften,
- eingetragene Vereine,
- genossenschaftliche Prüfungsverbände und
- Versicherungsvereine auf Gegenseitigkeit.

b) Als übertragende (nicht als aufnehmende) Rechtsträger können nach *§ 124 I UmwG* auch wirtschaftliche Vereine nach § 22 BGB (unten, § 24 II 2) beteiligt sein. An einer Ausgliederung können als übertragende Rechtsträger auch Einzelkaufleute, Stiftungen, Gebietskörperschaften und deren Zusammenschlüsse beteiligt sein.

Beispiel Nr. 20: Wenn eine Gemeinde aus kommunalrechtlichen oder finanziellen Gründen einen bestimmten Service auf eine von ihr zu verwaltende GmbH auslagern will, kann dies im Wege der Ausgliederung geschehen (§§ 168ff. UmwG).

---

114 *Lutter/Teichmann*, a.a.O., § 123 Rdnrn. 26ff.; *Widmann/Mayer/Schwarz*, a.a.O., § 123 Rdnrn. 6ff.; *Sagasser/Bula/Brünger*, a.a.O., Rdnrn. K 109ff.; *Kallmeyer*, BB 1995, 81ff.; *Dieter Mayer*, DB 1995, 861.

Beispiel Nr. 21: Will ein Einzelkaufmann sein Unternehmen nicht durch Sachgründung und Einzeleinbringung (§ 1 GmbHG), sondern durch Umwandlung auf eine Einmann-GmbH überführen, so ist dieser Vorgang nach neuem Umwandlungsrecht ein Ausgliederungsfall (§§ 152ff. UmwG und dazu alsbald unter V 1). Bis 1994 war dies ein Fall der »übertragenden Umwandlung« (dazu noch 2. Aufl., § 12 III 4).

3. Der Spaltungsvertrag oder Spaltungsplan als Grundlage der Vermögenssonderung

a) Grundlage der Spaltung ist bei der Spaltung zur Aufnahme der *Spaltungsvertrag* zwischen dem übertragenden und dem (den) aufnehmenden Rechtsträger(n), im Fall der Spaltung durch Neugründung der *Spaltungsplan* (§§ 126, 136 UmwG)[115]. Der Mindestinhalt des Vertrags oder Plans ist in § 126 UmwG geregelt. Besonders wichtig sind:
- die Bezeichnung der beteiligten Rechtsträger,
- die Bestimmung und Aufteilung der auf die einzelnen Rechtsträger übergehenden Gegenstände des Aktiv- und Passivvermögens,
- die Bestimmung des Anteilserwerbs und der Umtauschverhältnisse,
- die Festlegung etwaiger Sonderrechte und Sondervorteile,
- die Bestimmung des Spaltungsstichtags,
- die Folgen für die Arbeitnehmer.

b) Der *Umfang des Rechtsübergangs* unterliegt der privatautonomen Gestaltung. Es gibt insbesondere keinen Zwang, bestimmte Betriebe oder Betriebsteile zusammenzuhalten[116].

Beispiel Nr. 22: Ein als e.V. eingetragener Fußballverein kann seine Lizenzspielerabteilung oder die Eintrittskartenabteilung mit allen dazugehörigen Aktiven und Passiven, aber auch z.B. nur eine Sporthalle oder nur bestimmte Fernsehrechte auf eine GmbH-Tochter ausgliedern. Er kann die Jugendabteilung auf einen Schwesterverein abspalten usw. Grundsätzlich können den Beteiligten in dieser Hinsicht keine Vorschriften gemacht werden.

Die Rechtstechnik der partiellen Universalsukzession (oben, § 12 IV 4) ändert allerdings nichts daran, daß Gegenstände, die durch Rechtsgeschäft nicht isoliert übertragen werden können, auch nicht durch Spaltung auseinandergerissen werden können (vgl. § 132 Satz 1 UmwG und dazu alsbald unter IV 4b). Deshalb bleiben nicht nur wesentliche Bestandteile sonderrechtsunfähig (§ 90 BGB), sondern auch Rechtsverhältnisse, die nicht teilbar sind, können nur als Ganzes übergehen[117]. Es käme gewiß niemand auf den Gedanken, daß nach einer Gesellschaftsspaltung ein Grundstück der Gesellschaft A, das darauf stehende Haus dagegen der Gesellschaft B gehören könne. Ebensowenig ist es

115 Eingehend *Schöne*, a.a.O., S. 32ff., 47ff.; *Heidenhain*, NJW 1995, 2873ff.; *Priester*, in: Lutter, Kölner Umwandlungsrechtstage, a.a.O., S. 99ff.

116 H.M.; vgl. *Schöne*, a.a.O., S. 35ff.

117 Grundlegend *Voigt*, Umwandlung und Schuldverhältnis, 1997; s. auch *Rieble*, ZIP 1997, 301; *Karsten Schmidt*, in: Festschrift Medicus, 1999, S. 555ff.; *ders.*, DB 2001, 1019; *Wiesner*, in: Habersack/Koch/Winter, a.a.O., S. 168ff.; *Teichmann*, ZGR 1993, 413; zum Versicherungsvertrag *Oetker*, VersR 1992, 7.

aber z. B. möglich, die Rechte aus einem Kfz.-Leasingvertrag bei der A und die Pflichten aus diesem Vertrag bei der B anzusiedeln[118]. Nur soweit sich aus einem Rechtsverhältnis einzelne abtretbare Rechte ergeben, kann nach § 126 I Nr. 9 UmwG frei bestimmt werden, inwieweit sie übergehen oder beim übertragenden Rechtsträger verbleiben sollen (vgl. auch § 132 UmwG). Auch mag es Fälle geben, in denen ein Vertragsverhältnis – vielleicht ein verzinslicher Kredit – ohne Veränderung seiner funktionellen Zusammengehörigkeit einmal real teilbar ist[119], doch das werden krasse Ausnahmen sein.

4. Die Spaltungsprozedur und die Folgen der Eintragung

a) Die zur Spaltung hinführende Prozedur ist aus dem Gesetz nicht sofort ablesbar, weil § 125 UmwG im wesentlichen auf die *Regeln der Verschmelzung* verweist. Hauptpunkte sind[120]:
- der schon dargestellte Spaltungsvertrag oder -plan (§§ 126, 136 UmwG),
- der Spaltungsbericht (§§ 127, 142 UmwG) und die Spaltungsprüfung (§§ 125, 44, 48, 60, 81 UmwG),
- die vorbereitende Information der Anteilsinhaber (§§ 125, 42, 49, 63, 82 UmwG),
- die Beschlußfassung (§§ 125, 13, 43, 50, 65, 84 UmwG),
- die Anmeldung und die Eintragung (§§ 129f., 140, 146, 148 UmwG).

b) Die *Wirkungen der Eintragung* sind nach § 131 UmwG im wesentlichen die folgenden (für den Spaltungsplan gilt § 136 Satz 2 UmwG):

(1) Das Vermögen des übertragenden Rechtsträgers, bei Abspaltung und Ausgliederung der abgespaltene oder ausgegliederte Teil oder die abgespaltenen oder ausgegliederten Teile des Vermögens einschließlich der Verbindlichkeiten gehen entsprechend der im Spaltungs- und Übernahmevertrag bzw. -plan vorgesehenen Aufteilung jeweils als Gesamtheit auf die übernehmenden Rechtsträger über. Gegenstände, die nicht durch Rechtsgeschäft übertragen werden können, verbleiben bei Abspaltung und Ausgliederung im Eigentum oder Inhaberschaft des übertragenden Rechtsträgers.

(2) Bei der Aufspaltung erlischt der übertragende Rechtsträger. Einer besonderen Löschung bedarf es nicht.

(3) Bei Aufspaltung und Abspaltung werden die Anteilsinhaber des übertragenden Rechtsträgers entsprechend der im Spaltungs- und Übernahmevertrag vorgesehenen Aufteilung Anteilsinhaber der übernehmenden Rechtsträger; dies gilt nicht, soweit der übernehmende Rechtsträger oder ein Dritter, der im eigenen Namen, jedoch für Rechnung dieses Rechtsträgers handelt, Anteilsinhaber des übertragenden Rechtsträgers ist oder der übertragende Rechtsträger eigene Anteile innehat oder ein Dritter, der im eigenen Namen, jedoch für Rechnung dieses Rechtsträgers handelt, dessen Anteilsinhaber ist. Rechte

118 A.M. *Sagasser/Bula/Brünger*, a. a. O., Rdnr. N 62; *Schöne*, a. a. O., S. 43; *Kallmeyer*, a. a. O., § 126 Rdnr. 25; *Lutter/Teichmann*, a. a. O., § 132 Rdnr. 39; *Widmann/Mayer*, a. a. O., § 126 Rdnr. 227; *Heidenhain*, NJW 1995, 2877; *Mutter*, ZIP 1997, 139ff.

119 Dazu etwa *Kallmeyer*, a. a. O., § 126 Rdnrn. 24f.; *Lutter/Priester*, a. a. O., § 126 Rdnr. 47; *Kleindiek*, ZGR 1992, 521; *Heidenhain*, NJW 1995, 2877.

120 Vgl. auch *Sagasser/Bula/Brünger*, a. a. O., Rdnrn. N 102ff., N 109ff., N 155ff.; *Hommelhoff/Priester/Teichmann*, in: Lutter, Kölner Umwandlungsrechtstage, a. a. O., S. 89ff.

Dritter an den Anteilen oder Mitgliedschaften des übertragenden Rechtsträgers bestehen an den an ihre Stelle tretenden Anteilen oder Mitgliedschaften der übernehmenden Rechtsträger weiter. Bei Ausgliederung wird der übertragende Rechtsträger entsprechend dem Ausgliederungs- und Übernahmevertrag bzw. -plan Anteilsinhaber der übernehmenden Rechtsträger.

(4) Der Mangel der notariellen Beurkundung des Spaltungs- und Übernahmevertrags bzw. -plans und gegebenenfalls erforderlicher Zustimmungs- oder Verzichtserklärungen einzelner Anteilsinhaber wird geheilt.

Dies ist die unter § 12 IV 4 beschriebene *partielle Universalsukzession*[121]. Da diese nur die Einzeleinbringung von Gegenständen erspart, muß das Gesetz noch die Frage klären, wie sich Beschränkungen der Übertragbarkeit von Rechten auswirken. Nach § 132 Satz 1 UmwG bleiben allgemeine Vorschriften, die einen Gegenstand für unübertragbar erklären oder an besondere Voraussetzungen, insbesondere eine staatliche Genehmigung, knüpfen, von der partiellen Gesamtrechtsnachfolge nach § 131 UmwG unberührt[122]. Es ist also z.B. nicht möglich, über die §§ 1059, 1059a BGB hinaus einen Nießbrauch zu übertragen, indem man ihn zum Gegenstand eines Spaltungsvorgangs macht. Auch ein Abtretungsverbot nach § 399 BGB kann, soweit das Abtretungsverbot greift (vgl. § 354a HGB), einen Forderungsübergang hindern[123], nicht allerdings im Fall der Aufspaltung (§ 132 Satz 2 UmwG). Die Aufspaltung führt ja, wie eine Verschmelzung, zum Erlöschen des bisherigen Rechtsträgers. Im übrigen geht aber nach dem Prinzip der partiellen Universalsukzession der aus dem Vertrag oder Plan ersichtliche Vermögensbestand über, ohne daß die für die Gegenstände geltenden Sondervorschriften beachtet werden müssen. Für den Übergang von Verbindlichkeiten ist deshalb auch § 415 BGB nicht anwendbar. Der Gläubigerschutz ist im Umwandlungsrecht besonders geregelt, so daß es keiner Einzelzustimmung der Gläubiger von spaltungsbetroffenen Forderungen bedarf[124]. Selbst ganze Schuldverhältnisse – z.B. auch Miet- oder Arbeitsverhältnisse – können nach § 131 UmwG übergehen[125].

Beispiel Nr. 23: Aus einer Holding-AG wird ein Aktienpaket auf die X-GmbH und eine Tagungsstätte (Grundbesitz) mit Ausstattung auf die Y-GmbH ausgegliedert. Diese Gegenstände gehen nach § 131 I UmwG auf die beiden Gesellschaften m.b.H. über, ohne daß § 929 BGB bzw. die §§ 873, 925 BGB beachtet werden müssen. Das Grundbuch wird wiederum nur berichtigt. War die Tagungsstätte nur gemietet, so ist numehr die Y-GmbH Mieterin.

---

121 Dazu *Schöne*, a.a.O., S. 30ff.; *Heidenhain*, ZIP 1995, 801; *Himmelreich*, a.a.O.; *Kai Mertens*, a.a.O.; *ders.*, AG 1994, 66; *Karsten Schmidt*, AcP 191 (1991), 511f.

122 Dazu *Jesch*, in: Habersack/Koch/Winter, a.a.O., S. 148ff.; *Schäfer*, ebd., S. 114ff.; *Hennrichs*, ZIP 1995, 797f.

123 So ausdrücklich die Regierungsbegründung zu § 132 UmwG; a.M. *Dehmer*, § 132 Rdnr. 22, wonach nur die erste Variante des § 399 BGB unter § 132 UmwG fallen soll; ebenso jetzt *Schmitt/Hörtnagl/Stratz*, a.a.O., § 132 Rdnr. 26.

124 *Kallmeyer*, a.a.O., § 132 Rdnrn. 3f.; *Lutter/Teichmann*, a.a.O., § 132 Rdnr. 20; *Schmitt/Hörtnagl/Stratz*, a.a.O., § 132 Rdnr. 17; *Widmann/Mayer*, a.a.O.; § 132 Rdnrn. 56ff.; *Dieter Mayer*, GmbHR 1996, 407; anders vereinzelt *Dehmer*, § 132 Rdnrn. 10, 15, 20.

125 *Lutter/Teichmann*, a.a.O., § 132 Rdnrn. 38ff. m.w.N.

c) Im Fall der *Aufspaltung*, die ja zum Erlöschen der Rechtsträger führt, tritt ein Sonderproblem auf, *wenn Gegenstände vergessen worden sind* (z.B. weil sie unbekannt waren oder weil Unklarheit über ihre Rechtszuordnung bestand). Das Gesetz muß einerseits das Entstehen subjektloser Rechte verhindern und will anderseits nicht zulassen, daß der übertragende Rechtsträger unbemerkt weiterbesteht, nur damit vergessene Vermögensgegenstände nicht inhaberlos werden. Die gesetzliche Lösung sucht § 131 III UmwG in folgendem: In erster Linie verweist das Gesetz dann auf eine (ergänzende) Auslegung des Vertrags und Plans. Ist auch auf diese Weise keine Zuteilung zu ermitteln, so geht der Gegenstand auf alle übernehmenden Rechtsträger im Verhältnis ihres Bilanzvermögens über. Ist eine Zuteilung des Gegenstandes an mehrere Rechtsträger nicht möglich, so ist sein Gegenwert in dem bezeichneten Verhältnis zu verteilen. Diese dritte Möglichkeit löst allerdings Schwierigkeiten aus, denn bevor ein Wertausgleich stattfindet, muß immer noch im Wege der ergänzenden Vertragsauslegung entschieden werden, bei welchem der neu entstehenden Rechtsträger der Gegenstand verbleibt.

d) Handelt es sich um eine *Spaltung zur Neugründung*, so treten an die Stelle der übernehmenden Rechtsträger die neuen Rechtsträger, die unter teilweiser Anwendung der für ihre Rechtsform geltenden Gründungsvorschriften neu entstehen (§ 135 UmwG). Der neue Rechtsträger – also die Zielgesellschaft des Spaltungsvorgangs – entsteht dann gleichzeitig mit dem Teil-Vermögensübergang, was durch einen Registervermerk bei seiner Eintragung verdeutlicht wird (§ 130 I 2 i.V.m. § 135 UmwG)[126]. Es liegt nicht einmal eine »logische Sekunde« dazwischen[127]. Eine Vorgesellschaft (oben, § 11 IV) entsteht nicht.

5. Der Gläubigerschutz

a) Die Haftungsfolgen der Spaltung sind im Gesetz sehr unanschaulich dargestellt, denn § 133 I 1 UmwG ordnet zunächst die »gesamtschuldnerische« Haftung aller an der Umwandlung beteiligten Rechtsträger an[128]. Dieser Ausgangspunkt macht das *Haftungssystem des § 133 UmwG* nicht gerade leicht verständlich. Die Regeln sind folgende[129]:
- Primärschuldner ist derjenige Rechtsträger, dem eine Verbindlichkeit im Spaltungsvertrag oder -plan zugewiesen ist.
- Sofern ein übertragender Rechtsträger fortbesteht (Abspaltung oder Ausgliederung), haftet er für seine Altverbindlichkeiten weiter, und zwar

126 *Neye*, GmbHR 1995, 565f.

127 Unberechtigt deshalb die Sorge von *Heidenhain*, GmbHR 1995, 264ff., es könnten subjektlose Rechte oder vermögenslose Rechtsträger entstehen.

128 Dazu *Hommelhoff*, in: Lutter, Kölner Umwandlungsrechtstage, a.a.O., S. 117ff.; *Petersen*, a.a.O., S. 257ff.

129 Vgl. ausführlich zum Referentenentwurf *Karsten Schmidt*, ZGR 1993, 385ff.; vgl. jetzt, teilweise abweichend, *Kallmeyer*, a.a.O., § 133 Rdnrn. 4ff.; *Lutter/Teichmann*, a.a.O., § 133 Rdnrn. 19ff.; *Petersen*, a.a.O., S. 258ff.; *Ihrig* und *Tries*, in: Habersack/Koch/Winter, a.a.O., S. 80ff., 96ff.; *Habersack*, in: Festschrift Bezzenberger, a.a.O.; *Klaus J. Müller*, DB 2001, 2637ff.

unabhängig davon, ob die Verbindlichkeit einem übernehmenden oder neu entstehenden Rechtsträger zugewiesen worden ist.
- Unabhängig von diesen Grundsätzen haften auch diejenigen an der Spaltung beteiligten Rechtsträger, denen die Verbindlichkeiten nicht zugewiesen worden sind, für die vor dem Wirksamwerden der Spaltung begründeten Verbindlichkeiten als Gesamtschuldner (§ 133 I 1 UmwG), allerdings nur bis zum Ablauf einer fünfjährigen Nachhaftungsbegrenzungsfrist (§ 133 III UmwG).

Es wäre ein Irrtum, diese Reihenfolge für belanglos zu erklären, weil sich der Gläubiger nach § 421 BGB den »Gesamtschuldner« frei aussuchen könne. Die *Bestimmung des Primärschuldners* ist aus mehreren Gründen wichtig: wegen der Verteilung im Innenverhältnis, wegen der mit ihr verbundenen bilanziellen Folgen und wegen der Enthaftung nach § 133 III–V UmwG. Nach diesen Bestimmungen haftet ein Rechtsträger, dem eine Verbindlichkeit nicht im Spaltungs- und Übernahmevertrag zugewiesen ist, nur, wenn die Verbindlichkeit binnen fünf Jahren gerichtlich geltend gemacht oder schriftlich anerkannt worden ist.

Beispiel Nr. 24: Hat die Zeitungs-GmbH Z ihre Druckerei auf die D-GmbH abgespalten oder ausgegliedert und hat die D-GmbH nach dem Spaltungsvertrag auch 100 000 Euro Kaufpreisschuld wegen einer Setzmaschine übernommen, so haften beide Gesellschaften solidarisch in Höhe von 100 000 Euro. Bilanziell belastet dies jedoch nur die D, denn die Z hat gegen D einen Freistellungsanspruch. Sollte die Forderung nach fünf Jahren noch unverjährt bestehen, so würde auch im Außenverhältnis nur noch die D haften, denn sie ist Primärschuldnerin.

Wie bereits angemerkt, ist das in sich schlüssige Haftungsmodell des gesetzlichen Spaltungsrechts in § 133 UmwG undeutlich, ja sogar verzerrt abgebildet, indem § 133 I 1 UmwG die solidarische Haftung aller spaltungsbeteiligten Rechtsträger voranstellt, die sich erst bei genauerer Analyse in einem stimmigen Konzept wiederfindet. Nach den Maßstäben des BGB ist, wie *Habersack* aufgezeigt hat, nicht einmal der Begriff der »Gesamtschuld« korrekt[130]: Primärschuldner ist eben der im Spaltungsvertrag oder Spaltungsplan als Schuldner benannte Rechtsträger, und die übrigen spaltungsbeteiligten Rechtsträger haften – ähnlich wie oHG-Gesellschafter oder Mitbürgen – nur untereinander als Gesamtschuldner, während ihr Haftungsverhältnis gegenüber dem Primärschuldner ein solches der Akzessorietät ist (vgl. zur oHG-Haftung unten, § 49 II). Auch die Frage, ob es Sonderregeln für höchstpersönliche Leistungen oder Unterlassungen geben soll[131], sollte nach dem Vorbild der oHG-Haftung entschieden werden.

b) Nach § 133 I 2 UmwG bleiben die *§§ 25, 26 und 28 HGB* über die Haftung eines Unternehmenserwerbers unberührt. Diese Regelung beruht auf einer

---

130 *Habersack*, in: Festschrift Bezzenberger, a.a.O.; zust. *Petersen*, a.a.O., S. 259f.; *Kallmeyer*, a.a.O., § 133 Rdnr. 5; a.M. *Ihrig*, in: Habersack/Koch/Winter, a.a.O., S. 85.
131 Dafür *Lutter/Hommelhoff*, a.a.O., § 133 Rdnr. 25.

gegenüber dem Diskussionsentwurf erhobenen Forderung[132]. Sie mutet zunächst sonderbar an, da doch schon nach § 133 I UmwG gesamtschuldnerisch gehaftet wird. Verstehen kann man die Verweisung auf die §§ 25, 26 und 28 HGB nur, wenn man die Bedeutung des Primärschuldners für § 133 UmwG erkannt hat: Die Verweisung auf §§ 25, 26 und 28 schränkt die somit bestehende Willkür bei der Zuweisung von Verbindlichkeiten durch Spaltungsvertrag oder Spaltungsplan ein: Die zu einem Unternehmen oder Unternehmensteil gehörigen Verbindlichkeiten können nicht von den dazugehörigen Aktiven getrennt werden[133], denn genau dies ist die recht verstandene Aufgabe der §§ 25 und 28 HGB (Handelsrecht, § 8 I 3), und zwar gerade auch bei der Unternehmensspaltung (Handelsrecht, § 8 II 1e mit Nachweisen). Das Prinzip der unternehmensrechtlichen Haftungskontinuität setzt sich auch bei der partiellen Universalsukzession im Umwandlungsrecht durch[134]. Umstritten ist nur, inwieweit diese handelsrechtliche Haftung durch bloße Firmenänderung vermieden werden kann. Ihre Funktionsweise sei an Beispielen gezeigt:

Beispiel Nr. 25 (nach *Karsten Schmidt*, ZGR 1990, 600; 1993, 386): Stellen wir uns eine GmbH vor, die etwa Asbestprodukte herstellt oder eine chemische Reinigung betreibt. Stellen wir uns weiter vor, diese Gesellschaft werde aufgespalten, indem ihr Unternehmen auf die A-GmbH & Co., das Grundeigentum dagegen auf die B-GmbH überführt wird. Hier muß die A-GmbH & Co. nach § 28 HGB auch mit ihren künftigen Gewinnen zwingend für die alten Unternehmensschulden haften (§ 28 HGB), und zwar als Primärschuldnerin (Handelsrecht, § 8 I 6b), also ohne die fünfjährige Enthaftung nach § 133 III UmwG.

Beispiel Nr. 26: Nicht anzuerkennen ist deshalb auch eine Unternehmenssanierung derart, daß eine sanierungsbedürftige Gesellschaft dergestalt aufgespalten wird, daß die Aktiva der A-GmbH und die Passiva der P-GmbH zugewiesen werden. Wenn dann die A noch fünf Jahre lang fällige Altschulden bedient, könnte sie die Altgläubiger danach auf die insolvente P verweisen. Einem solchen absurden Vorgang nur mit der Anfechtung im Insolvenzverfahren zu begegnen (§§ 129ff. InsO), wäre verfehlt. Eine solche Sanierung zu Lasten Dritter ist vielmehr auch unternehmensrechtlich unhaltbar.

Die praktische Bedeutung der Verweisung auf die §§ 25ff. HGB wird sich nicht aus einer Vielzahl von Prozessen ablesen lassen. Sie besteht in einem präventiven Schutz des Spaltungsrechts gegen Manipulationen[135]. Da der Wortlaut des § 25 HGB (im Gegensatz zu § 28 HGB) die Firmenfortführung voraussetzt, kann diskutiert werden, ob die Primärhaftung des Unterneh-

---

132 *Karsten Schmidt*, ZGR 1990, 598ff.; 1993, 390ff.; krit. *Schöne*, a.a.O., S. 86; *Petersen*, a.a.O., S. 282ff.

133 A.M. *Hommelhoff*, in: Lutter, Kölner Umwandlungsrechtstage, a.a.O., S. 119 Fußn. 99; die auf den Beitrag des *Verf.* in ZGR 1990, 598ff. zurückgehende Absicht des Gesetzgebers ist jedoch eindeutig.

134 *Verf.* vertrat diese These schon unter dem alten Umwandlungsrecht für die Umwandlung einzelkaufmännischer Unternehmen, also den damals einzigen Parallelfall; vgl. 2. Aufl., § 12 III 4 d.

135 Der Hinweis von *Petersen* (a.a.O., S. 283) auf § 25 II HGB (dagegen freilich *Voigt*, a.a.O., S. 86f.) trifft den allgemeinen Gläubigerschutz durch § 25 HGB, dessen Relativierung durch Handelsregistereintragung immerhin gesteigerte Publizität voraussetzt.

menserwerbers durch geschickte Firmenwahl vermieden werden kann. Diese Frage ist entgegen der h.M. zu verneinen (Handelsrecht, § 8 II 1c).

6. Besonderheiten bei der Ausgliederung

a) Die *Ausgliederung* ist vom Gesetzgeber *als Spaltungsfall* geregelt, obwohl sie sich von der Auf- und Abspaltung funktionell unterscheidet. Das dient nicht der Anschaulichkeit[136], trifft aber rechtsdogmatisch ins Schwarze. Der Grund für diese Systematik liegt in der partiellen Gesamtrechtsnachfolge: in der Überführung von Vermögensanteilen auf abhängige Gesellschaften, ohne daß eine Einzeleinbringung stattfinden muß.

Wirtschaftlich können sich sehr unterschiedliche Interessen hinter der Ausgliederung verbergen[137].

Beispiel Nr. 27: Gliedert eine AG einen Teilbetrieb auf eine Tochter-GmbH aus, so dient dies der Konzernbildung. Gliedert sie alle Betriebe auf verschiedene Tochtergesellschaften aus, so entsteht eine Holding. Gliedert ein Einzelkaufmann sein Unternehmen auf eine GmbH aus, so dient dies der Haftungsbeschränkung.

b) Wie unter I 2 ausgeführt, orientiert sich das Umwandlungsgesetz, obwohl es der Umstrukturierung von Unternehmen dient, nicht am Unternehmen, sondern am Rechtsträger und seinem Vermögen. Deshalb müssen nicht ganze Unternehmen oder Betriebsteile übertragen werden, sondern es besteht *Gestaltungsfreiheit*[138]. So kann z.B. eine Aktiengesellschaft, eine GmbH oder ein eingetragener Verein einen Vermögensbestand (z.B. ein Aktienpaket oder ein wertvolles Grundstück) auf eine Tochtergesellschaft ausgliedern, ohne daß danach gefragt wird, ob es sich hierbei um ein ganzes Vermögen oder gar um ein Unternehmen handelt[139]. Die spaltende Totalausgliederung (Holding-Bildung durch Spaltung) ist ebenso zulässig[140] wie die Übertragung eines einzigen Bankkontos (Vereinskasse) oder einer einzigen Sache (Wandertrophäe) durch Ausgliederung auf einen Tochterverein[141]. Ausnahmen gelten für Einzelkaufleute, rechtsfähige Stiftungen und Gebietskörperschaften (§§ 152ff., 161ff., 168ff.). Sie können nur Unternehmen oder Unternehmensteile ausgliedern[142], was selbstverständlich nicht ausschließt, daß sie Vermögensbestandteile dem Unternehmensvermögen zuschlagen, die nicht notwendig dazugehören. Will also der Einzelkaufmann seine Yacht, will die Stiftung eine wertvolle Skulptur oder will die Gemeinde ein Waldgelände auf eine GmbH überführen, so muß dies durch sachenrechtliche Übereignung an die – ggf. nach §§ 1ff. GmbHG zu

136 Krit. *Werner*, in: Festschrift Quack, 1991, S. 519ff.
137 Vgl. *Karollus*, in: Lutter, Kölner Umwandlungsrechtstage, a.a.O., S. 173f.
138 Zu dieser auch *Lutter/Priester*, a.a.O., § 126 Rdnr. 45.
139 *Karollus*, in: Lutter, Kölner Umwandlungsrechtstage, a.a.O., S. 160.
140 A.M. *Kallmeyer*, ZIP 1994, 1749.
141 Vgl. zum Begriff des Gegenstands im Spaltungsvertrag oder -plan *Lutter/Priester*, a.a.O., § 126 Rdnr. 36.
142 *Lutter/Karollus*, a.a.O., § 152 Rdnrn. 14ff.; *Lutter/Rawert*, a.a.O., § 161 Rdnrn. 23ff.; *Lutter/Harry Schmidt*, a.a.O., § 168 Rdnrn. 9ff.; anders *Karollus*, in: Lutter, Kölner Umwandlungsrechtstage, a.a.O., S. 190f.

gründende – GmbH geschehen. Das Umwandlungsrecht steht zur Verfügung, wenn der Einzelkaufmann sein Geschäft, die Stiftung ihren Katalogverkauf oder die Gemeinde die Müllabfuhr ausgliedert.

V. Sonderfälle der Umwandlung

1. Die »Umwandlung einzelkaufmännischer Unternehmen« als Ausgliederung*

a) Das bis 1994 geltende Umwandlungsrecht regelte in §§ 50ff., 56a ff. UmwG 1969 die *übertragende Umwandlung einzelkaufmännischer Unternehmen auf eine Kapitalgesellschaft.* Danach konnte ein eingetragener Einzelkaufmann ein von ihm betriebenes Unternehmen im Wege der »partiellen Universalsukzession« auf eine neu geschaffene AG oder GmbH überführen[143]. Der Sache nach handelte es sich hierbei um eine Einmann-Gründung (vgl. § 2 AktG, § 1 GmbHG)[144] ohne Einzeleinbringung der Einlagen. Das neue Umwandlungsrecht behandelt diese Umwandlung weniger anschaulich, aber *systematisch richtig als Ausgliederungsfall* (§§ 152ff. UmwG): Der Einzelkaufmann gliedert sein Unternehmen aus seinem ungeteilten Gesamtvermögen aus und überführt es hierdurch auf eine Handelsgesellschaft. Diese Handelsgesellschaft kann eine Kapitalgesellschaft, im Fall der Ausgliederung zur Aufnahme auch eine Personengesellschaft oder eingetragene Genossenschaft sein (§ 152 UmwG). Eine Ausdehnung dieser Grundsätze auf die Erbengemeinschaft nach einem Einzelkaufmann[145] scheint zwar durch § 1 II UmwG ausgeschlossen, aber unter Einbeziehung von Art. 3 GG doch geboten (oben unter I 3c).

Die Ausgliederung kann nicht erfolgen, wenn die Verbindlichkeiten des Einzelkaufmanns sein Vermögen übersteigen (§ 152 Satz 2 UmwG). Ist dies offensichtlich, so hat das Registergericht die Eintragung abzulehnen. Es kann auch, wenn dazu Anlaß besteht, von Amts wegen ermitteln, ob eine Überschuldung vorliegt.

b) Die *Spaltungsprozedur* entspricht weitgehend den dargestellten Regeln, ist aber naheliegenderweise vereinfacht. An die Stelle eines Beschlusses tritt beim Einzelkaufmann dessen Erklärung. Ein Ausgliederungsbericht ist entbehrlich (§§ 153, 158 UmwG).

---

* Literatur: *Felix*, Fusion von Einzelunternehmen nach neuem Umwandlungs(steuer)recht, BB 1995, 1509; *Karollus*, Ausgliederung, in: Lutter (Hrsg.), Kölner Umwandlungsrechtstage, 1995, S. 157; *Mayer*, Handelsrechtliche Fragen bei der Umwandlung eines einzelkaufmännischen Unternehmens ..., DStR 1994, 432.

143 Eingehend 2. Aufl., § 12 III 4.

144 Nach damaligem Stand war die »Einmann-Gründung« nur bei der GmbH, die »Einmann-Umwandlung« dagegen bei AG und GmbH zulässig.

145 Dafür jetzt *Lutter/Karollus*, a.a.O., § 152 Rdnr. 16; eingehend *Karollus*, in: Lutter, Kölner Umwandlungsrechtstage, a.a.O., S. 188ff. m.w.N.

c) Die Rechtsfolgen ergeben sich aus der partiellen Universalsukzession. Mit der Eintragung der Ausgliederung gehen die ausgegliederten Aktiven und Passiven über. Handelt es sich um das gesamte Unternehmen des Einzelkaufmanns, so ist das Erlöschen der einzelkaufmännischen Firma von Amts wegen in das Handelsregister einzutragen.

d) Wegen des Übergangs von Rechten und Pflichten gelten die bereits geschilderten Grundsätze der §§ 131, 133 UmwG (einschließlich des zwingenden Übergangs von Unternehmensverbindlichkeiten nach § 25 HGB). Wiederum ist die persönliche Nachhaftung für Altverbindlichkeiten durch eine Fünfjahresfrist beschränkt (§ 157 UmwG).

e) Der Einzelkaufmann wird durch die Eintragung nicht von seiner Haftung für Altverbindlichkeiten befreit (§ 156 UmwG). Wiederum gilt aber eine fünfjährige Enthaftung (§ 157 UmwG).

2. Die Vermögensübertragung*

a) Eine *enge Verwandte der Verschmelzung und der Spaltung* ist die Vermögensübertragung nach *§§ 174ff. UmwG.* Diese Bestimmungen sollen bestimmten Rechtsträgern, die nicht an einer Verschmelzung oder Spaltung teilnehmen, die (Teil-) Vermögensübertragung durch Universalsukzession ermöglichen. Bis 1994 hatte das Aktiengesetz noch völlig unterschiedliche Tatbestände als Vermögensübertragung geregelt[146]: die Vermögensübertragung durch Gesamtrechtsnachfolge (§§ 359, 360 AktG a.F.) und die Mitwirkung der Hauptversammlung beim Abschluß von Verpflichtungsverträgen über das gesamte Vermögen (§ 361 AktG a.F.). Mit Recht steht jetzt nur noch die Gesamtrechtsnachfolge im Umwandlungsgesetz, während der frühere § 361 AktG nunmehr in § 179a AktG richtig angesiedelt ist.

b) § 174 UmwG unterscheidet die *Vollübertragung* und die *Teilübertragung.* Möglich ist nach *§ 175 UmwG* die Übertragung
- von einer Kapitalgesellschaft auf den Bund, ein Land, eine Gebietskörperschaft oder einen Zusammenschluß von Gebietskörperschaften;
- von einer Aktiengesellschaft, die den Betrieb von Versicherungsgeschäften zum Gegenstand hat, auf Versicherungsvereine auf Gegenseitigkeit oder auf öffentlich-rechtliche Versicherungsunternehmen;
- von einem Versicherungsverein auf Gegenseitigkeit auf Aktiengesellschaften, die den Betrieb von Versicherungsgeschäften zum Gegenstand haben, oder auf öffentlich-rechtliche Versicherungsunternehmen;

* Literatur: *Stopp*, Wege der Auflösung kommunaler Eigengesellschaften unter besonderer Berücksichtigung des Umwandlungsgesetzes, SächsVBl. 1999, 197.

146 Dazu 2. Aufl., § 30 V.

- von einem öffentlich-rechtlichen Versicherungsunternehmen auf Versicherungs-Aktiengesellschaften oder auf Versicherungsvereine auf Gegenseitigkeit.

Die Einzelheiten sind in §§ 176 ff. UmwG geregelt.

c) Auch die Neuordnung des Rechts der Vermögensübertragung hat wesentlich zur *Bereinigung des Umwandlungsrechts* beigetragen. Insbesondere ist das an der Herauslösung des § 179 a AktG aus dem Umwandlungsrecht erkennbar. Die Vorschrift stellt eben nicht das Instrumentarium für Umwandlungsvorgänge ohne Einzelübertragung zur Verfügung, wohl aber enthält sie eine gesellschaftsrechtliche Kompetenzregel, die als Korrektiv und Umgehungsschutz auch Auswirkungen auf die Umwandlungspraxis hat (dazu oben unter I 4).

Fünfter Abschnitt: Die Verbandsverfassung

§ 14 Verbandsorganisation und Verbandsorgane*

I. Grundlagen

1. Rechtsgrundlagen

Die Verfassung aller privaten Verbände hat teils *rechtsgeschäftliche*, teils *gesetzliche Grundlagen.* Ohne Gesellschaftsvertrag oder Satzung entsteht kein privatrechtlicher Verband (oben, § 5 I 1), und kein privatrechtlicher Verband steht außerhalb des objektiven Rechts. Das Organisationsrecht der Verbände ist insoweit Bestandteil des allgemeinen Organisationsrechts, muß also über die Kleinteiligkeit der einzelnen Rechtsformen hinausreichen, was eines der Anliegen dieses Buches ist. Erkennen muß man allerdings auch, daß es nicht die moderne Organisationstheorie zur Gänze abbilden kann[1], eben weil es verbandsrechtlich (in der Sprache seiner Kritiker: »korporatistisch«) gedacht und begrenzt ist.

2. Die Bedeutung der organschaftlichen Verfassung

Das Innenrecht der Verbände ist durch ihre Organisationsverfassung bestimmt. Diese Organisation besteht nicht ausschließlich, aber doch zu einem

* Literatur (Auswahl): *Böckenförde*, Organ, Organisation, Juristische Person, in: Festschrift Wolff, 1973, S. 269; *v. Falkenhausen*, Verfassungsrechtliche Grenzen der Mehrheitsherrschaft nach dem Recht der Kapitalgesellschaften, 1967; *Otto v. Gierke*, Deutsches Privatrecht I, 1895 (Nachdruck 1936); *ders.*, Die Genossenschaftstheorie und die deutsche Rechtsprechung, 1887 (Nachdruck 1963); *Giesen*, Organhandeln und Interessenkonflikt, 1984; *Hadding*, Korporationsrechtliche oder rechtsgeschäftliche Grundlagen des Verbandsrechts? in: Festschrift Fischer, 1979, S. 165; *Leßmann*, Die Verbände und ihre Regelungsprobleme, NJW 1978, 1545; *Limbach*, Theorie und Wirklichkeit der GmbH, 1966; *Mestmäcker*, Verwaltung, Konzerngewalt und Rechte der Aktionäre, 1958; *Müller-Erzbach*, Das private Recht der Mitgliedschaft als Prüfstein eines kausalen Rechtsdenkens, 1948; *Nitschke*, Die körperschaftlich strukturierte Personengesellschaft, 1970; *Ott*, Recht und Realität der Unternehmenskorporation, 1977; *Thomas Raiser*, Das Unternehmen als Organisation, 1969; *Scherzinger*, Theorie der Willensbildung in Unternehmensverbänden, 1978; *Semler*, Geschäftsführung, Mitwirkung und Überwachung im Unternehmen, in: *Lutter/Semler* (Hrsg.), Rechtsgrundlagen freiheitlicher Unternehmenswirtschaft, 1991, S. 90; *Spindler*, Unternehmensorganisationspflichten, 2001; *Teichmann*, Gestaltungsfreiheit in Gesellschaftsverträgen, 1970; *Teubner*, Organisationsdemokratie und Verbandsverfassung, 1978; *Theisen*, Die Überwachung der Unternehmensführung, 1987; *Vollmer*, Die Entwicklung partnerschaftlicher Unternehmensverfassungen, 1976; *Wiethölter*, Interessen und Organisation der Aktiengesellschaft, 1961; *Hans J. Wolff*, Organschaft und juristische Person I/II, 1933/1934; *Zöllner*, Die Schranken mitgliedschaftlicher Stimmrechtsmacht bei den privatrechtlichen Personenverbänden, 1963.

1 Zur Organisationstheorie vgl. die Angaben bei *Spindler*, a.a.O., S. 289ff., 382ff., 403ff.

wesentlichen Teil in der Einrichtung von Verbandsorganen. Grundlegende und bis heute folgenreiche Einsichten hierüber verdanken wir *Otto von Gierke*, der freilich die Verbandsorganisation zu einem einzigen Organschaftsproblem gerinnen ließ. Nach *Otto von Gierke*[2] besteht das Wesen der Organisation »in der Herstellung von Organen, in deren Lebensthätigkeit sich die Lebenseinheit der Gesamtperson mit rechtlicher Wirkung offenbart. Die Verfassung hat bestimmte Organe als ständige Einrichtungen zu setzen, das für ihre Bildung und Erhaltung Erforderliche vorzuschreiben und den einzelnen Organen durch Abgrenzung von Zuständigkeiten (Kompetenzen) bestimmte Funktionen des Gemeinlebens zuzutheilen«. Diese Sicht ist nicht nur charakteristisch für einen heute mit Distanz betrachteten Verbandsmystizismus[3], sondern vor allem für die rechtspolitisch zu erklärende Einseitigkeit der organschaftlichen Genossenschaftstheorie. In den Augen der genossenschaftlichen Doktrin erschien alle Verbandsverfassung nur als Gewährleistung und als Beleg der Voraussetzungen für die Rechtsfähigkeit: Handlungsfähigkeit, Habfähigkeit (Vermögensfähigkeit) und Haftungsfähigkeit des Verbandes konnten schlagend bewiesen werden mit dem Hinweis auf seine organschaftliche Verfassung. Heute ist eine solche Einseitigkeit nicht mehr vonnöten. Wir können deshalb drei große Problemgruppen im Organisationsrecht der Verbände unterscheiden: die Organisationsverfassung, die Finanzverfassung und den Mitgliederschutz (meist ungenau als Minderheitenschutz bezeichnet). An der Bedeutsamkeit der organschaftlichen Verfassung ändert das nichts.

II. Arten der Organe

1. Funktionsunterschiede

Personenverbände bilden und verwirklichen ihren Willen durch ihre Organe. Ihrer Funktion nach können unterschieden werden:
- Willensbildungsorgane[4],
- Leitungsorgane[5],
- Aufsichtsorgane[6].

Ohne *Willensbildung und Leitung* ist der Verband nicht aktionsfähig[7]. Die Bedeutung vor allem der Leitungsorgane für die äußere Handlungsfähigkeit der Verbände ist offenkundig. Sie wurde unter § 10 I 1 näher behandelt. Willensbildung und Leitungstätigkeit sind in den meisten – stark durchorganisierten – Personenverbänden gegenüber dem Willen der Einzelmit-

2 Deutsches Privatrecht I, S. 497.
3 Krit. vor allem *Flume*, Juristische Person, § 11 I; grundlegende Kritik bei *Hans J. Wolff* I, a.a.O., S. 4–17; *Hans J. Wolff* II, a.a.O., S. 224ff.
4 Grundlegend *Otto v. Gierke*, Genossenschaftstheorie, S. 694.
5 Vgl. zu ihnen besonders *Wiedemann* I, § 4 II 3 a.
6 Vgl. *Otto v. Gierke*, Genossenschaftstheorie, S. 699.
7 Grundlegend *Otto v. Gierke*, Genossenschaftstheorie, S. 612ff.; *ders.*, Deutsches Privatrecht I, S. 518ff.

glieder verselbständigt. Anders verhält es sich, wo die Prinzipien der Einstimmigkeit, der Gesamtgeschäftsführung und der Gesamtvertretung gelten (§§ 119 HGB, 709, 714 BGB) und deshalb der Verbandswille durch alle Mitglieder gebildet und verwirklicht wird[8]. *Aufsichtsorgane* sind keine funktionsnotwendigen Organe. Sie sind aber vielfach vorgeschrieben, so der Aufsichtsrat nach §§ 95 AktG, 9 GenG, 6 I MitbestG. Im übrigen können fakultative Aufsichtsorgane geschaffen werden, so der Aufsichtsrat in einer nicht mitbestimmungspflichtigen GmbH (§ 52 GmbHG)[9] oder der Beirat (unten, III 3), z.B. in einer Personengesellschaft oder GmbH[10]. Ein solcher Beirat kann sehr unterschiedlich ausgestaltet sein. Die Funktionen reichen von reinen Repräsentations- oder Beratungsaufgaben über die Interessenwahrnehmung für die Gesellschafter bis hin zu echter Aufsichtsratstätigkeit. Insbesondere bei den Publikumspersonengesellschaften kommen diese Funktionsunterschiede auch in den Bezeichnungen zum Ausdruck: Kommanditistenausschüsse, Verwaltungsräte, Aufsichtsräte.

2. Selbstorganschaft und Fremdorganschaft*

a) Hinsichtlich der Leitungsorgane eines Verbandes wird unterschieden zwischen der Selbstorganschaft und der Fremdorganschaft. Nach der heute gebräuchlichen Lesart geht es bei diesem Gegensatz darum, ob die Organfunktionen an die Mitgliedschaft gebunden sind[11]. Wo eine solche Bindung fehlt, spricht man von *Fremdorganschaft*. Vorstand eines Vereins, einer Aktiengesellschaft oder einer Genossenschaft kann ein Mitglied oder ein Dritter sein; § 6 III GmbHG sagt über die Geschäftsführer einer GmbH

8 Die ältere Literatur sprach hier von einem »Selbsthandeln der Gesamthand«.

9 *Scholz/Uwe H. Schneider*, § 52 Rdnr. 1ff.

10 Dazu *Grote*, Anlegerschutz bei der Publikums-KG durch Einrichtung eines Beirats, 1995; *Hölters*, Der Beirat der GmbH und GmbH & Co. KG, 1979; *Hofbauer*, Die Kompetenzen des (GmbH-)Beirats, 1996; *Hüffer*, Der Aufsichtsrat in der Personengesellschaft, ZGR 1980, 320ff.; *Mertens*, Der Beirat in der GmbH – besonders der mitbestimmten, in: Festschrift Stimpel, 1985, S. 417; *Reuter*, Der Beirat in der Personengesellschaft, in: Festschrift Steindorff, 1990, S. 229; *ders.*, Der Beirat, in: Festschrift 100 Jahre GmbHG, 1992, S. 657; *Rohleder*, Die Übertragung von Kompetenzen auf GmbH-Beiräte, 1992; *Sigle*, Beiräte, NZG 1998, 619; *Thümmel*, Möglichkeiten und Grenzen der Kompetenzverlegung auf GmbH-Beiräte, DB 1995, 2461; *Voormann*, Der Beirat im Gesellschaftsrecht, 2. Aufl. 1990; *Wiedemann*, Beiratsverfassung in der GmbH, in: Festschrift Lutter, 2000, S. 801.

* Literatur (Auswahl): *Bürck*, Selbstorganschaft oder Drittorganschaft in oHG und KG, Diss. Kiel 1968; *Helm/Wagner*, Fremdgeschäftsführung und -vertretung bei Personenhandelsgesellschaften, BB 1979, 225; *John*, Die organisierte Rechtsperson, 1977, S. 271ff.; *Nitschke*, Die körperschaftlich strukturierte Personengesellschaft, 1970, S. 213ff.; *Reuter*, Privatrechtliche Schranken der Perpetuierung von Unternehmen, 1973, S. 178ff.; *ders.*, Ein Plädoyer für das institutionelle Rechtsdenken, in: Festschrift Mestmäcker, 1996, S. 271ff.; *Karsten Schmidt*, Selbstorganschaft, in: Gedächtnisschrift Knobbe-Keuk, 1997, S. 307; *Teichmann*, Gestaltungsfreiheit in Gesellschaftsverträgen, 1970, S. 189ff.; *Werra*, Zum Stand der Diskussion um die Selbstorganschaft, 1991; *H. P. Westermann*, Vertragsfreiheit und Typengesetzlichkeit im Recht der Personengesellschaften, 1970, S. 328ff.; *ders.*, Die grundsätzliche Bedeutung des Grundsatzes der Selbstorganschaft, in: Festschrift Lutter, 2000, S. 955; *Zinn*, Abschied vom Grundsatz der Selbstorganschaft, 1998.

11 Charakteristisch *Eisenhardt* Rdnr. 273; *Grunewald* Rdnr. 1 B 21; *Hüffer*, § 153; *Werra*, a.a.O., S. 18.

sogar ausdrücklich, daß Gesellschafter oder andere Personen bestellt werden können. Demgegenüber stehen die Geschäftsführungs- und Vertretungsbefugnisse bei den traditionellen Personengesellschaften den Gesellschaftern selbst zu (vgl. §§ 709 ff. BGB, 114, 125 HGB), und zwar, wie sich aus §§ 164, 170 HGB ergibt, nur den unbeschränkt haftenden Gesellschaftern. Dieses sog. *Prinzip der Selbstorganschaft* besteht zunächst nicht in einem Verbot der Fremdorganschaft (so aber die übliche Lesart), sondern es besteht darin, daß die Organe einer Personengesellschaft (Gesamthand) nicht, wie bei der Körperschaft, erst besetzt werden müssen, sondern ipso iure vorhanden sind. Die »Gesamthandsgesellschaft« als ein in ihren Mitgliedern lebender Verband »hat« ihre Handlungsträger und erhält sie nicht erst (vgl. oben, § 8 IV 2 e)[12]. Selbstorganschaft, wie sie gemeinhin verstanden wird, ist aber zugleich auch ein zwingendes Prinzip des personengesellschaftsrechtlichen Organisationsrechts[13]: eine notwendig mitgliedschaftliche Legitimation aller Herrschaftsbefugnisse und die Beschränkung der Organvertretungsmacht auf die persönlich haftenden Gesellschafter[14]. Zwar müssen nicht alle unbeschränkt haftenden Gesellschafter an der organschaftlichen Vertretung teilhaben (arg. § 127 HGB), aber es dürfen nur persönlich haftende Gesellschafter daran teilhaben[15]. Dieses Prinzip ist »zwingend« allerdings nur in den ihm vom objektiven Recht gezogenen Grenzen. Die Gesellschafter können es nicht durchbrechen, wohl aber kann dies der Gesetzgeber[16]. Es gibt keinen vorgesetzlichen Grundsatz, der die Personengesellschaften ausnahmslos dem Prinzip der Selbstorganschaft unterwürfe[17]. Das zeigt schon die Handelspersonengesellschaft in Liquidation: Liquidator kann auch ein Dritter sein (vgl. § 146 HGB)[18], und der Insolvenzverwalter einer oHG oder KG – er ist entgegen der herrschenden Auffassung als Gesellschaftsorgan einzuordnen[19] – ist vollends ebenso ein Drittorgan wie der Insolvenzverwalter einer AG oder GmbH[20]. Es steht dem Gesetz sogar frei, Personengesellschaften mit Fremdorganschaft zuzulassen, wie dies bei der Europäischen Wirtschaftlichen Interessenvereinigung (EWIV) und bei der Partenreederei zu zeigen sein wird (unten, § 66 und § 65). Auch durch Rechtsfortbildung könnte

---

12 Ähnlich *Kübler*, § 3 I 2; vgl. bereits *Karsten Schmidt*, DB 1998, 2242 und ZHR 153 (1989), 288; eingehend *ders.*, a. a. O., S. 310 ff.

13 Insofern übereinstimmend trotz der Polemik *Reuter*, in: Festschrift Steindorff, 1990, S. 232 f.; die erste Auflage schien das Prinzip auf eine bloße Stellvertretungsregel zurückzuführen.

14 *BGHZ* 26, 330, 332 f.; 33, 105, 108; 41, 367, 369; 51, 198, 200 = JZ 1969, 469 m. Anm. *Wiedemann*; *Flume*, Personengesellschaft, § 14 VIII; *Nitschke*, a. a. O., S. 213 ff.; *Werra*, a. a. O.

15 So plastisch *Wiedemann* I, § 6 IV 1.

16 *Karsten Schmidt*, a. a. O., S. 313 f.; auch rechtsfortbildende Befreiung vom Grundsatz der Selbstorganschaft ist möglich.

17 Vgl. ebd.

18 Dazu *Nitschke*, a. a. O., S. 233; *John*, a. a. O., S. 297 f.; nach dem Verständnis des *Verf.* ist § 146 HGB ein Fall modifizierter Selbstorganschaft; vgl. *Karsten Schmidt*, ZHR 153 (1989), 288 f.

19 *Karsten Schmidt*, Wege zum Insolvenzrecht der Unternehmen, 1990, S. 106 ff.; *ders.*, KTS 1984, 345 ff.

20 Vgl. auch Leitsatz 1.3.1.1 Abs. 2 des Ersten Berichts der Kommission für Insolvenzrecht, 1985: »Zum Insolvenzverwalter ist eine von den Beteiligten des Insolvenzverfahrens unabhängige Person zu bestellen.«

deshalb das Prinzip der Selbstorganschaft gelockert werden, nicht allerdings durch schlichte Parteiwillkür der Gesellschafter.

b) Aus dem Prinzip der Selbstorganschaft ergibt sich ein Organmonopol der unbeschränkt haftenden Gesellschafter als Vertretungsorgane[21]. Dieses Organmonopol wird im gegenwärtigen Schrifttum geradezu mit dem Begriff der Selbstorganschaft identifiziert[22]. Es gilt nach Auffassung des *Bundesgerichtshofs* nicht für die Geschäftsführungsbefugnis[23], wohl aber für die organschaftliche Vertretung (vgl. zu diesem Gegensatz oben, § 7 I 3; näher unten, § 47 V 1)[24]. *Huber* hat es in zwei Grundaussagen zusammengefaßt[25]: (1) Der Gesellschaftsvertrag kann zwar einzelne, nicht aber alle oHG-Gesellschafter bzw. Komplementäre von der Vertretung ausschließen, und alle oHG-Gesellschafter bzw. Komplementäre sind notwendigerweise in ihrer Gesamtheit vertretungsberechtigt. (2) Einem Nichtgesellschafter oder Kommanditisten kann keine Vertretungsmacht eingeräumt werden.

Beispiel Nr. 1 (nach *BGHZ* 51, 198 = JZ 1969, 469 m.Anm. *Wiedemann*): Der Kommanditist einer KG klagte gegen den Komplementär auf Entziehung der Geschäftsführungs- und Vertretungsbefugnis. Der *BGH* entschied: »Dem einzig persönlich haftenden Gesellschafter einer Kommanditgesellschaft kann zwar die Geschäftsführungsbefugnis, nicht aber die Vertretungsbefugnis entzogen werden.« Die Problematik ist näher dargestellt unter § 53 IV 2a.

Umstritten blieb der Standpunkt des *Bundesgerichtshofs*[26] in unserem

Beispiel Nr. 2 (nach *BGH*, NJW 1982, 1817 »Holiday Inn«): Ein weltweit tätiges Hotelunternehmen hatte mit einer deutschen Hotel-KG einen »Managementvertrag« geschlossen, nach dem das Hotel den Namen »Holiday Inn« zu tragen hatte, nach den Normen dieser Hotelkette auszugestalten war und der Leitung durch einen Hoteldirektor der Hotelkette unterstellt wurde. Alsbald kam es zu Unstimmigkeiten. Die Gesellschafter der deutschen KG weigerten sich, dem Betriebsführungsvertrag Folge zu leisten. Der *BGH* prüfte den Vertrag unter dem Gesichtspunkt der Gesetz- oder Sittenwidrigkeit. Im Gegensatz zur Vorinstanz sah er jedoch in der Betriebsführungsvereinbarung keinen Verstoß gegen das Selbstorganschaftsprinzip: »Der Grundsatz der Selbstorganschaft verbietet nur, daß sämtliche Gesellschafter von der Geschäftsführung und Vertretung ausgeschlossen und diese auf Dritte übertragen werden. Damit vereinbar ist es jedoch, daß ein Dritter in weitem Umfange mit Geschäftsführungsaufgaben betraut und mit einer umfassenden Vollmacht ausgestattet wird.«

Der Betriebsführungsaspekt dieser Entscheidung des *BGH* wird uns unter § 17 III 1d und II 5 noch einmal begegnen. Die Stellungnahme zum Selbstorganschaftsprinzip kann nur akzeptiert werden, wenn sie in ein rechtes Verhältnis zum Abspaltungsverbot gesetzt (zu diesem Verbot vgl. unten, § 19

---

21 *Karsten Schmidt*, a.a.O., S. 314.

22 Charakteristisch wiederum *Werra*, a.a.O., S. 18: »Aus heutiger Sicht geht es in der Diskussion um die Selbstorganschaft darum, wie weit der Einfluß von Nichtgesellschaftern und Kommanditisten auf die Geschäftsführung und Vertretung von Personengesellschaften ausgedehnt werden kann.«

23 Vgl. auch § 15 III Nr. 2 EStG.

24 A.M. *Nitschke*, a.a.O., S. 252ff.

25 *Huber*, ZHR 152 (1988), 13f.; dazu auch *Werra*, a.a.O., S. 57ff., 92ff.; *Karsten Schmidt*, a.a.O., S. 316.

26 Dazu kontrovers *Huber*, ZHR 152 (1988), 11ff.; *Löffler*, NJW 1982, 2920ff.; *Reuter*, JZ 1986, 18; *Karsten Schmidt*, a.a.O., S. 318f.

III 4) und auf den Konzerneingangsschutz im Personengesellschaftsrecht abgestimmt wird (vgl. zur Konzerneingangskontrolle unten, § 17, § 31 I, § 39, § 43 III 3a)[27]. Gesellschaftsrechtliche Leitungsbefugnisse können nicht beliebig auf Dritte übertragen werden (vgl. auch zu dem oft mißverstandenen Verbot der »Generalvollmacht« Handelsrecht, § 16 II 1b). Nach *BGHZ* 36, 292 kann ein geschäftsführungsberechtigter Gesellschafter seine Aufgaben zwar auf einen Dritten delegieren, sie aber nicht auf diesen übertragen, und in den Gründen hat der *BGH* allgemeine Bedenken gegen »die im Schrifttum überwiegend angenommene Möglichkeit einer echten Übertragung der gesellschaftlichen Geschäftsführungsbefugnis auf einen Dritten« geäußert. Diese Bedenken verdienen Beachtung. Eine Übertragung organschaftlicher Leitungsbefugnisse auf einen Nichtgesellschafter ist unzulässig. Auf einen Kommanditisten als Mitgesellschafter können die Geschäftsführungsrechte übertragen werden, nicht aber auf einen Dritten. Deshalb ist auch die Begründung des Urteils »Holiday Inn« nur haltbar, wenn man sie als Ausdruck der rein »korporatistischen« Betrachtungsweise im Gesellschaftsrecht akzeptiert (oben unter I 1): Der *BGH* hätte dartun müssen, daß der Betriebsführungsvertrag trotz seiner Organisationselemente ein schuldrechtlicher Vertrag geblieben war und dem Dritten keine mitgliedschaftlichen Leitungsbefugnisse übertragen hatte. Dann – aber auch nur dann – konnte er als rein schuldrechtlicher Vertrag Bestand haben.

c) In der *Gestaltungspraxis* bereitet das Prinzip der Selbstorganschaft – genauer: das meist mit diesem Namen bedachte Organschaftsmonopol der unbeschränkt haftenden Gesellschafter – keine unüberwindlichen Schwierigkeiten[28].

Beispiel Nr. 3: Mittelbare Fremdorganschaft ist notwendig und vorhanden in der GmbH & Co. Hier ist die GmbH als Komplementärin das »Selbstorgan« der Kommanditgesellschaft, und die GmbH kann ihrerseits einen Gesellschafter oder einen Dritten als Geschäftsführer berufen (§ 6 GmbHG).

Beispiel Nr. 4: Soll in einer Kommanditgesellschaft ein Kommanditist Leitungsbefugnisse ausüben, so gibt man ihm (nach innen) Geschäftsführerrechte und (nach außen) eine Vollmacht, insbesondere eine Prokura (dazu Handelsrecht, § 16 III 2). Für die Erteilung oder den Widerruf der Prokura bleibt dann der organschaftliche Vertreter, also der unbeschränkt haftende Gesellschafter, zuständig (vgl. §§ 48, 170 HGB und dazu Handelsrecht, § 16 III 2). Ob er im Innenverhältnis zur Erteilung verpflichtet oder am Widerruf gehindert ist, hängt davon ab, ob der Gesellschaftsvertrag dem Kommanditisten ein sog. Vorzugs- oder Sonderrecht auf die Prokuristenstellung gibt (dazu unten, § 21 I 2c).

Nicht um eine fremdorganschaftliche Verfassung, sondern um eine bloße Sicherungsmaßnahme ging es in dem vom *Bundesgerichtshof* im Ergebnis, aber nicht in der Begründung[29] richtig entschiedenen

Beispiel Nr. 5 (*BGHZ* 33, 105 = JZ 1961, 89 m. Anm. *Alfred Hueck*): Dem alleinigen geschäftsführenden und vertretungsberechtigten Gesellschafter einer oHG war durch

27 *Karsten Schmidt*, a.a.O., S. 319; *Reuter* (ZHR 146 [1982], 16) hatte das Prinzip der Selbstorganschaft als Mittel des Überfremdungsschutzes begriffen.

28 *Karsten Schmidt*, a.a.O., S. 316; ein Bedürfnis nach Drittorganschaft wird demgegenüber bejaht bei *H. P. Westermann*, a.a.O., S. 446ff.; *Helm/Wagner*, BB 1979, 225ff.

29 Kritik an der Begründung auch bei *Flume*, Personengesellschaft, § 14 VIII; *Teichmann*, a.a.O., S. 122f.; *Reuter*, a.a.O., S. 184; *John*, a.a.O., S. 297ff.

einstweilige Verfügung die Wahrnehmung seiner Geschäftsführungs- und Vertretungsaufgaben »entzogen« worden, und die Wahrnehmung dieser Aufgaben war einem Rechtsanwalt übertragen worden. Der *BGH* erklärte dies für zulässig und verglich die Rechtslage mit der bei der Liquidation, in der nach § 146 HGB sogar das Gesetz die Vertretung durch Dritte ausdrücklich zuläßt. Diese Ausführungen gehen fehl. Bei der Liquidation geht es um einen neuen Status der Gesellschaft, hier dagegen um eine interimistische Wahrnehmung der Geschäftsführungs- und Vertretungsaufgaben durch einen Dritten. Die einstweilige Verfügung hatte dem Gesellschafter gar nicht die Organbefugnisse »entzogen« und sie auf einen Dritten verlagert, sondern nur ihre Ausübung war dem Gesellschafter einstweilen untersagt worden.

d) Das meist nur für die Personengesellschaften diskutierte Zuständigkeitsmonopol des unbeschränkt haftenden Gesellschafters gilt auch bei der *Kommanditgesellschaft auf Aktien*[30]. Diese ist nach heutigem Verständnis zwar Kapitalgesellschaft und juristische Person (unten, § 32 I 1, III 1), aber die organschaftlichen Geschäftsführungs- und Vertretungsbefugnisse werden vom persönlich haftenden Gesellschafter ausgeübt, dessen Rechtsverhältnis gegenüber den Kommanditaktionären und gegenüber Dritten dem eines Komplementärs bei einer KG entspricht (§ 278 II AktG). Auch der Mitbestimmungsgesetzgeber hat dies respektiert (vgl. dazu unten, § 32 III 4).

e) Als Beschränkung des Prinzips der gesellschaftsrechtlichen Gestaltungsfreiheit (oben, § 5 III) *bedarf das Organschaftsmonopol der unbeschränkt haftenden Gesellschafter einer Rechtfertigung*[31]. Sein Sinn und Zweck liegt nicht in einer zwingenden Korrelation von »Herrschaft und Haftung« im Unternehmen[32]. Er liegt auch nicht in einem vorgegebenen oder dogmatisch begründbaren Unterschied zwischen der »Gesamthand« und der juristischen Person[33], sondern er läßt sich nur aus *Schutzinteressen* erklären und rechtfertigen:

- Die unbeschränkt Haftenden selbst sollen zu ihrem Schutz die Unternehmensleitung in der Hand behalten[34], weshalb auch der Mitbestimmungsgesetzgeber hieran nicht rühren konnte[35].
- Das Zusammentreffen von Unternehmensleitung und unbeschränkter Haftung sichert die Mitgesellschafter[36] und den Rechtsverkehr[37] gegen vermeidbare Fehlentscheidungen des Managements[38]. Plastisch sagt *Wiedemann*[39]:

---

30 Vgl. *Nitschke*, a.a.O., S. 222; *Schreiber*, Die Kommanditgesellschaft auf Aktien, 1925, S. 101ff.; bedenklich *RGZ* 74, 297, 299f.

31 *Karsten Schmidt*, a.a.O., S. 315; anders offenbar *Reuter*, a.a.O., S. 178f.

32 Zu diesem angeblichen Prinzip vgl. m.w.N. *Immenga*, Die personalistische Kapitalgesellschaft, 1970, S. 117ff.; dagegen polemisch *Flume*, Personengesellschaft, § 14 VIII; krit. auch *H.P. Westermann*, a.a.O., S. 271ff.; *Karsten Schmidt*, Zur Stellung der oHG im System der Handelsgesellschaften, 1972, S. 111ff.

33 So aber *Flume*, Personengesellschaft, § 14 VIII.

34 Vgl. *Wiedemann* I, § 6 IV 1 a: »Niemand braucht für die Tätigkeit eines Dritten – der selbst nicht mitgliedschaftlich beteiligt ist – die volle persönliche Verantwortung zu übernehmen.«

35 Vgl. aber die rechtspolitische Kontroverse im Bericht über die Verhandlungen der Unternehmensrechtskommission, 1980, Rdnrn. 812ff.

36 Vgl. *Wiedemann* I, § 6 IV 1.

37 Insofern richtig die Lehre vom Gleichlauf von Herrschaft und Haftung.

38 Skeptisch *Teichmann*, a.a.O., S. 119.

39 JZ 1969, 471; referierend zu all dem *Werra*, a.a.O., S. 94.

»Die Koppelung der Unternehmensleitung mit persönlicher Haftung stellt einen Kontrollmechanismus dar, der anderweitige Überwachung durch Abberufung und Haftung überflüssig macht. Der mitfliegende Pilot im Cockpit flößt uns die Zuversicht einer gefahrlosen Reise ein.«

Das leuchtet ein. Zwei Grundfragen drängen sich aber auf. Die eine besteht darin, warum der Schutz, wenn er denn so dringend benötigt wird, auf die Vertretungsbefugnis beschränkt bleibt und nicht die Geschäftsführungsbefugnis umfaßt[40]. Die Antwort kann nur darin bestehen, daß für den Überfremdungsschutz andere Instrumente – unter ihnen das Abspaltungsverbot (dazu unten, § 19 III 4) – zur Verfügung stehen. Die zweite Frage geht dahin, ob nicht die Selbstorganschaft nur Regelverfassung der Personengesellschaft ist und mit welchem Recht sie von der herrschenden Auffassung als zwingend angesehen werden darf[41]. Der Schutz der unmittelbar Haftenden selbst rechtfertigt für sich allein nicht diesen zwingenden Rechtssatz[42], denn dies wäre »eine im Recht der oHG ungewohnte und auch nicht begründete Zwangsfürsorge«[43]. Es muß daran erinnert werden, daß niemand – auch nicht der Erbe eines oHG-Gesellschafters (vgl. § 139 HGB) – gegen seinen Willen in die unbeschränkte Haftung gezwungen wird. Auch wurde ja festgestellt, daß Praxis und Literatur von einem durch »Typenzwang« versteinerten Rechtsbild der Gesellschaftsrechtsreformen nicht mehr ausgehen und der freien Gestaltung immer mehr Spielraum geben (oben, § 5 III)[44]. Werden hier nicht Probleme des Innenverhältnisses in zwingendes Außenrecht umgemünzt? Das Dogma der zwingenden Selbstorganschaft hält sich vermutlich nur deshalb so hartnäckig, weil es der Gestaltungspraxis so wenig Steine in den Weg legt (oben unter II 2c). Seine Selbstbehauptungskraft ist wohl in erster Linie aus der das Personengesellschaftsrecht noch beherrschenden Vorstellung zu erklären, persönliche Haftung könne eine Kapitalsicherung im Unternehmen ersetzen (dazu kritisch unten, § 18 IV 2). Sobald sich der Gesetzgeber von dieser Hypothese lossagt, können die gegen die zwingende Selbstorganschaft vorgebrachten Bedenken neues Gewicht erhalten. Solange dies aber nicht der Fall ist – keine Kapitalgarantien, keine Insolvenzantragspflichten bei Überschuldung von Personengesellschaften! –, wird wohl das deutsche Gesellschaftsrecht am zwingenden Prinzip der Selbstorganschaft festhalten. So wenig die Koppelung von Herrschaft und Haftung, von Macht und Verantwortlichkeit als vorrechtliches Prinzip anzuerkennen ist (dazu unten, § 18 IV 1b bb), so nützlich ist sie doch für die Sicherung einer verantwortlichen Unternehmensleitung.

---

40 Für diese Ausdehnung *Reuter*, in: Festschrift Steindorff, 1990, S. 232ff.; dazu *Karsten Schmidt*, a.a.O., S. 317.

41 Verneinend *Reinhardt/Schultz*, Rdnrn. 167ff.; *Bürck*, a.a.O.; *Teichmann*, a.a.O., S. 124; *H.P. Westermann*, a.a.O., S. 328ff., 443ff.; *Helm/Wagner*, BB 1979, 225ff.

42 A.M. *Nitschke*, a.a.O., S. 240: Verbot der »Selbstentmündigung«.

43 *Teichmann*, a.a.O., S. 120.

44 Vgl. in der 1.–3. Aufl. die Wortzitate aus dem Lehrbuch von *Reinhardt/Schultz*, Rdnrn. 171ff.

III. Die Verbandsorgane im Organisationsrecht der privaten Verbände

1. Die Einrichtung und die Besetzung der Organe

a) Die Organe eines Verbandes *»entstehen« kraft seiner Verfassung*. Die Versammlung der Verbandsmitglieder (Mitgliederversammlung, Hauptversammlung, Gesellschafterversammlung) als Organ ist auch dann vorhanden, wenn diese Versammlung nicht einberufen wird. Das Amt des Leitungsorgans (Vorstand, Geschäftsführer usw.) oder eines Aufsichtsorgans (Aufsichtsrat) ist auch vorhanden, wenn es unbesetzt ist, ein Amtsträger also fehlt.

b) *Organ und Amtsträger* (Organträger, Organwalter) müssen voneinander unterschieden werden[45]. Organträger sind die – meist natürlichen[46] – Personen, die das jeweilige Organ besetzen. Wo die Dinge einfach liegen, wird üblicherweise – auch in diesem Buch – nicht immer terminologisch streng getrennt. Es wird dann z. B. ein Geschäftsführer als »das Organ« bezeichnet, es wird von den Vorstandsmitgliedern als »dem Vorstand« gesprochen, oder es wird gesagt, daß ein Verein handlungsunfähig sei, wenn ihm »der Vorstand« fehlt (genau müßte es heißen: wenn das Vorstandsamt unbesetzt ist, oder: wenn keine Vorstandsmitglieder vorhanden sind). Hinsichtlich der Besetzung der Organe muß unterschieden werden zwischen
- geborenen Organträgern und
- gekorenen Organträgern.

Geborene Organstellung ist die Organstellung kraft Mitgliedschaft. In die Mitgliederversammlung des Vereins, die Hauptversammlung der Aktiengesellschaft, die Generalversammlung einer Genossenschaft, die Gesellschafterversammlung einer GmbH oder Personengesellschaft brauchen die Mitglieder nicht erst hineingewählt zu werden. Auch die Geschäftsführungs- und Vertretungsbefugnisse eines persönlich haftenden Gesellschafters (§§ 114ff., 125 HGB) sind originäre Befugnisse (vgl. zur Selbstorganschaft oben unter II 2). Anders verhält es sich mit der Geschäftsführerstellung in der GmbH. Der Geschäftsführer mag ein Gesellschafter oder ein Dritter sein. Es bedarf doch stets seiner Bestellung durch Gesellschaftsvertrag oder durch Gesellschafterbeschluß (§§ 6 III, 46 Nr. 5 GmbHG). Selbst wenn der Gesellschaftsvertrag einem Gesellschafter ein Sonderrecht (Vorzugsrecht) auf dieses Amt gibt, ist dies keine Selbstorganschaft in dem oben unter II 2 besprochenen Sinn. Noch offensichtlicher ist, daß der Vorstand eines Vereins, einer AG oder einer Genossenschaft aus gekorenen Organträgern besteht.

45 *Otto v. Gierke*, Deutsches Privatrecht I, S. 498; umfassend *Hans J. Wolff* II, a. a. O., S. 224ff.
46 *Otto v. Gierke* zog nur natürliche Personen in Erwägung; s. auch *Hans J. Wolff* II, a. a. O., S. 229.

2. Organbestellung und Anstellungsvertrag*

a) *Gekorene Organträger* werden durch Organbestellungsakt in ihr Amt eingesetzt: durch Wahl zum Vorstand (§§ 27 BGB, 84 AktG, 24 GenG) oder durch Bestellung zum Geschäftsführer (§ 46 Nr. 5 GmbHG). Dieser Organbestellungsakt ist ein körperschaftlicher Rechtsakt. Er setzt Willensbildung und Willenserklärung voraus[47]. Nach *BGHZ* 52, 316, 321 »ist zwischen dem Bestellungsbeschluß, dem Akt der körperschaftlichen Willensbildung, und der Bestellungserklärung zu unterscheiden, die rechtsgeschäftlichen Charakter hat und dem Bestellten gegenüber abzugeben ist ... Diese Erklärung obliegt der Gesellschafterversammlung als dem Organ, das für die Ausführung von Bestellungsbeschlüssen zuständig ist (BGH, WM 1968, 570; 1969, 158).« Mit der Bestellungserklärung, deren es bei Anwesenheit des Organträgers in der Versammlung nicht bedarf, korrespondiert die Annahme des Amtes.

b) Von der *Be*stellung als Organträger ist die *An*stellung zu unterscheiden[48] (vgl. im einzelnen unten, § 28 II 2d und § 36 II 2c). Ein Anstellungsvertrag ist für die Wirksamkeit der Bestellung nicht erforderlich, in Fällen unentgeltlicher Tätigkeit – hier käme ein Auftrag gemäß §§ 662ff. BGB in Betracht – auch nicht allgemein üblich. Wo unentgeltliche Tätigkeit vom Gesetzgeber als Normalität angesehen wird – nämlich beim Verein und ausweislich § 733 II 3 BGB auch bei den Personengesellschaften –, ist die Anwendung von Auftragsregeln auf das organschaftliche Rechtsverhältnis[49] auch ohne Vereinbarung eines besonderen Auftragsverhältnisses vorgesehen (vgl. §§ 27 III, 713 BGB). Das Gesetz gibt damit zu erkennen, daß es nicht unbedingt eines besonderen Verpflichtungsvertrags bedarf. Bei entgeltlicher Tätigkeit dagegen kommt neben der körperschaftlichen Organbestellung ein Dienstvertrag

---

* Literatur: *Bauer/Diller*, Koppelung von Abberufung und Kündigung bei Organmitgliedern, GmbHR 1998, 809; *Baums*, Der Geschäftsleitervertrag, 1987; *Boemke*, Das Dienstverhältnis des GmbH-Geschäftsführers, ZfA 1998, 209; *Diller*, Gesellschafter und Gesellschaftsorgane als Arbeitnehmer, 1995; *Eckardt*, Die Beendigung der Vorstands- und Geschäftsführerstellung in Kapitalgesellschaften, 1989; *Fleck*, Die Drittanstellung des GmbH-Geschäftsführers, ZHR 149 (1985), 387; *ders.*, Das Dienstverhältnis der Vorstandsmitglieder und Geschäftsführer in der Rechtsprechung des BGH, WM 1994, 1957; *Goette*, Das Anstellungsverhältnis des GmbH-Geschäftsführers in der Rechtsprechung des Bundesgerichtshofs, DStR 1998, 1137; *Henssler*, Das Anstellungsverhältnis der Organmitglieder, RdA 1992, 289; *Hoffmann/Liebs*, Der GmbH-Geschäftsführer, 2. Aufl. 2000, Rdnrn. 200ff.; *Hümmerich*, Grenzen des Arbeitsrechts: Kündigung des GmbH-Geschäftsführers, NJW 1995, 1177; *Jaeger*, Der Anstellungsvertrag des GmbH-Geschäftsführers, 4. Aufl. 2001; *Kosok*, Das Verhältnis von Bestellungsakt und Anstellungsvertrag ..., 1990; *Kronstein*, Vorstandsbestellung und Vorstandsanstellung, ZBlHR 1932, 127; *Mildenberger*, Der Geschäftsführervertrag, 2000; *Nägele*, Der Anstellungsvertrag des Geschäftsführers, BB 2001, 305; *Reuter*, Bestellung und Anstellung von Organmitgliedern im Körperschaftsrecht, in: Festschrift Zöllner I, 1998, S. 487; *Wimmer*, Der Anstellungsvertrag des GmbH-Geschäftsführers, DStR 1997, 247.

47 *Flume*, Juristische Person, § 10 I 1.

48 Ganz h.M.; Nachweise bei *Baums*, a.a.O., S. 33ff.; *Reuter*, a.a.O.; s. auch, theoretisch grundlegend, *Hans J. Wolff* II, a.a.O., S. 231ff.

49 Das organschaftliche Rechtsverhältnis wird hierdurch nicht selbst zum Auftrag, vgl. *Flume*, Juristische Person, § 10 I 2.

zustande[50]. Da dieses Nebeneinander auf den ersten Blick konstruiert und künstlich scheint, hat man vorgeschlagen, das Rechtsverhältnis zwischen Organträger und Verband als Einheit zu begreifen[51]. Durchgesetzt hat sich diese Auffassung nicht, denn das Nebeneinander von Organbestellung und Anstellungsvertrag ist kein bloß theoretisches Konstrukt; es ist auch rechtspraktisch von Wert, weil

- die bei den einzelnen Verbänden unterschiedlichen Organkompetenzen und
- die Rechte und Pflichten aus einem Dienstvertrag

sachlich unterschieden werden müssen[52]. Es darf dabei nur der Funktionszusammenhang nicht aus den Augen verloren werden. Organbestellung und Anstellung sind deshalb einerseits zu unterscheiden, auf der anderen Seite sinnvoll aufeinander abzustimmen[53]. Beispielsweise ergibt sich aus §§ 27 II 1 BGB, 84 III 5 AktG, 38 I GmbHG, 24 III 2 GenG, daß der Widerruf der Organbestellung nicht auch automatisch das Dienstverhältnis und die damit verbundenen Gehaltsansprüche in Fortfall bringt, während umgekehrt eine fristlose Kündigung des Dienstvertrags, sofern sie berechtigt erfolgt, stets auch ein Grund für die Abberufung als Organ(-mitglied) ist[54]. Ebenso problematisch wie der Fortbestand des Dienstverhältnisses bei Beendigung der Organstellung ist die Vertretungszuständigkeit für Vertragsschluß, Vertragsänderung und Vertragsbeendigung[55]. Die Kompetenz für den Abschluß und für die Lösung des Anstellungsvertrags liegt grundsätzlich bei demselben Organ wie die Bestellungs- und Abberufungskompetenz (vgl. für die AG § 112 AktG; für die Genossenschaft § 39 und dazu *BGHZ* 130, 108 = NJW 1995, 2559; für den Verein *BGHZ* 113, 237 = NJW 1991, 1727; für die GmbH *BGH*, NJW 1991, 1680; s. auch *BGH*, NJW 1995, 1359; 2000, 2983). Um ein ungewolltes Auseinanderfallen von Bestellung und Anstellung auszuschließen, hilft wiederum eine Koordinierung beider Rechtsverhältnisse, indem z.B. ein wirksam *be*stellter, aber nicht wirksam *an*gestellter Geschäftsführer nach den Grundsätzen fehlerhafter Arbeitsverhältnisse behandelt, dem Geschäftsführer also bis zu einer wirksamen Kündigung auch das Gehalt zuerkannt wird (*BGH*, NJW 2000, 2983 und dazu unten, § 36 II 2 c). Auch bei der Haftung der Organe gegenüber der Gesellschaft kann die Organhaftung mit der Vertragshaftung koordiniert werden (z.B. hinsichtlich der Verjährung nach § 43 IV GmbHG, dazu unten, § 36 II 4a), ohne daß das Nebeneinander der Rechtsverhältnisse geleugnet wird[56]. Doch ist all dies

---

50 *BGHZ* 36, 142, 143; *BGH*, LM Nr. 5 zu § 75 AktG; LM Nrn. 3, 6, 9, 38 zu § 46 GmbHG; *BGH*, NJW 1978, 756; *Flume*, Juristische Person, § 10 I 2; *Hefermehl*, in: Geßler/Hefermehl/Eckardt/Kropff, § 84 Rdnr. 6; *Miller*, BB 1977, 723; *Hümmerich*, NJW 1995, 1177f.

51 So noch *Hachenburg/Schilling*, GmbHG, 6. Aufl. 1959, § 35 Rdnr. 40; *Schilling*, JZ 1961, 545f.; *v. Godin*, ZAkDR 1938, 596f.

52 Vgl. aber *Baums*, a.a.O., S. 37ff., 211ff.; gegen ihn *Eckardt*, a.a.O., S. 9ff.

53 Vgl. nur *BGHZ* 65, 190, 193; 79, 38, 41; *Reuter*, a.a.O.; *Fleck*, ZHR 149 (1985), 388.

54 Dazu eingehend *Flume*, Juristische Person, § 10 I 3.

55 Dazu vgl. differenzierend *BGHZ* 65, 190, 193; 79, 38, 41; *BGH*, LM Nrn. 3, 6, 9 zu § 46 GmbHG; kritische Auseinandersetzung bei *Flume*, Juristische Person, § 10 I 2; *Reuter*, in: Festschrift Zöllner, a.a.O.; s. auch *Hoffmann-Becking*, in: Festschrift Stimpel, 1985, S. 589ff.

56 Dies als Kritik an *BGH*, BB 1989, 1637 = NJW-RR 1989, 1255.

umstritten (str., auch dazu unten, § 36 II 4a). Einzelheiten werden unter § 28 II 2e und § 36 II 2 besprochen.

3. Atypische Organe, insbesondere die Beiratsverfassung*

a) Die gesetzlich vorgeschriebenen oder jedenfalls vorgesehenen Organe können im Rahmen der gesellschaftsrechtlichen Gestaltungsfreiheit (oben, § 5 III) – also nicht bei der AG! – durch atypische Organe ergänzt werden. Das wichtigste Beispiel eines solchen atypischen Organs ist der sog. Beirat, der vor allem in GmbH-, KG- und besonders auch GmbH & Co.-Verträgen zu finden ist (vgl. zur GmbH auch unten, § 36 IV). Der Beirat ist ein in seiner Vielfalt schillerndes Gestaltungsinstrument. Er kann nach Lage des Falls
- ein einflußloses Honoratiorengremium,
- ein Repräsentativorgan der Mitglieder (Gesellschafter),
- ein Aufsichtsorgan oder
- ein der Geschäftsführung zur Seite gestelltes korrespondierendes Leitungsorgan

sein. Wie jede atypische Vertragsgestaltung (oben, § 5 III) kann der Beirat dazu dienen, die Binnenzuständigkeit in einer Gesellschaft auszubalancieren, aber wie jede atypische Gestaltung wirft die Beiratsverfassung auch Probleme der Gestaltungsfreiheit auf[57].

b) Soweit entweder den Mitgliedern (Gesellschafterversammlung) oder den Leitungsorganen (Geschäftsführer) Kompetenzen zwingend zugewiesen sind, ist deren Verlagerung auf Beiräte unzulässig[58]. Sie käme im Verhältnis zu den Leitungsorganen einer unzulässigen organschaftlichen »Generalbevollmächtigung« gleich (vgl. dazu Handelsrecht, § 16 II 1b)[59], im Verhältnis zu den Mitgliedern (Gesellschaftern) einem Verstoß gegen die zwingenden Voraus-

* Literatur: *Gaugler/Heimburger*, Beiräte mittelständischer Unternehmen, 1985; *Grote*, Anlegerschutz bei der Publikums-KG durch Einrichtung eines Beirats, 1995; *Haack*, Der Beirat der GmbH & Co. KG, BB 1993, 1607; *Hammen*, Zur Begründung von (organschaftlichen) Rechten Dritter im Gesellschaftsvertrag einer GmbH, WM 1994, 765; *Hennerkes/Binz/May*, Die Steuerungsfunktion des Beirates in der Familiengesellschaft, DB 1987, 469; *Herfs*, Einwirkung Dritter auf den Willensbildungsprozeß der GmbH, 1994; *Hölters*, Der Beirat der GmbH und GmbH & Co. KG, 1979; *Hofbauer*, Die Kompetenzen des (GmbH-)Beirats, 1996; *Mertens*, Der Beirat in der GmbH, in: Festschrift Stimpel, 1985, S. 417; *Rehbinder*, Andere Organe der Unternehmensverfassung, ZGR 1989, 305; *Reuter*, Der Beirat der GmbH, in: Festschrift 100 Jahre GmbH-Gesetz, 1992, S. 631; *ders.*, Der Beirat der Personengesellschaft, in: Festschrift Steindorff, 1990, S. 229; *Rohleder*, Die Übertragbarkeit von Kompetenzen auf GmbH-Beiräte, 1991; *Sigle*, Beiräte, NZG 1998, 619; *Steding*, Der Unternehmensbeirat, BuW 1999, 381; *Thümmel*, Möglichkeiten und Grenzen der Kompetenzverlagerung auf Beiräte, DB 1995, 2461; *Ulmer*, Begründung von Rechten für Dritte in der Satzung einer GmbH? in: Festschrift Werner, 1984, S. 915; *Voormann*, Die Stellung des Beirats im Gesellschaftsrecht, 1981.

57 Vgl. namentlich *Reuter*, a.a.O.

58 *Rohleder*, a.a.O., S. 65ff.; *Hofbauer*, a.a.O., S. 26ff., 38ff.

59 Das oft mißverstandene Problem der »unzulässigen Generalbevollmächtigung« ist, genau genommen, kein Problem der Vertretungsmacht (»Generalbevollmächtigte« im Unternehmen sind eine bekannte und zulässige Erscheinung), sondern ein Problem zwingender Organkompetenzen.

setzungen der Mitgliederautonomie[60]. Im übrigen ist zu unterscheiden zwischen einem Beirat, der sich als ein Ausschuß der Mitglieder darstellt, und einem mitgliederfremden Beirat[61]. Zwingende Grundlagenkompetenzen der Mitglieder (dazu § 19 III 4) können nicht auf Beiräte verlagert werden, insbesondere nicht auf Beiräte, die mit Nichtmitgliedern besetzt sind[62]. Im übrigen ist festzuhalten, daß der Einfluß Dritter durch deren Einbeziehung in ein auf die Verbandsinteressen verpflichtetes Gesellschaftsorgan nicht generell ausgeschlossen, sondern gerade durch diese Einbindung legitimiert werden kann[63]. Ist der Dritte Unternehmen im konzernrechtlichen Sinne, so ist allerdings auf die mögliche Entstehung von Abhängigkeit i.S. von § 17 AktG zu achten (unten, § 31 II 3b).

4. Das Problem der sog. faktischen Organe*

a) Von »faktischen Organen« ist in Rechtsprechung und Literatur die Rede, wenn das Verhalten einer nicht ordnungsgemäß als Organ bestellten Person einem Verband zugeordnet werden soll oder wenn eine Person – z.B. im Fall der Insolvenzverschleppung – wie ein Organ zur Verantwortung gezogen werden soll, die dies nicht ist. Die Rechtsfigur des »faktischen Organs« verleitet zu juristischer Ungenauigkeit. Zunächst einmal muß zwischen Fällen unterschieden werden, bei denen ein Organ lediglich fehlerhaft bestellt ist und anderen, bei denen ein Nichtorgan auf die Gesellschaft wie ein Organ Einfluß nimmt[64]. Sodann muß erkannt werden, daß die Probleme des sog. »faktischen Organs« Normanwendungsprobleme sind[65]. Das zeigt vor allem die bedenklich begründete, in den Ergebnissen aber überzeugende Rechtsprechung zur Strafbarkeit »faktischer Organe« wegen Insolvenzverschleppung[66].

---

60 Dazu *Rohleder*, a.a.O., S. 34ff., 85; zu eng *Teichmann*, Gestaltungsfreiheit in Gesellschaftsverträgen, 1970, S. 191f.

61 Vgl. *BGH*, NJW 1985, 1900; zur Ausübung von Kommanditistenrechten durch einen Beirat vgl. auch *BGHZ* 132, 263.

62 Eingehend *Rohleder*, a.a.O., S. 75ff.

63 *Herfs*, a.a.O. S. 61–73; *Teubner*, ZGR 1986, 565ff.

* Literatur: *Fuhrmann*, Die Bedeutung des »faktischen Organs« in der strafrechtlichen Rechtsprechung des Bundesgerichtshofs, in: Festschrift Tröndle, S. 139; *Gübel*, Die Auswirkungen der faktischen Betrachtungsweise auf die strafrechtliche Haftung faktischer GmbH-Geschäftsführer, 1994; *Kratzsch*, Das »faktische Organ« im Gesellschaftsrecht, ZGR 1985, 506; *Montag*, Die Anwendung der Strafvorschriften des GmbH-Rechts auf faktische Geschäftsführer, 1994; *Roth*, Die Haftung als faktischer Geschäftsführer im Konkurs der GmbH, ZGR 1984, 421; *Karsten Schmidt*, Die Strafbarkeit »faktischer Geschäftsführer« wegen Konkursverschleppung als Methodenproblem, in: Festschrift Rebmann, 1989, S. 419; *Stein*, Das faktische Organ, 1984; *dies.*, Die Normadressaten der §§ 64, 84 GmbHG ..., ZHR 148 (1984), 207; *Weimar*, Grundprobleme und offene Fragen um den faktischen Geschäftsführer, GmbHR 1997, 473, 538.

64 *Stein*, ZHR 148 (1984), 221ff.

65 Eingehend *Karsten Schmidt*, a.a.O.

66 *BGHSt.* 3, 33; 21, 101; 31, 118; *BGH*, GmbHR 1955, 61; 1988, 179; wistra 1984, 178; dazu *Hachenburg/Kohlmann*, vor § 82 Rdnr. 25ff.; *Karsten Schmidt*, a.a.O.; kritisch und einschränkend *Scholz/Tiedemann* § 82 Rdnr. 42, § 84 Rdnrn. 27ff.

Beispiel Nr. 6: Gastwirt Gustav G hat nach einem betrügerischen Bankrott seines Restaurants eine neue Gastwirtschaft eröffnet. Inhaberin ist die Göttinger Gaststätten GmbH, deren Geschäftsanteile G hält. Geschäftsführerin ist aus gewerberechtlichen Gründen seine Freundin F, die nichts ohne Weisungen des G unternimmt und deren Schriftverkehr im wesentlichen darin besteht, von G entworfene Briefe zu unterzeichnen. Als sich wiederum eine Überschuldungslage herausstellt, verschleiert G die Finanzlage, so daß ein Insolvenzverfahren erst nach Zahlungseinstellung auf Gläubigerantrag in Gang gesetzt wird. – Diese Insolvenzverschleppung ist nach §§ 64, 84 GmbHG für einen Geschäftsführer strafbar. Geschäftsführer ist G aber nicht. Die Rechtsprechung würde hier den G als »faktischen Geschäftsführer« bestrafen, womit ein Problem verdeckt wird, das um Auslegung und verbotene Analogie im Strafrecht kreist. Richtigerweise kann es nicht darum gehen, den G als Geschäftsführer auszugeben, sondern nur darum, ob § 84 GmbHG auch Personen erfaßt, die keine Geschäftsführer sind, sich aber die Handlungsbefugnisse eines Geschäftsführers anmaßen. Auch zivilrechtlich haftet G nach §§ 823 II BGB, 64 GmbHG, obgleich in § 64 GmbHG nur von Geschäftsführern die Rede ist (*BGHZ* 104, 44, 46; *Scholz/Karsten Schmidt*, § 64 Rdnrn. 37ff.; str.).

b) Das Vorhandensein eines »faktischen Organs« entlastet nicht ohne weiteres die ordnungsgemäß bestellten Organe von der unter V darzustellenden Verantwortlichkeit[67]. Nur auf die Gesellschafterstellung und Gesellschafterhaftung, nicht dagegen auf die Haftung als Geschäftsführungsorgan bezogen, überzeugt deshalb das bereits unter § 9 IV 2a besprochene Urteil des *BGH* zu unserem

Beispiel Nr. 7 (nach *BGHZ* 125, 366 = NJW 1994, 1801; dazu *Karsten Schmidt*, ZIP 1994, 837ff.): Eine Vermögensanlage-GmbH hatte eine Kundin bei Geldanlagegeschäften geschädigt. Die B (Beklagte) war Gesellschafterin und formell auch Geschäftsführerin dieser GmbH. Tatsächlich war sie nur Hausfrau, und ihr Ehemann und Mitgesellschafter E führte die Geschäfte der GmbH. Es liegt auf der Hand, daß eine etwaige Geschäftsführerhaftung nicht nur den E als »faktischen Geschäftsführer«, sondern auch die B als wirkliche Geschäftsführerin hätte treffen können. Die gegen die B gerichtete Klage war hier aber nicht auf das Versäumnis von Geschäftsführerpflichten gestützt, sondern die B wurde als Gesellschafterin im Wege der sog Durchgriffshaftung in Anspruch genommen, und zwar wegen der Vermischung von Gesellschafts- und Privatvermögen. Für diese Haftung »als Gesellschafter« – nicht auch für eine Geschäftsführerhaftung! – ließ es der *BGH* nicht ausreichen, daß die B Gesellschafterin und daneben Geschäftsführerin ohne tatsächlichen Einfluß war. Hätte es sich um einen Konkursverschleppungsfall gehandelt, so hätte die Einflußlosigkeit die B nicht vor ihrer Haftung als Geschäftsführerin bewahrt.

IV. Das Verhältnis der einzelnen Organe zueinander

1. Gewaltentrennung, Gewaltenverflechtung und Gewaltenkontrolle*

Das geltende Verbandsrecht weist den einzelnen Organen ihren je eigenen Tätigkeitskreis zu. Diese im einzelnen komplizierte Zuständigkeitsordnung

---

67 Nachweise bei *Karsten Schmidt*, ZIP 1994, 843.

* Literatur: *Baums*, Bericht der Regierungskommission Corporate Governance, 2001; *Feddersen/Hommelhoff/Schneider* (Hrsg.), Corporate Governance, 1996; *Giesen*, Organhandeln und Interessenkonflikt, 1984; *Hopt*, Comparative Corporate Governance, 1997; *Semler*, Leitung und

erschöpft sich aber – wie jede Gewaltenteilung – nicht in einer Trennung der Zuständigkeitsbereiche etwa dergestalt, daß jedes Organ, blind für die anderen, seinen Geschäften nachgeht. Die Teilung der Gewalten dient vielmehr gerade einer sinnvollen Verflechtung und Kontrolle der Organtätigkeiten. Wie unterschiedlich die innere Verfassung bei den einzelnen Rechtsformen insofern ausgestaltet ist, sei nur an zwei Beispielen verdeutlicht:

- Bei den *Personengesellschaften* sichert das Prinzip der Selbstorganschaft eine personelle Verflechtung zwischen Mitgliedschaft und Leitungsorgan. Diese ist im Bereich der Selbstorganschaft nicht nur möglich, sondern sogar rechtlich geboten, dies aber nach der herrschenden Auffassung nur im Außenverhältnis (oben unter II 2). Bei den Vereinen und Kapitalgesellschaften ist eine solche Personalunion überhaupt nicht gesichert, womit sich die Frage nach der Weisungsgebundenheit stellt.
- Bei der *GmbH* ist die Geschäftsführung nicht nur der Kontrolle, sondern auch den Weisungen der Gesellschafter unterworfen (unten, § 36 I 2). Anders verhält es sich insbesondere bei der Aktiengesellschaft, deren Geschäftsführung zwar vom Aufsichtsrat überwacht (§ 111 AktG), aber vom Vorstand unter eigener Verantwortung weisungsfrei durchgeführt wird (§ 76 I AktG), soweit sich die Gesellschaft nicht in einem wirksamen Beherrschungsvertrag der Leitung durch ein herrschendes Unternehmen unterstellt hat (§ 291 AktG).

Die hier angesprochene Verflechtung der Kompetenzen zeigt sich auch darin, daß die Geschäftsführungsorgane bei Grundlagenentscheidungen verpflichtet sein können, im vorhinein die Zustimmung der Verbandsorgane einzuholen (vgl. für die AG *BGHZ* 83, 122 und dazu unten, § 21 V 3; für die GmbH *BGH*, NJW 1991, 1681; für die KG *BGH*, NJW 1995, 596).

2. Das Problem des Organstreits*

a) Aus dem Verfassungsrecht und dem Kommunalverfassungsrecht kennen wir das Problem der Organstreitigkeiten. Dort ist einem Organ als solchem

---

Überwachung der Aktiengesellschaft, 2. Aufl. 1996; *Theisen*, Gesetzestypische und tatsächliche Stellung der Organe in AG und GmbH, in: Kießler/Kittner/Nagel, Unternehmensverfassung – Recht und Betriebswirtschaftslehre, 1983, S. 49; *Wilde*, Informationsrechte und Informationspflichten im Gefüge der Gesellschaftsorgane, ZGR 1998, 423.

* Literatur: *Flume*, Juristische Person, § 11 V; *Ulrich Bauer*, Organklagen zwischen Vorstand und Aufsichtsrat, 1986; *Bitter*, Leistungsklagen und organisationsrechtlicher Status einzelner Aufsichtsratsmitglieder ..., Diss. Halle-Wittenberg 1995; *Bork*, Materiell-rechtliche und prozeßrechtliche Probleme des Organstreits ..., ZGR 1989, 1; *ders.*, Passivlegitimation und gesetzliche Vertretung der AG bei Klagen einzelner Aufsichtsratsmitglieder, ZIP 1991, 137; *Brücher*, Ist der Aufsichtsrat einer Gesellschaft befugt, gegen den Vorstand oder die Geschäftsführung zu klagen? AG 1989, 190; *Geißler*, Klagerechte des GmbH-Aufsichtsrats gegen die Geschäftsführung, GmbHR 1998, 1114; *Häsemeyer*, Der interne Rechtsschutz zwischen Organen, Organmitgliedern und Mitgliedern der Kapitalgesellschaften als Problem der Prozeßführung, ZHR 144 (1980), 265; *Hauswirth*, Befugnisse und Pflichten von Organen der AG als Gegenstand von Organstreitigkeiten ..., 1997; *Hommelhoff*, Der aktienrechtliche Organstreit, ZHR 143 (1979), 288; *Landrock*, Der Innenstreit in der Aktiengesellschaft, Diss. Mainz 1993; *Lewerenz*, Leistungsklagen zwischen Organen und Organmitgliedern der Aktiengesellschaft, 1977; *Lutter*, Information und Vertraulichkeit im Aufsichtsrat, 2. Aufl. 1984, S. 69ff.; *Mertens*, Organstreit in der

die Fähigkeit zuerkannt, Partei im Rechtsstreit mit einem anderen Organ zu sein[68]. Im Gesellschaftsrecht stellt sich gleichfalls die Frage, ob ein Organ in Ausübung seiner gesellschaftsnützigen Funktion[69] gegen ein anderes Organ auf Einhaltung seiner organschaftlichen Pflichten klagen kann. Ansätze für regelrechte Organstreitigkeiten konnten sich nur allmählich und weitgehend neben dem Gesetz herausbilden[70]. Allgemeine Grundlagen für eine Parteifähigkeit von Gesellschaftsorganen sind bisher nicht geschaffen[71]. Das Gesetz kennt zwar die Anfechtungsklage des Vorstands als Organ (§ 245 Nr. 4 AktG), spricht aber nirgends von einer gegen den Vorstand oder den Aufsichtsrat zu erhebenden Klage. Deshalb kann nach hergebrachter Auffassung zwar der Verband – u. U. auch ein Verbands- oder Organmitglied – gegen ein Organmitglied, z. B. den Geschäftsführer oder den Vorstandsvorsitzenden, klagen, nicht aber – wie dies der organisationsrechtlichen Funktion des Organstreits entspräche – der Aufsichtsrat als Kollegium gegen den Vorstand als Kollegium[72], doch setzt sich der Gegenstandpunkt – Kollegialorgan als Partei – mehr und mehr durch[73]. Mehr und mehr wird vertreten, daß der Aufsichtsrat gegen die Gesellschaft[74] oder sogar gegen den Vorstand[75] Organklagen erheben kann. Vor allem bei einem Wechsel in der personellen Besetzung kollegialer Organe erweist sich eine Parteifähigkeit der Organe als sachgerecht, und ihre Anerkennung wäre aus institutioneller Sicht als ein Fortschritt anzusehen. Damit wäre ein echter Organstreit als Institution des Gesellschaftsrechts für Großverbände und Großunternehmen etabliert. Ob diese institutionelle Verfeinerung ein Segen für das Organisationsrecht der Verbände wäre, ist freilich umstritten[76], doch ist das ein mehr

---

Aktiengesellschaft? ZHR 154 (1990), 24; *Pflugradt*, Leistungsklagen zur Erzwingung rechtmäßigen Vorstandsverhaltens, 1991; *Poseck*, Die Klage des Aufsichtsrats gegen die Geschäftsführung des Vorstands, DB 1996, 2165; *Raiser*, Klagebefugnis einzelner Aufsichtsratsmitglieder, ZGR 1989, 44; *Karsten Schmidt*, »Insichprozesse« durch Leistungsklagen in der Aktiengesellschaft? ZZP 92 (1979), 212; *ders.*, Anfechtungsbefugnisse von Aufsichtsratsmitgliedern, in: Festschrift Semler, 1993, S. 329; *Stodolkowitz*, Gerichtliche Durchsetzung von Organpflichten in der AG, ZHR 154 (1990), 1; *Teichmann*, Strukturüberlegungen zum Streit zwischen Organen in der Aktiengesellschaft, in: Festschrift Mühl, 1981, S. 663; *H. Westermann*, Rechtsstreitigkeiten um die Rechte aus § 90 AktG, in: Festschrift Bötticher, 1969, S. 368 ff.; *Wiedemann*, Organverantwortung und Gesellschafterklagen in der AG, 1989; *ders.*, Entwicklungen im Kapitalgesellschaftsrecht, DB 1993, 141.

68 Vgl. *Hoppe*, Organstreitigkeiten vor den Verwaltungs- und Sozialgerichten, 1970, S. 71 ff.

69 Insofern richtig, damit aber das Problem der formellen Parteistellung im Zivilprozeß nicht erledigend, *Häsemeyer*, ZHR 144 (1980), 275 ff.

70 Vgl. *Hauswirth*, a. a. O., S. 130 ff.; *Landrock*, a. a. O., S. 41 ff., 56 ff.; *Lutter*, a. a. O., S. 69 ff.; *Pflugradt*, a. a. O., S. 7 ff.; *Hommelhoff*, ZHR 143 (1979), 288 ff.; *Karsten Schmidt*, ZZP 92 (1979), 219 ff.; sehr weitgehend *Raiser*, ZGR 1989, 56 ff.; *Lewerenz*, a. a. O., klärt diese Grundfragen entgegen dem eigenen Buchtitel nicht.

71 Vgl. *Flume*, Juristische Person, § 11 V; *Stodolkowitz*, ZHR 154 (1990), 23; für Parteifähigkeit aber *Bauer*, a. a. O., S. 67 ff.; s. auch *Bork*, ZGR 1989, 23.

72 Vgl. *Hüffer*, AktG, § 90 Rdnr. 18.

73 Überblick bei *Hoffmann-Becking*, in: MünchHdbGesR IV, § 33 Rdnr. 58; *Lindacher*, in: MünchKommZPO, Vor § 50 Rdnr. 8

74 *Pflugradt*, a. a. O., S. 53 ff.; 103 ff.; 153 ff.

75 Vgl. *Bauer*, a. a. O., S. 49 ff.; *Hauswirth*, a. a. O., S. 159 ff.; *Bork*, ZGR 1989, 36 f.; *Raiser*, Kapitalgesellschaften, § 14 Rdnr. 95, § 15 Rdnr. 133; *ders.*, AG 1989, 188.

76 Ablehnend *Mertens*, ZHR 154 (1990), 24 ff.

materiellrechtliches als prozessuales Problem: Wie weit sollen klagbare Ansprüche auf rechtmäßiges Organverhalten an die Stelle der gesetzlichen Organisation – der Vorstand agiert, der Aufsichtsrat kontrolliert – treten? Nur soweit solche Ansprüche unter Gesellschaftsorganen bestehen, kann selbstverständlich auch von deren Parteifähigkeit gesprochen werden[77]. Grundsätzlich sind die Mitglieder des Aufsichtsrats auf die Möglichkeit zu verweisen, streitige Angelegenheiten dem Aufsichtsrat zur Beschlußfassung vorzulegen. Klagbare Ansprüche der Organe untereinander auf Wohlverhalten gibt es in dieser Allgemeinheit nicht.

b) Die Diskussion um den Organstreit setzt üblicherweise bei der Berichtspflicht »des« Vorstands gegenüber »dem« Aufsichtsrat nach § 90 AktG an[78]. Diese Berichtspflicht ist prozessual durchsetzbar, aber es klagt auch hier nicht »der Aufsichtsrat« gegen »den Vorstand«, sondern es klagt das einzelne Aufsichtsratsmitglied gegen das einzelne Vorstandsmitglied. In §§ 90 III 2, 125 III AktG sind den einzelnen Aufsichtsratsmitgliedern Ansprüche gegen Vorstandsmitglieder auf Bericht und Mitteilungen zuerkannt worden. Diese Ansprüche können eingeklagt werden. Über Ansprüche auf rechtmäßiges Vorstandsverhalten ist damit noch nichts gesagt.

c) Der früher rein theoretisch anmutende Streit, ob durch Organstreitigkeiten in die Organisation der Gesellschaft eingegriffen werden kann, entzündete sich am »Opel«-Fall[79]:

Beispiel Nr. 8 (nach *BGHZ* 106, 54 = NJW 1989, 979; besprochen von *Raiser* und *Brücher*, AG 1989, 185, 190; *Stodolkonitz* und *Mertens*, ZHR 154 (1990), 1, 24; *Bork*, ZIP 1991, 1): Die Adam Opel AG ist eine 100%ige Tochter der GM in Detroit. GM erwarb 1984 die E, ein EDV-Unternehmen mit Sitz in den USA. E gründete als Tochter die E-Deutschland GmbH. Der Opel-Vorstand beschloß, die gesamte Datenerfassung und Datenübertragung auf die E-Deutschland zu übertragen. Ein Antrag der Arbeitnehmervertreter, der die Mißbilligung dieses Vorhabens zum Gegenstand hatte, wurde im Aufsichtsrat abgelehnt, worauf der Dienstleistungsvertrag zwischen Opel und E-Deutschland abgeschlossen wurde. Betroffen waren insgesamt 590 Arbeitnehmer der Opel AG, von denen 539 ein Einstellungsangebot der E-GmbH erhielten. Gegenwärtige und ehemalige Arbeitnehmervertreter im Aufsichtsrat der AG klagten daraufhin (1) gegen die AG und (2) gegen den Vorstand. Das LG hielt diese Klage teils für unzulässig, teils für unbegründet (*LG Darmstadt*, ZIP 1986, 1389). Das *OLG* hielt sie insgesamt für unzulässig (*OLG Frankfurt*, AG 1988, 109 = BB 1988, 264). Dem folgte im Ergebnis der *BGH*.

Die in diesem Rechtsstreit entstandene Prozeßsituation ist zunächst insofern charakteristisch, als die Klage nicht von dem Aufsichtsrat als Organ, sondern von den einzelnen Aufsichtsratsmitgliedern erhoben worden war, denn eine Klage des Aufsichtsrats selbst wäre nach dem für die Gerichte ausschlaggebenden Stand der Diskussion um seine Parteiunfähigkeit ein Kraftakt mit hohem Prozeßrisiko gewesen. Darauf hatten sich die Kläger nicht eingelassen.

77 Insoweit ähnlich wohl *Hauswirth*, a.a.O., S. 155, 160ff.

78 Grundlegend *H. Westermann*, a.a.O.; dazu auch eingehend *Lewerenz*, a.a.O., S. 54ff.; *Bauer*, a.a.O., S. 113ff.; *Mertens*, in: KK, § 90 Rdnr. 53.

79 Zu diesem Verfahren vgl. besonders die Stellungnahmen von *Bork, Brücher, Raiser* und *Stodolkowitz*, a.a.O.; s. auch *OLG Celle*, NJW 1990, 582.

Der *Bundesgerichtshof* konnte deshalb das Grundproblem eines solchen Organstreits unentschieden lassen und brauchte nur zu entscheiden, ob die Kläger aus eigenem oder in Prozeßstandschaft aus dem Recht des Aufsichtsrats gegen die angeblich rechtswidrige Maßnahme vorgehen konnten. Sein Leitsatz lautet: »Einzelne Mitglieder des Aufsichtsrats einer Aktiengesellschaft sind nicht befugt, gegen – nach ihrer Darlegung rechtswidrige – Geschäftsführungsmaßnahmen des Vorstandes im Wege der Klage vorzugehen. Ein solches Recht kann als Eigenrecht weder aus dem Aktiengesetz ... noch dem Mitbestimmungsgesetz ... hergeleitet werden. Ob es als Recht des Aufsichtsrats mit Hilfe der ›actio pro socio‹ verfolgt werden kann, bleibt offen. Auf keinen Fall kann eine Klage aus fremdem Recht dann als gerechtfertigt angesehen werden, wenn sie dazu dient, die zwischen Mehrheit und Minderheit im Aufsichtsrat auftretenden Konflikte über den Umweg einer gerichtlichen Inanspruchnahme des Vorstandes auszutragen.« Unverkennbar ist hier das Bestreben, einer Tendenz zur Verlagerung organisationsrechtlicher Kontroversen auf die Gerichte einen Riegel vorzuschieben.

d) Mit all dem nicht zu verwechseln sind die Klagerechte des Verbandes selbst und die Klagerechte seiner Mitglieder (vgl. zu diesen unten, § 21 V). Beides ist nicht dasselbe[80]. Die negatorischen Ansprüche und Klagerechte der Mitglieder richten sich, wie gezeigt werden wird, gegen Übergriffe von Organen, nicht gegen deren pflichtwidriges Handeln schlechthin. Der Verband selbst kann dagegen – um einen Eklat durch Abberufung von Organen und ex-post-Prozesse zu vermeiden – nicht nur gegen Kompetenzüberschreitungen klagen, sondern er kann auch auf Pflichterfüllung seiner Organe hinwirken[81].

Beispiel Nr. 9: Eine Aktiengesellschaft, vertreten durch den Aufsichtsrat (§ 112 AktG), kann nicht nur gegen ein Wettbewerbshandeln des Vorstands (Verstoß gegen § 88 AktG), sondern auch gegen die verbotene Weitergabe eines Betriebsgeheimnisses (Verstoß gegen § 93 I 2 AktG) präventiv mit einer Unterlassungs- oder Feststellungsklage vorgehen, so daß eine gerichtliche Vorweg-Prüfung in streitigen Fällen möglich ist. In umstrittenen Grenzfällen kann hierfür ein Bedürfnis bestehen. Um einen Organstreit handelt es sich aber nicht.

V. Die Verantwortlichkeit*

1. Die Haftung gegenüber dem Verband

Die Verantwortlichkeit der Organe ist in erster Linie eine Verantwortlichkeit aus dem Innenverhältnis. Sie ergibt sich

80 Dies gegen *Häsemeyer*, ZHR 144 (1980), 279f.

81 Vgl. *Karsten Schmidt*, ZZP 92 (1979), 229ff.; der Sache nach enger *Lewerenz*, a.a.O., S. 121ff.; zur Geltendmachung im Wege der actio pro socio vgl. m.w.N. *Pflugradt*, a.a.O., S. 20f.

* Literatur (Auswahl): *Abeltshauser*, Leitungshaftung im Kapitalgesellschaftsrecht, 1998; *Altmeppen*, Haftung der Geschäftsleiter einer Kapitalgesellschaft für Verletzung von Verkehrssicherungspflichten, ZIP 1995, 881; *v. Bar*, Zur Struktur der Deliktshaftung von juristischen Personen

- für den Vereinsvorstand aus § 27 III BGB,
- für den Vorstand und Aufsichtsrat einer AG aus §§ 92f., 116 AktG,
- für den Vorstand und Aufsichtsrat einer Genossenschaft aus §§ 34, 41, 99 GenG,
- für die Geschäftsführer einer GmbH aus § 43 GmbHG,
- für die geschäftsführenden Gesellschafter einer Personengesellschaft aus § 713 BGB.

Die Haftung ist grundsätzlich unbeschränkt. § 708 BGB, wonach der geschäftsführende Gesellschafter einer Gesellschaft bürgerlichen Rechts und damit auch einer Handels-Personengesellschaft (§§ 105 II, 161 II HGB) nur für eigenübliche Sorgfalt einzustehen hat, ist eine mißlungene Ausnahmevorschrift (näher unten, § 59 III 2), die auf dem Gedanken einer höchstpersönlichen Kooperation der Gesellschafter beruht und vor allem bei der Haftung der Organe in Publikumspersonengesellschaften (unten, § 57 II 2b) nicht angewendet wird[82] und sich noch weniger für die Ausdehnung auf Körperschaften eignet. Für vernünftige Ergebnisse sorgt zwar die durch *BGHZ* 135, 244 (»ARAG/Garmenbeck«) für das deutsche Recht anerkannte »business judgment rule«, die der Unternehmensleitung ein strategisches Handlungsermessen konzediert (vgl. zu dieser Regel unten, § 28 II 4 a)[83], aber mit dieser Maßgabe haften die Organe für jedes Verschulden auf Ersatz jedes Schadens (vgl. besonders für die GmbH unten, § 36 II 4b). Sie können

…, in: Festschrift Kitawaga, 1992, S. 279; *Bastuck*, Enthaftung des Managements, 1986; *Baums*, Der Geschäftsleitervertrag, 1987; *Biletzky*, Außenhaftung des GmbH-Geschäftsführers, BB 2000, 521; *Dreher*, Die persönliche Verantwortlichkeit von Geschäftsführern nach außen und innergesellschaftliche Aufgabenteilung, ZGR 1992, 22; *Espey/v. Bitter*, Haftungsrisiken des GmbH-Geschäftsführers und Absicherungsmöglichkeiten, 1982; *Frisch*, Haftungserleichterung für GmbH-Geschäftsführer nach dem Vorbild des Arbeitsrechts, 1998; *Forstmoser*, Der Organbegriff im aktienrechtlichen Verantwortlichkeitsrecht, in: Festschrift Meier-Hayoz, 1982, S. 125; *Gissel*, Arbeitnehmerschutz für den GmbH-Geschäftsführer, 1987; *Groß*, Deliktische Außenhaftung des GmbH-Geschäftsführers, ZGR 1998, 551; *Grunewald*, Die Haftung von Organmitgliedern nach Deliktsrecht, ZHR 157 (1993) 451; *Haas*, Geschäftsführerhaftung und Gläubigerschutz, 1997; *Heisse*, Die Beschränkung der Geschäftsführerhaftung gegenüber der GmbH, 1988; *Hirte*, Berufshaftung, 1996; *Hopt/Teubner*, Corporate Governance and Director's Liabilities, 1985; *Hübner*, Managerhaftung, 1992; *Kleindiek*, Deliktshaftung und juristische Person, 1997; *Kreuzer* (Hrsg.), Die Haftung der Leitungsorgane von Kapitalgesellschaften, 1991; *Lutter*, Zur persönlichen Haftung des Geschäftsführers …, ZHR 157 (1993), 464; *Medicus*, Zur deliktischen Eigenhaftung von Organpersonen, in: Festschrift Lorenz, 1991, S. 155; *Merkt*, Unternehmensleitung und Interessenkollision, ZHR 159 (1995), 423; *Mertens*, Die Geschäftsführung in der GmbH und das ITT-Urteil, in: Festschrift Fischer, 1979, S. 461; *Pullen*, Anwendbarkeit der Grundsätze der gefahrgeneigten Arbeit auf den GmbH-Geschäftsführer, BB 1984, 989; *Markus Roth*, Unternehmerisches Ermessen und Haftung des Vorstands, 2001; *Sandberger*, Die Außenhaftung des GmbH-Geschäftsführers, 1997; *Karsten Schmidt*, Haftung und Zurechnung im Unternehmensbereich, in: Karlsruher Forum 1993, S. 4; *Uwe H. Schneider*, Haftungsmilderung für Vorstandsmitglieder und Geschäftsführer bei fehlerhafter Unternehmensleitung, in: Festschrift Werner, 1985, S. 795; *Spindler*, Unternehmensorganisationspflichten, 2001; *Thümmel*, Persönliche Haftung von Managern und Aufsichtsräten, 2. Aufl. 1988; *Ulmer*, Aufsichtsratsmandat und Interessenkollision, NJW 1980, 1603; *Vehreschild*, Die Verkehrspflichthaftung des GmbH-Geschäftsführers, 1999; *Wehrmeyer*, Die arbeitsrechtliche Einordnung der Organe juristischer Personen, 1988; *Westermann*, Haftung und Zurechnung im Unternehmensbereich, in: Karlsruher Forum 1993, S. 15.

82 *BGHZ* 69, 207; 75, 321.

83 Vgl. zur business judgment rule *Abelshauser*, a.a.O., S. 130ff.; *Markus Roth*, a.a.O., S. 44ff.

sich grundsätzlich weder auf eigene Unfähigkeit[84] noch auf den für Arbeitnehmer geltenden innerbetrieblichen Schadensausgleich berufen[85]. Ein aus der ehrenamtlichen Organisation des Vereins erklärbarer Sonderfall ist unser

Beispiel Nr. 10 (vgl. *BGHZ* 89, 153 = JuS 1984, 480 m.Anm. *Karsten Schmidt*): Ein Privatmann, der ehrenamtlich als »Stammesführer« beim Deutschen Pfadfinderbund e.V. tätig war, war von einem schwer verunglückten Pfadfinder auf Schadensersatz in Anspruch genommen worden. Der *BGH* gestand dem »Stammesführer« – ganz wie einem Arbeitnehmer – im Hinblick auf seine ehrenamtliche Betätigung einen Freistellungsanspruch zu (s. dazu auch unten, § 24 III 2d). Es liegt auf der Hand, daß entsprechend entschieden werden muß, wenn ein ehrenamtlich tätiges Organmitglied dem Verein selbst einen Schaden zufügt. Auch im Amateursport wären diese Grundsätze anzuwenden.

Von dieser Sonderkonstellation abgesehen erkennt die Praxis bisher keine allgemeine Befreiung von der Organverantwortlichkeit und keine allgemeine Haftungsbeschränkung für Organträger an. Die Praxis reagiert auf die unnachsichtige Strenge dieser Haftung durch Abschluß sogenannter »D&O-Versicherungen« (»Directors and Officers Insurance«), deren Prämien den Organmitgliedern vom Verband abgenommen werden[86]. Wo es an einem solchen Versicherungsschutz fehlt, kann die Haftung existentielle Konsequenzen haben. Vor allem für Aufsichtsratsmitglieder können sich hieraus Probleme ergeben (vgl. unten, § 28 III 1d). Hinzu kommt die Sondersituation der arbeitnehmerähnlichen Geschäftsführungsorgane, auf die die unnachsichtige Organhaftung schlecht paßt. So verhält es sich etwa, wenn ein Unternehmen – z.B. ein Restaurant – nicht als Einheit mit Filialbetrieben organisiert, sondern in eine Vielzahl kleiner Gesellschaften zergliedert ist, denen je ein »Geschäftsführer« zugeordnet ist, der in dem Konzerngebilde nur unbedeutende Angestelltenfunktionen erfüllt (vgl. das Beispiel der Restaurantkette »Lukullus« im Handelsrecht, § 4 IV 1a und in JuS 1985, 255)[87]. Für die künftige Rechtsentwicklung ist zu erwägen[88], ob nicht

- zwischen der unmittelbaren Erfüllung von Organaufgaben (Leitungstätigkeit bzw. Aufsichtstätigkeit) und bloßen Hilfstätigkeiten für den Verband sowie
- zwischen gläubigerschützenden Organpflichten (Kapitalüberwachung, Liquiditätssicherung, Selbstprüfung der Unternehmenssolvenz) und allgemeiner Interessenwahrung

unterschieden werden sollte. Das strenge Sonderrecht der Funktionshaftung von Organen ist nur da unverzichtbar, wo die Organe im Kernbereich ihrer Leitungs- oder Aufsichtsaufgaben – vor allem im Gläubigerinteresse – tätig werden.

---

84 Vgl. *BGH*, BB 1983, 1173 = NJW 1983, 1856; dazu eingehend *Lindacher*, JuS 1984, 672.

85 Eingehend *Frisch*, a.a.O., S. 83ff.; *Haas*, a.a.O., S. 289ff.; *Heisse*, a.a.O., S. 36ff.; s. auch *Gissel*, a.a.O., S. 139.

86 Dazu *Dreher*, DB 2001, 996ff.; *ders.*, ZHR 165 (2001), 293ff.

87 Dazu *Diller*, Gesellschafter und Gesellschaftsorgane als Arbeitnehmer, 1994.

88 Eingehend *Uwe H. Schneider*, a.a.O.; noch weitergehend *Pullen*, a.a.O.

2. Die Haftung gegenüber Dritten

Eine Verschuldenshaftung der Organe gegenüber Dritten läßt sich nur von Fall zu Fall auf Einzeltatbestände – vor allem auf Deliktstatbestände – stützen. Weitgehend handelt es sich dabei um rein bürgerlichrechtliche Probleme. Eine unmittelbare Verantwortlichkeit gegenüber Gläubigern des Verbandes[89] kann sich aus gesellschaftsrechtlichen Pflichtverstößen ergeben, soweit Gesellschaftsrechtsnormen »Schutzgesetze« i.S. des § 823 II BGB[90] zugunsten der Gläubiger sind. Noch bedrohlicher kann eine Eigenhaftung der Organpersonen wegen anderer – z.B. umweltrechtlicher – Schutzgesetzverletzungen sein[91]. Neben der Deliktshaftung kommt auch eine Eigenhaftung aus culpa in contrahendo in Betracht[92].

Beispiel Nr. 11: Die Insolvenzverschleppung (Verstoß gegen §§ 42 II BGB, 92 II AktG, 64 GmbHG, 99 GenG) ist nicht nur ein interner Pflichtverstoß der Leitungsorgane, sondern zugleich eine unerlaubte Handlung gegenüber den Gläubigern, evtl. auch ein vorvertragliches Verschulden gegenüber neuen Vertragspartnern (str.; dazu näher unten, § 28 II 4c und § 36 II 5c).

Bedenkt man, daß den Organmitgliedern ein innerbetrieblicher Schadensausgleich weitgehend versagt wird (soeben unter V 1), so wird man das Ausmaß der den Organträgern aus dem Deliktsrecht erwachsenden Haftungsrisiken erkennen[93]. Charakteristisch ist das *BGH*-Urteil in dem vieldiskutierten »Baustoff«-Fall:

Beispiel Nr. 12 (nach *BGHZ* 109, 297 = JZ 1990, 486 m.Anm. *Mertens/Mertens*): B war Geschäftsführer einer inzwischen zusammengebrochenen GmbH. Diese hatte bei K Baumaterialien unter Eigentumsvorbehalt bezogen und diese abredewidrig eingebaut, so daß der Eigentumsvorbehalt vereitelt worden war. Die Klage der K (Klägerin) gegen B (den Beklagten) war unter dem Gesichtspunkt des § 823 I BGB erfolgreich: »Die von der GmbH zum Schutz absoluter Rechtsgüter zu beachtenden Pflichten können auch ihren Geschäftsführer in einer Garantenstellung aus den ihm übertragenen organisatorischen Aufgaben treffen und bei Verletzung dieser Pflichten seine Eigenhaftung auslösen.« Sogar eine strafrechtliche Garantenstellung und Eigenverantwortlichkeit des Geschäftsführers ist schon auf diese Weise begründet worden (*BGHSt* 37, 106 = NJW 1990, 2560 »Lederspray«). Diese Praxis ist mit Recht auf Kritik gestoßen (vgl. nur *Mertens/Mertens*, a.a.O.; *Lutter*, ZHR 157 [1993], 464ff.; *Medicus*, in: Festschrift Lorenz, 1991, S. 155ff.; *Karsten Schmidt* und *Westermann*, in: Karlsruher Forum 1993). Man wird zwischen Garantenpflichten der Gesellschaft und eigenen Garantenpflichten der Organperson zu unterscheiden haben. Wer in organschaftlicher Stellung und Zuständigkeit Dritte schädigt, begeht in

89 Nicht hiermit zu verwechseln ist die subsidiäre Befugnis der Gläubiger, Ansprüche der Gesellschaft geltend zu machen; vgl. §§ 93 V, 117 V, 309 IV 3 AktG.

90 Zur Abgrenzungsmethode vgl. *Schmiedel*, Deliktsobligationen nach deutschem Kartellrecht I, 1974, S. 138ff.; *Karsten Schmidt*, Kartellverfahrensrecht, 1977, S. 365ff.; *Mertens*, a.a.O., S. 466f.

91 Vgl. *Kleindiek*, a.a.O., S. 139ff.

92 Vgl. dazu mit umfassenden Nachweisen *Brandner*, in: Festschrift Werner, 1984, S. 53ff.; *Medicus*, in: Festschrift Steindorff, 1990, S. 725ff.; *Karsten Schmidt*, ZIP 1988, 1503f.; restriktiv jetzt aber *BGHZ* 123, 394 = NJW 1994, 1220; *BGH*, NJW-RR 1995, 289; GmbHR 1995, 130 = ZIP 1995, 31 (bei gleichzeitiger Verschärfung der Haftung aus § 823 II BGB).

93 Vgl. nur *Altmeppen*, a.a.O.; *Dreher*, a.a.O.; *Grunewald* und *Lutter*, a.a.O.; *Haas*, a.a.O., S. 242ff.; *Kleindiek*, a.a.O., S. 11f., 368ff.; *Medicus*, a.a.O.; *Karsten Schmidt* und *Westermann*, a.a.O.; *Spindler*, a.a.O., S. 844ff.

der plastischen Redeweise der sog. »Organtheorie« (oben, § 10 I 2) zuallererst ein Delikt des Verbandes, eine Verletzung der von dem Verband geschuldeten Sorgfalt, nicht ein Eigendelikt seines Organmitglieds. Die Vorstellung, ohne Eigenhaftung der Organe gebe es auch keine Zurechnung nach § 31 BGB (dazu oben, § 10 IV 3), ist unrichtig (so aber *Altmeppen*, ZIP 1995, 888ff.). Nur wenn der handelnden Organperson die Pflichtverletzung als eigene, also als Verletzung der von ihr als natürlicher Person zu erwartenden Sorgfalt, zuzurechnen ist, ist auch eine Eigenhaftung gerechtfertigt. Deshalb bedarf die Haftungsrechtsprechung sorgsamer Differenzierung. – In einem weniger problematischen, nämlich positives Tun betreffenden, Urteil hat der *VI. Senat* seinen Ausgangspunkt allerdings nochmals bestätigt:

Beispiel Nr. 13 (nach *BGH*, NJW 1996, 1535): Eine später insolvent gewordene GmbH sollte für die Klägerin aus einem von dieser zur Verfügung gestellten Bausatz einen Replica-Sportwagen à la »Lamborghini« herstellen. Dies war auch geschehen. Aber unberechtigterweise hatte der Geschäftsführer der GmbH das Fahrzeug an einen Dritten veräußert. Hier haftete, da von der GmbH nichts mehr zu bekommen war, der Geschäftsführer selbstverständlich nach § 823 BGB, und die Haftung der GmbH schloß diese Haftung, wie der *BGH* unter Berufung auf das zuvor besprochene Urteil ausführt, nicht aus. Das leuchtet ein, weil ein »Eigendelikt« des Geschäftsführers vorlag.

VI. Die Entlastung*

1. Bedeutung

Die Entlastung ist *eine einseitige organschaftliche Erklärung, durch die ein Personenverband die Amtsführung seitens seiner Verwaltungsorgane billigt.* Wörtlich heißt es in § 120 II 1 AktG: »Durch die Entlastung billigt die Hauptversammlung die Verwaltung der Gesellschaft durch die Mitglieder des Vorstands und des Aufsichtsrats.« Diese Funktionsbeschreibung läßt sich sinngemäß auf alle Verbände übertragen. Entlastungsbeschlüsse gibt es nicht nur bei der Aktiengesellschaft, sondern auch bei der GmbH, beim Verein, bei der Genossenschaft[94] und – soweit die Verwaltung der Gesellschaft gegenüber den Gesellschaftern verselbständigt ist – durchaus auch bei Personen-

* Literatur: *Ahrens*, Vom Ende der Entlastungsklage ..., ZGR 1987, 129; *Barner*, Die Entlastung als Institut des Verbandsrechts, 1990; *Boesebeck*, Die »Entlastung« der Organe einer AG, GmbH oder Genossenschaft in neuer rechtlicher Betrachtung, ZAkDR 1935, 675; *Borsche*, Die Entastung im Recht der Personengesellschaften, Diss. Berlin 1989; *Brox*, Probleme der Entlastung im Gesellschaftsrecht, BB 1960, 1226; *Buchner*, Die Entlastung des Geschäftsführers in der GmbH, GmbHR 1988, 9; *Hoeniger*, Die Entlastung, DJZ 1922, 143; *Alfred Hueck*, Die Entlastung im Recht der GmbH, GmbHR 1959, 189; *Knoche*, Die sog. »Verzichtswirkung« der Entlastung im privaten und öffentlichen Recht, 1995; *Nägele/Nestel*, Entlastung des GmbH-Geschäftsführers und des AG-Vorstands, BB 2000, 1253; *Karsten Schmidt*, Entlastung, Entlastungsrecht und Entlastungsklage des Geschäftsführers einer GmbH, ZGR 1978, 425; *Schönle*, Der Entlastungsbeschluß im deutschen Gesellschaftsrecht, ZHR 126 (1964), 199; *Schuler*, Die Klage auf Entlastung im Aktienrecht, NJW 1960, 601; *Schuricht*, Die Klage des GmbH-Geschäftsführers auf Entlastung, 1988; *Tellis*, Die Rechtsnatur der gesellschaftsrechtlichen Entlastung und die Entlastungsklage, 1988.

94 Vgl. die Nachweise bei *Karsten Schmidt*, ZGR 1978, 426.

gesellschaften[95], z.B. bei Publikumspersonengesellschaften[96]. Besonders erwähnt ist die Entlastung nicht nur in § 120 AktG; Regelungen sind auch enthalten in §§ 46 Nr. 5 GmbHG, 48 I GenG, wonach die Entlastungszuständigkeit bei den Gesellschaftern der GmbH bzw. bei der Generalversammlung der Genossenschaft liegt. Regelmäßig wird über die Entlastung gemeinsam mit der Bilanzfeststellung oder – wo nicht bilanziert wird – auf der ordentlichen Jahresversammlung beschlossen. Die Entlastung ist aber ein eigener, selbständiger, also auch selbständig anfechtbarer Beschlußgegenstand.

2. Rechtsnatur und Wirkung

a) Die Rechtsnatur der Entlastung und ihre Wirkungen sind umstritten[97]. In erster Linie hat die Entlastung zweifellos Bedeutung für die »Innenpolitik« des Verbandes, aber der Jurist wird naturgemäß sein besonderes Augenmerk auf die Rechtswirkungen der Entlastung lenken. Insofern wird vereinzelt behauptet, daß die Entlastung als »bloß platonische Vertrauenskundgebung«[98] rechtlich fast folgenlos sei[99]. Dem ist nicht zuzustimmen. Die Billigung der Geschäftsführung kann nämlich
- Sanktionen wegen fehlerhafter Geschäftsführung – z.B. die Abberufung aus wichtigem Grund[100] – ausschließen[101] und
- Ersatzansprüche ausschließen, soweit nicht das Gesetz dies verbietet[102].

Ein *Fortfall von Schadensersatzansprüchen* findet nicht statt bei der Aktiengesellschaft (so ausdrücklich § 120 II 2 AktG). Dagegen tritt nach h.M. ein Fortfall von Schadensersatzansprüchen durch Entlastung vor allem bei der GmbH ein[103], aber auch beim Verein[104], bei der Genossenschaft[105] und bei kapitalistisch strukturierten Personengesellschaften[106]. Nur für Verstöße gegen zwingende Gläubigerschutzregeln – insbesondere gegen gesetzliche

95 Vgl. nur *Alfred Hueck*, oHG, § 12/6; s. auch *Flume*, Juristische Person, § 10 I 4, wo die Entlastung gleichwohl als »Rechtsfigur des Rechts der juristischen Person« aufgefaßt wird.

96 Vgl. nur *Nitschke*, a.a.O., S. 70; *Gerhard Wilhelm*, Die Problematik der Massen-KG ..., Diss. Tübingen 1980, S. 116; *Römer*, DB 1964, 178f.

97 Eingehend *Scholz/Karsten Schmidt*, § 46 Rdnrn. 89ff. m.w.N.

98 *Schönle*, ZHR 126 (1964), 220.

99 Vgl. *Barz*, in: GroßkommAktG, 3. Aufl., § 120 Anm. 6; *Schönle*, ZHR 126 (1964), 227.

100 Vgl. *BGH*, NJW 1969, 131.

101 Diese *allgemeine* Verzichtswirkung wird neben dem Fortfall von Ersatzansprüchen zu Unrecht meist vernachlässigt; vgl. jetzt aber *Knoche*, a.a.O., S. 96.

102 Vgl. *BGHZ* 29, 385, 390; anders *Barner*, a.a.O., S. 71ff.; gegen ihn aber *Tellis*, ZHR 156 (1992), 256ff.

103 Vgl. *RG*, DR 1941, 508 m. Anm. *Dietrich*; *BGH*, LM Nr. 4 zu § 46 GmbHG = NJW 1959, 192 = GmbHR 1959, 69 m. Anm. *Wilhelm* = JR 1959, 298 m. Anm. *Goerdeler*; *BGH*, LM Nr. 8 zu § 46 GmbHG = MDR 1969, 204; *OLG Hamm*, GmbHR 1992, 802, 803; *OLG München*, NJW-RR 1993, 1507, 1508; 1997, 847; *OLG Köln*, NZG 1999, 1228; *Scholz/Karsten Schmidt*, § 46 Rdnrn. 93ff.; *Nägele/Nestel*, BB 2000, 1255.

104 *BGHZ* 24, 47, 54; *Reuter*, in: MünchKommBGB, § 27 Rdnr. 42; *Nägele/Nestel*, BB 2000, 1256.

105 *RG*, DR 1939, 2164, 2167; *OLG Hamburg*, BB 1960, 996; jetzt auch *Beuthien*, GenG, 13. Aufl. 2000, § 48 Rdnr. 8; *Nägele/Nestel*, BB 2000, 1256.

106 Vgl. *Wenninger*, Personengesellschaften mit körperschaftlichen Strukturelementen, Diss. Köln, 1969, S. 81.

Ausschüttungsverbote – gilt ein anderes[107], denn die Mitglieder eines Verbandes können die Organe nicht auf Kosten dritter Gläubiger von der Verantwortlichkeit befreien: weder durch Vertrag noch sonst auf willkürliche Weise[108].

b) Hinsichtlich der *Rechtsnatur der Entlastung* starrte die hergebrachte Auffassung, wie sie hier in der ersten Auflage vorgefunden wurde, gebannt auf diese schuldbefreiende Wirkung. Während sich die Entlastung bei der Aktiengesellschaft auf die Billigung der Geschäftsführung beschränkt[109], wurde die Entlastung bei den anderen Verbänden als eine – dann allerdings einseitige[110] – Variante des Verzichts oder des negativen Schuldanerkenntnisses nach § 397 BGB eingeordnet[111]. Diese Auffassung ist überholt. Ihr konnte aus den folgenden Gründen nicht gefolgt werden[112]:
- Sie greift eine für den an das Denken in Ansprüchen gewohnten Juristen besonders handgreifliche Entlastungs*folge* heraus und meint, dies sei die Entlastung.
- Sie stellt diese Entlastungsfolge ex post in den Mittelpunkt des Entlastungs*beschlusses*, obwohl ein Anspruchsverzicht in aller Regel nicht Gegenstand des Willens der Versammlung ist.
- Sie führt dazu, daß der Beschluß »Es wird Entlastung erteilt« eine ganz unterschiedliche Rechtsnatur hat, je nachdem, ob das Gesetz den Fortfall von Ansprüchen zuläßt (Beispiel: GmbH) oder nicht (Beispiel: AG).

Unterscheidet man richtig zwischen dem Gegenstand des Entlastungsbeschlusses und den – mit oder ohne Willen der Beschließenden eintretenden – Entlastungsfolgen, so gilt folgendes[113]: *Gegenstand des Entlastungsbeschlusses* ist nur die Billigung der organschaftlichen Geschäftsführung hinsichtlich eines bestimmten Zeitraums oder hinsichtlich bestimmter Maßnahmen. Die Entlastung ist also in § 120 II 1 AktG durchaus treffend beschrieben. Sie ist eine organisationsrechtliche Vertrauenskundgebung des Verbandes gegenüber seinen Organen. Ein Anspruchsverzicht ist nicht Gegenstand des

107 Vgl. *RG*, DR 1941, 506, 508; *BGH*, LM Nr. 4 zu § 46 GmbHG; *Karsten Schmidt*, ZGR 1978, 426f.

108 I.d.R. greifen dann ohnedies die §§ 43 III 3, 9b GmbHG ein, die auch eine Generalbereinigung verbieten.

109 Vgl. *RGZ* 167, 151, 166; *BGHZ* 36, 296, 306; 29, 385, 390 mit problematischer Einschränkung auf einstimmige Beschlüsse; h. M.

110 Konsequent *Flume*, Juristische Person, § 10 I 4.

111 Vgl. mit Unterschieden im einzelnen *RGZ* 106, 258, 262; 115, 246, 250; *RG*, JW 1926, 2904 m. zust. Anm. *Bing*; JW 1935, 921 m. krit. Anm. *Boesebeck*; für eine Verzichtserklärung eigener Art *RG*, DR 1941, 506, 508.

112 Vgl. *Karsten Schmidt*, ZGR 1978, 425ff., insbes. 432f.; jetzt h.M; vgl. *Raiser*, Kapitalgesellschaften, § 33 Rdnr. 6; *Baumbach/Hueck/Zöllner*, § 46 Rdnr. 26; *Hachenburg/Hüffer*, § 46 Rdnr. 61; *Roth/Altmeppen*, § 46 Rdnr. 25; *Scholz/Karsten Schmidt*, § 46 Rdnrn. 89ff.; eingehend *Tellis*, a.a.O., S. 78ff.; *Knoche*, a.a.O., s. 57ff.; die Polemik von *Flume*, Juristische Person, § 10 I 4, entkräftet die erhobenen Einwände in meinen Augen nicht; als die »wesentliche« (und damit wesensbestimmende) Rechtsfolge der Entlastung erscheint der Anspruchsverzicht nur demjenigen, der z.B. als Richter ex post über die von der Entlastung berührten Ansprüche zu entscheiden hat; dies ist eine Verengung des Blickwinkels aus forensischer Perspektive.

113 Eingehend *Karsten Schmidt*, ZGR 1978, 432ff.; ebenso jetzt *Knoche*, a.a.O., S. 31ff., 70ff.

Entlastungsbeschlusses; dieser Beschluß wird vielmehr meist in der Annahme gefaßt, daß keine Ersatzansprüche gegen das zu entlastende Organ bestehen. Die Verzichtswirkungen – nicht nur hinsichtlich etwaiger Ansprüche, sondern auch hinsichtlich sonstiger Sanktionen – sind nur eine *Präklusionsfolge* dieser Vertrauenskundgebung[114]. Der Verband darf sich nicht zu der Entlastung in Widerspruch setzen. Pflichtwidrigkeiten, die von der Entlastung gedeckt sind, müssen deshalb folgenlos bleiben, soweit nicht das Gesetz – wie in § 120 II 2 AktG – eine solche Präklusion verhindert. Der persönliche, zeitliche und gegenständliche Umfang der Entlastung richtet sich nach dem Entlastungsbeschluß[115]. Werden nachträglich Tatsachen bekannt, die vorher nicht erkennbar waren und auf die sich die Entlastung deshalb nicht beziehen konnte, so hindert die Entlastung weder eine Schadensersatzklage noch sonstige Sanktionen. Die Abgrenzung kann Schwierigkeiten bereiten.

Beispiel Nr. 14 (in Anlehnung an *BGH*, LM Nr. 4 zu § 46 GmbHG = NJW 1959, 192 = GmbHR 1959, 69 m. Anm. *Wilhelm* = JR 1959, 298 m. Anm. *Goerdeler*): Die Geschäftsführer der A-GmbH hatten eine B-GmbH gegründet und wurden auch hier Geschäftsführer. Sie beteiligten sich an Rechtsgeschäften der A-GmbH mit der neuen B-GmbH und fügten der A-GmbH hierdurch Schäden zu. Den Gesellschaftern der A-GmbH waren diese Vorgänge zu Ohren gekommen. Trotzdem wurde den Geschäftsführern in einer Sitzung, in der diese Fragen nicht zur Sprache kamen, Entlastung erteilt. Später klagte die GmbH auf Schadensersatz. Für die Aktiengesellschaft hatte *RGZ* 70, 132 die Ansicht vertreten, daß private Kenntnis der Aktionäre von Vorfällen, die in der Hauptversammlung nicht zur Sprache kommen, keine Entlastungswirkung zur Folge habe. Der *BGH* entschied nun jedenfalls für die GmbH anders: »Die Entlastung erstreckt sich auch auf Verfehlungen, die den Gesellschaftern nicht durch die Geschäftsführer oder von diesen beigebrachte Unterlagen, sondern privat bekanntgeworden sind, dann, wenn alle Gesellschafter diese Kenntnis erlangt und für die Entlastung gestimmt haben.« Im übrigen beschränkt die Rechtsprechung die Entlastungswirkung auf erkennbare Vorgänge, es sei denn, der Entlastungsbeschluß wird ausdrücklich auf alle nur denkbaren Pflichtwidrigkeiten erstreckt (vgl. zur Abgrenzung *BGH*, LM Nr. 23 zu § 47 GmbHG = NJW 1975, 1273 f.; *OLG München*, GmbHR 1997, 847; *OLG Köln*, NZG 1999, 1228).

3. Entlastungsverweigerung und Entlastungsklage

Die Entlastung darf den Organen nicht grundlos verweigert werden[116]. Die grundlose Entlastungsverweigerung ist eine Rechtsverletzung und kann dem Organ einen Grund zur außerordentlichen Kündigung geben[117]. Die früher herrschende und noch heute vertretene Auffassung erkennt dem Organmitglied darüber hinaus auch einen klagbaren Entlastungsanspruch zu, der – weil ja die Entlastung als Verzichtserklärung nach § 397 BGB angesehen wird –

114 Treffend insofern schon die Verwirkungskonstruktion von *Hoeniger*, DJZ 1922, 147 f.; s. auch die Zustimmungskonstruktion von *Boesebeck*, JW 1935, 921 f.; ähnlich insoweit *Brox*, BB 1960, 1226.

115 Vgl. m. w. N. *Scholz/Karsten Schmidt*, § 46 Rdnr. 94.

116 Vgl. nur *Flume*, Juristische Person, § 10 I 4.

117 *Karsten Schmidt*, ZGR 1978, 439.

nach § 894 ZPO vollstreckt wird[118]. Diese Auffassung, die seit dem Urteil *BGHZ* 94, 324 eigentlich überholt sein müßte, verdiente und verdient aus mehreren Gründen Widerspruch[119]:

- Sie beruht auf der rein rechtsgeschäftlichen Deutung der Entlastung und geht an deren wahrer Funktion, die schon geschildert wurde, vorbei; das allgemeine Vertrauensvotum ist keine Willenserklärung und schon gar keine einklagbare Willenserklärung.
- Sie ist in sich unschlüssig, denn der Kläger wird zu einem perplexen Klagvortrag gezwungen: Geklagt wird nach der herrschenden Auffassung auf einen Anspruchsverzicht, und zur Begründung dieser Klage muß vorgetragen werden, daß kein Anspruch besteht, weil keine Pflichtwidrigkeit vorgekommen ist.
- Sie paßt nicht, wo das Gesetz keinen Anspruchsverzicht zuläßt.

Nach richtiger Auffassung ist die Entlastung als allgemeine Vertrauenskundgabe nicht einklagbar. Wird sie verweigert, so ist die »Entlastungsklage« des Organs eine negative Feststellungsklage[120], gerichtet auf die Feststellung, daß im Entlastungszeitraum keine Pflichtwidrigkeiten unterlaufen sind. Der *Bundesgerichtshof* hat sich dem hier entwickelten Standpunkt in den wesentlichen Grundsätzen angeschlossen.

Beispiel Nr. 15 (nach *BGHZ* 94, 324 = NJW 1986, 129 m. Anm. *Ahrens*, ZGR 1987, 129): K war bis zum 31. 12. Geschäftsführer einer GmbH gewesen, an deren Stammkapital er auch beteiligt war. Im folgenden Jahr lehnte die Gesellschafterversammlung es ab, den K als Geschäftsführer für das abgelaufene Geschäftsjahr zu entlasten. K erhob daraufhin Klage auf Entlastung, hilfsweise Klage auf Feststellung, daß der GmbH aus seiner Geschäftsführung keine Ersatzansprüche erwachsen seien. Das *Landgericht* und das *Oberlandesgericht* hatten der Entlastungsklage in Übereinstimmung mit der seinerzeit herrschenden Ansicht stattgegeben. Der *BGH* wies die Klage ab: »Der Geschäftsführer einer GmbH hat gegen diese keinen mit einer Leistungsklage durchsetzbaren Anspruch auf Entlastung.« Auch eine Feststellungsklage läßt der *Bundesgerichtshof* – insofern strenger als die vom Verfasser entwickelte Auffassung – nur nach den allgemeinen Regeln der negativen Feststellungsklage zu, also nur dann, wenn sich die GmbH als angebliche Gläubigerin bestimmter Ersatzansprüche gegen den Geschäftsführer berühmt hat. Ob der Geschäftsführer negative Feststellungsklage erheben kann, wenn sich die Gesellschaft irgendwelcher Ersatzansprüche berühmt, ohne diese näher zu bezeichnen, läßt der *Bundesgerichtshof* offen.

---

118 *RGZ* 89, 396 = JW 1917, 657, 658 m. Anm. *Breit*; *OLG Celle*, OLGE 27, 350 f.; *OLG Hamburg*, AG 1960, 230 = BB 1960, 996; *Flechtheim*, JW 1920, 700; *Flume*, Juristische Person, § 10 I 4; *Raiser*, Kapitalgesellschaften, § 33 Rdnr. 11; *Baumbach/Hueck/Zöllner*, § 46 Rdnr. 29; *Hachenburg/Hüffer*, § 46 Rdnr. 69; *Alfred Hueck*, GmbHR 1959, 191; *Buchner*, GmbHR 1988, 14; unentschieden für den Verein *BGHZ* 24, 47, 54; verneinend für die AG *Eckardt*, in: Geßler/Hefermehl/Eckardt/Kropff, § 120 Rdnr. 41; für den Verein *Reuter*, in: MünchKommBGB, § 27 Rdnr. 42 f.

119 Eingehend *Karsten Schmidt*, ZGR 1978, 439 ff.; in ähnlicher Richtung bereits früher *Breit*, JW 1917, 658; *Boeters*, JW 1920, 699 f.

120 Jetzt h.M.; vgl. *BGHZ* 94, 324 = NJW 1986, 129; *Roth/Altmeppen*, § 46 Anm. 36; *Lutter/Hommelhoff*, § 46 Rdnr. 15; *Scholz/Karsten Schmidt*, § 46 Rdnr. 102; *Rowedder/Koppensteiner*, § 46 Rdnr. 25; *Ahrens*, ZGR 1987, 129 ff.; *Tellis*, GmbHR 1989, 116 f.; s. auch das sonderbare Eingeständnis bei *RGZ* 89, 396, 397 = JW 1917, 657, 658, wonach das angebliche Leistungsurteil »die gleiche Bedeutung wie die Zusprechung einer negativen Feststellungsklage« hat.

4. Der Unterschied zwischen der Entlastung und einem Verzichtsvertrag

Als organschaftliche Vertrauenskundgabe unterscheidet sich die Entlastung von Schuldverträgen, die unmittelbar auf eine Verzichtswirkung zielen[121]. Solche Verträge sind nur wirksam, wenn das auch für die Entlastung zuständige Organ – bei der GmbH z. B. die Gesellschafterversammlung – hierüber Beschluß gefaßt hat[122]. Was ihren Inhalt anlangt, unterliegen sie den allgemeinen Grundsätzen des bürgerlichen Rechts. Hier steht tatsächlich die rechtsgeschäftliche Präklusion von Ansprüchen im Mittelpunkt der Erklärungen. Wie weit der Haftungsverzicht reicht, ob er insbesondere auch unbekannt gebliebene Ansprüche aus unbemerkt gebliebenen Pflichtverletzungen mit umfaßt, ist Auslegungsfrage[123]. Der Unterschied wird deutlich in unserem

Beispiel Nr. 16 (nach *BGH*, LM Nr. 23 zu § 47 GmbHG = NJW 1975, 1273): G war Gesellschafter und Geschäftsführer einer GmbH. Nachdem es zu Spannungen und Auseinandersetzungen gekommen war, schied er aus der Gesellschaft aus und legte auch das Geschäftsführeramt nieder. Vor seinem Ausscheiden schloß er mit der GmbH einen schriftlichen »Generalbereinigungsvertrag«, wonach ihm Entlastung erteilt wurde und die Gesellschaft auf die Geltendmachung aller Ansprüche verzichtete. Nachträglich focht die GmbH die Generalbereinigung wegen arglistiger Täuschung an, weil neue Pflichtwidrigkeiten bekannt geworden seien (§ 123 BGB). Wäre es um eine schlichte Entlastung gegangen, so hätte es keiner Anfechtung bedurft, denn die Präklusionswirkung der Entlastung ist ja auf bekannte oder erkennbare Vorgänge beschränkt. Völlig anders bei der Generalbereinigung: Sie umfaßte alle potentiellen Ansprüche, und wenn G die Gesellschaft getäuscht hatte, mußte diese die Generalbereinigung anfechten (§§ 123, 142 f. BGB) und die Täuschung beweisen.

121 Vgl. zur Generalbereinigung *BGH*, BB 1968, 146 = WM 1968, 114; LM Nr. 23 zu § 47 GmbHG = NJW 1975, 1273; LM Nr. 36 zu § 35 GmbHG = NJW 1998, 1315; LM Nr. 29 zu § 43 GmbHG = NJW 2001, 223; *Scholz/Karsten Schmidt*, § 46 Rdnrn. 103 ff.; *Ebenroth/Lange*, GmbHR 1992, 76.

122 Vgl. nur *BGH*, LM Nr. 36 zu § 35 GmbHG = NJW 1998, 1315 m. w. N.

123 *BGH*, LM Nr. 36 zu § 35 GmbHG = NJW 1998, 1315, 1316; LM Nr. 29 zu § 43 GmbHG = NJW 2001, 223.

§ 15 Willensbildung durch Beschlüsse*

I. Grundlagen

1. Der Beschluß als Technik kollektiver Willensbildung

a) Die innere Willensbildung der Verbände erfolgt durch *Willensbildungsorgane*. Soweit diese Organe Kollektivorgane sind – dies ist die Regel –, entscheiden sie durch Beschluß. *Der Beschluß ist die Entscheidung eines Kollektivorgans über einen Antrag*[1]. Es kann in den Verbänden sehr unterschiedliche Kollektivorgane geben. Hauptbeispiel ist die Gesamtheit der Mitglieder als Willensträger des Verbandes: die Mitgliederversammlung als das Parlament des Verbandes. Aber auch andere Kollektivorgane fassen Beschlüsse, z.B. der Aufsichtsrat einer AG (§ 108 AktG) oder ein mehrgliedriger Vorstand. Die Beschlußfassung als Mittel kollektiver Willensbildung basiert auf Legitimationsgrundlagen und zielt auf Legitimationseffekte, mit denen sich neben der Rechtswissenschaft auch Nachbarwissenschaften – Politologie, Soziologie und Sozialpsychologie – beschäftigen[2]. Das vor-

---

* Literatur: *Baltzer*, Der Beschluß als rechtstechnisches Mittel organschaftlicher Funktion im Privatrecht, 1965; *Bartholomeyczik*, Der Körperschaftsbeschluß als Rechtsgeschäft, ZHR 105 (1938), 292; *Bedenian*, Abstimmungsregel im Gesellschaftsrecht, 2000; *Bohn*, Wesen und Rechtsnatur des Gesellschaftsbeschlusses, Diss. Hamburg 1950; *ders.*, Die soziologische Natur des Verbandsbeschlusses, in: Festschrift Haff, 1950, S. 232; *Emde*, Die Bestimmtheit von Gesellschafterbeschlüssen, ZIP 2000, 59; *Otto v. Gierke*, Genossenschaftstheorie, S. 678ff.; *Haff*, Grundlagen der Körperschaftslehre I, 1915; *Heck*, Gesellschaftsbeschlüsse und Willensmängel bei der Gesellschaft des Bürgerlichen Gesetzbuchs, in: Festschrift Otto v. Gierke, 1911, S. 319; *Jüdel*, Gesellschafterbeschlüsse bei Personengesellschaften, 1933; *Krause*, Gesellschafterbeschluß und Abstimmung, Diss. Marburg 1937; *Lindemann*, Die Beschlußfassung in der Einmann-GmbH, 1996; *Maier-Reimer*, Negative »Beschlüsse« von Gesellschafterversammlungen, in: Festschrift Oppenhoff, 1985, S. 193; *Praël*, Eingliederung und Beherrschungsvertrag als körperschaftliche Rechtsgeschäfte, 1978, S. 51ff.; *Renkl*, Der Gesellschafterbeschluß, 1982; *Ulmer*, Gesellschafterbeschlüsse in Personengesellschaften, in: Festschrift Niederländer, 1991, S. 415; *Weber-Dürler*, Gesellschafterversammlung, Urabstimmung und Delegiertenversammlung als Beschlußfassungsformen im schweizerischen Gesellschaftsrecht, Bern 1973; *Zöllner*, Die Schranken mitgliedschaftlicher Stimmrechtsmacht bei den privatrechtlichen Personenverbänden, 1963; *ders.*, Beschluß, Beschlußergebnis und Beschlußergebnisfeststellung, in: Festschrift Lutter, 2000, S. 821.

1 *Baltzer*, a.a.O., S. 42.

2 Weiterführende Nachweise in der anregenden Arbeit von *Bedenian*, a.a.O.

liegende Werk kann ihnen nur in den durch die rechtswissenschaftliche Sichtweise gezogenen Grenzen nachgehen.

b) *Träger des Beschlusses* ist das Kollektivorgan[3] und durch dieses der Verband[4]. Die Dogmatik dieser Willensbildung und Zurechnung war vor allem im 19. Jahrhundert außerordentlich umstritten und – wofür dem gegenwärtigen Betrachter leicht der sensus fehlt – für die Herausbildung verbandsrechtlicher Grundsätze durchaus folgenreich[5]. Der Streit um die »Rechtsnatur« des Beschlusses, von dem sogleich unter I 2 die Rede sein wird, hatte damals keineswegs ausschließlich rechtsdogmatische, sondern durchaus rechtspolitische Bedeutung. Im ausgereiften Verbandsrecht der Gegenwart brauchen nur noch die entscheidenden Voraussetzungen der Zurechnung kollektiver Beschlüsse genannt zu werden. Es sind dies
- das Vorhandensein eines Verbandes als Zurechnungssubjekt,
- das Vorhandensein eines zur Beschlußfassung berufenen Kollektivorgans (z. B. einer Mitgliederversammlung oder Hauptversammlung)[6],
- die Durchführung eines Beschlußverfahrens[7] und
- die Artikulation des Willens der hierzu Berufenen in dem Beschlußverfahren[8].

c) In der *Rechtswirklichkeit* treten diese formalen Beschlußmerkmale nicht bei jedem Verband gleichermaßen in Erscheinung. Modellhaft lassen sie sich bei den körperschaftlich verfaßten Personenverbänden demonstrieren, also vor allem bei Aktiengesellschaften, eingetragenen Vereinen und eingetragenen Genossenschaften. Je undeutlicher die Trennung zwischen dem Verband und den Mitgliedern wird, um so schwerer läßt sich auch das Zurechnungsinstrumentarium des Beschlußtatbestands nachweisen: Was unterscheidet den einstimmigen Beschluß in einer oHG (vgl. § 119 I HGB) noch von einem Vertrag der Gesellschafter untereinander? Wo liegt bei der Beschlußfassung in der sog. Einmann-GmbH (unten, § 40 III 2b) noch der Unterschied zwischen der Stimme des Gesellschafters und dem Beschluß der Gesellschaft? Auch hier wird ja eine Zurechnung des Beschlusses gegenüber dem Verband benötigt, obwohl das beschließende »Kollektivorgan« nur aus einer Person besteht und sich von deren Individualität nicht sichtbar abhebt[9]. Unverkennbar schlagen sich auch bei der Beschlußproblematik die unterschiedlichen Strukturtypen der Verbände nieder. Unverkennbar ist auch, daß Gesetzgebung und Rechtsprechung die »großen« Beschlußprobleme bei den kollektiv organisierten Körperschaften besser in den Griff gebracht haben als die »kleinen« Beschlußprobleme, die – etwa bei der Einpersonengesellschaft –

---

3 Vgl. zu diesem Begriff *Baltzer*, a. a. O., S. 34.
4 Grundlegend *Otto v. Gierke*, Deutsches Privatrecht I, S. 503; eingehend zur Zurechnung des Beschlusses *Baltzer*, a. a. O., S. 49 ff.
5 Vgl. grundlegend, wenn auch konsequent noch mit Beschränkung auf Körperschaften, *Otto v. Gierke*, Deutsches Privatrecht I, S. 498 ff.
6 Vgl. über diese Zurechnungsvoraussetzung *Baltzer*, a. a. O., S. 49–96.
7 Dazu im einzelnen *Baltzer*, a. a. O., S. 97–124.
8 Vgl. im einzelnen *Baltzer*, a. a. O., S. 125 ff.
9 Hierüber vgl. *Lindemann*, a. a. O., S. 62 ff.

noch dogmatische Rätsel aufgeben. Klar sein muß man sich nur über die Einheitlichkeit der *Zurechnungsfrage*, die da lautet: Wie bildet der Verband »seinen« Willen?

2. Der Beschluß als Rechtsgeschäft eigener Art und die Stimmabgabe als Willenserklärung

a) Die rechtsdogmatische Einordnung des Beschlusses ist umstritten[10]. Das hängt mit seiner Vernachlässigung im Allgemeinen Teil des BGB zusammen, die ihrerseits nicht verwundert, weil sich unser Bürgerliches Gesetzbuch der Grundprobleme des Verbandsrechts nicht angenommen hat. Man hat den Beschluß als Vertrag eingeordnet, als Gesamtakt, als kollektiven Willensakt eigener Art usw. *Otto von Gierke*, dem es um die Herausarbeitung körperschaftsrechtlicher Sonderregeln für Beschlüsse zu tun war, bezeichnete den Beschluß bei Körperschaften als »Darstellung eines Gemeinwillens« der Körperschaft[11], bei Gesamthandsgemeinschaften als »gemeinschaftlichen Willensentschluß« der Gesamthänder[12]. Damit wurde der Beschluß vom Kreis der Rechtsgeschäfte getrennt[13]. Auch in *RGZ* 122, 367, 369 ist davon die Rede, daß der Beschluß als solcher kein Rechtsgeschäft ist. Diese Lehre ist überholt. Auf der Grundlage der heutigen Rechtsgeschäftslehre ist der Beschluß einzuordnen als *Rechtsgeschäft eigener Art* – nicht als Vertrag –, beruhend auf den Stimmabgaben der Mitglieder und gerichtet auf kollektive, rechtsverbindliche Willensbildung[14]. Die Vorschriften über Rechtsgeschäfte sind nicht generell unanwendbar[15], aber sie sind vielfach durch Sonderregeln verdrängt, die, der Natur der Sache folgend, weitgehend praeter legem entwickelt werden mußten. Vor allem gilt dies für die Bestimmungen über die Nichtigkeit von Rechtsgeschäften, etwa für die Rechtsfolgenseite der §§ 125, 134, 138 BGB. Die Spezialregeln über fehlerhafte Beschlüsse haben hier Vorrang (vgl. dazu alsbald unter II). Im übrigen ist zu bedenken, daß der Beschluß *zwar Rechtsgeschäft* ist, *nicht aber Willenserklärung* i.S. der §§ 116ff. BGB[16]. Der Beschluß gewinnt seine Wirksamkeit aus Willenserklärungen (den abgegebenen Stimmen), ist aber selbst keine Willenserklärung. Damit finden insbesondere die Vorschriften der §§ 119ff. BGB über die Anfechtung von Willenserklärungen auf den Beschluß als solchen keine Anwendung. Das BGB gibt uns also durchaus Differenzierungsmöglichkeiten an die Hand. Wir brauchen nicht, nur um den Sonderproblemen des

10 Überblick bei *Enneccerus/Nipperdey* II, § 146 IV; *Lehmann/Dietz*, § 6 III; *Weber-Dürler*, a.a.O., S. 25ff.; *Westermann*, Rdnrn. I 482ff.; *Staudinger/Bork*, vor § 145 Rdnr. 6; *Zöllner*, a.a.O., S. 10f.

11 *Otto v. Gierke*, Deutsches Privatrecht I, S. 501.

12 *Otto v. Gierke*, Genossenschaftstheorie, S. 568.

13 *Otto v. Gierke*, Deutsches Privatrecht I, S. 283 Fußn. 2.

14 Im Ergebnis ganz h.M.; grundlegende Überlegungen schon bei *v. Tuhr* II/1, § 53 IV.

15 Richtig *Enneccerus/Nipperdey* II, § 146 IV; a.M. z.B. *RGZ* 122, 367, 369.

16 Vgl. nur *KG*, NJW 1959, 1446f.; *Baltzer*, a.a.O., S. 176; *Lindemann*, a.a.O., S. 38ff.; *Baumbach/Hueck/Zöllner*, § 47 Rdnr. 3; *Scholz/Karsten Schmidt*, § 45 Rdnrn. 18, 22; *Bartholomeyczik*, ZHR 105 (1938), 299.

Beschlusses gerecht zu werden, den Rechtsgeschäftscharakter des Beschlusses zu leugnen.

b) Es muß zwischen den *einzelnen Stimmen* und dem *Beschluß* unterschieden werden. Die *einzelne Stimmabgabe ist Willenserklärung*[17], nur der Beschluß ist es nicht. Die Stimmabgabe unterliegt den in §§ 104ff., 116ff., 130ff. BGB enthaltenen Regeln[18]. Wie lange sie den Erklärenden bindet, hängt vom Abstimmungsverfahren und von der Auslegung der Stimmabgabe ab[19]. Als Willenserklärung kann sie auch nach Maßgabe der §§ 119ff., 142f. BGB angefochten werden[20]. Nach § 142 I BGB ist dann die angefochtene Stimme nichtig und darf nicht mitgezählt werden[21]. Welche Folgen vor allem eine der Beschlußfassung nachfolgende Anfechtung der Stimmabgabe für die Rechtswirksamkeit des Beschlusses hat, ist eine Frage, die sich nach dem Recht der fehlerhaften Beschlüsse entscheidet.

Beispiel Nr. 1: In der A, B & C oHG herrscht das Einstimmigkeitsprinzip (vgl. § 119 I HGB). Auf der Sitzung vom 1. April haben die Gesellschafter einstimmig die Gewinnverteilungsregelung geändert. Ficht später C seine Stimme wegen arglistiger Täuschung an, so bringt er nach § 142 BGB nicht nur seine Stimme, sondern damit zugleich auch die Einstimmigkeit, also den Beschluß, zu Fall. Er kann nach § 256 ZPO auf Feststellung klagen, daß die Gewinnverteilungsregelung nicht geändert worden ist.

Beispiel Nr. 2: In einer AG wurde mit einer einfachen Mehrheit von 3 600:1 700 Stimmen dem Vorstand Entlastung erteilt. Ficht Aktionär A, auf den 30 Stimmen entfielen, die Stimmabgabe an, so werden seine Stimmen nichtig (§ 142 BGB), doch hat dies keinen Einfluß auf den Mehrheitsbeschluß. War der Beschluß mit einer Mehrheit von nur 20 Stimmen gefaßt, so hat die Anfechtung Einfluß auf den Mehrheitsbeschluß. Sie bringt ihn aber nicht automatisch zu Fall, denn in der Hauptversammlung gilt als beschlossen, was verkündet und protokolliert wurde (näher unter II 1b aa). Deshalb muß A den Beschluß noch durch Anfechtungsklage beseitigen.

Beispiel Nr. 3 (vgl. *BGHZ* 14, 264, 268; *OLG München*, WM 1984, 260): Handelte es sich um eine GmbH, so ist die Rechtslage zweifelhaft. Wiederum ist davon auszugehen, daß die Anfechtung der Stimmabgabe zunächst nur diese selbst beseitigt und ohne Einfluß auf die Wirksamkeit des Beschlusses ist, wenn es auf die Stimme nicht ankam. Kam es auf die Stimme an, so ist umstritten, ob nun der Beschluß zum bloßen Scheinbeschluß wird oder ob er angefochten werden muß (näher unter II 1b aa). Die Gerichte sind hier mit Recht davon ausgegangen, daß der unter Mitzählung der Stimmen festgestellte Beschluß wirksam bleibt, bis er seinerseits nach den spezifischen Beschlußanfechtungsregeln erfolgreich angefochten worden ist (vgl. zur Anfechtung von GmbH-Gesellschafterbeschlüssen auch unten, § 36 III 4). Wörtlich heißt es bei *BGHZ* 14, 264, 267f.: »Die begründete Anfechtung einer Abstimmungserklärung bewirkt aber nur, daß die abgegebene Stimme ungültig wird. Das ist ohne praktische Bedeutung, wenn der Gesellschafterbeschluß gar

---

17 Vgl. nur *RGZ* 118, 67, 69; *BGHZ* 14, 264, 267; 48, 163, 173; *Westermann*, Rdnrn. I 482f.; *Baumbach/Hueck/Schulze-Osterloh*, § 47 Rdnr. 4; *Scholz/Karsten Schmidt*, § 45 Rdnr. 22; *Bartholomeyczik*, ZHR 105 (1938), 294; *ders.*, AcP 144 (1938), 287.

18 Vgl. nur *Baumbach/Hueck/Schulze-Osterloh*, § 47 Rdnr. 4; *Hachenburg/Hüffer*, § 47 Rdnr. 41; *Scholz/Karsten Schmidt*, § 45 Rdnr. 22.

19 Dazu vgl. *BGH*, NJW-RR 1990, 798 = ZIP 1990, 505 (Personengesellschaft); grundsätzlich für eine Bindung *Messer*, in: Festschrift Fleck, 1988, S. 221ff.; anders noch *RGZ* 128, 172, 177; s. auch *RGZ* 163, 385, 392f.

20 *BGHZ* 14, 264, 267; *OLG München*, WM 1984, 260, 262; *Scholz/Karsten Schmidt*, § 45 Rdnr. 22.

21 *BGHZ* 14, 264, 267.

nicht auf dieser Stimme beruht, er also auch ohne sie wirksam ist, oder wenn trotz der Unwirksamkeit der Stimmabgabe noch ein Gesellschafterbeschluß vorhanden ist, seine Unwirksamkeit aber nicht mehr geltend gemacht werden kann (*Hueck*, Anfechtbarkeit und Nichtigkeit von Generalversammlungsbeschlüssen, S. 120; *Bartholomeyczik*, a.a.O., S. 327 m.w.N.; vgl. auch *RGZ* 106, 258, 263; 115, 378, 383f.; 125, 143, 148; JW 1927, 1678). Der Gesellschafterbeschluß kann nur durch Klage angefochten werden. Das gilt wie für die Aktiengesellschaft ... ebenso auch für die Gesellschaft mit beschränkter Haftung (BGHZ 11, 231, 235 m.w.N.).«

3. Die Beschlußprozedur

a) Die zur Beschlußfassung führende Prozedur[22] ist unterschiedlich geregelt. Das Beschlußverfahren ist um so komplizierter, je größer sich der Gesetzgeber den Verband und die Tragweite seiner Entscheidungen vorgestellt hat. Bei der Aktiengesellschaft ist ein Höchstmaß an Formalisierung erreicht (§§ 119–130 AktG), während bei Personengesellschaften, die nach der Vorstellung des Gesetzgebers nach dem Einstimmigkeitsprinzip leben (§ 119 HGB), überhaupt keine Einzelheiten über Versammlungen, Ladungen, Tagesordnungen und Beschlußfassungen geregelt sind. Fragmentarische Regelungen enthält das Gesetz für den Verein (§ 32 BGB), für die Genossenschaft (§§ 43ff. GenG) sowie für die GmbH (§§ 48ff. GmbHG). Die Beschlußprozedur ist Legitimationsgrundlage des Beschlusses. Z.B. kann ein Versammlungsbeschluß fehlerhaft sein, weil eine Minderheit nicht geladen wurde[23]. Aber Teil des Beschlusses ist die Beschlußprozedur nicht.

b) Allerdings kann die Beschlußprozedur konstitutive Bedeutung für den Beschlußinhalt haben. Wird der Beschlußinhalt förmlich verkündet und beurkundet, so kann dies bedeuten, daß der Beschluß mit dem verkündeten und beurkundeten Inhalt zustande gekommen ist[24]. Für die Hauptversammlung der Aktiengesellschaft ist eine solche Prozedur gesetzlich vorgeschrieben (vgl. § 130 AktG). Wer danach geltend machen will, daß die Stimmen unrichtig ausgezählt worden sind oder daß Stimmen mitgezählt worden sind, die angefochten worden sind oder einem Stimmverbot unterlagen, muß den Beschluß erst durch Anfechtungsklage zu Fall bringen[25]. Genügt dies nicht, weil der Anfechtungskläger ein positives Beschlußergebnis durchsetzen will, so muß er nach nunmehr herrschender Auffassung mit der Anfechtungsklage eine sog. *positive Beschlußfeststellungsklage* verbinden[26], was für die Praxis bedeutet: Er muß das »richtige« Beschlußergebnis erst durch Gestaltungs-

22 Eingehend *Baltzer*, a.a.O., S. 97ff.; *Baumbach/Hueck/Zöllner*, § 47 Rdnrn. 5ff.

23 Vgl. *RG*, Warn. 1909 Nr. 123 (Verein); *BGHZ* 36, 207, 211; *OLG Stuttgart*, NJW 1973, 2028 (GmbH).

24 Dazu *BGHZ* 104, 66; std. Rspr.; vgl. auch zur Wohnungseigentümerversammlung *BGH*, NJW 2001, 3339, 3341f. mit umfangreichen Nachweisen; grundlegend *Zöllner*, a.a.O., S. 392ff.; vgl. auch *dens.*, in: Festschrift Lutter, 2000, S. 821ff. m.w.N.

25 Vgl. *Zöllner*, a.a.O., S. 405ff.; *Scholz/Karsten Schmidt*, § 45 Rdnrn. 98ff.

26 Vgl. *BGHZ* 97, 28; *Zöllner*, a.a.O., S. 407ff.; *Karsten Schmidt*, AG 1980, 169; *ders.*, NJW 1986, 2018.

klage herstellen, wenn die Mitgesellschafter dies nicht freiwillig tun (dazu unten, § 36 III 4 d). Der Unterschied sei kurz verdeutlicht.

Beispiel Nr. 4: Ist verkündet und protokolliert, daß dem Vorstand Entlastung erteilt wird, und wird geltend gemacht, daß unwirksame Stimmen mitgezählt worden sind, so genügt es, den Entlastungsbeschluß anzufechten. Mehr als eine Beseitigung der Beschlußwirkungen will der Kläger nicht.

Beispiel Nr. 5 (in Anlehnung an *BGHZ* 76, 191 = AG 1980, 187): Der Hauptversammlungsvorsitzende hatte verkündet, ein Satzungsänderungsantrag sei, wie auch beurkundet, abgelehnt. Dabei war er zu Unrecht davon ausgegangen, daß der Beschluß am Erfordernis einer qualifizierten Mehrheit gescheitert sei. Aktionär A wollte geltend machen, daß »in Wahrheit« der Satzungsänderungsantrag angenommen war. Da der ablehnende Beschluß förmlich verkündet und protokolliert war, war eine Anfechtungsklage einerseits erforderlich, aber sie war anderseits nicht ausreichend, weil es nicht genügte, den verkündeten Beschluß zu beseitigen. Der *BGH* entschied richtig (vgl. unter II 1 b aa; ausführlich unten, § 28 IV 5 e): »Hat in der Hauptversammlung der Vorsitzende zu Unrecht verkündet, ein Antrag sei wegen Fehlens der erforderlichen Stimmenmehrheit abgelehnt, so kann die hiergegen gerichtete Anfechtungsklage mit dem Antrag auf Feststellung eines zustimmenden Beschlusses verbunden werden.«

Diese etwas komplizierte Rechtstechnik wirft die Frage auf, ob es sich wirklich um zwei Streitgegenstände handelt, wenn ein negativer Beschluß angefochten wird (dazu unten, § 36 III 4)[27]. Von diesem Detail abgesehen dient sie der Rechtssicherheit und ist vor allem bei größeren Verbänden kaum zu entbehren. Sie läßt sich aber nur vertreten, wo es das Institut der anfechtbaren Beschlüsse gibt (dazu unter II 3) und eine konstitutiv wirkende Beschlußverkündung stattfindet. Im Aktienrecht ist diese Lösung anerkannt[28], im GmbH-Recht hat sie sich allmählich durchgesetzt (unten, § 36 III 3 c), und im Vereinsrecht wird hier eine gleiche Richtung vorgeschlagen (dazu unten, § 24 III 3 f.).

4. Beschlußfassung und Beschlußausführung

Bereits vor einem Jahrhundert hat *Otto von Gierke* den Unterschied zwischen der Willensbildung und der Willensausführung im Bereich der Beschlüsse herausgearbeitet[29]. Diese Unterscheidung hat ihre Bedeutung bis heute behalten[30]. Soweit die Ausführung eines Beschlusses der Erklärung im Außenverhältnis bedarf, muß auch hinsichtlich der Wirksamkeit und der Rechtsfolgen zwischen dem Beschluß und dieser Erklärung unterschieden werden.

Beispiel Nr. 6: Die Bestellung oder Abberufung eines GmbH-Geschäftsführers bedarf nicht nur eines Gesellschafterbeschlusses (§ 46 Nr. 5 GmbHG), sondern auch der Erklärung gegenüber dem Geschäftsführer (vgl. für die Bestellung *BGH*, GmbHR 1973,

27 Dazu *Karsten Schmidt*, in: GroßkommAktG, § 246 Rdnrn. 105 f.; *Scholz/Karsten Schmidt*, § 45 Rdnr. 45 ff.
28 *BGHZ* 76, 191; dazu *Karsten Schmidt*, AG 1980, 169; *Zöllner*, ZGR 1982, 623.
29 *Otto v. Gierke*, Genossenschaftstheorie, S. 693 ff.
30 *Scholz/Karsten Schmidt*, § 45 Rdnrn. 23, 29.

279 f.; *Plander*, GmbHR 1968, 202 f.; für die Abberufung *RGZ* 68, 381, 385; *RG*, LZ 1920, 799; *BGH*, BB 1969, 107; std. Rspr.). Es handelt sich also um ausführungsbedürftige Beschlüsse; die Ausführung ist ein selbständiges Rechtsgeschäft und erfolgt durch Willenserklärung. Nur wenn der Geschäftsführer anwesend ist, kann in der Mitteilung des Beschlußergebnisses auch die konkludente Ausführung gesehen werden. Unterläuft den Vertretungspersonen bei dieser Erklärung ein Erklärungs- oder Inhaltsirrtum, so ist eine Anfechtung nach § 119 BGB möglich. Um eine Anfechtung des Beschlusses handelt es sich dabei nicht.

II. Fehlerhafte Beschlüsse*

1. Grundlagen

a) Beschlüsse können rechtsfehlerhaft sein, und zwar
- aus formellen Gründen[31] oder
- aus materiellen Gründen[32].

Beispiel Nr. 7: Wird ohne ordnungsmäßige Ladung und Mitteilung der Tagesordnung in Abwesenheit des Gesellschafters G eine Satzungsänderung beschlossen und ein satzungs-

* Literatur (Auswahl, vgl. besonders zur AG unten, § 28 IV 5; zur GmbH unten, § 36 III 4; zu den Personengesellschaften unten, § 47 V 2): *Arens*, Streitgegenstand und Rechtskraft im aktienrechtlichen Anfechtungsverfahren, 1959; *Baums*, Eintragung und Löschung von Gesellschafterbeschlüssen, 1981; *ders.*, Der unwirksame Hauptversammlungsbeschluß, ZHR 142 (1978), 582; *Berg*, Schwebend unwirksame Beschlüsse privatrechtlicher Verbände, 1993; *Casper*, Die Heilung nichtiger Beschlüsse im Kapitalgesellschaftsrecht, 1998; *Alfred Hueck*, Anfechtbarkeit und Nichtigkeit von Generalversammlungsbeschlüssen einer Aktiengesellschaft, 1924; *ders.*, Gestaltungsklagen im Recht der Handelsgesellschaften, in: Recht im Wandel, Festschrift Carl Heymanns Verlag, 1965, S. 287; *ders.*, Mangelhafte Gesellschafterbeschlüsse bei der GmbH, in: Festschrift Molitor, 1962, S. 401; *Immenga*, Die Problematik der Anfechtungsklage im GmbH-Recht, GmbHR 1973, 5; *Köster*, Anfechtungs- und Nichtigkeitsklage gegen Gesellschafterbeschlüsse bei oHG und KG, 1981; *Kreß*, Gerichtliche Beschlußkontrolle im Kapitalgesellschaftsrecht, 1996; *Noack*, Fehlerhafte Beschlüsse in Gesellschaften und Vereinen, 1989; *Raiser*, Nichtigkeits- und Anfechtungsklagen, in: Festschrift 100 Jahre GmbH-Gesetz, 1992, S. 587; *Renkl*, Der Gesellschafterbeschluß, 1982, S. 108 ff.; *Karsten Schmidt*, Fehlerhafte Beschlüsse in Gesellschaften und Vereinen, AG 1977, 205, 243; *ders.*, Zum Streitgegenstand von Anfechtungs- und Nichtigkeitsklagen im Gesellschaftsrecht, JZ 1977, 769; *ders.*, Geklärte und offene Probleme »der positiven Beschlußfeststellungsklage«, AG 1980, 169; *ders.*, Die Beschlußanfechtungsklage bei Vereinen und Personengesellschaften, in: Festschrift Stimpel, 1985, S. 217; *ders.*, Rechtsschutz des Minderheitsgesellschafters gegen rechtswidrige ablehnende Beschlüsse, NJW 1986, 2018; *ders.*, Nichtigkeitsklagen als Gestaltungsklagen, JZ 1988, 729; *Schröder*, Neue Konzepte zum Beschlußmängelrecht der GmbH und der Personengesellschaften, GmbHR 1994, 532; *Sosnitza*, Nichtigkeits- und Anfechtungsklage im Schnittfeld von Aktien- und Zivilprozeßrecht, NZG 1998, 335; *Thöni*, Rechtsfolgen fehlerhafter GmbH-Gesellschafterbeschlüsse, Wien 1998; *Zöllner*, Die Schranken mitgliedschaftlicher Stimmrechtsmacht, 1963; *ders.*, Zur positiven Beschlußfeststellungsklage im Aktienrecht, ZGR 1982, 623; *ders.*, Zur Problematik der aktienrechtlichen Anfechtungsklage, AG 2000, 145.

31 Bei formellen Mängeln verlangt die h. M. grundsätzlich »Kausalität« des Mangels; vgl. *BGHZ* 14, 264, 267 f.; 36, 121, 139; 49, 209, 211; 59, 369, 375; 86, 1, 22; *Messer*, in: Festschrift Quack, 1991, S. 321 f.; eingehend und krit. *Karsten Schmidt*, in: GroßkommAktG, § 243 Rdnrn. 21 ff.; *Scholz/Karsten Schmidt*, § 45 Rdnrn. 69, 100 ff.; für ein bloßes Relevanzerfordernis vgl. grundlegend *Zöllner*, in: KK, 1. Aufl., § 243 Rdnrn. 81 ff.

32 Überblick über die Beschlußmängel bei *Scholz/Karsten Schmidt*, § 45 Rdnrn. 37 ff.

mäßiges Sonderrecht des G beseitigt, so leidet dieser Beschluß sowohl an einem formellen Mangel (Verfahrensfehler) als auch an einem materiellen Mangel (Inhaltsfehler).

b) Hinsichtlich der Rechtsfolgen der Fehlerhaftigkeit unterscheidet man
- Nichtbeschlüsse (Scheinbeschlüsse),
- nichtige Beschlüsse,
- unwirksame Beschlüsse,
- anfechtbare Beschlüsse[33].

aa) *Nichtbeschlüsse* oder *Scheinbeschlüsse* stellen in der Praxis eine Seltenheit dar. Ihre Behandlung ist aber vorerst durchaus auch noch ein praktisches Problem[34]. Natürlich kommt es selten vor, daß eine Nicht-Hauptversammlung oder Nicht-Mitgliederversammlung oder Nicht-Gesellschafterversammlung den Schein eines Versammlungsbeschlusses hervorruft. Auch ist es ein wichtiges Anliegen der Praxis, den Tatbestand des Nichtbeschlusses oder Scheinbeschlusses nach Kräften zurückzudrängen. Schließlich muß man sich darüber klar sein, daß der Tatbestand des Scheinbeschlusses – also des in Wahrheit nicht zustande gekommenen, eben nur scheinbaren, Beschlusses – nur ein *Problem* benennt und keine eigene Kategorie des fehlerhaften Beschlusses darstellt[35]. Immerhin kann dieses Problem überall da auftreten, wo über das Ergebnis der Beschlußfassung gestritten wird.

Beispiel Nr. 8: Der Versammlungsvorsitzende stellt fest, daß ein Beschluß mit einer einfachen Mehrheit von drei Stimmen gefaßt ist. Nachträglich wird geltend gemacht, daß die Mehrheit falsch ausgezählt worden ist und daß überdies mindestens vier Mitglieder aus Rechtsgründen vom Stimmrecht ausgeschlossen waren.

Sieht man hierin einen Scheinbeschluß, so ist die *Rechtsunsicherheit* groß, denn es kann jedermann in jeder Weise – z.B. durch einfache Feststellungsklage, aber nicht nur auf diese Weise – das Vorhandensein des Beschlusses angreifen. Im Aktienrecht gilt deshalb der Grundsatz: Der Beschluß ist so gefaßt, wie er verkündet und protokolliert ist; er kann dann nur mit der Anfechtungsklage angegriffen werden[36]. Lautete der festgestellte Beschluß auf Ablehnung des Antrags, während bei richtiger Stimmenauswertung die Annahme des Antrags hätte festgestellt werden müssen, so kann mit der Anfechtung des »Nein«-Beschlusses eine Klage auf Feststellung des »Ja«-Beschlusses verbunden werden[37]. Es handelt sich dabei um die unter I 3b schon besprochene »positive Beschlußfeststellungsklage«. Man sollte diesen Grund-

---

33 Überblick ebd.

34 Vgl. auch *BayObLG*, BB 1980, 85, 86 = DB 1990, 157, 158; a.M. aufgrund der abgeschlossenen aktienrechtlichen Entwicklung *Hüffer*, in: MünchKommAktG, § 241 Rdnr. 11; für die GmbH *Baumbach/Hueck/Zöllner*, Anh. § 47 Rdnrn. 13f.; *Hachenburg/Raiser*, Anh. § 47 Rdnr. 30; *Verf.* hat selbst zur Zurückdrängung dieser Tatbestände beigetragen und die heute anerkannte verbindliche Beschlußfeststellung bei der GmbH gefordert (in: *Scholz*, GmbHG, 6. Aufl. 1978/83, § 45 Anm. 46, § 48 Anm. 53).

35 *Scholz/Karsten Schmidt*, § 45 Rdnrn. 50f.; zust. *Noack*, a.a.O., S. 11.

36 *RGZ* 75, 239, 242ff.; 122, 102, 107; 142, 123, 129; *BGHZ* 14, 25, 36f.; 76, 191, 197; *Werner*, in: Großkomm. AktG, § 130 Rdnr. 27.

37 *BGHZ* 76, 191, 197; 88, 320; 97, 28; *Karsten Schmidt*, AG 1980, 169; *ders.*, NJW 1986, 2020; *Zöllner*, ZGR 1982, 623.

satz als Element einer allgemeinen Beschlußrechtsdogmatik[38] auf alle Verbände anwenden, bei denen Mehrheitsbeschlüsse förmlich festgestellt und protokolliert werden, insbesondere auch auf die Genossenschaft[39] und die GmbH[40], aber auch auf den Verein[41] und die (Publikums-)Personengesellschaft[42], soweit Mehrheitsbeschlüsse gefaßt werden (vgl. unten, § 24 III 3e). Nur wenn eine förmliche Beschlußfeststellung fehlt, ist das Beschlußergebnis offen und muß ggf. in einem Feststellungsprozeß geklärt werden[43]. Die Verbandspraxis hat es demnach in der Hand, das unliebsame Phänomen des Scheinbeschlusses wirksam zurückzudrängen. Zweifelhaft ist allerdings noch, ob für die verbindliche Beschlußfeststellung in Vereinen und Personengesellschaften eine besondere Satzungsklausel erforderlich ist[44]. Eine solche Klarstellung in der Satzung bzw. im Gesellschaftsvertrag ist der Gestaltungspraxis unbedingt anzuraten, aber wohl nicht zwingend erforderlich.

bb) *Nichtige Beschlüsse* sind zwar als mehrheitliche Willensbildungen in der Welt, aber sie leiden an einem Mangel, der sie ipso iure rechtsungültig macht. Solange die Nichtigkeit nicht geheilt ist (vgl. § 242 AktG), kann sie von jedermann in jeder Weise geltend gemacht werden. Als besondere Form der Geltendmachung regelt § 249 AktG die Nichtigkeitsklage des Aktionärs gegen die Gesellschaft. Als Nichtigkeitsgründe sind für das Aktienrecht in § 241 AktG aufgezählt[45]:

- Einberufungsmängel,
- Beurkundungsmängel,
- Unvereinbarkeit des Beschlusses mit dem »Wesen der Aktiengesellschaft«,
- Sittenverstoß,
- Aufhebung durch rechtskräftiges Gerichtsurteil,
- Löschung aufgrund rechtskräftiger Entscheidung.

---

38 Vgl. zum Beschluß der Wohnungseigentümerversammlung *BGH*, NJW 2001, 3339 (zum Abdruck in *BGHZ* bestimmt).

39 Zur Sitzungsniederschrift vgl. § 47 GenG.

40 Vgl. *RG*, DR 1939, 720 m. Anm. *Groschuff* = HRR 1939 Nr. 632; *BGHZ* 104, 66 = BB 1988, 993 = NJW 1988, 1844; *OGH Wien*, GesRZ 1933, 103, 105; *BayObLGZ* 1955, 333 = GmbHR 1956, 61 m.Anm. *Gottschling*; DB 1993, 1763 = GmbHR 1993, 741; *Zöllner*, a.a.O., S. 406ff.; *ders.*, ZGR 1982, 626ff.; *Rohleder*, GmbHR 1989, 236; *Baumbach/Hueck/Zöllner*, Anh. § 47 Rdnr. 64; *Scholz/Karsten Schmidt*, § 48 Rdnr. 58 mit Nachweisen zum Streitstand; anders noch *BGHZ* 51, 209, 211ff. = LM Nr. 13 zu § 47 GmbHG m. Anm. *Fleck*; nur bei notarieller Beurkundung wie hier bereits *BGHZ* 14, 25, 35f.

41 Einschränkend *Reuter*, in: MünchKommBGB, § 32 Rdnr. 53ff.; *Staudinger/Weick*, § 32 Rndr. 36: nur bei entsprechender Satzungsbestimmung.

42 Einschränkend *Köster*, a.a.O., S. 106ff.: nur für die körperschaftlich strukturierte Personengesellschaft; Empfehlung einer klarstellenden Satzungsklausel bei *Scholz/Karsten Schmidt*, Anh. § 45 Rdnr. 38 a.E.

43 Dazu *BGH*, ZIP 1995, 1982.

44 So *Reuter*, in: MünchKommBGB, § 32 Rdnr. 59f.; *Staudinger/Weick*, § 32 Rdnrn. 36f.

45 Dazu *Raiser*, Kapitalgesellschaften, § 16 Rdnrn. 123ff.; *Renkl*, a.a.O., S. 110ff.; *Karsten Schmidt*, in: GroßkommAktG, § 241 Rdnrn. 20ff., 42ff.; dort auch zu den Sonderfällen der §§ 212 S. 2, 217 II, 192 IV, 234 III, 235 II, 228 II, 173 III 4 AktG.

cc) *Unwirksame Beschlüsse* sind fehlerhaft, aber nicht definitiv wirkungslos. Sie bedürfen der Zustimmung eines Mitglieds oder eines Dritten[46]. Standardbeispiele sind Beschlüsse, die den Mitgliedern zusätzliche Beiträge auferlegen[47] oder in Sonderrechte von Mitgliedern eingreifen[48]. Das Verhältnis zu den nichtigen Beschlüssen ähnelt dem zwischen nichtigen und schwebend unwirksamen Rechtsgeschäften.

dd) *Anfechtbare Beschlüsse* sind fehlerhaft, aber rechtswirksam. Sie können selbstverständlich, wenn die Gesellschafter einsichtig sind, durch einen neuen Beschluß aufgehoben, im übrigen aber nur durch *Anfechtungsklage* beseitigt werden[49]. Das Prinzip der Anfechtbarkeit ist aus den §§ 243ff. AktG ablesbar. Es läßt sich aber entgegen der immer noch herrschenden Meinung auf die Mehrheitsbeschlüsse bei allen Verbandsformen ausdehnen (dazu alsbald unter II 3). Ein Beschluß kann wegen Verletzung des Gesetzes oder der Satzung durch Klage angefochten werden (§ 243 AktG). Die Klage kann nicht von jedermann gegen jedermann, sondern nur vom klagebefugten Personenkreis, vor allem von den Aktionären, erhoben werden (§ 245 AktG), und sie muß gegen die Gesellschaft gerichtet werden (§ 246 II AktG). Dabei muß eine Anfechtungsfrist gewahrt sein (§ 246 I AktG). Die Klage ist eine *Gestaltungsklage*, das der Klage stattgebende Urteil ein Gestaltungsurteil. Es lautet auf Nichtigerklärung des Beschlusses. Der rechtswidrige Beschluß wird nichtig, wenn er auf Anfechtungsklage durch Urteil rechtskräftig für nichtig erklärt worden ist (§ 241 Nr. 5 AktG). Die Parallele zu den §§ 42, 113 VwGO ist bemerkenswert. Die Anfechtungsgründe sind vielfältig. In Betracht kommen formelle Verstöße, soweit sie für das Beschlußergebnis relevant sein können[50], verschiedenartige materielle Verstöße, insbesondere der Mißbrauch der Mehrheitsherrschaft (Treupflichtverletzung)[51] und der Verstoß gegen den Gleichbehandlungsgrundsatz[52].

ee) Von den unwirksamen, nichtigen und anfechtbaren Beschlüssen sind solche zu unterscheiden, deren *Wiederaufhebung und Nicht-Durchführung* ein Mitglied verlangen kann, weil die Aufrechterhaltung und Durchführung des Beschlusses, ohne daß dieser selbst formell oder inhaltlich rechtswidrig

---

46 Vgl. zur Kategorie der unwirksamen Beschlüsse etwa *RGZ* 148, 175, 187; *BGHZ* 48, 141, 143; *Hüffer*, in: MünchKommAktG, § 241 Rdnrn. 16ff.; *Karsten Schmidt*, in: GroßkommAktG, § 241 Rdnrn. 14ff.; *Scholz/Karsten Schmidt*, § 45 Rdnrn. 53ff.; die Berechtigung dieser Kategorie wird bestritten; vgl. *Baums*, ZHR 142 (1978), 582ff.

47 Vgl. *RGZ* 121, 238, 244f.; 136, 186, 192; *RG*, JW 1931, 2975; *BGH*, WM 1966, 447.

48 Vgl. *BGH*, WM 1962, 201; 1967, 928; *BayObLG*, DB 1978, 2164f.

49 Grundlegend *Alfred Hueck*, Anfechtbarkeit und Nichtigkeit, a.a.O.

50 Dazu *Baumbach/Hueck/Zöllner*, Anh. § 47 Rdnrn. 67f.; *Scholz/Karsten Schmidt*, § 45 Rdnr. 100; *Hüffer*, in: MünchKommAktG, § 243 Rdnrn. 27ff.; *Karsten Schmidt*, in: GroßKommAktG, § 243 Rdnrn. 21ff.

51 Vgl. zum Machtmißbrauch durch Treupflichtverletzung *RGZ* 131, 141, 145; 149, 305, 311f.; std. Rspr.; *BGHZ* 8, 348, 355; 14, 25, 37f.; 103, 184, 189f.; std. Rspr.; *Raiser*, Kapitalgesellschaften, § 16 Rdnr. 161, § 28 Rdnr. 48.

52 Vgl. *RGZ* 118, 67, 70ff.; *BGHZ* 33, 175; 70, 117; 111, 224, 227; 116, 359, 373ff.; *Götz Hueck*, Der Grundsatz gleichmäßiger Behandlung im Privatrecht, 1958, S. 309ff.; *Raiser*, Kapitalgesellschaften, § 12 Rdnr. 62, § 16 Rdnr. 161, § 28 Rdnr. 59; str.; Überblick bei *Scholz/Karsten Schmidt*, § 45 Rdnrn. 105f.

wäre, eine Verletzung mitgliedschaftlicher Rechte mit sich bringt[53]. Dieses Recht wird durch mitgliedschaftliche Unterlassungs- oder Beseitigungsklage geltend gemacht (dazu unten, § 21 V 3). Rückwirkende Kraft kann ihm nur schuldrechtlich im Innenverhältnis zukommen. Diese noch wenig erforschte Konstellation dürfte selten sein[54], weil ein Beschluß, dessen Durchführung Mitgliedschaftsrechte verletzt, regelmäßig selbst anfechtbar ist[55]. Selbstverständlich können aber die Beteiligten untereinander auch Anfechtungsfälle nach diesem Modell abwickeln.

Beispiel Nr. 9: Die Import-GmbH wurde, angeblich wegen einer Strukturkrise im Importgeschäft, gegen die Stimmen des Gesellschafters G durch Beschluß aufgelöst (§ 60 I Nr. 2 GmbHG). G, der eine treuwidrige Übernahmeaktion des Mehrheitsgesellschafters M vermutet, hat Anfechtungsklage erhoben, die nach monatelangem Prozeßverlauf auch Erfolg verspricht. Da sich die Importbranche erholt hat und M das Gesicht wahren will, bereinigen die Gesellschafter die Angelegenheit, indem sie in einem Prozeßvergleich, dem alle Gesellschafter beitreten, mit interner ex-tunc-Wirkung eine Aufhebung des Auflösungsbeschlusses und eine Fortsetzung der Gesellschaft vereinbaren.

c) Die *Dogmatik der Beschlußmängel* ist teilweise noch umstritten und unausgereift. Man muß sich insbesondere klar machen, daß derselbe Beschluß gleichzeitig nichtig, unwirksam und anfechtbar sein kann, weshalb die Vorstellung, es gebe »nichtige Beschlüsse«, »anfechtbare Beschlüsse«, »unwirksame Beschlüsse« usw. bei Licht besehen ungenau und wenig klärend ist[56].

Beispiel Nr. 10: Wird in der ABC-GmbH ohne Ladung des A (Anfechtungsgrund) mit den Stimmen des B und des C unter Verstoß gegen zwingende Devisenvorschriften (Nichtigkeitsgrund) eine Erhöhung der Leistungen aller Gesellschafter (Unwirksamkeitsgrund) beschlossen, so leidet *derselbe* Beschluß an ganz verschiedenartigen Mängeln, die allerdings zum Gegenstand einer einheitlichen »Anfechtungsklage« gemacht werden können (dazu unten, § 36 III 4 d). Wenn üblicherweise – und auch hier – einfach von nichtigen, unwirksamen und anfechtbaren Beschlüssen gesprochen wird, so sollte doch Klarheit darüber bestehen, daß es nicht um unterschiedliche Beschlüsse, sondern um unterschiedliche Beschlußmängel geht: Nichtigkeitsmängel, Unwirksamkeitsmängel und Anfechtungsmängel.

d) Die *Geltendmachung der Beschlußmängel im Prozeß* unterliegt unterschiedlichen Grundsätzen. Ist ein Beschluß nichtig oder unwirksam oder wird geltend gemacht, daß ein Beschluß dieses Inhalts überhaupt nicht gefaßt worden ist, so ist für die Geltendmachung dieses Mangels kein besonderes Verfahren vorgeschrieben. Jedermann kann diese Mängel auf jede Weise geltend machen, auch durch schlichte Behauptung, durch Bestreiten von Rechten, durch Einwendung gegen eine Klage usw. Soll die Frage in einem besonderen Prozeß geklärt werden, so kann jeder gegen jeden – nicht nur gegen den Verband! – eine Feststellungsklage nach § 256 ZPO erheben,

53 Grundlegend für eine solche Unterscheidung, aber mit anderen Folgerungen als der Text, *Noack*, a. a. O., S. 55 ff., 64 ff.; *Noack* unterscheidet zwischen den Fällen der »generellen Nichtigkeit« und der auf der Verletzung des Innenrechts beruhenden »internen Nichtigkeit«, für die nur das Aktien- und Genossenschaftsrecht eine Anfechtungsklage verlange.

54 A.M. aufgrund des abweichenden Konzepts *Noack*, a. a. O.

55 Zu denken ist an Fälle, die den Vertragsänderungspflichten (oben, § 5 IV) entsprechen.

56 Vgl. *Scholz/Karsten Schmidt*, § 45 Rdnrn. 37 ff.; *Karsten Schmidt*, in: GroßkommAktG, § 241 Rdnr. 8; *ders.*, JZ 1977, 769; 1988, 732.

vorausgesetzt nur, der Kläger hat dem Beklagten gegenüber ein Feststellungsinteresse i. S. dieser Bestimmung[57]. Ein solches Feststellungsurteil erwächst allerdings auch nur unter den Parteien in materielle Rechtskraft. Ganz anders verhält es sich mit den Anfechtungsgründen. Der Anfechtungsgrund macht den Beschluß zwar rechtswidrig, berührt aber nicht seine Wirksamkeit, solange nicht der Beschluß durch rechtskräftiges Gestaltungsurteil aufgehoben (das Aktiengesetz sagt: »für nichtig erklärt«) worden ist[58]. Die Anfechtungsklage kann deshalb nur Gestaltungsklage sein. Dasselbe gilt aber entgegen der herrschenden Auffassung auch für die in § 249 AktG beschriebene Nichtigkeitsklage, die eben keine Klage nach § 256 ZPO ist. Das rechtskräftige Nichtigkeitsurteil vernichtet den Beschluß – ganz wie das Anfechtungsurteil – mit Wirkung für und gegen jedermann. Ob der Beschluß ipso iure nichtig ist – was in vielen Fällen zweifelhaft und umstritten sein kann! –, braucht nur so lange geklärt zu werden und kann nur so lange Gegenstand von Streitigkeiten sein, wie nicht der Beschluß durch Gestaltungsurteil endgültig und für jedermann aus der Welt geschafft ist. Das ist nun darzustellen.

2. Anfechtungsklage und Nichtigkeitsklage als Gestaltungsklagen gegen rechtswidrige Beschlüsse

a) Anfechtungs- und Nichtigkeitsklagen von Verbandsmitgliedern gegen rechtswidrige Beschlüsse, die nur gegen den Verband erhoben werden können (vgl. nur §§ 246, 249 AktG), sind ihrer Klagart nach nicht zu unterscheiden[59]. Beide sind gleichzeitig Abwehrklagen (unten, § 21 V 2) und Gestaltungsklagen[60]. *BGHZ* 134, 364 (»Tomberger II«) hat immerhin bereits anerkannt, daß Nichtigkeits- und Anfechtungsklage »dasselbe materielle Ziel«, nämlich die für und gegen jedermann wirkende Unwirksamerklärung verfolgen[61]. Die wohl noch herrschende Auffassung sieht allerdings nur die Anfechtungsklage als Gestaltungsklage an, die Nichtigkeitsklage

57 Vgl. zu dieser Einschränkung *BGHZ* 70, 384, 388 = NJW 1978, 1325 f.; *OLG Hamburg* , ZIP 1995, 1513; *Hüffer*, in: MünchKommAktG, § 249 Rdnrn. 6 f.; *Scholz/Karsten Schmidt*, § 45 Rdnr. 82; *Karsten Schmidt*, in: GroßkommAktG, § 249 Rdnr. 36.

58 Zur Frage, inwieweit Registergerichte und Gesellschaftsorgane der Rechtswidrigkeit Rechnung tragen müssen, vgl. *BGH*, WM 1990, 1372, auf Vorlage von *OLG Frankfurt*, WM 1990, 596; zuvor *OLG Hamm*, BB 1981, 259; WM 1988, 943; *Baums*, a. a. O., S. 159 ff.; *Scholz/Karsten Schmidt*, § 45 Rdnrn. 123 ff.; *Fleck*, GmbHR 1974, 227 f. m. w. N.

59 Ausführlich *Karsten Schmidt*, JZ 1977, 769 ff.; *ders.*, AG 1977, 207; *ders.*, JZ 1988, 729 ff.; *ders.*, in: GroßkommAktG, § 246 Rdnr. 5, § 249 Rdnrn. 4, 20 f.; *Scholz/Karsten Schmidt*, § 45 Rdnrn. 45, 127 ff., 168; ähnlich *Noack*, a. a. O., S. 88–102; jetzt auch *Baumbach/Hueck/Zöllner*, Anh. § 47 Rdnr. 83; *Rowedder/Koppensteiner*, § 47 Rdnr. 119; *Kindl*, ZGR 2000, 166 ff.

60 Die negatorische und die kassatorische Funktion der Klagen sind miteinander vereinbar; vgl. entgegen früheren Stellungnahmen *Karsten Schmidt*, in: Festschrift Stimpel, a. a. O., S. 221 ff.; *ders.*; in: Festschrift Semler, 1993, S. 331.

61 Dazu klarstellend *BGH*, NJW 1999, 1638; eingehend *Kindl*, ZGR 2000, 166 ff.

dagegen als Feststellungsklage[62]. Diese hergebrachte Auffassung beruht auf zwei Erwägungen. Der positivistische Grund besteht darin, daß die Klage ausweislich § 249 AktG auf »Feststellung der Nichtigkeit« lautet; der dogmatische Grund besteht darin, daß der nichtige Beschluß ohnedies nichtig ist, weshalb man – wie vor vielen Jahrzehnten auch noch bei der Anfechtung im BGB[63] – keinen Raum für die gestaltende Anfechtung solcher Beschlüsse sieht[64]. Nun beruht aber die gebräuchliche Formulierung von Antrag und Tenor nur auf dem Wortlaut des § 249 AktG, und dieser beruht wieder auf der Deutung der Nichtigkeitsklage als Feststellungsklage. Damit spitzt sich die Problematik ganz auf die dogmatische Frage zu. Für die dogmatische Einordnung kommt es aber auf die Funktion und nicht auf die Formulierung der Klage an. In diesem Licht erweist sich die Nichtigkeitsklage als Gestaltungsklage[65]. Sie wird allgemein von der »gewöhnlichen Feststellungsklage« des § 256 ZPO unterschieden[66], und dieser Unterschied liegt darin, daß sie
- nur von bestimmten Klägern[67],
- nur gegen die Gesellschaft erhoben werden kann[68] und
- auf Vernichtung des Beschlusses mit Wirkung für und gegen jedermann zielt[69].

b) Die hier vertretene Auffassung ebnet nicht den Unterschied zwischen Nichtigkeitsgründen und Anfechtungsgründen ein. Im Gegenteil: Sie macht gerade da Ernst mit diesem Unterschied, wo es wirklich auf ihn ankommt[70]. Nicht die Nichtigkeits*klage* und die Anfechtungs*klage* markieren den entscheidenden Unterschied im Recht der Beschlußmängel, sondern Nichtigkeits*gründe* und Anfechtungs*gründe*[71].

Aber es schadet auch nichts, wenn statt der »Nichtigkeitsklage« eine »Anfechtungsklage« erhoben worden ist, denn die ex-tunc-Vernichtung des Beschlusses ist allemal begründet. Umgekehrt kann sogar einer »Nichtigkeitsklage« stattgegeben werden, wenn sich der vermeintliche Nichtigkeitsgrund als bloßer Anfechtungsgrund erweist, aber die Anfechtungsfrist gewahrt ist (*BGHZ* 134, 364 = LM Nr. 8 zu § 241 AktG m. Anm. *Jänich*).

---

62 So z.B. *RGZ* 170, 83, 87; *BGHZ* 32, 318, 322; *Alfred Hueck*, Anfechtbarkeit und Nichtigkeit, a.a.O., S. 234ff.; *Renkl*, a.a.O., S. 117f., 130f.; *Hüffer*, in: MünchKommAktG, § 249 Rdnr. 4; *Hüffer*, AktG, § 249 Rdnr. 2; vgl. insoweit sogar *Zöllner*, in: KK, 1. Aufl., § 249 Rdnrn. 20, 40.

63 Zu den sog. Doppelwirkungen im Recht vgl. *Kipp*, in: Festschrift von Martitz, 1911, S. 211ff.; krit. *Oellers*, AcP 169 (1969), 67ff.

64 Charakteristisch *Hüffer*, in: MünchKommAktG, § 249 Rdnr. 4.

65 Eingehend *Karsten Schmidt*, JZ 1988, 729ff.

66 *BGHZ* 70, 384, 388; *Roth/Altmeppen*, § 47 Rdnrn. 99f.; *Hüffer*, in: MünchKommAktG, § 249 Rdnr. 6.

67 Vgl. nur *Zöllner*, in: KK, 1. Aufl., § 249 Rdnrn. 10ff.; *Rowedder/Koppensteiner*, § 47 Rdnr. 123f.

68 Vgl. *Zöllner*, in: KK, 1. Aufl., § 249 Rdnr. 23; *Rowedder/Koppensteiner*, § 47 Rdnr. 125.

69 Dafür auch *Zöllner*, in: KK, 1. Aufl., § 249 Rdnr. 41; *Rowedder/Koppensteiner*, § 47 Rdnr. 130; *Hüffer*, in: MünchKommAktG, § 249 Rdnrn. 22f., wo die Wirkung als Feststellungswirkung (materielle Rechtskraft) eingeordnet und dann durch Schließung einer Regelungslücke im Ergebnis einer Gestaltungswirkung gleichgestellt wird.

70 Ausführlicher *Karsten Schmidt*, JZ 1977, 769; 1988, 733f.; zust. *Kindl*, ZGR 2000, 172f. mit umfassenden Nachw.; krit. *Sosnitza*, NZG 1999, 497f.

71 *Scholz/Karsten Schmidt*, § 45 Rdnr. 45; zust. *Kindl*, ZGR 2000, 172.

Beispiel Nr. 11: Leidet ein Beschluß an einem Anfechtungsmangel, so ist er wirksam, solange er nicht erfolgreich angefochten ist; hat die Anfechtungsklage Erfolg, so beseitigt das rechtskräftige Urteil den Beschluß. Leidet der Beschluß an einem Nichtigkeitsmangel, so ist er ipso iure nichtig, doch kann jeder die Nichtigkeit bestreiten und müßte dann ggf. nach § 256 ZPO auf Feststellung der Nichtigkeit verklagt werden; dieser Zustand kann durch die »Nichtigkeitsklage« als Gestaltungsklage mit Wirkung gegen jedermann beendet werden.

Beispiel Nr. 12: Ist die Anfechtungsfrist im Zeitpunkt der Klageerhebung schon abgelaufen, so kann der Kläger nur noch die »Nichtigkeitsklage« erheben, aber das bedeutet nicht, daß er von einer Klage zur anderen wechseln muß; es bedeutet nur, daß seine Klage nach Ablauf der Anfechtungsfrist keinen Erfolg hat, wenn kein Nichtigkeitsgrund festgestellt wird.

Beispiel Nr. 13: Üblicherweise stellt der Kläger, wenn er Nichtigkeit, hilfsweise Anfechtbarkeit, geltend macht, einen Hauptantrag (Nichtigkeitsklage) und einen Hilfsantrag (Anfechtungsklage). So, wenn mehrere ungleiche Mängel vorgetragen werden, aber auch, wenn der Kläger sich nicht sicher ist, ob das Gericht den vorgetragenen Mangel als Nichtigkeitsgrund oder als Anfechtungsgrund betrachten wird. Nun kommt es vor, daß nur ein Anfechtungsantrag gestellt wird und daß das Gericht den Beschluß sogar für nichtig hält. Natürlich kann daran die Klage nicht scheitern. Da auch die Nichtigkeitsklage in Wahrheit eine Gestaltungsklage ist, braucht der Kläger nicht einmal seinen Antrag zu ändern. Das Gericht gibt der »Anfechtungsklage« statt mit der Begründung, daß es den Beschluß für nichtig hält. Im Hinblick auf die gewohnten Formulierungen wird zwar der vorsichtige Praktiker Antrag und Tenor vorsorglich umstellen (»Feststellung« der Nichtigkeit), aber dies ist rechtlich nicht notwendig und auch ohne irgendeinen praktischen Belang (vgl. zur Einheitlichkeit des Streitgegenstands auch *BGHZ* 134, 364 = LM Nr. 8 zu § 241 AktG m. Anm. *Jänich*).

3. Anfechtungs- und Nichtigkeitsklagen bei allen Verbandsformen?

a) Das Gesetz kennt die Anfechtungs- und die Nichtigkeitsklage bei der AG (§§ 246ff. AktG) sowie die Anfechtungsklage bei der Genossenschaft (§ 51 GenG). Trotzdem ist *herrschende Auffassung*, daß es bei der Genossenschaft auch die Nichtigkeitsklage[72] und bei der GmbH – trotz fehlender Gesetzesgrundlage – Anfechtungs- und Nichtigkeitsklagen gibt[73]. Ganz anders soll es bei den Vereinen[74] und bei den Personengesellschaften[75] sein. Hier kann der

72 Vgl. *RGZ* 170, 83, 88; *OGHZ* 2, 197, 199; vgl. zur Anfechtbarkeit und Nichtigkeit von Versammlungsbeschlüssen auch *BGH*, LM Nr. 1 zu § 5 DDR-LPGG = ZIP 1994, 1221.

73 *RGZ* 166, 129, 131f.; *BGHZ* 11, 231, 235; 14, 25, 30; 36, 207, 210f.; 88, 320; 97, 28; 101, 113; 104, 66; 111, 224 = NJW 1990, 2625; std. Rspr.; *Scholz/Karsten Schmidt*, § 45 Rdnr. 123; für die Gegenauffassung vgl. *Raiser*, Kapitalgesellschaften, § 33 Rdnr. 81; *Noack*, a.a.O., S. 117ff., 133ff.; *Baumbach/Hueck/Zöllner*, Anh. § 47 Rdnrn. 2ff.; *Hachenburg/Raiser*, Anh. § 47 Rdnrn. 3ff.; *Zöllner/Noack*, ZGR 1989, 525ff.

74 *BGHZ* 59, 369, 371ff. = LM Nr. 4 zu § 32 BGB m. Anm. *Fleck*; *BGH*, NJW 1994, 184; *OLG Hamm*, NJW-RR 1997, 989; *Reuter*, in: MünchKommBGB § 32 Rdnrn. 55ff.; *Staudinger/Weick*, § 32 Rdnrn. 25, 28; umfassende Nachweise bei *Noack*, a.a.O., S. 157ff.; anders *Richert*, NJW 1957, 1544; zweifelnd *KG*, OLGZ 1983, 269, 271.

75 Vgl. statt vieler *BGH*, NJW 1999, 3113 = JuS 2000, 298 *(Karsten Schmidt)*; *Alfred Hueck*, oHG, § 11 V 2 a; *Nitschke*, Die körperschaftlich strukturierte Personengesellschaft, 1970, S. 206ff.; *Westermann*, Rdnrn. I 546ff.; *Baumbach/Hopt*, § 119 Rdnr. 31; *Ebenroth/Boujong/Joost/Goette*,

Beschluß nach herrschender Auffassung wirksam, unwirksam oder nichtig, nicht aber anfechtbar sein.

Beispiel Nr. 14: Es wird ein Mehrheitsbeschluß gefaßt, der mit dem Grundsatz der Gleichbehandlung der Mitglieder unvereinbar ist (eine oft schwierige und umstrittene Frage). Dieser Beschluß ist nach herrschender Auffassung lediglich anfechtbar, wenn es sich um eine AG, GmbH oder Genossenschaft handelt, aber er ist unwirksam, wenn es sich um einen Verein oder um eine Personengesellschaft handelt. Dies kann durch unbefristete Feststellungsklage geltend gemacht werden. Einer befristeten Anfechtungsklage bedarf es nicht.

Mit dem Bedürfnis nach Rechtssicherheit ist die h.M. kaum zu vereinbaren. Um doch ein Stückchen Rechtssicherheit zu gewährleisten, macht die h.M. zaghafte Schritte in Richtung auf die Anfechtungsklage[76]. So wurde im Vereinsrecht bereits die Meinung vertreten, man könne rechtswidrige Beschlüsse durch Feststellungsklage mit Wirkung gegen jedermann beseitigen[77], und die Verletzung von Schutzbestimmungen könne irrelevant sein, solange sich kein Mitglied darauf beruft! Überwiegend aber hilft die herrschende Meinung bei verspäteten Klagen mit Verwirkungsüberlegungen[78]. Die Beteiligten können auch durch Regelungen in Satzungen oder Gesellschaftsverträgen angemessene feste Fristen einführen[79]. Aber dies sind halbe Lösungen, die die Anerkennung von Anfechtungs- und Nichtigkeitsklagen nicht ersetzen.

b) Konsequent ist allein die *Ausdehnung der Anfechtungsklage auf alle rechtswidrigen Mehrheitsbeschlüsse* in parteifähigen Verbänden[80]. Diese für Rechtsprechung und herrschende Lehre noch gewöhnungsbedürftige These wurde an anderer Stelle ausführlich begründet[81]. Sie wird sich im Recht der Vereine und Personengesellschaften als folgenreich erweisen (unten, § 24 III 3f, § 47 V 2c und § 56 IV 2a). Die entscheidenden Gründe sollen aber hier schon kurz genannt werden.

aa) Unter § 21 V 2 wird ausgeführt, daß die Klage eines Mitglieds gegen einen rechtswidrigen Beschluß negatorischen Charakter hat. Sie ist eine Abwehrklage zum Schutz der Mitgliedschaft und der Interessen des betroffenen Mitglieds, und sie kann gegen jeden Verband erhoben werden, der parteifähig ist und Mehrheitsbeschlüsse faßt. Es gibt keinen Sinn, wenn man dem Mitglied eines Vereins oder einer Personengesellschaft diesen negatorischen Schutz versagt.

bb) Wenn dies richtig ist, kann auch der Gestaltungscharakter der Anfechtungsklage ausgedehnt werden. Wie unter II 2 ausgeführt wurde, hat die

---

§ 119 Rdnr. 68; *Koller/Roth/Morck,* § 119 Rdnr. 11; *Schlegelberger/Martens,* § 119 Rdnr. 13; umfassender Überblick bei *Noack,* a.a.O., S. 169ff.

76 Vgl. zum folgenden ausführlicher *Karsten Schmidt,* AG 1977, 249ff.

77 Grundlegend *v. Tuhr* I, § 36 V; *Enneccerus/Nipperdey* I, § 112 III Fußn. 29.

78 Vgl. nur *BGHZ* 68, 212, 216f.; *BGHZ* 112, 339, 344; *BGH,* NJW 1999, 3113 (Personengesellschaft).

79 Vgl. *BGHZ* 68, 212, 216f.; *BGH,* NJW 1995, 1218 (Personengesellschaft).

80 *Karsten Schmidt,* in: GroßkommAktG, § 241 Rdnrn. 37ff.

81 Vgl. *Karsten Schmidt,* in: Festschrift Stimpel, a.a.O., S. 217ff.

Anfechtungsklage eine Doppelnatur: Sie ist nicht nur Abwehrklage, sondern zugleich auch Gestaltungsklage, erlaubt also materiellrechtlich eine Unterscheidung zwischen schweren Mängeln, die zur Nichtigkeit führen, und einfachen Mängeln, die den fehlerhaften Beschluß lediglich anfechtbar machen. Bei allen Gesellschaften und Vereinen, die Mehrheitsbeschlüsse fassen und verklagt werden können, besteht ein Bedürfnis nach solcher Rechtssicherheit. Die Geschichte des Aktien- und GmbH-Rechts beweist, daß gesetzgeberische Schritte für die Herausbildung der Anfechtungsklage als Gestaltungsklage zwar hilfreich, aber nicht unabdingbar notwendig sind[82]. Als Anfechtungsfrist ist mangels einer dem § 246 I AktG entsprechenden klaren Regelung eine angemessene Frist anzusehen, die sich mit zunehmender Gewöhnung der Prozeßpraxis der Monatsfrist nähern wird. Das Schweigen des Gesetzes steht zwar der Übertragung der strengen Monatsfrist auf andere Rechtsformen, nicht aber der Ausdehnung des Rechtsinstituts der Anfechtungsklage entgegen. Die Entwicklung des GmbH-Rechts kann hier als Vorbild dienen (näher zur Anfechtungsklage bei der GmbH unten, § 36 III 4). Nur auf diese Weise wird man vor allem auch der GmbH & Co. gerecht.[83]

Beispiel Nr. 15: Angenommen, es handelte sich in unserem letzten Beispiel um eine GmbH & Co. KG, so müßte die h.M. differenzieren. Haben die Gesellschafter in derselben Versammlung GmbH-Beschlüsse und KG-Beschlüsse gefaßt – was sie häufig gar nicht voneinander trennen können oder auch nur wollen –, so kann es nach der h.M. vorkommen, daß die KG-Beschlüsse nichtig oder unwirksam, die GmbH-Beschlüsse dagegen bei identischem Sachverhalt wirksam, wenn auch anfechtbar, sind. Nach der hier vertretenen Auffassung gibt es anfechtbare Beschlüsse auch in der Kommanditgesellschaft, sofern die Beschlüsse – wie bei einer GmbH – mehrheitlich gefaßt werden können. Und wenn man für beide Gesellschaften die Anfechtungsklage gegen die Gesellschaften zuläßt, genügt in jedem Fall auch die Zustellung an den GmbH-Geschäftsführer.

---

82 Vgl. die historische Analyse des *Verf.* in AG 1977, 205ff., 243ff.
83 *Scholz/Karsten Schmidt*, Anh. § 45 Rdnrn. 48ff.

§ 16 Leitungsmacht, Mehrheitsherrschaft und ihre verbandsrechtlichen Korrektive

I. Leitungsmacht und Mehrheitsherrschaft

1. Die verbandsrechtliche Legitimation der Leitungsmacht*

Nach geltendem Gesellschaftsrecht geht die Leitungsmacht in den privatrechtlichen Verbänden von den Mitgliedern aus. Sie wird entweder von Verbandsmitgliedern (vgl. §§ 709ff. BGB, 114f., 125 HGB) oder von Organen ausgeübt, die ihrerseits unmittelbar oder mittelbar von den Mitgliedern bestimmt werden (§§ 27, 30 BGB, 101/84 AktG, 6, 46 Nr. 5 GmbHG, 24 GenG). Tatsächlich zeigt zwar die Leitungsmacht die Tendenz, sich von dieser Legitimationsbasis um so weiter zu entfernen, je größer und schwerfälliger der Verband ist[1]. Das ändert aber nichts daran, daß die verbandsrechtliche Legitimation der Leitungsmacht bei der Mitgliedschaft anzusetzen hat und daß man sich immer wieder auf diese Legitimation besinnen muß. Die Mitglieder sind zwar nicht immer selbst Träger der Leitungsmacht, wohl aber als Träger mitgliedschaftlicher Interessen von der Leitungsmacht betroffen und durch die Leitungsorgane repräsentiert. Von hierher rührt auch die Frage, wie weit der Kreis der mitgliedschaftlichen Interessenträger zu ziehen ist. Bei nichtunternehmerischen Verbänden ist es noch möglich, den Kreis der Mitglieder und der von Verbandsmaßnahmen Betroffenen jedenfalls im großen und ganzen zur Deckung zu bringen. Mitglied ist, wer dem Verband als Gründer oder Rechtsnachfolger angehört oder nachträglich beigetreten ist. Bei der Unternehmenskorporation ist diese Verbandsdogmatik ins Zwielicht geraten. Hier stellt sich die Frage, ob allein die Kapitaleigner die mitglied-

* Literatur (Auswahl): *Abeltshauser*, Leitungshaftung im Kapitalgesellschaftsrecht, 1998; *Baums* (Hrsg.), Bericht der Regierungskommission Corporate Governance, 2001; *Großfeld*, Aktiengesellschaft, Unternehmenskonzentration und Kleinaktionär, 1968; *Immenga*, Aktiengesellschaft, Aktionärsinteressen und institutionelle Anleger, 1971; *Meier-Schatz*, Managermacht und Marktkontrolle, ZHR 149 (1985), 76; *Mestmäcker*, Verwaltung, Konzerngewalt und Rechte der Aktionäre, 1958; *Mülbert*, Aktiengesellschaft, Unternehmensgruppe und Kapitalmarkt, 1995; *Ott*, Recht und Realität der Unternehmenskorporation, 1977; *Schreyögg*, Managerkontrolle als Problem der Unternehmensverfassung, in: Kießler/Kittner/Nagel, Unternehmensverfassung – Recht und Betriebswirtschaftslehre, 1983, S. 153; *Teubner*, Organisationsdemokratie und Verbandsverfassung, 1978; *Wiethölter*, Interessen und Organisation der Aktiengesellschaft im amerikanischen und deutschen Recht, 1961.

1 Vgl. *Ott*, a.a.O., S. 162ff.; *Schreyögg*, a.a.O.; *Meier-Schatz*, ZHR 149 (1985), 89ff.

schaftliche Legitimationsbasis bilden oder ob auch die Arbeitnehmer dazuzurechnen sind. Darauf wird zurückzukommen sein (unter IV 1).

2. Die verbandsrechtliche Legitimation der Mehrheitsherrschaft*

a) Auch Beschlüsse in Verbänden – Mehrheitsbeschlüsse zumal – bedürfen der Legitimation[2]. Die *Legitimation des Beschlusses* liegt, ähnlich wie die Legitimation des Vertrags[3], in der »Richtigkeitsgewähr« privatautonomer Entscheidung. Teil dieser »Richtigkeitsgewähr« ist der einleuchtende Grundsatz, daß Beschlüsse entweder einstimmig oder mit Stimmenmehrheit gefaßt werden. Die Minderheit kann, wo dies notwendig ist, gegen Mehrheitsentscheidungen geschützt werden (dazu unter II 4 und III). Trägerin des Verbandswillens ist sie nicht.

b) Die Willensbildung in Verbänden kann vom *Prinzip der Einstimmigkeit* oder vom *Mehrheitsprinzip* geleitet sein. Beide haben unterschiedliche Vor- und Nachteile. Einstimmigkeit gewährleistet die Teilnahme jedes Mitglieds an jeder Entscheidung, aber sie kann den Verband – zumal einen größeren Verband – handlungsunfähig machen. Mehrheitsherrschaft dient der Entscheidungsfähigkeit des Verbandes und auch den Veränderungsinteressen seiner Mitglieder. Je ausgeprägter die Verbandsmacht ist, je weiter sich der Verband gegenüber den Mitgliedern verselbständigt, um so weiter entfernt sich die Willensbildung vom Einstimmigkeitsgrundsatz. Das moderne Körperschaftsrecht geht geradezu von einem Majoritätsprinzip aus, aber die Geschichte dieses Majoritätsprinzips verlief überaus wechselhaft[4]. Sie ist nicht nur durch ein pragmatisches Für und Wider geprägt, sondern auch durch das ideengeschichtliche Hin und Her zwischen den Aspekten individueller Entscheidungsfreiheit und korporativer Gebundenheit der Mitglieder. *Savigny* erkannte das Institut des Mehrheitsbeschlusses überhaupt nur aus Gründen der Zweckmäßigkeit an[5], während *Otto von Gierke* den Verband als »reale Gesamtperson« und »soziale Willenseinheit« gegenüber seinen Mitgliedern verselbständigte und damit eine auf Mehrheitsherrschaft zielende Verbandsideologie schuf[6]. Charakteristisch für die gegenwärtige Behandlung

---

* Literatur (Auswahl): *Baltzer,* Der Beschluß als rechtstechnisches Mittel organschaftlicher Funktion im Privatrecht, 1965; *Bedenian,* Abstimmungsregeln im Gesellschaftsrecht, 2000; *Otto v. Gierke,* Deutsches Privatrecht I, 1895 (Nachdruck 1936); *ders.,* Die Genossenschaftstheorie und die deutsche Rechtsprechung, 1887 (Nachdruck 1963); *ders.,* Über die Geschichte des Majoritätsprinzips, in: Schmollers Jahrbuch 39 (1915), 565; *Roitzsch,* Der Minderheitenschutz im Verbandsrecht, 1981; *Schäfer,* Der stimmrechtslose GmbH-Geschäftsanteil, 1997; *Zöllner,* Die Schranken mitgliedschaftlicher Stimmrechtsmacht bei den privatrechtlichen Personenverbänden, 1963.

2 *Baltzer,* a.a.O., S. 91ff., 186ff.; zur sozialpsychologischen Komponente vgl. *Bedenian,* a.a.O.

3 Vgl. *Schmidt-Rimpler,* AcP 147 (1941), 130ff.; *ders.,* in: Festschrift Ludwig Raiser, 1974, S. 3ff.; ablehnend *Flume,* Rechtsgeschäft, § 1/6 a.

4 Eingehend *Baltzer,* a.a.O., S. 186ff.; *Otto v. Gierke,* in: Schmollers Jahrbuch 39 (1915), 565; *Roitzsch,* a.a.O., S. 15ff.

5 *Savigny,* System des heutigen römischen Rechts II, 1840, S. 329ff.

6 Charakteristisch die Kritik der gemeinrechtlichen Doktrin bei *Otto v. Gierke,* Das deutsche Genossenschaftsrecht III, 1881, S. 152ff.; IV, 1913, S. 134ff.

des Problems ist, daß die von *Gierke* verdienstvoll herausgearbeitete Verbandsbetrachtung mit nüchternem Zweckmäßigkeitsdenken versöhnt wird: Die Mehrheitsherrschaft in Kollektivorganen wird nicht einfach als notwendiger Bestandteil überindividueller Verbandsmacht gerechtfertigt, sondern als rechtstechnisches Mittel, um das Kollektivorgan aktionsfähig zu erhalten[7]. *Gierke*sche Mystifikationen werden auf diese Weise vermieden. Aber die rechtspolitische – im Kern sogar rechtsphilosophische – Komponente des Mehrheitsproblems läßt sich durch bloß rechtstechnische Betrachtung nicht ausblenden. Im Mehrheitsprinzip stoßen Elemente der politischen Legitimation und der Opportunität aufeinander. Wie sollen individuelle Freiheit und überindividuelle Funktionsgerechtigkeit im Verband gegeneinander abgewogen werden? Wo soll es auf Einstimmigkeit ankommen, wo soll die Mehrheit entscheiden? Am nächsten kommt man der Sache, wenn man auf die »Richtigkeitsgewähr« privatautonomer Entscheidungen abstellt[8]. Richtigkeitsgewähr bei Beschlüssen kann nur bedeuten, daß Verbandsinteressen, Mitgliederinteressen und soziale Pflichten des Verbandes tunlichst zur Dekkung zu bringen sind, und diesem Ziel kann man auf unterschiedliche Weise gerecht werden:

- entweder durch eine *breite Legitimationsbasis (Einstimmigkeitsprinzip),* was auf Kosten der Aktionsfähigkeit gehen kann und u. U. zu Korrekturen zwingt (vgl. über Vertragsänderungspflichten oben, § 5 IV),
- oder durch eine *engere Legitimationsbasis (Mehrheitsprinzip),* was der Aktionsfähigkeit dient, jedoch im Einzelfall gleichfalls zu Korrekturen zwingen kann (vgl. über den Minderheitenschutz alsbald unter II 4 und III).

Es liegt auf der Hand, daß dieser zweite Weg vor allem bei »körperschaftlich« verfaßten Verbänden (zu diesem Begriff oben, § 3 I 2, III) geradezu eine technische Notwendigkeit darstellt, während die Teilnahme an »personalistischen« Verbänden nicht ohne weiteres eine Unterwerfung unter die Mehrheitsherrschaft mit sich bringt.

II. Einstimmigkeitsprinzip und Mehrheitsprinzip im geltenden Recht

1. Körperschaften: Das Mehrheitsprinzip

In *Vereinen, Kapitalgesellschaften und Genossenschaften* beschließen die Mitglieder mehrheitlich (§§ 32 I 3 BGB, 133 I AktG, 47 I GmbHG, 43 II GenG). Es ist zu unterscheiden zwischen Beschlußgegenständen, über die mit einfacher Mehrheit beschlossen wird, und solchen, die eine qualifizierte

---

7 *Baltzer,* a. a. O., S. 215.

8 Vgl. zur Rechtsgeschäftslehre grundlegend *Schmidt-Rimpler,* AcP 147 (1941), 130ff.; *ders.,* in: Festschrift Ludwig Raiser, 1974, S. 5ff.; von bloßer »Richtigkeitschance« spricht *Manfred Wolf,* Rechtsgeschäftliche Entscheidungsfreiheit und vertraglicher Interessenausgleich, 1970, S. 73f., 81f.

Mehrheit erfordern. Qualifizierte Mehrheiten sind vor allem für Grundlagenbeschlüsse wie Umwandlungen, Satzungsänderungen, Auflösungsbeschlüsse oder Beschlußfassungen über Unternehmensverträge erforderlich (dazu unter II 3a). Aber auch die qualifizierte Mehrheit beläßt es dabei, daß keine Einstimmigkeit verlangt wird. Bemerkenswert bleibt damit, daß nicht nur Beschlüsse des regelmäßigen Geschäftsablaufs, sondern auch Änderungen der Verbandsverfassung dem Mehrheitsprinzip unterliegen und von der Minderheit hingenommen werden müssen.

2. Personengesellschaften: Einstimmigkeitsprinzip, Mehrheitsklauseln und Bestimmtheitsgrundsatz*

a) Bei den *Personengesellschaften* geht das Gesetz davon aus, daß Gesellschafterbeschlüsse *einstimmig* gefaßt werden (§§ 709 I BGB, 119 I HGB). Aber das ist nur die gesetzliche Regel, die nicht ausnahmslos gilt. Diese Regel gehört zwar zu den festen Bestandteilen des Personengesellschaftsrechts, aber zu ihnen gehört ebenso die *Freiheit, im Gesellschaftsvertrag Mehrheitsentscheidungen zuzulassen (BGHZ* 85, 350, 354). Soll nach dem Gesellschaftsvertrag die Stimmenmehrheit entscheiden, so berechnet sich diese Stimmenmehrheit im Zweifel nach Köpfen, nicht nach Kapitalanteilen (§§ 709 II BGB, 119 II HGB). Soll, wie dies oft vereinbart wird, die Anteilsmehrheit entscheiden, so muß also in doppelter Weise von der gesetzlichen Regel abge-

* Literatur: *Flume,* Personengesellschaft, § 14 III; *Grunewald,* Rdnrn. 1 A 80ff.; *Kübler,* §§ 3 II 3, 10 I 1c bb; *Wiedemann* I, § 8 I; *Autenrieth,* Zur Ablösung des Bestimmtheitsgrundsatzes im Personalgesellschaftsrecht, DB 1983, 1034; *Brändel,* Änderungen des Gesellschaftsvertrages durch Mehrheitsentscheidung, in: Festschrift Stimpel, 1985, S. 95; *Robert Fischer,* Gedanken über einen Minderheitenschutz bei den Personengesellschaften, in: Festschrift Barz, 1974, S. 33 = Gesammelte Schriften, 1985, S. 193; *Göbel,* Mehrheitsentscheidungen in Personengesellschaften, 1992; *Hennerkes/Binz,* Abschied vom Bestimmtheitsgrundsatz, DB 1983, 713; *Hermanns,* Bestimmtheitsgrundsatz und Kernbereichslehre, ZGR 1996, 103; *Keilbach,* Mehrheiten bei Beschlüssen und Wahlen in privatrechtlichen Personenverbänden, DNotZ 1997, 846; *Leenen,* »Bestimmtheitsgrundsatz« und Vertragsänderungen durch Mehrheitsbeschluß im Recht der Personengesellschaften, in: Festschrift Larenz, 1983, S. 371; *Lockowandt,* Stimmrechtsbeschränkungen im Recht der Personengesellschaften, Kernbereichslehre und Stimmrechtsausschluß, 1996; *Marburger,* Abschied vom Bestimmtheitsgrundsatz im Recht der Personengesellschaften? NJW 1984, 2252; *ders.,* Zum »Verzicht« auf den Bestimmtheitsgrundsatz in einer Personengesellschaft, ZGR 1989, 146; *Martens,* Bestimmtheitsgrundsatz und Mehrheitskompetenzen im Recht der Personengesellschaften, DB 1973, 413; *Mecke,* Vertragsändernde Mehrheitsbeschlüsse in der oHG und KG, BB 1988, 2258; *Menk,* Das Verhältnis des Bestimmtheitsgrundsatzes zur Kernbereichslehre im Recht der oHG, Diss. Hamburg 1975; *Michalski,* Bestimmtheitsgrundsatz und Mehrheitsprinzip, WiB 1997, 1; *Priester,* Gesellschafterschutz in Personengesellschaften, in: Institut der Wirtschaftsprüfer (Hrsg.), Personengesellschaft und Bilanzierung, 1990, S. 63; *Röttger,* Die Kernbereichslehre im Recht der Personengesellschaften, 1989; *Schießl,* Zukunft des Bestimmtheitsgrundsatzes im Recht der Personengesellschaften, DB 1986, 735; *Harry Schmidt,* Mehrheitsklauseln für Umwandlungsbeschlüsse ..., in: Festschrift Brandner, 1996, S. 133; *Karsten Schmidt,* Mehrheitsregelungen in GmbH & Co.-Verträgen. Verständnis oder Mißverständnis des »Bestimmtheitsgrundsatzes«? ZHR 158 (1994), 205; *Uwe H. Schneider,* Die Änderung des Gesellschaftsvertrages einer Personengesellschaft durch Mehrheitsbeschluß, ZGR 1972, 357; *Spengler,* Mehrheitsbeschlüsse bei Personengesellschaften und deren Schranken, in: Festschrift Möhring, 1965, 165; *Winter,* Vertragsändernde Mehrheitsbeschlüsse im Personengesellschaftsrecht, GesRZ 1986, 74.

wichen werden. Der Gesellschaftsvertrag enthält dann z. B. folgende Bestimmung[9]:

»Beschlüsse werden mit einfacher Mehrheit des abstimmenden Festkapitals gefaßt. Je 1 000 Euro Festkapitalanteil gewähren eine Stimme. Einer Mehrheit von drei Vierteln des abstimmenden Festkapitals bedürfen folgende Beschlüsse:
1. die Änderung des Gesellschaftsvertrags;
2. die Ausschließung eines Gesellschafters;
3. die Aufnahme eines Gesellschafters;
4. die Auflösung der Gesellschaft;
5. die Fortsetzung der Gesellschaft.«

b) Derartige Regelungen sind vollkommen unbedenklich, solange nur die Fragen der laufenden Geschäftsführung von der Mehrheitsklausel erfaßt werden. Dazu gehören durchaus bedeutsame Beschlußgegenstände wie z. B. die Bilanzfeststellung oder die Gewinnverwendung. Schwierig wird es, sobald die Verfassung des Verbandes in Frage steht. Vertragsänderungen (*RGZ* 91, 166; *BGHZ* 71, 53) und, wie in *BGHZ* 85, 350 ff. klargestellt wird, auch Umwandlungsentscheidungen können auch in Personengesellschaftsverträgen durchaus einem Mehrheitsbeschluß unterworfen werden. Die Frage ist aber, welche Voraussetzungen der Vertrag hierfür erfüllen muß. Ist das Einstimmigkeitsprinzip ohne weiteres abdingbar, so besteht die Gefahr, daß eine Generalklausel im Vertrag der Mehrheit unabsehbare Kompetenzen einräumt. Daß dies bedenklich sein kann, liegt auf der Hand. Die Rechtsprechung hat diesen Bedenken lange Zeit hindurch mit einem strengen *Bestimmtheitsgrundsatz* Rechnung getragen: Eine allgemein gehaltene Vertragsklausel über Mehrheitsbeschlüsse bezieht sich danach problemlos nur auf Fragen der allgemeinen Geschäftsführung[10]; auf Fragen der Gesellschaftsverfassung bezieht sie sich nur, wenn dies im einzelnen deutlich aus dem Vertrag hervorgeht[11]. Dieser Bestimmtheitsgrundsatz wurde z. B. angewandt bei Kapitalerhöhungen (*RGZ* 91, 166, 168), bei der Herabsetzung der für weitere Vertragsänderungen erforderlichen Mehrheit (*BGH*, NJW 1988, 411), bei Änderungen der Gewinnverteilung und Verzinsung (*BGH*, WM 1975, 662 f.; BB 1976, 948; NJW-RR 1987, 285, 286; *OLG Hamm*, BB 1978, 120 f.), bei Auflösungs- (*OLG Hamm*, GmbHR 1989, 295) und Fortsetzungsbeschlüssen (*BGHZ* 8, 35) oder bei einer Änderung der Kündigungsfolgen (*BGHZ* 48, 251). Besonders streng war die Rechtsprechung immer dann, wenn es um eine Erhöhung der Beitragspflichten ging (vgl. *RGZ* 91, 166, 168; 151, 321, 327; 163, 385, 391; *BGHZ* 8, 35, 41). Der Bestimmtheitsgrundsatz ist nun allerdings entgegen einer verbreiteten Fehldeutung nicht in dem Sinne zu verstehen, daß der Gesellschaftsvertrag einen minutiösen Katalog aller Beschlußgegenstände enthalten müßte[12], sondern es genügt, wenn eine Auslegung unmißverständlich ergibt, daß gerade der in Frage stehende Beschluß-

9 Formulierung in Anlehnung an *Oldenburg*, in: Münchener Vertragshandbuch I, 5. Aufl. 2000, Formular II 3.
10 Vgl. *RGZ* 114, 393, 395; *BGH*, DB 1961, 402.
11 Vgl. *RGZ* 151, 321, 327; 163, 385, 391; *BGHZ* 8, 35, 41 f.; *BGH*, WM 1973, 100, 101 f.; 1973, 990, 991; 1986, 1556, 1557; 1987, 1102 = NJW 1988, 411; *Westermann*, Rdnrn. I 516 ff.
12 Dazu *Karsten Schmidt*, ZHR 158 (1994), 206.

gegenstand der Mehrheitsentscheidung unterliegt[13]. Dem kann man durch Kataloge, aber auch durch abstrakte Regeln entsprechen, denn warum soll dem Gesellschaftsvertrag mehr an Bestimmtheit abverlangt werden als einem Gesetz? Beispielsweise genügt es bei einer GmbH & Co. KG, wenn KG-Beschlüsse im Gesellschaftsvertrag eindeutig den für die Beschlüsse der Komplementär-GmbH geltenden Regeln unterstellt werden (dazu unten, § 56 IV 2a)[14]. Diese Bestimmtheit genügt zwar nicht für den Eingriff in konkrete Gesellschafterrechte (dazu unter III 3b dd), aber hierum geht es vorerst noch nicht.

c) Der Bestimmtheitsgrundsatz steht heute im *Kreuzfeuer der Kritik.* Während ein Teil der Literatur an ihm festhält[15], wird er von anderen für formalistisch und überholt erklärt[16]. Vielfach wird gefordert, der Bestimmtheitsgrundsatz solle durch einen differenzierteren Minderheitenschutz – Treubindung der Gesellschafter, Inhaltskontrolle von Beschlüssen – ersetzt werden. Der *Bundesgerichtshof* hat sich nicht endgültig festgelegt.[17] Man muß sich, bevor man hierzu Stellung nimmt, Gewißheit über *Tragweite und Zweck des sog. Bestimmtheitsgrundsatzes* verschaffen[18]. Es besteht nämlich Anlaß, ihn gegen sachwidrige Unterstellungen in Schutz zu nehmen. Das gilt nicht nur für den Vorwurf des Formalismus (vgl. schon unter II 2b), sondern auch für inhaltliche Mißverständnisse. Der Bestimmtheitsgrundsatz sollte nicht als Verlängerung des Einstimmigkeitsgrundsatzes in die Praxis der Mehrheitsbeschlüsse verstanden werden; es geht nicht darum, daß die künftigen Beschlüsse bei der Vertragsformulierung gleichsam schon im voraus vereinbart sein müssen[19], sondern nur die formelle Legitimation von Mehrheitsentscheidungen im Beschlußverfahren steht in Frage[20]. Es geht auch nicht darum, eine bestimmbare Minderheit gegen eine bestimmte Vertragsklausel zu schützen[21], denn die Mehrheitsklausel als solche ist eine wertneutrale Verfahrensregel, deren Vor- und Nachteile allen Gesellschaftern

---

13 *RGZ* 151, 321, 326f.; *BGHZ* 8, 35, 42; *BGH,* WM 1973, 100, 101f.; *Göbel,* a.a.O., S. 46–60; *Ebenroth/Boujong/Joost/Goette,* § 119 Rdnrn. 54f.; *Erman/Westermann,* § 709 Rdnr. 30; *Uwe H. Schneider,* ZGR 1972, 371f.

14 *Scholz/Karsten Schmidt,* Anh. § 45 Rdnr. 26; *Karsten Schmidt,* ZHR 158 (1994), 203ff. mit Formulierungsbeispiel auf S. 207.

15 Vgl. nur *Erman/Westermann,* § 709 Rdnrn. 30f.; *Soergel/Hadding,* § 709 Rdnrn. 39ff.; *Baumbach/Hopt,* § 119 Rdnr. 39; *Ebenroth/Boujong/Joost/Goette,* § 119 Rdnrn. 53ff.; *Heymann/Emmerich,* § 119 Rdnr. 35; *Scholz/Karsten Schmidt,* Anh. § 45 Rdnr. 24; *Westermann,* Rdnrn. I 517ff.; *Göbel,* a.a.O., S. 132ff.; *Röttger,* a.a.O., S. 151ff.; *Marburger,* NJW 1984, 2255ff.

16 Vgl. nur *Staub/Ulmer* § 105 Rdnr. 190; *Ulmer,* Gesellschaft bürgerlichen Rechts, § 709 Rdnrn. 74ff.; *Brändel,* in: Festschrift Stimpel, a.a.O., S. 101ff.; *Rob. Fischer,* a.a.O., S. 41f. bzw S. 201ff.; *Autenrieth,* DB 1983, 1034f.; *Hennerkes/Binz,* BB 1983, 713ff.; *Hüffer,* ZHR 151(1987), 407; *Koller/Roth/Morck,* § 119 Rdnr. 9; *Mecke,* BB 1988, 2260ff.; *Winter,* GesRZ 1986, 78ff.

17 *BGH,* JZ 1995, 311 m. Anm. *Karsten Schmidt* = NJW 1995, 194; dazu auch *Hermanns,* ZGR 1996, 103ff.

18 In gleichem Sinne jetzt *Baumbach/Hopt,* § 119 Rdnr. 39; *Ebenroth/Boujong/Joost/Goette,* § 119 Rdnrn. 54f.

19 So aber *Martens,* DB 1973, 414f.; ähnlich *Wiedemann* I, § 8 I 2; *Immenga,* ZGR 1974, 419; dagegen *Leenen,* a.a.O., S. 376; *Marburger,* NJW 1984, 2254.

20 *Karsten Schmidt,* ZHR 158 (1994), 214ff.

21 So vor allem *Wiedemann* I, § 8 I 2 a.

zugute kommen können[22]. Dem Schutzgedanken näher ist schon die These von der Warnfunktion des Bestimmtheitsgrundsatzes, wonach sich nur derjenige wirksam der Mehrheitskompetenz unterworfen hat, der durch den Vertragsinhalt gewarnt worden ist[23], aber man fragt sich dann wieder, wie es z.B. mit den Rechtsnachfolgern der Ursprungsgesellschafter steht. Begreift man dagegen den Bestimmtheitsgrundsatz als eine formelle Voraussetzung wirksamer Mehrheitsermächtigungen, so kommt es nicht auf die Vorformulierung künftiger Beschlüsse im »Unterwerfungszeitpunkt« an, sondern die Mehrheitsklausel wird – etwa wie eine Verordnungsermächtigung in einem Gesetz – dauerhaft an einem rein objektiven Merkmal gemessen: eben an ihrer »Bestimmtheit«!

d) In der Debatte um den Bestimmtheitsgrundsatz vermischen sich *zwei unterschiedliche,* wenn auch miteinander zusammenhängende, *Probleme:* das *Kompetenzproblem* und das *Problem des materialen Minderheitenschutzes.* Das erste ist ein Problem der formellen Begründung, das zweite ein Problem der materiellen Begrenzung der Mehrheitsherrschaft. Weite Teile der Literatur sprechen von beidem zugleich, und so wurde der Bestimmtheitsgrundsatz als ein Katalogprinzip verstanden, das zur Aufzählung aller erfaßten Beschlußgegenstände zu zwingen scheint. Wer den Bestimmtheitsgrundsatz so mißdeutet, muß sich natürlich enttäuscht von ihm abwenden, denn ein so verstandener Bestimmtheitsgrundsatz ist eine Last, ohne doch wirklich zu schützen[24]. Gegenstand des Bestimmtheitsgrundsatzes ist aber in erster Linie – richtigerweise sogar ausschließlich – ein Kompetenz- oder Legitimationsproblem[25]: *Mehrheitsherrschaft bedarf der Legitimation durch Kompetenzzuweisung, und diese geschieht, wo das Gesetz vom Einstimmigkeitsgrundsatz ausgeht, durch eine hinreichende Regelung im Vertrag.* Der inhaltliche Schutz der Minderheitsgesellschafter gegen Eingriffe der Mehrheit in ihre geschützten Rechte ist von diesen formellen Mehrheitsvoraussetzungen zu unterscheiden[26]. Mit dieser Einsicht erledigen und erklären sich auch die vollständig unterschiedlichen Bestimmtheitsregeln bei »personalistischen« und »kapitalistischen« Personengesellschaften:

aa) Für *Personengesellschaften, die dem gesetzlichen Leitbild entsprechen* – also »personalistische« Personengesellschaften –, hat der Bestimmtheitsgrundsatz auch nach dem Verständnis der Rechtsprechung einen guten Sinn, zumal die bei diesen Gesellschaften stärker ausgeprägten Treubindungen

22 Treffend *Leenen,* a.a.O., S. 378f.; gegen ihn aber *Marburger,* NJW 1984, 2254.

23 Vgl. *H. P. Westermann,* Vertragsfreiheit und Typengesetzlichkeit im Recht der Personengesellschaften, 1970, S. 222; *Wiedemann* I, § 8 I 2; *Uwe H. Schneider,* ZGR 1972, 366.

24 *Karsten Schmidt,* ZHR 158 (1994), 206.

25 Vgl. ebd.; so jetzt auch *Baumbach/Hopt,* § 119 Rdnr. 37; *Scholz/Karsten Schmidt,* Anh. § 45 Rdnr. 24f.; ansatzweise mit Unterschieden im einzelnen auch schon *Bötticher,* Gestaltungsrecht und Unterwerfung im Privatrecht, 1964, S. 28ff.; *Menk,* a.a.O., S. 62ff.; *Martens,* DB 1973, 415f.; krit. *Leenen,* a.a.O., S. 377f.

26 *Göbel,* a.a.O., S. 121ff., 169ff.; *Karsten Schmidt,* ZHR 158 (1994), 224; ebenso jetzt *Ebenroth/Boujong/Joost/Goette,* § 119 Rdnrn. 56ff.; *Hermanns,* ZGR 1996, 103ff.; *Dürrschmidt,* JuS 1997, 15ff.; a.M. *Leenen,* a.a.O., S. 389f.

geeignet sind, die Starrheit des so verstandenen Bestimmtheitsgrundsatzes auszugleichen. Bei *BGHZ* 71, 53, 57 heißt es: »Haben sich die Gesellschafter nicht schon bei der ursprünglichen Vertragsformulierung vorweg überlegt, welche Arten von Änderungen sie später auch gegen ihren Willen hinnehmen können, dann kann es immer noch besser sein, Mehrheitsentscheidungen durch Anwendung jenes Bestimmtheitsgrundsatzes überhaupt unmöglich zu machen, als sie unbegrenzt zuzulassen; denn bei den hier im allgemeinen dem Unternehmen eng verbundenen Teilhabern kann in der Regel darauf vertraut werden, es werde zwischen ihnen schließlich im Einvernehmen aller doch noch zu einem vertretbaren Vertragskompromiß kommen, wenn Änderungen des Vertragswerks wirklich dringend notwendig sind.« Auch hier fragt zwar der *BGH,* »ob jener Grundsatz immer in seiner Absolutheit gelten oder unter stärkerer Berücksichtigung der gesellschafterlichen Treupflicht aufgelockert werden sollte« (*BGHZ* 71, 53, 57f.; 85, 350, 356). Um dieser Erwägung Rechnung zu tragen, muß man indes den Bestimmtheitsgrundsatz nicht preisgeben, denn die vom *BGH* befürchtete »Absolutheit« gibt es nicht, weil eben der Bestimmtheitsgrundsatz nicht zur Vorwegnahme künftiger Beschlüsse im Gesellschaftsvertrag zwingt. Wo die Gesellschafter aufgrund der Treubindung angehalten sind, bei einem Beschluß mitzuwirken (unten, § 21 II 3c), kann der Bestimmtheitsgrundsatz ohnedies nicht im Wege sein[27]. Daß auch der *Bundesgerichtshof* der hier gewiesenen Richtung zu folgen beginnt, zeigt seine Entscheidung in unserem

Beispiel Nr. 1 (nach *BGH*, JZ 1995, 311 m. Anm. *Karsten Schmidt* = NJW 1994, 194; dazu auch *Hermanns*, ZGR 1996, 102; krit. *Flume*, ZIP 1995, 651): Nach dem Gesellschaftsvertrag einer KG war eine Vertragsänderung mit 75% der Stimmen zulässig. Mit dieser Stimmenmehrheit hatte die Gesellschaft beschlossen, daß das erweiterte Informationsrecht eines Minderheitsgesellschafters aufgehoben sei. Der *Senat* ließ offen, inwieweit er künftig am Bestimmtheitsgrundsatz bei personalistisch strukturierten Gesellschaften festhalten werde, und löste den Fall mit Hilfe der *Kernbereichslehre*, also des materialen Minderheitenschutzes (dazu alsbald unter III 3b): Die Mehrheitsklausel mochte dem Bestimmtheitsgrundsatz genügen oder nicht – nach der hier vertretenen Ansicht genügte sie ihm! –, der Beschluß scheiterte jedenfalls an dem Schutz des betroffenen Minderheitsgesellschafters.

bb) Bei den *Publikumsgesellschaften* liegen die Dinge nach ständiger *BGH*-Praxis anders. Hier ist der Bestimmtheitsgrundsatz nach dem Verständnis der Rechtsprechung weitgehend aufgegeben, weil das Prinzip der Einstimmigkeit bei diesen Gesellschaften schon im Ansatz nicht überzeugt[28]. In *BGHZ* 85, 350ff. wurde diese Praxis auch auf den Fall ausgedehnt, daß eine Familiengesellschaft durch ihre Mitgliederzahl und ihre *körperschaftliche Verfassung* vom gesetzlichen Leitbild abweicht.

---

27 Zust. *Röttger,* a.a.O., S. 154; s. jetzt auch *BGH*, JZ 1995, 311, 313 m. Anm. *Karsten Schmidt* = NJW 1995, 194, 195; dazu aber *Flume*, ZIP 1995, 651.

28 Vgl. *BGHZ* 66, 82, 85f.; 69, 160, 165f.; 71, 53, 58f.; 85, 356f.; *OLG Köln*, NJW-RR 1994, 491; *Westermann*, Rdnr. I 519; *Baumbach/Hopt*, Anh. § 177a Rdnr. 69; *Ebenroth/Boujong/Joost/Henze*, Anh. B nach § 177a Rdnr. 34; *Heymann/Horn*, § 161 Rdnr. 99, 165; *Koller/Roth/Morck*, § 161 Rdnr. 12; *Schlegelberger/Martens,* § 161 Rdnrn. 149f.; *Kraft,* in: Festschrift Fischer, 1979, S. 326f.; *Hüffer,* JuS 1979, 461.

Beispiel Nr. 2 (nach *BGHZ* 66, 82 = JuS 1976, 538 m. Anm. *Karsten Schmidt*): Eine Publikums-GmbH & Co. KG, die sich mit dem Erwerb, der Bebauung und der Verwaltung von Grundstücken beschäftigte, war in wirtschaftliche Schwierigkeiten geraten und mußte das Eigenkapital um 1,7 Mio. DM erhöhen. Dies wurde auf einer Gesellschafterversammlung mit einfacher Mehrheit beschlossen, und zwar aufgrund einer Vertragsklausel, die solche Kapitalerhöhungsbeschlüsse ohne Höchstgrenze zuließ, also insofern unbestimmt war. Der *Bundesgerichtshof* betonte mit Recht, daß eine Kapitalerhöhung die Gesellschafter nicht zu Nachschüssen zwingt, sondern nur dazu führt, daß neue Kommanditisten hinzugewonnen werden können, sofern nicht die Altgesellschafter ihre Einlagen erhöhen. Es drohe also keine »schrankenlose Unterwerfung« der Gesellschafter unter die Mehrheitsentscheidung. Im Leitsatz der Entscheidung heißt es: »Der Gesellschaftsvertrag einer Kommanditgesellschaft kann vorsehen, daß über die Erhöhung der Kapitalbeteiligungen durch Mehrheitsbeschluß entschieden wird. Eine solche Regel ist auch ohne Festsetzung einer Obergrenze für die Kapitalerhöhung zulässig, wenn es sich um eine Gesellschaft handelt, die auf den Beitritt weiterer Kommanditisten zugeschnitten ist, der Beschluß nur das Recht zur erhöhten Kapitalbeteiligung begründet und dieses Recht jedem Kommanditisten entsprechend der Höhe seiner bisherigen Beteiligung eingeräumt wird.«

Beispiel Nr. 3 (nach *BGHZ* 71, 53 = JZ 1978, 610 m. Anm. *Wiedemann* = JuS 1978, 857 m. Anm. *Karsten Schmidt*): Eine Publikumspersonengesellschaft hatte den Zweck, Kur- und Fremdenverkehrseinrichtungen in Bad S. zu errichten. Als dieser Plan scheiterte, wurde aufgrund einer Vertragsänderungsklausel mit 5 649 gegen 466 Stimmen eine Änderung des Zwecks dahin beschlossen, »Einrichtungen des Kur- und Fremdenverkehrs zu bauen, zu erwerben, zu betreiben und zu betreuen und sich an solchen Einrichtungen zu beteiligen«. Zugleich wurde die Komplementärin ausgewechselt. Das *OLG* hatte diesen Beschluß für fehlerhaft gehalten, weil sich aus dem Gesellschaftsvertrag nicht ergebe, daß gerade diese Vertragsänderung mit 3/4-Mehrheit beschlossen werden könne. Der *BGH* entschied: »In der Publikumspersonengesellschaft sind vertragsändernde Mehrheitsbeschlüsse grundsätzlich auch dann zulässig, wenn der Gesellschaftsvertrag das vorsieht, ohne die Beschlußgegenstände näher zu bezeichnen.«

Beispiel Nr. 4 (nach *BGHZ* 85, 350 = JZ 1983, 556 m. Anm. *Wiedemann* = NJW 1983, 1056): Eine Familien-KG, die 1936 durch Umwandlung aus einer GmbH entstanden und seither auf weit über 100 Gesellschafter angewachsen war, hatte im Jahr 1970 ihren Gesellschaftsvertrag einstimmig dahin geändert, daß alle Vertragsänderungen mit einer 3/4-Mehrheit beschlossen werden könnten. 1981 wurde dann der Gesellschaftsvertrag dahin geändert, daß auch die Umwandlung in eine Kapitalgesellschaft mit 3/4-Mehrheit beschlossen werden könne. Nun bedarf zwar ein solcher Umwandlungsbeschluß der Zustimmung aller Gesellschafter, aber auch dies ist nur die gesetzliche Regel, von der der Gesellschaftsvertrag abweichen kann (vgl. jetzt ausdrücklich § 217 I UmwG). Damit war die Frage auf den Bestimmtheitsgrundsatz verlegt. Eine Anwendung dieses Grundsatzes hätte nach herkömmlichem Verständnis die Mehrheitsumwandlung hindern können, aber der *BGH* entschied: »In einer durch die Größe der Mitgliederzahl und die körperschaftliche Verfassung vom gesetzlichen Leitbild abweichenden Gesellschaft können die Gesellschafter vereinbaren, daß der Gesellschaftsvertrag, auch soweit er die Grundlagen des Gesellschaftsverhältnisses regelt, mit Mehrheit geändert werden kann, ohne daß sie gleichzeitig die Beschlußgegenstände näher bezeichnen müßten.«

Diesen Entscheidungen ist im Ergebnis zuzustimmen. In ihren Begründungen haben sie allerdings wenig Klarheit gebracht, weil sie auf der hier gerügten, seinerzeit noch nicht korrigierten Verwechslung des Bestimmtheitserfordernisses mit einer Vorwegnahme der zugelassenen Mehrheitsbeschlüsse im Gesellschaftsvertrag und mit inhaltlichen Schranken von Mehrheitsbeschlüssen beruhen[29]. Ein Überrumpelungsschutz ist selbstverständlich auch für den Minderheitsgesellschafter in einer Publikumsgesellschaft nicht zu entbehren[30], und wenn der Bestimmtheitsgrundsatz eine hinreichend bestimmte Mehrheitsermächtigung erlangt, ist überhaupt nicht einzusehen, warum der so verstandene Bestimmtheitsgrundsatz nicht auch bei kapitalistisch strukturierten Gesellschaften gelten soll[31]. Richtig ist nur, daß die Bestimmtheitsanforderungen je nach der Struktur einer Gesellschaft wechseln können. Ob etwa die Vertragsänderungsklausel im Fall *BGHZ* 85, 350 auch bei einer personalistischen Familiengesellschaft den Formwechsel mit umfaßt hätte, mag man bezweifeln. Doch ist dies ein Auslegungsproblem, nicht, wie der *BGH* meint, ein Grundsatzproblem.

e) Als Rechtsprinzip ist der Bestimmtheitsgrundsatz, soweit er Anerkennung verdient, *zwingend und unverzichtbar*[32]. Versteht man den Bestimmtheitsgrundsatz in dem Sinne, wie es hier unter II 2b dargelegt wurde, so kann sich stets nur die Frage stellen, ob eine Vertragsklausel dem Bestimmtheitsgrundsatz genügt, aber niemals die Frage, ob sie den Bestimmtheitsgrundsatz wirksam ausschließt. Das Gegenteil scheint sich zwar aus der neueren Rechtsprechung zu ergeben[33], doch erweist sich, daß sich der *Bundesgerichtshof* hierbei nur rechtstechnisch vergriffen hat[34]:

Beispiel Nr. 5 (nach *BGH,* NJW 1988, 411 = WM 1987, 1102; dazu *Marburger,* ZGR 1989, 146ff.): Im Gesellschaftsvertrag der B-Brauerei GmbH & Co. KG in Bremen war eine Regelung enthalten, wonach über Vertragsänderungen mit einer Mehrheit von 3/4 der abgegebenen Stimmen beschlossen werden durfte, vorausgesetzt, daß 2/3 aller Stimmen in der Gesellschafterversammlung vertreten sind. Mit der hiernach ausreichenden Mehrheit beschlossen die Gesellschafter gegen die Stimmen der Minderheit, daß künftig eine Mehrheit von 2/3 aller vorhandenen Stimmen für die Vertragsänderung »erforderlich und ausreichend« sei. Die Minderheitsgesellschafterin klagte auf Feststellung, daß diese Vertragsänderung, die die Rechte der Minderheit noch weiter schwächte, unwirksam sei. Die Klage hatte Erfolg, weil nach dem Bestimmtheitsgrundsatz die Mehrheitsklausel nicht ausreichen konnte, um durch Vertragsänderung eine noch schärfere Mehrheitsklausel einzuführen. Der *Senat* legte sich aber auch noch die Frage vor, »ob die Gesellschafter ... den sog. Bestimmtheitsgrundsatz wirksam abbedungen haben« (Leitsatz 1), meinte aber, eine solche Vereinbarung nicht feststellen zu können. Das kann nicht verwundern, denn es gibt keinen solchen Verzicht. Die Frage konnte nur sein, ob der Beschluß unter Berücksichtigung des sog. Bestimmtheitsgrundsatzes von der die Gesellschafter bindenden Mehrheitsklausel erfaßt war. Das hat der *Senat* verneint.

---

29 *Karsten Schmidt,* ZHR 158 (1994), 220ff; *Dürrschmidt,* JuS 1997, 15ff.

30 *BGHZ* 102, 172, 177f. = NJW 1988, 969, 971; *BGHZ* 104, 50, 53f. = NJW 1988, 1903, 1904; *Schlegelberger/Martens,* § 161 Rdnr. 148.

31 *Karsten Schmidt,* ZHR 158 (1994), 221, 223.

32 *Röttger,* a.a.O., S. 156f.; *Schlegelberger/Martens,* § 119 Rdnr. 23; *Scholz/Karsten Schmidt,* Anh. § 45 Rdnr. 24; *Marburger,* ZGR 1989, 153; *Karsten Schmidt,* ZHR 158 (1994), 218f.

33 *BGH,* NJW 1988, 411 = WM 1987, 1102; unentschieden noch *BGHZ* 85, 350, 357 = NJW 1983, 1056.

34 *Westermann,* Rdnr. I 523; *Scholz/Karsten Schmidt,* Anh. § 45 Rdnr. 24; so bereits *Marburger,* ZGR 1989, 153f.; *Karsten Schmidt,* ZHR 158 (1994), 219.

3. Das Erfordernis einer qualifizierten Mehrheit

Von der Frage, ob eine Mehrheitszuständigkeit begründet ist, muß noch die andere unterschieden werden, ob für alle Beschlußgegenstände eine einfache Mehrheit ausreichen darf.

a) Unser Gesetz hat, wo es Mehrheitsentscheidungen vorsieht, streng unterschieden zwischen einfachen Beschlüssen und qualifizierten Beschlüssen, für die es qualifizierte Mehrheiten – meist 3/4-Mehrheiten – vorschreibt. Klassisches Anwendungsbeispiel der qualifizierten Mehrheit ist der Fall der *Satzungsänderung* (§§ 33 BGB, 179 II AktG, 53 II GmbHG, 16 II GenG). Es können strengere Mehrheitserfordernisse, bei Kapitalgesellschaften aber nicht auch geringere Mehrheitserfordernisse eingeführt werden[35]. Auch der Auflösungsbeschluß bedarf zwingend einer qualifizierten Mehrheit (§§ 41 BGB, 262 I Nr. 2 AktG, 60 I Nr. 2 GmbHG, 78 I GenG), ebenso die Umwandlung (§§ 43 II 2, 50 I 1, 65 I 1, 125, 217 I, 240 I UmwG) und der Abschluß eines konzernrechtlichen Unternehmensvertrags (§ 293 I, II AktG).

b) Bei Personengesellschaften gilt nach §§ 43 II 2, 217 I 3 UmwG dasselbe. Außerhalb des Umwandlungsrechts aber wird es jedem Gesellschafter freigestellt, ob er sich einer Vertragsänderung durch Mehrheitsbeschluß unterwerfen will[36], und es macht keinen Unterschied, ob diese Mehrheit mit einfacher oder mit qualifizierter Mehrheit zustande kommt[37]. Diese bedenkliche Praxis kann wohl nur akzeptiert werden, wenn man den Bestimmtheitsgrundsatz nicht – und zwar auch nicht bei Publikumsgesellschaften! – preisgibt: Eine Mehrheitsklausel im Gesellschaftsvertrag deckt noch nicht die Einführung oder Verschärfung von Mehrheitsklauseln für Vertragsänderungen[38], und Eingriffe in den Kernbereich der Mitgliedschaft können der einfachen Mehrheitsentscheidung nur unterworfen werden, wenn der Umfang des Eingriffs absehbar ist.

4. Inhaltsgrenzen der Mehrheitsherrschaft*

Die Mehrheitsherrschaft in privatrechtlichen Verbänden ist pflichtgebundene Herrschaft. Zwar kann nicht jeder Beschluß inhaltlich auf seine Richtigkeit

---

35 Vgl. für die AG § 23 V 1 AktG; für die GmbH *KG*, NJW 1959, 1446, 1447; *Baumbach/Hueck/Zöllner*, § 53 Rdnrn. 32f.; *Roth/Altmeppen*, § 53 Rdnr. 15; *Scholz/Priester*, § 53 Rdnrn. 78, 86; anders die h. M. im Vereinsrecht (vgl. *Soergel/Hadding*, § 33 Rdnr. 6); im Genossenschaftsrecht wird zwischen den Fällen des § 16 II, III und des § 16 IV GenG unterschieden.

36 *RGZ* 91, 166, 167; 114, 393, 395; 136, 236, 243; 151, 321, 324f.; *BGHZ* 8, 35, 39; 48, 251.

37 *H. Westermann*, in: Freundesgabe Hengeler, 1972, S. 247; *Rob. Fischer*, LM Nr. 1 zu § 119 HGB; *Uwe H. Schneider*, ZGR 1972, 362f.

38 Vgl. *BGH*, NJW 1988, 411 = WM 1987, 1102.

* Literatur (Auswahl): *Baumgärtner*, Rechtsformübergreifende Aspekte der gesellschaftsrechtlichen Treupflicht, 1990; *Bischoff*, Sachliche Voraussetzung von Mehrheitsbeschlüssen in Kapitalgesellschaften, BB 1987, 1055; *Bodenheimer*, Das Gleichheitsprinzip im Aktienrecht, 1933; *Ernst Cohn*, Der Grundsatz der gleichmäßigen Behandlung aller Mitglieder im Verbandsrecht, AcP 132 (1930), 129; *v. Falkenhausen*, Verfassungsrechtliche Grenzen der Mehrheitsherrschaft

geprüft werden, denn dies wäre von zwei Seiten her verfehlt: Einerseits wäre es unvereinbar mit der institutionellen »Richtigkeitsgewähr«, die ja die Mehrheitsentscheidung im Regelfall legitimiert (oben unter I 2 a); andererseits überstiege eine solche Kontrolle auch die Grenzen der richterlichen Prüfungskompetenz, denn der Richter darf nicht sein eigenes Gutdünken an die Stelle des Mitgliederwillens setzen. Grundsätzlich tragen gesetzlich zugelassene Mehrheitsbeschlüsse ihre Legitimation in sich und bedürfen keiner sachlichen Rechtfertigung[39]. Aber die Stimmrechtsmacht und damit die Mehrheitsherrschaft ist eben nicht unbeschränkt (s. auch unten, § 21 II 3). Man wird folgende Schranken zu unterscheiden haben:
- zwingendes Recht und gute Sitten,
- Gleichbehandlungsgrundsatz,
- Treupflicht,
- mehrheitsfeste Minderheitenrechte.

a) Daß ein *Verstoß gegen zwingendes Recht* einen Beschluß fehlerhaft macht, bedarf kaum der Erwähnung. Dasselbe gilt für *die guten Sitten* (vgl. § 241 Nr. 4 AktG). Das Problem besteht hier nicht im Prinzip, sondern es liegt in den Detailfragen[40]: Welche Gesetzesregeln sind zwingend? Unter welchen Voraussetzungen ist ein Mehrheitsbeschluß sittenwidrig? Und welche lassen im Fall des Verstoßes den Beschluß als nichtig, welche ihn nur als anfechtbar erscheinen? Den unter der Rechtsprechung des Reichsgerichts noch wichtig-

---

nach dem Recht der Kapitalgesellschaften, 1967; *Fechner*, Die Treubindung des Aktionärs, 1942; *Filbinger*, Die Schranken der Mehrheitsherrschaft im Aktienrecht und Konzernrecht, 1942; *Fillmann*, Treupflichten der Aktionäre, 1991; *Göbel*, Mehrheitsentscheidungen in Personengesellschaften, 1992; *Guntz*, Treubindungen von Minderheitsaktionären, 1998; *Henze*, Zur Treupflicht unter Aktionären, in: Festschrift Kellermann, 1991, S. 141; *ders.*, Treupflichten der Gesellschafter im Kapitalgesellschaftsrecht, ZHR 162 (1998), 186; *Alfred Hueck*, Der Treuegedanke im modernen Privatrecht, 1947; *Götz Hueck*, Der Grundsatz der gleichmäßigen Behandlung im Privatrecht, 1958; *Hüffer*, Zur gesellschaftsrechtlichen Treupflicht als richterrechtlicher Generalklausel, in: Festschrift Steindorff, 1990, S. 59; *Immenga*, Bindung von Rechtsmacht durch Treupflichten, in: Festschrift 100 Jahre GmbH-Gesetz, 1992, S. 189; *Kort*, Zur Treupflicht des Aktionärs, ZIP 1990, 294; *Korehnke*, Treuwidrige Stimmungen im Personengesellschafts- und GmbH-Recht, 1997; *Krieger*, Beschlußkontrolle bei Kapitalherabsetzungen, ZGR 2000, 885; *Lutter*, Theorie der Mitgliedschaft, AcP 180 (1980), 84; *ders.*, Die Treupflicht des Aktionärs, ZHR 153 (1989), 446; *ders.*, Treupflichten und ihre Anwendungsprobleme, ZHR 162 (1998), 164; *Martens*, Mehrheits- und Konzernherrschaft in der personalistischen GmbH, 1970; *ders.*, Die Treupflicht des Aktionärs, in: Rechtsdogmatik und Rechtspolitik, 1990, S. 251; *Mestmäcker*, Verwaltung, Konzerngewalt und Rechte der Aktionäre, 1958; *Mülbert*, Aktiengesellschaft, Unternehmensgruppe und Kapitalmarkt, 1995; *Müller-Erzbach*, Das private Recht der Mitgliedschaft als Prüfstein eines kausalen Rechtsdenkens, 1948; *Nehls*, Die gesellschaftsrechtliche Treuepflicht im Aktienrecht, 1993; *Partikel*, Gesellschafter minderen Rechts im Recht der Personenhandelsgesellschaften, 1993; *Pfeifer*, Materielle Beschlußkontrolle eines Hauptversammlungsbeschlusses zur vereinfachten Kapitalherabsetzung, WiB 1997, 358; *Reul*, Die Pflicht zur Gleichbehandlung der Aktionäre ..., 1991; *Roitzsch*, Der Minderheitenschutz im Verbandsrecht, 1981; *Wiethölter*, Interessen und Organisation der Aktiengesellschaft ..., 1961; *Vorwerk/Winners*, Treuebindungen des Mehrheitsgesellschafters, GmbHR 1998, 717; *Winter*, Mitgliedschaftliche Treuebindungen im GmbH-Recht, 1988; *Wolany*, Rechte und Pflichten des Gesellschafters einer GmbH, 1964; *Zöllner*, Die Schranken mitgliedschaftlicher Stimmrechtsmacht bei den privatrechtlichen Personenverbänden, 1963.

39 Vgl. *BGHZ* 138, 71, »Sachsenmilch« (Kapitalherabsetzung); *BGHZ* 76, 353 (Auflösung).

40 Eingehend *Zöllner*, a.a.O., S. 288ff.

sten Fall der Sittenwidrigkeit hat der Gesetzgeber in § 243 II AktG ausdrücklich aufgegriffen und vom Verdikt der Nichtigkeit befreit[41]: Ein Beschluß ist rechtswidrig, wenn ein Mitglied dadurch auf Kosten des Verbandes oder der anderen Mitglieder »Sondervorteile« verfolgt[42]. Der Tatbestand des »Sondervorteils« wirft allerdings seinerseits Abgrenzungsprobleme auf (vgl. *BGHZ* 71, 40, 52; 103, 184, 193 f.; s. auch unten, § 28 I 4 b, IV 5 d) und ist unter der Herrschaft des Gleichbehandlungsgrundsatzes und der Treupflichten als eigenständiges Institut veraltet[43].

b) Der gesellschaftsrechtliche *Gleichbehandlungsgrundsatz* besagt, daß im Verhältnis zwischen dem Verband und seinen Mitgliedern gleiche Sachverhalte gleich und ungleiche nach ihrer Eigenart behandelt werden müssen. Wesentlicher Bestandteil dieses Gleichbehandlungsgrundsatzes ist das gesellschaftsrechtliche Diskriminierungsverbot. § 53 a AktG formuliert folgende Grundregel über die Rechtsverhältnisse der Aktiengesellschaft und der Gesellschafter: »Aktionäre sind unter gleichen Voraussetzungen gleich zu behandeln.« Die Bestimmung beruht auf der Zweiten gesellschaftsrechtlichen EG-Richtlinie[44]. Sie wurde 1978 in das Aktiengesetz eingefügt[45] und sollte nur klarstellen, was ohnehin galt[46]. Im GmbH-Gesetz ist der Grundsatz nur verstreut zu erkennen (vgl. z. B. § 19 I GmbHG), jedoch fester Bestandteil des geltenden Rechts[47].

aa) In der Tat gehört der Gleichbehandlungsgrundsatz seit langem zum anerkannten Bestand des Gesellschaftsrechts[48]. Seine materielle Begründung ist umstritten. Sie wird teils im Willen der Beteiligten[49], teils im Vorhandensein eines Gemeinschaftsverhältnisses[50], teils in der notwendigen Ausübungskontrolle der Verbandsmacht[51] erblickt. Jede dieser Deutungen hat einen berechtigten Kern, aber entscheidend ist die letzte, denn mit *Wiedemann* läßt

---

41 Vgl. bereits § 197 II AktG 1937.

42 Vgl. *Flume*, Juristische Person, § 7 III; *Semler*, in: MünchHdbGesR IV, S. 41 Rdnrn. 34 ff.; *Zöllner*, a. a. O., S. 293 ff.; *Geßler*, in: Festschrift Barz, 1974, S. 97 ff.; *Abrell*, BB 1974, 1463.

43 *Raiser*, Kapitalgesellschaften, § 16 Rdnr. 167.

44 Art. 42 der 2. gesellschaftsrechtlichen EG-Richtlinie, ABl. Nr. L 26/1 vom 31. 1. 1977 = *Lutter*, Europäisches Unternehmensrecht, 4. Aufl. 1996, S. 109 ff.; *Schwarz*, Europäisches Gesellschaftsrecht, 2000, Rdnr. 632; Wortlaut in: *ders.*, Europäisches Gesellschaftsrecht, Textsammlung, 2000, Nr. 2.

45 Gesetz v. 13. 12. 1978, BGBl. I S. 1959.

46 Vgl. Begründung, BT-Drucks. 8/1678, S. 13; *BGHZ* 120, 141, 150 = NJW 1993, 400, 402; *Lutter/Zöllner*, in: KK, § 53 a Rdnr. 2.

47 Vgl. *BGHZ* 116, 359, 372 ff.

48 *BVerfGE* 14, 263, 285; *RGZ* 38, 14, 15 f.; 49, 195, 198; 52, 287, 293 f.; 80, 81, 85; 112, 14, 18 f.; 113, 152, 156; 120, 363, 371 f.; *BGHZ* 20, 363, 369; 116, 359, 373; *BGH*, LM Nr. 2 zu § 29 GmbHG; eingehend *Westermann*, Rdnrn. I 528 f.; *Götz Hueck*, a. a. O., S. 35 ff., 225 ff., 333 ff.; *Reul*, a. a. O., S. 270; *Wolany*, a. a. O., S. 164 ff.; *Zöllner*, a. a. O., S. 301 ff.; vgl. schon § 69 II 6 ALR; die Bestimmung verbot Mehrheitsentscheidungen, durch die »nicht allen, sondern nur Einem oder etlichen Mitgliedern, neue Lasten oder Verbindlichkeiten aufgelegt werden sollen«.

49 *Cohn*, AcP 132 (1930), 154 ff.; kritisch und modifizierend *Wiedemann* I, § 8 II 2 a.

50 Vgl. *Götz Hueck*, a. a. O., S. 222 ff.; s. auch *Wüst*, Die Interessengemeinschaft, 1958, S. 60.

51 *Müller-Erzbach*, a. a. O., S. 68 ff.; *Ludwig Raiser*, ZHR 111 (1948), 75 ff.; für Gleichbehandlungspflichten auch der Aktionäre untereinander jetzt bemerkenswerterweise *Reul*, a. a. O., S. 270 ff.

sich festhalten[52]: »Eine ›Gleichbehandlungs‹-Pflicht kann nur in Frage stehen, wenn eine Person oder Institution ... in der Lage ist, ihren Willen ohne Rücksicht auf den Konsens der Betroffenen durchzusetzen.« Der Gleichbehandlungsgrundsatz markiert eine immanente Grenze legitimer Mehrheitsherrschaft. Das ist für das Verständnis dieses Grundsatzes bedeutsam. Das Gleichheitsgebot konstituiert zwar einen Gleich*behandlungs*grundsatz, nicht aber allgemeine Gleichheit im Gesellschaftsrecht. Insbesondere gibt es keinen Grundsatz, wonach die Zuteilung ungleicher Rechte und Pflichten in Gesellschaftsverträgen und Satzungen verboten wäre[53]. Sofern nicht das positive Gesellschaftsrecht entgegensteht, kann die Satzung oder der Gesellschaftsvertrag einzelnen Gesellschaftern Vorzugsrechte einräumen (vgl. über Sonderrechte unten, § 19 III 3c bb) und anderen Gesellschaftern bestimmte Rechte (z.B. das Stimmrecht) nehmen. Das spielt vor allem bei der GmbH und bei der Personengesellschaft eine Rolle[54]:

Beispiel Nr. 6: Kuno K hat mit seinem Sohn S und seiner Tochter T sowie seinem Enkel E eine Kommanditgesellschaft gegründet. K hat sein Unternehmen in die Gesellschaft eingebracht, S und T haben Bareinlagen geleistet, und E wurde ohne Einlageleistung schlicht »eingebucht«. Entscheiden die Gesellschafter nach dem Gesellschaftsvertrag mit einfacher Mehrheit über die inneren Angelegenheiten der Gesellschaft, so ist nichts dagegen einzuwenden, wenn Kuno K nach dem Gesellschaftsvertrag ein doppeltes Stimmrecht oder sogar ein Vetorecht erhält oder wenn dem E ein Stimmrecht gänzlich versagt wird. K darf nur von seinem Sonderrecht nicht mißbräuchlich, insbesondere nicht unter Verstoß gegen den Gleichbehandlungsgrundsatz, Gebrauch machen.

Nach *BGHZ* 116, 359, 373 endet die Zulässigkeit einer Ungleichbehandlung im Gesellschaftsvertrag an der Grenze des Willkürverbots. Das klingt, als könnte der Richter jede Ungleichbehandlung im Gesellschaftsvertrag sachlich prüfen, jedoch bleibt der Vorrang der Vertragsfreiheit zu respektieren[55]. Notfalls kann immer noch eine Ausübungskontrolle an die Stelle der Vertrags- oder Satzungskontrolle treten, denn regelmäßig manifestiert sich der Willkürcharakter einer Regelung erst in der Ausübung der darin enthaltenen Befugnisse.

bb) Auch die Ungleichbehandlung durch Beschlüsse ist zulässig, wenn sie durch das Gesetz oder – ohne Verstoß gegen das Gesetz – durch Satzung oder Gesellschaftsvertrag vorgegeben ist[56]:

Beispiel Nr. 7 (nach *Huber,* Vermögensanteil, S. 42): Hat eine Personengesellschaft nach dem Gesellschaftsvertrag drei Komplementäre als geschäftsführende Gesellschafter, so kann die Gesellschafterversammlung nicht einen dieser Gesellschafter gegen den Willen der anderen zum »Vorsitzenden« der Geschäftsführung bestimmen. Anders, wenn nach dem Gesellschaftsvertrag einer der geschäftsführenden Gesellschafter »Vorsitzender« werden soll.

52 *Wiedemann* I, § 8 II 2a.
53 *BGHZ* 116, 359, 373.
54 Vgl. zum mehrfachen Stimmrecht *BGHZ* 20, 363, 370 (Personengesellschaft); zum Anteil ohne Stimmrecht *RGZ* 167, 65, 73; *BGHZ* 14, 264, 269 (GmbH); 20, 363 (Personengesellschaft).
55 Vgl. *Baumbach/Hueck/Zöllner,* § 13 Rdnr. 37.
56 Vgl. *Huber,* Vermögensanteil, S. 42.

cc) Umstritten ist, ob es sogar das *Institut eines »Gesellschafters minderen Rechts«* geben kann. Die Frage spielt in der Diskussion um die Ausschließung von Gesellschaftern eine erhebliche Rolle. Nach *Flume*[57] können in der Personengesellschaft (und dann wohl auch in der GmbH!) unterschiedliche Klassen von Gesellschaftern bestehen: »gleichberechtigte Gesellschafter« und »Gesellschafter minderen Rechts«. Diese Unterscheidung hat wenig Beifall gefunden[58], und zwar wohl deshalb, weil *Flume* mit ihr sehr weitgehende Folgerungen für die Ausschließung von Gesellschaftern verbindet (dazu unten, § 50 III 3) und weil *Flumes* Terminologie juristische Schutzinstinkte weckt[59]. Sie ist wohl auch absichtsvoll als Herausforderung an den egalitären Zeitgeist formuliert. Im Grundsatz muß aber festgehalten werden, daß die Mitgliedschaft in der Personengesellschaft von den Parteien des Gesellschaftsvertrags sehr unterschiedlich ausgestaltet werden kann, denn hier geht es noch um die Konditionen, zu denen sich die Gesellschafter an dem gemeinsamen Vorhaben beteiligen. Erst dann, wenn sie Mehrheitsentscheidungen unterworfen sind, gilt das Verbot der Ungleichbehandlung.

dd) Die *Stärke des Gleichbehandlungsgrundsatzes* besteht darin, daß Gleichbehandlung objektivierbar ist[60]. Dem stehen unleugbare *Schwächen* gegenüber[61]: Entweder macht man Ernst mit der Objektivierung, dann erstarrt der Gleichbehandlungsgrundsatz zum Schaden des Verbandes wie auch seiner Mitglieder zu einem rein formalen Schutz[62]; oder man bedient sich wertender Kriterien, dann wird aus dem Gleichbehandlungsgrundsatz ein bloßes Willkürverbot[63]. Deshalb wird am Gleichbehandlungsgrundsatz Kritik geübt[64]. Aber die Praxis hält sich zwischen diesen Extremen, und der Gleichbehandlungsgrundsatz hat sich als notwendige Barriere der Mehrheitsherrschaft bewährt: als *Willkürverbot,* das an objektiv-sachlichen Maßstäben nach Maßgabe des zu beurteilenden Rechtsverhältnisses gemessen wird[65].

ee) Der Gleichbehandlungsgrundsatz im Gesellschaftsrecht kann einen *Schutz in verschiedener Richtung* begründen[66]. In terminologischer Angleichung an die staatsrechtliche Statuslehre[67] kann folgendermaßen unterschieden werden:

---

57 Personengesellschaft, § 10 III, § 12 III.

58 Zust. *Partikel,* a. a. O.; *Volmer,* DB 1998, 2507f.; abl. *BGH,* NJW 1981, 2565, 2566f.; *Ulmer,* Gesellschaft bürgerlichen Rechts, § 738 Rdnrn. 46f.; *Rob. Fischer,* ZGR 1979, 263f. = Gesammelte Schriften, 1985, S. 159f.; differenzierte Stellungnahme bei *Huber,* ZGR 1980, 191ff.

59 So die Formulierung bei *Huber,* ZGR 1980, 196.

60 Vgl. *Zöllner,* a. a. O., S. 302; krit. *Roitzsch,* a. a. O., S. 34.

61 Vgl. *Zöllner,* a. a. O., S. 303; s. demgegenüber *Bodenheimer,* a. a. O., S. 52ff.

62 Dazu *Wiedemann* I, § 8 II 2 b.

63 Dazu *BGHZ* 116, 359, 373; *Götz Hueck,* a. a. O., S. 173ff.

64 Vgl. besonders *Wiethölter,* a. a. O., S. 103ff.; s. auch *v. Falkenhausen,* a. a. O., S. 30ff.; *Roitzsch,* a. a. O., S. 34ff.; *Konow,* GmbHR 1973, 121f.

65 *BGHZ* 116, 359, 373 = NJW 1992, 892, 895f.; *BGHZ* 120, 141, 148f. = NJW 1993, 400, 402; ganz ähnlich *Götz Hueck,* a. a. O., S. 194.

66 *Martens,* GmbHR 1984, 266.

67 Vgl. *Georg Jellinek,* System der subjektiven öffentlichen Rechte, 2. Aufl. 1905, S. 87, 103ff.

– Als *status positivus* gibt der Grundsatz dem einzelnen einen Anspruch auf Gleichbehandlung, z.B. in Gestalt eines Bezugsrechts bei einer Kapitalerhöhung (dazu unten, § 29 III 2d).
– Als *status negativus* gibt er Abwehrrechte
  – gegen die Bevorzugung anderer, insbesondere gegen die Durchsetzung von Sondervorteilen, und
  – gegen die ungleiche Beschneidung von Rechtspositionen, insbesondere gegen die Belastung mit Nachteilen, die nicht alle Mitglieder treffen.

Mehrheitsbeschlüsse, die gegen den Gleichbehandlungsgrundsatz verstoßen, sind nicht unwirksam oder nichtig, sondern nur anfechtbar[68]. Das ist für Aktiengesellschaften, Gesellschaften m.b.H. und Genossenschaften heute allgemein anerkannt, gilt aber auch für Personengesellschaften und Vereine (zur Beschlußanfechtung bei diesen Rechtsformen vgl. oben, § 15 II 3).

c) Die *Treupflichten* werden als mitgliedschaftliche unter § 20 IV näher behandelt (vgl. einstweilen die Literaturangaben zu § 16 II)[69]. Da es im vorliegenden Zusammenhang um die Grenzen der Mehrheitsherrschaft geht, muß betont werden, daß diese Seite der Treupflichten nicht nur bei Personengesellschaften, sondern auch und vor allem bei Gesellschaften m.b.H. sowie – eine sich endlich auch in der Rechtsprechung durchsetzende Auffassung – bei Aktiengesellschaften, Vereinen und Genossenschaften eine Rolle spielt (vgl. unten, § 20 IV 2). Hier wird aus individuellen, gleichsam schuldrechtlichen Pflichtbindungen mehr und mehr eine das Verbands-Innenrecht kontrollierende Wertungsmaxime. Die Integrationskraft dieses das Innenrecht der Verbände dominierenden Grundsatzes bis hinein in das nach herkömmlichem Verständnis wenig »treupflichtanfällige« Aktienrecht hat sich vor allem in den BGH-Entscheidungen »Linotype« (*BGHZ* 103, 184), »Girmes« (*BGHZ* 129, 136) und »Hilgers« (*BGHZ* 142, 167) gezeigt. Die Treupflicht begrenzt die Leitungsmacht von Mehrheitsgesellschaftern ebenso wie die Stimmrechtsmacht all der Mitglieder (unten, § 21 II 3). Sie überlagert das Netzwerk des Verbandes nicht nur im Verhältnis des Mitglieds zu seinem Verband, sondern auch im Verhältnis der Mitglieder untereinander[70].

Treupflichtverstöße können die Abgabe von Stimmen nichtig und Mehrheitsbeschlüsse rechtswidrig und anfechtbar machen (unten, § 20 IV 4). Aus der Treupflicht kann aber ausnahmsweise auch eine positive Stimmpflicht resultieren (unten, § 21 II 3c), insbesondere eine Pflicht zur Anpassung von Satzungen und Gesellschaftsverträgen an veränderte Umstände (oben, § 5 IV 3).

---

68 Vgl. *RGZ* 118, 67, 72; *BGHZ* 111, 224, 227 = NJW 1990, 2625; *BGHZ* 120, 141, 149ff. = NJW 1993, 400, 402f.; *Hüffer*, AktG, § 243 Rdnrn. 21, 29; *Karsten Schmidt*, in: Großkomm. AktG, § 243 Rdnr. 44; *Hachenburg/Raiser,* § 14 Rdnr. 73; *Scholz/Karsten Schmidt,* § 45 Rdnr. 105; *Baumbach/Hueck/Zöllner*, Anh. § 47 Rdnr. 48; *Rowedder/Koppensteiner*, § 47 Rdnr. 105.

69 Über die Begrenzung der Mehrheitsherrschaft durch Treupflichten vgl. *BGHZ* 76, 352, 355ff.; 103, 184, 193ff.; 142, 167; grundlegend *Zöllner*, a.a.O., S. 335ff.; eingehend auch *Reul*, a.a.O., S. 252ff.; *Immenga*, a.a.O.; *Vorwerk/Wimmers*, GmbHR 1998, 717ff.

70 Vgl. *BGHZ* 129, 136, 142ff.; 142, 167, 169f.; *Baumbach/Hueck/Zöllner*, § 13 Rdnr. 21.

d) Sogleich näher zu behandeln sind sodann die *Instrumente des Minderheitenschutzes.* Es wird sich zeigen, daß sich diese Instrumente mit den schon aufgezählten Grenzen der Mehrheitsherrschaft teilweise überschneiden, was sich vor allem bei der Behandlung des Bestimmtheitsgrundsatzes als Quelle von Mißverständnissen erwiesen hat (oben unter II 2). Das ist kein Zufall, weil der Minderheitenschutz keine eigene rechtsdogmatische Kategorie, sondern eine rechtspolitische Zielvorstellung ist (vgl. sogleich unter III 1 a).

III. Der Minderheitenschutz*

1. Rechtsdogmatische und rechtspolitische Grundlagen

a) Der Minderheitenschutz im Verbandsrecht ist zu einem der meistgebrauchten Schlagworte in der gesellschaftsrechtlichen Literatur geworden. Aber Minderheitenschutz stellt nur als *rechtspolitisches Programm,* nicht als *juristische Kategorie* ein einheitliches Ganzes dar. Dies erschwert nicht nur

---

* Literatur (Auswahl; vgl. auch oben unter II 4): *Bachelin,* Der konzernrechtliche Minderheitenschutz, 1969; *Becker,* Verwaltungskontrolle durch Gesellschafterrechte, 1997; *Coing,* Das Privatrecht und die Ordnung des Verbandswesens, in: Festschrift Flume I, 1978, S. 429; *v. Falkenhausen,* Verfassungsrechtliche Grenzen der Mehrheitsherrschaft nach dem Recht der Kapitalgesellschaften, 1967; *Fechner,* Die Treubindung des Aktionärs, 1942; *Filbinger,* Die Schranken der Mehrheitsherrschaft im Aktienrecht und Konzernrecht, 1942; *Fillmann,* Treupflichten der Aktionäre, 1991; *Rob. Fischer,* Die Grenzen bei der Ausübung gesellschaftsrechtlicher Mitgliedschaftsrechte, NJW 1954, 777 = Gesammelte Schriften, 1985, S. 109; *ders.,* Gedanken über einen Minderheitenschutz bei den Personengesellschaften, in: Festschrift Barz, 1974, S. 33 = Gesammelte Schriften, 1985, S. 193; *Großfeld,* Aktiengesellschaft, Unternehmenskonzentration und Kleinaktionär, 1968; *ders.,* Zivilrecht als Gestaltungsaufgabe, 1977; *Hermanns,* Unverzichtbare Mitverwaltungsrechte des Personengesellschafters, 1999; *Hüffer,* Zur gesellschaftsrechtlichen Treupflicht als richterrechtlicher Generalklausel, in: Festschrift Steindorff, 1990, S. 59; *Immenga,* Die personalistische Kapitalgesellschaft, 1970; *ders.,* Die Minderheitsrechte des Kommanditisten, ZGR 1974, 385; *Kühn,* Die Minderheitsrechte in der GmbH und ihre Reform, 1964; *Lockwandt,* Stimmrechtsbeschränkungen im Recht der Personengesellschaften, Kernbereichslehre und Stimmrechtsausschluß, 1996; *Löffler,* Der Kernbereich der Mitgliedschaft als Schranke für Mehrheitsbeschlüsse bei Personengesellschaften, NJW 1989, 2656; *Lutter,* Zur inhaltlichen Begründung von Mehrheitsentscheidungen, ZGR 1981, 171; *Martens,* Mehrheits- und Konzernherrschaft in der personalistischen GmbH, 1970; *ders.,* Die GmbH und der Minderheitenschutz, GmbHR 1984, 265; *Menk,* Das Verhältnis des Bestimmtheitsgrundsatzes zur Kernbereichslehre im Recht der oHG, Diss. Hamburg 1975; *Michalski,* Bestimmtheitsgrundsatz und Mehrheitsprinzip, WiB 1997, 1; *Mülbert,* Aktiengesellschaft, Unternehmensgruppe und Kapitalmarkt, 1995; *Welf Müller,* Minderheitenschutz im GmbH-Konzernrecht – so nicht, AG 1981, 306; *Röttger,* Die Kernbereichslehre im Recht der Personenhandelsgesellschaften, 1989; *Roitzsch,* Der Minderheitenschutz im Verbandsrecht, 1981; *Saenger,* Minderheitenschutz und innergesellschaftliche Klagen bei der GmbH, GmbHR 1997, 112; *Carsten Schäfer,* Der stimmrechtslose GmbH-Geschäftsanteil, 1997; *Schindler,* Das Austrittsrecht in Kapitalgesellschaften, 1999; *Teichmann,* Rechte des einzelnen und Befugnisse der Minderheit, in: GmbH-Reform, 1970, S. 59; *Ulmer,* Hundert Jahre Personengesellschaftsrecht: Rechtsfortbildung bei OHG und KG, ZHR 161 (1997), 120ff.; *Wedell,* Minderheitenschutz im Aktienrecht? 1971; *Wiedemann,* Minderheitsrechte ernstgenommen, ZGR 1999, 857; *Winter,* Mitgliedschaftliche Treuebindungen im GmbH-Recht, 1988; *Zöllner,* Die Schranken mitgliedschaftlicher Stimmrechtsmacht bei den privatrechtlichen Personenverbänden, 1963.

eine systematische Darstellung, sondern es belastet auch die Sachdiskussion[71]. Einerseits nämlich hat der Gedanke eines Schutzes der Minderheit im deutschen Gesellschaftsrecht nur unter Schwierigkeiten Fuß fassen können[72]; anderseits weckt das rechtspolitische Anliegen des Minderheitenschutzes im Verbandsrecht Schutzinstinkte, die sich gerade wegen der fehlenden institutionellen Geschlossenheit des gesellschaftsrechtlichen Minderheitenschutzes verselbständigen und die Leitungsmacht und Mehrheitsherrschaft von mehreren Seiten her unmerklich paralysieren können. Das muß nicht nur um der Funktionsfähigkeit der Verbände willen verhindert werden, sondern auch deshalb, weil ein Zuviel an Minderheitenschutz die Willensbildung und die Maßnahmen eines Verbandes am Ende in die Hand der Gerichte gibt, denen oft in Konfliktlagen auch nichts anderes bliebe als eine Entscheidung nach Gutdünken. Willkürentscheidungen der Leitungsorgane und der Mitgliedermehrheit würden dann durch Willkürentscheidungen Dritter ersetzt. Der Vorteil der Objektivität würde durch den Nachteil der Sachferne erkauft, Selbstverwaltung durch Kontrolle ersetzt. Gerade wenn man das Problem des Minderheitenschutzes ernst nimmt, muß man als Ausgangspunkt festhalten, daß Leitungsmacht und Mehrheitsherrschaft im Verbandsrecht legitime Herrschaft ist.

Der Minderheitenschutz wird von *Wiedemann*[73] als eine rechtsethisch notwendige Ergänzung des Mehrheitsprinzips eingeordnet und begründet. Ob diese Begründung trifft oder ob sie zu hoch greift, ist schwer zu entscheiden und letztlich von der inneren Rechtfertigung der Mehrheitsherrschaft abhängig[74]. Diese Rechtfertigung liegt nach der hier vertretenen Auffassung in dem Bestreben, die Aktionsfähigkeit des Verbandes und die »Richtigkeitsgewähr« seiner Entscheidungen und Maßnahmen durch einen Kompromiß zu gewährleisten (oben unter I). Die Notwendigkeit eines Minderheitenschutzes resultiert demgemäß aus der Notwendigkeit, Legitimationsdefizite der organschaftlichen Leitungsmacht und der Mehrheitsherrschaft entweder zu verhindern oder auszugleichen.

b) Dieser in sich geschlossenen *Zielrichtung des Minderheitenschutzes* steht, wie schon angedeutet, eine *rechtstechnische Vielfalt* gegenüber, die sich auch im positiven Recht niedergeschlagen hat. Der gesetzliche Minderheitenschutz stellt sich bei den einzelnen Rechtsformen sehr unterschiedlich dar. Das *Aktienrecht* setzt auf eine perfekte Legalordnung und sucht dem Problem mit zahlreichen Einzelregelungen gerecht zu werden. Das *GmbH-Gesetz* enthält nur einen fragmentarischen Minderheitenschutz und überläßt viele Einzelfragen der Rechtsprechung. Das gesetzliche *Personengesellschaftsrecht* schließlich ist auf Selbstorganschaft und Einstimmigkeit zugeschnitten und nimmt sich deshalb der erst in der Vertragspraxis entstandenen Minderheits-

71 Charakteristisch *Grunewald*, 3. II. Rdnrn. 5ff., III., insbes. 10f.: »Schutz der Gesellschafter vor ›Führungseliten‹«.

72 Eingehend *Wiedemann* I, § 8 I 2; s. auch *Roitzsch*, a.a.O., S. 25ff.

73 *Wiedemann* I, § 8 I 1; *ders.*, Rechtsethische Maßstäbe im Unternehmens- und Gesellschaftsrecht, 1979, S. 16f. = ZGR 1980, 155.

74 Dieser Zusammenhang wird deutlich vor allem bei *Roitzsch*, a.a.O., S. 13ff.

problematik nicht an. Dieser Vielfalt entsprechend werden die Einzelerscheinungen des Minderheitenschutzes immer wieder bei Einzelproblemen in Erscheinung treten. Hinsichtlich der systematischen Ordnung, um die allein es hier vorerst geht, läßt sich folgende Unterscheidung entwickeln[75]:

- *institutioneller Minderheitenschutz* durch objektives Recht (vgl. sogleich unter 2 a),
- *subjektivrechtlicher Minderheitenschutz* durch Mitgliedschaftsrechte (vgl. sodann unter 2 b),
- Minderheitenschutz durch *Minderheitsrechte* (vgl. unter 2 c),
- *organschaftlicher Minderheitenschutz* (vgl. unter 2 d).

2. Das rechtstechnische System des Minderheitenschutzes

a) *Institutioneller Minderheitenschutz* ist zunächst in den allgemeinen Legitimationsvoraussetzungen der Leitungsmacht und der Mehrheitsherrschaft begründet. Die Bestimmung und die Verantwortlichkeit von Organmitgliedern, ihre Berichtspflichten, die Formalisierung der Mehrheitsentscheidungen und das Recht jedes Mitglieds, sich Gehör zu verschaffen – diese und andere Organisationsregeln bilden ein Geflecht von Normen, die der »Richtigkeitsgewähr« von Leitungs- und Mehrheitsentscheidungen dienen[76]. Zum institutionellen Minderheitenschutz gehören die objektivrechtlichen Kontrollmechanismen gegenüber der Leitungsmacht und Mehrheitsherrschaft. Die Rechtsgrundlagen sind außerordentlich vielfältig, und variationenreich sind auch die Sanktionen des institutionellen Minderheitenschutzes[77]. Institutioneller Minderheitenschutz findet insbesondere statt

- bei der Auslegung und Inhaltskontrolle von Gesellschaftsverträgen und Satzungen (oben, § 5 I 4, III 4);
- bei der formellen Grenzziehung für Mehrheitsbefugnisse, insbesondere durch Vorschriften über qualifizierte Mehrheiten (dazu oben unter II 3) oder durch das Verbot bestimmter in die Rechte der Mitglieder einschneidender Mehrheitsbeschlüsse (dazu unter III 3 b bb) oder durch Stimmverbote (dazu unten, § 21 II 2);
- bei der materiellen Grenzziehung für Mehrheitsbefugnisse (unten, § 21 II 3), insbesondere mit Hilfe der Treupflichten (oben unter II 4 sowie unten, § 20 IV);
- bei der Verantwortlichkeit und Kontrolle der Organmitglieder (oben, § 14 IV, V).

b) Sodann gibt es *Minderheitenschutz durch allgemeine Mitgliedschaftsrechte.* Es gibt sogar Mitgliedschaftsrechte, die im praktischen Rechtsleben typischerweise als Instrumente des Minderheitenschutzes in Erscheinung treten[78],

75 Die Unterscheidung ist ein Systematisierungsversuch; eine vollkommene Trennung ist nicht möglich, zumal Mitgliedschaftsrechte (z. B. Klagrechte) einer Verwirklichung des institutionellen Schutzes dienen können.

76 Zust. *BGH*, NJW 1988, 411, 412; der Gedanke der institutionellen »Richtigkeitsgewähr« geht von der Rechtsgeschäftslehre aus; grundlegend *Schmidt-Rimpler,* AcP 147 (1941), 130ff.; s. auch *dens.,* in: Festschrift Ludwig Raiser, 1974, S. 5; *Manfred Wolf,* Rechtsgeschäftliche Entscheidungsfreiheit und vertraglicher Interessenausgleich, 1970, S. 73f., 81f.

77 Vgl. die umfassende Analyse bei *Wiedemann* I, § 8 IV.

78 *Roitzsch,* a. a. O., S. 29f., ordnet sie als Minderheitenrechte ein; s. auch für die KG *Immenga,* ZGR 1974, 403ff.; wie hier *Martens,* GmbHR 1984, 270f.

obwohl sie keine formellen Minderheitenrechte sind, sondern jedem Mitglied gleichermaßen zustehen. Das gilt insbesondere

- für Informationsrechte (unten, § 21 III);
- für Klagrechte (unten, § 21 V), insbesondere also für die Anfechtungsklage (oben, § 15 II 2) und die actio pro socio (unten, § 21 IV).

c) *Minderheitsrechte im technischen Sinne* sind Rechte, die das Gesetz einer Minderheit als solcher, meist einem bestimmten Anteilsquorum – z.B. einer 10%-Minderheit –, gibt. Solche Minderheitsrechte sind im geltenden Recht nur verstreut nachzuweisen. Nach *Wiedemann* können sie zwar praktisches, aber kein großes theoretisches Interesse beanspruchen[79]. Man wird diesen Satz ohne Schaden für die Sache umkehren dürfen, denn auch über die praktische Häufigkeit der Ausübung solcher Rechte darf man sich keine falschen Vorstellungen machen. Möglicherweise haben diese Rechte eine nicht unbeachtliche präventive Wirkung auf die primär zum Handeln berufenen Gesellschaftsorgane. Man könnte dann von einer unsichtbaren Wirksamkeit dieser Rechte – allein aufgrund ihres Vorhandenseins – sprechen. Daß im Rechtsleben besonders häufig von diesen Rechten Gebrauch gemacht würde, läßt sich dagegen nicht sagen.

Als *Beispiele für Minderheitsrechte im technischen Sinne* können genannt werden[80]:

- Rechte auf Einberufung von Versammlungen und auf Einflußnahme auf die Tagesordnung (§§ 37 BGB, 122 AktG, 50 GmbHG, 36 VAG);
- Rechte auf gerichtliche Bestellung oder Abberufung von Verbandsorganen (§§ 265 III AktG, 66 II GmbHG, 83 III, IV GenG, 47 II VAG);
- Rechte zur Erhaltung von Ersatzansprüchen des Verbandes (§§ 50, 93 IV, 309 III AktG) oder Rechte auf Verfolgung solcher Ansprüche durch den Verband (§ 147 AktG);
- Rechte auf Durchführung von Sonderprüfungen (§§ 142 II, 258 II, 260 I AktG, 36 VAG);
- das Recht zur Auflösungsklage bei der GmbH (§ 61 II GmbHG).

Dagegen ist insbesondere das viel schlagkräftigere Anfechtungsrecht im technischen Sinne kein solches Minderheitsrecht: Es steht jedem Mitglied (Aktionär) als Individualrecht zu[81]. Vorschläge, daraus ein an ein Quorum gebundenes Minderheitsrecht zu machen[82], haben auf dem 63. Deutschen Juristentag im Jahr 2000 mit Recht keine Zustimmung erfahren[83].

---

79 *Wiedemann* I, § 8 I 4 a.

80 Anlehnung an *Wiedemann* I, § 8 I 4 a.

81 Vgl. *Zöllner*, a.a.O., S. 381ff.; *Karsten Schmidt*, in: GroßKommAktG, § 245 Rdnr. 11; *ders.*, in: Festschrift Semler, 1993, S. 329ff.; *Bayer*, in: VGR, Bd. 2, 2000, S. 40ff.

82 Über gegenteilige rechtspolitische Bestrebungen vgl. *Wallenhorst*, Schranken der Anfechtungsbefugnis von Aktionären, 1996, S. 123ff.; *Vollmann*, Minderheitenschutz im aktienrechtlichen Beschlußmängelrecht, 1997, S. 81ff.; *Kort*, Bestandsschutz fehlerhafter Strukturänderungen, 1998, S. 58ff.; *Hüffer*, in: Festschrift Brandner, 1996, S. 57ff.; *Schiessl*, in: Gesellschaftsrecht in der Diskussion, 1999, 2000, S. 72f.; *Marsch-Barner*, in: Verhandlungen des 63. DJT II/1, 2001, S. O55ff.; *Krieger*, ZHR 163 (1999), 361.

83 Vgl. Beschlüsse in: Verhandlungen der 63. DJT, Bd. II/2, 2001, S. O222; Gutachten *Baums*, ebd., Bd. I, 2000, S. F 103; Referat *Karsten Schmidt*, ebd., Bd. II/1, 2001, S. O18ff.

d) Zu denken ist schließlich an die Möglichkeit eines *organschaftlichen Minderheitenschutzes.* Besondere die Rechte der Minderheit schützende Organe oder Organmitglieder kennt das deutsche Gesellschaftsrecht nicht[84]. Einschlägige Vorschläge hat es im Zuge der Aktienrechtsreform – also vor dem geltenden Aktiengesetz von 1965 – gegeben[85]. Aufsichtsorgane – Aufsichtsräte, Beiräte usw. – werden bisweilen mit dem Minderheitenschutz in Verbindung gebracht, doch handelt es sich dann eben nicht um Minderheitenschutz durch Interessenvertreter oder Entsandte der Minderheit, sondern wiederum nur um institutionellen Minderheitenschutz: Da das Aufsichtsorgan auf das Verbandsinteresse verpflichtet ist und das Wuchern von Mehrheitsegoismen zu verhindern hat, dient seine Tätigkeit auch den Belangen der Minderheit; es ist aber nicht um der Minderheit willen geschaffen.

3. Abstufung des Schutzes nach Intensitätsgraden

Minderheitenschutz wird nicht nur auf ganz unterschiedliche Weise verwirklicht, sondern auch die Schutzintensität weist große Unterschiede auf. Einer systematischen Ordnung soll folgende hier in den Vorauflagen entworfene Unterscheidung dienen[86].

- Es gibt *unverzichtbare Rechte,* die zwingend, also auch durch Satzung oder Gesellschaftsvertrag nicht abdingbar sind (dazu sogleich unter a).
- Es gibt *unentziehbare oder mehrheitsfeste Rechte,* die zwar abdingbar sind, dem Mitglied aber nicht ohne oder gegen seinen Willen genommen werden können (dazu alsbald unter b).
- Es gibt schließlich *stimmrechtsfeste Rechte,* die weder unverzichtbar noch unentziehbar sind, die dem Gesellschafter aber nicht ohne die Chance seiner Mitwirkung genommen werden können (dazu sodann unter c).

a) *Unverzichtbare Schutzrechte,* die auch nicht durch Satzung oder Gesellschaftsvertrag wegbedungen werden können, sind vor allem im Aktienrecht anzutreffen. Dies beruht auf der formellen Satzungsstrenge des Aktiengesetzes (dazu oben, § 5 III 3 a; unten, § 26 III 1 c und § 27 II 2 a), das in seinem § 23 V 1 sagt: »Die Satzung kann von den Vorschriften dieses Gesetzes nur abweichen, wenn es ausdrücklich zugelassen ist.« Deshalb kann ein Aktionär, soweit nicht das Aktiengesetz Einschränkungen zuläßt (Beispiel: Vorzugsaktie ohne Stimmrecht) zwar auf die Ausübung eines Rechts verzichten, z. B. indem er der Hauptversammlung fernbleibt, nicht aber auf das Recht selbst. Aber auch außerhalb des Aktienrechts spielt der unverzichtbare Minderheitenschutz eine Rolle[87]. Drei Beispiele seien genannt:

84 Dazu *Wiedemann* I, § 8 I 4 b aa.

85 Vgl. *C. E. Fischer,* NJW 1958, 1265 ff.; s. auch noch *Lutter,* Der Aktionär in der Marktwirtschaft, 1974, S. 38; *Overrath,* AG 1970, 219 ff.

86 Die hier eingeführte Terminologie wurde teilweise bzw. ganz übernommen z. B. von *BGH,* NJW 1995, 194, 195; *Röttger,* a. a. O., S. 97, 103; *Ebenroth/Boujong/Joost/Goette,* § 119 Rdnrn. 53 ff., 59 ff.; *Schlegelberger/Martens,* § 119 Rdnrn 24 ff.; *Hermanns,* ZGR 1996, 108 ff.; *Schäfer,* GmbHR 1998, 169 f.

87 Vgl. für das Personengesellschaftsrecht *Röttger,* a. a. O., S. 161 ff.

- Die Informationsrechte der Gesellschafter sind in bestimmten Grenzen unverzichtbar (vgl. §§ 716 II BGB, 118 II HGB, 131 AktG, 51a III GmbHG)[88].
- Das Recht zur Teilnahme an Versammlungen darf zwar aus sachlichen Gründen (z.B. für einen Konkurrenten als Gesellschafter) eingeschränkt, jedoch nicht in seinem Kern beseitigt werden, ebensowenig das Recht zur Anfechtung von rechtswidrigen Beschlüssen.[89]
- Das Recht eines Gesellschafters, sich von dem Verband zu lösen, darf nicht generell beseitigt werden (vgl. §§ 39, 723 III BGB, 180 II AktG). Zwar gibt es keinen allgemein garantierten Austritt ohne wichtigen Grund[90], aber das Recht eines Gesellschafters, wenigstens bei Vorliegen eines wichtigen Grundes aus einer Gesellschaft auszutreten, gehört nach dem treffenden Urteil *BGHZ* 116, 359, 369 zu den unverzichtbaren Mitgliedschaftsrechten.

b) *Unentziehbare Rechte* können zwar im Gesellschaftsvertrag abbedungen oder eingeschränkt werden, sind aber resistent gegen Mehrheitsentscheidungen. Nur wenn im Einzelfall eine Pflicht besteht, die Satzung oder den Gesellschaftsvertrag an veränderte Verhältnisse anzupassen (vgl. oben, § 5 IV 3), muß das Mitglied auch gegen den eigenen Willen einen Eingriff in diese Positionen hinnehmen.

aa) Unentziehbare Rechte sind zunächst die sog. *Vorzugs- oder Sonderrechte* (unten, § 19 III 3c bb). § 35 BGB enthält einen verallgemeinerungsfähigen Grundsatz[91], wenn es dort heißt: »Sonderrechte eines Mitglieds können nicht ohne dessen Zustimmung durch Beschluß der Mitgliederversammlung beeinträchtigt werden.« Allerdings steht dieser Schutz unter dem Vorbehalt des wichtigen Grundes[92]: Kein Mitgliedschaftsrecht ist in dem Sinne geschützt, daß es nicht wenigstens im Fall der Unzumutbarkeit eingeschränkt oder seinem Inhaber sogar entzogen werden kann[93]. Vorzugs- oder Sonderrechte, die sich bei den einzelnen Verbänden stark unterscheiden können, sind entweder organisationsrechtlicher oder vermögensrechtlicher Art. Organisationsrechtliche Vorzugs- oder Sonderrechte sind z.B.: das Recht auf die Entsendung von Organmitgliedern, auf die Bestellung des Geschäftsführers oder auf eigene Bestellung als Geschäftsführer, das Recht zur Leitung der

---

88 Auch das Informationsrecht des Kommanditisten nach § 166 HGB ist unverzichtbar; vgl. *Scholz/Karsten Schmidt*, § 51a Rdnr. 56; unentschieden noch *BGH*, NJW 1989, 225; dazu *Grunewald*, ZGR 1989, 545ff.; vgl. auch *BGH*, NJW 1995, 194, 195.

89 *BGHZ* 14, 264, 273 (GmbH); *Scholz/Karsten Schmidt*, § 45 Rdnr. 135.

90 Zu weitgehend *Reuter,* Privatrechtliche Schranken der Perpetuierung von Unternehmen, 1973, S. 69ff.; *Roitzsch,* a.a.O., S. 92; dagegen *Flume,* Juristische Person, § 8 III; *Schwerdtner,* GmbHR 1976, 101ff.; *Martens,* GmbHR 1984, 271f.

91 *RGZ* 159, 272, 281; 170, 358, 368; *BGH,* NJW 1969, 131; NJW-RR 1989, 542; *Röttger,* a.a.O., S. 173; *Baumbach/Hueck/Fastrich*, § 14 Rdnr. 17; *Hachenburg/Raiser*, § 14 Rdnr. 18; *Staudinger/Weick*, § 35 Rdnr. 21; bemerkenswert schon § 68 II 6 ALR: »Gesellschaftliche Rechte, welche nicht sämtlichen Mitgliedern, sondern nur einem oder dem andern unter ihnen, als Mitgliede, zukommen, können denselben, wider ihren Willen, durch die bloße Stimmenmehrheit nicht genommen oder eingeschränkt werden.«

92 A.M. *Reuter*, in: MünchKomm. BGB, § 35 Rdnr. 10.

93 *Hachenburg/Raiser*, § 14 Rdnr. 24.

Versammlung, ein erhöhtes Stimmrecht etc. Als vermögensrechtliche Vorzugs- oder Sonderrechte kommen z.B. in Betracht: Rechte auf Vorzugsdividende oder auf eine erhöhte Liquidationsquote, aber z.B. auch Abnahme- oder Belieferungsrechte.

bb) Der *Kernbereich der Grundmitgliedsrechte* (Stimmrecht, Gewinnbeteiligung, Recht auf die Liquidationsquote, Informationsrechte usw.) ist grundsätzlich mehrheitsfest, also – soweit nicht sogar unverzichtbar – jedenfalls unentziehbar[94]. Nur aus wichtigem Grund kann er ohne Zustimmung des Betroffenen gegenüber dem gesellschaftsvertraglichen status quo verkürzt werden[95]. Herkömmlicherweise wurde der Kernbereich der gesetzlichen und gesellschaftsvertraglichen Mitgliedschaftsrechte nur als stimmrechtsfest, aber nicht als unentziehbar angesehen[96]. Richtig ist, daß diese Rechte mindestens stimmrechtsfest sind. Wo ein Eingriff in den Kernbereich durch die Satzung oder durch den Gesellschaftsvertrag gedeckt und damit grundsätzlich zulässig ist, muß, sofern nicht ein Rechtsentzug aus wichtigem Grund in Frage steht, der Betroffene mitstimmen dürfen (dazu alsbald unter c). Aber dieser Schutz reicht nicht aus. Grundsätzlich genügt eben nicht nur die Chance der Mitwirkung, sondern es bedarf einer Zustimmung des Betroffenen. Treffend heißt es denn auch beim *Bundesgerichtshof*[97] »... grundsätzlich zustimmungsbedürftig sind Gesellschafterbeschlüsse, die in unentziehbare Rechte (in den Kernbereich der gesellschaftsrechtlichen Position) eines Gesellschafters eingreifen.« Nur im Fall eines die Person des Mitglieds betreffenden wichtigen Grundes oder soweit sich Zustimmungspflichten aus der Treubindung des Gesellschafters ergeben (vgl. über Vertragsänderungspflichten oben, § 5 IV), kann hier das Veto des betroffenen Gesellschafters überwunden werden. Das gilt bei allen Verbandsformen. Im Bereich der Personengesellschaften liegt hier ein wesentlicher Teil des individuellen Minderheitenschutzes, der herkömmlich mit dem Bestimmtheitsgrundsatz vermischt wurde (dazu eingehend oben unter II 2)[98]. Nochmals in Erinnerung zu rufen ist deshalb das *BGH*-Urteil zu unserem

Beispiel Nr. 8 (nach *BGH*, JZ 1995, 311 m.Anm. *Karsten Schmidt* = NJW 1995, 194): K hielt 10% des Kommanditkapitals einer GmbH & Co. KG. Nach dem Gesellschaftsvertrag standen den Gesellschaftern umfangreiche, über §§ 118, 166 HGB hinausgehende Informationsrechte zu. Änderungen des Gesellschaftsvertrags waren mit einer Mehrheit von 75% zugelassen. Da sich K angeblich an einem Konkurrenzunternehmen beteiligt

94 Vgl. *Wiedemann* I, § 7 I 1; *Flume,* Personengesellschaft, § 14 III; *Westermann*, Rdnrn. I 524ff.; *Ebenroth/Boujong/Joost/Goette*, § 119 Rdnr. 53; *Schlegelberger/Martens*, § 161 Rdnr. 71; *Röttger,* a.a.O., S. 7ff., 95ff., 124ff., 159ff. (freilich selbst mit abweichender Terminologie auf S. 157f.: nur zwingende Mitgliedschaftsrechte); *Rob. Fischer,* in: Festschrift Barz, a.a.O., S. 43 = Gesammelte Schriften, a.a.O., S. 203; *Martens,* DB 1973, 418; *Immenga,* ZGR 1974, 425; *Löffler,* NJW 1989, 2656ff.; s. auch *Uwe H. Schneider,* ZGR 1972, 374f., 378f.; Kritik an der Kernbereichslehre bei *Menk,* a.a.O.

95 Vgl. *Rob. Fischer,* ebd.; deutlich auch *BGH,* NJW 1985, 974 = JuS 1985, 554.

96 *BGHZ* 20, 363, 368ff.; *Roitzsch,* a.a.O., S. 42.

97 *BGH,* NJW 1985, 974 = JuS 1985, 554 m.Anm. *Karsten Schmidt;* ähnlich *BGH,* NJW 1985, 972, 973; JZ 1995, 311, 312f. m.Anm. *Karsten Schmidt* = NJW 1995, 194, 195; eingehend *Löffler,* NJW 1989, 2656ff.; *Flume,* ZIP 1995, 651.

98 *Karsten Schmidt*, ZHR 158 (1994), 227f.

hatte, wurde gegen seine Stimme mit der vertragsändernden Mehrheit beschlossen, daß das besondere Informationsrecht nur noch von Gesellschaftern mit mindestens 25% Beteiligung ausgeübt werden könne. Das *OLG* hatte der hiergegen gerichteten Klage des K stattgegeben, weil die Vertragsänderungsklausel nicht dem Bestimmtheitsgrundsatz entspreche. Der *BGH* ließ offen, ob der Bestimmtheitsgrundsatz verletzt sei – nach der hier unter II 2 vertretenen Ansicht war er es nicht! –, stellte aber eine Verletzung des Kernbereichsschutzes fest, weil auch der vorgetragene wichtige Grund für diesen übermäßigen Eingriff in den Kernbereich der Mitgliedschaft nicht ausreiche: »Solange nicht zur Verfügung stehende weniger belastende Mittel ausgeschöpft sind, vermag auch die Aufnahme einer erlaubten Konkurrenztätigkeit eines Kommanditisten nicht die völlige Entziehung des ihm gesellschaftsvertraglich zustehenden Informationsrechts durch eine von der Gesellschaftermehrheit beschlossene Änderung des Gesellschaftsvertrages zu rechtfertigen.«

cc) Hierher gehört auch das *Belastungsverbot:* das Verbot, dem Mitglied durch Mehrheitsbeschluß zusätzliche Leistungen aufzuerlegen. *Wiedemann* erhebt das Verbot in den Rang eines mitgliedschaftlichen »Grundrechts«[99]. Diese Formel wird sich als mißverständlich erweisen. Richtig ist aber, daß ein *allgemeines Institut des Gesellschaftsrechts* vorliegt[100]. Nach § 707 BGB sind die Gesellschafter einer Personengesellschaft nicht zur Erhöhung der vereinbarten Beiträge verpflichtet. Gemäß §§ 180 I AktG, 53 III GmbHG bedarf eine Satzungsänderung, die den Aktionären Nebenverpflichtungen oder den GmbH-Gesellschaftern eine Vermehrung ihrer Leistungen auferlegt, der Zustimmung der Betroffenen.

Nach *BGHZ* 20, 363, 369 gilt dieser Satz nicht in Personengesellschaften, aber das ist ein Mißverständnis[101]. In seinem Urteil nimmt der *Bundesgerichtshof* auf eine ständige Rechtsprechung Bezug, nach der der Gesellschaftsvertrag (!) eine Beitragserhöhung durch qualifizierten Mehrheitsbeschluß vorsehen kann[102]. Daraus folgt aber nur, daß das Belastungsverbot nicht zu den unverzichtbaren Schutzrechten (oben unter III 3 a) gehört, also durch den Gesellschaftsvertrag abbedungen werden kann, sofern dieser die Voraussetzungen des Bestimmtheitsgrundsatzes erfüllt (oben, II 2) bzw. im Fall der Publikumsgesellschaft der gerichtlichen Inhaltskontrolle standhält (dazu oben, § 5 III 4). Nichts anderes gilt für die GmbH[103]: Eine Generalklausel über die Leistungsvermehrung durch Mehrheitsbeschluß ist unwirksam, nicht aber eine Regelung, die dem Bestimmtheitsgrundsatz gerecht wird. Das Belastungsverbot als unentziehbarer, wenn auch nicht unverzichtbarer,

---

99 *Wiedemann* I, § 7 IV 1 a; *ders.*, ZGR 1977, 692.

100 Vgl. schon § 190 I 17 ALR: »Zu mehreren Beyträgen aber, als wozu ein jeder Mitgenosse sich ausdrücklich verbunden hat, kann derselbe, auch unter veränderten Umständen, von den übrigen nicht angehalten werden.«

101 Berichtigend *Rob. Fischer,* in: Festschrift Barz, a.a.O., S. 42f. = Gesammelte Schriften, a.a.O., S. 202; krit. *Flume,* Personengesellschaft, § 14 III.

102 *RGZ* 91, 166, 168f.; 151, 321, 327; 163, 385, 391; *BGHZ* 8, 35, 39; 20, 363, 369; *Huber,* Vermögensanteil, S. 42; krit. *Nitschke,* Die körperschaftlich strukturierte Personengesellschaft, 1970, S. 281ff.

103 Vgl. bei unterschiedlichem Ansatz *RGZ* 87, 261, 265f. = JW 1916, 126 m. Anm. *Hachenburg* und *Flechtheim; Teichmann,* Gestaltungsfreiheit in Gesellschaftsverträgen, 1970, S. 153f.; *Scholz/Priester,* § 53 Rdnr. 50; *Baumbach/Hueck/Zöllner,* § 53 Rdnr. 17; im Ergebnis auch *Hachenburg/Ulmer,* § 53 Rdnr. 74; irreführenderweise wird § 53 III GmbHG meist als zwingend bezeichnet; vgl. *Zöllner,* a.a.O., S. 112; für § 180 AktG gilt allerdings § 23 V AktG.

Minderheitenschutz ist also dem GmbH-Recht und dem Personengesellschaftsrecht durchaus gemeinsam. So gesehen paßt auch die Ausnahmeregelung bei der Partenreederei (unten, § 65 II 2) durchaus ins Bild. Hier hat nach § 500 I HGB jeder Mitreeder zu den Kosten der Ausrüstung und der Reparatur des Schiffes beizutragen[104]. Damit greift das Gesetz nicht in ein angebliches »Grundrecht« der Mitglieder ein, sondern es tut, was auch ein Gesellschaftsvertrag tun kann: Es sieht Nachschußpflichten aus wichtigem Grund für bestimmte Anlässe vor.

dd) Auch der *Bestimmtheitsgrundsatz* wird häufig als Instrument des Minderheitenschutzes bezeichnet[105]. Der Bestimmtheitsgrundsatz besagt, daß nur in den Grenzen einer hinreichend bestimmten Ermächtigung durch eine Regelung im Vertrag einer Personengesellschaft eine im Gesetz nicht vorgesehene Mehrheitskompetenz geschaffen werden kann (oben unter II 2). Das Verhältnis des Bestimmtheitsgrundsatzes zur Kernbereichslehre (oben unter III 3 b bb) und zum Belastungsverbot wird als kompliziert angesehen[106], und es gibt Bestrebungen, den Bestimmtheitsgrundsatz als ein scheinbar wirkungsloses formales Schutzinstrument durch materielle Schutzinstrumente abzulösen (dazu aber oben unter II 2 c). Gerade die vorstehenden Ausführungen zeigen aber, daß erst ein sinnvolles Zusammenspiel zwischen Kernbereichslehre, Belastungsverbot und Bestimmtheitsgrundsatz für wirksamen Minderheitenschutz sorgt[107]: Der Bestimmtheitsgrundsatz sorgt für die formelle Legitimation einer Mehrheitsermächtigung und macht diese berechenbar. Die Kernbereichslehre und das Belastungsverbot beschreiben dagegen den subjektivrechtlichen status negativus eines Gesellschafters (oben unter II 4 b ee), an dem sich die formell legitimierte Mehrheitsmacht bricht. Allerdings kann die Zustimmung des in seinem Kernbereich betroffenen oder durch zusätzliche Pflichten belasteten Mitglieds auch im voraus erklärt werden, also auch schon in der Satzung oder im Gesellschaftsvertrag erklärt sein. Diese Unterwerfung bedarf nun allerdings einer ganz anderen Bestimmtheit als die bloße Mehrheitsermächtigung[108]. Das ist aber kein Grund, sie – wie weitgehend üblich – mit dem Bestimmtheitsgrundsatz zu vermischen, vielmehr bleibt diese antizipierte Zustimmung ein Problem des Kernbereichsschutzes und des Belastungsverbots[109]. Es bedarf ihrer ja auch bei den Körperschaften mit gesetzlicher Mehrheitsregelung, bei denen es das unter II 2 besprochene Problem des Bestimmtheitsgrundsatzes nicht gibt[110].

Beispiel Nr. 9: Die Gesellschafter einer GmbH & Co. als Personengesellschafter können über eine Kapitalerhöhung nur aufgrund einer dem Bestimmtheitsgrundsatz genügenden

104 Nach h.M. ist hier nicht einmal ein Mehrheitsbeschluß erforderlich; anders *Ruhwedel,* Die Partenreederei, 1973, S. 286 f.

105 Vgl. *Wiedemann* I, § 8 I 2 a: »Minderheitenschutz durch Verfahren«; *Roitzsch,* a.a.O., S. 40 f.; *Uwe H. Schneider,* ZGR 1972, 371.

106 Vgl. krit. *Roitzsch,* a.a.O., S. 42; eingehend *Menk,* a.a.O., S. 114 ff.

107 Vgl. neuerlich die Ausführungen des *Verf.* in ZHR 158 (1994), 205 ff.

108 Ebd., S. 226 f.; vgl. im Ergebnis (nur im Ergebnis!) auch *Flume,* Personengesellschaft, § 14 III a.E.

109 Ebd., S. 225 ff.; ebenso jetzt *Hermanns,* ZGR 1996, 108 ff.

110 Vgl. nur *Baumbach/Hueck/Zöllner,* § 53 Rdnr. 16; *Hachenburg/Ulmer,* § 53 Rdnr. 74; *Scholz/Priester,* § 53 Rdnr. 61.

Mehrheitsklausel mehrheitlich beschließen (§ 119 HGB), die Gesellschafter einer GmbH können dies bereits kraft Gesetzes (§§ 53, 55 GmbHG). Sollen aber alle Gesellschafter verpflichtet sein, im Fall einer solchen Kapitalerhöhung selbst erhöhte Einlagen einzuzahlen, so muß das bei beiden Gesellschaften genau im Gesellschaftsvertrag stehen. Mit dem Bestimmtheitsgrundsatz im Personengesellschaftsrecht hat das nichts zu tun.

c) Nicht denknotwendig, aber als Abstufungsebene mit zu bedenken sind schließlich *stimmrechtsfeste Rechte*. Es handelt sich um Fälle, bei denen jedes Mitglied einen mehrheitlichen Eingriff in eigene Rechtspositionen zwar hinnehmen muß, dabei aber notwendig mitstimmt, sofern nicht ein gesetzliches Stimmverbot eingreift (so u.U. bei der Abberufung oder Ausschließung aus wichtigem Grund; vgl. unten, § 21 II 2). Wie bereits ausgeführt, wurde dieser Schutz herkömmlicherweise als eine Aufgabe der Kernbereichslehre angesehen. Grundsätzlich ist nun zwar der Kernbereich der Grundmitgliedsrechte nicht bloß stimmrechtsfest, sondern unentziehbar (oben unter III 3b bb). Aber dies gilt eben nur, sofern nicht der Gesellschaftsvertrag den Eingriff bereits zuläßt, der Gesellschafter sich also dem Einschnitt in seine Rechte unterworfen hat (dazu soeben unter III 3b dd). Dasselbe gilt, wie unser letztes Beispiel gezeigt hat, für das Belastungsverbot. In diesen Fällen bleibt aber *jedenfalls das Stimmrecht der Betroffenen garantiert*[111]. Jedes Mitglied muß in der Lage sein, selbst oder durch einen selbstgewählten Vertreter an der Willensbildung teilzunehmen. Das gilt – sofern nicht ein wichtiger Grund vorliegt – für die Kündigung, die Auflösung und die Ausschließung – auch eines Mitgesellschafters – in einer personalistischen Gesellschaft. Was dies etwa auf dem Gebiet des Kernbereichsschutzes bedeutet, zeigt unser

Beispiel Nr. 10 (*BGHZ* 20, 363): In einer Kommanditgesellschaft war eine Gruppenvertretung in dem Sinne vereinbart, daß die Kommanditisten »immer« nur durch einen Repräsentanten an der Gesellschafterversammlung teilnehmen durften. Der *BGH* entschied, daß eine solche Gruppenvertretung grundsätzlich zulässig sei (dazu unten, § 21 II 5), aber er schränkte diesen Grundsatz ein: »Das Stimmrecht des Kommanditisten kann durch den Gesellschaftsvertrag ausgeschlossen werden, jedoch nur insoweit, als es sich nicht um Gesellschafterbeschlüsse handelt, die in die Rechtsstellung des Kommanditisten als solche eingreifen.«

Auch ein Testamentsvollstrecker kann das Stimmrecht nicht an Stelle der Gesellschaftererben ausüben, sobald es um den Kernbereich der Gesellschafterrechte geht[112]. Mißverständlich ist es dagegen, wenn z.B. von der Bilanzfeststellung als einem »Grundlagengeschäft« gesprochen wird[113], dessen Wahrnehmung den Gesellschaftern nicht genommen werden kann[114]. Wie das Grundlagenurteil *BGHZ* 132, 263 über die Bilanzfeststellung in der Kommanditgesellschaft ergibt, kann diese Kompetenz durchaus auf ein anderes neutrales Gesellschaftsorgan – im BGH-Fall einen Beirat – verlagert werden. Im einzelnen ist die Rechtsunsicherheit – was für das Innenrecht der

111 Insoweit übereinst. *BGHZ* 20, 363, 368ff.
112 *BGHZ* 108, 187 = NJW 1989, 3152, 3155; *Ulmer*, NJW 1990, 73.
113 *BGHZ* 132, 263.
114 *BGH*, LM Nr. 72 zu § 705 BGB m. Anm. *Noack* = NJW 1999, 571; Kritik bei *Karsten Schmidt*, ZGR 1999, 605f.

Gesellschaften charakteristisch ist! – noch groß. Realistischerweise kann man auch nicht erwarten, daß hier eines Tages für vollständige Harmonie zwischen Rechtssicherheit und materialer Gerechtigkeit gesorgt werden kann. Griffige Allgemeinbegriffe beheben die Abgrenzungsschwierigkeiten nicht. Als Grundlage wird man festhalten können, daß der Ausschluß der Gesellschafter von der Teilnahme an der Willensbildung nur im Rahmen der laufenden Verwaltung unbedenklich ist[115], dagegen bei jeder strukturändernden Maßnahme besonderer Rechtfertigung bedarf.

IV. Die Mitbestimmung im Unternehmen*

1. Dogmatische, historische und politische Grundlagen

a) Im *Gesellschaftsrecht* leitet sich die Herrschaftslegitimation aus der Verbandsmitgliedschaft ab, und Verbandsmitglied ist nach positivem Gesell-

115 In dieser Richtung auch *H. P. Westermann,* Vertragsfreiheit und Typengesetzlichkeit im Recht der Personengesellschaften, 1970, S. 353; eingehend – aber mit bedenklicher Ausdifferenzierung – *Comes,* Der Ausschluß vom Stimmrecht im Recht der offenen Handelsgesellschaft, DB 1974, 2189ff., 2237ff.

* Literatur (Auswahl): *Backhaus,* Mitbestimmung im Unternehmen, 1987; *Bächle,* Mitbestimmung im Betrieb, in: Lutter/Semler (Hrsg.), Rechtsgrundlagen freiheitlicher Unternehmenswirtschaft, 1991, S. 119; Bericht der Sachverständigenkommission zur Auswertung der bisherigen Erfahrungen bei der Mitbestimmung (Mitbestimmungskommission), BT-Drucks. IV/334; *Borsdorf,* Wirtschaftsdemokratie und Mitbestimmung, in: Macht und Ohnmacht von Gewerkschaftstheorie in der Gewerkschaftspolitik, 1987, S. 135; *Büdenbender,* Mitbestimmungsrechtlicher Besitzstand im Gesellschaftsrecht, ZIP 2000, 385; *Duden,* Zur Methode der Entwicklung des Gesellschaftsrechts zum Unternehmensrecht, in: Festschrift Schilling, 1973, S. 309; *Eger/Nutzinger/Weise,* Ökonomische Analyse der mitbestimmten Unternehmung, in: Ott/Schäfer (Hrsg.), Ökonomische Analyse des Unternehmensrechts, 1993, S. 78; *Ensch,* Institutionelle Mitbestimmung und Arbeitnehmereinfluß, 1989; *Fabricius* (Hrsg.), GK-MitbestG, Stand 1989, Einleitung; *Flume,* Um ein neues Unternehmensrecht, 1980; *ders.,* Unternehmens-Rechtsform und Mitbestimmung, in: Festschrift Köhler, 1984, S. 185; *Gerum/Steinmann/Fees,* Der mitbestimmte Aufsichtsrat, 1988; *Henssler,* Die Unternehmensmitbestimmung, in: 50 Jahre Bundesgerichtshof, Bd. II, 2000, S. 387; *Hirschbrunn,* Führung und Zusammenarbeit im Unternehmen, in: Lutter/Semler (Hrsg.), Rechtsgrundlagen freiheitlicher Unternehmenswirtschaft, 1991, S. 149; *Hommelhoff,* Mitbestimmung im Unternehmen, ebd., S. 135; *Judith* (Hrsg.), 40 Jahre Mitbestimmung, 1986; *Kießler/Kittner/Nagel* (Hrsg.), Unternehmensverfassung – Recht und Betriebswirtschaftslehre, 1983; *Kittner/Fuchs/Zachert/Köstler,* Arbeitnehmervertreter im Aufsichtsrat, 4. Aufl. 1991/93; *Kübler/Schmidt/Simitis,* Mitbestimmung als gesetzgebungspolitische Aufgabe, 1978; *Kunze,* Wirtschaftliche Mitbestimmung im Meinungsstreit, 1964; Marburger Gespräch über Eigentum, Gesellschaftsrecht, Mitbestimmung, 1967; *H. Mommsen,* Klassenkampf oder Mitbestimmung – zum Problem der Kontrolle wirtschaftlicher Macht in der Weimarer Republik, 1977; *Nagel,* Paritätische Mitbestimmung und Grundgesetz, 1988; *v. Nell-Breuning,* Unternehmensverfassung, in: Festgabe Kronstein, 1967, S. 47; *Nobel,* Anstalt und Unternehmen, 1978; *Oetker,* Das Recht der Unternehmensmitbestimmung im Spiegel der neueren Rechtsprechung, ZGR 2000, 19; *Ott,* Recht und Realität der Unternehmenskorporation, 1977; *Raisch,* Unternehmensrecht II, 1974; *Thomas Raiser,* Das Unternehmen als Organisation, 1969; *ders.,* Mitbestimmung im Betrieb und im Unternehmen, in: Festschrift Duden, 1977, S. 423; *ders.,* Unternehmerische Mitbestimmung auf dem Prüfstand, in: Festschrift Buxbaum, 1999, S. 415; *Reuter,* Die Mitbestimmung als Bestandteil des Normativsystems für die juristischen Personen des Handelsrechts, 1987; *Rittner,* Die werdende juristische Person, 1973; *Semler,* Vom Gesellschaftsrecht zum Unternehmensrecht, in: Festschrift Raisch, 1995, S. 291; *Steinmann,* Das

schaftsrecht, wer den Verband mitgegründet hat oder wer durch Eintritt oder durch Rechtsnachfolge die Mitgliedschaft erworben hat (vgl. dazu oben unter I 1). Der zugrundeliegende Verbandsbegriff ist durch gesellschaftsrechtliche Vertragstatbestände definiert, nicht durch das bloße Vorhandensein einer sozialen Wirkungseinheit (vgl. oben, § 5 I 1a). Im Unternehmensrecht trifft sich diese gesellschaftsrechtliche Orientierung mit der Unterscheidung von Unternehmen und Unternehmensträger (eingehend Handelsrecht, § 4 IV 2): Subjekt der zum Unternehmen gehörenden Rechte, Pflichten und Rechtsverhältnisse ist nicht das Unternehmen, sondern der Unternehmensträger, also z.B. der Einzelkaufmann, die Kommanditgesellschaft, die GmbH oder die Aktiengesellschaft. Demgemäß ist auch die Teilhabe am Unternehmensträger Grundlage der Herrschaftslegitimation. Wer am Gründungsgeschäft beteiligt oder durch Rechtsnachfolge oder Beitritt nachträglich hinzugetreten ist, ist Mitglied des gesellschaftsrechtlichen Verbandes, der seinerseits die Basis der Leitungs- und Mehrheitsmacht darstellt (s. oben unter I 1).

b) Diesem gesellschaftsrechtlichen Modell wird im rechtspolitischen Diskurs ein *unternehmensrechtlicher Ansatz* gegenübergestellt[116]: Ausgangspunkt ist hier der »Sozialverband Unternehmen«, in dem Kapital und Arbeit zu einem wirtschaftenden Zweckverband vereinigt sind. Es liegt auf der Hand, daß bei solcher Betrachtung ein Legitimationsdefizit aufgezeigt werden kann, wenn die Herrschaftsmacht im Unternehmen rein gesellschaftsrechtlich und nicht – unter Einschluß des Faktors Arbeit – unternehmensrechtlich legitimiert wird[117]. Pointiert wird von dieser Seite gesagt[118]: »Das Gesellschaftsrecht ist ein Recht der Kapitaleigentümer und ihrer Beauftragten. Es ist in erster Linie darauf bedacht, die Rechte der Eigentümer und der Verfügungsbefugten gegeneinander und im Verhältnis zu den Gläubigern des Unternehmens abzugrenzen ...« Wer »Wirtschaftsdemokratie« einfordert, wird hierin ein Defizit erkennen[119]. Versuche, die Idee vom »Sozialverband Unternehmen« mit der gesellschaftsrechtlichen Dogmatik zu versöhnen, setzen typischerweise bei der rechtspolitisch folgenreichsten Korporationslehre der letzten

---

Großunternehmen im Interessenkonflikt, 1969; *Steinmann/Gerum,* Reform der Unternehmensverfassung, 1978; *Teuteburg,* Geschichte der industriellen Mitbestimmung in Deutschland, 1961; *Theisen,* Die Aufgabenverteilung in der mitbestimmten GmbH, 1980; *Vollmer,* Die Entwicklung partnerschaftlicher Unternehmensverfassungen, 1976; WSI-Studie (Projektgruppe im WSI), Vorschläge zum Unternehmensrecht, 1981; *Wendeling-Schröder,* Divisionalisierung, Mitbestimmung und Tarifvertrag, 1984; *Zöllner,* Der Mitbestimmungsgedanke und die Entwicklung des Kapitalgesellschaftsrechts, AG 1981, 13.

116 Vgl. dazu Bericht über die Verhandlungen der Unternehmensrechtskommission, 1980, Rdnrn. 1083ff.

117 Vgl. besonders *Ott,* a.a.O., S. 127ff.

118 WSI-Studie, a.a.O., S. 461; weitergehende rechtspolitische Vorwürfe der Studie gegen das Gesellschaftsrecht sind aus dem Zitat ausgeklammert, so die Behauptung, das Gesellschaftsrecht sei in erster Linie auch darauf bedacht, die Rechte der Eigentümer »gegen Arbeitnehmereinfluß zu sichern«. Damit wird eine rechtspolitische Soll-Vorgabe vorschnell zum Maßstab des Gesellschaftsrechts gemacht, das angeblich die Arbeitnehmer »teilweise noch als Unternehmensfremde« behandelt, während in Wahrheit die Frage, ob die Arbeitnehmer zum Unternehmen gehören, eben gar nicht Gegenstand des traditionellen Gesellschaftsrechts war.

119 Vgl. zu diesem Legitimationsanliegen *Oetker,* in: GroßkommAktG, Vorbem. MitbestG Rdnr. 27.

Jahrhunderte an[120]: bei *Otto von Gierkes* Theorie der Genossenschaft und der realen Verbandspersönlichkeit, deren germanistischer Assoziationsmythos freilich abgestreift und durch die in ihm schon verborgenen soziologisch-politologischen Elemente verdrängt wird[121]. So hat sich die Brisanz des scheinbar erledigten Streits um die Theorie der juristischen Person von den geklärten auf neue ungeklärte Fragen des Verbandsrechts verlagert. Die Charakteristika der *Gierke*schen Verbandsrechtsdoktrin – völlig zu Unrecht meist bei der historischen Ableitung längst geklärter Rechtsfragen diskutiert[122] – zeigen sich auch hier wieder

- in dem Blick auf das überindividuelle Moment der Verbände,
- in der Ableitung des Rechts aus der sozialen Realität,
- in der Versöhnung von Rechtspolitik und Recht.

Trotzdem bleibt ein ganz wesentlicher Unterschied: *Gierkes* Genossenschaftstheorie diente der rechtlichen Umsetzung und der damals umstrittenen rechtlichen Anerkennung *vorhandener* Verbandsstrukturen, während es bei der Mitbestimmungsdebatte um die *Veränderung* gesellschaftsrechtlicher Verbandsstrukturen geht. *Gierkes* Genossenschaftstheorie war nicht nur ein Aufruf an den Gesetzgeber, sondern auch ein Modell für die Rechtsanwendung, während der verändernde Eingriff in gewachsene Entscheidungszuständigkeiten dem Gesetzgeber überlassen bleiben muß. Der Gedanke vom »Sozialverband Unternehmen« und von der Umformung des Gesellschaftsrechts zu einem »Unternehmensrecht« ist deshalb in seiner Allgemeinheit nur rechtspolitisch tragfähig und als vorgebliche Rechtsmaxime fragwürdig. In das geltende Recht kann er nur über Unternehmensziele und Organpflichten Eingang finden (vgl. zum Unternehmensinteresse unten, § 28 II 1 a). Substantielle Eingriffe in die gesellschaftsrechtliche Zuständigkeitsordnung sind Sache des Gesetzgebers. Trifft dies aber zu, so ist es nicht angezeigt, das Gesellschaftsrecht zu einem Unternehmensrecht umzudenken und den »Sozialverband Unternehmen« selbst zur Verbandsperson zu erklären (vgl. dagegen auch Handelsrecht, § 4 IV), sondern es ist Sache des Gesetzgebers, dem Gesellschaftsrecht mehr oder weniger unternehmensrechtliche Züge zu verleihen.

c) Diese Feststellung ist nicht nur für den Gesetzgeber bedeutsam, sondern auch für die Anwendung mitbestimmungsrechtlicher Normen[123]. Die Mitbestimmungsregeln des geltenden Rechts – dies gilt vor allem für das MitbestG 1976 – stellen verändernde rechtspolitische Entscheidungen und in vielerlei Hinsicht politische Kompromisse dar, die nicht, wie eine kodifikatorische Ordnung, vom anwendenden Juristen durch Auslegung und Fort-

120 Charakteristisch *Kübler,* § 32 I 1; *Thomas Raiser,* a.a.O., S. 165ff.; *Ott,* a.a.O., S. 254f.; krit. *Rittner,* a.a.O., S. 127f., 306f.

121 Zur Gierke-Rezeption vgl. besonders *Nobel,* a.a.O., S. 473ff., 605; *Karsten Schmidt,* Einhundert Jahre Verbandstheorie im Privatrecht, 1987, S. 35f.

122 Der Theorienstreit um die juristische Person wird entweder gedankenlos weitergeschleppt (charakteristisch *Enneccerus/Nipperdey* I, § 103) oder als positivrechtlich überholt angesehen (charakteristisch *Rittner,* a.a.O., S. 225); vgl. demgegenüber *Ott,* a.a.O., S. 36ff., 43ff., 52ff.; speziell zu v. Gierke vgl. *Nobel,* a.a.O., S. 95ff., 146ff.

123 Vgl. dazu die Kontroverse zwischen *Säcker* und *Martens,* ZHR 148 (1984), 153ff. und 183ff.

bildung »zu Ende gedacht« werden können. Das gilt nur umso mehr, nachdem sich das deutsche Modell der Arbeitnehmermitbestimmung international als ein Sonderweg des Gesetzgebers erwiesen hat, der auch keiner Verbreitung über die Europäischen Richtlinien zugänglich gemacht worden ist[124]. Gerade im Rechtsvergleich und im Lichte der vieldiskutierten »Globalisierung« muß man die Begrenztheit des deutschen Mitbestimmungsrechts erkennen.

d) Die sozial- und gesellschaftspolitische Tragweite der Mitbestimmungsdiskussion ist beträchtlich. Mit *Martens*[125] lassen sich die mit der Mitbestimmungsgesetzgebung verfolgten politischen Regelungsziele auf folgende Formeln bringen:
- Kontrolle des unternehmerischen Machtpotentials,
- Demokratisierung der Unternehmen,
- Kooperation von Kapital und Arbeit,
- Abbau von Fremdbestimmung,
- Optimierung des Arbeitnehmerschutzes.

Es liegt auf der Hand, daß der politische Stellenwert dieser Ziele umstritten ist. Dies zeigte sich nicht zuletzt bei der Gesetzgebungsarbeit am MitbestG 1976 (dazu unter IV 1 g)[126]. Ihre Ergebnisse sind von politischen Kompromissen und verfassungsrechtlichen Skrupeln geprägt und werden nicht nur von gewerkschaftlicher Seite als unternehmensrechtliche Halbherzigkeit kritisiert[127]. Das gilt sowohl für das Ausmaß des Arbeitnehmereinflusses[128] als auch für die Abhängigkeit der Mitbestimmung von der Rechtsform[129] und für die gesamtwirtschaftliche Einbindung des Unternehmensrechts[130]. Aus gesellschaftsrechtlicher Sicht muß aber vor einer Einseitigkeit des unternehmensrechtlichen Ansatzes und vor einer Verselbständigung der Mitbestimmungsideologie gewarnt werden. Nicht gegen das Gesellschaftsrecht, sondern nur im Einklang mit dem Gesellschaftsrecht sollte unternehmensrechtlichen Zielen zur Geltung verholfen werden[131]. Solange es unterschiedliche Rechtsformen gibt, kann sich die Mitbestimmungsidee nicht einschränkungslos gegenüber der Haftungs- und Zuständigkeitsordnung des Gesellschaftsrechts

124 Vgl. zum diesbezüglichen Stand *Raiser*, Kapitalgesellschaften, § 13 Rdnr. 24; *Oetker*, ZGR 2000, 57 ff.; *Ulmer*, ZHR 166 (2002), 150 ff.

125 JuS 1983, 329 ff.

126 Dazu *Mertens*, in: KK, Anh. B nach § 117, Vorbem. § 1 MitbestG; *Martens*, JuS 1983, 333 f. m. w. N.

127 Vgl. nur *Kübler*, § 32 VI.

128 Vgl. WSI-Studie, a. a. O., S. 450 ff.

129 Vgl. WSI-Studie, a. a. O., S. 427 ff.; s. auch *Steindorff*, in: Festschrift Ballerstedt, 1975, S. 127 ff.; Bericht über die Verhandlungen der Unternehmensrechtskommission, 1980, Rdnrn. 972 ff.; dazu eingehend *H. P. Westermann*, ZGR 1981, 393 ff.

130 Vgl. WSI-Studie, a. a. O., S. 220 ff.

131 Insofern überzeugend *Flume*, a. a. O., freilich mit fragwürdiger Verabsolutierung des vermögensbezogenen Gegensatzes zwischen Aktiengesellschaft und Personengesellschaft; pointiert a. M. als der Text *Däubler*, in: Kießler/Kittner/Nagel, a. a. O., S. 113 ff.

durchsetzen[132]. Konsequent wäre allenfalls ein egalisierender Rechtsformzwang[133]. Ob er mit Artt. 2, 14 GG vereinbar wäre, soll hier dahinstehen[134]. Jedenfalls rechtspolitisch wäre er bedenklich (vgl. zur Privatautonomie oben, § 5 II 2, 3).

e) Die *historische Entwicklung* setzte zunächst bei der sog. Betriebsverfassung an[135]. Über eine Novelle von 1891 zur Gewerbeordnung[136] und durch Reichsgesetz und Verordnung von 1916 und 1918[137] ging die Entwicklung hin zum Betriebsrätegesetz von 1920[138], das unter der nationalsozialistischen Gewaltherrschaft aufgehoben wurde. Nach zwischenzeitlicher Geltung alliierten Besatzungsrechts erging das Betriebsverfassungsgesetz 1952[139], dem später das Betriebsverfassungsgesetz 1972[140] gefolgt ist. Die Regelungen des BetrVG 1972 sorgen nicht für eine Beteiligung von Arbeitnehmern an Gesellschaftsorganen, wohl aber gewähren sie den Arbeitnehmern Mitspracherechte durch den Betriebsrat (§§ 87ff. BetrVG). Nach § 129 dieses Gesetzes gelten aber die §§ 76ff. BetrVG 1952 fort.

f) Von diesem *betriebsverfassungsrechtlichen Ansatz* muß die *eigentliche Mitbestimmung im Unternehmen* unterschieden werden[141]. Sie ist entwicklungsgeschichtlich jünger[142], findet fast ausschließlich über den Aufsichtsrat statt und ist durch folgende Gesetze geregelt:
- durch das Montanmitbestimmungsgesetz von 1951[143] und das Montanmitbestimmungs-Ergänzungsgesetz von 1956[144],
- durch das MitbestG 1976[145] und
- durch fortgeltende Regeln des BetrVG 1952[146].

Die drei Regelungskomplexe sind hier nicht historisch, sondern in ihrer rechtspolitischen Tragweite aufgezählt: Die Montanmitbestimmung reicht weiter als die Mitbestimmung nach dem MitbestG 1976 und diese wiederum

---

132 Überzeugend *Wiedemann* I, § 11 II; s. auch *BVerfGE* 50, 290, 323, 359 = NJW 1979, 699, 707 = JuS 1979, 897 m. Anm. *Weber*; über Zusammenhänge mit den Grundproblemen der juristischen Person vgl. *Reuter*, a. a. O., S. 15ff.

133 Zu dieser Frage vgl. Bericht über die Verhandlungen der Unternehmensrechtskommission, 1980, Rdnrn. 816ff.; WSI-Studie, a. a. O., S. 427ff.

134 Ebenso *Wiedemann* I, § 11 II 1 a.

135 Vgl. näher *Kübler*, § 32 I; *Wiedemann* I, § 11 I 1; *Oetker*, in: GroßkommAktG, vor § 1 MitbestG Rdnrn. 1ff.

136 Gesetz v. 1.6.1891, RGBl. I S. 261.

137 Gesetz v. 5.12.1916, RGBl. I S. 1333; VO v. 23.12.1918, RGBl. I S. 1456.

138 RGBl. S. 147.

139 BGBl. I S. 681.

140 BGBl. I S. 13; Neufassung v. 23.12.1988, BGBl. I 1989, S. 1.

141 Dazu Bericht über die Verhandlungen der Unternehmensrechtskommission, 1980, Rdnrn. 1113ff.

142 Eingehend *Wiedemann* I, § 11 I 1 b; zum Verhältnis der Konzepte untereinander vgl. *Ensch*, a. a. O., S. 164ff.

143 BGBl. I S. 347.

144 BGBl. I S. 707.

145 BGBl. I S. 1153.

146 BGBl. I S. 681; die Fortgeltung der §§ 76ff. BetrVG 1952 beruht auf § 129 BetrVG 1972; Änderung des § 76 BetrVG 1952 durch Gesetz v. 2.8.1994 (BGBl. I S. 1961).

weiter als die des BetrVG 1952. Gleichzeitig ist dies die gesetzliche Rangfolge der Mitbestimmungsregelungen, denn das MitbestG 1976 spricht einen Vorrang der Montanmitbestimmung aus: Auf Gesellschaften, die der weitergehenden Montanmitbestimmung unterliegen, ist das MitbestG nicht anzuwenden (§ 1 II MitbestG). Gleichzeitig ordnet es eine Subsidiarität des BetrVG 1952 an: Die Vorschriften dieses Gesetzes gelten für Gesellschaften, die weder der Montanmitbestimmung noch dem MitbestG unterliegen (§ 1 III MitbestG).

g) Die *verfassungsrechtliche Beurteilung der unternehmerischen Mitbestimmung* ist ebenso kontrovers wie die rechtspolitische Diskussion um das Zuviel oder Zuwenig[147]. Schon im Gesetzgebungsverfahren wurden verfassungsrechtliche Gutachten eingeholt[148] und zahlreiche Anhörungen durchgeführt. Der schließlich erreichte Kompromiß bestand darin, daß das Mitbestimmungsgesetz keine uneingeschränkte Parität, sondern eine kupierte Parität mit einem Übergewicht der Anteilseigner vorschrieb. Das *Bundesverfassungsgericht* hat im Jahr 1979 befunden[149]: »Die erweiterte Mitbestimmung der Arbeitnehmer nach dem Mitbestimmungsgesetz vom 4. Mai 1976 ist mit den Grundrechten der von dem Gesetz erfaßten Gesellschaften, der Anteilseigner und der Koalitionen der Arbeitgeber vereinbar.« Es hat das Gesetz dabei vor allem am Maßstab der Artt. 9, 12 und 14 GG gemessen und hat sich mit Recht bemüht, verfassungsrechtliche und rechtspolitische Wertungen voneinander zu trennen. Deshalb hat es dem Gesetzgeber bei der Beurteilung der tatsächlichen Auswirkungen neuer Gesetze eine Einschätzungsprärogative zuerkannt, die bei der verfassungsrechtlichen Nachprüfung zu respektieren ist. Die Ungewißheit über mögliche Folgewirkungen einer gesetzgeberischen Maßnahme macht also diese nicht verfassungswidrig, wohl aber kann der Gesetzgeber gehalten sein, seine Entscheidung nachträglich zu überprüfen. Im Fall des Mitbestimmungsgesetzes hat sich noch kein Anlaß hierzu ergeben.

h) Die *Zukunft des deutschen Mitbestimmungsrechts* ist, wie bereits unter IV 1 c angedeutet wurde, im Hinblick auf die wirtschaftliche, insbesondere internationale, Entwicklung offen. Das Konzept hat von seinem Partizipationspathos viel eingebüßt.

---

147 Eingehend *Wiedemann* I, § 11 I 2; lesenswerter Überblick bei *Martens,* JuS 1983, 336ff.

148 *Scholz,* Paritätische Mitbestimmung und Grundgesetz, 1974; *Th. Raiser,* Grundgesetz und paritätische Mitbestimmung, 1975; *Raisch,* Mitbestimmung und Koalitionsfreiheit, 1975; vgl. schon kontrovers *Zöllner/Seiter,* Paritätische Mitbestimmung und Grundgesetz, 1970; *Schwerdtfeger,* Unternehmerische Mitbestimmung und Grundgesetz, 1972; vgl. danach vor allem *Badura/Rittner/Rüthers,* MitbestG 1976 und GG, 1977; *Krieger,* Unternehmensverfassung, Mitbestimmung und Grundgesetz, in: Handbuch der Verfassung der Bundesrepublik Deutschland, 1983, S. 700.

149 *BVerfGE* 50, 290 = NJW 1979, 699 = JuS 1979, 897 m. Anm. *Weber;* dazu eingehend *Breuer, Leisner* und *Scholz,* in: Isensee/Kirchhof (Hrsg.), Handbuch des Staatsrechts VI, 1989, § 147 Rdnr. 61, § 149 Rdnrn. 114ff., § 151 Rdnr. 86; *Oetker,* in: GroßkommAktG, vor § 1 MitbestG Rdnr. 38; *Pernthaler,* Ist Mitbestimmung verfassungsrechtlich meßbar? 1980; *Rübenach,* »Wirtschaftliche Vereinigungsfreiheit« und Vereinigungsfreiheit, 1984.

2. Überblick über den Mitbestimmungsstatus der Unternehmen

a) Unter die *Montanmitbestimmung* fallen nach § 1 MontanmitbestG alle Unternehmen, die drei Merkmale aufweisen: Es muß sich um Unternehmen handeln,
- die in der Form einer AG oder GmbH (oder einer bergrechtlichen Gewerkschaft) betrieben werden,
- die in der Regel mehr als 1000 Arbeitnehmer beschäftigen oder »Einheitsgesellschaften« sind *und*
- deren überwiegender Betriebszweck im Montanbereich (Eisen, Kohle und Stahl) liegt.

Nicht unmittelbar vom MontanmitbestG erfaßt sind Gesellschaften, die nicht selbst ein Montanunternehmen betreiben, aber als Obergesellschaften aufgrund eines Organschaftsverhältnisses ein Unternehmen beherrschen, das der Montanmitbestimmung unterliegt. Für diese Gesellschaften hat das MontanmitbestErgG eine besondere Zurechnungsregel geschaffen (§ 3), die jedoch vor dem Bundesverfassungsgericht nur insoweit standhielt, als sie auf die Montan-Umsatzquote des Konzerns abstellt (§ 3 II Nr. 1 MontanmitbestErgG), nicht dagegen, soweit sie die Arbeitnehmer zusammenrechnet (§ 3 II Nr. 2 MontanmitbestErgG)[150]. Damit hat diese Konzern-Montanmitbestimmung für die Praxis an Bedeutung verloren[151]. Erfüllt dagegen die Obergesellschaft selbst die Voraussetzungen der Montanmitbestimmung, so bleibt es bei der Anwendung des MontanmitbestG (§ 2 MontanmitbestErgG).

b) Auch die *Anwendung des MitbestG 1976* hat nach dessen § 1 drei Voraussetzungen: Erfaßt sind Unternehmen,
- die in der Rechtsform einer AG, einer KGaA, einer GmbH (einer bergrechtlichen Gewerkschaft) oder einer eingetragenen Genossenschaft betrieben werden (zur Kapitalgesellschaft & Co. KG vgl. § 4 MitbestG),
- die in der Regel mehr als 2 000 Arbeitnehmer beschäftigen und
- die nicht unter die vorrangige Montanmitbestimmung fallen.

Personengesellschaften fallen grundsätzlich nicht unter das MitbestG. Mittelbar kann allerdings die Kapitalgesellschaft & Co. KG von dem Gesetz berührt werden. Sofern der persönlich haftende Gesellschafter in einer nach § 1 MitbestG mitbestimmungspflichtigen Rechtsform (z. B. AG oder GmbH) organisiert ist und sich im mehrheitlichen Anteilsbesitz der Kommanditisten befindet, werden die Arbeitnehmer der KG der Komplementär-Gesellschaft zugerechnet. Kommt man auf diese Weise auf die erforderliche Arbeitnehmerzahl, so findet die Mitbestimmung zwar nicht bei der KG selbst statt, wohl aber bei ihrer Komplementärin, der Kapitalgesellschaft.

c) Hilfsweise greifen *die fortgeltenden Regeln des BetrVG 1952* ein, und zwar
- für jede bis zum 10. 8. 1994 eingetragene AG oder KGaA (§ 76 I BetrVG 1952), ausgenommen Familiengesellschaften mit weniger als 500 Arbeit-

150 *BVerfGE* 99, 367 = NJW 1999, 1535.
151 Vgl. *Raiser*, Kapitalgesellschaften, § 13 Rdnr. 21.

nehmern, sowie für jede nach dem 10. 8. 1994 eingetragene AG oder KGaA mit mindestens 500 Arbeitnehmern (§ 76 VI BetrVG 1952[152]);
- für jede GmbH (jede bergrechtliche Gewerkschaft) und jede eingetragene Genossenschaft mit mehr als 500 Arbeitnehmern (§ 77 I, III BetrVG);
- für den Versicherungsverein auf Gegenseitigkeit nur, wenn er mehr als 500 Arbeitnehmer und einen Aufsichtsrat hat (§ 77 II BetrVG).

d) Unternehmen, die auch diese Merkmale nicht erfüllen, unterliegen keiner gesetzlichen Mitbestimmung. Aufgrund der Satzung (des Gesellschaftsvertrags) kann allerdings ein fakultativer Aufsichtsrat gebildet werden (vgl. § 52 GmbHG), und in diesem können auch Mitbestimmungseffekte verwirklicht werden.

3. Überblick über den Inhalt der Mitbestimmungsregeln

a) Im *Bereich der Montanmitbestimmung*[153] ist zwingend ein *Aufsichtsrat* zu bilden (§ 3 MontanmitbestG). Der Aufsichtsrat setzt sich nach § 4 MontanmitbestG zusammen aus
- vier Vertretern der Anteilseigner und einem weiteren Mitglied,
- vier Vertretern der Arbeitnehmer und einem weiteren Mitglied
- und einem weiteren[154], elften Mitglied, dem sog. Neutralen, der Pattsituationen überwinden soll.

Handelt es sich um eine Obergesellschaft, die nicht dem MontanmitbestG, sondern dem *MontanmitbestErgG* unterliegt, so besteht der sonst entsprechend zusammengesetzte Aufsichtsrat aus 15 Mitgliedern (7 plus 7 plus neutrales Mitglied). Es müssen fünf der sieben Arbeitnehmervertreter in einem Beschäftigungsverhältnis zu einem Konzernunternehmen stehen, während die weiteren zwei Mitglieder von Gewerkschaften entsandt werden (§ 6 MontanmitbestErgG). Bei der Montanmitbestimmung paßt das Wort »Parität«. Es besteht kein Vorrang der Anteilseignerseite.

b) Nach dem *MitbestG*[155] ist der *Aufsichtsrat* mit je 6, 8 oder 10 Arbeitnehmer- und Anteilseignervertretern besetzt, je nachdem, ob die Arbeitnehmerzahl bis zu 10 000, bis zu 20 000 oder über 20 000 beträgt (§ 7 I MitbestG). Unter den Aufsichtsrats-Mitgliedern der Arbeitnehmerseite müssen sich neben Arbeitnehmern des Unternehmens auch Gewerkschaftsvertreter be-

152 Die Regelung wurde durch das Gesetz für kleine Aktiengesellschaften und zur Deregulierung des Aktienrechts v. 2. 8. 1994 (BGBl. I S. 1961) für neu eingetragene Gesellschaften der Rechtslage bei der GmbH angepaßt.

153 Vgl. dazu *Raiser*, Kapitalgesellschaften, § 13 Rdnr. 21; *Oetker*, Montan-Mitbestimmungsgesetz, in: GroßkommAktG.

154 Dazu näher *Oetker*, in: GroßkommAktG, § 8 Montan-MitbestG; *Wißmann*, in MünchHdB-ArbR III, 2. Aufl. 2000, § 381 Rdnrn. 19ff.

155 Dazu insbes. *Fabricius* (Hrsg.), GK-MitbestG, Stand 1989; *Fitting/Wlotzke/Wißmann*, MitbestG, 2. Aufl. 1978; *Hanau/Ulmer*, MitbestG, 1981; *Hoffmann/Lehmann/Weinmann*, MitbestG, 1978; *Oetker*, MitbestG, in: GroßkommAktG, 1999; *Mertens*, in: KK, Anh. B nach § 117; *Th. Raiser*, MitbestG, 3. Aufl. 1998.

finden (§ 7 II MitbestG). Der Aufsichtsrat wählt aus seiner Mitte einen Vorsitzenden und einen stellvertretenden Vorsitzenden, wobei in einem ersten Wahlgang eine Zweidrittelmehrheit erreicht sein muß (§ 27 I MitbestG), während im zweiten Wahlgang der Vorsitzende von der Anteilseignerseite und der Stellvertreter von den Arbeitnehmervertretern gewählt wird (§ 27 II MitbestG). Die herausgehobene Stellung des Vorsitzenden zeigt sich bei *Stimmengleichheit im Aufsichtsrat.* Hier hat nach § 29 II MitbestG der Aufsichtsratsvorsitzende bei einer erneuten Abstimmung zwei Stimmen. Damit hat der Gesetzgeber zweierlei erreicht: Er hat Vorsorge getroffen, um eine Pattsituation im Aufsichtsrat aufzulösen[156], und er hat dies auf eine Weise getan, die der Anteilseignerseite in diesem Fall ein Übergewicht gibt. Die Parität nach dem MitbestG ist insofern eingeschränkt (sog. hinkende Parität)[157], und dies war nicht ohne Einfluß auf die Beurteilung des Gesetzes durch das *Bundesverfassungsgericht*[158]. Zu den Aufgaben des Aufsichtsrats gehört die *Bestellung des Leitungsorgans* (§ 31 MitbestG). Diese Aufsichtsratszuständigkeit entspricht der des Aktienrechts (vgl. § 84 AktG). Nach § 33 MitbestG muß als gleichberechtigtes Mitglied des Leitungsorgans ein *Arbeitsdirektor* bestellt werden, der in erster Linie den Arbeits- und Sozialbereich betreuen soll[159]. Diese Regelungen (Bestellung des Leitungsorgans und Arbeitsdirektor) gelten nicht für die KGaA (§§ 31 I 2, 33 I 2 MitbestG). Denn hier ist der persönlich haftende Gesellschafter geborenes Leitungsorgan (vgl. § 278 II AktG). Wer persönlich und unbeschränkt für die Unternehmensverbindlichkeiten haftet, muß sinnvollerweise selbst und ohne Mitwirkung eines Arbeitsdirektors die Leitungsentscheidungen treffen.

c) Nur eine »Drittelparität«, die die Bezeichnung Parität nicht recht verdient, gewährleistet die *Mitbestimmung nach dem BetrVG 1952*[160]. Nach §§ 76 I, 77 des Gesetzes muß der Aufsichtsrat zu einem Drittel aus Arbeitnehmervertretern bestehen.

4. Mitbestimmung im Konzern[*]

Im Konzern gilt es, die rechtliche Selbständigkeit mehrerer Unternehmensträger mit der Funktionseinheit des Konzernunternehmens zu versöhnen.

156 Überblick über die Möglichkeiten einer solchen Pattauflösung: Bericht über die Verhandlungen der Unternehmensrechtskommission, 1980, Rdnrn. 436ff.

157 Vgl. *Fitting/Wlotzke/Wißmann*, MitbestG, 2. Aufl. 1978, § 29 Rdnr. 3; *Th. Raiser*, MitbestG, 3. Aufl. 1998, § 29 Rdnr. 1; *Martens*, ZGR 1979, 512; *Ulmer*, BB 1979, 400.

158 Vgl. *BVerfGE* 50, 290, 323f., 350f., 360, 365, 366, 375 = NJW 1979, 699, 705ff. = JuS 1979, 897 m. Anm. *Weber*.

159 Näher *Oetker*, in: GroßkommAktG, § 33 MitbestG Rdnrn. 19ff.

160 Dazu *Fitting/Kaiser/Heither/Engels*, BetrVG, 20. Aufl. 2000, Anh. 2.

* Literatur (Auswahl): *Duden*, Mitbestimmung in Konzernverhältnissen nach dem MitbestG, ZHR 141(1977), 145; *Hanau*, Fragen der Mitbestimmung und Betriebsverfassung im Konzern, ZGR 1984, 468; *Hanau/Wackerbarth*, in: Lutter (Hrsg.), Holding-Handbuch, 3. Aufl. 1998, Rdnrn. G 61ff.; *Lutter*, Mitbestimmung im Konzern, 1975; *Martens*, Mitbestimmung, Konzernbildung und Gesellschaftereinfluß, ZHR 138 (1974), 179; *ders.*, Grundlagen des Konzernarbeitsrechts, ZGR 1984, 417; *ders.*, Der Aufsichtsrat im Konzern, ZHR 159 (1995), 567; *Werner*,

a) Wie bereits ausgeführt wurde, sorgt das MontanmitbestErgG im *Montanmitbestimmungsbereich* dafür, daß eine Obergesellschaft auch dann der Montanmitbestimmung unterliegt, wenn zwar nicht sie selbst, wohl aber ein von ihr beherrschtes Unternehmen die Voraussetzungen der Montanmitbestimmung erfüllt (oben unter IV 2a).

b) Das MitbestG unterwirft Konzerngesellschaften im *Unterordnungskonzern* nicht einer eigenen Form der Mitbestimmung, wohl aber einer Zurechnungsregel: Unter den genauen Voraussetzungen des § 5 MitbestG können Arbeitnehmer des einen Konzernunternehmens dem anderen mit zugerechnet werden. Auf diese Weise können u.U. beide Unternehmen mitbestimmungspflichtig werden: die Untergesellschaft mit den eigenen Arbeitnehmern und die Obergesellschaft aufgrund der Zurechnungsvorschrift des § 5 MitbestG.

c) Sonderprobleme, auf die hier nur hingewiesen werden kann, werfen die mitbestimmungsrechtlichen Fragen beim »Teilkonzern«,[161] beim »Konzern im Konzern«[162] und bei der in § 5 MitbestG vernachlässigten Gleichordnung von Unternehmen im Konzern[163] auf. An ihnen zeigt sich, daß das Konzernmitbestimmungsrecht kein geschlossenes Konzernunternehmen, sondern nur Zurechnungsverhältnisse unter verbundenen Unternehmen zustande bringt (vgl. zu den Problemen der Unternehmensgruppe sogleich in § 17)[164].

Konzernrechtliche Abhängigkeit und einheitliche Leitung im mitbestimmten Konzern, ZGR 1976, 447; *Windbichler,* Arbeitsrecht im Konzern, 1989, S. 495ff.

161 Dazu *Oetker*, in: GroßkommAktG, § 5 MitbestG Rdnrn. 43ff.

162 Dazu *Oetker*, in: GroßkommAktG, § 5 MitbestG Rdnr. 25.

163 Dazu *Schneider*, in: Festschrift Großfeld, 1999, S. 1045ff.

164 Vgl. zu diesem Konzept *Karsten Schmidt*, in: Festschrift Lutter, 2000, S. 1167ff., insbes. S. 1188ff.

§ 17 Autonomie und Abhängigkeit von Verbänden: das Konzernproblem

I. Grundlagen*

1. Konzernwirklichkeit und Konzernrecht

a) Die aus dem 19. Jahrhundert stammenden Regelungsmodelle des Gesellschaftsrechts gehen vom *Typus der autonomen Gesellschaft* aus: Die Willens-

---

* Literatur (Auswahl; weitere Angaben bei § 31, § 39, § 39 III): *Amstutz*, Konzernorganisationsrecht, Bern 1993; *Bälz,* Einheit und Vielheit im Konzern, in: Festschrift Raiser, 1974, S. 287; *ders.*, Verbundene Unternehmen, in: 40 Jahre Bundesrepublik, 40 Jahre Rechtsentwicklung, 1990, S. 177; *ders.*, Verbundene Unternehmen, AG 1992, 277; *Bayreuther*, Wirtschaftlich-existentiell abhängige Unternehmen im Konzern-, Kartell- und Arbeitsrecht, 2001; *Bork*, Zurechnung im Konzern, ZGR 1994, 237; *Cahn*, Kapitalerhaltung im Konzern, 1998; *Drexl*, Wissenszurechnung im Konzern, ZHR 161 (1997), 491; *Druey* (Hrsg.), Das St. Galler Konzernrechtsgespräch: Konzernrecht aus der Konzernwirklichkeit, 1988; *ders.*, Empfiehlt es sich, das Recht der faktischen Unternehmensverbindungen neu zu regeln? in: 59. DJT I, 1992, S. H 1; *Ebenroth,* Konzernbildungs- und Konzernleitungskontrolle, 1987; *Emmerich/Habersack*, Aktienkonzernrecht, 2. Aufl. 2000; *Emmerich/Sonnenschein/Habersack,* Konzernrecht, 7. Aufl. 2001; *Flume,* Grundfragen der Aktienrechtsreform, 1960; *Friedländer,* Konzernrecht, 1. Aufl. 1927, 2. Aufl. 1954; *Geiger*, Ökonomische Analyse des Konzernhaftungsrechts, 1993; *Geßler,* Leitungsmacht und Verantwortlichkeit im faktischen Konzern, in: Festschrift Westermann, 1974, S. 145; *ders.,* Überlegungen zum faktischen Konzern, in: Festschrift Flume II, 1978, S. 55; *Harms,* Konzerne im Recht der Wettbewerbsbeschränkungen, 1968; *Hengeler* (Hrsg.), Beiträge zur Aktienrechtsreform, 1959; *Hirte* (Hrsg.), Der qualifizierte faktische Konzern, 2 Bde., 1992/93; *ders.* (Hrsg.), Der Vertragskonzern im Gesellschaftsrecht, 1993; *Hoffmann-Becking* und *Zöllner*, Empfiehlt es sich, das Recht der Unternehmensverbindungen neu zu regeln? in: 59. DJT II, 1992, S. R 8 und R 35; *Hommelhoff*, Die Konzernleitungspflicht, 1982; *ders.*, Empfiehlt es sich, das Recht faktischer Unternehmensverbindungen neu zu regeln? in: 59. DJT I, 1992, S. G 1; *Hommelhoff/Stimpel/Ulmer* (Hrsg.), Heidelberger Konzernrechtstage, 1992; *Kindler*, Hauptfragen des Konzernrechts in der internationalen Diskussion, ZGR 1997, 449; *Kirchner*, Zur Fehlkonstruktion des deutschen Konzernrechts, in: Managementforschung 7 (1997), S. 271; *Kronstein,* Die abhängige juristische Person, 1931 (Nachdruck 1973); *Kropff*, Grundzüge des Konzernrechts, in: Lutter/Semler (Hrsg.), Rechtsgrundlagen freiheitlicher Unternehmenswirtschaft, 1991, S. 71; *Kübler/Reinhard Schmidt*, Gesellschaftsrecht und Konzentration, 1998; *Liebscher*, Konzernbildungskontrolle, 1995; *Lutter*, Zur Binnenstruktur des Konzerns, in: Festschrift Westermann, 1974, S. 347; *ders.*, Die zivilrechtliche Haftung in der Unternehmensgruppe, ZGR 1982, 244; *ders.* (Hrsg.), Holding-Handbuch, 3. Aufl. 1998; *Mestmäcker,* Verwaltung, Konzerngewalt und Rechte der Aktionäre, 1958; *ders.,* Zur Systematik des Rechts der verbundenen Unternehmen im neuen Aktienrecht, in: Festschrift Kronstein, 1967, S. 129; *Mestmäcker/Behrens* (Hrsg.), Das Gesellschaftsrecht der Konzerne im internationalen Vergleich, 1991; *Mülbert*, Unternehmensbegriff und Konzernorganisationsrecht, ZHR 163 (1991), 1; *Ludwig Raiser,* Die Konzernbildung …, in: Raiser/Sauermann/Schneider, Das

bildung jeder Gesellschaft erwächst aus dieser selbst. Bei den Personengesellschaften sind die Gesellschafter in Gemeinschaft Träger des Verbandswillens (§ 119 HGB), und selbst bei den Körperschaften, bei denen der Gesetzgeber eine Mehrheitsherrschaft in Kauf genommen und gebilligt hat (vgl. §§ 32 BGB, 133 AktG, 47 GmbHG, 43 GenG), ist doch diese Herrschaft innerverbandliche Herrschaftsmacht. Die Richtigkeitsgewähr der Verbandswillensbildung (vgl. dazu oben, § 16 I 2) beruht wesentlich auf diesem Gedanken der Selbstbestimmung. Sie kann in der Rechtswirklichkeit durch Außeneinflüsse in Frage gestellt sein. Solche Außeneinflüsse sind nicht ein Sonderproblem der körperschaftlich verfaßten juristischen Person[1], sondern ein Problem allen Verbandsrechts. Innerhalb des Verbandsrechts stellt sich die Frage vor allem da, wo typische Eigeninteressen des Verbandes durch typische Fremdinteressen in Frage gestellt werden: bei Unternehmen[2]. So wurde das rechtsdogmatische Problem des abhängigen Verbandes rechtspolitisch zu einem Problem des abhängigen Unternehmens: Ist ein auf gesellschaftsrechtlicher Grundlage betriebenes Unternehmen von einem anderen Unternehmen abhängig, so droht Gefahr für die »Richtigkeit« der Willensbildung in dem abhängigen Unternehmen. Der auf dieses rechtspolitische Problem fixierte Blick macht verständlich, daß aus dem Recht der verflochtenen Verbände ein »Konzernrecht« wurde und daß dieses »Konzernrecht« durch Rechtsprechung, Literatur und Praxis vor allem als Schutzrecht ausgestaltet wurde. Das bedeutet nicht etwa, daß das ganze Konzernrecht nichts anderes wäre als bloßes Schutzrecht (dazu sogleich unter I 2), aber die rechtspolitischen Hauptprobleme bestanden nun einmal im Schutz gegen unkontrollierte Begründung und Ausübung von Konzernherrschaft. Das ist im wesentlichen bis heute so geblieben, doch darf darüber nicht vergessen werden, daß das »Konzernrecht« nicht nur für echte »Kon-

---

Verhältnis der Wirtschaftswissenschaft zur Rechtswissenschaft, 1964, S. 5; *Rasch,* Deutsches Konzernrecht, 5. Aufl., 1974; *Rehbinder,* Konzernaußenrecht und allgemeines Privatrecht, 1969; *Reiner*, Unternehmerisches Gesellschaftsinteresse und Fremdsteuerung, 1995; *Schilling,* Entwicklungstendenzen des Konzernrechts, ZHR 140 (1976), 528; *Karsten Schmidt,* Abhängigkeit, faktischer Konzern ..., ZGR 1981, 455; *ders.*, Gleichordnung im Konzern – terra incognita? ZHR 155 (1991), 417; *ders.*, Die wundersame Karriere des Unternehmensbegriffs im Reich der Konzernhaftung, AG 1994, 189; *ders.*, Konzernunternehmen, Unternehmensgruppe und Konzern-Rechtsverhältnis, in: Festschrift Lutter, 2000, S. 1167; *ders.,* Was ist, was will und was kann das Konzernrecht des Aktiengesetzes in: Festschrift Druey, Zürich 2002, S. 551; *Schüler,* Wissenszurechnung im Konzern, 2000; *Seydel*, Konzernbildungskontrolle bei der AG, 1995; *Sonnenschein,* Organschaft und Konzerngesellschaftsrecht, 1976; *ders.,* Der aktienrechtliche Vertragskonzern im Unternehmensrecht, ZGR 1981, 429; *Spindler,* Recht und Konzern, 1993; *Teubner,* Unitas Multiplex, ZGR 1991, 189; *Theisen*, Der Konzern, 2. Aufl. 2000; *ders.*, Der Konzern im Umbruch, 1998; *Timm*, Grundfälle zum Konzernrecht, JuS 1999, 553, 656, 760, 867, 966; *Tröger*, Treupflicht im Konzern, 1999; *Ulmer* (Hrsg.), Probleme des Konzernrechts, 1989; *ders.* (Hrsg.), Haftung im qualifizierten faktischen GmbH-Konzern, 2002; *Westermann,* Grundfragen der Rechtsfortbildung im Aktienkonzernrecht, in: Festschrift Pleyer, 1986, S. 241; *Wackerbarth*, Grenzen der Leitungsmacht in der internationalen Unternehmensgruppe, 2001; *Wiedemann,* Die Unternehmensgruppe im Privatrecht, 1988; *Wiedemann/Hirte*, Konzernrecht, in: 50 Jahre BGH, Bd. II, 2000, S. 337; *Würdinger,* Zur Reform des Konzernrechts, in: Festschrift Walter Schmidt, 1959, S. 279.

1 Zu ihr vgl. *Flume*, Juristische Person, § 4 IV; *Kronstein,* a.a.O.; *Friedländer,* a.a.O., 1. Aufl., S. 63 ff.; 2. Aufl., S. 37 ff.

2 Zur geringeren Gefährdung der Autonomie eingetragener Vereine vgl. *Flume,* Juristische Person, § 4 IV.

zerne« gilt (vgl. § 18 I AktG) noch auch nur auf Abhängigkeitsfälle beschränkt ist (vgl. § 18 II AktG). Es wird in den §§ 15ff. AktG treffend als Recht der »verbundenen Unternehmen« bezeichnet und umfaßt sogar, wenn wir etwa Vereine mit einbeziehen, noch weitergehend das Recht der »verbundenen Rechtsträger«.

b) Man muß sich darüber klar sein, daß die *Konzernwirklichkeit* älter ist als das moderne Konzernrecht. Was wir heute als Konzernrecht verstehen – das Recht der verbundenen Unternehmen (vgl. §§ 15ff., 291ff. AktG) – hatte sich zunächst als Recht der Konzern*gestaltung* herausgebildet, bevor es zu einem *Schutz*recht ausgestaltet wurde[3]. Konzerngebilde, durch die Gesellschaften in Abhängigkeit voneinander gerieten, entstanden bereits im 19. Jahrhundert[4]. Es ist rasch zu verstehen, daß hierbei das Augenmerk nicht zugleich auf alle Varianten von Unternehmensverbindungen fiel, sondern vor allem auf Abhängigkeitsverhältnisse zwischen herrschenden und abhängigen Gesellschaften, weil eine solche Abhängigkeit nachhaltig auf die Binnenstruktur der Gesellschaft durchschlägt. Die zunehmende Bedeutung der abhängigen Gesellschaft in der Wirtschaftspraxis – unterstützt durch die steuerrechtliche Organtheorie, die eine abhängige Kapitalgesellschaft als sog. Organ des herrschenden Unternehmens mit diesem zusammenfaßte[5] – wurde sodann 1910 von *Rudolf Isay* erkannt und mit der Konzentration in der Wirtschaft in Zusammenhang gebracht[6]. Zwischen den Weltkriegen legten *Haußmann*[7], *Friedländer*[8], *Hamburger*[9] und vor allem *Heinrich Kronstein*[10] wegweisende Untersuchungen vor. *Kronstein* hat sich in seiner Arbeit über »Die abhängige juristische Person« um eine konsequente Ausformung des Rechts der abhängigen Gesellschaft bemüht. Als »abhängig« bezeichnet *Kronstein*[11] eine juristische Person, »deren Willen planmäßig in einer auf die Dauer bestimmten Weise von einer oder mehreren Personen festgelegt wird, über deren Gewinn – wenn sie solchen überhaupt haben darf – in erheblichem Umfang von vornherein zugunsten anderer verfügt ist oder deren Zweck sich in der Tätigkeit für andere erschöpft«. Durchgesetzt hat sich heute ein anderer, auf Unternehmen bezogener Ansatz: *Abhängige Unternehmen sind rechtlich selbständige Unternehmen, auf die ein anderes Unternehmen (das sog. herrschende Unternehmen) unmittelbar oder mittelbar einen beherrschenden Einfluß ausüben kann* (§ 17 I AktG). Als Arten der Abhängigkeit unterschied *Kronstein*[12] die organisatorische Abhängigkeit, die vertragsmäßige Abhängigkeit und die stimmäßige Abhängigkeit. Die Gegenüberstellung hat sich in dieser Form wohl deshalb nicht durchgesetzt, weil jede konzernrechtliche

3 Das Kartellrecht reagierte früher; vgl. *Spindler*, a.a.O., S. 41ff., 52ff.
4 Vgl. *Friedländer*, a.a.O., 1. Aufl., S. 4ff.
5 *Spindler*, a.a.O., S. 17ff.
6 *Isay*, Das Recht am Unternehmen, 1910, S. 96ff.
7 Die Tochtergesellschaft, Berlin 1923.
8 Konzernrecht, 1927.
9 Die Organgesellschaft, in: Festschrift Seckel, 1927, S. 261ff.
10 A.a.O.
11 A.a.O., S. 7.
12 A.a.O., S. 8ff.

Abhängigkeit organisatorischen Charakter hat[13]. Immerhin hat sich die Unterscheidung zwischen den unterschiedlichen Arten der Abhängigkeit bis heute als ein Grundlagenproblem bewahrt, weshalb deutsche Juristen bisweilen glauben, das ganze Konzernrecht mit den Begriffen »Vertragskonzern« und »faktische Abhängigkeit« benennen zu können.

2. Der positivrechtliche Regelungsansatz

a) Mit dem schwierigen Verhältnis zwischen Konzernwirklichkeit und Konzernrecht hängt es zusammen, daß das Grundverständnis des Konzerngesellschaftsrechts noch wenig geklärt ist. Gemessen am Stand früherer Jahrzehnte wissen wir heute viel an Details über das sog. Konzernrecht, aber noch viel zu wenig über dessen juristische *Grundfragen*[14]. Wovon handelt das sog. Konzernrecht:
- vom verfaßten Konzernunternehmen als einer gegliederten Einheit[15]?
- von der Unternehmensgruppe[16]?
- von Herrschaft und Abhängigkeit[17]?
- von verbundenen Gesellschaften oder Unternehmen[18]?

Unleugbar hat jedes dieser Schlagworte etwas mit dem Konzernrecht zu tun: Der Konzern als Unternehmensgruppe steht, wie vor allem das Konzernbilanzrecht zeigt (§§ 290 ff. HGB und dazu Handelsrecht, § 5 I 2 d), vor uns als ein konsolidiertes Gesamtgebäude; die Herrschaft über sowie umgekehrt die Abhängigkeit von Gesellschaften oder Unternehmen ist ein Zentralproblem allen Konzernrechts; und es ist die Verbindung von Unternehmen und Gesellschaften, die diese Herrschaft und Konsolidierung teils voraussetzt, teils erst zum Tragen bringt. Aber für das Verständnis des deutschen »Konzernrechts« geht es nicht darum, ob das sog. Konzernrecht irgendwie von diesen Themen handelt, sondern die Frage ist: *Welches ist der rechtliche Ansatz des sog. Konzernrechts?* In dieser Hinsicht ist es keine bloße Frage des Zufalls oder der Terminologie, wenn unser Gesetz nicht den Begriff des Konzerns oder der Konzernherrschaft, sondern den der »verbundenen Unternehmen« über die Behandlung des Konzernproblems setzt (§§ 15 ff., 291 ff. AktG). Blickt man über das Aktienrecht und damit über das Unternehmensrecht hinaus – es gibt das Konzernproblem z.B. auch bei Vereinen! –, so wird man an die Stelle der »verbundenen Unternehmen« den Begriff der »verbundenen Rechtsträger« setzen: *Das sog. Konzernrecht handelt vom Recht*

13 Existentielle Abhängigkeit (z.B. des Zulieferers vom Herstellerunternehmen oder des Krisenunternehmens von der Bank) genügt nicht; vgl. *BGHZ* 90, 381, 395; *Martens,* Die existentielle Wirtschaftsabhängigkeit, 1979, S. 54 ff.; *Ulmer,* ZHR 142 (1978), 458 ff.; *Köhler,* NJW 1978, 2473 ff.

14 *Karsten Schmidt*, ZHR 155 (1991), 419; eingehend *ders.*, in: Festschrift Lutter, a.a.O.; *ders.*, in: Festschrift Druey, a.a.O.; dazu auch *Wackerbarth*, a.a.O., S. 11 ff.

15 Vgl. zum Konzern als »Rechtsform sui generis« *Lutter*, ZGR 1987, 329; *ders.*, in: Druey, a.a.O., S. 225, 228; vgl. auch *Theisen*, a.a.O., S. 127 ff.; krit. *Mertens*, ZGR 1994, 437.

16 *Theisen*, a.a.O.; *Wiedemann*, a.a.O., S. 6; *Lutter*, ZGR 1994, 244 ff.; s. auch *Mülbert*, ZHR 163 (1999), 28 ff.

17 *Kronstein*, a.a.O.; *Flume*, Juristische Person, § 4 IV; krit. *Teubner*, ZGR 1991, 195, 200.

18 *Karsten Schmidt*, ZHR 155 (1991), 419 ff.; *Drexl*, ZHR 161 (1997), 491 ff.

der organisationsrechtlich verbundenen Rechtsträger (sog. verbundene Unternehmen). Es setzt deshalb nicht beim Konzern als einer konsolidierten Einheit an (zu den hier auftretenden Abgrenzungsproblemen vgl. auch Handelsrecht, § 15 VII) und befaßt sich auch nicht bloß mit herrschenden und abhängigen Unternehmen (auch wenn hier ein Schwerpunktproblem liegt!), sondern mit *Legitimations-*[19], *Zurechnungs-*[20] *und Haftungsproblemen*[21] aufgrund organisationsrechtlicher Verbindung einzelner Rechtsträger (Unternehmen).

Beispiel Nr. 1: Nach § 16 BetrAVG (Gesetz zur Verbesserung der betrieblichen Altersversorgung) sind die laufenden Leistungen der betrieblichen Altersversorgung alle drei Jahre zu prüfen und ggf. unter Mitberücksichtigung der wirtschaftlichen Lage des Arbeitgebers anzupassen. Das ist Arbeitsrecht, nicht Gesellschaftsrecht, aber die Regelung kann konzernrechtliche Zurechnungsprobleme auslösen. Zwar richtet sich der Anpassungsanspruch eines Arbeitnehmers nicht gegen »den Konzern«, sondern gegen die jeweils als Arbeitgeberin fungierende Gesellschaft, aber bei der Beurteilung ihrer Leistungsfähigkeit kommt es nicht unbedingt nur auf ihre eigene Lage an, sondern bei enger wirtschaftlicher Verflechtung entscheidet die Lage des Konzerns (*BAG*, AP Nrn. 22, 25 und 29 zu § 16 BetrAVG).

b) Ein Hauptproblem des Konzernrechts wird darin gesehen, ob ein in mehrere Gesellschaften zergliedertes Konzernunternehmen *als Einheit oder als Vielheit* betrachtet werden soll[22]. Als vage Umschreibung eines Diskussionsthemas ist diese Akzentsetzung richtig. Je straffer ein Konzernunternehmen durchorganisiert ist, um so mehr drängt sich eine unternehmensrechtliche Einheitsbetrachtung auf und schlägt sich vor allem bilanzrechtlich nieder (oben unter I 2a sowie Handelsrecht, § 5 I 2d). Gesellschaftsrechtliche Betrachtung zwingt indes zur Besinnung auf die Vielheit der konzernzugehörigen Gesellschaften. Gewiß lassen die Leistungsstrukturen viele Konzerne als ein einheitliches Ganzes erscheinen, aber es ist nicht kleinliche Theorie, wenn man auf der Trennung der Rechtssubjekte besteht. Da jedes Unternehmen einem individualisierbaren Unternehmensträger zugeordnet werden muß, der Rechtsträger, Prozeßpartei und Gemeinschuldner sein kann (Handelsrecht, § 4 IV und § 5 II), muß auch im Interesse der Praxis daran festgehalten werden, daß die einzelnen Konzerngesellschaften selbständige Rechtssubjekte bleiben[23]. Nur so bleibt verständlich, daß sich etwas verändert, wenn die Gesellschaften einer Konzerngruppe nach §§ 2ff. UmwG verschmolzen oder wenn die Betriebsabteilungen einer Einheitsgesellschaft nach §§ 123ff. UmwG in Konzerngesellschaften aufgespalten werden. Identität und Gruppenzugehörigkeit eines Rechtsträgers sind verschiedene Dinge. Das bedeutet nun nicht, daß das Recht blind sein dürfte für die Tragweite der Unternehmensverbindung. Aber die Rechtsfolgen sind in Zurechnungsnormen, Haftungs- und Ausgleichspflichten zu suchen (oben unter I 2a), nicht in

19 Dazu etwa *Druey*, a.a.O., insbes. S. 60.

20 Zur Zurechnung vgl. *Bork*, ZGR 155 (1991), 419ff.; *Drexl*, ZHR 161 (1997), 491ff.

21 Zur Konzernhaftungsdebatte vgl. statt vieler die Sammlungen von *Hirte*, a.a.O.

22 Dazu namentlich *Bälz,* in: Festschrift Raiser, a.a.O.; *Hommelhoff*, a.a.O., S. 214ff.; *Karsten Schmidt*, in: Festschrift Lutter, a.a.O., S. 1173ff.; *Teubner,* ZGR 1991, 189ff.

23 Vgl. *Karsten Schmidt,* JuS 1985, 255f. m.w.N.

einer Identifizierung aller Gesellschaften mit »dem Konzern«. Erst das Spannungsverhältnis zwischen rechtlicher Gliederung und organisatorischer Zusammenfassung macht viele Konzernrechtsprobleme verständlich.

Beispiel Nr. 2 (nach Handelsrecht, § 5 I 2 d; s. auch *Karsten Schmidt,* JuS 1985, 255): Wer von München aus mit einer »Lukullus-GmbH« bundesweit eine Restaurantkette betreiben will, kann entscheiden, ob diese eine Gesellschaft alle Restaurants betreiben soll oder ob für jedes Restaurant eine eigene GmbH gegründet wird. Im letzten Fall hat jeder Lieferant nur mit »seiner« GmbH zu tun, nicht mit »der Kette«. Er kann von dieser GmbH Zahlung verlangen, kann diese GmbH verklagen usw. Daß die Gestaltung auch für die Münchener Mutter-GmbH Haftungsfolgen haben kann, ist zwar richtig (unten, § 39 III 3, 4). Die rechtliche Verschiedenheit der einzelnen Gesellschaften bleibt aber im Ausgangspunkt bestehen.

II. Die hauptsächlichen Regelungsprobleme im Recht der verbundenen Unternehmen

1. Organisationsrecht versus Schutzrecht?

a) Das Recht der verbundenen Unternehmen wird meistens als *Schutzrecht* dargestellt: als ein Rechtsgebiet, dessen Aufgabe sich auf den Schutz abhängiger Unternehmen, auf den Schutz außenstehender Gesellschafter und auf den Schutz der Gläubiger konzentriert. Nach dem unter I 1a und 2a schon Gesagten ist das eine historisch erklärbare Verengung. Das Recht der verbundenen Unternehmen oder Gesellschaften befaßt sich nicht ausschließlich mit Herrschaft und Abhängigkeit, und es war niemals nur Schutzrecht, sondern stets in erster Linie *Organisationsrecht.* Nur: Ein Konzern*organisations*recht entwickelt sich gleichsam von selbst einfach dadurch, daß Unternehmen von ihrer Herrschaftsmacht über andere Unternehmen und von gesellschaftsrechtlichen Gestaltungsmitteln Gebrauch machen. Ein Schutzrecht für abhängige Unternehmen, für Minderheitsgesellschafter und für Gläubiger dieser Unternehmen muß dieser Herrschaftsmacht erst entgegengesetzt werden. Diese Aufgabe zog notwendig die Aufmerksamkeit der Gesetzgebung, Praxis und Wissenschaft auf sich, und so entstand ein Bild vom Konzernrecht, das dieses als reines Schutzrecht erscheinen ließ.

Vor allem die von *Marcus Lutter* begründete konzernrechtliche Schule *(Lutter, Uwe H. Schneider, Hommelhoff, Timm)* hat der Verengung des Konzernrechts auf ein der Konzernherrschaft bloß entgegengesetztes Schutzrecht entgegengearbeitet[24]. Aus dem bloßen Schutzrecht für abhängige Gesellschaften wird dabei ein Organisationsrecht des Konzerns als eines rechtlich gegliederten Unternehmens. Der Konzern wird gleichsam nicht mehr – wie dies charakteristisch ist für das Konzernrecht als Schutzrecht – »von unten« beleuchtet, sondern er wird als Organisationseinheit auch von

24 Vgl. besonders deutlich *Lutter,* in: Festschrift Westermann, a.a.O., S. 347ff.; *Uwe H. Schneider,* BB 1981, 249; *Timm,* AG 1980, 172; umfassend *Hommelhoff,* a.a.O., S. 35ff. und passim; rechtstheoretisch *Amstutz,* a.a.O., passim.

daher beleuchtet, wo Konzernherrschaft ausgeübt wird: »von oben«. Konsequenzen dieser Betrachtung haben *Uwe H. Schneider* und vor allem *Peter Hommelhoff* herausgearbeitet. Die Schlagworte heißen: Konzernleitung und Konzernleitungspflicht. Die in der Obergesellschaft stattfindende Konzernleitung ist nicht bloß eine Beteiligungsverwaltung[25], sondern sie ist Unternehmensleitung, die in die abhängige Gesellschaft hineinwirkt[26]. Den Organen der Obergesellschaft erwachsen hieraus Konzernleitungspflichten[27], und zwar nicht nur im Verhältnis zur eigenen (Ober-)Gesellschaft[28], sondern auch im Verhältnis zur abhängigen Gesellschaft[29]. *Hommelhoff* hat hieraus grundlegende Folgerungen gezogen, über deren Berechtigung lebhaft diskutiert wird[30]: Nach seiner Auffassung ist der Vorstand der Obergesellschaft nicht nur befugt, sondern sogar verpflichtet, die vorhandene Herrschaftsmacht (§ 17 AktG) auch durch einheitliche Leitung auszuüben (§ 18 AktG)[31]. Im Aktienkonzern ist der Vorstand der Obergesellschaft als Konzernvorstand »das Zentrum der unternehmerischen Gestaltungsmacht im Konzern und der Träger der unternehmerischen Verantwortung für das Konzernganze«[32]. Damit erhält die Konzernorganisation vor allem in der Konzernobergesellschaft ein völlig neues Gesicht[33]. Am deutlichsten sieht man dies daran, daß nicht mehr allein die Begründung konzernrechtlicher Herrschaftsmacht der Zustimmung durch Hauptversammlungsbeschlüsse bedarf (§ 293 AktG), sondern auch die Freigabe von Tochtergesellschaften aus der Leitungsmacht der Obergesellschaft bedarf der Zustimmung der Hauptversammlung[34].

Hier können die Einzelthesen von *Hommelhoff* nicht diskutiert werden. Festzuhalten bleibt nur: Es ist richtig und wichtig, das Recht der verbundenen Unternehmen umfassend, und nicht nur als Schutzrecht »von unten her«, zu begreifen. Zwar wird bei den Einzeldarstellungen doch dieser Schutz stark im Vordergrund stehen, denn hier liegen noch heute die Hauptprobleme (unten, § 31 und § 39). Aber das darf uns nicht blind machen für die ganz unterschiedlichen Seiten des Konzernrechts: Das Konzernrecht der Praxis ist Organisationsrecht und Schutzrecht zugleich. Dieses Bild vom »Konzern als Organisation« läßt den Konzern als ein über die in ihm enthaltenen Einzel-

25 Zur Abgrenzung vgl. *Hommelhoff,* a.a.O., S. 46ff.

26 Vgl. *Uwe H. Schneider,* BB 1981, 250; eingehend *Semler,* Die Überwachungsaufgabe des Aufsichtsrats, 2. Aufl., 1980, S. 104ff.; *Binder,* Beteiligungsführung in der Konzernunternehmung, 1994, S. 117ff.

27 Vgl. vor allem *Hommelhoff,* a.a.O., S. 35f., 41ff., 265ff. mit reichen Nachweisen.

28 Dazu *Semler,* Leitung und Überwachung der Aktiengesellschaft, 2. Aufl. 1996, S. 157ff., 233ff.; *Hommelhoff,* a.a.O., S. 76ff.; *Uwe H. Schneider,* BB 1981, 253; vgl. auch bereits *Albers-Schönberg,* Haftungsverhältnisse im Konzern, Zürich 1980, S. 75ff.

29 Dazu *Uwe H. Schneider,* BB 1981, 256f.

30 Vgl. die Besprechungen von *Emmerich,* NJW 1983, 269f.; *Kropff,* ZGR 1984, 112; *Rehbinder,* ZHR 147 (1983), 464; *Rittner,* AcP 183 (1983), 295.

31 *Hommellhoff,* a.a.O., S. 76ff., 104, 419; für die GmbH S. 236ff.

32 *Hommelhoff,* a.a.O., S. 191.

33 Vgl. *Karsten Schmidt,* in: Festschrift Lutter, 2000, S. 1175ff.; zum Aufsichtsrat *Semler,* Die Überwachungsaufgabe des Aufsichtsrats, 2. Aufl. 1980, S. 104ff.; zur Hauptversammlung *Zeidler,* NZG 1998, 91.

34 *Hommelhoff,* a.a.O., S. 81ff.; krit. *Rehbinder,* ZHR 147 (1983), 472.

gesellschaften hinausgreifendes *Gebilde eigener Rechtsform* erscheinen, das wie eine Gesellschaft gegründet, umgewandelt und liquidiert werden kann[35]. Für konsolidierte, gezielt organisierte Konzernorganisationen kann diese Betrachtung durchaus der Wirklichkeit entsprechen.

b) Ungeachtet dieser Zusammenhänge sind die gesetzlichen Konzernrechtsregeln nicht auf das verfaßte Konzernunternehmen beschränkt und recht eigentlich auch nicht auf das Konzernganze bezogen. Es ist keine Schwäche, sondern umgekehrt gerade die Stärke des gesetzlichen Aktienrechts, daß es sich nicht dem Konzern als einer verfaßten Einheit zuwendet, sondern sich den konzernverbundenen Rechtsträgern (den »verbundenen« Unternehmen) als einzelnen zuwendet und dem Einfluß der Unternehmensverbindung auf die einzelnen Konzernmitglieder nachgeht[36]. Insofern sind die hauptsächlichen Regelungsprobleme des Konzernrechts
- Legitimationsprobleme,
- Zurechnungsprobleme und
- Haftungsprobleme.

aa) Das *Legitimationsanliegen* des Konzernrechts erstreckt sich auf
- die Herstellung,
- die Ausübung und
- die Beendigung konzernrechtlicher Herrschaftsmacht.

bb) Die *Zurechnungsfragen* im Recht der verbundenen Unternehmen hängen mit dem unter § 9 besprochenen Durchgriffsproblem[37] zusammen. Beispielsweise kann der Gesetzgeber den Aktienerwerb durch ein abhängiges Unternehmen dem Erwerb eigener Aktien durch die herrschende Aktiengesellschaft gleichstellen, diesen Aktienerwerb also den beschränkenden Regeln über den Erwerb eigener Aktien unterwerfen (§ 71 d S. 2 AktG), oder er kann bei den Mitteilungspflichten die von einer Mutter- und Tochtergesellschaft gehaltenen Aktien zusammenrechnen. Auch außerhalb des Aktiengesetzes wirft eine Unternehmensverbindung zahlreiche Zurechnungsprobleme auf.

Beispiel Nr. 3: Ist der einer Gesellschaft von einem abhängigen Unternehmen gewährte Kredit als Gesellschafterdarlehen anzusehen (vgl. § 32a III 1 GmbHG)? Wie verhält es sich, wenn umgekehrt ein Aktionär der Muttergesellschaft der Tochtergesellschaft, an welcher er nicht direkt beteiligt ist, einen Kredit gibt (dazu unten, § 37 IV 3a sowie *Karollus*, in: Festschrift Claussen, 1997, S. 199)?

Beispiel Nr. 4: Kann eine Tochtergesellschaft Sachen nach § 932 BGB gutgläubig erwerben, wenn ihr eigener Geschäftsführer gutgläubig, der Vorstand des herrschenden Unternehmens aber bösgläubig ist (vgl. *Schüler*, a.a.O.; *Drexl*, ZHR (1997), 491 ff.; vgl. zur Wissenszurechnung im allgemeinen oben unter § 10 V)?

---

35 Vgl. nur *Theisen*, a.a.O.; *Lutter*, in: Druey, a.a.O., S. 225 ff.

36 Eingehend *Karsten Schmidt*, in: Festschrift Lutter, 2000, S. 1167 ff.; *ders.*, in: Festschrift Druey, a.a.O.

37 Vgl. nur *Schüler*, Wissenszurechnung im Konzern, 2000; *Bork*, ZGR 1994, 237; *Drexl*, ZHR 161 (1997), 491 ff.

cc) Die *Haftungsprobleme* im Konzern sind vielgestaltig und werden im Recht der Kapitalgesellschaften mehrfach zur Sprache kommen (oben, § 9 IV 3; unten, §§ 18 V 3, 39 III). Vorerst sei nur auf die Spezialregeln über die Haftung herrschender Unternehmen nach §§ 302, 317 AktG hingewiesen.

dd) Hinzu kommen spezifische *Probleme der Konzernfinanzierung*, beispielsweise der Kapitalsicherung im Konzern, weil Liquiditätsflüsse unter verbundenen Unternehmen anders bewertet werden müssen als die Kapitalversorgung in einer selbständigen Gesellschaft (zur Konzernfinanzierung vgl. unten, § 18 V)[38]. Aber auch *Abwicklungs- und Insolvenzprobleme* stellen sich im Konzernrecht anders dar als im Fall eines autonomen Gesellschaftsunternehmens[39].

ee) Auch ein besonderes *Konzernarbeitsrecht* hat sich herausgebildet, und zwar sowohl im Kollektivarbeitsrecht (z.B. hinsichtlich der Zusammenrechnung von Arbeitnehmern verbundener Unternehmen) als auch im Individualarbeitsrecht (z.B. beim Kündigungsschutz)[40].

c) Als Kernbegriff, der aus dem allgemeinen Recht in das Sondergebiet des Konzernrechts führt, gilt *der konzernrechtliche Unternehmensbegriff*. Einen allgemeinen, für alle Rechtsgebiete geltenden Unternehmensbegriff kennt unser Recht nun allerdings nicht (vgl. Handelsrecht, § 4 I), und auch die Suche nach »dem« konzernrechtlichen Unternehmensbegriff führt leicht in die Irre[41]. Da die herrschende Meinung die Begriffe »Unternehmen« und »Abhängigkeit« zu Einstiegsbegriffen des Konzerngesellschaftsrechts hochstilisiert, machen Gerichte und Autoren sich geradezu fieberhaft auf die Suche nach »herrschenden Unternehmen«, um sich Zugang zu Konzernrechtsregeln verschaffen zu können (dazu auch unter II 3b). Da die im Aktiengesetz geregelten Konzernrechtsvorschriften nicht vom Modell der Konzernorganisation, sondern vom Schutzrechtskonzept geprägt sind (oben unter II 1b), wird auch der Unternehmensbegriff schutzrechtsbezogen gedacht[42]: Maßgeblich für den Unternehmensbegriff ist für die h.M. die vom Unternehmen aufgrund seiner Eigeninteressen ausgehende »Konzerngefahr«. Nach der ganz herrschenden Auffassung kann »Unternehmen« i.S. des Konzernrechts nicht nur der Träger eines eigenen Unternehmens (Handelsgesellschaft, Einzelkaufmann usw.) sein, sondern jede Rechtsperson, die ihre wirtschaftlichen Interessen nicht nur in dieser Gesellschaft, sondern auch in anderen Gesellschaften maßgeblich verfolgen kann (*BGHZ* 69, 334, 337;

38 Vgl. *Cahn*, Kapitalerhaltung im Konzern, 1998; *Eichholz*, Das Recht konzerninterner Darlehen, 1993; *Kühbacher*, Darlehen an Konzernunternehmen, 1993; *Bayer*, in: Festschrift Lutter, 2000, S. 1011; *Peltzer*, GmbHR 1995, 15; *Schön*, ZHR 159 (1995), 351.

39 Vgl. *Ehricke*, Das abhängige Konzernunternehmen in der Insolvenz, 1998; *Scheel*, Konzerninsolvenzrecht, 1995.

40 Dazu etwa *Abbo Junker*, Internationales Arbeitsrecht im Konzern, 1992; *Richter*, Der mitbestimmte Aktiengesellschaftskonzern, 1983; *Windbichler*, Arbeitsrecht im Konzern, 1989; *Konzen*, ZHR 151 (1987), 566.

41 Näher *Karsten Schmidt*, AG 1994, 190f.; vgl. auch *dens.*, NJW 2001, 3578.

42 Dazu *Karsten Schmidt*, in: Festschrift Lutter, a.a.O., S. 1179ff.; vgl. demgegenüber *Mülbert*, ZHR 163 (1999), 20ff.

95, 330, 337; *BGH*, NJW 1994, 446 m.Anm. *Karsten Schmidt*; *BAG*, AG 1996, 369 = ZIP 1996, 969). Nach dem Beschluß »VW/Niedersachsen« (*BGHZ* 135, 107 = NJW 1997, 1855) ist der eine Gesellschaft beherrschende Staat aufgrund seiner angeblichen Gefährlichkeit sogar ausnahmslos herrschendes »Unternehmen« (dazu unten, § 31 II 1). Die für Konzernsachverhalte typische Gefährdung der Autonomie besteht auch in diesen Fällen (vgl. insoweit auch unten, § 31 II 1). Aber zu den Kernproblemen des Konzernrechts gehört das richtige Verhältnis zwischen konzernrechtlichen Sonderregeln und den allgemeinen Regeln des Verbandsrechts.

Beispiel Nr. 5: G, der Mehrheitsgesellschafter und Geschäftsführer einer GmbH, richtet diese Gesellschaft durch schlechte Geschäftsführung und verantwortungslosen Kapitalentzug zugrunde. Er haftet hierfür nicht nur als Geschäftsführer (§ 43 GmbHG), sondern er unterliegt auch einer Verschuldenshaftung aus dem mitgliedschaftlichen Sonderrechtsverhältnis (dazu unten, § 19 III) zwischen ihm und der Gesellschaft (unten, § 37 III 7). Ist G an mehreren Gesellschaften in gleicher Weise beteiligt, so bleibt es bei dieser Verschuldenshaftung. Die h.M. würde jetzt erleichtert feststellen, daß sie den G, weil er mehr als eine Gesellschaft beherrscht, zum herrschenden »Unternehmen« erklären und einer »Konzernhaftung« unterwerfen kann, deren Voraussetzungen und Folgen wiederum umstritten sind (eingehend unten, § 39 III 3, 4). Inwieweit diese Haftung wirklich ein konzernrechtliches Spezifikum ist und sich von der allgemeinen Verantwortlichkeit des herrschenden Gesellschafters unterscheidet, ist noch immer nicht ausdiskutiert (beachtlich jetzt *BGHZ* 149, 10 = NJW 2001, 3622 »Bremer Vulkan« und dazu sogleich unter II 2c).

2. Positives Recht versus Prinzipienbildung?

a) Charakteristisch für das deutsche Konzernrecht ist seine ausführliche *Regelung im Aktiengesetz* (§§ 15ff., 291ff.) bei gleichzeitiger *Enthaltsamkeit anderer Gesetze.* Diese Disparität hat unverkennbar damit zu tun, daß die Aktiengesellschaft in Deutschland traditionell die Rechtsform für Großunternehmen war und daß das Konzernphänomen bei diesen als erstes erkannt und als regelungsbedürftig empfunden wurde. Die im Aktiengesetz enthaltenen Sondervorschriften über verbundene Unternehmen sind Legion. Ihnen stehen Definitionsnormen gegenüber, die als Bestandteil des allgemeinen Konzernrechts gelten (§§ 15–19 AktG). Es wäre aber unrichtig, wollte man einen einfachen Gegensatz zwischen dem »geregelten« Aktienkonzernrecht und dem »ungeregelten« Konzernrecht anderer Rechtsformen bilden. Weite Teile des Rechts der verbundenen Unternehmen erschließen sich nämlich nur als Gegenstände der allgemeinen gesellschaftsrechtlichen Institutionenbildung, während das Aktiengesetz außerhalb der §§ 291–318 AktG doch nur Detailregelungen bereithält.

b) So ist beispielsweise die Wissenszurechnung im Konzern (dazu schon unter II 1b bb) Gegenstand organisationsrechtlichen Zurechnungsüberlegungen im Rahmen der organisationsrechtlichen Wissenszurechnung (oben,

§ 10 V). Auch die vermehrt diskutierte »Haftung aus Konzernvertrauen«[43] ist auf der Basis allgemeinen Privatrechts zu diskutieren:

Beispiel Nr. 6 (in Anlehnung an *BGE* 120 II 331; Nachweise dazu bei *Druey*, in: Festschrift Lutter, 2000, 1069; *Fleischer*, ZHR 163 (1999), 464): In dem »Swissair«-Fall hatte das *Schweizerische Bundesgericht* darüber zu entscheiden, ob die *Swissair-AG* als herrschendes Unternehmen für die Schulden einer gescheiterten Enkel-Gesellschaft zu haften hatte. Diese Enkel-Gesellschaft hatte nicht nur im Einvernehmen mit der *Swissair-AG* deren Logo in der Fußzeile ihrer Briefe präsentiert, sondern auch in Werbebroschüren damit geworben, daß *Swissair* »dahinter« stehe. Ein Gläubiger der Enkel-Gesellschaft hatte die *Swissair-AG* verklagt, und das *Schweizerische Bundesgericht* hielt einen Anspruch aus erwecktem »Konzernvertrauen« für möglich, worauf die Sache verglichen wurde. Es versteht sich, daß eine solche Vertrauenshaftung nicht viel mit speziellem Konzerngesellschaftsrecht zu tun hat, sondern nur auf allgemeine Vertrauensschutzüberlegungen im Privatrecht gestützt werden kann.

Aber nicht nur hier gilt es, sich auf *allgemeine Lehren* zu besinnen. Ganze Bereiche des Konzernhaftungsrechts lassen sich aus allgemeinen Treupflichtüberlegungen ableiten und auf dieser Basis kasuistisch fortentwickeln[44]. Daran ist immer wieder zu erinnern, bevor das Konzernrecht gar zu eigengesetzlich ins Kraut schießt, wie dies lange Zeit im GmbH-Konzernrecht der Fall war (dazu unten, § 39 III 4). Blickt man etwa auf das ITT-Urteil *BGHZ* 65, 15 = BB 1975, 1450 m.Anm. *Schilling* = JZ 1975, 408 m.Anm. *Wiedemann* = NJW 1976, 191 m.Anm. *Ulmer*, so stellt man fest, daß darin vom großen »Konzernrecht« kein Wort erwähnt und doch Grundlagenarbeit für die Pflichten im GmbH-Konzern geleistet wurde. Das »Bremer Vulkan«-Urteil *BGHZ* 149, 10 = NJW 2001, 3622 zeigt, daß endlich auch der Bundesgerichtshof eine Rückbesinnung auf das allgemeine Verbandsrecht einleitet: Die Haftung einer Muttergesellschaft für existentielle Schädigungen ihrer Tochter muß nicht um jeden Preis konzernrechtlich begründbar sein (vgl. unten, § 39 III 4)[45].

3. Konzernrecht und allgemeines Privatrecht: der »konzernrechtliche Unternehmensbegriff« als Bestandteil unausgereifter Begriffsjurisprudenz

a) Mit dem soeben Gesagten hängt eine dem Konzernrecht innewohnende *Unsicherheit* zusammen: Wieviel davon ist spezielles Konzerngesellschaftsrecht, wieviel allgemeines Privatrecht und wieviel allgemeines Gesellschaftsrecht? Die Grundprobleme der Zurechnung und die bei § 9 behandelten Durchgriffsprobleme können getrost dem allgemeinen Zivilrecht – im Grunde sogar dessen Allgemeinem Teil – zugeordnet werden[46]. Dasselbe gilt für

43 Dazu *Druey*, in: Festschrift Lutter, 2000, S. 1064; *Fleischer*, ZHR 163 (1999), 461; *Lutter*, in: Gedächtnisschrift Knobbe-Keuk, 1997, S. 229.
44 Vgl. auch *Tröger*, a.a.O.; *Zöllner*, ZHR 162 (1998), 234ff.
45 Dazu *Karsten Schmidt*, AG 1994, 189.
46 *BGHZ* 149, 10 = NJW 2001, 3622 = ZIP 2001, 1874; dazu *Altmeppen*, ZIP 2001, 1837; *Karsten Schmidt*, NJW 2001, 3577.

das sogenannte Konzernaußenrecht[47]. Treupflichten, Organisations- und Haftungsfragen im Innenverhältnis sind demgegenüber schon spezifisch gesellschaftsrechtlicher Art, aber es fragt sich noch immer, ob nicht eine dem allgemeinen Gesellschaftsrecht zugeordnete Kasuistik der Entwicklung eines allgemeinen Konzernrechts bessere Dienste erwiesen hätte als dessen Hypostasierung zu einer Rechtsmaterie sui generis[48]. Das Konzernrecht hat seinen Platz in der Gesamtrechtsordnung noch nicht endgültig gefunden, weil eben das Schlagwort »Konzernrecht« nur Problemgruppen, nicht aber ein gesichertes Konzept beschreibt.

b) Der »konzernrechtliche Unternehmensbegriff« ist ein charakteristischer Ausdruck für die verfrühte *Selbstherrlichkeit des Konzernrechts als Sondermaterie:* Der Aktiengesetzgeber hat das Aktienkonzernrecht als ein Recht der »verbundenen Unternehmen« geregelt (§§ 15ff. AktG) und zwingt die Rechtspraxis Mal für Mal, sich bei der Anwendung aktienkonzernrechtlicher Normen mit dem Unternehmensbegriff als Baustein des Konzernrechts herumzuschlagen (vgl. schon unter II 1c). Die herrschende Auffassung hat deshalb den »Unternehmensbegriff« zur Eingangspforte in das Konzernrecht als Rechtsmaterie sui generis erklärt und definiert ihn ganz unter dem Eindruck der von einem »Unternehmen« ausgehenden »Konzerngefahr« (dazu unten, § 31 II 1)[49]. Vom »Unternehmensbegriff« soll es also abhängen, ob sich eine mehrheitlich beherrschte Gesellschaft in ihrem Normalstatus oder in einer ganz eigenartigen Rechtswelt wiederfindet. Der »Unternehmensbegriff« wird zur Schaltstelle, an der die Frage entschieden wird: Konzernrechtsfall ja oder nein?[50] Der Entwicklung der für die Autonomie und Abhängigkeit von Gesellschaften und für Rechtsregeln in Gesellschaftsgruppen hat dies nicht eben gut getan[51]. Der bereits angedeutete Richtungswechsel durch das »Bremer Vulkan«-Urteil *BGHZ* 149, 10 = NJW 2001, 3622 war deshalb überfällig und verspricht eine Rückbesinnung auf die aus allgemeinem Gesellschaftsrecht resultierenden Pflichten eines herrschenden Gesellschafters: »Der Schutz einer abhängigen GmbH gegen Eingriffe ihres Alleingesellschafters folgt nicht dem Haftungssystem des Konzernrechts des Aktienrechts (§§ 291ff., 311ff. AktG), sondern ist auf die Erhaltung ihres Stammkapitals und die Gewährleistung ihres Bestandschutzes beschränkt, der eine angemessene Rücksichtnahme auf die Eigenbelange der GmbH einfordert. An einer solchen Rücksichtnahme fehlt es, wenn die GmbH infolge der Eingriffe ihres Aktiengesellschafters ihren Verbindlichkeiten nicht mehr nachkommen kann.«

---

47 Vgl. *Rehbinder*, Konzernaußenrecht und allgemeines Privatrecht, 1972.
48 Vgl. *Zöllner*, ZHR 162 (1998), 235ff.
49 *BGHZ* 69, 334, 336; 80, 68, 72; 95, 330, 337; 135, 107, 113; dazu *Karsten Schmidt*, in Festschrift Lutter, a.a.O., S. 1179ff.
50 Krit. *Karsten Schmidt*, NJW 2001, 3579.
51 Methodenkritik bei *Karsten Schmidt*, AG 1994, 189ff.; vgl. auch *Bitter*, a.a.O., S. 38ff.; *Ziemons*, Die Haftung der Gesellschafter für Einflußnahmen ..., 1996, S. 116ff.

4. Konzerngesellschaftsrecht und Kapitalmarktrecht

Auch das Verhältnis zum Kapitalmarktrecht bedarf wachsamer Abgrenzung (vgl. bereits oben, § 1 II 3), womit sich erweist: Das Konzernrecht muß nicht nur zum allgemeinen Verbandsrecht in Beziehung gesetzt werden, sondern auch zu Spezialmaterien, für welche das deutsche Gesellschaftsrecht lange blind gewesen ist.

a) Charakteristisch ist das *Verhältnis zwischen § 20 AktG und § 21 WpHG*: Die konzernrechtliche Mitteilungspflicht über einen Anteilsbesitz von über ¼ der Aktien nach § 20 AktG gilt nur für die nicht börsennotierte Gesellschaft. Diese Einschränkung ergibt sich aus dem 1998 hinzugefügten § 20 VIII AktG[52]. Für börsennotierte Gesellschaften gelten seither ausschließlich die kapitalmarktrechtlichen Bestimmungen der §§ 20ff. WpHG. Diese klare Trennung vermeidet Unstimmigkeiten und Doppelverpflichtungen (vgl. auch unten, § 31 II 2).

b) Keine Ersetzung, wohl aber eine Entlastung des Konzerngesellschaftsrechts ist bei der *Konzerneingangskontrolle* zu konstatieren. Diese ist konzerngesellschaftsrechtlich vor allem ein Problem des Gesellschafterschutzes, insbesondere des Minderheitenschutzes in den beteiligten Gesellschaften, z.B. in Gestalt von qualifizierten Mehrheitserfordernissen, Abfindungsansprüchen und Abwehrrechten gegen unzulässige Konzernierungsmaßnahmen (eingehend unten, § 21 V, § 39 III 3d, § 43 III 3a)[53]. Daneben begründet aber das kapitalmarktrechtliche Übernahmerecht Transparenzgebote und Verhaltenspflichten, die von der Geltung konzerngesellschaftsrechtlicher Regeln unabhängig sind[54]. Das Kapitalmarktrecht entlastet die Rechtspolitik von Aufgaben, die in der Vergangenheit ganz dem Organisationsrecht der Kapitalgesellschaften, insbesondere dem Aktienkonzernrecht, aufgebürdet wurden (vgl. zum Verhältnis von Aktien- und Kapitalmarktrecht unten, § 26 II 3). Es wird also zu entscheiden sein, wieviel an vermeintlichen Konzernrechtsproblemen noch mit den Mitteln des gesellschaftsrechtlichen Organisationsrechts gelöst werden soll.

---

52 Art. 15 Nr. 1 des Finanzmarktförderungsgesetzes v. 24.3.1998 (BGBl. I S. 529, 567).

53 Dazu *Binnewies*, Die Konzerneingangskontrolle in der abhängigen Gesellschaft, 1996; *Eckert*, Konzerneingangsschutz im Aktienkonzernrecht ..., 1998; *Zöllner*, in: Festschrift Kropff, 1998, S. 333.

54 Vgl. nur *Herkenroth*, Konzernierungsprozesse im Schnittfeld von Konzernrecht und Übernahmerecht, 1994; *Martin Wolf*, AG 1998, 212.

III. Das vom Aktiengesetz vorgeprägte System des deutschen Konzerngesellschaftsrechts*

Nach den soeben angestellten Betrachtungen ist es verfehlt, aus dem Aktiengesetz »das System des Konzernrechts« ablesen zu wollen. Konzernrecht ist vielmehr Bestandteil der zum Programm dieses Buchs erhobenen Institutionenbildung. Gleichwohl stehen Terminologie und Tradition des deutschen Konzernrechts bis heute unter dem Einfluß des Aktiengesetzes und seiner systembildenden Kraft. Vor allem ist das Konzernrecht Verbandsrecht geblieben: Nicht jede Variante von Unternehmensverflechtungen ist dem Konzernrecht unterworfen – vor allem nicht die wirtschaftlich-existentielle Abhängigkeit eines Unternehmens von einem anderen (vgl. unten, § 39 II 3)[55] –, vielmehr löst nur die organisationsrechtliche Verflechtung von Verbänden spezifische Konzernrechtsprobleme aus. Anders gewendet heißt das: Nur organisationsrechtliche Machtverhältnisse lassen sich konzernrechtlich lösen. Marktmacht ist ein Thema für das Kartellrecht.

1. Konzernherrschaft auf »vertraglicher« oder tatsächlicher Grundlage

a) *Konzernherrschaft* ist ein Problem der organisatorischen Verflechtung von Gesellschaften und letztlich ein Problem des Hineinregierens der einen Gesellschaft in die andere. Zugrunde liegt in aller Regel die *Mehrheitsbeteiligung* einer Handelsgesellschaft (oder einer Unternehmensgruppe) an einer anderen Handelsgesellschaft. Ein Problem besteht darin, ob das Vorhandensein solcher Beherrschungsmöglichkeit auch schon die Herrschaftsmacht legitimiert oder ob hierfür eine zusätzliche Organisationsbasis geschaffen werden muß. Diese Organisationsbasis kann nach dem Aktiengesetz ein *Unternehmensvertrag* – insbesondere ein Beherrschungsvertrag – sein (vgl. § 291 AktG). Üblicherweise wird deshalb zwischen zwei verschiedenen Konzernmodellen unterschieden: dem »Vertragskonzern« und dem »faktischen Konzern«. Man muß sich aber darüber klar sein, daß nicht jede vertragliche Begründung von Konzernherrschaft, sondern nur der Abschluß eines besonderen Organisationsvertrags, eben des Unternehmensvertrags, einen Vertragskonzern begründen kann. Der Begriff des »Vertrags«-Konzerns ist im Grunde irreführend, und der Gegenbegriff des »faktischen Konzerns« ist es auch[56]. Nicht irgendein Vertrag, sondern nur eine materielle

* Literatur: *Druey*, Gutachten, in: Verhandlungen des 59. DJT, Bd. I, 1992, S. H 1ff.; *Mülbert*, Aktiengesellschaft, Unternehmensgruppe und Kapitalmarkt, 1995; *Karsten Schmidt*, Konzernunternehmen, Unternehmensgruppe und Konzern-Rechtsverhältnis, in: Festschrift Lutter, 2000, S. 1167; *ders.*, Was ist, was will und was kann das Konzernrecht des Aktiengesetzes?, in: Festschrift Druey, 2002, S. 551.

55 *Martens*, Die existentielle Wirtschaftsabhängigkeit, 1979, S. 54ff.; *Koppensteiner*, in: Festschrift Stimpel, 1985, S. 811; *Köhler*, NJW 1978, 2473ff.; *Ulmer*, ZGR 1978, 457; *Karsten Schmidt*, ZGR 1980, 284f.; a.M. *Bayreuther*, Wirtschaftlich-existenziell abhängige Unternehmen ..., 2001, S. 76ff.; *Dierdorf*, Herrschaft und Abhängigkeit einer AG ..., 1978, S. 152ff.; *Horst S. Werner*, Der aktienrechtliche Abhängigkeitstatbestand, 1979, S. 140ff.

56 Vgl. *Zöllner*, ZHR 162 (1998), 241.

Satzungsänderung, die das Aktiengesetz als Zustimmung zu einem »Unternehmensvertrag« konstruiert[57], vermag den »Vertragskonzern« zu konstituieren (vgl. auch zum GmbH-Recht unten, § 39 II), und deshalb kann eine durch Vertragsabreden begründete Abhängigkeit, wenn sie keine Konzernverfassung begründet, im konzernrechtlichen Sinne durchaus eine »faktische« sein. Den Unterschied erkennt man im Fall »Gervais-Danone«:

Beispiel Nr. 7 (nach BGH, AG 1980, 47 = JuS 1980, 152 m. Anm. *Karsten Schmidt*; dazu eingehend *Raiser*, ZGR 1980, 558; *Uwe H. Schneider*, ZGR 1980, 511): Die M-oHG, betrieben von den Eheleuten M, war notleidend geworden. Die oHG stand mit der G-AG in Geschäftsbeziehungen. Zur Sanierung unterwarfen sich zunächst die oHG und ihre Gesellschafter der Betriebsüberwachung durch die G-AG, die dafür ihre Bereitschaft zum Eintritt in die Gesellschaft erklärte und Kredite stundete. Sodann gründeten die Beteiligten eine GmbH und wandelten die oHG unter Beteiligung der G-AG in eine GmbH & Co. KG um. Schließlich wurde beschlossen, den Betrieb der GmbH & Co. KG organisatorisch so in den Bereich der G-AG einzugliedern, »als ob es sich im Innenverhältnis um ein Werk der G-AG handeln würde«. Die G-AG stellte einen Betriebsleiter ab, der die Leitung des Gesamtbetriebs übernahm. Später kündigte die G-AG ihre Kommanditbeteiligung und zog die Kredite zurück. Damit war die GmbH & Co. KG ruiniert.

Hier war die Abhängigkeit der Personengesellschaft von der AG durch einen Vertrag hergestellt worden, den der *BGH* als »Beherrschungsvertrag« bezeichnete. Aber der Vertrag war als lediglich schuldrechtliche Vereinbarung geschlossen und erfüllte nicht die Voraussetzungen eines Unternehmensvertrags. Deshalb lag eine »faktische« Abhängigkeit vor, nicht ein Vertragskonzern[58].

b) Eine rechtspolitische Grundfrage des Konzernrechts ist die, ob das Konzernrecht bei der *Tatsache der Beherrschung* oder beim *Beherrschungsvertrag* ansetzen soll[59]. *Schilling* hat die widerstreitenden Modelle mit den Worten »Vertragsprinzip« und »Faktizitätsprinzip« gekennzeichnet. Das Problem wird oft in die Formel gekleidet, ob der faktische Konzern – oder der qualifizierte faktische Konzern – »verboten« ist[60]. Man darf dieses »Verbot« nicht mißverstehen[61]: Es geht um ein Legitimationsanliegen, und dieses besteht im wesentlichen in der Frage, ob der faktische Konzern als Instrument *legaler* Unternehmensbeherrschung ausgestaltet werden soll oder ob legale Unternehmensbeherrschung einen Unternehmensvertrag voraussetzt; ein »Verbot« faktischer Konzernherrschaft kann also nur als unmittelbarer oder mittelbarer Zwang aus der faktischen Konzernherrschaft in den Unternehmensvertrag begriffen werden.

Der *Unterschied der rechtspolitischen Ansätze* ist am besten an den Extrempositionen ablesbar. *Hans Würdinger*, ein Wegbereiter des modernen Kon-

57 Vgl. *Karsten Schmidt*, in: Festschrift Druey, a.a.O., S. 551ff.

58 Vgl. nur *Schießl*, Die beherrschte Personengesellschaft, 1985, S. 85; *Uwe H. Schneider*, ZGR 1980, 520f.; a.M. *Raiser*, ZGR 1980, 561; *Stimpel*, in: Probleme des Konzernrechts, a.a.O., S. 14f.

59 Vgl. grundlegend *Schilling*, in: Festschrift Hefermehl, 1976, S. 391; *ders.*, ZHR 140 (1976), 532; s. auch *Immenga*, ZGR 1978, 270.

60 Grundlegend *Mestmäcker*, in: Festschrift Kronstein, a.a.O., S. 139ff.; vgl. seither etwa *Paehler*, Die Zulässigkeit des faktischen Konzerns, 1972, S. 156ff.

61 Vgl. zum folgenden schon *Karsten Schmidt*, ZGR 1981, 457f.

zernrechts, hat mit größter Entschiedenheit auf dem Vertragsprinzip bestanden[62]. Nach seiner Auffassung sollte allein der Abschluß eines Beherrschungsvertrags Einflußnahmen auf abhängige Unternehmen legalisieren. Dieses Konzept hat sich vor allem auf europäischer Ebene nicht durchgesetzt. Die von 1975 stammenden, durch die Verordnung von 2001 überholten Fassungen des *Verordnungsvorschlags über das Statut für Europäische Aktiengesellschaften* und des Vorentwurfs einer EG-Konzernrechtsrichtlinie knüpften den Konzerntatbestand noch schlicht an die einheitliche Leitungsmacht des herrschenden Unternehmens[63]. Heute zeichnen sich Relativierungen ab[64]. *Das geltende deutsche Aktienkonzernrecht* stellt den faktischen Konzern neben – redaktionell sogar hinter – den Vertragskonzern (eingehend unten, § 31 II 4a, III, IV). Es hat, weil es den Vertragskonzern in den Vordergrund stellt, Mißverständnisse ausgelöst: Das eine Mißverständnis besteht darin, daß Deutschland vor allem im Ausland als das Recht der Vertragskonzerne gilt[65], was nicht einmal fasch ist, aber rein steuerrechtliche Gründe hat: Der Beherrschungs- und Ergebnisabführungsvertrag ist Organschaftsvertrag i.S. von §§ 14ff. KStG und erlaubt die Gewinn-und-Verlust-Zurechnung beim herrschenden Unternehmen. In gesellschaftsrechtlicher Hinsicht stellt das Recht des Vertragskonzerns Legitimationsinstrumente für die Beherrschung von Kapitalgesellschaften zur Verfügung, bringt aber kein Verbot faktischer Konzernherrschaft zum Ausdruck. Das andere Mißverständnis besteht darin, daß der Gesetzgeber an den Schwierigkeiten des faktischen Konzerns gescheitert ist, während es sich richtigerweise von selbst versteht, daß ein anhaltender Diskussions- und Rechtsfortbildungsbedarf bleibt, wo es an legitimierenden Unternehmensverträgen fehlt. Das Recht des Vertragskonzerns war für den Aktiengesetzgeber Handwerksarbeit im Vergleich mit dem Wagnis, auch die faktische Abhängigkeit einer Gesellschaft in den Griff zu bekommen (dazu unten, § 31 IV).

c) *Unternehmensverträge* sind konzernrechtliche Organisationsverträge (unten, § 31 III 1a). Nicht jeder Unternehmensvertrag führt zu regelrechter Abhängigkeit einer Gesellschaft, aber jeder ist ein bedeutsamer Eingriff in die Unternehmensautonomie. Unternehmensverträge sind nach §§ 291f. AktG
- der Beherrschungsvertrag, durch den sich eine abhängige Gesellschaft der Leitung durch eine Obergesellschaft unterstellt,
- der Gewinnabführungsvertrag, durch den sich die Gesellschaft zur Abführung ihres ganzen Gewinns verpflichtet,
- der Gewinngemeinschaftsvertrag, der Teilgewinnabführungsvertrag, der Betriebspachtvertrag oder der Betriebsüberlassungsvertrag.

62 *Würdinger*, DB 1973, 47f. und öfter.

63 Art. 223 des geänderten Verordnungsvorschlags v. 30.4.1975, in: *Lutter,* Europäisches Gesellschaftsrecht, 2. Aufl. 1984, S. 363ff., 414f.; dazu eingehend *Geßler,* in: Lutter (Hrsg.), Die Europäische Aktiengesellschaft, 1976 (= 2. Aufl. 1978), S. 275.

64 Vgl. Art. 114 des Statuts der Europäischen Aktiengesellschaft 1989 (EG-Bulletin, Beil. 5/89); Vorschlag einer 9. (Konzern-)Richtlinie, ZGR 1985, 446; dazu *Lutter,* Europäisches Unternehmensrecht, 4. Aufl. 1996, S. 239ff.; Forum Europaeum Konzernrecht, ZGR 1998, 672ff.

65 Vgl. die Analyse von *Druey*, a.a.O., S. H 31, 36.

d) Nicht besonders geregelt und in den Einzelheiten umstritten ist der *Fall des Betriebsführungsvertrags*[66]. Die Besonderheit des Betriebsführungsvertrags besteht darin, daß die unternehmenstragende Gesellschaft einem Drittunternehmen die Führung ihres Unternehmens auf ihre Rechnung und meist auch in ihrem Namen überläßt (vgl. auch unter II 4). Im letzten Fall bleibt die Eigentümergesellschaft Trägerin des – ja weiter in ihrem Namen betriebenen – Unternehmens (sog. echter Betriebsführungsvertrag)[67]. Handelt der Betriebsführer im eigenen Namen (sog. unechter Betriebsführungsvertrag), so führt er das Unternehmen doch immer noch als Treuhänder für Rechnung der Eigentümergesellschaft, kann deshalb Aufwendungsersatz verlangen (vgl. §§ 675, 670 BGB), behält aber auch nicht den Gewinn (vgl. §§ 675, 667 BGB). Dieses Handeln für Rechnung der Eigentümergesellschaft unterscheidet den Betriebsführungsvertrag vom Betriebsüberlassungsvertrag nach § 292 I Nr. 3 AktG[68]. Der Betriebsführer muß Weisungen der Eigentümergesellschaft befolgen. Soll er nach dem Betriebsführungsvertrag weisungsfrei handeln, so ist der Vertrag grundsätzlich frei kündbar[69], denn eine bindende Unterstellung der Eigentümergesellschaft unter die Leitungsmacht des Betriebsführers ist nur unter den für Beherrschungsverträge geltenden Voraussetzungen zulässig (vgl. auch unter II 5 sowie unten, § 31 III 1)[70].

Beispiel Nr. 8 (nach *BGH*, NJW 1982, 1817): Ein Hotelunternehmen wird durch Betriebsführungsvertrag in eine Hotelkette eingegliedert und Weisungen unterworfen. Es liegt auf der Hand, daß die Autonomie des Unternehmens durch einen solchen Vertrag gravierend beeinträchtigt wird. Die Praxis wird dem Betriebsführungsvertrag deshalb klare Grenzen ziehen müssen (vgl. zu diesem Fall auch oben, § 14 II 2b).

2. Einfache und qualifizierte Abhängigkeit

Unabhängig von der rechtlichen Grundlage der Konzernherrschaft ist *zu unterscheiden zwischen einfacher Abhängigkeit und qualifizierter Abhängigkeit*[71]. *Einfache Abhängigkeit* setzt nur voraus, daß ein herrschendes Unternehmen (oder eine Unternehmensgruppe) auf ein anderes Unternehmen unmittelbar oder mittelbar einen beherrschenden Einfluß ausüben kann (§ 17 I AktG). *Qualifizierte Abhängigkeit* liegt vor, wenn

- entweder ein Beherrschungsvertrag geschlossen oder eine Gesellschaft durch gesellschaftsrechtliche Regelung der Leitungsmacht eines herrschenden Unternehmens unterstellt worden ist (§ 291 AktG; vgl. dazu unten, § 31 III 2 a; zur GmbH und Personengesellschaft § 39 I 3, § 43 III 2)

66 Dazu besonders *Altmeppen*, in: MünchKommAktG 2. Aufl. 2000, § 292 Rdnr. 143; *Mestmäcker*, in: Festschrift Kronstein, a.a.O., S. 148ff.; *Veelken*, Der Betriebsführungsvertrag im deutschen und amerikanischen Aktien- und Konzernrecht, 1975; *Geßler*, in: Festschrift Hefermehl, 1976, S. 263ff.; *Huber*, ZHR 152 (1988), 1ff., 123ff.; *Weißmüller*, BB 2000, 1949.

67 *BGH*, NJW 1982, 1817 (»Holiday Inn«).

68 Vgl. *Krieger*, in: MünchHdb.AG, § 72 Rdnr. 41; *Huber*, ZHR 152 (1988), 3.

69 Vgl. *Huber*, ZHR 152 (1988), 19ff.

70 Vgl. *Geßler*, in: Festschrift Ballerstedt, 1975, S. 231ff.; *Huber*, ZHR 152 (1988), 135ff.

71 Vgl. *Karsten Schmidt*, ZGR 1982, 517; zust. *Ulmer*, AG 1986, 126f.

- oder das Eigeninteresse der abhängigen Gesellschaft infolge des vom herrschenden Unternehmen ausgeübten Einflusses so nachhaltig beeinträchtigt wird, wie dies bei Vorliegen eines Beherrschungsvertrags der Fall wäre (sog. »qualifizierter« oder »durchgeführter« faktischer Konzern; dazu unten, § 31 IV 4, § 39 I 3).

Bei diesen qualifizierten Formen der Abhängigkeit liegt ein rechtspolitischer Brennpunkt des Konzernrechts, denn im Fall der qualifizierten Abhängigkeit ist die Autonomie der abhängigen Gesellschaft in ihrem Kern berührt; von einer Gewährleistung »richtiger« Verbandswillensbildung (dazu oben, § 16 I 2) kann keine Rede mehr sein. Verständlicherweise wird gerade in diesen Fällen für eine Einheitsbetrachtung des Konzerns als eines Gesamtverbands plädiert, indessen zu Unrecht: Die miteinander verbundenen Gesellschaften bleiben als Rechtssubjekte selbständig. Die Gesellschafter sind durch Mehrheitserfordernisse und Abwehrrechte gegen die Herbeiführung qualifizierter Abhängigkeit ohne ihre Mitwirkung geschützt (unten, § 31 III 2). Außerdem führt die qualifizierte Abhängigkeit zu Zurechnungsfolgen und vor allem zu einer Verlustausgleichspflicht des herrschenden Unternehmens (oben, § 9 IV 3; unten, § 31 III 2 d, IV 4, § 39 III 3, 4). Diese unbarmherzige Konzernhaftung ist freilich im Ergebnis ebenso umstritten wie in der Begründung (Analogie zu § 302 AktG? Rechtsgedanke des § 670 BGB?). Regelmäßig wird eine Verschuldenshaftung auf Schadensersatz genügen, aber eine solche kann auch außerhalb des Konzernrechts begründet werden (vgl. unten, § 37 III 7). Die Haftung des herrschenden Unternehmens bei qualifizierter Abhängigkeit ist keine Verschuldenshaftung und geht nicht auf Schadensersatz. Sie beruht nicht auf rechtswidrigen Einzelmaßnahmen, sondern auf der qualifizierten Abhängigkeit als einem organisatorischen Zustand. Auf diese Weise werden rechtliche Vielheit der Konzernglieder und die faktische Einheit der Gruppe miteinander in Einklang gebracht: Eine als vollständige Einheit geführte Unternehmensgruppe wird zwar nicht zur Einheitsgesellschaft, ist aber bei der Risikoverteilung im Innenverhältnis wie eine solche zu behandeln (unten, § 31 III 2, IV, § 39 III 3, 4; str.).

3. Der Gleichordnungskonzern*

a) Konzernunternehmen können auch dadurch verbunden sein, daß sie, *ohne voneinander abhängig zu sein,* unter einheitlicher Leitung zusammengefaßt sind (§ 18 II AktG). Nach der Gesetzesbegründung[72] genügt es hierfür, »wenn die Konzernleitung die Geschäftspolitik der Konzerngesellschaften und sonstige grundsätzliche Fragen ihrer Geschäftsführung aufeinander

---

* Literatur: *Gromann,* Der Gleichordnungskonzern im Konzern- und Wettbewerbsrecht, 1979; *Keck*, Nationale und internationale Gleichordnungskonzerne, 1998; *Lutter/Drygala*, Grenzen der Personalverflechtung und Haftung im Gleichordnungskonzern, ZGR 1995, 557; *Milde*, Der Gleichordnungskonzern im Gesellschaftsrecht, 1996; *Karsten Schmidt,* Gleichordnung im Konzern: terra incognita? ZHR 155 (1991), 417; *ders.*, Konzentrationsprivileg und Gleichordnungs-Vertragskonzern, in: Festschrift Rittner, 1991, S. 561; *ders.*, Sternförmige GmbH & Co. KG und horizontaler Haftungsdurchgriff, in: Festschrift Wiedemann, 2002, S. 1199; *Wellkamp*, Der Gleichordnungskonzern – ein Konzern ohne Abhängigkeit? DB 1993, 2517.

72 *Kropff*, S. 33.

abstimmt. Diese Abstimmung setzt kein Weisungsrecht voraus. Sie kann sich vielmehr auch in der lockeren Form gemeinsamer Beratungen vollziehen oder aus einer personellen Verflechtung der Verwaltung ergeben. Eine gesetzliche Festlegung der an die einheitliche Leitung zu stellenden Anforderungen erscheint ... nicht möglich.« Im wesentlichen geht es um Fälle, bei denen die Konzernleitungsstelle keinen Unternehmenscharakter hat. Der Gleichordnungskonzern hat bisher vor allem im Kartellrecht eine Rolle gespielt[73]. Im Aktienrecht fehlen klare Regelungen. Auch sind Gesellschaftsrechtspraxis und -wissenschaft diesem Tatbestand durch Überdehnung des Unternehmensbegriffs ausgewichen (dazu vgl. oben unter I 2c), wodurch aus einem »Gleichordnungskonzern« regelmäßig ein »Unterordnungskonzern« wird. Der Tatbestand des Gleichordnungskonzerns wird deshalb weitgehend verdrängt. So bestand der berühmte »Autokranfall« *BGHZ* 95, 330 darin, daß eine natürliche Person als Alleingesellschafter sieben Gesellschaften mbH unterhielt (dazu auch unten, § 39 III 2b). In der Insolvenz der Gesellschaften ließ der *BGH* den Alleingesellschafter als herrschendes Unternehmen haften. Die von ihm begründete Verschuldenshaftung setzt indes nach richtiger Auffassung keine Unternehmensqualität voraus (dazu unten, § 39 I 2a). Die einzelnen Gesellschaften mbH waren durch Gleichordnung nach § 18 II AktG verbunden, aber dies tat der Haftung des sie beherrschenden Gesellschafters keinen Abbruch.

Die Entdeckung der Gleichordnungsverhältnisse unter Handelsgesellschaften als Haftungstatbestand wird erkennbar in unserem

Beispiel Nr. 9 (in Anlehnung an *BAG*, ZIP 1999, 723; dazu *Henssler*, ZGR 2000, 479; *Karsten Schmidt,* in: Festschrift Wiedemann, a. a. O.): Das Unternehmen eines Möbelherstellers war auf zwei GmbH & Co.-Kommanditgesellschaften aufgeteilt worden: die Möbelproduktions-GmbH & Co. und die Möbelvertriebs-GmbH & Co. Komplementärin beider Gesellschaften war die von den Gesellschaftern gegründete Verwaltungs-GmbH. In der Insolvenz der Möbelproduktions-GmbH & Co. stellte sich die Frage, ob für deren Verbindlichkeiten neben ihrer Komplementärin, der Verwaltungs-GmbH, auch die Möbelvertriebs-GmbH & Co. haftete. Das BAG hat dies bejaht und die Haftung als »Durchgriffshaftung« bei der »Betriebsaufspaltung« bezeichnet. Ergebnis und Begründung bereiten Kopfschmerzen (eingehend *Henssler* und *Karsten Schmidt,* a. a. O.). Ein Fall der Betriebsaufspaltung in Besitz- und Betriebsgesellschaft (oben, § 12 II 3d) liegt nicht vor, und für einen »Konzernhaftungstatbestand« scheint es an einem Mutter-Tochter-Verhältnis zu fehlen (*Henssler*, a. a. O., S. 492f.). Den richtigen Weg weist § 18 II AktG: Die beiden Gesellschaften waren Konzernschwestern, nämlich unter einheitlicher Leitung stehende Unternehmen. Die vom BAG befürwortete »Durchgriffshaftung« konnte allenfalls als »horizontaler Verlustausgleich« begründet werden, aber hierfür reicht die Leitung beider Gesellschaften durch dieselbe Komplementär-GmbH nicht aus (vgl. *Karsten Schmidt*, ZHR 155 (1991), 436ff.).

b) Das Recht des sog. Gleichordnungskonzerns wirft eine Reihe von Grundproblemen auf, deren Diskussion tiefe Mißverständnisse im Konzernrechtsbild großer Teile der Literatur verrät. So wird immer wieder gesagt, es gebe im Gleichordnungskonzern keine Abhängigkeit, denn liege diese vor, so

73 Dazu *BGH*, WuW/E BGH 2882f. »WAZ/IKZ«; BKartA, AG 1996, 477; *Karsten Schmidt,* in: Festschrift Rittner, a. a. O.

handle es sich um einen Abhängigkeitskonzern[74]. Damit wird ein Gegensatz aufgebaut, den das Aktiengesetz nicht kennt. Das Aktiengesetz erfaßt nämlich gar nicht »den Konzern« als Unternehmensgruppe in toto, sondern es befaßt sich mit Konzernrechtsverhältnissen unter rechtsfähigen Einzelgesellschaften[75]. Deshalb können Unterordnung und Gleichordnung durchaus zusammentreffen[76].

Beispiel Nr. 10: Unterstehen die Gesellschaften *A*, *B* und *C* der sie zu 100% beherrschenden Konzern leitenden Holding *H*, so ist die Frage, ob dies nun ein »Unterordnungskonzern« oder ein »Gleichordnungskonzern« ist, nach dem Aktiengesetz falsch gestellt. Das Verhältnis zwischen den Tochtergesellschaften und der *H* ist ein solches der Abhängigheit und der einheitlichen Leitung (§§ 17, 18 I AktG), das Verhältnis der Schwestern untereinander ist ein Gleichordnungsverhältnis nach § 18 II AktG.

c) Die *Organisationsprobleme des Gleichordnungskonzerns* sind weitgehend ungelöst. Nach der bisher herrschenden Auffassung sind die Organe gleichgeordneter Gesellschaften befugt, Gleichordnungsverträge ohne Mitwirkung der Gesellschafter zu schließen[77]. Dem kann in dieser Allgemeinheit nicht zugestimmt werden, denn im Gleichordnungskonzern kann – auch ohne daß ein Unternehmen die Konzernspitze darstellt – Abhängigkeit entstehen[78]. Diese kann nicht einfach durch einen von den Vertretungsorganen der Gesellschaft zu schließenden schuldrechtlichen Vertrag legitimiert werden, sondern nur durch einen Organisationsvertrag, der der Mitwirkung der Gesellschafter bedarf. Die vertragliche oder qualifiziert faktische Gleichordnung kann sogar zu einer Haftungsgemeinschaft von Schwestergesellschaften führen[79]. Insgesamt sollte die Befassung mit gleichgeordneten Gesellschaften zu neuen Erkenntnissen über das Rechtsverhältnis zwischen Schwestergesellschaften, sei es mit, sei es ohne herrschendes Unternehmen, führen.

4. Mehrstufige Unternehmensverbindungen, Teilkonzern und »Konzern im Konzern«

Versteht man den Ansatz des Aktiengesetzes in dem Sinne, daß das Gesetz nicht unterschiedliche Unternehmensgruppen, sondern die Konzern-Rechtsverhältnisse zwischen rechtlich selbständigen Unternehmen beschreibt und in den Rechtsfolgen zu ordnen versucht, so erkennt man die spezifische Stärke

74 Vgl. nur *Bayer*, in: MünchKommAktG, § 18 Rdnr. 57; *Hüffer*, AktG, § 18 Rdnr. 20.

75 *Karsten Schmidt*, in: Festschrift Lutter, a.a.O.

76 Ebd., S. 1186ff.; vgl. bereits *Karsten Schmidt*, ZHR 155 (1991), 417ff.

77 Vgl. nur *Geßler*, in: Geßler/Hefermehl/Eckardt/Kropff, § 291 Rdnr. 66; *Koppensteiner*, in: KK, § 291 Rdnr. 78; *Lutter*, DB-Beilage 21/1973, S. 13; a.M. *Emmerich/Sonnenschein/Habersack*, § 4 IV 3; *Timm*, Die Aktiengesellschaft als Konzernspitze, 1979, S. 146ff.

78 Zum folgenden vgl. eingehend *Karsten Schmidt*, ZHR 155 (1991), 423ff.; zust. *Wellkamp*, DB 1993, 2517ff.; die Kritik an der h.M. wird mißverstanden bei *Lutter/Drygala*, ZGR 1995, 569.

79 Für »horizontalen Durchgriff« im Anschluß an den Verfasser, jedoch unter fragwürdigen Voraussetzungen *AG Eisenach*, AG 1995, 519; dazu *Karsten Schmidt*, in: Festschrift Wiedemann, a.a.O.; a.M. *Milde*, a.a.O., S. 208ff.

dieses Ansatzes: Dieser ermöglicht es uns, mit atypischen Sachverhalten fertigzuwerden, die sich den klassischen Kategorien entziehen.

a) Das gilt zunächst für *mehrstufige Konzernverhältnisse*[80]. Hier ist nicht vom Vorhandensein »eines« mehrstufigen Konzerns auszugehen, sondern für jede Gesellschaft ist festzustellen, welche Gesellschaften sie unmittelbar oder mittelbar beherrscht bzw. welche Unternehmen von ihr unmittelbar oder mittelbar abhängig sind[81]. Das kann praktisch bedeutsame Rechtsfolgen haben.

Beispiel Nr. 11 (nach *BGH*, NJW 2000, 3647): Die Muttergesellschaft M hatte eine Tochtergesellschaft T beherrscht, die wiederum (zeitweilig durch eine weitere zwischengeschaltete Holdinggesellschaft H) die Enkelgesellschaft E-AG beherrschte. Nach § 20 VII AktG können Stimmrechte in der AG nicht ausgeübt werden, wenn Beteiligungen nicht nach § 20 AktG angezeigt worden sind. Im Konzern werden hierbei Aktien der Tochtergesellschaft an der Enkelin auch der Muttergesellschaft zugerechnet (§ 16 IV AktG). Deshalb hatte hier die M ihre mittelbare Beteiligung an der E angezeigt, nicht aber hatte auch T ihre unmittelbare Beteiligung an der E mitgeteilt. Nach Auffassung des *BGH* trafen aber die Mitteilungspflichten beide herrschenden Unternehmen: nicht nur die M (als »Großmutter« der E), sondern auch die T (als »Mutter«) der E (dazu *Goette*, DStR 2000, 1743).

b) Auch das *Problem des sog. Teilkonzerns* läßt sich auf diese Weise lösen[82]. Es gibt Fälle, bei denen einzelne Konzernunternehmen außerhalb der konzernrechtlichen Zurechnung stehen, z.B. weil sie Auslandsunternehmen sind[83] und weil ihnen bestimmte Qualitäten z.B. im Mitbestimmungsrecht fehlen[84].

Beispiel Nr. 12: Unterliegt in unserem Dreistufenkonzern nicht die Muttergesellschaft *M*, wohl aber die Tochtergesellschaft *T* der Mitbestimmung, so muß sich zwar nicht *M*, wohl aber *T* die Arbeitnehmer der *E* nach § 5 I, II MitbestG zurechnen lassen.

In der Literatur ist davon die Rede, hier werde *T* als Konzernspitze fingiert[85]. Es verhält sich aber viel einfacher, denn wir suchen gar nicht nach der wahren Konzernspitze, sondern wir rechnen die Arbeitnehmer, von unten beginnend, so lange zusammen, bis wir bei der obersten mitbestimmungspflichtigen Gesellschaft angelangt sind.

c) Ähnlich verhält es sich mit dem angeblich so rätselhaften *Konzern im Konzern.* Nach h.M. läßt der Begriff der »einheitlichen Leitung« keine Aufspaltung zu[86]. Der Konzern wird als Einheit verstanden, die nicht getrennt werden könne. Aber das ist nicht das Konzept des Aktiengesetzes.

80 *Görling*, Die Konzernhaftung bei mehrstufigen Unternehmensverbindungen, 1998; *Pentz*, Die Rechtsstellung der Enkel-AG in einem mehrstufigen Unternehmensvertrag, 1994.
81 *Karsten Schmidt*, in: Festschrift Lutter, a.a.O., S. 1189f.
82 Ebd. S. 1189.
83 Vgl. *Zimmer*, Internationales Gesellschaftsrecht, 1996, S. 370ff.
84 Vgl. *Windbichler*, in: GroßKommAktG, § 18 Rdnrn. 82.
85 Vgl. *Hanau/Wackerbarth*, in: Lutter (Hrsg.), Holding-Handbuch, 3. Aufl. 1998, Rdnr. G 87; krit. *Windbichler*, Arbeitsrecht im Konzern, 1989, S. 527f.
86 Vgl. *Emmerich/Sonnenschein/Habersack*, § 4 III 2 b; *Marchand*, Abhängigkeit und Konzernzugehörigkeit von Gemeinschaftsunternehmen, 1985, S. 95ff.; *Geßler*, in: Geßler/Hefermehl/

Dieses läßt es ohne weiteres zu, daß in einer alphabetisch von A bis E reichenden Kette die Unternehmen B und C sowie die Unternehmen D und E untereinander als Konzernglieder betrachtet werden[87].

Beispiel Nr. 13 (nach *OLG Frankfurt*, NJW-RR 2000, 1131 = ZIP 2000, 926): Die E-AG war von der D-GmbH abhängig. Zwischen beiden bestand ein Unternehmensvertrag. Eine C-GmbH hatte ihrerseits die Anteile der D-GmbH erworben und auch mit ihr einen Unternehmensvertrag abgeschlossen. Die C-GmbH war wiederum Konzerntochter der B-GmbH, diese der A-GmbH. Von der E reichte eine Kette von Unternehmensverträgen bis zur A. Gestritten wurde darüber, ob nun die E von der A faktisch abhängig war. Das OLG hat dies verneint: »Besteht in einer mehrstufigen Unternehmensverbindung eine ununterbrochene Kette von Beherrschungsverträgen, die von der Muttergesellschaft bis hinunter zur Enkel-AG reicht, dann ist der Vorstand der Enkel-AG nicht verpflichtet, einen Abhängigkeitsbericht (§ 312 I AktG) zu erstellen.«

IV. Die unterschiedliche Konzernresistenz der Handelsgesellschaften und -genossenschaften

Das Recht der verbundenen Unternehmen wird selten rechtsformübergreifend diskutiert. Das ist einerseits zu bedauern, denn es handelt sich um Probleme des allgemeinen Verbandsrechts; anderseits ist das zu verstehen, denn die Erkenntnis und gesetzliche Inangriffnahme der Rechtsprobleme ist bei den Rechtsformen ebenso unterschiedlich wie die konzernrechtlichen Einzelprobleme. Hinzu kommt, daß die Entwicklung unübersichtlich und stark im Fluß ist. Zu bedenken ist auch, daß die Frage der »Konzernresistenz« unterschiedlicher Gesellschaften facettenreich ist. Es ist nicht dasselbe, ob eine Gesellschaft bloß abhängig i. S. von § 17 AktG wird oder ob sie i. S. von § 18 AktG unter einheitliche Konzernleitung gestellt werden kann. Hier soll es im wesentlichen darum gehen, wie sich das Prinzip der Verbandsautonomie (oben, § 5 I 3) zum Tatbestand der Abhängigkeit i. S. von § 17 AktG verhält.

1. Aktiengesellschaft*

Von der Aktiengesellschaft könnte erwartet werden, daß sie gegen konzernrechtliche Herrschaftsmacht gesichert ist wie keine andere Rechtsform, denn der Vorstand ist nicht weisungsabhängig (§ 76 I AktG). Trotzdem sind zahlreiche Aktiengesellschaften konzernrechtlich eingebunden. Zur Legitimation und Bewältigung dieses Phänomens hat der Gesetzgeber gerade den Aktienkonzern *ausführlich geregelt* (§§ 15 ff., 291 ff. AktG) und die AG als

Eckardt/Kropff, § 18 Rdnr. 40; *Hüffer*, § 18 Rdnr. 14; *Koppensteiner*, in: Kölner Komm. zum AktG, § 18 Rdnr. 22; *Lutter*, in: Lutter (Hrsg.), Holding-Handbuch, 3. Aufl. 1998, Rdnr. A 37.

87 *Karsten Schmidt*, in: Festschrift Lutter, a. a. O., S. 1190.

* Literatur: Vgl. die Angaben bei § 31; *Dettling*, Die Entstehungsgeschichte des Konzernrechts im Aktiengesetz von 1965, 1997.

eine in hohem Maße konzernoffene Gesellschaft[88] ausgestaltet. Sie ist offen nicht nur für eine Entselbständigung durch Unternehmensvertrag (§§ 291 ff., 308 ff. AktG), sondern auch bei Fehlen eines Unternehmensvertrags kann ein herrschendes Unternehmen nach §§ 311 ff. AktG nachhaltig auf die Autonomie der Gesellschaft einwirken[89]. Um so genauer muß das Gesetz darauf bedacht sein, die im Gefolge solcher Konzernoffenheit berührten Schutzinteressen zu wahren: Das gesetzliche Aktienkonzernrecht dient zugleich der Legitimation und der Begrenzung der Konzernherrschaft. Es wird unter § 31 eingehend behandelt. Über Zusammenhänge des Konzerneingangsschutzes mit dem Übernahmerecht vgl. unten, § 31 II 3.

2. GmbH*

Nahezu umgekehrt ist das Bild bei der GmbH. Sie ist einerseits *als gefügige Konzerntochter geradezu prädestiniert,* denn der Geschäftsführer wird von den Gesellschaftern bestimmt (§ 46 Nr. 5 GmbHG) und ist von ihren Weisungen abhängig (unten, § 36 I 2). Mehrheitsherrschaft in der GmbH wird auf diese Weise mühelos in Leitungsmacht überführt. Man kann insofern von einer »natürlichen« Konzernoffenheit der GmbH sprechen, der Rechtsprechung und Lehre durch Legitimations- und Haftungsregeln begegnen müssen[90]: Ein Unternehmensvertrag kann aber auch hier nur mit Zustimmung der Gesellschafter geschlossen werden (dazu unten, § 39 II 2 a), und die Rechtsfolgen der faktischen Abhängigkeit einer GmbH haben der Praxis und Wissenschaft in den letzten Jahrzehnten zahlreiche Streitfragen beschert (dazu unten, § 39 III 3, 4). Auf gelöste und offene Fragen des GmbH-Konzernrechts wird unter § 39 zurückzukommen sein.

3. Personengesellschaft**

a) Noch unklarer ist die Rechtslage auf dem Gebiet der Personengesellschaften. Bei ihnen gehört es zur Normalität und begründet noch keine

---

88 So die Formulierung von *Martens,* GmbHR 1984, 268.

89 Eingehend *Hommelhoff,* a. a. O., S. 109 ff.; *Strohn,* Die Verfassung der AG im faktischen Konzern, 1977, S. 18 f.

* Literatur: Vgl. die Angaben bei § 39.

90 Eingehend *Martens,* GmbHR 1984, 268.

** Literatur (vgl. zunächst die Angaben bei § 17 I): *Baumgartl,* Die konzernbeherrschte Personengesellschaft, 1986; *Binnewies,* Die Konzernbildungskontrolle in der abhängigen Gesellschaft, 1996; *Bitter,* Konzernrechtliche Durchgriffshaftung bei Personengesellschaften, 2000; *Burbach,* Das Recht der konzernabhängigen Personenhandelsgesellschaft, 1989; *Ebenroth,* Die Konzernierung der Personengesellschaft zwischen Vertragsfreiheit und Minderheitenschutz, in: Festschrift Boujong, 1996, S. 99; *Emmerich,* Das Konzernrecht der Personengesellschaften – Rückblick und Ausblick, in: Festschrift Stimpel, 1985, S. 743; *Kleindiek,* Strukturvielfalt im Personengesellschafts-Konzern, 1991; *Löffler,* Die abhängige Personengesellschaft, 1988; *Raiser,* Beherrschungsvertrag im Recht der Personengesellschaften, ZGR 1980, 558; *Reuter,* Ansätze eines Konzernrechts der Personengesellschaft in der höchstrichterlichen Rechtsprechung, AG 1986, 130; *ders.,* Die Personengesellschaft als abhängiges Unternehmen, ZHR 146 (1982), 1; *Schießl,* Die beherrschte Personengesellschaft, 1985; *Uwe H. Schneider* (Hrsg.), Die Personengesellschaft als verbundenes

konzernrechtliche Abhängigkeit, daß sie vom Willen ihrer Gesellschafter, die ihrerseits Unternehmen sein können, abhängig sind[91]. Diese Willensbildung durch die Gesellschafter selbst kann Garant der Autonomie, aber auch Einfallstor der Abhängigkeit sein. Eine Personengesellschaft kann deshalb abhängiges Unternehmen i.S. von § 17 AktG sein[92]. Eine zunächst von *Flume, Emmerich* und *Uwe H. Schneider* entwickelte Auffassung erklärte die Personengesellschaft für konzernresistent in dem Sinne, daß sie nicht in ein Verhältnis vertraglicher Abhängigkeit zu einem herrschenden Unternehmen gebracht werden kann[93]. Durchgesetzt hat sich dieser Standpunkt indessen nicht. *Flume* griff in diesem Zusammenhang eine Formulierung von *Biedenkopf/Koppensteiner*[94] auf, wonach durch den Beherrschungsvertrag »die abhängige Gesellschaft als wirtschaftlich selbständiges Unternehmen zu existieren aufhört«. Dies – so *Flume* – sei bei einer Personengesellschaft nicht möglich, denn die Personengruppe könne durch Unterwerfung »weder wirtschaftlich noch sonst zu existieren aufhören«. Die etwas begrifflich anmutende Argumentation[95] verweist in Wahrheit auf eine Wertung: auf das Problem der Selbstbestimmung und der Fremdbestimmung im Recht der Personengesellschaft[96]. Als Selbstbestimmungsproblem berührt sich die Frage mit dem Problem der Selbstorganschaft (dazu oben, § 14 II 2) und des Abspaltungsverbots (dazu unten, § 19 III 4). Leitungsorgan der Personengesellschaft ist ein unbeschränkt haftender Gesellschafter. Dies ist der Grund, weshalb die Zulässigkeit eines echten, d.h. konzernrechtlichen, Beherrschungsvertrags jedenfalls bei persönlicher Haftung einer natürlichen Person bis heute bestritten wird[97]. Bei der GmbH & Co. KG[98] und bei Publikumspersonengesellschaften[99] ist dagegen der Damm längst gebrochen. Vor allem ist zu beachten, daß selbst ein Verbot des Beherrschungsvertrags im Personengesellschaftsrecht das Entstehen von Abhängigkeit nicht verhindern und deren Probleme nicht aus der Welt schaffen kann. Der unter I 3a besprochene Fall »Gervais-Danone« mag als ein Extremfall erscheinen, aber die Vorgänge können viel harmloserer Art sein:

Unternehmen, ZGR 1975, 253; *ders.,* Die Personengesellschaft als Konzernunternehmen, BB 1980, 1057; *Stimpel,* Rückblick auf das »Gervais«-Urteil, in: Ulmer (Hrsg.), Probleme des Konzernrechts, 1989, S. 11; *Ulmer,* Grundstrukturen eines Personengesellschaftskonzernrechts, ebd., S. 26; *Verhoeven,* GmbH-Konzern-Innenrecht, 1978.

91 Vgl. *BGH,* WuW/E BGH 1810 = NJW 1981, 2699.

92 Vgl. mit im einzelnen großen Unterschieden *Teichmann,* Gestaltungsfreiheit in Gesellschaftsverträgen, 1970, S. 193; *Mülbert,* in: MünchKommHGB, KonzernR Rdnrn. 56ff.; *Schießl,* a.a.O., S. 43ff.; *Baumgartl,* a.a.O., S. 87ff.; *Löffler,* a.a.O., S. 40ff.; *Burbach,* a.a.O., S. 391ff.; *Ulmer,* in: Probleme des Konzernrechts, a.a.O., S. 47ff.; *Raiser,* ZGR 1980, 563; *Reuter,* AG 1986, 134.

93 *Flume,* Personengesellschaft, § 14 X; *Uwe H. Schneider,* ZGR 1975, 265ff.; *ders.,* ZGR 1980, 518ff.; *Emmerich,* a.a.O., S. 755.

94 In: KK, 1. Aufl., § 291 Rdnr. 20.

95 Vgl. deshalb die Kritik von *Raiser,* ZGR 1980, 563; dagegen aber *Reuter,* ZHR 146 (1982), 15f.

96 So die Überschrift des § 14 bei *Flume,* Personengesellschaft.

97 Vgl. *Emmerich/Sonnenschein/Habersack,* § 34 III; *Heymann/Emmerich,* § 105 Rdnr. 121; dazu eingehend *Bitter,* a.a.O., S. 329ff.

98 Vgl. *BGH,* AG 1980, 47 = JuS 1980, 152 m.Anm. *Karsten Schmidt;* dazu *Raiser,* ZGR 1980, 558; *Uwe H. Schneider,* ZGR 1980, 511; *Stimpel,* in: Probleme des Konzernrechts, a.a.O., S. 11ff.

99 Vgl. *Reuter,* ZHR 146 (1982), 23ff.

Beispiel Nr. 14: Gründet eine Produktions-GmbH als Komplementärin gemeinsam mit mehreren Kommanditisten eine Zuliefer-KG, so stellt nicht ein Verbot eines Unternehmensvertrages, sondern dessen Entbehrlichkeit das Hauptproblem dar: Als Komplementärin wird die GmbH ohnedies herrschen, und die Frage ist nur, wie diese Herrschaft – am besten im KG-Vertrag – legitimiert und begrenzt werden soll.

b) Mit einem Verbot der abhängigen Personengesellschaft läßt sich im Ergebnis nichts ausrichten. Wie unter § 43 III näher auszuführen sein wird, liegen die Probleme
- in der Konzerneingangskontrolle,
- in der Konzernleitungskontrolle und
- in der Konzernhaftung.

Die *Konzerneingangskontrolle* besteht darin, daß nur derjenige Gesellschafter die Leitungsmacht eines herrschenden Unternehmens hinzunehmen braucht, der dieser Abhängigkeit der Gesellschaft zugestimmt hat[100]. Die *Konzernleitungskontrolle* wird durch Treupflichten des herrschenden Unternehmens bewerkstelligt. Die *Konzernhaftung* kann eine Verschuldenshaftung für schuldhaft schädigende Konzernleitung, aber auch eine Verlustübernahmepflicht im Fall qualifizierter Beherrschung sein.

Beispiel Nr. 15: Hat die A-AG als Automobilhersteller die Komplementärbeteiligung an der K-KG als Kupplungshersteller erworben, so können ähnliche Gefahren drohen wie bei einem Beherrschungsvertrag, aber die A ist der K und den Kommanditisten durch Treupflichten verbunden. Verleibt sich die A-AG die K-KG wie eine Betriebsabteilung ein (qualifizierte Beherrschung), so muß sie deren Verluste ausgleichen, was gleichzeitig bedeutet, daß ihr Freistellungs- und Regreßanspruch wegen ihrer persönlichen Komplementärhaftung (§§ 161 II, 110 HGB) auf das freie Vermögen der KG beschränkt wird.

4. Genossenschaft*

Vollends konzernresistent ist nach der bis heute herrschenden Meinung die eingetragene Genossenschaft, denn die Abhängigkeit galt herkömmlich als mit dem genossenschaftlichen Förderzweck unvereinbar[101]. Dazu ist zu bemerken, daß jedenfalls ein Gleichordnungskonzern mit dem Genossenschaftszweck nicht unvereinbar sein kann[102].

Beispiel Nr. 16: Schließen sich mehrere Winzergenossenschaften unter der Leitung einer Koordinationsstelle zu einem Verbund zusammen, so ist diese Erzeugervereinigung nicht nur kartellrechtlich (vgl. § 28 GWB), sondern auch gesellschaftsrechtlich zulässig.

---

100 Eingehend *Staub/Ulmer,* Anh. § 105 Rdnrn. 40, 58ff.; *Schießl,* a.a.O., S. 35ff.

* Literatur: *Beuthien,* Die eingetragene Genossenschaft als verbundenes Unternehmen, in: Mestmäcker/Behrens, a.a.O., S. 133; *Detten,* Die eingetragene Genossenschaft im Recht der verbundenen Unternehmen, 1995; *Großfeld,* Die eingetragene Genossenschaft im Konzern, AG 1998, 116; *Merle,* Die eingetragene Genossenschaft als abhängiges Unternehmen, AG 1979, 265; *Reul,* Das Konzernrecht der Genossenschaften, 1997; rechtsvergleichend *Irujo,* in: Festschrift Lutter, 2000, S. 1083.

101 *Müller,* GenG, 2. Aufl. 2000 Anh. § 64c Rdnr. 40; s. auch *Großfeld/Berndt,* AG 1998, 122; differenzierend *Merle,* AG 1979, 265ff.; a.A. *Beuthien,* GenG, 13. Aufl. 2000, § 1 Rdnr. 84.

102 *Detten,* a.a.O., S. 165ff.; *Reul,* a.a.O., S. 204ff.

Inzwischen muß man sich darüber hinaus an die Zulassung echter Konzernabhängigkeit gewöhnen[103]. Die Genossenschaft hat von dem ihr historisch eignenden sozialen und freiheitlichen Pathos hier wie auch sonst viel verloren (vgl. unten, § 41 I 1 c).

5. Vereine*

Daß auch Vereine abhängige juristische Personen sein können, wurde lange Zeit gleichfalls nicht zur Kenntnis genommen. Mittlerweile hat sich auch dies geändert, wobei zu bemerken ist, daß die Tätigkeit eines Vereins für ein »herrschendes Unternehmen« dazu führen kann, daß er zu einem eintragungsunfähigen wirtschaftlichen Verein wird (unten, § 23 III 3).

V. Die rechtsformabhängige Gesetzesentwicklung

1. Das Aktienkonzernrecht

Das Recht der abhängigen Aktiengesellschaft hat in §§ 15 ff., 291 ff. AktG eine umfassende Regelung erfahren, die hier in § 31 näher behandelt werden soll. Das Aktienkonzernrecht erweist sich einerseits als maßstabgebend für die Entwicklung eines allgemeinen Rechts der abhängigen Unternehmen. Auf der anderen Seite kann es nicht darum gehen, aktienrechtliche Bestimmungen, wo irgend möglich, auf das Recht jedes Nichtaktienkonzerns anzuwenden. Nur wo sich allgemeine institutionelle Grundlagen eines Rechts der verbundenen Unternehmen im Aktiengesetz abzeichnen, können Einzelnormen des Aktienkonzernrechts für die gesellschaftsrechtliche Institutionenbildung herangezogen werden. Im übrigen können sich diese durch das Aktiengesetz eher verdeckten allgemeinen Grundlagen sogar im Aktienkonzernrecht behaupten (vgl. bereits oben unter II 2).

2. Der ungeregelte Bereich

Im Bereich der Gesellschaften mbH und der Personengesellschaften wird das Recht der verbundenen Unternehmen aus zahlreichen Quellen gespeist, insbesondere aus der Durchgriffsdiskussion (oben, § 9 IV 3) und aus Institutionen des Innenrechts der Verbände, wobei insbesondere

- die Vertragsfreiheit,
- die Leitungs- und Mehrheitsherrschaft,

103 *Beuthien*, GenG, 13. Aufl. 2000, § 1 Rdnrn. 84–95; *ders.*, in: Mestmäcker/Behrens, a. a. O., S. 133 ff.; *Reul*, a. a. O., S. 115–181.

* Literatur: *Sprengel*, Vereinskonzernrecht, 1998.

- der Minderheitenschutz und
- die Finanzverfassung

ins Auge zu fassen sind (zum GmbH-Konzernrecht vgl. ausführlich unten, § 39; zum Konzernrecht der Personengesellschaften unten, § 43 III). Nur insoweit kommen in den unter V 1 angedeuteten Grenzen Analogiebildungen zum Aktienrecht in Betracht. Die hier eingeleitete Rechtsfortbildung wird noch lange nicht abgeschlossen sein.

§ 18 Die Finanz- und Haftungsverfassung der Verbände

I. Grundlagen*

1. Betriebswirtschaft und Rechtswissenschaft

Die Fragen der Finanz- und Haftungsverfassung von Verbänden werden bisher nirgends allgemein dargestellt. Das ist verständlich, denn einerseits treten uns Finanzierungs- und Haftungsprobleme regelmäßig als Einzelfallprobleme entgegen, und andererseits ist auch die Entwicklung allgemeiner Lehren ein schwieriges Unterfangen. Daß es solche allgemeinen Lehren geben

---

* Literatur (Auswahl): *Albach*, Referat, in: Verhandlungen des 55. DJT II, 1985, S. K 9; *Bea/Dichtl/Schweitzer*, Allgemeine Betriebswirtschaftslehre III, 4. Aufl. 1990; *Beckmann*, Die betriebswirtschaftliche Finanzierung, 1949; *Bierich/R. Schmidt*, Finanzierung deutscher Unternehmen heute, 1984; *Bordt*, Das Grund- und Stammkapital der Kapitalgesellschaften, in: HdJ, Abteilung III/1, 1990; *Brealy/Myers*, Principles of Corporate Finance, 5. Aufl., New York 1991; *Büschgen*, Handwörterbuch der Finanzwirtschaft, 1976; *Drukarczyk*, Finanzierung, 7. Aufl. 1996; *Everling*, Die Finanzierung der Unternehmung, 1965; *Otfried Fischer*, Finanzwirtschaft der Unternehmung I/II, 1977/1982; *Franke/Hax*, Finanzwirtschaft des Unternehmens und Kapitalmarkt, 1995; *Hagest*, Selbstfinanzierung des Betriebes, 1952; *Hahn*, Finanzwirtschaft, 2. Aufl. 1983; *Hax/Laux* (Hrsg.), Die Finanzierung der Unternehmung, 1975; *Kirchner*, Die Eigenkapitalversorgung der publizitätspflichtigen GmbH, 1984; *Luttermann*, Unternehmen, Kapital und Genußrechte, 1998; *A. Maier*, Der Grundsatz der Kapitalerhaltung und die Durchgriffshaftung wegen Unterkapitalisierung im deutschen und amerikanischen Gesellschaftsrecht, 1986; *Justus Meyer*, Haftungsbeschränkung im Recht der Handelsgesellschaften, 2000; *Möller*, Die wirtschaftliche Betrachtungsweise im Privatrecht, 1997; *Olfert*, Finanzierung, 7. Aufl. 1992; *Perridon/Steiner*, Finanzwirtschaft der Unternehmung, 5. Aufl. 1988; *Reuter*, Welche Maßnahmen empfehlen sich, insbesondere im Gesellschafts- und Kapitalmarktrecht, um die Eigenkapitalausstattung der Unternehmen langfristig zu verbessern? Gutachten B, in: Verhandlungen des 55. DJT I, 1984; *ders.*, Möglichkeiten und Grenzen gesellschaftsrechtlicher Maßnahmen ..., in: Festschrift Stimpel, 1985, S. 645; *Roth*, Mehr Eigenkapital – auch ein österreichisches Problem, GesRZ 1985, 49; *Schmalenbach*, Die Beteiligungsfinanzierung, 9. Aufl. von *Richard Bauer*, 1966; *Karsten Schmidt*, Die Eigenkapitalausstattung der Unternehmen als rechtspolitisches Problem, JZ 1984, 771; *ders./Uhlenbruck*, Die GmbH in Krise, Sanierung und Insolvenz, 2. Aufl. 1999; *Reinhard H. Schmidt*, Grundzüge der Investitions- und Finanzierungstheorie, 1983, *Schön*, Wer schützt den Kapitalschutz? ZHR 166 (2002), 1; *Semler*, Referat, in: Verhandlungen des 55. DJT II, 1985, S. K 38; *Sieker*, Eigenkapital und Fremdkapital der Personengesellschaft, 1991; *Süchting*, Finanzmanagement, 1977; *Svoboda*, Betriebliche Finanzierung, Wien 1981; *ders.*, Investition und Finanzierung, 4. Aufl. 1992; *Vormbaum*, Finanzierung der Betriebe, 8. Aufl. 1990; *Wiedemann*, Eigenkapital und Fremdkapital – eine gesellschaftsrechtliche Zwischenbilanz, in: Festschrift Beusch, 1993, S. 893; *Wilhelm*, Bilanz, Vermögen, Kapital, Gewinn ..., ZHR 159 (1995), 454; *Wittgen*, Einführung in die Betriebswirtschaftslehre, 1974; *Wöhe/Bilstein*, Grundzüge der Unternehmensfinanzierung, 7. Aufl. 1994, *v. Wysocki/Höhn*, »Fremdfinanzierung« von Kapitalgesellschaften durch Anteilseigner, 1982.

muß und daß wir uns ihrer zumindest in Ansätzen bedienen und um der juristisch richtigen Beantwortung von Rechtsfragen willen auch bedienen müssen, ist schwer zu bestreiten. Gegenstand des vorliegenden Buches können nur diese juristischen Fragen sein. Zwei Grundfragen der Finanz- und Haftungsverfassung stellen beispielhaft klar, worum es dabei gehen kann.

Beispiel Nr. 1: Ob ein Unternehmen »richtig« mit Kapital ausgestattet ist und ob wir dies im voraus feststellen können, ist eine betriebswirtschaftliche Frage. Stellt sich heraus, daß die Kapitalausstattung mangelhaft war, so muß der Jurist die Frage beantworten, ob dies Rechtsfolgen hat. Dies könnten Haftungsfolgen sein. Genau aus diesem Grund aber darf sich der Jurist nicht erst ex post mit der Frage befassen. Zu seinen Beratungsaufgaben gehört, Haftungsrisiken schon im vorhinein einzuschätzen.

Beispiel Nr. 2: Haftungsfragen sind eminent juristische Fragen und setzen juristische Genauigkeit voraus. Wer einen Laien wirtschaftlich berät, mag ihm sagen, er hafte als Kommanditist nur »mit der Einlage« oder als GmbH-Gesellschafter »beschränkt«. Rechtlich sind beide Antworten falsch. Der Kommanditist kann nicht mit der Einlage haften, denn es muß zwischen der durch Einlagen aufzubringenden Haftungsmasse der Gesellschaft (dem Gesellschaftsvermögen) und der persönlichen Haftung des Gesellschafters (mit seinem Privatvermögen) unterschieden werden (unten, § 54 I 2). Dies ist ein sachnotwendiger Unterschied, denn es kann nicht dasselbe sein, ob sich ein Gesellschaftsgläubiger nur an die Gesellschaft und diese vielleicht an ihren Gesellschafter halten kann oder ob er (auch) unmittelbar gegen den Gesellschafter vorgehen kann. Unrichtig ist aus demselben Grund der Satz, die Gesellschafter einer GmbH hafteten den Gesellschaftsgläubigern nur beschränkt. Sie haften nach § 13 II GmbHG nicht beschränkt, sondern gar nicht.

2. Rechtliche Grundfragen

Wie oft bei schwierigen Problembereichen geht es im Kern um ganz einfache rechtliche Grundfragen. Im Bereich der Finanz- und Haftungsverfassung von Verbänden muß insbesondere unterschieden werden

- zwischen dem Verbandsvermögen und dem Vermögen der Verbandsmitglieder,
- zwischen dem Eigenvermögen des Verbandes und bloßen Fremdmitteln, also Krediten,
- zwischen den Schulden des Verbandes und der Haftung seiner Mitglieder,
- zwischen den Schulden der Mitglieder gegenüber dem Verband und ihrer etwaigen Haftung gegenüber den Gläubigern.

Beispiel Nr. 3: Wenn ein GmbH-Gesellschafter seine Einlage noch nicht erbracht hat, gehört der Anspruch auf Leistung der Einlage zum Gesellschaftsvermögen. Der Gesellschafter schuldet die Einlage der Gesellschaft. Die Gläubiger können auf diesen Anspruch nur zugreifen, wenn sie die Einlageforderung pfänden. Anders verhält es sich bei der Kommanditgesellschaft. Auch hier steht zwar der Anspruch auf Leistung der Einlage der Gesellschaft zu. Solange und soweit die Einlage nicht geleistet ist, haftet aber der Kommanditist bis zur Höhe der im Handelsregister eingetragenen Haftsumme direkt dem Gesellschaftsvermögen (§ 171 I HGB).

II. Grundfragen der Finanzverfassung*

1. Das Rechtsproblem

Finanzierungsfragen werden meist als rein betriebswirtschaftliche Fragen und als Fragen der Unternehmensfinanzierung diskutiert. Das ist nicht ohne Grund so, denn die Analyse der Vermögensmassen und Zahlungsströme ist ein betriebswirtschaftliches Problem der Unternehmenspraxis. Aber es gibt doch auch spezifische *Rechts*fragen der Finanzierung. Diese stellen sich typischerweise bei Unternehmen, aber keineswegs nur bei Unternehmen. Sie stellen sich im Kern bei allen nichtöffentlichen Haushalten, also vor allem bei allen vermögensfähigen Verbänden. Auch ein Turnverein oder eine als Verein organisierte Kirche hat eine Finanzverfassung, und auch bei ihnen muß – auch wenn dies zunächst überraschend und ungebräuchlich scheint – zwischen Eigenkapital und Fremdkapital unterschieden werden.

2. Eigenkapital und Fremdkapital

a) Der Qualität nach unterscheidet man zwischen Eigenkapital und Fremdkapital. Die dem Verband (meist dem Unternehmen) zufließenden Mittel können haftendes Eigenvermögen (sog. Eigenkapital) oder Kreditvermögen (sog. Fremdkapital) bilden. Die Unterscheidung ist im betriebswirtschaftlichen Schrifttum nicht ganz einheitlich. Insbesondere mischen sich bei der Abgrenzung des Eigenkapitals typische Merkmale – Ausschluß der Festverzinsung und Verbindung mit mitgliedschaftlichen Teilhaberechten wie Stimmrecht und Auskunftsrecht[1] – mit begriffsnotwendigen Merkmalen[2]. Sobald es auf Rechtsfolgen ankommt, wird man sich um möglichst präzise Abgrenzungskriterien bemühen[3]. In rechtlicher Hinsicht ist Eigenkapital durch folgende Merkmale gekennzeichnet[4]:

- Eigenkapital rührt grundsätzlich von den Mitgliedern (vom »Inhaber« des Unternehmens) her (über Sonderprobleme bei stillen Einlagen und Genußrechten vgl. alsbald unter d);
- Eigenkapital ist gebundenes Kapital und damit einer freien Kreditkündigung entzogen;
- Eigenkapital ist haftendes Kapital, womit im Insolvenzfall eine Geltendmachung als Insolvenzforderung ausgeschlossen ist.

* Literatur: Wie oben unter I.

1 *Vormbaum*, a.a.O., S. 38; *Hahn*, a.a.O., S. 203; *v. Arnim*, in: Büschgen, a.a.O., S. 288.

2 Treffend insoweit die Kritik bei *v. Wysocki*, in: v. Wysocki/Höhn, a.a.O., S. 1ff.; die Unklarheiten der h.M. werden denn auch bemängelt in der rechtspolitischen Gewerkschaftsstudie von *Scheibe-Lange/Volkmann/Welzmüller*, Die Eigenkapitalquote der Unternehmen in der Bundesrepublik Deutschland, o.J.

3 Vgl. *Karsten Schmidt*, JZ 1984, 772 m.w.N.

4 Nur teilweise übereinstimmend *Wiedemann*, in: Festschrift Beusch, a.a.O., S. 896ff.

Zum Eigenkapital eines Unternehmens können gerechnet werden (vgl. auch § 266 III Buchst. A HGB)[5]

- die bilanziell ausgewiesenen Anteile (bei Kapitalgesellschaften: das gezeichnete Kapital),
- die bilanziell ausgewiesenen Rücklagen,
- der bilanziell ausgewiesene Gewinnvortrag,
- der Jahresüberschuß.

Einen Katalog der als »haftendes Eigenkapital« bezeichneten Mittel, der freilich nur für die Bankenaufsicht unmittelbar rechtsverbindlich ist, enthält § 10 KWG[6]. Die Bestimmung bezeichnet als haftendes Eigenkapital die Summe aus »Kernkapital« und »Ergänzungskapital«. Zum Kernkapital gehören

- bei Personengesellschaften das eingezahlte Geschäftskapital und die Rücklagen,
- bei Kapitalgesellschaften das eingezahlte Grund- oder Stammkapital und die Rücklagen,
- bei Genossenschaften die Geschäftsguthaben und die Rücklagen.

Bei der Diskussion um das Eigenkapital muß achtgegeben werden auf die nicht immer einheitliche *Terminologie*. Wer von »Kapitalschutz«, »Kapitalaufbringung« und »Kapitalerhaltung« spricht, stellt sich üblicherweise die Aufbringung und Erhaltung einer haftenden Vermögensmasse vor. Diese Vermögensmasse wird dann als »haftendes Kapital« verstanden[7]. Das Eigenkapital einer Gesellschaft ist indes überhaupt nicht im Aktivvermögen der Gesellschaft erkennbar, sondern es wird auf einer Passivseite ihrer Bilanz sichtbar (Handelsrecht, § 15 III 3). Das *Vermögen* (Aktivseite) besteht aus Anlagevermögen, Umlaufvermögen und Rechnungsabgrenzungsposten (vgl. § 266 II HGB), das *Kapital* (Passivseite) besteht aus Eigenkapital, Rückstellungen, Verbindlichkeiten und wiederum aus Rechnungsabgrenzungsposten (§ 266 III HGB). Deshalb darf man sich »Eigenkapital« nicht gegenständlich vorstellen. Niemand kann dem Grundstück oder dem Bankkonto einer Gesellschaft ansehen, ob es »Eigenkapital« oder »Fremdkapital« ist, vielmehr kann man die Eigenkapitalsituation einer Gesellschaft nur bilanziell feststellen: Das Aktivvermögen der Gesellschaft »ist« nicht ihr Eigenkapital, wohl aber ist von Interesse, ob es das auf der Passivseite bilanzierte Eigenkapital deckt[8].

Beispiel Nr. 4: Hat ein GmbH-Gesellschafter A der Gesellschaft als Sacheinlage ein Grundstück übereignet und ein anderer Gesellschafter B als Bareinlage einen Betrag von 500 000 Euro auf ihr Konto überwiesen, so wäre es falsch, dieses Grundstück oder diese Kontogutschrift als »Eigenkapital« anzusehen. Mit der Übereignung bzw. Zahlung sind diese Gegenstände schlicht und einfach in das Gesellschaftsvermögen übergegangen, und

5 *Olfert*, a.a.O., A 1.1.1 (unter Einschluß der stillen Rücklagen).

6 Die Darstellung beschränkt sich auf grobe Umrisse; vgl. näher *Fischer*, in: Schimansky/Bunte/Lwoski (Hrsg.), Bankrechts-Handbuch III, 2. Aufl. 2001, § 129; *Boos/Fischer/Schulte-Mattler*, KWG, 2000, § 10; vgl. auch zur Versicherungsaufsicht die Bestimmung des § 53c III VAG.

7 Dazu *Wilhelm*, ZHR 159 (1995), 459.

8 Nur scheinbar a.M. die Polemik von *Wilhelm*, ZHR 159 (1959), 454ff., der als Eigenkapital das Gesellschaftsvermögen begreift, das über das Fremdkapital hinaus vorhanden ist.

die Bareinzahlung ist sogar überhaupt nicht mehr individualisiert (vgl. Handelsrecht, § 15 III 3). Wenn eines Tages die Gesellschaft dem A das Grundstück zurückübereignet oder dem B »seine 500 000 Euro« wiedergibt, steht deshalb nicht fest, daß dies eine verbotene »Rückgewähr von Eigenkapital« ist. § 30 GmbHG verbietet nicht die »Rückgabe von Eigenkapital an die Gesellschafter«, sondern die Vorschrift verbietet die Rückgewähr des zur Erhaltung des Stammkapitals erforderlichen Vermögens an die Gesellschafter (unten, § 37 III 1). Ob die Bestimmung der Rückübereignung oder der Rückzahlung entgegensteht, ist deshalb nicht gegenständlich, sondern vermögensmäßig (bilanziell) festzustellen: Wenn das Reinvermögen der GmbH (Aktiva minus Verbindlichkeiten [also Fremdkapital] vor oder nach der Leistung) die Höhe des Stammkapitals nicht mehr deckt, dann hat die GmbH unter Verstoß gegen § 30 GmbHG geleistet.

b) Die wesentlichen Aufgaben des Eigenkapitals bestehen in seiner Haftungsaufgabe und in seinem Beitrag zur Unternehmenserhaltung[9]. Vor allem in seinem Gefährdungsgrad zeigt sich der Unterschied zwischen Eigenmitteln und Kreditmitteln. Verluste treffen zunächst stets das Eigenkapital und dann erst (in Gestalt des Kreditrisikos) das Fremdkapital, und im Konkurs ist Eigenkapital verloren, Fremdkapital dagegen »nur« entwertet. Den haftungsrechtlichen Gegensatz zwischen Eigenkapital und Fremdkapital macht man sich am besten anhand von Insolvenzsituationen klar.

aa) Das auf Aktien (§ 54 AktG), Geschäftsanteile (§ 19 GmbHG) oder Anteile an Personengesellschaften einzubringende Vermögen dient der *Eigenkapitalbildung* (genauer: der Eigenkapitaldeckung). Auch im Insolvenzverfahren kann noch die Leistung unbeglichener Einlagen in die Masse verlangt werden[10], und Leistungen, die vor der Verfahrenseröffnung erbracht worden sind, begründen keine im Insolvenzverfahren anzumeldenden Forderungen[11]. Sie werden nur in dem theoretischen Fall vom Insolvenzverwalter beglichen, daß nach der Befriedigung aller Insolvenzgläubiger noch Masse vorhanden ist (§ 199 Satz 2 InsO). Eine konkursfeste Besicherung des Rückzahlungsanspruchs ist nicht möglich.

bb) Ganz anders werden *Kredite* behandelt: Hat der Kreditgeber noch nicht geleistet und gerät der Kreditnehmer in Vermögensverfall, so kann der Kreditgeber das Darlehnsversprechen nach § 490 I BGB im Zweifel widerrufen[12]. Ist der Kredit schon gewährt, so begründet der Rückforderungsanspruch eine Insolvenzforderung (§§ 87, 174 InsO), und der Gläubiger kann wegen etwa vorhandener Sicherungsrechte abgesonderte Befriedigung verlangen (§§ 49ff., 165ff. InsO). Bemerkenswerterweise behandelt das Gesetz auch die *stille Einlage* als einen qualifizierten Kredit, der nicht dem Eigenkapital des Unternehmensträgers zugeordnet wird, sondern dem Fremd-

9 *Grunewald*, Rdnr. 2 C 170; *Wiedemann* I, § 10 IV 1; *v. Arnim*, in: Büschgen, a.a.O., S. 285f.; *Bea/Dichtl/Schweitzer*, a.a.O., 5. Kap. unter 1; *Drukarczyk*, Kap. 7/1; ausführlicher *Rainer J. Schmidt*, Eigen- und Fremdfinanzierung in Aktiengesellschaften, Diss. Berlin 1980, S. 9f.

10 Vgl. für die AG: *RGZ* 94, 61ff.; 119, 220, 222f.; für die GmbH: *RGZ* 138, 106, 111; für die KG: *RGZ* 37, 82, 84; *BGHZ* 69, 274, 280; *Kuhn/Uhlenbruck*, KO, 11. Aufl. 1994, § 209 Rdnr. 26; *Jaeger/Weber*, KO, 8. Aufl. 1977ff., §§ 209, 210 Anm. 31.

11 Vgl. *BGHZ* 69, 274, 280; *BGH*, NJW 1985, 1468 = BB 1985, 422, 423 = JuS 1985, 645 m. Anm. *Karsten Schmidt.*

12 Dazu *Karsten Schmidt*, JZ 1976, 759.

kapital[13]: Wird über das Vermögen des Geschäftsinhabers das Insolvenzverfahren eröffnet, so kann der stille Gesellschafter nach § 236 I HGB seinen Rückzahlungsanspruch geltend machen, soweit dieser nicht durch Verlustanteile aufgezehrt ist, die er vereinbarungsgemäß zu tragen hat. Auch auf eine rückständige Einlage braucht der stille Gesellschafter nur den Betrag der von ihm vereinbarungsgemäß zu tragenden Verluste zu zahlen, nicht aber muß er die Masse durch Leistung seiner stillen Einlage auffüllen. Es wird allerdings noch zu zeigen sein, daß dies nur für die typische stille Einlage gilt (vgl. alsbald unter II 2d und III 2 sowie unten, § 62 V 2).

cc) Der charakteristische Unterschied zwischen Eigenkapital und Fremdkapital sei veranschaulicht an folgendem

Beispiel Nr. 5: Der Insolvenzverwalter einer GmbH stellt fest, daß die angebliche Einzahlung von Stammeinlagen seitens des Gesellschafters A unter Verstoß gegen § 19 GmbHG durch unzulässige Verrechnungen erfolgt ist und daß die vom Gesellschafter B geleistete Sacheinlage überbewertet war (vgl. § 9 GmbHG). Er wird von beiden Gesellschaftern Zahlung in bar verlangen. Geschuldet sind Leistungen auf haftendes Kapital (Eigenkapital), die auch in der Insolvenz noch beglichen werden müssen. Hatte ein Gesellschafter C seine Einlage voll erbracht, so kann er nicht etwa den Anspruch auf Auszahlung einer Liquidationsquote als mit den Kreditgebern konkurrierenden Gläubiger zur Tabelle anmelden. Hatte ein Dritter D der Gesellschaft 100000 Euro Darlehn zugesagt, aber wegen unzulänglicher Sicherheit (Sicherungsübereignung eines Lkw) nur 50000 Euro gezahlt, so wird D nunmehr abgesonderte Befriedigung wegen des Lkw verlangen und das Darlehnsversprechen hinsichtlich des Restkredits nach § 490 I BGB widerrufen. Hatte ein S eine typische stille Einlage von gleichfalls 100000 Euro zugesagt und gleichfalls nur 50000 Euro gezahlt, so kann er den Rückforderungsanspruch als Gläubiger zur Tabelle anmelden (§ 236 I HGB). Angenommen, es besteht keine Verlustbeteiligung des S (vgl. § 231 II HGB), so beträgt die Insolvenzforderung 50000 Euro, und S braucht auf die rückständige Einlage nichts mehr zu leisten.

c) Die Deckung eines in der Satzung (im Gesellschaftsvertrag) festgelegten Eigenkapitals im Aktivvermögen ist für den Gläubigerschutz von eminenter Bedeutung. Das deutsche Kapitalgesellschaftsrecht basiert auf dem Grundsatz, daß das Eigenkapital ordnungsgemäß gedeckt und das hierfür erforderliche Vermögen nicht zum Schaden der Kreditgeber an die Teilhaber ausgeschüttet wird. Bei allen Unternehmen täten solche Ausschüttungssperren einen guten Dienst. Trotzdem gibt es eine gesetzliche *Eigenkapitalsicherung*, die das haftende Vermögen zugunsten der Gläubiger schützt, nur bei Handelsgesellschaften und auch hier nur, soweit nicht die Gesellschafter den Gläubigern unbeschränkt haften. Die gesetzliche Eigenkapitalsicherung ist bei den unterschiedlichen Rechtsformen uneinheitlich gestaltet:

- Bei der *Aktiengesellschaft* besteht eine *starre Kapitalsicherung* des Inhalts, daß eine Einlagenrückgewähr ohne Kapitalherabsetzung strikt verboten und nur die Auszahlung von Bilanzgewinn erlaubt ist (§§ 57ff. AktG; dazu unten, § 29 II 2).
- Bei der *GmbH* ist nur das zur Erhaltung des Stammkapitals erforderliche Vermögen gesichert: Auszahlungen, die eine Unterbilanz herstellen oder verschärfen, sind verboten (§ 30 GmbHG; dazu unten, § 37 III 1).

13 Vgl. eingehend *Karsten Schmidt*, ZHR 140 (1976), 477ff.; *ders.*, KTS 1977, 13ff., 67ff.

- Für den *Kommanditisten* gilt kein Auszahlungsverbot; wohl aber kann die Rückzahlung der Kommanditeinlage für ihn Haftungsfolgen haben (§ 172 IV HGB und dazu unten, § 54 III); ist die Gesellschaft eine *GmbH & Co.*, so ist zu bedenken, daß Zahlungen aus dem KG-Vermögen auch dem Ausschüttungsverbot des § 30 GmbHG unterliegen können (unten, § 56 V 1 b).
- Für *unbeschränkt haftende Gesellschafter* – namentlich also für oHG-Gesellschafter und KG-Komplementäre – kennt das Gesetz keine gläubigerschützenden Ausschüttungsverbote. Dies beruht auf der bedenklichen Annahme des Gesetzgebers, die unbeschränkte Haftung könne eine Kapitalsicherung ersetzen (dazu unter IV 2).
- Aus einem ganz anderen Grund kennt das *Vereinsrecht* keine Eigenkapitalsicherung. Im Recht des eingetragenen Vereins gibt es zwar keine Mitgliederhaftung gegenüber den Vereinsgläubigern, aber der Gesetzgeber hat diese Rechtsform nicht auf unternehmerische Tätigkeit zugeschnitten (§ 21 BGB; dazu unten, § 23 III), und er geht davon aus, daß es keine Vermögens- und Gewinnbeteiligung der Mitglieder gibt (dazu unten, § 24 IV 2 c). Für Kapitalsicherungsregeln sah deshalb der Gesetzgeber keinen Anlaß. Nur in einer Hinsicht behandelt der Gesetzgeber den Verein ebenso wie die Kapitalgesellschaften: Tritt Überschuldung ein, so ist der Vorstand verpflichtet, die Eröffnung eines Insolvenzverfahrens zu beantragen (§ 42 II BGB).

Die Zukunft wird zeigen, ob das Kapitalsicherungskonzept seine zentrale Bedeutung im deutschen Kapitalgesellschaftsrecht wird behalten können, oder ob die zunehmende Hinwendung zum Kapitalmarktrecht dazu führen wird, daß auch das deutsche Recht statt auf Kapitalsicherung ganz auf Transparenz der Finanzierung setzen wird[14]. Daß diese Transparenz den funktionierenden Gläubigerschutz des Kapitalgesellschaftsrechts überflüssig machen wird, ist zu bezweifeln.

Nicht mit diesem formalen Eigenkapitalschutz zu verwechseln ist die *funktionelle Begrenzung der Ausschüttungskompetenz* und die Verschuldenshaftung wegen Unterkapitalisierung, Konkursverursachung und Konkursverschleppung. Ausschüttungen, die ohne eine gebotene Mitwirkung der Gesellschafter oder Mitglieder vorgenommen werden, können zurückgefordert werden (vgl. insbes. über verdeckte Ausschüttungen bei der GmbH unten, § 37 III 2 d), und zwar sogar beim Verein (vgl. über die Rückforderung unangemessener Vorstandshonorare *BGH*, NJW-RR 1988, 745 = JuS 1988, 903 m. Anm. *Karsten Schmidt*). Maßnahmen, durch die die Gesellschafter die Gesellschaft in schuldhafter Weise existentiell schädigen, verpflichten zum Schadensersatz (im Ergebnis richtig insofern *BGHZ* 93, 146, *BGHZ* 149, 10 = NJW 2001, 3622 und dazu unten, § 37 III 3 c). Hinzu kommt die Verschuldenshaftung bei Insolvenzverschleppung (dazu unten, § 36 II 5). Ist das Eigenkapital verbraucht und eine *Überschuldungssituation* eingetreten (dazu oben, § 11 VI 3 a), so sollten alle insolvenzrechtsfähigen Verbände zur Stellung eines Insolvenzantrags verpflichtet sein (näher unter IV 2 c). Nach

14 Dazu *Kübler*, ZHR 159 (1995), 550 ff.; *Schön*, ZHR 166 (2002), 1 ff.

geltendem Recht ist hierfür nicht lückenlos, allerdings immerhin in den wichtigsten Fällen gesorgt: Rechtsfähige Vereine, Kapitalgesellschaften, Genossenschaften und Kapitalgesellschaften & Co.-Personengesellschaften sind im Überschuldungsfall insolvenzreif, und die Organe müssen den Antrag auf Eröffnung eines Insolvenzverfahrens stellen (§§ 42 II BGB, 92 II AktG, 64 I GmbHG, 99 I GenG, 130a, 130b, 177a HGB).

d) Die *Unterscheidung von Eigen- und Fremdkapital* ist durch moderne Formen der Unternehmensfinanzierung zunehmend schwierig geworden. Die traditionelle, *rein formelle Abgrenzung* kann nur genügen, solange es gilt, etwa den Unterschied zwischen den *Einlagen von Handelsgesellschaften* auf der einen Seite (Eigenkapital) sowie den *Bank- und Lieferantenkrediten* auf der anderen (Fremdkapital) zu unterscheiden. In der Finanzierungspraxis haben sich aber zahlreiche Zwischenformen herauskristallisiert. Schon bei den *Kapital- und Darlehenskonten von Kommanditisten* wird es schwierig (zu ihnen vgl. unten, § 47 III 2): Sollen stehengebliebene Gewinne, die vom Kommanditisten nach § 167 HGB nicht mehr auf dem Kapitalkonto, sondern auf einem »Darlehenskonto« gutgebracht werden, wirklich als Fremdkapital eingestuft werden? Noch schwieriger wird es bei den zahlreichen Varianten sog. hybrider Finanzierungen, in denen sich Elemente der Eigen- und Fremdfinanzierung verbinden[15], z. B.

- Gesellschafterdarlehen mit Rangrücktritt,
- atypische stille Beteiligungen als Quasikommanditbeteiligungen (unten, § 62 II 2c aa),
- Wandelschuldverschreibungen (convertible bonds) und Optionsanleihen, die Umtausch- oder Bezugsrechte auf Aktien gewähren (unten, § 29 I 1b) oder
- Genußrechte (unten, § 29 I 1c).

Immer deutlicher wird deshalb das Bedürfnis nach einem *ausdifferenzierten funktionellen Eigenkapitalbegriff*. Der Gesetzgeber hat hiervon im Recht der Bankenaufsicht Kenntnis genommen[16]. Nach § 10 KWG bestehen die Eigenmittel eines Kredit- oder Finanzdienstleistungsinstituts aus

- dem Kernkapital (es entspricht dem formellen Eigenkapital),
- dem Ergänzungskapital (dazu kann das Genußkapital und evtl. auch eine stille Einlage gehören) sowie
- den sog. Drittrangmitteln (darunter Kredite mit Rangrücktrittsvereinbarung).

Diese funktionelle Abgrenzung ist weder für das Gesellschaftsrecht noch für das Bilanzrecht unmittelbar verbindlich. Ihre Grundgedanken sind aber auch im Gesellschaftsrecht wiederzuerkennen. Schon bei dem sog. *Darlehnskonto eines Kommanditisten*, auf dem dieser Gewinne stehenläßt, beginnen aber die

15 Vgl. nur *Pilz*, Hybride Finanzierungen, 1995; *Raupach/Völker/Breuninger*, in: JbFSH 1998/1999, 1999, S. 407ff.; *Siebel*, ZHR 161 (1997), 628ff.; *Wiese/Dammer*, DStR 1999, 867.

16 Dazu *Fischer*, in: Schimanski/Bunte/Lwowski (Hrsg.), Bankrechtshandbuch III, 2. Aufl. 2001, § 129 Rdnrn. 7ff.; *Kümpel*, Bank- und Kapitalmarktrecht, 2. Aufl. 2000, Rdnrn. 19.103ff.

Schwierigkeiten (dazu auch unter III 2). Vollends schwierig ist die Abgrenzung bei *stillen Einlagen* und beim sog. *Genußkapital.*

Beispiel Nr. 6: Wird über das Vermögen einer GmbH & Co. KG das Insolvenzverfahren eröffnet, so können die Kommanditisten ihre Einlagen nicht zurückfordern. Handelt es sich um eine »GmbH & Still«, so scheint sich aus § 236 HGB ein anderes zu ergeben. In der Praxis wird es sich aber so verhalten, daß die stille Einlage als haftendes Kapital im Konkurs der GmbH verloren ist (dazu unten unter III 2 und § 62 V 2).

Nicht minder schwierig sind die Abgrenzungsprobleme bei den sog. Genußrechten[17]. Von einem *Genußrecht* spricht man bei einem schuldvertraglich, d.h. nicht mitgliedschaftlich, begründeten Recht, wie es normalerweise Gesellschaftern zusteht, etwa als Beteiligung am Gewinn oder Liquidationserlös, als Bezugs- oder Benutzungsrecht usw. Sind solche Rechte verbrieft, so wird von Genußscheinen gesprochen. Der *Genußscheininhaber* erhält mitgliedschaftsähnliche Vermögensrechte, jedoch keine Mitgliedschaft[18]. Motiv für die Ausgabe kann beispielsweise die Kapitalbeschaffung[19], z.B. aber auch die Arbeitnehmerbeteiligung sein[20]. Die gesellschaftsrechtlichen Voraussetzungen und Grenzen einer Ausgabe von Genußscheinen sind umstritten[21], und zwar vor allem deshalb, weil Unklarheit darüber herrscht, inwieweit Genußscheine, ohne doch auf Mitgliedschaftsrechten zu beruhen, mitgliedschaftsähnliche Rechte gewähren oder gewähren dürfen[22]; doch ist dies ein organisationsrechtliches Problem (vgl. besonders zur Aktiengesellschaft unten, § 26 IV 1 g). Ein Problem der Finanzierung ist dagegen die Frage, ob Genußscheinkapital Eigenkapitalcharakter hat[23]. Dies ist zu bejahen, wenn das Genußkapital dauerhaft und mit Nachrang gegenüber den Gläubigern der

17 Dazu statt vieler *Bürger*, Genußrechte als Mittel zur Verbesserung der Eigenkapitalausstattung, Diss. Augsburg 1987; *Claussen*, Der Genußschein und seine Einsatzmöglichkeiten, in: Festschrift Werner, 1984, S. 81; *Drukarczyk*, a.a.O., Kap. 7/4.3; *Feddersen/Knauth*, Eigenkapitalbildung durch Genußscheine, 1988; *Feddersen/Meyer-Landrut*, Mehr Rechtssicherheit für Genußscheine, ZGR 1993, 312; *Franzen*, Genußscheine, 1993; *Gehling*, Obligationsähnliche Genußrechte, WM 1992, 1093; *Habersack*, Genußrechte und sorgfaltswidrige Geschäftsführung, ZHR 155 (1991), 378; *Hadding/Schneider* (Hrsg.), Recht und Praxis der Genußscheine, 1987; *Hammen*, Offene Fragen beim Recht der Genußscheine, BB 1990, 1917; *Hirte*, Genußscheine mit Eigenkapitalcharakter in der AG, ZIP 1988, 477; *ders.*, Genußscheine und Kapitalherabsetzung, ZIP 1991, 1461; *Lutter*, Genußrechtsfragen, ZGR 1993, 291; *Luttermann*, Unternehmen, Kapital und Genußrechte, 1998; *Oettmeier*, Ausgestaltung von Genußrechten und Genußscheinen, 1989; *Pougin*, Genußrechte, 1987; *ders.*, Genußrechte, in: Festschrift Oppenhoff, 1985, S. 275; *Reuter*, Genuß ohne Reue? AG 1985, 104; *Rid-Niebler*, Genußrechte als Instrument zur Eigenkapitalbeschaffung, 1989; *Thielemann*, Das Genußrecht als Mittel der Kapitalbeschaffung und der Anlegerschutz, 1988; *Vollmer*, Der Genußschein ..., ZGR 1983, 445.

18 *BGHZ* 119, 305 = NJW 1993, 57; *BGHZ* 120, 141, 146f. = NJW 1993, 400; *Grunewald*, Rdnr. 2 C 174; *Lutter*, in: KK, § 221 Rdnr. 196.; *ders.*, ZGR 1993, 291ff.

19 Dazu besonders *Claussen*, *Feddersen/Knauth*, *Pougin*, alle ebd.; krit. z.B. *Hirte*, ZIP 1988, 477ff. m.w.N.

20 Dazu besonders *Gast*, BB-Beil. 17/1987.

21 Vgl. einerseits *Lutter*, in: KK § 221 Rdnrn. 224ff.; *Claussen*, AG 1985, 77ff.; andererseits *Raiser*, Kapitalgesellschaften, § 17 Rdnr. 20; *Reuter*, in: 55. DJT I, 1984, S. B 24ff.; *ders.*, AG 1985, 104ff.; eingehend *Thielemann*, Das Genußrecht ..., 1988, S. 81ff.

22 Dazu *BGHZ* 119, 305, 310f. = NJW 1993, 57, 58.

23 Dazu etwa *Reuter*, in: Festschrift Fischer, 1979, S. 609ff.; *Vollmer*, ZGR 1987, 451ff.; *Hirte*, ZIP 1988, 477f.

Gesellschaft zur Verfügung gestellt ist (vgl. schon oben zu § 10 KWG; s. auch § 53c III a VAG).

3. Methoden der Kapitalzuführung

a) Hinsichtlich der Finanzierungsmethoden unterscheidet man[24]
- Selbstfinanzierung = Innenfinanzierung = interne Finanzierung und
- Fremdfinanzierung = Außenfinanzierung = externe Finanzierung.

Innenfinanzierung ist die Finanzierung ohne Zuführung von Mitteln durch Gesellschafter (Inhaber) oder Dritte. Innenfinanzierung ist also die Kapitalbildung aus dem betrieblichen Umsatzprozeß[25]. Bewerkstelligt wird sie insbesondere durch Thesaurierung von Gewinnen und durch die Bildung von Rückstellungen. Außenfinanzierung ist die Finanzierung aus Mitteln der Gesellschafter (Inhaber) oder Dritter. Außenfinanzierung ist also die Zuführung von Mitteln in Form von Eigen- oder Fremdkapital.

b) Bei der *Fremdfinanzierung* wird nach der Fristigkeit unterschieden zwischen *kurzfristiger, mittelfristiger und langfristiger Finanzierung*[26]. Was das genau bedeutet, kann nur nach unternehmerischer Gepflogenheit und Erfahrung festgelegt werden. In den Statistiken der Deutschen Bundesbank werden Kredite mit einer Laufzeit bis zu einem Jahr (kurzfristig), bis zu vier Jahren (mittelfristig) und über vier Jahre (langfristig) unterschieden. Die Unterscheidung hat nicht nur statistische oder kaufmännische, sondern auch rechtliche Bedeutung. Langfristige Fremdfinanzierung von Unternehmen ist nicht nur in der Regel mit besonderen Informationsmöglichkeiten des Kreditgebers verbunden, sondern sie bürdet ihm auch eine rechtliche Verantwortung auf[27]. Zwar geht es zu weit, wenn bisweilen der Hausbank eines Unternehmens eine Kreditversorgungspflicht aufgebürdet wird[28], aber eine rechtliche Sonderbehandlung von langfristigen Krediten an Unternehmen ist doch angezeigt. Sie leitet sich im Verhältnis zum Unternehmen aus der Dauerrechtsbeziehung und den sich aus ihr ergebenden Treupflichten her[29], im Verhältnis zu den Gläubigern aus einer – freilich noch keineswegs

---

24 Vgl. m.w.Nachw. *Karsten Schmidt*, JZ 1984, 773; die Terminologie ist nicht einheitlich; bei *Wöhe/Bilstein*, a.a.O., erscheint die Innenfinanzierung als Oberbegriff für Selbstfinanzierung, Finanzierung aus Abschreibungen und Finanzierung durch Pensionsrückstellungen.

25 Vgl. besonders *Drukarczyk*, a.a.O., Kap. 8/2; *Wöhe/Bilstein*, a.a.O., S. 35ff., 281ff.

26 *Perridon/Steiner*, a.a.O., S. 197; *Vormbaum*, a.a.O., S. 303ff., 333ff.

27 Unhaltbar freilich die Folgerungen bei *Kruppa*, Die Bankenhaftung bei der Sanierung einer Kapitalgesellschaft im Insolvenzfall, 1982; dazu näher *Karsten Schmidt*, ZIP 1983, 635f; rechtsvergleichende Analyse bei *Köndgen*, in: Hadding/Hopt/Schimansky (Hrsg.), Sicherheitenfreigabe und Unternehmenssanierung, Bankrechtstag 1994, 1995, S. 141ff.

28 So *Canaris*, ZHR 143 (1979), 132; dazu aber *Obermüller*, Die Bank im Konkurs des Kunden, 3. Aufl. 1985, Rdnr. 630; *Karsten Schmidt*, WM 1983, 491.

29 *Canaris*, Bankvertragsrecht, 2. Aufl. 1981, Rdnrn. 1262ff., 1271ff.

allgemein anerkannten – Analogie zu § 136 InsO[30]. Nach dieser Bestimmung, die meistens zu Unrecht nur aus dem Sonderrecht der stillen Gesellschaft erklärt wird (näher unten, § 62 V 2 d), muß eine typische stille Einlage – also eine typische Form langfristiger Fremdfinanzierung – im Insolvenzfall zur Masse zurückgezahlt und dann als Insolvenzforderung angemeldet werden, wenn sie aufgrund einer binnen Jahresfrist vor dem Insolvenzantrag getroffenen Vereinbarung an den Kapitalgeber zurückgeflossen ist. Da allerdings die meisten derartigen Kredite dinglich gesichert sind, lassen sich revolutionäre Folgen hieraus nach geltendem Recht nicht ableiten[31].

4. Rechtsgrundsätze für ordnungsmäßige Eigenkapitalausstattung?

a) Die Eigenkapitalausstattung deutscher Unternehmen läßt notorisch zu wünschen übrig[32]. Einer der Gründe hierfür wird in fehlenden steuerlichen Anreizen für eine hohe Eigenkapitalquote gesehen. Das Gesellschaftsrecht hat dem wenig entgegenzusetzen. Sanktionsfähige Rechtsgrundsätze für eine ordnungsmäßige Eigenkapitalausstattung sind bisher weder allgemein noch speziell für Unternehmen anerkannt[33]. Wie unter II 5 zu zeigen sein wird, bedeutet dies nicht, daß es keine Haftung für Unterkapitalisierung gäbe. Woran es aber fehlt, sind ex ante wirkende Normativbestimmungen über das notwendige Eigenkapital. Das gesetzliche Mindestgarantiekapital für Aktiengesellschaften (50 000 Euro) oder für Gesellschaften mbH (25 000 Euro) kann nicht als Garantie hinreichenden Eigenkapitals verstanden werden, sondern nur als eine »Seriositätsschwelle« für kapitalgesellschaftliche Rechtsformen[34]: Das Gesetz verbietet zwar, daß eine GmbH mit 20 000 Euro oder eine AG mit 40 000 Euro Eigenkapital gegründet und eingetragen wird, aber es verbietet nicht, daß eine Bauunternehmungs-GmbH mit unzureichenden 25 000 Euro oder eine Fluglinien-AG mit gleichfalls unzureichenden 50 000 Euro in das Handelsregister eingetragen wird. Eine Eintragungsverweigerung wegen mangelnder Kapitalausstattung kommt nur in den krassen Fällen erkennbar betrügerischer oder sittenwidrig-gläubigerschädigender Gründungen in Betracht (str.; vgl. unten, § 27 II 3 f und § 34 II 3 b); jedenfalls wird sie in der Praxis kaum vorkommen. Verallgemeinerungsfähige Maßstäbe sind auch hier nicht in Sicht.

---

30 Eingehend *Karsten Schmidt*, in: MünchKommHGB, Anh. § 236 Rdnr. 33; zur näheren Begründung vgl. *Karsten Schmidt*, ZHR 140 (1976), 497; KTS 1977, 71 f.; NJW 1977, 107 f.; ZIP 1981, 697; zust. *Benne*, Haftungsdurchgriff bei der GmbH, 1978, S. 160 f., 191; sympathisierend wohl auch *Fleck*, LM Nr. 6 zu § 30 GmbHG.

31 Anders hätte es u. U. bei Einbeziehung der Sicherheiten in die Verteilung ausgesehen; dazu Erster Bericht der Kommission für Insolvenzrecht, 1985, Leitsatz 1.1.5 Abs. 2; Referentenentwurf Insolvenzordnung, 1989, §§ 43 ff.

32 Vgl. nur *Drukarczyk*, a. a. O., Kap. 7/2.

33 Vgl. *Wiedemann* I, § 10 IV 3 (S. 565); *Ulmer*, in: Festschrift Duden, 1977, S. 667.

34 So grundlegend *Ballerstedt*, ZHR 135 (1971), 384 ff.; *v. Caemmerer*, in: liber amicorum Pieter Sanders, 1972, S. 18; rechtspolitische Kritik bei *Markus Bauer*, Gläubigerschutz durch eine formelle Nennkapitalziffer, 1996.

b) Eine Todsünde der Finanzierung – aber eine verbreitete Sünde! – heißt *Unterkapitalisierung*[35]. Unterkapitalisierung – oder: materielle Unterkapitalisierung im Gegensatz zu der noch zu behandelnden nominellen Unterkapitalisierung – läßt sich mit *Ulmer* wie folgt definieren[36]: »Eine Gesellschaft ist unterkapitalisiert, wenn das Eigenkapital nicht ausreicht, um den nach Art und Umfang der ... Geschäftstätigkeit ... bestehenden, nicht durch Kredite Dritter zu deckenden mittel- oder langfristigen Finanzbedarf zu befriedigen.« Diese auf den Unternehmensbereich zugeschnittene Definition läßt sich verallgemeinern, indem man »Gesellschaft« durch »Verband« und »Geschäftstätigkeit« durch »Zweckverfolgung« ersetzt. Unterkapitalisierung ist nämlich ein allgemeines Problem des Verbandsrechts. Allerdings pflegt, wer von »Unterkapitalisierung« spricht, an die GmbH – vielleicht noch an die GmbH & Co. – zu denken[37]. Unterkapitalisierung gilt als ein Problem nur der Handelsgesellschaften und hier nur der Kapitalgesellschaften, besonders der GmbH. Dagegen ist kaum von der unterkapitalisierten Personengesellschaft die Rede[38] und erst recht nicht vom unterkapitalisierten Verein[39].

Diese *Verengung der Problemsicht* ist rechtspolitisch verständlich, denn Unterkapitalisierung beunruhigt da, wo Unternehmen ohne hinreichende Kapitalausstattung und ohne persönliche Haftung betrieben werden. Schon ein flüchtiger Blick auf die Insolvenzstatistik macht begreiflich, daß es sich hierbei vor allem um GmbH und GmbH & Co. handelt. Der Sache nach handelt es sich jedoch um ein allgemeines Problem, das zwar im Bereich der Kapitalgesellschaften besonders offenkundig ist, aber kein Spezifikum dieses Bereichs darstellt[40]. Ebenso wie die unterkapitalisierte Kapitalgesellschaft gibt es die unterkapitalisierte Personengesellschaft[41] und auch den unterkapitalisierten Verein[42].

Daß die Unterkapitalisierung ein gefährlicher Mißstand ist, wird allein schon an ihrer Einschätzung unter den Insolvenzursachen erkennbar: Hier nimmt sie einen der vordersten Plätze ein[43]. Ob es ein allgemeines Unterkapitalisierungsverbot gibt, ist umstritten. Die Unternehmensrechtskommis-

35 Literatur (Auswahl): Arbeitskreis GmbH-Reform, Thesen und Vorschläge II, 1972; *Banerjea*, Haftungsfragen in Fällen materieller Unterkapitalisierung ..., ZIP 1999, 1153; *Benne*, Haftungsdurchgriff bei der GmbH, insbesondere im Fall der Unterkapitalisierung, 1978; *Bitter*, Konzernrechtliche Durchgriffshaftung bei Personengesellschaften, 2000, S. 110ff.; *Roth*, Unterkapitalisierung und persönliche Haftung, ZGR 1993, 170; *Ulmer*, Gesellschafterdarlehen und Unterkapitalisierung bei GmbH und GmbH & Co. KG, in: Festschrift Duden, 1977, S. 661ff.; *ders.*, Umstrittene Fragen im Recht der Gesellschafterdarlehen, ZIP 1984, 1163; *Vonnemann*, Haftung der GmbH-Gesellschafter bei materieller Unterkapitalisierung, 1991 (s. auch GmbHR 1992, 77); *Winter*, Die Haftung der Gesellschafter im Konkurs der unterkapitalisierten GmbH, 1973; *Wüst*, Wege des Gläubigerschutzes bei materieller Unterkapitalisierung, DStR 1991, 1424.

36 *Hachenburg/Ulmer*, Anh. § 30 Rdnr. 16.

37 Charakteristisch *Winter*, Die Haftung der Gesellschafter ..., 1973.

38 Besonders bedenklich *H. P. Westermann*, Gläubigerschutz bei der Neuordnung der GmbH, 1971, S. 37; vgl. jetzt aber *Bitter*, a.a.O., S. 110ff.

39 Vgl. allerdings *Reuter*, in: MünchKommBGB, vor § 21 Rdnr. 35f.

40 Vgl. auch *Karsten Schmidt*, JZ 1985, 304.

41 Beispiel: *BGHZ* 45, 204; unbefriedigend *Benne*, Haftungsdurchgriff bei der GmbH, 1978, S. 3.

42 Beispiel: *BGHZ* 54, 222 = JZ 1970, 687 m. Anm. *Karsten Schmidt.*

43 Vgl. nur *Justus Meyer*, a.a.O., S. 1079ff.

sion meinte, wer sich mit einem Unternehmen wirtschaftlich betätigen wolle, müsse es grundsätzlich auch auf die Dauer mit ausreichendem Eigenkapital ausstatten, so daß das Unternehmen seine Funktion auch im Interesse der Arbeitnehmer erfüllen könne[44]. Das ist gewiß richtig, läßt aber keine unmittelbaren Rechtsfolgen, insbesondere keinen Haftungsdurchgriff zu (vgl. hierüber oben, § 9 IV 4), denn Unterkapitalisierung ist nicht ex ante präzis zu erfassen, insbesondere nicht bilanziell meßbar[45]. Dessen bedürfte es aber, wenn man die Unternehmen nicht, wie Kreditinstitute und Finanzierungsunternehmen (vgl. § 10 I KWG), einer permanenten Wirtschaftsaufsicht unterwerfen will. Diese Überlegung spricht nun allerdings entgegen einer verbreiteten Auffassung nicht gegen die Anerkennung eines Unterkapitalisierungsverbots, wohl allerdings gegen eine nur durch präzise ex-ante-Bestimmung der Unterkapitalisierung zu rechtfertigende Sanktion. Wie schon bemerkt, ist eine erst nachträglich präzisierbare Unterkapitalisierung kein geeignetes Merkmal für die Ablehnung einer Handelsregistereintragung[46]. Sie ist auch keine geeignete Grundlage, um die Mitglieder einer allgemeinen Durchgriffshaftung gegenüber den Gläubigern zu unterwerfen[47] oder eine Konkursausfallhaftung zu rechtfertigen[48]. Der *allgemeine* Haftungsstatus einer Gesellschaft – z.B. nach § 13 II GmbHG oder nach § 128 HGB – muß sich ex ante bestimmen lassen. Eine nur ex post bestimmbare Unterkapitalisierung wirft demgegenüber die Frage auf, ob diese Fehlfinanzierung erkennbar war und deshalb individuell vorwerfbar und mit Haftungsfolgen für individuell zurechenbare Schäden verbunden ist. Das bedeutet: Rechtsfolge zurechenbarer Unterkapitalisierung kann eine Verschuldenshaftung, nur als ultima ratio dagegen eine allgemeine Durchgriffshaftung sein.

5. Die Finanzierungsverantwortung der Organe und Gesellschafter

Die richtige Antwort auf das Problem der Unterkapitalisierung ist das Konzept einer Verschuldenshaftung der Organe und der Gesellschafter[49]. Gibt es auch keine generalisierungsfähigen Normativbestimmungen über die Kapitalausstattung von Unternehmen (vgl. soeben unter II 4) und rechtfertigt auch die Unterkapitalisierung nicht eine allgemeine Durchgriffshaftung der Gesellschafter (oben, § 9 IV), so gibt es doch Finanzierungsregeln[50], die im Einzelfall Beachtung verdienen und deren Nichtbeachtung die Organe[51] wie

44 Bericht über die Verhandlungen der Unternehmensrechtskommission, 1980, Rdnr. 176.

45 Vgl. m.w.N. *Karsten Schmidt*, JZ 1984, 777.

46 Vgl. *Wiesner*, in: MünchHdbGesR IV, § 11 Rdnr. 5.

47 So aber insbes. *BSGE* 75, 82, 84 = ZIP 1999, 1944, 1945; ZIP 1996, 1134, 1135; *Reuter*, in: 55. DJT I, a.a.O., S. B 46; s. auch *Bitter*, a.a.O., S. 134ff.; *Ulmer*, GmbHR 1984, 262f. m.w.N.

48 Hierfür der schwerlich haltbare Vorschlag von *Justus Meyer*, a.a.O., S. 1118ff.

49 Vgl. zu diesem Ansatz *Flume*, Juristische Person, § 3 III 3; *Wilhelm*, Rechtsform und Haftung bei der juristischen Person, 1981, S. 308ff.; *Karsten Schmidt*, ZIP 1988, 1505ff.; krit. *Ulmer*, GmbHR 1984, 262f.

50 Dazu einführend *Perridon/Steiner*, a.a.O., S. 331ff.; für die Konzernfinanzierung vgl. *Uwe H. Schneider*, ZGR 1984, 509ff.; einschr. *Rümker*, ZGR 1988, 494ff.

51 Vgl. *Scholz/Schneider*, § 43 Rdnrn. 76ff.; *Kust*, WM 1980, 762.

auch die Gesellschafter schadensersatzpflichtig machen kann[52]: So wenig, wie die Geschäftsführungsorgane und Gesellschafter zum Erfolg verpflichtet werden können, und so wenig, wie ihnen eine Auflösung und Liquidation einer erfolglosen Gesellschaft verboten werden kann, so wenig ist es ihnen auf der anderen Seite gestattet, eine unzureichend gerüstete Gesellschaft den Fährnissen der werbenden Tätigkeit auszusetzen. Schuldhafte Unterkapitalisierung und schuldhafte Verschleppung der Entscheidung zwischen Sanierung oder Liquidation kann Organe und unternehmerisch beteiligte Gesellschafter schadensersatzpflichtig machen. Insofern kann man von einem rechtlich sanktionierten Verbot der Unterkapitalisierung sprechen, doch ist der ganze Fragenkreis heftig umstritten (näher oben, § 9 IV 4 c; unten, § 37 III 7).

III. Eigenkapital und Fremdkapital zwischen Privatautonomie und Rechtszwang

1. Fragestellung: Kredite als Eigenkapital?*

a) Vom Fragenkreis »Unterkapitalisierung und Durchgriff« muß der ganz andere unterschieden werden, wie *vorhandene Mittel* qualifiziert werden: *als Eigenkapital oder als Fremdkapital?* Die Frage kann nach den unter II 2 b und d angestellten Überlegungen nicht verwundern: Nur formale Betrachtung kann klar zwischen Einlagen als Eigenkapital und Krediten als Fremdkapital unterscheiden. Eine den Realitäten der Unternehmensfinanzierung gerecht werdende Betrachtung zeigt dagegen, daß Kredite, die *nominell* Fremdkapital und keine Einlagen darstellen, *materiell* dem Eigenkapital zugerechnet werden können.

b) Im Grundsatz läßt das geltende Recht den Beteiligten die Freiheit, die Finanzierung des Unternehmens nach kaufmännischem Belieben zu gestalten, solange sie nicht mit zwingenden Kapitalsicherungsregeln oder mit den sog. Insolvenzantragspflichten in Konflikt geraten (vgl. zu diesen unten, § 28 II 4 b und § 36 II 5 b). Insbesondere die Teilhaber einer Handelsgesellschaft haben

---

52 Zur Haftung der Gesellschafter gegenüber ihrer Gesellschaft vgl. m.w.N. *Karsten Schmidt*, ZIP 1988, 1505 ff.; NJW 2001, 3580; in gleicher Richtung *Priester*, ZGR 1993, 515 ff.; *Schmauder/Müller-Christmann*, JuS 1998, 984 ff.; *Ulmer*, ZIP 2001, 2029.

* Literatur (Auswahl): *Albach*, Zur Finanzierung von Kapitalgesellschaften durch ihre Gesellschafter, ZStaatsW 1962, 653 ff.; *Beine*, Eigenkapitalersetzende Gesellschafterleistungen, 1994; *Claussen*, Betriebswirtschaft und Kapitalersatzrecht, in: Festschrift Forster, 1992, S. 139; *Fleischer*, Finanzplankredite und Eigenkapitalersatz im Gesellschaftsrecht, 1995; *v. Gerkan/Hommelhoff*, Kapitalersatz im Gesellschafts- und Insolvenzrecht, 4. Aufl. 1996; *Groth*, Überschuldung und eigenkapitalersetzende Gesellschafterdarlehen, 1995; *Hermann*, Quasi-Eigenkapital im Kapitalmarkt- und Gesellschaftsrecht, 1996; *Klaus*, Gesellschafterfremdfinanzierung und Eigenkapitalersatzrecht bei der AG und der GmbH, 1994; *Lutter/Hommelhoff*, Nachrangiges Haftkapital und Unterkapitalisierung in der GmbH, ZGR 1979, 42; *Priester*, Sind eigenkapitalersetzende Gesellschafterdarlehen Eigenkapital? DB 1991, 1917; *Karsten Schmidt*, Quasi-Eigenkapital als haftungsrechtliches und als bilanzielles Problem, in: Festschrift Goerdeler, 1987, S. 487.

also die Wahl, ob sie das Unternehmen mit Eigenkapital oder teilweise mit Krediten ausstatten und ob diese Kredite von Dritten oder von ihnen selbst stammen sollen. Nach *BGHZ* 76, 326, 330 können gesellschaftsrechtliche, wirtschaftliche und steuerliche Gründe »vor allem bei hoher Ertragskraft dafür sprechen, die Fremdfinanzierung einer Eigenkapitalbildung oder -erhöhung vorzuziehen«. Auch in der Jahresbilanz sind dann die Gesellschafterdarlehen als Verbindlichkeiten zu passivieren und nicht dem Eigenkapital zuzuschlagen (*BGHZ* 124, 282, 284). Dem ist im Ausgangspunkt beizupflichten. Müßten die Beteiligten jeden Kapitalbedarf entweder durch Kredite Dritter (Bankenkredite) oder durch förmliche Kapitalerhöhung decken, so wäre ihnen die notwendige Finanzierungsflexibilität genommen. Deshalb lehnt *BGHZ* 75, 334, 337 auch mit Recht eine Gleichstellung aller Gesellschafterdarlehen – einschließlich stehengebliebener Privatkonten – mit haftendem Kapital ab[53]. Aber diese Gleichstellung kann doch im Einzelfall mit oder ohne Willen der Beteiligten eintreten: Sie kann vom Kreditgeber gewollt sein (dazu sogleich unter 2), sie kann im Gesellschaftsvertrag vorgesehen sein (dazu alsbald unter 3), und sie kann auch im Gläubigerinteresse zwingend geboten sein (dazu später unter 4).

2. Einzelvertragliche Gleichstellung von Fremdmitteln mit haftendem Kapital[*]

Die Parteien können vereinbaren, daß Fremdmittel wie haftendes Kapital behandelt werden sollen. Dies geschieht durch sog. *Rangrücktrittsklauseln.* Eine solche Klausel besagt, daß Kredite im Verhältnis zu den Gläubigern wie Eigenmittel der Gesellschaft behandelt werden, ohne doch ihre Krediteigenschaft zu verlieren. Demgemäß wird eine mit Rangrücktritt versehene Forderung im Insolvenzfall nachrangig, nämlich nach den einfachen Insolvenzforderungen (§ 38 InsO), aber vor den Eigenkapitalgebern (§ 199 Satz 2 InsO) berücksichtigt (§ 35 II InsO), was im praktischen Regelfall bedeutet: Der Gläubiger fällt im Insolvenzfall mit dieser Forderung aus. Die Rangrücktrittsklausel muß sicherstellen, daß die Kredite nur aus Bilanzgewinnen oder aus einem Liquidationserlös nach Befriedigung der Gesellschaftsgläubiger zurückgezahlt werden und daß keine Geltendmachung im Konkursfall erfolgen wird. Sie lautet etwa[54]: »Die Forderung soll hinter den Rechten

53 Dafür aber *Immenga*, Die personalistische Kapitalgesellschaft, 1970, S. 423.

* Literatur: *Habersack*, Der Finanzplankredit und das Recht der eigenkapitalersetzenden Gesellschafterhilfen, ZHR 161 (1997), 457; *Herlinghaus*, Forderungsverzichte und Besserungsvereinbarungen zur Sanierung von Kapitalgesellschaften, 1994; *Knobbe-Keuk*, Stille Beteiligung und Verbindlichkeiten mit Rangrücktrittsvereinbarung im Überschuldungsstatus und in der Handelsbilanz des Geschäftsinhabers, ZIP 1983, 127; *Priester*, Gläubigerrücktritt zur Vermeidung der Überschuldung, DB 1977, 2429; *Karsten Schmidt*, Quasi-Eigenkapital als haftungsrechtliches und als bilanzielles Problem, in: Festschrift Goerdeler, 1987, S. 487; *ders.*, Finanzplanfinanzierung, Rangrücktritt und Eigenkapitalersatz, ZIP 1999, 1241; *Schrader*, Die Besserungsabrede, 1995; *Teller*, Rangrücktrittsvereinbarungen zur Vermeidung der Überschuldung, 2. Aufl. 1995; *Wittig*, in: Karsten Schmidt/Uhlenbruck (Hrsg.), Die GmbH in Krise, Sanierung und Insolvenz, 1996, Rdnrn. 339ff.

54 Vgl. *Scholz/Karsten Schmidt*, §§ 32a, b Rdnr. 99.

der übrigen Gläubiger zurücktreten und nur aus Bilanzgewinnen oder aus einem Liquidationsüberschuß beglichen werden.« Derartige Klauseln werden vor allem dann vereinbart, wenn – z. B. in Sanierungsfällen – die Zuführung oder das Stehenlassen von Fremdmitteln den Zweck einer formlosen Kapitalerhöhung verfolgt und sich die Beteiligten auch selbst auf diesen Zweck berufen, insbesondere eine Überschuldung vermeiden wollen[55]. Die wichtigsten Zwecke der Rangrücktrittserklärung sind

– die Bindung von Krediten im Gesellschaftsvermögen und
– die Abwendung von Überschuldungssituationen.

Beispiel Nr. 7: Die Darlehnskonten der Kommanditisten bei einer GmbH & Co. KG sind auf 1 Mio. Euro angewachsen. Der Wert des Aktivvermögens der Gesellschaft ist unsicher. Die Gesellschaft will mit Eigenmitteln und Bankkrediten Baumaßnahmen finanzieren. Würden jetzt unverhofft die Guthaben der Gesellschafter abgezogen, so könnte die Gesellschaft in eine Krise geraten. Unabhängig davon könnte die Gesellschaft sogar überschuldet sein (vgl. §§ 19 InsO, 177 a, 130 a, b HGB), wenn die Darlehnskonten weiter als Fremdkapital zu Buche schlügen. Hier können die Gesellschafter entweder ihre Einlagen erhöhen und die Darlehnskonten in Eigenkapital umwandeln (nominelle Kapitalerhöhung) oder einen Rangrücktritt vereinbaren. Im ersten Fall werden die Darlehnskonten in echte Einlagenkonten verwandelt, im zweiten Fall bleiben die Forderungen Kredite, aber diese werden wie Eigenkapital behandelt und begründen keine Überschuldung der Gesellschaft (*BGHZ* 146, 264 = NJW 2001, 1280).

Beispiel Nr. 8: Eine Familien-GmbH gerät in eine Krise. Die Gesellschafter wollen das Unternehmen durch Zuführung neuer Mittel retten. Das können sie auf komplizierte Weise im Wege der Kapitalerhöhung tun (§ 55 GmbHG) oder auf einfache Weise durch Zuführung eigenkapitalersetzender Kredite. Wie alsbald zu zeigen sein wird, sorgen Gesetz und Rechtsprechung dafür, daß solche Kredite zum Nachteil der Gesellschafter haftendem Kapital gleichgestellt werden (s. unter 4). Hier aber geht es den Gesellschaftern darum, sich auch selbst auf die Kapitalersatzfunktion zu berufen, denn um die Insolvenzreife der Gesellschaft abzuwenden, muß außer der Zahlungsunfähigkeit auch die Überschuldung beseitigt werden (§§ 17, 19 InsO, § 64 I GmbHG). Deshalb genügt es nicht, die Gesellschaft mit Fremdkapital zu versorgen, sondern die Gesellschafter müssen selbst klarstellen, daß keine Insolvenzforderung begründet wird (str.; vgl. alsbald unter III 5 c). Dieser Klarstellung dient die Rangrücktrittsvereinbarung (*BGHZ* 146, 264 = NJW 2100, 1280). Kurzgefaßt kann man sagen: Die Zahlungsunfähigkeit kann durch den Kredit abgewendet werden, die Überschuldung nur durch Darlehn plus Rangrücktritt (vgl. zum Streitstand *Scholz/Karsten Schmidt*, §§ 32 a, b Rdnr. 63).

3. Gesellschaftsvertragliche Gleichstellung von Fremdmitteln mit haftendem Kapital*

a) Bei einer zweiten Fallgruppe wird die Gleichstellung *nicht aus der Kreditabrede, sondern aus dem Gesellschaftsvertrag* hergeleitet. Es geht um Fälle,

55 Vgl. *BGHZ* 146, 264 = NJW 2001, 1280 = ZIP 2001, 235; zum Streitstand *Scholz/Karsten Schmidt*, §§ 32 a, b Rdnr. 63.

* Literatur: Vgl. oben unter III 1; s. auch *Fleischer*, Finanzplankredite und Eigenkapitalersatz im Gesellschaftsrecht, 1995; *Habersack*, Der Finanzplankredit und das Recht der eigenkapitalersetzenden Gesellschafterhilfen, ZHR 161 (1997), 457; *Kuhr*, Eigenkapitalersatz bei Publikumsgesellschaften mit gesplitteter Einlage, 1996; *Karsten Schmidt*, Finanzplanfinanzierung, Rangrücktritt und Eigenkapitalersatz, ZIP 1999, 1241.

bei denen die in Form eines Darlehns oder einer stillen Einlage gegebenen Mittel nach dem Sinn und Zweck des Gesellschaftsvertrags dem vollen Kapitalrisiko unterworfen werden, also im Insolvenzfall nicht zur Forderungsanmeldung berechtigen und ggf. sogar noch in die Insolvenzmasse einzuzahlen sind. Die Frage tritt *vor allem bei der »gesplitteten Einlage« in Publikumskommanditgesellschaften* auf (s. dazu auch unten, § 54 II 2c und § 57 III 2a), denn hier finden sich viele Gesellschaftsverträge, nach denen die Anleger neben ihrer Kommanditeinlage auch noch ein Darlehn oder eine stille Einlage einzahlen sollen. Für die Gleichstellung dieser Fremdmittel mit haftendem Kapital soll es nach mehreren Urteilen des *Bundesgerichtshofs* darauf ankommen, ob die Kreditgewährung Gesellschafter*beitrag* ist[56], aber es ist auch von einer »aus Kommanditanteil und Darlehnsbetrag zusammengesetzten Pflichteinlage« die Rede[57]. Die erste dieser Formulierungen ist ungenau. Denn es ist zu unterscheiden zwischen Beitrag und Einlage (dazu unten, § 20 II). Als *Beitrag* kann auch die Zurverfügungstellung von Leihkapital versprochen werden. Eine solche Finanzierung ist nicht ohne weiteres als Eigenkapitalersatz anzusehen. Es muß sich um mehr handeln: um die *funktionelle Gleichbehandlung von Krediten mit echten Einlagen.* Sie erkennt man aus dem Vertragsganzen, z.B. auch daran, daß für die Kreditgewährung Gesellschafterrechte eingeräumt werden.

Beispiel Nr. 9 (nach *BGH*, BB 1985, 422 = NJW 1985, 1468 = JuS 1985, 645 m.Anm. *Karsten Schmidt*): Der Konkursverwalter (heute: Insolvenzverwalter) einer Publikums-KG klagt gegen eine Kommanditistin, die eine Kommanditeinlage und ein Darlehn gezeichnet hatte, die noch ausstehende Darlehnssumme ein. Die Beklagte verweigerte die Zahlung (§ 490 I BGB). Die Klage hatte Erfolg. Ein Widerruf des Darlehns war nach Auffassung des *BGH* ausgeschlossen, weil die Darlehnsgewährung »Teil der gesellschaftsvertraglichen Beitragspflicht« war. Diese Begründung greift zu kurz. Hatten aber die Beteiligten die Gesellschafterdarlehen wie Einlagen behandelt, so war dem *BGH* zuzustimmen.

Beispiel Nr. 10 (nach *BGH*, LM Nr. 3 zu § 155 HGB = NJW 1981, 2251): K war als Kommanditist einer Publikums-KG beigetreten und hatte, wie alle Anleger, 20% als Kommanditeinlage und 80% als stille Einlage gezeichnet. Im Insolvenzverfahren machte er die stille Einlage als Forderung geltend. Dies wurde ihm in allen Instanzen versagt, und hier stellte der *BGH* nicht nur darauf ab, daß es sich um einen Teil der gesellschaftsvertraglichen Beitragspflicht handle, sondern er begründete ausführlich, daß die stille Einlage nach dem Gesellschaftsvertrag »zum Gesellschaftskapital« gehörte und als Teil des Eigenkapitals unentbehrlich gewesen sei. Diese Begründung trifft ins Schwarze.

Beispiel Nr. 11 (nach *BGH*, NJW 1985, 1079 = BB 1985, 372 = JuS 1985, 557 m.Anm. *Karsten Schmidt*): Eine Publikums-KG war gescheitert und befand sich im Stadium der Abwicklung. Nach dem Gesellschaftsvertrag sollten Kommanditisten mit Einlagen bis zu 11 Mio. DM aufgenommen und stille Gesellschaftsverträge bis zu 15 Mio. DM abgeschlossen werden. Die stillen Gesellschafter nahmen an den Gesellschafterversammlungen teil und wurden auch sonst wie Kommanditisten behandelt. Der Bekl. hatte eine stille Einlage von 20 000 DM gezeichnet, aber nur 300 DM eingezahlt. Er wurde zur Zahlung

56 *BGH*, LM Nr. 3 zu § 155 HGB = NJW 1981, 2251; LM Nr. 21 zu § 171 HGB = NJW 1982, 2253 m.Anm. *Karsten Schmidt*; NJW 1985, 1079 = JuS 1985, 557 m.Anm. *Karsten Schmidt*; NJW 1985, 1468 = BB 1985, 422 = JuS 1985, 645 m.Anm. *Karsten Schmidt.*

57 *BGHZ* 93, 159, 161 = NJW 1985, 1468, 1469.

des Restbetrages verurteilt. Der *BGH* entschied, daß auch eine selbständig übernommene, d.h. nicht mit einer Kommanditistenbeteiligung verbundene, stille Einlage haftendes Kapital darstellen kann, wenn der stille Gesellschafter im Innenverhältnis Rechte wie ein Kommanditist hat. Das war hier der Fall. Die stillen Gesellschafter hatten Sitz und Stimme in derselben Gesellschafterversammlung wie die Kommanditisten, und sie konnten diese sogar überstimmen, da sie 15 Mio. gegenüber nur 11 Mio. DM Kommanditkapital vertraten. Überdies hatte es in dem Emissionsprospekt geheißen, das Eigenkapital werde aus Kommanditanteilen und stillen Beteiligungen gebildet. Demnach mußte die stille Einlage wie eine Kommanditeinlage auch noch im Liquidationsstadium aufgebracht werden.

Beispiel Nr. 12 (nach *BGHZ* 93, 159 = NJW 1985, 1468): Der Kommanditist hatte 20000 DM Einlage und 80000 DM Darlehn versprochen. Vom Konkursverwalter (heute: Insolvenzverwalter) auf die nicht bezahlte Resteinlage verklagt, rechnete er mit dem Anspruch auf Rückzahlung des Darlehns auf. Dies wurde ihm versagt, weil auch das Darlehn Teil der »zusammengesetzten Pflichteinlage« sei.

Beispiel Nr. 13 (nach *BGHZ* 104, 33 = NJW 1988, 1841): Hier machte nicht der Kommanditist selbst, sondern ein Dritter, der sich die Darlehnsforderung hatte abtreten lassen, den Rückgewähranspruch nach § 488 I 2 BGB im Konkurs der KG geltend. Aber der Einwand, dies sei haftendes Kapital und keine echte Kreditforderung, schlug auch gegen diesen Dritten durch (§ 404 BGB).

b) Dieses *Institut des gesellschaftsrechtlich bindenden Finanzplankredits* ist nicht auf Fälle der gesplitteten Kommanditeinlage beschränkt[58].

Beispiel Nr. 14 (in Anlehnung an *BGHZ* 142, 116 = NJW 1999, 2809 m. Anm. *Altmeppen* = BB 1999, 1672 m. Anm. *Thümmel* = GmbHR 1999, 911 m. Anm. *Brauer*): Die Gesellschafter einer unterkapitalisierten GmbH hatten sich verpflichtet, ein Mehrfaches ihrer Stammeinlagen als Darlehen zur Verfügung zu stellen. Nicht aufgrund zwingenden Gesetzesrechts, wohl aber aufgrund ihrer Finanzplanvereinbarung waren die Gesellschafter verpflichtet, den Kredit sogar noch in der Insolvenz auszuzahlen.

4. Zwingende Gleichstellung von Fremdmitteln mit haftendem Kapital: das Problem der eigenkapitalersetzenden Kredite*

a) Um eine dritte Stufe der Korrektur handelt es sich, wenn Mittel, die in der Rechtsform eines Kredits gegeben worden sind, *kraft zwingenden Rechts*

58 Vgl. *Scholz/Karsten Schmidt*, §§ 32a, b Rdnrn. 91ff.

* Literatur (Auswahl; vgl. auch oben bei § 18 III 1 sowie zum GmbH-Recht auch unten, § 37 IV): *Bäcker*, Eigenkapitalersetzende Rechtshandlungen der GmbH-Gesellschafter und Dritter, 1990; *Beine*, Eigenkapitalersetzende Gesellschafterleistungen, 1994; *Berger*, Grundlagen des Eigenkapitalersatzrechts, Wien 1996; *v. Caemmerer*, Unterkapitalisierung und Gesellschafterdarlehen, in: liber amicorum Pieter Sanders, 1972, S. 17; *Castor*, Das Recht der eigenkapitalersetzenden Gesellschafterleistungen, 1997; *Eichele*, Die Reichweite des Kapitalerhaltungsgrundsatzes ..., 1999; *Fabritius*, Die Überlassung von Anlagevermögen an die GmbH durch Gesellschafter, 1988; *Farrenkopf*, »Kapitalersetzende« Gesellschafterdarlehen bei der Aktiengesellschaft, 1984; *Fastrich*, Ketzerisches zur sog. Finanzierungsverantwortung, in: Festschrift Zöllner I, 1998, S. 143; *Fleck*, Das kapitalersetzende Bankdarlehen in der GmbH, in: Festschrift Werner, 1984, S. 107; *v. Gerkan/Hommelhoff*, Kapitalersatz im Gesellschafts- und Insolvenzrecht, 4. Aufl. 1996; *Habersack*, Grundfragen der freiwilligen und erzwungenen Subordination von Gesellschafterkrediten, ZGR 2000, 384; *Häuselmann/Rümker/Westermann*, Die Finanzierung der GmbH durch ihre Gesellschafter, 1992; *dies.*, Kapitalersetzehnde Darlehen, 1987; *Herrmann*, Quasi-

dem haftenden Kapital gleichgestellt werden. Hierum geht es im Recht der kapitalersetzenden Kredite. Für das Recht der Kapitalgesellschaften und der GmbH & Co. ist anerkannt, daß *Fremdkapital aus Gesellschafterhand* u.U. wie Eigenkapital der Gesellschaft behandelt werden muß. Die Frage wird vor allem als Problem der unterkapitalisierten GmbH diskutiert, denn hier lag lange Zeit der rechtspolitische Schwerpunkt des Problems: Gesellschaften mit beschränkter Haftung – oft mit einem Stammkapital von damals nur 20000 DM – betrieben Unternehmen, deren Investitionsbedarf und Verlustrisiko statt mit Eigenkapital mit Krediten der Gesellschafter gedeckt wurde. Spätestens seit dem Urteil *BGHZ* 67, 171 war dann offenkundig, daß die Problemlage und die Problemlösung bei der GmbH & Co. nicht wesentlich anders aussieht, worauf dann der Gesetzgeber der *GmbH-Novelle von 1980* Sonderregeln für die GmbH und die GmbH & Co. schuf: die §§ 32a, b GmbHG, 129a, 172a HGB, 32a KO, 3b AnfG. Auf diese Bestimmungen wird jeweils im konkreten Zusammenhang einzugehen sein (unten, § 37 IV und § 56 V 1c). Sie haben in Praxis und Literatur den Eindruck verstärkt, der Problemkreis der kapitalersetzenden Kredite sei ein Spezifikum des GmbH- und GmbH-&-Co.-Rechts. Dies konnte lange als herrschende Auffassung gelten. In Wahrheit handelt es sich, wie auch schon beim Problem der Unterkapitalisierung erkannt (oben unter II 4b), um ein Problem, das *allen Verbänden* gemein ist und zum Tragen kommt, *wenn immer zwischen dem Eigenkapital und dem Fremdkapital unterschieden werden muß*[59]. Die Vor-

---

Eigenkapital im Kapitalmarkt- und Unternehmensrecht, 1996; *Hommelhoff*, Das Gesellschafterdarlehen als Beispiel institutioneller Rechtsfortbildung, ZGR 1988, 460; *Hommelhoff/Kleindiek*, Flexible Finanzierungsinstrumente im GmbH-Recht, in: Festschrift 100 Jahre GmbH-Gesetz, 1992, S. 421; *Immenga*, Die personalistische Kapitalgesellschaft, 1970; *Janssen*, Die Rechtsprechung des BGH zu kapitalersetzenden Darlehen, JR 1995, 180; *Junker*, Das eigenkapitalersetzende Aktionärsdarlehen, ZHR 156 (1992), 339; *Kallmeyer*, Ungelöste Probleme des Eigenkapitalrechts, GmbHR, 1998, 307; *Kamm*, Gesellschafterdarlehen an Kapitalgesellschaften, 1970; *Kamprad*, Gesellschafterdarlehen an die GmbH und GmbH & Co. KG, 2. Aufl. 1981; *Ketzer*, Eigenkapitalersetzende Aktionärsdarlehen, 1989; *Kreis*, Finanzierungsverantwortung bei eigenkapitalersetzenden Gesellschafterdarlehen, 1990; *A. Müller*, Regeln für eigenkapitalersetzende Gesellschafterdarlehen ..., 1987; *K. Müller*, Der Tatbestand des kapitalersetzenden Gesellschafterdarlehens in § 32a Abs. 1 GmbHG, GmbHR 1982, 33; *Preissler*, Eigenkapitalersetzende Gesellschafterdarlehen und konsortiale Kreditvergabe durch Banken, 1997; *Reiner*, Der deliktische Charakter der »Finanzierungsverantwortung« der Gesellschafter, in: Festschrift Boujong, 1996, S. 415; *Karsten Schmidt*, Gesellschafterdarlehen als Insolvenzrechtsproblem, ZIP 1981, 689; *ders.*, Kapitalersetzende Bankkredite? ZHR 147 (1983), 165; *ders.*, Kapitalersetzende Gesellschafterdarlehen: ein Problem nur der GmbH und der GmbH & Co.? AG 1984, 12; *ders.*, Eigenkapitalersatz bei unbeschränkter Haftung, ZIP 1991, 1; *Schouler*, Grundlagen des Eigenkapitalersatzrechts, 2001; *Ullrich*, Gesellschafterdarlehen der Banken in der Finanzkrise der GmbH, GmbHR 1983, 133; *Ulmer*, Die neuen Vorschriften über kapitalersetzende Darlehen und eigene Geschäftsanteile der GmbH, in: Das neue GmbH-Recht in der Diskussion, 1981, 55; *ders.*, Umstrittene Fragen im Recht der Gesellschafterdarlehen (§ 32a GmbHG), ZIP 1984, 1163; *Waechter*, Gesellschafterdarlehen und Umgehungsgeschäfte im Konkurs der GmbH, 1985; *Wiedemann*, Eigenkapital und Fremdkapital, in: Festschrift Beusch, 1993, S. 893; *Georg Winter*, Die Haftung der Gesellschafter im Konkurs der unterkapitalisierten GmbH, 1973; *Ziegler*, Kapitalersetzende Gebrauchsüberlassungsverhältnisse und Konzernhaftung bei der GmbH, 1989.

59 *Scholz/Karsten Schmidt*, §§ 32a, b Rdnr. 22; Verf. hat dieses Modell sukzessiv entwickelt; *Karsten Schmidt*, ZHR 147 (1983), 166f.; *ders.*, AG 1984, 12; *ders.*, JZ 1985, 304; *ders.*, GmbHR 1986, 337ff.; *ders.*, ZIP 1991, 1ff.; partiell in ähnlicher Richtung für alle juristischen Personen *Flume*, Juristische Person, § 3 III 2; für die AG *Ketzer*, a.a.O., S. 23ff.; *Wiesner*, in: MünchHdbGesR IV,

schriften der GmbH-Novelle über die GmbH und die GmbH & Co. sind keine rechtsformspezifischen Einschnitte in das Gesellschaftsrecht, sondern nur *Ausdruck allgemeiner Rechtsgrundsätze*[60]. Diese sind nicht einmal auf die Fälle der Kapitalgesellschaft und der Kapitalgesellschaft & Co. beschränkt, auch wenn sie naheliegenderweise hier in erster Linie zum Tragen kommen. Sie gelten sogar für typische Personengesellschaften[61] und hier sogar für unbeschränkt haftende Gesellschafter[62].

Beispiel Nr. 15: Der Gesellschafter G der G-GmbH hat den Zusammenbruch der Gesellschaft durch ein Darlehn von 1 Mio. Euro aufzuhalten versucht. Dies ist mißlungen. Die Gesellschaft bricht zusammen. G meldet im Insolvenzverfahren die Rückzahlungsforderung (§ 488 I 2 BGB) als Forderung an, aber er ist nach § 32a I 1 GmbHG und § 39 I Nr. 5 InsO nur nachrangiger Insolvenzgläubiger).

Beispiel Nr. 16: Kommanditist K hatte der G-GmbH & Co. KG wiederum ein Darlehn von 1 Mio. Euro zu Sanierungszwecken gegeben. Für ihn gelten dieselben Regeln (§§ 172a HGB, 32a I 1 GmbHG, 39 I Nr. 5 InsO).

Beispiel Nr. 17: Handelt es sich bei dem letzten Beispiel nicht um eine GmbH & Co., sondern um eine reguläre Kommanditgesellschaft, so mag ein Blick auf den Gesetzeswortlaut (§ 172a HGB) zu dem argumentum e contrario verführen, hier gelte all das nicht. Die praktischen Folgen wären beträchtlich. So hatte in dem auch an anderer Stelle zu besprechenden »Rektorfall« *BGHZ* 45, 204 der Schulrektor als Kommanditist nicht nur eine mittellose Komplementärin vorgeschoben (vgl. dazu näher unter § 5 III 1c und § 53 IV 3), sondern er hatte vor dem Zusammenbruch mindestens 83000 DM – damals eine ganz beträchtliche Summe Geldes! – an Darlehen gegeben, um die Gesellschaft doch noch zu retten. Angenommen, er hätte diese Summe im Konkurs der Gesellschaft anmelden wollen, so hätte ihm dies ebenso verwehrt werden müssen wie bei einer GmbH & Co. (anders die immer noch h.M.; unentschieden *BGHZ* 112, 31, 39 = NJW 1990, 3145). Selbst für das Darlehn eines Komplementärs müßte dasselbe gelten (*Karsten Schmidt*, ZIP 1991, 1ff.; anders h.M.). Zwar gibt es hier kein gesetzliches Rückzahlungsverbot, aber der Gesellschafter kann auch in diesem Fall seine Forderung nur als nachrangiger Insolvenzgläubiger geltend machen.

Beispiel Nr. 18: Hätte es sich in den vorangegangenen Beispielen um eine Aktiengesellschaft gehandelt und wäre der Kreditgeber – z.B. eine Bank – zugleich Aktionär gewesen, so hätte sich wiederum die Frage gestellt, ob es auch kapitalersetzende Aktionärskredite gibt. Entgegen der damals noch ganz herrschenden Auffassung hat der *BGH* in dem berühmten Prozeß »BuM/WestLB« diese Frage mit vollem Recht bejaht (*BGHZ* 90, 381 = AG 1984, 181 = NJW 1984, 1893; *Ketzer*, a.a.O.; *Wiesner*, in: MünchHdbGesR IV, § 16 Rdnr. 44; *Junker*, ZHR 156 (1992), 394; a.M. noch *OLG Düsseldorf*, AG 1983, 250 = ZIP 1983, 786). Bereits 45 Jahre davor hatte aber auch schon das *Reichsgericht* kapital-

---

§ 16 Rdnrn. 44ff.; *Immenga*, ZIP 1983, 1406f.; *Junker*, ZHR 156 (1992), 339ff.; s. auch *Hefermehl/Bungeroth*, in: Geßler/Hefermehl/Eckardt/Kropff, § 57 Rdnr. 20.

60 Für Kapitalgesellschaften heute h.M.; a.M. noch das vom *BGH* aufgehobene Urt. des *OLG Düsseldorf* AG 1983, 250 = ZIP 1983, 786; *Obermüller*, Die Bank im Konkurs des Kunden, 2. Aufl. 1982, S. 221; *Claussen*, ZHR 147 (1983), 201f.; *Heilmann*, KTS 1983, 513; *Menzel*, AG 1982, 205; *H.P. Westermann*, ZIP 1982, 387f.

61 *Scholz/Karsten Schmidt*, §§ 32a, b Rdnr. 22; *Karsten Schmidt*, ZIP 1991, 1ff.; *Koller*, in: Festschrift Heinsius, 1991, S. 371ff.; a.M. *Schouler*, a.a.O., S. 283ff.; *Groß*, BB 1991, 2386ff.; *Habersack*, ZHR 162 (1998), 214; unentschieden *BGHZ* 112, 31, 39 = NJW 1990, 3145, 3147.

62 *Scholz/Karsten Schmidt*, §§ 32a, b Rdnr. 23; *Karsten Schmidt*, ZIP 1991, 1ff.; a.M. *BGHZ* 112, 31, 39 = NJW 1990, 3145, 3147; h.M.

ersetzende Aktionärskredite »als das behandelt, was sie in Wirklichkeit sind, nämlich Gesellschaftereinlagen« (*RG*, JW 1939, 355f.; näher unten, § 29 I 2).

Beispiel Nr. 19: Selbst bei einem Verein kann es kapitalersetzende Kredite geben. Gewähren Mitglieder eines in Not geratenen Fußballvereins diesem Sanierungskredite, um den Vorstand von der Stellung eines Insolvenzantrags abzuhalten (vgl. § 42 II 1 BGB), so haben diese Kredite Kapitalersatzfunktion. Im Zweifel werden sie ohnedies mit ausdrücklicher oder stillschweigender Rangrücktrittserklärung gegeben. Dann gelten die Ausführungen unter III 1. Fehlt es aber am Rangrücktritt, so liegt doch eine eigenkapitalersetzende Kreditgewährung vor.

b) Die allmähliche *Entwicklung eines allgemeinen Kapitalersatzrechts* ist Bestandteil der in diesem Buch unternommenen Institutionenbildung. Sie setzt ein Mindestmaß an Klarheit über den *Sinn und Zweck* der einschlägigen Rechtsgrundsätze voraus[63]. Vor allem die GmbH-Literatur aus der Zeit vor Einführung der gesetzlichen Spezialregeln – sie stand ja gleichfalls vor der Aufgabe einer Institutionenbildung! – läßt die Gefahr erkennen, daß hierbei *der rechtstechnische Ansatz* (Durchgriff? Vertrauenshaftung? Verschuldenshaftung? Arglisteinwand?) mit dem *inneren Normzweck* verwechselt wird. Deshalb macht man sich am besten vorab klar, worum es *im Ergebnis* geht: um die Qualifikation von Krediten als *funktionelles Haftkapital* oder, wie in der Literatur gesagt worden ist, um einen »materiellen« Eigenkapitalbegriff[64], der es erlaubt, Kredite als Haftkapital zu behandeln, sofern sie als Haftkapital fungieren und in diesem Licht Haftkapital sind[65].

Grundlage dieses Sich-Hinwegsetzens über die Formwahl des Kreditgebers sind Sollensnormen, die man den »Grundsätzen ordnungsmäßiger Unternehmensfinanzierung« zurechnen kann[66]. Die Behandlung von kapitalersetzenden Darlehen als Eigenkapital hat nichts mit einem Durchgriff[67] oder mit einer Vertrauens- oder Verschuldenshaftung oder mit einem Verbot fraudulöser Gläubigerschädigung zu tun[68]. Sie führt weder zu einer persönlichen Gesellschafterhaftung noch zu einer Schadensersatzhaftung. Auch um eine allgemeine Billigkeitshaftung handelt es sich nicht. Die Tatsache allein, daß der Gesellschafter der Gesellschaft näher steht und besser informiert ist als ein Dritter, genügt nicht für die Gleichstellung von Fremdkapital mit Haftkapital[69]. Schließlich ist auch das immer wieder hervorgekehrte Verbot des

63 Vgl. *Scholz/Karsten Schmidt*, §§ 32a, b Rdnrn. 2ff.; ausführlich *Ketzer*, a.a.O., S. 31ff.; ablehnend *Reiner*, a.a.O., nach dem der Text »Diskussionen über die dogmatische Rechtfertigung ... abzuschneiden« versucht (Fußn. 25) und eine »Unvereinbarkeit des Eigenkapitalersatzrechts mit seinem eigenen Normzweck« festzustellen sein soll.

64 Vgl. *Lutter/Hommelhoff*, ZGR 1979, 42; ähnlich *Albach*, ZStaatsW 118 (1962), 653ff.

65 Deutlich Begr. RegE GmbH-Novelle, BR-Drucks. 404/77, S. 39; *RG*, JW 1939, 355, 356; *Karsten Schmidt*, AG 1984, 14.

66 Vgl. *Scholz/Karsten Schmidt*, §§ 32a, b Rdnrn. 4f.; zuerst *Karsten Schmidt*, ZHR 147 (1983), 178; dort weitere Nachweise.

67 Richtig *BGHZ* 81, 311, 317.

68 In dieser Richtung aber *Immenga*, Die personalistische Kapitalgesellschaft, a.a.O., S. 422; *Kamm*, a.a.O., S. 138f.; *Stauder*, GmbHR 1968, 74f.; *H.P. Westermann*, ZIP 1982, 391; vertrauensrechtliche Begründung bei *Ketzer*, a.a.O., S. 44.

69 Richtig *BGHZ* 76, 326, 330; *Menzel*, AG 1982, 200.

widersprüchlichen Verhaltens (des venire contra factum proprium)[70] als Wertungsgrundlage mißverständlich, denn es ist nichts Widersprüchliches darin zu erkennen, wenn der Gesellschafter Mittel, die er als Darlehen zugeführt hat, auch als Darlehen behandelt wissen will. Nicht mit eigenem Verhalten setzt sich ein solcher Gesellschafter in Widerspruch, sondern nur mit den objektiven Grundsätzen ordnungsmäßiger Unternehmensfinanzierung. Ihnen unterliegt der Gesellschafter oder ein ihm kraft Zurechnung nahestehender Dritter, weil er an der »Finanzierungsverantwortung«[71] teilhat[72]. Auch ganz ohne Finanzplanabrede oder Rangrücktrittsvereinbarung wird ihm die Behandlung des Kredits als Eigenkapitalersatz gegen seinen Willen kraft objektiven Rechts angesonnen, weil Mittel, die nach den Grundsätzen ordnungsmäßiger Unternehmensfinanzierung Eigenkapitalfunktion haben, auch nach Eigenkapitalgrundsätzen zu behandeln sind.

c) Die Entwicklung allgemeiner Grundsätze über kapitalersetzende Kredite hat nichts mit einer undifferenzierten Gleichstellung aller Verbände und aller Mitglieder zu tun. Insbesondere geht es nicht darum, die §§ 32a, b GmbHG unbesehen auf alle Verbände analog anzuwenden. Nur soweit sich allgemeingültige Grundsätze hinter diesen Normen verbergen, können diese auf andere Rechtsformen übertragen werden, und diese Grundsätze lassen Raum für die nötigen Differenzierungen. Dem geschilderten Normzweck entsprechend lassen sie sich auf zwei Grundvoraussetzungen zurückführen[73]:

- *Erstens* muß ein Zurechnungszusammenhang zwischen Kredit und Mitgliedschaft bestehen *(Kredite aus Gesellschafterhand).*
- *Zweitens* muß der Kredit notwendiges Eigenkapital ersetzen *(Kapitalersatzfunktion).*

aa) Das erste Zurechnungserfordernis beruht auf der Überlegung, daß nicht alle Fremdmittel – etwa alle Bankenkredite, gestundete Lieferantenforderungen, Industrieobligationen usw. – als Haftkapital behandelt werden, sondern nur die Kredite derer, die für die Unternehmensfinanzierung verantwortlich sind. Das sind die *Mitglieder (die Gesellschafter)*, und auch sie nur, soweit sie der Gesellschaft hinreichend nahestehen (bei der AG verlangt *BGHZ* 90, 381 = NJW 1984, 1893 eine »unternehmerische« Beteiligung, die bei einem Anteilsbesitz von über 25 % regelmäßig gegeben sei). Kredite naher Angehöriger, Kredite von verbundenen Unternehmen usw. können die weitere Frage aufwerfen, ob sie im Wege der Zurechnung wie Kredite eines Mitglieds anzusehen sind (vgl. § 32a III 1 GmbHG und dazu unten, § 37 IV 3a). Selbstverständlich

70 *BGHZ* 31, 258, 272f.; 67, 171, 174f.; 75, 334, 336f.; 90, 381, 385f.

71 Seit *BGHZ* 127, 336, 344 spricht die h.M. statt dessen vermeintlich »präziser« von der »Finanzierungsfolgenverantwortung«, weil der Gesellschafter, anders als beim Finanzplankredit, nicht zu Nachschüssen verpflichtet ist. Aber die Finanzierungsverantwortung knüpft an die Teilhabe am Unternehmen, nicht an die Kreditgewährung an, weshalb die vermeintliche »Präzisierung« den Kern der Zurechnung verfehlt.

72 Std. Rspr. seit *BGHZ* 105, 168, 175 = NJW 1988, 3143, 3147 m. Anm. *Karsten Schmidt*; Kritik bei *Fastrich*, a.a.O.

73 *Scholz/Karsten Schmidt*, §§ 32a, b Rdnrn. 26ff.; *Karsten Schmidt*, ZIP 1981, 690ff.; *ders.*, ZHR 147 (1983), 182ff.

können auch Kredite, die ein Dritter für Rechnung eines Gesellschafters in das Gesellschaftsvermögen einzahlt, Eigenkapitalersatz sein.

bb) Das objektive *Zurechnungserfordernis der Kapitalersatzfunktion* ist – in den Worten von § 32a I 1 GmbHG – gegeben, wenn »die Gesellschafter als ordentliche Kaufleute Eigenkapital zugeführt hätten«. Diese unklare Formel wirft Streitfragen auf. Als vorerst brauchbarste Konkretisierung empfiehlt sich die auf *Ulmer*[74] und *Lutter/Hommelhoff*[75] zurückgehende *Formel von der Kreditunwürdigkeit*: Kapitalersatzfunktion hat der Kredit, wenn die Gesellschaft von dritter Seite nicht mehr aufgrund eigener Kreditwürdigkeit (d.h. ohne Besicherung seitens der Gesellschafter oder Dritter) Kredit zu marktüblichen Bedingungen hätte erhalten können und deshalb ohne das Gesellschafterdarlehn hätte liquidiert werden müssen[76]. Einzelheiten werden unter § 37 IV 1 b, 2 dargestellt.

d) Immer ist zu bedenken, daß die Regeln über Gesellschafterdarlehen *nur Fälle der nominellen, nicht der materiellen Unterkapitalisierung* erfassen können, weil es nur um die funktionsgerechte Abgrenzung von Eigen- und Fremdkapital geht (vgl. über nominelle und materielle Unterkapitalisierung oben, § 9 IV 4). Die nominelle Unterkapitalisierung ist daran zu erkennen, daß Mittel in das Gesellschaftsvermögen überführt werden, die auf der Passivseite der Bilanz als Fremdkapital ausgewiesen werden, aber als Eigenkapital behandelt werden müssen. Wo es an der Zuführung von einlagefähigen Mitteln fehlt, etwa weil die Gesellschaft nur mit Dienstleistungen oder Gebrauchsüberlassungen ihrer Gesellschafter über Wasser gehalten wird[77], helfen die Regeln über Gesellschafterdarlehen nicht weiter[78], sondern es ist eine Schadensersatzhaftung der Gesellschafter am Platze[79]. Eine Vermischung der Tatbestände deutet sich allerdings in Entscheidungen über die »eigenkapitalersetzende Nutzungsüberlassung« an, in denen der *Bundesgerichtshof* die bloße Überlassung von Grundstücken zum Gebrauch als Eigenkapitalersatz i.S. von § 32a GmbHG angesehen hat, weil auch auf diese Weise die Zuführung notwendigen Eigenkapitals vermieden werden könne[80]. Basiert – so lautet die Frage – diese Rechtsprechung wirklich auf der Annahme, daß ein Vermögenswert – nämlich die Nutzungsmöglichkeit – an Stelle von Einlagen in das Gesellschaftsvermögen überführt worden ist, oder geht es nicht vielmehr um den Vorwurf, daß Gesellschaften mit unzureichender Kapitalausstattung mit dem Anlagevermögen der Gesellschafter operieren

74 *Ulmer*, in: Festschrift Duden, 1977, S. 661.
75 ZGR 1979, 39f.
76 *BGHZ* 76, 326, 330; 81, 311, 317f.; 81, 365, 367; 105, 168, 184f.; 119, 201, 206f.; std. Rspr.
77 Der Fall *BGHZ* 68, 312 = NJW 1977, 1449 m. Anm. *Karsten Schmidt* lag auf der Grenze zwischen Eigenkapitalersatz (gestundete Kaufpreisforderung!) und materieller Unterkapitalisierung (der Eigentumsvorbehalt lief auf ein verdecktes Leihverhältnis hinaus).
78 Streitig; vgl. den Meinungsstand bei *Karsten Schmidt*, ZIP 1990, 72.
79 *Karsten Schmidt*, ZIP 1988, 1497ff.
80 *BGHZ* 109, 55 = NJW 1990, 516; *BGHZ* 121, 31; 127, 1 = NJW 1994, 2349; *BGHZ* 127, 17 = NJW 1994, 2760.

und dadurch die Gläubiger gefährden? Auf die umstrittene Frage wird unter § 37 IV 3b zurückzukommen sein.

5. Folgen für die Haftungsverfassung und Rechnungslegung*

a) Im Blick auf die Flut von Gerichtsentscheidungen zum Eigenkapitalersatz denkt der Gesellschaftsrechtler bei den Rechtsfolgen in erster Linie an die *Kapitalbindung*, d.h. an die Anwendung gesetzlicher Ausschüttungssperren auf eigenkapitalersetzende Kredite sowie an etwaige Ansprache bei unerlaubten Rückzahlungen an Gesellschafter und Dritte. Auf diese wichtigen Rechtsfolgen wird später zurückzukommen sein (vgl. für die AG unten, § 29 I 2; für die GmbH § 37 IV 4; für die GmbH & Co. KG § 56 V 1c). Mindestens ebenso bedeutsam sind aber die Rechtsfolgen für das Finanzierungsgebaren der Gesellschaft sowie die bilanz- und steuerrechtlichen Folgen.

b) *Steuerrechtlich und bilanzrechtlich* werden eigenkapitalersetzende Darlehen grundsätzlich als Kredite behandelt[81]. Sie werden in der Bilanz als Passivposten ausgewiesen, und zwar sogar dann, wenn ein Rangrücktritt erklärt worden ist[82]. Eine Regel, wonach eigenkapitalersetzende Darlehen als Eigenkapital oder als ihm gleichgestelltes Kapital ausgewiesen werden müssen, ist schon deshalb nicht sinnvoll, weil Gesellschafterdarlehen und ihnen gleichzuachtende Leistungen heute als Quasi-Haftkapital gesperrt, morgen als echtes Fremdkapital wieder frei sein können. Umstritten ist nur, ob die zwischen Quasi-Eigenkapital und echtem Fremdkapital schwankende Qualifikation des Eigenkapitalersatzes einen besonderen, im Gesetz nicht vorgesehenen Ausweis in der Bilanz erforderlich macht[83]. Die Gerichtspraxis

* Literatur (Auswahl): *Beine*, Eigenkapitalersetzende Gesellschafterleistungen, 1994; *Bormann*, Eigenkapitalersetzende Gesellschafterleistungen in der Jahres- und Überschuldungsbilanz, 2001; *Döllerer*, Bilanzrechtliche Fragen des kapitalersetzenden Darlehens, in: Festschrift Forster, 1992, S. 199; *Duske*, Rechnungslegung beim Eigenkapitalersatz, DStR 1993, 925; *Fleck*, Die Bilanzierung kapitalersetzender Gesellschafterdarlehen, in: Festschrift Döllerer, 1988, S. 109 = GmbHR 1989, 313; *Fleischer*, Eigenkapitalersetzende Gesellschafterdarlehen und Überschuldungsstatus, ZIP 1996, 773; *Groh*, Eigenkapitalersatz in der Bilanz, BB 1993, 1882; *Groth*, Überschuldung und eigenkapitalersetzende Gesellschafterdarlehen, 1995; *Klaus*, Eigenkapitalersetzende Gesellschafterdarlehen in der Handelsbilanz der GmbH, BB 1994, 680; *Knobbe-Keuk*, Stille Beteiligung und Verbindlichkeiten mit Rangrücktritt im Überschuldungsstatus und in der Handelsbilanz, ZIP 1983, 127; *Küffner*, Rechnungslegung bei Eigenkapitalersatz, DStR 1993, 180; *Priester*, Sind eigenkapitalersetzende Gesellschafterdarlehen Eigenkapital? DB 1991, 1917; *Karsten Schmidt*, Quasi-Eigenkapital als haftungsrechtliches und als bilanzrechtliches Problem, in: Festschrift Goerdeler, 1987, S. 487; *ders.*, Eigenkapitalersatz und Überschuldungsfeststellung, GmbHR 1999, 2; *Schruff*, Zur Bilanzierung latenter Verpflichtungen aus Besserungsscheinen, in: Festschrift Leffson, 1976, S. 153; *Sieker*, Die Verzinsung eigenkapitalersetzender Darlehen, ZGR 1995, 250; *Wolf*, Sind eigenkapitalersetzende Gesellschafterdarlehen ohne Rangrücktritt im Überschuldungsstatus zu passivieren? DB 1995, 2277.

81 *BFHE* 166, 356 = DB 1992, 763; *BGHZ* 124, 282 = NJW 1994, 724; *Baumbach/Hueck/Schulze-Osterloh*, § 42 Rdnr. 226; *Scholz/Crezelius*, Anh. § 42 Rdnrn. 181, 220f.; *Fleck*, GmbHR 1989, 314f.; *Priester*, DB 1991, 1923.

82 Für diesen letzten Fall a.M. *Baumbach/Hueck/Schulze-Osterloh*, § 42 Rdnr. 226 m.w.N.; vgl. demgegenüber *Scholz/Crezelius*, Anh. § 42 Rdnr. 181: nur bei Forderungsverzicht.

83 Dazu umfassend *Beine*, a.a.O., S. 178ff.

verneint auch dies[84]. Eine Erläuterung, insbesondere eine Kennzeichnung im Lagebericht einer Kapitalgesellschaft, sollte ausreichen[85]. Daß eigenkapitalersetzende Darlehen echte – wenn auch eigenkapitalersatzähnlich gebundene – Kredite sind, erkennt man auch am Zinslauf: Sie können der laufenden Verzinsung unterliegen, selbst solange Zinszahlungen an die Gesellschafter untersagt sind (vgl. zum Ausschüttungsverbot nach § 30 GmbHG bei Gesellschafterdarlehen unten, § 37 IV 4b)[86]. In diesem Fall bleiben die Zinsen zwar thesauriert, aber wenn der Kredit eines Tages entsperrt und damit wieder rückzahlbar ist, wird er mit Zinsen zurückgezahlt, sofern nicht der Gesellschafter hierauf verzichtet hat.

c) Von der bilanziellen Behandlung ist die *Behandlung von eigenkapitalersetzenden Darlehen im Vermögensstatus einer Gesellschaft* zu unterscheiden. Über die Unterbilanzhaftung von GmbH-Gründern hat der Bundesgerichtshof entschieden[87]: »Jedenfalls bei Fehlen einer Rangrücktrittsvereinbarung sind eigenkapitalersetzende Gesellschafterdarlehen auch in der zum Zwecke der Ermittlung einer etwaigen Vorbelastungs- oder Unterbilanzhaftung der Gesellschafter aufzustellenden Vorbelastungsbilanz der GmbH als Verbindlichkeiten zu passivieren.« Richtigerweise ändert nicht einmal ein Rangrücktritt etwas daran, daß das Gesellschafterdarlehen eine Vorbelastung der Gesellschaft darstellt[88]. Für die *Überschuldungsfeststellung* hat der *BGH* in Übereinstimmung mit dem hier vertretenen Standpunkt ausgesprochen, daß nur ein vom Gläubiger erklärter Rangrücktritt dazu berechtigt, die Kredite als Gesellschaftsverbindlichkeiten zu vernachlässigen[89]. Die vor allem in der strafrechtlichen Rechtsprechung immer wieder vertretene Gegenmeinung[90] verrät wenig Blick für die charakteristische Rechtsunsicherheit im Recht des Eigenkapitalersatzes und lädt die Beteiligten zu einem widersprüchlichen Verhalten ein: Die im Überschuldungsfall insolvenzantragspflichtige Geschäftsführung wird versucht sein, sich durch Annahme des Eigenkapitalersatztatbestandes aus der Affäre zu ziehen, indem sie die Gesellschafterdarlehen bei der Überschuldung beseite läßt. Genau dies kann ihr nur gestattet werden, wenn über diese Behandlung des Kredits auch im Verhältnis zum Gläubiger Klarheit besteht. Davon kann nur in ganz eindeutigen Fällen die Rede sein. Im Regelfall muß die Geschäftsführung auf der Abgabe von Rangrücktrittserklärungen seitens der kreditgebenden Gesellschafter bestehen, wenn sie die Darlehen bei der Überschuldungsprüfung

---

84 *BGHZ* 124, 282, 285 = NJW 1994, 724; krit. m. w. N. *Baumbach/Hueck/Schulze-Osterloh*, § 42 Rdnr. 226.

85 *Karsten Schmidt*, a. a. O., S. 509; *Baumbach/Hueck/Schulze-Osterloh*, § 42 Rdnr. 226 m. w. N.

86 *Scholz/Karsten Schmidt*, §§ 32 a, b Rdnr. 96; str.; eingehend *Sieker*, ZGR 1995, 250 ff.

87 *BGHZ* 124, 282 = NJW 1994, 724.

88 *Scholz/Karsten Schmidt*, § 11 Rdnrn. 124 ff.; §§ 32 a, b Rdnr. 109.

89 *BGHZ* 146, 264 = NJW 2001, 1280; *Scholz/Karsten Schmidt*, § 32 a, b Rdnr. 63; *Karsten Schmidt/Uhlenbruck*, Die GmbH in Krise, Sanierung und Insolvenz, 2. Aufl. 1999, Rdnrn. 610 f.; eingehend *Groth*, a. a. O.; *Wolf*, DB 1995, 2277; *Karsten Schmidt*, GmbHR 1999, 9 ff.

90 *OLG München*, NJW 1966, 2366; 1994, 3112; NJW 1994, 3112; *OLG Düsseldorf*, GmbHR 1997, 699; *LG Waldshut-Tiengen*, NJW-RR 1996, 105; *Lutter/Hommelhoff*, § 64 Rdnr. 17 ff.; ebenso jetzt auch *Baumbach/Hueck/Schulze-Osterloh*, § 64 Rdnr. 18; *Fleischer*, ZIP 1996, 774 ff. m. w. N.

vernachlässigen will. Der Rangrücktritt ist also erforderlich, aber auch ausreichend[91].

IV. Die Haftungsverfassung der Verbände[*]

1. Rechtspolitische und dogmatische Grundlagen

a) Zu den Grundfragen der Verbandsverfassung gehört das Kapitalrisiko der Verbandsmitglieder. In rechtsdogmatischer Hinsicht muß dabei streng zwischen dem *Innenrecht* und dem *Außenrecht* der Verbände unterschieden werden: Ein Kapitalrisiko kann es im Innenverhältnis wie im Außenverhältnis geben, aber nur im Außenverhältnis kann im strengen Sinn des Wortes von einer Mitgliederhaftung gesprochen werden.

Beispiel Nr. 20: Wer sich als stiller Gesellschafter am Handelsgeschäft des Kaufmanns K mit einer Einlage von 10000 Euro beteiligt, riskiert den Verlust dieser Einlage; eine Haftung für Schulden der Gesellschaft trifft ihn nicht. Die stille Gesellschaft ist nur eine Innengesellschaft. Wer sich als Gesellschafter mit einer Einlage von nur 1000 Euro an einer oHG beteiligt, riskiert trotz dieser geringen Einlage sein ganzes Vermögen, denn nach § 128 HGB haftet er den Gesellschaftsgläubigern unbeschränkt für die Gesellschaftsverbindlichkeiten.

b) Die *Dogmatik und Ideologie der Haftung und Haftungsbeschränkung* wirft immer wieder Grundsatzprobleme auf. Die Problematik ist Spiegelbild der Rechtsfähigkeit von Verbänden (vgl. zu dieser oben, § 8). Denn erkennt man einmal einen Verband als Rechtsträger – und das heißt auch: als Schuldner – an, so erweist sich, daß in dogmatischer Hinsicht die Haftung

---

91 Aus der Neufassung des § 32a I GmbHG und der Rangstufe der Eigenkapitalersatzforderung nach § 35 I Nr. 5 InsO ist gefolgert worden, der Rangrücktritt sei unzureichend, ein Forderungsverzicht deshalb unvermeidlich; dagegen ausführlich *Karsten Schmidt*, GmbHR 1999, 9ff.

* Literatur (Auswahl): *Adams*, Eigentum, Kontrolle und Beschränkte Haftung, 1991; *Blaurock*, Einfluß im Unternehmen und gesellschaftsrechtliche Haftungsstruktur, in: Festschrift Stimpel, 1985, S. 553; *Böhm*, Die Ordnung der Wirtschaft als geschichtliche Aufgabe und rechtsschöpferische Leistung, 1937; *Eucken*, Grundsätze der Wirtschaftspolitik, 1952; *Fehling*, Gefahren der beschränkten Haftung für die Gläubiger einer GmbH, Diss. Frankfurt (Erscheinensort Leipzig) 1935; *Großmann-Doerth*, Vom Kampf um die GmbH, HansRGZ 1938, A, 209; *Lehmann*, Das Privileg der beschränkten Haftung ..., ZGR 1986, 345; *Limbach*, Die beschränkte Haftung in Theorie und Wirklichkeit, GmbHR 1967, 71; *Justus Meyer*, Haftungsbeschränkung im Recht der Handelsgesellschaften, 2000; *Ludwig Raiser*, Die wirtschaftsverfassungsrechtlichen Fragen der Gestaltung von Unternehmensformen, in: Die Gestaltung der Unternehmensformen, Verhandlungen des 39. (außerordentlichen) DJT 1952, S. B 57; *Reiff*, Die Haftungsverfassung nichtrechtsfähiger unternehmenstragender Verbände, 1996; *Roth*, Zur »economic analysis« der beschränkten Haftung, ZGR 1986, 371; *Runge*, Antinomien des Freiheitsbegriffs im Rechtsbild des Ordoliberalismus, 1971; *Karsten Schmidt*, Zur Stellung der oHG im System der Handelsgesellschaften. Eine Untersuchung des gesellschaftsrechtlichen Grundsatzes der unbeschränkten Haftung, 1972; *ders.*, Wege zum Insolvenzrecht der Unternehmen, 1990; *Wiedemann*, Haftungsbeschränkung und Kapitaleinsatz in der GmbH, in: Wiedemann/Bär/Dabin, Die Haftung des Gesellschafters in der GmbH, 1968; *Wilhelm*, Rechtsform und Haftung bei der juristischen Person, 1981.

der Mitglieder, in rechtspolitischer Hinsicht dagegen die Beschränkung dieser Haftung besonderer Rechtfertigung bedarf.

Beispiel Nr. 21: Die unbeschränkte Haftung aller Gesellschafter bei der oHG ergibt sich nicht von selbst, sondern sie muß auf das Gesetz gestützt werden: Für Gesellschaftsschulden haftet die oHG mit ihrem Vermögen (vgl. § 124 HGB), aber neben ihr haften auch die Gesellschafter (§ 128 HGB). – Das Fehlen einer solchen Haftung bei der GmbH (§ 13 II GmbHG) ist rechtsdogmatisch kein Thema, bedarf aber rechtspolitisch der Rechtfertigung. Für diese sorgt der Gesetzgeber, indem er die ausschließliche Haftung der GmbH von gläubigerschützenden Normativbestimmungen abhängig macht (§§ 7ff., 19 GmbHG). – Bei der Gesellschaft bürgerlichen Rechts wird die Haftung bejaht, aber es fehlt eine dem § 128 HGB entsprechende gesetzliche Regel. Das führt zu Begründungsproblemen (vgl. unten, § 60 III).

aa) Die ältere Schuldrechtsdoktrin bemühte sich um einen strengen Begriffsgegensatz zwischen *Schuld und Haftung*[92]: Als Schuld wurde das Leistenmüssen bezeichnet, als Haftung das Unterworfensein von Vermögensgegenständen unter den Zugriff der Gläubiger[93]. Dieser Begriffsgegensatz mag hilfreich sein, wo es gilt, den gegenständlich begrenzten Umfang einer Haftung zu verdeutlichen. So, wenn man sagt, daß im Fall der beschränkten Erbenhaftung (§ 1975 BGB) der Erbe schuldet, aber nur mit dem Nachlaß haftet. Aber der Begriff »Haftung« wird in ganz unterschiedlichem Sinn gebraucht, und es kann nur darauf ankommen, das Gemeinte stets deutlich zu machen. Dies ist wichtiger als terminologischer Perfektionismus.

Beispiel Nr. 22: Wenn eine oHG für das Verschulden eines Erfüllungsgehilfen (§ 278 BGB) auf Schadensersatz »haftet«, wird daraus eine »Gesellschaftsschuld«, für deren Erfüllung die Gesellschaft mit ihrem gesamten Vermögen »haftet«. Für diese Gesellschaftsschuld »haften« nach § 128 HGB wiederum die Gesellschafter persönlich, d.h. sie »schulden« dem Gläubiger dieselbe Leistung wie die oHG. Handelt es sich um eine KG, so »haften« nach § 171 I HGB deren Kommanditisten gleichfalls unmittelbar, jedoch nur, solange sie ihre Einlage nicht in das Gesellschaftsvermögen geleistet haben und nur »bis zur Höhe der Einlage«. Man sieht, wie der Haftungsbegriff wechselt, aber dies schadet nicht, solange der Sinn in jedem Fall deutlich bleibt.

bb) *In rechtspolitischer Hinsicht* ist zwischen nichtunternehmerischen und unternehmerischen Verbänden zu unterscheiden. Das geltende Recht macht es den *nichtunternehmerischen (»ideellen«) Verbänden* leicht, die Mitgliederhaftung auszuschließen[94]: Ein nichtwirtschaftlicher Verein wird ohne ein Stamm- oder Grundkapital in das Register eingetragen, und für seine Schulden haftet ausschließlich der Verein selbst, auch wenn sein Vermögen gering ist; die Gläubiger sind nur dadurch gesichert, daß ein überschuldeter Verein die Eröffnung eines Insolvenzverfahrens beantragen muß (§ 42 II BGB). Selbst der nicht eingetragene Verein (§ 54 BGB) lebt ohne persönliche Haftung der Mitglieder (näher unten, § 25 III 2).

92 Vgl. die Nachweise bei *Enneccerus/Lehmann*, Recht der Schuldverhältnisse, 15. Bearb. 1958, § 2.
93 Besonders perfektionistisch *v. Tuhr* I, § 4 VI.
94 S. auch *Flume*, Personengesellschaft, § 16 IV 5.

Dagegen gilt für die nicht in dieser Weise privilegierten Verbände das *Prinzip der unbeschränkten Haftung*[95]. Dieses Prinzip ist kein Naturgesetz[96], und im Rechtsleben ist die unbeschränkte Haftung auch längst von der theoretischen Regel zur praktischen Ausnahme geworden[97]. Der Grundsatz der unbeschränkten Haftung wird hierdurch nicht in Frage gestellt, wenn man ihn richtig – nämlich als rechtspolitisches Postulat – versteht: als »Regel« nicht im statistischen, sondern im normativen Sinne! Diese Regel besagt nicht, daß die Mehrzahl der Unternehmenseigner unbeschränkt haftet, aber sie besagt etwas über die Voraussetzungen dieser Haftung und ihrer Beschränkung[98]. Jede Haftungsbeschränkung stellt eine Belastung des Rechtsverkehrs dar. Im Unternehmensrecht bedarf sie besonderer Legitimation, und es liegt auf der Hand, daß diejenigen den Preis dieser Legitimation zahlen müssen, die als Herren der Verbandsverfassung anderenfalls unbeschränkt zu haften hätten und denen auch der Erfolg der Unternehmenstätigkeit zukommt: die Mitglieder[99]. Sie haften unbeschränkt, soweit und solange sie nicht die gesetzlichen Voraussetzungen einer anerkannten Rechtsform mit beschränkter Haftung erfüllt haben (vgl. deshalb insbesondere zur Haftung bei der nicht eingetragenen GmbH oder AG unten, § 27 II 4 c und § 34 III 3 c). Dazu genügt es nicht, daß sie ein satzungsmäßiges Garantiekapital von 25 000 Euro (§ 5 GmbHG) oder von 50 000 Euro (§ 7 AktG) decken, denn als bloße »Seriositätsschwellen« (oben unter II 4) sind die Vorschriften über das Mindestgarantiekapital bei GmbH und AG zwar für die Sicherung des Rechtsverkehrs nicht zu entbehren, aber sie sind weder bestimmt noch geeignet, das Fehlen jeglicher Mitgliederhaftung zu legitimieren[100]. Hierfür sorgen erst

- *strenge Kapitalaufbringungsregeln* (vor allem bei Sacheinlagen und bei Verrechnungsvorgängen wird genau darauf geachtet, daß der Gesellschaft auch verwertbare Mittel zufließen),
- *strenge Kapitalerhaltungsregeln* (das haftende Kapital wird durch Ausschüttungssperren gesichert),
- *Unterkapitalisierungsverbote* (Konkursverursachungshaftung),
- *Insolvenzantragspflichten* bei Überschuldung (die Fortsetzung der Geschäftstätigkeit durch eine vielleicht noch zahlungsfähige, aber schon überschuldete Gesellschaft ist verboten und steht sogar unter Strafe).

---

95 Vgl. zum folgenden *Karsten Schmidt*, oHG, a. a. O., S. 102 ff. m. w. N.; übereinstimmend jetzt *Reiff*, a. a. O., S. 12 ff.

96 Insofern zutreffend die Ordoliberalismuskritik bei *Runge*, a. a. O., passim; insbesondere *Eucken* und *Böhm* machten die unbeschränkte Haftung zu einem naturgesetzlichen Ausleseprinzip und zu einer Strafe für erfolglose Wirtschaftssubjekte.

97 Vgl. dazu *Limbach*, a. a. O.; heftige Kritik bei *Großmann-Doerth*, a. a. O.

98 Nur den meint wohl auch die mißverständliche Formulierung bei *Justus Meyer*, a. a. O., S. 197: unbeschränkte Haftung als »Normalfall«.

99 Der ordoliberalen »Theorie der unbeschränkten Haftung« liegt ein doppelter Ansatz zugrunde: der Ansatz bei der Verantwortung und Auslese durch Haftung (Eliminierung der Untüchtigen) und der Ansatz bei der Ausgewogenheit von Chance und Risiko; kritische Stellungnahme bei *Karsten Schmidt*, oHG, a. a. O., S. 111 ff.; vgl. seither ausführlich auch *Justus Meyer*, a. a. O., S. 988 ff.

100 Neben der Sache liegt deshalb der immer wieder vorgetragene Einwand, die Summen seien für die Finanzierung eines Unternehmens dieser oder jener Branche zu gering.

c) Einzelheiten können nur bei den verschiedenen Rechtsformen dargestellt werden. Im Grundsätzlichen ist aber das *Wechselspiel von Haftung und Kapitalsicherung* zu betonen. Es liegt ein wechselseitiges Legitimationsverhältnis vor. Erst eine strenge Kapitalsicherung rechtfertigt die beschränkte Haftung, und deshalb fordert und rechtfertigt die beschränkte Haftung auch eine strenge Kapitalsicherung. Damit ist allerdings noch nicht gesagt, daß eine unbeschränkte Haftung jede Kapitalsicherung entbehrlich macht (dazu sogleich unter 2).

2. Die Funktionen der persönlichen Haftung und ihr Verhältnis zur Kapitalsicherung

a) Die *Funktionen der persönlichen Haftung* lassen sich in Anlehnung an *Wiedemann* folgendermaßen ordnen[101]:
- *Haftung als Leistungserzwingung:* Die Gläubiger sollen zusätzliche Vollstreckungsmöglichkeiten erhalten, das Risiko der Uneinbringlichkeit soll herabgesetzt sein.
- *Haftung als Verhaltenskontrolle:* Die Haftung hält zu ordentlicher Unternehmensführung an.
- *Haftung als Eigenkapitalersatz:* Die persönliche Haftung eines Gesellschafters wirkt wie eine eigenkapitalersetzende Personalsicherheit.

b) Die persönliche Haftung erfüllt diese Funktionen, indem sie den Haftenden im Fall des Unternehmenszusammenbruchs *über die Dauer des Unternehmenskonkurses hinweg* weiterbelastet. Im alten Konkursrecht galt das Recht der freien Nachforderung und nicht das Prinzip der Schuldentlastung (»discharge«): Nach § 164 I der bis 1998 geltenden Konkursordnung konnten die nicht befriedigten Gläubiger ihre Forderungen gegen den Schuldner nach der Aufhebung des Konkursverfahrens unbeschränkt geltend machen (vgl. auch § 201 InsO). Fiel der Einzelkaufmann in Konkurs, so wurde er durch die Konkursabwicklung nicht etwa seiner Schulden ledig, und auch die persönliche Haftung von Gesellschaftern für Gesellschaftsverbindlichkeiten blieb nach dem Zusammenbruch der Gesellschaft bestehen. Nur durch einen unter Mitwirkung der Gläubiger zustande gekommenen Vergleich oder Zwangsvergleich konnte die Forthaftung beseitigt oder begrenzt werden (vgl. für die Gesellschafterhaftung ausdrücklich § 227 II InsO, früher §§ 109 I Nr. 3 VerglO, 211 II KO). Dieses System war im Zuge der Insolvenzrechtsreform ins Kreuzfeuer der Kritik geraten[102]. Es paßt zu den Widersprüchlichkeiten der rechtspolitischen Diskussion unserer Jahrzehnte, wenn einerseits die Flucht aus der persönlichen Haftung (GmbH!) als gesetzlich geduldete Wirtschaftskriminalität gebrandmarkt und zu gleicher Zeit die Folge der

101 *Wiedemann* I, § 10 III 1 a bb; zuvor schon *ders.*, in: Wiedemann/Bär/Dabin, a. a. O., S. 12.

102 Vgl. dazu die lesenswerten Arbeiten von *Menziger*, Das freie Nachforderungsrecht der Konkursgläubiger – Fragwürdigkeit und Grenzen, 1982; *Ackmann*, Schuldbefreiung durch Konkurs? 1983; *Knüllig-Dingeldey*, Nachforderungsrecht oder Schuldbefreiung, 1984; *Henckel*, ZZP 97 (1984), 105 ff.

persönlichen Haftung (Nachforderung selbst nach Konkursabwicklung) als soziales Unrecht beklagt wird. Die »discharge«-Problematik war indes für natürliche Personen und für unternehmenstragende Gesellschaften getrennt zu diskutieren[103]. Und sie hat sich durch die Insolvenzrechtsreform weitaus weniger geändert, als teilweise behauptet wird.

Beispiel Nr. 23: Fiel nach altem Konkursrecht eine AG oder GmbH in Konkurs, so wurde sie – wenn kein Zwangsvergleich zustande kam – nach der konkursmäßigen Abwicklung gelöscht. Das kann, wenn nicht ein Insolvenzplan die Gesellschaft saniert, nach neuem Insolvenzrecht i. d. R. nicht anders sein (§ 200 InsO). Die Frage »freie Nachforderung oder discharge?« stellt sich nicht, solange niemand persönlich für die Schulden der zusammengebrochenen Gesellschaft haftet. Handelt es sich dagegen um eine oHG oder um einen Einzelkaufmann, so können die Gesellschafter der insolventen Gesellschaft bzw. der Einzelunternehmer als Schuldner ihre persönliche Haftung nicht durch die bloße Beseitigung des Unternehmens und Löschung im Handelsregister abschütteln. Hierfür kann nur der an die Stelle des Zwangsvergleichs getretene Insolvenzplan (§ 227 II InsO) oder ein besonderes Restschuldbefreiungsverfahren sorgen, wie es in §§ 286 ff. InsO nunmehr für natürliche Personen vorgesehen ist, und zwar nicht nur für Konsumenten, sondern durchaus auch für persönlich haftende Einzelunternehmer und Gesellschafter[104].

c) Die *Kapitalersatzfunktion der Haftung* ist rechtspolitisch ein Problem[105]. Da jede Haftungsbeschränkung, jedenfalls im Unternehmensbereich, der Legitimation bedarf (vgl. oben unter IV 1), hat die Frage für den Juristen stets nur gelautet: »Kann – und unter welchen Voraussetzungen kann – Kapital die persönliche Haftung ersetzen?« Auf dieser Fragestellung beruhen die komplizierten Normativbestimmungen und Kapitalsicherungsinstrumente im Kapitalgesellschaftsrecht. Die umgekehrte Frage – »Kann persönliche Haftung Kapital ersetzen?« – wird kaum wirklich diskutiert[106]. Man wird sie in dem Sinne beantworten können, daß persönliche Haftung spezialpräventive Effekte hat, weil sie die Haftenden zur Verantwortlichkeit anhält, während ihre generalpräventive Schutzwirkung ebenso zweifelhaft ist wie die Erfüllungserwartung im Zusammenbruch einer Gesellschaft. Trotzdem wird bisher nur im Kapitalgesellschaftsrecht und bei der GmbH & Co. nach Kapitalschutz gerufen. Es wird – ganz gegen jede betriebswirtschaftliche Erkenntnis – gar gesagt, eine Personengesellschaft sei überhaupt nicht »kapitalisiert«[107]. In der Tat fehlt es bei den mit unbeschränkter Haftung versehenen Personengesellschaften nicht nur an einem gesetzlichen Mindestkapital, sondern es gibt bei ihnen

- keine gesetzlichen Kapitalaufbringungs- und Kapitalerhaltungsvorschriften, insbesondere keine Ausschüttungsverbote im Fall einer Unterbilanz, und
- keinen Insolvenzgrund der Überschuldung, also auch kein gesetzliches Verbot der Fortführung eines noch zahlungsfähigen, aber schon überschuldeten Unternehmens.

103 Eingehend *Karsten Schmidt*, Wege zum Insolvenzrecht, a. a. O., S. 245 ff.
104 Dazu *Landfermann*, in: Festschrift Henckel, 1995, S. 521.
105 Vgl. zum folgenden *Karsten Schmidt*, JZ 1985, 302 f.
106 Vgl. aber *Karsten Schmidt*, Wege zum Insolvenzrecht, a. a. O., S. 63 f., 81 f., 93, 185 f.
107 *H. P. Westermann*, Gläubigerschutz bei der Neuordnung der GmbH, 1971, S. 37.

Dieser auf der hohen Einschätzung der Haftung als Kapitalersatz beruhende Rechtszustand vermag nicht zu befriedigen[108]. Seine Konsequenzen lassen sich an zwei Beispielen verdeutlichen[109].

Beispiel Nr. 24: Ist G Gesellschafter einer Einpersonen-GmbH, so bindet ihn das Gesetz streng an die Ausschüttungssperre des § 30 GmbHG; mit Recht, denn Ausschüttungssperren dienen dem Gläubigerschutz und nicht dem Schutz von Mitgesellschaftern. Ist G Kommanditist einer KG, so ist eine Ausschüttung haftungsnotwendigen Vermögens an ihn zwar nach § 172 IV HGB haftungsschädlich, aber schon nicht mehr verboten. Ist derselbe G Komplementär einer KG, so gilt es unserem Recht gleich, ob er seine Einlage erbracht hat oder nicht; als unbeschränkt Haftender darf G auch ungestraft Kapital aus dem Unternehmen herausziehen, denn es wandert ja nur aus einer Haftungsmasse in die andere. Daß das Privatvermögen des G in keiner Weise gesichert, vielleicht alsbald in einer Spielbank verjubelt ist, ist angeblich ohne Bedeutung.

Beispiel Nr. 25: Ist G Geschäftsführer einer GmbH oder einer GmbH & Co., so muß er ständig ein Auge auf die Solvenz der Gesellschaft haben. Tritt Überschuldung ein, so stellt ihn das Gesetz vor die Aufgabe, entweder die Überschuldung sofort zu beseitigen (Kapitalerhöhung oder Sanierungsdarlehen mit Rangrücktrittsklausel) oder die Eröffnung eines Insolvenzverfahrens (früher Konkurs oder Vergleich) zu beantragen. Ist aber G Komplementär einer Kommanditgesellschaft, so trifft ihn diese gesetzliche Pflicht nicht. Selbst eine Löschung vermögensloser und deshalb für den Rechtsverkehr gefährlicher Handelsgesellschaften kommt nach § 141 a FGG bei reinen Personengesellschaften nicht in Betracht, weil sich das Gesetz mit der in Wahrheit oft trügerischen Sicherheit der Gesellschafterhaftung begnügt.

Das Fehlen allgemeiner Kapitalsicherungsregeln ist zu bedauern, denn die persönliche Haftung kann die Bindung von Finanzmitteln im Unternehmensvermögen nur sehr unvollkommen ersetzen. Wie schon unter § 11 VI 3 a gefordert, sollte der Gesetzgeber auch den Überschuldungstatbestand, die Insolvenzantragspflichten und die Amtslöschung bei Vermögenslosigkeit auf alle unternehmenstragenden Gesellschaften ausdehnen[110].

3. Überblick über die Mitgliederhaftung de lege lata

a) Im Überblick stellt sich die Mitgliederhaftung folgendermaßen dar:
- Bei den eingetragenen Vereinen und eingetragenen Genossenschaften (§ 2 GenG) gibt es keine Mitgliederhaftung gegenüber den Gläubigern.
- Auch bei den Kapitalgesellschaften (AG und GmbH) fehlt jede Mitgliederhaftung gegenüber den Gläubigern (vgl. § 1 I 2 AktG, § 13 II GmbHG). Eine Ausnahme bildet die Mischform der Kommanditgesellschaft auf Aktien, die neben den Kommanditaktionären mindestens einen unbeschränkt haftenden Gesellschafter hat (§ 278 I AktG).
- Unterschiedlich ist die Rechtslage bei den Personen-Außengesellschaften. Bei der oHG haften alle Gesellschafter zwingend unbeschränkt (§§ 105, 128 HGB), ebenso bei der freiberuflichen Partnerschaftsgesellschaft und

108 Näher *Karsten Schmidt*, a. a. O.
109 Vgl. *Karsten Schmidt*, JZ 1985, 302.
110 *Karsten Schmidt*, in: Verhandlungen des 54. DJT I, 1982, S. D 61ff.; *ders.*, Wege zum Insolvenzrecht, a. a. O., S. 59ff., 192f.

bei der EWIV (§ 8 I PartGG, § 1 EWIV-AusführungsG), während bei der KG die unbeschränkt haftenden Komplementäre (»persönlich haftende Gesellschafter«) und die beschränkt haftenden Kommanditisten unterschieden werden müssen (§§ 161, 171 f. HGB); die Rechtslage bei der Gesellschaft bürgerlichen Rechts ist differenziert und in Anbetracht der unklaren Gesetzeslage umstritten (unten, § 60 III).
- Keine mitgliedschaftliche Haftung gegenüber den Gläubigern kennt das Recht der Innengesellschaften, insbesondere der stillen Gesellschaft.

b) Von diesem haftungsrechtlichen Normalstatus sind Sonderfälle zu unterscheiden, insbesondere die Haftung kraft Rechtsscheins. So haftet nach § 176 HGB der nicht eingetragene Kommanditist gegenüber Gläubigern, die seinen Kommanditistenstatus nicht kennen, unbeschränkt (näher unten, § 55), und wer sich, obwohl stiller Gesellschafter, als unbeschränkt haftender Gesellschafter geriert, kann gleichfalls einer Vertrauenshaftung unterliegen (vgl. Handelsrecht, § 10 VIII 2 c).

V. Konzernfinanzierung und Konzernhaftung*

1. Das Problem

Die Finanzierungs- und Haftungsverfassung der Verbände wird durch das Auftreten von Unternehmensverbindungen noch komplizierter (vgl. zum Konzernproblem allgemein oben, § 17). Wie allgemein im Recht der verbundenen Unternehmen geht es einerseits darum, die Individualität der verbundenen Unternehmen zu respektieren (vgl. zur Kritik an den Durchgriffskonzepten oben, § 9), anderseits darum, die finanzierungs- und haftungsrechtlich gebotenen Folgen aus dem Vorhandensein von Unternehmensverbindungen zu ziehen.

---

* Literatur (Auswahl): *Acher*, Vertragskonzern und Insolvenz, 1987; *Bethge/Theißen* (Hrsg.), Finanzierung und Besteuerung der Unternehmen und des Konzerns, 1991; *Bitter*, Konzernrechtliche Durchgriffshaftung bei Personengesellschaften, 2000; *Cahn*, Kapitalerhaltung im Konzern, 1998; *Debus*, Haftungsregelungen im Konzernrecht, eine ökonomische Analyse, 1990; *Drüke*, Die Haftung der Muttergesellschaft für Schulden der Tochtergesellschaft, 1990; *Ehricke*, Das abhängige Konzernunternehmen in der Insolvenz, 1999; *Eichholz*, Das Recht konzerninterner Darlehen, 1993; *Geiger*, Ökonomische Analyse des Konzernhaftungsrechts, 1993; *Gollnick*, Gewinnverwendung im Konzern, 1991; *Hirte* (Hrsg.), Der qualifizierte faktische Konzern, 1992/1993; *Hormuth*, Recht und Praxis des konzernweiten Cash-Managements, 1998; *Kern*, Unbestimmtheit des selbständigen Konzerntatbestandes, 1998; *Kühbacher*, Darlehen an Konzernunternehmen, 1993; *Lutter/Scheffler/Schneider* (Hrsg.), Handbuch der Konzernfinanzierung, 1998; *Mertens*, Empfiehlt sich die Einführung eines konzernbezogenen Reorganisationsverfahrens? ZGR 1984, 542; *Samer*, Beherrschungs- und Gewinnabführungsverträge ... in Konkurs und Vergleich, 1990; *Scheel*, Konzerninsolvenzrecht, 1996; *Karsten Schmidt*, Wege zum Insolvenzrecht der Unternehmen, 1990, S. 221 ff.; *ders.*, Verlustausgleichspflicht und Konzernleitungshaftung ..., ZIP 1989, 545; *ders.*, Gesellschafterhaftung und »Konzernhaftung« bei der GmbH, NJW 2001, 3577; *ders.*, Sternförmige GmbH & Co. KG und horizontaler Haftungsdurchgriff, in: Festschrift Wiedemann, 2002; *Theisen*, Der Konzern, 2. Aufl., 2000.

2. Finanzierung

a) Daß die Unternehmensfinanzierung im Konzern eigene Probleme aufwirft[111], läßt sich handgreiflich anhand eines bildhaft als »Teleskop-« oder »Pyramideneffekt« bezeichneten Phänomens in folgendem Schulfall verdeutlichen:

Beispiel Nr. 26 (nach *Uwe H. Schneider*, ZGR 1984, 504 mit Schaubild): Gründen zwei Gesellschafter A und B eine G-GmbH mit einem 50000-Euro-Stammkapital, so kann diese unter Verwendung ihres Gesellschaftsvermögens wiederum eine 50000-Euro-Tochter T und diese eine 50000 DM-Enkelin E gründen. A und B brauchen nur einmal 50000 Euro in »den Konzern« einzulegen, und doch entstehen auf diese Weise drei Gesellschaften mit je 50000 Euro Eigenkapital. Die Geldeinlagen befinden sich nunmehr im Vermögen der E. Das Vermögen der T bzw. der G besteht in der 100%-Beteiligung an der E bzw. an der T.

Der Fall verdeutlicht, warum im Bilanzrecht die konsolidierte Konzernrechnungslegung so bedeutsam ist (unten, § 31 V; Handelsrecht, § 15 VII). Auch hat das Recht der Bankenaufsicht auf die Problematik der sog. Kreditpyramiden reagiert, indem es bestimmt, daß die angemessene Eigenkapitalausstattung von Kreditinstituten (§ 10 KWG) bei gruppenangehörigen Kreditinstituten auf die Gruppe insgesamt bezogen ist (§ 10a I KWG) und daß das übergeordnete Kreditinstitut für die angemessene Eigenkapitalausstattung der Gruppe verantwortlich ist (§ 10a IV KWG).

b) Schwierige Sonderprobleme wirft *die Handhabung des sog. Cash-Managements* im Konzern auf, insbesondere die *Bildung eines sog. Cash-Pools*[112]. Ziel des Cash-Managements ist in erster Linie die Koordinierung der Liquidität unter verbundenen Gesellschaften derselben Unternehmensgruppe[113]. Diese kann von koordinierten Liquiditätsplänen bis hin zur Zentralisierung der Liquiditätsverwaltung reichen[114]. Im Extremfall führen mehrere Konzerngesellschaften ihre Liquidität in Gestalt eines Cash-Pools bei nur noch einem Kreditinstitut und ggf. sogar auf einem einzigen Bankkonto zusammen[115]. Diese Variante des Cash-Pooling wirft Probleme der Kapitalsicherung auf[116]. Haftungsrechtlich sicherer ist deshalb die Variante des nur »virtuellen Cash-Pooling«[117], bei dem die Bankkonten der einzelnen Konzerngesellschaften getrennt geführt werden und nur nach einer »Als-ob-Betrachtung« im Verhältnis zur Bank wie ein einziges behandelt werden[118].

---

111 Eingehend *Uwe H. Schneider*, ZGR 1984, 497ff.

112 Dazu *Hormuth*, a.a.O.; *Wehlen*, in: Lutter/Scheffler/Schneider, a.a.O., Rdnrn. 23.28ff.; *Hellwig*, Kapitalerhöhungen im Cash Pool, in: Festschrift Peltzer, 2001, S. 163ff.; *Otto/Eberbach*, DB 2001, 825ff.; *Cahn*, ZHR 166 (2002), 278ff.

113 *Wehlen*, ebd., Rdnr. 23.6.

114 *Wehlen*, ebd., Rdnr. 23.15ff.

115 *Wehler*, ebd., Rdnr. 23.29; vgl. auch *Otto/Eberbach*, DB 2001, 825: »physisches Cash-Pooling«.

116 Vgl. *Hormuth*, a.a.O., S. 115ff.

117 Vgl. *Otto/Eberbach*, DB 2001, 825.

118 Vgl. auch *Wehler*, a.a.O., Rdnr. 23.31: »Zinskompensationsverfahren«.

3. Konzernhaftung

Von Problemen der Konzernhaftung ist in diesem Buch an verschiedenen Stellen die Rede (oben, § 9 IV 3 b; unten, § 31, § 39 und § 43 III). Die Konzernhaftung steht, wie vor allem die Fälle des Verlustausgleichs beweisen, in engem Zusammenhang sowohl mit der Konzernorganisation als auch mit der Konzernfinanzierung, denn eine Muttergesellschaft, die sämtliche Jahresfehlbeträge ihrer Tochtergesellschaft auszugleichen hat, muß Passivposten – ggf. in Gestalt von Rückstellungen – in ihre Bilanz einstellen, wenn solche Verluste anfallen. Auch bei der Insolvenz von verbundenen Unternehmen zeigen sich diese Zusammenhänge, denn jedes Haftungsproblem unter den verbundenen Unternehmen läuft hier auf die Frage hinaus, welche Mittel in welche Masse fließen[119]. In grundsätzlicher Hinsicht sind dabei die unterschiedlichen Konzepte der Konzernhaftung zu beachten: die Verlustausgleichspflicht und die auf Schadensersatz zielende Verschuldenshaftung[120].

Beispiel Nr. 27: Ein Agrarimportkonzern besteht aus der M-AG als dem herrschenden Unternehmen, einer Nahost-Import-AG (N), die sich durch Beherrschungsvertrag der M unterstellt hat, und einer Ostasien-GmbH (O), die sich im Mehrheitsbesitz der M befindet. Bricht jetzt die N aufgrund von Unruhen im Nahen Osten zusammen, so ist M nach § 302 AktG verlustausgleichspflichtig, muß also die Insolvenzmasse der N auffüllen (vgl. unten, § 31 III 2). Wird auch die O insolvent, weil sie unterkapitalisiert und von M schlecht geleitet war, so kann M zur Schadensersatzleistung in die Masse der O verpflichtet sein (vgl. oben unter II 5). Diese Verschuldenshaftung der Muttergesellschaft für existenzgefährdende Eingriffe ist vom konzernrechtlichen Verlustausgleich streng zu unterscheiden (treffend jetzt *BGHZ* 149, 10 = NJW 2001, 3622 »Bremer Vulkan«).

---

119 Umfassend *Ehricke*, a. a. O.; *Scheel*, a. a. O.

120 Vgl. *Karsten Schmidt*, ZIP 1989, 545 ff.; *ders.*, in: Hommelhoff/Stimpel/Ulmer, Heidelberger Konzernrechtstage: Der qualifizierte faktische Konzern, S. 109 ff., 125 f.; *ders.*, NJW 2001, 3577 ff.

Sechster Abschnitt: Das Recht der Mitgliedschaft

§ 19 Die Dogmatik der Mitgliedschaft*

I. Grundlagen

1. Verband und Mitgliedschaft

a) Unter § 1 I dieses Buchs wurde das Gesellschaftsrecht beschrieben als das Recht der privatrechtlichen Verbände und der kooperativen Schuldverhältnisse. Oben (§ 3 I 3b und § 7 I 2) wurde deutlich gemacht, daß sich privatrechtliche Verbände und kooperative (reine) Schuldverhältnisse durch das Vorhandensein oder Nichtvorhandensein einer mitgliedschaftlichen Verfassung unterscheiden.

b) *Mitgliedschaft* bezeichnet im Gesellschaftsrecht die auf der Zugehörigkeit zu einem Verband beruhende Rechtsstellung einer Person[1]. Der Verband muß kein Verein und keine Kapitalgesellschaft sein[2]; eine verfaßte Personengesellschaft genügt, und diese Personengesellschaft muß nicht einmal in jedem Fall eine Außengesellschaft sein, sofern sie nur als Verband strukturiert

---

* Literatur (Auswahl): *Ballerstedt,* Mitgliedschaft und Vermögen beim rechtsfähigen Verein, in: Festschrift Knur, 1972, S. 1; *Habersack*, Die Mitgliedschaft – subjektives und »sonstiges« Recht, 1996; *Hadding,* Die Mitgliedschaft in handelsrechtlichen Personengesellschaften – ein subjektives Recht? in: Festschrift Reinhardt, 1972, S. 249; *ders.*, Verfügungen über Mitgliedschaftsrechte, in: Festschrift Steindorff, 1990, S. 31; *ders.*, Ergibt die Vereinsmitgliedschaft »quasi-vertragliche« Ansprüche, »erhöhte Treue- und Förderpflichten« sowie ein »sonstiges Recht« im Sinne des § 823 I BGB?, in: Festschrift Kellermann, 1991, S. 91; *Haff,* Institutionen der Persönlichkeitslehre und des Körperschaftsrechts, 1918; *K. Heinsheimer*, Mitgliedschaft und Ausschließung, 1913; *R. Heinsheimer,* Über die Teilhaberschaft, 1930; *Leist,* Untersuchungen zum inneren Vereinsrecht, 1904; *Lutter,* Theorie der Mitgliedschaft, AcP 180 (1980), 84; *Müller-Erzbach,* Das private Recht der Mitgliedschaft als Prüfstein eines kausalen Rechtsdenkens, 1948; *Ott,* Recht und Realität der Unternehmenskorporation, 1977; *Thomas Raiser,* Das Unternehmen als Organisation, 1969; *Reuter,* Die Mitgliedschaft als sonstiges Recht, in: Festschrift Lange, 1991, S. 707; *Schindler,* Das Austrittsrecht in Kapitalgesellschaften, 1999; *Karsten Schmidt*, Die Vereinsmitgliedschaft als Grundlage von Schadensersatzansprüchen, JZ 1991, 157; *Uwe Schmidt*, Die Mitgliedschaft in Verbänden, 1989; *Sernetz,* Die Rechtsnachfolge in die Verbandsmitgliedschaft ..., 1973; *Teubner,* Organisationsdemokratie und Verbandsverfassung, 1978; *Martin Weber*, Vormitgliedschaftliche Treubindungen, 1999; *Wiedemann,* Die Übertragung und Vererbung von Mitgliedschaftsrechten bei Handelsgesellschaften, 1965; *Zöllner,* Die Schranken mitgliedschaftlicher Stimmrechtsmacht bei den privatrechtlichen Personenverbänden, 1963.

1 Vgl. mit Unterschieden *Haff*, a.a.O., S. 211ff.; *R. Heinsheimer*, a.a.O., S. 25; *Müller-Erzbach*, a.a.O., S. 23ff.; *Wiedemann,* a.a.O., S. 23ff.; *Lutter,* AcP 180 (1980), 86.

2 So aber der von *Raiser* (a.a.O., S. 138) gerügte Mitgliedschaftsbegriff z.B. bei *Enneccerus/Nipperdey* I, § 112.

ist (vgl. oben, § 7 I 2b bb)[3]. Nicht ausreichend ist aber eine rein schuldrechtliche Innengesellschaft; hier gibt es nur Vertragspartner, aber keine Mitglieder.

2. Die Mitgliedschaft als Rechtsinstitut und die Grenzen »korporativen« Denkens

a) Das Gesellschaftsrecht kann die Mitgliedschaft nur
- als rechtliches, und zwar
- als spezifisch privatrechtliches

Phänomen begreifen[4]. Mitgliedschaft als soziologisches oder sozialpolitisches Phänomen[5] wird damit nicht etwa geleugnet oder für irrelevant erklärt, aber dieses Phänomen ist nicht ohne weiteres in geltendes Recht umsetzbar. Von dem »juristischen« Mitgliedschaftsbegriff ist behauptet worden[6], daß er Gleichartigkeiten und Parallelen hinter juristischen Differenzierungen verdecke, indem er nur bei körperschaftlich verfaßten juristischen Personen eine Mitgliedschaft zulasse; dem solle ein »soziologischer Mitgliedschaftsbegriff« abhelfen. Aber das Recht der Mitgliedschaft ist auch juristisch nicht auf Körperschaften begrenzt. Eine solche Begrenzung des Mitgliedschaftsbegriffs ist vielmehr abzulehnen. Der Fehler einer solchen Begriffsbildung liegt nicht darin, daß sie »juristisch« ist, sondern sie ist abzulehnen, weil sie unsachgemäß und falsch ist. Zwar spricht das Gesetz nur beim Verein (vgl. § 38 BGB) und insbesondere nicht bei den Personengesellschaften von der Mitgliedschaft, aber dies ist kein Grund, das allgemeine Institut zu leugnen. In jedem verfaßten Verband kann es mitgliedschaftliche Rechtspositionen geben, und wie unter I 1b bemerkt, können zu den mitgliedschaftlich verfaßten Verbänden nicht nur Körperschaften gehören, sondern auch Gesamthandsgesellschaften und ausnahmsweise sogar Innengesellschaften (oben, § 7 I 2). Das bedeutet nun nicht, daß auch der *Inhalt* der Mitgliedschaft immer derselbe wäre, aber die *Art* dieses Rechts, also seine »Rechts-Natur«, ist bei Körperschaften und bei verfaßten Personengesellschaften dieselbe (str.; vgl. unter I 3)[7].

b) Die *Geschlossenheit dieses verbandsrechtlichen Konzepts* markiert auf der anderen Seite auch seine *Grenzen*. Flankiert wird das Recht der Mitgliedschaft auf der einen Seite durch Kategorien des Schuldrechts (vgl. etwa zum Recht der Leistungsstörungen unten, § 20 III) und auf der anderen Seite durch das Kapitalmarktrecht (vgl. zu diesem unten, § 26 II). Das Schuldrecht ergänzt das Recht der Mitgliedschaft durch individualistische, in individuellen Rechten und Pflichten wurzelnde Züge. Das Kapitalmarktrecht ergänzt es

3 Herkömmlich wird noch die Möglichkeit einer Mitgliedschaft bei Innengesellschaften geleugnet; vgl. *Habersack*, a.a.O., S. 101ff.

4 *Lutter*, AcP 180 (1980), 86ff.

5 Vgl. besonders *Ott*, a.a.O., S. 115ff.; *Teubner*, a.a.O., S. 63ff., 98ff., 260ff.; s. auch *Raiser*, a.a.O., S. 138ff.

6 Vgl. *Raiser*, a.a.O., S. 138f.

7 Insoweit zust. *Beuthien*, AG 2002, 267.

durch den Gedanken eines nicht genuin verbandsbezogenen Netzwerks: Es läßt die Mitgliedschaft in der AG hinter den kapitalmarktbezogenen Rechten und Pflichten beim Aktienerwerb und bei der Aktienveräußerung zurücktreten[8]. Gleichzeitig hat das Kapitalmarktrecht Rückwirkungen auf das Recht der Mitgliedschaft, teils indem es dieses ergänzt (z. B. bei Mitteilungspflichten und Übernahmeangeboten, vgl. unten, § 26 II), teils indem es dieses verändert (z. B. bei der Ausschließung von Minderheitsaktionären im Wege des sog. Squeeze out, vgl. unten, § 26 II). Es spricht nicht gegen eine verbandsrechtliche Sicht des Gesellschaftsrechts, wenn man die Grenzen einer solchen Betrachtung erkennt und nicht alles, was Mitgliedschaftsrechte betrifft, rein verbandsrechtlich einzuordnen sucht[9]. Umgekehrt sollte die Betonung der verbandsrechtlichen Basis der mitgliedschaftlichen Rechte und Pflichten nicht als veralteter »Korporatismus« diskreditiert werden[10].

3. Die Mitgliedschaft als Rechtsverhältnis und als subjektives Recht

a) Die Mitgliedschaft wird bisweilen beschrieben als ein *Rechtsverhältnis,* aus dem sich subjektive Rechte und Pflichten ergeben[11]. Die Mitgliedschaft wird aber auch selbst als *subjektives Recht* bezeichnet[12]. Herkömmlich wurden diese beiden Beschreibungen als miteinander streitende Thesen über die Rechtsnatur der Mitgliedschaft begriffen, aber beide sind richtig. Nur scheinbar ist dies ein logischer Widerspruch[13]. Natürlich ist ein subjektives Recht nicht dasselbe wie ein Rechtsverhältnis, aber Mitgliedschaft ist zuallererst Teilhabe an einem Verband[14], und hieraus resultiert sowohl das mitgliedschaftliche Rechtsverhältnis – eine Dauerrechtsbeziehung[15] – als auch die subjektivrechtliche Position des Mitglieds[16]. Das eine wie das andere kann gemeint sein, wenn von »der« Mitgliedschaft die Rede ist. Als Dauerrechtsbeziehung kann die Mitgliedschaft Rechte und Pflichten der Mitglieder und des Verbandes begründen. Als subjektives Recht ist die Mitgliedschaft ein Herrschaftsrecht und ein absolutes Recht und ist als solches Gegenstand von Verfügungen[17] und von deliktsrechtlichem Schutz[18]. Das wird unter § 21 V 4 noch einmal aufgegriffen.

---

8 Grundlegend *Mülbert*, Aktiengesellschaft, Unternehmensgruppe und Kapitalmarkt 1995, S. 79 ff., 97 ff.

9 Versuch einer Koordination bei *Martin Weber*, a. a. O., S. 18 ff.

10 So aber ein Teil der kapitalmarktorientierten Stimmen im neueren Schrifttum.

11 Grundlegend *v. Tuhr* I, § 38; ähnlich *Enneccerus/Nipperdey* I, § 112 III; *Soergel/Hadding,* § 38 Rdnr. 3 a; s. auch *R. Heinsheimer*, a. a. O., S. 25 ff.

12 Vgl. nur *Wiedemann* I, § 2 I b bb; *ders.*, a. a. O., S. 39; *Hachenburg/Raiser,* § 14 Rdnr. 13; *Lutter,* AcP 180 (1980), 101.

13 Wie hier *Flume,* Juristische Person, § 8 I; *Habersack*, a. a. O., S. 62 ff.

14 *Lutter,* AcP 180 (1980), 88.

15 Vgl. *Müller-Erzbach,* a. a. O., S. 22 ff.; insoweit wie hier *Beuthien,* AG 2002, 268.

16 Hiergegen *Beuthien,* AG 2002, 268 m. w. N.

17 Konsequent a. M. *Hadding,* in: Festschrift Steindorff, a. a. O., S. 37 f.

18 Vgl. *BGHZ* 110, 323 = NJW 1990, 2877 = JuS 1991, 152 m. Anm. *Karsten Schmidt; Mertens,* in: MünchKommBGB, § 823 Rdnr. 131; *Reichert,* Handbuch des Vereins- und Verbandsrechts, 8. Aufl. 2000, Rdnrn. 473 f., 1957; *Karsten Schmidt,* JZ 1991, 157 ff.; krit. *Hadding,* in: Festschrift Kellermann, 1991, S. 91 ff.; differenzierend *Reuter,* a. a. O.

b) Die Mitgliedschaft als subjektives Recht ist nicht bloß eine Rechtsposition[19] oder ein Bündel einzelner subjektiver Rechtsverhältnisse[20]. Sie stellt ein in sich geschlossenes Ganzes dar, und dies gilt für Personengesellschaften ebenso wie für Körperschaften. Freilich tritt die Mitgliedschaft als subjektives Recht im Rechtsleben in zahllosen Variationen auf; der Inhalt der einzelnen Mitgliedschaftsrechte ist ebenso unterschiedlich wie die Bedeutung der Mitgliedschaftsrechte für den Bestand des Verbandes. Unterschiede sind nicht nur im Faktischen (Großverband hier, personalistische Gesellschaft da), sondern auch in den Rechtsformen zu suchen. Personengesellschaften können nur unter mehreren Rechtsträgern bestehen und erlöschen, sobald nicht mehr wenigstens zwei Gesellschafter vorhanden sind (oben, § 8 IV 2), während die juristische Verbandsperson als Körperschaft mit nur einem Gesellschafter[21] und – wenn auch nur vorübergehend[22] – sogar ohne alle Mitglieder bestehen kann[23]. Es bestehen demnach deutliche Unterschiede zwischen dem Inhalt und der rechtlichen Tragweite der Mitgliedschaft in einer juristischen Person und in einer Personengesellschaft[24]. Aber das ändert nichts an der grundsätzlichen Gleichartigkeit des subjektiven Rechts »Mitgliedschaft«[25]. Das zeigt sich nicht zuletzt beim Formwechsel zwischen Körperschaft und Personengesellschaft (oben, § 12 II 1c und IV 2b): Der Wechsel der Rechtsform läßt die Mitgliedschaft mit verändertem Inhalt, im übrigen jedoch artgleich fortbestehen. Im Gegensatz zu der noch von *Otto von Gierke* vorgenommenen Unterscheidung zwischen der »Mitgliedschaft« in Körperschaften und der »personenrechtlichen Gemeinschaft« in Gesamthandsgesellschaften[26] kann ein unvereinbarer Gegensatz zwischen der Mitgliedschaft in einer Körperschaft und in einer verbandsmäßig strukturierten Personengesellschaft nicht mehr unverändert anerkannt werden. Diese Mitgliedschaftsrechte sind artverschieden in dem Sinn und in dem Maß, wie die durch sie konstituierten Rechtsträger artverschieden sind. Im übrigen sind sie als Mitgliedschaftsrechte artgleich.

---

19 Unentschieden Prot., in: *Mugdan* I, S. 625.

20 So aber *Haff*, a.a.O., S. 211f.; *R. Heinsheimer*, a.a.O., S. 35; *Hadding*, in: Festschrift Reinhardt, a.a.O., im Anschluß an *Reinhardt; Soergel/Hadding*, § 38 Rdnr. 3 b; weniger weitgehend *Beuthien*, AG 2002, 268: »Inbegriff aller mitgliedschaftlichen Rechte und Pflichten«, aber »nicht nur als ein Bündel einzelner subjektiver Rechte und Pflichten«, sondern als »einheitliche Dauerrechtsstellung«.

21 Vgl. heute ausdrücklich § 2 AktG und § 1 GmbHG (Einmanngründung!).

22 Nicht dauernd (a.M. *Alfred Paulick*, Die GmbH ohne Gesellschafter, 1979; *Bretschneider*, Die gesellschafterlose GmbH, 1994; *Rück*, Die Keinmann-Gesellschaft m.b.H., 1994; *Kreutz*, in: Festschrift Stimpel, 1985, S. 379); die mitgliedslose Verfassung einer juristischen Person ist nur in Form der Stiftung zugelassen.

23 Vgl. *Beitzke*, in: Festschrift Wilburg, 1965, S. 19ff.

24 Insofern übereinstimmend, jedoch mit grundsätzlichen Konsequenzen, die hier nicht gezogen werden, *Flume*, Personengesellschaft, § 7 III 3; ähnlich vom Kapitalgesellschaftsrecht her *Winter*, Mitgliedschaftliche Treubindungen im GmbH-Recht, 1988, S. 67ff.

25 In gleicher Richtung jetzt eingehend *Martin Weber*, a.a.O., S. 110ff., 148ff.; wie hier bereits *Lutter*, AcP 180 (1980), 97f.; gegen ihn *Flume*, Juristische Person, § 8 I; auch *Flume* erkennt an, daß die Mitgliedschaft in der juristischen Person und in der Personengesellschaft sich jedenfalls darin gleicht, daß sie zugleich subjektives Recht und Rechtsverhältnis ist; differenzierend *Reuter*, a.a.O., S. 712f.

26 *Gierke*, Genossenschaftstheorie, S. 240ff., 353ff.

II. Erwerb und Verlust der Mitgliedschaft

1. Erwerb

a) Die Mitgliedschaft kann auf unterschiedliche Weise erworben werden, nämlich
- durch Beteiligung am Gründungsvorgang,
- durch nachträglichen Beitritt (Aufnahme) oder
- durch Rechtsnachfolge.

b) Diese drei Erwerbsarten sind streng voneinander zu unterscheiden. Durch *Beteiligung am Gründungsvorgang* wird die Mitgliedschaft originär und anfänglich erworben. Auch der *Beitritt* begründet einen originären, aber nachträglichen Erwerb der Mitgliedschaft; es wird durch ein verbandsrechtliches Rechtsgeschäft eine neue Mitgliedschaft bei einem schon vorhandenen Verband begründet. Der nachträgliche Beitritt zu einer Personengesellschaft – erwähnt z.B. in §§ 107, 130, 173 HGB – wurde traditionell als Abschluß eines Gesellschaftsvertrags bezeichnet, also scheinbar einem Gründungsvorgang gleichgestellt[27]; damit ist aber nur gemeint, daß der Vollzug dieses Beitritts bei der Personengesellschaft einen Vertrag mit allen Gesellschaftern voraussetzt, wenn nicht der Gesellschaftsvertrag einen einfacheren Weg zuläßt (näher unten, § 45 II 3a). Aus der Perspektive des Verbandes stellt der Beitritt die Aufnahme eines neuen Mitglieds dar. Der Beitritt ist die gesetzestypische Form der Mitgliedschaftsänderung bei Vereinen, Genossenschaften und Personengesellschaften; bei Kapitalgesellschaften geschieht er durch Übernahme neuer Aktien bzw. neuer GmbH-Stammeinlagen im Zuge der Kapitalerhöhung (§§ 185 AktG, 55 GmbHG). Erhebliche Bedeutung kann der Anspruch auf Aufnahme in einen Verband haben. Die Frage tritt in der Praxis in erster Linie als eine vereinsrechtliche auf. Sie soll deshalb im Vereinsrecht diskutiert werden (unten, § 24 V 2).

Demgegenüber ist die unter IV 2 zu besprechende *Rechtsnachfolge in die Mitgliedschaft* ein derivativer Erwerb, und zwar Erwerb entweder unter Lebenden (durch Veräußerung) oder von Todes wegen (durch Erbfolge). Die Rechtsnachfolge – insbesondere die Nachfolge durch Veräußerung – ist die gesetzestypische Erwerbsform bei den Kapitalgesellschaftsanteilen (vgl. §§ 10, 68 AktG, 15 GmbHG). Bei Personengesellschaften kann sie im Gesellschaftsvertrag zugelassen werden (vgl. unten, § 45 III 2b). Der Anteilserwerb ist dann gesellschaftsrechtlich legitimiert, aber der Rechtstransport geschieht durch ein nichtverbandsrechtliches Verfügungsgeschäft: durch einen Vertrag zwischen Veräußerer und Erwerber. Nur verbandsrechtlich legitimiert, aber selbst nicht verbandsrechtlicher Art ist auch die Nachfolge von Todes wegen (vgl. zu den Personengesellschaften unten, § 45 V). Die Vereinsmitgliedschaft ist unübertragbar und unvererblich (§ 38 BGB), soweit nicht die Satzung ein anderes bestimmt (§ 40 BGB; zur eG vgl. unten, § 41 III).

27 *RGZ* 128, 172, 176f.; *KG*, JW 1926, 2099.

2. Verlust

a) Die Mitgliedschaft kann auch auf unterschiedliche Weise verloren werden, nämlich
- durch Vollbeendigung des Verbandes,
- durch Austritt oder durch Ausschließung und
- durch Rechtsnachfolge.

b) Auch diese Vorgänge sind streng voneinander zu unterscheiden. Mit der *Vollbeendigung,* der regelmäßig eine Liquidation vorausgehen muß (oben, § 11 V 3), erlischt die Mitgliedschaft; sie wird gegenstandslos. *Austritt und Ausschließung* stellen sich im Verhältnis zum Vorgang des Beitritts als actus contrarius dar. Sie sind verbandsrechtliche Vorgänge und unterscheiden sich untereinander nur insofern, als das Mitglied einmal freiwillig ausscheidet (Austritt), ein andermal aus dem Verband entfernt wird (Ausschluß); im vorliegenden Zusammenhang gehören sie zusammen, denn beide lassen die Mitgliedschaft des Betroffenen entfallen (dies im Gegensatz zur Rechtsnachfolge), während die Mitgliedschaft anderer Mitglieder fortbesteht (dies im Gegensatz zur Vollbeendigung). Austritt und Ausschließung sind die gesetzestypischen Formen des Verlusts der Mitgliedschaft bei Vereinen des bürgerlichen Rechts und bei Personengesellschaften (vgl. §§ 39, 736f. BGB, 138ff. HGB). Die vermögensrechtlichen Folgen sind für die Personengesellschaften in §§ 738ff. BGB geregelt. Bei den Kapitalgesellschaften, die auf freie Übertragbarkeit der Anteile angelegt sind, hat die Herausbildung eines Ausschließungsverfahrens Schwierigkeiten bereitet (näher zur AG und zur GmbH unten, § I 5 und § 35 IV 1, 2). Das kapitalgesellschaftliche »squeeze out« (oder besser »freeze out«) setzt sich vom modernen Kapitalmarktrecht her durch (vgl. zum Ausschließungsverfahren nach §§ 327a ff. AktG unten, § 28 I 5, § 30 III 2). Im Vereinsrecht wird uns das Instrument des Ausschlusses von Mitgliedern im Zusammenhang mit der sog. »Vereinsstrafgewalt« wieder begegnen (unten, § 24 V 3). Über die *Rechtsnachfolge* ist das Notwendige schon gesagt.

III. Die mitgliedschaftlichen Rechtsverhältnisse

1. Sonderrechtsbeziehungen der Mitglieder zum Verband und untereinander

a) Die Mitgliedschaft als Rechtsverhältnis begründet eine *Sonderrechtsbeziehung zwischen dem Mitglied und dem Verband,* aber *auch unter den Mitgliedern selbst*[28]. Bedeutung hat diese mehrfache Richtung des Sonderrechtsverhältnisses vor allem für die Loyalitäts- und Rücksichtspflichten bis

28 Vgl. *Wiedemann* I, § 2 I 1; eingehend *Martin Weber,* a.a.O., S. 110ff., 148ff.; *Lutter,* AcP 180 (1980), S. 122ff. m.w.N.

hinein in die Begründung von Schadensersatzpflichten: Nach dem Vorbild der positiven Vertragsverletzung (Schutzpflichtverletzung) können sich nicht nur die Mitglieder untereinander schadensersatzpflichtig machen (vgl. zur Treupflichtverletzung unten, § 20 IV 4), sondern es gibt auch Schadensersatzpflichten des Mitglieds gegenüber dem Verband (z.B. bei Unterkapitalisierung und Insolvenzverursachung; dazu oben, § 9 IV 4c) sowie auch des Verbandes gegenüber dem Mitglied bei schuldhaften Pflichtverletzungen (dazu unten, § 21 V 4). Der Normalverfassung bei den einzelnen Rechtsformen entsprechend ist die Rechtsentwicklung so verlaufen, daß man bei den Personengesellschaften zunächst nur das Rechtsverhältnis der Gesellschafter untereinander in den Mittelpunkt stellte[29], bei den Körperschaften dagegen das Rechtsverhältnis zwischen dem Verband und dem Mitglied[30]. Dies beruht nicht auf bloßem Zufall oder gar Irrtum, sondern ist historisch und dogmatisch sehr wohl erklärbar. Vor allem für *Flume* ist die Mitgliedschaft bei der Personengesellschaft im Vertragsverhältnis unter den Mitgliedern begründet[31], während die Mitgliedschaft in der »juristischen Person« (gemeint ist die Körperschaft) ganz auf diese selbst bezogen ist[32]. Kann es, wie oben dargelegt wurde, sogar Innengesellschaften mit Verbandsstruktur geben, obwohl Innengesellschaften nicht selbst Träger von Rechten und Pflichten sind, so wird der Gegensatz nur noch deutlicher. Er darf aber die *qualitative Artgleichheit der Mitgliedschaft* nicht verdecken. Wenn bei den Personengesellschaften das Mitgliedsverhältnis zum Verband und bei den Körperschaften das Rechtsverhältnis der Mitglieder untereinander erst noch entdeckt werden mußte, ändert doch dies nichts daran, daß beides seit jeher vorhanden war. Daß gleichwohl bei den Personengesellschaften zuerst die eine, bei den Körperschaften zuerst die andere Richtung des Mitgliedschaftsverhältnisses erkannt, daß deshalb die jeweils andere Seite erst mühsam aufgedeckt werden mußte, findet seinen Grund nicht in rechtsgrundsätzlichen, sondern in realtypischen Unterschieden zwischen diesen Verbandsvarianten. Es ist nun einmal so, daß Personengesellschaften typischerweise »personalistisch« und Körperschaften typischerweise »körperschaftlich« strukturiert sind (oben, § 7 I), und niemand wird leugnen, daß die Schwerpunkte der mitgliedschaftlichen Rechtsverhältnisse und die sich daraus ergebenden mitgliedschaftlichen Rechte und Pflichten unterschiedlich ausgeprägt sind. Es leuchtet ein, daß die Rechte und Pflichten eines Kleinaktionärs, eines Mitglieds in einem Idealverein oder Gesellschafters in einer Familien-oHG nicht nur in Richtung auf den Verband, sondern auch in Richtung auf die anderen Mitglieder durchaus verschieden sind. Aber es ist doch jede Mitgliedschaft *Quelle mehrseitiger Sonderrechtsbeziehungen*. Wie dicht die Sonderrechtsbeziehung zum Verband und zu den anderen Mitgliedern im konkreten Fall ist, hängt dann weniger von der Rechtsform ab als von der tatsächlichen Gestaltung des Verbandes.

29 Charakteristisch *Otto v. Gierke*, Genossenschaftstheorie, S. 452; *Alfred Hueck*, oHG, S. 57.
30 Charakteristisch *v. Tuhr* I, § 38 IV.
31 *Flume*, Personengesellschaft, § 7.
32 *Flume*, Juristische Person, § 8 I.

Beispiel Nr. 1: Der Gesellschafter einer oHG (Personengesellschaft) schuldet nicht nur den Mitgesellschaftern, sondern auch und sogar in allererster Linie der Gesellschaft die Unterlassung von Wettbewerb (§ 112 HGB); verletzt er dieses Wettbewerbsverbot, so kann nach § 113 HGB die Gesellschaft Schadensersatz verlangen oder ein Eintrittsrecht ausüben. Es entspräche nicht der Natur der Sache, wollte man diese Regelungen nur als Ausdruck der unter den Gesellschaftern bestehenden Rechte und Pflichten betrachten. Die Gesellschaft als ein durch den Verbandszweck (oben, § 4) auch im Innenverhältnis bestimmtes Rechtssubjekt kann Zurechnungssubjekt von Rechten und Pflichten gegenüber den Gesellschaftern sein.

Beispiel Nr. 2: Das Mitglied eines Vereins steht zweifellos in einem Rechtsverhältnis zu dem Verein selbst. Es können aber durch die Satzung auch Rechte und Pflichten der Mitglieder untereinander geschaffen werden[33]. Vor allem bei Schutzpflichtverletzungen zeigt sich darüber hinaus, daß bei allen Verbänden eine Sonderrechtsbeziehung auch unter den Mitgliedern besteht, die sich zu konkreten Rechten und Pflichten verdichten kann.

Beispiel Nr. 3: Stoßen zwei Mitglieder eines Automobilklubs schuldhaft mit ihren Wagen zusammen, so ist dies nicht die Verletzung eines Sonderrechtsverhältnisses, sondern ein Jedermannsdelikt. Aber das besagt nichts gegen die Existenz dieser Sonderverbindung. Will aber ein Mitglied das andere durch Verunglimpfung aus einem Verband drängen, so kann dies nicht nur eine unerlaubte Handlung sein, sondern auch die Verletzung einer Sonderrechtsbeziehung.

Beispiel Nr. 4 (in Anlehnung an *BGHZ* 65, 15 = BB 1975, 1450 m. Anm. *Schilling* = JZ 1976, 408 m. Anm. *Wiedemann* = NJW 1976, 191 m. Anm. *Ulmer*): Mißbraucht eine Konzernmutter ihre Mehrheitsherrschaft in einer GmbH, indem sie die Geschäftsführung dieser Gesellschaft zu verdeckten Ausschüttungen veranlaßt, so kann dies eine Rechtsverletzung nicht nur im Verhältnis zu der GmbH, sondern auch im Verhältnis zu ihren Mitgesellschaftern sein. In der berühmten ITT-Entscheidung, die hier zum Ausgang genommen wurde, hat der *Bundesgerichtshof* die Frage unentschieden gelassen, »ob und inwieweit die gesetzliche Ausgestaltung der GmbH als juristische Person Raum für die Annahme läßt, daß Rechte und Pflichten ihrer Gesellschafter nicht nur ihr zugeordnet sein, sondern auch zwischen diesen bestehen können. In Weiterführung der Senatsurteile vom 1. April 1953 (*BGHZ* 9, 157, 163) und vom 9. Juni 1954 (*BGHZ* 14, 25, 38) ist ... jedenfalls anzuerkennen, daß nicht nur die Beziehungen zwischen Gesellschaftern und GmbH, sondern auch die der Gesellschafter untereinander von der gesellschaftsrechtlichen Treupflicht bestimmt sein können.« Die im Urteil »Bremer Vulkan« (*BGHZ* 149, 10 = NJW 2001, 3622) anerkannte mitgliedschaftliche Haftung für existenzgefährdende Eingriffe ist als Ausdruck mitgliedschaftsrechtlicher Pflichten der GmbH-Gesellschafter gegenüber ihrer Gesellschaft zu begreifen.

Beispiel Nr. 5 (vereinfacht nach *BGHZ* 129, 136 = NJW 1995, 1739): In dem berühmten und umstrittenen »Girmes«-Urteil hat der Bundesgerichtshof ausgesprochen, daß sich Minderheitsaktionäre schadensersatzpflichtig machen können, wenn sie in Ausübung ihres Stimmrechts eine gebotene Sanierung verhindern (dazu näher unten, § 28 I 4). Grundlage dieser Entscheidung war die Anerkennung einer Treupflicht unter den Aktionären einer AG (vgl. bereits *BGHZ* 103, 184 = NJW 1988, 1579 »Linotype«). Diese Rechtsprechung ist ein beachtlicher Fortschritt gegenüber dem früher in Sachen VW/Audi-NSU eingenommenen, eine solche Treupflicht noch verneinenden Standpunkt (vgl. *BGH,* WM 1976, 449 = JZ 1976, 561 m. Anm. *Lutter*).

b) Die hier seit der ersten Auflage vertretene *Lehre von der einheitlichen Struktur der Mitgliedschaft* in Personengesellschaften und in Körperschaften

33 *v. Tuhr* I, § 38 Fußn. 1; *Flume,* Juristische Person, § 8 I.

sowie und vom Sonderrechtsverhältnis des Mitglieds sowohl zum Verband als auch zu den anderen Mitgliedern bricht mit einer traditionellen, aber sachlich nicht begründbaren Unterscheidung unterschiedlicher Mitgliedschaften je nach der »Rechtsnatur« des Verbandes. Es wird damit nicht behauptet, daß etwa die Mitgliedschaft einer Person in einer Familien-Kommanditgesellschaft und im Allgemeinen Deutschen Automobilclub gleichartig sei, wohl aber, daß Unterschiede nicht von der personengesellschaftlichen oder körperschaftlichen Form abhängen. Daß die Mitgliedschaft in der juristischen Person ein Rechtsverhältnis nur zu dem Verband, in der Personengesellschaft dagegen nur zu den Mitgesellschaftern begründet, ist eine überholte Anschauung. Unverkennbar hängt diese Vorstellung allerdings mit strukturellen Verschiedenheiten der Personengesellschaft und der Körperschaft zusammen, die namentlich *im Prozeßrecht* noch sichtbar sind. Bei Personengesellschaften sind *Streitigkeiten über die Mitgliedschaft* – vor allem Rechtsstreitigkeiten über ihren Bestand – nach der ständigen höchstrichterlichen Rechtsprechung unter den Gesellschaftern auszutragen und nicht durch Prozeß zwischen dem betroffenen Gesellschafter und der Gesellschaft[34]. Die Begründung wird darin gesehen, daß diese Streitigkeiten die Grundlagen des Gesellschaftsverhältnisses, nämlich den Gesellschaftsvertrag, betreffen und daß die Gesellschaft keine Dispositionsbefugnis über die Einzelmitgliedschaften hat[35]. Anders ist die Rechtslage in der GmbH. Soll hier ein Gesellschafter ausgeschlossen werden, so wird die Klage von der Gesellschaft erhoben[36]; soll ein Beschluß angefochten werden, so richtet der anfechtende Gesellschafter seine Klage gegen die Gesellschaft (unten, § 36 III 4 d). Diese Verschiedenbehandlung ist indes nicht mit einer unterschiedlichen Rechtsnatur der Mitgliedschaft[37], sondern allein mit einem hergebrachten Verständnis der Binnenstruktur bei Personengesellschaften und Körperschaften zu erklären. Der Gesetzgeber, der ja auch die Anteilsübertragung bei Personengesellschaften nicht kannte, hat den Mitgliederbestand und die Mitgliedschaftsrechte in den Personengesellschaften als ein von allen Gesellschaftern durch Einigkeit oder Prozeß zu klärendes Internum betrachtet. Ob diese positivistische Unterscheidung unter den Gesellschaftsformen auf Dauer Bestand haben wird, bleibt abzuwarten. Bei der Publikumspersonengesellschaft – also bei einer atypischen Gestaltung – mußte sich die Praxis von diesem Modell bereits lösen[38]. Darüber hinaus sollten aber auch sonst bei organisierten Personengesellschaften mitgliedschaftliche Prozesse zwischen Gesellschaft und Gesellschafter zugelassen werden[39].

---

34 *BGHZ* 30, 195, 197; 48, 175, 176; 81, 263, 265; 91, 132, 133; *BGH,* NJW 1964, 1624, 1625; WM 1965, 14; eingehend *Schütz*, Sachlegitimation und richtige Prozeßpartei bei innergesellschaftlichen Streitigkeiten in der Personengesellschaft, 1994, S. 137ff.; *Staub/Ulmer,* § 109 Rdnrn. 67ff.

35 *BGHZ* 48, 175, 176; 81, 263, 265; eingehend und kritisch *Bork*, ZGR 1991, 125ff.

36 *BGHZ* 9, 157, 177; 16, 317, 322.

37 So aber *Flume,* Personengesellschaft, § 9; *ders.,* Juristische Person, § 8 I Fußn. 18.

38 Vgl. *Uwe H. Schneider,* ZGR 1975, 292; *Lutter,* AcP 180 (1980), 131.

39 Vgl. *Bork*, ZGR 1991, 131ff.; zur Beschlußanfechtung vgl. *Karsten Schmidt*, DB 1993, 2167f.

2. Sozialpflichten (Sozialansprüche), Individualpflichten (Individualansprüche) und Drittpflichten (Drittansprüche) von Mitgliedern

a) Die vielgestaltigen Rechtsbeziehungen des Mitglieds in Beziehung auf den Verband bringen unterschiedliche Rechtsverhältnisse zustande, die meist mit den Schlagworten der Individual- und Sozialverbindlichkeiten bezeichnet werden. Allerdings wird die Unterscheidung üblicherweise nur für die Personengesellschaft verwendet, und auch hier wird unter den Begriffen Unterschiedliches verstanden. Teilweise unterscheidet man einfach danach, ob die Rechte und Pflichten Beziehung zum Gesellschaftsvermögen haben, also aus dem »Gesamthandsvermögen« bzw. in das »Gesamthandsvermögen« zu erbringen sind[40]. Teilweise wird – was vielleicht dasselbe besagen soll – darauf abgehoben, ob es sich um Ansprüche der Gesellschafter untereinander oder um Ansprüche gegen die Gesellschaft bzw. Ansprüche der Gesellschaft gegen die Mitglieder handelt[41]. Schließlich werden die Begriffe auch so verwendet, daß Rechte und Pflichten aus dem Gesellschaftsverhältnis Sozialansprüche oder Sozialpflichten darstellen, Rechte und Pflichten aus anderen Rechtsverhältnissen dagegen Individualrechte oder Individualpflichten[42].

b) Im Interesse besserer Klarheit wird im vorliegenden Werk eine *für alle Verbände* einheitliche Terminologie benutzt, die zwischen »Sozialrechtsbeziehungen« und »Individualrechtsbeziehungen« verbandsrechtlicher Art sowie »Drittbeziehungen« unterscheidet und sich demgemäß wie folgt darstellt:

- *Sozialpflichten (Sozialansprüche)* sind Pflichten und Ansprüche des Verbandes gegen das Mitglied bzw. des Mitglieds gegenüber dem Verband aus der Mitgliedschaft; es gibt sie bei Körperschaften wie bei Gesamthandsgemeinschaften.
- *Individualpflichten (Individualansprüche)* sind mitgliedschaftliche Pflichten und Ansprüche der Mitglieder untereinander.
- *Drittpflichten (Drittansprüche)* sind Pflichten und Ansprüche, die ihre Rechtsgrundlage nicht in der Mitgliedschaft haben.

Beispiel Nr. 6: Schuldet der Gesellschafter einer oHG, KG oder GmbH noch die im Gesellschaftsvertrag versprochene Einlage, so ist dies eine Sozialpflicht; kann er Auszahlung eines Gewinnanteils verlangen, so ist dies ein Sozialanspruch des Gesellschafters.

Beispiel Nr. 7: Schulden die Mitglieder eines nach dem GWB erlaubten bzw. nach Art. 81 III EG freigestellten Kartells einander bestimmte Informationen, so sind dies zwar gesellschaftsvertragliche Pflichten, aber Individualpflichten und (vice versa) Individualansprüche.

Beispiel Nr. 8: Hat ein Gesellschafter einer Handelsgesellschaft sein Grundstück an diese Gesellschaft verkauft, so resultieren aus diesem Kaufvertrag Drittpflichten und Drittansprüche (§ 433 BGB).

---

40 Vgl. *Hueck*, § 7 I 3; *Ulmer*, Gesellschaft bürgerlichen Rechts, § 705 Rdnr. 166.
41 Vgl. *Flume*, Personengesellschaft, § 2 II; *Kraft/Kreutz*, C II 4, D II 2.
42 Vgl. *Grunewald*, Rdnr. 1 B 48; *Westermann*, Rdnrn. I 376f.

3. Das System der Mitgliedschaftspflichten und Mitgliedschaftsrechte

a) Die Mitgliedschaft als Grundlage von Rechtsverhältnissen begründet Rechte und Pflichten der Mitglieder. Diese beruhen teils auf dem Gesetz, teils auf der Satzung (dem Gesellschaftsvertrag). Als *mitgliedschaftliche Rechte* sind diejenigen Rechte eines Verbandsmitglieds zu bezeichnen, die aus der Mitgliedschaft hervorgehen[43]. Dementsprechend sind *mitgliedschaftliche Pflichten* solche Pflichten, die aus der Mitgliedschaft hervorgehen und untrennbar mit ihr verbunden sind[44]. Die Unterscheidung zwischen mitgliedschaftlichen und nichtmitgliedschaftlichen Rechten und Pflichten mag auf den ersten Blick einfach und wohl sogar bedeutungslos scheinen. Sie ist es indessen nicht. In einer Satzungsurkunde (einem Gesellschaftsvertrag) kann vielerlei geregelt sein, und es tritt immer wieder die *Frage* auf, *welche Regelungen materielle (»korporative«) Satzungsbestandteile und welche Regelungen bloß formelle (»nichtkorporative«) Satzungsbestandteile sind*[45]. Nur die ersteren sind Teil der Satzung bzw. des Gesellschaftsvertrags als eines Organisationsvertrags (vgl. dazu oben, § 5 I 1). Nur sie unterliegen den strengen Vorschriften über Satzung und Satzungsänderung. Soweit sich nicht die Zugehörigkeit einer Regelung zu den korporativen Satzungsbestandteilen zwingend aus dem Regelungsgegenstand ergibt (z.B. die Höhe der zu leistenden Einlagen oder die Stimmkraft eines Anteils), ist die Entscheidung im Einzelfall durch Auslegung zu treffen, und diese Auslegung muß sich – scheinbar inversiv – wiederum an der Rechtsfolge orientieren. Zu fragen ist also, ob es dem Willen der Beteiligten entspricht, daß die in der Satzungsurkunde festgehaltenen Rechte und Pflichten mit der Mitgliedschaft verbunden sind und satzungsmäßigen Bestandsschutz genießen.

b) *Die wichtigsten vertraglichen Mitgliedschaftspflichten* sind die *Beitragspflichten, die wichtigsten gesetzlichen Mitgliedschaftspflichten* die *Treupflichten,* aus denen sich wiederum variantenreiche Nebenpflichten ableiten. Sie alle sind Resultate und Konkretisierungen der allgemeinen mitgliedschaftlichen Zweckförderungspflicht[46]. Die Beitragspflichten werden unter § 20 II näher behandelt, die Treupflichten unter § 20 IV.

c) Die *Mitgliedschaftsrechte* lassen sich in verschiedener Weise einteilen. Neben der Unterscheidung zwischen gesetzlichen und vertraglichen (satzungsmäßigen) Rechten sind vor allem folgende Differenzierungen von Bedeutung:

aa) Ihrer *Funktion* nach lassen sich die Mitgliedschaftsrechte einteilen in
– Teilhaberechte,

43 Weiter, auf die Machtgestaltung im Verband abstellend, *Müller-Erzbach,* a.a.O., S. 143, 207.
44 Zu den mitgliedschaftlichen Pflichten vgl. auch *Lutter,* AcP 180 (1980), 102ff.
45 Dazu besonders *Hachenburg/Ulmer,* § 2 Rdnrn. 8f.; *Scholz/Emmerich,* § 3 Rdnrn. 68f.; *Priester,* DB 1979, 681.
46 Eingehend *Lutter,* AcP 180 (1980), 102ff. m.w.N.

– Schutzrechte und
– Vermögensrechte.

Die beiden ersten Gruppen werfen Abgrenzungsschwierigkeiten auf, weil Teilhaberechte Schutzfunktionen haben und Schutzrechte in Gestalt von Teilhaberechten eingeräumt sein können. Bisweilen wird deshalb einfach zwischen »Mitverwaltungsrechten« und »Vermögensrechten« unterschieden[47], aber es scheint doch sinnvoll, zwischen beiden noch reine Schutzrechte anzusiedeln. Wichtige *Teilhaberechte* sind: das Recht zur Teilnahme an Versammlungen, das Stimmrecht (dazu unten, § 21 II) und das Informationsrecht (dazu unten, § 21 III); auch das Institut der actio pro socio ist ein Teilhaberecht (dazu unten, § 21 IV). Reine *Schutzrechte* sind die Klagrechte der Mitglieder, darunter auch das Anfechtungsrecht (zu den Klagrechten vgl. unten, § 21 V). *Vermögensrechte* sind nicht begriffsnotwendig mit der Verbandsmitgliedschaft verbunden. Sie fehlen z.B. beim nichtwirtschaftlichen Verein. Zu ihnen gehören vor allem die Ansprüche auf Beteiligung am periodischen Gewinn und am Liquidationserlös im Auflösungsfall.

bb) Hinsichtlich der *Rechtsträgerschaft* lassen sich
– allgemeine Mitgliedschaftsrechte und
– Vorzugsrechte (Sonderrechte)

unterscheiden[48]. Allgemeine Mitgliedschaftsrechte stehen allen Mitgliedern gleichermaßen oder nach gesetzlich vorgegebener Differenzierung (z.B. nach Maßgabe ihrer Kapitalbeteiligung oder Haftung) zu. *Vorzugsrechte (Sonderrechte) sind Mitgliedschaftsrechte, die einem Mitglied durch Satzung oder Gesellschaftsvertrag eingeräumt werden und ihm eine unentziehbare Vorzugsstellung einräumen*[49]. In Betracht kommen z.B.:
– Teilhaberechte wie Mehrstimmrechte[50], Vetorechte[51], Leitungsrechte[52], Rechte auf Bestellung zum Prokuristen oder Handlungsbevollmächtigten[53], Rechte auf Mitwirkung in einem Gremium des Verbandes[54] oder auf dessen Nominierung[55];

---

47 Vgl. *R. Heinsheimer,* a.a.O., S. 39; *Kraft/Kreutz*, B II 1b; noch andere Einteilung z.B. bei *Haff,* a.a.O., S. 214f.: anteilige Mitwirkungsrechte/Individualrechte/Sonderrechte; ähnlich *Müller-Erzbach,* a.a.O., S. 207ff.: gemeinnützige Mitgliedschaftsrechte/selbstnützige Mitgliedschaftsrechte/Sonderrechte.

48 Vgl. *Wiedemann* I, § 7 I; grundlegend *Haff,* a.a.O., S. 211ff.; *Götz Hueck,* Der Grundsatz der gleichmäßigen Behandlung im Privatrecht, 1958, S. 88ff.; *Zöllner,* a.a.O., S. 109ff.; zur Terminologie *Hachenburg/Ulmer,* § 5 Rdnr. 160, wo der Begriff »Vorzugsrecht« favorisiert wird.

49 Vgl. mit Unterschieden im einzelnen *RGZ* 170, 358, 368; *BGH,* LM Nr. 4 zu § 35 BGB = NJW 1969, 131; *Wiedemann* I, § 7 I a; krit. zur Einbeziehung der Unentziehbarkeit in die Definition, weil dann § 35 BGB eine Tautologie wäre, *v. Tuhr* I, § 38 VI (S. 553); der tautologische Charakter des § 35 BGB versteht sich indes aufgrund der Tatsache, daß der Gesetzgeber nur einen allgemeinen Grundsatz beschrieb.

50 Dazu *Reuter,* in: MünchKommBGB, § 35 Rdnr. 5; *Staudinger/Weick*, § 35 Rdnr. 4.

51 *BayObLGZ* 1975, 439.

52 Vgl. z.B. *BGH,* NJW 1969, 131 (GmbH); NJW-RR 1989, 542, 543.

53 Vgl. *BGHZ* 17, 392; *OLG Karlsruhe,* BB 1973, 1551.

54 Vgl. *RG,* JW 1911, 747; 1912, 907 (Verein); *BGHZ* 86, 177, 179 (GmbH).

55 Vgl. *RG,* Warn. 1925 Nr. 12; *BGH,* WM 1984, 29; *OLG Hamm,* ZIP 1986, 1188, 1191; *OLG Düsseldorf*, NJW 1990, 1122.

- Schutzrechte wie eine Erschwerung des Ausschlusses[56];
- Vermögensrechte wie Benutzungsrechte[57], Beitragsfreiheit[58], Gewinnvorzugsrechte[59] oder Vorrechte im Liquidationsfall[60].

Der Gleichbehandlungsgrundsatz begründet nach heute wohl allgemeiner Auffassung kein Sonderrecht[61]. Er ist ein objektivrechtliches Postulat und kein dem einzelnen Mitglied zugewiesenes subjektives Recht (schon gar nicht ein Vorzugsrecht), aber er steht der Einräumung von Vorzugsrechten auch nicht entgegen (vgl. § 16 II 4 b aa).

Kernvorschrift für die Behandlung von Sonderrechten ist die vereinsrechtliche Regelung des § 35 BGB. Nach dieser Vorschrift können Sonderrechte eines Mitglieds nicht ohne dessen Zustimmung durch Mehrheitsbeschluß der Mitgliederversammlung beeinträchtigt werden. Dieser Grundsatz gilt auch für Aktiengesellschaften[62], Genossenschaften[63], Gesellschaften mbH[64] und für mehrheitlich beschließende Personengesellschaften[65]. Es handelt sich um ein *allgemeines verbandsrechtliches Prinzip*[66]. § 35 BGB ist ein Ausdruck dieses allgemeinen Prinzips, nicht eine vereinsrechtliche Einzelregelung. Die verbandsrechtliche Doktrin und Rechtspraxis des 19. Jahrhunderts fand das Institut der mehrheitsfesten Vorzugs- oder Sonderrechte bereits vor[67], und der Gesetzgeber zögerte sogar, diesen Grundsatz besonders auszusprechen, da er nicht gleichzeitig den Kreis möglicher Sonderrechte fixieren konnte[68]. Heute wird die Zulassung von Sonderrechten jedenfalls rechtspolitisch unterschiedlich beurteilt[69].

Im Organisationsrecht der Aktiengesellschaft spielen die Vorzugsrechte nur eine marginale Rolle, weil die wichtigsten organschaftlichen Sonderrechte durch die Regelungen der §§ 12 II, 23 V, 84 I 1, 101 II, 139f. AktG unterbunden sind. Eigentlich spielen hier Sonderrechte nur in Form von Genußrechten eine wirklich bedeutende Rolle (dazu oben unter § 18 II 2 d). Auch in der vereinsrechtlichen und in der genossenschaftsrechtlichen Praxis

---

56 Vgl. *Staudinger/Weick,* § 35 Rdnr. 9.
57 Dazu vgl. *RG,* Recht 1925 Nr. 1960.
58 *Reuter,* in: MünchKommBGB, § 35 Rdnr. 5; *Soegel/Hadding,* § 35 Rdnr. 15.
59 Vgl. *Hachenburg/Ulmer,* § 5 Rdnr. 167; *Soergel/Hadding,* § 35 Rdnr. 15.
60 Vgl. *RGZ* 136, 190; zur Abgrenzung vgl. *RG,* Warn. 1918 Nr. 133.
61 *RG,* JW 1938, 1329; *KG,* NJW 1962, 1917; *Lutter/Zöllner,* in: KK, § 53 a Rdnr. 7; zur überholten Kontroverse vgl. *Haff,* a. a. O., S. 220 ff.
62 Vgl. nur *Würdinger,* § 33 III 1; *Wiedemann,* in: GroßkommAktG, § 179 Rdnr. 171.
63 Vgl. nur *Paulick,* Das Recht der eingetragenen Genossenschaft, 1956, § 18 I 2 c.
64 Vgl. nur *RGZ* 80, 385, 389; *Burkert,* Die GmbH, 1981, S. 68 f.; *Baumbach/Hueck/Zöllner,* § 53 Rdnr. 116; *Hachenburg/Ulmer,* § 53 Rdnr. 60; *Ullrich,* ZGR 1985, 235, insbes. S. 242 f.
65 Vgl. nur *Nitschke,* Die körperschaftlich strukturierte Personengesellschaft, 1970, S. 179 f.; *H.P. Westermann,* Verbandsfreiheit und Typengesetzlichkeit im Recht der Personengesellschaften, 1970, S. 160.
66 Eingehend *Wiedemann* I, § 7 I 1; *Martin Weber,* a. a. O., S. 172.
67 Vgl. besonders *ROHGE* 8, 189; *Otto v. Gierke,* Genossenschaftstheorie, S. 188 ff.; *Karl Lehmann,* ArchBürgR 9 (1894), 301 ff.
68 Vgl. Mot., in: *Mugdan* I, S. 412; zur Gesetzesfassung dann Prot., in: *Mugdan* I, S. 623; näher *Flume,* Juristische Person, § 8 II.
69 Krit. vor allem *Mestmäcker,* Verwaltung, Konzerngewalt und Rechte der Aktionäre, 1958, S. 7 ff.; *Roitzsch,* Der Minderheitenschutz im Verbandsrecht, 1981, S. 25 f.; *Zöllner,* a. a. O., S. 110; *Reuter,* in: MünchKommBGB, § 35 Rdnrn. 1–3.

stellen Sonderrechte Ausnahmeerscheinungen dar. Sonderrechte existieren vor allem in der personalistischen GmbH[70] und in der Personengesellschaft[71]. Hier sind sie, soweit nicht zwingendes Recht entgegensteht, auch dann unbedenklich, wenn sie eine atypische Gesellschaftsorganisation – z.B. die unentziehbare Geschäftsführerstellung in der GmbH oder Geschäftsführungsbefugnisse eines Kommanditisten – begründen.

4. Das Abspaltungsverbot*

a) Aus der Einheitlichkeit der Mitgliedschaft ergibt sich das Abspaltungsverbot. Das Abspaltungsverbot besagt, daß Mitgliedschaftsrechte – im Gegensatz zu einzelnen aus ihnen erwachsenen Ansprüchen – von der Mitgliedschaft nicht trennbar sind[72]. *BGHZ* 3, 354, 357 formuliert: »Die Verwaltungsrechte sind ... mit dem Gesellschafteranteil notwendig verbunden und können von ihm nicht losgelöst und selbständig übertragen werden.« Es soll also nicht in der Hand der Mitglieder liegen, Mitgliedschaftsrechte willkürlich von der Mitgliedschaft zu trennen (vgl. auch bereits oben, § 14 II 2b). Das Abspaltungsverbot hängt demnach zusammen mit dem Prinzip der Verbandsautonomie.

Zur Veranschaulichung mag man davon sprechen, daß die Mitgliedschaftsrechte nicht »sonderrechtsfähig«, d.h. nicht tauglicher Gegenstand isolierter Verfügung, sind[73]. Aber das Abspaltungsrecht soll nicht nur dem einzelnen Gesellschafter die Abtretung von Mitgliedschaftsrechten ohne die Mitgliedschaft verbieten, sondern es setzt auch der Satzungsgestaltung Grenzen, beruht also auf dem Gedanken, daß es keine »Verbandssouveränität« ohne Bindung des »Verbandswillens« an die Mitgliedschaft gibt[74]. Die entscheidende Begründung ist in der Funktion der Mitverwaltungsrechte als Steuerungs- und Legitimationsmedien im Verfassungsrecht des Verbandes zu

70 Vgl. *Immenga,* Die personalistische Kapitalgesellschaft, 1970, S. 77, 95, 250.

71 Vgl. *Staub/Ulmer,* § 105 Rdnrn. 254ff.

* Literatur (Auswahl): *Erman,* Verwaltung der Rechte eines Kommanditisten durch einen persönlich haftenden Gesellschafter, in: Festschrift Nipperdey I, 1965, S. 277; *Fleck,* Stimmrechtsabspaltung in der GmbH? in: Festschrift Fischer, 1979, S. 107; *Habersack,* Die Mitgliedschaft – subjektives und »sonstiges« Recht, 1996, S. 78ff.; *Herfs,* Einwirkung Dritter auf den Willensbildungsprozeß der GmbH, 1994; *Reuter,* Privatrechtliche Schranken der Perpetuierung von Unternehmen, 1973; *Teichmann,* Gestaltungsfreiheit in Gesellschaftsverträgen, 1970; *Christoph Weber,* Privatautonomie und Außeneinfluß im Gesellschaftsrecht, 2000; *H. P. Westermann,* Vertragsfreiheit und Typengesetzlichkeit im Recht der Personengesellschaften, 1970; *Wiedemann,* Die Übertragung und Vererbung von Mitgliedschaftsrechten bei Handelsgesellschaften, 1965.

72 *BGHZ* 3, 354; 20, 363, 364; 43, 261, 267; *BGH,* LM Nr. 6 zu § 105 HGB; *BayObLG,* GmbHR 1986, 87; *Wiedemann,* a.a.O., S. 276; *Teichmann,* a.a.O., S. 224f.; *H. P. Westermann,* a.a.O., S. 442 (s. aber S. 381ff.); *Hachenburg/Raiser,* § 14 Rdnr. 32; *Staub/Ulmer,* § 109 Rdnr. 26; s. auch *Erman,* a.a.O., insbes. S. 285f.

73 Vgl. *Wiedemann,* a.a.O., S. 277; *Alfred Hueck,* JZ 1952, 115; *Christoph Weber,* a.a.O., S. 63ff.; krit. *H. P. Westermann,* a.a.O., S. 396; *Reuter,* ZGR 1978, 634; diese Kritik trifft den Text nicht, der die Sonderrechtsunfähigkeit nur zur Veranschaulichung benutzt.

74 Vgl. *Christoph Weber,* a.a.O., S. 65f.; über den Selbstschutzcharakter der »Verbandssouveränität vgl. ebd., S. 47f.

erblicken[75]. *Flume*[76] sieht im Abspaltungsverbot einen Ausdruck allgemeiner Schranken der Privatautonomie im Verbandsrecht: Der Verband dürfe und könne sich nicht der durch die Mitgliedschaftsrechte gewährleisteten Selbstbestimmung begeben. Dem ist im Grundsatz zuzustimmen. Die mitgliedschaftliche Selbstbestimmung ist Grundlage legitimer Willensbildung und Willensbetätigung von Verbänden. Der Gedanke ist also der, daß der Verband, soll nicht die »Richtigkeitsgewähr« verbandsrechtlicher Willensbildung und Kontrolle in Gefahr geraten, selbstgesteuert und nicht fremdgesteuert zu agieren hat.

Die Abgrenzung im einzelnen ist schwierig. *Ausgeschlossen* ist nach herrschender Auffassung
- die isolierte Übertragung von Teilhaberechten (Stimmrechten, Klagrechten, Informationsrechten) auf ein Nichtmitglied[77],
- die Ermächtigung zur Ausübung dieser Rechte im eigenen Namen[78] und
- die unwiderrufliche verdrängende Bevollmächtigung eines Dritten zur Ausübung dieser Rechte[79].

b) Als Testfall des Abspaltungsverbots – und damit als Einbruchstelle dieses Grundsatzes! – wird bisweilen das *Stimmrecht beim Nießbrauch am Anteil* (dazu unten, § 61 II 2), *beim Pfandrecht am Anteil* (dazu unten, § 45 IV) *und bei der Treuhand am Anteil* (dazu unten, § 61 III 3 c) betrachtet[80]. Vor allem bei der Treuhand und beim Nießbrauch am Anteil wird verschiedentlich die Auffassung vertreten, hier sei doch eine Zuweisung des Stimmrechts an einen Nichtgesellschafter (den Treugeber bzw. den Nießbraucher) möglich[81]. Es handelt sich dabei aber nicht um das Problem willkürlicher Abspaltung von Mitgliedschaftsrechten[82], sondern um ein Folgeproblem, das sich aus der Zulassung von Treuhand, Pfandrecht und Nießbrauch und aus den hieraus folgenden Rechtszuordnungsproblemen ergibt. Durch Nießbrauch, Pfandrecht und Treuhand werden an sich nicht Einzelbefugnisse abgespalten, sondern die Mitgliedschaft ist zur Gänze mit dem Recht eines Dritten belastet. Charakteristisch für diese Fälle ist allerdings ein Zugriff unterschiedlicher Interessensphären – z. B. der Treuhändersphäre und der Treugebersphäre – auf die Mitgliedschaft. Die materielle Mitgliedstellung stimmt nicht

---

75 In gleicher Richtung die »institutionellen« Begründungen bei *Teichmann,* a. a. O., S. 191, 224 f.; *Reuter,* a. a. O., S. 154 ff.; *ders.,* ZGR 1978, 634 ff.; Überblick bei *Fleck,* a. a. O., S. 110 ff.

76 Personengesellschaft, § 14 IV, VII; dagegen *Reuter,* ZGR 1978, 635 ff.

77 Vgl. mit sehr unterschiedlichen Begründungen *BGHZ* 3, 354, 357; *BGH,* NJW 1987, 780; *Flume,* Juristische Person, § 14 IV; *Wiedemann,* a. a. O., S. 283 ff.; *Teichmann,* a. a. O., S. 221 ff.; *H.P. Westermann,* a. a. O., S. 389 ff.

78 *Wiedemann,* a. a. O., S. 289; *H. P. Westermann,* a. a. O., S. 398 ff.; s. auch bereits *Alfred Hueck,* JZ 1952, 115.

79 Vgl. *Teichmann,* a. a. O., S. 225; *Scholz/Karsten Schmidt,* § 47 Rdnr. 83; für Personengesellschaften etwa *BGHZ* 3, 354, 358 f.; *Alfred Hueck,* oHG, § 11 II 3; a. M. *H. P. Westermann,* a. a. O., S. 402.

80 Charakteristisch *Wiedemann,* a. a. O., S. 408 ff., 413 ff.; *H.P. Westermann,* a. a. O., S. 384, 386; *Fleck,* a. a. O., mit reichen Nachweisen.

81 Vgl. vor allem *Fleck,* a. a. O.; s. auch *OLG Köln,* DB 1996, 2123.

82 Richtig *Flume,* Personengesellschaft, § 14 IV, § 17 VI.

voll mit der formellen Mitgliedstellung überein[83], und es ist eine Zurechnungsfrage, ob hierdurch auch die Mitgliedschaftsrechte selbst je nach der wirtschaftlichen Gesellschafterposition auf unterschiedliche Personen verteilt sein können[84]. Es liegt zugegebenermaßen nahe, in diesen Fällen eine sachliche Teilung von Mitgliedschaftsrechten (z. B. von Informationsrechten) oder doch jedenfalls eine Ermächtigung oder unwiderrufliche Bevollmächtigung zugunsten von Treuhändern und Nießbrauchern zuzulassen, weil diese im Innenverhältnis ohnedies Weisungen an das Mitglied erteilen können (vgl. zum hier vertretenen Standpunkt allerdings unten, § 61 II 3 und III 3 c). Dies wäre aber nicht willkürliche Abspaltung von Mitgliedschaftsrechten, sondern nur eine Offenlegung und rechtliche Sanktionierung der wirtschaftlich bereits durchgehend vollzogenen Spaltung der Mitgliedschaft.

c) Keine verbotene Abspaltung von Mitgliedschaftsrechten ist deren Ausübung unter *Zuhilfenahme Dritter.* Soweit nicht schutzwürdige Interessen des Verbandes entgegenstehen – was vor allem bei der Teilnahme Dritter an Versammlungen[85] und bei der Ausübung von Informationsrechten kritisch werden kann[86] –, ist eine vorübergehende Ausübung durch Dritte zulässig; aber hierzu genügt jedenfalls i. d. R. eine widerrufliche Bevollmächtigung des Dritten, der dann das Recht im Namen des Mitglieds ausübt. Keine verbotene Abspaltung von Mitgliedschaftsrechten ist auch die *obligatorische Gruppenvertretung*[87], bei der mehrere Mitglieder – z. B. die Angehörigen eines Familienstamms – gezwungen werden, ihre Teilhaberechte einheitlich durch einen gemeinschaftlichen Vertreter auszuüben (dazu näher unten, § 21 II 5). Dies ist eine Mediatisierung und Zusammenfassung mitgliedschaftlicher Stimmrechtsmacht, aber nicht deren Loslösung von der Mitgliedschaft selbst. Auch die *Einrichtung eines Beirats* (oben, § 14 III 3) stellt als solche keine verbotene Abspaltung von Mitgliedschaftsrechten dar, sondern löst nur die ganz andere Frage aus, inwieweit Kompetenzen von den Mitgliedern auf ein anderes Organ – eben den Beirat – verlagert werden dürfen (auch dazu oben, § 14 III 3 b)[88].

---

83 Charakteristisch *Fleck* (a. a. O., S. 128), wo eine »Abspaltung« u. a. für solche Nichtgesellschafter anerkannt wird, die zumindest partiell in einem nicht unerheblichen Umfang die wirtschaftliche Stellung eines Gesellschafters haben.

84 Vgl. als Überblick für den Nießbrauch: *BGH*, NJW 1999, 571; *Blaurock,* Unterbeteiligung und Treuhand an Gesellschaftsanteilen, 1981, S. 142 f.; für das Pfandrecht *Hadding,* in: Hadding/Schneider, Gesellschaftsanteile als Kreditsicherheit, 1979, S. 37 ff.; *Karsten Schmidt*, in: MünchKommHGB, vor § 230 Rdnrn. 7 ff.; für die Treuhand vgl. *Armbrüster*, Die treuhänderische Beteiligung an Gesellschaften, 2001; *John,* ebd., S. 83 ff.; *Tebben,* Unterbeteiligung und Treuhand an Gesellschaftsanteilen, 2000; *Karsten Schmidt*, in: MünchKommHGB, vor § 230 Rdnrn. 33 ff.

85 Dazu *Hans Martin Schmidt,* GmbHR 1963, 154 f.; ausführlich *Saenger,* Die Beteiligung Dritter bei Beschlußfassung und Kontrolle im Gesellschaftsrecht, 1990, S. 173 ff.

86 Vgl. *BGH,* BB 1962, 899, 900; *KG,* KGJ 30 A 120, 123; GmbHR 1988, 221 = ZIP 1988, 714; *OLG Hamm,* DB 1970, 43; *Karsten Schmidt,* Informationsrechte in Gesellschaften und Verbänden, 1984, S. 25.

87 A.M. (Gruppenvertretung als Abspaltungsfall) *H. P. Westermann,* a. a. O., S. 382.

88 Dazu *Rohleder*, Die Übertragbarkeit von Kompetenzen auf GmbH-Beiräte, 1991.

IV. Die Mitgliedschaft als Rechtsgegenstand

1. Grundsatz

Die Mitgliedschaft ist nicht nur als subjektives Recht, sie ist auch als Rechtsgegenstand einheitlich[89]. Das gilt unabhängig von der sogleich zu behandelnden Frage, ob die Mitgliedschaft höchstpersönlich oder der Verfügung und Vollstreckung zugänglich ist; von dieser Voraussetzung hängt der Begriff des Rechtsgegenstandes nicht ab[90]. Umgekehrt kann man allerdings sagen, daß erst die Anerkennung als Rechtsgegenstand die Mitgliedschaft als taugliches Objekt von Verfügungen, von Vollstreckungsmaßnahmen und – wo dies zugelassen ist – als ein vererbliches Gut erscheinen läßt.

2. Verfügung*

a) Die rechtsgeschäftliche Verfügung über die Mitgliedschaft kann sich insbesondere darstellen als Rechtsgeschäft des Mitglieds mit einem Dritten, durch welches die Mitgliedschaft
- veräußert oder
- belastet

wird. Die Übertragung der Mitgliedschaft ist bei allen Verbänden ein einheitliches Rechtsphänomen: Es geht um die Übertragung eines in sich ungeteilten Rechts[91]. Das bedeutet freilich nicht, daß sie bei allen Verbänden zugelassen und nach denselben Regeln vollziehbar wäre (vgl. bereits unter II 1 b). Bei den Personengesellschaften ist sie vom Gesetzgeber nicht vorgesehen, beim Verein des bürgerlichen Rechts geradezu ausgeschlossen. Auch die Übertragung des Geschäftsguthabens bei der Genossenschaft nach § 76 GenG ist keine Übertragung der Mitgliedschaft, sondern nur ein vereinfachter Austritt. Als Belastungen kommen insbesondere der Nießbrauch[92] und das Pfandrecht[93] in Betracht. Über den Nießbrauch wird unter § 61 II mehr zu sagen sein. Die Übertragung und Verpfändung von Mitgliedschaftsrechten spielt bei Handelsgesellschaften und bei Gesamthands-BGB-Gesellschaften eine nicht unbeträchtliche Rolle. Es geht dabei nicht um die Verfügung über einzelne aus der Mitgliedschaft resultierende Ansprüche (z.B. Zahlungsansprüche aus Gewinn- oder Auseinandersetzungsguthaben),

---

89 Vgl. *Habersack*, a.a.O., S. 104ff.; *Wiedemann*, a.a.O., S. 39f.; s. auch *Rokas*, Die Teilhaberschaft an der oHG und ihre Vererbung, 1965, S. 22f.; einschränkend *R. Heinsheimer*, a.a.O., S. 24ff., für den die Teilhaberschaft etwas Zusammengesetztes ist.

90 A.M. noch *Sohm*, in: Festschrift Degenkolb, 1905, S. 21f., 63ff.; dagegen schon *Binder*, ZHR 59 (1906), 34; heute vor allem *Lutter*, AcP 180 (1980), 99.

* Literatur: *Wiedemann*, a.a.O.

91 Vgl. grundlegend *Wiedemann*, a.a.O., S. 43ff.; besonders pointiert *Lutter*, AcP 180 (1980), 101; s. auch *Sernetz*, a.a.O.; a.M. heute insbes. noch *Hadding*, in: Festschrift Reinhardt, a.a.O., S. 255ff.; *ders.*, in: Hadding/Schneider, Gesellschaftsanteile als Kreditsicherheit, 1979, S. 37ff.; s. auch *Teichmann*, AcP 179 (1979), 487f.; *Beuthien*, AG 2002, 269.

92 Dazu etwa *Karsten Schmidt*, in: MünchKommHGB, vor § 230 Rdnrn. 7ff.

93 Dazu *Hadding/Schneider*, Gesellschaftsanteile als Kreditsicherheit, 1979.

sondern um Verfügungen über die Mitgliedschaft als Ganzes. Die Zulässigkeit und die rechtliche Durchführung der Verfügung hängt im einzelnen von der Art der Mitgliedschaftsrechte ab:
- *Aktien* sind Wertpapiere im engeren Sinne, und zwar entweder Inhaberaktien oder Namensaktien (§ 10 I AktG). Demgemäß wird entweder nach dem Recht der beweglichen Sachen (vgl. §§ 929ff., 1293 BGB) oder nach dem Recht der Orderpapiere (vgl. §§ 68 AktG, 1292 BGB) über sie verfügt (näher unten, § 26 IV 1b).
- Die *Verfügung über GmbH-Anteile* ist in § 15 GmbHG geregelt; es wird hier nicht über eine Sache, sondern über ein Recht verfügt, und zwar auch dann, wenn die Geschäftsanteile verbrieft sind (näher unten, § 35 II 1).
- Die *Verfügung über Anteile an Personengesellschaften* bedarf der Zustimmung der Mitgesellschafter oder der Zulassung im Gesellschaftsvertrag; es handelt sich um eine Rechtsübertragung i.S. von § 413 BGB bzw. um die Verpfändung eines Rechts (näher unten, § 45 III 2b).
- Die *Mitgliedschaft im rechtsfähigen Verein* ist nicht übertragbar (§ 38 BGB), sofern nicht die Satzung ein anderes bestimmt (§ 40 BGB). Anders als bei den Personengesellschaften sind solche Satzungsbestimmungen außerordentlich selten.
- Die *Mitgliedschaft in einer Genossenschaft* kann nicht übertragen und nach allgemeiner Auffassung auch nicht durch Satzungsbestimmung für übertragbar erklärt werden (vgl. *RGZ* 87, 408, 410). Nur das Geschäftsguthaben kann nach § 76 GenG auf einen anderen Genossen bzw. auf einen neu eintretenden Genossen übertragen werden. Eine Verpfändung ist auch hinsichtlich des Geschäftsguthabens verboten (vgl. § 22 IV 1 GenG).

b) Noch wenig diskutiert und demgemäß ungeklärt ist die *Übertragung der Mitgliedschaft bei Innengesellschaften* (vgl. zu dieser oben unter I 1b). Das hängt damit zusammen, daß Innengesellschaften herkömmlich als reine Schuldverhältnisse angesehen werden (was sie in den meisten Fällen auch sind), während erst allmählich in das Bewußtsein dringt, daß eine Innengesellschaft auch als Verband ausgestaltet sein kann (oben, § 7 I 2 b; vgl. auch zur stillen Gesellschaft unten, § 62 I 1 e). Da aber auch die Schuldrechtsdogmatik inzwischen das Rechtsverhältnis als Verfügungsgegenstand erkannt hat[94], wird man auch bei Innengesellschaften mit Verbandscharakter eine Übertragung der Mitgliedschaft – nicht bloß der einzelnen dazugehörenden Rechte – herausarbeiten können[95].

3. Vollstreckung[*]

Von der Verpfändung ist die Pfändung von Mitgliedschaftsrechten durch Gläubiger des Mitglieds zu unterscheiden. Hier geht es nicht um eine

94 Grundlegend *Pieper*, Vertragsübernahme und Vertragsbeitritt, 1963.
95 Vgl. *Karsten Schmidt*, in: MünchKommHGB, § 230 Rdnr. 175.
* Literatur: *Anders*, Die Zwangsvollstreckung in Gesellschaftsanteile im deutschen und US-amerikanischen Recht, 2001; *M. Fischer*, Der Anteil an einer Personengesellschaft als Gegenstand der

Verfügung seitens des Mitglieds, sondern um den Zwangszugriff von seiten seines Gläubigers aufgrund eines Vollstreckungstitels.

Inhaberaktien werden als Inhaberpapiere nach §§ 808, 821 ZPO gepfändet und verwertet, *Namensaktien* nach §§ 808, 821 ff. ZPO[96]. Der Zugriff auf einen *GmbH-Geschäftsanteil* erfolgt nach § 857 ZPO[97].

Bei *Personengesellschaften* unterwirft § 859 ZPO den »Anteil an dem Gesellschaftsvermögen« der Pfändung. Ob dies eine Pfändung der Mitgliedschaft darstellt, war rechtsdogmatisch umstritten[98]. Der Gesetzgeber ging noch von der gesetzlichen Unübertragbarkeit der Mitgliedschaft aus; er wollte den Gläubiger nur instand setzen, global auf alle Vermögensrechte aus der Mitgliedschaft zuzugreifen. Dazu gibt ihm das Gesetz Kündigungsrechte (§§ 725 BGB, 135 HGB). § 725 BGB spricht zwar, wie § 859 ZPO, von einer Anteilspfändung, aber in § 135 HGB ist nur von einer Pfändung des Auseinandersetzungsguthabens die Rede[99]. Das paßt in das Bild der älteren Rechtsprechung und Lehre, die Personengesellschaftsanteile noch für unübertragbar hielt. Heute wird die angebliche Unübertragbarkeit des Personengesellschaftsanteils nur noch im Sinne eines Zustimmungsbedürfnisses, also nicht mehr als gegenständliche Unübertragbarkeit, verstanden: Der Anteil ist übertragbar wie ein vinkulierter GmbH-Geschäftsanteil (vgl. unten, § 45 III 2), und hierzu paßt die Auffassung des *Bundesgerichtshofs,* wonach die Anteilspfändung ein Zugriff auf die Mitgliedschaft ist (unten, § 45 IV)[100]. Auf der Annahme gesetzlich angeordneter Unübertragbarkeit der Mitgliedschaft (unten, § 41 III 1) basiert dagegen im *Genossenschaftsrecht* die Lösung des § 66 GenG[101]: Hat der Gläubiger eines Genossen die Zwangsvollstreckung in dessen sonstiges Vermögen fruchtlos versucht, so kann er dessen Auseinandersetzungsguthaben – nicht die Mitgliedschaft – pfänden und sich überweisen lassen und sodann das Kündigungsrecht des Genossen an dessen Stelle ausüben.

Zwangsvollstreckung ..., 2001; *Wertenbruch,* Die Haftung von Gesellschaften und Gesellschaftsanteilen in der Zwangsvollstreckung, 2000.

96 § 831 ZPO gilt nur für Forderungspapiere.

97 *RGZ* 70, 64; *BGHZ* 32, 151; 104, 351.

98 Vgl. einerseits *Flume,* Personengesellschaft, § 17 III; anderseits *Karsten Schmidt,* JR 1977, 177 ff.; ähnlich insofern schon *R. Heinsheimer,* a. a. O., S. 70 ff.

99 Vgl. näher *Karsten Schmidt,* JR 1977, 177 ff.

100 *BGHZ* 97, 392 = NJW 1986, 1991; *M. Fischer,* a. a. O., S. 115 ff., 131 ff.; eingehend *Smid,* JuS 1988, 613 ff.

101 Vgl. nur *Stein/Jonas/Brehm,* § 859 Rdnr. 17.

§ 20 Die mitgliedschaftlichen Pflichten und ihre Sanktionen

I. Grundsatz*

1. Die Vielfalt der mitgliedschaftlichen Pflichten

Mitgliedschaftliche Pflichten können gesetzliche – d.h. objektivrechtlich gegebene, wenn auch nicht unbedingt aus den geschriebenen Gesetzen wortwörtlich ablesbare – Pflichten sein oder vertrags- bzw. satzungsmäßige Pflichten. Ihre Vielfalt wurde unter § 19 III angedeutet. Einzelheiten sind bei den jeweiligen Rechtsformen, nicht im Rahmen der hier zunächst unternommenen Institutionenbildung, darzustellen.

2. Beitragspflichten und Treupflichten

Unter § 19 II 3b wurde ausgeführt, daß die wichtigsten Vertragspflichten (bzw. satzungsmäßigen Pflichten) die Beitragspflichten sind, die wichtigsten gesetzlichen Pflichten dagegen die Treupflichten der Mitglieder. Diese Hauptpflichten der Mitglieder müssen im Rahmen der vorliegenden allgemeinen Überlegungen die Hauptrolle spielen, denn sie sind nicht nur die praktisch bedeutsamsten Mitgliedschaftspflichten, sondern sie geben auch am meisten Anlaß zu allgemeinen (rechtsformübergreifenden) Analysen.

II. Beitrag und Einlage**

1. Grundbegriffe

a) Die *Begriffe Beitrag und Einlage* werden in Praxis und Literatur mit ganz unterschiedlicher Bedeutung verwendet. Das ist lästig, verwirrend und bei der

---

* Literatur: vgl. § 19.

** Literatur (Auswahl): *Barz*, Know-how als Einbringungsgegenstand, in: Festschrift Walter Schmidt, 1959, S. 157; *Berninger*, Die Societas Quoad Sortem, 1994; *Bork*, Die Einlagefähigkeit obligatorischer Nutzungsrechte, ZHR 154 (1990), 205; *Brandt*, Die Scheinlagefühigkeit im Rahmen der

Auswertung von Fundstellen bisweilen gefährlich, weil jedesmal aus dem Zusammenhang erschlossen werden muß, was *der Sache nach* mit diesen Begriffen gesagt sein soll. Diese unklare Terminologie ist zu beklagen, denn auch wer den Begriffen im Recht keinen argumentativen Eigenwert beimißt, wird anerkennen müssen, daß eine klare Terminologie beim Argumentieren hilft: Eine gute Begriffsbildung löst keine Fälle, aber eine schlechte kann bei der Lösung hinderlich sein. Auch das Gesetz ist leider nicht eindeutig. Das Vereinsrecht spricht überhaupt nur von Beiträgen, und im Personengesellschaftsrecht wechseln die Begriffe recht willkürlich (vgl. z. B. §§ 58, 706, 707, 718, 722, 733–735 BGB). Im Personengesellschaftsrecht wird bisweilen der Unterschied darin gesehen, daß der Beitrag noch geschuldet, die Einlage dagegen schon geleistet ist[1]. Diese Unterscheidung ist wertlos und rechtfertigt keine verschiedenen Begriffe. Sachdienlich ist es, den Beitragsbegriff als Oberbegriff zu behandeln[2]:

- *Beitrag* ist jede als Primärpflicht vom Mitglied geschuldete Zweckförderungsleistung.
- *Einlage* ist dagegen ein zur Eigenkapitalbildung in das Gesellschaftsvermögen – im Fall der stillen Gesellschaft nach § 230 HGB als Leistung an den Unternehmensträger – zu leistender Beitrag, der die Haftungsmasse mehrt.

Dies ist ein wichtiger sachlicher Unterschied. Der Beitrag der Mitglieder gehört wie der gemeinsame Zweck zu den Grundlagen und Grundvoraussetzungen des Verbandsrechts (vgl. § 705 BGB). Die Einlage hat eine besondere Funktion im Rahmen der Finanz- und Haftungsverfassung (oben, § 18).

---

qualifizierten Gründung von Aktiengesellschaften, 1989; *Döllerer*, Einlagen bei Kapitalgesellschaften nach Handelsrecht und Steuerrecht, BB 1986, 1857; *ders.*, Das Kapitalnutzungsrecht als Gegenstand der Sacheinlage bei Kapitalgesellschaften, in: Festschrift Fleck, 1988, S. 35; *Ekkenga*, Zur Aktivierungs- und Einlagefähigkeit von Nutzungsrechten nach Handelsbilanz- und Gesellschaftsrecht, ZHR 161 (1987), 599; *Frey*, Einlagen in Kapitalgesellschaften, 1990; *Götting*, Die Einlagefähigkeit von Lizenzen an Immaterialgüterrechten, AG 1999, 1; *Haas*, Gesellschaftsrechtliche Kriterien für die Sacheinlagefähigkeit von obligatorischen Nutzungsrechten, in: Festschrift Döllerer, 1988, S. 169; *Hannemann*, Zur Bewertung von Forderungen als Sacheinlagen ..., DB 1995, 2055; *Huber*, Vermögensanteil, Kapitalanteil und Gesellschaftsanteil an Personalgesellschaften des Handelsrechts, 1970; *Hüttemann*, Leistungsstörungen bei Personengesellschaften, 1998; *Knobbe-Keuk*, Obligatorische Nutzungsrechte als Sacheinlagen in Kapitalgesellschaften, ZGR 1980, 214; *Lutter*, Kapital, Sicherung der Kapitalaufbringung und Kapitalerhaltung. ..., 1964; *Meilicke*, Obligatorische Nutzungsrechte als Sacheinlage, BB 1991, 579; *Mundry*, Darlehen und stille Einlagen im Recht der KG, 1992; *Schafheutle*, Gesellschaftsbegriff und Erwerb in das Gesellschaftsvermögen, 1931; *Karsten Schmidt*, Einlage und Haftung des Kommanditisten, 1977; *ders.*, Obligatorische Nutzungsrechte als Sacheinlagen? ZHR 154 (1990), 237; *Skibbe*, Dienstleistungen als Sacheinlage bei der GmbH, GmbHR 1980, 73; *Steinbeck*, Obligatorische Nutzungsüberlassung und Kapitalersatz, ZGR 1996, 116; *Sudhoff*, Die Sacheinlage bei Gründung einer GmbH, NJW 1982, 129; *Wiedemann*, Sacheinlagen in der GmbH, in: Festschrift Hirsch, 1968, S. 257.

1 Vgl. *RGZ* 76, 276, 278; *RG*, DR 1942, 140, 141; *Alfred Hueck*, oHG, § 14 I; *Hüffer*, § 10/2; *Erman/Westermann*, § 706 Rdnr. 1; krit. mit Recht *Huber*, Vermögensanteil, S. 191.

2 Vgl. *Karsten Schmidt*, a. a. O., S. 10 f.; *ders.*, Gesellschaft bürgerlichen Rechts, in: Gutachten und Vorschläge zur Überarbeitung des Schuldrechts III, 1983, S. 522; *ders.*, ZHR 154 (1990), 240; ähnlich schon *Huber*, Vermögensanteil, S. 192 f.; heute h. M.; vgl. nur *Jäger*, in: Sudhoff, Personengesellschaften, II C Rdnr. 2; *Hüttemann*, a. a. O., S. 3.

Beispiel Nr. 1: Soll ein Kommanditist K seine Marktkenntnisse als Schiffsmakler der Gesellschaft zur Verfügung stellen und 10000 Euro als Eigenkapitalleistung auf das Gesellschaftskonto zahlen, so ist beides Beitrag, aber nur die 10000 Euro sind eine Einlage. Nach § 171 I HGB befreit sich der Kommanditist von der persönlichen Haftung, soweit er die Einlage geleistet hat. Stellt K seine Marktkenntnisse zur Verfügung und zahlt er 10000 Euro, so liegt eine Einlageleistung in Höhe von 10000 Euro, aber auch nur in dieser Höhe vor.

b) Die hier eingeführte Terminologie markiert einen Begriffsunterschied, der bei den *Personen- und Kapitalgesellschaften* eine große, bei den *Genossenschaften* eine marginale und bei den *Vereinen* nahezu keine Rolle spielt. Nur ein kurzer Seitenblick sei deshalb auf die Begriffsbildung im Genossenschafts- und Vereinsrecht geworfen.

aa) Nach § 7 Nr. 1 GenG enthält die Satzung einer Genossenschaft eine Bestimmung über den Betrag, bis zu welchem sich die einzelnen Genossen mit Einlagen beteiligen können. Unbestrittenermaßen können aber auch andere Beiträge als sog. Nebenleistungspflichten bedungen sein[3]. Der Begriffsgegensatz bewährt sich also auch hier.

bb) Demgegenüber spricht das Vereinsrecht nur von Beiträgen der Mitglieder (§ 58 Nr. 2 BGB), und hierunter werden üblicherweise Geldleistungen an die Vereinskasse verstanden[4]. Diese Ungenauigkeit beruht darauf, daß die Vereinsmitglieder nach der Vorstellung des Gesetzgebers durch die Beiträge weder vermögenswerte Beteiligungsrechte noch eine Haftungsbefreiung erlangen, so daß der Gegensatz zwischen Beitrag und Einlage hier nur eine untergeordnete Rolle spielt. Trotzdem sei festgehalten, daß auch § 58 Nr. 2 BGB jede auf Zweckförderung gerichtete Primärpflicht und nicht bloß Geldzahlungen in das Vereinsvermögen erfaßt[5].

2. Beiträge

a) Für den Beitragsbegriff ist hiernach festzuhalten, *daß jede Zweckförderung Beitrag sein kann* und Beitrag ist, soweit sie im Gesellschaftsvertrag (in der Satzung) als Primärpflicht – also nicht bloß als Nebenpflicht – festgesetzt ist. Die Vielfalt ist demgemäß groß (vgl. auch speziell zu § 706 BGB unten, § 59 III 1 a). *Jedes zweckfördernde Tun oder Unterlassen* kann Beitrag sein: das Zurverfügungstellen des Namens für eine Gesellschaftsfirma, die Belieferung der Gesellschaft, die Kreditgewährung, die Überlassung von Geschäftsräumen, Marken, Arbeitnehmern oder Geräten, das Unterlassen von Wettbewerb[6], die persönliche Haftung[7] und selbst das pure Halten von Vermögen bei der Gesellschaft.

3 Vgl. nur *RGZ* 47, 146, 149, 152; 72, 4, 8; *Paulick*, Das Recht der eingetragenen Genossenschaft, 1956, § 18 II 1; zur Abgrenzung s. *BGH*, NJW 1960, 1858, 1859.
4 Vgl. *Reichert*, Handbuch des Vereins- und Verbandsrechts, 8. Aufl. 2001, Rdnrn. 578ff.
5 In gleicher Richtung *Steffen*, in: RGRK, § 58 Rdnr. 2; *Soergel/Hadding*, § 58 Rdnr. 3.
6 Vgl. *RG*, JW 1931, 2975.
7 Vgl. *RGZ* 37, 58, 61; *Alfred Hueck*, oHG, § 1 I 1 c.

Beispiel Nr. 2: Wer seinen Kindern im Wege der vorweggenommenen Erbfolge durch »Einbuchung« Kommanditanteile oder stille Gesellschaftsanteile zuwendet, schließt mit ihnen nicht nur Schenkungsverträge, sondern geht mit ihnen Gesellschaftsverhältnisse ein[8]. An einem Beitrag der Kinder fehlt es nicht, denn schon das Halten der Einlage – also das Nicht-Abziehen von Vermögenswerten – ist ein Gesellschafterbeitrag.

b) *Dienstleistungen* – entgeltliche wie unentgeltliche – können Beitragsleistungen sein (§ 706 III BGB)[9]. Wie sich aus § 733 II 3 BGB ergibt, geht das Gesetz davon aus, daß ein besonderes Entgelt vereinbart werden kann, daß aber ohne eine solche Vereinbarung kein besonderes Entgelt zu zahlen ist. So oder so stellt aber die Dienstleistung einen Beitrag – nicht eine Einlage! – dar, sofern sie als Förderung des gemeinsamen Zwecks geschuldet ist.

Beispiel Nr. 3: Die Geschäftsführungstätigkeit des Komplementärs in einer KG (§§ 161 II, 114 I, 164 HGB) ist in jedem Fall ein Gesellschafterbeitrag, gleichgültig, ob sie allein durch einen Gewinnvoraus des Komplementärs abgegolten ist oder ob zwischen Gesellschaft und Komplementär noch ein besonderer Dienstvertrag besteht. Bleibt der Komplementär untätig, so verstößt er nicht nur gegen einen etwa geschlossenen Dienstvertrag, sondern er verletzt auch seine Beitragspflicht.

c) *Gebrauchsüberlassungen* – entgeltliche wie unentgeltliche – können gleichfalls Beiträge sein. Auch hier ergibt sich aus § 733 II 3 BGB, daß ein zu zahlendes Entgelt besonders vereinbart werden muß.

Beispiel Nr. 4: Die Gründungsmitglieder eines Reitvereins sollen dem Verein ein Gelände zum Gebrauch zur Verfügung stellen. Der bisherige Einzelkaufmann E gründet mit seiner Familie eine Kommanditgesellschaft, in die er seinen Supermarkt mit der Maßgabe einbringt, daß das Betriebsgrundstück sein Eigentum bleibt. Der Gesellschafter G einer Hotel-GmbH ist nach dem Gesellschaftsvertrag verpflichtet, der Gesellschaft den nötigen Grund und Boden auf 99 Jahre gegen einen wertgesicherten Pachtzins zu verpachten. Jede dieser Gebrauchsüberlassungen ist ein Beitrag, aber keine ist eine Einlage. Nichterfüllung der Überlassungspflicht ist aber stets auch Verstoß gegen den Gesellschaftsvertrag, nicht bloß gegen einen – nur im letzten Fall vorhandenen – Pachtvertrag.

d) Ein Beitragsproblem sind auch *die unterschiedlichen Formen der »Einbringung« von Sachen.* Die traditionelle Doktrin unterscheidet die *»Einbringung« zu Eigentum (quoad dominium), zur Nutzung (quoad usum) und dem Werte nach (quoad sortem)*[10]. Die Unterschiede zwischen diesen Einbringungsformen bestehen in der dinglichen Güterzuordnung, in der Ge-

8 Wie hier jetzt *BGHZ* 112, 40 = NJW 1990, 2616; dazu eingehend *Dieter Mayer*, ZGR 1995, 93; *Karsten Schmidt*, BB 1990, 1992; *Karsten Schmidt*, in: MünchKommHGB, § 230 Rdnr. 48; unrichtig *Elke Herrmann*, ZHR 147 (1983), 313; dagegen *Hengeler*, ZHR 147 (1983), 329.

9 Vgl. *Kübler*, § 6 II 2 a; *Sudhoff*, NJW 1964, 1249 ff.

10 Vgl. ausdrücklich noch § 631 I BGB-E I; *RGZ* 54, 278, 280; 109, 380, 382 f.; *BGH*, WM 1965, 746; *BFHE* 152, 261 = GmbHR 1988, 370; *OLG Hamburg*, NJW-RR 1996, 803; *Berninger*, a.a.O., S. 23 ff.; *Alfred Hueck*, oHG, § 14 II; *Huber*, Vermögensanteil, S. 196 ff.; *Hüttemann*, a.a.O., S. 338 f.; *Ulmer*, Gesellschaft bürgerlichen Rechts, § 706 Rdnrn. 10 ff.; *Schlegelberger/Karsten Schmidt*, § 105 Rdnrn. 154 f.; *Karsten Schmidt*, Gesellschaft bürgerlichen Rechts, in: Gutachten und Vorschläge zur Überarbeitung des Schuldrechts III, 1983, S. 523 f.; über terminologische Unstimmigkeiten s. ebd., S. 544.

fahrtragung und in der Behandlung des Gegenstands bzw. seines Wertes im Liquidationsfall (vgl. § 733 II BGB).

Beispiel Nr. 5: Soll in einer oHG Gesellschafter A einen Lkw »zu Eigentum einbringen«, Gesellschafter B eine für die Anbringung von Werbeflächen gut gelegene Hauswand »zur Nutzung« und Gesellschafter C einen Tresorschrank »dem Werte nach«, so muß nur das Fahrzeug an die Gesellschaft übereignet werden. Hauswand und Tresor werden der Gesellschaft nur überlassen. Die von B geschuldete »Einbringung zur Nutzung« ist nichts anderes als eine Gebrauchsüberlassung. Hinsichtlich des C (»Einbringung dem Werte nach«) besteht die Besonderheit, daß im Verhältnis zwischen C und der Gesellschaft die Vermögenslage wertmäßig so gesehen wird, als hätte C den Tresor der Gesellschaft übereignet. Wird die Gesellschaft aufgelöst, so können B und C Rückgabe verlangen, und zwar B ohne, C dagegen mit Anrechnung auf seine Liquidationsquote.

Wer diesen Unterschied kennt, versteht auch die *Auslegungsregel des § 706 II BGB.* Unter den dort bezeichneten Voraussetzungen wird vermutet, daß Sachen zu Eigentum einzubringen sind. Für den Unterschied zwischen Beitrag und Einlage aber muß man sich klarmachen: Alle drei Formen der Sach-»Einbringung« stellen Beiträge dar, jedoch ist nur die Einbringung zu Eigentum eine echte Einlageleistung, die Einlage »dem Werte nach« immerhin noch eine »Als-ob-Eigenleistung«, die Einlage zur Nutzung dagegen nur noch ein schlichter Beitrag. Der bisweilen gebrauchte Begriff der »Sacheinlage quoad usum«[11] ist mißverständlich[12]. Selbst wenn ein Grundstück »dem Werte nach eingebracht« ist, geht das Eigentum daran nicht in das Gesellschaftsvermögen über[13]. Wer glaubt, hier eine »materiell-wirtschaftliche« Betrachtungsweise gegen eine »formal-juristische« ausspielen und das »dem Werte nach« eingebrachte Grundstück als Gegenstand des Gesellschaftsvermögens betrachten zu müssen[14], hat die juristische Betrachtungsweise nicht verstanden, die selbst durchaus »materiell-wirtschaftlich« ist[15]. Die Einbringung »dem Werte nach« macht den Gesellschafter nicht ohne weiteres zum bloßen Treuhand-Eigentümer.

Beispiel Nr. 6: Wird über das Vermögen der oHG in unserem letzten Beispiel das Insolvenzverfahren eröffnet, so kann der Insolvenzverwalter den Lkw als Massebestandteil verwerten, nicht aber die Hauswand und den Tresorschrank. Gesellschafter C muß allerdings den Wert des Tresors in die Masse zahlen, dies aber nicht, weil der Tresor »materiell-wirtschaftlich« Massebestandteil ist, sondern weil das Beitragsversprechen des C dahin ging, Gesellschaft und Mitgesellschafter wertmäßig so zu stellen, als gehörte der Sachwert in das Gesellschaftsvermögen. Ob sich der Gesellschafter durch Übereignung der »dem Werte nach« eingelegten Sache von dieser Pflicht befreien kann, ist eine Frage der Vertragsauslegung. Dem Sinn der wertmäßigen Einbringung wird es vielfach ent-

---

11 Vgl. *Fabritius*, Die Überlassung von Anlagevermögen an die GmbH durch Gesellschafter, 1988, S. 174 ff.

12 Vgl. *Karsten Schmidt*, ZIP 1990, 78.

13 Vgl. *OLG Hamburg*, NJW-RR 1996, 803 (kein Anwendungsfall des § 313 BGB!); *Karsten Schmidt*, ZHR 154 (1990), 242 f.

14 So *Gädcke*, »Dem Werte nach« eingebrachte Grundstücke im Gesellschaftsvermögen, 1987, S. 107 ff.; im Insolvenzverfahren der Gesellschaft (ebd., S. 125 ff.) hat *Gädcke* deshalb Mühe, zu dem richtigen Ergebnis zu gelangen, daß nur ein Zahlungsanspruch gegen den Gesellschafter und nicht eine Massezugehörigkeit des Grundstücks besteht (vgl. ebd., S. 127).

15 Zust. jetzt *Berninger*, a. a. O., S. 186.

sprechen, daß der Gesellschafter zwar nicht zur Übereignung verpflichtet, aber durchaus berechtigt sein sollte, sich durch Übereignung zu befreien.

Ob eine »Einbringung zu Eigentum«, eine »Einlage zur Nutzung« oder eine »Einbringung dem Werte nach« gewollt ist, ist durch Auslegung zu ermitteln[16]. Auch die Anwendbarkeit von Formvorschriften – im Fall eines Grundstücks § 311b I BGB – hängt von der Art der Einbringung ab[17]. Die Gesellschafter können auch eine Treuhandvereinbarung treffen und die Gesellschaft mit allen Haftungsfolgen zur »wirtschaftlichen Eigentümerin« machen. Aber die »Einbringung dem Werte nach« begründet noch keine solche Treuhandvereinbarung.

e) Die *Zuführung von Fremdkapital (Darlehnskapital, typische stille Einlage)* kann Gesellschafterbeitrag in einer Handelsgesellschaft sein. Dann besteht neben dem Gesellschaftsverhältnis ein Kreditverhältnis, aber durch den Gesellschaftszweck sind beide miteinander verbunden. Der Gesellschafter ist aufgrund des Gesellschaftsvertrags zur Bereitstellung von Krediten verpflichtet. In der Rechtsprechung wird hiermit oft die ganz andere Frage vermischt, ob diese Fremdmittel wie Haftkapital behandelt werden können (dazu oben, § 18 III 3). Es ist aber nicht dasselbe, ob der Gesellschafter verpflichtet ist, der Gesellschaft Mittel als Fremdkapitalgeber zur Verfügung zu stellen oder diese Mittel als Risikokapital einzahlen soll.

Beispiel Nr. 7 (nach *BGHZ* 70, 61 = NJW 1978, 376): Im Gesellschaftsvertrag einer Publikumspersonengesellschaft hieß es: »Die Kommanditisten gewähren der Gesellschaft ferner eine verzinsliche Hypothek in Höhe des Vierfachen ihrer Kommanditeinlage ...« Ein Gesellschafter hatte den Kredit gekündigt und verlangte ihn zurück, und es wurde darüber gestritten, ob das Darlehn unabhängig von der Mitgliedschaft gekündigt werden konnte. Der *BGH* verneinte dies mit der zutreffenden Begründung, die Darlehnszahlung habe nicht auf einer »allgemeinen schuldrechtlichen«, sondern auf einer »gesellschafts(vertrag)lichen« Verpflichtung beruht. Das Darlehn war m. a. W. Beitrag des Kommanditisten. Der Leitsatz der Entscheidung lautet: »Begründet der Gesellschaftsvertrag einer Massengesellschaft für die Kommanditisten die Verpflichtung zur Erbringung von Kapitalleistungen, so sind diese im Zweifel auch dann gesellschaftsvertraglicher Art, wenn sie nicht als Kommanditeinlage geschuldet werden.«

Beispiel Nr. 8 (nach *BGH*, NJW 1980, 1522; s. dazu auch *Karsten Schmidt*, NJW 1982, 2255): Bei einer Publikumspersonengesellschaft hatten die Kommanditisten neben der Kommanditisteneinlage auch stille Einlagen gezeichnet. Die Gesellschaft war gescheitert, und es wurde darüber gestritten, ob der Liquidator zu Liquidationszwecken nur die Kommanditeinlagen oder auch die versprochenen stillen Einlagen einfordern konnte. Der *BGH* bejahte beides, weil der Beklagte die stille Einlage »nicht als Außenstehender und auch nicht in der Weise übernommen (hatte), daß die daraus entspringenden Rechte und Pflichten unabhängig neben der gleichzeitig begründeten Kommanditistenbeteiligung bestehen«.

Wie bereits angedeutet, drängt sich in diesen Fällen die weitere Frage auf, ob solche vom Gesellschafter zusätzlich zur Verfügung zu stellende Mittel (Kredit, stille Einlage) auch haftungsrechtlich dem Eigenkapital der Gesell-

16 *OLG Hamburg*, NJW-RR 1996, 803, 804.
17 Vgl. Ebd.

schaft gleichgestellt werden können (dazu oben, § 18 III 3). Es kann aber nicht genug betont werden, daß dies ein völlig anderes Problem ist, nämlich ein Problem der Finanzverfassung des Verbandes.

3. Einlagen

Nach der hier entwickelten Terminologie werden als Einlagen nur solche Beiträge bezeichnet, die zur Mehrung der Haftungsmasse in das Verbandsvermögen – bei der stillen Gesellschaft an den Unternehmensträger – zu leisten sind. Dazu gehört ein Doppeltes:
- Der Leistungsgegenstand muß einlagefähig sein (s. sogleich unter a),
- und er muß zur Mehrung der Haftungsmasse auf die Einlageschuld geleistet sein (s. alsbald unter b).

a) Einlagen können nur solche Beiträge sein, deren Leistung das haftende Vermögen mehrt. Im einzelnen werden *Bareinlagen* (besser: Geldeinlagen) und *Sacheinlagen* unterschieden (vgl. §§ 27 AktG, 5 IV GmbHG). Geldeinlagen werden durch bare oder unbare Zahlung erbracht[18]. Als Sacheinlage wird – terminologisch nicht ganz genau – jede Einlage bezeichnet, die nicht in Geld zu erbringen ist (§ 27 I 1 AktG). Nur bei Sacheinlagen kann die *Einlagefähigkeit* Schwierigkeiten bereiten. Insofern sei nochmals betont, daß jede nicht in Geld bestehende Leistung ohne weiteres als Beitrag, jedoch eben nicht ohne weiteres als Einlage in Betracht kommt. Nach § 27 II AktG sind sacheinlagefähig nur bewertungsfähige Vermögensgegenstände. Die Schwierigkeit liegt nicht zuletzt darin, daß in betriebswirtschaftlicher Hinsicht jeder noch so wenig greifbare Vermögenswert als bewertungsfähig angesehen wird[19], während der Jurist dazu neigt, nur »dinglich« einzubringende Vermögenswerte als einlagefähig anzusehen, die im Insolvenzfall auch die verwertbare Aktivmasse mehren. Zuzugeben ist, daß sich die Konturen verwischen, je mehr man einem dynamischen, betriebswirtschaftlich gedachten Vermögensbegriff zuneigt[20]. Aber dabei darf das gesellschaftsrechtliche Prinzip der Eigenkapitalaufbringung nicht vernachlässigt werden[21]. § 27 II AktG, wonach »Sacheinlagen oder Sachübernahmen nur Vermögensgegenstände sein (können), deren wirtschaftlicher Wert feststellbar ist«, bringt ein allgemeines, nicht nur für die Aktiengesellschaft geltendes Prinzip zum Ausdruck, dies allerdings unvollständig. Was einlagefähig ist und was nicht einlagefähig ist, bestimmt sich nach dem Merkmal der »funktionalen Äqui-

18 Zur Sonderproblematik bei Fremdwährungsschulden vgl. *Strober*, DNotZ 1975, 17.

19 Vgl. deshalb die Kritik am Kriterium der Bilanzfähigkeit bei *Lutter*, a.a.O., S. 229ff.; *Hachenburg/Ulmer*, § 5 Rdnr. 32; *Skibbe*, GmbHR 1980, 73.

20 Dazu *Karsten Schmidt*, ZHR 154 (1990), 246f.

21 Dieses Prinzip gilt nicht nur für Gesellschaften mit gesichertem Haftkapital (Kapitalgesellschaften), sondern als allgemeiner verbandsrechtlicher Grundsatz für alle gesellschaftsrechtlichen Rechtsträger, also z.B. auch für Genossenschaften und Personengesellschaften und ohne Rücksicht auf die persönliche Gesellschafterhaftung; teilweise a.M. *Bork*, ZHR 154 (1990), 209.

valenz« von Sach- und Geldeinlage[22]. Die Sacheinlage muß »so gut wie Geld« sein, und dazu genügt nicht jeder Beitrag, der aus kaufmännischer Sicht etwas wert ist und der Gesellschaft Aufwendungen erspart[23]. Vorauszusetzen ist zweierlei[24]:

- Es muß ein mit einem Geldbetrag bewertungsfähiger »Vermögensgegenstand« (vgl. § 27 II AktG) oder – steuerrechtlich gesprochen – ein »Wirtschaftsgut« vorhanden sein[25].
- Dieser Vermögensgegenstand muß an einem bestimmbaren Stichtag »zur freien Verfügung«, d.h. endgültig, in das Vermögen der Gesellschaft überführt werden können[26].

Diese »freie Verfügung« – scheinbar ein Spezialbegriff nur des Kapitalgesellschaftsrechts (vgl. §§ 36 II AktG, 7 III GmbHG) – charakterisiert die Endgültigkeit der Mittelzuführung. Ein Beitrag, der dieser endgültigen Mittelzuführung nicht fähig ist, kann nicht Einlage sein. Die Einlagefähigkeit ist ohne Zweifel gewährleistet, wenn der Einlagegegenstand der Gesellschaft durch Verfügungsgeschäft zugewendet, ihr also z.B. nach §§ 929ff. bzw. §§ 873, 925 BGB übereignet oder nach § 398 BGB abgetreten werden kann, aber notwendig ist dies nicht[27]. Entscheidend sind vielmehr die folgenden Merkmale[28]:

- endgültige Mittelzuführung am Einbringungsstichtag,
- Verwertbarkeit des Wirtschaftsguts im Gesellschaftsvermögen, insbesondere auch im Liquidations- oder Konkursfall,
- Schutz des Wirtschaftsguts gegen Dispositionen des Einlegers und gegen Zugriffe seiner Gläubiger oder dritter Eigentümer.

aa) *Eindeutig einlagefähig* sind hiernach bewegliche oder unbewegliche Sachen, Wertpapiere und Rechte, die durch Verfügungsgeschäft in das Vermögen der Gesellschaft überführt werden können.

Beispiel Nr. 9: Es werden Grundstücke oder Maschinen eingebracht; es werden Aktien oder GmbH-Anteile in eine Holdinggesellschaft eingebracht (zur Einlagefähigkeit von Anteilen vgl. *LG Mannheim*, AG 1991, 110); es werden Forderungen, z.B. Termingelder bei einer Bank, auf die Gesellschaft übertragen.

Nichts anderes sollte für *bewertbare Vertragspositionen* gelten: Nach heute gesicherter Auffassung ist die Vertragspartnerposition in einem noch nicht erfüllten Vertrag mit einem Dritten, z.B. einem Lizenzvertrag, ein bewert-

22 *Hachenburg/Ulmer*, § 5 Rdnr. 36; *Lutter*, in: KK, § 183 Rdnr. 9; *Bork*, ZHR 154 (1990), 209; s. auch *Knobbe-Keuk*, ZGR 1980, 221f.: »so gut wie Geld«; krit. *Frey*, a.a.O., S. 100.

23 Bedenklich *Frey*, a.a.O., S. 93ff., 97, 105.

24 Eingehend *Karsten Schmidt*, ZHR 154 (1990), 245ff.

25 Dieser allgemeine Grundsatz kommt zum Ausdruck in Art. 7 der Zweiten Richtlinie 77/91/EWG (»Kapitalrichtlinie«).

26 Zust. *Steinbeck*, ZGR 1996, 119, 125f.; die Bedeutung dieses Merkmals wird mißverstanden bei *Meilicke*, BB 1991, 581.

27 Vgl. nur *Pentz*, in: MünchKommAktG, § 27 Rdnr. 21; *Röhricht*, in: GroßKommAktG, § 27 Rdnrn. 28ff.; *Wiedemann*, in: GroßkommAktG, § 183 Rdnr. 34; a.M. insbes. *Knobbe-Keuk*, ZGR 1980, 214ff.; die erste Auflage hatte sich diesem Standpunkt teilweise angeschlossen; vgl. auch *Schlegelberger/Karsten Schmidt*, §§ 171, 172 Rdnr. 10 m.w.N.

28 *Karsten Schmidt*, ZHR 154 (1990), 248ff.; teilweise ähnlich *Frey*, a.a.O., S. 93ff.; krit. *Meilicke*, BB 1991, 579ff.

bares und übertragbares Wirtschaftsgut[29]. Sie kann also Gegenstand einer Sacheinlage sein. Auch ein ganzes *Unternehmen* ist einlagefähig[30], wobei zu beachten ist, daß die Einlageleistung unter Wahrung des Spezialitätsprinzips, also durch Einzelübertragung der Gegenstände des Unternehmensvermögens, erfolgt (Handelsrecht, § 6 I 2), obwohl Einlage- und Bewertungsgegenstand das Unternehmen als Einheit ist (dazu Handelsrecht, § 4 II 2). Als einlagefähig wird sogar ein Kundenstamm angesehen, so er denn fixierbar und bewertbar ist[31].

bb) *Eindeutig nicht einlagefähig* sind Dienstleistungen[32]. Dies ergibt sich für die Aktiengesellschaft aus § 27 II AktG, für die anderen Verbände aus der Überlegung, daß Dienstleistungspflichten nicht an einem Stichtag endgültig eingebracht werden können und auch kein im Gesellschaftsvermögen verwertbares Wirtschaftsgut sind. Die Dienstleistung eines Gesellschafters (Mitglieds)[33] kann als Beitrag geschuldet, nicht aber als Einlage eingebracht werden.

Beispiel Nr. 10: Es steht außer Zweifel, daß der Gesellschafter X die Überlassung eines Grundstücks und der Gesellschafter Y die Tätigkeit als Geschäftsführer als Beitrag versprechen kann. Eine Einlage ist dies aber nicht. Wollen X und Y auf diese Weise ihre Einlage leisten, so können sie mit der Gesellschaft einen Mietzins bzw. ein Geschäftsführergehalt vereinbaren und durch Stehenlassen der Beträge ihre Bareinlage sukzessiv erbringen. Bei der Kommanditgesellschaft ist dies problemlos möglich (unten, § 54 II 2c), während sich bei der GmbH im Hinblick auf § 19 V GmbHG Probleme ergeben (vgl. zur verdeckten Sacheinlage bei Kapitalgesellschaften unten, § 29 II 1c, § 37 II 4). Jedenfalls aber sollte nicht die Rede davon sein, daß die Einlage durch Gebrauchsüberlassung oder Dienstleistung erbracht wird.

cc) *Umstritten* ist die *Einlagefähigkeit von Nutzungsrechten*[34]. Zunächst gilt: Die Nutzung als solche, also der sich erst Tag für Tag verwirklichende faktische Gebrauchswert, ist ebensowenig einlagefähig wie eine Dienstleistung. Hinsichtlich der Nutzungs*rechte* ist zu unterscheiden[35]: *Dingliche* Nutzungsrechte – Nießbrauch und Dienstbarkeit – weisen die für die Einlagefähigkeit entscheidenden Merkmale auf und sind damit taugliche

29 *Röhricht*, in: GroßkommAktG, § 27 Rdnr. 76.

30 *Röhricht*, in: GroßkommAktG, § 27 Rdnr. 47.

31 *Pentz*, in: MünchKommAktG, § 27 Rdnr. 25; *Röhricht*, in: GroßkommAktG, § 27 Rdnr. 44.

32 H.M.; anders vereinzelt noch *Skibbe*, GmbHR 1980, 74f.

33 Umstritten ist die Sacheinlagefähigkeit von Dienstleistungsansprüchen gegen Dritte, z.B. EDV-Unternehmen; die wohl h.M. verneint die Frage, denkt aber viel zu sehr an Dienstleistungspflichten aus Arbeitsverträgen (vgl. *Röhricht*, in: GroßkommAktG, § 27 Rdnr. 78); bewertbare Vertragsansprüche sind, soweit übertragbar, einlagefähig.

34 Grundsätzlich bejahend *BGHZ* 144, 290, 294 = NJW 2000, 2356, 2357; *KGJ* 38 A 161, 167; *Frey*, a.a.O., S. 76, 96f.; *Hachenburg/Ulmer*, § 5 Rdnr. 40; *Lutter*, in: KK, § 183 Rdnr. 18; *Pentz*, in: MünchKommAktG, § 27 Rdnr. 31; *Röhricht*, in: GroßkommAktG, § 27 Rdnrn. 59ff.; *Wiedemann*, ebd., § 183 Rdnr. 38; *Döllerer*, in: Festschrift Fleck, a.a.O., S. 35ff.; *Haas*, in: Festschrift Döllerer, a.a.O., S. 169ff.; *Groh*, DB 1988, 514ff.; *Meilicke*, BB 1991, 579ff.; ausführlich *Boehme*, Kapitalaufbringung durch Sacheinlagen, insbesondere obligatorische Nutzungsrechte, 1999; *Bork*, ZHR 154 (1988), 205ff.; *Steinbeck*, ZGR 1996, 127; grundsätzlich ablehnend *Huber*, Vermögensanteil, S. 192ff.; *Ekkenga*, ZHR 161 (1997) 599ff.; *Knobbe-Keuk*, ZGR 1980, 214ff.; enger als der Text auch hier noch die 1. Aufl.

35 Zum Standpunkt des Verf. vgl. *Karsten Schmidt*, ZHR 154 (1990), 252ff.

Sacheinlagen[36]. *Obligatorische Gebrauchsüberlassungsrechte*, die sich gegen Dritte richten, können nicht schon deshalb eingelegt werden, weil es sich um abtretbare Ansprüche handelt[37], wohl aber liegt eine Einlage vor, wenn das Gebrauchsüberlassungsrecht seitens des Verpflichteten nicht vorzeitig gekündigt werden kann und der Gesellschaft im Liquidations- bzw. Insolvenzfall ein Verwertungsrecht gibt[38]. Der Streit um die Nutzungseinlagen konzentriert sich auf die obligatorischen *Nutzungsversprechen des Gesellschafters selbst*. Folgt man den oben herausgestellten Kriterien, so ergibt sich folgendes[39]: Das bloße Nutzungsversprechen begründet zunächst nur eine Beitragsschuld, ist aber selbst keine Einlage. Obligatorische Nutzungsrechte an beweglichen Sachen sind jedoch in Verbindung mit der Übertragung des unmittelbaren Besitzes einlagefähig[40]. Obligatorische Nutzungsrechte an Grundstücken sind nach der hier weiterhin vertretenen Ansicht nicht einlagefähig[41], weil sie nicht endgültig in das Gesellschaftsvermögen überführt und nicht gegen den Zugriff Dritter auf das überlassene Grundstück geschützt werden können[42]. Auch obligatorische Nutzungsrechte an Rechten sind nur unter der Voraussetzung einlagefähig, daß der Berechtigte gegenüber Dritten geschützt ist[43]. In jedem Fall setzt die Einlageleistung voraus, daß auch ein Verwertungsrecht der Gesellschaft im Liquidationsfall – also z.B. ein Recht auf Weitergabe des Nutzungsrechts – besteht und daß das Nutzungsrecht weder durch Kündigung noch durch Austritt des Inferenten vorzeitig beendet werden kann[44]. Keine tauglichen Einlagen, wenn auch selbstverständlich taugliche Beiträge, sind Kapitalnutzungsrechte, soweit diese nur in der Kreditgewährung bestehen[45]. Nicht die Kapitalnutzung, sondern nur die Valuta kann zur freien Verfügung in das Gesellschaftsvermögen überführt werden, und als Leihkapital ist diese kein Eigenkapital (vgl. deshalb zu den eigenkapitalersetzenden Darlehen oben, § 18 III 4).

Beispiel Nr. 11: Soll ein Grundstück des Gesellschafters G auf zehn Jahre von der Gesellschaft genutzt werden, so ist die bloße Überlassung des Gebrauchs keine taugliche Einlage, weil es an einer endgültigen Zuführung in das Gesellschaftsvermögen und an dem hierfür notwendigen Drittschutz fehlt (str.). Bestellt G nach §§ 1030ff. BGB der Gesellschaft einen Nießbrauch, also ein dingliches Nutzungsrecht, so kann dies eine Sacheinlage

36 Vgl. im Ergebnis auch *BGHZ* 45, 338; *Scholz/Winter*, § 5 Rdnr. 45; *Hachenburg/Ulmer*, § 5 Rdnr. 49.

37 So aber wohl *Knobbe-Keuk*, ZGR 1980, 223.

38 *Karsten Schmidt*, ZHR 154 (1988), 253.

39 Ebd., S. 254ff.; enger noch hier in der 1. Aufl.; dagegen *Lutter*, in: KK, § 183 Rdnrn. 18f.

40 Vgl. *Hachenburg/Ulmer*, § 5 Rdnr. 40; *Haas*, in: Festschrift Döllerer, a.a.O., S. 181f.

41 A.M. *Lutter*, in: KK, § 183 Rdnrn. 18f.; *Pentz*, in: MünchKommAktG, § 27 Rdnr. 31; *Röhricht*, in: GroßkommAktG, § 27 Rdnr. 63; *Wiedemann*, in: GroßkommAktG, § 183 Rdnr. 38; *Steinbeck*, ZGR 1996, 126.

42 Eine Analogie zu §§ 571, 593b BGB, 57 ZVG ist abzulehnen; insoweit wie hier *Pentz*, in: MünchKommAktG, § 27 Rdnr. 31 Fußn. 106; *Röhricht*, in: GroßkommAktG, § 27 Rdnr. 62; *Steinbeck*, ZGR 1996, 126; *Bork*, ZHR 154 (1990), 218; anders *Döllerer*, in: Festschrift Fleck, a.a.O., S. 43f.

43 *Karsten Schmidt*, ZHR 154 (1990), 256.

44 *Karsten Schmidt*, ZHR 154 (1990), 250f.; teilweise anders *Bork*, ZHR 154 (1990), 236.

45 A.M. *Döllerer*, in: Festschrift Fleck, a.a.O., S. 35ff.; ihm zust. *Lutter*, in: KK, § 183 Rdnr. 38; *Wiedemann*, in: GroßkommAktG, § 183 Rdnr. 41.

sein (vgl. auch *BGHZ* 45, 338, 344). Ist G selbst nur Nießbraucher des Grundstücks, so kann er nach § 1059 BGB den Nießbrauch nicht auf die Gesellschaft übertragen, sondern ihr nur die Ausübung des Nießbrauchs überlassen. Geschieht dies, so erwirbt die Gesellschaft nur einen schuldrechtlichen Nutzungsanspruch und kein dingliches Recht (vgl. *BGHZ* 55, 111, 115). Die Situation ist also wieder dieselbe wie bei der schlichten Nutzungsüberlassung.

Im Recht der Lizenzen helfen die §§ 30 V MarkenG, 15 III PatG, wonach nicht nur die ausschließliche (»dingliche«), sondern auch die nicht ausschließliche (»obligatorische«) Lizenz gegen Verfügungen des Rechtsinhabers geschützt ist[46]. Mit Recht hat deshalb der Bundesgerichtshof in dem »Adidas«-Urteil *BGHZ* 144, 290 = NJW 2000, 2356 ausgesprochen, daß eine Aktiengesellschaft Aktien gegen die Gewährung von obligatorischen Lizenzrechten an Logos und Namen im kommerziellen Sport ausgeben kann[47].

dd) *Zwischen diesen Extremen* liegen diejenigen Vermögensdispositionen, die zwar nach rechtlichem Verständnis keinen dinglichen Rechtserwerb begründen, aber doch wirtschaftlich einem Rechtsübergang nahestehen und den Ertragswert des Unternehmens[48] nachweislich mehren: ein vom Urheber eingeräumtes einfaches Nutzungsrecht, eine nur schuldrechtlich vereinbarte einfache Lizenz[49], die Überlassung einer Geschäftsbezeichnung[50], eines Fabrikationsgeheimnisses oder Know-how[51], eines Aufführungsrechts[52] oder eines Kundenstamms[53]. Hier überall ist umstritten, ob diese Leistungsgegenstände, die selbstverständlich als Beiträge geschuldet sein können, auch taugliche Einlagen sind. Hilfe verspricht wieder das Merkmal der funktionalen Äquivalenz: Jeder Gegenstand, der einen faßbaren Vermögenswert darstellt und unter Aussonderung aus dem Einlegervermögen der Gesellschaft zur freien Verfügung übertragen werden kann, ist einlagefähig. Wird ein Unternehmen eingebracht, so gehen die dazugehörigen Positionen – einschließlich der etwa mit dem Unternehmen übertragbaren Firmen- und Warenzeichen (vgl. §§ 23 HGB, 27 II MarkenG) – in die Gesamtbewertung des Unternehmens ein (vgl. zu dieser Handelsrecht, § 4 II 2).

b) Was hiernach einlage*fähig* ist, ist nicht in jedem Fall *Gegenstand einer Einlageverpflichtung bzw. Einlageleistung.* Es muß vielmehr hinzukommen, daß dies auch vereinbart ist und daß der einlagefähige Gegenstand »auf die

46 Vgl. bereits *Karsten Schmidt*, ZHR 154 (1990), 256.

47 Dazu zust. *Pentz*, ZGR 2001, 908ff.

48 Vgl. zu seiner Maßgeblichkeit *Großfeld*, Unternehmens- und Anteilsbewertung im Gesellschaftsrecht, 3. Aufl. 1994, S. 21ff., 57ff.; *Braunhofer*, Unternehmens- und Anteilsbewertung zur Bemessung von familien- und erbrechtlichen Ausgleichsansprüchen, 1995, S. 31ff.

49 Dazu *BGHZ* 144, 290, 294 = NJW 2000, 2356, 2357; *Hubmann/Götting*, Gewerblicher Rechtsschutz, 6. Aufl. 1998, § 22 III 2; *Rehbinder*, Urheber- und Verlagsrecht, 11. Aufl. 2001, § 44.

50 Beschränkend auf einen erworbenen fremden, nicht selbst geschaffenen Firmenwert *LG Köln*, GmbHR 1959, 134; vgl. auch *RG*, LZ 1915, 231, 232.

51 Für Einlagefähigkeit *RG*, JW 1936, 42; *KGJ* 45 A 175; *KG*, Recht 1913 Nr. 2790; *Barz*, a.a.O.; *Kraft*, in: KK, § 27 Rdnr. 35; *Lutter*, in: KK, § 183 Rdnr. 13; *Pentz*, in: MünchKommAktG, § 27 Rdnr. 25; *Röhricht*, in: GroßkommAktG, § 27 Rdnr. 40; *Hachenburg/Ulmer*, § 5 Rdnr. 56; a.M. *Ballerstedt*, ZHR 127 (1965), 97.

52 Vgl. *BGHZ* 29, 300, 304.

53 Vgl. *Hachenburg/Ulmer*, § 5 Rdnr. 56.

Einlageschuld« geleistet wird. Dies hängt von den satzungsmäßigen bzw. gesellschaftsvertraglichen Abreden ab.

Beispiel Nr. 12: Soll ein Gesellschafter eine Kohlenhalde einbringen, so ist dies eine (Sach-) Einlage. Ist als Beitrag eines Gesellschafters vereinbart, daß er die Gesellschaft zu Tagespreisen mit Kohlen beliefert, so ist die Lieferung keine Einlage, denn Rechtsgrund der Lieferungen ist dann ein Kaufvertrag (§ 433 BGB) und nicht das Gesellschaftsverhältnis. Wird die Pflicht nicht erfüllt, so ist diese Verletzung des Kaufvertrags allerdings zugleich eine Verletzung des Gesellschaftsvertrags, nämlich eine Nichterfüllung der Beitragsschuld. Handelt es sich bei der Gesellschaft um eine sog. Nebenleistungs-AG und muß der Aktionär nach § 55 AktG »neben den Einlagen auf das Grundkapital« regelmäßig Kohlen liefern (dazu unten, § 26 III 2), so ist zwar der Rechtsgrund der Lieferungen in der Satzung zu suchen (nicht in einem Kaufvertrag), aber um eine Einlage handelt es sich immer noch nicht.

4. Der Gläubiger

Zweifelhaft ist, *wer als Gläubiger der Beitragsforderungen angesehen werden soll:* die Mitglieder (Gesellschafter) oder der Verband. Bei Innengesellschaften, denen die Rechtspersönlichkeit fehlt, können es nur die Gesellschafter sein[54], evtl. ein Treuhandgesellschafter. Bei Körperschaften (Vereinen, Kapitalgesellschaften, Genossenschaften) werden überwiegend diese selbst als Gläubiger angesehen und nicht die Mitglieder[55]. Umstritten ist die Rechtslage bei den Personengesellschaften als Gesamthandsgesellschaften. Die ältere Lehre stellte hier – nach ihrem Modell der Gesamthand konsequent (vgl. oben, § 8 III) – die Ansprüche der Gesellschafter untereinander in den Vordergrund[56], betonte jedoch – jedenfalls bei Einlagen in Handelsgesellschaften – auch immer wieder die Aktivlegitimation der Gesellschaft[57]. Die Schwierigkeit der Frage hängt mit der Verschränkung schuldrechtlicher und organisationsrechtlicher Elemente zusammen. Ansprüche auf Einlagen, die in ein Verbandsvermögen (juristische Person, Gesamthand) zu leisten sind, stehen diesem Verband zu[58]. Gleichzeitig schulden die Gesellschafter einander die Förderung des Verbandszwecks durch Beiträge, und hieraus kann sich auch eine Befugnis ergeben, Einlagenansprüche durchzusetzen (vgl. zu § 320 BGB alsbald unter III 2; zur actio pro socio unten, § 21 IV[59]). Die Regel ist: Wo wir es mit einer Geschäftsführungs- und Vertretungsorganisation zu tun haben, ist in erster Linie diese und nicht der einzelne Gesellschafter

54 Vgl. Mot., in: *Mugdan* II, S. 330f., 332, 334; s. auch Denkschrift, ebd., S. 1259.

55 Verein: *RGZ* 100, 1, 2f.; *RG*, HRR 1937 Nr. 429; s. auch *BGHZ* 90, 253, 256f.; AG: *RGZ* 119, 220, 223f.; 124, 380, 383; 156, 25f., 28, 33; GmbH: *RGZ 76*, 434, 435ff.; 85, 351, 352f.; 133, 81, 82; 149, 293, 298; *BGHZ* 53, 71, 73ff.; *BGH*, NJW 1963, 102; 1968, 398, 399f.; Genossenschaft: *RGZ* 125, 196, 199, 201.

56 Vgl. namentlich für die Gesellschaft bürgerlichen Rechts *RGZ 76*, 434, 436; *RG*, Warn. 1918, 82 Nr. 53; *BGH*, WM 1956, 88, 89; s. auch für die oHG *RG*, JW 1927, 1090.

57 Vgl. *ROHGE 25*, 158, 161ff. (oHG); *RGZ* 100, 165, 166f. (oHG und BGB-Gesellschaft); *BGH*, NJW 1974, 1555, 1556 (KG); NJW 1978, 424 = BB 1978, 13 (Publikums-KG); *OLG Köln*, ZIP 1986, 435 (GmbH & Co. KG).

58 Wohl unbestritten bei juristischen Personen, oHG und KG; s. aber auch zur Gesellschaft bürgerlichen Rechts *RGZ* 111, 77, 83.

59 Vgl. zur Geltendmachung im Wege der actio pro socio *KG*, GmbHR 1993, 818.

befugt, die dem Verband zustehenden Sozialansprüche geltend zu machen. Vor allem für Einlageforderungen einer Kapital- oder Personengesellschaft versteht sich, daß diese Forderungen Teil des Gesellschaftsvermögens, also von der Gesellschaft geltend zu machen und ggf. von ihren Gläubigern zu pfänden sind[60].

III. Leistungsstörungen im Beitragsverhältnis, insbesondere bei Sacheinlagen

1. Grundsätzliches

a) Gesetzlich nicht geregelt und demgemäß außerordentlich umstritten sind die Rechtsfolgen von Leistungsstörungen bei Beiträgen und Einlagen[61]. Die Frage wird für den Bereich der Personengesellschaften meist unter dem Gesichtspunkt behandelt, ob der Gesellschaftsvertrag unter die gegenseitigen Verträge i.S. der §§ 320ff. BGB fällt oder jedenfalls rechtsähnlich den gegenseitigen Verträgen behandelt werden muß[62]. Dies wurde vor allem in der älteren Rechtsprechung im Grundsatz bejaht[63], wird aber in der Literatur zunehmend bestritten[64]. Der *Bundesgerichtshof* hat die Grundsatzfrage meist unentschieden gelassen, die Anwendbarkeit der §§ 320ff. BGB aber durchweg in casu verneint[65]. Um so erstaunlicher ist auf den ersten Blick, daß bei den Kapitalgesellschaften, die als Rechtsverhältnisse von den schuldrechtlichen Regeln der §§ 320ff. BGB gewiß weiter entfernt sind, im Ausgangspunkt weniger Hemmungen bestehen, diese Bestimmungen anzuwenden[66], obwohl die Errichtung einer Kapitalgesellschaft nicht als gegenseitiger Vertrag angesehen wird[67]. Blickt man gemeinsam auf Satzungen und Gesellschaftsverträge – verzichtet man also, sich etwa ein Bild zu machen, in das die GmbH-Gründung ebenso hineinpaßt wie die Gründung einer Personengesellschaft[68] –, so wird die Rechtsfrage noch prekärer. Soll es

60 Zur Pfändung vgl. *Karsten Schmidt*, ZHR 157 (1993), 291ff.

61 Umfassend *Hüttemann*, a.a.O.; Überblick für Personengesellschaften bei *Ulmer*, Gesellschaft bürgerlichen Rechts, § 706 Rdnrn. 19ff.; für Kapitalgesellschaften *Hachenburg/Ulmer*, § 5 Rdnrn. 87ff.

62 Charakteristisch *Alfred Hueck*, oHG, § 6 II 3; *Grunewald*, Rdnr. 1 A 13; *Kraft/Kreutz*, D I 1 c bb.

63 Vgl. *RGZ* 76, 276, 279; 78, 303, 305; 147, 340, 342; 163, 385, 388; vgl. auch *Kraft/Kreutz*, C I 1 c bb.

64 Abl. vor allem *Grunewald*, Rdnr. 1 A 14; *Kübler*, § 6 II 2 a bb; *Larenz*, SchuldR II, 12. Aufl. 1981, § 60 I b; *Ebenroth/Boujong/Joost*, § 105 Rdnrn. 78ff.; *Ulmer*, Gesellschaft bürgerlichen Rechts, § 705 Rdnr. 139, § 706 Rdnrn. 20f.

65 Vgl. *BGH*, LM Nr. 11 zu § 105 HGB (Leistungsverweigerungsrecht); *BGH*, WM 1959, 53 (zu § 320 BGB); WM 1967, 419f. (§§ 325f. BGB); nach *BGH*, NJW 1951, 308 ist der Gesellschaftsvertrag zwar gegenseitiger Vertrag, aber nicht Austauschvertrag.

66 Vgl. nur *Kraft*, in: KK, § 27 Rdnrn. 69ff.; *Hachenburg/Ulmer*, § 5 Rdnrn. 88f.; einschränkend jetzt *Pentz*, in: MünchKommAktG, § 27 Rdnrn. 50ff.; *Röhricht*, in: GroßkommAktG, § 27 Rdnrn. 169ff.

67 Vgl. *RG*, JW 1929, 3006, 3007 m.Anm. *Nußbaum*; *Kraft/Kreutz*, B I 3 b.

68 Gar nicht versucht wird dies bei *Hüttemann*, a.a.O.

auf die Rechtsform ankommen oder vielleicht auf die Zahl der Gesellschafter? Klarheit verspricht eine *systematische Unterscheidung zwischen dem gestörten Beitrags- oder Einlageverhältnis und dem Organisationsverhältnis im ganzen,* auf das die §§ 320ff. BGB eben nicht angewandt werden. Diese Unterscheidung wird bei Personengesellschaften bisher nicht in gleicher Weise beachtet, aber sie erweist sich auch im Recht der Personengesellschaften als hilfreich.

b) *Zwei Fragen* müssen voneinander getrennt werden:
- Was wird aus dem gestörten Beitrags-(Einlage-)Verhältnis (dazu alsbald unter III 3, 4)?
- Welchen Einfluß hat die Leistungsstörung auf das Gesellschaftsverhältnis im ganzen (dazu sodann unter III 5)?

Diese sachnotwendige Unterscheidung wird in unzulässiger Weise verdeckt, wenn die Prüfung der §§ 320ff., 433ff. BGB – wie allgemein üblich – unter die Frage gestellt wird, ob Gesellschaftsverträge gegenseitige Verträge[69] und ob Gesellschaftsverträge mit Sacheinlagevereinbarungen kaufähnliche Verträge[70] sind. Die hier vorgenommene Trennung von Beitragsverhältnis und Gesellschaftsverhältnis würde allerdings mißverstanden, wenn man sich darunter zwei verschiedene *Rechts*verhältnisse vorstellen wollte. Die Mitgliedschaft ist ein einheitliches Rechtsverhältnis (oben, § 19 I), und auch Sacheinlagevereinbarungen sind Bestandteile des Gesellschaftsvertrags (der Satzung), nicht besondere Rechtsgeschäfte, die nur aus Publizitätsgründen mit der Errichtungsurkunde verbunden werden[71]. Das Beitrags- und Einlageverhältnis ist Element des organisationsrechtlichen Gesamtrechtsverhältnisses. Daran soll die hier vorgenommene Unterscheidung nichts ändern, denn sie betrifft nur die Rechtsfolgen: Zuerst ist stets die Folge einer Leistungsstörung für die Beitragspflicht des Schuldners zu prüfen, und von ihr muß die Auswirkung auf das Verbands- oder Gesellschaftsverhältnis getrennt werden[72].

c) Besonders deutlich ist diese Trennung *bei solchen Beiträgen, die nicht als Einlagen, sondern aufgrund besonderer Rechtsgeschäfte erbracht werden.* Wie unter II 2 herausgearbeitet wurde, ist es kein Widerspruch, wenn ein Verkehrsgeschäft zwischen Gesellschaft und Gesellschafter (z.B. Kauf oder

---

69 *RGZ* 76, 276, 279; 78, 303, 305; 147, 340, 342; *BGH*, NJW 1951, 308; vgl. auch *BGH*, WM 1959, 53, 54; *Hüttemann*, a.a.O., S. 5ff.; 48ff.; *Eisenhardt*, Rdnr. 48; *Soergel/Hadding*, 11. Aufl., § 705 Rdnr. 44; *Staub/Ulmer*, § 105 Rdnr. 149; *Ulmer*, Gesellschaft bürgerlichen Rechts, § 705 Rdnr. 139; *v. Gamm*, in: RGRK, § 705 Rdnr. 8; *Heymann/Emmerich*, § 105 Rdnr. 5.

70 *RGZ* 141, 204, 208; *RG*, JW 1929, 3006; *Alfred Hueck*, oHG, § 14 II 1; *Staudinger/Keßler*, § 706 Rdnrn. 19, 21; *Soergel/Hadding*, 11. Aufl., § 706 Rdnrn. 19, 21; *v. Gamm*, in: RGRK, § 706 Rdnr. 6; *Baumbach/Hueck/Fastrich*, § 5 Rdnrn. 36ff.; *Scholz/Winter*, § 5 Rdnr. 65; *v. Godin/Wilhelmi*, § 27 Anm. 3 b; *Kraft*, in: KK, § 27 Rdnr. 6.

71 *BGHZ* 45, 338, 345; *RG*, JW 1929, 3006; *Pentz*, in: MünchKommAktG, § 27 Rdnr. 54; *Röhricht*, in: GroßkommAktG, § 27 177; *Hachenburg/Ulmer*, § 5 Rdnr. 23; h.M.; anders *Kraft*, in: KK, § 27 Rdnr. 8; s. auch *Schönle*, NJW 1965, 2135; 1966, 2162.

72 Die Kritik von *Staub/Ulmer*, § 105 Rdnr. 149 Fußn. 314, trifft nur die in der 1. Aufl. für §§ 320ff. BGB gezogenen Folgerungen und nicht den Kern des Gedankens.

Miete) zugleich Gegenstand einer Beitragsleistung ist. Hier ergeben sich die Konsequenzen zunächst aus dem besonderen Rechtsverhältnis, und es ist eine Frage des Einzelfalls, welchen Einfluß das Mitgliedschaftsverhältnis und dieses Rechtsverhältnis aufeinander haben.

Beispiel Nr. 13: Hat ein Gesellschafter an die Gesellschaft ein Grundstück zu vermieten, Waren zu liefern o.ä., so lösen Primärpflichtverletzung und Rechts- oder Sachmangel zunächst die Folgen nach §§ 275ff., 280ff., 326, 433ff., 537ff. BGB aus. Aus der Verknüpfung mit dem Gesellschaftsverhältnis kann sich im Einzelfall eine Haftungsverschärfung oder Haftungsmilderung im Schuldvertrag ergeben, und umgekehrt kann sich die Frage stellen, ob die Leistungsstörung einen wichtigen Auflösungs- oder Ausschließungsgrund im Gesellschaftsverhältnis zur Folge hat. Mit einer Anwendung der Leistungsstörungsregeln auf den Gesellschaftsvertrag selbst hat dies jedoch nichts zu tun.

2. Schuldrecht und Organisationsrecht: der Streit um die Einrede des nichterfüllten Vertrages als exemplarisches Problem

a) Was die hier kritisierte vorherrschende Methode verdeckt, ist das komplexe Verhältnis von Schuldrecht und Organisationsrecht. Das zeigt sich besonders beim *Streit um die Anwendbarkeit des § 320 BGB.* Nach dieser Vorschrift kann, wer aus einem gegenseitigen Vertrag verpflichtet ist, die ihm obliegende Leistung bis zur Bewirkung der Gegenleistung verweigern, es sei denn, daß er vorleistungspflichtig ist. Ob dies auch für Gesellschaftsverhältnisse gilt, hat der Gesetzgeber unentschieden gelassen und der Praxis und Lehre zur Klärung aufgegeben[73]. Die Diskussion steht auch hier herkömmlich unter dem Zeichen: Liegt ein *gegenseitiger Vertrag* i.S. der §§ 320–326 BGB vor[74]? So gestellt, muß die Frage für alle Gesellschaften und Verbände verneint werden[75]. Die Hauptargumente gehen dann dahin, daß ein gemeinsamer Zweck verfolgt wird und kein Austauschverhältnis vorliegt[76] und daß die §§ 323ff. BGB nicht passen[77]. Bei solcher Betrachtung kommt ein Zurückbehaltungsrecht, wenn überhaupt, nur auf der Grundlage des § 273 BGB in Betracht[78]. Vereinzelt wird immerhin konzediert, daß § 320 BGB bei zweigliedrigen Gesellschaften zu erwägen sei[79], woraus jedoch eher Konzeptionslosigkeit spricht[80].

73 Mot., in: *Mugdan* II, S. 334; unentschieden auch *RGZ* 145, 274, 282f.; *BGH*, LM Nr. 11 zu § 105 HGB; WM 1959, 53, 54f.

74 Charakteristisch *RGZ* 78, 303, 305; *Ballhaus*, in: RGRK, § 320 Rdnr. 4.

75 A.M. *Erman/Battes*, vor § 320 Rdnr. 5.

76 Vgl. nur *Eisenhardt*, Rdnr. 48; *Ulmer*, Gesellschaft bürgerlichen Rechts, § 705 Rdnr. 139; *Staub/Ulmer*, § 105 Rdnr. 149; *Staudinger/Keßler*, 12. Aufl., § 705 Rdnr. 12; s. auch *BGH*, NJW 1951, 308.

77 Vgl. dazu *RGZ* 145, 274, 282f. (für § 320 BGB unentschieden); *Ulmer*, Gesellschaft bürgerlichen Rechts, § 705 Rdnr. 139.

78 So in der Tat *Ulmer*, Gesellschaft bürgerlichen Rechts, § 705 Rdnr. 142; *Staudinger/Keßler*, 12. Aufl., § 705 Rdnrn. 15, 19.

79 *Alfred Hueck*, oHG, § 6 II 3 b; *v. Gamm*, in: RGRK, § 705 Rdnr. 9; *Emmerich*, in: MünchKommBGB, § 320 Rdnr. 21; *Westermann* I 139a; *Ulmer*, Gesellschaft bürgerlichen Rechts, § 705 Rdnrn. 139, 142; allgemein für §§ 320ff. BGB *Soergel/Hadding*, 11. Aufl., § 705 Rdnr. 44; ausdrücklich gegen diese Differenzierung *Staudinger/Keßler*, 12. Aufl., § 705 Rdnr. 11.

80 Vgl. auch *Hüttemann*, a.a.O., S. 65, 109ff.; *Erman/Westermann*, § 705 Rdnr. 41.

b) Der auf den Begriff des gegenseitigen Vertrags zielende *Problemzugang* ist als funktionswidrig abzulehnen. Er verfehlt den Mechanismus der Beitragsleistungen ebenso wie den Normzweck des § 320 BGB. Die vom Gesetzgeber offen gelassene Frage lautet nicht, ob Gesellschaftsverträge unter den *Begriff* der gegenseitigen Verträge fallen, sondern sie lautet, ob die Einrede des nichterfüllten Vertrages auch auf Gesellschaftsverhältnisse paßt[81]. Die durch § 320 BGB zugelassene Einrede dient der Durchsetzung eines vereinbarten »do ut des«[82]. Darum geht es auch, wenn ein Gesellschafter (Mitglied) die Vorleistung seiner Beiträge verweigert. § 320 BGB paßt nicht nur auf Austauschverträge, sondern auch auf die wechselseitige Verpflichtung von Gesellschaftern (§ 705 BGB) und Verbandsmitgliedern zur Erbringung von Beitragsleistungen[83]. Die Frage ist deshalb nicht dahin zu stellen, ob § 320 BGB oder nur § 273 BGB in Betracht kommt[84], sondern die Frage ist, ob das gesellschaftsrechtliche Organisationsrecht einer Anwendung des allein in Betracht kommenden § 320 BGB im Wege ist. Es geht um die Zuständigkeitsordnung in Gesellschaften und Verbänden. Es geht darum, ob die Durchsetzung von Beitragspflichten in der Hand der Gesellschafter (Mitglieder) oder einer Verbandsorganisation liegt. Deshalb ist zu unterscheiden:

aa) Handelt es sich um einen *organisierten Verband*, so sind die Organe zur Einforderung von Beiträgen berufen, und an die Stelle des »do ut des« tritt die Gleichbehandlungspflicht der Gesellschaftsorgane[85]. Ein Zurückbehaltungsrecht nach § 320 BGB scheidet aus. Dies gilt insbesondere[86]
- für Vereine[87],
- für Genossenschaften[88],
- für Kapitalgesellschaften[89],
- für Handels-Personengesellschaften[90] sowie für die an sie angelehnten Rechtsformen der Europäischen Wirtschaftlichen Interessenvereinigung (EWIV) und der Freiberuflichen Partnerschaft nach dem PartGG,

---

81 Vgl. Mot., in: *Mugdan* II, S. 334; richtig im Ansatz deshalb *RGZ* 145, 274, 282f.; *BGH*, LM Nr. 11 zu § 105 HGB.

82 Vgl. Mot., in: *Mugdan* II, S. 110f.: Ablehnung einer Vorleistungspflicht.

83 Vgl. auch *Erman/Westermann*, § 705 Rdnr. 42; *v. Gamm*, in: RGRK, § 705 Rdnr. 8.

84 Schlagwortartig läßt sich sagen: § 273 BGB ist für »sich ereignende« Gegenseitigkeitsverhältnisse geschaffen, § 320 BGB für vereinbarte Gegenseitigkeitsverhältnisse.

85 Vgl. grundsätzlich für Kapitalgesellschaften *Lutter*, in: KK, § 63 Rdnr. 13; *Baumbach/Hueck/Fastrich*, § 19 Rdnr. 7; *Scholz/Uwe H. Schneider*, § 19 Rdnr. 19; für die oHG *Alfred Hueck*, oHG, § 6 II 3 b; insoweit auch *Hüttemann*, a.a.O., S. 100.

86 Die Aufzählung ist nicht erschöpfend; nach der in diesem Werk vertretenen Lehre können selbst Innengesellschaften verbandsmäßig organisiert sein; vgl. zur Einlageneinforderung bei der stillen Publikumsgesellschaft *BGH*, LM Nr. 61 zu § 161 HGB = NJW 1980, 1522.

87 Vgl. auch *RGZ* 100, 1, 3.

88 Zur Gleichbehandlung *Klaus Müller*, GenG, 2. Aufl., 1991, § 18 Rdnrn. 34ff.

89 Vgl. mit Unterschieden im Detail für die AG *RGZ* 85, 366, 367; für die GmbH *RGZ* 149, 293, 300; *BGH*, WM 1980, 865f.; *OLG München*, BB 1954, 758; *RGZ* 132, 392, 396.

90 Vgl. *Alfred Hueck*, oHG, § 6 II 3 b; *Schlegelberger/Karsten Schmidt*, § 105 Rdnrn. 158f.; *Staub/Ulmer*, § 105 Rdnr. 150; *Westermann* I 139a.

– für Gesellschaften bürgerlichen Rechts mit einer über §§ 709, 714 BGB hinausgehenden Geschäftsführungs- und Vertretungsorganisation[91].

Beispiel Nr. 14 (nach *RGZ* 85, 366): Der auf Einzahlung der Bareinlage verklagte Aktionär wendet gegen das Einzahlungsbegehren ein, daß nicht alle Aktionäre zur Einzahlung aufgefordert seien und daß ein Teil der Aktionäre gleichfalls nicht zahle. Der erste Einwand kann unter dem Gesichtspunkt des § 53a AktG erheblich sein (anders noch das *RG*), der zweite ist unbeachtlich.

bb) *Anders* verhält es sich
– bei rein schuldrechtlichen Innengesellschaften und
– bei BGB-Gesellschaften ohne eine von der Gesellschaftergesamtheit abgehobene Organisation (vgl. §§ 709, 714 BGB).

Es sind dies dieselben Fälle, in denen auch eine actio pro socio unbeschränkt zulässig ist (dazu unten, § 21 IV 3). Kann jeder von jedem die Beiträge einfordern, so kann auch jeder zur Erzwingung der Leistung des anderen den eigenen Beitrag zurückhalten, sofern sich nicht aus dem Wortlaut oder dem Sinn des Vertrags eine unbedingte (Vor-)Leistungspflicht ergibt.

Der gegen die Anwendung des § 320 BGB bisweilen erhobene Einwand, es dürfe nicht jeder säumige Gesellschafter den gemeinsamen Zweck vereiteln[92], trifft diesen Fall nicht, denn eben um dies zu verhindern, können und sollten die Gesellschafter eine überindividuelle Organisation schaffen.

Beispiel Nr. 15: Ist unter den Anliegergeschäften eines Marktplatzes vereinbart, daß jeweils vom 1. bis zum 30. Dezember eine bestimmte Weihnachtsbeleuchtung ausgehängt wird (Innengesellschaft), so kann jeder Gesellschafter in den durch die Treupflicht gezogenen Grenzen von jedem anderen Zug-um-Zug-Leistung verlangen, sofern nicht ein anderes vereinbart, insbesondere eine überindividuelle Zuständigkeit, z. B. eine Geschäftsstelle, begründet ist.

3. Die Risikoordnung bei Leistungsstörungen im Beitragsverhältnis

Die erste und wichtigste Frage, die geklärt werden muß, lautet: *Was wird aus dem gestörten Beitrags-(Einlage-)Verhältnis?* Dies bestimmt sich, wenn keine besonderen Vereinbarungen getroffen worden sind, nach dem Schuldrecht des BGB.

a) Ist eine *anfänglich unmögliche Beitragsleistung* vereinbart, so ist dieses Leistungsversprechen nicht mehr, wie nach dem bis 2001 geltenden § 306 BGB a. F., nichtig[93]. Der Schuldner wird von der versprochenen Primärleistungspflicht frei, und es hängt von seinem Verschulden ab, ob er Schadensersatz leisten muß (§§ 275, 311a BGB). Im Ergebnis dasselbe gilt im *Fall*

---

91 Vgl. ohne Differenzierung *Staudinger/Keßler*, 12. Aufl., § 705 Rdnr. 16; *Soergel/Hadding*, 11. Aufl., § 705 Rdnr. 45; *Ulmer*, Gesellschaft bürgerlichen Rechts, § 705 Rdnr. 142; undeutlich *Erman/Westermann*, § 705 Rdnr. 42.

92 In dieser Richtung *BGH*, LM Nr. 11 zu § 105 HGB.

93 Vgl. zur objektiv anfänglichen Unmöglichkeit nach altem Schuldrecht *Ulmer*, Gesellschaft bürgerlichen Rechts, § 706 Rdnr. 21; *Hachenburg/Ulmer*, § 5 Rdnr. 87; *Staub/Ulmer*, § 105 Rdnr. 153.

nachträglicher Unmöglichkeit. Hat der Schuldner die Unmöglichkeit *nicht zu vertreten*, so wird er nach § 275 I BGB von dieser Schuld frei und schuldet auch keinen Schadensersatz statt der Leistung[94]. Eine andere Frage ist, ob aus gesellschaftsrechtlichen Gründen bei uneinbringlichen Sacheinlagen eine Geldeinlagepflicht an deren Stelle tritt. Dies ist bei Kapitalgesellschaften generell zu bejahen[95]. Hier steht hinter jeder Sachleistungspflicht als Garantie i.S. von § 276 I BGB eine subsidiäre Bardeckungspflicht des Einlageschuldners (dazu sogleich unter III 4). Dasselbe kann auch bei Vereinen und bei Personengesellschaften dem Willen der Beteiligten entsprechen[96]. Hat der Schuldner die *Unmöglichkeit zu vertreten*, so greift der allgemeine schuldrechtliche Grundsatz ein, wonach der Schuldner zum Schadensersatz statt der Leistung verpflichtet ist (§§ 281 ff. BGB)[97]. Im Einzelfall können dabei die Fragen des Vertretenmüssens (§ 708 BGB?) und der Schadensminderung (§ 254 BGB?) Schwierigkeiten bereiten, aber das Prinzip steht außer Frage.

b) Bei *Geldeinlagen* (sog. Bareinlagen) tritt das Problem der Unmöglichkeit nicht auf. Eine Befreiung des Einlageschuldners von der Bareinlagepflicht durch Illiquidität gibt es nicht[98].

c) Im *Verzugsfall* (§ 286 BGB) gelten die §§ 280 II, 288 BGB[99]: Der Beitragsschuldner muß einen etwa entstehenden Verzugsschaden ersetzen und eine Bareinlage verzinsen.

d) Umstritten ist die *Haftung für Sach- und Rechtsmängel*[100]. Die Frage stellt

---

94 Vgl. *Alfred Hueck*, oHG, § 6 II 3 d; *Hachenburg/Ulmer*, § 5 Rdnr. 88.

95 Vgl. *BGHZ* 45, 338, 345; *Kraft*, in: KK, § 27 Rdnr. 70; *Hachenburg/Ulmer*, § 5 Rdnr. 88.

96 Vgl. *Alfred Hueck*, oHG, § 6 II 3 d; *Staub/Ulmer*, § 105 Rdnr. 154 Fußn. 330.

97 Vgl. für § 280 BGB a.F. etwa *Erman/Westermann*, § 705 Rdnr. 43; *Soergel/Hadding*, 11. Aufl., § 705 Rdnr. 45; *Staub/Ulmer*, § 105 Rdnr. 153; zu § 325 BGB a.F. *Hachenburg/Ulmer*, § 5 Rdnrn. 88 f.; *Kraft*, in: KK, § 27 Rdnrn. 74 f.; *Rowedder/Rittner/Schmidt-Leithoff*, § 5 Rdnr. 38.

98 Vgl. zum neuen SchuldR Begr. RegE, BT-Drucks. 14/6040 v. 14.5.2001, S. 132.

99 Vgl. Mot., in: *Mugdan* II, S. 333; *Eckardt*, in: Geßler/Hefermehl/Eckardt/Kropff, § 27 Rdnr. 30; *Hachenburg/Ulmer*, § 5 Rdnr. 89; *Ulmer*, Gesellschaft bürgerlichen Rechts, § 705 Rdnr. 143; *Erman/Westermann*, § 705 Rdnr. 43; *Soergel/Hadding*, 11. Aufl., § 705 Rdnr. 45.

100 Bejahend für §§ 459 ff. BGB a.F.: *RGZ* 141, 204, 208; *BGHZ* 45, 338, 345; *Alfred Hueck*, oHG, § 14 II 1; *Hüttemann*, a.a.O., S. 432 ff., 449 ff.; *Staudinger/Keßler*, 12. Aufl., § 706 Rdnrn. 19, 21; *Soergel/Hadding*, 11. Aufl.; § 706 Rdnrn. 19, 21; *Baumbach/Hueck/Fastrich*, § 5 Rdnr. 39; *Scholz/Winter*, § 5 Rdnrn. 65 ff.; *Rowedder/Rittner/Schmidt-Leithoff*, § 5 Rdnr. 39; *Heinrich*, Die Haftung des GmbH-Gesellschafters für mangelhafte Sacheinlagen, Diss. Bonn 1992, S. 146.; *bejahend für § 437 BGB a.F.: RGZ* 86, 210, 213 f.; *BGHZ* 45, 338, 345; *Erman/Westerman*, § 706 Rdnr. 10; *Staudinger/Keßler*, 12. Aufl. § 706 Rdnr. 20; *Kraft*, in: KK, § 27 Rdnr. 71; *Baumbach/Hueck/Fastrich*, § 5 Rdnr. 39; *Scholz/Winter*, § 5 Rdnr. 65; *Rowedder/Rittner/Schmidt-Leithoff*, § 5 Rdnr. 39; unter Einschluß der Haftung für die Bonität: *v. Gamm*, in: RGRK, § 706 Rdnr. 20; *Soergel/Hadding*, 11. Aufl., § 706 Rdnr. 20; *verneinend für §§ 459ff. BGB a.F.: Grunewald*, Rdnr. 1 A 15; *Hachenburg/Ulmer*, § 5 Rdnr. 81; *Staub/Ulmer*, § 105 Rdnrn. 152, 154; *Pentz*, in: MünchKommAktG, § 27 Rdnr. 54; *Röhricht*, in: GroßkommAktG, § 27 Rdnr. 177; im Ergebnis auch *Erman/Westermann*, § 706 Rdnr. 10; vgl. auch bereits *Schönle*, NJW 1965, 2133, 2135; NJW 1966, 2161 f. (jeweils für GmbH); für Lösung über positive Forderungsverletzung *BGH*, NJW 1983, 1188, 1189; *verneinend für § 437 BGB: Staub/Ulmer*, § 105 Rdnrn. 152, 154; *Hachenburg/Ulmer*, § 5 Rdnr. 90.

sich nur bei sog. Sacheinlagen, also bei Nicht-Bareinlagen[101]. Sie wurde herkömmlicherweise unter dem Gesichtspunkt diskutiert, ob die Sacheinlagevereinbarung einen kaufähnlichen Vertrag begründet (dazu schon unter III 1b). Gesellschaftsvertrag und Satzung sind nun gewiß keine kaufähnlichen Verträge. Darum kann es hier – bei der Risikoordnung im Einlageverhältnis – indes auch nicht gehen[102]. Worum es geht, ist die Frage: Soll es bei Sacheinlagen eine vom Verschulden unabhängige Garantiehaftung für Mangelfreiheit geben (vgl. § 433 I 2 BGB)? Soll der Gesellschafter, wenn seine Eigenleistung in der Übertragung eines Rechts besteht, unabhängig vom Verschulden für die Verität dieses Rechts haften (vgl. § 433 I 2 BGB)? Das ist zweifelhaft. Richtig scheint, daß eine solche Garantie nicht mit einer analogen Anwendung der §§ 433ff., sondern nur gesellschaftsrechtlich begründet werden kann: bei Kapitalgesellschaften durch die gesetzliche Differenzhaftung des Sacheinlegers (dazu alsbald unter III 4), bei Vereinen und bei Personengesellschaften nur, wenn eine solche Garantie dem ausdrücklichen oder dem durch Auslegung zu ermittelnden Vertrags- oder Satzungsinhalt entspricht[103]. Das aber bedeutet: Eine analoge Anwendung der §§ 433ff. BGB ist weder erforderlich noch gerechtfertigt[104]. Besteht keine gesellschaftsrechtlich begründete Einstandspflicht, so führt nur ein verschuldeter Rechts- oder Sachmangel zur Haftung des Gesellschafters (Mitglieds)[105].

e) Soweit nach diesen Regeln ein Mitglied (Gesellschafter) keiner Garantiehaftung, sondern nur einer Verschuldenshaftung auf Schadensersatz unterliegt, liegt zwar der Einwand nahe, es dürfe sich niemand mit einer fehlerhaften Beitragsleistung in eine Gesellschaft oder in einen Verein »einkaufen«. Doch dieses Bedenken geht fehl, denn bisher war nur vom *Beitrags*verhältnis die Rede. Die *Auswirkungen* der Nicht-, Spät- oder Schlechterfüllung *auf das Gesellschafts- oder Mitgliedschaftsverhältnis* kommen erst unter III 5 zur Sprache.

4. Die kapitalgesellschaftsrechtliche Bardeckungspflicht

a) Neben der Gewährleistung besteht im *Recht der Kapitalgesellschaften* eine gesetzliche Bardeckungspflicht des Sacheinlegers. Sie ist seit 1980 durch § 9 GmbHG ausdrücklich festgeschrieben[106], ergab sich aber schon unabhängig

---

101 Wird die Belieferung der Gesellschaft nur als *Beitrag* geschuldet, so gelten für den Lieferungsvertrag die §§ 433ff., 459ff. BGB, und die Frage kann nur sein, ob diese Bestimmungen teilweise abbedungen sind.

102 Insoweit wie hier jetzt *Hüttemann*, a.a.O., S. 445.

103 So bereits die 1. Aufl. mit ausführlicherer Begründung.

104 Vgl. *Hachenburger/Ulmer*, § 5 Rdnrn. 90, 94; *Schlegelberger/Karsten Schmidt*, § 105 Rdnr. 160; *Staub/Ulmer*, § 105 Rdnrn. 152, 154; jetzt auch *Baumbach/Hopt*, § 109 Rdnr. 10; unnötig kompliziert noch die Gedankenführung der 1. Aufl.

105 Das gilt auch für Rechtsmängel bei Sacheinlagen; die Frage, ob § 434 BGB analog anwendbar ist, ist von rein theoretischem Interesse, da diese Vorschrift, anders als die §§ 437, 459 BGB, keine verschuldensunabhängige Einstandspflicht begründet.

106 Dazu, für das bisherige Recht noch unsicher, BegrRegE GmbH-Novelle, BT-Drucks. 8/1347, S. 34f.

hiervon aus dem allgemeinen Recht der Kapitalaufbringung[107]. Wer Sacheinlagen schuldet, ist nicht bloß zur Leistung des satzungmäßig bestimmten Einlagegegenstandes, sondern zur Einbringung des gleichfalls satzungmäßig festgelegten Vermögenswerts in das Gesellschaftsvermögen verpflichtet. Deshalb ist die in § 9 GmbHG zum Ausdruck gelangende Bardeckungspflicht keine Spezialität des GmbH-Rechts, sondern gilt auch für den Aktionär[108]. Sie kann, wenn »weniger als nichts«, nämlich ein die Gesellschaft mit Altschulden belastendes überschuldetes Unternehmen eingebracht wird, zu einer den Betrag der übernommenen Einlage sogar übersteigenden Geldschuld führen (vgl. unten, § 34 II 3)[109] und verjährt analog § 9 II GmbHG generell in fünf Jahren[110].

Die Differenzhaftung des Sacheinlegers setzt weder das Vorhandensein eines Sachmangels noch ein Verschulden voraus[111]. Erforderlich und ausreichend ist allein, daß die Sacheinlage überbewertet ist, also den dem Gesellschafter gutgebrachten Nennbetrag (Aktie oder Geschäftsanteil) nicht deckt. Deshalb ist auch kein Beurteilungsspielraum anzuerkennen[112]. Gehaftet wird in Höhe der objektiven Unterdeckung der Einlage, nicht nur, wie früher angenommen wurde, in Höhe einer unvertretbaren, also vermeidbaren Überbewertung. Die Schwierigkeit einer objektiv richtigen Bewertung der Einlage – vor allem einer ex-post-Bewertung im Differenzhaftungsprozeß – ist allerdings nicht zu leugnen. Doch ist dies Tatfrage, also ggf. ein Beweisproblem. Als Bewertungsstichtag hat der Gesetzgeber in § 9 GmbHG weder den Zeitpunkt der Einbringung in die Gesellschaft noch den der Eintragung in das Handelsregister festgesetzt, sondern den Zeitpunkt der Registeranmeldung.

Beispiel Nr. 16: Wurde ein gewerbliches Schutzrecht als Sacheinlage für 30 000 Euro in eine GmbH eingebracht, so kommt es für die Differenzhaftung weder darauf an, ob der spätere Ertrag enttäuschend war, noch darauf, ob die Beteiligten dies hätten vorhersehen müssen. Es muß – ggf. durch Schätzung analog § 287 ZPO – unter Zuhilfenahme von Beweismitteln (Sachverständigengutachten!) festgestellt werden, welchen objektiven Wert die Sacheinlage am Bewertungsstichtag hatte. Liegt dieser Wert unter 30 000 Euro, so muß der Einleger die Differenz in bar nachschießen.

b) Für *Personengesellschaften* gelten diese Grundsätze nicht. Soweit allerdings die Sacheinlage eines Kommanditisten enthaftende Wirkung haben soll

107 Vgl. *BGHZ* 68, 191, 195 f.; 118, 83, 101; *Wiedemann*, in: Festschrift Hirsch, 1968, S. 260 ff.; *Hohner*, DB 1975, 629; *Karsten Schmidt*, GmbHR 1978, 5; *Kind*, Die »Differenzhaftung« im Recht der GmbH, Diss. Mainz 1984; grundlegend *Boesebeck*, DR 1939, 436; a. M. noch *Lutter*, Kapital, Sicherung der Kapitalaufbringung und Kapitalerhaltung ..., 1969, S. 281 ff.; *Battes*, Die Überbewertung von Sacheinlagen im in- und ausländischen GmbH-Recht und bei der englischen private company, 1967, S. 85 ff.

108 Vgl. *BGHZ* 64, 52; 118, 83, 101; *Raiser*, Kapitalgesellschaften, § 11 Rdnr. 23; *Hüffer*, AktG, § 9 Rdnr. 6; *Pentz*, in: MünchKommAktG, § 27 Rdnr. 44; *Röhricht*, in: GroßkommAktG, § 27 Rdnrn. 102 ff.

109 Zust. *Röhricht*, in: GroßkommAktG, § 27 Rdnr. 103.

110 Vgl. *BGHZ* 118, 83, 101.

111 A.M. noch *RGZ* 159, 321, 336.

112 *Hachenburg/Ulmer*, § 9 Rdnr. 13; *Wiedemann*, in: Festschrift Hirsch, 1968, S. 261 f.; *Karsten Schmidt*, GmbHR 1978, 8; a. M. noch *BGHZ* 68, 191, 196.

(§ 171 I HGB), kommt es auch hier auf deren Vollwertigkeit an (vgl. unten, § 54 II 3). Im übrigen wird nur nach den unter III 3 dargestellten Grundsätzen für überbewertete Sacheinlagen gehaftet.

5. Rückwirkung auf das Verbandsverhältnis (Gesellschaftsverhältnis)

a) Mit den vorstehenden Ausführungen ist noch nicht die zweite Frage beantwortet: *Welchen Einfluß hat die Leistungsstörung auf das Gesellschaftsverhältnis im ganzen?* Hierzu ist zu sagen, daß Gesellschaften und Verbände niemals durch Rücktritt nach §§ 323, 437 BGB aufgehoben werden können[113]. Das hat wiederum nichts mit der Frage zu tun, ob Gesellschaftsverträge gegenseitige Verträge sind und ob sie durch Sacheinlagevereinbarungen zu kaufähnlichen Verträgen gemacht werden können (vgl. gegen diesen Ansatz bei der Vertragstypenlehre schon oben unter III 1–3). Das Gesellschaftsrecht hat vielmehr eigene Anpassungsmechanismen (vgl. zur Anpassungspflicht oben, § 5 IV) und Lösungstatbestände[114]: die auflösende Kündigung (vgl. § 723 BGB), die Auflösungsklage (§§ 133 HGB, 61 GmbHG) und die Ausschließung (vgl. § 140 HGB; s. auch zur GmbH unten, § 35 IV). Das Gesellschaftsrecht kann also auf die Befreiung eines Gesellschafters von seiner Beitragsverpflichtung ebenso sensibel reagieren wie auf Haftungsfälle.

Beispiel Nr. 17: Soll ein Gesellschafter regelmäßig bestimmte Mineralien aus Nahost liefern und macht ein Nahostkonflikt diese Beitragsleistungen vorübergehend oder endgültig unmöglich, so haftet er nicht für diese von ihm nicht zu vertretende Leistungsstörung, kann aber auch nicht erwarten, daß diese Leistungsstörung ohne jeden Einfluß etwa auf seine Gewinnbeteiligung bleibt. Die Folge wird vielmehr in Anpassungspflichten, in schlimmeren Fällen im Ausschluß dieses Gesellschafters oder sogar in der Auflösung der Gesellschaft bestehen.

Aber auch, wenn der Gesellschafter für die Leistungsstörung haften muß, ist es hiermit nicht ohne weiteres getan, sondern wiederum stellt sich die Frage nach den Auswirkungen auf das Gesellschafts- bzw. Verbandsverhältnis.

Beispiel Nr. 18: Bringt G in eine GmbH einen mit 20000 Euro bewerteten Lkw ein, der aufgrund eines unerkennbaren Mangels nur einen Wert von 3000 Euro hat, so ergeben sich aus § 9 GmbHG Nachzahlungsansprüche, und die Gesellschaft kann bei Unbrauchbarkeit des Fahrzeugs sogar Zahlung von 20000 Euro verlangen. Der Bestand der GmbH wird hierdurch nur unter den strengen Voraussetzungen des § 61 GmbHG berührt, so etwa, wenn es sich bei der Sacheinlage nicht um einen Lkw handelte, sondern um ein für die Gesellschaft unentbehrliches Patent. Auch eine Ausschließung des G (dazu unten, § 35 IV 2) kommt, solange G zur Nachzahlung in bar bereit und imstande ist, allein wegen des Mangels nicht in Betracht.

113 Herkömmlich wird dieser Grundsatz auf die in Vollzug gesetzte Gesellschaft beschränkt; vgl. zu §§ 325 f. BGB: *RGZ* 78, 303, 305; 89, 333, 335; 112, 280, 283; 165, 193, 199; *Alfred Hueck*, oHG, § 6 II 3 a, § 14 II 1; *Palandt/Sprau*, § 705 Rdnr. 13; vgl. aber auch *RGZ* 145, 274, 283; *Staudinger/Keßler*, 12. Aufl., § 705 Rdnrn. 19 ff., 26 f.

114 Systematisch wird man hier zwischen den rein schuldrechtlichen Gesellschaftsverträgen (hier § 723 BGB als schuldrechtliche Spezialregelung) und den Organisationsverträgen (hier Auflösungsgründe als aliud zu §§ 323 ff. BGB) unterscheiden müssen; ausführlicher in der 1. Aufl.

Beispiel Nr. 19: Handelte es sich um eine oHG und war keine Bardeckungspflicht vereinbart, so haftet G nicht für Leistungsstörungen, die er nicht zu vertreten hat. Die Gesellschaft hat keinen durchsetzbaren Zahlungsanspruch gegen G, wohl aber kann sie ihn zu einer freiwilligen Nachzahlung auffordern und ihn nach § 140 HGB aus der Gesellschaft ausschließen, wenn er diese Leistung verweigert. Bei der Bestimmung der diesem Gesellschafter zustehenden Abfindung wird ihm nur der Wert seiner Einlage gutgebracht.

b) Damit ist auch die Lücke geschlossen, die sich im Bereich der Sachmängelgewährleistung abgezeichnet hatte (oben unter III 3 e). Auch wo nach den hier angestellten Überlegungen das Recht der Gewährleistung in seinen Folgen nicht analog angewandt werden kann, braucht dem Gesellschafter nur ein Wert auf dem Konto gutgebracht zu werden, den er der Gesellschaft tatsächlich zugeführt hat. War aufgrund eines Sachmangels eine Sacheinlage minderwertig oder wertlos, so bleibt dies nicht folgenlos. Ob sogar ein Grund zur Ausschließung des betreffenden Gesellschafters oder zur Auflösung der Gesellschaft gegeben ist, richtet sich nach der Lage des Falls.

IV. Treupflichten*

1. Grundlagen

a) In jedem Rechtsverhältnis, folglich auch in jeder Gesellschaft und in jedem Verband, gibt es Loyalitätspflichten. Ausdruck dieser allgemeinen Loyalitäts-

* Literatur (Auswahl): *Baltzer*, Die gesellschaftsrechtliche Treupflicht im Recht der AG und GmbH, Diss. Freiburg 1968; *Bartsch*, Die Entwicklung der personengesellschaftsrechtlichen Treuepflicht in der Rechtsprechung, Diss. Göttingen 1989; *Baumgärtner*, Rechtsformübergreifende Aspekte der gesellschaftsrechtlichen Treuepflicht im deutschen und angloamerikanischen Recht, 1990; *Beckerhoff*, Treupflichten bei der Stimmrechtsausübung und Eigenhaftung des Stimmrechtsvertreters, 1996; *Bungert*, Die Treupflicht des Minderheitsaktionärs, DB 1995, 1749; *Diekgräf* Sonderzahlungen an opponierende Kleinaktionäre, 1990; *Dreher*, Treupflichten zwischen Aktionären ..., ZHR 157 (1996), 150; *v. Falkenhausen*, Die verfassungsrechtlichen Grenzen der Mehrheitsherrschaft nach dem Recht der Kapitalgesellschaften, 1967, S. 28 ff.; *Fechner*, Die Treubindungen des Aktionärs, 1942; *Filbinger*, Die Schranken der Mehrheitsherrschaft im Aktienrecht und Konzernrecht, 1942; *Fillmann*, Treuepflichten der Aktionäre, 1991; *Flume*, Die Rechtsprechung des II. Zivilsenats des BGH zur Treupflicht ..., ZIP 1996, 161; *Friedewald*, Die personalistische Aktiengesellschaft, 1991; *Großfeld*, Aktiengesellschaft, Unternehmenskonzentration und Kleinaktionär, 1968; *Häuser*, Unbestimmte »Maßstäbe« als Begründungselemente richterlicher Entscheidungen ..., 1981; *Hennrichs*, Treupflichten im Aktienrecht, AcP 195 (1995), 3; *Henze*, Zur Treupflicht unter Aktionären, in: Festschrift Kellermann, 1991, S. 141; *Hueck*, Der Treuegedanke im Recht der oHG, in: Festschrift Hübner, 1935, S. 72; *Hüffer*, Zur gesellschaftsrechtlichen Treupflicht als richterrechtlicher Generalklausel, in: Festschrift Steindorff, 1990, S. 59; *Immenga*, Die personalistische Kapitalgesellschaft, 1970, S. 261; *Jilg*, Die Treupflicht des Aktionärs, 1996; *Kohrenke*, Treuwidrige Stimmen im Personengesellschafts- und GmbH-Recht, 1997; *Kort*, Zur Treuepflicht des Aktionärs, ZIP 1990, 294; *Lutter*, Zur Treuepflicht des Großaktionärs, JZ 1976, 225; *ders.*, Die Treupflicht des Aktionärs, ZHR 153 (1989), 446; *ders.*, Das Girmes-Urteil, JZ 1995, 1053; *ders.*, Treupflichten und ihre Anwendungsprobleme, ZHR 162 (1998), 164; *Marsch-Barner*, Treupflicht und Sanierung, ZIP 1996, 853; *Martens*, Mehrheits- und Konzernherrschaft in der personalistischen GmbH, 1970; *ders.*, Die Treupflicht des Aktionärs, in: Rechtsdogmatik und Rechtspolitik, 1990, S. 251; *Nehls*, Die gesellschaftsrechtliche Treuepflicht im Aktienrecht, 1991; *Rehbinder*, Treupflichten im GmbH-Konzern, ZGR 1976, 386; *Reul*, Die Pflicht zur Gleichbehandlung der Aktionäre, 1991; *Roitzsch*,

pflichten ist § 242 BGB. Die allgemeinen Loyalitätspflichten können sich zu konkreten Förderungs- und Interessenwahrungspflichten verdichten. Solche Pflichten werden als Treupflichten bezeichnet. Die Treupflichten machen einen wesentlichen Teil der »ungeschriebenen Legalordnung« im Gesellschaftsrecht aus (vgl. z.B. für das GmbH-Konzernrecht unten, § 39 III 2b).

b) Der *rechtsfunktionelle Anknüpfungspunkt* der Treupflichten ist umstritten. Drei Ansatzpunkte stehen im Vordergrund[115]:
- das mitgliedschaftliche Gemeinschaftsverhältnis,
- die mitgliedschaftliche Zweckförderungspflicht und
- die Korrelation zwischen Rechtsmacht und Verantwortung.

Diese Vielschichtigkeit des Ansatzes kann nicht überraschen. Man muß sich darüber klar sein, daß Loyalitätspflichten – und damit auch die gesellschaftsrechtlichen Treupflichten – keine Rechtsquellen oder Rechtsnormen sind, sondern daß von diesen Pflichten stets nur generalklauselhaft im Sinne konkretisierungsbedürftiger Pflichten aus einer Sonderverbindung (Vertrag, Vertragshandlung etc.) die Rede ist[116]. Die mitgliedschaftliche Treupflicht ist Teil des mitgliedschaftlichen Rechtsverhältnisses. Sie ist damit komplex wie die Mitgliedschaft selbst.

Von der rechtsfunktionellen Begründung ist die *rechtsdogmatische Einordnung der Treupflichten* zu unterscheiden. Treupflichten sind bei Verbänden – anders als bei bloß schuldrechtlichen Innengesellschaften – nicht als bloß schuldrechtliche Pflichtbindungen, sondern organisationsrechtlich als Bestandteile des Mitgliedschaftsverhältnisses zu begreifen[117]. Hieraus wird nicht selten gefolgert, daß es Treupflichten erst dann und nur so lange geben kann, wie die Mitgliedschaft dauert[118]. Dem wäre zu folgen, wenn es bei den Treupflichten nur um die Begrenzung mitgliedschaftlicher Rechte ginge. Eine solche Begrenzung ist indes nicht am Platze. So, wie bei Schuldverhältnissen auch Loyalitätspflichten im Anbahnungsverhältnis und im Abwicklungsverhältnis bestehen (Schlagworte: culpa in contrahendo und culpa post contractum finitum), gibt es auch Vor- und Nachwirkungen der Treupflicht[119].

Der Minderheitenschutz im Verbandsrecht, 1981; *Schilling*, Gesellschaftstreue und Konzernrecht, in: Freundesgabe Hengeler, 1972, S. 226; *Seidel*, Die mangelnde Bedeutung mitgliedschaftlicher Treupflichten im Willensbildungsprozeß der GmbH, 1998; *Sester*, Treupflichtverletzung bei Widerspruch und Zustimmungsverweigerung im Recht der Personengesellschaften, 1996; *Timm*, Treuepflichten im Aktienrecht, WM 1991, 481; *Tröger*, Treupflicht im Konzernrecht, 2000; *Martin Weber*, Vormitgliedschaftliche Treubindungen, 1999; *Werner*, Zur Treupflicht des Kleinaktionärs, in: Festschrift Semler, 1993, S. 419; *Wiedemann*, Zu den Treuepflichten im Gesellschaftsrecht, in: Festschrift Heinsius, 1991, S. 949; *Winter*, Mitgliedschaftliche Treuebindungen im GmbH-Recht, 1988; *Wolany*, Rechte und Pflichten des Gesellschafters einer GmbH, 1964, S. 103 ff.; *Worch*, Treupflichten von Kapitalgesellschaftern ..., 1983; *Zöllner*, Die Schranken mitgliedschaftlicher Stimmrechtsmacht ..., 1963, S. 335 ff.

115 Vgl. mit Unterschieden etwa *Zöllner*, a.a.O., S. 338f.; *Martin Weber*, a.a.O., S. 110ff.; *Lutter*, AcP 180 (1980), 110ff., 120ff.

116 Schwer verständlich deshalb die wohl durch die Dramatik des »Girmes«-Falls übersteigerte Polemik von *Flume*, ZIP 1996, 161ff., gegen die Treupflichtrechtsprechung des BGH.

117 Eingehend *Winter*, a.a.O., S. 63ff.; der Sache nach ähnlich *Flume*, ZIP 1996, 161ff.

118 Vgl. *Lutter*, ZHR 153 (1989), 460; *Claussen*, ZHR 154 (1990), 491.

119 Richtig *Wittkowski*, GmbHR 1990, 549; umfassend jetzt *Martin Weber*, a.a.O., S. 178ff., 241ff.

Beispiel Nr. 20: Eine Gesellschaftsübernahme durch Manager (»Management-Buy-Out«) kann, wenn sie die Gesellschaft oder die Mitgesellschafter schädigt, Treupflichtverletzungen sein (dazu *Martin Weber*, a.a.O., S. 269ff.). Dasselbe kann, soweit nicht das spezielle kapitalmarktrechtliche Übernahmerecht eingreift, auch für feindliche Übernahmen gelten (*Martin Weber*, a.a.O., S. 357ff., 413ff.; zum Übernahmerecht vgl. unten, § 26 II 3d). Auch kann sich aus der nachwirkenden Treupflicht eines ausgeschiedenen Gesellschafters ein Wettbewerbsverbot ergeben (dazu alsbald unter § 20 V).

c) Treupflichten haben *unterschiedliche Schutzrichtungen*[120]: Da die Mitgliedschaft eine Sonderrechtsverbindung sowohl zwischen dem Mitglied und dem Verband als auch zwischen den einzelnen Mitgliedern schafft (oben, § 19 III 1), können sich auch Treupflichten zum Schutz sowohl von Verbandsinteressen als auch von Mitgliederinteressen ergeben, deren Inhalt freilich von Fall zu Fall der Präzisierung bedarf.

Beispiel Nr. 21: Wer einem Berufsverband angehört, schuldet als Mitglied nicht nur dem Verband, sondern auch den assoziierten Berufskollegen Loyalität.

Allerdings kann es nach den unter § 19 III angestellten Überlegungen nicht überraschen, daß die Treupflichten zuerst als Pflichten unter den Gesellschaftern von Personengesellschaften anerkannt wurden, während Treupflichten im Verhältnis zur Gesellschaft bei Personengesellschaften und Treupflichten der Mitglieder untereinander bei den Körperschaften erst allmählich in das Bewußtsein der Rechtswissenschaft traten. Es ist dies nur eine Facette der allmählichen Entdeckung der mitgliedschaftlichen Sonderrechtsbeziehungen als Ausdruck der Mitgliedschaft im Sinne eines einheitlichen, aber facettenreichen Rechtsinstituts[121].

2. Rechtsformunterschiede?

a) Es ist lange darüber gestritten worden, bei welchen Gesellschaften und Verbänden Treupflichten anzuerkennen sind. Herkömmlicherweise wurde die Treupflicht mit der personalistischen Struktur einer Gesellschaft in Verbindung gebracht. Demgemäß ist seit langem unbestritten, daß der Gesellschafter einer Personengesellschaft durch Treupflichten zur Wahrung der Interessen der Gesellschaft und im gesellschaftsbezogenen Bereich auch zur Schonung der Interessen seiner Mitgesellschafter verpflichtet ist[122].

Beispiel Nr. 22 (nach *BGH*, NJW 1960, 434): Die wirtschaftliche Lage der A-KG war unhaltbar geworden, so daß es notwendig geworden war, den Geschäftsbetrieb aufzugeben. Ein Käufer für den Betrieb war gefunden, aber Kommanditist K verweigerte seine Zustimmung zum Kaufvertrag. Da der Verkauf wirtschaftlich sinnvoll war, die Gläubiger zugestimmt hatten und dem K keine Nachteile drohten, war die Verweigerung treuwidrig und K konnte nicht geltend machen, die dennoch geschlossenen Verträge seien ungültig.

---

120 Eingehend *Martin Weber,* a.a.O., § 60ff.; *Winter*, a.a.O., S. 85ff., 95ff., 130ff.

121 Keine Gefolgschaft verdient die Trennung von »mitgliedschaftlichen« und »mehrheitsbezogenen« Treupflichten bei *Wiedemann*, a.a.O., S. 950.

122 *RGZ*, 162, 388, 394; 169, 153, 155f.; 171, 51, 54; *BGHZ* 30, 195, 201; 44, 40; 64, 253; 68, 81, 82, h.L.; vgl. *Baumbach/Hopt*, § 109 Rdnrn. 23ff.

Beispiel Nr. 23 (nach *BGH*, NJW 1986, 584 = WM 1985, 1444 = JuS 1986, 482 m. Anm. *Karsten Schmidt*): Der geschäftsführende Gesellschafter einer oHG hatte Gelegenheit, das bisher nur gemietete Betriebsgrundstück zu erwerben. Er erwarb es für seine Ehefrau und gründete auf dem Grundstück ein neues Unternehmen. Der *Bundesgerichtshof* entschied (vgl. zur Geschäftschancenlehre auch unter V 3): »Der geschäftsführende Gesellschafter einer offenen Handelsgesellschaft muß in allen Angelegenheiten, die das Interesse der Gesellschaft berühren, deren Wohl und nicht seinen Nutzen oder den Vorteil anderer im Auge haben.«

Beispiel Nr. 24 (nach *BGH*, NJW-RR 1986, 256 = JuS 1986, 407 m. Anm. *Karsten Schmidt*): Eine oHG war durch den Tod eines Gesellschafters aufgelöst (vgl. § 131 Nr. 4 HGB a. F.). Die Ehefrau und Alleinerbin dieses Gesellschafters bestand auf der Abwicklung der Gesellschaft, obwohl die anderen Gesellschafter an einer Fortsetzung interessiert waren und ihr auch eine ungeschmälerte Abfindung anboten. Der *Bundesgerichtshof* entschied: »Ist ein Gesellschafter einer aufgelösten offenen Handelsgesellschaft nicht bereit, diese als werbende Gesellschaft fortzusetzen, so kann ihm die gesellschaftliche Treuepflicht gebieten, auszuscheiden, falls beachtliche Gründe gegen eine Abwicklung sprechen und durch das Ausscheiden kein anerkennenswertes Interesse des Gesellschafters berührt, er insbesondere von seiner Haftung für die Gesellschaftsverbindlichkeiten befreit und ihm als Abfindung der volle, also auch nicht hinter dem voraussichtlichen Liquidationserlös zurückbleibende Wert seines Anteils angeboten wird.«

b) Aber auch für den *Gesellschafter einer GmbH* sind Treupflichten anerkannt[123]. Lange Zeit hindurch spielten diese Treupflichten in den Entscheidungen der Gerichte eher die Rolle von obiter dicta, bis die berühmte ITT-Entscheidung des *Bundesgerichtshofs* den Durchbruch brachte[124]:

Beispiel Nr. 25 (vereinfacht nach *BGHZ* 65, 15 = BB 1975, 1450 m. Anm. *Schilling* = JZ 1976, 403 m. Anm. *Wiedemann* = NJW 1976, 191 m. Anm. *Ulmer*): Im ITT-Fall, der unter § 39 III 2 ausführlicher besprochen wird, war die I Mehrheitsgesellschafterin einer GmbH, die satzungsmäßig die Geschäfte mehrerer Konzerngesellschaften führte. Durch Weisung hatte die I die Geschäftsleitung der GmbH veranlaßt, zum Nachteil der abhängigen Konzerngesellschaften und zum Vorteil der I (bzw. ihrer 100 %igen Tochtergesellschaft) »Service-Agreements« und »Beratungsverträge« abzuschließen, nach denen die Konzerngesellschaften einen Teil ihres Jahresumsatzes an die I abzuführen hatten. Dies konnte eine zum Schadensersatz verpflichtende Treupflichtverletzung sein. Der *BGH* führte aus, »daß nicht nur die Beziehungen zwischen Gesellschaftern und GmbH, sondern auch die der Gesellschafter untereinander von der gesellschaftsrechtlichen Treupflicht bestimmt sein können« (zu diesem Punkt oben, § 19 III 1 a). Der *Bundesgerichtshof* begründet die Treubindung des Mehrheitsgesellschafters in der GmbH mit der Erwägung, daß Organisation und Betätigung einer solchen Gesellschaft oft »dem unmittelbaren Einfluß ihrer Gesellschafter unterliegen und die inneren Verhältnisse der GmbH daher auf eine deutliche Nähe zu den Personengesellschaften angelegt sein können. Zudem verlangt auch hier insbesondere die für eine Gesellschaftermehrheit bestehende Möglichkeit, durch Einflußnahme auf die Geschäftsführung die gesellschaftsbezogenen Interessen der Mitglieder zu beeinträchtigen, als Gegengewicht die gesellschaftsrechtliche Pflicht, auf diese Interessen Rücksicht zu nehmen.«

---

123 *RGZ* 164, 257, 262; 165, 68, 79; 169, 330, 333 f., 338; 170, 358, 373; *BGHZ* 9, 157, 163; 14, 25, 38; 65, 15, 18; 76, 352, 355 f.; 98, 276; *BGH*, NJW 1989, 166, 167; DStR 1994, 215; *Immenga*, a. a. O., S. 263 f.; *Martens*, a. a. O., S. 123 ff.; *Winter*, a. a. O., S. 43 ff.; *Wolany*, a. a. O., S. 105 f.; *Lutter/Hommelhoff*, § 14 Rdnrn. 18 ff.

124 *BGHZ* 65, 15 = BB 1975, 1450 m. Anm. *Schilling*; dazu ausführlich *Brezing*, AG 1976, 5; *Rehbinder*, ZGR 1976, 386; *Wiedemann*, JZ 1976, 392.

c) Spät durchgesetzt hat sich die *Treupflicht des Aktionärs.* Lange Zeit herrschte die Auffassung vor, in der Aktiengesellschaft als einer reinen Kapitalgesellschaft gebe es keine Treupflichten[125]. Die Frage wurde praktisch in dem unter § 28 I 4 nochmals aufzugreifenden Fall Audi/NSU[126]:

Beispiel Nr. 26 (vereinfacht nach *BGH*, WM 1976, 449 = JZ 1976, 561 m. Anm. *Lutter*): Im Zuge der Unternehmensverbindung zwischen VW und Audi/NSU hatte ein Audi/NSU-Aktionär, der während des sehr streitig verlaufenen Konzernierungsvorgangs seine Aktien zum Kurs von 145 verkauft hatte, durch diesen voreiligen Verkauf einen Schaden erlitten. Er verlangte von VW Ersatz dieses Schadens und machte geltend, daß VW den Ankauf eines Pakets von Audi/NSU-Aktien vor den Mitaktionären geheimgehalten und diese Mitaktionäre nicht vor einem voreiligen Verkauf gewarnt habe. Die Klage wurde – im Ergebnis mit Recht – in allen Instanzen abgewiesen. Der *BGH* befand, daß »eine solche Treuepflicht im Sinne einer über die allgemeinen Rechtsgrundsätze der §§ 226, 242, 826 BGB hinausgehenden Bindung zwischen Aktionären im allgemeinen nicht besteht oder jedenfalls keine Haftung für Vermögensnachteile jenseits des innergesellschaftlichen Bereichs auslösen kann ... Die gemeinsame Zugehörigkeit zu einer Aktiengesellschaft begründet für sich allein keine gegenseitigen Rechtsbeziehungen, aus denen sich eine solche Haftung herleiten ließe.«

Befand sich damit das Aktienrecht auf einem für das GmbH-Recht längst überholten Stand, so ist spätestens seit der sog. »Linotype«-Entscheidung auch hier ein Durchbruch zu vermerken[127]:

Beispiel Nr. 27 (nach *BGHZ* 103, 184 = JZ 1989, 443 m. Anm. *Wiedemann* = JR 1988, 505 m. Anm. *Bommert* = NJW 1988, 1579 m. Anm. *Timm*): Die L-GmbH war mit 96% am Aktienkapital der B-AG beteiligt, die sich mit der Schriftträgerproduktion beschäftigte, fast ausschließlich für die L-GmbH tätig war und sich eines von der L-GmbH entwickelten Verfahrens bediente. Die L-GmbH wollte die B-AG durch verschmelzende Umwandlung in ihren Bereich eingliedern. Da sie hierfür nicht die Zustimmung der Minderheitsaktionäre erhielt, führte die L-GmbH mit den eigenen Stimmen einen Auflösungsbeschluß herbei, für den nach der Satzung eine 4/5-Mehrheit genügte. K, ein Minderheitsaktionär, erhob hiergegen die Anfechtungsklage. *LG* und *OLG* wiesen die Klage ab. Die Revision des K führte zur Aufhebung und Zurückverweisung. Der *BGH* betonte in diesem Urteil, daß der Auflösungsbeschluß von den Gerichten nicht allgemein auf seine sachliche Rechtfertigung überprüft werden könne (dazu unten, § 21 II 3 a, § 35 I 2d und § 38 IV 2b aa). Er erklärte aber eine Prüfung unter dem Gesichtspunkt der Treupflichtverletzung für unentbehrlich.

Dieser Wandel der Rechtsprechung setzte sich fort[128]. Er fand ihren einstweiligen Höhepunkt in dem »Girmes«-Urteil *BGHZ* 129, 136 = NJW 1995, 1739 m. Anm. *Altmeppen*, in dem der *Bundesgerichtshof* ganz im Sinne der hier vertretenen Ansicht ausgesprochen hat (dazu alsbald unter IV 3): »Auch

---

125 So insbes. *RGZ* 158, 248, 254; *BGHZ* 18, 350, 365; *Martens*, in: Rechtsdogmatik und Rechtspolitik, a. a. O., S. 251 ff.; Überblick bei *Fechner*, a. a. O., S. 39 ff.; *Zöllner*, a. a. O., S. 336.

126 Dazu ausführlich *Martin Weber*, a. a. O., S. 42 ff.; *Lutter*, JZ 1976, 224.

127 Dazu *Martens*, in: Rechtsdogmatik und Rechtspolitik, a. a. O., S. 251 ff.; *Martin Weber*, a. a. O., S. 44, 49; *Lutter*, ZHR 153 (1989), 446 ff; *Henze*, in: Festschrift Kellermann, 1991, S. 141 ff.; *Kort*, ZIP 1990, 294; zum Verhältnis zwischen Treupflicht und Mißbrauchsverbot vgl. *Diekgräf*, a. a. O., S. 31 ff., 50.

128 *BGH*, NJW 1992, 3167, 3171; nunmehr *BGHZ* 129, 136 = NJW 1995, 1739 m. Anm. *Altmeppen*; dazu eingehend *Lutter*, JZ 1995, 1053 ff.; *Häsemeyer*, ZHR 160 (1996), 109 ff.; *Marsch-Barner*, ZIP 1996, 853 ff.; abl. *Flume*, ZIP 1996, 165.

dem Minderheitsaktionär obliegt eine Treuepflicht gegenüber seinen Mitaktionären. Sie verpflichtet ihn, seine Mitgliedsrechte, insbesondere seine Mitverwaltungs- und Kontrollrechte, unter angemessener Berücksichtigung der gesellschaftsbezogenen Interessen der anderen Aktionäre auszuüben.«

d) *Stellungnahme:* Man sollte bei der Diskussion um die Treupflichten der Verbandsmitglieder klar zwischen drei Fragen unterscheiden:
- der Frage nach der Existenz von Treupflichten,
- der Frage nach dem Umfang von Treupflichten und
- der Frage nach der Richtung der Treupflichten, also nach dem Schutzsubjekt.

Es stellt sich dann folgendes heraus: Wie jedes Rechtsverhältnis, so begründet auch jedes Verbandsrechtsverhältnis Loyalitätspflichten, die sich – wie oben gesagt – zu aktuellen Pflichten verdichten können. Die Frage, ob es Treupflichten auch in der GmbH und in der Aktiengesellschaft gibt, ist, so gesehen, falsch gestellt[129]. Aus den unter IV 1 dargestellten Grundlagen ergibt sich, daß die Rechtsgrundlage der Treupflichten generell entwickelt, ihr Umfang und ihre Schutzrichtung dagegen nur von Fall zu Fall festgestellt werden kann. Das Ergebnis hängt nicht von der Rechtsform des Verbandes ab, sondern von seiner Realstruktur. Wäre es anders, so könnten die Gesellschafter, wie *Wiedemann*[130] sagt, bei der Beschlußfassung über einen Formwechsel die Treupflicht an der Garderobe abgeben. Es kommt darauf an, in welchem Umfang personalistische und kooperative Elemente Eingang in das Verbandsleben finden, und es hängt dann in jedem Einzelfall von dem Ausmaß der Interessenverletzung ab, ob ein Treupflichtverstoß angenommen werden kann oder nicht. Auch die Frage, ob ein Gesellschafter »unternehmerisch« oder nur als Kapitalanleger an einer Handelsgesellschaft beteiligt ist, spielt eine Rolle. Die Rechtsform des Verbandes hat bei all dem nur indizielle Bedeutung.

Beispiel Nr. 28: Ist Bäckermeister B Mitglied des Sportvereins e.V., so handelt er noch nicht treuwidrig, wenn er auf dem Gelände des Konkurrenzvereins wirbt oder dessen Kantine mit Brötchen beliefert oder den Mittelstürmer der eigenen Mannschaft unverdient auspfeift. Viel strenger können die Pflichten des B in einem Berufsverband sein, auch wenn dieser Verband gleichfalls ein eingetragener Verein ist.

Beispiel Nr. 29: Wer Aktien der A-Bank hält, begeht gewiß keinen Treupflichtverstoß, wenn er Kunde der B-Bank wird. Er braucht auch nicht in der Hauptversammlung das Wohl der Mitaktionäre vor die eigenen Interessen zu stellen. Beim Mehrheitsaktionär kann dies u. U. schon anders aussehen, und erst recht können in einer Familien-Aktiengesellschaft intensive Treupflichten bestehen.

Beispiel Nr. 30: Wer Kommanditist der K-KG ist, kann der Gesellschaft und den Mitgesellschaftern als reiner Kapitalanleger fern stehen; dies ist vor allem bei Publikumskommanditgesellschaften der Fall (vgl. zu diesen unten, § 57). Dann bestehen auch nur die dieser Beteiligungsform entsprechenden Loyalitätsbindungen. In vielen Fällen, vor allem

---

129 Auseinandersetzung mit *BGH*, WM 1976, 449 = JZ 1976, 561, 562 m. Anm. *Lutter* noch in der 1./2. Aufl.

130 In: Festschrift Barz, 1974, S. 569f.; s. auch *Lutter*, JZ 1976, 563.

in Familiengesellschaften, liegt aber eine personalistische Beteiligung mit intensiven Treupflichten vor.

Beispiel Nr. 31: Bei der Gesellschaft bürgerlichen Rechts und bei der offenen Handelsgesellschaft werden in aller Regel intensive Treupflichten der Gesellschafter sowohl im Verhältnis zur Gesellschaft als auch zu den Mitgesellschaftern bestehen. Dasselbe aber gilt vielfach auch in der GmbH. So kann nicht nur die Verweigerung einer sachlich gebotenen Kapitalerhöhung gegenüber der Gesellschaft und ihren Mitgliedern treuwidrig sein, sondern treuwidrig ist u. U. auch die grundlose Verweigerung einer Genehmigung bei der Veräußerung von Geschäftsanteilen nach § 15 V GmbHG.

3. Reines Minderheitenschutzrecht?

Die Treupflicht wurde herkömmlicherweise als ein Instrument des Minderheitenschutzes dargestellt[131]. Sie tritt auch in erster Linie als Schutzinstrument des Minderheitsgesellschafters in Erscheinung. Aber damit ist über die Tragweite und die Dogmatik der Treupflicht nichts Entscheidendes gesagt. Die Treupflicht ist keineswegs nur ein Instrument des Minderheitenschutzes. Unrichtig wäre insbesondere die Auffassung, nur der Mehrheitsgesellschafter unterliege der Treupflicht. Vielmehr geht es um eine allgemeine Abwägung und Begrenzung mitgliedschaftlicher Interessen und Befugnisse[132]. Auch mitgliedschaftliche Einzelbefugnisse und Minderheitenrechte dürfen nicht treuwidrig ausgeübt und dadurch mißbraucht werden. Das gilt selbst für Sperrminoritäten bei Satzungsänderungen (dazu auch unten, § 21 II 3 c).

Betreibt der Minderheitsgesellschafter einer GmbH Obstruktion, indem er die Geschäftsführung beständig mit Informationsbegehren beschäftigt (§ 51 a GmbHG), oder sucht er mit seiner Sperrminorität eine unabweisbar notwendig gewordene Satzungsänderung (Annahme einer neuen zulässigen Firma statt der bisherigen unzulässigen, Erhöhung des Stammkapitals auf die gesetzlich gebotene Mindesthöhe) zu vereiteln, so kann dies ein Treupflichtverstoß sein (vgl. über Anpassungspflichten oben, § 5 IV). Die Treubindung des Minderheitsgesellschafters hat nunmehr auch der *Bundesgerichtshof* in dem berühmt gewordenen »Girmes«-Urteil anerkannt[133]:

Beispiel Nr. 32 (vereinfacht nach *BGHZ* 129, 136 = NJW 1995, 1739 m. Anm. *Altmeppen*): Zur Sanierung der »Girmes«-AG sollte eine nominelle Kapitalherabsetzung mit Hilfeleistungen von Großgläubigern kombiniert werden. Vorgeschlagen war eine Kapitalherabsetzung im Verhältnis von 5:2. In der Annahme, hierbei schnitten die Aktionäre gegenüber den Gläubigern zu schlecht ab, hatte H, der Herausgeber einer Kapitalanlegerzeitung, durch Stimmrechtsvollmachten eine große Zahl von Kleinaktionären hinter sich gebracht und stimmte für einen Kapitalschnitt in Höhe von nur 5:3. Die Folge war, daß keiner der Kapitalherabsetzungsanträge – also weder 5:2 noch 5:3 – die erforderliche Mehrheit fand und die Sanierung scheiterte. Die nicht von H vertretenen Aktionäre, die nunmehr alles verloren hatten, verlangten Schadensersatz. Die Klage war in den Vorinstanzen erfolglos. Der *BGH* verwies die Sache an das Berufungsgericht zurück, das

131 So z. B. *Wiedemann* I, § 8; *Roitzsch*, a. a. O., S. 36 ff.
132 In gleicher Richtung *Lutter*, AcP 180 (1980), 120 ff.
133 Dazu eingehend *Hirte*, Kapitalgesellschaftsrecht, Rdnr. 473 f.; *Raiser*, KapitalgesellschaftsR, § 12 Rdnr. 27; *Lutter*, JZ 1995, 1053 ff.; *Häsemeyer*, ZHR 160 (1996), 109 ff.; *Marsch-Barner*, ZIP 1996, 853 ff.; abl. *Flume*, ZIP 1996, 165 ff.

allerdings die Klage wiederum abwies (*OLG Düsseldorf*, WM 1996, 1366 = ZIP 1996, 1211).

Der in den Details komplizierte Fall warf schwierige Zurechnungsprobleme auf, weil H nicht selbst Minderheitsaktionär gewesen, sondern als ein mit den anderen Aktionären nicht verbundener Stimmrechtsbevollmächtigter aufgetreten war[134]. Sehr zweifelhaft war auch die tatrichterlich zu beurteilende Frage, ob er nach der Lage des konkreten Falls wirklich illoyal gehandelt hatte. Für die Fortbildung des Verbandsrechts von grundsätzlicher Bedeutung ist aber die revisionsrichterliche Grundsatzentscheidung über die Treupflicht: »Auch dem Minderheitsaktionär obliegt eine Treuepflicht gegenüber den Mitaktionären. Sie verpflichtet ihn, seine Minderheitsrechte, insbesondere seine Mitverwaltungs- und Kontrollrechte, unter angemessener Berücksichtigung der gesellschaftsbezogenen Interessen der anderen Aktionäre auszuüben ... Aufgrund der unter den Aktionären bestehenden Treupflicht ist es dem einzelnen Aktionär nicht erlaubt, eine sinnvoll und mehrheitlich angestrebte Sanierung der Gesellschaft ... aus eigennützigen Motiven zu verhindern.« – Der Mißbrauch von Minderheitsrechten ist auch unter dem Gesichtspunkt des Abkaufs von Anfechtungsrechten diskutiert worden und fand in dem Urteil »Kochs Adler« seine bislang deutlichste Zuspitzung[135]:

Beispiel Nr. 33 (in Anlehnung an *BGHZ* 107, 296 = NJW 1989, 2689; dazu *Teichmann*, JuS 1990, 269): Die Hauptversammlung der Kochs Adler AG hatte die Verschmelzung mit der Dürkopp GmbH beschlossen, deren Hauptgesellschafter mehr als 3/4 der Aktien hielt. Die klagenden Aktionäre beanstandeten den Inhalt des Verschmelzungsberichts (jetzt § 8 UmwG) und fochten den Verschmelzungsbeschluß durch Klage gegen die Kochs Adler AG an (vgl. zu § 246 AktG unten, § 28 IV 5 e). Die beklagte AG wandte ein, die Ausübung des Anfechtungsrechts sei rechtsmißbräuchlich, weil die Kläger nicht eine gerichtliche Kontrolle des Beschlusses, sondern einen »Abkauf« des Anfechtungsrechts, also eine Klagrücknahme gegen Barzahlung, anstrebten. Der *II. Zivilsenat* entschied: »Einer Anfechtungsklage i.S. des § 246 AktG kann mit dem Einwand des individuellen Rechtsmißbrauchs begegnet werden. Die Voraussetzungen dafür können bereits dann gegeben sein, wenn der Kläger eine Anfechtungsklage mit dem Ziel erhebt, die verklagte Gesellschaft in grob eigennütziger Weise zu einer Leistung zu veranlassen, auf die er keinen Anspruch hat und billigerweise auch nicht erheben kann ...«

Man kann darüber streiten, wie sich dieses Mißbrauchsverbot zur Treupflicht verhält[136]. Auch ohne Anerkennung einer Aktionärs-Treupflicht kann ja der Ausübung von Anfechtungsrechten auf der Basis der §§ 226, 242 BGB eine Grenze gezogen werden[137]. Heute, nach Anerkennung von Treupflichten auch in der Aktiengesellschaft, kann die Rechtsprechung es sich leisten, den engen Zusammenhang zu betonen: Das Verbot, Mitgliedschaftsrechte mißbräuchlich auszuüben, ist Bestandteil der mitgliedschaftlichen Treupflicht,

134 Dazu bereits *Dreher*, ZHR 157 (1993), 150ff.; *Marsch-Barner*, ZHR 157 (1993), 172ff.; s. auch *Lamprecht*, ZIP 1996, 1372ff.

135 Dazu zusammenfassend mit reichen Nachweisen *Timm* (Hrsg.), Mißbräuchliches Aktionärsverhalten, 1990; *Karsten Schmidt*, in: GroßkommAktG, § 245 Rdnrn. 47ff.

136 Uneinheitlich *Hirte*, BB 1988, 1474; *Lutter*, ZHR 153 (1989), 446; *Martens*, in: Timm (Hrsg.), Mißbräuchliches Aktionärsverhalten, 1990, S. 79; *Nehls*, a.a.O.; *Werner*, a.a.O.

137 Vgl. zu diesen Vorschriften näher *Teichmann*, JuS 1990, 269f.

die mißbräuchliche Anfechtungsklage also stets auch eine treuwidrige Anfechtungsklage[138].

4. Die Sanktionen der Treupflichtverletzung

Treupflichtverletzungen machen eine Maßnahme, eine Stimmabgabe und ggf. auch einen Mehrheitsbeschluß rechtswidrig. Demgemäß können Treupflichtverletzungen vor allem folgende Rechtsfolgen auslösen[139]:
- Unterlassungsansprüche (dazu unten, § 21 V 3),
- Schadensersatzansprüche (vgl. oben, § 19 III 1 a),
- Anfechtungsklagen gegen treuwidrig gefaßte Beschlüsse (dazu näher oben, § 15 II 2; unten, § 21 V 2),
- positive Stimmpflichten bei Minderheitsgesellschaftern (dazu unten, § 21 II 3 c).

V. Das Wettbewerbsverbot zwischen gesellschaftsrechtlicher Treupflicht und wirtschaftsrechtlichem Kartellverbot[*]

1. Vertragliche und gesetzliche Wettbewerbsverbote

a) Wer sich zur Förderung eines gemeinsamen Zwecks verpflichtet, darf diesen gemeinsamen Zweck nicht gefährden. Demgemäß kann er verpflichtet sein, sich einem Wettbewerbs im Verhältnis zu der Gesellschaft, aber evtl. auch zu seinen Mitgesellschaftern, zu enthalten. Ein Wettbewerbsverbot kann als Beitrag des Gesellschafters im Vertrag vereinbart sein. Beispielsweise kann im Vertrag einer GmbH oder Kommanditgesellschaft ein Passus wie dieser enthalten sein: »Jedem Gesellschafter ist es untersagt, mit der Gesellschaft

138 *Karsten Schmidt*, in: GroßkommAktG, § 245 Rdnr. 52.

139 Vgl. auch *BGHZ* 132, 84 = NJW 1996, 1756; *Winter*, a.a.O., S. 295 ff.; *Worch*, a.a.O., S. 58 ff.

* Literatur (Auswahl): *Armbrüster*, Wettbewerbsverbote im Kapitalgesellschaftsrecht, ZIP 1997, 1269; *Beuthien*, Gesellschaftsrecht und Kartellrecht, ZHR 142 (1978), 259; *Claussen/Korth*, Das Wettbewerbsverbot des Geschäftsführers/Gesellschafters einer GmbH, in: Festschrift Beusch, 1993, S. 111; *Emmerich*, Kartellrecht, 9. Aufl. 2001; *Geiger*, Wettbewerbsverbote im Konzernrecht, 1996; *Heimann*, Die kartellrechtliche Zulässigkeit von Wettbewerbsverboten in Gesellschaftsverträgen von oHG und KG, Diss. München 1966; *Ivens*, Das Konkurrenzverbot des GmbH-Gesellschafters, 1987; *Kanzleiter*, Schranken der Zulässigkeit von Wettbewerbsverboten in Gesellschaftsverträgen, DNotZ 1989, 195; *Kardaras*, Das Wettbewerbsverbot in den Personalgesellschaften, 1967; *Kellermann*, Einfluß des Kartellrechts auf das gesellschaftsrechtliche Wettbewerbsverbot des persönlich haftenden Gesellschafters, in: Festschrift Fischer, 1979, S. 307; *Löffler*, Zur Reichweite des gesetzlichen Wettbewerbsverbots in der KG, NJW 1986, 223; *Mertens/Cahn*, Wettbewerbsverbot und verdeckte Gewinnausschüttung im GmbH-Recht, in: Festschrift Heinsius, 1991, S. 545; *Röhricht*, Das Wettbewerbsverbot des Gesellschafters und des Geschäftsführers, Wpg. 1992, 766; *Salfeld*, Wettbewerbsverbote im Gesellschaftsrecht, 1987; *Karsten Schmidt*, Wettbewerbsverbot und Kartellverbot, BB 1979, 1173; *ders.*, Vertragliche Wettbewerbsverbote im deutschen Kartellrecht, ZHR 149 (1985), 1; *Schneider*, DB 1993, 1992; *Schütte*, Wettbewerbsverbote der Personenhandelsgesellschafter und ihre Beurteilung nach § 1 GWB, 1971; *Tiedchen*, Wettbewerbsverbote im GmbH-Konzern, GmbHR 1993, 616; *Martin Weber*, Vormitgliedschaftliche Treubindungen, 1999, 101 ff.

unmittelbar oder mittelbar, für eigene oder für fremde Rechnung auf einem ihrer Tätigkeitsgebiete in Wettbewerb zu treten.«

b) Auch ohne ausdrückliche Vertragsregelung kann sich ein solches Wettbewerbsverbot aus der Treupflicht ergeben. Blickt man in das Gesetz, so ist allerdings ein gesetzliches Wettbewerbsverbot nur dem oHG-Gesellschafter – und damit nach § 161 II HGB auch dem Komplementär einer KG – auferlegt (§ 112 HGB). Vom Kommanditisten sagt § 165 HGB ausdrücklich, daß § 112 HGB keine Anwendung findet. Andere Gesellschafter werden überhaupt nicht erwähnt. § 112 HGB geht auf den preußischen HGB-Entwurf von 1857 zurück, in dessen Begründung es heißt[140]: »Der Gesellschaftsvertrag beruht vor allen anderen Verträgen auf dem ganz besonderen gegenseitigen Vertrauen, daß jedes Mitglied die Interessen der Gesellschaft wie seine eigenen wahrnehmen werde. Hiermit ist es unverträglich, daß ein Gesellschafter in demselben Handelszweige, welchen die Gesellschaft betreibt, für eigene Rechnung Geschäfte macht ... Das Verbot des vorliegenden Artikels ist deshalb auf jeden Gesellschafter erstreckt, ohne Unterschied, ob er an der Geschäftsführung Theil hat oder nicht, ob er Kapital einlegt oder blos seine Industrie.« Über den Kommanditisten – damals noch »stiller Gesellschafter« genannt – sagt dagegen die Begründung[141]: »Sodann ist das im Art. 101 enthaltene Verbot des eigenen Handelsbetriebes im Handelszweige der Gesellschaft auf den stillen Gesellschafter nicht anwendbar. Der Grund jenes Verbots, nämlich die nahe liegende Befürchtung, daß der Gesellschaftshandel zu Gunsten des eigenen Handels eines Gesellschafters gefährdet werden könnte, fällt bei dem stillen Gesellschafter fort, welcher auf die Geschäftsführung der Gesellschaft gar keinen unmittelbaren Einfluß hat.« Demgemäß gestattete Art. 159 ADHGB dem Kommanditisten ausdrücklich eine Konkurrenztätigkeit.

Heute besteht Einigkeit darüber, daß das gesetzliche Wettbewerbsverbot nur eine konkretisierte Treupflicht ist und deshalb – nach Maßgabe der Treupflichtintensität – jeden Gesellschafter treffen kann, auch den unternehmerisch beteiligten und mit Einflußmöglichkeiten versehenen Kommanditisten[142], GmbH-Gesellschafter[143] oder stillen Gesellschafter[144]. Ganz offenbar stellt § 112 HGB keine singuläre Norm mehr dar, die einen Gegenschluß für andere Gesellschaften erlaubte.

140 Begr. Preußischer Entwurf 1857, S. 55.

141 Ebd. S. 80.

142 Vgl. *BGHZ* 89, 162 = JZ 1984, 576 m. Anm. *Immenga;* dazu eingehend *Löffler*, NJW 1986, 223 ff.; s. auch Baumbach/Hopt, § 165 Rdnr. 3; *Ebenroth/Boujong/Joost/Weipert*, § 165 Rdnr. 7; *Schlegelberger/Martens*, § 165 Rdnrn. 9 ff.; *Kardaras*, a. a. O., S. 30 ff.; *Becker*, NJW 1961, 1999 f.; vgl. aber *BGH*, BB 1982, 267, 268 = DB 1982, 534, 535.

143 Heute h.M.; vgl. *BGHZ* 104, 246, 251 f. (kartellrechtliche Immanenztheorie); *BFHE* 156, 484, 487; 157, 138, 140 f.; *BFH*, DB 1990, 1702, 1703; 2101, 2102; *Hachenburg/Raiser*, § 14 Rdnr. 64; *Ivens*, a. a. O., S. 125 ff.; *Timm*, GmbHR 1981, 177 ff.; a. M. noch *BGH*, BB 1982, 267, 268 = DB 1982, 534, 535; *OLG Köln*, BB 1991, 859, 860; ausdrücklich offengelassen in *BGH*, WM 1978, 1205.

144 Vgl. *Karsten Schmidt*, in: MünchKommHGB, § 230 Rdnr. 141.

Beispiel Nr. 34 (nach *BGHZ* 89, 162 = NJW 1984, 1351): Die Erbinnen des Kaufmanns K waren noch mit 20 % am Kommanditkapital und an den GmbH-Geschäftsanteilen der von K gegründeten Werbeagentur-GmbH & Co. KG beteiligt. Die anderen 80 % hielt inzwischen die H, eine Holding-AG. Die H war ihrerseits eine Tochtergesellschaft der internationalen Werbeagentur W. Als die W selbst eine neue Werbeagentur in Frankfurt gründete, klagten die Erbinnen im Wege der actio pro socio (unten, § 21 IV) gegen die W auf Unterlassung und auf Beseitigung der eingetretenen Störung. Der *Bundesgerichtshof* entschied: »Einem Wettbewerbsverbot kann auch unterliegen, wer in einer Kommanditgesellschaft mit hoher Mehrheit sowohl am Kommanditkapital als auch am Kapital der Komplementär-GmbH beteiligt ist und aufgrund dieser mehrheitlichen Beteiligungen die Gesellschaft beherrscht. Ist dieser Gesellschafter eine Holding-Gesellschaft, deren sich ihre Muttergesellschaft beim Erwerb jener Mehrheitsbeteiligungen bedient hat, so kann das Wettbewerbsverbot auch gegenüber der Muttergesellschaft durchgreifen.« In den Entscheidungsgründen heißt es wörtlich: »Dem Berufungsgericht kann nicht in der Auffassung gefolgt werden, die Bekl. treffe keine Pflicht, die in § 112 HGB bezeichneten Handlungen zu unterlassen. Dieses Wettbewerbsverbot, das dem Wortlaut nach nur den persönlich haftenden Gesellschafter einer KG trifft (§§ 161, 165, 112 HGB), diesen aber auch dann, wenn er von der Geschäftsführung ausgeschlossen ist, hat seine Grundlage in der Treuepflicht des Gesellschafters, die das vom gegenseitigen Vertrauen getragene Gesellschaftsverhältnis einer handelsrechtlichen Personengesellschaft in besonderem Maße beherrscht. Bei bestimmten Fallgestaltungen, insbesondere dann, wenn ein maßgeblicher Einfluß auf die Geschäftsführung besteht, kann es deshalb auch auf den Kommanditisten, den atypischen stillen Gesellschafter und den Gesellschafter einer GmbH zu beziehen sein. ... Die daraus erwachsenden Gefahren für die Leistungs- und Wettbewerbsfähigkeit und damit den Bestand des Unternehmens machen es notwendig, das Wettbewerbsverbot des § 112 HGB dem Sinne nach auch auf einen die Gesellschaft beherrschenden, nicht persönlich haftenden Gesellschafter zu beziehen.«

c) Was also bedeutet § 112 HGB? Die Bedeutung der Vorschrift liegt darin, daß das Gesetz den Gesellschafter einer oHG und den Komplementär generell einem Wettbewerbsverbot mit scharfen Sanktionen (§ 113 HGB) unterwirft, während bei allen anderen Gesellschaftern erst eine genaue Prüfung des Einzelfalls ergibt, ob sich aus der Treupflicht ein Verbot herleiten läßt, »in dem Handelszweige der Gesellschaft Geschäfte zu machen«. Beim oHG-Gesellschafter und beim Komplementär ist das Wettbewerbsverbot die gesetzliche Regel, die Befreiung vom Wettbewerbsverbot die Ausnahme. Bei allen anderen Gesellschaftern ist es umgekehrt: Hier ist Wettbewerbsfreiheit die Regel, und das Wettbewerbsverbot muß im Einzelfall aus der Treupflicht abgeleitet werden. Dieser Ansatz verträgt sich mit § 165 HGB.

2. Der Konflikt mit dem Kartellverbot

Das Wettbewerbsverbot kann mit dem Kartellverbot des § 1 GWB bzw. des Art. 81 EG in Konflikt geraten. Nach diesen Bestimmungen sind Verträge zu einem gemeinsamen Zweck (dazu oben, § 4 I 2) und sonstige Verhaltensabstimmungen zwischen Unternehmen und Vereinigungen von Unternehmen verboten, soweit sie geeignet sind, die Erzeugnisse oder die Marktverhältnisse für den Verkehr mit Waren oder gewerblichen Leistungen durch

Beschränkung des Wettbewerbs zu beeinflussen[145]. Es fragt sich deshalb, ob das Kartellrecht genau das verbietet, was das Gesellschaftsrecht gebietet, nämlich die Verpflichtung, Wettbewerb zu unterlassen. Die ausufernde Diskussion kann hier nur in Umrissen dargestellt werden[146].

Beispiel Nr. 35 (nach *BGHZ* 38, 306 = WuW/E BGH 519 »Kino« = JuS 1963, 245 m. Anm. *Emmerich*): Die K-oHG betrieb ein »Aktionskino« in Berlin mit dem Namen »Bonbonniere«. Gesellschafter war u.a. der B. B war auch an einer X-Gesellschaft beteiligt. Eines Tages übernahm die X-Gesellschaft das Berliner Kino »T-Palast«. Die K-oHG klagte gegen B aus § 113 HGB (sog. Eintrittsrecht; dazu unten, § 47 II 2 a, sowie Handelsrecht, § 17 I 2b aa). Der *Kartellsenat* des *BGH* verzichtete auf eine definitive Klärung des Problems und befand, daß der gesetzgeberische Grundgedanke des § 1 GWB hier den Vorrang verdiene, weil B entgegen dem gesetzgeberischen Leitbild der oHG nur kapitalistisch beteiligt sei. Ein Wettbewerbsverbot wurde also abgelehnt.

Da der *BGH* seinerzeit die Grundfragen um Kartellverbot und Wettbewerbsverbot offengelassen hatte, blieb lange Zeit unklar, ob die gesellschaftsrechtlichen Wettbewerbsverbote im Hinblick auf einen Vorrang des GWB Stück für Stück aufgegeben würden. Daß dies nicht der Fall ist, zeigt unser

Beispiel Nr. 36 (nach *BGHZ* 70, 331 = WuW/E BGH 1517 »Gabelstapler« = JuS 1968, 568 m. Anm. *Emmerich*): Die »Bautransport G. M. KG« befaßte sich mit dem Betrieb eines Transportunternehmens, Raupen- und Baggerbetrieb und Verleih. Eines Tages gründete der Komplementär die »Bautransport- und Containerdienst-GmbH«, deren Unternehmenszweck der Verleih und Vertrieb von Containern, Gabelstaplern und ähnlichen Geräten war. Die Kommanditisten verlangten Unterlassung. Der *Kartellsenat* des *BGH* gab ihnen aufgrund der §§ 112, 161 II HGB Recht. Er hob gerade diesen Fall gegen den »Bonbonniere«-Fall ab: »Das Wettbewerbsverbot dient hier allein dem Bestand und der Erhaltung des Gesellschaftsunternehmens. Es soll nur verhindern, daß das Unternehmen von innen her – von dem alleinigen geschäftsführenden und vertretungsberechtigten Gesellschafter – ausgehöhlt oder gar zerstört wird.«

Ersichtlich müssen Wettbewerbsverbot und Kartellverbot in ein stimmiges Verhältnis zueinander gebracht werden. Das gilt nicht nur für die sich aus der Treupflicht ergebenden »gesetzlichen«, sondern auch für die sich aus Satzungen oder Gesellschaftsverträgen ergebenden »vertraglichen« Wettbewerbsverbote. Grundlage ist die kartellrechtliche »Immanenztheorie«, nach der Wettbewerbsverbote auch vom Kartellrecht hingenommen werden, sofern sie Treupflichten in einer »kartellrechtsneutralen« Gesellschaft konkretisieren, während sie unzulässig sind, wenn umgekehrt die Organisation in den Dienst des Wettbewerbsverbots gestellt wird[147].

Beispiel Nr. 37 (nach *BGH*, WuW/E BGH 2047 »Werbeagentur«): Bei einer Werbe-GmbH war ein Wettbewerbsverbot vereinbart. Der *BGH* erklärte Wettbewerbsverbote für zulässig, »wenn sie notwendig sind, um das im übrigen kartellrechtsneutrale Gesell-

145 Der Kartellverbotstatbestand kann hier nicht im einzelnen entwickelt werden; vgl. statt dessen die Darstellung bei *Emmerich*, Kartellrecht, 9. Aufl. 2001, § 3; *Möschel*, Recht der Wettbewerbsbeschränkungen, 1983, § 5.

146 Literatur: *Emmerich*, Kartellrecht, 9. Aufl. 2001, § 3; *Zimmer*, in: Immenga/Mestmäcker, GWB, 3. Aufl. 2001, § 1 Rdnrn. 282ff.; *Kardaras*, a.a.O.; *Kellermann*, a.a.O.; *Scherf*, AG 1992, 245; *Karsten Schmidt*, ZHR 149 (1985), 1; *Schütte*, a.a.O.

147 Dazu *Emmerich*, a.a.O., § 3/9a; *Karsten Schmidt*, Kartellverbot und »sonstige Wettbewerbsbeschränkungen«, 1978, S. 79ff.; grundlegend *Steindorff*, BB 1977, 570.

schaftsunternehmen in seinem Bestande und seiner Funktionsfähigkeit zu erhalten.« Dies wurde bestätigt durch *BGHZ* 104, 246 = WuW/E BGH 2505 »neuform-Artikel«.

Beispiel Nr. 38 (nach *BGH*, WuW/E BGH 2271 »Taxigenossenschaft«): Verbietet eine Genossenschaftssatzung den Betrieb eines Zweittaxis, so ist dies nicht mehr durch immanente Treupflichten gerechtfertigt, und deshalb ist dieses Wettbewerbsverbot nach § 1 GWB unwirksam.

Beispiel Nr. 39 (nach *BGHSt.* 30, 270 = WuW/E BGH 1901 »Transportbetonvertrieb II« = NJW 1982, 938 = JuS 1982, 627 m. Anm. *Emmerich*): Hier hatten neun führende Baustoffhändler im Augsburger Raum eine Transportbeton-Vertriebsgesellschaft mbH & Co. als Gemeinschaftsunternehmen gegründet und gegenüber diesem Gemeinschaftsunternehmen ein Wettbewerbsverbot vereinbart. Der *Kartellsenat* erklärte das Kartellverbot für einschlägig, weil schon der Vertriebsgesellschaftsvertrag selbst wettbewerbsbeschränkende Zwecke und Wirkungen hatte.

Es versteht sich, daß ein sog. »kooperatives Gemeinschaftsunternehmen«, wenn es von Konkurrenten gewünscht wird, häufig zu einer Koordinierung des Marktverhaltens führt und dann gegen das Kartellverbot verstößt (vgl. *BGH*, LM Nr. 55 zu § 1 GWB m. Anm. *Rehbinder* = WuW/E DE-R 711 »Ost-Fleisch«).

3. Treupflicht und »Geschäftschancenlehre«*

Ist einmal die Zugehörigkeit des Wettbewerbsverbots zu den Treupflichten erkannt, so läßt sich auch die sog. Geschäftschancenlehre in die gesellschaftsrechtliche Dogmatik einordnen. Es geht bei dieser »Lehre« um nichts anderes als um die Benennung eines Typus der Treupflichtverletzung, die nicht nur durch Konkurrenz im Geschäftszweig der Gesellschaft, sondern auch durch Vereitelung sogenannter Geschäftschancen (»corporate opportunities«) begangen werden kann. Nicht nur die Leitungsorgane – z. B. der Geschäftsführer einer GmbH[148] oder der geschäftsführende Gesellschafter einer oHG[149] – müssen die Geschäftschancen der Gesellschaft wahren, sondern auch ein bloßer Mitgesellschafter kann pflichtwidrig handeln, wenn er sich eigenmächtig und treuwidrig eine Geschäftschance der Gesellschaft für eigene Zwecke zunutze macht. Die Frage, inwieweit sich die Treupflicht zu einem Verbot, sich die Geschäftschancen der Gesellschaft zunutze zu machen,

---

* Literatur: *Fleischer*, Verdeckte Gewinnausschüttung: Die Geschäftschancenlehre im Spannungsfeld zwischen Gesellschafts- und Steuerrecht, DStR 1999, 1249; *Haas/Holler*, Geschäftschancenlehre in der GmbH, DStR 2001, 1042; *Kübler*, Erwerbschancen und Organpflichten, in: Festschrift Werner, 1984, S. 437; *Kübler/Waltermann*, Geschäftschancen der Kommanditgesellschaft, ZGR 1991, 162; *Mertens/Cahn*, Wettbewerbsverbot und verdeckte Gewinnausschüttung im GmbH-Konzern, in: Festschrift Heinsius, 1991, S. 545; *Polley*, Wettbewerbsverbot und Geschäftschancenlehre, 1993; *Timm*, Wettbewerbsverbot und Geschäftschancenlehre im Recht der GmbH, GmbHR 1981, 177; *Weisser*, Corporate Opportunities, 1991; *ders.*, Gesellschafterliche Treuepflicht bei Wahrnehmung von Geschäftschancen ..., DB 1989, 2010; *ders.*, Wahrnehmung von Geschäftschancen des Unternehmens durch Alleingesellschafter-Geschäftsführer als verdeckte Gewinnausschüttungen?, GmbHR 1997, 429.

148 *BGH*, NJW 1986, 585.

149 *BGH*, NJW 1986, 584.

verdichtet, hängt allerdings von der Möglichkeit ab, sich durch Einflußnahmen oder Informationen den Interessenkonflikt zunutze zu machen[150].

Beispiel Nr. 40 (nach *BGH*, NJW 1989, 2687 = JuS 1990, 145 m. Anm. *Karsten Schmidt*): Der Kommanditist einer KG, die ein Sägewerk mit Holzhandlung betrieb, nahm zunehmend Geschäftsführungsaufgaben in der KG wahr und trat auch im Außenverhältnis im Namen der Gesellschaft auf. Als er auf diese Weise mit der Gemeinde in Verhandlungen über den Ankauf des der Gemeinde gehörenden Nachbargrundstücks eintrat, ergriff er die Gelegenheit und kaufte das Grundstück im eigenen Namen. Unter der Voraussetzung, daß die Gemeinde das Grundstück auch an die Gesellschaft verkauft hätte, sah der *Bundesgerichtshof* den Kommanditisten als verpflichtet an, das Grundstück an die Gesellschaft zu übereignen. Das Urteil ist eingehend besprochen bei *Kübler/Waltermann*, ZGR 1991, 162 ff., die insbesondere betonen, daß die Lösung des *BGH* auf eine dem Eintrittsrecht nach § 113 HGB ähnelnde Sanktion hinausläuft.

150 Eingehend *Weisser*, a. a. O., S. 166 ff., 179 ff.

§ 21 Die mitgliedschaftlichen Teilhabe- und Schutzrechte

Nur die bedeutsamsten unter den vielfältigen mitgliedschaftlichen Rechten sollen im Rahmen der allgemeinen Lehren einer Analyse unterzogen werden. Die Vielfalt der Mitgliedschaftsrechte (vgl. oben, § 19 III 3c) wird im einzelnen erst bei der Darstellung der einzelnen Rechtsformen zum Tragen kommen.

I. Leitungsbefugnisse*

Leitungsbefugnisse können Mitgliedschaftsrechte sein. Sie sind teils vom Gesetzgeber als Mitgliedschaftsrechte angelegt, teils können sie als Mitgliedschaftsrechte ausgestaltet werden.

1. Das Institut des geschäftsführenden Gesellschafters

Im Recht der Personalgesellschaften weist das Gesetz den Gesellschaftern selbst die Befugnis zur Geschäftsführung und zur organschaftlichen Vertretung zu. Nach §§ 709, 714 BGB sind bei der *Gesellschaft bürgerlichen Rechts* alle Gesellschafter zur Geschäftsführung und Vertretung berufen, sofern nicht eine andere Regelung im Vertrag getroffen ist. In der *offenen Handelsgesellschaft* steht grundsätzlich jedem Gesellschafter die Geschäftsführungs- und Vertretungsbefugnis zu (§§ 114f., 125 HGB), bei der Kommanditgesellschaft jedem Komplementär (§§ 161 II, 114f., 125 HGB), aber nicht den Kommanditisten (§§ 164, 170 HGB). Ähnliches gilt für die KGaA (§ 278 II AktG). Da es sich um Mitgliedschaftsrechte handelt, können die nach dem Gesetz zur Geschäftsführung und zur Vertretung berufenen Gesellschafter nur nach Maßgabe des Gesellschaftsrechts – also nicht etwa

* Literatur: *Abeltshauser,* Leitungshaftung im Kapitalgesellschaftsrecht, 1998; *Baums,* Der Geschäftsleitervertrag, 1987; *Feddersen/Hommelhoff/Baums* (Hrsg.), Corporate Governance, 1996; *Klingberg,* Mitarbeitende Kommanditisten im Gesellschaftsrecht, 1990; *Karl-Dieter Müller*, Die Bestellung des Geschäftsführers im Gesellschaftsvertrag der GmbH als materieller Satzungsbestandteil, 1999; *Müller-Erzbach,* Das private Recht der Mitgliedschaft als Prüfstein eines kausalen Rechtsdenkens, 1948; *Nitschke,* Die körperschaftlich strukturierte Personengesellschaft, 1972, S. 254ff.; *Teichmann,* Gestaltungsfreiheit in Gesellschaftsverträgen, 1970.

durch schlichte Kündigung eines Geschäftsführervertrags! – von diesen Befugnissen ausgeschlossen werden. Dies geschieht entweder durch Gesellschaftsvertrag oder durch Entziehung der Geschäftsführungs- oder Vertretungsbefugnisse (vgl. §§ 712, 715 BGB, 117, 127 HGB).

2. Leitungsbefugnisse als mitgliedschaftliche Sonderrechte

Wo das Gesetz einem Mitglied keine Leitungsbefugnisse zugesteht, können – soweit die Grenzen der Vertrags- oder Satzungsfreiheit dies zulassen – *Leitungsbefugnisse als Sonderrechte* eingeräumt werden. Sonderrechte – auch Vorzugsrechte genannt – sind mitgliedschaftliche Vorrechte, die nicht auf dem Gesetz, sondern auf Gesellschaftsvertrag oder Satzung beruhen (dazu oben, § 19 III 3c bb). Sonderrechte können nicht nur Leitungsbefugnisse, sondern auch sonstige Vorzugsrechte – z.B. erhöhte Stimmrechte, Vetorechte, Organbestellungsrechte – sein (auch hierzu oben, § 19 III 3c). Aber es können bei den meisten Personenverbänden eben auch Leitungsbefugnisse als Sonderrechte ausgestaltet werden.

a) Beim *Verein* ist es zulässig, einem Mitglied die Vorstandsstellung oder die Zugehörigkeit zu einem Beirat kraft Satzung einzuräumen[1]. Auch bei der *Genossenschaft* wird die satzungsmäßige Begründung eines Rechts auf Sitz im Vorstand zugelassen (§ 24 II 2 GenG)[2], doch bleibt dieses Recht, anders als bei unentziehbaren Sonderrechten (oben, § 19 III 3c), belastet durch die gesetzlich vorgeschriebene Widerruflichkeit des Vorstandsamts (§ 24 III 2 GenG)[3].

b) Bei der *GmbH* kann ein Gesellschafter oder ein Dritter als Geschäftsführer bestellt werden (§ 6 III 1 GmbHG), und die Bestellung kann schon im Gesellschaftsvertrag erfolgen (§ 6 III 2 GmbHG). Ist im Gesellschaftsvertrag ein Gesellschafter der GmbH zum Geschäftsführer bestimmt, so *kann* hierin zugleich die Einräumung eines satzungsmäßigen Sonderrechts liegen, aber das wird nicht vermutet[4]. Nach *BGHZ* 18, 205, 208 »gehören Bestellung und Gehalt eines Geschäftsführers, auch wenn sie in den Gesellschaftsvertrag aufgenommen sind, nur tatsächlich, nicht aber rechtlich zur Satzung, so daß eine Änderung insoweit nicht der für eine Satzungsänderung gegebenen Vorschriften bedarf«[5]. Im Einzelfall ist es Auslegungsfrage, ob ein Sonderrecht geschaffen worden ist. Beispielsweise spricht es für die Einräumung

---

1 Vgl. *RG*, JW 1911, 747; *Reichert*, Handbuch des Vereins- und Verbandsrechts, 8. Aufl. 2001, Rdnr. 1228; *Reuter*, in: MünchKommBGB, § 35 Rdnr. 6.

2 Vgl. *Beuthien*, GenG, 13. Aufl. 2000, § 18 Rdnr. 21; *Klaus Müller*, GenG, 2. Aufl. 1991, § 18 Rdnr. 41; zweifelhaft!

3 *Beuthien*, GenG, 13. Aufl. 2000, § 18 Rdnr. 21.

4 *RGZ* 44, 95, 98; *BGHZ* 18, 205, 208; *BGH*, DB 1968, 2166; *Scholz/Uwe H. Schneider*, § 6 Rdnr. 31; *Priester*, DB 1979, 684.

5 A. M. *Karl-Dieter Müller*, a.a.O., S. 78ff.: »auch ohne großes Sonderrecht« Abberufung nur durch Satzungsänderung.

eines Sonderrechts, wenn die Geschäftsführerstellung auf Lebenszeit oder bis zur Erreichung eines Ruhestandsalters bestimmt ist.

Beispiel Nr. 1: Bringt ein Unternehmensgründer sein einzelkaufmännisches Unternehmen in eine gemeinsam mit seinen Kindern gegründete GmbH ein (Sachgründung) und wird der »Seniorgesellschafter« im Gesellschaftsvertrag bis zur Vollendung seines siebzigsten Lebensjahrs zum Geschäftsführer bestellt, so deutet dies auf ein Sonderrecht hin. Ist nur bestimmt, daß er Geschäftsführer der GmbH ist, kann dies bedeuten, daß nur ein besonderer Gesellschafterbeschluß über die Bestellung des ersten Geschäftsführers erspart werden soll (vgl. § 46 Nr. 5 GmbHG). Dann ist der Seniorgesellschafter, wie jeder andere Geschäftsführer, Gesellschaftsorgan auf Abruf. Zweckmäßigerweise wird man im Gesellschaftsvertrag noch besonders klarstellen, ob ein Sonderrecht gewollt ist.

c) In der *Kommanditgesellschaft* können dem Kommanditisten Geschäftsleitungsbefugnisse durch den Gesellschaftsvertrag zugeteilt werden. Nach §§ 164, 170 HGB ist er von der Geschäftsführung und Vertretung grundsätzlich ausgeschlossen, aber ihm können Geschäftsführungsrechte zugewiesen werden[6]. Die Zuweisung organschaftlicher Vertretungsbefugnisse an den Kommanditisten scheitert am Prinzip der Selbstorganschaft (vgl. oben, § 14 II 2). Möglich ist aber eine Kombination von Geschäftsführungsrecht und Prokura[7].

Beispiel Nr. 2: In einem Gesellschaftsvertrag heißt es in § 6 über Geschäftsführung und Vertretung: »Der persönlich haftende Gesellschafter und der Kommanditist K sind je allein zur Geschäftsführung berechtigt; widerspricht einer von beiden einer Geschäftsführungsmaßnahme, so hat diese zu unterbleiben. Der persönlich haftende Gesellschafter ist zur Vertretung der Gesellschaft allein berechtigt. Dem Kommanditisten K wird Prokura erteilt.« In diesem Fall stehen dem Kommanditisten Sonderrechte sowohl hinsichtlich der Geschäftsführung als auch hinsichtlich der Vertretung zu; daß seine Vertretungsmacht nur als Prokura, also nicht gesellschaftsrechtlich, ausgestaltet ist (§§ 48ff. HGB), beruht auf dem Prinzip der Selbstorganschaft und ändert nichts daran, daß die Prokuristenstellung Sonderrechtscharakter hat. Demgemäß sagt *BGHZ 17,* 392: »Ist im Gesellschaftsvertrag bestimmt, daß einem Kommanditisten Prokura zu erteilen ist, so kann die dem Kommanditisten daraufhin erteilte Prokura nicht jederzeit, sondern nur bei Vorliegen eines wichtigen Grundes wieder entzogen werden.« Dem ist mit der Maßgabe zuzustimmen, daß die Prokura zwar mit Außenwirkung widerrufen werden »kann«, aber nicht widerrufen werden »darf«, solange kein wichtiger Grund hierfür vorliegt, denn es handelt sich hierbei um einen Eingriff in vertraglich eingeräumte Gesellschafterrechte.

d) Einem *Aktionär* können keine Leitungsbefugnisse als satzungsmäßige Sonderrechte eingeräumt werden[8]. Dem steht die Satzungsstrenge des Aktienrechts entgegen (dazu vgl. oben, § 5 III 3 a; unten, § 26 III 1c). Der Vorstand wird nach § 84 I 1 AktG vom Aufsichtsrat bestellt. Nach § 23 V 1 AktG kann die Satzung von den Vorschriften des AktG nur abweichen, wo das Gesetz dies ausdrücklich zuläßt.

---

6 *BGH,* BB 1976, 526; s. auch *BGHZ* 51, 200f.; problematisierend *Teichmann,* a.a.O., S. 106; zur »abgeleiteten« im Gegensatz zur »organschaftlichen« Geschäftsführungsbefugnis vgl. *Nitschke,* a.a.O., S. 254.

7 Vgl. *BGHZ* 17, 392, 393f.; *BGH,* BB 1976, 526; s. auch *OLG Karlsruhe,* BB 1973, 1551.

8 Vgl. *Würdinger,* § 25 I 2.

Beispiel Nr. 3: In die Satzung einer Familien-AG kann nicht die Bestimmung aufgenommen werden, daß der älteste direkte Nachkömmling des Gründers Vorstandsmitglied und Vorstandsvorsitzender sein soll. Bei einer Kraftwerks-AG, an der die Stadt S zu 51% beteiligt ist, kann die Satzung nicht vorschreiben, daß der Oberbürgermeister der Stadt Vorstandsmitglied und Vorstandsvorsitzender sein soll.

Will man gleichwohl Einfluß auf die Organe einer Familien-AG nehmen, so kann dies nur über die Wahl von Aufsichtsratsmitgliedern (§ 101 I AktG) und über deren Verhalten bei der Aufsichtsratswahl geschehen. Zwar läßt das Aktiengesetz auch kein Sonderrecht von Familienmitgliedern auf einen Sitz im Aufsichtsrat zu[9], aber die Aktionäre können durch satzungsbegleitende Nebenabreden (oben, § 5 I 5) Wahlabsprachen mit korporativer Wirkung treffen.

II. Das Stimmrecht[*]

1. Stimmrecht und Stimmkraft

a) Das *Stimmrecht* ist die *Befugnis des Mitglieds zur Teilnahme an der in § 15 besprochenen Willensbildung durch Beschlüsse*[10]. Grundsätzlich steht allen Mitgliedern und nur den Mitgliedern ein solches Stimmrecht zu[11]. Jeder Verband muß der kollektiven Willensbildung fähig sein, und Träger dieses Willens ist die Gesamtheit der Mitglieder. Soweit der Verband Anteile an sich selbst halten kann – eigene Aktien und eigene Geschäftsanteile (§ 71 AktG, § 33 GmbHG) –, führt dies zu einem Ruhen des Stimmrechts[12], denn aus eigenen Aktien oder Geschäftsanteilen stehen einer Gesellschaft keine Rechte zu[13]. Das Ausmaß, in dem ein Verbandsmitglied durch sein Stimmrecht Einfluß auf die Willensbildung des Verbandes nehmen kann, wird bestimmt durch den gegenständlichen Umfang des Stimmrechts und durch die Stimmkraft[14].

b) Das Stimmrecht ist *Bestandteil der Mitgliedschaft* und mit dieser untrennbar verbunden (vgl. zum Abspaltungsverbot oben, § 19 III 4). Inhaber des Stimmrechts ist der Inhaber der Mitgliedschaft (z.B. also der Aktionär oder Gesellschafter), ohne daß nach seinem wirtschaftlichen Interesse gefragt

9 *Hennerkes/Binge,* in: Hennerkes/Kirchdörfer (Hrsg.), Unternehmenshandbuch Familiengesellschaften, 1998, Rdnr. 2.23.

* Literatur (Auswahl): *Andreae*, Das Stimmrecht in der AG, 1930; *Esser*, Das Stimmrecht des Aktionärs in der Hauptversammlung, 1938; *Lockowandt,* Stimmrechtsbeschränkungen im Recht der Personengesellschaften, 1996; *Müller-Erzbach,* Das private Recht der Mitgliedschaft als Prüfstein eines kausalen Rechtsdenkens, 1948; *Schäfer,* Der stimmrechtslose GmbH-Geschäftsanteil, 1997; *Zöllner,* Die Schranken mitgliedschaftlicher Stimmrechtsmacht bei den privatrechtlichen Personenverbänden, 1963; *Zeißig*, Mitgliedschaft und Stimmrechtswahl in der AG, 1996.

10 *Zöllner,* a.a.O., S. 11.

11 Vgl. Mot., in: *Mugdan* I, S. 411.

12 *Zöllner,* a.a.O., S. 130ff.

13 Vgl. § 71b AktG; ebenso die Entwurfsfassung des § 33 VI GmbHG der GmbH-Novelle 1980.

14 *Zöllner,* a.a.O., S. 1.

würde. Auch ein Pfandrecht am Anteil[15], ein Nießbrauch[16] oder eine Treuhand[17] ändert hieran nichts.

Beispiel Nr. 4: In einer GmbH hat der Gesellschafter X seinen Anteil an die B-Bank verpfändet, Gesellschafter Y hat dem N einen Nießbrauch bestellt, und Gesellschafter Z ist als Strohmann nur Treuhandgesellschafter im Auftrag des Hintermanns H. Trotzdem liegt das Stimmrecht allein bei X, Y und Z.

Grundsätzlich gibt jede Mitgliedschaft (jeder Anteil), auch wenn sie mehreren gemeinschaftlich zusteht[18], ein Stimmrecht, das einheitlich auszuüben ist[19]. Wenn es im Gesetz oder im Gesellschaftsvertrag heißt, daß »jede 100 Euro eines Anteils« eine Stimme gibt (vgl. auch § 47 II GmbHG), so besagt dies nur etwas über die Stimmkraft (dazu unter II 1e). Das Stimmrecht bleibt ungeteilt. Durch gesellschaftsvertragliche Regelung können sogar mehrere Anteile zu einem einheitlich stimmenden Stamm zusammengefaßt werden (vgl. zur Gruppenvertretung unter II 5)[20].

c) *Stimmrechtslose Mitgliedschaftsrechte* sind zulässig in den allgemeinen Grenzen, die der Vertragsfreiheit in Gesellschaftsverträgen und Satzungen gezogen sind (dazu oben, § 5 III). Insbesondere bei Personengesellschaften[21] und bei Gesellschaften mbH[22] spielt die Gewährung stimmrechtsloser Mitgliedschaftsrechte eine erhebliche Rolle. Das muß die Machtsymmetrie in der Gesellschaft nicht stören, kann vielmehr dieser Symmetrie geradezu dienen, z.B. wenn in einer GmbH & Co. KG alle Kommanditisten zu entsprechenden Teilen auch an der Komplementär-GmbH beteiligt sind und diese als Komplementärin vom Stimmrecht in der KG ausgeschlossen ist (unten, § 56 IV 2). Stimmrechtslose Aktien sind nur als Vorzugsaktien zugelassen (vgl. §§ 12 I 2, 139ff. AktG)[23]. In der Genossenschaft kann das Stimmrecht nicht ausgeschlossen werden (vgl. §§ 18, 43 GenG), bei Vereinen nur im Rahmen sachlicher Erfordernisse[24].

d) *Gesellschaftsfremde Dritte* haben *kein Stimmrecht.* Auch durch Satzung oder Gesellschaftsvertrag kann ihnen kein Stimmrecht eingeräumt werden[25]. Das

15 Vgl. *Hadding,* in: Hadding/Schneider, Geschäftsanteile als Kreditsicherheit, 1979, S. 49f.

16 Vgl. *Staudinger/Frank,* Anh. §§ 1068, 1069 Rdnrn. 69ff., 99ff., 113ff.; *Karsten Schmidt,* in: MünchKommHGB, vor § 230 Rdnrn. 21, 25; *ders.,* ZGR 1999, 601ff.; *Teichmann,* ZGR 1972, 10ff.

17 *RG,* JW 1934, 2906, 2907 m.Anm. *Hueck*; *BGHZ* 3, 354, 360; in: *Karsten Schmidt,* MünchKommHGB vor § 230 Rdnrn. 61ff. m.w.N.

18 Vgl. §§ 69 AktG, 18 GmbHG.

19 Eingehend *Scholz/Karsten Schmidt,* § 47 Rdnrn. 63ff.; zur Stimmrechtsspaltung beim Treuhandgesellschafter vgl. allerdings *OLG Köln,* DB 1996, 2123.

20 Vgl. nur *BGH,* GmbHR 1990, 75f.

21 *BGHZ* 20, 363, 367ff.; im Ansatz a.M. *Lockowandt,* a.a.O., S. 231ff.

22 *BGHZ* 14, 264; *Schäfer,* a.a.O.; *Scholz/Karsten Schmidt,* § 47 Rdnr. 11; *Fock,* in: Festschrift Heinsius, 1991, S. 129.

23 Dazu *Tilmann Bezzenberger,* Vorzugsaktien ohne Stimmrecht, 1991.

24 So jedenfalls *Reuter,* in: MünchKommBGB, § 32 Rdnr. 21.

25 *Flume,* Juristische Person, § 7 II 1; *Teichmann,* Gestaltungsfreiheit in Gesellschaftsverträgen, 1970, S. 217ff.; *Christoph Weber,* Privatautonomie und Außeneinfluß im Gesellschaftsrecht, 2000, S. 61ff.

ergibt sich aus dem Abspaltungsverbot (oben, § 19 III 4). Für Vereine und Kapitalgesellschaften entspricht dies der herrschenden Auffassung[26]. Eine in der Literatur vertretene einschränkende Ansicht[27], in einem aktienrechtlichen Urteil von 1986 noch dahingestellt gelassen[28], hat sich nicht durchgesetzt[29]. Sie hatte sich auf praktische Bedürfnisse, etwa bei der Treuhand oder beim Nießbrauch, berufen, doch kann diesen Bedürfnissen auch durch Stimmrechtsvollmacht Genüge getan werden. Für den Bereich der Personengesellschaften ist die Frage noch im Grundsatz umstritten[30]. Sie ist jedoch ebenso zu beantworten[31]. Allein schon ein Blick auf die GmbH & Co. läßt erkennen, daß die Frage nicht für die GmbH und für die KG verschieden beantwortet werden sollte. Für die oHG findet sich allerdings ein völlig anders klingender Leitsatz bei *BGH,* JZ 1960, 490 m. Anm. *Alfred Hueck* = NJW 1960, 963: »Eine Vereinbarung, durch die die Gesellschafter einer oHG einem Dritten zusätzlich das Stimmrecht einräumen, ist rechtlich zulässig.« Der weit gefaßte Leitsatz ist mißverständlich. Worum es dem *BGH* ging, zeigt sich in unserem

Beispiel Nr. 5 (nach *BGH,* JZ 1960, 490 m. Anm. *Hueck* = NJW 1960, 963): Die Gesellschafter einer oHG hatten beschlossen, daß ein Wirtschaftsberater als Aufsichtsperson bestellt werden solle. In dem Beschluß hieß es auch: »Der Wirtschaftsberater ist in der Gesellschafterversammlung stimmberechtigt; in Fällen, in denen ein Gesellschafterbeschluß infolge Stimmengleichheit nicht zustande kommt, entscheidet die Stimme des Wirtschaftsberaters der Gesellschaft.« Der *BGH* entschied, diese Regelung sei wirksam.

Der Fall ist richtig entschieden, nur der Leitsatz ist falsch formuliert[32]. Könnten die Mitglieder einem Dritten ein Stimmrecht geben, so könnten sie ihm auch ein Mehrheitsstimmrecht einräumen und die Gesellschaft dem Willen eines Dritten unterordnen. Darum ging es aber im Fall des *BGH* nicht, sondern es sollte nur für den Fall einer Patt-Situation eine Lösung gefunden werden. Im Fall der Stimmengleichheit sollte der Beschlußantrag nicht aufgrund dieser Patt-Situation abgelehnt sein, sondern es sollten diejenigen Stimmen als übergewichtig zählen, die das Votum des Wirtschaftsberaters auf ihrer Seite hätten. Das ist zulässig, hat aber mit einem Stimmrecht des Dritten nichts zu tun, sondern nur mit der Stimmkraft.

e) Die *Stimmkraft* ist das Gewicht, das der Stimme eines Mitglieds bei der Auszählung zukommt. Sie spielt nur dann eine Rolle, wenn die Beschlußfassung dem Mehrheitsprinzip unterliegt (dazu oben, § 16 II), denn nach dem Prinzip der Einstimmigkeit gewährt jede Stimme ihrem Träger eine Sperrminorität. Die Stimmkraft kann *nach Köpfen* bemessen werden – so bei

26 Überblick bei *Wiedemann,* Die Übertragung und Vererbung von Mitgliedschaftsrechten, 1965, S. 290 ff.; *Scholz/Karsten Schmidt,* § 47 Rdnr. 20 m. w. N.

27 *Fleck,* in: Festschrift Fischer, 1979, S. 107.

28 *BGH,* NJW 1987, 780.

29 Vgl. *Hachenburg/Raiser,* § 14 Rdnr. 32, gegen die Vorauflage von *Schilling.*

30 Für die Möglichkeit eines Stimmrechts für Dritte z. B. *Alfred Hueck,* oHG, § 11 III Fußn. 25 a; *Staudinger/Keßler,* 12. Aufl., § 709 Rdnr. 10; stark einschränkend, im Ergebnis wie der Text, *Flume,* Personengesellschaft, § 14 VII; *Nitschke,* Die körperschaftlich strukturierte Personengesellschaft, 1970, S. 286 ff.

31 Vgl. nur *Ulmer,* Gesellschaft bürgerlichen Rechts, § 717 Rdnr. 10.

32 Treffend *Flume,* Personengesellschaft, § 14 VII.

Vereinen (vgl. § 32 I 3 BGB) und der gesetzlichen, nicht der tatsächlichen, Regel nach bei Personengesellschaften (vgl. § 119 II HGB) –, aber auch *nach der Vermögensbeteiligung.* Diese ist maßgeblich bei den Kapitalgesellschaften (vgl. §§ 134 I 1 AktG, 47 II GmbHG).

Satzungsmäßige Modifikationen der Stimmkraft sind zulässig, soweit nicht das positive Recht oder ein zwingendes Schutzgebot entgegensteht. Der Gesetzgeber des BGB ist ausdrücklich davon ausgegangen, daß Gesetz und Satzung die Frage nach der »besonderen Natur« des Verbandes regeln können[33]. Einzelne Mitglieder können *vom Stimmrecht ausgeschlossen* oder darin beschränkt sein (vgl. bereits unter II 1 c)[34]. Unbedenklich ist dies allerdings nur bei personalistischen Handelsgesellschaften[35] und bei Vorzugsanteilen an kapitalistischen Gesellschaften[36]. Es können dem Stimmrecht auch *Höchstgrenzen* gesetzt werden[37]. § 134 I 2 AktG stellt dies durch folgende Regelung ausdrücklich klar: Für den Fall, daß einem Aktionär mehrere Aktien gehören, kann die Satzung – jedoch nur noch bei einer nicht börsennotierten AG – das Stimmrecht durch Festsetzung eines Höchstbetrages oder von Abstufungen beschränken[38]. Von Höchststimmrechten versprach man sich Abhilfe gegen feindliche Übernahmen im Aktienrecht (dazu unten, § 26 II 3 d), jedoch haben sich für börsennotierte Gesellschaften die hiergegen erhobenen ordnungspolitischen Bedenken durchgesetzt[39]. Bei den anderen, nicht an die formelle Satzungsstrenge des § 23 V AktG gebundenen Handelsgesellschaften bedarf es hierfür keiner gesetzlichen Regelung. Grundsätzlich können einem Mitglied auch *Mehrstimmrechte* als Sonderrechte eingeräumt werden (dazu oben, § 19 III 3c bb). Erheblich eingeschränkt ist die Gewährung von Mehrstimmrechten wiederum bei den Aktiengesellschaften und Genossenschaften (§§ 12 II AktG, 43 III GenG), und man wird auch bei sonstigen Publikumsgesellschaften und bei großen Wirtschaftsvereinen keine Mehrstimmrechte ohne sachliche Rechtfertigung zulassen dürfen. Bei nichtwirtschaftlichen Vereinen sind Mehrstimmrechte grundsätzlich zulässig[40], aber sie dürfen nicht zur Mehrheitsherrschaft einzelner über den ganzen Verband führen[41].

---

33 Mot., in: *Mugdan* I, S. 411.

34 Vgl. für den Verein differenzierend *Reuter,* in: MünchKommBGB, § 32 Rdnrn. 28ff. m.w.N.; für die AG §§ 12, 140 AktG; für die GmbH *BGHZ* 14, 264; *Scholz/Karsten Schmidt,* § 47 Rdnr. 89; einschr. *Reuter,* in: MünchKommBGB, § 32 Rdnr. 27; für Personengesellschaften *BGHZ* 20, 363, 367ff.; insgesamt eingehend *Zöllner,* a.a.O., S. 125ff.

35 Zu den Grenzen vgl. *BGHZ* 20, 363, 369; zu den Aktiengesellschaften vgl. §§ 12, 140 AktG; zu den Genossenschaften vgl. §§ 18, 43 II GenG!

36 Gegen eine Orientierung am Maßstab der §§ 12, 139 AktG allerdings *Nitschke,* Die körperschaftlich strukturierte Personengesellschaft, 1970, S. 279ff.

37 Eingehend *Zöllner,* a.a.O., S. 116ff.

38 Die Beschränkung auf nicht börsennotierte Gesellschaften beruht auf dem KonTraG v. 27.4.1998 (BGBl. I S. 786); vgl. dazu *Hirte,* Kapitalgesellschaftsrecht, Rdnr. 409; Grundsätzliches über Höchststimmrechte bei *Zöllner/Noack,* AG 1991, 117ff.; s. auch *Martens,* AG 1993, 495.

39 Vgl. ebd.

40 Vgl. *Reichert,* Handbuch des Vereins- und Verbandsrechts, 8. Aufl. 2001, Rdnr. 896.

41 So wohl auch *Flume,* Juristische Person, § 7 II 2: »Mehrstimmrecht« zulässig, »Mehrheitsstimmrecht« unzulässig.

2. Stimmverbote*

a) Es entspricht einem allgemeinen Grundsatz, daß *Befangenheit* eine *Ausschließung vom Stimmrecht* rechtfertigen kann[42]. Ein Widerstreit zwischen den Eigeninteressen des Mitglieds und dem Verbandsinteresse kann solche Befangenheit begründen[43]. Allerdings wäre es mit den Teilhaberechten der Gesellschafter ebensowenig wie mit dem Postulat der Rechtssicherheit vereinbar, wenn jeder Interessenkonflikt ein Stimmverbot zur Folge hätte[44]. Das Gesellschaftsrecht etabliert unterschiedliche Schutzinstrumente, um die »Richtigkeit« von Verbandsbeschlüssen zu sichern: die allgegenwärtige, dafür bewegliche Schranke der Treubindung jedes Stimmrechtsinhabers (dazu unten II 3) und die starre, dafür nur unter strengen Voraussetzungen eingreifende Schranke des Ausschlusses vom Stimmrecht. Die Stimmverbote im Verbandsrecht müssen vom allgemeinen Gedanken der Befangenheit auf konkretisierbare Tatbestände des Interessenwiderstreits zurückgeführt werden. Nach geltendem Recht ist vom Stimmrecht ausgeschlossen, wer

- entweder an dem den Beschlußgegenstand bildenden Geschäft oder Rechtsstreit beteiligt ist[45]
- oder bei der Stimmabgabe die Stimme als Richter in eigener Sache abgäbe[46].

Es sind also *zwei Grundgedanken*, die das Stimmverbot prägen: der *Gedanke des Insichgeschäfts* (für Rechtsgeschäfte zum Ausdruck gekommen sind § 181 BGB) und das *Verbot, als Richter in eigener Sache mitzustimmen*[47]. Diese

* Literatur (Auswahl): *Bacher*, Die erweiterte Anwendung des Stimmverbots nach § 47 Abs. 4 GmbHG auf Beteiligungsverhältnisse, GmbHR 2001, 610; *Engfer*, Der Ausschluß des organschaftlichen Stimmrechts bei Interessenkollision, Diss. Frankfurt 1970; *Fromm*, Das Stimmrecht des Aktionärs ..., 1933; *Herzfelder*, Stimmrecht und Interessenkollision bei den Personenverbänden des deutschen Reichs-Privatrechts, 1927; *Ulrich Hübner*, Interessenkonflikt und Vertretungsmacht, 1977; *Hüffer*, Der korporationsrechtliche Charakter von Rechtsgeschäften – Eine hilfreiche Kategorie bei der Begrenzung von Stimmverboten im Recht der GmbH? in: Festschrift Heinsius, 1991, S. 337; *Kemen*, Stimmrecht und Interessenkollision in der BGB-Gesellschaft ..., 1992; *Lockowandt*, Stimmrechtsbindungen im Recht der Personengesellschaften ..., 1996; *van Look*, Stimmverbot und »körperschaftlicher Sozialakt«, NJW 1991, 152; *Matthießen*, Stimmrecht und Interessenkollision im Aufsichtsrat, 1989; *Priester*, Stimmverbote des GmbH-Gesellschafters bei Entlastungsbeschlüssen, in: Festschrift Rowedder, 1994, S. 369; *Redenbacher*, Das Stimmrecht des Gesellschafters in eigenen Angelegenheiten ..., 1927; *Renkl*, Der Gesellschafterbeschluß, 1982, S. 52ff.; *Stadie*, Stimmrechtsausschluß wegen Interessenkollision im Recht der Personengesellschaften, 1972; *Swatzina*, Mitgliedschaftliche Stimmverbote, 2001; *Westermann*, Zur Anwendung des § 47 Abs. 4 GmbHG im Konzern und in Gemeinschaftsunternehmen, in: Festschrift Raisch, 1995, S. 309; *Wilhelm*, Rechtsform und Haftung bei der juristischen Person, 1981; *ders.*, Stimmrechtsausschluß und Verbot des Insichgeschäfts, JZ 1976, 674; *Zöllner*, Die Schranken mitgliedschaftlicher Stimmrechtsmacht bei den privatrechtlichen Personenverbänden, 1963.

42 Vgl. *BGHZ* 65, 93, 98; unberechtigte Polemik bei *Wilhelm*, a.a.O., S. 67; *ders.*, JZ 1976, 676; wie hier jetzt *Swatzina*, a.a.O., S. 5ff., 156ff.

43 *Flume*, Juristische Person, § 7 V 1; *Zöllner*, a.a.O., S. 158 m.w.N.; dort auch (S. 159ff.) eine eingehende rechtspolitische Rechtfertigung der Stimmverbote.

44 Vgl. *BGHZ* 68, 107, 109; *Flume*, Juristische Person, § 7 V 2; *Zöllner*, a.a.O., S. 161.

45 Insofern übereinst. *Flume*, Juristische Person, § 7 V; *Wilhelm*, a.a.O., S. 66ff.; *ders.*, JZ 1976, 674ff.

46 Vgl. nur *BGHZ* 9, 157, 178; 97, 28ff.; std. Rspr.; dazu *Karsten Schmidt*, NJW 1986, 2018ff.

47 Dieser Doppeltatbestand wurde vom *Verf.* herausgearbeitet in der 6. Aufl. des von *Franz Scholz* begründeten GmbH-Kommentars; vgl. *Scholz/Karsten Schmidt*, § 47 Rdnr. 103; jetzt h.M.; vgl. *BGHZ* 97, 28, 33; *Matthießen*, a.a.O., S. 123ff., 139ff.; *Swatzina*, a.a.O., S. 17ff.; *Reuter*, in:

Varianten des Stimmverbots stellen ein einheitliches Institut insofern dar, als beide den Gesamttatbestand des stimmrechtsausschließenden Interessenkonflikts umfassen[48], aber sie bilden doch unterscheidbare Kategorien des Stimmverbots, die je eigenen Regeln folgen[49].

aa) Unter das *Stimmverbot wegen Insichgeschäfts* fallen[50]
- Individualrechtsgeschäfte, also insbesondere Verträge des Verbands mit einem Mitglied, *nicht* dagegen Organisationsakte[51], über die alle Mitglieder notwendig gemeinsam entscheiden sollen (z.B. die Bestellung und Anstellung als Organ[52], die Übernahme von Stammeinlagen bei der Kapitalerhöhung[53], die Übernahme von Vermögensteilen durch verschmelzende oder spaltende Umwandlung[54] oder der Abschluß eines Unternehmensvertrags[55]) und
- Zivilprozesse zwischen dem Verband und dem Mitglied[56].

bb) Unter das *Stimmverbot wegen Richtens in eigener Sache* fallen beispielsweise[57]
- Entlastungsbeschlüsse[58] und
- Sanktionen, wie etwa Vereinsstrafen, die Entziehung von Rechten, Ausschließungsmaßnahmen usw.[59]

b) Die *positivrechtliche Normierung der Stimmverbote* ist uneinheitlich und gibt die allgemeinen verbandsrechtlichen Grundgedanken des Stimmverbots nicht durchgehend wieder[60]. Damit hat der Gesetzgeber dem Anliegen des allgemeinen Verbandsrechts keinen guten Dienst erwiesen[61]:

MünchKommBGB, § 34 Rdnr. 3; dagegen will *Wilhelm,* a.a.O., die Stimmverbote durchgehend auf den Grundsatz des § 181 BGB zurückführen; a.M. *Ulrich Hübner,* a.a.O., S. 265ff.

48 Insofern wie hier jetzt *Swatzina,* a.a.O.

49 Insofern a.M. jetzt *Swatzina,* a.a.O., S. 117ff., 165.

50 Umfassende Darstellung bei *Zöllner,* a.a.O., S. 224ff.; *Scholz/Karsten Schmidt,* § 47 Rdnrn. 109ff.

51 Die Abgrenzung wird sehr unterschiedlich umschrieben; Überblick bei *Scholz/Karsten Schmidt,* § 47 Rdnrn. 111ff.; im Ergebnis ebenso *Herzfelder,* a.a.O., S. 32ff.; *van Look,* NJW 1991, 152f.; Kritik der Unterscheidung bei *Flume,* Juristische Person, § 7 V 6; *Hüffer,* a.a.O.; *Zöllner,* a.a.O., S. 225ff.; *Wilhelm,* a.a.O., S. 87ff.; *ders.,* JZ 1976, 677; es versteht sich, daß die Abgrenzung und Sonderbehandlung der »Organisationsakte« nicht begrifflich, sondern teleologisch erfolgt (soviel zu *Hüffer,* a.a.O.); bei den Körperschaften spricht Verf. von »korporativen Geschäften« (*Scholz/Karsten Schmidt,* § 47 Rdnr. 110).

52 Vgl. nur *RGZ* 60, 172, 173; 74, 276, 279; *BGHZ* 51, 209, 215; zweifelhaft hinsichtlich des Anstellungsvertrags; vgl. *Flume,* Juristische Person, § 7 V 6.

53 Vgl. nur *BGHZ* 49, 117, 119; a.M. noch *RGZ* 109, 77, 80 = JW 1925, 248 m.Anm. *Hachenburg.*

54 *Scholz/Karsten Schmidt,* § 47 Rdnr. 114; aber sehr bestritten; vgl. *Baumbach/Hueck/Zöllner,* § 47 Rdnr. 58; *Hüffer,* in Festschrift Heinsius, a.a.O., S. 351ff.

55 *Scholz/Karsten Schmidt,* § 47 Rdnr. 115; str.; vgl. *Baumbach/Hueck/Zöllner,* § 47 Rdnr. 58.

56 Dazu eingehend *Herzfelder,* a.a.O., S. 120ff.; *Zöllner,* a.a.O., S. 212ff.; *Scholz/Karsten Schmidt,* § 47 Rdnrn. 126ff.

57 *Scholz/Karsten Schmidt,* § 47 Rdnrn. 132ff. m.w.N.

58 Vgl. *Heymann/Emmerich,* § 119 Rdnr. 21.

59 Vgl. nur *BGHZ* 9, 157, 178; *Reuter,* in: MünchKommBGB, § 34 Rdnrn. 2, 13 m.w.N. zum Streitstand.

60 Wie hier jetzt im Ansatz *Swatzina,* a.a.O., S. 1ff., 28ff., wo die hier vorgenommene Institutionenbildung umfassend dargestellt wird.

61 Wie hier jetzt *Swatzina,* a.a.O., mit der mißverständlichen Formel (S. 1): »Ein allgemeiner Teil des Rechts der privatrechtlichen Körperschaften existiert nach wie vor nicht.«

- Die Regelung im *GmbH-Recht* – sie ist heute[62] die älteste einschlägige Norm – läßt beide Grundgedanken des Stimmverbots hervortreten[63]. Nach § 47 IV GmbHG gilt das Stimmverbot bei einer Beschlußfassung, die die Vornahme eines Rechtsgeschäfts mit einem Gesellschafter oder einen Rechtsstreit mit ihm betrifft (Insichgeschäft), aber auch bei Entlastungsbeschlüssen (Richter in eigener Sache).
- Einseitig auf den Gedanken des Richtens in eigener Sache fixiert ist demgegenüber § 136 I AktG[64]; danach darf ein *Aktionär* nicht mitstimmen, wenn darüber Beschluß gefaßt werden soll, ob er zu entlasten oder von einer Verbindlichkeit zu befreien ist oder ob die Gesellschaft gegen ihn einen Anspruch geltend machen soll; dem entspricht bei der *Genossenschaft* § 43 VI GenG.
- Einseitig auf den Gedanken des Insichgeschäfts stellt demgegenüber das *Vereinsrecht* ab[65]. Nach § 34 BGB ist ein Mitglied nicht stimmberechtigt, wenn die Beschlußfassung ein Rechtsgeschäft oder einen Rechtsstreit mit diesem Mitglied betrifft.
- Für die *KGaA* enthält § 285 AktG einen Katalog von Fällen.
- Im *Recht der Personengesellschaften* schließlich fehlt eine einschlägige Generalklausel, weil der Gesetzgeber hier vom Einstimmigkeitsgrundsatz ausgegangen ist[66]. Selbst unter der Geltung des Einstimmigkeitsprinzips kann aber die Frage auftreten, ob ein Gesellschafter z.B. bei der Beschlußfassung über gegen ihn zu treffende Maßnahmen an der Abstimung teilnehmen kann[67]. Noch deutlicher zeigt sich die Notwendigkeit von Stimmverboten, wenn der Gesellschaftsvertrag, wie dies üblich ist, Mehrheitsbeschlüsse zuläßt. Hinweise auf das allgemeine Prinzip enthalten z.B. die §§ 712 BGB und 113 II HGB, wonach Beschlüsse über den Ausschluß von der Geschäftsführung oder über die Verfolgung von Wettbewerbsverstößen nur von den Mitgesellschaftern gefaßt werden; der betroffene Gesellschafter ist also auch hier von der Abstimmung ausgeschlossen (Gedanke des Richtens in eigener Sache).

Diese fragmentarische und unstimmige gesetzgeberische Behandlung verdient Kritik[68]. Sie gibt den bestehenden Rechtszustand unrichtig wieder. Es handelt sich bei den Stimmverboten um ein einheitliches Prinzip des inneren Verbandsrechts, das für beide Tatbestandsgruppen – Insichgeschäft und Richten

---

62 Die aktienrechtliche und die genossenschaftliche Regelung ist nicht mehr die des 19. Jahrhunderts; § 136 AktG ist eine klare Verschlechterung gegenüber Art. 190 III ADHGB (Fassung 1884), § 252 HGB (Fassung 1897); die Veränderung beruht auf § 114 AktG 1937; vgl. krit. *Flume,* Juristische Person, § 7 V 5; *Wilhelm,* JZ 1976, 674f.

63 Vollständig ist auch diese Norm nicht (a.M. *Flume,* Juristische Person, § 7 V 2); ihre Kasuistik ist weitschweifig und doch zugleich nur exemplarisch.

64 Insofern übereinstimmend die Kritik von *Wilhelm,* a.a.O.

65 Die These, wonach § 34 BGB eine vollständige Norm ist (*Flume,* Juristische Person, § 7 V 2; *Wilhelm,* a.a.O., S. 73ff.; *ders.,* JZ 1976, 675), beruht auf der einseitigen Fixierung der Stimmverbote auf den Grundsatz des § 181 BGB.

66 Vgl. *Zöllner,* a.a.O., S. 189.

67 Charakteristisch *BGHZ* 102, 172: Abberufung eines geschäftsführende Gesellschafters aus wichtigem Grund.

68 Wie hier jetzt *Swatzina,* a.a.O., S. 47ff., 117ff.

in eigener Sache – auch einheitlich gehandhabt werden muß[69]. Die Nichtanerkennung dieses Grundsatzes führt zu schweren Wertungswidersprüchen[70], die, solange der Gesetzgeber untätig bleibt[71], durch institutionelle Rechtsfortbildung behoben werden müssen[72].

Beispiel Nr. 6: In der Hauptversammlung einer AG oder der Generalversammlung einer Genossenschaft wird über Rechtsgeschäfte mit einem Aktionär bzw. Genossen beraten und beschlossen. Hier ist das betroffene Mitglied vom Stimmrecht ausgeschlossen, obwohl die §§ 136 I AktG, 43 VI GenG den Fall des Insichgeschäfts nicht nennen[73].

Beispiel Nr. 7: In einem Verein soll über die Entlastung des Vorstandsvorsitzenden V beschlossen werden. V ist vom Stimmrecht ausgeschlossen, obwohl § 34 BGB den Fall des Richtens in eigener Sache nicht nennt[74]. Allerdings wird dieser Fall – bedingt durch ein überholtes rechtsgeschäftliches Verständnis der Entlastung (dazu oben, § 14 VI) – im Ergebnis von denen ebenso entschieden, die am Wortlaut des § 34 BGB festhalten[75]. Anders verhält es sich mit unserem

Beispiel Nr. 8: Gegen das Mitglied M soll eine »Vereinsstrafe« verhängt oder ein Ausschließungsverfahren betrieben werden. Auch hier ist M nach richtiger Ansicht vom Stimmrecht ausgeschlossen[76], aber dies läßt sich nicht mehr mit dem Wortlaut des § 34 BGB, sondern nur noch mit dem Grundgedanken des »Richtens in eigener Sache« begründen.

Beispiel Nr. 9: In einer mehrheitlich beschließenden Kommanditgesellschaft soll darüber Beschluß gefaßt werden, ob vom Komplementär ein Betriebsgrundstück für jährlich 36000 Euro gepachtet und ob ein Kommanditist wegen geschäftsschädigenden Verhaltens ausgeschlossen werden soll. Bei diesen Beschlüssen stimmt der jeweils betroffene Gesellschafter nicht mit, obwohl das Gesetz weder für Insichgeschäfte noch für das Richten in eigener Sache ein Stimmverbot bei den Personengesellschaften ausspricht[77].

c) Die Unterscheidung zwischen den beiden Varianten des Stimmverbots (»Insichgeschäft« und »Richten in eigener Sache«) hat Bedeutung auch für die *Abdingbarkeit im Gesellschaftsvertrag bzw. in der Satzung.* Während das Aktienrecht eine Befreiung vom gesetzlichen Stimmverbot nicht zuläßt (§ 23

---

69 Einschränkend *Wiedemann* I, § 8 I 4b aa, der nur den Tatbestand des Richtens in eigener Sache durchgängig anerkennt; ähnlich und nur de lege ferenda mit dem Text übereinstimmend auch *Swatzina*, a.a.O. (z.B. S. 53, 118).

70 Richtig insofern *Swatzina*, a.a.O., S. 47f., 166.

71 Gesetzgebungsvorschlag bei *Swatzina*, a.a.O., S. 156.

72 Das wird hier seit der 1. Aufl. vertreten; dagegen z.B. *Swatzina*, a.a.O., S. 49f., 118.

73 Wie hier im Ergebnis *Wilhelm*, JZ 1976, 676; anders die wohl h.M.; vgl. *Raiser*, Kapitalgesellschaften, § 16 Rdnr. 88; *Hüffer*, AktG, § 136 Rdnrn. 17f.; *Zöllner*, a.a.O., S. 236; *ders.*, in: KK, 1. Aufl., § 136 Rdnr. 26; rechtspolitische Kritik bei *Flume*, Juristische Person, § 7 V 4; *Swatzina*, a.a.O., S. 49ff.

74 Wie hier im Ergebnis *Flume*, Juristische Person, § 7 V 2; *Zöllner*, a.a.O., S. 196f.; *Reuter*, in: MünchKommBGB, § 34 Rdnrn. 10ff.; *Soergel/Hadding*, § 34 Rdnrn. 5, 7.

75 Entlastung als »Rechtsgeschäft«, so z.B. *Wilhelm*, a.a.O., S. 73f.; *ders.*, JZ 1976, 676.

76 *Zöllner*, a.a.O., S. 268; *Reuter*, in: MünchKommBGB, § 34 Rdnr. 15; *Reichert*, Handbuch des Vereins- und Verbandsrechts, 8. Aufl. 2001, Rdnrn. 926ff.; a.M. *Sauter/Schweyer*, Der eingetragene Verein, 16. Aufl. 1997, Rdnr. 202; *Soergel/Hadding*, § 34 Rdnr. 7; im Ergebnis a.M. auch *Meyer-Cording*, Die Vereinsstrafe, 1957, S. 80.

77 Vgl. nur *RGZ* 136, 236, 245; *Herzfelder*, a.a.O., S. 60ff.; *Swatzina*, a.a.O., S. 166; *Zöllner*, a.a.O., S. 193f.; *Schlegelberger/Martens*, § 119 Rdnrn. 39f.; relativistisch, jedoch im Ergebnis zustimmend *Grunewald*, Rdnr. A 69.

V AktG), müssen beim Verein, bei der GmbH und bei der Personengesellschaft unterschiedliche Maßstäbe angelegt werden[78]. In *BGHZ* 108, 21 = NJW 1989, 2694 wurde richtig entschieden[79]: »§ 47 Abs. 4 GmbHG enthält zwingendes Recht, soweit die Vorschrift Entlastungsbeschlüsse betrifft.« Dies muß für alle Fälle des »Richtens in eigener Sache« gelten, also z. B. auch für die Ausschließung eines Gesellschafters und für seine außerordentliche Abberufung als Geschäftsführer, während bei den Insichgeschäften die Treupflichtkontrolle genügen muß, wenn die Satzung oder eine satzungsbegleitende Nebenabrede (oben, § 5 I 5) die Stimmabgabe zuläßt. Für die Publikumspersonengesellschaft hat *BGHZ* 102, 172 = NJW 1988, 969 entschieden: »Sieht der Gesellschaftsvertrag einer Publikumspersonengesellschaft vor, daß der (Gesellschafter-)Geschäftsführer nur mit Zustimmung aller Gesellschafter abberufen werden kann, so ist dieses Erfordernis aufgrund einer Inhaltskontrolle nach § 242 BGB nichtig; es genügt die einfache Mehrheit.« Dem wird man hinzusetzen müssen, daß diese Mehrheit ohne Mitzählung des betroffenen Gesellschafters festzustellen ist, sobald es um die Abberufung aus wichtigem Grund geht.

---

78 Insoweit a. M. *Swatzina*, a. a. O., S. 125 ff.; 138 ff.; *Swatzina* will die gesetzlichen Stimmverbote als Verbotsgesetze i. S. von § 134 BGB einordnen, doch kann dies nicht überzeugen, weil sich die Bestimmungen nur mit dem Entzug von Stimmrechtsmacht, aber nicht mit dem zulässigen Inhalt von Satzungen und Verträgen befassen.

79 Vgl. zust. *OLG Stuttgart*, GmbHR 1995, 231 m. Anm. *Goette*; *Swatzina*, a. a. O., S. 149; Baumbach/Hueck/Zöllner, § 47 Rdnr. 73; *Scholz/Karsten Schmidt*, § 47 Rdnr. 173; abl. freilich *Priester*, in: Festschrift Rowedder, 1994, S. 279 ff.

3. Inhaltsschranken der Stimmrechtsmacht*

a) Vom starren Stimmverbot sind *die beweglichen Ausübungsschranken des Stimmrechts* zu unterscheiden[80]. Die Pflichtbindungen des Verbandsmitglieds – vor allem die unter § 20 IV diskutierten Treupflichten – setzen der Stimmrechtsausübung inhaltliche Grenzen (vgl. schon oben, § 16 II 4). Die Wertungsgrundlagen dieser Inhaltsschranken sind nicht frei von ideologischen Implikationen, und die Grenzziehung im einzelnen ist umstritten. Züge verbandsideologischer Wertungen zeigt z.B. noch heute der Streit um das berühmt-berüchtigte *Hibernia-Urteil* in *RGZ* 68, 235[81]:

Beispiel Nr. 10 (nach *RGZ* 68, 235): Der preußische Staatsfiskus war mit ca. 40% am Aktienkapital einer Bergwerksgesellschaft beteiligt. Er focht mit der Klage einen Versammlungsbeschluß an, durch den das Grundkapital unter Ausschluß der Aktionäre vom Bezugsrecht erhöht worden war (vgl. dazu für das geltende Aktienrecht unten, § 29 III 2d). Die Klage sah in der Beschlußfassung »eine rücksichtslose Ausnutzung der gegen die Bestrebungen des Klägers vorhandenen Mehrheit zu dem Zwecke, die Macht dieser Mehrheit zu stärken und den Kläger zu schädigen«. Diese Vorwürfe standen nach Auffassung des *Reichsgerichts* »nicht auf dem Boden des zur Zeit in Deutschland geltenden Aktienrechts«, denn nach diesem seien »die in Angelegenheiten der Gesellschaft mit der erforderlichen Stimmenzahl gefaßten Beschlüsse der Mehrheit für die Minderheit auch dann maßgebend, wenn sie dieser als verkehrt, wirtschaftlich nachteilig und die Bestrebungen der Minderheit schädigend erscheinen. Dies ist eine unabwendbare Folge des im Gesetz zur Anerkennung gelangten Grundsatzes, daß die Mehrheit des Aktienbesitzes über die Verwaltung der Gesellschaft und darüber entscheidet, was im Interesse

---

* Literatur (Auswahl; vgl. zur Treupflicht auch die Angaben bei § 20 IV): *Bischoff,* Sachliche Voraussetzungen von Mehrheitsbeschlüssen in Kapitalgesellschaften, BB 1987, 1055; *v. Falkenhausen,* Verfassungsrechtliche Grenzen der Mehrheitsherrschaft nach dem Recht der Kapitalgesellschaften, 1967; *Fechner,* Die Treuebindungen des Aktionärs, 1942; *Filbinger,* Die Schranken der Mehrheitsherrschaft im Aktienrecht und Konzernrecht, 1942; *Flume,* Die Rechtsprechung des II. Zivilsenats des BGH zur Treupflicht ..., ZIP 1996, 161; *Henze,* Treupflichten der Gesellschafter im Kapitalgesellschaftsrecht, ZHR 162 (1998), 1986; *Hüffer,* Zur gesellschaftsrechtlichen Treupflicht als nichtrechtlicher Generalklausel, in: Festschrift Steindorff, 1990, S. 59; *Immenga,* Die personalistische Kapitalgesellschaft, 1970, S. 261ff.; *Koppensteiner,* Treuwidrige Stimmabgaben im Kapitalgesellschaftsrecht, ZIP 1994, 1325; *Korehnke,* Treuwidrige Stimmen im Personalgesellschaft- und GmbH-Recht, 1997; *Lockowandt,* Stimmrechtsbeschränkungen im Recht der Personengesellschaften ..., 1996; *Lutter,* Zur inhaltlichen Begründung von Mehrheitsentscheidungen, ZGR 1981, 171; *ders.,* Die Treupflicht des Aktionärs, ZHR 153 (1989), 446; *ders.,* Das Girmes-Urteil, JZ 1995, 1053; *ders.,* Treupflichten und ihre Anwendungsprobleme, ZHR 162 (1998), 164; *Martens,* Mehrheits- und Konzernherrschaft in der personalistischen GmbH, 1970; *ders.,* Die Treupflicht des Aktionärs, in: Rechtsdogmatik und Rechtspolitik, 1990, S. 251; *Müller-Erzbach,* Das private Recht der Mitgliedschaft ..., 1948, S. 39ff.; *Nonn,* Zustimmungspflichten des Kapitalgesellschafters, 1995; *Reine,* Kein Minderheitenschutz im GmbH-Konzernrecht? AG 1980, 21; *Karsten Schmidt,* Zur Behandlung treuwidriger Stimmen in der Gesellschafterversammlung und im Prozeß, GmbHR 1992, 9; *Seidel,* Die mangelnde Bedeutung mitgliedschaftlicher Treupflichten im Willensbildungsprozeß der GmbH, 1998; *Timm,* Zur Sachkontrolle bei Mehrheitsentscheidungen, ZGR 1987, 403; *Vorwerk/Wimmers,* Treubindung des Mehrheitsgesellschafters, GmbHR 1998, S. 717; *Martin Weber,* Vormitgliedschaftliche Treubindungen. Begründung, Reichweite und Vorauswirkung gesellschaftsrechtlicher Treupflichten, 1999; *Wiedemann,* Zu den Treupflichten im Gesellschaftsrecht, in: Festschrift Heinsius, 1991, S. 949; *Wiethölter,* Interessen und Organisation der AG im amerikanischen und deutschen Recht, 1961; *Winter,* Mitgliedschaftliche Treuebindungen im GmbH-Recht, 1988; *Zöllner,* Die Schranken mitgliedschaftlicher Stimmrechtsmacht ..., 1963.

80 Grundlegend *Zöllner,* a.a.O., S. 287ff.

81 Dazu etwa *Flume,* Juristische Person, § 7 II 2; *Wiedemann* I, § 8 I 2; *Zöllner,* a.a.O., S. 289.

der Gesellschaft und ihrer Aktionäre zu tun und zu lassen ist. Mit dieser Tatsache muß sich jeder abgefunden haben, der Aktien erwirbt …«

Dieser in seiner Schärfe in der späteren Reichsgerichts-Rechtsprechung[82] so nicht wiederholte Standpunkt mag heute wie blanker Zynismus erscheinen. Er wurde bereits von einem Zeitgenossen mit dem Prädikat bedacht[83]: »Noch niemals ist die brutale Macht der Aktienmehrheit gegenüber der Minderheit in einem Urteil schärfer betont worden.« Kritik findet auch der *Bundesgerichtshof* der in *BGHZ* 14, 25, 38 ausgeführt hat: »Sowohl bei der Stimmrechtsausübung wie bei der Anfechtung eines Gesellschafterbeschlusses braucht aber weder der Aktionär noch der GmbH-Gesellschafter seine eigenen Interessen hinter die der Gesellschaft zurückzustellen.« Die an dieser Rechtsprechung vielfach geübte Kritik ist überzogen[84]. Anerkannt ist, daß die Teilhaberechte des Mitglieds pflichtgebundene Rechte sind und daß nicht nur das Gebot der guten Sitten, sondern vor allem auch die Treupflicht den Ermessensspielraum bei der Stimmrechtsausübung einengt (dazu oben, § 16 II 4c). Schon *RGZ* 132, 163, 169 spricht von der Pflicht der Mehrheit, »im Rahmen des Gesamtinteresses auch den Belangen der Minderheit Berücksichtigung angedeihen zu lassen«. »So viel ist sicher«, heißt es bei *BGHZ* 14, 25, 37, »daß der Grundsatz der freien Stimmrechtsausübung nicht so weit geht, daß das Stimmrecht auch mißbräuchlich ausgeübt werden dürfte.« Und zum Bezugsrechtsausschluß bei Kapitalerhöhungen (vgl. unten, § 29 III 2d) heißt es bei *BGHZ* 71, 40, 44, der Bezugsrechtsausschluß müsse, weil die Kapitalerhöhung notwendigerweise auf den Zweck der Gesellschaft bezogen sei, seine Rechtfertigung im Gesellschaftsinteresse finden. Bei Eingriffen in Minderheitsinteressen bei Publikumspersonengesellschaften hat der *Bundesgerichtshof* wiederholt die sachliche Rechtfertigung von Mehrheitsbeschlüssen geprüft[85]. Hiermit auf den ersten Blick unvereinbar scheint der Satz aus *BGHZ* 76, 352, 353: »Ein mit der nötigen Mehrheit gefaßter Auflösungsbeschluß bedarf keiner sachlichen Rechtfertigung; er trägt seine Rechtfertigung in sich« (dazu auch unten, § 35 I 2d und § 38 IV 2b). Die unter § 20 IV 2c schon erwähnte »Linotype«-Entscheidung des *Bundesgerichtshofs*[86] unterstreicht die Konsequenz dieser zunächst verwirrenden Rechtsprechung: Es geht um die Verteilung von Regel und Ausnahme. Beschlüsse, die keine gezielte Beeinträchtigung der Minderheit enthalten, bedürfen keiner sachlichen Rechtfertigung, zumal wenn es um Beschlußgegenstände geht, die – wie die Auflösung, die Umwandlung, die Konzernbildung etc. sowie neuerdings auch der Ausschluß von Minderheitsaktionären nach §§ 327 a ff. AktG – in gesetzlichen Ermächtigungen vorgeprägt sind[87]. Hier muß nicht die Mehr-

82 Vgl. nur *RGZ* 132, 149, 163; s. allerdings noch *RGZ* 119, 248, 252 ff.

83 *Bondi,* DJZ 1908, 1007.

84 S. auch *Flume,* Juristische Person, § 7 II.

85 Vgl. *BGHZ* 70, 117, 121 ff.; 71, 40, 44 ff.; 80, 69, 74; 83, 319, 320; 85, 350, 359; eingehend *Winter,* a. a. O., S. 135 ff.

86 *BGHZ* 103, 184 = JZ 1989, 443 m. Anm. *Wiedemann* = JR 1988, 505 m. Anm. *Bommert* = NJW 1988, 1579 m. Anm. *Timm.*

87 Ähnlich *Lutter,* ZGR 1981, 174 ff.; eingehend *Karsten Schmidt,* in: GroßkommAktG, § 243 Rdnr. 46; *Scholz/Karsten Schmidt,* § 60 Rdnr. 16.

heitsentscheidung von Fall zu Fall gerechtfertigt werden, sondern der Begründung bedarf im Gegenteil die Begrenzung der Mehrheitsherrschaft. Mehr und mehr wird auch die Inhaltskontrolle strukturändernder Beschlüsse durch eine Kontrolle der Abfindungskompensationen ersetzt (§§ 304 II, 305 V, 320b II, 327a ff. AktG, §§ 14 II, 32, 34, 176 ff., 210, 212 UmwG). Hiermit ist es nicht unverträglich, wenn treuwidrige Eingriffe in Minderheitsinteressen doch noch in Einzelfällen durch Aufhebung selbst solcher Beschlüsse sanktioniert werden, die nach dem Gesetz ihre Rechtfertigung in sich tragen.

b) Das *System der beweglichen Schranken* setzt sich aus einer Reihe von *rechtlichen Bindungen* zusammen, die folgendermaßen systematisiert werden können[88]:
- Bindung an *zwingendes Recht* und an die *guten Sitten* (Verbot gesetzwidriger und sittenwidriger Beschlüsse),
- Bindung an den *Gleichbehandlungsgrundsatz* (Diskriminierungsverbot),
- Bindung an den *Verbandszweck* (Verbot der Satzungsdurchbrechung),
- Bindung durch *Treupflichten* (Verbot illoyaler Beschlüsse).

Die Konkretisierung dieser Schranken ist schwierig, die Entscheidung oft von der Lage des Einzelfalls abhängig. Hier kann von der Rechtsprechung realistischerweise auf diesem Gebiet kein vordergründig geschlossenes Erscheinungsbild erwartet werden. Aus dem Mehrheitsprinzip folgt das grundsätzliche Unterworfensein der Minderheit unter die Mehrheitsentscheidung, und gleichzeitig folgt daraus die Bindung und Verantwortlichkeit der Mehrheit. Dasselbe gilt für die Vereitelung von Mehrheitsentscheidungen durch Sperrminoritäten. Wenn der *Bundesgerichtshof* einmal die Freiheit und dann wieder die Pflichtgebundenheit der Stimmrechtsausübung in den Vordergrund stellt, dann beruht dies auf dem Sachkonflikt selbst. Stets aber kann die Bindung nur eine im Recht begründete sein. Eine generelle Verpflichtung zu zweckmäßigen Entscheidungen gibt es nicht[89]. Nicht Regeln der Opportunität, sondern Gesetzmäßigkeit, Gleichbehandlung und Treupflicht markieren die rechtlichen Schranken der Mehrheitsherrschaft. Der Gleichbehandlungsgrundsatz wurde oben unter § 16 II 4b näher behandelt, die Treupflicht unter § 20 IV. Die Geltung des Treupflichtgebots auch bei Körperschaften wird unverkennbar, wenn ein Mehrheitsgesellschafter mit der Ausübung des Stimmrechts für sich oder einen Dritten Sondervorteile zum Schaden der Gesellschaft oder der Mitgesellschafter zu erlangen sucht. Dieses Verbot der Verfolgung von Sondervorteilen ist in § 243 II 1 AktG besonders ausgesprochen, doch handelt es sich nicht um eine aktienrechtliche Sonderregel, sondern um einen Bestandteil des allgemeinen Verbandsrechts[90]. Mit Recht

88 Die Systematisierung ist angelehnt an die grundlegende Arbeit von *Zöllner*, a.a.O., S. 287ff.; s. auch *Wiedemann* I, § 8 II; gegen das Treupflichtgebot bei Körperschaften aber *Flume*, Juristische Person, § 7 II 2.

89 Vgl. in übertriebener Schärfe *Flume*, Juristische Person, § 7 II: »Die Autonomie der Ausübung des Stimmrechts deckt ... auch die törichte Entscheidung.«

90 S. auch *Zöllner*, a.a.O., S. 309; eine Sonderregel stellt nur die Vorschrift des § 243 II 2 AktG dar, nach der der Beschlußmangel durch Entschädigung geheilt werden kann.

sagt deshalb *Flume*[91]: »Die ›Todsünde‹ der Stimmrechtsausübung ist das Verfolgen von Sondervorteilen.« Zu Unrecht spielt er allerdings dieses Verbot gegen die Treupflichtrechtsprechung des *Bundesgerichtshofs* aus[92]. Die »Todsünde« von der *Flume* spricht, ist eine Todsünde wider die Treupflicht, weshalb das Verbot der Verfolgung von Sondervorteilen mehr und mehr in dem Treupflichtgebot aufgeht. Die Abgrenzungsschwierigkeiten des § 243 II 1 AktG werden uns unter § 28 I 4 b, IV 5d beschäftigen.

c) Grundsätzlich läßt sich aus den beweglichen Schranken der Stimmrechtsmacht nur ein *Verbot* illoyaler Stimmrechtsausübung herleiten, nicht aber das *Gebot,* in bestimmter Weise abzustimmen. Die treuwidrig abgegebene Stimme ist unwirksam und deshalb nicht mitzuzählen[93]. Unter Umständen kann sich allerdings die Treupflicht zu einer *positiven Stimmpflicht* verdichten[94]. Der Problemkreis wird allgemein unter dem Gesichtspunkt der Pflicht der Gesellschafter zur Anpassung von Gesellschaftsverträgen an veränderte Umstände diskutiert (dazu oben, § 5 IV). Positive Stimmpflichten kann es u.U. allerdings auch sonst geben – z.B. bei der Geschäftsführerbestellung oder bei Gewinnverwendungsbeschlüssen. In der Praxis spielt aber die positive Stimmpflicht in erster Linie bei Vertragsänderungen (Satzungsänderungen) eine Rolle.

Beispiel Nr. 11: Die alten 20000-DM-GmbH waren nach der GmbH-Novelle mit Ablauf des 31.12.1985 aufgelöst, wenn das Stammkapital nicht auf mindestens 50000 DM erhöht worden war; dasselbe wiederholte sich mit dem 1.7.1992 bzw. 1995 aufgrund des Einigungsvertrags (oben, § 2 III 1) bei den Gesellschaften m.b.H. in den neuen Bundesländern. Die gesetzliche Auflösung konnte aber durch rechtzeitige Kapitalerhöhung abgewendet oder nachträglich durch Kapitalerhöhungs- und Fortsetzungsbeschluß rückgängig gemacht werden; hierzu waren die Gesellschafter einander u.U. kraft Treupflicht verpflichtet (*BGHZ* 98, 276 = JuS 1987, 239; dazu oben, § 5 IV 1 b; unten, § 35 I 1d).

Beispiel Nr. 12 (nach *BGH,* NJW 1985, 974 = JuS 1985, 554 m.Anm. *Karsten Schmidt*): Gerät eine Publikumspersonengesellschaft in eine Krise, so können die Gesellschafter kraft Treupflicht gehalten sein, eine Verzinsung ihrer Kapitaleinlagen aufzuheben und einem entsprechenden Beschluß zuzustimmen.

4. Schuldrechtliche Stimmbindungen*

Die Autonomie der Stimmabgabe ist im Grundsatz durch das Abspaltungsverbot gewährleistet (dazu oben, § 19 III 4). Das Stimmrecht kann zwar

91 Juristische Person, § 7 III; *ders.*, ZIP 1996, 164.

92 *Flume*, ZIP 1996, 164.

93 Vgl. *BGHZ* 102, 172, 176; *OLG Hamburg*, GmbHR 1992, 43, 47; *Baumbach/Hueck/Zöllner*, § 47 Rdnr. 74a; *Scholz/Karsten Schmidt,* § 47 Rdnr. 29ff., 32; *Karsten Schmidt,* GmbHR 1992, 9ff.; a.M. *Koppensteiner*, ZIP 1994, 1328ff.

94 *Scholz/Karsten Schmidt,* § 47 Rdnr. 31; eingehend *Zöllner,* a.a.O.; *ders.*, Die Anpassung von Personengesellschaftsverträgen an veränderte Umstände, 1979, passim; *Winter,* a.a.O., S. 167ff.

* Literatur (Auswahl): *Baden,* Stimmbindungsverträge und Stimmenkauf, 1935; *Behrens*, Stimmrecht und Stimmbindung, in: Festschrift 100 Jahre GmbH-Gesetz, 1992, S. 539; *Brodmann*, Zur Frage der Abstimmung von Abstimmungsverträgen, JW 1929, 615; *Dreher*, Treuepflichten zwischen Aktionären und Verhaltenspflichten bei der Stimmrechtsbündelung, ZHR 157 (1993),

durch Bevollmächtigte ausgeübt werden, aber es ist nicht übertragbar. Die Autonomie der Stimmrechtsausübung kann aber durch schuldrechtliche Stimmbindungen eingeschränkt werden. Stimmbindungsverträge sind als schuldrechtliche Verträge nicht Bestandteile des Gesellschaftsvertrags oder der Satzung[95]. Die Satzung kann allerdings Stimmbindungen zulassen oder anordnen.

a) Nach herrschender Auffassung sind Stimmbindungsverträge grundsätzlich wirksam[96]. Sie sind sogar einklagbar und gemäß § 894 ZPO vollstreckbar[97]. Die Vollstreckbarkeit der Stimmbindungsvereinbarungen spielt in der Praxis keine entscheidende Rolle, aber das Wissen um diese Vollstreckbarkeit dient der Vergewisserung über die Wirksamkeit und Klagbarkeit der Bindung. Nur der Stimmenkauf ist gesetzlich verboten, und zwar teils durch Spezialbestimmungen (§§ 405 III Nrn. 6, 7 AktG, 152 GenG), im übrigen durch § 138 BGB[98]. Auch kann die Stimmbindung nach der herrschenden Auffassung unwirksam sein, wenn sie der Umgehung einer Verbotsnorm dienen würde; insbesondere ist die Stimmbindung u. U. unvereinbar mit Stimmverboten[99].

150; *Rob. Fischer,* Zur Methode revisionsrichterlicher Rechtsprechung, dargestellt anhand der Rechtsprechung zu den Stimmrechtsbindungsverträgen, in: Festgabe Kunze, 1969 = Gesammelte Schriften, 1985, S. 23; *Herfs*, Einwirkung Dritter auf den Willensbildungsprozeß der GmbH, 1994; *Herzfelder,* Stimmrecht und Interessenkollision, 1927; *Alfred Hueck,* Stimmbindungsverträge bei Personengesellschaften, in: Festschrift Nipperdey I, 1965, S. 401; *Joussen*, Gesellschafterabsprachen neben Satzung und Gesellschaftsvertrag, 1995; *Loewenheim,* Zulässigkeit und Vollstreckbarkeit von Stimmbindungsvereinbarungen, JuS 1969, 260; *Lübbert,* Abstimmungsvereinbarungen in den Aktien- und GmbH-Rechten der EWG-Staaten, der Schweiz und Großbritanniens, 1971; *Dieter Mayer*, Die Zulässigkeit von Stimmrechtsvereinbarungen im GmbH-Recht, GmbHR 1990, 61; *Müller-Erzbach,* Das private Recht der Mitgliedschaft ..., 1948, S. 248ff.; *Noack*, Gesellschaftervereinbarungen bei Kapitalgesellschaften, 1994; *Overrath,* Die Stimmrechtsbindung, 1973; *Peters,* Die Erzwingbarkeit vertraglicher Stimmrechtsbindungen, AcP 156 (1957), 311; *Priester,* Drittbindung des Stimmrechts und Satzungsautonomie, in: Festschrift Werner, 1984, S. 657; *ders*., Rechtskontrolle und Registerpublizität als Schranken satzungsgleicher Registervereinbarungen?, in: Festschrift Claussen, 1997, S. 40; *Reuter,* Stimmrechtsvereinbarungen bei treuhänderischer Abtretung eines GmbH-Anteils, ZGR 1978, 633; *Rodemann*, Stimmbindungsvereinbarungen in den Aktien- und GmbH-Rechten Deutschlands ..., 1998; *Schröder,* Stimmrechtskonsortien unter Aktionären, ZGR 1978, 578; *Chr. Weber*, Privatautonomie und Außeneinfluß im Gesellschaftsrecht, 2000; *Zluhan,* Abstimmungsvereinbarungen des privaten Gesellschaftsrechts, AcP 128 (1928), 62, 257; *Zöllner,* Zu Schranken und Wirkung von Stimmbindungsverträgen, insbesondere bei der GmbH, ZHR 155 (1991), 168; *Zutt,* Einstweiliger Rechtsschutz bei Stimmbindungen, ZHR 155 (1991), 190.

95 *RGZ* 107, 67, 70; *Scholz/Karsten Schmidt,* § 47 Rdnr. 38; *Zluhan,* AcP 128 (1928), 86.

96 Vgl. nur *RGZ* 107, 67; 112, 273, 277; 119, 368, 388; 133, 90, 93; 160, 257, 262; 165, 68, 78; *BGHZ* 48, 163 = GmbHR 1967, 99 m. Anm. *Barz* = JR 1967, 459 m. Anm. *Mertens* = JZ 1968, 24 m. Anm. *Peters*; *OGH Wien*, AG 1994, 43; *Lübbert,* a. a. O., S. 97ff.; *Noack*, a. a. O., S. 66ff.; *Overrath,* a. a. O., S. 7ff.; *Rodemann,* a. a. O.; *Eckardt,* in: Geßler/Hefermehl/Eckardt/Kropff, § 136 Rdnr. 52; *Scholz/Karsten Schmidt,* § 47 Rdnr. 39.

97 So *BGH*, ebd.; s. auch *OLG Koblenz*, ZIP 1986, 503 (einstw. Verfgg.); eingehend *Noack*, a. a. O. S. 71ff.; *Westermann*, Rdnrn. I 506ff.; *Zutt,* ZHR 155 (1991), 190ff.; a. M. noch die RG-Rechtsprechung: *RGZ* 112, 273, 279; 119, 368, 389; 133, 90, 95; 160, 257, 262; 165, 68, 78; 170, 358, 371f.; *RG*, JW 1927, 2993; DNotZ 1936, 567.

98 Vgl. für die GmbH *OLG Colmar,* OLGE 6, 503, 504; *Herfs*, a. a. O., S. 332f.; *Lübbert*, a. a. O., S. 118, 151f.; *Overrath,* a. a. O., S. 30; *Scholz/Karsten Schmidt,* § 47 Rdnr. 45.

99 Vgl. *Lübbert*, a. a. O., S. 154ff.; *Scholz/Karsten Schmidt,* § 47 Rdnr. 47.

Beispiel Nr. 13: Wenn über die Entlastung eines Leitungsorgans oder über einen Vertrag mit ihm beschlossen werden soll, darf das betroffene Mitglied nicht selbst abstimmen (näher oben unter II 2). Unwirksam ist dann aber auch eine Vereinbarung zwischen diesem Mitglied und sonstigen Mitgliedern über deren Stimmabgabe.

Stimmbindungen werden gegenüber Dritten oder aber auch gegenüber Beteiligten eingegangen.

aa) *Stimmbindungen gegenüber Gesellschaftsorganen* sind nicht generell nichtig. Verboten ist allerdings die »gebundene Aktie«. Nach § 136 II AktG ist ein Vertrag nichtig, durch den sich ein Aktionär verpflichtet, nach Weisung der Gesellschaft, des Vorstands oder des Aufsichtsrats abzustimmen oder in der Hauptversammlung für die jeweiligen Vorschläge des Vorstands oder des Aufsichtsrats zu stimmen[100]. Diese Bestimmung ist nicht auf alle Körperschaften oder gar auf alle privatrechtlichen Verbände anzuwenden[101]. In personalistischen Gesellschaften ist eine Unterwerfung unter die Weisungen des Geschäftsführers – insbesondere des geschäftsführenden Gesellschafters – im Grundsatz möglich. Grenzen können hier nur im Einzelfall gezogen werden. Unwirksam ist die Bindung vor allem hinsichtlich solcher Beschlußgegenstände, bei denen der Geschäftsführer als Gesellschafter selbst vom Stimmrecht ausgeschlossen wäre[102].

bb) *Stimmbindungen aller Mitglieder untereinander* können korporative, d. h. die verfassungsmäßigen Rechte und Pflichten der Mitglieder bestimmenden Wirkungen haben, wenn alle Mitglieder gleichartig gebunden sind (oben, § 5 I 5). Solange sie »halten«, wirken sie dann ähnlich wie Satzungsbestimmungen und können sogar zur Anfechtung bindungswidrig gefaßter Beschlüsse führen[103]. Aber auch die hier interessierenden rein schuldrechtlichen Bindungen – Fraktionenbildungen, Pools, Konsortien etc. – sind grundsätzlich wirksam[104]. Das gilt auch für Wahlabsprachen. Solche Absprachen sind vor allem bei der Beteiligung der öffentlichen Hand häufig.

Beispiel Nr. 14: Im Fall *RGZ* 133, 90 war zwischen den Hauptaktionären – einer Stadtgemeinde und der T-Gesellschaft – vereinbart, daß zum Aufsichtsratsvorsitzenden ein vom Magistrat vorgeschlagenes Mitglied, zum Stellvertreter ein von der T vorgeschlagenes Mitglied gewählt werden solle. Im Fall *RGZ* 145, 99 hatten sich die Gesellschafter einer GmbH verpflichtet, nach Auflösung der GmbH eine neutrale Person als Liquidator zu wählen. Beide Vereinbarungen waren wirksam.

Eine Stimmbindung kann allerdings Unterwerfungscharakter haben, und sie kann dazu führen, daß die mitgliedschaftliche Stimmrechtsmacht schuldrechtlich von ihrem Träger abgespalten wird (vgl. zum Abspaltungsverbot oben, § 19 III 4). Im Verein mit unwiderruflichen Stimmrechtsvollmachten führen Stimmbindungen sogar zur Verschiebung von Mehrheitsverhältnissen.

100 Dazu *Otto*, AG 1991, 376ff.
101 *Flume*, Juristische Person, § 7 VI; *Lübbert*, a.a.O., S. 146ff.; *Scholz/Karsten Schmidt*, § 47 Rdnr. 41.
102 Näher *Scholz/Karsten Schmidt*, § 47 Rdnr. 41.
103 *BGH*, NJW 1983, 1910; *OLG Hamm*, GmbHR 2000, 673; str.; vgl. den Überblick bei *Baumbach/Hueck/Zöllner*, § 47 Rdnr. 79.
104 Näher *Scholz/Karsten Schmidt*, § 47 Rdnr. 40; s. auch *OGH Wien*, AG 1994, 43.

Bei der Personengesellschaft[105] und tendenziell auch bei der GmbH[106] soll deshalb nach *Flume* die Stimmbindung gegenüber einem Mitgesellschafter unwirksam sein, wenn sie nicht in der Satzung zugelassen oder durch Zustimmung aller Mitgesellschafter gedeckt ist. Man wird dem aber allenfalls hinsichtlich unkündbarer Bindungen und auch hier wieder nur hinsichtlich solcher Gesellschaften folgen können, bei denen keine Anteilsübertragung ohne Zustimmung der Mitgesellschafter zulässig ist (dazu oben, § 19 II 1 b)[107].

cc) Dauerhafte *Stimmbindungen gegenüber Dritten* sind oft unentbehrlich. Da der Gesellschafter einer Handelsgesellschaft auch dann Inhaber des Stimmrechts ist, wenn er einen *Nießbrauch* bestellt hat oder nur *Treuhandgesellschafter* ist (oben unter II 1 b, d), kann ein Bedürfnis nach »Fernsteuerung« bestehen, und man trägt damit nur der Tatsache Rechnung, daß die formale Rechtsträgerschaft nicht mit der materiellen übereinstimmt[108]. Die Stimmbindung ist hier das notwendige Korrektiv gegenüber der rigorosen Abhängigkeit des Stimmrechts von der Mitgliedschaft (dazu oben unter II 1 d). Aber auch bei der *Unterbeteiligung* und bei der *Anteilsverbindung* wird man Stimmbindungen zulassen müssen[109]. Bei der Treuhand und beim Nießbrauch am Anteil kann die Stimmbindung auch Satzungsänderungen erfassen, denn die Satzungsautonomie der Mitglieder ist zugunsten solcher Dritter verzichtbar, die jedenfalls mittelbar an der Gesellschaft beteiligt sind[110].

Beispiel Nr. 15: Zwischen G (Gesellschafter) und T (Treugeber) wird ein Treuhandvertrag geschlossen. G soll nur noch Treuhänder seines Anteils für T sein (sog. Vereinbarungstreuhand). Es liegt geradezu in der Natur der Sache, daß G seine Stimmrechtsmacht künftig den Weisungen des T unterwirft, und zwar auch für Satzungsänderungen.

Im übrigen ist die *dauernde – vor allem die umfassende – Stimmrechtsbindung gegenüber Dritten* problematisch[111]. Unwirksam ist sie jedenfalls, soweit sie mit einer Satzungsklausel über die Unübertragbarkeit oder der Vinkulierung des Anteils in Widerspruch steht[112].

Beispiel Nr. 16: Im Fall *RGZ* 69, 134 ging es um eine GmbH, deren Geschäftsanteile nur mit Genehmigung des Aufsichtsrats übertragen werden konnten. Gesellschafter G hatte seinen Geschäftsanteil verkauft und für den Fall der Nicht-Genehmigung vereinbart, daß er sich dann bei der künftigen Ausübung des Stimmrechts dem Käuferwillen unterwerfen werde. Das *Reichsgericht* erklärte diese Bindung mit Recht für nichtig. Ähnlich verhält es sich, wenn im Vertrag einer Personengesellschaft keine freie Anteilsübertragung zugelassen ist (dazu unten, § 45 III 2b). Ebensowenig wie die satzungsmäßige Vinkulierung von

105 *Flume,* Personengesellschaft, § 14 VI.
106 *Flume,* Juristische Person, § 7 VI: »zu erwägen«.
107 Noch weiter differenzierend jetzt *Herfs,* a.a.O., S. 336ff.
108 Insoweit übereinstimmend *Flume,* Juristische Person, § 7 VI; eingehend *Herfs,* a.a.O., S. 367ff.
109 Insoweit a.M. *Flume,* Juristische Person, § 7 VI; s. auch *Priester,* in: Festschrift Werner, a.a.O., S. 673f.
110 Eingehend *Priester,* in: Festschrift Werner, a.a.O., S. 671f.
111 Vgl. *Scholz/Karsten Schmidt,* § 47 Rdnr. 42; eingehend *Herfs,* a.a.O., S. 364ff.; *Chr. Weber,* a.a.O., S. 338ff.
112 Vgl. *RGZ* 69, 134, 137; *Overrath,* a.a.O., S. 48; *Scholz/Karsten Schmidt,* § 47 Rdnr. 48.

GmbH-Anteilen darf die gesetzliche Vinkulierung der Mitgliedschaft in einer Personengesellschaft durch Stimmbindungen unterlaufen werden.

Eine andere Qualität hat die *Stimmbindung ad hoc.* Sie dient einem konkreten Zweck, meist der Durchführung eines Einzelvertrags, und ist grundsätzlich wirksam. Oft ergibt sie sich als Nebenpflicht ohne weiteres aus dem Sinn des Vertrags, und hier erweist sich insbesondere die Vinkulierung von Anteilen, ganz anders als im letzten Beispiel, als Beleg für die Notwendigkeit, nicht die Bedenklichkeit einer Bindung[113]:

Beispiel Nr. 17 (vereinfacht nach *BGHZ* 48, 163 = GmbHR 1968, 99 m. Anm. *Barz* = JR 1967, 459 m. Anm. *Mertens* = JZ 1968, 24 m. Anm. *Peters*): B als Mehrheitsgesellschafter einer GmbH und K schließen einen Vertrag, nach dem B seine GmbH-Geschäftsanteile an die K veräußern soll. Die Veräußerung scheitert daran, daß nach dem Gesellschaftsvertrag für die Übertragung eine Zustimmung der Gesellschafterversammlung erforderlich ist (§ 15 V GmbHG). K klagt daraufhin gegen B mit dem Antrag, B zu verurteilen, die Genehmigung der Gesellschafterversammlung herbeizuführen. Der *BGH* entschied, dies sei eine zulässige und nach § 894 ZPO vollstreckbare Stimmbindung.

dd) Auch eine wirksame Stimmbindung bindet das Verbandsmitglied nur im Rahmen seines Abstimmungsermessens, läßt ihm also ein Leistungsverweigerungsrecht, wenn die vereinbarte Stimmabgabe rechtswidrig wäre[114]. Dadurch wird dem Mitglied eine Pflichtenkollision erspart.

Beispiel Nr. 18: Hat sich der Treuhandgesellschafter durch einen wirksamen Stimmbindungsvertrag den Weisungen seines Treugebers unterworfen, so darf und muß er doch weisungswidrig abstimmen, wenn die weisungsgemäße Stimmabgabe zu einer Treupflichtverletzung und Schädigung innerhalb der Gesellschaft führen würde. Die dauernde Unzumutbarkeit einer Stimmbindung kann auch zu einem außerordentlichen Lösungsrecht führen[115]: Der Gebundene kann in einem solchen Fall das Bindungsverhältnis kündigen.

b) Die Stimmbindung wirkt zunächst *nur schuldrechtlich* unter den Vertragspartnern. Deshalb stellt sich die Frage, ob und wie sie auf Beschlüsse und deren Wirksamkeit durchschlägt.

aa) Eine *wirksame Stimmbindung* kann im Wege der Leistungsklage eingeklagt werden (dazu schon unter II 4 a). Wird das Urteil rechtskräftig, so ersetzt es nach § 894 ZPO die Erklärung des Verpflichteten[116]. Diese Vollstreckung ist mühsam und kommt praktisch meist zu spät. Die Erzwingung im Wege der einstweiligen Verfügung scheitert bisher an der Scheu der Gerichte, der Hauptsache durch einstweiligen Rechtsschutz vorzugreifen[117].

---

113 Vgl. *RGZ* 124, 371, 376; dazu *Flume,* Juristische Person, § 7 VI.

114 *Zöllner,* in: KK, 1. Aufl., § 136 Rdnr. 90; *Scholz/Karsten Schmidt,* § 47 Rdnr. 50; s. aber *Tank,* AG 1977, 36; Bedenken auch bei *Zöllner,* ZHR 155 (1991), 172 ff.

115 Dazu *Scholz/Karsten Schmidt,* § 47 Rdnr. 51.

116 *BGHZ* 48, 163 = GmbHR 1968, 99 m. Anm. *Barz* = JR 1967, 459 m. Anm. *Mertens* = JZ 1968, 24 m. Anm. *Peters;* Meinungsüberblick bei *Scholz/Karsten Schmidt,* § 47 Rdnr. 56; s. auch *BGH,* NJW-RR 1989, 1056 = ZIP 1989, 1261 = GmbHR 1990, 68: Verurteilung ersetzt noch nicht den Beschluß!

117 Charakteristisch *OLG Koblenz,* NJW 1991, 1119; *Hachenburg/Hüffer,* § 47 Rdnr. 82; krit. *Schmidt-Diemitz,* Einstweiliger Rechtsschutz gegen rechtswidrige Gesellschafterbeschlüsse,

Anerkannt sind allerdings Schadensersatzpflichten[118]. Auch eine Schadensersatzklage wäre zwar meist verspätet, doch kann schon die Drohung mit Schadensersatzfolgen Präventivwirkung haben. Unmittelbare Anfechtungswirkung auf den Beschluß kann eine nur schuldrechtliche Stimmbindung haben, wenn der Beschluß materiell treuwidrig ist (dazu oben, § 15 II 1 b dd; unten, § 36 III 4 c bb), also nicht nur gegen den Stimmbindungsvertrag, sondern auch gegen die verbandsrechtlichen Pflichten verstößt. Die Stimmbindung als solche kann korporative Wirkungen – einschließlich der Anfechtbarkeit bindungswidriger Beschlüsse[119] – nur haben, wenn sich alle Gesellschafter untereinander gebunden haben (vgl. zu dieser umstrittenen Rechtsprechung oben, § 5 I 5).

bb) Eine *unwirksame Stimmbindung* bereitet nur dann Probleme, wenn der Gebundene so abgestimmt hat, wie dies der unwirksamen Bindung entsprach. Hier gilt der Grundsatz, daß nur ein der Stimmabgabe selbst anhaftender Mangel schadet. Die Unwirksamkeit der Bindung als solche macht die Stimmabgabe noch nicht rechtswidrig[120].

Beispiel Nr. 19: Der Hauptaktionär A eines Energieversorgungsunternehmens hat sich unter politischem Druck verpflichtet, sein Stimmrecht in der Hauptversammlung nach Weisungen einer politischen Gruppierung auszuüben. Dies bindet ihn nicht. Er ist rechtlich frei, anders abzustimmen. Stimmt er – was nach der Lebenserfahrung nicht unwahrscheinlich ist – trotzdem weisungsgemäß ab, so ist nicht schon aus diesem Grund seine Stimme ungültig oder der Beschluß anfechtbar. Anderes kann sich nur aus dem Inhalt der Stimmabgabe und des Beschlusses ergeben, z. B. wenn der Beschluß gegen das Kartellverbot des § 1 GWB verstößt. Aber dann beruht der Beschlußmangel nicht auf der Unwirksamkeit der Bindung.

5. Die obligatorische Gruppenvertretung*

a) Bei zersplittertem Anteilsbesitz liegt es nahe, Mitgliedergruppen zu geschlossener Ausübung von Mitgliedschaftsrechten – in Betracht kommt vor allem das Stimmrecht – anzuhalten. Solche Regelungen sind bei der *Aktiengesellschaft* eindeutig unzulässig (§ 23 V AktG) und bei der *offenen Handelsgesellschaft* wegen der persönlichen Haftung problematisch[121]. Eine

---

Diss. Tübingen 1993, S. 82 ff.; *Scholz/Karsten Schmidt,* § 47 Rdnr. 59; *Zutt,* ZHR 155 (1991), 190 ff.

118 Dazu *RGZ* 124, 371, 378; *Scholz/Karsten Schmidt,* § 47 Rdnr. 60.

119 *BGH,* NJW 1983, 1910; *OGH Wien,* AG 1996, 329.

120 Vgl. *Lübbert,* a. a. O., S. 169; *Scholz/Karsten Schmidt,* § 47 Rdnr. 54; *Priester,* in: Festschrift Werner, a. a. O., S. 677 f.; a. M. *Flume,* Juristische Person, § 7 VI.

* Literatur (Auswahl): *Alfred Hueck,* Der gemeinschaftliche Vertreter mehrerer Erben in einer Kommanditgesellschaft, ZHR 125 (1963), 1; *Michalski,* Gesellschaftsrechtliche Gestaltungsmöglichkeiten zur Perpetuierung von Unternehmen, 1980, S. 171 ff.; *Reuter,* Privatrechtliche Schranken der Perpetuierung von Unternehmen, 1973, S. 210 ff.; *Karsten Schmidt,* Die obligatorische Gruppenvertretung im Recht der Personengesellschaften und der GmbH, ZHR 146 (1982), 525; *H. P. Westermann,* Vertragsfreiheit und Typengesetzlichkeit im Recht der Personengesellschaften, 1970, S. 344 f.; *Wiedemann,* Die Übertragung und Vererbung von Mitgliedschaftsrechten an Handelsgesellschaften, 1965, S. 185 ff.

121 Überblick bei *Karsten Schmidt,* ZHR 146 (1982), 529.

praktische Rolle spielten sie im *Recht der GmbH* und vor allem im *Recht der Kommanditgesellschaft.* Vor allem beim Generationenwechsel in Familiengesellschaften und der sich hiermit meistens verbindenden Aufsplitterung der Mitgliedschaftsrechte soll durch obligatorische Gruppenvertretung verhindert werden, daß die Verbandsorganisation schwerfällig wird. Dies geschieht durch die sog. *Vertreterklausel*[122], die etwa in einer Kommanditgesellschaft folgendermaßen lauten kann: »Werden mehrere Erben oder Vermächtnisnehmer als Nachfolger eines Gesellschafters Kommanditisten, so können sie ihr Stimmrecht nur einheitlich durch einen gemeinsamen Vertreter ausüben.« Solche Vertragsklauseln sind im Rahmen der Mehrheitszuständigkeit *zulässig*[123]. Allerdings gibt es einen unentziehbaren Kernbereich von Gesellschafterrechten, in den nicht gegen den Willen jedes Betroffenen eingegriffen werden kann (oben, § 16 III 3b bb), so daß hier auch die obligatorische Gruppenvertretung auf Grenzen stößt[124].

b) Auch soweit die Gruppenvertretung zulässig ist, muß immer durch Auslegung ermittelt werden, *wie weit die Klausel im konkreten Fall reicht,* insbesondere, ob außer dem Teilnahme- und Stimmrecht in der Gesellschafterversammlung auch alle weiteren Teilhaberechte durch den Vertreter ausgeübt werden müssen.

Beispiel Nr. 20 (nach *BGHZ* 46, 291): Nach dem Vertrag einer KG »haben die Kommanditisten die ihnen zustehenden Rechte durch einen gemeinsamen Vertreter ausüben zu lassen«. Die Kommanditistin K macht geltend, daß die persönlich haftenden Gesellschafter durch verdeckte Gewinnausschüttungen in die eigene Tasche gewirtschaftet und dadurch die Gewinnanteile der Kommanditisten geschmälert haben. Sie verlangt, daß dies berichtigt wird. Der *BGH* schließt nicht prinzipiell aus, daß eine Vertreterklausel auch auf das Prozeßführungsrecht der Kommanditisten erstreckt werden kann, aber er verneint die Frage, ob die im zu entscheidenden Fall sehr allgemein gehaltene Klausel auch diesen umfassenden Inhalt hat. Die Leitsätze des Urteils lauten: »Wenn der Gesellschaftsvertrag nichts anderes ergibt, enthält die im Gesellschaftsvertrag einer Personalhandelsgesellschaft enthaltene Klausel, daß die nach dem Tode eines Gesellschafters als Kommanditisten eintretenden Erben ihre Gesellschafterrechte nur durch einen gemeinsamen Vertreter wahrnehmen dürfen (Vertreterklausel), für die Erbenkommanditisten das Verbot, die Gesellschafterrechte persönlich wahrzunehmen und das Gebot, die Rechte (durch den Vertreter) einheitlich auszuüben. Die Vertreterklausel nimmt den Kommanditisten jedoch nicht das Recht, gesellschaftliche Ansprüche gegen die Gesellschaft oder die Mitgesellschafter einzuklagen, wenn das im Gesellschaftsvertrag nicht besonders bestimmt worden ist.«

---

122 Die Bezeichnung stammt wohl von *Alfred Hueck,* ZHR 125 (1963), 4.

123 Vgl. nur *BGHZ* 46, 291; *BGH,* GmbHR 1989, 120 = ZIP 1989, 634; *OLG Zweibrücken,* OLGZ 1975, 402, 404; *Baumbach/Hueck/Zöllner,* § 47 Rdnr. 25; *Flume,* Personengesellschaft, § 14 V; *Wiedemann* I, § 7 II 1 b; *Michalski,* a.a.O., S. 171ff.; *Karsten Schmidt,* ZHR 146 (1982), 530 m.w.N.; a.M. vor allem *Reuter,* a.a.O., S. 212ff.

124 Vgl. nur *Flume,* Personengesellschaft, § 14 V; *Westermann,* Rdnr. I 541; *H. P. Westermann,* a.a.O., S. 354; *Karsten Schmidt,* ZHR 146 (1982), 533f. m.w.N.; unentschieden *BGHZ* 46, 291, 295; *OLG Zweibrücken,* OLGZ 1975, 402, 404.

c) Zweifelhaft ist die genaue *Rechtsstellung und* die *Bestellung des* zur gemeinschaftlichen Rechtsausübung berufenen *Vertreters.* Der Vertreter ist nicht Organ der Gesellschaft[125], sondern Vertreter der Gruppenmitglieder[126]. Deshalb kann der Gesellschaftsvertrag auch nicht für die Frage maßgebend sein, ob der Gruppenvertreter einstimmig oder mehrheitlich bestellt wird[127].

Beispiel Nr. 21: In der X-KG gilt das Prinzip der Einstimmigkeit (§ 119 I HGB), in der Y-KG dagegen das Mehrheitsprinzip (oben, § 16 II 2). Ein Kommanditist K war an beiden Gesellschaften beteiligt, und nach seinem Tode traten die Erben A, B und C kraft Nachfolgeklausel die Nachfolge in die Mitgliedschaft an. Beide Gesellschaftsverträge enthalten eine Vertreterklausel, aber nur A und B können sich auf den Vertreter V einigen, während C den Wirtschaftsprüfer W als Vertreter benennt. Aus der unterschiedlichen Gestaltung der beiden Kommanditgesellschaften würden manche folgern, daß V in der Y-KG als Vertreter auftreten kann, nicht aber in der X-KG. Aber die Gesellschaftsverträge regeln nur das Innenverhältnis der Kommanditgesellschaften und nicht auch das Verhältnis unter den gemeinschaftlich vertretenen Gesellschaftern. Sie ordnen insoweit die Gruppenvertretung in den Gesellschaften an. Das Innenverhältnis der Gruppen regeln sie nicht.

Die Gruppenvertretung bringt die Gefahr mit sich, daß sich die zu vertretenden Gesellschafter nicht auf einen Gruppenvertreter zu einigen vermögen. Nach hergebrachter Auffassung können diese Gesellschafter den Vertreter grundsätzlich nur einstimmig bestellen und abberufen[128]. Das kann, wenn keine Einigkeit unter ihnen besteht, zu einer Kaltstellung der betroffenen Gesellschafter führen[129].

Beispiel Nr. 22: Zwischen den drei Erben des Kommanditisten K (A, B und C) ist eine Einigung über die Vertreterbestellung nicht zustande gekommen. Die Mitgesellschafter sind deshalb der Ansicht, daß die vererbten Stimmrechte ruhen, solange sich A, B und C nicht auf einen Vertreter geeinigt haben. Dies entspricht in der Tat der herrschenden Auffassung. Trotzdem meinte *BGHZ* 46, 291, 297, daß die Kommanditisten selbst in dieser Situation nicht rechtlos gestellt sind: »Weil die Kommanditisten ihre Rechte nur durch einen Vertreter, der von ihnen allen beauftragt ist, wahrnehmen können, hat jeder Kommanditist auf Grund des Gesellschaftsvertrages gegen die Mit-Kommanditisten einen Rechtsanspruch, bei der Ernennung des Vertreters mitzuwirken. Sind die anderen Kommanditisten hierzu nicht bereit oder kommt eine Einigung auf eine bestimmte Person nicht zustande, so kann er selbst einen geeigneten Vertreter benennen und auf die Zustimmung der anderen Kommanditisten klagen. Können diese keine beachtlichen Bedenken gegen dessen Person vorbringen oder keine objektiv geeignete Person vorschlagen, dann muß eine Klage Erfolg haben; die Zustimmung der anderen Kommanditisten wird dann durch das rechtskräftige Urteil ersetzt.«

Diese niemals erprobte Lösung ist nicht praktikabel, und auch der *Bundesgerichtshof* beginnt sich von ihr zu distanzieren[130]. Man muß sich nur

---

125 So aber *Wiedemann,* a.a.O., S. 388; s. auch *H. P. Westermann,* a.a.O., S. 360.

126 *Flume,* Personengesellschaft, § 14 V; *Karsten Schmidt,* ZHR 146 (1982), 537.

127 Vgl. *Karsten Schmidt,* ZHR 146 (1982), 542f. gegen die wohl h.M.; vgl. für diese etwa *Westermann,* Rdnr. I 544; *Noack,* Gesellschaftervereinbarungen bei Kapitalgesellschaften, 1994, S. 76ff.

128 *BGHZ* 46, 291, 296; *Flume,* Personengesellschaft, § 14 V; *Wiedemann,* a.a.O., S. 394f.; *Schlegelberger/Martens,* § 161 Rdnr. 85.

129 A.M. *Schlegelberger/Martens,* § 161 Rdnr. 85: »heilsamer Einigungszwang«.

130 *BGHZ* 119, 346, 353ff.; 121, 137, 150f.

vorstellen, daß in unseren letzten Beispielen der von C benannte W als Vertreter ebenso geeignet ist wie der von A und B benannte V. Dann müßten A und B den C auf Zustimmung zur Bestellung des V verklagen, worauf C Widerklage auf Zustimmung zur Bestellung des W erheben könnte. Der Prozeß würde nicht spruchreif, denn das rettende Mehrheitsprinzip soll ja nach der herrschenden Auffassung nicht gelten.

Die richtige Lösung ist in einer *analogen Anwendung des § 745 I BGB* zu erblicken[131]. Die von der Vertreterklausel betroffenen Mitglieder sollen ihre Rechte so ausüben, als stünde ihnen ein Anteil gemeinschaftlich zu. Deshalb entscheiden sie, sofern sie nicht eine andere Regelung getroffen haben, entsprechend § 745 I BGB durch Stimmenmehrheit nach der Größe ihrer Anteile. Sind also die Anteile des A, des B und des C in unserem Beispiel gleich groß, so ist V als Vertreter bestellt. Da es in der Gesellschafterversammlung Schwierigkeiten geben kann – man wird dem V entgegenhalten, daß er nach der bislang herrschenden Meinung eben nicht wirksam bestellt sei! –, können allerdings A und B noch von C verlangen, daß er an der Legitimation des V durch schriftliche Vollmachterteilung mitwirkt. Dann ist V auch gegenüber der Versammlung formell legitimiert. Wirksam bestellt ist er nach richtiger Auffassung schon durch den Mehrheitsbeschluß.

III. Das Informationsrecht*

1. Allgemeine Grundlagen des individuellen Informationsrechts

a) *Mit jeder Mitgliedschaft* in einem Personenverband *korrespondieren Informationsrechte.* Das Informationsrecht jedes Verbandsmitglieds ist Voraussetzung – wenn auch noch nicht Garant – einer verantwortlichen Entscheidung und Kontrolle seitens der Mitglieder[132], und man bezeichnet es nicht zu Unrecht als ein *mitgliedschaftliches Grundrecht*[133]. Rechtsdogmatisch muß zwischen dem Informationsrecht als Rechtsinstitut und den daraus von Fall zu Fall resultierenden Informationsansprüchen unterschieden werden[134]. Als

---

131 *Scholz/Karsten Schmidt*, Anh. § 45 Rdnr. 44; zuerst *Karsten Schmidt,* ZHR 146 (1982), 545f., 552f.; zust. *Staub/Schilling*, § 163 Rdnr. 17; in gleicher Richtung jetzt *BGHZ* 119, 346, 354 (Kartellsenat); *OLG Düsseldorf*, WM 1994, 1800, 1801.

* Literatur (Auswahl; weitere Nachweise bei den einzelnen Rechtsformen): *Ebenroth,* Das Auskunftsrecht des Aktionärs und seine Durchsetzung im Prozeß, 1970; *ders.,* Die Geschäftsführerkontrolle durch den GmbH-Gesellschafter nach geltendem und künftigem Recht, 1972; *ders.,* Die Kontrollrechte der GmbH-Gesellschafter, 1971; *Lutter,* Die Information der Gesellschafter, in: L'informazione Societaria, Mailand 1982, S. 191; *Roitzsch,* Der Minderheitenschutz im Verbandsrecht, 1981; *Karsten Schmidt,* Informationsrechte in Gesellschaften und Verbänden, 1984; *ders.,* Die Dogmatik des Informationsrechts als Grundlage der Konkretisierung des § 51a GmbHG, in: Festschrift Kellermann, 1991, S. 389; *Wilde,* Informationsrechte und Informationspflichten im Gefüge der Gesellschaftsorgane, ZGR 1998, 423; *Wohlleben,* Informationsrechte des Gesellschafters, 1989.

132 Vgl. besonders *Lutter,* a.a.O.

133 *BVerfG,* NJW 2000, 129, 130; *Wiedemann* I, § 7 II 2a aa.

134 Vgl. *Karsten Schmidt,* Informationsrechte, a.a.O., S. 38ff.; eingehend *ders.,* in: Festschrift Kellermann, a.a.O.

institutionelle Garantie des allgemeinen Mitgliedschaftsrechts ist das Informationsrecht der Willkür des Gesetzgebers entzogen. Die daraus resultierenden Informationsansprüche sind bei allen Personenverbänden durch das Informationsbedürfnis des Mitglieds legitimiert und begrenzt, etwa so, wie der Rechtsschutzanspruch eines Bürgers im Zivilprozeß durch das Rechtsschutzbedürfnis legitimiert und begrenzt ist[135]. Wo die Gesetzgebung diesem Informationsbedürfnis die notwendige Anerkennung versagt, setzt sich das Informationsrecht als mitgliedschaftliches Institut selbst gegen den Willen des Gesetzgebers durch; vor allem im Bereich der Personengesellschaften reichen die Informationsrechte deshalb weiter, als in den rudimentären Gesetzesregeln zum Ausdruck kommt[136]. Wo umgekehrt die Gesetzgebung Informationsrechte zuteilt, ohne auf das Informationsbedürfnis abzustellen, muß das gesetzliche Informationsrecht im Wege der teleologischen Reduktion auf das Maß zurückgeschnitten werden, das ihm durch das Informationsbedürfnis gesetzt ist[137]. Dieser ungeschriebene verbandsrechtliche Grundsatz schließt nicht aus, daß die Informationsrechte bei den unterschiedlichen Verbandsformen unterschiedlichen Regelungen unterliegen. Rechtsformabhängige Unterschiede jedoch, die keinen anderen Grund als den historischer Zufälligkeit haben, müssen durch institutionelle Betrachtung abgebaut werden[138].

b) Die rechtsformspezifischen Regelungen des individuellen Informationsrechts beruhen zu einem erheblichen Teil auf historischer Zufälligkeit. Sinnvoll geregelt ist das *Informationsrecht des BGB- und oHG-Gesellschafters,* der sich jederzeit unterrichten kann und dem ein unentziehbares außerordentliches Informationsrecht zusteht (§§ 716 BGB, 118 HGB).

Auch die gesetzliche *Regelung des Aktiengesetzes* wird den Bedürfnissen der Praxis bei der Publikums-AG im wesentlichen gerecht (§ 131 AktG). Sie wird unter § 28 IV 3 dieses Buchs im einzelnen dargestellt.

Wechselhaft verlief die *Geschichte des GmbH-Rechts.* Der Gesetzgeber ist hier buchstäblich von einem Extrem in das andere gefallen. Das Gesetz von 1892 versagte dem Gesellschafter jedes Informationsrecht[139]: »Das Recht zur Kontrolle der Geschäftsführung ... kann im Gesetz nicht den einzelnen Gesellschaftern als solchen eingeräumt werden.« Bei dieser Gesetzeslage blieb es bis 1980, und trotzdem entschied der *Bundesgerichtshof* schon 1954 in *BGHZ* 14, 53: »Dem Gesellschafter einer GmbH kann ein Recht auf Vorlage und Einsicht der Bücher und Geschäftsbelege der Gesellschaft sowie ein Recht auf Auskunftserteilung auch ohne dahingehende Bestimmung des Gesellschaftsvertrages zugebilligt werden, wenn besondere Umstände vorliegen, die derartige Kontrollbefugnisse als gerechtfertigt erscheinen lassen.«

---

135 So die Kernthese bei *Karsten Schmidt,* Informationsrechte, a. a. O., S. 35 f.; der Vergleich mit dem Rechtsschutzinteresse soll nur verdeutlichen, daß solche Legitimation und Begrenzung nicht im Gesetz stehen muß.

136 Der Sache nach ähnlich *Wiedemann* I, § 7 II 2 a bb.

137 Zu den inneren Grenzen des Informationsrechts vgl. auch – nicht auf das Informationsbedürfnis abstellend! – *Wiedemann* I, § 7 II 2 a aa.

138 So die Kernthese bei *Karsten Schmidt,* Informationsrechte, a. a. O., passim.

139 Begr. GmbHG 1891, S. 98.

Seit 1981 gilt für die GmbH § 51a I GmbHG, wonach die Geschäftsführer jedem Gesellschafter auf Verlangen unverzüglich Auskunft über die Angelegenheiten der Gesellschaft geben und ihnen die Einsicht der Bücher und Schriften gestatten müssen. Die Regelung ist zwingend (§ 51a III GmbHG) und läßt eine Informationsverweigerung nur unter außerordentlich strengen Voraussetzungen aufgrund eines Gesellschafterbeschlusses zu (§ 51a II GmbHG). Mit diesen viel zu weit gezogenen Regelungen hat der Gesetzgeber, wo er zuvor schwieg, zuviel des Guten getan. Das Informationsrecht des GmbH-Gesellschafters kann auf ein vernünftiges Maß nur dann zurückgeschnitten werden, wenn man es in den Grenzen des Informationsbedürfnisses hält (vgl. näher unten, § 35 I 4).

Begehrt das *Mitglied eines Vereins oder einer eingetragenen Genossenschaft* eine Information, die für die Beschlußfassung ausschlaggebend ist, so wird es vergeblich nach einschlägigen Vorschriften suchen. Rechtsähnlich dem § 131 AktG muß aber auch hier ein Informationsrecht anerkannt werden[140].

Auch für den Kommanditisten hält das Gesetz – in wunderlichem Kontrast zum Recht der GmbH – kein allgemeines Informationsrecht bereit. Nach § 166 HGB kann der *Kommanditist* nur die Bilanz prüfen; im übrigen stehen ihm nach dem Gesetzeswortlaut nicht einmal die Informationsrechte eines von der Geschäftsführung ausgeschlossenen Gesellschafters zu; nur das Gericht kann dem Kommanditisten im Einzelfall ein Informationsrecht aus wichtigem Grund zusprechen. Diese Regelung vermag das Informationsbedürfnis des Gesellschafters nicht zu befriedigen[141]. Sie muß, solange nicht der Gesetzgeber korrigierend eingreift, im Wege der Rechtsfortbildung erweitert werden: Auch dem Kommanditisten steht ein durch sein Informationsinteresse begründetes und begrenztes Informationsrecht zu (unten, § 53 III 3).

c) *Rechtsformunterschiede* bei den Informationsrechten bleiben trotz all dem bestehen. Wenn etwa der Aktionär Auskunft nur in der Hauptversammlung verlangen kann (§ 131 AktG), der GmbH-Gesellschafter dagegen – vorausgesetzt, ihm steht ein Informationsbedürfnis zur Seite – jederzeit (§ 51a GmbHG), dann hat dies organisationsrechtliche Gründe. Der Gesetzgeber kann hier im Rahmen seines rechtspolitischen Ermessens verbindlich differenzieren. Er kann auch z.B. anordnen, daß Auskunftsklagen bei bestimmten Rechtsformen im Verfahren der freiwilligen Gerichtsbarkeit durchgeführt werden[142], während sie bei anderen Rechtsformen im Zivilprozeß verbleiben. Solche positivrechtlichen Differenzierungen müssen respektiert werden. Beseitigt gehören nur diejenigen Rechtsformunterschiede, die aufgrund historischer Zufälligkeiten dem einen Gesellschafter Informationsrechte zuerkennen und sie dem anderen aberkennen. Man muß sich darüber klar sein, daß der Normenbestand teils aus dem 19. Jahrhundert stammt (Personengesellschaf-

140 *Karsten Schmidt,* Informationsrechte, a.a.O., S. 53ff., 56f.

141 *Karsten Schmidt,* Informationsrechte, a.a.O., S. 65ff.

142 §§ 132 AktG, 51b GmbHG; dieses auf Beschleunigung zielende Verfahren hat schwerlich die darin gesetzten Erwartungen erfüllt; es ist nahezu bedeutungslos geblieben, da Anfechtungs- und Schadensersatzklagen weiterhin Gegenstände des Zivilprozesses sind.

ten, Vereine, Genossenschaften), teils von 1965 (Aktiengesellschaften), teils von 1980 (GmbH). Das verbandsrechtliche Vorverständnis hat sich im Laufe eines Jahrhunderts beträchtlich gewandelt. Der hiermit verbundene Wandel der Normsituation gebietet eine institutionelle Fortbildung der Verbandsrechtlichen Mitgliedsrechte.

d) Das individuelle Informationsrecht wird oft als ein *Minderheitsrecht* bezeichnet[143]. Richtig ist, daß es in der Praxis als ein Instrument des Minderheitenschutzes funktioniert, weil nur Minderheitsgesellschafter auf die Geltendmachung dieses Rechts angewiesen sind. Aber das ändert nichts daran, daß das Informationsrecht jedem Verbandsmitglied zusteht und fest mit jeder Mitgliedschaft verbunden ist. Es liegt kein Minderheitsrecht vor, sondern ein mitgliedschaftliches Individualrecht[144]. Zugleich ist es ein Hilfsrecht zur Wahrnehmung mitgliedschaftlicher Positionen[145]. Es besteht also nicht um seiner selbst willen, sondern es dient dem Schutz und der Ausübung von Mitgliedschaftsrechten. Allerdings darf es damit nicht zu einem bloßen Bestandteil der Gesellschaftsorganisation herabgestuft und von einem eigennützigen zu einem gesellschaftsnützigen Recht erklärt werden, das dem Gesellschafter durch Organisationsregeln entzogen werden kann[146]. Das Informationsrecht steht nicht zur freien Disposition des Gesellschaftsvertrags[147].

e) Das Informationsrecht ist ein *einheitliches Recht*[148]. Herkömmlicherweise wurde zwischen Auskunftsrechten und Einsichtsrechten unterschieden[149], und es wurde darüber gestritten welches von diesen Rechten das weitergehende ist[150]. Dieser Streit brachte nichts ein, und er hat sich von selbst erledigt, seit man erkennt, daß das Informationsbedürfnis des Gesellschafters nicht auf Auskunft oder auf Einsicht zielt, sondern auf Information. Auskunft und Einsichtnahme sind lediglich unterschiedliche Informationstechniken. Ob das Mitglied das eine oder das andere oder beides verlangen kann, richtet sich nach dem Informationsbedürfnis.

f) Die *Ausübung von Informationsrechten* kann für die Verwaltungspraxis der Gesellschaften zu einer Last werden. Die Rechtsausübung ist allerdings durch Mißbrauchsverbote, Treupflichten und nach richtiger Auffassung auch durch

---

143 Vgl. *Roitzsch*, a.a.O., S. 160f.; *Schmiegelt*, Die Minderheitsrechte nach dem Regierungsentwurf für ein neues GmbH-Gesetz, Diss. Berlin 1975, S. 30ff.; s. auch *Martens*, GmbHR 1984, 270.

144 *Karsten Schmidt*, Informationsrechte, a.a.O., S. 21f.; zuvor bereits *Teichmann*, in: Geßler (Hrsg.), GmbH-Reform, 1970, S. 62.

145 *Karsten Schmidt*, Informationsrechte, a.a.O., S. 23f.; *Grunewald*, ZHR 146 (1982), 216ff.

146 So aber tendenziell *Mertens*, in: Festschrift Werner, 1984, S. 557ff.

147 Vgl. auch zu § 166 HGB *BGH*, LM Nr. 5 zu § 166 HGB = NJW 1989, 225 = JuS 1989, 328 m. Anm. *Karsten Schmidt.*

148 *Karsten Schmidt*, Informationsrechte, a.a.O., S. 38f.; zur Rechtsdogmatik des Informationsrechts *ders.*, in: Festschrift Kellermann, a.a.O.; heute h.M.

149 Charakteristisch noch *Hachenburg/Hüffer*, § 51a Rdnrn. 52ff.; früher h.M.; krit. aber schon *Ebenroth*, Kontrollrechte, a.a.O., S. 51; *ders.*, Geschäftsführerkontrolle, a.a.O., S. 23f.; s. auch *Bunte*, Informationsrechte in der GmbH und im GmbH-Konzern, 1976, S. 37ff., 78f.

150 Vgl. einerseits *BGHZ* 14, 53, 59; anderseits *Schilling*, JZ 1955, 49.

das Erfordernis eines Informationsbedürfnisses beschränkt[151]. Mit diesen immanenten Schranken ist das Informationsrecht einerseits für den Verband akzeptabel und anderseits für das einzelne Mitglied unentbehrlich. Entgegen immer wieder von Seiten des Managements vorgetragenen rechtspolitischen Vorschlägen besteht auch kein Grund, diese – zugegebenermaßen oft lästigen – Individualrechte im Kern anzutasten. Die Unternehmenspraxis fährt am besten, wenn sie es gar nicht zu Informationsprozessen kommen läßt. Es ist eine Aufgabe der gestaltenden und organisierenden Verbandspraxis, durch einen institutionalisierten Informationsfluß dem Informationsbedürfnis der Mitglieder Rechnung zu tragen[152]. Ein funktionierendes Informationssystem kann naturgemäß nicht die individuellen Informationsrechte im Kern beseitigen oder ersetzen[153]. Wohl aber kann es dafür sorgen, daß den Informationsbedürfnissen der Mitglieder breitflächig Rechnung getragen und unnötiger Streit vermieden wird. Es ist für die Verbands- und Unternehmenspraxis zweifellos eine viel bessere Lösung als der fortwährende Streit um die individuellen Informationsrechte. Man muß sich allerdings darüber klar sein, daß die Gesellschafter stets auf die individuellen Informationsrechte zurückkommen können, soweit die ihnen gesetzlich zugestandenen Informationsansprüche nicht erfüllt sind.

g) Als Mitgliedschaftsrecht endet das Informationsrecht, wenn der Gesellschafter aus der Gesellschaft ausscheidet. Ihm bleiben dann nur noch die schuldrechtlichen Auskunftsrechte nach § 810 BGB, wenn er Informationen für die Geltendmachung von Ansprüchen benötigt[154].

2. Kollektive Informationsrechte

Von den individuellen Informationsrechten müssen kollektive Informationsrechte unterschieden werden[155]. Es geht hierbei um das einem Verband oder einem mehrgliedrigen Verbandsorgan zustehende Recht auf Information. Kollektive Informationsrechte sind Teil der inneren Organisationsverfassung eines Verbandes, aber sie sind keine Mitgliedschaftsrechte. Sie resultieren nicht aus mitgliedschaftlichen Informations*rechten,* sondern aus Informations*pflichten* von Handlungsträgern gegenüber dem Verband bzw. einem Verbandsorgan, den sog. Berichtspflichten. Der Unterschied läßt sich durch Gegenüberstellung einschlägiger Vorschriften verdeutlichen:

---

151 So *Karsten Schmidt,* Informationsrechte, a.a.O., S. 35ff. m.w.N.; *Scholz/Karsten Schmidt,* § 51a Rdnr. 8; zust. *BayObLG,* BB 1993, 1547; *Baumbach/Hueck/Zöllner,* § 51a Rdnrn. 20ff.; anders h.M.; z.B. *KG,* GmbHR 1988, 221, 223; *Lutter/Hommelhoff,* § 51a Rdnrn. 7ff.; *Tietze,* Informationsrechte des GmbH-Gesellschafters, 1985, S. 17ff.; *Wohlleben,* a.a.O., S. 75ff.

152 Vgl. eingehend *Lutter,* ZGR 1982, 5ff.; *Hommelhoff,* BB 1981, 951; *ders.,* ZIP 1983, 391f.; *Grunewald,* ZHR 146 (1982), 225f.; *Lutter/Hommelhoff,* § 51a Rdnr. 33; zust. *Rowedder/Koppensteiner,* § 51a Rdnr. 14.

153 Eingehend *Karsten Schmidt,* in: Festschrift Kellermann, a.a.O.

154 Vgl. *BGH,* NJW 1989, 225 = JuS 1989, 328 m.Anm. *Karsten Schmidt; OLG Frankfurt,* NJW-RR 1996, 871; *Scholz/Karsten Schmidt,* § 51a Rdnr. 9.

155 Eingehend *Karsten Schmidt,* Informationsrechte, a.a.O., S. 15ff.

Beispiel Nr. 23: Nach § 131 AktG muß der Vorstand einer Aktiengesellschaft in der Hauptversammlung den Aktionären Auskunft erteilen, und nach § 90 AktG ist der Vorstand dem Aufsichtsrat gegenüber berichtspflichtig. Beide Regelungen sprechen von ganz und gar unterschiedlichen Dingen: § 131 AktG vom individuellen Informationsrecht des Aktionärs gegenüber seiner Gesellschaft, § 90 AktG vom Informationsfluß unter den Organen der Aktiengesellschaft (näher unten, § 28 IV 3, V 1 b).

Beispiel Nr. 24: Nach § 46 Nr. 6 GmbHG obliegt die Überwachung der Geschäftsführer den Gesellschaftern. Das sich hieraus ergebende Informationsrecht der Gesellschafter ist ein kollektives Informationsrecht der Gesellschaftergesamtheit, nicht ein Individualrecht jedes Gesellschafters. Ein solches ergibt sich vielmehr aus § 51 a GmbHG.

Beispiel Nr. 25: Nach § 716 BGB kann sich der Gesellschafter von den Angelegenheiten der Gesellschaft bürgerlichen Rechts unterrichten. Dies ist ein individuelles Informationsrecht. Nach §§ 713, 666 BGB ist der geschäftsführende Gesellschafter verpflichtet, die erforderlichen Nachrichten zu geben, auf Verlangen über den Stand des Geschäfts Auskunft zu erteilen und Rechenschaft abzulegen. Gegenstand dieser Regelungen ist das kollektive Informationsrecht, also ein Stück Organisationsrecht (unten, § 59 III 3).

IV. Die actio pro socio*

1. Grundlagen

a) Als actio pro socio[156] bezeichnet man eine *Mitgliedschaftsklage, mit der das Einzelmitglied Sozialansprüche des Verbandes im eigenen Namen geltend macht.* Wie noch zu zeigen sein wird, kann es allerdings bei rein schuldrecht-

* Literatur (Auswahl): *Becker*, Verwaltungskontrolle durch Gesellschafterrechte, 1997; *Berger*, Die actio pro socio im GmbH-Recht, ZHR 149 (1985), 599; *Bork/Oepen*, Einzelklagebefugnisse des Personengesellschafters, ZGR 2001, 515; *Eickhoff*, Die Gesellschafterklage im GmbH-Recht, 1988; *Früchtl*, Wird die »actio pro socio« unzulässig, sobald der Gesellschafter aus der BGB-Gesellschaft ausscheidet? NJW 1996, 1327; *Grunewald*, Die Gesellschafterklage in der Personengesellschaft und der GmbH, 1990; *Hadding*, Actio pro socio, 1966; *ders.*, Zur Einzelklagebefugnis eines Gesellschafters nach deutschem und österreichischem Recht, GesRZ 1984, 32; *Häuser*, Unbestimmte »Maßstäbe« als Begründungselement richterlicher Entscheidungen, 1981; *Hassold*, actio pro socio, JuS 1980, 32; *R. Heinsheimer*, Über die Teilhaberschaft, 1930; Hoerstel, Wird die »actio pro socio« unzulässig, sobald der Gesellschafter aus der BGB-Gesellschaft ausscheidet? NJW 1995, 1271; *Hoffmann*, Die Klagebefugnis des GmbH-Gesellschafters (actio pro socio), GmbHR 1963, 61; *Huber*, Vermögensanteil, Kapitalanteil und Gesellschaftsanteil an Personalgesellschaften des Handelsrechts, 1970; *Immenga*, Die personalistische Kapitalgesellschaft, 1970; *Kort*, Actio pro socio auch bei Klagen gegen Nicht-Gesellschafter, DStR 2001, 2162; *Landgrebe*, Der Rechtsgedanke der acio pro socio im Recht der GmbH, GmbHR 1967, 227; *Martens*, Mehrheits- und Konzernherrschaft in der personalistischen GmbH, 1970; *Nitschke*, Die Geltendmachung von Gesellschaftsforderungen durch den einzelnen Gesellschafter einer Personengesellschaft (Gesamthänderklage), ZHR 128 (1966), 48; *Raiser*, Das Recht der Gesellschafterklagen, ZHR 153 (1989), 1; *Rehbinder*, Treuepflichten im GmbH-Konzern, ZGR 1976, 386; *Roitzsch*, Der Minderheitenschutz im Verbandsrecht, 1981; *Saenger*, Minderheitenschutz durch innergesellschaftliche Klagen bei der GmbH, GmbHR 1997, 112; *Schanbacher*, Actio pro socio – Zur Dogmatik der Gesellschafterklage, AG 1999, 21; *Schütz*, Sachlegitimation und richtige Prozeßpartei bei innergesellschaftlichen Streitigkeiten in der Personengesellschaft, 1994; *Winter*, Mitgliedschaftliche Treuebindung im GmbH-Recht, 1988; *Zöllner*, Die sog. Gesellschafterklagen im Kapitalgesellschaftsrecht, ZGR 1988, 392.

156 Nicht »pro societate« und erst recht nicht »pro concerno«; zur Wortbedeutung vgl. *Flume*, Juristische Person, § 8 V.

lich angelegten Gesellschaftsverhältnissen auch einmal um die *Durchsetzung von Individualansprüchen* gehen (zur Terminologie der Sozial- und Individualansprüche vgl. oben, § 19 III 2b). Diese Abgrenzung nimmt allerdings schon ein Stück rechtlicher Problemorientierung vorweg. Herkömmlicherweise wurde der Begriff der actio pro socio als ein Problem der Gesamthand definiert[157]. In Verbindung mit der hergebrachten Gesamthandslehre, nach der die Gesamthänder und nicht die Gesamthand Rechtsträger sind (dazu oben, § 8 III), ließ diese Definition die actio pro socio als ein Problem des § 432 BGB erscheinen[158]. Danach kann jeder von mehreren Gläubigern einer unteilbaren Leistung Leistung an alle fordern. Heute erscheint die actio pro socio als ein Problem des allgemeinen Verbandsrechts[159]. Diese Rechtsgrundlage paßt nicht in ein ausgereiftes Verbandsrecht (zu Restbeständen vgl. alsbald unter IV 3). Bei allen Verbänden, die Träger von Rechten und Pflichten sein können – gleich, ob Personengesellschaft oder Körperschaft –, stehen die Sozial- wie die Drittgläubigerforderungen des Verbandes diesem selbst zu. Sie werden deshalb von dem Verband geltend gemacht, und die Zuständigkeit für die Geltendmachung richtet sich grundsätzlich nach der Vertretungsordnung des Verbandes[160]. Der Verband, vertreten durch seine organschaftlichen Vertreter, macht diese Rechte geltend, mahnt die Erfüllung an, klagt sie ein usw. Für das einzelne Verbandsmitglied tritt deshalb die Frage auf, ob und unter welchen Voraussetzungen es selbst befugt ist, diese Ansprüche geltend zu machen.

b) Die actio pro socio wurde am *Modell der Personengesellschaft* entwickelt. Sie wurde schon vom *Reichsoberhandelsgericht* und vom *Reichsgericht* mit Selbstverständlichkeit als geltendes Recht anerkannt[161] und vom *Bundesgerichtshof* übernommen[162].

Beispiel Nr. 26: Im Fall *ROHGE* 5, 386, 390f. ging es um die Befugnis eines oHG-Gesellschafters, in der Liquidation der Gesellschaft von den anderen Gesellschaftern Rechenschaft zu verlangen. Das 1872 ergangene Urteil führt aus: »Prozesse über Streitigkeiten der einzelnen socii unter sich, zu deren Austragung die actio pro socio gegeben ist, sind ... der Natur der Sache nach unter den sociis selbst zu führen.«

Von der actio pro socio wird im Gesellschaftsrecht meist wie von einem gesicherten Rechtsinstitut gesprochen. Man sollte deshalb erwarten, daß nur die Details umstritten, die Grundlagen aber gesichert sind. Hiervon kann jedoch keine Rede sein. Umstritten sind vor allem:

---

157 Z.B. *Hadding,* a.a.O., S. 1; *Hassold,* JuS 1980, 32; s. auch *Nitschke* ZHR 128 (1966), 50.

158 Vgl. nur *RGZ* 70, 32, 33; 76, 276, 280; 86, 66, 68; Nachweise bei *Selb*, in: MünchKommBGB, § 432 Rdnr. 4.

159 Vgl. *Grunewald,* a.a.O., S. 69; *Martens,* a.a.O., S. 78ff., 157ff.; *Roitzsch,* a.a.O., S. 164ff.

160 Vgl. nur *RG,* JW 1899, 342; 1916, 837 m.Anm. *Flechtheim*; *BGH*, WM 1969, 651; *OLG Zweibrücken,* OLGZ 1973, 316, 318f.

161 *ROHGE* 5, 201, 203; 5, 386, 390; 25, 158, 161; *RGZ 76,* 276, 280; 90, 300, 301; 91, 34, 36; 109, 56; 123, 23, 26; 158, 302, 314; 171, 51, 53ff.; *RG,* Recht 1908 Nr. 498; JW 1925, 363, 364; 1933, 166; 1938, 3180 m.Anm. *Boesebeck;* s. allerdings *RG,* JW 1899, 342.

162 *BGHZ* 10, 91, 102; 25, 47, 49 = JZ 1957, 624 m.Anm. *A. Hueck*; *BGH*, WM 1956, 88, 89; BB 1958, 603; BB 1960, 340 = WM 1960, 399; LM Nr. 3 zu § 149 HGB = NJW 1960, 433 = WM 1960, 47.

- die *Funktionen* der actio pro socio: Minderheitenschutz[163] oder allgemeines Recht jedes Gesellschafters[164]?
- die *Fälle* der actio pro socio: Hilfsrecht des Einzelgesellschafters für Ausnahmefälle[165] oder generelle Befugnis jedes Gesellschafters[166]?
- die *Rechtfertigung* der actio pro socio: Herleitung aus dem Gesellschaftsvertrag[167] oder aus dem Gesetz[168]?
- die *Dogmatik* der actio pro socio: materielles Recht des Einzelmitglieds[169] oder bloße Einziehungsermächtigung (mit Prozeßstandschaft für die gerichtliche Durchsetzung)[170]?

Die hier über die actio pro socio angestellten Überlegungen sind deshalb ein Element der in diesem Buch betriebenen gesellschaftsrechtlichen Institutionenbildung.

c) Man kommt dem Problem der actio pro socio näher, wenn man viererlei bedenkt:

Erstens kann die actio pro socio als Minderheitenschutzinstrument funktionieren, auch wenn sie kein Minderheitsrecht ist (dazu oben, § 16 III 2b). Sie kommt jedenfalls in der Praxis nur dann zum Tragen, wenn die Zuständigkeitsordnung in der Gesellschaft aufgrund von Konflikten nicht funktioniert, und das ist naheliegenderweise meist nur der Fall, wenn sich der Mehrheitsgesellschafter der Geltendmachung des Rechts in den Weg stellt. Doch ist dies mehr eine Frage der faktisch-praktischen Funktion der actio pro socio, nicht ihrer Einordnung als Rechtsinstitut.

Zweitens muß man deutlicher, als dies üblich ist, zwischen der actio pro socio als einem rein schuldrechtlichen Problem der Anspruchsverwirklichung und der actio pro socio als einem organisationsrechtlichen Phänomen unterscheiden.

Drittens kann die actio pro socio in dogmatischer Hinsicht durchaus ein eigenes Recht des Gesellschafters, aber doch zugleich ein bloßes Klagrecht

---

163 Vgl. z.B. *Immenga,* a.a.O., S. 286ff.; *Roitzsch,* a.a.O., S. 164ff.; *Bork/Oepen*, ZGR 2001, 517.

164 So wohl *Kübler*, § 6 II 3 b; *Wiedemann* I, § 8 IV 1 c.

165 Vgl. z.B. *BGHZ* 102, 152, 155; *BGH*, NJW 1974, 1555, 1556; OLG Dresden, NZG 2000, 248, 249 (nicht rechtskräftig); *Reinhardt/Schultz,* Rdnr. 162; *Hadding,* a.a.O., S. 25ff., 53ff., 99; *Häuser,* a.a.O., S. 157ff.; *Nitschke,* ZHR 128 (1966), 79f., 90f.; *Bork/Oepen*, ZGR 2001, 531ff.

166 Vgl. insbes. *Flume,* Personengesellschaft, § 10 IV; *Kübler*, § 6 II 3 b; *Wiedemann* I, § 8 IV 1 c; *Berger,* ZHR 149 (1985), 607; *Raiser,* ZHR 153 (1989), 14; unentschieden *Kraft/Kreutz,* C II 4d bb.

167 So etwa *Huber,* Vermögensanteil, S. 24ff.; *Grunewald,* a.a.O., S. 107; *Erman/Westermann*, § 705 Rdnr. 55; *Nitschke,* ZHR 128 (1966), 87; *Hassold,* JuS 1980, 34; *Bork/Oepen*, ZGR 2001, 526ff. m.w.N.

168 Nachweise zu den Begründungsversuchen bei *Hassold,* JuS 1980, 33.

169 Vgl. mehr oder weniger eindeutig *ROHGE* 5, 386, 390; *RGZ* 90, 300, 302; *RG,* LZ 1913, 67; Warn. 1918 Nr. 53; SeuffA 81 Nr. 27; JW 1938, 3180, 3181 m.Anm. *Boesebeck; BGHZ* 25, 47, 49; *BGH,* NJW 1960, 399; *Flume,* Personengesellschaft, § 10 IV; *Kraft/Kreutz,* C II 4d bb; *Siegmund/van Venrooy,* Rdnr. 58; *Huber,* Vermögensanteil, a.a.O., S. 24ff.; *Raiser,* ZHR 153 (1989), 9f.; *Gehrlein*, ZIP 1993, 1525ff.; *Hoerstel*, NJW 1995, 1273f.

170 So etwa *BGHZ* 102, 152, 155; *Grunewald,* Rdnr. 1 A 61 (mit schwer nachvollziehbarer Verwahrung gegen die hier geäußerte »Kritik«); *R. Heinsheimer,* a.a.O., S. 46; *Hadding,* a.a.O., S. 101; *Schütz,* a.a.O., S. 32ff.; *Winter,* a.a.O., S. 101; *Erman/Westermann,* § 705 Rdnr. 55; *Berger,* ZHR 149 (1985), 604; *Bork/Oepen*, ZGR 2001, 517ff.; *Kort,* DStR 2001, 2162ff.

sein, also eine *eigene* prozessuale Befugnis zur Durchsetzung von *fremden* (nämlich der Gesellschaft zustehenden) materiellen Ansprüchen.

Viertens kann die Klagebefugnis eine gesetzliche sein, auch wenn ihr Tatbestand an die Beteiligung als Gesellschafter, also an das Vorhandensein einer Satzung oder eines Gesellschaftsvertrags anknüpft.

d) Die actio pro socio *stammt aus dem Recht der römischen societas,* mithin aus dem Schuldrecht und nicht aus dem Verbandsrecht. Sie war eine Abrechnungsklage unter Gesellschaftern nach Auflösung der Gesellschaft; wurde sie während des Bestehens der Gesellschaft erhoben, so löste die Klageerhebung die Gesellschaft auf[171]. Die heutige Diskussion um die actio pro socio krankt daran, daß die dogmengeschichtlichen Unterschiede zwischen societas und Verband unter dem Mantel der Gesellschaft bürgerlichen Rechts eingeebnet wurden[172]. Die Zusammenfassung der societas und der Gesamthandsgesellschaft im Recht der BGB-Gesellschaft zu einer scheinbaren Einheit (unten, § 58 I 2) hat Wesensunterschiede verdeckt. Die Stellung des einzelnen Mitglieds in bezug auf die gemeinschaftlichen Rechte kann nicht unabhängig sein von der Frage, wie weit sich der Verband gegenüber seinen Mitgliedern organisatorisch verselbständigt hat. Deshalb ist festzuhalten:

- Die actio pro socio ist, rein *schuldrechtlich* betrachtet, ein Problem der Durchsetzung schuldrechtlicher Ansprüche im Rahmen des Gesellschaftszwecks durch die einzelnen Gesellschafter.
- Die actio pro socio in Verbänden ist demgegenüber ein Problem der *Verbandsorganisation.*

Die actio pro socio hat demgemäß eine völlig unterschiedliche Funktion, je nachdem, ob es nur um die klagweise Verwirklichung einer schuldrechtlichen Zweckverbindung oder um die Durchsetzung verbandseigener Ansprüche geht. Im ersten Fall handelt es sich um materielle Rechte der Gesellschafter auf Vertragserfüllung, im zweiten Fall um Ansprüche des Verbandes. Vermögensrechte, insbesondere Ansprüche, die auf Leistung in das Gesellschaftsvermögen gerichtet sind, gehören selbst zum Gesellschaftsvermögen und stehen nicht den einzelnen Gesellschaftern, sondern der Gesellschaft zu. Das gilt nicht nur für Kapitalgesellschaften[173], sondern auch für Personengesellschaften[174].

Beispiel Nr. 27 (in Anlehnung an *RG,* JW 1938, 3180 m. Anm. *Boesebeck*): Gesellschafter B einer aufgelösten, aber noch nicht abgewickelten oHG macht gegen den Gesellschafter K geltend, daß K die Gesellschaft geschädigt habe, indem er eine sinnvolle Verwertung des Gesellschaftsunternehmens vereitelt und gegen das gesetzliche Wettbewerbsverbot des § 112 HGB verstoßen habe. Die hieraus resultierenden Ansprüche gehören zum Gesellschaftsvermögen.

---

171 Nachweise bei *Hadding,* a.a.O., S. 17ff.; *Nitschke,* ZHR 128 (1966), 50f.

172 Ähnliche Kritik bei *Häuser,* a.a.O., S. 165ff.; *Lutter,* AcP 180 (1980), 133.

173 Vgl. *Würdinger,* § 4 III 1.

174 Treffend schon *ROHGE* 25, 158, 162; *RGZ* 76, 276, 278f.; 158, 302, 313f.; *RG,* JW 1930, 706.

2. Die rein schuldrechtliche actio pro socio

Bei einer rein schuldrechtlich angelegten Innengesellschaft ist die actio pro socio nichts anderes als die *Durchsetzung von Ansprüchen unter den Gesellschaftern.* Auf eine solche Gesellschaft paßt die Formulierung des § 705 BGB, wonach die Gesellschafter einander die Zweckförderung versprechen und schulden, und hier ist auch die Rechnungslegung nicht eine Bilanz »der Gesellschaft«, sondern sie kann nur Rechnungslegung eines Gesellschafters gegenüber dem anderen sein[175]. Die Ansprüche sind bei der rein schuldrechtlich angelegten Gesellschaft notwendig nur *Individualansprüche* i.S. der unter § 19 III 2b dargelegten Terminologie. Diese Individualansprüche können ohne weiteres von ihren Rechtsträgern – den Gesellschaftern – geltend gemacht werden. Die Motive zu § 705 BGB, die noch auf dem Modell eines reinen Schuldvertrags, also noch nicht auf dem Gesamthandsmodell der BGB-Außengesellschaft beruhen, sagen[176]: »Aus dem zwischen den Gesellschaftern zu Folge des Gesellschaftsvertrages bestehenden obligatorischen Verhältnisse und der Bestimmung der vertragsmäßigen Beiträge ergiebt sich im Uebrigen in Ansehung der Ansprüche der Gesellschafter gegen einander auf Erfüllung der Beitragspflicht ohne Weiteres, daß kein Gesellschafter einen Anderen auf Leistung eines verhältnißmäßigen Theiles des diesem obliegenden Beitrages (z.B. des Geldeinschusses) für sich in Anspruch nehmen, jeder vielmehr nur verlangen kann, daß der Beitrag zu dem vereinbarten Zwecke, mithin an alle Gesellschafter ... geleistet werde ...« Auf diesem rein schuldrechtlichen Ansatz beruht die noch heute verbreitete Ansicht, Grundlage der actio pro socio sei der Gesellschaftsvertrag selbst[177].

Beispiel Nr. 28 (nach *RG,* SeuffA 81 Nr. 27): Anlieger eines Kanals und einer Uferstraße schlossen einen privatrechtlichen Vertrag über die Nutzung und Unterhaltung dieser Anlagen. Unter den Gesellschaftern war die Stadtgemeinde K. Diese hatte für Erhaltungsaufwendungen 6000 Goldmark verauslagt und forderte von den Mitgesellschaftern anteilige Zahlung in die gemeinsame Kasse. Die Vorinstanzen hatten die Aktivlegitimation und Klagebefugnis der K verneint. Das *RG* hielt entgegen: »Die Klägerin führt überhaupt nicht ein Geschäft der Gesellschaft, sondern ihr Anspruch ist darin begründet, daß jeder der Gesellschafter sich im Gesellschaftsvertrag den übrigen gegenüber zu den Beitragsleistungen, die Gegenstand der Klage sind, verpflichtet hat. Die Klägerin macht also einen Anspruch geltend, der unmittelbar aus den schuldrechtlichen Beziehungen der Gesellschafter untereinander abzuleiten ist und sich damit als die gemeinrechtliche, auch nach heutigem Recht den Gesellschaftern zustehende actio pro socio darstellt.«

---

175 Vgl. heute noch § 235 I HGB; deutlicher noch Art. 270 I ADHGB über die heute nicht mehr speziell geregelte Innengesellschaft zu einzelnen Handelsgeschäften für gemeinschaftliche Rechnung: »Nach Beendigung des gemeinschaftlichen Geschäfts muß der Theilnehmer, welcher dasselbe führte, den übrigen Theilnehmern unter Mittheilung der Beläge Rechnung ablegen.« Dazu auch *ROHGE* 5, 201, 203.

176 Mot., in: *Mugdan* II, S. 334.

177 So insbes. *RGZ* 171, 51, 54; *BGH,* NJW 1974, 1556; *Flume,* Personengesellschaft, § 10 IV; *Siegmund/van Venrooy,* Rdnr. 58; *Alfred Hueck,* oHG, § 18 II 3; *Nitschke,* ZHR 128 (1966), 87; *Immenga,* ZGR 1974, 412.

3. Die Gesellschafterklage bei Gesellschaften ohne selbständige Vertretungsorganisation

Liegt eine »*Gesamthandsgesellschaft*« (also eine Außengesellschaft) vor, *deren Gesellschafter nur gemeinschaftlich zur Vertretung berechtigt sind* (§§ 709, 714 BGB), so stellt sich das Problem bereits anders dar. Die Rede ist nun von Sozialansprüchen (oben, § 19 III 2b), die grundsätzlich von der Gesellschaft selbst geltend zu machen sind, auch wenn sie auf gesellschaftsvertraglichen Verpflichtungen der einzelnen Gesellschafter beruhen. Im Fall der Gesamtvertretungsberechtigung fehlt es nun allerdings an der organisatorischen Verselbständigung eines Vertretungsorgans gegenüber den Mitgliedern. Hier sprach sich die ältere Rechtsprechung für eine Zuständigkeit jedes Einzelgesellschafters aus, sei es in Anwendung des § 432 BGB[178], sei es in analoger Anwendung des § 2039 BGB[179].

Nach § 2039 BGB kann bei der Erbengemeinschaft jeder Miterbe die Erfüllung eines zum Nachlaß gehörenden Anspruchs durch Leistung an alle Miterben verlangen. Die Vorschrift wurde eingeführt, als man bei den BGB-Beratungen die Erbengemeinschaft zur Gesamthand ausgestaltete[180]. Sie paßt auch auf die Gesellschaft bürgerlichen Rechts, soweit diese zwar Außengesellschaft, aber eine nicht organisierte, von allen Gesellschaftern repräsentierte Gesamthand ist. Offenbar hielt der historische Gesetzgeber, der noch nicht im Modell der als Rechtssubjekt verselbständigten »Gesamthand« dachte, auch § 432 BGB für einschlägig[181]. Nun gehen wir heute davon aus, daß die Gesellschaft selbst, nicht die Summe der Gesellschafter, Inhaberin der zum Gesellschaftsvermögen gehörenden Ansprüche ist (oben, § 8 III, unten, § 60 I 1). Jedenfalls kann davon ausgegangen werden, *daß nach geltendem Recht bei der nicht mit einer Vertretungsorganisation ausgestatteten Gesellschaft*[182] *jeder Gesellschafter zur Einforderung aller Gesellschaftsforderungen im eigenen Namen befugt ist*[183]. Das Klagrecht geht auf Leistung an die Gesellschaft. Es ist *kein bloßes Notverwaltungsrecht,* sondern es besteht – vorbehaltlich der Treupflicht des Gesellschafters – jederzeit und unbeschränkt. Es gilt für Sozialansprüche gegen einzelne Gesellschafter ebenso wie für die der Gesellschaft zustehenden Drittgläubigerrechte (vgl. auch unter IV 7; zur Begriffsbildung oben, § 19 III 2b). Es beschränkt sich allerdings auf die Geltendmachung des Anspruchs. Zu Verfügungen – Ver-

---

178 *RGZ* 70, 32, 33; 76, 276, 280; 86, 66, 68; *RG,* Warn. 1918 Nr. 53; JW 1916, 837, 838 m.Anm. *Flechtheim*; 1935, 3296 m.Anm. *Lehmann*; *BGHZ* 39, 14, 20; *Karger,* JW 1920, 890; Kritik bei *Hadding,* a.a.O., S. 34ff.; *Schütz*, a.a.O., S. 31.

179 Vgl. *RG,* JW 1933, 166; s. auch *RGZ* 100, 165, 166; abl. *Schütz*, a.a.O., S. 31; eingehende Kritik bei *Hadding,* a.a.O., S. 34ff., der die Besonderheit des § 2039 BGB in der Unfreiwilligkeit des Eintritts in die Erbengemeinschaft begründet sieht; abl. auch *Nitschke,* ZHR 128 (1966), 61.

180 Näher Prot., in: *Mugdan* V, S. 500ff.

181 Vgl. Prot., in: *Mugdan* V, S. 501f.

182 Zur Maßgeblichkeit dieses Kriteriums vgl. *RG,* JW 1916, 837, 838 m.Anm. *Flechtheim*; besonders *RG,* JW 1935, 3296 m.Anm. *Lehmann.*

183 A. M. *OLG Düsseldorf*, ZMR 2001, 182: § 432 BGB sei grundsätzlich durch § 709 BGB verdrängt; ähnlich *OLG Dresden*, NZG 2000, 248 (nicht rechtmäßig).

zicht, Vergleich etc. – ist der nicht allein vertretungsberechtigte Gesellschafter nicht berechtigt.

Beispiel Nr. 29 (nach *BGHZ* 17, 340): K und ein Ingenieur I hatten sich zu einer Gesellschaft bürgerlichen Rechts für die Konstruktion, den Bau und den Vertrieb von Motoren zusammengetan. Im Namen der Gesellschaft hatte K einen Verwertungsvertrag mit B geschlossen. B leistete die nach diesem Vertrag geschuldeten Zahlungen nicht an die Gesellschaft. Da I und B gemeinsame Sache machten, konnte sich K nicht mit I auf eine Klage gegen B einigen. Daraufhin klagte K selbst gegen B. Der *BGH* entschied: »Nach Auflösung einer bürgerlichrechtlichen Gesellschaft ist ein Gesellschafter zur persönlichen Geltendmachung einer Gesellschaftsforderung nach § 432 BGB befugt, wenn bei einer zweigliedrigen Gesellschaft der andere Gesellschafter die gerichtliche Geltendmachung dieser Forderung durch ein bewußtes Zusammenwirken mit dem Gesellschaftsschuldner zu verhindern sucht.«

Dies entspricht nunmehr der ständigen Rechtsprechung. Auf Bedenken stößt allerdings die Annahme des *BGH,* diese Klagebefugnis des Einzelgesellschafters bestehe nur, wenn die Mitgesellschafter die Mitwirkung am Prozeß vertragswidrig ablehnen[184]. Diese Voraussetzung paßt für die organisierte Personengesellschaft, nicht für die Gesellschaft ohne Vertretungsorganisation. Die Bedeutung dieses Unterschieds zeigt sich in unserem

Beispiel Nr. 30 (nach *OLG Zweibrücken,* OLGZ 1973, 316): Drei Architekten hatten sich zu einer Architektengemeinschaft zusammengetan und mit der beklagten Stadt einen Planungsvertrag geschlossen. Nachdem die beklagte Stadt den Vertrag gekündigt und die bis dahin erbrachten Leistungen vergütet hatte, klagte einer der Architekten gegen sie wegen unberechtigter Kündigung. Das *OLG* hielt die Klage für unzulässig, weil die Mitgesellschafter und die beklagte Stadt nicht gesellschaftswidrig zusammengewirkt hätten. Diese Lösung überzeugt nicht. Entweder war die Architektengemeinschaft als Mitunternehmer-BGB-Gesellschaft organisiert (dazu unten, § 58 IV) und hatte eine geregelte Vertretungsordnung, dann mochte das Ergebnis zutreffen, weil der Kläger nicht für die Klage zuständig war. Oder es fehlte an einer solchen Organisation. Dann hätte das *OLG* über die Klage sachlich entscheiden müssen.

Ganz unproblematisch ist schließlich die Klagebefugnis eines Gesellschafters, wenn er vom gesamtvertretungsberechtigten Mitgesellschafter zur Klage ermächtigt wird. Er klagt dann im Wege der *gewillkürten Prozeßstandschaft.* Diese setzt nach der ständigen höchstrichterlichen Rechtsprechung ein eigenes rechtsschutzwürdiges Interesse an der Geltendmachung des Anspruchs voraus. Ein solches Interesse wird gerade auf dem Gebiet der Gesellschaft bürgerlichen Rechts, deren Prozeßrecht der Praxis Probleme bereitet (unten, § 60 IV 1), anerkannt[185].

Beispiel Nr. 31 (nach *OLG Düsseldorf,* ZIP 1985, 1000): Eine BGB-Außengesellschaft, bestehend aus G und K, war aufgelöst, aber noch nicht auseinandergesetzt. Nach Ansicht des K stand der Gesellschaft noch eine Forderung gegen B zu. Da G den Anwälten keine Prozeßvollmacht erteilen wollte, aber mit der Klageerhebung durch K einverstanden war, wurde Klage im Namen des K erhoben. Das *OLG* hielt diese Klage für zulässig. Der *Bundesgerichtshof* hat dem in einem Fall zugestimmt, in dem zwei hierzu ermächtigte BGB-Gesellschafter die Übereignung von Grundeigentum an eine vielköpfige Gesellschaft verlangten *(BGH,* NJW 1988, 1585; s. auch unten, § 59 III 3 d).

---

184 Vgl. *BGHZ* 102, 152, 155 = NJW 1988, 558; so offenbar auch *OLG Düsseldorf,* ZMR 2001, 182.
185 *BGH,* NJW 1988, 1585, 1586 f.; *OLG Düsseldorf,* ZIP 1985, 1000.

4. Die Gesellschafterklage bei organisierten Personengesellschaften

a) Wie das *Reichsgericht* vor allem in JW 1935, 3296 klargestellt hat, ist die Rechtslage anders, wenn eine Gesamthandsgesellschaft nicht von allen Gesamthändern, sondern von bestimmten vertretungsberechtigten Gesellschaftern vertreten wird. Hier ist die actio pro socio nicht ein Vertragsrecht des Gesellschafters, sondern *gesetzliche Prozeßstandschaft*[186] und bloße *Hilfszuständigkeit* (zum Streitstand vgl. oben unter IV 1 b)[187]. Der allgemeine schuldrechtliche Gedanke des § 432 BGB, wonach jeder Beteiligte Leistung an alle verlangen kann, ist durch die Rechtsträgerschaft der Personengesellschaft und durch deren Organisationsverfassung verdrängt[188]. Der Gesellschafter ist nicht Inhaber des materiellen Rechts, kann dieses zwar einfordern, aber z. B. nicht ohne besondere Ermächtigung eine Aufrechnung erklären. Auch ist der Gesellschafter nur, wenn die primär für die Geltendmachung der Forderung zuständigen Organe aus tatsächlichen oder rechtlichen Gründen nicht tätig werden, zur Geltendmachung im eigenen Namen berufen[189]. Allerdings ist dieser Standpunkt bestritten[190], und er ist belastet durch eine verfehlte Entscheidung des *Reichsgerichts.*

Beispiel Nr. 32 (nach *RGZ* 171, 51): K, B und D waren Gesellschafter einer oHG. Jeder war zur Geschäftsführung und Vertretung der Gesellschaft berechtigt. B hatte der Gesellschaft durch die schlechte Erledigung eines Auftrags Schaden zugefügt. Daraufhin klagte K gegen B auf Schadensersatzleistung an die Gesellschaft. D hatte sich zu der Klage zunächst »neutral« verhalten, später aber der Prozeßführung widersprochen. Das *Reichsgericht* lehnte die Klagebefugnis des K ab. Es führte aus, daß die actio pro socio durch die Treupflicht beschränkt sei, weil eine solche Klage die Gesellschaft schwer schädigen könne (S. 54). Die Frage, »ob die Klageerhebung mit den Belangen der Gesellschaft zu vereinbaren ist«, ist aber nach Auffassung des *Reichsgerichts* »nicht nach rein sachlichen Gesichtspunkten« zu beantworten, sondern es kommt, wie das Gericht den §§ 113, 116, 119 HGB zu entnehmen meint, auf den »Gesamtwillen der Gesellschafter« an. »Das muß zu der Folgerung führen, daß auch der Einzelgesellschafter ohne den Gesamtwillen der Gesellschaft i. S. der §§ 113, 116 II HGB die darin behandelten Ansprüche nicht mit der gesellschaftsrechtlichen Klage im eigenen Namen verfolgen kann. Insoweit fehlt ihm zwar nicht die Klagebefugnis; aber sein auf dem Gesellschaftsverhältnis beruhendes Klagerecht ist durch den Willen der organisierten Gemeinschaft überschattet und muß hinter diesem grundsätzlich zurücktreten« (S. 55 f.). Nach Auffassung des *Reichsgerichts* kann der Einzelgesellschafter nur aus der actio pro socio vorgehen, »wenn er vorher den Willen der Gesellschaft ermittelt hat«. Wenn nicht alle anderen Gesellschafter – außer dem in Anspruch genommenen – zustimmen, gibt es nach diesem Urteil keine actio pro socio, es sei denn, daß die Ablehnung rechtsmißbräuchlich ist (S. 56).

---

186 A. M. *Bork/Oepen*, ZGR 2001, 526 ff. m. w. N.

187 *BGH,* NJW 1974, 1555, 1556; *Reinhardt/Schultz,* Rdnr. 162; *Hadding,* a. a. O., S. 25 ff., 53 ff., 99; *Häuser,* a. a. O.; *Nitschke,* ZHR 128 (1966), 79 f., 90 f.; *Bork/Oepen*, ZGR 2001, 530 ff.; *Kort,* DStR 2001, 2163.

188 Vgl. *OLG Düsseldorf*, ZMR 2000, 182; *OLG Dresden*, NZG 2000, 248.

189 Hier paßt also die Interessenwertung der unter IV 3 kritisierten Rechtsprechung; vgl. *BGHZ* 39, 14, 17 ff.; 102, 152, 155.

190 Dagegen besonders *Flume*, Personengesellschaft, § 10 IV; *Wiedemann* I, § 8 IV 1 c aa unter Berufung auf §§ 309 IV, 317 IV, 318 IV AktG.

Dieser Standpunkt des *Reichsgerichts* verdient keine Zustimmung[191]. Der *Bundesgerichtshof*[192] hat ihm mit folgenden Worten widersprochen: »Wie bereits Hueck dargelegt hat (ZAkDR 1944, 103ff.; vgl. auch von Godin, ZAkDR 1943, 195), kann die auf Grund des Gesellschaftsvertrages zunächst bestehende Klagebefugnis nicht noch zusätzlich an die Zustimmung aller übrigen Gesellschafter gebunden werden, sondern es kann umgekehrt der Klage des einzelnen Gesellschafters sachlich-rechtlich nur durch einen wirksamen Gesellschafterbeschluß dadurch der Boden entzogen werden, daß auf diesem Wege die Gesellschaft den Schadensersatzanspruch gegen den geschäftsführenden Gesellschafter stundet oder auf ihn verzichtet. Darüber hinaus kann der für das Reichsgericht maßgebliche Gedanke der Verletzung der Treuepflicht nur von rechtlicher Bedeutung werden, wenn sich in einem besonderen Fall die Geltendmachung des Schadensersatzanspruchs durch einen einzelnen Gesellschafter gerade unter Berücksichtigung der besonderen Verhältnisse in der Gesellschaft als eine mißbräuchliche Rechtsausübung darstellt.« – Auch *Flume*[193] rügt das Reichsgerichtsurteil als »ein Musterbeispiel dafür, wie richterliche Entscheidungen nicht sein sollen«. Er stellt zugleich den Kritikansatz richtig. Die Treupflichterwägungen des *Reichsgerichts* sind nämlich nichts als ein methodischer Mißgriff, der vom Kern des Problems ablenkt. Es geht um die Subsidiarität der actio pro socio. Nach Auffassung des *Reichsgerichts* ist diese vom »Gesamtwillen« der Gesellschaft abhängig, es sei denn, die Ablehnung der Klage wäre rechtsmißbräuchlich. Die actio pro socio ist aber nicht ein dem Gesellschafter durch Vertrag oder Beschluß von den Mitgesellschaftern eingeräumtes Recht, sondern sie ist eine ihm kraft Gesetzes zustehende, wenn auch subsidiäre Prozeßstandschaft. Solange nicht die Gesellschaft wirksam auf die Forderung verzichtet hat – und hierzu ist ein einzelner klageunwilliger Mitgesellschafter eben nicht imstande –, muß es auch Wege zur Geltendmachung der Forderung geben. Im Reichsgerichts-Fall hätte allenfalls die Frage gestellt werden können, ob denn die actio pro socio nicht überflüssig war, weil K auch im Namen der Gesellschaft als vertretungsberechtigter Gesellschafter hätte klagen können. Nachdem allerdings D der Klage geradezu widersprochen hatte, der gleichfalls zur Vertretung der Gesellschaft und damit auch zur Zurücknahme einer Klage befugt war, bestand unzweifelhaft Grund zur Klageerhebung im eigenen Namen. Das Prozeßrisiko trug dann der im eigenen Namen klagende Gesellschafter K. Auch sonst war die der Gesellschaft von dieser Klage drohende Gefahr wohl eher eine Erfindung des *Reichsgerichts.* Die Entscheidung kann also auch nicht mit dem Gedanken der Subsidiarität gerechtfertigt werden.

b) Die actio pro socio ist *als Hilfszuständigkeit in Form einer Prozeßstandschaft* anzuerkennen (oben unter IV 4a): Jeder zur Alleinvertretung nicht befugte Gesellschafter kann die der Gesellschaft zustehenden Rechte im eigenen Namen geltend machen und auch einklagen, wenn eine Geltendma-

191 Zust. aber *Hadding,* a.a.O., S. 29; s. auch *Grunewald,* a.a.O., S. 52.

192 *BGHZ* 25, 47, 50 = JZ 1957, 624 m. Anm. *A. Hueck*; eingehend zu dem Urteil *Häuser*, a.a.O., S. 141ff.

193 Personengesellschaft, § 10 IV.

chung durch die Vertretungsorgane nicht stattfindet. Es ist ihm grundsätzlich nicht zuzumuten, gegen die Vertretungsorgane auf pflichtgemäße Geltendmachung der Forderung zu klagen. Die Mehrheitsgesellschafter können die Geltendmachung des Rechts im Wege der actio pro socio nicht durch Mehrheitsbeschluß verhindern[194]. Im Gegenteil: Ein solcher Beschluß kann gerade Anlaß für eine actio pro socio sein. Anlaß zur actio pro socio besteht häufig auch im Fall einer 50/50-Beteiligung zweier Gesellschafter, wenn der eine den Prozeß blockieren, der andere ihn dagegen betreiben will[195]. Allerdings bezieht sich die actio pro socio bei Gesellschaftern mit einer geregelten Außenorganisation nur auf Ansprüche aus dem Gesellschaftsverhältnis (dazu unten IV 7). Zur Frage, ob durch die actio pro socio in den Geschäftsführungsbereich hineinregiert werden kann, vgl. unter V 3 c.

5. Die actio pro socio in der aufgelösten Gesellschaft

a) Zahlreiche Entscheidungen über die actio pro socio betreffen das Liquidationsstadium[196]. Die ganz auf den Gesellschaftsvertrag und auf die Zweckförderungspflicht ausgerichtete Lehre stellte früher die Frage, ob hier die actio pro socio ausgeschlossen sei. Die Rechtsprechung hat dies verneint und darin Beifall gefunden[197]: »Es ist in der Tat nicht einzusehen, warum der einzelne Gesellschafter seines Rechts, die Sozialansprüche geltend zu machen, dadurch verlustig gehen sollte, daß die Gesellschaft in Abwicklung tritt.« Das ist richtig. Das *Sonderproblem* im Abwicklungsstadium[198] kann darin bestehen, *ob die Beitragspflichten und etwaige Nebenpflichten – z. B. das Wettbewerbsverbot in der Handelsgesellschaft*[199] *– für die Zukunft erlöschen* (vgl. insbesondere zur Einlagepflicht in der Liquidation unten, § 52 IV 2 b). Dieses rein materiellrechtliche Problem wurde im Urteil *RGZ* 100, 165, 167 noch mit dem der actio pro socio vermengt. Das *Reichsgericht* wollte die Einziehung rückständiger Beiträge im Liquidationsstadium nicht den Gesellschaftern überlassen, »da sie entsprechend dem Zwecke der Liquidation nur insoweit zu erfolgen hat, als die Beiträge zur Auseinandersetzung ... erforderlich sind«. Nun ist es richtig, daß die Auflösung der Gesellschaft Einfluß auf die Einlagepflichten der Gesellschafter haben kann (vgl. nochmals unten, § 52 IV 2 b). Aber das ist kein Problem der actio pro socio[200]. Soweit im Liquidationsstadium noch Sozialansprüche der Gesellschaft bestehen, muß es

---

194 Vgl. *BGH*, BB 1985, 1623 = NJW 1985, 2830; eingehend und differenzierend *Grunewald*, a. a. O., S. 37 ff.

195 So offenbar im Fall *BGH*, NJW 2001, 1210 = JuS 2001, 709 (*Karsten Schmidt*).

196 Vgl. *ROHGE* 5, 386; 25, 158; *RGZ* 90, 300; 158, 302; JW 1927, 1090; 1938, 3180 m. Anm. *Boesebeck*; *OGHZ* 3, 203, 214; *BGHZ* 10, 91, 101; *BGH*, BB 1958, 603; LM Nr. 3 zu § 149 HGB = NJW 1960, 633 = WM 1960, 47; *KG*, GmbHR 1993, 818; *OLG Dresden*, NZG 2000, 248 (nicht rechtskräftig); *OLG Düsseldorf*; NZG 2000, 475 m. Anm. *Grunewald* (nicht rechtskräftig).

197 *Boesebeck*, JW 1938, 3185; *Bork/Oepen*, ZGR 2001, 539.

198 Eingehend *Hadding*, a. a. O., S. 89 ff.

199 Hierum ging es bei *RG*, JW 1938, 3180 m. Anm. *Boesebeck*.

200 Wesentlich klarer *BGH*, LM Nr. 3 zu § 149 HGB = NJW 1960, 433, 434 = WM 1960, 47, 48: »Bei den rückständigen Beiträgen liegt die Besonderheit darin, daß sie überhaupt nicht mehr geschuldet werden, sofern sie ... nicht mehr benötigt werden.«

auch eine Möglichkeit zu ihrer Durchsetzung geben. Da nach der Auflösung eines Verbandes häufig Unfrieden herrscht und eine sachgerechte Wahrnehmung der Verbandsinteressen nicht mehr immer gesichert ist, ist die actio pro socio gerade in aufgelösten Gesellschaften oft eine Notwendigkeit.

b) Eine *andere Besonderheit* hat schon mehr mit der actio pro socio zu tun: Nach Auflösung der Gesellschaft *kann der Gesellschafter in besonderen Fällen auf Leistung an sich selbst klagen*[201]. Herkömmlicherweise glaubte man dies damit erklären zu können, daß der Ausgleich unter den Gesellschaftern außerhalb des Gesellschafts- und Liquidationszwecks liegt und daß Gläubiger der Nachschuß- und Ausgleichsforderungen im Liquidationsstadium die Gesellschafter selbst sind[202]. Aber diese Einordnung ist abzulehnen (unten, § 52 IV 1 b, 2a). Es handelt sich nach wie vor um Forderungen der Gesellschaft, und deren Geltendmachung durch Einzelgesellschafter ist nur im Wege der actio pro socio zuzulassen[203]. In erster Linie sind deshalb die Liquidatoren zur Einforderung berufen (Subsidiarität der actio pro socio). Wo allerdings nach §§ 146, 150 HGB die Vertretungsorganisation durch eine kollektive Zuständigkeit aller Gesellschafter der aufgelösten Personengesellschaft ersetzt wird (dazu unten, § 52 IV 2a und § 53 V 2) oder wo die Gesellschafter einander zur Geltendmachung ermächtigen, ist breiter Raum für die Gesellschafterklage (vgl. oben unter IV 2). Soweit noch Liquidationsbedarf besteht, hat die Klage allerdings auch in diesen Fällen auf Leistung an die Gesellschaft zu lauten. Eine Direktklage auf Ausgleich unter den Gesellschaftern ist dann, aber auch nur dann, gerechtfertigt, wenn keine weiteren Liquidationsaufgaben mehr anstehen und eine Leistung an die Gesellschaft ein sinnloser Umweg wäre (vgl. auch unten, § 52 IV 1 b, 2a).

Beispiel Nr. 33 (nach *RGZ* 123, 23): Zwei Gesellschafter hatten sich zur Herstellung des von K konstruierten »Hermes«-Motorrades zusammengetan, jedoch war die geplante Gründung einer GmbH gescheitert, und der Betrieb wurde aufgegeben. K behauptete nun, B habe die schon hergestellten ersten Motorräder ebenso wie die Produktionsunterlagen und Geschäftspapiere beiseitegeschafft, und klagte gegen B auf Schadensersatz. Das *Reichsgericht* führte aus, daß ein solcher Schadensersatzanspruch während des Bestehens der Gesellschaft auf Leistung in das Gesellschaftsvermögen gehe. »Nach § 730 BGB wäre der Kläger, um zu seinem Schadensersatz zu gelangen, an sich verpflichtet, gegen die beiden anderen Gesellschafter auf Auseinandersetzung zu klagen und dann im Auseinandersetzungsverfahren seinen Schadensersatzanspruch geltend zu machen. Ausnahmsweise kann aber von der Klage auf Auseinandersetzung abgesehen werden, nämlich dann, wenn die Verhältnisse so einfach liegen, daß sich das, was jeder zu beanspruchen hat, ohne besonderes Abrechnungsverfahren ermitteln läßt.« Aus diesem Grund konnte K den ihm zustehenden Teil der Schadensersatzleistung unmittelbar einklagen. Der hier noch recht unfertige Grundgedanke wurde deutlicher in unserem

Beispiel Nr. 34 (nach *RGZ* 158, 302, 313 f.): Der Kommanditist hatte seine Grundstücke als Einlagen in eine Kommanditgesellschaft eingebracht und sich für längere Zeit in das

---

201 Vgl. *RGZ* 123, 23; 158, 302, 313 f.; *BGHZ* 10, 91, 102; *BGH,* BB 1958, 603.

202 Vgl. nur *RGZ* 40, 29, 32; *RG,* LZ 1914, 1030; JW 1915, 335, 336; *BGH,* WM 1966, 706; *Alfred Hueck,* oHG, § 32 XI 1 f.

203 *Karsten Schmidt,* ZHR 153 (1989), 295 ff.; s. auch *Hillers,* Personengesellschaft und Liquidation, 1989, S. 299 ff.; *Schlegelberger/Karsten Schmidt,* § 149 Rdnrn. 29 ff.

Ausland begeben. Durch Verschulden des Komplementärs geriet die Gesellschaft in Schwierigkeiten, so daß sich der Komplementär zur Veräußerung der Grundstücke gezwungen sah. Die Kommanditgesellschaft verlor auf diese Weise ihr ganzes Vermögen und mußte liquidiert werden. Nach seiner Rückkehr klagte der Kommanditist gegen den Komplementär auf Ersatz des Schadens, den er am Vermögen der Gesellschaft erlitten hatte. Das *Reichsgericht* führte aus, »daß der Ersatzanspruch nicht dem Kläger, sondern der Gesellschaft zusteht (vgl. RG, LZ 1914, 580 Nr. 9; RGZ 109, 56; RG, JW 1930, 705)«. Betont wird sodann, daß die actio pro socio im Grundsatz auf Leistung an die Gesellschaft geht. Eine Ausnahme gelte aber dann, »wenn durch die Klage das Ergebnis der Auseinandersetzung mit dem Beklagten in zulässiger Weise vorweggenommen und dadurch ein weiteres Auseinandersetzungsverfahren vermieden werden würde. Ein solcher Fall würde dann gegeben sein, wenn keine Gesellschaftsverbindlichkeiten mehr vorhanden sein sollten und es sich nur noch um die Verteilung des in der Ersatzforderung bestehenden letzten Vermögensgegenstandes der Gesellschaft handelte.« Deshalb konnte die Klage nicht ohne weiteres abgewiesen werden.

Beispiel Nr. 35 (vereinfacht nach *BGHZ* 10, 91): Alfons A und Bruno B gründeten die oHG »Adreßbuchverlag A & B«. Dem A, der ein erfahrener Kaufmann war, sollte die kaufmännische Leitung zufallen, während B, der aus der Adreßbuchbranche kam, die fachliche Gestaltung übernahm. B versuchte alsbald, den A auszubooten, und gründete gemeinsam mit seiner Ehefrau die offene Handelsgesellschaft Bayerischer »Adreßbuchverlag Beate und Bruno B«. Daraufhin lösten die Gesellschafter A und B die offene Handelsgesellschaft auf und A klagte gegen B wegen Verstoßes gegen das Wettbewerbsverbot (§§ 112, 113 HGB). Der *BGH* stellte die Frage, »ob der Kläger aufgrund der besonderen Verhältnisse des vorliegenden Sachverhalts berechtigt ist, den ihm gegenüber dem beklagten Ehemann zustehenden Anspruch (actio pro socio) auch mit der Maßgabe geltend zu machen, daß er die Leistung des Schadensersatzes nicht an die Gesellschaft, sondern an sich selbst verlangt« (*BGHZ* 10, 91, 101). Wie das *Reichsgericht* bejahte der *BGH* dies für den hier gegebenen Fall, daß durch Zuteilung der dem A zustehenden Schadensquote die Auseinandersetzung vorweggenommen werden konnte. Der *Bundesgerichtshof* hat diese Grundsätze in seinem Urteil BB 1958, 603 bestätigt.

c) Umgekehrt kann die Vorwegnahme der Auseinandersetzung auch einmal dazu führen, daß dem Gesellschafter die actio pro socio als überflüssig versagt wird, weil ein Direktausgleich unter den Gesellschaftern nicht nur möglich, sondern auch ausreichend ist.

Beispiel Nr. 36: In einer Zweipersonen-oHG, die im übrigen vollständig abgewickelt ist, sind nur noch zwei Posten streitig: ein Aufwendungsersatzanspruch des geschäftsführenden Gesellschafters G in Höhe von 50 000 Euro und ein vom Mitgesellschafter M behaupteter Schadensersatzanspruch der Gesellschaft gegen den G in Höhe von 20 000 Euro. Der Leitsatz von *BGH,* LM Nr. 3 zu § 149 HGB = NJW 1960, 433 = WM 1960, 47 lautet: »Ein einzelner Gesellschafter kann auch noch im Liquidationsstadium gegen seinen Mitgesellschafter einen Schadensersatzanspruch wegen schuldhafter Verletzung der Geschäftsführerpflichten geltend machen, wenn er Zahlung an die Gesellschaft zu Händen der Liquidatoren verlangt. Das gilt jedoch nicht, wenn die Leistung zur Befriedigung der Gesellschaftsgläubiger nicht mehr benötigt wird und der ersatzpflichtige Gesellschafter, selbst unter Berücksichtigung der ihn treffenden Verbindlichkeit, noch etwas aus der Liquidationsmasse zu verlangen hat.«

Es ist allerdings zweifelhaft, ob hier das Gericht die Klage a limine abweisen kann. Erwägenswert wäre, dem M doch die Prozeßführungsbefugnis zuzusprechen. Da M aus dem Recht der Gesellschaft klagt (Gegenseitigkeit!), könnte G aufrechnen, so daß eine rechtskräftige Klärung des Rechtsverhältnisses zustande käme.

d) Vom Fall der Auflösung ist der Fall *des Austritts des Klägers aus der Gesellschaft* zu unterscheiden. Er läßt das Prozeßführungsrecht des Klägers entfallen und führt, den im Gegensatz zur Anteilsübertragung eine Fortsetzung des Prozesses nach § 265 ZPO nicht in Betracht zu ziehen ist, zur Unzulässigkeit der Klage[204].

6. Die actio pro socio außerhalb des Personengesellschaftsrechts

a) Da sich die actio pro socio zu einem *Institut des allgemeinen Verbandsrechts* entwickelt hat, kann sie auch außerhalb des Rechts der Personengesellschaften heimisch werden. Das bedeutet nun nicht, daß Aktionäre oder die Mitglieder von Vereinen und Genossenschaften in gleichem Umfang wie Personengesellschafter zur actio pro socio befugt wären[205]. Die streng von den Mitgliedern losgelöste, vor allem im Aktienrecht zwingend ausgestaltete innere Zuständigkeitsordnung läßt eine *allgemeine* Etablierung der actio pro socio hier nicht zu[206]. Das zeigt auch § 147 AktG, wonach eine Minderheit mit mindestens 10% des Aktienkapitals von der Verwaltung der AG die Durchsetzung bestimmter Ansprüche verlangen, diese aber nicht selbst einklagen kann (näher zu § 147 AktG unten, § 28 V 3b)[207]. Allerdings räumen die §§ 309 IV, 317 IV, 318 IV AktG den Aktionären Klagrechte für bestimmte konzernrechtliche Ansprüche ein, jedoch handelt es sich um Vorschriften, die nur mit Vorsicht auf andere aktienrechtliche Ansprüche ausgedehnt werden können. Als *generelles* Institut hat die actio pro socio im Aktienrecht bisher nicht Fuß gefaßt.

b) Nennenswerte Bedeutung hat die actio pro socio als Hilfszuständigkeit des Einzelgesellschafters im *Recht der GmbH*[208]. Einlageforderungen und Rückforderungsansprüche aus verbotenen Ausschüttungen werden hier von den

---

204 *OLG Koblenz*, NJW 1995, 1296; ebenso *OLG Düsseldorf*, ZMR 2001, 182; zust. *Früchtl*, NJW 1996, 1327; abl. *Hoerstel*, NJW 1995, 1271.

205 Vgl. eingehend zum Stand der Diskussion *Flume,* Juristische Person, § 8 V 1; *Wiedemann* I, § 8 IV 1 c; *Becker*, a.a.O., S. 623ff., 626ff.; *Nitschke,* Die körperschaftlich strukturierte Personengesellschaft, 1970, S. 320ff.

206 A.M. *Wieland,* Handelsrecht II, 1931, § 101 VI; *Großfeld,* Aktiengesellschaft, Unternehmenskonzentration und Kleinaktionär, 1968, S. 224; rechtspolitische Kritik der h.M. auch bei *Wiedemann* I, § 8 IV 1c cc; *Grünhut,* in: Verhandlungen des 31. DJT II, 1912, S. 19f.

207 Zum Stand der rechtspolitischen Debatte vgl. *Karsten Schmidt,* in: Verhandlungen des 63. DJT II/1, a.a.O., S. O 28ff.

208 Vgl. *BGH*, NJW 1990, 2627, 2628; *OLG Köln*, GmbHR 1993, 816; *OLG Düsseldorf*, GmbHR 1994, 172; 1996, 689; *Wiedemann* I, § 8 IV 1c cc; *Baumbach/Hueck/Fastrich,* § 13 Rdnrn. 32ff.; *Scholz/Karsten Schmidt,* § 46 Rdnr. 161; *Immenga,* a.a.O., S. 286ff.; *Martens,* a.a.O., S. 86ff.; *Becker*, a.a.O., § 573ff.; *Grunewald,* a.a.O., S. 67ff.; *Eickhoff*, a.a.O., S. 21ff.; *Winter*, Mitgliedschaftliche Treuebindungen, 1988, S. 312ff.; *Raiser*, ZHR 153 (1989), 20ff.; *Gehrlein*, ZIP 1993, 1525ff.; *Saenger*, GmbHR 1997, 120; a.M. noch *RG,* JW 1929, 1373 m.Anm. *Walter Schmidt*; *KG*, JW 1934, 3073; Bedenken wieder bei *Zöllner,* ZGR 1988, 402f.

Geschäftsführern geltend gemacht, während über die Geltendmachung von Ersatzansprüchen aus der Gründung oder Geschäftsführung von den Gesellschaftern beschlossen wird (§ 46 Nr. 8 GmbHG). Damit unterläge die Geltendmachung aller dieser Ansprüche dem Belieben der Gesellschaftermehrheit, wenn nicht die actio pro socio als Hilfsrecht anerkannt würde.

Beispiel Nr. 37 (in Anlehnung an *BGH*, BB 1967, 348): Der Geschäftsführer einer GmbH hatte die Gesellschaft vorsätzlich geschädigt, aber die Gesellschafter hatten mehrheitlich beschlossen, keine Schadensersatzklage zu erheben.

Grundsätzlich muß der Minderheitsgesellschafter einen solchen Beschluß, sofern er nicht nichtig ist, ebenso wie z.B. einen Entlastungsbeschluß, hinnehmen[209]. Dieser Grundsatz gilt aber nicht ausnahmslos[210]. Ist der Verzicht auf die Geltendmachung treuwidrig, so wird man dem Einzelgesellschafter nicht nur die selbstverständliche Befugnis zugestehen müssen, einen am eigenen Vermögen erlittenen Schaden einzuklagen (so der *BGH* unter Berufung auf die Schutzgesetzeigenschaft des früheren § 81 a GmbHG), sondern der Gesellschafter kann dann im eigenen Namen auf Schadensersatzleistung an die Gesellschaft klagen. Damit trägt er allerdings auch das volle Prozeßrisiko, vor allem das Kostenrisiko. In Anbetracht der umstrittenen Voraussetzungen der actio pro socio ist dieses Risiko erheblich.

c) *Kein Beleg für die actio pro socio* ist entgegen verbreiteter Deutung[211] die berühmte *ITT-Entscheidung des BGH* (*BGHZ* 65, 15 = BB 1975, 1450 m. Anm. *Schilling* = JZ 1976, 408 m. Anm. *Wiedemann* = NJW 1976, 191 m. Anm. *Ulmer*)[212]: In dem schon im Zusammenhang mit den Treupflichten unter § 20 IV 2 b angesprochenen ITT-Fall ging es darum, daß der Mehrheitsgesellschafter einer Mutter-GmbH diese GmbH dazu veranlaßt hatte, die Tochtergesellschaften durch Abschöpfung einer sog. Konzernumlage zu schädigen. Es klagte ein Minderheitsgesellschafter der GmbH und ihrer Töchter. Die Entscheidung hat für das Nicht-Aktienkonzernrecht Geschichte gemacht (dazu näher unten, § 39 III 2 b). Sie besagt, daß der Minderheitsgesellschafter, wenn er zugleich an den Tochtergesellschaften beteiligt ist, gegen den Mehrheitsgesellschafter auf Leistung von Schadensersatz an die Tochtergesellschaften klagen kann. Nach Auffassung des *BGH* hatte der klagende Minderheitsgesellschafter »einen – über die Wertminderung seines GmbH-Geschäftsanteils hinausgehenden und von ihr verschiedenen – Schaden erlitten. Dieser Schaden, dessen Ausgleich er ... verlangt, ist ihm nicht in seiner Eigenschaft als Gesellschafter der GmbH entstanden ..., sondern als Kommanditist (scl.: der Tochtergesellschaften).« Der *BGH* prüfte und be-

209 A.M. *Berger*, ZHR 149 (1985), 612; vgl. aber *BGH*, BB 1985, 1623 = NJW 1985, 2030.

210 *Scholz/Karsten Schmidt*, § 46 Rdnr. 161; gegen jede Durchbrechung der Mehrheitsentscheidung allerdings *Hoffmann*, GmbHR 1963, 63; *Maatz*, GmbHR 1974, 128; s. auch *Zöllner*, ZGR 1988, 402.

211 So etwa *Kübler*, § 17 IV 3 b cc; *Wiedemann* I, § 8 IV 1 c; *Baumbach/Hueck/Zöllner*, Anhang GmbH-KonzernR Rdnr. 63; *Ulmer*, NJW 1975, 193; *Wiedemann*, JZ 1976, 395; *Reuter*, GmbHR 1981, 130; *H. P. Westermann*, GmbHR 1976, 79.

212 Wie hier *Flume*, Juristische Person, § 8 V 2; *ders.*, ZHR 144 (1980), 32; *Mertens*, in: Festschrift Fischer, 1979, S. 475; *Hadding*, GesRZ 1984, 34; s. auch bereits *Schilling*, BB 1975, 1452.

jahte sodann die Frage, ob der Mehrheitsgesellschafter eine gegenüber dem Minderheitsgesellschafter *in der GmbH* bestehende Rechtspflicht zur Rücksichtnahme verletzt hatte. Der *BGH* hätte diesen Fall durchaus auch als actio-pro-socio-Fall anpacken können, indem er einen konzernrechtlichen Anspruch der Tochtergesellschaften gegen die Muttergesellschaft bejaht und den Kläger – der ja auch an den Tochtergesellschaften beteiligt war! – für befugt erklärt hätte, diesen Anspruch geltend zu machen. Er ist diesen Weg aber nicht gegangen, sondern er hat, wie dargelegt, einen eigenen Schadensersatzanspruch des klagenden Gesellschafters bejaht. Man darf also sagen, daß im ITT-Fall zwar die *Konstellation* einer actio pro socio vorlag, daß aber die *Lösung* und *Begründung* des ITT-Urteils nicht die einer actio pro socio war.

7. Hilfszuständigkeit des Einzelgesellschafters für die Geltendmachung von Drittforderungen der Gesellschaft?

a) Der Gesellschaft können nicht nur Sozialansprüche gegen ihre Mitglieder zustehen, sondern auch Drittforderungen gegen die Gesellschafter oder gegen Dritte, z.B. aus Verkehrsgeschäften wie Kauf, Miete oder Werkvertrag (vgl. zur Terminologie oben, § 19 III 2b). Eine Zuständigkeit des Einzelgesellschafters zur Geltendmachung von Drittforderungen ist anzuerkennen, soweit es um eine *Personengesellschaft mit Gesamtvertretungsbefugnis* aller Gesellschafter geht. Vor allem bei nichtunternehmenstragenden BGB-Gesellschaften ist dieser Fall häufig anzutreffen (vgl. § 714 BGB). Wie unter IV 3 dargelegt wurde, kann hier der Einzelgesellschafter auf eigenes Risiko analog §§ 432, 2039 BGB auf Leistung in das Gesellschaftsvermögen klagen. Damit ist die Gesamtvertretung nicht etwa bedeutungslos: Einen Prozeß mit der Gesellschaft als Partei und Kostenträgerin können nur die Gesamtvertreter führen; der im eigenen Namen klagende Gesellschafter trägt mindestens im Außenverhältnis selbst das Prozeßrisiko.

b) *Bei Verbänden mit einer geregelten Vertretungsordnung* – es kann sich dabei durchaus auch um eine BGB-Außengesellschaft handeln – richtet sich die Geltendmachung von Drittansprüchen der Gesellschaft ausschließlich nach der Vertretungsmacht der Gesellschaftsorgane. Mitglieder (Gesellschafter), die nicht zur Vertretung berufen sind, sind nicht zur Geltendmachung solcher Forderungen befugt. Für Handelsgesellschaften entspricht dies der ständigen Rechtsprechung[213], aber die Differenzierung liegt nicht in dem Gegensatz Handelsgesellschaft/Nichthandelsgesellschaft begründet[214], sondern in der Vertretungsordnung der Gesellschaft[215]. Im Grundsätzlichen

213 *RGZ* 86, 66, 71; *RG,* JW 1899, 342; 1915, 273; 1916, 837 m.Anm. *Flechtheim*; 1916, 963; *BGH,* NJW 1973, 2198; WM 1964, 651; krit. *Grunewald,* a.a.O., S. 42f.; *Nitschke,* ZHR 128 (1966), 52ff., 97.

214 So unrichtig diejenigen, die den entscheidenden Unterschied in der Rechtszuordnung sehen (bei der Gesellschaft bürgerlichen Rechts seien Rechtsträger die Gesellschafter).

215 Die Vertretungsordnung, nicht die Geschäftsführungsordnung, entscheidet; die Terminologie der Rechtsprechung ist insofern – bedingt wohl durch §§ 709, 714 BGB und durch die Vertragspraxis – ungenau; krit. *Nitschke,* ZHR 128 (1966), 52ff.

treffend ist deshalb der Leitsatz des *Reichsgerichts* in JW 1935, 3296 m. krit. Anm. *Lehmann:* »Ist über die Geschäftsführung bei bürgerlich-rechtlichen Gesellschaften eine Sonderbestimmung nicht getroffen, so gilt der Grundsatz des § 432 BGB ... Jeder einzelne Gesamthänder kann im eigenen Namen Leistung an alle fordern. Liegen jedoch Sonderbestimmungen über die Geschäftsführung für die Gesellschaft vor, so behalten diese die Oberhand. Der Grundsatz des § 432 BGB gilt (wie stets bei den handelsrechtlichen Personalgesellschaften) nicht.« Eine Klagebefugnis des einzelnen Gesellschafters wird also nicht anerkannt.

Der Rechtsprechung ist zuzustimmen[216]. Rechtsverhältnisse, die sich nicht auf den Gesellschaftsvertrag gründen, müssen von Ungewißheiten über die Zuständigkeit für die Geltendmachung von Forderungen freigehalten werden. Insbesondere Dritte als Schuldner der Gesellschaft brauchen sich nur auf Klagen einzulassen, die der Vertretungsordnung der Gesellschaft entsprechen. Nur in diesem Fall können sich die Dritten auch auf die Wirksamkeit sonstiger Rechtshandlungen – Prozeßvergleich, Erledigungserklärung, Rechtsmittelverzicht usw. – verlassen. Charakteristisch ist etwa unser

Beispiel Nr. 38 (nach *RG*, JW 1916, 837 m. Anm. *Flechtheim*): Eingeklagt wurde der Anspruch aus einem einer KG gegebenen Darlehnsversprechen. Das *RG* verneinte die Befugnis der Gesellschafter, im eigenen Namen diese Forderung geltend zu machen.

Dieser Ausschluß der actio pro socio bei Drittansprüchen der Gesellschaft gilt nicht nur im Verhältnis zu Dritten. Er greift auch dann Platz, wenn der Schuldner Gesellschafter oder ehemaliger Gesellschafter ist, sofern nur die Forderung nicht auf dem Gesellschaftsverhältnis basiert[217]. So verhielt es sich in der Leitentscheidung des *Reichsgerichts:*

Beispiel Nr. 39 (nach *RGZ* 86, 66): Hat sich die Gesellschaft von einem Gesellschafter gelöst und in Erfüllung ihres Auseinandersetzungsvertrages Wechsel- und Hypothekengeschäfte mit ihm getätigt, so können Ansprüche aus diesen Verträgen bzw. aus ihrer Anfechtung nur von der ordnungsgemäß vertretenen Gesellschaft geltend gemacht werden, nicht dagegen im Wege der actio pro socio von den Einzelgesellschaftern.

---

216 S. auch *Kübler*, § 6 III 3 b; *Wiedemann* I, § 8 IV 1 c aa; *Fischer*, LM Nr. 2 zu § 432 BGB; a. M. *Becker*, a. a. O., S. 556 f.; *Kort*, DStR 2001, 2162 mit Hinweis auf *OLG Dresden*, NZG 2000, 248 (nicht rechtskräftig); *OLG Düsseldorf*, NZG 2000, 475 (nicht rechtskräftig).

217 *Ulmer*, Gesellschaft bürgerlichen Rechts, § 705 Rdnr. 169.

V. Abwehrrechte*

1. Grundlagen

Die Mitgliedschaft ist durch *Abwehransprüche und Klagrechte*[218] *gegen rechtswidriges Verhalten des Verbandes* geschützt. Diese Abwehrrechte werden häufig, aber zu Unrecht, mit dem Rechtsinstitut der actio pro socio vermengt (dazu sogleich unter V 3 d). Es mag auf den ersten Blick naheliegen, alle »Gesellschafterklagen« zu einem Einheitsinstitut zu verschmelzen[219], aber eine solche Einheitsbetrachtung verdeckt sachliche und dogmatische Unterschiede. Die Geltendmachung von Verbandsrechten durch das Mitglied (actio pro socio) und die Geltendmachung eigener Abwehrrechte durch das Mitglied (actio negatoria) ist nicht dasselbe. Auch vom Organstreit (dazu oben, § 14 IV 2) muß die actio negatoria unterschieden werden. Die Mitgliedschaft ist ein absolutes Recht (oben, § 19 I 3 a) und als solches analog § 1004 BGB durch Beseitigungs- und Unterlassungsansprüche und -klagen geschützt. Dieses Abwehrrecht gestattet es dem Mitglied allerdings nicht, gegen jede im Verband unterlaufende Rechtswidrigkeit im Wege der Unterlassungsklage vorzugehen, sondern es ist ein Dreifaches erforderlich, nämlich

* Literatur: *Becker*, Verwaltungskontrolle durch Gesellschafterrechte, 1997; *Binge*, Gesellschafterklagen gegen Maßnahmen der Geschäftsführer in der GmbH, 1994; *Brondics,* Die Aktionärsklage, 1988; *Eickhoff,* Die Gesellschafterklage im GmbH-Recht, 1988; *Flume,* Juristische Person, § 8 V 4; *v. Gerkan,* Die Gesellschafterklage, ZGR 1988, 441; *Grunewald,* Die Gesellschafterklage in der Personengesellschaft und der GmbH, 1990; *Habersack*, Die Mitgliedschaft – Rechtsverhältnis und »sonstiges Recht«, 1996; *Herrmann,* Gesellschafterklagen auf Unterlassen in der oHG und KG, Jura 1986, 511; *Hommelhoff,* Die Konzernleitungspflicht, 1982; *Knobbe-Keuk,* Das Klagrecht des Gesellschafters einer Kapitalgesellschaft wegen gesetz- und satzungswidriger Maßnahmen der Geschäftsführung, in: Festschrift Ballerstedt, 1975, S. 239; *Krieger,* Aktionärsklagen zur Kontrolle des Vorstands- und Aufsichtsratshandelns, ZHR 163 (1999), 343; *Landrock*, Der Innenstreit in der Aktiengesellschaft, Diss. Mainz 1993; *Lutter,* Theorie der Mitgliedschaft, AcP 180 (1980), 84; *Mertens*, Der Aktionär als Wahrer des Rechts? AG 1990, 49; *Mestmäcker,* Verwaltung, Konzerngewalt und Rechte der Aktionäre, 1958, S. 7 ff.; *Pflugradt*, Leistungsklagen zur Erzwingung rechtmäßigen Vorstandsverhaltens in der AG, 1990; *Raiser,* Das Recht der Gesellschafterklagen, ZHR 153 (1989), 1; *Rehbinder,* Zum konzernrechtlichen Schutz der Aktionäre einer Obergesellschaft, ZGR 1983, 92; *Saenger,* Minderheitenschutz und innergesellschaftliche Klagen bei der GmbH, GmbHR 1997, 112; *Karsten Schmidt,* »Insichprozesse« durch Leistungsklagen in der Aktiengesellschaft? ZZP 92 (1979), 212; *ders.*, Die Vereinsmitgliedschaft als Grundlage von Schadensersatzansprüchen, JZ 1991, 157; *ders.,* Empfiehlt sich eine Neuregelung des aktienrechtlichen Anfechtungs- und Organhaftungsrechts ..., in: Verhandlungen des 63. DJT, Bd. II/1, 2001, S. O 11; *Schulz-Gardyan,* Die sog. Aktionärsklage, 1991; *Wiedemann,* Organverantwortung und Gesellschafterklagen in der AG, 1989; *Zöllner*, Kontrollrechte des einzelnen Aktionärs, in: Semler u. a. (Hrsg.), Reformbedarf im Aktienrecht, 1994, S. 147; *ders.,* Zur Problematik der aktienrechtlichen Anfechtungsklage, AG 2000, 145.

218 Der dogmatische Streit um »Anspruch und Klagrecht« (so der Titel der Schrift von *Hellwig,* 1900) beruht auf der historischen Kontroverse um das Aktionensystem und auf einer unvollkommenen Abstimmung von materiellem Recht und Prozeßrecht bei den negatorischen Klagen (vgl. *Karsten Schmidt*, Kartellverfahrensrecht ..., 1977, S. 343 ff.); die Frage wird hier nicht aufgegriffen.

219 Vgl. *Grunewald,* a. a. O., S. 47 ff.; *Raiser,* ZHR 153 (1989), 6; s. auch *Zöllner*, ZGR 1988, 483; unklar *Brondics*, a. a. O., S. 72 ff., 77, 79 ff., der die »actio pro socio« (Personengesellschaft), die »actio pro societate« (GmbH) und die Abwehrklage (AG) als rechtsformspezifische Varianten anzusehen scheint.

- eine bestehende oder bevorstehende Rechtswidrigkeit und
- eine Zurechnung gegenüber dem Verband (nicht jedes rechtswidrige Verhalten von Mitgliedern und Organen genügt) und schließlich
- ein subjektivrechtliches Betroffensein des Mitglieds.

Unter diesen Voraussetzungen kann die Beseitigung eines rechtswidrigen Zustands bzw. die Unterlassung einer rechtswidrigen Maßnahme verlangt werden. Berechtigt ist das einzelne Mitglied; verpflichtet bzw. passiv prozeßführungsbefugt ist der Verband selbst. Es klagt also das Mitglied nicht gegen die rechtswidrig handelnden Personen oder Organe, sondern gegen den Verband. Allerdings hat sich dieses Institut erst allmählich im allgemeinen Verbandsrecht herausgeschält, und die Einzelheiten sind noch heute umstritten[220].

2. Die Anfechtungs- und Nichtigkeitsklage als Modellfall der Abwehrklage

Bei der Entwicklung mitgliedschaftlicher Abwehrklagen fungierte das Recht der Beschlußanfechtung als Vorreiter. Schon *RGZ* 3, 123ff. bezeichnet die Anfechtungsklage der rechtswidrig überstimmten Mitglieder als ein Abwehrrecht gegen gesetzwidriges Vorgehen der Gesellschaftsorgane, hier der Generalversammlung. Die *Anfechtungsklage* gegen rechtswidrige Beschlüsse (oben, § 15 II) hat eine *Doppelfunktion*[221]. Sie ist zunächst eine *negatorische Klage*[222], also ein Sonderfall der dem Verbandsmitglied zustehenden Abwehrklage gegen rechtswidriges Verbandshandeln. Diese negatorische Schutzfunktion der Anfechtungsklage droht heute der Aufmerksamkeit zu entgehen; historisch stand sie ganz im Vordergrund[223]. Im Laufe der Rechtsentwicklung reifte diese negatorische Klage zugleich zu einer *Gestaltungsklage* heran, die auf Vernichtung des rechtswidrigen Beschlusses zielt[224]. Das ändert aber nichts an dem Abwehrcharakter der Anfechtungsklage[225]. Dasselbe gilt für die *Nichtigkeitsklage* (§ 249 AktG). Sie ist nach herrschender Auffassung eine Feststellungsklage (§ 256 ZPO), nach richtiger Auffassung aber – ganz wie die Anfechtungsklage[226] – zugleich Abwehrklage und Gestaltungsklage (oben, § 15 II 2), wie schon daran zu erkennen ist, daß sie nur gegen den

220 Gegen die Abwehrklage vor allem *Wiedemann* I, § 8 IV 1c dd.

221 *Scholz/Karsten Schmidt,* § 45 Rdnr. 46; *Karsten Schmidt*, in: GroßkommAktG, § 246 Rdnrn. 9ff.; *ders*., in: Verhandlungen des 63. DJT II/1, a.a.O., S. O 15ff.

222 Vgl. *Knobbe-Keuk,* in: Festschrift Ballerstedt, a.a.O., S. 246ff.; *Karsten Schmidt,* in: GroßkommAktG, § 246 Rdnr. 9; *ders.*, in: Festschrift Stimpel, 1985, S. 217ff.

223 Vgl. *ROHGE* 14, 355, 356; 25, 307, 312; *RGZ* 3, 123, 125; Begründung der Aktienrechtsnovelle 1884, in: *Schubert/Hommelhoff,* Hundert Jahre modernes Aktienrecht, 1985, S. 467 = Buschs-Arch. 44 (1883), 236f.

224 Vgl. §§ 241 Nr. 5, 248 AktG, 51 V GenG; *Alfred Hueck,* Anfechtbarkeit und Nichtigkeit von Generalversammlungsbeschlüssen bei Aktiengesellschaften, 1924, S. 193ff.; *ders.*, in: Recht im Wandel, Festschrift Heymanns Verlag, 1965, S. 291; *Becker*, a.a.O., S. 471f.

225 Actio negatoria und Gestaltungsklage bilden keinen Begriffsgegensatz; vgl. *Karsten Schmidt,* in: GroßkommAktG, § 246 Rdnr. 9; *ders.*, in: Festschrift Stimpel, 1985, S. 224.

226 Zur Identität des Streitgegenstands vgl. *BGHZ* 134, 364 = NJW 1997, 1510; BGH, NJW 1999, 1638; *Scholz/Karsten Schmidt,* § 45 Rdnr. 48; *Karsten Schmidt,* in: GroßkommAktG, § 249 Rdnrn. 4f.; *ders.*, JZ 1977, 769; 1988, 731ff.; *Kindl*, ZGR 2000, 166ff.

Verband gerichtet werden kann und nicht gegen jeden, der die Wirksamkeit des Beschlusses behauptet[227]. Die Nichtigkeitsklage als Sonderinstitut ist überhaupt nur in das Gesetz aufgenommen worden, weil die Rechtsprechung Anfechtungsklagen gegen nichtige Beschlüsse aufgrund falsch verstandener Anfechtungsdogmatik abgelehnt hatte[228]. Die Abwehrklage gegen Beschlüsse – Anfechtungs- oder Nichtigkeitsklage – ist keine Erfindung des Gesetzgebers, sondern dieser fand sie als verbandsrechtliches Institut vor, bevor er eigene Regelungen schuf[229]. Soweit heute – wie im Aktienrecht – präzise gesetzliche Vorschriften über die Anfechtungs- und Nichtigkeitsklage vorhanden sind, dienen diese der Klärung von Einzelfragen und der genauen Ausformung des Klaginstrumentariums. Für die grundsätzliche Anerkennung dieser Klagen im Verbandsrecht bedarf es solcher Sonderregelungen nicht[230]. Obwohl die Anfechtungsklage nur in §§ 246 AktG, 51 GenG und die Nichtigkeitsklage sogar nur in § 249 AktG gesetzlich festgeschrieben ist, sind doch diese Abwehrklagen gegen rechtswidrige Beschlüsse auch bei der GmbH[231] und bei der Genossenschaft[232] allgemein anerkannt. Anderes soll nach der ganz herrschenden Auffassung beim Verein[233] und bei den Personengesellschaften[234] gelten (dazu auch oben, § 15 II 3). Ist aber die Anfechtungsklage als Klage des Mitglieds gegen rechtswidrige Beschlüsse in ihrer Allgemeingültigkeit erkannt, so darf die Rechtspraxis hier nicht stehenbleiben. Das Prinzip der Anfechtbarkeit und damit das rechtssichernde Prinzip des Anfechtungsbedürfnisses ist nicht eine positivistische Erfindung des Aktiengesetzgebers, sondern Korrelat des auf Praktikabilität zielenden Mehrheitsprinzips. Auch in Vereinen und in mehrheitlich beschließenden Personengesellschaften – jedenfalls soweit sie verklagt werden können – gilt der allgemeine Grundsatz, daß sich die Mitglieder gegen rechtswidrige Beschlüsse durch Anfechtungsklage zur Wehr setzen können[235].

Beispiel Nr. 40: Wenn Mitglied M gegen einen in seiner Abwesenheit gefaßten Mehrheitsbeschluß mit der Behauptung vorgehen will, die Versammlung sei rechtswidrig einberufen worden und er, M, sei nicht geladen worden, so kann dies durch Klage gegen den Verband geschehen. Es kann dann entgegen der herrschenden Auffassung keinen grundsätzlichen

---

227 Zum Unterschied zwischen Nichtigkeitsklage und Feststellungsklage s. auch *BGHZ* 70, 384, 388.

228 Vgl. *RGZ* 75, 239, 242; 89, 367, 379; dagegen mit Recht *Alfred Hueck,* Anfechtbarkeit und Nichtigkeit von Generalversammlungsbeschlüssen bei Aktiengesellschaften, 1924, S. 237ff.

229 Vgl. die Begründung der ADHGB-Novelle (Aktienrechtsnovelle) 1884: »Die Befugniß des einzelnen Aktionärs, gesetz- oder statutenwidrige Beschlüsse der Generalversammlung als ungültig anzufechten, muß schon jetzt als bestehendes Recht angesehen werden.«

230 Deutlich für die GmbH: Begründung 1891, S. 96; *RGZ* 85, 311, 313.

231 Zur Anfechtungs- und Nichtigkeitsklage bei der GmbH vgl. *RGZ* 85, 311, 313; 166, 129, 131ff.; *BGHZ* 11, 231, 235; 36, 207, 210f.; 101, 113; 104, 66; 111, 224; 137, 378; zur negatorischen Klage s. schon die Begründung des Entwurfs 1891, S. 96.

232 Zur Nichtigkeitsklage bei der Genossenschaft vgl. *RGZ* 170, 83, 89; *BGHZ* 32, 318, 323f.; 126, 335, 338; *Beuthien,* GenG, 13. Aufl. 2000, § 51 Rdnr. 11.

233 Vgl. nur *BGHZ* 59, 369, 371ff. = LM Nr. 4 zu § 32 BGB m.Anm. *Fleck; BGHZ* 126, 335, 338.

234 Vgl. statt vieler *BGH,* WM 1990, 675, 676; NJW 1999, 3113 = BB 1999, 1835 m.Anm. *Casper* = NZG 1999, 935 m.Anm. *Brandes*; *Baumbach/Hopt,* § 119 Rdnr. 31; *Ebenroth/Boujong/Joost,* § 119 Rdnrn. 68ff.; *Heymann/Emmerich,* § 119 Rdnrn. 10f.; *Röhricht/v. Westphalen/v. Gerkan,* § 119 Rdnr. 12; s. auch den krit. Überblick bei *Karsten Schmidt,* AG 1977, 205ff., 243ff.

235 So *Karsten Schmidt,* in: Festschrift Stimpel, 1985, S. 217ff.; zust. *Becker,* a.a.O., S. 515.

Unterschied machen, ob der Verband eine Aktiengesellschaft, eine Genossenschaft, ein Verein oder eine mehrheitlich beschließende Personengesellschaft – z. B. eine Publikums-GmbH & Co. – ist. Der negatorische Schutz gegen rechtswidrige Mehrheitsbeschlüsse ist in allen diesen Fällen notwendig und rechtlich auch anzuerkennen. Eine ganz andere Frage ist, ob diese Klage nach dem Modell der aktienrechtlichen Anfechtungsklage eine Gestaltungsklage ist (dazu oben, § 15 II 2). Auch dies wird im vorliegenden Werk bejaht, wo immer Mehrheitsbeschlüsse in einem Verband gefaßt werden.

3. Andere Formen der mitgliedschaftlichen actio negatoria

a) Die Besinnung auf das allgemeine Institut- der Abwehrklage ist im Schrifttum durch *Brigitte Knobbe-Keuk*[236] und in der Judikatur durch das in diesem Punkte bahnbrechende *Hafenbetriebsurteil* (»Holzmüller«) des *Bundesgerichtshofs* vom 25. 2. 1982 entscheidend vorangetrieben worden[237]. Der Gedanke ist alt[238], aber erst durch die »Holzmüller«-Diskussion gewann er aktuelle Schlagkraft. *Brigitte Knobbe-Keuk* hatte herausgearbeitet, es könne einem Einzelaktionär zwar nicht wegen jedweder gesetzwidriger Maßnahme das Klagrecht zugestanden werden, wohl aber bei Kompetenzübergriffen, und das bedeutet vor allem: bei »faktischen Satzungsänderungen«[239], d. h. bei Maßnahmen, die der Zustimmung der Hauptversammlung bedurft hätten, aber ohne diese Zustimmung durchgeführt werden. Ebenso entschied dann der *Bundesgerichtshof:*

Beispiel Nr. 41 (nach *BGHZ* 83, 122 = LM Nr. 1 zu § 118 AktG im. Anm. *Fleck*): Wird ein für die Aktiengesellschaft wesentlicher Betriebsteil vom Vorstand auf eine dazu gegründete Tochtergesellschaft ausgegliedert, so ist nach Auffassung des *Bundesgerichtshofs* der Vorstand nicht nur berechtigt, sondern verpflichtet, gemäß § 119 II AktG eine Entscheidung der Hauptversammlung herbeizuführen (vgl. zu diesem Kompetenzproblem unten, § 28 V 2 b). Macht ein Aktionär geltend, der Vorstand habe die notwendige Zustimmung nicht eingeholt, so kann er die Abwehrklage erheben. »Denn es geht hier nicht um eine gewöhnliche, vom Vertretungsorgan allein zu verantwortende Geschäftsführungsmaßnahme, sondern um den Vorwurf, der Vorstand habe die Aktionäre bei einer von ihnen mit zu entscheidenden Angelegenheit übergangen« (*BGHZ* 83, 122, 134).

---

236 A.a.O.; in gleicher Richtung *Hommelhoff*, a. a. O., S. 477 ff.; *Lutter*, AcP 180 (1980), 142 f.; *Timm*, AG 1980, 185 f.; *Großfeld*, JZ 1981, 234 ff.; a. M. *Wiedemann* I, § 8 IV 1 c dd; Bedenken bei *Hommelhoff*, ZHR 143 (1979), 310.

237 *BGHZ* 83, 122 = LM Nr. 1 zu § 118 AktG m.Anm. *Fleck* = JuS 1982, 700 m. Anm. *Emmerich*; dazu eingehend *Becker*, a. a. O., S. 600 ff.; *Brondics*, a. a. O., S. 79 ff.; *Flume*, Juristische Person, § 8 V 4; *Habersack*, a. a. O., S. 297 ff.; *Raiser*, Kapitalgesellschaften, § 12 Rdnrn. 20 ff.; *Großfeld/Brondics*, JZ 1982, 590; *Rehbinder*, ZGR 1983, 103; *v. Gerkan*, ZGR 1988, 441 ff.; *Zöllner*, ZGR 1988, 392 ff.; die verbreitete Kritik an dem Urteil bezieht sich auf die Beschneidung der Vorstandskompetenzen.

238 Vgl. *Otto v. Gierke*, Genossenschaftstheorie, S. 253 ff., 638 f.: »Der objektivrechtlichen Begrenzung der körperschaftlichen Lebenssphäre korrespondieren subjektive Rechte auf Innehaltung dieser Grenzen.« Nach *Gierke* ist, »sobald die Überschreitung des körperschaftlichen Wirkungskreises zugleich einen Übergriff in die dem Gemeinwillen nicht unterworfenen Individualsphären enthalten würde, ein Sonderrecht jedes Mitglieds auf Unterlassung der fraglichen Handlung begründet«.

239 Der untechnische Begriff »faktische Satzungsänderung« bezeichnet eine Durchbrechung der Satzung; vgl. *BGHZ* 83, 122, 130.

Grundlage ist nach Ansicht des *Bundesgerichtshofs* ein verbandsrechtlicher Anspruch des Aktionärs darauf, daß die Gesellschaft seine Mitgliedschaftsrechte achtet und alles unterläßt, was diese Rechte über das durch Gesetz und Satzung gedeckte Maß hinaus beeinträchtigt. Dem Abwehrcharakter der Klage entspricht eine Orientierung am verletzten Recht besser: Erforderlich, aber auch ausreichend, ist für die Abwehrklage, daß rechtswidrig in die Mitgliedschaft als ein absolutes Recht eingegriffen wird. Dies ist bei Kompetenzübergriffen stets der Fall. Richtiger Kläger ist das Mitglied – also z.B. der Aktionär[240] –, richtiger Beklagter der Verband[241]. Als Ausdruck der mitgliedschaftlichen Rechte steht auch der negatorische Anspruch unter dem Vorbehalt der Treupflicht[242] und muß binnen angemessener Frist geltend gemacht werden[243]. Inhalt des Anspruchs ist die Beseitigung des die Mitgliedschaftsrechte verletzenden Zustands bzw. die Unterlassung bevorstehender Maßnahmen[244]. Für den Streitwert im Abwehrprozeß ist eine Analogie zu § 247 AktG zu erwägen[245]. Klagen wie die hier gegen die AG erhobene sind auch bei anderen Verbänden denkbar, weil es auch hier Grenzen der Geschäftsleitungskompetenz gibt (vgl. z.B. für die GmbH unten, § 36 I 2). Der Einfluß des »Holzmüller«-Urteils auf die Fortentwicklung des Kapitalgesellschaftsrechts ist hoch einzuschätzen: viel höher, als es aus der Rechtsprechung selbst ablesbar ist[246]. Faktische Strukturveränderungen, durch die sich die Gesellschafterrechte nach dem Umwandlungsrecht umgehen und ausschalten ließen, werden auf diese Weise präventiv vermieden. Vorstände von Aktiengesellschaften werden auf diese Weise angehalten, über die Grenze zwischen Geschäftsführungsmaßnahmen und Strukturänderungen, m.a.W. über die Grenzen ihrer Leistungskompetenz nachzudenken und ggf. die Mitglieder (Aktionäre) in den Entscheidungsprozeß einzuschalten.

b) Nicht anerkannt ist bisher ein allgemeiner Anspruch des Einzelgesellschafters gegen die Gesellschaftsorgane auf rechtmäßige Erfüllung ihrer Pflichten[247]. Auch dies wird verständlich, wenn man den negatorischen Charakter des Abwehrrechts erkennt: Nur wo die Mitgliedschaft als absolutes Recht berührt ist, ist Raum für die Abwehrklage[248]. Die Frage ist allerdings – wann eine Pflichtwidrigkeit der Geschäftsführung zu einer

240 *BGHZ* 83, 122, 135; *Brondics,* a.a.O., S. 94ff.; h.M.
241 *BGHZ* 83, 122, 134; *Brondics,* a.a.O., S. 103; *Zöllner,* ZGR 1988, 432.
242 *BGHZ* 83, 122, 135; *Brondics,* a.a.O., S. 117ff.
243 *BGHZ* 83, 122, 135f.; *Brondics,* a.a.O., S. 119f.
244 Im Fall *BGHZ* 83, 122 ging es um die Beseitigung.
245 Vgl. *Flume,* Juristische Person, § 8 V 4; *Brondics,* a.a.O., S. 174; *Knobbe-Keuk,* in: Festschrift Ballerstedt, a.a.O., S. 254.
246 *Karsten Schmidt*, in: Verhandlungen des 63. DJT II/1, a.a.O., S. O 25ff.
247 *BGHZ* 76, 160 = LM Nr. 8 zu § 164 HGB; ebenso bereits *Knobbe-Keuk,* in: Festschrift Ballerstedt, a.a.O., S. 251f.; s. auch *BGHZ* 83, 122, 134; *Binge*, a.a.O., S. 127ff., 188f.; anders *Grunewald*, Rdnr. 1 A 62; *Becker*, a.a.O., S. 567f.; unklar *Raiser*, ZHR 153 (1989), 14f.; unentschieden *Grunewald*, NZG 2000, 476.
248 Anders in Vermischung von Abwehrklage und actio pro socio *Grunewald*, Rdnr. 1 A 62; anders auch *Binge*, a.a.O., S. 79ff. mit starken Worten gegen die actio negatoria, dessen eigene Abgrenzung (S. 90–130) indes wegen der Universalkompetenz der Gesellschafter in wirklich kritischen Fällen wenig hilft.

Rechtsverletzung gegenüber dem einzelnen Gesellschafter wird. Wie schwierig die Abgrenzung ist[249], wird deutlich an unserem

Beispiel Nr. 42 (nach *BGHZ* 76, 160 = LM Nr. 8 zu § 164 HGB): Mehrere Kommanditisten einer Bau- und Verwaltungsgesellschaft mbH & Co. KG klagten gegen die Komplementär-GmbH mit dem Antrag, Zuwendungen an einen Gesellschafter und an seine Ehefrau zu unterlassen. Der *BGH* wies die Klage ab, und zwar mit dem Leitsatz: »Die nichtgeschäftsführungsberechtigten Gesellschafter können die Unterlassung einer einfachen Geschäftsführungsmaßnahme auch nicht mit der Behauptung verlangen, daß der geschäftsführungsberechtigte Gesellschafter mit der Vornahme der beanstandeten Handlung seine Pflicht zur ordnungsmäßigen Geschäftsführung verletzen würde.«

Dem wird man im Grundsatz zustimmen können. Der Gesellschafter ist – wie bei der Beschlußanfechtung – durch Abwehrrechte gegen gesetz- oder satzungswidrige Übergriffe in seine Rechte geschützt, aber er kann – auch in der GmbH oder Personengesellschaft – z. B. nicht darauf klagen, daß die Vertretungsorgane diesen Vertrag schließen oder jenem Werkunternehmer den Zuschlag erteilen oder diesen Prozeß führen oder jenen Prozeßvergleich schließen. Solange die Zone des Leitungsermessens nicht evident verlassen ist, entscheiden die Leitungsorgane selbst und können sich durch unzweckmäßige und schädliche Maßnahmen nur schadensersatzpflichtig machen.

Zwischen den eindeutigen Fällen der »faktischen Satzungsänderung« auf der einen und der schlichten Geschäftsführungsmaßnahme auf der anderen Seite kann es aber doch einen subjektivrechtlichen Schutz der Mitgliedschaft geben, und insofern gibt gerade der Fall *BGHZ* 76, 160 zu denken. Verdeckte Ausschüttungen an Gesellschafter und nahestehende Dritte stellen bei einer Handelsgesellschaft Eingriffe in die Finanzverfassung dar, zu deren Abwehr die Mitglieder befugt sein müssen. Das gilt nur um so mehr, nachdem der *BGH* sogar ausgesprochen hat, daß sich die Gesellschafter durch Gewährenlassen ihrerseits schadensersatzpflichtig machen können[250].

c) *Nicht zu verwechseln* ist die Abwehrklage mit dem *Problem der actio pro socio* (dazu näher oben unter IV)[251]. Die actio pro socio kann auch im Geschäftsführungsbereich Platz greifen[252], nur muß man eben erkennen,

249 Krit. zum Standpunkt des *BGH Barbara Grunewald* (DB 1981, 407ff.), weil die Klage auf Tun oder Unterlassen der »einzige Weg zur Verwirklichung der materiellen Rechtslage (?)« sei und der Rekurs auf die Schadensersatzhaftung »die Realisierung der gesellschaftsvertraglichen Pflichtenlage« verhindere, ohne die Geschäftsführung wirklich freizustellen; im Ergebnis schränkt auch *Grunewald* die Gesellschafterklage auf »evidente Fälle der Verletzung des Gesellschaftsvertrags« ein, bewahrt also dem Geschäftsführungsorgan einen Ermessensspielraum, »wenn die von der Geschäftsführung vorgesehene Maßnahme noch vertretbar ist«; ganz ähnlich auch wieder *Grunewald*, Gesellschafterklage, a. a. O., S. 31; berechtigte Kritik bei *Zöllner*, ZGR 1988, 431; bedenklich weit *Herrmann*, Jura 1986, 518: Klage gegen außergewöhnliche pflichtwidrige Geschäfte.

250 *BGH*, BB 1985, 351; dazu näher *Ulmer*, ZGR 1985, 598.

251 Dies gegen *Grunewald*, Rdnr. 1 A 63.

252 Insofern wie hier *Grunewald*, Gesellschafterklage, a. a. O., S. 30f., die aber wiederum Fälle mit der actio pro socio lösen will, die hierfür ungeeignet sind, und deshalb verwundert feststellt, daß »meist nicht ausdrücklich zu der hier zur Diskussion stehenden Frage Stellung genommen wird« (S. 32).

daß die actio pro socio nicht dazu dient, mitgliedschaftliche Ansprüche des Gesellschafters gegen die Gesellschaft auf rechtmäßiges Verhalten ihrer Organe durchzusetzen, daß sie vielmehr der Durchsetzung von Sozialansprüchen der Gesellschaft durch den klagenden Gesellschafter dient.

Beispiel Nr. 43 (nach *BGH,* WM 1972, 1229): K war Komplementär, S war Kommanditistin einer KG. Die S hatte in die Gesellschaft ein von ihrem Ehemann ererbtes Unternehmen eingebracht, das den Handel mit Altgummi und Plastik zum Gegenstand hatte. Ohne Wissen und Einverständnis der S gründete K ein Konkurrenzunternehmen unter der Firma »Großhandel-Import-Export-Industrievertretung, Rohstoffe für Kautschuk und Plastik-Industrie«. Daraufhin klagte die S gegen K u.a. mit dem Antrag, (1) den Betrieb des Konkurrenzunternehmens zu unterlassen, (2) ihr über alle Geschäfte dieses Unternehmens Rechnung zu legen und (3) sämtliche Gewinne dieses Unternehmens an die KG abzuführen. Hier ging es nicht – wie bei der Abwehrklage eines Gesellschafters – um rechtswidriges Verhalten des Verbandes. Die S klagte nicht wegen eines Kompetenzmißbrauchs des Komplementärs gegen die Gesellschaft, sondern sie ging in ihrer Gesellschafterrolle anstelle der Gesellschaft gegen schädigendes Verhalten ihres Mitgesellschafters vor. Die actio pro socio kann auch in den Geschäftsführungsbereich hineinreichen: »Jeder Gesellschafter einer Personenhandelsgesellschaft ist befugt, Ansprüche, die sich aus dem Gesellschaftsvertrag ergeben, im eigenen Namen gegen andere Gesellschafter geltend zu machen. Dies gilt auch für die hier in Frage stehenden Ansprüche auf Unterlassung und Rechnungslegung, die daraus entstanden sind, daß der Kläger die ihm obliegenden Geschäftsführungsverpflichtungen nicht ordnungsgemäß erfüllt hat (vgl. *BGHZ* 25, 47, 49 = WM 1957, 976; *BGH* WM 1956, 88, 89). Soweit die Beklagte Schadensersatz begehrt oder einen gleichartigen Anspruch geltend macht ..., ist sie allerdings genötigt, Leistung an die Gesellschaft zu verlangen, weil dieser die Ansprüche zustehen. Die Ansicht der Revision, das habe ebenso für den Rechnungslegungsanspruch zu gelten, trifft dagegen nicht zu. Rechnungslegung ihr gegenüber kann die Beklagte verlangen, damit sie ihr gesellschaftsvertragliches Recht, die Zahlungsklage gegen den Kläger durchzuführen und zu diesem Zweck der Höhe nach zu beziffern, durchsetzen kann.«

4. Schadensersatzklagen wegen Verletzung der Mitgliedschaft*

Die Mitgliedschaft ist nicht nur durch negatorische Ansprüche, sondern auch durch Schadensersatzansprüche gegen Übergriffe des Verbandes geschützt. Hier muß allerdings genauer, als dies bisher geschieht, zwischen der Mitgliedschaft als einem absoluten, also deliktsrechtlich geschützten, Recht und der mitgliedschaftlichen Sonderrechtsbeziehung zwischen Verband und Mitglied als Grundlage von Ansprüchen wegen Schutzpflichtverletzung unterschieden werden (vgl. schon oben, § 19 I 3)[253].

* Literatur: *Habersack*, Die Mitgliedschaft – Rechtsverhältnis und »sonstiges Recht«, 1996; *Hadding*, Ergibt die Mitgliedschaft »quasi-vertragliche« Ansprüche ..., in: Festschrift Kellermann, 1991, S. 91; *Götz/Götz*, Die Haftung des Vereins gegenüber dem Mitglied, JuS 1995, 106; *Helms*, Schadensersatzansprüche wegen Beeinträchtigung der Vereinsmitgliedschaft, 1998; *Reuter*, Die Mitgliedschaft als sonstiges Recht i.S. des § 823 I BGB, in: Festschrift Lange, 1991, S. 707; *Karsten Schmidt,* Die Vereinsmitgliedschaft als Grundlage von Schadensersatzansprüchen, JZ 1991, 157.

253 Eingehend *Karsten Schmidt*, JZ 1991, 157ff.; ebenso *Habersack*, a.a.O., S. 117ff.; *Götz/Götz*, JuS 1995, 106ff.; a.M. *Helms*, a.a.O., S. 76–121 mit umfassenden Nachweisen; differenzierend, aber dem hier vorgelegten Modell, bei Nähe besehen, näherstehend, *Reuter*, a.a.O.

Beispiel Nr. 44 (nach *BGHZ* 90, 92): Der Vorstand eines Vereins hatte rechtswidrig ein Vorstandsmitglied ausgeschlossen. Dieses Vorstandsmitglied hatte für die Geltendmachung der eigenen Rechte Anwaltskosten aufgewendet. Der *BGH* sah den Verein als schadensersatzpflichtig an und führte aus: »Jedes Vereinsmitglied hat Anspruch darauf, daß der Vorstand seine Mitgliedschaftsrechte nicht verletzt. Geschieht das, so begründet das – ähnlich der positiven Vertragsverletzung – Schadensersatzpflichten, für die der Verein nach § 31 BGB haftet.« Dies war ein Fall, den der *BGH* auch deliktsrechtlich hätte begründen können, denn die Mitgliedschaft des Vorstandsmitglieds war in der Substanz verletzt.

Beispiel Nr. 45 (nach *BGHZ* 110, 323 = NJW 1990, 2877 = JuS 1991, 152 m. Anm. *Karsten Schmidt* = WuB 1.91 zu § 31 BGB m. Anm. *Beuthien/Kießler*): K war Mitglied des B-Vereins, der im Seglerverband die Klasse der Schärenkreuzer vertritt. Fehlinformationen von seiten des Vereins führten dazu, daß K einen aufwendigen Neubau anfertigen ließ, mit dem er bei Regatten nicht zugelassen wurde. Der *BGH* hielt die Klage vorbehaltlich der Mitverantwortung des K sowohl unter dem Gesichtspunkt des § 823 I BGB als auch der Verletzung der mitgliedschaftlichen Sonderrechtsbeziehung – jedesmal unter Zurechnung des Vorstandsverschuldens nach § 31 BGB – für begründet. Aber ein Eingriff in die Mitgliedschaft als absolutes Recht lag gar nicht vor[254]. Der für § 823 I BGB maßgebliche Zuweisungsgehalt der Mitgliedschaft umfaßt nicht die bloße Wahrung mitgliedschaftlicher Interessen. Richtig konnte hier nur die Verletzung der Sonderrechtsbeziehung, also eine verbandsrechtliche positive Forderungsverletzung, sein.

Beide Entscheidungen, auch wo sie Kritik verdienen, sind in der Anlage grundlegend. Man muß sich nur darüber klar sein, daß es sich um verschiedene – ggf. miteinander konkurrierende – Anspruchsgrundlagen handelt, wenn einmal die Mitgliedschaft selbst Verletzungsgegenstand ist (§ 823 I BGB)[255], ein andermal das Mitgliedschaftsverhältnis die Anspruchsgrundlage hergibt (Schutzpflichtverletzung). Das *OLG Stuttgart* hat die Rechtsprechung zur mitgliedschaftlichen Schutzpflichtverletzung inzwischen auf Schutz- und Obhutspflichten bei Bergtouren eines Alpenvereins ausgedehnt (NJW 1996, 1352).

254 Zur Maßgeblichkeit des Eingriffs für den Schutz nach § 823 I BGB (Parallele zum Recht am eingerichteten und ausgeübten Gewerbebetrieb) vgl. auch *Reuter*, a. a. O., S. 714.

255 Kritisch zur Anwendbarkeit des § 823 I BGB aber *Beuthien*, AG 2002, 268 (für *Beuthien* ist die Mitgliedschaft selbst kein subjektives, also auch kein »sonstiges« Recht).

Zweiter Teil
Das Recht der Körperschaften

Erster Abschnitt: Grundlagen

§ 22 Gegenstand und Grundlagen des allgemeinen Körperschaftsrechts*

I. Gegenstand des Körperschaftsrechts

1. Der positivrechtliche Kreis der Körperschaften

a) Als Körperschaften oder Vereine i. w. S. wurden unter § 3 I 2 bezeichnet:
- der Verein des bürgerlichen Rechts,
- die Aktiengesellschaft und die Kommanditgesellschaft auf Aktien,
- die Gesellschaft mit beschränkter Haftung,
- die Genossenschaft und
- der Versicherungsverein auf Gegenseitigkeit.

Diese Rechtsformen sind Gegenstand der Darstellung im folgenden Zweiten Teil dieses Buchs.

b) Die vorstehende Aufzählung ist ganz am positiven Recht und ganz an den vom Gesetz zur Verfügung gestellten Rechtsformen orientiert, nicht am Realtypus des körperschaftlich verfaßten Verbandes. Es wurde schon unter § 3 II herausgearbeitet, daß sich beides nicht vollständig deckt, da sich innerhalb der körperschaftlichen Rechtsformen personalistische Realstrukturen und innerhalb der personengesellschaftlichen Rechtsformen körperschaftliche Realstrukturen herausbilden können. Wenn hier die Gliederung des Stoffes den Rechtsformen folgt, so bedeutet dies nicht, daß diese realtypischen Besonderheiten etwa sachlich unberücksichtigt blieben.

2. Körperschaft und juristische Person

Eine im 19. Jahrhundert verbreitete Terminologie setzte den Begriff der privatrechtlichen Körperschaft mit dem der juristischen Person des privaten Rechts oder – genauer – mit dem der rechtsfähigen Verbandsperson

---

* Literatur (Auswahl): *Flume*, Juristische Person, passim; *Gierke*, Die Genossenschaftstheorie und die deutsche Rechtsprechung, 1887 (Nachdruck 1963); *ders.*, Deutsches Privatrecht I, 1895 (Nachdruck 1936); *Haff*, Grundfragen einer Körperschaftslehre I, 1915; *Larenz/Wolf*, § 9; *Raiser*, Recht der Kapitalgesellschaften, 3. Aufl. 2001; *Rittner*, Die werdende juristische Person, 1973; *Schönfeld*, Rechtsperson und Rechtsgut im Lichte des Reichsgerichts, in: Die Reichsgerichtspraxis im deutschen Rechtsleben, Festgabe RG II, 1929, S. 191; *Wolff/Bachof/Stober*, Verwaltunsrecht II, 5. Aufl. 1987, § 84; umfassende Dokumentation bei *Reuter*, in: MünchKommBGB, vor § 21.

gleich[1]. *Otto von Gierke* definiert die Körperschaft als einen »Verein, der als Ganzes eine von der Summe der Mitglieder verschiedene Person ist«[2]. Diese Begriffsbildung wirkt bis in die Gegenwart fort, erkennbar z.B. an der Hartnäckigkeit, mit der die rechtsfähigen Personengesellschaften (»Gesamthandsgesellschaften«) von den juristischen Personen unterschieden werden (dazu oben, § 8 I). Richtig ist, daß die privatrechtlichen Körperschaften – allen voran die Vereine des bürgerlichen Rechts – seit dem 19. Jahrhundert zum Paradigma der juristischen Person und zum Brennpunkt des juristischen Interesses wurden. Die Orientierung am Rechtsbild der juristischen Person ist auch noch an unserem Katalog der körperschaftlichen Rechtsformen erkennbar, und doch bezieht sich der Körperschaftsbegriff *nicht* auf die äußere juristische Verselbständigung; er bezieht sich vielmehr auf die Verselbständigung gegenüber den Mitgliedern. Die Körperschaft im Gegensatz zur Personengesellschaft ist ein verbandsrechtlicher Strukturtypus. Der Verein des bürgerlichen Rechts ist Körperschaft, gleich, ob er rechtsfähig ist (unten, § 24) oder nicht (unten, § 25). Die Aktiengesellschaft, GmbH oder Genossenschaft ist Körperschaft, gleich, ob sie schon eingetragen oder noch in Eintragung begriffen ist (vgl. zu den Gründungsstadien oben, § 11 IV 2). Umgekehrt ändert es nichts an der Einordnung einer Personengesellschaft, wenn das Gesetz von ihr sagt, daß sie Trägerin von Rechten und Pflichten sein kann (§ 124 HGB). Die oHG und die KG, für welche dies gilt, sind und bleiben Personengesellschaften, ob man sie nun als Gesamthandsgesellschaften einordnet oder – wie neuerdings wieder vorgeschlagen wird – als juristische Personen (oben, § 8 I 2). Auch sonst hat die Frage, ob eine Personengesellschaft Rechtsträgerin sein kann (oben, § 8 III), nichts mit der anderen zu tun, ob damit eine Körperschaft vorliegt.

II. Grundlagen des allgemeinen Körperschaftsrechts

1. Körperschaft, Verband und Mitgliedschaft

Jede Körperschaft ist ein Verband. Die Körperschaft kann nicht, wie eine Personen-Innengesellschaft, bloßes Schuldverhältnis sein. Wer die Körperschaften mit den Personengesellschaften vergleicht, tut gut daran, die rein schuldrechtlichen Innengesellschaften auszublenden. Nur Personengesellschaften, die verbandsrechtlich strukturiert sind, stehen auf einer Stufe, die einen Vergleich mit Körperschaften überhaupt zuläßt. Innerhalb der Verbände kann man die Körperschaften als »Verbandspersonen«, die Personengesellschaften dagegen als »Personenverbände« bezeichnen[3]. Umstritten ist allerdings, was damit genau gesagt sein soll. *Otto von Gierke*, auf den die

---

1 Charakteristisch *Gerber/Cosack*, System des Deutschen Privatrechts, 17. Aufl. 1895, S. 63ff.; rückblickend *Windscheid/Kipp*, Lehrbuch des Pandektenrechts I, 9. Aufl. 1906 (Nachdruck 1963), S. 263f.; s. auch *v. Tuhr* I, S. 454.

2 *Gierke*, Deutsches Privatrecht I, S. 479.

3 Dazu *Flume*, Juristische Person, § 8 I; *Wiedemann* I, § 2 I 1 a; *Schönfeld*, a.a.O., S. 226.

Gegenüberstellung zurückgeht, meinte, die Verbandsperson sei Rechtssubjekt, die personenrechtliche Gemeinschaft dagegen sei ein Rechtsverhältnis[4]. Heute heißt es bei *Flume*[5], »daß bei der körperschaftlichen juristischen Person die Mitglieder nur als wesentliches Moment der Verbandsperson zugehörig sind, während bei der Personengesellschaft die Mitglieder der Verband sind«. Man kann darüber streiten, ob dies ein kategoriales Merkmal der juristischen Person oder der Körperschaft ist, ob also die zur Rechtsträgerschaft erwachsenen Personengesellschaften als »Gesamthandsgesellschaften« im Gegensatz zu den juristischen Personen zu stellen sind oder, wie dies neuerdings vorgetragen wird, den »juristischen Personen« zugeordnet und nur noch im Gegensatz zu den Körperschaften gestellt werden müssen (oben, § 8 I 2). Für das Recht der Mitgliedschaft wurde hier der von *Gierke* und *Flume* angenommene strikte Gegensatz zwischen der Zugehörigkeit zu einer Körperschaft oder zu einer Personengesellschaft relativiert (oben, § 19 I 3 b). Aber damit sind die strukturellen Unterschiede nicht im ganzen geleugnet (vgl. oben, § 8 IV 2). Richtig ist jedenfalls, daß das positive Recht die Körperschaften in aller Regel als juristische Personen und ausnahmslos als gegenüber den Mitgliedern verselbständigte Verbände ansieht. Hierzu paßt auch das irreführend so genannte Prinzip der »Fremdorganschaft« (oben, 14 II 2): Die Personengesellschaft »hat«, weil sie in ihren Mitgliedern lebt, Organe; die Körperschaft muß erst durch die »Bestellung« mit Organen ausgestattet werden.

2. Das Außenrecht und das Innenrecht der Körperschaften

a) Mit dem hohen Grad verbandsrechtlicher Verselbständigung hängen die Schwerpunkte des Körperschaftsrechts zusammen, nämlich
- das Gründungsrecht,
- das Recht der äußeren Handlungs- und Haftungsfähigkeit,
- das Recht der inneren Verbandsverfassung und
- das Recht der Abwicklung.

b) Soweit die Körperschaften Kapitalgesellschaften sind, tritt als wichtiger Schwerpunkt das Recht der Finanzverfassung hinzu. Insbesondere geht es dabei um die Aufbringung und Erhaltung des Garantiekapitals der Gesellschaft. So ist bei der Aktiengesellschaft und bei der GmbH die strikte Verselbständigung gegenüber den Mitgliedern ein wichtiges rechtstechnisches Mittel der Haftungsbeschränkung. Der Satz »Für die Verbindlichkeiten der Gesellschaft haftet den Gläubigern nur das Gesellschaftsvermögen« (§ 1 I 2 AktG; § 13 II GmbHG) hatte im 19. Jahrhundert noch tragende Bedeutung. Heute ist er zu einer Trivialität geworden, denn die juristische Persönlichkeit der Kapitalgesellschaften steht außer Frage, und für eine persönliche Gesellschafterhaftung fehlt jede Grundlage. Aber dies ist nur rechtstechnisch, nicht auch rechtspolitisch, eine Selbstverständlichkeit, denn wie so oft verdeckt

4 *Gierke*, Deutsches Privatrecht I, S. 660.
5 Juristische Person, § 8 I; ähnlich *ders.*, Personengesellschaft, § 7 III 3.

eine ausgereifte Begrifflichkeit nur die hinter dem geltenden Recht stehenden – eben keineswegs selbstverständlichen – Wertungen. Es bleibt nämlich bei dem Grundsatz, daß Handelsgesellschafter sich nur durch Einhaltung strikter Kapitalaufbringungs- und Kapitalerhaltungsvorschriften die Befreiung von der persönlichen Haftung verdienen (oben, § 18 IV 1). Dieser auch für Kapitalgesellschaften geltende Grundsatz wird sich sowohl bei der Aktiengesellschaft als auch bei der GmbH als bedeutsam erweisen (unten, § 29 II und § 37 II).

Auch der Streit um die Durchgriffshaftung (oben, § 9 IV) hängt damit zusammen, daß jede Haftungsbeschränkung der Legitimation durch Normativbestimmungen bedarf und wieder zur Disposition steht, sobald die Grenzen der Normativbestimmungen verlassen sind.

c) Mit der Verselbständigung der Körperschaft gegenüber ihren Mitgliedern hängt es zusammen, daß *Binnenkonflikte in Körperschaften*, auch wenn sie ihre Ursache in Unstimmigkeiten unter Mitgliedern haben, typischerweise als Konflikte zwischen Mitglied und Verband ausgetragen werden. Charakteristisch hierfür ist nicht nur das Recht der Vereinsausschlüsse oder sog. Vereinsstrafen (dazu unten, § 24 V 3), sondern z.B. auch die Anfechtung von Hauptversammlungsbeschlüssen in der Aktiengesellschaft, die durch Klage gegen die Gesellschaft erfolgt (§ 246 II AktG und dazu unten, § 28 IV 5 e). Während bei den Personengesellschaften das Rechtsverhältnis der Mitglieder untereinander im Vordergrund steht und die Rechtsbeziehung zur Gesellschaft erst entdeckt werden mußte (oben, § 19 III 1), verhält es sich bei den Körperschaften umgekehrt. Die späte Anerkennung der wechselseitigen Treupflichten von Aktionären ist hierfür ein charakteristisches Beispiel (oben, § 20 IV; unten, § 28 I 4 a).

Zweiter Abschnitt: Der Verein des Bürgerlichen Rechts

§ 23 Grundlagen und Grundbegriffe des Vereinsrechts*

I. Der Verein in der Rechtsordnung

1. Begriff und Rechtsnatur des Vereins

a) Der *Begriff des Vereins* wird vom BGB als bekannt und geklärt vorausgesetzt und nicht noch besonders klargestellt. Das BGB regelt das Recht der rechtsfähigen und der »nichtrechtsfähigen« Vereine (§§ 21ff., § 54 BGB), ohne den allgemeinen Begriff des Vereins voranzustellen. Der Verein ist nach der geläufigen Definition ein auf Dauer angelegter, körperschaftlich organisierter Zusammenschluß von Personen mit einem gemeinsamen Zweck[1]. Das einzig schwierige Merkmal bei dieser Begriffsbildung ist das der körperschaftlichen Organisation. Eine solche Organisation wird nach der herrschenden Auffassung erkennbar an drei Merkmalen: am Gesamtnamen, an der Vertretung durch einen Vorstand und an der Unabhängigkeit des Vereins von der Identität seiner Mitglieder[2]. In der Praxis der rechtsfähigen Vereine macht der Vereinsbegriff kaum Schwierigkeiten. Erfüllt ein Personenverband die vereinsrechtlichen Normativbestimmungen, so ist schwerlich ein Fall denkbar, bei dem etwa die Eintragung in das Vereinsregister mit der Begründung verweigert würde, es liege mangels körperschaftlicher Organisation kein Verein, sondern eine Personengesellschaft vor. Ist der Verein aber eingetragen, so tritt die Frage, ob er aus »begrifflichen« Gründen eine

---

* Literatur (Auswahl): *Ballerstedt*, Mitgliedschaft und Vermögen beim rechtsfähigen Verein, in: Festschrift Knur 1972, S. 1; *John*, Die organisierte Rechtsperson, 1977; *Kögler*, Arbeiterbewegung und Vereinsrecht, 1974; *Leist*, Untersuchungen zum inneren Vereinsrecht, 1904; *Märkle*, Der Verein im Zivil- und Steuerrecht, 10. Aufl. 2000; *Müller-Thoma*, Der halbstaatliche Verein, 1974; *Mummenhoff*, Gründungssysteme und Rechtsfähigkeit, 1979; *Reichert*, Handbuch des Vereins- und Verbandsrechts, 7. Aufl. 1999; *Reuter*, 100 Bände BGHZ: Vereins- und Genossenschaftsrecht, ZHR 151 (1987), 355; *ders.*, Die Verbände in der Privatrechtsordnung, in: Festgabe BGH II, 2000, S. 213; *Sauter/Schweyer/Waldner*, Der eingetragene Verein, 17. Aufl. 2001; *Karsten Schmidt*, Verbandszweck und Rechtsfähigkeit im Vereinsrecht, 1984; *ders.*, Systemfragen des Vereinsrechts, ZHR 147 (1983), 43; *Schnorr*, Öffentliches Vereinsrecht, 1965; *Stöber*, Vereinsrecht, 7. Aufl. 1997; *Teubner*, Organisationsdemokratie und Verbandsverfassung, 1978; *Vormbaum*, Die Rechtsfähigkeit der Vereine im 19. Jahrhundert, 1976.

1 Vgl. statt vieler *Reuter*, in: MünchKommBGB, §§ 21, 22 Rdnr. 1.

2 Vgl. nur *RGZ* 60, 94, 96; 143, 212, 213; 165, 140, 143; *Enneccerus/Nipperdey*, § 104 II 1; *Kübler*, § 10 I 1; *Reichert*, a.a.O., Rdnr. 5; *Reuter*, in: MünchKommBGB, §§ 21, 22 Rdnr. 1; s. auch *Flume*, Juristische Person, § 4 I (S. 99).

Gesellschaft und kein Verein ist, nicht mehr auf[3]. Trotzdem ist die Befassung mit dem Vereinsbegriff nicht etwa eine rein theoretische Aufgabe. Die Schwierigkeiten des Vereinsbegriffs liegen auf dem Gebiet der nichtrechtsfähigen Vereine (dazu unten, § 25 I), denn hier muß die Abgrenzung zwischen Vereinen und Gesellschaften von Fall zu Fall neu geprüft werden. Im Recht der rechtsfähigen Vereine besteht diese Schwierigkeit dagegen, wie gesagt, nicht. An der systematischen Bedeutung des Vereinsbegriffs auch für das Recht der eingetragenen Vereine ändert dies selbstverständlich nichts.

b) Die *Rechtsnatur* des rechtsfähigen Vereins ist gekennzeichnet durch zwei miteinander zusammenhängende Begriffe: Seiner Struktur nach ist der Verein eine *Körperschaft*, im Hinblick auf die Rechtssubjektivität ist er *juristische Person.* Rechtshistorisch und rechtssystematisch kann der Verein als die Urfom aller privatrechtlichen Körperschaften begriffen werden: Aktiengesellschaften und Genossenschaften (weniger die Kunstform der GmbH!) haben sich im 19. Jahrhundert als Vereine entwickelt. Die Rechtsnatur des nichtrechtsfähigen Vereins wird unter § 25 II 1 zu besprechen sein.

2. Bedeutung im Rechtsleben

Die Bedeutung der rechtsfähigen Vereine im Rechtsleben ist groß und außerordentlich vielfältig. Wer im Zusammenhang mit den §§ 21 ff. BGB nur an wirtschafts- und sozialpolitisch minder belangvolle Vereinigungen wie Ruderklubs, Trachten-, Karnevals-, Pudel- oder Beagle-Vereine denkt, trifft vielleicht den zahlenmäßig größeren Bestand an Vereinen, sieht aber nicht das Ganze. Vor allem die politische Dimension des Vereinsrechts wird auf diese Weise verkannt. Gerade sie hat aber die Geschichte des Vereinsrechts entscheidend geprägt. Rechtsfähige Vereine sind beispielsweise tätig als

- politische Gruppierungen,
- Bürgerinitiativen,
- religiöse Gruppierungen,
- karitative Vereinigungen,
- Stiftungsvereine,
- Natur- und Denkmalschutzvereine,
- Sportvereine,
- Dachverbände der Sportorganisation,
- Automobilklubs,
- Forschungsinstitute oder Förderverbände für Forschungsinstitute,
- Technische Überwachungsvereine,
- Volkshochschulen,
- kulturelle Institutionen,
- gesellige Clubs,
- Traditionsvereine,
- Gewerkschaften,

3 Treffend *Flume*, Juristische Person, § 4 I (S. 99).

- Wirtschaftsverbände, Verbraucherverbände und sonstige Interessenverbände,
- genossenschaftsartige Vereinigungen wie Einkaufsgemeinschaften, Handelsketten, Werbegemeinschaften, landwirtschaftliche Maschinenringe, Erzeugergemeinschaften oder Siedlergemeinschaften,
- genossenschaftliche Prüfungsverbände,
- Sparkassen,
- privatärztliche Abrechnungsstellen,
- betriebliche Sozialeinrichtungen,
- Werkarztzentren,
- Lohnsteuerhilfevereine.

Das Vereinsrecht hat es also mit einer außerordentlichen Vielfalt von sozialen Sachverhalten zu tun.

3. Privates und öffentliches Vereinsrecht

a) Über das schwierige Verhältnis zwischen dem privaten und dem öffentlichen Vereinsrecht wurde Allgemeines unter § 1 II 1 b gesagt. Wer heute den Blick von den zwar zahlenmäßig überwiegenden, aber rechtspolitisch minder interessanten kleinen Sport- und Geselligkeitsvereinen auf sozial und politisch aktive Gruppen lenkt, wird die Brisanz begreifen, die sich seit dem 19. Jahrhundert mit dem Vereinswesen verbindet. Vereinsrecht ist nicht nur ein unter den Mitgliedern geltendes Organisationsrecht; Vereinsrecht ist zugleich Spiegelbild der Vereinigungsfreiheit, und diese ist ein auch gegen den Staat wirkenden Freiheitsrecht (vgl. Art. 9 GG). Der Gesetzgeber ordnet deshalb beide Bereiche: das »Sich-vereinigen-Dürfen« und das »Wie« der Organisation. Demgemäß hat sich ein Gegensatz zwischen öffentlichem und privatem Vereinsrecht herausgebildet. Das bedeutet naturgemäß nicht, daß beide Gebiete nichts miteinander zu tun hätten. Die Zusammenhänge beider Bereiche sind im Detail kompliziert, aber im Grundsatz naheliegend[4]: Vereinigungsfreiheit und Vereinsaufsicht wirken selbstverständlich in das Organisationsrecht hinein, und umgekehrt leistet das Recht der Vereinsorganisation Beiträge zur Verwirklichung von Vereinigungsfreiheit und staatlicher Vereinsaufsicht. Organisationsrecht und öffentliches Vereinsrecht lassen sich deshalb zwar rechtsdogmatisch trennen, nicht aber läßt sich der Zusammenhang zwischen beiden lösen. Die Frage, wie ein Verein die Rechtsfähigkeit erlangen kann, ist traditionellerweise mit der Frage verbunden, ob der Verein als solcher erlaubnispflichtig ist[5]. Das im 19. Jahrhundert noch überwiegende Konzessionssystem (oben, § 8 II 5) gewährleistete nicht zuletzt einen Gleichlauf des Privatrechts mit der öffentlichrechtlichen Vereinsaufsicht. Aber nicht nur die Erlangung der Rechtsfähigkeit ist eine solche Nahtstelle. Auch die Entscheidung, welcher Verein verboten werden kann oder muß, löst mit Sicherheit privatrechtliche Folgeprobleme aus. Im einzelnen ist es eine vom Gesetzgeber zu treffende politische Entscheidung, wie eng oder wie lose die

---

4 Vgl. *Reuter*, in: MünchKommBGB, vor § 21 Rdnr. 56.
5 Vgl. den historischen Überblick bei *Mummenhoff*, a.a.O., S. 19ff.

Verbindung von öffentlichem und privatem Vereinsrecht ist. So hat der Gesetzgeber des BGB die Aufgabe des Konzessionsprinzips zugunsten des Registrierungsverfahrens bei der Erlangung der Rechtsfähigkeit (oben, § 8 II 5) mit Recht als ein Mittel verstanden, privates und öffentliches Vereinsrecht voneinander zu scheiden[6].

b) *Das geltende Vereinsrecht* basiert auf dem *Versuch, öffentliches und privates Vereinsrecht zu trennen.* Bei Erlaß des BGB war diese Trennung nicht zuletzt durch die unterschiedlichen Gesetzgebungshoheiten vorgegeben[7]. Aber auch sachlich hielt man sie für erforderlich[8]. Heute findet sich das öffentliche Vereinsrecht im *Gesetz zur Regelung des öffentlichen Vereinsrechts (VereinsG)* von 1964[9], das private Vereinsrecht im BGB[10]. Dabei muß man sich darüber klar sein, daß der Begriff des Vereins in beiden Gesetzen nicht derselbe ist[11]. Das in Ausführung des Art. 9 GG erlassene VereinsG ist nicht rechtsformspezifisch angelegt und greift über den Kreis der Vereine i. S. des BGB hinaus. Nach § 2 I VereinsG ist Verein »ohne Rücksicht auf die Rechtsform jede Vereinigung, zu der sich eine Mehrheit natürlicher oder juristischer Personen für längere Zeit zu einem gemeinsamen Zweck freiwillig zusammengeschlossen und einer organisierten Willensbildung unterworfen hat«[12]. Umgekehrt gibt es Vereine des bürgerlichen Rechts, die nicht unter das VereinsG fallen. Ausdrücklich ausgenommen sind nach § 2 II VereinsG politische Parteien, parlamentarische Fraktionen sowie Religionsgemeinschaften und weltanschauliche Vereine. Das hängt mit dem verfassungsrechtlichen Sonderstatus dieser Vereine zusammen. Das VereinsG wird mit einem § 1 eröffnet, der sich wie eine Präambel liest: »Die Bildung von Vereinen ist frei (Abs. 1). Gegen Vereine, die die Vereinsfreiheit mißbrauchen, kann zur Wahrung der öffentlichen Sicherheit und Ordnung nur nach Maßgabe dieses Gesetzes eingeschritten werden (Abs. 2).« Die Verbotstatbestände des Vereinsgesetzes sind vom *Bundesverwaltungsgericht* wiederholt als verfassungsmäßig bezeichnet worden[13]. Das BGB befaßt sich mit der Organisation und der Rechtsfähigkeit der Vereine sowie mit privatrechtlichen Folgeproblemen. Es beginnt kennzeichnenderweise mit Vorschriften darüber, wie ein nichtwirtschaftlicher (§ 21 BGB), ein wirtschaftlicher (§ 22 BGB) oder ein ausländischer Verein (§ 23 BGB) die Rechtsfähigkeit erwerben kann. Auch die geschilderten Zusammenhänge zwischen beiden Bereichen sind vom Gesetzgeber nicht vergessen worden. So muß sich das VereinsG mit den vermögensrechtlichen Folgen eines Vereinsverbots befassen (§§ 10 ff. VereinsG)[14]. In

6 Vgl. Kommissionsbericht, in: *Mugdan* I, S. 952.
7 Vgl. Mot., in: *Mugdan* I, S. 32, 397.
8 Kommissionsbericht, in: *Mugdan* I, S. 952.
9 BGBl. I S. 593; eingehende Darstellung bei *Schnorr*, a. a. O., passim; *Reichert*, a. a. O., Rdnrn. 2904 ff.; *Plancker*, NVwZ 1998, 113 ff.
10 Eingehend zur Systematik *Mummenhoff*, a. a. O., S. 62 ff.
11 *Reichert*, a. a. O., Rdnrn. 10, 3011 ff.
12 Einschränkend § 17 VereinsG; dazu *BVerwG*, NVwZ 1998, 174.
13 *BVerwGE* 55, 175, 176; 61, 218, 219; *BVerwG*, NJW 1989, 993, 994.
14 Bis 1997 enthielt das BGB darüber hinaus ein kompliziertes Verfahren zur Verhinderung einer Eintragung unerlaubter Vereine (§§ 61 ff. BGB a. F.).

vielerlei Hinsicht ist aber die Abstimmung zwischen dem öffentlichen und dem privaten Vereinsrecht im BGB mißglückt, was auf der damals getrennten Gesetzgebungskompetenz beruht haben mag, die einer sachlich abgestimmten Neuordnung im Wege stand. In einem systematisch geglückten Vereinsrecht müssen die Fragen
- der Verbandsexistenz,
- der Rechtsfähigkeit und
- der Verhaltenskontrolle

voneinander getrennt werden, und genau daran läßt es das BGB fehlen[15]. Charakteristisch ist § 43 I BGB, wonach die Verwaltungsbehörde einem Verein die Rechtsfähigkeit entziehen kann, wenn er das Gemeinwohl gefährdet. Der Sache nach ist dies eine Vorschrift des öffentlichen, nicht des privaten Vereinsrechts[16], und auch die angeordnete Rechtsfolge ist unangemessen, denn ein gemeingefährlicher Verein darf nicht nur die Rechtsfähigkeit verlieren, sondern er gehört verboten (vgl. näher unten, § 24 VII 2a aa).

4. Der Europäische Verein[17]

Die Kommission hat im Jahr 1992 einen Vorschlag und im Jahr 1993 einen geänderten Vorschlag für eine Verordnung über das Statut des Europäischen Vereins sowie 1993 einen geänderten Vorschlag für eine Richtlinie des Rates zur Ergänzung des Statuts des Europäischen Vereins hinsichtlich der Rolle der Arbeitnehmer vorgelegt[18]. Die geplante Einführung einer europäischen Vereinsform soll in erster Linie der Binnenmarktintegration von Vereinen und Stiftungen sowohl im sog. »non-profit«-Bereich als auch bei Berufs- und Wirtschaftsvertretungen dienen. Sie steht im Zusammenhang mit dem Plan einer europäischen Genossenschaftsform und enthält nach den bisherigen Entwürfen nur rudimentäre Regelungen, die durch Rückgriff auf das nationale – z.B. auch deutsche – Vereinsrecht des Sitzstaats ergänzt werden müssen. Vorerst kann die Entwicklung und Bedeutung des Europäischen Vereins noch schlecht abgeschätzt werden.

II. Rechtsfähige und »nichtrechtsfähige« Vereine

1. Das Nebeneinander im Gesetz

Das Bürgerliche Gesetzbuch kennt rechtsfähige Vereine und Vereine ohne Rechtsfähigkeit. Beiden sind die unter I 1 besprochenen Merkmale des Vereinsbegriffs gemeinsam. Beide sind einander in der Organisationsstruktur gleich,

15 Vgl. eingehend *Karsten Schmidt*, Verbandszweck, a.a.O., S. 14ff. (Existenz und Rechtsfähigkeit), 255ff., 270ff. (über Verhaltenskontrolle und Rechtsformkontrolle).
16 Berechtigte Kritik insofern bei *Mummenhoff*, a.a.O., S. 67ff.
17 *Vollmer*, Der Europäische Verein, ZHR 157 (1993), 373; *Wagner*, Der Europäische Verein, 2000; *Weisbrod*, Europäisches Vereinsrecht, 1994.
18 ABl. EG Nr. C 99 v. 21.4.1992 S. 1; Nr. C 236 v. 31.8.1993 S. 1; Nr. C 99 v. 21.4.1992 S. 14.

beide sind Paradebeispiele des Körperschaftsbegriffs. Der Unterschied liegt »nur« in der durch Eintragung oder durch Konzession erlangten Rechtsfähigkeit. Der rechtsfähige Verein ist juristische Person[19], während es in § 54 S. 1 BGB über den nichtrechtsfähigen Verein heißt: »Auf Vereine, die nicht rechtsfähig sind, finden die Vorschriften über die Gesellschaft (scl.: die §§ 705ff. BGB) Anwendung.« Auf die Bedeutung dieser Bestimmung für das Recht der Vereine ohne Rechtsfähigkeit wird unter § 25 II 2 zurückzukommen sein. Nach der Vorstellung des BGB-Gesetzgebers, der neben den natürlichen und juristischen Personen noch keine Rechtssubjekte kannte, bestand ein extremer Gegensatz zwischen den rechtsfähigen und den nichtrechtsfähigen Vereinen. Noch heute wird nur der rechtsfähige Verein den juristischen Personen zugerechnet, der nichtrechtsfähige Verein dagegen den Gesamthandsgemeinschaften (unten, § 25 II 1). Nachdem aber die Fähigkeit auch der Außen-Personengesellschaften, Trägerinnen von Rechten und Pflichten zu sein, bejaht wird (oben, § 8 III), kann nicht verwundern, daß der sich damit nach früherem Verständnis verbindende krasse Unterschied relativiert werden muß (vgl. auch oben, § 8 I 2)[20]. Das berechtigt allerdings noch nicht dazu, den Gegensatz zwischen rechtsfähigen und nichtrechtsfähigen Vereinen im Grundsatz zu leugnen[21]. Nicht zuletzt das Umwandlungsgesetz von 1994 hat wieder gezeigt, daß »rechtsfähige Vereine« (§ 91 I Nr. 4 UmwG) bzw., enger, »eingetragene Vereine« (§ 3 I Nr. 4 UmwG) bzw. konzessionierte »wirtschaftliche Vereine« (§ 3 II Nr. 1 UmwG) eine Sonderstellung genießen. Die Erlangung formeller Rechtsfähigkeit als juristisch personifizierte Körperschaft ist und bleibt ein entscheidendes Datum für einen Verein.

2. Die Erlangung formeller Rechtsfähigkeit und die Publizität

a) Die Voraussetzungen, unter denen ein Verein formelle Rechtsfähigkeit erlangen kann, sind unterschiedlich. Ungenau ist es aber, wenn hierbei Normativbestimmungen und Konzessionsprinzip einander gegenübergestellt werden, denn beide Begriffe schließen einander nicht aus (oben, § 8 II 5). Der wahre Gegensatz lautet: Registrierungsverfahren oder Konzessionssystem? Nach § 21 BGB erlangen *nichtwirtschaftliche Vereine* die Rechtsfähigkeit durch Eintragung in das Vereinsregister, während *wirtschaftliche Vereine* nach § 22 BGB nur »in Ermangelung besonderer reichsgesetzlicher Vorschriften« und nur durch Verleihung rechtsfähig werden (vgl. deshalb zur Unterscheidung der beiden Vereinsklassen sogleich die Ausführungen unter III). Verleihungen nach § 22 BGB erfolgen, wie noch gezeigt werden soll, nur in seltenen Einzelfällen. Dem Konzessionssystem unterliegen nach § 23 BGB auch *ausländische Vereine*. Diese Bestimmung ist allerdings nahezu bedeutungslos[22]. Ist ein Verein mit Sitz im Ausland schon nach seinem Heimatrecht rechtsfähig, so handelt

---

19 Vgl. Mot., in: *Mugdan* I, S. 599ff.
20 Vgl. besonders *Flume*, ZHR 148 (1984), 503ff.
21 In dieser Richtung *Mummenhoff*, a.a.O., S. 229f.; vgl. demgegenüber *Karsten Schmidt*, Verbandszweck, a.a.O., S. 47ff.; *ders.*, ZHR 147 (1983), 66.
22 Vgl. *Reichert*, a.a.O., Rdnr. 3157; *Reuter*, in: MünchKommBGB, § 23 Rdnr. 1.

es sich nicht um einen Anwendungsfall des § 23 BGB, sondern es liegt ein international-gesellschaftsrechtliches Problem der Anerkennung der nach ausländischem Recht erlangten Rechtsfähigkeit vor (dazu oben unter § 1 II 8 a). § 23 BGB findet nur Anwendung, wenn es darum geht, ob ein nach dem Recht seines Verwaltungssitzes nicht rechtsfähiger Verein nach deutschem Recht die Rechtsfähigkeit erlangen soll[23].

b) Für Publizität sorgt bei allen unter § 21 BGB fallenden Vereinen das *Vereinsregister*, das auch in EDV-Form geführt werden kann (§ 55 a BGB). Das Registerverfahren ist *Gegenstand der Freiwilligen Gerichtsbarkeit*[24]. Regelungen hierüber sind in §§ 55 ff. BGB sowie in §§ 159 ff. FGG enthalten. Zuständig ist das Amtsgericht des Vereinssitzes (§§ 55, 24 BGB)[25]. Eintragungen erfolgen i. d. R. auf Anmeldung. Von Amts wegen erfolgen nur bestimmte einzelne Eintragungen, an denen ein öffentliches Interesse besteht: Eröffnung des Insolvenzverfahrens (§ 75 BGB), Entziehung der Rechtsfähigkeit (§ 74 BGB), Bestellung von Notvorständen bzw. Notliquidatoren (§§ 67 II, 76 III BGB). Von hoher Bedeutung ist auch die Amtslöschung unzulässiger Eintragungen nach §§ 159, 142 FGG (dazu unten, § 24 II 1 e). An dem registerrechtlichen Antragsprinzip ändern aber diese Sonderregeln nichts. Die Anmeldungen zum Vereinsregister sind von den Mitgliedern des Vorstands bzw. im Auflösungsfall von den Liquidatoren in beglaubigter Form zu bewirken (§ 77 BGB). Diese können durch Zwangsgelder angehalten werden, ihrer Anmeldepflicht zu genügen (§ 78 BGB). Wird eine Anmeldung zurückgewiesen, so findet hiergegen die sofortige Beschwerde statt (§§ 160 a I FGG, 11 I RpflG), im übrigen steht im Vereinsregisterrecht das Rechtsmittel der einfachen, unbefristeten Beschwerde offen (§§ 19 ff. FGG, 11 I RpflG)[26], nicht allerdings gegen eine Eintragung selbst.

aa) Da der Vorstand i. d. R. ein mehrköpfiges Gremium ist, kann die Frage auftreten, ob auch ein alleinvertretungsberechtigtes Vorstandsmitglied die »von den Mitgliedern des Vorstandes« zu bewirkende Anmeldung (§ 77 BGB) vornehmen kann[27].

Beispiel Nr. 1 (nach *BGHZ* 96, 245 = NJW 1986, 1033 = JuS 1986, 562 m. Anm. *Karsten Schmidt*; eingehend *Reuter*, ZGR 1987, 475 ff.): Der alleinvertretungsberechtigte Vorstandsvorsitzende hatte eine Satzungsänderung zur Eintragung angemeldet. Der *Bundesgerichtshof* führte aus: »Umstritten ist, ob alle Mitglieder des Vorstandes die Satzungsänderung anmelden müssen oder ob es genügt, wenn ein alleinvertretungsberechtigtes Vorstandsmitglied sie anmeldet (vgl. einerseits Reichert/Dannecker/Kühr, Handbuch des

---

23 Vgl. *Reichert*, a. a. O., Rdr. 3158; *Reuter*, in: MünchKommBGB, § 23 Rdnr. 1; eingehend *Staudinger/Großfeld*, IntGesR, 1993, Rdnr. 109 m. w. N.

24 Näher *Habscheid*, Freiwillige Gerichtsbarkeit, 7. Aufl. 1983, § 58 I; *Reichert*, a. a. O., Rdnrn. 2275 ff.; *Sauter/Schweyer/Waldner*, a. a. O., Rdnrn. 424 ff.

25 Zur Zuständigkeit bei Sitzverlegung *BayObLG*, Rpfleger 1996, 350; *OLG Stuttgart*, Rpfleger 1997, 312; *OLG Brandenburg*, Rpfleger 1998, 73.

26 Zu den seltenen Fällen einer Erinnerung nach § 11 II RpflG vgl. *Reichert*, a. a. O., Rdnr. 2308.

27 Bejahend die jetzt h. M.; vgl. *BGHZ* 96, 245; *BayObLGZ* 1991, 52 = Rpfleger 1991, 207; *Reichert*, a. a. O., Rdnr. 439 (gegen frühere Auflagen); *Erman/Westermann*, § 77 Rdnr. 1; *Reuter*, in: MünchKommBGB, § 77 Rdnr. 1; *Staudinger/Habermann*, § 71 Rdnr. 2, § 77 Rdnr. 1; *Kirberger*, ZIP 1986, 346 ff.; *Reuter*, ZGR 1987, 476.

Vereins- und Verbandsrechts, 3. Aufl. Rdnr. 1604; andererseits MünchKomm-*Reuter*, BGB, 2. Aufl., § 71 Rdnr. 4, § 67 Rdnr. 2; BayObLGZ 1981, 270). Der Senat folgt der letzten Auffassung. Aus der Verwendung des Wortes ›Vorstand‹ in § 71 BGB ergibt sich nicht zwingend, daß sämtliche Vorstandsmitglieder gemeint sind. Das Gesetz spricht auch in § 26 Abs. 2 BGB davon, daß ›der Vorstand‹ den Verein gerichtlich und außergerichtlich vertritt ... In diesem Zusammenhang weist *Reuter* (a. a. O.) mit Recht auf § 78 GmbHG hin ...«

Nicht einmal die Erstanmeldung des Vereins bei seiner Gründung muß nach der nun wohl schon herrschenden Meinung von allen Vorstandsmitgliedern vorgenommen werden (dazu unten, § 24 II 1 a).

bb) Die Eintragungen in das Vereinsregister wirken teils *konstitutiv*, teils *deklaratorisch*. Klassisches Beispiel einer Konstitutivwirkung ist die Erlangung der Rechtsfähigkeit als juristische Person: Solange ein nichtwirtschaftlicher, also nach § 21 BGB eintragungsfähiger Verein nicht eingetragen ist, ist er rechtsfähig nur als sog. Vor-Verein; ist ein Verein aber eingetragen, so hat er die Rechtsfähigkeit als juristische Person erlangt, mag er auch zu Unrecht eingetragen worden sein (unten, § 24 II 1 f. und § 24 II 3 b). Ein Beispiel für eine nur deklaratorische Eintragung enthält § 67 BGB. Danach ist jede Änderung des Vorstands anzumelden und einzutragen; aber das bedeutet nicht etwa, daß die Wahl eines neuen Vorstandsmitglieds erst mit der Eintragung wirksam würde. Immerhin hat auch eine nur deklaratorische Eintragung die Vermutung der Richtigkeit für sich[28].

cc) Hinzu tritt eine *materielle Publizität des Vereinsregisters*. Diese ist teilweise an § 15 I, II HGB angelehnt (vgl. zu dieser Vorschrift eingehend Handelsrecht, § 14). Aber die Publizität ist schwächer: Ist eine Änderung des Vorstands im Vereinsregister eingetragen, so braucht ein Geschäftspartner sie gleichwohl nicht gegen sich gelten zu lassen, wenn er die Änderung nicht kennt und seine Unkenntnis auch nicht auf Fahrlässigkeit beruht (§ 68 S. 2 BGB). Ist die Änderung nicht eingetragen, so kann sie einem dritten Geschäftspartner nur entgegengesetzt werden, wenn ihm die Änderung positiv bekannt ist (§ 68 S. 1 BGB). Nach § 70 BGB gelten diese Regeln auch dann, wenn die Vertretungsmacht des Vorstands nach §§ 26 II 2, 28 I, 40 BGB durch die Satzung geändert wird. Im Gegensatz zu § 15 HGB spielt die »negative Publizität« des Vereinsregisters nur selten eine Rolle. Ein Anwendungsfall ist unser.

Beispiel Nr. 2 (nach *OLG Frankfurt*, Rpfleger 1978, 134): Dem ehemaligen Vorsitzenden V wird eine gegen den Verein gerichtete einstweilige Verfügung zugestellt. Der Verein macht geltend, V habe das Vorstandsamt nicht mehr inne und dies sei dem Registergericht auch mitgeteilt. Das *OLG Frankfurt* entschied, daß § 68 BGB mindestens auf die nach der ZPO erfolgenden Zustellungen analog angewandt werden könne. Daher müsse der Verein die erfolgte Zustellung gegen sich gelten lassen, wenn das Erlöschen des Vorstandsamts nicht eingetragen sei.

28 *BayObLGZ* 1981, 270, 277; *Sauter/Schweyer/Waldner*, a. a. O., Rdnr. 429.

III. Nichtwirtschaftliche und wirtschaftliche Vereine*

1. Bedeutung des Unterschieds

Die Unterscheidung zwischen nichtwirtschaftlichen Vereinen – sie werden ungenau als »Idealvereine« bezeichnet – und wirtschaftlichen Vereinen ist von grundlegender Bedeutung für das Vereinsrecht. Das gilt sowohl für den rechtsfähigen als auch für den nichtrechtsfähigen Verein:

a) *Rechtsfähigkeit als eingetragener Verein* erlangt nach § 21 BGB nur ein »Verein, dessen Zweck nicht auf einen wirtschaftlichen Geschäftsbetrieb gerichtet ist«. Ein Verein, dessen Zweck auf einen wirtschaftlichen Geschäftsbetrieb gerichtet ist, erlangt dagegen nach § 22 BGB die Rechtsfähigkeit durch staatliche Verleihung, und auch dies nur »in Ermangelung besonderer reichsgesetzlicher Vorschriften«.

b) Bei *nichtrechtsfähigen Vereinen* unterscheidet sich die *Haftungssituation* je nachdem, ob ein nichtwirtschaftlicher Verein vorliegt (im Grundsatz hier keine Mitgliederhaftung) oder ein wirtschaftlicher Verein (näher unten, § 25 III 2).

---

* Literatur: *Bolm*, Die Abgrenzung der beiden Vereinsklassen des Bürgerlichen Gesetzbuchs, Diss. Leipzig 1908; *Doberenz*, Betriebswirtschaftliche Grundlagen zur Rechtsformgestaltung professioneller Fußballklubs, 1980; *Eyles*, Die Auslagerung unternehmensübergreifender Aktivitäten auf rechtsfähige Vereine, NJW 1996, 1994; *Füllgraf*, Wieviel wirtschaftliche Betätigung im Idealverein? DB 1981, 2267; *Fuhrmann*, Ausgliederung der Fußballabteilungen auf eine AG, GmbH oder eG, Diss. Marburg 1999; *Heckelmann*, Der Idealverein als Unternehmer? AcP 179 (1979), 1; *Hemmerich*, Möglichkeiten und Grenzen wirtschaftlicher Betätigung von Idealvereinen, 1982; *Hornung*, Der wirtschaftliche Verein nach § 22 BGB, Diss. Göttingen 1972; *Hüttemann*, Wirtschaftliche Betätigung und steuerliche Gemeinnützigkeit, 1991; *Knauth*, Die Rechtsformverfehlung bei eingetragenen Vereinen mit wirtschaftlichem Geschäftsbetrieb, Diss. Köln 1976; *ders.*, Die Ermittlung des Hauptzwecks bei eingetragenen Vereinen, JZ 1978, 339; *Korinek/Krejci* (Hrsg.), Der Verein als Unternehmer, 1988; *Menke*, Die wirtschaftliche Betätigung nichtwirtschaftlicher Vereine, 1998; *Mummenhoff*, Gründungssysteme und Rechtsfähigkeit, 1979; *Reinhardt*, Die Abgrenzung zwischen Vereinen mit und ohne »wirtschaftlichen Geschäftsbetrieb«, in: Festschrift Paulick, 1973, S. 3; *Reuter*, Rechtliche Grenzen ausgegliederter Wirtschaftstätigkeit von Idealvereinen, ZIP 1984, 1052; *ders.*, Verbandszweck und Rechtsfähigkeit im Vereinsrecht, ZHR 151 (1987), 237; *Sachau*, Der nicht rechtsfähige Verein als Unternehmer eines Handelsgewerbes, ZHR 56 (1905), 444; *Sack*, Der »vollkaufmännische Idealverein«, ZGR 1974, 179; *Sauter/Schweyer/Waldner*, a.a.O., Rdnrn. 42ff.; *Schad*, Eingetragener Verein oder Wirtschaftsverein? NJW 1998, 2411; *Karsten Schmidt*, Verbandszweck und Rechtsfähigkeit im Vereinsrecht, 1984; *ders.*, Die Abgrenzung der beiden Vereinsklassen, Rpfleger 1972, 286, 343; *ders.*, Der bürgerlich-rechtliche Verein mit wirtschaftlicher Tätigkeit, AcP 182 (1982), 1; *ders.*, Systemfragen des Vereinsrechts, ZHR 147 (1983), 43; *ders.*, Eintragungsfähige und eintragungsunfähige Vereine, Rpfleger 1988, 45; *Schrader-Rottmers*, Der Begriff des wirtschaftlichen Vereins (§ 22 BGB), Diss. Halle-Wittenberg 1937; *Schroif*, Genossenschaftliche Gebilde in der Form des rechtsfähigen Vereins, 1965; *Schwierkus*, Der rechtsfähige ideelle und wirtschaftliche Verein, Diss. Berlin 1981; *Segra*, Bundesligavereine und Börse, ZIP 1997, 1901; *Steding*, Zulässigkeit und Begrenzung des Einsatzes der GbR und des Vereins für wirtschaftliche Tätigkeit, NZG 2001, 721; *C. P. Wiedemann*, Beiträge zur Lehre von den idealen Vereinen, 1908.

2. Die Abgrenzungsmethode

Die Abgrenzung zwischen nichtwirtschaftlichen Vereinen und wirtschaftlichen Vereinen gehört zu den umstrittensten Fragen des ganzen Vereinsrechts.

a) Lange Zeit hat man versucht, eine *begriffliche Unterscheidung* zu treffen. Dies führte zum Streit zwischen der »subjektiven« und der »objektiven Theorie«[29]. Nach der subjektiven Theorie kommt es auf die ideellen oder wirtschaftlichen *Zwecke* des Vereins an, nach der objektiven Theorie dagegen auf die Vereins*tätigkeit*. Beide Theorien mußten an der Vielfalt des Rechtslebens scheitern. Ist eine private Konfessionsschule »ideell« oder, weil sie sich ihre Dienstleistungen bezahlen läßt, »wirtschaftlich«? Wie verhält es sich mit einer Sekte, die mit idealistischem Anspruch auftritt, aber ihren Mitgliedern das Geld aus der Tasche zieht? Wie sind die großen Sportverbände oder Berufsverbände zu beurteilen, wie die Gewerkschaften und Wirtschaftsverbände? Mit der Entwicklung des professionellen Sports aber ist selbst auf dem früher ganz typisch »ideellen« Sektor der Sportvereine die Grenze unklar geworden. Was ist subjektiv oder objektiv wirtschaftlich an einem Sportverein, der neben vielfältigen Sportmöglichkeiten für Amateure auch eine Bundesliga-Fußballmannschaft unterhält, Millionen ausgibt und einnimmt, Werbeverträge abschließt und mit Fan-Artikeln handelt? Diesen vielfältigen Problemen versuchte eine *»gemischte Theorie«* gerecht zu werden[30]. Nach ihr liegt ein wirtschaftlicher Verein nur vor, wenn objektiv ein wirtschaftlicher Geschäftsbetrieb unterhalten wird, der auch subjektiv in den Dienst eines wirtschaftlichen Hauptzwecks gestellt ist[31]. Diese »gemischte Theorie« ist so elastisch, daß sich vernünftige Ergebnisse mit ihrem Vokabular fast immer begründen lassen, aber sie gibt in Wahrheit keine Entscheidungskriterien vor.

b) Den Schwierigkeiten der Vereinsklassenabgrenzung sucht eine *teleologisch-typologische Abgrenzung* zu begegnen[32]. Teleologisch ist dieser Ansatz insofern, als er nach dem Normzweck des § 22 BGB fragt und deshalb von der Frage ausgeht: Welchen Vereinen mutet der Gesetzgeber zu, die Rechtsfähigkeit grundsätzlich nach den »besonderen reichsgesetzlichen Vorschriften« zu erlangen? Es sind dies diejenigen Personenverbände, die entweder auf die Rechtsfähigkeit verzichten oder die Rechtsform einer AG, GmbH oder

---

29 Vgl. zum folgenden m.w.N. *Karsten Schmidt*, Verbandszweck, a.a.O., S. 99ff.; *ders.*, AcP 182 (1982), 9ff.; *Staudinger/Weick*, § 21 Rdnrn. 5ff.

30 Grundlegend *RGZ* 83, 231, 233f., 236f.; 154, 343, 351; *BGHZ* 15, 315, 319f.; eingehende Nachweise und Kritik bei *Karsten Schmidt*, Verbandszweck, a.a.O., S. 102.

31 Vgl. nur *BGHZ* 15, 315, 319f.; *BayObLGZ* 1973, 303, 304f.; *OLG Stuttgart*, OLGZ 1967, 475, 476.

32 Ausführlich *Karsten Schmidt*, Verbandszweck, a.a.O., S. 89–205; der Ansatz wurde vom Verf. entwickelt in Rpfleger 1972, 286ff., 343ff.; er hat sich ungeachtet vieler Detailstreitigkeiten als Basis der Abgrenzung durchgesetzt; vgl. *BayObLG*, NJW-RR 1999, 765; *Hüffer*, § 3/2; *Larenz/Wolf*, § 10 Rdnrn. 31ff.; *Reichert*, a.a.O., Rdnrn. 104ff.; *Sauter/Schweyer/Waldner*, a.a.O., Rdnrn. 42ff.; *Reuter*, in: MünchKommBGB, §§ 21, 22 Rdnrn. 6f.; *Soergel/Hadding*, §§ 21, 22 Rdnrn. 24ff.; *Staudinger/Weick*, § 21 Rdnrn. 6ff.

Genossenschaft annehmen sollen[33]. Typologisch ist die Abgrenzung insofern, als sie nicht vorgibt, einen subsumtionsfähigen Einheitstatbestand vorzulegen. Denn ob ein Verband eine AG, eine GmbH oder eine eingetragene Genossenschaft *ist*, kann man begrifflich feststellen. Nicht begrifflich feststellen kann man dagegen, welcher Verband eine dieser Rechtsformen annehmen *sollte*. Hierbei steht der Gläubigerschutz – nicht der Mitgliederschutz[34] – im Vordergrund[35]. Ob Gläubigerschutzerwägungen den Zugang zur Form des e.V. versperren, hängt wiederum nicht vom Zweck, sondern von typischen Tätigkeitsmerkmalen ab. Das Recht der Kapitalgesellschaften und der Genossenschaften enthält ein umfangreiches Arsenal an Schutzregeln, die nicht durch die Wahl der Rechtsform eines e.V. umgangen werden dürfen.

Beispiel Nr. 3: Versetzen wir uns in die Situation von Unternehmensgründern, die auf eine besonders günstige Rechtsform sinnen und ihre Haftung – natürlich so billig wie möglich – ausschließen möchten. Eine Aktiengesellschaft muß ein Grundkapital von mindestens 50000 Euro aufweisen (§ 7 AktG), eine GmbH ein Stammkapital von mindestens 25000 Euro (§ 5 I GmbHG); eine eingetragene Genossenschaft muß sich einer Pflichtprüfung durch einen Prüfungsverband unterstellen (§§ 53ff. GenG). Nur diese und andere gesetzliche Schutzvorkehrungen rechtfertigen die Vorzüge der juristischen Persönlichkeit, insbesondere den Vorzug der Haftungsbeschränkung. All das ließe sich leicht umgehen, wenn man stattdessen einen e.V. schaffen könnte. Genau das verhindert § 22 BGB. Bei der Abgrenzung dieses Tatbestands gilt es also, diejenigen Verbände auszumachen, die die Rechtsfähigkeit nur nach Sondervorschriften, nicht aber nach dem einfachen Vereinsrecht sollen erwerben können. Es gilt die Fälle abzugrenzen, die das Gesetz dem Kapitalgesellschafts- oder Genossenschaftsrecht vorbehalten will.

c) Diese teleologisch-typologische Methode hat sich durchgesetzt[36]. Sie hat zur Herausbildung von *drei Grundtypen des wirtschaftlichen Vereins* geführt[37]:

- Wirtschaftsverein ist zunächst der Volltypus des unternehmerisch tätigen Vereins;

33 Zum Normzweck des § 22 BGB vgl. *BGHZ* 22, 240, 244; 45, 395, 397; 85, 84, 88; *Flume*, Juristische Person, § 4 II 1; eingehend *Karsten Schmidt*, Zur Stellung der oHG im System der Handelsgesellschaften, 1972, S. 221ff.

34 Vgl. aber *Grunewald*, Rdnr. 2 A 27; *Schrader-Rottmers*, a.a.O., S. 37f.; *Heckelmann*, AcP 179 (1979), 34ff.; *Reuter*, ZIP 1984, 1054f.

35 Eingehend *Karsten Schmidt*, Verbandszweck, a.a.O., S. 92–99; *ders.*, AcP 182 (1982), 15f.; soweit es um die Tätigkeit gegenüber Mitgliedern an einem »inneren Markt« geht, sind gleichwohl die Gläubiger, hier unter Einschluß der abnehmenden Mitglieder, geschützt.

36 Vgl. aus der Alltagspraxis etwa *BayObLG*, NJW-RR 1999, 765 = Rpfleger 1998, 345; *OLG Düsseldorf*, NJW-RR 1998, 683; *LG Bonn*, Rpfleger 1991, 423; *LG Potsdam*, Rpfleger 1994, 361; *LG Frankfurt*, NJW 1996, 2039, 2040; *LG Gießen*, Rpfleger 2000, 24; *LG Saarbrücken*, Rpfleger 2000, 25; *Sauter/Schweyer/Waldner*, a.a.O., Rdnr. 42; die vereinzelte Gegenansicht von *Schad* (NJW 1998, 2411) greift der Sache nach (nur) den vom *Verf.* entworfenen Typus des unternehmenstragenden Verbands auf (S. 2412), der vorschnell mit dem Kaufmannsbegriff der HGB gleichgestellt wird; methodisch fällt *Schad* weitgehend zurück auf den Standpunkt von *Sack*, ZGR 1974, 179ff.; hiergegen aber schon *Karsten Schmidt*, ZGR 1975, 477ff.

37 Vgl. zuerst *Karsten Schmidt*, Rpfleger 1972, 286ff., 343ff.; weiterführend *ders.*, AcP 182 (1982), 16ff.; *ders.*, Verbandszweck, a.a.O., S. 105ff. m.w.N.; zusammenfassend *ders.*, Rpfleger 1988, 45ff.

- Wirtschaftsverein ist sodann der Verein mit unternehmerischer Tätigkeit an einem inneren Markt;
- Wirtschaftsverein ist schließlich der genossenschaftlich tätige Verein.

Fällt ein Verein unter keine dieser drei Kategorien, so ist er – auch wenn ein wirtschaftlicher Zweck verfolgt wird – ein nichtwirtschaftlicher, also eintragungsfähiger Verein. Trotz wirtschaftlichen Vereinszwecks können deshalb z.B. als »nichtwirtschaftliche« Vereine eingetragen werden: rechtmäßige Kartelle, die keine Verkaufsstellen unterhalten; Arbeitgeber- und Arbeitnehmervereine; wirtschaftliche Interessenverbände, wie sie etwa beim Sitz des Bundestags und der Bundesregierung vielfach anzutreffen sind. Der bloße wirtschaftliche Zweck schadet also nicht, und ebensowenig schadet die bloße Vermögensverwaltung, sondern es kommt auf den »wirtschaftlichen Geschäftsbetrieb« an. Deshalb ist es irreführend, hier von »Idealvereinen« zu sprechen. Ein idealistischer Vereinszweck ist für die Eintragung weder erforderlich noch ausreichend.

Fällt ein Verein unter eine der drei genannten Gruppen, so ist er grundsätzlich nicht eintragungsfähig, denn er weist Tätigkeiten auf, die ausreichen können, um ihn als Wirtschaftsverein zu qualifizieren. Wäre die Prüfung damit zu Ende, so wäre ein klares Konzept geschaffen, aber dann wäre ein Großteil unserer Vereine eintragungsunfähig, nur weil sie z.B. planmäßig Eintrittskarten verkaufen oder Werbeflächen vergeben oder eine Kantine betreiben. Um einen unverhältnismäßigen Rigorismus zu vermeiden, schaltet deshalb die Praxis noch ein elastisches Kriterium dazwischen: Ausnahmsweise kann der Verein trotz dieser potentiell eintragungsschädlichen Tätigkeiten als nichtwirtschaftlicher Verein eintragungsfähig sein, wenn ihm das »Nebenzweckprivileg« zugute kommt[38]. Das Kriterium des »Nebenzweckprivilegs« sorgt dafür, daß eine untergeordnete wirtschaftliche Betätigung den Verein noch nicht eintragungsunfähig macht. Es hat sich weitgehend durchgesetzt, ist aber bis heute umstritten und nicht über jeden Zweifel erhaben (näher alsbald unter III 3 d).

3. Durchführung

Die reiche Praxis und Literatur zur Abgrenzung kann hier nicht im einzelnen dargestellt werden[39]. Auch von den immer wieder auftauchenden Abgrenzungsschwierigkeiten kann hier nur ein ungefähres Bild vermittelt werden. Für die Abgrenzung zwischen den nichtwirtschaftlichen und den wirtschaftlichen Vereinen gelten auf der Grundlage der drei Typen des Wirtschaftsvereins und des Nebenzweckprivilegs die folgenden Regeln.

a) *Der Volltypus des unternehmerisch tätigen Vereins* (erster Typus des Wirtschaftsvereins) weist im wesentlichen die Merkmale des handelsrechtlichen

38 Dazu eingehend *Karsten Schmidt*, Verbandszweck, a.a.O., S. 107ff., 183ff.
39 Ausführlich *Karsten Schmidt*, Verbandszweck, a.a.O., S. 113–205 m.w.N.; aktuelle Kasuistik mit nicht immer übereinstimmenden Ergebnissen bei *Sauter/Schweyer/Waldner*, a.a.O., Rdnrn. 49f.

Unternehmensbegriffs auf (dazu Handelsrecht, § 4 I 2): Er muß planmäßig und entgeltlich als Anbieter an einem Markt tätig sein; auf eine Gewinnerzielung oder auch nur auf eine Gewinnerzielungsabsicht kommt es nicht an.

Beispiel Nr. 4: Privatschulen, Bühnen, Reiseunternehmen, Sparkassen in Vereinsform usw. sind wirtschaftliche Vereine, ebenso z.B. ein für die gemeinsame Vermietung von Wohnungen gegründeter Verein (*BayObLG*, WM 1987, 81; *OLG Düsseldorf*, NW-RR 1998, 683 = Rpfleger 1998, 251), ein Wohnungsvermittlungsverein (*LG Lübeck*, WM 1990, 601), ein als Hotelagentur tätiger Fremdenverkehrsverein (*OLG Celle*, Rpfleger 1992, 66) oder ein Gewinnspielverein, der Lotterien veranstaltet (*LG Potsdam*, Rpfleger 1994, 361). Auch ein Verein, der gegen kostendeckende Preise Lehrgänge anbietet, ist ein Wirtschaftsverein (*LG Hamburg*, ZIP 1986, 228). Die entgeltliche anbietende Tätigkeit am Markt schadet auch dann, wenn der Verein öffentliche Aufgaben erfüllt[40].

Vereine, die dem Volltypus des unternehmerischen Vereins zugehören, müssen entweder auf die Rechtsfähigkeit verzichten oder die Rechtsfähigkeit als Kapitalgesellschaften erwerben. Bei dieser Fallgruppe wird der Rechtsformzwangcharakter des § 22 BGB besonders deutlich.

Im einzelnen kann es hier komplizierte Zurechnungsprobleme geben. Kann der Verein dem § 22 BGB entgehen, indem er, statt selbst ein Unternehmen zu betreiben, einer unternehmenstragenden Gesellschaft beitritt oder eine Tochtergesellschaft für sich arbeiten läßt oder sich umgekehrt in den Dienst eines Unternehmens stellt? Zahlreiche eingetragene Vereine – darunter der Allgemeine Deutsche Automobilclub, der Alpenverein und der EDEKA-Verband – haben regelrechte Tochtergesellschaften. Die Beurteilung dieser Sachverhalte ist umstritten[41]. Es sollten folgende Grundsätze gelten[42]: Nicht jede Beteiligung des Vereins an einem Unternehmen macht einen »wirtschaftlichen Geschäftsbetrieb« aus, wohl aber eine Beteiligung, die zur Teilnahme an Entscheidungen über die Gewinnausschüttung führt, sowie eine Beteiligung, die zur Beherrschung des Unternehmens (Tochtergesellschaft) durch den Verein führt; ein wirtschaftlicher Geschäftsbetrieb ist einem Verein auch dann zuzurechnen, wenn der Verein (z.B. als Werbeträger oder als »Prozeßbeschaffungsverein« für einen Rechtsanwalt in Wettbewerbsstreitigkeiten) in den Dienst eines Unternehmens gestellt ist[43]; privilegiert und als Vereine eintragbar sind hier allerdings wieder die betrieblichen Sozialeinrichtungen (z.B. eine als Verein betriebene Kantine)[44]. Auch für Sportvereine ist deshalb die Ausgliederung der Lizenzsportabteilungen auf Kapitalgesellschaften keine Patentlösung für die Erhaltung ihrer Eintragungsfähigkeit, wenn der Verein die Lizenzsport-Gesellschaft beherrscht oder – wie bei der

---

40 In dieser letzten Hinsicht a.M. *Flume*, Juristische Person, § 4 II 1; wie hier aber *OLG Düsseldorf*, NJW-RR 1998, 683; *Mummenhoff*, a.a.O., S. 149.

41 Eingehend *Karsten Schmidt*, Verbandszweck, a.a.O., S. 122–141 m.w.N.; vgl. demgegenüber eingehend *Menke*, a.a.O., S. 177ff.; *Reuter*, ZIP 1984, 1052ff.

42 Vgl. zur mittelbaren Wirtschaftstätigkeit von Vereinen über ausgegliederte Unternehmen eingehend *Reichert*, a.a.O., Rdnrn. 113ff.; *Menke*, a.a.O., S. 177ff.; *Hemmerich*, BB 1983, 26; *Reuter*, ZIP 1984, 1052; *Karsten Schmidt*, NJW 1984, 543.

43 Ausführlich *Karsten Schmidt*, Verbandszweck, a.a.O., S. 120ff.

44 Dazu *BayObLGZ* 1973, 303 = DB 1973, 2518; *Karsten Schmidt*, Verbandszweck, a.a.O., S. 136ff.; grundlegend *Bötticher*, Die Gemeinsamen Einrichtungen der Tarifvertragsparteien, 1966, S. 161.

GmbH – über ihre Ausschüttungen mitentscheidet[45]. Keines dieser Kriterien ist allerdings unbestritten. Das zeigte sich mit besonderer Deutlichkeit in dem aufsehenerregenden ADAC-Fall[46]:

Beispiel Nr. 5 (nach *BGHZ* 85, 84): Mehrere Rechtsschutzversicherer klagten gegen den ADAC und gegen eine seiner Tochtergesellschaften, die ADAC Rechtsschutzversicherungs-AG, wegen wettbewerbswidrigen Verhaltens auf Unterlassung. Die Wettbewerbswidrigkeit wurde u.a. in einem Mißbrauch der Rechtsform erblickt, denn der als e.V. verfaßte und eingetragene Verein ist u.a. Gründer und Alleingesellschafter der Rechtsschutzversicherungs-AG. Der *Bundesgerichtshof* entschied, daß die Beherrschung der Aktiengesellschaft nicht ausreiche, um den Verein zu einem wirtschaftlichen zu machen, weil die sich aus § 317 AktG ergebende persönliche Haftung die fehlende Kapitalgarantie beim Verein ersetze[47]. Diese Auffassung verdient keine Zustimmung. Schon der Gedanke, die Kapitalgarantien des Kapitalgesellschaftsrechts ließen sich durch eine Verschuldenshaftung ersetzen, ist schwerlich zu halten. Das erkennt man schon daran, daß die konzernrechtliche Haftung nach § 317 AktG auch eine Handelsgesellschaft trifft, die den kapitalgesellschaftsrechtlichen Regeln voll entspricht. Wenn der Verein eine Tochtergesellschaft beherrscht (§ 17 AktG), ist ihm der Geschäftsbetrieb dieser Tochtergesellschaft zuzurechnen, und es kann ihn – ganz wie bei einer eigenen Wirtschaftstätigkeit – nur das »Nebenzweckprivileg« von der Einordnung als Wirtschaftsverein befreien. Dies war in Wahrheit die Kernfrage im ADAC-Fall: ob es dem ADAC gestattet ist, ohne Verlust der Eintragungsfähigkeit neben seinen nichtwirtschaftlichen Tätigkeiten auch Versicherungsgeschäfte zu betreiben. Wer die Frage so stellt, erkennt erst, wie problematisch die Rechtslage ist (dazu auch unter III 3 d).

b) Der zweite Typus des Wirtschaftsvereins, nämlich der *Verein mit wirtschaftlicher Tätigkeit an einem »inneren« Markt,* ist in der Praxis keineswegs selten[48]. Hierher gehören insbesondere Konsumvereine, Einkaufszentralen, Auskunftsvereine, Versicherungen, Wohnungsvermittlungsvereine, Buchklubs und andere mehr. Es kommt auch hier auf eine anbietende entgeltliche Tätigkeit an, wobei eine Hauptschwierigkeit darin besteht, die typischen geldwerten Vorteile jeder Vereinsmitgliedschaft (Benutzung der Vereins-Sportanlagen etc.) von der Angebotstätigkeit an einem Binnenmarkt (Billigvermietung von Sportplätzen, aber nur gegen Vorlage einer Mitgliederkarte) abzugrenzen. Die Vielfalt der angebotenen Tätigkeiten ist ebenso groß wie die Schwierigkeit, schädliche und unschädliche Binnentätigkeiten abzugrenzen.

Beispiel Nr. 6 nach *OLG Düsseldorf*, NJW 1983, 2574 = JuS 1984, 142 m.Anm. *Karsten Schmidt):* Beantragt war die Eintragung der 1980 gegründeten »Scientology Center D,

45 *Menke*, a.a.O., S. 173ff., 194f.; *Segna*, ZIP 1997, 1905ff.; dazu auch *Schad*, NJW 1998, 2413; *Steinbeck/Menke*, NJW 1998, 2170f., *Wagner*, NZG 1999, 468ff.; a.M. *Fuhrmann*, a.a.O., S. 166ff.

46 *BGHZ* 85, 84 = NJW 1983, 569 = BB 1983, 328 m.Anm. *Hemmerich* = JuS 1983, 553 *(Karsten Schmidt);* dazu *Flume*, Juristische Person, § 4 II 2; *Menke*, a.a.O., S. 180ff.; *Reichert*, a.a.O., Rdnrn. 112f.; *Sauter/Schweyer/Waldner*, a.a.O., Rdnr. 46; *Hemmerich*, BB 1983, 26ff.; *Reuter*, ZIP 1984, 1052; *Karsten Schmidt*, NJW 1983, 543; *Kübler*, ZHR 147 (1983), 454.

47 Der *BGH* beruft sich hierfür auf *Ulmer* sowie auf *Hemmerich* (a.a.O., S. 15f.; BB 1983, 26ff.; BB 1983, 332f.); gegen diese Argumentation *Flume*, Juristische Person, § 4 II 2; *Menke*, a.a.O., S. 181; *Reuter*, ZIP 1984, 1056; *Schad*, NJW 1998, 2412.

48 Vgl. nur *AG Passau*, Rpfleger 1999, 401 (Internet-Service); eingehend *Karsten Schmidt*, Verbandszweck, a.a.O., S. 144–149; zust. *Reichert*, a.a.O., Rdnrn. 122ff.

Mission der Scientology Kirche e.V.« in das Vereinsregister. Der Verein erwirtschaftet mit Hilfe eines »College« erhebliche Gewinne durch Zahlungen von Nichtmitgliedern und Mitgliedern für die Teilnahme an »Auditing«-Sitzungen. Die Gerichte verweigerten ihm mit Recht die Eintragung, wobei hier das *OLG* von einem »offenen Binnenmarkt« spricht (der Fall liegt also auf der Grenze zwischen dem Volltypus des unternehmerischen Vereins und dem Verein mit Tätigkeit am Binnenmarkt). Das *OLG* lehnt ein »Religionsprivileg« unmißverständlich ab und betont auch, daß das entgeltliche Angebot »ideeller« Güter den Verein durchaus zu einem Wirtschaftsverein machen kann. Auch die Verwaltungsrechtsprechung ordnet diesen Verein als einen wirtschaftlichen ein (*VG Stuttgart*, NVwZ 1994, 612). Dem entspricht die vom *Bundesverwaltungsgericht* vertretene Auffassung, wonach Scientology Church ungeachtet eines religiösen oder weltanschaulichen Selbstverständnisses eine gewerbliche Tätigkeit ausübt (*BVerwG*, NVwZ 1995, 473) und Wirtschaftsverein sein kann (vgl. *BVerwGE* 105, 313, 315ff. = NJW 1998, 1166ff.; dazu *Karsten Schmidt*, NJW 1998, 1124 sowie *Müller-Laube*, JZ 1998, 788). Anders hat allerdings das *LG Hamburg* entschieden, nach dessen Auffassung sich für einen Religionsverein aus Artt. 140 GG, 137 WRV ein Anspruch auf Eintragung als e.V. auch dann ergibt, wenn der Verein die Merkmale des § 22 BGB erfüllt (*LG Hamburg*, NJW 1988, 2617 und dazu krit. *Karsten Schmidt*, NJW 1988, 2574ff.). Wie unter § 8 II 5b sowie eingehend in NJW 1988, 2575f. und 1998, 1126 ausgeführt wurde, liegt dem ein unrichtiges Verständnis der Verfassungsbestimmungen zugrunde, die eben entgegen der Ansicht dieses Gerichts den Verein – wenn überhaupt eine Religionsgemeinschaft i.S. der Verfassung vorliegen sollte (ablehnend *BAG*, DB 1995, 731) – nicht von den Normativbestimmungen des BGB befreien (so jetzt auch *BVerfGE* 83, 341 = NJW 1991, 2623 »Bahái«; *VGH Mannheim*, NJW 1996, 3358, 3363; *v. Campenhausen*, NJW 1990, 887 und 2670; *Guber*, NVwZ 1990, 41f.; *Schad*, NJW 1998, 2412; a.M. *Kopp*, NJW 1989, 2497; 1990, 2669).

Vereine mit wirtschaftlicher Haupttätigkeit an einem internen Markt können die Rechtsfähigkeit nicht nach § 21 BGB durch Eintragung, sondern allenfalls nach § 22 BGB durch Konzessionierung erlangen, soweit nicht der Gesetzgeber spezielle Normativbestimmungen für einzelne Bereiche geschaffen hat. Ein Beispiel für solche Normativbestimmungen ist das Recht des Versicherungsvereins auf Gegenseitigkeit, eines typischen Vereins mit anbietender Tätigkeit gegenüber seinen Mitgliedern (vgl. unten, § 42 II 1 a). Im übrigen können diese Vereine selbstverständlich auf die Form der GmbH bzw. nach Lage des Einzelfalls der Genossenschaft ausweichen.

c) Der dritte, nämlich *der genossenschaftliche, Vereinstypus* bereitet, soweit nicht schon eine Tätigkeit an einem Binnenmarkt vorliegt, die größten Abgrenzungsschwierigkeiten[49]. Es handelt sich um typische Formen unternehmerischer Kooperation wie z.B.: privatärztliche Verrechnungsstellen, Funktaxizentralen, Maschinenringe, Syndikate, also Kartelle mit eigener Absatzstelle.

Beispiel Nr. 7 (nach *BGHZ* 45, 395; *BVerwGE* 58, 26 = NJW 1979, 2261): Eine Funktaxizentrale, die nur die Kundenvermittlung für ihre Mitglieder betreibt, ist ein typisch genossenschaftlicher Verein. Besondere Gefahren für den Rechtsverkehr gehen von ihr nicht aus. Trotzdem fällt sie unter den Begriff des Wirtschaftsvereins (zur Behandlung des Konzessionsantrags im Fall des *BVerwG* vgl. unten, § 24 II 2 a). Nicht anders verhält es

---

49 Eingehend *Karsten Schmidt*, Verbandszweck, a.a.O., S. 150–162; vgl. jetzt auch *Reichert*, a.a.O., Rdnrn. 129ff.; *Sauter/Schweyer/Waldner*, a.a.O., Rdnr. 45; in der Problemaufbereitung, nicht in den Ergebnissen grundlegend *Schroif*, a.a.O., passim; s. auch *Eyles*, NJW 1996, 1994ff.

sich z.B. bei einer Verrechnungsstelle von Ärzten oder Therapeuten (vgl. *LG Bonn*, MDR 1986, 53), bei einer Kooperation von Notfalldienst-Ärzten (*OLG Hamm*, Rpfleger 1997, 166) oder bei einer landwirtschaftlichen Tierpflegegemeinschaft (*AG Schönau*, Rpfleger 1993, 203). Ein Wasserbeschaffungsverein (*BayObLG*, NJW-RR 1999, 765 = Rpfleger 1998, 345) wurde ebenso als wirtschaftlich eingeordnet wie ein auf gemeinsame Abfallbeseitigung zielender Verein (*LG Bremen*, Rpfleger 2000, 165). Auch ein von Immobilienmaklern gegründeter Verein, der als »Immobilienbörse« der Zusammenführung von Angebot und Nachfrage dient, wurde als Wirtschaftsverein angesehen (*OLG Düsseldorf*, NJW-RR 1996, 989; *OLG Celle*, NJW-RR 1996, 1502), nicht anders ein Verein, der für die Mitglieder die Einkaufskonditionen aushandelt (*OLG Hamm*, NJW-RR 2000, 698 = NZG 2000, 441; zweifelhaft). Demgegenüber wurde einem Verein, in dem die Mitgliedsbanken eines Kreditkartensystems kooperieren, in einer recht zweifelhaften Entscheidung die Eintragungsfähigkeit zuerkannt (*LG Frankfurt*, NJW 1996, 2093; *Eyles*, NJW 1996, 1994ff.).

Auch für genossenschaftliche Vereine gilt der Grundsatz, daß sie auf die Rechtsfähigkeit verzichten oder die Rechtsfähigkeit in Gestalt einer eingetragenen Genossenschaft oder Kapitalgesellschaft erwerben können. Als Verein erlangen sie die Rechtsfähigkeit nur, soweit spezielle Normativbestimmungen dies gestatten. Dies ist z.B. bei den urheberrechtlichen Verwertungsgesellschaften sowie bei den landwirtschaftlichen Erzeugergemeinschaften und Forstbetriebsgemeinschaften der Fall[50]. Die Rechtfertigung der von § 22 BGB ausgehenden Sperrwirkung ist hier, weil Gläubigerinteressen nicht so massiv betroffen sind wie bei echter Unternehmenstätigkeit, nicht ganz einfach. Aber der gesellschaftsrechtliche Rechtsformzwang (oben, § 5 II 3) gibt dem Gesetzgeber das verfassungsrechtlich akzeptierte Recht zum Schutz gegen Umgehungen auch des Genossenschaftsrechts.

d) Besondere Schwierigkeiten bereitet das *Nebenzweckprivileg*[51]. Der Sinn und Zweck dieses Korrektivs wurde unter III 2c deutlich gemacht. Seine Anerkennung wird immer wieder bestritten[52], aber es ist in der Praxis unentbehrlich. Unklar und umstritten ist auch die Methode seiner Anwendung[53], die oft mehr darin besteht, daß man aus Gründen des Rechtsgefühls »Fünfe gerade sein« und manchen Verein trotz evidenter Wirtschaftstätigkeit noch als e.V. »durchrutschen« läßt. Jedem leuchtet ein, daß ein Turnverein nichtwirtschaftlich bleibt, auch wenn er in seiner Kantine Erfrischungen an Mitglieder und Besucher verkauft. Auch wenn ein Amateursportverein sonntags von den wenigen Schaulustigen ein Eintrittsgeld verlangt oder wenn ein Verein für Kammermusik gelegentlich Konzertkarten verkauft, sträubt sich das Rechtsgefühl nicht gegen die Eintragung. Hieran ändert sich auch dann nichts, wenn die Rückseite der Eintrittskarten als Werbefläche vermietet ist. Aber wie steht es, wenn derselbe Verein eine Lizenzsportabteilung mit Millionenumsätzen aufbaut, die außer den Eintrittskarten auch Fernsehrechte

50 Eingehend *Karsten Schmidt*, Verbandszweck, a.a.O., S. 163f., 171ff.

51 Zum folgenden eingehend *Karsten Schmidt*, Verbandszweck, a.a.O., S. 183–205; *Sauter/Schweyer/Waldner,* a.a.O., Rdnrn. 47f.; *Soergel/Hadding*, §§ 21, 22 Rdnrn. 33ff. m.w.N.

52 Vgl. vor allem *Nitschke*, Die körperschaftlich strukturierte Personengesellschaft, 1970, S. 124ff.; *Sachau*, ZHR 56 (1905), 468f.; tendenziell auch *Sack*, ZGR 1974, 194.

53 Vgl. auch die Kritik von *Hemmerich*, a.a.O., S. 90f.; *Schwierkus*, a.a.O., S. 204f.

vergibt, Fanartikel verkauft usw.? Wo soll die Grenze liegen? Immer wieder hat man versucht, das Nebenzweckprivileg durch quantitative Kriterien zu begrenzen[54], jedoch ohne überzeugendes Ergebnis[55]. Fehlen demnach quantitative Maßstäbe, so muß eine qualitative Zuordnung der Nebentätigkeit zur Haupttätigkeit den Ausschlag geben. Dabei darf man nicht in den Fehler der unter III 2a kritisierten subjektiven Theorie verfallen und jede ideelle Überhöhung der Vereinstätigkeit durch Eintragungsfähigkeit prämiieren. Täte man dies, so könnte jede Privatschule, Sekte usw. am Ende doch als nichtwirtschaftlicher Verein eingetragen werden. Es kommt auf die funktionelle Unterordnung der Nebentätigkeit unter eine nichtwirtschaftliche Haupttätigkeit und auf die Mittel-Zweck-Relation zwischen beiden an[56]. Die Abgrenzungsprobleme lassen sich anhand von Beispielen verdeutlichen:

Beispiel Nr. 8 (nach *OLG Düsseldorf*, NJW 1983, 2574 = JuS 1984, 142 m. Anm. *Karsten Schmidt):* Die Scientology Church in unserem Beispiel Nr. 6 berief sich auf das »Nebenzweckprivileg«, aber das *OLG* lehnte es zutreffend ab, die religiöse Zielsetzung der gewinnbringenden Vereinstätigkeiten mit der Eintragung zu prämiieren.

Beispiel Nr. 9 (nach *BGHZ* 85, 84 = NJW 1983, 569): Im ADAC-Fall (Beispiel Nr. 5) kann man heftig darüber streiten, ob die ausgelagerten, dem Verein zuzurechnenden Versicherungsangebote noch unter das Nebenzweckprivileg fallen[57]. Der *Bundesgerichtshof* hat dies im Ergebnis bejaht.

Beispiel Nr. 10: Unterhält ein Sportverein eine Lizenzsportabteilung, so wird ihm trotz aller Zweifel das Nebenzweckprivileg z. B. dann zugute kommen, wenn es sich um einen Universalsportverein handelt (krit. allerdings *Fuhrmann*, a. a. O., S. 50 ff.; *ders.*, SpuRt 1995, 12 ff.). Strikte quantitative Maßstäbe – etwa Umsatzhöchstsummen oder die überwiegende Mittelverwendung für den Amateursport – lassen sich nicht aufstellen. Auf der anderen Seite genügt es gewiß nicht, wenn ein Verein nur allgemein auf die erzieherische Aufgabe des Sports oder auf den Beitrag der Sportbegeisterung zur Volksgesundheit verweist. Es muß schon eine nichtwirtschaftliche Haupttätigkeit vorliegen. Hinsichtlich der Mittel-Zweck-Relation ist eine Wertungsentscheidung im Einzelfall zu treffen.

---

54 Vgl. die unterschiedlichen Vorschläge von *Heckelmann*, AcP 179 (1975), 24 f.; *Knauth*, a. a. O.; *Mummenhoff*, a. a. O., S. 134 ff.; *Sack*, ZGR 1974, 179 ff.; *Schwierkus*, a. a. O., S. 240 ff.

55 Näher *Karsten Schmidt*, Verbandszweck, a. a. O., S. 184 ff.; *Reuter*, in: MünchKommBGB, §§ 21, 22 Rdnr. 23.

56 Zustimmend jetzt *OLG Celle*, Rpfleger 1992, 66, 67; *Reichert*, a. a. O., Rdnrn. 132 ff.; *Staudinger/Weick*, § 21 Rdnr. 21; eingehend *Hemmerich*, a. a. O., S. 101 ff.; *Menke*, a. a. O., S. 31 ff.; *Karsten Schmidt*, Verbandszweck, a. a. O., S. 183 ff., 189 ff.

57 Zust. *Reichert*, a. a. O., Rdnr. 133; abl. *Flume*, Juristische Person, § 4 II 2; *Reuter*, ZIP 1984, 1059 ff.; methodische Kritik am Umgang mit dem Nebenzweckprivileg in dem ADAC-Urteil bei *Karsten Schmidt*, Verbandszweck, a. a. O., S. 190 ff.; *ders.*, NJW 1983, 543 ff.

§ 24 Der rechtsfähige Verein*

I. Begriff und Bedeutung

1. Der Begriff des rechtsfähigen Vereins

Der Begriff des rechtsfähigen Vereins ergibt sich aus den beiden Merkmalen »Verein« und »rechtsfähig«. Es muß ein auf Dauer angelegter, körperschaftlich organisierter Zweckverband von Personen vorliegen (oben, § 23 I 1 a), und dieser Verband muß die Rechtsfähigkeit nach den unter § 23 II 2 entwikkelten formellen Regeln erlangt haben.

2. Die Bedeutung des rechtsfähigen Vereins

Die tatsächliche Bedeutung des rechtsfähigen Vereins im Rechtsleben ergibt sich weitgehend aus den Ausführungen unter § 23 I 2. Hinzuzufügen ist, daß der eingetragene Verein, also der nichtwirtschaftliche Verein mit Rechtsfähigkeit, eine außerordentlich große, der rechtsfähige Wirtschaftsverein dagegen nur eine geringe Rolle spielt. Das beruht nicht auf mangelndem Interesse an wirtschaftlichen Vereinsgründungen, sondern darauf, daß Wirtschaftsvereinen nur ganz ausnahmsweise die Rechtsfähigkeit nach Vereinsrecht verliehen wird (dazu unter II 2).

II. Gründung und Erlangung der Rechtsfähigkeit

1. Nichtwirtschaftliche Vereine

Die für rechtsfähige nichtwirtschaftliche Vereine geltenden *Normativbestimmungen* sind in §§ 21, 25–40, 56ff. BGB enthalten. Nur diese Vorschriften werden hier besprochen.

---

* Literatur: Vgl. oben bei § 23 I und III.

a) *Mußvorschriften*, ohne die eine Eintragung nicht in Betracht kommt, sind:
- die Gründung durch Errichtung einer Satzung (§ 25 BGB) mit dem sich aus §§ 57f. BGB ergebenden Inhalt,
- die Zugehörigkeit des Vereins zu den nichtwirtschaftlichen Vereinen (§ 21 BGB),
- die Bestellung eines Vereinsvorstands (§ 26 BGB),
- die Förmlichkeiten des Eintragungsverfahrens, insbesondere die Anmeldung durch den Vorstand, d.h. nach früher vorherrschender Auffassung durch alle Vorstandsmitglieder[1], nach vordringender Auffassung dagegen nur durch den Vorstand in vertretungsberechtigter Zahl (§ 77 BGB)[2],
- unter Beifügung der Satzung und der erforderlichen Urkundenabschriften (§ 59 BGB).

b) *Sollvorschriften* sind: das Vorhandensein von mindestens sieben Gründungsmitgliedern (§ 56 BGB), die Unterschrift dieser Mitglieder auf der Satzungsurkunde (§ 59 III BGB) und die Aufnahme der in § 58 BGB enthaltenen Regelungen in die Satzung.

Der Unterschied zwischen diesen Muß- und Sollvorschriften ist im Eintragungsverfahren nicht groß, denn das Registergericht prüft jede Anmeldung auf Beachtung der Mußvorschriften wie auch der Sollvorschriften. Wird der Verein eingetragen, so erlangt er die Rechtsfähigkeit, auch wenn Muß- oder Sollvorschriften verletzt waren (dazu alsbald unter II 1 e). Der *Hauptunterschied* besteht darin, daß die Verletzung von Sollvorschriften durch die Eintragung geheilt wird, während die Verletzung von Mußvorschriften Anlaß für eine Löschung von Amts wegen nach §§ 159, 142 FGG sein kann[3].

c) Durch *Satzungserrichtung* entsteht ein Vor-Verein, der durch Eintragung zur juristischen Person werden soll (dazu alsbald unter II 3). Damit der Verein eintragungsfähig ist, muß die Satzung den Zweck, den Namen und den Sitz des Vereins enthalten und ergeben, daß der Verein eingetragen werden soll (§ 57 BGB). Schwierigkeiten kann die richtige Zweckangabe in der Satzung bereiten. Was mit dem Zweck gemeint ist, ist keine einfache Frage[4]. Vielfach begnügen sich die Satzungen mit der Angabe: »Der Zweck des Vereins ist nicht auf einen wirtschaftlichen Geschäftsbetrieb gerichtet.« Diese Angabe ist unzureichend[5] und naturgemäß völlig ungeeignet, etwa den Registerrichter zu binden[6]. Der Registerrichter prüft selbst, ob der Verein

---

1 Wie hier *BayObLGZ* 1971, 266, 270; *KG*, HRR 1930 Nr. 765; *Palandt/Heinrichs*, § 59 Rdnr. 1; *Reichert*, a.a.O., Rdnr. 142 m.w.N.

2 *BayObLGZ* 1991, 52, 54 = NJW-RR 1991, 958f.; *LG Bremen*, NJW 1949, 345; *LG Schwerin*, Rpfleger 1997, 264; *Erman/Westermann*, § 77 Rdnr. 1; *Staudinger/Habermann*, § 77 Rdnr. 1; *Sauter/Schweyer/Waldner*, a.a.O., Rdnr. 15; *Stöber*, Rpfleger 1967, 342; 1980, 369; *Kirberger*, ZIP 1986, 346; aber die Notwendigkeit allseitiger Mitwirkung gilt nur für die Erstanmeldung; Änderungen können je nach Vertretungsmacht auch von einzelnen Vorstandsmitgliedern angemeldet werden; vgl. *BGHZ* 96, 245 = JuS 1986, 562 m.Anm. *Karsten Schmidt*; eingehend *Reuter*, ZGR 1987, 475ff.

3 Vgl. *Sauter/Schweyer/Waldner*, a.a.O., Rdnr. 41.

4 Eingehend *Karsten Schmidt*, Verbandszweck, a.a.O., S. 29ff.; *ders.*, BB 1987, 556ff.

5 *Karsten Schmidt*, AcP 182 (1982), 31; eingehend *ders.*, Verbandszweck, a.a.O., S. 209ff.

6 Vgl. nur *BayObLGZ* 1974, 242, 245; 1978, 87, 91; *BayObLG*, Rpfleger 1998, 345; std. Rspr.

als nichtwirtschaftlicher Verein eintragbar ist. Hierfür muß die Vereinstätigkeit in der Satzung präzisiert werden. Auf der anderen Seite ist aber die Satzungsangabe nicht etwa überflüssig; durch sie soll nämlich die Festlegung auf einen nichtwirtschaftlichen Vereinszweck in der Satzung verdeutlicht werden[7]. Auch wenn sie den Registerrichter nicht bindet, hat sie doch Bedeutung für den Mitgliederschutz: Die Satzungsklausel, wonach »der Zweck nicht auf einen wirtschaftlichen Geschäftsbetrieb gerichtet« ist, hat die Bedeutung, daß der Verein ohne formale Satzungsänderung nicht zu einer wirtschaftlichen Tätigkeit übergehen darf. Im einzelnen wird unter III 1 b auf den Satzungsinhalt zurückzukommen sein.

d) Das *Registergericht* hat sowohl die formelle Ordnungsmäßigkeit der Anmeldung als auch die Erfüllung der vereinsrechtlichen Normativbestimmungen zu prüfen[8]. Mängel – insbesondere formelle Beanstandungen – führen nach § 60 BGB zur Zurückweisung des Eintragungsantrags, aber das Gericht muß prüfen, ob es den Mangel für behebbar hält; es muß ggf. durch Zwischenverfügung darauf hinwirken, daß die Beanstandung behoben wird[9]. Die Frage, ob der Verein nach öffentlichem Vereinsrecht verboten werden müßte, gehört an und für sich in die Kompetenz der Ordnungsbehörde, nicht des Registergerichts. Um gleichwohl zu verhindern, daß eine verbotene Vereinigung in das Register gelangt, hatte der Gesetzgeber ein kompliziertes Vorlageverfahren zwischengeschaltet, das sog. *Einspruchsverfahren* nach §§ 61 ff. BGB a.F.[10]: Eingetragen wurde der Verein erst, nachdem die Behörde Gelegenheit zu einem Einspruch gegen die Eintragung erhalten hatte (§ 63 BGB a.F.). Dieses Verfahren war eine wohldurchdachte Verzahnung zwischen dem privaten und öffentlichen Verkehrsrecht, jedoch bürokratisch und zeitraubend. Es wurde im Jahr 1997 beseitigt[11]. Seither prüft das Registergericht von Amts wegen, ob die Satzung unerlaubt und nach § 134 BGB nichtig ist[12].

e) Die *Eintragung im Vereinsregister* hat vor allem den Namen und Sitz des Vereins anzugeben (näher § 64 BGB). Sie wird gemäß § 66 BGB vom Amtsgericht veröffentlicht. Der Vereinsname enthält nun den Zusatz »e.V.«. Da der eingetragene Verein mit dem Vor-Verein identisch ist (oben, § 11 IV 2 c), macht der sog. »Übergang« von Rechten und Pflichten auf den e.V. keine Schwierigkeiten. Das Vereinsvermögen ist und bleibt vor wie nach der Eintragung das Vermögen eines und desselben Vereins. Die Eintragung wirkt nur in dem Sinne, dass sie aus dem Vor-Verein einen e.V. macht, und zwar auch dann, wenn die Eintragungsvoraussetzungen zu Unrecht bejaht worden

---

7 Näher *Karsten Schmidt*, Verbandszweck, a.a.O., S. 35.

8 *OLG Köln*, Rpfleger 1994, 114; *OLG Köln*, NZG 1998, 35, 36; *Sauter/Schweyer/Waldner*, a.a.O., Rdnrn. 424 ff.; eingehend *Reichert*, a.a.O., Rdnrn. 157 ff.

9 Vgl. *Reichert*, a.a.O., Rdnrn. 175 ff.

10 Eingehend *Karsten Schmidt*, Verbandszweck, a.a.O., S. 218 ff.; *Albrecht*, Das Spannungsverhältnis zwischen dem privaten und öffentlichen Recht ..., 1989, S. 101 ff.

11 Art. 13 des Justizmitteilungsgesetzes vom 18.6.1997, BGBl. I S. 1430.

12 Vgl. Stellungnahme des Bundesrates BT-Drucks. 13/4709 S. 48; *Reichert*, a.a.O., Rdnr. 184; *Reuter*, in: MünchKommBGB, § 59 Rdnr. 3.

sind[13]. Erweist sich die Eintragung nachträglich als unberechtigt, so kann sie zwar u.U. nach §§ 159, 142 FGG durch Amtslöschung korrigiert werden; es kann auch nach § 43 II BGB die Rechtsfähigkeit einem eingetragenen Verein entzogen werden, wenn er satzungswidrig einen auf einen wirtschaftlichen Geschäftsbetrieb gerichteten Zweck verfolgt[14], wobei diese »Kann«-Regelungen nicht i.S. eines Ermessensspielraums verstanden werden dürfen[15]. Diese Maßnahmen erfolgen aber stets nur mit Wirkung ex nunc. Die Rechtsfähigkeit des Vereins als e.V. wird dann für die Zukunft, nicht aber rückwirkend, beseitigt. Jede andere Lösung wäre mit den Interessen des Rechtsverkehrs unvereinbar. Die Eintragung schafft einen generalisierten Verkehrsschutz, bei dem es nicht auf Gutgläubigkeit etc. ankommt (vgl. auch zum fehlerhaften Verein oben, § 6 II 1).

f) In das Vereinsregister sind auch wichtige *Änderungen* - z.B. die Änderung des Vorstands (§ 67 BGB), die Auflösung des Vereins oder die Konkurseröffnung (§§ 74f. BGB) – einzutragen[16]. Aber nur wenige Registereintragungen, insbesondere die Eintragung des Vereins selbst oder einer Satzungsänderung oder Umwandlung (§§ 21, 71 BGB, §§ 20, 202 UmwG), wirken konstitutiv. Bei allen anderen ordnet § 68 BGB eine negative Publizität an, wie wir sie vom Handelsregister her kennen (dazu Handelsrecht, § 14 II). Die Anmeldung geschieht nach jetzt wohl herrschender Meinung durch den Vorstand in vertretungsberechtigter Zahl, nicht notwendig durch alle Vorstandsmitglieder (oben, § 23 II 2 b).

2. Wirtschaftsverein

a) Wirtschaftliche Vereine erlangen nach § 22 BGB »in Ermangelung besonderer reichsgesetzlicher Vorschriften die Rechtsfähigkeit durch staatliche Verleihung«, also nach dem *Konzessionsprinzip* (zu diesem Prinzip vgl. oben, § 8 II 5). Wer die Bestimmung liest, gewinnt leicht einen unrichtigen Eindruck von der Praxis der wirtschaftlichen Vereine. In der Behördenpraxis spielt die Konzessionierung nur eine ganz unbedeutende Rolle[17]. Soweit nicht durch spezielle – auch aus Verwaltungsanordnungen ableitbare – Normativbestimmungen für bestimmte Vereinstypen Grundlagen für eine geordnete Verleihungspraxis geschaffen sind (vgl. sogleich unter II 2 b), gilt das *Prinzip*

13 Vgl. *RGZ* 81, 206, 208ff.; *RG*, JW 1921, 1527f.; HRR 1928, Nr. 1958; *KG*, OLGE 22, 110ff.; h.M.; anders noch *Meurer*, Die juristischen Personen nach deutschem Reichsrecht, 1901, S. 230; einschränkend *Mummenhoff*, a.a.O., S. 195ff.; dagegen *Karsten Schmidt*, ZHR 147 (1983), 52.

14 Zum umstrittenen Verhältnis dieser Verfahren zueinander vgl. *Reuter*, in: MünchKommBGB, §§ 21, 22 Rdnr. 70; *Karsten Schmidt*, Verbandszweck, a.a.O., S. 236ff.; *ders.*, JR 1987, 177ff.; *ders.*, NJW 1998, 1124 m.w.N.

15 Zusammenfassend *Karsten Schmidt*, NJW 1998, 1124ff. gegen die ältere Praxis; zust. *Reuter*, in: MünchKommBGB, § 43 Rdnr. 11; in gleicher Richtung nunmehr auch BverwGE 105, 313 = NJW 1998, 1166; dazu *Abel*, NJW 1999, 332.

16 Vgl. zur Anmeldung *BGHZ* 96, 245 = JuS 1986, 562 m.Anm. *Karsten Schmidt*; *Reichert*, a.a.O., Rdnr. 439; *Reuter*, ZGR 1987, 476.

17 Vgl. die rechtstatsächliche Bestandsaufnahme bei *Karsten Schmidt*, Verbandszweck, a.a.O., S. 341ff.

der Subsidiarität[18]. Nur »in Ermangelung reichsgesetzlicher Vorschriften« wird die Konzession erteilt, und dies bedeutet: Nur wenn es dem Verein nicht zugemutet werden kann, eine handelsgesellschaftliche bzw. genossenschaftliche Rechtsform anzunehmen oder auf die Erlangung der Rechtsfähigkeit zu verzichten, kann und soll die Behörde dem Verein die Rechtsfähigkeit verleihen. Ersichtlich ist § 22 BGB ein Instrument des unter § 5 II 3 beschriebenen Rechtsformzwangs. Die Bestimmung verweist Wirtschaftsvereine aus dem Vereinsrecht hinaus und gestattet nur ausnahmsweise die Verleihung der Rechtsfähigkeit. Gäbe es nicht den Grundsatz der Subsidiarität, so könnte sich manches Unternehmen, das dem strengen Aktienrecht, GmbH-Recht oder Genossenschaftsrecht ausweichen wollte, einen vereinsrechtlichen Maßanzug schneidern und durch Konzessionierung ein bequemes Rechtskleid ohne persönliche Haftung erlangen. Dies verhindert der Subsidiaritätsgrundsatz. Verfassungsrechtliche Einwände aus Art. 9 GG, die bisweilen gegen diesen Grundsatz erhoben wurden[19], sind unbegründet[20]. Die Funktionsweise des Subsidiaritätsprinzips wird sehr gut deutlich in unserem

Beispiel Nr. 1 (nach *BVerwGE* 58, 26 = NJW 1979, 2261): Ein sog. Kraftdroschkenverein (Funktaxizentrale) hatte um Verleihung der Rechtsfähigkeit nach § 22 BGB nachgesucht. Der Antrag war abgelehnt worden. Auf die Verpflichtungsklage erließen die beiden ersten Instanzen Bescheidungsurteile nach § 113 V 2 VwGO, um hierdurch dem »Rechtsanspruch auf fehlerfreien Ermessensgebrauch« gerecht zu werden[21]. Das *Bundesverwaltungsgericht* dagegen wies die Klage unter Berufung auf den Subsidiaritätsgrundsatz ab[22]. Nur wenn besondere – atypische – Umstände vorlägen, die die Verweisung auf die gesetzlichen Normativbestimmungen unzumutbar erscheinen ließen, komme eine Verleihung nach § 22 BGB in Betracht. Die Gründer der Funktaxizentrale waren damit vor die Entscheidung gestellt, auf die Erlangung der Rechtsfähigkeit zu verzichten oder die für die Unternehmenskooperation geschaffene, wenn auch unbequeme, Rechtsform der Genossenschaft (oder die immer zulässige GmbH-Form) zu wählen. Für eine Verleihung war kein Raum.

b) Die freie *Konzessionierung nach dem Ermessen der zuständigen Behörde* ist damit weitgehend verdrängt[23]. Sie ist aber von Rechts wegen dort nicht ausgeschlossen, *wo das Subsidiaritätsprinzip nicht entgegensteht*[24]. Auch hier herrscht allerdings nicht das willkürliche Gutdünken der Behörde, sondern diese hat Normativbestimmungen zu beachten, die sich aus Gesetzen, aber auch

18 Ausführlich *Karsten Schmidt*, Verbandszweck, a.a.O., S. 73ff. *Soergel/Hadding*, §§ 21, 22 Rdnrn. 50ff.

19 Vgl. *Hornung*, a.a.O., S. 86ff.; *Göbel*, DB 1964, 137; mit Einschränkungen auch *Dobroschke*, DB 1966, 1717; *Herget/Kohler*, AG 1969, 70.

20 Vgl. *BVerwGE* 58, 26, 33f. = NJW 1979, 2261, 2264; *OVG Lüneburg*, GewArch. 1976, 377; *Kübler*, § 10 II 2 b; *Reuter*, in: MünchKommBGB, §§ 21, 22 Rdnrn. 54ff.; *Karsten Schmidt*, Verbandszweck, a.a.O., S. 75ff.; *Schwierkus*, a.a.O., S. 262ff.; *Heckelmann*, AcP 179 (1979), 43ff.

21 *VG Stuttgart*, MDR 1973, 437f.; dagegen ausführlich *Karsten Schmidt*, BB 1974, 254ff.; *VGH Mannheim*, JR 1974, 242 m.Anm. *Karsten Schmidt.*

22 *BVerwGE* 58, 26 = NJW 1979, 2261; dazu *v. Bar*, ZGen. 31 (1981), 57; *Karsten Schmidt*, NJW 1979, 2239.

23 Vgl. *Karsten Schmidt*, AcP 182 (1982), 36.

24 Vgl. *Reichert*, a.a.O., Rdnr. 218; inwieweit es solche Fälle außerhalb spezieller Normativbestimmungen gibt, wird vom Verf. bezweifelt; vgl. BB 1974, 256; NJW 1979, 2240.

aus Verwaltungsanordnungen ergeben können[25]. Die Geltung des Konzessionssystems bedeutet eben nicht, daß Normativbestimmungen hier nichts zu suchen hätten (oben, § 8 II 5). Vor allem haben sich in einigen Sonderbereichen – teils durch Gesetz, teils durch Ministererlasse – spezielle Normativbestimmungen entwickelt, auf deren Grundlage Verleihungen nach § 22 BGB ausgesprochen werden[26]. So bei Verwertungsgesellschaften, Lohnsteuerhilfevereinen, Rabattsparvereinen und bei den im Marktstrukturgesetz und im Bundeswaldgesetz geregelten Erzeugergemeinschaften und Zusammenschlüssen. Auf den ersten Blick scheint damit der Gegensatz zwischen öffentlichem und privatem Vereinsrecht aufgehoben. Aber die Zuständigkeit der Verwaltungsbehörde ändert an diesem materiellen Gegensatz nichts. Die Verleihungsbehörde prüft, ähnlich wie das Registergericht, sämtliche Voraussetzungen, von denen die Erlangung der Rechtsfähigkeit abhängt[27]. Die Verleihung ist ein begünstigender Verwaltungsakt[28]. Sie schafft nicht einen neuen Verein, sondern sie macht aus dem Vor-Verein einen kraft Verleihung rechtsfähigen Wirtschaftsverein. Ebensowenig wie im Fall der Eintragung ändert sich hierdurch etwas an der Identität des Vereins (oben, § 11 IV 2 c). Rechte und Pflichten gehen nicht auf den rechtsfähigen Verein über, sondern sie sind und bleiben, wie im Fall der Eintragung, Rechte und Pflichten des Vereins. Die Verleihung kann als Verwaltungsakt nur für einen bestimmten Verein oder eine Gruppe von Vereinen beantragt und erteilt werden, nicht abstrakt für eine bestimmte Art von Vereinen[29]. Der Rechtsschutz gegen eine Versagung der Verleihung bzw. gegen ihre Beschwerung durch Nebenbestimmungen ergibt sich aus der VwGO.

c) *Scheitert die Konzessionierung* eines rechtsfähigen Wirtschaftsvereins am Subsidiaritätsprinzip, so stellt sich die Frage, was aus der gescheiterten Gründung werden soll. Die hergebrachte Auffassung bot nur zwei Lösungsmöglichkeiten an: den Fortbestand als nichtrechtsfähiger Verein oder die Liquidation. Da ein solcher Verein nicht als ein auf Dauer nichtrechtsfähiger Wirtschaftsverein mit erheblichen Haftungsrisiken (unten, § 25 III 2) gegründet ist, mußte die herkömmliche Meinung die Auflösung als Regelfall ansehen, und nur durch Satzungsänderung, u. U. unter Austritt der überstimmten Mitglieder, kann diese Auflösung dann vermieden werden. Dieser bisher vorherrschende Standpunkt ist rechtspolitisch und rechtsstaatlich bedenklich[30]. Wird einem Verein die Verleihung der Rechtsfähigkeit nach § 22 BGB mit der Begründung versagt, er könne die Rechtsfähigkeit als GmbH oder als Genossenschaft erwerben, so geht es nicht an, ihm die

25 *Karsten Schmidt*, Verbandszweck, a. a. O., S. 80 ff.
26 Eingehend *Karsten Schmidt*, Verbandszweck, a. a. O., S. 163 ff. mit rechtspolitischen Vorschlägen, S. 170 f.; s. auch bereits *ders.*, BB 1974, 256; AcP 182 (1982), 37 ff.
27 Zum Vorlageverfahren analog §§ 61 ff. BGB bis 1997 vgl. *Karsten Schmidt*, Verbandszweck, a. a. O., S. 226 f.
28 Vgl. eingehend *Reichert*, a. a. O., Rdnrn. 220 ff.
29 Mißverständlich unter Hinweis auf § 35 Satz 2 VwVfG *Soergel/Hadding*, §§ 21, 22 Rdnr. 55.
30 Eingehend zum folgenden *Karsten Schmidt*, Verbandszweck, a. a. O., S. 309 ff.; *ders.*, in: Festschrift Zöllner I, 1998, S. 521 ff., insbes. § 533; vgl. auch *Stoltenberg*, Bestand, Umwandlung und Verschmelzung konzessionierter Vereine, 1989, S. 67 ff.

Überführung in eine dieser Rechtsformen zu versperren. Das gesetzliche Umwandlungsrecht kennt nun zwar seit 1994 den Formwechsel des Vereins in eine GmbH oder Genossenschaft (vgl. oben, § 13 II 1). Aber dieser Formwechsel setzt voraus, daß der Verein bereits rechtsfähig ist (§ 191 I Nr. 4 UmwG). Für Harmonisierung zwischen dem rechtspolitisch Notwendigen und dem rechtlich Möglichen sorgt der Vorschlag einer »Umgründung« (oben, § 13 II 1b aa)[31]: Die Mitglieder wandeln den eintragungsunfähigen Verein durch Neufassung seiner Satzung in eine eintragungsfähige Vor-GmbH oder Vor-Genossenschaft mit einer dem GmbHG bzw. dem GenG entsprechenden Satzung um und unterwerfen sich voll und ganz den Normativbestimmungen eines dieser Gesetze. Sie melden sodann die GmbH bzw. Genossenschaft zur Eintragung in das Handels- oder Genossenschaftsregister an, so daß der Verein unter Beibehaltung seiner Identität als GmbH bzw. Genossenschaft rechtsfähig wird. Das ist keine – vom Gesetz nicht gewollte – Analogie zum Umwandlungsrecht (vgl. dazu oben, § 13 I 3), denn es geht nicht darum, den Verein nach dem Belieben der Mitglieder in irgendeine andere Rechtsform umzuwandeln. Worum es geht, ist: den gegründeten Verband denjenigen Normativbestimmungen anzupassen, die seine Eintragung zulassen.

Beispiel Nr. 2: Die Funktaxizentrale unseres letzten Beispiels – ein gescheiterter Gründungsverein – kann nach der hier vertretenen Auffassung nicht nur als nichtrechtsfähiger Verein fortbestehen, sondern auch in eine Vor-Genossenschaft oder Vor-GmbH »umgegründet« und, wenn sie den dann einschlägigen Normativbestimmungen entspricht, als Genossenschaft bzw. GmbH eingetragen werden.

3. Der Vor-Verein und die Erlangung der Rechtsfähigkeit

a) Mit der Errichtung der Vereinssatzung entsteht der Verein, wenngleich zunächst nur als Vor-Verein[32]. Der Vor-Verein lebt bereits nach Vereinsrecht; nur diejenigen Regeln, die eine Eintragung voraussetzen, gelten für ihn nicht (vgl. zur Rechtsfigur der Vorgesellschaften und Vor-Vereine oben, § 11 IV 2). Für die Rechtsverhältnisse des Vor-Vereins und für die Kontinuität dieser Rechtsverhältnisse vor und nach der Eintragung gelten die allgemeinen Grundsätze. Bereits der Vor-Verein kann also, vertreten durch den Vorstand, am Rechtsverkehr teilnehmen. Mit der Eintragung oder Verleihung erwirbt er die Rechtsfähigkeit; seine Rechte und Pflichten sind dann ohne weiteres solche des rechtsfähigen Vereins[33]. Nicht unbestritten sind die Haftungsverhältnisse des Vorvereins. Man wird sich dabei am Haftungsrecht des nichtrechtsfähigen Vereins zu orientieren haben[34]. Im Gegensatz zur persönlichen Gesellschafterhaftung bei der Vor-GmbH (unten, § 34 III 3 c) unterliegt die Mitgliederhaftung beim Vor-Verein nicht generell dem Prinzip

31 Vgl. ebd.

32 Vgl. zum folgenden näher *Reichert*, a. a. O., Rdnrn. 78ff.; *Reuter*, in: MünchKommBGB, §§ 21, 22 Rdnrn. 80ff.; *Soergel/Hadding*, vor § 21 Rdnrn. 64ff.

33 Von einem Rechts-*Übergang* spricht *Reuter*, in: MünchKommBGB, §§ 21, 22 Rdnr. 65.

34 Vgl. auch *Reichert*, a.a.O., Rdnrn. 93f.; für grundsätzlich unbeschränkte Mitgliederhaftung aber *Reuter*, in: MünchKommBGB, §§ 21, 22 Rdnr. 99.

der unbeschränkten Haftung, denn sonst stünden die Gründungsmitglieder schlechter da, als wenn der Verein auf Dauer ohne Eintragung bliebe (zum nicht eingetragenen Verein vgl. nämlich unten, § 25 III 2). Es kommt darauf an, ob ein nichtwirtschaftlicher oder ein wirtschaftlicher Verein vorliegt[35].

Beispiel Nr. 3: Sieben Mitglieder gründen einen Poloverein, der als »PC Nienstedten« in das Register eingetragen werden soll. V wird zum Vorstand gewählt und schließt bereits im Namen des Vereins einen Mietvertrag über ein Sportfeld ab. Vertragspartner ist hier der Verein. Neben ihm haftet V persönlich (vgl. § 54 S. 2 BGB). Die einzelnen Mitglieder haften nicht (vgl. zum nichtrechtsfähigen Idealverein unten, § 25 III 2). Die persönliche Haftung des V endet, wenn der Verein eingetragen wird (vgl. sinngemäß zur Vor-GmbH unten, § 34 III 4 b)[36].

Beispiel Nr. 4: Sieben Mitglieder gründen einen »Verein Tennisanlage Klein-Flottbek«, dessen Zweck darauf gerichtet ist, Tennisplätze stundenweise zu vermieten. Nach der Satzung soll der Verein als e.V. eingetragen werden, hilfsweise die Rechtsfähigkeit durch Verleihung nach § 22 BGB erhalten. Vorstand V pachtet bereits im Namen des Vereins ein Gelände. Später stellt sich heraus, daß der Verein die Rechtsfähigkeit nicht erlangen kann; die Eintragung wird ihm verweigert, weil ein Wirtschaftsverein vorliegt, und die Verleihung der Rechtsfähigkeit wird versagt, weil der Verein auch in Form einer GmbH rechtsfähig werden könnte. Es liegt nahe, diesen Verein dem strengen Haftungsrecht der nichtrechtsfähigen Wirtschaftsvereine zu unterwerfen (unten, § 25 III 2). Auch wenn er die Rechtsfähigkeit nach den soeben unter § 24 II 2 dargestellten Regeln jetzt in der Rechtsform der GmbH erlangen wollte, unterlägen die Gründer ja einer persönlichen Haftung (unten, § 34 III 3). Es haften alle Mitglieder, jedenfalls soweit sie um die Aufnahme der Tätigkeit wußten, persönlich[37].

Bereits diese recht eindeutig gelegenen Fälle sind wenig geklärt. Zwischen ihnen liegen, völlig ungeklärt, noch sehr viel schwierigere Fälle, auf die hier jedenfalls aufmerksam gemacht werden soll. Wie verhält es sich mit dem genossenschaftlich tätigen Verein? Wie, wenn alle Beteiligten – zu Unrecht – davon ausgingen, daß der Verein eintragungsfähig sei? Soll stets schon die objektive Zugehörigkeit zu den wirtschaftlichen Vereinen genügen, um die persönliche Mitgliederhaftung zu begründen, oder soll umgekehrt der Wille, einen nichtwirtschaftlichen Verein zur Eintragung zu bringen, ausreichen, um die Mitglieder von der persönlichen Haftung zu befreien? Die letzte Lösung enthebt die Mitglieder des persönlichen Risikos, wenn die Eintragungsfähigkeit unklar, der Ausgang des Eintragungsverfahrens also ungewiss ist. Sie wäre haftungsrechtlich erträglich, weil die Gläubiger nicht schutzlos dastehen, sondern durch die Haftung des Vereins und der Handelnden eine Mindestsicherung erfahren[38]. Auf der anderen Seite zwingt niemand die Gründer, bereits vor der Eintragung des Vereins am Rechtsverkehr teilzunehmen. Das spricht gegen die Prämiierung des Eintragungsverfahrens mit einem Haftungsprivileg. Wird gar von dem Verein vor der Eintragung schon ein – nicht notwendig kaufmännisches – Unternehmen betrieben (Volltypus des Unternehmensvereins; vgl. oben, § 23 III 3), so wird es ein solches

35 Wie hier im Ergebnis *Soergel/Hadding*, vor § 21 Rdnr. 67; a.M. *Reuter*, in: MünchKommBGB, §§ 21, 22 Rdnrn. 96ff. (vgl. auch zur Differenzhaftung nach Eintragung Rdnr. 84).
36 Ebenso *Reuter*, in: MünchKommBGB, §§ 21, 21 Rdnr. 104.
37 Str.; nur für den Fall, daß ein Handelsgewerbe betrieben wird, ebenso *Reichert*, a.a.O., Rdnr. 93.
38 Darauf hob noch die 3. Aufl. (§ 24 II 3) ab.

Privileg vollends nicht geben können, denn hier setzt sich der Grundsatz der unbeschränkten Haftung (oben, § 18 IV 1 b) durch: Eine Haftungsbeschränkung ist erst gerechtfertigt, wenn die hierfür erforderlichen Normativbestimmungen geprüft sind und das für die Erlangung der Rechtsfähigkeit erforderliche Verfahren durchlaufen ist. Die bloße Hoffnung, »es werde schon gutgehen«, ersetzt diesen Verkehrsschutz nicht. Die Mitglieder tragen das Risiko, ob dem Verein das Nebenzweckprivileg zugestanden wird (dazu oben, § 23 III 3).

III. Die Verfassung des rechtsfähigen Vereins

1. Grundlagen*

a) Nach *§ 25 BGB* wird die Verfassung des rechtsfähigen Vereins durch die gesetzlichen Bestimmungen der §§ 26–39 BGB sowie durch die Vereinssatzung bestimmt. Das Verhältnis zwischen kollidierenden Gesetzesbestimmungen und Satzungsbestimmungen ergibt sich mittelbar aus § 40 BGB. Danach sind die §§ 27 I und III, 28 I, 32, 33 und 38 BGB dispositiv, so daß insoweit die Satzung vorgeht, während die übrigen Gesetzesvorschriften zwingend sind und damit Vorrang vor der Satzung haben. Diese *Unterscheidung zwischen zwingendem und dispositivem Gesetzesrecht* hat in erster Linie diejenigen zu interessieren, die eine Satzung formulieren. Satzungsklauseln sind dort am Platze, wo das Gesetz schweigt oder nach § 40 BGB nachgiebig ist.

Die *Bedeutung des § 25 BGB* besteht in erster Linie darin, die *Satzungsautonomie* des Vereins festzuschreiben. Die Motive[39] bezeichnen § 25 BGB als »Hervorhebung, daß die Körperschaften ihren Rechtskreis durch eigene Satzungen regeln können«, wobei es als Selbstverständlichkeit angesehen wurde, daß zwingendes Gesetzesrecht Vorrang vor der Satzung hat. Heute wird auch die Satzungsautonomie als eine Selbstverständlichkeit angesehen, und deshalb hat sich das Schwergewicht des Problems verlagert: Wenn die Verfassung nach § 25 BGB durch Gesetz und Satzung bestimmt wird, dann bedeutet dies, daß sie auch *nur* durch Gesetz und Satzung bestimmt wird. Die Mitglieder sind nur der sich aus diesen Quellen ergebenden Verbandsver-

* Literatur (Auswahl; vgl. auch die Angaben oben bei § 23 I und III): *Beuthien*, Mehrheitsprinzip und Minderheitenschutz im Vereinsrecht, BB 1987, 6; *ders.*, Zweitmitgliedschaft wider Willen? ZGR 1989, 255; *Beuthien/Gätsch*, Vereinsautonomie und Satzungsrechte Dritter, ZHR 156 (1992), 459; *Grunewald*, Vereinsordnungen, ZHR 152 (1988), 242; *Hadding*, Korporationsrechtliche oder rechtsgeschäftliche Grundlagen des Vereinsrechts? in: Festschrift Rob. Fischer, 1979, S. 165; *König*, Der Verein im Verein, 1992; *Kohler*, Mitgliedschaftliche Regelungen in Vereinsordnungen, 1992; *van Look*, Individualschutz im Vereinsrecht; *Lukes*, Der Satzungsinhalt beim eV und die Abgrenzung zu sonstigen Vereinsregelungen, NJW 1972, 112; *Reuter*, Die Verfassung des Vereins, ZHR 148 (1984), 523; *Säcker*, Probleme der Repräsentation von Großvereinen, 1986; *Teubner*, Organisationsdemokratie und Verbandsverfassung, 1978; *Vieweg*, Normsetzung und -anwendung deutscher und internationaler Verbände, 1990; *Wolfrum*, Die innerparteiliche Ordnung nach dem Parteiengesetz, 1974.

39 In: *Mugdan* I, S. 404.

fassung unterworfen. Gesetz ist allerdings jede Rechtsnorm (vgl. auch Art. 2 EGBGB), so daß sich innerhalb des Verbandes auch Gewohnheitsrecht (sog. Observanz) bilden kann[40]. Auf die schwierige Frage, inwieweit die Satzung selbst Normcharakter hat, wurde schon unter § 5 I 1 c eingegangen. Da neben dem Gesetz nur die Satzung die »Verfassung« des Vereins regeln kann, ist die Frage von großer Bedeutung, was § 25 BGB mit der Verfassung meint: das gesamte Organisationsrecht oder nur die Grundordnung des Vereins. Die zweite, engere Auffassung ist die herrschende[41]. Aber soll wirklich nur die Grundordnung und nicht die gesamte Organisation des Vereins der Satzungsautonomie unterliegen? Die Frage läßt sich klären, wenn man zwischen dem unterscheidet, was in der Vereinssatzung geordnet werden *kann* und dem, was in der Vereinssatzung geordnet werden *muß*. Die *Befugnis* zu autonomer Gestaltung umfaßt das gesamte Organisationsrecht; nur für die Grundordnung des Vereins gilt dagegen, daß sie, soweit vom gesetzlichen Normalstatut abgewichen werden soll, in der Satzung geregelt werden *muß*[42]. Zu dieser Grundordnung gehören folgende Grundlagen der Verbandsverfassung:

- die Zusammensetzung und die Funktionen der Organe, dagegen nicht unbedingt die Einzelheiten der Besetzung[43] und der Willensbildung mehrgliedriger Organe, die deshalb auch in Geschäftsordnungen geregelt werden können[44];
- die Rechtsstellung der Mitglieder, soweit deren Kernbereich berührt ist[45].

Die Abgrenzung kann im Einzelfall Schwierigkeiten bereiten.

Beispiel Nr. 5 (in Anlehnung an den Fall *LG Frankfurt*, ZIP 1983, 1336; *OLG Frankfurt*, ZIP 1985, 213; *Reuter*, ZHR 148 [1984], 523 ff.): Im Anschluß an Beschlüsse des ordentlichen Gewerkschaftstages von 1982 kam das *LG Frankfurt* auf Klage eines Mitglieds zu dem Ergebnis, der Gewerkschaftstag sei mangels Regelung der Anzahl der Gewerkschaftsdelegierten und mangels satzungsmäßiger Regelung ihrer Bestellung nicht ordnungsgemäß zusammengesetzt gewesen, so daß sämtliche Beschlüsse und Wahlen nichtig seien. Wählt man die hier verwendeten Ausdrücke, so sah also das *LG* diese Organisationsfrage als Bestandteil der Grundordnung an, die in der Satzung geregelt sein müsse. Das *OLG* ist dem *LG* in *dieser* Hinsicht nicht gefolgt, weil es Einzelregelungen teils für entbehrlich hielt, teils vom Vorhandensein einer Observanz, also eines Gewohnheitsrechts, ausging.

Beispiel Nr. 6 (in Anlehnung an *BGH*, MDR 1984, 119; dazu *Reuter*, ZHR 148 [1984], 524 f.): In einem Pferdezüchterverband kommt es nach den Zielen des Verbandes für die Mitglieder entscheidend darauf an, welche Hengste in das Zuchtbuch eingetragen werden können. Die Voraussetzungen einer solchen Eintragung stellen nach Auffassung des *BGH*

40 *BGHZ* 16, 143, 150 f.; 23, 122, 129; 25, 311, 316; *OLG Frankfurt*, ZIP 1985, 213, 215 f.; *Reuter*, in: MünchKommBGB, § 25 Rdnr. 2; krit. *Reichert*, a. a. O., Rdnrn. 354 ff.

41 Vgl. mit Unterschieden im einzelnen *BGHZ* 47, 172, 178; 105, 306, 313 f.; *BGH*, NJW 1967, 1268, 1270; *OLG Frankfurt*, ZIP 1985, 213, 215; *Reuter*, in: MünchKommBGB, § 25 Rdnr. 9; *Lukes*, NJW 1972, 127; Überblick bei *Reuter*, ZHR 148 (1984), 525 ff.; *Grunewald*, ZHR 152 (1988), 247 ff.

42 Zum Meinungsstand vgl. *BGHZ* 105, 306, 314; *Erman/Westermann*, § 25 Rdnr. 3; *Staudinger/Weick*, § 25 Rdnr. 3; insofern im Ergebnis übereinst. *Reuter*, ZHR 148 (1984), 523 ff.

43 Eingehend *OLG Frankfurt*, ZIP 1985, 213, 216; *Reuter*, ZHR 148 (1984), 530 f.

44 Vgl. *RGZ* 73, 187, 193.

45 Eingehend *Reuter*, ZHR 148 (1984), 534 ff.; *ders.*, in: MünchKommBGB, § 25 Rdnrn. 4 f.

ein »fundamentales Regelungswerk für den Verband« dar und müssen deshalb in der Satzung festgeschrieben werden.

Beispiel Nr. 7 (nach *BGHZ* 47, 172): Soll der Verein befugt sein, Mitglieder im Verfahren der Ehrengerichtsbarkeit auszuschließen, so bedarf es hierfür einer Grundlage in der Satzung *(RGZ* 49, 150, 154f.; std. Rspr.). Das Verfahren im einzelnen kann auch außerhalb der Satzung, z.B. in einer Ehrengerichtsordnung, geregelt werden *(BGHZ* 47, 172, 177). Anders verhält es sich nach der – freilich bestrittenen – Auffassung des *BGH* bei der Mitteilung des Ausschließungsbeschlusses im Mitteilungsblatt des Vereins oder bei der Kostentragung für das Ausschließungsverfahren: »Diese Bestimmungen gehen über eine rein geschäftsordnungsmäßige Verfahrensregelung hinaus und verbinden mit dem Ausschluß zusätzliche Rechtsnachteile.«

Soweit hiernach von Vereinsorganen sog. *Vereinsordnungen* erlassen werden können, müssen diese allerdings von der Satzung gedeckt sein und können von den Gerichten auf Satzungskonformität und Billigkeit geprüft werden[46].

b) Der Mindestinhalt der Vereinssatzung ist in §§ 57f. BGB festgelegt. Nach § 57 BGB muß die Satzung den Zweck, den Namen und den Sitz des Vereins enthalten und zum Ausdruck bringen, daß der Verein eingetragen werden soll (dazu oben unter II 1 d). Nach § 58 BGB »soll«[47] die Satzung Bestimmungen über den Eintritt und Austritt, über die Mitgliedsbeiträge, über die Bildung des Vorstandes und über das Verfahren der Mitgliederversammlung enthalten. Besondere Aufmerksamkeit verdient die *Bedeutung des Vereinszwecks in der Satzung*, denn der Zweck hat im Vereinsrecht unterschiedliche Bedeutung[48]: Er hat *begrenzende Bedeutung* insofern, als der Vereinszweck eine mehrheitsfeste verbandsrechtliche Geschäftsgrundlage darstellt; nach § 33 I 2 BGB kann er nur mit Zustimmung aller Mitglieder geändert werden (dazu unter III 4 b). Er hat *klassifizierende Bedeutung* insofern, als er nach §§ 21, 22 BGB nicht- wirtschaftliche und wirtschaftliche Vereine voneinander trennt (dazu oben unter II). Er hat schließlich *formalisierende Bedeutung*, denn er muß nach § 57 BGB in der Satzungsurkunde stehen. Diese Formalisierung dient einerseits der besseren registerrechtlichen Prüfung[49], und sie dient auf der anderen Seite auch dem Mitgliederschutz[50]. Je präziser der Verbandszweck bezeichnet ist, um so genauer kann das Registergericht die Eintragungsfähigkeit prüfen und um so weniger besteht die Gefahr, daß der Vereinszweck ohne Zustimmung der Mitglieder verlassen wird. Man muß allerdings sehen, daß die Gründer an intensiver Registerkontrolle und an genauer Festschreibung der Vereinstätigkeit nicht unbedingt interessiert sind. Ersichtlich geraten hier die

46 Dazu *BGHZ* 105, 306 = NJW 1989, 1724; eingehend *Kohler*, a.a.O., S. 134ff., S. 184ff.; vgl. auch, mit z.T. künstlichen Anleihen beim AGBG, *Grunewald*, ZHR 152 (1988), 242ff.

47 Trotz der »Soll«-Formulierung berechtigt ein Verstoß gegen § 58 BGB zur Zurückweisung eines Eintragungsantrags; die Formulierung stellt lediglich klar, daß eine Ordnungsvorschrift vorliegt, deren Verletzung nichts an der wirksamen Errichtung des Vereins ändert und nicht zur Amtslöschung einer vollzogenen Eintragung führt; vgl. nur *Reuter*, in: MünchKommBGB, § 58 Rdnr. 1.

48 Eingehend *Karsten Schmidt*, Verbandszweck, a.a.O., S. 29ff.; *ders.*, BB 1987, 556ff.; s. auch *Reichert*, a.a.O., Rdnrn. 399ff.

49 Unstr.; vgl. nur *Hemmerich*, a.a.O., S. 57f.; *Karsten Schmidt*, Verbandszweck, a.a.O., S. 34; *Steffen*, in: RGRK, § 57 Rdnr. 2.

50 *Karsten Schmidt*, Verbandszweck, a.a.O., S. 34.

Interessen der Verbandsorganisation an hoher Flexibilität und die Schutzinteressen des Vereinsrechts miteinander in Konflikt. Praktiker raten eher zu einfachen und ungenauen Zweckformulierungen[51], Perfektionisten zu einer möglichst genauen Beschreibung der Verbandstätigkeit[52]. Man wird sich mit einem Kompromiß abfinden müssen. So ist z.B. die Bestimmung, daß der Zweck nicht auf einen wirtschaftlichen Geschäftsbetrieb gerichtet ist, ebenso notwendig wie eine allgemeine Umschreibung des Vereinsziels[53]. Sie ist aber auf der anderen Seite keineswegs ausreichend, um den Registerrichter davon zu überzeugen, daß der Verein eintragungsfähig ist[54]. Es gehört also beides in die Satzungsurkunde: sowohl die Generalklausel, daß der Zweck nicht auf einen wirtschaftlichen Geschäftsbetrieb gerichtet ist, als auch eine Präzisierung der satzungsmäßigen Vereinstätigkeit (vgl. schon oben unter II 1 c).

c) Der gesetzestypische Verein ist durch das Vorhandensein von zwei Organen gekennzeichnet. Dies sind der Vorstand als Leitungsorgan (dazu sogleich unter III 2) und die Mitgliederversammlung als Willensbildungsorgan (dazu unter III 3). Es gibt aber *Großverbände und große Verbandsorganisationen*, die atypische Gestaltungen notwendig machen, insbesondere eine

- *interne Zergliederung* des Großverbandes in Regional- oder Sachbereiche, die sich auch darin niederschlagen kann, daß an die Stelle der Mitgliederversammlung eine Delegiertenversammlung tritt (vgl. unter III 3 g)[55], und auf der anderen Seite eine
- *externe Zergliederung* in Haupt- oder Dachverbände mit Teil- oder Unterverbänden[56], die konzernähnliche Strukturen herbeiführt (dazu oben, § 17), wobei es einen Unterschied macht, ob Mitglieder des Dachverbandes nur die Unterverbände sind (so vielfach in der Sportorganisation) oder ob jedes Mitglied eines nachgeordneten Verbands zugleich auch Mitglied des Hauptverbands ist (so häufig bei Gewerkschaften und politischen Parteien)[57].

Beide Entwicklungen lassen verbandsrechtliche Grundprobleme erkennen: Rechtsträgerschaft und Verbandsstruktur sind nicht unbedingt deckungsgleich. Die interne Zergliederung macht aus einem als Rechtsträger eingetragenen Großverein »virtuelle Teilvereine«[58]. Bezogen auf den Großverein, an dem die einzelnen Mitglieder rechtlich beteiligt sind, führt sie von dem »basisdemokratischen« Vereinsmodell hin zu einer Repräsentationsverfassung und muß in der Satzung verankert sein. Die externe Zergliederung dehnt die Verbandsstruktur eines als Rechtsträger eingetragenen Vereins nach

51 Vgl. nur *Stöber*, a.a.O., Rdnr. 47.
52 Vgl. nur *Hemmerich*, a.a.O., S. 57f.
53 *Karsten Schmidt*, Verbandszweck, a.a.O., S. 35.
54 Vgl. *Karsten Schmidt*, Verbandszweck, a.a.O., S. 209; *ders.*, AcP 182 (1982), 33.
55 Dazu *Reichert*, a.a.O., Rdnrn. 2783ff.; *Säcker*, a.a.O.; *Sauter/Schweyer/Waldner*, a.a.O., Rdnrn. 216ff.; *Reuter*, in: MünchKommBGB, § 32 Rdnrn. 2ff.
56 Dazu *Reichert*, a.a.O., Rdnr. 2774; *König*, a.a.O.
57 Beispiel: *RGZ* 73, 92; nur in diesem Fall spricht *König*, a.a.O., von »nachgeordneten« Verbänden.
58 Verf. arbeitet gegenwärtig über das Phänomen »virtueller Verbände«.

außen aus. Sie läßt u.a. die Frage auftreten, wie weit die korporative Herrschaftsmacht eines Dachverbandes in die rechtlich verselbständigten Teilgebilde – also die Unterverbände – eindringen kann. Die noch wenig geklärte Frage spielt nicht zuletzt bei Sportorganisationen eine Rolle und hat u.a. zu der Frage geführt, ob sich das Mitglied eines Unterverbandes der sog. »Vereinsstrafgewalt« des Hauptverbandes unterwerfen kann (dazu vgl. unter V 3). Die Frage ist also, ob die mitgliedschaftlichen Rechte und Pflichten über den als Rechtsträger eingetragenen Verein hinausweisen und die eingetragenen Teilvereine als einen »virtuellen Großverband« erscheinen lassen können. Verhält es sich dagegen so, daß die Mitglieder eines nachgeordneten Verbandes gleichzeitig Mitglieder des Hauptverbandes sind, so stellt die organisationsrechtliche Verzahnung der Vereine untereinander und die Verzahnung der Mitgliedschaften im Haupt- und Unterverband – z.B. beim Eintritt und Austritt – das Hauptproblem dar[59].

2. Der Vorstand als Leitungsorgan

a) Leitungsorgan – Geschäftsführungs- und Vertretungsorgan – ist der Vorstand. Er wird nach § 27 I BGB durch die Mitgliederversammlung bestellt. Die Bestellung ist jederzeit widerruflich, doch kann die Satzung den Widerruf auf den Fall beschränken, daß ein wichtiger Grund vorliegt (§ 27 II BGB). Das Vorhandensein eines Vorstands ist für die Handlungsfähigkeit des Vereins unentbehrlich. Soweit die erforderlichen Mitglieder des Vorstands fehlen, kann das Amtsgericht nach § 29 BGB vorübergehend einen Notvorstand bestellen, dies jedoch nur für die Zeit bis zur Behebung des Mangels. Hinsichtlich der *Besetzung der Vorstandsämter* gilt das Prinzip der Fremdorganschaft (oben, § 14 II 2). Solange nicht die Satzung ein anderes vorschreibt – das ist häufig der Fall –, muß kein Vorstandsmitglied Vereinsmitglied sein. Das Gesetz schreibt auch keine bestimmte Zahl der Vorstandsmitglieder vor, jedoch ist auch diese Frage in den meisten Satzungen geregelt.

b) Die meisten Vereinsvorstände bestehen aus mehreren Personen (mehrgliedriger oder mehrköpfiger Vorstand). Dann entscheidet der Vorstand nach § 28 I BGB über Geschäftsführungsmaßnahmen durch Mehrheitsbeschluß, sofern nicht die Satzung die Willensbildung anders regelt (vgl. § 40 BGB). § 28 I BGB betrifft nicht nur das Innenverhältnis, sondern auch das Außenverhältnis (arg. § 28 II BGB). Ein Mehrheitsbeschluß des Vorstands verleiht deshalb nicht nur im Innenverhältnis die Handlungsbefugnis, sondern er bestimmt auch den Inhalt der *Organvertretungsmacht*[60]. Die Vorstandsmehrheit – oder ein von ihr ausdrücklich oder stillschweigend ermächtigtes

59 Dazu eingehend *König*, a.a.O.

60 Vgl. *Steffen*, in: RGRK, § 26 Rdnr. 4; *Soergel/Hadding*, § 26 Rdnr. 16; *Reuter*, in: MünchKommBGB, § 26 Rdnr. 15; jetzt auch *Staudinger/Weick*, § 26 Rdnr. 12; es genügt, wenn die Erklärungen eines Vorstandsmitglieds von den übrigen genehmigt werden oder eine entsprechende Ermächtigung erteilt wird.

Vorstandsmitglied – kann mit Wirkung nach außen den Verein vertreten. Einzelvertretungsmacht bei einem mehrköpfigen Vorstand kann sich aus der Satzung ergeben[61]. Das wird i.d.R. bedeuten, daß das zur Einzelvertretung berechtigte Vorstandsmitglied auch im Innenverhältnis ohne Vorstandsbeschluß allein entscheiden kann[62]. Ist, abweichend von § 28 I BGB, Gesamtvertretung durch alle Vorstandsmitglieder angeordnet, so sorgen die §§ 70, 68 BGB für Verkehrsschutz: Dritte brauchen sich dies nur entgegenhalten zu lassen, wenn diese besondere Vertretungsregelung ihnen bekannt oder im Vereinsregister eingetragen und ihnen nicht ohne Fahrlässigkeit unbekannt ist (vgl. oben, § 23 II 2 b). Für die Passivvertretung genügt nach § 28 II BGB ohne weiteres die Abgabe einer Willenserklärung gegenüber einem Vorstandsmitglied.

c) Als Leitungsorgan ist der Vorstand nach der gesetzlichen Regel zugleich zur *Geschäftsführung* und zur *Vertretung* berufen. Ob diese Kompetenzeinheit zwingend ist, wurde in der Rechtsprechung uneinheitlich beurteilt[63]. Heute wird eine Aufteilung der Kompetenzen zugelassen.

Beispiel Nr. 8 (nach *BGHZ* 69, 250 = JuS 1978, 270 m. Anm. *Karsten Schmidt*; Vorinstanz: *BayObLG*, MDR 1977, 136): Es sollte ein Schützenverein eingetragen werden, an dessen Spitze die Schützenmeister und das Schützenmeisteramt stehen. Die Schützenmeister vertreten den Verein gerichtlich und außergerichtlich; die Maßnahmen werden vom Schützenmeisteramt beschlossen. Die Gerichte hatten nun darüber zu entscheiden, ob ein Verein eintragbar ist, dessen Satzung die Geschäftsführungskompetenz von der Vertretungskompetenz trennt. Sie haben dies bejaht. Da nach geltendem Vereinsrecht die Vertretungsmacht in einem mehrköpfigen Vorstand als Einzelvertretungsmacht ausgestaltet und von der Beschlußfassung des Vorstands unabhängig gemacht werden kann, muß man konsequenterweise auch die personelle Trennung des Geschäftsführungsorgans vom Vertretungsorgan zulassen.

Der *Umfang aller Vertretungsmacht* beschränkt sich nicht auf Geschäfte, die dem Verbandszweck entsprechen (oben, § 8 V). Im Gegensatz zu §§ 82 I AktG, 37 II 1 GmbHG läßt aber § 26 II 2 BGB zu, daß die Vertretungsmacht durch die Satzung mit Wirkung gegen Dritte beschränkt wird, was allerdings eine eindeutig auf das Außenverhältnis bezogene Satzungsklausel zuläßt[64]. Nach §§ 70, 68 BGB kann auch diese Beschränkung einem Dritten nur entgegengehalten werden, wenn er sie kennt oder wenn sie in das Vereinsregister eingetragen ist; nachträgliche Beschränkungen werden nach § 71 BGB ohnedies erst mit der Eintragung wirksam. Aber selbst wenn die Beschränkung eingetragen ist, kann ein Dritter nach §§ 70, 68 S. 2 BGB immer noch einwenden, daß er die Beschränkung nicht kannte und daß seine Unkenntnis nicht auf Fahrlässigkeit beruht. Die Beschränkbarkeit der Vertretungsmacht stößt auf Grenzen, soweit durch sie der Vorstand und damit der Verein handlungsunfähig würde. Eine vollständige Entziehung der Ver-

61 Vgl. *Sauter/Schweyer/Waldner*, a.a.O., Rdnr. 231; *Soergel/Hadding*, § 26 Rdnr. 17.
62 *BGHZ* 119, 379, 382f.
63 Bejahend *KG*, JW 1936, 2929, 2930; *BayObLGZ* 1971, 266, 272; 1972, 286, 290.
64 Sonst nur Bindung im Innenverhältnis; vgl. *BGH*, NJW-RR 1996, 866.

tretungsmacht ist unzulässig[65]. Auch kann das Vorstandshandeln nicht von der Zustimmung Dritter abhängig gemacht werden[66]. Die Beschränkung der Vertretungsmacht darf weiter nicht mit der nur internen Pflichtbindung des Vorstands verwechselt werden. Es gibt Rechtsgeschäfte, die der Vorstand zwar nicht abschließen soll, aber doch grundsätzlich im Rahmen seiner Vertretungsmacht abschließen kann. Widerspricht ein Rechtsgeschäft dem Vereinszweck oder handelt der Vorstand sonst pflichtwidrig, so liegt nicht eine Überschreitung, wohl aber ein Mißbrauch der Vertretungsmacht vor[67]; ein solcher Mißbrauch kann einem Dritten nur dann entgegengehalten werden, wenn die Pflichtwidrigkeit evident ist (näher oben, § 10 II 2). Trotz vieler Unklarheiten entspricht dies im Ergebnis der herrschenden Auffassung[68]. Deshalb darf nicht jede satzungsmäßige Pflichtbindung des Vorstands als Beschränkung der Vertretungsmacht angesehen werden. Aus der Pflichtbindung ergibt sich nur, was der Vorstand darf und was er nicht darf. Soll darüber hinaus auch seine Vertretungsmacht beschränkt sein, so muß die Satzung dies klarstellen.

Beispiel Nr. 9 (nach *BGH*, NJW 1980, 2799 = JuS 1981, 144 m. Anm. *Karsten Schmidt*): Der Ortsverband O gehörte dem Landesverband L an. In der Satzung des O war der Passus enthalten: »Der Verein ist dem Landesverband L angeschlossen.« Der Vorstand des O hatte inzwischen den Austritt aus dem Landesverband erklärt. Dieser hielt den Austritt für unwirksam, weil es die O-Satzung dem Vorstand gerade verbiete, den Austritt zu erklären. Die Klage des L gegen O auf Zahlung des Mitgliedsbeitrags blieb trotzdem in allen Instanzen erfolglos. Der *BGH* entschied, die Satzungsbestimmung solle nur die Verbandsziele verdeutlichen: »Soll eine Satzungsbestimmung den Umfang der Vertretungsmacht des Vereinsvorstands beschränken, dann muß dies eindeutig aus ihr zu entnehmen sein.«

Die Vertretungsmacht ist maßgebend für die Zurechnung von Willenserklärungen gemäß § 164 BGB (vgl. zur organschaftlichen Vertretung oben, § 10 II). Nicht mit ihr zu verwechseln ist die Zurechnung des Vorstandsverschuldens gegenüber dem Verein. Sie bestimmt sich nach § 31 BGB (dazu oben, § 10 IV; unten, § 24 VI 2 c).

d) Das *Innenverhältnis* zwischen den Vorstandsmitgliedern und dem Verein wird teils durch Dienstverträge, teils durch das Gesetz geregelt. Vorstandsmitglieder sind keine Arbeitnehmer des Vereins, und zwar grundsätzlich auch dann nicht, wenn sie dies vor ihrem Aufstieg in den Vorstand waren[69]. Zuständig für den Abschluß und die Lösung von Anstellungsverträgen ist nach der von *BGHZ* 113, 237 = NJW 1991, 1727 bestätigten herrschenden Meinung das Bestellungsorgan, im Regelfall also die Mitgliederversammlung[70]. Man wird dies wohl dahin einschätzen müssen, daß Verträge und Vertragsänderungen der Zustimmung der Mitgliederversammlung bedürfen,

65 *BayObLGZ* 1971, 266, 271; *Sauter/Schweyer/Waldner*, a. a. O., Rdnr. 234.
66 *OLG Hamm*, OLGZ 1978, 21, 23 f.; *Erman/Westermann*, § 26 Rdnr. 1.
67 *Geßler*, in: Festschrift v. Caemmerer, 1978, S. 533; *John*, in: Festschrift Mühl, 1981, S. 355 ff.
68 *Flume*, Juristische Person, § 10 II (S. 370 ff.); *Reuter*, in: MünchKommBGB, § 26 Rdnr. 19 f.; *Soergel/Hadding*, § 26 Rdnr. 24; *Staudinger/Weick*, § 26 Rdnr. 9.
69 *BAG*, NJW 1996, 614.
70 Dazu *Baums*, ZGR 1993, 141 ff.

aber nicht von ihr mit dem Vorstand vereinbart werden müssen[71]. Da die Betätigung häufig ehrenamtlich ist, ist die gesetzliche Regelung beim Verein von besonderer Bedeutung. Nach § 27 III BGB finden die Auftragsvorschriften der §§ 664–670 BGB entsprechende Anwendung. Vorstandspflichten müssen also im Zweifel persönlich (§ 664 BGB) und weisungsgemäß (§ 665 BGB) erfüllt werden. Das Weisungsrecht steht der Mitgliederversammlung zu, wenn nicht die Satzung dies anders regelt[72]. Sie entscheidet auch über die Entlastung des Vorstandes, auf die dieser nach den allgemeinen Regeln (oben, § 14 VI 3) keinen Anspruch hat[73]. Der Vorstand ist dem Verein zur Auskunft und zur Rechenschaft verpflichtet (§ 666 BGB). Was er aus seiner Tätigkeit erlangt, muß er herausgeben (§ 667 BGB). Dafür kann er Ersatz seiner Aufwendungen verlangen (§ 670 BGB), wobei – allgemeines Problem des § 670 BGB! – Schäden aus tätigkeitstypischen Risiken den Aufwendungen gleichzustellen sind (rechtsähnlich § 110 HGB). Vergütungsansprüche hat der Vereinsvorstand nach der gesetzlichen Regel nicht. Eine Vorstandsvergütung kann allerdings in der Satzung angeordnet oder zugelassen werden. Läßt die Satzung eine »angemessene« Vergütung zu, so unterliegt die Angemessenheit einer gezahlten Vergütung der gerichtlichen Nachprüfung. Was zuviel gezahlt wurde, kann nach § 812 BGB zurückgefordert werden[74].

Probleme können im Rahmen der Verschuldenshaftung des Vorstands entstehen. Das Innenverhältnis ist – auch dies wie beim Auftrag, jedoch auch ohne Abschluß eines besonderen Vertrags – eine Sonderrechtsbeziehung, für deren schuldhafte Schlechterfüllung der Vorstand dem Verein haftet. Nach dem Gesetzeswortlaut müßte der Vorstand, obwohl er meist ehrenamtlich tätig ist, dem Verein für jedes Verschulden haften, und er müßte auch selbst unbeschränkt für Schäden einstehen, die er Dritten in Ausübung seiner Tätigkeit zufügt. Selbst wenn ein geschädigter Dritter nach §§ 823, 31 BGB Schadensersatz vom Verein verlangen kann, müßte das schuldhaft handelnde Vorstandsmitglied im Innenverhältnis allein verantwortlich sein[75]. Bei ehrenamtlicher Tätigkeit ist dies in hohem Maße unbillig. Im Verhältnis zwischen einem ehrenamtlich tätigen Vereinsmitglied und dem Verein – nicht auch im Verhältnis zu schutzbedürftigen Dritten! – wendet deshalb der *Bundesgerichtshof* die Grundsätze über den innerbetrieblichen Schadensausgleich an[76]. Nach den Grundsätzen des innerbetrieblichen Schadensausgleichs[77] werden im Arbeits-

---

71 Dies zu den praktischen Einwänden von *Reuter*, in: MünchKommBGB, § 27 Rdnr. 9.

72 *BGHZ* 119, 379, 385.

73 *OLG Köln*, DB 1996, 1177.

74 *BGH*, NJW-RR 1988, 745 = JuS 1988, 903 m.Anm. *Karsten Schmidt.*

75 Vgl. zur Anwendung der Regeln über schadensgeneigte Arbeit außerhalb von Arbeitsverhältnissen *Bastuck*, Enthaftung des Managements, 1986; *Brüggemeyer*, AcP 191 (1991), 63ff. (Organe); *Canaris*, RdA 1966, 48; *Neumann-Duesberg*, JZ 1964, 433; *Pullen*, BB 1984, 989 (GmbH-Geschäftsführer); *Schneider*, in: Festschrift Werner, 1984, S. 795ff. (Vorstandsmitglieder, Geschäftsführer); *BGH*, AP Nr. 28 zu § 611 BGB – Haftung des Arbeitnehmers m.Anm. *Alfred Hueck.*

76 *BGHZ* 89, 153 = NJW 1984, 789 = JuS 1984, 480 m.Anm. *Karsten Schmidt.*

77 Dazu *BAG*, NJW 1995, 210; *BGH*, NJW 1996, 1532; eingehend *Annuß*, Die Haftung des Arbeitnehmers, 1998; *ders.*, NZA 1998, 1089; *Hanau/Rolfs*, NJW 1994, 1439; *Hübsch*, BB 1998, 690; *Langenbucher*, ZfA 1997, 523; *Richardi*, NZA 1994, 241; *Schaub*, WiB 1994, 227; *Schnorbus*, MDR 1994, 961.

recht die im Fall schuldhafter Schädigung des Arbeitgebers oder eines Dritten drohenden Haftungsrisiken einem Arbeitnehmer teilweise abgenommen. Bei »leichtester Fahrlässigkeit« des Arbeitnehmers trägt der Arbeitgeber den Schaden allein[78]; bei »mittlerer Fahrlässigkeit« wird der Schaden nach der Rechtsprechung geteilt[79]; erst bei grober Fahrlässigkeit – und selbstverständlich auch bei vorsätzlicher Schädigung – wird dem Arbeitnehmer die Entlastung in aller Regel versagt[80]. Darauf, ob die Tätigkeit besonders »gefahrgeneigt« ist, kommt es nach der jetzt gesicherten Auffassung des *Bundesarbeitsgerichts* und des *Bundesgerichtshofs* nicht mehr an[81]. Die Gefahrgeneigtheit der Tätigkeit spielt nur noch auf der Rechtsfolgenseite des Schadensausgleichs neben dem Verschuldensgrad eine Rolle. Die umstrittene Frage, ob all das auch für Verbandsorgane gelten kann, wurde schon unter § 14 V angeschnitten. Die Grundsatzentscheidung zur Haftungsentlastung im Rahmen der Vorstandstätigkeit entwickelte sich aus unserem

Beispiel Nr. 10 (nach *BGHZ* 89, 153 = NJW 1984, 789 = JuS 1984, 480 m. Anm. *Karsten Schmidt*): Ein Bauingenieur und Architekt A betätigte sich in seiner Freizeit als »Stammesführer« bei dem Deutschen Pfadfinderbund e.V. Bei einer Pfadfinderübung verschuldete er einen Unfall mit einem Gabelstapler, bei dem ein 16jähriger Pfadfinder schwer verletzt wurde. A hatte bereits über 11 000 DM an Schadensersatz- und Verfahrenskosten aufgewendet und war weiterhin verpflichtet, dem Verletzten 75 % seines künftigen Schadens zu ersetzen. Nunmehr verlangte er von dem Verein Erstattung der 11 000 DM und Freistellung von sämtlichen Verbindlichkeiten gegenüber dem Verletzten. Im Gegensatz zur Rechtsstellung nichtehrenamtlicher Gesellschaftsorgane[82] hielt der *Bundesgerichtshof* hier die Grundsätze über den innerbetrieblichen Schadensausgleich für sinngemäß anwendbar. Zur Begründung betonte er, dies liege nicht nur im Interesse betroffener Vorstandsmitglieder, sondern auch der Vereine, die auf die Einsatzbereitschaft ehrenamtlich tätiger Mitglieder angewiesen seien. Die Rechtsprechung hat sich durchgesetzt[83]. Man wird das Haftungsprivileg nicht davon abhängig machen dürfen, ob der ehrenamtlich Tätige dem Vorstand angehört oder nicht[84].

e) Die Vereinssatzung kann nach § 30 S. 1 BGB bestimmen, daß neben dem Vorstand für gewisse Geschäfte besondere Vertreter bestellt werden. Die Vorschrift soll eine differenzierte Vereinsorganisation ermöglichen, denn das Management vieler Vereine kommt mit den gesetzlichen Organen nicht aus. Der Begriff des »Vertreters« ist untechnisch gemeint. Es können auch

---

78 *BAG*, AP Nrn. 33, 53, 61, 78, 80, 93 zu § 611 BGB – Haftung des Arbeitnehmers.

79 *BAG*, AP Nrn. 33, 61, 92, 93, 106 zu § 611 BGB – Haftung des Arbeitnehmers; zust. *Brox*, AP Nr. 93 ebd.; nicht durchgesetzt hat sich die vollständige Schadensverlagerung auf den Arbeitgeber, so der *VII. Senat*, AP Nr. 82 zu § 611 BGB – Haftung des Arbeitnehmers (bestätigt in Nr. 84) = JuS 1983, 724 m. Anm. *Reuter;* dazu eingehend *Naendrup*, JuS 1984, 336; *Richardi*, NZA 1994, 244.

80 *BAG*, AP Nrn. 42, 69, 74, 93, 109 zu § 611 BGB – Haftung des Arbeitnehmers; über Ausnahmen vgl. *BAG*, AP Nr. 97 zu § 611 BGB – Haftung des Arbeitnehmers = JuS 1990, 508 m. Anm. *Reuter; BAG*, AP Nrn. 111, 117 zu § 611 BGB – Haftung des Arbeitnehmers.

81 Vgl. *BAG*, AP Nr. 103 zu § 611 BGB – Haftung des Arbeitnehmers = NJW 1995, 210; *BGH*, NJW 1994, 856; Grundlage war der Vorlagebeschluß *BAG*, AP Nr. 98 zu § 611 BGB – Haftung des Arbeitnehmers = JuS 1990, 508 m. Anm. *Reuter.*

82 Vgl. *BGH*, WM 1975, 467, 469; *Canaris*, RdA 1966, 48; s. aber *Pullen*, BB 1984, 989.

83 Vgl. *OLG Saarbrücken*, VersR 1995, 832; *LG Bonn*, NJW-RR 1995, 1435, 1436.

84 So aber *Sauter/Schweyer/Waldner*, a. a. O., Rdnr. 278: Haftungsprivileg nur für Nicht-Vorstandsmitglieder.

besondere »Vertreter« ohne Vertretungsmacht bestellt werden[85]. Im Zweifel hat aber ein »besonderer Vertreter« Vertretungsmacht für die Rechtsgeschäfte, die der ihm zugewiesene Geschäftskreis gewöhnlich mit sich bringt (§ 30 S. 2 BGB). Für die Zurechnung rechtswidrigen Verhaltens und des Verschuldens der »besonderen Vertreter« gilt § 31 BGB (vgl. dazu oben, § 10 IV). Selbst im Ordnungswidrigkeitenrecht wird dem Verein das Verhalten eines »besonderen Vertreters« ebenso zugerechnet wie das des Vorstands[86].

3. Mitgliederversammlung und Mitgliederbeschluß

a) *Willensbildungsorgan* ist die Mitgliederversammlung (präzis: die Gesamtheit der Mitglieder, denn nach § 32 II BGB können diese auch ohne Versammlung Beschlüsse fassen). Da dieses Prinzip der unmittelbaren Vereinsdemokratie bei Großvereinen unzweckmäßig ist, sehen deren Satzungen oft *Repräsentationsorgane* (Delegiertenversammlungen) vor (dazu unter III 3 g). Die Mitgliederversammlung ist *das höchste Organ* des Vereins. Nach § 32 I 1 BGB werden die Angelegenheiten des Vereins durch die Mitgliederversammlung geordnet, soweit sie nicht vom Vorstand oder von einem anderen Vereinsorgan zu besorgen sind. Die sachliche Zuständigkeit der Mitgliederversammlung ist im Grundsatz allumfassend. Aber funktionell unterscheidet sich die Zuständigkeit der Mitgliederversammlung als Willensbildungsorgan von derjenigen des Vertretungsorgans[87]. Gemäß §§ 27 III, 665 BGB hat der Vorstand aber den Weisungen der Mitgliederversammlung zu folgen, soweit nicht zwingende Vorschriften (z.B. § 42 II BGB) oder Satzungsregelungen, die auch dem Vorstand bestimmte Entscheidungen in Eigenkompetenz überlassen können, entgegenstehen[88]. Als Zuständigkeiten der Mitgliederversammlung hebt das Gesetz besonders hervor: die Bestellung und Abberufung des Vorstands und der Liquidatoren (§§ 27 I, II, 48 I BGB), die Satzungsänderung (§ 33 BGB) und die Auflösung des Vereins (§ 41 BGB).

b) Die *Einberufung* erfolgt durch den Vorstand[89], sofern nicht die Satzung diese Zuständigkeit abweichend regelt. Die Mitgliederversammlung ist nach § 36 BGB in den durch die Satzung bestimmten Fällen zu berufen (vgl. § 58 Nr. 4 BGB) sowie dann, wenn das Interesse des Vereins es erfordert. Nach § 37 I BGB ist die Mitgliederversammlung außerdem zu berufen, wenn mindestens 1/10 der Mitglieder oder ein in der Satzung bestimmter Bruchteil der Mitglieder dies verlangt. Wird diesem Verlangen nicht entsprochen, so kann das Amtsgericht die betreffenden Mitglieder auch ermächtigen, selbst die Versammlung einzuberufen (§ 37 II BGB). Eine Einberufungsfrist kann in der Satzung vorgeschrieben werden; fehlt es daran – das Gesetz enthält keine

85 *RG*, JW 1930, 2927, 2930; DR 1944, 287; *BGH*, VersR 1962, 664; NJW 1972, 334; eingehend *Reuter*, in: MünchKommBGB, § 30 Rdnr. 10.
86 *KG*, WuW/E OLG 4108 »Sportartikelhandel«; *BGH*, WuW/E BGH 2542, »Sportartikelhandel«.
87 Vgl. *Sauter/Schweyer/Waldner*, a.a.O., Rdnrn. 156ff., 224ff.
88 *Reichert*, a.a.O., Rdnrn. 1503f.; *Sauter/Schweyer/Waldner*, a.a.O., Rdnr. 156.
89 Eingehend *Reichert*, a.a.O., Rdnrn. 767ff.; *Sauter/Schweyer/Waldner*, a.a.O., Rdnr. 157.

Regelung! –, so ist eine angemessene Ladungsfrist einzuhalten[90]. Auch über Ort und Zeit der Versammlung schweigt das Gesetz. Enthält die Satzung keinen anderen Anhaltspunkt, so wird in aller Regel der Verwaltungssitz der geeignete Ort sein[91]. Der Zeitpunkt für die ordentliche Mitgliederversammlung ist i. d. R. durch die Satzung hinreichend umrissen. Nach § 32 I 2 BGB muß bei der Einberufung der Versammlung jeder Beschlußgegenstand bezeichnet werden (sog. Tagesordnung). Die Satzung kann Nachträge zulassen, doch müssen auch diese den Mitgliedern so rechtzeitig mitgeteilt werden, daß eine sachgerechte Vorbereitung und Stimmrechtsausübung möglich ist.[92] Die Leitung der Versammlung einschließlich der Verkündung der in der Versammlung gefaßten Beschlüsse obliegt dem Vorstand, sofern nicht die Satzung eine andere Regelung enthält oder die Versammlung einen Leiter wählt[93]. Aus der Satzung kann sich auch ergeben, daß und in welcher Form der Verlauf der Versammlung protokolliert und ein Versammlungsbeschluß verkündet werden soll.

c) Die Mitgliederversammlung als Willensbildungsorgan entscheidet durch *Beschlußfassung* (dazu allgemein oben, § 15 I). Die Beschlußfassung ist ein förmlicher Akt[94]. Gegenstand der Beschlußfassung muß stets ein hinreichend konkretisierter Antrag sein (§ 32 I 2 BGB). Grundsätzlich entscheidet – vorbehaltlich anderer Satzungsregelung – die *einfache absolute Mehrheit* (über Besonderheiten bei der Satzungs- oder Zweckänderung vgl. unter IV 4). § 32 I 3 BGB spricht von der »Mehrheit der erschienenen Mitglieder«, was zu bedeuten scheint, daß Enthaltungen als Nein-Stimmen zählen. Das wäre nicht nur eine klare Abweichung von den §§ 133 I AktG, 47 I GmbHG und §§ 16 II, 43 II GenG, sondern auch eine im Verbandsrecht ungewohnte Lösung. Deshalb war lange umstritten, ob man den § 32 I 3 BGB wortgetreu handhaben darf.

Beispiel Nr. 11 (nach *BGHZ* 83, 35 = NJW 1982, 1585; dazu krit. *Trouet*, NJW 1983, 2865): In der Mitgliederversammlung erschienen acht Mitglieder. Bei der Wahl des Vorsitzenden stimmten im zweiten Wahlgang drei Mitglieder für den Kandidaten K, vier für den Rivalen R; ein Mitglied enthielt sich der Stimme. Daraufhin klagte K gegen den Verein auf Feststellung, die Wahl des R sei unwirksam. Hier war R mit der Mehrheit der abgegebenen Stimmen (vier von sieben), aber nicht mit der Mehrheit der anwesenden Stimmen gewählt worden. Damit mußte über die Bedeutung von Stimmenthaltungen im Vereinsrecht entschieden werden.

Das *Reichsgericht* hatte in *RGZ* 80, 189, 194 dahinstehen lassen, ob man vom Gesetzeswortlaut so weit abweichen dürfe, daß eine Stimmenthaltung oder die Abgabe einer ungültigen Stimme einer Abwesenheit gleichzustellen sei[95]. Das müßte bedeuten, daß ein Mehrheitsbeschluß durch Stimmenthaltungen

---

90 *Sauter/Schweyer/Waldner*, a. a. O., Rdnr. 172; über satzungsmäßige Fristen vgl. *Reichert*, a. a. O., Rdnrn. 835 ff.

91 Vgl. *BayObLG*, JW 1930, 2723, 2724 m. Anm. *Locher; Reichert*, a. a. O., Rdnr. 835; *Sauter/Schweyer/Waldner*, a. a. O., Rdnr. 173.

92 *BGHZ* 99, 119 = JuS 1988, 310 m. Anm. *Karsten Schmidt*; *Hüffer*, § 4/2; *Staudinger/Weick*, § 32 Rdnr. 11.

93 Vgl. *Reichert*, a. a. O., Rdnrn. 944 ff.; *Sauter/Schweyer/Waldner*, a. a. O., Rdnrn. 180 ff.

94 *OLG München*, NJW-RR 1991, 893.

95 Unrichtige Interpretation des Urteils in einer Wohnungseigentumssache bei *KG*, NJW 1978, 1439 m. abl. Anm. *Merle*: Das RG habe die Stimmenthaltungen bei der Berechnung mitgezählt.

blockiert werden kann. Demgegenüber hat sich der *Bundesgerichtshof* in *BGHZ* 83, 35 der im Schrifttum danach schon weit vorgedrungenen Auffassung angeschlossen, daß die Mehrheit ohne Mitzählung der Enthaltungen nur aus den Ja- und Nein-Stimmen zu berechnen sei. Dem ist mit der inzwischen wohl herrschenden Auffassung[96] zuzustimmen, so kraß auch der Bruch mit dem Wortlaut des Gesetzes scheint. Der Gesetzgeber hat, wie der *BGH* mit Recht bemerkt hat, auf die Mitzählung der Stimmenthaltungen augenscheinlich kein Augenmerk gelegt, sondern in § 32 I 3 BGB nur das Prinzip der einfachen Mehrheit festhalten wollen[97]. Es genügt also die Mehrheit der abgegebenen Stimmen, und ebenso hat der Bundesgerichtshof inzwischen auch für die entsprechende Vorschrift der § 25 WEG entschieden[98]. Die Satzung kann allerdings bestimmen, daß es auf die Mehrheit aller anwesenden – denkbar auch: aller vorhandenen! – Mitglieder ankommen soll, womit dann jede Stimmenthaltung wie eine Nein-Stimme zählt. Aber das muß im Satzungstext klar und eindeutig zum Ausdruck kommen[99].

d) Das *Stimmrecht* ist Bestandteil der Mitgliedschaft und an diese gebunden. Grundsätzlich zählen die Stimmen *nach Köpfen*: Jedes Mitglied hat eine Stimme. Durch Satzungsbestimmung – auch durch Satzungsänderung! – kann die Zuteilung eines mehrfachen Stimmrechts für einzelne Mitglieder, z.B. für Gründungsmitglieder, als Sonderrecht eingeführt werden[100]. Das Stimmrecht muß auch in diesem Fall *einheitlich* ausgeübt werden. Hierfür, wie auch für die Frage, ob *Stimmbindungsverträge* wirksam sind, gelten die allgemeinen Regeln (dazu oben, § 21 II 4). Ein allgemeines Problem ist auch das der *Stimmverbote.* Es ist in § 34 BGB dahingehend geregelt, daß ein Mitglied nicht stimmberechtigt ist, wenn die Beschlußfassung die Vornahme eines Rechtsgeschäfts mit ihm oder die Einleitung oder Erledigung eines Rechtsstreits zwischen ihm und dem Verein betrifft. Betrachtet man das allgemeine Institut des Stimmverbots (oben, § 21 II 2), dann wird erkennbar, daß nur der Fall des Insichgeschäfts vom Gesetzeswortlaut erfaßt ist und nicht das daneben tretende Verbot, »Richter in eigener Sache« zu sein[101]. § 34 BGB muß im Wege der institutionell-teleologischen Extension oder der Analogie entsprechend ergänzt werden[102]. Insbesondere gilt dies für die Entlastung des

96 Vgl. nur *OLG Köln*, Rpfleger 1994, 114, 115 = NJW-RR 1994, 1547; *Enneccerus/Nipperdey* I, § 111 I 2; *Lehmann/Dietz*, § 35 III 2; *Hübner*, Rdnr. 217; *Kübler*, § 10 III 2 c; *Erman/Westermann*, § 32 Rdnr. 2; *Palandt/Heinrichs*, § 32 Rdnr. 7; *Reuter*, in: MünchKommBGB, § 32 Rdnr. 48; *Soergel/Hadding*, § 32 Rdnr. 32; *Reichert*, a.a.O., Rdnr. 1053; *Sauter/Schweyer/Waldner*, a.a.O., Rdnr. 206; *Soergel/Hadding*, § 32 Rdnr. 32; *Staudinger/Weick*, § 32 Rdnr. 13; a.M. noch vor Erlaß der BGH-Entscheidung *Steffen*, in: RGRK, § 32 Rdnr. 14.

97 Vgl. Mot., in: *Mugdan* I, S. 411; Prot., ebd., S. 828.

98 *BGHZ* 106, 182.

99 *BGH*, NJW 1987, 2430 = JuS 1988, 71 m.Anm. *Karsten Schmidt.*

100 Vgl. m.w.N. *Reichert*, a.a.O., Rdnr. 538 (allerdings mit Einschränkungen hinsichtlich des Sonderrechtscharakters in Rdnrn. 536f.).

101 Daß mit dem Schlagwort des »Richtens in eigener Sache« nicht ein »Richten« im technischen Sinne gemeint ist, versteht sich nach dem Sinn dieses Bildes von selbst; überflüssig deshalb die Belehrung bei *Reichert*, a.a.O., Rdnr. 926.

102 Str.; vgl. mit Unterschieden in der Methode wie der Text *Reichert*, a.a.O., Rdnr. 926; *Soergel/Hadding*, § 34 Rdnr. 7; nur methodisch abweichend *Reuter*, in: MünchKommBGB § 34

Vorstands und für die Abberufung eines Vorstandsmitglieds aus wichtigem Grund oder für die Verhängung einer Vereinsstrafe (z.B. Ausschließung); hier darf das von der Maßnahme betroffene Mitglied nicht mitstimmen[103].

e) Zweifelhaft ist, ob – wie im Kapitalgesellschaftsrecht – *der vom Vorsitzenden der Versammlung verkündete und demgemäß protokollierte Beschluß* Gültigkeit hat oder ob er ein bloßer Scheinbeschluß ist, wenn die notwendigen Mehrheitsverhältnisse verkannt oder ungültige Stimmen mitgezählt worden sind oder wenn die Auszählung schlicht falsch war. Nach herrschender Auffassung kommt es im Vereinsrecht stets auf das »wirkliche«, nicht auf das verkündete und protokollierte Ergebnis an[104].

Beispiel Nr. 12 (nach *BGH*, LM Nr. 6 zu § 32 BGB = NJW 1975, 2101): Der Vorsitzende erklärte nach der Wahl eines Gremiums des Vereins, »daß es sicher zu sein scheine«, der letzte von 32 Sitzen in diesem Gremium sei auf den K entfallen. K erklärte auf Befragen, daß er die Wahl annehme. Später stellte die Wahlkommission fest, daß ein Mitglied H mehr Stimmen als K erhalten hatte. Hier hat der *Bundesgerichtshof* entschieden, gewählt sei H. Das war zweifellos richtig, denn eine förmliche Beschlußfeststellung hatte nicht stattgefunden. Der *BGH* stellte aber allgemein den zu weitgehenden Leitsatz auf: »Die Feststellung und Verkündung des Wahlergebnisses durch den Wahlleiter hat beim Verein nicht die Wirkung eines konstitutiven, das Wahlergebnis fixierenden Aktes.« Begründet wird dies mit dem Argument, im Vereinsrecht gebe es nicht die aktienrechtliche Anfechtungsklage, und deshalb gebe es hier nur gültige oder ungültige, nicht aber anfechtbare Beschlüsse. Damit aber fehle auch ein Anlaß für die sofortige maßgebliche Feststellung des Beschlossenen.

Hier wird dagegen die Auffassung vertreten, daß es die Anfechtungsklage auch im Vereinsrecht gibt (näher sogleich unter III 3 f). Dem auf Rechtssicherheit zielenden Institut der Anfechtungsklage entspricht die korrespondierende Annahme, daß der verkündete Beschluß – wie bei den Kapitalgesellschaften – einstweilen maßgeblich ist. Wer ihn angreifen will, mag eine Anfechtungsklage erheben und mit ihr einen sog. positiven Beschlußfeststellungsantrag verbinden, mit dem er das wirklich Beschlossene geltend macht (vgl. dazu oben, § 15 I 3 b). Diese Überlegung leitet über zum Recht der fehlerhaften Beschlüsse.

Rdnrn. 2ff. m.w.N.; a.M. *Palandt/Heinrichs*, § 34 Rdnr. 3; *Flume*, Juristische Person, § 7 V 2, hält eine Analogie für überflüssig; s. auch *Wilhelm*, Rechtsform und Haftung bei der juristischen Person, 1981, S. 90.

103 Vgl. mit sehr unterschiedlichen Begründungen *Flume*, Juristische Person, § 7 V 2; *Reichert*, a.a.O., Rdnrn. 926ff.; *Zöllner*, Die Schranken mitgliedschaftlicher Stimmrechtsmacht ..., 1963, S. 44f.; *Reuter*, in: MünchKommBGB, § 34 Rdnr. 3ff.; *Staudinger/Weick*, § 34 Rdnrn. 4ff.; *Soergel/Hadding*, § 34 Rdnr. 7; enger die tradierte Auffassung; vgl. m.w.N. etwa *OLG Köln*, OLGZ 1968, 245 = NJW 1968, 992; *Sauter/Schweyer/Waldner*, a.a.O., Rdnr. 202.

104 *BGH*, LM Nr. 6 zu § 32 BGB = NJW 1975, 2101; *Reichert*, a.a.O., Rdnr. 1074; *Sauter/Schweyer/Waldner*, a.a.O., Rdnr. 129; *Steffen*, in: RGRK, § 32 Rdnr. 14; *Staudinger/Weick*, § 32 Rdnr. 36; *Soergel/Hadding*, § 32 Rdnr. 34; differenzierend *Reuter*, in: MünchKommBGB, § 32 Rdnr. 50: Die Konstitutivwirkung könne durch die Satzung begründet werden; so im Ergebnis auch *Reichert*, a.a.O., Rdnr. 1074.

f) *Fehlerhafte Beschlüsse* sind nach der bisher ganz herrschenden Auffassung im Vereinsrecht ipso iure nichtig bzw. unwirksam[105]. Das Institut der Anfechtungsklage wird bisher nicht anerkannt[106]. Eine regelrechte Anfechtung von Vereinsbeschlüssen ist nach dieser Auffassung weder zulässig noch erforderlich. Für Rechtssicherheit sorgt die h.M. immerhin, indem sie zwischen zur Nichtigkeit führenden (schweren) Mängeln und zur Unwirksamkeit führenden (minder schweren) Mängeln unterscheidet und die Geltendmachung der Nichtigkeit schrittweise beschränkt: Wer nicht in der Versammlung Widerspruch gegen einen erkennbaren Mangel erhebt oder sich in sonstiger Weise verschweigt, kann die Unwirksamkeit eines Vereinsbeschlusses nicht mehr geltend machen[107]. Auch kann eine erst nach Monaten erhobene Klage an einer Verwirkung des Rügerechts scheitern[108]. Und wenn eine rechtzeitig erhobene Klage Erfolg hat, werden die Urteilswirkungen denen des aktienrechtlichen Anfechtungsurteils angenähert[109]. Das sind behutsame Schritte in Richtung auf die Anerkennung anfechtbarer Vereinsbeschlüsse. Heute sollte man zugeben, daß kein Grund besteht, das bei der GmbH längst anerkannte Rechtsinstitut der Anfechtungsklage nicht auch auf den Verein zu übertragen, denn auch hier treffen die tragenden Gesichtspunkte des Anfechtungsrechts zu (vgl. oben, § 15 II 3): Es ist ein parteifähiger Verband mit einem auf Mehrheitsbeschlüsse angelegten Willensbildungsorgan vorhanden. Man sollte deshalb – wie bei der GmbH – die §§ 241ff. AktG analog anwenden, dies allerdings mit der Maßgabe, daß mangels besonderer Satzungsregelung eine angemessene Anfechtungsfrist an die Stelle der Monatsfrist (§ 246 I AktG) tritt[110].

Beispiel Nr. 13: Mit den Stimmen der fünf Vorstandsmitglieder ist dem Vorstand bei einem Stimmenverhältnis von 22 : 20 Entlastung erteilt worden, und dieser Beschluß ist vom Vorsitzenden verkündet und satzungsgemäß protokolliert worden. Nach richtiger – freilich umstrittener – Auffassung haben die Vorstandsmitglieder bei ihrer Entlastung kein Stimmrecht (oben, § 21 II 2 b). Liegt nun ein Scheinbeschluß vor? Oder ein nichtiger Beschluß? Kann der Mangel von jedermann in jeder Weise geltend gemacht werden, und kann er zeitlich unbegrenzt geltend gemacht werden? Schon in Anbetracht der umstrittenen Frage des Stimmverbots wäre dies schwerlich annehmbar. Nach der hier vertretenen Auffassung ist ein ordnungsgemäß festgestellter Beschluß auch dann in der Welt, wenn er durch Mitzählung unwirksamer Stimmen zustande gekommen ist (dazu schon unter III 3

105 *BGHZ* 59, 369, 372 = LM Nr. 4 zu § 32 BGB m. Anm. *Fleck*; *BGH*, LM Nr. 6 zu § 32 BGB = NJW 1975, 2101; vgl. auch *BGHZ* 99, 119 = JuS 1988, 310 m. Anm. *Karsten Schmidt; Erman/Westermann*, § 32 Rdnr. 6; *Palandt/Heinrichs*, § 32 Rdnr. 9; *Soergel/Hadding*, § 32 Rdnrn. 14, 37a.

106 *BGHZ* 59, 369 = LM Nr. 4 zu § 32 BGB m. Anm. *Fleck*; *BGH*, LM Nr. 6 zu § 32 BGB = NJW 1975, 2101; *OLG Hamm*, NJW-RR 1997, 989; *Palandt/Heinrichs*, § 32 Rdnr. 9; *Soergel/Hadding*, § 32 Rdnr. 14 mit umfassenden Nachweisen.

107 Vgl. *Reichert*, a.a.O., Rdnrn. 1138, 1171; *Sauter/Schweyer/Waldner*, a.a.O., Rdnr. 214a; *Soergel/Hadding*, § 32 Rdnr. 18; *Staudinger/Weick*, § 32 Rdnr. 26.

108 *OLG Hamm*, NJW-RR 1997, 989.

109 *BGH*, LM Nr. 139 zu § 546 ZPO = NJW-RR 1992, 1209 (das Urteil befaßt sich mit der Nichtanwendung des § 247 AktG).

110 In dieser Richtung bereits *Karsten Schmidt*, AG 1977, 249ff.; eingehend *ders.*, in: Festschrift Stimpel, 1985, S. 217ff.; zust. jetzt *Grunewald*, Rdnr. 2 A 57; *Reichert*, a.a.O., Rdnrn. 1135ff.; ausführlich und differenzierend *Reuter*, in: MünchKommBGB, § 32 Rdnrn. 55ff.; Hinweis auf § 23 IV WEG bei *Sauter/Schweyer/Waldner*, a.a.O., Rdnr. 213.

e). Um den Beschluß aus der Welt zu schaffen, ist eine Anfechtungsklage zulässig und auch erforderlich. Sie kann nur von Mitgliedern des Vereins, nicht von jedem Dritten, und nur gegen den Verein erhoben werden. Soll nicht nur der vom Kläger monierte Beschluß kassiert, sondern das »in Wahrheit« Beschlossene zur Geltung gebracht werden, so kann mit der Anfechtungsklage wie im Aktienrecht die sog. positive Beschlußfeststellungsklage verbunden – d.h. nach der hier vertretenen Auffassung: auf Herstellung des rechtmäßigen Beschlußergebnisses geklagt – werden (vgl. zu *BGHZ* 76, 191 die Ausführungen oben unter § 15 I 3 b).

Selbstverständlich kann es nicht darum gehen, daß bei jedem Verein jeder Streit um die Rechtmäßigkeit eines Beschlusses vor die Gerichte gebracht wird[111]. Wer, etwa im Sportverein, etwas gegen einen Beschluß einzuwenden hat, wird sich selbstverständlich zunächst außergerichtlich um Klärung – vielleicht auch um eine neue Beschlußfassung – bemühen. Das Vereinsrecht ist elastisch genug für die außergerichtliche Beilegung von Streitigkeiten. Auch muß ein etwa vorgeschalteter innervereinsrechtlicher Rechtsbehelf grundsätzlich ausgeschöpft sein, bevor Klage erhoben wird[112]. Wenn aber prozessiert werden soll, dann ist doch die Anfechtungsklage als Gestaltungsklage der richtige Weg.

Für die Anfechtung von Vereinsbeschlüssen kann aufgrund von § 1066 ZPO durch die Satzung eine Schiedsgerichtszuständigkeit begründet werden, wobei aber eine Legitimation der Schiedsgerichtsbesetzung gegenüber allen Vereinsmitgliedern sichergestellt werden muß (str.; vgl. oben, § 5 I 1 c). Nicht zulässig und nichtig ist dagegen eine Satzungsklausel, die jeden Rechtsweg gegen Vereinsbeschlüsse ausschließt[113].

g) *Bei Großvereinen* tritt vielfach eine *Delegiertenversammlung* an die Stelle der Mitgliederversammlung[114]. Man spricht dann von einer Repräsentativverfassung des Vereins (oben unter III 1 c). Es leuchtet ein, daß die Geschicke einer Massenorganisation (z.B. einer politischen Partei, einer Gewerkschaft oder eines Automobilklubs) nicht basisdemokratisch von allen zum Erscheinen bereiten Mitgliedern beschlossen werden können (vgl. für die politischen Parteien auch §§ 9, 13 ParteiG). Man wird sogar annehmen müssen, daß die Verbandsdemokratie ohne eine solche Regelung nicht wirklich bis zur Basis dringt. Im Gegensatz zum Genossenschaftsrecht (§ 43 a GenG) sieht das BGB eine solche Repräsentativverfassung nicht ausdrücklich vor, verbietet aber nicht ihre Einführung durch die Satzung (vgl. § 40 BGB)[115]. Allerdings verlangt man, daß in Anbetracht der Größe und Organisation des Vereins sachliche Gründe für eine Repräsentativverfassung vorhanden sind[116]. Vor allem gilt dies, wenn die Repräsentativverfassung erst nachträglich durch

111 So die Befürchtung bei *Noack*, Fehlerhafte Beschlüsse in Gesellschaften und Vereinen, 1989, S. 166.
112 *KG*, NJW 1988, 3159; *Palandt/Heinrichs*, § 32 Rdnr. 11.
113 Vgl. *OLG Celle*, WM 1988, 495 m. Anm. *Grunewald*.
114 *Reichert*, a.a.O., Rdnrn. 2783ff.; *Sauter/Schweyer/Waldner*, a.a.O., Rdnrn. 216ff.; *Reuter*, in: MünchKommBGB, § 32 Rdnrn. 2ff., 77ff.; eingehend *Säcker*, a.a.O.
115 Gesetzliche Grundlagen für eine obligatorische Delegiertenversammlung sind dagegen nicht ersichtlich; anders *Reuter*, in: MünchKommBGB, § 32 Rdnrn. 5f.
116 *Reichert*, a.a.O., Rdnr. 2783 mit Hinweis auf den Genossenschaftsfall *BGH*, NJW 1982, 2558f.

Satzungsänderung, d.h. ohne notwendige Zustimmung aller Mitglieder, eingeführt wird. Die Delegiertenversammlung ist, wie die Mitgliederversammlung, ein Organ des Vereins. Die Delegierten müssen ihre Mandate von den Mitgliedern ableiten, müssen also unmittelbar oder mittelbar von den Mitgliedern gewählt sein. Sie sind vorbehaltlich abweichender Satzungsregeln nicht von ihren Weisungen abhängig[117], sind ihnen aber verantwortlich. Daraus kann sich eine Pflicht der Delegierten zur Selbstinformation und zur Teilnahme an Versammlungen ergeben[118]. Da die Delegiertenversammlung als von den Mitgliedern abgeleitetes Organ in ihren Angelegenheiten entscheidet, wird man den Mitgliedern ebenso wie gegenüber Beschlüssen der Mitgliederversammlung auch ein Anfechtungsrecht zugestehen müssen[119].

4. Satzungsänderung, Umwandlung und Zweckänderung[*]

a) Nicht ausreichend ist die einfache Mehrheit bei Satzungsänderungen. Eine *Satzungsänderung* setzt eine *Dreiviertelmehrheit* voraus (§ 33 I 1 BGB). Wirksam wird die Satzungsänderung erst, wenn sie in das Vereinsregister eingetragen wird (§ 71 BGB). Die überstimmten Mitglieder müssen die Satzungsänderung hinnehmen.

Beispiel Nr. 14 (nach *BGH*, LM Nr. 17 zu §§ 25, 39 BGB = MDR 1979, 32): Unter den Mitgliedern der Gewerkschaft G befanden sich zwei Studenten der Erziehungswissenschaften, die zuvor Postbedienstete gewesen und in dieser Eigenschaft der Gewerkschaft beigetreten waren. Inzwischen hatte die Gewerkschaft G eine neue Satzung beschlossen, in der es u.a. heißt: »Die Mitgliedschaft endet auch, wenn die zum Erwerb der Mitgliedschaft berechtigenden Rechtsbeziehungen beendet werden. Hiervon ausgenommen sind: Rentner...« Den beiden Studenten wurde mitgeteilt, sie erfüllten nicht mehr die Voraussetzungen der Mitgliedschaft. Sie klagten auf Feststellung, daß die Mitgliedschaft fortbestehe. Die Klage war in allen Instanzen erfolglos, weil die zulässige Satzungsänderung auch gegenüber Altmitgliedern wirkte.

Auch für die Umwandlung eines Vereins, z.B. für seine Verschmelzung oder für seine formwechselnde Überführung z.B. in die Rechtsform einer Genossenschaft ist eine Dreiviertelmehrheit erforderlich (§§ 103, 275 II UmwG), aber auch ausreichend, soweit nicht zugleich eine Zweckänderung vorliegt (§ 275 I UmwG).

b) Die *Zustimmung aller Mitglieder* ist erforderlich, wenn der *Zweck geändert* werden soll[120]; wer nicht erschienen ist, muß schriftlich zustimmen (§ 33 I 2 BGB). Mit dem Vereinszweck meint das Gesetz hier die verbindliche

117 *Reichert*, a.a.O., Rdrn. 2798 mit Hinweis auf *BGH*, NJW 1980, 2707, 2708.

118 *Reuter*, in: MünchKommBGB, § 32 Rdnr. 77.

119 *Reichert*, a.a.O., Rdnr. 2809.

* Literatur: *Beuthien*, Mehrheitsprinzip und Minderheitenschutz im Vereinsrecht, BB 1987, 6; *Häuser/van Look*, Zur Änderung des Zwecks beim e.V., ZIP 1986, 749; *Reuter*, Die Veränderung des Vereinszwecks, ZGR 1987, 475; *Karsten Schmidt*, Der Vereinszweck nach dem BGB, BB 1987, 556.

120 *BGH*, NJW 1986, 1033, 1034; *OLG Köln*, NJW-RR 1996, 1180; *Sauter/Schweyer/Waldner*, a.a.O., Rdnrn. 146ff.

Leitidee des Zusammenschlusses[121] oder m.a.W. die mehrheitsfeste Geschäftsgrundlage des Vereins[122]. Dieser Vereinszweck ist teilweise deckungsgleich, aber nicht vollständig identisch mit dem nach § 57 BGB in der Satzung angegebenen Zweck[123], vielmehr gilt folgendes (vgl. schon unter III 1 b): Jede Änderung der in der Satzungsurkunde enthaltenen Zweckbezeichnung ist eine Satzungsänderung nach § 33 BGB und zwingt zu der Prüfung, ob sie sogar die Geschäftsgrundlage des Vereins verändert[124]. Ist dies der Fall, so greift § 33 I 2 BGB ein. Die Satzungsänderung wird dann nur mit Zustimmung aller Mitglieder wirksam, und die Mitglieder sind in aller Regel auch nicht verpflichtet, die Zustimmung zu erteilen, und sei die Zweckänderung auch sachgerecht[125]. Ob eine Zweckänderung vorliegt, kann zweifelhaft sein. Zu erinnern ist daran, daß der Begriff des Vereinszwecks im BGB unterschiedliche Funktionen hat (oben unter III 1 b). Nur das »Ziel« des Verbandes, nicht die satzungsmäßige Festlegung der Mittel zur Erreichung dieses Ziels, gibt nach Ansicht des *Bundesgerichtshofs* den Ausschlag. Ausgangspunkt dieser Abgrenzung war unser

Beispiel Nr. 15 (nach *BGHZ* 96, 245 = NJW 1986, 1033 = JuS 1986, 562 m.Anm. *Karsten Schmidt):* Die Satzung eines Vereins gegen unlauteren Wettbewerb und Wirtschaftskriminalität hatte bei der Vereinszweckbestimmung auch noch die Verbraucheraufklärung und die Kooperation der Marktbeteiligten genannt. Diese Zusätze waren durch Satzungsänderung, aber ohne Zustimmung aller Mitglieder, gestrichen worden. Der *Bundesgerichtshof* hielt dies mit Recht für zulässig. Eine Zweckänderung liege nur vor, wenn sich der »Charakter« des Vereins ändere (dazu *Reuter*, ZGR 1987, 475ff.; krit. *Häuser/van Look*, ZIP 1986, 749).

Aber § 33 I 2 BGB erschöpft sich nicht im Schutz gegen mehrheitliche Änderungen der Verbandssatzung, sondern auch »faktische« Zweckänderungen, durch die sich der Vorstand oder eine Vereinsmehrheit unter Übergehung von Vereinsmitgliedern vom Leitziel des Vereins löst, sind verboten. Um so bedeutsamer ist die strenge Prüfung, ob § 33 I 2 BGB im Einzelfall verletzt ist. Der Vorstand und die Mehrheit der Mitglieder müssen in der Lage sein, sich ohne Zustimmung aller auf neue Situationen einzustellen. Sofern nur das Leitziel des Verbandes unbeeinträchtigt bleibt, ist dies nicht verboten. Ein praktisch denkender Vorstand wird in einer solchen Situation eine Versammlung einberufen, eine – im Idealfall einstimmige – Entscheidung herbeiführen und darlegen, warum eine Satzungsdurchbrechung nicht vorliegt. Wer anderer Meinung ist, muß dann notfalls klagen.

Wird gegen § 33 I 2 BGB verstoßen, so steht den Mitgliedern ein *Unterlassungsanspruch* zu, der im Wege der Mitgliederklage gegen den Verein durchgesetzt werden kann. Seit dem berühmten »Holzmüller-« oder »Hafenbetriebs«-Urteil *BGHZ* 83, 122, das die Mitgliederklage auf dem Gebiet des Aktienrechts anerkannt hat, kann dieser Rechtsschutz als gesichert gelten

121 Vgl. *RG*, JW 1925, 237; *Reichert*, a.a.O., Rdnr. 413; *Reuter*, in: MünchKommBGB, § 33 Rdnr. 2.
122 *Karsten Schmidt*, Verbandszweck, a.a.O., S. 31f.; *ders.*, BB 1987, 558.
123 Vgl. *Reuter*, in: MünchKommBGB, § 33 Rdnr. 3.
124 *Karsten Schmidt*, Verbandszweck, a.a.O., S. 34.
125 Zu der ganz anderen Frage, ob die Satzung in Teilen des § 33 I 2 BGB Mehrheitsentscheidungen zulassen kann, vgl. *Reuter*, in: MünchKommBGB, § 33 Rdnrn. 24f.

(oben, § 21 V 3). Überholt ist damit wohl die vom *Reichsgericht*[126] und vom *Bundesgerichtshof*[127] vertretene Lehre vom Spaltverein[128]. Nach dieser Lehre führt eine unter Verstoß gegen § 33 I 2 BGB vollzogene Zweckänderung zur Aufspaltung des Vereins: Der ursprüngliche Verein wird nur noch von den auf dem Boden der bisherigen Satzung verharrenden Mitgliedern fortgeführt. Gegen die Lehre vom Spaltverein bestehen gravierende Bedenken dogmatischer und praktischer Art[129]. Der *Bundesgerichtshof* hat denn auch schon in *BGHZ* 49, 175, 180 ausgeführt, daß die Vereinsspaltung »ein harter, sehr weitgehender Eingriff« ist und nur angenommen werden darf, wenn die Minderheit auf andere Weise nicht mehr geschützt werden kann. Mit Anerkennung der actio negatoria im Verbandsrecht scheint für die Vereinsspaltung endgültig kein Raum mehr zu sein. Die richtige Lösung ist in der Unterlassungsklage, in schwierigen Fällen wohl auch in der Herausbildung einer Ausschließungsklage gegen unbelehrbare Mitglieder, zu suchen[130]. Der Verein kann auf diese Weise auf den Boden seiner Satzung zurückgeholt werden, und dies muß ggf. in einem Rechtsstreit geklärt werden. Eine automatische Aufspaltung des Vereins, die das Schicksal des Vereins und seines Vermögens im Ungewissen läßt, findet nicht statt.

Beispiel Nr. 16: Angenommen, in einer Satzung der XY-Partei stünde als Vereinszweck u.a. die bedingungslose Bekämpfung der Rüstung im allgemeinen und der nuklearen Rüstung im besonderen mit allen verfassungsrechtlich und gesetzlich zulässigen Mitteln; angenommen weiter, der Vorstand dieser Partei verspräche sich politische Ämter von einem rüstungsfreundlicheren Programm, das unter dem Boykott einer großen Mitgliederzahl in einer Versammlung beschlossen und verkündet wird, so kann es hierüber zweifellos zu einem Rechtsstreit kommen. Der Rechtsstreit wird aber nicht darum geführt, daß jetzt nur noch die boykottierenden Mitglieder Parteimitglieder, Herren des Vereinsvermögens usw. sind. Aus den weißen und den schwarzen Schafen in dem Verband sind nicht ohne weiteres zwei Vereine geworden. Vielmehr kann gegen den Vorstand auf Unterlassung und Beseitigung der rechtswidrigen Maßnahme geklagt, u.U. auch ein Ausschließungsverfahren gegen einzelne Mitglieder betrieben werden.

Nach § 40 BGB ist § 33 BGB nicht zwingend. Nach herrschender Ansicht kann deshalb die Satzung bestimmen, daß eine Zweckänderung auch ohne Zustimmung aller Mitglieder wirksam wird. Grenzenlos wird man diese Satzungsfreiheit nicht anerkennen dürfen. In jedem Fall ist eine unmißverständliche Satzungsregelung vonnöten. Der *Bundesgerichtshof* hat ausgesprochen, daß eine Satzungsklausel, die sich nur auf »Satzungsänderungen« und nicht auch auf Zweckänderungen bezieht, nicht ausreicht[131].

---

126 *RGZ* 119, 184; s. auch *RG*, Recht 1912 Nr. 541; SeuffA 77 (1923) Nr. 53; JW 1925, 237f.; 1929, 1239, 1240.
127 *BGHZ* 16, 143, 150; 23, 122, 129; 49, 175.
128 Zust. zur Rechtsprechung *Palandt/Heinrichs*, § 33 Rdnr. 4; *Sauter/Schweyer/Waldner*, a.a.O., Rdnr. 148; *Steffen*, in: RGRK, § 33 Rdnr. 8.
129 Beachtlich schon *Wicher*, Gruch. 72 (1932), 22ff.
130 Vgl. eingehend *Karsten Schmidt*, Verbandszweck, a.a.O., S. 41ff.; ähnlich *Flume*, Juristische Person, § 8 V 4; *Reichert*, a.a.O., Rdnr. 463; *Reuter*, in: MünchKommBGB, § 33 Rdnr. 14; *Soergel/Hadding*, § 33 Rdnr. 15.
131 *BGH*, NJW 1986, 1033 = ZIP 1986, 368 = JuS 1986, 562 m.Anm. *Karsten Schmidt*.

IV. Die Mitgliedschaft*

1. Erwerb und Verlust

a) Hinsichtlich der *Voraussetzungen der Mitgliedschaft* muß unterschieden werden zwischen gesetzlichen und satzungsmäßigen Voraussetzungen. Die gesetzlichen Voraussetzungen gehen aus dem Text des BGB nicht hervor. Sie ergeben sich vielmehr aus der Rechtsdogmatik der Mitgliedschaft. Natürliche und juristische Personen, aber auch Gesamthandsgesellschaften und nichtrechtsfähige Vereine können Vereinsmitglieder sein[132]. Die satzungsmäßigen Voraussetzungen differieren von Fall zu Fall. Die Frage, inwieweit die Mitgliedschaft nach Belieben von subjektiven Voraussetzungen abhängig gemacht werden kann, wird im Zusammenhang mit dem Aufnahmeanspruch zu behandeln sein.

b) Der *Erwerb der Mitgliedschaft* vollzieht sich grundsätzlich auf zweierlei Weise: durch Teilnahme an der Gründung oder durch Beitritt. Die Gründer sind geborene Mitglieder des Vereins. Der Beitritt ist ein Vertrag zwischen dem Beitrittswilligen und dem Verein[133]. Ob es außerdem noch einer besonderen Prozedur bedarf, ist nach § 58 Nr. 1 BGB der Satzung überlassen[134]. Beispielsweise kann in der Satzung bestimmt sein, daß erst mit der Aushändigung einer Urkunde die Mitgliedschaft erworben wird[135]. Eine Regelung darüber, ob die Beitrittserklärung mündlich oder schriftlich abzugeben ist, ist zweckmäßig, aber nicht notwendig[136]. In der Satzung zu regeln ist auch, wer das Recht zum Beitritt hat[137]. Die sog. Satzungsautonomie setzt den Verband instand, sein korporatives Profil zu definieren[138]. Neuerlich muß hier allerdings auf die Problematik des Aufnahmeanspruchs verwiesen werden, aus der sich Grenzen der Satzungsautonomie ergeben können (dazu unter V 2).

---

* Literatur (Auswahl; vgl. auch die Angaben bei § 23 I, III und § 24 III): *Reichert/van Look*, a.a.O., Rdnrn. 470ff.; *Ballerstedt*, Mitgliedschaft und Vermögen beim rechtsfähigen Verein, in: Festschrift Knur, 1972, S. 1; *Beuthien*, Vereinsautonomie und Satzungsrechte Dritter, ZHR 156 (1992), 459; *Habersack*, Die Mitgliedschaft – subjektives und »sonstiges« Recht, 1996; *Hadding*, Korporationsrechtliche oder rechtsgeschäftliche Grundlagen des Vereinsrechts? in: Festschrift Fischer, 1979, S. 165; *ders.*, Ergibt die Vereinsmitgliedschaft »quasi-vertragliche« Ansprüche ...? in: Festschrift Kellermann, 1991, S. 91; *Lettl*, Das Wertrecht der Mitgliedschaft beim Idealverein, 1999; *van Look*, Individualschutz im Vereinsrecht, in: WM-Festgabe Hellner (WM-Sonderheft), 1994, S. 46; *Reuter*, Probleme der Mitgliedschaft beim Idealverein, ZHR 145 (1981), 273; *Schokkenhoff*, Der Grundsatz der Vereinsautonomie, AcP 193 (1993), 35; *Uwe Schmidt*, Die Mitgliedschaft im Verein, 1989; *Steinbeck*, Vereinsautonomie und Dritteinfluß, 1999; *Chr. Weber*, Verbandsautonomie und Außeneinfluß im Gesellschaftsrecht, 2000.

132 *Reuter*, in: MünchKommBGB, § 38 Rdnr. 21ff.; eingehend *ders.*, ZHR 145 (1981), 273; jetzt auch *Reichert*, a.a.O., Rdnr. 620 i.V.m. Rdnrn. 56ff.

133 *BGHZ* 28, 131, 134; *BayObLGZ* 1959, 457, 463; *Reichert*, a.a.O., Rdnr. 623; *Reuter*, in: MünchKommBGB, § 38 Rdnr. 34.

134 *LG Münster*, MDR 1974, 309; *Reuter*, in: MünchKommBGB, § 58 Rdnr. 2.

135 *BGHZ* 101, 193 = NJW 1987, 2503.

136 *BayObLGZ* 1972, 114 = NJW 1972, 1323; *Sauter/Schweyer/Waldner*, a.a.O., Rdnr. 73.

137 Vgl. *Reichert*, a.a.O., Rdnrn. 630f.

138 Dazu *Reuter*, in: Festgabe BGH II, 2000, S. 225ff.

c) Die *Mitgliedschaft endet* durch Tod, durch Austritt oder durch Ausschluß sowie selbstverständlich mit der Vollbeendigung des Vereins[139]. Ob sie automatisch mit dem Fortfall von in der Satzung vorgeschriebenen persönlichen Eigenschaften und Verhältnisse endet[140], kann nicht einheitlich beantwortet werden. Es kommt darauf an, ob diese Eigenschaften und Verhältnisse nur die Beitrittsvoraussetzungen festlegen oder die Dauer der Mitgliedschaft bestimmen sollen.

Beispiel Nr. 17: Lautet die Bestimmung: »In den Verein können nur die Halter von Pudelhunden aufgenommen werden...«, so ist ein Mitglied, dessen einziger Hund verstirbt, nicht automatisch zum Nicht-Mitglied geworden. Lautet die Bestimmung: »Mitglieder können nur Arbeitnehmer und Rentner sein«, so *kann* dies bedeuten, daß ein Mitglied, das sich selbständig gemacht hat, automatisch ausgeschieden ist.

Ein *Austrittsrecht* jedes Mitglieds ist durch § 39 I BGB gewährleistet[141]. Nach § 39 II BGB kann durch die Satzung bestimmt werden, daß der Austritt nur am Schluß eines Geschäftsjahrs oder erst nach dem Ablauf einer Kündigungsfrist zulässig ist. Die Kündigungsfrist darf nicht länger als zwei Jahre sein. Selbst wenn das Kündigungsrecht in den Grenzen des § 39 II BGB beschränkt ist, bleibt dem Mitglied in jedem Fall das Recht zum fristlosen Austritt aus wichtigem Grund[142].

Beispiel Nr. 18 (nach *RGZ* 130, 375): Im Reichsgerichts-Fall war ein Zahnarzt Mitglied bzw. mittelbares Mitglied in zwei kassenärztlichen Vereinigungen, von denen die eine dem Zahnarzt die kassenärztliche Behandlung bestimmter Verbandsmitglieder untersagte, während die andere ihn zur Behandlung eben dieser Mitglieder verpflichtete. Daraufhin trat der Zahnarzt aus einer der Vereinigungen mit sofortiger Wirkung aus, obwohl er nach der Satzung erst zum Jahresende austreten konnte. Das *Reichsgericht* entschied, nur der ordentliche, nicht aber der außerordentliche Austritt sei in § 39 BGB geregelt und könne nach Maßgabe des § 39 II BGB befristet werden.

Natürlich lassen sich viel plastischere Beispiele bilden: Eine politische Partei vollzieht einen radikalen Kurswechsel, ein religiöser Verein (Sekte) verlegt sich auf allzu weltliche Aktivitäten, ein Sportverein macht sich zur parteipolitischen Bühne usw. Stets ist jedoch zu bedenken, daß nicht jede in dem Verein auftretende Vertrauenskrise zur außerordentlichen Kündigung berechtigt. Es muß sich schon um Vorgänge handeln, die eine auch nur befristete Fortsetzung der Mitgliedschaft unzumutbar machen.

Durch Satzungsänderung können Aufnahme- und Ausschlußtatbestände geschaffen werden, nicht aber kann der Verein Mitglieder in dieser Weise gegeneinander austauschen[143]. Dem steht zum einen der Schutz der bisheri-

139 Vgl. nur *Reichert*, a.a.O., Rdnrn. 662ff.; *Reuter*, in: MünchKommBGB, § 38 Rdnr. 59.

140 *BGH*, LM Nr. 17 zu § 25 BGB = Rpfleger 1978, 362; *Steffen*, in: RGRK, § 38 Rdnr. 7; *Reuter*, in: MünchKommBGB, § 38 Rdnr. 59.

141 Eingehend *Reichert*, a.a.O., Rdnrn. 664ff.; *Sauter/Schweyer/Waldner*, a.a.O., Rdnrn. 81ff.

142 *BGHZ* 130, 375; *LG Hamburg*, NJW-RR 1999, 1708, 1709; *Reichert*, a.a.O., Rdnr. 688; *Reuter*, in: MünchKommBGB, § 39 Rdnr. 7.

143 *BGH*, LM Nr. 9 zu § 38 BGB = MDR 1981, 27; LM Nr. 6 zu §§ 33, 38, 39 BGB = NJW 1980, 2707; *Reichert*, a.a.O., Rdnr. 646.

gen Mitglieder entgegen[144], zum anderen auch das Schutzinteresse des neuen Mitglieds[145]. Austritt und Eintritt sind Rechtsakte, an denen die aus- oder eintretenden Mitglieder selbst teilnehmen müssen, sofern es sich nicht um ein förmliches Ausschließungsverfahren handelt (dazu unter V 3).

d) Die Mitgliedschaft ist nach § 38 S. 1 BGB *nicht übertragbar und nicht vererblich*[146]. Nach § 40 BGB kann die Satzung auch eine andere Regelung treffen[147]. Die Praxis macht aber von dieser Möglichkeit – ganz anders als bei den Personengesellschaften – kaum Gebrauch. Im praktischen Vereinsleben sind nichtwirtschaftliche Vereine mit übertragbarer Mitgliedschaft selten. Da mit der Mitgliedschaft i. d. R. keine Vermögensbeteiligung verbunden ist, fehlt es hierfür an einem Bedürfnis.

2. Der Inhalt der Mitgliedschaft

a) Die Mitgliedschaft ist ein *höchstpersönliches und unteilbares Recht* des Vereinsmitglieds. Der Erwerb mehrerer Mitgliedschaften in demselben Verein ist nicht möglich[148]. Die Ausübung der Mitgliedschaftsrechte kann nach § 38 S. 2 BGB nicht einem anderen überlassen werden, es sei denn, die Satzung läßt dies zu (vgl. § 40 BGB)[149]. Eine regelrechte Abspaltung der Mitgliedschaftsrechte von der Mitgliedschaft, die über die bloße Fremd*ausübung* der Mitgliedschaftsrechte hinausginge, ist bereits unabhängig von § 38 BGB ausgeschlossen[150]. Das ergibt sich aus dem schon unter § 19 III 4 allgemein behandelten Abspaltungsverbot.

b) *Mitgliedspflicht* ist in erster Linie die *Beitragsleistung*. Nach § 58 Nr. 2 BGB soll der Beitrag in der Satzung bestimmt sein. Zulässig ist auch eine Satzungsregelung, die jedem Mitglied neben dem Beitrag eine einmalige Sonderleistung abverlangt oder den Vorstand und die Mitgliederversammlung hierzu ermächtigt[151]. Weitere Mitgliedspflichten, wie sie bei gemeinnützigen Vereinen nicht selten sind, können sich aus der Satzung oder aus der allgemeinen Treupflicht (oben, § 20 IV) ergeben.

c) *Mitgliedschaftsrechte* können
– Benutzungsrechte und sonstige Leistungsrechte,

---

144 Vgl. *BGH*, LM Nr. 6 zu §§ 33, 38, 39 BGB = NJW 1980, 2707.

145 *BGH*, LM Nr. 9 zu § 38 BGB = MDR 1981, 27.

146 Anderes gilt hinsichtlich entstandener vermögenrechtlicher Ansprüche gegen den Verein; vgl. *Staudinger/Marotzke*, § 1922 Rdnr. 164.

147 Die damit nach §§ 851, 857 ZPO, 1273 II, 1274 II BGB verbundene (Ver-)Pfändbarkeit ist praktisch kaum von Bedeutung, weil die Mitgliedschaft bei Idealvereinen kein Wertrecht gibt; vgl. *Reichert*, a. a. O., Rdnr. 484.

148 *Reichert*, a. a. O., Rdnr. 474.

149 Vgl. für Stimmrechte *OLG Hamm*, NJW-RR 1990, 532 f.

150 *Flume*, Juristische Person, § 7; *Chr. Weber*, a. a. O., S. 119 ff.; *Reuter*, in: MünchKommBGB, § 38 Rdnr. 67; krit *Schockenhoff*, AcP 193 (1993), 48 ff.

151 *BVerfG*, NJW 1991, 2626; *AG Grevenbroich*, NJW 1991, 2646; zur rückwirkenden Beitragserhöhung *LG Hamburg*, NJW-RR 1999, 1708 f.

– Teilhaberechte oder
– Schutzrechte

sein. Die *Benutzungsrechte* gehen auf Mitbenutzung der Einrichtungen des Vereins. Die *sonstigen Leistungsrechte* können, wie etwa das Beispiel eines Interessenverbandes zeigen mag, vielfältiger Natur sein. Unter § 21 V 4 wurde gezeigt, daß eine Nicht- oder Schlechterfüllung Ansprüche des Mitglieds auf Schadensersatz begründen kann. *Teilhaberechte* sind insbesondere das Stimmrecht und das passive Wahlrecht in den Organen des Vereins. Vielfältig sind auch die *Schutzrechte.* Nach der hier vertretenen Auffassung stehen den Mitgliedern vor allem auch Klagrechte gegen rechtswidriges Organhandeln und Anfechtungsrechte gegenüber rechtswidrigen Beschlüssen zu (dazu oben unter III 3f. und 4 b). Ein *Wertrecht* des Vereinsmitglieds am Gesellschaftsvermögen ist im allgemeinen nicht mit der Vereinsmitgliedschaft verbunden. Demgemäß erhält auch ein ausscheidendes Vereinsmitglied keine Abfindung. Allerdings kann durch Satzung die Mitgliedschaft in einem e.V. zu einer vermögensrechtlichen Position umgestaltet werden; die Mitglieder sind dann an den Erträgnissen des Vereins beteiligt und können beim Ausscheiden eine Abfindung verlangen[152].

Im einzelnen sind Grundlagen und Inhalt dieser Mitgliedschaftsrechte umstritten. Nicht einmal von einem *Informationsrecht* des Vereinsmitglieds ist im Gesetz die Rede[153]. Aus §§ 27 III, 666 BGB ergibt sich zwar eine Informationspflicht des Vorstands[154], aber dieser Informationspflicht entspricht im Sinne der hier entwickelten Terminologie nur ein kollektives Informationsrecht des Vereins und nicht ein individuelles Informationsrecht des einzelnen Mitglieds. Ein individuelles Informationsrecht kann jedoch aus den allgemeinen Grundlagen des Verbandsrechts hergeleitet werden (vgl. dazu oben, § 21 III 1). Danach steht grundsätzlich jedem Verbandsmitglied ein Informationsrecht zu. In Anbetracht der auf Großorganisationen zugeschnittenen körperschaftlichen Verfassung des rechtsfähigen Vereins wird man dieses Informationsrecht freilich analog § 131 AktG grundsätzlich auf die Information in der Versammlung zu begrenzen haben[155]. Ein allgemeines Recht auf jederzeitige Auskunft oder Einsicht müßte auf Bedenken stoßen. Das ändert freilich nichts daran, daß der Vorstand einen für das Vereinsleben notwendigen Informationsfluß sicherstellen muß und sich im Einzelfall sogar schadensersatzpflichtig machen kann, wenn er es versäumt, den Mitgliedern unerläßliche Informationen zu verschaffen.

---

152 Grundlegend *Ballerstedt*, in: Festschrift Knur, a.a.O., S. 15ff.; h.M.; vgl. nur *Flume*, Juristische Person, § 8 IV 1; *Reuter*, in: MünchKommBGB, § 38 Rdnr. 30; *Soergel/Hadding*, § 38 Rdnr. 18a; Hinweis auf die Möglichkeit eines Formwechsels bei *Lettl*, a.a.O.

153 Dazu eingehend *Karsten Schmidt*, Informationsrechte in Gesellschaften und Verbänden, 1984, S. 56f.

154 Vgl. *Reichert*, a.a.O., Rdnr. 1500.

155 Vgl. im Ergebnis *BayObLG*, NJW 1972, 1377, 1378; *KG*, NJW-RR 1999, 1486; *Reuter*, in: MünchKommBGB, § 38 Rdnr. 37; *Soergel/Hadding*, § 38 Rdnr. 17; *Staudinger/Weick*, § 27 Rdnr. 25; insofern grundlegend *Lepke*, NJW 1966, 2099ff.; tendenziell weitergehend *Sauter/Schweyer/Waldner*, a.a.O., Rdnr. 281 m.w.N.

Sonderrechte (Vorzugsrechte) einzelner Mitglieder oder Mitgliedergruppen können in der Satzung bestimmt werden[156].

Beispiel Nr. 19: Das Vorstandsamt (*BGH*, NJW 1969, 131) oder eine sonstige Organstellung (*BGHZ* 49, 396, 398) kann einem bestimmten Mitglied eingeräumt sein; es kann einem Mitglied ein erhöhtes Stimmrecht (*Reichert*, a.a.O., Rdnr. 896a) oder sogar ein Vetorecht bei bestimmten Maßnahmen oder Beschlüssen eingeräumt werden (*BayObLG*, NJW 1980, 1756). Auch der Vermögensanfall bei Auflösung des Vereins kann einzelnen Mitgliedern zugute kommen (*RGZ* 136, 185, 190), was z.B. bei der Beteiligung der öffentlichen Hand an gemeinnützigen Vereinen naheliegt.

Sonderrechte können, sofern nicht ein wichtiger Grund vorliegt, grundsätzlich nur noch mit Zustimmung des Begünstigten durch Satzungsänderung wieder beseitigt werden (§ 35 BGB)[157]. Selbst gegen den Vorbehalt des wichtigen Grundes werden noch Bedenken geltend gemacht, weil § 35 BGB eine Entziehung nicht zulasse[158]. Wenn ein dies rechtfertigender Grund vorhanden ist, kann aber sogar die Mitgliedschaft insgesamt, also erst recht doch ein Sonderrecht entzogen werden[159]. Man darf nur nicht die Frage übergehen, ob der wichtige Grund für die Entziehung ausreicht und nicht vielleicht nur die Geltendmachung des Sonderrechts vorübergehend hindert. Die Bedeutung der Sonderrechte in Verbänden wurde schon unter § 19 III 3 behandelt. Soweit dagegen eine unterschiedliche Behandlung nicht durch Sonderrechte gerechtfertigt ist, gilt der Grundsatz der gleichmäßigen Behandlung aller Mitglieder[160].

d) Noch wenig diskutiert sind *mitgliedsähnliche Benutzungs- und Teilhaberechte Dritter*, z.B. in Gestalt der Teilhabe an satzungsmäßigen Vereinsleistungen oder der Einflußnahme Dritter auf die Vereinsorganisation[161]. Damit ist nicht die satzungsmäßige Zulassung von Nichtmitgliedergeschäften gemeint, sondern es handelt sich Drittbefugnisse, die sich direkt aus der Satzung herleiten. Diese für die Autonomie und für den Zweck eines Vereins bedeutsamen Erscheinungen machen eine Verzahnung des inneren und des äußeren Vereinsrechts notwendig. Um Mitgliedschaftsrechte handelt es sich trotz der satzungsmäßigen Rechtsgrundlage nicht (vgl. zum Abspaltungsverbot oben, § 19 III 4).

---

156 *RG*, HRR 1932 Nr. 1287; *BGH*, NJW 1969, 131; std. Rspr.; eingehend *Reichert*, a.a.O., Rdnrn. 554ff.; *Reuter*, in: MünchKommBGB, § 35 Rdnr. 5; *Staudinger/Weick*, § 35 Rdnr. 5; s. auch zu anderen Rechtsformen *BGHZ* 63, 14, 19.

157 Vgl. *Sauter/Schweyer/Waldner*, a.a.O., Rdnr. 344.

158 Vgl. *Reichert*, a.a.O. Rdnr. 575.

159 Insofern wie hier auch *Reichert*, a.a.O. Rdnr. 574.

160 *BGHZ* 47, 381, 386; 55, 381; *BGH*, NJW 1954, 953; *BayObLGZ* 1979, 351, 359; *Reichert*, a.a.O., Rdnrn. 543ff.; *Reuter*, in: MünchKommBGB, § 34 Rdnrn. 18f.; *Staudinger/Weick*, § 35 Rdnrn. 13ff.; s. auch zu anderen Rechtsformen *RGZ* 49, 195, 198; 120, 177, 180; 152, 156; *BGH*, NJW 1960, 2142.

161 Dazu *Edenfeld*, Die Rechtsbeziehungen des bürgerlich-rechtlichen Vereins zu Nichtmitgliedern, 1996.

V. Verbandsautonomie und Mitgliederschutz

1. Grundlagen

Die Verbandsautonomie, d. h. die Befugnis der Verbände, ihre Struktur und ihre inneren Verhältnisse selbst zu gestalten, ist kein Spezialproblem des Vereinsrechts, sondern ein allgemeines verbandsrechtliches Problem. Dieses ist unter § 5 I 3 dargestellt. Auch der Konflikt zwischen Verbandsautonomie und Individualschutz ist ein allgemeines Problem, und dasselbe gilt für die beiden wichtigsten Problembereiche dieses Konflikts: für den Aufnahmeanspruch und für die Verbandsstrafen. Im Rechtsleben treten diese Fragen allerdings primär auf dem Sektor der rechtsfähigen Vereine in Erscheinung. Aus diesem, nicht aus einem dogmatischen Grund sind sie hier dargestellt.

2. Der Aufnahmeanspruch[*]

Die Vereinsfreiheit, als Bestandteil der Privatautonomie begriffen, birgt grundsätzlich die Rechtsmacht in sich, Mitglieder aufzunehmen oder Bewerber abzuweisen. Nach der herrschenden Auffassung gibt es keinen allgemeinen Anspruch auf Aufnahme in einen Verein[162], und zwar grundsätzlich nicht einmal dann, wenn der Bewerber die in der Satzung festgelegten Voraussetzungen einer Vereinsaufnahme erfüllt[163]. Daß es von Fall zu Fall einen Aufnahmeanspruch geben kann, wird allerdings eingeräumt. Das Problem liegt bei der Frage, wo die Aufnahmepflicht beginnt.

* Literatur (Auswahl; vgl. auch die Angaben bei § 23 I, III und § 24 III): *Bartodziej*, Ansprüche auf Mitgliedschaft in Vereinen und Verbänden, ZGR 1991, 517; *Beuthien/Götz*, Gesellschaftsrechtliche Aufnahmefreiheit und Diskriminierungsverbot, ZGen. 28 (1978), 375; *Birk*, Der Aufnahmezwang bei Vereinen und Verbänden, JZ 1972, 343; *Fuchs*, Satzungsautonomie und Aufnahmezwang nach dem GWB, NJW 1965, 1509; *Galperin*, Vereinsautonomie und Kontrahierungszwang im Koalitionsrecht, DB 1969, 704; *Gerhard*, Verfassungsrechtliche Fragen des kartellrechtlichen Aufnahmezwangs, 1994; *Grunewald*, Vereinsaufnahme und Kontrahierungszwang, AcP 182 (1982), 181; *Küttner*, Aufnahmezwang für Gewerkschaften? NJW 1980, 968; *van Look*, Individualschutz im Vereinsrecht, in: WM-Festgabe Hellner (Sonderheft WM), 1994, S. 46; *Möschel*, Monopolverband und Satzungskontrolle, 1978; *Nicklisch*, Der verbandsrechtliche Aufnahmezwang ..., JZ 1976, 105; *Nolte/Polzin*, Zum Aufnahmezwang für Verbände ..., NZG 2001, 980; *Reichert/van Look*, a. a. O., Rdnrn. 643 ff.; *Sachse*, Das Aufnahme- und Verbleiberecht in den Gewerkschaften, 1985; *Scholz-Hoppe*, Das Recht auf Aufnahme in Wirtschafts- und Berufsvereinigungen, in: Festschrift Pfeiffer, 1988, S. 785; *Steinbeck*, Der Anspruch auf Aufnahme in einen Verein, WuW 1996, 91; *Teubner*, Organisationsdemokratie und Verbandsverfassung, 1978; *Traub*, Verbandsautonomie und Diskriminierung, WRP 1985, 591.

162 Vgl. *RGZ* 60, 94, 103; *BGHZ* 140, 74, 77 = LM Nr. 36 zu § 25 BGB m. Anm. *Reuter* = NJW 1999, 1326 = JuS 1999, 1018 m. Anm. *Karsten Schmidt*; *BGH*, NJW 1980, 186 m. Anm. *Redeker* = JuS 1980, 145 m. Anm. *Karsten Schmidt*; *OLG Köln*, OLGZ 1966, 132, 133 (Genossenschaft); *Soergel/Hadding*, § 38 Rdnr. 13.

163 *RGZ* 60, 94, 103; *BGHZ* 101, 193 = NJW 1987, 2503; *Sauter/Schweyer/Waldner*, a. a. O., Rdnr. 76.

a) *Spezialgesetzliche Vorschriften* helfen nur vereinzelt weiter. Für Wirtschafts- und Berufsvereinigungen gilt § 20 VI GWB. Nach dieser Bestimmung darf eine Wirtschafts- oder Berufsvereinigung oder Gütezeichengemeinschaft die Aufnahme eines Unternehmens nicht ablehnen, wenn die Ablehnung eine sachlich nicht gerechtfertigte ungleiche Behandlung darstellt und zu einer unbilligen Benachteiligung des Unternehmens im Wettbewerb würde. Die Bestimmung war bis 1998 als eine bloße Verwaltungsermächtigung formuliert[164]. Auch heute noch kann die Kartellbehörde, wenn die Voraussetzungen des § 20 VI GWB erfüllt sind, den Aufnahmezwang durch Verwaltungsakt durchsetzen, wie dies etwa im Fall *BGHZ* 127, 388 = NJW 1995, 462 bei einer Funktaxizentrale geschehen ist. Im Gegensatz zu der bis 1998 geltenden Fassung des GWB ist aber § 20 VI GWB nicht mehr bloß als Verwaltungsermächtigung formuliert, sondern als direkt wirkendes Diskriminierungsverbot. Damit ist auf der Grundlage der §§ 20 VI, 33 GWB ein vor den Zivilgerichten einklagbarer Direktanspruch auf Aufnahme anerkannt[165].

Beispiel Nr. 20 (nach *BGHZ* 29, 344): Eine Gesellschaft mit Großhandel in Stahlwaren, Öfen, Herden, Porzellan etc. dehnte ihre Tätigkeit auf den sanitären Fachhandel aus und begehrte Aufnahme in den Fachverband des sanitären Fachhandels. Der Verband lehnte die Aufnahme ab. Das *OLG* hatte die Klage abgewiesen, weil ein Anspruch nach den damaligen §§ 27, 35 GWB a.F. (jetzt §§ 20 VI, 33 GWB) erst gegeben sein könne, wenn die Kartellbehörde auf Antrag die Aufnahme angeordnet habe (sog. privatrechtsgestaltender Verwaltungsakt). Das entsprach zwar dem klaren Wortlaut des Gesetzes, aber der *Bundesgerichtshof* gab der Klage mit der Begründung statt, daß § 27 (jetzt: § 20 VI GWB) GWB unmittelbar nichts gegen die Schutzgesetzeigenschaft ergebe und daß die Bestimmung den Rechtsschutz erweitern, nicht aber verkürzen wolle. Das war rechtspolitisch überzeugend, entsprach allerdings schwerlich dem damaligen Rechtszustand (wie der *BGH* freilich *Steinbeck*, WuW 1996, 95). Seit 1998 entspricht die *BGH*-Lösung eindeutig dem geltenden Recht.

b) Wo Spezialregelungen fehlen, ist die Grenzziehung umstritten, weil sich vor allem zwei unterschiedliche Kriterien mischen: das *Kriterium der Monopolstellung und* das *der wirtschaftlichen oder sozialen Funktion des Verbandes.* Lange Zeit hat vor allem die Rechtsprechung ganz auf die Monopolstellung abgestellt[166], während die Literatur zunehmend die Funktionen des Verbandes in den Vordergrund rückte[167]. Es leuchtet denn auch ein, daß etwa eine Gewerkschaft in der Auswahl ihrer Mitglieder nicht die gleiche Willkür walten lassen kann wie etwa ein Musikfanklub, und sei dieser auch der einzig gleichartige Verein der Region. *Rechtstechnisch* wird der Anspruch über

164 Zur Kritik vgl. *Karsten Schmidt*, Kartellverfahrensrecht – Kartellverwaltungsrecht – Bürgerliches Recht, 1977, S. 280ff.; dagegen *Reuter,* in: Festgabe BGH II, 2000, S. 223.

165 *Immenga/Mestmäcker/Markert*, GWB, 3. Aufl. 2001, § 20 Rdnrn. 369ff.; *Langen/Bunte/Schulz,* GWB, 9. Aufl. 2001, § 20 Rdnr. 284.

166 *BGH*, LM Nr. 3 zu § 38 BGB = BB 1959, 1272; LM Nr. 5 zu § 38 BGB = NJW 1969, 316; *BGHZ* 63, 282, 284 = JuS 1975, 395 m. Anm. *Karsten Schmidt; BGH*, NJW 1980, 186 m. Anm. *Redeker* = JuS 1980, 145 m. Anm. *Karsten Schmidt; KG*, NJW 1962, 1917, 1918; vgl. auch *RGZ* 60, 94, 103; *BGHZ* 21, 1, 7; 29, 344, 347; *Sauter/Schweyer/Waldner,* a.a.O., Rdnr. 77; *Soergel/Hadding,* § 38 Rdnr. 13.

167 Vgl. mit Unterschieden im einzelnen *Kübler*, § 33 III 4; *Reuter*, in: MünchKommBGB, vor § 21 Rdnr. 109; *Teubner*, a.a.O., S. 266ff., 274ff.; *Birk*, JZ 1972, 343ff.; *Nicklisch*, JZ 1976, 105ff.; *Herrmann*, AcP 178 (1978), 73ff.; *Kilian*, AcP 180 (1980), 73f.

§§ 823 II BGB, 33 GWB aus §§ 20 VI, 21 GWB[168] oder aus § 826 BGB hergeleitet, wozu bemerkt werden muß, daß es sich nicht – wie vielfach angenommen wird – um einen verschuldensabhängigen Schadensersatzanspruch handeln kann, sondern nur um die klagweise Durchsetzung einer objektivrechtlichen Abschlußpflicht[169]. *Die materiellen Voraussetzungen* des Aufnahmezwangs werden seit dem Urteil *BGHZ* 140, 74 = NJW 1999, 1326 aus Art. 9 GG hergeleitet und ergeben sich aus einer sorgsamen Abwägung der beiderseitigen Interessen. Inhaltlich stellt die Rechtsprechung formal noch auf den Monopolcharakter des Vereins ab, mischt aber dieses Kriterium zunehmend mit Aspekten der sozialen oder wirtschaftlichen Machtstellung[170]. In *BGHZ* 140, 74 = NJW 1999, 1326 wird der Begriff »Monopolstellung« gar nur noch in Anführungsstrichen zitiert und sachlich durch den der »Sozialmächtigkeit« ersetzt. Aber auch ein »sozialmächtiger« Verein darf Mitgliederselektion betreiben (oben unter IV 1 b), so daß für den Aufnahmezwang ein wertendes Merkmal hinzukommen muß: die unbillige Benachteiligung des Beitrittswilligen ohne sachlich rechtfertigenden Grund[171]. Unverkennbar entspricht dieses Kriterium den sondergesetzlichen Vorbildern der §§ 20 VI, 21 GWB[172]. Eine zusätzliche Schwierigkeit besteht darin, daß auch ein sog. Monopolverband nach dem traditionellen Ansatz grundsätzlich nur solche Mitglieder aufzunehmen braucht, die die satzungsmäßigen Aufnahmevoraussetzungen erfüllen[173]; im Gefolge dieser Rechtsprechung zeigte sich immer mehr, daß ein wirksamer Aufnahmezwang nur gewährleistet ist, wenn auch diskriminierende Satzungsklauseln verhindert werden können[174]. Ganz abgesehen von diesen grundsätzlichen Schwierigkeiten wirft jeder Einzelfall neue Abgrenzungsschwierigkeiten auf. Einige charakteristische Entscheidungen mögen dies zeigen.

Beispiel Nr. 21 (nach *BGHZ* 63, 282 = JuS 1975, 395 m. Anm. *Karsten Schmidt):* Im Deutschen Sportbund (DSB), dem Dachverband der deutschen Spitzenverbände des Sports, herrschte nach der Satzung das »Ein-Platz-Prinzip«, nach dem jeweils nur ein Spitzenverband ein Fachgebiet als Mitglied des DSB sollte vertreten dürfen. Als Beitrittsvoraussetzung war außerdem vorgeschrieben, daß jeder Spitzenverband auch in allen Landesver-

168 Für eine analoge Anwendung des § 20 VII GWB *Reichert*, a. a. O., Rdnrn. 658 ff.; *van Look*, a. a. O., S. 48.

169 Vgl. zur Dogmatik des Kontrahierungszwangs mit Unterschieden im einzelnen *Otto*, Personale Freiheit und soziale Bindung, 1978, S. 34; *Reichert*, a. a. O., Rdnr. 659; *Karsten Schmidt*, DRiZ 1977, 98; *Kilian*, AcP 180 (1980), 82; *Grunewald*, AcP 182 (1982), 181.

170 *BGH*, NJW 1980, 186 m. Anm. *Redeker* = JuS 1980, 145 *(Karsten Schmidt); BGHZ* 93, 151 = JuS 1985, 564 *(Karsten Schmidt); BGHZ* 102, 265 = NJW 1988, 552; *BGHZ* 140, 74 = LM Nr. 36 zu § 25 BGB m. Anm. *Reuter* = NJW 1999, 1326 = JuS 1999, 1018 *(Karsten Schmidt); BGH*, NJW 1991, 485; 1997, 3368, 3370; zusammenfassend *Staudinger/Weick*, § 35 Rdnrn. 28 ff.; krit. *Reuter*, in: Festgabe BGH II, 2000, S. 224 f.; *Nolte/Polzin*, NZG 2001, 980 f.

171 Vgl. *BGHZ* 63, 282, 285 = JuS 1975, 395 *(Karsten Schmidt); BGHZ* 140, 74 = LM Nr. 36 zu § 25 BGB m. Anm. *Reuter* = NJW 1999, 1326 = JuS 1999, 1018 *(Karsten Schmidt); Steffen*, in: RGRK, § 38 Rdnr. 4.

172 Vgl. *Reichert*, a. a. O., Rdnr. 658; *Bartodziej*, ZGR 1991, 526 ff.

173 Vgl. *BGH*, LM Nrn. 3 und 5 zu § 38 BGB; NJW 1973, 35, 36.

174 *BGHZ* 63, 282, 285 = JuS 1975, 395 *(Karsten Schmidt); BGHZ* 105, 306 = NJW 1989, 1724; *BGH*, LM Nr. 5 zu § 38 BGB; *LG München I*, NJW-RR 1993, 890; *Reichert*, a. a. O., Rdnr. 659 i. V. m. 654; *Teubner*, a. a. O., S. 277 ff.; *Nicklisch*, JZ 1976, 105 ff.

bänden vertreten sei und sein Fachgebiet auch international vertrete. Der Radsport war bereits durch den Bund Deutscher Radfahrer (BDR) vertreten, der alle diese Voraussetzungen erfüllte. Nunmehr verlangte auch der 1896 gegründete »Rad- und Kraftfahrerbund Solidarität e.V.« die Aufnahme in den DSB. Der Prozeß wurde – typisch für die Abgrenzungsschwierigkeiten beim Aufnahmeanspruch! – in allen Instanzen unterschiedlich entschieden. Der *Bundesgerichtshof* stellte hier ganz deutlich auf den Monopolcharakter des DSB ab, erkannte aber das »Ein-Platz-Prinzip« im Sportverband grundsätzlich als gerechtfertigt an. Der Ausgang des Rechtsstreits hing demgemäß von der Frage ab, ob der Ein-Platz-Gedanke auch durch eine andere Organisation gewahrt werden könne.

Die inzwischen vollzogene Hinwendung zu einer Bewertung der Verbandsfunktionen erkennt man demgegenüber in dem 25 Jahre später entschiedenen

Beispiel Nr. 22 (nach *BGHZ* 140, 74 = LM Nr. 36 zu § 25 BGB m. Anm. *Reuter* = NJW 1999, 1326 = JuS 1999, 1018 m. Anm. *Karsten Schmidt*): Ein Sportverein aus Ludwigsburg hatte sich vergeblich bemüht, einem gemeinnützigen Regionalverband zur Förderung des Jugendsports beizutreten. Seine Klage war bei dem *LG* erfoglreich. Das *OLG* hatte ihr wegen des »Monopolcharakters« des bekl. Verbandes stattgegeben. Der *BGH* bestätigte dieses Ergebnis und stützte es auf die »Sozialmächtigkeit« des Verbandes und auf das für einen solchen Verband geltende Diskriminierungsverbot. Die Kriterien für die Aufnahmepflicht eines sozialmächtigen Verbandes leitete er unmittelbar aus Art. 9 GG her und orientierte sie am Diskriminierungsverbot des Kartellrechts.

Charakteristisch für die moderne Rechtsprechung war bereits das vom *Kartellsenat* des *BGH* entschiedene

Beispiel Nr. 23 (BGH, NJW 1980, 186 m. Anm. *Redeker* = GRUR 1979, 788 m. Anm. *Gaedertz*= JuS 1980, 145 m. Anm. *Karsten Schmidt):* Rechtsanwalt R klagte gegen den Hamburgischen Anwaltsverein, der die Pflege und Förderung der beruflichen Belange der Hamburger Anwaltschaft bezweckt und den gesellschaftlichen Zusammenhalt der Vereinsmitglieder anstrebt. Der Verein hatte den Aufnahmeantrag des R unter Benennung von Gründen abgelehnt, aus denen er herleitete, mit R sei keine gedeihliche Zusammenarbeit möglich. Während die ersten Instanzen den Aufnahmeanspruch bejaht hatten, wies der *Bundesgerichtshof* die Klage ab, weil die berufsständischen Funktionen des Vereins (im Gegensatz zur Anwaltskammer!) entbehrlich seien und die geselligen Funktionen keinen Aufnahmezwang rechtfertigten. In den Gründen verwendete der *BGH* zwar noch die Sprache der Monopolrechtsprechung, stellte aber der Sache nach entscheidend auf die soziale Bedeutung und Macht des Vereins und nicht auf seine Alleinstellung ab. Die Entscheidung läßt sich in folgenden Leitsätzen zusammenfassen: Grundsätzlich kann ein Verein selbst bestimmen, wer Mitglied werden soll und wer nicht; ein Verein ohne soziale Machtstellung ist nicht schon deshalb zur Aufnahme eines Bewerbers verpflichtet, weil der Bewerber die satzungsmäßigen Voraussetzungen der Aufnahme erfüllt; ein Verein ist nicht schon deshalb als Monopolverein zur Aufnahme verpflichtet, weil kein anderer Verein zur Wahl steht.

Die ganze Schwierigkeit des Anspruchs auf Mitgliedschaft zeigt sich schließlich in Bereichen, wo Vereine mit sozialpolitischer oder wirtschaftlicher Machtstellung – etwa Parteien oder Gewerkschaften – politische Außenseiter von sich fernhalten wollen[175]. Die Frage wird meist nicht bei Aufnahmeklagen, sondern bei Ausschließungsverfahren praktisch, doch handelt es sich

175 Vgl. dazu *Teubner*, a.a.O., S. 280ff.; *Föhr*, Willensbildung in den Gewerkschaften und Grundgesetz, 1974, S. 6ff., 162ff.; *Graumann*, Gewerkschaftsausschluß ..., NJW 2002, 2155; *Zöllner*, Zur Frage des Gewerkschaftsausschlusses wegen gewerkschaftsschädigender Kandidatur bei Betriebsratswahlen, 1983, S. 30ff.; *Reuter*, in: MünchKommBGB, vor § 21 Rdnr. 111.

sachlich um ein Problem des Anspruchs auf Mitgliedschaft. Kennzeichnend ist etwa das umstrittene

Beispiel Nr. 24 (nach *BGH*, NJW 1973, 35): Hat ein Polizeibeamter, der Mitglied und Abgeordneter der Nationaldemokratischen Partei Deutschlands (NPD) ist, ein Recht auf Mitgliedschaft in der Polizeigewerkschaft? Das wurde im konkreten Fall von allen Instanzen verneint. Bevor man ihnen gefühlsmäßig zustimmt – das wird im Fall der NPD nicht schwerfallen! –, wird man bedenken müssen, daß den sog. »Monopolverbänden« nicht generell die Möglichkeit gegeben werden darf, mißliebige politische Meinungen von sich fernzuhalten, mögen diese nun »zu weit rechts« oder »zu weit links« stehen. Auf der anderen Seite wird der Verband nicht jede grundgesetzlich noch geduldete Außenseitermeinung hinnehmen müssen. Mitglieder, die nicht nur die Politik, sondern die Grundlagen des Verbandes ändern wollen, brauchen nicht aufgenommen und nicht geduldet zu werden. Im konkreten Fall wurde betont, daß die NPD die Sozialpartner durch eine Einheitsorganisation aus Arbeitnehmern und Arbeitgebern ersetzen wolle und daß sich der Polizeibeamte – immerhin nicht bloß Mitglied, sondern Abgeordneter der NPD! – von diesem Programm nicht distanziert habe. Unter diesen Voraussetzungen konnte er in der Tat die Mitgliedschaft nicht beanspruchen.

Eine deutliche Hinwendung der Rechtsprechung zu einer Bewertung des sozialen und wirtschaftlichen Stellenwerts des Vereins erkennt man schließlich in unserem

Beispiel Nr. 25 (nach *BGHZ* 93, 151 = NJW 1985, 1216 = JuS 1985, 564 m. Anm. *Karsten Schmidt* = JZ 1985, 534 m. Anm. *Reuter*): Maschinenschlosser M hatte der von ihm selbst als maoistisch bezeichneten KPD angehört, bis sich diese im Jahr 1980 auflöste. Er begehrte nunmehr Aufnahme in die Industriegewerkschaft Metall. Diese lehnte den Aufnahmeantrag ab, und zwar unter Hinweis auf frühere antigewerkschaftliche Aktionen des M, bei denen dieser auch ein Gewerkschaftsmitglied tätlich angegriffen habe. Da die IG Metall kein Monopolverband ist – es gibt im Metallbereich auch noch andere Gewerkschaften, freilich mit geringerer Mitgliederzahl –, hatte der *BGH* zunächst über die Frage zu entscheiden, ob die IG Metall überhaupt dem Aufnahmezwang unterliegen kann. Der grundlegende Leitsatz des Urteils lautet: »Ein Anspruch auf Aufnahme in einen Verein kann nicht nur bei Monopolvereinigungen, sondern auch dann bestehen, wenn ein Verein oder Verband im wirtschaftlichen oder sozialen Bereich eine überragende Machtstellung innehat und ein schwerwiegendes Interesse von Beitrittswilligen am Erwerb der Mitgliedschaft besteht (Ergänzung zu BGHZ 63, 282); das gilt auch für Gewerkschaften.« Inhaltlich hatte der *Bundesgerichtshof* über die genaueren Voraussetzungen des Aufnahmeanspruchs zu entscheiden. Dieser besteht nicht unbegrenzt, sondern nur dann, wenn die Ablehnung zu einer sachlich nicht gerechtfertigten ungleichen Behandlung und unbilligen Benachteiligung des Bewerbers führt. Der *BGH* erkennt durchaus an, daß die Zugehörigkeit zu einer gewerkschaftsfeindlichen Partei ein sachlicher Ablehnungsgrund ist. Liegt diese Zugehörigkeit aber in der Vergangenheit, so lehnt der *BGH* eine Gesinnungsprüfung ab und meint, daß nach Ablauf einer Karenzzeit auch einem solchen Bewerber ein Aufnahmeanspruch zustehen kann. Bei der Prüfung des sachlichen Grundes gesteht er dem Verein einen Beurteilungsspielraum zu. Diese Rechtsprechung findet ihre Fortsetzung in dem Urteil *BGHZ* 102, 265 = NJW 1988, 552, bestätigt durch BGH, NJW 1997, 3368, 3370: geringer Beurteilungs- oder Ermessensspielraum bei einem »sozialmächtigen« Verband.

Nicht gleichgezogen hat die Rechtsprechung auf dem Gebiet der politischen Parteien. Nach § 10 I 1 ParteiG entscheiden die zuständigen Organe der Partei nach näherer Bestimmung der Satzung frei über die Aufnahme von Mitgliedern, und nach § 10 I 2 ParteiG braucht die Ablehnung eines Aufnahmeantrages nicht begründet zu werden. Gegen diese Regelung werden beachtliche verfassungsrechtliche Bedenken vorgetragen[176]. Der *Bundesgerichtshof* hält diese Bedenken jedoch für nicht stichhaltig und erkennt einen allgemeinen Aufnahmeanspruch bei politischen Parteien nicht an[177].

c) Im *Prozeß* wird der Aufnahmeanspruch durch Leistungsklage geltend gemacht. Der Bewerber erhebt keine Anfechtungsklage gegen den ablehnenden Bescheid, sondern er klagt seinen Anspruch auf Aufnahme ein. In diesem Prozeß ist nicht die Überzeugungskraft des Ablehnungsbescheides, sondern das Bestehen des Aufnahmeanspruchs zu prüfen. Deshalb kann der beklagte Verein im Rahmen des prozeßrechtlich Zulässigen noch während des Rechtsstreits neue Ablehnungsgründe nachschieben, die er in seinem Ablehnungsbescheid nicht genannt hatte[178].

3. Die sogenannte Vereinsstrafgewalt[*]

a) Nach herrschender, wenngleich umstrittener Auffassung geht mit der

---

176 Vgl. nur *Wolfrum*, Die innerparteiliche demokratische Ordnung nach dem Parteiengesetz, 1974, S. 156ff.; *Knöpfle*, Der Staat 1970, 321ff.; 1977, 393ff.; *Magiera*, DÖV 1973, 761ff.

177 *BGHZ* 101, 193 = NJW 1987, 2503.

178 *BGH*, NJW 1985, 1214 = JZ 1985, 532 m. Anm. *Reuter* = JuS 1985, 564 m. Anm. *Karsten Schmidt*.

* Literatur (Auswahl; vgl. auch die Angaben bei § 23): *Flume*, Juristische Person, § 9 IV; *Grunewald*, 2 A Rdnrn. 68ff.; *Wiedemann* I, § 3 III 3; *Beuthien*, Die richterliche Kontrolle von Vereinsstrafen und Vertragsstrafen, BB-Beilage 12/1968; *Bodmer*, Vereinsstrafe und Verbandsgerichtsbarkeit, 1989; *Buchberger*, Das Verbandsstrafverfahren deutscher Sportverbände, SpuRt 1996, 122 und 157; *Coing*, Bemerkungen zum überkommenen Zivilrechtssystem, in: Festschrift Dölle I, 1963, S. 25; *L. Fischer*, Der Ausschluß aus dem Verein, 1985; *Flume*, Die Vereinsstrafe, in: Festschrift Bötticher, 1969, S. 101; *Gaumann*, Gewerkschaftsausschluß wegen Betriebsratskandidatur auf konkurrierender Liste, NJW 2002, 2155; *Gehrlein*, Die BGH-Rechtsprechung zur Überprüfung von Vereins- und Parteiausschlüssen, ZIP 1994, 852; *ders.*, Gerichtlicher Prüfungsmaßstab für die Wirksamkeit von Vereinsausschlüssen, ZIP 1997, 1912; *Grunewald*, Der Ausschluß aus Gesellschaft und Verein, 1987; *Haas/Adolphsen*, Sanktionen der Sportverbände vor ordentlichen Gerichten, NJW 1996, 2351; *Hadding/van Look*, »Benutzungssperre« gegen Vereinsmitglieder durch den Vermieter von Vereinseinrichtungen, ZGR 1996, 326; *dies.*, Zur Ausschließung aus Vereinen des bürgerlichen Rechts, ZGR 1988, 270; *Karl Heinsheimer*, Mitgliedschaft und Ausschließung, 1913; *Graf Kerssenbrock*, Der Rechtsschutz der Parteimitglieder vor Parteischiedsgerichten, 1994; *Larenz*, Zur Rechtmäßigkeit einer »Vereinsstrafe«, in: Gedächtnisschrift Dietz, 1973, S. 45; *Leipold*, Richterliche Kontrolle vereinsrechtlicher Disziplinarmaßnahmen, ZGR 1985, 113; *Leist*, Untersuchungen zum inneren Vereinsrecht, 1904; *van Look*, Vereinsstrafen als Vertragsstrafen, 1990; *ders.*, Individualschutz im Vereinsrecht, in: WM-Festgabe Hellner (WM-Sonderheft), 1994, S. 46; *Meyer-Cording*, Die Vereinsstrafe, 1957; *Popp*, Die ausgeschlossenen Gewerkschaftsmitglieder (BGHZ 71, 126), JuS 1980, 798; *Reichert*, a.a.O.., Rdnrn. 1587ff.; *Reuter*, Grenzen der Verbandsstrafgewalt, ZGR 1980, 101; *ders.*, Der Ausschluß aus dem Verein, NJW 1987, 2401; *Säcker*, Verbandsgewalt, Vereinsautonomie und richterliche Inhaltskontrolle, AuR 1981, 1; *Schlosser*, Vereins- und Verbandsgerichtsbarkeit, 1972; *ders.*, Vereins- und Verbandsstrafgewalt, ZGR 1980, 101; *Schulze*, Mitgliedsausschluß aus einem wirtschaftlichen Verein am Beispiel der Gema, NJW 1991, 3264; *Teubner*, Organisationsdemokratie und Verbandsverfassung, 1978; *Weitnauer*, Vereinsstrafe, Vertragsstrafe und Betriebsstrafe, in: Festschrift Reinhardt, 1972, S. 179; *Wendeling-Schröder*, Aktuelle Probleme der Rechtsprechung zum Gewerkschaftsausschluß, ZGR 1990, 107; *H. P. Westermann*, Die Verbandsstrafgewalt und das allgemeine Recht, 1972; *ders.*, Zur Legitimität der Verbandsstrafgewalt, JZ 1972, 539; *Wiedemann*, Richterliche Kontrolle privater Vereinsmacht, JZ 1968, 219; *Zöllner*, Zur Frage des Gewerkschaftsausschlusses ..., 1983.

Vereinsautonomie eine Vereinsstrafgewalt einher[179]. *RGZ* 140, 23, 24 spricht von einer »die Verhängung von Strafen umfassenden Selbstverwaltung des Vereins«. *BGHZ* 21, 370 unterscheidet die Vereinsstrafe streng von der Vertragsstrafe[180] und hält im Leitsatz fest, daß Vereinsstrafen vom Gericht nur beschränkt überprüft werden können. Als Träger der sog. Vereinsstrafgewalt kann der Verein eine sog. Vereinsgerichtsbarkeit etablieren[181]. Damit stehen die beiden *Kernpunkte der Vereinsstrafendiskussion* fest:
- erstens die Frage, ob die Vereinsmitgliedschaft – weit über ein bloßes Vertragsverhältnis hinaus – ein korporatives Unterworfensein begründet;
- zweitens die Frage, ob die gerichtliche Kontrolle gegenüber Vereinsstrafen durch die Vereinsautonomie eingeschränkt ist.

Traditionellerweise wird beides bejaht. Die Vereinsautonomie kehrt sich damit nicht nur als institutionelle Freiheitsgarantin gegen den Staat (eingeschränkte Kontrolle), sondern auch als Machtgarantin gegen die Mitglieder (korporatives Unterworfensein). Es entsteht eine Art von »besonderem Gewaltverhältnis« im Zivilrecht. Da dies problematisch ist, sollte man im Ausgangspunkt zwischen der *Rechtfertigung* der sog. Verbandsstrafgewalt und der Frage ihrer *gerichtlichen Kontrolle* unterscheiden.

b) *Mittel der sog. Vereinsstrafgewalt* sind[182]
- die sog. Ehrenstrafe (der förmliche Verweis),
- die Geldstrafe,
- die zeitweilige oder dauernde Entziehung von Nutzungsrechten,
- der Ausschluß aus dem Verein.

Unter diesen Sanktionen wird sich der Ausschluß aus dem Verein als ein Sonderfall erweisen, denn hier handelt es sich um ein Institut des allgemeinen Verbandsrechts (Ausschließung aus wichtigem Grund), das durch die Vereinssatzung lediglich modifiziert und formalisiert werden kann. Die anderen Sanktionen sind so, wie sie in der Praxis auftreten, Erscheinungen des Rechts der Idealvereine[183]. Ob sie streng auf die Rechtsform des Vereins begrenzt bleiben müssen, hängt allerdings von der Rechtfertigung der Vereinsstrafgewalt aus der Vereinsautonomie ab.

c) Die *Herleitung der sog. Vereinsstrafgewalt aus der Verbandsautonomie* ist fragwürdig und wird vielfach kritisiert[184]. Ganz unverkennbar hängt dies mit dem Grundverständnis der korporativen Organisation und dem Streit um die

179 Eingehend *Reichert*, a.a.O., Rdnr. 1587; *Reuter*, in: MünchKommBGB, § 25 Rdnrn. 33ff.

180 Ebenso die h.M.; vgl. nur *Meyer-Cording* a.a.O., S. 54ff.; *Sauter/Schweyer/Waldner*, a.a.O., Rdnr. 350; s. aber auch *H.P. Westermann*, a.a.O., S. 31ff. a.M. *Hadding*, in: Festschrift Kellermann, 1991, S. 91; *van Look*, a.a.O., S. 107ff.; *ders.*, WM-Festgabe, a.a.O., S. 52; *Reichert*, a.a.O., Rdnr. 1592a; unentschieden *Lindacher*, Phänomenologie der »Vereinsstrafe«, 1972, S. 16.

181 Eingehend *Reichert*, a.a.O., Rdnrn. 1639ff.

182 Vgl. *Meyer-Cording*, a.a.O., S. 10ff.; *Reichert*, a.a.O., Rdnr. 1589; *Sauter/Schweyer/Waldner*, a.a.O., Rdnr. 350; s. auch *Flume*, Juristische Person, § 9 IV; vgl. über Geldstrafen *RGZ* 125, 338, 340; 151, 229; *BGHZ* 21, 370; std. Rspr.

183 *Flume*, Juristische Person, § 9 IV.

184 Vgl. nur *Flume*, ebd.; *Grunewald*, a.a.O., S. 42ff.; *Reinhardt/Schulz*, Rdnrn. 344ff.; *Weitnauer*, a.a.O.; differenzierend *Reuter*, in: MünchKommBGB, § 25 Rdnrn. 33ff.; *ders.*, ZGR 1980, 113ff.

Rechtsnatur der Verbandssatzung zusammen (dazu oben, § 5 I 1 b)[185]. Vor allem *Flume*[186] lehnt die Unterwerfung von Mitgliedern unter private Gewalt ab und bezeichnet die angebliche Unterwerfung des Mitglieds unter die Verbandsstrafgewalt als »bare Fiktion«. Sanktionen des Vereins gegen seine Mitglieder können nach *Flume* eine doppelte Wurzel haben: Sie seien entweder Vertragsstrafen i.S. von §§ 339ff. BGB[187] oder Ausschließungsmaßnahmen, wie es sie auch sonst im Gesellschaftsrecht gibt. Damit ist die sog. Vereinsstrafe als eigenständiges Rechtsinstitut abgelehnt.

Richtig an dieser Kritik der h.M. ist zunächst zweierlei: *Zum einen* ist die »Vereinsstrafgewalt« keine dem Verein kraft Autonomie ohne weiteres zuwachsende Herrschaft über Personen; sie ist ein Problem der Inhaltsfreiheit von Vereinssatzungen (dazu sogleich unter V 3 d). *Zum anderen* ist auch der *Sonderbehandlung des Vereinsausschlusses* zuzustimmen[188]. Die Befugnis jedes Verbandes, ein Mitglied aus wichtigem Grund auszuschließen, hängt als Problem der Mitgliederselektion mit der Satzungsautonomie zusammen (oben unter IV 1 b), ist aber im übrigen ein allgemeines gesellschaftsrechtliches Institut und nicht ein Spezialproblem der »Vereinsstrafgewalt«[189]. Die Ausübung dieses Rechts muß nicht einmal eine Satzungsgrundlage haben[190], jedoch wird man dann im Streitfall verlangen, daß der Verband auf Ausschließung klagt, und zwar unter voller gerichtlicher Prüfung[191]. Zweckmäßigerweise kann und sollte aber der Ausschluß eine Grundlage in der Satzung erhalten[192], und zwar schon deshalb, weil so das Ausschließungs*verfahren* festgelegt werden kann und weil der Verein bei jedem Ausschließungsverfahren ohnedies an die eigene Satzung gebunden bleibt[193]. Übt der Verband als Sanktion verbandwidrigen Verhaltens ein solches satzungsmäßiges Ausschließungsrecht aus, so gelten für den Umfang der gerichtlichen Überprüfung die Regeln über Verbandsstrafen[194].

d) *Alle echten Vereinsstrafen bedürfen ausnahmslos einer Grundlage in der Satzung.*[195] Sie können nicht »kraft Autonomie« verhängt werden, sondern nur kraft Satzungsbestimmung[196]. Die satzungsmäßige »Vereinsstrafgewalt«

---

185 Dazu vgl. eindringlich *van Look*, Vereinsstrafen, a.a.O., S. 72ff.; s. auch *Reichert*, a.a.O., Rdnr. 1592.

186 A.a.O.; ähnlich schon *Heinsheimer*, a.a.O., S. 52ff.

187 So namentlich aufgrund der Vertragstheorie *Soergel/Hadding*, § 25 Rdnr. 38; *Hadding*, in: Festschrift Kellermann, 1991, S. 91; *van Look*, a.a.O., S. 107ff.; *ders.*, WM-Festgabe, a.a.O., S. 52; *Reichert*, a.a.O., Rdnr. 1601; dagegen aber mit Recht *Kübler*, § 33 IV 2 c.

188 Nur teilweise übereinst. *Reuter*, NJW 1987, 2402f.

189 Vgl. insoweit auch *Kübler*, § 33 IV 2 c.

190 Vgl. *BGH*, NJW 1990, 40; *Meyer-Cording*, a.a.O., S. 27f.; *Reuter*, NJW 1987, 2401; differenzierend *Hüffer*, § 5/4.

191 Wie hier *Reuter*, EWiR 1997, 1063f.

192 Beispiel: *BGH*, NJW 1997, 3368; *OLG Karlsruhe*, NJW-RR 1998, 684; eingehend *Sauter/Schweyer/Waldner*, a.a.O., Rdnrn. 88ff.

193 Vgl. hierzu *BGH*, NJW 1994, 43.

194 *BGH*, NJW 1997, 3368 = JuS 1998, 266 m.Anm. *Karsten Schmidt*; krit. *Reuter*, EWiR 1997, 1063f.

195 Eingehend *Reichert*, a.a.O., Rdnrn. 1587ff.

196 Insofern übereinstimmend die Lehre von *Soergel/Hadding*, § 25 Rdnr. 39 m.w.N.

gehört zu den Konditionen der Mitgliedschaft. Sie ist ein Problem der inneren Verbandsorganisation und nicht ein Problem usurpierter »Strafgewalt«[197]. Allerdings können sich auch Nichtmitglieder der satzungsmäßigen »Verbandsstrafgewalt« unterwerfen, so z.B. die Mitglieder einzelner Sportklubs gegenüber dem für die Organisation von Sportveranstaltungen zuständigen Dachverband[198]. Da eine Satzungsermächtigung vorliegen muß, stellt sich hier das Problem der Inhaltsfreiheit von Vereinssatzungen (dazu allgemein oben, § 5 I 3 und III). Nicht eine unantastbare »Vereinsautonomie« ist also die Grundlage, sondern die »Satzungsautonomie« als Bestandteil der Privatautonomie rechtfertigt und begrenzt die sog. Vereinsstrafgewalt. Sie ist die notwendige Ermächtigung für »Verbandsverwaltungsakte«[199]. Die Satzungsermächtigung unterliegt der Inhaltskontrolle[200]. Schließlich darf auch die im konkreten Fall ausgesprochene »Strafe« nicht gesetzwidrig, sittenwidrig oder offenbar unbillig sein[201], also auch nicht gegen den Grundsatz der gleichmäßigen Behandlung der Mitglieder verstoßen[202]. Unbillig ist auch eine Vereinsstrafe, die gegen den Grundsatz der Verhältnismäßigkeit verstößt. Besondere Grenzen gelten für diejenigen Vereine, die einem Aufnahmezwang unterliegen. Insbesondere ein Vereinsausschluß darf nicht mit einem Aufnahmezwang kollidieren[203]. Spezialgesetzlich ist das Recht zum Ausschluß aus einer Gewerkschaft durch die Koalitionsfreiheit des Art. 9 III GG teils legitimiert, teils begrenzt[204], und aus einer politischen Partei kann ein Mitglied nach § 10 IV PartG nur ausgeschlossen werden, wenn es vorsätzlich gegen die Satzung oder erheblich gegen die Grundsätze oder die Ordnung der Partei verstößt und ihr damit schweren Schaden zufügt[205].

e) Die *Verhängung der Vereinsstrafe* erfolgt in einem von der Satzung zu regelnden Verfahren. Dieses muß den allgemeinen Regeln der Fairness entsprechen; insbesondere muß rechtliches Gehör gewährleistet sein[206]. Regelmäßig handelt es sich um ein Beschlußverfahren der Mitgliederversammlung, des Vorstands oder eines Ausschusses, aber durch Satzungsbestimmung kann auch eine Ehrengerichtsbarkeit des Vereins eingerichtet werden. Bevor ein staatliches Gericht oder ein Schiedsgericht (§§ 1025ff. ZPO) gegen die Verhängung der Vereinsstrafe angerufen wird, muß dann grundsätzlich der Weg über die Ehrengerichtsbarkeit ausgeschöpft sein.

---

197 Ähnlich *Larenz*, a.a.O.; *Wiedemann* I, § 3 III 3.
198 *BGHZ* 128, 93 = LM Nr. 34 zu § 25 BGB m.Anm. *Wolf* = NJW 1995, 583 = JZ 1995, 461 m.Anm. *Pfister*; dazu *Haas/Adolphsen*, NJW 1995, 2146; *LG Heilbronn*, NZG 1998, 783.
199 Zur Rechtsfigur des »Verbandsverwaltungsakts« vgl. *Meyer-Cording*, a.a.O., S. 75f.
200 Vgl. *Sauter/Schweyer/Waldner*, a.a.O., Rdnr. 350.
201 *BGHZ* 47, 381, 384f.; *Sauter/Schweyer/Waldner*, a.a.O., Rdnr. 350.
202 *BGHZ* 47, 381, 385f.; *BGH*, NJW 1997, 3368, 3369 = JuS 1998, 266 m.Anm. *Karsten Schmidt*.
203 Vgl. *BGHZ* 102, 265 = NJW 1988, 552 m.Anm. *Hadding/van Look*, ZGR 1988, 270.
204 Dazu *BVerfGE* 100, 214 = NJW 1999, 2657; *Gaumann*, NJW 2002, 2155; vgl. aber *BGH*, NJW 1973, 36f.
205 Dazu bedenklich *BGHZ* 75, 158 = NJW 1980, 443 m.Anm. *Hasenritter* = JuS 1980, 372 m.Anm. *Karsten Schmidt*; *BGH*, LM Nr. 33 zu § 25 BGB.
206 *Meyer-Cording*, a.a.O., S. 77ff.; *Sauter/Schweyer/Waldner*, a.a.O., Rdnrn. 362ff.

f) Zu den Hauptproblemen des Rechts der Vereinsstrafen gehört das *Ausmaß der gerichtlichen Kontrolle.* Nach traditioneller Auffassung ist der Umfang der gerichtlichen Kontrolle durch die Vereinsautonomie eingeschränkt[207]. Das *Reichsgericht* prüfte anfangs nur, ob sich der Verein an die eigenen Satzungsbestimmungen gehalten hatte[208]. Es führte sodann auch eine auf grobe Verstöße bezogene Inhaltskontrolle ein und unterwarf die Vereinsstrafen einer Kontrolle auf Sittenwidrigkeit, Unbilligkeit und soziale Härte[209]. Leitentscheidung des *Bundesgerichtshofs* war lange Zeit *BGHZ* 21, 370. Danach sollte bei Vereinsstrafen vom ordentlichen Gericht nur nachgeprüft werden, ob die Strafe

- in einer satzungsmäßigen Ermächtigung eine Stütze findet, die nicht gesetz- oder sittenwidrig ist,
- in einem satzungsmäßig vorgeschriebenen und fairen Verfahren verhängt worden ist und
- nicht gesetzwidrig, sittenwidrig oder offenbar unbillig ist[210].

Eine *wichtige Erweiterung* brachte im Jahr 1983 das Urteil *BGHZ* 87, 337[211]: »Die Tatsachenermittlung im vereinsrechtlichen Disziplinarverfahren unterliegt der Nachprüfung durch die staatlichen Gerichte.« Der *BGH* hat damit einer Forderung der Literatur entsprochen[212]. Das Urteil begründet sein Abrücken von der bisherige Praxis mit folgender Erwägung: »Die vom Reichsgericht entwickelte und vom Bundesgerichtshof übernommene Auffassung von der rechtlichen Bedeutung der autonomen Vereinsgewalt fußt in ihrem Ausgangspunkt auf der Erwägung, daß sich die Mitglieder durch den Eintritt freiwillig der Vereinsgewalt unterwerfen und es angesichts dieser freiwilligen Unterwerfung auch gerechtfertigt ist, daß die Vereinsgewalt in der Vereinssphäre eine autonome Wirksamkeit entfaltet (Fischer Anm. zu LM BGB § 25 Nr. 1). Die freiwillige Unterwerfung unter die Vereinsstrafgewalt kann jedoch nicht dahin ausgelegt werden, die Mitglieder seien bei ihrem Eintritt damit einverstanden, für Tatsachen verantwortlich gemacht zu werden, die sie nicht begangen haben.« Das klingt heute banal, war aber ein beträchtlicher Fortschritt.

Der heute überwiegende Teil des Schrifttums fordert eine *vollständige Prüfung nicht nur in tatsächlicher, sondern auch in rechtlicher Hinsicht*[213]. Dem ist im Grundsatz zuzustimmen. Ebensowenig, wie sich das Mitglied einer Strafgewalt für nicht begangene Verstöße unterwirft, unterwirft es sich irgend-

207 Eingehende Analyse bei *Meyer-Cording*, a. a. O., S. 100 ff.; *Sauter/Schweyer/Waldner*, a. a. O., Rdnrn. 370 ff.; *Dütz*, Rechtsstaatlicher Gerichtsschutz im Privatrecht, 1980, S. 271 ff.; *Soergel/Hadding*, § 25 Rdnr. 62.

208 *RGZ* 49, 150, 154 f.; 80, 189, 191.

209 *RGZ* 107, 386, 387 ff.; 140, 23, 24; 147, 11, 14.

210 Überblick bei *BGH*, NJW 1997, 3368 = JuS 1998, 266 m. Anm. *Karsten Schmidt.*

211 Dazu *Baecker*, NJW 1984, 906; *Vieweg*, JZ 1984, 167; *Leipold*, ZGR 1985, 113.

212 Vgl. nur *Beuthien*, a. a. O., S. 2 f.; *Larenz*, a. a. O., S. 45 f.; *Meyer-Cording*, a. a. O., S. 103 f.; *Schlosser*, a. a. O., S. 99 f.; *Wiedemann* I, § 3 III 3.

213 Vgl. nur *Flume*, Juristische Person, § 9 IV; *Grunewald*, Rdnr. 2 A 70; *Wiedemann* I, § 3 III 3; *Staudinger/Coing*, Vorbem. §§ 21–54 Rdnr. 41; *Beuthien*, a. a. O., S. 2 ff.; *Larenz*, a. a. O., S. 57 ff.; *Schlosser*, a. a. O., S. 94 ff.; *Weitnauer*, a. a. O., S. 195; *Gehrlein*, ZIP 1997, 1915 f.; s. außerdem die bereits angeführten Besprechungen des Urteils *BGHZ* 87, 337.

einer sonst unberechtigten Vereinsstrafe. Deshalb hat sich hier schon die erste Auflage geweigert, den Vereinen eine Rechtsschutzexklave zuzugestehen. Zugleich wurde aber auf ein Problem hingewiesen, das uns aus dem Bereich der Ermessens- und Beurteilungsspielräume im öffentlichen Recht bekannt ist: Bei ausfüllungsbedürftigen Begriffen (z.B. »unsportliches Verhalten«, »unwürdiges Verhalten« etc.) oder bei der Zumessung einer Verbandsstrafe ist eine *Einschätzungsprärogative der Verbandsorgane* anzuerkennen[214]. Eine solche Einschätzungsprärogative ergibt sich schon daraus, daß die Gerichte die Vereinsstrafe nicht selbst verhängen, sondern das Ergebnis nur auf Rechtsfehler (fehlende Ermächtigung, Unbilligkeit etc.) überprüfen. Sie ändert jedoch nichts an dem Grundsatz, daß die tatsächlichen und rechtlichen Voraussetzungen vollständig nachgeprüft werden. Eine Annäherung an den hier vertretenen Standpunkt zeigt sich in der neueren Rechtsprechung zum Ausschluß aus aufnahmepflichtigen Vereinen, insbesondere Gewerkschaften. Hier unterwirft der *Bundesgerichtshof* unter Wahrung eines engen Beurteilungs- und Ermessensspielraums einen Ausschließungsbeschluß derselben Kontrolle wie die Ablehnung eines Aufnahmeantrages[215]. Das bedeutet aber zugleich auf der anderen Seite: Wird aus einem Verein ohne sozialmächtige Stellung ein Mitglied im Disziplinarverfahren ausgeschlossen, so unterliegt diese Maßnahme im Hinblick auf den fehlenden Aufnahmezwang in materiellrechtlicher Hinsicht nur einer eingeschränkten Prüfung[216].

g) Abschließend einige charakteristische Rechtsprechungsfälle:

Beispiel Nr. 26 (nach *BGHZ* 47, 381): K war Mitglied der Tennisabteilung des C-Vereins. Zwischen dieser Abteilung und dem Vorstand gab es Spannungen, die dazu führten, daß deren Mitglieder unter Protest und Schmährufen eine Mitgliederversammlung verließen. K wurde wegen unsportlichen und das Ansehen des Vereins gefährdenden Verhaltens aus dem Verein ausgeschlossen, weil er diesen Eklat mitverursacht habe. Das *OLG* hatte den Ausschluß bestätigt. Der *BGH* hob diese Entscheidung auf, weil offensichtliche Unbilligkeit vorliegen konnte. K hatte nämlich vorgetragen, nur er sei ausgeschlossen worden und Verfahren gegen die anderen Mitglieder der Tennisabteilung seien entweder überhaupt nicht eingeleitet oder jedenfalls wieder eingestellt worden. Außerdem seien Beschuldigungen des K gegen den Vorstand als belastend gewertet worden, obwohl sie möglicherweise nur eine berechtigte Interessenwahrnehmung darstellten.

Beispiel Nr. 27 (nach *BGH*, NJW 1997, 3369 = JuS 1998, 226 m.Anm. *Karsten Schmidt*; dazu auch *Gehrlein*, ZIP 1997, 1912; *Reuter*, EWiR 1997, 1063): Ein Antiquitätenhändler war aus einem Fachverband ausgeschlossen worden, weil er auf eigene Faust Kunstmessen organisiert hatte. Der *BGH* stellte darauf ab, ob der Verband sozialmächtig sei. Falls ja, dürfe er das Mitglied durch den Ausschluß nicht unbillig beeinträchtigen. Sei der Verein dagegen nicht sozialmächtig, so unterliege der Ausschluß nur eingeschränkter Kontrolle. *Reuter* und *Gehrlein* haben das Urteil kritisch besprochen.

---

214 Dazu mit Unterschieden im einzelnen *Kübler*, § 33 IV 3 d; *Meyer-Cording*, a.a.O., S. 118ff.; *Larenz*, a.a.O., S. 57; *Schlosser*, a.a.O., S. 105f.; *Gehrlein*, ZIP 1994, 856f.; skeptisch *H. P. Westermann*, a.a.O., S. 105ff.

215 *BGHZ* 102, 265 = NJW 1988, 552 m.Anm. *Hadding/van Look*, ZGR 1988, 270; *BGH*, NJW 1991, 485; 1997, 3368, 3369f. = JuS 1998, 266 m.Anm. *Karsten Schmidt*.

216 *BGH*, NJW 1997, 3369 = JuS 1998, 266 m.Anm. *Karsten Schmidt*; noch weitergehend *Reuter*, in: MünchKommBGB, § 25 Rdnr. 41; s. aber auch *dens.*, EWiR 1997, 1063f.

Beispiel Nr. 28 (nach *BGH*, NJW 1978, 990 = JuS 1978, 486 m. Anm. *Karsten Schmidt):* Die M-Druckerei wurde bestreikt. Druckereiangestellte, die nicht unter den angestrebten Tarifvertrag fielen, wirkten an einer Notausgabe der T-Zeitung mit. Deswegen wurden sie wegen Streikbrecherarbeit aus der Gewerkschaft ausgeschlossen. Dieser Beschluß wurde in allen Instanzen bestätigt: Es habe sich um Streikbrecherarbeit i. S. der Satzung gehandelt. Gleichwohl verwies der *BGH* die Sache an das *OLG* zurück, da möglicherweise ein nicht zuständiges Organ den Streikbeginn festgesetzt hatte. Das wäre ein Verfahrensfehler gewesen, der zur Aufhebung führen konnte.

Beispiel Nr. 29 (nach *BGHZ* 75, 158 = NJW 1980, 443 m. Anm. *Hasenritter* = JuS 1980, 372 m. Anm. *Karsten Schmidt*): K, Mitglied der SPD, unterzeichnete 1974 einen Wahlvorschlag des Kommunistischen Bundes Westdeutschlands (KBW). Er wurde aus der SPD ausgeschlossen, die dagegen gerichtete Klage blieb erfolglos. Der *BGH* stellte fest, die Entscheidung sei nicht offenbar unbillig. Eine weitergehende Nachprüfung komme nicht in Betracht, insbesondere habe § 10 IV ParteiG nicht den Zweck, den Gerichten die Feststellung der sachlichen Voraussetzungen von Parteiausschlüssen zu ermöglichen. Dieses Urteil mag im Ergebnis berechtigt gewesen sein; die Begründung ist nach der hier vertretenen Ansicht jedenfalls insoweit angreifbar, als es den Rechtsschutz über Gebühr verkürzt.

Beispiel Nr. 30 (nach *BGHZ* 87, 337 = JZ 1984, 186): K war Mitglied der Gewerkschaft ÖTV. Bei den Betriebsratswahlen der deutschen Lufthansa 1978 stellte er eine eigene Liste auf. Unter den Bewerbern befanden sich neben Mitgliedern der ÖTV auch zwei gewerkschaftlich Nicht-Organisierte und ein DAG-Mitglied. K wurde wegen gewerkschaftsschädigenden Verhaltens mit der Begründung aus der ÖTV ausgeschlossen, er habe Mitkandidaten und Betriebsangehörige mit der Behauptung getäuscht, die ÖTV billige seine Liste und unterstütze sie sogar. K klagte auf Feststellung seiner Mitgliedschaft. *LG* und *OLG* hatten der Klage stattgegeben, weil der Täuschungsvorwurf nicht bewiesen sei. Wenn diese Feststellung fehlerfrei getroffen war – dies war nach Auffassung des *BGH* noch zu prüfen –, war K auch nach Ansicht des *BGH* im Recht. Es handelt sich um das schon erwähnte Urteil, mit dem der *Bundesgerichtshof* eine Erweiterung der gerichtlichen Kontrolle einleitete.

Beispiel Nr. 31 (nach *BGHZ* 102, 265 = NJW 1988, 552 m. Anm. *Hadding/van Look*, ZGR 1988, 270): Die Kläger waren aus der beklagten Gewerkschaft ausgeschlossen worden, weil sie bei einer Betriebsratswahl als Konkurrenten gegen die Kandidaten der Gewerkschaft kandidiert und schon seit Jahren Opposition betrieben hätten. Dies ist die Entscheidung, in der der *Bundesgerichtshof* bei einer aufnahmepflichtigen Gewerkschaft auch die rechtliche Kontrolle des Ausschlusses bis zur Grenze eines der Gewerkschaft attestierten Beurteilungs- und Ermessensspielraums ausgedehnt hat (insofern bestätigend *BGH*, NJW 1991, 485). Da er die Konkurrenzkandidatur und die unbequeme Haltung von Gewerkschaftsmitgliedern nicht als eine zur Ausschließung berechtigende Illoyalität ansieht, gab der *BGH* den auf Feststellung der Mitgliedschaft gerichteten Klagen statt. Ob es hierbei bleiben wird, ist freilich aus verfassungsrechtlichen Gründen zu bezweifeln (*BVerfGE* 100, 214 = NJW 1999, 2657; *Gaumann,* NJW 2002, 2155). Anders entschied der *Bundesgerichtshof* im Fall des Ausschlusses eines Gewerkschaftsmitglieds, das Vorsitzender einer Partei mit gewerkschaftsfeindlichen Zielen war *(BGH*, NJW 1991, 485).

Beispiel Nr. 32 (nach *BGH*, LM Nr. 33 zu § 25 BGB = NJW 1994, 2610): Entgegen einer von der Partei beschlossenen und von ihm als verbindlich anerkannten Beschränkung der Wahlwerbung hatte ein Listenkandidat durch Verlosung von »Traumreisen« Vorteile gegenüber anderen Kandidaten angestrebt. Seine gegen den Parteiausschluß gerichtete Klage blieb in allen Instanzen erfolglos. Der *BGH* sah keinen Rechtsfehler darin, daß die Schiedskommission der Partei hierin einen zum Parteiausschluß berechtigenden Verstoß erblickt hatte.

Beispiel Nr. 33 (nach *BGHZ* 128, 93 = LM Nr. 34 zu § 25 BGB m.Anm. *Wolf* = JZ 1995, 461 m.Anm. *Pfister* = NJW 1995, 583): Ein Turnierreiter, der selbst Mitglied eines Sportklubs war, klagte gegen die von einem Dachverband wegen reitsportlicher Regelverstöße verhängten Verbandsstrafen. Der *BGH* entschied, daß sich auch Nichtmitglieder, die die Einrichtungen eines Verbandes in Anspruch nehmen, durch Rechtsgeschäft seiner Verbandsstrafgewalt unterwerfen können. Allerdings unterwarf er das satzungsmäßige Regelwerk einer Inhaltskontrolle nach § 242 BGB (vgl. über die »Vereinsstrafgewalt« gegenüber Nichtmitgliedern auch *Edenfeld*, Die Rechtsbeziehungen des bürgerlich-rechtlichen Vereins zu Nichtmitgliedern, 1996, S. 173 ff.).

Beispiel Nr. 34 (nach *OLG Frankfurt*, EWiR 2000, 659 m.Anm. *van Look*): Der international bekannte deutsche Sprinter *B* war nach zwei positiven Urinproben wegen Dopings gesperrt worden. Er machte geltend, es habe jemand in böser Absicht die Dopingmittel in seine Zahnpasta hineinpraktiziert. Sein Antrag auf gerichtliche Aufhebung der Sperre war erfolglos. Der OLG entschied zwar, die Sperre setze ein Verschulden voraus, und dieses müsse nachgewiesen werden. Es sah aber die Dopingprobe als hinreichendes Beweismittel an.

VI. Das Außenrecht des rechtsfähigen Vereins

1. Rechtsträgerschaft, Parteifähigkeit, Insolvenzrechtsfähigkeit

Als juristische Person kann der Verein Träger von Rechten und Pflichten sein. Er handelt unter einem Vereinsnamen und muß den Zusatz »e.V.« oder »eingetragener Verein« führen[217]. Bei Rechtsgeschäften wird er vom Vorstand bzw. von Personen, die der Vorstand bevollmächtigt hat, vertreten (§ 26 BGB). Nach § 50 I ZPO ist der Verein auch parteifähig, kann also, vertreten durch den Vorstand oder durch einen Prozeßbevollmächtigten, klagen und verklagt werden. Die Insolvenzrechtsfähigkeit ergibt sich aus § 11 InsO.

2. Haftungsverhältnisse

a) Für Verbindlichkeiten des Vereins haftet, sofern nicht ein besonderer Verpflichtungsgrund Platz greift (Bürgschaft, Vertrauenshaftung usw.), nur der Verein. Daneben haften nicht auch die Vorstands- oder Vereinsmitglieder persönlich.

Beispiel Nr. 35: Der Verein, vertreten durch den Vorstand, kauft ein Grundstück; es ist nur der Verein zur Kaufpreiszahlung nach § 433 II BGB verpflichtet. – Der Verein wird durch rechtsgrundlose Beitragszahlungen eines in Wahrheit schon ausgeschiedenen Mitglieds ungerechtfertigt bereichert; es ist nur der Verein nach § 812 I 1 BGB zur Rückzahlung verpflichtet.

b) Eine Durchgriffshaftung der Vereinsmitglieder hat der *Bundesgerichtshof* ausnahmsweise angenommen in unserem

217 Vgl. *BayObLGZ* 1987, 161.

Beispiel Nr. 36 (vereinfacht nach *BGHZ* 54, 222 = JZ 1970, 687 m. Anm. *Karsten Schmidt):* Ein Siedlungsgrundstück von 23 000 qm wurde einer Reihe von Pächtern in der Weise überlassen, daß der Verpächter V das Grundstück an eine »Siedlungsgemeinschaft e.V.« verpachtete, die ihrerseits den Pachtzins bei den einzelnen Pächtern einzuziehen und an V weiterzuleiten hatte. 1964 bemühte sich V vergeblich um eine Erhöhung des Pachtzinses. 1967 wurde die Siedlungsgemeinschaft rechtskräftig zur Zahlung eines erhöhten Pachtzinses ab 1.3. 1965 verurteilt. Die einzelnen Siedler bezahlten nun zwar für die Zukunft direkt an V einen erhöhten Pachtzins, aber der Verein kam dem Urteil für die Vergangenheit nicht nach, sondern meldete Konkurs an, dessen Eröffnung mangels Masse abgelehnt wurde. V tat daraufhin das Nächstliegende: Er ließ die Ansprüche des Vereins gegen die einzelnen Siedler pfänden und klagte daraufhin gegen die Siedler auf Zahlung. Der *BGH* machte daraus einen Durchgriffsfall: Die Siedler als Mitglieder des vermögenslosen zwischengeschalteten Vereins hafteten nach seiner Auffassung unmittelbar gegenüber V. In Wahrheit hatte der Fall nicht mit der juristischen Person etwas zu tun, sondern mit dem eigenartigen treuhandähnlichen Dreiecksverhältnis. Aus diesem ergab sich, daß die Mitglieder dem Verein sämtliche Aufwendungen aus dem Pachtverhältnis zu erstatten hatten. Diese Ansprüche konnte V pfänden und sich überweisen lassen. Die »Durchgriffs«-Konstruktion des *BGH* macht nur diesen Umweg entbehrlich. Zu einer verschärften gesetzlichen Haftung führt sie nicht (vgl. auch oben, § 9 III 1).

c) Von der Frage, wer für Verbindlichkeiten des Vereins haftet, ist die andere Frage zu unterscheiden, wer Verbindlichkeiten des Vereins begründen kann. Dies ergibt sich bei der Begründung von Rechtsgeschäften aus §§ 26, 164 BGB, bei der Verschuldenshaftung aus §§ 31, 278, 831 BGB. Von spezifisch gesellschaftsrechtlicher Bedeutung ist die Organvertretungsmacht des Vorstands (vgl. zur Vertretung durch Organe allgemein oben, § 10 II) sowie die Haftung des Vereins für ein Organverschulden nach § 31 BGB. Bedeutung, Dogmatik und Anwendungsweise der Bestimmung wurden unter § 10 IV eingehend dargestellt. Hier kann es nur um charakteristische Anwendungsprobleme gehen.

Beispiel Nr. 37: V ist seit kurzem Vorstandsmitglied und Sportwart des Rheinischen Ruderklubs R. Bei der Organisation einer Regatta mit einer auswärtigen Jugendmannschaft bedenkt er nicht, daß die mit seinem heimischen Gewässer weniger vertrauten Teilnehmer durch den Verkehr in der Fahrrinne gefährdet werden können und trifft keine Vorkehrungen, um dieser Gefahr vorzubeugen. Der auswärtige Teilnehmer T verunglückt, und das von ihm benutzte Boot des Kieler Rudervereins K wird beschädigt. Hier können T und K nach § 823 BGB von V, außerdem aber nach §§ 823, 31 BGB von R Schadensersatz verlangen (evtl. unter Berücksichtigung eines Mitverschuldens des T). Der Verein haftet nach den unter § 10 IV näher dargestellten Grundsätzen ohne Exkulpationsmöglichkeit für das Verschulden seines Vorstandsmitglieds. Verursacht dagegen ein bloßer Verrichtungsgehilfe den Unfall, so wird deliktisch nur nach § 831 BGB gehaftet, also mit Exkulpationsmöglichkeit (wird im Rahmen der Regattaveranstaltung eine Sonderrechtsverbindung verletzt, so kommt allerdings die strenge Zurechnung nach § 278 BGB zum Zuge). Anders wiederum, wenn ein Organisationsverschulden des Vorstands darin erblickt werden kann, daß kein verfassungsmäßig berufener Vertreter für die in Frage stehende Aufgabe bestellt worden ist[218]. Die Vereinsmitglieder haften in keinem dieser Fälle persönlich.

---

218 Vgl. *RGZ* 89, 136, 137; 157, 228, 234f.; 162, 129, 166; 163, 21, 29; *Lehmann/Dietz*, § 35 IV 6c; krit. zur Begründung des *RG: Soergel/Hadding*, § 31 Rdnrn. 16ff.; *Staudinger/Weick*, § 31 Rdnrn. 32ff.

Eine andere Frage ist, ob der Verein nach § 31 BGB auch gegenüber den Vereinsmitgliedern haften kann. Nach dem Gesetzeswortlaut haftet der Verein nur für den Schaden, der »einem Dritten« zugefügt wird, aber das schließt eine Haftung gegenüber den Mitgliedern nicht aus[219]. Nochmals ist hier auf die allgemeinen Ausführungen unter § 10 IV 4 hinzuweisen sowie auf vom *Bundesgerichtshof* entschiedene Fälle:

Beispiel Nr. 38 (BGH, LM Nr. 22 zu § 31 BGB = NJW 1978, 2390 = JuS 1978, 563 m. Anm. *Karsten Schmidt):* Ein Unteroffiziersheim auf einem Fliegerhorst der Bundeswehr war als e.V. organisiert. Stabsunteroffizier S, Vorstandsmitglied dieses Vereins, verlangte ein Schmerzensgeld wegen eines Unfalls, den er als Kantinenbenutzer aufgrund einer Fehlorganisation erlitten hatte (Reinigungsflüssigkeit im Kaffee). Für die Deliktshaftung des Vereins genügte nach der hier vertretenen Auffassung die Feststellung, daß S persönlich geschädigt war. Demgegenüber stellt der *BGH* darauf ab, daß S nicht zu den für diesen Bereich zuständigen Vorstandsmitgliedern gehörte (oben, § 10 IV 4). Aber in neueren Entscheidungen hat der *Bundesgerichtshof* unmißverständlich klargestellt, daß es auch im Verhältnis des Vereins zu einem geschädigten Mitglied eine Zurechnung des Organverschuldens nach § 31 BGB gibt (*BGHZ* 90, 92, 95; 110, 323, 327; *BGH*, NJW-RR 1991, 281)[220].

Beispiel Nr. 39 (nach *BGH*, NJW-RR 1991, 281): K, Mitglied eines eingetragenen Flugsportvereins, wurde bei der Tätigkeit als Landehelfer beim Segelflugbetrieb schwer verletzt, weil nach seiner Behauptung der Vorstand seine Verkehrssicherungspflicht versäumt hatte (§ 823 BGB) und der beim Verein angestellte Flugleiter ihn nicht richtig geschützt hatte (§ 831 BGB). Für beide Anspruchsgrundlagen kam es auf ein dem Verein zuzurechnendes Verschulden an, und dieses bejahte der *BGH* bei Zugrundelegung des Klägervortrags nach § 31 BGB. Daß die Schutz- und Obhutspflichten eines Vereins nach Art seiner Tätigkeit sehr unterschiedlich und ggf. einzuschränken sind, hat dagegen das *OLG Stuttgart* (NJW 1996, 1352) beim Bergunfall eines Alpenvereins entschieden.

VII. Das Ende des rechtsfähigen Vereins*

1. Grundbegriffe

Wenn es um die Beendigung des Status als rechtsfähiger Verein geht, müssen viel genauer als üblich drei Fallgruppen voneinander unterschieden werden:
- der Verlust der Rechtsfähigkeit,
- die Auflösung,

219 Insoweit wie hier, jedoch ein Ergebnis ablehnend *Reuter*, in: MünchKommBGB, § 31 Rdnr. 41.
220 Überblick bei *Reichert*, a.a.O., Rdnr. 1890; *Soergel/Hadding*, § 31 Rdnr. 26.
* Literatur (vgl. zunächst die Angaben bei § 23 I, III): *Michael Bayer*, Die liquidationslose Fortsetzung rechtsfähiger Idealvereine, 1984; *Böttcher*, Beendigung des Vereins, Rpfleger 1988, 169; *Drobnig/Becker/Remien*, Verschmelzung und Koordinierung von Verbänden, 1991; *Kollhosser*, Der Verzicht des Vereins auf seine Rechtsfähigkeit, ZIP 1984, 1434; *Oetker*, Der Wandel vom Ideal- zum Wirtschaftsverein, NJW 1991, 385; *Karsten Schmidt*, Verbandszweck und Rechtsfähigkeit im Vereinsrecht, 1984; *ders.*, Erlöschen eines eingetragenen Vereins durch Fortfall aller Mitglieder? JZ 1987, 394; *ders.*, Zur Amtslöschung unrechtmäßig eingetragener Wirtschaftsvereine, NJW 1993, 1225; *Stolte*, Der Verzicht auf die Rechtsfähigkeit beim rechtsfähigen Verein, Diss. Münster 1984; *Stoltenberg*, Bestand, Umwandlung und Verschmelzung konzessionierter Vereine, 1989.

- die Vollbeendigung,
- die Umwandlung.

Der Gesetzgeber des BGB, dem noch kein in sich schlüssiges System von Rechtsfähigkeit und Verbandsexistenz vor Augen stand, hat diese Unterscheidung vernachlässigt[221]. Seine rechtssystematischen Irrtümer können aber im Zuge der Rechtsanwendung insoweit berichtigt werden, als kein Widerspruch zu den politischen Sachentscheidungen des Gesetzgebers entsteht. Deshalb muß die Rechtsanwendung, auch wo der Gesetzeswortlaut entgegenzustehen scheint, streng darauf achten, daß der Verlust der Rechtsfähigkeit, die Auflösung, die Vollbeendigung und die Umwandlung eines Vereins verschiedenartige Vorgänge sind.

2. Verlust der Rechtsfähigkeit

a) Ein rechtsfähiger Verein, der nicht oder nicht mehr die Voraussetzungen der Rechtsfähigkeit erfüllt, verliert nicht automatisch die Rechtsfähigkeit, denn die Eintragung bzw. die Verleihung der Rechtsfähigkeit hat konstitutive Wirkung[222]. Nur durch einen neuen Konstitutivakt kann die Rechtsfähigkeit beseitigt werden[223]. Im seltenen *Fall der Verleihung* nach § 22 BGB kann es sich nur um eine Rücknahme (§ 48 VwVfG) oder um einen Widerruf (§ 49 VwVfG) dieses Verwaltungsakts handeln[224]. Nach § 43 IV BGB kann einem kraft Verleihung rechtsfähigen Verein die Rechtsfähigkeit entzogen werden, wenn er einen anderen als den in der Satzung bestimmten Zweck verfolgt[225]. Viel wichtiger ist die Frage, wie *der eingetragene Verein* seine Rechtsfähigkeit verliert. Dies geschieht

- durch behördliche Entziehung nach § 43 BGB oder
- durch Löschung im Vereinsregister oder
- durch Entziehungsverfügung des Gerichts nach § 73 BGB.

aa) Die *Entziehung der Rechtsfähigkeit* ist in § 43 BGB geregelt. Nach § 43 I BGB kann dem Verein die Rechtsfähigkeit entzogen werden, wenn er durch einen gesetzwidrigen Beschluß der Mitgliederversammlung oder durch gesetzwidriges Verhalten des Vorstandes das Gemeinwohl gefährdet. Nach § 43 II BGB kann einem eingetragenen Verein die Rechtsfähigkeit auch dann entzogen werden, wenn der tatsächlich verfolgte Zweck entgegen der Satzung auf einen wirtschaftlichen Geschäftsbetrieb gerichtet ist. Diese Vorschriften sind rechtssystematisch mißglückt[226]. § 43 I BGB ist der Sache nach eine in das BGB hineingeratene Vorschrift des öffentlichen, nicht des privaten,

221 Eingehend *Karsten Schmidt*, Verbandszweck, a.a.O., S. 20ff., 292ff.

222 Vgl. nur *Reichert*, a.a.O., Rdnr. 2345; *Sauter/Schweyer/Waldner*, a.a.O., Rdnrn. 402ff.

223 Vgl. *RGZ* 81, 206, 208ff.; *RG*, JW 1921, 1527f.; HRR 1928 Nr. 1958; *KG*, OLGE 22, 110ff.; h.M.; anders noch *Meurer*, Die juristischen Personen nach deutschem Reichsrecht, 1901, S. 230 m.w.N.

224 *Karsten Schmidt*, Verbandszweck, a.a.O., S. 232ff.

225 Das Verhältnis dieser Ermächtigung zum neueren VwVfG ist zweifelhaft.

226 Vgl. zum folgenden ausführlich *Karsten Schmidt*, Verbandszweck, a.a.O., S. 236ff.; *ders.*, NJW 1993, 1226f.; jetzt auch *Reuter*, in: MünchKommBGB, §§ 43, 44 Rdnrn. 5f.; *Staudinger/Weick*, § 43 Rdnr. 1.

Vereinsrechts und sollte gestrichen werden (vgl. zum öffentlichen Vereinsrecht oben, § 23 I 3)[227]. Ein Verein, der das Gemeinwohl gefährdet, gehört verboten; die Entziehung der Rechtsfähigkeit ist in diesem Fall eine unsachgemäße Sanktion. Anderer Art ist die an § 43 II BGB zu übende Kritik. Ein eingetragener Verein, der aufgrund seiner wirtschaftlichen Zweckverfolgung die Voraussetzungen der Eintragung nicht erfüllt, darf in der Tat seine durch Eintragung erlangte formelle Rechtsfähigkeit nicht behalten; die Sanktion des § 43 II BGB ist also angemessen. Unangemessen ist aber die Technik dieser Sanktion: Da die unverdiente Rechtsfähigkeit durch Eintragung erworben wurde, braucht sie nicht durch Verwaltungsakt entzogen zu werden, sondern sie geht mit der Löschung im Vereinsregister verloren (näher sogleich unter bb); die Löschung ist der richtige actus contrarius gegenüber der Eintragung. Der Gesetzgeber sollte dies klarstellen[228]. Solange er dies nicht getan hat, muß allerdings § 43 II BGB dafür herhalten, Versäumnisse in der registerrechtlichen Löschungspraxis auszugleichen. Entgegen der herkömmlichen Auffassung[229] ist nämlich § 43 II BGB keine Ermessensregelung[230], so daß die Verwaltungsbehörde zur Entziehung der Rechtsfähigkeit verpflichtet ist, wenn das Registergericht die gebotene Löschung versäumt[231]. Hier liegt die praktische Bedeutung des mit dem »Scientology«-Urteil *BVerwGE* 105, 313 = NJW 1998, 1166 vollzogenen Meinungsumschwungs: Die Behörde darf und muß sich nicht auf einen Opportunitätsgrundsatz zurückziehen! Es bleibt allerdings dabei, daß die Angelegenheit eigentlich von den Vereinsregistergerichten betrieben werden müßte (dazu sogleich).

bb) Nach §§ 159, 142 FGG kann das Registergericht eine Eintragung von Amts wegen löschen, wenn sie wegen Fehlens einer wesentlichen Voraussetzung unzulässig war. Die Eintragung eines in Wahrheit wirtschaftlichen Vereins als e.V. ist ein solcher Mangel. Dem Wortlaut nach paßt § 142 FGG nur, wenn der Mangel ein anfänglicher war, nicht aber, wenn er sich erst nachträglich einstellt. Trotzdem wendet die ständige Praxis die Vorschrift mit Recht auch auf nachträgliche Mängel an[232], denn Gegensatz der Berichtigung ist nicht ein in der Vergangenheit liegender unrichtiger Eintragungsakt, sondern der gegenwärtige Registerinhalt.

Beispiel Nr. 40: Verbirgt sich hinter der »Heilandgemeinde e.V.« von vornherein ein Wirtschaftsunternehmen, so ist eine Löschung von Amts wegen schon nach dem Wortlaut der §§ 159, 142 FGG angezeigt. Dasselbe gilt aber auch, wenn sich der anfangs zu Recht

---

227 *Karsten Schmidt*, Verbandszweck, a. a. O., S. 300; *Mummenhoff* (a. a. O., S. 69) sieht § 43 I BGB sogar als durch das VereinsG derogiert an; dagegen aber *Reuter*, in: MünchKommBGB, §§ 43, 44 Rdnr. 7; *Karsten Schmidt*, ZHR 147 (1983), 55.

228 Vorschläge bei *Karsten Schmidt*, Verbandszweck, a. a. O., S. 335 f.; *ders.*, NJW 1993, 1228.

229 Vgl. nur *VGH München*, NJW-RR 1987, 830; *VGH Mannheim*, NJW 1996, 3358, 3363; *VG Hamburg*, NJW 1996, 3363; dagegen bereits die Vorauflagen.

230 *BVerwGE* 105, 313 = NJW 1998, 1166; *Karsten Schmidt*, Verbandszweck, a. a. O., S. 241 ff.; *ders.*, NJW 1993, 1225 ff.; 1998, 1125; *Reuter*, in: MünchKommBGB, §§ 43, 44 Rdnr. 11; wesentlich konventioneller *Soergel/Hadding*.

231 Zu entsprechenden Pflichten der Verwaltungsbehörde vgl. *Karsten Schmidt*, NJW 1993, 1228; 1998, 1126.

232 Vgl. allgemein zu § 142 FGG: *RGZ* 169, 147, 152; std. Rspr.; *BayObLGZ* 1975, 332, 335; *KG*, NJW 1965, 25; näher *Karsten Schmidt*, Verbandszweck, a. a. O., S. 237 f.; *Oetker*, NJW 1991, 387.

eingetragene Verein erst nach Jahren oder Jahrzehnten in einen Wirtschaftsverein verwandelt.

Zweifelhaft ist allerdings das Verhältnis zwischen dem Amtslöschungsverfahren nach §§ 159, 142 FGG und der behördlichen Entziehung der Rechtsfähigkeit nach § 43 II BGB. Nach der herrschenden Auffassung rechtfertigen nur offene, also aus der Satzung ersichtliche Eintragungsmängel die Amtslöschung[233]. Danach wäre das Registergericht nur zur Löschung befugt, wenn sich die Eintragungsunfähigkeit bereits aus dem Inhalt der Satzung ergibt; wenn dagegen der Vereinszweck entgegen der Satzung auf einen wirtschaftlichen Geschäftsbetrieb gerichtet ist (§ 43 II BGB), soll keine Amtslöschung durch das Registergericht, sondern nur eine behördliche Entziehung der Rechtsfähigkeit möglich sein[234]. Diese Alternativität zwischen Gerichtszuständigkeit und Behördenzuständigkeit, die nur durch den überflüssigen § 43 II BGB heraufbeschworen worden ist, hat, wie schon geschildert, die Verwaltungsbehörden zu Gebrechlichkeitspflegern der Registergerichte gemacht. Sie läßt sich aus dem Gesetz nicht begründen und ist abzulehnen. Auch ein versteckter Eintragungsmangel rechtfertigt die Löschung von Amts wegen[235].

Beispiel Nr. 41: In unserem letzten Beispiel müßte der Registerrichter, wenn er die Löschung verfügt, nach h. M. mit allen Mitteln begründen, daß die wirtschaftliche Tätigkeit des Vereins auch aus der Satzung zu ersehen ist. Verbirgt sich etwa hinter der anstandslosen Satzung eines »Freizeitclub e.V.« der gewerbliche Betrieb einer Spielhalle, so muß die Amtslöschung nach der h. M. scheitern (*KG*, NJW-RR 1993, 187). Das ist eine verfehlte und überholte Praxis (*Karsten Schmidt*, NJW 1993, 1225).

Die Löschung kann auch auf Antrag des Vereins erfolgen. Dazu ist erforderlich, daß der Verein seine Satzung ändert (vgl. § 57 I BGB)[236] und die Löschung beantragt. Es wird dann z. B. als neuer Satzungsinhalt beschlossen: »Der Verein soll nicht im Vereinsregister eingetragen werden.« In diesen Fällen spricht man meist vom »Verzicht auf die Rechtsfähigkeit«[237]. Das ist ungenau. Die Rechtsfähigkeit endet nicht durch den Verzicht, sondern durch die aufgrund des Verzichts erfolgende, konstitutiv wirkende Löschung.

cc) Das Gericht kann dem Verein die Rechtsfähigkeit nach § 73 BGB entziehen, wenn die Mitgliederzahl unter drei herabsinkt. Dieses Verfahren wird sogleich unter VII 3 c dargestellt.

---

233 *RGZ* 154, 343, 346 f.; *BayObLGZ* 1978, 87, 89; *KG*, JFG 3, 259, 260 f. = OLGE 44, 184; *OLG Frankfurt*, BB 1966, 52; *OLG Hamm*, OLGZ 1993, 24; *OLG Celle*, NJW-RR 1996, 1502, 1503; *Palandt/Heinrichs*, §§ 43, 44 Rdnr. 2; *Staudinger/Weick*, § 43 Rdnr. 7.

234 *KG*, JFG 3, 259, 260 = OLGE 44, 184; *BayObLGZ* 1978, 87, 89; ganz h. M.

235 Eingehend *Karsten Schmidt*, Verbandszweck, a. a. O., S. 239 ff.; vgl. auch hierzu den klarstellenden Gesetzgebungsvorschlag ebd., S. 335 f.; zust. *Oetker*, NJW 1991, 386 ff.

236 Die die Satzung des e.V. den Zusatz enthält, daß er eingetragen werden soll (§ 57 I BGB), ist die Satzungsänderung i. d. R. unumgänglich; vgl. *Reuter*, in: MünchKommBGB, § 42 Rdnr. 2; zweifelnd *Reichert*, a. a. O., Rdnr. 2109.

237 *Erman/Westermann*, § 41 Rdnr. 4; *Reuter*, in: MünchKommBGB, §§ 43, 44 Rdnr. 2; eingehend *Stolte*, a. a. O.; *Kollhosser*, ZIP 1984, 1434 ff.

b) *Rechtsfolge des Verlusts der Rechtsfähigkeit* ist nicht ohne weiteres die Auflösung des Vereins, sondern dessen Umwandlung in einen »nichtrechtsfähigen Verein« (zu ihm vgl. unten, § 25)[238]. Diese Wirkung tritt nur ex nunc ein[239]. Aus §§ 45ff. BGB scheint sich darüber hinaus zu ergeben, daß das Vereinsvermögen mit der Entziehung der Rechtsfähigkeit ohne weiteres an die in der Satzung bestimmten Personen fällt bzw. daß der Verein liquidiert werden muß. Die hergebrachte Meinung hält sich an diese scheinbar so klare Regelung[240]. Dabei wird übersehen, daß es keine Liquidation ohne Auflösung gibt und daß der Verlust der Rechtsfähigkeit nicht ohne weiteres dasselbe ist wie die Auflösung des Vereins. Eine Auflösung kann sich aus dem Entzug der Rechtsfähigkeit nur mittelbar ergeben[241].

Beispiel Nr. 42: Ein e.V. wird gelöscht oder es wird ihm die Rechtsfähigkeit entzogen, weil er entgegen der Satzung einen wirtschaftlichen Geschäftsbetrieb unterhält. Die unmittelbare Rechtsfolge besteht einzig und allein im Verlust des Status als e.V. Würde nun der Verein zum nichtrechtsfähigen wirtschaftlichen Dauerverein, so hätte dies für die Mitglieder gravierende Haftungsfolgen (unten, § 25). Es läge ein von der Satzung nicht gedeckter Strukturwandel vor. Aus diesem Grund führt der Verlust der Rechtsfähigkeit in diesem Fall zwar nicht unmittelbar, aber doch mittelbar zur Auflösung des Vereins.

Da die Auflösung nicht kraft zwingenden Rechts, sondern nur im Interesse der Mitglieder eintritt, sind die Mitglieder nicht gehindert, die Fortsetzung des Vereins als nichtrechtsfähiger Verein zu beschließen[242]. Man wird es sogar zulassen müssen, daß sie den nunmehr nichtrechtsfähigen Verein in eine Vor-GmbH oder in eine Vor-Genossenschaft umwandeln und als GmbH bzw. Genossenschaft eintragen lassen[243]. Jede andere Lösung wäre sinnwidrig (vgl. auch oben unter II 2 c; zur Vereinbarkeit mit § 1 II UmwG vgl. oben, § 13 I 4). Wird dem Verein die gemäß § 21 BGB erlangte Rechtsfähigkeit mit dem Argument wieder genommen, er könne im Hinblick auf seine wirtschaftliche Zweckverfolgung die Rechtsfähigkeit nur als Kapitalgesellschaft oder Genossenschaft erlangen, so darf ihm die Möglichkeit nicht verstellt werden, eben diesen Weg zu beschreiten. Der Entzug der Rechtsfähigkeit übt einen heilsamen Zwang auf die Mitglieder aus, ihren Verband neu zu strukturieren. Seit dem Inkrafttreten des neuen Umwandlungsrechts können allerdings die Mitglieder auch der Löschung zuvorkommen, indem sie den noch rechtsfähigen Verein im Wege des Formwechsels in die Rechtsform einer Kapitalgesellschaft oder Genossenschaft überführen (dazu alsbald unter VII 4).

---

238 Ausführlich zum folgenden *Karsten Schmidt*, Verbandszweck, a. a. O., S. 287ff.

239 Unentschieden noch *RGZ* 81, 206, 208ff., 212; wie hier *KG*, OLGE 22, 110, 111f.; a.M. zuvor *KG*, OLGE 8, 164, 165, 168; *OLG Hamburg*, OLGE 14, 6, 8; s. auch *Mummenhoff*, a. a. O., S. 199ff.; dazu aber *Karsten Schmidt*, ZHR 147 (1983), 51f.

240 Vgl. nur *Reinhardt/Schultz*, Rdnr. 367; *Sauter/Schweyer/Waldner*, a. a. O., Rdnrn. 401; *Palandt/Heinrichs*, §§ 45–47 Rdnr. 1; *Reuter*, in: MünchKommBGB, § 45–47 Rdnr. 1; *Soergel/Hadding*, § 45 Rdnr. 2; *Staudinger/Weick*, § 41 Rdnr. 19; § 45 Rdnrn. 2ff.

241 *Karsten Schmidt*, Verbandszweck, a. a. O., S. 301f.

242 Eingehend *Michael Bayer*, a. a. O.; *Karsten Schmidt*, Verbandszweck, a. a. O., S. 303ff.; s. auch *Kollhosser*, ZIP 1984, 1436ff.; *Oetker*, NJW 1991, 389; im Ergebnis auch *Reuter*, in: MünchKommBGB, §§ 45–47 Rdnr. 1.

243 *Karsten Schmidt*, Verbandszweck, a. a. O., S. 309ff.; *ders.*, in: Festschrift Zöllner I, 1998, S. 521ff.

3. Auflösung und Liquidation

a) Die Auflösungsgründe sind vom Gesetzgeber, der ja zwischen der Auflösung und dem Fortfall der Rechtsfähigkeit nicht hinreichend unterschieden hat, nicht wie bei anderen Verbänden im Gesetz aufgelistet. Auflösung tritt ein[244]

- durch Ablauf einer in der Satzung angegebenen Zeit oder durch Eintritt eines in der Satzung angegebenen Auflösungsereignisses (selten!)[245],
- durch Auflösungsbeschluß nach § 41 BGB,
- durch Eröffnung des Insolvenzverfahrens nach § 42 I BGB[246], wobei als Eröffnungsgrund sowohl die Zahlungsunfähigkeit als auch die Überschuldung in Betracht kommt (§§ 17, 19 InsO),
- durch Verbot nach §§ 3ff. VereinsG oder durch die zu Unrecht sog. »Entziehung der Rechtsfähigkeit« nach §§ 43 I, 45 I BGB,
- durch Sitzverlegung ins Ausland (str.; vgl. zur Sitztheorie oben, § 1 II 8),
- durch Fortfall sämtlicher Mitglieder (nicht schon durch Herabsinken der Mitgliederzahl; sinkt die Mitgliederzahl unter drei, so gilt § 73 BGB).

b) Die *Abwicklung* in diesen Fällen ist vom Gesetzgeber nur teilweise befriedigend geregelt. Die maßgebenden Vorschriften sind die folgenden: Nach § 45 BGB fällt das Vermögen des Vereins an die in der Satzung bestimmten Personen, hilfsweise an den Fiskus. Nach § 46 BGB unterliegt der Anfall an den Fiskus dem analog anzuwendenden Erbrecht. Fällt das Vereinsvermögen nicht an den Fiskus, so »muß« nach § 47 BGB eine Liquidation stattfinden. Sie ist nach der Vorstellung des Gesetzgebers unentbehrlich, um nicht das Vereinsvermögen herrenlos werden zu lassen und um eine Gläubigerbefriedigung zu ermöglichen. Diese Bestimmungen lassen erkennen, daß dem Gesetzgeber noch kein ausgereiftes Liquidationsrecht vor Augen stand (dazu allgemein oben unter § 11 V 4). Insbesondere daran, daß der Verein möglicherweise fortgesetzt werden kann, hat der Gesetzgeber nicht gedacht. Im einzelnen ist folgendes zu bemerken:

aa) Der *Anfall an den Fiskus* ist nach § 46 BGB eine Gesamtrechtsnachfolge, die ipso iure eintritt[247]. Der Verein als Rechtsträger erlischt. Eine besondere Liquidation findet dann nicht statt, denn die Vermögensabwicklung vollzieht sich ohne Zutun der Beteiligten auf einen Schlag. Diese Lösung ist rechts-

---

244 Vgl. auch die Auflistung bei *Reichert*, a.a.O., Rdnr. 2052; *Sauter/Schweyer/Waldner*, a.a.O., Rdnr. 386.

245 *LG Bremen*, Rpfleger 1996, 72.

246 Nach dem bis 1998 geltenden Gesetzeswortlaut führt die Konkurseröffnung zum Verlust der Rechtsfähigkeit; diese evident unsinnige Rechtsfolgenanordnung ist kennzeichnend für die Verwechslung von Bestand und Rechtsfähigkeit des Verbandes und beruht auf einem Redaktionsversehen; vgl. *Karsten Schmidt*, KTS 1984, 368f.; vgl. im Ergebnis auch *BGHZ* 96, 253 = NJW 1986, 1604 = JuS 1986, 562 m.Anm. *Karsten Schmidt*; durch Art. 33 Nr. 1 EG InsO wird § 42 I BGB im hier geforderten Sinn geändert.

247 Vgl. Mot. in: *Mugdan* I, S. 414; *KG*, NJW 1969, 752, 753; *Erman/Westermann*, § 46 Rdnr. 1; *Steffen*, in: RGRK, § 46 Rdnr. 1; *Reuter*, in: MünchKommBGB, §§ 45–47 Rdnr. 3; *Soergel/Hadding*, § 46 Rdnr. 2; *Staudinger/Weick*, § 46 Rdnr. 1.

politisch und sogar verfassungsrechtlich bedenklich[248], weil sie den Vereinsmitgliedern jede Fortsetzungsmöglichkeit abschneidet, wenn es – etwa aufgrund einer unzweckmäßigen Satzungsregelung – einmal unverhofft zu einer Auflösung des Vereins kommt. Ob es bei der h.M. bleiben kann, ist deshalb zweifelhaft[249]. Die Vereinspraxis sollte jedenfalls die Folgerung ziehen, daß in jede Satzung eine Regelung aufgenommen wird, die einen automatischen Anfall an den Fiskus verhindert. Im übrigen ist zu bedenken, daß § 46 BGB nur zum Zuge kommt, wenn das Vereinsvermögen vollständig und ungeteilt an den Fiskus fällt.

bb) In allen anderen Fällen »muß« nach § 47 BGB eine *Liquidation* stattfinden. Dies wird herkömmlich im Sinne eines Liquidationszwangs verstanden: Die Auflösung sei unausweichlich; nach dem klaren Gesetzeswortlaut sei eine Fortsetzung des aufgelösten Vereins nicht möglich[250]. Diese Lösung, die keinerlei sachliche Gründe für sich hat, beruht auf einer schiefen Formulierung und demgemäß auf einer Fehlinterpretation des § 47 BGB[251]. Der Gesetzgeber wollte darin nur zum Ausdruck bringen, daß jedwede Auskehrung des Vereinsvermögens an andere Personen als den Fiskus – also an Vereinsmitglieder oder an Dritte – die Durchführung eines Liquidationsverfahrens voraussetzt. Die Vorschrift unterstreicht damit den Unterschied zum Anfall des Vermögens an den Fiskus nach § 46 BGB. Sie verbietet also nicht die Fortsetzung des Vereins nach den allgemeinen unter § 11 V 5 dargestellten Regeln[252]. Im Gegenteil: Wenn § 47 BGB nur besagt, daß der Verein in das Liquidationsverfahren überführt und eben nicht ipso iure erloschen ist, dann schafft dies geradezu die Voraussetzung für die Fortsetzungsfähigkeit. Die Mitgliederversammlung kann bei gleichzeitiger Beseitigung des Auflösungsgrundes die Fortsetzung des Vereins beschließen. Wird keine Fortsetzung beschlossen, so richtet sich die Abwicklung nach den §§ 48ff. BGB: Der Verein besteht einstweilen mit Liquidationszweck weiter (§ 49 II BGB). Liquidatoren sind i.d.R. die Vorstandsmitglieder (§ 48 BGB). Der Tätigkeitskreis der Liquidatoren ist in § 49 I BGB umschrieben, aber ihre Vertretungsmacht ist ungeachtet des Liquidationszwecks unbeschränkt[253]. In den §§ 50–52 BGB sind Gläubigerschutzregeln enthalten (Bekanntmachung, Sperrjahr, Hinterlegung und Sicherheitsleistung), die verhindern sollen, daß das Vereinsvermögen ohne Rücksicht auf die Gläubiger an die Anfallberechtigten ausgekehrt wird. Liquidatoren, die hiergegen verstoßen, machen sich schadensersatzpflichtig (§ 53 BGB). Die Beendigung der Liquidation wird in das Vereinsregister eingetragen. Der Verein ist dann erloschen. Ist allerdings noch verwertbares Vereinsvermögen vorhanden, so ist die Vollbeendigung

248 *Karsten Schmidt*, Verbandszweck, a.a.O., S. 295.
249 Die h.M. und mit ihr das Gesetz basiert auf einer auch rechtsdogmatisch überholten Auffassung vom Erlöschen des Vereins durch Auflösung.
250 Vgl. nur *Sauter/Schweyer/Waldner*, a.a.O., Rdnr. 408; *Palandt/Heinrichs*, § 47 Rdnr. 5.
251 Eingehend *Karsten Schmidt*, Verbandszweck, a.a.O., S. 295ff.; wie hier jetzt auch *Soergel/Hadding*, vor § 41 Rdnr. 4; *Staudinger/Weick*, § 47 Rdnr. 1.
252 Richtig *Michael Bayer*, a.a.O.; s. auch *Reuter*, in: MünchKommBGB, §§ 45–47 Rdnr. 12.
253 *Karsten Schmidt*, AcP 174 (1974), 66ff.; 184 (1984), 533.

nur eine scheinbare. Es findet dann eine Nachtragsliquidation statt (vgl. dazu allgemein oben, § 11 V 6).

cc) Die *Eröffnung des Insolvenzverfahrens* führt nicht zur Liquidation nach den §§ 47ff. BGB, sondern das Insolvenzverfahren ist ein Liquidationsverfahren eigener Art. Der vom Insolvenzgericht einzusetzende Insolvenzverwalter ist nach h. M. ein im eigenen Namen handelnder Amtstreuhänder[254], nach richtiger Auffassung ist er ein Geschäftsführungs- und Vertretungsorgan des Vereins, also ein gesetzlich vorgeschriebener Drittliquidator[255]. Die allgemeinen Ausführungen unter § 11 IV 4 gelten auch hier. Zwar sagte § 42 I BGB in der bis 1998 geltenden Fassung, daß der Verein durch die Konkurseröffnung seine Rechtsfähigkeit verliere[256]. Die h. M. tat sich mit dieser Regelung schwer[257]. Wie aber an anderer Stelle[258] näher dargelegt wurde, beruhte diese Wortfassung auf einem Redaktionsversehen. Mit dem Inkrafttreten der Insolvenzordnung wurde dieses behoben[259]: Nicht die Rechtsfähigkeit entfällt, sondern mit dem Insolvenzverfahren ist nur ein Liquidationsverfahren eigener Art eröffnet (vgl. auch darüber oben, § 11 IV 4). In diesem Verfahren können Beitragsleistungen der Mitglieder, da diese Leistungen nicht, wie Einlagen in Handelsgesellschaften, der Aufbringung von Haftkapital dienen, grundsätzlich nicht mehr verlangt werden:

Beispiel Nr. 43 (nach *BGHZ* 96, 253 = NJW 1986, 1604 = JuS 1986, 562 m. Anm. *Karsten Schmidt):* Ein Verein zur Entwicklungsplanung war in Konkurs gefallen. Der Konkursverwalter klagte gegen die Bundesrepublik Deutschland, die ihre Beitragszahlungen eingestellt hatte. Der *Bundesgerichtshof* entschied, anders als bei Kapitalgesellschaften: »Die Beitragspflicht der Mitglieder eines eingetragenen Vereins endet mit der Eröffnung des Vereinskonkurses, wenn die Satzung nichts Abweichendes bestimmt.«

dd) *Sondervorschriften* enthält auch das *VereinsG* (vgl. zum öffentlichen Vereinsrecht oben, § 23 I 3)[260]. Wird ein Verein nach § 3 VereinsG verboten, so ist mit dem Verbot i. d. R. die Beschlagnahme und die Einziehung des Vereinsvermögens zu verbinden (§ 3 I 2 VereinsG). Die Beschlagnahme hat die Wirkung eines Veräußerungsverbots (§ 10 VereinsG). Die Einziehung erfolgt zugunsten des Landes oder des Bundes (§ 11 I VereinsG). Werden Verbot und Einziehungsanordnung unanfechtbar, so erwirbt der Einziehungsbegünstigte das eingezogene Vermögen im Wege der Universalsukzession (§ 11 II 1 VereinsG). Die Rechtsverhältnisse des Vereins und seiner Teilorganisationen werden im Einziehungsverfahren abgewickelt. Gläubiger

---

254 *RGZ* 29, 29; std. Rspr.; *BGHZ* 49, 11, 16; std. Rspr.; *Bork*, Einführung in das Insolvenzrecht, 3. Aufl. 2002, Rdnr. 68; umfassende Darstellung bei *Jaeger/Henckel*, KO, 9. Aufl. 1997, § 6 Rdnrn. 4–9; für Organeigenschaft noch die frühe RG-Rechtsprechung; vgl. *RGZ* 14, 412, 417; 16, 337, 338.

255 *Kilger/Karsten Schmidt*, Insolvenzgesetze, 17. Aufl. 1997, § 6 KO Anm. 2 b; eingehend *Karsten Schmidt*, KTS 1984, 345ff.

256 Zum Meinungsstand *Staudinger/Weick*, § 42 Rdnr. 11.

257 Vgl. nur *BGHZ* 96, 253 = NJW 1986, 1604; dazu noch hier in der 3. Aufl., § 24 VII 3 b cc.

258 *Karsten Schmidt*, KTS 1984, 368f.; zust. *Erman/Westermann*, § 42 Rdnr. 1; *Reuter*, in: MünchKommBGB, § 42 Rdnr. 1.

259 Art. 33 Nr. 1 EGInsO.

260 Eingehend *Reichert*, a. a. O., Rdnrn. 3043ff.

werden aus der Einziehungsmasse befriedigt (§ 13 VereinsG), soweit nicht ihre Forderungen selbst der Einziehung unterliegen (§ 12 VereinsG).

c) Ein *Rückgang der Mitgliederzahl* führt für sich allein weder die Auflösung noch das Erlöschen des Vereins herbei. Nach § 56 BGB werden zwar sieben Gründungsmitglieder benötigt, aber ein späterer Rückgang ist zunächst unschädlich. Allerdings kann das Registergericht nach § 72 BGB jederzeit vom Vorstand eine Bescheinigung über die Mitgliederzahl verlangen, und nach § 73 BGB hat es dem Verein die Rechtsfähigkeit zu entziehen, wenn die Mitgliederzahl unter drei sinkt (oben unter VII 2 a cc). Die Vorschrift steht unter dem Gebot der Verhältnismäßigkeit. Macht der Vorstand glaubhaft, daß sich die Mitgliederzahl alsbald wieder erhöhen wird, so entzieht das Gericht die Rechtsfähigkeit einstweilen nicht[261]. Die Verfügung über die Entziehung der Rechtsfähigkeit ist dem Vorstand bekanntzumachen; sie ist mit der sofortigen Beschwerde anfechtbar und wird erst mit Rechtskraft wirksam (§ 160a II FGG). Zweckmäßigerweise hätte der Gesetzgeber dieses Verfahren besser als Löschungsverfahren ausgestaltet.

Wird die Rechtsfähigkeit entzogen, so ist es den Mitgliedern überlassen, ob der Verein ohne Rechtsfähigkeit fortbestehen oder aufgelöst werden soll; das letztere wird die Regel sein (zur Möglichkeit einer Umwandlung vgl. oben unter VII 2 b). Solange eine Entziehung der Rechtsfähigkeit nach § 73 BGB nicht stattgefunden hat, besteht der eingetragene Verein als juristische Person fort[262]. Insbesondere können noch neue Mitglieder aufgenommen werden.

d) aa) Mit dem *Fortfall des letzten Mitglieds* tritt nach der hergebrachten Auffassung die automatische Vollbeendigung des Vereins ein[263]. *BGHZ* 19, 51, 61 meint, ein Verein ohne Mitglieder sei »begrifflich undenkbar«, er sei einfach »nicht mehr vorhanden«. Es können keine Beschlüsse mehr gefaßt, keine Organe mehr gewählt und insbesondere auch keine Liquidatoren mehr bestellt werden[264]. Auch eine »Heilung« des Verbandes durch den Beitritt neuer Mitglieder scheidet nach dieser hergebrachten Auffassung aus[265]. Diesem angeblichen Fortfall des Vereins entsprechen die vermögensrechtlichen Folgen: Hinsichtlich des etwa noch vorhandenen Aktivvermögens tritt Gesamtrechtsnachfolge zugunsten der anfallberechtigten Personen ein[266]. Sollten gleichwohl noch Abwicklungshandlungen erforderlich werden, so

261 *Enneccerus/Nipperdey* I, § 113 II 2; *Steffen*, in: RGRK, § 73 Rdnr. 1; *Soergel/Hadding*, § 73 Rdnr. 2; *Staudinger/Habermann*, § 73 Rdnr. 2; *Reuter*, in: MünchKommBGB, §§ 72, 73 Rdnr. 2.

262 *Enneccerus/Nipperdey*, § 113 II 2; die h.M. setzt bisher voraus, daß mindestens ein Mitglied verbleibt; dazu aber sogleich im Text.

263 *BGHZ* 19, 51; *OLG München*, JFG 18, 183, 186; *Enneccerus/Nipperdey*, § 113 I 3; *Flume*, Juristische Person, § 6 II; *Jauernig*, §§ 41–44 Rdnr. 8; *Palandt/Heinrichs*, § 41 Rdnr. 2; *Soergel/Hadding*, vor § 41 Rdnr. 11, § 73 Rdnr. 2; *Steffen*, in: RGRK, § 41 Rdnr. 3; *Staudinger/Weick*, § 41 Rdnr. 12; *Böttcher*, Rpfleger 1988, 172.

264 *BGHZ* 19, 51, 57; s. auch hier noch die 1. Aufl.

265 Konsequent *Flume*, Juristische Person, § 6 II; *Staudinger/Weick*, § 41 Rdnr. 12; eine andere Frage ist, ob eine vorübergehende, im Sinne der Satzung heilbare Mitgliedlosigkeit von der h.M. hingenommen werden kann, etwa wenn juristische Personen als Mitglieder ohne Gesamtrechtsnachfolge erlöschen und alsbald durch neue Rechtsträger ersetzt werden.

266 *Staudinger/Weick*, § 45 Rdnr. 17.

wird ein Pfleger für unbekannte Beteiligte nach § 1913 BGB bestellt[267]. Diese traditionelle Ansicht verdient keine Gefolgschaft[268]. Das Ausscheiden aller Mitglieder bringt nur den Mitgliederverbund in Fortfall, nicht aber die juristische Person, die – anders als eine Gesamthandsgemeinschaft – nicht »in ihren Mitgliedern« lebt (vgl. oben, § 8 IV 2 e). Allerdings ist die juristische Person zwingend aufgelöst, weil sie den Normativbestimmungen des Körperschaftsrechts nicht mehr genügt: Im Gegensatz zur Stiftung (oben, § 7 II) sind Vereine und Kapitalgesellschaften mitgliedschaftlich verfaßt und deshalb wegen Verfehlung der Normativbestimmungen aufgelöst, wenn es an Mitgliedern fehlt (vgl. auch zur GmbH ohne Gesellschafter unten, § 33 V 2 b). Mitgliederbeschlüsse können nicht mehr gefaßt werden, aber der Verein kann nach § 29 BGB einen Notliquidator erhalten, der ihn bis zu seiner Vollbeendigung (Vermögenslosigkeit und Löschung) abwickelt. Eher theoretisch ist eine Frage, die seit *Savigny* die Phantasie der Juristen beschäftigt hat, ob nämlich der durch Austritt aller Mitglieder aufgelöste Verein mit neuen Mitgliedern fortgesetzt werden kann. Das kann bejaht werden, wenn ein objektivierbarer, dauernder und auf einen feststellbaren Mitgliederkreis zielender Verbandszweck den Liquidationszweck überlagert[269].

bb) Bemerkenswerterweise ist die Gerichtspraxis der bisher herrschenden Meinung nur in ihren Formulierungen, aber nicht in der Sache gefolgt. Die einschlägige Grundlagenentscheidung zeigt dies sehr gut:

Beispiel Nr. 44 (nach *BGHZ* 19, 51): Die 1740 gegründete Große National-Mutterloge »Zu den drei Weltkugeln« war unter der Geltung des BGB zu einem rechtsfähigen Verein geworden. Im Jahr 1935 faßte dieser Verein unter dem politischen Druck des NS-Regimes und unter klarem Verstoß gegen die eigene Satzung einen Auflösungsbeschluß, den später der *BGH* als nichtig ansah. Mitglieder der Mutterloge waren ihre Tochterlogen, die aufgrund eines rechtswidrigen Ministererlasses von 1934 ihrerseits die Auflösung beschlossen hatten. Der *BGH* hielt zwar auch diese Auflösungsbeschlüsse für unwirksam, aber er meinte doch, die Tochterlogen könnten zu bestehen aufgehört haben, denn es sei »wegen des sonst entstehenden Rechtswirrwarrs« ausgeschlossen, die Zeit zurückzudrehen und die Auflösung und alle daran geknüpften Rechtsakte als nichtig zu behandeln und z.B. eine Beitragspflicht der Mitglieder rückwirkend zu bejahen. Letztlich läßt es der *BGH* aber für den Fortbestand der Mutterloge genügen, daß sich eine Reihe ihr angehörender Vereine wieder konstituiert und den Willen zur Fortsetzung hat. Die Loge bestand also noch, und das Vereinsvermögen – soweit noch vorhanden – gehörte ihr.

cc) Über hundert Jahre lang wurde das Problem des Fortfalls aller Mitglieder nur unter zwei Gesichtspunkten diskutiert: Zum einen ging es stets um die Frage, ob noch eine reanimationsfähige Organisation vorhanden ist, wenn alle Mitglieder wegfallen; die zweite Frage bestand stets darin, was aus einem etwa noch verbleibenden Vereinsvermögen wird, wenn alle Mitglieder aus-

---

267 *BGHZ* 19, 51, 57; *BAG*, JZ 1987, 420, 421; dazu näher *Hohner*, Subjektlose Rechte, 1969, S. 162ff.

268 Grundlegend *Beitzke*, in: Festschrift Wilburg, 1965, S. 19ff.; zum Standpunkt des Verf. vgl. *Karsten Schmidt*, JZ 1987, 394ff.; teilweise auch *Flume*, Juristische Person, § 6 II; dem Verf. folgend jetzt *Reichert*, a.a.O., Rdnr. 2073ff.; *Erman/Westermann*, § 41 Rdnr. 3; *Reuter*, in: MünchKommBGB, § 41 Rdnr. 5.

269 Auch hierzu m.w.N. *Karsten Schmidt*, JZ 1987, 394ff.

treten oder wenn etwa die Goldschmiedezunft einer Kleinstadt durch eine Epidemie komplett hingerafft wird. Erst neuerdings ist die nicht minder wichtige Frage aufgeworfen worden, ob sich ein konkursreifer und massearmer Verein, statt unter Beteiligung der Gläubiger durch Insolvenzverfahren oder durch masselose Liquidation abgewickelt zu werden, durch Austritt aller Mitglieder ins Nirwana davonstehlen kann[270].

Beispiel Nr. 45 (nach *BAG*, JZ 1987, 420, besprochen von *Karsten Schmidt*, JZ 1987, 394ff.): Der Pensionsversicherungsverein (PSV) wurde aus der Eintrittspflicht für die Pensionsverpflichtung eines ursprünglich als e.V. eingetragenen, inzwischen vermögenslos gewordenen und nach Austritt aller Mitglieder gelöschten Wirtschaftsverbandes in Anspruch genommen. Die Gerichte gaben der Klage statt, weil der PSV auch in diesem Fall eintreten müsse. Aber das *BAG* betonte doch, daß der Wirtschaftsverband nach dem Austritt der Mitglieder zu bestehen aufgehört habe.

Ähnlich wie der *BGH* brauchte hier auch das *BAG* die Konsequenzen der herrschenden Meinung nicht wirklich zu reflektieren, denn wegen des Forderungsausfalls verklagt und verurteilt wurde ja nur der PSV. Was den angeblich durch Austritt der Mitglieder erloschenen Wirtschaftsverein anlangt, so ist aber zu sagen: Sofern noch Liquidationsbedarf vorhanden war, bestand der Verein auch ohne Mitglieder fort und hätte durch einen Insolvenzverwalter oder durch Notliquidatoren abgewickelt werden können. Der lehrreiche Fall des *Bundesarbeitsgerichts* hat denn auch ein heilsames Nachdenken über die bisher herrschende Meinung ausgelöst.

4. Umwandlung

Wie bereits bei § 13 II 1, III 1, IV 2 herausgestellt wurde, hat sich auch der Umwandlungsgesetzgeber des Vereins angenommen (§§ 3, 124, 191 UmwG)[271]. Die Liquidation eines Vereins kann dadurch ersetzt bzw. vermieden werden, daß das Vereinsvermögen im Wege der Verschmelzung einem anderen Rechtsträger oder im Wege der Aufspaltung mehreren anderen Rechtsträgern zufällt (Gesamtrechtsnachfolge nach §§ 20, 131 UmwG) oder daß der Verein im Wege des Formwechsels als Rechtsträger anderer Form weiterbesteht (§ 202 UmwG).

Beispiel Nr. 46: Ein allein nicht lebensfähiger Kleinverein kann im Wege der Verschmelzung in einem Großverein aufgehen, ein zerfallener Großverein kann in Teilvereine aufgespalten werden, oder ein wegen wirtschaftlicher Tätigkeit von der Löschung im Vereinsregister bedrohter Verein kann formwechselnd in eine GmbH umgewandelt werden. In jedem dieser Fälle kann eine sonst vielleicht unvermeidliche Liquidation entfallen.

Nicht zuletzt bei der Fusion und Spaltung von Großverbänden (Gewerkschaften, politischen Parteien, Sportorganisationen) kann sich diese Gesetzesänderung als hilfreich erweisen.

---

270 So die zugespitzte Fragestellung bei *Karsten Schmidt*, JZ 1987, 394ff.
271 *Katschinski*, Die Verschmelzung von Vereinen, 1999.

§ 25 Der »nichtrechtsfähige« Verein*

I. Begriff und Abgrenzungsfragen

1. Der Begriff des nichtrechtsfähigen Vereins

Nichtrechtsfähige Vereine werden im Gesetz nicht besonders definiert, sondern lediglich als »Vereine, die nicht rechtsfähig sind« bezeichnet (§ 54 BGB). Zwei Merkmale sind darin enthalten (vgl. oben, § 23 I 1):

– Das Merkmal *»Verein«* besagt, daß eine auf Dauer angelegte Verbindung einer größeren Anzahl von Personen zur Erreichung eines gemeinsamen Zwecks vorhanden sein muß, die nach ihrer Satzung körperschaftlich organisiert ist, einen Gesamtnamen führt und auf einen wechselnden Mitgliederbestand angelegt ist[1].

---

* Literatur: *Abrahamsohn*, Die Schuldenhaftung des nichtrechtsfähigen Vereins, 1901; *Boehmer*, Grundlagen der bürgerlichen Rechtsordnung, Bd. II/2, 1952; *Breitbach*, Nicht rechtsfähige Vereine und Körperschaften, 1930; *Dauner-Ließ*, Unternehmen in Sondervermögen, 1998; *Feisst*, Zur Geschichte und Zukunft des nichtrechtsfähigen Idealvereins ..., Diss. Tübingen 1986; *Fabricius*, Relativität der Rechtsfähigkeit, 1963; *Flume*, Der nichtrechtsfähige Verein, ZHR 148 (1984), 503; *Otto von Gierke*, Vereine ohne Rechtsfähigkeit nach dem neuen Rechte, 2. Aufl. 1902; *Habscheid*, Der nicht rechtsfähige Verein zwischen juristischer Person und Gesellschaft, AcP 155 (1956), 375; *Hennecke*, Das Sondervermögen der Gesamthand, 1976, S. 81 ff.; *John*, Die organisierte Rechtsperson, 1977; *Kertess*, Die Haftung des für einen nichtrechtsfähigen Verein Handelnden gemäß § 54 S. 2 BGB, Diss. Göttingen 1982; *Kögler*, Arbeiterbewegung und Vereinsrecht, 1974; *Konzen*, Grundbuchfähigkeit eines nichtrechtsfähigen Vereins, JuS 1984, 20; *Kübler*, Rechtsfähigkeit und Verbandsverfassung, 1971; *Morlok/Schulte-Trux*, Staatstragend, aber nicht grundbuchfähig? NJW 1992, 2058; *Mummenhoff*, Gründungssysteme und Rechtsfähigkeit, 1979; *Nitschke*, Die körperschaftlich strukturierte Personengesellschaft, 1970; *Nußbaum*, Die nicht rechtsfähigen Vereine im Prozeß und im Konkurse, ZZP 34 (1905), 107; *Reichert/van Look*, Handbuch des Vereins- und Verbandsrechts, 6. Aufl. 1995, Rdnrn. 2436 ff.; *Reiff*, Die Haftungsverfassungen nichtrechtsfähiger unternehmenstragender Verbände, 1996; *Reuter*, Zur Abgrenzung von Vereins- und Gesellschaftsrecht, ZGR 1981, 364; *ders.*, Probleme der Mitgliedschaft beim Idealverein, ZHR 145 (1981), 273; *ders.*, Der nichtrechtsfähige wirtschaftliche Verein, in: Festschrift Semler, 1993, S. 931; *Rittner*, Die werdende juristische Person, 1973; *Karsten Schmidt*, Zur Stellung der oHG im System der Handelsgesellschaften, 1972; *ders.*, Verbandszweck und Rechtsfähigkeit im Vereinsrecht, 1984; *ders.*, Systemfragen des Vereinsrechts, ZHR 147 (1983), 43; *ders.*, Die Partei- und Grundbuchunfähigkeit nichtrechtsfähiger Vereine, NJW 1984, 2249; *Schultze-v. Lasaulx*, Zur Stellung des nicht rechtsfähigen Vereins im Handelsrecht, in: Festschrift Schultze, 1934, S. 1; *Schumann*, Zur Haftung der nicht rechtsfähigen Vereine, 1956; *Stoll*, Gegenwärtige Lage der Vereine ohne Rechtsfähigkeit, in: Das Reichsgericht im deutschen Rechtsleben, RG-Festgabe, Bd. II, 1929, S. 49; *Stoltenberg*, Rechtsfähigkeit nichtrechtsfähiger Vereine, MDR 1989, 494; *Wapler*, Nicht rechtsfähige Vereine als Kläger im Zivilprozeß, NJW 1961, 439.

1 *RGZ* 143, 212, 213; *BGH*, LM Nr. 1 zu § 31 BGB; *Schumann*, a. a. O., S. 10; h. M.

– Das Merkmal »*nicht rechtsfähig*« besagt, daß der Verein weder durch Eintragung noch durch Verleihung die Rechtsfähigkeit als juristische Person erworben hat. Es besagt dagegen aus heutiger Sicht nicht mehr, daß der Verein nicht Träger von Rechten und Pflichten sein könnte.

2. Abgrenzungsprobleme

a) Die *Abgrenzung zwischen den nichtrechtsfähigen und den rechtsfähigen Vereinen* ist einfach. Sie liegt schlicht in dem Vorhandensein oder Fehlen der durch Eintragung oder durch Verleihung erlangten Rechtsfähigkeit (oben, § 23 II 1).

Beispiel Nr. 1: Der FC Neustadt e.V. ist ein rechtsfähiger, die nirgends registrierte Vereinigung der Deutschen Zivilrechtslehrer ist ein nichtrechtsfähiger Verein. Das ist nachgerade trivial.

Die *Abgrenzung zwischen den nichtrechtsfähigen Vereinen und den Gesellschaften* ist schwierig und umstritten. Daß diese Unterscheidung notwendig ist, ergibt sich schon aus den nur für Vereine geltenden Sonderregeln der §§ 54 S. 2 BGB, 50 II ZPO, 11 I 2 InsO. Diese Vorschriften kann man nur anwenden, wenn zuvor festgestellt wurde, daß ein nichtrechtsfähiger Verein vorliegt. Hinzu kommt, daß die Außenhaftung der Mitglieder bzw. Gesellschafter bei Verein und Gesellschaft eine durchaus unterschiedliche ist (vgl. unten, III gegenüber unten, § 60 III). Auch in systematischer Hinsicht ist die Unterscheidung bedeutsam. Nach der heute ganz herrschenden Auffassung ist der nichtrechtsfähige Verein dem rechtsfähigen Verein wesensgleich[2], dagegen von der Personengesellschaft wesensverschieden[3]. Um so mehr wird manchen die Feststellung überraschen, daß sich zwischen den »wesensgleichen« rechtsfähigen und nichtrechtsfähigen Vereinen eine klare Grenze ziehen läßt, nicht aber zwischen den »wesensverschiedenen« Vereinen und Gesellschaften. Die bei der Durchführung dieser Unterscheidung auftretenden Schwierigkeiten sind in der Literatur einmal in die Form folgender Aporie gekleidet worden[4]: »Satz 1: Zwischen dem Wesen eines nicht rechtsfähigen Vereins und dem einer Gesellschaft muß nach der Auffassung des Gesetzes ein Unterschied bestehen; Satz 2: Zwischen dem Wesen eines nicht rechtsfähigen Vereins und dem einer Gesellschaft ist ein Unterschied nicht zu finden.« Diese Ratlosigkeit – im Jahr 1905 artikuliert – ist auch hundert Jahre später nicht geringer, denn in der Praxis ist die Rechtsform der »körperschaftlich strukturierten Personengesellschaft« zunehmend in den Vordergrund getreten (dazu vgl. oben, § 3 II 1). Will man nicht sagen, daß diese Personengesellschaften in Wahrheit nichtrechtsfähige Vereine sind[5], so wird

2 In dieser Richtung *RGZ* 78, 101, 103 f.; *BGHZ* 42, 210, 216; 43, 316, 319; 50, 325, 328 f.; *LG Bonn*, NJW 1957, 1883; deutlich *Hüffer*, § 6/1 Fall 17; *Breitbach*, a. a. O., S. 9, 13; *Schumann*, a. a. O., S. 13.

3 Vgl. nur *RGZ* 143, 212, 213; *Breitbach*, a. a. O., S. 6 f.; *v. Gierke*, a. a. O., S. 12; *Schultze-v. Lasaulx*, a. a. O., S. 4; *Stoll*, a. a. O., S. 49; a. M. *KGJ* 41 A Nr. 29; eingehend *Flume*, ZHR 148 (1984), 503 ff.

4 *Sachau*, ZHR 56 (1905), 461; dazu auch *Karsten Schmidt*, oHG, a. a. O., S. 84.

5 So in der Tat *Reuter*, in: MünchKommBGB, § 54 Rdnr. 10; *ders.*, in: Festschrift Semler, a. a. O., S. 937; vgl. aber *BFH*, JZ 1985, 186 m. Anm. *Walz*.

die These von der »wesensmäßigen« Unterscheidung immer zweifelhafter. Es nützt auch nichts, bloß auf den Willen der Beteiligten zu verweisen[6], denn die Zuordnung zu den Vereinen oder Gesellschaften ergibt sich nicht aus einer willkürlichen Firmenwahl, sondern aus dem Gesamtbild des konkreten Verbandes.

b) Worauf beruht nun das Unbehagen an der Abgrenzung zwischen Vereinen und Gesellschaften? Es dürfte darauf beruhen, daß eine *begriffliche* Unterscheidung gesucht wurde, wo nur eine *typusmäßige* Unterscheidung in Betracht kommt. Ob ein Verein oder eine Gesellschaft vorliegt, ist nach der typischen Gesamtstruktur zu entscheiden[7]. Die sonderbare Aporie, daß eine Unterscheidung notwendig, aber unmöglich sei, löst sich also auf, wenn man erkennt: Eine Unterscheidung ist normativ geboten, aber sie kann keine *Begriffs*unterscheidung sein! Der typusmäßigen Unterscheidung entspricht, daß nicht klar zwischen Tatbestandsmerkmalen und Rechtsfolgen unterschieden werden, sondern aus einem Bündel typischer Rechtsfolgen auf den Tatbestand des Vereins oder der Personengesellschaft geschlossen werden muß. Nach gegenwärtigem Erfahrungsstand wird man nach drei Abgrenzungsregeln verfahren können. Nur die erste – sie beruht auf dem unter § 5 II 3 geschilderten Rechtsformzwang – hat klare Konturen; die anderen heben auf Typusmerkmale ab.

Erste Abgrenzungsregel: Wird von einem auf Dauer nichtrechtsfähigen Verband (dies im Gegensatz zu einem zur Eintragung angemeldeten Vor-Verein) ein Unternehmen betrieben, so liegt eine Gesellschaft und kein Verein vor, und zwar auch dann, wenn die Organisation körperschaftliche Elemente aufweist[8]. Nur im Rahmen des Nebenzweckprivilegs (oben, § 23 III 2 c) können Ausnahmen in Betracht kommen. Ist das Unternehmen ein kaufmännisches, so handelt es sich um eine oHG oder Kommanditgesellschaft[9]; anderenfalls liegt eine unternehmenstragende Gesellschaft bürgerlichen Rechts vor[10].

Beispiel Nr. 2: Findet sich allsonntäglich auf einem Antiquitätenbasar ein Stand des »Vereins der Hamburger Antiquitätenhändler«, so bildet dieser »Verein« eine offene Handelsgesellschaft oder BGB-Gesellschaft mit allen Haftungsfolgen. Wer mitmacht, ist Gesellschafter und haftet in dieser Eigenschaft unbeschränkt, nicht dagegen als Handeln-

---

6 So *Erman/Westermann,* § 54 Rdnr. 4.

7 *Breitbach*, a.a.O., S. 10f.; *Schultze-v. Lasaulx*, a.a.O., S. 5; die Kritik von *Grunewald* (Rdnr. 2 B 6) richtet sich nur gegen die auch hier abgelehnten Folgerungen von *Reuter* und verkennt, daß die typologische Methode nicht zu diesen Folgerungen führen muß.

8 So im Ergebnis *Soergel/Hadding,* § 54 Rdnr. 3 (Handelsgewerbe); namentlich *Flume*, Personengesellschaft, § 7 I; *ders.*, ZHR 148 (1984), 517f.; s. aber *Reuter*, in: MünchKommBGB, § 54 Rdnrn. 10ff.; *ders.*, in: Festschrift Semler, a.a.O., S. 943ff.; *ders.*, ZGR 1981, 364ff.; *Flume* und mit ihm die wohl h.M. stellt allerdings nicht auf die Unternehmensträgerschaft ab, sondern unterwirft jeden nichtrechtsfähigen Wirtschaftsverein dem Gesellschaftsrecht.

9 Vgl. *Kübler*, § 11 I 2; *Nitschke*, a.a.O., S. 118ff.; *Soergel/Hadding,* § 54 Rdnr. 3; zum Rechtsformzwang gegenüber vollkaufmännisch tätigen nichtrechtsfähigen Vereinen vgl. *Karsten Schmidt*, oHG, a.a.O., S. 212ff.; ebenso jetzt *Reiff*, a.a.O., S. 79ff.; methodische Kritik bei *Reuter*, in: Festschrift Semler, a.a.O., S. 941ff.

10 Vgl. *BGH*, WM 1982, 583 (Patentvermietungsgesellschaft); *Eisenhardt*, Rdnr. 167; *Kübler*, § 11 I 2; inkonsequent insofern *Soergel/Hadding,* § 54 Rdnr. 3.

der i.S. von § 54 Satz 2 BGB (anders *Reuter*, in: MünchKommBGB, § 54 Rdnr. 62). Das ist das Ergebnis des unter § 5 II 3b geschilderten Rechtsformzwangs bei unternehmenstragenden Gesellschaften.

Zweite Abgrenzungsregel: Die weiteren für die Vereinsnatur sprechenden Merkmale sind, wie schon das Kriterium der »körperschaftlichen Organisation« zeigt, nur typologischer Natur. Zu nennen sind[11]:
- eine große Mitgliederzahl,
- eine vereinsmäßige Satzung,
- Fremdorganschaft (Bestellung eines Vorstandes durch Wahl),
- Mehrheitsentscheidungen in Mitgliederversammlungen,
- freier Eintritt und Austritt, wobei typischerweise kein Anlaß gesehen wird, Abfindungsansprüche der ausscheidenden Mitglieder noch besonders auszuschließen,
- das Auftreten unter einem Vereinsnamen.

Beispiel Nr. 3: Die »Gesellschaft der Freunde des Ernst-Moritz-Arndt-Gymnasiums Sasnitz von 1922« mit einem alljährlich neu gewählten Vorstand und ständiger Mitgliederfluktuation wird ein Verein sein. Sehr viel zweifelhafter ist dies bei dem »Sparverein Kellerkneipe Bochumer Straße«, der aus einem kleinen geselligen Kreis besteht und – wenn es nicht überhaupt an einem Rechtsbindungswillen fehlt – eher Gesellschaftscharakter haben wird.

Charakteristisch für den Typus-Charakter dieser Merkmale ist nicht nur die »Offenheit« des Typus, dem begriffliche Schärfe fehlt (oben, § 5 II 1), sondern auch die Interdependenz von Voraussetzung und Folge eines Tatbestands[12]. So spricht Fremdorganschaft für das Vorliegen eines Vereins (Voraussetzung), und gleichzeitig gilt, daß Fremdorganschaft nur zulässig ist, *wenn* ein Verein vorliegt (Rechtsfolge). Der Ausschluß von Abfindungsansprüchen für ausscheidende Mitglieder gilt als typisches Vereinsmerkmal (Voraussetzung), und gleichzeitig können Abfindungsansprüche als ausgeschlossen gelten, wenn ein Verein und keine Gesellschaft vorliegt (Rechtsfolge)[13]. Diese Kombination der Merkmale ist nicht ein Denkfehler, sondern sie ist bei der Zuordnung von Typusmerkmalen unausweichlich.

Dritte Abgrenzungsregel: Zwischen Vereinen und Gesellschaften gibt es Mischformen. Im Bereich zwischen dem nichtrechtsfähigen Verein und der Gesellschaft bürgerlichen Rechts besteht ein Freiraum zur Gestaltung der Rechtsverhältnisse, der fließende Übergänge zwischen körperschaftlichen und personenbezogenen Elementen der Vereinigung zuläßt. Deshalb kann eine generelle Rechtsformbestimmung nur eine vorläufige Auskunft über die anzuwendenden Rechtsnormen geben. Liegt eine Mischform vor, so ist durch Abwägung festzustellen, welche Vorschriften den Bedürfnissen der Organisation und den schützenswerten Interessen der Beteiligten am besten gerecht werden. Die unscharfe Abgrenzung setzt sich also bis in die Rechtsanwendung im Einzelfall fort.

11 Vgl. außer den Kommentierungen des § 54 BGB namentlich *Wiedemann* I, § 2 I 1a bb.
12 Meist wird die Offenheit des Typus allein in den Mittelpunkt gestellt; vgl. eingehend *Leenen*, Typus und Rechtsfindung, 1971, S. 25ff.
13 Vgl. *RGZ* 113, 125, 135.

Beispiel Nr. 4 (nach *BGH*, NJW 1979, 2304 = JuS 1979, 901 m. Anm. *Karsten Schmidt*; dazu ausführlich *Reuter*, ZGR 1981, 364 ff.): M war Mitglied der »Werbegemeinschaft Forum Steglitz«. Das »Forum Steglitz« ist ein Einkaufszentrum. M hatte in diesem Einkaufszentrum Geschäftsräume gemietet und war in diesem Zusammenhang der »Werbegemeinschaft Forum Steglitz« beigetreten, die die Mieter des Forums zu Werbezwecken zusammenfaßt. Die Mitgliedschaft war jeweils auf die Dauer des Mietverhältnisses festgelegt. Organe der Werbegemeinschaft waren die Versammlung und der Vorstand (Vereinselemente!). Bei Beendigung eines Mietverhältnisses erhielt das auf diese Weise ausscheidende Mitglied eine Abfindungsgutschrift, und in jedem Geschäftsjahr wurden den Mitgliedern Gewinne gutgeschrieben (Gesellschaftselemente!). M hatte ohne Lösung des Mietverhältnisses seinen Austritt erklärt, und über die Wirksamkeit dieses Austritts bestand Streit. Der *BGH* mußte deshalb entscheiden, ob § 39 BGB anzuwenden sei, wonach das Austrittsrecht beim Verein nicht ausgeschlossen werden kann, oder § 723 I 2 BGB, wonach das ordentliche Kündigungsrecht durch eine feste Vertragsdauer ausgeschlossen werden kann. Er kam trotz der deutlichen Vereinselemente zu dem Ergebnis, daß § 723 BGB den beiderseitigen Interessen besser entspreche, so daß M ohne wichtigen Grund nicht austreten konnte (eingehende Würdigung bei *Reuter*, ZGR 1981, 364 ff.).

Beispiel Nr. 5 (nach *BGHZ* 135, 187 = NJW 1997, 2592): In ein alternatives Wohnprojekt hatten die Gründer mehr als 1 Mio. Eigen- und Fördermittel investiert. Nach dem zurundeliegenden »Gesellschaftsvertrag« konnte ein ausscheidender »Gesellschafter« nur seine vertragsmäßig eingezahlte Einlage zurückverlangen, nicht aber eine Abfindung nach § 738 BGB. In Abweichung von seiner sonstigen Rechtsprechung (vgl. unten, § 50 IV) hielt der *II. Zivilsenat* eine so strikte Abfindungsklausel für wirksam, weil die Gesellschaft einen »rein ideellen Zweck« verfolgt habe. Nicht in dem Urteil angesprochen, aber als Hintergrundüberlegung naheliegend ist die Frage, ob es sich nicht überhaupt um einen dem alternativen Wohnprojekt dienenden nichtrechtsfähigen Verein gehandelt hatte.

II. Der Status des »nichtrechtsfähigen« Vereins

1. Rechtsnatur und Rechtszuständigkeit

a) Der nichtrechtsfähige Verein ist nach herrschender Auffassung eine Gesamthand[14]. Nach dem, was oben unter § 8 III gesagt wurde, kann nicht verwundern, daß sich hinter dieser nur scheinbar klärenden Einordnung neue Fragen verbergen, die in dem Sinne zu beantworten sind, daß der nichtrechtsfähige Verein ein *Rechtssubjekt* ist. Der Begriff »nichtrechtsfähig« erklärt sich aus der Terminologie des ausgehenden 19. Jahrhunderts. Er besagt nur, daß der Verein keine durch Eintragung oder Konzession beglaubigte juristische Person ist (oben, § 23 II 1); nicht dagegen besagt er, daß der Verein nicht fähig sein könnte, Träger von Rechten und Pflichten zu sein. Passender als der Begriff des »nichtrechtsfähigen« Vereins wäre aus heutiger

14 Vgl. *RGZ* 143, 212, 213, 215; *BGHZ* 50, 325, 329; *Eisenhardt*, Rdnr. 170; *Flume*, Personengesellschaft, § 7 I; *Kübler*, § 11 I 1; *Erman/Westermann*, § 54 Rdnr. 8; *Soergel/Hadding*, § 54 Rdnr. 16; im Ergebnis auch *Schumann*, a. a. O., S. 13, der aber die Frage für unerheblich hält (S. 10) und den Gesamthandsgedanken für das Außenrecht als »ganz verlassen« ansieht (S. 9), weil er die Gesamthänder als Personenmehrheit betrachtet (S. 8). Dahinter verbirgt sich die richtige Beobachtung, daß der Verein im Gegensatz zur Gesamthands-BGB-Gesellschaft gegenüber den Mitgliedern verabsolutiert ist.

Sicht der des »nicht eingetragenen« Vereins. Der nichtrechtsfähige Verein wurde schon vom *Reichsgericht* als »geschlossene Einheit« und als »selbständiges körperschaftsähnliches Gebilde« bezeichnet[15]. Sobald der Verein ins Leben gerufen ist, hat er selbständige *Organisationsgewalt*[16], und die Satzung ist eine von den Mitgliedern losgelöste Verfassung[17]. Das *Vermögen* gehört nicht, wie noch weitgehend gelehrt wird, den Mitgliedern[18], sondern dem Verein[19]. Der Verein kann Gläubiger und Schuldner rechtsgeschäftlicher und gesetzlicher Schuldverhältnisse sein und ist sogar »wechselrechtsfähig«[20]. Der älteren Praxis machte vor allem die Erbfähigkeit des Vereins Kopfzerbrechen.

Beispiel Nr. 6 (nach *KG*, JW 1938, 2273): Der Oberarzt Dr. W und seine Frau hatten sich in einem gemeinschaftlichen Testament gegenseitig zu Alleinerben eingesetzt; Nacherben sollten mehrere nichtrechtsfähige Tierschutzvereine sein. Das *Kammergericht* ging davon aus, daß die nichtrechtsfähigen Vereine erbunfähig seien. Da es aber einen »Reichstierschutzverband e.V.« gab, legte es das Testament in dem Sinne aus, dieser e.V. sei als Nacherbe eingesetzt mit der Auflage, den Nachlaß an die nichtrechtsfähigen Vereine zu verteilen.

Die Auffassung, nach der der nichtrechtsfähige Verein erbunfähig ist, wird auch heute noch vertreten[21]. Begründeter Anlaß dazu besteht nicht. Die Erbfähigkeit des Vereins ist, wie überhaupt die Fähigkeit zu originärem und derivativem Rechtserwerb, problemlos zu bejahen[22]. Auch Vertretungsgeschäfte des Vorstands werden im Namen des Vereins geschlossen und nicht im Namen der Mitglieder[23]. Eine andere, hiermit nicht zu verwechselnde Frage ist, ob sich ein Vertragsgegner darauf einläßt, mit dem nichtrechtsfähigen Verein zu kontrahieren, dessen Existenz nirgends dokumentiert ist. Nicht immer wird er sich damit begnügen.

---

15 *RGZ* 113, 169, 170.

16 *BGHZ* 13, 5, 11; 21, 370, 374.

17 *RGZ* 165, 140, 143; *Steffen*, in: RGRK, § 54 Rdnr. 5.

18 So aber die traditionelle Auffassung; vgl. nur *RGZ* 143, 212, 213; *Kübler*, § 11 III 2; *Breitbach*, a.a.O., S. 64ff.; *Schumann*, a.a.O., S. 10f.; *Fabricius*, a.a.O., S. 186, 190; *Rittner*, a.a.O., S. 263; *Steffen*, in: RGRK, § 54 Rdnr. 14; *Erman/Westermann*, § 54 Rdnr. 8; *Palandt/Heinrichs*, § 54 Rdnr. 7; *Staudinger/Weick*, § 54 Rdnr. 74; *Habscheid*, AcP 155 (1956), 400; *Jung*, NJW 1986, 157ff.

19 *Reuter*, in: MünchKommBGB, § 54 Rdnrn. 14ff.; *Soergel/Hadding*, § 54 Rdnr. 20.

20 Vgl. *Reichert*, a.a.O., Rdnr. 2504; a.M. noch *RGZ* 112, 124; *RG*, JW 1926, 2907; *Kübler* (§ 11 III 2a) hält an der hergebrachten Auffassung fest und vertröstet die Gläubiger auf § 54 S. 2 BGB, ergänzt (»zudem«) durch die beschränkte Mitgliederhaftung; das ist im Ergebnis richtig, stellt aber die Dinge auf den Kopf.

21 Vgl. allgemein für Gesamthandsgemeinschaften *Flume*, Personengesellschaft, § 7 III 6; *Lange/Kuchinke*, Erbrecht, 5. Aufl. 2001, § 4 III 1; für den nichtrechtsfähigen Verein besonders ausführlich *Breitbach*, a.a.O., S. 68.

22 Ebenso z.B. *Hübner*, AT, 2. Aufl. 1996, Rdnr. 267; *Palandt/Heinrichs*, § 54 Rdnr. 9; *Reuter*, in: MünchKommBGB, § 54 Rdnr. 32ff.; *Soergel/Hadding*, § 54 Rdnr.17; *Staudinger/Weick*, § 54 Rdnr. 77; *Habscheid*, AcP 155 (1956), 400.

23 *Hüffer*, § 6/2a; s. auch *RGZ* 85, 256, 261; im Ausgangspunkt zutr. auch *Reinhardt/Schultz*, Rdnr. 380; eine Doppelvertretung der Mitglieder und des Vereins liegt entgegen *Reinhardt/Schultz* aber nicht vor; die traditionelle Gegenauffassung sieht die Mitglieder als vertreten an; so z.B. *Breitbach*, a.a.O., S. 82; *Rittner*, a.a.O., S. 262; *Erman/Westermann*, § 54 Rdnr. 13.

Beispiel Nr. 7: Ein Professor der Rechte ist Vorstandsvorsitzender der Zivilrechtslehrervereinigung, eines aus über 600 Professoren bestehenden nicht eingetragenen Vereins mit wissenschaftlichen, also nichtwirtschaftlichen Zwecken. Das als Vereinskasse dienende Postgirokonto lautet auf den Namen des Vorsitzenden, dies aber nicht, weil nicht auch der Verein von Rechts wegen ein eigenes Konto führen könnte, sondern nur, weil die Postbank nicht bereit ist, für einen nichtrechtsfähigen Verein ein Konto zu eröffnen. Deshalb führt der Vorsitzende das Konto in eigenem Namen für Rechnung des Vereins, also als Treuhänder.

Beispiel Nr. 8: Ein nichtrechtsfähiger gemischter Chor bestellt ein Ostermontagsessen in einem Ausflugslokal. Es hängt vom Parteiwillen ab, ob der Gastwirt bereit ist, mit dem Verein zu kontrahieren, oder ob er mit jedem Gast (vertreten durch den Vorstand) oder nur mit dem Vorstand (für Rechnung des Vereins oder der Mitglieder) abschließen will. An der Fähigkeit des Vereins, selbst Vertragspartner zu sein, ändert das nichts. Er kann deshalb auch ein Bankkonto im eigenen Namen führen und Schecks und Wechsel zeichnen (vgl. zur Scheck- und Wechselfähigkeit *Soergel/Hadding,* § 54 Rdnr. 19). Sollte die Bank darauf bestehen, daß das Konto für die Mitglieder oder den Vorstand angelegt wird, so beruht dies auf ihrer nur zu verständlichen Entscheidung, nicht auf der Rechtsunfähigkeit des »nichtrechtsfähigen« Vereins.

b) Allgemein muß man die *Rechtssubjektivität des Vereins* ernst nehmen und darf nicht länger von der Vorstellung ausgehen, das »Eigentum des Vereins« sei nur ein unter einer Kollektivbezeichnung erworbenes Sondervermögen der Mitglieder und der »Vertrag des Vereins« sei unter einer Kollektivbezeichnung im Namen aller Mitglieder abgeschlossen. Es kann nicht verwundern, daß mehr und mehr sogar die *Grundbuchfähigkeit* nichtrechtsfähiger Vereine befürwortet wird[24]. Die wohl immer noch herrschende Auffassung sieht den nichtrechtsfähigen Verein aber noch als grundbuchunfähig an[25]. Doch beginnt das Blatt sich zu wenden, jedenfalls hinsichtlich großer Vereine[26].

Beispiel Nr. 9 (nach *OLG Zweibrücken*, OLGZ 1986, 145 = NJW-RR 1986, 181 = JuS 1986, 478 m. Anm. *Karsten Schmidt):* Für den als nichtrechtsfähigen Verein organisierten Bezirksverband einer politischen Partei sollte eine Auflassungsvormerkung im Grundbuch für den Erwerb eines Verwaltungsgebäudes eingetragen werden. Alle Instanzen lehnten dies ab. Dagegen hat das *OLG Zweibrücken* (NJW-RR 2000, 749, 750f.) inzwischen anerkannt, daß eine politische Gesamtpartei als rechtsfähiger Verein in das Grundbuch eingetragen werden kann.

---

24 *Boehmer*, a.a.O., S. 175ff.; *Stoll*, a.a.O., S. 77; *Reichert*, a.a.O., Rdnr. 2503; *Hüffer*, § 6/2c; *Erman/Westermann*, § 54 Rdnr. 8; *Palandt/Heinrichs*, § 54 Rdnr. 8; *Reuter*, in: MünchKommBGB, § 54 Rdnrn. 26ff.; *Soergel/Hadding*, § 54 Rdnr. 18; *Staudinger/Weick*, § 54 Rdnr. 80; *Habscheid*, AcP 155 (1956), 401ff.; *Stoltenberg*, MDR 1989, 495; jedenfalls für mitgliederstarke Vereine auch *Steffen*, in: RGRK, § 54 Rdnr. 16; für Gewerkschaften *Eickmann*, Grundbuchverfahrensrecht, 3. Aufl. 1994, 2. Kap. § 2 III 1; für politische Parteien *OLG Zweibrücken,* NJW-RR 2000, 749; *Konzen*, JuS 1989, 20ff.; *Morlok/Schulte-Trux*, NJW 1992, 2058ff.

25 *RGZ* 127, 309, 311f.; *OLG Zweibrücken*, OLGZ 1986, 145 = NJW-RR 1986, 181 = JuS 1986, 478 m. Anm. *Karsten Schmidt; Kraft/Kreutz,* J III 4 b; *Kübler*, § 11 III 2 b; *Eickmann*, Grundbuchverfahrensrecht, 3. Aufl. 1999, 2. Kap. § 2 III 1; *Weirich*, Grundstücksrecht, 2. Aufl. 1996, Rdnr. 308; *Wilhelm*, Sachenrecht, 1993, Rdnr. 113; vgl. zum folgenden *Karsten Schmidt*, Verbandszweck, a.a.O., S. 52ff.; *ders.*, NJW 1984, 2249ff.; *Flume*, ZHR 148 (1984), 510; im Ergebnis ebenso trotz aller Polemik *Jung*, NJW 1986, 157ff.

26 Vgl. *OLG Zweibrücken,* NJW-RR 2000, 749; *Erman/Westermann,* § 54 Rdnr. 8; *Palandt/Heinrichs,* § 54 Rdnr. 8.

Die Grundbuchamtspraxis wird vorerst der traditionellen Auffassung folgen, auch wenn diese zunächst nicht in den Trend der Verselbständigung der nichtrechtsfähigen Vereine zu passen scheint. Gerade im Verfahrensrecht (vgl. auch unter IV 1) ist vor voreiligen Rechtsfortbildungsprogrammen zu warnen. Die Tatsache allein, daß jeder »nichtrechtsfähige« Verein – ebenso wie ja auch die BGB-Außengesellschaft (unten, § 60 II 1 a) – nach materiellem Recht Grundstückseigentümer ist, muß noch nicht besagen, daß er auch in das Grundbuch eingetragen werden kann und soll. Das Grundbuchrecht ist formelles – und nicht nur formelles, sondern betont formales! – Recht. Die Einrichtung des Grundbuchs zielt auf unbedingte Publizität aller Immobilienrechte, und die Publizität der Objekte setzt eine Publizität der Subjekte voraus, verträgt also nicht die Eintragung gar zu flüchtiger Rechtsträger. Als grundbuchfähig sollten im Grundsatz nur Rechtssubjekte anerkannt werden, deren Existenz von Natur aus evident ist (der Mensch!) oder durch besondere Publizitätsakte (Vereinsregister, Handelsregister, Genossenschaftsregister, Konzession) sichergestellt ist (juristische Personen und Handels-Personengesellschaften)[27]. Bei mitgliederstarken und institutionalisierten Verbänden wie den Gewerkschaften oder den politischen Parteien läßt sich für eine *Rechtsfortbildung* ins Feld führen, daß eine die Registrierung des Vereins entbehrlich machende »natürliche« Publizität vorhanden ist, aber wer sagt uns, ob etwa eine seit 1950 im Grundbuch stehende nichtrechtsfähige Gewerkschaft überhaupt noch existiert? Wer sagt, wenn sich der nichtrechtsfähige Verein in zwei streitende Lager aufspaltet, welches der beiden Lager mit dem Ur-Verein identisch und deshalb Eigentümer des Grundstücks ist?

Beispiel Nr. 10 (nach *Karsten Schmidt*, NJW 1984, 2250): Angenommen, ein nichtrechtsfähiger Umweltschutzverein hätte ein Grundstück in einem Sanierungsgebiet erworben und wäre als Eigentümer eingetragen, so könnte sich aus Fraktionenkonflikten in diesem Verein die unzuträgliche Situation ergeben, daß unterschiedliche Gruppierungen für sich in Anspruch nehmen, nun seien sie »der Verein« und damit Grundstückseigentümer.

Situationen wie diese mahnen zur Vorsicht bei der *Rechtsfortbildung im Grundbuchrecht.* In das Grundbuch eingetragen werden grundsätzlich nach § 47 GBO sämtliche Mitglieder mit dem Zusatz »als Mitglieder des nicht eingetragenen Vereins V«. Da dies zu Schwierigkeiten beim Mitgliederwechsel führen kann, hat sich eine Treuhandübertragung eingebürgert. Das Grundeigentum wird von einem Treuhänder – z. B. dem Vorstandsvorsitzenden – erworben, und dann wird naturgemäß dieser eingetragen. Wer dies für gekünstelt oder für unzumutbar hält[28], sollte den Verein anhalten, die Eintragung in das Vereinsregister herbeizuführen. Dann ist auch für die Publizität des Subjekts gesorgt.

---

27 Über die Bedeutung der Publizität des Subjekts vgl. *Karsten Schmidt*, BB 1983, 1697; *ders.*, NJW 1984, 2250f.; abl.; *Reuter*, in: MünchKommBGB, § 54 Rdnr. 28; *Jung*, NJW 1986, 162; die immer wieder ins Feld geführte Grundbuchfähigkeit der Vor-GmbH und der nicht im Handelsregister eingetragenen oHG ist kein schlagendes Gegenargument, denn diese werden im Hinblick auf ihre bevorstehende Handelsregistereintagung in das Grundbuch eingetragen.

28 Vgl. namentlich *Reuter*, in: MünchKommBGB, § 54 Rdnr. 26.

2. Anwendbare Vorschriften

a) Nach *§ 54 S. 1 BGB* finden auf den nichtrechtsfähigen Verein die *Vorschriften über die Gesellschaft*, m.a.W. die §§ 706ff. BGB Anwendung. Nur im Zivilprozeßrecht, im Vollstreckungsrecht und im Insolvenzrecht stellt das Gesetz den Verein jedenfalls teilweise einer juristischen Person gleich (§§ 50 II, 735 ZPO, § 11 I 2 InsO). Nach dem, was bereits zur organisationsmäßigen Verselbständigung des »nichtrechtsfähigen« Vereins und zu seiner Unterscheidung gegenüber den Gesellschaften gesagt wurde, muß diese gesetzliche Lösung verwundern. Der Gesetzgeber selbst hat von einer Verweisung der nichtrechtsfähigen Vereine in »die für sie nicht passende Rechtsform der Gesellschaft« gesprochen[29]. Die rechtspolitischen Gründe, die zu § 54 BGB geführt haben, sind häufig dargestellt und kritisiert worden[30]. Vielfach wird die Bestimmung nur noch als ein verdammungswürdiger Trick angesehen, mit dem der Zivilgesetzgeber unliebsame Verbände, insbesondere Gewerkschaften und politische Parteien, bekämpfen wollte. So einfach ist die Situation nun aber nicht. Die gesetzliche Lösung bringt zum Andruck, daß sich der Gesetzgeber weigerte, die nichtrechtsfähigen Vereine den rechtsfähigen gleichzustellen und so durch die Hintertür das Prinzip der freien Körperschaftsbildung einzuführen (vgl. dazu oben, § 8 II 5)[31]. Sie war dagegen zum Scheitern verurteilt, soweit der Gesetzgeber – dies ist die so oft kritisierte Zielrichtung gegen Gewerkschaften und politische Parteien – eine Behinderung der Vereinsbildung bezweckte, indem er die Vereine auf eine »für sie nicht passende Rechtsform« verwies und sie nur zu ihrem Nachteil im Prozeß und Konkurs den rechtsfähigen Vereinen gleichstellte. Als »Zeugnis elementarer Ungerechtigkeit«[32] stößt diese Strategie des Gesetzgebers heute auf Verwunderung. Dieser »von Anfang an verfehlten, bewußt tendenziösen Vergewaltigung der Rechtswirklichkeit«[33]. Wo das Gesetz auf die §§ 706ff. BGB verweist, hat sich ein Sonderrecht der nichtrechtsfähigen Vereine entwickelt. Dieses Sonderrecht wurde anfangs noch als Ergebnis konkreter Satzungsauslegung[34], dann als Ausdruck des »Rechtsempfindens« und des »Rechtsgefühls«[35] ausgegeben, während es heute als das Ergebnis eines von der Natur der Sache geleiteten Rechtsfortbildungsprozesses angesehen wird[36].

---

29 Prot., in: *Mugdan* I, S. 640; vgl. auch ebd., S. 641, 642.

30 Lesenswerte historische Aufbereitung bei *Kögler*, a.a.O., S., 87, 104, 120ff.; *Stoll*, a.a.O., S. 50ff.

31 Vgl. Prot., in: *Mugdan* I, S. 640: »Der Gesetzgeber dürfe es nicht zulassen, daß die nicht rechtsfähigen Vereine sich unter Umgehung all dieser im öff. Interesse getroffenen Kautelen im Wesentlichen die gleiche Rechtsstellung verschaffen wie die rechtsfähigen Vereine ...«; vgl. auch ebd. S. 642: Man habe sich aus schwerwiegenden Gründen gegen das System der freien Körperschaftsbildung entschieden.

32 *Wieacker*, Das Sozialmodell der klassischen Privatgesetzbücher und die Entwicklung der modernen Gesellschaft, 1953, S. 11.

33 Rein theoretisch daher die Überlegungen über die Verfassungswidrigkeit aufgrund Art. 9 GG bei *Staudinger/Weick*, § 54 Rdnr. 2.

34 Vgl. nur *RGZ* 63, 62, 65; 74, 371, 374; 113, 125, 135; 143, 212, 213; *RG*, JW 1907, 136.

35 Vgl. *OLG Hamburg*, JW 1924, 1882 m. krit. Anm. *Hoeniger*.

36 Vgl. *Larenz/Canaris*, Methodenlehre der Rechtswissenschaft (Studienausgabe), 3. Aufl. 1995, Kap. 5/4 b; als Wegbereiter wurden in den Vorauflagen *Heinrich Stoll, Boehmer, Schumann*

Heute ist für § 54 S. 1 BGB folgendes hervorzuheben: Die Vorschrift besagt ausweislich der Materialien zunächst, daß der nichtrechtsfähige Verein nicht – wie ein Verein, der die strenge registergerichtliche Prüfung der gesetzlichen Normativbestimmungen passiert hat – ohne weiteres den für den rechtsfähigen Verein geltenden Bestimmungen unterworfen werden kann[37]. Sie besagt aber nur scheinbar, daß er ohne weiteres und pauschal den Vorschriften über Personengesellschaften unterworfen werden kann[38]. Diese pauschale Verweisung paßt nur für den auf Dauer nichtrechtsfähigen »Verein«, der ein Unternehmen betreibt, denn er *ist* eine Gesellschaft im Rechtssinne (oben, erste Abgrenzungsregel unter I 2 b). Im übrigen ergibt die Rechtsfortbildung ein stark ausdifferenziertes Bild[39].

b) Eine Reihe von *Vorschriften über die BGB-Gesellschaft* ist im Fall des nichtrechtsfähigen Vereins evident *unpassend* und deshalb nicht anzuwenden. Das gilt beispielsweise für die Gesamtgeschäftsführung und Gesamtvertretung aller Gesellschafter nach §§ 709, 714 BGB, denn der nichtrechtsfähige Verein lebt nicht im Status der Selbstorganschaft, sondern er hat einen Vorstand[40]. Ähnliches gilt für die Haftungsmilderung nach § 708 BGB, die schon vom *Reichsgericht* als stillschweigend abbedungen angesehen wurde[41]. Die ohnedies rechtspolitisch mißglückte Vorschrift (dazu vgl. unten, § 59 III 2) mag auf eine personalistische Handlungsgemeinschaft noch leidlich passen, aber sie hat beim Verein nichts zu suchen; seine Organe haften dem Verein und den Mitgliedern für jedes Verschulden[42], soweit nicht auch beim nichtrechtsfähigen Verein eine Haftungsbeschränkung Platz greifen kann (oben, § 24 III 2 d). Auch die Auflösung des Verbandes durch Tod eines Mitglieds (§ 727 BGB) ist evident unpassend, gehört doch die Unabhängigkeit vom Mitgliederbestand geradezu zu den Charakteristika des Vereins (oben unter I 2).

c) Eine Reihe *vereinsrechtlicher* Vorschriften wird von einer gesicherten Praxis und Lehre *auf nichtrechtsfähige Vereine angewandt:* Nach § 25 BGB wird die Verfassung durch die Vereinssatzung und durch §§ 26ff. BGB bestimmt[43]. Nach § 26 BGB muß der Verein einen Vorstand haben, wobei die aus dem Prinzip der Selbstorganschaft hergeleitete Beschränkung auf Mitglieder nicht

---

und *Habscheid* herausgestellt; eingehend zur methodologischen Entwicklung *Karsten Schmidt*, oHG, a. a. O., S. 209ff.; s. aber *Flume*, ZHR 148 (1984), 503ff.; *Reuter*, in: Festschrift Semler, a. a. O., S. 939f.

37 Vgl. *Karsten Schmidt*, Verbandszweck, a. a. O., S. 49.

38 *Rittner* (a. a. O., S. 260ff.) ordnet freilich den Verein heute noch als modifizierte Gesellschaft ein.

39 Vgl. zum folgenden Überblick noch die Nachweise bei *Karsten Schmidt*, Verbandszweck, a. a. O., S. 50f.

40 Vgl. statt vieler *Reinhardt/Schultz*, Rdnr. 375; *Hüffer*, § 6/2 Fall 19/1; eingehend *Breitbach*, a. a. O., S. 34ff.

41 Vgl. *RGZ* 143, 212, 215; ebenso *Reichert*, a. a. O., Rdnr. 2484; stark einschränkend noch *Breitbach*, a. a. O., S. 43f.

42 Vgl. unter Berufung auf das *RG* etwa *Staudinger/Weick*, § 54 Rdnr. 28; *Soergel/Hadding*, § 54 Rdnr. 14.

43 Vgl. auch *BayObLGZ* 1990, 71, 75 (Vorverein).

gilt[44]. Für die Bestellung der Vorstandsmitglieder und deren Widerruf gelten nach herrschender, aber im einzelnen umstrittener Auffassung die Grundsätze des § 27 BGB, nicht der §§ 709ff. BGB[45]. Für die Beschlußfassung eines mehrgliedrigen Vorstands gilt im Gegensatz zu § 709 BGB entsprechend §§ 28 I, 32 I 3 BGB das Mehrheitsprinzip[46]. Anerkannt ist heute[47] die Anwendung des § 31 BGB, also die Deliktshaftung des Vereins für Vorstandsverschulden (dazu unter III 1 b)[48]. Nach § 33 BGB ist zu einem satzungsändernden Beschluß eine Dreiviertelmehrheit erforderlich, und es bedarf für Änderungen des Vereinszwecks der Zustimmung aller Mitglieder[49]. Der Ausschluß vom Stimmrecht bestimmt sich nach § 34 BGB[50]. Sinngemäß gilt für Sonderrechte § 35 BGB[51] und für die Berufung der Mitgliederversammlung § 36 BGB[52]. Angewandt wird auch das Minderheitsrecht des § 37 BGB[53]. Die Mitgliedschaft, ihr Erwerb, ihr Verlust und ihre Unübertragbarkeit (§ 38 BGB) richten sich nach Vereinsrecht[54]. Insbesondere führt der Tod eines Mitglieds im Zweifel nicht zur Auflösung des Vereins (§§ 54 S. 1, 727 BGB), sondern zum Erlöschen der Mitgliedschaft (§ 38 S. 1 BGB)[55]. Auch können die Mitglieder nicht das Vereinsstatut kündigen (vgl. § 723 BGB), sondern nur nach § 39 BGB aus dem Verein austreten (zur Frage, ob das Austrittsrecht eingeschränkt werden kann, vgl. die unter I 2 b dargestellte »Forum-Steglitz«-Entscheidung des

---

44 *RG*, Recht 1912 Nr. 967; *Schumann*, a. a. O., S. 8; *Steffen*, in: RGRK, § 54 Rdnr. 8; *Staudinger/Weick*, § 54 Rdnr. 32; *Soergel/Hadding*, § 54 Rdnr. 14; differenzierend (nichtwirtschaftlicher/wirtschaftlicher Verein) *Reuter*, in: MünchKommBGB, § 54 Rdnrn. 40f.

45 Vgl. *Reuter*, in: MünchKommBGB, § 54 Rdnr. 40; *Soergel/Hadding*, § 54 Rdnr. 14; *Habscheid*, AcP 155 (1956), 391; a. M. wohl *Staudinger/Weick*, § 54 Rdnrn. 33, 34, 38, 40; s. auch für § 714 BGB *RGZ* 90, 173, 176; die Anwendung des § 27 Abs. 3 oder des § 713 BGB spielt praktisch keine Rolle; für § 713 BGB *RGZ* 78, 52, 54, und die wohl h. L.

46 Vgl. nur *Hübner*, Rdnr. 265; *Larenz/Wolf*, AT, 8. Aufl. 1997, § 10 B I 2 b; *Reichert*, a. a. O., Rdnr. 2482; *Soergel/Hadding*, § 54 Rdnr. 14; *Staudinger/Weick*, § 54 Rdnr. 39; *Habscheid*, AcP 155 (1956), 391.

47 Vgl. dagegen noch *RGZ* 91, 72, 74f.; 135, 242, 244; 143, 212, 214; *OLG Hamburg*, JW 1927, 2817; *OLG Schleswig*, SchlHA 1953, 200f.; eingehende Nachw. bei *Breitbach*, a. a. O., S. 88ff.

48 Vgl. *OLG Düsseldorf*, OLGE 22, 115, 116; *OLG Hamburg*, JW 1924, 1882f. (nur im Ergebnis!); *LAG Frankfurt*, RdA 1950, 427, 428; BB 1953, 290; *Breitbach*, a. a. O., S. 120; *Hübner*, Rdnr. 272; *Schumann*, a. a. O., S. 43–53; *Palandt/Heinrichs*, § 31 Rdnr. 1, § 54 Rdnr. 12; *Soergel/Hadding*, § 54 Rdnr. 22; *Staudinger/Weick*, § 54 Rdnr. 71; *Habscheid*, AcP 155 (1956), 409ff.; heute ganz h. M.

49 *RG*, Warn 1929 Nr. 59; Gruch. 51, 1120f.; *Staudinger/Weick*, § 54 Rdnr. 40; *Habscheid*, AcP 155 (1956), 391.

50 *Soergel/Hadding*, § 54 Rdnr. 13; *Habscheid*, AcP 155 (1956), 391.

51 So wohl *RG*, Recht 1925 Nr. 1960; *Soergel/Hadding*, § 54 Rdnr. 13.

52 *Soergel/Hadding*, § 54 Rdnr. 13; *Staudinger/Weick*, § 54 Rdnr. 40; *Erman/Westermann*, § 54 Rdnr. 7; *Habscheid*, AcP 155 (1956), 391.

53 Vgl. *LG Heidelberg*, NJW 1975, 1661, 1662; *Soergel/Hadding*, § 54 Rdnr. 13; *Habscheid*, AcP 155 (1956), 391; str. aber für Abs. 2; dafür *LG Heidelberg*, ebd., und h.L.; dagg. *KG*, JW 1935, 3636, 3638 = JFG 13, 140, 149f.

54 Vgl. *RGZ* 143, 212, 214; *Soergel/Hadding*, § 54 Rdnr. 10; *Steffen*, in: RGRK, § 54 Rdnr. 10.

55 *Staudinger/Marotzke*, § 1922 Rdnr. 165.

BGH[56]. Anwendbar sind ferner § 41 BGB über die Auflösung des Vereins[57] und § 42 II BGB über die Insolvenzantragspflicht.

Bejaht wird heute mit Recht auch die Anwendbarkeit des § 29 BGB, also die Vorstands-Notbestellung durch das Amtsgericht[58]. Die Frage war lange umstritten[59]. Umstritten war weiter das Liquidationsrecht des nichtrechtsfähigen Vereins. Während traditionellerweise bei §§ 730ff. BGB angesetzt[60], allerdings schon die Liquidatorenhaftung nach § 53 BGB für anwendbar gehalten wurde, spricht auch hier aus heutiger Sicht alles für eine eindeutig vereinsrechtliche Lösung[61].

d) *Nicht anwendbar* sind naturgemäß diejenigen vereinsrechtlichen Vorschriften, welche die Eintragung voraussetzen. Das gilt namentlich für die Publizitätsvorschriften der §§ 68ff. BGB, denn hier geht es ganz eindeutig um Eintragungsfolgen, die eben nicht auf den nicht eingetragenen Verein passen. Aber auch sonst ist die Unterscheidung gegenüber den rechtsfähigen Vereinen überall da aufrechtzuerhalten, wo die Eintragung als ein »formelles Ordnungsprinzip«[62] unentbehrlich ist. Hinsichtlich des Status des »nichtrechtsfähigen« Vereins hat sich damit der Akzent gegenüber dem vom BGB-Gesetzgeber vorgedachten System verlagert: Wo früher die fehlende Rechtsfähigkeit im Vordergrund stand, ist es heute die fehlende Eintragung. Aus dem »nicht rechtsfähigen« ist ein »nicht eingetragener« Verein geworden.

III. Die Haftung

1. Die Haftung des nichtrechtsfähigen Vereins

a) Der nichtrechtsfähige Verein kann selbst Schuldner sein[63]. Aus Rechtsgeschäften, die der Vorstand im Namen des Vereins abschließt, haftet der Verein als Vertragspartner[64]. Kommt es zu Forderungsverletzungen, so haftet

56 Für § 723 BGB noch *RGZ* 78, 134, 136; für § 39 BGB dann *RGZ* 143, 1, 3f; seither h.M.; vgl. *Soergel/Hadding*, § 54 Rdnr. 10; *Staudinger/Weick*, § 54 Rdnr. 47; *Habscheid*, AcP 155 (1956), 392f.; *Reuter*, ZGR 1981, 370.

57 *Reichert*, a.a.O., Rdnr. 2526; *Erman/Westermann*, § 54 Rdnr. 17; *Soergel/Hadding*, § 54 Rdnr. 8; *Staudinger/Weick*, § 54 Rdnr. 82.

58 Bejahend z.B.: *LG Berlin;* NJW 1970, 1047f.; *Steffen*, in: RGRK, § 54 Rdnr. 9; *Palandt/Heinrichs*, § 29 Rdnr. 1; *Soergel/Hadding*, § 54 Rdnr. 14; *Erman/Westermann*, § 54 Rdnr. 6; *Habscheid*, MDR 1952, 653ff.; *ders.*, AcP 155 (1956), 393ff.; *Hahn*, NJW 1973, 2012ff.

59 Verneinend noch *RGZ* 147, 121, 124f.; *KG*, KGBl. 1911, 35; *OLG München*, HRR 1937 Nr. 75; *Krönig*, MDR 1953, 217f.

60 *RG*, Warn 1920 Nr. 199; *Soergel/Hadding*, § 54 Rdnr. 9.

61 *BGHZ* 50, 325, 329; *Reichert*, a.a.O., Rdnrn. 2528; *Steffen*, in: RGRK, § 54 Rdnr. 14; *Palandt/Heinrichs*, § 54 Rdnr. 14; *Reuter*, in: MünchKommBGB, § 47 Rdnr. 10, § 54 Rdnr. 77; *Staudinger/Weick*, § 54 Rdnr. 84; *Habscheid*, AcP 155 (1956), 411.

62 Vgl. nachdrücklich *Breitbach*, a.a.O., S. 131.

63 Vgl. statt vieler *Reichert*, a.a.O., Rdnr. 2508; *Schumann*, a.a.O., S. 3f.; unentschieden *Kraft/Kreutz*, J III 4 a.

64 Vgl. *Reichert*, a.a.O., Rdnr. 2508.

der Verein gemäß § 278 BGB für seine Erfüllungsgehilfen[65]. Bei all dem geht es, wie entgegen der älteren Praxis zu betonen ist, nicht um eine Haftung der Vereinsmitglieder, die sodann wieder mühsam auf das Vereinsvermögen beschränkt werden müßte, sondern um eine Haftung des Vereins selbst[66].

b) Der Verein kann Verrichtungsgehilfen haben und haftet für deren Handeln nach Maßgabe des § 831 BGB[67]. Auch aus anderen gesetzlichen Schuldverhältnissen – ungerechtfertigte Bereicherung des Vereinsvermögens, Fremdgeschäftsführung für den Verein, Gefährdungshaftung etc. – haftet der Verein selbst[68]. Die Formulierung des *Reichsgerichts*, wonach nur die Mitglieder in ihrer gesamthänderischen Verbundenheit als Schuldner angesehen werden können, weil der Verein kein selbständiger Träger von Rechten und Pflichten ist[69], kann nach den hier angestellten Überlegungen nur als überholt angesehen werden (oben, § 8 III). Aber auch sonst waren viele dogmatische Hindernisse zu überwinden. Vor allem die Anwendung des § 31 BGB, also die Zurechnung des Organverschuldens, hat erst sehr spät in der Praxis Fuß fassen können. Wie schon unter § 10 IV 2 dargelegt wurde, gilt das verbandsrechtliche Zurechnungsprinzip des § 31 BGB auch für den nichtrechtsfähigen Verein. Aber der Weg zu dieser Erkenntnis war dornenreich. Das *Reichsgericht* lehnte eine Anwendung des § 31 BGB auf nichtrechtsfähige Vereine ab.

Beispiel Nr. 11 (nach *RG*, Warn. 1913 Nr. 449): Student S geriet in einer Bierwirtschaft mit Studenten (Burschenschaftern) der Universität Leipzig in einen Streit. Er forderte einen dieser Burschenschafter auf schwere Säbel. Da man sich über die Austragungsart nicht einig werden konnte, verhängte die beklagte Burschenschaft über ihn den »schweren Waffenverruf« und teilte diesen Verruf auch den Burschenschaften anderer Universitäten mit. S erhob Klage. Das *Reichsgericht* befand, daß die Burschenschaft als nichtrechtsfähiger Verein für unerlaubte Handlungen ihrer Organe nicht nach §§ 823, 31 BGB, sondern nur nach § 831 BGB, also mit Entlastungsbeweis, einzustehen habe. Die Lösung ist aus heutiger Sicht ebenso überholt wie der skurrile Sachverhalt.

Ähnlich entschied das *Reichsgericht* zunächst in den damals umstrittenen Feuerwerksfällen.

Beispiel Nr. 12: Die Organisatoren eines Vereinsfeuerwerks haben die Zuschauer nicht hinreichend vor Verletzungen geschützt. K wird aus diesem Grunde verletzt. Haftet der Verein (vgl. *RG*, Warn. 1913 Nr. 319)? Macht es einen Unterschied, ob K für das Zuschauen beim Feuerwerk 20 Pfennige Eintritt bezahlt hat (vgl. *RG*, Warn. 1917 Nr. 263)? – Im ersten Fall hat das *Reichsgericht* jegliche über § 831 BGB hinausgehende Haftung verneint. In der zweiten Entscheidung konnte es eine Schadensersatzpflicht aus positiver Forderungsverletzung und damit eine Verschuldenszurechnung nach § 278 BGB bejahen, weil K 20 Pfennige Eintritt bezahlt, also einen Vertrag geschlossen hatte. Das *RG* wiederholte aber ausdrücklich, daß eine Haftung aus unerlaubter Handlung nur gemäß § 831 BGB in Betracht komme.

---

65 *Soergel/Hadding*, § 54 Rdnr. 22.
66 Richtig jetzt z.B. *OLG Schleswig*, NVwZ-RR 1996, 103.
67 Vgl. *Schumann*, a.a.O., S. 34ff., 63ff.; *Soergel/Hadding*, § 54 Rdnr. 22; *Staudinger/Weick*, § 54 Rdnr. 72.
68 Vgl. *Schumann*, a.a.O., S. 69ff.
69 *RGZ* 143, 210, 215; ähnlich heute noch *Kübler*, § 11 III 2.

Der Ausweg über eine Sonderrechtsbeziehung und damit über § 278 BGB gelang dem *Reichsgericht* auch im

Beispiel Nr. 13 (nach *RGZ* 143, 212): Ein Vereinsmitglied K wurde bei einem Vogelschießen des B-Vereins mangels ausreichender Sicherheitsvorkehrungen verletzt. Das *Reichsgericht* befand auf die Klage des K, daß den Mitgliedschaftsrechten »Vereinsverpflichtungen gegenüberstehen ... Zur Erfüllung dieser Vereinsverpflichtung, die auf satzungsmäßiger, also rechtsgeschäftlicher Grundlage erwachsen war ..., hat sich die Mitgliedergesamtheit (scl.: der Verein!) ... des Vorstandes als ihres Erfüllungsgehilfen bedient, und sie haftet daher für dessen Verschulden zwar nicht nach § 31, aber nach § 278 BGB.«

Dieser Rechtszustand konnte nicht überzeugen. Er war *rechtspolitisch* verfehlt, weil Verschuldenszurechnung schwerlich davon abhängen darf, ob der Verletzte zufällig auch Vereinsmitglied ist oder 20 Cent für die Darbietung des Vereins bezahlt hat, und weil ein Ausweichen auf die schwache Haftungsnorm des § 831 BGB zu Schutzlücken im Deliktsrecht führt. Die Lösung war aber auch *rechtstechnisch* verfehlt, weil das Organverhältnis kein Verrichtungsgehilfenverhältnis i. S. dieser Bestimmung ist[70]. Richtig und in dieser Hinsicht sogar überraschend modern (vgl. oben, § 21 V 4) war zwar die Annahme einer Sonderrechtsbeziehung zum Mitglied, aber die deliktsrechtliche Prämisse, daß es keine Organverschuldenshaftung und damit auch keinen Schutz Dritter gebe, war inakzeptabel. Nach dem unter § 10 IV 2 zum Grundsatz der Verschuldenszurechnung von Organen Gesagten kann nur der Gedanke des § 31 BGB weiterhelfen[71]. Eindeutig bejaht wurde denn auch die Anwendbarkeit des § 31 BGB schon im Jahr 1910 durch das *OLG Düsseldorf* im

Beispiel Nr. 14 (nach *OLG Düsseldorf*, OLGE 22, 115): Ein Gardeverein veranstaltete ohne polizeiliche Genehmigung ein Scheibenschießen. Dabei drang ein Geschoß durch die Einzäunung des Schießstandes und verletzte ein Kind K. K klagte gegen den Verein auf Schadensersatz und erhielt Recht. Das *OLG* hielt einen Anspruch aus § 831 BGB wegen der Entlastungsmöglichkeit für zu schwach und sprach Schadensersatz nach §§ 823, 31 BGB zu. Der Gesetzgeber habe nicht beabsichtigt, die Lage eines nicht rechtsfähigen Vereins in puncto Deliktshaftung günstiger als die eines rechtsfähigen Vereins zu gestalten. In den §§ 31, 86 und 89 BGB sei ein auch auf nichtrechtsfähige Vereine anwendbarer allgemeiner Rechtsgedanke zu sehen. Das war eine zielführende Lösung des Falls. Das *Reichsgericht* hätte sich diesen beachtlichen Überlegungen in der Folgezeit nicht verschließen dürfen.

Heute spielt die Zurechnung nach § 31 BGB vor allem bei Delikten von politischen Parteien und von Gewerkschaften eine bedeutsame Rolle sowie bei Machtkämpfen rivalisierender oder politisch verfeindeter Verbände[72].

Beispiel Nr. 15 (nach *LAG Frankfurt*, BB 1953, 290): Die beklagte Gewerkschaft hatte einen rechtswidrigen politischen (nicht sozialpolitischen!) Streik organisiert. Es liegt auf

70 Überzeugend *Schumann*, a. a. O., S. 33 ff.; ausführlich *Martinek*, Repräsentantenhaftung, 1979, S. 50 ff., der aber die analoge Anwendung des § 31 BGB als Scheinbegründung abtut (a. a. O., S. 58 ff.).

71 Heute h. M.; vgl. *Kübler*, § 11 III 4; *Soergel/Hadding*, § 54 Rdnr. 22; *Staudinger/Weick*, § 54 Rdnr. 71.

72 Vgl. insbes. zur Haftung bei rechtswidrigem Arbeitskampf *Hueck/Nipperdey*, Lehrbuch des Arbeitsrechts, 7. Aufl. Bd. II/2 1970, § 49 F I 2; *Siebert*, Haftung einer Gewerkschaft für ihre Organe gemäß § 31 BGB, BB 1950, 846; der Sonderfall *BGH*, AP Nr. 1 zu § 31 BGB wird beim Gründungsrecht besprochen (Kontinuitätsproblem!).

der Hand, daß die Schwierigkeit dieser Fälle stets in der Frage besteht, ob und unter welchen Voraussetzungen ein Streik rechtswidrig sein und als Eingriff in den eingerichteten und ausgeübten Gewerbebetrieb (dazu Handelsrecht, § 7 V) zum Schadensersatz nach § 823 BGB verpflichten kann. Sind aber diese schwierigen Fragen positiv entschieden, so haftet nach heute wohl einhelliger Ansicht die Gewerkschaft nach §§ 823, 31 BGB, ohne daß es auf ihre Rechtsfähigkeit ankäme (vgl. auch schon vorher *LAG Frankfurt*, BB 1950, 702, und dazu *Siebert*, BB 1950, 846f.).

2. Die Haftung der Mitglieder

a) Die Mitglieder haften nicht persönlich für die Verbindlichkeiten des nichtrechtsfähigen Idealvereins[73]. Diese Frage hat die Gerichtspraxis seit dem Inkrafttreten des BGB beschäftigt. Die gesetzliche Verweisung auf das Recht der BGB-Gesellschaft machte eine überzeugende Begründung schwer. Zunächst versuchte man es mit einem Gegenschluß aus § 54 S. 2 BGB[74]; nach dieser Bestimmung haften aus Rechtsgeschäften neben dem Verein die für ihn Handelnden (dazu sogleich unter III 3). Diese Begründung war evident unrichtig, denn aus der Haftung des Vorstands folgt nicht die Nichthaftung der Mitglieder. Die Praxis hat sich dann zunächst auf haftungsbeschränkende Satzungsbestimmungen[75] und auf angebliche Abreden mit den Gläubigern gestützt[76]. Daß dies nur Hilfslösungen waren[77], mußte spätestens in dem Augenblick erkennbar werden, in dem es um die deliktische Haftung ging. Vor allem der unter III 1b geschilderte Feuerwerksfall *(RG*, Warn. 1917 Nr. 263) hätte dem *Reichsgericht* Gelegenheit zu einer klaren Stellungnahme geben können: Der Verein haftet für Organverschulden nach §§ 823, 31 BGB und für deliktisches Gehilfenverschulden nach § 831 BGB. Für eine Haftung der Mitglieder ist daneben kein Raum. Die Zeit war aber für ein so klares Votum noch nicht reif. Das *Reichsgericht*, das ja schon bei der Haftungsbegründung den Weg über eine Vertragsverletzung beschritten hatte (der Kläger hatte für den Zutritt zum Feuerwerk 20 Pfennige bezahlt!), ging beim Ausschluß der Mitgliederhaftung einen ähnlichen Weg: Den Ausschluß der Mitgliederhaftung begründete das *Reichsgericht* mit der Unterstellung, der angeblich haftungsbegründende 20-Pfennig-Vertrag habe eine stillschweigende Haftungsbeschränkung enthalten, weil, »wenn namens eines Vereins gegen ein ganz geringfügiges Eintrittsgeld Zutritt zu einem öffentlich veranstalteten Feste gewährt wird, der Gedanke, alle Vereinsmitglieder ... persönlich verantwortlich zu machen, auf beiden Seiten völlig fernliegt«. Es bedarf kaum der Begründung, daß auf diese Weise keine allgemeingültige Regel

73 Vgl. *RGZ* 63, 62, 65; 74, 371, 376; 85, 256, 260; 90, 173, 176f.; 143, 212, 216; *BGHZ* 50, 325, 329; *Wiedemann* I, § 10 II 2 b; *Schumann*, a.a.O., S. 20ff.; *Flume*, Personengesellschaft, § 7 I; *OLG Schleswig*, NVwZ-RR 1996, 103; *Grunewald*, Rdnr. 2 B 9; *Kraft/Kreutz,* J III 4 a; *Kübler*, § 11 III 3; *Reichert*, a.a.O., Rdnr. 2509; *Reuter*, in: MünchKommBGB, § 54 Rdnr. 46; eingehende Nachweise bei *Karsten Schmidt*, oHG, a.a.O., S. 216ff.

74 Vgl. *RG*, JW 1907, 136; 1910, 227, 228; dagegen *RGZ* 90, 173, 177; *OLG Hamburg*, SeuffA 62 (1907) Nr. 31.

75 Vgl. *RGZ* 63, 62, 65; 74, 371, 374; 90, 173, 176f.; *RG*, JW 1907, 136; 1910, 227f.; Warn 1916 Nr. 270; 1927 Nr. 263.

76 Vgl. *RG*, Warn. 1917 Nr. 263; *Breitbach*, a.a.O., S. 84.

77 Eingehende Kritik bei *Schumann*, a.a.O., S. 17ff. m.w.N.

zustande kommen konnte. In *RGZ* 143, 210, 216 ist dann auch nur noch davon die Rede, »daß unter bestimmten (?) Voraussetzungen die Haftung der Mitglieder für Vereinsschulden auf das Vereinsvermögen beschränkt werden kann«. Das Haftungsrecht des nichtrechtsfähigen Vereins befand sich in einem provisorischen Stadium.

b) Heute herrscht mit Recht die von *Heinrich Stoll*, *Gustav Boehmer* und *Hans Schumann* begründete Auffassung[78], daß die Mitgliederhaftung ohne Rücksicht auf irgendwelche Satzungsbestimmungen und unabhängig von Vertragsabreden mit den Gläubigern ausgeschlossen ist. Sie ist m.a.W. nicht deshalb ausgeschlossen, weil die Mitglieder sie ausschließen *wollen*, sondern deshalb, weil die Mitgliederhaftung nur eine gesetzliche sein könnte und ihnen eine solche Mitgliederhaftung vom geltenden Recht überhaupt nicht angesonnen wird. Bekennt man sich einmal zu einer konsequenten Verselbständigung des »nichtrechtsfähigen« Vereins als Rechtssubjekt, so zeigt sich auch, daß die Problematik am Ende einfacher ist, als es nach der von *Stoll* und seinen Nachfolgern entwickelten Lehre zunächst schien, weil sich die Argumentationslast umgedreht hat[79]: Nicht die Begrenzung, sondern das Vorhandensein einer persönlichen Mitgliederhaftung neben dem Verein bedarf der positiven Begründung. Eine solche ist bei einem nichtwirtschaftlichen Verein nicht zu ersehen. Nur für den wirtschaftlichen nichtrechtsfähigen Verein gilt die strenge gesellschaftsrechtliche Regel, daß für seine Verbindlichkeiten unbeschränkt gehaftet wird[80]. Ein unternehmenstragender Wirtschafts-»Verein« wird nach der hier vertretenen Ansicht sogar unmittelbar dem gesellschaftsrechtlichen Rechtsformzwang unterworfen: Er ist im Fall kaufmännischer Tätigkeit oHG mit der Folge des § 128 HGB, sonst unternehmenstragende BGB-Gesellschaft mit den bei § 60 III 2 dargestellten Haftungsfolgen (vgl. oben unter I 2 b)[81].

3. Die Haftung des Handelnden*

a) Neben dem Verein haftet nach *§ 54 S. 2 BGB* aus einem Rechtsgeschäft, das im Namen des nichtrechtsfähigen Vereins abgeschlossen wird, der Handelnde persönlich. *Zweck dieser Regelung* ist es, den Geschäftspartner eines nichtrechtsfähigen Vereins davor zu bewahren, ein nicht ausreichendes Vereinsvermögen als einzige Haftungsmasse vorzufinden. Wörtlich heißt es

78 *Stoll*, a.a.O., insbes. S. 60ff.; *Boehmer*, a.a.O., S. 168, 172ff.; *Schumann*, a.a.O., S. 19ff.

79 Zust. *Eisenhardt*, Rdnr. 172; anders die traditionelle Lehre; charakteristisch etwa *Reinhardt/Schultz*, Rdnr. 380.

80 So *Flume*, Personengesellschaft, § 7 I; *ders.*, ZHR 148 (1984), 517f.; *Reichert*, a.a.O., Rdnr. 2510 (mit bedenklicher Einbeziehung wirtschaftlicher Tätigkeit im Rahmen des Nebenzweckprivilegs); *Schumann*, a.a.O., S. 21ff.; *Reuter*, in: MünchKommBGB, § 54 Rdnr. 52; *Soergel/Hadding*, § 54 Rdnr. 25; *Staudinger/Weick*, § 54 Rdnr. 54; krit. noch *Reuter*, ZGR 1981, 367f.; a.M. *Kertess*, a.a.O., S. 17.

81 *Karsten Schmidt*, oHG, a.a.O., S. 212ff.; *Reiff*, a.a.O., S. 79ff.; methodische Kritik (Anwendung des § 54 BGB) bei *Reuter*, in: Festschrift Semler, a.a.O., S. 942ff.

* Literatur (vgl. zunächst oben vor § 25 I): *Kertess*, Die Haftung des für einen nichtrechtsfähigen Verein Handelnden nach § 54 S. 2 BGB, Diss. Göttingen 1982.

in den Protokollen: »Der Bestand eines Vereinsvermögens sei für Dritte nicht erkennbar, und es fehle an jeder Gewähr dafür, daß dieses Vermögen nicht ohne Rücksicht auf die Gläubiger vertheilt werde; ebenso fehle es an dem Schutze, welchen die Vorschriften ... im Falle der Überschuldung des Vereinsvermögens den Gläubigern gewähren«[82]. Es handelt sich also um eine Verkehrsschutzbestimmung, nicht allerdings um eine Rechtsscheinvorschrift. Anknüpfungspunkt ist allein das Handeln im Namen eines nichtrechtsfähigen Vereins. Der Handelnde kann den Haftungstatbestand nicht etwa dadurch ausschließen, daß er den Geschäftspartner auf die fehlende Rechtsfähigkeit hinweist und über den Umfang des Vereinsvermögens aufklärt.

b) Der *Handelndenbegriff* des § 54 S. 2 BGB ist ähnlich umstritten wie der bei der Vor-AG und der Vor-GmbH (§§ 41 I 2 AktG, 11 II GmbHG). Während es aber im Gründungsstadium der Kapitalgesellschaften neben kurzfristigen Gläubigerschutzinteressen nicht zuletzt darum geht, für eine Beendigung des Eintragungsvorgangs zu sorgen, steht beim nichtrechtsfähigen Verein als einem Dauergebilde die Befriedigung des je einzelnen Gläubigers im Vordergrund[83]. Deshalb ist auch der Handelndenbegriff des § 54 S. 2 BGB nicht auf die Vorstandsmitglieder beschränkt (vgl. demgegenüber zu § 11 II GmbHG unten, § 34 III 3 d aa). Handelnder i. S. des § 54 S. 2 BGB ist jeder, der als direkter Vertreter des Vereins tätig wird[84]. Es kommt nicht darauf an, ob der Handelnde Vertretungsmacht hat[85], ebensowenig darauf, ob er Vereinsmitglied ist[86]. Wer überhaupt nicht am Vertretergeschäft mitwirkt, sondern unsichtbar oder als bloßer Gehilfe im Hintergrund handelt, haftet nicht nach § 54 S. 2 BGB, denn der Verkehrsschutz setzt bei dem Vertretergeschäft an: beim Handeln im Namen des Vereins[87]. Auch muß der »Handelnde« in irgendeiner Weise als Teil der Vereinsorganisation in Erscheinung getreten sein. Wer nur als vom Vorstand bevollmächtigter Dritter im Namen des Vereins auftritt, macht hierdurch den Vorstand zum Handelnden, nicht sich selbst[88].

Beispiel Nr. 16: Der Alterspräsident A des nicht eingetragenen Reitclubs C initiiert ein Sommerfest auf einem zu charternden Vergnügungsschiff. Der Vergnügungswart V verhandelt mit dem Reeder R und entsendet schließlich aus Abwesenheitsgründen das Mitglied M mit einer Vollmacht zum Vertragsschluß. In einem später um den Chartervertrag geführten Prozeß schließt Rechtsanwalt R einen Vergleich, wonach der Verein statt vereinbarter 10000 Euro eine Vergütung von 8000 Euro zahlen soll. Hier ist die

82 Prot., in: *Mugdan* I, S. 641; krit. *Schumann*, a. a. O., S. 27; ausführlich *Kertess*, a. a. O., S. 9ff.; dort auch zur Druck- und Sanktionsfunktion; aus heutiger Sicht dürfte die Gläubigerschutzfunktion im Vordergrund stehen.

83 Unterschiede gegenüber § 41 I 2 AktG und § 11 II GmbHG betont auch *Kertess*, a. a. O., S. 83ff.

84 *RGZ 77*, 429, 430; *RG*, JW 1926, 2908; *BGH*, LM Nr. 11 zu § 31 BGB = NJW 1957, 1186; *OLG Breslau*, OLGE 12, 3; *OLG Stettin*, JW 1924, 218; *Reichert*, a. a. O., Rdnr. 2513; *Soergel/Hadding*, § 54 Rdnr. 28, a. M. *Staudinger/Weick*, § 54 Rdnr. 60.

85 *RGZ* 77, 429, 430; 82, 294, 296; 90, 173, 177; *RG*, LZ 1911, 610; Recht 1920, Nr. 4.

86 *RGZ* 77, 429, 430; *RG*, *JW* 1926, 2908; *OLG Breslau*, OLGE 12, 3; *BGH*, LM Nr. 11 zu § 31 BGB = NJW 1957, 1186.

87 A. M. *Sorgel/Hadding*, § 54 Rdnr 29; für einflußnehmende Vorstandsmitglieder *Staudinger/Weick*, § 54 Rdnr. 60.

88 *RGZ* 82, 294, 298; a. M. *Reuter*, in: MünchKommBGB, § 54 Rdnr. 54; differenzierend *Soergel/Hadding*, § 54 Rdnr. 28.

Haftung des R für die Vereinsschulden zu verneinen. Klar ist auch, daß A ebenso gewiß nicht nach § 54 S. 2 BGB haftet. Die Haftung des V und des M ist zweifelhaft. Aber M ist als Mitglied und nicht als vereinsfremder Dritter aufgetreten. Auch eine Haftung des V sollte jedenfalls dann bejaht werden, wenn seine vorbereitende Tätigkeit so weit ging, daß V den Inhalt und die Risiken des bevorstehenden Vertrages in den wesentlichen Grundzügen gekannt, vielleicht sogar selbst bestimmt hat. Außerdem haften die Vorstandsmitglieder die dem R Prozeßvollmacht erteilt haben, auf die 8000 Euro.

c) Der *Haftungsinhalt* – Erfüllung in natura oder Nichterfüllungsschaden? – ist, anders als in § 179 BGB, nicht gesetzlich geklärt und deshalb zweifelhaft[89]. Die Frage wird zumeist rein theoretisch sein, weil der Vertragsgegner nur wegen eines Nichterfüllungsschadens auf den Handelnden zugreifen und dann Zahlung verlangen wird. Immerhin kann, solange die Nichterfüllung nicht feststeht, einmal die Frage auftreten, ob der Vereinsvorstand wie der Verein auf Erfüllung verklagt werden kann. Dem Schutzzweck des Gesetzes dürfte eine inhaltsgleiche Haftung am besten entsprechen, soweit sich nicht aus der Natur der geschuldeten Leistung ein anderes ergibt.

Beispiel Nr. 17: Vorstandsmitglied V hat im Namen des nicht eingetragenen C-Clubs eine Pferdebox an M vermietet, aber es stellt sich heraus, daß alle Boxen belegt sind. Hier kann M gegen den C und den V auf Erfüllung klagen, beiden eine Nachfrist setzen und sodann von beiden Schadensersatz verlangen.

d) Die Haftung ist eine *akzessorische Haftung*. Der Handelnde kann Einwendungen nicht nur aus eigenem Recht, sondern auch aus dem Recht des Vereins erheben[90], denn nur das Risiko der vermögensmäßigen Verwirklichung des Anspruchs soll dem Geschäftsgegner abgenommen werden.

e) Die Haftung der Handelnden kann nur durch Vertrag mit dem Geschäftsgegner ausgeschlossen werden. Im Gegensatz zur älteren Praxis auf dem Gebiet der Mitgliederhaftung, die nur um einer uneingestandenen Rechtsfortbildung willen Haftungsausschlüsse konstruierte und in Wahrheit mit haftungsausschließenden Vertragsabreden nichts zu tun hatte, besteht die Rechtsprechung hier mit Recht auf dem Grundsatz, daß Haftungsausschlüsse im Einzelfall festgestellt werden müssen und nicht fingiert werden dürfen[91]. Vor allem die Erwägung, es habe bei Vertragsschluß niemand eine persönliche Haftung gewollt oder auch nur erwogen, hilft dem Handelnden nicht[92], denn es liegt eine gesetzliche Haftung vor, die nicht durch Vertrag *begründet*, sondern allenfalls durch Vertrag *ausgeschlossen* werden kann.

Beispiel Nr. 18: Der Vorstand V unseres letzten Beispiels hat den Vertrag ausdrücklich im Namen des »nichtrechtsfähigen C-Clubs« geschlossen, oder er hat – umgekehrt – fälschlich im Namen des »C-Clubs e.V.« gehandelt. Es mag sein, daß die Vertragsbeteiligten in einem solchen Fall weit davon entfernt sind, an eine vertragsmäßige Haftung des V neben

89 Vgl. *Soergel/Hadding*, § 54 Rdnr. 29; eingehend *Kertess*, a.a.O., S. 163ff.

90 Vgl. *Schumann*, a.a.O., S. 30f.; *Kertess*, a.a.O., S. 177ff.

91 Vgl. *RGZ* 82, 294, 299; *RG*, JW 1937, 393; *OLG Kiel*, LZ 1918, 1090; *BGH*, LM Nr. 11 zu § 31 BGB = NJW 1957, 1186; *Staudinger/Weick*, § 54 Rdnr. 61; *Schumann*, a.a.O., S. 32.

92 Vgl. *RG*, JW 1937, 393; *OLG Kiel*, LZ 1918, 1090; *Breitbach*, a.a.O., S. 82.

dem Verein zu denken, aber dies allein begründet keinen Haftungsausschluß (s. auch *BGH*, LM Nr. 11 zu § 31 BGB = NJW 1957, 1986f.).

4. Ein zusammenfassender Beispielfall

Abschließend kann damit die Haftungssituation anhand des folgenden, ganz schulmäßig gebildeten Beispielfalls zusammengefaßt werden:

Beispiel Nr. 19: Der Schützenverein S veranstaltet alljährlich ein Tontaubenschießen. Der Vergnügungswart V bestellt für dieses Fest bei dem Gastwirt G einen Ballsaal – Mietpreis 1 000 DM – und richtet das Schießen aus. Dabei übersieht er, daß ganz in der Nähe des Schießplatzes ein Spazierweg vorbeiführt, und versäumt es, diesen Weg abzusperren. Auf diese Weise wird nach dem Schuß des Schützen X ein Passant P durch Splitter von einer Tontaube verletzt. Das Fest fällt nach diesem Unglück aus. Von wem können G und P Zahlung verlangen? Beide möchten vor allem das wohlhabende Mitglied M in Anspruch nehmen. – Hier hat G mit S, vertreten durch V, einen Vertrag geschlossen und kann von S als Vertragspartner sowie nach § 54 S. 2 BGB auch von V Erfüllung verlangen; eine Haftung des M besteht nicht. P wird von X nichts verlangen können, da es an dem für § 823 BGB erforderlichen Verschulden fehlt, wohl aber hat P auf der Grundlage des § 823 BGB Ansprüche gegen V (Verkehrspflichtverletzung) und gegen den Verein S (Zurechnung nach § 31 BGB); M haftet auch hier nicht.

IV. Der nichtrechtsfähige Verein in Prozeß, Vollstreckung und Insolvenz*

1. Zivilprozeß

a) Der nichtrechtsfähige Verein ist *nach dem gesetzlichen Konzept der ZPO passiv parteifähig* (§ 50 II ZPO), aber *nicht aktiv parteifähig.* Schon in diesem Rahmen ist aber vieles umstritten. In rechtsdogmatischer Hinsicht muß festgehalten werden, daß wirklich der Verein Prozeßpartei ist, wenn gegen ihn nach § 50 II ZPO geklagt wird. Die ältere Deutung, »eigentlich« seien mangels Rechtsfähigkeit auch dann die Mitglieder verklagt[93], ist veraltet und verfehlt.

Nach § 50 II ZPO »kann« der nichtrechtsfähige Verein verklagt werden und hat dann im Prozeß die Stellung eines rechtsfähigen Vereins. Demgemäß kann er, wenn er einmal verklagt ist, auch *Widerklage* erheben.

---

* Literatur (Auswahl; vgl. auch die allgemeinen Angaben vor § 25 I): *Breitbach*, a.a.O., S. 90ff.; *Jung*, Zur Partei- und Grundbuchunfähigkeit nichtrechtsfähiger Vereine, NJW 1986, 157; *Kempfler*, Nicht rechtsfähige Vereine aktiv parteifähig? NZG 2002, 411; *Nußbaum*, Die nicht rechtsfähigen Vereine im Prozeß und Konkurse, ZZP 34 (1905), 107; *Karsten Schmidt*, Die Partei- und Grundbuchunfähigkeit nichtrechtsfähiger Vereine, NJW 1984, 2249; *Schulz*, Die Parteifähigkeit nicht rechtsfähiger Vereine im Zivilprozeß, 1992; *ders.*, Die Parteifähigkeit nicht rechtsfähiger Vereine, NJW 1990, 1893; *Stoltenberg*, Rechtsfähigkeit nichtrechtsfähiger Vereine, MDR 1989, 494.

93 So namentlich noch *Nußbaum*, ZZP 34 (1905), 121f., der damit wider Willen (s. S. 119f.) der alten Auffassung verhaftet bleibt, die Klage gegen den Verein sei eine Klage gegen die Mitglieder unter einer Kollektivbezeichnung.

Beispiel Nr. 20: Der Teutonia e.V. von 1950 klagt gegen die nicht im Vereinsregister eingetragene »Spielvereinigung Teutonia von 1910« auf Unterlassung der Namensführung. Hier kann die Spielvereinigung nicht nur die Klage leugnen, sondern, da sie nun einmal verklagt ist, auch im Wege der Widerklage beantragen, daß der Teutonia e.V. zur Unterlassung verurteilt wird.

Indem das Gesetz sagt, daß der nichtrechtsfähige Verein verklagt werden »kann«, läßt es scheinbar im unklaren, ob er ggf. auch verklagt werden »muß«. Die h.M. nimmt die Formulierung des § 50 II ZPO beim Wort und meint, es könnten auch die Mitglieder verklagt werden[94]. Hierfür spricht der Wortlaut des § 735 ZPO, wonach ein gegen den Verein gerichteter Titel »genügt«, also nicht erforderlich ist (vgl. auch unter IV 2); hierfür spricht, solange nicht der Gesetzgeber für Klarheit gesorgt hat, auch, daß der Kläger bisweilen nicht weiß, ob sein nirgends registrierter Schuldner ein Verein oder eine Gesellschaft bürgerlichen Rechts ist, die mittlerweile zwar als Prozeßpartei anerkannt ist, bei der jedoch gleichfalls ein gegen alle Mitglieder erstrittener Titel ausreicht (§ 736 ZPO und dazu unten, § 60 IV 1 b). Gegen eine überschießende Vollstreckung können die Mitglieder dadurch geschützt werden, daß in dem Urteil ein Vorbehalt der beschränkten Haftung aufgenommen wird[95]. Klage und Urteil können und sollten verdeutlichen, daß es um Zahlung nur aus dem Vereinsvermögen geht, denn für Privatschulden der Mitglieder haftet das Vereinsvermögen nicht. Eine ohne den Vorbehalt, daß aus dem Vereinsvermögen zu leisten ist, erhobene Klage wird als zu weitreichend teilweise abgewiesen. Klagen, die nicht auf Leistung gehen, können ohnedies nur gegen den Verein durchgesetzt werden.

Beispiel Nr. 21 (nach *OLG Naumburg*, SeuffA 57 [1902] Nr. 164): K klagt gegen die Mitglieder des nicht eingetragenen »Athletenbundes« auf Feststellung seiner Mitgliedschaft. Nach Ansicht des *OLG* kann diese Klage nur gegen den Verein und nicht auch gegen die Mitglieder erhoben werden.

Auszugehen ist davon, daß mit fortschreitender Rechtsfortbildung die gegen die Mitglieder erhobene Klage mehr und mehr ungebräuchlich, eines Tages auch als unzulässig eingeschätzt wird.

b) Zweifelhaft ist die Frage der Parteirolle im *Aktivprozeß des nichtrechtsfähigen Vereins.* Der Gesetzgeber hat dem Verein die aktive Parteifähigkeit eindeutig versagt[96]. Anders hat er mittlerweile für *die politischen Parteien* entschieden. Nach § 3 S. 1 ParteiG[97] kann eine politische Partei unter ihrem Namen klagen und verklagt werden. Auch die *aktive Parteifähigkeit der Gewerkschaften* wurde mittlerweile vom *Bundesgerichtshof* anerkannt[98].

94 So *v. Gierke*, a.a.O., S. 44; *Breitbach*, a.a.O., S. 93; *Zöller/Vollkommer*, ZPO, 21. Aufl. 1999, § 50 Rdnr. 36; *Stein/Jonas/Bork*, ZPO, 21. Aufl. 1992, § 50 Rdnr. 21; a.M. *Fabricius*, a.a.O., S. 196; unentschieden *Staudinger/Weick*, § 54 Rdnr. 12.

95 Vgl. *Schumann*, a.a.O., S. 89f.

96 Die Materialien zur Zivilprozeßordnung, 1898, S. 119.

97 Gesetz über die politischen Parteien v. 24.7. 1967 i.d.F. v. 3.3. 1989, BGBl. I S. 327.

98 *BGHZ* 42, 210 = AP Nr. 6 zu § 54 BGB = LM Nr. 16 zu § 50 ZPO m.Anm. *Hauß* = ZZP 78 (1965), 232 m.Anm. *Habscheid; BGHZ* 50, 325 = AP Nr. 1 zu § 50 ZPO = LM Nr. 20 zu § 50 ZPO m.Anm. *Schneider;* eingehend *Bulla*, DB 1965, 620ff.; *Fenn*, JuS 1965, 175ff.; krit. *Kübler*, § 11 III 5.

Zunehmend wird deshalb für die aktive Parteifähigkeit aller nichtrechtsfähigen Vereine plädiert[99]. Diese weitere Fortbildung des Vereinsrechts hatte sich freilich bisher – auch bis in die dritte Auflage des vorliegenden Werkes – nicht durchgesetzt[100]. Als Hauptargument wurde hier die fehlende Publizität des nicht eingetragenen Vereins und ihre Unvereinbarkeit mit den strengen Vorgaben des formellen Parteibegriffs den Zivilprozeßrechts herausgestellt. Diese fehlende Publizität – so die Annahme der Vorauflage – wirke im Prozeß zwar nicht für den Verein (vgl. § 50 II ZPO), wohl aber gegen ihn.

Beispiel Nr. 22 (in Anlehnung an *BGHZ* 109, 15 = NJW 1990, 186): Eine als nichtrechtsfähiger Verein organisierte Untergliederung des Vereins »S Landesverband Niedersachsen e.V.« klagte gegen einen Nachbarn auf Unterlassung (Verbot, das Vereinsgrundstück zu betreten). Zunächst hatte die Mehrheit der Mitglieder geklagt. Diese Klage war mit der Begründung abgewiesen worden, es fehle an einer Klage aller Mitglieder. Daraufhin klagte der Verein selbst, vertreten durch den Vorstand. Die Klage wurde als unzulässig abgewiesen. Der *Bundesgerichtshof* lehnte die aktive Parteifähigkeit des nichtrechtsfähigen Vereins in Anbetracht der klaren und eindeutigen Gesetzesregelung ab. Er ließ lediglich offen, ob für Großvereine mit wechselnder Mitgliederzahl eine Ausnahme anerkannt werden könne (dazu abl. *Thomas Schulz*, NJW 1990, 1893).

Man hat allerdings Hilfslösungen vorgeschlagen: Es solle den Mitgliedern gestattet sein, »unter dem Vereinsnamen« zu klagen[101], oder es solle der Vorstand in gewillkürter Prozeßstandschaft Rechte des Vereins einklagen können[102]. Diese Lösungen wurden bei *BGHZ* 42, 210, 213f. indessen mit Recht abgelehnt, denn sie sind mit dem formellen Parteibegriff des deutschen Zivilprozeßrechts und letztlich auch mit dem Gebot der Methodenehrlichkeit unvereinbar. Akzeptabel sind nur zwei Lösungen: Entweder wird dem Verein die Parteifähigkeit zuerkannt, oder man muß auf der Klageerhebung durch alle Mitglieder bestehen und darf dann keine quasidogmatischen Notlügen zulassen.

Seit dem Grundlagenurteil *BGHZ* 146, 341 = NJW 2001, 1056 vom 29.1.2001 hat sich die Situation schlagartig geändert. Der Bundesgerichtshof hat in dieser Entscheidung die Parteifähigkeit der Außengesellschaft bürgerlichen Rechts anerkannt. Damit ist § 50 II ZPO überholt, denn es geht

99 Vgl. besonders *Grunewald*, 2 B 14; *Jauernig*, Zivilprozeßrecht, 25. Aufl. 1998, § 19 II 2; *Stoll*, a.a.O., S. 76f.; *Fabricius*, a.a.O., S. 196ff.; *Erman/Westermann*, § 54 Rdnr. 9; *Palandt/Heinrichs*, § 54 Rdnr. 11; *Reuter*, in: MünchKommBGB, § 54 Rdnr. 16; *Soergel/Hadding*, § 54 Rdnr. 33; *Staudinger/Weick*, § 54 Rdnr. 20; *Reuter*, in: MünchKommBGB, § 54 Rdnr. 16; *Lindacher*, in: MünchKomm. ZPO, 1992, § 50 Rdnrn. 35ff.; *Wapler*, NJW 1961, 441; *Schulz*, NJW 1990, 1893; *Stoltenberg*, MDR 1989, 495; *Kempfler*, NZG 2002, 411; für mitgliederstarke Vereine: *Steffen*, in: RGRK, § 54 Rdnr. 19.

100 Vgl. *BGHZ* 109, 15 = NJW 1990, 186; *BAG*, DB 1990, 1568; *OLG München*, NJW 1969, 617; *LG Marburg*, NJW-RR 2000, 661; *Kübler*, § 11 III 5; *Reichert*, a.a.O., Rdnr. 2449; *Stein/Jonas/Bork*, ZPO, § 50 Rdnr. 20 a; ausführlicher *Karsten Schmidt*, Verbandszweck, a.a.O., S. 54ff.; *ders.*, NJW 1984, 2249ff.; im Ergebnis übereinstimmend die Polemik von *Jung*, NJW 1986, 157ff.

101 So *LG Köln*, MDR 1962, 61; *Stoll*, a.a.O., S. 76f.; *Boehmer*, a.a.O., S. 184f.; *Habscheid*, AcP 155 (1956), 415f.; abl. *OLG Hamburg*, NJW 1959, 1927.

102 So *OLG Frankfurt*, NJW 1952, 792 m.Anm. *Lent* (für politische Parteien vor Inkrafttreten des ParteiG); *Habscheid*, AcP 155 (1956), 412ff.; für Prozeßstandschaft ausgewählter Mitglieder sogar *Thomas/Putzo*, ZPO, 23. Aufl. 2001, § 50 Rdnr. 8; abl. *RGZ* 57, 90, 92; *OLG München*, MDR 1955, 33.

nunmehr auch für den nichtrechtsfähigen Verein nicht mehr an, die Parteifähigkeit abzulehnen[103]. Das Argument fehlender Publizität des Klägers, das den Gesetzgeber von der Parteifähigkeit im Passivprozeß auch nicht abgehalten hatte, wirkt hier geringer als im Grundbuchrecht, weil der Prozeß Rechtsverhältnis und nicht Dauerzustand ist. Auszugehen ist also nunmehr davon, daß der Verein aktiv und passiv parteifähig ist.

2. Zwangsvollstreckung

Zur Vollstreckung in das Vereinsvermögen genügt nach § 735 ZPO ein gegen den nichtrechtsfähigen Verein gerichteter Titel. Ob ein solcher Titel auch *erforderlich* ist, ist umstritten (vgl. bereits unter IV 1 a). Nach der bislang herrschenden Auffassung kann der Gläubiger analog § 736 ZPO auch in das Vereinsvermögen vollstrecken, wenn er einen Titel gegen alle Mitglieder erstritten hat[104]. Diese herrschende Meinung scheint auf den ersten Blick inkonsequent. Sie steht aber mit dem Gesetzeswortlaut im Einklang und ist nach dem derzeitigen Stand der Rechtsfortbildung auch im Ergebnis konsensfähig, vorausgesetzt allerdings, daß sich der Titel auf das Vereinsvermögen bezieht. Da der Gesetzgeber nicht wie im Fall der offenen Handelsgesellschaft (§ 124 II HGB) eindeutig einen Titel gegen den Verein verlangt, wird man einstweilen – wie bei der Gesellschaft bürgerlichen Rechts – auch einen gegen alle Mitglieder gerichteten Titel für ausreichend halten müssen (vgl. zu § 736 ZPO unten, § 60 IV 1 b). Die Praktikabilität dieser Lösung zeigt auch das folgende

Beispiel Nr. 23: Die Mitglieder M 1 bis M 15 des Vergnügungsvereins V haben gegen den Beklagten B wegen eines vermeintlich dem Verein zustehenden Anspruchs prozessiert. Von einem im Namen des Vereins zu führenden Prozeß hatte der Anwalt des Vereins wegen der ungesicherten Parteifähigkeit abgeraten. Die Klage ist rechtskräftig und kostenpflichtig abgewiesen worden (vgl. § 91 ZPO). Vollstreckungstitel wegen der Prozeßkosten ist ein Kostenfestsetzungsbeschluß (§ 103 ZPO), der gegen die Kläger und nur gegen sie erlassen wird. B erhält also keinen Titel gegen den V, sondern gegen die Mitglieder M 1 bis M 15. Es leuchtet unmittelbar ein, daß dies dem B nicht entgegengehalten werden kann. B kann wegen des Kostenerstattungsanspruchs in das Vereinsvermögen vollstrecken.

3. Insolvenz

Die *Insolvenzrechtsfähigkeit* des nichtrechtsfähigen Vereins ergibt sich aus § 11 I 2 InsO. Der nichtrechtsfähige Verein selbst als Inhaber des Vereinsvermögens (der Masse) ist in einem gegen ihn eröffneten Insolvenzverfahren

103 Vgl. *Karsten Schmidt,* NJW 2001, 1003; ebenso *Kempfler,* NZG 2002, 412f.

104 Vgl. nur *Larenz/Wolf,* AT, 8. Aufl. 1997, § 11 VII 1; *Blomeyer*, Vollstreckungsverfahren, 1975, § 17 IV 3; *Baur/Stürner*, Zwangsvollstreckungs-, Konkurs- und Vergleichsrecht, Bd. I, 12. Aufl. 1995, Rdnr. 20.35; *Reichert*, a.a.O., Rdnr. 2461; *Stein/Jonas/Münzberg*, ZPO, 21. Aufl. 1992, § 735 Rdnr. 1 a; *v. Gierke*, a.a.O., S. 36; *Hennecke*, a.a.O., S. 126 Fußn. 8; a.M. *Fabricius*, a.a.O., S. 205.

Schuldner[105]. Eine überkommene Ansicht, nach der die Mitglieder – freilich nur als »Inhaber des Gesamthandsvermögens« – Insolvenzschuldner sind[106], verdient keine Zustimmung[107]. Diese Theorie beruht auf der überholten Vorstellung, »in Wahrheit« könne der »nichtrechtsfähige« Verein, weil er keine juristische Person sei, nicht Schuldner sein (vgl. ganz ähnlich zur oHG unten, § 46 II 3 b). Ihr sind dieselben Erwägungen entgegenzuhalten, die hier gegen jede Argumentation vorgebracht werden, die eine überkommene »Gesamthandstheorie« über stimmige und praktikable Lösungen des positiven Rechts stellt: Sie ist Zeugnis rechtsdogmatischer Anmaßung gegenüber den Realitäten des Rechtslebens und den Anforderungen der Praxis. Der Verein als Insolvenzschuldner wird im Außenverhältnis vom Insolvenzverwalter vertreten (dazu oben, § 11 VI 4b bb).

105 Vgl. *Nerlich/Römermann/Mönning*, InsO, Stand: Nov. 2000, § 11 Rdnr. 47; s. auch schon zum alten Konkursrecht; *Jaeger/Weber*, KO, 8. Aufl. 1973, § 213 Rdnrn. 16, 20; *Kuhn/Uhlenbruck*, KO, 11. Aufl. 1994, § 213 Rdnr. 3; halbherzig *Breitbach*, a.a.O., S. 99: Der Verein sei Gemeinschuldner und das Sondervermögen der Mitglieder werde »so behandelt, als gehöre es dem ... nichtrechtsfähigen Verein«.

106 *Nußbaum*, ZZP 34 (1905), 136.

107 *Kilger/Karsten Schmidt*, Insolvenzgesetze, 17. Aufl. 1997, § 213 KO Anm. 2 b.

Dritter Abschnitt: Das Aktienrecht

§ 26 Grundlagen*

I. Begriff und Rechtsnatur der Aktiengesellschaft und der Kommanditgesellschaft auf Aktien

1. Begriff der Aktiengesellschaft

Gegenstand des Aktienrechts sind die Aktiengesellschaften (dazu näher unten, § 27–§ 31) und die Kommanditgesellschaften auf Aktien (näher unten in § 32). Die Aktiengesellschaft (AG) ist in § 1 AktG definiert als eine Gesellschaft mit eigener Rechtspersönlichkeit und mit einem in Aktien zerlegten Grundkapital, für deren Verbindlichkeiten den Gläubigern nur das Gesellschaftsvermögen haftet.

2. Rechtsnatur der Aktiengesellschaft

Die AG ist Gesellschaft i.w.S. (vgl. zur Terminologie oben, § 3 I 1). Sie ist *Körperschaft* und gehört rechtssystematisch in die Kategorie der Vereine[1]. Im 19. Jahrhundert war vielfach geradezu noch von einem »Aktienverein« die Rede, wenn man von der Aktiengesellschaft sprach[2]. Sie ist, was im 19. Jahrhundert noch umstritten war[3], *juristische Person.* Sie ist weiter das klassische

---

* Literatur (Auswahl): *Baumbach/Hueck*, AktG, 13. Aufl. 1970; *Druey*, Grundzüge des schweizerischen Aktienrechts (Separatabdruck aus: Guhl/Hümmer/Druey, Schweizerisches Obligationenrecht), 1995; *Rudolf Fischer*, Die Aktiengesellschaft, in: Ehrenbergs Hdb. III/1, 1916, S. 12ff.; *Forstmoser/Mayer-Hayoz/Nobel*, Schweizerisches Aktienrecht, 1995; *Geßler/Hefermehl/Eckardt/Kropff*, AktG, 1974ff.; *v. Godin/Wilhelmi*, AktG, 4. Aufl. 1971; GroßkommAktG, 4. Aufl. 1992ff.; *Happ*, Aktienrecht, 1995; *Henn*, Handbuch des Aktienrechts, 7. Aufl. 2002; *Henze*, Höchstrichterliche Rechtsprechung zum Aktienrecht, 4. Aufl. 2000; *Hirte*, Kapitalgesellschaftsrecht, 3. Aufl. 2001; *Hoffmann-Becking* (Hrsg.), Münchener Handbuch des Gesellschaftsrechts, Bd. 4, Aktiengesellschaft, 2. Aufl. 1999; *Hüffer*, AktG, 5. Aufl. 2002; Kölner Kommentar zum AktG, 2. Aufl. 1986ff.; *Kropff/Semler* (Hrsg.), Münchener Kommentar zum AktG, Band 1, 2000; *Lutter*, Der Bundesgerichtshof und das Aktienrecht, in: 50 Jahre BGH, Festgabe aus der Wissenschaft III, 2000, S. 321; *Nirk/Reuter/Bächle*, Handbuch der Aktiengesellschaft (Loseblattausgabe); *Wiethölter*, Interessen und Organisation der Aktiengesellschaft im amerikanischen und deutschen Recht, 1961; *Wilhelm*, Kapitalgesellschaftsrecht, 1998; *Würdinger*, Aktienrecht und das Recht der verbundenen Unternehmen, 4. Aufl. 1981; *Zöllner*, Einleitung, in: KK, 1. Aufl., 1985.

1 Vgl. nur *Flume*, Juristische Person, § 4 I.

2 Vgl. etwa *Renaud*, Das Recht der Actiengesellschaften, 2. Aufl. 1875.

3 Das beruhte auf der romanistischen Rechtstradition dieser Rechtsfigur; vgl. *Hermann*, Der Rechtscharakter der Aktienvereine, 1858; *Thöl*, Handelsrecht I, 6. Aufl. 1879, § 121; *Fischer*, a.a.O., S. 41; der Gesetzgeber ordnete deshalb nur an, daß die AG Träger von Rechten und Pflichten sein könne und vermied – wie heute bei § 124 HGB – eine Festlegung auf die Rechtsfigur

Modell der *Kapitalgesellschaft* mit einem satzungsmäßig festgelegten Garantiekapital (dem Grundkapital), das in Aktien zerlegt ist. Durch die Aktien sind die Anteile am Grundkapital wertpapierrechtlich verbrieft und dem Kapitalmarkt zugänglich. Die AG ist ausnahmslos eine Handelsgesellschaft und damit ausnahmslos Kaufmann, auch wenn der Gegenstand des Unternehmens nicht im Betrieb eines Handelsgewerbes besteht (§§ 3 AktG, 6 HGB; näher zum Formkaufmann vgl. Handelsrecht, § 10 II).

3. Die Kommanditgesellschaft auf Aktien

Eine aktienrechtliche Sonderrechtsform ist die Kommanditgesellschaft auf Aktien, an der neben den Aktionären mindestens ein persönlich haftender Gesellschafter beteiligt ist (§§ 278 ff. AktG). Sie wurde vor 1900 noch als eine Variante der KG, also einer Personengesellschaft, verstanden (Art. 173 ff. ADHGB). Heute ist sie als Kapitalgesellschaft – auch in Gestalt der Kapitalgesellschaft & Co. KGaA – eine echte Alternative zur Aktiengesellschaft (näher unten, § 32).

4. Die Europäische Aktiengesellschaft (SE)*

a) Am 8.10.2004 tritt die Verordnung (EG) Nr. 2157/2001 des Rates vom 8.10.2001 über das Statut der Europäischen Gesellschaft (SE)[4] in Kraft (SE-VO). Die »Societas Europaea (SE)« ist eine mit eigener Rechtspersönlichkeit ausgestattete Gesellschaft, deren Kapital in Aktien zerlegt ist (Art. 1 SE-VO: »Europäische Aktiengesellschaft«). Sie ist in ihrem Kern eine für den ganzen EG-Raum einheitliche Rechtsform für transnationale Beteiligungen, die ihren Sitz im EG-Raum frei wählen und verlegen kann. Die jahrzehntelange Vorgeschichte der SE wurde oben unter § 2 II 3 b in Erinnerung gerufen. Sie ist aus den Vorauflagen dieses Werkes ablesbar[5]. Während die ersten Richtlinienvorschläge über die SE von 1970 und 1975 noch ambitionierte Modelle unter Einschluß des Konzern-, Mitbestimmungs- und Steuerrechts waren, beschränkt sich die SE-VO auf eine die Einheitlichkeit der Rechtsform sichernde Rahmenverordnung und überläßt die Regelung im Detail den durch die EG-Richtlinien gebundenen einzelstaatlichen Gesetzgebern, die bis 2004 das Wirksamwerden der Verordnung zu gewährleisten haben (Art. 68 SE-VO). Jede einzelne SE unterliegt nach Art. 9 SE-VO[6]:
– in erster Linie den Bestimmungen der Verordnung,

---

der juristischen Person; vgl. z.B. Preußischer Entwurf Mot. 1857, S. 47; ADHGB-Protokolle, S. 158; Entwurf eines ADHGB 1848/49, herausgegeben von *Theodor Baums*, 1982, Motive S. 157.

* Literatur (Auswahl): *Heinze,* Die europäische Aktiengesellschaft, ZGR 2002, 66; *Hirte,* Die Europäische Aktiengesellschaft, NZG 2001, 1; *Lutter,* Europäische Aktiengesellschaft – Rechtsfigur mit Zukunft?, BB 2002, 1; *Thoma/Leuering,* Die Europäische AG – Societas Europaea, NJW 2002, 1449.

4 ABl. Nr. L 294 v. 10.11.2001, S. 22.

5 3. Aufl. § 2 II 3 b, § 26 II 2 i; vgl. auch *Heinze,* ZGR 2002, 66 ff.; *Lutter,* BB 2002, 1 f.

6 Vgl. im einzelnen Pluskat, EuZW 2001, 528; *Hirte,* NZG 2002, 2; *Thoma/Leuering,* NJW 2002, 1450.

- soweit die Verordnung dies zuläßt, den in der Satzung getroffenen Bestimmungen,
- sodann mangels besonderer Verordnungsvorschriften den Vorschriften des nationalen SE-Rechts oder Aktienrechts des Sitzstaates,
- schließlich den nach dem nationalen Recht des Sitzstaates.

Die Homogenität der Rechtsform geht also einher mit Varianten, die sich aus der subsidiären Geltung nationaler Regelungen des Sitzstaates ergeben. Die hieraus sprechende Halbherzigkeit ist das Produkt der mühsamen Vorgeschichte der SE und der damit verbundenen rechtspolitischen Kompromisse.

b) Die SE ist – ähnlich der EWiV (zu ihr unten § 66) – auf die Beteiligung von Gesellschaften aus verschiedenen Mitgliedstaaten ausgerichtet. Sie entsteht[7]

- entweder durch grenzüberschreitende Verschmelzung (Art. 2 I SE-VO)
- oder durch Gründung einer grenzüberschreitenden Holding (Art. 2 II SE-VO)
- oder durch Gründung einer grenzüberschreitenden Tochtergesellschaft (Artt. 2 III, 3 II SE-VO)
- oder durch Formwechsel einer nationalen AG mit mindestens einer Tochter in einem anderen Mitgliedstaat.

Diese Gründungsformen ziehen der SE zunächst enge Grenzen, jedoch ist eine SE jedenfalls nach der SE-VO nicht automatisch aufgelöst, wenn die Gründungsvoraussetzungen nachträglich entfallen (z.B. eine natürliche Person in einem Mitgliedstaat oder gar außerhalb alle Aktien erwirbt). Die Firma erhält den abgekürzten Zusatz »SE« (Art. 11 SE-VO).

c) Die Organisationsverfassung ist einerseits durch Satzungsstrenge gekennzeichnet (Art. 9 I Buchst. b SE-VO). Sie gibt auf der anderen Seite die Freiheit, zwischen dem monistischen Board-System (ein Verwaltungsorgan mit Leitungs- und Aufsichtsrat) zu wählen. Je nachdem hat die SE neben der Hauptversammlung entweder ein Aufsichtsorgan und ein Leitungsorgan oder ein einziges Verwaltungsorgan (Art. 38 SE-VO). Unternehmensleitung und Hauptversammlung sind in den Artt. 39ff., 52ff. SE-VO geregelt.

d) Die Finanzverfassung der SE basiert auf einem Eigenkapital von mindestens 120000 Euro (Art. 4 SE-VO). Jeder Aktionär »haftet nur bis zur Höhe des von ihm gezeichneten Kapitals« (Art. 1 II 2 SE-VO). Damit ist nicht eine KG-ähnliche Haftung gemeint, sondern gemeint ist in der Terminologie des deutschen Rechts: Es haftet nur das Gesellschaftsvermögen. Einzelheiten über die Kapitalsicherung wird der nationale Gesetzgeber regeln. Auch wegen der Rechnungslegung verweist die Verordnung weitgehend auf das nationale Recht (Artt. 61f. SE-VO).

7 *Thoma/Leuering*, NJW 2002, 1451f.

e) Auflösung, Liquidation und Insolvenz unterliegen im wesentlichen den nationalen Bestimmungen (Artt. 63 ff. SE-VO). Bemerkenswert ist, daß die SE grenzüberschreitend in einen anderen Mitgliedstaat verlegt werden kann, ohne daß eine Auflösung und Neugründung erforderlich wird (Art. 8 I SE-VO).

II. Geschichte und Bedeutung der Aktiengesellschaft

1. Tatsächliche Entwicklung*

a) Die Aktiengesellschaft ist ein *Kind der Neuzeit, des Kolonialismus und der industriellen Revolution.* Sie ist im Gegensatz zur GmbH keine künstliche

---

* Literatur (Auswahl): *Albach/Lutter* u.a., Deregulierung des Aktienrechts, 1988; *Assmann*, in: GroßkommAktG, Einl. B; *Baums* (Hrsg.), Gesetz über die Aktiengesellschaften für die königlich-preussischen Staaten, Text und Materialien, 1981; *Baums-Stammberger*, Der Versuch einer Aktiengesetzgebung in Sachsen 1836/37, Diss. Hagen 1980; *Escher-Weingart*, Reform durch Deregulierung im Kapitalgesellschaftsrecht, 2001; *Fick*, Über Begriff und Geschichte der Aktiengesellschaften, ZHR 5 (1862), 1; *Gmür*, Die Emder Handelscompagnien des 17. und 18. Jahrhunderts, in: Festschrift H. Westermann, 1974, S. 167; *Großfeld*, Die rechtspolitische Bedeutung der Aktiengesellschaft im 19. Jahrhundert, in: Coing/Wilhelm (Hrsg.), Wissenschaft und Kodifikation des Privatrechts ..., Bd. IV, 1979, S. 236; *Großfeld/Deilmann*, Historische und gegenwärtige Entwicklungen im deutschen Aktienrecht, in: Die Japanisierung des westlichen Rechts, 1990, S. 255; *Hansen*, Strukturdaten und Branchenanalysen der deutschen Aktiengesellschaften, 1980; *Hommelhoff*, 100 Bände BGHZ: Aktienrecht, ZHR 151 (1987), 493; *ders.*, »Kleine Aktiengesellschaften« im System des deutschen Rechts, AG 1995, 529; *Hopt*, Ideelle und wirtschaftliche Grundlagen der Aktien-, Bank- und Börsenentwicklung im 19. Jahrhundert, in: Coing/Wilhelm (Hrsg.), a.a.O., Bd. V, 1980, S. 128; *Horn/v. Kocka* (Hrsg.), Recht und Entwicklung der Großunternehmen im 19. und frühen 20. Jahrhundert, 1979; *Klausing*, Aktiengesetz nebst Einführungsgesetz und amtlicher Begründung, 1937; *Kropff*, Aktiengesetz und Begründung, 1965; *Lammel*, in: Coing, Handbuch der Quellen und Literatur der neueren europäischen Privatrechtsgeschichte, Bd. II/2, 1976, S. 669 ff.; *Landwehr*, Die Organisationsstrukturen der Aktienunternehmen. Statutenpraxis in Preußen ..., in: Scherner/Willoweit (Hrsg.), Vom Gewerbe zum Unternehmen, 1982, S. 208; *ders.*, Verfassung der Aktiengesellschaften, SavZRG (germ. Abt.) 99 (1982), 1; *Karl Lehmann*, Die geschichtliche Entwicklung des Aktienrechts bis zum Code de Commerce, 1895; *ders.*, Recht der Aktiengesellschaften, 1898/1904; *Lutter*, Der Aktionär in der Marktwirtschaft, 1973; *ders.* (Hrsg.), 25 Jahre Aktiengesetz, 1991; *Mülbert*, Aktiengesellschaft, Unternehmensgruppe und Kapitalmarkt, 1995 (= 2. Aufl. 1996); *Nörr*, Zur Entwicklung des Aktien- und Konzernrechts während der Weimarer Republik, ZHR 150 (1986), 155; *Passow*, Die Aktiengesellschaft. Eine wirtschaftswissenschaftliche Studie, 2. Aufl. 1922; *Pöhls*, Das Recht der Aktiengesellschaften mit besonderer Rücksicht auf Eisenbahngesellschaften, 1842; *Primker*, Die Aktiengesellschaft, in: Endemanns Handbuch des Deutschen Handels-, See- und Wechselrechts, Bd. I, 1881; *Rauch*, Die Aktienvereine in der geschichtlichen Entwicklung des Aktienrechts, Zeitschrift der Savigny-Stiftung, Germ. Abt. 69 (1952), 239; *Reisch*, Die Entwicklung des deutschen Aktienrechts im 19. Jahrhundert, in: Ius Commune II, 1969, S. 239; *Renaud*, Das Recht der Aktiengesellschaften, 2. Aufl. 1875; *Riechers*, Das »Unternehmen an sich«, 1996; *Roth* (Hrsg.), Das System der Kapitalgesellschaften im Umbruch – ein internationaler Vergleich, 1990; *Schubert* (Hrsg.), Akademie für Deutsches Recht: Aktienrecht, 1986; *Schubert/Hommelhoff*, Die Aktienrechtsreform am Ende der Weimarer Republik, 1987; *Schumacher*, Die Entwicklung der inneren Organisation der Aktiengesellschaften im deutschen Recht bis zum Allgemeinen Deutschen Handels-Gesetzbuch, 1937; *Seibert/Kiem*, Die kleine AG, 4. Aufl. 2000; *Semler/Hommelhoff/Doralt/Druey*, Reformbedarf im Aktienrecht, 1994; *Sombart*, Der moderne Kapitalismus, Bd. II, 1928; *Strauss*, Aktienrecht und Wirtschaftspolitik, in: Festschrift W. Schmidt, 1959, S. 3; *Vogel*, Aktienrecht und Aktienwirklichkeit, 1980; *Wiethölter*, Interessen und Organisation der

Schöpfung aus der Retorte des Gesetzgebers. Vielmehr ist die Aktiengesetzgebung der Entstehung von Aktiengesellschaften erst nachgefolgt. Aber sie hat doch entscheidenden Einfluß auf die nachfolgende Entwicklung des Aktienwesens gehabt. Da das Aktienwesen ein Produkt des Wirtschaftslebens war, ist die Entwicklung naturgemäß nicht so verlaufen, daß dem Publikum eines Tages das fertige Phänomen »Aktiengesellschaft« präsentiert wurde. Deshalb kann man lange darüber streiten, welches die ersten Aktiengesellschaften oder deren Vorläufer waren[8]. Meist werden als frühe Vorläufer der Aktiengesellschaft die St. Georgsbank in Genua und die Ambrosiusbank in Mailand genannt (15. Jahrhundert), die bereits durch Haftungsbeschränkung und Übertragbarkeit der Anteile gekennzeichnet waren. Als Frühformen der Aktiengesellschaft werden die Handelskompagnien (ab 1600) angesehen, insbesondere die britisch-ostindische und die niederländisch-ostindische. Aber die moderne Aktiengesellschaft als Publikumsgesellschaft mit gestreutem Anteilsbesitz entstand erst im 18. Jahrhundert (zunächst vor allem in Frankreich) und sodann mit zunehmender Industrialisierung am Anfang des 19. Jahrhunderts. Bergwerke, Industriebetriebe und vor allem Eisenbahnen hätten auf privater Grundlage nicht zustande kommen können ohne eine Rechtsform, die als Sammelbecken für Risikokapital bei gleichzeitiger Beschränkung des Risikos auf die geleistete Einlage geeignet ist.

b) Die *Bedeutung der Aktiengesellschaft* ist in ganz Europa erheblich[9], allerdings in Deutschland bei weitem nicht so groß wie etwa in der Schweiz, in Spanien oder Griechenland, wo die Aktiengesellschaft »die« Kapitalgesellschaft schlechthin geworden ist[10]. In Deutschland ist der AG in der GmbH eine Konkurrentin erwachsen. Diese Rechtsform beherrscht die kleineren und mittleren Unternehmen und erfaßt teilweise sogar noch Großunternehmen[11]. Im 20. Jahrhundert hat sich die Gesamtzahl der Gesellschaften in Deutschland fast halbiert[12]. Aber nicht nur der GmbH-Gesetzgeber hat die Landschaft der kapitalistisch strukturierten Gesellschaften verändert. Wo es um rasche Zusammenführung von Risikokapital geht, erwuchs der Aktiengesellschaft in den 70er und 80er Jahren als steuerrechtliche Modeerscheinung ein weiterer Konkurrent: die Publikumskommanditgesellschaft (zu ihr vgl. unten, § 57). Immerhin konnte schon die erste Auflage dieses Werks für das Jahr 1985 eine Trendwende konstatieren: Die Rechtsform der Aktiengesellschaft gewinnt an Bedeutung[13]. Das beruht namentlich auf ihrer Akzeptanz an den internationalen Kapitalmärkten, von der seit den 90er Jahren vermehrt

---

Aktiengesellschaft im amerikanischen und deutschen Recht, 1961; *Zöllner*, Einl., in: KK, 1. Aufl. 1985.

8 Lesenswerter Überblick bei *Wiethölter*, a.a.O., S. 53ff.

9 Lesenswerter Überblick bei *Schwarz*, Europäisches Gesellschaftsrecht, 2000, Rdnrn. 530ff.

10 Rechtsvergleichende Überlegungen in den Beiträgen bei *Roth*, a.a.O.

11 Das Statistische Bundesamt nennt für den Stichtag des 31.12.1999 3951 Aktiengesellschaften und 438 085 Gesellschaften m.b.H.

12 Vgl. näher das statistische Material bei *Hueck*, § 20 III; *Raiser*, Kapitalgesellschaften, § 5 Rdnr. 1; eingehende rechtstatsächliche Daten bei *Hansen*, a.a.O.; *Zöllner*, in: KK, 1. Aufl., Einl. Rdnrn. 85ff.

13 Vgl. *Escher-Weingart*, a.a.O., S. 23.

auch kleinere Unternehmen, namentlich solche der »New Economy«, profitieren. Diese Entwicklung, von der jüngsten Aktiengesetzgebung nachhaltig unterstützt, kommt auch in der Schaffung neuer Marktsegmente am Kapitalmarkt, z. B. des »Neuen Markts« der Frankfurter Wertpapierbörse, zum Ausdruck. Gleichwohl ist es dabei geblieben, daß dieser Idealtypus der Kapitalgesellschaft zwar das Geschehen am Kapitalmarkt, nicht aber das Kapitalgesellschaftsrecht im ganzen beherrscht. Das ändert indes an der Leitbildfunktion der Aktiengesellschaft für das Kapitalgesellschaftsrecht nichts.

c) Die das 20. Jahrhundert lange beherrschende *Flucht aus der Rechtsform der Aktiengesellschaft* ist immer wieder als eine vom Gesetzgeber mitverursachte Fehlentwicklung kritisiert worden, denn die Aktiengesellschaft als Publikumsgesellschaft mit börsengängigen Anteilen und einer bewährten, durch zwingende Vorschriften ausbalancierten Verfassung ist ohne Zweifel die bestgeeignete Rechtsform für die Risikokapitalversorgung und Steuerung größerer Unternehmen[14]. Es fehlte denn auch nicht an Überlegungen, um der Aktiengesellschaft ihren Platz als Hauptform der kapitalistisch strukturierten Unternehmungen zurückzugewinnen[15]. So schlug eine von *Albach* und *Lutter* geleitete Arbeitsgruppe ein Dreistufenmodell des Aktienrechts vor, das drei Typen der AG – die »private AG«, die »offene AG« und die »große AG« – unter einem Dach vereinen und damit von flexiblen Klein-Kapitalgesellschaften bis hin zu der heute geläufigen großen AG-Organisation reichen sollte[16]. Eine Arbeitskommission »Zweiter Börsenmarkt« wollte dagegen den Kapitalmarkt für andere Gesellschaftsformen öffnen, also seiner Austrocknung ohne Aktienrechtsreform entgegenwirken[17].

Durchgesetzt hat sich eine *dritte Strategie:* die Beibehaltung der Aktiengesellschaft als kapitalmarktfähige Einheitsrechtsform unter

- stärkerer Unterscheidung zwischen »geschlossenen« (»kleinen«) Gesellschaften und Publikumsgesellschaften,
- stärkerer Ausrichtung der Aktiengesellschaft auf die Anlegerinteressen,
- Abbau der Überregulierung des inneren Aktienrechts.

---

14 Vgl. insbesondere die Beiträge von *Mertens*, *Kübler*, *Lutter* und *Zöllner* auf dem AG-Forum 1980, veröffentlicht in: AG 1981, 1 ff.

15 Vgl. nur *Albach/Lutter*, a. a. O.; *Fritsch*, Mehr Unternehmen an die Börse, 1978; *Kübler*, Unternehmensstruktur und Kapitalmarktfunktion, AG 1981, 5; *Lutter*, Zukunft der Aktie, AG 1981, 21; *Reuter*, Welche Maßnahmen empfehlen sich, insbesondere im Gesellschafts- und Kapitalmarktrecht, um die Eigenkapitalausstattung der Unternehmen langfristig zu verbessern? Gutachten B für den 55. DJT, 1984; *ders.*, Möglichkeiten und Grenzen gesellschaftsrechtlicher und kapitalmarktrechtlicher Maßnahmen mit dem Ziel einer verbesserten Eigenkapitalversorgung der deutschen Wirtschaft, in: Festschrift Stimpel, 1985, S. 645; *Karsten Schmidt*, Die Eigenkapitalausstattung der Unternehmen als rechtspolitisches Problem, JZ 1984, 771.

16 Vgl. *Albach/Lutter*, a. a. O., S. 34 ff.

17 Kommission »Zweiter Börsenmarkt«, Börsenzugang für kleine und mittlere Unternehmen, 2 Bde., 1987 und 1989.

2. Gesetzliche Entwicklung*

Im Gegensatz zu dem relativ stabilen Gesetzesrecht der Personengesellschaften und der GmbH ist die Aktienrechtsgeschichte eine Geschichte der gesetzlichen Reformen. Das dürfte mit dem Kapitalmarktbezug allen Aktienrechts, mit dem besonderen Schutzbedürfnis der Anleger und des Rechtsverkehrs, wohl auch mit der besonderen sozialpolitischen Relevanz des Rechts der Großunternehmen zusammenhängen. Die wichtigsten *Stadien der aktienrechtlichen Gesetzesgeschichte* sind folgende:

a) Das *Oktroisystem (Konzessionssystem)* hatte schon vor der gesetzlichen Ordnung des Aktienrechts Fuß gefaßt[18]. Es lag dann auch dem ersten umfassenden Aktienrecht im code de commerce (1807), der preußischen Aktiengesetzgebung und dem ADHGB von 1861 zugrunde. Art. 208 I ADHGB lautet: »Actiengesellschaften können nur mit staatlicher Genehmigung errichtet werden.« Die Vorschrift wurde ergänzt durch Art. 211 I ADHGB: »Vor erfolgter Genehmigung und Eintragung in das Handelsregister besteht die Actiengesellschaft als solche nicht.«

b) Die *Aktienrechtsnovelle 1870*[19] änderte das ADHGB in dem Sinne, daß nunmehr das Registrierungsverfahren eingeführt wurde. Demgemäß hieß es in Art. 211 I ADHGB n.F. nur noch: »Vor erfolgter Eintragung in das Handelsregister besteht die Actiengesellschaft als solche nicht.« Das Gesetz verstand sich als ein bedeutender Schritt zur Liberalisierung und – in der Sprache der Gegenwart – Deregulierung des Aktienrechts, aber es richtete auch beträchtlichen Schaden an, weil die materiellen Normativbestimmungen des Aktienrechts nicht hinreichend verschärft wurden. Dies dürfte zu den folgenschweren Gründungsschwindeln und Unternehmenszusammenbrüchen in den sog. Gründerjahren nach 1871 beigetragen haben. Durch ein weiteres *Reformgesetz von 1884*, das in vielen Punkten bis heute wegweisend blieb, wurde deshalb das ADHGB erneut geändert[20], jedoch nicht im Sinne einer Wiederherstellung des obrigkeitsstaatlichen Aufsichtssystems. Vielmehr wurden die Normativbestimmungen für die Gründung von Aktiengesellschaften ebenso verschärft wie die Haftung der Gründer, die Publizität und

* Literatur: *Dörner* u.a. (Hrsg.), Reform des Aktienrechts ..., 1999; *Ernst/Seibert/Stuckert* (Hrsg.), KonTraG, KapAEG, StückAG, EuroEG, 1998; *Kropff*, Aktiengesetz, 1965; *Schubert* (Hrsg.), Akademie für deutsches Recht: Aktienrecht, 1986; *ders.*, Die Entwürfe der Weimarer Republik zur Reform des Aktienrechts, Zeitschrift der Savigny-Stiftung, Germ. Abt. 103 (1986), 140; *Schubert/Hommelhoff* (Hrsg.), Die Aktienrechtsdiskussion am Ende der Weimarer Republik, 1987; *dies.*, Hundert Jahre modernes Aktienrecht, 1985; *Semler/Hommelhoff/Doralt/Druey*, Reformbedarf im Aktienrecht, 1994.

18 Vgl. *Assmann*, in: GroßkommAktG, Einl. Rdnrn. 21ff.; *Escher-Weingart*, a.a.O., S. 72ff.; *Lammel*, a.a.O., S. 669f.; *Zöllner*, in: KK, 1. Aufl., Einl. Rdnrn. 57f.; zur Entstehungsgeschichte im Hinblick auf das Innenrecht der AG vgl. *Wiethölter*, a.a.O., S. 270ff.

19 Dazu vgl. *Assmann*, in: GroßkommAktG, Einl. Rdnrn. 80ff.; *Schubert*, Die Abschaffung des Konzessionssystems durch die Aktienrechtsnovelle von 1870, ZGR 1981, 285.

20 Materialien in BuschsA 44 (1883), 1ff.; s. jetzt auch *Hommelhoff/Schubert*, a.a.O.

die Kontrollbefugnisse des Aufsichtsrats[21]. Man kann die Novelle von 1884 als einen der bedeutsamsten Schritte in der Aktienrechtsgeschichte einstufen.

c) Das *HGB von 1897*, zugleich mit dem BGB in Kraft getreten am 1.1.1900, löste das ADHGB ab (vgl. Handelsrecht, § 2 II 3). Das Aktienrecht erhielt einen Platz zwischen dem Recht der KG und der stillen Gesellschaft (§§ 178–334 HGB a.F.). Auf grundlegende Neuerungen wurde verzichtet[22]. Allerdings ging die Arbeit am HGB einher mit der Ausarbeitung eines Börsengesetzes, womit der Modernisierung des inneren Aktienrechts nunmehr die Schaffung eines modernen Kapitalmarktrechts zur Seite gestellt war[23].

d) Die *Wirtschaftskrisen nach dem Ersten Weltkrieg* führten neben spektakulären Zusammenbrüchen zu einer zunehmenden Unternehmenskonzentration[24] und mit ihr zur Entrechtung der Aktionäre, vor allem aufgrund der Verbreitung von Mehrstimmrechtsaktien und des Depotstimmrechts der Banken[25], so daß zunächst durch eine *Notverordnung von 1931* eine kleine Aktienrechtsreform durchgeführt werden mußte[26]. Sich anschließende Reformberatungen des Aktienrechtsausschusses im Vorläufigen Reichswirtschaftsrat[27] wurden durch die Machtergreifung von 1933 gegenstandslos. Der Aktienrechtsausschuß der Akademie für Deutsches Recht[28] knüpfte allerdings stärker, als dies dem Erneuerungsgerede jener Zeit entsprochen hätte, an diese Reformdiskussion an.

e) Zu einer umfassenden Aktienrechtsreform kam es durch das *Aktiengesetz von 1937*[29]. Seit dieser Reform ist das Aktienrecht aus dem HGB herausgenommen und in einem besonderen AktG enthalten. Unter der Herrschaft des Nationalsozialismus, der dem anonymen Kapital und der beschränkten Haftung mißtraute, war die Beibehaltung und Neuordnung des Aktienrechts zunächst alles andere als selbstverständlich gewesen, weil die Aktiengesellschaft nach verbreiteter Ansicht »im tiefsten Grunde mit der nationalsozialistischen Wirtschaftsauffassung unvereinbar« war[30]. Die Staatsführung ließ

---

21 Überblick bei *Assmann*, in: GroßkommAktG, Einl. Rdnrn. 94ff.; *Escher-Weingart*, a.a.O., S. 77ff.

22 HGB-Denkschrift, S. 119.

23 Dazu *Assmann*, in: GroßkommAktG, Einl. Rdnrn. 114f.

24 Vgl. *Escher-Weingart*, a.a.O., S. 84ff.

25 Vgl. zu all dem *Müller-Erzbach*, Die Entartung des deutschen Aktienwesens seit der Inflationszeit, 1926.

26 VO v. 19.9.1931 (RGBl. I S. 493); dazu *Neufeld*, Die aktienrechtlichen Vorschriften der Verordnung vom 19. September 1931, 1932; *Schlegelberger/Quassowski/Schmölder*, Verordnung über Aktienrecht, 1932; *Schubert/Hommelhoff*, Die Aktienrechtsreformdiskussion am Ende der Weimarer Republik, 1987.

27 Dazu die Materialien bei *Schubert/Hommelhoff*, a.a.O.

28 Materialien bei *Schubert*, a.a.O.; Würdigung ebd., S. XXVff.

29 Gesetz über Aktiengesellschaften und Kommanditgesellschaften auf Aktien (Aktiengesetz) v. 30.1.1937, RGBl. I S. 107; Materialien: *Klausing*, a.a.O.

30 Dazu *Klausing*, a.a.O., Einleitung, S. 8; *Paul Fischer*, Die Aktiengesellschaft in der nationalsozialistischen Wirtschaft, 1936, S. 49ff.

sich dann aber davon überzeugen, daß die Rechtsform der Aktiengesellschaft unentbehrlich sei. Allerdings hatte sie damit, wie es hieß, »nicht etwa vor den Widerständen und Beharrungstendenzen der kapitalistischen Großwirtschaft kapituliert oder resigniert, sondern den am Aktienwesen Beteiligten erneut eine Chance gegeben, unter der Herrschaft einer vollkommen neuen, spezifisch deutschen, und zwar nationalsozialistischen Ordnung unseres Wirtschafts- und Soziallebens ... die Daseinsberechtigung der Aktiengesellschaft überzeugend zu erweisen«[31]. Es ist aus heutiger Sicht schwer zu beurteilen, wie viel an »nationalsozialistischer Ordnung« im AktG 1937 enthalten war[32]. Über dem faschistischen Wortgeklingel darf nämlich die Frage nicht vergessen werden, in welchem Umfang – wie oft unter totalitären Regimen – gesetzgeberischer Sachverstand durch ein linientreues Vokabular ideologisch nur eingefärbt und dadurch rechtspolitisch verkäuflich wurde. So wurde die Stärkung des Vorstands als Übernahme des »Führerprinzips« in das Aktienrecht bezeichnet[33], und die Beibehaltung des Systems der Normativbestimmungen an Stelle des Konzessionssystems wurde mit dem beschwichtigenden Hinweis versehen, der »spezifisch liberal-rechtsstaatliche Charakter des Systems der Normativbestimmungen« sei ohnedies schon »rechtstatsächlich so gut wie vollkommen überwunden«[34]. In Wahrheit war das AktG 1937 in weiten Zügen die Frucht einer schon in den 20er Jahren geführten Reformdiskussion[35]. Es enthielt jedenfalls unmittelbar keine Normen, die nur als Ausdruck nationalsozialistischen Gedankenguts hätten erklärt werden können, und ließ sich auch nach 1945 durchaus in einem »liberal-rechtsstaatlichen« Sinne anwenden[36]. Charakteristisch für das AktG 1937 waren vor allem folgende Änderungen: Das Mindestgrundkapital wurde auf 500000 RM, also ausgesprochen hoch, festgesetzt; die Stellung des Vorstands wurde gestärkt; die Befugnisse des Aufsichtsrats wurden vermindert; Mehrstimmrechtsaktien und Depotstimmrechte der Banken wurden beschränkt; die Gründungsbestimmungen wurden erneut verschärft; die Kapitalbeschaffung durch Kapitalerhöhung wurde erleichtert, und es wurde die Vorzugsaktie ohne Stimmrecht zugelassen, also die Risikobeteiligung ohne Einfluß auf die Willensbildung.

f) *Nach dem Zweiten Weltkrieg* kam es zunächst zu einzelnen Teiländerungen[37]. So wurde im Zuge der Währungsreform das Mindestgrundkapital auf 100000 DM festgelegt[38], es kam zu einer kleinen Aktienrechtsreform von

---

31 *Klausing*, a.a.O., Einleitung, S. 9.
32 Vgl. aus der politisch-ideologischen Literatur besonders *Schlegelberger*, Die Erneuerung des deutschen Aktienrechts, 1935.
33 *Klausing*, a.a.O., Einleitung, S. 42.
34 *Klausing*, a.a.O., Einleitung, S. 39.
35 Zusammenfassend *Klausing*, Reform des Aktienrechts, 1933.
36 S. auch Begr.RegE AktG in: *Kropff*, S. 13: »Es besteht daher weitgehend Einigkeit darüber, daß die Herkunft des Aktiengesetzes aus der nationalsozialistischen Zeit seine Reformbedürftigkeit – von einzelnen, meist nur terminologischen Fragen abgesehen – nicht begründet.«
37 Zu den wirtschaftlichen Vorbedingungen vgl. *Escher-Weingart*, a.a.O., S. 92ff.
38 DM-Bilanzgesetz v. 21.8.1949 (WiGBl. S. 279) mit Ergänzungsgesetzen.

1959[39], durch das KAGG[40] wurde eine verbreiterte Beteiligung des Publikums in die Wege geleitet, und durch das BetrVG 1952 sowie durch das MontanMitbestG 1951 kam es zu Teilregelungen auf dem Gebiet der Mitbestimmung (dazu vgl. oben, § 16 IV).

g) Eine vollständige Reform des Aktienrechts erfolgte nach lang anhaltender Diskussion[41] durch das heute geltende *Aktiengesetz von 1965*. Dieses Gesetz kann, obwohl es seinerseits wieder verschiedene Änderungen erfahren hat, als ein groß angelegtes, weithin geglücktes Kodifikationswerk angesehen werden, dessen rechtspolitisches Anliegen vor allem in folgenden Punkten bestand: Erleichterung gestreuten Aktienbesitzes, Stärkung des Einflusses der Hauptversammlung gegenüber dem Management, Stärkung des Individual- und Minderheitenschutzes der Aktionäre, Verschärfung der Rechenschafts- und Publizitätsvorschriften, Einführung eines kodifizierten Konzernrechts.

h) Das Aktiengesetz von 1965 hat *bedeutende Änderungen* erfahren[42]. In den ersten Jahrzehnten seiner Geltung handelte es sich vor allem um große rechtspolitische Anlässe, die gewissermaßen von außen her an das Aktienrecht herangetragen wurden: das *Mitbestimmungsgesetz* von 1976, das *Bilanzrichtliniengesetz* von 1985 und das *Umwandlungsgesetz* von 1994. Spätestens seit 1994 ist jedoch eine *innere Reform des Aktienrechts* festzustellen, die der Gesetzgeber nicht in einem großen Reformgesetz ins Werk setzt, sondern in *Gestalt einer permanenten Reform*[43]. Der Gesetzgeber bedient sich dazu einer Staffette von Einzelgesetzen, die je für sich den Namen »Reform« nicht verdienen, in ihrer Summe jedoch zu einer Neugestaltung des Aktienrechts führen. Besonders hervorzuheben sind:
- das Gesetz für kleine Aktiengesellschaften und zur Deregulierung des Aktienrechts vom 2.8.1994[44]
- das Zweite Finanzmarktförderungsgesetz vom 26.7.1994[45] und das Dritte Finanzmarktförderungsgesetz vom 24.3.1998[46]
- das Gesetz über die Zulassung von Stückaktien (StückAG) vom 25.3.1998[47]
- das Gesetz zur Kontrolle und Transparenz im Unternehmensbereich (KonTraG) vom 27.4.1998[48]

39 Gesetz über die Kapitalerhöhung aus Gesellschaftsmitteln und über Gewinn- und Verlustrechnung v. 23.12.1959 (BGBl. I S. 789).
40 Gesetz über Kapitalanlagegesellschaften v. 14.1.1970 (BGBl. I S. 127); dazu *Baur*, Investmentgesetze, 1970.
41 Eingehend jetzt *Assmann*, in: GroßkommAktG, Einl. Rdnrn. 183ff.; Nachweise hier noch in der 2. Aufl.
42 Überblick bei *Semler*, in: MünchKommAktG, Einl. Rdnrn. 43ff.
43 So bereits *Zöllner*, AG 1994, 336.
44 BGBl. I S. 1961.
45 BGBl. I S. 1749.
46 BGBl. I S. 529.
47 BGBl. I S. 590.
48 BGBl. I S. 786; Materialien bei *Ernst/Seibert/Stuckert* (Hrsg.), KonTraG, KapAEG, StückAG, EuroEG, 1998; eingehend die Beiträge im AG-Sonderheft »Die Aktienrechtsreform 1997«; Überblick bei *Claussen*, DB 1998, 177; *Seibert*, WM 1997, 1.

- das Euro-Einführungsgesetz vom 9.6.1998[49]
- das Gesetz zur Namensaktie und zur Erleichterung der Stimmrechtsausübung (NaStraG) vom 18.1.2001[50]
- das Wertpapiererwerbs- und Übernahmegesetz (WpÜG) vom 20.12.2001[51]
- das Vierte Finanzmarktförderungsgesetz vom 21.6.2002[52]
- das Transparenz- und Publizitätsgesetz (TransPuG) vom 19.7.2002[53]

Diese Gesetze haben vor allem die Binnenverfassung, noch mehr aber die Finanzierung der Aktiengesellschaften neuen, sehr stark durch das Kapitalmarkrecht dominierten Regeln unterworfen. Auch das Wertpapierhandelsgesetz und seine Änderungen durch das Wertpapiererwerbs- und Übernahmegesetz haben einen zunehmend verändernden Einfluß auf die Praxis des Aktienhandels und des Aktienrechts.

i) Der *Einfluß des Rechts der Europäischen Gemeinschaft* auf das Aktienrecht (dazu oben, § 2 II) beruht auf der in Art. 44 II Buchst. g i.V.m. Art. 249 EG festgeschriebenen Richtlinienkompetenz des Rats der Europäischen Gemeinschaft. Es handelt sich dabei um eine noch nicht abgeschlossene Entwicklung. Mehrere Richtlinien sind bereits in das Aktiengesetz eingearbeitet worden: die Erste Richtlinie von 1968 (»Publizitätsrichtlinie«), die Zweite Richtlinie von 1976 (»Kapitalrichtlinie«), die Dritte Richtlinie von 1978 (»Verschmelzungsrichtlinie«), die »Bankbilanzrichtlinie« von 1986, die Elfte Richtlinie von 1989 über die Offenlegung von Zweigniederlassungen, die »Versicherungsbilanzrichtlinie« von 1991, die »Transparenzrichtlinie« von 1988, die »Insiderrichtlinie« von 1989 und die Sechste Richtlinie von 1982 (»Spaltungsrichtlinie«). Hinzu kamen mit dem Bilanzrichtliniengesetz vom 19.12.1985 (BGBl. I S. 2355) die Vierte Richtlinie von 1978 (»Bilanzrichtlinie«) sowie, ergänzend, die Siebente Richtlinie von 1983 (»Konzernbilanzrichtlinie«) und die Achte Richtlinie von 1984 (»Prüferrichtlinie«). Demgegenüber hat der Gesetzgeber mit dem Wertpapiererwerbs- und Übernahmegesetz vorgegriffen, ohne das ungewisse Schicksal der Dreizehnten Richtlinie (Entwurf einer Übernahmeangebots-Richtlinie) abzuwarten[54]. Weitere Änderungen können sich aus den Vorschlägen der von der Kommission eingesetzten SLIM-Arbeitsgruppe zur Deregulierung des Europäischen Gesellschaftsrechts ergeben[55]. Nicht mit diesen Änderungen des nationalen Aktienrechts zu verwechseln ist die neue Sonderrechtsform der »Societas Europea«. Diese Europäische Aktiengesellschaft ist als Rechtsform vor allem für grenzüberschreitende Großunternehmen gedacht und wurde oben unter I 4 dargestellt.

---

49 BGBl. I S. 1242; Materialien bei *Ernst/Seibert/Stuckert*, ebd.
50 BGBl. I S. 123; Materialien bei *Ernst/Seibert/Stuckert*, ebd.
51 BGBl. I S. 3822.
52 BGBl. I S. 2010.
53 BGBl. I S. 2681; dazu DAV-Stellungnahme, NZG 2002, 115; *Ihrig/Wagner,* BB 2002, 789; *Sünner,* AG 2002, 1.
54 Gesetz v. 20.12.2001, BGBl. I S. 3822.
55 Abdruck in ZIP 1999, 1944.

k) Im Hinblick auf die moderne Entwicklung des Kapitalmarktrechts (oben, § 1 II 3) ist auf den *Einfluß des Wertpapierhandelsgesetzes und des Übernahmegesetzes auf die Aktienrechtswirklichkeit* hinzuweisen: Als Teil des Zweiten Finanzmarktförderungsgesetzes[56] hat das *Wertpapierhandelsgesetz* ein Bundesamt für den Wertpapierhandel eingerichtet (§§ 3ff. WpHG), das die Aufgaben eines seit langem geforderten »Aktienaufsichtsamts« übernommen hat, und es enthält Meldepflichten beim Erwerb von Aktienpaketen (§§ 21ff. WpHG), die neben die gesellschaftsinternen Offenlegungspflichten aus § 20 AktG treten (dazu unten, § 31 II 2b). Für Harmonisierung der aktienrechtlichen und der wertpapierhandelsrechtlichen Mitteilungspflichten (§§ 20f. AktG, §§ 21ff. WpHG) hat das Dritte Finanzmarktförderungsgesetz gesorgt[57]. Nach § 20 VIII AktG in der durch dieses Gesetz gewonnenen Fassung haben bei börsennotierten Aktiengesellschaften die Vorschriften des WpHG Vorrang vor § 20 AktG.

3. Rechtspolitische Entwicklungstendenzen und Gegenwartsprobleme[*]

a) Als eine unendliche Geschichte läßt sich die *Diskussion um die Binnenverfassung der Aktiengesellschaft* beschreiben. Hier stehen immer wieder zwei Kernfragen im Brennpunkt der Kritik:
- die Funktionsfähigkeit des Aufsichtsrats als Kontrollgremium und die Notwendigkeit eines vom Vorstand einzurichtenden Überwachungssystems (§ 91 II AktG)[58],
- die Veränderung der Hauptversammlung im elektronischen Zeitalter[59] sowie die Stimmrechtsvertretung in der Hauptversammlung und das Depotstimmrecht der Banken (§ 135 AktG)[60].

---

56 BGBl. I S. 1994 S. 1749ff.; dazu *Assmann/Schneider* (Hrsg.), Wertpapierhandelsgesetz, 1995; *Becker*, Das neue Wertpapierhandelsgesetz, 1995; *Hopt*, ZHR 159 (1995), 135ff.; *Weber*, NJW 1994, 2849ff.

57 Gesetz v. 24.3.1998, BGBl. I S. 529.

* Literatur (Auswahl; s. auch Vorauflage): *Baums*, Empfiehlt sich eine Neuregelung des aktienrechtlichen Anfechtungs- und Organhaftungsrechts, Verhandlungen des 63. DJT, 2000. S. F 3; *Börsensachverständigenkommission* (Hrsg.), Standpunkte zur künftigen Regelung von Unternehmensübernahmen, 1999; *ders.* (Hrsg.), Bericht der Regierungskommission Corporate Governance, 2001; *Dörner* u.a. (Hrsg.), Reform des Aktienrechts ..., 1999; *Escher-Weingart*, Reform durch Deregulierung im Kapitalgesellschaftsrecht, 2001; *Feddersen/Hommelhoff/Schneider* (Hrsg.), Corporate Governance, 1996; *Grundmann*, Wettbewerb der Regelgeber im Europäischen Gesellschaftsrecht, ZGR 2001, 783; *Hahn*, Die feindliche Übernahme von Aktiengesellschaften, 1992; *Hommelhoff/Hopt/Lutter* (Hrsg.), Konzernrecht und Kapitalmarktrecht, 2001; *Hopt/Kanda/Roe/Wymeersch/Prigge*, Comparative Corporate Governance, 1998; *Lüttmann*, Kontrollwechsel in Kapitalgesellschaften, 1992; *Mülbert*, Empfehlen sich gesetzliche Regelungen zur Einschränkung des Einflusses der Kreditinstitute auf Aktiengesellschaften?, in: Verhandlungen des 61. DJT I, 1996, S. E 1.

58 Dazu *Drygala/Drygala*, ZIP 2000, 297; *Seibert*, in: Festschrift Bezzenberger, 2000, S. 427.

59 *Hasselbach/Schumacher*, ZGR 2000, S. 258ff.; *Habersack* und *Riegger*, ZHR 165 (2001), 172ff., 204ff.; *Than*, in: Festschrift Seltzer, 2001, S. 577.

60 Dazu etwa *Hirte*, Kapitalgesellschaftsrecht, Rdnrn. 383ff.; *Seibert*, ZIP 2001, 53; *Noack*, ZIP 2001, 57ff.

In beiderlei Hinsicht hat das Gesetz zur Kontrolle und Transparenz im Unternehmensbereich von 1998 (KonTraG) Verbesserungen gebracht, doch muß Klarheit darüber bestehen, daß die Gesetzgebung auf Feldern wie diesen niemals zum Ziel kommen wird und daß ein immerwährendes Ungenügen an diesen Regeln realistischerweise hinzunehmen sein wird. Die Begründung des Transparenz- und Publizitätsgesetzes (TransPuG) kündigt weitere Modernisierungen an.

b) Hiermit im Zusammenhang steht der *Fragenkomplex »Corporate Governance«*[61]. Der – juristisch nicht präzis greifbare – Begriff »Corporate Governance« beschreibt die Summe der für eine verantwortliche, auf langfristige Wertschöpfung zielende Unternehmensführung, Unternehmenskontrolle und Transparenz geltenden Maximen. Daß es solche vertrauensbildenden Spielregeln gibt und eigentlich immer gegeben hat, ist an und für sich selbstverständlich. Deshalb zeigen sich Juristen durch die »Corporate Governance«-Diskussion tendenziell weniger beeindruckt als Wirtschaftspraktiker. »Corporate Governance«-Regeln können für sich echten Rechtsnormcharakter ebensowenig in Anspruch nehmen wie etwa Verhaltenspflichten im BGB. Das besondere Bedürfnis nach anerkannten Spielregeln für die »Corporate Governance« beruht aber im Aktienrecht auf dem typischen Auseinanderklaffen von Management und Unternehmenseignern sowie auf der Steuerung des Unternehmensgebahrens auch durch den Kapitalmarkt. Auch sind die Regeln rechtlich nicht etwa irrelevant, denn sie konkretisieren haftungsrelevante Verhaltenspflichten der Gesellschaftsorgane, sie spielen eine wachsende Rolle bei der Abschlußprüfung im Rechnungslegungswesen und sie können auch Maßstab für Kapitalmarktsanktionen sein (Börsenzulassung, Aufnahme von Aktien in einen Kursindex etc.). »Corporate Governance« ist Gegenstand der Beratung einer Expertenkommission. Erste Maximenkataloge sind bereits vorgelegt worden[62]. Im Jahr 2001 hat eine von der Bundesregierung eingesetzte Kommission Empfehlungen erarbeitet, wie das deutsche System der Corporate Governance an die rasanten wirtschaftlichen und technologischen Veränderungen angepaßt werden kann[63]. Im Gefolge dieser rechtspolitischen Arbeit hält nunmehr § 161 AktG i.d.F. des Transparenz- und Publizitätsgesetzes die Organe börsennotierter Gesellschaften zu einer alljährlichen Erklärung darüber an, daß sie den von einer

---

61 Dazu statt vieler *Scheffler*, Corporate Governance, 1995; *Feddersen/Hommelhoff/Schneider*, Corporate Governance, 1996; *Hommelhoff* u.a. (Hrsg.), Corporate Governance, 2002; *Hopt/ Kanda/Roe/Wymeersch/Prigge*, Comparative Corporate Governance, 1998; *Hopt*, Corporate Governence: Aufsichtsrat oder Markt in: Dritte Max-Hachenburg-Gedächtnisvorlesung, 1998, S. 9; *ders.*, ZGR 2000, 779ff.; *Grundmann/Mülbert/Lutter/Hommelhoff/Davis/Wymeersch*, ZGR 2001, 215–324; zur Bedeutung für die Wirtschaftsprüfung vgl. *Mattheus*, ZGR 1999, 682ff.; *C. Teichmann*, Corporate Governance in Europa, ZGR 2001, 645ff.

62 Corporate Governance-Grundsätze (»Code of Best Practice«) für börsennotierte Gesellschaften, AG 2000, 109 (dazu *Schneider/Strenger*, AG 2000, 106); OECD Principles of Corporate Governance (vgl. *Schneider*, DB 2000, 2413ff.); Berliner Initiativkreis German Code of Corporate Governance, DB 2000, 1573ff.

63 *Baums*, Bericht, a.a.O.

Kodex-Kommission aufgestellten Verhaltensregeln entsprechen oder warum sie dies nicht tun (»comply or explain«)[64].

c) Charakteristisch für den Einfluß des Kapitalmarkts auf die Aktienrechtspraxis ist schließlich die »Shareholder Value«-Diskussion[65]. Das durch den Amerikaner *Alfred Rappaport* aus der Kapitalmarkttheorie in die Unternehmenspraxis transportierte Unternehmenskonzept blickt bei der Definition der in Publikumsgesellschaften wirkenden Handlungsmaximen statt auf das Unternehmensinteresse und auf das Ziel, die operativen Gewinne zu maximieren, auf die Maximierung des Unternehmensmarktwerts, d.h. einfach gesprochen: auf nachhaltig hohe Aktienkurse. Das scheint nun auf den ersten Blick nicht eben sensationell, denn waren nicht immer schon hohe Kurse Zeichen und Lohn für gute Vorstandsarbeit? Neu ist der Shareholder Value-Ansatz aber insofern, als er die Kursentwicklung nicht als Indiz für die Leistung des Unternehmens, sondern als deren Ziel betrachtet. Vergröbert und vereinfacht also: Die Handlungspflichten des Vorstands leiten sich nur noch sekundär aus seinen operativen Funktionen in der Branche des Unternehmens her (z.B. möglichst kapitalgünstig möglichst viele möglichst sichere Autoreifen möglichst hoch über dem Einstandspreis zu verkaufen), sondern aus der Attraktivität der Aktien am Kapitalmarkt. Der typische, an der Maximierung seines Einsatzes interessierte Anleger wird so zum Träger der das Vorstandshandeln bestimmenden Interessen. Produktqualität und kommerzieller Erfolg des Unternehmens auf »seinem« Markt verkümmern zu bloßen Elementen des einzigen Markts, der den Shareholder Value bestimmt: des Anlegermarkts, dem außer einer guten operativen Darstellung des Unternehmens unablässig »Kursphantasien« vorgezeigt werden müssen. Ob sich dieses Konzept mit dem verbandsrechtlichen Ansatz des Aktiengesetzes verträgt, wird verschiedentlich bezweifelt[66]. Richtig scheint, daß Shareholder Value nach dem Konzept des Aktiengesetzes nicht Selbstzweck, sondern nur Indikator für den Unternehmenserfolg sein darf.

d) Der vierte große Themenbereich ist das *Recht der Unternehmensübernahmen*[67]. Für das nationale Aktienrecht war dieses Thema lange Zeit durch einen Cantus Firmus beherrscht: durch die rechtlichen Grundlagen für Abwehrstrategien von Organen und Aktionären gegen *sog. feindliche Übernahmen*[68]. Die anfangs ganz von der die Gesellschaftsorganisation inspirierte Debatte hat sich lange auf folgende Fragen konzentriert:

---

64 Dazu *Ulmer,* ZHR 166 (2002), 150ff.; Haftungsüberlegungen bei *Lutter,* in: Festschrift Druey, Zürich 2002, S. 463ff.

65 Dazu statt vieler *Bischoff*, Das Shareholder Value-Konzept, 1994; *Rappaport*, Shareholder Value, 1996 (im Original: Creating Shareholder Value, 1986); *Raster*, Shareholder Value-Management, 1995; *Mülbert*, ZGR 1997, 129ff.; *Kübler*, in: Festschrift Zöllner, Band I, 1998, S. 321ff.; *W.-U. Schilling*, BB 1997, 373ff.

66 Bedenken bei *Mülbert*, ZGR 1997, 129, 171f.

67 Vgl. aus der unübersehbaren Literatur etwa *von Rosen/Seifert* (Hrsg.), Die Übernahme börsennotierter Unternehmen, 1999; *Hopt*, ZHR 161 (1997), 368ff.; *ders.*, in: Hommelhoff/Hopt/Lutter (Hrsg.), Konzernrecht und Kapitalmarktrecht, 2001; *Seibt/Heiser*, ZHR 165 (2001), 466.

68 Vgl. nach dem Stand von 1996/97 die Angaben in der 3. Aufl., § 26 II 3 a.

- Welche Strategien gegen feindliche Übernahmen sind nach dem Aktienrecht zulässig und wie effektiv sind diese Strategien[69]?
- Ist der Vorstand einer Aktiengesellschaft zu Abwehrmaßnahmen gegen eine feindliche Übernahme berechtigt oder sogar verpflichtet, oder trifft ihn eine Neutralitätspflicht[70]?
- Reicht unser nationales Konzernrecht zur Bewältigung von Übernahmeproblemen aus, oder sind kapitalmarktrechtliche Überlegungen unentbehrlich[71]?

Nach dem Entwurf einer Dreizehnten Richtlinie (Übernahmerichtlinie) aus dem Jahr 2001[72] sollte sich endgültig ein kapitalmarktrechtlicher Ansatz im Übernahmerecht durchgesetzt haben, der den Vorstand zur Neutralität verpflichtet und in erster Linie auf einen Angebotszwang setzen sollte: Wer Anteile über einen bestimmten Schwellenwert hinaus erwerben wolle, sei zur Abgabe eines Angebots verpflichtet, das sich auf Aktien erstrecke (Art. 5). Dem wurde eine Neutralitätspflicht des Vorstands gegenübergestellt, so daß Abwehrmaßnahmen nur noch mit Zustimmung der Hauptversammlung möglich sein sollten (Art. 9). Die Einwerbung eines besseren Angebots oder Maßnahmen, die den Kurswert der Aktien erhöhen und dadurch die Übernahme erschweren, sollte zulässig bleiben[73]. Doch ist diese Übernahmerichtlinie im Europäischen Parlament einstweilen gescheitert[74]. Unabhängig hiervon hat der Gesetzgeber im Jahr 2001 das *Wertpapiererwerbs- und Übernahmegesetz* verabschiedet[75]. Dieses enthält erstmalig für Deutschland ein gesetzliches Regelungswerk für alle öffentlichen Angebote zum Erwerb von Wertpapieren (§§ 10–28); für Übernahmeangebote (§§ 29–34) und für Pflichtangebote bei Erlangung der Unternehmenskontrolle (§§ 35–39), wofür der Erwerb von 30 % der Stimmrechte ausreicht (§ 29 II). Der Vorstand ist befugt, zur Abwehr des Übernahmeangebots nach konkurrierenden Bietern (sog. »White knight«) zu suchen; andere Handlungen, durch die der Vorstand der Zielgesellschaft den Erfolg des Angebots verhindern könnte, bedürfen einer Ermächtigung von Seiten des Aufsichtsrats oder der Hauptversammlung (§ 33).

e) Das *Kapitalmarktrecht* hält auch sonst das Aktienrecht in Bewegung. Zu konstatieren ist insgesamt, daß nahezu alle wesentlichen rechtstatsächlichen und rechtspoltischen Impulse für Aktienrechtswirklichkeit und Aktienrecht von der Hinwendung des Denkens zum Geschehen auf internationalen Kapitalmärkten herrühren (vgl. schon oben, § 1 II 3).

69 Vgl ebd.

70 Dazu mit umfassenden Nachweisen *Merkt*, *Maier-Reimer* und *Becker*, ZHR 165 (2001), 224ff., 258ff., 280ff.; kritisch z.B. *Werner*, Probleme »feindlicher« Übernahmeangebote, 1989, S. 16; *Martens*, in: Festschrift Beusch, 1993, S. 549ff.; *Bungert*, NJW 1998, 492; *Kirchner*, AG 1999, 489.

71 Umfassend *Hommelhoff/Hopt/Lutter* (Hrsg.), Konzernrecht und Kapitalmarktrecht, 2001.

72 Text in ZIP 2001, 1123; dazu *Neye*, ebd. S. 1120ff.

73 Differenzierungsversuche bei *Maier-Reimer*, ZHR 165 (2001), 258ff.

74 Dazu *Möller/Pötzsch*, ZIP 2001, 1257: 273 zu 273 Stimmen.

75 Gesetz v. 20.12.2001, BGBl. I S. 3822; dazu *Geibel/Süßmann*, WpÜG, 2002; *Hirte* (Hrsg.), WpÜG (Materialsammlung), 2002; *Krause*, NJW 2002, 705; *Liebscher*, ZIP 2001, 853; *Mülbert*, ZIP 2001, 1221.

III. Leitbild und Typen der Aktiengesellschaft*

1. Das gesetzliche Leitbild und die formelle Satzungsstrenge

a) Das Aktienrecht hat sich entwickelt als das Recht der industriellen Publikumsgesellschaft. Dem entspricht eine strenge *Trennung zwischen dem Kreis der Kapitaleigner* (Stichwort »Aktionärsdemokratie«) *und dem Management* (Stichwort »Fremdorganschaft«). Bei keiner Rechtsform ist die Verselbständigung des Unternehmens gegenüber dem Rechtsträger und den Kapitaleignern so ausgeprägt wie bei der AG. Es kann deshalb nicht verwundern, daß jedenfalls die mitbestimmte Aktiengesellschaft – obwohl selbst nur unternehmenstragende Handelsgesellschaft und nicht Unternehmen – geradezu schon als ein verfaßtes Unternehmen bezeichnet wird[76]. Nicht von ungefähr ist die Aktiengesellschaft Ausgangspunkt der Publizitätsdiskussion und der Mitbestimmungsdiskussion gewesen, nicht von ungefähr ist das Aktiengesetz am stärksten von unternehmensrechtlichen Zügen geprägt, und nicht von ungefähr befaßt sich der Bericht der Unternehmensrechtskommission (1980) schwerpunktmäßig und ausführlich vor allem mit der AG. Allerdings hat diese Sichtweise in Deutschland lange Zeit zu einer Fixierung auf die Aktiengesellschaft als soziale Großveranstaltung und zu einer Vernachlässigung der Faktoren »Aktionär« und »Kapitalmarkt« geführt, die erst nach 1990 vom deutschen Gesetzgeber neu entdeckt und reaktiviert wurden (dazu oben unter II 2 h).

b) Charakteristisch für das deutsche Aktienrecht ist die strenge *Funktionstrennung zwischen Vorstand und Aufsichtsrat*, womit sich die deutsche AG insbesondere vom Board-System des US-amerikanischen Aktienrechts unterscheidet[77]. Der Aufsichtsrat als – zunächst fakultatives – Gesellschafts-

---

* Literatur (Auswahl): *Ammon*, Die kleine Aktiengesellschaft, 1995; *Claussen*, Das Gesetz über die kleine AG, ZIP 1996, 609; *Flume*, Um ein neues Unternehmensrecht, 1980; *Friedewald*, Die personalistische AG, 1991; *Hansen*, Strukturdaten und Branchenanalysen der deutschen Aktiengesellschaften, 1980; *Hirte*, Die aktienrechtliche Satzungsstrenge: Kapitalmarkt und sonstige Legitimation versus Gestaltungsfreiheit, in: Lutter/Wiedemann (Hrsg.), Gestaltungsfreiheit im Gesellschaftsrecht, ZGR-Sonderheft 13, 1997, S. 61; *Hölters/Deilmann/Buchta*, Die »kleine« Aktiengesellschaft, 2. Aufl. 2002; *Hommelhoff*, »Kleine Aktiengesellschaften« im System des deutschen Rechts, AG 1995, 529; *Knur*, Die Familiengesellschaft, 1941; *Martin Luther*, Die genossenschaftliche AG, 1978; *Lutter*, Die kleine AG – ein Angebot an die Praxis, in: Festschrift Vieregge, 1995, S. 603; *ders.*, Gesellschaftsrecht und Kapitalmarkt, in: Festschrift Zöllner I, 1998, S. 363; *Potthoff/Theisen*, Organisationsrecht und Organisationswirklichkeit der AG, in: 40 Jahre DB, 1988, S. 53; *Roth*, Das Treuhandmodell des Investmentrechts – Eine Alternative zur Aktiengesellschaft? 1972; *Seibert/Kiem*, Die kleine AG, 4. Aufl. 2000; *Seibt*, Kapitalmarktrechtliche Überlagerungen im Aktienrecht, in: VGR 2000, 2001, 37; *Spindler*, Deregulierung des Aktienrechts? AG 1998, 53; *Vogel*, Aktienrecht und Aktienwirklichkeit, 1980; *Wiethölter*, Interessen und Organisation der Aktiengesellschaft im amerikanischen und deutschen Recht, 1961; *Zöllner*, in: KK, 1. Aufl. 1985, Einl. Rdnrn. 88ff. m.w.N.

76 Vgl. *Flume*, a.a.O., S. 17ff.; ähnlich *Schilling*, Das Aktienunternehmen, ZHR 144 (1980), 136; abl. *Rittner*, Aktiengesellschaft oder Aktienunternehmen? ZHR 144 (1980), 330; *Kunze*, Unternehmen und Gesellschaft, ZHR 147 (1983), 16.

77 Eingehend: Bericht über die Verhandlungen der Unternehmensrechtskommission, 1980, Rdnrn. 222ff.; *Wiethölter*, a.a.O., S. 206ff.; 270ff.

organ ist seit den Beratungen des ADHGB, also seit der Mitte des 19. Jahrhunderts, ein fester Bestandteil des deutschen Aktienrechts[78]. Während der Gegensatz von »Aktionärsdemokratie« und »Management« sich aus der Natur der Sache ergeben mußte, ergab sich die Einrichtung des Aufsichtsrats nicht von selbst. Als ein vom Leitungsorgan getrenntes Überwachungsorgan mußte er erst einmal erfunden werden. Der Aufsichtsrat hat sich dann aber in der Aktienrechtsgeschichte als das rechtspolitisch brisanteste Organ erwiesen. Die rechtspolitischen Debatten um die Organisation von Aktiengesellschaften kreisten mehr und mehr um den Aufsichtsrat. Er wurde denn auch der Sitz der Mitbestimmung.

c) Der *verfassungsmäßige Strukturtypus der Aktiengesellschaft* läßt sich durch die Satzung nur wenig ändern, denn es gilt – anders als bei der GmbH und den Personengesellschaften – das *Prinzip der formellen Satzungsstrenge* (dazu näher oben, § 5 III; unten, § 34 II 2g): Nach § 23 V AktG darf die Satzung von den Vorschriften des Aktiengesetzes nur abweichen, wenn dies ausdrücklich zugelassen ist; auch ergänzende Bestimmungen sind nur zulässig, soweit nicht das Gesetz eine abschließende Regelung enthält[79]. Forderungen, die strenge Vorschrift im Zuge der Deregulierung des Aktienrechts zu beseitigen und ganz auf das Kapitalmarktrecht zu vertrauen[80], scheinen verfrüht, und bei »kleinen Gesellschaften« (zu ihnen sogleich unter III 2 b)[81] erlauben satzungsbegleitende Nebenabreden (oben, § 5 I 5), was § 23 V AktG zu verbieten scheint. Deshalb ist die formelle Organisationsstruktur der Aktiengesellschaften weitgehend homogen. Dies ändert aber nichts daran, daß das faktische Erscheinungsbild der Aktiengesellschaften eine beträchtliche Variationsbreite aufweist und ein Spannungsverhältnis zwischen Aktiengesetz und Wirtschaftswirklichkeit erkennbar werden läßt.

2. Typen der Aktiengesellschaft

Die Erscheinungstypen der AG können naturgemäß nicht vollständig genannt werden. Unter ihnen ragen vor allem die folgenden heraus:

a) Die *Publikums-AG* entspricht dem historischen Leitbild der Aktiengesellschaft am besten. Die Aktiengesellschaft ist für den Streubesitz eines breiten Anlegerpublikums wie geschaffen. Die Verbriefung der Anteile in fungiblen Papieren und die Einrichtung institutioneller Kapitalmärkte hat das Entstehen der Publikumsgesellschaften möglich gemacht. Zwar befindet sich ein erheblicher Teil des Aktienvermögens nicht mehr in der Hand privater Anleger, sondern in der Hand von Muttergesellschaften oder von institutionellen Anlegern, aber die Publikums-AG ist doch noch die Basis des Aktien-

78 Eingehend *Wiethölter*, a.a.O., S. 270ff.
79 Dazu *Geßler*, in: Festschrift Martin Luther, 1976, S. 69; *Röhricht*, in: GroßkommAktG, § 23 Rdnr. 167ff.
80 So namentlich *Hirte*, a.a.O., S. 61ff.; krit. auch *Spindler*, AG 1998, 53.
81 Zu diesen *Hommelhoff*, AG 1995, 532.

rechts. Seit 1994[82], mehr aber noch seit dem *KonTraG* und dem *TransPuG* (dazu oben unter II 2 h) hat der deutsche Aktiengesetzgeber mehr und mehr das Sonderrecht der börsennotierten Gesellschaft herausgearbeitet (§§ 3 II, 110 III, 130 I 3, 143 I 2, 161, 186 III 4, 328 III, 404 II 1 AktG). Allerdings haben gerade diese Gesellschaften Größenordnungen erreicht, die das Rechtsbild des Aktiengesetzes bereits hinter sich lassen[83]. Das wird vor allem beim Management klar erkennbar. *Zöllner*[84] schildert das Phänomen folgendermaßen: »Der Aufsichtsrat ist in diesen Gesellschaften nicht mehr die bestimmende Kraft für die Auswahl der Vorstandsmitglieder, vielmehr ergänzt sich der Vorstand selbst im Wege der Kooptation, die Kontrollfähigkeit des Aufsichtsrats wird stark überlagert von seiner Funktion als Berater des Vorstands – nicht selten dominieren in ihm frühere Vorstandsmitglieder –, und durch das Depotstimmrecht der Banken und die Teilnahme von Bankenvertretern im Aufsichtsrat ergeben sich Verflechtungen der Entscheidungsstrukturen in der Wirtschaft von hoher Komplexität.« Soweit das traditionelle Aktienrecht hier auf Leistungsgrenzen stößt, ist deshalb auf seine Ergänzung und Veränderung durch das Kapitalmarktrecht zu achten (dazu oben unter II 3 e).

b) Einen Gegentypus zur Publikums-Aktiengesellschaft bildet die *»kleine AG«*, der der Gesetzgeber seit 1994 Sonderbestimmungen widmet (dazu bereits oben unter III 1 c)[85]. Seine Sonderbestimmungen über die Einpersonengründung (§ 2 AktG) und über die vereinfachte Hauptversammlung bei bekanntem Aktionärskreis (§§ 121, 124 AktG) verstehen sich als Einschränkungen solcher Vorschriften, die nur auf Publikumsgesellschaften zugeschnitten sind[86]. Sie können Großunternehmen (z. B. Konzerntöchtern oder öffentlichen Unternehmen) ebenso zugutekommen wie Familienunternehmen. »Klein« ist die kleine AG nur insofern, als sie kapitalmarktfern und nur von einem geschlossenen Aktionärskreis getragen ist. Deshalb hat die »kleine AG« auch nichts mit der kleinen Kapitalgesellschaft i. S. des Bilanzrechts zu tun (zu dieser unten, § 29 IV 1 d). Die »Einführung« der »kleinen AG« ist nichts als eine teleologische Korrektur einzelner Gesetzesnormen innerhalb eines erstarrten Aktiengesetzes.

c) Die *Familien-AG*[87] muß sich zwar nicht vollständig in der Hand einer Familie befinden, aber sie wird als Familienunternehmen geführt, wozu der Mehrheitsbesitz einer Familie – meistens der Gründerfamilie – und oft eine

82 Vgl. 3. Aufl., § 26 III 2 a.
83 Vgl. *Vogel*, a. a. O., S. 85; *Frizen*, Der Einfluß der Hauptversammlung in der Publikums-AG, DB 1981, 277; zur Publikumsgesellschaft vgl. auch *Boettcher* und *Becker*, AG 1985, 7 und 14.
84 in: KK, 1. Aufl., Einl. Rdnr. 90.
85 Gesetz v. 2.8.1994 (BGBl. I S. 1961); dazu *Ammon/Görlitz*, *Brinkmann*, *Hölters/Deilmann*, *Seibert/Kiem*, alle a. a. O.
86 »Rechtsdogmatische« Kritik hieran bei *Hommelhoff*, AG 1995, 531 f.
87 Vgl. *Wiedemann* I, § 2 II 2; *Friedewald*, a. a. O.; *Knur*, a. a. O.; *Hennerkes/Kichdörfer*, Unternehmenshandbuch Familiengesellschaften, 2. Aufl. 1998, §§ 20 f.; *Reuter*, Privatrechtliche Schranken der Perpetuierung von Unternehmen, 1973, S. 243 ff., 430 ff.; *Vogel*, a. a. O., S. 80 f.; *Zöllner*, in: KK, 1. Aufl., Einl. Rdnrn. 92 ff.

Sicherung des Einflusses durch Sonderrechte gehört. Regelmäßig werden Vorkehrungen gegen eine Überfremdung getroffen. So können nach § 68 II AktG vinkulierte Namensaktien geschaffen werden, die nur mit Zustimmung der Gesellschaft übertragbar sind. Eine Besonderheit besteht auch im Mitbestimmungsrecht. Aus §§ 96 I AktG, 76 VI BetrVG 1952 folgt, daß bei Familiengesellschaften mit weniger als 500 Arbeitnehmern der Aufsichtsrat lediglich aus Vertretern der Anteilseigner besteht. Diese Vorschrift greift allerdings nur bei hundertprozentigem Familienbesitz ein. Man sollte den Begriff der Familien-AG aber nicht wegen solcher Einzelnormen auf 100%ige Familiengesellschaften verengen[88], denn es handelt sich um einen aus der tatsächlichen Anschauung gewonnenen Begriff. Die Bedeutung der Familien-Aktiengesellschaften war herkömmlich gering, weil das Aktienrecht auf Großunternehmen zugeschnitten war. Die sich seit 1995 abzeichnenden Liberalisierungen für die »kleine AG« könnten dies auf längere Sicht ändern, weil sie die Entscheidung für die AG-Form und vor allem den Börsenzugang (dann aber auch das »Heraus« aus der Familiengesellschaft) zu erleichtern vermögen.

d) Die *Einpersonen-AG*[89] ist im Vergleich zur sog. Einpersonen-GmbH selten, aber zulässig und kann seit 1995 unmittelbar im Wege der Einpersonengründung entstehen (§ 2 AktG und dazu unten, § 27 II 3). Als »Einmann«-Aktionär wird in der Praxis nur selten eine natürliche Person, wohl aber u.U. eine Muttergesellschaft, der Staat oder eine Gemeinde, in Frage kommen. Handelt es sich wirklich einmal um eine natürliche Person, so ist die Gesellschaft ohne weiteres »Familiengesellschaft« in dem unter III 2c geschilderten Sinne. Die Einpersonen-AG unterliegt z.T. besonderen Vorschriften, z.B. hinsichtlich der Kapitalaufbringung (§ 36 II AktG) und der Publizität (§ 42 AktG).

e) Die *genossenschaftliche AG*[90] weist Besonderheiten in der Zielsetzung auf. Gemeinsamer Zweck ist die genossenschaftliche Förderung i.S. von § 1 GenG, aber die Rechtsform ist die einer AG. Vor allem bei Einkaufsgenossenschaften des Handels (EDEKA!) spielt die Rechtsform der Aktiengesellschaft eine Rolle.

f) Ein gesetzlich geregelter Sondertypus, der gleichfalls genossenschaftliche Züge aufweist, ist die *Nebenleistungs-AG*[91]. Nach § 55 AktG kann die Satzung die Aktionäre verpflichten, neben den Einlagen wiederkehrende, nicht in Geld bestehende Leistungen zu erbringen. Dabei muß bestimmt werden, ob die

88 Vgl. aber § 10 Nrn. 2–5 des Steueranpassungsgesetzes von 1934.

89 Vgl. *Würdinger*, § 69 VII; *Vogel*, a.a.O., S. 81; *Baumbach/Hueck*, AktG, Anh. nach § 262; *Kraft*, in: KK, § 1 Rdnrn. 64ff.; *Bachmann*, NZG 2001, 961ff.

90 Vgl. *Martin Luther*, a.a.O.; *Brixner*, Zweckmäßigkeit und Möglichkeiten genossenschaftlicher Betätigung in der Rechtsform der AG, 1961.

91 Dazu *Kuhlenkampff*, Die Nebenleistungs-AG, 1927; *Schult*, Die Nebenleistungs-AG, 1997; *Eugen Wolff*, Die Nebenleistungsaktiengesellschaft des neuen HGB, in: Festgabe für Wilke, 1900, S. 319.

Leistungen entgeltlich oder unentgeltlich zu erbringen sind, und es müssen die Nebenleistungen auf den Aktien oder Zwischenscheinen angegeben werden. Voraussetzung ist weiter, daß die Übertragung der Aktien an die Zustimmung der Gesellschaft gebunden ist, denn es liegt auf der Hand, daß Nebenleistungen nicht an Aktien gebunden werden können, die auf dem Kapitalmarkt frei verfügbar sind. Sind die Nebenleistungen entgeltlich, so darf das Entgelt auch in Verlustjahren gezahlt werden (§ 61 AktG). Die Nebenleistungs-AG, oft als »Rübenzucker-AG« bezeichnet, wurde mit dem HGB von 1897 eingeführt (§ 212 HGB a. F.) und von den Aktiengesetzen beibehalten. Art. 219 ADHGB hatte demgegenüber noch ausgesprochen, daß die Beitragspflicht der Aktionäre nicht über die Kapitaleinlagen hinausgehen dürfe (ebenso dann § 211 HGB a. F.). Vor allem die Rübenzucker-Aktiengesellschaften hatten ihre Schwierigkeiten mit dieser Regelung; Aktionäre dieser Gesellschaften waren nämlich traditionellerweise die Landwirte selbst, die sich verpflichten mußten, entsprechend ihrem Aktienbesitz bestimmte Flächen mit Zuckerrüben zu bepflanzen und die Rüben – meist gegen Entgelt – an die Gesellschaft zu liefern. Diese Verträge waren vor 1900 aktienrechtlich unwirksam, aber unentbehrlich. Die Praxis behalf sich, indem sie die Vereinbarungen nicht als Satzungsbestandteile, sondern als außersatzungsmäßige schuldrechtliche Abreden betrachtete[92]. Aber das war eine Notlösung, die der Gesetzgeber von 1897 durch Anerkennung der Nebenleistungs-AG zu überwinden trachtete[93]. Doch hat § 55 AktG in der Praxis kaum tragende Bedeutung[94]. Mit dem Rückgang des agrarischen Anteils an der Marktwirtschaft hat die Nebenleistungs-AG noch weiter an Bedeutung eingebüßt, aber sie kann doch ein Baustein für Aktiengesellschaften mit Genossenschaftszweck sein[95].

g) Die *Komplementär-AG* in einer Kapitalgesellschaft & Co. KG (dazu unten, § 56) ist im Gegensatz zur Komplementär-GmbH außerordentlich selten, weil eine GmbH als Komplementärin billiger und flexibler ist; aber sie ist doch zulässig[96]. Bei einer AG & Co. KG ist die Komplementär-AG Kaufmann kraft Rechtsform (§ 3 AktG), aber Unternehmensträgerin ist die Kommanditgesellschaft; diese ist Kaufmann i. S. des § 6 HGB, weil sie ein Handelsgewerbe betreibt, nicht aber ist sie ihrerseits Kaufmann kraft Rechtsform (vgl. auch unten, § 56 II 1 a).

h) Zu einem Sondertypus kann sich die *abhängige AG* i. S. von § 17 I AktG entwickeln, weil der herrschende Einfluß eines anderen Unternehmens mit der Autonomie der abhängigen Gesellschaft auch die Willensbildung in der Gesellschaft berührt, während doch § 76 AktG die Unabhängigkeit des Vorstands und damit der Gesellschaft gewährleisten soll[97]. Insbesondere ein Beherrschungsvertrag (§ 291 AktG) greift tief in die Verfassung der Aktien-

92 Eingehend *Lippmann*, ZHR 39 (1891), 126.
93 HGB-Denkschrift, S. 132.
94 Vgl. *Henze*, in: GroßkommAktG, § 55 Rdnr. 5.
95 Vgl. *Martin Luther*, a. a. O., S. 77 f.
96 *Zöllner*, in: KK, 1. Aufl., Einl. Rdnr. 102.
97 Rechtstatsächliche Bestandsaufnahme bei *Vogel*, a. a. O., S. 82 f.

gesellschaft ein. Das Aktienkonzernrecht wird unter § 31 dieses Buchs dargestellt.

i) Als Sondertypus werden auch die *gemischtwirtschaftlichen Unternehmen* genannt, deren Anteilsrechte teils von privaten Wirtschaftssubjekten, teils von der öffentlichen Hand gehalten werden[98]. Das Sonderphänomen ist hier aber weniger gesellschaftsrechtlicher Art; es ist ein Stück öffentliches Wirtschaftsrecht.

k) Mehr und mehr zeichnet sich als Sondertypus auch die *Freiberufler-Aktiengesellschaft* ab[99]. Steuerberatungs- und Wirtschaftsprüfungsgesellschaften werden bereits als Aktiengesellschaften betrieben[100], und das *Bayerische Oberste Landesgericht* erkennt sogar die Anwalts-AG als zulässig an[101]. Charakteristisch für Freiberufler-Aktiengesellschaften ist das Nebeneinander von Aktienrecht und dem Berufsrecht der freien Berufe.

IV. Grundbegriffe der Finanz- und Organisationsverfassung

1. Grundlagen der Finanzverfassung[*]

Die Finanzverfassung der Aktiengesellschaft – insbesondere die Aufbringung, Erhaltung und Änderung des Kapitals durch die Aktionäre sowie die Rechnungslegung – wird unter § 29 dieses Buchs ausführlich besprochen. Hier geht es zunächst um die Grundlagen.

a) Das *Grundkapital* der AG ist das in einer Geldsumme ausgedrückte verfassungsmäßige *Garantiekapital der Gesellschaft.* Es muß mindestens 50 000 Euro betragen (§ 7 AktG). Seine Festlegung ist Bestandteil der Satzung (§ 23 III Nr. 3 AktG), und deshalb ist jede Änderung des Grundkapitals – also jede nominelle Kapitalerhöhung oder Kapitalherabsetzung – eine Satzungsänderung (vgl. §§ 182 I, 207 II, 222 I AktG). Erhöhungen ohne Satzungsänderung sind möglich aufgrund von Wandelschuldverschreibungen, deren Ausgabe aber einen mit satzungsändernder Mehrheit gefaßten Beschluß voraussetzt (§ 221 I 2 AktG), oder dann, wenn die Satzung den Vorstand für höchstens fünf Jahre ermächtigt, das Grundkapital bis zu einem bestimmten

98 *Vogel*, a.a.O., S. 81 f.; über den Einfluß öffentlich-rechtlicher Zielsetzungen auf die Satzung vgl. *Schön*, ZGR 1996, 429 ff.; *Spannowsky*, ZGR 1996, 400 ff.

99 *Semler*, in: MünchKommAktG, Einl. Rdnrn. 283 ff.

100 Ebd.

101 *BayObLG*, NJW 2000, 1647; *Ammon/Görlitz*, a.a.O., S. 96 ff.; *Stabreit*, NZG 1998, 452; *Kempter/Kopp*, NJW 2000, 3449.

* Literatur: *Ballerstedt*, Kapital, Gewinn und Ausschüttung, 1949; *Bordt*, Das Grund- und Stammkapital der Kapitalgesellschaften, 2. Aufl. 1999; *Escher-Weingart*, Reform durch Deregulierung im Kapitalgesellschaftsrecht, 2001; *Hirte*, a.a.O., Rdnrn. 586 ff.; *Kübler*, Aktie, Unternehmensfinanzierung und Kapitalmarkt, 1989; *Lutter*, Kapital, Sicherung der Kapitalaufbringung und Kapitalerhaltung, 1964; *von Rosen/Seifert* (Hrsg.), Die Namensaktie, 2000.

Nennbetrag durch Ausgabe neuer Aktien gegen Einlagen zu erhöhen (genehmigtes Kapital nach § 202 AktG); auch dies kann noch nachträglich durch Satzungsänderung angeordnet werden.

Grundkapital und Gesellschaftsvermögen sind nicht dasselbe[102]. Das Grundkapital ist eine Rechengröße, die auf der Passivseite der Bilanz gebucht wird und angibt, in welcher Höhe die Aktionäre der Gesellschaft Eigenmittel zuführen müssen. Hierfür sorgen zwingende Regeln über die Kapitalaufbringung (z.B. §§ 9 I, 27ff., 63ff. AktG) und die Kapitalerhaltung (§§ 57–62, 71 AktG). Dem Betrage nach können Grundkapital und Gesellschaftsvermögen auseinanderfallen. Sie fallen z.B. von Anfang an auseinander, wenn die Aktien bei einer Neugründung über pari, d.h. zu einem den Nennwert übersteigenden Preis, angeboten werden. Vor allem aber ändert sich bei konstantem Grundkapital durch Gewinne oder Verluste laufend das Gesellschaftsvermögen. Erst die klare Unterscheidung zwischen dem Grundkapital und dem Gesellschaftsvermögen macht die Kapitalsicherungsvorschriften des Aktienrechts verständlich: Der Gesetzgeber kann zwar das Grundkapital schützen, indem er Auszahlungen an die Aktionäre verbietet (§ 57 AktG), nicht aber kann er der Gesellschaft verbieten, Verluste zu machen. Der Gesetzgeber kümmert sich zwar um das Garantiekapital, aber er kann und will nicht gewährleisten, daß auch stets ein Vermögen in dieser Höhe vorhanden ist.

Mit dem Gesellschaftsvermögen hat dagegen § 92 AktG zu tun: Entsteht ein Verlust in Höhe der Hälfte des Grundkapitals[103], so muß der Vorstand die Hauptversammlung einberufen und ihr dies mitteilen (§ 92 I AktG); tritt Überschuldung ein, so muß der Vorstand insolvenzrechtliche Schritte ergreifen (§ 92 II AktG; vgl. näher unten, § 28 II 4b und c).

b) Die *Aktie* ist ein Bruchteil des Grundkapitals (vgl. § 1 II AktG). Sie lautet aber nicht auf einen solchen Bruchteil (also nicht auf »1/125 000 000 Volkswagen AG«)[104]. Vielmehr wird unterschieden zwischen den traditionellen Nennbetragsaktien (z.B. »ein Euro«)[105] und den seit dem Stückaktiengesetz (oben unter II 2 h) zugelassenen kapitalmarktgerechteren Stückaktien[106]. Nach § 9 I AktG dürfen Aktien unter pari ausgegeben werden (dazu unten, § 29 II 1). Der Mindestnennbetrag einer Aktie bzw. ihr Mindestanteil am Grundkapital ist nach § 8 II 1 AktG 1 Euro. Aktien über 1 Euro müssen auf volle Euro lauten, und der Aktionär kann sie auch nicht im Wege der Teilveräußerung teilen (§ 8 V AktG). Wenn nicht die Satzung dieses Recht ausschließt (§ 10 V AktG), kann jeder Aktionär verlangen, daß die Aktie verbrieft wird. Das anlegende Publikum findet die Aktie regelmäßig beim Kauf an der Börse als ein verbrieftes Recht vor. Die Aktie ist dann zugleich

102 Krit. *Wilhelm*, ZHR 159 (1995), 458.
103 Dazu *Welf Müller*, ZGR 1985, 191.
104 Keine Quotenaktie; vgl. *Escher-Weingart*, a.a.O., S. 255.
105 Dazu *Heider* in: MünchKommAktG, § 8 Rdnrn. 1, 65ff.
106 Die deutsche Stückaktie bleibt jedoch auf das Stammkapital bezogen; vgl. *Escher-Weingart*, a.a.O., S. 255; anders z.B. in den USA; vgl. *Kübler*, § 14 I 3 a; *ders.*, Aktie, Unternehmensfinanzierung und Kapitalmarkt, 1989; *Raiser*, Kapitalgesellschaften, § 9 I.

Wertpapier, und zwar Wertpapier i. e. S.[107] Nach § 10 I AktG können Aktien auf den Inhaber lauten (Inhaberaktien) oder auf den Namen (Namensaktien). In der Aktienrechtswirklichkeit spielte bis in die 90er Jahre die Inhaberaktie die dominierende Rolle[108], doch haben sich die Verhältnisse verschoben, und dem hat der Gesetzgeber mit dem NaStraG Rechnung getragen (vgl. zu diesem Gesetz oben unter II 2 h)[109]. Eine Ausgabe vor der vollen Leistung des Nennbetrags ist nur bei Namensaktien zulässig (§ 10 II AktG). Im übrigen können bereits Zwischenscheine ausgegeben werden, die gleichfalls auf den Namen lauten müssen (§ 10 III AktG) und schon teilweise wie Aktien behandelt werden. Verbrieftes Recht ist bei der Aktie die *Mitgliedschaft* unter Einschluß der dazugehörigen Teilrechte (Stimmrecht, Anfechtungsrecht, Gewinnbezugsrecht, Recht auf die Liquidationsquote etc.). Die Besonderheit der als Wertpapier verbrieften Aktie im Gegensatz etwa zum Geschäftsanteil bei der GmbH besteht darin, daß Verfügungen nicht über die Mitgliedschaft selbst, sondern über die Aktie als Wertpapier getroffen werden. Es gilt der Grundsatz: Das Recht aus dem Papier folgt dem Recht am Papier (vgl. zu den wertpapierrechtlichen Grundlagen Handelsrecht, § 24 I 2). Die Verfügung erfolgt bei Inhaberaktien nach den für bewegliche Sachen geltenden Grundsätzen, während Namensaktien nach § 68 I AktG durch Indossament übertragen werden können (aber auch durch Abtretung nach §§ 413, 398 ff. BGB mit Papierübergabe).

Beispiel Nr. 1: Überträgt A seine Inhaberaktie auf B, so erfolgt dies nach § 929 BGB[110]. Tritt eine Bank als Kommissionär auf, so kommt auch eine Übereignung durch Absendung des Stückeverzeichnisses nach § 18 III DepotG in Betracht (dazu Handelsrecht, § 31 V 3 b). Wird die Aktie gepfändet, so erfolgt die Pfändung als Sachpfändung nach § 808 ZPO, die Verwertung nach § 821 ZPO, während für Namensaktien eine Sondervorschrift besteht (§ 831 ZPO).

Für *Namensaktien* gelten einige Sondervorschriften. Eine Aktiengesellschaft, die Namensaktien ausgibt, muß nach § 67 I AktG ein Aktienregister anlegen, in dem die Aktionäre verzeichnet sind; die Eintragung in das Aktienregister ist zwar kein Wirksamkeitserfordernis für eine Übertragung der Aktie, aber im Verhältnis zur Gesellschaft gilt nur als Aktionär, wer durch das Aktienregister als solcher ausgewiesen ist (§ 67 II AktG).

c) Der *Aktienhandel* erfolgt bei börsennotierten Aktien über einen institutionalisierten Kapitalmarkt: die *Wertpapierbörsen.* Das Kapitalmarktrecht ist ein Spezialgebiet, auf dessen Zusammenhänge mit dem Gesellschaftsrecht bereits unter § 1 II 3 hingewiesen wurde. Oben unter II wurde auch ausgeführt, daß das moderne Aktienrecht mehr und mehr durch Kapitalmarktrecht überlagert wird. Aus dem Organisationsrecht des sich lediglich

107 Eingehend *Haag*, Die Begriffsbildung der Wertpapiere, 1969, S. 107 ff.

108 Vgl. *Merkt*, in: von Rosen/Seifert, a. a. O., S. 63 ff.; *Vogel*, Aktienrecht und Aktienwirklichkeit, 1980, S. 228.

109 Dazu *Seibert*, in: von Rosen/Seifert, a. a. O., S. 11 ff.; *Spindler*, ZGR 2000, 422 m. w. N.

110 In der Depotpraxis hat sich allerdings weitgehend der stückelose Verkehr durchgesetzt; vgl. dazu eingehend *Einsele*, in: MünchKommHGB, Bd. V, Depotgeschäft; *Than*, in: Festschrift Schimansky, 1999, S. 821; *Blitz*, WM 1997, 2211 ff.; *Mentz/Fröhling*, NZG 2002, 201 ff.

über den Kapitalmarkt finanzierenden »Aktienvereins« wird durch Kapitalmarktrecht mehr und mehr ein *Aktien*recht als Sondermaterie.

d) Es gibt *Sonderformen der Aktie.* Zu ihnen gehört zunächst die *vinkulierte Namensaktie.* Nach näherer Maßgabe des § 68 II AktG kann die Satzung die Übertragung von Namensaktien an die Zustimmung der Gesellschaft binden[111]. Vinkulierte Namensaktien verhindern, daß die Gesellschaft – was ja der Normalfall der AG ist – zu einer Publikumsgesellschaft wird. Vor allem Familiengesellschaften können auf diese Weise gegen Überfremdung geschützt werden. Dabei kann – ähnlich wie bei der GmbH (unten, § 35 II 3b) – die Frage auftreten, ob die Gesellschaft unter bestimmten Umständen die Zustimmung nicht versagen darf[112]. Nach § 11 AktG können *Aktien besonderer Gattung* gebildet werden. Der Gleichbehandlungsgrundsatz im Gesellschaftsrecht (§ 53a AktG sowie oben, § 16 II 4b) verbietet dies nicht (es handelt sich dabei auch nicht um Sondervorteile für einzelne Aktionäre, die in § 26 I AktG geregelt sind). Es gibt allerdings *keine Mehrstimmrechtsaktien* mehr (§ 12 II AktG). Die Mehrstimmrechtsaktie war bereits durch das AktG 1937 unterbunden worden. Sie hatte sich während der Wirtschaftskrisen nach dem ersten Weltkrieg vor allem zur Abwehr von Überfremdungen ausgebreitet und mußte wegen der hierdurch wieder entstandenen Entrechtung von Minderheitsaktionären verboten werden. Dagegen kann die Satzung bei nicht börsennotierten Gesellschaften ein *Höchststimmrecht für Aktienpakete* vorsehen (§ 134 I 2 AktG). Zulässig sind auch *Vorzugsaktien ohne Stimmrecht* (§§ 139ff. AktG)[113]. Sie dürfen nicht mit bloßen Genußscheinen gleichgesetzt werden, denn sie gewähren dem Aktionär mit Ausnahme des Stimmrechts alle Aktionärsrechte (§ 140 I AktG). Zum Ausgleich für das fehlende Stimmrecht muß den Vorzugsaktionären ein Vorzug bei der Gewinnverteilung zugesagt werden, der nachzuzahlen ist, wenn die Auszahlung in einem Geschäftsjahr aufgrund von Verlusten oder zu geringen Gewinnen nicht möglich war (§ 139 I AktG). Wird der Rückstand auch im Folgejahr nicht ausgeglichen, so lebt das Stimmrecht vorübergehend auf (§ 140 II AktG).

e) Außer den Aktien gibt es im Recht der AG noch andere Papiere. Als Papiere des Aktionärs wurden bereits die *Zwischenscheine* erwähnt, die die Mitgliedschaft vorläufig verbriefen, solange Aktien noch nicht ausgegeben werden können (§ 10 III, IV AktG). Mit den Aktienurkunden pflegt man *Gewinnanteilscheine* – auch Dividendenscheine oder Kupons genannt – auszugeben; sie sind Inhaberpapiere (vgl. § 72 II AktG) und verbriefen den

111 Dazu näher *Serick*, Die Anwendung von Regeln zu vinkulierten Geschäftsanteilen auf vinkulierte Namensaktien, in: Festschrift Hefermehl, 1976, S. 427; *Bork*, Vinkulierte Namensaktien in Zwangsvollstreckung und Insolvenz, in: Festschrift Henckel, 1995, S. 23ff.; *Immenga*, AG 1992, 79ff.

112 Dazu *BGH*, NJW 1987, 1019; zur innergesellschaftlichen Freigabekompetenz vgl. kontrovers *Immenga*, BB 1992, 2446ff.; *Lutter*, AG 1992, 369ff.; *Karsten Schmidt*, in: Festschrift Beusch, 1993, 759ff.

113 Dazu *T. Bezzenberger*, Vorzugsaktien ohne Stimmrecht, 1991; *Reckinger*, Vorzugsaktien in der Bundesrepublik, AG 1983, 216; *Reuter*, Gutachten B für den 55. DJT I, 1984, S. B 83ff.

jährlichen Dividendenanspruch. Mit den Gewinnanteilscheinen zu einem sog. Bogen vereint findet sich regelmäßig der *Erneuerungsschein* (der Talon), der seinen Inhaber für die Empfangnahme neuer Gewinnanteilscheine legitimiert (§ 75 AktG), aber selbst nur ein qualifiziertes Legitimationspapier nach § 808 BGB ist.

f) Die Finanzverfassung der AG kennt außer der Eigenfinanzierung auch wichtige Formen der Fremdfinanzierung (vgl. oben, § 18 II). Die Eigenfinanzierung erfolgt durch Aktienkapital, die Fremdfinanzierung regelmäßig durch Industrieobligationen als Inhaber- oder Orderschuldverschreibungen (§§ 793ff. BGB)[114]. Zwischen den Aktien und den reinen Obligationen gibt es Zwischenformen. Nach § 221 I AktG kann mit satzungsändernder Mehrheit die Ausgabe von *Gewinnschuldverschreibungen* und von *Wandelschuldverschreibungen* (convertible bonds) beschlossen werden[115]. Gewinnschuldverschreibungen gewähren keine feste Verzinsung, sondern eine gewinnabhängige Rendite – oft in Verbindung mit einem garantierten Festzins –, die auf der anderen Seite die Aktionärsdividenden schmälert. Wandelschuldverschreibungen räumen dem Inhaber neben dem Zahlungsanspruch das Recht ein, das Papier in Aktien umzutauschen oder junge Aktien zu beziehen. Ihre Funktion wird allerdings heute mehr und mehr von sog. *Optionsanleihen* übernommen[116]. Der Unterschied gegenüber den Wandelschuldverschreibungen besteht darin, daß hier der schuldrechtliche Zahlungsanspruch nicht in eine Mitgliedschaft umgetauscht wird, sondern selbständig neben dem Optionsrecht besteht. Überhaupt keinen Anleihecharakter haben die sog. »nackten Optionsrechte« *(naked warrants)*, die vor allem zugunsten von Mitarbeitern aufgelegt werden (dazu unten, § 28 II 2f.).

g) Auf der Grenze zwischen Eigen- und Fremdfinanzierung liegt die Finanzierung der Gesellschaft durch *Genußscheine* (vgl. oben, § 18 II 2b dd). Der Genußschein gewährt dem Inhaber Ansprüche auf Teilnahme an Gewinn oder Nutzungen. Er dient vor allem als Instrument zur Stärkung des Eigen-

---

114 Das Erfordernis einer staatlichen Genehmigung von Inhaber- und Orderschuldverschreibungen ist nach Aufhebung der §§ 795, 808a BGB durch das Gesetz zur Vereinfachung der Ausgabe von Schuldverschreibungen vom 17.12.1990 (BGBl. I S. 2839) weggefallen.

115 Dazu *Krieger*, in: MünchHdbGesR IV, § 63; *Georgakopoulos*, Zur Problematik der Wandelschuldverschreibungen, ZHR 120 (1957), 84; *Kallrath*, Die Inhaltskontrolle der Wertpapierbedingungen von Wandel- und Optionsanleihen, Gewinnschuldverschreibungen und Genußscheinen, 1994; *Koch*, Kreditbeschaffung durch Wandelschuldverschreibungen, NJW 1965, 239; *Koch/Ochsenberg*, Wandelschuldverschreibungen, NJW 1965, 1364; *Rasch*, Wandelschuldverschreibungen (Convertible Bonds) nach nordamerikanischem und deutschem Recht, 1929; *ders.*, Die Wandelschuldverschreibung, 1956; *Witthoff*, Wandelschuldverschreibungen, DNotZ 1951, 497.

116 Dazu *Busse von Colbe/Großfeld/Martens*, Bilanzierung von Optionsanleihen im Handelsrecht, 1987; *Dierks*, Selbständige Aktienoptionsscheine, 2000; *Fuchs*, Selbständige Optionsscheine als Finanzierungsinstrument der AG, AG 1995, 433; *Jäger*, Aktienoption und Optionsschein, 1990; *Kjer*, Optionsanleihen, 1981; *Knobbe-Keuk*, Steuerliche Fragen der Optionsanleihen, ZGR 1987, 312; *Kropff*, Handelsrechtliche Bilanzierungsfragen der Optionsanleihen, ZGR 1987, 285; *Linnhoff*, Optionsanleihen, 1956; *Lutter/Drygala*, in: Festschrift Claussen, 1997, S. 261; *Günter Schumann*, Optionsanleihen, 1990.

kapitals ohne Gewährung von Aktionärsrechten[117]. § 221 I AktG findet entsprechende Anwendung[118]. Soweit es sich um aktiengleiche Genußrechte handelt, wird allerdings vor einer Denaturierung der auf der Eigenkapitalbildung durch Aktien und stimmrechtslose Vorzugsaktien basierenden Aktiengesellschaft gewarnt[119] und vor allem auf die Notwendigkeit eines hinreichenden Anleger-[120] und Aktionärsschutzes[121] hingewiesen.

Der *Bundesgerichtshof* hat inzwischen entschieden, daß die §§ 139ff. AktG jedenfalls nicht die Ausgabe von Genußscheinen hindern, die nicht aktiengleich sind, insbesondere mit Kündigungsrechten und im Liquidationsfall mit Rückforderungsrechten ausgestattet sind[122]. Die Ausgabe solcher nicht mitgliedschaftsrechtlich geprägter Genußrechte sieht er als ein schuldrechtliches, nicht als ein verbandsrechtliches Geschäft an, so daß § 310 IV BGB einer AGB-Kontrolle nicht entgegensteht[123]. Außerdem gewährt er den Genußscheininhabern – anders als Aktionären! – Schadensersatzansprüche gegen die Gesellschaft, wenn diese den Genußrechtsvertrag in zurechenbarer Weise verletzt[124]:

Beispiel Nr. 2 (nach *BGHZ* 119, 305 = NJW 1993, 57; dazu *Lutter*, ZGR 1993, 289ff.): Es waren Genußscheine im Nennbetrag von 135 Mio. DM ausgegeben worden. Wegen katastrophaler Verluste mußte die Gesellschaft nach Auflösung der Rücklagen das Grundkapital um 270 Mio. DM herabsetzen, was nach den Genußscheinbedingungen zur Hälfte (= 135 Mio. DM) auf das Genußkapital durchschlug, also zum Erlöschen von Genußrechten führte. Der *BGH* hob einerseits das eigenkapitalähnliche Risiko dieser Genuß-

117 Vgl. nur *Buerger*, Genußrechte als Mittel zur Verbesserung der Eigenkapitalausstattung ..., Diss. Augsburg 1987; *Claussen*, in: Festschrift Werner, 1984, S. 81; *ders.*, AG 1985, 77; *Emde*, Der Genußschein als Finanzierungsinstrument, 1987; *Feddersen/Knauth*, Eigenkapitalbildung durch Genußscheine, 2. Aufl. 1992; *Frantzen*, Genußscheine, 1993; *Gehling*, Obligationsähnliche Genußrechte, WM 1992, 1093; *Hammen*, Offene Fragen beim Recht der Genußscheine, BB 1990, 1917ff.; *Hirte*, Genüsse zum Versüßen vereinfachter Kapitalherabsetzungen, in: Festschrift Claussen, 1997, S. 115; *Lutter*, Genußrechtsfragen, ZGR 1993, 291; *Luttermann*, Unternehmen, Kapital und Genußrechte, 1998; *Oettmeier*, Ausgestaltung von Genußrechten und Genußscheinen, Diss. Bayreuth 1989; *Pouguin*, Genußrechte, in: Festschrift Oppenhoff, 1985, S. 275; *Reuter*, Der Partizipationsschein, in: Festschrift Fischer, 1979, S. 605; *ders.*, Gutachten B für den 55. DJT, 1984, S. B 25ff.; *Rid-Niebler*, Genußrechte als Instrument zur Eigenkapitalbeschaffung durch die GmbH, 1989; *Sethe*, Genußrechte: rechtliche Rahmenbedingungen und Anlegerschutz, AG 1993, 293 und 351; *Thielemann*, Das Genußrecht als Mittel der Kapitalbeschaffung und der Anlegerschutz, 1988; *Vollmer*, Der Genußschein, ZGR 1983, 445; *Ziebe*, Rechtsnatur und Ausgestaltung von Genußrechten, DStR 1994, 1594.

118 Vgl. § 221 III AktG; zur Anwendung des Abs. 2 vgl. *BGH*, NJW 1995, 260; *Hüffer*, AktG, § 221 Rdnr. 36; *Karollus*, in: Geßler/Hefermehl/Eckardt/Kropff, § 221 Rdnr. 338.

119 Vgl. namentlich *Reuter*, NJW 1984, 1851ff.; s. auch *Hirte*, ZIP 1988, 477; vgl. demgegenüber jedoch *Werner*, ZHR 149 (1985), 240; *Hammen*, DB 1988, 2549ff.; *ders.*, BB 1990, 1917ff.; *Gehling*, WM 1992, 1099.

120 *Vollmer*, ZGR 1983, 451ff.; *Habersack*, ZHR 155 (1991), 378.

121 Nachhaltig *Reuter*, AG 1985, 104ff.

122 *BGHZ* 119, 305, 311f. = NJW 1993, 57, 58; s. auch *BGHZ* 120, 141, 145ff. = NJW 1993, 400, 401f.

123 *BGHZ* 119, 305, 312ff. = NJW 1993 , 57, 58; dazu *Drygala*, Die Inhaltskontrolle von Kapitalmarktpapieren, 2002; *Kallrath*, Die Inhaltskontrolle der Wertpapierbedingungen von Wandel- und Optionsanleihen, Gewinnschuldverschreibungen und Genußscheinen, 1994; *Lutter*, ZGR 1993, 295f.

124 *BGHZ* 119, 305 = NJW 1993, 57; vgl. bereits *Habersack*, ZHR 155 (1991), 392ff.

rechte hervor, sah sie aber doch nicht als aktienähnlich an und entschied, daß der Genußrechtsvertrag ein Rechte und Pflichten begründendes Dauerschuldverhältnis zwischen der Gesellschaft und dem Anleger begründet. »Die Gesellschaft trifft aufgrund des Genußrechtsvertrages in gewissem Umfang die Pflicht, für die Erhaltung und den Schutz der Genußrechte (des Genußrechtskapitals) zu sorgen. Verletzt sie die Pflicht durch eine Geschäftstätigkeit, die dem in der Satzung festgelegten Unternehmensgegenstand nicht entspricht oder die kaufmännisch schlechthin unseriös und verantwortungslos ist, haftet sie dem Genußrechtsinhaber auf Schadensersatz.«

2. Grundlagen der Organisationsverfassung*

a) Die Aktiengesellschaft hat zwingend *drei Organe*: den Vorstand, den Aufsichtsrat und die Hauptversammlung. Das Verhältnis dieser Organe untereinander, insbesondere ihre Entscheidungs-, Handlungs- und Überwachungsaufgaben, ist durch eine weitgehend zwingende Zuständigkeitsordnung bestimmt, die man als ein System der Gewaltenteilung bezeichnen kann. Die Zuständigkeitsordnung in der AG ist spannungsreich, und sie ist ein zentrales Anliegen aller Aktienrechtspolitik und aller Aktienrechtsreformen (vgl. auch oben unter II 3c). Hier soll nur der Zustand des geltenden Rechts beschrieben werden.

aa) Der *Vorstand* ist das Leitungsorgan der AG. Er kann aus einer oder mehreren, jedoch nur aus natürlichen, Personen bestehen und ist Inhaber der Geschäftsführungsbefugnis sowie der organschaftlichen Vertretungsmacht (§§ 76ff. AktG). Die Einzelheiten werden unter § 28 II dargestellt.

bb) Der *Aufsichtsrat* hat den Vorstand zu bestellen und abzuberufen (§ 84 AktG) sowie die Geschäftsführung zu überwachen (§ 111 I AktG). Der Aufsichtsrat ist der Sitz der Mitbestimmung von Arbeitnehmern. Auch hier ist wegen der Einzelheiten nach unten zu verweisen (vgl. unten, § 28 III).

cc) Die *Hauptversammlung* (früher: Generalversammlung) ist die Versammlung der Aktionäre, in welcher diese ihre Rechte in den Angelegenheiten der Gesellschaft ausüben und insbesondere Versammlungsbeschlüsse fassen (§§ 118ff. AktG). Näheres wird unter § 28 IV bei der Einzeldarstellung der AG-Verfassung auszuführen sein.

---

* Literatur (Auswahl): *Baums* (Hrsg.), Bericht der Regierungskommission Corporate Governance, 2001; *Großfeld*, Aktiengesellschaft, Unternehmensverfassung und Kleinaktionär, 1968; *Hopt*, Corporate Governance: Aufsichtsrat oder Markt, in: Dritte Max-Hachenburg-Gedächtnisvorlesung, 1998, S. 9ff.; *Lutter*, Vergleichende Corporate Governance – die deutsche Sicht, ZGR 2001, 224; *Kübler*, Aktienrechtsreform und Unternehmensverfassung, AG 1994, 141; *Mestmäcker*, Verwaltung, Konzerngewalt und Rechte der Aktionäre, 1958; *Mülbert*, Aktiengesellschaft, Unternehmensgruppe und Kapitalmarkt, 1995 (2. unv. Aufl. 1996); *Wiethölter*, Interessen und Organisation der Aktiengesellschaft im amerikanischen und deutschen Recht, 1961.

b) Die *Aktienrechtswirklichkeit* ist freilich aus dem Gesetz nur mit starken Einschränkungen abzulesen. Sie ist in starkem Maße geprägt
- durch die zunehmende Bedeutung von Unternehmensverbindungen (unten, § 31), die in beträchtlichem Maß auch auf das Innenleben der einzelnen Gesellschaften durchschlägt und
- durch die schwache Aktionärspräsenz in den Hauptversammlungen, in denen das Stimmrecht in starkem Maße durch Kreditinstitute ausgeübt wird (vgl. § 135 AktG und dazu unten, § 28 IV 4d).

Beispiel Nr. 3: Die B-Bank hält, teils unmittelbar, teils über Tochtergesellschaften ein nennenswertes Aktienpaket an der A-AG. Ihr Vorstandsmitglied V hat zugleich einen Aufsichtsratssitz in der A-AG. Schließlich werden nicht nur die Aktien der B-Bank, sondern auch die bei ihr im Depot hinterlegten Aktien ihrer Kunden in der Hauptversammlung durch Vertreter der B-Bank repräsentiert. Nicht auszuschließen ist schließlich, daß die B-Bank unmittelbar oder durch verbundene Unternehmen noch als Hausbank mit der A-AG verbunden ist, so daß sich ihre Unternehmensinteressen mit denen der B-Bank vermischen können.

Auch wer einen Sachverhalt wie diesen ohne vorgefaßte Meinung betrachtet – erfahrungsgemäß wären die Belange einer AG bei politischen oder sozialpolitischen Instanzen in viel schlechteren Händen als bei Fachleuten aus der Kreditwirtschaft –, wird zur Kenntnis nehmen müssen, daß die idealtypische Balance von Leitungsorgan, Aufsichtsorgan und Willensbildungsorgan im Aktienrecht keine gesicherte Naturgegebenheit ist (vgl. schon oben unter II 3 a). Radikallösungen wie eine gesetzliche Beschränkung des Aktienbesitzes von Kreditinstituten[125] scheinten wenig zur Lösung beizutragen und sind auch verfassungsrechtlich bedenklich[126]. Durch das KonTraG (oben unter II 2 h) wurden deshalb nur maßvolle Korrekturen beim Depotstimmrecht vorgenommen, darunter Beschränkungen der Vollmacht bei maßgeblicher Eigenbeteiligung der Bank an der Aktiengesellschaft (§ 135 I 3 AktG und dazu unten, § 28 IV 4 d).

---

125 SPD-Entwurf eines Transparenz- und Wettbewerbsgesetzes v. 30.1.1995, BT-Drucks. 13367.
126 *Hammen*, ZHR 160 (1996), 133ff.

§ 27 Die Entstehung der Aktiengesellschaft

I. Entstehung durch Umwandlung und durch Gründung*

1. Bedeutung des Unterschieds

Der Unterschied zwischen der Umwandlung einer vorhandenen Gesellschaft und der Gründung einer neuen Gesellschaft wurde unter § 12 I 5 allgemein dargestellt. Im Bereich des Aktienrechts ist er besonders bedeutsam. Neugründungen von Aktiengesellschaften sind nicht so häufig, wie dies nach lehrbuchmäßiger Darstellung scheinen mag. Zwar hat in den 90er Jahren, bedingt durch die zunehmende Unternehmensfinanzierung über den Kapitalmarkt, die Zahl der AG-Gründungen zugenommen, aber größere Bedeutung hat immer noch die Umwandlung, vor allem dann, wenn ein bereits vorhandenes Unternehmen den Zugang zur Börse sucht.

Beispiel Nr. 1: Unterhält eine GmbH ein größeres Unternehmen und wollen die Gesellschafter die Anteile zur besseren Kapitalversorgung »börsenfähig« machen, so können sie zwar eine neue Aktiengesellschaft gründen. Sie werden dies aber schwerlich tun, denn was sie erreichen wollen, läßt sich durch Formwechsel der GmbH in die Rechtsform der AG bewerkstelligen.

2. Fälle der Umwandlung

a) Durch Formwechsel kann eine Aktiengesellschaft
- aus einer GmbH (§§ 238 ff. UmwG),
- aus einer Handels-Personengesellschaft oder Partnerschaftsgesellschaft (§§ 214 ff., 225 a UmwG),
- aus einem rechtsfähigen Verein (§§ 273 ff. UmwG),
- aus einem Versicherungsverein auf Gegenseitigkeit (§§ 291 ff. UmwG),
- aus einer eingetragenen Genossenschaft (§§ 258 ff. UmwG) oder
- aus einer Körperschaft oder Anstalt des öffentlichen Rechts (§§ 301 ff. UmwG)

entstehen.

---

* Literatur: Vgl. oben, § 11 IV 2, § 12 und § 13.

b) Außerdem kann eine Aktiengesellschaft
- im Wege der Verschmelzung durch Neugründung (§§ 73 ff. UmwG),
- im Wege der Spaltung zur Neugründung (§§ 141 ff. UmwG) oder
- im Wege der Ausgliederung aus dem Vermögen eines Einzelkaufmanns, einer rechtsfähigen Stiftung, einer Gebietskörperschaft oder eines Gemeindeverbandes (§§ 152 ff., 158 ff., 161 ff. UmwG)

entstehen. Hier entsteht – anders als in den Fällen des bloßen Formwechsels – die Aktiengesellschaft als neuer Rechtsträger, und es wird nur die Einbringung der einzelnen Gegenstände durch die Technik der Gesamtrechtsnachfolge ersetzt (oben, § 13 III, IV und § 12 IV 3).

3. Fälle der Neugründung

a) Die Gründung der Aktiengesellschaft kann
- Bargründung oder Umwandlung und Gründung,
- Sachgründung

sein. Die Sachgründung wird unter II 5 b als Fall der qualifizierten Gründung zu behandeln sein. Handelt es sich bei der Sachgründung um die Einbringung eines schon vorhandenen Unternehmens, so steht der Vorgang der Umwandlung nahe. Das Unternehmen ist schon vorhanden und wird lediglich auf die neu zu gründende AG überführt. Im Unterschied zum Formwechsel und zur umwandlungsrechtlichen Gesamtrechtsnachfolge bedarf es hierzu aber der Einzelübertragung aller zum Unternehmensvermögen gehörenden Gegenstände (Handelsrecht, § 6 II 1).

b) Im Zusammenhang hiermit kommen bei jeder AG-Gründung die unter § 11 IV 2 allgemein dargestellten dogmatischen Grundfragen der werdenden juristischen Person zum Tragen: Die Gesellschaft als Rechtsträgerin entsteht mit dem Errichtungsvorgang als Vor-Aktiengesellschaft und setzt sich, ohne ihre Identität zu verlieren, vom Eintragungszeitpunkt an als juristische Person fort. Sie entsteht nicht, wie in den Fällen der umwandlungsrechtlichen Gesamtrechtsnachfolge, durch Registereintragung aus dem Nichts, sondern sie steht bereits vor ihrer Eintragung als Empfängerin von Einlageleistungen und als aktionsfähiges Subjekt bereit. Darauf wird unter II 4 zurückzukommen sein.

II. Die Gründung der Aktiengesellschaft*

1. Gründungstechnik

Die Gründung der AG vollzieht sich nach dem *System der Normativbestimmungen* gerade seit Abschaffung des Konzessionssystems im Jahr 1870

* Literatur: *Georgakopoulos*, Die Gründung der Aktiengesellschaft, 1959; *Haussmann*, Die Gründung der Aktiengesellschaft, Diss. Jena, 1911; *Hoffmann-Becking* (Hrsg.), Münchener Handbuch

erlangt die AG die Rechtsfähigkeit nach dem *Registrierungssystem* durch Eintragung in das Handelsregister (vgl. zu diesen Systemen oben, § 8 II 5).

Die Gründung vollzieht sich als sog. Einheitsgründung. Das AktG 1937 unterschied noch die *Einheitsgründung* und die *Stufengründung.* Bei der Einheitsgründung (Simultangründung) zeichnen die Gründer selbst alle Aktien, auch wenn die Aktien alsbald dem Publikum angeboten werden sollen. Bei der Stufengründung (Sukzessivgründung) brauchten die Gründer nur je mindestens eine Aktie zu übernehmen; die anderen Aktien konnten sogleich dem Publikum angeboten werden. Die sehr komplizierte Stufengründung setzte sich in der Praxis kaum durch. Das geltende AktG kennt nur noch die Einheitsgründung, so daß alle Aktien von den Gründern übernommen werden müssen (vgl. § 29 AktG). Publikumsaktiengesellschaften werden deshalb zweckmäßigerweise durch ein Bankenkonsortium (Gesellschaft bürgerlichen Rechts) gegründet, wobei die Konsortialbanken als Gründerinnen alle Aktien übernehmen und sie nach der Gründung dem Publikum anbieten.

Wie schon in den Ausführungen unter § 11 II und IV herausgearbeitet wurde, müssen wir drei Stadien unterscheiden: das *Vorgründungsstadium*, das *Gründungsstadium* und die *fertige Gesellschaft.* Vor der Errichtung der AG kann unter den Gründern nur eine Vorgründungsgesellschaft bestehen; von der Errichtung bis zur Eintragung handelt es sich um eine Vorgesellschaft; aus dieser wird unter Wahrung ihrer Identität sodann die fertige Aktiengesellschaft.

2. Der Ablauf der Gründung

a) Die Gesellschaft wird *durch einen oder mehrere Gründer* dadurch errichtet, daß die *Satzung* in notarieller Form festgestellt wird (§§ 2, 23 I AktG). Als *Gründer* bezeichnet das Gesetz die Aktionäre, die die Satzung feststellen (§ 28 AktG). Während bis 1994 mindestens fünf Gründer notwendig waren, hat das Gesetz für kleine Aktiengesellschaften und zur Deregulierung des Aktienrechts[1] die schon seit 1980 aus dem GmbH-Recht bekannte Einpersonengründung zugelassen. Der *Mindestinhalt der Satzung* ergibt sich aus § 23 III AktG. Danach muß die Satzung Regelungen über die Firma und den Sitz der Gesellschaft, den Gegenstand des Unternehmens, die Höhe des Grundkapitals, die Nennbeträge bzw. bei Stückaktien die Zahl der Aktien

des Gesellschaftsrechts, Bd. 4, Aktiengesellschaft, 2. Aufl. 1999, §§ 3 ff.; *Jaudes*, Probleme einer Aktienrechtsreform unter besonderer Berücksichtigung des Gründungshergangs, Diss. Erlangen, 1929; *Kraft*, Probleme im Zusammenhang mit der Leistung von Einlagen bei Gründung einer AG, in: Gedächtnisschrift Schultz, 1987, S. 193; *Krieger*, Zur Reichweite des § 52 AktG, in: Festschrift Claussen, 1997, S. 223 ff.; *Dieter Mayer*, Der Leistungszeitpunkt bei Sacheinlageleistungen im Aktienrecht, ZHR 154 (1990), 535; *Mittendorf*, Rechtsvergleichende Darstellung der Gründung einer Aktiengesellschaft nach deutschem und italienischem Recht, Diss. Heidelberg 1951; *Schiller*, Die Prüfung von Sacheinlagen im Rahmen der aktienrechtlichen Gründungsprüfungen, AG 1992, 20; *Weimar*, Entwicklungen im Recht der werdenden AG, DStR 1997, 1170; *Wiedenmann*, Zur Haftungsverfassung der Vor-AG: Der Gleichlauf von Gründerhaftung und Handelndem-Regreß, ZIP 1999, 2029 ff.

1 Gesetz v. 2. 8. 1994 (BGBl. I S. 1961).

und die Form der Bekanntmachungen enthalten. Insbesondere die Bezeichnung des ernsthaft gewollten Unternehmensgegenstands ist unabdingbare Voraussetzung für eine wirksame Satzung (zum Sonderproblem der sog. Vorratsgründung vgl. oben, § 4 III). Weitere Regelungen sind nach §§ 26f. AktG vorgeschrieben, wenn eine sog. qualifizierte Gründung vorliegt (dazu alsbald unter II 5). In der Praxis pflegt die Satzung weitaus mehr zu enthalten. Allerdings ist dabei § 23 V AktG zu beachten (dazu oben, § 26 III 1c). Die Satzung kann von den Vorschriften des AktG nur abweichen, soweit diese Vorschriften dies ausdrücklich zulassen, und sie kann die Vorschriften des AktG auch nur ergänzen, soweit dieses keine abschließenden Regelungen enthält. Diese sog. formelle Satzungsstrenge läßt der Gestaltungsfreiheit bei AG-Satzungen nur begrenzten Spielraum (vgl. oben, § 26 III 1c).

b) Die *Übernahme der Aktien* (Zeichnung) durch die Gründer erfolgt zugleich mit der Feststellung der Satzung und führt zur *Errichtung der Aktiengesellschaft* (§§ 23, 29 AktG). Mit der Errichtung entsteht die Gesellschaft, wenn auch noch nicht als fertige AG (vgl. § 41 I 1 AktG), sondern nur als Vorgesellschaft (dazu sogleich unter II 3). Die Übernahme der Aktien darf nicht mit der Ausgabe der Aktien verwechselt werden. Sie verpflichtet die Gründer zur Leistung der Einlagen. Alle Aktien müssen von den Gründern übernommen werden. Eine Emission am Kapitalmarkt ist in diesem Stadium ebenso ausgeschlossen wie eine Zeichnung durch die Gesellschaft selbst. Es dürfen also keine sog. Vorratsaktien als eigene Aktien der Gesellschaft gezeichnet werden, und das Gesetz verbietet auch Umgehungsgeschäfte (vgl. § 56 AktG).

c) Sodann erfolgt die *Organbestellung*: Die Gründer bestellen den ersten, vorläufigen Aufsichtsrat und den Abschlußprüfer für das erste Geschäftsjahr (§ 30 I AktG). Der vorläufige Aufsichtsrat besteht, sofern nicht ein Unternehmen in die Gesellschaft eingebracht wird[2], nur aus Vertretern der Anteilseigner (§§ 30 II, 31 I AktG). Er bestellt den ersten Vorstand (§ 30 IV AktG).

d) Über den Gründungshergang haben die Gründer nach § 32 AktG einen *Gründungsbericht* zu erstatten, in dem vor allem bei qualifizierten Gründungen die wesentlichen Angaben über Sacheinlagen und Sachübernahmen enthalten sein müssen. Der Gründungsbericht ist Grundlage – aber nicht einzige Grundlage! – der *Gründungsprüfung*: Nach § 33 I AktG müssen die Mitglieder des Vorstands und des Aufsichtsrats den Hergang der Gründung prüfen. Hinzu kommt bei den in § 33 II AktG genannten Fällen der sog. qualifizierten Gründung (unten, II 5) eine Prüfung durch Gründungsprüfer, die vom Gericht nach Anhörung der Industrie- und Handelskammer bestellt werden und regelmäßig Wirtschaftsprüfer bzw. Wirtschaftsprüfungsgesellschaften sind (§ 33 III, IV AktG)[3], in weiteren gesetzlich bestimmten Fällen

2 Zur Zusammensetzung des Aufsichtsrats bei Sachgründungen *Pentz*, in: MünchKommAktG, § 31 Rdnr. 8; aber vor Eintragung keine Aufsichtsratsbestellung durch das Gericht nach § 104 AktG (vgl. für die Vor-GmbH *BayObLG*, NJW-RR 2000, 1482).

3 Dazu *Röhricht*, in: GroßkommAktG, § 33 Rdnrn. 8ff.; *Schiller*, AG 1992, 20 ff.

eine Prüfung mindestens den Notar (§ 33 III AktG n.F.)[4]. Der Gründungsprüfer erstellt einen Prüfungsbericht, der der Industrie- und Handelskammer einzureichen ist und von jedermann eingesehen werden kann (§ 34 III AktG). Er unterliegt nach §§ 49 AktG, 323 HGB einer strengen Verschuldenshaftung (vgl. dazu unter II 6).

e) Es schließt sich die *Anmeldung der Gesellschaft zur Eintragung* bei dem zuständigen Registergericht an (§ 36 I AktG). Die Anmeldung erfolgt durch alle Gründer und Organmitglieder, jedoch im Namen der Gesellschaft[5]. Dabei ist zu erklären, daß die für die Anmeldung erforderlichen Einlageleistungen erbracht sind (dazu alsbald unter g), und nachzuweisen, daß der auf die Aktien einzuzahlende Betrag, abgesehen von gezahlten Steuern und Gebühren, zu seiner freien Verfügung steht (§ 37 I AktG). In der Anmeldung ist die Vertretungsregelung für den Vorstand anzugeben (§ 37 III AktG), und es ist *eine Reihe von Urkunden* beizufügen (§ 37 IV AktG).

f) Die *gerichtliche Prüfung der Anmeldung* (§ 38 AktG) erstreckt sich auf alle Anmeldungserfordernisse, nicht bloß auf die formale Ordnungsmäßigkeit der Anmeldung. Z.B. kann auch eine Unvollständigkeit oder Unrichtigkeit des Prüfungsberichts die Ablehnung rechtfertigen (§ 38 II 1 AktG). Der Registerrichter kann die Eintragung ferner ablehnen, wenn die Gründungsprüfer erklären oder der Richter der Auffassung ist, daß Sacheinlagen oder Sachübernahmen überbewertet sind (§ 38 II 2 AktG). Bestehen Anhaltspunkte dafür, daß Angaben unrichtig sind oder daß sich hinter einer satzungsmäßigen Bargründung eine verschleierte Sachgründung verbirgt, so muß der Registerrichter dem nachgehen und die Eintragung ggf. ablehnen. Allerdings findet keine umfassende wirtschaftliche Überprüfung des gesamten Gründungskonzepts statt, insbesondere keine Prüfung, ob das Grundkapital auch den Bedürfnissen des Unternehmens entspricht und ob das Unternehmen sonst lebensfähig ist[6].

Beispiel Nr. 2: Es wird eine Schiffahrts- und Bergungs-AG mit einem Grundkapital von 100 000 Euro gegründet. Der Registerrichter verweigert die Eintragung, weil er der Auffassung ist, daß eine Gesellschaft mit diesem Unternehmensgegenstand mindestens das zehnfache Grundkapital benötigt und daß die demzufolge unterkapitalisierte AG eine Gefahr für den Rechtsverkehr wie für ihre Arbeitnehmer darstellt. Zu dieser Weigerung ist der Richter nicht berechtigt, denn mag es auch kaufmännische Richtpunkte für eine angemessene Kapitalausstattung und sogar ein Verbot des Betriebs unterkapitalisierter Gesellschaften geben, eine die Eintragung hindernde Unterkapitalisierungskontrolle durch den Registerrichter gibt es grundsätzlich nicht (vgl. oben, § 18 II 4). Nur wenn die Gründung das Maß des Betrügerischen oder evident Sittenwidrigen erreicht, darf der Registerrichter mit Blick auf die drohenden Gläubigerschäden die Eintragung verweigern (vgl. auch unten, § 34 II 3 b; str.).

---

4 Neufassung durch das TransPuG 2002.

5 *BGHZ* 117, 323 = NJW 1992, 1824; *Hüffer*, AktG, § 36 Rdnr. 3.

6 *OLG Braunschweig*, OLGE 43, 294, 295; *Hüffer*, AktG, § 38 Rdnr. 3; *Kraft*, in: KK, § 38 Rdnr. 8; vgl. auch zur GmbH *KG*, JW 1924, 1178.

Auch Mängel oder Lücken des Satzungstextes führen in den schweren Fällen des § 38 III AktG zur Eintragungsverweigerung[7].

g) Die *Eintragung* und ihre *Bekanntmachung* sind in §§ 39f. AktG näher geregelt (zur Publizität der Einpersonen-AG s. auch § 42 AktG). Durch die Eintragung wird aus der bloßen Vor-AG eine fertige juristische Person (dazu oben, § 11 IV 2). Zugleich werden etwaige Gründungsmängel behoben. Selbst schwere Eintragungshindernisse können nur noch zur Beseitigung der Gesellschaft ex nunc durch ein Amtslöschungsverfahren nach §§ 144, 144a FGG oder durch eine sog. Nichtigkeitsklage nach §§ 275ff. AktG führen, die in Wahrheit eine Auflösungsklage ist (dazu oben, § 6 II 1).

h) Die *Leistung der Einlagen* muß bei Sacheinlagen vor der Anmeldung vollständig erfolgt sein (§§ 36 II, 36a II 1 AktG), sofern nicht bloß ein Vermögensgegenstand – z.B. ein Unternehmen – einzubringen ist (§ 36a II 2 AktG)[8]. Auf Bareinlagen muß mindestens ein Viertel des Nennbetrags, im Fall der Überpari-Emission außerdem das Aufgeld, eingezahlt sein (§ 36a I AktG). Die Bareinlagen dürfen nur in gesetzlichen Zahlungsmitteln, in von der Bundesbank bestätigten Schecks oder durch Gutschrift auf einem Bankkonto der Gesellschaft geleistet werden (§ 54 III AktG). Wird die Gesellschaft durch eine einzige Person errichtet, so muß der Gründer für den nicht eingezahlten Teil Sicherheit leisten (§ 36 II 2 AktG)[9].

3. Die Rechtsverhältnisse der Vor-AG und die Kontinuität zwischen Vor-AG und AG[*]

Die Grundlagen der entstehenden juristischen Person wurden oben unter § 11 dargestellt. Die Haftungsgrundsätze entsprechen denen bei der GmbH (eingehend unten, § 34 III 3). Hier brauchen deshalb nur die wichtigsten Grundsätze noch einmal festgehalten zu werden:

a) Die *Vor-AG* entsteht als noch nicht eingetragene Aktiengesellschaft mit deren Errichtung. Nach § 41 I 1 AktG besteht zwar in diesem Stadium die Aktiengesellschaft »als solche nicht«, aber das bedeutet entgegen dem histo-

---

7 Die Bestimmung beruht auf dem Handelsrechtsreformgesetz und soll das Eintragungsverfahren entlasten und beschleunigen (vgl. Begr. RegE HRefG, BT-Drucks. 13/8444, S. 74 i.V.m. S. 75f.); eingehend *Pentz*, in: MünchKommAktG, § 38 Rdnrn. 70ff.

8 Die Auslegung des § 36a II 2 AktG ist zweifelhaft. Der Wortlaut spricht für die Auffassung, daß Sacheinlagen stets vollständig zu leisten sind und daß die Vorschrift lediglich von dem Fall spricht, daß die Sacheinlage ihrerseits ein Anspruch auf eine Sachleistung ist; dagegen aber *Hüffer*, AktG, § 36a Rdnr. 4; *Pentz*, in: MünchKommAktG, § 36a Rdnrn. 13ff.; *Röhricht*, in: GroßkommAktG, § 36a Rdnrn. 4ff. m.w.N.; zur Leistung von Sacheinlagen auch *Dieter Mayer*, ZHR 154 (1990), 535.

9 Einen Umgehungsschutz nach dem Vorbild des § 19 IV GmbHG enthält das AktG nicht.

* Literatur: Vgl. oben, § 11 IV; speziell zur AG vgl. die Kommentierungen zu § 41 AktG; ferner *Raiser*, Kapitalgesellschaften, § 11 Rdnr. 29; *Karsten Schmidt*, § 41 II AktG: eine gegenstandslose und verfehlte Bestimmung, in: Festschrift Kraft, 1998, S. 573; *Würdinger*, § 21 II, III, IV; *Weimar*, Die Haftungsverhältnisse bei der Vor-AG in neuerer Sicht, AG 1992, 69.

rischen Ursprung dieser Regelung nicht, daß die AG als Verband noch inexistent wäre. Sie unterliegt bereits dem Aktienrecht, soweit dieses nicht die Eintragung voraussetzt. Sie ist *werdende juristische Person* und kann als solche Trägerin von Rechten und Pflichten sein[10]. Sie ist wechselrechtsfähig, grundbuchfähig und parteifähig. Sie wird durch den Vorstand vertreten und kann auf diese Weise nicht nur gründungsnotwendige Geschäfte eingehen. All das gilt auch in dem Fall der jetzt zugelassenen Einpersonengründung. Jedenfalls bei der Sachgründung mit Einbringung eines Unternehmens sowie sonst bei Einverständnis der Gründer ist auch die Vertretungsmacht des Vorstands schon im Gründungsstadium unbeschränkt. Richtig scheint sogar eine allgemein unbeschränkte und unbeschränkbare Vertretungsmacht nach §§ 78, 82 AktG (vgl. sinngemäß unten, § 34 III 3b bb)[11].

b) *Für Rechtsgeschäfte*, die bereits im Namen der werdenden AG eingegangen werden, *haften die Handelnden persönlich* (§ 41 I 2 AktG). Es ist dies die noch näher darzustellende Organhaftung bei der Vorgesellschaft (vgl. unten, § 34 III 3d). Die Haftung setzt voraus, daß die Gesellschaft bereits errichtet, also als Vorgesellschaft entstanden ist[12], und sie trifft die Vorstandsmitglieder als Vertretungsorgane[13]. Nicht jeder, der die Gesellschaft vertritt, haftet nach § 41 I 2 AktG, wohl aber haften die handelnden Vorstandsmitglieder – auch wenn sie nur Veranlasser waren –, daneben auch derjenige, der als »faktisches Organ«[14] ständig Substitutionsfunktionen für den Vorstand wahrnimmt (vgl. zur Rechtsfigur des »faktischen Organs« oben, § 14 IV 3). Die Handelndenhaftung erlischt mit der Eintragung der AG.

c) Neben den Handelnden *haften bei Beginn der Unternehmenstätigkeit alle Gründer persönlich*, und zwar entgegen der hier sinngemäß einschlägigen GmbH-Rechtsprechung unmittelbar und gesamtschuldnerisch gegenüber den Gesellschaftsgläubigern (sehr str.; vgl. unten, § 34 III 3c)[15]. Für die rechtspolitische Bewertung dieser Haftung ist es wichtig, daß man sich die Gründer nicht als Kleinaktionäre vorstellen darf; es wird sich typischerweise um Banken oder sonstige Großunternehmen handeln. Mißlingt die Eintragung, so bleibt die Haftung bestehen. Wird die Gesellschaft eingetragen, so erlischt die Außenhaftung der Gründer. Im Innenverhältnis kann allerdings die unter § 11 IV 2b und § 34 III 4d dargestellte »Vorbelastungs«- oder »Unterbilanzhaftung« eintreten, wenn das Grundkapital schon durch Vorbelastungen aus dem Gründungsstadium geschmälert ist. Der *Bundesgerichtshof* hat dies zwar noch nicht entschieden[16], jedoch wird man die durch *BGHZ* 80, 129 für die

10 *BGHZ* 117, 323, 326f.; *Pentz*, in: MünchKommAktG, § 41.

11 Wie hier jetzt *Priester*, ZHR 165 (2001), 389: auch keine Beschränkung durch §§ 27, 52 AktG.

12 Heute h.M.; vgl. *OLG Köln*, NJW-RR 1995, 1503 = WM 1996, 261; ebenso hier schon die Vorauflagen.

13 *Hüffer*, AktG, § 41 Rdnr. 20; *Pentz*, in: MünchKommAktG, § 41 Rdnr. 132.

14 Krit. Auseinandersetzung mit diesem Begriff bei *Ursula Stein*, Das faktische Organ, 1984.

15 Zur Parallelität zwischen § 41 AktG und § 11 GmbHG vgl. *OLG Karlsruhe*, NJW 1999, 672 = ZIP 1998, 1961 (Binnenhaftungsmodell); *Pentz*, in: MünchKommAktG, § 41 Rdnrn. 55ff.; *Karsten Schmidt*, in: GroßKommAktG, § 41 Rdnr. 80ff. (Außenhaftungsmodell).

16 Ausdrücklich unentschieden *BGHZ* 119, 177, 186 = NJW 1992, 3300, 3302.

GmbH eingeleitete Rechtsprechung auf die AG auszudehnen haben[17]. Diese Vorbelastungshaftung hat nämlich nichts mit der Unterbilanzregelung des § 30 GmbHG zu tun, sondern sie ist eine zeitgemäße Sanktion des gründungsrechtlichen Vorbelastungsrisikos derjenigen, die die werdende Kapitalgesellschaft schon vor ihrer haftungsbeschränkenden Eintragung mit Verbindlichkeiten belasten (oben, § 11 IV 2b).

d) Mit dem Eintragungszeitpunkt entsteht keine neue Gesellschaft, sondern die Vor-AG wird zur juristischen Person (Identität zwischen Vorgesellschaft und AG). Verbindlichkeiten, die schon das Vermögen der Vor-AG belastet haben, setzen sich – ohne daß man von einem »Übergang« sprechen sollte – als Verbindlichkeiten der fertigen Aktiengesellschaft fort (oben, § 11 IV 4).

4. Die qualifizierte Gründung*

a) Von einer *qualifizierten Gründung* spricht man bei den in §§ 26 und 27 AktG zusammengefaßten Gründungsabreden, die besondere Seriositätskontrollen erforderlich machen. Diese Abreden müssen nach §§ 26, 27 AktG in die Satzung aufgenommen werden. Anderenfalls sind die Verträge und Ausführungshandlungen verboten und unwirksam. § 32 AktG schreibt eine Berücksichtigung der qualifizierten Gründung im Gründungsbericht vor. Außerdem unterliegen die in § 33 II AktG genannten qualifizierten Gründungsvorgänge der Gründungsprüfung (dazu oben unter II 3d).

b) Die Fälle der qualifizierten Gründung sind nach §§ 26, 27 AktG folgende:

aa) *Sondervorteile* für einzelne Aktionäre sind in § 26 I AktG genannt. Als Sondervorteile kommen grundsätzlich alle Vermögensvorteile in Betracht, sofern nicht zwingendes Recht entgegensteht.

Beispiel Nr. 3: Ein Gründer einer Werkzeugfabrik ist Stahlhersteller. Soll die AG ihm zur Abnahme von Stahl verpflichtet sein, so bedarf es hierzu einer Satzungsregelung (§ 26 I AktG). Gänzlich unzulässig wäre dagegen eine Festverzinsung der Einlage eines Aktionärs, denn hier stünde der zwingende § 57 II AktG entgegen (so jetzt auch *Junker*, ZHR 159 [1995], 215).

---

17 Wie hier jetzt auch *OLG Karlsruhe*, ZIP 1998, 1961, 1963; *LG Heidelberg*, ZIP 1997, 2045, 2047; *Hoffmann-Becking*, in: MünchHdbGesR IV, § 3 Rdnr. 33; *Hüffer*, AktG, § 41 Rdnr. 8; *Pentz*, in: MünchKommAktG, § 41 Rdnr. 23, 113f.; *Schwegler*, Die allgemeine Differenzhaftung (Vorbelastungshaftung) im Aktienrecht, 1988, S. 32ff.; *Lutter*, NJW 1989, 2655; *Weimar*, AG 1992, 72; *Wiedemann*, ZIP 1997, 2031ff.

* Literatur: *Binz/Freudenberg*, Zur Nachgründungsproblematik beim going public, DB 1992, 2281; *Böttger*, Qualifizierte Gründung, 1909; *Brandt*, Die Sacheinlagefähigkeit im Rahmen der qualifizierten Gründung von Aktiengesellschaften, 1989; *Junker*, Der Sondervorteil i.S. von § 26 AktG, ZHR 159 (1995), 207; *Koch*, Die Nachgründung, 2002; *Kubis*, § 52 AktG – eine unsichere Sicherung der Kapitalaufbringung, AG 1993, 118; *Mann*, Die Sachgründung im Aktienrecht, 1932; *Sagasser*, Sondervorteile bei der Gründung einer AG, 1986; *Pentz*, Die Änderungen des Nachgründungsrechts durch das NaStraG, NZG 2001, 346; *Priester*, Geschäfte mit Dritten vor Eintragung der AG, ZHR 165 (2001), 383; *Reichert*, Probleme der Nachgründung nach altem und neuem Recht, ZGR 2001, 554; *Sengelmann*, Die Sachübernahme im Aktienrecht, 1956.

bb) Als *Gründungsaufwand* bezeichnet man den Gesamtaufwand, der zu Lasten der Gesellschaft an Aktionäre oder an andere Personen als Entschädigung oder als Belohnung für die Gründung oder Vorbereitung gewährt wird[18].

Beispiel Nr. 4: Es sollen – vielleicht gar an einen Gründer – Maklerprovisionen für den Erwerb von Maschinen gezahlt werden. Dieser besondere Gründungsaufwand gefährdet die Kapitalaufbringung und fällt deshalb unter § 26 AktG. Aber auch wenn gründungsnotwendige Kosten (Notarkosten, Gerichtskosten, Bekanntmachungskosten, Kosten der Gründungsprüfer etc.) der Gesellschaft aufgebürdet werden sollen, greift nach bestrittener, aber wohl richtiger Auffassung die strenge Vorschrift des § 26 AktG ein.

cc) Von einer *Sachgründung* spricht man, wenn Aktionäre Einlagen machen sollen, die nicht durch Zahlung, sondern durch eine andere bewertungsfähige Leistung erfolgen (Sacheinlagen, vgl. § 27 I, II AktG; dazu im einzelnen oben, § 20 II 3 a). Die Sacheinlage kann in einem ganzen Unternehmen bestehen, aber z.B. auch in einzelnen Sachen, in Forderungen, in Patenten usw., nach der nunmehr herrschenden Auffassung auch ein obligatorisches Nutzungsrecht (oben, § 20 II 3 a)[19]. Die Vereinbarung einer Sacheinlage bringt Bewertungs- und Seriositätsprobleme mit sich. Deshalb schreiben die §§ 27, 33 AktG die Aufnahme in die Satzung und in die Gründungsprüfung vor.

Beispiel Nr. 5 (nach *Hölters*, in: Münchener Vertragshandbuch I, 5. Aufl. 2000, Formular V 20): Bringt eine X-GmbH als Gründerin einen Teilbetrieb in die AG ein, so lautet die nach § 27 AktG erforderliche Satzungsbestimmung etwa: »Die X-GmbH in ... bringt mit Wirkung zum 31.12.1995, 24 Uhr, ihren Teilbetrieb Verzinkerei in ... nach näherer Maßgabe der Satzungsanlage Nr. ... als Sacheinlage in die Gesellschaft ein und erhält dafür Aktien im Nennbetrag von 55 000 Euro zum Ausgabebetrag von 55 000 Euro.« Als Satzungsanlage werden dann die Beschreibung des einzubringenden Teilbetriebs, die Bewertungsgrundlagen und die Zusagen der Gründerin hinsichtlich der Werthaltigkeit der Sacheinlage beigefügt. Es wird für den Teilbetrieb ein Einbringungsstatus – also eine Vermögensbilanz – aufgestellt, der zugleich eine Grundlage für die Gründungsprüfung darstellt. Durch Satzungsklausel und Prüfung wird also ein hohes Maß an Publizität und Kontrolle gewährleistet, weil die Mitgründer und der Rechtsverkehr nur so vor den Risiken einer unseriösen Sachgründung geschützt werden können. Stellt sich nachträglich heraus, daß die Sacheinlage doch überbewertet worden ist, so unterliegt der Einleger einer Differenzhaftung in bar (*BGHZ* 64, 52, 62; 118, 83, 101; oben, § 20 III 4 a).

dd) Von der Sacheinlage unterscheidet das AktG im Gegensatz zum GmbHG[20] die *Sachübernahme.* Als Sachübernahme bezeichnet § 27 I AktG eine Abrede, wonach die Gesellschaft vorhandene oder herzustellende Anlagen oder andere Vermögensgegenstände übernehmen soll. Der *Unterschied gegenüber der Sacheinlage*, der durch diese Formulierung nicht besonders

---

18 Vgl. zur Abgrenzung *Eckardt*, in: Geßler/Hefermehl/Eckardt/Kropff, § 26 Rdnr. 30; *Hüffer*, AktG, § 26 Rdnr. 5; *Kraft*, in: KK, § 26 Rdnrn. 21 ff. m.w.N.

19 Vgl. *BGHZ* 144, 290 = LM Nr. 6 zu § 27 AktG m. Anm. *Noack* = NJW 2000, 2356; dazu *Pentz*, ZGR 2001, 901.

20 Der Gesetzgeber der GmbH-Novelle setzte Sacheinlage und Sachübernahme einander in der Annahme gleich, es handle sich um dasselbe; vgl. Ausschußbericht, BT-Drucks. 8/3908, S. 69 und dazu *Raiser*, Die neuen Gründungs- und Kapitalerhöhungsvorschriften für die GmbH, in: Das neue GmbH-Recht in der Diskussion, 1981, S. 31 f.; vgl. zur Sachübernahme im GmbH-Recht auch *BGHZ* 28, 314, 318.

deutlich wird, besteht darin, daß der Vermögensgegenstand hier nicht als Einlageleistung auf die Gesellschaft übertragen, sondern aufgrund von Vorabsprachen von ihr erworben wird. Der Leistende erhält also keine Mitgliedschaftsrechte für die Sachleistung. Ist er ein Aktionär, so gerät die Sachübernahme in Konflikt mit dem *Verbot der »verschleierten (oder verdeckten) Sacheinlage«* (zu ihr vgl. unten, § 29 II 1 c). Aber auch Sachübernahmevereinbarungen mit Dritten gefährden die Kapitalaufbringung. Deshalb zwingt § 27 AktG zu ihrer »Entschleierung«.

Beispiel Nr. 6 (in Anlehnung an *RGZ* 121, 99): Die O-oHG hatte auf einem den Miteigentümern X, Y und Z gehörenden Grundstück eine Spirituosenfabrik betrieben. Um das Betriebsgrundstück neu zu nutzen, gründete man eine Aktiengesellschaft zum Betrieb einer Schraubenfabrik, die dann – ganz entsprechend der ursprünglichen Absicht der Gründer – das Grundstück erwarb. Das *Reichsgericht* nahm eine Sachübernahme an: »Besteht bei den Gründern die feste Absicht und auch auf Grund bereits getroffener, wenn auch rechtsunverbindlicher, Abmachungen mit den Verfügungsberechtigten die sichere Aussicht, daß Gegenstände der betriebenen Art eingebracht oder übernommen werden sollen ..., so soll das schon im Gründungsvertrag niedergelegt werden, weil es zur Klarlegung der Verhältnisse der Aktiengesellschaft erforderlich ist.« Eine solche Sachübernahmevereinbarung ist ohne entsprechende Satzungsklausel verboten und nichtig (§ 27 III 1 AktG), und sie macht eine besondere Gründungsprüfung erforderlich (§ 33 II Nr. 4 AktG).

Nach der bisher ganz herrschenden Auffassung gelten die Sachübernahmevorschriften nicht nur für den Erwerb von Sachwerten aus Gründerhand, sondern auch für den Erwerb von Nichtaktionären[21]. Nach dem NaStraG, das die sogleich zu behandelnden Nachgründungsvorschriften beschränkt hat, wird man dies nicht mehr aufrechterhalten können[22]: Nur der Erwerb aus der Hand von Aktionären oder ihnen gleichzustellenden Dritten fällt noch unter § 27 AktG.

c) Dem Umgehungsschutz dienen die Regeln über die *Nachgründung* (§§ 52 f. AktG). Es besteht die Gefahr, daß die Vorschriften über Sacheinlagen und Sachübernahmen aufgrund vorabgesprochener Geschäfte umgangen werden, sobald die Gesellschaft eingetragen ist. Das zeigt unser kraß gewähltes

Beispiel Nr. 7: Alsbald nach ihrer Eintragung in das Handelsregister erwirbt die mit 5 Mio. Euro Grundkapital gegründete AG von einem der Gründer, von einem wesentlich beteiligten Aktionär oder von einem mit ihm verbundenen Unternehmen für 1,5 Mio. Euro ein ungenutzt liegendes Fabrikgelände von zweifelhaftem Wert.

Die Bedenklichkeit eines solchen Geschäfts liegt auf der Hand. Handelt es sich um eine vorbesprochene Aktion zwischen der Gesellschaft und einem Gründer, so wird dies eine verbotene verdeckte (»verschleierte«) Sachgründung sein (zu dieser Problematik vgl. näher unten, § 29 II 1 c). Das sog. *Verbot der verdeckten Sacheinlage* wird zwar in erster Linie bei der Kapital-

21 Vgl. *RGZ* 130, 248, 254; *Eckardt*, in: Geßler/Hefermehl/Eckardt/Kropff, § 27 Rdnr. 44; *Hüffer*, § 27 Rdnr. 5; *Kraft*, in: KK, § 27 Rdnr. 41; *Pentz*, in: MünchKommAktG, § 27 Rdnr. 61; *Röhricht*, in: GroßkommAktG, § 27 Rdnr. 113; *Priester*, ZHR 165 (2001), 385 f.; a.M. *Binz/Freudenberg*, DB 1992, 2283.

22 *Priester*, ZHR 165 (2001), 394; a.M. de lege lata *Pentz*, NZG 2001, 350.

erhöhung und hier vor allem bei der GmbH praktisch, aber wie die berühmten Entscheidungen »IBH/Lemmerz« und »General Motors« zeigen (*BGHZ* 110, 47; 118, 83, 93f.), sieht sich die Rechtsprechung auch durch die Europäische Kapitalschutzrichtlinie nicht gehindert, dieses Verbot auf die AG anzuwenden, wenn die unter § 29 II 1c aa darzustellenden Voraussetzungen erfüllt sind[23]. Auch wenn dies nicht der Fall ist, bedarf die Gesellschaft des Schutzes. Deshalb schreibt § 52 AktG für die ersten zwei Jahre nach der Eintragung vor, daß Verträge der Gesellschaft, nach denen sie vorhandene oder herzustellende Anlagen oder andere Vermögensgegenstände von einem Gründer oder einem mit mehr als 10% beteiligten Aktionär gegen eine den zehnten Teil des Grundkapitals übersteigende Vergütung erwerben soll, der Zustimmung der Hauptversammlung und der Eintragung in das Handelsregister bedürfen[24]. Sofern nicht eine strengere Form vorgeschrieben ist (in unserem Beispiel § 311 b BGB), bedarf der Vertrag nach § 52 II AktG der Schriftform. Er muß vor der Beschlußfassung der Aktionäre vom Aufsichtsrat und von Gründungsprüfern geprüft und zur Einsicht der Aktionäre, die auch eine Abschrift verlangen können, ausgelegt werden (§ 52 III, IV AktG). Der Vertrag sowie etwaige Vollzugsgeschäfte sind unwirksam, solange nicht die Hauptversammlung mit qualifizierter (3/4-)Mehrheit zugestimmt hat und der Vertrag in das Handelsregister eingetragen ist. Die Bestimmung des § 52 AktG war bis zum Jahr 1999 nicht auf Geschäfte mit Gründern und wesentlich beteiligten Aktionären beschränkt und führte in der in den 90er Jahren einsetzenden Gründungswelle zu Schwierigkeiten, die durch das Ziel des Kapitalschutzes nicht gerechtfertigt waren[25]. Durch das NaStraG von 2001 (dazu oben, § 26 II 2h) wurde § 52 AktG dann aber mit Wirkung ab 2000 in dem hier geschilderten Sinne beschränkt: Das Nachgründungsrecht gilt nur noch für Geschäfte mit Gründern oder mit Aktionären über 10%[26].

5. Der Schutz des Gründungsrechts durch Haftungs- und Straftatbestände[*]

Die aktienrechtlichen Gründungsvorschriften gehen auf leidvolle Erfahrungen mit Gründungsschwindeln, insbesondere zwischen den Aktienrechts-

---

23 Dazu *Ebenroth/Kräutter*, DB 1990, 2153; *Ebenroth/Neiß*, BB 1992, 2085; *Frey*, ZIP 1990, 288; *Henze*, ZHR 154 (1990), 105; *Groß*, AG 1991, 217; *Rasner*, NJW 1993, 186; *Ulmer*, ZHR 154 (1990), 128.

24 Eingehend *Hoffmann-Becking*, a.a.O., § 4 Rdnrn. 32ff.

25 *Bröcker*, ZIP 1999, 1029; *Dieckmann*, ZIP 1996, 2149; *Holzapfel/Roschmann*, in: Festschrift Bezzenberger, 2000, S. 163; *Jäger*, NZG 1998, 370; *Kind*, in: Festschrift Nordemann, 1999, S. 109; *Knott*, BB 1999, 806; *Krieger*, in: Festschrift Claussen, 1997, S. 223; *Lutter/Ziemons*, ZGR 1999, 479; *Martens*, ZGR 1999, 548; *Werner*, NZG 2000, 231; *Witte/Wunderlich*, BB 2000, 2213; *Zimmer*, DB 2000, 1265.

26 Dazu *Koch*, a.a.O.; *Grumann/Soehlke*, DB 2001, 576; *Noack*, ZIP 2001, 57; *Priester*, DB 2001, 467; *ders.*, ZHR 165 (2001), 383ff.; *Reichert*, ZGR 2001, 560; *Seibert*, ZIP 2001, 53.

* Literatur: *Assmann*, Prospekthaftung, 1985; *ders.*, Entwicklungslinien und Entwicklungsperspektiven der Prospekthaftung, in: Freundesgabe Kübler, 1997, S. 317; *Cahn*, Vergleichsverbote im Gesellschaftsrecht, 1996; *Ebke*, Wirtschaftsprüfer und Dritthaftung, 1983; *Nieden*, Die privatrechtliche Haftung für den Gründungsvorgang, 1902; *Röhricht*, Freie Verfügungsmacht und

novellen von 1870 und 1884, zurück (zu diesen Novellen vgl. oben, § 26 II 2b). Da der Prüfungsmechanismus seine natürlichen Grenzen hat und auch nicht bis zu einer unbeweglichen Starrheit perfektioniert werden sollte, hat der Gesetzgeber einen flankierenden Schutz durch Haftungs- und Straftatbestände festgelegt (vgl. wegen der Straftatbestände vor allem § 399 AktG). Diese Tatbestände dienen vor allem dem Präventivschutz. Ihre beste Wirkung ist also eine unsichtbare Wirkung: die Verhinderung von Gründungsschwindeln. Deshalb besteht kein Anlaß zur Klage darüber, daß einschlägige Prozesse vergleichsweise selten sind. Immerhin kommen sie vor.

Haftungstatbestände sind in §§ 46–49 AktG enthalten. Gläubigerin der Haftungsansprüche ist die Gesellschaft. Sie kann auf die Ansprüche nur in den engen Grenzen des § 50 AktG verzichten. Nach § 46 I AktG sind die *Gründer* für die Richtigkeit und Vollständigkeit der erforderlichen Angaben sowie für die Leistung der Einlagen verantwortlich und haften für Schädigungen der Gesellschaft gesamtschuldnerisch aus vermutetem Verschulden. Hat sich an der Gründung ein Treuhänder als Strohmann beteiligt, so haftet auch sein *Hintermann* (§ 46 V AktG). Weiter haften die sog. *Gründergenossen*, die als Empfänger verheimlichten Gründerlohns oder wissentlich als Teilnehmer an Schädigungen der Gesellschaft mitgewirkt haben (§ 47 Nrn. 1, 2 AktG). Die *Emittenten von Aktien*, namentlich also die Emissionsbanken, haften nach § 47 Nr. 3 AktG[27]. Eine Verschuldenshaftung trifft schließlich auch die *Mitglieder des Vorstands, des Aufsichtsrats sowie die Gründungsprüfer* (§§ 48, 49 AktG). Es handelt sich bei all diesen Tatbeständen um eine Schadensersatzhaftung. Diese Schadensersatzhaftung – auch der Gründer! – läßt etwaige Erfüllungsansprüche der Gesellschaft, insbesondere also Einlagenansprüche aus der Zeichnung von Aktien, unberührt. Deshalb entsteht die Frage, wie sich die Schadensersatzhaftung zu diesen Erfüllungsansprüchen verhält[28]. Sie war Gegenstand der BGH-Entscheidung in unserem

Beispiel Nr. 8 (nach *BGHZ* 64, 52; dazu eingehend *Karsten Schmidt*, DB 1975, 1781): Die Gründer V, W, X, Y und Z hatten eine Kunststoffvertriebs-AG mit einem Grundkapital von 20 Mio. DM gegründet. Z hatte 1 Mio. DM in bar einzubringen, während die übrigen vier Gründer als Sacheinlagen Schuldverschreibungen einer in Vaduz belegenen Gesellschaft im Nennbetrag von 19 Mio. DM einzubringen hatten, die durch Lieferung von Kunststoffabfällen oder von Produkten aus Kunststoffregenerat erfüllt werden sollten. Der beklagte Gründungsprüfer erklärte diese Sacheinlagen für vollwertig. Ihr Wert hing aber von der Tauglichkeit eines Kunststoff-Regenerationsverfahrens ab (heute würde man von einem »Recycling«-Verfahren sprechen), das völlig unbrauchbar war. Deshalb klagte die inzwischen insolvente Gesellschaft gegen den Gründungsprüfer auf Schadensersatz nach §§ 49, 168 AktG a. F. (heute: §§ 49 AktG, 323 HGB). Der *Bundesgerichtshof* befand, daß sich der fahrlässig handelnde Gründungsprüfer der Gesellschaft gegenüber nicht etwa

Bankenhaftung (§ 37 AktG), in: Festschrift Boujong, 1996, S. 457; *Schürmann*, Die Rechtsnatur der Gründerhaftung im Aktienrecht, Diss. Münster 1968; *Karsten Schmidt*, Zur aktienrechtlichen Haftung des Gründungsprüfers bei der Überbewertung von Sacheinlagen, DB 1975, 1781; *Sittmann*, Die Prospekthaftung nach dem Dritten Finanzmarktförderungsgesetz, NZG 1998, 490; *Tiedemann*, Handelsgesellschaften und Strafrecht, in: Festschrift Würtenberger, 1977, S. 241 ff.

27 Daneben kommt eine Prospekthaftung nach §§ 45, 46 BörsG in Betracht; zum Verhältnis zwischen den Haftungstatbeständen vgl. *Schwark*, Börsengesetz, 2. Aufl. 1994, §§ 45, 46 Rdnr. 46.

28 Vgl. *Ebke*, a. a. O.

darauf berufen dürfe, die Gesellschaft wäre bei richtiger Bewertung der Sacheinlage gar nicht entstanden. Wohl aber könne der auf Schadensersatz haftende Gründungsprüfer der Gesellschaft entgegenhalten, es fehle ihr an einem Schaden[29], soweit sie einen liquiden Nachzahlungsanspruch gegen den Sacheinleger wegen Überbewertung der Sacheinlage habe (vgl. zu diesem Anspruch unten, § 29 II 1 b).

Ist eine Bareinlage bei einem Kreditinstitut[30] eingezahlt worden, so haftet dieses nach § 37 I 4 AktG ohne Rücksicht auf vorhandenes oder fehlendes Verschulden, wenn es eine unrichtige Angabe über den Nachweis der Einzahlung gemacht hat[31]. Auch ein in diesen Fällen meist vorhandenes (Mit-)Verschulden des Vorstands entlastet das Kreditinstitut nicht[32].

III. Gründungsmängel

1. Heilung und Geltendmachung von Gründungsmängeln

Wie unter II 3 g schon bemerkt wurde, stellen Gründungsmängel zwar Eintragungshindernisse dar, aber sie können nicht mehr uneingeschränkt geltend gemacht werden, wenn die Gesellschaft eingetragen ist. Der Konstitutivakt der Eintragung gibt einer fehlerhaft gegründeten Aktiengesellschaft einen mindestens vorläufigen Bestandsschutz (oben, § 6 II 1). Mängel, die die Eintragung hätten hindern können, aber nicht gehindert haben, werden grundsätzlich geheilt und bleiben dann für den Bestand der Gesellschaft ohne Folgen[33]. Schwerwiegende Mängel können noch geltend gemacht werden, aber auch dies nur mit Wirkung ex nunc (dazu sogleich unter III 2).

2. Satzungsmängel

Schwere Satzungsmängel liegen vor, wenn die Satzung – ein ziemlich theoretischer Fall – keine Bestimmungen über die Höhe des Grundkapitals enthält oder wenn die Bestimmungen über den Gegenstand des Unternehmens nichtig sind[34]. Diese Mängel berechtigen nach § 275 AktG zur Erhebung der »Nichtigkeitsklage«, die in Wahrheit eine Auflösungsklage ist. Das Gericht kann durch Gestaltungsurteil die Gesellschaft mit Wirkung für die Zukunft für nichtig erklären, und dies führt nach § 277 AktG zur Auflösung. Vorrang hat aber auch hier – soweit gesetzlich zulässig und praktisch durchführbar – die Heilung des Mangels (vgl. näher §§ 275 II, 276 AktG). Nach § 144 FGG kann auch das Registergericht die Eintragung einer solchen

29 Vgl. demgegenüber (zur Schadensersatzpflicht eines Steuerberaters) den GmbH-Fall *BGH*, VersR 1982, 580.
30 Vgl. näher § 54 III AktG.
31 Dazu *BGHZ* 119, 177; *Appell*, ZHR 157 (1993), 213; *Butzke*, ZGR 1993, 474; *Hüffer*, ZGR 1993, 474; *Kübler*, ZHR 157 (1993), 196.
32 Vgl. *BGHZ* 119, 177; eingehend *Pentz*, in: MünchKommAktG, § 37 Rdnr. 41; *Röhricht*, a. a. O.
33 Vgl. statt vieler *Hueck*, § 22 III 1.
34 Dazu etwa *Würdinger*, § 10 II 1 c; *Raiser*, Kapitalgesellschaften, § 11 Rdnr. 32.

Gesellschaft löschen. Auch diese »Löschung« ist aber in Wahrheit nichts anderes als eine Eintragung über die Auflösung der als Liquidationsgesellschaft fortbestehenden AG[35]. Sind sonstige wesentliche Satzungsbestandteile nicht vorhanden oder nichtig, so kann das Registergericht nach § 144 a FGG den Satzungsmangel feststellen, was gleichfalls zur Auflösung führt (§ 262 I Nr. 5 AktG). Im übrigen sind und bleiben einzelne Satzungsbestandteile nichtig, die gegen zwingendes Recht, z.B. gegen § 23 V AktG[36], oder gegen das Kartellverbot des Art. 81 EG verstoßen[37].

3. Erklärungsmängel

Nicht nur Mängel, die der Satzung oder dem Gründungsvorgang objektiv anhaften, werden durch die Eintragung überwunden, sondern dasselbe gilt für Willensmängel bei Erklärungen der Gründer[38]. Man muß sich allerdings darüber klar sein, daß nicht eigentlich der materielle Mangel des Rechtsgeschäfts geheilt, die Gründung also nicht fehlerfrei wird, vielmehr geht es nur darum, daß die Aktiengesellschaft als Rechtsträgerin trotz dieser Mängel wirksam entsteht. Es ist auf die Grundsätze über fehlerhafte Gesellschaftsverträge zu verweisen (oben, § 6 II 1).

35 *Karsten Schmidt*, in: GroßkommAktG, Erl. § 275.

36 Vgl. nur *Pentz*, in: MünchKommAktG, § 23 Rdnr. 162ff.; *Wiesner*, in: MünchHdbGesR IV, § 6 Rdnr. 12; differenzierend *Hüffer*, AktG, § 23 Rdnr. 43; für Heilbarkeit nach § 242 AktG *Geßler*, ZGR, 1980, 452f.

37 Vgl. *Karsten Schmidt*, in: EU-Regierungskonferenz 1996. Referate des 29. FIW Symposions, FIW-Schriftenreihe, Heft 168, 1996, S. 29ff.; *ders.*, AG 1996, 385ff.

38 *RGZ* 142, 98, 103; std. Rspr.; *Hueck*, § 22 III 2; *Würdinger*, § 21 V 3; *Kraft*, in: KK, § 23 Rdnr. 110.

§ 28 Die Organisationsverfassung der Aktiengesellschaft

I. Die Rechtsstellung des Aktionärs*

1. Mitgliedschaftsrechtliche Grundlagen

a) Der Aktionär ist als Verbandsmitglied Inhaber der in § 19 näher untersuchten Mitgliedschaftsrechte. Dadurch unterscheidet er sich vom bloßen Genußrechtsinhaber (oben, § 26 IV 1 g). Das deutsche Aktienrecht wurzelt in dem Verständnis der AG als eines »Aktienvereins«. Es unterliegt zwar einem sich zunehmend abzeichnenden Paradigmenwechsel vom Korporationsrecht zum Recht kapitalmarktvermittelter Anlegergemeinschaften (oben, § 26 II 3 e). Immer noch aber ist der Aktionär weit mehr als bloß ein Wertpapierbesitzer. Seine *Mitverwaltungsrechte* sind vor allem: das Recht auf Teilnahme an der Hauptversammlung (§ 118 I AktG), das Auskunftsrecht (§ 131 AktG), das Stimmrecht (§ 134 AktG) und das Anfechtungsrecht (§ 245 Nrn. 1–3 AktG). Neben diesen gesetzlich geregelten Aktionärsrechten ist besonders noch die Aktionärsklage gegen rechtswidrige Maßnahmen der Verbandsorgane zu nennen, die seit *BGHZ* 83, 122 ihren festen Platz im Recht der AG hat (näher oben, § 21 V 3). Die wichtigsten *Vermögensrechte* sind der Dividendenanspruch (§§ 58 IV, 60 AktG), das Recht zum Bezug neuer Aktien bei Kapitalerhöhungen (§ 186 AktG) und das Recht auf Teilnahme am Liquidationserlös (§ 271 AktG).

b) Die Mitgliedschaftsrechte *entstehen* durch die Übernahme von Aktien im Zuge der Gründung oder im Zuge einer Kapitalerhöhung. Der nachträgliche Erwerb oder Verlust der Aktionärsrechte geschieht durch Erwerb bzw.

---

* Literatur (Auswahl): *Bruckhorst*, Verteilung der Finanzierungskompetenzen bei der bestehenden Aktiengesellschaft, 1995; *Großfeld*, Aktiengesellschaft, Unternehmenskonzentration und Kleinaktionär, 1968; *Fechner*, Die Treubindungen des Aktionärs, 1942; *Filbinger*, Die Schranken der Mehrheitsherrschaft im Aktienrecht und Konzernrecht, 1942; *Henze*, Höchstrichterliche Rechtsprechung zum Aktienrecht, 4. Aufl. 2000; *Hoffmann-Becking* (Hrsg.), Münchener Handbuch des Gesellschaftsrechts, Bd. IV, Aktiengesellschaft, 2. Aufl. 1999; *Hommelhoff*, 100 Bände BGHZ: Aktienrecht, ZHR 151 (1987), 493; *Kloppenburg*, Mitverwaltungsrechte der Aktionäre, 1982; *Lutter*, Der Aktionär in der Marktwirtschaft, 1973; *Mestmäcker*, Verwaltung, Konzerngewalt und Rechte der Aktionäre, 1958; *Mülbert*, Aktiengesellschaft, Unternehmensgruppe und Kapitalmarkt, 1995 (2. unv. Aufl. 1996); *Reul*, Die Pflicht zur Gleichbehandlung der Aktionäre bei privaten Kontrolltransaktionen, 1991; *Schwark*, Anlegerschutz in der Publikums-AG: ein Paradigmenwechsel?, in: Festschrift Lutter, 2000, S. 1529; *Wiesner*, in: MünchHdbGesR IV, § 17.

Veräußerung von Aktien (dazu oben, § 19 IV 2 a). Einen freien Eintritt neuer Aktionäre und einen Austritt von Aktionären gibt es im Gegensatz zu den Personengesellschaften nicht (vgl. zu diesem charakteristischen Unterschied auch oben, § 19 II 1). Auch der rechtspolitische Vorschlag von *Günter H. Roth*[1], man solle in Anlehnung an das Open-end-Prinzip der Investmentgesellschaften dem Aktionär ein Austritts- und Abänderungsrecht geben, hat sich nicht durchgesetzt. Diese Art Flexibilität ist dem Kapitalgesellschaftsrecht fremd. Das hängt mit dem Grundkapital als Festkapital, also mit dem traditionellen Kapitalgesellschaftsmodell des deutschen Rechts, zusammen: Nur im Fall der Kapitalerhöhung und Zeichnung neuer Aktien kann die Zahl der Aktien erweitert werden (vgl. aber zum Ausschluß aus der AG die Ausführungen unter I 5).

c) Aktionäre können natürliche und juristische Personen sein, auch Außen-Personengesellschaften sein, die BGB-Gesellschaft nicht ausgenommen[2]. Steht eine Aktie mehreren Berechtigten gemeinschaftlich zu, so können sie die Rechte nur durch einen gemeinsamen Vertreter ausüben (§ 69 AktG). Aus eigenen Aktien stehen der Gesellschaft keine Rechte zu (§ 71 b AktG und dazu unten, § 29 II 2 c).

2. Der Gleichbehandlungsgrundsatz*

Nach § 53 a AktG sind Aktionäre unter gleichen Voraussetzungen gleich zu behandeln. Die Vorschrift beruht auf der Zweiten EG-Richtlinie. Sie entspricht aber einem seit langem anerkannten Rechtsgrundsatz[3]. Der Gleichbehandlungsgrundsatz gehört zu den Grundlagen des allgemeinen Verbandsrechts (vgl. oben, § 16 II 4 b). Die Gleichbehandlung ist weitgehend gesetzlich vorgeprägt. Dem Gesetz kann auch entnommen werden, daß es nicht um bedingungslose Gleichmacherei gehen kann. Nach der Natur der Sache bedeutet Gleichbehandlung teils einheitliche Berechtigung aller Aktionäre, teils orientiert sie sich am Nennwert der Aktien. So steht das Auskunftsrecht nach § 131 AktG oder das Recht zur Beschlußanfechtung nach § 245 AktG jedem, auch dem nur minimal beteiligten, Aktionär zu, während z. B. der Gewinnanspruch (§§ 58 IV, 60 AktG) oder das Stimmrecht (§ 134 AktG) vom Umfang der Kapitalbeteiligung abhängt. Diesen gesetzlich geregelten

1 *Roth*, Das Treuhandmodell des Investmentrechts – Eine Alternative zur Aktiengesellschaft? 1972, S. 335 ff.; dazu krit. *Geßler*, Das Treuhandmodell des Investmentrechts – Eine Alternative zur Aktiengesellschaft? ZGR 1977, 524.

2 *BGHZ* 118, 83, 99 f.; *BGH*, NJW 1994, 2356, 2358.

* Literatur: Vgl. oben, § 16 II 4; besonders zur AG: *Bodenheimer*, Das Gleichheitsprinzip im Aktienrecht, 1932; *Henn*, Die Gleichbehandlung der Aktionäre in Theorie und Praxis, AG 1985, 240; *Krause*, Zur Gleichbehandlung der Aktionäre bei Übernahmeangeboten und Beteiligungserwerb, WM 1996, 851, 893; *Mestmäcker*, Verwaltung, Konzerngewalt und Rechte der Aktionäre, 1958, S. 234 ff.; *Reul*, Die Pflicht zur Gleichbehandlung der Aktionäre bei privaten Kontrolltransaktionen, 1991; *Voges*, Zum Grundsatz der gleichmäßigen Behandlung im Aktienrecht, 1958; *Wiethölter*, Interessen und Organisation der Aktiengesellschaft, 1961, S. 103 ff.; *Zöllner*, in KK, 1. Aufl. 1985, Einl. Rdnrn. 139 ff.; Kommentare zu § 53 a AktG.

3 Vgl. *RGZ* 52, 287, 293 f.; 62, 52, 60; 113, 153, 156; 119, 220, 228; 120, 177, 180; *BGHZ* 33, 177; std. Rspr.

Fällen entspricht der nach § 53a AktG anzulegende Gleichheitsmaßstab: Er steht einer Ungleichbehandlung nicht entgegen, wenn sie sachlich gerechtfertigt, also nicht willkürlich ist[4]. Adressaten des Gleichheitsgebots in § 53a AktG sind die Unternehmensleitung und die Hauptversammlung. Ihre Rechtsakte sind rechtswidrig und als Beschlüsse anfechtbar, wenn sie gegen das Gleichbehandlungsgebot des § 53a AktG verstoßen.

3. Leistungspflichten[*]

Hauptpflicht des Aktionärs ist seine Verpflichtung zur Leistung der Einlage gegen Emission der Aktie (§ 54 AktG). Dies kann eine Geldeinlage *(Bareinlage)* oder eine *Sacheinlage* sein (§ 27 AktG; dazu oben, § 27 II 5). Grundsätzlich beschränkt sich die Einlagepflicht der Aktionäre auf den Nennbetrag oder den höheren Ausgabebetrag (§ 54 I AktG). Die Aktienausgabe zu einem Preis über dem Nennwert (»Überpari-Emission«) ist nach § 9 AktG zulässig, die Aktienausgabe unter dem Nennwert (»Unterpari-Emission«) dagegen nicht. Weitere Einlagepflichten, insbesondere Nachschußpflichten, gibt es nicht (zur Nebenleistungs-AG als Ausnahme vgl. oben, § 26 II 2e). Das Risiko des Aktionärs ist also begrenzt. Er riskiert grundsätzlich nur den Betrag seiner Einlage, die er allerdings u.U. um ein Vielfaches teurer am Kapitalmarkt erworben haben kann.

4. Treupflicht und Schädigungsverbot[**]

a) Zur Treupflicht im Rahmen des Rechts der Mitgliedschaft wurde unter § 20 IV allgemein bereits Stellung genommen. Für die Aktiengesellschaft wurde lange Zeit hindurch die Auffassung vertreten, hier lasse sich aus der

4 *BGHZ* 120, 141 = NJW 1993, 400; dazu *Lutter*, ZGR 1993, 309.

* Literatur: Vgl. oben, § 20 II.

** Literatur: *Wiedemann* I, § 8 II 3; *Diekgräf*, Sonderzahlungen an opponierende Kleinaktionäre, 1990; *Dreher*, Treuepflichten zwischen Aktionären und Verhaltenspflichten bei Stimmrechtsbündelung, ZHR 157 (1993), 150; *Fechner*, Die Treubindung des Aktionärs, 1942; *Fillmann*, Treuepflichten des Aktionärs, 1991; *Flume*, Die Rechtsprechung des II. Zivilsenats des BGH zur Treupflicht des GmbH-Gesellschafters und des Aktionärs, ZIP 1996, 161; *Hennrichs*, Treupflichten im Aktienrecht, AcP 195 (1995), 221; *Henze*, Zur Treupflicht unter Aktionären, in: Festschrift Kellermann, 1991, S. 141; *ders.*, Treuepflichtwidrige Stimmrechtsausübung und ihre rechtlichen Folgen, in: Henze/Timm/Wertermann (Hrsg.), Gesellschaftsrecht 1995, 1996, S. 1; *ders.*, Die Treupflicht im Aktienrecht, BB 1996, 489; *ders.*, Treupflichten der Gesellschafter, ZHR 162 (1998), 186; *Hüffer*, Zur gesellschaftsrechtlichen Treupflicht als richterrechtlicher Generalklausel, in: Festschrift Steindorff, 1990, S. 59; *Jilg*, Die Treuepflicht des Aktionärs, 1996; *Kort*, Zur Treupflicht des Aktionärs, ZIP 1990, 294; *Lutter*, Zur Treupflicht des Großaktionärs, JZ 1976, 225; *ders.*, Die Treupflicht des Aktionärs, ZHR 153 (1989), 446; *ders.*, Das Girmes-Urteil, JZ 1995, 1053; *ders.*, Treupflichten und ihre Anwendungsprobleme, ZHR 162 (1998), 164; *Marsch-Barner*, Treupflicht und Sanierung, ZIP 1996, 853; *Martens*, Die Treupflicht des Aktionärs, in: Rechtsdogmatik und Rechtspolitik, 1990, S. 2; *Nonn*, Zustimmungspflichten des Kapitalgesellschafters, 1995; *Timm*, Treuepflichten im Aktienrecht, WM 1991, 481; *Werner*, Zur Treupflicht des Kleinaktionärs, in: Festschrift Semler, 1993, S. 419; *Wiedemann*, Zu den Treuepflichten im Gesellschaftsrecht, in: Festschrift Heinsius, 1991, S. 949; *Zöllner*, Die Schranken mitgliedschaftlicher Stimmrechtsmacht ..., 1963, S. 335ff.; *ders.*, in: KK, 1. Aufl. 1985, Einl. Rdnrn. 160ff.; *ders.*, Treupflichtgesteuertes Aktienkonzernrecht, ZHR 162 (1998), 235.

Mitgliedschaft eine Treupflicht nicht herleiten[5]. Aus § 243 II AktG ergibt sich allerdings, daß ein Aktionär rechtswidrig handelt, wenn er bei der Ausübung des Stimmrechts für sich oder einen Dritten Sondervorteile zum Schaden der Gesellschaft oder der anderen Aktionäre zu erlangen sucht (dazu sogleich unter b). Man wird dieses Verbot als Ausprägung einer allgemeinen Treupflicht des Aktionärs ansehen müssen[6]. Diese wird heute nahezu allgemein anerkannt[7], und zwar sowohl im Verhältnis zur Gesellschaft als auch zu den Mitaktionären[8]. Die Treubindung spielt vor allem da eine Rolle, wo die Aktionäre Ermessensentscheidungen zu treffen haben, z.B. bei der Stimmabgabe in der Hauptversammlung. Nicht das Ob einer Aktionärs-Treupflicht, sondern die Konkretisierung dieser Treupflicht und die Voraussetzungen ihrer Verletzung im Einzelfall sind das Problem (vgl. oben, § 20 IV 2). Es liegt auf der Hand, daß etwa bei einer »kleinen«, also geschlossenen Gesellschaft (oben, § 26 III 2 b) viel intensivere Treupflichten bestehen als bei einer Publikumsgesellschaft und daß die Treupflicht in der Publikumsgesellschaft einen Mehrheitsaktionär ganz anders treffen kann als einen Minderheitsaktionär. Die hier schon in den Vorauflagen als Richtschnur empfohlene Formel von *Zöllner*, wonach dem Maß des Einflusses das Maß der Verantwortlichkeit entsprechen muß[9], hat Eingang in die Rechtsprechung gefunden[10]. Die Treupflichtdiskussion betraf deshalb zunächst nur den Mehrheitsaktionär. Umstritten war vor allem die aus heutiger Sicht überholte BGH-Entscheidung im Fall Audi-NSU (dazu auch schon oben, § 20 IV 2c):

Beispiel Nr. 1 (nach *BGH*, WM 1976, 449 = JZ 1976, 561 m. Anm. *Lutter*; Vorinstanz *OLG Celle*, WM 1974, 1013 = DB 1974, 525): Im Jahr 1971 hatte die Volkswagen-AG die Aktienmehrheit an der Audi-NSU AG erworben und mit ihr einen Beherrschungsvertrag abgeschlossen, in dem sie sich verpflichtete, die Aktien außenstehender Audi-NSU-Aktionäre auf deren Verlangen binnen sechs Wochen ab Bekanntmachung im Verhältnis 2,5 : 1 in VW-Aktien umzutauschen, obwohl die Audi-NSU-Aktien zuvor höher als die VW-Aktien notiert waren. Ein Aktionär – der spätere Kläger – hatte am 26.10. seine Audi-NSU-Aktien zum Stückpreis von 145 DM verkauft. Zu diesem Zeitpunkt oder kurz danach verhandelte die Volkswagen-AG mit dem größten und schwierigsten Minderheitsaktionär, der Israel-British-Bank, die sich in einem Anfechtungsprozeß gegen den Beherrschungsvertrag zur Wehr gesetzt hatte, mit dem Ergebnis, daß nunmehr alle Audi-NSU-Aktionäre ein weitaus günstigeres Übernahmeangebot erhielten. Der Kläger, der nun natürlich zu einem viel günstigeren Preis hätte verkaufen können, verlangte von der VW-AG 32 400 DM Schadensersatz mit der Begründung, VW habe gegen ihre Treupflicht verstoßen, weil sie es unterlassen habe, ihn vor einem voreiligen Aktienverkauf zu warnen und rechtzeitig für eine Aussetzung der Börsennotierung zu sorgen. Die Klage war in allen Instanzen erfolglos. Das *OLG Celle*, DB 1974, 525 = WM 1974, 1013, hatte eine Treupflicht der Aktionäre unter-

5 Vgl. *Alfred Hueck*, Der Treuegedanke im modernen Privatrecht, 1947, S. 14ff.

6 Vgl. *Karsten Schmidt*, in: GroßkommAktG, § 243 Rdnr. 51; a.M. *Flume*, ZIP 1996, 162.

7 Vgl. nur *Raiser*, Kapitalgesellschaften, § 12 Rdnrn. 40ff.; *Kübler*, § 15 II 3 c; *Wiedemann* I, § 2 I 1 b bb; *Hüffer*, AktG, § 53a Rdnrn. 13ff.; *Dreher*, *Hennrichs*, *Henze*, *Lutter* und *Zöllner*, a.a.O.; ferner *Skibbe*, WM 1977, 726; abwartend noch *Hueck*, § 26 IV 1; krit. *Martens*, a.a.O.; *Flume*, ZIP 1996, 161ff.

8 *BGHZ* 129, 136 = NJW 1995, 1736 m. Anm. *Altmeppen*; *BGH*, NJW 1992, 3167; *Hüffer*, AktG, § 53a Rdnr. 14; krit. *Wilhelm*, Kapitalgesellschaftsrecht Rdnrn. 674–706.

9 *Zöllner*, in: KK, 1. Aufl., Einl. Rdnr. 169.

10 *BGHZ* 103, 184, 195; 129, 136, 143f.; 142, 167, 170; Überblick bei *Lutter*, in: 50 Jahre BGH II, 2000, S. 330ff.

einander verneint. Der *Bundesgerichtshof* schloß sich dieser Beurteilung an (ausführlicher hier in der 1. Aufl.).

Zu dieser Entscheidung hat schon die erste Auflage betont, daß sie das Ob einer Treupflicht nicht hinreichend von deren Inhalt unterschieden hat und daß die Klage nur deshalb abweisungsreif war, weil sich die angeblich verletzten Informationspflichten aus der – durchaus vorhandenen – Treupflicht nicht herleiten ließen. Wie unter § 20 IV 2 dargestellt, hat auch der *Bundesgerichtshof* im »Linotype«-Urteil (*BGHZ* 103, 184) klargestellt, daß mitgliedschaftliche Treupflichten nicht von der Rechtsform abhängig und deshalb auch für die Aktiengesellschaft anzuerkennen sind[11]. Die Treupflicht eines Mehrheitsaktionärs ist, wie das »Hilgers«-Urteil in *BGHZ* 142, 167, 169 zeigt, im Prinzip nicht mehr streitig[12]. Seit dem in *BGHZ* 129, 136 veröffentlichten »Girmes«-Urteil steht im Einklang mit der hier unter § 20 IV 2 vertretenen Auffassung im Grundsatz überdies fest, daß nicht nur der Mehrheitsaktionär, sondern auch der Minderheitsaktionär Treubindungen, insbesondere einem Schädigungsverbot, unterliegt[13]. Diese Treubindungen werden allerdings bei den in der »Girmes«-Entscheidung angesprochenen Konstellationen (Obstruktionsverbot bei der Beschlußfassung über Sanierungsmaßnahmen) nur ganz ausnahmsweise zum Tragen kommen, denn selbstverständlich darf die Treupflicht nicht dazu führen, abstimmende Aktionäre auf Vorschläge des Managements und der Hausbank festzulegen[14]. Aber das ändert nichts an der grundsätzlichen Tragweite des Urteils[15]. Vor allem bei der Behandlung schikanöser Anfechtungsklagen wird uns die Treupflicht wieder begegnen (vgl. unter IV 5 f.). Auch eine »Übernahme« des Gesellschaftsvermögens durch »übertragene Auflösung« kann sich als Treupflichtverletzung darstellen (dazu unten, § 30 V 2 b).

b) Ein *Verbot des Strebens nach Sondervorteilen* ergibt sich aus § 243 II AktG[16]. Danach kann ein Hauptversammlungsbeschluß angefochten werden, wenn ein Aktionär mit der Ausübung des Stimmrechts für sich oder einen Dritten Sondervorteile zum Schaden der Gesellschaft oder der anderen Aktionäre zu erlangen sucht und der Beschluß geeignet ist, diesem Zweck

11 *BGHZ* 103, 184 = JZ 1989, 443 m. Anm. *Wiedemann* = JR 1989, 505 m. Anm. *Bommert*; dazu *Lutter*, ZHR 153 (1989), 446 ff.; krit. *Martens*, a. a. O.; *Flume* (ZIP 1996, 163) betont, daß nach der Zurückverweisung die Treupflichtverletzung vom *OLG Frankfurt* (ZIP 1991, 657) verneint und die Klage sogar als rechtsmißbräuchlich abgewiesen wurde, doch ändert dies eben nichts an der grundsätzlichen Anerkennung der Treupflicht.

12 Überblick bei *Wiesner*, in: MünchHdbGesR IV, § 17 Rdnrn. 14 ff.; *Hüffer*, AktG, § 53 a Rdnrn. 13 ff.; krit. noch *Wilhelm*, Kapitalgesellschaftsrecht, Rdnrn. 674 ff.

13 *BGHZ* 129, 136 = NJW 1995, 1739 m. Anm. *Altmeppen*; dazu zust. *Lutter*, JZ 1995, 1053; *Marsch-Barner*, ZIP 1996, 853; *Schnorbus*, JuS 1998, 877; vgl. bereits *Werner*, a. a. O.; *Hennrichs*, AcP 195 (1995), 255 ff.; abl. *Flume*, ZIP 1996, 162 ff.

14 Dies zu den von *Flume* (ZIP 1996, 166 f.) mitgeteilten Fakten; der Ausgang des Girmes-Falls in der Tatsacheninstanz ändert an dem Grundsatzscharakter des Girmes-Urteils nichts.

15 Anders *Flume*, ebd.; wie hier *Lutter*, JZ 1995, 1053.

16 Dazu *Abrell*, Der Begriff des aktienrechtlichen Sondervorteils bei entgeltlichen Geschäften der Gesellschaft mit ihrem Mehrheitsaktionär, BB 1974, 1463; *Hüffer*, Die Ausgleichsklausel des § 243 II 2 AktG, in: Festschrift Kropff, 1997, S. 127; *Reiners*, Das Anfechtungsrecht nach § 243 Abs. 2 AktG ..., Diss. Heidelberg 1987.

zu dienen, es sei denn, der Beschluß gibt den anderen Aktionären einen angemessenen Ausgleich (dazu auch unter IV 5 d). Ein Sondervorteil zeichnet sich nach der gängigen Definition dadurch aus, daß er nicht allen zufließt, die sich in einer gleichartigen Situation befinden. Diese einfache Formel kann allerdings trügerisch sein[17], denn sie hilft insbesondere bei bedeutenden Vertragsschlüssen nicht weiter, die in jedem Fall nur dem Vertragspartner zugute kommen. Bestimmt der Mehrheitsgesellschafter diesen Vertragspartner, so darf nicht schon hieraus gefolgert werden, es liege ein Sondervorteil vor. Vielmehr erweist sich ein qualitatives Moment als unentbehrlich.

Beispiel Nr. 2 (nach *OLG Frankfurt*, BB 1973, 863 m. krit. Anm. *Rasch):* Die B-AG produzierte und vertrieb Baumaterial. Mehrheitsaktionärin war die M-AG mit über 75 % des Stimmkapitals. M betätigte sich gleichfalls auf dem Markt für Baumaterial, und dasselbe galt auch für die K, die 12 % des Stimmkapitals an der B-AG hielt. M und K waren daran interessiert, das Unternehmen der B-AG zu pachten. Die M brachte mit ihrer Mehrheit einen Hauptversammlungsbeschluß zustande, wonach die B-AG einem Pachtvertrag mit M zustimmte und das Pachtangebot der K ausschlug. K erhob, gestützt auf § 243 II AktG, Anfechtungsklage. Das *OLG* gab dieser Klage statt, und zwar mit der folgenden, recht problematischen Begründung: »Bei einem Sondervorteil handelt es sich nach Godin/Wilhelmi ... und Baumbach/Hueck ... um einen Vorteil, der nicht allen zufließt, die sich der Gesellschaft gegenüber in der gleichen Lage befinden. Würdinger ... und, ihm folgend, Geßler ... verstehen unter diesem Begriff einen wirtschaftlich nicht gerechtfertigten Vorteil. Beide Definitionen gehen von einer Vorzugsstellung des Begünstigten aus. Ohne Schwierigkeiten läßt sich ein Sondervorteil bei Geschäften feststellen, die in der gleichen Art auch mit Dritten geschlossen werden wie der Kauf oder der Verkauf von Waren. Er liegt immer dann vor, wenn dem Aktionär günstigere Bedingungen eingeräumt werden als den übrigen Geschäftspartnern ... Ist aber, wie im vorliegenden Fall, die Beklagte (B-AG) entschlossen, den Betrieb nur an ihre Mehrheitsaktionärin und nicht an einen beliebigen zuverlässigen Interessenten zu verpachten, dann liegt ohne Rücksicht auf die Bedingungen bereits in der Verpachtung an sich ein Sondervorteil, weil die Beklagte nicht bereit ist, die für die Mehrheitsaktionärin in Aussicht genommene Rechtsstellung einem beliebigen Bewerber gleicher Qualifikation einzuräumen.«

Diese Begründung ist in hohem Maße angreifbar[18]. Die Durchsetzung der Mehrheitsherrschaft oder der Egoismus des hiermit verfolgten Zieles macht allein noch keinen verbotenen Sondervorteil. Es muß schon ein komparatives Element (etwa, wenn die K einen günstigeren Vertrag geboten hätte) oder ein qualitatives Element (etwa, wenn der Vertragsinhalt die M einseitig begünstigt hätte) hinzukommen. Als bloßer Sonderfall der Treupflichtkontrolle (vgl. zuvor unter a) tritt § 243 II AktG allerdings zunehmend in den Hintergrund. Die Bestimmung hat, nachdem sie bei der Herausarbeitung des heute im Aktienrecht dominierenden Treupflichtkonzepts geholfen hat, ihre Schuldigkeit getan.

c) Nicht auf Mitglieder beschränkt, aber im praktischen Rechtsleben vor allem für Mehrheitsaktionäre von Bedeutung, sind die *Schädigungsverbote* des § 117 AktG sowie des Konzernrechts. Nach *§ 117 AktG* kann die AG Schadensersatz von demjenigen verlangen, der vorsätzlich unter Benutzung seines

17 Mit Recht kritisch *Zöllner*, in: KK, 1. Aufl., § 243 Rdnrn. 207ff. m.w.N.; vgl. auch *Martens*, Mehrheits-Minderheits-Konflikte innerhalb abhängiger Gesellschaften, AG 1974, 9.

18 Vgl. *Karsten Schmidt*, in: GroßkommAktG, § 243 Rdnr. 55; *Martens*, AG 1974, 11; *Abrell*, BB 1974, 1467.

Einflusses auf die Gesellschaft ein Mitglied des Vorstands oder des Aufsichtsrates, einen Prokuristen oder einen Handlungsbevollmächtigten dazu bestimmt, zum Schaden der Gesellschaft oder ihrer Aktionäre zu handeln. Nach *§ 309 AktG* müssen bei Bestehen eines Beherrschungsvertrages (Vertragskonzern) die gesetzlichen Vertreter des herrschenden Unternehmens die Sorgfalt eines ordentlichen und gewissenhaften Geschäftsleiters anwenden und haften für Pflichtverletzungen. Die Vorschrift gilt nach *§ 323 AktG* sinngemäß auch für die Ausübung der Leitungsmacht gegenüber einer eingegliederten Gesellschaft. Im sog. faktischen Konzern, also bei Fehlen eines Beherrschungsvertrags, ist ein herrschendes Unternehmen nach *§ 317 AktG* zum Schadensersatz verpflichtet, wenn es die abhängige AG ohne Nachteilsausgleich veranlaßt, ein für sie nachteiliges Rechtsgeschäft vorzunehmen oder zu ihrem Nachteil eine Maßnahme zu treffen oder zu unterlassen. Auf diese Vorschriften wird unter § 31 IV 2 zurückzukommen sein.

5. Ausschluß von Aktionären*

Der Ausschluß von Aktionären ist im Gesetz nicht allgemein geregelt. Das Aktiengesetz kennt neben der Abfindung von Aktionären (§ 305 AktG) nur den Ausschluß bei Versäumung der Einlagepflicht (sog. Kaduzierung nach § 64 AktG) und die Einziehung von Aktien (§ 237 AktG)[19].

a) Herkömmlich wurde gelehrt, es könne bei der AG keinen Gesellschafterausschluß geben, auch nicht aus wichtigem Grund[20]. Spätestens seit der überfälligen Anerkennung der Aktionärs-Treupflicht (oben unter I 4) kann aber nicht verkannt werden, daß auch die Mitgliedschaft des Aktionärs eine Dauerrechtsbeziehung darstellt und daß diese Rechtsbeziehung Sanktionen – als ultima ratio auch die Zwangs-Beendigung – notwendig machen kann[21]. Eine solche Ausschließung wird – wie im GmbH-Recht – grundsätzlich einen Hauptversammlungsbeschluß und einen Ausschließungsprozeß erforderlich machen und i. d. R. durch Zwangsverkauf der Aktien vollzogen. Die Frage kann bei der »kleinen AG« durchaus von Interesse sein. Auf Einzelheiten soll aber bei der GmbH eingegangen werden, denn bei ihr, nicht bei der AG, liegt das entscheidende Bedürfnis nach Ausschließungsregeln im Kapitalgesellschaftsrecht (unten, § 35 IV).

---

* Literatur: *Philipp A. Baums,* Ausschluß von Minderheitsaktionären, 2001; *Grunewald*, Der Ausschluß aus Gesellschaft und Verein, 1987; *Reinisch*, Der Ausschluß von Aktionären aus der AG, 1992; *Kallmeyer,* Ausschluß von Minderheitsaktionären, AG 2000, 59; *Land/Hasselbach,* »Going private« und »Squeeze-Out«, DB 2000, 557; *Than*, Zwangsweises Ausscheiden von Minderheitsaktionären nach Übernahmeangebot?, in: Festschrift Claussen, 1997, S. 405.

19 Insbesondere gibt es keine dem § 738 BGB entsprechende Anwachsung.

20 Vgl. *BGHZ* 9, 157, 163; 18, 350, 365; *Wiedemann* I, § 7 III 2 a; *Flume*, Juristische Person, § 8 II; *Kraft*, in: KK, § 11 Rdnr. 33.

21 Vgl. *Grunewald*, a. a. O., S. 52 ff.; *Reinisch*, a. a. O.; *Becker*, ZGR 1986, 386 ff.; *Hommelhoff*, ZHR 151 (1987), 516.

b) Neu ist die Zulassung eines »squeeze out« durch das *Wertpapiererwerbs- und Übernahmegesetz* von 2001[22]: Ein Mehrheitsgesellschafter, der mindestens 95% des Grundkapitals hält kann den oder die Minderheitsaktionäre durch Hauptversammlungsbeschluß aus der Gesellschaft ausschließen (§§ 327 a ff. AktG). Das Verfahren lehnt sich an das der sog. Mehrheitseingliederung nach § 320 AktG an (dazu unten, § 30 III 2), jedoch genügt eine Abfindung in bar (zum Übernahmerecht vgl. oben, § 26 III 3 d).

II. Der Vorstand*

1. Aufgaben

a) Der Vorstand ist das Geschäftsführungs- und Vertretungsorgan der AG. Nach § 76 I AktG hat der Vorstand die Gesellschaft *unter eigener Verantwortung* zu leiten, wobei ihm nach der sog. »business judgment rule« ein

22 Dazu statt vieler *Baums*, in: Verhandlungen des 63. DJT I, 2000, S. F 116; *Grunewald*, ZIP 2002, 18; *Habersack*, ZIP 2001, 1230; *Kiem*, in: Henze/Hoffmann-Becking (Hrsg.), Gesellschaftsrecht 2001, 2002, S. 329; *Kossmann*, NZG 1999, 1198; *Krieger*, BB 2002, 53; *Wolf*, ZIP 2002, 153.

* Literatur (Auswahl): *Assmann* u.a., Corporate Governance, AG 1995, 289ff.; *Baas*, Leitungsmacht und Gemeinwohlbindung der AG, 1976; *Baums*, Der Geschäftsleitervertrag, 1987; *T. Bezzenberger*, Der Vorstandsvorsitzende der Aktiengesellschaft, ZGR 1996, 661; *Brinkmann*, Unternehmensziele im Aktienrecht, AG 1982, 122; *Clemm*, Zur Verantwortung der Unternehmensleitung gegenüber Aktionären (»shareholder value«), Arbeitnehmern und Gemeinwohl (»soziale Verantwortung«), in: Festschrift Rittner, 1997, S. 675ff.; *Dose*, Die Rechtsstellung der Vorstandsmitglieder einer AG, 3. Aufl. 1975; *Dreher*, Unternehmen und Politik, ZHR 155 (1991), 349; *Feddersen/Hommelhoff/Schneider* (Hrsg.), Corporate Governance, 1996; *Fleck*, Das Dienstverhältnis der Vorstandsmitglieder ..., WM-Sonderbeilage 3/1968; *ders.*, Das Dienstverhältnis der Vorstandsmitglieder ..., WM-Sonderbeilage 3/1981; *Großmann*, Unternehmensziele im Aktienrecht, 1980; *Henze*, Leitungsverantwortung des Vorstands – Überwachungspflicht des Aufsichtsrats, BB 2000, 209; *ders.*, Entscheidungen und Kompetenzen der Organe in der AG: Vorgaben der höchstrichterlichen Rechtsprechung , BB 2001, 53; *Hoffmann-Becking*, Zur rechtlichen Organisation der Zusammenarbeit im Vorstand der AG, ZGR 1998, 497; *Hopt/Teubner*, Corporate Governance and Director's Liabilities, 1985; *Jürgenmeyer*, Das Unternehmensinteresse, 1984; *Krause*, Alternativen interner und externer Unternehmenssteuerung, 1982; *Kallmeyer*, Pflichten des Vorstands zur Unternehmensplanung, ZGR 1993, 104; *Krieger*, Personalentscheidungen des Aufsichtsrats, 1981; *Lutter*, Vergleichende Corporate Governance, ZGR 2001, 224; *Martens*, Der Grundsatz gemeinsamer Vorstandsverantwortung, in: Festschrift Fleck, 1988, S. 191; *Merkt*, Unternehmensleitung und Interessenkollision, ZHR 159 (1995), 423; *Mertens*, Zur Auslegung und zum Verhältnis von § 76 I und § 58 AktG ..., in: Festschrift Goerdeler, 1987, S. 349; *Mielke*, Die Leitung der unverbundenen AG, 1990; *Mülbert*, Shareholder Value aus rechtlicher Sicht, ZGR 1997, 129; *Raisch*, Zum Begriff und zur Verdeutlichung des Unternehmensinteresses als Verhaltensmaxime von Vorstands- und Aufsichtsratsmitgliedern, in: Festschrift Hefermehl, 1976, S. 347; *Raiser*, Das Unternehmensinteresse, in: Festschrift Reimer Schmidt, 1976, S. 101; *ders.*, Unternehmensziele und Unternehmensbegriff, ZHR 144 (1980), 206; *Rittner*, Zur Verantwortung des Vorstandes nach § 76 Abs. 1 AktG, in: Festschrift Geßler, 1971, S. 139; *ders.*, Zur Verantwortung der Unternehmensleitung, JZ 1980, 113; *Säcker*, Unternehmensgegenstand und Unternehmensinteresse, in: Festschrift Lukes, 1989, S. 547; *Schilling*, Macht und Verantwortung in der Aktiengesellschaft oder das Prinzip der Interesseneinheit, in: Festschrift Geßler, 1971, S. 159; *Schmidt-Leithoff*, Die Verantwortung der Unternehmensleitung, 1989; *Semler*, Leitung und Überwachung der AG, 2. Aufl. 1996; *Teubner*, Unternehmensinteresse, ZHR 149 (1985), 470; *Vogel*, Aktienrecht und Aktienwirklichkeit, 1980; *Wiesner*, in: MünchHdbGesR IV, Aktiengesellschaft, 1988, §§ 19ff.

unternehmerischer Ermessensspielraum zusteht (dazu unter II 4a)[23]. Diese Leitungsmacht ist unveräußerlich[24] und kann nur durch Unternehmensverträge auf Dritte verlagert werden (dazu unten, § 30 IV; über Betriebsführungsverträge vgl. oben, § 17 I 3c). Im Gegensatz zum Geschäftsführer einer GmbH ist der Vorstand nicht an Weisungen der Kapitaleigner gebunden. Das AktG betont in § 76 I nur diese Eigenverantwortlichkeit und verzichtet auf eine Generalklausel über die Zielbestimmung. Demgegenüber hatte noch § 70 I AktG 1937 vorgeschrieben, der Vorstand habe »unter eigener Verantwortung die Gesellschaft so zu leiten, wie das Wohl des Betriebes und seiner Gefolgschaft und der gemeine Nutzen von Volk und Reich es erfordern«. Diese Bestimmung war charakteristisch für das pathetische Vokabular, mit dem die vernünftigen Regeln des AktG 1937 in der nationalsozialistischen Zeit überzogen worden waren. Der Gesetzgeber von 1965 hat sich nicht um eine Neuformulierung bemüht, sondern den Passus gestrichen. Wieviel sich dadurch geändert hat, wird unterschiedlich beurteilt. Zu § 76 AktG heißt es in der Regierungsbegründung[25]: »Diese Regelung entspricht dem geltenden Recht (§ 70 Abs. 1 AktG 1937). Daß der Vorstand bei seinen Maßnahmen die Belange der Aktionäre und der Arbeitnehmer zu berücksichtigen hat, versteht sich von selbst und braucht deshalb nicht ausdrücklich im Gesetz bestimmt zu werden. Gleiches gilt für die Belange der Allgemeinheit. Gefährdet der Vorstand durch gesetzwidriges Verhalten das Gemeinwohl, so kann die Gesellschaft aufgelöst werden (§ 396).« Im wesentlichen verweist uns diese Gesetzesbegründung auf zwei Schlagworte (Unternehmensinteresse und Gemeinwohl). Ganz belanglos ist die Gesetzesbegründung trotz dieser Enthaltsamkeit nicht. Gerade der Schlußteil – Gemeinwohlbindung nur durch das Gesetz? – läßt erkennen, daß der Gesetzgeber eine Politisierung der Unternehmensziele bewußt vermeiden wollte[26]. Das Unternehmensinteresse als Verhaltensmaxime wird deshalb im neueren Schrifttum zunehmend von politischen Zielvorgaben freigehalten[27]. Das ist insofern zu begrüßen, als eine ideologische Festlegung der Vorstandsaufgaben nicht in den § 76 I AktG hineininterpretiert und dadurch für rechtlich verbindlich erklärt werden darf, etwa in dem Sinne, daß Gemeinwohlbelange stets Vorrang vor den Rentabilitätsinteressen der Kapitalgesellschaft hätten. Mit dieser Maßgabe kann aber festgehalten werden, daß es zwei Richtpunkte für die Selbstverantwortung des Vorstands nach § 76 I AktG gibt: das *Unternehmensinteresse* und das *Gemeinwohl*[28]. Die sich hinter diesen Begriffen verbergenden Wertungskonflikte – z.B. Produktivität, Arbeitsplatzerhaltung, Shareholder Value und

23 *BGHZ* 135, 244 = NJW 1997, 1926; dazu *Lutter*, in: 50 Jahre BGH II, 2000, S. 333f.

24 Eingehend *Mertens*, in: KK, § 76 Rdnrn. 43ff.

25 Begr. RegE, in: *Kropff*, S. 97.

26 Gegen Fortgeltung deshalb vor allem *Mertens*, in: KK, § 76 Rdnrn. 32ff.; *Rittner*, in: Festschrift Geßler, a.a.O., S. 142ff.; *Großmann*, a.a.O., S. 153f.; *Jürgenmeyer*, a.a.O., S. 58f.; *Dreher*, ZHR 155 (1991), 355; anders z.B. *Raiser*, Kapitalgesellschaften, § 14 Rdnrn. 13f.; *Raisch*, in: Festschrift Hefermehl, a.a.O., S. 352ff.

27 Die Arbeiten von *Großmann*, *Jürgenmeyer* und *Schmidt-Leithoff* scheinen hierfür charakteristisch.

28 Vgl. auch *BVerfGE* 50, 290; *BGHZ* 69, 334, 339; *Raiser*, Kapitalgesellschaften, § 14 Rdnr. 86; *Mertens*, in: KK, § 76, Rdnr. 23; *Rittner*, JZ 1980, 113ff.; *Wiedemann*, ZGR 1980, 161.

Ökologie – sind freilich mit diesen schönen Worten nur angedeutet und können nicht generalisierend gelöst werden. Die Wertungsgrundlagen sind auch dem Unternehmen nur zum Teil abstrakt vorgegeben. Hieran hat auch die neue Shareholder-Value-Diskussion (oben, § 26 II 3 c)[29] nichts geändert, denn auch die Marktwertmaximierung der Aktionäre ist gleichzeitig Spiegelbild der Finanzierungsinteressen des Unternehmens. Die Konkretisierung hat sich im einzel- wie im gesamtwirtschaftlichen Bereich, nicht zuletzt wohl auch durch politische Entscheidungen in den Gremien des individuellen Unternehmens, zu vollziehen. Selbst »feindliche« Übernahmen (dazu oben, § 26 II 3 d) muß der Vorstand nicht in jedem Fall zu verhindern suchen – er ist beim Kampf um Anteilsmehrheiten grundsätzlich neutral![30] –, wohl aber dann, wenn sie die Rentabilität oder Existenz von Unternehmen und Gesellschaft in Frage stellen[31]. Das neue WpÜG verpflichtet den Vorstand im Fall eines Übernahmeangebots sogar zur Neutralität, gibt allerdings der Hauptversammlung und sogar dem Aufsichtsrat die Befugnis, ihn hiervon zu befreien (vgl. § 33 I, II WpÜG und dazu oben, § 26 II 3 d).

b) Der *Umfang der Geschäftsführungsaufgaben* entzieht sich gleichfalls einer abschließenden Definition (vgl. allgemein zum Begriff der Geschäftsführung oben, § 7 I 3 b). Erfaßt sind Einzelmaßnahmen ebenso wie die Gesamtleitung des Unternehmens. Das Gesetz nennt besonders: die Vorbereitung und Ausführung von Hauptversammlungsbeschlüssen (§ 83 AktG), die Führung der Handelsbücher (§ 91 AktG), die Aufstellung des Jahresabschlusses und des Lageberichts (§ 264 I HGB). Stärker als durch solche Kataloge werden die Aufgaben des Vorstands heute von der Faszination schillernder und konkretisierungsbedürftiger Begriffe beherrscht, aus denen sich Pflichtprogramme herausbilden werden: *Shareholder Value* (oben, § 26 II 3 c) und *Corporate Governance* (dazu oben, § 26 II 3 b).

c) Der Vorstand *vertritt die Gesellschaft* gerichtlich und außergerichtlich (§ 78 I AktG). Im Grundsatz besteht bei einem mehrgliedrigen Vorstand nur Gesamtvertretungsmacht (§ 78 II 1 AktG). Ist allerdings eine Willenserklärung gegenüber der Gesellschaft abzugeben, so genügt die Abgabe gegenüber einem Vorstandsmitglied (§ 78 II 2 AktG). Die Satzung – oder der Aufsichtsrat mit Satzungsermächtigung – kann auch bestimmen, daß einzelne Vorstandsmitglieder allein oder in Gemeinschaft mit einem Prokuristen zur Vertretung der Gesellschaft befugt sind (§ 78 III AktG). Auch können gesamtvertretungsberechtigte Vorstandsmitglieder einander zur Vornahme bestimmter Geschäfte oder bestimmter Arten von Geschäften ermächtigen (§ 78 IV AktG). Die in der Praxis anzutreffenden Satzungsklauseln sind variationenreich. Inhaltlich kann die Vertretungsbefugnis des Vorstands nicht beschränkt werden (§ 82 I AktG). Nur im Innenverhältnis sind die Vor-

29 Vgl. zu dieser Diskussion *Kübler*, in: Festschrift Zöllner I, 1998, S. 321 ff.; *Mülbert*, ZGR 1997, 129 ff.; *W.-U. Schilling*, BB 1997, 373 ff.

30 Str.; vgl. *Merkt* und *Meyer-Reimer*, ZHR 165 (2001), 224 ff., 258 ff.

31 Vgl. *Mertens*, in: KK, § 76 Rdnrn. 25 ff; tendenziell noch enger *Rümker*, in: Festschrift Heinsius, 1991, S. 688 ff.; weitergehend aber *Martens*, in: Festschrift Beusch, 1993, S. 549 ff.

standsmitglieder verpflichtet, die Beschränkungen einzuhalten, welche die Satzung, der Aufsichtsrat, die Hauptversammlung und die Geschäftsordnung anordnen (§ 82 II AktG). Wird hiergegen verstoßen, so handelt der Vorstand nicht ohne Vertretungsmacht, sondern es liegt ein Mißbrauch der Vertretungsmacht vor, der nur ausnahmsweise gegen dritte Geschäftspartner geltend gemacht werden kann (eingehend oben, § 10 II 2).

Beispiel Nr. 3 (in Anlehnung an *RGZ* 145, 311): Die K-AG, vertreten durch ihr Vorstandsmitglied Dr. K, tätigte ein gewagtes Grundstücksgeschäft. V, der Vorstand der B-AG, eines Versicherungsunternehmens, ermöglichte dieses riskante Geschäft, indem er im Namen der B-AG eine Patronatserklärung zugunsten der K-AG gegenüber der kreditierenden Bank abgab und der K-AG obendrein versprach, ihr 2 Mio. Gold-Kommunalobligationen oder Hypothekenpfandbriefe zur Verfügung zu stellen, damit die K-AG sie verpfänden könne. Die Angelegenheit wurde bei der B-AG aufgedeckt. V wurde entlassen. Die K-AG bekam die zu verpfändenden Papiere nicht. Das Grundstücksgeschäft scheiterte. Daraufhin klagte die K-AG gegen die B-AG auf Schadensersatz wegen Nichterfüllung, jedoch ohne Erfolg. Es lag ein evidenter Mißbrauch der Vertretungsmacht des V vor (das *Reichsgericht* ließ schon die bloße Erkennbarkeit genügen).

Schließt ein nur zur Gesamtvertretung berechtigtes Vorstandsmitglied einen Vertrag ohne Mitwirkung der anderen Gesamtvertreter ab, so handelt es als falsus procurator (§ 177 BGB). Es genügt aber, daß die anderen Gesamtvertreter das Geschäft genehmigen[32]. Genehmigen kann auch ein Gesamtvertreter, der im Zeitpunkt des Geschäftsabschlusses noch nicht selbst Gesamtvertreter war[33]. Die früher umstrittene Frage, ob der Aufsichtsrat befugt ist, einem Vorstandsgeschäft durch Genehmigung zur Wirksamkeit zu verhelfen[34], ist zu verneinen[35], denn der Aufsichtsrat kann nicht mit Wirkung nach außen in den Handlungsbereich des Vorstands hineinregieren.

2. Bestellung, Besetzung und Abberufung

a) Die *Zusammensetzung des Vorstands* muß in der Satzung bestimmt sein (§ 23 III Nr. 6 AktG). Der Vorstand kann im Grundsatz aus einer oder aus mehreren Personen bestehen (§ 76 II 1 AktG). Bei Gesellschaften mit einem Grundkapital von mehr als 3 Mio. Euro besteht er aus mindestens zwei Personen, falls nicht die Satzung besonders festlegt, daß der Vorstand einköpfig sein soll (§ 76 II 2 AktG)[36]. Im Anwendungsbereich des MitbestG und der sog. Montanmitbestimmung (dazu oben, § 16 IV) muß dem Vorstand ein *Arbeitsdirektor* angehören (§§ 33 MitbestG, 13 MontanmitbestG, 13 MitbestErgG), und der Vorstand muß dann mindestens zweiköpfig sein[37]. Der Arbeitsdirektor ist gleichberechtigtes Mitglied des Vorstands. Sein

32 *RGZ* 101, 343; *BGH*, WM 1959, 883; *Wiesner*, in: MünchHdbGesR IV, § 23 Rdnr. 10.
33 Vgl. *Mertens*, in: KK, § 78 Rdnr. 50; s. auch zur GmbH *RG*, JW 1908, 151.
34 Bejahend *v. Godin/Wilhelmi*, § 78 Anm. 8.
35 *Hefermehl*, in: Geßler/Hefermehl/Eckardt/Kropff, § 78 Rdnr. 57; *Mertens*, in: KK, § 78 Rdnr. 51.
36 Zu den Folgen unzulässig einköpfiger Besetzung vgl. *BGH*, NJW 2002, 1128 = WM 2002, 179 »Sachsenmilch III« (vorgesehen für BGHZ); dazu *Henze*, BB 2002, 847; zur Abgrenzung vgl. *BGH*, ZIP 2002, 216 »Sachsenmilch IV«.
37 H.M.; vgl. *Mertens*, in: KK, § 76 Rdnr. 93; anders *Overlack*, ZHR 141 (1977), 128ff.

eigener Aufgabenbereich innerhalb des Vorstands ist derjenige der Personal- und Sozialangelegenheiten. Soweit Mehrheitsentscheidungen, Stichentscheide des Vorsitzenden oder Kompetenzaufteilungen bei der Geschäftsführung in Frage stehen, muß auch der Arbeitsdirektor diese Kompetenzbeschränkungen hinnehmen[38]. Im Bereich der Montanmitbestimmung ist durch § 13 I 2, 3 MontanMitbestG dafür gesorgt, daß die Bestellung und Abberufung des Arbeitsdirektors nicht gegen die Stimmen der Mehrheit der Arbeitnehmervertreter im Aufsichtsrat erfolgen kann.

b) *Mitglied des Vorstands* kann nur eine natürliche, unbeschränkt geschäftsfähige Person sein. Aktionär braucht das Vorstandsmitglied nicht zu sein, denn der Vorstand ist Wahlorgan (Prinzip der Fremdorganschaft; vgl. oben, § 14 II 2). Ausgeschlossen sind verurteilte Insolvenzstraftäter sowie Personen, die einem Berufsverbot im Gewerbezweig der AG unterliegen (§ 76 III AktG). Nicht ausgeschlossen sind Personen, die bereits Mandate in derselben Unternehmensgruppe – etwa bei Mutter- oder Tochtergesellschaften – innehaben[39]. Über die konzernrechtlichen Folgen solcher Doppelmandate mag man streiten (unten, § 31 IV 4b), nicht dagegen über deren aktienrechtliche Zulässigkeit. Die Bestellung des Vorstandes erfolgt durch den Aufsichtsrat, und zwar auf höchstens fünf Jahre (§ 84 I 1 AktG). Eine wiederholte Bestellung oder eine Verlängerung der Amtszeit ist zulässig (§ 84 I 2 AktG). Sofern nicht eine kürzere Amtszeit vorgesehen war und die Amtszeit einschließlich der Verlängerung fünf Jahre nicht überschreitet, bedarf die Neubestellung oder Verlängerung eines Aufsichtsratsbeschlusses, der frühestens ein Jahr vor Ablauf der bisherigen Amtszeit gefaßt werden kann (§ 84 I 3, 4 AktG). Die Regelung des § 84 I AktG beruht auf dem Grundgedanken, daß der Aufsichtsrat mindestens alle fünf Jahre völlig frei über die Vorstandsbesetzung entscheiden soll[40]. Deshalb ist eine nur stillschweigende Weiterbeschäftigung ausgeschlossen[41], und alle Abreden, die die Entschließungsfreiheit des Aufsichtsrats bei der Bestellung des Vorstandes in einer dem § 84 AktG zuwiderlaufenden Weise beschränken, sind unwirksam[42]. Bei einem mehrköpfigen Vorstand kann der Aufsichtsrat ein Mitglied zum Vorsitzenden des Vorstands ernennen (§ 84 II AktG). Um die Handlungsfähigkeit der Gesellschaft zu gewährleisten, ermächtigt § 85 AktG das Registergericht, in dringenden Fällen vorübergehend ein Mitglied als Notvorstand zu bestellen, wenn ein erforderliches Vorstandsmitglied fehlt.

c) Die *Abberufung des Vorstands* ist ausschließlich Sache des Aufsichtsrats (§ 84 III AktG). Die Abberufung ist nicht nach Belieben, sondern nur aus wichtigem Grund zugelassen. Die Bestimmung ist in doppelter Richtung

38 Vgl. m. Nachw. *BGH*, AG 1984, 48, 51 = BB 1984, 9, 12 = ZIP 1984, 55, 58.
39 Nachweise bei *Hüffer*, AktG, § 76 Rdnr. 21; *Mertens*, in: KK, § 76 Rdnr. 112; eingehend *Dreher*, in: Festschrift Lorenz, 1994, S. 175ff.
40 Vgl. zu § 75 AktG 1937 *BGHZ* 3, 90, 93; 10, 187, 195.
41 *BGHZ* 10, 187, 194; 41, 282, 286.
42 *BGHZ* 8, 348, 360; 41, 282, 290; *BGH*, NJW 1957, 1278.

zwingend: Das Abberufungsrecht des Aufsichtsrats darf weder ausgedehnt[43] noch eingeschränkt werden[44], weil sonst entweder die Autonomie des Vorstands oder die Kontrolltätigkeit des Aufsichtsrats gefährdet würde. Als Hauptbeispiele für den wichtigen Abberufungsgrund nennt § 84 III 2 AktG: die grobe Pflichtverletzung, die Unfähigkeit zur ordnungsmäßigen Geschäftsführung und den Vertrauensentzug durch die Hauptversammlung, es sei denn, daß das Vertrauen aus offenbar unsachlichen Gründen entzogen worden ist. Hält das betroffene Vorstandsmitglied seine Abberufung für unrechtmäßig, so kann es auf Feststellung der Unwirksamkeit klagen. Diese »Feststellungsklage« funktioniert dann aber nur wie eine Anfechtungsklage: Der Widerruf der Bestellung ist wirksam, bis seine Unwirksamkeit rechtskräftig festgestellt ist, so daß sich das betroffene Vorstandsmitglied vorerst aller Tätigkeit im Vorstandsamt enthalten muß (vgl. § 84 III 4 AktG). Von der Abberufung des Vorstands zu unterscheiden ist die *Niederlegung des Amtes.* Ob auch ihre Wirksamkeit davon abhängt, daß ein wichtiger Grund vorliegt, ist umstritten[45]. Deshalb wird eine vorzeitige Beendigung des Vorstandsamts in der Praxis besser einvernehmlich bewerkstelligt. Im Streitfall ist aber die Amtsniederlegung, wenn sich der Vorstand jedenfalls auf einen nach seiner Auffassung wichtigen Grund beruft, wirksam[46], mag sie auch objektiv ungerechtfertigt und sogar pflichtwidrig sein.

d) Von der organschaftlichen *Bestellung* ist die *Anstellung der Vorstandsmitglieder* zu unterscheiden (vgl. allgemein oben, § 14 III 2b). Durch die Bestellung wird man zum Mitglied des Vorstands als Organ der AG, durch den Anstellungsvertrag – einen Dienstvertrag, bei unentgeltlicher Tätigkeit einen Auftrag – verpflichtet sich das Vorstandsmitglied zur Tätigkeit für die AG und erhält Ansprüche auf Vergütungen, Aufwandsentschädigungen usw. Durch den Anstellungsvertrag wird das Vorstandsmitglied nicht etwa Arbeitnehmer der Gesellschaft, denn es hat in der AG Arbeitgeberfunktionen wahrzunehmen[47].

e) Obwohl der Anstellungsvertrag *rechtsdogmatisch* von der Organbestellung zu unterscheiden ist, muß er doch *praktisch mit der Organbestellung koordiniert* werden[48]. Beim Vertragsschluß wird die AG durch den Aufsichtsrat vertreten (§ 112 AktG). Der Anstellungsvertrag kann nicht für eine längere Zeit als für die Dauer des Vorstandsamtes abgeschlossen werden; zulässig ist

43 *Hefermehl*, in: Geßler/Hefermehl/Eckardt/Kropff, § 84 Rdnr. 68.

44 Vgl. *BGHZ* 8, 348, 349; *BGH*, WM 1955, 1222; *KG*, JW 1939, 492.

45 Dafür v. *Godin/Wilhelmi*, § 84 Anm. 15; *Hefermehl*, in: Geßler/Hefermehl/Eckard/Kropff, § 84 Rdnr. 103; dagegen *Mertens*, in: KK, § 84 Rdnr. 163.

46 So für die GmbH *BGHZ* 121, 257, 261 f.; *BGH*, NJW 1995, 2850; für die AG *Henze*, Aktienrecht, Rdnr. 331; *Hüffer*, AktG, § 84 Rdnr. 36 m. w. N.

47 *BGHZ* 61, 31, 35; *Mertens*, in: KK, § 84 Rdnrn. 34 ff.; *Fleck*, *Hueck* und *Martens*, in: Festschrift für Hilger und Stumpf, 1983, S. 197, 365 und 437.

48 Vgl. *BGHZ* 79, 38, 41 f.; 89, 48, 52; *BGH*, NJW 1997, 2319, 2320; eingehend *Kosok*, Das Verhältnis von Bestellungsakt und Anstellungsvertrag ..., 1990; *Martens*, Die außerordentliche Beendigung von Organ- und Anstellungsverhältnis, in: Festschrift Werner, 1984, S. 495; *Bauer*, DB 1992, 1413 ff.; *Fleck*, WM 1994, 1957 ff.

allerdings eine Vertragsregelung, wonach der Anstellungsvertrag bei Verlängerung der Amtszeit bis zu deren Ablauf weitergilt (§ 84 I 5 AktG). Dagegen gibt es keine Regel, wonach der Dienstvertrag automatisch mit dem Vorstandsamt endet. Das hängt damit zusammen, daß ein wichtiger Abberufungsgrund (§ 84 III AktG) nicht in jedem Fall ein wichtiger Kündigungsgrund i. S. von § 626 BGB ist[49].

Beispiel Nr. 4 (nach *BGHZ* 15, 71): In der X-AG, deren Aktien zu 95 % dem X gehörten, war nach zehnjähriger leitender Tätigkeit Dr. V in den Vorstand berufen worden und hatte einen Dienstvertrag mit Pensionsberechtigung erhalten. Dr. V hatte sich verschiedentlich abfällig über die unternehmerischen Qualitäten des X geäußert. Als der Mehrheitsaktionär X dem Dr. V kurz vor dessen Eintritt in den Ruhestand das Vertrauen entzog, widerrief der Aufsichtsrat nach § 84 III AktG die Bestellung zum Vorstandsmitglied unter Fortzahlung der Bezüge auf Vertragsdauer. Dr. V meinte, ihm stehe auch die zugesagte Pension zu. Der *BGH* gab ihm Recht. Ein *wichtiger Grund i. S. des § 84 III AktG* lag zwar vor, denn *hierfür* genügte, daß das Vertrauen nicht aus offenbar unsachlichen Gründen entzogen war. Das *Dienstverhältnis* konnte aber nach § 626 I BGB aus wichtigem Grund nur gekündigt werden, wenn Tatsachen vorlagen, auf Grund derer der AG unter Berücksichtigung aller Umstände des Einzelfalls und unter Abwägung der beiderseitigen Interessen die Fortsetzung des Dienstverhältnisses nicht zugemutet werden konnte. Hierfür genügt, wie der *BGH* konstatiert, ein geringfügiges Verschulden nicht.

Auch die Beweissituation kann dazu führen, daß eine Gesellschaft ihrem Vorstandsmitglied nach der Amtsenthebung die Bezüge fortzahlen muß, denn auch hier gilt der Grundsatz: Für die Abberufung kann ein Vertrauensentzug ausreichen, sofern die Gründe nicht offenbar unsachlich sind (§ 84 III AktG), während der für eine Kündigung des Anstellungsvertrags erforderliche wichtige Grund von der Gesellschaft bewiesen werden muß. In der Öffentlichkeit erweckt es immer wieder Verwunderung, daß abberufene Vorstandsmitglieder weiterhin ihre Bezüge kassieren. Es mögen auch absonderliche, um nicht zu sagen ärgerliche, Fälle vorkommen. Der Grundsatz als solcher hat aber seine Berechtigung, denn es macht einen Unterschied, ob ein in der Unternehmensverwaltung nicht mehr tragbarer Manager aus dem Vorstand ausgeschlossen wird oder ob ihm auch noch die persönlichen Bezüge gestrichen werden. Insbesondere Unfrieden im Management kann einleuchtenderweise zum Revirement im Vorstand, dann aber nicht ohne weiteres auch zur Beseitigung der Vorstandsbezüge führen. Besteht der wichtige Abberufungsgrund in einer groben Pflichtverletzung oder in der Unfähigkeit zu ordnungsmäßiger Geschäftsführung, so wird allerdings regelmäßig auch eine Kündigung des Anstellungsvertrags nach § 626 BGB angezeigt sein. In der Praxis wird meist versucht, die Rechtsverhältnisse durch einvernehmliche Regelungen zwischen der Gesellschaft und dem scheidenden Vorstandsmitglied zu klären[50]. Die Vertretungsberechtigung des Aufsichtsrats bei diesen Geschäften wird unter III 1 besprochen.

---

49 Vgl. *BGHZ* 15, 71; *BGH*, LM Nr. 5 zu § 75 AktG 1937; *BGH*, BB 1970, 1460, 1461; *Hüffer*, AktG, § 84 Rdnr. 39; *Fleck*, WM 1994, 1965; zur besonderen Problematik der Frist nach § 626 II BGB vgl. kontrovers *Mertens*, in: KK, § 84 Rdnr. 141; *Martens*, in: Festschrift Werner, 1984, S. 495.

50 Vgl. *BGHZ* 26, 236; 47, 341; 79, 38; *Hoffmann-Becking*, in: Festschrift Stimpel, 1985, S. 589.

f) Die *Vergütung von Vorstandsmitgliedern* kann in einem Festgehalt bestehen, aber auch z. B. in Gewinnbeteiligungen oder in dividendenabhängigen *Tantiemen*[51]. Zunehmend verbreitet sich auch die Praxis sog. Stock Options, die den Vorstandsmitgliedern Gelegenheit geben, durch den Erwerb von Aktien zu einem festgelegten Preis am Kursgewinn teilzuhaben (vgl. § 192 II Nr. 3 AktG)[52]. Zum Schutz des Gesellschaftsvermögens setzt § 87 AktG der Vergütung Grenzen. Gesamtbezüge, Ruhegehalt, Hinterbliebenenbezüge und verwandte Leistungen müssen in einem angemessenen Verhältnis zu den Aufgaben des Vorstandsmitglieds und zur Lage der Gesellschaft stehen (§ 87 I AktG). Bei einer wesentlichen Verschlechterung der Verhältnisse der Gesellschaft gibt ihr § 87 II AktG ein Recht zur angemessenen Herabsetzung der Bezüge. Kündigt im Insolvenzfall der Insolvenzverwalter den Anstellungsvertrag, so kann das Vorstandsmitglied Schadensersatz (vgl. § 113 I InsO) nur für zwei Jahre nach Ablauf des Anstellungsvertrags verlangen (§ 87 III AktG, Art. 47 Nr. 3 EGInsO). Eine *Kreditgewährung* an Vorstandsmitglieder, Prokuristen und Generalhandlungsbevollmächtigte ist nur unter den strengen Voraussetzungen des § 89 AktG zulässig (dazu auch § 29 II 3 b).

3. Organisation*

Es wurde bereits gesagt, daß der Vorstand nach § 76 II 1 AktG aus einer oder aus mehreren Personen bestehen kann und daß er regelmäßig aus mehreren Personen besteht. Er ist in diesem Fall ein *Kollegialorgan.* Die Funktionsweise und Arbeitsteilung dieses Kollegialorgans ist im AktG nur in groben Zügen geregelt.

a) Im allgemeinen herrscht unter den Vorstandsmitgliedern *Gleichberechtigung.* Nach § 77 I AktG sind sie nur gemeinschaftlich zur Geschäftsführung befugt, sofern nicht die Satzung oder eine Geschäftsordnung des Vorstandes Abweichendes bestimmt. Der Aufsichtsrat kann ein Mitglied zum Vorsitzenden ernennen (§ 84 II AktG). Der Vorstand selbst kann sich keinen Vorsitzenden geben, wohl aber kann er beschließen, wer seine Sitzungen

---

51 Dazu *BGHZ* 145, 1 = NJW 2000, 2998.

52 Zur Zulässigkeit *OLG Stuttgart*, ZIP 1998, 1482; *OLG Braunschweig*, ZIP 1998, 1585; *Dierks*, Selbständige Aktienoptionsscheine, 2000, S. 144 ff.; *Friedrichsen*, Aktienoptionsprogramme für Führungskräfte, 2000; *Harrer* (Hrsg.), Mitarbeiterbeteiligungen und Stock-Options-Pläne, 2000; *Hirte,* in: Gesellschaftsrecht 1999, 2000, S. 211 ff.; *Hüffer* und *Kohler*, ZHR 161 (1997), 214 und 216; *Weiss,* Aktienoptionspläne für Führungskräfte, 1999; *Wulff,* Aktienoptionspläne für das Management, 2000; zu Belegschaftsaktien *BGHZ* 144, 290, 292.

* Literatur: *T. Bezzenberger,* Der Vorstandsvorsitzende der Aktiengesellschaft, ZGR 1996, 661; *Erle*, Das Vetorecht des Vorstandsvorsitzenden in der Aktiengesellschaft, AG 1987, 7; *Giesen*, Organhandeln und Interessenkonflikt, 1984; *von Hein,* Vom Vorstandsvorsitzenden zum CEO? ZHR 166 (2002), Heft 4; *Heller,* Unternehmensführung und Unternehmenskontrolle ..., 1998; *Hoffmann-Becking,* Zur rechtlichen Organisation der Zusammenarbeit im Vorstand der AG, ZGR 1998, 497; *Martens*, Der Grundsatz gemeinsamer Vorstandsverantwortung, in: Festschrift Fleck, 1988, S. 191; *Schwarz*, Rechtsfragen der Vorstandsermächtigung nach § 78 IV AktG, ZGR 2001, 744; *Semler*, Leitung und Überwachung der AG, 2. Aufl. 1996; *v. Werder*, Organisation der Unternehmensleitung und Haftung des Top-Managements, DB 1987, 2265.

leiten soll. Der Vorsitzende beruft die Vorstandssitzungen ein, legt die Tagesordnung fest und leitet die Sitzungen. Aber er bleibt im Grundsatz primus inter pares (vgl. zum Gegenmodell eines »Chief Executive Officer« aber sogleich unter II 3 b). Die Satzung oder eine Geschäftsordnung kann Einzelfragen der Geschäftsführung im kollegialen Vorstand bindend regeln, jedoch kann nicht bestimmt werden, daß ein oder mehrere Vorstandsmitglieder Meinungsverschiedenheiten im Vorstand gegen den Willen der Mehrheit entscheiden (vgl. im einzelnen § 77 AktG). Ein mehrköpfiger Vorstand entscheidet durch Beschluß. Einzelheiten – insbesondere die Geltung von Stimmverboten für befangene Vorstandsmitglieder (vgl. zu diesen oben, § 21 II 2) – sind umstritten[53]. Die Satzung oder die Geschäftsordnung, die ihrerseits einstimmig zu beschließen ist (§ 77 II 3 AktG), sieht zweckmäßigerweise Mehrheitsentscheidungen und für den Fall einer Pattsituation einen Stichentscheid des Vorstandsvorsitzenden oder eines bestimmten Vorstandsmitglieds vor. Die Zulassung eines solchen Stichentscheids ist – anders als bei einem Vetorecht, das sich auch über den Mehrheitswillen hinwegsetzt[54] – grundsätzlich unproblematisch[55]. Umstritten ist, ob ein solcher Stichentscheid auch im zweigliedrigen Vorstand möglich ist[56].

Beispiel Nr. 5 (in Anlehnung an *Hölters*, in: Münchener Vertragshandbuch I, 4. Aufl. 1996, Formular V/37): In der Satzung einer Familien-AG heißt es: »Der Vorstand besteht aus mindestens zwei Mitgliedern. Im übrigen bestimmt der Aufsichtsrat die Zahl der Mitglieder des Vorstands. Der Aufsichtsrat kann einen Vorsitzenden des Vorstands ... ernennen ... Die Beschlüsse des Vorstands werden mit einfacher Stimmenmehrheit gefaßt. Bei Stimmengleichheit gibt die Stimme des Vorsitzenden den Ausschlag.« Ist nun der Vorstand wirklich nur zweiköpfig und votieren der Vorsitzende V und das Mitglied M unterschiedlich, so streitet man, ob V von seinem Stichentscheid Gebrauch machen kann.

Der Wortlaut des § 77 I 2 AktG steht gewiß nicht entgegen, aber die herrschende Auffassung meint, ein Stichentscheid im zweiköpfigen Vorstand degradiere das Zweitmitglied zu einem ohnmächtigen Gehilfen und verstoße gegen das Kollegialprinzip. *Priester*[57] hat dem entgegengehalten, daß ein Zweiergremium dem Kollegialprinzip nur mit Einschränkungen unterliege. Damit ist allerdings die Gegenfrage aufgeworfen, ob nicht der Stichentscheid seinerseits gerade zu denjenigen Zügen des Kollegialitätsprinzips gehört, die nicht auf ein Zweiergremium passen. Auch gibt der Sinn und Zweck des § 77

53 Vgl. zum Stimmverbot analog §§ 28, 34 BGB *Giesen*, a. a. O., S. 112; eingehend *Mertens*, in: KK, § 77 Rdnrn. 29 ff. m. w. N.; über Vorstands-Doppelmandate vgl. *Hoffmann-Becking*, ZHR 150 (1986), 570 ff.

54 Für Zulässigkeit *Heller*, a. a. O., S. 8 m.w.N.; für generelle Unzulässigkeit: *Dose*, a. a. O., S. 77 f.; *Erle*, AG 1987, 7 ff.; *T. Bezzenberger*, ZGR 1996, 665 ff.; *Hoffmann-Becking*, ZGR 1998, 519; für Unzulässigkeit bei der mitbestimmten AG *BGHZ* 89, 48, 58 f. = AG 1984, 48, 51; demgemäß differenzierend *Hüffer*, AktG, § 77 Rdnrn. 12 f.; *Mertens*, in: KK, § 77 Rdnrn. 9 f.

55 *Hüffer*, AktG, § 77 Rdnr. 11.

56 Bejahend *Riegger*, BB 1972, 592; *Priester*, AG 1984, 253; verneinend z. B. *v. Godin/Wilhelmi*, § 77 Anm. 4; *Meyer-Landrut*, in: GroßkommAktG, 3. Aufl., § 77 Anm. 4; *Hefermehl*, in: Geßler/Hefermehl/Eckardt/Kropff, § 77 Rdnr. 8; *Mertens*, in: KK, § 77 Rdnr. 9; *Knur*, DNotZ 1966, 342; *Säcker*, DB 1977, 1999 Fußn. 52; unklar *BGHZ* 89, 48, 58 f. = AG 1984, 48, 51 = BB 1984, 9, 12 = ZIP 1984, 55, 58.

57 AG 1984, 253 ff.

I 2 AktG zu denken. Für die Zulässigkeit des Stichentscheides sprechen aber doch der Gesetzeswortlaut und auch die gesetzgeberische Wertung, wonach die Funktionsfähigkeit des Vorstandes im Konfliktfall über die Gleichberechtigung der Vorstandsmitglieder gestellt ist.

b) Die *Arbeitsteilung im Vorstand* ist vom Gesetz nur insoweit vorgegeben, als ein etwa vorhandener Arbeitsdirektor nach §§ 33 MitbestG, 13 MontanmitbestG, 13 MitbestErgG für das Personal- und Sozialwesen zuständig ist. Im übrigen geht das Gesetz davon aus, daß die Vorstandsmitglieder gemeinsam zur Geschäftsführung befugt sind, daß aber die Satzung oder die Geschäftsordnung des Vorstands Abweichendes bestimmen kann (§ 77 I AktG). Dies ist in der Regel der Fall, wobei im wesentlichen zwei verschiedene Systeme angewandt werden[58]: die *funktionelle Gliederung* und die Spartenorganisation oder *Divisionalisierung*[59]. Die funktionelle Gliederung entspricht einer alten Tradition. Es werden für das ganze Unternehmen sachliche Zuständigkeitsbereiche auf der Vorstandsebene gebildet, z.B. je eine Zuständigkeit für die Finanzen, für die Forschung, für den Absatz usw. Die Spartenorganisation oder Divisionalisierung besteht dagegen darin, daß Unternehmensbereiche mehr oder weniger selbständig wirtschaften und je durch ein Vorstandsmitglied repräsentiert werden. Nicht Sachzuständigkeiten, sondern Unternehmensteile werden voneinander getrennt. Geht die Verselbständigung der Unternehmensbereiche sehr weit, so kann spiegelverkehrt ein ähnliches Phänomen auftreten wie beim Konzern (vgl. Handelsrecht, § 4 III): Sind beim Konzern mehrere *rechtlich selbständige* Unternehmensträger durch einheitliche Leitung wirtschaftlich aneinandergekettet, so führt eine konsequente Divisionalisierung dazu, daß sich Unternehmensteile, obwohl *rechtlich unselbständig*, wirtschaftlich innerhalb des Gesamtunternehmens verselbständigen. Gleichzeitig entsteht, was das Aktiengesetz so nicht kennt, eine Hierarchie innerhalb des Vorstands, die dem US-amerikanischen Modell eines mächtigen »Chief Executive Officer« ähneln kann[60]. Das ist, solange das Prinzip der kollektiven Verantwortlichkeit gewahrt

---

58 Vgl. dazu auch *Raiser*, Kapitalgesellschaften, § 14 Rdnrn. 23ff.

59 Näher Bericht über die Verhandlungen der Unternehmensrechtskommission, 1980, Rdnrn. 1733ff. (dazu *Karsten Schmidt*, ZGR 1981, 479ff.); *Baums*, Spartenorganisation, »Tracking Stock« und deutsches Aktienrecht, in: Festschrift Boujong, 1996, S. 19; *Bühner/Walter*, Divisionalisierung in der Bundesrepublik Deutschland, DB 1977, 1205; *Eisenführ*, Zur Entscheidung zwischen funktionaler und divisionaler Organisation, in: Grochla, Unternehmensordnung, 1972, S. 256; *Gabele*, Die Einführung von Geschäftsbereichsorganisationen, 1981; *Gälweiler*, Unternehmensplanung, 1974; *Grochla*, Die Hauptmerkmale der aktuellen Organisationsformen, DB 1973, 4; *von Hein*, Vom Vorstandsvorsitzenden zum CEO? ZHR 166 (2002), Heft 4; *Heller*, a.a.O., S. 11ff.; *Hoffmann-Becking*, Zur rechtlichen Organisation der Zusammenarbeit im Vorstand der AG, ZGR 1998, 497; *Meiser*, Leitungsautonomie im divisionalisierten Konzern, 1984; *Poensgen*, Geschäftsbereichsorganisation, 1973; *Schönbrod*, Die Organstellung von Vorstand und Aufsichtsrat in der Spartenorganisation, 1987; *Schwark*, Spartenorganisation in Großunternehmen und Unternehmensrecht, ZHR 142 (1978), 203; *Schiessl*, Gesellschafts- und mitbestimmungsrechtliche Probleme der Spartenorganisation (Divisionalisierung), ZGR 1992, 64; *Semler*, Rechtsfragen der divisionalen Organisation in der unabhängigen AG, in: Festschrift Döllerer, 1988, S. 571; *Vogel*, Aktienrecht und Aktienwirklichkeit, 1980, S. 110ff.

60 Vgl. dazu eingehend *von Hein*, a.a.O.

bleibt, zulässig[61]. Die Divisionalisierung bringt also eine Tendenz zur Desintegration des Unternehmens mit sich, doch ist zu bemerken, daß Systeme der Vorstandsorganisation auch in gemischten Varianten auftreten.

Beispiel Nr. 6: Ist in einer metallverarbeitenden AG ein Vorstandsmitglied für den Einkauf, ein zweites für die Produktion, ein drittes für den Absatz, ein viertes für die Finanzen und ein fünftes für die Forschung zuständig, so entspricht dies der klassischen Gliederung nach Funktionen; das Ressort jedes Vorstandsmitglieds geht durch das gesamte Unternehmen hindurch. Anders, wenn das Unternehmen in Teile zerlegt wird (z.B. Gerätebau, Karosseriebau, Kabelherstellung etc.): dies ist eine Spartenorganisation. Unternehmensträger bleibt zwar die eine AG, aber die einzelnen Sparten können im Extremfall in ähnlicher Weise wie Konzernunternehmen selbständig agieren. Ist allerdings in diesem Fall die Personalverwaltung oder die Rechtsabteilung auf der Vorstandsebene noch vereinheitlicht, so ist es insofern bei der funktionellen Gliederung geblieben, und es liegt eine Mischform aus funktioneller und divisionaler Gliederung vor.

c) Durch Divisionalisierung der Aktiengesellschaft können »virtuelle Konzerne« entstehen: Die Geschäftsbereiche werden dann wie verbundene Unternehmen geführt, obwohl sie allesamt *ein* Gesellschaftsvermögen bilden und nur *einen* Vorstand, *eine* Hauptversammlung und *einen* Aufsichtsrat haben. Im Extremfall muß man sich die Aktiengesellschaft dann als einen *Treuhänder* vorstellen, der im eigenen Namen, jedoch für Rechnung einzelner Geschäftsbereiche tätig ist. Dies ist die Basis der neu aufgenommenen Diskussion über »Tracking Stocks«, also Geschäftsbereichsaktien, deren Zulässigkeit im deutschen Aktienrecht allerdings streitig ist[62].

Beispiel Nr. 7: Ein Elektronikkonzern stellt Musikinstrumente, Empfänger und Hardware her. Hält man eine Tracking-Stock-Struktur für zulässig, so kann der Konzern Aktien für Musikinstrumente, Empfänger und Hardware ausgeben. Nicht anders wäre es z.B. für eine Hotel- und Pauschalreise-AG; für die Sparten Land, Wasser und Luft einer Transport-AG.

Die Hauptschwierigkeit einer solchen Tracking-Stock-Struktur besteht darin, daß das Aktiengesetz auf ein ungeteiltes Unternehmensinteresse ausgerichtet und nur auf Konflikte zwischen Entscheidungsträgern vorbereitet ist (z.B. zwischen Mehrheit und Minderheit), nicht zwischen definierbaren Teilen der Gesellschaft. Angenommen etwa in der Hauptversammlung unserer Elektronik-AG würde einmal en bloc, einmal nach Geschäftsbereichen abgestimmt, und zwar mit unterschiedlichen Ergebnissen, so ist die Tragweite dieser Beschlüsse ebenso zweifelhaft wie die Frage ihrer Anfechtbarkeit, wenn etwa der Vorstand die Hauptversammlung nach § 119 II AktG wegen einer wichtigen Geschäftsführungsmaßnahme befragt, so kann ihn das Ergebnis in einen Konflikt zwischen seiner Gesamtverantwortung und der gewollten Spartenstruktur versetzen, für den das Gesetz keine Antwort weiß[63]. Deshalb kann der Praxis zur Einführung von »Tracking Stocks« so

61 *Hüffer*, AktG, § 77 Rdnr. 17; eingehend *Martens*, a.a.O.
62 Dazu *Thiel*, Spartenaktien für deutsche Aktiengesellschaften, 2001; *Tonner*, Tracking Stocks, 2002.
63 Vgl. im einzelnen *Thiel*, a.a.O., S. 209ff.; *Tonner*, a.a.O., S. 197ff., 373ff.

lange nicht geraten werden, wie nicht gesetzliche Vorkehrungen für die Bewältigung solcher Konflikte getroffen worden sind.

d) Kein Vorstand im Rechtssinne ist der im Rahmen einer Sparte eingesetzte »Bereichsvorstand«[64]. Für Zwecke der Divisionalisierung ist er aus dem Kreis der leitenden Angestellten herausgehoben. Vorstand i.S. des Aktiengesetzes ist er nicht.

4. Verantwortlichkeit[*]

a) Sowohl aus der Organstellung als auch aus dem Anstellungsverhältnis erwächst eine besondere Interessenwahrungs- und Treupflicht der Vorstandsmitglieder. Die Vorstandsmitglieder müssen die Interessen der Gesellschaft wahrnehmen und alles unterlassen, was die Gesellschaft schädigt, auch Geschäftsgeheimnisse wahren[65] und Geschäftskunden der Gesellschaft respektieren (Corporate–Opportunities-Regel)[66]. Sie müssen bei ihrer Geschäftsführung die Sorgfalt eines ordentlichen und gewissenhaften Geschäftsleiters anwenden (§ 93 I 1 AktG). Die umfangreichen Pflichten und die Ermessensspielräume des Vorstands[67] – in der Sprache der Gegenwart zusammengefaßt unter dem Schlagwort »Corporate Governance« (oben, § 26 II 3 b) – sind einer Detailregelung nur teilweise zugänglich. Im US-amerikanischen Gesellschaftsrecht wurde hierfür die »business judgment rule« entwickelt[68]. Sie besagt sinngemäß, daß Entscheidungen des Managements der Gerichtskontrolle entzogen sind, solange das Management die Voraussetzungen rechtmäßiger Ermessensausübung eingehalten hat. Daß diese Vernunftregel auch in Deutschland gilt, hat der Bundesgerichtshof in dem berühmten »ARAG/Garmenbeck«-Urteil *BGHZ* 135, 244 ausgesprochen, da dem Vorstand für die Leitung der Geschäfte der AG ein weiter Handlungsspielraum zugebilligt werden muß, ohne den unternehmerisches Handeln schlechterdings nicht denkbar ist[69]. Nach § 93 I 2 AktG haben die

---

64 Dazu etwa *Hoffmann-Becking*, ZGR 1998, 509ff.

* Literatur: *Abeltshauser*, Leitungshaftung und Kapitalgesellschaftsrecht, 1998; *Bastuck*, Enthaftung des Managements, 1986; *Feddersen/Hommelhoff/Schneider* (Hrsg.), Corporate Governance, 1996; *Forstmoser*, Die aktienrechtliche Verantwortlichkeit, Zürich 1987; *Golling*, Sorgfaltspflicht und Verantwortlichkeit der Vorstandsmitglieder ..., 1969; *Hoffmann-Becking*, in: MünchHdbGesR IV, § 25; *Hopt*, Die Haftung von Vorstand und Aufsichtsrat, in: Festschrift Mestmäcker, 1996, S. 909; *Merkt*, Unternehmensleitung und Interessenkollision, ZHR 159 (1995), 423; *Rittner*, Zur Verantwortung der Unternehmensleitung, JZ 1980, 113; *Roth*, Unternehmerisches Ermessen und Haftung des Vorstands, 2001; *Uwe H. Schneider*, Haftungsmilderung bei fehlerhafter Unternehmensleitung? in: Festschrift Werner, 1984, S. 795; *Semler*, Leitung und Überwachung der AG, 2. Aufl. 1996; *Thümmel*, Persönliche Haftung von Managern und Aufsichtsräten, 2. Aufl. 1998; *v. Werder*, Organisation der Unternehmensleitung und Haftung des Top-Managements, DB 1987, 2265.

65 Vgl. zur Vertraulichkeit bei »due diligence« *Treeck*, in: Festschrift Fikentscher, 1998, S. 434ff.; *Stoffels*, ZHR 165 (2001), 293.

66 Vgl. *Wiesner*, in: MünchHdbGesR IV, § 21 Rdnr. 12.

67 Eingehend *Mertens*, in: KK, § 93 Rdnrn. 29–56.

68 *Abeltshauser*, a.a.O., S. 130ff.; *Merkt*, US-amerikanisches Gesellschaftsrecht, 1991, Rdnr. 673; *Roth*, a.a.O., S. 37ff.; *Hopt*, in: GroßkommAktG, § 93 Rdnrn. 81ff.

69 Dazu *Hopt*, in: GroßkommAktG, § 93 Rdnr. 81; *Kindler*, ZHR 162 (1998), 101ff.; *Ulmer*, ZHR 163 (1999), 294.

Vorstandsmitglieder Stillschweigen über vertrauliche Angaben und Geheimnisse der Gesellschaft zu bewahren. Nach § 88 AktG unterliegen sie einem Wettbewerbsverbot, das ihnen untersagt, ohne Einwilligung des Aufsichtsrats ein Handelsgewerbe zu betreiben oder im Geschäftszweig der Gesellschaft für eigene oder für fremde Rechnung Geschäfte zu machen oder Vorstand, Geschäftsführer oder persönlich haftender Gesellschafter einer anderen Handelsgesellschaft zu sein[70]. Verstößt ein Vorstandsmitglied gegen dieses Verbot, so kann die Gesellschaft nach § 88 II AktG Schadensersatz fordern oder verlangen, daß die Geschäfte als für Rechnung der Gesellschaft eingegangen abgerechnet werden (sog. »Eintrittsrecht«; vgl. dazu näher Handelsrecht, § 17 I 2b). Zu den Treupflichten des Vorstands gehört auch das Verbot, Geschäftschancen der Gesellschaft an sich zu ziehen (vgl. zur sog. Geschäftschancenlehre auch oben, § 20 V 3).

b) Der Vorstand unterliegt nach § 93 II AktG einer strengen *Haftung.* Diese Haftung beruht auf der Organstellung, nicht auf dem Dienstvertrag[71]. Dessen Fehlen oder Nichtigkeit befreit ein Vorstandsmitglied ebensowenig von der gesetzlich begründeten Verantwortlichkeit wie eine Fehlerhaftigkeit der Bestellung (vgl. zum Problem des sog. faktischen Organs oben, § 14 III 4). Die Sorgfaltspflichten ergeben sich aus § 93 I 1 AktG (dazu soeben unter a). Haftungsrelevant ist vor allem die Pflicht des Vorstands, bei *Verlust der Hälfte des Grundkapitals* unverzüglich eine außerordentliche Hauptversammlung einzuberufen (§ 92 I AktG)[72]. Im Fall einer Krise muß der Vorstand geeignete Maßnahmen ergreifen, um eine eingetretene oder drohende Insolvenz der Gesellschaft abzuwenden, und bei unbehebbarer Insolvenz nach § 92 II AktG die Eröffnung eines Insolvenzverfahrens beantragen; er unterliegt im Insolvenzfall nach § 92 III AktG einem Zahlungsverbot (vgl. zu den insolvenzrechtlichen Organpflichten oben, § 18 II 2d)[73]. § 93 III AktG zählt noch eine Reihe wichtiger Pflichten im Rahmen der Kapitalsicherung auf. Vorstandsmitglieder, die ihre Pflichten verletzen, sind der Gesellschaft zum Ersatz des daraus entstehenden Schadens als Gesamtschuldner verpflichtet (§ 93 II 1 AktG), so daß kein Vorstandsmitglied auf ein Mitverschulden eines anderen verweisen kann. Gehaftet wird für jedes Verschulden, und zwar mit Exkulpationslast der Vorstandsmitglieder (vgl. § 93 II 2 AktG). Gläubigerin ist die Gesellschaft, und zwar auch insoweit, als aus ihrer Schädigung den Aktionären ein mittelbarer Schaden erwächst[74]. Um das Haftungsrisiko nicht unkalkulierbar werden zu lassen, kann die Gesellschaft dem Vorstand durch Abschluß einer sog. *D&O-Versicherung* (»Directors and Officers Liability Insurance«) Versicherungsdeckung gewähren[75]. Eine Haftungsbeschränkung wie bei Arbeitnehmern wird – im Gegensatz

70 Dazu *BGH,* NJW 2001, 2476.

71 Näher *Mertens*, in: KK, § 93 Rdnr. 3, der der rechtsdogmatischen Einordnung wenig Gewicht gibt.

72 Dazu *Welf Müller*, ZGR 1985, 191.

73 Zum Zahlungsverbot vgl. *Liebs*, in: Festschrift Rittner, 1991, S. 369ff.

74 Vgl. *BGH*, LM Nr. 5 zu § 93 AktG = NJW 1987, 1077; differenzierend *Kowalski*, Der Ersatz von Gesellschafts- und Gesellschafterschaden, 1990, S. 107ff., 123ff., 187ff.

75 Dazu *Thümmel*, a.a.O., S. 160ff.; *Dreher*, ZHR 165 (2001), 293.

zum Vereinsrecht (oben, § 24 II 2d) – nicht anerkannt (vgl. auch oben, § 14 V 1)[76]. Allerdings tritt die Ersatzpflicht nicht ein, wenn die Handlung des Vorstands auf einem gesetzmäßigen Beschluß der Hauptversammlung beruht (§ 93 IV 1 AktG). Eine – auch vorherige – Billigung durch den Aufsichtsrat genügt nicht für den Haftungsausschluß (§ 93 IV 2 AktG). Ist der Ersatzanspruch einmal entstanden, so kann die Gesellschaft nur unter den in § 93 IV 3, 4 AktG genannten Voraussetzungen – nicht etwa durch bloße Entlastung (vgl. § 120 II 2 AktG) – auf ihn verzichten[77].

c) In Insolvenzfällen ist auf das Nebeneinander der deliktsrechtlichen Insolvenzverschleppungshaftung für Gläubigerschäden und der Haftung aus § 93 AktG zu achten[78]. Charakteristisch für diesen schwierigen Bereich sind die Herstatt-Entscheidungen des *Bundesgerichtshofs*[79], die sich – allerdings im Zusammenhang mit der Aufsichtsratshaftung – mit den Pflichten und Haftungsrisiken in der Insolvenz befassen.

Beispiel Nr. 8: Ein Bankhaus brach zusammen. Wegen Konkursverschleppung machten die Gläubiger den Vorstand persönlich verantwortlich. Der *Bundesgerichtshof* entschied zunächst, daß § 93 I AktG kein Schutzgesetz zugunsten der Gläubiger sei, sondern nur ein Sonderrechtsverhältnis zwischen der AG und dem Vorstand betreffe, folglich auch nur der Gesellschaft Ersatzansprüche geben könne (*BGH*, NJW 1979, 1829). Schutzgesetz ist dagegen § 92 II AktG (*BGHZ* 75, 96 = NJW 1979, 1823): »Die Pflicht, ohne schuldhaftes Zögern, spätestens aber nach drei Wochen, das Konkurs- oder Vergleichsverfahren (heute: Insolvenzverfahren) zu beantragen, beginnt im Falle der Überschuldung mit der Kenntnis des geschäftsführenden Organs vom Konkursgrund (heute: Insolvenzgrund). Das geschäftsführende Gesellschaftsorgan muß bei einer erkannten Überschuldung nach pflichtgemäßem Ermessen die Aussichten und Vorteile eines Sanierungsversuchs gegen die Nachteile abwägen, die nicht eingeweihten Kunden bei einem Scheitern des Versuchs durch zwischenzeitliche Vermögensbewegungen entstehen können.«

Diese deliktsrechtlich begründete[80] Insolvenzverschleppungshaftung führte nach der bis 1994 herrschenden Auffassung nur zum Ersatz des den Gläubigern durch Masseschmälerung entstehenden sog. Quotenschadens[81], also – wenn ein Insolvenzverfahren stattfindet – zum Ausgleich der durch die Insolvenzverschleppung entstandenen Schmälerung der Masse (unten, § 36 II

76 Eingehend *Mertens*, in: KK, § 93 Rdnr. 4 m.w.N.; *Brachert*, Organmitgliedschaft und Arbeitnehmerstatus, 1991, S. 221; differenzierend *Bastuck*, a.a.O., S. 80, im Anschluß an *Uwe H. Schneider*, in: Festschrift Werner, a.a.O., S. 795.

77 Dazu eingehend *Mertens*, in: Festschrift Fleck, 1988, S. 209ff.; über Freistellungsvereinbarungen vgl. *Westermann*, in: Festschrift Beusch, 1993, S. 871ff.

78 Vgl. nur *Karsten Schmidt*, Konkursantragspflicht bei der GmbH und bürgerliches Deliktsrecht, JZ 1978, 661; *ders.*, Organverantwortlichkeit und Sanierung im Insolvenzrecht der Unternehmen, ZIP 1980, 328; *ders.*, Wege zum Insolvenzrecht der Unternehmen, 1990, S. 66ff. m.w.N.

79 *BGHZ* 75, 96 = NJW 1979, 1823; *BGH*, NJW 1979, 1829.

80 Zum Stand der Diskussion vgl. *Habersack*, in: GroßkommAktG, § 92 Rdnrn. 7ff.; zum rechtsdogmatischen Konzept vgl. *Karsten Schmidt*, JZ 1978, 661ff.; *ders.*, NZI 1998, 9.

81 Vgl. (nicht sämtlich zur AG): *BGHZ* 29, 100, 106; 75, 96, 106; 100, 19, 24; *BGH*, AG 1985, 141 = WM 1985, 385; *OLG Köln*, ZIP 1982, 1086; *Mertens*, in: KK, § 92 Rdnr. 52; *Scholz/Karsten Schmidt*, § 64 Rdnr. 38ff.

5 b)[82]. Um so bedeutsamer ist deshalb, daß andere Haftungstatbestände neben diese deliktsrechtliche Haftung treten können[83]:

- eine Eigenhaftung von Vorstandsmitgliedern gegenüber einzelnen Gläubigern wegen culpa in contrahendo (str.; oben, § 14 VI 2) und
- eine unmittelbar aus § 93 AktG ableitbare Insolvenzverursachungshaftung, wenn der Vorstand nicht nur die Eröffnung des Insolvenzverfahrens schuldhaft verschleppt, sondern eine vermeidbare Insolvenzsituation durch schuldhafte Verletzung von Vorstandspflichten herbeigeführt hat.

Seit dem Urteil *BGHZ* 126, 181 = NJW 1994, 2220 erkennt allerdings der *Bundesgerichtshof* den Neugläubigern – nicht auch den Altgläubigern! – einer Kapitalgesellschaft das volle, nicht auf den Quotenschaden begrenzte negative Interesse wegen Konkursverschleppung nach §§ 823 II BGB, 92 AktG zu (dazu unten, § 36 II 5 b). Ein Sonderfall der Insolvenzverschleppungshaftung ist die Haftung aus § 93 III Nr. 6 AktG für Zahlungen nach Eintritt der materiellen Insolvenz (str.; vgl. zu § 64 II GmbHG unten, § 36 II 5)[84].

d) Seit 1998 (eingeführt durch das KonTraG) ist der Vorstand verpflichtet, geeignete Maßnahmen zu treffen, insbesondere ein *Überwachungssystem* einzurichten, die ihn instand setzen, das Unternehmen gefährdende Entwicklungen zu erkennen (§ 91 II AktG)[85]. Wieviel Neues die Bestimmung enthält und ob sie mehr ist als Ausdruck gesetzgeberischen Aktionismus, wird verschieden beurteilt[86]. Daß Risikovorsorge getroffen und im Unternehmen institutionalisiert werden muß, steht jedenfalls fest. Sie kann den Vorstand zu rechtzeitigen Krisenabwehrmechanismen instand setzen, evtl. auch zur Einberufung einer außerordentlichen Hauptversammlung, wenn eine Unterbilanz in Höhe des halben Stammkapitals entstanden ist (§ 92 I AktG). Bei Unternehmen, die umweltrechtliche Bestimmungen beachten müssen, kommt ein Umweltmanagementsystem hinzu[87].

e) Nach § 161 AktG in der Fassung des Transparenz- und Publizitätsgesetzes wird der Vorstand in Zukunft verpflichtet sein, eine Erklärung über die Einhaltung des *Corporate Governance-Kodex* abzugeben (oben, § 26 II 3 b).

---

82 Vgl. § 92 InsO.

83 Dazu *Karsten Schmidt*, Wege zum Insolvenzrecht der Unternehmen, 1990, S. 66ff.; *ders.*, ZIP 1988, 1503ff.; *ders.*, NZI 1998, 9.

84 Zu § 93 III Nr. 6 AktG vgl. *BGHZ* 129, 236, 256ff.

85 Dazu *Hoffmann-Becking*, in: MünchHdbGesR IV, § 25 Rdnr. 5; *Seibert*, in: Festschrift Bezzenberger, 2001, S. 427ff.

86 Zur Kritik vgl. *Hüffer*, AktG, § 91 Rdnr. 5 m.w.N.

87 Dazu *Hoffmann-Becking*, in: MünchHdbGesR IV, § 25 Rdnr. 7.

III. Der Aufsichtsrat*

1. Die Stellung des Aufsichtsrats nach dem AktG

a) Der Aufsichtsrat als zwingend notwendiges Kontrollorgan (vgl. § 30 AktG, §§ 95 ff. AktG) ist Sitz der *Überwachung* und der *Mitbestimmung*. Seine gesetzlichen *Hauptaufgaben* sind:

---

* Literatur (Auswahl; vgl. auch Vorauflage): *Baltzer*, Krisenerkennung durch den Aufsichtsrat, 1983; *Baums*, Der Aufsichtsrat – Aufgaben und Reformfragen, ZIP 1995, 11; *Berger*, Die Kosten der Aufsichtsratstätigkeit, 1999; *Bollweg*, Die Wahl des Aufsichtsrats in der Hauptversammlung der Aktiengesellschaft, 1997; *Boujong*, Rechtliche Mindestanforderungen an eine ordnungsmäßige Vorstandskontrolle und -verwaltung, AG 1995, 203; *Brandner*, Zur gesetzlichen Vertretung der Gesellschaft gegenüber ausgeschiedenen Vorstandsmitgliedern/Geschäftsführern, in: Festschrift Quack, 1991, S. 201; *Deckert*, Beratungsverträge mit Aufsichtsratsmitgliedern, WiB 1997, 561; *Dreher*, Interessenkonflikte bei Aufsichtsratsmitgliedern von Aktiengesellschaften, JZ 1990, 896; *ders.*, Die Qualifikation der Aufsichtsratsmitglieder, in: Festschrift Boujong, 1996, S. 71; *Duden*, Überwachung: wen oder was? in: Festschrift Fischer, 1979, S. 95; *Edenfeld/Neufang*, Die Haftung der Arbeitnehmervertreter im Aufsichtsrat, AG 1999, 49; *Ensch*, Institutionelle Mitbestimmung und Arbeitnehmereinfluß, 1989; *Feddersen/Hommelhoff/Schneider* (Hrsg.), Corporate Governance, 1996; *Gerum/Steinmann/Fees*, Der mitbestimmte Aufsichtsrat, 1987; *Götz*, Die Überwachung der Aktiengesellschaft im Lichte jüngerer Unternehmenskrisen, AG 1995, 337; *ders.*, Rechtsfolgen fehlerhafter Aufsichtsratsbeschlüsse, in: Festschrift Lüke, 1997, S. 167; *ders.*, Die Pflicht des Aufsichtsrats zur Haftbarmachung von Vorstandsmitgliedern, NJW 1997, 3275; *Henze*, Prüfungs- und Kontrollaufgaben des Aufsichtsrats in der Aktiengesellschaft, NJW 1998, 3309; *ders.*, Entscheidungen und Kompetenzen der Organe in der AG: Vorgaben der höchstrichterlichen Rechtsprechung, BB 2001, 53; *Horn*, Die Haftung des Vorstands der AG nach § 93 AktG und die Pflichten des Aufsichtsrats, ZIP 1997, 1129; *Hoffmann*, Der Aufsichtsrat, 3. Aufl. 1994; *Hoffmann-Becking*, Münchener Handbuch des Gesellschaftsrechts, Bd. IV, Aktiengesellschaft, 2. Aufl. 1999, §§ 28 ff.; *Hommelhoff*, Zur Anteils- und Beteiligungsüberwachung im Aufsichtsrat, in: Festschrift Stimpel, 1985, S. 603; *ders./Mattheus*, Corporate Governance nach dem KonTraG, AG 1998, 249; *Kindl*, Die Teilnahme an der Aufsichtsratssitzung, 1993; *Kittner/Fuchs/Zachert/Köstler*, Arbeitnehmervertreter im Aufsichtsrat, 4. Aufl. 1991; *Koch*, Das Unternehmensinteresse als Verhaltensmaßstab der Aufsichtsratsmitglieder im mitbestimmten Aufsichtsrat einer Aktiengesellschaft, 1983; *Krebs*, Interessenkonflikte bei Aufsichtsratsmandaten in der AG, 2002; *Krieger*, Personalentscheidungen des Aufsichtsrats, 1981; *Lehmann/Heinsius*, Aktienrecht und Mitbestimmung, 6. Aufl. 1990; *Lutter*, Information und Vertraulichkeit im Aufsichtsrat, 2. Aufl., 1984; *ders.*, Bankenvertreter im Aufsichtsrat, ZHR 145 (1981), 244 ff.; *ders.*, Unternehmensplanung und Aufsichtsrat, AG 1991, 249; *ders.*, Defizite für eine effiziente Aufsichtsratstätigkeit, ZHR 159 (1995), 287; *Lutter/Krieger*, Rechte und Pflichten des Aufsichtsrats, 3. Aufl. 1993; *Matthießen*, Stimmrecht und Interessenkollision im Aufsichtsrat, 1989; *Mertens*, Zur Verschwiegenheitspflicht der Aufsichtsratsmitglieder, AG 1975, 235; *Mutter*, Unternehmerische Entscheidungen und Haftung des Aufsichtsrats der Aktiengesellschaft, 1994; *Paefgen*, Struktur und Aufsichtsratsverfassung in der mitbestimmten AG, 1982; *Peus*, Der Aufsichtsratsvorsitzende, 1983; *Picot* (Hrsg.), Unternehmensüberwachung auf dem Prüfstand, 1995; *Rellermeyer*, Aufsichtsratsausschüsse, 1986; *ders.*, Aufsichtsrat und Haftung, AG-Sonderheft 1997, 70; *Säcker*, Informationsrechte der Betriebs- und Aufsichtsratsmitglieder und Geheimsphäre des Unternehmens, 1979; *Scheffler*, Der Aufsichtsrat – nützlich oder überflüssig? ZGR 1993, 63; *Schilling*, Die Rechtsstellung des Aufsichtsratsmitglieds in unternehmensrechtlicher Sicht, in: Festschrift Fischer, 1979, S. 679; *Semler*, Arbeitshandbuch für Aufsichtsratsmitglieder, 1999; *ders.*, Leitung und Überwachung der AG, 2. Aufl. 1996; *ders.*, Verpflichtungen der Gesellschaft durch den Aufsichtsrat und Zahlungen der Gesellschaft an seine Mitglieder, in: Festschrift Claussen, 1997, S. 381; *Servatius*, Ordnungsmäßige Vorstandskontrolle und vorbereitende Personalauswahl durch den Aufsichtsratsvorsitzenden, AG 1995, 223; *Singhof*, Die Amtsniederlegung durch das Aufsichtsratsmitglied einer AG, AG 1998, 318; *Smits*, Die Vertretung der AG gegenüber ausgeschiedenen Vorstandsmitgliedern, AG 1992, 149; *v. Stebut*, Geheimnisschutz und Verschwiegenheitspflicht im Aktienrecht, 1972; *C. Steinbeck*, Überwachungspflicht und Ein-

- die Bestellung und Abberufung der Vorstandsmitglieder (§ 84 AktG)[88],
- die laufende Überwachung der Geschäftsführung (§ 111 I AktG)[89] und
- die gerichtliche und außergerichtliche Vertretung der Gesellschaft gegenüber Vorstandsmitgliedern (§ 112 AktG)[90].

Insgesamt sind die Hauptaufgaben des Aufsichtsrats damit durch seine *Überwachungsfunktion gegenüber der Unternehmensleitung* geprägt. Diese Funktion kann nach dem »ARAG/Garmenbeck«-Urteil *BGHZ* 135, 244 = NJW 1997, 1926 die Pflicht mit sich bringen, alle Rechte der Gesellschaft gegenüber dem Vorstand gerichtlich geltend zu machen[91]. Man muß sich jedoch darüber klar sein, daß diese Überwachung in florierenden Unternehmen eher dem Bild kooperativer Beratung entspricht und nur ausnahmsweise in formellen Maßnahmen sichtbar wird[92]. *BGHZ* 114, 127 hat ausdrücklich festgestellt, daß die Beratung des Vorstands in übergeordneten Fragen der Unternehmensführung Bestandteil der Überwachungspflicht ist. Auch das Tätigwerden bei der Bestellung und Abberufung von Vorstandsmitgliedern sowie die Vertretung der Gesellschaft gegenüber dem Vorstand verstehen sich aus dieser Überwachungsaufgabe. Mit dem KonTraG von 1998 und dem TransPuG von 2002 (dazu oben, § 26 II 2 h) hat der Gesetzgeber die Überwachungsaufgabe des Aufsichtsrats durch punktuelle und maßvolle Änderungen des Aktiengesetzes zusätzlich unterstrichen[93]. Größeren Einfluß auf den Umfang und die Wahrnehmung der Aufsichtsratsfunktionen dürfte jedoch die sich durch Globalisierungseffekte intensivierende Corporate-Governance-Diskussion haben (dazu schon oben, § 26 II 3 b)[94], die im deutschen System der Trennung von Vorstand und Aufsichtsrat (dem sog. dualen System) zu allererst als eine Aufsichtsratsdiskussion erscheint und zu einer besseren Nutzbarmachung dieses Überwachungsorgans drängt[95].

Komplikationen gibt es bei der *Vertretung der Gesellschaft durch den Aufsichtsrat*[96]. Die Abgrenzung der Vertretungsverhältnisse kann Schwierigkeiten bereiten im Verhältnis zu Personen, die entweder Vorstandsmitglieder

---

wirkungsmöglichkeiten des Aufsichtsrats der Aktiengesellschaft; *Steinmann/Gerum*, Reform der Unternehmensverfassung, 1978; *Theisen*, Überwachung der Unternehmensführung, 1987; *ders.*, Grundsätze ordnungsmäßiger Kontrolle und Beratung der Geschäftsführung durch den Aufsichtsrat, AG 1995, 193; *Vogel*, Aktienrecht und Aktienwirklichkeit, 1980; *Wardenbach*, Interessenkonflikte und mangelnde Sachkunde als Bestellungshindernisse zum Aufsichtsrat der AG, 1996; *Werner*, Vertretung der AG gegenüber Vorstandsmitgliedern, ZGR 1989, 369; *Zachert*, Arbeitnehmervertreter im Aufsichtsrat, 2. Aufl. 1982.

88 Dazu besonders *Krieger*, a.a.O.

89 Dazu besonders *Semler*, a.a.O., S. 53ff.; *Steinmann*, AG 1987, 29ff.

90 Dazu besonders *Werner*, ZGR 1989, 369ff.; *Götz*, NJW 1997, 3275; *Horn*, ZIP 1997, 1129.

91 Dazu auch *Götz*, NJW 1997, 3275; *Henze*, NJW 1998, 3309; *Horn*, ZIP 1997, 1129; *Ulmer*, ZHR 163 (1999), 295.

92 Dazu *BGHZ* 114, 127, 129f. = AG 1991, 312 m.Anm. *Wolf* = DB 1991, 1212 m.Anm. *Theisen; Lutter/Krieger*, a.a.O., § 2 Rdnr. 14; *Semler*, Leitung, a.a.O., S. 142ff.; *Henze*, BB 2000, 214.

93 Vgl. zum KonTraG die Beiträge im AG-Sonderheft 1997 »Die Aktienrechtsreform 1997«; *Clausen*, DB 1998, 177; *Seibert*, WM 1997, 1; zum TransPuG vgl. die Stellungnahme des DAV in NZG 2002, 115ff.

94 Dazu etwa *Hopt/Kanda/Roe/Wymeersch/Prigge*, Comparative Corporate Governance, 1998.

95 Vgl. *Lutter* und *Hommelhoff*, ZGR 2001, 224ff., 238ff.; *Hommelhoff/Mattheus*, AG 1998, 249ff.; zur herkömmlichen Sicht *Henze*, BB 2000, 209ff.

96 Dazu eingehend *Semler*, in: Festschrift Rowedder, 1994, S. 441ff.; *Smits*, AG 1992, 149.

werden sollen oder es gewesen sind oder deren wirksame Bestellung oder Abberufung streitig ist. In *BGHZ* 41, 223 hatte es noch geheißen: »Während ausschließlich der Aufsichtsrat dazu berufen ist, die Aktiengesellschaft bei Vereinbarungen über das Anstellungsverhältnis der aktiven Vorstandsmitglieder zu vertreten, obliegt die Vertretung der Gesellschaft bei Vereinbarungen mit ausgeschiedenen Vorstandsmitgliedern auch dann dem Vorstand, wenn es um eine Pension oder eine nachträgliche Vergütung gleichviel welcher Art geht.« Eine sachgerechte Auslegung des § 112 AktG muß zu dem Ergebnis führen, daß der Gegenstand des Rechtsgeschäfts bzw. des Rechtsstreits, nicht die gegenwärtige Ausübung des Vorstandsamtes, den Ausschlag gibt. Die Vorschrift basiert auf der abstrakten Befürchtung, daß Vorstandsmitglieder in Vorstandssachen als Vertreter nicht unbefangen agieren. Die Aktiengesellschaft wird bei Geschäften und Prozessen, die sich auf das Vorstandsamt bzw. auf die Rechte und Pflichten von Vorstandsmitgliedern beziehen, vom Aufsichtsrat vertreten, ohne daß es darauf ankommt, ob das Vorstandsamt bereits angetreten ist oder ob es noch besteht[97]:

Beispiel Nr. 9: Streitet der Vorstand mit der Gesellschaft über die Wirksamkeit seiner Bestellung oder seiner Abberufung, so wird die Gesellschaft vom Aufsichtsrat vertreten (*BGH*, WM 1981, 759), aber dasselbe gilt auch, wenn nur noch um die Kündigung des Anstellungsverhältnisses und gar nicht mehr um den Fortbestand des Vorstandsamtes gestritten wird (*BGH*, NJW 1987, 254; *BAG*, NJW 2002, 1444; vgl. auch den Bericht über die Vorinstanz bei *BGHZ* 130, 108, 109).

Beispiel Nr. 10 (nach *BGHZ* 26, 236 = NJW 1958, 419): Um den Streit mit dem zum Vorstandsmitglied ernannten, aber dann wieder abberufenen V zu beenden, schloß die AG, vertreten durch den Aufsichtsrat, mit ihm einen Vergleichsvertrag, wonach V in gütlichem Einvernehmen ausschied und eine Entschädigung erhalten sollte. V wollte dann aber den Vertrag doch nicht gelten lassen und meinte, der Aufsichtsrat habe keine Vertretungsmacht gehabt. Der *BGH* meinte: »Die Vertretungsbefugnis des Aufsichtsrats besteht nicht bloß gegenüber Personen, die bereits zum Vorstand gehören, sondern auch gegenüber solchen, die erst Vorstandsmitglieder werden sollen. Sie besteht auch nicht bloß für Rechtsgeschäfte, die die Gesellschaft vorzunehmen hat, sondern auch für alle Rechtsgeschäfte, die ein Vorstandsmitglied mit der Gesellschaft vornehmen will.« Schließlich ist nach Auffassung des *BGH* der Aufsichtsrat auch berechtigt, »die Gesellschaft bei einem Vergleich zu vertreten, der einem Vorstandsmitglied, dessen Bestellung widerrufen ist, die Möglichkeit nehmen soll, die Wirksamkeit des Widerrufs gerichtlich überprüfen zu lassen«. Ist innerhalb des Aufsichtsrats ein Ausschuß für das Anstellungsverhältnis zuständig, so darf dieser nicht durch einen Vergleichsvertrag in die Kompetenz des Gesamtaufsichtsrats eingreifen (*BGHZ* 79, 38).

Beispiel Nr. 11 (nach *BGH*, NJW 1988, 1384): Prozessiert wurde um eine Zusatzvereinbarung im Dienstvertrag eines inzwischen abberufenen Vorstandsmitglieds. Der *Bundesgerichtshof* erkannte, daß der Prozeß auch dann vom Aufsichtsrat und nicht vom (neuen) Vorstand zu führen sei, wenn das Vorstandsamt schon vor dem Prozeß erloschen sein sollte (vgl. auch für die Gehaltsklage eines ausgeschiedenen Genossenschaftsvorstands *BGHZ* 130, 108). Auch bei Vereinbarungen über die Vorstandsvergütung wird die Gesellschaft selbst nach dem Ausscheiden aus dem Amt vom Aufsichtsrat vertreten (*BGH*, NJW-RR 1993, 1250 = ZIP 1993, 1380). Darauf, ob eine Gefahr der Befangenheit

97 *Henze*, Aktienrecht, a. a. O., Rdnrn. 537ff.; *Hüffer*, AktG, § 112 Rdnr. 2; eingehend *Brandner*, in: Festschrift Quack, a. a. O.; *Werner*, ZGR 1989, 369ff.; *Smits*, AG 1992, 149ff.; *Hager*, NJW 1992, 352.

nachweisbar ist, stellt der *Bundesgerichtshof* nicht ab (enger *OLG Köln*, OLGZ 1993, 337 = AG 1993, 518).

Beispiel Nr. 12 (nach *BGH*, NJW 1989, 2055): Ein ausgeschiedenes Vorstandsmitglied war wegen fehlerhafter Amtsführung auf Schadensersatz in Anspruch genommen und vom *OLG* in Höhe von 271 775 DM verurteilt worden. Wie der *BGH* erkannte, wird die Gesellschaft auch in Prozessen gegenüber bereits ausgeschiedenen Vorstandsmitgliedern durch den Aufsichtsrat und nicht durch den neuen Vorstand vertreten. Er hat diesen Standpunkt später in einem GmbH-Fall ausdrücklich bestätigt (*BGH*, NJW-RR 1990, 739).

Beispiel Nr. 13: Klagt ein früheres Vorstandsmitglied gegen die Aktiengesellschaft sein Altersruhegeld ein – gestritten wurde um die Mitberücksichtigung des dreizehnten Monatsgehalts –, so ist die Klage unzulässig, wenn sie gegen die Gesellschaft, vertreten durch den Vorstand, erhoben wird (*BGH*, NJW-RR 1991, 926 = ZIP 1991, 796; NJW 1997, 2324).

Überholt ist damit das Urteil *BGHZ* 47, 341 = NJW 1967, 1711, wo von einer faktischen Organstellung und einer alternativen Vertretungsmacht des Aufsichtsrats und des amtierenden Vorstands ausgegangen wurde.

Die wichtigste unter den geschilderten Aufgaben des Aufsichtsrates bleibt aber doch seine Überwachungsaufgabe[98]. Zu ihr gehört das Recht und nach Lage des Falls auch die Pflicht, Schadensersatzprozesse gegen den Vorstand zu führen. Nach dem Grundsatzurteil *BGHZ* 135, 244 (»ARAG/Garmenbeck«) darf der Aufsichtsrat, wenn die tatsächlichen und rechtlichen Voraussetzungen für die Durchführung eines solchen Prozesses sprechen, hiervon nur aus überwiegenden Gründen des Gesellschaftswohls absehen[99]. Spektakuläre Unternehmenskrisen haben dem Institut des Aufsichtsrats in den vergangenen Jahren negative Schlagzeilen eingetragen und haben zum Erlaß des KonTraG beigetragen (oben, § 26 II 2 h). Wunder an Effektivität sind allerdings auch hiervon nicht zu erwarten, weil auch ein strengeres Aufsichtsratsrecht – weniger Mandate, häufigere Sitzungen – noch nicht die Auswahl der besten Personen garantiert. Eine präventiv wirkende Haftungsrechtsprechung wird hier wohl am meisten ausrichten (dazu alsbald unter d).

b) Neben den geschilderten Hauptaufgaben fallen dem Aufsichtsrat noch einzelne Aufgaben zu wie:
- die Gründungsprüfung (§ 33 I AktG);
- die Einberufung einer außerordentlichen Hauptversammlung, wenn es das Wohl der Gesellschaft fordert (§ 111 III AktG);
- die Zustimmung zu Geschäftsführungsmaßnahmen, soweit die Satzung dies vorsieht (§ 111 IV 2 AktG);
- die Zustimmung zu Kreditgewährungen an Vorstandsmitglieder, Aufsichtsratsmitglieder usw. (§§ 89, 115 AktG);
- die Formulierung von Beschlußvorschlägen zu den Tagesordnungspunkten der Hauptversammlung;

98 Dazu eingehend *Semler*, Leitung, a.a.O., S. 80ff.; *Theisen*, Überwachung der Unternehmensführung, 1987; *ders.*, AG 1995, 193ff.; *Steinmann/Klaus*, AG 1987, 29ff.

99 *BGHZ* 135, 244 = NJW 1997, 1926; dazu *Henze*, Aktienrecht, a.a.O., Rdnr. 623; *Hirte*, Kapitalgesellschaftsrecht, Rdnr. 231; *Goette*, in: Festschrift BGH II, 2000, S. 128ff.; *Kindler*, ZHR 162 (1998), 101ff.

- die Erteilung des Prüfungsauftrags an den Abschlußprüfer (§ 111 II 3 AktG);
- die Prüfung des Jahresabschlusses, des Lageberichts und des Vorschlags für die Gewinnverwendung (§ 171 AktG);
- die Feststellung des Jahresabschlusses (§ 172 AktG) und die Bildung von Gewinnrücklagen (§ 58 II AktG).

c) Zur Erfüllung seiner Aufgaben stehen dem Aufsichtsrat *Informationsrechte gegenüber dem Vorstand* zu. Nach § 90 AktG obliegt dem Vorstand eine *Berichtspflicht* gegenüber dem Aufsichtsrat, insbesondere über die Finanz-, Investitions- und Personalplanung der Gesellschaft[100]. Auf diese wird unter V 1b näher einzugehen sein. Hier genügt die Feststellung, daß das Gesetz einen Informationsfluß sicherzustellen sucht.

Neben der Berichtspflicht des Vorstands besteht nach § 111 II AktG ein *Einsichtsrecht des Aufsichtsrats*[101]. Dieser kann die Bücher, Schriften und Vermögensgegenstände der Gesellschaft einsehen und prüfen, und er kann hiermit auch einzelne Aufsichtsratsmitglieder beauftragen oder Einzelaufträge[102] an Sachverständige vergeben. Allerdings resultiert hieraus kein Informationsrecht des einzelnen Aufsichtsratsmitglieds[103].

Beispiel Nr. 14 (nach *BayObLG*, BB 1968, 727): Entgegen dem Willen des Gesamtaufsichtsrats verlangte ein Aufsichtsratsmitglied, daß ihm der Betriebsprüfungsbericht des Finanzamts in vollem Wortlaut vorgelegt oder zur Kenntnis gebracht werde. Der Vorstand hatte diesen Bericht schon dem Aufsichtsratsvorsitzenden zugeleitet. Das Gericht entschied, das Begehren des Aufsichtsratsmitglieds sei jedenfalls nicht aus § 111 II AktG gerechtfertigt. In der Tat kann nach § 111 II 2 AktG der Aufsichtsrat zwar Einzelmitglieder mit der Einsichtnahme beauftragen, aber das Informationsrecht und damit die Entscheidung über seine Ausübung steht nur dem Kollektivorgan zu. Anders verhält es sich mit § 90 III AktG. Den Bericht des Vorstands kann nach Satz 2 der Bestimmung auch ein einzelnes Aufsichtsratsmitglied verlangen, aber doch nur einen Bericht an den Aufsichtsrat. Da der Aufsichtsratsvorsitzende den Betriebsprüfungsbericht schon in den Händen hatte, war dieser Berichtsanspruch erfüllt, so daß auch § 90 III 2 AktG dem Einzelmitglied keinen weiteren Anspruch geben konnte.

Die umfassenden Informationsrechte des Aufsichtsrats sind nicht zu entbehren. Eine bloß selektive Information durch den Vorstand würde das Aufsichtssystem des Aktienrechts infrage stellen[104]. Im Hinblick auf die Vielzahl vertraulicher Tatsachen, Rechtsverhältnisse und Daten stellt aber naturgemäß jede Verbreiterung der Informationsbasis auch ein Risiko dar, das nur durch strenge Geheimhaltungspflichten gerechtfertigt werden kann.

100 Dazu *Wilde*, ZGR 1998, 427ff.
101 Dazu *Lutter/Krieger*, a. a. O., § 3 Rdnrn. 30ff.; *Hoffmann-Becking*, in: MünchHdbGesR IV, § 29 Rdnrn. 33ff.; eingehend *Krebs*, a. a. O., S. 72ff.; *Lutter*, Information und Vertraulichkeit, a. a. O., S. 86ff.; *Theisen*, Grundsätze einer ordnungsgemäßen Informationsversorgung des Aufsichtsrats, 2. Aufl. 1996.
102 Generelle Delegation an einen Sachverständigen ist unzulässig; *BGHZ* 85, 293ff.
103 Vgl. *Wilde*, ZGR 1998, 429.
104 *Wilde*, ZGR 1998, 430.

Hierauf beruht das vieldiskutierte *Problem der Verschwiegenheitspflicht* im Aufsichtsrat[105].

Die *Verschwiegenheitspflicht der Aufsichtsratsmitglieder* ergibt sich aus § 116 AktG (neu gefaßt durch das TransPuG von 2002). Danach haben Aufsichtsratsmitglieder über vertrauliche Angaben und Geheimnisse der Gesellschaft, namentlich Betriebs- oder Geschäftsgeheimnisse, die ihnen durch ihre Amtstätigkeit bekanntgeworden sind, Stillschweigen zu bewahren. Das leuchtet sofort ein hinsichtlich vertraulicher Beratungen etwa im Personalbereich, hinsichtlich schwebender Vertragsverhandlungen, hinsichtlich des Forschungsstandes im Technologiebereich, hinsichtlich der Produktionsplanung usw. Die Verschwiegenheitspflicht ist nach § 404 AktG strafbewehrt. Maßgebend für die Geheimhaltungspflicht und für etwaige Offenbarungsrechte ist das Interesse des Unternehmens, und zwar verstanden als objektives Interesse. Nicht ausschlaggebend ist also die subjektive Schau des Managements (es wird im Zweifel für totale Geheimhaltung sein) oder der Aufsichtsratsmitglieder (sie werden vielleicht zur Information der Öffentlichkeit über problematische Vorfälle neigen). Richtig heißt es bei *BGHZ* 64, 325, 329: »Das entscheidende Merkmal für die Beurteilung der Schweigepflicht ist aber ein objektives, nämlich das Bedürfnis der Geheimhaltung im Interesse des Unternehmens.« Zugleich betont der *Bundesgerichtshof* allerdings, daß bei der Prüfung der Geheimhaltungspflicht durch das einzelne Aufsichtsratsmitglied die Mitteilung des Vorstands oder die mehrheitliche Meinung des Aufsichtsrats über die Geheimhaltungsbedürftigkeit einer Tatsache eine Rolle spielen wird. Öffentliche Interessen können, soweit sie nicht Interessen auch des Unternehmens sind, keine Lockerung der Geheimhaltungspflicht rechtfertigen[106]. Auch geht es nicht an, die Verschwiegenheitspflicht – etwa im Lichte des Art. 5 GG[107] oder bei politischen Mandatsträgern im Lichte ihrer

---

105 Literatur: *Claussen*, Über die Vertraulichkeit im Aufsichtsrat, AG 1981, 57; *Ensch*, a.a.O., S. 195ff., 212ff.; *Flore*, Verschwiegenheitspflicht der Aufsichtsratsmitglieder, BB 1993, 133; *Köstler/Schmidt*, Interessenvertretung und Information ..., BB 1981, 88; *Lutter*, Information und Vertraulichkeit, a.a.O.; *Mertens*, Zur Verschwiegenheitspflicht der Aufsichtsratsmitglieder, AG 1975, 235; *Meyer-Landrut*, Verschwiegenheitspflicht der Aufsichtsratsmitglieder, ZGR 1976, 510; *Rittner*, Die Verschwiegenheitspflicht der Aufsichtsratsmitglieder nach *BGHZ* 64, 325, in: Festschrift Hefermehl, 1976, S. 365; *Roth*, Geheimnisschutz im Gesellschaftsrecht, in: Ruppe (Hrsg.), Geheimnisschutz im Wirtschaftsleben, Wien 1980, S. 69; *Säcker*, a.a.O.; *ders.*, Vorkehrungen zum Schutz der gesetzlichen Verschwiegenheitspflicht und gesellschaftlichen Treuepflicht der Aufsichtsratsmitglieder, in: Festschrift Fischer, 1979, S. 635; *ders.*, Aktuelle Probleme der Verschwiegenheitspflicht der Aufsichtsratsmitglieder, NJW 1986, 803; *Schwintowski*, Verschwiegenheitspflicht für politisch legitimierte Mitglieder des Aufsichtsrats, NJW 1990, 1009; *Sina*, Zur Berichtspflicht ... bei drohender Verletzung der Verschwiegenheitspflicht durch einzelne Aufsichtsratsmitglieder, NJW 1990, 1016; *Spieker*, Die Verschwiegenheitspflicht der Aufsichtsratsmitglieder, NJW 1965, 1937; *v. Stebut*, a.a.O.; *Stege*, Die Geheimhaltungspflicht ..., DB-Beilage 8/1977; *Theisen*, Information und Verschwiegenheitspflicht im Aufsichtsrat mitbestimmter Aktiengesellschaften, ZfbF 1979, 838; *Veith*, Zur Verschwiegenheitspflicht der Aufsichtsratsmitglieder, NJW 1966, 526; *Wessing/Hölters*, Die Verschwiegenheitspflicht von Aufsichtsratsmitgliedern nach dem Inkrafttreten des Mitbestimmungsgesetzes, DB 1976, 1671; *Wilde*, Informationsrechte und Informationspflichten im Gefüge der Gesellschaftsorgane, ZGR 1998, 423.

106 Näher *Lutter*, Information und Vertraulichkeit, a.a.O., S. 140f. m.w.N.

107 Dazu *Säcker*, NJW 1986, 804; wie der Text *Lutter/Krieger*, a.a.O., § 3 Rdnr. 37.

Abgeordnetenfunktionen[108] – aus angeblich übergeordneten Gründen im Kern zu relativieren. Ob überragende – z.B. öffentliche – Interessen ausnahmsweise einen Vertrauensbruch rechtfertigen können, ist eine schwierige, jedoch unter Berücksichtigung der unternehmensinternen Reaktionsmöglichkeiten rein gesellschaftsrechtlich zu beantwortende Frage. Im Grundsatz hat die Geheimhaltungspflicht Vorrang auch vor öffentlichen Interessen, und zwar nicht deshalb, weil diese Interessen nicht zählen, sondern deshalb, weil die Abwägung nicht in die Hand einzelner Aufsichtsratsmitglieder gelegt werden kann und weil die Aufgabe des Aufsichtsrats in der organschaftlichen gesellschaftsinternen Kontrolle, nicht aber darin besteht, als Informant von Behörden oder als Informant der Allgemeinheit das Unternehmen zu denunzieren.

Beispiel Nr. 15: Hält der Aufsichtsrat Maßnahmen des Vorstands kartellrechtlich für verboten, so hat er auf den Vorstand einzuwirken, nicht aber den Vorgang beim Bundeskartellamt anzuzeigen. Hat der Aufsichtsrat Bedenken hinsichtlich der Solvenz der Gesellschaft, so muß er auf gehörige Prüfung und ggf. auf Stellung eines Insolvenzantrags hinwirken, darf aber nicht einfach die Öffentlichkeit vor dem Gebaren des Vorstands warnen und hierdurch die Gesellschaft – und vielleicht ihre Gläubiger – endgültig in den Ruin treiben. Hat er ökologische Bedenken gegen den technischen Betrieb, so mag er den Vorstand auf den rechten Weg zu bringen suchen, nicht aber darf er die Öffentlichkeit über die Medien alarmieren. Wird in einer Strukturkrise zwischen dem Vorstands- und dem Aufsichtsrat die Frage besprochen, ob Schrumpfungsmaßnahmen erforderlich sind, so ist es unzulässig, diese Befürchtung etwa einer Betriebsversammlung oder der Presse mitzuteilen.

Nicht mit der soeben besprochenen Frage zu verwechseln ist die Frage der gesetzlichen Offenbarungsrechte und Offenbarungspflichten[109]. Steuerverwaltung, Kartellbehörden, Gewerbebehörden usw. sind nach Maßgabe zahlreicher Einzelregelungen befugt, auch in die Geheimsphäre von Wirtschaftssubjekten einzudringen. Wo solche behördlichen Aufklärungsmöglichkeiten bestehen, darf aber keineswegs ein Aufsichtsratsmitglied von sich aus vertrauliche Angaben nach außen mitteilen. Die strenge Vertraulichkeitspflicht ist als Pendant zu den Informationsrechten des Aufsichtsrats zu begreifen. Sie erlegt den Aufsichtsratsmitgliedern ein hohes Maß an Verantwortung auf. Kennzeichnend für das System von Information und Vertraulichkeit ist nach *Marcus Lutter*[110] »das breite, vorbehaltlose Informationsrecht des Aufsichtsrats einerseits und die autonome, selbstverantwortliche Einzelentscheidung jedes Aufsichtsratsmitglieds über seine Verschwiegenheitspflicht allein aufgrund der objektiven Rechtslage andererseits«. Dieses System ist naturgemäß nur funktionsfähig, wenn die Vertraulichkeit mit der Informationsfülle Schritt hält. In den Worten *Lutters* »liegt der gesetzlichen Lösung ein sehr stolzes und selbstbewußtes Bild vom erfahrenen und unabhängigen Aufsichtsratsmitglied zugrunde, das an Diskretion gewöhnt und so sehr auf das

108 Dazu, im Ergebnis wie der Text, *Schwintowski*, NJW 1990, 1009ff.; zur Sondervorschrift des § 394 AktG über Mandatsträger von Gebietskörperschaften vgl. *Hoffmann-Becking*, in: MünchHdbGesR IV, § 33 Rdnr. 34.
109 Eingehend *Lutter*, Information und Vertraulichkeit, a.a.O., S. 168ff.
110 Information und Vertraulichkeit, a.a.O., S. 214.

Wohl seiner Gesellschaft ausgerichtet ist ... Bedenkt man die Rechtslage dagegen auf dem Hintergrund der faktischen Situation des Aufsichtsrats und der heute durchaus pluralistischen Interessenlage seiner einzelnen Mitglieder, so kann sie eigentlich nur zu einer Fülle von ›Unfällen‹ führen ...« In Anbetracht dieser Konfliktlage mußte die Frage auftreten, ob die Grenzen der Verschwiegenheitspflicht des Aufsichtsrats vorab festgelegt werden können. Umstritten war, inwieweit die Satzung oder die Geschäftsordnung des Aufsichtsrats die Verschwiegenheitspflicht konkretisieren oder verschärfen kann[111]. Die Frage kam zur Entscheidung in unserem

Beispiel Nr. 16 (nach *BGHZ* 64, 325 »Bayer«): A gehörte als Arbeitnehmervertreter dem Aufsichtsrat der B-AG an. Nachdem es wegen einer Presseveröffentlichung zwischen ihm und dem Aufsichtsratsvorsitzenden über Umfang und Grenzen der Verschwiegenheitspflicht zu Meinungsverschiedenheiten gekommen war, beschloß der Aufsichtsrat mehrheitlich folgende Geschäftsordnungsklausel: »Grundsätzlich sind alle Kenntnisse, die ein Aufsichtsratsmitglied in dieser Eigenschaft erhält, als Firmengeheimnis geheimzuhalten. Insbesondere haben die Mitglieder des Aufsichtsrats über Gegenstand, Verlauf und Ergebnis der Sitzungen und sonstigen (auch z.B. schriftlichen, telegrafischen oder fernmündlichen) Verhandlungen volles Stillschweigen zu bewahren. Der Aufsichtsratsvorsitzende kann im Einvernehmen mit dem Vorstand Ausnahmen gestatten, soweit dies im Interesse der Gesellschaft liegt.« A, der gegen diesen Beschluß gestimmt hatte, klagte auf Nichtigerklärung. Der *BGH* gab ihm recht. Das gesetzliche Verschwiegenheitsgebot ist im AktG zwingend und abschließend geregelt. Es kann durch Satzung oder Geschäftsordnung nicht wirksam verschärft werden. Dem ist zuzustimmen.

Eine andere Frage ist, ob der Aufsichtsrat »Richtlinien zur Wahrung der Vertraulichkeit« mit nur empfehlendem Inhalt beschließen kann. *Lutter* hat solche Richtlinien in seinem Buch »Information und Vertraulichkeit im Aufsichtsrat« erarbeitet. Rechtsändernde oder auch nur ergänzende Wirkung können diese Richtlinien nicht haben (§ 23 V AktG). Solange sie nur Interpretationshilfe sein wollen und sollen und an der eigenverantwortlichen Prüfung der Aufsichtsratsmitglieder nichts ändern, insbesondere auch nicht einschüchternd formuliert sind, wird man solche Richtlinien akzeptieren können.

d) Die *Sorgfaltspflicht und Haftung der Aufsichtsratsmitglieder* ergibt sich aus §§ 116, 93 AktG[112]. Danach haben die Aufsichtsratsmitglieder bei ihrer

111 *BGHZ* 64, 325; dazu *Hoffmann-Becking*, in: MünchHdbGesR IV, § 33 Rdnrn. 39f.; *Lutter*, Information und Vertraulichkeit, a.a.O., S. 190ff.; *Säcker*, Informationsrechte, a.a.O., S. 64; *ders.*, in: Festschrift Fischer, 1979, S. 635ff.; *Rittner*, in: Festschrift Hefermehl, 1976, S. 365; *Meyer-Landrut*, ZGR 1976, 510; *Reuter*, ZHR 144 (1980), 497f.

112 *Dreher*, Das Ermessen des Aufsichtsrats, ZHR 158 (1994), 614; *ders.*, Die Qualifikation der Aufsichtsratsmitglieder, in: Festschrift Boujong, 1996, S. 71; *Edenfeld/Neufang*, Die Haftung der Arbeitnehmervertreter im Aufsichtsrat, AG 1999, 49; *Forstmoser*, Die aktienrechtliche Verantwortlichkeit, 1987; *Henze*, Prüfungs- und Kontrollaufgaben des Aufsichtsrates in der Aktiengesellschaft, NJW 1998, 3309; *ders.*, Leistungsverantwortung des Vorstands – Überwachungspflicht des Aufsichtsrats, BB 2000, 209; *Hopt*, in: GroßkommAktG, § 93 Rdnr. 72ff., 252ff.; *Nirk*, Zur Justitiabilität unternehmerischer Entscheidungen des Aufsichtsrats, in: Festschrift Boujong, 1996, S. 393; *Saage*, Haftung des Aufsichtsrats für Fehlentscheidungen des Vorstands, DB 1973, 115; *Schwark*, Zum Haftungsmaßstab der Aufsichtsratsmitglieder einer AG, in: Festschrift Werner, 1984, S. 841; *Semler*, a.a.O., S. 46f.; *Stölzle*, Die Haftung der Mitglieder

Geschäftsführung die Sorgfalt eines ordentlichen und gewissenhaften Geschäftsleiters anzuwenden und sind, wenn sie ihre Pflichten schuldhaft verletzen, der Gesellschaft als Gesamtschuldner zum Schadensersatz verpflichtet. Ist streitig, ob sie die Sorgfalt eines ordentlichen und gewissenhaften Geschäftsleiters angewandt haben, so trifft sie die Beweislast. Die Haftung der Aufsichtsratsmitglieder wird vor allem bei Unternehmenszusammenbrüchen praktisch. Sie stellt, sobald mit ihr Ernst gemacht wird, gerade in diesen Fällen ein kaum noch versicherbares Risiko dar.

Beispiel Nr. 17: Der Insolvenzverwalter einer in Millionenhöhe überschuldeten AG macht geltend, daß Vorstand und Aufsichtsrat nicht nur die Eröffnung des Insolvenzverfahrens verschleppt haben (vgl. *BGHZ* 75, 96 = NJW 1979, 1823), sondern die Überschuldungssituation durch den Abschluß bzw. die Nicht-Verhinderung riskanter Devisengeschäfte verschuldet haben. Hier kommt eine Gesamtschuldklage in Millionenhöhe gegen die Vorstands- und Aufsichtsratsmitglieder nach §§ 93, 116 AktG in Betracht.

Zu bedenken ist allerdings, daß die Pflichten der Aufsichtsratsmitglieder mit der Kontrollaufgabe des Aufsichtsrats harmonieren müssen und auch auf diese Kontrollaufgabe begrenzt sind. Grundlage der Kontrolle sind zunächst die dem Aufsichtsrat vorgelegten Berichte, dies jedoch unbeschadet seiner selbständigen Prüfungspflicht[113]. Auch kann die Kollegialverfassung des Aufsichtsrats nicht ohne Einfluß auf die Haftung des einzelnen sein[114]. Erst in der Krise wird aus begleitender Überwachung durch den Aufsichtsrat eine solche von gestaltender Tragweite[115]. Die Aufsichtsratshaftung hat in der Gerichtspraxis lange Zeit keine bedeutende Rolle gespielt. Das änderte sich mit der Zunahme von Unternehmenszusammenbrüchen in den 70er Jahren. Bei *BGHZ* 75, 96 = NJW 1979, 1823 ging es um die Klage gegen den Aufsichtsratsvorsitzenden Dr. G der zusammengebrochenen »Herstatt«-Bank in Köln sowie gegen ein weiteres Aufsichtsratsmitglied wegen der Schäden, die die Bank ohne hinreichende Kontrolle des Aufsichtsrats aus ruinösen Börsentermingeschäften erlitten hatte. Der *Bundesgerichtshof* brauchte über den Anspruch aus §§ 116, 93 AktG nur deshalb nicht zu entscheiden, weil alle Ansprüche der Bank gegen ihre Organe und Aktionäre in einem gerichtlich bestätigen Liquidationsvergleich abgegolten waren. Anders verhielt es sich in unserem

Beispiel Nr. 18 (nach *BGH*, NJW 1980, 1629): A war Aufsichtsratsvorsitzender der K-AG. Mehrheitsaktionärin der K-AG war eine Kommanditgesellschaft, deren persönlich haftender Gesellschafter wiederum A war. Außerdem war A maßgeblich am Bankhaus X beteiligt, das mit erheblichen Verlusten arbeitete. Infolge des Zusammenbruchs der »Herstatt«-Bank geriet das Bankhaus X in Liquiditätsschwierigkeiten und verlangte zur Überbrückung dieser Schwierigkeiten von der K-AG die Ausstellung eines Wechsels über 2 Mio. DM. Der Vorstand der K-AG lehnte dies ab. Erst auf Intervention des A stellte die K-AG doch noch den Wechsel aus. Trotz dieser Maßnahme mußte alsbald das Vergleichs-

---

des Vorstandes und des Aufsichtsrats einer AG, GesRZ 1979, 22; *Ulmer*, Aufsichtsratsmandat und Interessenkollision, NJW 1980, 1603; *Zempelin*, Fragen der Aufsichtsratshaftung, AcP 155 (1956), 209.

113 Vgl. zu dieser *BGHZ* 135, 244, 252 = NJW 1997, 1926, 1927.

114 Vgl. *RGZ* 161, 129, 135.

115 *Henze*, BB 2000, 214.

verfahren über das Vermögen des Bankhauses X eröffnet werden, und der Wechsel wurde notleidend. Die K-AG klagte gegen den A auf Schadensersatz. Alle Instanzen gaben ihr Recht. Nach der zutreffenden Auffassung des *Bundesgerichtshofs* haftet ein Aufsichtsratsmitglied, das dem Vorstand den Abschluß eines für die AG schädlichen Rechtsgeschäfts nahelegt, wegen schuldhaften Verstoßes gegen seine Pflichten als Mitglied des Aufsichtsrats.

Die besondere Bedeutung des Urteils besteht darin, daß sich A auf die Interessenkollision berufen hatte, die sich aus seinem gleichzeitigen Engagement bei dem Bankhaus X ergab. Der *Bundesgerichtshof* befand, daß dieses doppelte Engagement den A nicht entlasten könne: »Die Spaltung einer Person mit kollidierenden Pflichten in solche Verhaltensweisen, die nur dem einen, nicht aber zugleich dem anderen Verantwortungsbereich zugeordnet werden könnten, ist, wenn tatsächlich beide Bereiche betroffen sind, nicht möglich.« *Ulmer*[116] hat nachgewiesen, daß diese im konkreten Fall einleuchtende Rechtsansicht volle Gültigkeit nur im Rahmen des Aufsichtsratsamtes bzw. bei der Ausnutzung eines besonderen Einflusses auf die AG haben kann; dagegen geht es nicht an, das gesamte Verhalten des Aufsichtsratsmitglieds auf das Unternehmensinteresse zu zentrieren. Wäre es anders, so müßte die Tätigkeit von Gewerkschaftsvertretern (§ 7 II MitbestG) oder z.B. von Bankenvertretern im Aufsichtsrat als eine Fehlentwicklung mit unauflösbaren Interessenkollisionen betrachtet werden. Die schlichte Verweisung des § 116 AktG auf § 93 AktG darf allerdings nicht dahin verstanden werden, daß die Vorstandshaftung in voller Strenge auf alle Aufsichtsratsmitglieder – z.B. auch auf Arbeitnehmervertreter im Aufsichtsrat – übertragen werden kann und daß an ein ordentliches Aufsichtsratsmitglied dieselben Anforderungen wie an ein ordentliches Vorstandsmitglied zu stellen sind[117]. Eine ganz andere Frage ist, ob diese Sorgfaltsanforderungen innerhalb des Aufsichtsrats alle Mitglieder mit gleicher Strenge treffen[118].

Beispiel Nr. 19 (nach *OGH Wien*, AG 1983, 81 m.Anm. *Semler*): Im Zusammenbruch einer Bank-AG machte der Konkursverwalter die Aufsichtsratsmitglieder für schuldhaft verursachte Vermögensschäden verantwortlich. Der *Österreichische OGH* lehnte es ab, hinsichtlich der Sorgfaltspflichten zwischen den einzelnen Aufsichtsratsmitgliedern zu unterscheiden.

Beispiel Nr. 20 (nach *LG Hamburg*, ZIP 1981, 194): In der Insolvenz einer Bau-AG verlangt der Verwalter vom Aufsichtsratsmitglied A Schadensersatz mit der Begründung, daß A nicht die gebotenen Konsequenzen aus seinen Informationen über die ruinöse Geschäftspolitik der ausländischen Muttergesellschaft gezogen habe. Das *Landgericht* verurteilte den A, sagte allerdings in den Gründen: »Daß dieser Haftungsmaßstab (scl.: des § 93 AktG) im Rahmen des Kompetenzbereichs eines Aufsichtsrates der Sache nach ein anderer ist als der für die Mitglieder des Vorstands, versteht sich aus der Aufgabenzuweisung dieser Gesellschaftsorgane von selbst.« Weiter heißt es in dem Urteil: »In einem Aufsichtsrat wirken nach Berufserfahrung, Vorbildung, Kenntnissen und Fähigkeiten unterschiedliche Persönlichkeiten mit. Um unzuträgliche Ergebnisse im Verantwortlichkeitsbereich zu vermeiden, ist dem Rechnung zu tragen.« Im Ergebnis verurteilte das *LG*

---

116 NJW 1980, 1603.

117 Wie hier *Hoffmann-Becking*, in: MünchHdbGesR IV, § 33 Rdnr. 45; vgl. bereits *Geßler*, in: Geßler/Hefermehl/Eckardt/Kropff, § 116 Rdnrn. 7ff., 17ff.

118 Zum Streitstand *Hoffmann-Becking*, in: MünchHdbGesR IV, Rdnr. 46.

den A, weil von ihm »als Bankier und Mitinhaber eines Bankhauses ... tiefere Einsichten in finanzielle und wirtschaftliche Zusammenhänge« erwartet werden konnten.

Solche Differenzierungen sind im Ergebnis bedenklich[119]. Auf die individuellen Fähigkeiten des einzelnen Aufsichtsratsmitglieds kann es nicht ankommen. Nur soweit sich aus den Besonderheiten des Unternehmens und aus der Aufsichtsratsorganisation auch unterschiedliche Pflichtanforderungen an die einzelnen Aufsichtsratsmitglieder ergeben, ist eine haftungsrechtliche Differenzierung erlaubt.

Es bleibt zu erwähnen, daß § 116 AktG nicht die einzige Haftungsgrundlage für Aufsichtsratsmitglieder ist. Wer seinen Einfluß auf die Gesellschaft zu deren Schaden oder zum Schaden der Aktionäre geltend macht, kann nach § 117 AktG zum Schadensersatz verpflichtet sein (vgl. oben unter I 4c), und diese Vorschrift kann auch auf Aufsichtsratsmitglieder zutreffen.

Beispiel Nr. 21 (vereinfacht nach *BGHZ* 94, 55): B war Aufsichtsratsmitglied in der I-AG. Nachdem diese AG in Konkurs gefallen war, erhob eine K-Kommanditgesellschaft als Aktionärin Schadensersatzklage und behauptete, B habe von unrechtmäßigen Auszahlungen aus dem Vermögen der I-AG gewußt, aber die Rückforderung dieser Beträge verhindert und so den Konkurs herbeigeführt. Der *BGH* hielt die Klage im Gegensatz zur Vorinstanz insoweit für schlüssig, als die K-KG einen an ihrem Eigenvermögen – und nicht bloß durch Wertminderung der Aktien – eingetretenen Schaden einklagte (für die Geltendmachung des am Gesellschaftsvermögen der AG entstandenen Schadens wäre der Konkursverwalter zuständig gewesen). Da die K-KG der I-AG noch Kredite gegeben hatte, war ein solcher Eigenschaden der K-KG ausreichend dargetan.

2. Zusammensetzung

a) Die Zusammensetzung des Aufsichtsrats hängt wesentlich vom *Mitbestimmungsstatus der Gesellschaft* ab (vgl. insofern die allgemeinen Bemerkungen über die Mitbestimmung der Arbeitnehmer oben, § 16 IV). Sie variiert teils aus sachbezogenen Gründen, teils und vor allem aber aus historisch-politischen Gründen, weil es bisher kein einheitliches, in sich stimmiges Recht der Arbeitnehmermitbestimmung gibt. Einen Überblick über die Zusammensetzung gibt § 96 AktG:

aa) Unterliegt die Gesellschaft der *Montanmitbestimmung* (dazu oben, § 16 IV), so hat sie nach § 4 I MontanmitbestG 1951 einen elfköpfigen Aufsichtsrat, der aus je vier Vertretern der Anteilseigner und der Arbeitnehmer sowie aus drei Vertretern des öffentlichen Interesses besteht. Im Geltungsbereich des Mitbestimmungsergänzungsgesetzes von 1956, also im Bereich der Montankonzerne, ist ein fünfzehnköpfiger Aufsichtsrat vorgeschrieben, der aus je sieben Vertretern der Anteilseigner und der Arbeitnehmer und einem weiteren, neutralen Mitglied besteht (§ 5 I MitbestErgG).

---

119 Vgl. auch *Schwark*, in: Festschrift Werner, 1984, S. 841; *Geßler*, in: Geßler/Hefermehl/Eckardt/Kropff, § 116 Rdnr. 10; *Edenfeld/Neufang*, AG 1999, 49; s. aber *Hoffmann-Becking*, in: MünchHdbGesR IV, § 33 Rdnr. 46.

bb) Unterliegt die Gesellschaft nicht der Montanmitbestimmung, wohl aber dem *MitbestG* – dies ist bei Gesellschaften mit mehr als 2000 Arbeitnehmern die Regel –, so ist der Aufsichtsrat je nach der Unternehmensgröße mit je sechs, je acht oder je zehn Vertretern der Anteilseigner und der Arbeitnehmer besetzt. Die *Besetzung* ist damit paritätisch, wenn auch – worauf zurückzukommen sein wird – in Pattsituationen in der *Entscheidung* ein Übergewicht der Anteilseignerseite zum Tragen kommen kann. Durch §§ 7 II und 15 II MitbestG ist gewährleistet, daß sich unter den Arbeitnehmervertretern auch Vertreter von Gewerkschaften sowie im Kreis der unternehmensangehörigen Arbeitnehmervertreter auch ein leitender Angestellter befinden. Die Berücksichtigung der leitenden Angestellten gehört zu den Besonderheiten des Mitbestimmungsgesetzes und ist charakteristisch für dessen rechtspolitischen Kompromißcharakter.

cc) Fällt das Unternehmen auch *nicht* unter das *MitbestG*, weil es nicht mehr als 2000 Arbeitnehmer hat, so gilt in der Regel doch § 76 I BetrVG 1952, wonach der Aufsichtsrat der sog. Drittelparität unterliegt, also zu zwei Dritteln mit Vertretern der Anteilseigner und zu einem Drittel mit Vertretern der Arbeitnehmer zu besetzen ist.

dd) *Mitbestimmungsfrei* sind Familiengesellschaften mit weniger als 500 Arbeitnehmern (vgl. § 76 VI BetrVG 1952) sowie die sog. Tendenzunternehmen, nämlich solche, die unmittelbar und überwiegend politischen, koalitionspolitischen, konfessionellen, karitativen, erzieherischen, wissenschaftlichen, künstlerischen Bestimmungen oder Zwecken der Berichterstattung oder Meinungsäußerung dienen (vgl. §§ 81 BetrVG 1952, 1 IV MitbestG).

b) Das *Nebeneinander ganz unterschiedlicher Mitbestimmungsformen* hat nicht nur rechtspolitische Kritik ausgelöst[120], sondern es kann auch zu Schwierigkeiten rein technischer Art führen, weil die richtige Zusammensetzung im Einzelfall u.U. schwierig festzustellen und nicht selten streitig ist. Der Gesetzgeber hat dies gesehen[121]: »Es kann zweifelhaft sein, ob der Aufsichtsrat nach dem Mitbestimmungsgesetz, dem Mitbestimmungsergänzungsgesetz, dem Betriebsverfassungsgesetz oder ohne Aufsichtsratsmitglieder der Arbeitnehmer zusammenzusetzen ist. Die dafür maßgebenden Merkmale sind manchmal schwer festzustellen. Unter dieser Ungewißheit leidet die Arbeit des Aufsichtsrats. Noch nach Jahren kann sich herausstellen, daß der Aufsichtsrat schon seit langem falsch zusammengesetzt ist. Das zieht Auseinandersetzungen über die Rechtsgültigkeit der von ihm inzwischen gefaßten Beschlüsse nach sich. Dieser unsichere Zustand ist auf die Dauer nicht tragbar. Um ihn zu vermeiden, sieht der Entwurf im Interesse der Rechtssicherheit eine Regelung vor, die sowohl die Arbeitsfähigkeit des

120 Vgl. z.B. *Raiser*, Kapitalgesellschaften, § 15 Rdnr. 25.
121 Begr. RegE, in: *Kropff*, S. 126.

Aufsichtsrates als auch die Interessen aller beteiligten Gruppen sichert.« Dieses rechtssichernde Verfahren besteht in folgenden Regelungen:

aa) Die Aufsichtsratsbesetzung unterliegt dem sog. *Kontinuitätsprinzip*. Die vorhandene Aufsichtsratsbesetzung kann nur aufgrund eines streng geregelten Verfahrens geändert werden (§ 96 II AktG).

bb) Nach §§ 98f. AktG kann eine *gerichtliche Entscheidung* über die Zusammensetzung des Aufsichtsrats beantragt werden, wenn die Zusammensetzung streitig oder ungewiß ist[122]. Antragsberechtigt sind: der Vorstand, jedes Aufsichtsratsmitglied, jeder Aktionär, der Betriebsrat, Arbeitnehmer und Spitzenorganisationen der Gewerkschaften.

cc) Ist der Vorstand der Ansicht, der Aufsichtsrat sei nicht nach den für ihn maßgebenden Vorschriften zusammengesetzt, so ist er zu einer unverzüglichen *Bekanntmachung über die Zusammensetzung des Aufsichtsrats* verpflichtet (näher § 97 I AktG). Wird dann nicht binnen Monatsfrist das Gericht nach § 98 AktG angerufen, so ist der neue Aufsichtsrat entsprechend der Bekanntmachung des Vorstands zusammenzusetzen (§ 97 II AktG).

3. Die Bestellung und Abberufung der Aufsichtsratsmitglieder

a) Die Mitgliedschaft im Aufsichtsrat ist zunächst an eine Reihe von *persönlichen Voraussetzungen* geknüpft. Nach § 100 I AktG kann nur eine natürliche, unbeschränkt geschäftsfähige Person Aufsichtsratsmitglied sein. Nach § 100 II Nrn. 1–3 AktG ist nicht wählbar, wer bereits zehn Aufsichtsratsmandate hat[123], gesetzlicher Vertreter eines von der AG abhängigen Unternehmens ist oder gesetzlicher Vertreter einer anderen Kapitalgesellschaft ist, in deren Aufsichtsrat ein Vorstandsmitglied der AG sitzt. Vorsitzendenmandate zählen doppelt (§ 100 II 3 AktG). Die Satzung kann weitere persönliche Voraussetzungen aufstellen, jedoch nur für die Aktionärsvertreter und nicht für Arbeitnehmervertreter im mitbestimmten Aufsichtsrat (§ 100 III, IV AktG). Neben diesen persönlichen Qualifikationsvoraussetzungen gibt es nach § 105 AktG Inkompatibilitäten, die die Gewaltenteilung in der AG sichern sollen. Es leuchtet ein, daß ein Aufsichtsratsmitglied z.B. nicht zugleich Vorstandsmitglied der eigenen Gesellschaft sein kann; grundsätzlich ist auch eine Prokuristenstellung mit dem Aufsichtsratsmandat unvereinbar (§ 105 AktG; einschränkend § 6 II MitbestG). Ob es über die im Gesetz geregelten organisationsbedingten Inkompatibilitäten auch Inkompatibilitäten aus externen Interessenkonflikten gibt – Mehrfachmandate in Konkurrenzunternehmen[124]? berufsmäßig befangene Behördenvertreter[125]? – ist umstritten und kann nicht mit der für echte Inkompatibilitätsregeln notwendigen Absolutheit bejaht werden[126]. Die Schaffung institutioneller Befangenheits-

122 Dazu *Hoffmann-Becking*, in: MünchHdbGesR IV, § 28 Rdnr. 59; eingehend *Martens*, DB 1978, 1065ff.; *Oetker*, ZHR 149 (1985), 575ff.

123 Für gesetzliche Vertreter (z.B. Vorstandsmitglieder) eines herrschenden Unternehmens gilt allerdings ein sog. Konzernprivileg; vgl. § 100 II 2 AktG.

124 Gegen Zulässigkeit *Lutter*, in: Festschrift Beusch, 1993, S. 509ff.; a.M. *Dreher*, JZ 1990, 898f.; differenzierend *Decher*, ZIP 1990, 287.

125 Dazu *Säcker*, in: Festschrift Rebmann, 1989, S. 781ff. (für Ausdehnung der Inkompatibilitätsregeln).

126 Wie hier *Hoffmann-Becking*, in: MünchHdbGesR IV, § 30 Rdnr. 3.

lagen durch die Besetzung des Aufsichtsrats kann allerdings eine Schädigung der Gesellschaft und im Verhältnis zum Aufsichtsratsmitglied einen wichtigen Abberufungsgrund darstellen. Im mitbestimmten Aufsichtsrat gehört zu den persönlichen Voraussetzungen auch die richtige Gruppenzugehörigkeit. Bei den *Arbeitnehmervertretern* unterscheidet das Gesetz zwischen Arbeitnehmern des Unternehmens (Arbeitern, Angestellten, leitenden Angestellten) und Gewerkschaftsvertretern (näher §§ 3, 7, 15f., 24 MitbestG), während die Vertreter der Kapitaleigner beliebige Personen sein können.

Beispiel Nr. 22 (nach *BGH*, NJW 1975, 1657 = AG 1975, 242 m. Anm. *Mertens*; dazu auch *Raiser*, ZGR 1976, 104): Auf einer Aufsichtsratssitzung war die fristlose Kündigung des Dienstverhältnisses mit dem Vorstandsmitglied V beschlossen worden. V hielt die Kündigung für unwirksam und wandte u. a. ein, der Aufsichtsrat sei unrichtig besetzt, weil sich unter den Vertretern der Anteilseigner auch Arbeitnehmer befänden. Der *BGH* entschied – damals für das BetrVG 1952 –, die Hauptversammlung könne als Vertreter der Anteilseigner auch Arbeitnehmer in den Aufsichtsrat wählen.

Die Mitbestimmung kann also bei der Besetzung des Aufsichtsrats nicht wieder zurückgenommen werden, wohl aber kann sie freiwillig erweitert werden. Es kann z. B. aus der Drittelparität des BetrVG 1952 eine echte Parität gemacht werden. Vor allem bei öffentlichen Unternehmen hat die Praxis hiervon – nicht zuletzt auf Betreiben der Gewerkschaften – des öfteren Gebrauch gemacht.

b) Die *Bestellung* der Aufsichtsratsmitglieder erfolgt *durch Wahl.* Sie ist unterschiedlich geregelt, je nachdem, ob es sich um Vertreter der Anteilseigner oder der Arbeitnehmer handelt. Die *Anteilseignervertreter* werden nach § 101 I AktG von der Hauptversammlung gewählt, und zwar für eine begrenzte Amtszeit (§ 102 AktG). Mit der Tagesordnung der Hauptversammlung sind Angaben über die Aufsichtsratskandidaten bekanntzugeben (§§ 124, 125 AktG). Die Satzung kann nach § 133 II AktG vom Erfordernis einer einfachen Mehrheit abweichen, z. B. auch eine qualifizierte Mehrheit vorschreiben[127]. Sie kann auch Aktionären ein sog. Entsendungsrecht einräumen (§ 101 II AktG), dies allerdings höchstens für ein Drittel der Aktionärsvertreter. Der Gesetzgeber hat das Entsendungsrecht anerkannt, »weil es namentlich bei gemischtwirtschaftlichen Unternehmen einem praktischen Bedürfnis entspricht«[128]. Als gemischtwirtschaftliche Unternehmen bezeichnet man »... alle Unternehmen in der Rechtsform einer juristischen Person des Privatrechts, an deren Grund- oder Stammkapital der Staat beteiligt ist, sofern der Staat aufgrund der Höhe seiner Beteiligung oder aufgrund besonderer Satzungsbestimmungen oder besonderer Abmachungen mit den übrigen Aktionären oder der Gesellschaft in der Lage ist, auf deren Leitung einen nachhaltigen und dauernden Einfluß auszuüben«[129]. In Aktiengesellschaften dieser Art soll also der öffentlichen Hand eine Einfluß- und

127 Näher *BGHZ* 76, 191 = NJW 1980, 1465; zu § 133 II AktG *Ramm*, NJW 1991, 2753.
128 Begr.RegE, in: *Kropff*, S. 138.
129 *Emmerich*, Das Wirtschaftsrecht der öffentlichen Unternehmen, 1969, S. 59f. m. w. N.; s. auch *Wolff/Bachof*, Verwaltungsrecht III, 4. Aufl. 1978, § 137 III g 2; *Hoffmann-Becking*, in: MünchHdbGesR IV, § 28 Rdnrn. 11ff.

Kontrollmöglichkeit gesichert werden. Allerdings begründet die Entsendung kein gebundenes Mandat; die entsandten Mitglieder sind nicht weisungsgebunden[130]. Ist der Aufsichtsrat beschlußunfähig oder zahlenmäßig unzureichend besetzt, so kann das Gericht, ähnlich wie beim Vorstand, eine Notbestellung vornehmen (§ 104 AktG)[131]. Die Bestellung bedarf der ausdrücklichen oder konkludenten *Annahme des Amtes* durch das Aufsichtsratsmitglied. Diese Organbestellung bringt ohne besonderen Vertragsschluß zwischen der Gesellschaft und dem Aufsichtsratsmitglied ein Schuldverhältnis zustande[132]. Die *Vergütung* für Aufsichtsratsmitglieder wird in der Satzung oder durch Beschluß der Hauptversammlung bestimmt (§ 113 AktG). Über andere entgeltliche Verträge über eine Tätigkeit von Aufsichtsratsmitgliedern entscheidet die Hauptversammlung, damit ungerechtfertigten Vorteilsgewährungen Einhalt geboten werden kann (§ 114 AktG)[133]. Beraterverträge, die nicht über die Beratungsfunktion des Aufsichtsrats hinausgehen (oben unter III 1 a), sind für die Dauer des Aufsichtsratsamts suspendiert bzw., wenn dies anders gewollt ist, sogar nichtig[134].

Die *Wahl der Arbeitnehmervertreter* ist sehr viel komplizierter geregelt als die Wahl der Aktionärsvertreter[135]. Das hängt mit den vielschichtigen Besonderheiten dieses Besetzungsverfahrens und der komplizierten Gruppenzugehörigkeit zusammen. Einzelheiten, die hier nicht dargestellt werden sollen, ergeben sich aus §§ 6 MontanmitbestG 1951, 76 BetrVG 1952, 9ff. MitbestG.

Die *Amtszeit gewählter Aufsichtsratsmitglieder* ist durch eine gesetzliche Höchstgrenze von etwa fünf Jahren beschränkt (§ 102 AktG), doch ist Wiederwahl möglich[136].

c) Die *Abberufung der Aufsichtsratsmitglieder* ist in §§ 103 AktG, 76 V BetrVG 1952, 23 MitbestG, 11 MontanmitbestG 1951, 10 MitbestErgG geregelt. Die Abberufung kann jederzeit mit qualifizierter Mehrheit geschehen (§ 103 I AktG). Die Satzung kann dies anders regeln (§ 103 I 3 AktG), darf aber hierbei keine Unterschiede zwischen den Aufsichtsratsmitgliedern machen[137]. Entsandte Mitglieder können jederzeit durch andere ersetzt

---

130 *BGHZ* 36, 296, 306; *Raiser*, Kapitalgesellschaften, § 15 Rdnr. 45; *ders.*, ZGR 1978, 401ff.; eingehend *Rob. Fischer*, Das Entsendungs- und Weisungsrecht öffentlich-rechtlicher Körperschaften beim Aufsichtsrat einer AG, AG 1982, 85; *Püttner*, DVBl. 1986, 751f.; *Schwintowski*, NJW 1990, 1013f.

131 Dazu *BayObLG*, ZIP 1997, 1883; *OLG Düsseldorf*, AG 1994, 424; *OLG Dresden*, NZG 1998, 108; *Hoffmann-Becking*, in: MünchHdbGesR IV, § 30 Rdnrn. 31ff.

132 Dazu *BGHZ* 126, 340, 347 = NJW 1994, 2484, 2486; *Hoffmann-Becking*, in: MünchHdbGesR IV, § 33 Rdnr. 2.

133 Dazu *BGHZ* 126, 340 = NJW 1994, 2484; *Krummel/Küttner*, DB 1996, 193.

134 *BGHZ* 114, 127 = AG 1991, 312 m. Anm. *Wolf* = DB 1991, 1212 m. Anm. *Theisen*; *Mertens*, in: Festschrift Steindorff, 1990, S. 173ff.; *Lutter/Kremer*, ZGR 1991, 87ff.; *Beater*, ZHR 157 (1993), 420.

135 Überblick bei *Raiser*, Kapitalgesellschaften, § 15 Rdnrn. 36ff.

136 Zur analogen Anwendung des § 84 I 3 AktG vgl. *Hoffmann-Becking*, in: MünchHdbGesR IV, § 30 Rdnr. 40.

137 *BGHZ* 99, 211 = NJW 1987, 902 »Heidelberger Zement«; *Hoffmann-Becking*, in: MünchHdbGesR IV, § 30 Rdnr. 51.

werden (§ 103 II AktG). Im Vergleich mit der Rechtslage beim Vorstand können also die Mitglieder des Aufsichtsrats unter relativ einfachen Voraussetzungen abberufen werden. Das hängt damit zusammen, daß die Aufsichtsratsmitglieder im Gegensatz zu der selbstverantwortlich handelnden Unternehmensverwaltung als Repräsentanten ihrer Wähler bestellt sind und deren Vertrauen genießen müssen. Jedes Aufsichtsratsmitglied kann außerdem abberufen werden, wenn in seiner Person ein wichtiger Grund vorliegt (näher § 103 III, IV AktG und die angeführten Spezialbestimmungen)[138].

Beispiel Nr. 23 (nach *OLG Hamburg*, DB 1990, 415 = ZIP 1990, 311): In einer Energieversorgungs-AG, die ein Kernenergieunternehmen betrieb, gehörte der Landesminister, der gleichzeitig für die atomrechtliche Aufsicht zuständig war, dem Aufsichtsrat an. Der Minister war politisch als Kernkraftgegner in Erscheinung getreten und betrieb die Schließung der Kernkraftwerke. Das *LG Hamburg* (ZIP 1990, 102) und das *OLG* entschieden, dies sei aus der Sicht der AG – nur hierauf kam es an! – ein wichtiger Abberufungsgrund nach § 103 III 1 AktG (dazu eingehend *Decher*, ZIP 1990, 277ff.; s. auch *Dreher*, JZ 1990, 899).

4. Die Organisation des Aufsichtsrats

a) Das *Organisationsrecht des Aufsichtsrats* ist in §§ 107–110 AktG nur sehr spärlich geregelt. In der Praxis stehen die Regelungen der §§ 25–29 MitbestG im Vordergrund (dazu sogleich unter III 4b). Der Aufsichtsrat wählt nach § 107 I 1 AktG einen Vorsitzenden und mindestens einen Stellvertreter. Er tagt in Sitzungen, die im Kalenderhalbjahr mindestens zweimal (im Fall nicht börsennotierter Gesellschaften mindestens einmal) stattfinden müssen, aber auch auf Verlangen des Vorstands oder eines Aufsichtsratsmitglieds einzuberufen sind (näher § 110 AktG)[139]. Die Sitzungen sind nicht öffentlich, aber es können Sachverständige und Auskunftspersonen zur Beratung einzelner Gegenstände zugezogen werden (§ 109 I AktG). Über den Verlauf wird ein Protokoll angefertigt. Der Aufsichtsrat entscheidet als *Kollegialorgan* nach § 108 AktG durch Beschluß. Ist ein solcher Beschluß fehlerhaft, so stellt sich die Frage, ob entsprechend den für Hauptversammlungsbeschlüsse geltenden Grundsätzen (dazu alsbald unter IV 5 sowie ausführlich oben, § 15 II) zwischen Nichtigkeitsgründen und bloßen Anfechtungsgründen, die nur zur Aufhebung berechtigen, unterschieden werden muß. Der *Bundesgerichtshof* – und mit ihm der Wiener *OGH*[140] – hat dies verneint[141], indes schwerlich zu Recht[142]. Die gegen einen Aufsichtsratsbeschluß zielende

138 Dazu *Hoffmann/Kirchhoff*, in: Festschrift Beusch, 1993, S. 377.

139 Neufassung durch das TransPuG von 2002; zur Aufsichtsratssitzung vgl. eingehend *Kindl*, a.a.O.; über Videokonferenzen vgl. *Wagner*, NZG 2002, 57ff.

140 *OGH Wien*, WBl. (Wirtschaftsrechtliche Blätter) 1996, 37 m.Anm. *Harrer* ebd., S. 13.

141 *BGHZ* 122, 342 = NJW 1993, 2307; *BGHZ* 124, 111, 115 = NJW 1994, 520, 521; *BGHZ* 135, 244, 247 = NJW 1997, 1926, 1927; zust. *Götz*, in: Festschrift Lüke, 1997, S. 167ff.; *Kindl*, AG 1993, 153; *ders.*, DB 1993, 2065; abwägend *Kropff*, ZGR 1994, 630; s. auch *LG Mühlhausen*, ZIP 1996, 1660.

142 Vgl. *OLG Hamburg*, AG 1992, 197; *LG Hannover*, AG 1989, 448, 449; *Axhausen*, Anfechtbarkeit aktienrechtlicher Aufsichtsratsbeschlüsse, 1986, S. 113ff.; *Lemke*, Der fehlerhafte Auf-

Klage ist gegen die Gesellschaft, vertreten durch den Vorstand, zu erheben[143]. *Interessenkollisionen* bei der Abstimmung wird nach den unter § 21 II 2 dargestellten allgemeinen Grundsätzen entgegengewirkt: Aus dem Verbot des »Insichgeschäfts« und des »Richtens in eigener Sache« können sich Stimmverbote ergeben, wenn ein Aufsichtsratsmitglied am Beschlußgegenstand selbst interessiert oder von einer zu beschließenden Maßnahme betroffen ist[144]. Dagegen gibt es kein allgemeines Stimmverbot bei funktionsbedingten Interessenkonflikten, etwa bei Aufsichtsratsmitgliedern, die zugleich Mandate in anderen Unternehmen, in Gewerkschaften, politischen Parteien oder Volksvertretungen wahrnehmen[145]. Im übrigen kann der Aufsichtsrat aus seiner Mitte *Ausschüsse* bilden, die aber nicht an seiner Stelle entscheiden können (§ 107 III AktG). Auch die Wahrnehmung der Aufsichtsratskompetenzen gegenüber den anderen Organen geschieht durch den Aufsichtsrat als Kollegialorgan, nicht durch dessen einzelne Mitglieder (vgl. auch zum sog. Organstreit oben, § 14 IV 2)[146].

b) Auch nach dem *Mitbestimmungsgesetz* gelten im Grundsatz die aktienrechtlichen Regelungen (§ 25 I MitbestG). Es gibt aber eine Reihe von Abweichungen (§§ 27 II, 29 II, 31 IV MitbestG), die der Anteilseignerseite in Konfliktlagen ein Übergewicht gewährleisten und zugleich der Funktionsfähigkeit des Aufsichtsrats dienen (sog. Pattauflösung). Das vor allem auf dem Stichentscheid des Aufsichtsratsvorsitzenden beruhende leichte Übergewicht der Anteilseignerseite ist vom *Bundesverfassungsgericht*[147] bei der verfassungsrechtlichen Billigung der paritätisch angelegten Mitbestimmung als wesentlich angesehen worden (*BVerfGE* 50, 290, 323f., 350 = NJW 1979, 699, 705): »Wie weit die Befugnis des Gesetzgebers zur Inhalts- und Schrankenbestimmung des Eigentums bei Organisationsmaßnahmen sozialordnender Art reicht, bedarf keiner abschließenden Festlegung. Der Gesetzgeber hält sich jedenfalls dann innerhalb der Grenzen zulässiger Inhalts- und Schrankenbestimmung, wenn die Mitbestimmung der Arbeitnehmer nicht dazu führt, daß über das im Unternehmen investierte Kapital gegen den Willen aller Anteilseigner entschieden werden kann, wenn diese nicht auf Grund der Mitbestimmung die Kontrolle über die Führungsauswahl im Unternehmen verlieren und wenn ihnen das Letztentscheidungsrecht belassen wird.«

c) Die Frage, inwieweit die Verfassung des mitbestimmten Aufsichtsrats der *Gestaltungsautonomie* unterliegt, ist schwierig und umstritten. Oberstes Gebot ist das einer Diskriminierungen meidenden Gleichbehandlung der

---

sichtsratsbeschluß, 1994, S. 96ff.; *Karsten Schmidt*, in: GroßkommAktG, § 241 Rdnrn. 35f.; *Baums*, Der fehlerhafte Aufsichtsratsbeschluß, ZGR 1983, 300ff.

143 Insoweit wie hier *BGHZ* 122, 342, 345 = NJW 1993, 2307, 2308; vgl. auch *Karsten Schmidt*, in: GroßkommAktG, § 241 Rdnr. 34.

144 Dazu erschöpfend *Matthießen*, a.a.O., passim; *Krebs*, a.a.O., S. 113ff., 171ff., 255ff.

145 Eingehend *Dreher*, JZ 1990, 896ff.

146 Dazu *BGHZ* 106, 54ff.; *OLG Celle*, NJW 1990, 582.

147 Vgl. zu der Entscheidung des *BVerfG* etwa *Martens*, ZGR 1979, 493; *Meessen*, NJW 1979, 833; *G. Müller*, DB-Beil. 5/1979; *Papier*, ZGR 1979, 444; *Raiser*, JZ 1979, 489; *Rehbinder*, ZGR 1979, 471; *Rittner*, JZ 1979, 743; *Ulmer*, BB 1979, 398; *Wendeling-Schröder/Spieker*, NJW 1981, 145.

Anteilseigner- und Arbeitnehmervertreter[148]. Im Jahr 1982 ergingen drei bedeutsame BGH-Entscheidungen[149]: Nach *BGHZ* 83, 151 (»Bilfinger & Berger«) ist eine Satzungsbestimmung unzulässig, nach der der Aufsichtsrat nur beschlußfähig sein soll, wenn mindestens die Hälfte der an der Beschlußfassung teilnehmenden Aufsichtsratsmitglieder Anteilseigner sind und sich unter ihnen der Aufsichtsratsvorsitzende befindet. Nach *BGHZ* 83, 106 (»Siemens«) steht § 27 MitbestG einer Satzungsbestimmung nicht entgegen, die vorschreibt, daß für den Vorsitzenden des Aufsichtsrats mehr als ein Stellvertreter zu wählen ist. Nichtig ist aber eine Satzungsklausel, die vorschreibt, daß ein solcher weiterer Stellvertreter dem Kreis der Aktionärsvertreter angehören muß. Nichtig ist ferner eine Satzungsregelung, die dem Aufsichtsrat die Bildung von Ausschüssen mit bestimmten Aufgaben und mit bestimmter Besetzung vorschreibt. Die dritte dieser Entscheidungen, das Urteil *BGHZ* 83, 144 (»Dynamit Nobel«), wird sogleich im Zusammenhang mit den Aufsichtsratsausschüssen darzustellen sein. Sie wurde in dem Urteil *BGHZ* 122, 342, 357f., (»Hamburg-Mannheimer«) bestätigt.

d) Umstritten ist auch die *Zusammensetzung der Aufsichtsratsausschüsse im mitbestimmten Aufsichtsrat.* Die einen berufen sich darauf, daß das MitbestG diese Frage nicht kläre und deshalb die Satzungsautonomie und die Entscheidungsfreiheit des Aufsichtsrats nicht beschränke[150]. Die Gegenansicht beruft sich auf den »Geist des Mitbestimmungsgesetzes« und fordert eine der Aufsichtsratsbesetzung analoge Besetzung auch der Ausschüsse[151]. Nach *BGHZ* 83, 144, 148f. (»Dynamit Nobel«) folgt aus der in § 25 MitbestG enthaltenen Verweisung auf das Aktienrecht, daß das MitbestG die Gestaltungsfreiheit der Gesellschaften bei der Bestellung und Organisation von Aufsichtsratsausschüssen unberührt lasse; nur Regelungen, die zwingendes Mitbestimmungsrecht unterlaufen oder umgehen, seien unzulässig[152]. Es setzt sich wohl eine vermittelnde Auffassung durch, nach der nur der diskriminierende Ausschluß einer Repräsentationsgruppe unzulässig ist[153]. Mindestens für Personalausschüsse ist dieser Grundsatz durch das »Hamburg-Mannheimer«-Urteil *BGHZ* 122, 342, 358f. anerkannt. Für sonstige Ausschüsse hatte zuvor das *OLG Hamburg* (AG 1984, 248ff.) in seinem »Beiersdorf«-Urteil dargelegt, das Mitbestimmungsgesetz fordere weder eine paritätische Besetzung der Aufsichtsratsausschüsse noch auch nur die Mitglied-

148 Dazu *BGHZ* 122, 342, 358 = NJW 1993, 2307, 2311; dazu krit. *Zöllner*, in: Festschrift Zeuner, 1994, S. 161ff.

149 Vgl. zu ihnen *Martens*, ZGR 1983, 237ff.; *Steindorff/Joch*, ZHR 146 (1982), 336ff.

150 So z.B. *Schaub*, ZGR 1977, 302; *Luther*, ZGR 1977, 314; *Lehmann*, AG 1977, 16ff.; *Zöllner*, AG 1981, 15; eingehend *Mertens*, AG 1981, 123ff.

151 So z.B. *Säcker*, Aufsichtsratsausschüsse nach dem MitbestG, 1979, S. 56ff.; *Geitner*, AG 1976, 211f.; *Nagel*, DB 1979, 1799ff.

152 Dazu eingehend *Rellermeyer*, a.a.O., S. 135ff.; *Martens*, ZGR 1983, 237ff.; *Hommelhoff*, ZHR 151 (1987), 505.

153 Z.B. *BGHZ* 122, 342, 358 = NJW 1993, 2307, 2311; *Hüffer*, AktG, § 107 Rdnr. 16; *Wiedemann* I, § 11 II 2 b; *Säcker*, ZHR 148 (1984), 180; in gleicher Richtung *Rellermeyer*, a.a.O., S. 108ff.; selbst gegen diese Schranke *Zöllner*, in: Festschrift Zeuner, 1994, S. 177; eingehende Nachweise bei *OLG Hamburg*, AG 1984, 248, 250; *Lutter*, Information und Vertraulichkeit, a.a.O., S. 111; *Paefgen*, a.a.O., S. 306ff.

schaft mindestens eines Arbeitnehmervertreters. Wohl aber gebe es ein zwingendes Recht der Arbeitnehmer auf Teilnahme an den Ausschußsitzungen: »Dieses Beteiligungsinteresse der Arbeitnehmervertreter ist weniger auf eine Vollmitgliedschaft innerhalb des Ausschusses als vielmehr auf ein allgemeines Teilnahmerecht gerichtet, das mit Ausnahme des Stimmrechts alle sonstigen Rechte eines Ausschußmitglieds enthält ... Im Mittelpunkt dieses Beteiligungsrechts steht mithin das uneingeschränkte Informations- und Einsichtsrecht. Auf diese Weise wird der gesamte Beratungs- und Entscheidungsprozeß im Ausschuß für den Arbeitnehmervertreter transparent. Er kann sodann nach eigenem Ermessen entscheiden, in welchem Umfang und in welcher Form es geboten ist, alle oder einige Arbeitnehmervertreter ... zu informieren. Die gesetzliche Pflicht zur Verschwiegenheit (§§ 116, 93 Abs. 1 AktG) besteht nicht im Verhältnis zu anderen Organmitgliedern ...«

IV. Die Hauptversammlung*

1. Aufgaben

a) Die Hauptversammlung ist der *Sitz der Aktionärsdemokratie*[154]. Nach § 118 I AktG üben die Aktionäre ihre Rechte in den Angelegenheiten der Gesellschaft in der Hauptversammlung aus, soweit das Gesetz nichts anderes bestimmt. Hieraus folgt aber keine Allzuständigkeit der Hauptversammlung. Im Gegensatz zu den Gesellschaftern einer GmbH sind die Aktionäre der Unternehmensleitung nicht übergeordnet, sondern die Zuständigkeit ist geteilt (vgl. schon oben unter II 1 a). Fragen der Geschäftsführung sind Sache

* Literatur: *Groß*, Informations- und Auskunftsrecht des Aktionärs, AG 1997, 97; *Großfeld*, Aktiengesellschaft, Unternehmenskonzentration und Kleinaktionär, 1968; *Grunewald*, Die Rückverlagerung von Entscheidungskompetenzen der Hauptversammlung auf den Vorstand, AG 1990, 133; *Henze*, Entscheidungen und Kompetenzen der Organe in der AG: Vorgaben der höchstrichterlichen Rechtsprechung, BB 2001, 53; *Horrwitz*, Das Recht der Generalversammlungen der Aktiengesellschaften und Kommanditgesellschaften auf Aktien, 1913; *Alfred Hueck*, Das Recht der Generalversammlungsbeschlüsse und die Aktienrechtsreform, 1933; *Kallmeyer*, Hauptversammlungskompetenzen in der AG, DB 1989, 2008; *Kuhnt*, Geschäftsordnungsanträge und Geschäftsordnungsmaßnahmen in Hauptversammlungen, in: Festschrift Lieberknecht, 1997, S. 45; *Martens*, Leitfaden für die Leitung der Hauptversammlung einer AG, 2. Aufl. 2000; *Max*, Die Leitung der Hauptversammlung, AG 1991, 77; *Mutter/Riegger*, Zum Einsatz neuer Kommunikationsmedien in Hauptversammlungen von Aktiengesellschaften, ZIP 1998, 637; *Obermüller/Werner/Winden*, Die Hauptversammlung der Aktiengesellschaft, 4. Aufl., bearbeitet von *Butzke*, 2001; *v. Rechenberg*, Die Hauptversammlung als oberstes Organ der Aktiengesellschaft, 1996; *Saenger*, Zum Auskunftsanspruch des Aktionärs über Minderheitsbeteiligungen, DB 1997, 145; *Schaaf*, Die Praxis der Hauptversammlung, 2. Aufl. 1999; *Schwark*, Zur Rechtsposition der Mehrstimmrechtsaktionäre, in: Festschrift Semler, 1993, S. 367; *Semler/Volhard*, Arbeitshandbuch für die Hauptversammlung, 1999; *Steiner*, Die Hauptversammlung der AG, 1995; *Stützle/Walgenbach*, Leitung der Hauptversammlung und Mitspracherechte der Aktionäre in Fragen der Versammlungsleitung, ZHR 155 (1991), 516; *Vogel*, Gesellschafterbeschlüsse und Gesellschafterversammlung, 2. Aufl. 1986; *Wiethölter*, Interessen und Organisation der Aktiengesellschaft ..., 1961, S. 77ff., 315ff.

154 Vgl. auch *BVerfG*, NJW 2000, 349, 351.

des Vorstands. Über sie entscheidet die Hauptversammlung nur, wenn es der Vorstand verlangt (§ 119 II AktG). Aus diesem Grund wurde, wie noch darzustellen sein wird, über das »Holzmüller«-Urteil *BGHZ* 83, 122 so gestritten, nach dem der Vorstand bei schwerwiegenden Maßnahmen u.U. einen Beschluß der Hauptversammlung nach § 119 II AktG nicht nur einholen kann, sondern einholen muß (dazu unter V 2b).

b) Nach *§ 119 I AktG* entscheidet die Hauptversammlung in den im Gesetz und in der Satzung ausdrücklich bestimmten Fällen[155], namentlich über

1. die Bestellung der Mitglieder des Aufsichtsrats, soweit sie nicht in den Aufsichtsrat zu entsenden oder als Aufsichtsratsvertreter der Arbeitnehmer nach dem Betriebsverfassungsgesetz oder dem Mitbestimmungsergänzungsgesetz zu wählen sind;
2. die Verwendung des Bilanzgewinns;
3. die Entlastung der Mitglieder des Vorstands und des Aufsichtsrats;
4. die Bestellung des Abschlußprüfers;
5. Satzungsänderungen;
6. Maßnahmen der Kapitalbeschaffung und der Kapitalherabsetzung;
7. die Bestellung von Prüfern zur Prüfung von Vorgängen bei der Gründung oder der Geschäftsführung;
8. die Auflösung der Gesellschaft.

Bei den Nrn. 5, 6 und 8 handelt es sich um sog. *Grundlagenbeschlüsse*, die im weiteren Sinne alle als *Satzungsänderungen* betrachtet werden können. Es versteht sich von selbst, daß nur die Hauptversammlung die Satzung ändern kann. Demgemäß fallen auch folgende Maßnahmen in die Hauptversammlungskompetenz: die *Umwandlung* der AG, nämlich der Formwechsel[156], die Verschmelzung[157], die Spaltung[158] und die Vermögensübertragung[159], ferner die Eingliederung[160] sowie die Zustimmung zum Abschluß von Unternehmensverträgen[161]. Wie bereits erwähnt sind seit dem »Holzmüller«-Urteil *BGHZ* 83, 122 andere Grundlagenbeschlüsse dazuzurechnen, auch wenn sie nicht zu den gesetzlich vorgeprägten Kategorien zählen (näher unter V 2b).

c) Neben den gesetzlichen Zuständigkeiten spricht § 119 I AktG auch von der *Zuständigkeit kraft Satzung*. Hier ist jedoch die Schranke des § 23 V AktG zu bedenken, der nicht nur Abweichungen, sondern auch gesetzesergänzende Satzungsbestimmungen verbietet, soweit das AktG abschließende Regelungen enthält. § 119 I AktG enthält keine Befreiung von der aktienrechtlichen

155 Nicht besonders behandelt werden hier die Sonderfälle der §§ 50, 52, 84 III, 93 IV 3, 103, 113, 116, 117 IV, 147 AktG usw.; erschöpfende Aufzählung bei *Eckardt*, in: Geßler/Hefermehl/Eckardt/Kropff, § 119 Rdnr. 8a.

156 §§ 190ff., 226ff. UmwG.

157 §§ 2ff., 60ff. UmwG.

158 §§ 123ff., 141ff. UmwG.

159 §§ 174ff. UmwG.

160 §§ 319 I, 320 I AktG.

161 § 293 I, II AktG; dazu auch *BGHZ* 122, 211 = NJW 1993, 1976.

Satzungsstrenge[162]. Deshalb bleibt kaum ein nennenswerter Spielraum. Zu denken ist etwa an die Einsetzung von Beiräten oder sonstigen gesetzlich nicht vorgeschriebenen Organen. Dagegen kann die Satzung die gesetzliche Kompetenzverteilung in der AG nicht verschieben, insbesondere nicht die Wahl der Vorstandsmitglieder vom Aufsichtsrat auf die Hauptversammlung, also auf die Anteilseigner, verlagern.

2. Das Verfahren der Hauptversammlung

a) Anders als bei der GmbH (dazu unten, § 36 III 1) sind nicht »die Gesellschafter« oder »die Aktionäre« das Beschlußorgan, sondern das Organ heißt: die Haupt*versammlung*. Das bedeutet, daß Beschlüsse grundsätzlich in der Hauptversammlung stattfinden müssen (§ 118 I AktG). Die Hauptversammlung ist ein Gremium, in der Aktionäre anwesend, vertreten oder abwesend sein können. Herkömmlich geht man davon aus, die Hauptversammlung müsse zu diesem Zweck »zusammentreten«, auch wenn es sich nur um einen Alleinaktionär handelte. Der Gesetzgeber hat aber begonnen, Wege zu einer dem technischen Fortschritt Rechnung tragenden »virtuellen« Hauptversammlung zu ebnen (vgl. vorerst § 118 III i.d.F. des TransPuG 2002)[163]. Die Einladung muß nicht mehr mit Informationen »übersendet« werden, sondern nur noch den Aktionären zugänglich gemacht werden (§§ 121, 125 AktG), und die Zulässigkeit von Aktionärsvertretern (§§ 128, 135 AktG) kann dazu führen, daß die Aktionäre nur noch als Weisungsgeber beteiligt sind.

b) Die Hauptversammlung wird *durch den Vorstand einberufen* (§ 121 II AktG)[164]. Sie ist in den durch Gesetz oder Satzung bestimmten Fällen einzuberufen, außerdem dann, wenn das Wohl der Gesellschaft es fordert (§ 121 I AktG). Nach § 120 I AktG ist mindestens einmal jährlich eine Hauptversammlung abzuhalten, die über die laufenden Angelegenheiten und über die Entlastung des Vorstands und des Aufsichtsrats beschließt. Man spricht bei dieser Jahreshauptversammlung von einer *ordentlichen*, im übrigen von einer *außerordentlichen Hauptversammlung*. Nach § 111 III AktG kann und muß auch der *Aufsichtsrat* eine außerordentliche Hauptversammlung einberufen, wenn das Wohl der Gesellschaft dies fordert. Außerdem können nach § 122 AktG *Aktionäre*, deren Aktien zusammen den zwanzigsten Teil des Grundkapitals erreichen, vom Vorstand die Einberufung einer außerordentlichen Hauptversammlung verlangen und notfalls auch vom Gericht ermächtigt werden, selbst die Hauptversammlung einzuberufen. Die Einberufung erfolgt mit einer Frist von mindestens einem Monat (§ 123 I AktG) und ist in den Gesellschaftsblättern bekanntzumachen (§ 121 III AktG). Bekanntzumachen ist auch die Tagesordnung (§ 124 AktG). Die §§ 125–127 AktG erlegen dem Vorstand außerdem Mitteilungspflichten auf,

162 Vgl. Begr. RegE, in: *Kropff*, S. 165.

163 Dazu etwa *Obermüller/Werner/Winden*, a.a.O., Rdnrn. Q 14ff.; *Than*, in: Festschrift Peltzer, 2001, S. 577ff.; *Habersack* und *Riegger*, ZHR 165 (2001), 172ff., 204ff.

164 Dazu *Obermüller/Werner/Winden*, a.a.O., Rdnrn. B 29ff.; *Semler/Volhard/Wagner*, a.a.O., Rdnrn. B 1ff.

die der Vorbereitung der Hauptversammlung dienen[165]. Aktionäre, deren Anteile zusammen den zwanzigsten Teil des Grundkapitals ausmachen, können auch eine Ergänzung der Tagesordnung verlangen (§ 122 II AktG).

Ohne die Förmlichkeiten einer Einberufung können Hauptversammlungsbeschlüsse gefaßt werden, wenn alle Aktionäre erschienen oder wirksam vertreten sind (§ 121 VI AktG). Diese Neuregelung über sog. Vollversammlungsbeschlüsse kommt vor allem der Einpersonen-AG oder der sonstigen »kleinen AG« zugute. Dazu ist nicht einmal ein Erscheinen aller erforderlich, vielmehr können sie z. B. auch einen Aktionär oder einen Dritten mit einer schriftlichen Vollmacht versehen (§ 134 III AktG) und ihn als »Vollversammlung« abstimmen lassen. Liegt keine Vollversammlung vor, so macht die Nichtbeachtung des § 121 II und III AktG die Hauptversammlungsbeschlüsse nichtig (§ 241 Nr. 1 AktG).

c) *Teilnahmeberechtigt* sind alle Aktionäre. Das Teilnahmerecht ist Bestandteil der verfahrensrechtlich geschützten Aktionärsrechte[166]. Es ist im Kern unentziehbar und kann nur ad hoc im Fall mißbräuchlicher Ausübung beschränkt werden (dazu sogleich unter IV 2 d)[167]. Die Satzung kann die Teilnahme an der Hauptversammlung oder die Ausübung des Stimmrechts davon abhängig machen, daß sich die Aktionäre vor der Versammlung anmelden und ihre Teilnahmeberechtigung nachweisen (§ 123 II AktG i. d. F. des TransPuG). Teilnahmeberechtigt ist außerdem, wer von einem Aktionär mit einer Stimmrechtsvollmacht versehen worden ist[168]. Schließlich sind die Mitglieder des Vorstands und des Aufsichtsrats zur Teilnahme berechtigt. Nach § 118 II AktG sollen sie sogar an der Versammlung teilnehmen. Eine Teilnahmeberechtigung der Öffentlichkeit gibt es nicht. Auch den Medien (Presse, Funk, Fernsehen) gesteht das Gesetz keine Teilnahmeberechtigung zu. Sie werden aber bei Großunternehmen regelmäßig zugelassen.

d) Der *Ablauf der Hauptversammlung* ist nur in den Grundzügen geregelt. Die Hauptversammlung wird von ihrem Vorsitzenden geleitet (vgl. §§ 129 IV 2, 130 II AktG[169]). Die Person des Vorsitzenden ergibt sich aus der Satzung, oder sie wird in der Versammlung bestimmt. Der Vorsitzende bestimmt den äußeren Ablauf der Hauptversammlung, eröffnet sie, prüft die Teilnahmeberechtigung, ordnet die Punkte der Tagesordnung, leitet die Abstimmung, zählt die Stimmen und stellt Abstimmungsergebnisse fest. Auch die Ordnungsgewalt liegt in der Hand des Vorsitzenden. Er kann die Redezeit allgemein begrenzen, aber auch Maßnahmen gegen einzelne Störer ergreifen, ohne deren verfassungsmäßige Rechte zu verletzen[170]. Seine Befugnisse reichen bis zum Entzug des Rederechts und notfalls bis zum Ausschluß aus

165 Vgl. zur Mitteilung von Aktionärsanträgen *BGHZ* 143, 339.
166 Zum Informationsrecht *BVerfG*, NJW 2000, 349.
167 *Hüffer*, AktG, § 129 Rdnr. 23; zum Rederecht *Siepelt*, AG 1995, 254.
168 *Hüffer*, AktG, § 118 Rdnr. 14.
169 Dazu *Semler/Volhard*, a. a. O., Abschnitt C–H; *Martens*, a. a. O.; *ders.*, WM 1981, 1010; *Max*, AG 1991, 77; *Stützle/Walgenbach*, ZHR 155 (1991), 516.
170 Vgl. *BVerfG*, NJW 2000, 349, 351.

der Hauptversammlung, jedoch muß das Gebot der Verhältnismäßigkeit streng beachtet werden, und es steht dem von einer Ordnungsmaßnahme Betroffenen frei, später die gefaßten Beschlüsse anzufechten und auf diese Weise die Rechtmäßigkeit der Ordnungsmaßnahmen prüfen zu lassen. Vor allem im Umgang mit querulatorischen Minderheitsaktionären erfordert deshalb das Amt des Versammlungsleiters viel Fingerspitzengefühl. Nicht schon die Tatsache, daß Außenseiterstandpunkte vorgetragen werden, sondern nur eine Unvereinbarkeit mit dem Gegenstand und Zweck der Hauptversammlung berechtigt zu Ordnungsmaßnahmen. Es gibt aber Fälle, in denen sogar die Verweisung aus dem Saal unabweisbar ist.

Beispiel Nr. 24 (nach *BGHZ* 44, 245): Der Minderheitsaktionär A hatte etwa 25 bis 30 Minuten gesprochen und sich dabei mehrfach wiederholt. Der Versammlungsleiter hatte ihn darauf hingewiesen, daß diese Weitschweifigkeit der Hauptversammlung nicht zugemutet werden könne. Die Hauptversammlung beschloß sodann, seine restliche Redezeit auf drei Minuten zu beschränken, worauf A eingehende Fragen an den Vorstand richtete und ausführte, diese Fragen fielen nicht unter die Beschränkung des Rederechts. Er wurde sodann mit dem Zuruf unterbrochen, seine Redezeit sei abgelaufen, worauf er zu lauten Beschimpfungen des Vorstands überging, die zu Turbulenzen in der Versammlung führten. Der Versammlungsleiter erklärte nunmehr nach neuerlicher Beschlußfassung, A müsse aus der Versammlung ausgeschlossen werden. Dies geschah. A focht später die nach seinem Ausschluß gefaßten Beschlüsse an. Seine Klage hatte keinen Erfolg. Der Ausschluß war gerechtfertigt, und zwar nicht, weil der A den Vorstand attackiert hatte, sondern weil er der Hauptversammlung die Erfüllung ihrer Aufgaben unmöglich gemacht hatte und die Störung auf andere Weise nicht zu beheben war.

Beispiel Nr. 25 (nach *OLG Frankfurt*, AG 1984, 192): Aktionär A, Mitglied der »Grünen« und Stadtverordneter in Frankfurt, war Inhaber einer Aktie. In der Hauptversammlung hatten er und zwölf andere Minderheitsaktionäre, die gleichfalls als Mitglieder der »Grünen« im Stadtparlament saßen, einen Gegenantrag gegen den Beschlußvorschlag des Vorstands eingereicht, der dahin ging, keine Dividende auszuschütten und die eingesparten Mittel zu Umweltschutzzwecken zu verwenden. Es erschienen insgesamt 1935 Aktionäre mit 34 195 627 Stimmen, und es lagen alsbald 25 Wortmeldungen, darunter die des A, vor. Der Versammlungsleiter bat deshalb diese Aktionäre, sich kurz zu fassen. A kam als zehnter Aktionär zu Wort. Als er 25 Minuten gesprochen hatte, ohne zum Gegenstand der Hauptversammlung zu sprechen, bat ihn der Vorsitzende, nunmehr zu seinen Fragen zu kommen, weil ihm eine weitere Inanspruchnahme der Redezeit nicht erlaubt werden könne. A erwiderte: »Dann muß ich Sie doch einmal auf die Rechtslage hinweisen.« Daraufhin begrenzte der Vorsitzende die Redezeit auf weitere fünf Minuten, nach deren Ablauf er dem A das Wort entzog. Da A das Rednerpult nicht verließ, wurde er vom Werkschutz aus dem Saal entfernt und nicht wieder hereingelassen. Er focht später die von der Hauptversammlung gefaßten Beschlüsse wegen dieses angeblichen Verfahrensfehlers an. Seine Klage wurde mit Recht abgewiesen.

e) Über die Hauptversammlung muß grundsätzlich ein notariell aufgenommenes *Protokoll* geführt werden, in dem vor allem Beschlüsse zu beurkunden sind (näher § 130 AktG). Sind die Aktien nicht zum Handel an der Börse zugelassen, so genügt für die mit einfacher Mehrheit zu fassenden – also nicht strukturändernden – Beschlüsse eine vom Aufsichtsratsvorsitzenden zu unterzeichnende Niederschrift (§ 130 I 3 AktG)[171]. Ist ein Beschluß nicht nach § 130 AktG beurkundet, so ist er nichtig (§ 241 Nr. 2 AktG).

3. Das Auskunftsrecht des Aktionärs*

a) Nach § 131 AktG steht dem Aktionär ein Auskunftsrecht zu. Ihm ist auf Verlangen in der Hauptversammlung vom Vorstand Auskunft über Angelegenheiten der Gesellschaft zu geben, soweit diese Auskunft zur sachgemäßen Beurteilung des Gegenstands der Tagesordnung erforderlich ist. Die Bedeutung dieses Informationsrechts liegt auf der Hand, denn nur aufgrund hinlänglicher Information kann der Aktionär sein Stimmrecht verantwortlich ausüben. Das Informationsrecht ist Teil des Mitgliedschaftsrechts (oben, § 21 III 1) und von der verfassungsrechtlichen Eigentumsgarantie umfaßt[172]. Gleichzeitig ist es Teil eines ganzen Systems von Informationsmöglichkeiten in der Aktiengesellschaft[173]. Deshalb konnte der Gesetzgeber das individuelle Informationsrecht auf die Hauptversammlung beschränken[174]. Das Informationsrecht richtet sich gegen die Gesellschaft, nicht gegen den Vorstand, auch wenn es der Vorstand ist, der als Organ der Gesellschaft für die Erfüllung des Informationsanspruchs zu sorgen hat[175]. Das Informationsrecht ist durch zwingende und abschließende Vorschriften geregelt. Nach § 23 V AktG kann es deshalb weder eingeengt noch ausgedehnt werden[176].

---

171 Diese Vereinfachung beruht auf dem Gesetz für die »kleine AG« von 1994.

* Literatur (Auswahl): *Decher*, Information im Konzern ..., ZHR 158 (1994), 473; *Deuss*, Das Auskunftsrecht des Aktionärs ..., 1962; *Duden*, Gleichbehandlung bei Auskünften an Aktionäre, in: Festschrift v. Caemmerer, 1978, S. 499; *Ebenroth*, Das Auskunftsrecht des Aktionärs ..., 1970; *Ebenroth/Wilken*, Zum Auskunftsrecht des Aktionärs im Konzern, BB 1993, 1818; *Grage*, Das Auskunftsrecht des Aktionärs ..., 1999; *Groß*, Informations- und Auskunftsrecht des Aktionärs, AG 1997, 97; *Hefermehl*, Umfang und Grenzen des Auskunftsrechts des Aktionärs in der Hauptversammlung, in: Festschrift Duden, 1977, S. 109; *Hoffmann-Becking*, Das erweiterte Auskunftsrecht des Aktionärs ..., in: Festschrift Rowedder, 1994, S. 155; *Joussen*, Der Auskunftsanspruch des Aktionärs, AG 2000, 241; *Lutter*, Die Information der Gesellschafter und Dritter im deutschen Gesellschaftsrecht, Rivista delle società, 1981, 191; *Meilicke/Heidel*, Das Auskunftsrecht des Aktionärs in der Hauptversammlung, DStR 1992, 72, 113; *Obermüller/Werner/Winden*, a.a.O., Rdnrn. G 1ff.; *Saenger*, Zum Auskunftsanspruch des Aktionärs über Minderheitenbeteiligungen, DB 1997, 145; *Karsten Schmidt*, Informationsrechte in Gesellschaften und Verbänden, 1984; *Trouet*, Die Hauptversammlung – Organ der AG oder Forum der Aktionäre? NJW 1986, 1302; *Vossel*, Auskunftsrechte im Aktienkonzern, 1996; *Wilde*, Informationsrechte und Informationspflichten im Gefüge der Gesellschaftsorgane, ZGR 1998, 423; *Witt*, Das Auskunftsrecht in der Hauptversammlung, in: Jahrb. junger Zivilrechtswissenschaftler, 1995, 1996, S. 91; *Wohlleben*, Informationsrechte des Gesellschafters, 1989.

172 *BVerfG*, NJW 2000, 129 und 349.

173 Vgl. *BVerfG*, NJW 2000, 349, 351.

174 Vgl. *Karsten Schmidt*, a.a.O., S. 49; zur Verfassungsmäßigkeit BVerfG, NJW 2000, 349.

175 Vgl. Begr. RegE, in: *Kropff*, S. 186f.

176 Vgl. *Decher*, in: GroßkommAktG, § 131 Rdnrn. 18f.; differenzierend *Kubis*, in: MünchKomm-AktG, § 131 Rdnrn. 158ff.

b) *Inhaber* des Informationsrechts ist jeder Aktionär. *Gegenstand* des Informationsrechts sind die Angelegenheiten der Gesellschaft[177]. Hierzu gehören besonders – aber keineswegs ausschließlich! – die bilanzierungsfähigen Daten, aber auch Geschäftsverbindungen, Planungen, Kostenanschläge, Lizenzen, Ergebnisse von Begutachtungen, von finanzbehördlichen Außenprüfungen, aber auch z. B. die unternehmensrelevanten Angaben über Geschäftsführungsorgane, etwa solche, die ihre Eignung betreffen oder auch ihre Bezüge oder Ruhegeldbezüge.

Beispiel Nr. 26 (nach *BGHZ* 32, 159, 169f.; 36, 121, 126): Im Geschäftsbericht ist die Summe der Vorstandsbezüge und der Vorstandspensionen angegeben. Der Aktionär A bittet um Mitteilung, welcher Teilbetrag auf die Vorstandspensionäre und welcher auf die Gehälter der aktiven Vorstandsmitglieder entfällt. Eine solche Information kann verlangt werden.

Auch Angelegenheiten verbundener Unternehmen können Angelegenheiten der Gesellschaft sein, soweit sie sich auf die Vermögenslage der Gesellschaft, ihre Stellung am Markt, ihre Zukunftsaussichten usw. auswirken können[178]. Nur klarstellend und viel zu eng sagt § 131 I 2 AktG, die Auskunftspflicht erstrecke sich auch auf die rechtlichen und geschäftlichen Beziehungen zu einem verbundenen Unternehmen (vgl. demgegenüber klarstellend § 337 IV AktG)[179].

Beispiel Nr. 27 (abgewandelt nach *BGHZ* 119, 1 = NJW 1992, 2760): Soll in einer Gesellschaft über einen Unternehmensvertrag nach §§ 291 f. AktG abgestimmt werden, so erstreckt sich das Auskunftsrecht des Aktionärs auch auf alle für den Vertragsschluß wesentlichen Verhältnisse des anderen Unternehmens, z. B. auf seine Kapitalverhältnisse. Das gilt, wie der *BGH* entschieden hat, auch für den Beitritt zu einem Unternehmensvertrag.

Beispiel Nr. 28: Hat die AG eine Tochtergesellschaft, die – nehmen wir an – auf dem Bereich der Elektronik arbeitet, und gibt diese Tochtergesellschaft einen wesentlichen Teil ihrer Produktion an eine Konkurrentin ab, so kann hieraus eine Angelegenheit der AG werden. Gegenstand des Auskunftsrechts ist diese Angelegenheit allerdings nur, soweit die Auskunft zur sachgemäßen Beurteilung eines Gegenstands der Tagesordnung erforderlich ist.

Beispiel Nr. 29 (nach *KG*, BB 1993, 2036 »Siemens« m. Anm. *Ebenroth/Wilken* = ZIP 1993, 1618 m. Anm. *Wenger*; BB 1994, 1730 »Allianz« = ZIP 1994, 1267): Die Aktionäre einer Konzernmutter – insbesondere einer Konzernholding – können ein vitales Interesse daran haben, über wesentliche Beteiligungen ihrer AG an anderen Gesellschaften informiert zu werden, die in die Bewertung ihrer eigenen Aktien eingehen. Das *Kammergericht*

177 Vgl. zu diesem Begriff *BayObLG*, AG 1999, 320, 321; *Ebenroth*, a. a. O., S. 34 ff.; *Hirte*, Kapitalgesellschaftsrecht, Rdnrn. 514 ff.; *Karsten Schmidt*, a. a. O., S. 32 f.; ausführlich *Semler*, in: MünchHdbGesR IV, § 37 Rdnr. 7 ff.; *Decher*, in: GroßkommAktG, § 131 Rdnrn. 114 ff.

178 Vgl. *BGHZ* 119, 1 = NJW 1992, 2760; *OLG Bremen*, AG 1981, 229; *BayObLG*, ZIP 1996, 1743; *KG*, BB 1993, 2036 m. Anm. *Ebenroth/Wilken* = ZIP 1993, 1618 m. Anm. *Wenger*; BGH, BB 1994, 1730 = ZIP 1994, 1267; ferner – allerdings nicht zur Aktiengesellschaft – *BGHZ* 25, 115, 118 f. (KG); *BGH*, WM 1983, 910, 911 = ZIP 1983, 935, 936 (KG); *BGH*, WM 1984, 807 f. = NJW 1984, 2470 (stille Gesellschaft); *OLG Hamm*, WM 1986, 740 = DB 1986, 580 (GmbH & Co.); eingehend *Vossel*, a. a. O., S. 55 ff. (kritisch); *Ebenroth/Wilken*, BB 1993, 1818; *Kort*, ZGR 1987, 46; *Spitze/Diekmann*, ZHR 158 (1994), 447 ff.

179 Vgl. m. w. N. *Decher*, in: GroßkommAktG, § 131 Rdnr. 118; a. M. *Vossel*, a. a. O., S. 89 ff.

setzt den wesentlichen Beteiligungswert an den verbundenen Unternehmen bei wenigstens 10% oder wenigstens 100 Mio. DM an (zust. *Großfeld/Möhlenkamp*, ZIP 1994, 1425ff.).

Beispiel Nr. 30 (nach *BGHZ* 146, 288 = NJW 2001, 1277): Soll über die Übertragung des genannten Vermögens aus der AG (§ 179a AktG) oder aus einer das Gesamtvermögen der AG bildenden Tochtergesellschaft Beschluß gefaßt werden, so erstrecken sich die Informationsrechte auf alle für diesen Vorgang bedeutsamen Daten.

Beispiel Nr. 31 (nach *BayObLG*, NZG 1999, 1218): Der Aktionär der Aktiengesellschaft hatte nach Umsatz, Eigenkapital und Ergebnis der Tochtergesellschaft sowie nach dem Wert der Beteiligung der Mutter gefragt. Diese Auskunft mußte gegeben werden.

Das auf die Hauptversammlung beschränkte Informationsrecht wäre ineffektiv, wenn sich der Vorstand jederzeit darauf berufen könnte, daß er eine Frage nicht ohne Vorbereitung beantworten kann. Richtigerweise erstreckt sich das Informationsrecht aber auf alle Gegenstände, auf die der Vorstand bei hinreichender Vorbereitung unter Zuhilfenahme von sachverständigen Mitarbeitern und bereitzuhaltenden Unterlagen eingehen kann[180].

Handelt es sich um eine kleine oder mittelgroße Aktiengesellschaft, die nach §§ 266, 267, 276, 288 HGB von bilanzrechtlichen Erleichterungen Gebrauch macht, so kann jeder Aktionär in der Hauptversammlung die Vorlage eines Jahresabschlusses in vollständiger Regelform verlangen (§ 131 I 3 AktG).

Erweitert wird das Informationsrecht durch § 131 IV 1 AktG: Damit keine Informationsmonopole entstehen, gibt die Bestimmung jedem Aktionär in der Hauptversammlung einen Anspruch auf alle Auskünfte, die anderen Aktionären außerhalb der Versammlung gegeben worden sind. Das kann allerdings nicht uneingeschränkt für Auskünfte an ein herrschendes Unternehmen gelten[181], insbesondere dann nicht, wenn dieses Informationen nur zum Zweck der gesetzlich gebotenen Konzernrechnungslegung erhalten hat (§ 131 IV 3 AktG).

c) Eine *Auskunftsverweigerung* ist nach § 131 III AktG nur in folgenden, abschließend aufgezählten Fällen zulässig[182]:

1. soweit die Erteilung der Auskunft nach vernünftiger kaufmännischer Beurteilung geeignet ist, der Gesellschaft oder einem verbundenen Unternehmen einen nicht unerheblichen Nachteil zuzufügen;
2. soweit sie sich auf steuerliche Wertansätze oder die Höhe einzelner Steuern bezieht;
3. über den Unterschied zwischen dem Wert, mit dem Gegenstände in der Jahresbilanz angesetzt worden sind, und einem höheren Wert dieser Gegenstände, es sei denn, daß die Hauptversammlung den Jahresabschluß feststellt;
4. über die Bilanzierungs- und Bewertungsmethoden, soweit die Angabe dieser Methoden im Anhang ausreicht, um ein den tatsächlichen Verhältnissen entsprechendes Bild der Vermögens-, Finanz- und Ertragslage der Gesellschaft im Sinne des § 264 Abs. 2 des Handelsgesetzbuchs zu vermitteln; dies gilt nicht, wenn die Hauptversammlung den Jahresabschluß feststellt;
5. soweit sich der Vorstand durch die Erteilung der Auskunft strafbar machen würde.

180 *OLG Düsseldorf*, AG 1992, 34 = WM 1991, 2148.
181 *Decher*, ZHR 158 (1994), 473ff.
182 Zur Verfassungsmäßigkeit des § 131 III 1 AktG vgl. *BVerfG*, NJW 2000, 129.

Ob daneben noch eine *Auskunftsverweigerung wegen Mißbrauchs des Informationsrechts* zulässig ist, ist umstritten, aber zu bejahen[183]: Kein Recht, auch nicht das zwingende Informationsrecht des § 131 AktG, darf mißbräuchlich ausgeübt werden. Allerdings darf das zwingende Informationsrecht nicht durch ein weit verstandenes Mißbrauchsverbot ausgehöhlt werden. Das Mißbrauchsverbot kommt nur in seltenen Fällen zum Zuge, weil regelmäßig schon das gesetzliche Erfordernis einer sachgemäßen Beurteilung des Tagesordnungspunkts nach § 131 III AktG ausreicht, um zulässige und unzulässige Fragen zu unterscheiden.

Beispiel Nr. 32 (nach *OLG Hamburg*, AG 1970, 372): Ein Minderheitsaktionär begehrte Aufklärung darüber, ob die AG im Berichtsjahr von ihrer Muttergesellschaft, der sie durch einen Unternehmensvertrag verbunden ist, Rohöl zu Marktpreisen oder höheren Konzernverrechnungspreisen bezogen hatte. Ohne Klärung dieser Frage ließ sich nicht sicher beurteilen, ob die Ertragslage der Antragsgegnerin in ihrem Rechenwerk zutreffend ausgewiesen war. Dem Aktionär war entgegengehalten worden, die Muttergesellschaft garantiere ihm eine Dividende von 6 % und damit sei sein berechtigtes Informationsinteresse gewissermaßen abgegolten. Mit Recht stellte sich das *OLG* dieser Auffassung entgegen: »Aus den Geschäftsbeziehungen der Parteien läßt sich gegenüber einem derart wichtigen Auskunftsbegehren der Einwand der Arglist nicht herleiten ... Unter keinem wie auch immer gearteten Gesichtspunkt kann ein Auskunftsbegehren als rechtsmißbräuchlich angesehen werden, das überhaupt erst einmal die Grundlage für eine sichere Beurteilung des von der Antragsgegnerin vorgelegten Rechenwerks schaffen soll. Bei ihrer gegenteiligen Annahme übersieht die Antragsgegnerin, daß nicht schon jedes gesellschaftsfremde Interesse an einer Auskunft diese als mißbräuchlich gefordert erscheinen läßt. Von einem Mißbrauch kann allenfalls dann gesprochen werden, wenn kein einsichtiger Aktionär ohne ein solches gesellschaftsfremdes Interesse dieselbe Auskunft begehren würde.«

Beispiel Nr. 33 (nach *LG Dortmund*, AG 1984, 83): Aktionär A, der mit einer Aktie an der AG – einem Energieunternehmen – beteiligt war, richtete an den Vorstand u. a. Fragen nach Nebenvergütungen der Vorstandsmitglieder aus Ämtern in Drittgesellschaften. Der Vorstand informierte darüber, daß die Vorstandsmitglieder in wechselnder Besetzung solche Ämter wahrnähmen, gab jedoch keine Auskunft über die dort bezogenen Gehälter, weil dies keine Angelegenheit der AG sei und auch für die Beurteilung von Gegenständen der Tagesordnung keine Bedeutung habe. Diese Informationsverweigerung war berechtigt, ohne daß auf die Frage des Mißbrauchs hätte zurückgegriffen werden müssen.

Beispiel Nr. 34 (in Anlehnung an *LG Frankfurt*, AG 1984, 192): Haben mehrere Aktionäre den Antrag gestellt, statt einer Dividendenauszahlung den Gewinn für Umweltschutzmaßnahmen zu verwenden, so wäre es unzulässig, Fragen über den Stand der ökologischen Investitionen deshalb abzulehnen, weil diese Aktionäre kein Interesse an der Ertragslage der Gesellschaft haben. Geht es den Aktionären dagegen mit ihrem Antrag oder mit ihren Fragen nicht um die Angelegenheiten dieser Gesellschaft, sondern um ein allgemeinpolitisches Happening, für das die Hauptversammlung nicht der Ort ist, so kann dies ein Mißbrauch des Informationsrechts sein. Das wird immer dann gelten müssen, wenn das Auskunftsbegehren rein demonstrativen Charakter hat und nicht der Willensbildung der

183 Vgl. nur *BayObLG*, NJW 1974, 2094; *OLG Frankfurt*, ZIP 1983, 1204 = AG 1984, 24, 26; *Martens*, in: Timm (Hrsg.), Mißbräuchliches Aktionärsverhalten, 1990, S. 63 ff.; *Semler/Volhard*, a. a. O., Rdnrn. I F 50 ff.; *Karsten Schmidt*, a. a. O., S. 42 f.; *Semler*, a. a. O., § 37 Rdnr. 41; *Decher*, in: GroßkommAktG, § 131 Rdnrn. 276, 295; *Hüffer*, AktG, § 131 Rdnr. 33 f.; *Trouet*, NJW 1986, 1305; *Groß*, AG 1997, 97, 104; a. M. *Ebenroth*, a. a. O., S. 35 ff.; *Eckardt*, in: Geßler/Hefermehl/Eckardt/Kropff, § 131 Rdnr. 132; unentschieden *OLG Hamburg*, AG 1970, 372, 373.

Hauptversammlung dienen kann oder soll. Regelmäßig ergibt sich aber auch hier die notwendige Einschränkung schon aus § 131 I AktG, wonach Auskunft zu geben ist, »soweit sie zur sachgemäßen Beurteilung des Gegenstands der Tagesordnung erforderlich ist«.

Unter den Auskunftsverweigerungsgründen ist der Geheimnisschutz des § 131 III Nr. 1 AktG besonders problematisch, wonach die Auskunft schon dann verweigert werden kann, wenn sie geeignet (!) ist, der Gesellschaft oder einem verbundenen Unternehmen einen nicht unerheblichen Nachteil – nicht notwendig auch einen bezifferbaren Schaden! – zuzufügen. Dieser Geheimnisschutz ist einerseits berechtigt, aber er darf auf der anderen Seite nicht vom Vorstand dazu mißbraucht werden, sich hinter dem angeblichen Schutz der Gesellschaft zu verschanzen. Im Bereich des Geheimnisschutzes kann es auf feine Interessenabwägungen zwischen dem Geheimhaltungsinteresse und dem Informationsbedürfnis des Aktionärs ankommen, das sich aus der Tragweite der zu fassenden Beschlüsse oder aus dem Gewicht etwa zu prüfender Vorwürfe ergibt.

Beispiel Nr. 35 (nach *BGHZ* 146, 288 = NJW 2001, 1277): Es soll Beschluß gefaßt werden über die Absicht des Vorstands, das in einer Tochtergesellschaft befindliche Vermögen der AG vollständig auf einen anderen Konzern zu übertragen. Die in einem solchen Fall nach § 179a AktG, jedenfalls aber nach der »Holzmüller-Doktrin« (*BGHZ* 83, 122 und dazu unter V 2b) notwendige Abstimmung der Hauptversammlung kann nur in voller Kenntnis des Sachverhalts und ohne Rücksicht auf Geheimhaltungsinteressen der Gesellschaft erfolgen.

Beispiel Nr. 36 (nach *BGHZ* 86, 1 = NJW 1983, 878): Der Aktionär A der B-Bank hatte vor der Entlastung Fragen über die Abschreibungen und Wertberichtigungen auf Forderungen und Wertpapiere gestellt. Diese Auskunft war u.a. deshalb verweigert worden, weil sie die Öffentlichkeit hätte beunruhigen und zu Fehlschlüssen zum Nachteil der B-Bank hätte führen können. Der *BGH* ließ dies so nicht gelten. Im Rahmen des § 131 III Nr. 1 AktG dürfe nicht nur auf die Gefahren der Offenlegung gesehen werden, sondern es müsse auch abgewogen werden, ob nicht anderseits von einer offenen Antwort auch Vorteile zu erwarten seien, die die Nachteile aufwögen. Dies könne der Fall sein, wenn der begründete Verdacht gegen die Geschäftsleitung bestehe, sie habe gegen ihre Sorgfaltspflichten verstoßen (§§ 93, 116 AktG), und wenn das Auskunftsbegehren geeignet sei, diesen Verdacht zu bestätigen und zu erhärten. Aus § 145 IV 2 AktG entnimmt der *Senat*, daß der Geheimhaltungsschutz gegenüber vorrangigen Aufklärungsinteressen zurückzutreten habe. Allerdings genüge hierfür nicht die Pauschalbehauptung, die Verwaltung habe unsorgfältig gearbeitet. Erforderlich sei ein durch Tatsachen belegbarer gezielter Verdacht.

d) Scheinbar ein rein technisches Detail, in Wahrheit aber für die Schlagkraft des Informationsrechts von großer Bedeutung, sind die Mittel zur Durchsetzung dieses Rechts. Das Auskunftsrecht kann nicht effektiver sein als seine Sanktionen. Im Gesetz, nämlich in § 132 AktG, geregelt ist nur das *Auskunftserzwingungsverfahren*[184]. Der Gesetzgeber hat es in der Erwartung rechtspolitischer und rechtspraktischer Vorteile als Streitverfahren der Freiwilligen Gerichtsbarkeit ausgestaltet und auf grundsätzlich zwei Instanzen

184 Dazu eingehend *Ebenroth*, a.a.O., S. 141ff.

beschränkt[185]. Eine beim Zivilgericht erhobene Klage auf Auskunft wäre unzulässig und könnte nur durch Verweisung an das zuständige Gericht der freiwilligen Gerichtsbarkeit gebracht werden[186]. In der Praxis spielt dieses Verfahren, das meistens zu spät kommt, keine besondere Rolle. Wichtiger sind Schadensersatzklagen, vor allem aber Anfechtungsklagen wegen Informationsrechtsverletzung (unten IV 5 d)[187], und für diese ist wiederum das Zivilgericht zuständig. Wird eine solche Klage erhoben, so kann das Zivilgericht die Informationsrechtsverletzung selbst feststellen, braucht also nicht etwa den Prozeß auszusetzen, damit diese Vorfrage in einem besonderen Verfahren nach § 132 AktG vorab geklärt wird[188].

Beispiel Nr. 37 (in Anlehnung an *BGHZ* 86, 1 = NJW 1983, 878): Dem Aktionär A der S-Bank war in der Hauptversammlung unter Berufung auf § 131 III Nr. 1 AktG (Nachteilsgefahr) die Auskunft über die Höhe von Wertberichtigungen in der Bilanz verweigert worden. In derselben Hauptversammlung war dem Vorstand Entlastung erteilt worden. A focht den Entlastungsbeschluß mit der Begründung an, die Auskunftsverweigerung sei rechtswidrig gewesen. Der *Bundesgerichtshof* mußte deshalb über die Frage entscheiden, ob eine solche Beschlußanfechtungsklage überhaupt Erfolg haben *konnte*, bevor nicht ein Auskunftserzwingungsverfahren gemäß § 132 AktG durchgeführt worden war. Er bejahte dies mit Recht: Ein Auskunftserzwingungsverfahren, das nicht der Auskunftserzwingung dienen, sondern nur einen späteren Anfechtungsprozeß vorbereiten soll, wäre überflüssig und sinnlos. Der Aktionär kann sogleich die Anfechtungsklage erheben. Der Anfechtungsgrund – rechtswidrige Auskunftsverweigerung – wird dann ebenso wie die »Relevanz« der Auskunft für das Beschlußergebnis (dazu unter IV 5 d) vom Zivilgericht im Anfechtungsprozeß inzidenter geprüft.

4. Beschlußfassung und Stimmrecht*

a) Die Hauptversammlung entscheidet durch *Beschlüsse.* Diese bedürfen der *Mehrheit der abgegebenen Stimmen* (einfache Stimmenmehrheit), soweit nicht das Gesetz oder die Satzung eine größere Mehrheit oder weitere Erfordernisse – z.B. hinsichtlich der Beschlußfähigkeit – bestimmen (§ 133 AktG). Greift ein Beschluß in satzungsmäßige (Vorzugsrechte) Sonderrechte

185 § 132 III 2, 3 AktG; zur Verfassungsmäßigkeit *BVerfG*, NJW 2000, 129.

186 Vgl. zur Verweisung aus der Zivilgerichtsbarkeit in das FG-Verfahren *BGH*, NJW 2001, 2181; zur Bindungswirkung vgl. *OLG Frankfurt*, GmbHR 1995, 901 = NJW-RR 1996, 871.

187 Dazu *BGHZ* 36, 121, 139; 119, 1; 122, 211, 236ff.; 146, 179; *BGH*, ZIP 2001, 412.

188 *BGHZ* 86, 1 = NJW 1983, 878; *OLG Stuttgart*, DB 1991, 1178 = DStR 1993, 733 m.Anm. *Goette*; *Karsten Schmidt*, a.a.O., S. 45ff.; *ders.*, in: GroßkommAktG, § 243 Rdnr. 34; *Quack*, in: Festschrift Beusch, 1993, S. 668; *W. Lüke*, ZGR 1990, 657ff.; anders eine früher wohl h.M.; vgl. Begr. RegE, in: *Kropff*, S. 189f.; *Ebenroth*, a.a.O., S. 160ff.; *Obermüller/Werner/Winden*, a.a.O., Rdnrn. G 93ff.; *Eckardt*, in: Geßler/Hefermehl/Eckardt/Kropff, § 132 Rdnrn. 8f.; *Werner*, in: Festschrift Barz, 1974, S. 306ff.

* Literatur (Auswahl): Bericht über die Verhandlungen der Unternehmensrechtskommission, 1980, Rdnrn. 586ff.; *Christians*, Der Aktionär und sein Stimmrecht, AG 1990, 47; *Milde-Büttcher*, Mehrstimmrechte bei Kapitalerhöhungen aus AG-Gesellschaftsmitteln ..., BB 1999, 1073; *Peltzer*, Die Abschaffung von Mehrstimmrechten und Stimmrechtsbeschränkungen im KonTraG-Entwurf, in: AG-Sonderheft August 1997, S. 90; *Wiethölter*, Interessen und Organisation der Aktiengesellschaft im amerikanischen und deutschen Recht, 1961, S. 77ff., 315ff.; *Zeißig*, Mitgliedschaft und Stimmrechtsmandat in der Aktiengesellschaft, 1996; *Zöllner*, Die Schranken mitgliedschaftlicher Stimmrechtsmacht bei den privatrechtlichen Personenverbänden, 1963; *Zöllner/Noack*, One share – one vote? AG 1991, 117.

von Aktionären oder Aktionärsgruppen ein, so bedarf er ihrer *Zustimmung* (vgl. § 35 BGB sowie die Spezialregelungen der §§ 179 III, 180, 182 II, 222 II AktG). Eine *qualifizierte Mehrheit* verlangt das Gesetz für die sog. Grundlagenbeschlüsse, nämlich

- Satzungsänderungen (§ 179 II AktG) einschließlich der Kapitalerhöhung (§§ 182 I, 193 I, 202 II, 207 II AktG) und -herabsetzung (§ 222 I AktG),
- Beschlüsse über die Übertragung des ganzen Gesellschaftsvermögens (§ 179a AktG),
- Auflösungsbeschlüsse (§ 262 I Nr. 2 AktG),
- Beschlüsse über Unternehmensverträge (§ 293 I AktG),
- Eingliederungsbeschlüsse bei der Hauptgesellschaft (§ 319 II AktG),
- Umwandlungsbeschlüsse (§§ 65, 125 S. 1, 176ff., 233 UmwG), soweit hier nicht sogar die Zustimmung aller Aktionäre erforderlich ist (vgl. § 233 I UmwG).

Zu den Grundlagenbeschlüssen zählt auch die Änderung des Unternehmensgegenstands. Da der *Unternehmensgegenstand* zu den notwendigen Satzungsbestandteilen gehört (§ 23 III Nr. 2 AktG), ist seine Änderung Satzungsänderung.

Beispiel Nr. 38: Als Unternehmensgegenstand ist »An- und Verkauf von Gütern«, nicht aber die Beteiligung an anderen Unternehmen genannt. Soll die Gesellschaft zu einer Holding werden, so muß sie ihre Satzung ändern. – Eine Mantelgesellschaft soll für den Betrieb eines auf sie übertragenen Unternehmens verwendet werden (dazu oben, § 4 III 3). Auch hier wird der Unternehmensgegenstand geändert.

Vom Gegenstand des Unternehmens unterscheidet die herrschende Auffassung den *Gesellschaftszweck* (vgl. oben, § 4 II 3). Der Gegenstand des Unternehmens unterliegt als bloßer Satzungsbestandteil der Kompetenz der qualifizierten Mehrheit. Der Gesellschaftszweck ist die Geschäftsgrundlage der Gesellschaft. Er kann überhaupt nur mit *Zustimmung aller Aktionäre* geändert werden[189]. § 33 I 2 BGB, der dies für den Verein statuiert, ist Ausdruck eines allgemeinen Prinzips (oben, § 4 II 3a). Dieser Standpunkt wird im Schrifttum bestritten[190]. Insbesondere unter Berufung auf die Konzernbildung nach §§ 291ff. AktG wird vorgetragen, daß Zweckänderungen nach dem Aktienrecht eben doch mehrheitsfähig seien, wenn man nur den überstimmten Minderheitsaktionären ein Recht auf Abfindung analog § 305 AktG zugestehe. Richtig scheint, daß sich ein solches Zusammenspiel von Mehrheitskompetenz und Abfindung durchaus mit den *Wertungen* des geltenden Aktienrechts vertrüge, ebenso auch mit denen des Bundesverfassungsgerichts[191]. Aber die §§ 291ff. AktG sind eben nicht allgemeines Aktienrecht, sondern Konzernrecht, und wenn hier die mehrheitliche Struk-

189 Vgl. nur *Großmann*, Unternehmensziele im Aktienrecht, 1980, S. 12, 242ff.; *Hefermehl/Bungeroth*, in: Geßler/Hefermehl/Eckardt/Kropff, § 179 Rdnr. 114; *Hüffer*, AktG, § 179 Rdnr. 33; *Wiesner*, in: MünchHdbGesR IV, § 9 Rdnr. 10.

190 Vgl. namentlich *Wiedemann* I, § 3 I 3 a; *ders.*, in: GroßkommAktG, § 179 Rdnr. 56; *ders.*, JZ 1978, 612; *Timm*, Die Aktiengesellschaft als Konzernspitze, 1980, S. 32ff.; *Mülbert*, Aktiengesellschaft, a.a.O., S. 160ff.; dazu krit. *Hirte*, WM 1997, 1001ff.

191 Vgl. zu den verfassungsrechtlichen Wertungen *BVerfGE* 100, 289; *BVerfG*, NJW 2001, 279.

turänderung gegen Abfindung zugelassen wird, so ergibt sich daraus noch kein allgemeines Prinzip. Grundsatz ist vielmehr: *Die Zweckänderung bedarf der Zustimmung aller.* Nur wenn eine Weigerung ausnahmsweise gegen § 226 oder § 242 BGB verstößt, kann ein Minderheitsaktionär vor die Alternative gestellt werden, sich abfinden zu lassen oder einen geänderten Verbandszweck hinzunehmen. Unterscheidet man richtig zwischen dem Unternehmensgegenstand und dem Verbandszweck, so wird es nur äußerst selten zu dieser Konfrontation kommen (vgl. zu diesem Unterschied oben, § 4 II 3).

b) aa) Das *Stimmrecht* steht grundsätzlich *jedem Aktionär* als ein unentziehbares, nicht von der Mitgliedschaft trennbares[192] Recht zu, sofern nur die Einlage vollständig geleistet ist (§§ 12, 134 AktG). Eine Ausnahme gilt für eigene Aktien der Gesellschaft. Sie geben der AG kein Stimmrecht in der eigenen Hauptversammlung (§ 71 b AktG). Eine weitere Ausnahme besteht bei *Vorzugsaktien ohne Stimmrecht* (§§ 12 I 2, 139 ff. AktG). Dies sind Aktien, die mit einer Vorzugsdividende ausgestattet sind, dafür aber kein Stimmrecht gewähren[193]. Im übrigen gewähren sie – anders als bloße Genußrechte (oben, § 26 IV 1 g) – die mitgliedschaftliche Position eines Aktionärs (§ 140 I AktG). Die stimmrechtslose Vorzugsaktie ist ein Finanzierungsinstrument besonderer Art, denn sie führt der Gesellschaft Risikokapital ohne korrespondierende Stimmrechte, also ohne Überfremdungsgefahr, zu. Nach § 139 II AktG dürfen allerdings Vorzugsaktien ohne Stimmrecht nur bis zur Hälfte des Grundkapitals ausgegeben werden.

bb) Die *Stimmkraft* richtet sich nach Nennbeträgen, bei Stückaktien nach der Zahl der Aktie (§§ 134 I 1 AktG). Mehrstimmrechtsaktien, die in den Wirtschaftskrisen nach dem Ersten Weltkrieg eine beträchtliche, aber nicht segensreiche Rolle spielten, sind nicht mehr zulässig (§ 12 II AktG)[194]. Auch Höchststimmrechte für den Fall, daß einem Aktionär – oder seinem Treugeber oder einem verbundenen Unternehmen – mehrere Aktien gehören, kann die Satzung nur noch bei einer nicht börsennotierten Gesellschaft und nur für alle Aktionäre gleichmäßig bestimmen (§ 134 I 2–6 AktG). Als Schutz gegen Majorisierung durch Großaktionäre und gegen Überfremdung von Publikumsgesellschaften (vgl. auch zu den »feindlichen Übernahmen« oben, § 26 II 3 a)[195] haben Höchststimmrechte seit dem KonTraG ausgedient. Sie wurden auch im Zuge der Übernahmegesetzgebung nicht wieder als Abwehrinstrumente aufgegriffen.

cc) Umstritten war früher, ob ein Aktionär *verschiedene Stimmen* abgeben darf. Wer sich den Aktionär nur als einen privaten Kapitalisten vorstellt, mag

192 Abspaltungsverbot; vgl. *BGH*, NJW 1987, 780.

193 Eingehend dazu *T. Bezzenberger*, Vorzugsaktien ohne Stimmrecht, 1991; *Reckinger*, Vorzugsaktien in der Bundesrepublik, AG 1983, 216; *Siebel*, Vorzugsaktien als »hybride« Finanzierungsform und ihre Grenzen, ZHR 161 (1997), 628.

194 Zur Rechtslage bis 1998 vgl. *BGHZ* 70, 117 und dazu 3. Aufl., § 28 IV 4 b bb.

195 *Uwe H. Schneider*, AG 1990, 56 ff.; *Zöllner/Noack*, AG 1991, 117 ff.; *Martens*, AG 1993, 495 ff.; kritisch freilich *Adams*, AG 1990, 63 ff.; *Baums*, AG 1990, 221 ff.

über diese Fragestellung verwundert sein, aber in der Praxis gibt es Konstellationen, bei denen es sehr auf sie ankommt.

Beispiel Nr. 39: Treuhänder T hält 5000 Aktien für 250 Treugeber. Von diesen wollen 200 für, 50 gegen die Entlastung des Vorstands stimmen. Muß T nun alle Stimmen zugunsten des Vorstands abgeben, oder darf er die von ihm ausgeübten Stimmrechte teilen?

Beispiel Nr. 40: Die Gemeinde G hält eine Aktienmehrheit an der Abfallbeseitigungs-AG. Nachdem die Fraktionen kontrovers über Entsorgungsmaßnahmen des Vorstands diskutiert haben, möchte der Vertreter der G in der Hauptversammlung verschiedene Stimmen abgeben. Zulässig?

Diese Fragen wurden bei *RGZ* 118, 67, 69 noch mit der Begründung verneint, daran bestehe kein schutzwürdiges Interesse und eine solche Willensäußerung sei in sich widersprüchlich. Die heute ganz herrschende Auffassung läßt eine getrennte Abstimmung aus getrennten Aktien mit Recht zu[196]. Das Stimmrecht ist Bestandteil der Mitgliedschaft. Diese ist ungeteilt, aber jede Aktie verbrieft ein eigenes Mitgliedschaftsrecht.

dd) *Stimmverbote* spricht § 136 I AktG aus[197]. Drei Fälle sind nach dem Gesetzeswortlaut erfaßt:
- die *Entlastung des Stimmrechtsinhabers* (hier Stimmverbot für Vorstands- und Aufsichtsratsmitglieder, die selbst Aktien halten),
- die *Befreiung von einer Verbindlichkeit* (selten, weil teils die Hauptversammlung nicht zuständig, teils die Befreiung von aktienrechtlichen Haftungsverbindlichkeiten ausdrücklich verboten ist),
- die gerichtliche oder außergerichtliche *Geltendmachung von Ansprüchen gegen den Stimmrechtsinhaber* (Anspruchsgegner vom Stimmrecht ausgeschlossen).

Dazu sagt die Regierungsbegründung[198]: »In diesen Fällen überwiegt das persönliche Interesse am Abstimmungsergebnis das mitgliedschaftliche Interesse derart, daß eine auf das mitgliedschaftliche Interesse ausgerichtete Stimmabgabe nicht erwartet werden kann.« Die allgemeine Problematik der Stimmverbote wurde unter § 21 II 2 besprochen. Im Aktienrecht spielt die Frage nicht dieselbe gravierende Rolle wie etwa bei der GmbH (dazu unten, § 36 III 3b). Von den Überlegungen unter § 21 II 2 wissen wir, daß es zwei Varianten des Stimmverbots gibt: das Verbot, »Richter in eigener Sache« zu sein, und das Verbot, über Insichgeschäfte oder -prozesse zu entscheiden. Das gilt auch hier[199]. Im Gegensatz zu § 47 IV 2 GmbHG verbietet § 136 I AktG die Stimmabgabe allerdings dem Wortlaut nach nicht, wenn über die Vor-

---

196 Vgl. *Flume*, Juristische Person, § 7 VII 2 m.w.N.; Angaben dazu bei *Uwe H. Schneider*, AG 1990, 57; *Baums*, AG 1990, 221 Fußn. 6.

197 Literatur (Auswahl): *Herzfelder*, Stimmrecht und Interessenkollision ..., 1927; *Hübner*, Interessenkonflikt und Vertretungsmacht, 1977; *Schilling*, Gesellschafterbeschluß und Insichgeschäft, in: Festschrift Ballerstedt, 1975, S. 257; *Semler*, Einzelentlastung und Stimmverbot, in: Festschrift Zöllner I, 1998, S. 553; *ders.*, Stimmverbote im Zusammenhang mit § 32 MitbestG, in: Festschrift Kropff, 1997, S. 301; *Wackerbarth*, Grenzen der Leitungsmacht in der internationalen Unternehmensgruppe, 2001, S. 242ff.; *Wilhelm*, Stimmrechtsausschluß und Verbot des Insichgeschäfts, JZ 1976, 674; *ders.*, Rechtsform und Haftung bei der juristischen Person, 1981, S. 59ff.; *Zöllner*, a.a.O.

198 In: *Kropff*, S. 200.

199 A.M. *Hüffer*, AktG, § 136 Rdnr. 3.

nahme eines Rechtsgeschäfts mit dem Aktionär zu beschließen ist. Dieses noch in § 252 III 2 HGB a.F. enthaltene Stimmverbot wurde durch das AktG 1937 beseitigt, weil eine restriktive Gerichtspraxis das Verbot zur Bedeutungslosigkeit hatte verkümmern lassen[200]. Diese Gerichtspraxis hatte aber vor allem konzernrechtliche Gründe, die sich im geltenden Aktienrecht durch §§ 291 ff. AktG erledigt haben[201]. Es ist richtig, daß ein mit Aktienmehrheit beteiligtes Unternehmen als Aktionär mit abstimmen darf und muß, wenn ein Unternehmensvertrag zwischen der AG und diesem Unternehmen abgeschlossen werden soll. Aber dies beruht nicht darauf, daß es kein Stimmverbot bei Insichgeschäften gibt, sondern auf der Rechtsnatur des Unternehmensvertrags als einer Organisationsentscheidung, an der alle Aktionäre mitwirken (vgl. schon allgemein oben, § 21 II 2a aa). Aus einer solchen Sonderkonstellation darf nicht gefolgert werden, daß auch sonst ein Aktionär befugt wäre, über einen mit ihm zu schließenden Vertrag abzustimmen. Deshalb wird die Nicht-Einbeziehung dieses Stimmverbots in den § 136 I AktG heute als ein gesetzgeberischer Mißgriff angesehen, und es wird eine Änderung gefordert[202]. Nach der hier vertretenen Auffassung kann auch schon de lege lata entgegen der herkömmlichen Auffassung davon ausgegangen werden, daß auch der Tatbestand des *Insichgeschäfts* den Aktionär vom Stimmrecht ausschließt, denn die positivrechtlichen Stimmverbote sind nur unvollkommener Ausdruck eines allgemeinen verbandsrechtlichen Prinzips (oben, § 21 II 2b)[203]. Ausnahmen gelten nach den allgemeinen Regeln des Stimmverbots nur, wenn es sich um korporative Rechtsgeschäfte, also um sog. »Sozialakte«, handelt (Beispiel: Aufsichtsratswahl nach § 101 I AktG) oder wenn es kein Gefälle zwischen befangenen und unbefangenen Aktionären gibt (Beispiel: Einpersonen-AG)[204].

Die Hauptprobleme des geltenden § 136 I AktG liegen bei der Zurechnung bei Dreiecksverhältnissen. Greift das Stimmverbot ein, wenn der Stimmverbotstatbestand zwar nicht bei dem Aktionär, aber bei einem ihm nahestehenden Dritten verwirklicht ist?

Beispiel Nr. 41 (nach *RGZ* 146, 71): Eine oHG hält Aktien in der A-AG; ein Gesellschafter der oHG ist gleichzeitig Mitglied des Vorstands oder des Aufsichtsrats der AG. Kann die oHG bei seiner Entlastung mitstimmen? Das *Reichsgericht* verneinte die Frage, und zwar mit Recht. Die oHG, die ja sogar von ihren Gesellschaftern vertreten wird, wäre bei dieser Abstimmung ebenso befangen wie ihr Gesellschafter.

Beispiel Nr. 42 (nach *RGZ* 146, 385): Für die Entlastung des Vorstands hatte unter anderem Sönke V, der Sohn des Vorstandsmitglieds Volker V, gestimmt. Der Beschluß wurde mit der Begründung angefochten, Sönke V habe die Aktien nur als Treuhänder seines Vaters gehalten. Nachdem das Gericht den Entlastungsbeschluß aus diesem Grund für nichtig erklärt hatte, gründeten Sönke und Volker V gemeinsam mit ihren Ehefrauen

---

200 Vgl. Amtl. Begr., in: *Klausing*, Aktiengesetz, 1937, S. 101; die vorausgegangene Rechtsprechung findet sich dargestellt bei *Wilhelm*, Rechtsform, a.a.O., S. 96ff.

201 Vgl. *Flume*, Juristische Person, § 7 V 4.

202 Vgl. *Raiser*, Kapitalgesellschaften, § 16 Rdnr. 79ff.

203 Wie hier *Hirte*, Kapitalgesellschaftsrecht, Rdnr. 412; anders z.B. *Hüffer*, AktG § 136 Rdnr. 18; eingehende Diskussion bei *Wackerbarth*, Grenzen der Leitungsmacht in der internationalen Unternehmensgruppe, 2001, S. 272ff.

204 Dazu vgl. sinngemäß *BGHZ* 105, 324, 332f. (GmbH).

eine Beteiligungs-GmbH, machten diese zur Aktionärin, so daß in der nun wiederholten Hauptversammlung die GmbH, vertreten durch einen Advokaten, für die Entlastung stimmte. Obwohl das *Reichsgericht* einen wesentlichen Unterschied zwischen der GmbH und der oHG machte, bei der es noch die Gesellschafter als Träger des Gesellschaftsvermögens ansah, entschied es wie im vorausgegangenen Beispiel, ließ aber mit Recht nicht die bloße Mitgliedschaft in der Gesellschaft (in casu: GmbH) ausreichen, sondern forderte einen entscheidenden Einfluß des Vorstands- bzw. Aufsichtsratsmitglieds in der Gesellschaft, der die Aktien gehören. Liege ein solcher Einfluß vor, so sei auch die Gesellschaft vom Stimmrecht ausgeschlossen.

Beispiel Nr. 43 (nach *BGHZ* 36, 296): Die Stadt S hatte 73% der Stammaktien eines Elektrizitätswerks inne. Sie hatte auch das Recht, bis zu sechs Mitglieder in den Aufsichtsrat zu entsenden. Wiederum wurde über einen Entlastungsbeschluß gestritten, an dem die S mitgewirkt hatte. Der *Bundesgerichtshof* entschied, daß das Entsendungsrecht der S, auf deren Willensbildung die entsandten Aufsichtsratsmitglieder keinen bestimmenden Einfluß ausüben konnten, noch kein Grund sei, der S die Befugnis abzusprechen, über die Entlastung mitzustimmen.

ee) *Stimmbindungsverträge*[205], durch die sich Aktionäre zur Abstimmung in einem bestimmten Sinne verpflichten, sind nach der herrschenden Meinung grundsätzlich wirksam (vgl. oben, § 21 II 4). Im Anschluß an die zum Recht der GmbH ergangene Entscheidung *BGHZ* 48, 163[206] hat sich die Auffassung herausgebildet, daß Stimmbindungsverträge nicht nur grundsätzlich wirksam, sondern auch nach § 894 ZPO gegen den Aktionär vollstreckbar sind[207]. Der Fall ist unter § 21 II 4 ausführlich besprochen. Das Hauptproblem der Stimmbindung besteht in der Praxis nicht in ihrer Vollstreckbarkeit – solche Vollstreckungen wird es kaum geben –, sondern in der gesellschaftsrechtlichen Sanktionierung bindungsmäßiger oder bindungswidriger Stimmabgaben[208]. Eine im Vordringen befindliche Ansicht verlangt für

205 Dazu vgl. m.w.N. *Boesebeck*, Abstimmungsvereinbarungen unter Aktionären, NJW 1960, 7; *Büssemaker*, Stimmbindungsverträge bei Kapitalgesellschaften in Europa, 1999; *Robert Fischer*, Zur revisionsrichterlichen Rechtsprechung, dargestellt anhand der Rechtsprechung zu den Stimmbindungsverträgen, in: Festgabe Kunze, 1969, S. 95 = Gesammelte Schriften, 1984, S. 23; *Habersack*, Grenzen der Mehrheitsherrschaft in Stimmrechtskonsortien, ZHR 164 (2000), 1; *Lübbert*, Abstimmungsvereinbarungen in den Aktien- und GmbH-Rechten ..., 1971; *Martens*, Stimmrechtsbeschränkung und Stimmbindungsvertrag im Aktienrecht, AG 1993, 495; *Müller-Erzbach*, Das private Recht der Mitgliedschaft, 1948, S. 248; *Noack*, Gesellschaftervereinbarungen, 1994; *Overrath*, Die Stimmrechtsbindung, 1973; *Priester*, Drittbindung des Stimmrechts und Satzungsautonomie, in: Festschrift Werner, 1984, S. 659; *Rodemann*, Stimmbindungsvereinbarungen in den Aktien- und GmbH-Rechten Deutschlands, Englands, Frankreichs und Belgiens, 1998; *Schröder*, Stimmrechtskonsortien unter Aktionären, ZGR 1978, 578; *Schrötter*, Der Schutzgemeinschaftsvertrag, NJW 1979, 2592; *Zöllner*, Zu Schranken und Wirkung von Stimmbindungsverträgen, ZHR 155 (1991), 168; *Zutt*, Einstweiliger Rechtsschutz bei Stimmbindungen, ZHR 155 (1991), 190.

206 Dazu die Anm. von *Barz*, GmbHR 1968, 100; *Mertens*, JR 1967, 462; *Peters*, JZ 1968, 27.

207 A.M. noch *RGZ* 119, 386, 389f.; std. Rspr.; zur GmbH vgl. *RGZ* 112, 273, 279; 160, 257, 262; 165, 68, 78; 170, 358, 371f.

208 Vgl. sinngemäß *Scholz/Karsten Schmidt*, § 47 Rdnrn. 53f.; zum Streit um die Durchsetzbarkeit im Wege einstweiliger Verfügung vgl. *Hüffer*, AktG, § 133 Rdnr. 31; *Zutt*, ZHR 155 (1991), 190ff.

die Stimmbindung einen rechtfertigenden Grund[209]. So ist etwa die Bindung des Treuhand-Aktionärs an Weisungen seines Treugebers unbedenklich; die Fraktionenbildung durch Konsortialverträge unter Aktionären kann gerechtfertigt werden; eine rechtsverbindliche Unterwerfung von Aktionären unter die Weisungen unternehmensfremder Dritter dagegen ist problematisch (vgl. allgemein oben, § 21 II 4 a cc). Verboten und nichtig ist ein Vertrag, durch den sich der Aktionär den Weisungen der Gesellschaft, des Vorstands oder des Aufsichtsrats unterwirft (§ 136 II AktG). Nicht mit diesen rein schuldrechtlich wirkenden Stimmbindungen zu verwechseln ist die schwierige Frage, ob durch Konsortialvereinbarungen aller Aktionäre (sog. Nebenabreden) eine auch für die Beschlußfassung bindende satzungsähnliche Wirkung herbeigeführt werden kann (dazu oben, § 5 I 5).

c) Der Aktionär muß nicht persönlich in der Versammlung erscheinen. Eine *Stimmrechtsvollmacht* ist zulässig und außerordentlich verbreitet. Für die Vollmacht gilt die schriftliche Form, wenn die Satzung keine Erleichterung bestimmt; die Vollmachtserklärung wird von der Gesellschaft drei Jahre nachprüfbar festgehalten, wenn von der Gesellschaft benannte Stimmrechtsvertreter bevollmächtigt wurden (§ 134 III AktG). Neben der Vollmacht kennt das Gesetz die sog. *Legitimationsübertragung* (§ 129 III AktG). Während der Bevollmächtigte, sofern er nicht für den, den es angeht, handeln kann (§ 129 II AktG), im Namen des Aktionärs seine Stimme abgibt, handelt es sich bei der Legitimationsübertragung um die Ermächtigung, ein fremdes Stimmrecht im eigenen Namen auszuüben. Der Aktionär bleibt dann ungenannt[210], ebenso aber auch bei dem offenen Handeln für den, den es angeht. Seit dem unter I 4 dargestellten »Girmes«-Urteil *BGHZ* 129, 136 = NJW 1995, 1739 m. Anm. *Altmeppen* muß ein Stimmrechtsvertreter, der durch die von ihm wahrgenommenen Stimmrechte eine Treupflichtverletzung begeht – z. B. eine Sanierung verhindert –, wie ein Aktionär mit einer *Inanspruchnahme wegen schuldhafter Treupflichtverletzung* rechnen (dazu oben, § 20 IV 4): Der Bundesgerichtshof hat zwar die Auffassung abgelehnt, nach der der Stimmrechtsvertreter selbst die Treupflichtverletzung begehen kann[211], denn die Treupflicht als Mitgliedschaftspflicht treffe nur den Aktionär[212]. Aber er bejaht eine Eigenhaftung entsprechend § 179 I BGB, wenn der Vertreter »für den, den es angeht« abgestimmt hat und die Vollmachtgeber nicht nennt[213]. Man wird nicht auf das Auftreten in der Versammlung und nicht auf die Verheimlichung des Vollmachtgebers abstellen müssen: Wer initiativ als »Stimmrechtsmanager« und nicht als weisungsgebundener Vertreter auftritt, unterstellt sich den bei der

---

209 Vgl. *Flume*, Juristische Person, § 7 VI; *Priester*, in: Festschrift Werner, 1984, S. 659; für Stimmbindungen gegenüber Dritten auch *Scholz/Karsten Schmidt*, § 47 Rdnr. 42; krit. *Zöllner*, ZHR 155 (1991), 180f.

210 *Werner*, in: GroßkommAktG, § 129 Rdnr. 31; *Happ*, in: Festschrift Rowedder, 1994, S. 119.

211 So im Ergebnis *Timm*, ZIP 1991, 488f.; *Schöne*, WM 1992, 212; *Marsch-Barner*, ZHR 157 (1993), 184.

212 Dazu auch bereits *Dreher*, ZHR 157 (1993), 165ff.

213 Dazu auch *Henssler*, ZHR 157 (1993), 118.

Abstimmung wirkenden Treupflichten und kann ihnen auch durch nachträgliche Benennung der vertretenen Aktionäre nicht entgehen[214].

Als unzulässig galt herkömmlich im deutschen Aktienrecht das sog. *Verwaltungs- oder Proxy-Stimmrecht*, also eine Bevollmächtigung der Gesellschaft selbst, die dann eigene Vertreter in die Hauptversammlung entsendet[215]. Seit dem NaStraG von 2001 läßt es der § 134 III, 3 AktG zu, daß von der Gesellschaft benannte Vertreter bevollmächtigt werden[216].

d) Sonderregeln gelten nach § 135 AktG für das sog. *Depotstimmrecht der Banken – genauer: der Kreditinstitute und der ihnen nach § 135 XII AktG gleichgestellten Finanzdienstleistungsunternehmen*[217] – sowie für die Ausübung des Stimmrechts durch Aktionärsvereinigungen und geschäftsmäßige Vertreter (vgl. die Verweisungsnorm des § 135 IX AktG). Mit dem Depotstimmrecht nehmen Kreditinstitute Stimmrechte für Aktien wahr, die ihnen nicht gehören, sondern nur bei ihnen verwahrt werden. Das Depotstimmrecht ist einerseits nützlich, weil die meisten Kleinaktionäre von ihrem Stimmrecht weder selbst Gebrauch machen, noch einen privaten Dritten bevollmächtigen, so daß der Streubesitz ohne das Bankenstimmrecht auf Hauptversammlungen kaum zum Tragen käme. Auf der anderen Seite sind die Interessenverflechtungen zwischen den stimmrechtsausübenden Banken und der Unternehmensverwaltung bisweilen beträchtlich. Deshalb wurden z.B. in der *Unternehmensrechtskommission*[218] Zweifel an der Unbefangenheit der bevollmächtigten Bank geäußert.

Beispiel Nr. 44 (nach dem Bericht der Unternehmensrechtskommission, a.a.O., Rdnr. 605): In der Kaufhaus K-AG hält die B-Bank 20% der Aktien. Zugleich ist sie die Hausbank der K-AG und ist vielleicht noch im Aufsichtsrat der AG vertreten. In einem solchen Fall wird es von manchen als bedenklich und unzulässig angesehen, wenn die B-Bank auch noch die Stimmrechte ihrer Depotkunden ausübt.

---

214 Ähnlich *Lutter*, JZ 1995, 1056 m.w.N.

215 *Möhring*, Proxy-Stimmrecht und geltendes deutsches Aktienrecht, in: Festschrift Geßler, 1971, S. 127ff.; a.M. *Wiethölter*, a.a.O., S. 248ff.; weitere Nachweise 3. Aufl., § 28 IV 4 c.

216 Dazu *Hirte*, a.a.O., Rdnr. 383 a; *Marsch-Barner*, in: Festschrift Peltzer, 2001, S. 272ff.; *Noack*, in: Festschrift Lutter, 2000, S. 1474ff.; *ders.*, ZIP 2001, 61f.

217 Literatur: *Assmann*, Zur Reform des Vollmachtstimmrechts der Banken ..., AG-Sonderheft, 1997, S. 100; *Baums*, Vollmachtstimmrecht der Banken – Ja oder Nein? AG 1996, 11; Bericht der Studienkommission »Grundsatzfragen der Kreditwirtschaft«, 1979, Rdnrn. 896ff.; Bericht über die Verhandlungen der Unternehmensrechtskommission, 1981, Rdnrn. 608ff.; *Bunke*, Fragen der Vollmachtserteilung zur Stimmrechtsausübung nach §§ 134, 135 AktG, AG 2002, 57; *Hammen*, Das Vollmachtsstimmrecht der Banken ..., WM 1997, 1221; *Körber*, Die Stimmrechtsvertretung durch Kreditinstitute, 1989; Monopolkommission, Hauptgutachten II (Fortschreitende Konzentration bei Großunternehmen), 1978, Rdnrn. 603ff.; *Mülbert*, Empfehlen sich gesetzliche Regelungen zur Einschränkung des Einflusses der Kreditinstitute auf Aktiengesellschaften, in: Verhandlungen des 61. DJT I, 1996, S. E 1; *Noack*, Die organisierte Stimmrechtsvertretung auf Hauptversammlungen, in: Festschrift Lutter, 2000, S. 1463; *Peltzer*, Die Vertretung der Aktionäre in Hauptversammlungen von Publikumsgesellschaften, AG 1996, 26; *Püttner*, Das Depotstimmrecht der Banken, 1963; *Roth*, Das Treuhandmodell des Investmentrechts, 1972, S. 191ff.; *Schmitt*, Die Haftung der Depotbank als Stimmrechtsvertreter, 1997; *Tuerks*, Depotstimmrechtspraxis versus US-Proxy-System, 2000; *Vallenthin*, Die Stimmrechtsvertretung durch Banken, 1966; *Wiebe*, Vorstandsmacht statt Bankenmacht, ZHR 166 (2002), 182ff.; *Wiethölter*, a.a.O., S. 322ff.

218 Bericht über die Verhandlungen der Unternehmensrechtskommission, 1981, Rdnr. 605.

Die *Monopolkommission*[219] hat ähnliche Bedenken aus dem Blickwinkel der Marktstruktur erhoben und geltend gemacht, daß die Konzentrationsbewegungen in der Wirtschaft anhand des Beteiligungsbesitzes der Banken nur unvollkommen dargestellt werden können, weil auch das Depotstimmrecht konzentrative Wirkungen haben kann. Der rechtspolitische Streit um das Depotstimmrecht ist nicht neu. Schon die Amtliche Begründung des AktG 1937[220] enthielt die Feststellung: »Zu den in der Öffentlichkeit am stärksten umkämpften Fragen gehört das Depotstimmrecht der Banken.« Die nunmehr geltenden Vorschriften verstehen sich als einen Kompromiß. Der Gesetzgeber entschied sich für Regelungen, von denen die Regierungsbegründung des geltenden Aktiengesetzes sagen mußte[221]: »Diese Regelungen haben es nicht vermocht, die Auseinandersetzung über die Berechtigung und die Handhabung des Stimmrechts durch Banken zu beenden. Es wird immer wieder eingewandt, das Bankenstimmrecht berge die Gefahr von Interessenkonflikten in sich.« Trotzdem hat der Gesetzgeber zu einer Lösung gefunden, die im Prinzip schon im AktG 1937 angelegt war: Kein Verbot des Depotstimmrechts, sondern ein Versuch, »die Verwaltung der Gesellschaft mehr als bisher unter die Kontrolle der Aktionäre zu stellen und die Banken von dem Verdacht zu befreien, daß sie das Stimmrecht im eigenen Interesse ausüben«. Das Europäische Gesellschaftsrecht geht einen ähnlichen Weg[222]. Im wesentlichen enthält § 135 AktG folgende Regeln, die der Depotkunde in Form von Bankformularen wiedererkennen kann:
- *Hinweis des Kreditinstituts* auf die Möglichkeit, sich durch andere Bevollmächtigte, auch durch Aktionärsvereinigungen, vertreten zu lassen (§ 135 II AktG);
- *Begrenzung von Untervollmachten*, damit die Vollmacht nicht außer Kontrolle gerät (§ 135 III AktG);
- *Weisungsgebundenheit der bevollmächtigten Bank*, die dem Aktionär durch besondere Mitteilung Gelegenheit zur Weisung geben und ihm einen eigenen Abstimmungsvorschlag mitteilen muß, an den sie sich zu halten hat, wenn der Aktionär keine Weisungen erteilt (§ 135 V AktG).

5. Fehlerhafte Beschlüsse*

a) Wegen der allgemeinen Grundsätze über fehlerhafte Beschlüsse – Nichtigkeit, Unwirksamkeit, Anfechtbarkeit – kann zunächst auf die Ausführungen

219 Hauptgutachten II, 1978, Rdnrn. 603 ff.
220 In: *Klausing*, Aktiengesetz, 1937, S. 100.
221 Begr. RegE, in: *Kropff*, S. 194.
222 Vgl. Art. 28 des geänderten Vorschlags einer fünften Richtlinie vom 20.11.1991 (Abdruck bei *Lutter*, Europäisches Unternehmensrecht, 4. Aufl. 1996, S. 143 ff.); vgl. auch den nunmehr gestrichenen Art. 88 des zweiten geänderten Vorschlags einer Verordnung über das Statut der Europäischen Aktiengesellschaft vom 25.8.1989 (Abdruck bei *Lutter*, Europäisches Unternehmensrecht, 3. Aufl. 1991, S. 579).
* Literatur: *Arens*, Streitgegenstand und Rechtskraft im aktienrechtlichen Anfechtungsverfahren, 1959; *Austmann*, Rechtsfragen der Nebenintervention im aktienrechtlichen Anfechtungsprozeß, ZHR 158 (1994), 495; *Baums* (Hrsg.), Bericht der Regierungskommission Corporate Governance, 2001, Rdnrn. 145 ff.; *ders.*, Empfiehlt sich eine Neuregelung des aktienrechtlichen

unter § 15 II verwiesen werden. In keinem Gesetz ist das Recht der fehlerhaften Beschlüsse so fein ausdifferenziert wie im Aktiengesetz. Dieses kann insofern als modellbildend gelten.

b) Fehlerhafte Beschlüsse treten auf als
- unwirksame Beschlüsse,
- nichtige Beschlüsse,
- anfechtbare Beschlüsse,

wobei man sich darüber klar sein muß, daß diese rechtlichen Mängel durchaus zusammentreffen können. Die Vorstellung, ein Beschluß könne nur entweder unwirksam oder nichtig oder anfechtbar sein, ist deshalb – bei Klagen gegen Beschlüsse nicht nur in theoretischer Hinsicht! – fehlsam (oben, § 15 II 1 c).

aa) *Unwirksam* sind Beschlüsse, deren Wirksamwerden von der Zustimmung von Gesellschaftern, Dritten oder Behörden abhängt[223].

bb) *Nichtig* sind Beschlüsse, deren Mängel so gravierend sind, daß sie ipso iure zur Nichtgeltung des Beschlossenen führen.

cc) *Anfechtbar* sind rechtswidrige Beschlüsse, die durch Gestaltungsklage (Anfechtungsklage) vernichtet werden können, aber vorerst wirksam sind.

Anfechtungs- und Organhaftungsrechts ..., in: Verhandlungen des 63. DJT I, 2000, S. F 3; *ders.*, Der unwirksame Hauptversammlungsbeschluß, ZHR 142 (1978), 583; *Bayer*, Die Kontrollfunktion der aktienrechtlichen Anfechtungsklage, in: VGR II (2000), S. 35; *Becker*, Verwaltungskontrolle durch Gesellschaftsrechte, 1997; *Bork*, Das Anerkenntnis im aktienrechtlichen Anfechtungsverfahren, ZIP 1992, 1205; *Diekgräf*, Sonderzahlungen an opponierende Kleinaktionäre, 1990; *Geßler*, Zur Anfechtung wegen Strebens nach Sondervorteilen (§ 243 II AktG), in: Festschrift Barz, 1974, S. 97; *ders.*, Nichtigkeit von Hauptversammlungsbeschlüssen und Satzungsbestimmungen, ZGR 1980, 427; *Henze*, Aktienrecht, 4. Aufl. 2000, Rdnrn. 987ff.; *ders.*, Aspekte und Entwicklungstendenzen der aktienrechtlichen Anfechtungsklage, ZIP 2002, 97; *Hoffmann*, Zur Nichtigkeit eines Hauptversammlungsbeschlusses nach § 241 Nr. 3 AktG, AG 1980, 141; *Huber*, Entstehungsgeschichte und aktuelle Auslegungsprobleme des § 241 Nr. 3 AktG, in: Festschrift Coing II, 1983, S. 167; *Alfred Hueck*, Anfechtbarkeit und Nichtigkeit von Generalversammlungsbeschlüssen, 1924; *Hüffer*, Anfechtungsbefugnis und Mindestanteilsbesitz, in: Festschrift Brandner, 1996, S. 57; *Lutter*, Die entgeltliche Ablösung von Anfechtungsrechten – Gedanken zur aktiven Gleichbehandlung im Aktienrecht, ZGR 1978, 347; *Noack*, Fehlerhafte Beschlüsse in Gesellschaften und Vereinen, 1989; *Schiessl*, Die Kontrollfunktion der aktienrechtlichen Anfechtungsklage, in: VGR II (2000), S. 57; *Karsten Schmidt*, Empfiehlt sich eine Neuregelung des aktienrechtlichen Anfechtungs- und Organhaftungsrechts ..., in: Verhandlungen des 63. DJT II, 2001, S. 11; *ders.*; Fehlerhafte Beschlüsse in Gesellschaften und Vereinen, AG 1977, 205, 243; *ders.*, Zum Streitgegenstand von Anfechtungs- und Nichtigkeitsklagen im Gesellschaftsrecht, JZ 1977, 669; *ders.*, Geklärte und offene Probleme der »positiven Beschlußfeststellungsklage«, AG 1980, 169; *Thöni*, Die Beschlußmängelfolge der Unwirksamkeit, GesRZ 1995, 73; *Vollmann*, Minderheitenschutz im gesetzlichen Beschlußmängelrecht, 1997; *Wallenhorst*, Schranken der Anfechtungsbefugnis von Aktionären, 1996; *Zöllner*, Die Schranken mitgliedschaftlicher Stimmrechtsmacht ..., 1963, S. 357; *ders.*, Zur positiven Beschlußfeststellungsklage im Aktienrecht, ZGR 1982, 623; *ders.*, Kontrollrechte des einzelnen Aktionärs, in: Semler (Hrsg.), Reformbedarf im Aktienrecht, 1994, S. 147; *ders.*, Zur Problematik der aktienrechtlichen Anfechtungsklage, AG 2000, 145.

223 *Karsten Schmidt*, in: GroßkommAktG, § 241 Rdnr. 15; zur GmbH *BGHZ* 48, 141, 143; gegen dieses Institut *Baums*, ZHR 142 (1978), 582ff.; nach *Baums* sind die sog. unwirksamen Beschlüsse nur ein Unterfall der nichtigen Beschlüsse; richtig ist aber nur, daß die Unwirksamkeit wie die Nichtigkeit geltend gemacht werden kann; darüber später.

dd) Nicht von einem fehlerhaften Beschluß, sondern von einem »Nichtbeschluß« sollte im Fall des sog. Scheinbeschlusses gesprochen werden[224]. Um einen *Scheinbeschluß* handelt es sich, wenn die Mindestvoraussetzungen für das Vorliegen eines Beschlusses nicht gegeben sind, insbesondere, wenn der Beschluß nicht von der Hauptversammlung gefaßt wurde. Dies ist bei der Aktiengesellschaft ein eher theoretischer Fall. Scheinbeschlüsse, deren Anerkennung ohnedies umstritten ist, spielen im allgemeinen Gesellschaftsrecht eine gewisse Rolle (oben, § 15 II 1 b aa), weil umstritten ist, ob eine kassatorische Klage (»Nichtigkeitsklage«) scheitern muß, wenn sich der angegriffene Beschluß als bloßer Scheinbeschluß erweist[225].

c) *Nichtigkeit* tritt nach § 241 AktG[226] dann und nur dann ein, wenn der Hauptversammlungsbeschluß

1. in einer Hauptversammlung gefaßt worden ist, die unter Verstoß gegen § 121 Abs. 2, 3 oder 4 einberufen war,
2. nicht nach § 130 Abs. 1, 2 und 4 beurkundet ist,
3. mit dem Wesen der Aktiengesellschaft nicht zu vereinbaren ist oder durch seinen Inhalt Vorschriften verletzt, die ausschließlich oder überwiegend zum Schutze der Gläubiger der Gesellschaft oder sonst im öffentlichen Interesse gegeben sind,
4. durch seinen Inhalt gegen die guten Sitten verstößt,
5. auf Anfechtungsklage durch Urteil rechtskräftig für nichtig erklärt worden ist,
6. nach § 144 Abs. 2 des Gesetzes über die Angelegenheiten der freiwilligen Gerichtsbarkeit aufgrund rechtskräftiger Entscheidung als nichtig gelöscht worden ist.

Die einzelnen Tatbestände sollen hier nicht besprochen werden, jedoch muß ein kurzer Blick auf die Generalklauseln in den Nrn. 3 und 4 geworfen werden[227]. Beide Tatbestände könnten in weitem Umfang zur Nichtigkeit von Beschlüssen führen, wenn sie weit ausgelegt würden. Eben dies ist aber nicht angängig, denn die Generalklauseln der Nrn. 3 und 4 müssen vor dem Hintergrund des § 243 I AktG gesehen werden, wonach die bloße Gesetzwidrigkeit noch keine Nichtigkeit zur Folge hat, sondern im Interesse der Rechtssicherheit nur zur Anfechtung berechtigt. Insbesondere die ungleiche Behandlung von Aktionären oder die Treuwidrigkeit eines Mehrheitsaktionärs genügt nicht für die Nichtigkeit, so sehr man darin auch »Wesensverstöße« oder Sittenverstöße erblicken könnte. Hauptfälle der Nr. 3 sind Verstöße gegen zwingende Grenzen der Satzungsautonomie (§ 23 V AktG)[228], Verstöße gegen die aktienrechtliche Vermögensbindung[229] und Verstöße gegen das Mitbestimmungsgesetz[230]. Die Nichtigkeit wirkt sich darin aus, daß der Beschluß von vornherein ohne Rechtswirksamkeit ist.

224 Vgl. *Karsten Schmidt*, in: GroßkommAktG, § 241 Rdnr. 11; s. auch *Noack*, a.a.O., S. 11, der in Übereinstimmung mit dem Verf. feststellt, daß der Scheinbeschluß keine eigene Beschlußkategorie darstellt.

225 Dazu *Karsten Schmidt*, in: GroßkommAktG, § 241 Rdnr. 12.

226 Daneben treten die Sonderfälle der §§ 253, 256 AktG.

227 Ausführlicher *Raiser*, Kapitalgesellschaften, § 16 Rdnrn. 123ff.

228 Vgl. *BGH*, NJW 1989, 904, 905; *Karsten Schmidt*, in: GroßkommAktG, § 241 Rdnr. 56; eingehend *Huber*, a.a.O., S. 184ff. m.w.N.; *Hüffer*, AktG, § 241 Rdnr. 19; unklar noch *BGH*, NJW 1988, 260; *OLG Hamburg*, AG 1993, 384, 385.

229 Vgl. *Hüffer*, AktG, § 241 Rdnr. 17; eingehend *Geßler*, ZGR 1980, 440ff.

230 Vgl. *BGHZ* 83, 106, 109f.; *Raiser*, Kapitalgesellschaften, § 16 Rdnr. 133; *Martens*, ZGR 1983, 244f.; a.M. *Dietrich Hoffmann*, AG 1980, 145; *Canaris*, DB-Beil. 14/1981, S. 5; Überblick bei *Huber*, a.a.O., S. 181ff.

Deshalb *kann die Nichtigkeit auf verschiedene Weise geltend gemacht werden*[231], nämlich
- im Handelsregisterverfahren durch Versagung der Eintragung,
- ohne Rechtsstreit in jeder Weise durch schlichte Berufung auf die Nichtigkeit,
- in jedem Rechtsstreit als Vorfrage durch schlichte Berufung auf die Nichtigkeit,
- durch reguläre Feststellungsklage (§ 256 ZPO) zwischen beliebigen Parteien, sofern nur ein Feststellungsinteresse besteht,
- durch Nichtigkeitsklage nach § 249 AktG, die entgegen der h.M. keine bloße Feststellungsklage ist, sondern Gestaltungswirkung hat,
- durch Anfechtungsklage nach § 246 AktG, die auch auf Nichtigkeitsgründe gestützt werden kann.

d) *Alle anderen Beschlußmängel*, die – abgesehen von den seltenen Nichtbeschlüssen oder unwirksamen Beschlüssen – nicht nach § 241 AktG zur Nichtigkeit führen, *begründen nur die Anfechtbarkeit.* Nach § 243 I AktG kann ein Beschluß der Hauptversammlung wegen Verletzung des Gesetzes oder der Satzung durch Klage angefochten werden. – Diese Anfechtungsmängel können materielle oder formelle Mängel sein. *Formelle Mängel*, also reine Verfahrensmängel, machen den Beschluß grundsätzlich nur dann anfechtbar, wenn das Beschlußergebnis auf dem Mangel beruhen kann[232]. In diesem Sinne beschlußrelevant sind namentlich Verletzungen des Informationsrechts, soweit sie den Beschlußgegenstand betreffen[233] und für das Stimmverhalten eines objektiv urteilenden Aktionärs ausschlaggebend sein können[234]. Das Urteil »Sachsenmilch III« aus dem Jahr 2001 faßt diese wertende Abgrenzung in der Frage zusammen, ob die dem Aktionär vorenthaltene Information für seine Mitwirkung an der Hauptversammlung »wesentlich« ist[235]. Soweit bei Strukturänderungsmaßnahmen wie Umwandlungen der Aktionärsschutz ins Spruchverfahren verlagert ist, können allerdings auch Informationsrechte in diesem Verfahren geltend gemacht werden; insoweit rechtfertigt ihre Verletzung nicht die Anfechtbarkeit des Beschlusses[236]. Auch eine Verletzung des Rechts auf Gehör stellt einen Anfechtungsgrund – nicht einen Nichtigkeitsgrund – dar[237]. Typische *materielle Mängel* sind Verstöße gegen den Gleichbehandlungsgrundsatz[238] und gegen die Treu-

231 Vgl. zum folgenden eingehend *Karsten Schmidt*, AG 1977, 206ff.; *ders.*, JZ 1977, 769ff.

232 *RGZ* 65, 241, 242; 90, 206, 208; 103, 6, 7; 105, 373, 374; 106, 258, 263; 108, 322, 326f.; 110, 194, 197; 115, 345, 350; 167, 151, 165; *BGHZ* 36, 121, 139; 86, 1, 3; *BGH*, NJW 1987, 3186, 3187; eingehende Kritik bei *Zöllner*, in: KK, 1. Aufl., § 243 Rdnrn. 76ff.

233 Vgl. *RGZ* 167, 151, 156; *BGHZ* 36, 121, 139; 86, 1, 3; 107, 296, 307; 119, 1, 12f.; 122, 211, 236ff.; *BGH*, NJW 1987, 3186, 3187; ZIP 1995, 1256, 1257; eingehend *Henze*, Aktienrecht, a.a.O., Rdnrn. 715ff.

234 *BGHZ* 122, 211, 239; *Henze*, Aktienrecht, a.a.O., Rdnr. 721.

235 *BGH*, NJW 2002, 1128, 1129 (vorgesehen für *BGHZ*).

236 *BGHZ* 146, 179 = NJW 2001, 1425; bestätigt durch *BGH*, ZIP 2001, 412.

237 Vgl. zur Genossenschaft *BGHZ* 132, 84 = NJW 1996, 1756.

238 Vgl. *RGZ* 118, 67, 70ff.; *BGHZ* 71, 40, 43ff.; 120, 141, 149ff.; *Hüffer*, in: Geßler/Hefermehl/Eckardt/Kropff, § 243 Rdnrn. 58ff.; *Karsten Schmidt*, in: GroßkommAktG, § 243 Rdnr. 44; wohl kaum noch str.

pflicht[239]. § 243 II AktG hebt besonders hervor, daß auch die Verfolgung von Sondervorteilen durch einen Aktionär zum Schaden der Gesellschaft oder der anderen Aktionäre ein Anfechtungsgrund sein kann, wenn der Beschluß geeignet ist, diesem Zweck zu dienen (dazu schon unter I 4b). Die Bestimmung geht auf das AktG 1937 zurück, das mit ihr vor allem den damals bestehenden Meinungsstreit klärte, ob Machtmißbrauch den Beschluß nichtig oder nur anfechtbar macht[240]. Sie hat heute nicht mehr dieselbe Tragweite wie nach dem AktG 1937, weil ein erheblicher Teil der einschlägigen Probleme durch das Konzernrecht gelöst wird[241] oder im Rechtsinstitut der Treupflichtverletzung aufgeht (dazu oben unter I 4)[242]. Zu einer erheblichen *Entlastung der Beschlußanfechtungspraxis* haben die Regelungen über Ausgleich und Abfindung im Konzern- und Umwandlungsrecht geführt: Beschlüsse über Unternehmensverträge, Vermögensübertragungen und Umwandlungen können nicht wegen der Bemessung von Ausgleichszahlungen, Abfindungen und Umtauschverhältnissen angefochten werden, sondern der Gesetzgeber hat für deren Kontrolle sog. Spruchverfahren zur Verfügung gestellt (§§ 304 III, 305 V, 320b II AktG, §§ 14 II, 36 I, 125, 195 II, 210 UmwG). In diesem Umfang ist das Anfechtungsrecht durch den spezielleren Rechtsschutz ausgeschlossen und kann dann auch nicht darauf gestützt werden, daß in der Hauptversammlung Informationen über die einschlägigen Bemessungsgrundlagen versagt worden sind[243]. Diese Entlastung des Beschlußanfechtungsrechts wird rechtspolitisch als ausdehnungswürdig betrachtet[244].

e) aa) *Die Anfechtung* eines Hauptversammlungsbeschlusses erfolgt nach § 246 AktG durch eine Klage, die binnen Monatsfrist erhoben werden muß und gegen die Gesellschaft – grundsätzlich vertreten durch Vorstand und Aufsichtsrat – zu richten ist (§ 246 II AktG). Ausschließlich zuständig ist das Landgericht, in dessen Bezirk die Gesellschaft ihren Sitz hat (§ 246 III AktG), und zwar die Kammer für Handelssachen (§ 95 II GVG). Die Frage, ob die Zuständigkeit eines Schiedsgerichts vereinbart werden kann, ist entgegen der herrschenden Meinung zu bejahen[245], jedoch genügt eine Satzungsklausel

239 Vgl. *BGHZ* 103, 184, 193ff. = NJW 1988, 1579 m. Anm. *Timm* = JR 1988, 505 m.Anm. *Bommert* = JZ 1989, 443 m. Anm. *Wiedemann*; *Raiser*, Kapitalgesellschaften, § 16 Rdnr. 162; im einzelnen *Mülbert*, a.a.O., S. 306ff.; *Hüffer*, in: Geßler/Hefermehl/Eckardt/Kropff, § 243 Rdnrn. 66f.

240 Vgl. Amtl. Begr., in: *Klausing*, Aktiengesetz, 1937, S. 177: »Auf diesen Tatbestand wurde bisher die Mehrzahl aller Nichtigkeitsklagen gestützt. Er kann aber die Nichtigkeit nicht begründen, denn die Beschlüsse selbst sind regelmäßig ›sachlich indifferent‹, so daß nur eine Anfechtbarkeit im Interesse aller Beteiligten gerechtfertigt ist.«

241 Vgl. BegrRegE, in: *Kropff*, S. 329.

242 Charakteristisch auch für Kapitaländerungsmaßnahmen *BGHZ* 71, 40, 49; 138, 71, 80f.; zur Treupflicht *BGHZ* 142, 16 »Hilgers«.

243 *BGHZ* 146, 179.

244 *Baums*, in: 63. DJT I, 2000, S. F 129ff.; *Karsten Schmidt*, in: 63. DJT II; 2001, S. O 20, 36; krit. *Bayer*, in: VGR II (2000), S. 51ff.

245 Dazu eingehend *Schröder*, Schiedsgerichtliche Konfliktbeteiligung bei aktienrechtlichen Beschlußmängelklagen, 1999; *Karsten Schmidt*, in: GroßkommAktG, § 246 Rdnrn. 116ff.; *ders.*, AG 1995, 551; *ders.*, BB 2001, 1857; *Timm*, ZIP 1996, 445; abl. aber *BGHZ* 132, 278ff. = NJW 1996, 1753 (zur GmbH); dazu *Bork*, ZHR 160 (1996), 374ff.

hierfür nicht[246]. Die Klagebefugnis ist in § 245 AktG geregelt[247]. Die wichtigsten Fälle sind in den Nrn. 1, 2 und 4 enthalten: Klagebefugt ist jeder in der Hauptversammlung erschienene Aktionär, der gegen den Beschluß einen Widerspruch zu Protokoll gegeben hat (Nr. 1), jeder Aktionär, der eine Verletzung seines Teilnahmerechts geltend macht (Nr. 2), und der Vorstand (Nr. 4). Die Anfechtungsbefugnis des Aktionärs ist nicht an einen Mindest-Aktienbesitz gebunden, und dies kann auch nicht in der Satzung vorgeschrieben werden[248]. Der Kläger braucht nicht geltend zu machen, daß er durch den Beschluß in eigenen Rechten verletzt wird[249]. Klagen mehrere Aktionäre, so sind sie notwendige Streitgenossen i.S. von § 62 ZPO[250]. Ein Aktionär kann aber auch der beklagten Gesellschaft als streitgenössischer Nebenintervenient nach § 69 ZPO beitreten, um den Beschluß zu verteidigen[251]. Die Klage ist eine Gestaltungsklage[252]. Sie zielt auf Nichtigerklärung des fehlerhaften Beschlusses. Das Institut der Gestaltungsklage dient der Rechtssicherheit (oben, § 15 II). Erst mit der Rechtskraft eines der Klage stattgebenden Urteils verliert der anfechtbare Beschluß, sofern nicht ein weiterer Mangel mit dem Anfechtungsgrund konkurriert, seine Wirksamkeit (§ 241 Nr. 5 AktG). Vorher ist er zwar fehlerhaft, aber wirksam (zu den hieraus resultierenden Problemen bei eintragungsbedürftigen Beschlüssen vgl. alsbald unter IV 5 g). Allerdings kann das Gericht einer Anfechtungsklage auch wegen eines Nichtigkeitsgrundes stattgeben (vgl. zum Einheitsinstitut der kassatorischen Klagen bereits unter IV 5 c)[253]. Die hergebrachte Praxis, wonach das Gericht in diesem Fall den »Anfechtungsantrag« abzuweisen und einem hilfsweise gestellten »Nichtigkeitsantrag« stattzugeben hätte, ist überholt[254]. Allerdings müssen alle Anfechtungsgründe – anders als die Nichtigkeitsgründe – innerhalb der Monatsfrist des § 246 I AktG geltend gemacht sein[255].

bb) Ein Sonderfall der Anfechtbarkeit ist die Anfechtung ablehnender Beschlüsse, insbesondere bei *Verkündung und Beurkundung eines unrichtigen Beschlußergebnisses.* Hier kann es nicht nur darum gehen, den unrichtig festgestellten Beschluß durch Anfechtung zu beseitigen, sondern es muß auch das richtige Beschlußergebnis hergestellt werden. Dies geschieht durch die sog. positive Beschlußfeststellungsklage, bei der es sich richtigerweise um einen besonderen Antrag im Anfechtungsprozeß handelt (oben, § 15 I 3 b)[256].

Beispiel Nr. 45 (vereinfacht nach *BGHZ* 76, 191 = AG 1980, 187 = BB 1980, 646): Nach der Satzung der B-Brauerei AG werden, soweit nicht zwingende Vorschriften entgegen-

246 Str.; vgl. *Karsten Schmidt*, BB 2001, 1860f.
247 Dazu *Karsten Schmidt*, in: Festschrift Semler, 1993, S. 329ff.
248 Kritisch *Hüffer*, in: Festschrift Brandner, a.a.O.
249 *BGHZ* 70, 117, 118; *Brandes*, WM 1984, 298; zur GmbH vgl. *BGHZ* 43, 261, 265f.
250 Vgl. *BGHZ* 122, 213 = NJW 1993, 1976.
251 *Austmann*, ZHR 158 (1994), 495.
252 *Schlosser*, Gestaltungsklagen und Gestaltungsurteile, 1966, S. 59; *Karsten Schmidt*, JuS 1986, 35ff.
253 Richtig *BGH*, NJW 1995, 260; *Karsten Schmidt*, in: GroßkommAktG, § 246 Rdnrn. 13, 94.
254 *Karsten Schmidt*, in: GroßkommAktG, § 246 Rdnr. 57, § 249 Rdnrn. 5, 20.
255 *BGHZ* 120, 142 = NJW 1993, 400; *Karsten Schmidt*, in: GroßkommAktG, § 246 Rdnr. 13.
256 Dazu eingehend *Karsten Schmidt*, in: GroßkommAktG, § 246 Rdnrn. 98ff.; *ders.*, AG 1980, 169; *ders.*, NJW 1986, 2018; *Zöllner*, in: Festschrift Lutter, 2000, S. 821; *ders.*, ZGR 1982, 623; *Oelrichs*, GmbHR 1995, 863; s. auch den Bericht von *Brandes*, WM 1984, 298.

stehen, alle Beschlüsse mit einfacher Stimmenmehrheit und, soweit es auf Kapitalmehrheiten ankommt, mit einfacher Kapitalmehrheit gefaßt. Hauptaktionär H – auch eine Brauerei – hält an dem früheren Familienunternehmen seit einigen Jahren 51 % der Aktien, während sich nur noch eine Minderheitsbeteiligung von 49 % in den Händen der Gründerfamilie M befindet. Auf der Tagesordnung stand eine Satzungsänderung. Für diese Satzungsänderung wurden von H 1432 Stimmen, dagegen von den Familienaktionären M 1 364 Stimmen für Aktien von je 1000 DM Nennwert abgegeben. Der Aufsichtsratsvorsitzende erklärte daraufhin die Satzungsänderung mangels ausreichender Mehrheit für abgelehnt, und so wurde der Beschluß auch beurkundet. Beides war unrichtig, aber der Beschluß gilt in einem solchen Fall so als beschlossen, wie er verkündet und beurkundet ist (anderenfalls wäre er nach § 241 Nr. 2 AktG nichtig). Die Falschverkündung und -beurkundung ist nun allerdings ein Anfechtungsgrund. H erhob deshalb die Anfechtungsklage, aber es nützt in einem derartigen Fall naturgemäß nichts, wenn nur der verkündete und beurkundete Beschluß für nichtig erklärt wird. *RGZ* 122, 107 hatte deshalb gemeint, eine erfolgreiche Beschlußanfechtung wegen unrichtiger Protokollierung und Verkündung des Beschlusses führe »notwendig zugleich zu der Feststellung, daß der Antrag angenommen worden ist«. Diese Auffassung war unrichtig, denn die bloße Anfechtungsklage wirkt rein kassatorisch, d.h. sie vernichtet den angefochtenen Beschluß, stellt aber keinen neuen Beschluß her. Genau hierauf erstreckt sich aber das Rechtsschutzbedürfnis des H. Nach der heute h.M. muß deshalb zusätzlich eine sog. positive Beschlußfeststellungsklage erhoben werden. Mit Recht entschied der *BGH:* »Hat in der Hauptversammlung der Vorsitzende zu Unrecht verkündet, ein Antrag sei wegen Fehlens der erforderlichen Stimmenmehrheit abgelehnt, so kann die hiergegen gerichtete Anfechtungsklage mit dem Antrag auf Feststellung eines zustimmenden Beschlusses verbunden werden.« Man sollte sich allerdings darüber klar sein, daß diese Klage in Wahrheit eine Gestaltungsklage ist, ebenso wie umgekehrt die Klage auf »Feststellung« der Nichtigkeit eines Beschlusses nach § 249 AktG den Charakter einer Gestaltungsklage hat (oben, § 15 II 2; anders die herrschende Ansicht). Da es sich nur um eine Komplettierung der Anfechtungsklage handelt, kann man sogar darüber streiten, ob, wie dies der bisher h.M. entspricht, eine Klage mit doppeltem Streitgegenstand vorliegt.

cc) Besonders bedeutsam ist hierbei das Verhältnis zwischen der Feststellungsklage nach § 256 ZPO, der Nichtigkeitsklage nach § 249 AktG und der Anfechtungsklage nach § 246 AktG (vgl. schon oben, § 15 II 2). Auf den ersten Blick erscheint die Nichtigkeitsklage als ein Sonderfall der Feststellungsklage nach § 256 ZPO, denn nach dem Gesetzeswortlaut – und demgemäß nach den üblichen Klaganträgen – wird gegen die Gesellschaft auf »Feststellung der Nichtigkeit eines Hauptversammlungsbeschlusses« geklagt[257]. In Wahrheit aber steht die Nichtigkeitsklage der Anfechtungsklage viel näher, allerdings mit dem Unterschied, daß sie ausschließlich auf Nichtigkeitsgründe gestützt werden kann, während einer Anfechtungsklage stattgegeben wird, wenn entweder rechtzeitig geltend gemachte Anfechtungsgründe oder Nichtigkeitsgründe vorliegen (dazu alsbald unter IV 5d a.E.)[258]. Beide Klagen können nach §§ 246, 249 AktG nur gegen die Gesellschaft erhoben werden, die dabei regelmäßig durch Vorstand und Aufsichtsrat vertreten wird (vgl. § 246 II AktG), und in beiden Fällen wirken die Urteile gestaltend für und gegen jedermann. Beide Klagen verfolgen, wie *BGHZ* 134,

257 Für Feststellungsklage mit der h.M. etwa *Hüffer*, in: Geßler/Hefermehl/Eckardt/Kropff, § 249 Rdnr. 4.

258 Vgl. zum folgenden eingehend *Karsten Schmidt*, in: GroßkommAktG, § 249 Rdnrn. 3ff.; *ders.*, JZ 1977, 770; 1988, 733f.; insoweit zust. *Noack*, a.a.O., S. 88ff.

364 = NJW 1997, 1510 inzwischen anerkannt hat, dasselbe materielle Ziel[259]. Ob der Kläger eine »Nichtigkeitsklage« oder »nur« eine »Anfechtungsklage« erhebt, hängt also von den Mängeln ab, die er geltend machen will. Die reine Feststellungsklage nach § 256 ZPO ist demgegenüber ein aliud. Jede Gestaltungswirkung ist ihr fremd. Deshalb kann sie selbstverständlich nicht nur gegen die Gesellschaft, sondern gegen jedermann erhoben werden, sofern nur im Verhältnis zum Beklagten ein Feststellungsinteresse besteht. Ebenso selbstverständlich ist, daß die Feststellungsklage nach § 256 ZPO niemals auf bloße Anfechtungsgründe gestützt werden kann. Das Verhältnis zwischen der Nichtigkeitsklage nach § 249 AktG und der reinen Feststellungsklage nach § 256 ZPO kann aus diesen Gründen nur problematisch werden, wenn Klage gegen die Gesellschaft erhoben wird. Das Problem löst sich aufgrund des Rechtsschutzinteresses.

Beispiel Nr. 46 (in Anlehnung an *BGHZ* 70, 384): Aktionär A rügt, daß ein Beschluß gegen § 241 Nr. 3 AktG verstoße und deshalb nichtig sei. Er klagt gegen die Gesellschaft, vertreten durch den Vorstand, auf Feststellung der Nichtigkeit. Diese Klage kann keine zulässige Nichtigkeitsklage nach § 249 AktG sein, denn dann müßte sie gegen die durch Vorstand *und* Aufsichtsrat vertretene AG erhoben werden (§§ 249, 246 II AktG). Als allgemeine Feststellungsklage nach § 256 ZPO kann nun allerdings die Klage gegen die Gesellschaft, vertreten durch den Vorstand, erhoben werden, denn dieser vertritt die Gesellschaft gerichtlich und außergerichtlich (§ 78 I AktG). Aber als allgemeine Feststellungsklage kann die Klage nur zulässig sein, wenn ein besonderes Feststellungsinteresse besteht (§ 256 ZPO), und an diesem fehlt es nun wieder deshalb, weil der Kläger, wenn er gegen die Gesellschaft klagt, mit einer zulässigen Nichtigkeitsklage nach § 249 AktG viel mehr erreichen könnte als mit einer bloßen Feststellungsklage, nämlich ein gegen jedermann wirkendes Urteil.

Da die Nichtigkeit grundsätzlich auf jede Weise geltend gemacht werden kann, hat die Nichtigkeitsklage im allgemeinen nur klärende Funktion (Wirkung gegen jedermann!). Eben hierauf beruht ja die traditionelle Einordnung dieser Klage unter die Feststellungsklagen. Nach § 242 AktG kann aber eine *Heilung der Nichtigkeit* durch Eintragung des Beschlusses in das Handelsregister (Fall des § 242 I AktG) und dreijährige Versäumung der Nichtigkeitsklage eintreten (Fall des § 242 II AktG), und zwar sogar dann, wenn es sich um eine nichtige Satzungsänderung handelt[260].

Beispiel Nr. 47 (nach *BGHZ* 99, 211): Die Hauptversammlung hatte 1979 durch Satzungsänderung eine Regelung über Ersatzmitglieder im Aufsichtsrat beschlossen, deren Vereinbarkeit mit dem Wesen der AG zweifelhaft war. Die Satzungsänderung war ordnungsgemäß eingetragen worden. Auf dieser Grundlage war es im Jahr 1984 zu einer Wahl von Aufsichtsratsmitgliedern gekommen, und diese focht der klagende Aktionär mit der Anfechtungsklage an. Angefochten war hier der Beschluß von 1984, nicht der von 1979. Dieser Beschluß konnte nur dann aufgehoben werden, wenn er gegen das Gesetz oder gegen die Satzung verstieß. Ein Verstoß gegen das Gesetz war nicht ersichtlich. Ein Verstoß gegen die Satzung konnte nur vorliegen, wenn die Satzungsänderung von 1979

259 Zust. *Kindl*, ZGR 2000, 166.

260 *BGHZ* 99, 211 = NJW 1987, 902; *Wiedemann*, in: GroßkommAktG, § 181 Rdnr. 47; *Karsten Schmidt*, ebd., § 242 Rdnr. 8; zur Abgrenzung *ders.*, AG 1996, 385 ff.; krit. *Stein*, ZGR 1994, 472 ff.; zum Sonderproblem der Beschlußheilung während des Revisionsrechtszugs vgl. *Zöllner*, in: Festschrift Beusch, 1993, S. 973.

nichtig war. Aber dies konnte nach Ablauf der Dreijahresfrist nicht mehr geltend gemacht werden: »Nach Ablauf der Dreijahresfrist des § 242 Abs. 2 AktG kann die Nichtigkeit eines Hauptversammlungsbeschlusses auch dann nicht mehr geltend gemacht werden, wenn eine Satzungsänderung beschlossen worden ist, die mit dem Wesen der Aktiengesellschaft nicht vereinbar ist oder zwingende Vorschriften verletzt, die ausschließlich oder überwiegend zum Schutze der Gläubiger der Gesellschaft oder sonst im öffentlichen Interesse gegeben sind.« Der Kläger hätte also rechtzeitig mit der Nichtigkeitsklage gegen den Beschluß von 1979 vorgehen müssen. Dabei hätte die Einreichung der Klagschrift die Frist gewahrt, wenn die Klage alsbald zugestellt worden wäre (vgl. *BGH*, NJW 1989, 904).

f) Eine Nichtigkeits- oder Anfechtungsklage ist, wie jede Klage, nur zulässig, wenn dem Kläger ein *Rechtsschutzinteresse* zur Seite steht[261]. Dieses braucht aber grundsätzlich nicht besonders dargelegt zu werden, denn es ergibt sich in aller Regel von selbst daraus, daß die Klage der Herbeiführung eines gesetz- und satzungsmäßigen Rechtszustands dient[262]. Nach der herrschenden, im Fall »Kochs Adler« (*BGHZ* 107, 296) bestätigten, Auffassung ist aber die Klage abzuweisen, wenn ein *Fall des individuellen Rechtsmißbrauchs* vorliegt[263]. Eine Gegenauffassung, die dem Aktionär als Wahrer der Aktienrechtsordnung vorbehaltlos die Verfolgung des Anfechtungsziels zubilligt[264], hat sich mit Recht nicht durchgesetzt[265]. Gleichwohl sollte sich die Rechtsordnung den generalpräventiven Effekt der Anfechtungsmöglichkeit zunutze machen[266]. Hier liegt manches im argen, weil das geltende Recht manchen sinnvollen Anfechtungsprozeß durch das Prozeßkostenrisiko verhindert (vgl. §§ 91 ZPO, 247 AktG) und gleichzeitig Anreize für mißbräuchliche Klagen ausübt[267]. Im ausgehenden 20. Jahrhundert breitete sich bei unseriösen Minderheitsaktionären die Übung aus, den Vollzug von Grundlagenbeschlüssen wie Konzernbildungs-, Verschmelzungs- oder Umwandlungsbeschlüssen durch Anfechtungsklagen zu blockieren, die sich mit dem mehr oder weniger diskret angedeuteten Angebot verbanden, die Klage gegen Abkauf des »Lästigkeitswerts« zurückzunehmen[268]. Wo seriöse Vergleichsverhandlungen enden und wo erpresserischer Eigennutz beginnt, ist nicht immer leicht

261 Vgl. *LG Hamburg*, DB 1994, 625 = WM 1994, 1165; *Künzel*, in: Festschrift Heinsius 1993, S. 425; mißverständlich *OLG München*, AG 1993, 283, 284 = ZIP 1993, 676, 678f.

262 *BGHZ* 70, 117, 118 = NJW 1978, 540; *BGHZ* 107, 296, 308 = NJW 1989, 2689, 2691; *Karsten Schmidt*, in: GroßkommAktG, § 246 Rdnr. 60; h.M.

263 *BGHZ* 107, 296, 308ff. = NJW 1989, 2689; *BGH*, AG 1992, 448 = NJW-RR 1992, 1388; *Henze*, a.a.O., Rdnrn. 1091ff.; *Hüffer*, in: MünchKommAktG, § 241 Rdnrn. 47ff.; *Karsten Schmidt*, in: GroßkommAktG, § 245 Rdnrn. 73ff.; eingehend *Diekgräf*, a.a.O., S. 30ff.; *Wallenhorst/Lutter*, in: Festschrift 40 Jahre DB, 1988, S. 193ff.; *Boujong*, in: Festschrift Kellermann, 1991, S. 1ff.; *Hirte*, BB 1988, 1471ff.; s. auch *Scholz/Karsten Schmidt*, § 45 Rdnr. 137.

264 Vgl. mit Unterschieden *Mestmäcker*, Verwaltung, Konzerngewalt und Rechte der Aktionäre, 1958, S. 14; *Bokelmann*, Rechtsmißbrauch des Anfechtungsrechts durch den Aktionär? Diss. Bielefeld 1970; *ders.*, BB 1972, 736f.

265 Vgl. *Mertens*, AG 1990, 49ff.; s. auch *Heuer*, WM 1989, 1401, 1408.

266 Vgl. zum Standpunkt des Verf. *Karsten Schmidt*, in: Verhandlungen des 63. DJT II, 2001, S. O 15ff.

267 Vgl. *Baums*, in: Verhandlungen des 63. DJT I, 2001, S. F 78ff.; Beschlüsse, in: Verhandlungen des 63. DJT II/2, 2001, S. O 225ff.

268 Bestandsaufnahme bei *Baums*, in: Verhandlungen des 63. DJT I, a.a.O., S. F 152ff.; *Diekgräf*, a.a.O., S. 3ff.; *Timm*, Mißbräuchliches Aktionärsverhalten, 1990, S. 1ff.

festzustellen[269]. Aber selbst wenn man von einem unzulässigen Aktionärsverhalten ausgeht, sind die Abwehrmaßnahmen umstritten. Teilweise wird eine Zahlung und anschließende Rückforderung des »Lästigkeitspreises« empfohlen[270], teils eine Zahlung durch den Vorstand für unzulässig erklärt[271]. Wird der Prozeß durchgeführt, so führt jedenfalls der begründete *Mißbrauchseinwand* zur Abweisung der Anfechtungsklage als unzulässig[272], nach der wohl herrschenden Gegenmeinung als unbegründet[273]. Grundlegend war hier das *BGH*-Urteil in der Sache »Kochs-Adler«.

Beispiel Nr. 48 (nach *BGHZ* 107, 296 = NJW 1989, 2689; dazu *Teichmann*, JuS 1990, 269ff.): Mehrere Kleinaktionäre hatten Klage gegen einen Verschmelzungsbeschluß erhoben. Die Gesellschaft wandte u. a. ein, daß sich die Kläger nur den »Lästigkeitswert« abkaufen lassen wollten. Das *OLG* hatte in Anlehnung an die ältere Rechtsprechung gemeint, nur eine strafrechtlich erhebliche Rechtswidrigkeit der Klage, insbesondere also ein Erpressungsversuch, der hier nicht nachgewiesen sei, könne zur Klageabweisung als unzulässig führen. Der *Bundesgerichtshof* hob das der Anfechtungsklage stattgebende OLG-Urteil auf und verwies die Sache zurück. In den Leitsätzen des BGH-Urteils heißt es: »Einer Anfechtungsklage i. S. des § 246 AktG kann mit dem Einwand des individuellen Rechtsmißbrauchs begegnet werden. Die Voraussetzungen dafür können bereits dann gegeben sein, wenn der Kläger eine Anfechtungsklage mit dem Ziel erhebt, die verklagte Gesellschaft in grob eigennütziger Weise zu einer Leistung zu veranlassen, auf die er keinen Anspruch hat und billigerweise auch nicht erheben kann, wobei er sich im allgemeinen von der Vorstellung leiten lassen wird, die verklagte Gesellschaft werde die Leistung erbringen, weil sie hoffe, daß der Eintritt anfechtungsbedingter Nachteile und Schäden dadurch vermieden oder zumindest gering gehalten werden könne (Abweichung von RGZ 146, 385 sowie BGH-Urt. v. 1. März 1962 – II ZR 18/60, WM 1962, 456).«

Der Mißbrauchseinwand setzt, wohlgemerkt, nicht voraus, daß der Beschluß in Wahrheit rechtmäßig ist. Wer einen ihn selbst nur formell verletzenden Mangel zum Vorwand für eine in Wahrheit auf Ausgleichszahlung gerichtete Anfechtungsklage nimmt, handelt mißbräuchlich[274]. Auch ist der Mißbrauchseinwand nicht davon abhängig, daß der Aktionär auf plumpe Weise mit Geldforderungen an die Gesellschaft herantritt. Vielmehr kann es genügen, wenn er die Klage in der Erwartung erhebt, die Gesellschaft werde ihm von sich aus das Angebot »Lästigkeitswert gegen Klagrücknahme« machen[275]. Anzumerken bleibt, daß arglistige Anfechtungskläger auch mit Schadensersatzdrohungen rechnen müssen, seit – endlich – die Treupflicht des Minderheitsaktionärs anerkannt ist (zu dieser vgl. oben unter I 4). Diese

---

269 Vgl. *Karsten Schmidt*, in: GroßkommAktG, § 245 Rdnrn. 53ff.; *Diekgräf*, a. a. O., S. 242ff.; *Heuer*, WM 1989, 1406; für Publizität von Anfechtungsvergleichen deshalb *Baums*, in: Verhandlungen des 63. DJT I, a. a. O., S. F 183f.

270 So namentlich *Martens*, AG 1988, 118ff.; vgl. auch *Diekgräf*, a. a. O., S. 190ff.; *Schlaus*, AG 1988, 117; *Hirte*, BB 1988, 1469.

271 So namentlich *Lutter*, in: Festschrift 40 Jahre DB, 1988, S. 196ff.; einschränkend (zulässige Zahlung einer Aufwandsentschädigung) *Hommelhoff/Timm*, AG 1989, 169.

272 *OLG Frankfurt*, AG 1991, 208; 1992, 272; *OLG Karlsruhe*, ZIP 1991, 1755; *OLG Stuttgart*, WM 1992, 1067, 1069; *Karsten Schmidt*, in: GroßkommAktG, § 245 Rdnr. 75; *Teichmann*, JuS 1990, 271.

273 *BGH*, AG 1992, 448 = NJW-RR 1992, 1389; *Raiser*, Kapitalgesellschaften, § 16 Rdnr. 182; *Hüffer*, AktG, § 245 Rdnr. 26; *ders.*, in: MünchKommAktG, § 245 Rdnr. 54; *Boujong*, in: Festschrift Kellermann, 1991, S. 10.

274 *BGH*, NJW 1990, 322.

275 *BGH*, AG 1990, 259 = NJW-RR 1990, 350.

Möglichkeit muß nicht zu Schadensersatzprozessen führen, kann aber bei der außergerichtlichen Streitbeilegung eine Rolle spielen[276].

g) Ein praktisches Problem, das dem Eigennutz mißbräuchlicher Anfechtungskläger erheblich entgegenkommt, besteht *bei den eintragungsbedürftigen Beschlüssen*, also insbesondere bei Satzungsänderungen (§ 181 III AktG), Kapitalerhöhungen (§§ 189, 211 AktG), Unternehmensverträgen (§ 294 AktG), Eingliederungen und Umwandlungen (vgl. §§ 16ff., 125, 131, 137, 176, 180, 198, 202 UmwG). Der *Konflikt* ist folgender[277]: Einerseits ist selbst ein fehlerhafter Beschluß, sofern er nicht unwirksam oder nichtig ist, wirksam. Das Rechtsinstitut der Anfechtbarkeit hat rechtssichernde Funktion (oben, § 15 II). Andererseits muß verhindert werden, daß durch die Eintragung eines rechtswidrigen Beschlusses irreversible Fakten geschaffen werden, denn typisch für Anfechtungsgründe ist ja, daß der Beschluß fehlerhaft sein kann, ohne daß ihm die Rechtswidrigkeit auf die Stirn geschrieben steht. Besonders strenge Regeln enthält das Gesetz deshalb für Eingliederungs- und Umwandlungsbeschlüsse. Hier ist bei der Registeranmeldung zu erklären, daß die Beschlüsse nicht angefochten worden sind oder daß die Anfechtung rechtskräftig zurückgewiesen worden ist (§§ 319 VI AktG, 16 II, 125, 176, 180, 198 III UmwG). Schließlich muß aber auch verhindert werden, daß ein langwieriger Anfechtungsprozeß jede Eintragung unmöglich macht, wodurch das Erpressungspotential arglistiger Anfechtungskläger nur noch gesteigert würde. Wird die Eintragung eines angefochtenen Beschlusses beantragt, so stellt sich deshalb die *Frage*, ob und wann das Registergericht
- die Eintragung wegen des laufenden Prozesses ablehnen muß oder darf oder
- die Eintragung trotz des laufenden Prozesses vornehmen muß oder darf oder
- das Eintragungsverfahren nach § 127 FGG aussetzen muß oder darf.

Dies alles war lange umstritten[278]. Die einen wollten dem Registerrichter die Befugnis zu voller Inzidentprüfung einräumen[279], die anderen wollten die Prüfung dem Prozeßgericht vorbehalten[280]. Hier wurde seit der ersten Auflage ein vermittelnder Standpunkt vertreten[281]: Wenn die Rechtswidrigkeit des Beschlusses manifest sei, ergebe sich für den Registerrichter ein unbedingtes Eintragungsverbot. Im Urteil des *BGHZ* 112, 9 = NJW 1990, 2747 entschied dann auch der *Bundesgerichtshof*[282]: »Ist die gegen einen Verschmelzungsbeschluß erhobene Anfechtungsklage eines Aktionärs zwei-

276 Vgl. *Karsten Schmidt*, in: GroßkommAktG, § 245 Rdnr. 85.

277 Vgl. eingehend *Baums*, a.a.O. S. 64ff., 159ff.; *ders.*, in: Timm (Hrsg.), Mißbräuchliches Aktionärsverhalten, 1990, S. 85; *ders.*, BB 1981, 262ff.; *Hoffmann-Becking*, in: Festschrift Fleck, 1988, S. 105ff.; *Kiem*, Die Eintragung der angefochtenen Verschmelzung, 1991; *Lutter*, NJW 1969, 1873ff.; *Martens*, AG 1986, 56ff.

278 Eingehend *Baums*, in: Verhandlungen des 63. DJT I, a.a.O. S. F 158ff.

279 So namentlich *Mertens*, JuS 1990, 861; *ders.*, AG 1990, 49.

280 So jedenfalls für § 345 II 1 AktG a.F. *OLG Frankfurt*, WM 1990, 596.

281 Erste Aufl., § 28 IV 5 d; 2. Aufl., § 28 IV 5 g mit Angaben zum Stand vor dem Umwandlungsgesetz 1994.

282 Eingehend dazu *Boujong*, in: Festschrift Kellermann, 1991, S. 1ff.

felsfrei ohne Erfolgsaussicht, so ist das Registergericht durch § 345 Abs. 2 Satz 1 AktG nicht gehindert, die Verschmelzung bereits vor der rechtskräftigen Beendigung des Anfechtungsverfahrens in das Handelsregister einzutragen. Gelangt das Registergericht lediglich zu dem Ergebnis, daß der Erfolg der Anfechtungsklage nicht als sicher angesehen werden kann, so hat es grundsätzlich in entsprechender Anwendung des § 127 FGG das Eintragungsverfahren auszusetzen.«

Mit dem Umwandlungsgesetz (oben, § 13) hat sich auch der Gesetzgeber der Frage angenommen und ein besonderes Freigabeverfahren beim Prozeßgericht eingeführt, mit dem die Registersperre überwunden werden kann (§§ 16 III, 198 III UmwG bzw. für die Eingliederung § 319 VI AktG; vgl. zu diesem Verfahren auch oben, § 13 III 2). De lege ferenda[283] wird deshalb eine Ausdehnung auf alle eintragungsfähigen Beschlüsse vorgeschlagen[284]. Diese gesetzliche Lösung ist komplizierter und schwerfälliger als die des BGH, aber sie dient der Rechtssicherheit. Soweit es keine gesetzliche Registersperre gibt, entscheidet dagegen der Registerrichter nach wie vor nach pflichtgemäßem Ermessen, ob er ein Eintragungsverfahren wegen eines laufenden Anfechtungsprozesses nach § 127 FGG aussetzt[285].

h) Nicht mit der Anfechtung des Beschlusses zu verwechseln ist die Anfechtung einer Stimmabgabe (vgl. oben, § 15 I 2). Sie erfolgt nach §§ 119ff., 142f. BGB und führt zur Nichtigkeit der Stimmabgabe, aber nicht ohne weiteres auch des Beschlusses[286]. Dieser kann, wenn es auf die Mitzählung der angefochtenen Stimme ankam, anfechtbar sein und wird dann ggf. aufgrund einer besonderen Anfechtungsklage durch Urteil aufgehoben.

V. Gewaltentrennung und Gewaltenverzahnung*

Das geschilderte Organisationsrecht der Aktiengesellschaft beruht auf einem Modell der Gewaltenteilung im Großunternehmen. Die Zuständigkeiten der drei notwendigen Gesellschaftsorgane – Vorstand, Aufsichtsrat und Hauptversammlung – sind voneinander getrennt. Diese Gewaltenteilung in der Aktiengesellschaft impliziert aber nicht ein blindes Nebeneinanderagieren der Organe, sondern sie stellt – ganz im Sinne der staatsrechtlichen Gewaltenteilungslehre – ein System von Gewaltenverzahnung und Gewaltenkontrolle

283 Nicht schon de lege lata; vgl. *Noack*, ZHR 164 (2000), 287f.; undeutlich *Bayer*, in: VGR II (2000), S. 47ff.

284 Vgl. *Baums*, Bericht, a.a.O., Rdnr. 157; *ders.*, in: Verhandlungen des 63. DJT I, a.a.O., S. F 167ff.; *Bayer*, NJW 2000, 2616; *Karsten Schmidt*, in: Verhandlungen des 63. DJT II, 2001, S. O 21; *Schiessl*, AG 1999, 447.

285 Dazu *OLG Hamm*, WM 1988, 943, 944; *Karsten Schmidt*, in: GroßkommAktG, § 245 Rdnr. 77.

286 Vgl. *BGH*, NJW 1952, 98, 99; *OLG München*, WM 1984, 260.

* Literatur: *Baums* (Hrsg.), Bericht der Regierungskommission Corporate Governance, 2001; *Semler*, Rechtsvorgabe und Realität der Organzusammenarbeit in der AG, in: Festschrift Lutter, 2000, S. 721; *Westermann*, Die Holzmüller-Doktrin 19 Jahre danach, in: Festschrift Koppensteiner, 2001, S. 259.

dar. Beispielhaft läßt sich dieses System am Verhältnis des Vorstands zum Aufsichtsrat und zur Hauptversammlung verdeutlichen, wobei auf die korrespondierenden Rechtsschutzprobleme hinzuweisen ist: auf das Problem der *Aktionärsklage* (oben, § 21 V 3; unten, § 28 V 3) und auf das Problem des *Organstreits* (oben, § 14 IV 2).

1. Vorstand und Aufsichtsrat

a) Der Aufsichtsrat hat den Vorstand zu bestellen und abzuberufen (§ 84 AktG) sowie zu überwachen (§ 111 I AktG), aber er hat nicht an Stelle des Vorstands zu handeln. Maßnahmen der Geschäftsführung können dem Aufsichtsrat nicht übertragen werden (§ 111 IV 1 AktG). Die Satzung oder der Aufsichtsrat selbst hat jedoch anzuordnen, daß bestimmte Arten von Geschäften nur mit Zustimmung des Aufsichtsrats vorgenommen werden dürfen (§ 111 IV 2 AktG)[287]. Sein Veto kann dann wieder von der Hauptversammlung nach pflichtgemäßem Ermessen mit qualifizierter Mehrheit überwunden werden (§ 111 IV 3–5 AktG). Bemerkenswert ist, daß der Aufsichtsrat diese Anordnung selbst treffen kann, und er muß sie sogar treffen und ggf. einem Geschäft die Zustimmung versagen, wenn es gilt, eine gesetzwidrige Vorstandshandlung zu unterbinden[288].

Beispiel Nr. 49: Angenommen, ein vom Vorstand vorbereitetes Geschäft verstößt gegen zwingendes Außenwirtschaftsrecht (Waffenexport), so wäre der Aufsichtsrat nach den in *BGHZ* 124, 111 = NJW 1994, 520 entwickelten Grundsätzen verpflichtet, diese Art von Geschäften ad hoc unter Zustimmungsvorbehalt zu stellen und die Zustimmung zu versagen. Während nach § 124 IV 2 AktG die Satzung einen Zustimmungsvorbehalt anordnen und den Aufsichtsrat insoweit zur Erklärung über bestimmte Arten von Geschäften zwingen kann, kann sie nach richtiger Ansicht nicht umgekehrt dem Aufsichtsrat diese Einschaltung untersagen.

Beispiel Nr. 50: In der Satzung der Y-AG heißt es: »Der Vorstand bedarf der Zustimmung des Aufsichtsrates zu folgenden Geschäften: ... Weitere Geschäfte kann auch der Aufsichtsrat nicht seiner Zustimmung unterstellen.« Wirksam?

Eine derartige Satzungsklausel wird von einem Teil des Schrifttums für zulässig gehalten[289]. Die herrschende Auffassung hält sie mit Recht für unzulässig[290]. Wenn § 111 IV 2 AktG bestimmt, daß außer der Satzung auch der Aufsichtsrat bestimmte Arten von Geschäften seiner Zustimmung unter-

287 Dazu *Hüffer*, AktG, § 111 Rdnr. 17; zur Fassung vor dem TransPuG vgl. *Hölters*, Die zustimmungspflichtigen Geschäftsführungsmaßnahmen im Spannungsfeld zwischen Satzungs- und Aufsichtsratsautonomie, BB 1978, 640; *Lutter*, Zur Wirkung von Zustimmungsvorbehalten nach § 111 IV AktG auf nahestehende Gesellschaften, in: Festschrift Fischer, 1979, S. 419; *Götz*, ZGR 1990, 633.

288 *BGHZ* 124, 111 = JZ 1994, 680 m. Anm. *Schön* = NJW 1994, 520; *Henze*, a. a. O., Rdnrn. 633 ff.; *Hüffer*, AktG, § 111 Rdnr. 17; *Brandes*, WM 1994, 2183; *v. Rechenberg*, BB 1990, 1356.

289 Z. B. *Hölters*, BB 1978, 640 ff.

290 Vgl. *Lutter/Krieger*, Rechte und Pflichten des Aufsichtsrats, 3. Aufl. 1993, § 2 Rdnr. 20; *Geßler*, in: Geßler/Hefermehl/Eckardt/Kropff, § 111 Rdnr. 63; *Hoffmann-Becking*, in: MünchHdbGesR IV, § 29 Rdnr. 36; *Hüffer*, AktG, § 111 Rdnr. 17; *Götz*, ZGR 1990, 633 ff.

stellen kann, muß die Satzungsklausel nach § 23 V AktG als unzulässige Abweichung vom AktG qualifiziert werden.

Der Aufsichtsrat tritt dem Vorstand als kollektives Aufsichtsorgan gegenüber. Klagrechte einzelner Aufsichtsratsmitglieder hat der Bundesgerichtshof in der schon unter § 14 IV 2 referierten »Opel«-Entscheidung *BGHZ* 106, 54 = NJW 1989, 979 abgelehnt[291].

b) Kein Kompetenzproblem, aber doch ein Problem der Gewaltenverzahnung in der AG, ist die *Information des Aufsichtsrats durch den Vorstand*[292]. Nach dem durch das KonTraG und durch das TransPuG präzisierten § 90 AktG ist der Vorstand dem Aufsichtsrat zu schriftlicher Berichterstattung verpflichtet. Diese Berichtspflicht unterscheidet sich von bloßen Informationsansprüchen darin, daß der Vorstand dem Aufsichtsrat nicht nur auf Verlangen über die Angelegenheiten der Gesellschaft berichten muß (§ 90 III AktG), sondern selbst initiativ zu werden hat. Dabei können unterschieden werden[293]:
- turnusmäßige Berichte (Quartalsbericht, Jahresbericht, Rentabilitätsbericht),
- Sonderberichte (Berichte über Rechtsgeschäfte von erheblicher Bedeutung und Berichte aus wichtigem Anlaß),
- Vorlageberichte (Jahresabschluß, Abhängigkeitsbericht, mitwirkungsbedürftige Maßnahmen).

Die Berichtspflicht soll für einen Informationsfluß im Unternehmen sorgen, ohne den das charakteristische Wechselspiel zwischen Gewaltentrennung und Gewaltenverzahnung in der AG nicht möglich ist. Gegenstand der Berichtspflicht sind nach § 90 I AktG
- die beabsichtigte Geschäftspolitik und andere grundsätzliche Fragen der Unternehmensplanung, insbesondere die Finanz-, Investitions- und Personalplanung, ggf. unter Einbeziehung von Konzernunternehmen,
- die Rentabilität der Gesellschaft, insbesondere die Rentabilität des Eigenkapitals,
- der Gang der Geschäfte, insbesondere der Umsatz, und die Lage der Gesellschaft,

291 Zum Diskussionsstand *Hirte*, a. a. O., Rdnr. 329; *Deckert*, AG 1994, 457.

292 *Ambrosius*, Der Berichtsanspruch des Aufsichtsrats nach § 90 III AktG – Sein Umfang und seine Grenzen, DB 1979, 2165; *Dreyer*, Zum Ausbau der Informationsbestandteile des § 90 I 1 AktG zu Informationskonzeptionen, BB 1981, 1436; *Henze*, Leitungsverantwortung des Vorstands – Überwachungspflicht des Aufsichtsrats, BB 2000, 209; *Hommelhoff/Mattheus*, Corporate Governance nach dem KonTraG, AG 1998, 249; *Lutter*, Information und Vertraulichkeit im Aufsichtsrat, 2. Aufl. 1984; *Lutter/Krieger*, Rechte und Pflichten des Aufsichtsrats, 2. Aufl. 1989, § 3; *Mertens*, Zur Berichtspflicht des Vorstands gegenüber dem Aufsichtsrat, AG 1980, 67; *Reuter*, Informationsrechte im Unternehmen und Betrieb, ZHR 144 (1980), 493; *v. Schenck*, Die laufende Information des Aufsichtsrats, NZG 2002, 64; *Theisen*, Grundsätze einer ordnungsmäßigen Informationsversorgung des Aufsichtsrates, 1991; *H. Westermann*, Rechtsstreitigkeiten um die Rechte aus § 90 AktG, in: Festschrift Bötticher, 1969, S. 369; *Wilde*, Informationsrechte und Informationspflichten im Gefüge der Gesellschaftsorgane, ZGR 1998, 423.

293 *Lutter*, Information und Vertraulichkeit im Aufsichtsrat, 2. Aufl., 1984, S. 9ff.

– Geschäfte, die für die Rentabilität oder Liquidität der Gesellschaft von erheblicher Bedeutung sein können.

Außerdem muß dem Vorsitzenden des Aufsichtsrats aus sonstigen wichtigen Anlässen Bericht erstattet werden. Während diese Berichtspflicht automatisch, also ohne besonderes Informationsbegehren des Aufsichtsrats, besteht, klärt § 90 III AktG auch noch, daß der Aufsichtsrat vom Vorstand jederzeit über die Angelegenheiten der Gesellschaft einschließlich der rechtlichen und geschäftlichen Beziehungen zu verbundenen Unternehmen einen Bericht verlangen kann. Die Bedeutung dieser Berichtspflicht für die Überwachungsaufgabe des Aufsichtsrats liegt ebenso auf der Hand wie die Notwendigkeit einer vertraulichen Behandlung der auf diesem Wege erlangten Informationen (dazu bereits unter III 1 c).

c) Die theoretisch strenge Trennung zwischen dem Vorstand als Leitungsorgan und dem Aufsichtsrat als Aufsichtsorgan (oben, § 26 III 1 b) ändert nichts daran, daß vor allem der Aufsichtsratsvorsitzende im Unternehmen vielfach die Vorstandstätigkeit in formloser Kooperation begleitet[294]. An der rechtlichen Funktionsteilung ändert dies nichts.

2. Vorstand und Hauptversammlung

Die Zuständigkeiten sind getrennt. Namentlich strukturändernde Maßnahmen sind generell Sache der Hauptversammlung, auch wenn sie nicht durch Satzungsänderung (§ 179 AktG), sondern – wie Verschmelzung oder die Begründung eines Vertragskonzerns (§§ 5, 13 UmwG, 291, 293 AktG) – durch Vertrag herbeigeführt werden[295]. Der Vorstand darf den Bereich der Geschäftsführung nicht überschreiten, insbesondere nicht durch sog. »faktische Satzungsänderung« den Unternehmensgegenstand ändern[296]. Ausdrücklich geregelt ist vor allem, daß der Vorstand eine Verpflichtung der Gesellschaft zur Vermögensübertragung nur mit Zustimmung der Hauptversammlung eingehen kann (§ 179 a AktG und dazu unten, § 30 V). Die Abgrenzung zwischen Vorstandskompetenzen und Hauptversammlungskompetenzen ist zwingend, also auch durch die Satzung nicht abänderbar[297].

a) Da der Vorstand der Aktiengesellschaft im Gegensatz zu den Geschäftsführern einer GmbH *selbstverantwortlich* handelt (§ 76 I AktG), kann die Satzung Geschäftsführungshandlungen nicht von der Zustimmung der

---

294 Vgl. *Semler*, in: Festschrift Lutter, a. a. O.

295 Vgl. auch *BGHZ* 122, 211 = NJW 1993, 1976 (zu § 83 AktG); *Mecke*, Konzernstruktur und Aktionärsentscheid, 1992.

296 Vgl. *Hefermehl/Bungeroth*, in: Geßler/Hefermehl/Eckardt/Kropff, § 179 Rdnr. 93; *Wiedemann*, in: GroßkommAktG, § 179 Rdnr. 96; *Zöllner*, in: KK, § 179 Rdnrn. 109, 119; *Mertens*, AG 1978, 310 f.

297 Zur Frage, ob die Hauptversammlung dem Vorstand eine Ermächtigung erteilen kann, vgl. *Grunewald*, AG 1990, 173 ff.

Hauptversammlung abhängig machen[298]. Die Hauptversammlung kann über Fragen der Geschäftsführung nur entscheiden, wenn der Vorstand dies verlangt (§ 119 II AktG)[299]. Daran kann bei bedeutsamen – etwa strukturändernden oder risikoreichen – Maßnahmen aus der Sicht des Vorstands ein Interesse bestehen, denn nach § 93 IV 1 AktG ist der Vorstand auch für eine der Art nach rechtswidrige Maßnahme nicht schadensersatzpflichtig, wenn die Maßnahme auf einem gesetzmäßigen Beschluß der Hauptversammlung beruht. Der Vorstand muß, bevor er die Hauptversammlung befragt, die Frage seiner Verschwiegenheitspflicht abwägen[300]. Hat der Vorstand nach § 119 II AktG die Hauptversammlung angerufen, so muss er ihr auch die für eine Sachentscheidung unerläßlichen Informationen geben[301]. Nach § 83 II AktG ist der Vorstand sodann verpflichtet, die Willensbildung der Hauptversammlung, sofern der Beschluß gesetzmäßig ist, zu befolgen[302]. Hiermit korrespondiert die in § 93 IV 1 AktG angeordnete Haftungsbefreiung.

Beispiel Nr. 51: Der Vorstand einer metallverarbeitenden AG beabsichtigt, die gesamte Produktion des Unternehmens auf die Lieferung von Fahrzeugteilen – vielleicht gar für einen einzigen, vielleicht gar ausländischen, Hersteller – umzustellen. Dies ist eine weittragende Maßnahme, vor der er zweckmäßigerweise die Hauptversammlung anhören wird. Lehnt die Hauptversammlung die Maßnahme ab, so bindet dies den Vorstand.

b) Viel Streit hat die Frage ausgelöst, ob und unter welchen Voraussetzungen der Vorstand bei schwerwiegenden Maßnahmen sogar *verpflichtet* sein kann, *die Hauptversammlung nach § 119 II AktG zu befragen.* Der Meinungsstreit kulminierte in dem »Holzmüller«- oder »Seehafenbetriebs«-Urteil des *Bundesgerichtshofs*[303]:

---

298 *Mertens*, in: KK, § 82 Rdnr. 31.

299 Umstritten ist, ob die Hauptversammlung die Geschäftsführung des Vorstands zum Gegenstand unverbindlicher Entschließungen machen kann: verneinend jetzt *Mertens*, in: KK, § 93 Rdnr. 117, im Anschluß an *Zöllner*, in: KK, 1. Aufl., § 119 Rdnrn. 32ff.

300 Vgl. *OLG München*, AG 1996, 327 = WM 1996, 1462.

301 *BGHZ* 146, 288 = LM Nr. 2 zu § 119 AktG m. Anm. *Mülbert* = NJW 2001, 1277; in gleicher Richtung bereits *OLG München*, AG 1996, 327 = WM 1996, 1462.

302 § 83 II AktG spricht nur davon, daß Maßnahmen »auszuführen« sind; im Rahmen des § 119 II AktG können aber Maßnahmen auch verbindlich untersagt werden.

303 Literatur: *Baums* (Hrsg.), Bericht der Regierungskommission Corporate Governance, 2001, Rdnrn. 79ff.; *Beusch*, Die Aktiengesellschaft – eine Kommanditgesellschaft in der Gestalt einer juristischen Person? in: Festschrift Werner, 1984, S. 1; *Feddersen/Kiem*, Die Ausgliederung zwischen »Holzmüller« und neuem Umwandlungsrecht, ZIP 1994, 1078; *Groß*, Zuständigkeiten der Hauptversammlung bei Erwerb und Veräußerung von Unternehmensbeteiligungen, AG 1994, 266; *Heinsius*, Organzuständigkeit bei Bildung, Erweiterung und Umorganisation des Konzerns, ZGR 1984, 383; *Hübner*, Die Ausgliederung von Unternehmensteilen in aktien- und aufsichtsrechtlicher Sicht, in: Festschrift Stimpel, 1985, S. 791; *Joost*, »Holzmüller 2000« vor dem Hintergrund des UmwG, ZHR 163 (1999), 164; *Leinekugel*, Die Ausstrahlungswirkungen des Umwandlungsgesetzes, 2000; *Liebscher*, Konzernbildungskontrolle, 1995; *Lutter*, Organzuständigkeiten im Konzern, ebd., S. 825; *ders.*, Zur Vorbereitung und Durchführung von Grundlagenbeschlüssen in Aktiengesellschaften, in: Festschrift Fleck, 1988, S. 169; *Martens*, Die Entscheidungsautonomie des Vorstands und die »Basisdemokratie« in der Aktiengesellschaft, ZHR 147 (1984), 377; *Mecke*, Konzernstruktur und Aktionärsentscheid, 1992; *Priester*, Die klassische Ausgliederung ..., ZHR 163 (1999), 187; *Rehbinder*, Zum konzernrechtlichen Schutz der Aktionäre ..., ZGR 1983, 92; *von Riegen*, Gesellschafterschutz bei Ausgliederungen durch Einzelrechtsnachfolge, 1999; *Semler*, Einschränkung der Verwaltungsbefugnisse ..., BB 1983,

Beispiel Nr. 52 (nach *BGHZ* 83, 122 = NJW 1982, 1703; Vorinstanzen: *LG Hamburg*, AG 1980, 200; *OLG Hamburg*, AG 1981, 344 = JZ 1981, 231 m. Anm. *Großfeld*): Die M-AG hatte einen wesentlichen Unternehmensbereich, nämlich den florierenden Seehafenbetrieb, aus ihrem Unternehmen ausgegliedert und auf eine Tochtergesellschaft, die ausschließlich von der M-AG betriebene T-KGaA, übertragen. Es klagte ein Aktionär gegen die Gesellschaft in erster Linie auf Feststellung der Nichtigkeit aller Rechtsakte, hilfsweise auf Rückübertragung, hilfsweise auf Feststellung, der Vorstand müsse – jedenfalls für Kapitalerhöhungen in der KGaA – die Zustimmung der Hauptversammlung einholen. Der Aktionär machte in erster Linie eine Verletzung des § 361 I AktG geltend, wonach eine Vermögensübertragung durch die AG nur mit Zustimmung der Hauptversammlung wirksam ist und einer Beschlußfassung mit qualifizierter Mehrheit bedarf. Eine Vermögensübertragung lag indessen nach Ansicht des *BGH* nicht vor, weil die AG zwar einen wesentlichen Vermögensteil, aber nicht ihr ganzes Vermögen auf die KGaA übertragen hatte (dazu unten, § 30 V 3 2 a). Der Kläger hatte aber auch gerügt, die Ausgliederung eines wesentlichen Unternehmensteils sei eine strukturändernde Maßnahme und bedürfe deshalb der Zustimmung der Hauptversammlung. In der Tat kam der *Bundesgerichtshof* zu dem Ergebnis: »Bei schwerwiegenden Eingriffen in die Rechte und Interessen der Aktionäre, wie z. B. der Ausgliederung eines Betriebs, der den wertvollsten Teil des Gesellschaftsvermögens bildet, auf eine dazu gegründete Tochtergesellschaft, kann der Vorstand ausnahmsweise nicht nur berechtigt, sondern auch verpflichtet sein, gemäß § 119 II AktG eine Entscheidung der Hauptversammlung herbeizuführen (Leitsatz 1). Hat der Vorstand den wertvollsten Teil des Betriebsvermögens auf eine zu diesem Zweck errichtete 100 %ige Tochtergesellschaft übertragen, so ist die Obergesellschaft jedem ihrer Aktionäre gegenüber verpflichtet, für Kapitalerhöhungen in der Tochtergesellschaft die Zustimmung ihrer Hauptversammlung mit der Mehrheit einzuholen, die für eine entsprechende Maßnahme in der Obergesellschaft selbst erforderlich wäre. Ob dies auch dann gilt, wenn die Hauptversammlung der Ausgliederung … zugestimmt hat, bleibt offen (Leitsatz 5).«

Die Entscheidung ist bis heute umstritten geblieben[304]. Nichtsdestoweniger gehört sie zu den großen, folgenreichen und im Kern billigenswerten Rechtsfortbildungsschritten im Aktienrecht[305]. Ihre Methode wurde hier allerdings bereits in den Vorauflagen kritisiert, und dabei muß es bleiben[306]. § 119 II AktG spricht von einer Befugnis des Vorstands, sich in Geschäftsführungsangelegenheiten durch eine »Vorab-Entlastung« der Zustimmung der Hauptversammlung zu versichern. Mit einer Pflicht zur Befragung der Hauptversammlung, etwa bei Geschäften von besonderer Tragweite (vgl. zum GmbH-Recht unten, § 36 II 3 c) hat das nichts zu tun. Es ging, wie der *BGH* richtig herausgestellt hat, im »Holzmüller«-Fall auch nicht bloß um die wirtschaftlichen Folgen einer bedeutsamen Geschäftsführungsmaßnahme,

---

1566; *Sünner*, Aktionärsschutz und Aktienrecht, AG 1983, 169; *Timm*, Die Aktiengesellschaft als Konzernspitze, 1980; *ders.*, Hauptversammlungskompetenzen und Aktionärsrechte in der Konzernspitze, AG 1980, 172; *Wahlers*, Konzernbildungskontrolle durch die Hauptversammlung der Obergesellschaft, 1995; *Werner*, Zuständigkeitsverlagerung in der Aktiengesellschaft durch Richterrecht? ZHR 147 (1983), 429; *H. P. Westermann*, Die Holzmüller-Doktrin 19 Jahre danach, in: Festschrift Koppensteiner, 2001, S. 259; *ders.*, Individualrechte und unternehmerische Handlungsfreiheit im Aktienrecht, ZHR 156 (1992), 203 ff.

304 Unentschieden denn auch *OGH Wien*, AG 1996, 382.

305 *Lutter*, in: Festschrift BGH II, 2000, S. 328.

306 Vgl. im Ergebnis auch *Mülbert*, in: GroßkommAktG, § 119 Rdnr. 48; die Praxis folgt dem dogmatischen Ansatz des *BGH*; vgl. nur *OLG Köln*, ZIP 1993, 110; *OLG München*, AG 1995, 232; *LG Düsseldorf*, AG 1999, 94; *LG Hannover*, AG 2001, 150.

sondern um einen Eingriff in die Rechte der Aktionäre. Dieser Eingriff beruhte auf dem strukturändernden Charakter der vom Vorstand durchgeführten Maßnahme. Es ging um Konzernbildungskontrolle, genauer: um die Frage, ob die Aktionäre der Obergesellschaft gegen ausgliederungsgleiche Maßnahmen geschützt sind. Nach dem – bei Erlaß des »Holzmüller«-Urteils noch nicht vorhandenen – Umwandlungsgesetz hätte der Vorstand einen Beschluß der Hauptversammlung einholen müssen, um Unternehmensteile im Wege der Ausgliederung auf eine Tochtergesellschaft zu überführen (§ 123 III UmwG). Das Umwandlungsgesetz verbietet es ihm nicht, Unternehmensteile im Wege der Einzelrechtsnachfolge auf eine Tochtergesellschaft zu überführen (oben, § 12 I 5). Aber es gibt eine Umgehungsgrenze, die eine solche Maßnahme ohne Mitwirkung der Hauptversammlung als rechtswidrig erscheinen läßt[307]. Das gilt für alle Maßnahmen, die wirtschaftlich auf Satzungsänderungen, auf den Abschluß von Unternehmensverträgen oder auf Kapitaländerungsmaßnahmen hinauslaufen, etwa bei folgenden Beispielen:

- Die Gesellschaft gliedert wesentliche Vermögensteile oder wesentliche Betriebsteile aus dem Eigenvermögen aus[308].
- Die Gesellschaft ordnet sich eine Tochter-GmbH dergestalt unter, daß sie nach den Regeln über den »qualifizierten faktischen Konzern« (unten, § 39 III 3) wie das herrschende Unternehmen beim Unternehmensvertrag behandelt wird[309].
- Die Veräußerung wesentlicher Unternehmensbeteiligungen[310].
- Die Gesellschaft geht an die Börse oder scheidet aus dem geregelten Kapitalmarkt aus[311].

Überall kann es nur darum gehen, die Aktionäre gegen »faktische Umwandlungen«, »faktische Unternehmensverträge«, »faktische Kapitalerhöhungen« etc. zu schützen. Deswegen sind die Mitwirkungsrechte der Aktionäre auch nicht aus § 119 II AktG herzuleiten, sondern aus Ausstrahlungswirkungen des Umwandlungsgesetzes sowie der §§ 179, 179a, 293 AktG[312]. Ein solcher Kompetenzschutz ist unentbehrlich, so beschwerlich er für die Unternehmensleitungen sein mag. Diese stehen seit dem »Holzmüller«-Urteil immer wieder vor der Frage, ob bestimmte Maßnahmen ohne Zustimmung der Aktionäre zulässig sind. Schon bei der klassischen »Holzmüller«-Problematik gibt es keine scharf gezogene Grenze zwischen zustimmungsfreien und zustimmungsbedürftigen Ausgliederungsmaßnahmen[313]. Vorschläge, die Ein-

307 Vgl. zur Bedeutung des »Holzmüller«-Urteils nach dem Umwandlungsgesetz *Karsten Schmidt*, ZGR 1995, 677ff.

308 *BGHZ* 83, 122 = NJW 1982, 1703.

309 Vgl. *Emmerich/Habersack*, vor § 311 Rdnrn. 22ff.

310 *LG Frankfurt*, ZIP 1997, 1698, 1700f.; *Krieger*, in: MünchHdbGesR IV, § 69 Rdnr. 7; *Lutter/Leinekugel*, ZIP 1998, 225ff.

311 *Lutter*, in: Festschrift Zöllner I, 1998, S. 380; *Kleindiek*, in: Festschrift Bezzenberger 2000, S. 655ff.; *Hellwig*, ZGR 1999, 799.

312 Ähnlich *Mülbert*, in: GroßkommAktG, § 119 Rdnrn. 21ff.

313 Zustimmungsbedürftig: Übertragung des Hauptvermögens (*OLG München*, AG 1995, 232; *LG Hannover*, AG 2001, 150); drei Übertragungsvorgänge von insgesamt 49% des Vermögens (*LG Karlsruhe*, AG 1998, 99); Übertragung einer Einheit, die 10% der Aktiva und 50% der

führung von Aktienoptionsplänen[314] oder den Erwerb wesentlicher Beteiligungen[315] oder den Börsengang von Tochtergesellschaften[316] für zustimmungsbedürftig zu erklären, haben sich nicht durchgesetzt. Auch die Zustimmungsbedürftigkeit oder Zustimmungsfreiheit des Börsengangs bzw. umgekehrt des »Delisting« ist in Anbetracht der praktischen Bedürfnisse des Ein- und Austritts im Kapitalmarktgeschehen höchst streitig[317]. Daß schließlich die Begründung einer »qualifizierten faktischen Konzernlage« schwierige Abgrenzungsprobleme mit sich bringt, versteht sich in Anbetracht des Streits um das Rechtsinstitut fast von selbst (vgl. zum qualifizierten faktischen Konzern unten, § 31 IV 4, § 39 IV 2 c). Auch der Gesetzgeber wäre – selbst wenn er es versuchen wollte – nicht in der Lage, die Grenzziehung endgültig zu präzisieren[318]. Das kann, wo Umgehungsschutz in Rede steht, nicht anders sein. Die dem Vorstandshandeln gezogenen Kompetenzgrenzen bedürfen deshalb der fortlaufenden Diskussion und müssen, sofern es nicht anders geht, in Prozessen fallgerecht festgelegt werden. Wie beispielsweise das *BGH*-Urteil »Altana/Milupa« aus dem Jahr 2001[319] zeigt, legen Vorstände unter dem Eindruck der »Holzmüller«-Doktrin strukturrelevante Maßnahmen mehr und mehr zur Vorabentscheidung durch die Hauptversammlung vor. Allerdings kann niemand vom Vorstand eine Befragung der Hauptversammlung verlangen und eine solche Vorsichtsmaßnahme etwa durch Klage erzwingen. Geklagt werden konnte und geklagt wurde allein gegen die Ausgliederungsmaßnahme (vgl. zur Abwehrklage oben, § 21 V 3). Stellte diese eine Kompetenzüberschreitung des Vorstands dar und hatte es der Vorstand versäumt, die Maßnahme durch eine nach § 119 II AktG zulässige Befragung der Hauptversammlung zu legitimieren, so konnte auf Unterlassung der Kompetenzüberschreitung bzw. auf Beseitigung des durch sie herbeigeführten rechtswidrigen Zustands geklagt werden. Die kaum zu bestreitende Bedeutung des »Holzmüller«-Urteils liegt denn auch in dieser Anerkennung der Abwehrklage.

c) Nicht mit der geschilderten Kompetenzabgrenzung zu verwechseln ist die *vorbereitende und ausführende Tätigkeit des Vorstands im Kompetenzbereich der Hauptversammlung.* Nach § 83 I AktG ist der Vorstand auf Verlangen der Hauptversammlung verpflichtet, Maßnahmen vorzubereiten, die in die Zuständigkeit der Hauptversammlung fallen; das gleiche gilt für die Vor-

---

Umsatzerlöse ausmacht (*LG Frankfurt*, ZIP 1993, 830); zustimmungsfrei: unter 10% der Aktiva (*OLG Köln*, ZIP 1993, 110); angeblich auch Beteiligungsveräußerung unter 50% (*LG Düsseldorf*, AG 1999, 94).

314 Verneinend *OLG Stuttgart*, AG 2001, 540, 541; *Hüffer*, AktG, § 119 Rdnr. 18.

315 Für Zustimmungsbedürftigkeit LG Stuttgart, AG 1992, 236, 237f. (obiter dictum); verneinend *Krieger*, in: MünchHdbGesR IV, § 69 Rdnr. 7.

316 Für Zustimmungsbedürftigkeit *de Vries*, Delisting, 2002, S. 84ff.; *Lutter*, AG 2000, 342ff.; dagegen *Hüffer*, AktG, § 119 Rdnr. 18; *Fuchs*, in: Gesellschaftsrecht 2001, 2002, S. 259ff.; *Fleischer*, ZHR 165 (2001), 513ff.; *Habersack*, WM 2001, 545ff.

317 Vgl. nur *LG München*, BB 1999, 2634; *Bungert*, BB 2000, 55; *Wirth/Arnold*, ZIP 2000, 114ff.; *Groß*, ZHR 165 (2001), 165.

318 *Baums* (Hrsg.), Bericht a.a.O., Rdnrn. 79ff.; *Karsten Schmidt*, in: Verhandlungen des 63. DJT II, 2001, S. O 27f.

319 *BGHZ* 146, 288 = LM Nr. 2 zu § 119 AktG m.Anm. *Mülbert* = NJW 2001, 1277.

bereitung und den Abschluß von Verträgen, die nur mit Zustimmung der Hauptversammlung wirksam werden, z.B. von Verschmelzungsverträgen (oben, § 13 III 3 und 5 und Unternehmensverträgen nach §§ 291 f. AktG (vgl. zu diesen unten, § 31 III)[320]. Hinzu kommen die Pflichten des Vorstands als Leiter der Hauptversammlung, insbesondere auch bei der *Informationsverteilung* (§ 131 AktG) und bei der Ausübung des Hausrechts[321].

3. Kontrollrechte der Aktionäre*

a) Das Informationsrecht der Aktionäre (oben unter IV 3) gibt diesen nur die Möglichkeit, ihre Rechte in der Hauptversammlung sachgerecht auszuüben. Ein echtes Kontrollrecht gibt ihnen das Institut der *Sonderprüfung* nach §§ 142 ff. AktG. Zur Prüfung von Vorgängen bei der Gründung oder Geschäftsführung, namentlich auch von Kapitalmaßnahmen kann die Hauptversammlung Sonderprüfer bestellen (§ 142 I AktG). Wird ein Antrag auf Bestellung von Sonderprüfern von der Hauptversammlung abgelehnt, so kann eine Aktionärsminderheit mit einem Zehntel des Grundkapitals oder mit einer Beteiligung in Höhe von mindestens einer Million Euro die gerichtliche Bestellung von Sonderprüfern verlangen (§ 142 II AktG). Der Vorstand muß den Sonderprüfern Einsicht in die Geschäftsunterlagen geben (§ 145 AktG). Das Ergebnis der Sonderprüfung wird in einem Bericht zusammengefaßt.

b) Schwach ausgebildet sind die *Klagerechte* der Aktionäre. Ihr Anfechtungsrecht (oben unter IV 3) gewährleistet nur die Wahrnehmung ihrer Rechte als Mitglieder der Hauptversammlung. Eine allgemeine actio pro socio gibt es im Aktienrecht nicht (vgl. oben, § 21 IV 6). Nach § 147 AktG müssen allerdings Ersatzansprüche der Gesellschaft aus Fehlern bei der Gründung, Leitung und Aufsicht der Gesellschaft geltend gemacht werden, wenn dies von der Hauptversammlung beschlossen oder von einer Aktio-

---

320 *BGHZ* 122, 213 = NJW 1993, 1976.

321 Vgl. dazu *Obermüller/Werner/Winden*, a.a.O., Rdnrn. D 20, D 76; *Semler*, in: MünchHdbGesR IV, § 36 Rdnrn. 48 ff.

* Literatur: *Banerjea*, Gesellschafterklage im GmbH- und Aktienrecht, 2000; *Baums*, Empfiehlt sich eine Neuregelung des aktienrechtlichen Anfechtungs- und Organhaftungsrechts, insbesondere der Klagemöglichkeiten von Aktionären?, in: Verhandlungen des 63. DJT I, 2000, S. F 3 ff.; *Bayer*, Aktionärsklagen de lege lata und de lege ferenda, NJW 2000, 2609; *Bork*, Das »Klageerzwingungsverfahren« nach § 147 AktG, in: Hommelhoff/Röhricht (Hrsg.), Gesellschaftsrecht 1997, 1998, S. 53 ff.; *Brondics*, Die Aktionärsklage, 1988; *Götz*, Die Überwachung der AG ..., AG 1995, 337; *Großfeld*, Aktiengesellschaft, Unternehmenskonzentration und Kleinaktionär, 1968; *König*, Der Umfang der Berichterstattung über die aktienrechtliche Sonderprüfung, 1970; *Krieger*, Aktionärsklage als Instrument zur Kontrolle des Vorstands- und Aufsichtsratshandelns, ZHR 163 (1999), 343; *Riegger*, Das »Klageerzwingungsverfahren« nach § 147 AktG, in: Hommelhoff/Röhricht (Hrsg.), Gesellschaftsrecht 1997, 1998, S. 69; *Schedlbauer*, Sonderprüfungen, 1984; *Karsten Schmidt*, in: 63. DJT II/1, 2001, S. O 11 ff.; *Sünner*, Aktionärsklage als Instrument zur Kontrolle des Vorstands- und Aufsichtsratshandelns, ZHR 163 (1999), 364; *Ulmer*, Die Aktionärsklage als Instrument zur Kontrolle des Vorstands- und Aufsichtsratshandelns, ZHR 163 (1999), 290; *Zöllner*, Die sogenannten Gesellschafterklagen im Kapitalgesellschaftsrecht, ZGR 1988, 392.

närsminderheit verlangt wird, deren Anteile mindestens 10% des Grundkapitals erreichen (§ 147 I AktG). Wird der Ersatzanspruch nicht geltend gemacht, so muß das Gericht auf Antrag von Aktionären, deren Anteile zusammen 20% des Grundkapitals oder den anteiligen Betrag von 500000 Euro erreichen, besondere Vertreter für die Geltendmachung bestellen, wenn Tatsachen vorliegen, die den dringenden Verdacht rechtfertigen, daß der Gesellschaft durch Unregelmäßigkeiten oder durch grobe Pflichtverletzungen Schaden zugefügt wurde (§ 147 III AktG). Interessant ist an diesem Regelwerk vor allem der Einfluß von Aktionärsminderheiten auf die Kontrolle des Organhandelns. Indes ist die Regelung ineffektiv, umständlich und nach § 147 IV AktG obendrein mit dem Risiko belastet, daß die Aktionärsminderheit die Prozeßkosten erstatten muß, wenn die Gesellschaft in dem von ihr angestoßenen Rechtsstreit unterliegt. Deshalb wurde auf dem 63. Deutschen Juristentag im Anschluß an *Ulmer*[322] empfohlen, das Instrumentarium des § 147 AktG im Sinne eines effektiven Kontrollsystems zu verbessern[323].

322 ZHR 163 (1999), 329ff.
323 *Baums*, a.a.O., S. F 256ff.; *Karsten Schmidt*, a.a.O., S. O 28ff.; Beschluß in Verhandlungen des 63. DJT II/1, 2001, S. O 73ff.

§ 29 Die Finanzverfassung der Aktiengesellschaft*

I. Grundlagen

1. Die Finanzierung durch Eigen- und Fremdkapital

Grundlagen der auf dem System eines gesicherten Nennkapitals beruhenden aktienrechtlichen Finanzverfassung wurden bereits unter § 26 IV 1 dargestellt. Im folgenden wird es vor allem um die Rechte und Pflichten der Aktionäre als Kapitalgesellschafter gehen, aber es müssen – unter Bezugnahme auf die unter § 18 II 2 dargestellten allgemeinen Finanzierungsgrundsätze – Ausführungen über die Unternehmensfinanzierung durch Eigen- und Fremdkapital vorausgeschickt werden.

a) Die *Eigenkapitalfinanzierung* der AG erfolgt durch die Ausgabe von Aktien (über Genußrechte vgl. unter I 1 c). Die Summe der Aktien-Nennbeträge, bei Stückaktien die Summe der auf die einzelne Aktie entfallenden Anteile, entspricht dem Grundkapital der Gesellschaft (zu diesem vgl. oben, § 26 IV 1 a). Reichen die bei der Gründung ausgegebenen Aktien für die Ausstattung mit Eigenkapital nicht aus, soll also nachträglich Kapital zugeführt werden, so bedarf es hierfür einer Kapitalerhöhung (dazu unter III 2). Das Eigenkapital der Gesellschaft ist durch Grundsätze der *Kapitalaufbringung* und der *Kapitalerhaltung* gesichert (dazu unter II). Die Kapitaldecke der Gesellschaft entspricht natürlich auf Dauer nicht dem Grundkapital der AG. Sie verändert sich durch Verluste und durch thesaurierte Gewinne. Nach § 58 III AktG kann die Hauptversammlung im Beschluß über die Gewinnverwendung den Gewinn vortragen oder ihn in Gewinnrücklagen einstellen. Hiervon zu unterscheiden sind die gesetzlich vorgeschriebenen *Kapitalrücklagen* nach § 272 II HGB. Nach § 150 AktG muß die Gesellschaft außerdem eine *gesetzliche Rücklage* bilden, die nur unter strengen Voraussetzungen aufgelöst werden darf. In der Verwendung dieser Rücklagen ist die Gesell-

* Literatur (Auswahl): *Ballerstedt*, Kapital, Gewinn und Ausschüttung bei Kapitalgesellschaften, 1949; *Hirte*, Kapitalgesellschaftsrecht, Rdnrn. 586ff.; *Kübler*, Aktie, Unternehmensfinanzierung und Kapitalmarkt, 1989; *Lutter*, Kapital, Sicherung der Kapitalaufbringung und Kapitalerhaltung …, 1964; *Raiser*, Kapitalgesellschaften, § 17, §§ 19ff.; *Vollmer*, Die Verteilung der Finanzierungskompetenzen bei der Aktiengesellschaft, AG 1991, 94.

schaft nicht frei (§ 150 III AktG). In die Kapitalrücklage und in die gesetzliche Rücklage einzustellen sind:

1. der Betrag, der bei der Ausgabe von Aktien einschließlich von neuen Aktien (Bezugsaktien) über den Nennbetrag oder, falls ein Nennbetrag nicht vorhanden ist, über den rechnerischen Wert der Aktien hinaus erzielt wird (Kapitalrücklage nach § 272 II Nr. 1 HGB);
2. der Betrag, der bei der Ausgabe von Wandelschuldverschreibungen über ihren Rückzahlungsbetrag hinaus erzielt wird (Kapitalrücklage nach § 272 II Nr. 2 HGB);
3. der Betrag von Zuzahlungen, die Aktionäre gegen Gewährung eines Vorzugs für ihre Aktien leisten (Kapitalrücklage nach § 272 II Nr. 3 HGB);
4. der Betrag von anderen Zuzahlungen, die Aktionäre in das Eigenkapital leisten (Kapitalrücklage nach § 272 II Nr. 4 HGB);
5. der zwanzigste Teil des um einen Verlustvortrag aus dem Vorjahr geminderten Jahresüberschusses, bis die Rücklagen (Kapitalrücklagen und gesetzliche Rücklagen) den zehnten oder einen in der Satzung bestimmten höheren Teil des Grundkapitals erreicht haben (gesetzliche Rücklage nach § 150 II AktG).

b) Die *Fremdfinanzierung der AG*, also ihre Kreditpraxis, ist zunächst Geschäftsführungs- und Vertretungsmaßnahme, also nach §§ 77, 78 AktG Sache des Vorstands. Der Aufsichtsrat wirkt nach § 111 IV 2 AktG mit, soweit er selbst oder eine Satzungsbestimmung dies – etwa für Großkredite – vorschreibt. Fremdkapital besteht nicht nur in *Bankenkrediten, gestundeten Forderungen* etc., sondern vor allem auch in *Industrieobligationen* (Schuldverschreibungen nach §§ 793ff. BGB)[1]. Doch gibt es auch *Mischformen zwischen Fremdfinanzierung und Eigenfinanzierung*, die in das Organisationsrecht der Gesellschaft eingreifen und deshalb der Mitwirkung der Hauptversammlung bedürfen. Dazu gehören

- Gewinnschuldverschreibungen, deren Rendite von den Aktionärsdividenden abhängt (§ 221 AktG)[2],
- Wandelschuldverschreibungen (convertible bonds) und Optionsanleihen, die dem Gläubiger ein Umtausch- oder Bezugsrecht auf Aktien einräumen (§ 221 AktG; vgl. schon oben, § 26 IV 1 f.)[3] und heute vor allem als Mittel für die Mitarbeiterbeteiligung durch sog. Aktienoptionsprogramme eingesetzt werden (dazu schon unter § 28 II 2 f.)[4],

1 Vgl. dazu das Gesetz zur Vereinfachung der Ausgabe von Schuldverschreibungen vom 17.12.1990 (BGBl. I S. 2839), durch das die Genehmigungspflicht nach §§ 795, 808a BGB beseitigt wurde.

2 Vgl. dazu *Lutter*, in: KK, § 221 Rdnrn. 33ff.

3 Dazu *Sanchéz*, Das Erwerbsrecht auf Aktien bei Optionsanleihen und Wandelschuldverschreibungen, 1999; *Lutter/Hirte* (Hrsg.), Wandel- und Optionsanleihen in Deutschland und Europa, 2000; zum Sonderproblem der sog. »naked warrants« vgl. *Schäfer*, in: Lutter/Hirte (Hrsg.), Wandel- und Optionsanleihen in Deutschland und Europa, 2000, S. 62ff.; *Lutter*, in: KK, § 221 Rdnrn. 92ff., 148ff. (Literaturzusammenstellung noch in der 2. Aufl.).

4 Dazu m.w.N. *Friedrichsen*, Aktienoptionsprogramme für Führungskräfte, 2000; *Harrer*, Mitarbeiterbeteiligungen und Stock-Option-Pläne; *Klaholt*, Aktienoptionen als Vergütungselement, 1999.

- Genußscheine, in denen schuldrechtliche Ansprüche gegen das Unternehmen auf Anteile am Gewinn oder auf Benutzung von Unternehmenseinrichtungen verbrieft sind (vgl. über die Probleme der Genußscheinfinanzierung bereits oben, § 26 IV 1 g)[5].

c) Die Frage, ob es auch *Genußrechte mit Eigenkapitalcharakter* geben kann, hängt eng mit dem Streit um »aktiengleiche Genußrechte« zusammen (dazu oben, § 26 IV 1 g)[6]. Die Gestaltungsfreiheit ist groß (zur Inhaltskontrolle oben, § 26 IV 1 g) und läßt die Genußscheinberechtigten i.d.R. auch am Verlust teilnehmen und im Rang hinter die Gesellschaftsgläubiger zurücktreten[7]. Im Vordergrund sollte deshalb nicht so sehr die Frage stehen, ob das Aktienrecht einem Eigenkapitalcharakter entgegensteht, sondern von Belang ist die Frage: Unter welchen Voraussetzungen sind Genußrechte bilanziell als Eigenkapital auszuweisen[8]? Man wird dies zu bejahen haben, wenn das Genußrecht entweder nur im Liquidationsfall nach Befriedigung der Gläubiger zurückgezahlt wird oder zwar rückzahlbar ist, aber an periodischen Verlusten teilnimmt, nur aus Bilanzgewinnen vergütet wird und in der Insolvenz hinter den Gläubigern zurücksteht[9]. Das Bankaufsichtsrecht zählt Genußrechte unter den § 10 V KWG genannten Voraussetzungen zum Eigenkapital.

2. Das Problem der eigenkapitalersetzenden Aktionärskredite[*]

Wie schon unter § 18 III 4 dargestellt wurde, war die Anwendbarkeit der Grundsätze über kapitalersetzende Gesellschafterdarlehen auf Aktiengesellschaften bis zum Erlaß des Grundlagenurteils *BGHZ* 90, 381 schon im

---

5 Dazu *Franzen*, Genußscheine, 1993; *Krieger*, in: MünchHdbGesR IV, § 63 Rdnrn. 47ff.; *Hüffer*, AktG, § 221 Rdnrn. 22ff.; *Karollus*, in: Geßler/Hefermehl/Eckardt/Kropff, § 221 Rdnrn. 232ff.; *Lutter*, in: KK, § 221 Rdnrn. 196ff.

6 Umfassend *Hüffer*, AktG, § 221 Rdnrn. 31ff.; s. auch *BGHZ* 119, 305, 311; *OLG Bremen*, AG 1992, 268.

7 Dazu *Krieger*, in: MünchHdbGesR IV, § 63 Rdnr. 50; vgl. *Franzen*, Genußscheine, 1993, S. 295ff.

8 Vgl. schon für Optionsanleihen *Busse v. Colbe* u.a., Bilanzierung von Optionsanleihen im Handelsrecht, 1987.

9 Vgl. mit Unterschieden, IdW-Stellungnahme, Wpg. 1994, 419ff.; *Hüffer*, AktG, § 221 Rdnr. 79; *Karollus*, in: Geßler/Hefermehl/Eckardt/Kropff, § 221 Rdnr. 431; *Lutter*, in: KK, § 221 Rdnrn. 415ff.; *ders.*, DB 1993, 2441ff.

* Literatur: *Claussen*, Kapitalersatzrecht und Aktiengesellschaft, AG 1985, 173; *Heilmann*, Kapitalersetzende Darlehen bei Aktiengesellschaften, KTS 1983, 513; *Hommelhoff*, Eigenkapital-Ersatz im Konzern und in Beteiligungsverhältnissen, WM 1984, 1105; *Immenga*, Kapitalersetzende Aktionärsdarlehen als Haftkapital? ZIP 1983, 1405; *Junker*, Das eigenkapitalersetzende Aktionärsdarlehen, ZHR 156 (1992), 394; *Ketzer*, Eigenkapitalersetzende Aktionärsdarlehen, 1989; *Klaus*, Gesellschafterfremdfinanzierung und Eigenkapitalersatz bei der AG und der GmbH, 1994; *Mühlhoff*, Kapitalersatzrecht und Kompetenzordnung der AG, Diss. Münster 1989; *A. Müller*, Regeln für eigenkapitalersetzende Gesellschafterdarlehen bei der GmbH und ihre Übertragung auf die AG, 1987; *Rösler*, Gesellschafterdarlehen in der AG ..., NJW 2000, 564; *Karsten Schmidt*, Kapitalersetzende Gesellschafterdarlehen: ein Rechtsproblem nur der GmbH und der GmbH & Co.? AG 1984, 12; *Veil*, Eigenkapitalersetzende Aktionärsdarlehen, ZGR 2000, 223.

Grundsätzlichen kontrovers und wurde überwiegend abgelehnt[10]. Nach der hier vertretenen Auffassung geht es nicht um eine analoge Anwendung der §§ 32a, b GmbHG auf die Aktiengesellschaft, denn diese sind nur Ausprägungen des allgemeinen Rechtsgedankens, daß die Gesellschafter Eigenkapital nicht in beliebigem Umfang durch Fremdkapital substituieren können. Dieser allgemeine Grundsatz gilt auch im Recht der Aktiengesellschaft[11]. Bereits das *Reichsgericht* hat in *RGZ* 156, 23 und in JW 1939, 355 zweimal in diesem Sinne entschieden. In der zweiten Entscheidung heißt es wörtlich: »Der Geldgeber und wirkliche Inhaber und Beherrscher des Unternehmens gibt dann nach seinem Belieben das weiter erforderliche Kapital als Darlehen, um sich im Falle eines Mißerfolgs die Rolle eines Gläubigers zu verschaffen ... Der Senat hat solchen Versuchen, da sie einen Mißbrauch darstellen, den Erfolg versagt und die angeblichen Darlehen als das behandelt, was sie in Wirklichkeit sind, nämlich Gesellschaftereinlagen.« Diese Tradition war im Zuge der GmbH-rechtlichen Diskussion etwas in Vergessenheit geraten, bis die Frage in dem vieldiskutierten Fall BuM-WestLB wieder zum Schwur kam:

Beispiel Nr. 1 (nach *BGHZ* 90, 381 = NJW 1984, 1893 = ZIP 1984, 572 = JZ 1984, 1031 m. Anm. *Schwark; OLG Düsseldorf*, AG 1983, 250 = ZIP 1983, 786; *LG Düsseldorf*, ZIP 1981, 601): Die Bank hatte einen wesentlichen Anteil der Beton- und Monierbau AG (BuM) gehalten, die später spektakulär zusammenbrechen sollte. Sie hatte sich dann von einem Teil dieser Aktien getrennt und besaß nur noch eine Beteiligung von ca. 20 %, als sich der bei ihr in Anspruch genommene Überziehungskredit auf etwa 87 Mio. DM ausweitete. Die Überziehung wurde zum Jahresende zurückgeführt. Der Konkursverwalter (heute: Insolvenzverwalter) verlangte Rückerstattung in die Masse u. a. unter dem Gesichtspunkt, dies sei ein kapitalersetzendes Aktionärsdarlehen gewesen. In dem im einzelnen außerordentlich komplizierten Fall hatten *LG* und *OLG* diesen Gesichtspunkt schon mit der Begründung ausgeschaltet, die Grundsätze über kapitalersetzende Darlehen fänden auf Aktiengesellschaften keine Anwendung. Erst der *Bundesgerichtshof* stellte diesen Standpunkt im Grundsätzlichen richtig.

Es gibt sie also, die Darlehen mit Quasi-Eigenkapitalcharakter. Doch muss nach der neueren Rechtsprechung genauer unterschieden werden.

a) Eine *Finanzplanbindung* dergestalt, daß ein Gesellschafter Darlehen mit Risikokapitalcharakter gibt (*BGHZ* 142, 116 = NJW 1999, 2809) ist auch im Aktienrecht anzuerkennen. Zweifellos verbietet es niemand dem Aktionär oder einem Dritten, bei der Vergabe eines Kredits mit der AG zu vereinbaren, daß dieser Kredit auch in der Krise einzuzahlen und im Insolvenzfall erst nach den Insolvenzgläubigern zu bedienen ist (vgl. zur Finanzplanfinanzierung allgemein oben, § 18 III 3).

---

10 Vgl. nur *Obermüller*, Die Bank im Konkurs des Kunden, 2. Aufl. 1982, S. 221; *ders.*, ZIP 1982, 921; *Menzel*, AG 1982, 205; *H. P. Westermann*, ZIP 1982, 388; *ders.*, ZIP 1983, 128 ff.; *Rümker*, ZIP 1982, 1395; *Claussen*, ZHR 147 (1983), 201 f.; *Heilmann*, KTS 1983, 513.

11 Vgl. zur Begründung dieser Auffassung *Hefermehl/Bungeroth*, in: Geßler/Hefermehl/Eckardt/Kropff, § 57 Rdnr. 21; *Immenga*, ZIP 1983, 1406; *Karsten Schmidt*, ZHR 147 (1983), 165 ff.; *ders.*, AG 1984, 12 ff.

b) Hiervon zu unterscheiden und eigentlich Gegenstand des im Fall »BuM/West-LB« entschiedenen Streits ist die Frage, ob es Aktionärskredite gibt, die kraft (ungeschriebenen) Gesetzes den Eigenkapitalersatzregeln unterstellt sind. Mit Recht sah der *BGH* das Problem nicht in der Frage, *ob* es kapitalersetzende Aktionärskredite gibt, sondern in der Frage, *welche* Aktionärskredite als kapitalersetzend in Betracht kommen. Vor allem der Fall, daß die Hausbank der AG selbst oder ein Tochterunternehmen der Hausbank Aktien an der Kreditnehmerin hält, läßt ja die Frage aufkommen, ob ein in der Krise gegebener oder belassener Kredit dem Kreditgeber in seiner Aktionärseigenschaft zuzurechnen ist oder ob ein schlichter Bankenkredit vorliegt[12]. Es liegt ein Problem der unternehmerischen Finanzierungsverantwortung vor[13]. Entscheidend muß das Gesamtbild der Beteiligung sein. Im Lichte des § 32a Abs. 3 Satz 2 GmbHG wird schon ab 10 % über eine »unternehmerische Beteiligung« nachzudenken sein[14], und bei der kleinen AG« greift das Kapitalersatzrecht sogar mit der für das Recht der GmbH charakteristischen Strenge[15]. Der *BGH* stellt darauf ab, ob der kreditgebende Aktionär an der AG »unternehmerisch beteiligt« ist. Davon sei regelmäßig[16] bei einem Aktienbesitz von mehr als 25 % des Grundkapitals auszugehen. Bei einer darunterliegenden, aber nicht unbeträchtlichen Beteiligung könne ein Gesellschafterdarlehen dann als haftendes Kapital einzustufen sein, wenn die Beteiligung in Verbindung mit weiteren Umständen dem Gläubiger Einfluß auf die Unternehmensleitung sichere und der Gläubiger ein entsprechendes unternehmerisches Interesse erkennen lasse[17]. Dann hätten die allgemeinen Grundsätze über kapitalersetzende Finanzierungsformen zu gelten, insbesondere über die materiellen Kriterien des Eigenkapitalersatzes durch Gewährung und Stehenlassen von Krediten sowie über die Gleichstellung von darlehnsähnlichen Finanzierungsformen und von Krediten nahestehender Dritter (vgl. über diese Grundsätze oben, § 18 III 4; unten, § 37 IV)[18]. Rechtsfolge ist vor allem, daß die Kreditforderung in der Insolvenz der AG nur nachrangig geltend gemacht werden kann (§ 39 I Nr. 5 InsO). Wurde der Kredit zurückgezahlt, so ist er analog § 62 AktG wieder in die Masse einzuzahlen, falls er im Rückzahlungszeitpunkt noch kapitalersetzend war.

---

12 Über Unterscheidungskriterien vgl. *Karsten Schmidt*, ZHR 147 (1983), 184ff.

13 Professionalität des kreditgebenden Aktionärs, z.B. als Bank, genügt nicht; a.M. *Habersack*, ZHR 162 (1998), 220; Kritik am Kriterium der Finanzierungsverantwortung bei *Reiner*, in: Festschrift Boujong, 1996, S. 422ff.

14 Vgl. *Veil*, ZGR 2000, 234.

15 Dazu *Habersack*, ZHR 162 (1998), 221.

16 Ob dies nur Indiz oder hinreichende Bedingung ist (dazu *Junker*, ZHR 156 [1992], 412 m.w.N.), wird bei einer Beteiligung ab 25 % kaum eine Rolle spielen; auszunehmen ist freilich ein bloßer Durchgangserwerb; vgl. *Junker*, ZHR 156 (1992), 408f.

17 *Junker*, ZHR 156 (1992), 404, nennt als Beispiel das Aufsichtsratsmandat; vgl. auch *Habersack*, ZHR 162 (1998), 220; *Lösler*, NJW 2000, 565 (zum Fall »Holzmann«); *Veil*, ZGR 2000, 244f.

18 Einzelheiten bei *Ketzer*, a.a.O., S. 91–200.

II. Kapitalaufbringung und Kapitalerhaltung*

Charakteristisch für die Finanzverfassung der AG sind die strengen Vorschriften, mit denen das Gesetz für die Aufbringung und Erhaltung des Eigenkapitals sorgt. Es ist umstritten, inwieweit dieses bewährte Modell in einem mehr und mehr kapitalmarktgesteuerten Aktienrecht den ihm vom deutschen Gesetzgeber eingeräumten Rang noch verdient[19]. Aber es ist geltendes Recht.

1. Kapitalaufbringung

Die Kapitalaufbringung in der AG erfolgt durch *Bareinlagen* oder durch *Sacheinlagen* (§§ 27, 54 AktG). Was Sacheinlage sein kann, wurde unter § 20 II 3a dargestellt. Die Kapitalaufbringung ist – außer durch die unter § 27 II dargestellten Kontrollmechanismen – durch eine Reihe von *Schutzregeln* gewährleistet: Die Aktionäre können von ihrer Einlagepflicht nicht befreit werden (§ 66 I 1 AktG), und das Gesetz sorgt dafür, daß die Aktionäre der Gesellschaft in Erfüllung der Einlagepflicht auch effektiv verwertbare Mittel zuführen. Eine Aktienemission unter pari, also ein Disagio ist verboten (§ 9 I AktG).

---

* Literatur (Auswahl; vgl. zur verdeckten Sacheinlage auch die Angaben unter II 1c): *Ballerstedt*, Kapital, Gewinn und Ausschüttung bei Kapitalgesellschaften, 1949; *Battes*, Die Überbewertung von Sacheinlagen im in- und ausländischen GmbH-Recht, 1967; *Bommert*, Verdeckte Vermögensverlagerungen im Aktienrecht, 1989; *Döllerer*, Verdeckte Gewinnausschüttungen und verdeckte Einlagen bei Kapitalgesellschaften, 2. Aufl. 1990; *Ebenroth*, Die verdeckten Vermögenszuwendungen im transnationalen Unternehmen, 1979; *Fiedler*, Verdeckte Vermögensverlagerungen bei Kapitalgesellschaften, 1994; *Frey*, Einlagen in Kapitalgesellschaften, 1990; *Ihrig*, Die endgültig freie Verfügung über die Einlage von Kapitalgesellschaften, 1990; *Joost*, Grundlagen und Rechtsfolgen der Kapitalerhaltungsregeln im Aktienrecht, ZHR 149 (1985), 419; *Kraft*, Probleme im Zusammenhang mit der Leistung von Einlagen bei der Gründung einer AG, in: Gedächtnisschrift Schultz, 1986, S. 193; *Kübler*, Aktie, Unternehmensfinanzierung und Kapitalmarkt, 1989; *ders.*, Bankenhaftung als Notbehelf der präventiven Kapitalaufbringungskontrolle? ZHR 157 (1993), 196; *Lutter*, Kapital, Sicherung der Kapitalaufbringung und Kapitalerhaltung …, 1964; *ders.*, Verdeckte Leistungen und Kapitalschutz, in: Festschrift Stiefel, 1987, S. 505; *ders.*, Das überholte Thesaurierungsgebot bei Eintragung einer Kapitalgesellschaft, NJW 1989, 2649; *Martens*, Erwerb eigener Aktien zum Umtausch im Verschmelzungsverfahren, in: Festschrift Boujong, 1996, S. 335; *Meilicke*, Die »verschleierte« Sacheinlage – eine deutsche Fehlentwicklung, 1989; *Michalski*, Ungeklärte Fragen bei der Einlagenrückgewähr im Aktienrecht, AG 1980, 261; *Mülbert*, Das »magische Dreieck der Barkapitalaufbringung«, ZHR 154 (1990), 145; *ders.*, Kapitalschutz und Gesellschaftszweck, in: Festschrift Lutter, 2000, S. 535; *Priester*, Kapitalaufbringungspflicht und Gestaltungsspielräume beim Agio, in: Festschrift Lutter, 2000, S. 617; *Röhricht*, Freie Verfügungsmacht und Bankenhaftung, in: Festschrift Boujong, 1996, S. 457; *Roth*, Die freie Verfügung über die Einlage, in: Festschrift Semler, 1993, S. 299; *Karsten Schmidt*, Die Sicherung der Kapitalaufbringung und Kapitalerhaltung in Kapitalgesellschaften, in: Blaurock (Hrsg.), Recht der Unternehmen in Europa, 1993, S. 103; *ders.*, Barkapitalaufbringung und »freie Verfügung«, AG 1986, 106; *Wiesner*, in: MünchHdbGesR IV, § 16; *Wilhelm*, Die Vermögensbindung bei der Aktiengesellschaft und der GmbH und das Problem der Unterkapitalisierung, in: Festschrift Flume II, 1978, S. 337; *ders.*, Kapitalaufbringung und Handlungsfreiheit der Gesellschaft nach Aktien- und GmbH-Recht, ZHR 152 (1988), 333.

19 Vgl. die Grundsatzkritik von *Kübler*, a.a.O., S. 29ff.; *ders.*, WM 1990, 1853ff.; *ders.*, ZHR 159 (1995), 555.

a) *Bareinlagen* werden durch bare oder unbare Zahlung an die Gesellschaft erbracht (vgl. insbes. über Zahlungen vor Anmeldung § 54 III AktG). Wieviel vor der Registeranmeldung zu leisten ist, ergibt sich aus §§ 36a, 36 II 2 AktG (dazu oben, § 27 II 3h)[20]. Der Aktionär kann sich von der Einlagepflicht nicht durch Aufrechnung befreien (§ 66 I 2 AktG). Das hängt damit zusammen, daß eine Aufrechnung *wirtschaftlich* ähnliche Effekte hat wie eine Sacheinlage und deshalb erhebliche Wertdeckungsprobleme mit sich bringt. Die Aufrechnung nach §§ 387ff. BGB ist eben nicht nur, wie es sich Juristen gern vorstellen, ein unbares Zahlungsverfahren zur Vermeidung umständlichen Hin- und Herzahlens, sondern ihre wirtschaftlichen Effekte laufen auf die Verwertung einer Forderung hinaus. Das wird vor allem bei Kapitalerhöhungen, u.U. aber auch schon bei der Gründung, praktisch.

Beispiel Nr. 2: Angenommen, der Aktionär A soll einen Betrag von 20 000 Euro decken und ihm steht aus der Errichtung einer Lagerhalle ein Vertragsanspruch von 20 000 Euro gegen die AG zu. Zahlt A die 20 000 Euro ein, so entsteht kein Problem (anders bei sofortiger Rückzahlung; vgl. alsbald unter II 1c). Man könnte aber auch eine Sacheinlage vereinbaren, so daß A seine Forderung an die AG abzutreten hätte mit der Folge, daß sie erlischt (Konfusion). Sollte die Gesellschaft bereits insolvent und die Forderung des A gegen die Gesellschaft bereits entwertet sein, so hätte A die Wertdifferenz nachzuzahlen (vgl. dazu alsbald unter II 1b). Wenn A nun Barzahlung schuldet und aufrechnet, ist der wirtschaftliche Effekt derselbe, als wenn er seine Forderung in die Gesellschaft einbringt oder sie der Gesellschaft erläßt. Die Aufrechnung kann deshalb nicht wie eine Zahlung behandelt werden.

Die Aufrechnung gewährleistet ersichtlich nicht generell eine effektive Kapitalzufuhr. Wer eine eigene Forderung zur Kapitalaufbringung verwendet, tut für die Kapitaldecke der Gesellschaft ebensowenig, als wenn er der Gesellschaft die Forderung erließe. Die einseitige Aufrechnung durch den Aktionär verbietet § 66 I 2 AktG. Nicht gesetzlich geregelt ist dagegen die *Frage, ob die Gesellschaft die Aufrechnung erklären kann* und ob ein *Aufrechnungsvertrag* zwischen Gesellschaft und Aktionär zulässig ist. Schon vor über einhundert Jahren sagte *RGZ* 18, 1, 5, daß das Gesetz nicht um jeden Preis eine Hin- und Herzahlung verlangt. Aber eine Aufrechnungserklärung der Gesellschaft bzw. der Aufrechnungsvertrag zwischen ihr und dem Gesellschafter wird schon von dieser traditionellen Ansicht nur zugelassen, wenn die Forderung des Gesellschafters gegen die Gesellschaft fällig, liquide und vollwertig ist[21]. Fehlt es hieran, so verstößt der Vorgang gegen die Kapitalaufbringungsgarantie des Aktienrechts.

Beispiel Nr. 3: Die Gegenforderung des Aktionärs wird erst am 31.12. des nächsten Jahres fällig. Obwohl § 387 BGB die Fälligkeit nur im Fall *seiner* - im Aktienrecht verbotenen – Aufrechnung und nicht im Fall einer Aufrechnungserklärung der Gesellschaft oder eines Aufrechnungsvertrages verlangt, ist hier jede Aufrechnung verboten, weil einer Gesellschaft durch den Fortfall einer noch gar nicht fälligen Forderung keine liquiden Mittel dadurch zugeführt werden. Nichts anderes gilt, wenn die Forderung des Gesellschafters

20 Dazu eingehend *Henze*, Aktienrecht, Rdnrn. 106ff., 114ff.
21 Vgl. *RGZ* 18, 1, 5; 94, 61, 63; 134, 262, 268f.; *RG*, JW 1901, 755f.

streitig (also nicht »liquide«) oder wegen Überschuldung der Gesellschaft nicht vollwertig ist.

Nach dieser Rechtsprechung hätte sich die Praxis so entwickeln können, da Verrechnungen den Aktionär insoweit befreien, als seine Forderung, ggf. mit einem Abschlag in der Bilanz aktivierbar sind. Durchgesetzt hat sich aber die Auffassung, daß *Aufrechnungen nur noch im Wege der Sacheinlage* durchgeführt werden dürfen – wobei die Forderung des Aktionärs Einlagegegenstand ist – und daß eine verdeckte Sacheinlage vorliegt (dazu unter II 1c), wenn die Barzahlung der Einlage planmäßig durch Aufrechnung ersetzt wird (vgl. auch zur GmbH unten, § 34 II 2e)[22].

Geldeinlagen sind so zu erbringen, daß sie zur »freien Verfügung des Vorstands« stehen (vgl. § 36 II AktG). Was das genau bedeutet, ist zweifelhaft. Gewiß ist dieser Begriff nicht gegenständlich in dem Sinne gemeint, daß die eingezahlten Mittel bis zur Übertragung vom Gesellschaftsvermögen isoliert, z.B. auf einem Festgeldkonto, aufbewahrt werden müssen. Teilweise wird die Auffassung vertreten, § 36 II AktG solle die Freiheit der Mittelverwendung durch den Vorstand sichern[23]. Dem ist nicht zu folgen. Es steht nämlich häufig schon im Gründungszeitpunkt – und erst recht im Zeitpunkt einer Kapitalerhöhung – fest, wofür der Vorstand die Mittel verwenden soll, und das ist, sofern keine Nachgründung vorliegt (§ 52 AktG), auch unbedenklich. Nach richtiger Auffassung soll § 36 II AktG bloße Scheinzahlungen verhindern, nicht dagegen Absichtserklärungen des Vorstands über die Mittelverwendung verbieten[24].

Beispiel Nr. 4 (in Anlehnung an *RGSt* 24, 287; 30, 300, 314ff.): Es kam immer wieder vor, daß ein Inferent geliehenes Geld nur beim Notar vorzeigte, dem Vorstand zum Schein in die Hand drückte und dann – aufgrund einer Vorabsprache – wieder zum Verleiher brachte. Heute werden solche Manipulationen auf komplizierter Weise, nämlich durch Hin- und Herüberweisungen durchgeführt, wie dies insbesondere der »coop«-Fall *BGHZ* 122, 180 = NJW 1993, 1983 zeigt (dazu *Assmann/Sethe*, ZHR 158 [1994], 646ff.). Ein solches Verhalten stellt selbstverständlich keine echte Bareinlage dar.

Beispiel Nr. 5: Bei der Gründung der XYZ-AG werden Prospekte ausgelegt, in denen die geplante Mittelverwendung so präzis wie möglich beschrieben wird; das kann schwerlich verboten sein, ist vielmehr sogar erwünscht. Bei der Sanierung der ABC-AG legt der Vorstand ein Sanierungskonzept vor, aus dem sich die geplante Verwendung zufließender Mittel ergibt. Wird jetzt eine Kapitalerhöhung beschlossen, so kann und wird sich der Vorstand an seine Zusage halten. § 36 II AktG verbietet dies nicht.

---

22 Vgl. *BGHZ* 110, 47, 60ff. std; Rspr.; vgl. nur *BGH*, NJW 1996, 524, 525 (GmbH); *OLG Koblenz*, AG 1988, 242, 244; *Lutter*, in: KK, § 66 Rdnr. 26; *ders.*, in: Festschrift Stiefel, a.a.O., S. 515ff.; einschr. *Mülbert*, ZHR 154 (1990), 169.

23 Deutlich *v. Godin/Wilhelmi*, § 36 Anm. 13.

24 Eingehend *Karsten Schmidt*, AG 1986, 106; übereinstimmend *Hommelhoff/Kleindiek*, ZIP 1987, 484ff.; *BGH*, NJW 1991, 226, 227 (GmbH); im Grundsatz auch *Frey*, a.a.O., S. 169ff.; *Welf Müller*, in: Festschrift Beusch, 1993, S. 631ff.; *Henze*, ZHR 154 (1990), 117; *Röhricht*, in: GroßkommAktG, § 36 Rdnrn. 81ff.; *Lutter*, in: KK, § 54 Rdnrn. 46ff.; *Pentz*, in: MünchKomm-AktG, § 36 Rdnrn. 48ff.; *Wiesner*, in: MünchHdbGesR IV, § 16 Rdnr. 7; *ders.*, NJW 1989, 2649ff.; eingehend *ders.*, in: KK, § 188 Rdnrn. 13ff.; *Wilhelm*, ZHR 152 (1988), 343ff.; krit. *Mülbert*, ZHR 154 (1990), 148ff.; abl. *Ihrig*, ZHR 153 (1989), 358; *Ulmer*, ZHR 154 (1990), 138.

Umstritten ist aber noch, ob die zu leistende Einlage im Zeitpunkt der Anmeldung wenigstens noch wertmäßig unverbraucht zur Verfügung stehen muß[25]. In dieser Hinsicht hat sich die Diskussion noch nicht beruhigt. Einerseits wird die Zahlung auf ein Bankgirokonto grundsätzlich unabhängig vom Stand dieses Kontos als Barkapitalaufbringung zur freien Verfügung anerkannt[26], nicht jedoch anderseits die Zahlung an einen Gesellschaftsgläubiger[27]. Das Urteil *BGHZ* 119, 177 = NJW 1992, 3300 sieht deshalb das Merkmal der Zahlung zur freien Verfügung des Vorstands als nicht erfüllt an, wenn der Aktionär durch Zahlung auf ein bei der Hausbank geführtes Konto lediglich eine Kreditschuld der Gesellschaft ablöst[28]. Da dies der herrschenden Auffassung entspricht, muß der Vorstand für den Empfang von Bareinlagen ein aktivisches Konto verwenden oder dieses eigens einrichten. Unterläßt er das, so sollte aber doch eine befreiende Leistung des Aktionärs anerkannt werden. Freie Verfügung liegt vor, wenn der Aktionär seinerseits nicht mehr auf den eingezahlten Betrag zugreifen kann. Hat er nach Anforderung durch den Vorstand auf ein von diesem benanntes Konto der Gesellschaft gezahlt, so ist er nach richtiger Auffassung befreit.

Zweifelhaft ist, ob die Einzahlung in einen sog. »cash pool« im Konzern genügt[29].

Beispiel Nr. 6 (modifiziert nach *OLG Hamm*, GmbHR 1997, 213, 214; *OLG Köln*, GmbHR 2000, 720): Bei der Muttergesellschaft in einem Konzern ist ein für die Finanzierung aller Tochtergesellschaften bestimmtes Treuhandkonto eingerichtet. Bei der Gründung einer weiteren Tochter – der T-AG – werden alle Gründer angewiesen, ihre Einlagen in diesen »cash pool« hineinzugeben. Für die herrschende Auffassung bestehen hier große Bedenken, wenn das Empfängerkonto nicht der T-AG zusteht. Auch hier zeigen sich die überspannten Kapitalaufbringungsanforderungen der h. M. Solange die besonderen Voraussetzungen einer verdeckten Sacheinlage vermieden werden (dazu alsbald unter II 1 c) und die partielle Rechtszuständigkeit der T-AG hinsichtlich des Treuhandkontos gesichert ist, sollte auch dies als Einzahlung zur »freien Verfügung« des Vorstands anerkannt werden. Allerdings müssen Vorkehrungen getroffen werden, die der T-AG den ungestörten Zugriff auf »ihr« Geld bei der Muttergesellschaft offenhalten. Dann ist ihr Anteil am Pool wie ihr eigenes Bankkonto anzusehen. Trotzdem ist die Praxis hiervor zu warnen, solange die h. M. bei ihrer Strenge bleibt.

b) *Sacheinlagen* müssen grundsätzlich bereits im Zeitpunkt der Registeranmeldung eingebracht sein (§ 36 a II AktG und dazu oben, § 27 II 3 h). Sie müssen vollwertig sein, d. h. ihr Wert muß dem Wert des Nennbetrags, im Fall der Überpari-Emission zuzüglich des Aufgelds, entsprechen (§ 36 a II 3 AktG)[30]. Die Sachgründung ist eine qualifizierte Gründung (oben, § 27 II

25 So namentlich *Hüffer*, AktG, § 36 Rdnr. 11 a; *Ihrig*, a. a. O., S. 93.

26 Vgl. *BGH*, NJW 1991, 1294 (GmbH); *Ihrig*, a. a. O., S. 259 ff.

27 *Hüffer*, AktG, § 36 Rdnr. 6.

28 *BGHZ* 119, 177, 190; zust. *Hüffer*, ZGR 1993, 474 ff.

29 *Dazu Hellwig*, in: Festschrift Peltzer, 2001, S. 163; *Jäger*, DStR 2000, 1653, 1736; *Oho/Eberbach*, DB 2001, 825.

30 § 36 a AktG beruht auf dem Gesetz zur Durchführung der Zweiten Richtlinie des Rates der Europäischen Gemeinschaften zur Koordinierung des Gesellschaftsrechts v. 13. 12. 1978 (BGBl. I S. 1959); der Vollwertigkeitsgrundsatz galt schon davor; der *BGH* leitete ihn, dogmatisch angreifbar, aus dem Verbot der Unterpari-Emission her; vgl. *BGHZ* 64, 52, 62; für die GmbH

5 b). Sie muß in der Satzung ausgewiesen (§ 27 I 1 AktG) und im Gründungsbericht berücksichtigt werden (§ 32 II AktG) und löst eine Gründungsprüfung aus (§ 33 II Nr. 4 AktG). Die Sacheinlage muß kaufmännisch richtig sein, darf also weder zu niedrig noch etwa zu hoch bewertet werden[31]. Ist die *Sacheinlage nicht vollwertig*, so ist damit nicht etwa die satzungsmäßige Pflicht zu ihrer Erbringung hinfällig[32], der Inferent ist zur *Deckung der Wertdifferenz* in bar verpflichtet[33]. Dies ergibt sich aus allgemeinen Erwägungen, so daß das Fehlen einer dem § 9 GmbHG entsprechenden Gesetzesregelung nicht schadet[34]. Grundsätzliches hierüber wurde schon unter § 20 III 4 a gesagt.

Beispiel Nr. 7 (in Anlehnung an *BGHZ* 64, 52): Aktionär A hat in die Kunststoff-AG ein Kunststoff-Regenerationsverfahren eingebracht, dessen Wert mit 300 000 Euro angesetzt wurde. War das Verfahren wertlos, so kann A nicht etwa die Aktien zurückgeben, sondern er ist verpflichtet, die Wertdifferenz – hier also die volle Summe! – in bar nachzuzahlen (bestätigend *BGHZ* 118, 83, 101).

Beispiel Nr. 8 (in Anlehnung an den GmbH-Fall *BGHZ* 68, 191): A hat auf seine Einlage von 300 000 Euro ein Unternehmen eingebracht, das gemäß einer für diesen Zweck erstellten Bilanz (Vermögensstatus) einen Aktivsaldo von 300 000 Euro aufwies, in Wahrheit jedoch aufgrund erheblicher Verbindlichkeiten weniger wert war. Hier muß A wiederum die Differenz in bar nachschießen. Ergibt sich ein Passivsaldo, hat also der Inferent ein überschuldetes Unternehmen und damit »weniger als nichts« übertragen, so muß er sogar einen die Einlage übersteigenden Betrag zahlen *(BGHZ* 68, 191, 198).

Man muß sich darüber klar sein, daß die *Prüfung* und die *Haftung* bei Sacheinlagen selbständig nebeneinander stehen[35]: Lehnt der Registerrichter die Eintragung der Gesellschaft wegen Überbewertung von Sacheinlagen ab, so können ihn die Gründer nicht etwa darauf verweisen, es sei doch für Kapitalaufbringung gesorgt, denn sie müßten und würden im Fall einer Überbewertung in bar nachzahlen. Nur wenn die Differenz wie eine Bareinlage zur freien Verfügung des Vorstands nachgezahlt wird, ist die Eintragungsfähigkeit gewährleistet, denn das Sacheinlageversprechen lautet auf Kapitalzuführung vor der Eintragung[36]. Die Differenzhaftung ist keine Verschuldenshaftung[37] und auch keine Haftung, die vom Willen des Sach-

---

BGHZ 68, 191, 195; auch der Gesetzgeber meinte, § 36 a II 3 AktG wiederhole nur das Verbot der Unterpari-Emission (vgl. BegrRegE, BT-Drucks. 8/1678); diese Begründung ist im Ergebnis unschädlich, allerdings ungenau; vgl. *Karsten Schmidt*, GmbHR 1978, 5; vgl. auch die berechtigte Kritik von *Lutter*, Kapital, a. a. O., S. 280 ff.

31 Eingehend *Delmas*, Die Bewertung von Sacheinlagen in der Handelsbilanz von AG und GmbH, 1997.

32 Wie hier *Pentz*, in: MünchKommAktG, § 27 Rdnr. 42; a. M. *Brändel*, in: GroßkommAktG, § 9 Rdnr. 23; *Hüffer*, AktG, § 27 Rdnr. 27.

33 Heute allg. M.; vgl. nur krit. noch die grundlegende Arbeit von *Lutter*, Kapital, a. a. O., S. 270–285, wo ein sich ergänzendes System von Wertprüfung und Haftung vorgeschlagen wurde.

34 *BGHZ* 118, 83, 101 spricht von einer »dem § 9 GmbHG entsprechenden Differenzhaftung«.

35 Krit. und für Vorrang der Prüfung noch *Lutter*, Kapital, a. a. O., S. 281.

36 Vgl. *Pentz*, in: MünchKommAktG, § 27 Rdnr. 43.

37 So aber *RGZ* 159, 321, 335 f. = DR 1939, 431 m. Anm. *Boesebeck;* dagegen richtig *BGHZ* 68, 191, 196.

einlegers abhängt[38]. Das Problem dieser Haftung besteht in der Praxis allerdings darin, daß es *Bewertungsspielräume* gibt und daß die Überbewertung und ihr Ausmaß nicht ohne weiteres objektivierbar ist. Vor allem wenn schon geraume Zeit ins Land gegangen ist, macht deshalb die Durchsetzung der Bardeckungspflicht Schwierigkeiten, aber das ist kein Grund, sie im Prinzip in Frage zu stellen. Bei *BGHZ* 68, 191, 196 ist allerdings davon die Rede, die Bardeckungspflicht greife nur ein, wenn »ein gewisser Bewertungsspielraum« überschritten sei. Dem ist zu widersprechen[39]. Von Rechts wegen ist *jede* Unterdeckung auszugleichen. Der Bewertungsspielraum, von dem der *BGH* spricht, ist ein reines Tatsachen- und Beweisproblem. Naturgemäß wird eine Klage auf Ausgleich der Differenz nur erhoben, wenn sich eine nennenswerte Differenz abzeichnet, und naturgemäß würde auch ein Gericht alle Beweise frei würdigen (§ 286 ZPO) bzw. die Differenz analog § 287 ZPO schätzen. Insofern mag der Praktiker davon sprechen, daß das Nachzahlungs*risiko* im praktischen Ergebnis erst da einsetzt, wo eine eindeutige, also unvertretbare, Überbewertung vorliegt. Aber der Nachzahlungs*anspruch* setzt von Rechts wegen schon bei der geringsten tatsächlichen Überbewertung ein. In Anlehnung an die dem § 9 II GmbHG zugrundeliegenden Erwägungen wird dieser Anspruch einer fünfjährigen Verjährungsfrist unterworfen[40].

c) Daß es dem Gesetz um Offenlegung sachgründungsähnlicher Vorgänge zu tun ist, zeigen schon die §§ 27 und 52 über Sachübernahmen und Nachgründungen (dazu oben, § 27 II 5). Aber damit nicht genug! Das Recht der Sacheinlagen genießt *Umgehungsschutz.* Eine Bareinlage, die den Effekt einer Sacheinlage herbeiführen soll, ist verboten und unwirksam. Das Schlagwort lautet: *»verdeckte«* oder *»verschleierte Sacheinlage«*[41]. In Anbetracht der Umständlichkeit und der Risiken einer Sacheinlage (Feststellung in der

38 In dieser Richtung aber *Boesebeck*, DR 1939, 436; dagegen *Lutter*, Kapital, a. a. O., S. 281; *Battes*, a. a. O., S. 86.

39 Vgl. *Kraft*, in: KK, § 36a Rdnr. 16; *Wiedemann*, in: Festschrift Hirsch, 1968, S. 261 f.; *Karsten Schmidt*, GmbHR 1978, 8.

40 *BGHZ* 118, 83, 101 = NJW 1992, 2222, 2227.

41 *Bergmann*, Die verschleierte Sacheinlage bei AG und GmbH, AG 1989, 57; *Brandner*, Verdeckte Sacheinlage: eine Aufgabe für den Gesetzgeber? in: Festschrift Boujong, 1996, S. 37; *Ebenroth/Neiß*, Zur Vereinbarkeit der Lehre von der verdeckten Sacheinlage mit EG-Recht, BB 1992, 2085; *Einsele*, Verdeckte Sacheinlage, Grundsatz der Kapitalaufbringung und Kapitalerhaltung, NJW 1996, 2681; *dies.*, Möglichkeit der Heilung verdeckter Sacheinlagen, NJW 1997, 562; *Frese*, Kredite und verdeckte Sacheinlage, AG 2001, 15; *Groß*, Verdeckte Sacheinlagen ..., AG 1993, 108; *Grunewald*, Rechtsfolgen verdeckter Sacheinlagen, in: Festschrift Rowedder, 1994, S. 111; *Henze*, Zur Problematik der »verdeckten« (verschleierten) Sacheinlage im Aktien- und GmbH-Recht, ZHR 154 (1990), 105; *Joost*, Verdeckte Sacheinlagen, ZIP 1990, 549; *Karollus*, Umwandlung von Geldkrediten in Grundkapital ..., ZIP 1994, 589; *Lutter*, Verdeckte Leistungen und Kapitalschutz, in: Festschrift Stiefel, 1987, 505; *Meilicke*, a. a. O.; *Mülbert*, Das »magische Dreieck der Barkapitalaufbringung«, ZHR 154 (1990), 145; *Müller-Eising*, Die verdeckte Sacheinlage, 1993; *Steinmetz*, Die verschleierte Sacheinlage im Aktienrecht aus zivil- und strafrechtlicher Sicht, 1990; *Priester*, Kapitalaufbringung bei korrespondierenden Zahlungsvorgängen, ZIP 1991, 345; *Rasner*, Verdeckte Sacheinlagen und ihre Heilung, NJW 1993, 186; *Roth*, »Schütt aus – hol zurück« als verdeckte Sacheinlage, NJW 1991, 1913; *Ulmer*, Verdeckte Sacheinlagen im Aktien- und GmbH-Recht, ZHR 145 (1990), 128; *Volhard*, Zur Heilung verdeckter Sacheinlagen, ZGR

Satzung, Gründungsprüfung, Differenzhaftung des Einlegers) ist es verlokkend, eine Sacheinlage als Bareinlage zu tarnen. Um ein solches Manöver handelt es sich z. B., wenn der Aktionär eine Bareinlage verspricht und diese mit der Maßgabe leistet, daß die Gesellschaft den eingezahlten Betrag alsbald an ihn zurückzahlt, um von ihm Sachen oder Rechte zu erwerben. Auch durch Leistung an Erfüllungs Statt oder durch Verrechnungen kann aus einer geschuldeten Bareinlage ein Sacheinlageffekt werden (vgl. bereits unter II 1 a). Derartigen Umgehungen des Sacheinlagenrechts tritt der Bundesgerichtshof, unbeeindruckt durch eine nicht verstummende Fundamentalkritik[42], mit seiner rigiden Rechtsprechung über verdeckte Sacheinlagen entgegen[43].

aa) Eine verdeckte Sacheinlage liegt vor, wenn durch Koppelung von Verkehrsgeschäften mit einer Bareinlage wirtschaftlich der Erfolg einer Sacheinlage erreicht wird. Der Fragenkreis wird vor allem bei GmbH-Gründungen und -Kapitalerhöhungen praktisch (dazu unten, § 37 II 4), aber das spektakuläre IBH-Urteil des *Bundesgerichtshofs* hat die große Bedeutung des Problems auch für das Aktienrecht – wenn auch eher bei Kapitalerhöhungsfällen als bei Gründungsfällen – gezeigt:

Beispiel Nr. 9 (vereinfacht nach *BGHZ* 110, 47 »IBH/Lemmertz« = NJW 1990, 982 = BB 1990, 382 = ZIP 1990, 156; Vorinstanz: *OLG Koblenz*, ZIP 1988, 642): K, der Konkursverwalter der IBH-AG, klagte gegen die B-Gesellschaft auf Zahlung von 5 Mio. DM als Bareinlage. Zugrunde lag folgende Kapitalerhöhungssituation: Die IBH-AG hatte gegenüber ihrer Lieferantin L Kreditschulden in Höhe von 5 Mio. DM. Um die IBH-AG zu sanieren, schlossen L und B einen Treuhandvertrag, wonach B im Zuge einer Kapitalerhöhung Aktien gegen Bareinlage von 5 Mio. DM übernehmen sollte. Dies geschah auch, worauf die eingezahlten Mittel zur Glattstellung des Kredits zugunsten der L verwendet wurden. Damit war der Tatbestand der verdeckten Sacheinlage erfüllt.

Beispiel Nr. 10 (vereinfacht nach *BGHZ* 118, 83 »BuM« = NJW 1992, 2222): Der Verwalter in der Großinsolvenz der Beton und Monierbau AG verlangte von einer Bank B Neueinzahlung der im Zuge einer gescheiterten Sanierung übernommenen Aktien. Die Bank hatte die Sanierung mit einem Kredit in Höhe von 30 Mio. DM vorfinanziert. Diesen Kredit hatte dann eine Drittbank D abgelöst, worauf die B ihre Einlage einzahlte, die von der AG für die Ablösung des Kredits bzw. der D-Bank verwendet wurde (im Originalfall kam komplizierend hinzu, daß die B-Bank die Aktien als fremdnützige Treuhänderin übernommen hatte).

Der *Bundesgerichtshof* hat in dem »IBH/Lemmertz«-Urteil zunächst dargelegt, daß der Umgehungsschutz bei verdeckten Sacheinlagen weder durch die Nachgründungsvorschrift des § 52 AktG noch durch die Kapitalschutzrichtlinie des Rates der EG (ABl. 1977 L 26/1) verdrängt oder ausgeschlossen sei[44]. Er betont sodann, daß auch die Umwandlung von Krediten in haftendes

---

1995, 286; *Wiedemann*, Erfüllung der Geldeinlagepflicht bei Kapitalerhöhungen im Aktienrecht, ZIP 1991, 1257.

42 Vgl. namentlich *Meilicke*, a. a. O., S. 43; *Wilhelm*, Kapitalgesellschaftsrecht, Rdnrn. 133 ff.; *ders.*, ZHR 152 (1988), 350 ff.; *Loos*, AG 1989, 385 f.

43 Eingehend *Henze*, Aktienrecht, Rdnrn. 142 ff., 148 ff.

44 *BGHZ* 110, 47, 52 ff., 68 ff. = NJW 1990, 982, 985; s. auch *BGHZ* 118, 83, 103 f. = NJW 1992, 2222, 2227; *Hüffer*, AktG, § 27 Rdnr. 13; eingehend *Henze*, Aktienrecht, Rdnrn. 158 ff.; *Ebenroth/Kräutter*, DB 1990, 2153 ff.; die Vorlageentscheidung des *LG Hannover*, DB 1991, 376 wurde nicht zur Prüfung angenommen (*EuGH*, AG 1992, 398).

Kapital verdeckte Sacheinlage sein kann[45]. Schwierig und Gegenstand allmählicher Rechtsfortbildung ist die tatbestandliche Konkretisierung der Merkmale einer verdeckten Sacheinlage[46]. Die Vorschläge reichen von einer streng subjektiven, auf den Umgehungswillen abstellenden[47], bis hin zu einer formal-objektiven, auf Fristen abstellenden Lösung[48]. Da es um Umgehungsschutz geht, kann der eine Ansatz so wenig weiterhelfen wie der andere, denn es darf einerseits nicht auf subjektive Vorwerfbarkeit ankommen[49], während andererseits eine streng objektive Abgrenzung aussichtslos ist. Insbesondere kann die bloß zeitliche Nähe – so verdächtig und so leicht feststellbar sie auch ist – für sich allein nicht ausreichen, um den Zurechnungszusammenhang zwischen Bareinlage und verdecktem Geschäft zu begründen.

Beispiel Nr. 11: Unvorhergesehenerweise kann der Bareinleger wenige Wochen nach der Einlageleistung der Gesellschaft günstiges Rohöl anbieten. Wer hier auf feste Fristen abstellt, trifft den falschen Fall. Umgekehrt läßt, wer sich an Fristen orientiert, echte Umgehungsfälle sanktionslos passieren, etwa wenn eine geplante Verrechnung listenreich einen Tag nach dem Fristablauf durchgeführt wird. Wollte man, durch diesen Fall belehrt, ganz auf die Umgehungsabsicht abstellen, so wäre auf der anderen Seite der Umgehungstatbestand wirkungslos.

Deshalb ist der Standpunkt der Vorauflagen aufrechtzuerhalten[50]: Entscheidend ist ein gemischt objektiv-subjektiver Tatbestand. Zu der objektiven Verknüpfung von Bareinlage und Zuwendungsgeschäft muß zwar keine vorwerfbare Umgehungsabsicht hinzukommen, aber als Zurechnungselement ist eine von den Beteiligten gewollte Verknüpfung von Bareinlage und Umgehungsgeschäft unentbehrlich[51]. Der *Bundesgerichtshof* spricht etwas mißverständlich vom Erfordernis einer – wenn auch unwirksamen – Abrede[52]. Diese Verknüpfung wird durch einen sachlichen und zeitlichen Zusammenhang indiziert, womit sich die Beweislast zum Nachteil des Einlegers umkehrt[53].

---

45 H.M.; vgl. nur *BGHZ* 15, 52, 60f.; *OLG Hamburg*, GmbHR 1982, 157; *OLG Köln*, ZIP 1984, 834, 835; *Lutter*, in: KK, § 66 Rdnrn. 27ff.; a.M. *Meilicke*, a.a.O., S. 23ff.; *Geßler*, in: Festschrift Möhring, 1975, S. 189; *Priester*, DB 1976, 1804.

46 Vgl. auch den Rechtsprechungsüberblick in der 1. Aufl.

47 Vgl. mit unterschiedlichen Formulierungen *RGZ* 121, 99, 102; 152, 292, 300f.; 157, 213, 224; 167, 99, 108; *KG*, JW 1924, 199; 1932, 2630f.

48 So vor allem *Lutter/Gehling*, WM 1989, 1452f.

49 Treffend *BGHZ* 110, 47, 63ff. = NJW 1990, 982, 986 = BB 1990, 382, 386 = ZIP 1990, 156, 162; *Steinmetz*, Die verschleierte Sacheinlage im Aktienrecht ..., 1990, S. 50 m.w.N.; *Verf.* hat, entgegen dem offenbar beim *BGH* entstandenen Eindruck, auch in der 1. Aufl. keine andere Auffassung vertreten.

50 Dort § 37 II 4 in Kombination der von *Ulmer* entwickelten Lehre vom sachlichen und zeitlichen Zusammenhang mit dem subjektiven Zurechnungselement; vgl. auch *Karsten Schmidt*, in: Blaurock (Hrsg.), a.a.O., S. 120.

51 Vgl. auch *RGZ* 167, 99, 108: »Es genügt, daß eine von den Beteiligten beabsichtigte Einbringung oder Übernahme von nicht in Geld bestehenden Vermögenswerten ... bereits ... feste Gestalt angenommen hat.«

52 *BGHZ* 132, 133 = NJW 1996, 1286 (zur GmbH); dieses Merkmal wird z.T. i.S. einer »Umgehungsabrede« mißverstanden; vgl. *Habertha*, ZGR 1998, 310.

53 *BGHZ* 132, 133 = NJW 1996, 1286 (GmbH); *Pentz*, in: MünchKommAktG, § 27 Rdnr. 96; *Ulmer*, ZHR 154 (1990), 140ff.

bb) Neben der tatbestandlichen Abgrenzung liegt das Hauptproblem der verdeckten Sacheinlage auf der *Rechtsfolgenseite* (vgl. auch unten, § 37 II 4 b)[54]. Ist die Vereinbarung einer Sacheinlage unwirksam, so ist der Aktionär nach § 27 III 3 AktG zur Einzahlung in bar verpflichtet. Im Fall der verdeckten Sacheinlage muß er nach ständiger Rechtsprechung nochmals einzahlen, weil weder seine Geldleistung (sie hat als Bestandteil einer verdeckten Sachleistung keinen Zahlungseffekt) noch seine Sachleistung (sie ist nicht wirksam vereinbart oder beschlossen) als befreiend anerkannt wird[55]. Vom *BGH* wird das – nach der hier vertretenen Auffassung in zweifelhafter Weise[56] – mit der Erwägung begründet, die Zahlung sei nicht zur »freien Verfügung« des Vorstands geleistet worden[57]. Einen Entlastungsbeweis des Aktionärs in dem Sinne, daß volle Wertdeckung stattgefunden hat[58], läßt die Rechtsprechung bedenklicherweise nicht zu[59], was bereits zur Forderung nach einer gesetzlichen Klärung geführt hat[60]. Auch eine an § 9 II GmbHG angelehnte fünfjährige Verjährungsfrist läßt der *Bundesgerichtshof* nicht gelten[61]. Der Umgehungsschutz bei verdeckten Sacheinlagen ist damit auf der Rechtsfolgenseite von drakonischer Härte[62], denn er führt zu unbeglichenen Bareinlageforderungen, selbst wenn die Transaktion keinen Schaden am Gesellschaftsvermögen verursacht hat.

Beispiel Nr. 12: Hat die Gesellschaft die Bareinlage alsbald für den Erwerb eines Grundstücks oder einer Erfindung vom Aktionär A verwendet, so muß dieser die Bareinlage selbst dann nochmals zahlen, wenn der Kaufpreis seinerzeit angemessen war. Vor allem im Insolvenzfall verdoppelt sich also sein Opfer, und zwar selbst dann, wenn der Insolvenzverwalter die Vollwertigkeit der Sachleistung eingesteht. Auf den Rückforderungsanspruch wegen der fehlgegangenen Zahlung wird der Aktionär nur die Quote erhalten.

Deshalb muß, wenn sich der Tatbestand einer verdeckten Sacheinlage herausstellt, für deren *Heilung* gesorgt werden, solange die Rückforderung des Einlegers noch vollwertig ist (vgl. zur Heilung verdeckter Sacheinlagen auch unten, § 37 II 4 b). Als Grundlage betrachtet die h. M. die sog. *Nachgründung* nach § 52 AktG.[63] Im Hinblick auf die Entwicklung im GmbH-Recht wird

---

54 Vgl. *Karsten Schmidt*, in: Blaurock (Hrsg)., a. a. O., S. 118 f. mit Beispielen: »Liegt nicht vielleicht eine Überreaktion des Rechts vor?«; *Kübler*, ZHR 157 (1993), 209.
55 Vgl. nur *BGHZ* 118, 83, 93 ff. = NJW 1992, 2222, 2225; *Hüffer*, AktG, § 27 Rdnr. 9; *Röhricht*, in: GroßkommAktG, § 27 Rdnr. 190.
56 Die Rechtskonstruktion versagt bei Aufrechnungen und im Ausschüttungs-Rückholverfahren.
57 *BGHZ* 139, 135, 347 f. (GmbH); ebenso z. B. *Pentz*, in: MünchKommAktG, § 27 Rdnr. 98 mw.N.
58 Dafür *Grunewald*, in: Festschrift Rowedder, a. a. O.; *Einsele*, NJW 1996, 2688.
59 Zust. h.M.; vgl. nur *Pentz*, in: MünchKommAktG, § 27 Rdnr. 98.
60 Dafür *Brandner*, in: Festschrift Boujong, a. a. O.; der DAV-Handelsrechtsausschuß hat einen Entwurf erarbeitet (Wortlaut WiB 1996, 707).
61 *BGHZ* 118, 83 = NJW 1992, 2222.
62 Vgl. *Lutter*, in: KK, § 66 Rdnr. 31: »katastrophal«.
63 *Lenz*, Die Heilung verdeckter Sacheinlagen, 1996, S. 86 ff.; *Lutter/Gehling*, WM 1989, 1455 f.; *Ulmer*, ZHR 154 (1990), 143; *Hinterdobler*, AG 1993, 123; *Volhard*, ZGR 1995, 286.

man die Heilung aber wohl als eine satzungsändernde Maßnahme eigener Art anzusehen haben (dazu unten, § 37 II 4 b).[64]

2. Kapitalerhaltung

a) Nach § 57 I 1 AktG dürfen den Aktionären die Einlagen nicht zurückgezahlt werden, und § 57 II AktG verbietet die Zusage und die Zahlung fester Zinsen. *Nur der Bilanzgewinn (§§ 57 III, 58 IV AktG) darf ausgeschüttet werden, jede andere Ausschüttung ist verboten.* Im Gegensatz zu § 30 GmbHG kommt es für das Ausschüttungsverbot nicht darauf an, ob das zur Erhaltung des Grundkapitals erforderliche Gesellschaftsvermögen angegriffen wird, vielmehr wirkt das Ausschüttungsverbot total. Schon für das alte Aktienrecht hat *RGZ* 149, 385, 400 diesen Unterschied gegenüber dem GmbH-Recht hervorgehoben: »Anderweitige Ausschüttungen von Gesellschaftsvermögen an die Aktionäre sind vielmehr der Gesellschaft schlechterdings verwehrt; sie kann sich auch zu solchen weder ihren Aktionären noch Dritten gegenüber rechtswirksam verpflichten. Dabei ist es gleichgültig, ob es sich um eine offene oder mehr oder minder verschleierte oder verdeckte Vermögensverteilung unter den Aktionären oder gar nur bestimmten oder bestimmbaren Gruppen von ihnen handelt.« Das ist bedeutsam: Es nützt den Beteiligten nichts, wenn sie das Ausschüttungsgeschäft durch ein Verkehrsgeschäft verschleiern. Die *verdeckte Ausschüttung* ist ebenso verboten wie eine offene Ausschüttung[65]. In Anlehnung an die Rechtsprechung des *Bundesfinanzhofs* kann man die verdeckte Gewinnausschüttung folgendermaßen abgrenzen:

- Es muß *erstens* ein Rechtsgeschäft vorliegen, das der Vorstand unter sonst gleichen Umständen mit einem gesellschaftsfremden Dritten nicht abgeschlossen hätte[66].
- Es muß sich *zweitens* um eine Zuwendung an einen Gesellschafter (Aktionär) oder einen ihm nahestehenden Dritten handeln[67].

Beispiel Nr. 13: Erhält ein Aktionär für Lieferungen einen angemessenen Kaufpreis, für Dienstleistungen eine angemessene Provision oder nimmt er zu einem angemessenen Preis Lieferungen der Gesellschaft in Anspruch, so ist hiergegen nichts einzuwenden. Anders, wenn ihm die Gesellschaft unter dem Deckmantel eines Verkehrsgeschäfts Vermögenswerte »zuschanzt«. Auch wenn z. B. ein Markenartikelhersteller (AG) dem Aktionär wertvolle Marken ohne angemessenes Entgelt überläßt, kann das eine verbotene Ausschüttung sein (*OLG Frankfurt,* AG 1996, 324).

---

64 Ähnlich *Röhricht*, in: GroßkommAktG, § 27 Rdnr. 219; noch anders *Wiesner*, in: MünchHdbGesR IV, § 16 Rdnr. 37: nur als Kombination von Kapitalherabsetzung und Sachkapitalerhöhung.

65 *RGZ* 146, 93; 149, 385, 400; *RG*, JW 1930, 3730; *BGH*, NJW 1992, 2821; *OLG Frankfurt*, AG 1996, 324; *Würdinger*, § 9 I 3; *Flume*, Juristische Person, § 8 IV 2 b; *ders.*, ZHR 144 (1980), 18 ff.; *Wiesner*, in: MünchHdbGesR IV, § 16 Rdnr. 43; eingehend *Ballerstedt*, a. a. O., S. 112 ff.

66 Vgl. nur *Flume*, ebd.; *Wiedemann* I, § 8 III 1 a; *Lutter*, in: KK, § 57 Rdnrn. 15 ff.

67 Vgl. *BGH*, NJW 1992, 2821; zur verbotenen Zuwendung an Dritte *Henze*, Aktienrecht, Rdnrn. 257 ff.; *Canaris*, in: Festschrift Fischer, 1979, S. 31 ff.; *Geßler*, in: Festschrift Fischer, 1979, S. 144 ff.; *Michalski*, AG 1980, 265 ff.

Die Rückgewähr eines eigenkapitalersetzenden Aktionärsdarlehens wird einer Ausschüttung gleichgestellt (oben, § 29 I 2)[68]. Praktisch bedeutet dies, daß solche Darlehen während der Krise der Gesellschaft nicht rückzahlbar sind.

Nicht einer Ausschüttung gleichzustellen ist die Kreditgewährung an Gesellschafter (str.; vgl. zu § 30 GmbHG unten, § 37 III 1c): Gibt die Gesellschaft einem wirtschaftlich gesunden Aktionär gegen marktgerechte Verzinsung einen Kredit oder zu seinem Vorteil eine Kreditsicherheit, so ist dieser Vorgang bei vermögensrechtlicher Betrachtung neutral. Die im Vordringen befindliche Gegenansicht[69] macht aus dem Vermögensentziehungsverbot des § 57 AktG aus praktisch einleuchtenden, jedoch allenfalls als Rechtsfortbildungsansatz überzeugenden Gründen ein Vermögensgefährdungsverbot, und sie löst sich auch aus der bilanziell-vermögensrechtlichen Betrachtung des Kapitalschutzes. Die Kreditvergabe mag gegen den Gleichbehandlungsgrundsatz des § 53a AktG verstoßen, kann auch sonst mit den Vorstandspflichten nach § 93 I AktG unvereinbar sein oder bei einem herrschenden Unternehmen als nachteiliges Geschäft unerlaubt sein (§§ 311, 317 AktG), wenn etwa die Liquidität der Gesellschaft gefährdet wird. Um einen Verstoß gegen § 57 AktG handelt es sich aber nach wohl richtiger Auffassung nicht[70]. Während im GmbH-Recht Kredite an Gesellschafter dem analog anzuwendenden § 43a GmbHG unterstellt werden können (str.; vgl. unten, § 37 III 6b), ist eine solche Behandlung im Aktienrecht unberechtigt, weil es an der Weisungsberechtigung der Aktionäre gegenüber dem Vorstand fehlt. Ohnedies könnte es nur um Kredite gehen, die »causa societatis« gegeben oder von der Gesellschaft besichert werden, nicht z.B. um das Bankdarlehn an einen Bankkunden, der zufällig auch Aktien der kreditgebenden Bank im Portefeuille hat.

b) Die *Rechtsfolgen verbotener Leistungen* ergeben sich aus § 62 AktG: Die Aktionäre haben Leistungen, die sie entgegen den Vorschriften des AktG von der Gesellschaft empfangen haben, *zurückzugewähren* (§ 62 I 1 AktG). Ausgenommen ist der gutgläubige Bezug von Bilanzgewinn oder ausgewiesenen Zinsen (§ 62 I 2 AktG)[71]. Der Anspruch der Gesellschaft verjährt binnen fünf Jahren nach dem Empfang der Leistung. Unklar ist, was sich der Gesetzgeber in § 62 I 1 AktG unter der Rückgewähr vorstellt[72]: die Rückgabe des Empfangenen in corpore oder nur eine Vermögensrestitution? Der Wortlaut spricht für die erste Deutung[73], aber er muß dem Sinn und Zweck der Kapitalerhaltung entsprechend ausgelegt werden: Der Kapitalschutz zielt nicht auf die Erhaltung bestimmter Vermögensgegenstände, sondern auf

68 *BGHZ* 90, 381 = NJW 1984, 1893; *Wiesner*, in: MünchHdbGesR IV, § 16 Rdnr. 44.

69 Vgl. auch *OLG Hamm* ZIP 1995, 1263; *Raiser*, Kapitalgesellschaften, § 19 Rdnr. 3; *Wiesner*, in: MünchHdbGesR IV, § 16 Rdnr. 43.

70 Vgl. *Hüffer*, AktG, § 57 Rdnr. 12; *Schön*, ZHR 159 (1995), 370.

71 Dazu näher *Schön*, in: Festgabe BGH VI, 2000, S. 165f.; *Karsten Schmidt*, BB 1984, 1588ff.

72 Historisch ersetzte die Regel eine Haftungsregelung, die dem § 172 IV HGB ähnelte; vgl. *Karsten Schmidt*, BB 1984, 1590.

73 Für Rückforderung in corpore denn auch *Wiesner*, in: MünchHdbGesR IV, § 16 Rdnr. 55.

Vermögenserhaltung. Nur *rechnerische* Wertbindung ist also bezweckt[74], und dem entspricht auch die Sanktion des § 62 AktG. Die »Rückgewähr« besteht in einer Wiederherstellung der rechtmäßigen Vermögenssituation; dies *kann* auf eine Rückgabe in corpore hinauslaufen, regelmäßig aber nur auf einen Vermögensausgleich.

Beispiel Nr. 14: Hat die Gesellschaft – ein ziemlich theoretischer Fall! – dem Aktionär A ein Grundstück geschenkt und ist A zur Rückübereignung noch imstande, so hat diese zu geschehen. Hier liegt nicht nur ein Verstoß gegen die §§ 57ff. AktG vor, sondern eine Überschreitung oder doch jedenfalls ein evidenter Mißbrauch der organschaftlichen Vertretungsmacht (es tritt also § 812 BGB neben § 62 AktG). Bestand die verbotene Ausschüttung aber darin, daß das Grundstück zu einem nicht marktgerechten Preis dem A verkauft wurde (verdeckte Gewinnausschüttung), so wird die »Rückgewähr« des Empfangenen auf einen Ausgleich der Wertdifferenz hinauslaufen.

Damit ist ein *zentraler Streitpunkt des § 62 AktG* angesprochen: das *Verhältnis zum Bereicherungsrecht* und die *Anwendung im Bereich der verdeckten Gewinnausschüttung.* Gleichzeitig ist deutlich geworden, daß zwei ganz unterschiedliche Fragen unterschieden werden müssen: diejenige, ob der Vorstand durch verdeckte Ausschüttungen die organschaftliche Vertretungsmacht überschreitet bzw. mißbraucht (dieser unter § 10 II 2 behandelte Mangel ist durch Genehmigung seitens der Aktionäre heilbar!), und die ganz andere *Frage, welches die gesetzlich zwingenden Folgen des § 62 AktG sind.*

aa) Umstritten ist, ob das Verbot des § 57 AktG auch ein *gesetzliches Verbot* i.S. des § 134 BGB ist, das zur Nichtigkeit des Grundgeschäfts oder gar des Erfüllungsgeschäfts führt. Für Nichtigkeit spricht sich die herkömmliche Praxis und Lehre aus[75]. Wäre dies richtig, so müßte eine bereicherungsrechtliche Rückabwicklung des gesamten von der Gesellschaft mit dem Aktionär geschlossenen Rechtsgeschäfts erfolgen (§ 812 BGB, bei Nichtigkeit auch des Erfüllungsgeschäfts u.U. auch §§ 985, 951 BGB). Dem weicht die herrschende Auffassung mit der Erklärung aus, diese Vorschriften träten gegenüber der Spezialnorm des § 62 AktG zurück[76]. Eine Gegenansicht hält die Annahme der Nichtigkeit für überflüssig und verfehlt[77]. Ihr ist im Ergebnis zu folgen. Als gesetzliches Verbot i.S. von § 134 BGB wirkt § 62 AktG nur – was praktisch kaum vorkommen wird –, wenn das Geschäft darauf gerichtet

74 *Joost*, ZHR 149 (1985), 420; a.M. *Wiesner*, in: MünchHdbGesR IV, § 16 Rdnrn. 52ff.; *Hüffer*, AktG, § 62 Rdnr. 9; *Lutter*, in: KK, § 57 Rdnr. 63.

75 Vgl. statt aller *RGZ* 77, 71, 72f.; 107, 161, 166ff.; 121, 99, 106; 149, 385, 400; *RG*, JW 1912, 876; *Wiedemann* I, § 8 III 1 a; *Wiesner*, in: MünchHdbGesR IV, § 16 Rdnr. 52; *Lutter*, Kapital, a.a.O., S. 377f.; *ders.*, in: KK, § 57 Rdnrn. 62f.; *Hefermehl/Bungeroth*, in: Geßler/Hefermehl/Eckardt/Kropff, § 57 Rdnrn. 71ff.; *Hüffer*, AktG, § 57 Rdnr. 23; *Fabritius*, ZHR 144 (1980), 639; nur für Nichtigkeit des Verpflichtungsgeschäfts *Geßler*, in: Festschrift Fischer, 1979, S. 140ff.; unklar *OLG Düsseldorf*, AG 1980, 273, 274.

76 *BGHZ* 136, 125 = NJW 1997, 2599 (GmbH); *Henze,* Aktienrecht, 4. Aufl. 2000, Rdnr. 265; *Lutter*, Kapital, a.a.O., S. 378; *ders.*, in: KK, § 57 Rdnr. 62; *Hefermehl/Bungeroth*, in: Geßler/Hefermehl/Eckardt/Kropff, § 62 Rdnr. 26; *Henze*, Aktienrecht, Rdnr. 264; *Hüffer*, AktG, § 57 Rdnr. 25; *Wiesner*, in: MünchHdbGesR IV, § 16 Rdnr. 55; *Röhrkasten*, a.a.O., S. 35.

77 *Würdinger*, § 9 II 1; *Ballerstedt*, a.a.O., S. 128ff.; *Fiedler*, a.a.O.; *Flume*, ZHR 144 (1980), 23ff.; *Joost*, ZHR 149 (1985), 421ff.; *Wilhelm*, in: Festschrift Flume II, a.a.O., S. 384ff.

ist, die rechtliche Ausschüttungssperre außer Geltung zu setzen[78]. Ein solcher Vertrag ist nach § 134 BGB nichtig. Hiervon zu unterscheiden ist der Standardfall, daß das Geschäft die Ausschüttungssperre objektiv verletzt. Die Tragweite und Sanktion des Ausschüttungsverbots ergibt sich dann aus § 62 AktG, und das bedeutet im Licht des § 57 AktG, daß nur die Kapitalschmälerung auszugleichen ist. Ob in dieser Höhe auch ein Bereicherungsanspruch bestehen kann, wird sich im GmbH-Recht als bedeutsam erweisen (unten, § 37 III 2c). Eine Nichtigkeit der Zuwendungsgeschäfte ginge über die Schutzzone des § 57 AktG hinaus: Der Kapitalschutz ist vermögensbezogen, nicht sachbezogen und wirkt deshalb nicht dinglich. Allerdings sagt § 62 AktG nicht – was bei Anwendung des § 134 BGB selbstverständlich wäre –, daß der Aktionär keine Erfüllung des verbotenen Ausschüttungsversprechens verlangen kann und daß die Gesellschaft die Erfüllung verweigern muß, aber dies ergibt sich wiederum aus § 57 AktG selbst[79].

bb) Der vorgenannte Streit spielt vor allem bei *verdeckten Gewinnausschüttungen* eine erhebliche Rolle, denn hier sind die Rechtsfolgen effektiv unterschiedlich. Greifen die §§ 134, 812 BGB ein, so ist die Durchführung des Geschäfts ausgeschlossen, durchgeführte Verträge müssen rückabgewikkelt werden, und auch die kurze Verjährung nach § 62 III AktG wird fragwürdig. Aber diese Rechtsfolge schießt über das Ziel hinaus. Zwar kann der Vertrag wegen Überschreitung oder Mißbrauchs der Vertretungsmacht genehmigungsbedürftig sein (vgl. auch oben, § 10 II 2), aber gesetzlich verboten ist nicht der Vertrag, sondern nur die Kapitalschmälerung. Sofern nicht die Parteien das Geschäft wegen Wegfalls der Geschäftsgrundlage (vgl. § 313 BGB) aufheben, kann und darf es durchgeführt werden und ist nicht rückabzuwickeln, wenn dafür gesorgt wird, daß der Gesellschaft ein angemessener Gegenwert zufließt[80]. Ist das Geschäft durchgeführt, so spricht § 62 AktG nur die Pflicht aus, die gestörte Vermögenssituation wieder herzustellen und ordnet keine zwingende Rückabwicklung und schon gar keine Vertragsänderung an[81]. Deshalb kann bei der verdeckten Gewinnausschüttung zwar der Empfänger die Gesellschaft am Vertrag festhalten, sofern man nicht das Vertretungsgeschäft wegen Mißbrauchs der Vertretungsmacht als unwirksam ansehen muß; nicht aber kann die Gesellschaft den Empfänger am Vertrag festhalten[82], denn im Fall einer Durchführung des Vertrages müßte aufgrund Aktienrechts der Empfänger mehr leisten, als vertraglich vereinbart wurde.

Beispiel Nr. 15: Die M-GmbH als Mehrheitsaktionärin hat für unbedeutende Leistungen Provisionen in Millionenhöhe erhalten, oder sie hat für einen unvertretbar geringen Preis

78 Die h. M. spricht vom Sonderfall eines »offenen Verstoßes« gegen § 62 AktG; § 812 *BGB* soll aber auch dann zurücktreten; vgl. *BGHZ* 136, 125 = NJW 1997, 2599 (GmbH).

79 Vgl. *Joost*, ZHR 149 (1985), 436, der sich mit der zutreffenden Ablehnung des § 306 BGB a. F. unnötig schwer tut.

80 Vgl. namentlich *Flume*, Juristische Person, § 8 IV 2 c.

81 Vgl. *Flume*, Juristische Person, § 8 IV 2 c; *Geßler*, in: Festschrift Fischer, 1979, S. 140ff.; *Wilhelm*, in: Festschrift Flume II, a. a. O., S. 384.

82 So im Ergebnis auch *Flume*, Juristische Person, § 8 IV 2 c; a. M. *Wilhelm*, in: Festschrift Flume II, a. a. O., S. 387.

Lieferungen bezogen. Hier werden nicht die Geschäfte rückabgewickelt, sondern die M-GmbH hat die Überzahlung zurückzuerstatten bzw. die Minderzahlung in bar auszugleichen.

Beispiel Nr. 16: Die Mehrheitsaktionärin M hat ein Betriebsgrundstück für 1 Mio. Euro statt für angemessene 1,2 Mio. Euro von der AG erworben. Dieses Geschäft kann, wie gesagt wurde, als Vertretungsgeschäft unwirksam und genehmigungsbedürftig sein, nicht aber nach § 57 AktG. Im Einklang mit diesen Bestimmungen kann M das Grundstück gegen Zahlung der Differenz behalten; diese Zahlung wäre i.S. des § 62 AktG eine »Rückgewähr«. Aber M kann, weil dies nicht vereinbart ist, hierzu nicht gezwungen werden. Weigert sich M, so kann die rechtmäßige Vermögenssituation nach § 62 AktG *auch* durch Rückabwicklung des Vertrags hergestellt werden. Eine Feststellungsklage, daß das Grundstück noch der AG gehört, kann also nur auf den Mißbrauch der Vertretungsmacht gestützt werden. Im übrigen kann die Gesellschaft auf Rückübereignung mit der Maßgabe klagen, daß der M nachgelassen wird, diese Verpflichtung durch Zahlung von 1 Mio. Euro abzuwenden (unechte Eventualklage).

Beispiel Nr. 17: Auch in unserem Provisionsfall gilt ähnliches. Stehen die zu entgeltenden Leistungen noch aus, so kann M die AG – immer vorbehaltlich des § 177 BGB – am Vertrag festhalten, erhält dann aber nur die angemessene Provision. Die AG kann aber M nicht zu dieser Lösung zwingen.

c) Echter Eigenkapitalschutz ist auch das *Verbot des entgeltlichen Erwerbs eigener Aktien* (§§ 71 ff. AktG), denn es leuchtet ein, daß die AG, wenn sie einem Aktionär eigene Aktien abkauft und dadurch nichts anderes erhält als »Beteiligungen an sich selbst«, wirtschaftlich gesehen die Einlage an den Aktionär zurückführt[83]. Die Regelungen der §§ 71 ff. AktG sind deshalb kompliziert, weil sie auch Umgehungsgeschäfte erfassen sollen. Sie sind, wie schon unter § 26 II 3 b erwähnt wurde, in den neunziger Jahren als Kapitalmarkthindernisse rechtspolitisch in die Diskussion geraten[84] und aus diesem Grunde im Zuge der sukzessiven Reform abgeschwächt worden[85]. Der Erwerb eigener Aktien ist zulässig,

1. wenn der Erwerb notwendig ist, um einen schweren Schaden von der Gesellschaft abzuwenden,
2. wenn die Aktien den Arbeitnehmern zum Erwerb angeboten werden sollen,
3. wenn der Erwerb geschieht, um Aktionäre nach § 305 Abs. 2 oder § 320 Abs. 5 AktG bzw. nach §§ 29, 125, 207 UmwG abzufinden,
4. wenn der Erwerb unentgeltlich geschieht oder ein Kreditinstitut mit dem Erwerb eine Einkaufskommission ausführt,
5. durch Gesamtrechtsnachfolge,

83 Zum Kapitalerhaltungskonzept der §§ 71 ff. AktG vgl. *Henze*, Aktienrecht, Rdnrn. 254 ff.; *Raiser*, Kapitalgesellschaften, § 19 Rdnrn. 13 ff.; *Lutter*, in: KK, § 71 Rdnrn. 10 ff.; *Tilman Bezzenberger*, Erwerb eigener Aktien durch die AG, 2002; *Johannsen-Roth*, Der Erwerb eigener Aktien, Diss. Köln 2001; *Kop*, Erwerb eigener Aktien, 1996; zur Neuregelung *Hirte*, in: Gesellschaftsrecht 1999, 2000, S. 238 ff.; *Martens*, in: AG-Sonderheft 1997, 83 ff.

84 *Martens*, *v. Rosen/Hahn* und *Nobel*, AG 1996, 337, 434, 443; über die schon de lege lata zu enge Formulierung der Nr. 3 vgl. *Martens*, in: Festschrift Boujong, 1996, S. 334.

85 Zweites Finanzmarktförderungsgesetz v. 26.7.1994, BGBl. I S. 1749; Begleitgesetz zur Umsetzung von EG-Richtlinien v. 22.10.1997, BGBl. I S. 2567; Stückaktiengesetz v. 25.3.1998, BGBl. I S. 590; KonTraG v. 27.4.1998, BGBl. I S. 786; dazu *O. Peltzer*, WM 1998, 322 ff.

6. aufgrund eines Beschlusses der Hauptversammlung zur Einziehung nach den Vorschriften über die Herabsetzung des Grundkapitals oder
7. bei einem Kredit- oder Finanzierungsinstitut auch zum Zwecke des Wertpapierhandels,
8. aufgrund zweckfreier, höchstens 18 Monate geltender Ermächtigung der Hauptversammlung, soweit ein Anteil von zehn Prozent des Grundkapitals nicht überschritten wird.

Weitere Begrenzungen enthält § 71 II AktG. Erwirbt die AG eigene Aktien, ohne hierzu berechtigt zu sein, so führt dies grundsätzlich nicht zur Nichtigkeit des Erwerbs (näher § 71 IV AktG), aber die Gesellschaft muß die Aktien wieder veräußern (§ 71 c AktG). Mitgliedschaftsrechte stehen der Gesellschaft aus eigenen Aktien nicht zu (§ 71 b AktG).

3. Sonstiger Vermögensschutz

a) Der Kapitalschutz kann Ausschüttungen verhindern, selbstverständlich aber nicht die *Aufzehrung des Gesellschaftsvermögens durch Verluste*. Diese Aufzehrung löst ganz andere Schutzmechanismen aus. Nach § 92 I AktG muß der Vorstand eine außerordentliche Hauptversammlung einberufen, wenn ein Verlust in Höhe der Hälfte des Grundkapitals besteht[86]. Selbstverständlich ist die Hauptversammlung damit keineswegs zur Kapitalerhöhung gezwungen[87]. Die Einberufung einer außerordentlichen Hauptversammlung dient nur der innergesellschaftlichen Information und soll die Basis für rechtzeitige Krisenentscheidungen schaffen. Tritt Zahlungsunfähigkeit oder Überschuldung ein, so muß sie allerdings alsbald beseitigt werden[88]. Anderenfalls muß der Vorstand nach § 92 II AktG binnen dreier Wochen die Eröffnung des Insolvenzverfahrens beantragen (dazu schon oben, § 28 II 4).

b) Daneben gibt es eine Fülle von Vermögensschutzregeln. Zu ihnen gehören insbesondere *Ausgleichs- und Schadensersatzregelungen* wie die §§ 117, 302, 309, 317 AktG, aber z. B. auch die Regelungen über eine *Kreditgewährung an Vorstands- und Aufsichtsratsmitglieder* (§§ 89, 115 AktG). Nach diesen, im einzelnen recht komplizierten, Regelungen bedarf die Kreditgewährung an Mitglieder der Unternehmensleitung der Zustimmung des Aufsichtsrats, und diese Zustimmung kann nicht im Wege eines Generalkonsenses, sondern nur für bestimmte Kreditgeschäfte beschlossen werden. Im Gegensatz zu den §§ 57ff. AktG handelt es sich bei den §§ 89, 115 AktG um ein Vermögensgefährdungsverbot. Die Kreditgewährung schmälert als bloßer Aktiventausch (Forderung gegen »Kasse«) nicht ohne weiteres das Vermögen der AG, aber

86 Vgl. dazu im einzelnen *Novotny*, in: Festschrift Semler, 1993, S. 231ff.; *Martens*, ZGR 1972, 254; *Mertens*, AG 1983, 173; *Welf Müller*, ZGR 1985, 191.

87 Anders die Erwägungen bei Rdnr. 177 im Bericht über die Verhandlungen der Unternehmensrechtskommission, 1980; dagegen aber *Karsten Schmidt*, JZ 1984, 778.

88 Zum Vorrang der Sanierung vgl. *Karsten Schmidt*, ZIP 1980, 233ff.

sie verleitet zu Mißbräuchen und stellt eine abstrakte Vermögensgefährdung dar[89].

Besonders hervorzuheben ist die *Schadensersatzpflicht wegen der Benutzung schädlichen Einflusses auf die AG.* Nach § 117 I 1 AktG ist der Gesellschaft – nicht ihren Aktionären[90] – zum Schadensersatz verpflichtet, wer vorsätzlich unter Benutzung seines Einflusses auf die Gesellschaft ein Mitglied des Vorstands oder des Aufsichtsrats, einen Prokuristen oder einen Handlungsbevollmächtigten dazu bestimmt, zum Schaden der Gesellschaft zu handeln[91]. Neben ihm haften pflichtwidrig handelnde Vorstands- und Aufsichtsratsmitglieder (§ 117 II 1 AktG) sowie andere Personen, die sich durch die schädigende Handlung vorsätzlich Vorteile verschafft haben. Der Schadensersatzanspruch der Gesellschaft kann auch von den Gesellschaftsgläubigern geltend gemacht werden, soweit sie von der Gesellschaft keinen Ersatz verlangen können (§ 117 V 1 AktG). Eigene Schadensersatzansprüche stehen nach § 117 I 2 AktG auch den Aktionären zu, dies aber nur, soweit sie außerhalb des Gesellschaftsvermögens einen Schaden an ihrem Eigenvermögen erlitten haben. Mit dieser Einschränkung wollte der Gesetzgeber dafür sorgen, daß ein von der Gesellschaft erlittener Schaden im Interesse aller Beteiligten durch diese selbst und nicht durch die Aktionäre geltend gemacht wird[92]. Charakteristisch hierfür ist unser

Beispiel Nr. 18 (vereinfacht nach *BGHZ* 94, 55 = NJW 1985, 1777): Aktionäre der X-AG, die ihrer Gesellschaft Darlehen gegeben hatten, hatten im Zusammenhang mit dieser Darlehnsvergabe durch den Zusammenbruch der Gesellschaft Schäden erlitten, die nunmehr eingeklagt wurden. Geltend gemacht wurde, daß der Beklagte als Aufsichtsratsvorsitzender ein Vorstandsmitglied dazu bestimmt hatte, unrechtmäßig entnommene Gelder zurückzufordern; hierdurch seien die Gesellschaft insolvent und die Darlehen uneinbringlich geworden. Der *Bundesgerichtshof* entschied, daß der Aufsichtsratsvorsitzende in einem solchen Fall nach § 117 AktG zum Schadensersatz verpflichtet sein kann. Zwar könne ein Aktionär nach § 117 I 2 AktG nicht Ersatz für den Wertverlust seiner Aktien verlangen, aber nach § 117 AktG zu ersetzen sei der Schaden, den die Aktionäre als Darlehnsgläubiger erlitten hätten. Dem wird man, wenn keine kapitalersetzenden Darlehen vorliegen, zustimmen können.

§ 117 AktG ist in der Praxis allerdings weitaus weniger bedeutsam, als es der Blick in das Gesetz vermuten läßt. Das hängt mit § 117 VII AktG zusammen: Die Schadensersatzpflicht kommt nicht zum Zuge, wenn Organe oder Bevollmächtigte der Gesellschaft durch Ausübung des Stimmrechts in der Hauptversammlung oder durch die im Vertragskonzern oder im Eingliederungsverhältnis bestehende Leitungsmacht zu der schädigenden Handlung bestimmt worden sind. Hier steht neben der Anfechtung von Beschlüssen

- die Haftung von Aktionären wegen Treupflichtverletzung (oben, § 28 I 4 und § 20 IV 4) bzw.

89 Vgl. Begr.RegE, in: *Kropff*, S. 113.

90 *BGH*, NJW 1992, 3167; *Wiesner*, in: MünchHdbGesR IV, § 27 Rdnr. 14; *Gerd Müller*, in: Festschrift Kellermann, 1991, S. 317.

91 Dazu *Brüggemeier*, AG 1988, 93 ff.

92 Vgl. Begr.RegE, in: *Kropff*, S. 163; *BGHZ* 105, 121, 130 f. = NJW 1988, 2794, 2796; *BGH*, NJW 1992, 3167, 3171; *Hüffer*, AktG, § 117 Rdnr. 9.

– die konzernrechtliche Haftung (§§ 308 ff. AktG, 323 AktG)
zur Verfügung, und beides hat Vorrang vor § 117 AktG[93].

c) Dem Vermögensschutz dienen auch *Verzichts- und Vergleichsverbote im Aktienrecht*[94]: Verzicht- und Vergleichsverträge der Gesellschaft über aktienrechtliche Anspürche sind teils von der Zustimmung der Hauptversammlung abhängig, teils zusätzlich beschränkt (vgl. unter § 50, 53, 93 IV 3, 116, 302 IV, 309 III AktG), die Befreiung der Aktionäre von ihren Pflichten sogar ganz ausgeschlossen (§ 66 AktG).

III. Kapitalerhöhung und Kapitalherabsetzung*

1. Grundlagen

Kapitalerhöhung und Kapitalherabsetzung sind *Maßnahmen zur Änderung des Grundkapitals.* Ihre Bedeutung versteht man nur, wenn man zwischen

93 Vgl. *Hüffer*, AktG, § 117 Rdnr. 14; ob über den Wortlaut hinaus auch § 317 AktG Vorrang hat (so *Brüggemeier*, AG 1988, 101 f.), ist str.

94 Vgl. *Cahn*, Vergleichsverbote im Gesellschaftsrecht, 1996.

* Literatur: *Berning*, Die Herabsetzung des Grundkapitals der AG, 1934; *Brantl*, Die Sanierung von Aktiengesellschaften, 1908; *Byk*, Kapitalherabsetzung in erleichterter Form, 1932; *Cahn*, Die Anpassung der Satzung der AG an Kapitalerhöhungen, AG 2000, 181; *ders.*, Ansprüche und Klagemöglichkeiten der Aktionäre wegen Pflichtverletzungen der Verwaltung beim genehmigten Kapital, ZHR 164 (2000), 113; *Franke*, Bedingte Kapitalerhöhung und genehmigtes Kapital, Diss. Breslau 1939; *Frey/Hirte*, Vorzugsaktionäre und Kapitalerhöhung, DB 1989, 2465; *Geißler*, Rechtliche und unternehmenspolitische Aspekte der vereinfachten Kapitalherabsetzung bei der AG, NZG 2000, 719; *v. Godin*, Erfolgte Kapitalherabsetzung, ZHR 100 (1934), 221; *Henze*, Materielle Beschlußkontrolle bei §§ 179, 179 a AktG, in: Festschrift Boujong, 1996, S. 233; *Hirte/Butters*, Die Kapitalerhöhung aus Gesellschaftsmitteln in den europäischen Aktienrechten, ZBB 1998, 286; *Huber*, Die Abfindung der neuen Aktionäre bei Nichtigkeit der Kapitalerhöhung, in: Festschrift Claussen, 1997, S. 147; *Hüffer*, § 216 Abs. 3 AktG: Sondernorm oder allgemeiner Rechtsgedanke? in: Festschrift Bezzenberger, 2000, S. 191; *Ihrig*, Die endgültig freie Verfügung über die Einlage von Kapitalgesellschaftern, 1991; *Karollus*, Die Umwandlung von Geldkrediten in Grundkapital – eine verdeckte Sacheinlage? ZIP 1994, 589; *ders.*, Voreinzahlungen auf künftige Kapitalerhöhungen, DStR 1995, 1065; *Korthals*, Kapitalerhöhung zu ›höchsten‹ Kursen, 1995; *Krieger*, in: MünchHdbGesR IV, § 56; *ders.*, Beschlusskontrolle bei Kapitalherabsetzungen, ZGR 2000, 885; *Leist*, Die Sanierung von Aktiengesellschaften, 1905; *Lutter*, Kapital, Sicherung der Kapitalaufbringung und Kapitalerhaltung ..., 1964, S. 175 ff., 384 ff.; *Lutter/Hommelhoff/Timm*, Finanzierungsmaßnahmen zur Krisenabwehr in der Aktiengesellschaft, BB 1980, 737; *Maier-Reimer*, Wert der Sacheinlage und Ausgabebetrag, in: Festschrift Bezzenberger, 2000, S. 253; *Neuburger*, Die Herabsetzung des Grundkapitals bei Aktiengesellschaften, 1911; *Priester*, Vorauszahlungen auf Stammeinlagen bei sanierender Kapitalerhöhung, in: Festschrift Fleck, 1988, S. 231; *ders.*, Wertgleiche Deckung statt Bardepot? ZIP 1994, 601; *ders.*, Kapitalaufbringung bei mittelbarem Bezugsrecht, in: Festschrift Brandner, 1996, S. 97; *Rauch*, Kapitalerhöhung aus Gesellschaftsmitteln, 3. Aufl. 1947/1950; *Schippel*, Die Leistung der Bareinlage bei der Erhöhung des Kapitals von Aktiengesellschaften, in: Festschrift Steindorff, 1990, S. 249; *Karsten Schmidt*, Die sanierende Kapitalerhöhung, ZGR 1982, 519; *ders.*, Die Umwandlung einer GmbH in eine AG zu Kapitaländerungszwecken, AG 1985, 150; *Schüppen*, Die sukzessive Durchführung von ordentlichen Kapitalerhöhungen, in: Festschrift Bezzenberger, 2000, S. 253; *Semler*, Vorfinanzierung künftigen Aktienkapitals durch stille Gesellschaften, in: Festschrift Werner, 1984, S. 855; *Than*, Rechtliche und praktische Folgen der Kapitalerhöhung aus Gesellschaftsmitteln einer Aktiengesellschaft, in: WM-Festgabe für Heinsius, 1991, S. 54; *Weigand*, Die Erhöhung und

effektiver und nomineller Kapitalerhöhung bzw. -herabsetzung zu unterscheiden weiß. Eine *effektive Kapitalerhöhung* (Kapitalerhöhung gegen Einlagen) hat den Zweck, der Gesellschaft neues Eigenkapital zuzuführen; eine *nominelle Kapitalerhöhung* soll dagegen nur vorhandene Rücklagen in Grundkapital umwandeln, also das Soll-Kapital dem Ist-Kapital anpassen. Umgekehrt dient die *effektive Kapitalherabsetzung* dem Abfluß von Eigenkapital, während die *nominelle Kapitalherabsetzung* wiederum nur dazu dient, das Soll-Kapital an das geschrumpfte Ist-Kapital anzupassen. Die verschiedenen Spielarten können ineinandergreifen. So vor allem bei der Sanierung einer insolventen oder insolvenzbedrohten AG. Hier wird meist ein sog. »Kapitalschnitt« durchgeführt. Es wird mit einer effektiven Kapitalerhöhung eine nominelle Kapitalherabsetzung verbunden.

Beispiel Nr. 19: Das Grundkapital der X-AG in Höhe von 10 Mio. Euro ist zu 90% verloren. Um solvent zu bleiben, benötigt die Gesellschaft 4 Mio. Euro. Hier wird nicht einfach das Grundkapital auf 14 Mio. Euro erhöht, sondern es wird eine nominelle Kapitalherabsetzung um 9 Mio. Euro und eine effektive Kapitalerhöhung um 4 Mio. Euro durchgeführt, so daß die Gesellschaft am Ende mit einem Grundkapital von 5 Mio. Euro dasteht.

Diese Kombination einer nominellen Kapitalherabsetzung mit einer effektiven Kapitalerhöhung ist bei der Sanierung kaum zu entbehren[95]. *Erstens* nämlich muß dafür gesorgt werden, daß die bisher eingetretenen Verluste von den Inhabern alter Anteile – und nur von ihnen! – getragen werden; ihre »schlechten« Aktien dürfen nicht auf Kosten der Zeichner neuer »guter« Aktien aufgewertet werden. *Zweitens* muß, damit künftige Jahresüberschüsse ausgezahlt werden können, die Ausschüttungssperre (§§ 57, 233 AktG) überwunden werden, und deshalb begrenzt man durch nominelle Kapitalherabsetzung den Nennbetrag des Grundkapitals. Die Kapitalherabsetzung darf sogar zu einem Grundkapital führen, das unter der Mindestgröße des § 7 AktG liegt, im Extremfall sogar zu einer Herabsetzung auf Null[96], vorausgesetzt, daß mit der Herabsetzung eine Erhöhung verbunden wird, welche den Mindestnennbetrag wieder erreicht (§ 228 I AktG).

2. Die effektive Kapitalerhöhung

a) Die *Kapitalerhöhung gegen Einlagen* ist in §§ 182–191 AktG geregelt. Sie spielt in der Praxis eine erhebliche Rolle, und zwar sowohl bei erfolgreichen, also expandierenden, als auch bei sanierungsbedürftigen Gesellschaften. Die Kapitalerhöhung setzt einen satzungsändernden *Hauptversammlungsbeschluß* voraus (näher § 182 AktG). Der Beschluß ist zur Eintragung in das Handelsregister anzumelden (§ 184 AktG). Die Beschlußfassung ist nicht von einem sachlich rechtfertigenden Grund abhängig[97]. Sie verpflichtet

---

Herabsetzung des Grundkapitals, 1954; *Wirth*, Vereinfachte Kapitalherabsetzung ..., DB 1996, 867.

95 Näher *Karsten Schmidt*, ZGR 1982, 520f.

96 *BGHZ* 119, 305, 319f. = NJW 1993, 57, 60; *BGHZ* 142, 167 = NJW 1999, 3197 »Hilgers«.

97 *Krieger*, in: MünchHdbGesR IV, § 56 Rdnr. 7.

niemanden – auch nicht die zustimmenden Aktionäre! – zur Zeichnung der neuen Aktien. Diese geschieht nach § 185 AktG durch schriftliche Erklärung (Zeichnungsschein). Meist zeichnet nicht das Anlegerpublikum, sondern ein Bankenkonsortium, das die jungen Aktien dann beim Publikum unterzubringen sucht. Die Kapitalerhöhung wird nicht schon mit der Beschlußfassung, sondern erst mit der *Eintragung* wirksam (§ 189 AktG). Vorgeschaltet ist ein Prüfungsverfahren, das im wesentlichen der registergerichtlichen Gründungsprüfung entspricht (§ 188 AktG). Die oben unter II 1 geschilderten Kapitalaufbringungsregeln gelten auch hier (vgl. §§ 183, 188 AktG). Dabei ist zwischen Barkapitalerhöhung, Sachkapitalerhöhungen und gemischten Kapitalerhöhungen zu unterscheiden[98]. Auf *Bareinlagen* muß ein Mindestbetrag von einem Viertel des geringsten Ausgabebetrags bereits bei der Anmeldung eingefordert sein und zur freien Verfügung des Vorstands stehen (§§ 188 II 1, 36, 36a, 37 AktG). Das Gebot der »endgültig freien Verfügung« des Vorstands wurde vielfach im Sinne eines Thesaurierungsgebots und eines Verbots vorweggenommener Verwendungsabreden verstanden. Wie bereits unter II 1 dargelegt wurde, soll aber nur die Kapitalaufbringung gesichert und nicht die Kapitalverwendung beschränkt werden.

Beispiel Nr. 20: Eine Familienaktiengesellschaft erhöht ihr Grundkapital, weil sie bei der B-Bank mit über 3 Mio. Euro in der Kreide steht. Selbst wenn die Einlagen auf ein bei dieser Bank geführtes Konto eingezahlt werden, fehlt es doch nicht an der »freien Verfügung«, wie das Gesetz sie verlangt.

Bei der Kapitalerhöhung mit *Sacheinlagen* findet eine Prüfung durch Wirtschaftsprüfer statt, und die Sacheinlagen müssen vor der Anmeldung vollständig geleistet sein (§§ 183, 188 II 1, 33–37 AktG). *Verdeckte Sacheinlagen* – sie sind bei der Kapitalerhöhung häufiger als bei der Neugründung – sind verboten und befreien nach ständiger Rechtsprechung nicht von der beurkundeten Bareinlageschuld (oben unter II 1c)[99]. Gefährlich ist insbesondere die Umwandlung von Forderungen in haftendes Aktienkapital[100].

Beispiel Nr. 21: Großgläubiger der Gesellschaft nehmen an der Kapitalerhöhung teil und bringen ihre Forderungen als Sacheinlagen ein, oder es findet eine »Barkapitalerhöhung« dergestalt statt, daß die Gesellschaft diese Forderungen mit den Einlageforderungen verrechnet. Diese Maßnahmen können die Großgläubiger nur in der Form von »Sachkapitalerhöhungen« von ihren Einlageschulden befreien (oben unter II 1a und c), und zwar nur, wenn ihre Forderungen vollwertig sind, sich die AG also nicht etwa in einer Krise befindet. Die Umwandlung von Forderungen in haftendes Kapital kann für die Konsolidierung der Finanzsituation wünschenswert sein. Als Sanierungsmaßnahme in der Krise taugt sie nicht.

Auf ein schwieriges Sonderproblem der effektiven Kapitalerhöhung haben zuerst *Lutter/Hommelhoff/Timm* hingewiesen[101]:

98 Zu den gemischten Sach-/Barkapitalerhöhungen vgl. *Lappe*, BB 2000, 313.

99 Vgl. *Krieger*, in: MünchHdbGesR IV, § 56 Rdnr. 49ff.

100 Str.; näher *Karsten Schmidt*, ZGR 1982, 522.

101 *Lutter/Hommelhoff/Timm*, BB 1980, 737ff.; ausführlich *Krieger*, in: MünchHdbGesR IV, § 56 Rdnr. 109; *Lutter*, in: KK, § 188 Rdnrn. 22ff.; *Karollus*, DStR 1995, 1065ff.; vgl. aber *Schneider/Verhoeven*, ZIP 1982, 644; zum Standpunkt des Verf. vgl. ausführlicher in ZGR 1982, 527ff.;

Beispiel Nr. 22: Nach § 92 II AktG muß der Vorstand im Fall der Zahlungsunfähigkeit oder Überschuldung unverzüglich, spätestens jedoch binnen dreier Wochen, die Eröffnung eines Insolvenzverfahrens beantragen. Vorrang hat allerdings die Pflicht, eine etwa noch mögliche Sanierung einzuleiten[102]. Soll die Sanierung in einer Kapitalerhöhung bestehen, so wird diese erst mit der Eintragung wirksam (§ 189 AktG), es hat ein Hauptversammlungsbeschluß vorauszugehen, der Vorbereitungsarbeiten und obendrein eine einmonatige Einberufungsfrist voraussetzt (§ 123 I AktG). Um hieran nicht die Sanierung scheitern zu lassen, wird man es mit *Lutter/Hommelhoff/Timm* zulassen müssen, daß die Zeichner künftigen Aktienkapitals mit haftungsbefreiender Wirkung Vorleistungen auf das erhöhte Aktienkapital erbringen. Vorauszusetzen ist allerdings, daß die Kapitalerhöhung schon in die Wege geleitet und die Zahlung gezielt als Einlage auf erhöhtes Kapital geleistet wird (*Groß*, GmbHR 1995, 845 ff.); vgl. auch zur GmbH *BGH*, ZIP 1996, 1466; *OLG München*, NZG 1999, 84; *OLG Köln*, GmbHR 1999, 288, 291). Selbstverständlich können nicht zwischenzeitlich erbrachte Leistungen nachträglich in Einlagen umfunktioniert werden, sondern es kann sich nur um eine Leistung auf künftige Einlageschuld handeln. Der *Bundesgerichtshof* hat ausdrücklich offen gelassen, ob der von *Lutter/Hommelhoff/Timm* vorgeschlagene Weg rechtlich gangbar ist *(BGHZ* 96, 231, 242 = NJW 1986, 837, 840 = AG 1986, 76, 78). Unzureichend ist aber nach dem »BuM«-Urteil *BGHZ* 118, 83 = NJW 1992, 2222 eine »Vorfinanzierung« durch Kredite. Sie ist Zuführung von Fremdkapital, und wenn dieses nachträglich mit der Einlage verrechnet wird, ist das eine verdeckte Sacheinlage (oben unter II 1 c; zur GmbH vgl. unten, § 37 V 1 d).

Wird eine Kapitalerhöhung als Mittel der Insolvenzverschleppung mißbraucht, so haftet der Verantwortliche allen Erwerbern von neuen Aktien für den ihnen hieraus entstehenden Schaden[103]. Diese können u. U. auch wegen vorsätzlicher sittenwidriger Schädigung nach § 826 BGB gegen einen Aktionär vorgehen, der sie im Zuge der Kapitalerhöhung zu aussichtslosen Sanierungsleistungen veranlaßt hat[104].

b) Ein Sonderfall ist die *bedingte Kapitalerhöhung* nach §§ 192–201 AktG[105]. Die Hauptversammlung kann nach § 192 AktG bis zur Höhe des halben Grundkapitalbetrags – im Fall der Gewährung von Bezugsrechten als Arbeitnehmer und Geschäftsleiters nur eines Zehntels des Grundkapitals – (§ 192 III AktG) eine Kapitalerhöhung beschließen, die nur so weit durchgeführt werden soll, wie von einem Umtausch- oder Bezugsrecht Gebrauch gemacht wird. Die bedingte Kapitalerhöhung wurde durch das AktG 1937 zur Erleichterung der Kapitalbeschaffung eingeführt[106]. Sie soll nach § 192 II AktG nur zu folgenden Zwecken beschlossen werden:

1. zur Gewährung von Umtausch- oder Bezugsrechten an Gläubiger von Wandelschuldverschreibungen;
2. zur Vorbereitung des Zusammenschlusses mehrerer Unternehmen;
3. zur Gewährung von Bezugsrechten an Arbeitnehmer und Mitglieder der Geschäftsführung der Gesellschaft oder eines verbundenen Unternehmens

---

s. auch *Priester*, a. a. O.; eine Vorleistung als stille Einlage (*Semler*, a. a. O.) behebt das Problem nicht.

102 *Karsten Schmidt*, ZIP 1980, 233 ff.

103 *BGHZ* 96, 231 = NJW 1986, 837.

104 *BGH*, NJW 1992, 3167.

105 Dazu *Krieger*, in: MünchHdbGesR IV, § 57.

106 Vgl. dazu Amtl. Begr., in: *Klausing*, Aktiengesetz, 1937, S. 137, 144 f.

im Wege des Zustimmungs- oder Ermächtigungsbeschlusses. Ob außer Wandel- und Optionsgenußrechten auch »Huckepackaktien (Optionsaktien)« über eine bedingte Kapitalerhöhung bedient werden dürfen, ist umstritten[107].

c) Eine weitere Besonderheit ist das *genehmigte Kapital* (§§ 202–206 AktG)[108]. Auch hierbei handelt es sich um eine Methode erleichterter Eigenkapitalbeschaffung, die durch das AktG 1937 eingeführt und vom geltenden Aktiengesetz beibehalten wurde[109]. Die Grundüberlegung besteht darin, daß die ordentliche Kapitalerhöhung zeitraubend und umständlich ist, denn es muß eine Hauptversammlung einberufen, und es muß der gesamte Betrag der Kapitalerhöhung alsbald vom Publikum oder vom Emissionskonsortium gezeichnet werden. Um einen absehbaren Kapitalbedarf spontan durch Ausgabe junger Aktien decken zu können, gab es bis 1937 die z.B. in den USA gebräuchliche Praxis der sog. Vorratsaktien, die vorerst in den Händen der AG bzw. eines Treuhänders – meist der Hausbank – blieben und bei Bedarf am Kapitalmarkt untergebracht wurden. Diese vom Gesetzgeber als gefährlich eingeschätzte Finanzierungsmethode ist durch § 56 und durch die §§ 71, 71 d AktG weitgehend unterbunden (vgl. zum Erwerb eigener Aktien oben unter II 2 c). Statt dessen kann die Satzung den Vorstand nach § 202 AktG für höchstens fünf Jahre nach Eintragung der Gesellschaft ermächtigen, das Grundkapital um einen bestimmten Betrag – dies ist das »genehmigte Kapital« – durch Ausgabe neuer Aktien gegen Einlagen zu erhöhen. Auch durch Satzungsänderung kann eine solche Ermächtigung – stets bis zur Dauer von fünf Jahren – erteilt werden. Aufgrund wiederholter Hauptversammlungsbeschlüsse kann also der Vorstand einer AG dauerhaft instand gesetzt sein, zur Kapitalbeschaffung neue Aktien auszugeben. Allerdings darf der Nennbetrag des genehmigten Kapitals nicht die Hälfte des Grundkapitals übersteigen, und die neuen Aktien sollen nur mit Zustimmung des Aufsichtsrats ausgegeben werden (§ 202 III 2 AktG). Die Kapitalaufbringung ist auch hier in ähnlicher Weise gesichert wie bei der Gründung (§§ 205 f. AktG).

d) Ein wichtiger Streitpunkt im Kapitalerhöhungsrecht ist das *Bezugsrecht der Aktionäre*[110]. Aus der Kapitalerhöhung folgt zwar keine Bezugspflicht,

---

107 Zum Streitstand *Krieger*, in: MünchHdbGesR IV, § 57 Rdnr. 4.

108 Dazu *Krieger*, in: MünchHdbGesR IV, § 58.

109 Dazu Amtl. Begr., in: *Klausing*, Aktiengesetz, 1937, S. 137, 150 ff.

110 *Bayer*, Kapitalerhöhung mit Bezugsrechtsausschuß und Vermögensschutz der Aktionäre nach § 255 Abs. 2 AktG, ZHR 163 (1999), 505; *Bezzenberger*, Zum Bezugsrecht stimmrechtsloser Vorzugsaktionäre, in: Festschrift Quack, 1991, S. 151; *Bungert*, Bezugsrechtsausschluß zur Plazierung neuer Aktien im Ausland, WM 1995, 1; *ders.*, Vorstandsbericht bei Bezugsrechtsausschluß bei Genehmigtem Kapital – Siemens/Nold in der Praxis, BB 2001, 742; *ders.*, Die Liberalisierung des Bezugsrechtsausschlusses im Aktienrecht. Zum Siemens/Nold-Urteil des BGH, NJW 1998, 488; *Cahn*, Pflichten des Vorstandes beim genehmigten Kapital mit Bezugsrechtsausschluß, ZHR 163 (1999), 554; *Ekkenga*, Kapitalmarktrechtliche Aspekte des Bezugsrechts und Bezugsrechtsausschlusses, AG 1994, 59; *Groß*, Der Inhalt des Bezugsrechts nach § 186 AktG, AG 1993, 449; *Heinsius*, Bezugsrechtsausschluß bei der Schaffung von Genehmigtem Kapital, in: Festschrift Kellermann, 1991, S. 115; *Hirte*, Bezugsrechtsausschluß und Konzernbildung, 1986; *ders.*, Gesellschaftsinteresse und Gleichbehandlung beim Bezugsrechtsausschluß,

die auf eine Nachschußpflicht hinausliefe, wohl aber ergibt sich – außer im Fall der bedingten Kapitalerhöhung, die stets auf einen bestimmten bezugsberechtigten Kreis zielt – ein Bezugsrecht der schon an der Gesellschaft beteiligten Aktionäre (§§ 186, 203 AktG)[111]. Jedem Aktionär muß auf sein Verlangen ein seinem Anteil an dem bisherigen Grundkapital entsprechender Teil der neuen Aktien zugeteilt werden. Das Bezugsrecht ist durch das HGB 1897 eingeführt worden, weil sich gezeigt hatte, daß Vorstand und Aufsichtsrat den Altaktionären oder Gruppen von ihnen im Zuge der Kapitalerhöhung ihren Einfluß entziehen konnten[112]. Es läßt sich leicht denken, daß auf diese Weise ein einflußreicher Aktionär, der bereits eine Mehrheit von vielleicht 51 % hatte, im Zuge der Kapitalerhöhung seine Beteiligung auf über 75 % aufstocken und damit eine für weitere Satzungsänderungen ausreichende qualifizierte Mehrheit erlangen könnte. Das Bezugsrecht gibt jedem einzelnen Aktionär die Chance, seine Beteiligungsquote zu behalten und schützt ihn auch gegen eine Verwässerung des Aktienkurses. Erst diese *Doppelfunk-*

ZHR 154 (1990), 374; *ders.*, Bezugsrecht, Berichtspflicht, genehmigtes Kapital und europäisches Recht, DStR 2001, 577; *Hofmeister,* Der erleichterte Bezugsrechtsausschuß bei Wandelschuldverschreibungen, Gewinnschuldverschreibungen und Genußrechten, 2000; *Götz Hueck*, Der Grundsatz der gleichmäßigen Behandlung im Privatrecht, 1958, S. 333ff.; *Ihrig*, Genehmigter Kapital- und Bezugsrechtsausschluß, WiB 1997, 1181; *Kallmeyer*, Bezugsrecht und Bezugsrechtsausschluß, AG 1993, 249; *Kindler*, Die sachliche Rechtfertigung des aktienrechtlichen Bezugsrechtsausschlusses im Lichte der Zweiten gesellschaftsrechtlichen Richtlinie der EG, ZHR 158 (1994), 339; *ders.*, Bezugsrechtsausschluß und unternehmerisches Ermessen nach deutschem und europäischem Recht, ZGR 1998, 35; *Krieger,* in: MünchHdbGesR IV, § 56 Rdnrn. 57ff.; *Kübler*, Sind zwingende Bezugsrechte wirtschaftlich sinnvoll? ZBB 1993, 1; *Lutter*, Materielle und förmliche Erfordernisse eines Bezugsrechtsausschlusses, ZGR 1979, 401; *ders.*, Bezugsrechtsausschluß beim genehmigten Kapital, BB 1981, 861; *Marsch-Barner*, Die Erleichterung des Bezugsrechtsausschlusses ..., AG 1994, 532; *Martens*, Der Ausschluß des Bezugsrechts, in: Festschrift Fischer, 1979, S. 437; *ders.*, Der Bezugsrechtsausschluß anläßlich eines ausländischen Beteiligungserwerbs, in: Festschrift Steindorff, 1990, S. 151; *ders.*, Richterliche und gesetzliche Konkretisierungen des Bezugsrechtsausschlusses, ZIP 1994, 669; *Meilicke/Heidel*, Die Pflicht des Vorstands der AG zur Unterrichtung der Aktionäre vor dem Bezugsrechtsausschluß beim genehmigten Kapital, DB 2000, 2358; *Mestmäcker*, Verwaltung, Konzerngewalt und Rechte der Aktionäre, 1958, S. 139ff.; *Münch*, Der gekreuzte Bezugsrechtsausschluß, DB 1993, 769; *Natterer*, Kapitalveränderung der Aktiengesellschaft, Bezugsrecht der Aktionäre und »sachlicher Grund«, 2000; *Quack*, Die Schaffung genehmigten Kapitals unter Ausschluß des Bezugsrechts der Aktionäre, ZGR 1983, 257; *Rammert*, Der vereinfachte Bezugsrechtsausschluß – eine ökonomische Analyse, in: Schmalenbachs Zeitschrift für betriebswirtschaftliche Forschung 1998, 703; *Scheifele*, Zur Praxis des gekreuzten Bezugsrechtsausschlusses, BB 1990, 497; *Schockenhoff*, Gesellschaftsinteresse und Gleichbehandlung beim Bezugsrechtsausschluß, 1988; *ders.*, Der rechtmäßige Bezugsrechtsausschluß, AG 1994, 45; *Schumann,* Bezugsrecht und Bezugsrechtsausschluß ..., 2001; *Schwark*, Der vereinfachte Bezugsrechtsausschluß, in: Festschrift Claussen, 1997, S. 357; *Trapp*, Erleichterter Bezugsrechtsausschluß nach § 186 Abs. 3 S. 4 AktG und Greenshoe, AG 1997, 115; *Volhard*, Das Bezugsrecht und sein Ausschluß bei Optionsanleihen ..., 1995; *ders.*, »Siemens-Nold«: Die Quittung, AG 1998, 397; *Zindel*, Bezugsrechte in der Aktiengesellschaft, Zürich 1984; *Wymeersch*, Das Bezugsrecht der alten Aktionäre in der Europäischen Gemeinschaft: eine rechtsvergleichende Untersuchung, AG 1998, 382.

111 Auch bei der Ausgabe von Wandelschuldverschreibungen, Gewinnschuldverschreibungen und Genußrechten haben die Aktionäre ein Bezugsrecht; vgl. § 221 IV AktG; dazu aber *BGHZ* 120, 141 = NJW 1993, 400.

112 HGB-Denkschrift, S. 155; zur Vereinbarkeit mit der 2. EG-Richtlinie vgl. Schlußanträge des Generalanwalts *Tesauro*, DB 1996, 2022 sowie *EuGHE* 1996 I, 6028 = WM 1996, 2200.

tion des Bezugsrechts erklärt, daß dieses Recht nicht nur in der »kleinen AG« seine Berechtigung hat, sondern durchaus auch bei Publikumsgesellschaften. Man mag zwar darüber schmunzeln, daß der Gesetzgeber selbst noch dem Kleinaktionär sein Millionstel an einer Aktiengesellschaft garantiert, aber einleuchtend ist eben, daß alle Aktionäre auf diese Weise auch dagegen geschützt sind, daß sich Neuaktionäre auf ihre Kosten billig in die Gesellschaft einkaufen (vgl. auch § 255 II AktG). In diesem sogar verfassungsrelevanten[113] Interesse schützt sie in europarechtskonformer[114] Weise das sog. Bezugsrecht. Sobald der Bezugsanspruch entstanden ist, kann er sogar veräußert, also am Kapitalmarkt gehandelt werden. Regelmäßig wird das Bezugsrecht als mittelbares Bezugsrecht ausgestaltet, wenn die jungen Aktien von einer Bank übernommen, dann aber den Aktionären angeboten werden (§ 186 V AktG)[115]. Nach § 186 III AktG kann das Bezugsrecht aber in dem Kapitalerhöhungsbeschluß mit qualifizierter Mehrheit ausgeschlossen werden. Daß hierfür ein Bedürfnis bestehen kann, ist unverkennbar, z. B. bei der Kapitalerhöhung gegen Sacheinlagen (§ 183 AktG).

Beispiel Nr. 23: Im Wege der Sachkapitalerhöhung (§ 183 AktG) soll das Zulieferunternehmen der G-GmbH in die A-AG eingebracht werden. Das läßt sich nur bewerkstelligen, wenn dafür gesorgt wird, daß die G die jungen Aktien zeichnen kann. Nach § 183 AktG muß hier nicht nur der Gegenstand der Sacheinlage im Kapitalerhöhungsbeschluß festgehalten werden, sondern auch die Person, von der die Gesellschaft den Gegenstand erwirbt. Damit ist dann auch die Person dessen benannt, der unter Ausschluß aller (anderen) Aktionäre die jungen Aktien beziehen soll.

Das Gesetz sagt allerdings nichts über die materiell-rechtlichen *Anforderungen eines Bezugsrechtsausschlusses.* Es sichert die Aktionäre nur sehr unvollkommen durch Verfahrensregeln (§§ 186 III, IV, 203 II AktG). Aber darin erschöpft sich der Schutz nicht. Vielmehr wird durch eine *sachliche Kontrolle* verhindert, daß ein Mehrheitsaktionär die Kapitalerhöhung eigennützig zur Übernahme der Gesellschaft benutzt. Es wäre auf der anderen Seite naiv, die Bezugsrechtsfrage nur als ein Mehrheits-Minderheits-Problem unter den Aktionären zu betrachten und dabei zu vergessen, daß auch die Gesellschaft in dieser Frage nicht neutral dasteht: Ihr Interesse an einer flexiblen Finanzierung ist gegen das Bezugsinteresse der Aktionäre abzuwägen. Der Gang der Rechtsprechung war dornenreich.

Beispiel Nr. 24 (nach *BGHZ* 21, 354 = LM Nr. 1 zu § 169 AktG 1937 m. Anm. *Fischer* = AG 1956, 44 m. Anm. *Pohle* = JZ 1957, 179 m. Anm. *Mestmäcker* sowie *BGHZ* 33, 175 = LM Nr. 1 zu § 11 AktG 1937 m. Anm. *Fischer*): Der Vorstand der M-AG war zur Ausgabe von Aktien unter Ausschluß des Bezugsrechts ermächtigt (genehmigtes Kapital). Unter den Aktionären befand sich A, der Hauptkonkurrent der M-AG. Die erklärte Absicht des A ging dahin, die M-AG aufzulösen. A bot auch einen Preis über dem Nennbetrag für die Aktien. Trotzdem gab die Verwaltung der M-AG die jungen Aktien an einzelne andere Aktionäre und rettete so die AG vor der Liquidation. Der *Bundesgerichtshof* führte in *BGHZ* 21, 354, 357 aus, der Vorstand dürfe die Ermächtigung zur Aktienausgabe nicht

113 Vgl. *BVerfGE* 100, 289, 302 = NJW 1999, 3769, 3770.

114 HGB-Denkschrift, S. 155; zur Vereinbarkeit mit der 2. EG-Richtlinie vgl. Schlußanträge des Generalanwalts *Tesauro*, DB 1996, 2022 sowie *EuGH*, WM 1996, 2200.

115 Vertrag zugunsten Dritter: *BGHZ* 114, 203, 208; *BGH*, NJW 1992, 2222, 2225.

zum Schaden der Gesellschaft mißbrauchen oder sich bei der Ausübung seiner Ermächtigung von sachfremden Gesichtspunkten leiten lassen. Es könne deshalb nach Lage der Dinge geboten sein, die neuen Aktien ohne Rücksicht auf den Ausschluß des Bezugsrechts allen Aktionären im Verhältnis zu ihrem bisherigen Aktienbesitz anzubieten. Erst im zweiten Revisionsrechtszug lag dem *BGH* der Sachverhalt in voller Breite vor. Nun entschied er in *BGHZ* 33, 175 zugunsten der Verwaltung, und zwar mit folgendem Leitsatz: »Eine ungleiche Behandlung der Aktionäre ist zulässig, wenn sie sachlich berechtigt ist und damit nicht den Charakter der Willkür trägt.« Der *BGH* hat diesen Standpunkt bestätigt und konkretisiert in unserem

Beispiel Nr. 25 (nach *BGHZ* 71, 40 »Kali + Salz«; dazu *Martens*, in: Festschrift Fischer, 1979, S. 437; *Lutter*, ZGR 1979, 401): A war Aktionär der S-AG (»Salzdetfurth Aktiengesellschaft«). Die S-AG hielt 50% des Aktienkapitals an der »Kali und Salz AG«. Die Hauptversammlung der S-AG hatte unter Ausschluß des Bezugsrechts der Aktionäre das Grundkapital nahezu verdoppelt. Zur Übernahme der neuen Aktien wurden nur die Wintershall-AG und deren Tochtergesellschaft zugelassen, die als Sacheinlage die restlichen 50% an der »Kali und Salz AG« einbrachten, so daß die S-AG Alleinaktionärin der »Kali und Salz AG« wurde, mit dieser fusionieren und nun selbst als »Kali und Salz AG« fortbestehen konnte. Der *Bundesgerichtshof* hielt diese Maßnahme für zulässig, machte aber doch deutlich, daß der Bezugsrechtsausschluß nicht schon deshalb berechtigt ist, weil eine Sacheinlage ins Auge gefaßt wird. Er fordert für jeden Bezugsrechtsausschluß »eine besondere sachliche Begründung ..., an die um so strengere Anforderungen zu stellen sind, je schwerer der Eingriff in die mitgliedschafts- und vermögensrechtliche Stellung der ausgeschlossenen Aktionäre wiegt«. Bei einer Kapitalerhöhung durch Sacheinlage handelt es sich nach diesem Urteil »um einen besonders typischen, in § 183 AktG ausdrücklich geregelten Fall des Bezugsrechtsausschlusses, der – unter der Voraussetzung angemessener Bewertung – jedenfalls dann nicht zu beanstanden ist, wenn die Gesellschaft nach vernünftigen kaufmännischen Überlegungen ein dringendes Interesse am Erwerb des Gegenstandes hat und zu erwarten ist, der damit angestrebte und allen Aktionären zugute kommende Nutzen werde den verhältnismäßigen Beteiligungs- und Stimmrechtsverlust der vom Bezugsrecht ausgeschlossenen Aktionäre aufwiegen«. Als schwierig sollte sich aber noch das Problem des Bezugsrechtsausschlusses beim genehmigten Kapital erweisen, denn hier kann der Vorstand ermächtigt werden, selbst über den Bezugsrechtsausschluß zu entscheiden. Streng verfuhr hier der *BGH* noch in der Entscheidung »Phillip Holzmann« in unserem

Beispiel Nr. 26 (nach *BGHZ* 83, 319 = NJW 1982, 2444; dazu *Quack*, ZGR 1983, 257): Hier ging es wieder um das genehmigte Kapital. Das Grundkapital der AG betrug 60 Mio. DM. Die Stiftung S besaß 4584 Stück Aktien à 50 DM Nennbetrag. 1980 wurde das Grundkapital auf 75 Mio. DM erhöht, und der Vorstand wurde für fünf Jahre ermächtigt, das Grundkapital, ggf. unter Ausschluß des Bezugsrechts, um insgesamt weitere 25 Mio. DM zu erhöhen. Dies geschah. Die S ging gegen den Bezugsrechtsausschluß vor und erhielt insoweit Recht. Der *BGH* betont in dieser wichtigen Entscheidung, daß der Vorstand bei der Aktienausgabe im Rahmen des genehmigten Kapitals das Bezugsrecht nur aus sachlichen Gründen ausschließen kann. Aber nicht nur die Ausübung der Ermächtigung, sondern auch die Erteilung der Ermächtigung durch die Hauptversammlung ist durch Schutzinteressen der Aktionäre beschränkt: »Ein Hauptversammlungsbeschluß, den Vorstand im Rahmen des genehmigten Kapitals auch zum Ausschluß des Bezugsrechts zu ermächtigen, ist nur zulässig, wenn nach der Lage der Gesellschaft und dem Stand der Pläne für ihre Zukunft konkrete Anhaltspunkte (!) dafür gegeben sind, es könne sich innerhalb der dem Vorstand eingeräumten Frist als notwendig und ... vertretbar erweisen, bei der Ausgabe neuer Aktien das Bezugsrecht auszuschließen.« Dieses Urteil erklärte es also für unzulässig, den Vorstand »ins Blaue hinein« zum Bezugsrechtsausschluß zu ermächtigen und abzuwarten, ob sich dann sachliche Gründe für den Bezugsrechtsausschluß einstellen (s. auch *OLG München*, AG 1989, 212). Aber das änderte sich mit dem Urteil »Siemens/Nold«[116].

Beispiel Nr. 27 (nach *BGHZ* 136, 133 = LM Nr. 9 zu § 186 AktG m.Anm. *Schwark* = JZ 1998, 47 m.Anm. *Lutter* = NJW 1997, 2815; dazu etwa *Bungert*, NJW 1998, 488; *Kindler*, ZGR 1998, 35; *Volhard*, AG 1998, 397; *Cahn*, ZHR 163 [1999], 554: Die Hauptversammlung hatte im Rahmen eines Beschlusses über das genehmigte Kapital den Vorstand zum Ausschluß des Bezugsrechts ermächtigt. Hiergegen war Anfechtungsklage mit der Begründung erhoben worden, der Hauptversammlungsbeschluß habe nicht den in der »Holzmann«-Entscheidung festgelegten Bestimmtheitsanforderungen genügt. Statt, wie erwartet, den Hauptversammlungsbeschluß aufzuheben, gab der *II. Zivilsenat* aber genau dieses Kriterium mit der Begründung auf, es sei unpraktikabel und rechtlich zu streng. Die Ermächtigung dürfe abstrakt gehalten sein. Erst wenn der Vorstand von ihr Gebrauch mache, komme es auf das mit der Kapitalerhöhung verbundene konkrete Vorhaben an. Das Urteil ist nicht unbestritten geblieben, ist aber aus Sicht der Praxis klar zu begrüßen.

Beispiel Nr. 28 (nach *BGHZ* 125, 239 = NJW 1994, 1410; dazu *Lutter*, JZ 1994, 914; *Bungert*, WM 1995, 1): Eine Aktiengesellschaft hatte die Kapitalerhöhung beschlossen und das Bezugsrecht mit dem Ziel eines Zugangs zu ausländischen Börsen ausgeschlossen. Der Bundesgerichtshof entschied: »Die Zulassung der Aktie einer größeren Aktiengesellschaft zum Handel an der ausländischen Börse oder die Erweiterung ihrer Präsenz an ausländischen Finanzmärkten, an denen die Aktie bereits zum Börsenhandel zugelassen ist, liegt grundsätzlich im sachlichen Interesse der Gesellschaft.«

Nicht nur die Rechtsprechung, sondern auch der Gesetzgeber hat zur Liberalisierung des Bezugsrechtsausschusses beigetragen. Durch das Gesetz für kleine Aktiengesellschaften und zur Deregulierung des Aktienrechts wurde als § 186 III 4 AktG folgende Regelung eingeführt: »Ein Ausschluß des Bezugsrechts ist insbesondere dann zulässig, wenn die Kapitalerhöhung gegen Bareinlagen zehn vom Hundert des Grundkapitals nicht übersteigt und der Ausgabebetrag den Börsenpreis nicht wesentlich unterschreitet.« Allerdings wird auch diese formale Lösung kritisiert[117]. Bei der Ausgabe von Genußrechten (oben unter I 1c) bedarf es für den Bezugsrechtsausschluß nicht der sachlichen Rechtfertigung nach § 186 AktG)[118]. Schwierigkeiten des Bezugsrechtsausschlusses ergeben sich auch bei einer gemischten Bar-/Sachkapitalerhöhung. Insbesondere wenn ein Mehrheitsaktionär ein Unternehmen im Rahmen einer Sachkapitalerhöhung einbringt, kann aus Sicht der Minderheitsaktionäre eine parallele Barkapitalerhöhung wünschenswert sein, um ihre Beteiligungsquote aufrechtzuerhalten. Während eine von *Lutter*[119] vertretene Auffassung hierfür »einen getrennten Bezugsrechtsausschluß« für erforderlich hält, sieht die h.M.[120] in diesem Vorgang ein eigenes aktienrechtliches Institut, bei dem es bereits an einem Bezugsrechtsausschluß fehlte.

Der Bezugsrechtsausschluß hat Auswirkungen auch auf die Anfechtungsklage von Aktionären: Nicht bloß der Bezugsrechtsausschluß kann angefochten werden, sondern die Anfechtung des Kapitalerhöhungsbeschlusses kann,

116 *Krieger*, in: MünchHdbGersR IV, § 58 Rdnr. 18.

117 Vgl. *Hoffmann-Becking*, ZIP 1995, 9f.; *Zöllner*, AG 1994, 341; eingehend zur Neuregelung *Hüffer*, AktG, § 186 Rdnrn. 39a ff.; *Kübler*, WM 1994, 1970; *Trapp*, AG 1997, 115.

118 *BGHZ* 120, 141 = NJW 1994, 400.

119 *Lutter*, ZGR 1979, 401, 406f.

120 *Hirte*, a.a.O., S. 81; zum Ganzen *Lappe*, BB 2000, 513.

wenn das Bezugsrecht ausgeschlossen worden ist, auch darauf gestützt werden, der Ausgabebetrag für die jungen Aktien sei zu niedrig bemessen (§ 255 II AktG)[121].

3. Die nominelle Kapitalerhöhung

a) Die Funktion der *Kapitalerhöhung aus Gesellschaftsmitteln* wurde bereits dargestellt. Es handelt sich um die Umwandlung offener Rücklagen in Eigenkapital, also nicht um die Zufuhr neuen, sondern um die Bindung vorhandenen Kapitals. Im älteren Aktienrecht und selbst noch im AktG 1937 fehlte jede Regelung dieser Maßnahme. Da sie dennoch unentbehrlich sein konnte, half man sich mit befremdlichen und obendrein steuerlich folgenreichen Hilfskonstruktionen[122]. Erst das Gesetz über die Kapitalerhöhung aus Gesellschaftsmitteln von 1959[123] änderte dies. Mit dem geltenden Aktiengesetz von 1965 wurden seine Regelungen in das Aktiengesetz übernommen, was den Gesetzgeber[124] veranlaßte, »darauf hinzuweisen, daß der Entwurf in der Kapitalerhöhung gegen Einlagen und in der Kapitalerhöhung aus Gesellschaftsmitteln zwei rechtlich und wirtschaftlich ganz verschiedene Vorgänge sieht ... Jede Typenvermischung ... ist daher nach der Vorstellung des Entwurfs unzulässig.«

b) Die *Durchführung* ist in §§ 207–220 AktG geregelt[125]. Grundlage ist auch hier ein *Hauptversammlungsbeschluß* (§ 207 AktG), und auch hier wird die Kapitalerhöhung erst mit der *Eintragung* des Beschlusses wirksam (§ 211 AktG). Da kein neues Kapital zugeführt wird, fehlen Regelungen über die Kapitalaufbringung. Die neuen Aktien stehen den Aktionären im Verhältnis ihrer Anteile am bisherigen Grundkapital zu (§ 212 S. 1 AktG). Ein entgegenstehender Beschluß der Hauptversammlung wäre nichtig (§ 212 S. 2 AktG), denn er liefe auf eine Enteignung der betroffenen Aktionäre hinaus.

4. Die effektive Kapitalherabsetzung

So bedeutsam die effektive Kapitalerhöhung ist, so *bedeutungslos* ist in der Praxis die effektive Kapitalherabsetzung, bei der Teile des Grundkapitals zur Rückzahlung freigemacht werden. Trotzdem mußte sie geregelt werden, denn eine solche Kapitalherabsetzung berührt die gläubigerschützende Ausschüttungssperre des § 57 AktG. Der Gesetzgeber des 19. Jahrhunderts stellte sich

121 Zur Bedeutung der Vorschrift vgl. *Martens*, in: Festschrift Bezzenberger, 2000, S. 267f.

122 *RGZ* 107, 168, 168; 108, 29, 31; *RFHE* 11, 199; dazu auch noch 3. Aufl., § 29 III 3 a.

123 Gesetz über die Kapitalerhöhung aus Gesellschaftsmitteln und über die Gewinn-und-Verlust-Rechnung v. 23.12.1959 (BGBl. I S. 789); dazu *Brönner*, Kapitalerhöhung aus Gesellschaftsmitteln, 1960 (2. Aufl. 1961); *Koehler*, Kleine Aktienrechtsreform, 1960; *Wilhelmi/Friedrich*, Kleine Aktienrechtsreform, 1960.

124 BegrRegE, in: *Kropff*, S. 309.

125 Eingehend *Krieger*, in: MünchHdbGesR IV, § 59; *Than*, in: WM-Festgabe Heinsius, 1991, S. 54ff.

die Kapitalherabsetzung als eine *Teilliquidation* vor und versah sie mit entsprechenden Sicherungsvorkehrungen[126]. Diese gelten für die effektive Kapitalherabsetzung noch heute: Es ist ein Kapitalherabsetzungsbeschluß zu fassen (§ 222 I AktG), der ausdrücklich klarstellt, ob Teile des Grundkapitals zurückgezahlt werden sollen (§ 222 III AktG). Der Beschluß wird mit der Eintragung wirksam (§ 224 AktG), aber erst sechs Monate danach und erst dann, wenn für Befriedigung oder Sicherung der Altgläubiger gesorgt ist, dürfen Auszahlungen an Aktionäre geleistet werden (§ 225 I AktG).

5. Die nominelle Kapitalherabsetzung

a) Die nominelle Kapitalherabsetzung dient der *Anpassung des Grundkapitals an das Reinvermögen der Gesellschaft nach eingetretenen Verlusten.* Sie ist häufig schon zur Überwindung der Ausschüttungssperre (§ 57 AktG) deshalb notwendig, weil anderenfalls jahrelang keine Dividende gezahlt werden könnte. Vor allem aber kann die nominelle Kapitalherabsetzung im Verein mit einer effektiven Kapitalerhöhung der *Sanierung* dienen (vgl. oben unter III 1). Zur Erleichterung eines solchen »Kapitalschnitts« wurde unter dem Eindruck der Wirtschaftskrisen zwischen den Weltkriegen schon durch eine Notverordnung von 1931 sowie dann durch das AktG 1937 die *vereinfachte Kapitalherabsetzung* zugelassen. Sie ist heute in §§ 229ff. AktG geregelt.

b) Die *Durchführung der nominellen Kapitalherabsetzung* kann nach den allgemeinen Regeln der §§ 222ff. AktG als ordentliche Kapitalherabsetzung erfolgen, denn gemäß § 222 III AktG findet bei dieser nicht notwendig eine Ausschüttung statt; häufiger – vor allem in Fällen der Sanierung[127] – ist die vereinfachte Kapitalherabsetzung nach §§ 229ff. AktG. Jede Kapitalherabsetzung setzt einen mit qualifizierter Mehrheit zu fassenden Kapitalherabsetzungsbeschluß und dessen Eintragung voraus (§§ 222–224, 229 III AktG). Im Fall der vereinfachten Kapitalherabsetzung sind Zahlungen an die Aktionäre verboten (§ 230 AktG), und es darf kein Gewinn ausgeschüttet werden, bevor die gesetzliche Rücklage ein Zehntel des Grundkapitals erreicht hat (§ 233 AktG). Die nach § 222 IV AktG im Nennbetrag herabgesetzten oder zusammengelegten Aktien können in neue Stücke umgetauscht werden[128]. Ein nach diesen Regeln gefaßter Beschluß unterliegt nach dem »Sachsenmilch«-Urteil des *BGH* keiner generellen Inhaltskontrolle[129] und kann sogar zu einer Kapitalherabsetzung auf Null führen, wenn durch die simultane Kapitalerhöhung für das gesetzliche Stammkapital gesorgt wird[130]. Die

---

126 Vgl. Art. 248 ADHGB i.d.F. von 1884.

127 Dazu *Karsten Schmidt*, ZGR 1982, 531ff.; zur Treupflicht bei der sanierenden Kapitalherabsetzung vgl. BGHZ 142, 167 = NJW 1999, 3197 »Hilgers«; s. auch *OLG Dresden*, AG 1996, 565 (aufgehoben durch *BGHZ* 138, 71 = ZIP 1998, 692 »Sachsenmilch«).

128 Zur Verbriefung des Stimmrechts vgl. *BGH*, DB 1991, 2378 = ZIP 1991, 1423 = NJW-RR 1992, 168.

129 *BGHZ* 138, 71 = NJW 1998, 2054 »Sachsenmilch«: a.M. *Hirte*, in: Festschrift Claussen, 1997, S. 122f.

130 *BGHZ* 119, 305, 319f. = NJW 1993, 57; *BGHZ* 142, 167, 168f. = NJW 1999, 3197 »Hilgers«.

Mißbrauchsgefahr macht aber eine Kontrolle dieser Kombination unter Treupflichtgesichtspunkten unentbehrlich[131].

Beispiel Nr. 29 (in Anlehnung an *BGHZ* 142, 167 = NJW 1999, 3197 »Hilgers«): Die Hauptversammlung hatte das Grundkapital von nahezu 7 Mio. DM, eingeteilt in 138 600 Aktien je 50 DM auf Null herabgesetzt und es durch Ausgabe von 2310 Aktien zu wiederum je 50 DM auf 115 500 DM erhöht, die sämtlich vom Großaktionär übernommen worden waren. Der Kapitalschnitt wurde von Kleinaktionären angefochten, und zwar mit Erfolg. Der *Bundesgerichtshof* entschied, daß im Fall der Kapitalherabsetzung auf Null möglichst vielen Aktionären der Verbleib in der Gesellschaft ermöglicht werden müsse. Daraus ergebe sich vorbehaltlich sachlicher Gründe die grundsätzliche Pflicht, die jungen Aktien zum Mindestnennwert auszugeben, um den Erwerb zu erleichtern und unverhältnismäßige Einbußen durch die Bildung von Spitzen zu vermeiden.

IV. Rechnungslegung und Gewinnverwendung*

1. Rechtsentwicklung

a) Unter allen gesellschaftsrechtlichen *Regelungen des Rechnungslegungswesens* war bisher die aktienrechtliche die am weitesten fortgeschrittene. Sie ist durch das Publizitätsgesetz (Gesetz über die Rechnungslegung von bestimmten Unternehmen und Konzernen) von 1969 zum Maßstab für die Rechnungslegung von Großunternehmen geworden und spielte auch als Richtschnur der Rechtsfortbildung im allgemeinen Bilanzrecht eine erhebliche Rolle (vgl. Handelsrecht, 1./2. Aufl., § 15 II 4). Mit Wirkung vom 1.1.1986 sind diese Vorschriften weitgehend im HGB aufgegangen, das

---

131 *BGHZ* 142, 167, 170 = NJW 1999, 3197 »Hilgers«; dazu *Henze* BB 2001, 53ff.; *Röhricht*, in: VGR II (2000), S. 13.

* Literatur (Auswahl): *Kübler*, § 18; *Adler/Düring/Schmaltz*, Rechnungslegung und Prüfung der Aktiengesellschaft, 6. Aufl. 1995ff.; Beck'scher Bilanzkommentar, 4. Aufl. 1999; *Castan/Heymann/Müller/Ordelheide/Scheffler* (Hrsg.), Beck'sches Handbuch der Rechnungslegung, Stand 1999; *Claussen*, Zum Stellenwert des Rechnungslegungsrechts, in: Festschrift Kropff, 1997, S. 431; *Escher-Weingart*, Die gewandelte Rolle des Wirtschaftsprüfers ... nach den Vorschriften des KonTraG, NZG 1999, 909; *Gelhausen*, Reform der externen Rechnungslegung ..., AG-Sonderheft 1997, S. 73; *Großfeld*, Bilanzrecht, 3. Aufl. 1998; *ders.*, Internationale Standards der Rechnungslegung, NZG 1999, 1143; *Hennrichs*, Wahlrechte im Bilanzrecht der Kapitalgesellschaften, 1999; *Hoffmann-Becking*, in: MünchHdbGesR IV, Aktiengesellschaft, 2. Aufl. 1999, §§ 43ff.; *Kropff*, Die Beschlüsse des Aufsichtsrats zum Jahresabschluß und zum Abhängigkeitsbericht, ZGR 1994, 628; *Kübler*, Fragen und Wünsche des Gesellschafts- und Kapitalmarktrechts an das Recht der Rechnungslegung, ZGR 2000, 550; *Küting/Weber*, Handbuch der Rechnungslegung, 3. Aufl. 1990; *Martens*, Gewinnverwendung und Gewinnverteilung in der AG, in: Festschrift Claussen, 1997, S. 279; *Merkt*, Unternehmenspublizität, 2001; *Pellens/Fülbier*, Differenzierung der Rechnungslegungsregulierung nach Börsenzulassung, ZGR 2000, 572; *Rürup*, Prüfung des Jahresabschlusses und des Lageberichts durch Aufsichtsrat und Abschlußprüfer, in: Festschrift Budde, 1995, S. 543; *Schütte*, Die Dividendenentscheidung in der AG, 1995; *Söllner*, Informationsprozesse zwischen Abschlußprüfer und Aufsichtsrat ..., 1988; *Schön*, Gesellschafter-, Gläubiger- und Anlegerschutz im europäischen Bilanzrecht, ZGR 2000, 706; *Thiel*, Handelsbilanz – Steuerbilanz, 4. Aufl. 1990; *Winnefeld*, Bilanz-Handbuch, 2. Aufl. 2000; *Wöhe*, Die Handels- und Steuerbilanz, 3. Aufl. 1996; *v. Wysocki/Schulze-Osterloh*, Handbuch des Jahresabschlusses, 1986ff.

aufgrund des Bilanzrichtliniengesetzes von 1985[132] nunmehr ein allgemeines Bilanzrecht enthält (dazu im einzelnen Handelsrecht, § 15).

b) Die *Bedeutung des Bilanzrechts und des Rechts der Gewinnverwendung* ist hoch zu veranschlagen. Was dem Laien wie ein trockenes und kompliziertes Recheninstrumentarium vorkommen mag, ist nicht nur ein – hoffentlich wahrheitsgetreues! – Porträt des Unternehmens, sondern auch Spiegelbild grundsätzlicher Macht- und Interessenlagen in der Gesellschaft. Der Gesetzgeber hatte hier deshalb Grundlagenarbeit zu leisten, und er hatte die Grundlagen im HGB von 1897, im AktG 1937 sowie jetzt im geltenden AktG 1965 recht unterschiedlich geordnet. Aus der Regierungsbegründung wird klar erkennbar, welches die Ziele des AktG 1965 waren[133]:
- Transparenz des Gesellschaftsvermögens,
- Schutz der Gläubiger und der Aktionäre,
- sachgerechte Zuständigkeitsverteilung zwischen Vorstand, Aufsichtsrat und Hauptversammlung.

c) Das *Bilanzrichtlinien-Gesetz von 1985* hat, was die Aktiengesellschaft anlangt, an diesen Zielen nichts Grundsätzliches geändert. Es versteht sich im wesentlichen als Umsetzung der Vierten, der Siebenten und der Achten gesellschaftsrechtlichen Richtlinie der EG (Bilanzrichtlinie, Konzernbilanzrichtlinie und Prüferrichtlinie) und zugleich als Kodifikation des allgemeinen Bilanzrechts (dazu eingehend Handelsrecht, § 15).

d) Die *Bilanzrechtspraxis* gerät immer mehr unter *Druck der internationalen Rechtsentwicklung*. Diese wird durch die vom International Accounting Standards Committee (IASC) empfohlenen *International Accounting Standards (IAS)*[134], vor allem aber durch die *United States Generally Accepted Accounting Principles (»US-GAAP«)*[135] dominiert. Beide, vor allem die US-GAAP, sind ein neuerliches Zeichen für den zunehmenden Einfluß des Kapitalmarktrechts auf das Aktienrecht (dazu oben, § 1 II 3, § 26 II 3). Eine Präsenz am amerikanischen Kapitalmarkt ist ohne Bilanzierung nach den US-GAAP nicht möglich. Konzernmuttergesellschaften sind deshalb nach *§ 292a HGB*[136] von der Aufstellung eines Konzernabschlusses nach dem HGB befreit, wenn sie statt dessen eine dem § 292a II HGB entsprechende Konzernrechnungslegung praktizieren[137]. Unabhängig von dieser Sonderregelung praktizieren bereits viele Aktiengesellschaften parallel eine Rechnungslegung nach deutschem Recht und nach internationalen Gepflo-

---

132 BGBl. I 1985, S. 2355; dazu *Biener/Berneke*, Bilanzrichtlinien-Gesetz, 1986; *Helmrich*, Bilanzrichtlinien-Gesetz, 1986; *Claussen*, AG 1986, 145; *Großfeld*, NJW 1986, 955.

133 Vgl. Begr.RegE, in: *Kropff*, S. 216f.

134 Dazu *Ballwieser*, in: MünchKommHGB, vor § 238 Rdnrn. 18ff.; *Claussen/Scherrer*, in: KK, vor § 290 HGB Rdnrn. 41ff.

135 Dazu *Ballwieser*, in: MünchKommHGB, vor § 238 Rdnrn. 3ff.; *Claussen/Scherrer*, in: KK, vor § 290 HGB Rdnrn. 41ff. sowie § 292a HGB Rdnrn. 119ff.

136 Eingehend *Claussen/Scherrer*, in: KK, § 292a HGB Rdnrn. 18ff.; *Claussen*, ZGR 2000, 604ff.; krit. *Lutter*, NJW 1996, 1945; *Hennrichs*, ZGR 2000, 628.

137 Kapitalaufnahmeerleichterungsgesetz v. 20.4.1998, BGBl. I S. 707.

genheiten, insbesondere also nach US-GAAP. Die Zukunft des Rechnungslegungsrechts ist nicht zuletzt deshalb offen, weil das Provisorium des § 292a HGB mit dem Ende des Jahres 2004 außer Kraft treten soll[138]. Es ist für die Zeit danach an einem völlig neuen europäischen Rechnungslegungsrecht zu arbeiten, das über die bloße Richtlinienpraxis und die Angleichung der nationalen Rechte, wie wir sie in der Vergangenheit kannten, hinausgeht[139]. Da eine schlichte Übernahme der US-GAAP nicht in Betracht kommt[140], wird die Schwierigkeit dieser Aufgabe nicht zuletzt darin bestehen, daß die Homogenität und Verbindlichkeit des europäischen oder nationalen Rechts mit einer weltweiten Vergleichbarkeit in Einklang gebracht werden soll[141]. Für das Rechnungslegungsrecht der Aktiengesellschaft sind ergänzende Bestimmungen des Aktiengesetzes zu beachten[142]. Die folgende Darstellung versteht sich als Ergänzung der Ausführungen in § 15 des Parallelwerks zum »Handelsrecht«.

Während das Bilanzrichtliniengesetz die Unterschiede der *Rechtsformen* gegenüber dem bis 1985 geltenden Recht weitgehend zurückgenommen hat, trägt es der unterschiedlichen Größe von Kapitalgesellschaften durch *Größenklassen* Rechnung. Das Gesetz unterscheidet
- kleine
- mittlere und
- große

Kapitalgesellschaften. Es handelt sich um eine rein bilanzrechtliche Einteilung, die nichts mit den organisationsrechtlichen Regeln über die »kleine AG« zu tun haben (dazu oben, § 26 III 2b). Im einzelnen ergeben sich die Größenmerkmale aus § 267 HGB (näher zum GmbH-Recht unten, § 37 VI 1a). Aktiengesellschaften mit Aktien am geregelten Kapitalmarkt sind ausnahmslos als große Kapitalgesellschaften zu behandeln (§ 267 III 2 HGB).

2. Die Bestandteile der Rechnungslegung: der Jahresabschluß und der Lagebericht

a) Die Aktiengesellschaft hat – wie nunmehr jede Kapitalgesellschaft – einen *Jahresabschluß*, bestehend aus
- der *Bilanz* und
- der *Gewinn-und-Verlust-Rechnung*,

aufzustellen (§ 242 HGB), der um
- einen *Bilanzanhang*

erweitert und durch
- einen *Lagebericht*

---

138 Art. 5 Kapitalaufnahmeerleichterungsgesetz v. 20.4.1998.

139 Vgl. *van Hülle*, ZGR 2000, 537ff.

140 Vgl. allerdings *van Hülle*, ZGR 2000, 706ff.

141 Vgl. eindringlich *Schön*, ZGR 2000, 706ff.

142 Vgl. dazu *Merkt*, Unternehmenspublizität, 2001, S. 122ff.; *Pellens*, Internationale Rechnungslegung, 1997; eingehend die Symposiumsbeiträge von *van Hulle*, *Kübler*, *Pellens/Fülbier*, *Claussen*, *Hennrichs*, *Busse von Colbe* und *Schön*, in: ZGR 2000, 537–742.

ergänzt werden muß (§ 264 I HGB). Der Bilanzanhang bildet mit der Bilanz und der Gewinn-und-Verlust-Rechnung eine Einheit (§ 264 I 1 HGB). Diese dreiteilige Einheit bezeichnet das Gesetz als den Jahresabschluß der Kapitalgesellschaft. Der Lagebericht kommt hinzu.

b) Der Jahresabschluß muß den Geboten der *Bilanzklarheit* und der *Bilanzwahrheit* entsprechen: Er muß nach den Grundsätzen ordnungsmäßiger Buchführung aufgestellt werden, muß klar und übersichtlich sein und ein den tatsächlichen Verhältnissen entsprechendes Bild der Vermögens-, Finanz- und Ertragslage der Gesellschaft vermitteln (§§ 243, 264 II HGB; sog. Grundsatz des »true and fair view«). Zu diesen Grundsätzen der Bilanzklarheit und der Bilanzwahrheit tritt der Grundsatz der *Bilanzkontinuität* hinzu, der für die Verknüpfung jeder Jahresbilanz mit der vorausgegangenen und der folgenden Jahresbilanz sorgt (vgl. § 252 I Nr. 1 HGB; s. auch Handelsrecht, § 15 IV 2b).

c) Vorschriften über die *Wertansätze* und *Abschreibungen* enthalten die §§ 253ff., 279ff. HGB. Vermögensgegenstände sind mit den Anschaffungs- oder Herstellungskosten, vermindert um Abschreibungen, anzusetzen (§ 253 HGB; zum Begriff der Anschaffungs- und Herstellungskosten vgl. näher § 255 HGB). Während Einzelkaufleute und Personengesellschaften im Rahmen vernünftiger kaufmännischer Beurteilung durch Abschreibungen auch stille Rücklagen bilden dürfen (§ 253 IV HGB), ist dies bei Kapitalgesellschaften verboten (§ 279 HGB). Der Verhinderung stiller Rücklagen dient auch das Wertaufholungsgebot des § 280 HGB. Danach müssen zulässige Abschreibungen jeweils durch spätere Zuschreibung korrigiert werden, wenn sich nachträglich herausstellt, daß die Abschreibung ganz oder teilweise unbegründet ist. Für sog. immaterielle Vermögensgegenstände – z.B. Warenzeichen, Konzessionen oder Know-how – darf ein Aktivposten nur angesetzt werden, wenn sie entgeltlich erworben wurden (vgl. § 248 II HGB). Für den Geschäfts- oder Firmenwert darf grundsätzlich kein Aktivposten angesetzt werden. Anderes gilt auch hier für den sog. derivativen Firmen- oder Geschäftswert, wenn ein Unternehmen übernommen wurde, doch unterliegt dieser Wert besonderen Abschreibungsregeln (vgl. § 255 IV HGB). Die Gründungskosten dürfen nicht aktiviert werden (vgl. § 248 I HGB). Für die Ingangsetzungskosten bestand nach der Rechtslage vor dem Bilanzrichtliniengesetz ein Aktivierungswahlrecht (§ 153 IV 2 AktG a.F.). Heute ist zu verweisen auf § 269 HGB, der die Aktivierung solcher Kosten als Bilanzierungshilfe zuläßt.

d) Die *Bilanzgliederung* ist in § 266 HGB geregelt, und zwar für große und mittelgroße Gesellschaften bis ins Detail, während kleine Gesellschaften nur eine verkürzte Bilanz aufzustellen haben. Die Bilanz ist in Kontoform aufzustellen (§ 266 I 1 HGB). Die Aktiv- und die Passivseite werden einander gegenübergestellt (vgl. die Schaubilder im Handelsrecht, § 15 IV 3, VII 3).

aa) Auf der *Aktivseite* werden unterschieden:
- das Anlagevermögen,
- das Umlaufvermögen und
- Rechnungsabgrenzungsposten.

Diese Unterscheidung zwischen Anlage- und Umlaufvermögen liegt in der Liquidität begründet. Beim *Anlagevermögen* sind Gegenstände auszuweisen, die bestimmt sind, dauernd dem Geschäftsbetrieb der Gesellschaft zu dienen (vgl. § 247 II HGB), z.B. Betriebsgrundstücke, Beteiligungen, Maschinen, Betriebsausstattungen, aber auch entgeltlich erworbene Konzessionen, gewerbliche Schutzrechte, Lizenzen usw. Zum *Umlaufvermögen* gehören z.B. Rohstoffe, Halbfabrikate und Waren, Kassenbestände, Forderungen gegen Abnehmer, Schecks und Bankguthaben. Für große und mittelgroße Gesellschaften gehen die Vorschriften des § 266 HGB viel weiter ins einzelne. *Rechnungsabgrenzungsposten* dienen der Periodenabgrenzung. Durch aktive Rechnungsabgrenzungsposten wird verhindert, daß Ausgaben, die erst zum folgenden Rechnungsjahr gehören, das Jahresergebnis verfälschen (vgl. § 250 I HGB und dazu Handelsrecht, § 15 IV 2c).

Beispiel Nr. 30: Noch im Dezember des Geschäftsjahrs war die Jahrespacht für eine Lagerhalle im voraus zu bezahlen. Damit dieser Aufwand das Jahresergebnis des künftigen und nicht des laufenden Jahrs schmälert, erscheint in der Bilanz ein aktiver Rechnungsabgrenzungsposten.

bb) Auf der *Passivseite* erscheinen:
- das Eigenkapital einschließlich der Kapital- und Gewinnrücklagen (bisher: offene Rücklagen) und des Jahresüberschusses,
- Rückstellungen,
- Verbindlichkeiten,
- Rechnungsabgrenzungsposten.

Der *Ausweis des Grundkapitals und des Jahresüberschusses* auf der Passivseite wird erläutert im Handelsrecht unter § 15 III 3 (näher §§ 266 III HGB, 152 AktG). Beim Eigenkapital handelt es sich um einen Ausweis der Kapitalherkunft. Als Eigenkapital sind in die Bilanz einzustellen: das gezeichnete Kapital (dazu näher § 152 AktG), die Kapitalrücklage, Gewinnrücklagen, ein Gewinnvortrag und ein etwaiger Jahresüberschuß (§ 266 III A HGB). Für jedermann einsichtig ist, daß das *Fremdkapital* – z.B. Bankkredite, gestundete Lieferungsverbindlichkeiten – auf der Passivseite erscheinen muß, und zwar einschließlich der Schuldverschreibungen und der Kredite von Aktionären. Kurz zu erklären sind die übrigen Begriffe: *Rücklagen*, die meist aus versteuerten und thesaurierten Gewinnen gebildet werden, gehören zum Eigenkapital, ergänzen also das Grundkapital und stärken damit die Finanzkraft des Unternehmens. § 150 AktG schreibt eine gesetzliche Rücklage vor[143]. Daneben können freie Rücklagen treten, die eben im Gegensatz zu stillen Rücklagen in der Bilanz erscheinen, und zwar auf der Passivseite. Die Bildung von freien Rücklagen ist zur Wahrung der Ausschüttungsinteressen nach § 254 AktG beschränkt (dazu sogleich unter IV 2e). Ganz im Gegensatz

143 Dazu *Hoffmann-Becking*, a.a.O., § 43 Rdnrn. 12ff.

zu den Rücklagen gehören *Rückstellungen* zum Fremdkapital. Rückstellungen sind der bilanzielle Ausweis ungewisser Verbindlichkeiten und drohender Verluste (vgl. § 249 HGB), wobei das Gesetz Pensionsrückstellungen, Steuerrückstellungen und andere Rückstellungen – z.B. aus anhängigen Schadensersatz- oder Gewährleistungsprozessen oder für die Beseitigung von Umweltaltlasten[144] – unterscheidet (vgl. § 266 III B HGB). Beispielsweise hat eine AG, wenn sie nach § 302 AktG als herrschendes Unternehmen verlustausgleichspflichtig ist, eine Rückstellung zu bilden, wenn Ungewißheit darüber besteht, in welcher Höhe bei einer Tochtergesellschaft ausgleichungspflichtige Verluste angefallen sind[145]. Der Begriff der *Rechnungsabgrenzungsposten* wurde schon erläutert. Nach § 250 II HGB sind passive Rechnungsabgrenzungsposten zu bilden, wenn im Geschäftsjahr Einnahmen getätigt worden sind und die Gesellschaft nach dem Geschäftsjahr die Gegenleistung zu erbringen hat.

Beispiel Nr. 31: Am 30. 12. ging auf dem Geschäftskonto eine Pachtzahlung von 20000 Euro für das kommende Jahr ein. Die Zahlung erhöht die Aktiven, womit das Ergebnis des auslaufenden Geschäftsjahrs zu hoch dargestellt würde. Ein passiver Rechnungsabgrenzungsposten, der in der nächsten Jahresbilanz aufgelöst wird, korrigiert diese Verzerrung.

e) Die *Gewinn-und-Verlust-Rechnung* ist Bestandteil des Jahresabschlusses (vgl. Handelsrecht, § 15 IV). Erst die Gewinn-und-Verlust-Rechnung als reine Erfolgsrechnung gliedert das Jahresergebnis so auf, daß die Quellen des erzielten Gewinns oder Verlustes hervortreten und die Rentabilität transparent wird. Aufwand und Ertrag werden in aufgeschlüsselter Form einander gegenübergestellt. Die Gliederung der Gewinn-und-Verlust-Rechnung ist in §§ 275f. HGB und in dem durch das Bilanzrichtliniengesetz neu gefaßten § 158 AktG geregelt. Einzelbestimmungen über die Ansätze enthält § 277 HGB.

f) Die Pflichtangaben im *Bilanzanhang* ergeben sich aus den §§ 284f. HGB und aus § 160 AktG[146]. Im wesentlichen geht es um die Aufschlüsselung von Bilanzposten und um die Erläuterung von Bewertungsmethoden. Für kleine und mittlere Gesellschaften finden sich Erleichterungen in § 288 HGB.

g) Der *Lagebericht* stellt den Geschäftsverlauf und die Lage der Kapitalgesellschaft dar (§ 289 HGB). Er muß ein den tatsächlichen Verhältnissen entsprechendes Bild vermitteln, die Risiken der künftigen Entwicklung einbeziehen und soll auch eingehen auf

- Vorgänge von besonderer Bedeutung, die nach dem Schluß des Geschäftsjahrs eingetreten sind,
- die voraussichtliche Entwicklung der Gesellschaft,
- den Bereich Forschung und Entwicklung,
- bestehende Zweigniederlassungen der Gesellschaft.

144 Eingehend *Winnefeld*, a.a.O., Rdnrn. D 865ff.
145 *BGH*, NJW-RR 1989, 1198.
146 Dazu *Hoffmann-Becking*, a.a.O., § 44 Rdnrn. 13f.

Das Gesetz bestimmt den Umfang des Lageberichts nicht abschließend. Teil des Lageberichts sind auch Belegschaftsfragen (sog. Sozialbericht).

3. Aufstellung, Feststellung, Prüfung und Publizität des Jahresabschlusses

a) Die *Aufstellung* des Jahresabschlusses und des Lageberichts ist nach §§ 242, 264 I HGB Aufgabe des Vorstands.

b) Zwingend schließt sich die *Abschlußprüfung* durch einen oder mehrere Abschlußprüfer an (§ 316 I HGB). Kleine Gesellschaften sind von der Pflichtprüfung ausgenommen (§ 316 I 1 HGB). Die Abschlußprüfung hat sich darauf zu erstrecken, ob die Bestimmungen des Gesetzes und der Satzung über Buchführung und Jahresabschluß beachtet sind und ob der Lagebericht mit dem Jahresabschluß übereinstimmt und nicht eine falsche Vorstellung von der Lage der Gesellschaft erweckt (§ 317 HGB). Abschlußprüfer können grundsätzlich nur Wirtschaftsprüfer und Wirtschaftsprüfungsgesellschaften sein, die nicht mit dem Unternehmen in einer Interessenverbindung stehen (§ 319 HGB). Während die Abschlußprüfung bei den mittelgroßen Gesellschaften m.b.H. auch von vereidigten Buchprüfern vorgenommen werden kann (§ 319 I 2 HGB), bleibt die Prüfung der Aktiengesellschaften ein Reservat des Wirtschaftsprüferberufs. Die Wirtschaftsprüfer unterliegen einem strengen Berufsrecht, das in der Wirtschaftsprüferordnung (WPO) niedergelegt ist[147]. Die Abschlußprüfer werden von der Hauptversammlung gewählt, und zwar grundsätzlich im voraus (§ 318 HGB) und unter strenger Beachtung der Ausschlußgründe des § 319 II AktG[148]. Aus wichtigem Grund, insbesondere bei Besorgnis der Befangenheit, kann das Gericht nach § 318 III HGB auf Antrag des Vorstands, des Aufsichtsrats oder einer Aktionärsminderheit statt des gewählten Prüfers einen anderen bestellen[149].

Die *Ausführung des Prüfungsauftrags* erfolgt nicht nur durch Schlüssigkeitsprüfung der vom Vorstand aufgestellten Rechnungslegung, vielmehr steht den Abschlußprüfern nach § 320 HGB ein umfassendes Informationsrecht zu. Über das Ergebnis der Prüfung wird ein schriftlicher Prüfungsbericht erstellt, in dem nicht nur der Jahresabschluß erläutert, sondern auch über sich abzeichnende Gefahren für das Unternehmen berichtet wird (§ 321 HGB)[150]. Sind nach dem Prüfungsergebnis keine Einwendungen zu erheben, so erfolgt ein Bestätigungsvermerk mit folgendem vorgeschriebenen Wortlaut

147 Dazu etwa *Kaminski*, in: WP-Handbuch 1996, Bd. I.

148 Vgl. *BGHZ* 135, 260 = LM Nr. 2 zu § 319 HGB m.Anm. *Welf Müller* = NJW 1997, 2178; zur Nichtigkeit des Prüfungsauftrags bei Verstoß gegen § 319 II Nr. 5 HGB vgl. *BGHZ* 118, 142 = LM Nr. 2 zu § 318 HGB m.Anm. *Roth* = NJW 1992, 2001.

149 Zum umstrittenen Verhältnis zwischen diesem Verfahren und der Anfechtung des Bestellungsbeschlusses vgl. *Hoffmann-Becking*, a.a.O., § 44 Rdnr. 7.

150 Vgl. dazu *Steiner*, Der Prüfungsbericht des Abschlußprüfers, 1991; *Ebke*, in: MünchKommHGB, § 321 Rdnrn. 22, 26ff.

(§ 322 HGB): »Die Buchführung und der Jahresabschluß entsprechen (bzw.: der Konzernabschluß entspricht) nach meiner (unserer) pflichtgemäßen Prüfung den gesetzlichen Vorschriften. Der Jahresabschluß (bzw. Konzernabschluß) vermittelt unter Beachtung der Grundsätze ordnungsmäßiger Buchführung ein den tatsächlichen Verhältnissen entsprechendes Bild der Vermögens-, Finanz- und Ertragslage der Kapitalgesellschaft (des Konzerns). Der Lagebericht (Konzernbericht) steht im Einklang mit dem Jahresabschluß (Konzernabschluß).«

Sind Einwendungen zu erheben, so müssen die Abschlußprüfer die Bestätigung einschränken oder versagen (§ 322 IV HGB). Sind zusätzliche Bemerkungen erforderlich, so ist der Bestätigungsvermerk zu ergänzen (§ 322 II HGB). Auf Risiken, die den Fortbestand des Unternehmens gefährden, ist gesondert einzugehen. Ein fachlich mangelhafter Prüfungsbericht kann und muß vom Abschlußprüfer berichtigt werden. Die Gesellschaft hat hierauf einen vertraglichen Anspruch[151].

Nach § 323 HGB unterliegen die Abschlußprüfer einer strengen gesetzlichen Haftung[152]. Daß diese Haftung ebenso wie die Gründungsprüferhaftung (oben, § 27 II 6) nicht bloß auf dem Papier steht, zeigt unser

Beispiel Nr. 32 (nach *BGHZ* 16, 17): A war Abschlußprüfer der Zuckerfabrik Z-AG. Diese hatte die Maschinenanlagen gründlich modernisiert und zu diesem Zweck ein Investitionsprogramm durchgeführt. Das Investitionsprogramm wurde aus Krediten und Zuckerverkäufen finanziert, während Lieferantenforderungen in großem Umfang unbezahlt blieben. Als der Vorstand feststellen mußte, daß auf diese Weise die Hälfte des Grundkapitals verbraucht war, berief er eine außerordentliche Hauptversammlung ein (vgl. § 92 I AktG), die den A zu einem Bericht über die Finanzlage der Gesellschaft aufforderte. A kam in diesem Bericht zu dem Ergebnis, daß ein weiterer hoher Kredit aufgenommen werden müsse. Diese Einschätzung erwies sich später als viel zu optimistisch, der wirkliche Vermögensverfall als vom Vorstand vertuscht, so daß die Gesellschaft zusammenbrach. Der Konkursverwalter verlangte nun Schadensersatz von A.

Nach dem damals noch geltenden AktG 1937 erstreckte sich der Prüfungsbericht nicht ohne weiteres auf die allgemeine Lage der Gesellschaft. Trotzdem sprach sich der *Bundesgerichtshof* bereits damals für eine Warnpflicht des Abschlußprüfers aus, wenn dieser Gefahren für die Gesellschaft erkannt hat. Heute steht die Warnpflicht – im Jahr 2002 nochmals verschärft – im Gesetz (§ 321 I 3 HGB). Sie wurde in *BGHZ* 64, 52 auch auf den Gründungsprüfer ausgedehnt (dazu oben, § 27 II 6) und umfaßt seit dem KonTraG auch die Prüfung, ob ein ausreichendes Risikofrüherkennungssystem nach § 91 II AktG vorhanden ist (§ 321 I 2 HGB)[153]. Der *Bundesgerichtshof* hat entschieden, daß ein Insolvenzverwalter – wie auch zuvor schon ein Vorstand – sogar verpflichtet ist, die Schadensersatzpflicht des Abschlußprüfers geltend zu machen, wenn er sich nicht selbst ersatzpflichtig machen will[154].

151 *BGHZ* 124, 27, 30 = NJW 1994, 323, 325.

152 Dazu *Ebke*, Wirtschaftsprüfer und Dritthaftung, 1983, S. 35ff.; *Hirte*, Berufshaftung, 1996, S. 59ff.; *Brandner*, Berufshaftung und Versicherung der Wirtschaftsprüfer, JZ 1985, 757; *Hopt*, in: Festschrift Pleyer, 1986, S. 341; *P. Bydlinski*, in: Festschrift Ostheim, 1989, S. 349ff.

153 Dazu *Ebke*, in: MünchKommHGB, § 231 Rdnr. 51.

154 *BGHZ* 124, 27 = NJW 1994, 323.

c) Unverzüglich nach Eingang des Prüfungsberichts hat der Vorstand den Jahresabschluß, den Lagebericht und den Prüfungsbericht sowie einen Vorschlag über die Gewinnverwendung dem Aufsichtsrat vorzulegen (§ 170 AktG), bei einer abhängigen AG ggf. zusätzlich den Abhängigkeitsbericht (§ 314 I AktG). Der Aufsichtsrat – in der Praxis häufig ein Prüfungsausschuß (sog. »audit-committee«) – prüft den Vorschlag und berichtet gegenüber der Hauptversammlung schriftlich über das Prüfungsergebnis (§ 171 AktG), wobei von ihm eine die kaufmännische Zweckmäßigkeit mit umfassende[155] Plausibilitätskontrolle erwartet wird, nicht etwa eine eigene Wirtschaftsprüfungsaktivität[156]. Billigt der Aufsichtsrat den *Jahresabschluß*, so ist dieser *festgestellt*, sofern nicht Vorstand und Aufsichtsrat beschließen, die Feststellung der Hauptversammlung zu überlassen (§ 172 AktG). Vorstand und Aufsichtsrat können den einmal festgestellten Jahresabschluß nicht willkürlich ändern, wenn die Hauptversammlung schon einberufen ist[157]. Auch die Hauptversammlung ist bei der Beschlußfassung über die Gewinnverwendung an einen nach § 172 AktG festgestellten Jahresabschluß gebunden (vgl. § 174 I 2 AktG). Hat der Aufsichtsrat den Jahresabschluß nicht gebilligt oder haben Vorstand und Aufsichtsrat seine Feststellung der Hauptversammlung überlassen, so stellt nach § 173 AktG die Hauptversammlung den Jahresabschluß fest. Der Gesetzgeber hat damit zu einem schon im AktG 1937 angelegten Kompromiß gefunden[158], und dieses Konzept blieb auch nach dem Aktiengesetz von 1965 und nach dem Bilanzrichtliniengesetz von 1985 im Grundsatz unverändert: Nur wenn sich Vorstand und Aufsichtsrat uneins sind oder die Entscheidung der Hauptversammlung überlassen, erschien dem Gesetzgeber ein Hauptversammlungsbeschluß zweckmäßig. Hinzu kommt, daß Vorstand und Aufsichtsrat ohne Mitwirkung der Hauptversammlung nach § 58 II und II a AktG Gewinnrücklagen bilden können. Diese rechtspolitisch umstrittene Regelung[159] stärkt die oft schützenswerten Selbstfinanzierungsinteressen der Gesellschaft gegenüber den Ausschüttungsinteressen der Aktionäre[160].

d) Da der Jahresabschluß im Regelfall ohne Mitwirkung der Hauptversammlung festgestellt wird und doch für diese verbindlich ist, stellt sich die Frage nach Rechtsbehelfen der Aktionäre gegen fehlerhafte Jahresabschlüsse. Diese Rechtsbehelfe sind schwach ausgeprägt. Das Gesetz zielt präventiv auf die Vermeidung fehlerhafter Jahresabschlüsse durch strenge Bilanzierungsregeln, Abschlußprüfung und Billigung seitens des Aufsichtsrats, und es gibt nur geringe Möglichkeiten für eine nachträgliche Beanstandung. Die Nichtigkeit

155 Vgl. *Hoffmann-Becking*, in: MünchHdbGesR IV, §§ 44 Rdnr. 12.

156 Vgl. *BGHZ* 85, 293, 297 und dazu *Hommelhoff*, ZGR 1983, 556f.; *Hüffer*, AktG, § 171 Rdnr. 9; *Rürup*, a.a.O.

157 *BGHZ* 23, 150 = NJW 1957, 588; näher *Hüffer*, AktG, § 172 Rdnr. 10; *Hoffmann-Becking*, in: MünchHdbGesR IV, § 44 Rdnr. 12; *Welf Müller*, in: Festschrift Quack, 1991, 359ff.

158 Begr. RegE, in: *Kropff*, S. 217.

159 Krit. z.B. *Raiser*, Kapitalgesellschaften, § 36 Rdnr. 24; die Hauptproblematik liegt bei der Rücklagenbildung im Konzern; dazu vgl. m.w.N. *Hoffmann-Becking*, in: MünchHdbGesR IV, § 46 Rdnrn. 9ff.; *Beusch*, *Kohl* und *Lutter*, jeweils a.a.O.

160 Eingehend *Lutter*, in: KK, § 58 Rdnrn. 4ff.

und Anfechtbarkeit der Feststellung des Jahresabschlusses ist in §§ 256f. AktG geregelt. Ist ein Jahresabschluß nach § 256 AktG nichtig, so erfaßt diese Nichtigkeit alle Teile des Jahresabschlusses (Bilanz, Gewinn-und-Verlust-Rechnung) sowie auch seine Feststellung nach §§ 172, 173 AktG[161]. Tritt nicht nach § 256 VI AktG eine Heilung ein, so muß dann der Vorstand einen neuen Jahresabschluß aufstellen und prüfen lassen[162]. Daneben besteht die Möglichkeit einer Sonderprüfung nach §§ 258ff. AktG. Danach hat das Gericht auf Antrag Sonderprüfer zu bestellen, wenn Anlaß zu der Annahme besteht, daß bestimmte Posten nicht unwesentlich unterbewertet sind oder daß der Bilanzanhang unvollständig ist.

e) Über die *Verwendung des Bilanzgewinns* beschließt nach § 174 I 1 AktG die Hauptversammlung. Hierauf hat jeder Aktionär einen klagbaren Anspruch[163]. Sofern die Satzung dies zuläßt, kann die Hauptversammlung auch sog. Sachausschüttungen, z.B. in Aktien von Tochtergesellschaften, beschließen (§ 58 V AktG i.d.F. des TransPuG 2002). Die Hauptversammlung ist bei dem Gewinnverwendungsbeschluß an den festgestellten Jahresabschluß gebunden (§ 174 I 2 AktG), muß also insbesondere eine nach § 58 II AktG vom Vorstand getroffene Entscheidung über die Bildung von Rücklagen hinnehmen. An den Gewinnverwendungsvorschlag der Verwaltung ist die Hauptversammlung nicht gebunden. Wenn allerdings die Hauptversammlung ohne kaufmännische Notwendigkeit aus dem Bilanzgewinn Beträge in Gewinnrücklagen einstellt oder als Gewinn vorträgt, die nicht nach Gesetz oder Satzung von der Verteilung unter die Aktionäre ausgeschlossen sind, und hierdurch den Gewinnbezug unter 4% des eingezahlten Grundkapitals schmälert, ist der Gewinnverwendungsbeschluß anfechtbar (§ 254 AktG). Die Hauptversammlung entscheidet stets nur über den Gesamtbetrag des auszuschüttenden Gewinns, nicht über einzelne Gewinnansprüche. In welcher Höhe der einzelne Aktionär mit dem Beschluß ein Gläubigerrecht erlangt, ergibt sich aus der Satzung oder aus dem Gesetz[164]. Dieses Gläubigerrecht ist im Gegensatz zum allgemeinen Gewinnbezugsrecht nicht Bestandteil der Mitgliedschaft, sondern eine selbständig übertragbare und pfändbare Forderung.

f) Nach §§ 325ff. HGB unterliegt die Rechnungslegung der *Publizität* (dazu Handelsrecht, § 15 VI). Der Jahresabschluß und der Lagebericht müssen mit dem Bestätigungsvermerk des Abschlußprüfers, dem Bericht des Aufsichtsrats und dem Gewinnverwendungsbeschluß bei dem Handelsregister eingereicht und im Bundesanzeiger bekanntgemacht werden. Das Registergericht prüft, ob die Unterlagen vollständig eingereicht und bekanntgemacht sind, und es kann auch Nachforschungen anstellen, wenn Anlaß zu der Annahme besteht, daß die Gesellschaft zu Unrecht die für kleine oder mittlere

---

161 *BGHZ* 124, 111 = NJW 1994, 520 (zu § 172 AktG); *Hoffmann-Becking*, a.a.O., § 47 Rdnrn. 1ff.
162 Dazu *Kowalski*, AG 1993, 502ff.
163 *BGHZ* 124, 111, 123; *Hoffmann-Becking*, a.a.O., § 46 Rdnr. 23.
164 *BGHZ* 84, 303 = NJW 1983, 282; *Hoffmann-Becking*, a.a.O., § 46 Rdnr. 22.

Kapitalgesellschaften bestehenden Erleichterungen in Anspruch genommen hat.

g) Sonderregelungen über die *Rechnungslegung im Konzern* enthalten die §§ 290 ff. HGB. Auf sie wird unter § 31 V einzugehen sein (vgl. auch Handelsrecht, § 15 VII).

§ 30 Strukturänderungen und Auflösung der Aktiengesellschaft

I. Satzungsänderung*

1. Zuständigkeit der Hauptversammlung

a) Im Grundsatz kann nur *die Hauptversammlung* Satzungsänderungen vornehmen (§ 179 AktG). Weder die Satzung noch ein Hauptversammlungsbeschluß kann diese Befugnis delegieren. Eine Ausnahme gilt nur für redaktionelle Änderungen der Verfassungsurkunde. Sie können durch Hauptversammlungsbeschluß dem Aufsichtsrat übertragen werden (§ 179 I 2 AktG). Um materielle Änderungen der AG-Verfassung handelt es sich dabei eben nicht. Die Satzungsänderung ist das *Grundmuster für strukturändernde Beschlüsse.* Ihnen allen ist eines gemeinsam: die zwingende Zuständigkeit der Aktionäre und die Notwendigkeit einer Registereintragung. Aus diesem Grund sind strukturändernde Beschlüsse besonders anfällig für die Strategien eigennütziger Anfechtungskläger (dazu oben, § 28 IV 5 g).

b) Die Zuständigkeit der Hauptversammlung für strukturändernde Maßnahmen ist zwingend und ebenso umgehungsfest wie das Erfordernis einer qualifizierten Mehrheit: »Faktische Satzungsänderungen«, durch die der Vorstand auf rechtsgeschäftlichem Wege einen nur durch Satzungsänderung legitimierbaren Zustand herbeiführt, sind rechtswidrig und geben jedem Aktionär einen Anspruch auf Wiederherstellung des dem Gesetz und der Satzung entsprechenden Zustands (oben, § 21 V 3 sowie unter § 28 V 2b). Aber auch die Hauptversammlung kann sich über die Satzung nicht mit einfacher Mehrheit hinwegsetzen: Satzungswidrige Beschlüsse sind grundsätzlich anfechtbar[1]. Dienen sie der Herstellung eines der Satzung wider-

* Literatur: *Würdinger*, § 33; *Nirk/Brezing/Bächle*, Handbuch der Aktiengesellschaft (Loseblattausgabe), Rdnrn. 561ff.; *Kort*, Bestandsschutz fehlerhafter Strukturänderungen im Kapitalgesellschaftsrecht, 1998; *Zöllner*, Die Schranken mitgliedschaftlicher Stimmrechtsmacht bei den privatrechtlichen Personenverbänden, 1963, S. 26ff.; *Wackerbarth*, Grenzen der Leitungsmacht in der internationalen Unternehmensgruppe, 2001.

1 Vgl. *Hüffer*, in: MünchKommAktG, § 243 Rdnrn. 16ff.; *Karsten Schmidt*, in: GroßkommAktG, § 243 Rdnr. 14; zur Abgrenzung vgl. *BGH*, AG 1994, 177 = DB 1994, 31 m. Anm. *Götz* = NJW 1994, 320.

sprechenden Dauerzustands, so sind sie nach der Rechtsprechung des *Bundesgerichtshofs* sogar ipso iure unwirksam[2], besser wohl: nichtig (vgl. auch unten, § 38 I 1 b)[3].

2. Das Verfahren

a) Die Satzungsänderung erfolgt durch *Beschluß*. Dieser bedarf einer Mehrheit von mindestens drei Vierteln des bei der Beschlußfassung vertretenen Grundkapitals (§ 179 II 1 AktG). Die Satzung kann weitere Erfordernisse aufstellen (§ 179 II 3 AktG). Sie kann eine größere, aber auch eine geringere, für eine Änderung des Gegenstands des Unternehmens aber nur eine größere Kapitalmehrheit vorschreiben (§ 179 II 2 AktG). Sind mehrere Gattungen von Aktien vorhanden – z. B. Stammaktien und Vorzugsaktien ohne Stimmrecht – und ändert sich durch die Satzungsänderung das Verhältnis dieser Aktien zueinander, so müssen die benachteiligten Aktionäre einen Sonderbeschluß fassen, und zwar wiederum mit einer satzungsändernden Mehrheit (§ 179 III AktG).

b) Die *Zustimmung aller betroffenen Aktionäre* ist erforderlich, wenn der Beschluß in Sonderrechte (Vorzugsrechte) wie das Recht Aufsichtsratsmitglieder zu entsenden (§ 101 II AktG), eingreift, oder Aktionären *Nebenverpflichtungen* auferlegt (§ 180 I AktG) oder wenn durch den Beschluß die Übertragung von Namensaktien oder Zwischenscheinen an die Zustimmung der Gesellschaft gebunden wird (§ 180 II AktG).

c) Die Satzungsänderung wird erst wirksam, wenn sie in das *Handelsregister* eingetragen ist (§ 181 III AktG). Besonders in das Handelsregister einzutragen sind Änderungen der Firma, des Sitzes, des Unternehmensgegenstands, des Grundkapitals, der Dauer der Gesellschaft oder Regelungen über das genehmigte Kapital; im übrigen genügt es, wenn die Eintragung auf die beim Gericht eingereichten Urkunden Bezug nimmt (§ 181 II AktG). Die Anmeldung obliegt dem Vorstand (§ 181 I 1 AktG).

3. Kapitaländernde Maßnahmen

Satzungsänderungen, die in die Zuständigkeit der Hauptversammlung fallen, sind auch die *Maßnahmen der Kapitalerhöhung und der Kapitalherabsetzung* (§§ 182 ff. AktG und dazu eingehend oben, § 29 III). Daneben kann auch die Ausgabe von Wandelschuldverschreibungen und Gewinnschuldverschreibungen nach § 221 AktG nur aufgrund eines Hauptversammlungsbeschlusses erfolgen (vgl. zu diesen Papieren oben, § 26 IV 1 f).

2 *BGHZ* 123, 15 = NJW 1993, 2246; *OLG Hamm*, BB 1992, 2312 = GmbHR 1992, 807; *OLG Köln*, NJW-RR 1996, 1436 (jeweils zur GmbH); *Boesebeck*, NJW 1960, 2267; *Priester*, ZHR 151 (1987), 51 ff.; krit. *Habersack*, ZGR 1994, 354 ff.; *Tieves*, ZIP 1994, 1341 ff.
3 *Karsten Schmidt*, in: GroßkommAktG, § 241 Rdnr. 111.

II. Umwandlung*

1. Umwandlungen nach dem Umwandlungsgesetz

Nach dem Umwandlungsgesetz von 1994 kann die Aktiengesellschaft an folgenden Umwandlungsvorgängen beteiligt sein:
- an einer *Verschmelzung* als übertragender oder als aufnehmender Rechtsträger (§ 3 I UmwG),
- an einer *Spaltung* als übertragender oder als aufnehmender Rechtsträger (§§ 124 I, 3 I UmwG),
- an einem *Formwechsel* als Ausgangs- oder Zielrechtsträger (§ 191 I, III UmwG),
- an einer *Vermögensübertragung* auf die öffentliche Hand oder, falls die Gesellschaft ein Versicherungsunternehmen betreibt, auf einen VVaG oder ein öffentlich-rechtliches Versicherungsunternehmen (§ 175 UmwG).

Grundsätzlich entscheidet über diese Umwandlung die Hauptversammlung mit einer qualifizierten, d. h. satzungsändernden, Mehrheit (§§ 65 I, 73, 125, 240 I, 176 UmwG). Für den Wechsel in eine Personengesellschaft mit unbeschränkter Haftung – ein wenig praktischer Fall! – ist aber die Zustimmung sämtlicher Aktionäre erforderlich (§ 233 I UmwG). Das Umwandlungsrecht wurde in § 13 geschildert.

2. Umwandlungen außerhalb des Umwandlungsgesetzes

Das Umwandlungsgesetz verbietet nicht die Herbeiführung von Umwandlungseffekten durch andere Maßnahmen, insbesondere durch
- die Auflösung, Liquidation und Übertragung des Vermögens auf eine von den Mehrheitsgesellschaftern gegründete Gesellschaft (insbesondere Auflösung) oder durch
- die Gründung von Tochtergesellschaften.

Die Fälle werfen aber Fragen des Minderheitenschutzes auf, insbesondere wegen Umgehung des Umwandlungsgesetzes (oben, § 12 III 2) und wegen Treupflichtverstoßes (dazu unter § 20 IV 3). Sie werden im Zusammenhang mit der Vermögensübertragung unter V dargestellt.

---

* Literatur (ältere Spezialliteratur in der 1. und 2. Aufl.; allgemeine Literatur zum Umwandlungsrecht oben, § 12 und § 13): *Engelmeyer*, Die Spaltung von Aktiengesellschaften nach dem neuen Umwandlungsrecht, 1995; *Fritz*, Die Spaltung von Kapitalgesellschaften, 1991.

III. Eingliederung*

1. Die Eingliederung zwischen Verschmelzung und Vertragskonzern

Unter der Eingliederung versteht man die *organisatorische Einordnung einer Gesellschaft in eine andere* (§§ 319ff. AktG). Im Gegensatz zur Verschmelzung beläßt die Eingliederung der eingegliederten Gesellschaft ihre *rechtliche Selbständigkeit.* Es handelt sich nach wie vor um zwei Gesellschaften, die unter verschiedenen Firmen auftreten. Im Innenverhältnis büßt die eingegliederte Gesellschaft allerdings ihre Selbständigkeit ein. Damit geht die Eingliederung über den Abschluß eines Beherrschungs- und Ergebnisabführungsvertrags (§ 291 AktG) hinaus, steht also gleichsam zwischen Verschmelzung und Unternehmensvertrag. Hauptgesellschaft und eingegliederte Gesellschaft bilden nach § 18 I 2 AktG einen Konzern.

2. Tatbestand und Rechtsfolgen

a) Als *Maßnahme der Unternehmensverbindung* zugelassen und geregelt ist in §§ 319ff. AktG die Eingliederung einer Aktiengesellschaft mit inländischem Sitz in eine andere inländische Aktiengesellschaft. Dabei werden zwei Fälle unterschieden. Nach § 319 I 1 AktG kann die Eingliederung stattfinden, wenn der Hauptgesellschaft alle Aktien an der einzugliedernden Gesellschaft gehören; dann beschließt die Hauptversammlung der einzugliedernden Gesellschaft – diese »Versammlung« besteht nur aus der Hauptgesellschaft! – die Eingliederung, und die Hauptversammlung der Hauptgesellschaft muß dieser Maßnahme mit qualifizierter Mehrheit zustimmen. Nach § 320 AktG genügt aber auch ein 95%iger Aktienbesitz der Hauptgesellschaft; dann ist auch der Beschluß in der einzugliedernden Gesellschaft ein bloßer Mehrheitsbeschluß. In jedem Fall wird die Eingliederung erst mit der Eintragung in das Handelsregister wirksam (§§ 319 VII, 320 I 3 AktG). Für die Registersperre und deren Überwindung gelten nach § 319 V AktG sinngemäß die gleichen Regeln wie im Fall der Verschmelzung (oben, § 13 III). Im Fall der Eingliederung durch Mehrheitsbeschluß gehen mit der Eintragung alle Aktien, die sich nicht in der Hand der Hauptgesellschaft befinden, auf diese über (§ 320a AktG)[4]. Die weichenden Aktionäre haben Anspruch auf angemessene Abfindung, und zwar grundsätzlich in Form von Aktien der Hauptgesellschaft (§ 320b AktG), bei einer abhängigen Gesellschaft Aktien der Muttergesellschaft

* Literatur: *Krieger*, in: MünchHdbGesR IV, § 73; *Rodloff*, Ungeschriebene sachliche Voraussetzungen der aktienrechtlichen Mehrheitseingliederung, 1991; *Veit*, Unternehmensverträge und Eingliederung als aktienrechtliche Instrumente der Unternehmensverbindung, 1974.

4 Zur Behandlung von Options- und Wandelschuldverschreibungen vgl. *BGH*, LM Nr. 3 zu § 320 AktG = NJW 1998, 2146; *Martens*, AG 1992, 209.

(§ 320b I 3 AktG)[5]. Im Fall der Barabfindung ist, wie jetzt feststeht, der Börsenkurs zu berücksichtigen[6]:

Beispiel Nr. 1 (*BVerfG* 100, 289 = NJW 1999, 3769 = JZ 1999, 942 m.Anm. *Luttermann* = ZIP 1999, 14436 m.Anm. *Wilken*; dazu auch *BGHZ* 147, 108 = NJW 2001, 2080 »DAT/Altana«): Eine Muttergesellschaft (Altana) hatte im Zuge der Konzernbildung Aktien der Tochtergesellschaft (DAT) erworben. Die im Zuge des Beherrschungsvertrags und der sich anschließenden Eingliederung angebotenen Ausgleichs- und Abfindungsbeträge waren auf der Basis der DAT-Nennbeträge und der DAT-Dividende berechnet, ohne daß der Börsenwert berücksichtigt worden wäre, obwohl Altana selbst Börsenpreise und außerbörsliche Marktpreise für die hinzuerworbenen Aktien gezahlt hatte. Das *Bundesverfassungsgericht* hielt es »für mit Art. 14 GG unvereinbar, bei der Bestimmung der Abfindung oder des Ausgleichs für außenstehende oder ausgeschiedene Aktionäre nach §§ 304, 305, 320b AktG den Börsenkurs der Aktien außer Betracht zu lassen«.

b) *Rechtsfolge der Eingliederung* ist vor allem die Leitungsmacht der Hauptgesellschaft und die Verantwortlichkeit ihrer Vorstandsmitglieder nach § 323 AktG. Die Hauptgesellschaft haftet nach § 322 AktG gesamtschuldnerisch neben der eingegliederten Gesellschaft für deren Verbindlichkeiten. Systematisch lehnt sich die Haftung an die eines zu einer Gesellschaft hinzutretenden Komplementärs an (vgl. § 322 AktG im Vergleich mit § 130 HGB), im Fall der Beendigung der Eingliederungslage an die Haftung eines ausgeschiedenen Komplementärs (vgl. § 327 IV AktG im Vergleich mit § 160 HGB). In der Praxis funktioniert dieser Gläubigerschutz – wie auch bei einem persönlich haftenden Gesellschafter – anders, als es bei einem bloßen Blick auf die Haftungsnormen scheinen mag[7]: Damit sich die Haftung des herrschenden Unternehmens nicht realisiert, wird dieses für eine ausreichende Kapitaldecke im eingegliederten Unternehmen sorgen. Genau dies ist auch der Zweck der Haftungsbestimmungen. Im Insolvenzfall sollte § 93 InsO analog angewendet werden.

c) Nach § 327 I AktG endet die Eingliederung
1. durch Beschluß der Hauptversammlung der eingegliederten Gesellschaft,
2. wenn die Hauptgesellschaft nicht mehr eine Aktiengesellschaft mit Sitz im Inland ist,
3. wenn sich nicht mehr alle Aktien der eingegliederten Gesellschaft in der Hand der Hauptgesellschaft befinden,
4. durch Auflösung der Hauptgesellschaft.

Im neuen Gesetz über Unternehmensübernahmen ist neuerdings ein »Squeeze-out«-Verfahren geregelt (28 I 5): Nach §§ 327 a–f AktG kann die Hauptversammlung auf Verlangen eines Aktionärs, dem 95% des Grundkapitals

---

5 § 320b I 3 AktG gilt unmittelbar, wenn die Hauptgesellschaft abhängige Gesellschaft ist; ist die eingegliederte Gesellschaft ihrerseits abhängige Enkel-Gesellschaft, so steht den Aktionären analog § 320b I 3 AktG ein Anspruch auf Aktien an der Konzernspitze zu; vgl. *BGHZ* 138, 224 = LM Nr. 1 zu § 320b AktG m.Anm. *Rehbinder* = NJW 1998, 3202.
6 Ähnlich zuvor bereits *BayObLG*, AG 1999, 43 (»EKU/März«).
7 *Veit*, a.a.O., S. 112f.

gehören, die Übertragung der übrigen Aktien auf ihn gegen angemessene Barabfindung beschließen[8].

IV. Unternehmensverträge*

1. Bedeutung

a) Unternehmensverträge sind Gegenstand des Rechts der verbundenen Unternehmen (dazu näher unten, § 31). Es handelt sich um Organisationsverträge, die über den Rahmen eines einfachen schuldrechtlichen Vertrags hinausgehen (unten, § 31 III 1 a) und deshalb nicht, wie reine Außengeschäfte der AG, von der unbeschränkten Vertretungsmacht des Vorstands gedeckt sind[9]. Das Aktiengesetz unterscheidet auf der einen Seite den *Beherrschungsvertrag* und den *Gewinnabführungsvertrag* (§ 291 AktG) und auf der anderen Seite die *»anderen Unternehmensverträge«* (§ 292 AktG). Beide Gruppen unterliegen unterschiedlichen Regeln. Vor allem gilt nur für die Verträge des § 291 AktG, daß sie ausnahmslos einen Konzerntatbestand nach § 18 AktG begründen.

b) Die Aufzählung der Unternehmensverträge in §§ 291 f. AktG bildet nach herkömmlicher Auffassung einen numerus clausus[10]. Verträge, die diesen gesetzlich aufgezählten Unternehmensverträgen in einzelnen Rechtsfolgen lediglich ähneln, fallen nicht unmittelbar unter die §§ 293 ff. AktG. Das schließt allerdings die Anwendung allgemeiner Konzernrechtsgrundsätze zum Schutz von abhängigen Gesellschaften, deren Aktionären und Gläubigern nicht aus (vgl. insbesondere zur Treupflicht im Konzern unten, § 39 III 2). Auch kann der Umgehungsschutz dazu führen, daß konzernrechtliche Elemente andersartiger Verträge an den Maßstäben der §§ 293 ff. AktG gemessen werden (vgl. etwa zum Betriebsführungsvertrag oben, § 17 I 3 d)[11]. Kein Unternehmensvertrag ist vor allem der isolierte Verlustdeckungsvertrag, durch den – wie bei einem Beherrschungsvertrag – eine Verlustübernahme vereinbart wird (vgl. auch unten, § 31 III 2 d)[12].

---

8 *Baums,* WM 2001, 1843; *Grunewald,* ZIP 2002, 18; *Habersack,* ZIP 2001, 1230; *Krieger,* BB 2002, 53; *Sieger/Hasselbach,* ZGR 2002, 120.

* Literatur (nähere Angaben unter § 31 III und III 4): *Emmerich/Habersack*, Aktien- und GmbH-Konzernrecht, 2. Aufl. 2001; *Emmerich/Sonnenschein/Habersack*, Konzernrecht, 7. Aufl. 2001, §§ 8 ff.; *Krieger*, in: MünchHdbGesR IV, §§ 70 ff.; *Rasch*, Deutsches Konzernrecht, 5. Aufl. 1974, S. 138 ff.; *Seydel*, Konzernbildungskontrolle bei der AG, 1995; *Würdinger*, §§ 67 ff.

9 Grundlegend *Würdinger*, § 4 IV b, § 70 II 1 a, § 71 I 2; *ders.*, DB 1958, 1447; heute h. M.; vgl. etwa *BGHZ* 103, 1, 4 f.; *Emmerich/Sonnenschein/Habersack*, § 11 II; *Geßler*, in: Geßler/Hefermehl/Eckard/Kropff, § 291 Rdnr. 24; *Hüffer*, AktG, § 291 Rdnr. 17.

10 Vgl. *Würdinger*, § 67 I; *Geßler*, in: Geßler/Hefermehl/Eckardt/Kropff, § 291 Rdnr. 17; a. M. *Bachmayr*, BB 1967, 135.

11 In gleicher Richtung *Koppensteiner*, in: KK, vor § 291 Rdnr. 72 (Analogie).

12 Eingehend *Karsten Schmidt*, in: Festschrift Werner, 1984, S. 777 ff.; vgl. aber auch *OLG Celle*, AG 1984, 266, 267.

Beispiel Nr. 2: Die Muttergesellschaft M sagt ihrer Tochtergesellschaft T zu, ihr ständig die zur Vermeidung der Zahlungsunfähigkeit erforderlichen Mittel bereitzustellen (Liquiditätsgarantie) oder ihre Verluste auszugleichen (Verlustdeckungszusage). Dieser Vertrag unterliegt nicht den Regelungen der §§ 291 ff. AktG. Insbesondere bedeutet dies, daß der Vorstand der M Verträge dieser Art im Rahmen seiner Vertretungsmacht abschließen kann. Ob er wegen der weittragenden Folgen des Vertrags die Hauptversammlung befragen muß, richtet sich nach allgemeinen Regeln (oben, § 28 V 2). Eine Beschlußkompetenz der Hauptversammlung nach § 293 II AktG besteht nicht.

2. Beherrschungsvertrag und Ergebnisabführungsvertrag

a) Der *Beherrschungsvertrag* ist in § 291 I AktG definiert als ein Vertrag, durch den eine Aktiengesellschaft oder Kommanditgesellschaft auf Aktien die Leitung ihrer Gesellschaft einem anderen Unternehmen unterstellt. Leitungsmacht und Verantwortung sind dann in §§ 308 ff. AktG geregelt[13], die Verlustübernahme in § 302 AktG[14].

Der *Gewinnabführungsvertrag* ist nach § 291 I AktG ein Vertrag, durch den sich eine Aktiengesellschaft verpflichtet, ihren ganzen Gewinn an ein anderes Unternehmen abzuführen. Da der Gewinnabführungsvertrag nach § 302 AktG eine gesetzliche Verlustübernahmepflicht auslöst[15], wird regelmäßig zugleich die Verlustübernahme klargestellt; der Vertrag regelt dann die Übernahme sowohl der Gewinne als auch der Verluste (statt von einem Gewinnabführungsvertrag spricht man dann von einem *Ergebnis*abführungsvertrag).

b) Beherrschungsverträge und Gewinnabführungsverträge bedürfen nach § 293 III AktG der *Schriftform.* Nach § 293 I, II AktG muß nicht nur die *Hauptversammlung* der abhängigen Gesellschaft, sondern auch die der herrschenden Gesellschaft dem Vertrag mit qualifizierter Mehrheit zustimmen. Vorauszugehen hat ein umfangreiches Berichts- und Prüfungsverfahren, sofern nicht alle Aktionäre darauf verzichten (§§ 293 a–e AktG). Der Vertrag wird nach § 294 II AktG erst mit der *Eintragung* in das Handelsregister wirksam.

3. Andere Unternehmensverträge*

a) Andere Unternehmensverträge neben den Beherrschungs- und Gewinnabführungsverträgen sind nach § 292 I AktG Verträge, durch die eine AG oder KGaA

13 Dazu *Emmerich/Sonnenschein/Habersack*, § 23 II; *Würdinger*, § 70 IV.
14 Dazu eingehend *Karsten Schmidt*, ZGR 1983, 513 ff.
15 Vgl. auch hierzu *Karsten Schmidt*, ZGR 1983, 513 ff.
* Literatur: *Fikentscher*, Die Interessengemeinschaft, 1966; *Emmerich*, in: Emmerich/Habersack, a. a. O., § 292; *Emmerich/Sonnenschein/Habersack*, §§ 14 ff.; *Huber*, Betriebsführungsverträge ..., ZHR 152 (1988), 1 und 123; *Krieger*, in: MünchHdbGesR IV, § 72; *Mestmäcker*, Verwaltung, Konzerngewalt und Rechte der Aktionäre, 1958, S. 316 ff.; *Oesterreich*, Die Betriebsüberlassung zwischen Vertragskonzern und faktischem Konzern, 1979; *Rasch*, a. a. O., S. 138 ff.; *Karsten Schmidt*, Konzernrechtliche Wirksamkeitsvoraussetzungen für typische stille Beteiligungen ..., ZGR 1984, 295; *Schulze-Osterloh*, Das Recht der Unternehmensverträge und die stille Beteiligung

1. sich verpflichtet, ihren Gewinn oder den Gewinn einzelner ihrer Betriebe ganz oder zum Teil mit dem Gewinn anderer Unternehmen oder einzelner Betriebe anderer Unternehmen zur Aufteilung eines gemeinschaftlichen Gewinns zusammenzulegen *(Gewinngemeinschaft)*,
2. sich verpflichtet, einen Teil ihres Gewinns oder den Gewinn einzelner ihrer Betriebe ganz oder zum Teil an einen anderen abzuführen *(Teilgewinnabführungsvertrag)*,
3. den Betrieb ihres Unternehmens einem anderen verpachtet oder sonst überläßt *(Betriebspachtvertrag, Betriebsüberlassungsvertrag)*.

Bemerkenswert ist, daß nicht nur rein schuldrechtliche Verträge, sondern auch stille Gesellschaftsverträge unter die Nr. 2 fallen[16]. Im Gegensatz zu sonstigen Handelsgesellschaften kann also eine Aktiengesellschaft nicht ohne weiteres durch ihre Vertretungsorgane stille Gesellschaftsverträge abschließen, denn das Gesetz erfaßt grundsätzlich jede Teilgewinnabführung. Ausdrücklich ausgenommen sind Gewinnbeteiligungen von Vorstands- und Aufsichtsratsmitgliedern sowie von einzelnen Arbeitnehmern, ferner partiarische Verträge im Rahmen des allgemeinen Geschäftsverkehrs und partiarische Lizenzverträge (§ 292 II AktG).

b) Diese anderen Unternehmensverträge bedürfen auf seiten der durch sie verpflichteten Aktiengesellschaft – aber auch *nur* auf dieser Seite! – gleichfalls eines *Zustimmungsbeschlusses* (§ 293 I AktG) und werden erst mit der *Eintragung* in das Handelsregister wirksam (§ 294 II AktG). Weitere Einzelheiten zum Aktienkonzernrecht finden sich unten in § 31.

V. Vermögensübertragung*

1. Die Vermögensübertragung nach dem Umwandlungsgesetz und der aktienrechtliche Umgehungsschutz

Die Tatbestände der Vermögensübertragung befassen sich mit zwei heterogenen Problemen (oben, § 13 V 2 a). Bei der Vermögensübertragung auf die

---

an einer AG, ZGR 1974, 427; *Veelken*, Der Betriebsführungsvertrag im deutschen und amerikanischen Aktien- und Konzernrecht, 1975.

16 Vgl. mit Unterschieden im einzelnen *OLG Düsseldorf*, AG 1996, 473; *OLG Celle*, AG 1996, 370; *Altmeppen*, in: MünchKommAktG, § 292 Rdnr. 65; *Schulze-Osterloh* und *Karsten Schmidt*, a. a. O.

* Literatur: *Henze*, Minderheitenschutz durch materielle Kontrolle ..., in: Festschrift Boujong, 1996, S. 233; *Ulrich Hübner*, Die Ausgliederung von Unternehmensteilen in aktien- und konzernrechtlicher Sicht, in: Festschrift Stimpel, 1985, S. 791; *Lutter*, Die Rechte der Gesellschafter beim Abschluß fusionsähnlicher Unternehmensverbindungen, 1973; *ders.*, Teilfusionen im Gesellschaftsrecht, in: Festschrift Barz, 1974, S. 199; *Lutter/Drygala*, Die übertragende Auflösung: Liquidation der Aktiengesellschaft oder Liquidation des Minderheitenschutzes?, in: Festschrift Kropff, 1997, S. 191; *Lutter/Leinekugel*, Planmäßige Unterschiede im umwandlungsrechtlichen Minderheitenschutz? ZIP 1999, 261; *dies.*, Kompetenzen von Hauptversammlung und Gesellschafterversammlung, ZIP 1998, 225; *Karsten Schmidt*, Wider eine lex Holzmüller, in: Festschrift Heinsius, 1991, S. 715; *ders.*, Vermögensveräußerung aus der Personengesellschaft, ZGR 1995,

öffentliche Hand (§§ 176f. UmwG) oder auf einen Versicherungsverein auf Gegenseitigkeit (§§ 178f. UmwG) geht es um einen Vorgang, der der Verschmelzung durch Aufnahme ähnelt: Die AG endet ohne Liquidationsverfahren; ihr Vermögen einschließlich der Verbindlichkeiten geht auf den neuen Rechtsträger über. Es entspricht dem verschmelzungsähnlichen Charakter dieses Vorgangs, daß er nunmehr im Umwandlungsgesetz geregelt ist (oben, § 13 V 2). Mit diesen Vorschriften bis 1994 zu einer scheinbaren Einheit verbunden (§§ 359–361 AktG)[17] und jetzt von ihnen deutlich getrennt in § 179a AktG geregelt ist das Beschlußerfordernis beim Abschluß eines Vertrages, durch den sich die Aktiengesellschaft außerhalb des Umwandlungsgesetzes zur Übertragung des gesamten Gesellschaftsvermögens verpflichtet. Diese Vorschrift ist nicht dazu geschaffen, die Vermögensübertragung zu ermöglichen oder zu erleichtern, sondern es handelt sich um eine Schutzvorschrift. Die Bestimmung soll verhindern, daß der Vorstand als Vertretungsorgan der AG ohne Zustimmung der Aktionäre Verträge über die Vermögensübertragung schließt.

2. Der Schutz der Aktionäre nach § 179a AktG

a) Nach § 179a AktG (bis 1994: § 361 AktG) kann ein Vertrag, durch den sich eine AG oder eine KGaA zur Übertragung des ganzen Gesellschaftsvermögens verpflichtet, wirksam nur geschlossen werden, wenn die Hauptversammlung mit qualifizierter Mehrheit zustimmt. Der Vertragswortlaut muß den Aktionären zuvor zugeleitet werden und muß auch in der Hauptversammlung ausliegen[18]. Die Bestimmung hat, wie schon gesagt, im Gegensatz zu den §§ 174ff. UmwG die Funktion, die Aktionäre zu schützen. Weil dies so ist, stellt sich die Frage, ob nur die vollständige Vermögensübertragung erfaßt ist. Dazu sollte man wissen, daß die Bestimmung auf eine Regelung zurückgeht, die eindeutig nur auf die Totalübertragung paßte und notwendig zur Auflösung der Gesellschaft führte[19]. Das wurde 1937 geändert[20]. Die Folgerungen sind zweifelhaft, und demgemäß macht die Anwendung des § 179a AktG vor allem bei der Auslagerung von Unternehmen und Unternehmensteilen Schwierigkeiten[21]. Entscheidendes Kriterium ist, ob die

---

675; *Timm*, Die Aktiengesellschaft als Konzernspitze, 1980; *Vollmer*, Die Mitwirkungsrechte der Aktionäre beim Abschluß fusionsähnlicher Unternehmensverbindungen, BB-Beilage 4/1977; *Werner*, Die Ausgliederung, in: Festschrift Quack, 1991, S. 519; *Windbichler*, Die Recht der Hauptversammlung bei Unternehmenszusammenschlüssen durch Vermögensübertragung, AG 1981, 169.

17 Die Zusammenfassung in §§ 359–361 a.F. AktG ging auf §§ 303f. HGB a.F. zurück.

18 Vgl. auch für die Vermögensübertragung aus einer Tochtergesellschaft *BGHZ* 146, 288 = NJW 2001, 1277.

19 § 303 HGB a.F. schrieb für »eine Verwertung des Gesellschaftsvermögens durch Veräußerung des Vermögens im ganzen« den Hauptversammlungsbeschluß vor und zog die Konsequenz, daß der Beschluß zur Auflösung führe.

20 Vgl. § 255 AktG 1937 und dazu Amtl. Begr. bei *Klausing*, Aktiengesetz, 1937, S. 219; sodann § 361 a.F. AktG.

21 Dazu *Ulrich Hübner*, in: Festschrift Stimpel, a.a.O., S. 791; grundlegend *Lutter*, Die Rechte der Gesellschafter, a.a.O.; *ders.*, in: Festschrift Barz, a.a.O., S. 199; *Kropff*, Über die »Ausglie-

Vermögensübertragung in den satzungsmäßigen Unternehmensgegenstand eingreift[22]. Zwei berühmte BGH-Fälle haben dies deutlich gezeigt: »Holzmüller (Seehafenbetrieb)« und »Hoesch/Hoogovens«:

Beispiel Nr. 3 (nach *BGHZ* 83, 122 = NJW 1982, 1703 »Holzmüller«; Vorinstanzen: *LG Hamburg*, AG 1980, 200; *OLG Hamburg*, AG 1981, 344 = JZ 1981, 231 m. Anm. *Großfeld*): In dem schon unter § 21 V 3 und § 28 V 2b unter anderen Gesichtspunkten besprochenen »Seehafenbetriebs«-Fall hatte die M-AG einen wesentlichen Unternehmensbereich, nämlich den Seehafenbetrieb, aus ihrem Unternehmen ausgegliedert und auf eine Tochtergesellschaft, die T-KGaA, übertragen. Im Schrifttum war vorgeschlagen worden, die Schutzbestimmung auf die Ausgliederung wesentlicher Vermögensteile aus der AG analog anzuwenden (vgl. namentlich *Timm*, a. a. O., S. 114 ff.; *ders.*, AG 1980, 176 f.). Der *Bundesgerichtshof* entschied: »Eine Vermögensübertragung ... liegt nicht vor, wenn die Gesellschaft mit dem zurückbehaltenen Betriebsvermögen noch ausreichend in der Lage bleibt, satzungsmäßige Unternehmensziele, wenn auch in eingeschränktem Umfang, selbst zu verfolgen.« Den Schutz der Aktionäre sieht der *BGH* in diesem Fall nicht in § 179 a (damals § 361) AktG, sondern darin, daß der Vorstand bei derart schwerwiegenden Maßnahmen verpflichtet ist, eine Entscheidung der Hauptversammlung nach § 119 II AktG herbeizuführen (zum Streit um diese Lösung vgl. oben, § 28 V 2 b).

Beispiel Nr. 4 (nach *BGHZ* 82, 188 = NJW 1982, 933 = LM Nr. 1 zu § 361 AktG m. Anm. *Fleck* »Hoesch/Hoogovens«; dazu eingehend *Timm*, JZ 1982, 403 ff.): Eine deutsche AG (Hoesch) und eine niederländische AG (Hoogovens) führten eine grenzüberschreitende Unternehmensverbindung mit fusionsähnlichem Charakter durch. Der im einzelnen recht komplizierte Vorgang bestand im wesentlichen darin, daß beide Teile ihre Betriebsvermögen in Tochtergesellschaften, die Hoesch Werke AG und die Hoogovens BV, einbrachten. Hoesch und Hoogovens selbst, also die Muttergesellschaften, bestanden als Holdinggesellschaften fort und gründeten unter der Firma Estel NV eine neue Zentralgesellschaft nach niederländischem Recht, in die sie ihre Aktien an den Tochtergesellschaften einbrachten. Zur Durchführung dieses Gesamtvorhabens hatte Hoesch mehrere Verträge abgeschlossen: einen *Übertragungsvertrag*, der auf die Übertragung des Betriebsvermögens auf die Tochtergesellschaft zielte, einen *Einbringungsvertrag*, durch den sich Hoesch und Hoogovens verpflichtet hatten, die Anteile an ihren Tochtergesellschaften in die Zentralgesellschaft einzubringen, und schließlich einen sog. *Grundvertrag*, der der Koordination der Interessen in der Zentralgesellschaft diente. Um dem § 179 a (damals § 361) AktG gerecht zu werden, legte der Vorstand den Übertragungsvertrag und den Einbringungsvertrag zur Einsicht der Aktionäre aus. Ausgelegt wurde auch ein schriftlicher »Bericht über den Zusammenschluß Hoesch/Hoogovens«. Dagegen wurde der sehr umfangreiche Grundvertrag nur vom Vorstandsvorsitzenden verlesen. Sodann wurde mit großer Mehrheit den ausgelegten Verträgen zugestimmt (7 573 639 gegen 52 364 Stimmen). Einer der überstimmten Aktionäre erhob Anfechtungsklage gegen die Beschlüsse, und der *BGH* gab ihm Recht: »Die Zustimmung der Hauptversammlung und das vorausgehende Verfahren nach § 361 Abs. 2 Satz 1 bis 4 AktG (scl.: jetzt § 179 a AktG) müssen sich auf alle mit der Vermögensübertragung zusammenhängenden schuldrechtlichen Abreden ... erstrecken, die rechtsverbindlich die Beziehungen der Vertragschließenden bestimmen sollen, von denen die eine nicht ohne die andere gelten soll und die daher ein einheitliches Ganzes bilden; gleichgültig ist, ob sie mit verschiedenen Partnern vereinbart und in verschiedenen Vertragsurkunden niedergelegt sind.«

Der Unterschied zwischen § 179 a AktG und der »Holzmüller«-Doktrin hat keineswegs nur theoretische Bedeutung: Das »Holzmüller«-Urteil hebt her-

---

derung«, in: Festschrift Geßler, 1971, S. 111; *Timm*, a. a. O.; *ders.*, Zur Bedeutung des »Hoesch«-Urteils für die Fortentwicklung des Konzern- und Verschmelzungsrechts, JZ 1982, 403.

22 Vgl. *Lutter/Leinekugel*, ZIP 1998, 225 ff.

vor[23]: »Die Verletzung dieser (internen) Vorlagepflicht beeinträchtigt jedoch nach außen hin nicht die Wirksamkeit der vom Kläger bekämpften Maßnahmen. Denn nach § 82 I AktG ist die Vertretungsmacht des Vorstands nur durch das Gesetz beschränkbar.« § 179a AktG ist eine solche gesetzliche Beschränkung: Wo diese Vorschrift zum Zuge kommt, ist das zur Vermögensübertragung verpflichtende Geschäft[24] – nicht ohne weiteres auch ein dingliches Vollzugsgeschäft – unwirksam, wenn es an dem erforderlichen Hauptversammlungsbeschluß fehlt[25]: § 179a AktG hat Außenwirkung!

b) Für Streit hat im Bereich des § 179a AktG die Methode der sog. *übertragenden Auflösung* gesorgt[26]:

Beispiel Nr. 5 (*BVerfG*, NJW 2001, 279 = EWiR 2000, 913 [Neye]): Im Fall »MotoMeter« hatte sich eine Muttergesellschaft der verbleibenden 1 % Streubesitzaktien dadurch entledigt, daß sie einen Auflösungsbeschluß herbeigeführt und das Unternehmen auf eine Auffanggesellschaft überführt hatte. Klagen gegen den Auflösungsbeschluß (*OLG Stuttgart*, ZIP 1995, 1515 »MotoMeter«) und gegen die Bestimmung der Liquidationsquote (*OLG Stuttgart*, ZIP 1997, 362 »MotoMeter II«) blieben ebenso erfolglos wie die Verfassungsbeschwerde (Nichtannahmebeschluß des *BVerfG*).

c) Die Vorschrift des § 179a AktG ist verfassungskonform[27]. Der Gesetzgeber hat sie – anders als andere frühere Bestimmungen des Aktiengesetzes – im Zuge der Umwandlungsgesetzgebung nicht über das Aktienrecht hinaus verallgemeinert. Der *Bundesgerichtshof* hat indes diese Verallgemeinerung nachgeholt: § 179a AktG ist *Bestandteil des allgemeinen Verbandsrechts* und gilt auch für die Organe anderer Gesellschaften (vgl. schon oben, § 13 I 4b).[28]

VI. Auflösung und Fortsetzung*

1. Grundlagen

Wie schon unter § 11 V 3 näher ausgeführt, muß zwischen der Auflösung und der Vollbeendigung der Gesellschaft unterschieden werden. Ohne Auflösungsverfahren endet die Aktiengesellschaft, wenn sie wegen Vermögens-

23 *BGHZ* 83, 122, 132 = AG 1982, 158, 160.
24 Vgl. *BGH*, NJW 1991, 2564.
25 *BGH*, NJW 1995, 596.
26 Dazu *Lutter/Drygala*, in: Festschrift Kropff, 1997, S. 191.
27 *BVerfG*, NJW 2001, 279, 280.
28 *BGH*, NJW 1995, 596; dazu eingehend *Karsten Schmidt*, ZGR 1995, 675.
* Literatur: *Buchner*, Amtslöschung, Nachtragsliquidation und masselose Insolvenz von Kapitalgesellschaften, 1988; *Hönn*, Die konstitutive Wirkung der Löschung von Kapitalgesellschaften, ZHR 138 (1974), 50; *Hoffmann-Becking*, in: MünchHdbGesR IV, §§ 65f.; *Hüffer*, Das Ende der Rechtspersönlichkeit von Kapitalgesellschaften, in: Gedächtnisschrift Schultz, 1987, S. 99; *Hubert Schmidt*, Zur Vollbeendigung juristischer Personen, 1989; *Karsten Schmidt*, Zur Gläubigersicherung im Liquidationsrecht der Kapitalgesellschaften …, ZIP 1981, 1; *Schumann*, Die rechtliche Stellung der Gläubiger einer AG und einer GmbH nach ihrer Liquidation, 1937; *Wimpfheimer*, Die Gesellschaften des Handelsrechts und des bürgerlichen Rechts im Stadium der Liquidation, 1908.

losigkeit im Handelsregister gelöscht wird (§ 141 a FGG). Eine Abwicklung der gelöschten AG findet dann nur noch statt, wenn sich nachträglich ergibt, daß verteilungsfähiges Vermögen vorhanden ist (§ 269 II AktG)[29].

Keine Auflösung und kein Liquidationsverfahren findet auch statt, wenn die Gesellschaft durch Verschmelzung bzw. Aufspaltung oder durch Vermögensübertragung auf einen Versicherungsverein auf Gegenseitigkeit oder auf die öffentliche Hand aus dem Rechtsverkehr verschwindet. Selbstverständlich ist auch die formändernde Umwandlung kein Auflösungstatbestand, denn hier besteht die Gesellschaft – wenngleich in einem neuen Rechtskleid – fort (vgl. zu all dem oben, § 13).

2. Die Auflösungstatbestände

a) Nach § 262 AktG ist die Gesellschaft aufgelöst
- durch Zeitablauf (Abs. 1 Nr. 1),
- durch Hauptversammlungsbeschluß mit qualifizierter Mehrheit (Abs. 1 Nr. 2),
- durch Insolvenzverfahrenseröffnung (Abs. 1 Nr. 3),
- durch Ablehnung der Insolvenzverfahrenseröffnung mangels Masse (Abs. 1 Nr. 4),
- durch rechtskräftige Feststellung eines Satzungsmangels nach § 144 a FGG (Abs. 1 Nr. 5),
- durch Löschung der Gesellschaft wegen Vermögenslosigkeit nach § 141 a FGG (Abs. 1 Nr. 6), dann jedoch ohne Liquidationsverfahren (vgl. oben unter VI 1),
- »aus anderen Gründen« (Abs. 2).

Diese »anderen Gründe« können gesetzliche sein, z. B. ein Verbot nach §§ 3 ff., 17 VereinsG oder ein rechtskräftiges Auflösungsurteil nach § 396 AktG wegen Gemeinwohlgefährdung, außerdem eine Auflösung aufgrund von Sondergesetzen (z. B. §§ 35, 38 KWG). Ein spezieller Auflösungstatbestand ist auch die Nichtigerklärung der Gesellschaft nach §§ 275 ff. AktG. Sie erfolgt bei schweren Satzungsmängeln und wird vom Gesetzestext klar gegen die Auflösung abgegrenzt. Nach § 277 AktG führt aber die Nichtigerklärung zu einer »Abwicklung nach den Vorschriften über die Abwicklung bei Auflösung« und läßt die im Namen der »nichtigen« Gesellschaft vorgenommenen Rechtsgeschäfte unberührt. Damit ist die vom Gesetz gewählte Bezeichnung Nichtigkeit als ein Etikettenschwindel entlarvt[30]: Die Nichtigerklärung ist eine Auflösungsentscheidung. Die Satzung kann weitere Auf-

---

29 § 2 III LöschG; ab 1999 § 264 II AktG.

30 Jetzt h.M.; vgl. nur *Hüffer*, in: MünchKommAktG, § 275 Rdnr. 8; ebenso bereits *Einmahl*, AG 1969, 217; vgl. noch *v. Godin/Wilhelmi*, § 275 Anm. 4; *Wiedemann*, in: GroßkommAktG, 3. Aufl., § 275 Anm. 8.

lösungsgründe festsetzen. Ob sie einem Aktionär ein Kündigungsrecht als Sonderrecht einräumen kann, ist allerdings umstritten[31].

b) *Kein Auflösungsgrund* ist die Zweckerreichung oder die Vereitelung des satzungsmäßigen Zwecks, auch nicht die Aufgabe oder Veräußerung des Unternehmens. Diese Vorgänge können Anlaß für einen Auflösungsbeschluß sein. Die Unrentabilität kann auch eine Überschuldung und damit ein Insolvenzverfahren nach sich ziehen. Um eine automatische Auflösung handelt es sich aber bei all dem nicht.

3. Auflösungsverfahren und Fortsetzungsmöglichkeit

a) Die aufgelöste Gesellschaft bleibt bis zur Vollbeendigung als Rechtsträgerin erhalten (über Fälle des automatischen Erlöschens vgl. oben unter VI 1). Sofern nicht das Insolvenzverfahren eröffnet ist, findet eine gesellschaftsrechtliche *Abwicklung* statt (§ 264 I AktG), und die Auflösung wird in das Handelsregister eingetragen (§ 263 AktG). Abwickler (Liquidatoren) sind grundsätzlich die Vorstandsmitglieder (näher § 265 AktG)[32]. Sie haben die laufenden Geschäfte zu beenden, die Forderungen einzuziehen, das übrige Vermögen in Geld umzusetzen und die Gläubiger zu befriedigen; soweit es die Abwicklung erfordert, dürfen sie auch neue Geschäfte eingehen (vgl. § 268 I 2 AktG). Ihre Vertretungsmacht im Außenverhältnis ist unbeschränkt und unbeschränkbar (§ 269 AktG; zum Mißbrauch der Vertretungsmacht vgl. oben, § 10 II 2). Da die Abwicklung zur Beendigung des Rechtsträgers und zur Verteilung seines Vermögens führt, sorgt das Gesetz für Gläubigerschutz. Nach § 267 AktG müssen die Abwickler unter dreimaliger Bekanntmachung und mit Hinweis auf die Auflösung die Gesellschaftsgläubiger auffordern, ihre Ansprüche anzumelden. Das Gesellschaftsvermögen darf nach § 272 I AktG erst nach Ablauf eines Sperrjahrs an die Aktionäre verteilt werden. Da § 272 AktG – anders als der Vermögensschutz nach § 57 AktG (dazu § 29 II 2) – nicht das Gesellschaftsvermögen, sondern die Bereithaltung eines verteilungsfähigen und liquiden Vermögens sichern will[33], verbietet die Bestimmung nicht nur Ausschüttungen, sondern verbietet auch, die Verteilung durch Kreditgewährung oder Kreditfinanzierung zugunsten der Aktionäre vorzufinanzieren[34]:

Beispiel Nr. 6: Die Abwickler einer Kapitalgesellschaft stehen nicht selten vor der Frage, ob sie die bereits abschätzbaren Liquidationsquoten im Darlehnswege an die Aktionäre auszahlen oder zur Bereicherung von Bankkrediten an Aktionäre verwenden dürfen mit der Maßgabe, daß die sich hieraus ergebenden Darlehnsschulden der Gesellschafter nach Ablauf des Sperrjahrs mit ihren Liquidationsquoten verrechnet werden. Sind die Gesellschafter in einem solchen Fall solvent, so werden die Abwickler hierbei schwerlich ein

---

31 Bejahend *Hueck*, § 31 I 1; *Würdinger*, § 45 I 8; *Wiedemann*, in: GroßkommAktG, 3. Aufl., § 262 Anm. 39; abl. *Hüffer*, in: MünchKommAktG, § 262 Rdnr. 20; Bedenken bei *Kraft*, in: KK, 1. Aufl., § 262 Rdnrn. 16ff.

32 Zum Honorar des Abwicklers vgl. *BGHZ* 133, 90.

33 *Karsten Schmidt*, DB 1994, 2013.

34 Vgl. ebd.; anders *Raupach* u.a., in: JbFSt 1990/91, S. 275, 306ff.

schlechtes Gewissen haben, denn sie haben der Gesellschaft noch kein Vermögen entzogen (an die Stelle der an die Aktionäre abgeführten Liquidität treten ja Forderungen aus § 607 BGB). Trotzdem entspricht diese Vorfinanzierung nicht dem § 272 AktG. Allerdings zwingt die Bestimmung die Abwickler nicht, das Liquidationsvermögen für die Dauer des Sperrjahrs ständig bar oder auf einem Girokonto parat zu halten, so daß eine Verwahrung, z.B. in Form von Termingeldern bei einer Hausbank auch dann zulässig ist, wenn diese Hausbank zugleich Aktien an der aufgelösten Gesellschaft hält.

Nur das nach der Berichtigung der Verbindlichkeiten verbleibende Vermögen wird sodann an die Aktionäre verteilt (§ 271 AktG). Die Gesellschaft wird gelöscht. Liegen Vermögenslosigkeit und Löschung vor – also ein Doppeltatbestand[35] –, so tritt Vollbeendigung der Gesellschaft ein (str.; vgl. oben, § 11 V 6a). Die Gesellschaft ist und bleibt erloschen, auch wenn sich nachträglich noch Verbindlichkeiten herausstellen[36]. Waren die Bestimmungen des Gesetzes eingehalten, so haben auch nicht etwa die Aktionäre an sie verteiltes Vermögen an einen Gläubiger herauszugeben, der sich erst nach der Löschung meldet[37].

Beispiel Nr. 7: Nach Beendigung der A-AG erleidet X, für den die Gesellschaft Leistungen aus einem Werkvertrag erbracht hat, einen Schaden, der als entfernterer Mangelfolgeschaden zu ersetzen wäre. Die Gesellschaft ist und bleibt erloschen und mit ihr der Anspruch des X. Es besteht auch kein Anspruch gegen die Aktionäre aus ungerechtfertigter Bereicherung. Sie haben die Ausschüttungen mit Rechtsgrund erhalten.

Anders verhält es sich, wenn nachträglich noch Aktivvermögen festgestellt wird. In diesem Fall ist die Gesellschaft nur scheinbar erloschen[38], denn die der Gesellschaft zustehenden Rechte können nicht plötzlich subjektlos werden[39]. Nach § 273 IV AktG können Nachtragsabwickler bestellt werden.

Beispiel Nr. 8: Stellt sich nach Löschung der AG heraus, daß der Gesellschaft noch Schadensersatzansprüche gegen ihren früheren Vorstand zustanden, so handelt es sich hierbei um unbekannt gebliebenes Gesellschaftsvermögen. Die Gesellschaft ist nur scheinbar erloschen. Ihre Ansprüche können von Nachtragsliquidatoren eingeklagt werden.

b) Eine *Fortsetzung* der aufgelösten, aber noch nicht erloschenen Gesellschaft ist nach § 274 AktG möglich, solange noch nicht die Verteilung des Vermögens unter die Aktionäre begonnen hat. Die Fortsetzung setzt einen mit qualifizierter Mehrheit zu fassenden Gesellschafterbeschluß voraus (vgl. zu den allgemeinen Grundlagen der Fortsetzung aufgelöster Gesellschaften oben, § 11 V 5).

35 Vgl. zur Lehre vom Doppeltatbestand *Scholz/Karsten Schmidt*, § 74 Rdnr. 14; *Karsten Schmidt*, GmbHR 1988, 211; abl. *Hüffer*, AktG, § 273 Rdnr. 7; *ders.*, in: MünchKommAktG, § 273 Rdnr. 20: »... nichts Brauchbares ...«:

36 Vgl. *Hüffer*, AktG, § 273 Rdnr. 8.

37 Vgl. im Anschluß an den GmbH-Fall *RGZ* 124, 210, 214 etwa *Wiedemann*, in: GroßkommAktG, 3. Aufl. § 272 Anm. 7; *Kraft*, in: KK, 1. Aufl., § 272 Rdnr. 15.

38 Vgl. nur *Wiedemann*, in: GroßkommAktG, 3. Aufl., § 273 Anm. 5 a; a.M. *Hönn*, ZHR 138 (1974), 72ff.; s. jetzt auch *Hüffer* und *Hubert Schmidt*, a.a.O.; *Hüffer*, AktG, § 273 Rdnr. 13 will die definitiv erloschene AG durch eine von ihr verschiedene »teilrechtsfähige Abwicklungsgesellschaft« ersetzen.

39 A.M. *Hohner*, Subjektlose Rechte, 1969, passim.

4. Insolvenzrecht*

a) Die Aktiengesellschaft ist als juristische Person und als Handelsgesellschaft *insolvenzrechtsfähig* (vgl. dazu Handelsrecht, § 5 II 3). Das ergibt sich aus § 11 InsO. Sie ist es auch dann, wenn die Gesellschaft schon aufgelöst, ihr Vermögen aber noch nicht verteilt ist (§ 11 III InsO). Insolvenzantrag kann jeder Gläubiger der Gesellschaft, jedes Vorstandsmitglied bzw. jeder Abwickler stellen (§ 15 InsO). Ein Eröffnungsgrund ist gegeben, wenn die Gesellschaft entweder zahlungsunfähig oder überschuldet ist (§§ 16ff. InsO). Nach § 92 II AktG muß der Vorstand in diesem Fall ohne schuldhaftes Zögern, spätestens aber binnen dreier Wochen, die Eröffnung eines Insolvenzverfahrens beantragen (dazu näher oben, § 28 II 4c). Für einen fakultativen Eigenantrag der AG durch Vorstand oder Abwickler genügt auch die drohende Zahlungsunfähigkeit (§ 18 InsO).

b) Die Eröffnung des Insolvenzverfahrens *löst die Gesellschaft auf* (§ 262 I Nr. 3 AktG). Sie führt aber nicht zur gesellschaftsrechtlichen Abwicklung, sondern das Insolvenzverfahren ist ein eigenes, besonderes Abwicklungsverfahren, das zur Vollbeendigung, aber auch zur Sanierung der Gesellschaft auf der Basis eines Insolvenzplans führen kann (§§ 217ff. InsO). Der Insolvenzverwalter hat nach der herrschenden »Amtstheorie« die Funktion eines Amtstreuhänders, agiert also im eigenen Namen, im Prozeß als Partei kraft Amtes. Nach der hier vertretenen Auffassung ist er ein im Namen der Gesellschaft handelndes Gesellschaftsorgan (oben, § 11 VI 4b bb). Das Insolvenzverfahren endet regelmäßig durch Schlußverteilung, d.h. durch Zerschlagung der Gesellschaft. Endet es mit einer Reorganisation der insolventen AG auf der Basis eines Insolvenzplans (§§ 217ff. InsO), also mit einem formellen Sanierungsverfahren, so kann die Gesellschaft nach § 274 II Nr. 1 AktG fortgesetzt werden.

c) Wird das Insolvenzverfahren mangels Masse nicht eröffnet (§ 26 InsO), so ist die Gesellschaft aufgelöst (§ 262 I Nr. 4 AktG) und tritt in ein Liquidationsverfahren nach dem AktG ein (zur rechtspolitischen Problematik vgl. oben, § 11 VI 5a). Ist die Gesellschaft vermögenslos, so wird sie von Amts wegen im Handelsregister gelöscht (§ 141a FGG in Ablösung des früheren § 2 LöschG und dazu oben, § 11 V 3a cc).

---

* Literatur: *Braun/Uhlenbruck*, Unternehmensinsolvenz 1997; *Hans-Friedrich Müller*, Der Verband in der Insolvenz, 2002; *Noack*, InsO-Gesellschaftsrecht, 1999; *Karsten Schmidt*, Wege zum Insolvenzrecht der Unternehmen, 1990; *ders.*, Insolvenzordnung und Unternehmensrecht, in: Kölner Schrift zum Insolvenzrecht, 2. Aufl. 2000, S. 1199; *Wolf Schulz*, Zur Verdrängung und Ersetzung der Gesellschaftsorgane durch den Konkursverwalter, KTS 1986, 389; *Siegelmann*, Die Stellung des Vorstandes, Aufsichtsrates und der Hauptversammlung nach Eröffnung des Konkursverfahrens über das Vermögen der Aktiengesellschaft, DB 1967, 1029; *Timm/Körber*, in: Gottwald (Hrsg.), Insolvenzrechtshandbuch, 1990, § 81; *Friedrich Weber*, Funktionsteilung zwischen Konkursverwalter und Gesellschaftsorganen im Konkurs der Kapitalgesellschaft, KTS 1970, 73.

§ 31 Grundzüge des Aktienkonzernrechts*

I. Konzernrecht und Konzernrechtskodifikation

1. Grundsätzliches

Ein Recht der verbundenen Unternehmen gibt es, solange es eine Großindustrie mit modernen Kapitalgesellschaften gibt. Das Aktiengesetz von 1965 war zwar international beispielgebend darin, daß es das Recht der verbundenen Unternehmen kodifiziert hat, aber es wäre ein Mißverständnis,

---

* Literatur (Auswahl): *Ulrike Clausen*, Verbundene Unternehmen, 1992; *Dettling*, Die Entstehungsgeschichte des Konzernrechts im AktG von 1965, 1997; *Dierdorf*, Herrschaft und Abhängigkeit einer AG ..., 1978; *Druey*, Das St. Galler Konzernrechtsgespräch: Konzernrecht aus der Konzernwirklichkeit, 1988; *Ebenroth*, Die verdeckten Vermögenszuwendungen im transnationalen Unternehmen, 1979; *ders.*, Konzernbildungs- und Konzernleitungskontrolle, 1987; *Emmerich/Habersack*, Aktien- und GmbH-Konzernrecht, 2. Aufl. 2001; *Emmerich/Sonnenschein/Habersack*, Konzernrecht, 7. Aufl. 2001; *Flume*, Grundfragen der Aktienrechtsreform, 1960; *Geßler*, Der Schutz vor Fremdeinflüssen im Aktienrecht, ZHR 145 (1981), 457; *Großfeld*, Aktiengesellschaft, Unternehmenskonzentration und Kleinaktionär, 1968; *Harms*, Konzerne im Recht der Wettbewerbsbeschränkungen, 1968; *Herkenroth*, Konzernierungsprozesse im Schnittfeld von Konzernrecht und Übernahmerecht, 1994; *Hirte*, Der Vertragskonzern im Gesellschaftsrecht, 1993; *Hommelhoff*, Die Konzernleitungspflicht, 1982; *ders.*, Konzernrecht für den Europäischen Binnenmarkt, ZGR 1992, 121; *Koppensteiner*, Abhängige Aktiengesellschaften aus rechtspolitischer Sicht, in: Festschrift Steindorff, 1990, S. 79; *Krieger*, in: Hoffmann-Becking (Hrsg.), Münchener Handbuch des Gesellschaftsrechts, Bd. IV, Aktiengesellschaft, 2. Aufl. 1999, §§ 68ff.; *Liebscher*, Konzernbildungskontrolle, 1995; *Luchterhand*, Deutsches Konzernrecht bei grenzüberschreitenden Konzernverbindungen, 1971; *Lutter*, Mitbestimmung im Konzern, 1975; *ders.*, Organzuständigkeiten im Konzern, in: Festschrift Stimpel, 1985, S. 825; *ders.*, 100 Bände BGHZ: Konzernrecht, ZHR 151 (1987), 444; *ders.*, Stand und Entwicklung des Konzernrechts in Europa, ZGR 1987, 324; *Mecke*, Konzernstruktur und Aktionärsentscheid, 1992; *Mestmäcker*, Verwaltung, Konzerngewalt und Rechte der Aktionäre, 1958; *ders.*, Zur Systematik des Rechts der verbundenen Unternehmen im neuen Aktiengesetz, in: Festschrift Kronstein, 1967, S. 129; *Mülbert*, Aktiengesellschaft, Unternehmensgruppe und Kapitalmarkt, 1995 (2. unv. Aufl. 1996); *Pellens*, Aktionärsschutz im Konzern, 1994; *Praël*, Eingliederung und Beherrschungsvertrag als körperschaftliche Rechtsgeschäfte, 1978; *Rasch*, Deutsches Konzernrecht, 5. Aufl. 1974; *Rehbinder*, Konzernaußenrecht und allgemeines Privatrecht, 1969; *Karsten Schmidt*, Konzernunternehmen, Unternehmensgruppe und Konzern-Rechtsverhältnis, in: Festschrift Lutter, 2000, S. 1167; *ders.*, Was ist, was will und was kann das Konzernrecht des Aktiengesetzes?, in: Festschrift Druey, Zürich 2002, S. 551; *Sonnenschein*, Organschaft und Konzerngesellschaftsrecht, 1976; *Theisen*, Der Konzern, 1991; *Ulmer* (Hrsg.), Probleme des Konzernrechts, 1989; *Horst S. Werner*, Der aktienrechtliche Abhängigkeitstatbestand, 1979; *Wiedemann*, Die Unternehmensgruppe im Privatrecht, 1988; *Wackerbarth*, Grenzen der Leitungsmacht in der internationalen Unternehmensgruppe, 2001; *Würdinger*, §§ 62ff.; *ders.*, Zur Reform des Konzernrechts, in: Festschrift Walter Schmidt, 1959, S. 279.

wollte man annehmen, daß erst seit 1965 ein Aktienkonzernrecht existiert (näher oben, § 17 I 1 b). Die rasche Konzentrationsbewegung der vergangenen Jahrzehnte hat allerdings die Konzerntatbestände vervielfacht, und auch die gesetzliche Regelung im Aktiengesetz von 1965 ist Spiegelbild einer modernen Entwicklung. Die einschlägigen Normen sind in §§ 15ff., 291ff. AktG enthalten. Zu bedenken ist aber auch, daß das gesetzlich geregelte wie das ungeregelte Konzernrecht nur eingebettet in das allgemeine Verbandsrecht begriffen werden kann (vgl. oben, § 17 I 2 a).

2. Aufgaben des Aktienkonzernrechts

Schon unter § 17 I wurde allgemein von den Aufgaben des Konzernrechts gesprochen. Die Aufgabe des Gesetzgebers von 1965 bestand in erster Linie darin, einen Schutz der abhängigen Gesellschaft, ihrer Aktionäre und ihrer Gläubiger zu etablieren. Aber das Konzernrecht in seiner Totalität erschöpft sich nicht in diesem Schutzanliegen. Es ist Organisationsrecht *und* Schutzrecht (oben, § 17 II 1 a). Nur entsteht eben das Organisationsrecht der verbundenen Unternehmen gleichsam von allein, während das konzernrechtliche Schutzrecht ohne die ordnende Hand des Gesetzgebers und des Richters nicht geschaffen oder verwirklicht werden kann. Es ist deshalb kein Zufall, daß das »Konzernrecht« in der Rechtswissenschaft vorwiegend unter dem Schutzanliegen betrachtet wird.

3. Konzernrecht und Kapitalmarktrecht

Schon unter § 17 II 4 und § 26 II 2 h war davon die Rede, daß das Konzernrecht erhebliche Entlastung durch das Kapitalmarktrecht erfährt. Vor allem das Übernahmerecht wird heute in erster Linie als Bestandteil des Kapitalmarktrechts begriffen (dazu § 1 II 3), doch kann das eine Rechtsgebiet das andere nicht überflüssig machen, weil der Blick auf den Kapitalmarkt und die an ihm agierenden Anleger den Blick auf die Gesellschaft und die an ihr mitgliedschaftlich beteiligten Aktionäre nicht entbehrlich macht.

II. Grundbegriffe des positiven Aktienkonzernrechts

1. Der Unternehmensbegriff*

Das Recht der verbundenen Unternehmen geht von einem Unternehmensbegriff aus, den das Gesetz nicht umschreibt. Es gibt keinen Einheitsbegriff

* Literatur (vgl. zunächst die Angaben vor I): *Geßler*, Das »Unternehmen« im Aktiengesetz, in: Festschrift Knur, 1972, S. 145; *Hefermehl*, Der Aktionär als »Unternehmen« i.S. des Konzernrechts, in: Festschrift Geßler, 1971, S. 203; *Koppensteiner*, in: KK, § 291 Rdnrn. 6ff.; *Kort*, Der »private« Großaktionär als Unternehmen? DB 1986, 1909; *Luchterhand*, Der Begriff »Unternehmen« im Aktiengesetz 1965, ZHR 132 (1969), 149; *Mülbert*, Unternehmensbegriff und Konzern-

»Unternehmen« im geltenden Recht; vielmehr ist der Unternehmensbegriff stets teleologisch zu bestimmen (Handelsrecht, § 4 I 1). Im Konzernrecht bestimmt er den *Normadressatenkreis* und hat vor allem für den Anwendungsbereich der weittragenden Schutzvorschriften erhebliche Bedeutung. Der Unternehmensbegriff im Konzernrecht bezeichnet keinen betriebswirtschaftlichen Sachverhalt und meint insbesondere nicht das Unternehmen als Wirkungseinheit (vgl. zu dieser Handelsrecht, § 4 I 2 und II). Gemeint sind konzernrechtlich qualifizierte Rechtsträger. Dies können – wie es wohl die Regel ist – juristische Personen, z.B. Kapitalgesellschaften, aber auch natürliche Personen[1] und Personengesellschaften sein, und zwar nicht nur als oHG oder KG, sondern auch als Gesellschaft bürgerlichen Rechts[2]. Der Unternehmensbegriff gilt als der Schlüsselbegriff des deutschen Konzernrechts[3], wobei die herrschende Auffassung – methodisch bedenklich[4] – nach einem Einheitsbegriff sucht, der ohne normspezifische Differenzierung jeden Rechtsträger konzernrechtlich zum »Unternehmen« oder zum »Nichtunternehmen« stempelt.

a) Der *Streit um den konzernrechtlichen Unternehmensbegriff* hat sich an der Stellung des Mehrheitsaktionärs entzündet: Ist er ein »Unternehmen«? Muß also z.B. ein Aktionär der Gesellschaft Mitteilung machen, wenn er durch Aktienerwerb auf eine Beteiligung von mehr als einem Viertel kommt (vgl. § 20 I 1 AktG)? Muß ein Abhängigkeitsbericht aufgestellt werden, wenn eine Aktiengesellschaft von einem Nichtunternehmen abhängig ist (vgl. § 312 AktG)? Werden Anteile, die einem herrschenden und einem abhängigen Gesellschafter gehören, nach § 16 IV AktG auch dann zusammengerechnet, wenn einer dieser Gesellschafter nicht Unternehmer ist? Der Gesetzgeber hat eine solche Ausdehnung nicht gewollt. Nicht die Herrschaftsmacht als solche, sondern die Beherrschung durch ein Unternehmen mit spezifisch unternehmerischen Eigeninteressen begründet in seinen Augen die vom Konzernrecht abzuwehrenden Gefahren[5]. Im Einklang hiermit sagt *BGHZ* 69, 334ff., daß eine noch so hohe Beteiligung an einer Gesellschaft den Inhaber allein noch nicht zum herrschenden Unternehmen macht. »Es muß vielmehr eine wirtschaftliche Interessenverbindung außerhalb der Gesellschaft hinzukommen, die stark genug ist, um die Besorgnis zu begründen, der Aktionär könnte um ihretwillen seinen Einfluß zum Nachteil der Gesellschaft geltend machen.«

---

organisationsrecht, ZHR 163 (1999), 1; *Schäfer*, Wann ist der Großaktionär ein Unternehmen? NJW 1967, 1741; *Karsten Schmidt*, »Unternehmen« und »Abhängigkeit«, ZGR 1980, 277; *ders.*, Die wundersame Karriere des Unternehmensbegriffs ..., AG 1994, 189; *ders.*, Unternehmensbegriff und Vertragskonzern, in: Festschrift Koppensteiner, Wien 2001, S. 191; *Siegels*, Die Privatperson als Konzernspitze, 1997; *Würdinger*, Der Begriff Unternehmen im Aktiengesetz, in: Festgabe Kunze, 1969, S. 177; *Zöllner*, Zum Unternehmensbegriff der §§ 15ff. AktG, ZGR 1976, 1.

1 Vgl. nur *BGHZ* 95, 330, 337; 115, 187, 189; 122, 123, 127; *BGH*, NJW 1994, 446; eingehend *Siegels*, a.a.O., S. 71ff.

2 *BGHZ* 114, 203, 210 = NJW 1991, 2765, 2766.

3 Vgl. nur *Emmerich/Sonnenschein/Habersack*, a.a.O., § 2 II.

4 Kritik bei *Karsten Schmidt*, AG 1994, 189ff.

5 Begr. RegE AktG, in: *Kropff*, S. 41f., 373f.

Dieser Standpunkt wird rechtspolitisch unterschiedlich bewertet[6]. Er hat den Unternehmensbegriff zum Losungswort des Konzernrechts gemacht: zu einer Formel, deren Verwendung Eingang in einen Rechtsbereich schafft, in dem angeblich alles anders ist. Das Konzernrecht schützt die unternehmerische Autonomie gegen die Durchsetzung fremder Unternehmensinteressen, nicht aber schützt es die Gesellschaft gegen jeden Egoismus eines Mehrheitsgesellschafters. Diesen letzten Zweck erfüllt nicht das Recht der verbundenen Unternehmen, sondern die innergesellschaftliche Treupflicht des Mehrheitsgesellschafters (dazu oben, § 20 IV 2, § 28 I 4). Das Risiko eines Eindringens von externen Unternehmensinteressen ist gewiß gegeben, wenn es sich um eine die Aktiengesellschaft beherrschende unternehmenstragende Handelsgesellschaft handelt[7]. Aber erforderlich ist dies nicht[8]. Gewiß ist jeder Träger eines eigenen Unternehmens, also der Kaufmann[9] oder der Freiberufler[10], als Unternehmer zu qualifizieren, aber hierbei konnte die Praxis nicht stehenbleiben. *Würdinger*[11] sieht den Unternehmensbegriff als erfüllt an, »wenn der Aktionär, unabhängig vom Dividendenbezug, planmäßig eigenem Erwerb durch wirtschaftliche Betätigung nachgeht«. Die Rechtsprechung stellt mit Recht nicht auf das Erwerbsstreben ab, sondern auf das Tätigwerden in unternehmerischem Interesse. Herrschendes Unternehmen kann nach ihr nicht nur sein, wer selbst ein Unternehmen betreibt, sondern auch derjenige, der – z.B. als Holdinggesellschaft[12], aber auch als Einzelperson[13] – seine wirtschaftlichen Interessen nicht nur in der betreffenden Gesellschaft, sondern auch in anderen Unternehmen maßgeblich verfolgen kann[14]. Dem ist im Grundsatz zu folgen, jedoch muß vor begriffsjuristischen Folgerungen gewarnt werden, die vor allem außerhalb des Aktiengesetzes aus diesem Unternehmensbegriff gezogen worden sind (vgl. zur Konzernhaftung bei der GmbH unten, § 39 III 4).

b) Umstritten ist auch *die Unternehmenseigenschaft der öffentlichen Hand*[15]. Im wesentlichen geht es darum, ob politisch verantwortliche Handlungs-

---

6 Repräsentativ: Bericht über die Verhandlungen der Unternehmensrechtskommission, 1980, Rdnrn. 1296ff.

7 Vgl. allerdings zu § 6 HGB *Hüffer*, AktG, § 15 Rdnr. 11; *Bayer*, in: MünchKommAktG, § 15 Rdnr. 16.

8 Vgl. *BGHZ* 69, 334, 337 = NJW 1978, 104 »VEBA«; *Emmerich/Habersack*, a.a.O., § 15 Rdnr. 11.

9 Vgl. *BGHZ* 122, 123 = NJW 1993, 1200 »TBB«.

10 *BGH*, NJW 1994, 3288 und dazu *Karsten Schmidt*, ZIP 1995, 1471f.

11 § 63/2 b.

12 Vgl. *Lutter*, Holding-Handbuch, 1995 Rdnrn. A 34ff.

13 *BGHZ* 95, 330, 337; 115, 187, 189; 122, 123; *BGH*, NJW 1994, 446; 1994, 3288.

14 *BGHZ* 95, 330, 337; 115, 187, 189; 122, 123; 148, 123, 125 = NJW 2001, 2973, 2974; *BGH*, NJW 1994, 446; 1994, 3288; *OLG Köln*, ZIP 1990, 1075, 1076; *Emmerich/Sonnenschein/Habersack*, § 2 II 2 m.w.N.; *Lutter*, ZHR 151 (1987), 451f.

15 Dazu namentlich *Dielmann*, Die Beteiligung der öffentlichen Hand an Kapitalgesellschaften und die Anwendbarkeit des Rechts der verbundenen Unternehmen, 1977; *Ehinger*, Die Unternehmensqualität der juristischen Person des öffentlichen Rechts, DZWiR 2000, 322; *Emmerich*, Die öffentliche Unternehmung im deutschen Konzern- und Wettbewerbsrecht, AG 1976, 225; *Hohrmann*, Der Staat als Konzernunternehmer, 1983; *Koppensteiner*, in: KK, § 15 Rdnrn. 39ff.; *Kropff*, Zur Anwendung des Rechts der verbundenen Unternehmen auf den Bund, ZHR 144 (1980), 74; *Mülbert,* Unternehmensbegriff und Konzernorganisationsrecht, ZHR 163 (1999), 1;

träger dem Griff des Konzernrechts ganz oder teilweise entzogen sind oder ob sie durch Eigenbetriebe und durch Beteiligungen ihrerseits Unternehmenseigenschaft erlangen können.

Beispiel Nr. 1 (nach *BGHZ* 69, 334; dazu *Zöllner*, AG 1978, 40): Die Gelsenberg AG war zu 96,1 % in der Hand der VEBA AG. Rund 44 % der VEBA-Aktien hielt die Bundesrepublik Deutschland. Gegen den Widerspruch des Aktionärs A beschloß die Gelsenberg-Hauptversammlung mit qualifizierter Mehrheit: »Die Gelsenberg AG wird gemäß § 320 AktG in die VEBA AG eingegliedert.« Wegen der Abfindungsregelung (nur Umtausch in VEBA-Aktien oder auch Barabfindung?) kam es nach dem damaligen § 320 V 3 AktG auf die Frage an, ob die VEBA ein abhängiges Unternehmen war, und hierfür mußte entschieden werden, ob die Bundesrepublik herrschendes Unternehmen sein kann. In dieser für den konzernrechtlichen Unternehmensbegriff sehr bedeutsamen Entscheidung arbeitete der *BGH* die schon erwähnten Merkmale des Unternehmensbegriffs heraus und entschied, daß die öffentliche Hand keine Sonderstellung genieße. Da die Bundesrepublik damals an 19 Gesellschaften mit einem Nennkapital von fast 5 Milliarden DM beteiligt war, bejahte der *BGH* ihre Unternehmenseigenschaft.

Beispiel Nr. 2 (nach *BGHZ* 135, 107 = NJW 1997, 1855 »VW/Niedersachsen«; dazu *Mülbert*, ZHR 163 (1999), 1, *Ehinger*, DZWiR 2000, 322): Im Fall »VW/Niedersachsen« ging es um die Frage, ob die VW-Aktiengesellschaft nach § 312 AktG für das Geschäftsjahr 1993 einen Abhängigkeitsbericht zu erstellen hatte. Das Land Niedersachsen hatte mit einem Aktienbesitz von 20 % jahrelang die Mehrheit der in den VW-Hauptversammlungen vertretenen Stimmen innegehabt und deshalb nach der Einschätzung des *BGH* diese Aktiengesellschaft i. S. von § 17 AktG beherrscht. Einen Abhängigkeitsbericht müßte VW aber nach § 312 AktG nur erstellen, wenn das Bundesland »herrschendes Unternehmen« war. Das bejahte der *BGH*, weil bei der öffentlichen Hand, anders als bei einem privaten Mehrheitsgesellschafter die besondere Gefahr bestehe, unternehmensfremde (nämlich staatliche) Eigeninteressen zu verfolgen.

Außerordentlich umstritten war auch die *Unternehmenseigenschaft der Treuhandanstalt* (später BvS) in Berlin, die nach dem Urteil vieler Autoren über die Jahre nach der Wiedervereinigung hinweg als Herrscherin über einen gigantischen Konzern in den neuen Bundesländern einer strengen konzernrechtlichen Haftung unterworfen sein sollte[16]. Der Gesetzgeber hat den bedrohlichen Haftungskonsequenzen durch eine Sonderregelung den Boden entzogen, durch die er die Treuhandanstalt von den Vorschriften über herrschende Unternehmen freistellte (§ 28 a EGAktG[17]). Aus heutiger Sicht war dieser umstrittene Schachzug des Gesetzgebers eine politisch berechtigte Notwehrmaßnahme gegen zeitweilige Exzesse der Rechtsprechung über die Einstandspflicht »herrschender Unternehmen« für die Schulden von Tochtergesellschaften (dazu unten, § 39 III 2 c)[18]. Die sich aus dem Unter-

---

Rittner, Der Staat – ein Unternehmen i. S. des AktG? in: Festschrift Flume II, 1978, S. 241; *M. Schneider*, Die Gebietskörperschaft als Konzernspitze, 1985; *Wiedemann/Martens*, Die Unternehmensqualifikation von Gebietskörperschaften im Recht der verbundenen Unternehmen, AG 1976, 197, 232; *Würdinger*, Öffentliche Hand und Unternehmen, DB 1976, 613; *Zöllner*, Zur aktienrechtlichen Unternehmenseigenschaft der Bundesrepublik Deutschland, AG 1976, 40.

16 Vgl. *Gratzel*, Die Treuhandanstalt im System des deutschen Gesellschafts- und Konzernrechts, 1999, S. 261 ff.; *Habighorst/Spoer*, ZGR 1992, 499; *Weimar*, ZGR 1992, 477; anderseits *Uhlenbruck*, BB 1992, 789.

17 Gesetz v. 14. 7. 1992 (BGBl. I S. 1257).

18 Vgl. bereits *Karsten Schmidt*, JZ 1992, 866.

nehmensverbund ergebenden Pflichten der Treuhandanstalt konnte der Gesetzgeber damit nicht aus der Welt schaffen, mag man sie nun an den Zauberbegriff »Unternehmen« im Konzernrecht anknüpfen oder nicht.

c) Die Öffnung des Unternehmensbegriffs durch den »VW/Niedersachsen«-Beschluß des BGH ist bemerkenswert. Sie wird konsequenterweise dazu führen, daß jeder Mehrheitsaktionär, der institutionelle Eigeninteressen (also nicht bloß typische Aktionärsinteressen) verfolgt, »Unternehmen« i.S. des Konzernrechts sein kann. Dazu könnten dann insbesondere auch Stiftungen und Vereine gehören[19].

d) Wenig geklärt ist noch der Unternehmensbegriff im Vertragskonzernrecht. Nach h.M. kann nur ein »Unternehmen im konzernrechtlichen Sinn« mit einer AG einen Beherrschungs- oder Gewinnabführungsvertrag nach § 291 AktG schließen[20]. Das wunderliche Ergebnis bestünde darin, daß ein Beherrschungsvertrag eines Nichtunternehmens mit einer AG nichtig wäre[21], jedoch wirksam würde, wenn dieser herrschende Aktionär sich nicht bloß eine, sondern zwei Aktiengesellschaften durch Beherrschungsvertrag unterwürfe und hierdurch zum »Unternehmen« würde. Schon die Prämisse der h.M. ist aber falsch. Der Unternehmensbegriff ist ein Rechtsbegriff. Wer sich durch Abschluß eines Beherrschungs- und Gewinnabführungsvertrags dem Vertragskonzernrecht unterwirft, ist kraft Rechtsform ohne weiteres »Unternehmen« im konzernrechtlichen Sinne[22].

2. Der Begriff der verbundenen Unternehmen und die Bedeutung der Einzeltatbestände

a) Der *Oberbegriff der verbundenen Unternehmen* ist in § 15 AktG festgehalten: »Verbundene Unternehmen sind rechtlich selbständige Unternehmen, die im Verhältnis zueinander in Mehrheitsbesitz stehende Unternehmen und mit Mehrheit beteiligte Unternehmen (§ 16), abhängige und herrschende Unternehmen (§ 17), Konzernunternehmen (§ 18), wechselseitig beteiligte Unternehmen (§ 19) oder Vertragsteile eines Unternehmensvertrags (§§ 291, 292) sind.«

b) Es handelt sich also nicht um eine Einheitsdefinition, sondern um den Oberbegriff für eine Reihe einzelner konzernrechtlicher Tatbestände. Man kann geradezu von einer Steigerungsreihenfolge der Unternehmensverbin-

19 Vgl. *Karsten Schmidt*, in: Festschrift Lutter, S. 1180; zurückhaltender noch *Schlinkert*, Unternehmensstiftung und Konzernleitung, 1995, S. 97ff.
20 Vgl. m.w.N. *Emmerich/Habersack*, a.a.O., § 291 Rdnr. 8.
21 Vgl. m.w.N. *Altmeppen*, in: MünchKommAktG, § 291 Rdnr. 11; *Nirk/Reuter/Bächle*, Hdb. der AG, Stand 1999, Rdnr. I 2233.
22 *Karsten Schmidt*, in: Festschrift Koppensteiner, a.a.O.

dungen sprechen. Dementsprechend knüpfen an die Einzeltatbestände abgestufte Rechtsfolgen an, die hier nur beispielhaft zu nennen sind:[23]

- Für *alle verbundenen Unternehmen* i.S. von § 15 AktG gelten Sonderregeln z.B. hinsichtlich des Erwerbs eigener Aktien (§§ 71 I Nr. 2, 71a I 2 AktG) der Berichtspflicht des Vorstands (§ 90 I 2, III 1 AktG), des Auskunftsrechts von Aktionären (§ 131 I 2, III Nr. 1 AktG), der Gewährung von Aktienoptionen an Arbeitnehmer und Vorstandsmitglieder (§ 192 II Nr. 3 AktG), der Rechnungslegung (§§ 266, 268 VII HGB) und der Prüfung von Unternehmen (§ 319 II Nr. 3 und III Nr. 1 HGB, §§ 33 V 1, 52 IV, 143 II, 145 IV 2 AktG).
- Für *Unternehmen im Mehrheitsbesitz* i.S. von § 16 AktG gelten weitere Sonderbestimmungen, z.B. hinsichtlich der Mitteilungspflicht (§§ 20f. AktG), des Erwerbs eigener Aktien (§§ 56, 71a, 71d, 71e AktG) und der Rechnungslegung (§§ 266 HGB, 160 AktG).
- Besteht ein *Abhängigkeitsverhältnis* i.S. von § 17 AktG, so erweitern sich die Vorschriften über eigene Aktien (§§ 56, 71a, 71d AktG), über Inkompatibilitäten bei der Aufsichtsratsbesetzung (§ 100 AktG), über den Schutz gegen Kreditvergabe an Organe (§§ 89 II 2, I 15 I 2 AktG), über die Möglichkeit einer Stimmrechtsbeschränkung (§ 134 I 4 AktG) über Stimmbindungen (§ 136 II AktG) und die Informationsrechte der Sonderprüfer (§ 145 AktG); die Abhängigkeit ist auch bei den Mitteilungspflichten nach §§ 20ff. AktG zu berücksichtigen, und schließlich ist die abhängige Gesellschaft durch §§ 311ff. AktG geschützt (dazu unter IV 2, 3).
- In einem dem Begriff des § 18 AktG entsprechenden *Konzern* gelten vor allem Sondervorschriften über die Rechnungslegung (§§ 290ff. HGB, 160 AktG, §§ 11ff. PublizitätsG), über die Informationsrechte der Sonderprüfer und Abschlußprüfer (§§ 145 AktG, 320 HGB) und über die Mitbestimmung (§ 5 MitbestG). Ein *Unternehmensvertrag* begründet zugleich ein Konzernverhältnis, wenn es sich um einen Beherrschungsvertrag (§ 291 AktG) handelt (§ 18 I 1, 2 AktG). Die besondere Erwähnung des Unternehmensvertrags in § 15 AktG sorgt dafür, daß auch bei Unternehmensverträgen, die keine Beherrschungsverträge sind, jedenfalls die Regeln über verbundene Unternehmen gelten.
- Besteht eine *wechselseitige Beteiligung* i.S. von § 19 AktG, so treten die allgemein für verbundene Unternehmen geltenden Rechtsfolgen ein, häufig auch noch die Rechtsfolgen des Abhängigkeitstatbestandes (sog. qualifizierte wechselseitige Beteiligung, vgl. § 19 II–IV AktG). Darüber hinaus muß ohne Anspruch auf Vollständigkeit auf die Mitteilungspflichten nach § 21 AktG und auf die Beschränkung der Rechtsausübung aus den Anteilen (§ 328 AktG) hingewiesen werden.

Ersichtlich kommt es nach dem Aktiengesetz nicht nur darauf an, den Tatbestand »verbundene Unternehmen« festzustellen, sondern es kann im Hinblick auf die *unterschiedlichen Rechtsfolgen* sehr darauf ankommen, welcher Einzeltatbestand erfüllt ist.

---

23 Vgl. die Aufzählung in den Einzelkommentierungen zu §§ 15–19 AktG; Überblick auch bei *Würdinger*, § 65 II 2, III 3, IV 3, § 66 III.

Die Mitteilungspflicht nach § 20 AktG zielt auf die Offenlegung von konzernrechtlich relevanten Beteiligungsverhältnissen[24]: Sobald einem Unternehmen mehr als der vierte Teil der Aktien einer AG mit Sitz im Bundesgebiet unmittelbar oder mittelbar (§ 20 II AktG)[25] gehört, muß es dies der Gesellschaft mitteilen (§ 20 I AktG). Mitzuteilen ist außerdem der Erwerb einer Mehrheitsbeteiligung (§ 20 IV AktG). Solange dies nicht geschehen ist, gewähren – mit Ausnahme der Ansprüche nach § 58 IV AktG und § 271 AktG – die betroffenen Aktien keine Aktionärsrechte (§ 20 VII AktG)[26]. Die Rechtsprechung stellt an die Mitteilung strenge formale Anforderungen und läßt es nicht etwa genügen, wenn der Sachverhalt der Gesellschaft auf andere Weise bekannt geworden ist[27]. § 20 AktG tritt in seiner Bedeutung mehr und mehr hinter der Publizität nach dem Wertpapierhandelsgesetz zurück (dazu oben § 1 II 3, § 26 II 2 k). Nach der Neufassung von 1998 gilt die Bestimmung nur noch für nicht börsennotierte Gesellschaften.

3. Die Einzeltatbestände der §§ 16–19 AktG

a) Der *Tatbestand der Mehrheitsbeteiligung* wird in § 16 AktG dahin beschrieben, daß die Mehrheit der Anteile eines rechtlich selbständigen Unternehmens oder die Mehrheit der Stimmrechte einem anderen Unternehmen zusteht. Die Vorschrift setzt, wie die §§ 15ff. AktG insgesamt, Unternehmenseigenschaft voraus, vermag sie also nicht zu ersetzen oder zu begründen[28]

b) *Abhängige und herrschende Unternehmen* sind verbundene Unternehmen. § 17 I AktG definiert diesen Tatbestand dahin, daß das herrschende Unternehmen unmittelbar oder mittelbar einen beherrschenden Einfluß auf das abhängige Unternehmen ausüben kann[29]. Dies ist ein sehr schwieriger Begriff. Einerseits reicht die bloße Möglichkeit eines Einflusses nicht aus (das Gesetz sagt »kann« und nicht »könnte«); anderseits kommt es nur auf das Bestehen, aber nicht auf die Ausübung des Einflusses an (das Gesetz sagt »ausüben kann« und nicht »ausübt«). Schon nach Auffassung des *Reichsgerichts*[30] »ist für das Bestehen eines Abhängigkeitsverhältnisses entscheidend, daß das herrschende Unternehmen über Mittel verfügt, die es ihm ermöglichen, das abhängige Unternehmen seinem Willen zu unterwerfen und

24 Vgl. Begr. RegE AktG, in: *Kropff*, S. 38; *BGHZ* 114, 203, 215 = NJW 1991, 2765; *Burgard*, Die Offenlegung von Beteiligungen ..., 1990; *Wolframm*, Mitteilungspflichten familiär verbundener Aktionäre nach § 20 AktG, 1998; *Vonnemann*, AG 1991, 352; *Burgard*, AG 1992, 41; *Pentz*, AG 1992, 55; *Witt*, AG 1998, 171; *Hägele*, NZG 2000, 726.

25 Dazu *BGH*, NJW 2000, 3647.

26 Der frühere Streit, ob es sich um einen einstweiligen Rechtsverlust oder um ein Ruhen der Aktionärsrechte handelt, dürfte durch die Neufassung erledigt sein.

27 *BGHZ* 114, 203 = NJW 1991, 2765.

28 *BGHZ* 148, 123, 126 = NJW 2001, 2973.

29 Dazu näher *Dierdorf*, a.a.O., S. 34ff.

30 *RGZ* 167, 40, 49.

diesen bei ihm durchzusetzen. Welche Mittel es hierzu befähigen, ist ohne Belang. Neben rechtlichen Gestaltungen ... können es auch tatsächliche Gegebenheiten sein, die einem Unternehmen ein Übergewicht über ein anderes verleihen.« Dieser Grundsatz gilt heute noch[31]. Regelmäßig beruht der Abhängigkeitstatbestand auf Mehrheitsbeteiligungen – oft verbunden mit einer personellen Verflechtung der Gesellschaftsorgane[32] –, wobei die faktische Herrschaft über die Gesellschaft bisweilen schon vor dem dinglichen Aktienerwerb begründet sein kann[33]. Immer aber muß es sich um organisatorische Abhängigkeit handeln; Abhängigkeitsfaktoren, die auf Marktmacht oder auf Austauschverträgen beruhen, genügen nicht[34]. Hier kann kartellrechtlicher Schutz eingreifen, nicht aber konzernrechtlicher Schutz.

Beispiel Nr. 3 (nach *BGHZ* 90, 381): In dem berühmten Rechtsstreit BuM-WestLB zur Frage der kapitalersetzenden Aktionärsdarlehen (dazu oben, § 29 I 2) wurde u. a. auch darum gestritten, ob die Hausbank der in Konkurs gefallenen BuM AG deshalb nach §§ 311, 317 AktG verantwortlich war, weil die BuM AG von ihr abhängig war. Die Bank war mit etwa 20 % an der AG beteiligt. Dies reichte für eine Beherrschung nicht aus. Daneben bestanden existenzwichtige Geschäftsbeziehungen zwischen der Hausbank und dem Krisenunternehmen BuM, aber auch sie begründeten keine konzernrechtliche Abhängigkeit. Wörtlich heißt es in dem Urteil: »Nicht nur die vom Leitbild der Mehrheitsbeteiligung ausgehende Abhängigkeitsvermutung des § 17 Abs. 2 AktG, sondern zum Beispiel auch die §§ 20 bis 22 AktG (Mitteilungspflichten) oder die für den Konzernbegriff grundlegende Bestimmung des § 18 AktG stellen auf Tatbestände ab, die typischerweise aktien- oder jedenfalls gesellschaftsrechtlich geprägt sind. Schon darum liegt es nahe, die Begriffsbestimmung des § 17 Abs. 1 AktG auf gesellschaftsrechtlich bedingte oder zumindest vermittelte Einwirkungsmöglichkeiten zu begrenzen.« Diese einstweilen gesicherte Rechtsprechung wird allerdings nicht allseits als zweifelsfrei hingenommen. Das hängt mit dem Aufbau großer Vertriebssysteme zusammen (dazu Handelsrecht, § 28), die ihrerseits weit über bloße Lieferbeziehungen hinausgehen und den Charakter großer Unternehmensorganisationen annehmen (vgl. *Martinek*, Franchising, 1987, S. 640 ff.; *ders.*, Moderne Vertragstypen II, 1992, S. 75 ff.; III, 1993, S. 301 ff.; *Ensthaler*, NJW 1994, 819).

Eine *Abhängigkeitsvermutung* spricht § 17 II AktG aus: Steht ein Unternehmen im Mehrheitsbesitz eines anderen, so wird vermutet, daß es von diesem abhängig ist. Um dieser Vermutung zu entgehen – ein Thema auch in der kartellrechtlichen Fusionskontrolle! –, kann sich ein mehrheitlich beteiligtes Unternehmen durch Stimmbindungen, nach Auffassung vieler auch durch einen sog. Entherrschungsvertrag mit der AG, von seiner Herrschaftsmacht lossagen[35]. Nach dem Wortlaut des § 17 I AktG hat es den Anschein, als könne es zwar mehrere abhängige Unternehmen, aber nicht auch mehrere *herrschende Unternehmen* geben. Das ist aber nicht so. Ein Unternehmen

---

31 Vgl. *BGHZ* 62, 193, 199; 69, 334, 347; 74, 359, 367; *Karsten Schmidt*, ZGR 1980, 285; str.

32 Dazu *Streyl*, Zur konzernrechtlichen Problematik von Vorstands-Doppelmandaten, 1992, passim.

33 Dazu *OLG Düsseldorf*, AG 1994, 36 = ZIP 1993, 1791; dazu *Weber*, ZIP 1994, 678.

34 Grundlegend *Martens*, Die existentielle Wirtschaftsabhängigkeit, 1979, S. 54 ff.; *Ulmer*, ZGR 1978, 457; *Köhler*, NJW 1978, 2473 ff.; vgl. auch *Koppensteiner*, in: Festschrift Stimpel, 1985, S. 811; *Karsten Schmidt*, ZGR 1980, 284 f.; *Oechsler*, ZGR 1997, 464 ff.; a. M. *Dierdorf*, a. a. O., S. 152 ff.; *Horst S. Werner*, a. a. O., S. 140 ff.

35 Gegen Entherrschungsverträge ausführlich *Hüttemann*, ZHR 156 (1992), 314 ff.

kann von zwei oder mehreren Unternehmen im Rechtssinne abhängig sein[36]. Voraussetzung ist eine durch Vertrag oder durch Abrede begründete Gemeinschaftlichkeit des Beherrschungswillens[37].

Beispiel Nr. 4 (nach *BAGE* 22, 390 = AP Nr. 20 zu § 76 BetrVG 1952 m. zust. Anm. *Alfred Hueck;* abl. *Boetius*, DB 1970, 1964): Die Braunschweigische Kohlenbergwerke AG (BKB), eine Gesellschaft zur Braunkohlegewinnung, stand zu je 49,86 % im Aktienbesitz der Elektrowerke AG (EWAG) und der Preußischen Elektrizitäts AG (PREAG); die restlichen 0,28 % waren Streubesitz. Seit 1928 bestand zwischen EWAG und PREAG ein Vertrag, nach dem sich diese beiden Großaktionäre verpflichteten, einerseits die Wirtschaftlichkeit der BKB zu erhalten und auf der anderen Seite die gemeinschaftlichen Interessen zu wahren. Dazu unterwarfen sie sich einer wechselseitigen Stimmbindung. Die EWAG ihrerseits war eine 100 %ige Tochter der Vereinigten Industrieunternehmungen AG (VIAG), und die PREAG stand ihrerseits im Mehrheitsbesitz der Vereinigten Elektrizitätswerke AG (VEBA). Im Zuge der Aufsichtsratswahl bei der VIAG kam es zum Streit mit dem Betriebsrat der BKB. Dieser meinte, die BKB sei ein Konzernunternehmen der VIAG, so daß dort Arbeitnehmervertreter der BKB beteiligt sein müßten. Hierfür kam es darauf an, ob BKB von EWAG und PREAG und damit mittelbar auch von VIAG abhängig war. Das *Bundesarbeitsgericht* bejahte dies: »Wird ein abhängiges Unternehmen von zwei Obergesellschaften in der Weise beherrscht, daß die beiden Obergesellschaften … ihr Stimmrecht gepoolt haben, so bildet jedes der beiden herrschenden Unternehmen jeweils im Verhältnis zu dem beherrschten Unternehmen einen Unterordnungskonzern i.S. von § 18 I 1 AktG.« Durch *BAG*, NJW 1996, 1691 wurde diese Rechtsprechung fortgesetzt.

Beispiel Nr. 5 (nach *BGHZ* 62, 193, Fall der Seitz-Gruppe; dazu *Geßler*, ZGR 1974, 476; *Emmerich/Gansweid*, JuS 1975, 294; *Lutter*, ZHR 151 [1987], 450; krit. *Schweda*, DB 1974, 1993; *Eder*, GmbHR 1974, 130; *Ahrens*, AG 1975, 151): Die Aktien einer A-AG befanden sich zu über 50 % im Besitz einer Gruppe von Familiengesellschaften, an denen zwei Familienstämme paritätisch beteiligt waren. In einem Anfechtungsstreit der Minderheitsaktionäre gegen die AG kam es auf die Frage an, ob die AG von der Unternehmensgruppe abhängig sei. Der *BGH* bejahte die Frage. Er sah in der personenidentischen Besetzung der Obergesellschaften eine gesicherte Grundlage für die Ausübung gemeinsamer Herrschaft durch die Obergesellschaften und machte grundsätzliche Ausführungen darüber, daß § 17 AktG auch die Beherrschung durch mehrere Gesellschaften erfasse: Ausgangspunkt ist zwar auch für den *BGH* der Gesetzeswortlaut, der nur von *einem* herrschenden Unternehmen spricht. Aber der *BGH* hebt sodann hervor, daß § 17 AktG nach seinem Schutzzweck aus der Sicht des gegen Fremdbestimmung zu schützenden abhängigen Unternehmens – nicht des herrschenden Unternehmens – zu interpretieren sei, und aus dieser Sicht sei es gleichgültig, ob der beherrschende einheitliche Unternehmerwille von einem oder von mehreren Unternehmen gebildet werde.

Beispiel Nr. 6: (nach *BGHZ* 74, 359 = WuW/E BGH 1608 »WAZ«; dazu *Karsten Schmidt*, ZGR 1980, 277): In diesem kartellrechtlichen Fall war darüber zu entscheiden, ob eine 50:50-Beteiligung von zwei Unternehmen an einem anderen Unternehmen einen beherrschenden Einfluß begründen kann. Auch dies wurde bejaht. Der Unterschied zu dem Fall der

36 Vgl. *Ki-Hyoung Na*, Das Gemeinschaftsunternehmen im deutschen Aktienkonzernrecht, 1999; *Maul*, NZG 2000, 470; Grundlegend *Geßler*, in: Festschrift Knur, 1972, S. 154; *Lutter*, NJW 1973, 113; Gegenposition bei *Barz*, in: Festschrift Kaufmann, 1972, S. 59.

37 Vgl. *BGHZ* 62, 193, 199; 74, 359, 366f.; *BGH*, NJW 1994, 3288, 3290f.; *BAG*, NJW 1996, 1691; herrschende Unternehmen bleiben die einzelnen Gesellschaften, nicht ihr Verbund als Gesellschaft bürgerlichen Rechts; anders *Marchand*, Abhängigkeit und Konzernzugehörigkeit von Gemeinschaftsunternehmen, 1985, S. 58ff.; zur Anpassung der Rechtsprechung im Steuerrecht, siehe *BFH*, AG 2000, 181, 182.

Seitz-Gruppe lag darin, daß dort die homogene Zusammensetzung der Obergesellschaften eine Einheitlichkeit der Einflußnahme gewährleistete, während hier zwei autonom entscheidende Unternehmen paritätisch an der Tochtergesellschaft beteiligt waren. Auch eine vertragliche Vereinbarung der Obergesellschaften über eine gemeinsame Unternehmenspolitik lag nicht vor, und so mußte geklärt werden, ob die 50 : 50-Beteiligung eine gemeinsame Beherrschung gewährleistet oder hindert. Der *Kartellsenat* bejahte die Abhängigkeit, weil es nur darauf ankomme, »daß sich die beteiligten Gesellschafter oder Gesellschafterstämme in den einzelnen Gesellschaften (scl.: auch) ohne organisatorisches oder vertragliches Band beständig zu einer gemeinsamen Willensausübung zusammengefunden haben«.

Beispiel Nr. 7 (nach *BGH*, NJW 1994, 3288; dazu *Karsten Schmidt*, ZIP 1994, 1741): Zwei Architekten hatten – teils aus berufsrechtlichen Gründen nur mittelbar über ihre Ehefrauen – mehrere gewerblich tätige Gesellschaften gegründet und betrieben. Der *Bundesgerichtshof* entschied, daß auch dies ein Fall mehrheitlicher Beherrschung durch »Unternehmen« sei.

c) *Konzernunternehmen*, also die einzelnen Unternehmen eines Konzerns (vgl. die 2. Halbsätze in § 18 I 1 und II AktG), sind verbundene Unternehmen. Nach den *Definitionen* des § 18 AktG liegt ein Konzern vor, wenn
- entweder ein herrschendes und ein oder mehrere abhängige Unternehmen unter der einheitlichen Leitung des herrschenden Unternehmens zusammengefaßt sind (§ 18 I 1 AktG, 1. Halbsatz; sog. Unterordnungskonzern)
- oder rechtlich selbständige Unternehmen ohne Abhängigkeit von einem Unternehmen unter einheitlicher Leitung zusammengefaßt sind (§ 18 II AktG; sog. Gleichordnungskonzern).

aa) *Voraussetzung eines Unterordnungskonzerns* ist das Vorhandensein rechtlich selbständiger, teils herrschender, teils abhängiger Unternehmen, die unter einheitlicher Leitung zusammengefaßt sind. Diese einheitliche Leitung ist das Plus des Konzerntatbestands gegenüber dem bloßen Abhängigkeitstatbestand. Sie ist nach § 18 I 2 AktG in jedem Fall gegeben, wenn ein Beherrschungsvertrag (§ 291 AktG) oder eine Eingliederung (§ 319 AktG) vorliegt, und sie wird nach § 18 I 3 AktG vermutet, wenn der Abhängigkeitstatbestand erfüllt ist[38].

Wie § 17 AktG spricht auch § 18 I AktG nur von *einem* herrschenden Unternehmen. Der Gesetzgeber hat sich den Unterordnungskonzern so vorgestellt, daß eine Obergesellschaft eine Untergesellschaft oder mehrere Untergesellschaften durch einheitliche Leitung beherrscht. Auch hier gilt aber, daß durchaus mehrere herrschende Unternehmen vorhanden sein können, sofern nur die einheitliche Leitung vorhanden ist[39]. Standardbeispiel ist die Mehrmütterorganschaft zu einem Gemeinschaftsunternehmen[40].

---

38 Dazu eingehend *Dierdorf*, a. a. O., S. 66 ff.

39 Vgl. eingehend *Geßler*, in: Geßler/Hefermehl/Eckardt/Kropff, § 18 Rdnr. 41, § 17 Rdnrn. 70 ff.

40 Dazu etwa *Emmerich/Gansweid*, Die Problematik der Gemeinschaftsunternehmen, JuS 1975, 294; *Gansweid*, Gemeinsame Tochtergesellschaften im deutschen Konzern- und Wettbewerbsrecht, 1976; *Marchand*, Abhängigkeit und Konzernzugehörigkeit von Gemeinschaftsunternehmen, 1985; *Schaub*, Gemeinschaftsunternehmen, in: Handbuch der Unternehmenszusammenschlüsse, 1972, S. 179; *Sonnenschein*, Organschaft und Konzerngesellschaftsrecht, 1976, S. 82 ff.; *Ulmer*, Gemeinsame Tochtergesellschaften im deutschen Konzern- und Wettbewerbsrecht, ZHR 141 (1977), 466; *Gerhard Wiedemann*, Gemeinschaftsunternehmen im deutschen Kartellrecht, 1981.

Beispiel Nr. 8 (vgl. *Karsten Schmidt*, DB 1984, 1181): Die Muttergesellschaften A und B, zwei Unternehmen der Elektronikbranche, gründen für gemeinsame Aktivitäten (z.B. Forschung oder Belieferung oder Vertrieb) eine gemeinsame Tochter T, an der sie sich im Verhältnis 51:49 beteiligen. Sie schließen als Obergesellschaften einen Gesellschaftsvertrag »Elektronikgruppe H«, in dem es heißt: »Der Zweck der Gesellschaft ist darauf beschränkt, auf der Grundlage der Gesamtbeteiligung der Gesellschafterinnen an der T in einheitlicher Willensbildung die gemeinsame Leitung der T im Rahmen des Beherrschungs- und Ergebnisabführungsvertrages vom ... zu gewährleisten. Ein Gesellschaftsvermögen wird nicht gebildet ...« Mit dieser Innengesellschaft unter den Müttern korrespondiert dann ein Beherrschungs- und Ergebnisabführungsvertrag. Es leuchtet ein, daß diese Kooperation der beiden Konkurrentinnen A und B erhebliche Kartellrechtsprobleme auslösen kann, die hier nicht zu besprechen sind. In gesellschaftsrechtlicher Hinsicht liegt ein Mehrmütterkonzern vor[41].

Im Gesetz nicht besonders erwähnt, aber in der Praxis nicht selten, ist *der mehrstufige Unterordnungskonzern*, bei dem nicht nur die Muttergesellschaft und deren Töchter, sondern auch Enkelinnen usw. vorhanden sind[42]. In dem schon besprochenen Beschluß *BAGE* 22, 390 = AP Nr. 20 zu § 76 BetrVG 1952 lautet ein Leitsatz ausdrücklich: »Ein Abhängigkeitskonzern i.S. von § 18 I 1 AktG ist auch dann anzunehmen, wenn das herrschende Unternehmen nicht unmittelbar am Aktienkapital des beherrschten Unternehmens beteiligt ist, sondern nur mittelbar über ein Tochterunternehmen, dessen Aktien es überwiegend besitzt.« Der mehrstufige Konzern – vor allem der mehrstufige Vertragskonzern – kann komplizierte Zurechnungsprobleme aufwerfen (Stichwort: Relativität der Schuldverhältnisse). Aber das Schutzrechtskonzept des Aktiengesetzes löst auch diese Konzernrechtsprobleme: Es erlaubt den Durchgriff über einzelne Konzernglieder hinweg, und es kennt auch »Teilkonzerne« innerhalb der konzernrechtlichen Zurechnungskette (vgl. oben, § 17 III 4 b).

bb) Als *Gleichordnungskonzern* bezeichnet man einen Konzern, dessen Mitglieder nicht nur rechtlich selbständig, sondern auch nicht voneinander abhängig, dabei aber unter einheitlicher Leitung zusammengefaßt sind[43]. Die Mittel, die diese einheitliche Leitung ermöglichen, können sehr verschiedenartig sein; möglich ist z.B. eine Personalunion der Verwaltungsorgane oder die Gründung eines gemeinsamen Verwaltungsrats oder der Abschluß eines schuldrechtlichen Vertrags unter den beteiligten Gesellschaften[44]. Im letzten Fall handelt es sich regelmäßig um eine Innengesellschaft bürgerlichen Rechts:

---

41 Herrschendes Unternehmen ist nicht die unter den Müttern vereinbarte Gesellschaft bürgerlichen Rechts; so jetzt auch *Bayer*, in: MünchKommAktG, § 17 Rdnr. 83; *Emmerich/Habersack*, a.a.O., § 17 Rdnr. 25; *Hüffer*, AktG, § 17 Rdnr. 14; *Koppensteiner*, in: KK, § 17 Rdnr. 71; anders aber *Marchand*, Abhängigkeit und Konzernzugehörigkeit von Gemeinschaftsunternehmen, 1985, S. 58ff.; *Altmeppen*, in: MünchKommAktG, § 291 Rdnr. 113.

42 Dazu eingehend *Rehbinder*, ZGR 1977, 581.

43 Darüber *Gromann*, Der Gleichordnungskonzern im Konzern- und Wettbewerbsrecht, 1979; *Keck*, Nationale und internationale Gleichordnungskonzerne, 1998; *Lutter/Drygala*, ZGR 1995, 557; *Milde*, Der Gleichordnungskonzern im Gesellschaftsrecht, 1995; *Karsten Schmidt*, ZHR 155 (1991), 417; *ders.*, in: Festschrift Lutter, a.a.O., S. 1186f.; *Wellkamp*, DB 1993, 2517; s. auch *BKartA*, AG 1996, 477.

44 Vgl. *Würdinger*, § 65 IV 2.

eine sog. Interessengemeinschaft[45]. Der Tatbestand des Gleichordnungskonzerns ist im Gesetz eher vernachlässigt (vgl. oben, § 17 III 3 a). Die in Praxis und Lehre vorherrschende Auffassung weicht seinen Problemen aus, indem sie, wo man mit § 18 II AktG nicht weiterkommt, einen Unterordnungskonzern konstruiert (charakteristisch der Autokranfall *BGHZ* 95, 330; dazu unten, § 39 III 2 c)[46]. Sie vernachlässigt dabei die wichtige Frage, welche Rechts- und Zuordnungsbeziehungen unter Konzernschwestern bestehen, ganz gleich, ob ein sie gemeinsam beherrschendes »Unternehmen« über ihnen steht oder nicht[47]. Wie bereits unter § 17 III 3 b dargestellt, ist es auch nicht richtig, wenn man die Konzerne in »Unterordnungskonzerne« und »Gleichordnungskonzerne« unterteilt, denn das Vorhandensein eines mehrere Unternehmen beherrschenden Unternehmens schließt nicht aus, daß die abhängigen Unternehmen zueinander in einem Gleichordnungsverhältnis nach § 18 II AktG stehen.

d) Die *wechselseitige Beteiligung* nach § 19 AktG paßt nicht ganz in die Steigerungsskala der §§ 15ff. AktG hinein[48]. Sie begründet in den Augen des Gesetzgebers eine doppelte Gefahr[49]:
- *erstens* eine Gefahr für die Aufbringung, Erhaltung und bilanzielle Darstellung des Kapitals, denn dieselbe zwischen den Gesellschaften hin und herwandernde Einlage kann ohne realen Vermögenszuwachs mehrfach zu Kapitalerhöhungen verwandt werden, und ein wechselseitiger Erwerb von Aktien läuft wirtschaftlich auf eine Einlagenrückgewähr hinaus;
- *zweitens* die Gefahr einer wechselseitigen Machtausübung über die Hauptversammlung der jeweils anderen Gesellschaft.

Als warnendes Beispiel stand dem Gesetzgeber der *Iduna-Fall des Reichsgerichts* vor Augen, bei dem zwei Aktiengesellschaften wechselseitig aneinander mit über 90% beteiligt waren (RGZ 149, 305). Die wechselseitige Beteiligung wird in § 19 I AktG dahingehend definiert, daß es sich um Unternehmen mit Sitz im Inland in der Rechtsform einer Kapitalgesellschaft oder bergrechtlichen Gewerkschaft handeln muß, die durch Besitz von jeweils mehr als 1/4 der Anteile miteinander verbunden sind. Die kritische Grenze von 25% wurde vor allem deshalb gewählt, weil sie die Sperrminorität markiert, die zur Verhinderung von Satzungsänderungen und anderen strukturändernden Beschlüssen ausreicht[50]. Im *Iduna-Fall* hätte es sich aus heutiger Sicht sogar um eine *qualifizierte wechselseitige Beteiligung* i.S. von § 19 II–IV AktG gehandelt, also um eine wechselseitige Abhängigkeit. Für die Stimmrechtsausübung, um die im Fall des *Reichsgerichts* gestritten wurde, würde sich heute ergeben: Da jedes Unternehmen von

45 Darüber *Fikentscher*, Die Interessengemeinschaft, 1966.
46 Eingehend *Karsten Schmidt*, ZHR 155 (1991), 417ff.
47 Vgl. ebd.
48 Eingehend *Emmerich*, in: Festschrift Westermann, 1974, S. 55; *ders.*, NZG 1998, 622; *Korch*, Ringbeteiligungen von Aktiengesellschaften, 2002; *Kerstin Schmidt*, Wechselseitige Beteiligungen in Gesellschafts- und Kartellrecht, 1995; *Wastl/Wagner*, Das Phänomen der wechselseitigen Beteiligungen aus juristischer Sicht, 1997; *dies.*, AG 1997, 241.
49 Begr. RegE, in: *Kropff*, S. 34f.
50 Begr. RegE, in: *Kropff*, S. 36.

dem anderen abhängig war (§ 19 III AktG) und die Sonderregelung des § 328 AktG nach § 19 IV AktG unanwendbar ist[51], hätten aus dem wechselseitigen Aktienbesitz keine Stimmrechte ausgeübt werden können.

4. Vertragskonzern, faktischer Konzern und Eingliederung

a) Der *Unterschied zwischen dem Recht der Vertragskonzerne und der sog. faktischen Konzerne* wurde bereits unter § 17 I 3 allgemein erläutert. Das Aktiengesetz unterscheidet streng zwischen den durch Unternehmensverträge verbundenen Unternehmen (§§ 291 ff., 308 ff.) und der Beherrschung von Unternehmen bei Fehlen eines Beherrschungsvertrags (§§ 311 ff.). Nach heute wohl allgemeiner Auffassung hat es das außerordentlich schwierige Problem des sog. faktischen Konzerns nicht so überzeugend in den Griff gebracht wie den Komplex der Vertragskonzerne (dazu näher unter IV).

b) Ein konzernrechtliches Unterordnungsverhältnis entsteht auch durch Eingliederung (§ 18 I 2 AktG). Die Eingliederung besteht darin, daß eine Gesellschaft organisatorisch in die an ihr als Alleinaktionärin oder zumindest mit 95 % des Grundkapitals beteiligte Hauptgesellschaft eingeordnet wird. Die Eingliederung ähnelt bereits der Verschmelzung, jedoch behält die eingegliederte Gesellschaft ihre rechtliche Selbständigkeit. Die Eingliederung ist in §§ 319 ff. AktG geregelt. Sie wurde hier unter § 30 III dargestellt.

c) Die Leitungsmacht des herrschenden Unternehmens hat – weit über die gesetzlichen Regelungen hinaus – gravierende *Auswirkungen auf die Organisation der abhängigen Aktiengesellschaft.* Da das herrschende Unternehmen zur Konzernleitung nicht nur berechtigt, sondern zu ihr geradezu verpflichtet ist[52], stellen insbesondere Verflechtungen der Organe konzernbeteiligter Gesellschaften nicht, wie dies immer wieder geschildert wird, einen Stein des Anstoßes, sondern Normalität dar[53]. Diese Durchdringung der Binnenorganisation einer abhängigen Gesellschaft durch Konzernherrschaft ist nicht Denaturierung der Aktiengesellschaft, sondern Teil der durch Unternehmensverträge legitimierten Konzerneinbindung. Hier liegt der richtige Ansatz der in diesem Buch sonst als wenig förderlich eingeschätzten Vorstellung, daß durch Konzernbildung ein Unternehmen eigener Rechtsform entsteht (oben, § 17 II 1 a).

51 Vgl. *Korch,* Ringbeteiligungen von Aktiengesellschaften, 2002, S. 149.
52 Grundlegend *Hommelhoff,* a. a. O.
53 Vgl. nur *Hoffmann-Becking* und *Martens,* ZHR 159 (1995), 325 ff., 567 ff.

III. Das Recht des Vertragskonzerns*

1. Der Unternehmensvertrag

a) Unternehmensverträge sind nach §§ 291, 292 AktG
- der Beherrschungsvertrag (§ 291 AktG),
- der Gewinnabführungsvertrag (§ 291 AktG),
- der Gewinngemeinschaftsvertrag (§ 292 I Nr. 1 AktG),
- der Teilgewinnabführungsvertrag (§ 292 I Nr. 2 AktG),
- der Betriebspachtvertrag oder Betriebsüberlassungsvertrag (§ 292 I Nr. 3 AktG).

Diese Verträge, jedenfalls diejenigen des § 291 AktG, sind mehr als bloße Schuldverträge. Sie sind Organisationsverträge, denn sie haben satzungsändernde Wirkungen (vgl. oben, § 17 III 1 c)[54]. Deshalb gelten für sie auch die Regeln über die sog. fehlerhafte Gesellschaft (vgl. unter III 2b). Und deshalb können sie immer nur für die Zukunft und nicht für die Vergangenheit in die Organisation gestaltend eingreifen[55]. Bei all dem ist es wichtig, den schuldrechtlichen und den organisationsrechtlichen Aspekt klar zu unterscheiden.

Beispiel Nr. 9 (nach *OLG Hamburg*, NJW 1990, 3024): Eine Aktiengesellschaft hatte »rückwirkend für die Zeit ab 1.1.1989« einen Beherrschungs- und Gewinnabführungsvertrag abgeschlossen. Eine solche Rückwirkung ist zwar mit dem schuldrechtlichen, nicht aber mit dem organisationsrechtlichen Element des Unternehmensvertrages vereinbar (vgl. insoweit auch *OLG Karlsruhe*, WM 1993, 2092; unentschieden *BGHZ*, 122, 211, 223). Demgemäß entschied das *OLG*: »Ein Beherrschungsvertrag kann nicht mit rückwirkender Kraft vereinbart werden, wohl aber kann die Gewinnabführungspflicht des beherrschten Unternehmens in dem Beherrschungsvertrag rückwirkend jedenfalls auf den Anfang des Jahres vereinbart werden, in welchem der Vertrag in das Handelsregister eingetragen wird.«

Beispiel Nr. 10 (nach *BGHZ* 122, 211 = NJW 1993, 1976): Ein Ergebnisabführungsvertrag, am 5. 4. geschlossen und am 18. 5. von der Hauptversammlung genehmigt, sah die Ergebnisabführung für das ganze Geschäftsjahr vor. Der *BGH* ließ offen, ob grundsätzlich Rückwirkungsgrenzen für Unternehmensverträge gelten. Jedenfalls könne, wie auch im

---

* Literatur (Auswahl; vgl. weitere Angaben vor Fußn. 1): *Binnewies*, Konzerneingangskontrolle in der abhängigen Gesellschaft, 1996; *Dierdorf*, Herrschaft und Abhängigkeit einer AG auf schuldvertraglicher und tatsächlicher Grundlage, 1978; *Exner*, Beherrschungsvertrag und Vertragsfreiheit, 1984; *Fabian*, Inhalt und Auswirkungen des Beherrschungsvertrags, Diss. Kiel 1977; *Hirte*, Der Vertragskonzern im Gesellschaftsrecht, 1993; *ders.*, Grenzen der Vertragsfreiheit bei aktienrechtlichen Unternehmensverträgen, ZGR 1994, 644; *Hommelhoff*, Die Konzernleitungspflicht, 1982; *Kort*, Zur Vertragsfreiheit bei Unternehmensverträgen, BB 1988, 79; *Lauber-Nöll*, Die Rechtsfolgen fehlerhafter Unternehmensverträge, 1993; *Oesterreich*, Die Betriebsüberlassung ..., 1979; *Praël*, Eingliederung und Beherrschungsvertrag als körperschaftliche Rechtsgeschäfte, 1978; *Sonnenschein*, Organschaft und Konzerngesellschaftsrecht, 1976; *ders.*, Der aktienrechtliche Vertragskonzern im Unternehmensrecht, ZGR 1981, 429; *Timm*, Rechtsfragen der Änderung und Beendigung von Unternehmensverträgen, in: Festschrift Kellermann, 1991, S. 461; *Veelken*, Der Betriebsführungsvertrag ..., 1975; *Wahlers*, Konzernbildungskontrolle durch die Hauptversammlung der Obergesellschaft, 1995; *H. Wilhelm*, Die Beendigung des Beherrschungs- und Gewinnabführungsvertrags, 1976.

54 Grundlegend *Würdinger*, DB 1958, 1447ff.; eingehend *Praël*, a.a.O.

55 *OLG Hamburg*, NJW 1990, 3024; *OLG Karlsruhe*, WM 1993, 2092.

Körperschaftsteuerrecht vorausgesetzt, die Gewinnabführung für das ganze Geschäftsjahr vereinbart werden (ähnlich *LG Kassel*; NJW-RR 1996, 1510). Das leuchtet ein, denn die Rückwirkung läßt sich insoweit auch auf den schuldrechtlichen Vertragsteil stützen.

Der Beherrschungsvertrag begründet einen Vertragskonzern in Gestalt eines Unterordnungskonzerns (vgl. § 18 I 2 AktG). Regelmäßig – nicht immer – werden Beherrschungsvertrag und Gewinnabführungsvertrag zu einem steuerwirksamen *Organschaftsvertrag* zusammengeschlossen, und es tritt die Verlustübernahme nach § 302 AktG hinzu, so daß nicht nur eine Gewinnabführung, sondern eine Ergebnisabführung vereinbart wird; Organschaftsverträge (§ 14 KStG) heißen deshalb in der Praxis meist Beherrschungs- und Ergebnisabführungsverträge. Im Gegensatz zur Satzung ist der Unternehmensvertrag vom Prinzip der Vertragsfreiheit beherrscht[56]. Das Gesetz schreibt zwar Mindestanforderungen an einen solchen Vertrag vor und enthält auch zwingende Regelungen, aber soweit diese nicht entgegenstehen, können – z.B. hinsichtlich der Kündigung – nach dem Willen der Parteien auch Sonderbestimmungen getroffen werden[57].

b) Von den im engeren Sinne konzernrechtlichen Unternehmensverträgen des § 291 AktG unterscheiden sich die des § 292 AktG. Auch ihr Wirksamwerden setzt eine Zustimmung der Hauptversammlung sowie die Eintragung in das Handelsregister voraus (§§ 293, 294 AktG), aber die organisationsrechtliche Tragweite dieser Verträge ist doch nicht mit derjenigen der Verträge nach § 291 AktG zu vergleichen: Sie können Elemente einer Konzernverflechtung sein, schwerlich jedoch tragende Pfeiler der Konzernarchitektur. Sie sollen hier aber im Gegensatz zum Beherrschungsvertrag und zum Gewinnabführungsvertrag nicht eingehend dargestellt werden[58]. Besonders hinzuweisen ist allerdings auf das problematische Nebeneinander von

- Geschäftsführungsvertrag,
- Betriebsüberlassungsvertrag und
- Betriebsführungsvertrag.

Als *Geschäftsführungsvertrag* bezeichnet man einen Vertrag, durch den die AG oder KGaA es übernimmt, ihr Unternehmen für Rechnung eines anderen Unternehmens zu führen[59]. Da dann die Gesellschaft das durch die Geschäftsführung Erlangte an das andere Unternehmen herausgeben muß (§ 667 BGB), behandelt das Gesetz einen solchen Vertrag als Gewinnabführungsvertrag (§ 291 I 2 AktG). Beim *Betriebsüberlassungsvertrag* überläßt die Gesellschaft ihr Unternehmen einer anderen Gesellschaft, damit diese das Unternehmen für eigene Rechnung führe; ein solcher Vertrag ist durch § 292 I Nr. 3 AktG erfaßt. Nicht hiermit zu verwechseln ist der *Betriebsführungsvertrag* (oben, § 17 III 1 d sowie Handelsrecht, § 6 III 1 b). Er unterscheidet sich vom Geschäftsführungs-

56 Krit. *Hirte*, ZGR 1994, 644ff. m.w.N.

57 *BGHZ* 122, 211, 217 = NJW 1993, 1976.

58 Vgl. statt dessen *Emmerich/Sonnenschein/Habersack*, § 14f.; *Würdinger*, § 68; zur Vertiefung: *Veelken* und *Oesterreich*, a.a.O., passim; *Dierdorf*, a.a.O., S. 117ff.; *Hommelhoff*, a.a.O., S. 275ff.

59 Vgl. zur Terminologie *Oesterreich*, a.a.O., S. 6.

vertrag und vom Betriebsüberlassungsvertrag[60]: Eine AG oder KGaA überläßt die Betriebsführung einer anderen Gesellschaft, die den Betrieb meist im Namen, aber jedenfalls für Rechnung der AG oder KGaA führt. Sie bleibt also entweder Trägerin des Unternehmens oder doch jedenfalls des unternehmerischen Risikos. Ob und mit welcher Konsequenz Betriebsführungsverträge unter die Unternehmensverträge einzureihen sind, ist umstritten. Richtig scheint nicht die Anlehnung an § 292 AktG, sondern die Anlehnung an das Institut des Beherrschungsvertrags. Man wird deshalb unterscheiden müssen, ob die durch § 76 AktG gewährleistete Autonomie der AG bzw. KGaA noch gewahrt oder ob sie verletzt ist. Wird der Betrieb nach ihrer Weisung geführt, so liegt kein Unternehmensvertrag vor, sondern ein zulässiger schuldrechtlicher Vertrag. Wird der Betrieb nur noch für Rechnung der AG bzw. KGaA, aber ohne deren Weisungsbefugnis geführt, so ist der Betriebsführungsvertrag nur als Beherrschungsvertrag zulässig (oben, § 17 III 1 d).

2. Der Beherrschungsvertrag im besonderen

a) Der Beherrschungsvertrag ist ein Unternehmensvertrag, durch den eine Aktiengesellschaft oder Kommanditgesellschaft auf Aktien die Leitung ihrer Gesellschaft einem anderen Unternehmen unterstellt (§ 291 I AktG). Der Beherrschungsvertrag ist ein Organisationsvertrag. Er begründet einen Vertragskonzern (§ 18 I 2 AktG) und berechtigt das herrschende Unternehmen, dem Vorstand der abhängigen Gesellschaft Weisungen zu erteilen (§ 308 AktG). Dadurch wird eine *qualifizierte Abhängigkeit* (vgl. oben, § 17 III 2) hergestellt bzw. legitimiert. Mindestinhalt des Beherrschungsvertrags ist
- die Begründung eines Herrschaftsverhältnisses,
- ein angemessener Ausgleich für außenstehende Aktionäre (§ 304 AktG),
- ein Abfindungsrecht für außenstehende Aktionäre (§ 305 AktG)[61].

Diese Voraussetzungen sind in das Blickfeld des *Bundesverfassungsgerichts* geraten. Das Gericht hat den Schutz der außenstehenden Aktionäre mehrfach an den Maßstäben des Art. 14 GG gemessen[62]. Es hat die Eingriffe der Mehrheit in die Rechte und Interessen der Minderheit im Lichte des Schutzinstrumentariums der §§ 291 ff., 320 ff. AktG grundsätzlich für verfassungsmäßig erklärt[63], verlangt aber eine Berücksichtigung des Börsenkurses[64].

---

60 Eingehend *Oesterreich*, a.a.O., passim, insbes. S. 4; *Hommelhoff*, a.a.O., S. 282 ff.; *Veelken*, a.a.O., S. 248 ff.; *Geßler*, in: Festschrift Hefermehl, 1976, S. 376 ff.; *Huber*, ZHR 152 (1988), 1 ff., 123 ff.

61 Zu diesen Rechten der Aktionäre vgl. *BayObLG*, NJW-RR 1996, 1125; WM 1996, 526; *Komp*, Zweifelsfragen des aktienrechtlichen Abfindungsanspruchs ..., 2002; *Forst*, AG 1994, 321 ff.

62 *BVerfGE* 100, 289 = NJW 1999, 3769 = JZ 1999, 942 m. Anm. *Luttermann* = ZIP 1999, 1436 m. Anm. *Wilken*; *BVerfG*, ZIP 1999, 532; AG 2000, 40 = NJW-RR 2000, 842; AG 2000, 178 = NJW-RR 2000, 841.

63 BVerfGE 14, 263; 100, 289, 302 = NJW 1999, 3769, 3770 = JZ 1999, 942, 943 m. Anm. *Luttermann* = ZIP 1999, 1436, 1439 m. Anm. *Wilken;* übereinst. *BGHZ* 147, 108 = NJW 2001, 2080; *Stilz*, ZGR 2001, 875.

64 *BVerfGE* 100, 289 = NJW 1999, 3769 = JZ 1999, 942 m. Anm. *Luttermann* = ZIP 1999, 1436 m. Anm. *Wilken*; bestätigt durch *BVerfG*, AG 2000, 40; AG 2000, 178; zuvor bereits *BayObLG*, AG 1999, 43; eingehend dazu *Behmke*, NZG 1999, 934; *Großfeld*, BB 2000, 261 ff.; *Hüttemann*,

Beispiel Nr. 11 (*BVerfGE* 100, 289 = NJW 1999, 3769 = JZ 1999, 942 m. Anm. *Luttermann* = ZIP 1999, 1436 m. Anm. *Wilken* »DAT-Altana«): Altana als Muttergesellschaft hatte im Zuge eines Beherrschungsvertrags und der sich ausschließenden Eingliederung der DAT als Tochtergesellschaft Ausgleichs- und Abfindungsbeträge nur auf der Basis der DAT-Nennbeträge und der DAT-Dividende berechnet. Den Börsenkurs hatte Altana außer Betracht gelassen, obwohl sie für hinzuerworbene Aktien selbst hatte Börsenkurse zahlen müssen. Das *Bundesverfassungsgericht* entschied: »Es ist mit Art. 14 I GG unvereinbar, bei der Bestimmung der Abfindung oder des Ausgleichs für außenstehende oder ausgeschlossene Aktionäre nach §§ 304, 305, 320 b AktG den Börsenkurs außer acht zu lassen.« Die Frage ist vor wie nach der Entscheidung heftig diskutiert worden. Eine vollständige Vernachlässigung des Börsenkurses ist in der Tat unannehmbar. Allerdings kann das nicht bedeuten, daß der – in Erwartung von Umstrukturierungen und Abfindungsangeboten oft in die Höhe getriebene – aktuelle Börsenkurs allein maßgeblich ist. *BGHZ* 147, 108 = NJW 2001, 2080 legt demgemäß einen dreimonatigen Referenzzeitraum zugrunde.

b) Der Abschluß des Vertrags erfolgt nach §§ 293 ff. AktG. Er bedarf der *schriftlichen Form* (§ 293 III AktG), der Zustimmung einer *qualifizierten Hauptversammlungsmehrheit* (§ 293 I AktG) und, wenn das herrschende Unternehmen gleichfalls eine AG oder KGaA ist, auch der Zustimmung ihrer Hauptversammlung (§ 293 II AktG). Es liegt nämlich auf beiden Seiten eine Grundlagenentscheidung vor: Auf seiten der abhängigen Gesellschaft wird auf Autonomie verzichtet, und auf seiten der Obergesellschaft können einschneidende Rechtsfolgen entstehen[65]. Der Beschlußfassung ist nach dem Vorbild des Verschmelzungsrechts ein Berichts- und Prüfungsverfahren vorgeschaltet, sofern nicht alle Aktionäre darauf verzichten (§§ 293 a–g AktG)[66]. Will ein Aktionär nur die Unangemessenheit des Ausgleichs oder der Abfindung rügen, so kann er nicht den Beschluß mit der Anfechtungsklage aus den Angeln heben, sondern muß in einem sog. *Spruchverfahren* angemessene Ausgleichs- oder Abfindungsbeträge durchsetzen (§§ 304 III–V, 305 V AktG)[67]. Für die Wirksamkeit des Vertrages bedarf es außerdem noch der *Eintragung* in das Handelsregister (§ 294 AktG). Als Organisationsvertrag unterliegt der Unternehmensvertrag den Grundsätzen der sog. fehlerhaften Gesellschaft (vgl. schon oben, § 6 IV 4): Wird er, obwohl unwirksam, durchgeführt, so löst er konzernrechtliche Folgen aus[68].

c) Der rechtliche Status des herrschenden und des abhängigen Unternehmens ist gekennzeichnet
- durch die Leitungsmacht (§ 308 AktG) und
- durch die Verantwortlichkeit (§ 309 AktG)

ZHR 162 (1998), 563; *Rodloff*, DB 1999, 1149; *Seetzen*, WM 1999, 565; *Steinhauer*, AG 1999, 299; *Vetter*, ZIP 2000, 561 ff.; *Wilm*, NZG 2000, 234 ff.; *Hüffer*, AktG, § 305 Rdnrn. 20 a ff.

65 Vgl. Begr. RegE, in: *Kropff*, S. 380 f.; anders in der Begründung des § 293 II AktG *Hommelhoff*, a. a. O., S. 294 ff.

66 Art. 6 Nr. 6 des Gesetzes zur Bereinigung des Umwandlungsgesetzes von 1994.

67 Zur Reform des Spruchverfahrens vgl. *Neye*, NZG 2002, 23; zum Verhältnis zwischen § 304 und § 305 AktG vgl. *Jungmann*, BB 2002 Heft 31.

68 Vgl. *BGHZ* 103, 1 = NJW 1988, 1326 = JuS 1988, 741 m. Anm. *Emmerich*; *BGHZ* 116, 37 = NJW 1992, 505; *BGH*, NJW 2002, 822 = WM 2002, 77 (GmbH); *Kort*, Bestandsschutz fehlerhafter Strukturänderung im Kapitalgesellschaftsrecht, 1998, S. 130 ff.; *Ulmer*, BB 1989, 10 ff.; s. aber auch *Köhler*, ZGR 1985, 314 ff.

des herrschenden Unternehmens bzw. seiner Organe. Durch den Beherrschungsvertrag wird die Leitungsmacht des Vorstands (§ 76 AktG) teilweise auf das herrschende Unternehmen verlagert. Aus § 308 AktG ergibt sich, daß das herrschende Unternehmen auch nachteilige Weisungen erteilen kann.

Beispiel Nr. 12: Das herrschende Unternehmen (Hersteller) weist den Vorstand der abhängigen AG (Zulieferbetrieb) an, seine Produktionspalette umzustellen.

Der Vorstand der abhängigen AG darf die Gefolgschaft nach § 308 II 2 AktG nicht einmal dann verweigern, wenn die Maßnahme nach seiner Auffassung nicht den Belangen des herrschenden Unternehmens dient, es sei denn, sie verstößt offensichtlich gegen diese Belange. Dem steht die Verantwortlichkeit der Beteiligten gegenüber (§§ 309f. AktG)[69]. Es besteht aber kein Widerspruch zwischen § 308 AktG und § 309 AktG. § 308 AktG regelt die Frage, ob Weisungen befolgt werden müssen, § 309 AktG dagegen die Frage, ob die Erteilung von Weisungen Schadensersatzpflichten auslösen kann. Demnach gibt es

- sachlich gerechtfertigte Weisungen, die befolgt werden müssen und auch keine Schadensersatzpflicht auslösen,
- sachlich ungerechtfertigte Weisungen, die zwar befolgt werden müssen, aber Schadensersatzpflichten auslösen,
- sachlich ungerechtfertigte Weisungen, die nicht befolgt werden müssen und deren Befolgung nicht nur die Organe des herrschenden, sondern auch die Organe des abhängigen Unternehmens zum Schadensersatz verpflichtet; bei dieser dritten Gruppe kommt nicht nur eine Schadensersatzhaftung der Organe in Betracht, sondern auch eine Abwehrklage der Aktionäre gegen den rechtswidrigen Vollzug der angeordneten Maßnahme (vgl. zu dieser Abwehrklage oben, § 21 V).

Sogar die Vermögenssicherung bei der Tochtergesellschaft wird durch den Beherrschungstatbestand eingeschränkt: Nach § 291 III AktG gelten Leistungen des abhängigen Unternehmens, die dieses in Vollzug eines Beherrschungs- oder Gewinnabführungsvertrags erbringt, nicht als mit §§ 57, 58, 60 AktG unvereinbar, womit sogar ein Kapitalentzug, z. B. durch Konzernverrechnungspreise, zulässig ist. Im einzelnen ist der Umfang der Folgepflicht umstritten[70].

Beispiel Nr. 13 (nach *Clemm*, ZHR 141 [1977], 197): Das herrschende Unternehmen befiehlt dem abhängigen Unternehmen die Produktionseinstellung, weil es auf diese Weise für bessere Auslastung der modernen Produktionsanlagen anderer Konzernunternehmen sorgen will. Darf oder muß der Vorstand der abhängigen Gesellschaft die Durchführung dieser Maßnahme verweigern?

69 Dazu *Mertens*, AcP 168 (1968), 225; geregelt ist die Haftung der Organe des herrschenden (§ 309 AktG) und des abhängigen Unternehmens (§ 310 AktG); die Haftung des herrschenden Unternehmens selbst folgt aus Vertragsverletzung i. V. m. § 31 BGB.

70 Vgl. besonders *Hommelhoff*, a. a. O., S. 148ff.; *Emmerich/Habersack*, a. a. O., § 308 Rdnrn. 41 f.; *Hüffer*, AktG, § 308 Rdnr. 21 f.; *Altmeppen*, in: MünchKommAktG, § 308 Rdnrn. 83ff.; *Koppensteiner*, in: KK, § 308 Rdnrn. 45ff.; *Krieger*, in: MünchHdbGesR IV, § 70 Rdnr. 134; *Immenga*, ZHR 140 (1976), 301ff.; *Geßler*, ZHR 140 (1976), 433ff.; *Clemm*, ZHR 141 (1977), 197ff.; *Sina*, AG 1991, 1ff.

Man muß hier bedenken, daß der Beherrschungsvertrag nicht bloß Machtinstrument ist, sondern die Herrschaft der Obergesellschaft legitimieren soll. *Immenga* und *Geßler* haben gezeigt, daß der Beherrschungsvertrag diese Herrschaft nicht nur begründet, sondern auch begrenzt. Hieraus folgt ein Verbot existenzgefährdender Weisungen, dessen Verletzung nicht nur Schadensersatzfolgen nach sich zieht, sondern die Weisung unverbindlich machen kann[71]. Aber dies sind Extremfälle.

d) Nach § 302 AktG muß die Obergesellschaft für die Vertragsdauer jeden ohne Ausgleich bei der abhängigen Gesellschaft entstehenden *Jahresfehlbetrag ausgleichen.* Die einleuchtende Grundüberlegung des Gesetzgebers lautete[72]: »Wer die Geschicke der Gesellschaft bestimmen kann oder ihren ganzen Gewinn erhält, muß auch für Verluste einstehen.« Aus diesem Grund sorgt das Gesetz für eine *konsolidierte Risikoordnung bei qualifizierter Abhängigkeit*[73]: Es läßt das herrschende Unternehmen zu dessen Schutz und zum Schutz der Gläubiger am Verlustrisiko des abhängigen Unternehmens teilhaben[74]. § 302 AktG statuiert im technischen Sinne keine Durchgriffshaftung (dazu oben, § 9 IV)[75], läuft aber für die Dauer der qualifizierten (Vertrags-)Konzernherrschaft auf ein durchgriffsähnliches Haftungsrisiko hinaus[76]. Die Bestimmung begründet einen schuldrechtlichen Anspruch der abhängigen Gesellschaft gegen die Obergesellschaft. Dieser Anspruch ist nicht davon abhängig, ob das herrschende Unternehmen die Verluste in irgendeiner Weise zu verantworten hat[77]. Er schützt die Gläubiger und kann eine vermögensschwache Tochtergesellschaft vor dem Eintritt einer Überschuldungssituation nach § 19 InsO bewahren, solange die Verlustübernahmepflicht des herrschenden Unternehmens durchsetzbar und damit aktivierbar ist. Die Rechtsnatur der Verlustübernahmepflicht war lange im Dunkeln, weil § 302 AktG einen Unternehmensvertrag voraussetzt, der die Verlustübernahmepflicht i.d.R. auch ausdrücklich festschreibt, und sich auf Jahresfehlbeträge beschränkt. Aber die *Verlustübernahmepflicht der Obergesellschaft* begründet ein *gesetzliches Dauerschuldverhältnis*[78]: ein *Dauerschuldverhältnis*, das zwar nach Jahresfehlbeträgen abgerechnet wird, aber zur Übernahme jedes Fehlbetrags zwingt, auch wenn der Unternehmens-

71 Vgl. nur *OLG Düsseldorf*, AG 1990, 440 = ZIP 1990, 1333, 1337; *Altmeppen*, in: GroßkommAktG, § 308 Rdnrn. 115ff.; a.M. *Koppensteiner*, in: KK, § 308 Rdnrn. 32ff.; *ders.*, AG 1995, 95.

72 Begr. RegE, in: *Kropff*, S. 391.

73 Zur betriebswirtschaftlichen Tragweite *Geitzhaus*, GmbHR. 1989, 397ff.

74 Das ist nicht bloß eine »konzerndimensionale« Ausdehnung der Kapitalerhaltungsregeln; so aber *Emmerich/Sonnenschein/Habersack*, § 20 V 1; *Stimpel*, in: Festschrift Goerdeler, 1987, S. 614ff.; *Ulmer*, AG 1986, 126; für Anleihe bei § 670 BGB dagegen *Karsten Schmidt*, in: Hommelhoff/Stimpel/Ulmer (Hrsg)., Heidelberger Konzernrechtstage, 1992, S. 116; *Wilhelm*, DB 1986, 2116.

75 Bedenklich *Klaus Müller*, ZGR 1977, 5ff.

76 »Geordneter Durchgriff«, vgl. *Karsten Schmidt*, in: Heidelberger Konzernrechtstage, a.a.O., S. 130.

77 *BGHZ* 116, 37, 41 = NJW 1992, 505, 506; *Emmerich/Sonnenschein/Habersack*, § 20 V 2.

78 *Karsten Schmidt*, ZGR 1983, 518f.; zum Meinungsstand vgl. *Altmeppen*, in: MünchKommAktG, § 302 Rdnr. 11; weitgehend wie hier *Altmeppen*, DB 1999, 2453ff.

vertrag vor Ablauf des Geschäftsjahres endet[79]; ein *gesetzliches* Dauerschuldverhältnis, so daß sein Zustandekommen nicht vom Abschluß eines wirksamen Beherrschungsvertrags abhängt[80]. In aller Regel wird diese Verpflichtung allerdings im Vertrag nochmals niedergelegt, und der Registerrichter würde die Eintragung verweigern, wenn sich das herrschende Unternehmen nicht in dieser Weise dem Verlustausgleich unterwürfe.

Handelt es sich um mehrere Obergesellschaften (sog. Mehrmütterorganschaft), so sollte man es ausreichen lassen, daß sich diese Gesellschaften als Teilschuldnerinnen zum Ausgleich des gesamten Verlusts verpflichten[81]. Die herrschende Auffassung tritt demgegenüber für eine zwingend gesamtschuldnerische Haftung der Muttergesellschaften ein[82]. Aus § 302 AktG läßt sich dies nicht herleiten. Der Vorschrift ist Genüge getan, wenn der gesamte Verlust der Tochter durch Ausgleichsansprüche gedeckt ist.

Beispiel Nr. 14 (vgl. *Karsten Schmidt*, ZGR 1983, 523f.): Endet die Verlustausgleichspflicht, z.B. aufgrund einer Insolvenz, mitten im Rechnungslegungsjahr, so bedeutet dies nicht, daß nur der letzte Jahresfehlbetrag auszugleichen ist. Auszugleichen ist vielmehr der gesamte bis zur Beendigung der Verlustausgleichspflicht angefallene Verlust (vgl. auch *BGHZ* 103, 1, 9f.).

Beispiel Nr. 15 (nach *BGHZ* 142, 382 = NJW 2000, 210 = LM Nr. 12 zu § 302 AktG m.Anm. *Spindler*): In der Insolvenz der Tochtergesellschaft machte die Muttergesellschaft geltend, daß der Jahresabschluß der Tochtergesellschaft aus formalen Gründen unwirksam sei und sie deshalb nicht zu zahlen brauche. Mit Recht entschied der *BGH* anders: »Der sich aus einem Unternehmensvertrag ergebende Anspruch auf Ausgleich eines Jahresfehlbetrages entsteht am Stichtag der Jahresbilanz der beherrschten Gesellschaft. Er wird mit seiner Entstehung fällig.«

Beispiel Nr. 16 (vgl. *Karsten Schmidt*, DB 1984, 1181): Die A-AG und die B-AG schließen als »Elektronikgruppe H« mit ihrer 51 : 49-Tochter T einen Beherrschungs- und Ergebnisabführungsvertrag, nach dem die T den Gewinn nach dem Beteiligungsverhältnis 51 : 49 an die Mütter abzuführen hat. Sodann heißt es in diesem Vertrag: »Die Gruppe hat der T-AG jeden während der Vertragsdauer sonst entstehenden Jahresfehlbetrag auszugleichen ... Die Gruppe trägt die auszugleichenden Verluste unter Ausschluß einer gesamtschuldnerischen Haftung in dem Verhältnis, in dem die Aktionärinnen A und B an der T-AG beteiligt sind.« Mit diesem Vertrag ist dem § 302 AktG entgegen der herrschenden Ansicht Genüge getan. Gegen eine Insolvenz der Muttergesellschaften kann und soll § 302 AktG nicht schützen. Wird die B insolvent und sind Verluste der T zu decken, so kann A die T durch alleinige Verlustübernahme retten, muß dies aber nicht tun. Geschieht dies nicht, so muß T Insolvenzantrag stellen (§ 92 II AktG). Dieses Risiko wird durch § 302 AktG nicht behoben.

---

79 Im Ergebnis jetzt h.M.; vgl. *BGH*, NJW 1988, 1326 = JuS 1988, 741 m.Anm. *Emmerich*; *Altmeppen*, in: MünchKommAktG, § 302 Rdnr. 25; vgl. schon *Karsten Schmidt*, ZGR 1983, 518 ff.; zur weitergehenden Frage einer Alimentierungspflicht vgl. *Priester*, ZIP 1989, 1301 ff.

80 Im Ergebnis überzeugend *BGH*, NJW 1988, 1326 = JuS 1988, 741 m.Anm. *Emmerich;* auch dazu bereits *Verf.* in ZGR 1983, 518 ff.

81 *Karsten Schmidt*, DB 1984, 1181 ff.

82 Vgl. *Emmerich/Sonnenschein/Habersack*, § 20 V 6; *Altmeppen*, in: MünchKommAktG, § 302 Rdnr. 78; *Hüffer*, AktG, § 302 Rdnr. 21; *Koppensteiner*, in: KK, § 302 Rdnr. 24; *Gansweid*, Gemeinsame Tochtergesellschaften, 1976, S. 140; *Exner*, a.a.O., S. 285 ff.; *Emmerich/Gansweid*, JuS 1975, 298; *Hommelhoff*, in: Festschrift Goerdeler, 1987, S. 221 ff.; *Wiechmann*, DB 1985, 2031.

Kein Unternehmensvertrag ist der *isolierte Verlustübernahmevertrag*[83]. Durch einen solchen Vertrag verpflichtet sich ein mit dem Unternehmen nicht durch Beherrschungs – oder Gewinnabführungsvertrag verbundener Mehrheitsgesellschafter, die Verluste wie im Fall des § 302 AktG zu übernehmen. Der Vertrag ist auch keine Bürgschaft – es fehlt am Direktanspruch der Gläubiger! – und auch keine Schenkung[84], sondern ein Sicherungsmittel eigener Art. Derartige Verträge werden geschlossen, wenn ein mit Verlust arbeitendes Unternehmen vor Insolvenz bewahrt werden soll (vgl. auch oben, § 30 IV 1 b).

3. Der Gewinnabführungsvertrag im besonderen

Der Gewinnabführungsvertrag hat vor allem für die steuerrechtliche Organschaft Bedeutung[85]. Bei der Organschaft handelt es sich um die wirtschaftliche, finanzielle und organisatorische Eingliederung eines Unternehmens in ein anderes. Im Hinblick auf § 302 AktG wird der Gewinnabführungsvertrag zumeist als Ergebnisabführungsvertrag geschlossen. Gewinnabführungsverträge ohne gleichzeitigen Abschluß eines Beherrschungsvertrags sind selten. Abschluß, Änderung und Beendigung des Vertrags richten sich auch hier nach §§ 293 ff. AktG. Auch die Vorschriften über die Sicherung der abhängigen Gesellschaft, ihrer Gläubiger und der außenstehenden Aktionäre (§§ 300 ff., 304 ff. AktG) sind zu beachten. Das gilt insbesondere für die Verlustausgleichspflicht (§ 302 AktG) und für die Sicherung der außenstehenden Aktionäre durch finanziellen Ausgleich (§ 304 AktG) sowie durch die Abfindungsmöglichkeit (§ 305 AktG).

4. Die Änderung und Beendigung eines Unternehmensvertrags

a) Eine Änderung des Unternehmensvertrags setzt nach § 295 AktG die Zustimmung der Hauptversammlung und ggf. auch der durch den Vertrag begünstigten außenstehenden Aktionäre voraus. Nicht besonders geregelt sind Maßnahmen des Parteiwechsels oder Parteibeitritts im Unternehmensvertrag, die bei einer Umstrukturierung von Unternehmensgruppen erforderlich werden können[86].

Beispiel Nr. 17: Wird die A-AG aufgrund eines Beherrschungsvertrags von der X-AG beherrscht, so können selbstverständlich nicht einfach die Vorstände die X-AG gegen die Y-AG austauschen. Vielmehr bedarf es der Zustimmungsprozedur nach § 295 AktG (vgl. *Koppensteiner*, in: KK, § 295 Rdnr. 5). Tritt lediglich ein herrschendes Unternehmen hinzu, so bedarf es zwar gleichfalls einer Zustimmung der Hauptversammlungen, aber

83 Dazu *Karsten Schmidt*, in: Festschrift Werner, 1985, S. 777 ff.

84 So aber *Gerth*, Atypische Kreditsicherheiten, 2. Aufl. 1980, S. 275 ff.

85 Vgl. zur Neufassung der §§ 14 ff. KStG *Emmerich/Sonnenschein/Habersack*, § 13 II 3; zur Rechtslage vor 1999 vgl. *Crezelius*, Steuerrecht II, § 15 Rdnr. 16; *Emmerich/Sonnenschein*, § 10; *Sonnenschein*, a.a.O., S. 307 ff.; *Knobbe-Keuk*, Bilanz- und Unternehmenssteuerrecht, 9. Aufl. 1993, § 20 II 3; *Niemann*, Die Organschaft zu einer Personengesellschaft und die Organschaft zu mehreren Unternehmen, 1977; *Ludwig Schmidt/Steppert*, Die Organschaft, 3. Aufl. 1978, S. 48 ff.

86 Dazu *BGHZ* 119, 1 = NJW 1992, 2760.

ein Sonderbeschluß der außenstehenden Aktionäre nach § 295 II AktG ist nicht erforderlich, wenn deren Ausgleichs- und Abfindungsansprüche unberührt bleiben (*BGHZ* 119, 1, 8 f. = NJW 1992, 2760, 2762; Vorinstanz *OLG Karlsruhe*, DB 1991, 86); hierzu *Hommelhoff*, in: Festschrift Claussen, 1997, S. 129 ff.).

b) Der Unternehmensvertrag endet durch Aufhebung (§ 296 AktG) oder durch Kündigung (§ 297 AktG). Im Rahmen der Vertragsfreiheit (oben unter III 1 a) können die Voraussetzungen und Folgen einer Kündigung im Unternehmensvertrag geregelt werden[87]. Dem organisationsrechtlichen Charakter des Vertrages entsprechend kann er nur mit Wirkung für die Zukunft aufgehoben werden (§ 296 I 2). Nichts anderes gilt für seine Änderung bzw. für den Parteiwechsel im Unternehmensvertrag: Vorbehaltlich schuldrechtlich wirkender Ausgleichsregelungen ist eine organisationsrechtliche Rückwirkung jeder Änderung oder Aufhebung ausgeschlossen.

c) Das Gesetz schreibt für die Aufhebung des Unternehmensvertrags keine Zustimmung der Hauptversammlung vor (nur ein Sonderbeschluß bei Eingriffen in Rechte außenstehender Aktionäre ist in § 296 II AktG vorgeschrieben). Der Gedanke ist der, daß die am Unternehmensvertrag beteiligten Gesellschaften durch dessen Aufhebung nur zu ihrem gesetzlichen Normalstatus zurückfinden[88]. Diese Vorstellung des Gesetzgebers ist verfehlt, weil die Aufhebung des Unternehmensvertrags wie seine Änderung in die eben nicht nur durch Gesetz und Satzung bestimmte Organisationsverfassung der Gesellschaft eingreift (vgl. auch zur GmbH unten, § 39 II 1)[89]. Deshalb wird man jedenfalls im Innenverhältnis eine Pflicht des Vorstands zur Befragung der Hauptversammlung und ein Verbot der Aufhebung ohne ihre Zustimmung anzunehmen haben (vgl. zur »Holzmüller«-Doktrin des BGH oben, § 28 V 2 b).

d) Außenstehende Aktionäre, deren Rechte durch die Aufhebung oder Kündigung des Unternehmensvertrags in Gefahr geraten können, müssen in den Fällen der §§ 295 II, 296 II, 297 II AktG diesen Änderungen durch Sonderbeschluß zustimmen, aber dieser Schutz ist nicht lückenlos.

Beispiel Nr. 18 (nach *BGH*, LM Nr. 1 zu § 295 AktG = BB 1979, 1059): Mehrheitsaktionärin der B-AG war die S-AG. Zwischen beiden war 1975 ein Beherrschungs- und Gewinnabführungsvertrag geschlossen worden, der jeweils zum Ende eines Geschäftsjahres gekündigt werden konnte. Am 1. 1. 1977 trat das Körperschaftsteuerreformgesetz in Kraft. Deshalb wurde der Beherrschungs- und Gewinnabführungsvertrag gekündigt und durch einen neuen ersetzt, der aber zugunsten der außenstehenden Aktionäre einen Ausgleich von nur noch 22,75 % statt vorher 26,75 % vorsah. Zu diesen Aktionären gehörte der Kl. Er hatte in der Hauptversammlung gegen die Änderung gestimmt und focht nun den mit qualifizierter Mehrheit gefaßten Hauptversammlungsbeschluß an. Der *BGH* gab ihm Unrecht, weil kein Fall der Zustimmungspflicht vorliege: weder eine

87 *BGHZ* 122, 211 = NJW 1993, 1976; krit. *Hirte*, ZGR 1994, 644 ff.

88 Vgl. Begr. RegE AktG, in: *Kropff*, S. 385.

89 Vgl. nur *Emmerich/Sonnenschein/Habersack*, § 19 II 2; *Altmeppen*, in: MünchKommAktG, § 297 Rdnr. 13; *Hüffer*, AktG, § 296 Rdnr. 5; *Koppensteiner*, in: KK, § 296 Rdnr. 4; *Wilhelm*, a. a. O., S. 20.

einverständliche Vertragsänderung (§ 295 AktG) noch eine Vertragsaufhebung (§ 296 AktG) noch eine Kündigung seitens der abhängigen Gesellschaft (§ 297 AktG). Die Vertragskündigung durch die herrschende Gesellschaft und der Neuabschluß eines Unternehmensvertrags ist weder in § 295 noch in § 296 noch in § 297 AktG erfaßt.

5. Der Vertragskonzern in der Insolvenz*

Im Insolvenzfall – im Vordergrund steht die Insolvenz einer vertraglich beherrschten Tochtergesellschaft – kommen die Organisations- und die Haftungsmomente des Vertragskonzerns besonders deutlich zum Tragen.

Beispiel Nr. 19 (in Anlehnung an *BGHZ* 103, 1 = NJW 1988, 1326): Muttergesellschaft und Tochtergesellschaft werden insolvent. Der Insolvenzverwalter der Tochtergesellschaft steht auf dem Standpunkt, daß deren Verluste aus der Masse der Muttergesellschaft finanziert werden müssen. Der Insolvenzverwalter der Muttergesellschaft meint wiederum, er müsse nicht zahlen, und, falls die Insolvenzmasse der Muttergesellschaft doch zahlen müsse, müsse er jedenfalls auch die Tochtergesellschaft leiten dürfen. Der *Bundesgerichtshof* entschied: »Ein Unternehmensvertrag endet regelmäßig, wenn ein Konkursverfahren über das Vermögen der herrschenden oder beherrschten Gesellschaft eröffnet wird. Endet der Unternehmensvertrag vor Ablauf eines Geschäftsjahres, so ist das herrschende Unternehmen auch zum Ausgleich der Verluste verpflichtet, die bis zu diesem Stichtag des Rumpfgeschäftsjahres entstanden sind.«

Dem Urteil des *BGH* ist im konkreten Ergebnis zuzustimmen: Mit der Eröffnung des Insolvenzverfahrens auch nur einer der beiden Gesellschaften endet die Herrschaft der Muttergesellschaft über die Tochter, und mit diesem Stichtag endet auch die Verlustausgleichspflicht, so daß zwar die bereits angefallenen Verluste, nicht aber die in der Tochtergesellschaft unter dem Regime des Insolvenzverwalters erwirtschafteten Verluste ausgeglichen werden müssen[90]. Unrichtig ist dagegen die Annahme, daß auch der Beherrschungsvertrag als solcher automatisch endet[91]. Der *BGH* folgert dies daraus, daß sich mit der insolvenzbedingten Auflösung einer Gesellschaft angeblich deren Zweck ändert (dagegen oben, § 11 VI 4). Richtigerweise überlagert das Insolvenzrecht nur die Herrschafts- und Haftungsordnung nach dem Beherrschungsvertrag, so daß dessen Folgen – die Folgepflicht der Tochtergesellschaft und die Verlustausgleichspflicht der Muttergesellschaft – während des Insolvenzverfahrens suspendiert sind. Angenommen, die Gesellschaften werden aufgrund eines Insolvenzplans oder einer außergerichtlichen Sanierung

---

* Literatur: *Acher*, Vertragskonzern und Insolvenz, 1987; *Bous,* Die Konzernleitungsmacht im Insolvenzverfahren konzernverbundener Kapitalgesellschaften 2001; *Ehricke,* Das abhängige Konzernunternehmen in der Insolvenz, 1998; *Heesing*, Bestandsschutz des Beherrschungs- und Gewinnabführungsvertrags in der Unternehmenskrise und im Konkurs, 1988; *Kübler*, Konzern und Insolvenz, ZGR 1984, 560; *Samer*, Beherrschungs- und Gewinnabführungsverträge gemäß § 291 AktG in Konkurs und Vergleich der Untergesellschaft, 1990; *Scheel*, Konzerninsolvenzrecht, 1995; *Karsten Schmidt*, Wege zum Insolvenzrecht der Unternehmen, 1990; *Trendelenburg,* Der Gewinnabführungs- und Beherrschungsvertrag in der Krise der Obergesellschaft, NJW 2002, 647.

90 Eingehend *Karsten Schmidt*, ZGR 1983, 528ff.

91 So aber die bisher h.M.; Nachweise bei *Drüke*, Die Haftung der Muttergesellschaft für Schulden der Tochtergesellschaft, 1990, S. 96; eingehend und krit. *Bous,* a.a.O., S. 149ff., 290ff.; *Samer*, a.a.O., S. 65ff., 104ff., 142ff.; *Karsten Schmidt*, a.a.O., S. 226ff.

aus dem Insolvenzverfahren wieder herausgeführt und fortgesetzt, so braucht der Beherrschungsvertrag nicht neu geschlossen zu werden, sondern die sich aus ihm ergebenden Rechte und Pflichten leben, sofern der Vertrag nicht wirksam gekündigt wurde, wieder auf.

IV. Das Recht des faktischen Konzerns*

1. Grundlagen

a) In §§ 311ff. AktG spricht das Gesetz von der »Verantwortlichkeit bei Fehlen eines Beherrschungsvertrags«. Das ist mißverständlich, denn in den Vorschriften ist von dreierlei die Rede:
- von Maßnahmen zum Nachteil der abhängigen Gesellschaft,
- vom Nachteilsausgleich und vom Schadensersatz,
- vom Abhängigkeitsbericht und von seiner Prüfung.

Das Regelungskonzept der §§ 311ff. AktG stieß jahrzehntelang auf allgemeine Kritik[92]. In jüngerer Zeit zeichnet sich ein freundlicheres Bild ab, zumal

---

* Literatur (Auswahl): *Binnewies*, Die Konzerneingangskontrolle in der abhängigen Gesellschaft, 1996; *Bollmann*, Der Schadensersatzanspruch gemäß § 317 AktG ..., 1995; *Dierdorf*, Herrschaft und Abhängigkeit einer Aktiengesellschaft auf schuldrechtlicher und tatsächlicher Grundlage, 1978; *Emmerich/Habersack*, Aktien- und GmbH-Konzernrecht, 2. Aufl. 2001; *Emmerich/Sonnenschein/Habersack*, Konzernrecht, 7. Aufl. 2001; *Eschenbruch*, Konzernhaftung, 1995; *Geßler*, Faktische Konzerne? in: Festgabe Kunze, 1969, S. 159; *ders.*, Leitungsmacht und Verantwortlichkeit im faktischen Konzern, in: Festschrift Westermann, 1974, S. 145; *ders.*, Überlegungen zum faktischen Konzern, in: Festschrift Flume II, 1978, S. 55; *Habersack*, Alte und neue Ungereimtheiten im Rahmen der §§ 311ff. AktG, in: Festschrift Peltzer, 2001, S. 139; *Hommelhoff*, Die Konzernleitungspflicht, 1982; *ders.*, Empfiehlt es sich, das Recht der faktischen Unternehmensverbindungen neu zu regeln? in: 59. DJT I, 1992, S. G 1; *Kellmann*, Schadensersatz und Ausgleich im faktischen Konzern, DB 1969, 1509; *ders.*, Zum »faktischen Konzern«, ZGR 1974, 220; *Koppensteiner*, Abhängige Gesellschaften aus rechtspolitischer Sicht, in: Festschrift Steindorff, 1990, S. 79; *Kropff*, Benachteiligungsverbot und Nachteilsausgleich im faktischen Konzern, in: Festschrift Kastner, Wien 1992, S. 279; *Luchterhand*, Leitungsmacht und Verantwortlichkeit im faktischen Konzern, ZHR 133 (1970), 1; *Lutter*, Grenzen zulässiger Einflußnahme im faktischen Konzern, in: Festschrift Peltzer, 2001, S. 241; *Mestmäcker*, Zur Systematik des Rechts der verbundenen Unternehmen im neuen Aktiengesetz, in: Festschrift Kronstein, 1967, S. 129; *Möhring*, Zur Systematik der §§ 311, 317 AktG, in: Festschrift Schilling, 1973, S. 253; *Paehler*, Die Zulässigkeit des faktischen Konzerns, 1972; *Papagiannis*, Der faktische Aktienkonzern, 1993; *Prantl*, Konzernbildung, Konzernrecht und Minderheitenschutz in Deutschland, 1994; *Richardt*, Der aktienrechtliche Abhängigkeitsbericht unter ökonomischem Aspekt, 1974, S. 23ff.; *Schlieper*, Leistungsintensität und Mehrfachfunktion im faktischen Aktienkonzern, 1996; *Karsten Schmidt*, Abhängigkeit, faktischer Konzern ..., ZGR 1981, 455; *ders.*, Abhängigkeit und faktischer Konzern als Aufgaben der Rechtspolitik, JZ 1992, 856; *Seydel*, Konzernbildungskontrolle bei der AG, 1995; *Sonnenschein*, Organschaft und Konzerngesellschaftsrecht, 1976; *Streyl*, Zur konzernrechtlichen Problematik von Vorstands-Doppelmandaten, 1992; *Strohn*, Die Verfassung der Aktiengesellschaft im faktischen Konzern, 1977; *Sura*, Die Behandlung des Fremdeinflusses in Unternehmensverbindungen, ZHR 145 (1981), 432; *Theis*, Neue Konzernstrategien und einheitliche Leitung im faktischen Konzern, 1992; *Weigl*, Die Haftung im (qualifizierten) faktischen Konzern, 1996; *Jan Wilhelm*, Rechtsform und Haftung bei der juristischen Person, 1981; *Zeidler*, Zentrales Cashmanagement im faktischen Aktienkonzern, 1999; *Zöllner*, Treupflichtgesteuertes Aktienkonzernrecht, ZHR 162 (1998), 235.

92 Vgl. statt vieler *Mestmäcker*, in: Festschrift Kronstein, a.a.O.; *Würdinger*, § 72; Vorschläge de lege ferenda: Bericht über die Verhandlungen der Unternehmensrechtskommission, 1980,

wesentlich bessere Lösungen nicht vorgelegt worden sind[93]. Die Kritik richtet sich auch gar nicht so sehr gegen die Leistung des Gesetzgebers von 1965, der mit dem Aktienkonzernrecht internationale Maßstäbe setzte und nicht auf ausländische und historische Vorbilder zurückgreifen konnte (vgl. schon oben, § 17 III 1 b). Die Kritik setzt bei der objektiven Feststellung an, daß die Probleme der nichtvertraglichen Abhängigkeit vom Gesetz nur teilweise und im Detail nicht immer überzeugend erfaßt sind. Das gilt sowohl für den unvollkommenen Schutz gegen das Entstehen faktischer Abhängigkeit als auch für das Fehlen eines gesetzlich geordneten Verfassungsrechts des faktischen Konzerns. Ineffektiv ist das Recht des faktischen Konzerns vor allem aus zwei Gründen:
- Es baut auf den Ausgleich von Nachteilen, die dem abhängigen Unternehmen drohen, obwohl diese Nachteile schwer quantifizierbar sind.
- Es baut auf den Abhängigkeitsbericht der abhängigen Gesellschaft, und dieses Kontrollmittel hat sich als wenig effektiv erwiesen.

Geht man davon aus, daß es neben dem spezifisch konzernrechtlichen Einzelausgleich nach §§ 311 ff. AktG auch eine Haftung für existentielle Eingriffe in das Recht der Gesellschaft gibt (vgl. *BGHZ* 149, 10 = NJW 2001, 3622 und dazu unten § 39 III 3, 4), so können die Schwächen des Aktiengesetzes verkraftet werden.

b) Die folgende Darstellung konzentriert sich auf das geltende Recht des faktischen Aktienkonzerns und auch hier nur auf die Grundzüge. Schon diese erweisen sich aber in vielen Punkten als zweifelhaft und umstritten.

2. Das Regelungsmodell der §§ 311 ff. AktG

a) Die aktienrechtliche Regelung basiert auf drei Grundlagen:
- Nach § 311 AktG darf das herrschende Unternehmen seinen Einfluß nicht dazu benutzen, die abhängige AG oder KGaA zu nachteiligen Rechtsgeschäften oder Maßnahmen zu veranlassen, es sei denn, es sichert bis zum Ende des Geschäftsjahrs den Nachteilsausgleich.
- Nach §§ 312–316 AktG ist mit dem Jahresabschluß ein Abhängigkeitsbericht zu erstellen und zu prüfen.
- Nach §§ 317 f. AktG sind das herrschende Unternehmen, seine Organe und ggf. auch die Organe des abhängigen Unternehmens zum Schadensersatz verpflichtet, wenn ohne Nachteilsausgleich nachteilige Rechtsgeschäfte oder Maßnahmen auf Veranlassung der Obergesellschaft durchgeführt werden.

b) Es ist umstritten, ob die §§ 311 ff. AktG eine nachteilige Einflußnahme gegen vollen Ausgleich erlauben oder ob die Einflußnahme verboten und der

---

Rdnrn. 1379 ff.; *Geßler*, in: Festschrift Flume II, a.a.O., S. 55 ff.; dazu kontrovers *Sura* und *Geßler*, ZHR 145 (1981), 432 ff., 457 ff.; Überblick bei *Karsten Schmidt*, ZGR 1981, 455 ff.

93 Nachweise bei *Kropff*, in: MünchKommAktG, vor § 311 Rdnr. 28.

Nachteilsausgleich als Sanktion dieses Verbots angeordnet ist[94]. Die Diskussion wird bisweilen unter dem Stichwort geführt: »Ist der faktische Konzern nach §§ 311 ff. AktG erlaubt oder verboten?« – Diese Fragestellung ist irreführend, denn die Rede vom gesetzlichen »Verbot« des faktischen Konzerns beschwört Mißverständnisse herauf[95]. Es wurde schon ausgeführt, daß das »Verbot« des faktischen Konzerns durchaus ein plausibler rechtspolitischer Weg wäre: Es würde bedeuten, daß die Obergesellschaft vor die Entscheidung gestellt wird, entweder einen Unternehmensvertrag abzuschließen oder auf die Ausübung von Konzernherrschaft zu verzichten (oben, § 17 III 1). Es muß aber auch bedacht werden, daß den §§ 311 ff. AktG gar nicht entnommen werden kann, ob »der faktische Konzern« oder gar jede »faktische Abhängigkeit« erlaubt oder verboten ist. Faktische Abhängigkeit ist ein *Zustand.* Das Gesetz geht davon aus, daß es Abhängigkeit auf tatsächlicher Grundlage gibt. Sinnvoll ist dagegen die Frage, ob § 311 AktG nachteilige *Maßnahmen* rechtfertigt, wenn die Obergesellschaft für Nachteilsausgleich sorgt. Diese Frage ist zu bejahen. Die Gesetzesbegründung[96] ist in dieser Hinsicht allerdings nicht überall klar. Sie sagt einerseits, die Einflußnahme sei »zulässig«, wenn der Nachteil ausgeglichen werde, und spricht auf der anderen Seite von einem umfassenden »Verbot« nachteiliger Weisungen. Demgemäß ließe sich das Gesetz durchaus so deuten, daß der Nachteilsausgleich (§ 311 AktG) ebenso wie der Schadensersatz (§§ 317 f. AktG) eine Sanktion für unzulässige Einflußnahmen darstellt. Dem recht verstandenen Gesetzgeberwillen entspricht dies nicht[97]. Der Nachteilsausgleich begründet kein »Schädigungsprivileg«[98], sondern er ist der Preis, mit dem sich die Obergesellschaft die Zulässigkeit ihrer Weisungen erkaufen muß. Er ist weder eine modifizierte Form des Schadensersatzes für Unrechtzufügung[99] noch auf der anderen Seite ein Ausgleichsverhältnis unter gleichberechtigten Partnern[100]. Nachteilige Einflußnahmen der Obergesellschaft, die nach allgemeinen Grundsätzen unzulässig wären, sind unter den Voraussetzungen des § 311 AktG gestattet. Demgemäß ist auch eine »faktische Konzernherrschaft«, solange sie nicht über die Grenzen des § 311 AktG hinausgeht, rechtmäßig. Allerdings darf ein faktischer Konzern im Aktienrecht nicht so straff geführt sein wie ein Vertragskonzern. Die §§ 311 ff. AktG legalisieren faktische Konzernherrschaft über eine AG, jedoch nur eine lockere, nicht

---

94 Für ein Verbot vor allem *Würdinger*, in: GroßkommAktG, 3. Aufl., § 311 Anm. 5 f.; grundlegend *Mestmäcker*, in: Festschrift Kronstein, a. a. O., S. 129; weiter vor allem *Bälz*, in: Festschrift Ludwig Raiser, 1974, S. 287 ff.; unentschieden *BGHZ* 69, 334, 341; s. auch *Reuter*, ZHR 146 (1982), 10.

95 Vgl. jetzt auch *Emmerich/Sonnenschein/Habersack*, § 24 II, 28 II; *Emmerich/Habersack*, a. a. O., vor § 311 Rdnrn. 6 ff.; *Koppensteiner*, in: KK, § 311 Rdnr. 104.

96 In: *Kropff*, S. 407 f.

97 Gegen das Verbot besonders *Flume*, Juristische Person, § 4 IV; *Rehbinder*, Konzernaußenrecht und allgemeines Privatrecht, 1969, S. 235 ff.; *Seydel*, a. a. O., S. 223 ff.; *Strohn*, a. a. O., S. 109 ff., 112; *Luchterhand*, ZHR 133 (1970), 11 ff.; s. auch Bericht über die Verhandlungen der Unternehmensrechtskommission, 1980, Rdnr. 1379.

98 So nachdrücklich *Kropff*, in: MünchKommAktG, § 311 Rdnr. 41.

99 So vor allem *Kellmann*, BB 1969, 1512; *ders.*, ZGR 1974, 221.

100 So *Jan Wilhelm*, a. a. O., S. 221 ff.: faktischer Konzern als Gesellschaft bürgerlichen Rechts.

vollständig bei der Obergesellschaft zentralisierte Leitung[101]. Eine derart lockere Konzernherrschaft darf, solange der Nachteilsausgleich gewährleistet ist, auch ohne Zustimmung der Aktionäre in den beteiligten Gesellschaften[102] ausgeübt werden. Das herrschende Unternehmen übt um der faktischen Verbundenheit der Gesellschaften willen auch Einflüsse aus, die für die abhängigen Gesellschaften nachteilig sind, und deren Vorstand darf diese Nachteile gegen Nachteilsausgleich hinnehmen[103]. Noch weniger als beim Vertragskonzern ist allerdings die Legalisierung des faktischen Konzerns ein Freibrief für jedwede nachteilige Maßnahme[104]. Zunächst einmal muß die Maßnahme, wenn nicht dem Interesse auch der abhängigen Gesellschaft, so doch dem Konzerninteresse dienen[105]. Nachteil i.S. von § 311 ist jede Minderung oder konkrete Gefährdung der Vermögens- oder Ertragslage der abhängigen Gesellschaft[106], wobei der Zeitpunkt der Vornahme des Rechtsgeschäfts oder der Maßnahme den Ausschlag gibt[107]. Da § 311 AktG ein Privileg im Rahmen der Haftung nach § 317 AktG ist, liegt ein Nachteil nicht vor, wenn auch ein ordentlicher und gewissenhafter Geschäftsleiter einer abhängigen Gesellschaft das fragliche Rechtsgeschäft oder die fragliche Maßnahme hätte durchführen dürfen[108]. Die Kasuistik ist kompliziert[109]. Wie schwierig schon die Feststellung eines solchen Nachteils ist, stellte sich im Fall »Buderus/Metallgesellschaft« heraus, in dem der *BGH* erstmals grundsätzlich über § 311 AktG zu entscheiden hatte.

Beispiel Nr. 20 (nach *BGHZ* 141, 79 = LM Nr. 1 zu § 311 AktG = NJW 1999, 1706): Zwischen der Buderus AG als Tochtergesellschaft und der Metallgesellschaft AG als Muttergesellschaft hatte ein gewerbesteuerliches Organschaftsverhältnis bestanden, das keinen Beherrschungsvertrag voraussetzt. Auf diese Weise wurde die Gewerbesteuerpflicht im Außenverhältnis der Metallgesellschaft als Muttergesellschaft zugerechnet, während Buderus nur als Betriebsstätte der Metallgesellschaft angesehen wurde. Für den Ausgleich im Innenverhältnis stellt die Praxis in solchen Fällen zwei unterschiedliche Methoden zur Verfügung: die sog. »Verteilungsmethode« und die sog. »Belastungsmethode« (*Rose*, DB 1965, 261; *Marx*, DB 1996, 955). Nach der »Verteilungsmethode« wird die Gewerbesteuerbelastung im Innenverhältnis nach betriebswirtschaftlich bestimmten Schlüsseln auf die Konzernunternehmen umgelegt. Nach der »Belastungsmethode« wird einfach die fiktive Gewerbesteuer der Tochtergesellschaft auferlegt. Nach dieser Methode zahlt die Tochter im Ergebnis nicht mehr, als sie ohne die Organschaft bezahlen würde, aber die sich aus dem Organschaftsverhältnis ergebenden Steuervorteile verbleiben allein

101 Vgl. zu dieser Beschränkung grundlegend *Hommelhoff*, a.a.O., S. 130f., 139ff.; zust. *Kropff*, ZGR 1984, 117f.; s. auch *Sonnenschein*, a.a.O., S. 181; *ders.*, ZGR 1981, 434.
102 Str.; a.M. *Hommelhoff*, a.a.O., S. 400f.
103 *Flume*, Juristische Person, § 4 IV.
104 Auch hierzu *Flume*, Juristische Person, § 4 IV; *Kropff*, in: MünchKommAktG, § 311 Rdnrn. 37ff.; zu eng *Jan Wilhelm*, a.a.O., S. 215ff.
105 Ähnlich *Strohn*, a.a.O., S. 65.
106 *BGHZ* 141, 79, 84 = JZ 2000, 156, 157 m.Anm. *Wiedemann/Fleischer* = NJW 1999, 1706, 1707; *Hüffer*, AktG, § 311 Rdnr. 25; *Kropff*, in: MünchKommAktG, § 311 Rdnrn. 150ff.; *Lutter*, in: Festschrift Peltzer, a.a.O., S. 244.
107 *Emmerich/Habersack*, a.a.O., § 311 Rdnr. 44; *Hüffer*, AktG § 311 Rdnr. 28; *Lutter*, in: Festschrift Peltzer, a.a.O., S. 245.
108 *BGHZ* 141, 79, 88 = JZ 2000, 156, 158 m.Anm. *Wiedemann/Fleischer* = NJW 1999, 1706, 1708; *Emmerich/Habersack*, a.a.O., § 311 Rdnr. 40; *Hüffer*, AktG § 311 Rdnr. 27.
109 Siehe hierzu *Emmerich/Habersack*, a.a.O., § 311 Rdnrn. 46ff.

der Muttergesellschaft. Im Fall »Buderus/Metallgesellschaft« hatte nun die Metallgesellschaft den Ausgleich nach der Belastungsmethode angeordnet. Dies sah der BGH als eine Nachteilszufügung an: »Eine der Organgesellschaft vom Organträger als herrschendem Unternehmen im Rahmen der sogenannten gewerbesteuerlichen Organschaft auferlegte Umlage in Höhe der von ihr als nicht abhängiger Gesellschaft hypothetisch zu entrichtenden Gewerbesteuer kann mangels umlagefähigen Steueraufwands des Organträgers die Zufügung eines Nachteils i.S. der §§ 311 ff. AktG darstellen.« Gewiß hätte sich der *II. Zivilsenat* einen anderen als diesen Fall gewünscht, um grundsätzlich über § 311 AktG zu entscheiden, denn im Kern ging es um die steuerrechtliche Frage, ob die Steuervorteile der Organschaft allen Konzernunternehmen zugute kommen sollen oder nur der Muttergesellschaft. Unter diesem Gesichtspunkt ist denn auch das Urteil umstritten geblieben (vgl. die Kritik bei *Bachmann*, VGR II, 2000, S. 31 ff.; *Dietlein*, JR 2000, 285; *Feddersen*, ZGR 2000, 523). Ein die Nachteilszuführung rechtfertigender Nachteilsausgleich setzt allerdings nach h.M. voraus, daß der Nachteil quantifizierbar, also ausgleichsfähig ist[110]. Wie schwer dieses Kriterium abzugrenzen ist, hat sich besonders an den Streitigkeiten im Übernahmefall »Mannesmann/Vodafone« gezeigt. Dabei ging es darum, ob ein Nachteil nur quantifizierbar ist, wenn alle, auch dauerhafte und nur mittelbare negative Effekte einer Maßnahme auszugleichen sind.

Beispiel Nr. 21 (vgl. *Lutter*, in Festschrift Peltzer, a.a.O., S. 241 ff.): Beim feindlichen Übernahmeversuch der englischen Vodafone-Gesellschaft gegenüber der deutschen Mannesmann AG war umstritten, ob Vodafone als neues Mutterunternehmen die Mannesmann AG veranlassen dürfe, ihre Anteile an der britischen Telekommunikationsgesellschaft Orange zu veräußern. Mannesmann hatte diese Anteile mit einem Aufwand von mehr als 30 Mrd. erworben, um sich den britischen Markt zu erschließen. Vodafone wiederum konnte aus kartellrechtlichen Gründen Mannesmann nicht übernehmen, wenn dabei gleichzeitig eine Beherrschung der für Vodafone inländischen Orange herauskam. An dieser Konfliktsituation entzündete sich ein durch Professorengutachten ausgetragener Streit, ob Vodafone, ohne mit Mannesmann einen Beherrschungsvertrag abzuschließen, Mannesmann nach der Übernahme veranlassen könne, die Orange-Anteile zu veräußern. Das war zu verneinen, wenn die Veräußerung einerseits ein Nachteil, auf der anderen Seite aber nicht quantifizierbar, also nicht ausgleichungspflichtig war. Beide Tatbestandsmerkmale blieben unter den Gutachtern überaus streitig: War die Veräußerung im Lichte der neuen konzernrechtlichen Positionierung von Mannesmann in der Vodafone-Gruppe überhaupt nachteilig? Und wenn: Worin bestand dann der zu quantifizierende Nachteil: nur in der Fehlinvestition von 30 Mrd. Euro oder in der auf Dauer drohenden Ertragskrafteinbuße? Die Sache wurde am Ende unstreitig erledigt, indem France Telecom der Mannesmann AG die Anteile für fast 40 Mrd. abnahm. Die Frage aber, ob wirklich Quantifizierbarkeit in einem ad hoc zu berechnenden Sinne verlangt werden soll, steht weiter im Raum. Die Rechtsfolgen einer Überschreitung des für »Maßnahmen« zur Verfügung stehenden Rahmens sind im Gesetz nicht geregelt, ergeben sich aber aus einer analogen Anwendung des § 317 AktG[111], denn Maßnahmen, die nicht durch Nachteilsausgleich legalisiert werden *können*, müssen mindestens dieselben Sanktionen auslösen wie Maßnahmen, die nicht durch Nachteilsausgleich legalisiert worden *sind*. Soweit eine Maßnahme nicht legalisiert oder nicht einmal legalisierbar ist, muß auch an eine Abwehrklage der Aktionäre gedacht werden (oben, § 21 V). Schließlich kann sogar ein Verlustausgleich analog § 302 AktG zum Zuge kommen, wenn die Schwelle zur qualifizierten Abhängigkeit überschritten ist (dazu unter IV 3b). Sie können von der eigenen Gesell-

110 Vgl. bereits 3. Aufl., § 33 IV 2 b; *Strohn*, a.a.O., S. 65 ff.; *Emmerich/Habersack*, a.a.O., § 311 Rdnr. 43.

111 So auch *Strohn*, a.a.O., S. 65; *Kropff*, DB 1967, 2152; für § 399 AktG dagegen *Kropff*, in: Geßler/Hefermehl/Eckardt/Kropff, § 317 Rdnr. 44; *Beuthien*, DB 1969, 1784; *Möhring*, in: Festschrift Schilling, a.a.O., S. 266; zur Konkurrenz mit § 117 AktG vgl. *Koppensteiner*, in: KK, § 317 Rdnr. 41.

schaft Unterlassung der rechtswidrigen Maßnahme bzw. Beseitigung des hierdurch geschaffenen rechtswidrigen Zustands verlangen.

c) Der nach § 312 AktG zu erstellende sog. *Abhängigkeitsbericht* soll der besseren Durchsichtigkeit des faktischen Konzernverhältnisses dienen[112]. Der Vorstand einer faktisch abhängigen Gesellschaft hat in den ersten drei Monaten jedes Geschäftsjahrs einen Bericht über Beziehungen zu verbundenen Unternehmen zu erstellen (§ 312 I AktG) und darin auch nachteilige Maßnahmen mitzuteilen (§ 312 III AktG). Dieses Schutzinstrument wird überwiegend als ineffektiv kritisiert[113], aber diese Kritik beruht wohl zum Teil auf einer verengten tatsächlichen Anschauung[114]. Wer als Konzernwirklichkeit nicht nur die veröffentlichten, etwa gar gerichtlich entschiedenen, Problemfälle wahrnimmt, wird die mutmaßliche Präventivwirkung des Abhängigkeitsberichts nicht gering schätzen dürfen.

3. Die Verfassung des faktischen Konzerns nach §§ 311ff. AktG

a) Aus dem soeben Gesagten ergeben sich *Grundzüge einer Konzernverfassung*: In den durch § 311 AktG gezogenen Grenzen übt die Obergesellschaft auch im faktischen Konzern rechtmäßige Leitungsmacht gegenüber der Untergesellschaft aus, ohne daß es zur Legalisierung dieser Leitungsmacht eines Unternehmensvertrags oder der Zustimmung der Aktionäre bedürfte. Maßnahmen der Obergesellschaft sind insoweit rechtmäßig und für den Vorstand der Untergesellschaft verbindlich.

b) Hinsichtlich der *Schranken des Einflusses* sind nach §§ 311, 317f. AktG drei Arten von Maßnahmen zu unterscheiden:
- Maßnahmen, die nach § 311 AktG durch Nachteilsausgleich gerechtfertigt sind;
- Maßnahmen, die mangels Nachteilsausgleichs nicht gerechtfertigt sind und deshalb nach §§ 317f. AktG Schadensersatzfolgen auslösen;
- Maßnahmen, die schon ihrer Art nach nicht legalisierbar sind und analog §§ 317f. AktG Schadensersatzfolgen auslösen.

c) Dagegen gibt es *keine allgemeine Verlustübernahmepflicht* analog § 302 AktG im faktischen Konzern[115]. Die Abhängigkeit und die Ausübung von Konzernherrschaft genügen noch nicht, um die Verlustrisiken von der Tochtergesellschaft auf die Obergesellschaft zu verlagern. § 302 AktG knüpft an einen qualifizierten Abhängigkeitstatbestand – nämlich an die vertragsmäßige Unterwerfung – an, nicht schon an die Abhängigkeit als solche (vgl. zu diesen Grundbegriffen oben, § 17 III 2).

---

112 *BGHZ* 135, 107, 109f. (VW/Niedersachsen); *Hüffer*, AktG, § 312 Rdnr. 1; *Hommelhoff*, ZHR 156 (1992), 295ff.; *Bode*, AG 1995, 261ff.; *Götz*, AG 2000, 448.
113 Vgl. zuletzt wieder *Götz*, AG 2000, 499.
114 Vgl. *Hommelhoff*, ZHR 156 (1992), 295ff.
115 Insofern übereinstimmend *Hommelhoff*, a.a.O., S. 367.

4. Das Verbot des »qualifizierten« faktischen Aktienkonzerns*

a) Der »qualifizierte« oder »durchgeführte« faktische Konzern spielt in der Aktienrechtspraxis nicht dieselbe Rolle wie im Recht der abhängigen GmbH. Er wird unter § 39 III 3 für das GmbH-Konzernrecht besprochen und dahingehend definiert, daß das Eigeninteresse der abhängigen Gesellschaft infolge des von dem herrschenden Unternehmen dauerhaft ausgeübten Einflusses nachhaltig ebenso beeinträchtigt ist wie aufgrund eines Beherrschungsvertrags[116]. Dazu muß die Konzernherrschaft über den Tatbestand des § 17 AktG dergestalt hinausgehen, daß mit Rücksicht auf die Intensität der Unterordnung einzelne Einflußnahmen des herrschenden auf das abhängige Unternehmen nicht mehr isolierbar, folglich auch nicht nach § 311 AktG ausgleichungsfähig sind[117]. Das Ausmaß der Schädigungen ist hierfür nur ein Indiz[118]. Materiell ausschlaggebend ist die strukturell-organisatorische Unterstellung der abhängigen unter die Führung der herrschenden Gesellschaft[119]. Anschauungsbeispiele der qualifizierten Abhängigkeit sind nach bisheriger Erfahrung diejenigen Gestaltungen, bei denen die abhängige Gesellschaft wie eine bloße Betriebsabteilung geführt wird. Diese Gestaltungen sind im Recht der Aktiengesellschaft *mit § 76 I AktG unvereinbar* und ohne Abschluß eines Beherrschungsvertrags unzulässig[120]. Sie dürften auch selten sein. Stellt sich eine solche Situation heraus, so ist nach einem über §§ 311 ff. AktG hinausgehenden Schutz zu fragen[121]. Dieser besteht zunächst

---

* Literatur (Auswahl; vgl. zunächst die Angaben oben bei IV): *Altmeppen*, Abschied vom »qualifiziert faktischen« Konzern, 1991; *Decher*, Personelle Verflechtungen im Aktienkonzern, 1990; *ders.*, Die Zulässigkeit des qualifizierten faktischen Aktienkonzerns, DB 1990, 2005; *Deilmann*, Die Entstehung des qualifizierten faktischen Konzerns, 1990; *Heyder*, Der qualifizierte faktische Aktienkonzern, Diss. Bayreuth, 1997; *Hoffmann-Becking*, Der qualifizierte faktische AG-Konzern: Tatbestand und Abwehransprüche, in: Ulmer (Hrsg.), Probleme des Konzernrechts, 1989, S. 68; *Koppensteiner*, Über die Verlustausgleichspflicht im qualifizierten AG-Konzern, in: Ulmer (Hrsg.), Probleme des Konzernrechts, 1989, S. 87; *Kropff*, Konzerneingangskontrolle bei der qualifiziert konzerngebundenen AG, in: Festschrift Goerdeler, 1987, S. 259; *Lehmann*, Der qualifizierte faktische Konzern – ein Phantom? in: Festschrift Beusch, 1993, S. 479; *Lutter*, Der qualifizierte faktische Konzern, AG 1990, 179; *Schießl*, Die Ersatzpflicht des herrschenden Unternehmens im qualifizierten faktischen Konzern, AG 1985, 184; *Schlieper*, Leitungsintensität und Mehrfachfunktion im faktischen Aktienkonzern, 1996; *Seydel*, a. a. O., S. 323 ff.; *Streyl*, a. a. O.; *Timm*, Grundfragen des »qualifizierten« faktischen Konzerns im Aktienrecht, NJW 1987, 977; *Weigl*, Die Haftung im (qualifizierten) faktischen Konzern, 1966; *Zöllner*, Qualifizierte Konzernierung im Aktienrecht, in: Gedächtnisschrift Knobbe-Keuk, 1997, S. 369.

116 Grundlegend Arbeitskreis GmbH-Reform, Thesen und Vorschläge zur GmbH-Reform II, 1975, S. 59 (§ 255 a); im Grundsatz ebenso *Flume*, Juristische Person, § 4 IV.

117 Vgl. nur *BGHZ* 107, 7, 15 f. = NJW 1989, 1800, 1801 f.; *BGHZ* 122, 123, 127 = NJW 1993, 1200, 1202; NJW 1994, 446.

118 Anders die sich am »TTB«-Urteil BGHZ 122, 123 orientierende Literatur; vgl. eingehend *Kropff*, in: MünchKommAktG, Anh. § 317 Rdnrn. 21 ff.

119 Vgl. zu diesem Verständnis des qualifizierten faktischen Konzerns *Karsten Schmidt*, in: Hommelhoff/Stimpel/Ulmer (Hrsg.), Der qualifizierte faktische GmbH-Konzern, 1992, S. 109 ff.

120 *Emmerich/Sonnenschein/Habersack*, § 28 II 2; *Emmerich/Habersack*, a. a. O., vor § 311 Rdnr. 20; *Flume*, Juristische Person, § 4 IV; der Sache nach ähnlich *Hommelhoff*, a. a. O., S. 123 ff.; *Deilmann*, a. a. O., S. 78 ff.; *Schlieper*, a. a. O., S. 222 ff.; *Seydel*, a. a. O., S. 332, 347 ff.; insoweit zutr. auch *OLG Hamm*, NJW 1987, 1030 = AG 1987, 38; a. A. *Decher*, DB 1990, 2006 f.

121 Nach *Strohn*, a. a. O., S. 118 ff., bleiben §§ 311 ff. AktG modifiziert anwendbar.

einmal darin, daß jeder Aktionär der qualifiziert abhängigen Gesellschaft gegen diese auf Beseitigung und Unterlassung klagen kann (vgl. zum negatorischen Schutz oben, § 21 V)[122]. In finanzieller Hinsicht schützt die nur auf Einzelmaßnahmen bezogene Verantwortlichkeit des herrschenden Unternehmens und der Verwaltungsorgane nach §§ 317f. AktG im Fall qualifizierter Abhängigkeit nicht hinreichend. Es kommt eine generelle Organisationsfehlerhaftung der Obergesellschaft in Betracht[123], vor allem aber eine vom Verschulden unabhängige Verlustübernahmepflicht analog § 302 AktG[124]. Freilich ist umstritten, ob eine solche Analogie anzuerkennen ist[125], und im GmbH-Konzernrecht hat sich gezeigt, daß der *Bundesgerichtshof*, nachdem er viel zu weit vorgeprescht war, die Analogie zu § 302 AktG später kleinmütig zu einer Haftung für schlechte Konzernleitung – für die es der Vorschrift nicht bedarf – denaturiert hat (dazu unten, § 39 III 4). Die Lükkenhaftigkeit der Vorschriften über faktische Konzerne spricht jedoch ebenso wie der Normzweck des § 302 AktG für eine echte Verlustübernahme[126]. Dieser Normzweck geht dahin, daß eine zentralisierte Organisation keine Dezentralisierung des Verlustrisikos erlaubt. Eine der Beherrschungsvertragssituation analoge faktische Konzernherrschaft erlegt dem herrschenden Unternehmen auch analoge Folgelasten auf. Liegt eine qualifizierte Abhängigkeit vor, so kann die Verlustausgleichsfolge des § 302 AktG nicht daran scheitern, daß die qualifizierte Abhängigkeit auf irreguläre (nämlich faktische) Weise ohne Unternehmensvertrag zustande gekommen ist. Man braucht auch keinen stillschweigenden Unternehmensvertrag zu fingieren, um diese Gleichstellung zu erreichen[127]. Die abhängige Aktiengesellschaft hat Verlustübernahmeansprüche analog § 302 AktG gegen das herrschende Unternehmen, das sich – theoretisch jedenfalls – bei seinen Leitungsorganen schadlos halten kann, wenn diese es eigenmächtig zur qualifizierten Beherrschung haben kommen lassen. Die Schadensersatzpflicht der Organe ist wohl der beste Präventivschutz gegen das Entstehen derartiger Abhängigkeitsverhältnisse. Auch der Vorstand der Untergesellschaft handelt rechtswidrig und kann schadensersatzpflichtig sein, wenn er die Gesellschaft in eine qualifiziert faktische Abhängigkeit führt. Hinzu kommen Abwehransprüche der Aktionäre (oben, § 21 V 3). Sie können ihrer Gesellschaft die qualifiziert faktische Unterwerfung verbieten und dies durch Klage gegen die Gesellschaft, ver-

---

122 Für Unterlassungsklagen gegen das herrschende Unternehmen *Kropff*, in: MünchKommAktG, Anh. § 317 Rdnr. 107.

123 Vgl. zur Verschuldenshaftung im Konzern (Personengesellschaft) auch *BGH*, BB 1979, 1735, 1737 = JuS 1980, 152 m.Anm. *Karsten Schmidt*; *ders.*, ZIP 1989, 546ff.

124 Vgl. *Emmerich/Sonnenschein/Habersack*, § 28 II 2; *Emmerich/Habersack*, a.a.O., vor § 311 Rdnr. 20; *Hüffer*, AktG, § 302 Rdnr. 30, § 311 Rdnr. 11; *Weigl*, a.a.O., S. 204ff.; *Karsten Schmidt*, ZGR 1981, 473; 1983, 516; *Lutter/Timm*, ZGR 1983, 280f.; insoweit übereinstimmend *Decher*, DB 1990, 2007f.; vgl. auch die Durchgriffsüberlegungen bei *Strohn*, a.a.O., S. 172ff.; *Lutter*, ZGR 1982, 263ff.

125 Vgl. nämlich *Hommelhoff*, a.a.O., S. 367; *Koppensteiner*, a.a.O., S. 90ff.; *Kropff*, in: MünchKommAktG, Anh. § 317 Rdnrn. 46ff.; *Uwe H. Schneider*, ZGR 1980, 339f.

126 Für einen »Globalausgleich« im Ergebnis auch *Kropff*, in: MünchKommAktG, Anh. § 317 Rdnrn. 46ff.

127 So aber noch *Flume*, Juristische Person, § 4 IV; *Emmerich*, AG 1975, 286; zur Methode vgl. *Karsten Schmidt*, in: Rechtsdogmatik und Rechtspolitik, 1990, S. 29.

treten durch den Vorstand, durchsetzen[128]. Das gilt auch für die Aktionäre der Obergesellschaft, weil ja eine ohne ihre Beschlußfassung (§ 293 II AktG) nicht legitimierbare Konzernstruktur geschaffen worden ist.

b) In der Praxis erweist sich die *Frage, unter welchen Voraussetzungen ein qualifizierter faktischer Aktienkonzern vorliegt*, als schwierig. Auf zweierlei ist zu achten: erstens auf die sich an § 76 AktG orientierende Intensität des Einflusses, zweitens darauf, daß nicht einzelne Leitungsakte konzernrechtlich zu würdigen sind, sondern ein *Zustand* der qualifizierten Abhängigkeit zu beschreiben ist[129]. Eine qualifizierte Abhängigkeit ist gegeben, wenn ein Herrschaftszustand geschaffen ist, in dem die Eigenverantwortung des Vorstands nicht bloß durch isolierbare Einzelweisungen verletzt wird, sondern rechtlich (durch Beherrschungsvertrag) oder faktisch aufgehoben ist. Das ist der Fall, wenn die Leitungsmacht im Kern auf das herrschende Unternehmen übergegangen ist[130]. Bloße Herrschaft i.S. § 17 AktG oder aktive Einflußnahme – auch wenn sie ein Dauerzustand ist – genügt nicht. Insbesondere genügt nicht eine bloß personelle Verflechtung, die selbstverständlich zur dauernden Einflußnahme führen kann und dies oft auch soll, so im umstrittenen Fall der Doppelmandate[131]:

Beispiel Nr. 22 (nach *OLG Hamm*, NJW 1987, 1030 = AG 1987, 38 m. abl. Anm. *Mertens*): Die X-AG hatte die Mehrheit an der B-AG erworben und im Zuge dieses Erwerbes eine Auswechselung von Vorstands- und Aufsichtsratsmitgliedern betrieben. Aktionär A der B-AG focht diese Beschlüsse an. Das *OLG* hob in Übereinstimmung mit der hier vertretenen Auffassung hervor, daß die qualifiziert faktische Abhängigkeit einer AG unerlaubt und durch Klage angreifbar sei. Richtig erkannte das *OLG* sodann, daß die personelle Verflechtung für den Tatbestand der qualifizierten Abhängigkeit nicht ausreichte. Es meinte indes, »daß eine qualifizierte Konzernverbindung bald und leicht herbeigeführt werden könnte und überdies große Anreize bestehen, dies auch tatsächlich zu tun«. Das Problem der Entscheidung lag damit nicht wirklich in der Annahme eines qualifizierten faktischen Konzerns (ihn hat das *OLG* richtig verneint), sondern in der Präventivkontrolle (dazu oben, § 21 V). Diese kann richtigerweise nur in der Beseitigung bzw. Abwehr einer wirklichen qualifizierten Beherrschung bestehen (Anfechtungsklage bzw. actio negatoria), nicht dagegen in der Beseitigung eines Zustands, der für sich rechtmäßig, wenn auch als Basis einer rechtswidrigen Gestaltung geeignet, ist.

---

128 In gleicher Richtung *Stein*, ZGR 1988, 186ff.; skeptisch *Hoffmann-Becking*, a.a.O., S. 84f.

129 Dazu die Beiträge von *Scheffler*, *Lutter*, *Gäbelein* und *Sonnenschein*, AG 1990, 173ff.; dieser Strukturtatbestand wird unter dem Eindruck des »TBB«-Urteils *BGHZ* 122, 123 allerdings mehr und mehr durch Verhaltenselemente verwässert; vgl. eingehend *Kropff*, in: MünchKommAktG, Anh. § 317 Rdnrn. 317ff.

130 Ganz ähnlich *Lutter*, AG 1990, 183.

131 Vgl. zum folgenden namentlich *Emmerich/Sonnenschein/Habersack*, § 28 III 1; *Decher*, a.a.O., S. 96ff., 170ff., 213ff.; *ders.*, DB 1990, 2008ff.; *Hoffmann-Becking*, ZHR 150 (1986), 570ff.; *Kropff*, in: Festschrift Goerdeler, a.a.O., S. 259ff., 266f.; *Lindermann*, AG 1987, 225ff.; *Semler*, in: Festschrift Stiefel, 1987, S. 719; *Seydel*, a.a.O., S. 353ff.; *Streyl*, a.a.O., S. 99ff.; *Timm*, NJW 1987, 977f.

V. Konzernrechnungslegung*

1. Hauptprobleme

Die meisten Konzernprobleme resultieren aus dem Spannungsverhältnis zwischen der rechtlichen Selbständigkeit und der wirtschaftlichen Verflechtung der verbundenen Unternehmen. Das gilt auch für die Rechnungslegung im Konzern. Obwohl bei der Rechnungslegung eines Unternehmens dessen Verflechtung mit anderen Unternehmen durchaus schon berücksichtigt wird (vgl. nur § 266 II A III Nr. 1, B III Nr. 1, § 271 II, § 275 II Nr. 9, III Nr. 8, § 285 Nr. 11), vermitteln die Einzelabschlüsse an sich noch kein wahrheitsgetreues Bild von der Lage des Konzerns als einer wirtschaftlichen Einheit und evtl. auch kein zuverlässiges Bild von der Lage der einzelnen Konzerngesellschaften. Die Notwendigkeit eines solchen Einheitsbildes ist Grundlage des Rechts der Konzernrechnungslegung[132]. Besonders klar erkennt man dies bei der Finanzverfassung der Konzerngesellschaften[133]. Im theoretischen Extremfall wäre es ein leichtes, mit einmal 50 000 Euro das Mindeststammkapital von z. B. drei Aktiengesellschaften aufzubringen, wenn dieser Betrag der M-AG zur Verfügung gestellt wird, die mit Hilfe eines Gründungskonsortiums eine T-AG als 100 %ige Tochter mit einer weiteren 100 %igen

---

* Literatur (Auswahl): *Beusch*, Rücklagenbildung im Konzern, in: Festschrift Goerdeler, 1987, S. 25; *Budde*, Konzernrechnungslegung nach IAS und US-GAAP, in: Handelsbilanzen und Steuerbilanzen, 1997, S. 105; *Burgard*, Die Offenlegung von Beteiligungen, Abhängigkeits- und Konzernlagen in der Aktiengesellschaft, 1990; *Busse von Colbe*, Ausbau der Konzernrechnungslegung im Lichte internationaler Entwicklungen, ZGR 2000, 651; *Castan/Heymann/Müller/Ordelheide/Scheffler*, Beck'sches Handbuch der Rechnungslegung, 1987; *Claussen*, Konzernabschluß versus Einzelabschluß der Muttergesellschaft, ZGR 2000, 64; *Erning*, Die Rücklagenbildung im Aktienkonzern, 1993; *Ernst*, Die Reform der Konzernrechnungslegung nach IAS und US-GAAP, in: Gesellschaftsrecht 1997, 1998, S. 323; *Everling*, Konzernrechnungslegung, 1991; *Frodermann*, Möglichkeiten und Grenzen der Gewinnthesaurierung im Konzern, 1994; *Gollnick*, Gewinnverwendung im Konzern, 1991; *Großfeld*, Bilanzrecht, 3. Aufl. 1997, Teil IV; *Havermann*, in: WP-Handbuch II, 9. Aufl. 1986, S. 291; *Herrmann*, Die Änderung von Beteiligungsverhältnissen im Konzernabschluß, 1994; *Hommelhoff*, Konzernspezifische Komplettierung in der Rechnungslegung von Konzernunternehmen, in: Festschrift Großfeld, 1999, S. 443; *Jasper*, Assoziierte Unternehmen im deutschen und britischen Konzernabschluß, 1989; *Jonas*, Der Konzernabschluß, 1986; *Kohl*, Die Kompetenz zur Bildung von Gewinnrücklagen im Aktienkonzern, 1991; *Kropff*, Verbundene Unternehmen im AktG und im BiRiLiG, DB 1986, 364; *ders.*, Der Konzernabschluß – eine Randerscheinung im Gesellschaftsrecht?, in: Festschrift Claussen, 1997, S. 659; *Küting/Weber*, Handbuch der Konzernrechnungslegung, 1989; *dies.*, Der Konzernabschluß, 3. Aufl. 1991; *Lutter*, Rücklagenbildung im Konzern, in: Festschrift Goerdeler, 1987, S. 327; *Müller/Maul*, Auslegungsprobleme im Rahmen der über § 292a HGB zur Anwendung kommenden Normsysteme, in: Steuerrecht und europäische Integration, 1999; *Neumann*, Ziele und Zwecke der deutschen Konzernrechnungslegung, Diss. Heidelberg, 1999; *Schindler*, Kapitalkonsolidierung nach dem BiRiLiG, 1986; *Schulze-Osterloh*, Die Reform der Konzernrechnungslegung nach IAS und US-GAAP, in: Gesellschaftsrecht 1997, 1998, S. 301; *Theisen*, Rücklagenbildung im Konzern, ZHR 156 (1992), 174; *Witte*, Der Prüfungsbericht als Informationsträger im Konzern, 1996; *Wollmert*, Befreiender internationaler Konzernabschluß (§ 292a HGB), DB 2000, 729; *v. Wysocki/Wohlgemuth*, Konzernrechnungslegung, 3. Aufl. 1986.

132 Eingehend über die Funktionen der Konzernrechnungslegung *Claussen/Scherer*, in: KK, vor § 290 HGB.

133 *Uwe H. Schneider*, ZGR 1984, 497 ff.; zu den Methoden der Kapitalkonsolidierung vgl. *Großfeld*, a. a. O., Rdnrn. 602 ff.

Tochter, der E-AG, gründet. Derselbe Betrag wandert dann als Einlage durch das Vermögen der M und der T hindurch an die E, und damit weist jede der drei Gesellschaften ein ungeschmälertes Reinvermögen auf. Diese hier theoretisch zugespitzte Möglichkeit gibt nicht die Alltagsprobleme der Praxis wieder, aber sie nötigt – wie schon seit langer Zeit z.B. im Recht der Bankenaufsicht bekannt ist – zur Wachsamkeit (vgl. schon oben, § 18 V 2). Das wichtigste Schlagwort der Konzernrechnungslegung heißt deshalb: »Konsolidierung«.

Mit der Konsolidierung beim Konzernabschluß ist das Bestreben gemeint, den Konzern bei der Rechnungslegung als ein Unternehmen darzustellen, so, als ob alle Konzernunternehmen nur Betriebe oder Betriebsabteilungen eines Einheitsunternehmens wären. Auch die Geschäftsbeziehungen der Konzernglieder untereinander werden nicht als Außenbeziehungen behandelt, sondern untereinander ausgeglichen[134]. Im konsolidierten Abschluß schlagen sich deshalb nur die Geschäftsbeziehungen zu konzernfremden Dritten zahlenmäßig nieder.

2. Das positive Recht der Konzernrechnungslegung

a) Bis 1985 war die Konzernrechnungslegung nur im *Aktiengesetz* besonders geregelt[135]. Seit dem *Bilanzrichtliniengesetz* vom 19.12.1985[136] ist das Recht der Konzernrechnungslegung aus dem Aktiengesetz in das HGB übernommen und dort – mit den Änderungen aus den Jahren 1998, 2000 und 2002[137] – rechtsformübergreifend geregelt: Stehen in einem Konzern die Unternehmen unter der einheitlichen Leitung einer Kapitalgesellschaft mit Sitz im Inland und gehört diesem Mutterunternehmen eine auf dauernde Unternehmensverbindung zielende Beteiligung an dem oder den anderen (Tochter-)Unternehmen, so haben die gesetzlichen Vertreter des Mutterunternehmens jährlich einen Konzernabschluß und einen Konzernlagebericht aufzustellen (§ 290 I HGB; Befreiungen in §§ 291ff. HGB). In den Konzernabschluß sind das Mutterunternehmen und alle Tochterunternehmen einzubeziehen (§ 294 HGB; Ausnahmen in §§ 295f. HGB). Der Konzernabschluß besteht aus der Konzernbilanz, der Konzern-Gewinn-und-Verlust-Rechnung und dem Konzernanhang, bei Börsennotierung der Konzernspitze ergänzt durch weitere Angaben (§ 297 I HGB). Im Konzernabschluß ist die Vermögens-, Finanz- und Ertragslage der einbezogenen Unternehmen so darzustellen, als ob diese Unternehmen insgesamt ein einziges Unternehmen wären (§ 297 III 1 HGB). Dazu ist der Jahresabschluß des Mutterunternehmens mit den Jahresabschlüssen der Tochterunternehmen zusammenzufassen (Grundsatz der Vollkonsolidierung; vgl. näher §§ 300ff. HGB). Die in den Konzernabschluß

134 Vgl. *Großfeld*, a.a.O., Rdnr. 15.

135 Hier in der 1. Aufl. noch übergangsweise dargestellt; vgl. zur Rechtsentwicklung jetzt eingehend *Claussen/Scherer*, in: KK, vor § 292 Rdnrn. 17ff.

136 BGBl. I S. 2355.

137 Kapitalaufnahmeerleichterungsgesetz v. 20.4.1998, BGBl. I S. 707; KonTraG v. 27.4.1998, BGBl. I S. 786; KapCoRiLiG v. 24.2.2000, BGBl. I S. 154; TransPuG v. 19.7.2002, BGBl. I S. 2681.

übernommenen Vermögensgegenstände und Schulden der einbezogenen Unternehmen sind nach den auf den Jahresabschluß des Mutterunternehmens anwendbaren Bewertungsmethoden einheitlich zu bewerten (§ 300 I 2 HGB). Zum Konzernabschluß gehört auch der Konzernanhang (§§ 313f. HGB). Dieser Anhang enthält eine Reihe von obligatorischen Angaben, die die Konzernbilanz und die Konzern-Gewinn-und-Verlust-Rechnung erläutern und den Beteiligungsbesitz sowie weitere wichtige Bilanzposten aufschlüsseln. Hinzu kommt der Konzernlagebericht, der den Geschäftsverlauf und die Lage des Konzerns wahrheitsgemäß darzustellen hat (§ 315 HGB). Die Konzernrechnungslegung unterliegt der Pflichtprüfung durch Abschlußprüfer (§§ 316ff. HGB) und der Publizität (§§ 325ff. HGB mit Erleichterungen für kleine und mittelgroße Kapitalgesellschaften). Der Prüfungsbericht der Wirtschaftsprüfer (§ 321 HGB) kann als Frühwarnsystem Krisensignale erkennen lassen (vgl. § 321 I 3 HGB) und stellt auch sonst ein hoch einzuschätzendes Informationsmedium für die Verantwortungsträger in den konzernbeteiligten Gesellschaften dar[138]. Seit dem TransPuG 2002 ist der Konzernabschluß zur Billigung an den Aufsichtsrat zu geben und kann von diesem der Hauptversammlung vorgelegt werden. Ein Schaubild, das Vorstellungen von einer Konzernbilanz vermitteln soll, findet sich im Parallelwerk zum Handelsrecht unter § 15 VII 3.

b) Die wichtigste Neuerung ist § 292a HGB und mit ihr der wachsende Einfluß der IAS und der US-GAAP[139]. Nach § 292a HGB kann ein an einem organisierten Markt notiertes Mutterunternehmen von der Pflicht zum Konzernabschluß und Konzernlagebericht nach dem HGB befreit sein, wenn es eine international anerkannte und mit den Maßstäben der Konzernbilanzrichtlinie in Einklang stehende Konzernrechnungslegung vorlegt. Der Wettlauf des in den 80er Jahren als fortschrittlich gepriesenen deutschen Konzernbilanzrechts mit den weltweiten Usancen der Konzernrechnungslegung wird auf diese Weise allmählich zugunsten der letzteren entschieden.

3. Gewinnverwendung und Rücklagenbildung

Sehr umstritten ist, ob die Vorschrift des § 58 AktG über die Verwendung des Jahresüberschusses und über die Rücklagenbildung »konzerndimensional« (wie dies modisch genannt wird) zu interpretieren und zu handhaben ist[140]. Die Frage hat für die Kompetenzverteilung zwischen der Verwaltung und den Aktionären und für deren Ausschüttungserwartungen erhebliche Bedeutung: Können Vorstand und Aufsichtsrat einer herrschenden Aktiengesellschaft – etwa einer Holding-AG – nach dieser Vorschrift ohne weiteres die

138 Eingehend und lesenswert *Witte*, a.a.O.

139 Vgl. statt vieler *Claussen/Scherer*, in: KK, vor § 29 Rdnrn. 41ff.; § 292a Rdnrn. 18ff., 46ff., 119ff.; *Busse von Colbe*, ZGR 2000, 651; *Kübler*, ZGR 2000, 550; *Schön*, ZGR 2000, 706.

140 Dazu eingehend *Frodermann*, a.a.O.; *Götz*, in: Festschrift Moxter, 1994, S. 573; *Gollnick*, a.a.O.; *Kohl*, a.a.O.; *Hüffer*, AktG, § 58 Rdnrn. 14ff.; *Lutter*, in: KK, § 58 Rdnrn. 38ff.; *Theisen*, ZHR 156 (2992), 174ff.

Hälfte des Jahresüberschusses in die Rücklagen einstellen, auch soweit bereits bei den Tochtergesellschaften Thesaurierungen vorgenommen worden sind? Oder muß sich die herrschende Aktiengesellschaft bei der Anwendung des § 58 AktG anrechnen lassen, was bereits bei den Tochtergesellschaften in die Rücklagen eingestellt worden ist?

Beispiel Nr. 23: Angenommen, die Mutter-AG M wäre als Holdinggesellschaft zu je 100% an den Tochteraktiengesellschaften T 1 und T 2 beteiligt, die jeweils 1 Mio als Jahresüberschuß erwirtschaftet und davon die Hälfte nach § 58 AktG in Rücklagen eingestellt hätten, so wäre die Frage zu stellen, ob Vorstand und Aufsichtsrat der M wiederum 50% des der Holding verbliebenen Gewinns bei dieser thesaurieren können, so daß ihren Aktionären statt 50% im Ergebnis nur 25% des im M-Konzern erwirtschafteten Überschusses zur Entscheidung verbliebenen. Bei Einzelbetrachtung der Aktiengesellschaften wäre dies zu bejahen, bei »konzerndimensionaler« Gesamtzurechnung zu verneinen.

Die konzernrechtliche Zurechnung von Rücklagen in Tochterunternehmen wird im Zuge der allgemeinen Konzernrechtsdiskussion mehr und mehr befürwortet[141]. Dem auf die einzelnen Aktiengesellschaften bezogenen Ansatz des § 58 AktG entspricht dies naturgemäß nicht[142]. Es geht um eine Lücke im Recht der Rechnungslegung und Gewinnverwendung und um eine besonders schwierige Variante des Zurechnungs-»Durchgriffs« unter Konzernunternehmen (dazu oben, § 9 III 2f. und § 17 I 1c).

141 Vgl. ebd.; eingehend *Hoffmann-Becking*, in: MünchHdbGesR IV, § 46 Rdnrn. 9ff.
142 Gegen die Zurechnung deshalb *Hüffer*, AktG, § 58 Rdnr. 17.

§ 32 Die Kommanditgesellschaft auf Aktien*

I. Rechtsnatur, Entstehungsgeschichte und wirtschaftliche Bedeutung

1. Begriff und Rechtsnatur

§ 278 I AktG definiert die KGaA als »eine Gesellschaft mit eigener Rechtspersönlichkeit, bei der mindestens ein Gesellschafter den Gesellschaftsgläubigern unbeschränkt haftet (persönlich haftender Gesellschafter) und die übrigen an dem in Aktien zerlegten Grundkapital beteiligt sind, ohne persönlich für die Verbindlichkeiten der Gesellschaft zu haften (Kommandit-

* Literatur: *Ammenwerth,* Die KGaA – eine Rechtsformalternative für personenbezogene Unternehmen? 1997; *Arnold*, Die GmbH & Co. KGaA, 2001; *Assmann/Sethe,* Der Beirat der KGaA, in: Festschrift Lutter, 2000, S. 251; *Baumann*, Die Vereinigungs- und Berufsfreiheit der juristischen Person, verfassungsrechtliche Aspekte der Zulässigkeit der GmbH & Co. KGaA, BB 1997, 2281; *Bayreuther*, Die Kapitalgesellschaft & Co. KGaA, JuS 1999, 651; *Binz/Sorg*, Die GmbH & Co. KGaA, BB 1988, 2041; *dies.*, Die KGaA mbH – quo vadis? DB 1997, 313; *Claussen*, Perspektiven für die KGaA, in: Festschrift Heinsius, 1991, S. 61; *Elschenbroich*, Die Kommanditgesellschaft auf Aktien, 1959; *Dirksen/Möhrle*, Die kapitalistische KGaA, ZIP 1998, 1377; *Lothar Fischer*, Die Kommanditgesellschaft auf Aktien nach dem Mitbestimmungsgesetz, 1982; *Rudolf Fischer*, Die Kommanditgesellschaft auf Aktien, in: Ehrenbergs Hdb. III/1, 1916, S. 424; *Flämig*, Die KGaA – Vor- und Nachteile für Investoren, in: Festschrift Peltzer, 2001, S. 99; *Frankenhain*, Die Ertrags- und Substanzbesteuerung der KGaA mit natürlicher und nicht natürlicher Person als persönlich haftendem Gesellschafter, 1994; *Freudenberg/Sorg*, Die KGaA mbH, 1999; *Gerk*, Überlegungen zur Verwendung der GmbH & Co. KGaA in der mittelständischen Wirtschaft, NZG 1988, 586; *Gonnella/Mikic*, Die Kapitalgesellschaft & Co. KGaA als Einheitsgesellschaft, AG 1998, 508; *Graf*, Die Kapitalgesellschaft & Co. KGaA, 1993; *Haase*, Die Vorteile der GmbH oder GmbH & Co. KGaA in gesellschaftsrechtlicher Sicht, GmbHR 1997, 917; *Hau*, Die juristische Person & Co. KGaA zwischen Rechtsdogmatik und Rechtsfortbildung, Jura 1999, 190; *Hennerkes/May*, Noch einmal: Die GmbH & Co. KGaA, BB 1988, 2393; *dies.*, Die GmbH & Co. KGaA, in: Steuerberater-Jahrbuch 1988/89, S. 303; *Herfs*, in: MünchHdbGesR IV, § 77; *ders.*, Die GmbH & Co. KGaA als Rechtsformoptimierung für mittelständische Unternehmen, WiB 1997, 688; *Hesselmann*, GmbH & Co. KGaA, GmbHR 1988, 472; *ders.*, Die kapitalistische KGaA, BB 1989, 2344; *Janberg*, Hat die Kommanditgesellschaft auf Aktien wieder Zukunft? StuW 1951, 191; *Joens*, Die persönlich haftenden Gesellschafter der Kommanditgesellschaft auf Aktien, Diss. Hamburg 1962; *Kleine-Arndt*, Die Entwicklung und Bewährung der Kommanditgesellschaft auf Aktien, Diss. Köln 1947; *Ladewig/Motte*, Die GmbH & Co. KGaA nach der Zulassung durch den BGH, DStR 1997, 1539; *Lorz*, Die GmbH & Co. KGaA und ihr Weg an die Börse, in: VGR (Hrsg.), Gesellschaftsrecht in der Diskussion, Bd. I 1999, S. 23; *Martens*, Der Beirat in der Kommanditgesellschaft auf Aktien, AG 1982, 113; *Mayer*, Der Komplementär in der GmbH & Co. KGaA, in: Gesellschaftsrecht 1997, 1998, S. 263; *Mertens*, Zur Existenzberechtigung der Kommanditgesellschaft auf Aktien, in: Festschrift Barz, 1974, S. 253; *Niederlag*, Juristische Person als persönlich

aktionäre)«. Die Gesellschaft ist juristische Person und ihrer Strukur nach Kapitalgesellschaft, nicht Personengesellschaft[1]. Ihrer Struktur nach ist sie eine *Mischform aus Kommanditgesellschaft und Aktiengesellschaft.* Sie verbindet den persönlichen Kredit und die Selbstorganschaft der Komplementäre mit der Kapitalausstattung der Aktiengesellschaft und der Börsengängigkeit ihrer Anteile.

2. Entstehungsgeschichte

Die Geschichte der KGaA[2] ist bis in unsere Tage geprägt durch die Umgehung aktienrechtlicher Regelungen. Die KGaA entstand im Frankreich des 18. Jahrhunderts, wo sie der Umgehung des aktienrechtlichen Konzessionssystems diente: Um nicht dem Konzessionssystem und damit obrigkeitlicher Willkür zu unterliegen, mied man die Rechtsform der Aktiengesellschaft und gründete Kommanditgesellschaften, deren Kommanditkapital in Aktien zerlegt wurde. Auch die deutsche Praxis fand die Kommanditgesellschaft auf Aktien als modifizierte Kommanditgesellschaft schon vor, bevor sich der Gesetzgeber dieser Rechtsform annahm[3]. Man kann also sagen, daß die kapitalistische Kommanditgesellschaft – scheinbar eine moderne Erscheinung ohne historisches Vorbild – die Mutter der KGaA war und historisch älter ist als die KGaA als echte Kapitalgesellschaft. Erst das ADHGB von 1861 enthielt einschlägige Regelungen (Artt. 173 ff.), und erst das HGB machte aus der KGaA eine der Aktiengesellschaft und nicht mehr der Kommanditgesellschaft nahestehende Rechtsform (§§ 320 ff. HGB a. F.). Äußerlich wird diese Veränderung daran erkennbar, daß die KGaA nicht mehr, wie im ADHGB, als Modifikation der Kommanditgesellschaft, sondern im Anschluß an das Aktienrecht geregelt war. Die Aktiengesetze von 1937 und 1965 zogen unter diese Entwicklung den Schlußstrich, indem sie die KGaA zur juristischen Person erklärten.

---

haftender Gesellschafter einer Kommanditgesellschaft auf Aktien, Diss. Münster 1973; *Niedner/Kusterer*, Der Weg von der GmbH in die GmbH & Co. KGaA, GmbHR 1997, 584; *Overlack*, Der Komplementär in der GmbH & Co. KGaA, in: Gesellschaftsrecht 1997, 1998, S. 237; *Pflug*, Der persönlich haftende Gesellschafter in der Kommanditgesellschaft auf Aktien, NJW 1971, 345; *Priester*, Die KGaA ohne natürlichen Komplementär, ZHR 160 (1996), 250; *Schlitt*, Die Satzung der KGaA, 1998; *Karsten Schmidt*, Deregulierung des Aktienrechts durch Denaturierung der KGaA? ZHR 160 (1996), 265; *Schreiber*, Die Kommanditgesellschaft auf Aktien, 1925; *Schürmann/Groh*, KGaA und GmbH & Co. KGaA, BB 1995, 684; *Sethe*, Die personalistische Kapitalgesellschaft mit Börsenzugang, 1996; *Steindorff*, Kommanditgesellschaft auf Aktien und Mitbestimmung, in: Festschrift Ballerstedt, 1975, S. 127; *Strieder/Habel*, Die KGaA als Lösungsansatz zur Eigenkapitalproblematik bei Genossenschaften, BB 1995, 1857; *Ulmer* (Hrsg.), Die GmbH & Co. KGaA nach dem Beschluß BGHZ 134, 392, 1998; *Wiesner*, Die Enthaftung ausgeschiedener persönlich haftender Gesellschafter einer KGaA, ZHR 148 (1984), 56; *Würdinger*, Zur rechtlichen Struktur der KGaA, ZAkDR 1940, 314.

1 Unter dem ADHGB wurde die KGaA noch als Personengesellschaft eingeordnet.

2 Vgl. zum folgenden *Anschütz/von Völderndorff*, ADHGB, 1868 ff., Einl. vor Art. 173; *Elschenbroich*, a. a. O., S. 17 ff.; *Wieland*, Handelsrecht II, 1931, S. 251 f.; *Assmann/Sethe*, in: GroßkommAktG, vor § 278 Rdnrn. 2 ff.; *Greizenach*, ZHR 2 (1859), 53 ff.; *Wiesner*, ZHR 148 (1984), 66 ff.; *Karsten Schmidt*, ZHR 160 (1996), 273 f.

3 Vgl. z. B. *Obertribunal Berlin*, ZHR 2 (1859), 143.

3. Bedeutung

Die Bedeutung der KGaA im Wirtschaftsleben ist zahlenmäßig gering. In der zweiten Hälfte des 20. Jahrhunderts schwankte die Statistik in etwa zwischen 25 und 30 Gesellschaften[4]. Vergleicht man damit die Vielzahl der Publikums-Kommanditgesellschaften, so erweist sich wohl die Prognose jener als richtig, die vor dem ADHGB eine besondere Rechtsform als entbehrlich ansahen, weil die Gründer auf große Kommanditgesellschaften ausweichen könnten. Nach dem MitbestG 1976 erwies sich allerdings doch wieder die Umgehung von kapitalgesellschaftsrechtlichen Regeln – diesmal im Recht der Unternehmensverfassung – als entscheidender Motor für die Schaffung von Kommanditgesellschaften auf Aktien (vgl. oben, § 5 II 2b). Gegen solche Gestaltungen läßt sich nach geltendem Recht nichts einwenden. Ob der Gesetzgeber recht daran tat, die KGaA im Jahr 1861 zur gesetzlichen Rechtsform auszugestalten, mag man aber nach über hundertjähriger Erfahrung unterschiedlich beurteilen[5]. Neuerdings wird vor allem für den Gang an die Börse für Publikums- und vor allem Familiengesellschaften, teilweise aber auch bei Genossenschaften, die Variante der Kapitalgesellschaft & Co. KGaA – also eine Kommanditgesellschaft auf Aktien mit einer Kapitalgesellschaft (meist GmbH) als Komplementärin – propagiert[6]. Der Beschluß *BGHZ* 134, 392 = NJW 1997, 1923[7] hat diesen Empfehlungen durch Anerkennung der Kapitalgesellschaft & Co. KGaA Nachdruck verliehen (vgl. alsbald unter III 2a), und der Gesetzgeber hat nun durch eine neue Firmenregelung deutlich gemacht, daß auch er die GmbH & Co. KGaA als anerkannt ansieht (§ 279 II AktG). Im Fall einer Börsennotierung sind auch besondere Angaben im Prospekt vorgeschrieben (§ 18 Nr. 4 BörsenzulassungsVO). Die künftige Entwicklung des Rechts der Kommanditgesellschaft auf Aktien wird ganz wesentlich davon abhängen, ob die Akzeptanz der KGaA nach diesen Veränderungen steigt[8].

II. Entstehung und Beendigung der KGaA

1. Entstehung durch Gründung und Umwandlung

Die *Gründung* der KGaA ist nach aktienrechtlichem Vorbild geregelt (vgl. §§ 280–282 AktG sowie die Verweisungsnorm des § 278 III AktG). Da

4 Statistische Angaben bis 1992 bei *Sethe*, a. a. O., S. 561.

5 Vgl. *Elschenbroich*, a. a. O., S. 34 ff.; *Mertens*, in: Festschrift Barz, a. a. O., S. 253, 267 f.

6 Dafür namentlich *Hennerkes/May*, BB 1988, 2939 ff.; *dies.*, in: StbJB 1988/89, 375 ff.; zust. *Claussen*, a. a. O.; *Graf*, a. a. O., S. 93 ff., 141 ff., 196 ff., 239 ff.; *Hüffer*, AktG, § 278 Rdnr. 9 a; *Sethe*, a. a. O., S. 166 ff.; *Strieder/Habel*, DB 1994, 1557 ff.; *dies.*, BB 1995, 1857 ff.; *Schürmann/Groh*, BB 1995, 684 ff.; *Priester*, ZHR 160 (1996), 254 ff.

7 Dazu etwa *Bayreuther*, JuS 1999, 651; *Dirksen/Möhrle*, ZIP 1998, 1377; *Hennerkes/Lorz*, DB 1997, 1388; *Herfs*, WiB 1997, 688; *Sethe*; EWiR 1997, 1071; *Strieder/Habel*, BB 1997, 1375.

8 So die Annahme bei *Assmann/Sethe*, in: GroßkommAktG, § 243 Rdnr. 43.

Neugründungen selten geworden sind, ist besonders auf die Entstehung durch *Umwandlung* hinzuweisen (§§ 221, 233 III UmwG).

2. Auflösung, Umwandlung und Löschung

Aufgelöst wird die Gesellschaft zum einen nach den für die KG geltenden Grundsätzen (§ 289 I AktG), zum anderen bei Eintritt eines der in § 289 II AktG genannten Tatbestände. Sie ist insbesondere aufgelöst, wenn der einzige Komplementär verstirbt (§§ 289 I AktG, 131 Nr. 4, 161 II HGB), und dies ist ein weiterer Grund, weshalb die Gestaltungspraxis die GmbH & Co. KGaA favorisiert (oben I 3 und unten III 2). Die Auflösung schließt allerdings eine Fortsetzung nicht aus (oben, § 11 V 5) und ebensowenig einen Formwechsel (§ 191 II UmwG). Die KGaA eignet sich deshalb bei Familiengesellschaften gerade auch als Durchgangs-Rechtsform für den Gang an die Börse unter der auf Lebenszeit des Gründers begrenzten persönlichen Leitung. Ein Zusammenfall aller Aktien in der Hand des Komplementärs ist, anders als bei der KG, kein Auflösungs- und Erlöschensgrund, denn die KGaA ist nach heutigem Verständnis Körperschaft, nicht Personengesellschaft. Solange kein gesetzlicher Auflösungstatbestand eintritt, kann die Gesellschaft nur durch Hauptversammlungsbeschluß aufgelöst werden (§ 289 IV AktG).

III. Die Verfassung der KGaA nach dem Aktiengesetz

1. Rechtspersönlichkeit und Vermögensordnung

Als juristische Person ist die KGaA rechtsfähig, parteifähig und insolvenzrechtsfähig. Nach §§ 278 III, 3 AktG, 6 HGB ist sie Handelsgesellschaft kraft Rechtsform und unabhängig von der Art ihres gemeinsamen Zwecks Vollkaufmann. Die von den Kommanditaktionären und die von den Komplementären geleisteten Einlagen werden Bestandteile eines einheitlichen Gesellschaftsvermögens[9]. Während bei der Kommanditgesellschaft als einer Personengesellschaft dieselbe Person nach h. M. nicht zugleich Kommanditist und Komplementär sein kann (vgl. unten, § 53 I 1 c), ist es bei der KGaA als einer Körperschaft ohne weiteres möglich, daß ein Komplementär auch Aktien übernimmt[10]. Die auf diese Aktien geleisteten Einlagen unterliegen dann als Aktienkapital den allgemeinen aktienrechtlichen Regeln. Der Komplementär kann – muß aber nicht! – auch Einlagen in seiner Eigenschaft als Komplementär leisten[11]. Solche Einlagen müssen nach Höhe und Art in der Satzung festgesetzt werden (§ 281 II AktG). Sie werden – wie bei einer

9 Mißverständlich *Würdinger*, § 55 II 5.

10 Vgl. *Schreiber*, a. a. O., S. 43; *Elschenbroich*, a. a. O., S. 69; *Würdinger*, § 50 II a; *Mertens*, in: KK, 1. Aufl., § 278 Rdnr. 29; *Semler*, in: Geßler/Hefermehl/Eckardt/Kropff, § 278 Rdnrn. 41, 48.

11 Vgl. *Schreiber*, a. a. O., S. 47; *Elschenbroich*, a. a. O., S. 692 ff.; *Semler*, in: Geßler/Hefermehl/Eckardt/Kropff, § 278 Rdnr. 43.

Personengesellschaft – auf einem Kapitalkonto des Komplementärs verbucht. Über die bilanzielle Behandlung des Kapitalkontos gibt, in erkennbarer Anlehnung an das Recht der KG, § 286 II AktG Auskunft[12]. Das Entnahmerecht des Komplementärs (vgl. § 122 HGB) ist durch § 288 AktG beschränkt. Ohne weiteres möglich ist es auch, daß sich der Komplementär weder am Aktienkapital beteiligt noch außerhalb des Grundkapitals eine Einlage leistet[13]. Sein Gesellschafterbeitrag besteht dann ausschließlich in der Tätigkeit als Organ der KGaA und in der Übernahme des Haftungsrisikos.

2. Der persönlich haftende Gesellschafter

a) Es muß mindestens ein persönlich haftender Gesellschafter vorhanden sein. Nach dem Vorverständnis des Gesetzgebers kommt nur eine natürliche Person als persönlich haftender Gesellschafter in Betracht. Die bis 1997 vorherrschende und auch hier vertretene Auffassung wollte deshalb andere Komplementäre nicht zulassen[14]. Doch war dies bereits damals überaus streitig[15]. Heute muß von dem Urteil *BGHZ* 134, 394 = NJW 1997, 1923 ausgegangen werden, wo es heißt: »Eine GmbH kann grundsätzlich persönliche Gesellschafterin einer KGaA sein.« Die Folgen dieser Grundsatzentscheidung für die Verfassung der KGaA und ihre Beurteilung wird unter IV abgehandelt. Vorerst kann es nur um *die gesetzlich geprägte Normalverfassung der Kommanditgesellschaft auf Aktien* gehen.

b) Der persönlich haftende Gesellschafter ist nach §§ 278 II AktG, 161 II, 114ff. HGB das Geschäftsführungs- und Vertretungsorgan der KGaA. Eine umfangmäßige Beschränkung der Vertretungsmacht durch die Satzung ist grundsätzlich nicht möglich (§§ 278 II AktG, 161 II, 126 II HGB). Der persönlich haftende Gesellschafter unterliegt einem Wettbewerbsverbot (§ 284 AktG). Im übrigen erklärt § 283 AktG wichtige aktienrechtliche Vorstandspflichten für sinngemäß anwendbar, darunter vor allem die Vorschriften über Registeranmeldungen, Gründungsprüfung, Sorgfaltspflicht

12 Einzelheiten bei *Assmann/Sethe*, in: GroßkommAktG, § 286 Rdnrn. 33ff.

13 Vgl. *Elschenbroich*, a.a.O., S. 69; *Semler*, in: Geßler/Hefermehl/Eckardt/Kropff, § 273 Rdnr. 41.

14 Vgl. 3. Aufl., § 32 III 2; *OLG Karlsruhe*, DB 1996, 1767 = NJW-RR 1996, 1254; *Elschenbroich*, a.a.O., S. 130; *Würdinger*, § 56 I 2 a; *Barz*, in: GroßkommAktG, 3. Aufl., § 278 Anm. 9; *Baumbach/Hueck*, AktG, § 278 Rdnr. 2; *v. Godin/Wilhelmi*, § 278 Anm. 6; *Grobe*, NJW 1968, 1709f.; *Pflug*, NJW 1971, 349ff.; *Wiesner*, ZHR 148 (1984), 60f.; *Binz/Sorg*, BB 1988, 2041ff.; *Kallmeyer*, DStR 1994, 980f.; *Karsten Schmidt*, ZHR 160 (1996), 276ff.

15 Für Komplementärfähigkeit der juristischen Person vgl. mit Unterschieden im einzelnen *OLG Hamburg*, AG 1969, 259 = NJW 1969, 1030 (GmbH und & Co. KG als zweiter Komplementär neben einer natürlichen Person); *Schreiber*, a.a.O., S. 40f.; *Lehmann/Dietz*, § 68 I 3; *Niederlag*, a.a.O., S. 30ff.; *Graf*, a.a.O., S. 93ff., 141ff., 196ff., 239ff.; *Sethe*, a.a.O., S. 166ff.; *Hüffer*, AktG, § 278 Rdnr. 9a; *Hesselmann*, GmbHR 1969, 141; 1988, 472ff.; *Hennerkes/May*, DB 1988, 537ff.; *dies.*, BB 1988, 2393ff.; *Strieder/Habel*, BB 1995, 1857ff.; *Priester*, ZHR 160 (1996), 254ff.; für nichtnatürlichen Komplementär ohne Geschäftsführungs- und Vertretungskompetenz *Mertens*, in: KK, 1. Aufl., § 278 Rdnr. 11; *Semler*, in: Geßler/Hefermehl/Eckardt/Kropff, § 278 Rdnrn. 14f.; Problemübersicht bei *Sethe*, a.a.O., S. 155ff.

und Verantwortlichkeit, Jahresabschluß und Sonderprüfung sowie die wichtigen Organpflichten des Vorstands im Insolvenzfall.

c) Die Haftung des Komplementärs ergibt sich aus §§ 278 II AktG, 161 II, 128 ff. HGB. Sie ist eine unbeschränkte Außenhaftung für alle Gesellschaftsverbindlichkeiten. Mehrere Komplementäre haften als Gesamtschuldner.

3. Die Kommanditaktionäre und die Hauptversammlung

Die Rechte der Kommanditaktionäre bestimmen sich nach aktienrechtlichen Grundsätzen (vgl. § 278 III AktG). In der Hauptversammlung stimmen die Komplementäre nur mit, soweit sie auch Kommanditaktionäre sind (§ 285 I 1 AktG); auch insoweit sind sie aber nach § 285 I 2 AktG in weitem Maße vom Stimmrecht ausgeschlossen. Es handelt sich um eine Sonderregelung, die auf den allgemeinen Grundsätzen des Stimmrechtsausschlusses beruht (zu diesen Grundsätzen vgl. oben, § 21 II 2). Auf der anderen Seite bedürfen Hauptversammlungsbeschlüsse nach § 285 II AktG der Zustimmung der persönlich haftenden Gesellschafter, soweit sie die Grundlagen der Gesellschaft betreffen.

4. Der Aufsichtsrat

Wie die Aktiengesellschaft hat die KGaA notwendig einen Aufsichtsrat. Sie unterliegt nach § 1 I MitbestG auch den Regelungen des Mitbestimmungsgesetzes über die Zusammensetzung des Aufsichtsrats und die Bestellung seiner Mitglieder. Der Aufsichtsrat führt die Beschlüsse der Kommanditaktionäre aus und vertritt die Gesamtheit der Kommanditaktionäre in Rechtsstreitigkeiten gegen die Komplementäre (§ 287 AktG). Im Gegensatz zur aktienrechtlichen Regelung des § 84 AktG ist der Aufsichtsrat nicht befugt, das Vertretungsorgan der Gesellschaft zu bestellen. Das gilt auch für den mitbestimmten Aufsichtsrat (§ 31 I 2 MitbestG). Geborenes Vertretungsorgan ist der Komplementär.

5. Gestaltungsfreiheit im Innenverhältnis

Die Kommanditgesellschaft auf Aktien lebt zwar nach einer dem Aktiengesetz unterliegenden Satzung. Das Prinzip der Satzungsstrenge (§ 23 V AktG) gilt aber nicht, soweit es um die Stellung des persönlich haftenden Gesellschafters geht, denn insoweit verweist § 278 II AktG auf die Regeln über die Kommanditgesellschaft, und diese sind nach § 163 HGB weitgehend dispositiv. Es ist deshalb z.B. möglich, dem unbeschränkt haftenden Gesellschafter einen Beirat der Aktionäre zur Seite zu stellen und dadurch die

Aktionärsrechte zu stärken[16]. Soweit ihre Rechte durch die Ausgestaltung der Gesellschaft mittelbar geschmälert werden, ist – wie bei den Publikumspersonengesellschaften (unten, § 57 IV 1) – an eine Satzungs-Inhaltskontrolle zu denken[17]. Vor allem im Recht der GmbH & Co. KGaA wird über das Ausmaß solcher Kontrolle noch diskutiert[18].

IV. Ein Sonderrecht für die GmbH & Co. KGaA?

1. Die Komplementärfähigkeit der GmbH und anderer nichtnatürlicher Rechtsträger

a) Wie schon unter III 2a dargestellt, wurde durch *BGHZ* 134, 392 = NJW 1997, 1923 entschieden: »Eine Gesellschaft mit beschränkter Haftung kann grundsätzlich persönlich haftende Gesellschafterin einer Kommanditgesellschaft auf Aktien sein.« Seit diesem Beschluß ist für die Praxis Klarheit in einer überaus streitigen Grundfrage des KGaA-Rechts geschaffen, wenn auch die Rechtsfolgen im einzelnen noch lange nicht feststehen (zu ihnen vgl. alsbald unter IV 2). Die 3. Auflage dieses Buchs hat diese Entscheidung kommen sehen[19] und war auch weit entfernt von der Behauptung, daß eine GmbH als KGaA-Komplementärin rechtlich nicht möglich sei[20]. Behauptet wurde nur, daß der bloße Blick auf die GmbH & Co. KG, verbunden mit einem »Warum nicht auch hier?« nicht ausreiche, um die Zulassung der GmbH & Co. KGaA zu klären[21], denn[22]

- die KGaA ist nach dem Aktiengesetz eine wenig flexible Kapitalgesellschaft und nicht, wie die KG, eine elastische, für die Zulassung der Komplementär-GmbH offene Personengesellschaft;
- die KGaA ist vom Gesetzgeber, wie z.B. die Selbstorganschaft und die mitbestimmungsrechtliche Behandlung zeigt, nur für die Zulassung von natürlichen Personen als Komplementäre präpariert;
- das Recht der GmbH & Co. KG ist nach deren Zulassung nicht, wie es heute scheinen mag, in voller Konsequenz der Rechtspraxis in den Schoß gefallen, sondern es mußte in aufwendigen Rechtsstreitigkeiten einen mühsamen Prozeß der Rechtsfortbildung durchlaufen, dem nun auch die KGaA wird unterzogen werden müssen.

---

16 Vgl. *Herfs*, in: MünchHdbGesR IV, § 77 Rdnr. 61; eingehend *Assmann/Sethe*, in: Großkomm-AktG, § 287 Rdnrn. 79ff.

17 Vgl. zur GmbH & Co. KGaA *BGHZ* 134, 392, 399f. = NJW 1997, 1923, 1925; *Ihrig/Schlitt*, in: Ulmer, a.a.O., S. 63; zu den Grenzen der Inhaltskontrolle *Hommelhoff*, in: Ulmer, a.a.O., S. 18f.; *Heermann*, ZGR 2000, 81ff.

18 Überblick bei *Arnold*, a.a.O., S. 48ff.

19 3. Aufl., § 32 III 2 a: »Der Trend zeigt auf Liberalisierung.«

20 Vgl. ausdrücklich *Karsten Schmidt*, ZHR 160 (1996), 272.

21 Ebd.

22 Ebd., S. 276ff.; vgl. auch hier 3. Aufl., § 32 III 2 a.

b) Aus diesen Gründen ist noch jetzt zu bezweifeln, ob der Bundesgerichtshof Recht an der Zulassung der GmbH & Co. KGaA getan hat. Jedoch ist die von dieser Entscheidung ausgehende *Rechtsfortbildungsaufgabe* nicht mehr von der Hand zu weisen. Auch der Gesetzgeber hat eine erste Konsequenz aus dem Beschluß gezogen und in § 279 II AktG eine Sonderregelung über die Firma der KGaA ohne natürlichen Komplementär erlassen: Die Firma muß die Haftungsbeschränkung kennzeichnen (z.B. »GmbH & Co. KGaA«). Wird dies versäumt, so kann das zu einer Vertrauenshaftung der für die Gesellschaft Handelnden führen (dazu Handelsrecht, § 12 III).

2. Das Organisationsrecht der GmbH & Co. KGaA

a) Bei der Komplementär-GmbH stoßen *Außenrecht und Innenrecht* in einer für die Architektur der GmbH & Co. KGaA charakteristischen Weise aufeinander: Die GmbH, vertreten durch ihren Geschäftsführer (§ 37 GmbHG), agiert sowohl im Innenverhältnis der KGaA (Geschäftsführung) als auch in deren Außenverhältnis (Vertretung), aber aus GmbH-Sicht ist beides ein Außenhandeln, zu dem der Geschäftsführer, allein dem GmbH-Gesellschafter unterworfen, unbeschränkt imstande ist (§ 37 GmbHG). Hier droht eine Übermacht der GmbH-Gesellschafter, anders gesagt: eine Majorisierung durch Minoritäten[23].

b) Bei der GmbH & Co. KG sind wir daran gewöhnt, zwischen der *personenidentischen* und der *nicht personenidentischen GmbH & Co.* zu unterscheiden (unten, § 56 II 3). Bei der personenidentischen GmbH & Co. ist jeder Gesellschafter an beiden Gesellschaften beteiligt, und zwar i.d.R. sogar im gleichen Umfang. Das erleichtert die *Verzahnung der Gesellschaften* und vermeidet eine Asymmetrie der Binnenorganisation. Bei der GmbH & Co. KGaA, die i.d.R. als Publikumsgesellschaft angelegt ist, ist eine solche Lösung kaum zu verwirklichen. Sind aber die Kommanditaktionäre nicht an der Komplementärin beteiligt, so wächst die dem Komplementär zugedachte Herrschaftsmacht den Gesellschaftern der Komplementär-GmbH zu, und zwar ohne ein hiermit korrespondierendes Haftungsrisiko.

c) Die *Bestellung und Abberufung der Geschäftsführer* liegt in der Hand der GmbH-Gesellschafter (§ 46 Nr. 5 GmbHG). Die GmbH-Gesellschafter müssen hierbei allerdings die Interessen der Kommanditaktionäre berücksichtigen[24]. Auch kann die Satzung die Rechte der Kommanditaktionäre durch eine Beiratsverfassung stärken. Eine direkte Auswahl-, Weisungs- und Abberufungskompetenz wird dem Kommanditaktionär dagegen weder durch die Satzung der KGaA noch durch diejenige der Komplementär-GmbH zugestanden werden können[25].

---

23 *Steindorff*, in: Festschrift Ballerstedt, 1975, S. 137; *Karsten Schmidt*, ZHR 160 (1996), 281.
24 *BGHZ* 134, 399 = NJW 1997, 1925.
25 *Herfs*, in: MünchHdbGesR IV, § 77 Rdnr. 9; aber str.; vgl. *Sethe*, a.a.O., S. 170f.; *Hennerkes/Lorz*, DB 1997, 1391.

d) Der *Umfang der Geschäftsführerkompetenz* ergibt sich zunächst aus §§ 278 II AktG, 164 HGB: Die Kommanditaktionäre können außergewöhnlichen Geschäften widersprechen. Tendenziell wird dieses Recht bei einer Publikumsgesellschaft nicht verstärkt, sondern mit Blick auf den Vorstand einer AG, eher eingeschränkt werden[26]. Das führt zu der wunderlichen Konsequenz, daß die Geschäftsführung der Komplementär-GmbH zwar von deren Gesellschaftern, nicht aber von der Zustimmung der Kommanditaktionäre abhängig ist. Sinnvoll kann dies nur sein, wenn man den Gesellschaftern der Komplementär-GmbH ähnliche Pflichten auferlegt wie einem Beirat der Kommanditaktionäre.

e) Die *Verantwortlichkeit des Geschäftsführers der Komplementär-GmbH* ergibt sich aus § 43 GmbHG (dazu näher unter § 36 II 4). Aus dieser Bestimmung scheint sich zwar nur eine Haftung gegenüber der Komplementär-GmbH zu ergeben. Wie bei der GmbH & Co. KG (unten, § 56 IV 3) ist aber die gesetzliche Haftung hier mit Schutzwirkung zugunsten der unternehmenstragenden Gesellschaft, hier also der KGaA, ausgestattet, so daß diese Schäden aus schlechter Geschäftsführung direkt beim Geschäftsführer liquidieren kann[27]. Die Komplementär-GmbH haftet der KGaA ihrerseits für schlechte Geschäftsführung nach §§ 93, 283 Nr. 3 AktG, 31 BGB.

f) Die *Gesellschafter der Komplementär-GmbH* müssen ihrerseits als Mitglieder der Gesamtorganisation verstanden und demgemäß Treupflichten und Stimmverboten unterworfen werden, die in die KGaA hineinwirken[28]. Beispielsweise gilt das Stimmverbot des § 47 IV GmbHG (dazu unten, § 36 III) auch dann, wenn über ein Rechtsgeschäft der KGaA – nicht der GmbH! – mit einem Gesellschafter Beschluß gefaßt wird.

g) Die *Mitbestimmung in der GmbH & Co. KGaA* ist umstritten. Der Gesetzgeber hat es versäumt, die Frage zu regeln[29]. Für die GmbH & Co. KG hat er die Zurechnungsnorm des § 4 MitbestG geschaffen, wonach die Arbeitnehmer der KG der Komplementär-Kapitalgesellschaft zugerechnet werden. Eine GmbH & Co. KG mit mehr als 2000 Arbeitnehmern hat also einen mitbestimmten Aufsichtsrat, aber nicht in der Kommanditgesellschaft, sondern in der Komplementär-GmbH (unten, § 56 IV 5). Eine analoge Anwendung dieser Bestimmung auf die GmbH & Co. KGaA[30] ist vom *Bundesgerichtshof* in klaren Worten abgelehnt worden, weil es nicht Aufgabe der Gerichte sein könne, den auf politischem Wege gefundenen Mitbestimmungskompromiß durch eine – wie auch immer geartete – Rechtsfortbildung

26 Vgl. nur *Herfs*, in: MünchHdbGesR IV, § 77 Rdnr. 17.

27 Vgl. *Sethe*, a. a. O., S. 166 f.; *Priester*, ZHR 160 (1996), 260; für Anwendung der §§ 93, 283 Nr. 3 AktG dagegen *Graf*, a. a. O., S. 243 ff.

28 *Herfs*, in: MünchHdbGesR IV, § 76 Rdnr. 28.

29 *BGHZ* 134, 392, 400 = NJW 1997, 1923, 1925.

30 *Lothar Fischer*, a. a. O., S. 136 ff.; *Joost*, ZGR 1998, 343 ff.; *Sehte*, ZIP 1996, 2057; abl. *Graf*, a. a. O., S. 205 ff.

zu korrigieren[31]. Das ist nun einigermaßen erstaunlich, wenn man bedenkt, daß es der Bundesgerichtshof selbst gewesen ist, der durch die Zulassung der GmbH & Co. KGaA eine Lücke in das Recht der Mitbestimmung gerissen hat. Richtig ist allerdings, daß § 4 MitbestG für die Anwendung auf die KGaA nicht besonders geeignet ist, weil die Vorschrift eine Mehrheitsbeteiligung der Kommanditisten an der Komplementärgesellschaft voraussetzt und die Mitbestimmung aus der unternehmenstragenden Gesellschaft in die Komplementärin verlegt (was im Fall der GmbH & Co. KGaA zur Bildung zweier Aufsichtsräte führen müßte)[32]. Der Gesetzgeber wird wohl eine bei der KGaA selbst ansetzende Mitbestimmung einführen[33].

3. Die Finanzverfassung der GmbH & Co. KGaA

a) Auch in Fragen der Unternehmensfinanzierung muß das Recht der Kommanditgesellschaft auf Aktien in Fällen einer GmbH & Co. KGaA neu durchdacht werden. Die *Einlage der persönlich haftenden Gesellschafterin* wird nach § 281 II AktG durch die Satzung bestimmt. Eine Erhöhung unterliegt deshalb der Zuständigkeit der Hauptversammlung, ist aber nur auf Zustimmung der Komplementärin wirksam (§ 285 II 1 AktG). Ein Bezugsrecht der Kommanditaktionäre besteht nicht[34]. Im Fall der GmbH & Co. KGaA sollte – wie bei der GmbH & Co. KG (unten, § 56 IV 1 a) – die Beteiligung als »Komplementärin ohne Kapitalanteil« anerkannt werden[35].

b) Ein *kapitalsicherndes Rückzahlungsverbot* kennt das Gesetz nur zu Lasten der Kommanditaktionäre (§§ 56, 62, 278 III AktG), nicht auch zu Lasten des Komplementärs. Im Fall der GmbH & Co. KGaA gelten aber für die Komplementärin und ihre Gesellschafter die §§ 30 f. GmbHG.

4. Gestaltungsvarianten ohne Ende?

Die GmbH & Co. KGaA hat durch den Beschluß *BGHZ* 134, 392 = NJW 1997, 1923 vorerst nicht den erwarteten Auftrieb erhalten. Das Bedauern hierüber sollte sich in Grenzen halten. Da die Gestaltungspraxis, wenn ihr nicht Mindeststandards vorgegeben werden, unersättlich ist, wird abzuwarten sein, ob sie dem Markt weitere Denaturierungen der für die Gegenwartsbedürfnisse schlecht gerüsteten Rechtsform der Kommanditgesellschaft auf Aktien zumuten wird. Zu denken ist etwa an die mehrstöckige GmbH & Co. KGaA oder an die sternförmige GmbH & Co. KGaA (eine GmbH-Komplementärin für eine ganze Reihe von Kommanditgesellschaften auf Aktien),

31 *BGHZ* 134, 392, 400 = NJW 1997, 1923, 1925; so auch *Herfs*, in: MünchHdbGesR IV, § 77 Rdnr. 59.
32 *Arnold*, a.a.O., S. 113 f.
33 *Herfs*, in: MünchHdbGesR IV, § 76 Rdnr. 4.
34 *Herfs*, in: MünchHdbGesR IV, § 78 Rdnr. 4.
35 Die Komplementärin fungiert dann wie ein Drittorgan; Rechtsträgerbeteiligung und Vermögensbeteiligung fallen auseinander; näher *Verf.*, in: Festschrift Forstmoser, Zürich 2002.

an die Auslandsgesellschaft & Co. KGaA oder gar an die Stiftung & Co. KGaA (zu diesen Varianten der GmbH & Co. vgl. unten, § 56 VII). Auch von der Einheits-GmbH & Co. KGaA ist schon die Rede, bei der die Kommanditgesellschaft auf Aktien sämtliche Anteile an der Komplementär-GmbH hält, doch wird von dieser komplizierten Variante aus Gründen, die aus dem Recht der GmbH & Co. KG bekannt sind, in praktischer Hinsicht abzuraten sein (dazu unten, § 56 II 3 e).

Vierter Abschnitt: Die Gesellschaft mit beschränkter Haftung

§ 33 Grundlagen*

I. Begriff und Rechtsnatur der GmbH

1. Begriff

a) Die Gesellschaft mit beschränkter Haftung ist nicht im Gesetz definiert. Aus §§ 1, 5, 13 GmbHG kann man jedoch in Anlehnung an § 1 AktG folgende Definition entwickeln: *Die Gesellschaft mit beschränkter Haftung ist eine aus einem oder mehreren Gesellschaftern bestehende Gesellschaft mit eigener Rechtspersönlichkeit, die ein in Stammeinlagen zerlegtes Stammkapital hat*[1]. Die GmbH ist nicht auf einen bestimmten Zweck festgelegt. Nach § 1 GmbHG kann eine GmbH zu jedem zulässigen – gewerblichen oder nichtgewerblichen! – Zweck gegründet werden[2]. Damit ist die GmbH aus gesellschaftsrechtlicher Sicht universell verwendbar, also nicht nur für gewerbliche Zwecke, sondern z. B. auch als »non-profit-Gesellschaft«.

b) Es gibt allerdings Einzelregelungen, die – meist aus Gründen der Wirtschaftsaufsicht oder des beruflichen Standesrechts – die Verfolgung rechtlich

---

* Literatur: *Bartl/Fichtelmann/Henkes/Schlarb/Schulze*, GmbH-Recht (Heidelberger Kommentar), 5. Aufl. 2002; *Baumbach/Hueck*, GmbHG, 17. Aufl. 2000; *Brodmann*, GmbHG, 1923; *Burkert*, Die GmbH, 1981; *Eder/Kallmeyer* u. a., Handbuch der GmbH (Loseblattausgabe); *Feine*, Die GmbH, in: Ehrenbergs Hdb. III/3, 1929; *Curt E. Fischer*, Die GmbH, 1948; *Goette*, Die GmbH, 2. Aufl. 2002; *Goutier/Seydel*, GmbHG (Loseblattausgabe); *Hachenburg*, GmbHG, 8. Aufl. 1989 ff.; *Henze*, Handbuch zum GmbH-Recht, 2. Aufl. 1997; *Hommelhoff*, Die deutsche GmbH im System der Kapitalgesellschaften, in: Roth (Hrsg.), Das System der Kapitalgesellschaften im Umbruch, 1990, S. 26; *Lutter/Hommelhoff*, GmbHG, 15. Aufl. 1999; *Lutter/Ulmer/Zöllner* (Hrsg.), Festschrift 100 Jahre GmbH-Gesetz, 1992; *Meyer-Landrut*, GmbHG, 1987; *Müller/Hense* (Hrsg.), Beck'sches Hdb. der GmbH, 2. Aufl. 1999; *Priester/Mayer* (Hrsg.), Münchener Hdb. zum Gesellschaftsrecht, Bd. 3: GmbH, 1996; *Pro GmbH*, Analysen und Perspektiven des Gesellschafts- und Steuerrechts der GmbH, 1980; *Roth/Altmeppen*, GmbHG, 3. Aufl. 1997; *Roth* (Hrsg.), Die Zukunft der GmbH, Wien 1983; *Rowedder*, GmbHG, 3. Aufl. 1997; *Scholz*, GmbHG, 9. Aufl. 2000/2002; *Tillmann/Winter*, GmbH-Praktikum, 1999; *Ulmer*, Recht der GmbH und GmbH & Co. nach 50 Jahren BGH-Rechtsprechung, in Festgabe BGH II, 2000, S. 273.

1 Vgl. etwa *Raiser*, Kapitalgesellschaften, § 1, Rdnr. 2, § 24.

2 Vgl. *Loidl*, Die GmbH ohne erwerbswirtschaftliche Zielsetzung, 1970; *Scholz*, Zu welchem Zweck kann eine GmbH gegründet werden? GmbHR 1942, 281; *Scholz/Westermann*, Einl. Rdnrn. 37 f.; *H. P. Westermann*, Die GmbH – ein »Allzweckinstrument«? in: Pro GmbH, a. a. O., S. 23; *Winkler*, Nichtgewerbliche, ideale, insbesondere politische Zielsetzungen als Inhalt von Gesellschaftsverträgen und Satzungen, NJW 1970, 449; *Priester*, Nonprofit-GmbH – Satzungsgestaltung und Satzungsvollzug, GmbHR, 1999, 149.

zulässiger Zwecke in der Rechtsform der GmbH verbieten. So insbesondere auf dem Sektor der Hypotheken- und Schiffskreditbanken[3], der Bausparkassen[4], der Versicherungen[5], der Apotheken[6], der gewerbsmäßigen Versteigerung von fremden Sachen und Grundstücken[7] und bei einem Teil der freien Berufe[8]. Für diese bestehen berufsrechtliche Beschränkungen, in die aber Bewegung gekommen ist. Aufgrund von §§ 49 I StBerG, 27 I WPO sind Steuerberatungs- und Wirtschaftsprüfungsgesellschaften m. b. H. zugelassen, und mehr und mehr werden auch die sonstigen berufsrechtlichen (»standesrechtlichen«) Beschränkungen gelockert[9], vor allem durch den neuen § 59c BRAO, der die Zulassung der Rechtsanwalts-GmbH zur Anwaltschaft ermöglicht.[10] Ausgangspunkt dieser Entwicklung waren zwei Entscheidungen:

Beispiel Nr. 1 (BGHZ 124, 224 = NJW 1994, 786): In einem UWG-Prozeß klagte eine Zahnärztekammer gegen eine GmbH, deren Unternehmensgegenstand neben dem Handel mit Dental-Hygieneartikeln auch die Durchführung zahnkosmetischer und zahnmedizinischer Maßnahmen durch approbierte Ärzte enthielt. Der *Bundesgerichtshof* entschied, daß das Zahnheilkundegesetz dem Angebot zahnheilkundlicher Maßnahmen durch eine GmbH nicht grundsätzliche entgegensteht (ebenso in der Vorinstanz bereits *OLG Düsseldorf*, NJW-RR 1992, 808; zur Arzt-GmbH allgemein *Meyer/Kreft*, GmbHR 1997, 193).

Beispiel Nr. 2 (nach *BayObLG*, NJW 1995, 199): Eine Anwalts-GmbH, deren Unternehmensgegenstand die Besorgung von Rechtsangelegenheiten durch Rechtsanwälte war, war vom Registergericht als unzulässig angesehen und nicht eingetragen worden. Das *LG München* (NJW 1994, 1882) hatte dies bestätigt. Das *BayObLG* entschied: »(1.) Der Zusammenschluß von Rechtsanwälten zur gemeinsamen Berufsausübung in einer GmbH ist grundsätzlich zulässig. (2.) Die Anwalts-GmbH ist jedenfalls dann im Handelsregister eintragungsfähig, wenn ihre Satzung die zur Wahrung der Unabhängigkeit des Rechtsanwalts unerläßlichen Mindestvoraussetzungen enthält.« Das *BayObLG* hat diese Rechtsprechung fortgesetzt und auch die Amtslöschung einer Anwalts-GmbH für unzulässig erklärt (*BayObLG*, NJW 1996, 3217).

c) Ganz abgesehen von rechtlichen Hindernissen kann sich die GmbH auch aus Zweckmäßigkeitsgründen als ungeeignet für den geplanten Zweck erweisen, z. B. weil keine Verwendung für das aufzubringende Gesellschaftsvermögen besteht oder weil ein freier Eintritt und Austritt möglich sein soll oder weil die Steuerbelastung der GmbH im Wege ist.

Beispiel Nr. 3: Ein Billardclub, eine Religionsgemeinschaft, eine Interessenvereinigung ohne jeden Finanzbedarf oder eine Publikumsgesellschaft wird aus reinen Zweckmäßigkeitsgründen schwerlich als GmbH gegründet werden.

---

3 § 2 I HypBankenG, § 2 I SchiffsbankenG 1963.

4 § 2 I BausparkassenG 1972.

5 § 7 I VAG.

6 § 8 ApothG.

7 § 34 b III 1 GewO.

8 Vgl. *Scholz/Emmerich* § 1 Rdnr. 13; eingehend *Michalski*, Das Gesellschafts- und Kartellrecht der berufsrechtlich gebundenen Berufe, 1989, S. 292ff.

9 Vgl. *Scholz/Emmerich*, § 1 Rdnrn. 13ff.; ältere Nachweise 3. Aufl., § 33 I 1.

10 *Feuerich/Braun*, BRAO, 4. Aufl. 1999, § 59 c; *Henssler*, NJW 1999, 241; *Römermann*, GmbHR 1999, 526, 1175; *ders.*, GmbHR, 1998, 966; *Zuck*, MDR 1998, 1317.

2. Rechtsnatur

a) Die GmbH ist *juristische Person.* Nach § 13 I GmbHG hat sie als solche selbständig ihre Rechte und Pflichten, kann Eigentum und andere dingliche Rechte an Grundstücken erwerben, vor Gericht klagen und verklagt werden. Sie ist m.a.W. rechts- und parteifähig. Sie ist auch insolvenzrechtsfähig (vgl. § 11 InsO). In das Gesellschaftsvermögen kann nur mit einem gegen die Gesellschaft gerichteten Titel vollstreckt werden.

b) Die GmbH ist *Kapitalgesellschaft* (vgl. oben, § 3 I 2a). Das feste Stammkapital kann nur durch Satzungsänderung, nicht einfach durch Eintritt und Austritt von Gesellschaftern geändert werden. Als Körperschaft ist die GmbH eine kapitalistische Sonderform des Vereins[11]. Allerdings trägt sie im tatsächlichen Leben vielfach personalistische Züge (vgl. oben, § 3 II 1a). Das hängt mit der Verbreitung der GmbH in der mittelständischen Wirtschaft und mit der fehlenden Börsengängigkeit der Geschäftsanteile zusammen. Die personalistische Struktur dieser Kapitalgesellschaften schlägt sich auch in der Verfassung der GmbH nieder, und zwar meist noch viel mehr in den Gesellschaftsverträgen als in den gesetzlichen Regeln des GmbHG.

c) Nach § 13 III GmbHG ist die GmbH *Handelsgesellschaft* i.S. des § 6 HGB[12]. Sie ist also Kaufmann kraft Rechtsform (näher Handelsrecht, § 10 II 2) und unterliegt damit den für Kaufleute geltenden Vorschriften, gleichgültig, ob ihr Zweck auf den Betrieb eines Unternehmens gerichtet ist oder nicht. Allerdings ist die Verfassung der GmbH in erster Linie auf den Betrieb eines Unternehmens gerichtet, und so muß jeder Gesellschaftsvertrag auch den »Gegenstand des Unternehmens« benennen (§ 3 I Nr. 2 GmbHG). Die Bedeutung dieses Begriffs wurde oben unter § 4 II 3 entwickelt. Regelmäßig, aber keineswegs immer, bezieht sich dieser »Gegenstand des Unternehmens« wirklich auf ein Unternehmen. Die Mehrzahl der Gesellschaften m.b.H. ist unternehmerisch tätig. Es wird denn auch die Auffassung vertreten, jede GmbH sei als Unternehmen im Rechtssinne einzuordnen[13]. Diese These ist problematisch insofern, als es keinen einheitlichen Unternehmensbegriff gibt (Handelsrecht, § 4 I). Hinzu kommt, daß das Recht der GmbH neben den unternehmenstragenden Gesellschaften auch diejenigen (wenngleich seltenen) Gesellschaften umfaßt, die keine Unternehmenstätigkeit ausüben, z.B. als Holdinggesellschaften[14] oder als »non-profit-Gesellschaften«, die sogar gemeinnützig i.S. der §§ 51ff. AO sein können.[15] Auf die nicht erwerbswirtschaftlich tätige GmbH läßt sich nun zwar das ganze GmbH-Recht und, da sie Formkaufmann ist, im Außenverhältnis auch das Handelsrecht anwenden; aber die These von der GmbH als Unternehmen entspricht doch nicht der

11 Vgl. *Scholz/Westermann*, Einl. Rdnr. 4 m.w.N.

12 Die Vorschrift ist ohne Notwendigkeit wie eine Fiktion formuliert.

13 *Raiser*, Kapitalgesellschaften, § 6 Rdnr. 12.

14 Über die GmbH als Holding vgl. *Kraft* und *Krieger*, in: Lutter (Hrsg.), Holding-Handbuch, 3. Aufl. 1998, B 5ff., E 52f.

15 Über die »non-profit«-GmbH vgl. *Priester*, GmbHR 1999, 149ff.

Eigenart einer solchen GmbH, und sie vernebelt auch die wichtige Unterscheidung zwischen dem Unternehmen als Organisation und dem Unternehmensträger als Rechtssubjekt (dazu Handelsrecht, § 4 IV 2 und oben, § 12 IV 1). Sie ist deshalb selbst für die unternehmenstragende GmbH abzulehnen, denn hier ist zwar ein Unternehmen vorhanden, aber dieses ist nicht identisch mit der GmbH. Wer einfache Formeln liebt, mag etwa sagen: Die GmbH »hat« i. d. R. ein Unternehmen, aber sie »ist« nicht ein Unternehmen.

Beispiel Nr. 4: Die GmbH wird durch Beschluß der Gesellschafter aufgelöst (§ 60 I Nr. 2 GmbHG) und unter Übertragung des gesamten Vermögens auf eine Auffanggesellschaft abgewickelt. Dann erlischt nach Vollzug dieser Abwicklung die GmbH, während das Unternehmen nur aus der Hand der GmbH in neue Hände übergeht.

Beispiel Nr. 5: Die Phänomene der Vorratsgründung und der Mantelverwertung (oben § 4 III) sind überhaupt nur verständlich, wenn man die GmbH und das von ihr i. d. R. betriebene Unternehmen voneinander unterscheidet. Die »Vorrats-GmbH« ist als GmbH eine komplette juristische Person, die nur noch darauf wartet, zur Trägerin eines Unternehmens gemacht zu werden.

II. Geschichte der GmbH und des GmbH-Rechts*

1. Die GmbH als Kunstschöpfung

a) Während die meisten privatrechtlichen Verbandsformen – vor allem die Vereine, Aktiengesellschaften, Genossenschaften und Personengesellschaften – unabhängig vom Gesetz entstanden sind und nur vom Gesetzgeber nachträglich ein konfektioniertes Rechtskleid erhielten, ist die GmbH eine Kunstschöpfung des Gesetzgebers. Die Schaffung der GmbH beruhte auf der Überlegung, daß die Rechtsformen der Aktiengesellschaft und der Personengesellschaften allein den praktischen Bedürfnissen nicht genügten[16] und daß zwischen diesen Verbandsformen noch eine Gesellschaft mit dem Vorzug der Haftungsbeschränkung angelegt werden müsse. Wie das genau zu geschehen habe, war zunächst umstritten. Es lag ein Entwurf aus der Hand des Abgeordneten *Oechelhäuser* vor[17], der auf das Modell einer modifizierten Per-

* Literatur (vgl. zunächst die Angaben vor I): *Ballerstedt*, 75 Jahre GmbH-Gesetz, GmbHR 1967, 66; *Curt E. Fischer*, Die GmbH, 1948; *Hachenburg/Ulmer*, Einl. Rdnrn. 1 ff.; *Klausing*, Die Neuordnung der Gesellschaft mit beschränkter Haftung, Erster Arbeitsbericht zur Reform der GmbH, Arbeitsberichte der Akademie für Deutsches Recht, Heft 5, 1938; *ders.*, Die Neuordnung der Gesellschaft mit beschränkter Haftung, Zweiter Arbeitsbericht zur Reform der GmbH, 1940; *Koberg*, Die Entstehung der GmbH in Deutschland und Frankreich, 1992; *Moshaf*, Die Reformen des Rechts der Gesellschaften m. b. H., 1994; *Raisch*, Unternehmensrecht I, 1973, S. 169 ff.; *Schubert*, Einführung, in: Schubert (Hrsg.), Entwurf des Reichsjustizministeriums zu einem Gesetz über die Gesellschaften mit beschränkter Haftung von 1939, 1985, S. 17 ff.; *ders.*, Das GmbH-Gesetz von 1892, in: Lutter/Ulmer/Zöllner, Festschrift 100 Jahre GmbH-Gesetz, 1992, S. 1 ff.; *in der Stroth*, Das Recht der GmbH bis 1933: Tatsachen, Kritik, Reformvorschläge, 1992; *Ulmer*, a. a. O.; *ders.*, 40 Jahre BGH-Rechtsprechung zum GmbH-Recht, GmbHR 1990, 429.

16 Vgl. Begr. GmbHG 1891, S. 24 ff.

17 Abdruck bei *Schilling*, in: Festschrift Kunze, 1969, S. 205 ff.

sonengesellschaft hinauslief[18]. Der Gesetzgeber ist diesem Modellvorschlag mit dem GmbH-Gesetz von 1892 nicht gefolgt, sondern schuf in Gestalt der GmbH eine modifizierte Kapitalgesellschaft. Er wollte einerseits, daß »das Verhältnis der Mitglieder zu der Gesellschaft erheblich fester geknüpft wird als bei der Aktiengesellschaft«[19], er hatte aber auf der anderen Seite Bedenken, das personalistische Element der oHG und der KG auf eine Gesellschaft ohne persönliche Gesellschafterhaftung zu übertragen[20]. Er sah die Aufgabe darin, »der neuen Gesellschaft im Einklang mit dem Umfange ihres Anwendungsgebietes auch rechtlich eine Mittelstellung zwischen den streng individualistischen Gesellschaftsformen des geltenden Rechts und der als äußerste Konsequenz des kapitalistischen Prinzips sich darstellenden Aktiengesellschaft anzuweisen«. So entstand aus der Idee einer Typenmischung eine neue Verbandsform (zu der Entstehung von Rechtsformen aus Typen vgl. schon oben, § 3 II 1).

b) Die neue Rechtsform fand alsbald *erhebliche Verbreitung* im deutschen Reich (zur gegenwärtigen Verbreitung vgl. unter III 1). Sie wurde in zahlreiche andere europäische und außereuropäische Rechtsordnungen übernommen, und zwar vielfach mit ähnlich durchschlagender Wirkung wie in Deutschland[21]. Zu den Ausnahmen gehört die Schweiz, wo die GmbH zwar gleichfalls zugelassen ist, jedoch aufgrund von Besonderheiten des schweizerischen Aktienrechts die Aktiengesellschaft nicht an Bedeutung überflügelt hat[22]. Auch z. B. in Griechenland, dessen Gesellschaftsrecht erheblich vom deutschen Recht beeinflußt ist, hat sich die GmbH nicht wie in Deutschland durchsetzen können. Schließlich gibt es Länder wie die meisten US-Staaten, die die GmbH nur als Variante der Kapitalgesellschaft (corporation) ohne Börsenzugang regeln.

2. Weitere Entwicklung

a) Das GmbHG von 1892 ist in seiner knapp hundertjährigen Geschichte *nur unbedeutend geändert* worden. Vor allem die der GmbH-Novelle von 1980 vorausgegangenen und nachgefolgten Gesetzesänderungen[23] betrafen stets nur Einzelfragen. Aber auch die Novelle selbst konnte schwerlich als eine wirkliche Neuordnung des GmbH-Gesetzes verstanden werden (dazu sogleich unter II 2 b). Man kann die Situation im Vergleich mit dem Aktienrecht dahin umschreiben, daß die *Aktienrechtsgeschichte* eine *Geschichte der Re-*

18 Dazu etwa *Raisch*, Unternehmensrecht I, a. a. O., S. 169 f.; zu den seinerzeitigen Stellungnahmen vgl. eingehend *Riesser*, Zur Revision des Handelsgesetzbuches, 1889, S. 295 ff.

19 Begr. GmbHG 1891, S. 31 f.

20 Begr. GmbHG 1891, S. 32 ff.

21 Eingehend *Lutter*, in: Lutter/Ulmer/Zöllner, Festschrift 100 Jahre GmbH-Gesetz, 1992, S. 49 ff.; Centrale für GmbH (Hrsg.), Die GmbH-Rechte in den EG-Staaten, 1993; für die USA: *Bungert*, Die GmbH im US-amerikanischen Recht, 1993.

22 Für das Jahr 1998 wurden 18442 GmbH gegenüber 79719 AG gezählt; vgl. Angaben des Bundesamtes für Statistik der Schweiz.

23 Überblick bei *Scholz/Westermann*, Einl. Rdnrn. 45 ff.

formgesetze ist, die *Geschichte des GmbH-Rechts* dagegen eine *Geschichte der Rechtsfortbildung.* Deshalb haben Rechtsprechung und Literatur an der Entwicklung des GmbH Rechts weitaus stärkeren Anteil als die Gesetzgebung. Daß trotz der stabilen Gesetzeslage ein nicht unbeträchtlicher Wandel eintreten konnte, liegt an der Flexibilität des Gesetzes und der 1891 geschaffenen Rechtsform. Im Gegensatz zum Aktiengesetzgeber hat der Gesetzgeber des GmbHG auf jeden Perfektionismus verzichtet und hierdurch Entwicklungsspielräume gelassen. Vertragspraxis, Rechtsprechung und Literatur haben von diesen Spielräumen reichen Gebrauch gemacht. Wer einen Kommentar der Jahrhundertwende mit einem modernen Kommentar vergleicht, wird nicht nur eine Vervielfältigung der Gestaltungen und Probleme feststellen, sondern auch einen inhaltlichen Wandel des GmbH-Rechts.

b) Allerdings sind die *rechtspolitischen Reformbestrebungen* des Jahrhunderts auch am GmbH-Gesetz keineswegs spurlos vorbeigegangen. Im Mittelpunkt der Reformüberlegungen standen meist folgende Fragen:
- Soll die GmbH als Allerweltsform mit beliebigem Zweck und beliebiger Unternehmensgröße fortbestehen?
- Bedarf es einer Stärkung des Gläubigerschutzes?
- Bedarf es einer Stärkung des Minderheitenschutzes?

Schon 1909 legte *Max Hachenburg* Reformüberlegungen vor[24]. Ihm folgten aufsehenerregende Reformvorschläge von *Franz Fränkel*[25]. Vollends geriet die GmbH in das rechtspolitische Gespräch, als in den 30er Jahren teils von ordoliberaler, teils von nationalsozialistischer Seite, teils wohl auch einfach mit nüchternem Blick auf die durch den Mißbrauch beschränkter Haftung verursachten volkswirtschaftlichen Schäden zum Angriff gegen die GmbH aufgerufen wurde[26]. Welche Rolle das ideologische, gegen »anonymes Kapital« gerichtete antiliberale Denken des Nationalsozialismus bei diesem Kampf gegen die GmbH gespielt hat, ist nicht präzis auszumachen. Es setzten sich dann aber von wissenschaftlicher Seite (Wortführer: *Friedrich Klausing*) wie von ministerieller Seite (Wortführer: *Quassowski* und *Schlegelberger)* diejenigen Stimmen durch, die für den Fortbestand der GmbH plädierten. Die von *Klausing* vorgelegten Arbeitsberichte der Akademie für Deutsches Recht zielten auf eine Neuordnung, nicht Abschaffung der GmbH[27]. Ein *Reformentwurf*, der zur weiteren Legitimation der GmbH und zu einer Verbesserung des GmbH-Rechts hätte beitragen sollen, entstand 1939[28]. Man geht wohl nicht fehl in der Annahme, daß bei friedlichem

24 *Hachenburg*, LZ 1909, 13.
25 Die GmbH. Eine volkswirtschaftliche Studie, 1915.
26 Vgl. vor allem *Großmann-Doerth*, Gutachten für den 5. Deutschen Juristentag in der Tschechoslowakei, 1931, S. 170; *ders.*, HansRGZ 1934, A 19; 1937, A 281; 1938, A 209; *Curt E. Fischer*, ZfB 14 (1937), 71, 172.
27 *Klausing*, Die Neuordnung der Gesellschaft mit beschränkter Haftung, Erster und Zweiter Arbeitsbericht zur Reform der GmbH, a. a. O.; *Werner Schubert* (Hrsg.), Akademie für Deutsches Recht 1933-1945, Protokolle der Ausschüsse, Ausschuß für GmbH-Recht, 1986.
28 Vgl. mit vielen historischen Informationen *Schubert* (Hrsg.), Entwurf des Reichsjustizministeriums zu einem GmbHG von 1939, a. a. O.

Verlauf der Geschichte dem Aktiengesetz von 1937 alsbald ein neues GmbH-Gesetz gefolgt wäre. Die Kriegsereignisse verhinderten dann aber eine Reform. Nach dem Zweiten Weltkrieg flammte die Diskussion um die GmbH wieder auf[29]. Als überwiegende Auffassung zeichnete sich wiederum ab, daß die GmbH nicht abgeschafft, daß aber das GmbH-Recht grundlegend reformiert werden solle. Wie in den 30er Jahren reformierte man wieder zunächst das Aktienrecht und wandte sich dann einer Erneuerung des GmbH-Rechts zu. Als Ergebnisse dieser Reformüberlegungen wurden nach der Verabschiedung des Aktiengesetzes von 1965 ein *Referentenentwurf von 1969*[30] sowie ein *Regierungsentwurf von 1971/1973*[31] vorgelegt. Beide Entwürfe stellten ein vollständig neues GmbH-Gesetz vor, in dem vor allem auch das Recht der verbundenen Unternehmen umfassend geregelt werden sollte. Nicht nur in ihrem Perfektionismus, sondern auch in ihrem Bild von der GmbH als einer lupenreinen Kapitalgesellschaft trugen diese Entwürfe ausgeprägt aktienrechtliche Züge. Das mag ein Hauptgrund für ihr Scheitern gewesen sein. Statt einer regelrechten GmbH-Reform wurde im Jahr 1980 nur eine *GmbH-Novelle* verabschiedet[32]. Das war vielleicht besser als eine Totalreform nach dem Leitbild des Aktienrechts. Über die Novelle von 1980, so wie sie verabschiedet wurde, läßt sich allerdings sagen, daß sie

- teils Wiederholungen anerkannter Rechtsgrundsätze (z.B. die Differenzhaftung des Sacheinlegers nach § 9 GmbHG),
- teils Verbesserungen im Detail (z.B. die Zulassung der Einpersonengründung und die Erhöhung des Mindeststammkapitals in §§ 1, 5 GmbHG),
- teils unausgereifte Veränderungen (z.B. die unklare Auskunftsrechtsregelung in § 51 a GmbHG),
- teils problematische Eingriffe in weit fortgeschrittene Rechtsfortbildungsprozesse (z.B. §§ 32 a, b GmbHG über kapitalersetzende Gesellschafterdarlehen)

enthielt, während unentbehrliche Neuregelungen wie die über die vereinfachte Kapitalherabsetzung (§§ 58 a ff. GmbHG) erst 1994 nachgetragen wurden[33]. Insgesamt hat sich der Gesetzgeber mit der Novelle von 1980 ein schlechtes Zeugnis ausgestellt[34]. Die wesentlichen rechtspolitischen Strömungen des GmbH-Rechts gehen deshalb nach wie vor von der Rechtsprechung und von der Literatur aus. Es wäre freilich ein Irrtum, wollte man die jahrzehntelange Diskussion um eine im Gesetz nicht zum Ausdruck gelangte große GmbH-Reform als eine folgenlose Debatte abtun. Tatsache ist vielmehr, daß nicht zuletzt die de lege ferenda geführte Diskussion auch den

29 Statt umfassender Dokumentation sei verwiesen auf die Sammelbände: *Geßler* (Hrsg.), GmbH-Reform, 1970; Probleme der GmbH-Reform, 1970; s. auch *Ballerstedt* GmbHR 1967, 66ff.

30 Referentenentwurf eines Gesetzes über Gesellschaften mit beschränkter Haftung, 1969.

31 BR-Drucks. 404/71 = BT-Drucks. VI/3088; BT-Drucks. VII/253.

32 Zu ihr vgl. statt vieler *Deutler/Hesselmann/Raiser/Karsten Schmidt/Ulmer*, in: Das neue GmbH-Recht in der Diskussion, 1981; *Gersch/Herget/Marsch/Stützle*, GmbH-Reform, 1980; *Geßler*, BB 1980, 1385; *Lutter*, DB 1980, 1317; *Priester* DNotZ 1980, 515; *Karsten Schmidt*, NJW 1980, 1769; *Timm*, GmbHR 1980, 286.

33 Art. 48 EGInsO v. 5.10.1994 (BGBl. I S. 2911); zur entsprechenden Forderung des Verf. vgl. *Karsten Schmidt*, in: Verhandlungen des 54. DJT, Bd. I, 1982, S. D 110, D 134.

34 Vgl. *Karsten Schmidt*, JZ 1984, 880.

Boden für manche Fortbildung des GmbH-Rechts de lege lata bereitet und aus einem gescheiterten Reformereignis eine perpetuierliche Reform gemacht hat. Freilich wirft diese Fortbildung immer wieder die Frage auf, wie weit Rechtsprechung und Literatur ohne Gesetzesänderung fortschreiten dürfen.

c) Blieb hiernach das GmbH-Gesetz weitgehend unverändert, so blieb doch das GmbH-Recht nicht unberührt von anderen Reformgesetzen. Entgegen dem äußeren Anschein haben diese Gesetze das GmbH-Recht stärker verändert als die vieldiskutierte GmbH-Novelle. Besonders hinzuweisen ist auf
- das Publizitätsgesetz,
- das Mitbestimmungsgesetz,
- das Bilanzrichtliniengesetz,
- das Umwandlungsgesetz,
- die Insolvenzordnung,
- das Kapitalaufnahmeerleichterungsgesetz und das Gesetz zur Kontrolle und Transparenz im Unternehmensbereich (KonTraG).

d) Die rechtspolitischen Hauptprobleme sind nach wie vor die unter II 2b genannten. Unter ihnen steht das des Gläubigerschutzes im Vordergrund. Ein schlecht funktionierendes Haftungs- und Insolvenzrecht hat dafür gesorgt, daß die GmbH-Rechtsform immer mehr dazu mißbraucht wird, nach Belieben (Einmann-) Gesellschaften zu gründen und im Fall ihres Scheiterns zum Nachteil der Gläubiger masselos zu liquidieren, worauf dann nicht selten alsbald eine neue GmbH gegründet wird, deren Erträge der erfolglosen Altgesellschaft und ihren Gläubigern nicht zugute kommen. Nicht selten werden auch Haftungsrisiken in recht bedenklicher Weise aufgeteilt.

Beispiel Nr. 6: Wenn man von einem Kaufmann K hört, er habe »schon dreimal Konkurs gemacht und gut daran verdient«, dann ist diese Geschichte juristisch wohl ungenau, denn Rechtsschuldbefreiung als Einzelkaufmann kann K nicht beliebig oft hintereinander erhalten (§ 290 I Nr. 3 InsO)[35]. Es kann sich aber so zugetragen haben, daß K schon mehrere Gesellschaften m. b. H. bis zur Insolvenz geführt, jedesmal eine neue Gesellschaft mit neuen Geschäftsführern gegründet und hiervon gut gelebt hat.

Beispiel Nr. 7: Wenn ein Verlag zehn erfolgreiche Zeitschriften betreibt und nun zwei überaus riskante neue Projekte in Gang setzt, scheint es verlockend, für diese neuen Projekte zwei Gesellschaften m. b. H. zu gründen. Es ist eine durchaus erlaubte Überlegung, daß ein Mißerfolg dieser neuen Zeitschriften nicht den ganzen Verlag in den Strudel ziehen soll, aber es ist doch rechtspolitisch bedenklich, wenn der Verlag von einem Erfolg soll profitieren, das Risiko eines Mißerfolgs aber soll abschütteln können (zur Konzernhaftung in diesen Fällen vgl. unten, § 39 III).

Diesen und ähnlichen Problemen müssen sich Gesetzgebung und Rechtspraxis stellen, gerade wenn die Unternehmensführung in GmbH eine legitime Form der Haftungsbeschränkung bleiben soll (vgl. auch sogleich unter III 1 b). Auch die aufgeregten Debatten um die »Konzernhaftung« des GmbH-Gesellschafters (unten, § 39 III 3, 4) haben hier ihren Grund.

35 Nach dem bis 1998 geltenden Konkursrecht galt sogar das Recht der freien Nachforderung, so daß K nicht durch Konkursantrag seine Altschulden abschütteln konnte (§ 155 KO).

e) Eine *europäische Schwesterfigur* soll *in Gestalt der Europäischen Privatgesellschaft* entstehen (oben, § 2 II 3b).

III. Bedeutung und Typen der GmbH

1. Bedeutung

a) Die *zahlenmäßige Bedeutung der GmbH* ist aus den Angaben des Statistischen Bundesamtes ablesbar[36]. Es nennt
für 1982: 296693 Gesellschaften,
für 1984: 324773 Gesellschaften,
für 1986: 346371 Gesellschaften,
für 1988: 376429 Gesellschaften,
für 1990: 433731 (früheres Bundesgebiet),
für 1991: 465660 (früheres Bundesgebiet).
1995 gab es im Bundesgebiet mehr als 650000 Gesellschaften m.b.H.[37], Ende 1997 sogar ca. 795000 Gesellschaften m.b.H., deren Zahl sich bis 1998 auf 815000 erhöht haben dürfte.[38] Dabei muß freilich beachtet werden, daß sich hinter Gesellschaften m.b.H. nicht durchweg GmbH-Unternehmen verbergen. Ein nicht unbeträchtlicher Anteil entfällt auf die Komplementär-GmbH in der GmbH & Co. KG, also auf Unternehmen in Personengesellschaften.

b) *Das Renommé der GmbH im Rechtsverkehr* hält allerdings mit ihrer Verbreitung nicht Schritt. Da diese Rechtsform – und mit ihr die GmbH & Co. – nicht selten von unseriösen Geschäftsleuten als Mittel der Haftungsbeschränkung zum Billigtarif benutzt worden ist, wird der GmbH vielfach erhebliches Mißtrauen entgegengebracht[39]. Gesetzgebung und Rechtsanwendung können solche mißbräuchlichen Praktiken nicht generell ausschließen oder abstellen. Ihre Aufgabe ist es allerdings, das in den Kräften des Rechts Stehende zu tun, damit trotz Haftungsbeschränkung Seriosität gewährleistet ist. Vor allem die Rechtsprechung steht hier nicht selten vor einem rechtspolitischen Dilemma. Sie muß einerseits immer wieder die Grenzen des Gläubigerschutzes bei Kapitalgesellschaften respektieren und darf nicht die Haftungsbeschränkung, wo immer sie wirklich zum Tragen kommt, mit schneidigen Durchgriffskonstruktionen konterkarieren (vgl. zum Durchgriff schon oben, § 9 IV). Auf der anderen Seite täte die Rechtsprechung auf Dauer nicht nur dem Rechtsverkehr, sondern auch der GmbH einen schlechten Dienst, wenn sie Mißbrauchsmöglichkeiten folgenlos hinnähme. Das wurde schon unter II 2d angedeutet. Wer nicht verhindert, daß sich die GmbH

36 Statistische Jahrbücher 1985-1994; seither wurden die Erhebungen über den Bestand und die Veränderungen bei den Kapitalgesellschaften eingestellt.
37 Vgl. GmbHR 1995, 507
38 Hochrechnung aus den Erhebungen zur Umsatzsteuer: *Hansen*, GmbHR, 1998, 582; *ders.*, GmbHR 1999, 24
39 Vgl. zum folgenden die Nachweise bei *Ulmer*, GmbHR 1984, 256ff.

rechtspolitisch unmöglich macht, beschwört einen neuen Kampf gegen diese Rechtsform herauf. Haftungsverschärfungen, wie sie sich teils in der Rechtsprechung abzeichnen, teils auch in diesem Buch vorangetrieben werden, können durchaus auch der institutionellen Absicherung der GmbH dienen und sollten nicht als Parteinahme gegen die beschränkte Haftung mißverstanden werden.

2. Typen der GmbH*

Die GmbH kann unterschiedlichen Zwecken dienen. Aus § 1 GmbHG und aus der organisationsrechtlichen Elastizität der Rechtsform ergibt sich eine beträchtliche Spannbreite.

a) Nach dem *Zweck* und dem *Unternehmensgegenstand* können zunächst Gesellschaften mit und ohne erwerbswirtschaftliche Tätigkeit unterschieden werden[40]. Davon war bereits ebenso die Rede wie von der Holding-GmbH (oben unter I 2c). Weitere Differenzierungen – z.B. nach Gewerbezweigen – sind selbstverständlich möglich. Eine Sonderposition nimmt die Komplementär-GmbH in der GmbH & Co. KG ein, denn sie dient zwar erwerbswirtschaftlichen Zwecken, ist aber selbst nicht Trägerin des Gesellschaftsunternehmens (unten, § 56 II 1 a). Anders ist dies bei der »GmbH & Still« (unten, § 62 II 2 e). Die GmbH kann auch Zwecke der genossenschaftlichen Kooperation haben[41]. Auch dann ist sie zwar erwerbswirtschaftlich tätig, jedoch nicht unbedingt als Trägerin des Gesellschaftsunternehmens. Schließlich kommen sogar Stiftungszwecke in Betracht: Die GmbH kann treuhänderische Trägerin einer »unselbständigen Stiftung« sein[42].

b) Unterschiede sind weiter bei einem Blick auf den *Gesellschafterkreis* erkennbar[43]. Die GmbH kann Einpersonengesellschaft oder Mehrpersonen-

---

* Literatur (Auswahl): *Damm*, Gesellschaftsrecht der Freien Berufe im Wandel, in: Festschrift Brandner, 1996, S. 31; *Curt E. Fischer*, Die GmbH, 1948; *Hansen*, Wirtschaftsbereiche und Größenklassen der GmbH, GmbHR 1978, 242; *ders.*, Das wirtschaftliche Gewicht der GmbH, GmbHR 1979, 73, 97; *ders.*, Neuere Ergebnisse über die Entwicklung der GmbH, GmbHR 1986, 37; *ders.*, Die GmbH besitzen unter allen Rechtsformen das größte Gewicht, GmbHR 1989, 363; *Immenga*, Die personalistische Kapitalgesellschaft, 1970; *Kornblum*, Rechtstatsachen zum Unternehmens- und Gesellschaftsrecht, GmbHR 1981, 227; *ders.*, Weitere Rechtstatsachen zum Unternehmens- und Gesellschaftsrecht, GmbHR 1983, 29, 61; *ders.*, Neue Rechtstatsachen zum Unternehmens- und Gesellschaftsrecht, GmbHR 1985, 7, 42; *ders.*, Rechtstatsachen zur GmbH aus Baden-Württemberg und aus den neuen Bundesländern, GmbHR 1994, 505; *ders.*, Rechtstatsachen zum Unternehmens- und Gesellschaftsrecht im Langzeitvergleich des Leonberger Handelsregisters, GmbHR 1997, 630; *Limbach*, Theorie und Wirklichkeit der GmbH, 1966; *Loidl*, Die GmbH ohne erwerbswirtschaftliche Zielsetzung, 1969; *Priester*, Nonprofit-GmbH – Satzungsgestaltung und Satzungsvollzug, GmbHR 1999, 149; *Römer*, Die Eignung der GmbH als Rechtsform für Stiftungszwecke, 1991; *Stehle*, Die GmbH-Unternehmensform für mittelständische Betriebe, 9. Aufl. 1995; *H. P. Westermann*, Die GmbH – ein »Allzweck-Instrument«? in: Pro GmbH, 1980, S. 23.

40 Eingehend *Loidl*, a.a.O.; *Priester*, GmbHR 1999, 149ff.

41 *H.P. Westermann*, in: Festschrift Draheim, 1968, S. 209f.

42 Dazu eingehend *Karsten Schmidt*, in: Hopt/Reuter (Hrsg.), Stiftungsrecht in Europa, 2001, S. 175ff.

43 Vgl. *Immenga*, a.a.O., S. 15ff.

gesellschaft sein. Sie kann eine Familiengesellschaft sein, aber es können z.B. auch mehrere Gebietskörperschaften als Betreiber eines öffentlichen Unternehmens eine GmbH bilden, und schließlich gibt es auch kapitalistisch strukturierte Gesellschaften m.b.H. mit einem größeren, nur durch den Anteilsbesitz am GmbH-Unternehmen verbundenen Gesellschafterkreis.

c) *Weitere Differenzierungsmöglichkeiten* sind zahlreich. Man kann nach der Größe des Stammkapitals unterscheiden[44]. Man kann autonome Gesellschaften und Konzerngesellschaften unterscheiden (zum GmbH-Konzern vgl. unten, § 39). Die GmbH ist beliebt als Gemeinschaftsunternehmen[45], d.h. als gemeinsame Tochtergesellschaft mehrerer – meist zweier – Muttergesellschaften, die z.B. der gemeinsamen Forschung oder dem gemeinsamen Vertrieb dient. Sie kann aber auch – gleichsam umgekehrt – für Holdingzwecke eingesetzt werden, d.h. als Konzernspitze für mehrere Tochtergesellschaften[46]. Unterscheiden kann man weiter zwischen der mitbestimmten und der nicht-mitbestimmten GmbH usw.

d) Auch die *Strukturtypen der GmbH* sind unterschiedlich, wenngleich nicht in demselben Maß wie bei den Personengesellschaften. Die GmbH ist, obwohl Kapitalgesellschaft, auf eine personalistische Struktur angelegt. Vor allem bei Familiengesellschaften ist sie eine wichtige Alternative zur Kommanditgesellschaft, insbesondere zur GmbH & Co., so daß die Wahl zwischen diesen Rechtsformen oft mehr durch die Entstehungsgeschichte des Familienunternehmens oder durch steuerlichen Rat bestimmt ist als durch gesellschaftsrechtliche Strukturüberlegungen. Ein besonderer Strukturtypus ist die Einpersonen-GmbH (dazu eingehend unten, § 40).

IV. Rechtsquellen des GmbH-Rechts

1. Das GmbH-Gesetz

Rechtsquelle ist in erster Linie das Gesetz betreffend die Gesellschaften mit beschränkter Haftung. Da allerdings dieses Gesetz nur ein fragmentarisches Gerüst des GmbH-Rechts enthält, bedarf es in vielerlei Hinsicht der Ergänzung und Fortbildung (oben unter II 2a).

---

44 Vgl. die Statistiken bei *Kornblum*, GmbHR 1981, 229; *ders.*, GmbHR 1983, 31; *ders.*, GmbHR 1985, 7, 42; *ders.*, GmbHR 1994, 507; *ders.*, GmbHR 1997, 630.

45 Über Gemeinschaftsunternehmen vgl. besonders *Gansweid*, Gemeinsame Tochtergesellschaften im deutschen Konzern- und Wettbewerbsrecht, 1976; *Schaub*, Gemeinschaftsunternehmen, in: Sölter (Hrsg.), Handbuch der Unternehmenszusammenschlüsse, 1972, S. 179ff.; *Sonnenschein*, Organschaft und Konzerngesellschaftsrecht, 1976, S. 82ff.

46 Vgl. *Kraft* und *Krieger*, in: Lutter (Hrsg.), Holding-Handbuch, 3. Aufl. 1998, Rdnrn. B 5ff., E 52ff.

2. Ergänzung und Fortbildung des Gesetzesrechts

Bei der Ergänzung und Fortbildung des GmbHG geht es im wesentlichen um die Herausarbeitung der für die GmbH geltenden, aber dem allgemeinen Verbandsrecht zugehörigen Rechtsgrundsätze. In hohem Maße kommen deshalb die im Ersten Teil dieses Buchs (§§ 1–21) entwickelten allgemeinen Lehren im Recht der GmbH zum Tragen. Im einzelnen stellt sich diese Institutionenbildung im Recht der GmbH nicht selten als analoge Anwendung von Vorschriften aus dem Recht der Personengesellschaften, des Vereins oder der Aktiengesellschaft dar, so insbesondere im Fall der Ausschließung von Gesellschaftern (§ 140 HGB) oder der Anfechtung von Gesellschafterbeschlüssen (§§ 241 ff. AktG), nicht selten auch im Konzernrecht. Solche Gesetzes- und Rechtsanalogien sind indes nur rechtstechnische Mittel, um die allgemeine Institutionenbildung im Gesellschaftsrecht positivrechtlich zu belegen (vgl. zum Konzept der Institutionenbildung oben, § 3 III 2).

V. Grundlagen der Finanz- und Organisationsverfassung

1. Finanzverfassung

Die Finanzverfassung der GmbH als einer Kapitalgesellschaft ist auf die Aufbringung und Erhaltung eines Garantiekapitals ausgerichtet. Dieses Garantiekapital – das Stammkapital – mußte bis 1980 mindestens 20000 DM betragen, heute muß es mindestens 25000 Euro betragen (§ 5 I GmbHG; zum Übergangsrecht für Altgesellschaften mit DM-Stammkapital vgl. § 86 GmbHG)[47]. Es ist in Stammeinlagen zerlegt und muß im Gesellschaftsvertrag festgesetzt sein (§ 3 I GmbHG). Jede Änderung des Stammkapitals ist deshalb zugleich Satzungsänderung (§§ 55 ff. GmbHG). Das Gesetz sorgt durch zwingende Regeln für effektive Aufbringung des Stammkapitals (§§ 7, 19 GmbHG) und sichert die Kapitalerhaltung durch Ausschüttungssperren (§§ 30 f. GmbHG). Naturgemäß kann das Gesetz die Gesellschaft und ihre Gläubiger nicht davor schützen, daß das Gesellschaftsvermögen durch Verluste aufgezehrt wird. Tritt allerdings Überschuldung ein, so müssen die Geschäftsführer, wenn nicht die Überschuldung beseitigt wird, die Eröffnung eines Insolvenzverfahrens beantragen (§ 64 GmbHG). Im einzelnen ist die Finanzverfassung der GmbH unten in § 37 dargestellt.

2. Organisationsverfassung

a) Jede GmbH hat *mindestens zwei notwendige Organe*: die *Gesellschafter* als das oberste Willensbildungsorgan und den oder die *Geschaftsführer* als Handlungsorgan. Daneben kann ein fakultativer (vgl. § 52 GmbHG), im Fall

47 Zum Übergangsrecht für Altgesellschaften aus den neuen Bundesländern vgl. 3. Aufl., § 2 III; zur notwendigen Kapitalerhöhung bei Altgesellschaften unter 50000 DM vgl. 3. Aufl. § 34 II 2.

der mitbestimmten GmbH sogar ein obligatorischer Aufsichtsrat vorhanden sein (näher unten, § 36 IV). Charakteristisch für die innere Struktur der GmbH sind vor allem zwei Gesichtspunkte: die Zulässigkeit der *Fremdorganschaft* – nach § 6 III GmbHG kann ein Dritter Geschäftsführer sein – und die Bindung der Geschäftsführer an Weisungen der Gesellschafter (unten, § 36 I 2). Diese Weisungsgebundenheit ist ein Zentralpunkt des GmbH-Konzernrechts, denn sie gibt das Management einer GmbH in die Hand des Mehrheitsgesellschafters (unten, § 39 I 1 a).

b) *Eine GmbH muß nicht mehrere Gesellschafter haben.* Als juristische Person besteht sie fort, wenn alle Geschäftsanteile in einer Person zusammenfallen. Sogar die Gründung der GmbH durch nur eine Person wird seit der GmbH-Novelle von 1980 zugelassen (§ 1 GmbHG), ebenso die Umwandlung eines einzelkaufmännischen Unternehmens in das einer GmbH (jetzt als Ausgliederung nach §§ 152ff. UmwG; dazu oben, § 13 II 1 a). Einzelprobleme der *Einpersonengesellschaft* werden unter § 40 dargestellt. Ein Sonderproblem ist das der sog. »*Keinmann-GmbH*«[48]. Durch Erbfolge, durch Erwerb eigener Geschäftsanteile, durch Kaduzierung oder nach § 27 III GmbHG kann die GmbH Inhaberin sämtlicher Geschäftsanteile werden. Dies ist ein Zustand, der auf Dauer nicht bestehen kann[49], denn die GmbH beruht – im Gegensatz zur Stiftung – auf mitgliedschaftlicher Basis (oben, § 19 I 3 b). Die Verfassung der GmbH, einschließlich der dazugehörigen Kontrollmechanismen, funktioniert nur, wenn ein von der GmbH verschiedener Rechtsträger die mitgliedschaftlichen Rechte ausübt. Da allerdings das Gesellschaftsvermögen nicht subjektlos werden, die GmbH also durch den Erwerb aller Anteile nicht automatisch erlöschen kann[50], werden zwei Wege angeboten, um den Bestand von »Keinmanngesellschaften« zu verhindern.

Zunächst einmal wird vorgeschlagen, daß ein Erwerb eigener Geschäftsanteile durch die GmbH unwirksam ist, wenn nach dem Erwerb kein weiterer Gesellschafter mehr vorhanden ist[51]. Diese Lösung ist schon deshalb fragwürdig, weil durchaus ein Interesse an einem kurzfristigen Zwischenerwerb aller Geschäftsanteile bestehen kann. Sie hilft zudem nicht in allen Fällen, denn eine »Keinmann-GmbH« kann auch ohne rechtsgeschäftlichen Erwerb von Geschäftsanteilen entstehen, z.B. im Fall des § 27 III GmbHG (dazu näher unten, § 37 II 6 b).
Richtig scheint die Annahme eines Auflösungsgrundes[52]: Eine GmbH, die sämtliche eigenen Geschäftsanteile erwirbt, muß diesen Zustand alsbald beenden. Geschieht dies nicht, so ist die Gesellschaft nach einer verbreiteten Meinung aufgelöst[53]. Den Vorzug

48 Vgl. *Baumbach/Hueck/Fastrich*, § 33 Rdnr. 14; *Scholz/Westermann*, § 33 Rdnr. 44.
49 H. M.; vgl. *Flume*, Juristische Person, § 6 II; *Hachenburg/Hohner*, § 33 Rdnrn. 85ff.; *Lutter/Hommelhoff*, § 60 Rdnr. 24; *Roth/Altmeppen*, § 33 Rdnr. 17, § 60 Rdnr. 17; *Scholz/Emmerich*, § 13 Rdnr. 9; a.M. *Alfred Paulick*, Die GmbH ohne Gesellschafter, 1979, S. 58ff.; *Kreutz*, Von der Einmann- zur »Keinmann«-GmbH? in: Festschrift Stimpel, 1985, S. 379ff.; *Bretschneider*, Die gesellschafterlose GmbH, 1994; *Rück*, Die Keinmann-Gesellschaft mit beschränkter Haftung, 1994, S. 213ff.
50 Eingehend *Oldenburg*, Die Keinmann-GmbH, 1985, S. 120ff.
51 So z.B. *Scholz/Emmerich*, § 13 Rdnr. 9; *Scholz/Westermann*, § 33 Rdnr. 44.
52 *Flume*, Juristische Person, § 6 II; *Scholz/Emmerich*, § 13 Rdnr. 9; *Scholz/Karsten Schmidt*, § 60 Rdnr. 65.
53 *Lutter/Hommelhoff*, § 60 Rdnr. 24.

verdient eine noch strengere Auffassung: Die Auflösung tritt sogleich mit dem Erwerb des letzten Geschäftsanteils ein, dies jedoch mit der Maßgabe, daß die Gesellschaft nach den unter § 11 V 5 dargestellten allgemeinen Regeln fortgesetzt werden kann[54]. Die »Keinmann-GmbH« erfüllt nämlich schon im Zeitpunkt des Zusammenfalls aller Geschäftsanteile nicht mehr die gesetzlichen Normativbestimmungen einer Gesellschaft mit beschränkter Haftung und kann als werbend tätige GmbH nur fortbestehen, wenn der Auflösungsgrund behoben wird. Unabhängig von dieser Detaildiskussion kann jedenfalls festgehalten werden, daß eine »Keinmann-GmbH« keinen Bestand haben kann. Aus diesem Grund ist die »Keinmann-GmbH« keine Gestaltungsform der Praxis geworden[55]. Das *Rechtsproblem* der »Keinmann-GmbH« ist gleichwohl nicht bloß theoretisch-akademischer Natur. Hätte die Literatur diese Gestaltung vorbehaltlos anerkannt, so wäre nicht auszuschließen, daß die Praxis bei bestimmten Sonderkonstellationen Gefallen an einer solchen GmbH ohne Mitgliedschaft gefunden hätte, z.B. als Stiftungs-GmbH ohne Stiftungsaufsicht[56]. Die juristische Person ohne Mitglieder ist aber dem Stiftungsrecht vorbehalten (oben, § 7 II 1), und dabei sollte es bleiben. Die Verhinderung der »Keinmann-GmbH« trägt dazu bei, eine Vermischung von Gesellschaftsrecht und Stiftungsrecht zu vermeiden.

---

54 So hier die Vorauflagen; jetzt h.M.; vgl. *Baumbach/Hueck/Fastrich*, § 33 Rdnr. 14; *Baumbach/Hueck/Schulze-Osterloh*, § 60 Rdnrn. 37, 55; *Hachenburg/Hohner*, § 33 Rdnr. 91; *Lutter/Hommelhoff*, § 60 Rdnr. 22; *Rowedder*, § 60 Rdnr. 13; *Scholz/Karsten Schmidt*, § 60 Rdnr. 65; unentschieden *Roth/Altmeppen*, § 60 Rdnr. 17.

55 Insofern richtig *Scholz/Emmerich*, § 13 Rdnr. 9.

56 Zur Stiftungs-GmbH vgl. *Karsten Schmidt*, in: Hopt/Reuter (Hrsg.), Stiftungsrecht in Europa, 2001, S. 338.

§ 34 Die Entstehung der GmbH*

I. Das System von Umwandlung und Gründung

Im folgenden wird ausführlich nur die Neugründung einer GmbH besprochen. Von ihr ist die Entstehung der GmbH durch Umwandlung zu unterscheiden. Die Bedeutung dieses Unterschieds wurde ebenso wie die Systematik des Umwandlungsrechts in § 12 dieses Buchs abgehandelt.

1. Umwandlung und Gründung im Überblick

a) Durch *Formwechsel* kann
- eine Handels-Personengesellschaft (§ 214 UmwG),
- eine Partnerschaftsgesellschaft (§ 225 a UmwG),
- eine AG oder KGaA (§ 238 UmwG),
- eine eingetragene Genossenschaft (§ 258 UmwG),
- ein rechtsfähiger Verein (§ 273 UmwG) und
- eine Körperschaft oder Anstalt des öffentlichen Rechts (§ 301 UmwG)

in eine GmbH umgewandelt werden.

b) Durch *Verschmelzung oder Spaltung* kann ein Unternehmen in folgenden Fällen »auf« eine neu entstehende GmbH umgewandelt werden:
- im Wege der Verschmelzung durch Neugründung (§§ 56 ff. UmwG),
- im Wege der Aufspaltung, Abspaltung oder Ausgliederung zur Neugründung (§§ 123, 135 ff., 138 ff., 158 ff. UmwG).

Die Funktionsweise dieser Umwandlungsmaßnahmen ist in § 12 und § 13 geschildert.

c) Um einen ähnlichen Vorgang handelt es sich, wenn ein *GmbH & Co.-Unternehmen* auf folgende Weise »auf« die Komplementär-GmbH umgewandelt wird: Alle Kommanditisten scheiden aus der Gesellschaft aus oder übertragen ihre Kommanditanteile auf die GmbH; damit erlischt die Kommanditgesellschaft, und die GmbH wird ihre Gesamtrechtsnachfolgerin

* Allgemeine Literatur: Vgl. § 33; Literatur zu den Gründungsstadien: oben bei § 11 sowie hier unter III.

(oben, § 12 I 4 d, § 13 I 4 a, II 3 e)[1]; regelmäßig geht diese im Umwandlungsgesetz nicht geregelte Verschmelzung »auf« die Komplementär-GmbH mit einer Kapitalerhöhung bei der GmbH einher (Sachkapitalerhöhung durch Einbringung der KG-Anteile).

d) Die *Gründung einer GmbH* ist die Schaffung eines neuen Rechtsträgers. Sie wird vollzogen nach Maßgabe der gesetzlichen Normativbestimmungen, deren Einhaltung vom Registerrichter geprüft und durch Eintragung dokumentiert wird. Die Gründung kann Bargründung oder Sachgründung sein. Handelt es sich um eine Sachgründung und ist ein Unternehmen Gegenstand der Sacheinlage, so ähnelt der Vorgang einer Umwandlung (Verschmelzung oder Ausgliederung). Der Sachgründungsvorgang ist jedoch in der Durchführung komplizierter, denn ein Unternehmen kann nicht als Ganzes uno actu auf die GmbH übertragen werden, sondern die Übertragung erfolgt nach dem Spezialitätsprinzip durch einzelne Rechtsakte (Handelsrecht, § 6 I und II 1). Das Ausweichen auf die Form einer Bargründung ist unzulässig (dazu unter II 2 e sowie unten, § 37 II 4).

2. Gesellschaftsgründung, Unternehmensgründung und Mantelverwendung*

a) Was sich *wirtschaftlich* als Umwandlungs- oder Gründungsvorgang darstellt, muß nicht in jedem Fall auch *rechtlich* ein Umwandlungs- oder Gründungsvorgang sein. Die kaufmännische Praxis denkt vom Unternehmen und nicht von der Gesellschaft als Rechtsträgerin her. Sie neigt deshalb dazu, nur die Unternehmensgründung als Gründungsvorgang zu bezeichnen, während sich jede Überführung eines schon vorhandenen Unternehmens in die GmbH-Form kaufmännisch als eine »Umwandlung des Unternehmens« darstellt. Juristisch muß aber genau unterschieden werden zwischen
- der Umwandlung,
- der Neugründung und
- der Mantelverwendung.

Beispiel Nr. 1: Kaufmann K betreibt ein einzelkaufmännisches Unternehmen. Er kann dieses nach §§ 152 ff. UmwG durch Ausgliederung auf eine GmbH umwandeln (oben, § 13 V 2). Er kann auch – allein oder mit Dritten – eine GmbH gründen und das Unternehmen als Sacheinlage in diese GmbH einbringen, ebenso wie er im Wege der Bargründung ein bisher überhaupt nicht vorhandenes Unternehmen auf der Grundlage der neu gegründeten GmbH aufbauen kann. Schließlich ist es nicht ausgeschlossen, daß K die Geschäftsanteile eines schon vorhandenen, aber »leeren« GmbH-Mantels erwirbt und diese GmbH zur Fortführung eines vorhandenen oder aber als Grundlage für ein neues Unternehmen verwendet. Ersichtlich kann es Gesellschaftsgründungen ohne Unternehmensgründung, aber auch Unternehmensgründungen ohne Gesellschaftsgründung geben.

1 Zur steuerlichen Verschiedenbehandlung dieser gesellschaftsrechtlich gleichwertigen Vorgänge vgl. § 20 UmwStG.

* Literatur: vgl. § 4 III.

b) Die *Mantelverwendung* ist in der Praxis ein GmbH-Problem. Rechtssystematisch ist sie ein Problem des allgemeinen Gesellschaftsrechts. Sie wurde unter § 4 III ausführlich besprochen. Die Verwendung eines vorhandenen GmbH-Mantels als Träger eines neu zu gründenden oder auf die GmbH zu überführenden Unternehmens galt lange als unzulässig und unwirksam[2]. Heute wird die Zulässigkeit bejaht[3]. Da das geltende Recht keine Vorkehrungen für die Beseitigung leerer GmbH-Mäntel trifft, müssen die Mantelverwendung und sogar die Mantelgründung nach geltendem Recht hingenommen werden (oben, § 4 III 2). Eine Umgehung des Gläubigerschutzes wird durch entsprechende Anwendung von Gründungsvorschriften vermieden (oben, § 4 III 3). Umstritten ist allerdings, ob hierbei für jede Unterbilanz gehaftet wird oder ob die Gesellschafter nur für die Deckung des gesetzlichen Mindeststammkapitals haften (oben, § 4 III 3d). Umstritten ist weiter, ob die beim Handeln im Namen einer noch nicht eingetragenen GmbH eingreifende Haftungsbestimmung des § 11 II GmbHG Anwendung findet (auch dazu oben, § 4 III 3e). In beiden Punkten sollte bedacht werden, daß es sich um die Indienstnahme einer eingetragenen, also des Privilegs des § 13 II GmbHG bereits teilhaftigen GmbH handelt.

Beispiel Nr. 2 (nach *OLG Hamburg*, BB 1983, 1116 = ZIP 1983, 570): Der Geschäftsführer der »NTC GmbH« hatte im Namen der Gesellschaft Elektroarbeiten in Auftrag gegeben, die nicht bezahlt wurden. Die »NTC GmbH« war nicht durch Neugründung oder Umwandlung entstanden, sondern die Gesellschafterin der »NTC GmbH«, eine Handelsgesellschaft in Hongkong, hatte die Geschäftsanteile einer alten 20000-DM-GmbH erworben und die Änderung der bisherigen GmbH-Firma in »NTC GmbH« beschlossen. Die GmbH ging in Konkurs, und es entstand die Frage, ob der Geschäftsführer analog § 11 II GmbHG aus dem von ihm herbeigeführten Vertrag haftete. Da die Vorgänge noch nicht in das Handelsregister eingetragen waren, hat das *OLG* dies bejaht (ebenso *OLG Stuttgart*, GmbHR 1999, 610; *LG Hamburg*, NJW 1985, 2426; GmbHR 1997, 895). Nach der hier vertretenen Ansicht ist § 11 II GmbHG unanwendbar (so auch *OLG Karlsruhe*, DB 1978, 1219, 1220; *OLG Brandenburg*, NZG 1999, 166). Im Ausgangsfall lag gar kein Problem des § 11 II GmbHG vor, sondern ein Offenkundigkeitsproblem (vgl. oben, § 4 III 3e). Es war im Namen einer schon eingetragenen GmbH gehandelt worden (deshalb kein Fall des § 11 II GmbHG), aber wenn das Handeln im Namen gerade *dieser* GmbH – etwa aus Firmengründen – nicht klar genug herausgestellt worden war, konnte der Handelnde *neben* der GmbH einer Vertrauenshaftung unterliegen (dazu Handelsrecht, § 5 IV 2).

---

2 *KG*, JW 1924, 1535 m. krit. Anm. *Byk* und *Hachenburg*; JW 1925, 635 m. krit. Anm. *Breit*, HRR 1933 Nr. 833.

3 *BGHZ* 117, 323; Überblick bei *Hachenburg/Ulmer*, § 3 Rdnrn. 34ff.; *Baumbach/Hueck/Fastrich*, § 3 Rdnr. 14; *Lutter/Hommelhoff*, § 3 Rdnrn. 7ff.; eingehend *Bommert, Heerma, Kantak, Kober, Meyding, Peters, Priester* und *Ulmer*, alle a.a.O.

II. Gründer und Gründungsverfahren

1. Taugliche Gründer*

Die GmbH wird durch einen oder mehrere Gründer errichtet (§ 1 GmbHG; zur Einpersonengründung vgl. näher unten, § 40 II 2). Gründer kann jede *natürliche Person* sein. Ist diese nicht voll geschäftsfähig, so sind die §§ 104 ff. sowie insbesondere § 1822 Nr. 3 i. V. m. § 1643 BGB zu beachten; der Gesellschaftsvertrag bedarf also der vormundschaftsgerichtlichen Genehmigung, wenn die GmbH auf den Betrieb eines Erwerbsgeschäfts gerichtet ist[4]. Auch *juristische Personen* sind taugliche Gründer[5], außerdem oHG und KG (vgl. § 124 I HGB). Die heute wohl schon herrschende Auffassung erstreckt die Fähigkeit, Gründer einer GmbH zu sein, sogar auf alle Außen-Personengesellschaften[6] und – in der Praxis noch unausgetragen – sogar auf die Erbengemeinschaft[7]. Taugliche GmbH-Gründerin ist damit vor allem die Außengesellschaft bürgerlichen Rechts (unten, § 60 II 1 a)[8].

Beispiel Nr. 3 (nach *BGHZ* 78, 311): Drei Arbeitsgemeinschaften im Baugewerbe, die als Gesellschaften bürgerlichen Rechts organisiert waren (vgl. unten, § 58 III 3), gründeten eine GmbH und meldeten sie zur Eintragung in das Handelsregister an. *Amtsgericht* und *Landgericht* hielten diese Gründung für unzulässig, weil eine Gesellschaft bürgerlichen Rechts nicht Gründerin einer GmbH sein könne. Das *OLG* legte die Sache dem *Bundesgerichtshof* nach § 28 II FGG vor. Dieser entschied: »Gesellschafter bürgerlichen Rechts können bei der Errichtung einer GmbH gemeinsam eine Stammeinlage mit der Folge übernehmen, daß der so erworbene Geschäftsanteil Gesamthandsvermögen wird. Für Einlageverpflichtungen haften diese Gesellschafter als Gesamtschuldner und ohne die Möglichkeit einer Haftungsbeschränkung auf ihr Gesellschaftsvermögen.«

Folgt man dem, so muß man auch die Einpersonengründung durch eine BGB-Außengesellschaft zulassen. Ob die Auffassung des *Bundesgerichtshofs* in allen Konsequenzen glücklich ist, mag man im Hinblick auf die fehlende Publizität der BGB-Gesellschaft bezweifeln (näher unten, § 58 I 3 a und IV 3), zumal es diesen Gesellschaftern seit 1998 ohne Schwierigkeiten möglich ist, die BGB-Gesellschaft durch Eintragung im Handelsregister in eine oHG oder KG umzuwandeln (§ 105 II HGB). Die BGB-Gesellschaft kann sich

* Literatur: *H. C. Dölle*, Die Beteiligung der Gesellschaft bürgerlichen Rechts an einer GmbH, 1984; *Koch*, Die Beteiligung einer Gesellschaft bürgerlichen Rechts an einer GmbH-Gründung, ZHR 146 (1982), 118.

4 H. M.; vgl. z. B. *Raiser*, Kapitalgesellschaften, § 26 Rdnr. 9; *Wiedemann*, Die Übertragung und Vererbung von Mitgliedschaftsrechten, 1965, S. 252; a. M. *Winkler*, ZGR 1973, 182 m. w. N.

5 Statt vieler *Hachenburg/Ulmer*, § 2 Rdnr. 76.

6 *Hachenburg/Ulmer*, § 2 Rdnrn. 77 ff.; *Baumbach/Hueck/Fastrich*, § 1 Rdnrn. 32 ff.; spezialgesetzliche Ausnahme: Art. 3 II EWIV-VO.

7 Vgl. nur *Hachenburg/Ulmer*, § 2 Rdnr. 81; *Baumbach/Hueck/Fastrich*, § 1 Rdnr. 35; die Frage ist zweifelhaft, zumal die Erbengemeinschaft auch kein Unternehmen hinzuerwerben kann; soll ein vererbtes Unternehmen, z. B. mit dem Ziel des § 27 II HGB, in eine GmbH eingebracht werden, so sollte dies im Wege der Teilauseinandersetzung geschehen; Gründer sind dann die einzelnen Erben.

8 *BGHZ* 78, 311; *OLG Hamm*, NJW-RR 1996, 482 (GmbH); *BGHZ* 118, 83, 99 f. (AG); 116, 86 (eG); *Dölle*, a. a. O.; *Baumbach/Hueck/Fastrich*, § 1 Rdnr. 32; *Hachenburg/Ulmer*, § 2 Rdnr. 80; *Scholz/Emmerich*, § 2 Rdnrn. 52 f.; *Koch*, ZHR 146 (1982), 118; zu den Folgeproblemen vgl. allerdings *Karsten Schmidt*, BB 1983, 1697.

ohne jede Registerpublizität durch Eintritt, Austritt und Erbfall ständig verändern; sie kann sogar durch Austritt des letzten Mitgesellschafters unter Gesamtrechtsnachfolge des letztverbliebenen Gesellschafters geräuschlos erlöschen (unten, § 44 II 2 und § 45 II). Es handelt sich also um einen GmbH-Gesellschafter, dessen Struktur und Existenz vage und flüchtig ist. Das kann für die Dokumentation der Gesellschaftereigenschaft nicht folgenlos sein: Die BGB-Gesellschaft als Gründerin muß im Satzungstext unter Nennung aller ihrer Gesellschafter bezeichnet werden[9], und in die Liste der Gesellschafter (§§ 8, 40 GmbHG) gehören dann jedenfalls die Gesellschafter der BGB-Gesellschaft mit einem die Gesellschaft benennenden Zusatz (ähnlich auch § 162 I 2 HGB)[10]. Auch wenn ein Geschäftsanteil einer bereits bestehenden GmbH auf eine Gesellschaft bürgerlichen Rechts übertragen wird, müssen deren Gesellschafter bei der Gesellschaft angemeldet werden (vgl. § 16 I GmbHG). Die bloße Mitteilung, Gesellschafter sei die »Anteilsbesitz-GbR Unterhaching«, genügt nicht. Auch ist jede Veränderung im Gesellschafterbestand der »Anteilsbesitz-GbR Unterhaching« nach § 40 GmbHG anzuzeigen. Das mag manchem rechtsdogmatisch inkonsequent scheinen, wenn doch die Personengesellschaft als solche Gesellschafterin ist (oben, § 8 III), aber Publizitätsregeln folgen nun einmal eigenen, formalen Gesetzen (vgl. auch zu § 47 GBO oben, § 25 II 1 b; unten, § 58 IV 2 c und § 60 II 1 a).

2. Die Errichtung der GmbH und die Normativbestimmungen des GmbH-Rechts*

a) Die Gesellschaft wird durch einen in notarieller Form zu beurkundenden *Gesellschaftsvertrag* errichtet (§ 2 I GmbHG). Seiner Rechtsnatur nach ist der Gesellschaftsvertrag ein Organisationsvertrag (oben, § 5 I 1). In der Praxis – und auch rechtsdogmatisch aus gutem Grund! – wird dieser Vertrag vielfach in Anlehnung an das Recht der sonstigen Körperschaften als Satzung bezeichnet (s. auch oben, § 5 I 2). Der Gesellschaftsvertrag muß nach § 3 GmbHG mindestens enthalten
1. die Firma und den Sitz der Gesellschaft,
2. den Gegenstand des Unternehmens (dazu oben, § 4 II 3 sowie sinngemäß § 27 II 3 a; § 33 I 2 c),
3. den Betrag des Stammkapitals,

9 *OLG Hamm*, NJW-RR 1996, 482.
10 *Karsten Schmidt*, BB 1983, 1700; *Ulmer*, ZIP 2001, 595; *Wertenbruch*, BB 2001, 740.
* Literatur (Auswahl): *Baier*, Inhalt der GmbH-Satzung, Diss. Tübingen 1992; *Gienow*, Zur Differenzhaftung nach § 9 GmbHG, in: Festschrift Semler, 1993, S. 165; *Ihrig*, Die endgültig freie Verfügung über die Einlagen von Kapitalgesellschaften, 1990; *Langenfeld*, GmbH-Vertragspraktikum, 3. Aufl. 1999; *Lowin*, Die Gründungshaftung bei der GmbH nach § 9a GmbHG, 1987; *Reichert*, Der GmbH-Vertrag, 2. Aufl. 1994; *v. Rössing*, Die Sachgründung nach der GmbH-Novelle 1980, 1984; *Rühl*, Rechtstatsachen zur Sachgründung im GmbH-Recht, 1988; *Spiegelberger/Walt*, Die Prüfung der Kapitalaufbringung im Rahmen der GmbH-Gründung, GmbHR 1998, 761; *Ulbert*, Die GmbH im Handelsregisterverfahren, 1997; *Ulmer*, Die Gründung der GmbH, in: Probleme der GmbH-Reform, 1970, S. 42; *Urban*, Die Differenzhaftung des GmbH-Gesellschafters ..., in: Iusto Iure, Festgabe Sandrock, 1995, S. 305.

4. den Betrag der von jedem Gesellschafter auf das Stammkapital zu leistenden Einlage (Stammeinlage; über Sacheinlagen vgl. ergänzend § 5 IV GmbHG und dazu sogleich im Text).

Soll das Unternehmen auf eine gewisse Zeit beschränkt sein oder sollen den Gesellschaftern außer der Leistung von Kapitaleinlagen noch andere Verpflichtungen gegenüber der Gesellschaft auferlegt werden, so bedürfen auch diese Bestimmungen der Aufnahme in den Gesellschaftsvertrag.

b) Die *Firma der GmbH*[11] muß den Anforderungen der § 18 HGB entsprechen (dazu Handelsrecht, § 12 III): Sie muß kennzeichnungsfähig, unterscheidungskräftig und darf nicht irreführend sein. § 4 GmbHG schreibt als Firmenzusatz »Gesellschaft mit beschränkter Haftung« oder eine allgemein verständliche Abkürzung vor, so daß der abgekürzte Zusatz »GmbH« genügt[12]. Haftungsrechtlich ist von Bedeutung, daß der GmbH-Zusatz nicht nur vorhanden sein, sondern auch im Rechtsverkehr verwendet werden muß, denn er soll Dritte auf die Haftungsbeschränkung hinweisen, und die Nichtverwendung des Zusatzes kann zur Vertrauenshaftung führen (näher Handelsrecht, § 12 III 1).

Beispiel Nr. 4 (nach *BGHZ* 64, 11 = JR 1975, 459 m. Anm. *Karsten Schmidt*): K hat die »Heinrich F., Großtischlerei« mit Waren beliefert und dafür Wechsel erhalten, die von B unterzeichnet waren. Träger des Unternehmens war in Wahrheit nicht mehr Heinrich F., der bereits verstorben war, sondern eine GmbH, und deren Geschäftsführer war B. Aus den Wechseln war deshalb die GmbH verpflichtet. Da aber B nicht durch Verwendung des GmbH-Zusatzes auf die Haftungsbeschränkung hingewiesen hatte, unterlag er gegenüber dem gutgläubigen K der Vertrauenshaftung. Diese greift allerdings in voller Strenge nur bei schriftlichen Erklärungen ein (*BGH*, NJW 1996, 2645; dazu *Haag*, NJW 1997, 2854).

c) Das *Stammkapital* entspricht der Summe der Stammeinlagen (vgl. § 5 III 3 GmbHG). Es muß nach § 5 I GmbHG mindestens 25 000 Euro betragen (zur rechtspolitischen Bedeutung des Mindeststammkapitals vgl. oben, § 18 II 4 a). Bis 1980 genügten 20 000 DM. Seit 1981 waren 50 000 DM erforderlich. Übergangsregelungen für Altgesellschaften ergaben sich aus Art. 12 § 1 der GmbH-Novelle und für Gesellschaften auf dem Boden der neuen Bundesländer aus dem Einigungsvertrag (Anl. I Sachgebiet D Abschn. III Nr. 7).

d) *Jeder Gründer* kann im Gesellschaftsvertrag *nur einen Geschäftsanteil* übernehmen (§ 5 II GmbHG). Es gibt also keine sog. Vorratsteilung, an der einem Gesellschafter gelegen sein könnte, wenn er eine spätere Teilveräußerung seines Geschäftsanteils – z. B. als vorweggenommene Erbfolge – im Auge hat, die nach § 17 I GmbHG nur mit Genehmigung der Gesellschaft möglich ist. Die Stammeinlagen der Gesellschafter können aber unterschiedlich hoch sein.

---

11 Vgl. statt vieler *Müth*, GmbHR 1998, 1058; *Lutter/Welp*, ZIP 1999, 1073.

12 § 4 HGB i. d. F. des Handelsrechtsreformgesetzes; zur Abkürzung »GmbH« vgl. zuvor bereits *BGHZ* 62, 230 und dazu 3. Aufl.

e) Die Einlagen können *Geldeinlagen* oder *Sacheinlagen* sein (dazu, insbesondere zur Frage, was als Sacheinlage in Betracht kommt, vgl. allgemein oben, § 20 II 3 a). Sacheinlagen müssen nach Gegenstand und Betrag im Gesellschaftsvertrag festgesetzt werden (§ 5 IV 1 GmbHG)[13]. Die Gesellschafter müssen in einem Sachgründungsbericht die für die Angemessenheit der Leistungen wesentlichen Umstände darlegen; handelt es sich bei der Sacheinlage um ein Unternehmen, so müssen sie die Jahresergebnisse der beiden letzten Geschäftsjahre angeben. Fehlt es an der Beurkundung im Gesellschaftsvertrag, so kann sich der Gesellschafter von seiner Einlageschuld nur durch Barzahlung befreien. Nach § 19 V GmbHG befreit eine Leistung auf eine Stammeinlage, welche nicht in Geld besteht oder durch Aufrechnung einer für die Überlassung von Vermögensgegenständen zu gewährenden Vergütung bewirkt wird, den Gesellschafter nur, wenn dies gemäß § 5 IV 1 GmbHG im Gesellschaftsvertrag vorgesehen ist. Das Gesetz macht seit der GmbH-Novelle keinen Unterschied mehr zwischen der *Sacheinlage* und der *Sachübernahme*[14]. Dem lag die – unberechtigte[15] – Vorstellung zugrunde, eine Sachübernahme sei dasselbe wie eine Sacheinlage. Nun besteht zwischen beiden Vorgängen ein sachlicher Unterschied, den auch der Gesetzgeber nicht aus der Welt schaffen kann: Sacheinlagen sind Einlageleistungen, die unmittelbar auf die Stammeinlage angerechnet werden (vgl. allgemein oben, § 20 II 3 a). Sachübernahmevereinbarungen bestehen dagegen darin, daß das Entgelt aus einem Geschäft zwischen dem Gesellschafter und der Gesellschaft auf die Stammeinlage angerechnet wird (oben, § 27 II 5 b dd). Die gesetzliche Regelung ist deshalb so zu verstehen: Sachübernahmen sind nicht dasselbe wie Sacheinlagen, aber sie werden wie Sacheinlagen behandelt und unterliegen damit denselben strengen Voraussetzungen wie Sacheinlagen[16]. Es kommt also nicht darauf an, ob die Stammeinlage durch die Sachleistung selbst oder durch Verrechnung mit einer Vergütung für die Sachleistung bewirkt wird.

Beispiel Nr. 5: Gesellschafter X soll sein mit 50 000 Euro bewertetes Maklerunternehmen in die Gesellschaft einbringen; hier muß § 5 IV GmbHG eingehalten werden. Gesellschafter Y soll der Gesellschaft ein Betriebsgrundstück überlassen, ohne es zu übereignen, und die Vergütung soll mit seiner Stammeinlage von 10 000 Euro verrechnet werden. Auch dies bedarf nach § 5 IV GmbHG der Beurkundung im Gesellschaftsvertrag.

§ 19 V GmbHG soll nach der herrschenden Auffassung auch den *Vollzug verdeckter Sacheinlagen* verhindern (dazu unten, § 37 II 4). Die gesetzliche Gleichbehandlung von Sacheinlagen und Sachübernahmen macht dies nur noch deutlicher. Man wird den in § 19 V GmbHG angesprochenen Grundsatz deshalb auf alle Verrechnungen ausdehnen müssen, die auf eine verdeckte Sacheinlage hinauslaufen[17]. Daraus ergeben sich dann aber auch die Grenzen dieses Schutzes. Der Schutz greift nicht bei allen nachträglichen Umsatz-

13 Eingehend *v. Rössing*, a. a. O., S. 27 ff.
14 Ausschußbericht, BT-Drucks. 8/3908, S. 69.
15 Vgl. *Hachenburg/Ulmer*, § 5 Rdnr. 97.
16 *Baumbach/Hueck/Fastrich*, § 5 Rdnr. 16; näher *v. Rössing*, a. a. O., S. 28 m. w. N.
17 Vgl. *RGZ* 141, 204, 210 f.; *BGHZ* 28, 314, 319; 125, 141, 149 f.; *Baumbach/Hueck/Fastrich*, § 19 Rdnr. 30; grundsätzlich anders *Mülbert*, ZHR 154 (1990), 160 ff.

geschäften zwischen der Gesellschaft und dem Gesellschafter ein[18], wohl aber bei solchen, die noch Bestandteil der Kapitalaufbringung sind.

Beispiel Nr. 6: Der Gesellschafter G einer im Jahr 1986 gegründeten GmbH hat auf seine Stammeinlage die Hälfte eingezahlt. Im Jahr 1990 wird der Restbetrag mit einer erst jetzt erfolgenden Warenlieferung zu einem angemessenen Preis verrechnet. Dies ist nach § 19 V GmbHG nicht gestattet. Auf eine Unangemessenheit des Preises kommt es nicht an.

Beispiel Nr. 7: Der Gesellschafter ist gleichzeitig Geschäftsführer der GmbH. Er läßt sein angemessenes Gehalt stehen und vereinbart mit der GmbH, daß es mit der restlichen Einlageschuld verrechnet werden solle. Hier paßt § 19 V GmbHG seinem Wortlaut nach nicht, denn weder liegt eine Sacheinlage vor, noch beruht die Verrechnung auf einer »Überlassung von Vermögensgegenständen«. Da aber der Gesetzgeber dafür sorgen wollte, daß Sacheinlage und Sachübernahme gleichermaßen streng behandelt werden, wird man auch eine solche Verrechnung nicht zulassen dürfen. Selbst die bei Kapitalerhöhungen verbreitete Verrechnung mit Gewinnanteilen des Gesellschafters (»Ausschüttungsrückholverfahren«) wird als mit § 19 V GmbHG unvereinbar angesehen (*BGHZ* 113, 335 = NJW 1991, 1754; *OLG Köln*, NJW-RR 1990, 1057 = GmbHR 1990, 510), wenn sie nicht gegenüber dem Registergericht offengelegt und demgemäß den Grundsätzen über die Kapitalerhöhung aus Gesellschaftsmitteln unterstellt wird (*BGHZ* 135, 381 = NJW 1997, 2516; dazu *Sieger/Hasselbach,* GmbHR 1999, 205).

f) Ersichtlich gibt es – wie im Aktienrecht (oben, § 27 II 5) – auch im Recht der GmbH das Problem der *qualifizierten Gründung*, die aufgrund ihrer Gefährlichkeit verschärften Kautelen unterliegt. Während das Aktiengesetz eindeutig nicht nur die Sachgründung, sondern auch die Fälle der Sondervorteile und des Gründungsaufwands als qualifizierte Gründungen erfaßt (§§ 26f. AktG), fehlt eine systematische Regelung dieser Fälle im GmbHG. Es entspricht aber der ganz herrschenden Ansicht[19], daß nicht nur die Sondervorteile im Gesellschaftsvertrag niedergelegt sein müssen, sondern auch der Gründungsaufwand[20]. Das Gesetz bestätigt dies selbst, wenn auch an versteckter und systematisch unbefriedigender Stelle (vgl. §§ 9a I und 82 I Nr. 1 GmbHG).

g) Die *Gestaltungsfreiheit* reicht wesentlich weiter als bei der AG. Im Gegensatz zum Aktienrecht kennt das Recht der GmbH nicht das Prinzip der formellen Satzungsstrenge (zu diesem vgl. oben, § 26 III 1). Beispielsweise können Regelungen über die Dauer der Gesellschaft oder über Nebenpflichten der Gesellschafter in der Satzung enthalten sein (§ 3 II GmbHG). Es können Nachschußpflichten im Gesellschaftsvertrag angeordnet werden (§§ 26ff. GmbHG). Der Gesellschaftsvertrag kann die Übertragung der Geschäftsanteile erschweren (§ 15 V GmbHG), er kann Bestimmungen über die Geschäftsführung, über das Stimmrecht usw. enthalten. Durch satzungsmäßige Vorzugsrechte, sog. Sonderrechte (oben, § 21 I 2), kann sich ein Gesellschafter die Geschäftsführung oder die Stimmenmehrheit sichern. Die GmbH kann eine Beiratsverfassung erhalten (dazu oben, § 14 III 3). Auch die Ausschließung aus der GmbH kann geregelt werden (dazu unten, § 35 IV 1, 2).

18 Vgl. *Baumbach/Hueck/Fastrich*, § 19 Rdnr. 30b m.w.N.
19 Vgl. umfassend *Hachenburg/Ulmer*, § 5 Rdnrn. 171ff.
20 Vgl. *BGHZ* 107, 1 = NJW 1989, 1610; *OLG Hamm*, BB 1984, 87; *OLG Düsseldorf*, GmbHR 1987, 59; *Baumbach/Hueck/Fastrich*, § 5 Rdnr. 55.

Vier Fragen stehen beim fakultativen Satzungsinhalt immer wieder zur Diskussion:
- Wie weit reicht die Vertragsfreiheit?
- Ist alles, was in der Vertragsurkunde steht, auch Satzungsinhalt?
- Können auch Dritte durch den Gesellschaftsvertrag berechtigt und verpflichtet werden?
- Können korporative Satzungswirkungen auch durch Vereinbarungen außerhalb der Satzungsurkunde zustandegebracht werden?

aa) Die *erste Frage* ist teils durch das Gesetz geklärt, teils handelt es sich um das allgemeine Problem der Gestaltungsfreiheit in Gesellschaftsverträgen[21]. Die Problematik wurde eingehend geschildert unter § 5 III dieses Buchs.

bb) Die *zweite Frage* ist von Bedeutung vor allem, wenn es um Vertragsänderungen geht, denn nur was materiell Satzungsinhalt ist, unterliegt der notariellen Form nach § 2 GmbHG und den strengen Regeln der Satzungsänderung nach §§ 53 ff. GmbHG. Bestimmungen in der Vertragsurkunde, die nicht zum materiellen Satzungsinhalt gehören, werden als »unechte Satzungsbestandteile« oder als »nichtkorporative Satzungsbestimmungen« bezeichnet (oben, § 5 I 1 d). Die Unterscheidung muß sich an den folgenden Grundregeln orientieren: Die Organisation der Gesellschaft einschließlich der Grundlagen der Gesellschafterstellung kann nur durch echte Satzungsbestandteile geregelt werden, während umgekehrt Vereinbarungen mit Dritten niemals echte Satzungsbestandteile sind. Dazwischen gibt es das Feld der indifferenten Bestimmungen, die echte Satzungsbestandteile sein können, aber nicht müssen. Hier besteht ein Gestaltungsspielraum der Gesellschafter[22]. Ihr Gestaltungswille entscheidet darüber, ob eine Vertragsregelung korporativer Satzungsbestandteil oder eine bloß schuldrechtliche Annexregelung ist (vgl. allgemein oben, § 5 I 1 d).

Beispiel Nr. 8: Eine Schiedsabrede kann korporativer oder »unechter« Satzungsbestandteil sein, je nachdem, ob sie alle gegenwärtigen und künftigen Gesellschafter korporativ bindet oder nur obligatorisch wirkt (*BGHZ* 38, 155, 161). Die Nebenpflicht der Gesellschafter, außer den Einlagen auch Darlehen einzuzahlen, kann als korporative, auch alle künftigen Gesellschafter erfassende, oder als bloß obligatorische Regelung gewollt sein (*BGHZ* 142, 116, 123). Die Bestellung eines Geschäftsführers kann Satzungsbestandteil sein (§ 6 III 2 GmbHG), aber regelmäßig ist keine förmliche satzungsmäßige Festschreibung eines gegen Entziehung gesicherten Sonderrechts gewollt, wenn sich dies nicht aus dem Satzungswortlaut ergibt (*RGZ* 44, 95, 98; *RG*, JW 1900, 417; 1901, 410; *BGH*, NJW 1961, 507; BB 1968, 1399f.; LM Nr. 4 zu § 35 GmbHG). Vor allem gilt dies für das Geschäftsführergehalt, das Teil des Dienstvertrags und deshalb in aller Regel auch dann nicht Satzungsbestandteil ist, wenn es in der Vertragsurkunde mit festgelegt ist (*RG*, JW 1917, 165; 1919, 313; DR 1944, 248; *BGHZ* 18, 205, 208).

21 Eingehend *Immenga*, Die personalistische Kapitalgesellschaft, 1970; *Teichmann*, Gestaltungsfreiheit in Gesellschaftsverträgen, 1970.

22 *RGZ* 44, 95, 98; *BGHZ* 18, 205; 38, 155, 161; *BGH*, NJW 1969, 131; *Priester*, DB 1979, 683; *Ulmer*, in: Festschrift Werner, 1984, S. 914.

cc) Die *dritte Frage* hängt mit der zweiten zusammen[23]. Die Satzungsurkunde kann Regelungen über die Rechte und Pflichten Dritter enthalten, aber das Verhältnis zu diesen Dritten ist dann nicht korporativer Satzungsbestandteil. Es kann ein von den Gesellschaftern geschlossener Vertrag zugunsten des Dritten (§ 328 BGB) gewollt sein; Pflichten Dritter können nur durch Verträge mit ihnen begründet werden. Im Zweifel soll die Satzungsbestimmung nur unter den Gesellschaftern dokumentieren, in welchem Umfang Dritte eingeschaltet werden. Allerdings kann auch ein Recht aller Gesellschafter auf Einschaltung des Dritten satzungsmäßig festgelegt werden. Das Verhältnis zu dem Dritten wird aber auch in diesem Fall durch schuldrechtliche Verträge geordnet.

Beispiel Nr. 9: Es wird von zwei Gesellschaften verschiedener Konzerne eine gemeinsame Tochtergesellschaft T für den Vertrieb bestimmter Waren gegründet, und es wird vereinbart, daß T bestimmte Kontingente von bestimmten Konzerngesellschaften abnehmen soll. Dann können die Gründergesellschafter voneinander verlangen, daß dies auch geschehe, und es ist jedenfalls denkbar, daß diese Vereinbarung Satzungsbestandteil ist (häufig ist nur eine Konsortialabrede gewollt). Die schuldrechtlichen Verträge mit den Lieferantinnen werden dagegen erst von den Geschäftsführern der T abgeschlossen.

dd) Die *vierte Frage* schließlich wurde schon unter § 5 I 5 diskutiert: So, wie in der Satzungsurkunde Regelungen schuldrechtlichen Charakters enthalten sein können, können Abreden unter den Gesellschaftern korporativen Charakter haben, insbesondere auch die Anfechtbarkeit zuwiderlaufender Beschlüsse begründen. Im Wortsinn »satzungsgleich« wirken diese Abreden allerdings nicht, wie man schon daran erkennt, daß sie ohne Satzungsänderung wieder aufgehoben oder gekündigt werden können (vgl. auch zur Anfechtbarkeit von Beschlüssen unten, § 36 III 4).

3. Anmeldung, Prüfung und Eintragung

a) Die Gesellschaft ist zur Eintragung in das Handelsregister anzumelden (§ 7 I GmbHG). Die Anmeldung darf erst erfolgen, wenn Sacheinlagen vollständig (§ 7 III GmbHG) und Bareinlagen mindestens zu einem Viertel geleistet sind (§ 7 II 1 GmbHG) und an Sacheinlagen und Bareinlagen insgesamt mindestens 12500 Euro geleistet sind (§ 7 II 2 GmbHG). Im Fall der Einpersonengründung (unten, § 40 II 2) ist für einen verbleibenden Restbetrag eine Sicherung zu bestellen (§ 7 II 3 GmbHG). Im praktischen Ergebnis bedeutet dies, daß der Gründer einer Einpersonengesellschaft die Einlage vor der Anmeldung voll wird erbringen müssen. Die Geschäftsführer müssen bei der Anmeldung ihre Unterschriften bei dem Gericht hinterlegen (§ 8 V GmbHG) und ihre Vertretungsverhältnisse angeben (§ 8 IV GmbHG). Der Anmeldung müssen die in § 8 I GmbHG bezeichneten Dokumente beigefügt sein, darunter auch eine etwa für den Betrieb des Unternehmens erforderliche Genehmigungsurkunde (§ 8 I Nr. 6 GmbHG), im Fall eines Handwerksbetriebs der Nachweis über die Eintragung in die Handwerks-

23 Eingehend *Bürkle*, Rechte Dritter in der Satzung der GmbH, 1998; *Herfs*, Einwirkung Dritter auf den Willensbildungsprozeß der GmbH, 1994; *Ulmer*, in: Festschrift Werner, 1984, S. 914; *Christoph Weber*, Privatautonomie und Außeneinfluß im Gesellschaftsrecht, 2000.

rolle[24]. Es ist also für Verzahnung des privaten mit dem öffentlichen Recht gesorgt. Besonders hervorzuheben sind die Nrn. 4 und 5: Im Fall einer Sachgründung müssen

- die Verträge, die den Festsetzungen zugrunde liegen oder zu ihrer Ausführung geschlossen worden sind,
- der Sachgründungsbericht und
- Unterlagen darüber, daß der Wert der Sacheinlagen den Betrag der übernommenen Stammeinlagen erreicht,

beigefügt werden. Bei jeder Gründung müssen die Geschäftsführer nach § 8 II, III GmbHG außerdem versichern,

- daß die nach § 7 II, III GmbHG vorgeschriebenen Leistungen bewirkt sind und daß sich geleistete Einlagegegenstände endgültig in der freien Verfügung der Geschäftsführer befinden[25] und
- daß keine Umstände vorliegen, die nach § 6 II 2, 3 GmbHG der Geschäftsführerbestellung entgegenstehen.

Diese Pflichten sind nach näherer Maßgabe des § 82 GmbHG *strafbewehrt.* Daneben stehen *privatrechtliche Sanktionen:*

aa) Der *Inferent einer überbewerteten Sacheinlage* muß die Differenz in bar ausgleichen (§ 9 GmbHG; vgl. auch oben, § 20 III 4a; unten, § 37 II 3 c). Diese seit 1980 im Gesetz festgeschriebene Bardeckungspflicht ergibt sich aus allgemeinem Kapitalaufbringungsrecht[26]. Bewertungsstichtag ist der Tag der Registeranmeldung, nicht der Tag der Eintragung; dadurch wollte der Gesetzgeber das Risiko einer Wertminderung zwischen Anmeldung und Registereintragung mindern, ohne doch schon den Einbringungsstichtag ausreichen zu lassen (zum Verhältnis zwischen der Differenzhaftung nach § 9 und der Vorbelastungshaftung der Gründer vgl. unten, § 34 III 4 d)[27]. Die Bardeckungspflicht kann zu einer Gesellschafterhaftung über die Höhe der übernommenen Stammeinlage hinaus führen, wenn der Gesellschafter »weniger als nichts«, insbesondere ein überschuldetes Unternehmen, einbringt[28].

---

24 *BGH*, NJW 1988, 1087.

25 Vgl. zu diesem Begriff näher *Karsten Schmidt*, AG 1986, 106ff.; str.; zust. *BGHZ* 113, 335, 348 = NJW 1991, 1754, 1757; *BGH*, NJW 1991, 226, 227; 1992, 2698, 2700; *Baumbach/Hueck/Fastrich*, § 7 Rdnr. 5a, § 8 Rdnr. 13; *Lutter/Hommelhoff*, § 7 Rdnr. 14; *Hommelhoff/Kleindiek*, ZIP 1987, 477; *Wilhelm*, ZHR 152 (1988), 343ff.; *Lutter*, NJW 1989, 2651f.: kein Thesaurierungsangebot; auf den Erfüllungserfolg abstellend *Ihrig*, a.a.O., S. 115ff.; zum Verhältnis zwischen »freier Verfügung« und verdeckter Sacheinlage vgl., nicht unzweifelhaft, *BGHZ* 113, 335, 348ff. = NJW 1991, 1754, 1757; *Ihrig*, a.a.O., S. 200ff.

26 Vgl. *BGHZ* 29, 300; 68, 191; zum Aktienrecht *BGHZ* 118, 83; grundlegend *Boesebeck*, DR 1939, 436; ausführlich *Hohner*, DB 1975, 1771; *Karsten Schmidt*, GmbHR 1978, 5; eingehend *v. Rössing*, a.a.O., S. 36ff.; *Trölitzsch*, Differenzhaftung für Sacheinlagen in Kapitalgesellschaften, 1988; *Gienow*, a.a.O.; *Urban*, a.a.O.; *Hachenburg/Ulmer*, § 9 Rdnrn. 4ff.; für die Treuhandanstalt und für die Bundesanstalt für vereinigungsbedingte Sonderaufgaben (BvS) galten die Sonderregeln der §§ 24, 26 DMBilanzG (vgl. *BGH*, NJW 1999, 1481).

27 Begr.RegE GmbH-Novelle, BR-Drucks. 404/77, S. 35; dazu näher *Karsten Schmidt*, NJW 1980, 1771.

28 Vgl. *Lutter/Hommelhoff*, § 9 Rdnr. 3; *Scholz/Winter*, § 9 Rdnr. 14; *Karsten Schmidt*, BB 1985, 155; a.M. *Hohner*, DB 1975, 631.

Beispiel Nr. 10: Hat Gesellschafter G auf seine Stammeinlage von 30000 Euro einen mit diesem Betrag bewerteten Lkw. einzubringen und beträgt der wahre Wert nur 10000 Euro, so muß G 20000 Euro nachschießen.

Beispiel Nr. 11: G legt nicht nur den Lkw. ein, sondern sein kleines Transportunternehmen, dessen Verbindlichkeiten er verschweigt. Angenommen, das Aktivvermögen des Unternehmens betrüge nur 20000 Euro und die GmbH müßte nach § 25 HGB für 30000 Euro Altverbindlichkeiten einstehen, so wäre die mit 30000 Euro bewertete Sacheinlage nicht nur um 30000 Euro, sondern um 40000 Euro überbewertet. Diesen Betrag muß G zahlen. Allerdings ist hierbei zu bedenken, daß ein der Fortführung fähiges Unternehmen nach Ertragswerten, also nicht bloß durch Zusammenrechnung der einzelnen Vermögensgegenstände, zu bewerten ist (Handelsrecht, § 4 II 2).

Man muß sich darüber klar sein, daß die praktische Verwirklichung dieser Bardeckungspflichten weder lückenlos gewährleistet noch einfach zu bewerkstelligen ist. Vor allem bei kleinen Gesellschaften, in denen der Gesellschafter selbst oder eine von ihm abhängige Person Geschäftsführer ist, ist die Einforderung des Differenzbetrags durch ihn zwar geboten, aber doch unwahrscheinlich, solange kein Streit unter den Gesellschaftern besteht. In aller Regel sind es Insolvenzverwalter, Liquidatoren oder pfändende Gläubiger, die die Bardeckungsansprüche geltend machen, und dies oft geraume Zeit nach der Gründung. Ist die Bewertung von Sacheinlagen schon am Stichtag eine schwierige Aufgabe, so gilt dies nur noch mehr, wenn die Sacheinlage rückwirkend bewertet werden soll. An dem Haftungsprinzip ändert dies aber nichts. Die Beweislast trifft in Anbetracht der vorausgegangenen Werthaltigkeitsprüfung denjenigen, der die Haftung geltend macht[29], jedoch können bei unzureichenden Wertnachweisen Indizien gegen Vollwertigkeit sprechen[30].

bb) Daneben ordnen die §§ 9a, b GmbHG eine *Verschuldenshaftung* der Gesellschafter und der Geschäftsführer sowie der Hintermänner von Gesellschaftern an[31]. Holt der Registerrichter in dem sogleich zu schildernden Prüfungsverfahren eine Bestätigung der Hausbank über die Einzahlung einer Einlage ein, so läßt der *Bundesgerichtshof* in dem Urteil *BGHZ* 113, 335 = NJW 1991, 1754 auch die Bank analog § 37 I 4 AktG haften, wenn sich die Einzahlung als Bestandteil einer verdeckten Sacheinlage erweist und sich hieraus eine Unterdeckung ergibt[32].

b) Es schließt sich die *registergerichtliche Prüfung* an. Nach § 9c GmbHG hat das Gericht die Eintragung abzulehnen, wenn die Gesellschaft nicht ordnungsgemäß errichtet und angemeldet ist oder wenn Sacheinlagen überbewertet worden sind. Die Vorschrift ist ungenau formuliert. Es findet eine umfassende rechtliche Kontrolle nach dem Maßstab der gesetzlichen Nor-

29 *OLG München*, GmbHR 1994, 712; *Lutter/Hommelhoff*, § 9 Rdnr. 8; *Scholz/Winter*, § 9 Rdnr. 15; a.M. *OLG Düsseldorf*, GmbHR 1992, 112, 113; *OLG Naumburg*, GmbHR 1998, 385, 386.

30 *OLG München*, GmbHR 1994, 712; *Scholz/Winter*, § 9 Rdnr. 15.

31 Vgl. *v. Rössing*, a.a.O., S. 114ff.; *Lowin*, a.a.O.

32 Bestätigt in *BGH*, GmbHR 1997, 255, 256; s. auch *Spindler*, ZGR 1997, 537ff.; krit. *Butzke*, ZGR 1994, 111f.

mativbestimmungen statt. Die beantragte Eintragung der GmbH setzt insbesondere
- die Vollständigkeit und Wirksamkeit des Gesellschaftsvertrags,
- die Zulässigkeit der gewählten Firma,
- die vorgeschriebene Kapitalaufbringung und
- die sonstige Richtigkeit der erforderlichen Angaben

voraus[33]. Das Gericht kann bei der Prüfung Ermittlungen von Amts wegen vornehmen (§ 12 FGG). Dies geschieht aber nicht schematisch in jedem Fall, sondern nur, wenn das Gericht an der Richtigkeit der Angaben Zweifel hat[34]. Hat das Gericht einen vermeintlichen Routinefall eingetragen, hinter dem sich ein unerkannter Schwindel verbarg, so löst dies nicht schon Amtshaftungsansprüche der Gläubiger aus. Wegen irreführender Firma darf sogar das Gericht die Eintragung nur verweigern, wenn die Irreführung »offensichtlich« ist (§ 18 II 2 HGB). Die gerichtliche Kontrolle ist eine rein rechtliche. Eine Zweckmäßigkeitskontrolle steht dem Gericht ebensowenig zu wie eine kaufmännische Kontrolle[35]. Viele Verträge sind in den Einzelheiten unzweckmäßig, verbesserungsfähig und verbesserungsbedürftig. Viele Neugründungen lassen Zweifel aufkommen, ob die Gesellschaft lebensfähig ist. Solche Bedenken geben aber dem Registergericht kein Recht, die Eintragung abzulehnen. Das gilt, wie schon unter § 18 II 4 ausgeführt wurde, auch für die Kapitalausstattung der Gesellschaft. Deshalb kann der Registerrichter der Gesellschaft nicht vorschreiben, daß für ihre Zwecke ein Stammkapital von über 25 000 Euro erforderlich ist[36]. Umstritten ist freilich, ob der Registerrichter die Eintragung wegen »offensichtlicher« Unterkapitalisierung verweigern darf[37]. Auch dies wird man nur in den Fällen bejahen dürfen, in denen die Gründung gegen §§ 263 StGB, 138, 826 BGB verstößt (vgl. schon oben, § 18 II 4 a und § 27 II 3 g)[38]. Wie schon unter § 9 IV 4 dargelegt wurde, bedeutet dies nicht, daß die Unterkapitalisierung die Gerichte nicht zu interessieren hätte, aber die *register*gerichtliche Prüfungsbefugnis beschränkt sich auf die gesetzlichen Normativbestimmungen, denn der Registerrichter soll grundsätzlich keine Streitentscheidungen treffen, sondern nach dem Prinzip der Checkliste verfahren. Die Frage, ob eine nach der Errichtung der Gesellschaft eingetretene Vorbelastung mit Verbindlichkeiten die Eintragung hindert, wird unter III 6 behandelt. Lehnt der Registerrichter die Eintragung ab, so ist hiergegen die Beschwerde und gegen den Beschluß des Beschwerdegerichts ggf. die weitere Beschwerde gegeben (§§ 19, 27 FGG).

c) Nach Abschluß der Prüfung erfolgt die *Eintragung in das Handelsregister* und die *Bekanntmachung*. Der Inhalt der Eintragung und Bekanntmachung ergibt sich aus § 10 GmbHG. Die Eintragung wirkt konstitutiv in dem Sinne,

33 Eingehend *v. Rössing*, a. a. O., S. 131 ff.; *Hachenburg/Ulmer*, § 9 c Rdnrn. 6 ff.; *Scholz/Winter*, § 9 c Rdnrn. 4 ff.; *Spiegelberger/Walz*, GmbHR 1998, 761 ff.

34 Vgl. *Scholz/Winter*, § 9 c Rdnr. 13; *Hachenburg/Ulmer*, § 9 c Rdnr. 12; *Priester*, DNotZ 1980, 523.

35 H. M.; vgl. *Raiser*, Kapitalgesellschaften, § 26 Rdnr. 50.

36 *Scholz/Winter*, § 9 c Rdnr. 36.

37 *Raiser*, Kapitalgesellschaften, § 26 Rdnr. 50; *Hachenburg/Ulmer*, § 9 c Rdnr. 31.

38 *Ähnlich Scholz/Winter*, § 9 c Rdnr. 36 m. w. N.

daß nun die Gesellschaft zur juristischen Person und zum Formkaufmann wird (vgl. §§ 11 I, 13 III GmbHG). Für die Anmeldung und Eintragung einer Zweigniederlassung gilt § 12 GmbHG.

III. Vermögensträgerschaft und Haftung in den einzelnen Stadien der GmbH-Gründung

1. Grundsätzliches*

a) Unter § 11 IV 2 wurde dargestellt, daß die GmbH als Verband nicht erst mit der Eintragung entsteht, sondern daß sie bereits vom Zeitpunkt der Errichtung an als Vorgesellschaft Rechtsträgerin sein kann. Dargestellt wurde weiter, daß zwischen der Vorgesellschaft und der nach der Eintragung bestehenden fertigen GmbH Identität in dem Sinne besteht, daß Rechte und Pflichten der Vorgesellschaft mit der Eintragung ohne weiteres Rechte und Pflichten der GmbH sind. Die Rechtsverhältnisse im einzelnen sind nun zu analysieren, wobei zu unterscheiden ist zwischen dem
- Vorgründungsstadium vor der Errichtung der GmbH, dem
- Gründungsstadium zwischen der Errichtung und der Eintragung sowie schließlich dem
- Stadium der fertigen GmbH.

b) Innerhalb dieser drei Stadien muß das Augenmerk vor allem auf drei Fragen gelenkt werden:
- auf das Vorhandensein der Gesellschaft,
- auf die Rechtsträgerschaft,
- auf die Haftungsverhältnisse.

* Literatur: *Baumann*, Die GmbH in Anwartschaft, JZ, 1998, 597; *Baumann/Müller*, Die Haftung der Gründungsgesellschaft bei der echten und unechten Vor-GmbH, NZG 2001, 218; *Beuthien*, Die Vorgesellschaft im Privatrechtssystem, ZIP 1996, 305, 360; *Binz*, Haftungsverhältnisse im Gründungsstadium der GmbH & Co. KG, 1976; *Büttner*, Identität und Kontinuität bei der Gründung juristischer Personen, 1967; *Gerhard Dilcher*, Rechtsfragen der sog. Vorgesellschaft, JuS 1966, 89; *Fabricius*, Vorgesellschaften bei der Aktiengesellschaft und der Gesellschaft mit beschränkter Haftung – ein Irrweg? In: Festschrift Kastner, 1972, S. 85; *Fantur*, Das Haftungssystem der GmbH-Vorgesellschaft, Wien 1997; *Flume*, Die werdende juristische Person, in: Festschrift Geßler, 1971, S. 3; *Gehrlein*, Die Haftung in den verschiedenen Gründungsphasen einer GmbH, DB 1996, 561; *Harrer*, Haftungsprobleme bei der GmbH, Wien 1990; *Hueck*, Vorgesellschaft, in: Festschrift 100 Jahre GmbH-Gesetz, 1992, S. 127; *Hüffer*, Das Gründungsrecht der GmbH, JuS 1983, 161; *John*, Die organisierte Rechtsperson, 1977; *Kießling*, Vorgründungs- und Vorgesellschaft, 1999; *Kuhn*, Die Vorgesellschaft, WM-Sonderbeilage 5/1956; *Lieb*, Meilenstein oder Sackgasse? Bemerkungen zum Stand von Rechtsprechung und Lehre zur Vorgesellschaft, in: Festschrift Stimpel, 1985, S. 399; *Rittner*, Die werdende juristische Person, 1973; *Karsten Schmidt*, Zur Stellung der oHG im System der Handelsgesellschaften, 1972, S. 271 ff.; *Schultze-v. Lasaulx*, Die unechte Vorgesellschaft, JZ 1952, 390; *ders.*, Gedanken zur Rechtsnatur der sog. Vorgesellschaft, in: Festschrift Olivecrona, Stockholm 1964, S. 576; *Ulmer*, Das Vorbelastungsverbot im Recht der GmbH-Vorgesellschaft – notwendiges oder überholtes Dogma? in: Festschrift Ballerstedt, 1975, S. 279; *ders.*, Abschied vom Vorbelastungsverbot im Gründungsstadium der GmbH, ZGR 1981, 593; *Wiedemann*, Das Rätsel Vorgesellschaft, JurA 1970, 439; *Wimmer*, Gründung und Beendigung von juristischen Personen, DStR 1995, 1838.

2. Das Vorgründungsstadium*

a) Solange die Gesellschaft noch nicht durch Abschluß des Gesellschaftsvertrags errichtet ist, spricht man vom Vorgründungsstadium[39]. In diesem Stadium sind zwar schon Absprachen der Gründer vorhanden, noch nicht vorhanden ist aber die GmbH. Es besteht allerdings mindestens schon ein *vorvertragliches Vertrauensverhältnis*, das die Gesellschafter zur Rücksichtnahme aufeinander verpflichtet und im Fall seiner Verletzung Grundlage von Schadensersatzansprüchen aus culpa in contrahendo sein kann.

Beispiel Nr. 12 (modifiziert nach *OGH Wien*, GesRZ 1981, 178 m. Anm. *Ostheim*): E hat ein Meerwasserentsalzungsverfahren erfunden. Er plant mit den Geldgebern X, Y und Z die Errichtung einer GmbH, in die er seine Erfinderrechte einbringen will. Als die Beteiligten kurz vor dem Abschluß des Gesellschaftsvertrags stehen, eröffnet ihnen der E, daß er parallel mit A, B und C verhandelt hat und von X, Y und Z nichts mehr wissen will. Hier kann E, wenn er bei X, Y und Z die Vorstellung eines sicheren Vertragsschlusses hervorgerufen hat, zum Ersatz des Vertrauensschadens verpflichtet sein (vgl. *BGH*, LM Nr. 12 zu § 2 GmbHG = NJW-RR 1988, 288; *LG Aachen*, NJW-RR 1986, 662, 663).

Eine ganz andere Frage ist, ob sich die Beteiligten in diesem Stadium bereits vertraglich zum Abschluß eines Gesellschaftsvertrags verpflichten können. Das ist im Grundsatz zu bejahen, kommt jedoch praktisch kaum vor. Ein derartiger Vertrag ist gleichzeitig GmbH-*Vor*vertrag und *Gesellschafts*vertrag i. S. von § 705 BGB: ein rein schuldrechtlich verpflichtender Vertrag mit dem gemeinsamen Zweck, eine GmbH zu errichten[40]. Er wird hier als *Gründungs-Vorvertrag* oder *Vorgründungsvertrag* bezeichnet, das entstehende Rechtsverhältnis als »Vorvertragsgesellschaft« (vgl. schon oben, § 11 II 2)[41]. Der Vertrag muß hinreichend bestimmt sein, also schon die wesentlichen Grundlagen des künftigen Gesellschaftsvertrags – insbesondere die Rechtsform und die Beteiligungsverhältnisse – klären[42]. Er bedarf, um wirksam zu

---

* Literatur (vgl. zunächst unter III 1): *Grottke*, Die Vorgründungsgesellschaft der GmbH, 1992; *Michalski/Sixt*, Die Haftung in der Vorgründungs-GmbH, in: Festschrift Boujong, 1996, S. 349; *Priester*, Das Gesellschaftsverhältnis im Vorgründungsstadium – Einheit oder Dualismus? GmbHR 1996, 481; *Karsten Schmidt*, Haftung aus Rechtsgeschäften vor Errichtung einer GmbH, GmbHR 1998, 613.

39 Vgl. zum folgenden eingehend *Karsten Schmidt*, oHG, a. a. O., S. 254 ff.; *ders.*, Rechtsgrundlagen der Mitunternehmerschaft im Vorgründungsstadium der GmbH, GmbHR 1982, 6.

40 Vgl. m. w. N. *Scholz/Karsten Schmidt*, § 11 Rdnr. 9; *Karsten Schmidt*, GmbHR 1982, 7; 1998, 614; die Rechtsfigur scheint mißverstanden bei *Michalski/Sixt*, a. a. O., S. 364 (»Existenz eines daneben (?) bestehenden Gesellschaftsvertrags«).

41 Diese Terminologie ist für das Verständnis des nachfolgenden Textes und der teilweise lediglich anders formulierenden anderen Stimmen zu beachten; der Text vermeidet im Hinblick auf eingetretene Mißverständnisse den Begriff »Vorgründungsgesellschaft«; er unterscheidet streng zwischen der auf die Errichtung der GmbH zielenden Vereinbarung (Vorvertrag) und der etwa bereits im Vorgründungsstadium entstehenden Mitunternehmerschaft (Außengesellschaft); nichts anderes vertritt am Ende auch der gegen die hier vorgenommene Systematisierung gerichtete Aufsatz von *Priester*, GmbHR 1995, 481 ff., nur daß er das zweite der Rechtsverhältnisse als »Vorgründungsgesellschaft« bezeichnet, während hier in den Vorauflagen das erste als »Vorgründungsgesellschaft« bezeichnet wurde.

42 Vgl. *RGZ* 106, 174, 177; 156, 129, 138; *OLG München*, BB 1958, 787; *OLG Karlsruhe*, NJW-RR 1996, 997.

sein, bereits der Form des § 2 GmbHG[43]. Nebenabreden sind aber formfrei, sofern sie unabhängig von der Errichtung der GmbH gelten sollen. Ob ein solcher Fall vorliegt, kann zweifelhaft sein. Charakteristisch ist die schon angeführte Entscheidung des *Österreichischen Obersten Gerichtshofs* in unserem

Beispiel Nr. 13 (nach *OGH Wien*, GesRZ 1981, 178 m. Anm. *Ostheim*): Hatten in unserem vorgenannten Beispiel die Beteiligten bereits ein Wettbewerbsverbot und eine Vertragsstrafe vereinbart, so muß zweifelhaft sein, ob diese Vereinbarungen wirksam waren. Der *OGH Wien* geht mit Recht davon aus, daß eine Vertragsstrafevereinbarung formlos wirksam sein *kann*. Ob sie wirksam *war*, hing aber davon ab, ob die Vertragsstrafe alsbald formlos wirksam oder Bestandteil des formbedürftigen GmbH-Vertrags werden sollte.

Formgerechte GmbH-Vorverträge sind selten[44]. Ist der Vertrag nicht formgerecht abgeschlossen, so kann er keine auf die Errichtung der GmbH zielenden Erfüllungsansprüche und auch keinen Schadensersatz wegen Nichterfüllung auslösen, wohl allerdings einen Vertrauensschutz und Ansprüche wegen culpa in contrahendo.

Beispiel Nr. 14 (nach *BGH*, NJW-RR 1988, 288 = BB 1988, 159): Die Eheleute G und der B hatten vereinbart, es solle eine GmbH gegründet werden, die bei B ein Möbelhaus anpachten sollte. Später verweigerte B die versprochenen Vertragsschlüsse. Der *BGH* verneinte eine Haftung auf Schadensersatz wegen Nichterfüllung, weil der Vorvertrag nach §§ 125 BGB, 2 GmbHG nichtig sei. Wohl aber kam ein Anspruch auf Ersatz des Vertrauensschadens wegen Verschuldens bei Vertragsverhandlungen in Betracht.

b) Der gemeinsame Zweck der als reine Innengesellschaft einzuordnenden Vorgründungsvereinbarung erschöpft sich regelmäßig darin, eine GmbH zu gründen. Im Normalfall ist deshalb die Vorgründungsgesellschaft nach § 726 BGB durch Zweckerreichung aufgelöst, sobald die GmbH errichtet ist[45]. Etwa weitergehende Pflichten – z. B. die vereinbarte Pflicht, ein Unternehmen zu erwerben, eine Erfindung vorzubereiten o. ä. – können als Haupt- oder Nebenpflichten in den GmbH-Vertrag aufgenommen werden. Geschieht dies nicht, so kann ausnahmsweise der Vorgründungsvertrag als teilweise noch unerledigtes Innen-Gesellschaftsverhältnis neben der nunmehr errichteten GmbH vorübergehend mit eingeschränktem Zweck fortbestehen[46]. In jedem Fall bleibt aber das durch die Vorgründungsvereinbarung begründete Rechtsverhältnis eine reine Innengesellschaft. Leistungen, die die Gründer im Vorgründungsstadium erbringen, können deshalb auch nicht als

43 Vgl. *RGZ* 66, 116, 120; 149, 385, 395; 156, 129, 138; *RG*, JW 1929, 645, 646 f. m. Anm. *Bing*; *BGH*, NJW-RR 1988, 288 = BB 1988, 159; *OLG München*, BB 1958, 787; *LG Aachen*, NJW-RR 1986, 662; a. M. *OLG Karlsruhe*, NJW-RR 1987, 671; *OLG Stuttgart*, GmbHR 1958, 195, 196; *Kießling*, a. a. O., S. 19 ff.; *Flume*, in: Festschrift Geßler, a. a. O., S. 18 f.; mißverständlich *Lutter/Hommelhoff*, § 11 Rdnr. 2 (formfrei, es sei denn, der Vertrag verpflichtet zur Gründung).

44 Insoweit wie hier *Priester*, GmbHR 1995, 483; krit. *Michalski/Sixt*, in: Festschrift Boujong, a. a. O., S. 357 f.

45 Str.; vgl. *Scholz/Karsten Schmidt*, § 11 Rdnrn. 13, 19; *Karsten Schmidt*, GmbHR 1982, 7 m. w. N.; für Beendigung erst mit Eintragung insbes. *Feine*, in: Ehrenbergs Hdb. III/3, S. 190; differenzierend *Hueck*, § 35 II 1; gegen den hier vertretenen Standpunkt, weil er keine Unternehmenskontinuität gewährleiste, auch *Michalski/Sixt*, a. a. O., S. 369 mit der unrichtigen Annahme, dann bedürfe es einer Liquidation.

46 Insofern überzeugend *Baumbach/Hueck/Fastrich*, § 11 Rdnr. 34.

GmbH-Einlagen angerechnet werden[47]. Die Vorvertragsgesellschaft kann deshalb weder mit der durch den Abschluß des GmbH-Vertrags (Satzungserrichtung) entstehenden Vorgesellschaft noch mit der späteren GmbH identisch sein[48], ist auch nicht Trägerin von Rechten und Pflichten[49], schon gar nicht Trägerin eines Unternehmens[50]. Mindestens mißverständlich sagt der *Bundesgerichtshof* und mit ihm die herrschende Lehre, daß die Vorgründungsgesellschaft zur oHG wird, wenn sie bereits ein Handelsgewerbe betreibt[51]. Wer mag, kann natürlich die nun entstehende mitunternehmerische Gesellschaft in Abweichung von der hier gewählten Terminologie als »Vorgründungsgesellschaft« bezeichnen, aber auch dann ist sie mit dem hier als Vorvertragsgesellschaft bezeichneten Rechtsverhältnis nicht identisch[52]. Natürlich soll und kann ein etwa schon vorhandenes Unternehmen nicht wegfingiert werden. Nur kann ein solches Unternehmen eben nicht schon als GmbH-Unternehmen eingebracht oder errichtet werden, dergestalt, daß schon jetzt eine (Vor-)GmbH Unternehmensträgerin wäre. Zweckmäßigerweise warten deshalb die Gründer mit der Gründung oder Einbringung des künftigen GmbH-Unternehmens, bis jedenfalls die GmbH in notarieller Form *errichtet* ist. Betreiben sie desungeachtet schon gemeinsam, vielleicht gar unter der Bezeichnung der in Wahrheit noch nicht errichteten »GmbH in Gründung«, ein Unternehmen – wovor entschieden gewarnt werden muß! –, so entsteht formlos, meist sogar stillschweigend aufgrund Rechtsformzwangs (oben, § 5 II 3) ganz unabhängig vom Vorhandensein einer vertraglich vereinbarten Vorvertragsgesellschaft eine *besondere* Personengesellschaft, und zwar unter den Voraussetzungen des § 1 II HGB eine oHG, sonst eine Gesellschaft bürgerlichen Rechts[53]. Das wurde schon unter § 11 II 2c ausgeführt und erläutert an folgendem

Beispiel Nr. 15 (nach *RG*, JW 1929, 654 m. Anm. *Bing*): X, Y und Z einigen sich formlos über den Betrieb einer kleinen Motorradproduktion in GmbH. Sie beginnen auch bereits mit dem gemeinsamen Bau und Vertrieb von Motorrädern. Hier ist die Vorvertragsgesell-

47 Vgl. *BGH*, NJW 1992, 2698, *OLG Köln*, ZIP 1989, 238.

48 Prinzip der Diskontinuität; vgl. nur *BGHZ* 91, 148, 151 = NJW 1984, 2164; *BGH*, NJW 2001, 1042; *Feine*, in: Ehrenbergs Hdb. III/3, S. 160; *Hueck*, § 35 II 1; *Flume*, in: Festschrift Geßler, a. a. O., S. 20; *Scholz/Karsten Schmidt*, § 11 Rdnr. 20; eingehend *Karsten Schmidt*, oHG, a. a. O., S. 258, 260, 263 f.; *ders.*, GmbHR 1982, 9 m. w. N.; a. M. *Kießling*, a. a. O., S. 352 ff.; insofern zust. *Baumbach/Hueck/Fastrich*, § 11 Rdnr. 33; zum Sonderproblem § 17 BetrAVG vgl. *BAG*, GmbHR 1991, 458.

49 *Scholz/Karsten Schmidt*, § 11 Rdnr. 9; a. M. aufgrund ungenauer Abgrenzung der »Vorgründungsgesellschaft« *Kießling*, a. a. O., S. 39 f., 378; *Priester*, in: MünchHdbGesR III, § 15 Rdnr. 29.

50 *Scholz/Karsten Schmidt*, § 11 Rdnr. 9; a. M. auch hier zur »Vorgründungsgesellschaft« *Kießling*, a. a. O., S. 356 ff.; *Priester*, in: MünchHdbGesR III, § 15 Rdnr. 29.

51 *BGHZ* 91, 148, 151 = NJW 1984, 2164; *BGH*, BB 1983, 1433 = NJW 1983, 2822; *Hachenburg/Ulmer*, § 2 Rdnr. 50; *Baumbach/Hueck/Fastrich*, § 11 Rdnr. 33; *Lutter/Hommelhoff*, § 11 Rdnr. 2; *Rowedder/Rittner/Schmidt-Leithoff*, § 2 Rdnr. 77.

52 Auf diese terminologische Abweichung reduzieren sich die gegen die hier vertretene Auffassung gerichteten Ausführungen von *Priester*, GmbHR 1995, 481 ff.

53 Vgl. *RG*, JW 1929, 645, 647 m. Anm. *Bing*; *BGH*, BB 1983, 1433 = NJW 1983, 2822; *OLG Stuttgart*, GmbHR 1958, 195, 196; *LG Würzburg*, DRZ 1950, 88; *FG Niedersachsen*, GmbHR 1992, 391; *Karsten Schmidt*, oHG, a. a. O., S. 254 ff.; *ders.*, GmbHR 1982, 7 f.; gegen den hier vertretenen »Dualismus« aufgrund des schon angemerkten terminologischen Mißverständnisses *Priester*, GmbHR 1995, 481 ff.; s. auch *Michalski/Sixt*, a. a. O.

schaft formnichtig, aber daneben ist – je nachdem, ob das Unternehmen ein vollkaufmännisches ist oder nicht – eine oHG oder eine Gesellschaft bürgerlichen Rechts als Unternehmensträgerin entstanden. So entschied im Ergebnis auch das *Reichsgericht*, und es kann entgegen kritischen Stimmen kein logischer Bruch darin gesehen werden, daß das eine Gesellschaftsverhältnis (die Vorvertragsgesellschaft) formnichtig, das andere dagegen (die oHG oder GbR) voll wirksam ist (am Ende wie hier insoweit auch *Priester*, GmbHR 1995, 486).

c) Die *Haftung der Beteiligten im Vorgründungsstadium* ergibt sich nach all dem aus allgemeinen Grundsätzen des bürgerlichen Rechts und des Rechts der Personengesellschaften. Wird schon gemeinschaftlich ein Unternehmen betrieben, so haften die Gründer nach § 128 HGB bzw. nach den für eine unternehmenstragende BGB-Gesellschaft geltenden Grundsätzen (dazu unten, § 60 I 2 c), also regelmäßig unbeschränkt[54]. Wird noch kein Unternehmen betrieben, so muß zunächst gefragt werden, ob der rechtsgeschäftlich Handelnde
- im eigenen Namen,
- im Namen der erst *künftigen* (Vor-)GmbH (§ 11 GmbHG),
- im Namen einer *angeblich schon vorhandenen*, in Wahrheit noch inexistenten, (Vor-)GmbH (§§ 177, 179 BGB) oder
- im Namen der Gründungsbeteiligten, also der *Gesellschafter,*

aufgetreten ist[55]. Ein rechtswirksames Handeln im Namen der Vorvertragsgesellschaft, die nur eine Innengesellschaft ist, kann es dagegen nicht geben. Im übrigen entscheidet nicht die oft unpräzise Ausdrucksweise der Beteiligten, sondern der wirtschaftliche Sinn der Erklärungen. Charakteristisch für die auftretenden Schwierigkeiten sind die folgenden Beispiele aus der Rechtsprechung:

Beispiel Nr. 16 (nach *OLG Hamm*, GmbHR 1989, 335): Die Eigentümer einer Einkaufszone hatten, wie alle Beteiligten wußten, vor der notariellen Beurkundung der Satzung eine Geschäftsfläche an die »S & B GmbH« vermietet, die sodann, wie beabsichtigt, gegründet und eingetragen wurde. Das *OLG Hamm* meinte, die Gesellschafter hätten zunächst persönlich gehaftet, aber dann sei die GmbH vereinbarungsgemäß in den Vertrag eingetreten. Damit war eine persönliche Haftung zu verneinen. Zu demselben Ergebnis gelangt man, wenn man annimmt, daß der Vertrag von vornherein im Namen der künftigen (Vor-)GmbH geschlossen worden war.

Beispiel Nr. 17 (nach *BGH*, BB 1982, 69 = NJW 1982, 932): A und B vereinbarten privatschriftlich, eine Z-GmbH zur Kiesausbeutung zu gründen. Am 26.5. schlossen sie im Namen der »Z-GmbH in Gründung« mit einem Vertragspartner V einen Vertrag über die Übernahme seiner Pacht- und Kiesabbaurechte. Es sollten sofort 333 000 DM und später monatliche Beträge gezahlt werden. Am 30.5. wurde die GmbH in notarieller Form gegründet, am 16.9. in das Handelsregister eingetragen. Die GmbH nahm im September auch die Kiesausbeutung auf, wurde dann aber aufgelöst. V erhielt keine Zahlungen. – Erkennbar lag hier das Kernproblem darin, ob im Namen der Gründer gehandelt worden war (dann gesamtschuldnerische Haftung nach § 427 BGB) oder ob die vier Tage später gegründete Vor-GmbH als Vertragspartnerin war und den Vertrag genehmigt hatte (dann

54 *Karsten Schmidt*, oHG, a.a.O., S. 264f.; *ders.*, GmbHR 1982, 8; insofern übereinst. *BGHZ* 91, 148, 151 = NJW 1984, 2164; *BGH*, BB 1983, 1433 = NJW 1983, 2822; eingehend *Michalski/Sixt*, a.a.O.

55 Eingehend *Karsten Schmidt*, GmbHR 1998, 613ff.

haftete nach der Eintragung nur noch die GmbH). Der *Bundesgerichtshof* entschied folgendermaßen: Da 333 000 DM sofort zu zahlen waren, seien die Gründungsbeteiligten und nicht die noch gar nicht vorhandene Vor-GmbH als Vertragspartei aufgetreten. Sie hätten aber den Gründungstatbestand offengelegt und hätten den Vertragspartner nur vorübergehend – bis zur Eintragung der GmbH – sichern wollen. Deshalb könne der Vertrag vom 26.5. »nicht dahin ausgelegt werden, daß sich die Haftung der Vorgründungsgesellschaft(?) und ihrer Gesellschafter über die Eintragung der GmbH hinaus erstrecken sollte«. Dieses gründerfreundliche Urteil ist eine Einzelentscheidung geblieben.

Beispiel Nr. 18 (nach *BGH*, BB 1983, 1433 = NJW 1983, 2822): Am 20.1. kauften die Gründer X und Y, handelnd für die »GmbH in Gründung«, von V ein Handelsgeschäft mit Warenbestand. Am 22.1. wurde die GmbH gegründet, am 20.2. in das Handelsregister eingetragen. Der *Bundesgerichtshof* entschied diesen als »Ergänzung« zur Vorentscheidung bezeichneten Fall anders: »Eine rechtsgeschäftliche persönliche Haftung der GmbH-Gesellschafter für Verbindlichkeiten, die sie vorweg für die erst noch zu gründende GmbH eingegangen sind, endet mit Gründung oder Eintragung der GmbH im Handelsregister nur, wenn das mit dem Gläubiger so vereinbart worden ist; eine solche Vereinbarung muß der Haftungsschuldner beweisen.« Auf derselben Linie liegt ein neues Urteil zur Zahlung einer Maklerprovision (*BGH*, WM 1996, 722): »Haben die Gründungsmitglieder einer GmbH noch vor der Gründung einen Maklervertrag im Hinblick auf einen beabsichtigten Grundstückserwerb der GmbH abgeschlossen, so sind sie und nicht die GmbH Schuldner des ... entstehenden Provisionsanspruches.«

Beispiel Nr. 19 (nach *BGH*, NJW 1998, 1645; dazu *Karsten Schmidt*, GmbHR 1998, 613 ff.): B und sein Sohn kaufen im Namen einer »G-GmbH« bei K eine Zuschneidemaschine. Die »G-GmbH« wurde, was K nicht wußte, erst ein Jahr nach der Lieferung durch notariellen Vertrag errichtet und danach eingetragen. K verklagte B auf Zahlung des Kaufpreises und bekam Recht. Hier war, wie schon der Erwerb der Maschine zeigte, bereits bei Vertragsschluß ein Unternehmen vorhanden, aber noch keine (Vor-)GmbH. Da unternehmerische Rechtsgeschäfte im Zweifel im Namen des Unternehmensträgers abgeschlossen werden (Handelsrecht, § 5 III), hatte B entweder im eigenen Namen gehandelt (wenn er noch Einzelkaufmann war) oder im Namen einer von ihm und dem Sohn konkludent gegründeten Personengesellschaft (dazu soeben unter III 2b). In jedem Fall haftete er unbeschränkt, da eine Schuldübernahme durch die GmbH mit K nicht vereinbart war.

Beispiel Nr. 20 (nach *BGH,* NJW 2001, 1042): Am Tag vor der notariellen Errichtung der GmbH hatte der Gründer ohne Vereinbarung einer aufschiebenden Bedingung Kraftfahrzeuge gekauft. Die GmbH wurde gegründet und sogar eingetragen, brach dann aber zusammen. Nach Auffassung des *BGH* war der Gründer auch hier nicht befreit.

Die strengere Auffassung der neueren Urteile verdient im Ergebnis den Vorzug. Es liegt in den Händen der Vertragsbeteiligten, haftungsrechtlich für Klarheit zu sorgen. Wird nicht im Einvernehmen mit dem Vertragsgegner für eine erst künftige GmbH kontrahiert, so haften die Gründer nach allgemeinen Regeln persönlich, und auch die spätere GmbH-Gründung befreit sie nicht, solange die GmbH die Schuld nicht nach §§ 414 f. BGB übernommen hat.

d) Umstritten war, ob neben den Gesellschaftern auch die Handelnden nach § 11 II GmbHG haften. Eine solche Haftung wurde lange Zeit von der Rechtsprechung bejaht, sofern nur die künftige GmbH schon »im Keim« vorhanden sei und schon »greifbare Ansätze« zur GmbH-Gründung vorlägen[56]. Ein großer Teil der Literatur stimmte dem zu. Diese Auffassung war indes nicht zu halten, weil sie auf einer überholten Vorstellung vom Zweck des § 11 II GmbHG beruhte[57]. Der *Bundesgerichtshof* hat sie denn auch aufgegeben in unserem

Beispiel Nr. 21 (nach *BGHZ* 91, 148 = NJW 1984, 2164 = ZIP 1984, 950 = JZ 1984, 943 m.Anm. *John*): V verkauft an ein unter dem Namen »M. Warenhaus GmbH i.G.« betriebenes Warenhaus 10000 T-Shirts. Der Auftrag war von G als Geschäftsführer unterzeichnet. Gestritten wurde um die Haftung des G, der nicht Gesellschafter war. Da es zwar schon das Warenhaus, aber noch keine GmbH in Gründung gab, hatte G nur scheinbar im Namen einer auf die Eintragung wartenden Vor-GmbH, in Wahrheit im Namen einer oHG gehandelt. Denn gehandelt wurde im Namen des wahren Unternehmensträgers (*BGH*, NJW 1998, 1645; Handelsrecht, § 5 III 1), und Unternehmensträgerin ist in einem solchen Fall, wie unter III 2b ausgeführt wurde, eine oHG oder Gesellschaft bürgerlichen Rechts. Die Haftung ergibt sich dann aus dem Recht dieser Personengesellschaften. Da nicht im Namen einer in Wahrheit noch inexistenten GmbH gehandelt wurde, fehlt es an jeder Notwendigkeit und Grundlage für eine Gläubigersicherung nach § 11 II GmbHG (so im Ergebnis auch der *BGH*, freilich auf der Basis eines heute überholten Haftungsstatuts der Vorgesellschaft; dazu sogleich unter III 3c, d). Diese Auffassung ist nunmehr mit Recht die herrschende.

3. Das Gründungsstadium (die sog. Vorgesellschaft)*

a) Mit der *Errichtung der GmbH* – also mit dem Abschluß des Gesellschaftsvertrags – entsteht die GmbH als Rechtsträgerin (oben, § 11 IV 2). Sie ist

56 Vgl. *RGZ* 122, 172, 174 m.Anm. *W. Schmidt*, *Lion* und *Abraham*, JW 1929, 648 und 1372; *BGH*, LM Nr. 11 zu § 11 GmbHG = JZ 1963, 63; LM Nr. 25 zu § 11 GmbHG = NJW 1980, 287; LM Nr. 30 zu § 11 GmbHG = NJW 1982, 932 = BB 1982, 69.

57 Eingehend *Karsten Schmidt*, oHG, a.a.O., S. 266ff.; *ders.*, GmbHR 1982, 8; *Hachenburg/Ulmer*, § 11 Rdnr. 104; so nunmehr nach dem Urteil des *BGH* auch die h.M.; vgl. *BGH*, WM 1985, 479; DStR 1996, 1015 m.Anm. *Goette*; *OGH Wien*, ecolex 1998, 636 m.Anm. *Fantur* = NZG 1998, 595; *OLG Hamburg*, GmbHR 1987, 477; *OLG Hamm*, GmbHR 1989, 335; *Baumbach/Hueck/Fastrich*, § 11 Rdnr. 46; *Lutter/Hommelhoff*, § 11 Rdnr. 2; *Rowedder/Rittner/Schmidt-Leithoff*, § 11 Rdnr. 102; *Scholz/Karsten Schmidt*, § 11 Rdnr. 18; *Kort*, DStR 1991, 1319; krit. *Kießling*, a.a.O., S. 393.

* Literatur (vgl. zunächst unter III 1): *Altmeppen*, Das unvermeidliche Scheitern des Innenhaftungskonzepts in der Vor-GmbH, NJW 1997, 3272; *Beuthien*, Vertretungsmacht bei der Vor-GmbH, NJW 1997, 565; *Dauner-Lieb*, Haftung und Risikoverteilung in der Vor-GmbH, GmbHR 1996, 82; *Derwisch-Ottenberg*, Die Haftungsverhältnisse der Vor-GmbH, 1988; *Dregger*, Haftungsverhältnisse bei der Vorgesellschaft, 1951; *Eckhardt*, Die Vor-GmbH im zivilprozessualen Erkenntnisverfahren und in der Einzelvollstreckung, 1990; *Ensthaler*, Haftung der Gesellschafter einer Vor-GmbH: Innenhaftung oder Außenhaftung? BB 1997, 257; *Flume*, Die Haftung der Vorgesellschaft bei der Gründung einer Kapitalgesellschaft, in: Festschrift v. Caemmerer, 1978, S. 517; *ders.*, Zur Enträtselung der Vorgesellschaft, NJW 1981, 1753; *Gummert*, Die Haftungsverfassung der Vor-GmbH, DStR 1997, 1007; *Habersack/Lüssow*, Vorbelastungshaftung, Vorbelastungsbilanz und Unternehmensbewertung, NZG 1999, 629; *Huber*, Die Vorgesellschaft mbH – de lege ferenda betrachtet, in: Festschrift Fischer, 1979, S. 263; *Jäger*, Die persönliche Gesellschafterhaftung in der werdenden GmbH, 1994; *Jestaedt*, Weitere Einschränkungen der Haftung aus § 11 Abs. 2 GmbHG? MDR 1996, 541; *John*, Zur Problematik der Vor-GmbH, BB 1982, 505; *Knoche*, Gründerhaftung und Interessenausgleich bei der Vor-GmbH, 1990; *Kort*, Die Gründerhaftung in der Vor-GmbH, ZIP 1996, 109; *Kunz*, Die Vorgesellschaft im Prozeß und in der Zwangsvollstreckung, 1994; *Lieb*, Abschied von der Handlungshaftung, DB 1970, 961; *ders.*, Zum Spannungsverhältnis zwischen Vorbelastungshaftung und Differenzhaftung, in: Festschrift

zunächst sog. *Vor-GmbH*, also noch keine juristische Person, aber sie untersteht bereits dem Recht der GmbH, soweit dieses nicht die Eintragung voraussetzt[58]. Im einzelnen bedeutet dies:

- Die Vor-GmbH *kann bereits Empfängerin von Einlagen sein*, und zwar von Sacheinlagen wie von Bareinlagen. Ein für diesen Zweck geführtes Bankkonto ist nicht ein »Konto der künftigen GmbH«, also nicht ein Konto eines erst noch zu schaffenden Rechtsträgers, sondern ein Konto der schon vorhandenen Gesellschaft: der Vor-GmbH. Die Vor-GmbH ist auch grundbuchfähig[59]. Ein Grundstück als Sacheinlage kann also durch Auflassung und Eintragung bereits in das Eigentum der Vor-GmbH überführt werden.
- Die Vor-GmbH *kann bereits Trägerin eines Unternehmens sein* (vgl. Handelsrecht, § 5 I 2b)[60]. Das war früh schon erkannt für den Fall, daß im Wege der Sachgründung ein Unternehmen eingebracht wird, denn dieses kann nicht bis zur Eintragung stillgelegt werden[61]. Inzwischen ist aber auch für den Fall der Bargründung anerkannt, daß die Vorgesellschaft ein Unternehmen betreiben kann[62]. Auch Komplementärin einer GmbH &

Zöllner I, 1990, S. 347; *Lutter*, Haftungsrisiken bei der Gründung einer GmbH, JuS 1998, 1073; *Meister*, Zur Vorbelastungsproblematik und zur Haftungsverfassung der Vorgesellschaft, in: Festschrift Werner, 1984, S. 521; *Michalski/Barth*, Außenhaftung der Gesellschafter einer Vor-GmbH, NZG 1998, 525; *Monhemius*, Bilanzrecht, Gründerhaftung nach Scheitern der Vor-GmbH, GmbHR 1997, 384; *Raab*, Die Haftung der Gesellschafter der Vor-GmbH, WM 1999, 1596; *Raiser/Veil*, Die Haftung der Gesellschafter einer Gründungs-GmbH, BB 1996, 1349; *Riedel*, Die Vorhaftung bei der Vorgesellschaft, NJW 1968, 873; *Wulf-Henning Roth*, Die Gründerhaftung im Recht der Vor-GmbH, ZGR 1984, 597; *Sandberger*, Die Haftung bei der Vorgesellschaft, in: Festschrift Fikentscher, 1998, S. 389; *Schäfer-Gölz*, Die Lehre vom Vorbelastungsverbot und die Differenzhaftung der Gründer, Diss. Bonn 1983; *Karsten Schmidt*, Der Funktionswandel der Handelndenhaftung im Recht der Vorgesellschaft, GmbHR 1973, 146; *ders.*, Zum Vorbelastungsverbot im Gründungsrecht der Kapitalgesellschaften, NJW 1973, 1595; *ders.*, Die Vor-GmbH als Unternehmerin und als Komplementärin, NJW 1981, 1345; *ders.*, Theorie und Praxis der Vorgesellschaft nach gegenwärtigem Stand, GmbHR 1987, 77; *ders.*, Außenhaftung und Innenhaftung bei der Vor-GmbH, ZIP 1996, 353; *ders.*, Umwandlung von Vorgesellschaften, in: Festschrift Zöllner, 1998, S. 521; *Franz Scholz*, Die Haftung der Gründergesellschaft, JW 1938, 3149; *Michael Scholz*, Die Haftung im Gründungsstadium der GmbH, 1979; *Schütz*, Das Modell der Verlustübernahmepflicht im Haftungssystem der GmbH, 1994; *Dietrich Schultz*, Rechtsfragen der Vor-GmbH im Lichte der jüngsten höchstrichterlichen Rechtsprechung, JuS 1982, 732; *Stimpel*, Unbeschränkte oder beschränkte, Außen- oder Innenhaftung der Gesellschafter der Vor-GmbH? in: Festschrift Fleck, 1988, S. 345; *Theobald*, Vor-GmbH und Gründerhaftung, 1984; *Ulmer*, Zur Haftungsverfassung der Vor-GmbH, ZIP 1996, 733; *Weilinger*, Zur rechtlichen Einordnung der »Vorgesellschaft«, GesRZ 1996, 146; *Weimar*, Abschied von der Gesellschafter- und Handelndenhaftung im GmbH-Recht? GmbHR 1988, 289; *Wiegand*, Offene Fragen zur neuen Gründerhaftung in der Vor-GmbH, BB 1998, 1065; *Wilken*, Gesellschafterhaftung in der echten Vor-GmbH, ZIP 1995, 1163.

58 *BGHZ* 20, 281, 285f. (für die e.G.); 21, 242, 246; 45, 338, 347; 51, 30, 32; *BAG*, NJW 1963, 680, 681 (jeweils für die GmbH); *Wiedemann* I, § 3 I 1a; vgl. demgegenüber noch *RGZ* 58, 55, 56; 82, 288, 290; 83, 370, 373; 105, 228, 229; 151, 86, 91.

59 *BGHZ* 45, 338, 348; *Hueck*, a.a.O., S. 157.

60 Eingehend *Karsten Schmidt*, oHG, a.a.O., S. 275ff.; *ders.*, NJW 1981, 1345ff.; a.M. insbes. *Fabricius*, a.a.O.

61 Vgl. *BGHZ* 45, 338, 349f.; 51, 30, 32; *Karsten Schmidt*, JZ 1973, 304.

62 So vor allem *Baumbach/Hueck/Fastrich*, § 11 Rdnr. 12; *Hachenburg/Ulmer*, § 11 Rdnrn. 20, 26; *John*, a.a.O., S. 338; s. auch *Kübler*, § 24 II 3a.

Co. kann sie bereits sein[63]. Schließlich ist die Vor-GmbH auch firmenfähig und kann durch ihre Firmenführung bereits Prioritätsschutz gegenüber Konkurrenten begründen[64]. Abgelehnt ist mit all dem die früher vertretene Auffassung, wonach die Vorgesellschaft der Unternehmensträgerschaft unfähig ist und sich automatisch in eine oHG (oder Gesellschaft bürgerlichen Rechts) verwandelt, wenn die errichtete GmbH bereits vor der Eintragung mit dem Betrieb des Gesellschaftsunternehmens beginnt[65]. Ein solcher Rechtsformzwang (dazu oben, § 5 II 3) greift erst Platz, wenn das Gesellschaftsunternehmen ohne Liquidation weiterbetrieben wird, obwohl die Eintragung der GmbH rechtskräftig abgelehnt ist oder von den Gesellschaftern nicht mehr ernstlich betrieben wird[66].

– Die Vor-GmbH muß, wie jeder taugliche Unternehmensträger, bereits *handlungfähig, haftungsfähig und insolvenzrechtsfähig sein* (vgl. zu diesen Eigenschaften des Unternehmensträgers Handelsrecht, § 5 II)[67]. Ihre Rechtsfähigkeit[68], Parteifähigkeit[69] und Insolvenzrechtsfähigkeit[70] ist denn auch der Sache nach nicht mehr angefochten. Auch im Verfahren der freiwilligen Gerichtsbarkeit, vor allem im Verfahren ihrer eigenen Eintragung, ist die Vorgesellschaft bereits Verfahrenssubjekt[71].
– Nicht bereits anerkannt, jedoch in Konsequenz der hier angestellten Überlegungen anzuerkennen ist, daß die Vor-GmbH bereits denselben *Verbandszweck* hat wie die fertige GmbH (oben, § 11 IV 2b), daß bereits Satzungsänderungen stattfinden können und daß die Geschäftsanteile bereits gemäß § 15 GmbHG vererblich und sogar übertragbar sind, sofern die Mitgesellschafter der Übertragung zustimmen[72].

b) Die Vor-GmbH führt, obwohl noch nicht im Handelsregister eingetragen, bereits eine Firma bzw., sofern noch nicht kaufmännisch tätig, einen mit dieser identischen Namen[73]. Aus §§ 18, 19 HGB, 4 GmbHG ist zu folgern, daß diesem Namen ein Irreführungen ausschließender Zusatz hinzugefügt werden muß (»in Gründung«, »i.G.« oder ähnlich)[74]. Die Vor-GmbH wird

63 *BGHZ* 80, 129 gegen *BGHZ* 63, 45, 47; vgl. zuvor bereits *Binz*, a.a.O., S. 48ff., 145ff.; *Hachenburg/Ulmer*, § 11 Rdnr. 133; *Hüffer*, JuS 1980, 486f.
64 *BGHZ* 120, 103 = NJW 1993, 459.
65 Deutlich *BGHZ* 51, 30, 32; a.M. noch *Schultze-v. Lasaulx*, JZ 1952, 390ff.
66 Vgl. *BGH*, WM 1963, 248, 249; *BayObLG*, NJW 1965, 2254, 2257; eingehend *Karsten Schmidt*, oHG, a.a.O., S. 285f., 357f. m.w.N.
67 Eingehend *Karsten Schmidt*, oHG, a.a.O., S. 275ff., 300ff.
68 Vgl. *BGHZ* 80, 129, 132; 117, 323, 326; heute h.M.; näher *John*, a.a.O., S. 311ff.
69 Vgl. *BGH*, LM Nr. 49 zu § 50 m.Anm. *Langenfeld* = NJW 1998, 1979; *OLG Köln*, GmbHR 1997, 601; *LG Köln*, NJW-RR 1993, 1385; heute h.M.; eingehend *Eckhardt*, a.a.O.; *Demuth*, BB 1998, 966; für passive Parteifähigkeit bereits *BGHZ* 79, 239, 241; *BAG*, NJW 1963, 680, 681; *OLG Hamburg*, BB 1973, 1505.
70 Heute § 11 InsO; vgl. zuvor bereits *BayObLG*, NJW 1965, 2254, 2257; *OLG Nürnberg*, AG 1967, 362, 363.
71 *BGHZ* 117, 323 (betr. Vor-AG); *Scholz/Karsten Schmidt*, § 11 Rdnr. 32.
72 Eingehend *Karsten Schmidt*, GmbHR 1987, 77ff.; *ders.*, GmbHR 1997, 869; a.M. mit umfangreichen Nachweisen z.B. *Hachenburg/Ulmer*, § 11 Rdnrn. 10 (generell), 25 (Verbandszweck), 43 (Satzungsänderung), 35 (Anteilsübertragung).
73 *BGHZ* 120, 103, 106; *BGH*, NJW 1998, 1079, 1080.
74 *Scholz/Karsten Schmidt*, § 11 Rdnr. 30.

durch ihre Geschaftsführer berechtigt und verpflichtet[75]. Auch dies ist eine Konsequenz der oben unter § 11 IV herausgestellten allgemeinen Lehren. Unklarheit herrschte lange Zeit über zwei Probleme.

aa) Das erste bestand darin, wie man ein *»Handeln im Namen der Vor-GmbH«* und ein »Handeln im Namen der künftigen GmbH« unterscheiden solle[76]; erkennt man, daß Vor-GmbH und künftige GmbH eine und dieselbe Gesellschaft sind, so erweist sich die Fragestellung als schief: Der ganze Gegensatz zwischen dem »Handeln im Namen der Vor-GmbH« und dem »Handeln im Namen der künftigen GmbH« besteht deshalb überhaupt nur in der Frage, wann das Geschäft wirksam werden soll[77], weil – je nach dem Parteiwillen – einmal schon die Vorgesellschaft berechtigt und verpflichtet sein soll, während der Geschäftsführer ein andermal bekunden kann, daß das Rechtsgeschäft erst nach der Eintragung wirksam bzw. die Verpflichtung erst nach der Eintragung fällig werden soll[78].

Beispiel Nr. 22 (nach *BGH*, NJW 1973, 798 m. Anm. *Karsten Schmidt*, S. 1595): Die P-GmbH, die bereits errichtet, aber noch nicht eingetragen war, hatte den G zum Geschäftsführer bestellt. Dieser schloß mit dem Verpächter V einen Pachtvertrag über eine Tankstelle und Pkw.-Waschanlage, in dem es hieß: »Die Pächterin ist noch nicht im Handelsregister eingetragen. Der Vertrag wird unter dem ausdrücklichen Vorbehalt seiner Genehmigung durch die künftige P-GmbH abgeschlossen. Eine persönliche Haftung des Geschäftsführers und der Gesellschafter ist ausgeschlossen.« Die GmbH wurde am 5. 11. eingetragen und genehmigte den Vertrag. Einen Tag zuvor hatte sich aber V unter Berufung auf §§ 177f. BGB von dem Vertrag losgesagt. Der VIII. Zivilsenat des *BGH* stimmte dem im Ausgangspunkt zu: G habe im Namen einer künftigen GmbH, also im Namen einer noch nicht existenten Gesellschaft gehandelt, und damit seien die §§ 177f. BGB analog anwendbar. Da aber V den ganzen Sachverhalt beim Vertragsschluß kannte, hielt ihn der *BGH* doch für gebunden. Das Ergebnis trifft zu. Aber das ganze Rechtsproblem beruht auf einer Fehlkonstruktion. G hatte im Namen einer bereits vorhandenen, nur noch nicht eingetragenen, GmbH kontrahiert, und zwar unter der aufschiebenden Wollensbedingung ihrer Genehmigung nach Eintragung. Daran war V gebunden. Mit den §§ 177ff. BGB hatte der Fall nicht das geringste zu tun.

bb) Die zweite – heute im Kern geklärte, aber in den Details noch nicht völlig ausgetragene – Frage bestand im *Streit um das Vorbelastungsverbot.* Das Problem wurde oben unter § 11 IV 2b allgemein entwickelt. Es geht um die Frage, ob das Vermögen einer Kapitalgesellschaft bis zu ihrer Eintragung unversehrt bleiben muß (Unversehrtheitsgrundsatz). Die Vorbelastungsproblematik ist nicht bloß ein Problem des »Übergangs« von Verbindlichkeiten aus dem Gründungsstadium auf die fertige GmbH oder ein Problem der Eintragungsfähigkeit der GmbH, sondern sie schlägt unmittelbar auf das Recht der Vorgesellschaft durch. Denn Vorbelastung der fertigen GmbH und

75 Vgl. statt vieler *Hueck*, § 35 II 3a; *Scholz/Karsten Schmidt*, § 11 Rdnrn. 59ff.; *Michael Scholz*, a. a. O., S. 51; *Rowedder/Rittner/Schmidt-Leithoff*, § 11 Rdnr. 82.

76 Charakteristisch *BGH*, NJW 1973, 798; zum Diskussionsstand vgl. *Hachenburg/Ulmer*, § 11 Rdnr. 59.

77 Näher *Scholz/Karsten Schmidt*, § 11 Rdnrn. 61, 107.

78 Vgl. *Hachenburg/Ulmer*, § 11 Rdnrn. 58f.; *Scholz/Karsten Schmidt*, § 11 Rdnrn. 61, 107; zuerst *Karsten Schmidt*, NJW 1973, 1596; übereinst. *Michael Scholz*, a. a. O., S. 141.

Verpflichtungsfähigkeit der Vorgesellschaft bedingen einander[79]. Die ältere Doktrin und, ihr folgend, die traditionelle Praxis ließ eine automatische Vorbelastung neuer Kapitalgesellschaften mit Verbindlichkeiten aus dem Gründungsstadium nur insoweit zu, als die Vorbelastung entweder gründungsnotwendig oder in der Satzung vorgesehen war. Dementsprechend wurde eine unbeschränkte Vertretungsmacht der Geschäftsführer im Gründungsstadium verneint[80]. Dieser Standpunkt ist seit *BGHZ* 80, 129 überholt[81]: *Die Vertretungsmacht der Geschäftsführer ist nicht mehr durch das Vorbelastungsverbot beschränkt.* Es gilt auch nicht der ultra-vires-Grundsatz, wonach die organschaftliche Vertretungsmacht durch den Gründungszweck beschränkt wäre[82]. An die Stelle dieser Beschränkung hat der *Bundesgerichtshof* nun freilich eine andere gesetzt, über die noch diskutiert wird[83]: Soweit nicht eine Unternehmens-Sachgründung vorliegt, deckt die Vertretungsmacht der Geschäftsführer Unternehmensgeschäfte der Vor-GmbH nach der Rechtsprechung nur, wenn die Gesellschafter die Geschäftsführer hierzu – und sei es formlos – besonders »ermächtigt« haben[84]. Auf diese Weise will der *Bundesgerichtshof* die Gründer vor ungewollten Haftungsrisiken schützen, auf die noch einzugehen sein wird. Ob dies ein hinreichender Grund ist, im *Außenverhältnis* die Vertretungsbefugnis des Geschäftsführers einer Vor-GmbH zu beschränken, scheint mehr als zweifelhaft[85]. Die Vor-GmbH lebt nach dem GmbH-Recht. Das spricht für eine Anwendung des § 37 GmbHG, der dem Verkehrsschutz dient und eine Eintragung in das Handelsregister nicht voraussetzt. Der verbreitete Hinweis auf den noch beschränkten Zweck der Vor-GmbH überzeugt nicht. Denn zum einen ist die Organvertretungsmacht nach richtiger Auffassung nicht durch den Verbandszweck begrenzt (oben, § 8 V 2), und zum anderen wurde hier unter III 3 a festgestellt, daß der Zweck der Vorgesellschaft mit dem der GmbH identisch ist, auch wenn der Geschäftsführer aus Haftungsgründen zur Einholung eines Konsenses der Gesellschafter verpflichtet bleibt. Die Aufwertung der Vor-GmbH zur

79 Vgl. in Übereinstimmung mit der Auffassung des Verf.: *BGHZ* 80, 129, 133 f.; völlig andere Sicht bei *Dietrich Schultz*, JuS 1982, 734.

80 *RGZ* 83, 370, 373; 105, 228, 229; 134, 121, 122; *BGHZ* 17, 385, 391 (e.G.); 53, 210, 212; *BGH*, LM Nrn. 6, 12 zu § 11 GmbHG; eingehende Kritik bei *Karsten Schmidt*, oHG, a. a. O., S. 306 ff.; *Ulmer*, in: Festschrift Ballerstedt, a. a. O., S. 279 ff. m. w. N.

81 Vgl. zu dem Urteil insbesondere *Fleck*, GmbHR 1983, 5; *Flume*, NJW 1981, 1751; *Hueck*, a. a. O., S. 153 ff.; *Priester*, ZIP 1982, 1141; *Karsten Schmidt*, NJW 1981, 1345; *Dietrich Schultz*, JuS 1982, 732; *Ulmer*, ZGR 1981, 593.

82 In dieser Richtung aber *BGHZ* 80, 129, 139; *Rittner*, a. a. O., S. 355; dazu näher *Karsten Schmidt*, AcP 184 (1984), 538 f.

83 Überblick bei *Scholz/Karsten Schmidt*, § 11 Rdnrn. 62 ff.

84 Zust. z. B. *Kießling*, a. a. O., S. 250 ff.; *Baumbach/Hueck/Fastrich*, § 11 Rdnr. 18; *Hachenburg/Ulmer*, § 11 Rdnr. 54; *Lutter/Hommelhoff*, § 11 Rdnr. 6; *Roth/Altmeppen*, § 11 Rdnr. 44; *Rowedder/Rittner/Schmidt-Leithoff*, § 11 Rdnrn. 83 ff.; *John*, BB 1982, 512; *Meister*, in: Festschrift Werner, a. a. O., S. 531 f.; *Ulmer*, ZGR 1981, 596 ff.; in ähnlicher Richtung schon *John*, a. a. O., S. 320, 323 f., 345; eine satzungsmäßige Ermächtigung verlangte noch *Ulmer*, in: Festschrift Ballerstedt, a. a. O., S. 291, 293.

85 Vgl. für unbeschränkte Vertretungsmacht *Gummert*, in: MünchHdbGesR III, § 16 Rdnr. 49; *Raiser*, Kapitalgestellschaften, § 26 Rdnr. 87; *Scholz/Karsten Schmidt*, § 11 Rdnr. 64; *Karsten Schmidt*, GmbHR 1987, 84; *Derwisch-Ottenberg*, a. a. O., S. 111 ff.; *Theobald*, a. a. O., S. 24 ff.; *Roth*, ZGR 1984, 608 f.; *Weimar*, GmbHR 1988, 291 f.; *Beuthien*, NJW 1997, 565 ff.

tauglichen Rechts- und Unternehmensträgerin bedingt einen unternehmensrechtlichen Verkehrsschutz, und dazu gehört die Vertretungsmacht des Geschäftsführers. Der Gesellschafterschutz im Außenverhältnis ist auf die Grundsätze über den Mißbrauch der Vertretungsmacht beschränkt, der nur einem Vertragspartner entgegengehalten werden kann, der die Nicht-Eintragung kannte und mit dem Geschäftsführer ein evident pflichtwidriges Geschäft abgeschlossen hat (oben, § 10 II 2). Der Geschäftsführer kann im Namen der Vor-GmbH auch bereits Vollmachten erteilen, bei kaufmännischer Tätigkeit richtigerweise sogar schon in Gestalt der Prokura[86]. Die Vertretungsmacht der Geschäftsführer im Gründungsstadium wird von der Rechtsprechung noch überprüft werden müssen. Fest steht jedenfalls, daß die Vor-GmbH bereits vollwertige Teilnehmerin des Rechtsverkehrs ist.

Beispiel Nr. 23: Liegt eine Sachgründung vor und hat Gesellschafter G sein Unternehmen in die Gesellschaft eingebracht, so betreibt nunmehr die Vorgesellschaft das Unternehmen. Die Vertretungsmacht des GmbH-Geschäftsführers deckt bereits alle Unternehmensgeschäfte. Ist G selbst zum Geschäftsführer bestellt, so handelt er, wenn das Unternehmen eingebracht ist, nicht mehr im eigenen Namen, sondern im Namen der Gesellschaft (vgl. Handelsrecht, § 5 III 1), und dieses Handeln ist durch seine Vertretungsmacht gemäß § 35 GmbHG gedeckt. – Liegt eine Bargründung vor und wird der Geschäftsführer schon vor der Eintragung fähig, so wird man trotz der auf die Gesellschafter zukommenden Haftungsrisiken nicht anders entscheiden können. Der *BGH* bejaht die Organvertretungsmacht für Unternehmensgeschäfte hingegen nur, wenn die Gründer den Geschäftsführer formlos – z. B. auch durch Duldung der Geschäfts- und Unternehmensführung – ermächtigen. Man sollte diese Frage aber in das Innenverhältnis verlegen: Der Geschäftsführer ist *verpflichtet*, sich der Zustimmung der Gründer zu vergewissern. Tut er dies nicht, so liegt aber kein Handeln ohne Vertretungsmacht vor.

Naturgemäß können die verpflichtenden Ereignisse im Gründungsstadium nicht nur Rechtsgeschäfte sein, sondern z. B. auch Handlungen, die zur Schadensersatzpflicht führen. Insofern gelten die §§ 31 (analog), 278 und 831 BGB. Die Vor-GmbH haftet also für das Verschulden ihrer Organe und Erfüllungsgehilfen, und sie kann auch Geschäftsherrin i. S. von § 831 BGB sein[87], selbstverständlich auch Halter eines Kraftfahrzeugs usw. Auch eine öffentlich-rechtliche Ordnungspflicht kann die Vorgesellschaft treffen. Die Haftung der Vorgesellschaft ist in allen diesen Fällen nicht – wie bisweilen noch formuliert wird – eine Haftung der Gründer mit dem Gesellschaftsvermögen, sondern Haftungssubjekt ist die Gesellschaft selbst.

c) Die *persönliche Haftung der Gründer für die Verbindlichkeiten der Vorgesellschaft* ist umstritten. Im wesentlichen werden vier Auffassungen vertreten:
– keine persönliche Haftung[88],

86 Die h. M. wird dies vorerst wohl nicht anerkennen; die Eintragung der Prokura kann gleichzeitig mit der der Gesellschaft vollzogen werden.

87 Vgl. eingehend – insbesondere zur Anwendbarkeit des § 31 BGB – etwa *Michael Scholz*, a. a. O., S. 80 f.

88 So namentlich *Binz*, a. a. O., S. 233 ff.; *Huber*, in: Festschrift Fischer, a. a. O., S. 282 ff., 288; *Meyer-Landrut*, § 11 Rdnr. 9; *Michael Scholz*, a. a. O., S. 87 f.; *Knoche*, a. a. O., S. 147 ff.; *Jäger*,

- Haftung nur in Höhe der von den Gesellschaftern noch nicht geleisteten Einlagen[89],
- Verlustausgleichshaftung im Innenverhältnis[90],
- unbeschränkte persönliche Haftung gegenüber den Gläubigern[91].

Die *erste Auffassung* nimmt die Rechtswirkung des § 13 II GmbHG vorweg. Sie ist abzulehnen, denn nach wie vor muß der berechtigte Kern des § 11 I GmbHG darin erblickt werden, daß sich die Gesellschafter die Haftungsbeschränkung erst verdient haben, wenn die Gesellschaft die registergerichtliche Prüfung passiert hat. Die erste Auffassung gerät auch in Schwierigkeiten, wenn die Eintragung der GmbH scheitert, denn nun muß sie die im Ausgangspunkt abgelehnte Haftung nachträglich doch entstehen lassen[92]. Die *zweite Auffassung* – sie wurde jahrzehntelang vom *Bundesgerichtshof* vertreten – konnte wohl als die herrschende bezeichnet werden, bis durch Vorlagebeschlüsse des *BAG*[93] und des *BGH*[94] von 1995/96 neue Bewegung in die Diskussion kam[95]. Sie enthielt eine gravierende Unstimmigkeit. Daß die Gesellschafter in Höhe der an die Gesellschaft – nicht an die Gläubiger! – zu leistenden Einlagen Schuldner der Gesellschaft sind und dieser auf die versprochenen Einlagen »haften«, ist ja unstreitig, und eine Außenhaftung der Gesellschafter in Höhe der noch nicht geleisteten Einlage – wie nach § 171

---

a. a. O., S. 63 ff.; *Priester*, ZIP 1982, 1151; *Weimar*, GmbHR 1988, 294 ff.; ausdrücklich offengelassen noch bei *BGHZ* 80, 129, 144; differenzierend *Hachenburg/Ulmer*, § 11 Rdnrn. 64 ff.

89 So früher *BGHZ* 65, 378, 382 ff. = NJW 1976, 419 m. Anm. *Karsten Schmidt; BGHZ* 72, 45, 48 f. = NJW 1978, 1978 m. Anm. *Karsten Schmidt; BGHZ* 91, 148, 152 = ZIP 1984, 950, 951; *BGH*, WM 1980, 955, 956 = ZIP 1980, 658, 659; *BAG*, NJW 1996, 544 = ZIP 1995, 1892; *Hueck*, § 35 II 3 b aa; *Baumbach/Hueck*, 16. Aufl. 1996, § 11 Rdnr. 22; *Rowedder/Rittner/Schmidt-Leithoff*, § 11 Rdnrn. 92 ff.; *Meister*, in: Festschrift Werner, a. a. O., S. 524; *Ulmer*, ZGR 1981, 608 ff.; *Hüffer*, JuS 1983, 168.

90 Vgl. *BGHZ* 134, 333 = NJW 1997, 1507 m. Anm. *Altmeppen*; zust. *BAGE* 86, 38, 41 = NJW 1998, 628, 629; *BFHE* 185, 356, 359 ff. = DStR 1998, 1129, 1131 m. Anm. *Goette*; *Goette*, GmbH, § 1 Rdnrn. 50 ff.; *Kießling*, a. a. O., S. 157 ff.; *Lutter/Hommelhoff*, § 11 Rdnr. 9; *Wiedemann*, ZIP 1997, 2032 f.; *Wiegand*, BB 1998, 1065 ff.; zuvor bereits mit Unterschieden im einzelnen *BGH*, NJW 1996, 1210 = ZIP 1996, 590; *BAG*, NJW 1996, 3165 = ZIP 1996, 1548; *BSG*, GmbHR 1996, 763; *Harrer*, a. a. O., S. 258 ff.; *Lieb*, in: Festschrift Stimpel, a. a. O., 414; *Meister*, ebd., S. 549 ff.; *Stimpel*, in: Festschrift Fleck, a. a. O., 362 ff.; *Hachenburg/Ulmer*, § 11 Rdnr. 95; *Dauner-Lieb*, GmbHR 1996, 91; *Gehrlein*, DB 1996, 566 f.; *Kort*, ZIP 1996, 112 ff.; *Ulmer*, ZIP 1996, 733 ff.; *Wilken*, ZIP 1995, 1164 ff.

91 Vgl. mit Unterschieden im Detail *BSG*, ZIP 1986, 645 (s. dann aber GmbHR 1996, 763); *Kübler*, § 24 III 1 c; *Flume*, Juristische Person, § 5 III 3; *Raiser*, Kapitalgesellschaften, § 26 Rdnr. 110; *Roth/Altmeppen*, § 11 Rdnr. 51; *Scholz/Karsten Schmidt*, § 11 Rdnr. 82; *John*, a. a. O., S. 324; *ders.*, BB 1982, 511; *Michalski/Barth*, NZG 1998, 527 f.; *Raab*, WM 1999, 1596 ff.; *Raiser/Veil*, BB 1996, 1344; *Wulf-Henning Roth*, ZGR 1984, 606 ff.; *Karsten Schmidt*, oHG, a. a. O., S. 317 ff., 335 ff.; *ders.*, ZHR 156 (1992), 107 ff.; *ders.*, ZIP 1996, 353 ff. und 594; *Schwarz*, ZIP 1996, 2007; *Theobald*, a. a. O., S. 121 ff.; *Wilhelm*, DStR 1998, 457 ff.

92 Vgl. für nachträglich unbeschränkte Haftung *BGHZ* 80, 129, 142 f.; *Knoche*, a. a. O., S. 185 ff.; *Priester*, ZIP 1982, 1151 f.; für nachträglich beschränkte Haftung *Huber*, in: Festschrift Fischer, a. a. O., S. 288; vollends kompliziert *Derwisch-Ottenberg*, a. a. O., S. 46-73: zunächst unbeschränkte, nach Anmeldung keine, bei Scheitern der Eintragung wieder unbeschränkte Gesellschafterhaftung.

93 *BAG*, ZIP 1995, 1892.

94 *BGH*, NJW 1996, 1210 = ZIP 1996, 590; zust. *Ulmer*, ZIP 1996, 733 ff.; *Schütz*, GmbHR 1996, 727 ff.

95 Auseinandersetzung mit den Vorlagebeschlüssen in der 3. Aufl.

HGB bei der KG – gibt es bei der Vor-GmbH nicht[96]. Auf die *dritte Auffassung* hat sich der *Bundesgerichtshof* seit dem Grundlagenurteil *BGHZ* 134, 333 = NJW 1997, 1507 festgelegt, während hier durch alle Auflagen hindurch für die *vierte Auffassung* gestritten wird. Im wesentlichen ist nur noch zwischen diesen beiden Ansichten zu entscheiden. Das bedeutet:

- Die *unbeschränkte Gesellschafterhaftung*, für die Teile der Literatur (darunter dieses Buch) jahrzehntelang gegen die Rechtsprechung und die früher herrschende Lehre gestritten haben, ist nunmehr anerkannt. Die Gründer einer GmbH haften zwischen Errichtung und Eintragung der Gesellschaft unbeschränkt für die Gesellschafterverbindlichkeiten (so ausdrücklich *BGHZ* 134, 333 = NJW 1997, 1507). Das erklärt sich aus dem unternehmensrechtlichen Prinzip der unbeschränkten Haftung (oben § 18 IV 1 b) und daraus, daß sich die Gründer einer Rechtsform bedienen, die vor Eintragung noch nicht auf die Einhaltung der für die Haftungsbeschränkung erforderlichen Normativbestimmungen geprüft ist (ausführlicher noch in der 3. Auflage).
- Umstritten ist nur noch die *Haftungsabwicklung*: Wird die unbeschränkte Haftung als anteilige Innenhaftung abgewickelt (so *BGHZ* 104, 333 = NJW 1997, 1507 und die zu diesem Urteil folgende Literatur) oder als Außenhaftung (so die hier vertretene Gegenansicht)? Es geht also darum, ob der Haftungsanspruch der Gesellschaft oder dem Gesellschaftsgläubiger zusteht und ob er Teilschulden oder eine Gesamtschuld begründet.

aa) Um den Streit um die Haftungsabwicklung richtig einzuordnen, muß man sich klar machen, daß die Innenhaftung rechtlich nicht minder streng ist als die Außenhaftung. Nur die Mühe der Haftungsabwicklung ist unterschiedlich verteilt, weil sich das Regreßkarussell in unterschiedlicher Richtung dreht[97].

Beispiel Nr. 24: Stellen wir uns eine GmbH mit drei Gründern vor (A und B mit Stammeinlagen von je 10 000 Euro, C mit einer Stammeinlage von 5000 Euro). Stellen wir uns weiter eine Gesellschaftsverbindlichkeit von 10 000 Euro vor. Folgt man dem Außenhaftungsmodell, so kann der Gläubiger wie bei einer offenen Handelsgesellschaft nach seiner Wahl 10 000 Euro von der Gesellschaft oder von A, B, oder C verlangen. Den Binnenausgleich nach Geschäftsanteilen (10 000 : 10 000 : 5000) müssen die Gesellschafter untereinander ausmachen. Jeder kann von jedem anteilige Befreiung verlangen. Wird C alleine in Anspruch genommen und zahlt er 10 000 Euro an den Gläubiger, so hat er Regreßansprüche gegen A (4000 Euro) und B (4000 Euro). Sind beide solvent, trägt C seinem Anteil entsprechend im Ergebnis 2000 Euro. Sind beide insolvent, so bleibt C im schlimmsten Fall auf dem ganzen Betrag sitzen. Folgt man dem Innenhaftungsmodell des *Bundesgerichtshofs*, so haftet C überhaupt nur entsprechend seinem Geschäftsanteil, also nur in Höhe von 2000 Euro. Neben ihm haften A und B der Gesellschaft auf je 4000 Euro. Aber entsprechend § 24 GmbHG unterliegt C einer Ausfallhaftung, so daß er im schlimmsten Fall – also bei Insolvenz beider Mitgesellschafter – doch wieder in Höhe von 10 000 Euro in Anspruch genommen wird. Versetzen wir uns nun in die Rolle des Gläubigers, so kann dieser nach dem Außenabwicklungsmodell sich auf einfache Weise seinen gegen die nicht eingetragene GmbH gerichteten Anspruch durchsetzen: Er holt

96 A. M. *Ulmer*, ZGR 1981, 610; analoge Anwendung des § 171 I HGB; dagegen ausführlicher in den Vorauflagen.

97 *Karsten Schmidt*, ZIP 1996, 357 und 599 (dort auch zum Terminus »Regreßkarussell«); zust. *Sandberger*, in: Festschrift Fikentscher, a. a. O., S. 411.

Geld, wo er es findet. Das Binnenhaftungsmodell dagegen gibt dem Gläubiger nur die Möglichkeit, einen Titel gegen die Vor-GmbH zu erwirken, deren Teil-Haftungsansprüche gegen die Gründer zu pfänden (§§ 829, 835 ZPO) und sie dann einzuklagen. Besonders beschwerlich ist dies, weil der Gläubiger die Haftungsquoten der Gesellschafter mangels Publizität der Gesellschaft nicht kennt. Fallen einzelne Gesellschafter aus, so muß er evtl. sogar mehrfach analog § 24 GmbHG nachlegen, also gleichsam mit dem Hut im Gesellschafterkreis Quoten und Ausfälle einsammeln, und das bei vielleicht auch fünf oder mehr Gründern. Auch eine Arrestvollstreckung des Gläubigers gegen die Gesellschafter (§§ 916ff. ZPO) ist mangels eines Direktanspruchs ausgeschlossen.

bb) Klar sein muß man sich außerdem darüber, daß die Binnenhaftung nicht konsequent durchgehalten werden kann. Der *Bundesgerichtshof* hat sich die Tür für Ausnahmen offengelassen[98]. Solche Ausnahmen wurden insbesondere für den Fall der Einpersonengründung[99] der gescheiterten Eintragung[100] der Vermögenslosigkeit[101] oder der masselosen Insolvenz der Vor-Gesellschaft[102] vorgeschlagen, außerdem für den praktisch uninteressanten und auch gar nicht zuverlässig feststellbaren Fall, daß die Vorgesellschaft überhaupt nur einen Gläubiger hat[103]. Die Außenhaftungslösung kennt diese Abgrenzungsschwierigkeiten nicht. Sie steht allenfalls vor der Frage, ob sie einen Gläubigerwettlauf um die Gesellschafterhaftung zulassen soll, wenn ein Insolvenzverfahren über das Vermögen der Vorgesellschaft eröffnet worden ist[104]. Um einen solchen Gläubigerwettlauf zu verhindern, ist indes keine Zuflucht zur Binnenhaftung vonnöten, sondern es genügt eine Anwendung des § 93 InsO: Im Insolvenzverfahren der Gesellschaft wird die Außenhaftung der Gesellschafter durch Zugriff des Insolvenzverwalters, nicht der einzelnen Gläubiger, durchgesetzt[105].

cc) Gerade im Hinblick auf diese praktischen Folgen sprechen durchschlagende Argumente gegen das Binnenhaftungsmodell des *Bundesgerichtshofs* und für das hier seit der ersten Auflage vertretene Außenhaftungsmodell[106]: Die nunmehr anerkannte unbeschränkte Vorgesellschafter-Haftung muß dem Gläubiger zur alsbaldigen Befriedigung seiner Forderung verhelfen. Dem Gläubiger, der vielleicht nicht einmal die Zahl der Gesellschafter kennt, kann es nicht zugemutet werden, auf die in ihrer Höhe schwer feststellbaren

---

98 *BGHZ* 134, 333, 341 = NJW 1997, 1507, 1509 m. Anm. *Altmeppen*; zust. *BFHE* 185, 356, 359ff. = DStR 1998, 1129, 1131 m. Anm. *Goette* = NJW 1998, 2926, 2927.

99 *BGHZ* 134, 333, 341 = NJW 1997, 1507, 1509 m. Anm. *Altmeppen*; *Hachenburg/Ulmer*, § 11 Rdnr. 68; *Ulmer*, ZIP 1996, 737; *Lutter*, JuS 1998, 1077; *Wiegand*, BB 1998, 1069; a. M. *Lutter/Hommelhoff*, § 11 Rdnr. 18.

100 *BFHE* 185, 356, 359ff. = DStR 1998, 1129 m. Anm. *Goette* = NJW 1998, 2926; *Lutter*, JuS 1998, 1077f.; *Monhemius*, GmbHR 1997, 391; *Wiegand*, BB 1998, 1070; a. M. *OLG Bremen*, NZG 2001, 227.

101 *BFHE* 185, 356 = DStR 1998, 1129 m. Anm. *Goette* = NJW 1998, 2926.

102 *Hachenburg/Ulmer*, § 11 Rdnr. 67; *Dauner-Lieb*, GmbHR 1996, 91; *Ulmer*, ZIP 1996, 735.

103 *BGHZ* 134, 333, 341 = NJW 1997, 1507, 1509 m. Anm. *Altmeppen*; *OLG Dresden*, GmbHR 1998, 186, 188; *Lutter*, JuS 1998, 1077.

104 Dazu *BGHZ* 134, 333, 340f. = NJW 1997, 1507, 1509 m. Anm. *Altmeppen*; *BGH*, ZIP 1996, 590, 592.

105 *Scholz/Karsten Schmidt*, § 11 Rdnrn. 35 und 82.

106 *Scholz/Karsten Schmidt*, § 11 Rdnr. 80; *Karsten Schmidt*, ZHR 156 (1992), 113ff.; ZIP 1996, 357; 1997, 672.

Haftungsquoten der Gesellschafter verwiesen zu werden[107]. Noch weniger geht es an, den Gläubiger auf die Notwendigkeit zu verweisen, diese Quotenansprüche zunächst im Wege der Pfändung und Überweisung nach §§ 829, 835 ZPO auf sich überführen zu lassen. Die unerläßliche Direkthaftung der Gründer darf auch nicht erst bei gescheiterter Gründung oder bei Insolvenz der Gesellschaft eingreifen. Sie wird zwar vor allem in diesen Fällen benötigt (ein Gläubiger, der sich der Solvenz der Gesellschaft sicher ist, wird nicht gegen die Gesellschafter klagen!), aber es geht nicht an, diese Notsituationen zur Tatbestandsvoraussetzung der Außenhaftung zu erklären. Die Außenhaftung mit Binnenregreß ist den Gründern auch zumutbar[108]. Sehen wir uns den Gesellschafter C unseres letzten Beispiels an, so mag es für ihn gefährlich und lästig sein, daß er trotz seiner geringen Anteilsquote nach außen voll haftet und das Risiko des Ausfalls im Innenverhältnis trägt. Aber dieses Risiko trägt er auch bei der Binnenhaftung (vgl. § 24 GmbHG), und die Beschwerlichkeiten der Regreßnahme sind bei ihm eher am Platze als bei dem außenstehenden Gläubiger, denn das Insolvenzrisiko muß bei ihm als unbeschränkt haftendem Gesellschafter liegen, nicht bei dem Gläubiger. Die Idee, ihn durch die Binnenhaftung vor einem Zuviel an Haftung zu schützen, ist damit schon materiellrechtlich verfehlt, weil kein Haftungsmodell den Gesellschafter vor der Gefahr einer Totalhaftung schützt. Aber auch rechtspolitisch geht diese Idee fehl, denn wenn die Außenhaftung einen Gründer davon abhalten sollte, eine von den Gründern nicht anteilig finanzierbare Gründung zu wagen, täte sie damit einen rechtspolitisch nur guten Dienst. Nur die unbeschränkte Außenhaftung jedes Gründers erlaubt auch eine praxisgerechte Behandlung der Einpersonengründung[109]. Scheitert die Eintragung, so wird aus der *vorläufigen* eine *endgültig* unbeschränkte Außenhaftung. Ein Liquidator kann zum Zwecke der Gläubigerbefriedigung Leistung in das Gesellschaftsvermögen verlangen (vgl. sinngemäß § 735 BGB), und im Insolvenzfall wird die Haftung ganz über die Masse abgewickelt, also vom Verwalter geltend gemacht (§ 93 InsO)[110]. Wird die Gesellschaft eingetragen, so wird die unbeschränkte persönliche Außenhaftung durch eine Unterbilanzhaftung im Innenverhältnis abgelöst (unten unter III 4b und d).

d) Neben die Gesellschafterhaftung tritt die *Handelndenhaftung*. Ist vor der Eintragung im Namen der Gesellschaft gehandelt worden, so haften nach § 11 II GmbHG die Handelnden persönlich und solidarisch. Diese vom Gesetzgeber aus dem Aktienrecht übernommene Handelndenhaftung geht historisch auf das Konzessionssystem und das Vorbelastungsverbot zurück[111]. Die Haftungsregelung war als Prohibitivnorm gedacht und sollte ein rechts-

107 A. M. *BGHZ* 134, 333, 339 = NJW 1997, 1507, 1509 m. Anm. *Altmeppen*.

108 *Karsten Schmidt*, ZIP 1996, 357; a. M. *BGHZ* 134, 333, 340 = NJW 1997, 1507, 1509 m. Anm. *Altmeppen*; *Ulmer*, ZIP 1996, 736.

109 Für Außenhaftung in diesem Fall auch *BGHZ* 134, 333, 341 = NJW 1997, 1507, 1509; *Hachenburg/Ulmer*, § 11 Rdnr. 68; *Lutter*, JuS 1998, 1077; *Wiegand*, BB 1998, 1069; a. M. *Lutter/Hommelhoff;* § 11 Rdnr. 18.

110 *Karsten Schmidt*, ZIP 1996, 594.

111 Vgl. zu den historischen Zusammenhängen *Karsten Schmidt*, oHG, a. a. O., S. 328 ff.; *Ulmer*, in: Festschrift Ballerstedt, a. a. O., S. 287 ff.

geschäftliches Handeln im Namen der erst noch im Entstehen begriffenen juristischen Person unterbinden. Noch das *Reichsgericht* sprach in RGZ 55, 302, 304 von einer »Strafvorschrift«. Diese Deutung – nach manchen sogar der ganze Haftungstatbestand[112] – ist überholt. Dasselbe gilt für die Formel, die Handelndenhaftung solle dem Vertragspartner einen sonst nicht vorhandenen Schuldner verschaffen[113]. Die Handelnden haften nicht anstelle der Gesellschaft, sondern *neben* ihr. Schließlich muß die Handelndenhaftung auch klar von der unter c besprochenen Gesellschafterhaftung unterschieden werden. In der älteren Praxis gab es eine Tendenz, alle Gründer in die Handelndenhaftung einzubeziehen, die das rechtsgeschäftliche Auftreten der Geschäftsführer – insbesondere die Aufnahme eines Geschäftsbetriebes – kannten[114]. Dieser »weite Handelndenbegriff« beruhte auf dem richtigen Empfinden, daß eine unbeschränkte Gesellschafterhaftung der Gründer angezeigt ist, wenn die Vorgesellschaft bereits unternehmerisch tätig wird. Aber die Begründung dieser Haftung mit § 11 II GmbHG war als Normauslegung unseriös, und dogmatisch vermischte sie die Handelndenhaftung mit der, wie gezeigt wurde, umstrittenen Gesellschafterhaftung. Der *Bundesgerichtshof* hat deshalb den »weiten Handelndenbegriff« in *BGHZ* 47, 25 mit Recht aufgegeben[115]. An seine Stelle ist die seit *BGHZ* 134, 333 anerkannte persönliche Gesellschafterhaftung der Gründer getreten, die auch aus diesem Grund nur als Außenhaftung überzeugen kann (dazu soeben unter III 3 c). § 11 II GmbHG muß heute als eine Organhaftung begriffen und klar von der Gesellschafterhaftung getrennt werden[116]. Die innere Berechtigung dieser Haftung besteht darin, daß im Namen einer noch nicht eingetragenen und deshalb noch nicht auf Einhaltung der Normativbestimmungen geprüften GmbH kontrahiert wird; da die GmbH noch nicht geprüft und der Gesellschafterbestand noch unklar ist, bedarf der Rechtsverkehr einer Sicherung. Neben diese Sicherungsfunktion tritt eine »Druckfunktion«, denn das Haftungsrisiko hält die Geschäftsführer an, ihren Teil zur alsbaldigen Eintragung der Gesellschaft beizutragen[117]. Da es sich nicht um eine Vertrauenshaftung handelt, kommt es nicht darauf an, ob der Gläubiger die Gesellschaft für bereits eingetragen hielt.

aa) Als *Organhaftung* trifft die Handelndenhaftung nicht jeden, der im Namen der Vor-GmbH Rechtsgeschäfte abschließt, und nicht jeder, der

112 Vgl. *Lieb*, DB 1970, 961 ff.; *ders.*, in: Festschrift Stimpel, a.a.O., S. 405; *Brock*, Die Haftungssituation ... im Bereich der Vorgesellschaft, 1987, S. 99 ff.

113 So noch *BGH*, LM Nr. 2 zu § 34 AktG 1937 = AG 1961, 355 f.; ähnlich *BGHZ* 47, 25, 29; 53, 210, 214; 65, 378, 380 f.; 80, 182, 183; *BGH*, WM 1983, 861 = NJW 1983, 2822.

114 *RGZ* 55, 302, 304; 70, 296, 301; *BGH*, LM Nr. 6 zu § 11 GmbHG = JZ 1955, 614 m. Anm. *Schilling* = MDR 1955, 726 m. Anm. *Schultze-v. Lasaulx; RAG*, Warn. 1930 Nr. 101; *BAG*, AP Nr. 1 zu § 11 GmbHG m. Anm. *Hueck* = NJW 1963, 680, 682; *BSG*, NJW 1967, 2031, 2032.

115 Vgl. dazu *Fischer*, LM Nr. 15 zu § 11 GmbHG; unberechtigte Kritik bei *Riedel/Rabe*, NJW 1968, 873 ff.

116 Vgl. jetzt auch *BGHZ* 91, 148, 151 = ZIP 1984, 950, 951; vgl. eingehend *Karsten Schmidt*, oHG, a.a.O., S. 325 ff.; *ders.*, GmbHR 1973, 151 f.; ebenso *John*, BB 1982, 512; *Michael Scholz*, a.a.O., S. 153; *Theobald*, a.a.O., S. 39 ff.

117 *Karsten Schmidt*, GmbHR 1973, 146 ff.; die Bedeutung der Druckfunktion wird zunehmend bestritten; abl. *Binz*, a.a.O., S. 250 ff.; *Michael Scholz*, a.a.O., S. 146; reserviert jetzt auch *Hachenburg/Ulmer*, § 11 Rdnr. 98.

den Geschäftsabschlüssen der Geschäftsführer zustimmt, haftet als »Handelnder«. Nur wer als Geschäftsführer bestellt ist oder wie ein solcher auftritt, haftet als »Handelnder«[118]. Im Einzelfall ergeben sich daraus folgende Konsequenzen:

- Wer als Geschäftsführer oder als sog. »faktischer Geschäftsführer«[119] selbst am Abschluß beteiligt ist, haftet als Handelnder.
- Die bloße Veranlassung, Förderung oder Billigung von Geschäftsabschlüssen durch nicht-geschäftsführende Vorgesellschafter läßt diese, sofern sie nicht »faktische Geschäftsführer« sind, nicht als Handelnde haften[120].
- Bevollmächtigte der Gesellschaft, denen die Geschäftsführer Vertretungsmacht erteilt haben, sofern sie nicht »faktische Geschäftsführer« sind, fallen ebenfalls nicht unter die Haftung des § 11 II GmbHG[121].
- Es haften aber diejenigen bestellten oder faktischen Geschäftsführer der Vor-GmbH, die sich ein rechtsgeschäftliches Handeln ihrer Bevollmächtigten zurechnen lassen müssen[122].

bb) Voraussetzung der Haftung ist ein *Handeln im Namen der Vorgesellschaft*[123]. Vielfach heißt es, die Haftung trete nur ein, wenn – mindestens auch – im Namen der »künftigen« GmbH gehandelt werde[124]. Das ist mindestens irreführend. Von einem Handeln im Namen der künftigen Gesellschaft sollte überhaupt nur gesprochen werden, wenn die Vertragswirksamkeit bzw. die Fälligkeit bis auf einen Zeitpunkt nach der Eintragung hinausgeschoben ist (vgl. schon unter III 3b aa). Gerade dann ist für § 11 II GmbHG kein Bedürfnis und kein Raum.

cc) Umstritten ist, wem gegenüber gehaftet wird. Nach überwiegender Auffassung schützt § 11 II GmbHG nur außenstehende Gläubiger, nicht aber die Mitgesellschafter[125] – und zwar auch dann nicht, wenn sie der Vor-GmbH wie Drittgläubiger gegenübertreten[126]. Das wird mit der Erwägung begründet, daß die Mitglieder vereinbarungsgemäß das Gründungsrisiko tragen und dieses nicht auf die Geschäftsführer abwälzen können. Aber § 11 II GmbHG

---

118 Standardformulierung des BGH; vgl. *BGHZ* 66, 359, 360f.; 80, 129, 135; *BGH*, WM 1980, 955, 956 = ZIP 1980, 658, 659; s. auch *LAG Berlin*, GmbHR 1996, 686, 687; *Hachenburg/Ulmer*, § 11 Rdnr. 105; *Scholz/Karsten Schmidt*, § 11 Rdnr. 104.

119 Hiergegen aber *Michael Scholz*, a.a.O., S. 150ff.; allgemein zum Problem *Ursula Stein*, Das faktische Organ, 1984.

120 *BGHZ* 65, 378, 381; 72, 45, 46; *KG*, GmbHR 1993, 647f. = NJW-RR 1994, 494.

121 *BGHZ* 66, 359, 360f.; *BGH*, WM 1980, 955, 956 = ZIP 1980, 658, 659; *OLG Oldenburg*, NZG 1999, 729; *Hachenburg/Ulmer*, § 11 Rdnr. 106; *Scholz/Karsten Schmidt*, § 11 Rdnr. 105.

122 Vgl. *BGHZ* 53, 206, 208; 53, 210, 212; *BGH*, NJW 1974, 1284; WM 1980, 955 = ZIP 1980, 658; WM 1983, 230; *OLG Düsseldorf*, DB 1987, 1413f.

123 *Hachenburg/Ulmer*, § 11 Rdnrn. 108f.; *Scholz/Karsten Schmidt*, § 11 Rdnrn. 106f.; *Karsten Schmidt*, GmbHR 1973, 149f.; *Michael Scholz*, a.a.O., S. 146ff., allerdings mit Fehleinordnung der Ansicht des Verf.

124 *BGHZ* 53, 210, 211; *BGH*, NJW 1974, 1284; *Fleck*, ZGR 1975, 221.

125 *BGHZ* 15, 204, 206; 76, 320, 325; *BGH*, LM Nrn. 5, 10 zu § 11 GmbHG; *OLG Hamm*, NJW 1974, 1472; *LAG Berlin*, GmbHR 1996, 686, 687; *Baumbach/Hueck/Fastrich*, § 11 Rdnr. 45; *Roth/Altmeppen*, § 11 Rdnr. 46ff.; *Rowedder/Rittner/Schmidt-Leithoff*, § 11 Rdnr. 113; *Ostheim*, GesRZ 1982, 126f.; a.M. z.B. *Riedel*, NJW 1970, 404ff.

126 So ausdrücklich *Hachenburg/Ulmer*, § 11 Rdnr. 112.

stellt nicht auf das Vertrauen des Gläubigers in die Haftung ab. Nach dem Normzweck fallen auch die Ansprüche eines Gesellschafter-Gläubigers unter § 11 II GmbHG, sofern dieser eine Drittforderung gegen die Gesellschaft hat. In Anlehnung an die Rechtslage bei den Personengesellschaften (unten, § 49 I 2b) kann er diese Handelndenhaftung allerdings nur subsidiär und auch nur nach Abzug des eigenen Verlustanteils geltend gemacht werden[127]. In der Praxis ist deshalb der Gesellschafter als Drittgläubiger in erster Linie durch die anteilige Unterbilanzhaftung seiner Mitgesellschafter gesichert (vgl. zu dieser unter III 4d).

dd) Im Innenverhältnis kann der nach § 11 II GmbHG haftende Geschäftsführer in aller Regel – sofern er nämlich nicht unerlaubt handelte – Regreß nehmen[128]. Dieser Anspruch richtet sich grundsätzlich gegen die Gesellschaft[129]. Regreßansprüche gegen die Gründer kann der handelnde Geschäftsführer nur hilfsweise und nur nach Anteilen, nicht gegen die Gründer als Gesamtschuldner, geltend machen[130].

4. Die Rechtsverhältnisse nach der Eintragung

a) Mit der Eintragung *wird aus der Vor-GmbH eine juristische Person und ein Formkaufmann nach § 13 III GmbHG.* Die Gesellschaft behält ihre Identität (oben, § 11 IV 2c)[131]. Sämtliche Rechte und Pflichten der Vorgesellschaft sind nunmehr Rechte und Pflichten der GmbH, ohne daß es einer besonderen Übertragung von Rechten oder Übernahme von Verbindlichkeiten bedürfte[132]. Es besteht Haftungskontinuität[133]. Etwaige Prozesse der Vorgesellschaft laufen als Prozesse der GmbH weiter; es ist nur das Rubrum zu berichtigen, wenn es bisher den Zusatz »in Gründung« trug. Stand die Vorgesellschaft als Komplementärin im Handelsregister oder als Grund-

---

127 *Karsten Schmidt*, oHG, a.a.O., S. 341f.; *Scholz/Karsten Schmidt*, § 11 Rdnr. 108; zust. *Michael Scholz*, a.a.O., S. 158f.

128 Vgl. *Karsten Schmidt*, oHG, a.a.O., S. 355ff.; *ders.*, GmbHR 1973, 152; zu den haftungsrechtlichen Konsequenzen vgl. *Wulf-Henning Roth*, ZGR 1984, 618f.

129 So jetzt gegen die Voraufl. auch *Hachenburg/Ulmer*, § 11 Rdnr. 123.

130 Vgl. näher, auch zu dem zweifelhaften Urteil *BGHZ* 86, 122, *Scholz/Karsten Schmidt*, § 11 Rdnrn. 115f.; zum Ganzen auch *Klein*, Der Rückgriffsanspruch des Handelnden gegen die Gründer einer Vor-GmbH, 1993.

131 In methodischer Hinsicht ist zu bemerken, daß die Identitätsthese nicht Voraussetzung, sondern das Ergebnis eines konsolidierten Gründungsrechts ist; nicht die älteren Identitätsprämissen, sondern die schrittweise erfolgte Abstimmung des Gründungsrechts trägt das hier vorgetragene Identitätsmodell; vgl. zu diesem Zusammenhang bereits *Karsten Schmidt*, oHG, a.a.O., S. 309f.; eingehend *Büttner*, a.a.O.; für eine konsequente Identitätstheorie im Ergebnis auch *Reinhardt/Schultz*, Rdnr. 830; unklar *Hueck*, a.a.O., S. 148; »Beide sind identisch und kraft dieser Identität gehen auch Rechte und Verbindlichkeiten der Vor-GmbH von selbst auf die GmbH über.«

132 Meist ist noch ungenau von einer Rechtsnachfolge die Rede; vgl. *Binz*, a.a.O., S. 134; *Kübler*, § 24 II 3c; *Michael Scholz*, a.a.O., S. 106ff.; *Baumbach/Hueck/Fastrich*, § 11 Rdnr. 51; *Hachenburg/Ulmer*, § 11 Rdnr. 74; *Ulmer*, ZGR 1981, 601f.; *Hüffer*, JuS 1983, 167.

133 Voraussetzung ist natürlich, daß die bisherige Vor-GmbH und nicht eine von ihr unterschiedene Neugründung eingetragen worden ist; daran fehlte es im Fall *BGH*, WM 1983, 320 (besprochen in der 3. Aufl., § 34 III 4c).

stückseigentümerin im Grundbuch, so ist auch hier nur die Bezeichnung zu berichtigen.

b) *Jede persönliche Außenhaftung* für Verbindlichkeiten der Vorgesellschaft *endet.* Nunmehr besteht, wie es das Gesetz formuliert, die GmbH »als solche« (§§ 11 I, 13 I GmbHG), und für deren Verbindlichkeiten haftet nach § 13 II GmbHG nur das Gesellschaftsvermögen. Für eine persönliche Außenhaftung ist daneben grundsätzlich kein Platz. Ebensowenig wie die Neugläubiger einer eingetragenen GmbH können also die Altgläubiger aus der Zeit vor der Eintragung noch auf eine persönliche Haftung zugreifen. Das gilt sowohl für die Haftung der Gesellschafter[134] als auch für die Haftung der Handelnden nach § 11 II GmbHG[135]: Die erstere setzt sich zum Vorteil aller Gesellschaftsgläubiger als Vorbelastungs- oder Unterbilanzhaftung im Innenverhältnis fort (dazu alsbald unter d), die zweite erlischt, weil sich der Normzweck des § 11 II GmbHG mit der Eintragung erledigt: Es besteht kein Anlaß, nunmehr die Altgläubiger aus der Zeit vor der Eintragung besser zu stellen als die Neugläubiger, die erst jetzt Ansprüche gegen die eingetragene GmbH erwerben.

c) An die Stelle der umstrittenen Gesellschafterhaftung tritt mit der Eintragung die *Pflicht der Gesellschafter zum Ausgleich einer Unterbilanz.* Nach der seit *BGHZ* 80, 129 ständigen Rechtsprechung haften die Gesellschafter anteilig für die Wertdifferenz zwischen dem Stammkapital und dem Gesellschaftsvermögen, die sich am Stichtag der Eintragung aus Vorbelastungen der GmbH ergibt[136]. Man kann also konstatieren, daß das alte Vorbelastungsverbot nicht ersatzlos aufgegeben, sondern durch eine »Vorbelastungshaftung« ersetzt worden ist[137]: Die Vorbelastung der GmbH durch Verbindlichkeiten aus dem Gründungsstadium ist ohne Einschränkung möglich, dies aber nicht auf Kosten des Stammkapitals, sondern auf Kosten der Gesellschafter; sie müssen den Preis für die zulässige Vorbelastung zahlen. Diese Haftung

134 *BGHZ* 80, 129, 144; *BGH*, BB 1982, 69 = NJW 1982, 932; *Rowedder/Rittner/Schmidt-Leithoff*, § 11 Rdnr. 97; *Flume*, in: Festschrift v. Caemmerer, a.a.O., S. 528f.; *Karsten Schmidt*, oHG, a.a.O., S. 346ff.; *ders.*, GmbHR 1973, 151f.; *ders.*, NJW 1981, 1347; *Ulmer*, ZGR 1981, 610; *Theobald*, a.a.O., S. 140f.; grundlegend *Wiedemann*, JurA 1970, 456f.; a.M. *Dietrich Schultz*, JuS 1982, 739.

135 *BGHZ* 69, 95, 103f.; 70, 132, 139ff.; 76, 320, 323; 80, 182, 183f.; *BGH*, BB 1982, 69, 70 = NJW 1982, 932; BB 1983, 1433 = NJW 1983, 2822; *Rowedder/Rittner/Schmidt-Leithoff*, § 11 Rdnr. 121; *Karsten Schmidt*, GmbHR 1973, 152; *Fleck*, GmbHR 1983, 13f.; jetzt auch *Hachenburg/Ulmer*, § 11 Rdnr. 118; *Ulmer*, ZGR 1981, 620; *John*, BB 1982, 511; a.M. *Dietrich Schultz*, JuS 1982, 739; gegen eine automatische Enthaftung auch *Michael Scholz*, a.a.O., S. 156ff.

136 *BGHZ* 80, 129, 141 = NJW 1981, 1373, 1376; *BGHZ* 105, 300 = NJW 1989, 710; eingehend *Fleck*, GmbHR 1983, 9ff.; *Flume*, Juristische Person, § 5 III 4; *ders.*, NJW 1981, 1753ff.; *Karsten Schmidt*, NJW 1981, 1345ff.; *Ulmer*, ZGR 1981, 602ff.; s. auch *Michael Scholz*, a.a.O., S. 124ff.; grundlegend *Ulmer*, in: Festschrift Ballerstedt, a.a.O., S. 290ff.

137 Die erste Aufl. übernahm noch den Begriff »Unterbilanzhaftung« (zur Entstehung dieses Begriffs vgl. *Fleck*, GmbHR 1983, 11 Fußn. 70); nach der hier vertretenen Auffassung ist aber nicht jede, sondern nur die durch Vorbelastung entstandene Unterbilanz auszugleichen.

war anfangs umstritten[138], aber sie ist gedanklich konsequent insoweit, als der *Schutzgedanke* des alten Vorbelastungsverbots nicht preisgegeben, sondern in neuer Weise umgesetzt wird. Dieser Schutzgedanke bestand in dem *Unversehrtheitsgrundsatz*, und das Vorbelastungsverbot stellte nur eine Sanktion dieses Grundsatzes dar, die jetzt durch eine bessere ersetzt worden ist. In der durch das Urteil *BGHZ* 80, 129 begründeten Rechtsprechung erschien es zunächst, als entstehe die Vorbelastungshaftung mit der Eintragung der Gesellschaft gleichsam aus dem Nichts[139]. Seit dem unter III 3 c geschilderten Urteil *BGHZ* 134, 333 = NJW 1997, 1507 ist dagegen der lange vermißte Zusammenhang mit der persönlichen Haftung bei der Vor-GmbH hergestellt. Das Vorbelastungs*verbot* ist gefallen, aber dies ist kein Grund, das Vorbelastungs*risiko* den Gläubigern der Gesellschaft und dem allgemeinen Rechtsverkehr aufzuerlegen. Dies verhindert die Vorbelastungshaftung. Umstritten ist noch der Umfang dieser Haftung. Auch diese Frage sollte, wie die meisten im Recht der Vorgesellschaft, im systematischen Konnex mit dem Gesamtkonzept entschieden werden und nicht mit isolierten Daumenregeln des Rechtsgefühls. Die angebotenen Haftungskonzepte hängen nämlich eng mit dem Verständnis der Gesellschafterhaftung bei der Vor-GmbH zusammen:

- Der *Bundesgerichtshof* und mit ihm die herrschende Meinung läßt die Gründer für jede Unterbilanz am Eintragungsstichtag aufkommen[140]. Der systematische Zusammenhang ist ein doppelter: Zugrunde liegt die Vorstellung, daß die Gründer mit der Eintragung im Handelsregister gleichsam eine Kapitaldeckungsgarantie übernehmen[141]. Damit zusammenhängend versteht der *Bundesgerichtshof* die Innenhaftung der Gründer im Gründungsstadium als eine Unterdeckungshaftung, die im Augenblick der Eintragung endgültig festgeschrieben wird[142].
- Hier wird eine andere Auffassung vertreten[143]: Die rein bilanzielle Kapitaldeckungsgarantie der Gründer bezieht sich, wie auch § 9 GmbHG zeigt, nur auf den Anmeldestichtag[144]. Nur auf diesen Stichtag bezogen müssen deshalb die Gesellschafter jede Unterbilanz ausgleichen. Darüber hinaus trifft die Gründer eine unter III 3 c dargestellte persönliche Außenhaftung. Aus dieser wird, soweit die Gesellschaft nicht ohne Verstoß gegen § 30 GmbHG die Gesellschafter befreien kann (also im Fall und in der Höhe einer Unterbilanz), mit der Eintragung eine Vorbelastungshaftung der Gründer. Die Vorbelastungshaftung entspricht also den aus freiem

138 Vgl. als Kritiker etwa *Derwisch-Ottenberg* a.a.O., S. 96ff.; *Schäfer-Gölz*, a.a.O., S. 170ff.; *Priester*, ZIP 1982, 1141ff., insbes. 1145f.

139 So auch noch *OLG Dresden*, ZIP 1996, 178, 179; *Lutter/Hommelhoff*, 14. Aufl., § 11 Rdnr. 11.

140 *BGHZ* 80, 129; 80, 182; 105, 300, 303; 134, 333, 335 = NJW 1997, 1507 m.Anm. *Altmeppen*; für die h.M. etwa *Lutter/Hommelhoff*, § 11 Rdnr. 20; *Roth/Altmeppen*, § 11 Rdnr. 12; *Theobald*, a.a.O., S. 65; *Kind*, a.a.O., S. 116ff.

141 *BGHZ* 105, 300ff.; dagegen *Karsten Schmidt*, ZHR 156 (1992), 99ff.

142 Nach BGHZ 134, 333, 339 soll die Haftung sogar jetzt erst entstehen.

143 *Scholz/Karsten Schmidt*, § 11 Rdnr. 126; eingehend *Karsten Schmidt*, ZHR 156 (1992), 107ff.; ausführlicher noch in der 3. Aufl.; zust. *Gummert*, in: MünchHdbGesR III, § 16 Rdnrn. 89ff.; abl. *Lieb*, in: Festschrift Zöllner I, a.a.O., S. 347ff.

144 *Karsten Schmidt*, ZHR 156 (1992), 120f.

Vermögen nicht zu begleichenden Verbindlichkeiten der Gesellschaft, m.a.W.: Sie entspricht deren operativen Verlusten. Eine bloße Entwertung eingebrachter Gegenstände zwischen der Einbringung und der Eintragung löst dagegen die Haftung nicht aus (arg. § 9 GmbHG)[145]. Entgegen dem üblichen Verständnis ist es also nicht nur eine façon de parler, wenn hier von der »Vorbelastungshaftung« und nicht einfach von einer »Differenz-« oder »Unterbilanzhaftung« auf den Eintragungsstichtag gesprochen wird[146]. Die Annahme einer von Anlaufverlusten unabhängigen Unterbilanzhaftung beruht auf der niemals bewiesenen Behauptung, die Gründer garantierten durch die bloße Teilnahme an der Gründung eine Vollwertigkeit aller Einlagen am Eintragungsstichtag[147]. Der praktische Unterschied der hier vertretenen gegenüber der herrschenden Meinung besteht darin, daß die für eine Unterbilanz in Anspruch genommenen Gesellschafter die Zahlung verweigern können, soweit sich die Unterbilanz am Eintragungsstichtag aus reinen (nichtoperativen) Wertverlusten im Gesellschaftsvermögen zwischen Anmeldung und Eintragung ergibt. Dieses Korrektiv wird sich allerdings nur in Einzelfällen auswirken, z.B. wenn Vorbelastungen ganz vermieden wurden. Im Grundsatz ist dem *Bundesgerichtshof* zu folgen.

5. Demonstration der Erträge anhand von Beispielfällen

Beispiel Nr. 25: Am 1. 2. wird die Gustav G-Großhandels-GmbH von Gustav G und Donald D gegründet. Zum Geschäftsführer wird ein Dritter namens X bestellt. Dieser stellt alsbald – ausdrücklich im Namen der »GmbH in Gründung« handelnd – fünf Angestellte ein, bestellt Waren und mietet Geschäftsräume. Außerdem werden Inserate an eine Zeitung vergeben usw. Aus allen diesen Geschäften wird die Vor-GmbH verpflichtet, und man wird entgegen *BGHZ* 80, 129, 139 auch nicht annehmen dürfen, daß es hierzu im Außenverhältnis einer besonderen Ermächtigung seitens der Gründer bedarf. Neben der Vor-GmbH haften beide Gründer direkt gegenüber den Gläubigern (anders die wohl h.M., insbesondere der *BGH*: nur Binnenhaftung). Daneben haftet nach § 11 II GmbHG auch X. X kann, soweit er nicht eigenmächtig gegen die Interessen der Gesellschaft handelte, von dieser Freistellung verlangen. C und D können dies nur, soweit nicht das zur Erhaltung des Stammkapitals erforderliche Vermögen angegriffen wird.

Beispiel Nr. 26: Kommt es nicht zur Eintragung, so kann jeder Gesellschaftsgläubiger neben der GmbH, die in solchen Fällen oft kein verwertbares Vermögen hat, den G, den D und den X in Anspruch nehmen. Hierfür braucht er nach der hier vertretenen Ansicht nicht darzulegen und zu beweisen, daß im Vertragszeitpunkt keine Eintragungsabsicht (mehr) bestand oder daß die Eintragung endgültig gescheitert oder die Gesellschaft vermögenslos ist. (a.M. die auf dem Binnenhaftungsmodell basierende h.M.). Wird allerdings das Insolvenzverfahren über das Vermögen der Vorgesellschaft eröffnet, so wird die Haftung zugunsten aller Gläubiger nur noch von dem Verwalter geltend gemacht

145 Die vorherrschende Gegenansicht »sozialisiert« das Entwertungsrisiko und verteilt es auf die Gesellschaftergesamtheit; § 9 GmbHG besagt für die h.M. nur etwas über die interne Risikoverteilung.

146 Vgl. *Karsten Schmidt*, ZHR 156 (1992), 97f., 126; dagegen freilich *Lieb*, in: Festschrift Zöllner I, a.a.O.

147 Vgl. ebd., S. 99ff.

(§ 93 InsO). Wird eine Insolvenzverfahrenseröffnung mangels Masse abgelehnt, so bleibt es bei der Außenhaftung der Gesellschafter. Diese nehmen untereinander Regreß wie die Gesellschafter einer oHG (unten, § 49 V).

Beispiel Nr. 27: Wird die GmbH eingetragen, so haben die Gesellschaftsgläubiger nur noch Ansprüche gegen die GmbH. Die Außenhaftung der Gründer und des Geschäftsführers endet ex lege. Im Innenverhältnis können G und D aus der Vorbelastungshaftung auf Zahlung in das Gesellschaftsvermögen in Anspruch genommen werden, soweit im kritischen Zeitpunkt (Zeitpunkt der Eintragung) das Stammkapital aufgrund der Geschäftstätigkeit nicht mehr durch die eingezahlten und noch einzuzahlenden Einlagen gedeckt war. Hatte X die Geschäfte eigenmächtig, d.h. ohne besondere Ermächtigung durch G und D, abgeschlossen, so ändert dies nichts an der Haftung (anders der *BGH;* nach der hier vertretenen Auffassung scheitert die Haftung nur im Fall evidenten Mißbrauchs der Vertretungsmacht); möglich sind dann aber Regreßansprüche gegen den in diesem Fall pflichtwidrig handelnden X.

Beispiel Nr. 28: In eine am 1.2. zur Eintragung angemeldete Immobilien-Anlagengesellschaft wurde am selben Tag ein mit 5 Mio. Euro richtig bewertetes Grundstück eingebracht. Am 1.10. wird die GmbH eingetragen, jedoch sind vom Stammkapital (10 Mio. Euro) in diesem Zeitpunkt bereits 1,5 Mio. Euro verloren, weil schon Personal- und Werbeaufwand in Höhe von 500000 Euro getrieben wurde, Architekten- und Statikerleistungen in Höhe von gleichfalls 500000 Euro in Anspruch genommen worden sind und weil der Wert des Grundstücks durch eine plötzliche Verschlechterung der Standortbedingungen um gleichfalls 500000 Euro gesunken ist. Hier würde die h.M. eine strenge »Unterbilanzhaftung« der Gesellschafter in Höhe von 1,5 Mio. Euro annehmen, während nach der hier vertretenen Ansicht der bloße Sacheinlage-Wertverlust aus der Unterbilanz herauszurechnen ist (*Scholz-Karsten Schmidt*, § 11 Rdnr. 129; *Karsten Schmidt*, ZHR 156 (1992), 126; a.M. *Lutter/Hommelhoff*, § 11 Rdnr. 17; *Lieb,* in: Festschrift Zöllner I, a.a.O.). In der Praxis würde also z.B. ein Insolvenzverwalter Ausgleich der kompletten Unterbilanz begehren, aber die Gesellschafter würden einredeweise den Substanzverlust von 500000 DM entgegenhalten. Diese Einwendung ist ihnen entgegen der h.M. zu konzedieren, denn der reine Wertverlust hat mit Vorbelastungen nichts zu tun.

Beispiel Nr. 29: Wird die Gesellschaft am 1.2. in notarieller Form errichtet, bringt der Gesellschafter G am 1.3. als Sacheinlage sein Unternehmen ein und wird die Gesellschaft am 1.4. in eintragungsfähiger Weise angemeldet, so haften alle Gründer persönlich für die Unternehmensverbindlichkeiten vom 1.3. an (str.; s.o.). Während diese Außenhaftung mit der Eintragung am 1.5. erlischt, haftet nach § 9 I GmbHG der G im Fall einer Überbewertung des Unternehmens auf die Wertdifferenz am Anmeldungsstichtag. Aber auch die Mitgründer können – wichtig vor allem, wenn eine Bargründung vorliegt und das Unternehmen von der Gesellschaft aus der Hand eines Dritten erworben wurde – im Wege der Vorbelastungshaftung noch nach der Eintragung in Anspruch genommen werden, wenn das Stammkapital im kritischen Zeitpunkt aufgrund der Unternehmensführung nicht mehr durch vorhandene oder noch ausstehende Einlagen gedeckt war. Dabei können für das Unternehmen Fortführungswerte nur angesetzt werden, wenn das Unternehmen am Eintragungsstichtag fortführungsfähig war (*BGH*, NJW 1998, 102). Aber die Mitgründer haften entgegen der h.M. nicht für jede, sondern nur für die durch die unternehmerischen Geschäfte herbeigeführte Unterbilanz. Soweit die Unterbilanz etwa auf einer Überbewertung des von G eingebrachten Unternehmens beruht, haften sie nicht wegen der Vorbelastung, wohl allerdings evtl. im Wege der Ausfallhaftung nach §§ 9, 24 GmbHG (dazu unten, § 37 II 5d).

6. Die Unterbilanz: ein Eintragungshindernis?

Der *Bundesgerichtshof* sieht eine nicht ausgeglichene Unterbilanz als ein Eintragungshindernis an[148]. Mehr und mehr setzt sich dagegen die Auffassung durch, daß eine nach der Registeranmeldung entstandene Unterbilanz kein Eintragungshindernis darstellt und deshalb auch nicht vom Registerrichter geprüft werden muß[149]. Dem ist – wenn auch aus anderen als den überwiegend vertretenen Gründen – zuzustimmen[150]: Mit der Handelsregistereintragung verbindet sich entgegen der niemals wirklich begründeten Rechtsprechung keine Volldeckungsgarantie[151]. Eine solche ist – wie auch aus § 9 GmbHG ersichtlich – nur für den Anmeldungszeitpunkt gegeben, eine Unterdeckung in diesem Zeitpunkt also verboten. Verluste, die nach diesem Zeitpunkt erwirtschaftet worden sind, lösen nur die Vorbelastungshaftung, aber kein Eintragungsverbot aus[152]. Das Registergericht ist weder verpflichtet, noch auch nur befugt, die Gesellschaft während des Verfahrens laufend auf etwaige Vorbelastungen zu prüfen. Nur wenn erhebliche Zweifel an der Leistungsfähigkeit der Gesellschafter begründet sind, kann es die Eintragung von einem Ausgleich der Unterbilanzabhängig machen[153].

148 *BGHZ* 80, 129, 143 = NJW 1981, 1373, 1376; *BGHZ* 80, 182, 184f. = NJW 1981, 1452, 1453; so z.B. auch *OLG Düsseldorf*, DB 1996, 2122 = ZIP 1996, 1705; *Meyer-Landrut*, § 9 Rdnrn. 7f.; *Theobald*, a.a.O., S. 67; *Fleck*, GmbHR 1983, 11; *Gustavus*, GmbHR 1988, 52; *Günter H. Roth*, DNotz 1989, 8f.

149 *Baumbach/Hueck/Fastrich*, § 9c Rdnr. 8; *Hachenburg/Ulmer*, § 11 Rdnrn. 91f.; *Lutter/Hommelhoff*, § 9 c Rdnr. 12, § 11 Rdnr. 13; *Scholz/Karsten Schmidt*, § 11 Rdnrn. 124ff.

150 *Karsten Schmidt*, ZHR 156 (1992), 128f.

151 Ebd., S. 99ff.

152 Ebd., S. 126, 129.

153 Vgl. *BayObLG*, DB 1991, 2536; *Baumbach/Hueck/Fastrich*, § 9c Rdnr. 8.

§ 35 Die Mitgliedschaft in der GmbH

I. Zuweisung und Inhalt der Mitgliedschaft*

1. Mitgliedschaft und Geschäftsanteil

Die Mitgliedschaft in der GmbH wird durch den *Geschäftsanteil* vermittelt. Gesellschafter ist, wer einen oder mehrere Geschäftsanteile an der GmbH hält. Gesellschafter einer GmbH können nicht nur natürliche und juristische Personen, sondern auch Personengesellschaften sein (dazu und zur zweifelhaften Gründerfähigkeit der Erbengemeinschaft vgl. oben § 34 II 1)[1]. Die Mitgliedschaft wird erworben durch Übernahme einer – stets nur einer (§ 5 II GmbHG!) – Stammeinlage bei Gründung der GmbH bzw. im Fall einer Kapitalerhöhung oder durch nachträglichen Erwerb von Geschäftsanteilen. Die Gesellschafter der GmbH stehen nicht im Handelsregister (vgl. § 10 GmbHG). Für Publizität der Mitgliedschaft wird nicht durch Eintragung gesorgt, sondern durch eine Liste der Gesellschafter, die der Registeranmeldung beizufügen und bei Veränderungen auf neuen Stand zu bringen ist (§§ 8 I Nr. 3, 40 GmbHG).

2. Mitgliedschaftspflichten

a) Die *Einlagepflicht* (§§ 7 II, 19ff. GmbHG) wird im Rahmen der Finanzverfassung der GmbH im einzelnen besprochen (unten, § 37).

b) *Nebenleistungspflichten* können im Recht der GmbH unbegrenzt übernommen werden (vgl. demgegenüber § 55 AktG). § 3 II GmbHG betont ausdrücklich, daß diese Pflichten im Gesellschaftsvertrag niedergelegt sein

---

* Literatur (Auswahl; vgl. zunächst die allgemeinen Angaben bei § 33): *Alberts*, Die Verbriefung des GmbH-Geschäftsanteils ..., 1996; *Habersack*, Die Mitgliedschaft: subjektives und »sonstiges« Recht, 1996; *Immenga*, Die personalistische Kapitalgesellschaft, 1970, insbes. S. 261ff.; *Teichmann*, Rechte des einzelnen und Befugnisse der Minderheit, in: GmbH-Reform, 1970, S. 59; *Winter*, Mitgliedschaftliche Treuebindungen im GmbH-Recht, 1988; *Martin Weber*, Vormitgliedschaftliche Treubindungen, 1999; *Wolany*, Rechte und Pflichten des Gesellschafters einer GmbH, 1964.

1 Vgl. *Hachenburg/Ulmer*, § 2 Rdnrn. 70ff.; zur Gesellschaft bürgerlichen Rechts vgl. BGHZ 78, 311 = NJW 1981, 682; *OLG Hamm*, NJW-RR 1996, 482; *Dölle*, Die Beteiligung einer Gesellschaft bürgerlichen Rechts an einer GmbH, 1984; *Koch*, ZHR 146 (1982), 118ff.; *Karsten Schmidt*, BB 1983, 1699ff.

müssen, wenn eine statutarische, d.h. nicht nur obligatorische Bindung eintreten soll. Auch hier kommt wieder der wichtige Unterschied zwischen dem Beitrag und der Einlage zum Tragen (vgl. oben, § 20 II 1). Bei der GmbH kann es – ganz wie bei den Personengesellschaften – neben der Einlagepflicht vielfältige Beiträge der Gesellschafter geben[2], z.B.
- Wettbewerbsverbote,
- Andienungs- oder Abnahmeverpflichtungen bei Gesellschaften mit Genossenschafts- oder Syndikatszwecken,
- Geschäftsführungspflichten,
- Gebrauchsüberlassungs- und Kreditgewährungspflichten.

Umstritten ist in diesen Fällen, ob das Nebenleistungsverhältnis ohne Austritt aus der Gesellschaft vom Gesellschafter aus wichtigem Grund gekündigt werden kann[3]. Man wird dies im Grundsatz verneinen müssen, denn eine nach § 3 II GmbHG in der Satzung niedergelegte Nebenleistungspflicht ist nicht Annex, sondern korporativer Bestandteil der Mitgliedschaft. Soweit allerdings eine Anpassung des Gesellschaftsvertrags verlangt werden kann (dazu oben, § 5 IV) kann dies dazu führen, daß das Gesellschaftsverhältnis unter Wegfall der Nebenleistungspflicht fortgesetzt wird. Ähnliches gilt erst recht, wenn die Nebenleistung nur durch Schuldverträge begründet oder zwar in der Satzungsurkunde festgehalten ist, aber keinen Bestandteil der statutarischen Vereinbarungen darstellt (dazu oben, § 5 I 1 d).

c) *Nachschußpflichten* können nach §§ 26ff. GmbHG vereinbart werden[4]. Nachschüsse sind Einlagen auf das haftende Kapital, die über die Stammeinlagen hinausgehen und nicht auf das Stammkapital geleistet werden[5]. Nachträglich können solche Pflichten nicht gegen den Willen der Leistungspflichtigen beschlossen werden, und zwar auch nicht durch Satzungsänderung (§ 53 III GmbHG). Die Einzelheiten werden im Rahmen der Finanzverfassung der GmbH dargestellt (unten, § 37 II 6).

d) Gesetzliche – wenn auch nicht im Gesetzeswortlaut zum Ausdruck gebrachte – Nebenpflicht ist die *Treupflicht*[6]. Schon unter § 20 IV 2 wurde ausgeführt, daß die Treupflicht nicht ein Spezifikum der Personengesellschaften ist und daß sie als mitgliedschaftliche Pflicht jedes Gesellschafters sowohl gegenüber der Gesellschaft als auch gegenüber den Mitgesellschaftern

---

2 Vgl. eingehend *Burkert*, a.a.O., S. 85ff.; *Hachenburg/Ulmer*, § 3 Rdnrn. 75ff.; *Baumbach/Hueck/Fastrich*, § 3 Rdnrn. 32ff.; *Roth/Altmeppen*, § 3 Rdnrn. 29ff.; *Ullrich*, ZGR 1985, 236ff.

3 Bejahend *Burkert*, a.a.O., S. 92f.; *Wolany*, a.a.O., S. 18; *Hachenburg/Ulmer*, § 3 Rdnr. 113; *Baumbach/Hueck/Fastrich*, § 3 Rdnr. 52; *Roth/Altmeppen*, § 3 Rdnr. 36; verneinend *Lutter/Hommelhoff*, § 3 Rdnr. 26; *Rowedder/Rittner/Schmidt-Leithoff*, § 3 Rdnr. 52; *Scholz/Emmerich*, § 3 Rdnr. 59.

4 Dazu eingehend *Wolany*, a.a.O., S. 19ff.; *Häusler*, Lastentragung und Gewinnverteilung bei der GmbH, Diss. Bonn 1965, S. 41ff.

5 Vgl. *Burkert*, a.a.O., S. 93f.

6 Näher *Wiedemann* I, § 8 I 2 b; *Habersack*, a.a.O., S. 62ff.; *Immenga*, a.a.O., S. 261ff.; *ders.*, in: Festschrift 100 Jahre GmbH-Gesetz, 1992, S. 189ff.; *Lutter/Hommelhoff*, § 14 Rdnr. 18; *Winter*, a.a.O., S. 43ff., 95ff.; *Wolany*, a.a.O., S. 103ff.; *Lutter*, AcP 180 (1980), 102ff.

besteht. In beiden Richtungen begründet die Mitgliedschaft Sonderrechtsbeziehungen. Die Treupflicht wirkt sich vor allem aus

- als Schädigungsverbot zum Schutz der Gesellschaft[7] und der Mitgesellschafter[8],
- als Korrektiv der Mehrheitsherrschaft[9],
- als Verpflichtung zur Anpassung des Gesellschaftsvertrags an veränderte Umstände[10].

Beispiel Nr. 1 (in Anlehnung an *BGHZ* 65, 15 »ITT«; dazu auch oben, § 20 IV 2 b; unten, § 39 III 2 a): Eine Konzerngesellschaft kauft sich mit über 50 % in eine Familien-GmbH ein und integriert diese Gesellschaft dergestalt in den Konzern, daß die GmbH 1 % ihres Umsatzes als Konzernumlage für die Beratung im Konzern abzuführen hat. Eine solche Erzielung von Sondervorteilen durch den Mehrheitsgesellschafter kann, wie der *BGH* näher ausführt, treuwidrig sein (s. auch *BGH*, WM 1978, 1205).

Beispiel Nr. 2 (in Anlehnung an *BGHZ* 93, 146 = NJW 1985, 1030; *BGHZ* 142, 92 = NJW 1999, 2817): Im ersten dieser Urteile hat der *BGH* hat entschieden, daß für verbotene Ausschüttungen aus dem Vermögen der Gesellschaft nicht nur der Empfänger haftet (§§ 30, 31 GmbHG), sondern daß auch die Mitgesellschafter haften können, wenn sie die Ausschüttung schuldhaft veranlaßt haben (*BGHZ* 93, 146). Im zweiten dieser Urteile hat der *BGH* diesen Haftungsmaßstab erheblich zurückgenommen und die Haftung der Gesellschafter gegenüber »ihrer« Gesellschaft auf schuldhaft-ruinöse Maßnahmen begrenzt (*BGHZ* 142, 92; bestätigend *BGHZ* 149, 10). Auf diese Schadensersatzhaftung des Gesellschafters gegenüber der Gesellschaft wird zurückzukommen sein (näher unten, § 37 III 3 c).

Beispiel Nr. 3: Wie unter IV 2 näher auszuführen sein wird, kann ein Gesellschafter auch ohne gesellschaftsvertragliche Ausschließungsklausel aus einer GmbH ausgeschlossen werden, wenn in seiner Person ein wichtiger Grund vorliegt. Die Ausschließung erfolgt aufgrund eines Gesellschafterbeschlusses durch Gestaltungsklage, doch folgt aus der Treupflicht und der einschneidenden Wirkung des Ausschlusses, daß die Ausschließung nur das »letzte und äußerste Mittel« sein darf (*BGHZ* 16, 317, 322).

Beispiel Nr. 4 (nach *BGHZ* 76, 352): Einen zur Ausbootung eines Minderheitsgesellschafters gefaßten Auflösungsbeschluß, dem Maßnahmen des Mehrheitsgesellschafters und Geschäftsführers mit dem Ziel vorausgingen, den bisherigen Geschäftsbetrieb auf eine neu gegründete GmbH überzuleiten, hat der *BGH* wegen Verletzung der gesellschaftlichen Treupflicht und der Pflicht zu ordnungsmäßiger Geschäftsführung für nichtig erklärt (vgl. bereits oben, § 21 II 3 a; ähnlich zum Aktienrecht *BGHZ* 103, 184).

Beispiel Nr. 5 (nach *BGHZ* 98, 276): Gemäß Art. 12 § 1 des Einführungsgesetzes zur GmbH-Novelle waren mit Ablauf des 31.12.1985 alle Gesellschaften m.b.H. aufgelöst, deren Stammkapital nicht 50000 DM betrug. Die notwendige Kapitalerhöhung konnte auch noch nach Ablauf des Jahres 1985 nachgeholt und mit einem Beschluß über die Fortsetzung der Gesellschaft verbunden werden. Für Gesellschaften auf dem Boden der ehemaligen DDR hat sich diese Anpassung bis zum Stichtag des 1.7.1992 bzw. 1995

---

7 Dazu *Karsten Schmidt*, ZIP 1988, 1505; *Hartmann*, GmbHR 1999, 1061.

8 Vgl. *BGHZ* 65, 15; dazu etwa *Brezing*, AG 1976, 5; *Rehbinder*, ZGR 1976, 386; *Schilling*, BB 1975, 1451; *Ulmer*, NJW 1976, 192; *H. P. Westermann*, GmbHR 1976, 77; *Wiedemann*, JZ 1976, 392.

9 Dazu *BGHZ* 132, 84 = ZIP 1996, 674; *Immenga*, a.a.O., S. 270ff.; *Lutter*, ZGR 1981, 171; *Timm*, JZ 1980, 665.

10 Dazu *Scholz/Priester*, § 53 Rdnr. 37; *Winter*, a.a.O., S. 175f.; vgl. auch zur Ausschließung von Gesellschaftern *BGH*, LM Nr. 19 zu § 34 GmbHG m.Anm. *Cahn* = NJW 1999, 3779.

wiederholt (näher 3. Aufl. § 34 II 2c). Nach richtiger Auffassung bestand in diesen Situationen im Regelfall eine Pflicht der Gesellschafter, bei einem Kapitalerhöhungsbeschluß mitzuwirken (vgl. auch oben, § 5 IV 1b und § 21 II 3c). Jedenfalls für personalistische Gesellschaften hat auch der *BGH* in diesem Sinne entschieden. Nur wenn die Gesellschaft etwa lebensunfähig oder – selten! – für das gesetzliche Mindeststammkapital zu klein ist, kann sich ausnahmsweise ein anderes ergeben[11].

e) Ein *Wettbewerbsverbot* erlegt das Gesetz dem GmbH-Gesellschafter nicht ausdrücklich auf. Demgemäß gilt kein schematisches Wettbewerbsverbot für jeden, auch den nicht geschäftsführenden und evtl. nur rein kapitalistisch beteiligten Gesellschafter[12]. Ein Schädigungsverbot, das sich zu einem Wettbewerbsverbot konkretisieren kann, ergibt sich indes aus der Treupflicht (oben, § 20 V 1)[13]. Es kann, solange dieser Rahmen nicht überschritten wird, auch gesellschaftsvertraglich konkretisiert werden, ohne daß dies gegen § 1 GWB verstieße (oben, § 20 V 2).

Beispiel Nr. 6 (nach *BGHZ* 104, 246 = BB 1988, 1619): K war zu 50 % an der B-GmbH beteiligt und aufgrund eines gesellschaftsvertraglichen Sonderrechts befugt, einen der beiden Geschäftsführer vorzuschlagen und jederzeit abzuberufen. Der Gesellschaftsvertrag enthielt ein Wettbewerbsverbot. K klagte gegen die B-GmbH auf Feststellung, daß dieses Wettbewerbsverbot nach § 1 GWB unwirksam sei. Die Klage blieb in allen Instanzen erfolglos, denn wettbewerbsbeschränkende Satzungsbestandteile fallen nur dann unter den Kartellverbotstatbestand des § 1 GWB, wenn sie das Unternehmen vom freien Wettbewerb abschirmen, nicht dagegen, wenn sie das im übrigen kartellrechtsneutrale Unternehmen in seinem Bestand und seiner Funktionstüchtigkeit gegen eine treuwidrige Aushöhlung von innen her schützen.

3. Mitgliedschaftsrechte

Die aus der Mitgliedschaft im einzelnen resultierenden Rechte sind vielfältig[14]. Sie gehen nur teilweise aus dem *Gesetzeswortlaut* hervor und sind durch die *Rechtsprechung* erheblich ausdifferenziert worden. Hinzu kommt die weitgehende Vertragsfreiheit im Recht der GmbH; der Gesellschaftsvertrag kann umfangreiche weitere Mitgliedschaftsrechte begründen. Im einzelnen wird man

- nach der *Art der Mitgliedschaftsrechte* zwischen *Vermögensrechten* und *Teilhaberechten*,
- nach der *Grundlage der Mitgliedschaftsrechte* zwischen *gesetzlichen* und *vertraglichen Rechten*,
- nach der gleichen oder ungleichen Verteilung der Rechte zwischen *allgemeinen Gesellschafterrechten* und *Sonderrechten (Vorzugsrechten)* unterscheiden müssen.

---

11 Einschränkend *Scheel*, BB 1985, 2012; bedenklich eng *LG Bielefeld*, ZIP 1985, 1327; s. auch *Schulte*, BB 1985, 2009.

12 *OLG Köln*, BB 1991, 859; *OLG Frankfurt*, DB 1992, 2489, 2490 (GmbH & Co. KG); *Baumbach/Hueck/Fastrich*, § 13 Rdnr. 29.

13 Eingehend *Ivens*, Das Konkurrenzverbot des GmbH-Gesellschafters, 1987; *Claussen/Korth*, in: Festschrift Beusch, 1993, S. 111ff.

14 Vgl. die Überblicke bei *Raiser*, Kapitalgesellschaften, § 27 Rdnrn. 1ff.; *Wolany*, a.a.O., S. 155ff.

a) *Vermögensrechte* sind insbesondere die Rechte auf Gewinn- und Liquidationsanteile[15]. *Teilhaberechte* sind insbesondere das Stimmrecht, das Informationsrecht, das Anfechtungsrecht, die actio pro socio und das Recht zur Kündigung aus wichtigem Grund[16]; hinzu kommt, wie unter § 21 V ausgeführt wurde, die mitgliedschaftliche actio negatoria als Abwehrrecht des Gesellschafters gegen rechtswidrige Kompetenzüberschreitungen des Managements. Diese gesetzlichen Gesellschafterrechte sind nur teilweise zwingend (vgl. § 51 a III GmbHG für das Informationsrecht), im übrigen unterliegen sie der Gestaltung durch den Gesellschaftsvertrag. Beispielsweise sind stimmrechtslose Geschäftsanteile möglich[17]. Neben den gesetzlichen Gesellschafterrechten können *vertragliche Rechte* durch die Satzung begründet werden, z.B. gerichtet auf erweiterte Teilhaberechte, aber auch auf Benutzungs-, Belieferungsmöglichkeiten usw. zielen[18].

b) *Sonderrechte* (Vorzugsrechte) können einem Gesellschafter – z.B. dem Seniorpartner in einer Familiengesellschaft – eine Vorzugsstellung gewähren, z.B. eine Verstärkung des Stimmrechts, ein Vetorecht gegen Mehrheitsbeschlüsse der Mitgesellschafter, vor allem aber das Geschäftsführeramt oder das Recht zur Bestimmung eines Geschäftsführers sein[19]. Die besondere Bedeutung dieser Rechte in der Verfassung der GmbH besteht darin, daß sie zum einen eine Bevorzugung des berechtigten Gesellschafters begründen und zum anderen dem Begünstigten nicht ohne dessen Zustimmung durch Mehrheitsbeschluß wieder entzogen werden können (näher oben, § 19 III 3 c bb). Ein Verstoß gegen den Gleichbehandlungsgrundsatz liegt in ihrer Einräumung nicht, denn dieser Grundsatz zielt nur auf Gleich*behandlung* und nicht auf Gleichheit schlechthin (näher oben, § 16 II 4 b). Sonderrechte können nur durch Aufnahme in den Gesellschaftsvertrag (die Satzung der GmbH) begründet werden[20]. Allerdings kann eine außersatzungsmäßige Vereinbarung, solange alle Gesellschafter an sie gebunden sind, eine sonderrechtsähnliche Position schaffen (vgl. schon oben, § 5 I 5)[21].

Beispiel Nr. 7 (nach *BGH*, NJW 1987, 1890): Haben sich sämtliche Gesellschafter rechtsverbindlich dahingehend geeinigt, daß dem Gesellschafter A das Geschäftsführeramt gebührt, so ist ein Mehrheitsbeschluß, durch den sie ihm dieses Amt ohne wichtigen Grund entziehen, zwar nicht unwirksam, aber anfechtbar.

---

15 Näher *Wolany*, a.a.O., S. 155, 195 ff., 228 ff.

16 Vgl. *Immenga*, a.a.O., S. 275 ff., 283 ff., 296 ff.; *Teichmann*, a.a.O., S. 68 ff., 82 ff.; *Wolany*, a.a.O., S. 156 ff., 208 ff., 231 ff.; *Eickhoff*, Die Gesellschafterklage im GmbH-Recht, 1988.

17 Vgl. *Fock*, in: Festschrift Heinsius, 1993, S. 129.

18 Vgl. *Baumbach/Hueck/Fastrich*, § 3 Rdnr. 47; *Hachenburg/Ulmer*, § 3 Rdnr. 85.

19 Vgl. hierzu *Immenga*, a.a.O., S. 93 ff.; allgemein zu Sonderrechten vgl. eingehend *Wolany*, a.a.O., S. 176 ff.

20 Eingehend *Ullrich*, ZGR 1985, 241 ff.

21 Vgl. *BGH*, NJW 1983, 1910; NJW 1987, 1890; *Noack*, Gesellschaftervereinbarungen bei Kapitalgesellschaften, 1995, S. 275 ff.; *Scholz/Karsten Schmidt*, § 45 Rdnr. 116; krit. *Hachenburg/Ulmer*, § 3 Rdnrn. 124 f.; *Winter*, a.a.O., S. 51 f.; *ders.*, ZHR 154 (1990), 259 ff. m.w.N.

4. Das Informationsrecht des Gesellschafters im besonderen*

a) Das Informationsrecht ist seit der GmbH-Novelle von 1980 gesetzlich geregelt[22]. Nach *§ 51a I GmbHG* haben die Geschäftsführer jedem Gesellschafter auf Verlangen unverzüglich Auskunft über die Angelegenheiten der Gesellschaft zu geben und die Einsicht der Bücher und Schriften zu gestatten (zum ausgeschiedenen Gesellschafter vgl. oben, § 21 III 1g). Nach § 51a II GmbHG dürfen die Geschäftsführer die Auskunft und die Einsicht verweigern, wenn zu besorgen ist, daß der Gesellschafter sie zu gesellschaftsfremden Zwecken verwenden und dadurch der Gesellschaft oder einem verbundenen Unternehmen einen nicht unerheblichen Nachteil zufügen wird; die Verweigerung bedarf eines Beschlusses der Gesellschafter. Nach § 51a III GmbHG sind diese Vorschriften zwingend.

Die Grundlagen für die Behandlung dieser Bestimmung wurden schon in den allgemeinen Ausführungen unter § 21 III 1 gelegt. Es handelt sich um ein *individuelles*, in der Mitgliedschaft wurzelndes Informationsrecht (vgl. zu diesem Begriff oben, § 21 III). Daß die Geschäftsführer den Gesellschaftern in ihrer Gesamtheit informationspflichtig sind, ergibt sich nicht aus § 51a, sondern aus § 46 Nr. 6 GmbHG. Das Informationsrecht ist, was den Rechtsträger anlangt, auf die Gesellschafter einer GmbH und, was den Gegenstand anlangt, auf die *Angelegenheiten der Gesellschaft* begrenzt[23]. Es umfaßt als einheitliches Informationsrecht die Rechte auf Auskunft und auf Einsichtnahme (oben, § 21 III 1e)[24], und zwar ggf. auch in die Protokolle eines Aufsichtsrats[25]. Der Begriff der »Angelegenheiten der Gesellschaft« ist weit

---

* Literatur (Auswahl): *Bechtle*, Das Kontrollrecht des GmbH-Gesellschafters, 1969; *v. Bitter*, Das Informationsrecht der GmbH-Gesellschafter …, ZIP 1981, 825; *Bopp*, Die Informationsrechte des GmbH-Gesellschafters, 1991; *Bremer*, Herausgabe von Informationen im Rahmen einer Due Diligence, GmbHR 2000, 176; *Bunte*, Informationsrechte in der GmbH und im GmbH-Konzern, 1976; *Ebenroth*, Die Geschäftsführerkontrolle durch den GmbH-Gesellschafter nach geltendem und künftigem Recht, 1972; *ders.*, Die Kontrollrechte der GmbH-Gesellschafter, 1971; *Götze*, Auskunftserteilung des GmbH-Geschäftsführers im Rahmen der due diligence bei Beteiligungserwerb, ZGR 1999, 202; *Grunewald*, Einsichts- und Auskunftsrecht des GmbH-Gesellschafters nach neuem Recht, ZHR 146 (1982), 211; *Karl*, Das Auskunfts- und Einsichtsrecht des GmbH-Geschäftsführers nach § 51a GmbHG, DStR 1995, 940; *Lutter*, Zum Informationsrecht des Gesellschafters nach neuem GmbH-Recht, ZGR 1982, 1; *Mertens*, § 51a GmbHG und die kapitalistisch strukturierte GmbH, in: Festschrift Werner, 1984, S. 557; *Klaus Müller*, Schranken des Informationsrechts nach § 51a GmbHG, GmbHR 1987, 87; *A. Reuter*, § 51a GmbHG – Quo vadis? BB 1986, 1653; *Roitzsch*, Der Minderheitenschutz im Verbandsrecht, 1981; *Karsten Schmidt*, Informationsrechte in Gesellschaften und Verbänden, 1984; *ders.*, Das neue Auskunfts- und Einsichtsrecht des GmbH-Gesellschafters, in: Das neue GmbH-Recht in der Diskussion, 1981; *ders.*, Die Dogmatik des Informationsrechts als Grundlage der Konkretisierung des § 51a GmbHG, in: Festschrift Kellermann, 1991, S. 389; *ders.*, Die Information des Gesellschafters, in: Festschrift 100 Jahre GmbH-Gesetz, 1992, S. 559; *Tietze*, Die Informationsrechte des GmbH-Gesellschafters, 1985; *Witte*, Zum Informationsrecht des Gesellschafters einer mitbestimmten GmbH, ZGR 1998, 151; *Wohlleben*, Informationsrechte des Gesellschafters, 1989.

22 Zur alten Rechtslage vgl. *BGHZ* 14, 53; *Bechtle*, *Bunte* und *Ebenroth*, alle a.a.O.; *Karsten Schmidt*, in: Festschrift GmbH-Gesetz, a.a.O., S. 567ff.

23 Zu den Angelegenheiten der Gesellschaft vgl. näher *Karsten Schmidt*, in: Das neue GmbH-Recht in der Diskussion, a.a.O., S. 96ff.; *Tietze*, a.a.O., S. 9ff.

24 *Karsten Schmidt*, Informationsrechte, S. 59; *ders.*, in: 100 Jahre GmbHG, a.a.O., S. 565.

25 *BGHZ* 135, 48, 52 = LM Nr. 2 zu § 51a GmbHG m. Anm. *Noack* = NJW 1997, 1985, 1986; eingehend dazu *Witte*, ZGR 1999, 151ff.

zu fassen. Er umfaßt z.B. auch Rechtsverhältnisse zwischen der Gesellschaft und Dritten, außerdem auch die Angelegenheiten der KG bei einer GmbH & Co. KG sowie die Angelegenheiten verbundener Unternehmen, soweit sie sich in der GmbH niederschlagen (vgl. schon für die AG oben, § 28 IV 3b)[26].

Beispiel Nr. 8 (vereinfacht nach *OLG Hamm*, BB 1986, 1531 = GmbHR 1986, 384 = NJW 1986, 1693): G ist u.a. an der Komplementär-GmbH der Z-Zeitungsverlag GmbH & Co. KG beteiligt, die ihre Aktivitäten teilweise auf eine Tochtergesellschaft, die T-GmbH, verlagert hat. G kann nach § 51a GmbHG Information über die Angelegenheiten der Komplementär-GmbH verlangen, und dazu gehören auch die Angelegenheiten der KG sowie der KG-Tochter. Informationsrecht

b) Die Bestimmung des § 51a GmbHG ist leider in mehrfacher Weise *mißglückt*[27]. Zum einen ist der Informationstatbestand konturenlos, denn neben den bei einem mitgliedschaftlichen Informationsrecht selbstverständlichen Voraussetzungen – nur Gesellschafter können nur über Angelegenheiten der Gesellschaft Auskunft verlangen – enthält § 51a I GmbHG keinerlei tatbestandliche Begrenzung. Zum zweiten unterscheidet die Vorschrift nicht zwischen dem ordentlichen und dem nur bei Vorliegen eines wichtigen Grundes gegebenen außerordentlichen Informationsrecht und erklärt das damit viel zu weit formulierte ordentliche Informationsrecht in § 51a III GmbHG auch noch für unabdingbar. Zum dritten ist das in § 51a II GmbHG gewährte Informationsverweigerungsrecht zu eng und von formaler Umständlichkeit. Die Besorgnis, daß der Gesellschafter die Information zu gesellschaftsfremden Zwecken verwenden und (!) dadurch der Gesellschaft oder einem verbundenen Unternehmen einen nicht unerheblichen Nachteil zufügen wird, ist meist schwer belegbar; hinzu kommt, daß der Geschäftsführer der GmbH die Information nur verweigern darf, nachdem er einen entsprechenden Beschluß der Gesellschafter eingeholt hat. All das ist schon bei der gesetzestypischen GmbH fragwürdig[28]. Vollends versagt dieses Modell bei der kapitalistisch strukturierten GmbH[29]. Es besteht nach nunmehr schon jahrzehntelanger Diskussion weitgehende Einigkeit darüber, daß dem gesetzlichen Informationsrecht innere, ungeschriebene Grenzen gezogen werden müssen. Umstritten ist jedoch die Methode.

aa) Nach der hier vertretenen Auffassung ist das Informationsrecht des GmbH-Gesellschafters durch sein *Informationsinteresse* begrenzt[30]. Dieses Erfordernis ist jedem individuellen Informationsanspruch immanent[31]. Dem-

---

26 Vgl. *OLG Hamm*, BB 1986, 1531 = GmbHR 1986, 384 = NJW 1986, 1693; *OLG Köln*, ZIP 1985, 800, 804; *OLG Düsseldorf*, BB 1987, 2253; *OLG Karlsruhe*, DB 1998, 1320; *Scholz/Karsten Schmidt*, § 51a Rdnrn. 20, 53.

27 Sie wurde erst im Rechtsausschuß im Wege der »Vereinfachung« auf diese Fassung gebracht.

28 Näher *Karsten Schmidt*, Informationsrechte, a.a.O., S. 57ff.

29 Näher *Mertens*, a.a.O.; s. auch *Kretzschmar*, AG 1987, 121.

30 *Karsten Schmidt*, Informationsrechte, a.a.O., S. 57ff.; erstmals *ders.*, in: Das neue GmbH-Recht in der Diskussion, a.a.O., S. 99ff.; eingehend *Scholz/Karsten Schmidt*, § 51a Rdnr. 8; zustimmend *Baumbach/Hueck/Zöllner*, § 51a Rdnr. 20; sympathisierend *Gersch/Herget/Marsch/Stützle*, GmbH-Reform, 1980, Rdnr. 132; relativierend *Hachenburg/Hüffer*, § 51a Rdnr. 6; unentschieden *OLG Karlsruhe*, GmbHR 1985, 362f.

31 Ebenso in vermeintlicher Abgrenzung zum hier vertretenen Standpunkt *Baumbach/Hueck/Zöllner*, § 51a Rdnr. 20a.

gegenüber will die herrschende Auffassung das Informationsrecht nur versagen, wenn ein Fall des Rechtsmißbrauchs vorliegt[32]. In den praktischen Ergebnissen dürften sich die Standpunkte nur wenig unterscheiden, aber es macht doch einen Unterschied, ob das Informationsrecht selbst Beschränkungen unterworfen wird oder ob man dem Gesellschafter § 242 BGB entgegenhalten muß. Im vorliegenden Werk wird das Informationsrecht des Gesellschafters als ein allgemeines Institut des Gesellschaftsrechts entwickelt (oben, § 21 III), das zwar vom Gesetzgeber unterschiedlich ausgestaltet, aber nicht prinzipiell von den allgemeinen Grundlagen des Verbandsrechts losgelöst werden kann. Teil dieser allgemeinen Grundlagen ist, daß das Informationsrecht durch das Informationsbedürfnis des Gesellschafters legitimiert und begrenzt wird, denn erst das Informationsinteresse läßt aus dem der Mitgliedschaft institutionell innewohnenden Informationsrecht – also dem fortwährend vorhandenen »Stammrecht« – einzelne Informationsansprüche erwachsen[33]. Wenn diese Grenze auch bei der Anwendung des § 51a GmbHG respektiert wird, ist dies kein Bruch mit dem Gesetz und führt auch nicht zu praktischen Unzuträglichkeiten. Das Informationsbedürfnis ergibt sich meistens von allein aus dem Informationsbegehren[34]; soweit dies nicht der Fall ist, muß der Gesellschafter sein berechtigtes Interesse an der Information bzw. an weiteren Informationen darlegen[35].

Beispiel Nr. 9: Verlangt der Gesellschafter Auskunft über die Geschäftsverbindungen zu inländischen oder ausländischen Unternehmen, über die Modalitäten eines Verkaufs von Anlagevermögen, über Verbindungen der Geschäftsführung zu einem Bankrottunternehmen usw., so braucht er nur darzutun, daß er hinreichende Informationen bisher nicht hat. Das Informationsinteresse versteht sich von selbst.

Beispiel Nr. 10 (nach *OLG Stuttgart*, GmbHR 1983, 242 = ZIP 1983, 306): Ein Gesellschafter der G-GmbH verlangte eine Abschrift des »Erläuterungsberichts der Fa. X-GmbH und des Y-Konzern (Grüner Band)«. Das *OLG* wies den Informationsantrag des Gesellschafters u.a. mit folgender Begründung ab: Der Gesellschafter habe schon den Jahresabschluß und einen Vorstandsbericht, und er habe sein zusätzliches Begehren nur stereotyp damit begründet, er benötige den Erläuterungsbericht, um sich ein ausreichendes Bild von den Angelegenheiten der Gesellschaft zu machen. Ein »besonderes gerechtfertigtes Erkenntnisinteresse«, das nur mittels Informationen aus dem Erläuterungsbericht befriedigt werden könnte, sei nicht ersichtlich. Ohne dies einzugestehen, folgte das *OLG* damit genau der hier zugrunde gelegten Methode.

32 *KG*, GmbHR 1988, 221 = NJW-RR 1988, 230, 231; *LG Düsseldorf*, DB 1989, 1077; *Tietze*, a.a.O., S. 17f.; *Wohlleben*, a.a.O., S. 79; *Lutter/Hommelhoff*, § 51a Rdnr. 2; *Rowedder/Koppensteiner*, § 51a Rdnrn. 11ff.; *Roth/Altmeppen*, § 51a Rdnr. 6, 32; *v. Bitter*, ZIP 1981, 829; *Bopp*, a.a.O., S. 72 ff; *Lutter*, ZGR 1982, 4f.; *Martens*, GmbHR 1984, 270.

33 *Karsten Schmidt*, Informationsrechte, a.a.O., S. 35ff.; *ders.*, in: Festschrift Kellermann, a.a.O.; *ders.*, in: Festschrift GmbH-Gesetz, a.a.O., S. 575.

34 Hier setzt vielfache Kritik an (z.B. *Martens*, GmbHR 1984, 270; *Mertens*, a.a.O., S. 566); es ist aber darauf hinzuweisen, daß auch das Rechtsschutzinteresse im Zivilprozeß nicht deshalb eine belanglose Rechtsfigur ist, weil es sich in 99 % der Prozesse von selbst aus dem Klagebegehren ergibt und weil Klagabweisungen mangels Rechtsschutzinteresses Raritäten sind. Der institutionelle Wert eines Tatbestandsmerkmals richtet sich nicht danach, wie oft dieses Merkmal sichtbar in Erscheinung tritt.

35 *Karsten Schmidt*, Informationsrechte, a.a.O., S. 58.

Beispiel Nr. 11: Der Gesellschafter einer kapitalistisch verfaßten, mit einem Aufsichtsrat versehenen Groß-GmbH mit einer einmal jährlich tagenden Gesellschafterversammlung richtet an die Geschäftsführung ein Informationsbegehren, das Vorgänge des normalen Geschäftsablaufs betrifft. Damit macht er ein Recht geltend, das man in einer kleinen und übersehbaren Familiengesellschaft akzeptieren würde, nicht aber in einer Gesellschaft, bei der ein Aufsichtsrat den Gesellschaftern die Überwachungsaufgabe weitgehend abnimmt. Das Merkmal des Informationsbedürfnisses erlaubt auch hier sachgerechte Lösungen. *Mertens*[36], der das Kriterium des Informationsbedürfnisses ausdrücklich ablehnt, sieht eine »vernünftige und angemessene Differenzierung« in dem Gedanken, daß die Informationsrechte dem Gesellschafter nur insoweit zustehen sollen, als er der Information zur sachgemäßen Ausübung seiner Befugnisse bedarf. Dem ist nicht zuzustimmen, denn es geht nicht an, dem Gesellschafter mit schwacher Stellung auch noch die Informationsrechte zu nehmen[37].

bb) Neben dem Informationsbedürfnis zieht auch das *Mißbrauchsverbot* dem Informationsrecht des GmbH-Gesellschafters eine Grenze. Der Gesellschafter darf das Informationsrecht nicht zur Unzeit ausüben und muß sich auch an das Gebot der Verhältnismäßigkeit halten, darf also der Gesellschaft nicht unzumutbare Informationslasten um minder bedeutsamer Informationen willen aufladen. Allerdings trägt die Gesellschaft, wenn sie sich auf das Mißbrauchsverbot beruft, die volle Darlegungs- und Beweislast.

cc) Erst an dritter Stelle ist die Grenze des § 51 a II 1 GmbHG zu nennen: Die Geschäftsführer dürfen (und müssen im Gesellschaftsinteresse!) die Information verweigern, wenn zu besorgen ist, daß der Gesellschafter sie zu gesellschaftsfremden Zwecken verwenden und dadurch der Gesellschaft oder einem verbundenen Unternehmen einen nicht unerheblichen Nachteil zufügen wird. Das kann sich vor allem bei Konkurrenzsituationen ergeben, u. U. auch bei Anteilsverkäufen im Zuge von Übernahmeverhandlungen.

Beispiel Nr. 12 (in Anlehnung an *OLG Stuttgart*, GmbHR 1983, 242 = ZIP 1983, 306): Die GmbH hat den Zweck, »in Fortsetzung des Lebenswerkes von Herrn Prof. Dr. A« den Maschinenbau, die Luft- und Raumtechnik, die Meerestechnik und die Verfahrenstechnik zu betreiben. Gesellschafter G gründet ein eigenes Ingenieurbüro und entwickelt ein kleines Wasserflugzeug. Verlangt er nun Informationen über die einschlägige Tätigkeit der GmbH, so können diese Informationen nach § 51 a II 1 GmbHG verweigert werden.

Beispiel Nr. 13 (vgl. *Götze*, ZGR 1999, 202 ff.): Ein übernahmebereiter Dritter verhandelt mit dem Mehrheitsgesellschafter über den Erwerb der Anteilsmehrheit. Er wird dies nicht ohne Prüfung der Unternehmensgrundlagen tun (»Due Diligence«). Die für diese Due Diligence erforderlichen Daten wird er von dem Mehrheitsgesellschafter und potentiellen Veräußerer verlangen, der seinerseits entsprechende Informationen bei der Geschäftsführung einholen wird. Diese kann nach Lage des Einzelfalls verpflichtet sein, einen Beschluß der Minderheitsgesellschafter nach § 51 a II 2 GmbHG einzuholen (der Mehrheitsgesellschafter ist nach § 47 IV GmbHG vom Stimmrecht ausgeschlossen).

Bevor der Geschäftsführer die Auskunftserteilung aufgrund von § 51 a II 1 GmbHG endgültig verweigert, muß er nach § 51 a II 2 GmbHG einen Gesellschafterbeschluß herbeiführen. Wird dies versäumt, so ist die Informa-

---

36 A.a.O., S. 569.
37 *Karsten Schmidt*, in: Festschrift Kellermann, a. a. O.

tionsverweigerung rechtswidrig[38]. Der um Information nachsuchende Gesellschafter stimmt bei dieser Beschlußfassung nicht mit[39].

c) *Zusammenfassend* läßt sich festhalten, daß die Information verweigert werden kann,
- wenn es am Merkmal der Mitgliedschaft oder der Angelegenheiten der Gesellschaft, also am geschriebenen Tatbestand des § 51 a I GmbHG, fehlt (unstreitig, aber kaum bedeutsam),
- wenn es am Erfordernis eines Informationsbedürfnisses fehlt (str.),
- wenn das Informationsrecht mißbräuchlich ausgeübt wird oder
- wenn der Verweigerungstatbestand des § 51 a II 1 GmbHG erfüllt und ein Verweigerungsbeschluß nach § 51 a II 2 GmbHG gefaßt worden ist.

Nur soweit die Geschäftsführung die Informationsverweigerung auf § 51 a II 1 GmbHG stützt, bedarf es eines Beschlusses nach § 51 a II 2 GmbHG[40]. In allen anderen Fällen können die Geschäftsführer ohne weiteres das Informationsbegehren zurückweisen. Ein vorsichtiger Geschäftsführer mag zwar bei jeder Informationsverweigerung zu seiner Rückendeckung einen Beschluß der Gesellschafter einholen. Rechtlich notwendig ist dies aber nur, wenn kein anderer Verweigerungsgrund als der des § 51 a II 1 GmbHG gegeben ist.

d) Das gesetzliche Informationsrecht ist nach § 51 a III GmbHG *zwingend.* Es kann also nicht durch Satzungsklauseln beschränkt oder ausgeschlossen werden. Auch durch Verfahrensregelungen kann die Satzung nur die Modalitäten der Auskunfts- oder Einsichtsberechtigung ordnen, nicht aber in den materiellen Gehalt des Informationsrechts eingreifen[41]. Unzulässig ist etwa eine Satzungsklausel, nach der jeder Informationserteilung ein Gesellschafterbeschluß vorauszugehen hat[42]. Wohl aber kann durch einen institutionalisierten Informationsfluß in der Gesellschaft[43] dafür gesorgt werden, daß das Informationsbedürfnis der Gesellschafter vorauseilend befriedigt wird. Insoweit laufen dann die Informationsrechte leer, oder genauer: Aus dem immerwährenden mitgliedschaftlichen »Stammrecht« auf Information erwachsen keine konkreten Informationsansprüche.

38 *OLG Karlsruhe*, GmbHR 1985, 362.

39 Im Ergebnis h.M.; Nachweise bei *Baumbach/Hueck/Zöllner*, § 51 a Rdnr. 27; es handelt sich um das Stimmverbot wegen »Richtens in eigener Sache«; anders nur *Grunewald*, ZHR 146 (1982), 233.

40 *Karsten Schmidt*, Informationsrechte, a. a. O., S. 60; ausführlicher *ders.*, GmbHR 1982, 206 f.; jetzt wohl h.M.; vgl. *Baumbach/Hueck/Zöllner*, § 51 a Rdnr. 27; *Roth/Altmeppen*, § 51 a Rdnr. 27; *Scholz/Karsten Schmidt*, § 51 a Rdnr. 32; tendenziell wie hier *BGHZ* 135, 48, 49 f. = LM Nr. 2 zu § 51 a GmbHG m. Anm. *Noack* = NJW 1997, 1985, 1986; anders aber *Lutter/Hommelhoff* § 51 a Rdnr. 29; *Rowedder/Koppensteiner*, § 51 a Rdnr. 22; *v. Bitter*, ZIP 1981, 829; *Grunewald*, ZHR 146 (1982), 232; differenzierend *Tietze*, a. a. O., S. 117 f.

41 *BayObLG*, BB 1988, 2405 = GmbHR 1989, 201 = NJW-RR 1989, 350.

42 *OLG Köln*, GmbHR 1986, 385; *Hachenburg/Hüffer*, § 51 a Rdnr. 66.

43 Wegweisend die Vorschläge von *Lutter*, ZGR 1982, 5 ff.; *Hommelhoff*, BB 1981, 951; ZIP 1983, 391 f.; *Grunewald*, ZHR 146 (1982), 225 f.

e) Das Informationsrecht kann in einem *Streitverfahren der freiwilligen Gerichtsbarkeit* – nicht im Zivilprozeß – erzwungen werden (§§ 51 b GmbHG, 132 AktG)[44], kann allerdings durch Schiedsklausel auch einem Schiedsverfahren nach §§ 1025 ff. ZPO unterworfen werden[45]. Antragsgegner ist nicht der Geschäftsführer, sondern die Gesellschaft[46]. Der Antrag muß auf einen vollstreckungsfähigen Tenor gerichtet, also hinreichend bestimmt sein[47]. Hatte die Gesellschaft die Informationserteilung aufgrund eines Beschlusses nach § 51 a II GmbHG verweigert, so bedarf es neben dem Informationserzwingungsverfahren nicht noch der Anfechtung dieses Beschlusses[48]. Dies wäre ein nutzloser Doppelprozeß. Das Verfahren nach § 51 b GmbHG ist allerdings rechtspolitisch von geringem Nutzen[49]. Es hat auch in der Gerichtspraxis nur vergleichsweise geringe Bedeutung, denn die praktisch entscheidenden Sanktionen im Fall einer Informationsrechtsverletzung sind
- Schadensersatz und
- Beschlußanfechtung.

Diese Sanktionen werden im Zivilprozeß und nicht im Verfahren nach § 51 b GmbHG verwirklicht. Eines vorgezogenen Informationserzwingungsverfahrens bedarf es dann nicht[50]. Ein Doppelprozeß wird also auch hier vermieden.

Beispiel Nr. 14: Ficht der Gesellschafter einer GmbH einen Entlastungsbeschluß (»Den Geschäftsführern wird für das Geschäftsjahr ... Entlastung erteilt.«) mit der Begründung an, es sei entgegen seinem Begehren über bestimmte relevante Gesichtspunkte keine hinreichende Auskunft gegeben worden, so wird der behauptete Anfechtungsgrund im Anfechtungsprozeß geprüft. Die vorherige Durchführung eines Verfahrens nach §§ 51 b GmbHG, 132 AktG wäre überflüssig.

f) Als *Mitgliedschaftsrecht* endet das Informationsrecht aus § 51 a GmbHG mit der Mitgliedschaft selbst. Es steht dem Gesellschafter deshalb nur für die Dauer seiner Mitgliedschaft zu[51]. Wer z. B. als ausgeschiedener Gesellschafter Informationen nur für die Berechnung seiner Abfindungsansprüche benötigt, kann nach § 810 BGB Information als Gläubiger verlangen, nicht dagegen

---

44 Hierzu *OLG Hamm*, GmbHR 1998, 336; eingehend *Tietze*, a. a. O., S. 122 ff.; *Stangier/Bork*, GmbHR 1982, 169 ff. m. w. N.

45 *OLG Hamm*, DB 2000, 1118 = EWiR 2000, 863 (*Westphal*).

46 *BGHZ* 135, 48, 51 = LM Nr. 2 zu § 51 a GmbHG m. Anm. *Noack* = NJW 1997, 1985, 1986; *Witte*, ZGR 1999, 165.

47 *OLG Düsseldorf*, NJW-RR 1996, 414; *OLG Frankfurt*, GmbHR 1997, 130; NJW-RR 1996, 415.

48 *BGH*, GmbHR 1988, 213 = NJW 1988, 1090.

49 Krit. *Back*, Verfahrensbeschleunigung durch Zuweisung von Leistungsklagen in den Bereich der freiwilligen Gerichtsbarkeit? Diss. Hamburg 1986.

50 Vgl. *Karsten Schmidt*, Informationsrechte, a. a. O., S. 45 ff.; anders die früher h.M.; wie hier jetzt im Anschluß an *BGHZ 86*, 1 (AG) auch *BGH*, BB 1988, 229; ferner z. B. *Tietze*, a. a. O., S. 132 f.; *Rowedder/Koppensteiner*, § 51 b Rdnr. 2; differenzierend *Martens*, GmbHR 1984, 271.

51 Zum Informationsrecht eines zum Ausscheiden verpflichteten Gesellschafters vgl. *BayObLG*, DB 1999, 1202; zum Problem der Anteilsveräußerung während eines Informations-Erzwingungsverfahrens *Scholz/Karsten Schmidt*, § 51 b Rdnr. 13.

nach § 51 a GmbHG Information als Gesellschafter[52]. Auch vormitgliedschaftliche Informationsrechte – z.B. im Zuge eines Anteilserwerbs – sind nicht aus § 51 a GmbHG, sondern aus dem vormitgliedschaftlichen Rechtsverhältnis herzuleiten[53].

II. Übertragung, Pfändung und Vererbung

1. Veräußerung und sonstige Verfügungen*

a) Nach § 15 I GmbHG sind die Geschäftsanteile *veräußerlich.* Das Grundgeschäft kann z.B. eine Schenkung, ein Kaufvertrag oder ein Treuhandgeschäft sein (zur Frage, unter welchen Voraussetzungen der Kauf von Geschäftsanteilen schuldrechtlich als Unternehmenskauf zu behandeln ist, vgl. Handelsrecht, § 6 II 2). Sowohl das Verpflichtungsgeschäft als auch das Verfügungsgeschäft bedarf der notariellen Beurkundung (§ 15 III, IV GmbHG)[54]. Das gilt auch für die Abrede, wonach ein Gesellschafter seinen Anteil künftig treuhänderisch für einen Treugeber halten, folglich bei Beendigung des Treuhandverhältnisses diesem überlassen soll (sog. »Verein-

52 *BGH*, GmbHR 1977, 151, 153; 1988, 434; *BayObLG*, GmbHR 1991, 572; 1993, 741; 1993, 1793; NJW-RR 2000, 487; *OLG Frankfurt*, GmbHR 1995, 901 = NJW-RR 1996, 557; *OLG Jena*, GmbHR 1996, 699; *OLG Karlsruhe*, NZG 2000, 435; *Baumbach/Hueck/Zöllner*, § 51 a Rdnr. 7; *Hachenburg/Hüffer*, § 51 a Rdnr. 13; *Lutter/Hommelhoff*, § 51 a Rdnr. 3; *Scholz/Karsten Schmidt*, § 51 a Rdnr. 13.

53 Vgl. *Martin Weber*, a.a.O., S. 258ff.; s. auch *Götze*, ZGR 1999, 206.

* Literatur (Auswahl): *Blaurock*, Unterbeteiligung und Treuhand an Gesellschaftsanteilen, 1981; *Brunner*, Verpfändung von Anteilen an einer GmbH, Diss. Konstanz 1989; *Ehlke*, Vinkulierung bei GmbH-Kapitalerhöhung ..., DB 1995, 561; *Gustavus*, Die Gesellschafterpublizität bei der GmbH, in: Festschrift Quack, 1991, S. 229; *Alfred Hueck*, Die Übertragung von Geschäftsanteilen, ZHR 83 (1920), 1; *Immenga*, Die personalistische Kapitalgesellschaft, 1970; *Limbach*, Theorie und Wirklichkeit der GmbH, 1966; *Lutter/Grunewald*, Zur Umgehung von Vinkulierungsklauseln ..., AG 1989, 109; *Michalski*, Gesellschaftsrechtliche Gestaltungsmöglichkeiten zur Perpetuierung von Unternehmen, 1980; *Klaus Müller*, Die Sicherungsübertragung von GmbH-Anteilen, 1969; *ders.*, Die Verpfändung von GmbH-Anteilen, GmbHR 1969, 4, 34, 57; *Klaus J. Müller*, Die Haftung des Erwerbers von GmbH-Geschäftsanteilen ..., 1996, *Nagler*, Die zweckmäßige Nachfolgeregelung im GmbH-Vertrag, 1998; *Reichert*, Das Zustimmungserfordernis zur Abtretung von Geschäftsanteilen in der GmbH, 1984; *ders.*, Zulässigkeit der nachträglichen Einführung oder Aufhebung von Vinkulierungsklauseln in der Satzung der GmbH, BB 1985, 1496; *Reichert/Winter*, Vinkulierungsklauseln und gesellschafterliche Treupflicht, in: Festschrift 100 Jahre GmbH-Gesetz, 1992, S. 209; *Reuter*, Privatrechtliche Schranken der Perpetuierung von Unternehmen, 1972; *Schlüter*, Veräußerung und Abtretung von GmbH-Geschäftsanteilen als Formproblem, in: Festschrift Bartholomeyczik, 1973, S. 359; *Roth/Thöni*, Treuhand und Unterbeteiligung, in: Festschrift 100 Jahre GmbH-Gesetz, 1992, S. 245; *Karsten Schmidt*, Die fehlerhafte Anteilsübertragung, BB 1988, 1053; *ders.*, Aktionärs- und Gesellschafterzuständigkeiten bei der Freigabe vinkulierter Aktien und Geschäftsanteile, in: Festschrift Beusch, 1993, S. 759; *Vogel*, Die Verpfändung von GmbH-Anteilen, DB 1954, 208; *ders.*, Zur Vererbung eines Geschäftsanteils, GmbHR 1971, 132; *H. P. Westermann*, Zum Anwendungsbereich von Vinkulierungsklauseln bei der Vererbung von GmbH-Geschäftsanteilen, ZIP 1985, 1249; *Wiedemann*, Die Übertragung und Vererbung von Mitgliedschaftsrechten, 1965; *Wolany*, Rechte und Pflichten eines Gesellschafters einer GmbH, 1964; *Zimmermann*, Genehmigung des Geschäftsführers zur Abtretung von GmbH-Geschäftsanteilen, BB 1966, 1171.

54 Auch Vertragsänderungen sind formbedürftig; vgl. *BGH*, BB 1989, 372.

barungstreuhand«; dazu unten, § 61 III 2)[55]. Wird allerdings die Verfügung formgerecht vollzogen, so ist der Formmangel des Verpflichtungsgeschäfts nach § 15 IV 2 GmbHG geheilt, eine Rückforderung also auch auf der Grundlage von § 812 BGB ausgeschlossen. Dazu genügt es, wenn die dingliche Anteilsübertragung voll wirksam wird und der Bindungswille der Vertragsparteien auch hinsichtlich des Verpflichtungsgeschäfts noch fortbesteht[56]. Im Verhältnis zur Gesellschaft, die ja z.B. wegen der Anwesenheit und des Stimmrechts in Versammlungen informiert sein muß, bedarf es allerdings noch einer besonderen Anmeldung des Anteilsübergangs (§ 16 I GmbHG). Die Gesellschaft kann und muß den Altgesellschafter als Gesellschafter behandeln, solange nicht der Anteilserwerb unter Nachweis des Übergangs bei ihr angemeldet ist[57]. Die Verfügung über den Geschäftsanteil ist als solche kein organisationsrechtlicher Akt der Gesellschaft, sondern ein Verkehrsgeschäft zwischen Veräußerer und Erwerber. Es handelt sich um eine Verfügung über Rechte (vgl. § 413 BGB), die spezialgesetzlich geregelt ist. Das gilt auch dann, wenn über die Geschäftsanteile Urkunden ausgestellt sind, denn solche Urkunden sind keine Inhaberpapiere[58]. Verfügt wird über das Mitgliedschaftsrecht. Ist der Erwerber minderjährig, so stellt sich die Frage, ob eine vormundschaftsgerichtliche Genehmigung nach §§ 1643, 1822 Nr. 3 BGB erforderlich ist. Nach *BGHZ* 107, 23 m.Anm. *Winkler*, ZGR 1990, 131 ist der Anteilserwerb jedenfalls dann nicht genehmigungsbedürftig, wenn er unentgeltlich erfolgt. Problematisch ist die Behandlung fehlerhafter Erwerbsvorgänge. Hier besteht ein Bedürfnis nach Rechtssicherheit. Obwohl eine Verfügung über den Geschäftsanteil und kein strukturändernder gesellschaftsvertraglicher Vorgang vorliegt, werden für die Wirksamkeit von Rechtsgeschäften bisweilen die gleichen Folgerungen gezogen wie bei fehlerhaften Gesellschaftsverträgen[59]: Die fehlerhafte Anteilsübertragung müßte hiernach als wirksam behandelt und nur ex nunc rückabgewickelt werden. Mit der hier schon in der ersten Auflage vertretenen Ansicht[60] hat sich der *BGH* inzwischen von diesem Ansatz losgesagt[61]: Die Anteilsübertragung ist entweder wirksam oder unwirksam; im ersten Fall wird der Erwerber Gesellschafter, im zweiten Fall nur Schein-Gesellschafter. Für Verkehrsschutz sorgen hier eigene

---

55 *BGHZ* 141, 208 = LM Nr. 31 zu § 15 GmbHG m.Anm. *Wilhelm* = NJW 1999, 2594; dazu *Karsten Schmidt*, in: MünchKommHGB, vor § 230 Rdnr. 54; *Armbrüster*, DNotZ 1997, 762; *Goette*, in: Gesellschaftsrecht 1999, 2000, S. 8ff.

56 *BGHZ* 127, 129 = LM Nr. 28 zu § 15 GmbHG m.Anm. *Wolf* = NJW 1994, 3227; Ergänzung bei *BGH*, LM Nr. 30 zu § 15 GmbHG = NJW 1998, 2360.

57 Vgl. *BGHZ* 112, 103, 114 = LM Nr. 21 zu § 13 GmbHG; *BGH*, NJW-RR 1996, 1377; *BayObLG*, BB 1990, 85 = NJW-RR 1990, 616; *OLG Düsseldorf*, NJW-RR 1996, 607.

58 Vgl. *RGZ* 53, 107, 109; 164, 162, 170; *BGHZ* 13, 39, 52; eingehend *Alberts*, Die Verbriefung des GmbH-Geschäftsanteils ..., 1996, S. 24ff.

59 Vgl. *BGHZ* 84, 47 = NJW 1982, 2822; für die KG *BGH*, BB 1988, 580 = NJW 1988, 1324; eingehend *Henze*, Handbuch, a.a.O., Rdnrn. 668 ff.

60 Näher *Karsten Schmidt*, BB 1988, 1053ff.; zust. *Hachenburg/Zutt*, Anh. § 15 Rdnr. 3.

61 *BGH*, NJW 1990, 1915; vgl. auch *BGH*, ZIP 1995, 1085, 1086; *Lutter/Hommelhoff*, § 15 Rdnr. 43; *Scholz/Winter*, § 15 Rdnr. 109; eingehend *Grunewald*, ZGR 1991, 452ff.

Regeln, insbesondere diejenigen des § 16 GmbHG (vgl. näher oben, § 6 V 2b)[62].

Beispiel Nr. 15: V hat seinen Geschäftsanteil an K veräußert. Der Vorgang ist bei der Gesellschaft angemeldet worden. K hat auch bereits an mehreren Abstimmungen in einer Gesellschafterversammlung teilgenommen. Wird nun die Anteilsveräußerung angefochten, so berührt dies die Wirksamkeit der Stimmabgaben nicht. Der Schutz ergibt sich in erweiterter Anwendung des § 16 I GmbHG (vgl. *BGH*, NJW 1990, 1915, 1916 sowie oben, § 6 V 2b).

Beispiel Nr. 16 (nach *BGHZ* 84, 47 = NJW 1982, 2822 = BB 1982, 1325): Dem Erwerber von Geschäftsanteilen war beim Erwerb von den Gründern vorgespiegelt worden, die Stammeinlagen seien vollständig eingezahlt. Der Insolvenzverwalter der Gesellschafter klagte die Resteinlage ein. Der *Bundesgerichtshof* entschied: Der Anteilserwerber kann seine gem. § 16 III GmbHG begründete Haftung nicht mehr durch Anfechtung wegen arglistiger Täuschung beseitigen. Zu der nicht unproblematischen Begründung wurde unter § 6 V 2b Stellung genommen.

b) Durch den Gesellschaftsvertrag kann die Abtretung der Geschäftsanteile – nicht auch das Kausalgeschäft! – an weitere Voraussetzungen geknüpft, insbesondere von der Genehmigung der Gesellschaft abhängig gemacht werden (§ 15 V GmbHG). Man spricht dann von einem vinkulierten – also gebundenen oder gefesselten – Geschäftsanteil. Die *Vinkulierungsklausel* bedeutet einen essentiellen Eingriff in die mitgliedschaftliche Position jedes Gesellschafters. Nachträglich kann sie deshalb durch Satzungsänderung nur eingeführt werden, wenn alle betroffenen Gesellschafter zustimmen[63]. Vinkulierungsklauseln sind vor allem in Familiengesellschaften als Überfremdungsschutz von Bedeutung. Eine solche Klausel lautet z.B.:

»Die Verfügung eines Gesellschafters über seinen Geschäftsanteil bedarf der Genehmigung der Gesellschaft (oder: der Gesellschafter); genehmigungsfrei sind Veräußerungen an Abkömmlinge oder an sonstige Mitglieder des eigenen Familienstamms.«

Die Vinkulierungsklausel sollte nach Möglichkeit klarstellen, ob die Gesellschaft, vertreten durch den Geschäftsführer, die Genehmigung erteilt oder ob dies Sache der Gesellschafter ist. Dabei geht es freilich nicht so sehr um ein Stellvertretungs- wie um ein Kompetenzproblem[64]. Es kann nämlich für die Willensbildung auch ein Beschluß oder sogar eine einstimmige Genehmigung seitens sämtlicher Mitgesellschafter erforderlich sein. Erklärt wird die Zustimmung aber auch dann im Zweifel durch den Geschäftsführer, und nur die Willensbildung liegt bei den Gesellschaftern. Anknüpfend an die Reichsgerichtsrechtsprechung sah die bislang herrschende Auffassung die Freigabekompetenz der Geschäftsführer als Regel an[65]. Nach der zunehmend ver-

62 H.M.; vgl. *Baumbach/Hueck/Fastrich*, § 15 Rdnr. 28; *Lutter/Hommelhoff*, § 15 Rdnr. 43; *Scholz/Winter*, § 15 Rdnr. 109; *Klaus J. Müller*, a.a.O., sowie in GmbHR 1996, 641ff.

63 *Baumbach/Hueck/Fastrich*, § 15 Rdnr. 39; *Hachenburg/Zutt*, § 15 Rdnr. 101; *Reichert*, BB 1985, 1496ff.; a.M. *Lutter/Hommelhoff*, § 15 Rdnr. 25; *Fette*, GmbHR 1986, 73; unentschieden *BGHZ* 108, 217, 218.

64 Vgl. *Scholz/Winter*, § 15 Rdnr. 91ff.; *Karsten Schmidt*, in: Festschrift Beusch, a.a.O., S. 762ff.

65 Vgl. *RGZ* 104, 413, 415; 160, 225, 231; *OLG Düsseldorf*, ZIP 1987, 227; *Rob. Fischer*, ZHR 130 (1968), 367; wohl auch *BGH*, NJW 1988, 2241.

tretenen Gegenansicht liegt dagegen die Freigabekompetenz im Zweifel bei den Gesellschaftern, so daß die Genehmigung der Gesellschaft im Zweifel nicht ohne wirksamen Zustimmungsbeschluß erfolgen kann[66]. Aber selbst wenn die Satzung die Erklärung des Geschäftsführers im Außenverhältnis ausreichen läßt, kann er im Innenverhältnis zur Vorlage an die Gesellschafter verpflichtet sein, wenn nicht eine vorbedachte Standardsituation vorliegt (vgl. zur Vorlagepflicht unten, § 36 I 2). Mißbraucht er seine Vertretungsmacht, so kann seine Erklärung auch in diesem Fall nach den allgemeinen Regeln unwirksam sein[67]. Deshalb kommt es auf die oft unklare Satzungsauslegung im Einzelfall nicht unbedingt an. Es gibt Fälle, in denen die Genehmigung nach Treu und Glauben nicht versagt werden darf[68]. Die Frage stellt sich vor allem in Fällen der vorweggenommenen Erbfolge und der Erbauseinandersetzung in Familiengesellschaften (dazu auch unter II 3 b).

Beispiel Nr. 17: Gesellschafter G veräußert seinen Geschäftsanteil schon zu Lebzeiten an seinen Alleinerben E; hier dürfen sich die Gesellschafter nicht ohne weiteres darauf berufen, daß E den Anteil zwar ohne ihre Zustimmung erben, nicht aber durch Abtretung erwerben kann.

Eine rechtswidrige Zustimmungsverweigerung macht das Übertragungsgeschäft nicht unheilbar nichtig[69]. Dieses wird vielmehr wirksam, wenn die Zustimmung – freiwillig oder nach § 894 ZPO erzwungen – doch noch erteilt wird[70].

c) Neben der Übertragung des Geschäftsanteils spielen vor allem der *Nießbrauch am Geschäftsanteil* (§§ 1068 ff. BGB) sowie die *Verpfändung des Geschäftsanteils* eine Rolle (§§ 1273 ff. BGB). Vgl. zum Nießbrauch allgemein unten, § 61 II.

2. Die Pfändung des Geschäftsanteils*

Der Geschäftsanteil kann nach § 857 ZPO gepfändet werden. Wollen sich die Gesellschafter hiergegen schützen, so können sie für den Pfändungsfall eine

66 Vgl. *OLG Koblenz*, GmbHR 1990, 39; *Baumbach/Hueck/Fastrich*, § 15 Rdnr. 42; *Hachenburg/Zutt*, § 15 Rdnrn. 111 f.; *Lutter/Hommelhoff*, § 15 Rdnr. 27; *Reichert*, a. a. O. S. 69 ff.; *Karsten Schmidt*, in: Festschrift Beusch, a. a. O., S. 763 f.

67 *BGH*, NJW 1988, 2241, 2242; *OLG Hamburg*, GmbHR 1992, 609, 610; *Baumbach/Hueck/Fastrich*, § 15 Rdnr. 41; *Karsten Schmidt*, ebd.

68 Vgl. *OLG Düsseldorf*, GmbHR 1987, 475 = ZIP 1987, 227; *OLG Koblenz*, ZIP 1989, 301; *LG Düsseldorf*, DB 1989, 33; *Scholz/Winter*, § 15 Rdnr. 94; *Reichert/Winter*, a. a. O., S. 215 ff. m. w. N.; für das Aktienrecht *BGH*, NJW 1987, 1019; bedenklich weitgehend *Kossmann*, BB 1985, 1364 f.

69 So aber die bisher h.M.; vgl. nur *Baumbach/Hueck/Fastrich*, § 15 Rdnr. 46.

70 Näher *Karsten Schmidt*, AcP 189 (1989), 1 ff.; dem Grundsatz nach ähnlich jetzt *BGHZ* 108, 380 und dazu *Karsten Schmidt*, DNotZ 1990, 708 ff.

* Literatur: *Behr*, Die Pfändung des GmbH-Geschäftsanteils, JurBüro 1995, 286; *Buchwald*, Verpfändung und Pfändung von GmbH-Geschäftsanteilen, GmbHR 1959, 264; 1960, 5; *Rob. Fischer*, Die Pfändung und Verwertung eines GmbH-Geschäftsanteils, GmbHR 1961, 21; *Happ*, Die GmbH im Prozeß, 1997; *Heuer*, Der GmbH-Anteil in der Zwangsvollstreckung, ZIP 1998, 405; *Kalbfleisch*, Die Zwangsvollstreckung in den Geschäftsanteil an einer GmbH, 1990; *Marotzke*, Zwangsvollstreckung in Gesellschaftsanteile ..., ZIP 1988, 1509; *Mertens*, Typische

Einziehung des Geschäftsanteils gegen Entgelt bestimmen (dazu unter III), nicht aber kann die Satzung die Pfändung als solche verbieten[71]. Nach der früher herrschenden Auffassung wird der Geschäftsanteil als drittschuldnerloses Recht durch bloße Zustellung an den Schuldner gepfändet[72]. Damit wird aber eine für die Anteilspfändung zu enge Dritt-»Schuldner«-Definition zugrunde gelegt. Mit Recht setzt sich deshalb eine Gegenauffassung durch, wonach die Zustellung auch an die GmbH unentbehrlich ist[73]. Die Pfändung hat nach den §§ 857, 829 I 2 ZPO die Wirkung eines Veräußerungsverbots. Die Verwertung erfolgt durch Veräußerung des Geschäftsanteils nach § 844 ZPO (vgl. auch § 857 V ZPO)[74]. Nicht möglich ist eine gerichtliche Überweisung des Geschäftsanteils an den pfändenden Gläubiger[75]. Auch bleiben die Einzelrechte des Gesellschafters – insbesondere die Ansprüche auf Gewinnausschüttung – selbständig pfändbar, soweit sie vom Stammrecht der Mitgliedschaft ablösbar sind (dazu oben, § 19 III 4)[76]. Das gilt selbstverständlich auch für Ansprüche des Gesellschafters aus der Gewährung von Gesellschafterdarlehen. Üblich und praktisch auch notwendig ist es deshalb, daß neben dem Geschäftsanteil diese Forderungen des Gesellschafters gepfändet werden[77]. Für den Abfindungsanspruch im Fall der Einziehung hat allerdings der *Bundesgerichtshof* entschieden, daß dieser Anspruch erst mit dem Ausscheiden bzw. mit der Auflösung der GmbH entsteht, und zwar bei zwischenzeitlicher Anteilspfändung belastet mit dem Pfändungspfandrecht, selbst wenn er als künftiger Anspruch bereits vor der Pfändung abgetreten war[78].

Probleme bei der Verpfändung von GmbH-Anteilen, ZIP 1998, 1787; *Noack*, Die Versteigerung von Rechten (§ 844 ZPO), insbes. eines GmbH-Anteils, MDR 1970, 890; *Pfaff*, Zur Pfändung eines GmbH-Anteils, GmbHR 1964, 92; *H. Roth*, Pfändung und Verpfändung von Gesellschaftsanteilen, ZGR 2000, 187; *Schuler*, Die Pfändung von GmbH-Anteilen und die miterfaßten Ersatzansprüche, NJW 1960, 1423; *Sieger/Hasselbach*, Praktische Probleme bei der Verpfändung von GmbH-Geschäftsanteilen, GmbHR 1999, 633; *Stöber*, Forderungspfändung, 12. Aufl. 1999; *Wertenbruch*, Die Haftung von Gesellschaften und Gesellschaftsanteilen in der Zwangsvollstreckung, 2000; *Weßling*, Zwangsvollstreckung in GmbH-Anteile, 2000.

71 *BGHZ* 65, 22, 25; *Baumbach/Hueck/Fastrich*, § 15 Rdnr. 60.

72 *RGZ* 57, 415; *OLG Köln*, OLGE 13, 206; *Meyer-Landrut* § 15 Rdnr. 52; *Schuler*, NJW 1960, 1423.

73 Vgl. *Baumbach/Hueck/Fastrich*, § 15 Rdnr. 59; *Lutter/Hommelhoff*, § 15 Rdnr. 51; *Roth/Altmeppen*, § 15 Rdnr. 41; *Scholz/Winter*, § 15 Rdnr. 172; inzwischen auch *Hachenburg/Zutt*, Anh. § 15 Rdnr. 78; *Stein/Jonas/Brehm*, ZPO, 21. Aufl. 1994, § 859 Rdnr. 18.

74 Vgl. etwa *Scholz/Winter*, § 15 Rdnr. 177.

75 Anders vereinzelt *Kalbfleisch*, a.a.O., S. 115ff.; *Raiser*, Kapitalgesellschaften, § 30 Rdnr. 99; für Überweisung zur Einziehung *Weßling*, a.a.O., S. 151f.; streitig ist die Frage für den Fall, daß der Gesellschafter zur Kündigung der Mitgliedschaft befugt ist; für Überweisung in diesem Fall *Stein/Jonas/Brehm*, § 859 Rdnr. 20.

76 Gute Gründe sprechen allerdings für die Annahme, daß Gewinnansprüche pfandverstrickt sind; vgl. *Wertenbruch*, a.a.O., S. 633f., 638f.

77 Vgl. *Stöber*, a.a.O., Rdnr. 1621.

78 *BGHZ* 104, 351 = ZIP 1988, 1546; krit. *Marotzke*, ZIP 1988, 1509ff.

3. Die Vererbung des Geschäftsanteils*

a) Stirbt ein Gesellschafter, so gehört der Geschäftsanteil zum Nachlaß. Er geht nach § 1922 BGB auf den Erben bzw. auf die Erbengemeinschaft über. Vor allem für die Rechtsstellung mehrerer Miterben muß hier ein wesentlicher Gegensatz zur Rechtslage bei den Personengesellschaften festgehalten werden: Es tritt keine Sondererbfolge jedes einzelnen Erben ein (zu dieser vgl. unten, § 45 V 3), sondern der Geschäftsanteil fällt nach § 2032 I BGB den Miterben zu gesamter Hand an. Sie verwalten den Anteil gemeinschaftlich (§ 2038 BGB), jedoch kann sich aus § 2038 I 2 BGB (2. Halbsatz) ein Individualklagerecht jedes Miterben ergeben[79]. Mitgliedschaftsrechte können sie nur einheitlich ausüben (§ 18 I GmbHG). Ob dann der Anteil im Wege der Auseinandersetzung an einen Miterben oder geteilt (vgl. § 17 GmbHG!) an die einzelnen Miterben veräußert wird, ist eine Auseinandersetzungsentscheidung der Erbengemeinschaft. Die Vererblichkeit kann durch den Gesellschaftsvertrag nicht ausgeschlossen werden, denn der Geschäftsanteil kann weder ersatzlos untergehen noch im Todesfall subjektlos werden[80]. Möglich ist allerdings eine Einziehungsregelung nach § 34 GmbHG, aber dies ist eben keine Unvererblichkeitsklausel, sondern der Geschäftsanteil wird vererbt und kann dann – eben weil er vererbt wurde – gegenüber dem bzw. den Erben eingezogen werden (vgl. zur Einziehung alsbald unter III). Soll die Nachfolge in den GmbH-Anteil gesteuert werden, so kann dies gesellschaftsrechtlich durch aufschiebend bedingte Anteilsabtretung oder erbrechtlich durch Vermächtnis oder Teilungsanordnung geschehen, und es können auch im Gesellschaftsvertrag den Erben Abtretungspflichten auferlegt werden. Dagegen ist es nicht möglich, den Anteil durch gesellschaftsvertragliche Regelung – wie bei einer Personengesellschaft – unmittelbar einem bestimmten Miterben zufallen zu lassen; eine erbrechtliche Nachfolge »neben« der Erbengemeinschaft gibt es beim GmbH-Anteil nicht[81].

---

* Literatur: *Claussen/Krüger*, Optimale Unternehmensnachfolge, 1992; *Crezelius*, Unternehmenserbrecht, 1998; *Däubler*, Die Vererbung von Geschäftsanteilen bei der GmbH, 1965; *Fleck*, Die Beeinträchtigung erbrechtlicher Anwartschaften aufgrund von Gesellschafterbeschlüssen in der GmbH, in: Festschrift Stimpel, 1985, S. 353; *Hilger*, Zur Anwendbarkeit statutarischer Vinkulierungsklauseln bei der Übertragung von GmbH-Geschäftsanteilen in Ausführung letztwilliger Verfügungen, in: Festschrift Quack, 1991, S. 259; *Käppler*, Die Steuerung der Gesellschaftererbfolge in der Satzung der GmbH, ZGR 1978, 542; *Kesselmeier*, Ausschließungs- und Nachfolgeregelung in der GmbH-Satzung, 1989; *Nagler*, Die zweckmäßige Nachfolgeregelung im GmbH-Vertrag, 1998; *Petzoldt*, Gesellschaftsvertrag und Erbrecht bei der GmbH und der GmbH & Co. KG, GmbHR 1977, 25; *Priester*, Nachfolgeklauseln im GmbH-Vertrag, GmbHR 1981, 206; *ders.*, Der vermeintliche Erbe als GmbH-Gesellschafter, GmbHR 1984, 193; *ders.*, Testamentsvollstreckung am GmbH-Anteil, in: Festschrift Stimpel, 1985, S. 463; *Rehmann*, Testamentsvollstreckung an Gesellschaftsanteilen, BB 1985, 297; *Stöber*, Die Forderungspfändung, 12. Aufl. 1999; *Sudhoff*, Unternehmensnachfolge, 4. Aufl. 2000, § 45; *Wiedemann*, Die Übertragung und Vererbung von Mitgliedschaftsrechten ..., 1965; *Winter*, Die Vererbung von GmbH-Anteilen im Zivil- und Steuerrecht, 1997.

79 Vgl. nur *BGHZ* 108, 21 = NJW 1989, 2694; *OLG Karlsruhe*, GmbHR 1995, 824, 826; a.M. *Scholz/Winter*, § 18 Rdnr. 20.

80 So im Ergebnis die h.M.; vgl. *Rowedder*, § 15 Rdnr. 62; *Scholz/Winter*, § 15 Rdnr. 21; *Käppler*, ZGR 1978, 569; *Priester*, GmbHR 1981, 208; a.M. z.B. *Feine*, in: Ehrenbergs Hdb. III/3, S. 370, 378; *Däubler*, a.a.O., S. 117ff.; *Finger*, GmbHR 1975, 98.

81 *Staudinger/Marotzke*, § 1922 Rdnr. 211; a.M. *Kesselmeier*, a.a.O., S. 259ff.

Wenn von »Nachfolgeklauseln« in GmbH-Gesellschaftsverträgen die Rede ist[82], hat dies also eine völlig andere Bedeutung als bei einer Personengesellschaft (dazu unten, § 45 V 3). Die gesellschaftsvertragliche Nachfolgeklausel bestimmt nicht, welcher Erbe im Todesfall Nachfolger *ist*, sondern sie kann nur bestimmen, wer Nachfolger werden *soll*. Der Gesellschaftsvertrag als Geschäft unter Lebenden begründet dann für die nicht zur Nachfolge berufenen Erben die schuldrechtliche Pflicht, den vererbten Geschäftsanteil an die durch die Klausel berufenen Personen zu übertragen[83]. Die Vertragsgestaltung läßt es bisweilen an hinreichender Klarheit fehlen. Charakteristisch ist unser

Beispiel Nr. 18 (nach *BGHZ* 92, 386 = NJW 1985, 2592; dazu *Promberger*, ZHR 150 [1986], 585ff.): Die Nachfolgeklausel im Gesellschaftsvertrag unterschied unmittelbar nachfolgeberechtigte Erben und solche, über deren Zulassung die Mitgesellschafter frei entscheiden konnten. Nach dem Erbfall entstand Streit, weil die Erben teils nachfolgeberechtigt, teils nicht nachfolgeberechtigt waren. Der *BGH* sah den Vertrag als lückenhaft an und sprach sich für eine ergänzende Vertragsauslegung aus (dazu oben, § 5 I 4d): »Als sachgerechte Lösung bietet sich an, es aus der Sicht des Gesellschaftsvertrags zuzulassen, daß der im Nachlaß befindliche Geschäftsanteil im Wege der Erbauseinandersetzung auf solche Miterben übertragen wird, die zur Nachfolge in die Gesellschafterstellung berechtigt sind. Die nicht nachfolgeberechtigten Miterben scheiden dann aus der Gesellschaft aus. ... Daß die nicht nachfolgeberechtigten Miterben für eine kurze Übergangszeit zur gesamten Hand Mitberechtigte an dem ererbten Geschäftsanteil waren, kann hingenommen werden und bietet keinen sachlichen Grund dafür, ein Erwerbsrecht der übrigen Gesellschafter eingreifen zu lassen.« – Soweit nur ein Miterbe nach dem Gesellschaftsvertrag zur Fortsetzung der Mitgliedschaft befugt ist, kann er dann nach Ansicht des *BGH* im Wege der Erbauseinandersetzung zum alleinigen Nachfolger in der GmbH gemacht werden.

b) Der geschilderte Fall des *Bundesgerichtshofs* hat noch ein weiteres Problem aufgeworfen, das sich beim Vorhandensein mehrerer Miterben aus der Kollision von Erbrecht und Gesellschaftsrecht ergibt: Nach § 2033 I BGB kann jeder Miterbe über seinen Anteil am Nachlaß verfügen. Gehört zum Nachlaß ein Geschäftsanteil an einer GmbH, so muß unbedingt zwischen der Verfügung über den Erbteil und über den Geschäftsanteil unterschieden werden.

Beispiel Nr. 19: Gesellschafter G ist zu gleichen Teilen von seiner Ehefrau F und von seinen Kindern S und T beerbt worden. Zum Nachlaß gehört ein Geschäftsanteil des G. Dieser Geschäftsanteil ist durch den Erbfall ungeteilt (!) in die Erbengemeinschaft gefallen. Es können also nicht F oder S oder T je über 1/3 Geschäftsanteil verfügen (vgl. auch § 2033 II BGB), sondern über den Geschäftsanteil verfügt nur die Erbengemeinschaft im ganzen. Wollen die Miterben dafür sorgen, daß der Geschäftsanteil auf F allein oder auf einen Dritten D übergeht, so müssen sie dies alle gemeinsam im Wege der (Teil-)Auseinandersetzung der Erbengemeinschaft tun. Die Miterben können allerdings auch etwas anderes tun: ihre Erbteile auf die F oder auf den D übertragen, womit dann F oder D Inhaber des gesamten noch ungeteilten Nachlasses – darunter der Geschäftsanteil – wird.

Das Nebeneinander dieser Möglichkeiten – Geschäftsanteilsübertragung und Erbteilsübertragung – hat die Frage entstehen lassen, ob die unter II 1b

82 Eingehend *Nagler*, a.a.O.
83 *BGHZ* 92, 386, 390 = NJW 1985, 2592; *OLG Koblenz*, GmbHR 1995, 586, 587; *Scholz/Winter*, § 15 Rdnr. 26.

besprochenen *Vinkulierungsklauseln auch gegen Erbteilsübertragungen sichern.* Die herrschende, wenngleich bestrittene, Auffassung lehnt dies ab[84]. Die Bedeutung des Problems sei illustriert an dem

Beispiel Nr. 20: Angenommen, im vorausgegangenen Fall unterläge die Übertragung von Geschäftsanteilen an einen Nicht-Familienangehörigen nach dem Gesellschaftsvertrag der Zustimmung der Mitgesellschafter (§ 15 V GmbHG), so könnten F, S und T den Geschäftsanteil nicht ohne Zustimmung der Gesellschafter aus der Erbengemeinschaft an den Dritten D veräußern. Veräußern sie dagegen ihre Erbteile an den D, so sind die Mitgesellschafter nach der herrschenden Meinung selbst dann nicht geschützt, wenn der Geschäftsanteil einen wesentlichen Bestandteil des Nachlasses ausmacht. Wörtlich heißt es bei *BGHZ* 92, 386, 393 = NJW 1985, 2592, 2595: »Wird der Erbteil übertragen, so geht zwar auch die (gesamthänderische) Mitberechtigung der bisherigen Miterben an dem im Nachlaß befindlichen Gesellschaftsanteil auf den Erwerber über. Die Übertragung ist aber deshalb nicht zugleich auch als Verfügung über den Geschäftsanteil anzusehen. Das Gesetz unterscheidet zwischen dem Anteil des Miterben am Nachlaß, über den nach § 2033 I BGB frei verfügt werden kann, und dem Anteil an den einzelnen Nachlaßgegenständen, über den der einzelne Miterbe nicht verfügen kann (§ 2033 II BGB). Die im Schrifttum vertretene Auffassung, daß dennoch auch in diesen Fällen die Genehmigung der Gesellschaft erforderlich und ohne diese Genehmigung der im Nachlaß befindliche Geschäftsanteil nicht mitübertragbar sei ..., steht mit dieser Rechtslage derart im Widerspruch, daß auch eine entsprechende Anwendung des § 15 V GmbHG nicht zu befürworten ist.«

Dieser herrschenden Auffassung ist aus Gründen der Rechtsklarkeit im Ausgangspunkt zuzustimmen. § 15 V GmbHG und damit auch die Vinkulierungsklausel in einer GmbH-Satzung betrifft nur Verfügungen über Geschäftsanteile. Da der Nachlaß in aller Regel aus zahlreichen, ganz unterschiedlichen Gegenständen besteht, darf die in § 2033 I BGB gewährleistete Verfügungsmöglichkeit nicht immer schon dann in Frage gestellt werden, wenn sich im Nachlaß Gegenstände befinden, die unübertragbar oder nur nach strengen Vorschriften übertragbar sind. Damit würde die Vorschrift des § 2033 I BGB im Kern in Frage gestellt. Zu erwägen ist aber doch, ob nicht in krassen Fällen ein anderes gelten soll.

Beispiel Nr. 21: Um dem D ohne Zustimmung der Mitgesellschafter den Geschäftsanteil – aber auch nur ihn – zukommen zu lassen, teilen die Miterben den Nachlaß unter sich auf, bis außer dem Geschäftsanteil kein wesentlicher Vermögensgegenstand mehr darin ist; sodann übertragen sie ihre Erbteile nach § 2033 I BGB an den D. Oder: Die Miterben übertragen die Erbteile an D und vereinbaren mit ihm schuldrechtlich, daß er nur den Geschäftsanteil behalten und alle anderen Gegenstände zu Bruchteilen an F, S und T übertragen soll. In diesen Fällen ist die Unterscheidung zwischen der Erbteilsübertragung und einer gesellschaftsrechtlichen Anteilsübertragung nach § 15 GmbHG nur noch formal vorhanden, so daß § 15 V GmbHG unter Umgehungsgesichtspunkten zum Zuge kommen sollte (vgl. ähnlich zur Anwendung des § 313 BGB bei Geschäften über Anteile an einer Grundstücks-Gesamthand unten, § 45 III 3 und § 58 IV 3b aa). Die h.M. könnte den Mitgesellschaftern ggf. nur durch Ausschließungsbefugnisse helfen, an denen ihnen aus Liquiditätsgründen nicht in jedem Fall gelegen sein wird.

84 *BGHZ* 92, 386 = NJW 1985, 2592; *Baumbach/Hueck/Fastrich*, § 15 Rdnr. 11; *Staudinger/Werner*, § 2033 Rdnr. 9; jetzt auch *Hachenburg/Zutt*, Anh. § 15 Rdnr. 100; a.M. z.B. *Däubler*, a.a.O., S. 22f.; *Priester*, GmbHR 1981, 206 m. eingehenden Nachw.

Von dieser Frage ist das Problem zu unterscheiden, ob eine Vinkulierungsklausel auch Anteilsveräußerungen erfassen soll, die der Erbauseinandersetzung und der Verwirklichung des Erblasserwillens dienen. Es geht dabei nicht um den Geltungsbereich des § 15 V GmbHG, sondern um eine Auslegung der jeweils in Rede stehenden Vinkulierungsklausel[85].

Beispiel Nr. 22 (vereinfacht nach *OLG Düsseldorf*, GmbHR 1987, 475 = ZIP 1987, 227 [VII. Zivilsenat]; GmbHR 1990, 504 [VI. Zivilsenat]): Gesellschafter G hinterließ zwei Erben: den A und den B. Nach dem Willen des Gesellschafters G sollte A die Mitgliedschaft in der GmbH fortführen. G hatte deshalb in seinem Testament angeordnet, daß ein Testamentsvollstrecker bestellt werde und daß A, der neben B als Miterbe eingesetzt war, den Geschäftsanteil erhalten solle, wenn er 35 Jahre alt werde. Diese Übertragung drohte nun an der Vinkulierungsklausel im Gesellschaftsvertrag zu scheitern. Diese lautete: »Zur Veräußerung und Belastung von Geschäftsanteilen oder von Teilen von Geschäftsanteilen bedarf es der Zustimmung sämtlicher Gesellschafter.« Hier lag eindeutig eine Anteilsveräußerung nach § 15 GmbHG vor, und es war nur zu fragen, ob die Vinkulierungsklausel diesen Fall traf. Die Gesellschaft war eine Familiengesellschaft. Nach Ansicht des *LG* sollte die Vinkulierungsklausel nur die Überfremdung der Familiengesellschaft verhindern und war bei Ausführung dieses Testaments nicht anzuwenden *(LG Düsseldorf*, GmbHR 1986, 49 = ZIP 1985, 1269; dazu *H.P. Westermann*, ZIP 1985, 1249). Der *VII. Zivilsenat* des *OLG* folgte dem nicht, hielt aber den widerstrebenden Mitgesellschafter für verpflichtet, der Übertragung zuzustimmen. Mit der Rechtskraft des Urteils galt danach die Zustimmung als erteilt (vgl. über Zustimmungspflichten bereits unter II 1 b). Der zustimmungspflichtige Mitgesellschafter vertrat allerdings nunmehr die Auffassung, diese Zustimmung gehe ins Leere und könne das durch die anfängliche Zustimmungsverweigerung nichtig gewordene Übertragungsgeschäft nicht mehr wirksam machen (zur Unrichtigkeit dieser Ansicht vgl. *Karsten Schmidt*, AcP 189 (1989), 14 ff.; *ders.*, JuS 1995, 102 ff.). Darauf entschied der *VI. Senat* in einem weiteren Prozeß, daß die Zustimmung entbehrlich, das Übertragungsgeschäft also sogleich wirksam gewesen sei, weil die Vinkulierungsklausel die Anteilsübertragung aufgrund einer erbrechtlichen Teilungsanordnung nicht erfasse *(OLG Düsseldorf*, GmbHR 1990, 504).

c) Ist *Testamentsvollstreckung* angeordnet, so unterliegt der Geschäftsanteil der Verwaltungszuständigkeit des Testamentsvollstreckers (§§ 2203 ff. BGB)[86]. Der Umfang der Testamentsvollstreckung bestimmt sich nach erbrechtlichen Grundsätzen, insbesondere danach, ob eine bloße Auseinandersetzungsvollstreckung oder eine verwaltende Testamentsvollstreckung vorliegt. Allerdings können die spezifisch mitgliedschaftlichen Interessen des bzw. der Erben nicht ohne Einfluß auf die Ausübung der Testamentsvollstreckerbefugnisse und auf seine Amtspflichten sein. Umstritten ist, ob der Testamentsvollstrecker im Verhältnis zu den Erben den Kernbereichsschutz (oben, § 16 III 3 b bb) und das Belastungsverbot (oben, § 16 III 3 b cc) beachten muß[87]. Dazu ist zu sagen[88]: Der Testamentsvollstrecker handelt mit

85 Eingehend mit wörtlicher Übernahme des folgenden Beispiels *Hilger*, a. a. O.

86 Vgl. *BGHZ* 108, 21 = NJW 1989, 2694; *Scholz/Winter*, § 15 Rdnr. 208 a; *Staudinger/Reimann*, § 2197 Rdnr. 30; *Priester*, a. a. O., S. 478.

87 Für diesen Schutz eingehend *Priester*, in: Festschrift Stimpel, a. a. O.; *Heinemann*, GmbHR 1985, 349; gegen den Kernbereichsschutz *Jasper*, in: MünchHdbGesR III, § 25 Rdnr. 87 ff.; *Scholz/Winter*, § 15 Rdnr. 208 b; ausführlich *Lorz*, in: Festschrift Boujong, 1996, S. 319 ff.; richtig scheint, daß der Kernbereichsschutz des Erben nicht verbandsrechtlich, sondern erbrechtlich aus dem Innenverhältnis zum Testamentsvollstrecker begründet werden muß.

88 Undifferenziert noch die 3. Auflage; unentschieden für die KG *BGHZ* 108, 187, 198 f.

Wirkung für und gegen den Nachlaß. Daraus folgt, daß er sich insbesondere an Kapitalerhöhungen nur insoweit beteiligen darf (!), als er sie aus dem Nachlaß finanzieren kann[89]. Der Kernbereichsschutz des Erben bei Eingriffen in die Mitgliedschaftsrechte ist dagegen im Grundsatz eine Frage des Innenverhältnisses zum Testamentsvollstrecker (ggf. Haftung nach § 2219 BGB), so daß der Testamentsvollstrecker z.B. bei Umwandlungen oder Konzernbildungen mitwirken kann[90]. Interessenverletzungen gegenüber den Erben machen Verfügungsmaßnahmen nur in den engen Grenzen des Mißbrauchs der Vertretungsmacht (oben, § 10 II 2) im Außenverhältnis unwirksam[91].

III. Die Einziehung des Geschäftsanteils[*]

1. Grundlagen

a) § 34 GmbHG regelt die *Einziehung (Amortisation)* von Geschäftsanteilen. Die Einziehung von Geschäftsanteilen ist ein Parallelinstitut zur Einziehung von Aktien (§§ 237ff. AktG). Sie hat aber in der Praxis eine weitaus größere Bedeutung. Wie sogleich zu zeigen sein wird, ist die Einziehung ein wichtiger Ersatz für die im Personengesellschaftsrecht möglichen Formen des Austritts

---

89 Vgl. *Brandner*, in: MünchKommBGB, § 2205 Rdnr. 43.
90 *Brandner*, in: MünchKommBGB, § 2205 Rdnr. 43.
91 Zur Anwendung dieser Grundsätze auf den Testamentsvollstrecker vgl. *BGHZ* 30, 67, 71.
* Literatur (Auswahl): *Balz*, Die Beendigung der Mitgliedschaft in der GmbH, 1984; *Becker*, Die Einziehung von Geschäftsanteilen, GmbHR 1940, 259; *Bischoff*, Zur pfändungs- und konkursbedingten Einziehung von Geschäftsanteilen, GmbHR 1984, 61; *Buchwald*, Die Einziehung eines Geschäftsanteils, GmbHR 1959, 68; *Fichtner*, Kaduzierung, Einziehung und Ausschließung aus der GmbH, BB 1966, 146; *Fingerhut/Schröder*, Einziehung eines GmbH-Anteils und Probleme in der Praxis, BB 1997, 1805; *Gehrlein*, Die Einziehung von Geschäftsanteilen ..., ZIP 1996, 1157; *Geßler*, Zur Buchwertabfindung bei Ausscheiden aus einer GmbH, GmbHR 1984, 29; *Goerdeler*, Das Ausscheiden aus der GmbH nach geltendem und künftigem Recht, in: Festschrift Barz, 1974, S. 113; *Habersack*, Die unentgeltliche Einziehung des Geschäftsanteils beim Tod des GmbH-Gesellschafters, ZIP 1990, 625; *Hartmann*, Der ausscheidende Gesellschafter in der Wirtschaftspraxis, 4. Aufl. 1983; *Alfred Hueck*, Ausschluß eines Gesellschafters aus der GmbH, DB 1953, 776; *Kesselmeier*, Ausschließungs- und Nachfolgeregelung in der GmbH-Satzung, 1989; *Kulka*, Die gleichzeitige Ausschließung mehrerer Gesellschafter aus Personengesellschaften und GmbH, 1983; *Lutz*, Rechtswirkungen des Gesellschafterbeschlusses bei Zwangseinziehung des GmbH-Geschäftsanteils, DStR 1999, 1858; *Michalski*, Die Zwangseinziehung eines GmbH-Anteils im Falle der Anteilspfändung, ZIP 1991, 147; *Niemeier*, Rechtstatsachen und Rechtsfragen der Einziehung von GmbH-Anteilen, 1982; *ders.*, Rechtsschutz und Bestandsschutz bei fehlerhafter Einziehung von GmbH-Anteilen, ZGR 1990, 314; *Paulick*, Die Einziehungsklausel in der Satzung der GmbH, GmbHR 1978, 121; *Priester*, Anteilsnennwert und Anteilsneubildung nach Einziehung von Geschäftsanteilen, in: Festschrift Kellermann, 1991, S. 337; *Reuter*, Privatrechtliche Schranken der Perpetuierung von Unternehmen, 1973; *Sieger/Mertens*, die Rechtsfolgen der Einziehung von Geschäftsanteilen, ZIP 1996, 1493; *Spitze*, Der Ausschluß eines GmbH-Gesellschafters aus wichtigem Grund bei Schweigen der Satzung, 1985; *Soufleros*, Ausschließung und Abfindung eines GmbH-Gesellschafters, 1983; *van Venrooy*, Einziehung im Gesellschafter-Konkurs und Treupflicht, GmbHR 1995, 339; *Westermann*, Einziehung und Abfindung, in: Festschrift 100 Jahre GmbH-Gesetz, 1992, S. 447; *Wolff*, Das Schicksal eingezogener GmbH-Geschäftsanteile und alternative Satzungsregelungen.

und der Ausschließung von Gesellschaftern unter Wegfall ihrer Mitgliedschaft. Der Gesetzgeber[92] hat die Einziehungsmöglichkeit vor allem eingeführt, um

- die Ausführung einer Kapitalherabsetzung zu erleichtern,
- die Sanierung unrentabler Unternehmen zu ermöglichen,
- das einverständliche Ausscheiden von Gesellschaftern möglich zu machen.

Im Grunde ist das Instrument der Einziehung ein Versuch des Gesetzgebers, die Starrheit der kapitalgesellschaftlichen Struktur zu überwinden. Bei den Personengesellschaften gibt es die Technik des Eintritts und Austritts mit der vermögensrechtlichen Folge der »Abwachsung« und »Anwachsung« (unten, § 45 II). Bei der GmbH als Kapitalgesellschaft ist diese Technik ausgeschlossen: Charakteristisch für Kapitalgesellschaften ist eben, daß sie auf einem präzis in Anteile zerlegten Garantiekapital und nicht auf einer vom Willen der Gesellschafter abhängigen Vertragsverbindung weniger oder vieler Personen beruhen. Die Geschäftsanteile können veräußert und vererbt werden, aber sie können nicht durch Neueintritt aus dem Nichts entstehen oder sich durch Austritt in nichts auflösen (vgl. deshalb zur Technik der Ausschließung und des Austritts bei Kapitalgesellschaften alsbald unter IV). Abhilfe – aber nur punktuelle Abhilfe – schafft das Institut der Einziehung[93]. Die Einziehung muß unterschieden werden von der Kaduzierung (Ausschließung säumiger Gesellschafter nach § 21 GmbHG), die die Aufbringung des Stammkapitals sicherstellen und Sanktionen gegen säumige GmbH-Gesellschafter ermöglichen soll; sie ist weiter zu unterscheiden von dem Abandonrecht (Preisgaberecht), das den Gesellschafter schützen soll, wenn nach § 27 GmbHG eine unbeschränkte Nachschußpflicht besteht (vgl. zu diesen Instituten unten, § 37 II 5 und 6). Vor allem muß sie von der außerhalb des Gesetzes herausgebildeten Ausschließung aus wichtigem Grund unterschieden werden (dazu unter IV).

b) Das GmbH-Gesetz kennt nur die im Gesellschaftsvertrag zugelassene Einziehung (§ 34 I GmbHG). Ein ohne gesellschaftsvertragliche Grundlage gefaßter Einziehungsbeschluß ist unwirksam[94]. Das Gesetz unterscheidet sodann die Einziehung *mit Zustimmung* und *ohne Zustimmung des Anteilsberechtigten*[95]. Ohne seine Zustimmung ist die Einziehung nur zulässig, wenn die satzungsmäßige Ermächtigung schon vorhanden war, als der Anteilsberechtigte den Geschäftsanteil erwarb (vgl. § 34 II GmbHG); wurde die Einziehungsklausel erst nachträglich eingeführt[96], so wirkt sie jedenfalls gegen diejenigen Gesellschafter nicht, die dieser Satzungsänderung nicht

---

92 Begründung 1981, S. 85f.; näher zur historischen Entwicklung und zu den Zwecken der Einziehung *Niemeier*, a.a.O., S 7ff.

93 Zu den Grundlagen *Westermann*, a.a.O.

94 *BGH*, LM Nr. 19 zu § 34 GmbHG m.Anm. *Cahn* = NJW 1999, 3779; für bloße Anfechtbarkeit *Kort*, in: MünchHdbGesR III, § 28 Rdnr. 15; *Niemeier*, ZGR 1990, 327ff.

95 Eingehend *Niemeier*, a.a.O., S. 57f.

96 Str. ist, ob mehrheitliche Satzungsänderung genügt; so *Meyer-Landrut*, § 34 Rdnr. 3; *Scholz/Westermann*, § 34 Rdnr. 10; a.M. (Kernbereichslehre) *BayObLG*, DB 1978, 2164; *Lutter/Hommelhoff*, § 34 Rdnr. 7; Roth/Altmeppen, § 34 Rdnrn. 7ff.; *Paulick*, GmbHR 1978, 123f.; vgl. auch *BGHZ* 9, 157, 160; differenzierend *Baumbach/Hueck/Fastrich*, § 34 Rdnr. 5.

zugestimmt haben[97]. Auch an den Inhalt der satzungsmäßigen Ermächtigung und an das Verfahren werden besondere Anforderungen gestellt, wenn es um die Einziehung ohne Zustimmung des Anteilsberechtigten geht.

c) Die *Einziehungsklausel im Gesellschaftsvertrag* muß, da sie eine Ermächtigung ist, hinreichend bestimmt sein. Sie muß deshalb die Einziehungsgründe nennen. Satzungsmäßiger Einziehungsgrund kann z.B. sein: ein wichtiger Grund in der Person des Gesellschafters, sein Tod oder seine Insolvenz oder die Pfändung seines Geschäftsanteils[98]. Es genügt allerdings auch die schlichte Einziehungsermächtigung bei »wichtigem Grund«[99], denn auch der Gesetzgeber läßt in vergleichbaren Zusammenhängen diese Generalklausel ausreichen. Eine Einziehung ohne wichtigen Grund ist nach der Rechtsprechung grundsätzlich unzulässig (dazu unter IV 2a).

d) Zu unterscheiden ist weiter zwischen der *Einziehung mit und ohne Entgelt.* Die Einziehung ohne Entgelt ist selten und stellt i.d.R. eine Schenkungsvereinbarung dar[100]. Erfolgt die Einziehung mit Zustimmung des betroffenen Gesellschafters, so kann die Entgeltfrage vertraglich geklärt werden. Anderenfalls muß die Einziehungsklausel klären, ob die Einziehung ohne Entgelt oder gegen Entgelt erfolgt und wie das Entgelt ggf. zu berechnen ist. Das Einziehungsentgelt darf nicht gezielt zum Nachteil der Gläubiger – also nicht speziell für den Pfändungs- oder Insolvenzfall – ausgeschlossen werden[101].

Beispiel Nr. 23: Ein Gesellschaftsvertrag enthält die Vertragsklausel: »Die Einziehung von Geschäftsanteilen ist zulässig. Ohne Zustimmung des Gesellschafters ist die Einziehung zulässig, wenn der Geschäftsanteil von einem Gläubiger gepfändet oder das Insolvenzverfahren über das Vermögen des Gesellschafters eröffnet wird. In diesem Fall wird das Entgelt unter Ausschluß des Firmenwerts aufgrund der letzten Jahresbilanz der Gesellschaft berechnet und in drei Jahresraten ausgezahlt.« Es liegt auf der Hand, daß dies kein vollwertiges Entgelt für den Geschäftsanteil sein wird. Angenommen, Gläubiger G pfändet den Geschäftsanteil und ersteigert ihn in öffentlicher Versteigerung, worauf die Gesellschaft den Geschäftsanteil einzieht, so wird es zwischen G und der Gesellschaft zum Streit über die Wirksamkeit der Einziehung kommen. Nach ständiger Rechtsprechung ist eine Satzungsbestimmung, die die Einziehung eines Geschäftsanteils für den Fall der Anteilspfändung oder der Insolvenz seines Inhabers gegen nicht vollwertiges Entgelt zuläßt, nichtig *(RGZ* 142, 373; *BGHZ* 32, 151). Anders, wenn sich die Klausel nicht nur gegen die Gläubiger, sondern in gleicher Weise auch gegen die Gesellschafter richtet *(BGHZ* 65, 22; *OLG Hamburg*, BB 1982, 2007). Die Einziehungsklausel und damit die Einziehung wäre also wirksam, wenn Satz 2 unserer Klausel etwa lautete: »Ohne Zustimmung des Gesellschafters ist die Einziehung zulässig, wenn der Gesellschafter aus wichtigem Grund aus der Gesellschaft ausgeschlossen

---

97 *BGHZ* 116, 359, 372; *BGH*, GmbHR 1978, 131 = NJW 1977, 2316; *Baumbach/Hueck/Fastrich*, § 34 Rdnr. 7.

98 Eingehend *Niemeier*, a.a.O., S. 58ff.; *Hachenburg/Ulmer*, § 34 Rdnrn. 38ff.; *Bischoff*, GmbHR 1984, 61ff.

99 *BGH*, GmbHR 1978, 131, 132 = NJW 1977, 2316, 2317.

100 Vgl. *Niemeier*, a.a.O., S. 105ff.; *Baumbach/Hueck/Fastrich*, § 34 Rdnr. 29 mit Nachweisen zum Streitstand.

101 Näher *Niemeier*, a.a.O., S. 72ff.; *Hachenburg/Ulmer*, § 34 Rdnrn. 90ff.; *Rowedder*, § 34 Rdnr. 21; *Priester*, GmbHR 1976, 5ff.; *Bischoff*, GmbHR 1984, 67ff.

wird oder wenn sein Geschäftsanteil gepfändet oder über sein Vermögen das Insolvenzverfahren eröffnet wird. In diesen Fällen wird das Einziehungsentgelt … berechnet …«

2. Durchführung

a) Die Einziehung erfolgt durch *Gesellschafterbeschluß* (§ 46 Nr. 4 GmbHG), und zwar selbst dann, wenn der Gesellschafter zustimmt. Wenn nicht der Gesellschaftsvertrag höhere Anforderungen stellt, genügt eine einfache Mehrheit (vgl. § 47 I GmbHG). Der Gesellschafter selbst stimmt mit, sofern es nicht um eine Einziehung aus wichtigem Grund geht[102]. Der Einziehungsbeschluß bedarf noch der Ausführung; der entscheidende Akt besteht also in einer Einziehungserklärung gegenüber dem Gesellschafter[103]. Mindestens verlangt die Praxis eine Mitteilung, wenn der Gesellschafter bei der Beschlußfassung nicht zugegen war[104]. Der Gesellschaftsvertrag kann die Einziehung in die Hand eines besonderen Gesellschaftsorgans – etwa eines Beirats oder Ausschusses[105]– legen und auch sonst das Verfahren vereinfachen[106]. Ist eine Einziehung fehlerhaft vollzogen – der Beschluß etwa nichtig oder erfolgreich angefochten –, so ist sie grundsätzlich unwirksam, der eingezogene Anteil also nur scheinbar erloschen[107].

b) *Rechtsfolge der Einziehung* ist der Wegfall des Geschäftsanteils[108]. An seine Stelle tritt ggf. der Anspruch auf das Einziehungsentgelt[109]. Über seine Berechnung und über seine satzungsmäßige Beschränkung wird unter IV 2d zu berichten sein. Mitgliedschaftsrechte enden mit der Einziehung[110]. Insbesondere Informationsrechte kann der Betroffene nicht mehr als Gesellschafter nach § 51 a GmbHG geltend machen, sondern nur noch als Gläubiger nach § 810 BGB[111]. Der Fortfall des Geschäftsanteils führt, sofern nicht gleichzeitig das Kapital herabgesetzt wurde, zu einer dem Kapitalgesellschaftsrecht eigentlich fremden Divergenz zwischen dem Stammkapital und der Summe der verbleibenden Geschäftsanteile[112]. Nach h.M. können die Gesellschafter aber durch einfachen Beschluß ohne satzungsändernde Kapitalerhöhung die Nennwerte der verbleibenden Geschäftsanteile verhältnis-

---

102 H.M.; vgl. *Baumbach/Hueck/Zöllner*, § 47 Rdnr. 56; *Scholz/Karsten Schmidt*, § 47 Rdnr. 138; *Wank*, ZGR 1979, 245; eingehend und kritisch *Niemeier*, a.a.O., S. 242ff.

103 So *Niemeier*, a.a.O., S. 271ff.; s. auch *Rowedder*, § 34 Rdnr. 12.

104 Vgl. *RG*, JW 1934, 976, 977; *Scholz/Westermann*, § 34 Rdnr. 43 m.w.N.

105 Gesellschaftsorgan, nicht Schiedsgericht (vgl. *BGHZ* 43, 261)!

106 Vgl. *OLG Hamm*, GmbHR 1988, 308; str.; vgl. *Rowedder*, § 34 Rdnr. 11.

107 *Hachenburg/Ulmer*, § 34 Rdnrn. 29ff.; eine Anwendung der Grundsätze über fehlerhafte Gesellschaften (*Niemeier*, ZGR 1990, 349ff.) scheint nur bei einem zurechenbaren Mitwirkungsakt des Betroffenen angängig.

108 *Niemeier*, a.a.O., S. 350; *Hachenburg/Ulmer*, § 34 Rdnrn. 57ff.

109 Vgl. *Scholz/Westermann*, § 34 Rdnrn. 48, 53, 55.

110 Zum Gewinnanspruch nach Einziehung des Geschäftsanteils vgl. *BGH*, NJW 1998, 3646ff.

111 Vgl. *BGH*, GmbHR 1977, 151 = WM 1977, 781; GmbHR 1988, 434; *BayObLG*, GmbHR 1993, 741; *Niemeier*, a.a.O., S. 353 m.w.N.; *Kiethe*, DStR 1993, 1711ff.

112 Vgl. nur *Sieger/Mertens*, ZIP 1996, 1496.

mäßig aufstocken[113] oder an Stelle des weggefallenen Anteils einen eigenen Anteil der Gesellschaft bilden[114]. Eleganter scheint eine Gegenansicht, die für eine automatische Aufstockung der verbleibenden Geschäftsanteile plädiert[115]. Gegen sie spricht aber, daß der Gesetzgeber die dann evtl. unvermeidliche Entstehung »krummer« Stammeinlagen verhindern will (§ 5 II 2 GmbHG). Nur die Beteiligungsquoten der Gesellschafter, nicht aber ihre Stammeinlagen werden durch den Wegfall des eingezogenen Geschäftsanteils automatisch höher. Das Phänomen beruht auf einem charakteristischen Unterschied gegenüber den Personengesellschaften: Das Kapitalgesellschaftsrecht kennt nicht die sog. Anwachsung nach § 738 I 1 BGB (vgl. oben unter III 1 sowie sogleich unter IV 1).

c) Eine *Einziehung* darf *nicht in Widerspruch zu den Grundsätzen der Kapitalaufbringung und der Kapitalerhaltung* vollzogen werden[116]. Das Gesetz bringt dies nur unvollkommen in § 34 III GmbHG zum Ausdruck, wonach die Bestimmung des § 30 I GmbHG unberührt bleibt. Das bedeutet zunächst, daß kein Einziehungsentgelt aus dem zur Erhaltung des Stammkapitals erforderlichen Vermögen gezahlt werden darf. Man wird sogar annehmen müssen, daß ein gegen § 30 GmbHG verstoßender Einziehungsbeschluß unwirksam ist[117]. Aber unberührt bleibt selbstverständlich auch § 19 II 1 GmbHG. Der einzuziehende Geschäftsanteil muß also voll eingezahlt sein. Anderenfalls ist die Einziehung unwirksam[118].

IV. Ausschließung und Austritt von GmbH-Gesellschaftern*

1. Fehlende Grundlage im Gesetz

Ähnlich wie bei den Personengesellschaften muß man bei den Lösungsrechten auch in der GmbH prinzipiell unterscheiden zwischen
– der Auflösung,

113 Vgl. *BGH*, NJW 1989, 168, 169; *BayObLG*, DB 1991, 2537; *Baumbach/Hueck/Fastrich*, § 34 Rdnr. 17; *Scholz/Westermann*, § 34 Rdnr. 63.

114 *BayObLG*, DB 1991, 2537; *Hachenburg/Ulmer*, § 34 Rdnrn. 64ff.; *Scholz/Westermann*, § 34 Rdnr. 66; *Sieger/Mertens*, ZIP 1996, 1499.

115 *Lutter/Hommelhoff*, § 34 Rdnrn. 2f.; *Priester*, in: Festschrift Kellermann, a.a.O., S. 344ff.

116 Eingehend *Niemeier*, a.a.O., S. 290ff.; *Kesselmeier*, a.a.O., S. 186ff.

117 *BGHZ* 9, 157, 168; *Baumbach/Hueck*, § 34 Rdnr. 24; *Scholz/Westermann*, § 34 Rdnr. 52; *Lutz*, DStR 1999; 1858 für bloße Anfechtbarkeit *OLG Celle*, GmbHR 1998, 140.

118 *BGHZ* 97, 157, 168; *Roth/Altmeppen*, § 34 Rdnr. 10.

* Literatur (Auswahl): *Balz*, Die Beendigung der Mitgliedschaft in der GmbH, 1984; *ders.*, Bestandsschutz der Gesellschaft mit beschränkter Haftung, JZ 1983, 241; *Becker*, Der Austritt aus der GmbH, 1985; *Buchwald*, Die Ausschließung eines GmbH-Gesellschafters aus der Gesellschaft, BB 1953, 457; *Damrau/Schröter*, Der Ausschluß eines (mißliebigen) GmbH-Gesellschafters, NJW 1991, 1927; *Fichtner*, Kaduzierung, Einziehung und Ausschließung bei der GmbH, BB 1966, 146; *Rob. Fischer*, Die personalistische GmbH als rechtspolitisches Problem, in: Festschrift Walter Schmidt, 1959, S. 117 = Gesammelte Schriften, 1985, S. 139; *Goette*, GmbH, § 6; *Grunewald*, Der Ausschluß aus Gesellschaft und Verein, 1987; *Hartmann*, Der ausscheidende Gesellschafter in der Wirtschaftspraxis, 4. Aufl. 1983, S. 127ff.; *Alfred Hueck*, Ausschluß eines Gesellschafters aus einer GmbH, DB 1953, 776; *Immenga*, Die personalistische Kapitalgesellschaft, 1970, S. 303ff.; *Kesselmeier*, Ausschließungs- und Nachfolgeregelung in der

– der Ausschließung und
– dem Austritt.

Das GmbH-Gesetz kennt von diesen Varianten nur die erste. Es schreibt in § 61 GmbHG vor, daß die Gesellschaft durch Auflösungsklage und Auflösungsurteil in das Liquidationsstadium überführt werden kann. Dagegen enthält das Gesetz keine Vorschriften über den Austritt von Gesellschaftern. Das ist kein Versehen, sondern gesetzgeberische Absicht. Die Begründung von 1891 sagt[119]: »Den Gesellschaftern kann zwar nicht das Recht eingeräumt werden, das Gesellschaftsverhältnis einseitig aufzukündigen und aus der Gesellschaft auszutreten ...« Als Ersatz schuf der Gesetzgeber, wie schon ausgeführt wurde, die Einziehung. Auch den Ausschluß von Gesellschaftern läßt das GmbHG nur im Fall verzögerter Stammeinlageleistung zu (Kaduzierung, § 21 GmbHG), während es im übrigen bei § 34 GmbHG bleibt, also bei der Möglichkeit, Geschäftsanteile aufgrund einer vertraglichen Amortisationsklausel einzuziehen. Die Praxis benötigt aber Ausschließungs- und Austrittsmöglichkeiten schon deshalb, weil bisweilen nur auf diese Weise eine Auflösung der Gesellschaft vermieden und großer Schaden von dem Unternehmen genommen werden kann. Hinzu kommt, daß die Einziehung von Geschäftsanteilen ohne eine entsprechende Satzungsklausel nicht möglich ist. Nichts liegt also näher, als den Austritt und Ausschluß aus der GmbH ebenso zuzulassen wie etwa bei einer Kommanditgesellschaft. Bei Nähe besehen ist es mit einem Bekenntnis zum Ausschließungs- und Austrittsrecht bei der GmbH aber nicht getan. Ein gravierendes Problem liegt nämlich bei den Rechtsfolgen. Es wurde schon im Zusammenhang mit der Einziehung von Geschäftsanteilen auf das kapitalgesellschaftliche Prinzip hingewiesen: Nicht die vertraglich verbundenen Gesellschafter, sondern die Anteile bilden die rechtskonstruktive Basis der Kapitalgesellschaft. Bei den Personengesellschaften trägt das Ausscheiden eines Gesellschafters die Rechtsfolge in sich: Die Mitgliedschaft erlischt, und die vermögensmäßige Beteiligung des Ausscheidenden wächst den verbleibenden Gesellschaftern zu (dazu näher unten, § 45 II 2), wofür der Ausscheidende eine Abfindung erhält (§ 738 I BGB). Da es diesen einfachen Mechanismus bei der Kapitalgesellschaft nicht gibt, sind die Rechtsfolgen der Ausschließung und des Austritts nicht unproblematisch.

GmbH-Satzung, 1989; *Kulka*, Die gleichzeitige Ausschließung mehrerer Gesellschafter aus Personengesellschaften und GmbH, 1983; *Meyer-Landrut*, Die Auslegung einfacher Kündigungsklauseln in GmbH-Satzungen, in: Festschrift Stimpel, 1985, S. 431; *H.-F. Müller*, Das Austrittsrecht des GmbH-Gesellschafters, 1996; *Röhricht*, Zum Austritt des Gesellschafters aus der GmbH, in: Festschrift Kellermann, 1991, S. 361; *Schindler*, Das Austrittsrecht in Kapitalgesellschaften, 1999; *Scholz*, Ausschließung und Austritt aus der GmbH, 3. Aufl. 1950; *Spitze*, Der Ausschluß eines GmbH-Gesellschafters aus wichtigem Grund bei Schweigen der Satzung, 1985; *Soufleros*, Ausschließung und Abfindung eines GmbH-Gesellschafters, 1983; *Ulmer*, Zwangseinziehung von Geschäftsanteilen und Ausschließung von GmbH-Gesellschaftern aus wichtigem Grund ..., in: Festschrift Rittner, 1991, S. 735; *Vogel*, Die Kündigung der GmbH, in: Festschrift Knur, 1972, S. 259; *H. P. Westermann/Pöllath*, Die Abberufung und Ausschließung von Gesellschaftern/Geschäftsführern ..., 4. Aufl. 1988; *Wolany*, Rechte und Pflichten der Gesellschafter einer GmbH, 1964; *Martin Wolf*, Abberufung und Ausschluß in der Zweimann-GmbH, ZGR 1998, 92.

119 S. 86.

2. Grundlagen der Ausschließung aus der GmbH

Hinsichtlich der Ausschließung muß unterschieden werden zwischen Ausschließungsklauseln und der »gesetzlichen«[120] – nur im Text des GmbHG nicht ausdrücklich geregelten! – Ausschließung aus wichtigem Grund.

a) *Ausschließungsklauseln* sind i.d.R. *Amortisationsklauseln* (Einziehungsklauseln) nach § 34 GmbHG. Sie lauten dann z.B.:

»Die Einziehung des Geschäftsanteils eines Gesellschafters ist zulässig, wenn er gegen seine Verpflichtungen gemäß § ... dieses Gesellschaftsvertrages verstößt.« Dann gelten die unter III geschilderten Regeln über die Einziehung von Geschäftsanteilen. Schon früh trat aber in der Gerichtspraxis die Frage auf, ob neben der Einziehungsmöglichkeit auch *echte Ausschließungsklauseln* anzuerkennen sind, die etwa lauten können: »Ein Gesellschafter kann aus der Gesellschaft ausgeschlossen werden, wenn ... Die Ausschließung erfolgt aufgrund eines Mehrheitsbeschlusses der übrigen Gesellschafter durch Klage der Gesellschaft gegen den auszuschließenden Gesellschafter (oder durch eingeschriebenen Brief) ...«

Eine solche regelrechte Ausschließung nach personengesellschaftsrechtlichem Modell wurde anfangs vom *Reichsgericht* als unmöglich angesehen[121]. Heute ist sie im Grundsatz anerkannt[122]. Das *Ausschließungsverfahren* wird, wenn die Ausschließungsklausel eine Einziehungsklausel ist, nach den Grundsätzen des *Einziehungsverfahrens* (dazu oben unter III) durchgeführt. Möglich sind aber auch Klauseln über den *Zwangsverkauf* des Geschäftsanteils[123]. So im Fall *BGH*, GmbHR 1984, 74, wo sich an die Einziehungsklausel folgende Klausel anschloß: »Statt der Einziehung kann die Gesellschafterversammlung in den vorgenannten Fällen auch beschließen, daß der Geschäftsanteil des ausscheidenden Gesellschafters auf eine von ihr benannte dritte Person, die auch ein Gesellschafter sein kann, zu gleichen Bedingungen übertragen wird.« Die Gesellschafter können dann die Ausschließung beschließen und anschließend den Geschäftsanteil veräußern. Rechtsdogmatisch kann man eine solche Vertragsklausel als Bevollmächtigung (§ 164 BGB) oder als Ermächtigung (§ 185 BGB) ausgestalten. Überhaupt besteht erhebliche Freiheit in der Gestaltung des Ausschließungsverfahrens.

Ausschließungsklauseln in Gesellschaftsverträgen werden von der Rechtsprechung einer *Inhaltskontrolle* unterworfen. Wiederholt hat der *Bundesgerichtshof* entschieden, daß eine Vertragsklausel, nach der ein Personengesellschafter ohne wichtigen Grund ausgeschlossen werden kann, unwirksam ist, soweit sie nicht durch besondere Umstände sachlich gerechtfertigt ist (dazu unten, § 50 III 4). Er hat diese Rechtsprechung inzwischen auf die GmbH ausgedehnt[124]:

Beispiel Nr. 24 (vereinfacht nach *BGHZ* 112, 103 = NJW 1990, 2622 = ZIP 1990, 1057): Eine GmbH, die das Gewerbe der Arbeitnehmerüberlassung betrieb, war von der Gesell-

---

120 Gesetz im materiellen Sinne ist jede Rechtsnorm; vgl. auch Art. 2 EGBGB.
121 *RGZ* 101, 55, 61 ff.; s. auch *OLG Kiel*, OLGE 19, 365.
122 *BGHZ* 9, 157, 160; 32, 17, 22; *BGH*, GmbHR 1984, 74; 1987, 302; *Balz*, a.a.O., S. 127.
123 Vgl. *Balz*, a.a.O., S. 129; *Soufleros*, a.a.O., S. 8.
124 *BGHZ* 112, 103 = NJW 1990, 2622; *Baumbach/Hueck/Fastrich*, § 34 Rdnr. 8; Anh. § 34 Rdnr. 14; *Lutter/Hommelhoff*, § 34 Rdnr. 24; *Scholz/Westermann*, § 34 Rdnr. 16.

schafterin K und dem Gesellschafter B allein mit den finanziellen Mitteln des B gegründet worden. Gleichwohl war K, die bei der Gründung mit B in Lebensgemeinschaft lebte, Mehrheitsgesellschafterin und Geschäftsführerin. K hatte dem B das Recht eingeräumt, sich ihrer Beteiligung nach freiem Belieben zu entledigen. Von diesem Recht hatte B Gebrauch gemacht. K erhob Klage. Der *BGH* hielt fest, daß die Hinauskündigungsklausel nur dann wirksam sei, wenn man die besonderen Umstände dieser Gründung als rechtfertigenden Grund ansah. Hierfür konnte sprechen, daß sich B mit der auf seine Kosten gegründeten GmbH nicht dauerhaft in die Hände der K begeben mußte.

b) Auch *ohne Ausschließungsklausel* kann nach der herrschenden Auffassung ein Gesellschafter ausgeschlossen werden, wenn in seiner Person ein wichtiger Grund gegeben ist, der eine Fortsetzung der Gesellschaft unter seiner Beteiligung als untragbar erscheinen läßt[125]. Das leuchtet ein, denn wenn einmal auf dem Gebiet der Ausschließungsklauseln die rechtstechnischen Voraussetzungen eines Gesellschafterausschlusses geschaffen sind, dann ist auch Raum für den allgemeinen Grundsatz, daß Dauerrechtsverbindungen aus wichtigem Grund lösbar sein müssen. Naturgemäß werden hierbei sehr hohe Anforderungen an den Ausschließungsgrund gestellt[126]. Nach *BGHZ* 16, 317, 322 darf die Ausschließung nur das letzte und äußerste Mittel sein und kommt nicht in Frage, wenn andere gangbare Wege zur Beseitigung des Mißstandes vorhanden sind[127]. Zu diesen Wegen gehört allerdings nicht die Auflösung der GmbH. Diese steht nämlich ihrerseits in einem Subsidiaritätsverhältnis zur Ausschließung[128]. Vorrang vor einem Ausschluß haben aber alle minder schweren Eingriffe in die Rechtsstellung des betroffenen Gesellschafters.

Beispiel Nr. 25: Ein Gesellschafter-Geschäftsführer, der durch eigenes Fehlverhalten als Geschäftsführer untragbar geworden ist, kann aus wichtigem Grund abberufen werden (unten, § 36 II 2b). Das ist gewiß ein bedeutsamer Eingriff in seine Rechtsstellung. Zur Ausschließung dieses Gesellschafters sind die Mitgesellschafter nur befugt, wenn auch seine bloße Gesellschafterstellung für die Zukunft untragbar geworden ist.

Bei der *Definition des wichtigen Grundes* kann eine Formulierung zugrunde gelegt werden, die nach der gescheiterten großen GmbH-Reform Gesetzesbestandteil hätte werden sollen (§ 211 I 2 RefE GmbHG 1969, § 207 I 2 RegE GmbHG 1971/73): »Ein wichtiger Grund liegt vor, wenn der Gesellschafter durch seine Person oder durch sein Verhalten die Erreichung des Gesellschaftszwecks unmöglich macht oder erheblich gefährdet oder sein Verhalten sein Verbleiben in der Gesellschaft untragbar erscheinen läßt.« Darüber

125 *RGZ* 169, 330, 333f.; *BGHZ* 9, 157, 159ff.; 16, 317, 322; 80, 346, 349f.; *BGH*, GmbHR 1987, 302; ZIP 1995, 567, 569; LM Nr. 19 zu § 34 GmbHG m. Anm. *Cahn* = NJW 1999, 3779; *Balz*, a.a.O., S. 48ff.; *Soufleros*, a.a.O., S. 12ff.; *Spitze*, a.a.O., S. 30-50; *Grunewald*, a.a.O., S. 48f.; *Scholz/Winter*, § 15 Rdnr. 130; *Baumbach/Hueck/Fastrich*, Anh. § 34 Rdnrn. 3ff.

126 Eingehend *Balz*, a.a.O., S. 48ff.; *Soufleros*, a.a.O., S. 28ff.

127 Ebenso *RGZ* 169, 330, 334; *BGHZ* 9, 157, 158; *Balz*, a.a.O., S. 55f.; *Baumbach/Hueck/Fastrich*, Anh. § 34 Rdnr. 6; *Hachenburg/Ulmer*, Anh. § 34 Rdnrn. 15f.; *Scholz/Winter*, § 15 Rdnr. 136.

128 *BGHZ* 80, 346, 348f.; *Balz*, a.a.O., S. 56.

entscheidet eine Gesamtschau aller Umstände[129]. Es kommt auf die Lage des Einzelfalls an.

Beispiel Nr. 26: Eine schwerwiegende Erschütterung des Vertrauensverhältnisses in einer personalistischen GmbH kann, wenn sie einem Gesellschafter zuzurechnen ist, wichtiger Grund sein *(BGHZ* 32, 17; *BGH*, GmbHR 1973, 44; 1991, 362; *OLG München*, DB 1994, 320f.). Vor allem geschäftsschädigendes Verhalten (zur Abgrenzung *OLG Frankfurt*, DB 1992, 2489f.) oder das Verschweigen geschäftsschädigender Eigenschaften kann ein wichtiger Ausschließungsgrund sein (vgl. *BGHZ* 16, 317 über Vorstrafen wegen Kuppelei beim Gesellschafter einer Tanzbar-GmbH). Aber auch schwere Verstöße gegenüber Mitgesellschaftern kommen als Ausschließungsgründe in Betracht (*OLG Hamm*, GmbHR 1993, 743).

c) Das *Ausschlußverfahren* beginnt mit einem Gesellschafterbeschluß. Nach *BGHZ* 9, 157, 177 bedarf dieser Beschluß einer satzungsändernden Mehrheit[130]. Dieses Erfordernis überzeugt nicht[131], denn im Gegensatz zum Auflösungsbeschluß (§ 60 I Nr. 2 GmbHG) wirkt der Ausschließungsbeschluß, sofern nicht der Vertrag eine Ausschließung ohne Prozeß zuläßt, nicht unmittelbar, sondern er setzt erst ein noch der rechtlichen Prüfung unterworfenes Verfahren in Gang[132]. Der Auszuschließende hat nach § 47 IV GmbHG bei diesem Beschluß kein Stimmrecht[133]. Sodann muß in Rechtsanalogie zu §§ 61 GmbHG, 117, 127, 133, 140 HGB eine Ausschließungsklage erhoben werden. Im Gegensatz zu der auf vertraglicher Ermächtigung beruhenden Einziehung des Geschäftsanteils (oben unter III) kann bei der »gesetzlichen« Ausschließung auf diese Gestaltungsklage nicht verzichtet werden[134]. Das bedeutet: Sofern nicht die Satzung eine Ausschließung durch Beschluß zuläßt, muß das Ausschließungsrecht durch Klage gegen den auszuschließenden Gesellschafter durchgesetzt und damit im Prozeß geklärt werden[135]. Das unterscheidet das Ausschließungsverfahren auch von dem in § 34 GmbHG geregelten Einziehungsverfahren[136]. Klägerin ist die durch den Geschäftsführer vertretene GmbH[137]. In diesem Punkt ist die Rechtslage einfacher als bei den Personengesellschaften (dazu unter § 50 III). Einzelne Gesellschafter können nur unter den Voraussetzungen der actio pro socio

129 Vgl. nur *BGHZ* 16, 317, 322f.; *BGH*, GmbHR 1987, 302; *Immenga*, a.a.O., S. 307; *Baumbach/Hueck/Fastrich*, Anh. § 34 Rdnr. 3.

130 Ebenso die wohl h.M.; vgl. *OLG Frankfurt*, DB 1979, 2127; *Spitze*, a.a.O., S. 86ff.; *Hachenburg/Ulmer*, Anh. § 34 Rdnr. 24; *Lutter/Hommelhoff*, § 34 Rdnr. 28; *Rowedder*, § 34 Rdnr. 51.

131 Für einfache Mehrheit z.B. *Baumbach/Hueck/Fastrich*, Anh. § 34 Rdnr. 9; *Balz*, a.a.O., S. 38ff.; *Soufleros*, a.a.O., S. 58ff.; *Grunewald*, a.a.O., S. 110.

132 Dazu *BGH* LM Nr. 19 zu § 34 GmbHG m.Anm. *Cahn* = NJW 1999, 3779.

133 *BGHZ* 9, 157, 178; *Balz*, a.a.O., S. 37f.; *Grunewald*, a.a.O., S. 108; *Spitze*, a.a.O., S. 86; *Baumbach/Hueck/Zöllner*, § 47 Rdnr. 56; *Scholz/Karsten Schmidt*, § 47 Rdnr. 139.

134 *BGHZ* 9, 157, 166; 16, 317, 322; vgl. auch *BGHZ* 80, 346, 349; *BGH*, GmbHR 1987, 302; *Spitze*, a.a.O., S. 55ff., 81ff.; *Rob. Fischer*, in: Festschrift Walter Schmidt, a.a.O., S. 126ff. = Gesammelte Schriften, a.a.O., S. 147ff.

135 *BGHZ* 9, 157, 465ff.; *BGH* LM Nr. 19 zu § 34 GmbHG m.Anm. *Cahn* = NJW 1999, 3779; h.M.; vgl. *Scholz/Winter*, § 15 Rdnr. 138.

136 Vgl. *BGH*, LM Nr. 19 zu § 34 GmbHG m.Anm. *Cahn* = NJW 1999, 3779.

137 Vgl. *BGHZ* 9, 157, 177; *Balz*, a.a.O., S. 46f.; *Rob. Fischer*, in: Festschrift Walter Schmidt, a.a.O., S. 126ff. = Gesammelte Schriften, a.a.O., S. 147ff.; *Soufleros*, a.a.O., S. 54ff.; *Spitze*, a.a.O., S. 84.

(oben, § 21 IV) die Ausschließungsklage erheben[138]. Das kann dazu führen, daß das Ausschließungsverfahren in einer zweigliedrigen GmbH einfach als Prozeß unter den beiden Gesellschaftern ausgetragen wird[139]. Schwierigkeiten bereitet die *Rechstechnik der Ausschließungsfolgen*, denn das Gesetz bietet keine Lösung an. Das hängt mit der kapitalgesellschaftlichen Struktur der GmbH zusammen. Bei der Personengesellschaft genügt nach § 140 HGB ein Urteil mit folgendem Inhalt: »Der Beklagte wird aus der Gesellschaft ausgeschlossen.« Dann *ist* er mit Rechtskraft des Gestaltungsurteils ausgeschlossen, und alles weitere regelt sich nach § 738 I 1 BGB durch Anwachsung. Bei der GmbH ist diese Technik, wie unter III 1 bemerkt wurde, nicht vorgesehen. Da eine den §§ 140 HGB, 738 BGB gleichwertige Rechtslage herbeizuführen ist, enthält das Gestaltungsurteil[140]
- eine Ermächtigung der GmbH zur wahlweisen Einziehung oder Zwangsveräußerung des Geschäftsanteils,
- eine Abfindungsregelung und
- die Anordnung eines Ruhens der Mitgliedschaftsrechte bis zur Durchführung der Einziehung oder Zwangsveräußerung.

d) Die *Abfindung* des ausgeschlossenen Gesellschafters erfolgt, wenn der Gesellschaftsvertrag keine Abfindungsklausel enthält, zum Verkehrswert[141]. Im Hinblick hierauf sind jedenfalls im Zusammenhang mit vertraglichen Ausschließungsregelungen meist Abfindungsklauseln in der Satzung enthalten. Es ist umstritten, in welchem Umfang Abfindungsbeschränkungen zulässig sind[142]. Zulässig und sogar unentbehrlich sind sie jedenfalls insoweit, als sie die Abfindungsberechnung pauschalieren und die Notwendigkeit einer umfassenden Unternehmensbewertung ausschalten. Nach *BGHZ* 116, 359 = NJW 1992, 892 ist eine Abfindungsbeschränkung nichtig, »wenn die mit ihr verbundene Einschränkung des Abflusses von Gesellschaftskapital vollkommen außer Verhältnis zu der Beschränkung steht, die erforderlich ist, um im Interesse der verbleibenden Gesellschafter den Fortbestand der Gesellschaft und die Fortführung des Unternehmens zu sichern«. Zulässig ist eine Abfindungsbeschränkung allerdings, wenn der Gesellschafter z. B. als Geschäftsführer – den Geschäftsanteil nur treuhänderisch als Grundlage einer Gewinnbeteiligung ohne Substanzwertbeteiligung gehalten hat[143]. Im übrigen ist die Problematik die gleiche wie bei Abfindungsklauseln in Personengesell-

138 H.M.; vgl. *Rowedder*, § 34 Rdnr. 57.

139 Dafür eingehend *Martin Wolf*, ZGR 1998, 92ff.

140 Zum Streitstand vgl. *Baumbach/Hueck/Fastrich*, Anh. § 34 Rdnr. 12; *Hachenburg/Ulmer*, Anh. § 34 Rdnrn. 32ff.; *BGHZ* 9, 157, 174 konstruiert ein bedingtes Gestaltungsurteil; eingehende Kritik bei *Balz*, a. a. O., S. 57ff.; *Grunewald*, a. a. O., S. 111ff.; *Soufleros*, a. a. O., S. 76ff.; *Ulmer*, a. a. O., S. 751ff.; teilweise a.M. (Entlastung des Gestaltungsprozesses von der Abfindungsfrage) mit beachtlichen Gründen *Spitze*, a. a. O., S. 93ff.

141 *BGHZ* 9, 157, 168; 16, 317, 322; 116, 359; *Balz*, a. a. O., S. 70; *Kesselmeier*, a. a. O., S. 112ff.; *Soufleros*, a. a. O., S. 194ff.; *Spitze*, a. a. O., S. 105; *Wolany*, a. a. O., S. 152; *Baumbach/Hueck/Fastrich*, Anh. § 34 Rdnr. 11; *Rowedder*, § 34 Rdnr. 61.

142 Vgl. dazu *Baumbach/Hueck/Fastrich*, § 34 Rdnr. 22; *Scholz/Westermann*, § 34 Rdnrn. 26ff.; *Becker*, a. a. O., S. 193ff.; *Kesselmeier*, a. a. O., S. 119ff.; *Schöne*, in: Jahrbuch junger Zivilrechtswissenschaftler 1995, S 117ff.; *Soufleros*, a. a. O., S. 213ff., 265ff.

143 *OLG Celle,* DStR 1997, 336 m. Anm. *Goette.*

schaftsverträgen (dazu unten, § 50 IV 2). Selbstverständlich darf die Gesellschaft bei der Zahlung einer Abfindungssumme im Fall der Ausschließung ebensowenig wie im Fall der Einziehung des Geschäftsanteils gegen § 30 I GmbHG verstoßen[144]. Insofern ist die Zwangsveräußerung einfacher zu bewerkstelligen als die Einziehung, denn bei ihr wird das Entgelt aus der Tasche des Erwerbers, nicht aus dem Vermögen der GmbH, aufgebracht.

3. Der Austritt aus der GmbH

Fremd ist dem Gesetz – wie gesagt – nicht nur die Ausschließung, sondern auch der *Austritt* aus der GmbH. Solange keine Gläubigerinteressen tangiert werden, wird zwar dem Gesellschafter das Recht zuerkannt, im Einvernehmen mit den Mitgesellschaftern auszuscheiden[145]. Nicht einmal dieser Fall ist aber vom Gesetz, das keine Anwachsung wie nach § 738 BGB kennt, vorgedacht, viel weniger also ein einseitiger Austritt. Die praktische Notwendigkeit eines Austrittsrechts wurde aber schon vom *Reichsgericht* – und zwar in Fällen der Nebenleistungs-GmbH – erkannt[146], und heute kann die Zulässigkeit eines Austritts als allgemein anerkannt gelten. *BGHZ* 116, 359 = NJW 1992, 892 rechnet das Recht des Gesellschafters, bei Vorliegen eines wichtigen Grundes aus der Gesellschaft auszutreten, zu seinen zwingenden, unverzichtbaren Mitgliedschaftsrechten.

a) Ein *ordentliches gesetzliches Kündigungsrecht* des GmbH-Gesellschafters, also ein Recht zum Austritt ohne wichtigen Grund, gibt es allerdings nach herrschender und richtiger Auffassung *nicht*[147]. Die insbesondere von *Reuter*[148] vertretene Gegenauffassung will eine unbegrenzte Bindung des Gesellschafters an die Gesellschaft verhindern und gesteht dem Gesellschafter ein Kündigungsrecht jedenfalls dann zu, wenn eine Anteilsveräußerung nach § 15 GmbHG an rechtlichen oder tatsächlichen Hindernissen scheitert. Diese Auffassung ist ohne gesetzliche Grundlage. Sie höhlt auch das gesetzlich anerkannte Instrument der Vinkulierungsklausel aus. Durch § 15 V GmbHG hat der Gesetzgeber den Beteiligten gerade die Möglichkeit gegeben, einander und ihre Rechtsnachfolger auf Dauer an die Gesellschaft zu binden. Die Gesellschaft darf durch eine Vinkulierungsklausel nicht erpreßbar werden in dem Sinne, daß etwa der Gesellschafter verlangen könnte: »Entweder Ihr

144 *Balz*, a.a.O., S. 134f.; *Baumbach/Hueck/Fastrich*, Anh. § 34 Rdnr. 11; *Kesselmeier*, a.a.O., S. 201ff.; *Ulmer*, a.a.O., S. 751f.; s. auch zum Austritt *Grunewald*, GmbHR 1991, 185ff.

145 Dazu *OLG Köln*, NJW-RR 1997, 356, 357.

146 *RGZ* 114, 212; 125, 114; 128, 1; relativierend zu dieser älteren Rechtsprechung allerdings *Röhricht*, a.a.O., S. 364f.

147 *Flume*, Juristische Person, § 8 III; *Schindler*, S. 36ff.; *Wiedemann* I, § 7 IV 2b; *Balz*, a.a.O., S. 107ff.; *Becker*, a.a.O., S. 148ff.; *H. F. Müller*, a.a.O., S. 39ff.; *Röhricht*, a.a.O., S. 374ff.; *Baumbach/Hueck/Fastrich*, Anh. § 34 Rdnr. 17; *Scholz/Winter*, § 15 Rdnr. 118; *Schwerdtner*, GmbHR 1976, 104f.; *Martens*, GmbHR 1984, 271.

148 Privatrechtliche Schranken der Perpetuierung von Unternehmen, 1973, S. 390ff.; *ders.*, GmbHR 1977, 77; s. auch *Roitzsch*, Der Minderheitenschutz im Verbandsrecht, 1981, S. 92; ähnlich schon *Teichmann*, Gestaltungsfreiheit in Gesellschaftsverträgen, 1970, S. 246.

genehmigt die Anteilsveräußerung, oder ich kündige!« Die Vinkulierung eines Geschäftsanteils soll für Stabilität der Gesellschaft sorgen, nicht für das Gegenteil. Rechtspolitisch mag man über die hierdurch ermöglichten »höferechtlichen Tendenzen«[149] so oder so denken, sollte dabei allerdings nicht vergessen, daß sie der Unternehmenserhaltung und Eigenkapitalsicherung dienen. Darüber hinaus wäre es nicht einmal rechtspolitisch vertretbar, den Mitgesellschaftern das Risiko einer Unverkäuflichkeit des Geschäftsanteils aufzubürden.

Ordentliche Austrittsrechte können deshalb nur durch Kündigungsklauseln in Gesellschaftsverträgen begründet werden. Zur Vermeidung überflüssiger Auslegungsprobleme sollten diese Klauseln so formuliert werden, daß sie den kündigenden Gesellschafter nicht zur Auflösung der GmbH (§ 60 GmbHG), sondern wirklich nur zum Austritt berechtigen[150]. Dieser hat als das mildere Mittel stets den Vorrang vor einer Auflösungskündigung[151].

b) Ein gesetzliches – freilich im Text des GmbH-Gesetzes nicht zum Ausdruck gelangtes – Austrittsrecht des GmbH-Gesellschafters existiert nur als *außerordentliches Austrittsrecht.* Voraussetzung des außerordentlichen Austrittsrechts ist ein wichtiger Grund[152]. Ein solcher liegt vor, wenn Umstände eingetreten sind, die das Verbleiben in der Gesellschaft für den Gesellschafter unzumutbar machen, und wenn eine anderweitige zumutbare Problemlösung – insbesondere eine Anteilsveräußerung – nicht möglich ist. Auch der Austritt des GmbH-Gesellschafters aus wichtigem Grund wird deshalb gern als äußerstes und letztes Mittel bezeichnet[153], aber es gilt zu betonen, daß dies im Vergleich zu der in § 61 GmbHG vorgesehenen Auflösungsklage stets noch ein minder einschneidendes Gestaltungsmittel ist. Nicht selten wenden die Mitgesellschafter deshalb Auflösungsklagen durch Austrittsangebote ab.

c) Ein besonderes *Austrittsverfahren* gibt es nicht. Der Austritt erfolgt schlicht durch *einseitige empfangsbedürftige Willenserklärung* des Austrittswilligen[154]. Dies ist ein grundlegender Unterschied gegenüber der Ausschließung. Die Ausschließung ist ein gegen den Gesellschafter gerichteter Gestaltungsakt, und das Erfordernis eines Gestaltungsurteils soll sicherstellen, daß der Ausschließungsgrund vorab – und nicht erst im Nachhinein – gerichtlich geprüft wird. Bei dem Austritt verhält es sich anders. Der Gesellschafter selbst übt das Gestaltungsrecht aus. Ob der Austritt wirksam ist, mag

---

149 Dazu *Marotzke*, »Höferechtliche Tendenzen« und dogmatische Lösungen ..., AcP 184 (1984), 541 ff.

150 Vgl. *Meyer-Landrut*, a.a.O.; s. aber auch *H.-F. Müller*, a.a.O., S. 125 ff.

151 Auch bei einer Auflösungskündigung wird man es den Mitgesellschaftern gestatten müssen, dem Kündigenden eine Übernahme seines Geschäftsanteils gegen volles Entgelt anzubieten.

152 Vgl. *Balz*, a.a.O., S. 106 ff.; *Immenga*, a.a.O., S. 304 f.; *Röhricht*, a.a.O., S. 378 ff.; *Baumbach/Hueck/Fastrich*, Anh. § 34 Rdnrn. 16 ff.; *Hachenburg/Ulmer*, Anh. § 34 Rdnrn. 49 ff.

153 *RGZ* 128, 1, 17 f.; *OLG Hamm*, GmbHR 1993, 656, 657; *Balz*, a.a.O., S. 112 ff.; *Immenga*, a.a.O., S. 305; *H.-F. Müller*, a.a.O., S. 75 ff.; *Baumbach/Hueck/Fastrich*, Anh. § 34 Rdnr. 18.

154 *Balz*, a.a.O., S. 112 ff.; *Becker*, a.a.O., S. 167 ff.; *Immenga*, a.a.O., S. 312; *H. F. Müller*, a.a.O., S. 87 ff.; *Scholz*, a.a.O., S. 45 ff.; *Hachenburg/Ulmer*, Anh. § 34 Rdnr. 55; *Scholz/Winter*, § 15 Rdnr. 122.

dann nachträglich – notfalls im Wege der Feststellungsklage – unter den Beteiligten geklärt werden. Wegen der hieraus verbundenen Rechtsunsicherheit zieht die Praxis Vereinbarungen vor, in denen ein Einvernehmen über den Austritt und seine Modalitäten getroffen wird.

d) Das Problem des Austrittsrechts liegt bei den *Rechtsfolgen des Austritts.* Noch einmal muß hier der gravierende Unterschied zwischen Personengesellschaft und GmbH herausgestellt werden. Bei der Personengesellschaft trägt jeder Austritt oder Ausschluß seine Rechtsfolge in sich: Der Anteil des Ausscheidenden am Gesellschaftsvermögen wächst ohne weiteres den übrigen Gesellschaftern zu (§ 738 I 1 BGB). Bei der GmbH, deren Stammkapital ja aus der Summe der Stammeinlagen besteht, ist diese Rechtsfolge nicht möglich. Statt dessen kommen als Rechtsfolgen nur in Betracht
– die Einziehung des Geschäftsanteils und
– die Veräußerung des Geschäftsanteils.
Im Hinblick auf diese rechtskonstruktive Besonderheit ist umstritten, wie sich die Rechtslage zwischen der Austrittserklärung und dem Verlust des Geschäftsanteils darstellt. Vor einer Reihe von Jahren überwog noch ein kompliziertes Stufenmodell[155]: Der Austritt soll danach unmittelbar dazu führen, daß die Mitgliedschaftsrechte ruhen und daß dem Gesellschafter, wie bei einer Personengesellschaft, ein Abfindungsanspruch zusteht (erste Stufe); durch Zahlung des Abfindungsbetrags erlangt die Gesellschaft das Recht, nach ihrer Wahl den Geschäftsanteil einzuziehen bzw. die Abtretung an sich selbst oder an einen von ihr benannten Dritten zu verlangen (zweite Stufe); die Gesellschaft schuldet dem ausgetretenen Gesellschafter die Abnahme seines Anteils, und ihre Weigerung kann ihn zur Auflösungsklage nach § 61 GmbHG berechtigen. Ersichtlich bemüht sich diese bei Erscheinen der ersten Auflage noch herrschende Auffassung, den für das Personengesellschaftsrecht geltenden Regeln so nahe wie möglich zu kommen. Sie vermag aber nicht zu überzeugen. Die Mitgliedschaftsrechte des ausscheidenden Gesellschafters enden erst, wenn der Geschäftsanteil eingezogen oder veräußert ist[156]. Für die Zwischenzeit fragt sich nur, inwieweit der Gesellschafter die ihm noch zustehenden Rechte ausüben darf. Hierzu entschied der *Bundesgerichtshof*[157]: »Eine in der Satzung zugelassene Kündigung des Gesellschaftsverhältnisses mit der Folge, daß der Geschäftsanteil des Kündigenden eingezogen oder von einem Mitgesellschafter übernommen werden kann, bewirkt nur dann das Ruhen des Stimmrechts bis zum Ausscheiden des Gesellschafters, wenn die Satzung dies vorsieht. Jedoch mißbraucht der kündigende Gesellschafter sein Stimmrecht, wenn er in dieser Zeit ohne triftigen Grund einer von den

155 So mit Unterschieden im einzelnen *RGZ* 114, 212, 218f.; 125, 114, 118; *Becker*, a.a.O., S. 181ff.; *Immenga*, a.a.O., S. 312; *Hachenburg/Ulmer*, Anh. § 34 Rdnr. 57 (gegen Voraufl.); *Fichtner*, BB 1967, 18; *Esch*, GmbHR 1981, 27f.; dagegen hier schon die 1. Aufl.

156 So im Grundsatz *BGHZ* 88, 320 = BB 1984, 88; *OLG Celle*, GmbHR 1983, 273; *Balz*, a.a.O., S. 116ff.; *H. F. Müller*, a.a.O., S. 94ff.; *Baumbach/Hueck/Fastrich*, Anh. § 34 Rdnrn. 20, 22; *Lutter/Hommelhoff*, § 34 Rdnr. 30; *Meyer-Landrut*, § 15 Rdnr. 40; *Scholz/Winter*, § 15 Rdnr. 123.

157 *BGHZ* 88, 320 = BB 1984, 88.

anderen Gesellschaftern vorgeschlagenen Maßnahme widerspricht, die seine Vermögensinteressen weder unmittelbar noch mittelbar beeinträchtigen kann.«

Die Ausführungen zur Höhe der Abfindung (oben unter IV 2d) gelten sinngemäß auch für das Austrittsentgelt[158].

4. Praktische und rechtspolitische Bedeutung

Austritt und Ausschließung aus einer GmbH mögen rein zahlenmäßig häufig oder selten vorkommen. Für die Ausreifung des GmbH-Rechts sind diese Ergänzungen des vom Gesetzgeber vorgedachten Instrumentariums schlicht unentbehrlich. Die häufig gestellte Frage, worauf dieses Versäumnis des GmbH-Gesetzgebers beruht[159], kann wohl nur im Hinblick auf das Fehlen der personengesellschaftsrechtlichen Anwachsungstechnik beantwortet werden (dazu oben unter III 1 und IV 1): Austritt und Ausschließung sind von der Rechtsfolge her im Kapitalgesellschaftsrecht schlecht unterzubringen. Ohne diese beiden Institute wäre das Recht der GmbH indes unvollständig, und die Ergebnisse in der Praxis wären unstimmig. Deutlich zeigt dies ein Vorgriff auf das Recht der GmbH & Co.

Beispiel Nr. 27: Bei der sog. personengleichen GmbH & Co. KG sind dieselben Personen als Kommanditisten an der Kommanditgesellschaft und als GmbH-Gesellschafter an der Komplementär-GmbH beteiligt. Ist ein Kommanditist aus einem in seiner Person liegenden Grund nicht mehr als Gesellschafter tragbar, so kann er nach § 140 HGB als Kommanditist ausgeschlossen werden. In den Gesellschaftsverträgen ist regelmäßig sogar ein einfacheres Ausschließungsverfahren geregelt. Weder die gesetzliche noch die vertragliche Ausschließung als Kommanditist hätte aber den vom Gesetz bezweckten Erfolg, wenn nicht ein gleiches auch in der Komplementär-GmbH möglich wäre. Die »Verzahnung« zwischen der KG und der GmbH – eine wesentliche Voraussetzung für eine funktionierende GmbH & Co. (unten, § 56 II 3c und IV 1b) – wäre anderenfalls nicht gewährleistet.

---

158 Eingehend *H.F. Müller*, a.a.O., S. 138ff.
159 *Röhricht*, a.a.O., S. 366ff.

§ 36 Die Organisationsverfassung der GmbH

I. Grundlagen*

1. Die notwendigen Organe

a) Das GmbH-Gesetz schreibt nur *zwei Organe* vor: den oder die *Geschäftsführer* als Handlungsorgan (§§ 6, 35 ff. GmbHG) und die *Gesellschafter* als Willensbildungsorgan (§§ 45 ff. GmbHG). Der *Aufsichtsrat* ist nach dem GmbH-Gesetz nur ein fakultatives Organ (§ 52 GmbHG).

b) Ein *obligatorischer Aufsichtsrat* ist nach § 6 MitbestG vorgeschrieben für eine GmbH, die dem Mitbestimmungsgesetz unterliegt (dazu unter IV 2). Dies ist der Fall, wenn die GmbH in der Regel mehr als 2000 Arbeitnehmer beschäftigt (§ 1 I MitbestG).

2. Das Verhältnis der Organe zueinander

a) Die wichtigste Besonderheit des Organisationsrechts der GmbH besteht in der *Weisungsabhängigkeit der Geschaftsführer.* Während der Vorstand der Aktiengesellschaft unter eigener Verantwortung und damit ohne Weisungsabhängigkeit die Gesellschaft leitet (§ 76 I AktG), sind in der GmbH die Gesellschafter das höchste Organ. Ihnen obliegt nicht nur die Bestellung, Abberufung und Entlastung der Geschäftsführer (§ 46 Nr. 5 GmbHG), sondern auch die Prüfung und Überwachung der Geschäftsführung (§ 46 Nr. 6 GmbHG). Die Herrschaft über die GmbH liegt damit bei den Anteilseignern, die nicht nur »ihren Mann« zum Geschäftsführer bestellen[1], sondern ihm sogar Weisungen erteilen können. Die Beliebtheit der GmbH als Konzerntochter hat hier einen entscheidenden Grund. Eine Muttergesell-

* Literatur (vgl. zunächst oben, § 33): *Groß*, Das Innenverhältnis der GmbH, Diss. Bielefeld 1987; *Immenga*, Die personalistische Kapitalgesellschaft, 1970; *Konzen*, Geschäftsführung, Weisungsrecht und Verantwortung in der GmbH und GmbH & Co. KG, NJW 1989, 2977; *Loges*, Läßt sich eine GmbH nach den »Board-System« organisieren? ZIP 1997, 437; *Schall*, Organzuständigkeit in der mitbestimmten GmbH, 1996; *Zitzmann*, Die Vorlagepflichten des GmbH-Geschäftsführers, 1991.

1 Damen sind (dies, um gutgemeinten Zurechtweisungen vorzubeugen) selbstverständlich mit gemeint.

schaft kann als Allein- oder Mehrheitsgesellschafterin einer GmbH ihre unsichtbare Hand ständig über dem GmbH-Management halten. Sie kann ihm Weisungen erteilen, doch bedarf es dessen vielfach nicht einmal.

b) *Grundlagenentscheidungen* liegen immer in der Zuständigkeit der Gesellschafter. Der Geschäftsführer ist insoweit verpflichtet, bevorstehende Maßnahmen den Gesellschaftern zur Beschlußfassung vorzulegen[2]. Vollends in die Zuständigkeit der Gesellschafter gehört die Durchführung strukturändernder Maßnahmen. Beispielsweise kann der Geschäftsführer ohne ihren Beschluß keinen Unternehmensvertrag schließen (unten, § 39 II 2a), auch nicht das Vermögen der Gesellschaft – z.B. auf eine von ihm gegründete Tochtergesellschaft – übertragen (zur Umgehungsfestigkeit des Umwandlungsrechts vgl. oben, § 13 I 4)[3], und er darf im Innenverhältnis die Geschäftspolitik nicht ohne Befragung der Gesellschafter ändern[4]:

Beispiel Nr. 1 (nach *BGH*, NJW 1991, 1681; dazu krit. *Kort*, ZIP 1991, 1274ff.): Die im Softwarebereich tätige Gesellschaft arbeitete bisher mit der Firmengruppe X zusammen, während deren Konkurrentin, die Firmengruppe Y, diese Programme bisher nicht verwenden konnte. In einer solchen Situation darf der Geschäftsführer nach Auffassung des *BGH* nicht ohne weiteres zur Firmengruppe Y überlaufen, ohne die Gesellschafter zu befragen.

Schwierig, aber notwendig ist bei diesen Beschränkungen die richtige Abgrenzung von Innenverhältnis und Außenverhältnis. So kann die Ingangsetzung eines Großprojekts im Innenverhältnis die Zustimmung der Gesellschafter notwendig machen, ohne doch die Vertretungsmacht im Außenverhältnis zu berühren (vgl. allerdings zum Mißbrauch der Vertretungsmacht alsbald unter II 3c). Strukturändernde Geschäfte wie Unternehmens- oder Verschmelzungsverträge sind dagegen auch im Außenverhältnis ohne Zustimmung der Gesellschafter unwirksam (oben, § 6 IV 4; unten, § 39 II 2a). Die Aufnahme eines stillen Gesellschafters kann im Innenverhältnis zustimmungsbedürftig sein, aber die Ausstattung eines atypischen stillen Gesellschafters mit Kommanditistenrechten, also die Bildung einer »Binnen-KG«, ist als strukturändernde Maßnahme ohne Zustimmung unwirksam (unten, § 62 III c).

---

2 Vgl. *BGH*, NJW 1984, 1461, 1462; *Baumbach/Hueck/Zöllner*, § 37 Rdnrn. 6ff.; *Zitzmann*, a.a.O.
3 Vgl. *BGH*, NJW 1995, 596 (KG): Analogie zu § 179a AktG; *Karsten Schmidt*, ZGR 1995, 675ff.
4 *BGH*, NJW 1991, 1681; *Baumbach/Hueck/Zöllner*, § 37 Rdnr. 6g; *Lutter/Hommelhoff*, § 37 Rdnr. 8; enger *Zitzmann*, a.a.O., S. 63–107; *Kort*, ZIP 1991, 1274ff.

II. Der Geschäftsführer*

1. Aufgaben

a) Die *Geschäftsführer* einer GmbH sind *das notwendige Geschaftsführungs- und Vertretungsorgan der Gesellschaft.* Die Aufgaben der Geschäftsführer sind insbesondere die folgenden[5]:
- gerichtliche und außergerichtliche Vertretung der GmbH (§ 35 I GmbHG),
- geschäftsleitende Tätigkeit,
- Buchführung und Aufstellung des Jahresabschlusses und des Lageberichts (§ 41 GmbHG, §§ 264, 242 HGB),
- Einberufung der Gesellschafterversammlung (§ 49 GmbHG),
- Auskunftserteilung an Gesellschafter (§ 51 a GmbHG),
- Anmeldungen zum Handelsregister (§ 78 GmbHG),
- Einreichung der Gesellschafterliste (§ 40 GmbHG),
- Stellung des Antrags auf Eröffnung eines Insolvenzverfahrens (bis 1998: Konkurs- oder Vergleichsantrags) bei Zahlungsunfähigkeit, drohender Zahlungsunfähigkeit oder Überschuldung (§§ 15 InsO, 64 GmbHG).

b) *Notwendiges Organ* sind die Geschäftsführer. Ohne Geschäftsführer ist eine GmbH handlungsunfähig (vgl. näher oben, § 10 I 1 c aa und § 14 II 1). Prokuristen und sog. »Generalbevollmächtigte«[6] können die Geschäftsführer nicht ersetzen. Wenn in der Praxis »Generalvollmachten« erteilt werden, so ist dies selbstverständlich zulässig. Klarheit muß nur darüber bestehen, daß ein solcher »Generalbevollmächtigte« eben nur ein Bevollmächtigter und

---

* Literatur (Auswahl): *Baums*, Der Geschäftsleitervertrag, 1987; *Daumke/Keßler*, Der GmbH-Geschäftsführer, 2. Aufl. 1999; *Fleck*, Das Dienstverhältnis der Vorstandsmitglieder und Geschäftsführer in der GmbH, WM-Sonderbeilage 3/1968 und 3/1981; *ders.*, Die Drittanstellung des GmbH-Geschäftsführers, ZHR 149 (1985), 387; *ders.*, Mißbrauch der Vertretungsmacht oder Treubruch des ... GmbH-Geschäftsführers aus zivilrechtlicher Sicht, ZGR 1990, 31; *ders.*, Das Dienstverhältnis der Vorstandsmitglieder und Geschäftsführer in der Rechtsprechung des BGH, WM 1994, 1957; *Gissel*, Arbeitnehmerschutz für den GmbH-Geschäftsführer, 1987; *Groß*, Das Anstellungsverhältnis des GmbH-Geschäftsführers, 2. Aufl. 1988; *Höhn*, Die Geschäftsleitung der GmbH, 2. Aufl. 2000; *Hoffmann/Liebs*, Der GmbH-Geschäftsführer, 2. Aufl. 2000; *Hommelhoff*, Unternehmensführung in der mitbestimmten GmbH, ZGR 1978, 119; *Jaeger*, Der Anstellungsvertrag des GmbH-Geschäftsführers, 3. Aufl. 1994; *Klamroth*, Der GmbH-Geschäftsführer, 13. Aufl. 2000; *Konzen*, Geschäftsführung, Weisungsrecht und Verantwortlichkeit in der GmbH und GmbH & Co. KG, NJW 1989, 2977; *Krieger*, Personalentscheidungen des Aufsichtsrats, 1981; *Martens*, Das Arbeitsrecht der leitenden Angestellten, 1981; *ders.*, Die außerordentliche Beendigung von Organ- und Anstellungsverhältnis, in: Festschrift Werner, 1984, S. 495; *Mildenberger*, Der Geschäftsführervertrag, 2000; *Säcker*, Kompetenzstrukturen bei Bestellung und Anstellung von Mitgliedern des unternehmerischen Leitungsorgans, BB 1979, 1321; *Uwe H. Schneider*, Die Geschäftsordnung der GmbH-Geschäftsführer ..., in: Festschrift Mühl, 1981, S. 633; *Spörlein/Tausend*, Handbuch für den Geschäftsführer der GmbH, 16. Aufl. 1995; *Sudhoff*, Rechte und Pflichten des Geschäftsführers einer GmbH, 14. Aufl. 1994; *Tillmann*, Der GmbH-Geschäftsführervertrag, 6. Aufl. 1995; *Zöllner*, GmbH und GmbH & Co. KG in der Mitbestimmung, ZGR 1977, 319.

5 Eingehend *Burkert*, a.a.O., § 4; *Sudhoff*, a.a.O., S. 72ff., 101ff.

6 Dazu *Hübner*, ZHR 143 (1979), 1; *Hachenburg/Mertens*, § 35 Rdnr. 103; *Scholz/Uwe H. Schneider*, § 35 Rdnrn. 17ff.; *Geitzhaus*, GmbHR 1989, 229; *Joussen*, WM 1994, 273.

weder ein organschaftlicher Vertreter ist noch einen solchen ersetzen kann (vgl. oben, § 14 II 2b sowie Handelsrecht, § 16 II 1b)[7]. Ist die Gesellschaft handlungsunfähig, so kann das Gericht analog § 29 BGB einen Notgeschäftsführer bestellen, dies aber nur vorübergehend[8]. Kommt auf die Dauer die Bestellung eines Geschäftsführers nicht zustande, so kann dies ein Auflösungsgrund nach § 61 GmbHG sein.

c) In kleinen Gesellschaften m.b.H. ist die Geschäftsführung, auch wenn es mehrere Geschäftsführer gibt, meist ungeteilt. Es gibt aber auch *Gesellschaften mit geteilter Ressort- oder Spartenzuständigkeit* (vgl. zur Problematik beim AG-Vorstand oben, § 28 II 3b). Dann bleibt jedoch den Geschäftsführern die Pflicht zu wechselseitiger Kooperation und Kontrolle[9]. Im Außenverhältnis handelt ein Spartengeschäftsführer stets als Vertreter der GmbH, denn sie, nicht die Sparte, ist Rechts- und Unternehmensträgerin.

2. Bestellung und Anstellung

a) Das Gesetz zieht den *Kreis der geeigneten Personen* weit. Geschäftsführer der GmbH können natürliche, unbeschränkt geschäftsfähige Personen sein (§ 6 II 1 GmbHG)[10]. Es kommt nicht darauf an, ob die Geschäftsführer Gesellschafter oder andere Personen sind (§ 6 II 1 GmbHG). *Fremdorganschaft* ist also zugelassen (über Selbstorganschaft und Fremdorganschaft vgl. oben, § 14 II 2). Miteinander unvereinbar sind allerdings ein Sitz im Aufsichtsrat und das Amt des Geschäftsführers[11]. Nach § 6 II 2, 3 GmbHG hindert die Verurteilung wegen einer Straftat nach §§ 283–283d StGB oder ein Berufsverbot die Bestellung zum Geschäftsführer. Auch der Gesellschaftsvertrag kann Eignungsvoraussetzungen vorschreiben[12]. Diese gelten dann grundsätzlich auch für einen vom Gericht zu bestellenden Notgeschäftsführer[13]. Das Gesetz stellt die Zahl der Geschäftsführer in das Belieben der Gesellschafter (vgl. § 6 I GmbHG)[14]. In den meisten GmbH-Verträgen sind Regelungen über die Zahl der Geschäftsführer enthalten. Auf die besondere Rechtslage nach dem Mitbestimmungsgesetz wird unter IV 2 einzugehen sein.

---

7 Wie hier *Scholz/Uwe H. Schneider*, § 35 Rdnrn. 17ff.

8 Vgl. *RGZ* 116, 116, 118f.; 138, 98, 101; *BayObLG*, GmbHR 1995, 896; NJW-RR 1998, 1254; NJW-RR 1999, 1259; *OLG Düsseldorf*, NJW-RR 1997, 1398; *Sudhoff*, a.a.O., S. 102; *Hohlfeld*, GmbHR 1986, 181; *Gustavus*, GmbHR 1992, 15ff.

9 Eingehend *Höhn*, a.a.O., S. 60ff., 114ff.; *Uwe H. Schneider*, in: Festschrift 100 Jahre GmbH-Gesetz, 1992, S. 473ff.

10 Über Ausländer mit unbeschränkter Einreisemöglichkeit vgl. *OLG Köln*, NZG 1999, 269; *OLG Köln*, GmbHR 1999, 182; *OLG Hamm*, NZG 1999, 1004; *Wachter*, ZIP 1999, 1577; *Melchior*, DB 1997, 413.

11 Vgl. *OLG Frankfurt*, BB 1981, 1542.

12 H.M.; einschränkend *Reuter*, Privatrechtliche Schranken der Perpetuierung von Unternehmen, 1971, S. 168ff.

13 Vgl. *BayObLG*, NJW 1981, 995.

14 Zum stellvertretenden Geschäftsführer *BGH*, NJW 1998, 1071.

b) Die *Bestellung* erfolgt bei einer nicht der Mitbestimmung unterliegenden GmbH entweder im Gesellschaftsvertrag oder durch die Gesellschafter (§§ 6 III 2, 46 Nr. 5 GmbHG)[15]. Bestimmt der Gesellschaftsvertrag einen Gesellschafter zum Geschäftsführer, so kann darin die Einräumung eines sog. Vorzugs- oder Sonderrechts zugunsten eines Gesellschafters liegen[16]. Dann kann nur aus wichtigem Grund eine Bestellung als Geschäftsführer abgelehnt oder widerrufen werden (dazu oben, § 19 III 3 c; vgl. auch § 38 II GmbHG). Im Zweifel begründet aber die bloße Aufnahme in die Satzungsurkunde noch kein solches Sonderrecht[17]. Dann ist die Bestellung zum Geschäftsführer jederzeit widerruflich (vgl. § 38 I GmbHG), auch wenn sich die Gesellschaft hierdurch schadensersatzpflichtig macht. Umstritten war, ob auch der Geschäftsführer seinerseits das Amt, ohne daß ein wichtiger Grund vorliegt, niederlegen kann[18]. Schon nach *BGHZ* 78, 82 = NJW 1980, 2415 soll eine aus wichtigem Grund erfolgende Amtsniederlegung ohne weiteres wirksam sein, ohne daß diese Wirkung vom objektiven Vorhandensein des wichtigen Grundes abhinge. *BGHZ* 121, 257 = NJW 1993, 1198 geht noch weiter: »Die Amtsniederlegung ... ist grundsätzlich auch dann sofort wirksam, wenn sie nicht auf einen angeblich wichtigen Grund gestützt wird.« Dem ist im Interesse der Rechtsklarheit zu folgen[19], und zwar selbst für einen Alleingeschäftsführer[20]. Selbstverständlich schließt die Wirksamkeit der Amtsniederlegung eine Schadensersatzhaftung nicht aus, und sie kann auch nicht die Verantwortlichkeit für schon entstandene Pflichten und Pflichtverletzungen beseitigen. Kraft Gesetzes endet das Amt des Geschäftsführers im Fall eines Berufsverbots (näher § 6 II 3 GmbHG), im Fall rechtskräftiger Verurteilung wegen einer Konkursstraftat (näher § 6 II 2 GmbHG), außerdem dann, wenn er geschäftsunfähig wird[21]. Bestellung und Abberufung sind im Handelsregister einzutragen (§§ 8, 39 GmbHG), womit auch ein Vertrauensschutz nach § 15 HGB begründet ist (zu diesem vgl. Handelsrecht § 14). Grenzen des § 15 I HGB demonstriert allerdings unser

Beispiel Nr. 2 (nach *BGHZ* 115, 78; dazu *Karsten Schmidt*, JuS 1991, 1002; Vorinstanz *OLG München*, JZ 1990, 1029 m. Anm. *Roth*): Im Rahmen einer Wechselklage gegen eine GmbH hatte sich herausgestellt, daß der Geschäftsführer bereits vor der Wechselzeichnung geschäftsunfähig geworden war. Dem Fortfall der Geschäftsführerbefugnis konnte zugunsten der gutgläubigen Klägerin mit § 15 I HGB begegnet werden, aber gegenüber der Nichtigkeit der Wechselzeichnung nach § 105 BGB konnte der *Bundesgerichtshof* nur mit einer besonderen, über § 15 I HGB hinausgehenden Vertrauensschutzkonstruktion helfen (Handelsrecht § 14 II 4 e).

---

15 *BGH*, LM Nr. 31 zu § 46 GmbHG; *Sudhoff*, a. a. O., S. 5f.

16 *Goette*, GmbH, § 8 Rdnr. 12; eingehend *Hachenburg/Ulmer*, § 6 Rdnr. 18.

17 *RGZ* 44, 95, 97f.; *RG*, LZ 1909, 75; *Hachenburg/Ulmer*, § 6 Rdnr. 18; *Scholz/Uwe H. Schneider*, § 6 Rdnr. 31.

18 Überblick *bei Klatte*, Die Amtsniederlegung des Geschäftsführers einer GmbH, 1997, S. 113ff.

19 Bestätigend *BGH*, GmbHR 1995, 653; s. auch *OLG Frankfurt*, NJW-RR 1993, 105; *Hachenburg/Stein*, § 38 Rdnr. 135; *Roth/Altmeppen*, § 38 Rdnr. 58; *Scholz/Uwe H. Schneider*, § 38 Rdnr. 87; dies entspricht der hier schon in den Vorauflagen vertretenen Auffassung.

20 *Scholz/Uwe H. Schneider*, § 38 Rdnr. 87; s. auch *Eckert*, KTS 1990, 33.

21 *BGHZ* 115, 78; Vorinstanz: *OLG München*, NJW-RR 1990, 1450 = JZ 1990, 1029 m. Anm. *Wulf-Henning Roth*.

c) Der *Anstellungsvertrag*[22] ist – wie bei dem Vorstand einer AG – von der Bestellung des Geschäftsführers als Organ zu unterscheiden (str.; vgl. oben, § 14 III 2). Er ist i.d.R. ein Dienstvertrag, begründet aber kein Arbeitsverhältnis, denn der Geschäftsführer ist nicht Arbeitnehmer der GmbH (zum Problem unter II 4b sowie oben, § 14 III 2)[23]. Die Gesellschaft wird – was oft übersehen wird – bei dem Abschluß, der Aufhebung und der Änderung des Vertrags von den Gesellschaftern vertreten[24]. Ist für die Bestellung und Abberufung des Geschäftsführers ein fakultativer Aufsichtsrat zuständig, so gilt dies im Zweifel auch für Abschluß, Änderung oder Beendigung des Anstellungsvertrags[25]. Aus dem Nebeneinander von Organ*be*stellung und *An*stellungsverhältnis können sich schwierige Koordinationsprobleme ergeben.

Beispiel Nr. 3 (nach *BGH*, GmbHR 1978, 85): Ein Jahr vor Ablauf des befristeten Anstellungsvertrags legt Geschäftsführer G sein Amt unter Aufrechterhaltung seiner Gehaltsansprüche fristlos nieder. Diese Amtsniederlegung ist, wie bereits festgestellt, grundsätzlich wirksam, aber sie kann als Nichterfüllung des fortgeltenden Vertrags, die Gesellschaft also zur Kündigung berechtigt anzusehen sein.

Beispiel Nr. 4 (nach *BGH,* NJW 2000, 2983): Der Dienstvertrag des Geschäftsführers war ohne Zustimmung der Gesellschafter abgeschlossen, also nicht wirksam. Das hatte aber nicht zur Folge, daß der Geschäftsführer sein Gehalt wieder herausgeben mußte, sondern es galten sinngemäß die Grundsätze über fehlerhafte Arbeitsverhältnisse.

Beispiel Nr. 5: Die Gesellschaft kann im vorausgegangenen Fall ihrerseits berechtigt sein, den Anstellungsvertrag gemäß § 626 BGB aus wichtigem Grund zu kündigen. Im Fall einer außerordentlichen Kündigung ist umstritten, ob sich die Gesellschaft an die Ausschlußfrist des § 626 II BGB halten muß. Das wird im Grundsatz bejaht[26]. Die Vorschrift gilt für den Anstellungsvertrag, nicht auch für das Organverhältnis als Geschäftsführer der GmbH. Beides muß aber sinnvoll koordiniert werden, weshalb die Ausschlußfrist regelmäßig erst mit dem Widerruf des Geschäftsführeramts beginnt[27]. Umgekehrt berechtigt das Recht zur Abberufung eines Geschäftsführers im Zweifel auch zur Kündigung des Vertrags[28]. Für die ordentliche Kündigung gilt die Frist des § 622 BGB.

---

22 Vgl. eingehend *Baums*, a.a.O., passim; *Goette,* GmbH, a.a.O., § 8 Rdnrn. 68ff.; *Hoffmann/Liebs*, a.a.O., Rdnrn. 231ff.; *Jaeger*, *Klamroth*, a.a.O.; *Mildenberger,* a.a.O.; *Reuter,* in: Festschrift Zöllner I, 1998, S. 487ff.; *Sudhoff,* a.a.O., S. 13ff.; *Tillmann*, a.a.O.; *Baumbach/Hueck/Zöllner*, § 35 Rdnrn. 92ff.; *Hachenburg/Stein*, § 35 Rdnrn. 136ff.; *Scholz/Uwe H. Schneider*, § 35 Rdnrn. 149ff.; *Fleck*, WM 1994, 1957ff.; *Reiserer*, DB 1994, 1822ff.; *Wimmer*, DStR 1997, 247.

23 *BGHZ* 12, 1, 8; 91, 217, 219; *BGH*, WM 1978, 319, 320 m.w.N.; *BAG*, GmbHR 1993, 35; *BAG*, GmbHR 1996, 681; eine Abmahnung vor fristloser Kündigung ist regelmäßig nicht erforderlich: *BGH*, NJW 2000, 1638; *Baumbach/Hueck/Zöllner*, § 35 Rdnr. 97 b; krit. *Scholz/Uwe H. Schneider*, § 35 Rdnrn. 159ff.; eingehend *Gissel*, a.a.O., S. 13ff., 49ff., 115ff.; zum Recht der Arbeitnehmererfindungen bemerkenswert *BGHZ* 110, 30 = NJW 1990, 1289; zum Gleichbehandlungsgrundsatz *BGH*, DB 1990, 371; GmbHR 1994, 546.

24 *BGHZ* 89, 48, 54f.; *BGH*, NJW 1991, 1680; *BGH*, NJW-RR 1997, 669; *BGH,* NJW 2000, 2983 m.w.N.

25 Vgl. *BGH*, LM Nr. 17 zu § 38 GmbHG m.Anm. *Hirte* = NJW 1999, 3263.

26 *BGH*, GmbHR 1975, 200; NJW 1976, 797; 1995, 2850, 2851; *Scholz/Uwe H. Schneider*, § 35 Rdnr. 219; krit. *Baumbach/Hueck/Zöllner*, § 35 Rdnr. 118; eingehend *Martens*, in: Festschrift Werner, a.a.O., S. 495ff.

27 So grundlegend für den Fall, daß der rechtliche Schwerpunkt bei dem Organverhältnis liegt, *Martens*, in: Festschrift Werner, a.a.O.

28 Vgl. *BGH*, LM Nr. 17 zu § 38 GmbHG m.Anm. *Hirte* = NJW 1999, 3263.

Beispiel Nr. 6 (vgl. eingehend *Fleck*, ZHR 149 [1985], 387ff.; *Schneider*, GmbHR 1993, 10): Nicht selten wird der Anstellungsvertrag des Geschäftsführers nicht mit der GmbH selbst abgeschlossen, sondern mit einem Dritten, z.B. mit einer Muttergesellschaft im GmbH-Konzern[29] oder im Fall einer GmbH & Co. mit der Kommanditgesellschaft[30]. Stellen wir uns also vor, daß der Geschäftsführer der T-GmbH nicht bei dieser, sondern bei deren Muttergesellschaft, der M-AG, angestellt ist, so fragt sich zunächst, ob es angeht, den Anstellungsvertrag in die Hände der M zu legen, obwohl doch das zwingende Abberufungsrecht eine Sache der T bleiben muß. Entscheidende Bedenken sind indes nicht ersichtlich, denn faktisch liegt die Entscheidung in beiden Fällen in der Hand der weisungsberechtigten Muttergesellschaft. Hat nicht ein weisungsberechtigtes Mutterunternehmen, sondern eine Schwestergesellschaft S den Vertrag abgeschlossen, so müssen die Beteiligten selbst für eine Koordination des Anstellungsverhältnisses mit dem Geschäftsführeramt sorgen. Ein rechtliches Hindernis für eine Anstellung bei einem Drittunternehmen ist auch hier nicht zu erblicken (*Fleck*, a.a.O., S. 393). Allerdings müssen die Gesellschafter dem Drittvertrag ausdrücklich oder konkludent zustimmen. Zu einem Interessenkonflikt kann es kommen, soweit sich aus dem Anstellungsvertrag Weisungsrechte des Dritten ergeben. Solche Weisungsrechte haben naturgemäß unterschiedliche Qualität, je nachdem, ob der Dritte – hier die M – auch nach Gesellschaftsrecht weisungsbefugt ist oder ob solche gesellschaftsrechtlichen Weisungsrechte – wie hier bei der S – fehlen. Kommt es zu Konflikten zwischen den Pflichten des G als Gesellschaftsorgan und den Vertragspflichten gegenüber M oder S, so verdienen die gesellschaftsrechtlichen Pflichten den Vorrang (eingehend *Fleck*, a.a.O.).

d) In der *mitbestimmten GmbH*, die nach § 6 MitbestG einen Aufsichtsrat haben muß, ergibt sich aus §§ 25, 31 MitbestG, daß die Geschäftsführer nicht von den Gesellschaftern, sondern vom Aufsichtsrat bestellt und abberufen werden. Heftig umstritten war die Frage, ob dann auch der Anstellungsvertrag aus der Kompetenz der Gesellschafter in die Kompetenz des Aufsichtsrats übergeht[31]. Dies wurde bejaht im »Reemtsma«-Urteil des *Bundesgerichtshofs* (*BGHZ* 89, 48): »In der mitbestimmten GmbH ist der Aufsichtsrat auch für Abschluß, Änderung und Aufhebung der Anstellungsverträge mit Geschäftsführern und die dazu notwendigen Entscheidungen zuständig.« Dagegen bleiben die Weisungsrechte der Gesellschafter gegenüber der Geschäftsführung (oben unter I 2) auch in der mitbestimmten GmbH unberührt[32].

3. Die Vertretungsmacht des Geschäftsführers

a) Die Geschäftsführer sind *organschaftliche Vertreter* der Gesellschaft (vgl. eingehend zur organschaftlichen Vertretung oben, § 10 II). Die GmbH wird

---

29 Vgl. *BGH*, WM 1964, 1320; *BAG*, AP Nr. 2 zu § 611 BGB = DB 1972, 2358; *Scholz/Uwe H. Schneider*, § 35 Rdnrn. 167, 169.

30 Vgl. *BGH*, LM Nr. 7 zu § 109 HGB; GmbHR 1995, 306; *Scholz/Uwe H. Schneider*, § 35 Rdnr. 169.

31 Verneinend in der Vorinstanz zu *BGHZ* 89, 48: *OLG Hamburg*, GmbHR 1983, 98 m. krit. Anm. *Konzen*; eingehend *Werner*, in: Festschrift Fischer, 1979, S. 821ff.; wie der BGH: *Baumbach/Hueck/Zöllner*, § 52 Rdnr. 185; *Hachenburg/Stein*, § 35 Rdnr. 181; *Hachenburg/Raiser*, § 52 Rdnr. 293 m.w.N.; *Scholz/Uwe H. Schneider*, § 35 Rdnr. 176 (mit Kritik Rdnr. 177); ausführlich *Baums*, a.a.O., S. 117ff.

32 *Hoffmann/Liebs*, a.a.O., Rdnr. 322.

durch die Geschäftsführer gerichtlich und außergerichtlich vertreten (§ 35 I GmbHG). Im Zweifel sind sie Gesamtvertreter (§ 35 II 2 GmbHG); nur bei der Passivvertretung, also bei Erklärungen Dritter gegenüber der GmbH, sicht das Gesetz eine Einzelvertretungsmacht als Regel vor (§ 35 II 3 GmbHG). Aus Zweckmäßigkeitsgründen wird aber häufig in Gesellschaftsverträgen Einzelvertretungsmacht angeordnet[33]. Ein Gesamtvertreter kann auch den anderen zu alleinigem Handeln ermächtigen (näher unten, § 48 II 3 b)[34]. Problematisch ist die »unechte Gesamtvertretung« gemeinsam mit einem Prokuristen[35]. Da die Geschäftsführer als notwendiges Organ der Gesellschaft handlungsfähig sein müssen, ist eine Regelung unzulässig, nach der der einzige Geschäftsführer ohne Mitwirkung eines Prokuristen die Gesellschaft nicht vertreten kann (näher Handelsrecht, § 16 III 3 c).

b) Nach § 181 BGB unterliegt der Geschäftsführer einer GmbH dem sog. *Selbstkontrahierungsverbot bei Insichgeschäften* (oben; § 10 II 3)[36], und zwar auch bei der Einpersonengesellschaft (§ 35 IV GmbHG, dazu unten, § 40 III 2 b). Anderes gilt nach § 181 BGB, wenn das Selbstkontrahieren dem Geschäftsführer gestattet ist. Daher muß unterschieden werden: Im Einzelfall kann das für die Bestellung und Abberufung des Geschäftsführers zuständige Organ – im Zweifel also die Versammlung der Gesellschafter – die Gestattung aussprechen[37]. Eine generelle Befreiung von § 181 BGB kann dagegen nur durch die Satzung erteilt werden und bedarf nach § 10 II 2 GmbHG der Eintragung im Handelsregister[38].

c) Die Geschäftsführer sind auch im Vertretungsbereich *pflichtgebunden.* Nach § 37 I GmbHG haben sie der Gesellschaft gegenüber die sich aus dem Gesellschaftsvertrag oder aus Weisungen der Gesellschafter ergebenden Beschränkungen einzuhalten[39]. Aber nach außen hin ist die *organschaftliche Vertretungsmacht unbeschränkbar*[40]. § 37 II GmbHG stellt dies ausdrücklich klar. Nur wenn der Geschäftsführer den im Namen der GmbH geschlossenen Vertrag von der Zustimmung der Gesellschafter abhängig macht, kommt es im Außenverhältnis hierauf an[41]. Die Unbeschränkbarkeit der Vertretungsmacht ist bei der GmbH im Hinblick auf die Weisungsgebundenheit der Geschäftsführer von besonderer Bedeutung, denn anderenfalls schlüge jede Weisung der Gesellschafter nach § 177 BGB auf das Außenverhältnis durch: Ein pflichtwidrig vom Geschäftsführer abgeschlossenes Geschäft wäre

33 *Sudhoff*, a.a.O., S. 56.
34 Zur Duldungsvollmacht vgl. *BGH*, NJW 1988, 1199.
35 Vgl. *Hoffmann/Liebs*, a.a.O., Rdnr. 303.1; *Sudhoff*, a.a.O., S. 57f.; eingehend *Roquette*, in: Festschrift Oppenhoff, 1985, S. 335ff.
36 Vgl. *Schramm*, in: MünchKommBGB, § 181, Rdnr. 16b.
37 Vgl. *BGHZ*, 87, 59, 60; *OLG Hamm*, NJW-RR 1998, 1193; *Scholz/Uwe H. Schneider*, § 35 Rdnr. 99 m.w.N.
38 *BGHZ*, 87, 59, 61; 114, 167, 170; *Scholz/Uwe H. Schneider*, § 35 Rdnrn. 84f.; a.M. *Roth/Altmeppen*, § 35 Rdnr. 60; *Altmeppen*, NJW 1995, 1185f.; *Kanzleiter*, DNotZ 1996, 819ff.
39 Dazu im einzelnen *Boesebeck*, GmbHR 1960, 118ff.
40 Statt vieler *Hachenburg/Stein*, § 37 Rdnr. 32; *Sudhoff*, a.a.O., S. 66f.
41 Dann findet § 37 II GmbHG keine Anwendung; vgl. *BGH*, NJW 1997, 2678.

schwebend unwirksam. Das wäre mit den Belangen des Verkehrsschutzes unvereinbar, und deshalb hat der Gesetzgeber die Vertretungsmacht im Außenverhältnis unbeschränkbar gestaltet. Schließt der Geschäftsführer unter Verletzung seiner internen Pflichten ein Geschäft im Namen der GmbH ab, so ist dies kein Handeln ohne Vertretungsmacht, sondern es kann nur ein *Mißbrauch der Vertretungsmacht* vorliegen, der nur dann nach außen durchschlägt, wenn der Mißbrauch evident ist (vgl. eingehend oben, § 10 II 2 sowie Handelsrecht § 16 III 4).

Beispiel Nr. 7 (nach *BGH*, DB 1973, 2340 = GmbHR 1974, 7): Ohne Billigung oder Wissen des Mitgeschäftsführers übernahm der Geschäftsführer G namens der GmbH eine hohe Bankbürgschaft. Alle Instanzen gingen mit der ständigen Rechtsprechung des *Bundesgerichtshofs* davon aus, daß sich der Vertragspartner einer Handelsgesellschaft dann nicht auf die Unbeschränkbarkeit der Organvertretungsmacht (§§ 126 II HGB, 82 AktG, 37 II GmbHG) berufen könne, wenn der Vertreter bewußt zum Nachteil der Gesellschaft gehandelt und von seiner Vertretungsmacht in ersichtlich verdächtiger Weise Gebrauch gemacht hat, so daß beim Vertragsgegner begründete Zweifel entstehen mußten, ob der Vertreter seine Vertretungsmacht nicht mißbrauchte. Während aber die Vorinstanzen eine Evidenz des Mißbrauchs verneint hatten, hielt der *BGH* die Bürgschaftsübernahme für verdächtig und verwies den Rechtsstreit zur weiteren Aufklärung zurück.

Beispiel Nr. 8 (nach *BGH*, WM 1976, 658): Ohne Wissen seiner Mitgeschäftsführer hatte Geschäftsführer G die Gesellschaft in Millionenhöhe durch Wechselgeschäfte belastet. G war nach dem Gesellschaftsvertrag allein zur Vertretung berechtigt. Der *Bundesgerichtshof* entschied, es werde jedenfalls für den Fall vorsätzlichen Mißbrauchs daran festgehalten, daß sich ein Dritter nicht auf den zwingenden Umfang der Vertretungsmacht berufen könne, wenn der Mißbrauch dem Dritten bekannt war oder sich geradezu aufdrängen mußte. Zur Feststellung, ob dies der Fall war, verwies der *Senat* auch diese Sache in die Tatsacheninstanz zurück.

Beispiel Nr. 9 (in Anlehnung an *BGH*, NJW 1984, 1461; dazu *Roth*, ZGR 1985, 265): Angenommen, die Geschäftsführerin B einer GmbH schließt entgegen dem Willen ihres Mitgesellschafters R mit einer T-KG ein großes Produktionsanlagengeschäft, so mißbraucht sie ihre Vertretungsmacht. Ist dieser Mißbrauch für den Geschäftsgegner evident, so ist das Geschäft schwebend unwirksam. Der *Bundesgerichtshof* der über die Rechte und Pflichten eines von der B zwischengeschalteten Steuerberaters zu entscheiden hatte, führte wörtlich aus: »Für die Willensbildung innerhalb der GmbH kam es entscheidend auf das Wissen aller Gesellschafter an, weil es sich bei dem Produktionsvertrag mit T um ein Geschäft handelte, über dessen Abschluß angesichts seiner Bedeutung die Geschäftsführung allein nicht entscheiden durfte. Dieses Wissen hat Frau B dem Gesellschafter R vorenthalten, weil sie seinen Widerspruch befürchtete. Hierbei hat der Bekl. mit ihr zusammengewirkt, indem er sich von ihr als ›Durchgangsstation‹ für die Verwendung von Gesellschaftsmitteln benutzen ließ, um sie vor R geheimzuhalten und diesen am Einschreiten zu hindern. Unter diesen Umständen kann sich der Bekl. nach Treu und Glauben nicht darauf berufen, bei der Entgegennahme und Weiterleitung des Geldes in Erfüllung eines ihm wirksam namens der GmbH erteilten Auftrags tätig geworden zu sein. Er muß sich vielmehr wie ein Geschäftsführer ohne Auftrag behandeln lassen.«

4. Die Haftung des Geschäftsführers gegenüber der GmbH*

a) Im Verhältnis zur Gesellschaft haftet der Geschäftsführer für Pflichtverletzungen nach § 43 GmbHG. Steht der objektive Tatbestand einer im Verantwortungsbereich des Geschäftsführers liegenden Schädigung einschließlich der Kausalität fest[42], so wird das Verschulden vermutet; der Geschäftsführer muß sich dann also exkulpieren[43]. Mehrere Geschäftsführer haften als Gesamtschuldner (§ 43 II GmbHG), dies allerdings nicht im Sinne einer Einstandshaftung, sondern nur, soweit sie auch schuldhaft an der Schädigung der Gesellschaft durch Tun, Unterlassen oder Dulden beteiligt waren[44]. Doch besteht eine Gesamtverantwortung, von der sie durch Zuständigkeitsteilung nicht frei werden[45]. Ob neben der gesetzlichen Haftung aus dem organschaftlichen Sonderrechtsverhältnis auch noch eine besondere Haftung aus dem i. d. R. bestehenden Dienstvertrag besteht, ist zweifelhaft[46]. Man wird Anspruchskonkurrenz annehmen können, was insbesondere dann eine Rolle spielt, wenn der Anstellungsvertrag nicht mit der GmbH selbst geschlossen ist[47]. Dem hat zwar der *Bundesgerichtshof* entgegengehalten, § 43 GmbHG nehme als Spezialnorm die Vertragshaftung in sich auf, so daß insbesondere die Verjährung nach § 43 IV GmbHG die ganze Haftung erfasse[48]. Für dieses – nach §§ 195 ff. BGB neu zu durchdenkende – Ergebnis

* Literatur (Auswahl; vgl. zunächst oben unter II): *Abeltshauser*, Leitungshaftung im Kapitalgesellschaftsrecht, 1998; *Altmeppen*, Die Haftung des Managers im Konzern, 1998; *Barner*, Die Entlastung als Institut des Verbandsrechts, 1990; *Dreher*, Die persönliche Verantwortlichkeit von Geschäftsleitern, ZGR 1992, 22; *Espey/v. Bitter*, Haftungsrisiken des GmbH-Geschäftsführers, 1990; *Fleck*, Zur Haftung des GmbH-Geschäftsführers, GmbHR 1974, 224; *Frisch*, Haftungserleichterung für GmbH-Geschäftsführer nach dem Vorbild des Arbeitsrechts, 1998; *v. Gerkan*, Die Beweislastverteilung beim Schadensersatzanspruch der GmbH gegen ihren Geschäftsführer, ZHR 154 (1990), 39; *Gissel*, Arbeitnehmerschutz für den GmbH-Geschäftsführer, 1987; *Haas*, Geschäftsführerhaftung und Gläubigerschutz, 1997; *Harrer*, Haftungsprobleme bei der GmbH, Wien 1990; *Haß*, Die persönliche Haftung des GmbH-Geschäftsführers bei Wettbewerbsverstößen ..., GmbHR 1994, 666; *Heisse*, Die Beschränkung der Geschäftsführerhaftung gegenüber der GmbH, 1988; *Hübner*, Managerhaftung, 1992; *Klumpp*, Aktuelle Fragen der Haftung des GmbH-Geschäftsführers, 3. Aufl. 1998; *Knoche*, Die sog. Verzichtswirkung der Entlastung ..., 1995; *Kreuzer* (Hrsg.), Die Haftung der Leitungsorgane in Kapitalgesellschaften, 1991; *Reese*, Haftung von Managern im Innenverhältnis, DStR 1995, 532; *Uwe H. Schneider*, Haftungsmilderung für Vorstandsmitglieder und Geschäftsführer bei fehlerhafter Unternehmensleitung? in: Festschrift Werner, 1984, S. 795; *Sonnenberger*, Gesellschaftsrechtliche Verantwortlichkeit geschäftsführender Organe von Kapitalgesellschaften, GmbHR 1973, 25; *Wimmer*, Die Haftung des GmbH-Geschäftführers, NJW 1996, 2546.

42 Zu dieser Voraussetzung vgl. *BGH*, LM Nr. 34 zu § 30 GmbHG m. Anm. *Roth* = NJW 1992, 1166.

43 Vgl. *BGH*, GmbHR 1980, 298; NJW 1986, 54; GmbHR 1991, 101; NJW-RR 1991, 281 = WM 1991, 281 (Kassenfehlbestand); zur Abgrenzung *BGH*, ZIP 1994, 872; eingehend *v. Gerkan*, ZHR 154 (1990), 61 f.; *Goette*, ZGR 1995, 648 ff.

44 *Scholz/Uwe H. Schneider*, § 43 Rdnrn. 174 ff.; vgl. auch *RGZ* 106, 346, 350.

45 *BGH*, WM 1996, 2240.

46 Dazu verneinend: *Baumbach/Hueck/Zöllner*, § 43 Rdnr. 3; *Spieker*, DB 1962, 927; *Reich*, DB 1967, 1663; bejahend aber: *Sudhoff*, a. a. O., S. 137; *Scholz/Uwe H. Schneider*, § 43 Rdnr. 208; wohl auch *BGHZ* 75, 321, 322 ff.

47 Vgl. *Fleck*, ZHR 149 (1985), 409 f.

48 *BGH*, LM Nr. 16 zu § 43 GmbHG = BB 1989, 1637 = NJW-RR 1989, 1255; s. etwa auch *Baums*, a. a. O., S. 212.

bedarf es jedoch nicht der Spezialitätskonstruktion des *BGH*, sondern es liegt ein für jede Anspruchskonkurrenz typisches Problem vor: Eine Sonderverjährungsregelung kann sich auf konkurrierende Ansprüche erstrecken, wenn dies dem Normzweck entspricht[49], und das ist hier der Fall[50]. Anders entscheidet der *Bundesgerichtshof*, wenn ein Gesellschafter-Geschäftsführer gleichzeitig aus § 43 GmbHG und wegen Verletzung mitgliedschaftlicher Pflichten haftet, weil er die Sonderverjährung nach § 43 IV GmbHG auf die Verwaltung fremden Vermögens beschränkt und nicht auf die Verletzung gesellschaftsrechtlicher Treupflichten ausdehnt[51]. Auch die aus § 43 GmbHG resultierende Haftung ist im übrigen keine deliktische, sondern sie entspringt dem korporativen Sonderrechtsverhältnis zwischen der Gesellschaft und dem Geschäftsführer.

Die Haftung setzt

- Tauglichkeit des Subjekts als bestellter oder faktischer Geschäftsführer[52] und
- schuldhafte Pflichtverletzung[53]

voraus. Die unendlichen Variationen solcher Pflichtverletzungen werden erkennbar in unserem

Beispiel Nr. 10: Der Geschäftsführer versäumt die rechtzeitige Einforderung von Stammeinlagen und verschuldet so den Zusammenbruch der Gesellschaft (*OLG Stuttgart*, GmbHR 1959, 59); er verstößt gegen Kapitalschutzvorschriften (*Hoffmann/Liebs*, a. a. O., Rdnrn. 824 ff.); er vergibt leichtfertig *Kredite* (*LG Köln*, NJW-RR 2000, 1054) oder Waren auf Kredit an unsichere Kunden (*BGH*, GmbHR 1981, 191 = WM 1981, 440; *LG Hagen*, BB 1976, 1093); er belastet das Gesellschaftsvermögen zugunsten Dritter mit überbezahlten Beraterverträgen (*BGH*, LM Nr. 22 zu § 43 GmbHG = NJW 1997, 741); er läßt Forderungen der Gesellschaft verjähren (*BGH*, GmbHR 1959, 257); er bedient noch nicht fällige Forderungen und fügt hierdurch der Gesellschaft Schaden zu (*OLG Koblenz*, GmbHR 1999, 1201); er versäumt es, Haftungsansprüche gegen Gesellschafter geltend zu machen (*BGH*, LM Nr. 34 zu § 30 GmbHG m. Anm. *Roth* = NJW 1992, 1166); er vernachlässigt die Buchführungspflichten (*BGH*, BB 1974, 994; NJW-RR 1991, 485); er verschuldet durch schlechte Aufsicht einen Kassen- (*BGH*, NJW 1986, 54) oder Warenfehlbestand (*BGH*, GmbHR 1980, 298); er versäumt steuerliche Pflichten (Überblick bei *Sudhoff* a. a. O., S. 100 ff.); er kümmert sich nicht um die Abführung von Sozialversicherungsbeiträgen (*BGH*, WM 1996, 2240); er versäumt die rechtzeitige Insolvenzverfahrenseröffnung oder die rechtzeitige Inangriffnahme außergerichtlicher Sanierungsmaßnahmen (*OLG Stuttgart*, GmbHR 1959, 59; s. auch zur Insolvenzantragspflicht unten, § 38 IV 6 a); er versäumt die Unterrichtung eines sachkundigen Mitgeschäftsführers (*BGH*, WM 1968, 1329); er bereichert sich durch eigennützige Geschäfte (*BGH*, WM 1967, 679); er macht der Gesellschaft Konkurrenz (*BGH*, WM 1964, 1320); er macht sich Geschäftschancen selbst zunutze, statt sie im Interesse der Gesellschaft zu verwerten (*BGH*, WM 1985, 1443

49 Vgl. dazu *Larenz/Wolf*, Allgemeiner Teil, 8. Aufl. 1997, § 17 Rdnr. 14.

50 Wie hier *Baumbach/Hueck/Zöllner*, § 43 Rdnr. 31.

51 Vgl. *BGH*, NJW 1999, 781; zur GmbH & Co. KG *BGH*, NJW 1982, 2869 m. krit. Anm. *H. P. Westermann*; zweifelhaft.

52 Eingehend *BGH*, NJW 1999, 781; *Hachenburg/Mertens*, § 43 Rdnr. 13; *Scholz/Uwe H. Schneider*, § 43 Rdnrn. 14 f.; zur Verantwortlichkeit sog. faktischer Organe vgl. eingehend *Stein*, Das faktische Organ, 1984; *Harrer*, a. a. O., S. 189 ff.; s. auch *Gübel*, Die Auswirkungen der faktischen Betrachtungsweise auf die strafrechtliche Haftung faktischer GmbH-Geschäftsführer, 1994; *Karsten Schmidt*, in: Festschrift Rebmann, 1989, S. 419.

53 Eingehend *Scholz/Uwe H. Schneider*, § 43 Rdnrn. 21 ff.

= NJW 1986, 585 = BB 1986, 90; NJW-RR 1989, 1255; vgl. zur sog. Geschäftschancenlehre auch oben, § 20 V 3).

In *Fragen der Unternehmensleitung* muß den Geschäftsführern ein *Ermessensspielraum* zugebilligt werden[54]. Die für den Vorstand einer Aktiengesellschaft weitgehend anerkannte *Business Judgment Rule* (dazu § 28 II 1) läßt sich aber nicht einfach auf die Geschäftsleitung einer GmbH übertragen[55], weil der Geschäftsführer viel stärker an das Vertrauen der Gesellschafter gebunden und in weit größerem Maße gehalten ist, deren Konsens in schwierigen Ermessensentscheidungen einzuholen. Man wird deshalb den einem AG-Vorstand eingeräumten Handlungsspielraum einem Geschäftsführer bei strategischen Entscheidungen nur einräumen, soweit er zur Befragung der Gesellschafter ohne Verschulden keinen Anlaß oder keine Gelegenheit gesehen hat[56]. Änderungen der Unternehmenspolitik darf der Geschäftsführer ohnehin nur nach Befragung der Gesellschafter durchführen (dazu oben, § 36 I 2 a).

b) Die Geschäftsführer sind keine Arbeitnehmer (oben unter II 2 c). Prozesse zwischen der Gesellschaft und den Geschäftsführern werden vor den Zivilgerichten, nicht vor den Arbeitsgerichten, geführt, und arbeitsrechtliche Normen werden nur angewandt, soweit sie auf leitende Angestellte passen[57]. Nach herrschender Auffassung kommen den Geschäftsführern – anders als dem ehrenamtlichen Vorstand eines Idealvereins (oben, § 14 V 1) – die arbeitsrechtlichen Grundsätze über den innerbetrieblichen Schadensausgleich jedenfalls grundsätzlich nicht zugute[58]. Ausgleich für diese Haftungsrisiken wird teilweise durch den Ausschluß von sog. »D & O-Versicherungen« gesucht, wobei »D & O« für »Directors and Officers« steht (vgl. oben, § 28 II 4 b). Gegenüber der Inanspruchnahme kann der Geschäftsführer auch nicht ein Mitverschulden anderer Geschäftsführer oder ein Auswahlverschulden der Gesellschafter einwenden.

Beispiel Nr. 11 (nach *BGH*, BB 1983, 1173 = NJW 1983, 1856; dazu *Lindacher*, JuS 1984, 672): D war an der als gemeinnützig anerkannten T-Theater-GmbH als Dramaturg und künstlerischer Leiter sowie im kaufmännischen Bereich auch als einzelvertretungsberechtigter Geschäftsführer tätig. Die GmbH hatte ihm gekündigt und machte nunmehr Schadensersatzansprüche wegen eines Kassenfehlbestandes von 117 664,21 DM geltend. D wandte ein, er sei für kaufmännische Dienste ungeeignet sowie von der Gesellschaft unter kaufmännischem Gesichtspunkt schlecht ausgesucht und schlecht überwacht worden. Der *Bundesgerichtshof* ließ diese Einwände nicht gelten. In den lesenswerten

---

54 Vgl. *Hoffmann/Liebs*, a. a. O., Rdnr. 812.1.

55 Zu pauschal *Scholz/Uwe H. Schneider*, § 43 Rdnrn. 46 ff.

56 Vgl. zum Zusammenhang mit den Gesellschafterkompetenzen auch *Baumbach/Hueck/Zöllner*, § 43 Rdnr. 19.

57 Bemerkenswert über Arbeitnehmererfindungen *BGHZ* 110, 30 = NJW 1990, 1289.

58 Vgl. *Haas*, a. a. O., S. 293; *Baumbach/Hueck/Zöllner*, § 43 Rdnr. 8; *Roth/Altmeppen*, § 43 Rdnr. 4; *Scholz/Uwe H. Schneider*, § 43 Rdnrn. 180 ff.; *Gissel*, a. a. O., S. 139; anders *Frisch*, a. a. O., S. 131 ff.; *Höhn*, a. a. O., S. 199; *Pullen*, BB 1984, 989; *Brox/Walker*, DB 1985, 1477; *Köhl*, DB 1996, 2601; differenzierend *Heisse*, a. a. O., S. 55 ff.; *Uwe H. Schneider*, in: Festschrift Werner, a. a. O., S. 812; vgl. über Möglichkeiten der Haftungsbefreiung auch *Rowedder/Koppensteiner*, § 43 Rdnrn. 35 ff.; *Scholz/Uwe H. Schneider*, § 43 Rdnrn. 184 ff.

Gründen heißt es wörtlich: »Kein Gesellschaftsorgan kann der Gesellschaft gegenüber einwenden, seine Ersatzpflicht sei gemindert, weil ein anderes Gesellschaftsorgan für den Schaden mitverantwortlich sei. Das ergibt sich unmittelbar aus dem Gesetz, wenn mehrere Mitglieder des Geschäftsführungsorgans verantwortlich sind. Aus § 43 Abs. 2 GmbHG folgt, daß sich ein Geschäftsführer auf das Mitverschulden eines Mitgeschäftsführers nicht berufen kann ... Nicht anders verhält es sich mit dem hier erhobenen Vorwurf, die Gesellschafter der Beklagten hätten sich nicht genügend darum gekümmert, ob der Kläger seinen Pflichten als Geschäftsführer in der gehörigen Weise nachkomme. Die Gesellschafterversammlung kann zwar als übergeordnetes Gesellschaftsorgan die Geschäftsführer von der Verantwortlichkeit für eine Geschäftsführungsmaßnahme befreien, wenn sie ihnen durch Beschluß im Rahmen von Gesetz, Satzung und guten Sitten dafür eine Weisung erteilt ... Ihr Versäumnis entlastet aber den Geschäftsführer, der eigene Pflichten versäumt hat, nicht von seiner vollen Haftung gegenüber der Gesellschaft. Der Mitverschuldenseinwand, er sei wegen mangelnder Eignung schlecht ausgewählt oder nachlässig überwacht worden, ist ihm auch in diesem Fall versagt.«

c) Die *Gesellschafter* und außenstehende *Dritte* können aus einer Verletzung des § 43 I GmbHG keine Ansprüche herleiten. Die Vorschrift ist kein Schutzgesetz zu ihren Gunsten i.S. von § 823 II BGB[59]. Die Außenhaftung von Geschäftsführern (zu ihr sogleich unter II 5) ist deshalb keine Frage des § 43 GmbHG. Einzelne Pflichten aus der Sonderrechtsbeziehung zwischen Geschäftsführer und Gesellschaft können allerdings nach dem Vorbild des Vertrags mit Schutzwirkung zugunsten Dritter drittschützenden Charakter haben (vgl. insbesondere zum Problemkreis der GmbH & Co. unten, § 56 IV 3b). Solche Ansprüche kommen insbesondere für die Gesellschafter in Betracht, wenn der Geschäftsführer in ihrem Interessenkreis tätig geworden ist. Ein gesetzlich geklärter Fall findet sich außerdem in § 31 VI GmbHG: Soweit ein Gesellschafter im Wege der Ausfallhaftung für verbotene Ausschüttungen an einen anderen Gesellschafter einstehen muß (§ 31 III GmbHG; dazu unten, § 37 III 3), kann er sich bei den verantwortlichen Geschäftsführern schadlos halten.

d) Die Schadensersatzansprüche können durch *Entlastung* oder durch *Generalbereinigungsvertrag* ausgeschlossen sein.

aa) Die *Entlastung* ist ein Beschluß der Gesellschafter (vgl. § 46 Nr. 5 GmbHG), durch den diese die Verwaltung der Gesellschaft durch die Geschäftsführer billigt (vgl. die Definition der Entlastung in § 120 II AktG sowie oben, § 14 VI 1). In der GmbH führt die Entlastung dazu, daß Ersatzansprüche gegen die Geschäftsführer nicht mehr geltend gemacht werden können[60]. Die beim ersten Erscheinen dieses Buchs noch ganz

59 Vgl. *RGZ* 159, 211, 224 (für den heutigen § 93 AktG); *BGH*, NJW 1979, 1829 (für § 93 AktG); *OLG* Frankfurt, NZG 1999, 767; *Hoffmann/Liebs*, a.a.O., Rdnr. 815; *Baumbach/Hueck/Zöllner*, § 43 Rdnr. 61; *Hachenburg/Mertens*, § 43 Rdnr. 102; *Scholz/Uwe H. Schneider*, § 43 Rdnr. 263.

60 Vgl. *RG*, DR 1941, 508 m.Anm. *Dietrich*; *BGH*, GmbHR 1959, 69 m.Anm. *H. Wilhelm* = JR 1959, 298 m.Anm. *Goerdeler* = NJW 1959, 192; *BGH*, LM Nr. 8 zu § 46 GmbHG; BB 1986, 1252; *Baumbach/Hueck/Zöllner*, § 46 Rdnr. 26; *Hachenburg/Hüffer*, § 46 Rdnrn. 61f.; *Scholz/Karsten Schmidt*, § 46 Rdnrn. 89ff.; *Knoche*, a.a.O., S. 88ff.; a.A. *Barner*, a.a.O., S. 44ff.

herrschende Auffassung deutete die Entlastung als Verzichtserklärung[61] und bejahte, wenn die Entlastung zu Unrecht verweigert wird, einen klagbaren Entlastungsanspruch[62]. Nach dieser traditionellen Ansicht hatte die Entlastung bei der GmbH rechtlich einen ganz anderen Inhalt als bei der AG, wo Ersatzansprüche gegen Vorstands- und Aufsichtsratsmitglieder unverzichtbar sind. Wie schon unter § 14 VI 3 allgemein dargestellt wurde, ist diese Auffassung abzulehnen und nunmehr auch in der Rechtsprechung überwunden[63]. Im einzelnen gelten folgende Grundsätze (vgl. schon oben, § 14 VI 3):

- Die Entlastung ist Billigung der Geschäftsführung, nicht mehr und nicht weniger.
- Wird die Entlastung erteilt, so darf die Gesellschaft aus den ihr bekannten und in die Entlastung einbezogenen Vorfällen keine Sanktionen gegen den Geschäftsführer mehr herleiten, und zwar weder in Gestalt von Schadensersatzansprüchen noch in Gestalt einer außerordentlichen Kündigung usw. Dies beruht nicht auf einer rechtsgeschäftlichen Verzichtserklärung, sondern auf dem Verbot widersprüchlichen Verhaltens. Die enthaftende Wirkung einer Entlastung erstreckt sich nicht nur auf Schadensersatzansprüche, sondern auch auf sonstige Ansprüche wegen rechtswidriger Geschäftsführungsmaßnahmen, z. B. aus ungerechtfertigter Bereicherung[64].
- Wird die Entlastung verweigert oder wird ein Entlastungsbeschluß auf Klage eines Gesellschafters aufgehoben, so kann der Geschäftsführer nicht auf eine Entlastung klagen[65]. Wer eine ihm verweigerte Entlastung verlangt, macht der Sache nach geltend, daß er nicht zum Schadensersatz verpflichtet ist, woraus sich ergibt, daß die »Klage auf Entlastung« nichts anderes als eine negative Feststellungsklage sein kann. Der *Bundesgerichtshof* hat entschieden, daß eine solche negative Feststellungsklage nur nach den allgemein für diese Klage geltenden Grundsätzen zulässig ist[66].

bb) Von der Entlastung ist der *Generalbereinigungsvertrag* zu unterscheiden[67]. Er führt wirklich zu einem Anspruchsverzicht. Der Unterschied zeigt sich vor allem dann, wenn nachträglich Umstände bekannt werden, die die

---

61 Vgl. *RGZ* 106, 258, 262; 115, 246, 250; *RG*, JW 1926, 2904 m. zust. Anm. *Ring; Flume*, Juristische Person, § 10 I 4; *Hachenburg/Schilling*, 7. Aufl., § 46 Rdnr. 23.

62 Vgl. nur *RGZ* 106, 258, 262; *Flume*, Juristische Person, § 10 I 4; *Hachenburg/Schilling*, 7. Aufl., § 46 Rdnr. 26; *Baumbach/Hueck/Zöllner*, § 46 Rdnrn. 29f.; s. auch *Rowedder/Koppensteiner*, § 46 Rdnr. 25.

63 *BGHZ* 94, 324 = NJW 1985, 129 im Anschluß an *Karsten Schmidt*, ZGR 1976, 425ff.; *Lutter/Hommelhoff*, § 46 Rdnrn. 14f.; *Roth/Altmeppen*, § 46 Rdnr. 36; *Scholz/Karsten Schmidt*, § 46 Rdnrn. 91, 100ff.; *Knoche*, a.a.O., S. 55ff.; *Ahrens*, ZGR 1987, 132; *Tellis*, GmbHR 1989, 113; s. auch in der Anlage schon *Boesebeck*, JW 1935, 921ff.; s. aber die Polemik von *Flume*, Juristische Person, § 10 I 4.

64 *BGHZ* 97, 382 = NJW 1986, 2250.

65 Vgl. *Scholz/Karsten Schmidt*, § 46 Rdnrn. 100ff.; prägnant bereits *Scholz*, GmbHG, 5. Aufl. 1964, § 46 Rdnr. 11: »Zur Liebe kann man niemanden zwingen.«; vgl. demgegenüber aber noch *Baumbach/Hueck/Zöllner*, § 46 Rdnr. 29.

66 *BGHZ* 94, 324, 330 = NJW 1984, 2250, 2251f.

67 *BGH*, WM 1968, 114 = BB 1968, 146; GmbHR 1975, 182 = NJW 1975, 1273 = WM 1975, 538; LM Nr. 36 zu § 35 GmbHG = NJW 1998, 1315; *Scholz/Karsten Schmidt*, § 46 Rdnr. 103.

Geltendmachung von Schadensersatzansprüchen rechtfertigen können. Auch dies wurde schon unter § 14 VI 4 ausgeführt und anhand eines Falls aus der Rechtsprechung erläutert. Da ein Generalbereinigungsvertrag die Ansprüche der Gesellschaft noch weitergehend tangiert als die Entlastung, setzt eine wirksame Generalbereinigung einen Beschluß der Gesellschafter voraus[68], und dieser kann von jedem Gesellschafter mit der Behauptung angefochten werden, die Generalbereinigung sei ungerechtfertigt. In der Praxis werden Schadensersatzansprüche gegen Gesellschaftsorgane vor allem nach dem Scheitern der Gesellschaft, also z.B. im Insolvenzfall, geltend gemacht. Bedeutsam ist deshalb, daß Entlastung oder Generalbereinigung nicht von solchen Ersatzleistungen befreien, die zur Befriedigung der Gläubiger erforderlich sind (arg. §§ 43 III 2, 9b I GmbHG). Verfügungen des Geschäftsführers, die einen vorsätzlichen Verstoß gegen § 30 GmbHG darstellen, begründen sogar seine Strafbarkeit nach § 266 StGB – einem Schutzgesetz i.S. von § 823 II BGB! –, und zwar selbst dann, wenn alle Gesellschafter zustimmen[69].

5. Außenhaftung des Geschäftsführers[*]

Nicht mit der soeben besprochenen Haftung des Geschäftsführers aus dem organschaftlichen Innenverhältnis zu verwechseln ist die Frage der Außenhaftung gegenüber Dritten. Besonders zu erwähnen sind hier folgende Fälle:

68 *BGH*, LM Nr. 36 zu § 35 GmbHG = NJW 1998, 1315.

69 So schon zu § 81a GmbHG a.F. *BGHSt.* 3, 32 = GmbHR 1952, 125; *BGHSt.* 9, 203 = GmbHR 1956, 156; *BGH*, GmbHR 1989, 465; erweiternd *BGHSt.* 34, 379 = GmbHR 1987, 464; wieder einschränkend *BGHSt.* 35, 333 = GmbHR 1988, 477; *BGHZ* 142, 92 = NJW 1999, 2817; a.M. *Roth/Altmeppen*, § 43 Rdnr. 73; zum ganzen vgl. *Ulmer*, in: Festschrift Pfeiffer, 1988, S. 861 ff.; *Gribbohm*, ZGR 1990, 1 ff.; *Fleck*, ZGR 1990, 31 ff.; *Wittkowski*, GmbHR 1990, 548.

* Literatur (Auswahl): Vgl. außer den schon Genannten *Altmeppen*, Haftung des Geschäftsführers einer Kapitalgesellschaft für Verletzung von Verkehrssicherungspflichten, ZIP 1995, 881; *Brandner*, Haftung des Gesellschafter-Geschäftsführers einer GmbH aus culpa in contrahendo? in: Festschrift Werner, 1984, S. 53; *Christensen*, Verkehrspflichten in arbeitsteiligen Prozessen, 1995; *Groß*, Deliktische Außenhaftung des GmbH-Geschäftsführers, ZGR 1998, 551; *Grünwald*, Die deliktische Außenhaftung des GmbH-Geschäftsführers, 1999; *Grunewald*, Die Haftung von Organmitgliedern nach Deliktsrecht, ZHR 157 (1991), 451; *Gurke*, Verhaltenspflichten ... bei drohender Überschuldung, 1982; *Haas*, Geschäftsführerhaftung und Gläubigerschutz, 1997; *Harrer*, Haftungsprobleme bei der GmbH, Wien 1990, S. 43 ff.; *Haß*, Die persönliche Haftung des GmbH-Geschäftsführers bei Wettbewerbsverstößen und Verletzung gewerblicher Schutzrechte, GmbHR 1994, 666; *Kleindiek*, Deliktshaftung und juristische Person, 1997; *Kort*, Zur Eigenhaftung des GmbH-Geschäftsführers ..., DB 1990, 921; *Lutter*, Zur persönlichen Haftung des Geschäftsführers ..., ZHR 157 (1991), 464; *ders.*, Gefahren persönlicher Haftung für Gesellschafter und Geschäftsführer einer GmbH, DB 1994, 129; *Medicus*, Zur Eigenhaftung des GmbH-Geschäftsführers aus Verschulden bei Vertragsverhandlungen, in: Festschrift Steindorff, 1990, S. 725; *ders.*, Deliktische Außenhaftung der Vorstandsmitglieder und Geschäftsführer, ZGR 1998, 570; *Gerd Müller*, Die Haftung des GmbH-Geschäftsführers aus § 64 GmbHG bei unterlassener Konkursanfechtung, ZIP 1996, 1153; *Nölle*, Die Eigenhaftung des GmbH-Geschäftsführers für Organisationspflichtverletzungen, 1995; *Rottkemper*, Deliktische Außenhaftung der Leitungsorganmitglieder rechtsfähiger Körperschaften, 1996; *Rowedder*, Zur Außenhaftung des GmbH-Geschäftsführers, in: Festschrift Semler, 1993; S. 311; *Sandberger*, Die Außenhaftung des GmbH-Geschäftsführers, 1997; *Holger Schmidt*, Die Umwelthaftung der Organmitgieder von Kapitalgesellschaften, 1996; *Karsten Schmidt*, Haftung und Zurechnung im Unternehmensbereich, in: Karlsruher Forum 1993, S. 4; *Stapelfeld*, Die Haftung des GmbH-

a) Wird gegenüber einem Dritten schließlich ohne den nach § 4 GmbHG vorgeschriebenen GmbH-Zusatz im Namen der GmbH gehandelt, so kann dies zu einer Vertrauenshaftung neben der primär verpflichteten GmbH führen, wenn der Dritte nicht mit dem Fehlen einer unbeschränkt haftenden Person rechnet[70]. Diese Haftung ist näher dargestellt im »Handelsrecht« unter § 5 IV 2 a.

b) Verletzt der Geschäftsführer schuldhaft ein ihn in seinen Organpflichten treffendes *Schutzgesetz i. S. des § 823 II BGB*, so hat er den durch dieses Gesetz Geschützten Schadensersatz zu leisten[71]. Von besonderer Bedeutung ist die Vernachlässigung der sog. *Insolvenzantragspflicht* (§ 64 GmbHG)[72], also die Verfahrensverschleppung. § 64 GmbHG verbietet den Geschäftsführern – übrigens auch den sog. bloß faktischen Geschäftsführern (oben, § 14 III 4 a)[73] – die Geschäftsfortführung im Fall der Zahlungsunfähigkeit bzw. Überschuldung[74]. Daß die einschlägigen Vorschriften Schutzgesetze i. S. von § 823 II BGB zugunsten der Gläubiger sind, ist heute wohl allgemein anerkannt. Umstritten ist nur der Umfang der aus § 823 II BGB resultierenden Schadensersatzpflicht.

aa) *Nach der bis 1993 herrschenden Auffassung* umfaßt der Schutzbereich des § 64 GmbHG nur den *Gesamtgläubigerschaden*, der durch die schuldhafte Insolvenzverschleppung entsteht (vgl. jetzt § 92 InsO)[75]. Zu ersetzen ist also der *Quotenschaden*, der sich aus der durch Insolvenzverschleppung eingetretenen weiteren Verminderung des Gesellschaftsvermögens errechnet[76]. Der Ersatz findet, wenn ein Insolvenzverfahren durchgeführt wird, durch Zahlung in die Insolvenzmasse statt[77]. Er kommt den Neugläubigern wie den

---

Geschäftsführers für Fehlverhalten in der Gesellschaftskrise, 1990; *Steininger*, Die Haftung des Geschäftsführers ... bei wirtschaftlicher Bedrängnis der GmbH, 1986; *Ulmer*, Volle Haftung des Gesellschafter-Geschäftsführers ...? NJW 1983, 1577; *Vehreschild*, Die Verkehrspflichthaftung des GmbH-Geschäftsführers, 1999; *Wellkamp*, Ausweitung und Einschränkung der Eigenhaftung des GmbH-Geschäftsführers, DB 1994, 869; *Westermann*, Haftung und Zurechnung im Unternehmensbereich, in: Karlsruher Forum 1993, S. 15.

70 *BGHZ* 64, 11 = JR 1975, 459 m. Anm. *Karsten Schmidt; BGHZ* 71, 354, 357; *BGH*, NJW 1996, 2645; zur Abgrenzung vgl. *BGH*, JuS 1981, 918 m. Anm. *Karsten Schmidt.*

71 Vgl. auch zu Wettbewerbsverstößen *Götting*, GRUR 1994, 6 ff.; *Haß*, GmbHR 1994, 666 ff.

72 Ausführlich *Karsten Schmidt/Uhlenbruck*, Die GmbH in Krise, Sanierung und Insolvenz, 2. Aufl. 1999, Rdnrn. 1249 ff.; der Text baut auf der vom Verf. in JZ 1978, 661 entwickelten Auffassung auf; Literaturauswahl in den Kommentierungen zu § 64 GmbHG.

73 *BGHSt.* 3, 33; 21, 101; 31, 118 = NJW 1983, 240; *BGH*, wistra 1984, 178; *BGHZ* 104, 44 = NJW 1988, 1789; eingehend *Karsten Schmidt*, in: Festschrift Rebmann, 1989, S. 419 ff.

74 Zu dieser essentiellen Akzentsetzung (gegen § 64 GmbHG wird durch Tun, nicht durch Unterlassen verstoßen!) vgl. *Karsten Schmidt*, Wege zum Insolvenzrecht der Unternehmen, 1990, S. 66.

75 Vgl. (nicht sämtlich für die GmbH) *BGHZ* 29, 100, 107; 100, 19, 23; *BGH*, NJW 1979, 2198; *BAG*, AP Nr. 1 zu § 13 GmbHG = NJW 1975, 708; *OLG Celle*, OLGZ 1971, 367, 369 f.; *OLG Düsseldorf*, BB 1974, 713; *OLG Köln*, ZIP 1982, 1086.

76 Ganz h. M.; vgl. *BGHZ* 100, 19, 23 f. = NJW 1987, 2433, 2434; *Scholz/Karsten Schmidt*, § 64 Rdnr. 33.

77 Vgl. zur Rechtslage nach altem Konkursrecht bereits *Karsten Schmidt*, Wege zum Insolvenzrecht der Unternehmen, 1990, S. 67, 84 f.

Altgläubigern zugute[78]. Aber es wird nach §§ 823 II BGB, 64 GmbHG eben nur der Gesamtgläubigerschaden ersetzt, nicht der jedem einzelnen Gläubiger entstandene Schaden[79] und insbesondere nicht das negative Interesse eines einzelnen Neugläubigers[80]. – Diese Auffassung hat immer wieder Verwunderung ausgelöst[81]: Wenn § 64 GmbHG die Gläubiger schützt, warum sollen sie nicht im Fall der Verletzung vollständigen Schadensersatz erhalten? Die Erklärung heißt: § 64 GmbHG schützt nicht den einzelnen Gläubiger gegen individuelle Schäden, sondern – wie insbesondere sein Absatz 2 zeigt – alle Gläubiger gegen Schäden, die sie durch eine weitere Schmälerung des Gesellschaftsvermögens, also der Haftungsmasse, erleiden. Im Insolvenzfall wird dieser Gesamtschaden durch Einforderung in die Masse ausgeglichen (vgl. ausdrücklich § 92 InsO)[82]. Auch dann führt der Schadensausgleich lediglich dazu, daß jeder Gläubiger unterschiedslos die Quotendifferenz hinzubekommt:

Beispiel Nr. 12: Obwohl die Gesellschaft bereits am 1. 2. insolvent war, hat Geschäftsführer G in der Hoffnung auf ein Wunder erst am 1. 7. die Verfahrenseröffnung beantragt. Wurde hierdurch die an die Gläubiger verteilbare Masse noch um 50000 Euro geschmälert, so hat G diesen Betrag durch Leistung in die Insolvenzmasse (bzw. bei scheiternder Konkurseröffnung durch quotale Leistung an die einzelnen Gläubiger) zu ersetzen. Es ist so viel in die Masse einzuzahlen, daß die bei rechtzeitiger Verfahrenseröffnung erzielbare Quote ausgeschüttet werden kann. Der Quotenschaden wird im Prozeß nach § 287 ZPO geschätzt. Hatte Lieferant L dagegen noch im Vertrauen auf die Solvenz der Gesellschaft weiterhin Waren im Werte von 10000 Euro geliefert, so sollte er diesen individuellen Forderungsausfall nach der früher h. M. nicht nach §§ 823 II BGB, 64 GmbHG geltend machen können (vgl. nur *OLG Köln*, ZIP 1982, 1086 f.). Dasselbe sollte gelten, wenn noch Arbeitnehmer eingestellt wurden, die nun mit ihren Lohnansprüchen ausfallen und vielleicht sogar eine andere Stelle ausgeschlagen hatten (vgl. *BAG*, AP Nr. 1 zu § 13 GmbHG = NJW 1975, 708).

bb) Aber auch der *Individualschaden eines Neugläubigers* muß vom Geschäftsführer ersetzt werden. Dies verneinte die traditionelle Rechtsprechung, weil sie eben nur den alle Gläubiger treffenden Quotenschaden für ersatzfähig hielt. Diese den Schutzbereich des § 64 GmbHG auf den Gesamtgläubigerschaden begrenzende Rechtsprechung ist seit *BGHZ* 126, 181 = NJW 1994, 2220 mit Recht *aufgegeben* worden[83]: »Die (Neu-)Gläubiger, die

78 *BGHZ* 29, 100; std. Rspr. bis 1993; vgl. aber für die Bundesanstalt für Arbeit *BGHZ* 108, 134 = NJW 1989, 3277.

79 Vgl. *BGHZ* 100, 19, 23 f. = NJW 1987, 2433, 2434; *OLG Köln*, ZIP 1982, 1086 f.; *Scholz/Karsten Schmidt*, § 64 Rdnrn. 32 f., 37 f.; *Karsten Schmidt*, JZ 1978, 662, 665; *Häsemeyer*, KTS 1982, 537; str.; differenzierend *Ulmer*, NJW 1983, 1581.

80 *BGHZ* 29, 100, 106; std. Rspr.; *BAG*, AP Nr. 1 zu § 13 GmbHG = NJW 1975, 708; *OLG Celle*, OLGZ 1971, 367, 370; *OLG Düsseldorf*, BB 1974, 712 f.; *OLG Frankfurt*, AG 1977, 80; *OLG Köln*, ZIP 1982, 1086; *Hachenburg/Ulmer*, § 64 Rdnr. 45; *Scholz/Karsten Schmidt*, § 64 Rdnr. 38; *Fleck*, GmbHR 1974, 235; *Karsten Schmidt*, JZ 1978, 665; *Ulmer*, GmbHR 1984, 263; a. M. *Stapelfeld*, a. a. O., S. 165 f., 377; *Gilles/Baumgart*, JuS 1974, 227 f.; *Kühn*, NJW 1970, 591 f.; *Graf Lambsdorff/Gilles*, NJW 1966, 1551 f.; *Lindacher*, DB 1972, 1425.

81 Vgl. nur *BGHZ* 126, 181, 195 ff. = NJW 1994, 2220, 2223 f.; *Mertens*, in: Festschrift Lange, 1992, S. 577; *Gerd Müller*, GmbHR 1994, 212: »juristische Spielerei«.

82 Dazu *Karsten Schmidt*, ZGR 1996, 211 ff.

83 Bestätigend *BGH*, NJW 1995, 398, 399; zustimmend z. B. *Lutter/Hommelhoff*, § 64 Rdnr. 40; *Bork*, ZGR 1995, 505 ff.; *Hirte*, NJW 1995, 1202; *Karollus*, in: Festschrift Steffen, 1995, S. 213;

ihre Forderungen gegen die GmbH nach dem Zeitpunkt erworben haben, zu dem der Konkursantrag hätte gestellt werden müssen, haben gegen den insoweit schuldhaft pflichtwidrig handelnden Geschäftsführer einen Anspruch auf Ausgleich des vollen – nicht durch den ›Quotenschaden‹ begrenzten – Schadens, der ihnen dadurch entsteht, daß sie in Rechtsbeziehungn zu einer überschuldeten oder zahlungsunfähigen GmbH getreten sind (insoweit Aufgabe von BGHZ 29, 100).« Dieser Wandel der Rechtsprechung wird überwiegend begrüßt[84] und von Teilen der Literatur geradezu als »Abschied vom Quotenschaden« gefeiert[85]. Man muß sich aber darüber klar sein, daß es keinen »Abschied vom Quotenschaden« geben kann, denn im eröffneten Insolvenzverfahren wird nach wie vor nur der Gesamtgläubigerschaden durch Zahlung in die Masse ausgeglichen (§ 92 InsO), während der Individualschaden eines Neugläubigers hiervon getrennt bleiben muß[86]. Auch nach der hier vertretenen Auffassung umfaßte die Schadensersatzpflicht der Geschäftsführer den Individualschaden jedes Gläubigers. Aber sie beschränkt sich auf Vertragsgläubiger[87] und wird statt auf die §§ 823 II BGB, 64 GmbHG auf die Eigenhaftung der Geschäftsführer aus culpa in contrahendo gestützt[88]. Der Unterschied zwischen der seit *BGHZ* 126, 181 praktizierten Rechtsprechung und der hier vertretenen Ansicht besteht also nicht darin, daß nunmehr die Rechtsprechung den Ersatz eines individuellen Neugläubigerschadens anerkennt, sondern darin, daß sie auch diesen Schadensersatzanspruch auf §§ 823 II BGB, 64 GmbHG stützt. Die hier vertretene Ansicht erreicht dasselbe Ziel über die Haftung aus culpa in contrahendo (sogleich unter c). Genau dies lehnt der BGH aber ab, woraus sich ergibt: Der Unterschied zwischen *BGHZ* 126, 181 und der hier vertretenen Auffassung erschöpft sich darin, daß Gesamtgläubigerschaden und Individualschaden nach Auffassung des *Bundesgerichtshofs* unterschiedslos über eine Anspruchsgrundlage abgewickelt werden.

cc) Im *Insolvenzverfahren* werden die Ansprüche auf Ersatz eines Quotenschadens nach § 92 Satz 1 InsO statt von den einzelnen Gläubigern vom Insolvenzverwalter geltend gemacht. Die Bestimmung beruht auf einer schon unter dem alten Konkursrecht praktizierten Rechtsprechung[89]. Sie dehnt das Prinzip der Gläubigergleichbehandlung im Insolvenzverfahren (»par condicio

---

ders., ZIP 1995, 269; *Kübler*, ZGR 1995, 481; ablehnend aber *Baumbach/Hueck/Schulze-Osterloh*, § 64 Rdnr. 84 m.w.N.

84 Vgl. nur *Lutter/Hommelhoff*, § 64 Rdnr. 40; *Roth/Altmeppen*, § 64 Rdnr. 14; *Rowedder*, § 64 Rdnr. 22; *Karollus*, ZIP 1995, 269ff.; *Bork*, ZGR 1994, 505ff.; *Kübler*, ZGR 1995, 481ff.; *Wilhelm*, ZIP 1993, 1833; kritisch aber z.B. *Baumbach/Hueck/Schulze-Osterloh*, § 64 Rdnr. 26; *Karsten Schmidt/Uhlenbruck*, Die GmbH in Krise, Sanierung und Insolvenz, 2. Aufl. 1999, Rdnrn. 1235ff.; *Ulmer*, ZIP 1993, 771; *Schüppen*, DB 1994, 2000ff.; *Karsten Schmidt*, KTS 2001, 383ff.

85 Am deutlichsten zum angeblichen »Abschied vom Quotenschaden« *Hirte*, NJW 1995, 1202.

86 Näher *Karsten Schmidt*, ZGR 1996, 213f. mit Hinweis auf *BGH*, ZIP 1995, 211, 212f.; *ders.*, NZI 1998, 9; *Dauner-Lieb*, ZGR 1998, 617.

87 So im Ergebnis auch *BGHZ* 138, 211 = NJW 1998, 2667.

88 Dazu auch *Altmeppen/Wilhelm*, NJW 1999, 680f.

89 BegrRegE InsO, BT-Drucks. 12/2443, S. 139; *Götker*, Der Geschäftsführer in der Insolvenz der GmbH, 2000, Rdnrn. 694ff.; *Karsten Schmidt*, ZGR 1996, 212.

creditorum«) auf den sog. »Gesamtschadensersatz« aus und verhindert auf diese Weise einen Haftungswettlauf gegenüber den Geschäftsführern[90]. So wenig, wie die Gläubiger im Insolvenzverfahren noch gegen die GmbH klagen und vollstrecken können (§ 89 InsO), können sie ihren gemeinschaftlichen Ausfall gegenüber dem Geschäftsführer selbst geltend machen. § 92 Satz 1 InsO lautet wörtlich: »Ansprüche der Insolvenzgläubiger auf Ersatz eines Schadens, den diese Gläubiger gemeinschaftlich durch eine Verminderung des zur Insolvenzmasse gehörenden Vermögens vor oder nach der Eröffnung des Insolvenzverfahrens erlitten haben (Gesamtschaden), können während der Dauer des Insolvenzverfahrens nur vom Insolvenzverwalter geltend gemacht werden. Richten sich die Ansprüche gegen den Verwalter, so können sie nur von einem neu bestellten Insolvenzverwalter geltend gemacht werden.« Dieser Gesamtschadensersatz fließt in die vom Insolvenzverwalter verwaltete Haftungsmasse und kommt allen Gläubigern bei der Ausschüttung gleichermaßen zugute. Unrichtig ist deshalb das noch zum alten Konkursrecht ergangene Urteil *BGHZ* 138, 211 = NJW 1999, 2667[91]: »Der Verwalter im Konkurs einer GmbH ist nicht berechtigt, einen Quoten- oder sonstigen Schaden der Neugläubiger wegen schuldhaft verspäteter Stellung des Konkursantrages gegen den Geschäftsführer der GmbH geltend zu machen.« Diese Entscheidung entwertet das praktikable Prinzip des § 92 InsO. Sie beruht auf unzutreffenden rechtsdogmatischen Bedenken gegen die Anerkennung eines für alle Insolvenzgläubiger einheitlichen Quotenschadens[92] und führt zu praktisch unauflöslichen Schwierigkeiten bei der Insolvenzabwicklung. Das wird unter II 6 näher auszuführen sein.

c) Eine *Eigenhaftung des Geschäftsführers aus culpa in contrahendo* kommt in Betracht, soweit er Träger des Vertrauens und damit der vorvertraglichen Schutzpflichten ist[93] und diese Schutzpflichten schuldhaft verletzt[94]. Der Anwendungsbereich dieser Haftung ist breit, denn er umfaßt das gesamte Feld der vorvertraglichen Sorgfalts- und Warnpflichten eines Vertragspartners. Am besten läßt sich aber auch diese Haftung am Beispiel drohender Insolvenz verdeutlichen[95], obwohl der *Bundesgerichtshof* die Anspruchsgrundlage der culpa in contrahendo gerade hier weitgehend ungenutzt läßt[96]. Die sog. Eigenhaftung des Vertreters ist eine echte Verschuldenshaftung. Sie ist keine »Durchgriffshaftung« und darf auch mit einer solchen nicht ver-

---

90 Vgl. *Bork*, in: Kölner Schrift zur Insolvenzordnung, 2. Aufl. 2000, S. 1336ff.

91 Zur Kritik eingehend *Karsten Schmidt/Uhlenbruck*, Die GmbH in der Krise, Sanierung und Insolvenz, 2. Aufl. 1999, Rdnrn. 1238ff.; *Karsten Schmidt*, NZI 1998, 9ff.; ZGR 1998, 665ff.; KTS 2001, 380ff.; zust. aber *Pape*, KTS 1998, 367ff.

92 Näher *Karsten Schmidt*, NZI 1998, 11; *ders.*, KTS 2001, 383ff.

93 Vgl. zur Dogmatik der Eigenhaftung aus culpa in contrahendo eingehend *Schmitz*, Dritthaftung aus culpa in contrahendo, 1980; *Nirk*, Vertrauenshaftung Dritter bei Vertragsdurchführung? in: Festschrift Hauß, 1978, S. 267ff.; *Medicus*, a.a.O.; grundlegend *Ballerstedt*, AcP 151 (1951), 507ff.

94 Überblick bei *Scholz/Uwe H. Schneider*, § 43 Rdnrn. 223ff.

95 Vgl. dazu *BGH*, NJW 1983, 676f.; 1983, 1607; BB 1986, 1042; WM 1987, 1431; NJW 1988, 2234; 1989, 292.

96 *BGHZ* 126, 181, 189f. = NJW 1994, 2220, 2222.

mischt werden[97]. Basis der Haftung ist das vorvertragliche Vertrauen des Geschädigten. Unbefriedigend ist auch die geradezu als »Fortentwicklung« ausgegebene[98] Rückkehr des *Bundesgerichtshofs* zur Reichsgerichtsformel von der »Haftung wegen Eigeninteresses«[99] oder vom Vertragssschluß »in eigener Sache«[100]. Das Eigeninteresse eines Vertreters kann zwar Grundlage einer haftungsbegründenden Vertrauenslage sein, aber Grundlage der Eigenhaftung eines Vertreters ist die Inanspruchnahme von Vertrauen[101]. Man muß deshalb großes Gewicht auf *zwei kritische Merkmale* legen: *Zum ersten* kann den Geschäftsführer keine vorvertragliche Warnpflicht treffen, wo nicht die GmbH selbst eine solche Pflicht hat, denn wenn die GmbH ihre Krise im eigenen Schutzinteresse noch verheimlichen darf, muß und darf auch der Geschäftsführer niemanden darauf hinweisen und hierdurch die eigene Gesellschaft vielleicht endgültig ruinieren (er haftet ihr ja nach § 43 GmbHG!). Es kommt auf die Lage des Einzelfalls an. Für die Zeit bis zum Eintritt der Überschuldung oder Zahlungsunfähigkeit kann eine Warnpflicht des Geschäftsführers nur gegenüber einzelnen Gläubigern und nur nach sorgsamer Interessenanalyse bejaht werden. Von diesem Zeitpunkt an besteht nach der Rechtsprechung eine generelle Warnpflicht[102], wenn auch vorbehaltlich einzelfallbezogener Ausnahmen, solange die Dreiwochenfrist des § 64 GmbHG läuft und aussichtsreiche Sanierungsbemühungen im Gang sind[103]. *Zum zweiten* muß stets sorgsam geprüft werden, ob eine etwa bestehende Warnpflicht der GmbH gegenüber ihren Vertragspartnern wirklich auch eine *Eigen*haftung des Geschäftsführers begründen kann. In dieser Hinsicht war nun allerdings schon vor dem Urteil *BGHZ* 126, 181 = NJW 1999, 2220 eine Konzeptlosigkeit und zunehmende Ängstlichkeit der Rechtsprechung zu bemängeln.

Beispiel Nr. 13 (nach *BGH*, NJW 1983, 676): G war Alleingesellschafter und Alleingeschäftsführer der H-GmbH, die sich mit der Herstellung von Baufenstern befaßte. Die GmbH war seit Ende 1976 erkennbar überschuldet. Erst im Februar 1978 stellte G den Antrag auf Eröffnung des Konkursverfahrens. Das Amtsgericht lehnte die Konkurseröffnung mangels Masse ab. Lieferant L hatte noch 1977 auf Bestellung des G Holz geliefert und fiel nun mit seinen Forderungen aus. Nach Auffassung des *BGH* konnte L wegen Verschuldens bei Vertragsverhandlungen Ersatz des negativen Interesses verlangen, soweit

---

97 Bedenklich *BGH*, NJW 1983, 676, 677: »Die Berufung auf die alleinige Haftung der GmbH stellt dann einen Mißbrauch der rechtlichen Selbständigkeit der Gesellschaft dar.« Charakteristisch sodann die Sorge um die Vereinbarkeit mit § 13 GmbHG bei *BGH*, BB 1986, 1042 m. Anm. *Steininger*.

98 *BGH*, NJW 1988, 2234, 2235.

99 *BGHZ* 126, 181, 183 = NJW 1992, 2220; *BGH*, NJW-RR 1995, 289; zuvor etwa *BGH*, DB 1988, 1060, 1061 = GmbHR 1988, 257f.; DB 1988, 2450 = GmbHR 1988, 480; DB 1991, 1765 = GmbHR 1991, 409 = NJW-RR 1991, 1312; dazu *Baumbach/Hueck/Zöllner*, § 43 Rdnr. 54; *Haas*, a.a.O., S. 74f.; *Sandberger*, a.a.O., S. 55ff.; *Bork*, ZGR 1995, 506ff.; *Geißler*, ZIP 1997, 2186ff.; *Medicus*, DStR 1995, 1432.

100 *BGH*, GmbHR 1992, 363 = NJW-RR 1992, 1061.

101 Grundlegend *Ballerstedt*, AcP 151 (1950/51), 505ff.; zum Standpunkt des Verf. vgl. *Karsten Schmidt*, ZIP 1988, 1502f.; NJW 1993, 2934f.

102 Vgl. *BGH*, NJW 1983, 676, 677; 1984, 2284; 1988, 2234, 2235 mit Nachweisen zum Streitstand.

103 Vgl. *Scholz/Karsten Schmidt*, § 64 Rdnr. 69; *Karsten Schmidt*, ZIP 1988, 1503f.; ablehnend *Goette*, GmbH, a.a.O., § 8 Rdnr. 235.

L im Vertrauen auf die Solvenz der GmbH noch geliefert hatte, nachdem die Überschuldung für G erkennbar war. Die Grundlage dieser Eigenhaftung des G aus culpa in contrahendo erblickte der *BGH* im Zusammentreffen zweier Merkmale: des Eigeninteresses des G als Alleingesellschafter und der Inanspruchnahme persönlichen Vertrauens.

Beispiel Nr. 14 (nach *BGHZ* 87, 27 = NJW 1983, 1607): B war alleiniger Geschäftsführer und Mehrheitsgesellschafter mehrerer Betonwerke, darunter der B-GmbH. K hatte diese GmbH seit vielen Jahren beliefert. Als Gerüchte über eine Krise der B-GmbH aufkamen, gelang es B bei einem Telefongespräch, die bei K aufgekommenen Bedenken zu zerstreuen. Als dann die B-GmbH in Konkurs ging, fiel K mit Lieferantenforderungen aus. K verlangte von B Schadensersatz in Höhe von über 300 000 DM. Die Gerichte gaben dieser Klage dem Grunde nach statt. Der *Bundesgerichtshof* entschied: »Der Mehrheitsgesellschafter und alleinige Geschäftsführer einer GmbH, dessen Unternehmen in laufender Geschäftsbeziehung von einem Lieferanten Warenkredit in Anspruch nimmt, ist auf Anfrage des Lieferanten und dessen Bitte um persönliche Aufklärung verpflichtet, die wirtschaftliche Lage seines Unternehmens zu offenbaren. Eine schuldhafte Verletzung dieser Pflicht kann einen Ersatzanspruch aus Verschulden bei Vertragsverhandlungen gegen den alleinigen Geschäftsführer der GmbH begründen.«

Beispiel Nr. 15 (nach *BGH*, NJW 1988, 2234 = ZIP 1988, 505): B war Geschäftsführer und Gesellschafter der Fleisch-Import-Export-GmbH. Die K belieferte die GmbH bis zum November für 173 151 DM mit Frischfleisch. Im November stellte B Konkursantrag. Dieser wurde mangels Masse abgelehnt. Daraufhin verklagte K den B auf Schadensersatz. Der *VIII. Zivilsenat* hat in dieser Entscheidung in angeblicher »Fortentwicklung« des Eigenhaftungskonzepts ganz auf das wirtschaftliche Eigeninteresse des Geschäftsführers abgestellt und die Haftung bejaht.

Beispiel Nr. 16 (nach *BGH*, NJW 1989, 292 = BB 1988, 2127 = ZIP 1988, 1543): K handelte mit Baumaterialien und belieferte bis zum Juli ständig die MB GmbH & Co. KG. B war Geschäftsführer der Komplementär-GmbH und zugleich Gesellschafter der GmbH und Kommanditist. Im August fiel die MB GmbH & Co. KG in Konkurs. K verlangte den ausgefallenen Rechnungsbetrag im Wege des Schadensersatzes von B. Beide Vorinstanzen hatten den B verurteilt. Der *VIII. Zivilsenat* verwies die Sache zur tatrichterlichen Prüfung zurück und meinte: »Die Stellung des Vertreters einer GmbH & Co. KG als Gesellschafter und Alleingeschäftsführer der Komplementär-GmbH und zugleich als Kommanditist der KG reicht allein nicht aus, um seine Haftung aus Vertragsverhandlungen wegen unmittelbaren wirtschaftlichen Eigeninteresses zu begründen.« Der Leitsatz macht die bedenkliche Verengung der Haftung auf ein »Eigeninteresse« des Geschäftsführers erkennbar (vgl. auch *BGH*, NJW-RR 1988, 615, 616; 1989, 110, 111; 1991, 1312; GmbHR 1994, 539, 540).

Beispiel Nr. 17 (vereinfacht nach *BGHZ* 126, 181 = NJW 1994, 2220): B, der Geschäftsführer und Alleingesellschafter einer mit einem Stammkapital von 50 000 DM gegründeten Handels-GmbH war, hatte bei der K noch Waren im Gesamtwert von 100 000 DM bestellt und unter Eigentumsvorbehalt geliefert erhalten, obwohl die Gesellschaft bereits insolvent war. Da sich K im Konkurs nur noch teilweise durch Aussonderung hatte befriedigen können, verlangte K Schadensersatz von B. Das *OLG* hatte den Bekl. wegen Verschuldens bei Vertragsschluß verurteilt. Dem trat der *Senat* entgegen, weil die Voraussetzungen eines haftungsbegründenden Eigeninteresses nicht vorlägen: »Ein Gesellschafter haftet unter dem Gesichtspunkt des Verschuldens bei Vertragsschluß nicht deswegen persönlich für eine Verbindlichkeit der GmbH, weil er zugunsten der Gesellschaft Sicherheiten aus seinem eigenen Vermögen zur Verfügung gestellt hat.« Die hier vertretene Eigenhaftung des Geschäftsführers als des Trägers des Solvenzvertrauens der Gläubiger lehnte der *BGH* in diesem Grundsatzurteil ab und ersetzte sie durch die schon besprochene Einbeziehung der Neugläubiger in den Schutzbereich der §§ 823 II BGB, 64 GmbHG.

Stellungnahme: Nicht die Einzelergebnisse, wohl aber die konzeptionellen Grundlagen dieser Rechtsprechung fordern zur Kritik heraus. Die Verknüpfung der Eigenhaftung mit dem angeblichen Erfordernis eines haftungsbegründenden Eigeninteresses des Geschäftsführers an dem Rechtsgeschäft hat die Eigenhaftung aus culpa in contrahendo weitgehend entwertet. Die nunmehr sehr strenge, aber auch vom *Bundesgerichtshof* auf Rechtsgeschäftsgläubiger beschränkte[104] Haftung für Individualschäden aus Insolvenzverfahrensverschleppung wurde und wird hier auf culpa in contrahendo gestützt[105]: Die Haftung aus culpa in contrahendo basiert auf einem Vertrauensverhältnis, das regelmäßig, aber nicht notwendig, zum Vertragspartner besteht. Das Eigeninteresse eines Vertreters kann der Begründung dieses Vertrauensverhältnisses dienen. Was die Solvenz der GmbH anlangt, so beruht das Vertrauen des Vertragsgegners nicht auf dem Eigeninteresse, sondern auf der Repräsentantenrolle des Geschäftsführers[106]. Was die Warnpflicht bei drohender Insolvenz anlangt, so wird die Rechtsprechung prüfen müssen, ob es auch hier auf den Einzelfall ankommen soll oder ob nicht jeder Geschäftsführer dieser Repräsentantenhaftung unterliegt[107]. Bejaht man dies, so hängt die Eigenhaftung im Einzelfall nur noch von der Informationspflicht und vom Verschulden des Geschäftsführers ab. Dasselbe bewirkt die durch *BGHZ* 126, 181 = NJW 1984, 2220 eingeleitete neue Rechtsprechung[108], nur eben nicht über die Rechtsfigur der culpa in contrahendo, sondern über die vom *II. Senat* als gesetzlich vorgegeben betrachtete Ausdehnung der §§ 823 II BGB, 64 GmbHG. Der grundlegende Unterschied zwischen dem gegenüber der Gesamtgläubigerschaft begangenen Verschleppungsdelikt (§§ 823 II BGB, 64 GmbHG) und der Schädigung einzelner Vertragspartner (culpa in contrahendo) bleibt dabei allerdings auf der Strecke.

d) Neben der Eigenhaftung aus culpa in contrahendo kommt auch eine *Delikts-Eigenhaftung* des Geschäftsführers in Betracht, wenn keine bloße Vermögensbeeinträchtigung, sondern ein vom Geschäftsführer verwirklichter Deliktstatbestand vorliegt. Je weiter man hier den Verantwortungskreis des Geschäftsführers zieht, um so gravierender sind aber auch die Einbrüche in das gesellschaftsrechtliche Haftungssystem[109].

Beispiel Nr. 18 (vereinfacht nach *BGHZ* 109, 297 = NJW 1990, 976 = JZ 1990, 486 m. Anm. *Mertens/Mertens*): K, eine Baustoffgroßhandlung, lieferte an die Z-GmbH unter verlängertem Eigentumsvorbehalt mit Vorausabtretungsklausel. Die Z-GmbH lieferte im

104 *BGH*, NJW 1995, 398, 399.
105 *Scholz/Karsten Schmidt*, § 64 Rdnrn. 40, 64ff.
106 Im Ansatz ähnlich zunächst auch der *II. Senat* (*BGH*, NJW-RR 1990, 614); anders der *XI. Senat* (*BGH*, BB 1989, 2210) und am Ende auch der *II. Senat* (*BGHZ* 126, 181, 189f. = NJW 1994, 2220, 2222).
107 Vgl. *Karsten Schmidt*, ZIP 1988, 1503.
108 *BGHZ* 126, 181, 190 = NJW 1994, 2220, 2222: »Ähnlichkeit, wenn nicht Gleichheit der Haftungsvoraussetzungen«.
109 Umfassende Nachweise bei *Haas*, a.a.O., S. 211ff.; *Sandberger*, a.a.O., S. 129ff.; *Kleindiek*, a.a.O., S. 368ff., 418ff., 434ff., 464ff.; *Baumbach/Hueck/Zöllner*, § 43 Rdnr. 57ff.; *Hachenburg/Mertens*, § 43 Rdnr. 115; *Lutter*, DB 1994, 129ff.; *Altmeppen*, ZIP 1995, 881ff.; *Heil/Russenschuck*, BB 1998, 1749ff.; *Medicus*, ZGR 1998, 570ff.

Rahmen eines Bauvorhabens weiter an eine AG. Nach den zugrunde gelegten Allgemeinen Geschäftsbedingungen der AG war eine Abtretung verboten (§ 399 BGB). Damit ging der verlängerte Eigentumsvorbehalt der K nach der damaligen Rechtslage ins Leere (vgl. dagegen jetzt § 354a HGB). Geschäftsführer der Z war B. Ein Insolvenzverfahren über das Vermögen der Z wurde mangels Masse nicht eröffnet. K, die erhebliche Ausfälle erlitt, verlangte von B Schadensersatz. Der *Bundesgerichtshof* entschied, B hafte nach § 823 I BGB wegen Eigentumsverletzung, und zwar sogar dann, wenn er nicht selbst am Vertragsschluß mit der K und mit der AG beteiligt gewesen sei: »Die von der GmbH zum Schutz absoluter Rechtsgüter zu beachtenden Pflichten können auch ihren Geschäftsführer in einer Garantenstellung aus den ihm übertragenen organisatorischen Aufgaben treffen und bei Verletzung dieser Pflichten seine deliktische Eigenhaftung auslösen.« Diese Entscheidung ist auf berechtigte Kritik gestoßen. So richtig es ist, den Geschäftsführer für gläubigerschädigende Delikte haften zu lassen, so wenig darf er zum persönlichen Garanten aller von den Geschäften der GmbH bedrohten Rechtsgüter erklärt werden (zusammenfassend *Medicus*, ZGR 1998, 570ff.). Der *BGH* scheint aber nach den Entscheidungsgründen neuerer Urteile an seiner Linie festzuhalten (vgl. die allerdings krass gelagerten Fälle *BGH*, NJW-RR 1995, 1369, 1370; NJW 1996, 1535).

Vollends unabsehbare Haftungsrisiken drohen von der Rechtsprechung zur strafrechtlichen Produkthaftung. Der *II. Strafsenat des BGH* hat in seinem »Erdal«-Urteil von 1990[110] ausgesprochen, daß die strafrechtliche Garantenstellung des Herstellers die Geschäftsführer persönlich trifft und daß sich Geschäftsführer, die einen gebotenen Produktrückruf unterlassen, als Mittäter strafbar machen. Auf dieser Grundlage können Schadensersatzpflichten für die Verletzung von absoluten Rechten (§ 823 I BGB) und durch Schutzgesetze (§ 823 II BGB) geschützten Rechten und Interessen Dritter auf die Geschäftsführer zukommen. Die Rechtsprechung wollte gerade in diesem Bereich danach differenzieren, welche Pflichten den Geschäftsführer persönlich und welche ihn nur in seiner Organeigenschaft als Pflichten der GmbH treffen.

e) Zu erwähnen ist noch die *steuerrechtliche Ersatzhaftung des Geschäftsführers aus § 69 AO*[111]. Die Vorschrift lautet: »Die in den §§ 34 und 35 bezeichneten Personen haften, soweit Ansprüche aus dem Steuerschuldverhältnis (§ 37) infolge vorsätzlicher oder grob fahrlässiger Verletzung der ihnen auferlegten Pflichten nicht oder nicht rechtzeitig festgesetzt oder erfüllt oder soweit infolgedessen Steuervergütungen oder Steuererstattungen ohne rechtlichen Grund gezahlt werden. Die Haftung umfaßt auch die infolge der Pflichtverletzung zu zahlenden Säumniszuschläge.«

110 Vgl. auch zur strafrechtlichen Garantenstellung *BGH*, BB 1990, 1856 = ZIP 1990, 1413.

111 Dazu etwa *Baumbach/Hueck/Zöllner*, § 43 Rdnr. 68; *Hachenburg/Mertens*, § 43 Rdnr. 118f.; *Scholz/Uwe H. Schneider*, § 43 Rdnrn. 255ff.; *Tipke/Kruse*, AO, Stand August 1998; *Schulze zur Wiesche*, GmbHR 1978, 138.

6. Ein Abwicklungsmodell für die Insolvenzverschleppungshaftung*

a) Grundfragen der Insolvenzverschleppungshaftung wurden bereits unter II 5 b herausgearbeitet. Nach §§ 64 GmbHG, 823 II BGB macht sich schadensersatzpflichtig, wer es als Geschäftsführer versäumt, bei Eintritt der Überschuldung oder Zahlungsunfähigkeit ohne schuldhaftes Zögern, spätestens aber binnen drei Monaten den Insolvenzantrag zu stellen. Die um diese Haftung geführten Prozesse sind im Detail überaus kompliziert, weil die – obendrein nachträgliche! – Feststellung der Überschuldung (§ 19 InsO) bzw. der Zahlungsunfähigkeit (§ 17 InsO) schwierige Fragen faktischer und rechtlicher Art aufzuwerfen pflegt. Aber auch auf der Rechtsfolgenseite sind die Rechtsprobleme der Insolvenzverschleppungshaftung überaus schwierig. Seit den bereits besprochenen Urteilen *BGHZ* 126, 181 = NJW 1994, 2220 und *BGHZ* 138, 211 = NJW 1998, 2667 steht fest, daß außer den unstreitig nach §§ 64 GmbHG, 823 II BGB geschützten Altgläubigern auch die Neugläubiger kompletten Ersatz ihrer Insolvenzverschleppungsschäden erhalten. Umstritten geblieben ist nur

- die Anspruchsgrundlage und
- die Haftungsabwicklung, wobei man wiederum zwei Fallkonstellationen unterscheiden muß, nämlich
- die Haftungsabwicklung außerhalb des Insolvenzverfahrens und
- die Haftungsabwicklung im eröffneten Insolvenzverfahren.

Die unter II 5 b abstrakt entwickelte Diskussion und ihre Folgen sollen nun konkretisiert und verdeutlicht werden in unserem

Beispiel Nr. 19: Am 1.2. war Überschuldung eingetreten. Der Geschäftsführer G hatte einfach den Kopf in den Sand gesteckt und auf ein Wunder gehofft (er hatte m.a.W. schon ab 1.2. und nicht erst drei Wochen später gegen § 64 GmbHG verstoßen). Die Forderungen der Altgläubiger A-W in Höhe von insgesamt 30 000 Euro hätten bei einem am 1.2. gestellten Insolvenzantrag und einer Insolvenzquote von 15 % rechnen können. Die ungesicherten Neugläubiger X (5 000 Euro), Y (10 000 Euro) und Z (15 000 Euro) haben noch nach dem 1.2. nichtsahnend nacheinander an die GmbH geliefert und hätten dies bei Kenntnis der Situation nicht getan. Erst am 15.7. beantragt ein Gläubiger, das Insolvenzverfahren wegen Zahlungsunfähigkeit zu eröffnen. Erste Fallvariante: Die Verfahrenseröffnung wird mangels Masse abgelehnt (§ 26 InsO), und alle Gläubiger fallen mit ihren

* Literatur (Auswahl): *Altmeppen*, Probleme der Konkursverschleppungshaftung, ZIP 1997, 1173; *Altmeppen/Wilhelm*, Quotenschaden, Individualschaden und Klagebefugnis ..., NJW 1999, 673; *Bork*, Gesamtschadensliquidation im Insolvenzverfahren, in: Kölner Schrift zur InsO, 2. Aufl. 2000, S. 1333; *ders.*, Haftung des Geschäftsführers wegen verspäteten Konkursantrags, ZGR 1995, 505; *Dauner-Lieb*, Die Berechnung des Quotenschadens, ZGR 1998, 617; *Dellinger*, Vorstands- und Geschäftsführerhaftung im Insolvenzfall, Wien 1991; *Götker*, Der Geschäftsführer in der Insolvenz der GmbH, 2000; *Haas*, Geschäftsführerhaftung und Gläubigerschutz, 1997; *Hasselbach*, Die Geltendmachung von Gesamtschadensansprüchen der Gläubiger durch den Insolvenzverwalter, DB 1996, 2213; *Hirte*, Abschied vom Quotenschaden, 1994; *Gerd Müller*, Geschäftsführerhaftung für Neugläubigerschäden, GmbHR 1996, 393; *Pape*, Keine Geltendmachung von Neugläubigerschäden durch den gerichtlich bestellten Insolvenzverwalter, KTS 1998, 367; *Karsten Schmidt*, Konkursantragspflichten und allgemeines Deliktsrecht, JZ 1978, 661; *ders.*, Labyrinthus Creditorum, ZGR 1996, 209; *ders.*, Kein Abschied vom »Quotenschaden«, NZI 1998, 9; *Karsten Schmidt/Uhlenbruck* (Hrsg.), Die GmbH in Krise, Sanierung und Insolvenz, 2. Aufl. 1999; *Wilhelm*, Konkursantragspflicht des GmbH-Geschäftsführers und Quotenschaden, ZIP 1993, 1833.

Forderungen gegen die GmbH aus. Zweite Fallvariante: Das Verfahren wird eröffnet, aber es ist nur mit einer Quote von 5% auf die Forderungen von insgesamt 130000 Euro zu rechnen.

In diesem Fall (bei dem die hier präzis angegebenen Insolvenzverschleppungsschäden in der Realität naturgemäß nur nach § 287 ZPO geschätzt werden können) kommen alle Streitfragen der Anspruchsgrundlage und der Haftungsabwicklung zusammen. Was die Anspruchsgrundlagen anlangt, so werden im wesentlichen drei Ansichten vertreten:

- Alte, mit Recht überholte Rechtsprechung: Alle Gläubiger erhalten nach §§ 823 II BGB, 64 GmbHG Schadensersatz nur in Höhe des durch die Verschleppung herbeigeführten Quotenschadens, der bei der ersten Fallvariante 15%, bei der zweiten Fallvariante 10% auf jede Forderung beträgt.
- Zweite, jetzt vom *Bundesgerichtshof* vertretene Auffassung: Die Gläubiger erhalten nach §§ 823 II BGB, 64 GmbHG Ersatz ihres gesamten Insolvenzverschleppungsschadens, die Altgläubiger A-W also 15% (erste Variante) bzw. 10% (zweite Fallvariante), die Neugläubiger X, Y und Z dagegen 5000 Euro, 10000 Euro bzw. 15000 Euro minus Gewinnmarge als negatives Interesse. Dabei erhalten die Altgläubiger nur den Quotenschaden, die Neugläubiger, ohne am Quotenschadensersatz beteiligt zu sein, nur das ungeteilte negative Interesse als Individualschaden.
- Dritte, hier vertretene Auffassung: Die Altgläubiger erhalten über §§ 823 II BGB, 64 GmbHG den Quotenschaden (wie *BGH*), die Neugläubiger nehmen gleichfalls an der Quotenschadensliquidation nach §§ 823 II BGB, 64 GmbHG teil (anders *BGHZ* 138, 211 = NJW 1998, 2667). Ihr darüber hinausgehendes negatives Interesse können sie gleichfalls ersetzt verlangen (ebenso *BGHZ* 126, 181 = NJW 1994, 2220; anders die alte Rechtsprechung), und zwar nach der hier vertretenen Ansicht nicht aufgrund der §§ 823 II BGB, 64 GmbHG, sondern aus dem Rechtsgrund der culpa in contrahendo (anders insofern *BGHZ* 126, 181 = NJW 1994, 2220).

b) Die unterschiedlichen Rechtsfolgen der divergierenden Meinungen lassen sich an unserem Beispiel exemplifizieren:

aa) *Erste Fallvariante* (Ablehnung des Insolvenzverfahrens mangels Masse):

aaa) Die Altgläubiger A-W können jeder als einzelner 15% ihrer Forderungen als Schadensersatz von G aufgrund der §§ 823 II BGB, 64 GmbHG verlangen (das ist heute wohl unstreitig).

bbb) Die Neugläubiger X, Y und Z können ihr ganzes negatives Interesse von G ersetzt verlangen. Die Anspruchsgrundlage ergibt sich nach *BGHZ* 126, 181 = NJW 1994, 2220 aus den §§ 823 II BGB, 64 GmbHG. Nach der hier vertretenen Auffassung gilt dies nur für den Quotenschaden, während der überschießende Individualschaden aufgrund culpa in contrahendo zu ersetzen ist. Im praktischen Ergebnis wirkt sich diese Divergenz nicht aus.

ccc) Wieviel Schadensersatz der einzelne Gläubiger wirklich erhält, hängt von der Zahlungsfähigkeit des G ab. Es wird einen Haftungswettlauf der Gläubiger geben, bis vielleicht Insolvenzantrag auch gegen G gestellt wird.

bb) *Zweite Fallvariante:* (das Insolvenzverfahren ist eröffnet und ergibt nur 5 % statt 15 % Quote): Hier wirkt sich die Gleichbehandlung der Gläubiger im Insolvenzverfahren aus. Alle Gläubiger erhalten auf ihre Insolvenzforderungen eine Insolvenzquote und dürfen mit ihren Forderungen nicht individuell gegen die GmbH als Schuldnerin vorgehen (§ 89 InsO). Der hierin zum Ausdruck gelangte Gedanke der Gläubigergleichbehandlung (»par condicio creditorum«) verhindert einen Wettlauf der Gläubiger gegenüber der GmbH als Schuldnerin. § 92 Satz 1 InsO dehnt dieses Prinzip auf die Haftung des Geschäftsführers G aus, soweit ein »Gesamtschaden« aller Gläubiger in Rede steht: »Ansprüche der Insolvenzgläubiger auf Ersatz eines Schadens, den diese Gläubiger gemeinschaftlich durch eine Verminderung des zur Insolvenzmasse gehörenden Vermögens vor oder nach der Eröffnung des Insolvenzverfahrens erlitten haben (Gesamtschaden), können während der Dauer des Insolvenzverfahrens nur vom Insolvenzverwalter geltend gemacht werden. Richten sich die Ansprüche gegen den Verwalter, so können sie nur von einem neu bestellten Insolvenzverwalter geltend gemacht werden.« Die umstrittene Bedeutung dieses schon unter II 5 b cc dargestellten Grundsatzes für die Haftungsabwicklung zeigt sich gleichfalls in unserem Beispiel:

aaa) Unstreitig ist wiederum die Behandlung der Altgläubiger A-W: Ihre aus §§ 823 II BGB, 64 GmbHG resultierenden Ansprüche werden vom Insolvenzverwalter geltend gemacht. Er klagt 10 % von 30 000 Euro ein und füllt damit die Verteilungsmasse auf, was im theoretischen Idealfall dazu führen wird, daß A-W statt nur 5 % die ihnen bei rechtzeitiger Verfahrenseröffnung gebührenden 15 % auf ihre Forderungen erhalten.

bbb) Umstritten ist die Abwicklung der Ersatzforderungen der Neugläubiger X, Y und Z. Folgt man dem Urteil *BGHZ* 138, 211 = NJW 1999, 2667, so nehmen die Neugläubiger an der Gesamtschadensabwicklung nach § 92 InsO (bzw. nach der dieser Vorschrift zugrundeliegenden früheren Konkursrechtspraxis) nicht teil, weil sie einen Quotenschaden nicht haben (oben unter II 5 b cc). Der *Bundesgerichtshof* will mit dieser Rechtskonstruktion vermeintlichen Schwierigkeiten aus dem Weg gehen, weil doch der Quotenschaden der einzelnen Neugläubiger – im Gegensatz zu den Altgläubigern – uneinheitlich sein müßte: Er wäre für X am höchsten, für Y schon niedriger und für Z am geringsten, weil diese jüngste Forderung ohnedies nicht mehr viel Quote erwarten konnte. Diese Annahme ist unrichtig[112]. Nicht die Quotenschäden der Gläubiger X, Y und Z sind individuell verschieden, sondern verschieden sind ihre darüber hinausgehenden Individualschäden. Alle Insolvenzgläubiger, selbst noch der jüngste Neugläubiger, nehmen an der Gesamtschadensliquidation nach § 92 InsO teil. Was der Verwalter nach dieser Vorschrift einklagt (nämlich 10 % von 60 000 Euro), verteilt er nicht bloß an die Altgläubiger (oder diejenigen, die er für Altgläubiger hält), sondern an alle Insolvenzgläubiger. Wer glaubt, Neugläubiger zu sein, kann seinen überschießenden Individualschaden (das verbleibende negative Interesse) dann durch Individualprozesse außerhalb des § 92 InsO geltend machen. Die demgegenüber vom Bundesgerichtshof vertretene Auffassung ist nicht nur rechtsdogmatisch abzulehnen, sondern sie ist auch vollständig unpraktikabel, denn in Anbetracht des meist unsicheren, sich während eines Prozesses ständig unterschiedlich darstellenden Zeitpunkts der Überschuldung, weiß der Insolvenzverwalter nie genau, wer Altgläubiger ist und für wen er klagt.

112 *Karsten Schmidt/Uhlenbruck,* a.a.O., Rdnrn. 1238ff.; *Karsten Schmidt,* NZI 1998, 9ff.; JurBl. 2000, 477; KTS 2001, 384

c) Mehr und mehr tritt neben der Haftung aus §§ 823 II BGB, 64 I GmbHG diejenige aus § 64 II GmbHG in den Vordergrund[113]. Nach dieser Bestimmung müssen die Geschäftsführer Zahlungen, die die Gesellschaft nach Eintritt der Überschuldung oder Zahlungsunfähigkeit geleistet hat, ersetzen, sofern diese Zahlungen nicht mit der Sorgfalt eines ordentlichen Geschäftsmanns vereinbar sind. Nach der Rechtsprechung sind diese Zahlungen ungekürzt zu erstatten[114]. Der haftende Geschäftsführer kann insbesondere nicht darauf verweisen, daß der Empfänger der Zahlung diese nach §§ 129ff. InsO zurückerstatten müßte[115].

III. Die Gesellschafter[*]

1. Gesellschafter und Gesellschafterversammlung

Willensbildungsorgan und oberstes Organ einer GmbH sind die Gesellschafter in ihrer Gesamtheit. Meist wird von der Gesellschafterversammlung gesprochen, aber die Gesellschafter einer GmbH beschließen nicht nur in Versammlungen, sondern sie können auch außerhalb einer Versammlung – z.B. durch Rundschreiben oder im Fall der Einmanngesellschaft durch schriftlich aufzunehmende Erklärungen – beschließen (§ 48 GmbHG). Das Gesetz sieht zwar die Beschlußfassung in Versammlungen als den Regelfall an und in einzelnen Fällen schreibt es sogar die Beschlußfassung in einer Versammlung vor (§§ 13 I 125, 193 I UmwG), doch handelt es sich hierbei nur um das regelmäßige Beschluß*verfahren*. Beschlußinstanz in der GmbH sind die Gesellschafter, nicht die jeweils zusammentretenden Gesellschafterversammlungen[116].

113 *BGHZ* 131, 325 = LM Nr. 13 zu § 64 GmbHG m. Anm. *Wilhelm* = NJW 1996, 850; *BGHZ* 143, 184 = LM Nr. 18 zu § 64 GmbHG m. Anm. *Heidenlain; BGH,* GmbHR 2000, 1149; NJW 2001, 1280; *Schulze-Osterloh,* in: Festschrift Bezzenberger, 2001, S. 419ff.; *Karsten Schmidt,* KTS 2001, 386ff.

114 *BGHZ* 146, 264 = NJW 2001, 1280; kritisch *Karsten Schmidt,* KTS 2001, 388f.

115 *BGHZ* 131, 325 = LM Nr. 13 zu § 64 GmbHG m. Anm. *Wilhelm* = NJW 1996, 850.

* Literatur (Auswahl): *Eickhoff,* Die Gesellschafterklage im GmbH-Recht, 1988; *ders.,* Die Praxis der Gesellschafterversammlung, 3. Aufl. 2001; *Hüffer,* Die Gesellschafterversammlung – Organ der GmbH oder bloßes Beschlußverfahren? in: Festschrift 100 Jahre GmbH-Gesetz, 1992, S. 521; *Immenga,* Die personalistische Kapitalgesellschaft, 1970; *Maier-Reimer,* Negative »Beschlüsse« von Gesellschafterversammlungen, in: Festschrift Oppenhoff, 1985, S. 193; *Renkl,* Der Gesellschafterbeschluß, 1982; *Schilling,* Gesellschafterbeschluß und Insichgeschäft, in: Festschrift Ballerstedt, 1975, S. 257; *Schmiegelt,* in: Müller/Hense, Beck'sches Handbuch der GmbH, 1999, § 3, S. 85ff.; *Teichmann,* Rechte des einzelnen und Befugnisse der Minderheit, in: GmbH-Reform, 1970, S. 59; *Vogel,* Die Praxis der Gesellschafterversammlung bei GmbH und GmbH & Co., 1976; *ders.,* Gesellschafterbeschlüsse und Gesellschafterversammlung, 2. Aufl. 1986; *Wessing-Max,* Zur Rückfallkompetenz der Gesellschafterversammlung ..., in: Festschrift Werner, 1984, S. 975; *Wilhelm,* Stimmrechtsausschluß und Verbot des Insichgeschäfts, JZ 1976, 674; *Wolany,* Rechte und Pflichten des Gesellschafters einer GmbH, 1964; *Zöllner,* Die Schranken mitgliedschaftlicher Stimmrechtsmacht ..., 1963.

116 *Scholz/Karsten Schmidt,* § 45 Rdnr. 5; a.M. *Hachenburg/Hüffer,* § 45 Rdnrn. 6, 15; *Hüffer,* a.a.O., S. 536f.

2. Die Zuständigkeit der Gesellschafter

a) Die Zuständigkeit der Gesellschafter in der GmbH ist grundsätzlich allumfassend und kann im Gesellschaftsvertrag näher bestimmt werden (§ 45 GmbHG)[117]. Die §§ 46 ff. GmbHG sind weitgehend *dispositiv* und geben den Zuständigkeitsrahmen der Gesellschafter nur beispielhaft wieder[118]. Die Gesellschafter sind nach § 46 GmbHG insbesondere zuständig für:

1. die Feststellung des Jahresabschlusses und die Verwendung des Ergebnisses;
2. die Einforderung von Einzahlungen auf die Stammeinlagen;
3. die Rückzahlung von Nachschüssen;
4. die Teilung sowie die Einziehung von Geschäftsanteilen;
5. die Bestellung, Abberufung und Entlastung von Geschäftsführern;
6. die Maßregeln zur Prüfung und zur Überwachung der Geschäftsführung;
7. die Bestellung von Prokuristen und von Handlungsbevollmächtigten zum gesamten Geschäftsbetrieb;
8. die Geltendmachung von Ersatzansprüchen, welche der Gesellschaft aus der Gründung oder Geschäftsführung gegen Geschäftsführer oder Gesellschafter zustehen, sowie die Vertretung der Gesellschaft in Prozessen, welche sie gegen die Geschäftsführer zu führen hat.

b) *Zwingend* sind den Gesellschaftern nur folgende Zuständigkeiten vorbehalten[119]: die Einforderung von Nachschüssen (§ 26 GmbHG) und Grundlagenbeschlüsse wie die Satzungsänderung einschließlich der Kapitaländerungsmaßnahmen, die Auflösung sowie alle Varianten der Umwandlung. Zwingend den Gesellschaftern entzogen ist die Bestellung der Geschäftsführer in der mitbestimmten GmbH (§§ 25, 31 MitbestG, 12 MontanMitbestG).

3. Das Verfahren

a) Die Beschlüsse werden nach § 48 GmbHG *entweder in Versammlungen* (Abs. 1) *oder schriftlich* gefaßt (Abs. 2, 3), doch kann nach dem Gesellschaftsvertrag oder in allseitigem Einvernehmen auch formlos beschlossen werden, soweit keine Formvorschriften entgegenstehen (z.B. durch Telefonkonferenz)[120]. Das Recht zur Teilnahme an einer *Gesellschafterversammlung* haben alle, auch die nicht stimmberechtigten, Gesellschafter. Eine Vertretung durch Bevollmächtigte ist grundsätzlich zulässig (vgl. auch § 47 III GmbHG). Der Gesellschaftsvertrag kann sogar eine Vertretung vorschreiben[121]. Für die Einberufung der Versammlung sind die Geschäftsführer zuständig (§ 49 I GmbHG)[122]. Eine Pflicht zur Einberufung kann sich vor allem aus dem Gesellschaftsvertrag ergeben oder aus der Notwendigkeit, über eine Bilanz zu

117 Grundsatz der Allzuständigkeit; vgl. *Scholz/Karsten Schmidt*, § 46 Rdnr. 1.
118 Vgl. *Teichmann*, Gestaltungsfreiheit in Gesellschaftsverträgen, 1970, S. 92, 185.
119 *Scholz/Karsten Schmidt*, § 46 Rdnrn. 3, 178 ff.
120 Im letzten Fall ist der Geschäftsführer zu einer Dokumentation in einem Protokoll verpflichtet.
121 Näher *BGH*, NJW-RR 1989, 347 = BB 1989, 449; zur Gruppenvertretung *Karsten Schmidt*, ZHR 146 (1982), 525 ff.
122 Zur Frage zulässiger Delegation vgl. *van Venrooy*, GmbHR 2000, 166.

beschließen. Zur Einberufung einer außerordentlichen Versammlung sind die Geschäftsführer verpflichtet, wenn dies im Interesse der Gesellschaft erforderlich erscheint (§ 49 II GmbHG), insbesondere, wenn die Hälfte des Stammkapitals verloren ist (§ 49 III GmbHG)[123]. Gesellschafter, deren Geschäftsanteile zusammen mindestens 1/10 des Stammkapitals entsprechen, können die Berufung der Versammlung verlangen (§ 50 I GmbHG); selbst einberufen dürfen sie nur, wenn ihrem berechtigten Verlangen nicht entsprochen wird (§ 50 III GmbHG). Warten sie diese Frist nicht ab, so ist die Versammlung nicht ordnungsgemäß einberufen, und etwa gefaßte Beschlüsse können fehlerhaft, nach herrschender Auffassung sogar nichtig sein[124]. Die Form und Frist der Einberufung ist in § 51 GmbHG geregelt, aber die meisten Gesellschaftsverträge enthalten besondere Regelungen[125]. Grundsätzlich müssen alle Gesellschafter geladen werden, und es müssen der Zweck und die Tagesordnung der Versammlung mitgeteilt werden.

b) Ein wirksamer Beschluß setzt nicht die Anwesenheit aller Gesellschafter oder gar die Abgabe aller Stimmen voraus[126]. Für das *Stimmrecht* der Gesellschafter und für die Ausübung dieses Stimmrechts gelten zunächst die unter § 21 II behandelten allgemeinen verbandsrechtlichen Grundsätze. *Vom Stimmrecht ausgeschlossen* ist ein Gesellschafter, wenn er durch die Beschlußfassung entlastet oder von einer Verbindlichkeit befreit werden soll (§ 47 IV 1 GmbHG) oder wenn über die Vornahme eines Rechtsgeschäfts mit dem Gesellschafter oder über die Einleitung oder Erledigung eines Rechtsstreits ihm gegenüber beschlossen werden soll (§ 47 IV 2 GmbHG). Die Auslegung dieser Bestimmung im einzelnen ist umstritten[127]. Sie muß davon ausgehen, daß es um Befangenheitstatbestände geht, die sich auf zwei Grundgedanken zurückführen lassen, die schon unter § 21 II 2 a besprochen worden sind[128]: *Einmal* ist dies der *Gedanke des Insichgeschäfts;* steht der Gesellschafter der Gesellschaft bei einem Geschäft als Dritter gegenüber, so soll er nicht auch in der Gesellschaft bei der Willensbildung mitwirken. Der *zweite Gedanke* ist der, *daß der Gesellschafter*, wenn er von einer Maßnahme betroffen ist, *nicht »Richter in eigener Sache« sein soll.* Das Stimmverbot des »Insichgeschäfts« gilt für Verkehrsgeschäfte der GmbH, nicht dagegen für korporative Rechtsakte des Verbandslebens (»Sozialakte«)[129] wie z. B. die Einforderung von Stammeinlagen[130], der Abschluß von Beherrschungs- oder

123 Dazu eingehend *Nowotny*, in: Festschrift Semler, 1993, S. 231; *Martens*, ZGR 1972, 254; *Welf Müller*, ZGR 1985, 191; *Priester*, ZGR 1999, 533.

124 Vgl. *BGHZ* 87, 1 = NJW 1983, 1677 und dazu alsbald im Text.

125 Zur Auslegung etwa *BGH*, LM Nr. 7 zu § 51 GmbHG = NJW 1998, 1317.

126 Zu Regelungen über die Beschlußfähigkeit vgl. *BGH*, LM Nr. 7 zu § 51 GmbHG = NJW 1998, 1317.

127 Vgl. dazu namentlich *Herzfelder*, Stimmrecht und Interessenkollision, 1927; *Hübner*, Interessenkonflikt und Vertretungsmacht, 1977, S. 265 ff.; *Immenga/Werner*, GmbHR 1976, 54; *Schilling*, in: Festschrift Ballerstedt, a. a. O., S. 257; *Uwe H. Schneider*, ZHR 150 (1986), 609; *Wilhelm*, JZ 1976, 674; *Zöllner*, a. a. O., S. 195 ff., 206 ff., 212 ff.

128 Vgl. *Scholz/Karsten Schmidt*, § 47 Rdnrn. 99–102.

129 Vgl. zur Methode und Terminologie *Scholz/Karsten Schmidt*, § 47 Rdnr. 110; *van Look*, NJW 1991, 153; krit. *Hüffer*, in: Festschrift Heinsius, 1991, S. 337 ff.

130 *BGH*, BB 1990, 1923 = GmbHR 1990, 452 = NJW 1991, 172; dazu *van Look*, NJW 1991, 152 f.

Verschmelzungsverträgen[131], die Genehmigung einer Anteilsübertragung nach § 15 V GmbHG[132] oder die Besetzung von Ämtern (dazu sogleich); bei diesen Rechtsakten kann aber dem Verbot des »Richtens in eigener Sache« um so mehr Bedeutung zukommen (vgl. zu all dem oben, § 21 II 2). An diesen Grundgedanken müssen sich die Problemlösungen in Grenzfällen ausrichten[133].

Beispiel Nr. 20: A, B, G, X und Y sind zu je $^1/_5$ Gesellschafter. Die Gesellschaft soll einen Maschinenpark an G verpachten. Für den der Gesellschafterversammlung vorgelegten Vertrag stimmen A, B und G, dagegen X und Y. Nach § 47 IV 2 GmbHG ist G vom Stimmrecht in dieser Sache ausgeschlossen. Es fehlt also an der erforderlichen Mehrheit.

Beispiel Nr. 21: Wird in derselben Gesellschaft am selben Tag mit denselben Stimmenverhältnissen über die Bestellung des G zum Geschäftsführer beschlossen, so ist die Beschlußfassung wirksam, weil die Stimme des G bei diesem »Sozialakt« mitzählt (*RGZ* 74, 276, 279; *RG*, DR 1944, 249; *BGHZ* 18, 205, 210 = LM Nr. 4 zu § 47 GmbHG m. zust. Anm. *Fischer;* str.). Das gilt nach ganz herrschender, wenngleich bestrittener, Auffassung auch für die Beschlußfassung über den Anstellungsvertrag (*RGZ* 74, 276, 279 f.). Auch die Abberufung eines Geschäftsführers ist ein solcher »Sozialakt«, so daß das Verbot des »Insichgeschäfts« nicht verhindert, daß der Geschäftsführer selbst mitstimmt (*RGZ* 81, 37, 38 [AG]; 104, 182, 186; 138, 98, 103; *OLG Köln*, BB 1977, 464). Anderes gilt, wenn über die *Abberufung des Geschäftsführers aus wichtigem Grund* Beschluß gefaßt werden soll (*RGZ* 124, 371, 380; 138, 98, 104; *BGHZ* 34, 367, 371; *BGH*, NJW 1969, 1483). Auch dies ist zwar ein »Sozialakt«, aber hier greift der zweite Grundgedanke des § 47 IV GmbHG ein: der Geschäftsführer wäre bei diesem Beschluß »Richter in eigener Sache«, und diese Variante des Stimmverbots gilt auch für »Sozialakte«. Aus demselben Grund kann ein Gesellschafter z. B. nicht mitstimmen, wenn er aus der Gesellschaft ausgeschlossen werden soll (vgl. *BGHZ* 9, 157, 178; 16, 317, 322) oder wenn ein Auskunftsverweigerungsbeschluß nach § 51 a II GmbHG gefaßt werden soll.

Beispiel Nr. 22 (nach *BGHZ* 97, 28 = BB 1986, 619; näher *Karsten Schmidt*, NJW 1986, 2018): Die herrschenden Gesellschafter A, B, C und der Gesellschafter-Geschäftsführer G haben nach Auffassung des Minderheitsgesellschafters M die Interessen der Gesellschaft durch eigennützige Grundstücksgeschäfte verletzt. M beantragt Beschlußfassung darüber, daß gegen diese Gesellschafter Klage erhoben werden soll, sowie über die Bestellung eines Prozeßvertreters. G läßt je einzeln über A, B und C abstimmen, der sich der Stimme enthält, während die jeweils anderen Mehrheitsgesellschafter jeden einzelnen Antrag niederstimmen. Der *Bundesgerichtshof* hat mit Recht entschieden, daß dies nicht zulässig sei. Unter dem Gesichtspunkt des »Richtens in eigener Sache« ist hier die ganze Mehrheitsgruppe vom Stimmrecht ausgeschlossen, und hieran kann G auch dadurch nichts ändern, daß er getrennt abstimmen läßt.

Mit der Frage, ob das Stimmverbot abdingbar ist, befaßt sich das

Beispiel Nr. 23 (nach *BGHZ* 108, 21 = NJW 1989, 2694): In der GmbH-Satzung hatte es geheißen, daß auch Gesellschafter mitstimmen sollten, auf die sich der Beschluß bezieht oder deren Rechte und Pflichten durch den Beschluß betroffen werden. Im Anfechtungsprozeß wurde darüber gestritten, ob sich ein Gesellschafter aufgrund dieser Klausel mit

131 Vgl. m. w. N. *Scholz/Karsten Schmidt*, § 47 Rdnrn. 114 f.; aber str.; a.M. *Baumbach/Hueck/Zöllner*, § 47 Rdnr. 58.

132 *Karsten Schmidt*, in: Festschrift Beusch, 1993, S. 771 f.; auch hier a.M. *Baumbach/Hueck/Zöllner*, § 47 Rdnr. 58.

133 Vgl. zu zahlreichen Abgrenzungsfällen *Baumbach/Hueck/Zöllner*, § 47 Rdnrn. 44 ff.; *Hachenburg/Hüffer*, § 47 Rdnrn. 161 ff.; *Rowedder/Koppensteiner*, § 47 Rdnrn. 46 ff; *Scholz/Karsten Schmidt*, § 47 Rdnrn. 109 ff.

der eigenen Stimme Entlastung erteilen könne. Der *II. Senat* entschied: »§ 47 IV 1 GmbHG enthält zwingendes Recht, soweit die Vorschrift Entlastungsbeschlüsse betrifft.« Das Urteil ist kritisiert worden (*Priester*, in: Festschrift Rowedder, 1994, S. 379ff.), indes zu Unrecht: Der Gesellschaftsvertrag kann zwar wie vom Verbot des § 181 BGB auch von dem Stimmverbot bei Insichgeschäften Befreiung erteilen. Das Verbot, »Richter in eigener Sache« zu sein, ist dagegen zwingend (*Scholz/Karsten Schmidt*, § 47 Rdnr. 173).

c) Abgestimmt wird im Zweifel *nach Geschäftsanteilen* mit einfacher Mehrheit der abgegebenen Stimmen (§ 47 I GmbHG). Grundlagenbeschlüsse, insbesondere Satzungsänderungen einschließlich der Erhöhung oder Herabsetzung des Stammkapitals, Konzernbildungsbeschlüsse oder Umwandlungsbeschlüsse, bedürfen qualifizierter Mehrheiten (vgl. oben, § 16 II 3, sowie im einzelnen die Darstellung unter § 38 I). Der Ablauf der Gesellschafterversammlung wird zweckmäßigerweise in der Satzung geregelt.

Hat die Versammlung einen Versammlungsleiter und wird die Beschlußfassung verkündet und protokolliert, so gilt grundsätzlich der Protokollinhalt als beschlossen. Jedenfalls dann, wenn die Niederschrift in der GmbH-Satzung vorgeschrieben oder durch ständige Übung eingeführt ist (z.B. auch den Gesellschaftern in Kopie mitgeteilt wird), hält das förmlich errichtete Protokoll den Beschlußinhalt fest. Wer geltend macht, daß das Protokollierte nicht den Stimmenverhältnissen entspricht – der Fall wird praktisch, wenn über die Wirksamkeit einzelner Stimmabgaben gestritten wird –, muß dies im Wege der Anfechtungsklage, ggf. verbunden mit einer positiven Beschlußfeststellungsklage (vgl. zu dieser oben, § 15 II 1b aa) geltend machen[134].

Aus akademischer Sicht mag eine Lösung absonderlich scheinen, die das nicht Beschlossene für beschlossen erklärt und denjenigen, der hiergegen ankämpft, auf den Weg der Anfechtungsklage verweist. Wer nur an evidente Auszählungsfehler denkt, wird diese Lösung nicht verstehen, vielleicht gar fragen, ob hier nicht die Verhältnisse auf den Kopf gestellt werden. In Wahrheit kann aber die Zahl der wirksamen Stimmen – z.B. bei einem Streit über das Stimmverbot nach § 47 IV GmbHG[135] – schwer feststellbar und der Standpunkt des Anfechtungsklägers überaus zweifelhaft sein. Vor allem wenn die Unwirksamkeit einzelner Stimmabgaben geltend gemacht wird, ist dies oft der Fall. Dann sorgt die Maßgeblichkeit des Beschlußprotokolls für Rechtssicherheit. Erst das Anfechtungsurteil beseitigt den Beschluß[136]. Diese Lösung war lange umstritten (vgl. schon oben, § 15 I 3b)[137]. Die ältere BGH-Rechtsprechung ging noch von dem Grundsatz aus, auch ein protokollierter und verkündeter Beschluß könne ein bloßer Scheinbeschluß sein, wenn das Protokoll das Stimmenverhältnis nicht richtig wiedergebe[138]. Heute

134 *Baumbach/Hueck/Zöllner*, Anh. § 47 Rdnrn. 91ff.; *Rowedder/Koppensteiner*, § 47 Rdnrn. 9, 122; *Scholz/Karsten Schmidt*, § 47 Rdnr. 175, § 45 Rdnrn. 127ff., 180ff.

135 Zum Streit, ob der Geschäftsführer berufen ist, über Stimmpflichten der Gesellschafter zu entscheiden und ihre Stimme nach § 242 BGB der Gegenseite zuzuschlagen, vgl. *Baumbach/Hueck/Zöllner*, Anh. § 47 Rdnr. 65a; *Oelrichs*, GmbHR 1995, 863ff.

136 Grundlegend *Zöllner*, a.a.O., S. 396ff.; eingehend *Scholz/Karsten Schmidt*, § 48 Rdnrn. 38, 57ff.

137 Ausführlicher noch in der 1. Aufl.; ablehnend immer noch *Rowedder/Koppensteiner*, § 47 Rdnr. 9.

138 Vgl. *BGHZ* 51, 209; unentschieden *BGHZ* 76, 154; anders zunächst nur für den Fall eines beurkundeten Beschlusses *BGHZ* 14, 25, 35f.

ist in Übereinstimmung mit der hier vertretenen Auffassung anerkannt, daß eine Beschlußfeststellung auch bei der GmbH Konstitutivwirkung hat und daß ihre Unrichtigkeit mit der Anfechtungsklage geltend zu machen ist[139].

Beispiel Nr. 24 (nach *BGHZ* 97, 28 = BB 1986, 619; dazu *Karsten Schmidt*, NJW 1986, 2018): Beantragt war, gegen mehrere Gesellschafter Schadensersatzansprüche geltend zu machen. Dieser Beschlußantrag wurde unter Beteiligung der vom Stimmrecht ausgeschlossenen Gesellschafter abgelehnt und das Beschlußergebnis entsprechend festgestellt. Der *Bundesgerichtshof* entschied, daß ein auf diese Weise unter Mitzählung ungültiger Stimmen zustande gebrachter Beschluß jedenfalls angefochten werden könne. Daß er zur Herbeiführung seiner Nichtigkeit sogar angefochten werden muß, ergibt sich aus der BGH-Entscheidung in unserem

Beispiel Nr. 25 (nach *BGHZ* 104, 66 = NJW 1988, 1844): Hier war in Abwesenheit des Klägers und, wie der Kläger meinte, mit unzureichender Mehrheit seine Ausschließung aus der GmbH beschlossen und auch förmlich festgestellt worden. Der *Bundesgerichtshof* entschied: »Ist in der Gesellschafterversammlung einer GmbH das Zustandekommen eines bestimmten Beschlusses vom Versammlungsleiter festgestellt worden, so ist dieser Beschluß verbindlich; formelle oder materielle Mängel, die seine Anfechtbarkeit begründen, können nur durch Erhebung der Anfechtungsklage geltend gemacht werden (Ergänzung zu *BGHZ* 97, 28).« Hat allerdings der Geschäftsführer, weil er den Streit um die Gültigkeit der Stimmen nicht entscheiden wollte, das Beschlußergebnis nicht festgestellt, so bleibt es bei der bisherigen Rechtsunsicherheit: Es muß dann ggf. im Feststellungsprozeß entschieden werden, ob der beantragte Beschluß gefaßt oder abgelehnt worden ist (*BGH*, LM Nr. 46 zu § 47 GmbHG = NJW 1996, 259).

4. Fehlerhafte Beschlüsse*

a) Beschlüsse der GmbH-Gesellschafter können
– fehlerfreie Beschlüsse,
– anfechtbare Beschlüsse,

139 Vgl. *BGHZ* 104, 66 = NJW 1988, 1844; *BGH*, NJW 1993, 129; s. bereits *BGHZ* 97, 28 = BB 1986, 619; dazu *Karsten Schmidt*, NJW 1986, 2018; *Rohleder*, GmbHR 1989, 236ff.

* Literatur: *Berger*, GmbH-rechtliche Beschlußmängelstreitigkeiten vor Schiedsgerichten, ZHR 2000, 295; *Casper*, Das Anfechtungsklageerfordernis im GmbH-Beschlußmängelrecht, ZHR 163 (1999) 54; *Alfred Hueck*, Gestaltungsklagen im Recht der Handelsgesellschaften, in: Festschrift 150 Jahre Carl Heymanns Verlag, 1965, S. 287; *ders.*, Mangelhafte Gesellschafterbeschlüsse bei der GmbH, in: Festschrift Molitor, 1962, S. 401; *Immenga*, Die personalistische Kapitalgesellschaft, 1970, S. 277; *ders.*, Die Problematik der Anfechtungsklage im GmbH-Recht, GmbHR 1973, 5; *Michael Lehmann*, Die ergänzende Anwendung von Aktienrecht auf die GmbH, 1970; *Littbarski*, Einstweiliger Rechtsschutz im Gesellschaftsrecht, 1996; *Lüke/Bleuske*, Die Schiedsfähigkeit von Beschlußmängelstreitigkeiten, ZGR 1998, 253; *Noack*, Fehlerhafte Beschlüsse in Gesellschaften und Vereinen, 1989; *Raiser*, Die Einrede der Anfechtbarkeit von Gesellschafterbeschlüssen, in: Festschrift Heinsius, 1991, S. 645; *ders.*, Nichtigkeits- und Anfechtungsklagen, in: Festschrift 100 Jahre GmbH-Gesetz, 1992, S. 587; *Rohleder*, Zur Anfechtungsklage gegen einen fehlerhaften Gesellschafterbeschluß in der GmbH, GmbHR 1989, 236; *Karsten Schmidt*, Fehlerhafte Beschlüsse in Gesellschaften und Vereinen, AG 1977, 205, 243; *ders.*, Zum Streitgegenstand von Anfechtungs- und Nichtigkeitsklagen im Gesellschaftsrecht, JZ 1977, 769; *Schmidt-Diemitz*, Einstweiliger Rechtsschutz gegen rechtswidrige Gesellschafterbeschlüsse, 1993; *Schröder*, Neue Konzepte zum Beschlußmängelrecht der GmbH und der Personengesellschaftern, GmbHR 1994, 532; *Stöhr*, Satzungsdurchbrechungen im GmbH-Recht, 1996; *Teichmann*, Rechte des einzelnen und Befugnisse der Mehrheit, in: GmbH-Reform, 1970, S. 59; *Vogel*, Gesellschafterbeschlüsse und Gesellschafterversammlung, 2. Aufl. 1986, S. 205ff.; *Wolany*, Rechte und Pflichten des Gesellschafters einer GmbH, 1964; *Zöllner/Noack*, Geltendmachung von Beschlußmängeln im GmbH-Recht, ZGR 1989, 525.

– unwirksame Beschlüsse,
– nichtige Beschlüsse oder auch
– Scheinbeschlüsse (Nichtbeschlüsse)

sein. Die Unterscheidung, die im Detail nicht unumstritten ist[140], hat im Prinzip dieselbe Bedeutung wie bei der Aktiengesellschaft (dazu oben, § 28 IV 5), nur daß der *Tatbestand des Scheinbeschlusses* bei der GmbH eher einmal praktisch werden kann als bei der AG. Es ist durchaus kein rein theoretischer Fall, daß z.B. die Gesellschaftermehrheit oder ein Beirat sich irrig für befugt hält, ohne Hinzuziehung aller Gesellschafter Gesellschafterbeschlüsse zu fassen, etwa indem der Minderheitsgesellschafter, weil er ohnedies überstimmt zu werden pflegt, gar nicht geladen wird. Dann liegt ein Gesellschafterbeschluß gar nicht vor, und es bedarf keiner Anfechtung, um die Nicht-Wirksamkeit des Nichtbeschlusses geltend zu machen, aber man wird die Anfechtung zulassen müssen, weil auf diese Weise der Scheinbeschluß mit Wirkung für und gegen jedermann aus der Welt geschafft wird[141]. Als Hauptbeispiel für den Scheinbeschluß galt allerdings früher der unrichtig – nämlich in Widerspruch zum richtigen Stimmenverhältnis – verkündete Beschluß. Mit dem unter III 3c dargestellten Wandel der Rechtsprechung über die verbindliche Beschlußprotokollierung wird der Scheinbeschluß auch im GmbH-Recht mehr und mehr zu einer Seltenheit. Ist allerdings kein Versammlungsleiter vorhanden oder hat der Versammlungsleiter das Beschlußergebnis nicht festgestellt, weil sich die Gesellschafter z.B. nicht über die Stimmberechtigung einigen konnten, so bleibt es jedoch dabei, daß ggf. durch Feststellungsprozesse festgestellt werden muß, was wirklich und was nur scheinbar beschlossen worden ist[142]. Bedeutsamer ist die *Unterscheidung zwischen anfechtbaren und nichtigen Beschlüssen.* Eine gefestigte Rechtsprechung erkennt das Institut der Anfechtungsklage im GmbH-Recht an[143]. Die Entwürfe einer großen GmbH-Reform hatten dies sogar, ähnlich den §§ 241 ff. AktG, detailliert regeln wollen[144]. Auch ohne eine solche Regelung ist aber die Unterscheidung von nichtigen und anfechtbaren GmbH-Beschlüssen geltendes Recht (vgl. über die Grundlagen oben, § 15 II 1 b). Gegenstimmen, die auf die Anfechtungsklage verzichten und die Geltendmachung von Beschlußmängeln vereinfachen wollen[145], verdienen keine Gefolgschaft[146]. Sie geben viel an gewonnener Rechtssicherheit preis und

---

140 Vgl. die – nur teilweise übereinstimmende – Übersicht bei *Baumbach/Hueck/Zöllner*, Anh. § 47 Rdnrn. 7ff.; zur Ansicht des Verf. ausführlich *Scholz/Karsten Schmidt,* § 45 Rdnrn. 35ff.

141 *Scholz/Karsten Schmidt*, § 45 Rdnr. 51; jetzt h.M.; vgl. *BGHZ* 104, 66; a.M. noch *BGHZ* 51, 209, 211; *Kuhn*, WM 1969, 1164.

142 Vgl. *BGH*, LM Nr. 46 zu § 47 GmbHG = NJW 1996, 259.

143 *RGZ* 85, 311, 313; 166, 129, 131; 172, 76, 78; *BGHZ* 11, 231, 235; 36, 207, 210f.; 51, 209, 210; eingehend *Renkl*, a.a.O., S. 127ff.; krit. aber *Noack*, a.a.O., S. 115ff., 133ff., 147ff.; *Casper*, ZHR 163 (1999), 72ff.

144 §§ 195ff. RefE 1969; §§ 191ff. RegE 1971/73.

145 Vgl. mit Unterschieden im einzelnen *Noack*, a.a.O., S. 103ff.; *Baumbach/Hueck/Zöllner*, Anh. § 47 Rdnrn. 2f., 6ff.; *Hachenburg/Raiser*, Anh. § 47 Rdnrn. 9ff.; *Raiser*, in: Festschrift Heinsius, a.a.O., S. 655ff.; *Zöllner/Noack*, ZGR 1989, 532ff.; *Casper*, ZHR 163 (1999), 72ff.; daß das Mehrheitsprinzip zur Institutionalisierung der Anfechtungsklage »zwingt« (dagegen *Casper*, ebd.), wird auch hier nicht behauptet.

146 *Lutter/Hommelhoff*, Anh. § 47 Rdnr. 1; *Scholz/Karsten Schmidt*, § 45 Rdnr. 36; *Karsten Schmidt*, in: Großkomm. AktG, § 241 Rdnr. 38; *Schröder*, GmbHR 1994, 535f.

versprechen sich hiervon die Vermeidung von Prozessen. Indes: Auch nach der herrschenden Meinung kann und wird ein anfechtender Gesellschafter in erster Linie auf Aufhebung des Beschlusses durch die Gesellschafterversammlung dringen. Dazu bedarf es keines Aufstandes gegen das vorherrschende Anfechtungsmodell. Wenn aber der Prozeß unausweichlich ist, kann man die Gerichte nicht dadurch entlasten, daß man aus Gestaltungsklagen Feststellungsklagen macht[147].

b) Die praktische Bedeutung des Unterschiedes zwischen nichtigen und anfechtbaren Beschlüssen ergibt sich aus dem, was bereits unter § 15 II 1b und § 28 IV 5 ausgeführt wurde. Die *Nichtigkeit* eines Beschlusses kann auf jede Weise von jedermann geltend gemacht werden. Soweit ein Feststellungsinteresse besteht, kann jedermann gegen jedermann nach § 256 ZPO auf Feststellung der Nichtigkeit klagen[148]. Möglich ist aber auch in Analogie zu § 249 AktG eine echte – nach richtiger Ansicht gestaltende – Nichtigkeitsklage[149], die nur von einem Gesellschafter nur gegen die Gesellschaft erhoben werden kann und auf Vernichtung des Beschlusses mit Wirkung gegen jedermann zielt[150]. Handelt es sich um einen eintragungspflichtigen Beschluß, so ist die Nichtigkeit analog § 242 II 1 AktG geheilt, wenn seit der Eintragung drei Jahre verstrichen sind, ohne daß die Nichtigkeitsklage erhoben wurde[151].

Beispiel Nr. 26 (nach *BGHZ* 80, 212 = ZIP 1981, 609 m. Anm. *Karsten Schmidt*; dazu auch *Brandes*, WM 1983, 298f.): A und B sind Gesellschafter einer A & B oHG. A hält sich vorwiegend in Übersee auf. Er hat deshalb dem B Generalvollmacht erteilt. Nachdem es im Zuge von Arbeitskämpfen zu einer vorübergehenden Betriebsstillegung gekommen ist, gründet B im eigenen Namen und zugleich als Bevollmächtigter des A eine GmbH (im Originalfall eine GmbH & Co.) und faßt einen Gesellschafterbeschluß, durch den er sich zum Geschäftsführer der GmbH bestellt. Beide Rechtsakte waren von der in Sachen der oHG erteilten Vollmacht nicht gedeckt. A genehmigt zwar die GmbH-Gründung, nicht aber die Geschäftsführerbestellung. Deshalb begehrt er nunmehr die gerichtliche Feststellung, daß die Bestellung des B zum Geschäftsführer unwirksam sei. Der *Bundesgerichtshof* hatte bis zu dieser Entscheidung die starre Dreijahresfrist des Aktienrechts nicht ohne weiteres in das GmbH-Recht übernommen, sondern auf eine angemessene Frist abgestellt (vgl. *BGHZ* 11, 231, 239ff.; *BGH*, NJW 1962, 539; WM 1978, 551, 552). Nunmehr schloß er sich der schon im Schrifttum vertretenen Meinung an, daß Heilungswirkungen aus Gründen der Rechtssicherheit nur zu einem eindeutig bestimmbaren Zeitpunkt eintreten können. Dieser Standpunkt wurde noch einmal bestätigt in *BGH*, WM 1984, 473.

Anfechtbare Beschlüsse sind wirksam, solange sie nicht entweder – was selbstverständlich zulässig ist – von den Gesellschaftern durch neue Beschlüsse aufgehoben oder vom Gericht auf Klage eines Gesellschafters für nichtig

147 *Scholz/Karsten Schmidt*, § 45 Rdnr. 36.
148 Nach *OLG Hamburg*, ZIP 1995, 1513 fehlt das Feststellungsinteresse, wenn Nichtigkeitsklage erhoben werden könnte.
149 Zum Streitgegenstand der Nichtigkeitsklage vgl. *Karsten Schmidt*, JZ 1977, 769; 1988, 733f.
150 Vgl. *BGHZ* 70, 384, 387f.; wie hier *Baumbach/Hueck/Zöllner*, Anh. § 47 Rdnr. 33.
151 *BGH*, NJW 1996, 257.

erklärt worden sind[152]. Dieses Konzept der Anfechtbarkeit dient der Rechtssicherheit, denn es verhindert, daß Gesellschafterbeschlüsse schon durch die bloße Behauptung, sie seien fehlerhaft, in Gefahr gebracht werden. Die Anfechtungsklage entspricht im wesentlichen derjenigen des § 246 AktG, jedoch gibt es nur eine, wenngleich umstrittene, Ausnahme: Da grundsätzlich nur der Gesetzgeber imstande ist, die starre Monatsfrist des § 246 I AktG einzuführen, sind GmbH-Beschlüsse binnen »angemessener Frist« anfechtbar, die auch über einen Monat hinausgehen kann[153]. Zwar hat das Umwandlungsgesetz von 1994 eine allgemeine Monatsfrist für Klagen gegen Umwandlungsbeschlüse eingeführt (§§ 14 I, 195 I UmwG), aber diese Spezialregelungen haben keine allgemeine Geltung. Wörtlich heißt es im Leitsatz bei *BGHZ* 111, 224 = NJW 1990, 2625: »Für die Anfechtung von Gesellschafterbeschlüssen gilt im GmbH-Recht nicht die Monatsfrist des § 246 I AktG, sondern eine nach den Umständen des Einzelfalles zu bemessende angemessene Frist. Dabei kann jedoch die Monatsfrist, die dem Gesellschafter in jedem Fall zur Verfügung stehen muß, als Leitbild herangezogen werden.« Wer als Kläger die Monatsfrist wahrt, ist also auf der sicheren Seite. Die Einhaltung einer Monatsfrist ist stets ausreichend, aber sie ist nicht ausnahmslos erforderlich für eine rechtzeitige Anfechtungsklage[154]. Insbesondere wenn der Gesellschafter einer personalistischen GmbH durch aussichtsreich scheinende Bemühungen um eine gütliche Einigung oder durch die tatsächliche Feststellung seiner Anfechtungsaussichten Zeit verliert, kann eine Überschreitung der Monatsfrist unschädlich sein[155]. Solange nicht der Gesetzgeber – was er im Fall der meist personalistischen GmbH nicht tun sollte – die starre Anfechtungsfrist vorschreibt[156] und sich auch kein entsprechendes Gewohnheitsrecht gebildet hat, wird man es im Interesse der Kläger bei dieser flexiblen Lösung belassen müssen.

Beispiel Nr. 27 (nach *BGHZ* 111, 224 = NJW 1990, 2625): Gegen die Stimme des Minderheitsgesellschafters M und unter Stimmenthaltung des Geschäftsführer-Gesellschafters G war für diesen im Mai rückwirkend eine Gehaltserhöhung beschlossen worden. Im August hatte M die Anfechtungsklage erhoben, nachdem er den Nachweis für möglich hielt, daß dies eine rechtswidrige verdeckte Gewinnausschüttung sei. Der *BGH* sah diese Klage als recht-

---

152 H. M.; krit. jetzt *Noack*, a. a. O., S. 136 ff.; *Baumbach/Hueck/Zöllner*, Anh. § 47 Rdnrn. 2 ff.; *Hachenburg/Raiser*, Anh. § 47 Rdnrn. 4 ff.; *Zöllner/Noack*, ZGR 1989, 532 ff.; *Casper*, ZHR 163 (1999), 72 ff.

153 *RGZ* 170, 358, 380; 172, 76, 79; *RG*, DR 1944, 777; *BGHZ* 104, 66; 111, 224 = NJW 1990, 2625; *OLG Hamburg*, JZ 1953, 405 m. Anm. *Schilling;* GmbHR 1985, 120; *OLG Düsseldorf*, GmbHR 1983, 125; GmbHR 1999, 543, 548; *OLG Schleswig*, GmbHR 1998, 892; *OLG Brandenburg*, GmbHR 1998, 1037, 1038; *OLG München*, NJW-RR 2000, 255; *Scholz/Karsten Schmidt*, § 45 Rdnrn. 142 f.; *Lutter/Hommelhoff*, Anh. § 47 Rdnr. 60; *Rowedder/Koppensteiner*, § 47 Rdnr. 118; *Baumbach/Hueck/Zöllner*, Anh. § 47 Rdnrn. 78 ff.; *Roth/Altmeppen*, § 47 Rdnr. 123; *Rohleder*, GmbHR 1989, 236 ff.; a.M. *M. Lehmann*, a. a. O., S. 105 ff.; *Alfred Hueck*, in: Festschrift Molitor, a. a. O., S. 402, 412; *Scholz*, GmbHR 1952, 161; unentschieden noch *BGHZ* 11, 231, 240; 101, 113; 104, 66, 72; *BGH*, GmbHR 1966, 274 m. Anm. *Ganssmüller.*

154 Vgl. *BGHZ* 111, 224 = NJW 1990, 2625; *BGH*, NJW 1993, 129, 130; h. M.; besonders nachdrücklich (sogar gegen Leitbildfunktion des § 246 I AktG) *Baumbach/Hueck/Zöllner*, Anh. § 47 Rdnr. 79 a.

155 *BGHZ* 111, 224, 225 f. = NJW 1990, 2625; *BGH*, NJW 1993, 129, 130.

156 So § 200 I RefE 1969, § 196 I RegE 1971/73.

zeitig erhoben an, weil M eine Bilanzanalyse habe abwarten dürfen, aus der er die Erfolgsaussichten seiner Klage erst habe ablesen können. – Stets kommt es auf die Umstände des Einzelfalls an. Aber generell läßt sich sagen: Wer binnen Monatsfrist klagt, hat bestimmt rechtzeitig die Klage erhoben, wer jahrelang wartet, klagt ganz gewiß zu spät (vgl. *RG*, DR 1944, 777). Eine Überschreitung der Monatsfrist nur um Tage wird unschädlich sein (vgl. *OLG Hamburg*, JZ 1953, 405), während eine erst nach einem halben Jahr erhobene Klage jedenfalls dann verspätet ist, wenn nur Verfahrensfehler gerügt werden (vgl. *OLG Stuttgart*, NJW 1973, 2027). Auf eine wesentliche Überschreitung der Leitbildfrist von einem Monat wird sich ein anfechtender Gesellschafter nur einlassen, wenn er hinreichend sicher ist, daß das Gericht dies durch die Vorbereitung des Rechtsstreits gerechtfertigt sieht (lehrreich *BGH*, NJW 1993, 129, 130). Zweckmäßigerweise wird im Gesellschaftsvertrag eine Anfechtungsfrist vorgeschrieben. Eine solche Klausel ist wirksam, sofern sie nicht einen effektiven Rechtsschutz vereitelt. Kürzer als die aktienrechtliche Monatsfrist wird die vertragliche Frist nicht sein dürfen[157].

Eine verspätet erhobene Anfechtungsklage ist als unbegründet abzuweisen[158]. Unzulässig ist sie nicht, denn das Gericht könnte der Klage stattgeben, wenn es den gerügten Beschlußmangel als Nichtigkeitsgrund ansähe. Die Anfechtungsfrist ist keine prozessuale Klagfrist, wohl aber präkludiert sie das Recht auf Aufhebung des fehlerhaften Beschlusses. Ausnahmsweise kann allerdings die Versäumung der Anfechtungsfrist durch den Einwand des Rechtsmißbrauchs überwunden werden:

Beispiel Nr. 28 (nach *BGHZ* 101, 113 = NJW 1987, 2514 = JZ 1987, 1081 m. Anm. *Karsten Schmidt)*: Durch eine Manipulation mit einem nur zum Schein erteilten Schuldanerkenntnis war der Gesellschaftsanteil einer Gesellschafterin eingezogen worden. Die Gesellschafterin hatte den Einziehungsbeschluß nicht rechtzeitig angefochten. Der *Bundesgerichtshof* wies die Klage auf Feststellung, daß G nicht mehr Gesellschafterin sei, gleichwohl ab, und zwar mit folgender Begründung: »Hat in einer zweigliedrigen GmbH der eine Gesellschafter ein ihm von dem anderen nur zum Schein erteiltes vollstreckbares Schuldanerkenntnis in sittenwidriger Weise zur Vollstreckung und Einziehung des Geschäftsanteils seines Mitgesellschafters benutzt, so kann sich dieser, wenn der Einziehungsbeschluß noch nicht vollzogen ist und schützenswerte Rechte Dritter nicht entgegenstehen, auch nach Versäumung der Anfechtungsfrist gegenüber der Feststellungsklage der Gesellschaft darauf berufen, die Ausnutzung der Wirksamkeit des Einziehungsbeschlusses stelle einen Rechtsmißbrauch dar.«

c) Die *Abgrenzung zwischen anfechtbaren und nichtigen Beschlüssen* – genauer: zwischen Anfechtungsmängeln und Nichtigkeitsmängeln – kann schwierig sein[159]. Orientierungshilfen leistet § 241 AktG. Nur wenige Beispiele seien hervorgehoben.

aa) *Verfahrensfehler* – z. B. Fehler bei der Einberufung oder Verweigerung der Teilnahme oder einer für die Beschlußfassung erforderlichen Auskunft – *führen grundsätzlich nur zur Anfechtbarkeit* und auch dies grundsätzlich nur unter der Voraussetzung, daß sie für das Beschlußergebnis relevant sein können[160]. Dafür

157 Vgl. *BGHZ* 104, 66 = BB 1988, 993; *Scholz/Karsten Schmidt*, § 45 Rdnr. 144.

158 *Scholz/Karsten Schmidt*, § 45 Rdnr. 141.

159 Überblick bei *Rowedder/Koppensteiner*, § 47 Rdnrn. 73, 79ff., 98ff.; *Baumbach/Hueck/Zöllner*, Anh. § 47 Rdnrn. 19ff., 43ff.

160 Vgl. zum »Kausalitäts«-Erfordernis *BGHZ* 14, 264, 267; 36, 121, 139 (AG); *BGH*, LM Nr. 47 zu § 47 GmbHG = NJW 1998, 684; std. Rspr.; eingehend, auch über Ausnahmen von diesem Erfordernis, *Scholz/Karsten Schmidt*, § 45 Rdnrn. 100ff.

reicht es aus, wenn ein anderes Beschlußergebnis bei Vermeidung des Verfahrensfehlers vernünftigerweise nicht ausgeschlossen werden kann[161]. Auch ein Minderheitsgesellschafter, der allein die anderen gar nicht hätte überstimmen können, kann deshalb einen Beschluß wegen Nichtladung oder Nichtinformation anfechten, sofern nicht jede Relevanz des Verfahrensfehlers ausgeschlossen ist[162]. Nichtigkeitsgrund kann die Einberufung der Versammlung durch einen Unbefugten, insbesondere durch einen nicht einmal »faktischen« (fehlerhaft berufenen) Geschäftsführer, sein[163]. Einberufung durch einen Unzuständigen nimmt der *BGH* auch an, wenn ein Gesellschafter sein Noteinberufungsrecht nach § 50 III GmbHG ausübt, ohne daß die Voraussetzungen dieses Rechts tatsächlich gegeben sind[164].

Beispiel Nr. 29 (nach *BGHZ* 87, 1 = NJW 1983, 1677 = JuS 1983, 719 m. Anm. *Karsten Schmidt*): Die Geschäftsanteile an der GmbH wurden zu je 1/3 von K, von M und von V gehalten. K war Geschäftsführer. Wegen Unstimmigkeiten verlangten M und V durch Schreiben vom 29. 1., er solle unter Einhaltung einer Ladungsfrist von 14 Tagen zum 17. 3. eine Gesellschafterversammlung einberufen, auf deren Tagesordnung die Geschäftsführung stehen solle. Dies war gemäß § 50 I GmbHG ihr Recht. Sie warteten dann aber doch nicht die Frist ab, sondern luden ihrerseits den K am 11. 2. zu einer Gesellschafterversammlung auf den 26. 2. ein, auf der sie seine Abberufung als Geschäftsführer beschlossen und auch seinen Anstellungsvertrag kündigten. K klagte auf Feststellung, daß die Kündigung sein Anstellungsverhältnis nicht beendet habe. Das *LG* wies die Klage ab. *OLG* und *BGH* gaben ihr statt, weil ein Nichtigkeitsgrund vorliege. Die Frage ist umstritten (Überblick bei *Scholz/Karsten Schmidt*, § 50 Rdnr. 34). Die einen sehen einen schlichten Verfahrensfehler darin, daß die Gesellschafter vorschnell von ihrem Einberufungsrecht nach § 50 III GmbHG Gebrauch machen. Die anderen – und so auch der *BGH* – sehen die Einberufung durch Nicht-Geschäftsführer als Einberufung durch Unzuständige an, solange die Voraussetzungen des § 50 III GmbHG nicht erfüllt sind. Hierfür sprechen Gründe der Rechtsklarheit und auch Gründe des inneren Organisationsrechts, denn die Gesellschafter sind – vorbehaltlich des § 50 III GmbHG – grundsätzlich nicht befugt, eine Gesellschafterversammlung einzuberufen. Dies ist Sache des Geschäftsführers.

Von solchen – seltenen! – schweren Verfahrensfehlern sind minder gravierende Mängel zu unterscheiden, insbesondere die Nichtladung eines Teilnahmeberechtigten oder ein Mangel der vorweg anzukündigenden Tagesordnung[165]. Vor allem aber spielt bei der Anfechtung von GmbH-Beschlüssen die unzureichende Information der Gesellschafter eine erhebliche Rolle. Derartige Mängel können, soweit beschlußrelevant, zur Anfechtbarkeit führen. Auch die formelle Verkündung und Protokollierung eines Beschlusses unter Mitzählung ungültiger Stimmen macht den Beschluß aufgrund der unter III 3 c dargestellten Rechtslage lediglich anfechtbar.

---

161 *BGH*, NJW 1987, 2580, 2582, insoweit nicht in *BGHZ* 100, 264; *BGH*, LM Nr. 47 zu § 47 GmbHG = NJW 1998, 684.

162 So, tendenziell großzügiger als der BGH, *Baumbach/Hueck/Zöllner*, Anh. § 47 Rdnr. 68.

163 *RGZ* 92, 409, 412; *BGHZ* 11, 231, 237; *Hachenburg/Raiser*, Anh. § 47 Rdnr. 34; *Scholz/Karsten Schmidt*, § 50 Rdnr. 34.

164 *BGHZ* 87, 1 = NJW 1981, 1677 = JuS 1983, 719 m. Anm. *Karsten Schmidt*; zust. *Rowedder/Koppensteiner*, § 50 Rdnr. 10; *Baumbach/Hueck/Zöllner*, § 50 Rdnr. 15; a.M. *BayObLGZ* 1956, 303, 315 f.; *Schopp*, GmbHR 1976, 129.

165 *Scholz/Karsten Schmidt*, § 51 Rdnrn. 32, 34.

bb) *Inhaltsmängel* führen gleichfalls in aller Regel nur zur Anfechtbarkeit des Beschlusses. Nichtigkeit tritt analog § 241 AktG in den seltenen Fällen ein, in denen ein Beschluß – nicht nur das Beschlußmotiv oder eine Beschlußmodalität! – mit dem »Wesen der GmbH« oder mit den guten Sitten unvereinbar ist[166]. Nichtig sind insbesondere Beschlüsse, die die Vermögensbindung nach § 30 GmbHG aufheben sollen[167]. Kein Nichtigkeitsgrund, sondern nur ein Anfechtungsgrund ist dagegen der Mißbrauch der Mehrheitsherrschaft[168], insbesondere ein Verstoß gegen den Gleichbehandlungsgrundsatz (z.B. bei Zuwendungen an Gesellschafter)[169] oder gegen Treupflichten[170]. Dies sind die wichtigsten Anfechtungsgründe.

Beispiel Nr. 30 (in Anlehnung an *BGHZ* 76, 352): Auf Betreiben der Mehrheitsgesellschafterin M, die das GmbH-Unternehmen an sich bringen will, wird mit deren Stimmen (90 %) ein Auflösungsbeschluß gefaßt. Sieht man dies als einen Stimmrechtsmißbrauch an, so ist der Auflösungsbeschluß anfechtbar.

Nicht nur ein Gesetzesverstoß, sondern auch ein Satzungsverstoß begründet die Anfechtbarkeit, wobei indes zwischen satzungswidrigen Einzelregelungen und satzungsdurchbrechenden Dauerregelungen unterschieden wird (vgl. auch oben, § 5 I 4c)[171].

Beispiel Nr. 31: Ohne förmliche Satzungsänderung beschließt die Gesellschafterversammlung unter Protest einer Minderheit eine Neuordnung der Gewinnverteilung. Dieser Beschluß kann, wenn er auf eine Dauerregelung zielt (sog. »faktische Satzungsänderung«), nichtig sein; als Einzelfallregelung ist er lediglich anfechtbar (Verletzung der Gewinnbezugsrechte der Minderheit).

Nicht mit der Satzungsdurchbrechung zu verwechseln ist die Verletzung von Nebenabreden der Gesellschafter untereinander (dazu schon oben, § 5 I 5). Auch sie wird indes als Anfechtungsgrund anerkannt[172].

Beispiel Nr. 32 (nach *BGH*, NJW 1987, 1890): Haben sich die Gesellschafter darüber geeinigt, daß einer von ihnen auf Dauer Geschäftsführer sein solle, so kann, sofern nicht ein wichtiger Grund vorliegt, die Abberufung dieses Gesellschafter-Geschäftsführers anfechtbar sein.

166 Eingehend *Hachenburg/Raiser*, Anh. § 47 Rdnrn. 53 f. m.w.N.

167 *Baumbach/Hueck/Zöllner*, Anh. § 47 Rdnr. 24.

168 *RGZ* 131, 141, 145; *BGHZ* 14, 25, 37; zur AG *RGZ* 146, 385, 396; *BGHZ* 8, 348, 355.

169 Vgl. *BGHZ* 111, 224, 227; 116, 359, 373; zum Aktienrecht *RGZ* 118, 67, 72 f.; eingehend *Scholz/Karsten Schmidt*, § 45 Rdnr. 105; *Rowedder/Koppensteiner*, § 47 Rdnr. 105.

170 *BGHZ* 76, 352; 80, 69, 74: für die AG *BGHZ* 83, 319, 322; 103, 184, 189 f.; 138, 71; eingehend *Baumbach/Hueck/Zöllner*, Anh. § 47 Rdnr. 50; *Hachenburg/Raiser*, Anh. § 47 Rdnrn. 121 ff.; *Scholz/Karsten Schmidt*, § 45 Rdnr. 107; *Winter*, Mitgliedschaftliche Treuebindungen im GmbH-Recht, 1988, S. 296 ff.

171 Vgl. *BGHZ* 123, 15 = NJW 1993, 2247; *OLG Köln*, NJW-RR 1996, 1439; *Stöhr*, a.a.O.; *Scholz/Karsten Schmidt*, § 45 Rdnrn. 34, 114; *Priester*, ZHR 151 (1987), 40 ff.; *Habersack*, ZGR 1994, 354 ff.; s. auch *OLG Hamm*, BB 1992, 2392; *Bezirksgericht Dresden*, GmbHR 1994, 123; *OLG Köln*, NJW-RR 1996, 1439; a.M. *Tieves*, ZIP 1994, 1346 f.

172 *BGH*, NJW 1983, 1910; 1987, 1890; *Baumbach/Hueck/Zöllner*, § 47 Rdnr. 79; *Scholz/Karsten Schmidt*, § 45 Rdnr. 116; krit. *Ulmer*, NJW 1987, 1849 ff.; *Winter*, Mitgliedschaftliche Treuebindungen im GmbH-Recht, 1988, S. 51 f.; *ders.*, ZHR 154 (1990), 259 ff.

cc) Weder nichtig noch anfechtbar sind Beschlüsse, die lediglich nicht durchgeführt werden dürfen, weil dem schützenswerte Rechte der Gesellschafter entgegenstehen[173]. Diese Fälle sind selten[174]. In Betracht kommen Konstellationen, bei denen auch eine Vertragsänderungspflicht unter den Gesellschaftern bestünde (vgl. oben, § 5 IV):

Beispiel Nr. 33: Ein Auflösungsbeschluß (§ 60 I Nr. 2 GmbHG) kann anfechtbar sein, wenn formelle Minderheitsrechte verletzt wurden oder wenn der Mehrheitsgesellschafter die Auflösung für die Übernahme des Unternehmens mißbrauchen wollte (dazu vgl. oben, § 21 II 3 a und 35 I 2 d; unten, 38 IV 2 b aa). Bestand kein solcher Mangel, ist aber die Geschäftsgrundlage für die Auflösung fortgefallen – Erholung der Branche, Neustrukturierung des Krisenunternehmens, Austritt eines die Zusammenarbeit torpedierenden Gesellschafters –, so kann sich hieraus ein Anspruch auf Nichtdurchführung der Liquidation und Fortsetzung der Gesellschaft ergeben.

d) Die *Geltendmachung* erfolgt durch kassatorische Anfechtungs- oder Nichtigkeitsklage, die gegen die Gesellschaft und nur gegen sie gerichtet werden kann. Für die Bedeutung dieser Klagen und für das Verhältnis der Anfechtungs- und Nichtigkeitsklage zueinander gelten die unter § 15 II 2 dargestellten Grundsätze. Die Anfechtungsklage – nach der hier vertretenen Auffassung auch die Nichtigkeitsklage – ist eine auf Vernichtung des Beschlusses mit Wirkung für und gegen jedermann gerichtete Gestaltungsklage[175]. Über sie entscheidet in ausschließlicher Zuständigkeit die Kammer für Handelssachen beim Landgericht[176]. Eine Schiedsgerichtszuständigkeit kann durch Einzelvereinbarung oder sogar durch die Satzung begründet werden[177], aber sie scheitert i. d. R. daran, daß ohne Mitwirkung aller Gesellschafter kein Schiedsgericht zusammengesetzt werden kann, das zu einem für und gegen alle wirkenden Schiedsspruch legitimiert ist[178]. Nach *BGHZ* 132, 278 = NJW 1996, 1753 bleibt es dann bei der Landgerichtszuständigkeit. Die Nichtigkeit kann außer durch Nichtigkeitsklage unter den Voraussetzungen des § 256 ZPO auch durch eine schlichte Feststellungsklage geltend gemacht werden. Erfolg verspricht diese Klage allerdings nur, wenn wirklich Nichtigkeit – nicht bloß Anfechtbarkeit – vorliegt und die Nichtigkeit nicht nach den oben (III 4 b) dargestellten Grundsätzen geheilt ist. Dagegen kann die kassatorische Klage – eben weil der Streitgegenstand der Anfechtungsklage kein anderer ist als der der echten Nichtigkeitsklage (oben, § 15 II 2) – gleichermaßen auf Nichtigkeitsgründe und auf Anfechtungsgründe gestützt werden[179].

---

173 Weitergehend unter Einschränkung der Anfechtungstatbestände das Institut der »internen Nichtigkeit« bei *Noack*, a. a. O., S. 64 ff., 103 ff.

174 Anders aufgrund des Konzepts der »internen Nichtigkeit« *Noack*, a. a. O.

175 *BGHZ* 134, 364 = NJW 1997, 1510.

176 *Happ*, Die GmbH im Prozeß, 1997, § 19 Rdnr. 84; *Rowedder/Koppensteiner*, § 47 Rdnr. 121.

177 Str.; vgl. *Karsten Schmidt*, ZHR 162 (1998) 285; *ders.*, ZGR 1998, 523 ff.; *ders.*, BB 2001, 1859 ff.; *Ebenroth/Bohne*, BB 1996, 1393; *Timm*, ZIP 1996, 445 m. w. N.

178 *BGHZ* 132, 278 = NJW 1996, 1753 = JZ 1996, 1017 m. zust. Anm. *Schlosser*; zum Streitstand *Lüke/Blenske*, ZGR 1998, 253; *Berger*, ZHR 164 (2000), 295 ff.

179 Vgl. *BGH*, NJW 1995, 260 (AG); *Baumbach/Hueck/Zöllner*, Anh. § 47 Rdnr. 83; *Karsten Schmidt*, JZ 1977, 769 ff.; 1988, 734; *Zöllner/Noack*, Geltendmachung von Beschlußmängeln im GmbH-Recht, ZGR 1989, 525.

Beispiel Nr. 34: Gesellschafter G, der nicht zu einer Versammlung geladen war, geht im Wege der Klage gegen den Beschluß vor. G ist der Auffassung, der Beschluß sei aus diesem Grunde nichtig, jedenfalls aber anfechtbar. Obwohl herkömmlicherweise für die Nichtigkeitsklage und für die Anfechtungsklage je unterschiedliche Anträge und Urteilstenorierungen formuliert zu werden pflegen, kann das Gericht dieser Klage stattgeben, wenn die Klage binnen angemessener Frist erhoben worden ist. Es kommt dann im Ergebnis nicht darauf an, ob das Gericht den vom Kläger gerügten Mangel für einen Nichtigkeitsgrund oder für einen Anfechtungsgrund hält. War die Klage verspätet, so kann ihr immer noch stattgegeben werden, wenn sich bei Prüfung des Klägervortrags ein Nichtigkeitsgrund ergibt. Einer Klagänderung bedarf es hierfür nicht.

Ist ein sog. negativer (also ablehnender) Beschluß anfechtbar, weil ein von der Abstimmung ausgeschlossener Gesellschafter gegen den gestellten Antrag gestimmt hat, so kann mit der Anfechtungsklage die sog. »positive Beschlußfeststellungsklage« verbunden werden (dazu oben, § 15 I 3b): Das Gericht hebt nicht nur den ablehnenden Beschluß auf, sondern es stellt auch mit gestaltender Wirkung den rechtmäßigen Beschluß her[180]. Ob man dies als eine Klage mit doppeltem Streitgegenstand oder besser als eine einheitliche Gestaltungsklage anzusehen hat, ist eine eher theoretische Frage[181].

IV. Aufsichtsrat und Beirat in der GmbH[*]

1. Der fakultative Aufsichtsrat

a) Wie unter I 1 ausgeführt wurde, kennt das GmbH-Gesetz keinen obligatorischen, sondern nur den fakultativen Aufsichtsrat. § 52 I GmbHG spricht von dem Fall, daß zwar nicht nach dem Gesetz, wohl aber nach dem

180 *BGHZ* 88, 320 = NJW 1984, 489; *BGHZ* 97, 28 = NJW 1986, 2051; *Karsten Schmidt*, AG 1980, 169ff.; *ders.*, NJW 1986, 2018ff.

181 Vgl. *Scholz/Karsten Schmidt*, § 45 Rdnr. 180.

* Literatur: Vgl. zunächst die Literatur zum MitbestG oben bei § 16 IV; weitere Auswahl: *Altmeppen*, Auswirkungen des KonTraG auf die GmbH, ZGR 1999, 291; *Bardorf*, Der Gesellschaftereinfluß auf die GmbH-Geschäftsführung nach dem Mitbestimmungsgesetz, 1981; *Bea/Scheurer/Gutwein*, Institutionalisierung der Kontrolle bei der GmbH durch einen Beirat, DB 1996, 1193; *Buchner/Frotz*, Arbeitnehmermitbestimmung in der GmbH, in: Roth (Hrsg.), Die Zukunft der GmbH, Wien 1983, S. 131; *Geißler*, Klagerechte des GmbH-Aufsichtsrates gegen die Geschäftsführung, GmbHR 1998, 1114; *Härer*, Erscheinungsformen und Kompetenzen des Beirats in der GmbH, 1991; *Hoffmann/Preu*, Der Aufsichtsrat, 4. Aufl. 1999; *Hommelhoff*, Unternehmensführung in der mitbestimmten GmbH, ZGR 1977, 119; *ders.*, Vereinbarte Mitbestimmung, ZHR 148 (1984), 118; *Lutter/Krieger*, Rechte und Pflichten des Aufsichtsrats, 3. Aufl. 1993; *May*, Der Beirat im Familienunternehmen, in: Hennerkes/Kirchdörfer (Hrsg.), Unternehmenshandbuch Familiengesellschaften, 2. Aufl. 1998, S. 359; *May/Siegert*, Der Beirat im Familienunternehmen, in: Jerschke/Kirchdörfer/Lorz (Hrsg.), Planung, Finanzierung und Kontrolle im Familienunternehmen, Festschrift Hennerkes, 2000, S. 245; *Martens*, Zum Verhältnis von Mitbestimmungs- und Gesellschaftsrecht, ZHR 148 (1984), 183; *Mertens*, Der Beirat in der GmbH, in: Festschrift Stimpel, 1985, S. 417; *Potthoff/Trescher*, Das Aufsichtsratsmitglied, 3. Aufl. 1999; *Rinninsland*, Die Auswirkungen des MitbestG 1976 auf Gesellschaften m.b.H., 1990; *Reuter*, Der Beirat der GmbH, in: Festschrift 100 Jahre GmbH-Gesetz, 1992, S. 631; *Rohleder*, Die Übertragbarkeit von Kompetenzen auf GmbH-Beiräte, 1991; *Schall*, Organzuständigkeit in der mitbestimmten GmbH, 1996; *Simon*, Bestellung und Abberufung des Aufsichtsrats in GmbH und GmbH & Co., GmbHR 1999, 257; *Theisen*, Die Aufgabenverteilung in der mitbestimmten GmbH, 1980; *ders.*, Die Überwachung der Unternehmensführung, 1987; *Ulmer*, Der Einfluß des Mitbestimmungsgesetzes auf die Struktur von AG und GmbH, 1979;

Gesellschaftsvertrag ein Aufsichtsrat »zu bestellen ist«. Damit ist an den Fall gedacht, daß der von Gesetzes wegen nur fakultative Aufsichtsrat im Gesellschaftsvertrag vorgeschrieben ist. Es genügt aber, daß der Vertrag die Bildung eines Aufsichtsrats zuläßt[182]. Daß das Gremium im Gesellschaftsvertrag als Aufsichtsrat bezeichnet ist, ist nicht erforderlich, sofern nur klar ist, daß es sich um ein Aufsichtsorgan handeln soll. Die Rechtsverhältnisse des fakultativen Aufsichtsrats unterliegen weitgehender Satzungsautonomie[183]. Nicht nur die Modalitäten der Berufung, sondern auch die Kompetenzen des fakultativen Aufsichtsrats können im Gesellschaftsvertrag geregelt sein. Die mitbestimmungsfreie GmbH kann kraft Satzung den Regeln des MitbestG unterworfen werden[184]. Aber ein fakultativer Aufsichtsrat kann auch umgekehrt hinter dem vom Normalmodell des nicht mitbestimmten Aufsichtsrats noch zurückbleiben, z.B. indem der Gesellschaftsvertrag nur einzelnen Gesellschaftern ein Recht auf Entsendung der Aufsichtsratsmitglieder gibt[185]. Struktur und Überwachungsaufgabe des fakultativen Aufsichtsrats folgen eben nicht einem gesetzlichen Zwang. Die Grundlagen der GmbH-Verfassung, insbesondere die Aufgabenteilung zwischen dem Leitungsorgan, dem Aufsichtsorgan und dem Willensbildungsorgan, müssen dabei allerdings gewahrt bleiben[186].

Beispiel Nr. 35 (nach *OLG Frankfurt*, GmbHR 1982, 159): Das *OLG* hatte über die Frage zu entscheiden, ob dieselbe Person gleichzeitig Geschäftsführer und Mitglied des fakultativen Aufsichtsrats sein kann. Es verneinte diese Frage mit folgender Begründung: »Denn die Satzung einer GmbH vermag zwar die Anwendbarkeit von § 105 AktG abzubedingen, hierbei aber nicht das auch für die GmbH zwingend geltende Organisationsprinzip, wonach die Tätigkeit als Geschäftsführer und die als Aufsichtsrat unvereinbar sind ... Niemand kann im Rechtssinne sich selber kontrollieren.«

b) Soweit nicht durch wirksame Regelung im Gesellschaftsvertrag ein anderes bestimmt ist, verweist § 52 I GmbHG auf eine Reihe von aktienrechtlichen Vorschriften. Entsprechend anzuwenden sind danach Bestimmungen aus dem Aktiengesetz über die persönlichen Voraussetzungen für das Aufsichtsratsamt (§ 100 I, II Nr. 2, § 105 AktG), über die Zahl der Mitglieder (§ 95 AktG), über ihre Bestellung (§ 101 I 1 AktG) und Abberufung (§ 103 I AktG), über Einberufung, Aufgaben, Rechte und Berichtsansprüche (§§ 110–114, § 90 III, IV, V AktG) sowie über die Verantwortlichkeit der Aufsichtsratsmitglieder (§ 116 AktG). Bei Rechtsgeschäften und Prozessen der GmbH mit ihren Geschäftsführern wird die Gesellschaft durch den Aufsichtsrat vertreten[187].

Voormann, Der Beirat im Gesellschaftsrecht, 2. Aufl. 1990; *Wank*, Die Aufgabenteilung in der mitbestimmten GmbH, GmbHR 1982, 84.

182 *RGZ* 146, 145, 150; *Rowedder/Koppensteiner*, § 52 Rdnr. 6.

183 Zum folgenden näher *Baumbach/Hueck/Zöllner*, § 52 Rdnrn. 14ff. m.w.N.

184 Grundlegend *Hommelhoff*, ZHR 148 (1984), 118ff.

185 Vgl. *Rowedder/Koppensteiner*, § 52 Rdnr. 9.

186 Wie hier *Baumbach/Hueck/Zöllner*, § 52 Rdnr. 17.

187 Vgl. *BGH*, AG 1990, 359; NJW 1999, 3263; *Lutter/Hommelhoff*, § 52 Rdnr. 47.

2. Der mitbestimmte Aufsichtsrat

a) Nach den unter § 16 IV 2 dargestellten allgemeinen Regeln muß die GmbH in folgenden Fällen einen Aufsichtsrat bilden:
- Sie unterliegt der paritätischen Montanmitbestimmung, wenn sie bei i.d.R. mehr als 1000 Arbeitnehmern im Montanbereich tätig ist (MontanmitbestG 1951);
- Sie unterliegt der »quasi-paritätischen« Mitbestimmung, wenn sie i.d.R. mehr als 2000 Arbeitnehmer hat (MitbestG 1976);
- Sie unterliegt dem betriebsverfassungsrechtlichen Modell der Drittelparität, wenn sie mehr als 500 Arbeitnehmer hat (BetrVG 1952).

b) Das Recht der mitbestimmten GmbH soll hier nach den allgemeinen Ausführungen unter § 16 IV nicht eingehend dargestellt werden[188]. Die wichtigste Änderung in der GmbH-Verfassung besteht in der Kompetenz des Aufsichtsrats für die Besetzung der Unternehmensleitung. Nach §§ 25, 31 MitbestG ist der mitbestimmte Aufsichtsrat – anders als der Aufsichtsrat nach dem BetrVG 1952 – zuständig für die Bestellung und Abberufung der Geschäftsführer. Umstritten war, ob dies auch für den Anstellungsvertrag gilt[189].

Beispiel Nr. 36 (nach *BGHZ* 89, 48 = NJW 1984, 733; Vorinstanzen: *LG Hamburg*, DB 1982, 271 m. Anm. *Theisen*, S. 265; *OLG Hamburg*, GmbHR 1983, 98 m. Anm. *Konzen*): Die Aufsichtsratsmitglieder in einer mitbestimmten GmbH fochten einen satzungsändernden Beschluß an, nach dem u.a. folgende Regelung in den Gesellschaftsvertrag aufgenommen worden war: »Über die Bezüge eines jeden Geschäftsführers sowie über Vertragsdauer und Pensionszusage beschließt die Gesellschafterversammlung oder, soweit ein Gesellschafterausschuß bestellt ist, dieser Ausschuß.« Erkennbar ging es hier um die Frage, ob sich die Gesellschafter, nachdem das Gesetz ihnen die Organbestellungskompetenz genommen hat, jedenfalls die Anstellungskompetenz sichern können. Das wurde von Instanz zu Instanz unterschiedlich beurteilt, jedoch vom *Bundesgerichtshof* mit Recht verneint, weil sonst die Zuständigkeit des Aufsichtsrats unterlaufen werden könnte: »In der mitbestimmten GmbH ist der Aufsichtsrat auch für Abschluß, Änderung und Aufhebung der Anstellungsverträge mit Geschäftsführern und die dazu notwendigen Entscheidungen zuständig.«

Auch die Zuständigkeitsordnung innerhalb der Geschäftsführung der GmbH ist nach diesem Urteil nicht von der Mitbestimmung unberührt geblieben[190]:

Beispiel Nr. 37 (wiederum nach *BGHZ* 89, 48 = NJW 1984, 733): Die Satzungsänderung in unserem letzten Beispiel sah auch eine Geschäftsordnung für die Geschäftsführer vor, nach der dem Vorsitzenden der Geschäftsführung ein Veto-Recht eingeräumt wurde. Der *Bundesgerichtshof* sah eine solche Bestimmung mit Rücksicht auf die Rechtsstellung des Arbeitsdirektors als unzulässig an.

---

188 Verwiesen sei auf die Kommentare zum MitbestG sowie auf *Schall*, a.a.O.; *Baumbach/Hueck/Zöllner*, § 52 Rdnrn. 73ff.; *Hachenburg/Raiser*, § 52 Rdnrn. 256ff.; *Lutter/Hommelhoff*, § 52 Rdnrn. 21ff.; *Rowedder/Koppensteiner*, § 52 Rdnrn. 21ff.

189 Eingehend *Bardorf*, a.a.O., S. 29ff.; *Baums*, Der Geschäftsleitervertrag, 1987, S. 119ff.; *Schall*, a.a.O., S. 19; *Hachenburg/Raiser*, § 52 Rdnr. 293; *Scholz/Uwe H. Schneider*, § 35 Rdnr. 176 (mit Kritik am Standpunkt des BGH).

190 Eingehend *Bardorf*, a.a.O., S. 36ff., 43ff.

Wegen der Streitfragen um die Bildung und Organisation von Aufsichtsratsausschüssen kann auf die Darstellung zum Aktienrecht verwiesen werden (oben, § 28 III 4d). Neben diesen organisationsrechtlichen Fragen wirft das Recht der mitbestimmten GmbH einige Grundsatzprobleme auf, die im wesentlichen auf die Frage hinauslaufen, ob Mitbestimmungsregelungen über die gesetzliche Anordnung hinaus die Verfassung der GmbH verändern[191]. Sind etwa die Geschäftsführer in der mitbestimmten GmbH entgegen dem Grundmodell des GmbH-Rechts von Weisungen der Gesellschafter frei? Man wird dies verneinen müssen. Das Mitbestimmungsgesetz nimmt zwar Einfluß auf die Besetzung der Unternehmensleitung, aber es hat dadurch keinen weisungsfreien Raum eigenverantwortlicher Tätigkeit geschaffen[192].

c) Umstritten war, ob jeder Gesellschafter einer mitbestimmten GmbH nach § 51a GmbHG Einsicht in die Aufsichtsratsprotokolle verlangen kann. Der *Bundesgerichtshof* hat dies überzeugend bejaht[193].

3. Beiratsverfassung

Von reinen Aufsichtsräten müssen Beiräte unterschieden werden. Die Gestaltungsfreiheit im GmbH-Recht läßt die Einrichtung fakultativer Organe zu. Hat eine Gesellschaft einen Beirat, so kann dies sehr Unterschiedliches besagen, weil der Beiratsbegriff schillernd ist. Der Beirat kann ein funktionsloses Honoratiorengremium, ein Aufsichtsrat, ein die Gesellschaft oder Gesellschaftergruppen repräsentierender Ausschuß oder ein Geschäftsführungsgremium sein. Deshalb variieren auch die Rechtsprobleme der Beiratsverfassung. Soweit die Beiratsverfassung die Zuständigkeiten gegenüber der gesetzlichen Regel ändert, ist folgendes zu bedenken[194]: In der mitbestimmten GmbH (vgl. soeben unter IV 2) sind die *Befugnisse des Aufsichtsrats* zwingend und können nicht auf ein anderes Organ verlagert werden. *Geschäftsführerbefugnisse* können dem Beirat nicht mit Außenwirkung auferlegt werden (z.B. hinsichtlich der Vertretung, der bilanz- und steuerrechtlichen Aufgaben). *Gesellschafterbefugnisse* können vorbehaltlich des Kernbereichs der Mitgliedschaft (oben, § 16 III 3b bb) jedenfalls dann auf einen Beirat verlagert werden, wenn dieser von den Gesellschaftern bestellt und überwacht wird. Je näher der Beirat allerdings an die Geschäftsführung heranrückt, um so problematischer wird eine Verdrängung der Gesellschafterkompetenzen (dazu oben, § 14 III 3b). *Strukturändernde Beschlüsse* (z.B. Satzungsänderungen, Unternehmensvertrag, Umwandlung, Auflösung) bleiben zwingend den Gesellschaftern vorbehalten.

191 Str.; im Grundsatz verneinend *Baumbach/Hueck/Zöllner*, § 52 Rdnr. 170; *Canaris*, DB-Beilage 14/1981; *Martens*, ZHR 148 (1984), 183.
192 *Bardorf*, a.a.O., S. 74ff.; *Hommelhoff*, ZGR 1978, 137.
193 *BGHZ* 135, 48 = LM Nr. 2 zu § 51a GmbHG = NJW 1997, 1985.
194 Näher *Reuter*, a.a.O.; *Rohleder*, a.a.O., S. 29ff.; *Scholz/Karsten Schmidt*, § 45 Rdnrn. 8ff.

§ 37 Die Finanzverfassung der GmbH

I. Grundlagen

1. GmbH und Kapitalmarkt

Die GmbH ist Kapitalgesellschaft in dem Sinne, daß sie ein in nach Stammeinlagen bezifferte Geschäftsanteile zerlegtes Stammkapital aufweist. Die Finanzierung von Gesellschaften m.b.H. vollzieht sich außerhalb des großen Kapitalmarktgeschehens. Anregungen, man solle GmbH-Anteile börsengängig machen[1], haben nur ein geringes Echo gefunden. Auch die Diskussion um die Genußscheinfinanzierung (oben, § 18 II 2b dd)[2] geht an der GmbH-Praxis weitgehend vorbei[3].

2. Das Finanzverfassungsrecht des GmbH-Gesetzes

Ähnlich wie bei der Aktiengesellschaft besteht die Finanzordnung der GmbH aus unterschiedlichen Regelungsbereichen, im Schwerpunkt aber aus den Problemkreisen der *Kapitalsicherung*, der *Verwendung von Gewinnen* und der *Änderung des Stammkapitals.* Im Vordergrund hat dabei die Kapitalsicherung zu stehen. Die Regeln über die Kapitalaufbringung und die Kapitalerhaltung sind vor allem in §§ 19 und 30 GmbHG enthalten. Bei *BGHZ* 28, 77, 78 werden diese Vorschriften als »das Kernstück des GmbH-Rechts« bezeichnet. Das ist eine Übertreibung, denn alles Verbandsrecht, auch das GmbH-Recht, besteht zuallererst aus Organisationsregeln. Wohl aber kann man die §§ 19, 30 GmbHG als das Kernstück der Haftungsverfassung im GmbH-Recht bezeichnen. Die Gesellschafter einer GmbH verdienen sich ihr Haftungsprivileg, d.h. die Befreiung von der mitunternehmerischen Haftung (oben, § 18 IV), nicht schon durch die Festlegung des Stammkapitals in der Satzung, sondern erst dadurch, daß sie das zur Deckung des Stammkapitals

---

1 Vgl. Kommission »Zweiter Börsenmarkt«, Börsenzugang für kleine und mittlere Unternehmen, 1986, S. 101ff.; *Semler*, in: Verhandlungen des 55. DJT II, 1984, S. K 50; dazu auch *Hennerkes*, DB 1989, 1709.

2 Speziell zur GmbH *Baumbach/Hueck/Zöllner*, § 29 Rdnr. 89; *Scholz/Winter*, § 14 Rdnrn. 67ff.; *Rid-Niebler*, Genußrechte als Instrument zur Eigenkapitalbeschaffung über den organisierten Kapitalmarkt für die GmbH, 1989, S. 14ff., 146ff.

3 Vgl. *Ehlke*, ZHR 154 (1990), 409.

erforderliche Gesellschaftsvermögen in nachprüfbarer Weise durch Einlagen aufbringen und es der Gesellschaft nicht wieder entziehen. Nach deutschem Recht gibt es grundsätzlich keine unmittelbare Durchgriffshaftung der GmbH-Gesellschafter gegenüber den Gläubigern, und zwar auch dann nicht, wenn die Gesellschafter als Geschäftsführer die Geschicke des Unternehmens bestimmen (vgl. *BGHZ* 119, 257 und 125, 366 sowie oben, § 9 IV). Dieser Haftungsvorteil wäre ohne strenge Kapitalaufbringungs- und -erhaltungsvorschriften nicht zu rechtfertigen.

II. Kapitalaufbringung*

1. Formelle und materielle Kapitalaufbringungsregeln

Die Aufbringung des Stammkapitals ist durch ein kompliziertes Normengeflecht gesichert. Man kann dabei unterscheiden zwischen formellen und materiellen Sicherungsnormen, doch greifen beide ineinander. Die formellen Sicherungsnormen laufen auf eine weitgehende Aufbringung des Stammkapitals vor der Registeranmeldung und auf eine registergerichtliche Prüfung hinaus. Nach § 9c GmbHG lehnt das Gericht die Eintragung der GmbH ab, wenn die Gesellschaft »nicht ordnungsgemäß errichtet oder angemeldet« ist oder wenn Sacheinlagen überbewertet sind. Das liest sich so, als habe sich das Registergericht nur um die formelle Ordnungsmäßigkeit zu kümmern, aber

* Literatur (vgl. § 33 sowie folgende Auswahl): *Ballerstedt*, Kapital, Gewinn und Ausschüttung bei Kapitalgesellschaften, 1949; *Berger*, Das »Vollwertigkeitsprinzip« als Voraussetzung der Pfändung von Einlageforderungen bei Kapitalgesellschaften, ZZP 107 (1994), 29; *Dreßel*, Kapitalaufbringung und -erhaltung in der GmbH ..., 1988; *Fleck*, Kapitalaufbringung, Kapitalerhaltung und Insolvenzprobleme in der GmbH, 2. Aufl. 1984; *Frey*, Einlagen in Kapitalgesellschaften, 1991; *Goette*, Der Stand der höchstrichterlichen Rechtsprechung zur Kapitalaufbringung im GmbH-Recht, GmbHR 1997, 924; *Gummert*, in: *Priester/Mayer*, MünchHdb. GesR III, 1996, § 51; *Häuselmann/Rümker/Westermann*, Die Finanzierung der GmbH durch ihre Gesellschafter, 1992; *Hommelhoff*, Das Risikokapital der GmbH, in: Roth (Hrsg.), Die Zukunft der GmbH, 1983, S. 15; *Ihrig*, Die endgültig freie Verfügung über die Einlagen von Kapitalgesellschaftern, 1991; *Kreuels*, Abgrenzung der Lehre von der verdeckten Sacheinlage zum Grundsatz der endgültigen Verfügbarkeit, 1996; *Lutter*, Kapital, Sicherung der Kapitalaufbringung und Kapitalerhaltung in den Aktien- und GmbH-Rechten der EWG, 1964; *Möhring*, Erbringung von Stammeinlagen bei einer GmbH durch Aufrechnung, in: Festschrift Reimer Schmidt, 1976, S. 86; *Preuß*, Grundsätze der Kapitalaufbringung und Kapitalerhaltung in der GmbH, JuS 1999, 342; *Priester*, Kapitalaufbringung, in: Festschrift 100 Jahre GmbH-Gesetz, 1992, S. 159; *Raiser*, Die neuen Gründungs- und Kapitalerhöhungsvorschriften für die GmbH, in: Das neue GmbH-Recht in der Diskussion, 1981, S. 21; *Rogusch*, Mindestkapital, Haftungsbeschränkung und Gläubigerschutz bei der GmbH, 1979; *Roth*, Die freie Verfügung über die Einlage, in: Festschrift Semler, 1993, S. 299; *Karsten Schmidt*, Die Sicherung der Kapitalaufbringung und Kapitalerhaltung in Kapitalgesellschaften, in: Blaurock (Hrsg.), Recht der Unternehmen in Europa, 1993, S. 103; *ders.*, Die Übertragung, Pfändung und Verwertung von Einlageforderungen, ZHR 157 (1993), S. 291; *Volmer*, Die Pfändbarkeit von Stammeinlageforderungen, GmbHR 1998, 579; *Wiedemann*, Haftungsbeschränkung und Kapitaleinsatz in der GmbH, in: *Wiedemann/Bär/Dabin*, Die Haftung des Gesellschafters in der GmbH, 1968, S. 5; *Wilhelm*, Kapitalaufbringung und Handlungsfreiheit der Gesellschaft nach Aktien- und GmbH-Recht, ZHR 152 (1988), 333; *Wimmer*, Gefahren bei der Einzahlung von Leistungen auf Stammeinlagen bei der GmbH, GmbHR 1997, 827.

der Gesetzeswortlaut ist ungenau. Haben etwa die Geschäftsführer die Gesellschaft formell ordnungsgemäß angemeldet und alle notwendigen Versicherungen abgegeben, sind aber diese Versicherungen nachweislich unrichtig, so kann und muß das Registergericht die Eintragung ablehnen[4], so insbesondere, wenn die Einlagen nicht zur freien Verfügung der Geschäftsführer stehen[5]. Allerdings muß dabei das richtige Verständnis des Begriffs der »freien Verfügung« im Blick behalten werden (dazu schon oben, § 20 II 3 a und § 29 II 1 a)[6].

Beispiel Nr. 1: Die »Bootsverleih Spreewald GmbH« ist spontan gegründet worden, weil sich die Gelegenheit zum Ankauf des Bootsbestandes aus einer Insolvenzmasse ergab. Der Registerrichter erfährt, daß der Geschäftsführer die Boote bereits gekauft und mit den eingezahlten Einlagen bezahlt bzw. in Erwartung der Einzahlungen vorfinanziert und diesen Kredit mit den Bareinlagen abgelöst hat. Dies ist entgegen der früher herrschenden Meinung kein Grund, die Eintragung abzulehnen, denn nur die endgültige und vorbehaltlose Einzahlung, nicht ein Thesaurierungszwang, ist mit der »freien Verfügung« gemeint. Dagegen fehlt es an der freien Verfügung, wenn der eingezahlte Betrag sogleich wieder an den Gesellschafter zurückfließt (*OLG Köln*, NJW-RR 1995, 32).

Ungeachtet des auch materiellen Prüfungsrechts des Registergerichts ist die Unterscheidung zwischen formellen und materiellen Sicherungsnormen alles andere als bedeutungslos. Die einen zielen auf die Prüfungskompetenzen des Registergerichts, die anderen auch auf das zivilrechtliche Risiko der Gesellschafter. Das Kapitalaufbringungsrecht ist zwingend und steht nicht zur Disposition der Gesellschafter. Charakteristisch für die materiellen Schutznormen ist § 19 II 1 GmbHG: Kein Gesellschafter kann von der Verpflichtung zur Leistung der Einlage befreit werden. Nach allgemeinem Schuldrecht müßte die GmbH in der Lage sein, ihre Einlageschuldner durch Schulderlaß (§ 397 BGB) von den Einlagepflichten zu befreien. Aber die GmbH verwaltet nicht irgendwelche Forderungen gegen ihre Gesellschafter, sondern sie wacht über ein Garantiekapital, das dem Gläubigerschutz gewidmet ist. Nur durch effektive Kapitalaufbringung können sich die Gesellschafter die beschränkte Haftung verdienen (vgl. allgemein oben, § 18 IV 2). § 19 GmbHG – nicht allerdings Absatz 1 dieser Vorschrift[7] – stellt die Zentralnorm des Kapitalaufbringungsrechts dar. Allerdings darf die Vorschrift nicht formal betrachtet werden, sondern es kommt auf den vernünftigen Sinn der Kapitalaufbringungsgarantie an. So verbietet § 19 II 1 GmbHG nicht, eine zwischen der Gesellschaft und ihren Gesellschaftern eingetretene Rechtsunsicherheit durch einen ernsthaften Vergleich zu beseitigen[8].

Beispiel Nr. 2 (nach *RGZ* 79, 271): Gesellschafter G hatte mit einem anderen Gesellschafter eine chemische Fabrik gegründet und als Sacheinlage ein mit 35000 Mark

4 Allg. M.; vgl. *Scholz/Winter*, § 9c Rdnrn. 4f. m.w.N.

5 Insofern richtig, aber in der Auslegung des Begriffs »freie Verfügung« zu eng, *BayObLG*, GmbHR 1988, 215; *OLG Köln*, GmbHR 1988, 227; ZIP 1989, 228.

6 Vgl. *BGH*, NJW 1991, 1294; NJW-RR 1996, 1035; *Lutter*, NJW 1989, 2659; *Karsten Schmidt*, AG 1986, 106ff.; zust. *Wilhelm*, ZHR 152 (1988), 353ff.; str.; anders *Ihrig*, ZHR 153 (1989), 358; *Ulmer*, ZHR 154 (1990), 138.

7 § 19 I GmbHG zielt nur auf Gleichbehandlung der Gesellschafter.

8 Vgl. *RGZ* 79, 271, 274; *Scholz/Uwe H. Schneider*, § 19 Rdnr. 50; für relative Unwirksamkeit aber *Cahn*, Vergleichsverbote im Gesellschaftsrecht, 1996, S. 102ff.

einschließlich der Außenstände bewertetes kleines Fabrikunternehmen eingebracht. Für die sich auf 20000 Mark belaufenden Außenstände übernahm G eine Garantie. Da der Fall wirtschaftlich und rechtlich kompliziert lag, kam es über diese Außenstände zu Streitigkeiten zwischen der GmbH und dem G. Beide legten diese Streitigkeiten auf folgende Weise bei: Im Vergleichswege wurde dem G die Garantie gegen sofortige Zahlung von 3000 Mark erlassen. Später stellte sich heraus, daß die Außenstände teilweise wirklich nicht beitreibbar waren. Die GmbH büßte auf diese Weise 7000 Mark ein und klagte nun doch noch gegen den G, weil der Vergleich unwirksam gewesen sei. Die Klage war in allen Instanzen erfolglos. Das *Reichsgericht* sah in dem Vergleich keinen Verstoß gegen das Erlaßverbot, weil es der GmbH wirklich darum gegangen sei, Zweifel über die Garantiepflicht des G im Vergleichswege zu beseitigen, und der Vergleich nicht bloß vorgeschoben war, um dem G die Einlage zu erlassen.

2. Geldeinlagen

a) Bareinlagen (Geldeinlagen) müssen mindestens zu einem Viertel *vor der Registeranmeldung* eingezahlt sein (§ 7 II 1 GmbHG), und der eingezahlte Betrag zuzüglich der Sacheinlagen muß mindestens 12500 Euro betragen (§ 7 II 2 GmbHG).

Handelt es sich um eine Einpersonengründung, so muß für den dann noch nicht beglichenen Teil der Bareinlage eine Sicherung bestellt werden (§ 7 II 3 GmbHG). Dieses Gebot könnte allerdings leicht umgangen werden, indem die Gesellschaft als Zweipersonen-GmbH mit einem Strohmann gegründet und der Geschäftsanteil des Strohmanns nachträglich auf den nunmehrigen Alleingesellschafter übertragen wird (zur Strohmanngründung vgl. unten, § 40 II 1). Deshalb schreibt § 19 IV GmbHG folgendes vor: Vereinigen sich innerhalb von drei Jahren nach der Eintragung der Gesellschaft alle Geschäftsanteile in der Hand eines Gesellschafters oder daneben in der Hand der Gesellschaft, so hat der Gesellschafter innerhalb von drei Monaten alle Geldeinlagen voll einzuzahlen oder Sicherheit zu leisten oder einen Teil der Geschäftsanteile an einen Dritten zu übertragen.

b) Soweit nicht alsbald die ganze Geldeinlage eingezahlt wird, bleibt eine *Forderung der GmbH gegen den Gesellschafter* bestehen. Werden Beträge eingefordert (§ 46 Nr. 2 GmbHG) und nicht alsbald gezahlt, so muß der Gesellschafter Verzugszinsen zahlen (§ 20 GmbHG). Selbstverständlich kann der Gesellschaftsvertrag vorschreiben, daß die Einlagen sogleich vollständig oder zu bestimmten Zeitpunkten einzuzahlen sind. Umstritten war, ob sich der Gesellschafter einer GmbH auch durch freiwillige Volleinzahlung vor der Eintragung von seiner Einlageschuld befreien kann. Nach der älteren Rechtsprechung sollte eine solche freiwillige Zahlung nur insoweit befreien, als der eingezahlte Betrag noch im Zeitpunkt der Eintragung unverbraucht zur Verfügung steht[9]. Nach dieser Auffassung mußte jedem GmbH-Gründer davon abgeraten werden, vor der Eintragung mehr einzuzahlen, als das

9 *RGZ* 83, 370; 149, 293, 302f.; *BGHZ* 37, 75, 77; 51, 157, 159; 80, 129, 137; dazu eingehend *Hachenburg/Ulmer*, § 7 Rdnr. 42.

Gesetz (§ 7 II GmbHG) oder die Satzung vorschreibt. Diese ältere Praxis war abzulehnen und ist überholt seit dem *BGH*-Urteil in unserem

Beispiel Nr. 3 (nach *BGHZ* 105, 300 = NJW 1989, 710; dazu vgl. *Scholz/Winter*, § 7 Rdnr. 44; *Joost*, ZGR 1989, 554ff.; *Karsten Schmidt*, ZHR 156 [1992], 104f.): Die Beklagten hatten den vollen Betrag auf das Stammkapital der GmbH sogleich bei der Gründung eingezahlt. Später brach die – längst eingetragene – GmbH zusammen. Jetzt wurde geltend gemacht, daß die Einlagen zur Hälfte nochmals zu zahlen seien, weil die Bezahlung in dieser Höhe »freiwillig« erfolgt sei. Der *Bundesgerichtshof* lehnt eine solche Neueinzahlungspflicht seit diesem Urteil ab. Er verweist allerdings darauf, daß die gründungsrechtliche Vorbelastungshaftung (oben, § 34 III 4d) dazu führen kann, daß die Gesellschafter einen vor der Eintragung entstandenen Kapitalverlust ausgleichen müssen (in casu war dieser Anspruch verjährt). Daß diese Haftung etwas anderes als die von der älteren Rechtsprechung angenommene Nichtbefreiung ist, zeigt unser

Beispiel Nr. 4: Hat Gesellschafter A eine Sacheinlage und Gesellschafter B eine Geldeinlage vor der Eintragung voll erbracht und ist dieses Vermögen im Eintragungszeitpunkt schon teilweise durch Anlaufverluste verloren, so führte die alte Rechtsprechung zu einer Nachzahlungspflicht nur des B. Nach der neuen Rechtsprechung teilen sich A und B die Vorbelastungshaftung (dazu oben, § 34 III 4d). Ohne Vorbelastung der GmbH im Gründungsstadium müßte überhaupt keiner zahlen: A so wenig wie B.

c) Die Geldeinlage ist *durch Zahlung* zu erbringen, und zwar durch Zahlung aus dem Vermögen des Gesellschafters oder eines nach § 267 BGB leistenden Dritten[10], dagegen selbstverständlich nicht aus einem von der Gesellschaft selbst aufgenommenen oder von ihr verbürgten Darlehen[11]. Wörtlich heißt es bei *BGHZ* 28, 77, 78:

»Das GmbH-Gesetz überläßt zwar den Gesellschaftern, wie sie die geschuldeten Einlagen aufbringen; es verbietet auch nicht ausdrücklich, daß die Einlagen aus Darlehen geleistet werden, die die Gesellschaft aufgenommen hat. Ein solches Verbot ergibt sich aber aus Sinn und Zweck des § 19 GmbHG (RGZ 47, 180, 185; 98, 276, 277 ...). Diese Vorschrift hat die Aufgabe, die Aufbringung des Stammkapitals zu sichern. Sie wird durch § 30 GmbHG ergänzt, der die Erhaltung des Stammkapitals zu sichern sucht. Beide Vorschriften ... enthalten das Kernstück des GmbH-Rechts und vertragen keine Aushöhlung in gleichviel welcher Form. Wenn die Einlageverpflichtung der Gesellschafter aus einem von der Gesellschaft aufgenommenen Darlehen abgedeckt wird, so steht das einem durch § 19 Abs. 2 GmbHG verbotenen Erlaß der Einlageschuld gleich.«

Diesen Ausführungen ist jedenfalls im Ergebnis zuzustimmen, denn selbst wenn die GmbH für ihre Aufwendungen einen Darlehens- oder Aufwendungsersatzanspruch (§ 670 BGB) gegen den Gesellschafter erwirbt, ersetzt dieser Anspruch nicht die Kapitalaufbringung durch Einlageleistung. Das erkennt man schon daran, daß der Anspruch verzichtbar ist. Deshalb gibt es nur eine gesetzeskonforme Lösung: Der Gesellschafter wird durch Leistung aus einem von der Gesellschaft finanzierten Darlehen von seiner Einlageverpflichtung nicht befreit.

Auch alle anderen Verrechnungen sind unzulässig, wenn sie im Ergebnis darauf hinauslaufen, daß die Einlage aus dem Gesellschaftsvermögen aufgebracht wird. So etwa in unserem

10 Dazu *BGH*, NJW 1995, 128.
11 *RGZ* 47, 180, 185; 98, 276, 277; *BGHZ* 28, 77, 78.

Beispiel Nr. 5 (in Anlehnung an *OLG Frankfurt*, GmbHR 1983, 272): Der Gesellschafter G hatte eine Stammeinlage von 100 000 Euro zu erbringen. Er brachte ein mit 50 000 Euro bewertetes Unternehmen als Sacheinlage ein. Um nicht auch noch die restliche Bareinlage zahlen zu müssen, vereinbarte er mit der GmbH die »Umwandlung der Sacheinlage in ein Darlehen« und die »Verrechnung der Darlehensrückzahlungsforderung mit der Einzahlungsforderung«. Dieser Vorgang war wohl so zu verstehen, daß das Unternehmen als unterbewertet betrachtet wurde und daß der überschießende Betrag dem G als Darlehen gutgebracht werden sollte. Aber die Sacheinlage war schon Gesellschaftsvermögen. Die »Umwandlung der Sacheinlage in ein Darlehen« war also nichts anderes als die Entnahme aus dem Gesellschaftsvermögen, die nun zur Abdeckung der restlichen Bareinlage verwendet werden sollte. Mit Recht verlangte deshalb das *OLG*, daß die geschuldete Geldeinlage durch Zahlung aus dem Gesellschaftervermögen aufgebracht werden müsse und nicht durch Verrechnung auf Kosten der Gesellschaft erbracht werden könne. Selbst wenn ein Gesellschafter den Einlagebetrag bereits als Darlehen an die Gesellschaft gezahlt hat, kann er dies nicht nachträglich als Bareinlage »umwidmen«, vielmehr kann er dann nur seinen Darlehensrückzahlungsanspruch als Sacheinlage einbringen (*OLG Frankfurt*, NJW-RR 1995, 35).

Bareinlagen wirken, ebenso wie Sacheinlagen, nur dann haftungsbefreiend, wenn sich ihr Gegenstand »endgültig in der *freien Verfügung* der Geschäftsführer befindet« (§ 8 II 1 GmbHG). Dieses oft mißverstandene Kriterium (vgl. schon unter, § 29 II 1 a) hat vor allem bei der Zahlung auf ein debitorisches Bankkonto der Gesellschaft Schwierigkeiten bereitet. Diese Schwierigkeiten sind vermeidbar, wenn man beachtet, daß mit dem Merkmal nur die endgültige Kapitalzufuhr gesichert werden soll. Wer nicht endgültig einzahlt, leistet nicht zur »freien Verfügung«[12]. Wie inzwischen auch der *Bundesgerichtshof*[13] klargestellt hat, schadet es dagegen nicht, wenn die Verwendung der eingezahlten Beträge bereits vorgeklärt ist oder wenn gar auf ein debitorisches Bankkonto eingezahlt wird, in dem der eingezahlte Betrag nur die Kreditlinie erhöht (näher unter V 1 c; zum Verbot der verdeckten Sacheinlage vgl. alsbald unter II 4). Richtig, wenn auch nur für den Fall der Kapitalerhöhung, hat er inzwischen sogar ausgesprochen, daß das Erfordernis der »endgültig freien Verfügung« nur einen Zugriff der Gesellschafter verhindern soll[14].

d) Eine *Aufrechnung durch den Gesellschafter* ist nach § 19 II 2 GmbHG nicht zulässig. Der Grund wurde schon bei der Darstellung des Aktienrechts erläutert: Eine Aufrechnung erspart nicht nur ein Hin- und Herzahlen, sondern sie hat auch Vollstreckungsfunktion[15]. Sie setzt den Gläubiger einer »schlechten« Forderung instand, sich durch Verrechnung mit einer »guten« Verbindlichkeit, also ohne effektive Kapitalverschaffung, von seiner Schuld zu befreien. Das ist nach allgemeinem Schuldrecht zulässig, nicht aber nach dem Kapitalgesellschaftsrecht.

12 *OLG Köln*, NJW-RR 1995, 32.

13 *BGH*, NJW 1991, 1294; NJW-RR 1996, 1249, 1250; DNotZ 1997, 495; *BayObLG*, GmbHR 1998, 736; *OLG Dresden*, GmbHR 1999, 1035; zur Kapitalerhöhung bei der AG *BGHZ* 119, 177, 190 = NJW 1992, 3300; noch weiter liberalisierend zur Kapitalerhöhung bei der GmbH *BGH*, ZIP 2002, 799 (vorgesehen für BGHZ).

14 *BGH*, ZIP 2002, 799 (vorgesehen für *BGHZ*) unter Aufgabe von *BGHZ* 119, 177 = NJW 1992, 3300.

15 *Bötticher*, in: Festschrift Schima, 1969, S. 95 ff.

Beispiel Nr. 6: Gesellschafter G schuldet noch einen Einlagerest von 5000 Euro. Aus Lieferungen an die GmbH kann er seinerseits 5000 Euro verlangen. Die GmbH wird insolvent. Könnte G aufrechnen (§§ 387 BGB, 94ff. InsO), so wäre dies keine effektive Zuführung von Kapital, denn statt der GmbH »gutes« Geld zur Verfügung zu stellen, setzt G in diesem Fall nur seine »schlechte« Forderung ein, um sich von der Einlageschuld zu befreien. Um derartige Schwierigkeiten nicht erst aufkommen zu lassen, ist dem Gesellschafter die einseitige Aufrechnung durch § 19 II 2 GmbHG ausnahmslos untersagt. G muß 5000 Euro einzahlen und kann seine Lieferantenforderung nur als Konkursgläubiger zur Tabelle anmelden.

e) Nicht durch § 19 II 2 GmbHG untersagt ist die *Aufrechnungserklärung seitens der Gesellschaft*, und ebensowenig verboten ist ein *Aufrechnungsvertrag* zwischen ihr und dem Gesellschafter. Aber damit werden nicht etwa Tür und Tor für Umgehungsgeschäfte geöffnet, vielmehr muß auch bei diesen Aufrechnungen streng auf materielle Kapitalaufbringung geachtet werden. Das bedeutet: Eine Aufrechnung wird nur dann als vollwertige Einlageleistung anerkannt, »wenn sie materiell den entsprechenden in Geld umzusetzenden Vermögenswert für die Gesellschaft repräsentiert« *(RGZ* 72, 265, 268). Deshalb kann auch die Gesellschaft den Gesellschafter durch einseitige Aufrechnung oder durch Aufrechnungsvertrag allenfalls dann befreien, wenn die Aufrechnung wirklich nur ein Hin- und Herzahlen vermeiden soll und die Kapitalaufbringung nicht in Gefahr bringt. Das ist der Fall, wenn die Forderung des Gesellschafters gegen die Gesellschaft fällig, liquide und vollwertig ist[16]. Fehlt es daran, so geht die Aufrechnung ins Leere[17].

Beispiel Nr. 7 (in Anlehnung an *RGZ* 72, 265): Angenommen, dem G wäre es in unserem letzten Beispiel gelungen, den Geschäftsführer noch vor der Insolvenz zu einem Aufrechnungsvertrag zu bewegen, so bliebe das Ergebnis dasselbe. Zwar steht nicht § 19 II 2 GmbHG entgegen, aber die Forderung des G gegen die GmbH war nicht mehr vollwertig. Wiederum muß also G 5000 Euro in die Insolvenzmasse einzahlen und ist darauf angewiesen, seine Gegenforderung zur Tabelle anzumelden.

Beispiel Nr. 8: Zu den Gesellschaftern der G-GmbH gehört die B-Bank. Die Bank hat auf ihre Stammeinlage von 40000 Euro einen Teilbetrag von 30000 Euro geleistet. Die – kerngesunde! – GmbH hat ihr laufendes Konto bei der B um 12000 Euro überzogen. Die Geschäftsführung und die B kommen überein, daß 10000 Euro aus diesem Passivsaldo gegen die Einlageschuld der B verrechnet werden. Hier ist die B befreit, sofern nicht eine verdeckte Sacheinlage vorliegt (dazu unter II 4).

Eine viel größere Gefahr droht dem Einleger indes von der *Rechtsprechung über die verdeckte Sacheinlage* (dazu unter II 4). Wie aus der *Umgehungsschutznorm des § 19 V GmbHG*[18] mittelbar entnommen wird (vgl. zu dieser Vorschrift

16 Vgl. *RGZ* 54, 389, 392; 72, 265, 268; 85, 351, 354; 98, 276, 277; 133, 81, 83; 141, 204, 211f.; *RG*, JW 1905, 92; 1905, 700; 1914, 983; 1915, 516; 1926, 1153, 1154; *BGHZ* 15, 52, 59; 42, 89, 93; 90, 370 = NJW 1984, 1891; *OLG Nürnberg*, GmbHR 1970, 276, 277; *OLG Köln*, ZIP 1986, 569; s. auch *RGZ* 41, 120, 124; 68, 121, 122f.; heute nahezu allg. Ansicht; krit. vereinzelt noch *Möhring*, a.a.O., S. 90ff.

17 Sie ist also nicht etwa in Höhe des wirklichen Werts der Forderung wirksam; so aber *Priester*, DB 1976, 1805; wie hier *RGZ* 94, 61, 63 (Aktiengesellschaft); *Baumbach/Hueck/Fastrich*, § 19 Rdnr. 18.

18 Vgl. zu § 19 V GmbHG als Umgehungsschutznorm etwa *BGHZ* 113, 335, 340ff.; *Priester*, BB 1987, 211; anders, aber nicht plausibel, *Mülbert*, ZHR 154 (1990), 160ff.: § 19 V GmbHG ziele nur auf den Fall, daß die Forderung des Gesellschafters nicht fällig, vollwertig und liquide ist.

schon oben, § 34 II 2 e), kann eine Verrechnung mit Sachleistungsentgelten nur unter Wahrung der Sacheinlagevorschriften und nicht als Bareinlage vereinbart werden. So ist z. B. eine außerhalb des Gesellschaftsvertrags getroffene Vereinbarung, wonach ein Gesellschafter seine (Bar-)Einlageverpflichtung durch Verrechnung mit künftigen Lohnforderungen erfüllen soll, nichtig[19]. Mehr und mehr besteht die Tendenz, Verrechnungen zwischen der Gesellschaft und dem Gesellschafter generell als Sacheinlagen zu behandeln (vgl. alsbald unter II 4 sowie besonders zum Fall der Kapitalerhöhung unten, § 37 V 1 c).

f) Auch die *Abtretung, Pfändung oder Verpfändung* eines Einlageanspruchs kann die Kapitalaufbringung gefährden, denn hier wird möglicherweise ein Gläubiger der Gesellschaft – der Abtretungsempfänger, der (Pfändungs-)Pfandgläubiger usw. – an Stelle der Gesellschaft selbst bedient. An ihn wird der Gesellschafter ja in diesen Fällen die Bareinlage zahlen. Die Einlageleistung gelangt nicht dorthin, wohin sie nach dem Konzept der Kapitalaufbringung gehört: in das Gesellschaftsvermögen. Allerdings kennt das Gesetz kein allgemeines Verbot der Abtretung, Pfändung und Verpfändung von Einlageforderungen. Um diesen Grundsatz mit dem Kapitalaufbringungsrecht in Einklang zu bringen, verlangt die Rechtsprechung für eine wirksame Abtretung oder Pfändung des Einlageanspruchs im Normalfall, daß ein vollwertiges Entgelt in das Gesellschaftsvermögen gelangt[20].

Beispiel Nr. 9: Angenommen, ein Gesellschafter G zahlt auf 40 000 Euro Stammeinlage sofort nur 10 000 Euro ein und ist zur Leistung des Restbetrages erst in einem Jahr bereit, worauf die GmbH den Einlageanspruch an eine B-Bank abtritt und hierfür 90 % des Einlagebetrags (10 % Disagio) von der Bank erhält, so ist dieses Abtretungsgeschäft nach der Rechtsprechung unwirksam.

Auch Pfändungen der Einlageforderung läßt diese Rechtsprechung grundsätzlich nur wegen eines vollwertigen Anspruchs gegen die Gesellschaft zu, und an diesem Merkmal wird es im Pfändungsfall meistens fehlen.

Beispiel Nr. 10: K hat erfolgreich gegen die GmbH auf Zahlung von 10 000 Euro geklagt. Da die GmbH trotzdem nicht zahlt, läßt K die noch unbeglichene Einlageforderung gegen den Gesellschafter G pfänden. Diese Pfändung ist wirksam, wenn die GmbH nur nicht zahlen wollte, aber hätte zahlen können. Sie ist dagegen nach der Rechtsprechung grundsätzlich unwirksam, wenn sich die GmbH bereits in einer Krise befand. Wird nun über das Vermögen der GmbH das Insolvenzverfahren eröffnet, so hätte G an den Verwalter zu zahlen und nicht an K. Einer Insolvenzanfechtung bedarf es, wenn man der Rechtsprechung folgt, nicht.

Dieser Grundsatz, nach dem nur vollwertige Forderungen zur Vollstreckung berechtigen, wird von den Gerichten durchbrochen, wenn kein Bedürfnis danach besteht, die Kapitalgrundlage zugunsten der Gesellschaftsgläubiger zu

19 *BGH*, BB 1978, 1635 = NJW 1979, 216.

20 *RGZ* 76, 334; 85, 351, 352; 124, 380; 133, 81; 149, 293, 297 f.; 156, 23, 25; *BGHZ* 53, 71, 72 ff.; *OLG Köln*, NJW-RR 1996, 939, 940; s. auch zur AG *RGZ* 124, 380; 156, 23, 25; umfassende Nachweise bei *Baumbach/Hueck/Fastrich*, § 19 Rdnr. 31; *Bayer*, ZIP 1989, 8 ff.

erhalten[21]. Das wird im wesentlichen in drei Fällen angenommen: *erstens*, wenn der Pfändende der einzige Gläubiger der Gesellschaft ist (ein ziemlich theoretischer Fall); *zweitens*, wenn das Gesellschaftsvermögen bereits versilbert ist und alle Gläubiger befriedigt sind (auch dies ein ziemlich theoretischer Fall); *drittens*, wenn kein geordnetes Insolvenzabwicklungsverfahren stattfindet, insbesondere also die Eröffnung eines Insolvenzverfahrens mangels Masse abgelehnt worden ist. Vor allem die letzte Fallgruppe wird hier zwar als problematisch angesehen (oben, § 11 VI 3c, 5a), aber die Geltendmachung der Einlageforderung durch einen Gesellschaftsgläubiger verdient gegenüber einem totalen Brachliegen der Forderung immer noch den Vorzug. Ein charakteristischer Fall ist unser

Beispiel Nr. 11 (in Anlehnung an *RGZ* 149, 293): Am 1.2. wurde die GmbH von den Gesellschaftern A und B gegründet, am 1.3. eingetragen. Die Gründer stellten den K als Mitarbeiter der GmbH ein und bewogen ihn, der GmbH auch ein Darlehen von 10000 Euro zu geben. Am 1.4. erwirkte K gegen die GmbH ein Versäumnisurteil auf Zahlung. Am 15.4. pfändete er ihre Einlageforderung gegen A. Am 1.5. brach die GmbH zusammen. Ein Insolvenzverfahren wurde nicht eröffnet. Das *Reichsgericht* stellte die Frage, »ob an den Vorschriften des § 19 II GmbHG auch dann noch festgehalten werden muß, wenn es der Zweck der Vorschriften, nämlich die Erhaltung der Kapitalgrundlage zu Gunsten der Gesellschafter selbst und der Gesellschaftsgläubiger, nicht mehr erfordert«. Es verneinte diese Frage, ließ also die Befriedigung des K aus der gepfändeten Einlageforderung zu. Der *Bundesgerichtshof* hat sich diesem Standpunkt inzwischen angeschlossen (*BGH*, GmbHR 1992, 522 = NJW 1992, 2229).

Diese einschränkende Rechtsprechung überzeugt im Ergebnis. Sie zeigt aber auch, *daß die Rechtsprechung schon im Ausgangspunkt falsch liegt*, denn sie macht aus einem Problem der Gläubigerkonkurrenz ein Problem der Kapitalaufbringung[22]. Der Käufer einer Einlageforderung oder der pfändende Gläubiger der GmbH ist nicht Adressat der Kapitalaufbringungspflichten. Die Einlageforderung ist ein Wirtschaftsgut der Gesellschaft, und wenn sich ein Gläubiger zum Nachteil der anderen durch Zugriff auf die Einlageforderung Sicherheit oder Befriedigung aus diesem Wirtschaftsgut verschafft, dann können zum Schutz anderer Gläubiger die Anfechtungsregeln zum Zuge kommen (§§ 129ff. InsO). Mit dem Kapitalaufbringungsrecht hat dies nichts zu tun.

g) Auch die *Leistung an einen Dritten* kann die Kapitalaufbringung gefährden.

Beispiel Nr. 12 (nach *OLG Hamburg*, GmbHR 1982, 157): Gesellschafter der GmbH war G. G hatte aufgrund einer Kapitalerhöhung eine Stammeinlage von 300000 DM zu erbringen. Er zahlte diesen Betrag im Einvernehmen mit der GmbH nicht an diese selbst, sondern an die Hamburger Sparkasse, die der GmbH einen Kredit gegeben hatte. Die Gesellschaft fiel alsbald in Konkurs. Der Konkursverwalter verlangte nochmalige Zahlung

21 *RGZ* 149, 293, 298; *BGH*, LM Nr. 4 zu § 19 GmbHG = NJW 1977, 1196; GmbHR 1992, 522 = NJW 1992, 2229; *OLG Köln*, NJW-RR 1996, 939; *Baumbach/Hueck/Fastrich*, § 19 Rdnr. 31; *Bayer*, ZIP 1989, 9f.

22 *Karsten Schmidt*, ZHR 157 (1993), 291ff.; so jetzt auch *Rowedder*, § 19 Rdnr. 36; *Wertenbruch*, Die Haftung von Gesellschaften und Gesellschaftsanteilen in der Zwangsvollstreckung, 2000, S. 358ff.; *Berger*, ZZP 107 (1994) 29ff.; *Volmer*, GmbHR 1998, 579.

von 300 000 DM. Das *OLG* gab ihm Recht, und zwar mit der Begründung, die Tilgung einer Verbindlichkeit sei keine Bareinlage, sondern eine Sacheinlage. Diese Auffassung müßte zur Folge haben, daß eine solche Zahlung den Gesellschafter niemals befreit, wenn sie nicht im Gesellschaftsvertrag zugelassen ist (§§ 5 IV, 19 V GmbHG; dazu alsbald unter II 3). Richtig und in den Entscheidungsgründen des *OLG* angelegt scheint aber folgende Differenzierung: Soll der Gesellschafter ohne Zustimmung der Gesellschaft an einen Gläubiger der Gesellschaft leisten können, so ist dies eine Sacheinlage (Befreiung von einer Verbindlichkeit). Sie befreit den Gesellschafter nur, wenn die Forderung des Dritten gegen die GmbH fällig, liquide und vollwertig ist, denn nur unter diesen Voraussetzungen stellt die Schuldbefreiung der GmbH eine vollwertige Kapitalzufuhr dar. Im vorliegenden Fall konnte G nicht mit befreiender Wirkung an die Sparkasse leisten.

Weist dagegen der Geschäftsführer im Rahmen seiner freien Verfügung (oben unter II 1) den Gesellschafter an, direkt an einen Gläubiger zu zahlen, so sollte dies als Bareinlageleistung an die GmbH anerkannt werden, sofern nicht der Tatbestand der verdeckten Sacheinlage (unten, II 4) gegeben ist.

3. Sacheinlagen*

a) Sacheinlagen sind alle nicht durch Zahlung zu bewirkenden Einlagen. Nicht jeder Gesellschafterbeitrag ist allerdings sacheinlagefähig, sondern es kommt darauf an, daß der Leistungsgegenstand in das haftende Eigenkapital der Gesellschaft überführt werden kann (näher oben, § 20 II 1 a und II 3 a). Sacheinlagen müssen *im Gesellschaftsvertrag festgesetzt* sein (näher § 5 IV 1 GmbHG). Die Gesellschafter müssen die für die Angemessenheit der Bewertung maßgeblichen Umstände in einem Sachgründungsbericht darlegen; handelt es sich bei der Sacheinlage um ein Unternehmen, so sind die letzten beiden Jahresergebnisse des Unternehmens Bestandteil dieses Sachgründungsberichts (§ 5 IV 2 GmbHG). § 19 V GmbHG verhindert, daß eine Bareinlage vereinbart und später – z. B. an Erfüllungs Statt – mittels Sachleistung erbracht wird.

b) Sacheinlagen sind vor der Anmeldung der Gesellschaft beim Handelsregister so an die Gesellschaft zu bewirken, daß sie *endgültig zur freien Verfügung* der Geschäftsführer stehen (§ 7 III GmbHG). Ein Zurückbehaltungsrecht des Sacheinlegers ist durch § 19 II 3 GmbHG ausgeschlossen. Bei der Anmeldung müssen Unterlagen darüber beigefügt werden, daß der Wert

* Literatur (Auswahl; vgl. zunächst die Angaben bei § 37 II): *Battes*, Die Überbewertung von Sacheinlagen ..., 1967; *Delmas*, Die Bewertung von Sacheinlagen in der Handelsbilanz, 1997; *Fleck*, Kapitalaufbringung, Kapitalerhaltung und Insolvenzprobleme in der GmbH, 2. Aufl. 1984; *Frey*, Einlagen in Kapitalgesellschaften, 1990; *Gienow*, Zur Differenzhaftung nach § 9 GmbHG, in: Festschrift Semler, 1993, S. 165; *D. Mayer*, Der Leistungszeitpunkt bei Sacheinlageleistungen im Aktienrecht, ZHR 154 (1990), 535; *v. Rössing*, Die Sachgründung nach der GmbH-Novelle 1980, 1984; *Rühl*, Rechtstatsachen zur Sachgründung im GmbH-Recht, 1988; *Karsten Schmidt*, Die Differenzhaftung des Sacheinlegers, GmbHR 1978, 5; *Sudhoff*, Die Sacheinlage bei Gründung einer GmbH, NJW 1982, 129; *Trölitzsch*, Differenzhaftung für Sacheinlagen in Kapitalgesellschaften, 1998; *Urban*, Die Differenzhaftung ..., in: Iusto Iure, Festgabe Sandrock, 1995, S. 305; *Wellkamp*, Sacheinlage und Differenzhaftung in der GmbH, INF 1994, 433; *Wiedemann*, Sacheinlagen in der GmbH, in: Festschrift Ernst Hirsch, 1968, S. 257.

der Sacheinlagen den Anrechnungsbetrag erreicht. Das Registergericht kann weitere Nachweise, z. B. auch ein Sachverständigengutachten, anfordern[23].

c) Erreicht der Wert einer Sacheinlage nicht den Betrag, zu dem die Sacheinlage auf die Stammeinlage angerechnet werden soll, so hat das Gericht die Eintragung der Gesellschaft zu verweigern[24]. Daneben – nicht an Stelle der registergerichtlichen Prüfung[25] – besteht eine *Differenzhaftung des Sacheinlegers*, die sich aus allgemeinem Kapitalaufbringungsrecht ergibt und seit 1980 in § 9 I GmbHG ausdrücklich festgeschrieben ist[26]. Der Gesellschafter hat in Höhe des Fehlbetrags eine Resteinlage in bar zu leisten. Die allgemeinen Grundlagen dieser Bardeckungspflicht wurden bereits unter § 20 III 4 a entwickelt; ihre Bedeutung bei der GmbH-Gründung, unter § 34 II 3 a aa dargestellt. Der Anspruch der Gesellschaft verjährt gemäß § 9 II GmbHG nach Ablauf von fünf Jahren seit der Eintragung der Gesellschaft. Er kann zu einer Haftungsverbindlichkeit über den vereinbarten Einlagebetrag hinaus führen, wenn nämlich der Gesellschafter die Gesellschaft durch die überbewertete Einlage mit zusätzlichen Verbindlichkeiten belastet und damit »weniger als nichts« einbringt[27]. Dazu kann es vor allem dann kommen, wenn ein überschuldetes Unternehmen eingebracht wird.

Beispiel Nr. 13: A, B und C gründen die »Anita A Freundschaftsvermittlungs-GmbH« mit einem Stammkapital von 50 000 Euro. A bringt ihr mit 10 000 Euro bewertetes Eheanbahnungsinstitut ein, B und C Bareinlagen von je 20 000 Euro. Stellt sich heraus, daß das eingebrachte Unternehmen mit erheblichen Verbindlichkeiten belastet und um einen Betrag von 30 000 Euro überschuldet ist, so kommt es zunächst darauf an, ob diese Schulden auch die GmbH treffen (§ 25 HGB; dazu Handelsrecht, § 8 II 1, 2). Ist dies bejaht, so steht fest, daß Anita A der Gesellschaft noch 40 000 Euro schuldet (zur Ausfallhaftung der Mitgesellschafter vgl. unten unter II 5 d).

d) *Unmöglichkeit* – auch unverschuldetes Unmöglichwerden – befreit den Sacheinleger nicht[28]. Vielmehr hat er den Stammeinlagebetrag nun in bar zu entrichten. Das ist im Gesetz nicht geregelt, ergibt sich aber aus der Kapitalaufbringungsgarantie (oben, § 20 III 4 a).

---

23 *BayObLG*, BB 1995, 117 = DB 1995, 35.

24 *RGZ* 155, 211, 215 ff.; 159, 321, 335; *BGHZ* 29, 300, 305.

25 Vgl. *Hachenburg/Ulmer*, § 9 Rdnr. 18; a.M. noch *Lutter*, Kapital, Sicherung der Kapitalaufbringung und Kapitalerhaltung in den GmbH-Rechten der EWG, 1964, S. 282 f.

26 Eingehend *Trölitzsch*, a. a. O., S. 199 ff.; *Urban*, a. a. O.; zur Rechtslage vor der Novelle vgl. *BGHZ* 29, 300, 306; *Wiedemann*, a. a. O., S. 35 ff.; *ders.*, in: Festschrift Hirsch, a. a. O., S. 260 ff.; *Hohner*, DB 1975, 629 ff.; *Karsten Schmidt*, GmbHR 1978, 5 ff.; grundlegend *Boesebeck*, DR 1939, 431; a. M. noch *Battes*, a. a. O., S. 85 ff.; s. auch *Lutter*, a. a. O., S. 280 ff.

27 *Gienow*, a. a. O., S. 171 ff.; *Urban*, a. a. O., S. 312; *Wilhelm*, in: Festschrift Flume II, 1978, S. 361 f.; *Scholz/Winter*, § 9 Rdnr. 114; a. M. *Trölitzsch*, a. a. O., S. 221 ff.; *Hohner*, DB 1975, 631.

28 Vgl. *BGHZ* 45, 338, 345; *BGH*, GmbHR 1997, 545; *Baumbach/Hueck*, § 15 Rdnr. 38; *Hachenburg/Ulmer*, § 5 Rdnrn. 87 f.; *Lutter/Hommelhoff*, § 5 Rdnr. 26; *Scholz/Winter*, § 5 Rdnr. 63.

4. Das Problem der verdeckten (verschleierten) Sacheinlage*

a) Als Todsünde gilt, wie bei der Aktiengesellschaft, die verdeckte oder verschleierte Sacheinlage (dazu oben, § 29 II 1 c)[29]. Von einer verschleierten Sacheinlage spricht man, wenn eine Bareinlage und ein Verkehrsgeschäft dergestalt miteinander gekoppelt sind, daß der Gesamtvorgang Sacheinlagecharakter erhält. Der klassische Fall sieht etwa so aus, daß der Gesellschafter der Gesellschaft Immobilien, Waren oder Maschinen liefert, deren Kaufpreis sodann – wie vorher abgesprochen – aus der Bareinlage dieses Gesellschafters bezahlt wird (vgl. etwa *OLG Köln*, NJW-RR 1995, 552). Die versprochene Bareinlage gleicht dann, wie es *BGHZ* 28, 314, 319 f. bildhaft beschreibt, »einem geworfenen Ball, der an einem Gummiband hängt und wieder zurückschnellt«. Ein generelles Verbot, entgeltliche Sachleistungen – Lieferungen, Werkleistungen usw. – an die eigene Gesellschaft zu erbringen, gibt es für den Gesellschafter

* Literatur: *Bayer*, Neue und neueste Entwicklungen zur verdeckten GmbH-Sacheinlage, ZIP 1998, 1985; *Bergmann*, Die verschleierte Sacheinlage bei AG und GmbH, AG 1987, 57; *Brandner*, Verdeckte Sacheinlage: eine Aufgabe für den Gesetzgeber, in: Festschrift Boujong, 1996, S. 37; *Brüggemann*, Verdeckte Sacheinlagen in Kapitalgesellschaften, 1993; *Crezelius*, Zu den Rechtsfolgen verdeckter Sacheinlagen im GmbH-Recht, DB 1990, 2458; *Einsele*, Verdeckte Sacheinlage, Grundsatz der Kapitalaufbringung und Kapitalerhaltung, NJW 1996, 2681; *Finken*, Die verdeckte Sacheinlage im Kapitalgesellschaftsrecht, DStR 1992, 359; *v. Gerkan*, Verdeckte Sacheinlagen in der GmbH, GmbHR 1992, 433; *Groß*, Die Lehre von der verdeckten Sacheinlage, AG 1991, 217; *Grunewald*, Rechtsfolgen verdeckter Sacheinlagen, in: Festschrift Rowedder, 1994, S. 111; *Habetha*, Verdeckte Sacheinlagen ...; ZGR 1998, 305; *Henze*, Zur Problematik der verdeckten (verschleierten) Sacheinlage im Aktien- und GmbH-Recht, ZHR 154 (1990), 105; *Honsell*, Umwandlung von Kredit in Haftkapital, in: Festschrift Frotz, Wien 1993, S. 307; *Lenz*, Die Heilung verdeckter Sacheinlagen bei Kapitalgesellschaften, 1996; *Kreuels*, Abgrenzung der Lehre von der verdeckten Sacheinlage vom Grundsatz endgültig freier Verfügbarkeit, 1996; *Krieger*, Zur Heilung verdeckter Sacheinlagen in der GmbH, ZGR 1996, 674; *Lenz*, Die Heilung verdeckter Sacheinlagen bei Kapitalgesellschaften, 1996; *Lohaus*, Voraussetzungen und Folgen verdeckter Sacheinlagen im GmbH-Recht, in: Festgabe Sandrock, 1995, S. 291; *Lutter*, Verdeckte Leistungen und Kapitalschutz, in: Festschrift Stiefel, 1987, S. 506; *Lutter/Gehling*, Verdeckte Sacheinlagen, WM 1987, 1445; *Lutter/Zöllner*, Die Anwendung der Regeln über die Sachkapitalerhöhung auf das Ausschüttungs-Rückhol-Verfahren, ZGR 1996, 164; *Maier-Reimer*, Mittelbare Sacheinlagen, in: Festschrift Nirk, 1992, S. 636; *D. Mayer*, Ein Beitrag zur »Entschleierung« der verschleierten Sacheinlage, NJW 1990, 2593; *Meilicke*, Die »verschleierte« Sacheinlage – eine deutsche Fehlentwicklung, 1989; *Mildner*, Bareinlage, Sacheinlage und ihre »Verschleierung« im Recht der GmbH, 1988; *Mülbert*, Das »magische Dreieck der Barkapitalaufbringung«, ZHR 154 (1990), 145; *Müller-Elsing*, Die verdeckte Sacheinlage, 1993; *Priester*, Die Heilung verdeckter Sacheinlagen im Recht der GmbH, DB 1990, 1753; *ders.*, ZIP 1996, 1025; *ders.*, Zur Wirksamkeit des Verkehrsgeschäfts bei verdeckten Sacheinlagen im Recht der GmbH, in: Festschrift Bezzenberger, 2000, S. 309; *Rasner*, Verdeckte Sacheinlagen und ihre Heilung, NJW 1993, 186; *Rawert*, Heilung verdeckter Sacheinlagen, GmbHR 1995, 87; *Roth*, »Schütt aus – hol zurück« als verdeckte Sacheinlage, NJW 1991, 1913; *Ulmer*, Verdeckte Sacheinlagen im Aktien- und GmbH-Recht, ZHR 154 (1990), 128; *Volhart*, Zur Heilung verdeckter Sacheinlagen, ZGR 1995, 286; *Wegmann*, Verdeckte Sacheinlagen bei der GmbH, BB 1991, 1006; *Wilhelm*, Kapitalaufbringung und Handlungsfreiheit der Gesellschaft nach Aktien- und GmbH-Recht, ZHR 152 (1988), 333; *Wimmer*, Gefahren bei der Einzahlung von Leistungen auf Stammeinlagen bei der GmbH, GmbHR 1997, 827.

29 Vgl. *RGZ* 141, 204, 210; *BGHZ* 15, 52, 58; 28, 314, 319 f.; *Raiser*, Kapitalgesellschaften, § 26 Rdnrn. 69 ff.; *Baumbach/Hueck/Fastrich*, § 19 Rdnrn. 30 ff.; *Hachenburg/Ulmer*, § 5 Rdnrn. 143 ff., § 56 Rdnrn. 9, 41; *Lutter/Hommelhoff*, § 56 Rdnrn. 15 ff.; *Scholz/Winter*, § 5 Rdnr. 76; *Scholz/Schneider*, § 19 Rdnrn. 139 ff.; *Scholz/Priester*, § 56 Rdnrn. 19 ff.; krit. *Geßler*, in: Festschrift Möhring, 1975, S. 173 ff.

nicht[30]. Ebensowenig ist es verboten, mit einer Bareinlage eine vorausgeplante Mittelverwendung zu verbinden[31]. Wenn aber beides zusammentrifft, ist es geboten, die der Wertdeckung dienenden Sacheinlagevorschriften gegen Umgehungen zu schützen[32]. Für einen Spezialfall ist dies sogar besonders geregelt: Die Aufrechnung einer für die Überlassung von Vermögensgegenständen zu gewährenden Vergütung gegen die Einlageschuld befreit den Gesellschafter nur, wenn die Sacheinlagevorschriften beachtet worden sind (§ 19 V GmbHG und dazu oben unter II 2 e). Im übrigen ist das Recht der verdeckten Sacheinlage ein Rechtsfortbildungsprodukt. Als Umgehungstatbestand ist der Tatbestand der verdeckten Sacheinlage schwer zu präzisieren. Das gilt schon für den objektiven Tatbestand[33] und erst recht für die Frage, ob ein subjektives Element hinzukommen muß. Wie schon unter § 29 II 1 c aa angemerkt, reichen die Vorschläge vom Erfordernis einer Umgehungsabsicht bis hin zu einer streng objektivierenden Fristenlösung. Dargestellt wurde auch, daß einerseits eine rein zeitliche Nähe zwischen der Einlageleistung und dem Umsatz- oder Verrechnungsgeschäft nicht ausreichen kann[34], während umgekehrt eine subjektive Vorwerfbarkeit nicht erforderlich ist[35]. Wie schon in der ersten Auflage dieses Werks ist vielmehr für die Umgehungszurechnung eine von den Beteiligten gewollte Verknüpfung von Bareinlage und Umgehungsgeschäft zu verlangen[36]. Der *Bundesgerichtshof* spricht sogar von einer, wenn auch unwirksamen, »Abrede«[37], doch scheint die hier verwendete Formel von der gewollten Verknüpfung ohne Rechtsgeschäftscharakter vorzugswürdig. Es genügt jede Art von Verständigung[38]. Diese Verknüpfung wird durch einen nahen zeitlichen und sachlichen Zusammenhang indiziert, womit sich die Beweislast zum Nachteil des Einlegers umkehrt[39].

Beispiel Nr. 14 (nach *BGHZ* 28, 314): Der Gesellschafter einer GmbH, die Geräte und Maschinen herstellen soll, zahlt eine Stammeinlage von 12000 Euro ein und erhält sie umgehend zurück, weil die Gesellschaft mit dem Betrag eine betriebsnotwendige Lizenz von ihm erwirbt. Dies ist eine verschleierte Sacheinlage. Ähnlich hat das *OLG Köln* für

30 Anders vereinzelt *Langenfeld*, GmbHR 1981, 53ff.; dagegen überzeugend *Hachenburg/Ulmer*, § 5 Fußn. 235 d.

31 Beispiel *BGH*, NJW 1992, 2698: Der Einmanngesellschafter erhöht das Kapital der GmbH, um die Gründung einer Tochtergesellschaft zu finanzieren. Hier darf nicht gesagt werden, er habe, wirtschaftlich betrachtet, Anteile an der Tochtergesellschaft eingebracht.

32 Vgl. *Teichmann*, Die Gesetzesumgehung, 1962, S. 67ff.

33 Vgl. für Dreiecksverhältnisse *BGHZ* 132, 133 = NJW 1996, 1286.

34 Für eine Frist aber *Lutter/Gehling*, WM 1989, 1452f.; für einen rein objektiven Zusammenhang *Hachenburg/Ulmer*, § 5 Rdnr. 146; *Lutter*, in: KK, § 66 Rdnrn. 32ff., § 183 Rdnrn. 73ff.; *ders.*, in: Festschrift Stiefel, a.a.O., S. 514f.

35 Klärend *BGHZ* 110, 47, 63ff. = NJW 1990, 982, 986; dazu eingehend *Frey*, ZIP 1990, 288ff.; *Joost*, ZIP 1990, 549ff.; auch dieses Werk vertrat in der ersten Aufl. nicht, wie dies beim *BGH* anklingt, eine andere Auffassung.

36 Vgl. auch für die AG *RGZ* 167, 99, 108: »Es genügt, daß eine von den Beteiligten beabsichtigte Einbringung oder Übernahme von nicht in Geld bestehenden Vermögenswerten … bereits … feste Gestalt angenommen hat …«

37 *BGHZ* 132, 133 = NJW 1996, 1286; ebenso *OLG Düsseldorf*, GmbHR 1996, 855, 857; *Baumbach/Hueck/Fastrich*, § 19 Rdnr. 30a; *Scholz/Winter*, § 5 Rdnr. 79.

38 Vgl. *OLG Düsseldorf*, NJW-RR 1995, 869.

39 Vgl. *BGHZ* 132, 133 = NJW 1996, 1286; *Ulmer*, ZHR 154 (1990), 140ff.; s. auch *Hachenburg/Ulmer*, § 5 Rdnr. 147 a.

den Ankauf von Nutzungsrechten aus einem Franchise-Vertrag entschieden (NJW-RR 1995, 552).

In der Praxis stellt sich das Problem der verdeckten Sacheinlage vor allem bei Kapitalerhöhungen und hier vor allem bei der *Verrechnung der Einlageschuld mit Forderungen des Gesellschafters* (dazu unten unter V 1 c sowie oben, § 34 II 2 e). Solche Vorgänge sind außerordentlich verbreitet, und die Gesellschafter haben hierbei aus kaufmännischer Sicht jedenfalls dann kein schlechtes Gewissen, wenn ihre Gesellschaften gesund und die Forderungen deshalb vollwertig sind. Der *Gerechtigkeitswert* der rigiden Rechtsprechung gibt deshalb Anlaß zu ernsten Zweifelsfragen. Aber die Verrechnungsvorgänge können, wie § 19 V GmbHG zeigt, nur als Sacheinlagen rechtswirksam vollzogen werden[40].

b) *Rechtsfolge einer verdeckten Sacheinlage* ist nach ständiger Praxis die Versagung der Befreiungswirkung: Der Gesellschafter muß die Einlage nochmals in bar erbringen. Dafür steht ihm aus der gescheiterten Bareinlage – das Verkehrsgeschäft mit der Gesellschaft ist entgegen dem *BGH*[41] als wirksam anzusehen[42] – ein Bereicherungsanspruch zu, weil seine Bareinlage keine Befreiungswirkung geäußert hat[43]. Der Bareinlageanspruch besteht selbst dann fort, wenn die verdeckte Sachleistung vollwertig war[44]. Nicht einmal der – nach Jahren oft schwierige – Beweis der Vollwertigkeit entlastet den Gesellschafter[45], weshalb der Verwalter im Insolvenzverfahren einer GmbH fieberhaft nach verdeckten Sacheinlagen zu suchen pflegt. Die wahrhaft katastrophalen Rechtsfolgen der verdeckten Einlage[46] zeigt unser

Beispiel Nr. 15: Hatte ein Gesellschafter 500 000 Euro eingelegt und für diesen Preis alsbald ein Grundstück mit dem Verkehrswert von 600 000 Euro an die GmbH verkauft und es ihr übereignet, so muß er im Insolvenzverfahren nochmals 500 000 Euro zahlen, obwohl seine Gläubiger von der verdeckten Sacheinlage nur profitieren konnten. Etwaige Rückforderungsansprüche werden dem Gesellschafter im Insolvenzfall nicht viel nützen, denn die Übereignung des Grundstücks ist wirksam, und der schuldrechtliche Anspruch auf Rückübereignung (*BGH*) bzw. der Anspruch auf Rückzahlung der fehlgegangenen Bareinlage (hier vertretene Ansicht) wird in Höhe der Insolvenzquote bedient.

Diese Inkonsistenz von Tatbestand und Rechtsfolge, diese Überreaktion des Rechts auf einen formalen Fehler gibt zu denken[47]. Gute Gründe sprechen für eine Lösung, die, soweit nicht der Spezialtatbestand des § 19 V GmbHG entgegensteht, dem Gesellschafter den Beweis zubilligt, daß die »verdeckte

40 *BGHZ* 113, 335 = NJW 1991, 1754; *BGHZ* 125, 141, 151 f.; 132, 141 = LM Nr. 18 zu § 19 GmbHG m. Anm. *Noack* = NJW 1996, 1473; *OLG Köln*, NJW 1990, 1057 = GmbHR 1990, 510.

41 *BGH*, LM Nr. 19 zu § 19 GmbHG = NJW 1998, 1951, *Lutter/Hommelhoff*, § 5 Rdnr. 48; *Krieger*, ZGR 1996, 681; *Bayer*, ZIP 1998, 1990.

42 Überzeugend *Scholz/Winter*, § 5 Rdnr. 80 d; *Priester*, in: Festschrift Bezzenberger, a. a. O., S. 313 ff.

43 *Priester*, ZIP 1996, 1028 f.

44 Vgl. deshalb vor allem die Kritik von *Mildner*, a. a. O., S. 55 ff.; abl. *Loos*, AG 1989, 389.

45 Dafür aber mit guten Gründen *Roth/Altmeppen*, § 19 Rdnr. 57; *Grunewald*, Rdnrn. E 21 f.; *dies.*, in: Festschrift Rowedder, a. a. O., S. 118; *Einsele*, NJW 1996, 2688.

46 *Lutter*, in: Festschrift Stiefel, 1987, S. 517; *Priester*, in: Festschrift Bezzenberger, a. a. O., S. 311.

47 Vgl. *Karsten Schmidt*, in: Blaurock, a. a. O., S. 118 f.

Sacheinlage« vollwertig war. Aber die Rechtsprechung läßt das nicht zu. Mindestens de lege ferenda sollte dieser Rechtszustand geändert werden[48]. Immer wieder wird auch die Unvereinbarkeit der Rechtsprechung mit der allerdings aktienrechtlichen EG-Kapitalschutzrichtlinie gerügt[49]. Jedenfalls für die Verjährung sollte man die Fünfjahresfrist der §§ 9 II, 31 V GmbHG analog anwenden[50]. Wie der *Bundesgerichtshof* im Jahr 1991 entschieden hat, kann neben den Gesellschaftern auch die Hausbank analog § 37 I 4 AktG haften, wenn sie für die Registereintragung bescheinigt hat, daß die Bareinlage zur freien Verfügung der Geschäftsführer eingezahlt war (oben, § 34 II 3 a bb).

Sofern der Gesellschaft durch die verdeckte Sacheinlage kein Schaden entstanden, der Fehler also nur formeller Art ist und solange die Haftungsfrage nicht akut wird, mußte die Praxis auf *Heilung der verdeckten Sacheinlage* sinnen. Als technische Hilfe hat sich bei der Aktiengesellschaft die Nachgründung erwiesen (oben, § 29 II 1 c bb). Eine dem § 52 AktG entsprechende Vorschrift fehlt im GmbHG. Gerade hier besteht aber für die Heilung ein erhebliches praktisches Bedürfnis[51]. Die verdeckte Sacheinlage war, solange die Beratungspraxis die Gefahr noch nicht zur Kenntnis genommen hatte, bei GmbH-Gründungen und GmbH-Kapitalerhöhungen gang und gäbe[52], und das Recht kann den Beteiligten die Behebung des doch nur formalen Fehlers nicht versagen, solange dies ohne Einbuße an Gläubigerschutz geschieht[53]. Allerdings kann es nicht ausreichen, wenn nunmehr der Gesellschafter die geschuldete Bareinlage durch Verrechnung mit seinen aus dem gescheiterten Vorgang resultierenden Bereicherungsansprüchen erbringt[54] oder das inkriminierte Geschäft wiederholt[55] oder sonst die Unterbilanz ohne Einlageleistung beseitigt[56]. Vielmehr ist in Abwandlung der für diesen Zweck nicht gedachten Nachgründungsvorschrift des § 52 AktG eine Satzungsänderung zuzulassen, durch die alle Sacheinlagekautelen nachgeholt werden[57]. Mit Recht hat der *Bundesgerichtshof* inzwischen ent-

---

48 Gesetzesvorschlag Deutscher Anwalt-Verein vom Juni 1996.

49 Dazu aber *BGHZ* 110, 47 = NJW 1990, 982; dazu krit. *Steindorff*, ZHR 156 (1992), 2ff. mit umfassenden Nachweisen.

50 Vgl. auch *Joost*, ZIP 1990, 561; a.M. *Lenz*, a.a.O., S. 28f.; *Priester*, DB 1990, 1755.

51 Ausführlich *Lenz*, a.a.O.; *Custodis*, in: Festschrift Schippel, 1996, S. 387; *Priester*, DB 1990, 1753ff.; *ders.*, in: Festschrift Bezzenberger, a.a.O.; *Rasner*, NJW 1993, 186; *Rawert*, GmbHR 1995, 87ff.; *Groß*, GmbHR 1996, 721; *Krieger*, ZGR 1996, 674ff.; Bedenken noch bei *Hachenburg/Ulmer*, § 5 Rdnr. 152; *Ulmer*, ZHR 154 (1990), 143f.

52 Charakteristisch war die Erhöhung des Stammkapitals der Altgesellschaften von 20000 auf 50000 DM in der Zeit zwischen 1980 und 1985; bloße Verrechnungen dürften hier an der Tagesordnung gewesen sein.

53 *BGHZ* 132, 141, 151f. = LM Nr. 18 zu § 19 GmbHG m.Anm. *Noack*; NJW 1996, 1473, 1476; dazu *Lutter/Hommelhoff*, § 5 Rdnr. 50; *Scholz/Winter*, § 5 Rdnr. 97a; *Lutter*, JZ 1996, 912; *Krieger*, ZGR 1996, 674; *Priester*, ZIP 1996, 1025.

54 So aber *Knobbe-Keuk*, ZIP 1986, 889f.

55 So aber *Wilhelm*, ZHR 152 (1988), 349ff.

56 *Hachenburg/Ulmer*, § 19 Rdnr. 116.

57 Vgl. mit Unterschieden im einzelnen *BGHZ* 132, 141 = LM Nr. 18 zu § 19 GmbHG m.Anm. *Noack* = NJW 1996, 1473; *Baumbach/Hueck/Fastrich*, § 5 Rdnr. 51b; *Hachenburg/Ulmer*, § 19 Rdnr. 117; *Lutter/Hommelhoff*, § 5 Rdnr. 50; *Scholz/Priester*, § 56 Rdnr. 38f.; *Lutter/Gehling*, WM 1989, 1455; *Joost*, ZIP 1990, 562 (analog § 52 AktG); *Priester*, DB 1990, 1458ff.; *Butzke*, ZHR 154 (1990), 365.

schieden[58]: »Zur Heilung einer verdeckten Sacheinlage kann die festgesetzte (Rest-) Bareinlage auch nach der Eintragung ... in das Handelsregister durch satzungsändernden Beschluß der Gesellschafter im Wege der Änderung der Einlagendeckung in eine Sacheinlage umgewandelt werden.« Umstritten ist nur, was nun als Sacheinlage eingebracht wird: der verdeckt eingelegte Gegenstand[59], der Rückforderungsanspruch aus dem inkriminierten Verkehrsgeschäft[60] oder – das ist die hier vertretene Ansicht – der sich aus der fehlgegangenen Bareinzahlung ergebende Rückforderungsanspruch[61]. Da die Maßnahme das Gesellschaftsvermögen unberührt läßt, brauchen die Regeln über Kapitalherabsetzungen nicht beachtet zu werden[62]. Eine lange Zeit unwidersprochen herrschende Meinung stand zwar auf dem Standpunkt, daß nach der Eintragung aus Bareinlagen keine Sacheinlagen gemacht werden dürfen[63], aber Vernunft und Gerechtigkeitssinn lehren das Gegenteil.

5. Ausschließung, Haftung der Rechtsvorgänger und Ausfallhaftung der Mitgesellschafter[*]

Die §§ 21ff. GmbHG enthalten ergänzende und zwingende (§ 25 GmbHG) Rechtsvorschriften, die gleichfalls die Kapitalaufbringung sicherstellen und in einer Ausfallhaftung jedes Mitgesellschafters für jeden Mitgesellschafter kulminieren. Wird ein nicht volleingezahlter Anteil übertragen, so haften auch der Veräußerer und der Erwerber als Gesamtschuldner[64].

a) Nach *§ 21 GmbHG* kann im Fall verzögerter Zahlung ein *Kaduzierungsverfahren (Ausschließungsverfahren)* stattfinden. Es besteht im wesentlichen darin, daß dem säumigen Gesellschafter eine Zahlungsfrist gesetzt wird, nach deren fruchtlosem Ablauf er seines Geschäftsanteils für verlustig erklärt wird. Rechtsfolge der Kaduzierung ist, daß alle mit dem Geschäftsanteil verbundenen Rechte und Pflichten für die Zukunft erlöschen. Die Einlageverpflichtung des Ausgeschlossenen bleibt aber als Ausfallhaftung bestehen:

58 *BGHZ* 132, 141 = LM Nr. 18 zu § 19 GmbHG m. Anm. *Noack* = NJW 1996, 1473.
59 So etwa *Lutter/Hommelhoff*, § 5 Rdnr. 50; *Roth/Altmeppen*, § 19 Rdnr. 59.
60 Das wäre die Konsequenz aus dem Ansatz von *BGH*, LM Nr. 19 zu § 19 GmbHG = NJW 1998, 1951; s. auch *Preuß*, JuS 1999, 344.
61 So *LG Bremen*, GmbHR 1995, 122, 123; *Priester*, ZIP 1996, 1228f.; *Rawert*, GmbHR 1995, 89.
62 A.M. *BayObLG*, DB 1978, 337; *Lenz*, a.a.O., S. 95ff.
63 Vgl. nur *KGJ* 47, 108, 111; *KG*, JW 1937, 321; *BayObLG*, DB 1978, 337; *Lenz*, a.a.O., S. 92; *Hachenburg/Ulmer*, § 5 Rdnr. 27 m.w.N.; dagegen ausführlich *Priester*, DB 1990, 1759.
* Literatur: *Fabricius*, Sicherung der Aufbringung des Stammkapitals im Recht der GmbH, GmbHR 1970, 193; *Fichtner*, Kaduzierung, Einziehung und Ausschließung bei der GmbH, BB 1966, 146; *Gehrlein*, Ausschluß und Abfindung von GmbH-Gesellschaftern, 1997; *Hörstel*, Der Ausschluß des GmbH-Gesellschafters durch Kaduzierung, NJW 1994, 965; *Melber*, Die Kaduzierung in der GmbH, 1993; *Michalski/Schulenburg*, Pfändung von Kaduzierungsansprüchen und Kaduzierung bei Einmann-Gesellschaften, NZG 1999, 431; *Robrecht*, Haftung der Gesellschafter für nicht eingezahlte Stammeinlagen ..., DB 1972, 1469; *Karsten Schmidt*, Summenmäßige Grenzen der Haftung von Mitgesellschaftern ..., BB 1985, 154; *Schuler*, Die Kaduzierung von GmbH-Anteilen, GmbHR 1961, 98; *Wiedemann*, Haftungsbeschränkung und Kapitaleinsatz in der GmbH, in: *Wiedemann/Bär/Dabin*, Die Haftung des Gesellschafters in der GmbH, 1968, S. 5.
64 Zur fehlerhaften Übertragung vgl. *BGH*, NJW 1995, 128.

Der Ausgeschlossene haftet weiter für den Ausfall, den die Gesellschaft dadurch erleidet, daß der rückständige Betrag der Stammeinlage auch durch die Kaduzierung nicht gedeckt werden kann (§ 21 III GmbHG)[65]. Die Dekkung dieser Stammeinlage erfolgt in erster Linie durch Inanspruchnahme der Rechtsvorgänger des ausgeschlossenen Gesellschafters (§ 22 GmbHG; dazu sogleich unter II 5 b). Sie erfolgt, wenn von Rechtsvorgängern keine Zahlung zu erlangen ist, durch Verkauf des Geschäftsanteils (§ 23 GmbHG; dazu unter II 5 c); sie erfolgt hilfsweise durch die Ausfallhaftung des Ausgeschlossenen (§ 21 III GmbHG), und ganz hilfsweise – mit Nachrang gegenüber dem Ausgeschlossenen! – haften auch die Mitgesellschafter (§ 24 GmbHG; dazu unter II 5 d). Rechtsgrund der Ausfallhaftung des Ausgeschlossenen bleibt sein Einlageversprechen. Die Grundsätze des § 19 GmbHG gelten auch hier, so daß die Schuld dem Ausgeschlossenen insbesondere nicht erlassen werden kann[66]. Umstritten ist, ob das Kaduzierungsverfahren auf Geldeinlagen beschränkt ist[67]. Nach richtiger – seit der GmbH-Novelle auch durch den Wortlaut des § 9 GmbHG bestätigter – Auffassung kann aber auch eine Sacheinlageschuld wegen der sich hinter ihr verbergenden Bardeckungspflicht die Rechtsfolgen der §§ 21 ff. GmbHG auslösen, z. B. wenn die Erfüllung unmöglich oder die Sacheinlage überbewertet ist[68].

Beispiel Nr. 16: Gesellschafter G hat ein mit 200 000 Euro bewertetes Unternehmen eingebracht, das sich als um die Hälfte überbewertet herausstellt. Nach § 9 I GmbHG hat G in Höhe des Fehlbetrages »eine Einlage in Geld zu leisten«, womit gesagt sein soll, daß die §§ 21 ff. GmbHG anwendbar sind[69].

b) Nach *§ 22 GmbHG* haften wegen des von dem ausgeschlossenen Gesellschafter nicht bezahlten Betrages auch seine etwaigen *Rechtsvorgänger*[70]. Sie waren ja gleichfalls Inhaber eines nicht voll eingezahlten Geschäftsanteils und damit Einlageschuldner. Ist der Geschäftsanteil mehrfach – z. B. vom Gründer G auf X, von diesem auf Y und von diesem auf den jetzt ausgeschlossenen Z – übertragen worden, so kommt es nach § 22 II GmbHG zu einem Staffelregreß. Es haftet nach dem Ausgeschlossenen (Z) dessen Vorgänger (Y), hilfsweise dessen Vorgänger (X), hilfsweise dessen Vorgänger (G) ... Der Rechtsvorgänger erwirbt gegen Zahlung des rückständigen Betrages den Geschäftsanteil des ausgeschlossenen Gesellschafters (§ 22 IV GmbHG)[71]. – Zweifelsfragen wirft der unwirksame Zwischenerwerb eines Geschäftsanteils auf[72].

Beispiel Nr. 17 (modifiziert nach *RGZ* 127, 236 = JW 1930, 2679 m. Anm. *Hachenburg*): Gesellschafter G hatte seinen Geschäftsanteil an K verkauft und ihm übertragen. Hat K

65 Zu der umstrittenen Frage, ob der Ausgeschlossene auch noch der Ausfallhaftung nach § 24 GmbHG unterliegt, vgl. *OLG Celle*, NJW-RR 1995, 1065.

66 *RGZ* 92, 365, 366; 98, 276, 277; heute wohl allg. M.

67 Vgl. mit Hinweis auf *RGZ* 68, 271 etwa *Fichtner*, BB 1966, 146; *Schuler*, GmbHR 1961, 98.

68 Vgl. nur *Baumbach/Hueck/Fastrich*, § 21 Rdnr. 3; *Lutter/Hommelhoff*, § 21 Rdnr. 3; *Scholz/Emmerich*, § 21 Rdnr. 5 a; *Melber*, a. a. O., S. 253 f.; *Fischer*, JZ 1954, 428; *Hohner*, DB 1975, 629.

69 Vgl. Begr.RegE GmbH-Novelle, BR-Drucks. 404/77, S. 35.

70 *OLG Dresden*, GmbHR 1998, 884, 886.

71 Der *BGH* sieht dies als einen originären Rückfall an, nicht als einen derivativen Rückerwerb; vgl. *BGHZ* 42, 89, 92.

72 Vgl. *Rowedder*, § 22 Rdnr. 6; *Scholz/Emmerich*, § 22 Rdnr. 7.

den Geschäftsanteil später zurückübertragen, vielleicht weil er die fehlende Einzahlung als Mangel geltend machte, so ändert dies selbstverständlich nichts daran, daß er zwischenzeitlich Gesellschafter gewesen ist. War der Erwerb nach § 16 GmbHG der Gesellschaft angezeigt, so kann an einer Haftung des K kein Zweifel bestehen (vgl. eingehend *RG*, a.a.O.). Aber wie ist die Rechtslage, wenn er auch den (dinglichen!) Erwerb des Geschäftsanteils wegen arglistiger Täuschung angefochten hat (§§ 123, 142 BGB) oder wenn der Erwerb wegen Nichteinhaltung der in § 15 III GmbHG vorgeschriebenen Form nichtig war? Hier wird man eine Haftung grundsätzlich zu verneinen haben (vgl. zur fehlerhaften Rechtsnachfolge oben, § 6 V 2 und § 35 II 1a).

c) Ist die Zahlung auch von Rechtsvorgängern nicht zu erlangen – z.B. weil keine Rechtsvorgänger vorhanden sind –, so wird nach *§ 23 GmbHG* ein *Zwangsverkauf des Geschäftsanteils* versucht. Der Verkaufserlös gebührt der GmbH, und zwar an Stelle der Einlage, so daß Erlaß und Aufrechnung nach § 19 II GmbHG untersagt sind[73].

d) Hilfsweise müssen die *Mitgesellschafter* für ausgefallene Stammeinlagen aufkommen, und zwar selbst dann, wenn sie erst nachträglich zur Gesellschaft hinzugetreten sind[74]. Nach *§ 24 S. 1 GmbHG* haben sie den Fehlbetrag nach dem Verhältnis ihrer Geschäftsanteile aufzubringen, soweit eine Stammeinlage weder von den Zahlungspflichtigen eingezogen noch durch Verkauf des Geschäftsanteils gedeckt werden kann. Beiträge, welche von einzelnen Gesellschaftern nicht zu erlangen sind, werden, wiederum nach dem Verhältnis der Geschäftsanteile, auf die übrigen verteilt (§ 24 S. 2 GmbHG). Auch von dieser Haftung wird vielfach gesagt, sie gelte nur für Geldeinlagen, weshalb ja der Gesetzgeber die Differenzhaftung des Sacheinlegers nach § 9 I GmbHG als Geldeinlage bezeichnet habe. Es trifft die Sache am besten, wenn man einfach formuliert: Jeder Gesellschafter trägt für jede Einlageschuld jedes Mitgesellschafters die Ausfallhaftung nach § 24 GmbHG, die allerdings selbst stets auf Geld lautet. Die Subsidiärhaftung der Mitgesellschafter ist nach richtiger, jedoch umstrittener Ansicht summenmäßig auf den Betrag der Stammeinlage des zahlungsunfähigen Gesellschafters beschränkt[75]. Wer einer GmbH beitritt, muß also im Extremfall damit rechnen, daß er das ganze Stammkapital aufbringen muß, nämlich dann, wenn alle Mitgesellschafter ausfallen. Eine weiteres Ausfallrisiko hat der Gesellschafter auch unter Berücksichtigung des § 24 GmbHG nicht übernommen. Im Normalfall versteht sich dies von selbst, denn der Zahlungsunfähige hat eben nur seine Stammeinlage zu belegen und fällt daher auch nur in dieser Höhe aus. Anders kann es sein, wenn er »weniger als nichts«, nämlich ein überschuldetes Unternehmen, eingebracht hat. Wie ausgeführt, kann dann der Einlageschuldner nach § 9 GmbHG weit über seine Stammeinlage hinaus haftbar sein. Dies und die Folgen für § 24 GmbHG zeigt das uns schon bekannte

---

73 *BGHZ* 42, 89, 93; *Lutter/Hommelhoff*, § 23 Rdnr. 9.

74 So jedenfalls *BGHZ* 132, 398 = NJW 1996, 2306.

75 Eingehend *Karsten Schmidt*, BB 1985, 154f.; *ders.*, BB 1995, 532; zust. *Roth/Altmeppen*, § 24 Rdnr. 7; *Scholz/Emmerich*, § 24 Rdnr. 34a; a.M. (unbeschränkte Haftung) *Lutter/Hommelhoff*, § 24 Rdnr. 5; *Wilhelm*, in: Festschrift Flume II, 1978, S. 361f.; für Haftung in Höhe des Stammkapitals *Hachenburg/Müller*, § 24 Rdnr. 22.

Beispiel Nr. 18: Die Anita-A-GmbH (Stammkapital 50 000 Euro) besteht aus den Gesellschaftern A, B und C. A hat als Sacheinlage ihr mit 10 000 Euro bewertetes Eheanbahnungsunternehmen eingebracht, B und C je 20 000 Euro Bareinlage. Es stellt sich heraus, daß A erhebliche Schulden »mitgebracht« hat (§ 25 HGB; dazu Handelsrecht, § 8 II 1, 2). Das Unternehmen ist um 30 000 Euro überschuldet. Nun schuldet A nach § 9 I GmbHG 40 000 Euro in bar. B und C haben aber nach § 24 GmbHG nur für 10 000 Euro aufzukommen. Fällt auch B aus, so muß C außer der eigenen Einlage 30 000 Euro zahlen, nämlich 10 000 Euro für A und 20 000 Euro für B. Das Subsidiärhaftungsrisiko der Mitgesellschafter nach § 24 GmbHG ist auf den Betrag der jeweils zu deckenden Stammeinlage begrenzt. Jeder Gesellschafter schuldet seine eigene Einlage und büßt nach § 24 GmbHG im schlimmsten Fall – Ausfall aller Mitgesellschafter – insgesamt einen Betrag ein, der der Summe aller Stammeinlagen, also dem Stammkapital, entspricht (zu der umstrittenen Frage, ob sich der Haftungsumfang bei Kapitalerhöhungen verändert, vgl. unter V 1).

Im letzten Fall müßten allerdings alle Gesellschafter nach der Rechtsprechung des *BGH* mit einer »Unterbilanzhaftung« rechnen, soweit durch den Ausfall das Stammkapital am Eintragungsstichtag nicht mehr gedeckt ist (oben, § 34 III 4 d). Richtigerweise ist aber die Vorbelastungshaftung der Gründer vom Tatbestand einer bloßen Unterdeckung zu trennen und auf operative Verluste der Vorgesellschaft zu beschränken (auch dazu oben, § 34 III 4 d)[76].

6. Nachschußpflicht

a) Im Grundsatz gilt bei der GmbH wie bei anderen Gesellschaften, daß kein Gesellschafter zu Nachschüssen verpflichtet ist, die er nicht im Gesellschaftsvertrag übernommen hat (vgl. § 53 III GmbHG). Dieser allgemeine Grundsatz wurde schon unter § 16 III 3 b cc besprochen. Freiwillige »Zuzahlungen«, die das Eigenvermögen der Gesellschaft vermehren, sind möglich[77], aber sie haben nichts mit einer Nachschußpflicht zu tun.

Beispiel Nr. 19: Besteht eine sanierungsbedürftige ABC-GmbH aus den Gesellschaftern A (20 000 Euro), B (20 000 Euro) und C (10 000 Euro Stammeinlage), so können sich die Gesellschafter dahin einigen, daß sie statt einer umständlichen Kapitalerhöhungsprozedur bei unveränderten Geschäftsanteilen »Zuzahlungen« auf das haftende Kapital in Höhe von 30 000 Euro (A und B) bzw. 15 000 Euro (C) leisten. Aber diese Zuzahlungen erfolgen eben – im Gegensatz zu Nachschüssen – freiwillig. In der Praxis ziehen die Gesellschafter meistens die Gewährung von Darlehen vor (vgl. über eigenkapitalersetzende Darlehen unter IV).

Der Gesellschaftsvertrag kann nun aber nach § 26 I GmbHG bestimmen, daß die Gesellschafter über den Betrag der Stammeinlagen hinaus die Einforderung von weiteren Einzahlungen (Nachschüssen) beschließen können. Die Entscheidung liegt dann zwingend bei den Gesellschaftern. Nicht etwa können diese von den Gläubigern zur Einforderung gezwungen werden, denn die Nachschußpflicht soll – ganz im Gegensatz zur Aufbringung des Stammkapitals – nicht unmittelbar die Gläubiger sichern und die Haftungsbeschränkung legitimieren, sondern sie dient den Interessen der Gesellschaft

76 *Karsten Schmidt*, ZHR 156 (1992), 98 ff., 120 ff.
77 Dazu *Karsten Schmidt*, ZGR 1982, 525 f. m. w. N.

und vermag die Gläubiger nur reflexiv zu schützen[78]. Die Einzahlung hat nach dem Verhältnis der Geschäftsanteile, also unter Wahrung des Gleichbehandlungsgrundsatzes, zu erfolgen (§ 26 II GmbHG). Die eingeforderten Beträge unterliegen insoweit der Kapitalsicherung nach § 30 II GmbHG, als sie zum Ausgleich einer Unterbilanz erforderlich sind. Im übrigen sind sie zur Rückzahlung frei, sofern ein entsprechender Beschluß gefaßt und eine Dreimonatsfrist abgewartet ist. Die Zahlung von Nachschüssen hat also nicht dieselben Folgen wie eine Kapitalerhöhung, die auch die Stammkapitalziffer anhebt und die bei Ausschüttungen zu überspringende Latte des § 30 I GmbHG höher hängt.

b) Das Gesetz kennt die auf einen bestimmten, nach Verhältnis der Geschäftsanteile festzusetzenden Betrag *beschränkte und* die *unbeschränkte Nachschußpflicht.* Die *beschränkte Nachschußpflicht* ist in § 28 GmbHG geregelt. Im Fall verzögerter Einzahlung der Nachschüsse haften die Gesellschafter grundsätzlich wie für Stammeinlagen, jedoch jeder nur für den eigenen Nachschuß bzw. den der eigenen Nachmänner (keine Ausfallhaftung nach § 24 GmbHG).

Im Fall der *unbeschränkten Nachschußpflicht* verweist § 27 GmbHG nicht auf die strengen §§ 21 ff. GmbHG, sondern gibt jedem Gesellschafter ein sog. *Abandonrecht*: Sofern seine Stammeinlage voll eingezahlt ist, hat er das Recht, seinen Geschäftsanteil der Gesellschaft zur Verfügung zu stellen, worauf diese den Anteil verwertet. Das Abandonrecht ist im Gegensatz zum Kaduzierungsverfahren des § 21 GmbHG eine Wohltat für den Gesellschafter. Seine Ausübung hat befreiende Wirkung (vgl. dagegen § 21 III GmbHG), und im – freilich nicht sonderlich praktischen – Fall eines Überschusses steht dieser dem Gesellschafter zu. Das Abandonrecht kann in der Satzung nicht ausgeschlossen und grundsätzlich auch nicht eingeschränkt werden. Zulässig ist allein eine Beschränkung des Abandonrechts auf den Fall, daß die eingeforderten Nachschüsse einen bestimmten Betrag überschreiten (§ 27 IV GmbHG).

c) Nicht mit Nachschüssen zu verwechseln ist die *konzernrechtliche Verlustdeckungshaftung* eines Gesellschafters analog § 302 AktG (dazu unten, § 39 III 3b und 4). Sie beruht auf zwingendem Konzernrecht und kann nur mit Wirkung ex nunc beendet werden: Wenn die qualifizierte Konzernherrschaft beendet wird, müssen immer noch die bis dahin aufgelaufenen Verluste ausgeglichen werden. Auch *rechtsgeschäftliche Verlustdeckungszusagen*, wie sie zur Konkursvermeidung bisweilen von Mehrheitsgesellschaftern gegeben werden[79], begründen als schuldrechtliche Verträge keine Nachschußpflichten i. S. von §§ 26 ff. GmbHG. Erst recht gilt dies für *Liquiditätszusagen*, bei denen es sich um – meist eigenkapitalersetzende – Darlehensversprechen handelt[80].

78 Deutlich: Begründung GmbHG 1891, S. 40.
79 *Karsten Schmidt*, in: Festschrift Werner, 1984, S. 777 ff.
80 *Wiedemann/Hermann*, ZIP 1994, 907 ff.

III. Kapitalerhaltung*

1. Der Kapitalbindungstatbestand

a) Nach § 30 I GmbHG darf das zur Erhaltung des Stammkapitals erforderliche Vermögen der Gesellschaft an die Gesellschafter nicht ausgezahlt werden. Es handelt sich bei der Bestimmung um einen Schutz des haftenden

* Literatur: *Altmeppen*, »Dritte« als Adressaten der Kapitalerhaltungs- und Kapitalersatzregeln in der GmbH, in: Festschrift Kropff, 1997, S. 641; *Ballerstedt*, Kapital, Gewinn und Ausschüttung bei Kapitalgesellschaften, 1949; *Berg*, Rechtsdogmatische Fragen zu § 30 I GmbHG, 1995; *Brandner*, Wegfall oder Beständigkeit des Erstattungsanspruchs aus § 31 GmbHG ...? in: Festschrift Fleck, 1988, S. 23; *Butzke*, Die Bedeutung anderweitiger Auffüllung des Stammkapitals ..., ZHR 154 (1990), 357; *Cahn*, Kapitalerhaltung im Konzern, 1997; *Canaris*, Die Rückgewähr von Gesellschaftereinlagen durch Zuwendungen an Dritte, in: Festschrift Fischer, 1979, S. 31; *Döllerer*, Verdeckte Gewinnausschüttungen und verdeckte Einlagen bei Kapitalgesellschaften, 2. Aufl. 1990; *Fabritius*, Vermögensbindung in AG und GmbH ..., ZHR 144 (1980), 628; *Fiedler*, Verdeckte Vermögensverlagerungen bei Kapitalgesellschaften, 1994; *Fleck*, Der Grundsatz der Kapitalerhaltung – seine Ausweitung und seine Grenzen, in: Festschrift 100 Jahre GmbH-Gesetz, 1992, S. 391; *Flume*, Der Gesellschafter und das Vermögen der Kapitalgesellschaft und die Problematik der verdeckten Gewinnausschüttung, ZHR 144 (1980), 18; *Fromm*, Gläubigerschutz durch Kapitalaufbringung und Kapitalerhaltung in KG und GmbH, 1979; *Geßler*, Zur handelsrechtlichen verdeckten Gewinnausschüttung, in: Festschrift Fischer, 1979, S. 131; *Geuting*, Die verdeckte Haftungsverlagerung über Angehörige des GmbH-Gesellschafters, 1993; *Hager*, Die verdeckte Gewinnausschüttung in der GmbH, ZGR 1989, 71; *Immenga*, Die personalistische Kapitalgesellschaft, 1970; *Joost*, Kapitalbegriff und Reichweite der Bindung des aufgebrachten Vermögens in der GmbH, GmbHR 1983, 285; *ders.*, Grundlagen und Rechtsfolgen der Kapitalerhaltungsregeln in der GmbH, ZHR 148 (1984), 27; *Kleffner*, Erhaltung des Stammkapitals und Haftung nach §§ 30, 31 GmbHG, 1994; *Lutter*, Kapital, Sicherung der Kapitalaufbringung und Kapitalerhaltung in den Aktien- und GmbH-Rechten der EWG, 1964; *Mayer/Vollrath*, in: *Priester/Mayer*, MünchHdb. GesR III, 1996, § 52; *Mülbert*, Sicherheiten einer Kapitalgesellschaft für Verbindlichkeiten ihres Gesellschafters, ZGR 1995, 578; *Gerd Müller*, Fortbestand oder Untergang des Erstattungsanspruchs aus § 31 GmbHG bei Wegfall der Ausschüttungssperre? ZIP 1996, 941; *Klaus J. Müller*, Darlehensgewährung der GmbH an ihren Gesellschafter, BB 1998, 1804; *Preuß*, Grundsätze der Kapitalaufbringung und Kapitalerhaltung in der GmbH, JuS 1999, 342; *Reemann*, Zur Ausfallhaftung des Gesellschafters für verbotene Auszahlungen der GmbH an andere Gesellschafter, ZIP 1990, 1309; *Röhrkasten*, Die verdeckte Gewinnausschüttung im Gesellschafts- und Steuerrecht, Diss. Hamburg 1976; *ders.*, Die Rückzahlung des Stammkapitals, GmbHR 1974, 36; *Karsten Schmidt*, Summenmäßige Grenzen der Haftung von Mitgesellschaftern aus rückständigen Einlagen und verbotenen Ausschüttungen, BB 1985, 154; *ders.*, Die Sicherung der Kapitalaufbringung und Kapitalerhaltung, in: Blaurock (Hrsg.), Recht der Unternehmen in Europa, 1993, S. 103; *ders.*, Summenmäßige Begrenzung der Ausfallhaftung nach § 31 III GmbHG, BB 1995, 529; *Schnauder/Müller-Christmann*, Der zivilrechtliche Schutz des GmbH-Vermögens vor dem Zugriff der Gesellschafter, JuS 1998, 980; *Schön*, Kreditbesicherung durch abhängige Kapitalgesellschaften, ZHR 159 (1995), 351; *Schulze-Osterloh*, Die verdeckte Gewinnausschüttung bei der GmbH als kompetenzrechtliches Problem, in: Festschrift Stimpel, 1985, S. 487; *Sotiropoulos*, Kredit und Kreditsicherheiten der GmbH zugunsten ihrer Gesellschafter ..., 1996; *Stimpel*, Zum Auszahlungsverbot des § 30 GmbHG, in: Festschrift 100 Jahre GmbHG, 1992, S. 335; *Tries*, Verdeckte Gewinnausschüttungen im GmbH-Recht, 1991; *Ullrich*, Verdeckte Vermögensverlagerungen in den Aktien- und GmbH-Rechten ..., 1994; *Ulmer*, Gesellschafterpflicht zur Erhaltung des satzungsmäßigen Haftungsfonds der GmbH? ZGR 1985, 598; *ders.*, Gesellschafterhaftung gegenüber der GmbH bei Vorteilsgewährung unter Verstoß gegen § 30 Abs. 1 GmbHG, in: Festschrift 100 Jahre GmbHG, 1992, S. 363; *Wiedemann*, Haftungsbeschränkung und Kapitaleinsatz in der GmbH, in: *Wiedemann/Bär/Dabin*, Die Haftung des Gesellschafters in der GmbH, 1968, S. 5; *Wilhelm*, Die Vermögensbindung bei der AG und der GmbH ..., in: Festschrift Flume II, 1978, S. 337; *Martin Winter*, Verdeckte Gewinnausschüttungen im GmbH-Recht, ZHR 148 (1984), 579.

Gesellschaftsvermögens, der den §§ 57ff. AktG vergleichbar, jedoch nicht in jeder Beziehung ebenbürtig ist[81]. Nur »das zur Erhaltung des Stammkapitals erforderliche Vermögen« wird durch § 30 I GmbHG einer Ausschüttungssperre unterworfen. Dieses »Vermögen« darf nach § 30 I GmbHG nicht an die Gesellschafter ausgezahlt werden. Diese Besonderheit des GmbH-Rechts hat zu Verständnisschwierigkeiten geführt. Die Regelung des § 30 GmbHG muß deshalb ausführlicher dargestellt werden.

b) Das Prinzip des § 30 I GmbHG ist ein *Prinzip des Vermögensschutzes*, nicht ein Prinzip des gegenständlichen Eigentumsschutzes; es handelt sich mithin nur um eine rechnerische Wertbindung[82]. § 30 I GmbHG verbietet m.a.W. nicht, daß die Gesellschaft bestimmte Vermögensgegenstände – z.B. ein Betriebsgrundstück – an ihre Gesellschafter zurücküberträgt, wohl aber verbietet § 30 I GmbHG, daß durch Zuwendungen an den Gesellschafter das zur Erhaltung des Stammkapitals erforderliche Vermögen angegriffen, also eine sog. *Unterbilanz* herbeigeführt bzw. verstärkt wird (dazu alsbald unter III 1d). Drei Merkmale setzt das Verbot des § 30 I GmbHG voraus:
- eine Zuwendung »causa societatis«, d.h. aufgrund des Mitgliedschaftsverhältnisses,
- die Schmälerung des Gesellschaftsvermögens und
- die Herbeiführung oder Verschärfung einer Unterbilanz.

c) Nur von einer *verbotenen »Auszahlung«* spricht § 30 I GmbHG. Das ist ungenau. Auch hier ist zu bedenken, daß nicht ein bestimmter Sach- oder Geldvorrat der Gesellschaft, sondern ein bilanziell festzustellender Vermögensstand geschützt ist. Zahlungen an Gesellschafter können selbst im Stadium der Unterbilanz noch unschädlich sein, während sich umgekehrt andere, nicht in Geldzahlungen bestehende Leistungen durchaus als verbotene Ausschüttungen darstellen können.

Beispiel Nr. 20: Ein Gesellschafter verpachtet der GmbH ein ihm gehörendes Gelände zu einem angemessenen Preis. Er erhält also Pachtzins aus dem Gesellschaftsvermögen. Aber diese Zahlung fällt auch dann nicht unter § 30 I GmbHG, wenn bereits eine Unterbilanz besteht. Das hat zwei Gründe. Erstens liegt der Rechtsgrund der Zahlung in einem Verkehrsgeschäft und nicht in der Mitgliedschaft, und zweitens wird das Vermögen der GmbH durch das Geschäft nicht beeinträchtigt. Anders verhält es sich in unserem

Beispiel Nr. 21 (in Anlehnung an *BGH*, NJW 1987, 1194 = BB 1987, 433): Eine Bau-GmbH schließt mit einem Gesellschafter einen Werkvertrag und erstellt für ihn aufgrund dieses Werkvertrags zu einem unangemessen niedrigen Preis einen Rohbau. Hier zahlt überhaupt nicht die GmbH etwas an den Gesellschafter, sondern es zahlt umgekehrt der Gesellschafter an die GmbH. Trotzdem liegt eine Kapitalschmälerung vor, die durch das Verkehrsgeschäft (hier: Werkvertrag) nur verschleiert wird. Es handelt sich um den typischen Fall einer verdeckten Gewinnausschüttung (vgl. zu diesem Tatbestand oben, § 29 II 2).

---

81 Str.; vgl. *Wilhelm*, in: Festschrift Flume II, a.a.O.; *Fabritius*, ZHR 144 (1980), 628ff.

82 Vgl. die eingehende Klarstellung bei *Joost*, GmbHR 1983, 285ff.; *ders.*, ZHR 148 (1984), 27ff.; zust. z.B. *Kleffner*, a.a.O., S. 21ff.; *Karsten Schmidt*, ZHR 158 (1994), 421f.; krit. *Roth/Altmeppen*, § 30 Rdnr. 59; *Schön*, ZHR 159 (1995), 359ff.; *Wilhelm*, ZHR 159 (1995), 458f.; für Überwindung der bilanziellen Betrachtungsweise bereits *Stimpel*, a.a.O., S. 335ff.

Verdeckte Gewinnausschüttungen sind von § 30 I GmbHG ebenso erfaßt wie von §§ 57f. AktG (vgl. dazu oben, § 29 II 2), vorausgesetzt allerdings, es wird das zur Erhaltung des Stammkapitals erforderliche Vermögen angegriffen. Das kann heute als geklärt gelten[83]. Umstritten ist dagegen, ob unter § 30 I GmbHG auch die *Kreditgewährung* an einen Gesellschafter oder ein ihr wirtschaftlich gleichgestelltes Geschäft, insbesondere die Besicherung einer Gesellschafterschuld durch die Gesellschaft, fallen kann[84]. Die Fragen spielen nicht zuletzt beim sog. »Management Buy Out« eine Rolle[85].

Beispiel Nr. 22 (in Anlehnung an *RGZ* 136, 260 = JW 1932, 2602): Verkauft Gesellschafter A seinen Geschäftsanteil an Gesellschafter B und gibt die Gesellschaft hierfür eine Sicherheit, so ist wiederum die Vereinbarkeit mit § 30 I GmbHG zweifelhaft.

Beispiel Nr. 23 (vgl. *Wittkowski*, GmbHR 1990, 545f.): Es findet ein sog. »Management Buy Out« statt. Die Geschäftsführer der GmbH erwerben die Geschäftsanteile käuflich von den bisherigen Gesellschaftern. Da sie den Kaufpreis nicht selbst aufbringen können, nehmen sie hierfür einen Bankkredit auf, der durch eine Sicherungsgrundschuld an dem Betriebsgrundstück besichert wird zulässig.

Beispiel Nr. 24: Die Gesellschaft zahlt an ihren Gesellschafter ein Darlehen aus, obwohl ihr Reinvermögen nicht das Stammkapital deckt. Muß der Geschäftsführer das Darlehen zurückfordern? Kommt es auf den Zinssatz an? Oder darauf, ob der Gesellschafter selbst kreditwürdig ist?

Beispiel Nr. 25: Wie verhält es sich, wenn der Gesellschafter den Kredit bei der B-Bank aufnimmt, die jedoch Sicherheit durch Bürgschaft der GmbH oder durch Bestellung einer Grundschuld am Gesellschaftsgrundstück erhält?

Die heute wohl überwiegende Auffassung sieht die Auskehrung eines Darlehens aus dem Gesellschaftsvermögen und sogar die Stundung einer Forderung gegen den Gesellschafter als eine »Auszahlung« i.S. von § 30 I GmbHG an[86]. In gleicher Weise soll auch die Stellung von Kreditsicherheiten für Schulden der Gesellschafter, unter § 30 I GmbHG fallen können[87], was allerdings zu der weiteren Frage führt, ob erst die spätere Leistung der GmbH an den Gläubiger oder schon die Gewährung der Sicherheit selbst

---

83 Vgl. *RGZ* 80, 148, 150ff.; 136, 260, 263ff. = JW 1932, 2602; *RGZ* 150, 28, 32ff.; *BGHZ* 13, 49, 54f.; *BGH*, NJW 1987, 1194 = BB 1987, 433; NJW 1996, 589; *Ballerstedt*, a.a.O., S. 170ff.; *Fiedler*, a.a.O., S. 17; *Geßler*, a.a.O.; *Rowedder*, § 30 Rdnr. 30; *Scholz/Westermann*, § 30 Rdnrn. 20ff.; *Tries*, a.a.O., S. 44ff.; *Wilhelm*, in: Festschrift Flume II, a.a.O., S. 368ff.; *Winter*, ZHR 148 (1984), 587ff.

84 Vgl. *RGZ* 80, 148, 151; 136, 260, 263 = JW 1932, 2602; *RGZ* 168, 292, 298; *RG*, LZ 1919, 109; *KG*, NZG 2000, 479; *Scholz/Westermann*, § 30 Rdnrn. 25, 31; *Sonnenhol/Stützle*, DB 1979, 925; *Meister*, WM 1980, 390; *Barth/Gelsen*, DB 1981, 2265; *Schön*, ZHR 159 (1995), 351ff.; *Mülbert*, ZGR 1995, 578ff.

85 *Andreas Schmidt*, Gläubigerschutz beim Management Buy Out, 1994; *Hung*, Management Buy-Out bei der GmbH, 1996; *Wagner*, Management Buy Out, 1993; *Koppensteiner*, *Weber* und *Ebke*, ZHR 155 (1991), 97, 120, 132; *Kramer*, WM 1998, 474; *Peltzer*, DB 1987, 973; *Sieger-Hasselbach*, GmbHR 1998, 957; *Wittkowski*, GmbHR 1990, 545.

86 *BGHZ* 81, 311, 320; *Brockfeld*, Darlehen der AG und der GmbH an ihre Gesellschafter, 1987, S. 50ff.; *Kühbacher*, Darlehen an Konzernunternehmen, 1993, S. 37ff.; *Stimpel*, Festschrift GmbHG, a.a.O., S. 346ff.; *Schön*, ZHR 159 (1995), 361; *Klaus J. Müller*, BB 1998, 1804ff.

87 Vgl. namentlich *RGZ* 136, 260, 263; 168, 292, 298; *OLG München*, GmbHR 1998, 986; *KG*, NZG 2000, 479 m. Anm. *Kleindiek; Baumbach/Hueck/Fastrich*, § 30 Rdnr. 18; *Schön*, ZHR 159 (1995), 356ff.; *Mülbert*, ZGR 1995, 578ff.

einen Verstoß gegen § 30 I GmbHG darstellt. Das hängt mit der unsachgemäßen Gesetzessprache zusammen. Wer bilanziell denkt, wird erkennen, daß schon die Belastung des Gesellschaftsvermögens mit der Sicherheit eine Unterbilanz herbeiführen oder verschärfen kann[88]. Doch muß hier viel genauer, als es die herrschende Auffassung tut, auf den Tatbestand der Vermögensschmälerung geachtet werden[89]. § 30 I GmbHG schützt nicht die Liquidität, sondern das Vermögen der GmbH. Und § 30 GmbH schützt dieses Vermögen auch nur gegen Weggabe, nicht gegen bloße Gefährdung. Gibt die GmbH ihrem Gesellschafter Kredit gegen unangemessen niedrigen Zins, so ist zunächst einmal diese Zinsdifferenz – aber nur sie! – eine verdeckte Gewinnausschüttung. In Höhe der Darlehensvaluta liegt eine verbotene Ausschüttung an den Gesellschafter nur vor, wenn der Anspruch der Gesellschaft gegen den Gesellschafter auf Rückzahlung des Kredits (§ 488 BGB) bzw. auf Freistellung von der Sicherheit (§ 670 BGB) nicht vollwertig, der Gesellschafter also nicht kreditwürdig ist oder die Gesellschaft regreßlos haftet. Ist dies der Fall, so greifen von vornherein die §§ 30, 31 GmbHG ein. Fehlt es daran, so fehlt es auch am Tatbestand des § 30 I GmbHG, denn die Transaktion ist ein bilanziell neutraler Aktiventausch[90]. Die Befürworter einer Anwendung von § 30 GmbHG weisen zwar auf das aus § 19 II GmbHG herzuleitende Stundungsverbot hin – die Einlage dürfe nicht gestundet, also auch nicht mit Rückzahlungspflicht entnommen werden[91] –, aber dieses Stundungsverbot gilt bei der Kapitalerhaltung doch nur auf der Rechtsfolgenseite (also für den Anspruch aus § 31 GmbHG[92]) und kann den Tatbestand des § 30 GmbHG nicht begründen. Unverkennbar ist zwar, daß die Gesellschaft gegen solche potentiell gefährlichen Maßnahmen wie die Ausreichung von Krediten oder Kreditsicherheiten an Gesellschafter geschützt werden muß. Aber dieser Schutz ist – wie zu zeigen sein wird: viel wirksamer! – über eine analoge Anwendung des § 43 a GmbHG zu bewerkstelligen. Vor allem die umstrittene Frage des maßgeblichen Zeitpunkts erscheint dann in einem ganz anderen Licht (näher unter III 6).

d) Der Kapitalschutz des § 30 I GmbHG erfaßt im Gegensatz zu § 57 AktG nur *das zur Erhaltung des Stammkapitals erforderliche Vermögen.* Ein Ausschüttungsverbot des Inhalts, daß nur bilanziell ausgewiesene Gewinne an die Gesellschafter fließen können, ist dem § 30 GmbHG nicht zu entnehmen[93]. Erst wenn durch die Zuwendung eine *Unterbilanz* entsteht

88 So *RGZ* 136, 260, 264f.; 168, 292, 297ff.; s. auch *RGZ* 146, 84, 92; *OGH Wien*, AG 1996, 572; eingehend *Schön*, ZHR 159 (1995), 359ff.; *Mülbert*, ZGR 1995, 590ff.; a.M. *Sonnenhol/Stützle*, DB 1979, 926; *Oetker*, KTS 1991, 529f.; *Peltzer/Bell*, ZIP 1993, 1760f.

89 Wie hier *Sotiropoulos*, a.a.O., S. 23ff.; *ders.*, GmbHR 1996, 653ff.; s. auch *Roth/Altmeppen*, § 30 Rdnr. 55 (aber auch Rdnrn. 59ff.).

90 A. M. *Roth/Altmeppen*, § 30 Rdnr. 59.

91 So insbesondere *Stimpel*, Festschrift GmbHG, a.a.O., S. 347ff.

92 Die völlig andere Qualität dieses Anspruchs gegenüber einem rechtsgeschäftlichen wird verkannt in der Argumentation von *Roth/Altmeppen*, § 30 Rdnr. 59.

93 Vgl. z.B. *Ballerstedt*, a.a.O., S. 89f.; *Flume*, Juristische Person, § 8 IV 2a; *Wiedemann*, a.a.O., S. 44f.; *Scholz/Westermann*, § 30 Rdnrn. 5f.; *Wilhelm*, in: Festschrift Flume II, a.a.O., S. 376; *Fabritius*, ZHR 144 (1980), 634; anders in Österreich § 82 öGmbHG.

oder verstärkt wird, greift das Verbot ein[94]. Eine Unterbilanz liegt vor, wenn das Reinvermögen der Gesellschaft (Aktiva minus Verbindlichkeiten) nicht mehr das Stammkapital deckt[95]. Bei der Feststellung, ob eine Unterbilanz vorliegt, werden nach herrschender Auffassung allgemeine Bilanzierungsgrundsätze angewandt, wie sie auch für die Jahresbilanz gelten[96]. Es handelt sich also nicht – wie bei der Feststellung rechnerischer Überschuldung – um die Aufstellung eines besonderen Vermögensstatus.

Beispiel Nr. 26: Beträgt das Stammkapital 50000 Euro und ist bei Verbindlichkeiten in Höhe von 75000 Euro ein Aktivvermögen von 150000 Euro vorhanden, so sind 25000 Euro, aber auch nur 25000 Euro, frei, denn bei Auszahlung dieses Betrags sänke das Reinvermögen genau auf die Stammkapitalziffer von 50000 Euro.

Das Ausschüttungsverbot des § 30 GmbHG greift auch ein, wenn durch die Vermögensverlagerung nicht nur eine Unterbilanz, sondern sogar eine *Überschuldung* herbeigeführt oder verstärkt wird. Von einer rechnerischen Überschuldung wird gesprochen, wenn die Verbindlichkeiten das Aktivvermögen übersteigen (vgl. zum Überschuldungsbegriff oben, § 11 VI 3 a, b).

Beispiel Nr. 27: Den Verbindlichkeiten von 75000 Euro in unserer GmbH stehen nur noch Aktiva in Höhe von 100000 Euro gegenüber (Unterbilanz 25000 Euro). Werden jetzt 25000 Euro ausgezahlt, so ist dies ein klassischer Fall des § 30 GmbHG, weil diese 25000 Euro der Erhaltung des schon angegriffenen Stammkapitals dienen. Werden dagegen 50000 Euro ausgezahlt, so entstünde eine rechnerische Überschuldung in Höhe von 25000 Euro. Ob das Gesellschaftsvermögen durch § 30 I GmbHG auch hiergegen geschützt ist, war lange, aber ganz unnötigerweise, umstritten.

Bedenkt man den Schutzzweck des § 30 GmbHG, so kann nicht ernsthaft bezweifelt werden, daß Ausschüttungen, die aus einer bloßen Unterbilanz eine Überschuldung machen, erst recht unter das Verbot fallen müssen. Nach der bis 1990 vorherrschenden Praxis und Lehre sollten allerdings die §§ 30, 31 GmbHG in diesem Fall nur analog anwendbar sein[97]. Dahinter verbarg sich ein traditionelles Mißverständnis[98]: Wer sich das durch § 30 I GmbHG geschützte Vermögen gegenständlich, also z.B. als das Geld in der Kasse der Gesellschaft, vorstellt, muß auf die scheinbar schwierige Frage stoßen, ob denn der Schutz des § 30 I GmbHG noch funktioniert, wenn »das Kapital« der Gesellschaft gar nicht mehr vorhanden, vielmehr »bereits völlig aufgezehrt« ist[99]. Ebenso naiv könnte man natürlich fragen, ob denn die Gesellschaft aus völlig »aufgezehrtem Kapital« überhaupt ausschütten *kann*. Wie oben gesagt wurde, schützt aber § 30 I GmbHG nicht ein gegenständliches, sondern ein bilanzielles Vermögen, und dieses kann auch noch angegriffen werden, wenn die Gesellschaft rechnerisch überschuldet, ein Reinvermögen also nicht mehr vorhanden ist. § 30 I GmbHG verbietet *jede* Ausschüttung, die nicht aus freiem

94 Vgl. *BGHZ* 31, 258, 268ff.; 60, 324, 328; *BGHZ* 136, 125 = *BGH*, LM Nr. 56 zu § 30 GmbHG m.Anm. *Heidenhain*; *Goette*, GmbH, a.a.O., § 3 Rdnrn. 13ff.

95 Vgl. nur *Baumbach/Hueck/Fastrich*, § 30 Rdnr. 7.

96 Vgl. nur *BGHZ* 109, 337; *Baumbach/Hueck/Fastrich*, § 30 Rdnr. 6.

97 *BGHZ* 60, 324, 331; zust. z.B. *Meyer-Landrut*, § 30 Rdnr. 3; s. auch *Raiser*, Kapitalgesellschaften, § 37 Rdnr. 5.

98 Vgl. zu diesem Zusammenhang *Joost*, GmbHR 1983, 287.

99 *BGHZ* 60, 324, 331.

Vermögen erfolgt[100]. Mit Recht hat inzwischen der *Bundesgerichtshof* in dem hier vertretenen Sinne eingelenkt und die §§ 30, 31 GmbHG auch in der überschuldeten GmbH für anwendbar – d. h. unmittelbar einschlägig! – erklärt[101]. In unserem Beispiel betrug die Unterbilanz vor der Entnahme 25 000 Euro und nach der Entnahme 75 000 Euro, und es ist nach dem Normzweck kein Grund ersichtlich, warum nicht die ganze Entnahme von 50 000 Euro gegen das unmittelbar anzuwendende Verbot des § 30 I GmbHG verstößt. Natürlich fragt man sich, warum diese Frage jemals umstritten war. Die Erklärung liegt bei § 31 III GmbHG, wonach subsidiär auch die Mitgesellschafter auf Erstattung des vom Empfänger geschuldeten Betrages haften können. Wollte man den § 31 III GmbHG ohne jede summenmäßige Beschränkung auf überschuldungsbegründende Zahlungen anwenden, so müßte jeder GmbH-Gesellschafter unabsehbare Risiken befürchten, wenn verbotene Ausschüttungen an einen Mitgesellschafter erfolgen. Die frühere Analogieformel des *BGH* hielt einen Schutz dieser Mitgesellschafter offen.

Beispiel Nr. 28: Gelänge es dem Geschäftsführer-Gesellschafter in unserem letzten Beispiel, mit 200 000 Euro aus einem Kontokorrentkredit der GmbH im Ausland unterzutauchen, so stellte sich zunächst die Frage, ob dies eine verbotene »Auszahlung« der GmbH ist. Bejaht man dies, könnte sich über §§ 30, 31 III GmbHG eine Haftung der Mitgesellschafter für diesen Betrag ergeben, obgleich alle Gesellschafter nur Stammeinlagen für insgesamt 50 000 Euro gezeichnet haben. Die frühere Analogieformel des *BGH* sollte diese vom Gesetz nicht gewollte Rechtsfolge ausschalten. Der *BGH* sah den Fall der Auszahlung aus überschuldetem GmbH-Vermögen als nicht geregelt an und erklärte die §§ 30 f. GmbHG nur ohne den § 31 III GmbHG für analog anwendbar, weil sich die Mithaftung der Mitgesellschafter »in kalkulierbaren Grenzen halten muß« *(BGHZ* 60, 324, 331). Ein solches Schutzbedürfnis ist in der Tat anzuerkennen (*BGH,* NJW 2002, 1803 = ZIP 2002, 848 [vorgesehen für BGHZ]). Wie unter III 3 noch zu zeigen sein wird, ergibt sich eine sachgerechte Begrenzung aber aus § 31 III GmbHG selbst, so daß auch der Schutz der Mitgesellschafter nicht zu einer bloß analogen Anwendung zwingt. Die §§ 30 f. GmbHG sind unmittelbar anzuwenden.

e) *Zuwendungen an Dritte* können wie »Auszahlungen an Gesellschafter« nach § 30 I GmbHG behandelt werden, wenn auch sie »causa societatis« erfolgen[102]. Wird für Rechnung des Gesellschafters an einen Dritten – z. B. seine Gläubigerbank – gezahlt, so ist dies i. S. von § 30 GmbHG eine Zahlung an den Gesellschafter selbst[103]. Ist der GmbH-Gesellschafter nur Treuhänder, so wird die Direktzahlung an den Treugeber ohnedies als Zahlung an einen Gesellschafter betrachtet (näher unten, § 61 III 3 b)[104]. Im übrigen können nahestehende Dritte – z. B. Konzernunternehmen oder nahe Angehörige – nur nach differenzierenden Regeln selbst einer Haftung nach § 31 GmbHG unterliegen (dazu unter III 2 e).

---

100 So bereits *Wilhelm,* in: Festschrift Flume II, a. a. O., S. 361; *Karsten Schmidt,* DB 1973, 2230; BB 1985, 156; *Immenga,* ZGR 1975, 491; *Fabritius,* ZHR 144 (1980), 635; *Joost,* GmbHR 1983, 285 ff.

101 Vgl. *BGH,* NJW 1990, 1730, 1732 = BB 1990, 728, 729.

102 Angaben bei *BGH,* LM Nr. 6 zu § 29 GmbHG in Anm. *Heidenhain* NJW 1996, 589, 590; *Baumbach/Hueck/Fastrich,* § 30 Rdnr. 17; *Scholz/Westermann,* § 30 Rdnrn. 28 ff.

103 *BGHZ* 60, 324, 330; *Baumbach/Hueck/Fastrich,* § 30 Rdnr. 17.

104 *BGHZ* 31, 258, 266 f.; 107, 7, 12; *Goette,* GmbH, a. a. O., § 3 Rdnr. 41.

f) Die kapitalgesellschaftliche Ausschüttungssperre des § 30 GmbHG ist eine *zwingende Gläubigerschutzregel*, die auch durch einen Beschluß der Gesellschafter nicht überwunden werden kann[105]. Nicht mit ihr zu verwechseln ist die *Frage nach der innergesellschaftlichen Kompetenz* für die Vornahme offener oder verdeckter Ausschüttungen. Diese liegt allein bei den Gesellschaftern, nicht bei dem Geschäftsführer (arg. §§ 29, 46 Nr. 1 GmbHG)[106]. Deshalb stellt jede offene oder verdeckte Gewinnausschüttung, die nicht durch den Gesellschaftsvertrag oder durch einen wirksamen, ausdrücklichen oder konkludenten Beschluß der Gesellschafter gedeckt bzw. nachträglich geheilt ist, unabhängig von § 30 GmbHG eine ungerechtfertigte Bereicherung des Empfängers dar[107]. Minderheitsgesellschafter sind daher durch den Gleichbehandlungsgrundsatz geschützt[108]. Dieses Konzept ist als unerlaubte Gleichsetzung der §§ 30f. GmbHG mit dem aktienrechtlichen Kapitalschutz mißverstanden worden[109]. Davon kann keine Rede sein, denn es beruht auf einer funktionsgerechten Unterscheidung zwischen dem zwingenden Gläubigerschutz nach §§ 30f. GmbHG und der zur Disposition der Gesellschafter stehenden Ausschüttungskompetenz (dazu auch unter III 2d).

Beispiel Nr. 29: Wendet der Geschäftsführer aus dem nicht nach § 30 GmbHG gebundenen Gesellschaftsvermögen allen Gesellschaftern oder einzelnen Gesellschaftern einen Geldbetrag zu, so verstößt dies nicht gegen §§ 30f. GmbHG. Aber die Ausschüttung ist rechtsgrundlos, sofern sie nicht durch eine ausdrückliche oder stillschweigende Einwilligung der Gesellschafter gedeckt oder nachträglich durch Beschluß genehmigt worden ist. Ausweislich §§ 29, 46 Nr. 1 GmbHG reicht die Vertretungsmacht des Geschäftsführers nicht aus, um einen Rechtsgrund für die Ausschüttung zu schaffen. Es handelt sich um ein Problem des Gesellschafterschutzes, das charakteristischerweise bei einer Einpersonen-GmbH nicht auftreten kann.

Beispiel Nr. 30: Handelte es sich um eine Auszahlung aus dem nach § 30 GmbHG gebundenen Gesellschaftsvermögen, so verstößt die Ausschüttung gegen zwingendes Recht (Folge: § 31 GmbHG). Gleichzeitig stellt sie eine ungerechtfertigte Bereicherung der Empfänger dar, denn selbst wenn nur ein Gesellschafter vorhanden ist oder alle Gesellschafter zugestimmt haben, ist dieser ausdrückliche oder konkludente Ausschüttungsbeschluß gesetzeswidrig und nichtig (*Heidenhain*, LM Nr. 56 zu § 30 GmbHG).

---

105 *Scholz/Karsten Schmidt*, § 45 Rdnr. 74, § 46 Rdnr. 42; *Lutter/Hommelhoff*, Anh. § 47 Rdnr. 19; *Baumbach/Hueck/Fastrich*, § 29 Rdnr. 72; *Roth/Altmeppen*, § 47 Rdnr. 86ff.

106 *OLG Brandenburg*, GmbHR 1997, 750 = NJW-RR 1997, 1325; *Fiedler*, a.a.O., S. 32ff.; *Tries*, a.a.O., S. 89ff.; *Scholz/Emmerich*, § 29 Rdnr. 104; *Schulze-Osterloh*, in: Festschrift Stimpel, a.a.O., S. 490ff.; *Martin Winter*, ZHR 148 (1984), 582; *Baumbach/Hueck/Fastrich*, § 29 Rdnr. 75; s. auch *Hager*, ZGR 1989, 77ff. (Begrenzung der Vertretungsmacht); kritisch *Tries*, a.a.O., S. 89ff.; *Fleck*, ZIP 1986, 270.

107 So im Ergebnis *Wilhelm*, in: Festschrift Flume II, a.a.O., S. 371f.; *Wittkowski*, GmbHR 1990, 546f.; vgl. auch *Baumbach/Hueck/Fastrich*, § 29 Rdnr. 76.

108 Vgl. *BGH*, LM Nr. 5 und 6 zu § 29 GmbHG.

109 In diesem Sinne wurden die Überlegungen von *Wilhelm*, in: Festschrift Flume II, a.a.O., vielfach kritisiert; vgl. 1. Aufl., § 37 III Fußn. 36; *Scholz/Westermann*, § 30 Rdnr. 6; s. auch *Baumbach/Hueck/Fastrich*, § 30 Rdnr. 3; *Fabritius*, ZHR 144 (1980), 638: Vergrößerung des Garantiekapitals.

2. Die Sanktionen

a) Die *Sanktionsnorm des § 31 I GmbHG* ordnet an, daß »Zahlungen, welche den Vorschriften des § 30 zuwider geleistet sind«, der Gesellschaft erstattet werden müssen. Dieser Anspruch ist kein Bereicherungstatbestand i.S. der §§ 812ff. BGB, sondern ein gesellschaftsrechtlicher Rückgewähranspruch[110]. Deshalb gibt es keinen Entreicherungseinwand nach § 818 III BGB. Der Anspruch geht auf *Wiederherstellung des Vermögensstandes*, wie er vor der verbotenen Auszahlung bestand. Handelte es sich um eine Zahlung – nur von ihr spricht im Anschluß an § 30 I GmbHG, zu eng, das Gesetz –, so bedeutet dies Rückerstattung des empfangenen Betrages, und zwar durch Zahlung, nicht durch einseitige Aufrechnung (analoge Anwendung des § 19 II GmbHG)[111]. Handelte es sich um eine andere Leistung, so kann der Empfänger grundsätzlich nach seiner Wahl zahlen oder den empfangenen Gegenstand zurückgewähren, sofern dies möglich ist. Da das Ausschüttungsverbot nicht bestimmte Gegenstände des Gesellschaftsvermögens, sondern das bilanzielle Vermögen schützt, zwingt ihn § 31 I GmbHG nicht zur Rückgabe in Natur[112]. War der Empfänger in gutem Glauben, so kann nach § 31 II GmbHG die Erstattung nur insoweit verlangt werden, als sie zur Gläubigerbefriedigung erforderlich ist[113]. In der Praxis nützt dieser Schutz dem Empfänger nicht viel, denn Ansprüche aus § 31 GmbHG werden vor allem in der Insolvenz der Gesellschaft geltend gemacht.

b) Bedenkt man, daß der Empfänger nicht Herausgabe des Erlangten, sondern Wiederherstellung des gesetzmäßigen Vermögensstandes, also Beseitigung der durch die verbotene Zuwendung herbeigeführten oder verschärften Unterbilanz, schuldet, so muß die Frage entstehen, ob der Anspruch aus § 31 GmbHG erlischt, wenn das Stammkapital nachträglich auf andere Weise wieder nachhaltig aufgefüllt ist[114]. Der *Bundesgerichtshof* hatte dies in NJW 1988, 139 = ZIP 1987, 1113 m.Anm. *Westermann* bejaht. Nach zahlreicher Kritik[115] hat er seine Auffassung geändert und hat ein automatisches Erlöschen des Anspruchs verneint:

Beispiel Nr. 31 (nach *BGHZ* 144, 336 = NJW 2000, 2577 = BB 2000, 1483 m.Anm. *Thümmel* »Balsam/Procedo«; dazu *Kort,* ZGR 2001, 615): Der Kläger nahm im Zuge eines Sanierungsverfahrens einen ehemaligen Gesellschafter auf Rückzahlung einer angeblich gegen § 30 GmbHG verstoßenden Zahlung in Anspruch. *LG* und *OLG* hatten die Klage abgewiesen, weil nach ihrer tatrichterlichen Beurteilung das Stammkapital zwischen-

110 *BGHZ* 31, 258, 265; *BGHZ* 136, 125 = *BGH,* LM Nr. 56 zu § 30 GmbHG m.Anm. *Heidenhain* = NJW 1997, 2599.

111 *BGHZ* 146, 105 = NJW 2001, 830 = BB 2001, 165.

112 Überzeugend *Joost,* ZHR 148 (1984), 54; vgl. seither auch *Kleffner,* a.a.O., S. 128; weitere Nachweise bei *Baumbach/Hueck/Fastrich,* § 31 Rdnr. 13.

113 Dazu eingehend *Karsten Schmidt,* BB 1984, 1588ff.

114 So *Butzke,* ZHR 154 (1990), 357ff., 366ff.; *Fleck,* ZIP 1986, 272; *Meister,* WM 1980, 395f.; *Gerd Müller,* ZIP 1996, 941; a.A. *Kleffner,* a.a.O., S. 158ff.; *Hommelhoff,* in Festschrift Kellermann, 1991, S. 165ff.

115 Vgl. nur *Lutter/Hommelhoff,* § 31 Rdnr. 11; *Roth/Altmeppen,* § 31 Rdnr. 8; *Rowedder,* § 31 Rdnr. 10; *Scholz/Westermann,* § 31 Rdnr. 7.

zeitlich aufgefüllt war. In NJW 1988, 139 = ZIP 1987, 1113 m. Anm. *Westermann* hatte der *BGH* für diese Ansicht noch ausgeführt: »Das Gesetz sieht in einem solchen Falle zwar nicht ausdrücklich den ganzen oder teilweisen Wegfall des unter Verstoß gegen § 30 GmbHG entstandenen Erstattungsanspruchs nach § 31 GmbHG vor. Dieser Wegfall ergibt sich aber aus dem Zweck der Erstattung, das durch die Entnahme angegriffene Gesellschaftskapital bis zur Höhe der Stammkapitalziffer wiederherzustellen. Sobald und soweit in der Zeit nach der Entnahme die Unterbilanz oder Überschuldung durch Gewinne, Auflösung von Rückstellungen etc. nicht nur für den Augenblick, sondern nachhaltig beseitigt und damit der im Interesse der Gläubiger mit der Erstattung verfolgte Zweck anderweitig erreicht worden ist, bedarf es ihrer nicht mehr, so daß der Anspruch entfällt.« Im Fall »Balsam/Procedo« gab der *BGH* der Klage unter Aufgabe der früher vertretenen Ansicht statt. Er sieht den Anspruch aus § 31 GmbHG als einen durch den Verstoß gegen § 30 GmbHG endgültig entstehenden gesellschaftsrechtlichen Anspruch an, der ebensowenig wie der Einlagenanspruch durch eine auf andere Weise zustandegekommene Kapitaldeckung automatisch erlöschen könne, sondern Bestandteil des Gesellschaftsvermögens und als solcher auch durch Abtretung verwertbar sei (ebenso *BGH,* ZIP 2000, 1256). Für die Praxis bedeutet dies, daß der Anspruch aus § 31 I GmbHG ein das Gesellschaftsvermögen mehrendes Aktivum ist und bleibt, auch wenn er zur Auffüllung des Stammkapitals nicht mehr gebraucht wird. Diese Änderung stärkt den Gläubigerschutz und entlastet Rückforderungsprozesse. Zweifelsfrei ist sie nicht.

c) § 30 GmbHG enthält nach der herrschenden Meinung *kein Schutzgesetz i. S. von § 823 II BGB*[116] und auch *kein gesetzliches Verbot i. S. von § 134 BGB* (vgl. dagegen zu § 266 StGB oben, § 36 II 4 d cc)[117]. Nach § 134 BGB nichtig ist zwar eine Vereinbarung – also auch eine Satzungsklausel –, die die Ausschüttungssperre als solche beiseiteschieben soll[118]. Im Fall eines bloßen Verstoßes gegen § 30 I GmbHG ist aber weder das Verpflichtungsgeschäft noch das Verfügungsgeschäft schon wegen des Verstoßes gegen § 30 I GmbHG nichtig[119]. Nun liegt allerdings eine recht klare Verbotsnorm vor, so daß die h. M. alles andere als selbstverständlich ist. Die einzig plausible, auf den Sanktionszweck des § 134 BGB abhebende Begründung lautet, ganz wie bei § 57 AktG (oben, § 29 II 2b): Nicht die Übertragung eines bestimmten Gegenstands an den Leistungsempfänger, sondern die darin enthaltene Ausschüttung – also die Schmälerung des bilanziellen Gesellschaftsvermögens – verstößt gegen das Verbot des § 30 GmbHG, und deshalb zwingt der Verstoß gegen dieses Verbot auch nur zum Ausgleich dieser Vermögensschmälerung und nicht – wie dies die Folge von § 134 BGB wäre – zur Rückabwicklung ganzer Rechtsgeschäfte. Ein gegen § 30 I GmbHG verstoßender Vertrag kann sogar durchgeführt werden,

116 Vgl. *BGHZ* 110, 342, 359f. = NJW 1990, 1725.

117 *RGZ* 113, 241, 244 = JW 1926, 1967 m. Anm. *Hachenburg*, RGZ 168, 292, 302; *BGHZ* 69, 274, 280; 95, 188, 191f.; *BGHZ,* ZIP 1997, 1450; *BGHZ* 136, 125 = *BGH*, LM Nr. 56 zu § 30 GmbHG m. Anm. *Heidenhain* = NJW 1997, 2599; zum Ausschließlichkeitscharakter des § 31 GmbHG auch *BGHZ* 142, 92, 96 = NJW 1999, 2817, 2818; *Flume*, Juristische Person, § 8 IV 2c; *Ballerstedt*, a. a. O., S. 171f.; *Kleffner*, a. a. O., S. 108ff.; str.; eingehende Nachweise bei *Baumbach/Hueck/Fastrich*, § 30 Rdnr. 21; *Joost*, ZHR 148 (1984), 30; a. M. noch *Hachenburg/Goerdeler/Müller*, 7. Aufl., § 30 Rdnr. 8; differenzierend *Scholz/Westermann*, § 30 Rdnrn. 11f. m. w. N.; s. auch *Gerd Müller*, ZIP 1996, 944f.

118 Dies ist der richtige Kern der auf ein bewußtes Sich-Hinwegsetzen abstellenden h. M.; vgl. *BGHZ* 95, 188, 192; für die Transaktion selbst gilt auch diese Formel nicht; richtig *BGHZ* 136, 125, 130 = *BGH*, LM Nr. 56 zu § 30 GmbHG m. Anm. *Heidenhain* = NJW 1997, 2599, 2600.

119 *BGHZ* 136, 125 = *BGH*, LM Nr. 56 zu § 30 GmbHG m. Anm. *Heidenhain* = NJW 1997, 2599.

soweit die verbotene Ausschüttung durch Zuzahlung des Gesellschafters vermieden oder behoben wird[120]. Auch ein Leistungsverweigerungsrecht der Gesellschaft kann auf § 30 GmbHG nur mit der Maßgabe gestützt werden, daß die verbotene Schmälerung des Gesellschaftsvermögens vermieden, u. U. also draufgezahlt werden muß[121]. Vor allem *bei den verdeckten Gewinnausschüttungen* (zu diesem Tatbestand vgl. oben, § 29 II 2 a) ist dies bedeutsam[122]. Wie sich aus *BGH*, NJW 1987, 1194, 1195 = BB 1987, 433, 434 ergibt, kann bei ihnen Ausgleich der Wertdifferenz in Geld verlangt werden[123]. Aber die Rechtslage ist kompliziert:

Beispiel Nr. 32: Die GmbH hat an den Gesellschafter G ein Grundstück für 500 000 Euro statt für angemessene 1 Mio. Euro verkauft. Sie kann und muß diese Erfüllung verweigern, soweit § 30 I GmbHG verletzt ist, aber G kann Übereignung des Grundstücks verlangen, wenn er die Wertdifferenz ausgleicht und 1 Mio. Euro zahlt, denn der Vertrag ist nicht nichtig nach § 134 BGB. Ist der Vertrag bereits beiderseits erfüllt, so kann die GmbH Rückabwicklung oder Zuzahlung von 500 000 Euro verlangen (§ 31 I GmbHG); zahlt G die Differenz aber nach, so muß sich die GmbH damit zufrieden geben, denn ein Rückabwicklungsanspruch aus § 812 BGB steht ihr nicht zu. Sie kann auf der anderen Seite dem G nicht das Grundstück für 1 Mio. Euro aufdrängen, wenn er diesen Betrag nicht zahlen will, denn dieser Kaufpreis wurde weder vereinbart noch beurkundet. G ist also nach § 31 I GmbHG zur Kapitalrückführung – sei es in Natur, sei es in Geld – verpflichtet. Allerdings kann das Geschäft gleichzeitig nach § 177 BGB schwebend unwirksam sein (dazu sogleich). Dann schuldet G Rückgabe in Natur (§§ 894, 985 BGB und § 812 BGB), aber dies beruht eben nicht auf den §§ 30, 31 GmbHG. Die schwebende Unwirksamkeit kann auch durch Zustimmung der Gesellschafter behoben werden, während § 30 GmbHG zwingend ist.

d) Das Konzept der §§ 30, 31 GmbHG dient dem Gläubigerschutz und ist auf diesen beschränkt. Deshalb können *verdeckte Gewinnausschüttungen* im GmbH-Recht nicht mit den §§ 30 f. GmbHG in den Griff gebracht werden, wenn durch sie keine Unterbilanz entsteht[124]. Eine analoge Anwendung des § 31 GmbHG für den Fall, daß die verdeckte Gewinnausschüttung gegen gesellschaftsinterne Pflichtbindungen, insbesondere gegen den Gleichbehandlungsgrundsatz, verstößt[125], widerspräche dem klaren Konzept der §§ 30 f. GmbHG. Die richtige Lösung wird erkennbar, wenn man klar zwischen dem zwingenden Gläubigerschutz (§§ 30 f. GmbHG) und den sich aus dem inneren Gesellschaftsrecht ergebenden Kompetenzgrenzen unterscheidet (so bereits oben unter III 1 f): Zuwendungen, die sich als offene oder verdeckte Gewinnausschüttungen darstellen, dürfen nur mit Zustimmung der Gesellschafter vollzogen werden (vgl. §§ 29, 46 Nr. 1 GmbHG). Fehlt es an einem wirksamen Gesellschafterbeschluß, so stellt dieser kompetenzwidrige Eingriff in das Gesellschaftsvermögen eine ungerechtfertigte Bereicherung dar (vgl.

120 A. M. *Wilhelm*, in: Festschrift Flume II, a. a. O., S. 364 f., mit dessen weiterreichenden Folgerungen Verf. in ZGR 1980, 576 noch sympathisierte.
121 Wie hier jetzt *Kleffner*, a. a. O., S. 121 ff. m. w. N.
122 Vgl. eingehend *Flume*, Juristische Person, § 8 IV 2.
123 Krit. *Roth/Altmeppen*, § 30 Rdnr. 49.
124 A. M. *Flume*, Juristische Person, § 8 IV 2 e.
125 Dafür *Martin Winter*, ZHR 148 (1984), 589 ff., in Anlehnung an *Flume*, Juristische Person, § 8 IV 2 e.

oben unter III 1f), und zwar unabhängig davon, ob daneben auch ein Anspruch aus § 31 GmbHG besteht[126].

Beispiel Nr. 33: Ging in unserem letzten Beispiel die verdeckte Gewinnausschüttung nicht auf Kosten des nach § 30 GmbHG gebundenen Gesellschaftsvermögens, so ist der Gesellschafter G, auch ohne daß man den zugrundeliegenden Kaufvertrag als nichtig ansehen muß, um den Betrag der verdeckten Ausschüttung ungerechtfertigt bereichert, sofern diese nicht durch einen Beschluß der Gesellschafter legitimiert ist. Auch hierauf kann ein Leistungsverweigerungsrecht gestützt werden.

Liegt überdies ein *Verstoß gegen den Gleichbehandlungsgrundsatz* vor, so ist an einen weitergehenden Schutz zu denken[127], etwa durch Unterlassungs-, Beseitigungs- und Schadensersatzklagen der betroffenen Gesellschafter, gerichtet auf Bewahrung oder Wiederherstellung des Gesellschaftsvermögens[128], oder durch Unwirksamerklärung des Vertretungsgeschäfts[129]. Rechtsgeschäfte, die unter dem Deckmantel von Verkehrsgeschäften den Gleichbehandlungsgrundsatz verletzen, fallen nach einer zunehmend vertretenen Auffassung nicht unter die unbeschränkte Organvertretungsmacht der Geschäftsführer[130]. Jedenfalls werden die Voraussetzungen eines Mißbrauchs der Vertretungsmacht (oben, § 10 II 2) vorliegen[131]. Die Geschäfte sind deshalb analog § 177 BGB schwebend unwirksam und bedürfen der Genehmigung durch die benachteiligten Gesellschafter (vgl. bereits unter III 1f).

Beispiel Nr. 34 (vereinfacht nach *OLG Karlsruhe*, WM 1984, 656; dazu *Martin Winter*, ZHR 148 [1984], 579ff.): Groß ist Mehrheitsgesellschafter der G-GmbH. Minderheitsgesellschafter ist Klein. Zum Gesellschaftsvermögen gehört eine Beteiligung an der K-KG. Groß und die GmbH, vertreten durch ihren Geschäftsführer, vereinbaren, daß die GmbH diese Beteiligung an Groß verkauft, und zwar für 5 Mio. Euro statt für angemessene 10 Mio. Euro. Verstößt dieses Geschäft gegen § 30 I GmbHG, so sind die Rechtsfolgen die des § 31 GmbHG. Verstößt das Geschäft (auch/nur) gegen den Gleichbehandlungsgrundsatz, so bedarf es der Rückabwicklung nach § 812 BGB, sofern nicht die Mitgesellschafter zustimmen. Diese Lösung ist umstritten. Gegen sie ist eingewandt worden, die interne Pflichtwidrigkeit des Geschäfts könne keine schärferen Rechtsfolgen auslösen (§ 812 BGB) als die Verletzung des Gläubigerschutzes (§ 31 GmbHG)[132]. Aber der Gläubigerschutz gebietet eben nur die Beseitigung einer Unterbilanz, während im Innenverhältnis ein Bedürfnis nach Rückgängigmachung des gesamten Geschäfts bestehen kann. Einen positiven Anspruch auf Teilhabe an der verdeckten Gewinnausschüttung wird man dem

126 Vgl. *OLG Brandenburg*, GmbHR 1997, 750 = NJW-RR 1998, 1325; grundlegend *Wilhelm*, in: Festschrift Flume II, a.a.O., S. 369ff.; ebenso *Wittkowski*, GmbHR 1990, 546f.; *Preuß*, JuS 1999, 346; vgl. auch *Baumbach/Hueck/Fastrich*, § 29 Rdnr. 76; abl. *Martin Winter*, ZHR 148 (1984), 588f.; s. aber *Hager*, ZGR 1989, 77ff.

127 Grundlegende Überlegungen bei *Ballerstedt*, a.a.O., S. 176ff.

128 Vgl. dazu mit Unterschieden im einzelnen *BGH*, LM Nr. 6 zu § 29 GmbHG m. Anm. *Heidenhain* = NJW 1996, 589; *OLG Karlsruhe*, WM 1984, 656; *Ballerstedt*, a.a.O., S. 177f.; *Tries*, a.a.O., S. 199ff.; *Martin Winter*, ZHR 148 (1984), 579ff.

129 Str.; abl. *Joost*, ZHR 148 (1984), 30 Fußn. 10; *Martin Winter*, ZHR 148 (1984), 588f.

130 Vgl. mit Unterschieden im einzelnen *Immenga*, a.a.O., S. 225ff.; *Schulze-Osterloh*, in: Festschrift Stimpel, a.a.O., S. 493; *Baumbach/Hueck/Fastrich*, § 29 Rdnr. 76; *Scholz/Emmerich*, § 29 Rdnr. 106; s. auch *Flume*, Juristische Person, § 8 IV 2d; *Wilhelm*, in: Festschrift Flume II, a.a.O., S. 365 Fußn. 107; krit. *Martin Winter*, ZHR 184 (1984), 588f.

131 Dazu *BGH*, LM Nr. 6 zu § 29 GmbHG m. Anm. *Heidenhain* = NJW 1996, 589; eingehend *Tries*, a.a.O., S. 123ff.

132 *Martin Winter*, ZHR 148 (1984), 588.

übergangenen Gesellschafter grundsätzlich nicht zubilligen können[133]. Wohl aber kann er die Zustimmung verweigern, wenn ihm kein angemessener Ausgleich für die Ungleichbehandlung geboten wird.

e) Das Gesetz klärt in § 31 I GmbHG nicht, ob auch *Nichtgesellschafter* zur Rückgewähr verpflichtet sein können. Die Frage ist umstritten[134]. Selbstverständlich können Dritte aus §§ 985, 812 BGB usw. zur Rückgewähr verpflichtet sein, wenn vermögensschädigende Geschäfte wegen Mißbrauchs der Vertretungsmacht nichtig sind (dazu soeben unter III 2 d sowie oben, § 10 II 2). Was die spezifisch kapitalgesellschaftsrechtlichen Ansprüche aus §§ 30 f. GmbHG anlangt, so muß davon ausgegangen werden, daß die Gesellschafter, nicht aber Dritte, für die Aufbringung und Erhaltung des Stammkapitals, also auch für seine Wiederherstellung verantwortlich sind, so daß die Geltendmachung des § 31 GmbHG gegen einen Nichtgesellschafter eine besondere Zurechnungsbeziehung zwischen dem Dritten und einem Gesellschafter – z.B. Treuhandverhältnis, Konzernverbindung, nahe Verwandtschaft – voraussetzt (oben unter III 1 e)[135].

Beispiel Nr. 35 (modifiziert nach *BGHZ* 81, 365): V ist einziger Gesellschafter und Geschäftsführer einer GmbH. Wendet V unter Verstoß gegen § 30 GmbHG seinem Sohn S Zahlungen aus dem Gesellschaftsvermögen zu, so sprechen gute Gründe für einen Direktanspruch aus § 31 I GmbHG gegen den S, wenn dieser selbst die Zusammenhänge erkennen kann oder V sein gesetzlicher Vertreter ist. Verdeckte Ausschüttungen an nahe Angehörige können Ansprüche aus § 31 GmbHG auslösen (*BGH,* NJW 1992, 242, 244). Wäre V sogar nur Treuhandgesellschafter und hielte er den Geschäftsanteil für Rechnung des S, so müßte S als »wirtschaftlicher Gesellschafter« ohne weiteres Rückzahlung nach § 31 GmbHG leisten (*BGHZ* 31, 258, 266 f.; 75, 334, 335 f.; 107, 7, 12; dazu auch unten, § 61 III 3 b). Ähnliches gilt, wenn die Auszahlung oder Verrechnung statt dem Gesellschafter einem mit ihm als Mutter- oder Tochtergesellschaft verbundenen Unternehmen zugute kommt (vgl. *BGHZ* 81, 311, 317 ff.; 122, 333, 339 f.). Hätte dagegen die GmbH auf Veranlassung und für Rechnung des V an irgendeinen Dritten gezahlt, so hätte – immer davon ausgehend, daß kein erkennbarer Mißbrauch der Vertretungsmacht vorlag – nicht dieser Dritte, sondern V das Gesellschaftsvermögen auffüllen müssen. Hätte allerdings im Verhältnis zwischen V und dem Dritten eine Schenkung vorgelegen und wäre V nicht zur Erstattung in der Lage, so müßte analog § 822 BGB hilfsweise der Dritte haften.

3. Die Haftung der Mitgesellschafter

a) Ist die nach § 31 I GmbHG geschuldete Erstattung von dem Gesellschafter nicht zu erlangen, so *haften die übrigen Gesellschafter nach dem Verhältnis ihrer Geschäftsanteile* (§ 31 III 1 GmbHG). Haftungsbeiträge, welche auch

133 Vgl. aber *BGH*, WM 1972, 931 ff.; *OLG Karlsruhe*, WM 1984, 656 ff.; mit Recht einschränkend *Martin Winter*, ZHR 148 (1984), 599.

134 Vgl. im einzelnen *BGH*, LM Nr. 6 zu § 29 GmbHG m. Anm. *Heidenhain* = NJW 1996, 589, 590; *Baumbach/Hueck/Fastrich*, § 31 Rdnrn. 10 ff.; *Roth/Altmeppen*, § 31 Rdnr. 3; *Scholz/Westermann*, § 31 Rdnrn. 11 ff.; *Altmeppen*, in: Festschrift Kropff, a.a.O.; *Canaris*, in: Festschrift Fischer, a.a.O.; *Fleck*, in: Festschrift GmbHG, a.a.O., S. 408 ff.; *Kleffner*, a.a.O., S. 146 ff.; *Tries*, a.a.O., S. 82 ff.

135 Zum maßgeblichen Zeitpunkt vgl. *BGH*, LM Nr. 6 zu § 29 GmbHG m. Anm. *Heidenhain* = NJW 1996, 584.

auf diese Weise nicht zu erlangen sind, werden auf die übrigen verteilt (§ 31 III 2 GmbHG). Es haftet also jeder Mitgesellschafter hilfsweise für den Ausfall des Empfängers und ganz hilfsweise sogar für den Ausfall eines – im schlimmsten Fall: jedes – anderen Mitgesellschafters.

b) Die Haftung der Mitgesellschafter aus § 31 III GmbHG ist *summenmäßig beschränkt*[136]. Nach der hier früher bekämpften und jetzt überholten Analogierechtsprechung des *Bundesgerichtshofs* (oben unter III 1 d) sollte sie nur Zahlungen umfassen, die »vorhandenes Stammkapital« aufzehren, nicht aber Zahlungen, die die Gesellschaft »nur noch aus Fremdmitteln, also unmittelbar auf Kosten der Gesellschaftsgläubiger«, leistet[137]. Insoweit sollte § 30 GmbHG nur analog und § 31 III GmbHG überhaupt nicht anwendbar sein. Daß dieser Standpunkt unrichtig und jetzt auch überholt ist, wurde schon ausgeführt. Die §§ 30, 31 GmbHG sind auch dann unmittelbar anwendbar, wenn die Gesellschaft im Zahlungszeitpunkt schon überschuldet war[138]. Dargelegt wurde aber auch schon, daß die im Ansatz unrichtige Analogierechtsprechung das Ziel verfolgte, die Mitgesellschafter gegen eine unbegrenzte Inanspruchnahme aus § 31 III GmbHG zu schützen. Diesem Schutz dient aber nicht eine Nichtanwendung des § 31 III GmbHG, sondern eine normimmanente Summenbegrenzung. Die überwiegende Literatur plädiert für eine Begrenzung auf die Stammkapitalziffer[139]. Richtig ist eine Begrenzung auf die Stammeinlage des Empfängers der verbotenen Ausschüttung[140]. § 31 III GmbHG ist nämlich die Kehrseite der zum Kapitalaufbringungsrecht gehörigen Vorschrift des § 24 GmbHG[141], und hier wird stets für die ausgefallene Stammeinlage des Mitgesellschafters gehaftet[142]. Es verhält sich bei § 31 III GmbHG wie bei § 24 GmbHG. Jeder muß für jede Stammeinlage einstehen, also im schlimmsten Fall für alle Stammeinlagen.

Beispiel Nr. 36: Gesellschafter mit Stammeinlagen von je 20 000 Euro sind A, B, C, D und der Geschäftsführer G (Stammkapital also 100 000 Euro). Alle Stammeinlagen sind eingezahlt. Der Gesellschaft stehen bei Verbindlichkeiten in Höhe von 90 000 Euro verwertbare Aktiva in Höhe von 100 000 Euro zu. Gelingt es dem G, noch einen Gesellschaftskredit von 150 000 Euro aufzunehmen und mit diesem im Ausland zu

---

136 *BGH*, NJW 2002, 1803 = ZIP 2002, 848 (vorgesehen für *BGHZ*); *Joost*, GmbHR 1983, 288 ff.; *Karsten Schmidt*, BB 1985, 154 ff.; a. M. *Wilhelm*, in: Festschrift Flume II, a. a. O., S. 361 f.; *Fabritius*, ZHR 144 (1980), 635; *Reemann*, ZIP 1990, 1311; *Gätsch*, BB 1999, 704.

137 *BGHZ* 60, 324, 331.

138 So jetzt auch *BGH*, BB 1990, 728, 729 = NJW 1990, 1730, 1732.

139 So *OLG Oldenburg*, EWiR 2001, 761 *(v. Gerkan)*; *Joost*, GmbHR 1983, 289 f.; *Raiser*, Kapitalgesellschaften, § 37 Rdnr. 35; *Hachenburg/Goerdeler/Müller*, § 30 Rdnr. 54; § 30 Rdnr. 18; *Baumbach/Hueck/Fastrich*, § 31 Rdnr. 17; *Lutter/Hommelhoff*, § 31 Rdnr. 21; *Roth/Altmeppen*, § 31 Rdnr. 10; *Altmeppen*, ZIP 2002, 962; ausführlich *Ulmer*, Festschrift GmbHG, a. a. O., S. 370 ff.; unentschieden *BGH*, BB 1990, 728, 729 = NJW 1990, 1730, 1732; *BGH*, NJW 2002, 1803, 1804 = ZIP 2002, 848, 850 (vorgesehen für *BGHZ*).

140 *Karsten Schmidt*, BB 1985, 156 f.; *ders.*, BB 1995, 530 f.; zust. *Scholz/Westermann*, § 30 Rdnr. 30; unentschieden *BGH*, BB 1990, 728, 729 = NJW 1990, 1730, 1732; *BGH*, NJW 2002, 1803, 1804 = ZIP 2002, 848, 850 (vorgesehen für *BGHZ*).

141 Vgl. Begr. GmbHG, 1891, S. 40, 71, 82; zu diesem Zusammenhang vgl. *Karsten Schmidt*, a. a. O.

142 Dort wird also die Begrenzung stillschweigend vorausgesetzt; neben der Sache *Reemann*, ZIP 1990, 1311.

verschwinden, so haften (vorausgesetzt, es liegt eine »Auszahlung« der Gesellschaft vor) die Mitgesellschafter nunmehr insolventen GmbH nach der überholten Analogierechtsprechung auf 10000 Euro, nach der Stammkapitallösung auf 100000 Euro und nach der hier vertretenen Lösung auf 20000 Euro. Wurden umgekehrt an A, B, C und D je 50000 Euro entgegen § 30 I GmbHG ausgekehrt, so haftet G als Nichtempfänger bis zum Betrage von viermal 20000 Euro. Er verliert also – ganz, wie wenn die Mitgesellschafter ihre Einlagen nicht einzahlen können (§ 24 GmbHG) – insgesamt Geld in Höhe des Stammkapitals: 80000 Euro und seine eingezahlte Einlage. Das ist eine stimmige und gesetzeskonforme Begrenzung des Gesamtrisikos.

c) Nicht summenmäßig beschränkt und nicht mit § 31 GmbHG zu verwechseln[143] ist eine mögliche *Schadensersatzhaftung der Gesellschafter.* Eine solche Haftung kommt dann in Betracht, wenn die Gesellschafter das für die Erhaltung des Stammkapitals erforderliche Vermögen rechtswidrig und schuldhaft aushöhlen[144]. Der *Bundesgerichtshof* hat eine solche Haftung in *BGHZ* 93, 146 bejaht, sie dann aber in *BGHZ* 142, 92 erheblich eingeschränkt (bestätigend *BGH,* NJW 2002, 1803 = ZIP 2002, 848).

Beispiel Nr. 37 (vereinfacht nach *BGHZ* 93, 146 = NJW 1985, 1030; s. auch *BGH*, LM Nr. 49 zu § 30 GmbHG = NJW 1995, 1960): Eine GmbH, die ihren Kunden Warenterminoptionen vermittelte, hatte ihren Gesellschaftern Provisionen aus diesen Geschäften zukommen lassen und war sodann in Konkurs gefallen. Der Konkursverwalter verlangte von einem Mitgesellschafter Rückerstattung dieser Beträge, und zwar auch insoweit, als sie nicht an ihn, sondern an einen anderen Gesellschafter ausgezahlt worden waren. Der *Bundesgerichtshof* entschied: »Der GmbH-Gesellschafter, der die Geschäftsführung durch zustimmende Mitwirkung an einem Gesellschafterbeschluß zu Auszahlungen aus dem zur Erhaltung des Stammkapitals erforderlichen oder bereits überschuldeten Gesellschaftsvermögen veranlaßt hat, ist der Gesellschaft auch zum Ersatz für diejenigen Zahlungen verpflichtet, die an Mitgesellschafter geflossen sind.« Dieses Urteil wurde hier in den Vorauflagen und wird jetzt noch immer als ein wichtiger Baustein des GmbH-Haftungsrechts begriffen. Der *BGH* hat ihm aber Grenzen gesetzt in unserem

Beispiel Nr. 38 (nach *BGHZ* 142, 92 = LM Nr. 13 (B) zu § 823 BGB m. Anm. *Roth* = JZ 1999, 1171 m. Anm. *Noack* = NJW 1999, 2817; dazu *Altmeppen,* ZIP 1999, 1354; *Goette,* DStR 1999, 1367; *Haas,* NZG 1999, 1061; *Müller,* GmbHR 1999, 923; *Wilhelm,* DB 1999, 2349): Die Gesellschafter einer Golfplatzanlage in der Rechtsform der GmbH hatten die GmbH dadurch geschädigt, daß sie einvernehmlich die Zahlung eines »Entwicklungshonorars« an einen der Gesellschafter und zusätzlich eines »Ablösebetrags« für das Golfplatzprojekt gebilligt hatten, womit die GmbH die Kosten des Golfplatzprojekts der Sache nach zweimal getragen hatte. Sie hatten dann die Geschäftsanteile an der GmbH sodann an einen Erwerber verkauft. Die nunmehr in seiner Hand befindliche GmbH nahm darauf die früheren Gesellschafter auf Schadensersatz in Anspruch. Die Vorinstanzen hatten der Klage stattgegeben. Der *Bundesgerichtshof* gab der Revision der Beklagten statt und entschied: »Zu Lasten des Stammkapitals gehende Auszahlungen an einen oder mehrere Gesellschafter sind gemäß § 31 Abs. 1, 2 GmbHG von diesen zu erstatten; die übrigen haften aber dafür auch bei Mitwirkung an der Transaktion – vom Fall einer Existenzgefährdung der GmbH abgesehen – regelmäßig nur unter den Voraussetzungen der §§ 31 Abs. 3, 43 Abs. 3 S. 3 GmbHG (Klarstellung gegenüber *BGHZ* 93, 146). Die Darlegungs- und Beweislast für die Voraussetzungen trifft im Streitfall die GmbH.«

143 Im Ansatz unrichtig deshalb *Reemann*, ZIP 1990, 1309ff.

144 Eingehend dazu *Priester*, ZGR 1993, 512ff.; *Karsten Schmidt*, ZIP 1988, 1497ff.; *Schnauder/Müller-Christmann*, JuS 1998, 980ff.; *Wilhelm*, DB 1999, 2349ff.; *Winter*, ZGR 1994, 570ff.

Die Annahme, es könne überhaupt keine über § 31 III GmbHG hinausgehende Haftung der Mitgesellschafter für schuldhaft herbeigeführte Kapitalschmälerungen geben[145], ist allerdings unbegründet. Der Grundtenor der neuen Rechtsprechung geht vielmehr nur dahin, daß die Mitgesellschafter nicht Garanten des Kapitalschutzes sind, sondern nur für existenzgefährdende Eingriffe haften[146]

Die Bedeutung dieser Entscheidungen ist erheblich, gerade weil die Mitgesellschafter nach § 31 III HGB nur summenmäßig beschränkt und nur anteilig haften. Gerade aus diesem Grund lehnt der *BGH* in *BGHZ* 142, 92 die in *BGHZ* 93, 146 angenommene Haftung ab und erkennt sie nur noch bei existenzgefährdenden Eingriffen an (dann auch unter dem Gesichtspunkt der §§ 823 II BGB, 266 StGB). Diese Trendwende kann aus der Sicht eines intensiven Schutzes der GmbH und ihrer Gläubiger bedauert werden[147]. Überschätzen sollte man sie nicht. Blickt man zunächst auf beide Urteile, so ist ihnen gemeinsam, daß es bei ihnen nicht um eine Korrektur oder Modifikation des § 31 GmbHG geht[148]. Es geht darum, ob neben dieser aus dem rein objektiven Verstoß gegen die Kapitalerhaltungspflicht resultierenden Haftung auch eine auf Schadensersatz gerichtete Verschuldenshaftung der Gesellschafter anzuerkennen ist. Eine solche wurde und wird hier aus der Verletzung einer pflichtenbegründenden Sonderrechtsverbindung zwischen den Gesellschaftern und der Gesellschaft hergeleitet (vgl. auch unter III 7)[149]. Zum Schadensersatz kann verpflichtet sein, wer aus einem *Sonderrechtsverhältnis* verpflichtet ist, die Interessen der Gesellschaft zu wahren, und diese Pflicht schuldhaft verletzt. Ein solches Sonderrechtsverhältnis mit umfassenden Sorgfaltspflichten kann ausweislich § 43 GmbHG für die Geschäftsführer bejaht werden (oben, § 36 II 4), es besteht aber auch für die Gesellschafter (vgl. über die Mitgliedschaft als Rechtsverhältnis oben, § 19 I 3 a). Aus ihm können sich Kapitalsicherungspflichten der Gesellschafter ergeben[150], und ein schuldhafter Verstoß gegen solche Pflichten kann zum Schadensersatz führen (vgl. alsbald unter III 7). Die Frage ist nur, wie weit die sich aus der Sonderrechtsbeziehung ergebenden Pflichten reichen. Ließ das Urteil *BGHZ* 93, 146 schon die schuldhafte Herbeiführung einer gegen § 30 GmbHG verstoßenden Transaktion für die Haftung ausreichen (was auf einen überschießenden Haftungsumfang hinauslief), so ist seit *BGHZ* 142, 92 nur noch

145 So noch *Hachenburg/Goerdeler/Müller,* § 31 Rdnr. 57.

146 Vgl. auch *BGH,* NJW 2002, 1803 = ZIP 2002, 848 (vorgesehen für *BGHZ*).

147 Kritisch vor allem *Altmeppen*, ZIP 1999, 1354 ff.; *Noack*, JZ 1999, 1174; *Wilhelm*, DB 1999, 1349.

148 Anders im Ansatz *Ulmer*, ZGR 1985, 600 ff.; vollends verfehlt *Reemann*, ZIP 1990, 1313, der das »Verdienst der Entscheidung« in einer Ablehnung der Summenbegrenzung bei § 31 III GmbHG sieht; von dieser spricht aber das mit der Verschuldenhaftung befaßte Urteil nicht.

149 *Karsten Schmidt,* ZIP 1988, 1505 ff.; ZIP 1989, 546 f.; NJW 2001, 3577; kaum substantiell anders der Versuch von *Altmeppen,* die »unzureichende Dogmatik der bisherigen Rechtsprechung« (ZIP 2002, 965) durch Annahme einer »culpa-Haftung« (ebd. S. 966) nachzureichen und sich gegen die angebliche Ableitung der Haftung aus dem »Begriff der Sonderverbindung« (ebd. S. 965) zur Wehr zu setzen.

150 Insoweit grundlegend, jedoch bei § 43 GmbHG anknüpfend, *Wilhelm*, Rechtsform und Haftung bei der juristischen Person, 1981, S. 336 ff.; zum hier vertretenen Konzept eingehend *Karsten Schmidt*, ZIP 1988, 1497 ff.; s. auch *Priester*, ZGR 1993, 522 f.; *Schnauder/Müller-Christmann*, JuS 1998, 981; *Burgard,* ZIP 2002, 827 ff.

die Haftung bei existentiellen Schädigungen der GmbH gesichert[151]. Der vom *BGH* zu entscheidende Fall lag für die Rechtsfortbildung eher unglücklich[152]. Seit *BGHZ* 149, 10 = NJW 2001, 3622 (»Bremer Vulkan«) wissen wir positiv: Diese Verschuldungshaftung ist anerkannten Rechts!

4. Konkurrierende Schadensersatzansprüche gegen Dritte

Mit Ansprüchen der Gesellschaft auf Rückführung verbotener Ausschüttungen können Schadensersatzansprüche gegen die Verantwortlichen konkurrieren, z.B. gegen die Geschäftsführer (§ 43 GmbHG) oder gegen Berater. Dann stellt sich die Frage nach dem Verhältnis zwischen den Erstattungsansprüchen und dem Schadensersatz.

Beispiel Nr. 39 (nach *BGH*, VersR 1982, 580): Steuerberater S einer GmbH hatte, ohne deren Überschuldung zu erkennen, zur Zahlung einer überhöhten Abfindung an einen ausscheidenden Gesellschafter geraten. Als sich die wahre Vermögenslage der Gesellschaft herausstellte, nahm diese den S auf Schadensersatz in Anspruch. S verwies die Gesellschaft auf ihre Ansprüche gegen den Empfänger des Geldes. In der Tat war ja in *BGHZ* 64, 52ff. für die Kapitalaufbringung entschieden worden, daß die Schadensersatzhaftung eines Gründungsprüfers für mangelnde Kapitalaufbringung so lange nicht in Betracht komme, wie ein realisierbarer Deckungsanspruch gegen den Gesellschafter bestehe (vgl. oben, § 27 II 6). Der *IVa-Senat* des *BGH* meinte nun aber im Steuerberater-Fall, bei Verstößen gegen die Kapitalerhaltungsregeln sei die Lage anders, weil hier nicht nur der ursprüngliche Einlageanspruch gefährdet, sondern das Gesellschaftsvermögen nachträglich verkürzt worden sei. Der Empfänger des Geldes sei auch nicht mehr Gesellschafter der GmbH. S müsse sogleich zahlen.

5. Erwerb eigener Geschäftsanteile durch die GmbH*

Nach § 33 I GmbHG kann (!) die Gesellschaft eigene Geschäftsanteile, auf welche die Einlagen noch nicht vollständig geleistet sind, nicht erwerben oder als Pfand nehmen. Auch Geschäftsanteile, auf welche die Einlagen bereits vollständig erbracht sind, darf (!) die Gesellschaft nach § 33 II GmbHG nur erwerben, sofern der Erwerb aus dem über den Betrag des Stammkapitals hinaus vorhandenen Vermögen geschehen kann; entsprechend ist nach § 33 II 2 GmbHG auch die Inpfandnahme eigener Geschäftsanteile beschränkt.

a) Die unterschiedliche Formulierung in den beiden Absätzen des § 33 GmbHG – »kann« im ersten und »darf« im zweiten Absatz – ist absichtsvoll gewählt. Ein *Verstoß gegen § 33 I GmbHG* macht den Anteilserwerb nichtig.

151 Für eine solche Haftung schon *Karsten Schmidt*, ZIP 1988, 1506.

152 Der Sache nach stießen gar nicht die Interessen der GmbH und ihrer Gläubiger auf diejenigen der Gesellschafter, sondern der Prozeß war ein verkappter Gewährleistungsstreit beim Unternehmenskauf.

* Literatur: *Ulmer*, Die neuen Vorschriften über kapitalersetzende Darlehen und eigene Geschäftsanteile der GmbH, in: Das neue GmbH-Recht in der Diskussion, 1981, S. 55; *Schulze-Petzold*, Die GmbH als Trägerin eigener Geschäftsanteile, 1991; *Ziebe*, Der Erwerb eigener GmbH-Geschäftsanteile in den Staaten der Europäischen Gemeinschaft, 1983.

Nichtig ist aber auch das Verpflichtungsgeschäft, es sei denn, daß es unter der aufschiebenden Bedingung der Volleinzahlung abgeschlossen wurde und damit nicht gegen § 33 I GmbHG verstößt.

b) Über *§ 33 II GmbHG* heißt es in dessen Satz 3: »Ein Verstoß gegen die Sätze 1 und 2 macht den Erwerb oder die Inpfandnahme der Geschäftsanteile nicht unwirksam; jedoch ist das schuldrechtliche Geschäft über einen verbotswidrigen Erwerb oder eine verbotswidrige Inpfandnahme nichtig.« Diese Bestimmung kann die Rechtslage nur teilweise klären. Ersichtlich soll eine nach § 33 II GmbHG unzulässige Übertragung oder Verpfändung des Geschäftsanteils an die GmbH einen Bereicherungsanspruch der Gesellschaft auf Rückzahlung der aufgewendeten Gelder nach § 812 BGB auslösen. Allein schon wegen der Subsidiärhaftung aller Gesellschafter (§ 31 III GmbHG) kann aber die Frage auftreten, ob eine Spezialregelung vorliegt, die eine Anwendung der §§ 30f. GmbHG ausschließt. Das wird mit Recht verneint: Die Sanktionen des § 31 GmbHG bleiben also voll anwendbar.

Nach ganz herrschender Auffassung kann auch die wechselseitige Beteiligung von Gesellschaften m.b.H. aneinander unzulässig sein, obwohl das Gesetz diesen Tatbestand entgegen dem Regierungsentwurf der GmbH-Novelle nicht in den § 33 GmbHG aufgenommen hat[153]. Nicht in § 33 GmbHG geregelt ist auch die Frage, ob die GmbH auf Dauer Inhaberin aller ihrer Geschäftsanteile sein kann. Da die GmbH im Gegensatz zur Stiftung mitgliedschaftlich konzipiert und nicht als ein rechtsfähiges Sondervermögen angelegt ist, ist dies zu verneinen (vgl. oben, § 33 V 2b).

c) Durch das Umwandlungsgesetz neu eingeführt wurde *§ 33 III GmbHG*, der den Erwerb eigener Anteile zu Abfindungszwecken im Zuge von Umwandlungen erleichtert.

d) Soweit die GmbH zulässigerweise eigene Geschäftsanteile erworben hat, steht ihr daraus weder ein Stimmrecht noch ein Gewinnrecht zu, denn die Mitgliedschaftsrechte aus eigenen Anteilen ruhen[154].

6. Kreditgewährung an Gesellschaftsvertreter und Gesellschafter[*]

a) Kredite an Vertreter der Gesellschaft – Geschäftsführer, Liquidatoren, Prokuristen und Generalhandlungsbevollmächtigte – dürfen nach § 43a

153 Vgl. nur *Baumbach/Hueck/Fastrich*, § 33 Rdnr. 16; *Lutter/Hommelhoff*, § 33 Rdnrn. 21ff.

154 *BGH*, NJW 1995, 1027.

* Literatur: *Brockfeld*, Darlehen der AG und der GmbH an ihre Gesellschafter, 1987; *Cahn*, Kapitalerhaltung im Konzern, 1997; *Kühbacher*, Darlehen an Konzernunternehmen, 1993; *Meyer-Arndt*, Kredite an Geschäftsführer und Prokuristen einer GmbH, DB 1980, 2328; *Mülbert*, Sicherheiten einer Kapitalgesellschaft für Verbindlichkeiten ihres Gesellschafters, ZGR 1995, 578; *Klaus J. Müller*, Darlehensgewährung der GmbH an ihren Gesellschafter, BB 1998, 1804; *Peltzer*, Probleme der Kreditgewährung der Kapitalgesellschaft an ihre Leitungspersonen, in: Festschrift Rowedder, 1994, S. 325; *Peltzer/Bell*, Besicherung von Gesellschafterkrediten mit dem GmbH-Vermögen? ZIP 1993, 1757; *Uwe H. Schneider*, Kredite der GmbH an ihre Geschäftsführer, GmbHR 1982, 197; *ders.*, »Kapitalmindernde Darlehen« der GmbH an ihre

GmbHG nur aus dem nicht zur Erhaltung des Stammkapitals erforderlichen Vermögen gewährt werden; wird hiergegen verstoßen, so ist der Kredit sofort zurückzuerstatten. So einfach sich diese Bestimmung liest, ihre Tatbestandsvoraussetzungen und ihre Rechtsfolgen sind doch umstritten. Folgende Grundsätze sind festzuhalten: Kredite an den in § 43a GmbHG genannten Personenkreis dürfen nur aus den Rücklagen der Gesellschaft finanziert werden[155]. § 43a GmbHG stellt sich als eine Ergänzung des § 30 GmbHG dar. Wo § 30 GmbHG das Vermögen der Gesellschaft gegen Ausschüttungen sichert, verbietet § 43a GmbHG schon den bloßen Aktiventausch, wenn liquide Mittel der Gesellschaft gegen – vielleicht dubiose – Forderungen gegen die Geschäftsleiter eingetauscht werden. Im Gegensatz zu § 30 GmbHG schützt also § 43a GmbHG die Liquidität der Gesellschaft gegen vermögensgefährdende Transaktionen. Die Formulierung der Bestimmung ist allerdings unvollständig. Die Mitschuldnerschaft der GmbH als vertragsmäßige Darlehensnehmerin oder auch die bloße Sicherheitsleistung der Gesellschaft für einen Bankkredit an die Gesellschaftsvertreter ist ebenso von dem Verbot erfaßt wie die Kreditgewährung aus der Gesellschaftskasse[156]. Hinsichtlich der Rechtsfolgen stellt § 43a Satz 2 GmbHG eine Spezialnorm dar, deren enge Formulierung allerdings nur auf den Fall paßt, daß die Gesellschaft selbst Kreditgeberin ist: Eine nach § 134 BGB zur Vertragsnichtigkeit führende Verbotsnorm ist § 43a GmbHG nicht[157], aber die verbotene Transaktion muß rückgängig gemacht werden. Nach dem Gesetzeswortlaut greift das Rückforderungsrecht nur ein, wenn der Kredit aus dem zur Erhaltung des Stammkapitals erforderlichen Vermögen »gewährt« worden ist. Es versteht sich aber, daß die Vorschrift auch eine Kreditverlängerung verhindert, wenn erst in diesem Zeitpunkt das Vermögen der Gesellschaft verbraucht ist. Erkennt man, daß Kreditgewährung nicht bloß eine Vermögensbewegung, sondern die Belassung von Liquidität im Vermögen – also ein Zustand – ist, so wird vollends die strenge Funktionsweise des § 43a GmbHG deutlich: Sobald – auch nachträglich – die Darlehensvaluta zur Deckung des Stammkapitals erforderlich ist, muß die Darlehensvaluta zurückgeführt bzw. die Gesellschaft von der sie belastenden Sicherheit befreit werden[158].

b) Nicht im Gesetz geregelt ist die *Kreditgewährung an Gesellschafter*, die nicht zu den Vertretern der GmbH gehören. Erst recht gilt dies für die Besicherung von Bankkrediten der Gesellschafter auf Kosten des Gesell-

---

Gesellschafter, in: Festschrift Döllerer, 1988, S. 537; *Schön*, Kreditbesicherung durch abhängige Kapitalgesellschaften, ZHR 159 (1995), 351; *Sotiropoulos*, Kredite und Kreditsicherheiten der GmbH zugunsten ihrer Gesellschafter und nahestehender Dritter, 1996; *ders.*, Darlehensgewährung der GmbH an ihre Gesellschafter, GmbHR 1996, 653; *Stimpel*, Zum Auszahlungsverbot des § 30 Abs. 1 GmbHG, in: Festschrift 100 Jahre GmbHG, 1992, S. 335.

155 *Scholz/Uwe H. Schneider*, § 43a Rdnr. 48; zum Streitstand vgl. ebd. Rdnrn. 45ff. m.w.N.

156 Vgl. *Scholz/Uwe H. Schneider*, § 30 Rdnr. 25.

157 Umfassende Nachweise zum Streitstand bei *Scholz/Uwe H. Schneider*, § 43a Rdnrn. 49f.; zweifelnd *Roth/Altmeppen*, § 43a Rdnr. 8.

158 Vgl. *Scholz/Uwe H. Schneider*, § 43a Rdnr. 43; *Sotiropoulos*, a.a.O., S. 47f.; a.M. *Baumbach/Hueck/Zöllner*, § 43a Rdnr. 2 *Hachenburg/Stein*, § 43a Rdnrn 22f. m.w.N.

schaftsvermögens. Das ist deshalb bedenklich, weil jedenfalls in der personalistischen GmbH die Gesellschafter selbst auf die Verwaltung Einfluß nehmen können und weil § 43 a GmbHG in weitaus stärkerem Maß als die Parallelvorschriften im Aktien- und Genossenschaftsrecht auf Gläubigerschutz durch Kapitalsicherung zielt[159]. Deshalb ist in jüngerer Zeit die Auffassung vorgedrungen, daß diese Maßnahmen an § 30 I GmbHG zu messen sind. In dieser Annahme hat auch der Novellengesetzgeber von 1980 entgegen dem Vorschlag des Bundesrats die Gesellschafter nicht in den § 43 a GmbHG einbezogen[160]. Nach der hier vertretenen Auffassung ist allerdings § 30 GmbHG für die Bewältigung dieser Frage ungeeignet (oben unter III 1 c). Trifft dies zu, so hat der Gesetzgeber eine planwidrige Lücke produziert[161]. Dies spricht für den Vorschlag von *Uwe H. Schneider*, § 43 a GmbHG auf Kredite an Gesellschafter und an verbundene Unternehmen analog anzuwenden[162]. Diese Auffassung ist gegenüber der Anwendung von § 30 I GmbHG sogar die strengere, weil ein Kredit oder eine Kreditsicherheit auch nachträglich unter § 43 a GmbHG fallen und dann den Gesellschafter zur Rückzahlung bzw. zur Freistellung der Gesellschaft von der belastenden Sicherheit verpflichten kann. Auch eine Muttergesellschaft kann von diesem strengen Liquiditätsschutz nur im Vertragskonzern freigestellt werden[163]. Die analoge Anwendung des § 43 a GmbHG wird zwar überwiegend noch abgelehnt[164], aber wenn man nicht Zuflucht zu § 30 I GmbHG nehmen will, muß eingeräumt werden, daß erst diese Analogie aus dem gesetzlichen Kapitalschutz ein in sich stimmiges Konzept macht.

Beispiel Nr. 40: Sind in der aus X, Y und Z bestehenden GmbH die Gesellschafter Y und Z Geschäftsführer und erhalten alle Gesellschafter Darlehen, so ist es zumindest rechtspolitisch verwunderlich, daß eines der Darlehen bedenkenfrei sein soll. Die herrschende Meinung verweist insofern auf § 30 I GmbHG als Schutznorm. Aber solange die Darlehensempfänger solvent und rückzahlungsbereit sind, schmälert die Kreditvergabe eben nicht das zur Erhaltung des Stammkapitals erforderliche Gesellschaftsvermögen, weil dem Mittelabfluß eine vollwertige Darlehensforderung gegenübersteht. Die analoge Anwendung des § 43 a GmbHG ist also der rechtsdogmatisch »sauberere« Weg zu dem rechtspolitisch gebotenen Ergebnis, und sie schützt die GmbH obendrein besser: Konnte der Kredit (oder die Kreditsicherheit) zunächst noch aus dem freien Vermögen gegeben werden, entsteht aber während der Laufzeit eine Unterbilanz, so müssen die Gesellschafter den Kredit auch noch nachträglich zurückführen bzw. die GmbH von der Sicherheit freistellen.

---

159 Eingehend *Brockfeld*, a. a. O., S. 50 ff.; *Stimpel*, in: Festschrift GmbHG, a. a. O., S. 335 ff.; *Schön*, ZHR 159 (1995), 356 ff.; *Mülbert*, ZGR 1995, 578 ff.

160 BT-Drucks. 8/1347, S. 64 ff.; 8/3908, S. 68 ff.

161 Die Einwände von *Klaus J. Müller*, BB 1998, 1807 beruhen auf der petitio principii, daß § 30 GmbHG einschlägig (also keine Lücke vorhanden) ist.

162 *Scholz/Uwe H. Schneider*, § 43 a Rdnrn. 61 f.; *Uwe H. Schneider*, in: Festschrift Döllerer, a. a. O., S. 547 ff.; ausführlich zustimmend *Sotiropoulus*, a. a. O., S. 57 ff.; abl. z. B. *Roth/Altmeppen*, § 30 Rdnr. 56, § 43 a Rdnr. 5; *Klaus J. Müller*, BB 1998, 1807.

163 *Sotiropoulos*, a. a. O., S. 71 ff.

164 Vgl. nur *Baumbach/Hueck/Zöllner*, § 43 a Rdnr. 3; *Hachenburg/Stein*, § 43 a Rdnr. 12; *Lutter/Hommelhoff*, § 43 a Rdnr. 4; *Rowedder/Koppensteiner*, § 43 a Rdnr. 3; *Mayer/Vollrath*, in: MünchHdb GesR III, § 52 Rdnr. 93; sympathisierend aber hier schon die Vorauflagen.

7. Gesellschafterhaftung bei Unterkapitalisierung und bei schädigenden Eingriffen in den Vermögensstand der Gesellschaft*

Wenig geklärt ist bisher noch die Frage, ob Gesellschafter einer Schadensersatzhaftung unterliegen, wenn sie die Gesellschaft schädigen, ohne gegen das Recht der Kapitalaufbringung oder der Kapitalerhaltung zu verstoßen. Eine solche Haftung kommt insbesondere
– im Fall der unterkapitalisierten Gesellschaft oder
– im Fall nachteiliger Einflußnahme auf das Schicksal der Gesellschaft
in Betracht[165]. Es handelt sich dabei um Bereiche, in denen bisher meist mit Durchgriffsüberlegungen operiert wird. Nachdem der *Bundesgerichtshof* im Kapitalerhaltungsrecht ausgesprochen hat, daß alle Gesellschafter ihrer GmbH für schuldhaft gesetzwidrigen Vermögensentzug schadensersatzpflichtig sein können (dazu schon unter III 3 c), ist es an der Zeit, solche Schadensersatzmöglichkeiten anzuerkennen. Die Gesellschaft genießt zwar als juristische Person keinen Bestandsschutz gegenüber den Gesellschaftern. Diese können und dürfen die Gesellschaft nach § 60 I Nr. 2 GmbHG auflösen und sind auch im Verhältnis zu den Gläubigern nicht zur Fortführung der Gesellschaft verpflichtet[166]. Eines aber dürfen sie nicht: ihr erkennbar existenzgefährdende Schäden zufügen. Geschieht dies, so greift eine Insolvenzverursachungshaftung, gegründet auf das Sonderrechtsverhältnis zwischen Gesellschafter und Gesellschaft (dazu oben, § 9 IV 4 c und § 18 II 5), ein[167]. Die Diskussion hierüber ist durch Grundlinien der *BGH-Rechtsprechung* eher erschwert als gefördert worden: Im »Autokran-Fall« *BGHZ* 95, 330 = BB 1985, 2065, bei dem ein Alleingesellschafter sieben Gesellschaften m. b. H. in den Konkurs gewirtschaftet hatte, erklärte der *Bundesgerichtshof*, bei der Einpersonengesellschaft sei eine schadensersatzbewehrte Pflicht des Gesellschafters zur Wahrung der Vermögensinteressen seiner »eigenen« Gesellschaft »nicht leicht zu begründen«, und wich in eine dubiose Konzernhaftung aus, obwohl eine Verschuldenshaftung des GmbH-Gesellschafters gegenüber »seiner« GmbH überhaupt nicht konzernrechtlich begründet zu werden braucht (Kritik deshalb unten, § 39 III 3 und § 40 III 3).

* Literatur (Auswahl; vgl. zunächst oben, § 9): *Benne*, Haftungsdurchgriff bei der GmbH, insbesondere im Fall der Unterkapitalisierung, 1978; *Bitter*, Konzernsachliche Durchgriffshaftung ..., 2000; *Priester*, Die eigene GmbH als fremder Dritter, ZGR 1993, 512; *Karsten Schmidt*, Konkursverschleppungshaftung und Konkursverursachungshaftung, ZIP 1988, 1497; *ders.*, Zur Durchgriffsfestigkeit der GmbH, ZIP 1994, 837; *Schnauder/Müller-Christmann*, Der zivilrechtliche Schutz des GmbH-Vermögens vor dem Zugriff der Gesellschafter, JuS 1998, 980; *Vonnemann*, Haftung von GmbH-Gesellschaftern wegen materieller Unterkapitalisierung, 1991 (s. auch GmbHR 1992, 77); *Weitbrecht*, Haftung der Gesellschafter bei materieller Unterkapitalisierung, 1990; *Wilhelm*, Rechtsform und Haftung bei der juristischen Person, 1981; *ders.*, Um ein sauberes GmbH-Wesen, DB 1999, 2349; *Wüst*, Wege des Gläubigerschutzes bei materieller Unterkapitalisierung einer GmbH, DStR 1991, 1424.

165 Vgl. *Wilhelm*, a. a. O., S. 336 ff.; *Karsten Schmidt*, ZIP 1986, 148; 1988, 1506; krit. *Ulmer*, GmbHR 1984, 262.

166 Vgl. *BGH*, DB 1996, 1028.

167 *Karsten Schmidt*, ZIP 1988, 1504 ff.; 1990, 78; *ders.*, in: Karsten Schmidt/Uhlenbruck, Die GmbH in Krise, Sanierung und Insolvenz, 1996, Rdnrn. 933 ff.; methodisch knüpft Verf. damit an die Untersuchungen von *Wilhelm* an; zu diesen aber abl. *Weitbrecht*, a. a. O., S. 52 ff.

Seit dem »Lagergrundstücks«-Fall *BGHZ* 109, 55 = NJW 1990, 516 wendet er, sofern ein Gesellschafter seiner Gesellschaft anstelle von benötigtem Eigenkapital Grundstücke vermietet, § 32 a III GmbHG an (Kritik daran alsbald unter IV 3 b) und entscheidet, daß gezahlte Mietzinsen zurückzugewähren seien. Diese Ansätze lenkten aber rechtsdogmatisch von der Verschuldenshaftung der Gesellschafter einer GmbH für schädliche Einflußnahmen und Finanzierungsstrategien ab. Hier sollte eine künftige Gerichtspraxis ansetzen, bevor sie wuchernde Konzernhaftungsmodelle erfindet oder § 32 a GmbHG auf unterkapitalisierte Gesellschaften ausdehnt. In dem schon unter III 3 c geschilderten Urteil *BGHZ* 142, 92 = LM Nr. 13 (B) zu § 823 BGB m. Anm. *Roth* = JZ 1997, 1171 m. Anm. *Noack* hat der *Bundesgerichtshof* die Verschuldenshaftung der Gesellschafter bei gesellschaftsschädigenden Transaktionen erheblich zurückgeschnitten (dazu bereits oben unter III 3 c). Daß der II. Senat aber mit einer summenmäßig unbeschränkten Verschuldenshaftung der Gesellschafter für Existenzgefährdungen der Gesellschaft Ernst macht, hat er in dem Urteil »Bremer Vulkan« *BGHZ* 149, 10 = NJW 2001, 3622 gezeigt (auch dazu schon oben unter III 3 c). Nur auf diese Weise können auch unkontrollierte Haftungsdurchgriffe auf Gesellschafter ohne Verzicht auf wirksamen Gläubigerschutz abgewehrt werden (vgl. dazu oben, § 9 IV).

Beispiel Nr. 41 (nach *BGH*, NJW 1994, 1801; dazu *Karsten Schmidt*, ZIP 1994, 837): Verklagt war die Gesellschafterin und Geschäftsführerin einer in Vermögensverfall geratenen Vermögensverwaltungs-GmbH, die faktisch von dem Ehemann der Beklagten und Mehrheitsgesellschafter geführt worden war. Dieser hatte eine Kundin der GmbH bei einem Anlagegeschäft grob schuldhaft (wohl sogar betrügerisch) geschädigt. Die Klage dieser Kundin gegen die Minderheitsgesellschafterin war in allen Instanzen erfolglos. Der *BGH* lehnte vor allem eine Durchgriffshaftung ab. In der Tat mochte es sein, daß die Beklagte nicht für den individuellen Schaden der Kundin verantwortlich gemacht werden konnte, denn dafür haftete neben dem Ehemann nur die GmbH. Hätte dagegen der Konkursverwalter der GmbH den durch die nachlässige Organisation der Gesellschaft entstandenen Schaden eingeklagt, so hätte diese Klage durchaus eine Chance gehabt.

IV. Eigenkapitalersatz, insbesondere durch Gesellschafterdarlehen[*]

1. Grundlagen

a) Wie unter § 18 III 4 a geschildert, geht es beim Eigenkapitalersatz um die richtige *Abgrenzung zwischen Fremdkapital und Risikokapital.* Das Recht

[*] Literatur (Auswahl; vgl. auch Voraufl. sowie oben, § 18 III 4): *Beine*, Eigenkapitalersetzende Gesellschafterleistungen, 1994; *T. Bezzenberger*, Kapitalersetzende Gesellschaftsdarlehen im Recht der GmbH, in: Festschrift Bezzenberger, 2000, S. 23; *Claussen*, Betriebswirtschaft und Kapitalersatzrecht, in: Festschrift Forster, 1992, S. 139; *ders.*, Zeitwende im Kapitalersatzrecht? GmbHR 1994, 9; *Dendorfer*, Die Feststellung eigenkapitalersetzender Gesellschafterdarlehen i. S. des § 32 GmbHG, 1985; *Dittmer*, Gesellschafter-Dienstleistungen als eigenkapitalersetzende Rechtshandlungen ..., 1997; *Eichele*, Die Reichweite des Kapitalerhaltungsgrundsatzes aus § 30 GmbHG, die Finanzierungsverantwortung des Gesellschafters und das Eigenkapitalersatzrecht in der GmbH, 1999; *Erlinghagen*, Gesellschafter-Darlehen im Regierungsentwurf eines neuen

der eigenkapitalersetzenden Kredite wird herkömmlich als ein Spezifikum des GmbH-Rechts dargestellt. Es ist dies aber nicht (vgl. oben, § 18 III 4). Richtig ist allerdings, daß die Diskussion vor allem am Beispiel der GmbH und später auch der GmbH & Co. geführt worden ist und für diese Rechtsformen auch zu gesetzlichen Lösungen geführt hat (§§ 32 a, b GmbHG, 129 a, 172 a HGB, § 135 InsO [vorher 32 a KO], § 6 [vorher 3 b] AnfG). Richtig ist auch, daß das Problem in der Praxis vor allem bei der GmbH und bei der GmbH & Co. auftritt. Das hängt indes weniger mit Rechtsgrundsätzen als

---

GmbH-Gesetzes, in: Festschrift Heinz Kaufmann, 1972, S. 139; *Fassnacht*, Fremdfinanzierung von Kapitalgesellschaften, 1984; *Fleck*, Das eigenkapitalersetzende Darlehen in der Bilanz, GmbHR 1989, 313; *Fleischer*, Finanzplankredite und Eigenkapitalersatz im Gesellschaftsrecht, 1994; *v. Gerkan*, Zum Stand der Rechtsentwicklung bei den kapitalersetzenden Gesellschafterleistungen, GmbHR 1990, 384; *ders.*, Zur Umqualifizierung stehengelassener Kredite in Eigenkapitalersatz, GmbHR 1996, 400; *v. Gerkan/Hommelhoff*, Kapitalersatz im Gesellschafts- und Insolvenzrecht, 3. Aufl. 1994; *Gersch/Herget/Marsch/Stützle*, GmbH-Reform 1980, 1980; *Goette*, Einige Aspekte des Eigenkapitalersatzrechts aus richterlicher Sicht, ZHR 162 (1998), 221; *Grunewald*, Plädoyer für eine Abschaffung der Rechtsregeln für eigenkapitalersetzende Gesellschafterdarlehen, GmbHR 1997; *Habersack*, Eigenkapitalersatz im Gesellschaftsrecht, ZHR 162 (1998), 201; *Harrer*, Die Krise des Eigenkapitalersatzrechts, GesRZ 1998, 183; *Häuselmann/Rümker/Westermann*, Die Finanzierung der GmbH durch ihre Gesellschafter, 1992; *Herrmann*, Quasi-Eigenkapital im Kapitalmarkt- und Unternehmensrecht, 1996; *Herzig* (Hrsg.), Eigenkapitalersetzende Leistungen bei GmbH und GmbH & Co. KG, 1992; *Hommelhoff/Kleindiek*, Flexible Finanzierungsinstrumente im GmbH-Recht, in: Festschrift 100 Jahre GmbH-Gesetz, 1992, S. 421; *Kamprad*, Gesellschafterdarlehen an die GmbH und GmbH & Co. KG, 2. Aufl. 1981; *Klaus*, Gesellschafterfremdfinanzierung und Eigenkapitalersatz bei der AG und der GmbH, 1994; *Kreis*, Finanzierungsverantwortung bei eigenkapitalersetzenden Gesellschafterleistungen, 1990; *Lutter*, Neues zum Gesellschafterdarlehen? ZIP 1989, 477; *Lutter/Hommelhoff*, Nachrangiges Haftkapital und Unterkapitalisierung in der GmbH, ZGR 1979, 31; *Maier-Reimer*, Kreditsicherung und Kapitalersatz in der GmbH, in: Festschrift Rowedder, 1994, S. 245; *Maser*, Gesellschafterdarlehen in der Krise der GmbH, ZIP 1995, 1319; *Dieter Mayer*, Kapitalersetzende Darlehen im GmbH-Recht ..., BB 1990, 1935; *Mertens*, Kapitalverlust und Überschuldung bei eigenkapitalersetzenden Darlehen, in: Festschrift Forster, 1992, S. 415; *Moser*, Kapitalersetzende Gesellschafterdarlehen bei der GmbH, 1989; *Andreas Müller*, Regeln für eigenkapitalersetzende Gesellschafterdarlehen, 1987; *Noack*, Neues Insolvenzrecht – neues Kapitalrecht? in: Festschrift Claussen, 1997, S. 307, *Orth*, Die Gesellschafterstellung i.S. des Kapitalersatzrechts, 1998; *Priester*, Sind eigenkapitalersetzende Gesellschafterdarlehen Eigenkapital? DB 1991, 1917; *ders.*, Eigenkapitalersetzende Finanzierung durch Quasigesellschafter, in: Festschrift Helmrich, 1993, S. 721; *Reiner*, Der deliktische Charakter der »Finanzierungsverantwortung« ..., in: Festschrift Boujong, 1996, S. 415; *Rümker*, Formen kapitalersetzender Gesellschafterdarlehen in der Bankpraxis, in: Festschrift Stimpel, 1985, S. 673; *ders.* in: *Priester/Mayer*, MünchHdb.GesR III, 1996, § 53; *Karsten Schmidt*, Fortschritte und Abstimmungsprobleme im Recht der kapitalersetzenden Gesellschafterdarlehen, ZGR 1980, 567; *ders.*, Gesellschafterdarlehen als Insolvenzrechtsproblem, ZIP 1981, 689; *ders.*, Eigenkapitalersatz bei unbeschränkter Haftung, ZIP 1991, 1; *ders.*, Kapitalersatz und kein Ende, in: Insolvenzrecht 1998, 1999, S. 287; *Karsten Schmidt/Uhlenbruck* (Hrsg.), Die GmbH in Krise, Sanierung und Insolvenz, 2. Aufl. 1999; *Sieker*, Die Verzinsung eigenkapitalersetzender Darlehen, ZGR 1995, 250; *Teller*, Rangrücktrittsvereinbarungen zur Vermeidung der Überschuldung bei der GmbH, 2. Aufl. 1995; *Ullrich*, Gesellschafterdarlehen der Banken in der Finanzkrise der GmbH, GmbHR 1983, 133; *Ulmer*, Gesellschafterdarlehen und Unterkapitalisierung bei GmbH und GmbH & Co. KG, in: Festschrift Duden, 1977, S. 661; *ders.*, Die neuen Vorschriften über kapitalersetzende Darlehen und eigene Geschäftsanteile der GmbH, in: Das neue GmbH-Recht in der Diskussion, 1981, S. 55; *ders.*, Umstrittene Fragen im Recht der Gesellschafterdarlehen, ZIP 1984, 1163; *Waechter*, Gesellschafterdarlehen und Umgehungsgeschäfte im Konkurs der GmbH, 1985; *Weisang*, Eigenkapitalersetzende Gesellschafterleistungen in der neueren Rechtsprechung, WM 1997, 197 und 245; *Wiedemann*, Eigenkapital und Fremdkapital, in: Festschrift Beusch, 1993, S. 893; *Winter*, Die Haftung der Gesellschafter im Konkurs der unterkapitalisierten GmbH, 1973.

mit der Realität der Unternehmensfinanzierung zusammen. Wegen der allgemeinen Grundgedanken ist auf das unter § 18 III Gesagte zu verweisen.

b) Das Recht der kapitalersetzenden Darlehen ist zunächst von der Rechtsprechung unter maßgeblicher Hilfe grundlegender Literatur[168] herausgearbeitet und zu praktikablen und rechtspolitisch wirksamen Lösungen fortgebildet worden[169]. Erst die *GmbH-Novelle von 1980* brachte die gesetzlichen Spezialregelungen[170]. Man mag diese Regeln als nachträgliche Legitimation einer schon vollzogenen Rechtsfortbildung einordnen. Nennenswerte rechtspolitische Fortschritte haben sie dagegen nicht gebracht, vielmehr bedurfte es erheblicher Mühe, um das längst Erreichte nicht in Anwendung der Spezialregelungen in Gefahr zu bringen[171]. Das wirft ein schlechtes Licht auf die Gesetzesregeln. Am besten verfährt man mit den Spezialvorschriften im Sinne einer Fortschreibung und Ergänzung des vorausgegangenen Rechtsprechungsrechts, wobei stets die Aufgabe der Institutionenbildung im Gesellschaftsrecht im Auge zu behalten ist (dazu oben, § 3 III 2). In diesem Lichte wird man auch die Neuregelungen des § 32a III 2 GmbHG (Zwerganteilsprivileg) und § 32a III 3 GmbHG (Sanierungsprivileg) aus dem Jahr 1998[172] auszulegen haben (dazu unter IV 4). Das Gesetz kann Hilfe, darf aber niemals Hindernis für ein geschlossenes Konzept des Eigenkapitalersatzrechtes sein.

c) Schließlich muß man sich auch bei der Anwendung der neuen Vorschriften immer wieder Klarheit über ihren *Normzweck* verschaffen (dazu oben, § 18 III 4). Es geht um die gesetzlich zwingende Gleichstellung von Krediten mit den durch §§ 30f. GmbHG geschützten Einlagen. Das Gesetz verbietet den Gesellschaftern nicht, der eigenen Gesellschaft Kredite zu geben. Ist diese jedoch nur mit Hilfe dieser Kreditfinanzierung lebensfähig, so müssen die Gesellschafter, wenn sie die Gesellschaft mit den Krediten am Leben halten, diese Kredite wie haftendes Kapital im Gesellschaftsvermögen belassen. Von dieser zwingenden Bindung eigenkapitalersetzender Darlehen im Gesellschaftsvermögen ist die vereinbarte Bindung – Finanzplanbindung und Rangrücktritt[173] – zu unterscheiden (vgl. oben, § 18 III 3). Das schließt nicht aus, daß auch Finanzplankredite gesetzlich gebunden sein und gesetzlich gebundene Kredite zusätzlich zum Gegenstand einer Rangrücktrittsabrede gemacht werden können, z. B. aus Gründen der bilanziellen Klarheit (dazu vgl. alsbald unter IV 5).

---

168 Vor allen anderen zu nennen ist *Peter Ulmer.*

169 Im buchstäblichen Sinne kontraproduktiv aus dieser Sicht *Grunewald*, GmbHR 1997, 7; gegen die Eigenkapitalersatzpraxis aber auch *T. Bezzenberger*, a. a. O.; Koppensteiner, AG 1998, 308 ff.

170 Dazu eingehend *Ulmer*, in: Das neue GmbH-Recht, a. a. O., S. 55 ff.

171 Vgl. die Glosse des Verf. in JZ 1984, 880; s. auch *Karsten Schmidt*, ZGR 1980, 567 ff.; *ders.*, Kapitalersatz und kein Ende, a. a. O.; ganz anders der Ansatz von *T. Bezzenberger*, a. a. O.

172 § 32a III 2 GmbHG eingeführt durch das Kapitalaufnahmeerleichterungsgesetz v. 20. 4. 1998 (BGBl. I S. 707); § 32a III 3 GmbHG eingeführt durch das KonTraG v. 27. 4. 1998 (BGBl. I S. 786).

173 Dazu *Scholz/Karsten Schmidt*, §§ 32a, b Rdnrn. 85 ff.; *Habersack*, ZHR 161 (1997), 457 ff.; *Karsten Schmidt*, ZIP 1999, 1241.

2. Der Grundtatbestand

a) Grundfall des Eigenkapitalersatzes ist nach § 32a I 1 GmbHG *die Gewährung des Darlehens durch einen Gesellschafter in einem Zeitpunkt, in dem die Gesellschafter als ordentliche Kaufleute Eigenkapital zugeführt hätten.* Darin ist ein *Doppeltatbestand* enthalten[174]: Es muß sich erstens um einen Kredit aus Gesellschafterhand handeln, denn Regeln für die Unternehmensfinanzierung richten sich an die *Gesellschafter* und nicht an irgendwelche dritten Kreditgeber; der kreditgebende Gesellschafter steht in der Finanzierungsverantwortung und kann nicht darauf verweisen, daß er die Beteiligung nur fremdnützig, z.B. als Treuhänder, hält[175]. Vorbehaltlich der gesetzlichen Freistellungsprivilegien in § 32a III 2 GmbHG (sog. Zwerganteilsprivileg) und § 32a III 3 GmbHG (sog. Sanierungsprivileg), auf die unter IV 4 einzugehen sein wird, gelten die Eigenkapitalersatzregeln für jeden Gesellschafter, ohne daß nach dem Grund seiner Beteiligung gefragt wird[176]. Der Kredit muß zweitens *Kapitalersatzfunktion* haben. Die Formel von den »ordentlichen Kaufleuten« ist auf Kritik gestoßen[177], und sie hat auch zu Mißverständnissen geführt[178], weil sie auf einen Verschuldensmaßstab zu verweisen scheint (vgl. § 347 HGB)[179]. Es ist auch darüber diskutiert worden, ob sich der Gesellschafter mit dem Einwand verteidigen kann, die Gesellschaft habe sich in einem Zustand befunden, in dem nur noch ein »unordentlich« handelnder Kaufmann Eigenkapital gegeben hätte[180]. All das liegt neben der Sache. Mit der schiefen Formulierung des § 32a I 1 GmbHG will der Gesetzgeber zum Ausdruck bringen, daß der Kredit als Eigenkapital behandelt werden muß, sobald er Eigenkapitalfunktion hat und eine echte Fremdfinanzierung mit den »Grundsätzen ordnungsmäßiger Unternehmensfinanzierung« unvereinbar wäre. Mehr als das Merkmal der Kapitalersatzfunktion soll mit dem mißverständlichen Gesetzeswortlaut nicht zum Ausdruck gebracht werden. Dieses Merkmal macht naturgemäß Schwierigkeiten. Man wird neben dem Rangrücktritt drei Fallgruppen unterscheiden können[181]:

aa) *Erstens* sind Kredite, die der Gesellschaft im *Stadium der Insolvenz* (Überschuldung oder Zahlungsunfähigkeit) gegeben werden, eigenkapitalersetzend (*BGHZ* 109, 55, 59f.; 133, 208, 209; *BGH*, NJW 1995, 457, 459 = ZIP 1995, 23, 29 m.Anm. *Altmeppen*). Der Gesellschafter kann dann auch

---

174 *Karsten Schmidt*, ZHR 147 (1983), 182ff.; eingehende Auseinandersetzung bei *Ulmer*, ZIP 1984, 1164ff.

175 Vgl. *BGHZ* 105, 168 = NJW 1988, 3143 m.Anm. *Karsten Schmidt*; über Ausnahmen vgl. *Scholz/Karsten Schmidt*, §§ 32a, b Rdnr. 30.

176 Vgl. *Scholz/Karsten Schmidt*, §§ 32a, b, Rdnr. 32.

177 Vgl. *Erlinghagen*, a.a.O., S. 147; *Kamprad*, GmbHR 1975, 55f.

178 Neben der Sache liegt der formalistische Einwand von *Kamprad* (a.a.O., S. 32 im Anschluß an die Stellungnahme der Centrale für GmbH), die GmbH-Gesellschafter seien keine Kaufleute und deshalb auch nicht an die Sorgfaltsanforderungen »ordentlicher Kaufleute« gebunden.

179 Deutlich z.B. *Herrmann*, a.a.O., S. 163f.; *Geßler*, ZIP 1981, 231; dagegen z.B. *Schulze-Osterloh*, ZGR 1983, 134.

180 *Liebs*, in: Verhandlungen des 54. DJT II, 1982, S. M 123; ähnlich auch *Uhlenbruck*, GmbHR 1982, 152; *H. P. Westermann*, ZIP 1982, 386.

181 Vgl. *Scholz/Karsten Schmidt*, §§ 32a, b Rdnrn. 38ff.; *Karsten Schmidt*, ZIP 1981, 691f.

nicht geltend machen, dieser Kredit habe nicht mehr der Sanierung, sondern nur noch der Durchführung bestimmter Geschäfte gedient (*BGHZ* 133, 208 = JR 1997, 290 m. Anm. *Fleischer* = WIB 1996, 1110 m. Anm. *Wilken*).

bb) Auch *Sanierungskredite* zur Abwendung der Insolvenz sind eindeutig kapitalersetzend (vgl. *BGHZ* 31, 258, 272; *BGH*, NJW 1996, 720). Dies ist die *zweite*, die klassische *Fallgruppe.* Vor allem nach Eintritt der Überschuldung ist eine Kreditfinanzierung durch die Gesellschafter stets als eigenkapitalersetzend anzusehen (*BGHZ* 109, 55, 59f. = NJW 1990, 516, 517).

cc) Kapitalersetzend sind aber *drittens* auch solche Kredite, die der Gesellschaft im *Stadium der Kreditunwürdigkeit* gegeben oder der Gesellschaft belassen wurden (*BGHZ* 75, 334, 338f.; 76, 326, 329; 81, 252, 257; 81, 311, 317; 81, 365, 367; 105, 168, 181; 119, 201; 123, 289, 291f.; 133, 298, 302; std. Rspr.). Diese schon vor der GmbH-Novelle herausgebildete Rechtsprechung hat sich auch unter der Geltung des § 32a GmbHG behauptet. Geltendem Recht entspricht sowohl das Kriterium der Kreditunwürdigkeit[182] als auch die Gleichstellung der Kreditbelassung mit der Kredithingabe[183].

Das Merkmal der Kreditwürdigkeit wird vom *Bundesgerichtshof* streng objektiv an der Finanzsituation der Gesellschaft gemessen[184], und zwar ggf. individuell für den jeweiligen Kredit[185]. Das Liquiditätspotential der Gesellschaft entscheidet. Eine Einstandspflicht von Gesellschaftern oder von Drittunternehmen (Patronatserklärung, Verlustausgleichspflicht) kann eine Kreditunwürdigkeit nur ausgleichen, wenn auch wirklich für Liquidität der Gesellschaft gesorgt wird[186].

Zweifelhaft ist, welche genauen Maßstäbe beim *Stehenlassen von Krediten in der Krise* anzulegen sind. Das Stehenlassen ist eine *Finanzierungsentscheidung des Gesellschafters*[187]. Regelmäßig muß deshalb verlangt werden, daß der Gesellschafter den Kredit überhaupt abziehen kann. Wer im Jahr 1999 fest auf fünf Jahre der gesunden Gesellschaft einen Kredit gegeben hat, dem kann nicht ohne weiteres zur Last gelegt werden, er habe diesen Kredit 2000 in der Krise »stehengelassen«[188], es sei denn, es lag schon eine vorweggenom-

---

182 Vgl. nur *BGHZ* 90, 381, 390; 105, 168, 184f.; *BGH*, BB 1990, 164; *Baumbach/Hueck/Fastrich*, § 32a Rdnr. 43; *Hachenburg/Ulmer*, §§ 32a, b Rdnr. 49ff.; *Scholz/Karsten Schmidt*, §§ 32a, b Rdnr. 41.

183 Vgl. nur *BGHZ* 105, 168, 185; *BGH*, BB 1985, 424; 1990, 164; NJW 1995, 457; nach einer verbreiteten Ansicht ist dies ein Fall des § 32a III GmbHG, nicht des Abs. 1; vgl. *Kamprad*, a.a.O., S. 36, 40; *Lutter/Hommelhoff*, §§ 32a, b Rdnr. 45; *Roth/Altmeppen*, § 32a Rdnr. 18; *Geßler*, ZIP 1981, 234f.; *H. P. Westermann*, ZIP 1982, 388f.; aber das Belassen des Kredits ist gerade die typische Leistung des Darlehensgebers und nicht eine »andere Rechtshandlung«; richtig ist deshalb § 32a I GmbHG; vgl. *Hachenburg/Ulmer*, §§ 32a, b Rdnr. 27; *Scholz/Karsten Schmidt*, §§ 32a, b Rdnr. 47; *Herrmann*, a.a.O., S. 170.

184 *BGHZ* 119, 201 = LM Nr. 40 zu § 30 GmbHG m. Anm. *Roth*; *BGH*, NJW 1992, 201; *Scholz/Karsten Schmidt*, §§ 32a, b Rdnr. 41.

185 *BGHZ* 119, 201, 212 = LM Nr. 40 zu § 30 GmbHG m. Anm. *Roth*; *Scholz/Karsten Schmidt*, §§ 32 a, b Rdnr. 41.

186 *BGHZ* 105, 168, 182 = NJW 1988, 3143 m. Anm. *Karsten Schmidt.*

187 *Scholz/Karsten Schmidt*, §§ 32a, b Rdnrn. 48ff.

188 *Scholz/Karsten Schmidt*, §§ 32 a, b Rdnr. 50.

mene Finanzierungsentscheidung vor[189]. Problematisch ist deshalb der Standpunkt des *Bundesgerichtshof*, ein Gesellschafter müsse ggf. die Liquidation betreiben bzw. einen Insolvenzantrag stellen, um seine langfristigen Kredite vor dem Zugriff des Eigenkapitalersatzrechts zu retten[190]. Auch die bloß objektive Nichtkündigung eines fälligen Kredits sollte als reines Faktum nicht ausreichen[191]. Der *Bundesgerichtshof* hält es für erforderlich, aber auch ausreichend, daß der Gesellschafter jedenfalls von der Finanzsituation der Gesellschaft Kenntnis nehmen könnte und trotzdem den Kredit weder zurückverlangt noch einen Insolvenzantrag stellt[192]. Eine vertragliche Kreditverlängerung, eine Stundung oder ein pactum de non petendo ist eindeutig ausreichend, aber nicht erforderlich[193].

Beispiel Nr. 42 (nach *BGH*, NJW 1985, 2719 = GmbHR 1985, 355): In einem im einzelnen kompliziert gelagerten Fall hatte die A-AG als Gesellschafterin der H-GmbH dieser GmbH einen Kredit von 6 Mio. DM gewährt. Die GmbH war in diesem Zeitpunkt wohl noch kreditwürdig, wurde aber später kreditunwürdig und fiel schließlich in Konkurs. Der *Bundesgerichtshof* mußte klären, ob die AG den Kredit in der Krise als kapitalersetzendes Darlehen hatte stehenlassen. Er entschied: »Die Grundsätze über kapitalersetzende Gesellschafterdarlehen greifen auch ein, wenn der Gesellschafter das unter gesunden wirtschaftlichen Verhältnissen gegebene Darlehen der Gesellschaft in der Krise beläßt, ohne sich insoweit der GmbH gegenüber rechtsgeschäftlich festzulegen.« Das verträgt sich durchaus mit dem Gedanken der zurechenbaren Finanzierungsentscheidung, wenn man mit der neueren Rechtsprechung wenigstens verlangt, daß der Gesellschafter von der Finanzsituation der Gesellschaft Kenntnis erlangen konnte (*BGHZ* 127, 336 = NJW 1995, 326).

Kredite, die bei Insolvenz oder Kreditunwürdigkeit gegeben oder der Gesellschaft belassen worden sind, sind automatisch entsperrt, wenn der mit ihnen verfolgte Zweck nachhaltig erreicht, die Gesellschaft also weder zahlungsunfähig noch überschuldet noch kreditunwürdig ist. Die Kredite können dann ohne weiteres an den Gesellschafter zurückgegeben werden[194]. Auch Kreditsicherheiten, die die Gesellschaft ihrem Gesellschafter zur Verfügung gestellt hat, werden wieder verwertbar.

b) In den ersten drei Auflagen gleichgestellt wurde noch eine *weitere Fallgruppe:* die der *sog. Finanzplankredite*[195]. Es gibt anerkanntermaßen Kreditfinanzierungen in der GmbH-Praxis, die Risikokapitalfinanzierungen darstellen, obwohl die Gesellschaft von einer Krise (noch) weit entfernt ist. Gewiß stünden diese noch mehr im Mittelpunkt des Interesses, wenn nicht der *Bundesgerichtshof* die meisten einschlägigen Fälle bereits als »Stehenlassen in der Krise« qualifiziert und sich deshalb nicht zum Tatbestand des

189 *BGHZ* 142, 116, 120 = NJW 1999, 2809, 2810 m. Anm. *Altmeppen* = BB 1999, 1672, 1673 m. Anm. *Thümmel* = GmbHR 1999, 911, 912 m. Anm. *Brauer*; *Scholz/Karsten Schmidt*, §§ 32 a, b Rdnr. 50 (sog. Finanzplankredit).
190 *BGHZ* 121, 31 = NJW 1993, 392; *BGHZ* 127, 336, 345 = NJW 1995, 326, 329.
191 Vgl. mit umfangreichen Nachweisen *Baumbach/Hueck/Fastrich*, § 32 a Rdnr. 37; str.
192 *BGHZ* 127, 336 = NJW 1995, 326; *BGH*, NJW 1995, 457; 1995, 658; NJW 1998, 3200.
193 Vgl. *BGHZ* 105, 168, 185 = NJW 1988, 3143, 3147 m. Anm. *Karsten Schmidt* in Bestätigung von *BGH*, NJW 1985, 2719.
194 Vgl. *Scholz/Karsten Schmidt*, §§ 32 a, b Rdnr. 54; bedenklich *BGHZ* 90, 370, 381.
195 Vgl. *Karsten Schmidt*, ZIP 1981, 691 f.; 1990, 75; vgl. auch *Scholz/Karsten Schmidt*, §§ 32 a, b Rdnr. 42; *Schlegelberger/Karsten Schmidt*, § 172 a Rdnr. 25; zust. *Herrmann*, a. a. O., S. 167.

Finanzplankredits vorgewagt hätte. Die Existenz von Gesellschaften, deren notwendige Kapitaldecke planmäßig statt durch Eigen- durch Gesellschafter-Fremdkapital hergestellt wird, ist nicht zu bestreiten. Der *Bundesgerichtshof* sprach hier zunächst von Finanzierungsleistungen, die »von vornherein auf Krisenfinanzierung« angelegt sind[196], jedoch erwies sich dies als zu eng: Es genügt die Bereitstellung als notwendiges Risikokapital[197]. Eine solche Widmung der Kredite kann insbesondere dann vorliegen, wenn die Gesellschafter langfristig unkündbare, vielleicht sogar ausdrücklich an die Mitgliedschaft gebundene Kredite zur Verfügung stellen[198]. Auch die Konditionen – z.B. eine extrem niedrige oder gewinnabhängige Verzinsung des langfristigen Gesellschafterkredits bei hoher Fremdkapitalquote der Gesellschaft – können Indizien für die eine solche Finanzplanung sein[199]. Aber ist eine solche Finanzplanung im Sinne von § 32a GmbHG eigenkapitalersetzend? Dafür ließe sich ins Feld führen, dass die Gesellschafter auch hier als »ordentliche Kaufleute« Eigenkapital hätten zuführen sollen. Aber das Eigenkapitalersatzrecht greift, wie der Gesetzeswortlaut seit 1998 klarstellt, erst in der »Krise der Gesellschaft« ein. Deshalb wird man dem Urteil *BGHZ* 142, 116 = NJW 1999, 2809 zu folgen haben: Der Finanzplankredit unterliegt einer eigenen, rechtsgeschäftlichen, nicht der in § 32a GmbHG zum Ausdruck gelangten gesetzlichen Bindung (dazu oben, § 18 III 3). Er kann allerdings, wenn er in der Krise nicht abgezogen wird, zusätzlich der Bindung nach § 32a GmbHG und ihren zwingenden Sanktionen unterworfen werden[200].

3. Ausdehnung auf ähnliche Sachverhalte*

Das Recht der kapitalersetzenden Darlehen genießt Umgehungsschutz. Es wird deshalb in mehrfacher Hinsicht ausgedehnt. Grundlage ist die General-

196 Vgl. *BGH*, NJW 1987, 1080 = BB 1987, 80.

197 Vgl. *BGHZ* 104, 33, 40 = NJW 1988, 1841, 1843; *Scholz/Karsten Schmidt*, §§ 32a, b Rdnr. 42.

198 Vgl. in Anlehnung an *Wiedemann* I, § 10 IV 3a: *Karsten Schmidt*, ZIP 1981, 691f.

199 Vgl. *Herrmann*, a.a.O., S. 167 im Anschluß an *Hachenburg/Ulmer*.

200 Vgl. *Scholz/Karsten Schmidt*, §§ 32 a, b Rdnrn. 42, 91ff.; im einzelnen str.; eingehend *Fleischer*, Finanzplankredite und Eigenkapitalersatz im Gesellschaftsrecht, 1995; *Habersack*, ZHR 161 (1997) 457ff.; ders., ZGR 2000, 384ff.; *Karsten Schmidt*, ZIP 1999, 1241ff.

* Literatur (Auswahl): *Altmeppen*, »Dritte« als Adressaten der Kapitalerhaltungs- und Kapitalersatzregeln, in: Festschrift Kropff, 1997, S. 641; *Bäcker*, Eigenkapitalersetzende Rechtshandlungen der GmbH-Gesellschafter und Dritter, 1990; *ders.*, Die Vermietung von Betriebsmitteln an die GmbH, ZIP 1989, 681; *Brandes*, Die Behandlung von Nutzungsüberlassungen, ZGR 1989, 244; *Büscher/Klusmann*, Die Nutzungsüberlassung durch Gesellschafter an die GmbH, ZIP 1991, 10; *Dittner*, Gesellschafter-Dienstleistungen als eigenkapitalersetzende Rechtshandlungen, 1997; *Dreher*, Kapitalersetzende Darlehen von mittelbar ... beteiligten Nichtgesellschaftern, ZIP 1990, 79; *Drygala*, Der Gläubigerschutz bei der typischen Betriebsaufspaltung, 1991; *ders.*, Die Rechtsfolgen eigenkapitalersetzender Nutzungsüberlassung, BB 1992, 80; *Ebenroth*, Kapitalersatz und Betriebsaufspaltung, BB 1993, 305; *Fabritius*, Die Überlassung von Anlagevermögen an die GmbH durch Gesellschafter, 1988; *Fastrich*, Ausfallsicherheiten als eigenkapitalersetzende Leistungen, NJW 1983, 260; *Feuerborn*, Darlehen Dritter gemäß § 32a Abs. 2 ..., BB 1982, 401; *Gehrlein*, Kollision zwischen eigenkapitalersetzender Nutzungsüberlassung und Vollstreckungszugriff durch Gesellschafter-Gläubiger, NZG 1998, 845; *v. Gerkan*, Die Rechtsfolgen der eigenkapitalersetzenden Nutzungsüberlassung, ZHR 158 (1994), 668; *Götz Hueck*, Die Behandlung von Nutzungsüberlassungen, ZGR 1989, 216; *ders.*, Eigenkapitalersetzende Nutzungsüber-

klausel des § 32 a III 1 GmbHG, wonach die Eigenkapitalersatzregeln auch für andere Rechtshandlungen eines Gesellschafters oder eines Dritten gelten, die den in § 32 a I und II GmbHG beschriebenen Fällen wirtschaftlich entsprechen.

a) *Kredite Dritter* können Gesellschafterdarlehen gleichstehen, wenn zwischen dem Gesellschafter und dem Dritten ein Zurechnungszusammenhang hergestellt werden kann. Das darf nicht vorschnell bejaht werden, setzt vielmehr voraus, daß der Dritte einer ähnlichen Finanzierungsverantwortung unterstellt werden kann wie der Gesellschafter selbst. Ein solches Zurechnungsverhältnis besteht vor allem dann, wenn der Kreditgeber nicht unmittelbar, wohl aber mittelbar an der GmbH beteiligt ist[201], z.B. weil ein Treuhandverhältnis zwischen dem Gesellschafter und dem Dritten besteht[202]. Dagegen genügt es nicht ohne weiteres, wenn ein Dritter als Pfandgläubiger des Gesellschafters aufgrund Verpfändung oder Pfändung des Geschäftsanteils gesichert ist, ohne jedoch unternehmerischen Einfluß auf die GmbH auszuüben[203]. Wer als atypischer stiller Gesellschafter am Unternehmen der GmbH unternehmerisch beteiligt ist, fällt grundsätzlich unter § 32a III GmbHG[204], ebenso naturgemäß, wenn er nicht als stiller Gesellschafter mit der GmbH, sondern als atypisch unterbeteiligter Gesellschafter mit einem GmbH-Gesellschafter verbunden ist[205]. Eine Zurechnung nach § 32a III GmbHG kommt auch in Betracht, wenn der Gesellschafter und der Dritte verbundene Unternehmen i.S. von §§ 15–19 AktG sind[206], nicht generell

lassung, in: Festschrift Odersky, 1996, S. 823; *Hüffer*, Kapitalersatz durch Gesellschafterdarlehen einer Landesbank, ZHR 153 (1989), 322; *Kallmeyer*, Die Rechtsfolgen der eigenkapitalersetzenden Gesellschafter-Nutzungsüberlassung, GmbHR 1994, 290; *Keßler*, Zivilrechtliche Haftungsrisiken bei der Betriebsaufspaltung, GmbHR 1993, 541; *Knobbe-Keuk*, Die Verpachtung von Anlagevermögen des Gesellschafters und § 32a GmbHG, in: Festschrift Kellermann, 1991, S. 227; *Lutter*, Neues zum Gesellschafterdarlehen? ZIP 1989, 477; *Pape*, Die Umqualifizierung stehengelassener Gesellschafterbürgschaften in Kapitalersatz, ZIP 1996, 1409; *Priester/Timm* (Hrsg.), Abschied von der Betriebsaufspaltung? 1990; *Karsten Schmidt*, § 32a GmbHG: ein Allheilmittel gegen unerwünschten Eigenkapitalersatz? ZIP 1990, 69; *ders.*, Nutzungsüberlassung, Eigenkapitalersatz und materielle Unterkapitalisierung, ZIP 1993, 161; *Schulze-Osterloh*, Gläubiger- und Minderheitenschutz bei der steuerlichen Betriebsaufspaltung, ZGR 1983, 123; *Steinbeck*, Obligatorische Nutzungsüberlassung als Sacheinlage und Eigenkapitalersatz, ZGR 1996, 116; *Uhlenbruck*, Kollision kapitalersetzender Nutzungsüberlassung mit Grundpfandrechten und Zessionen der Kreditinstitute, in: Festschrift Heinsius, 1991, S. 841; *Ulmer*, Gebrauchsüberlassung an die GmbH als Kapitalersatz, in: Festschrift Kellermann, 1991, S. 485; *Waechter*, Gesellschafterdarlehen und Umgehungsgeschäfte im Konkurs der GmbH, 1985; *Wiedemann*, Gesellschaftsrechtliche Probleme bei der Betriebsaufspaltung, ZIP 1986, 1293; *Wilken*, Kapitalersetzende Nutzungsüberlassungen im internationalen Unterordnungskonzern, 1993; *Ziegler*, Kapitalersetzende Gebrauchsüberlassung und Konzernhaftung bei der GmbH, 1989.

201 Vgl. *BGH*, ZIP 1990, 1467.

202 Vgl. *BGHZ* 31, 258, 267; 75, 334, 335f.; 95, 188, 193.

203 Vgl. *BGHZ* 119, 191 = NJW 1992, 3035; *Dreher*, ZGR 1994, 144.

204 *BGH*, NZI 2000, 599; *OLG Hamburg*, NJW-RR 1991, 105, 106.

205 *BGH*, NZI 2000, 599.

206 Vgl. § 32a V RegE 1977; *BGHZ* 81, 311, 315f.; *BGH*, AG 1984, 52f. = ZIP 1983, 1448, 1449; *BGH*, NJW 1999, 2822; GmbHR 2001, 106; *Kamprad*, a.a.O., S. 43; *Herrmann*, a.a.O., S. 162; *Ulmer*, in: Das neue GmbH-Recht, a.a.O., S. 60; *Karsten Schmidt*, ZIP 1981, 694; aber zweifelhaft; vorsichtiger *BGHZ* 105, 168, 176f. = NJW 1988, 3143 m.Anm. *Karsten Schmidt*;

dagegen bei Krediten von nahen Angehörigen[207]. Die komplizierten Zurechnungsprobleme werden vor allem im Bereich der Konzernfinanzierung (oben, § 18 V) die Praxis noch lange beschäftigen[208]. Sie sind aber schon deutlich genug in unserem

Beispiel Nr. 43: Hat die Ehefrau des GmbH-Gesellschafters der Gesellschaft ein Darlehen gegeben, so hängt die Gleichstellung mit einem Gesellschafterdarlehen davon ab, ob sie, gleich einer Gesellschafterin, aus der Finanzierungsverantwortung heraus gehandelt hat, wofür es Indizien geben mag. Hatte sie treuhänderisch für Rechnung des Gesellschafters gehandelt, so steht die Gleichstellung außer Frage. Eine generelle Gleichstellung naher Angehöriger gibt es dagegen nicht (*BGH*, NJW-RR 1991, 744; NJW 2000, 3278). Hat im Konzern die Muttergesellschaft Kredite an die Tochtergesellschaft vergeben, so wird es nicht darauf ankommen, ob sie auch Anteile an der Tochter hielt. Gab dagegen die Tochtergesellschaft der Muttergesellschaft Kredite oder nimmt eine Konzernschwester bei der anderen einen Kredit auf, so wird es auf die Umstände des konkreten Falls ankommen.

Um ein ganz anderes Problem geht es bei der Frage, ob die Rückzahlung eines Gesellschafterdarlehens an einen dem Gesellschafter nahestehenden Dritten Rückforderungsansprüche auch gegen diesen Nichtgesellschafter auslöst (*BGHZ* 81, 365 und dazu oben unter III 2e). Noch anders liegt das Problem, wenn der Gesellschafter seinen Rückzahlungsanspruch an einen Dritten abgetreten hat. Dann kann die Gesellschaft diesem Dritten nach § 404 BGB die Kapitalersatzfunktion des Darlehens unmittelbar entgegenhalten[209].

b) *Andere Rechtshandlungen*, die der Darlehensgewährung wirtschaftlich entsprechen, stehen nach § 32a III 1 GmbHG einem Darlehen gleich. Es kommt auf die funktionelle Gleichartigkeit an[210]. Typische Fälle sind z. B.: der Erwerb gestundeter Forderungen durch einen Gesellschafter oder die stille Beteiligung[211]. Im Rahmen einer laufenden Geschäftsbeziehung kann sich hieraus sogar etwas ähnliches entwickeln wie ein Gesellschafter-Kontokorrentkredit (Überziehungskredit): So, wenn es der Gesellschafter als Lieferant der GmbH zuläßt, daß diese ihm gegenüber ständig mit großer Verspätung ihre Lieferantenverbindlichkeiten begleicht und auf diese Weise unablässig eine Art Kreditlinie in Anspruch nimmt[212]. Auch die Stundung oder Nichtgeltendmachung eines mit der Gesellschaft vereinbarten Dienstleistungs- oder Nutzungsentgelts kann als Eigenkapitalersatz unter § 32a III GmbHG fallen[213].

Umstritten war lange die Frage, ob auch die *Nutzungsüberlassung*, etwa die Verpachtung von Anlagegegenständen, als eigenkapitalersetzende Leistung

---

dazu *Hüffer*, ZHR 153 (1989), 330; gegen Gleichstellung *Roth/Altmeppen*, § 32a Rdnrn. 59ff.; *Geßler*, BB 1980, 1391; differenzierend *Hommelhoff*, WM 1984, 1105ff.

207 Vgl. *Kamprad*, a.a.O., S. 44; *Scholz/Karsten Schmidt*, §§ 32a, b Rdnr. 134.

208 Vgl. vorerst nur den HSW-Fall *BGHZ* 105, 168 = NJW 1988, 3143 m. Anm. *Karsten Schmidt*; dazu die Besprechung von *Hüffer*, ZHR 153 (1989), 322ff.; *Schmidsberger*, Eigenkapitalersatz im Konzern, Wien 1996; grundlegend *Hommelhoff*, WM 1984, 1105ff.

209 *BGHZ* 104, 33, 43 = NJW 1988, 1841, 1843; *Herrmann*, a.a.O., S. 161; *Kamprad*, a.a.O., S. 42f.; *Roth/Altmeppen*, § 32a Rdnr. 77; *Scholz/Karsten Schmidt*, §§ 32a, b Rdnr. 140; einschränkend noch *Karsten Schmidt*, ZIP 1981, 694f.

210 *Bäcker*, a.a.O., S. 72ff.

211 Diese Beispiele waren im RegE 1977 noch besonders genannt.

212 *BGH*, LM Nr. 46 zu § 30 GmbHG m. Anm. *Roth* = NJW 1995, 457.

213 *Scholz/Karsten Schmidt*, §§ 32a, b Rdnr. 123.

angesehen werden kann. In der ersten Auflage dieses Werks wurde die Frage als offen dargestellt, in der zweiten entgegen der Entscheidung *BGHZ* 109, 55 »Lagergrundstück I« und der sich herausbildenden herrschenden Ansicht verneint. Die Erwägung war, daß die Nutzungsüberlassung zwar der Gesellschaft Aufwendungen erspare und die Fortsetzung des Geschäftsbetriebs ohne eine sonst erforderliche Kapitalerhöhung erlaube, aber doch keine der Darlehensgewährung entsprechende Zuführung von Fremdmitteln darstelle: Nicht nominelle, sondern materielle Unterkapitalisierung sei hier im Spiel, und deshalb paßten auch die Rechtsfolgen des § 32a GmbHG nicht[214]. An dieser Kritik wird festgehalten. Es handelt sich um eine *Fehlentwicklung des Richterrechts*[215], denn die Fortführung der Gesellschaft mit Hilfe von Dienstleistungen oder Gebrauchsvorteilen ist zwar eine Finanzierungsmethode und kann auch auf Unterkapitalisierung und Insolvenzverschleppung hindeuten, stellt aber nicht, wie dies § 32a GmbHG voraussetzt, die Zuführung von Darlehens- statt Eigenkapital dar. Der entscheidende Einwand gegen die Anwendung des § 32a III 1 GmbHG besteht dabei nicht in dem rein formalen Argument, daß es an einer Sachübereignung fehlt (auch die Darlehensgewährung erfolgt in der Praxis nicht nach § 929 BGB)[216], sondern darin, daß die Nutzungsüberlassung nicht, wie ein Gesellschafterdarlehen, der Gesellschaft liquide Mittel zuführt, daß sie keinen Passivposten in der Bilanz begründet und kein Substanzwertverlustrisiko im Konkurs mit sich bringt[217]. Auch § 39 I Nr. 5 InsO (worin soll bei der Nutzungsüberlassung die nachrangige Forderung bestehen?) zeigt, daß die Anwendung des § 32a GmbHG schlecht ins System paßt. Doch wird die Anwendbarkeit von § 32a III 1 GmbHG, wie schon im Zeitpunkt der 2. Auflage, ganz überwiegend bejaht[218]. Als Gegenstand der eigenkapitalersetzenden Leistung wird nicht der überlassene Gegenstand oder die Nutzung als solche angesehen, sondern das der Gesellschaft eingeräumte Nutzungsrecht[219]. Dabei soll an die Stelle der »Kreditunwürdigkeit« das Kriterium der »Überlassungsunwürdigkeit« treten[220]. Im Fall *BGHZ* 121, 31 »Lagergrundstück II« hat der Bundesgerichtshof entschieden: »Vermietet oder verpachtet ein Gesell-

214 Vgl. eingehend 2. Aufl., § 37 IV 3b; *Karsten Schmidt*, ZIP 1990, 69ff.; 1993, 161ff.

215 *Roth/Altmeppen*, § 32a Rdnrn. 87f.; *Scholz/Karsten Schmidt*, § 32a Rdnr. 127.

216 So im Fall »Lagergrundstück I« *OLG Düsseldorf*, ZIP 1988, 1201.

217 *Scholz/Karsten Schmidt*, §§ 32a, b Rdnr. 137; *Karsten Schmidt*, ZIP 1990, 75; das argumentum ad absurdum des *Verf.* ging damals dahin, ob es denn auch eigenkapitalersetzende Dienstleistungen gab; das wurde dann ernsthaft diskutiert von *Priester*, DB 1993, 1173, und ernsthaft bejaht von *Dittmer*, a.a.O.

218 BGHZ 109, 55 »Lagergrundstück I«; 121, 31 »Lagergrundstück II«; 127, 1 »Lagergrundstück III«; 127, 17 »Lagergrundstück IV«; 140, 147 »Lagergrundstück V«; *BGH*, NJW 1997, 3026; 2001, 1136; aus der Literatur vgl. namentlich *Kübler*, § 17 IV 3b; *Hachenburg/Ulmer*, §§ 32a, b Rdnrn. 106ff.; *Baumbach/Hueck/Fastrich*, § 32a Rdnrn. 32ff.; *Lutter/Hommelhoff*, §§ 32a, b Rdnrn. 138ff.; *Roth/Altmeppen*, § 32a Rdnrn. 82ff.; *Rümker*, in: MünchHdb. GesR III, 1996, § 53 Rdnrn. 70ff.; *Immenga*, Die personalistische Kapitalgesellschaft, 1970, S. 416; *Bäcker*, a.a.O., S. 141ff.; *Fabritius*, a.a.O., S. 93ff.; *Waechter*, a.a.O., S. 131ff.; *Ziegler*, a.a.O., S. 41ff., 101ff.; *Drygala*, a.a.O., S. 45ff.; *Knobbe-Keuk* und *Ulmer*, in: Festschrift Kellermann, a.a.O.; aus der Aufsatzliteratur zuletzt *Steinbeck*, ZGR 1996, 116 (ältere Belege in der 2. Aufl.).

219 *BGHZ* 127, 1, 9; 127, 17, 25 = LM Nr. 3 zu § 172a HGB m.Anm. *Heidenhain*; dazu auch *Scholz/Karsten Schmidt*, §§ 32 a, b Rdnr. 126.

220 *BGHZ* 109, 55, 64; 121, 31, 39; *BGH*, NJW 1997, 3026; *OLG Karlsruhe*, GmbHR 1996, 524, 525; *OLG Stuttgart*, NZG 1998, 308, 309.

schafter der GmbH das ganze für deren Unternehmen benötigte Anlagevermögen, so liegt darin eine eigenkapitalersetzende Leistung, wenn die Gesellschaft weder selbst über die zur Anschaffung einer solchen Betriebseinrichtung erforderlichen Mittel verfügt noch sich diese aus eigener Kraft auf dem Kapitalmarkt zu üblichen Bedingungen beschaffen könnte und ein vernünftig handelnder Vermieter oder Verpächter, der nicht an der Gesellschaft beteiligt ist und sich auch nicht an ihr beteiligen will, mit dieser einen entsprechenden Nutzungsüberlassungsvertrag über die komplette Betriebseinrichtung unter den gegebenen Umständen nicht schließen würde.« – Besonders umstritten waren die *Rechtsfolgen* einer »eigenkapitalersetzenden Nutzungsüberlassung«. Die wichtigsten Vorschläge lauteten: Der überlassene Gegenstand werde im Gesellschaftsvermögen verwertet, dürfe also nicht ausgesondert werden[221]; der Gesellschafter müsse den Substanzwert[222] oder den Restnutzungswert in die Masse zahlen[223]; er müsse die Weiternutzung dulden und die Verwertung des Nutzungsrechts hinnehmen[224]. Diese Folgeprobleme waren in dem »Lagergrundstück I«-Urteil von 1989 zunächst noch offengeblieben[225]. Entschieden wurde die Frage sodann in den Grundsatzenscheidungen *BGHZ* 127, 1 (»Lagergrundstück III«) und *BGHZ* 127, 17 (»Lagergrundstück IV«):

Beispiel Nr. 44 (nach *BGHZ* 127, 17 »Lagergrundstück IV«): Der Konkursverwalter klagte nicht nur auf Rückzahlung von Mietzinsen in die Konkursmasse, sondern er verlangte sogar die Überlassung des Grundstücks zu Eigentum oder jedenfalls die Zahlung des Verkehrswertes oder der kapitalisierten Grundstücksnutzung. Wirtschaftlich wäre all dies dem Totalverlust des Eigentums gleichgekommen, denn ob der Gesellschafter das Grundstück, seinen Substanzwert oder den kapitalisierten Wert der künftigen Nutzung in die Masse tun muß, macht kaufmännisch kaum einen Unterschied. Der *BGH* hat aber all diese Ansprüche treffend verneint und entschieden: »Der Konkursverwalter ist jedoch berechtigt, das der Gemeinschuldnerin in eigenkapitalersetzender Weise überlassene oder belassene Grundstück zugunsten der Konkursmasse durch Weiternutzung innerhalb des Gesellschaftsunternehmens oder durch anderweitige Verpachtung oder Vermietung weiter zu verwerten.« Vereitelt der Gesellschafter die Nutzungsrechte der Masse, so kann er nach dem Urteil »Lagergrundstück III« in dieser Höhe zum Wertersatz verpflichtet sein (BGHZ 127, 1, 14 f.). Er muß nach *BGH*, NJW 2000, 3565 auch alle sonstigen im Überlassungsvertrag übernommenen Aufwendungen (z. B. für Energieversorgung) zugunsten der Masse tragen.

Diese Beschränkung der Rechtsfolgen ist jedenfalls konsequent[226], denn nicht das Grundstück, sondern nur das Recht zu Grundstücks*nutzung* soll ja die darlehnsähnliche eigenkapitalersetzende Leistung des Gesellschafters sein, die den Gläubigern als Befriedigungsobjekt zur Verfügung steht. In der Praxis wird sich all das meist nicht so umsetzen lassen, wie es sich in den *BGH*-

221 Vgl. mit Unterschieden und Differenzierungen *Waechter*, a. a. O., S. 139; *Drygala*, a. a. O., S. 67 ff.; *Braun*, ZIP 1983, 1179 f.; *Schulze-Osterloh*, ZGR 1983, 132, 142; *Timm*, JuS 1991, 740; *Wellkamp*, DB 1993, 1761; *Wiedemann*, ZIP 1986, 1300.

222 Vgl. *Raiser*, § 38 Rdnr. 22; *Fabritius*, a. a. O., S. 177 ff.

223 Vgl. mit Unterschieden *Ziegler*, a. a. O., S. 100 ff.; *Knobbe-Keuk*, BB 1984, 4; *v. Gerkan*, GmbHR 1986, 223.

224 Vgl. mit Unterschieden *Baumbach/Hueck/Fastrich*, § 32 a Rdnr. 59 a; *Hachenburg/Ulmer*, §§ 32 a, b Rdnrn. 112 ff.; *Lutter/Hommelhoff*, §§ 32 a, b Rdnrn. 147 ff.

225 Vgl. außer der Darstellung in der 2. Aufl. noch den Sammelband von *Priester/Timm* (Hrsg.), Abschied von der Betriebsaufspaltung? 1990.

226 Eingehend *Scholz/Karsten Schmidt*, §§ 32 a, b Rdnrn. 131 f.; *Kallmeyer*, GmbHR 1994, 290 ff.

Urteilen liest, vielmehr werden auf der Basis der Rechtsprechung Vergleichsverträge zwischen den Insolvenzverwaltern und den Gesellschaftern geschlossen, denn der Insolvenzverwalter kann das Grundstück in vielen Fällen weder selbst sinnvoll weiternutzen, noch findet er für die der Masse zustehende Nutzungsdauer einen Mieter oder Pächter. Aber auch wenn die Angelegenheit im Vergleichswege durch Zahlung bereinigt wird, entsteht aber die Frage, wie lange denn die zugrundezulegende Nutzungsdauer ist. Hierzu heißt es im Urteil *BGHZ* 127, 1 »Lagergrundstück III«: »Für eigenkapitalersetzende Nutzungsüberlassungen gelten grundsätzlich die im Überlassungsvertrag vereinbarten zeitlichen Grenzen. Wäre jedoch ein inhaltsgleicher Vertrag mit einem außenstehenden Dritten und unter Vereinbarung einer längeren Überlassungsdauer oder längerer Kündigungsfristen geschlossen worden, dann hat der Gesellschafter der Gesellschaft das Nutzungsrecht für den sich daraus ergebenden Mindestzeitraum zu überlassen.« Die Praxis lernt es allmählich, mit diesen Rechtsfolgen umzugehen, die freilich ebenso schwer wie der Tatbestand der »eigenkapitalersetzenden Nutzungsüberlassung« mit § 32a GmbHG – Zuführung von Fremdkapital statt von Eigenkapital – in Einklang zu bringen sind. Für den Praktiker hat es nicht mehr viel Sinn, dieser weithin gebilligten Fortbildung des § 32a GmbHG noch mit Grundsatzbedenken entgegenzutreten. Sie ist Bestandteil geübten Rechts.

c) Auch *kapitalersetzende Sicherheiten* des Gesellschafters für Kredite Dritter werden erfaßt[227]. Dies ist der Grundgedanke des § 32a II GmbHG, denn für die Finanzierung einer kreditunwürdigen Gesellschaft macht es nicht viel Unterschied, ob der Gesellschafter den Kredit aufnimmt und an die Gesellschaft weitergibt (§ 32a I GmbHG) oder ob er den Bankkredit seiner Gesellschaft lediglich besichert (§ 32a II GmbHG). Das gilt auch, wenn eine Sicherheit nach Eintritt der Kreditunwürdigkeit aufrechterhalten, also wie ein Kredit »stehengelassen« wird[228]. Der Tatbestand der eigenkapitalersetzenden Kreditsicherheit ist der Sache nach ein Anwendungsfall des § 32a III 1 GmbHG[229]. Es handelt sich dabei nicht um den Fall einer Erstreckung des § 32a GmbHG auf Dritte, denn die Regelung zielt, so sehr sie auch den Dritten reflexiv mit beeinträchtigt, gegen den kreditsichernden Gesellschafter[230]. Er steht in der unternehmerischen Finanzierungsverantwortung, und er trägt mit seiner Sicherheit wie mit einem Kredit zur Finanzierung der Gesellschaft bei. Die Wirkungen des Kapitalersatzrechts treffen allerdings nach § 32a II GmbHG mittelbar auch den Dritten: Hat der Gesellschafter

---

227 Vgl., teils zum alten Recht, *BGHZ* 67, 171, 182 = NJW 1977, 104, 106 m. Anm. *Karsten Schmidt; BGHZ* 81, 252, 255f.; *BGH*, WM 1984, 475; NJW-RR 1990, 230 = BB 1990, 87; NJW 1992, 1169 = BB 1992, 357; NJW 1996, 722; *OLG Hamburg*, ZIP 1980, 911; NJW-RR 1991, 105; *Gersch/Herget/Marsch/Stützle*, a.a.O., Rdnrn. 266ff.; *Kamprad*, a.a.O., S. 37ff.; *Maier-Reimer*, in: Festschrift Rowedder, 1994, S. 245ff.; *Scholz/Karsten Schmidt*, §§ 32a, b Rdnrn. 143ff.; *Karsten Schmidt*, ZIP 1981, 693f.

228 *BGH*, NJW 1992, 1169 = BB 1992, 357.

229 *Scholz/Karsten Schmidt*, §§ 32 a, b Rdnr. 144.

230 Nach § 32a III 1 GmbHG kann allerdings auch wieder ein dem Gesellschafter nahestehender Dritter als Sicherungsgeber an die Stelle des Gesellschafters treten; vgl. *BGH*, NJW 1997, 740 = WiB 1997, 246 m. Anm. *Ihrig*.

den vom Dritten gegebenen Kredit in der Krise dinglich oder persönlich besichert, also sich z.B. verbürgt, so kann der kreditgebende Dritte im Insolvenzverfahren der Gesellschaft nur denjenigen Betrag geltend machen, mit dem er bei der Inanspruchnahme der Sicherheit oder des Bürgen ausgefallen ist (§ 32a II GmbHG).

Beispiel Nr. 45: Die B-Bank hatte der bereits kreditunwürdigen Gesellschaft mit der Kündigung des ihr eingeräumten Überziehungskredits gedroht und weitere Kredite verweigert, worauf Gesellschafter G sich für die bisherigen und künftigen Kredite verbürgte. Wird nun das Insolvenzverfahren über das Gesellschaftsvermögen eröffnet, so wäre B nach der allgemeinen Regel befugt, in vollem Umfang gegen G vorzugehen und zugleich ihre Insolvenzforderung anzumelden. Das verhindert § 32a II GmbHG.

Man muß sich immer wieder klar machen, daß sich die Anwendung des § 32a GmbHG auf Gesellschaftersicherheiten trotz der ins Auge springenden Norm des Abs. 2 im Kern gegen den kreditsichernden Gesellschafter und nicht gegen den Kreditgeber richtet. Das erkennt man, wenn der Kredit zurückgezahlt worden ist, denn dann hat nicht der Kreditgeber – in unserem Beispiel die B – der Gesellschaft den Betrag zu erstatten, sondern der Gesellschafter, dessen Sicherheit frei geworden ist (§ 32b GmbHG).

Umstritten ist die Rechtslage, wenn die Gesellschaft und der Gesellschafter gleichzeitig Sicherheiten bestellt haben: Muß der Gläubiger auch dann zunächst auf die vom Gesellschafter bestellte Sicherheit zugreifen[231], oder kann er sich aus der Sicherheit der Gesellschaft befriedigen[232]?

Beispiel Nr. 46 (nach *LG Ulm*, ZIP 1983, 1441; *OLG Stuttgart*, ZIP 1984, 992; *BGH*, NJW 1985, 858; bestätigt in *BGH*, NJW 1986, 429): Die Kreditgeberin K verlängerte in der Krise der GmbH die in Höhe von 1,2 Mio. gegebenen Kredite und erhielt hierfür Grundschulden auf Gesellschaftsgrundstücken sowie eine Bürgschaft des Gesellschafters G. Die Gesellschaft fiel in Konkurs. K klagte nun gegen den Konkursverwalter auf Duldung der Zwangsvollstreckung aus den Grundschulden. Vorausgesetzt, die GmbH war trotz der Grundstücksbeleihung wirklich schon kreditunwürdig, so müßte diese Klage abgewiesen werden, wenn § 32a II GmbHG entgegenstehen sollte. Der *Bundesgerichtshof* hat folgenden Leitsatz formuliert: »Ist dem Drittgläubiger in einem Fall des § 32a II GmbHG von der Gesellschaft eine konkursfeste Sicherung für das Darlehen bestellt worden, so kann er auch nach Eröffnung des Konkurs- oder Vergleichsverfahrens daraus Befriedigung suchen, ohne vorrangig die Gesellschaftersicherung oder -bürgschaft in Anspruch nehmen zu müssen.« Da sich § 32a II GmbHG gegen den sichernden Gesellschafter und nicht gegen den dritten Gläubiger wendet, beschränkt die Bestimmung nach dem Standpunkt dieser Gerichte die Stellung des Dritten nicht. Im Ergebnis scheint dies fragwürdig, vor allem dann, wenn der Gesellschafter nur eine Ausfallsicherheit bestellt hat.

Der *Bundesgerichtshof* hat diese Praxis konsequent fortgesetzt. Nach *BGH*, NJW 1986, 429 kann der Insolvenzverwalter der GmbH die vom Gesellschafter gegebene kapitalersetzende Sicherheit von dem Gläubiger nicht nach

---

231 Vgl. mit unterschiedlichen Begründungen *Scholz/Karsten Schmidt*, §§ 32a, b Rdnrn. 161ff.; *Herrmann*, a.a.O., S. 176f.; *Kilger/Karsten Schmidt*, KO, 16. Aufl. 1993, § 32a Anm. 7b; *Monßen*, DB 1981, 1603; *Feuerborn*, BB 1982, 402.

232 *BGH*, NJW 1985, 858; 1986, 429; *Roth/Altmeppen*, § 32a Rdnr. 55; *Baumbach/Hueck/Fastnicht*, § 32a Rdnr. 70; *Lutter/Hommelhoff*, §§ 32a, b Rdnr. 121; *Rowedder*, § 32a Rdnr. 70; jetzt auch *Hachenburg/Ulmer*, §§ 32a, b Rdnr. 144.

§§ 32a, b GmbHG zurückverlangen, wenn der Gläubiger aus Sicherheiten der Gesellschaft befriedigt worden ist.

4. Einschränkung durch das Zwerganteilsprivileg (§ 32a III 2 GmbHG) und das Sanierungsprivileg (§ 32a III 3 GmbHG)[*]

Bis 1998 gab es weder ein Privileg für die Inhaber kleiner Geschäftsanteile[233] noch ein Sanierungsprivileg[234]. Von § 32a GmbHG ausgenommen waren nach der hier vertretenen Ansicht Kredite, die in keinem Zusammenhang mit unternehmerischer Finanzierungsverantwortung des Gesellschafters gegeben wurden, während Sanierungshilfen nur als ein Grund mehr angesehen wurden, Risikokapital gegen echte Kredite als Fremdkapital abzugrenzen[235]. In dieser Hinsicht haben zwei Gesetzesänderungen von 1998 die Gesetzeslage verändert.

a) Durch das Kapitalaufnahmeerleichterungsgesetz[236] wurde § 32a III 2 GmbHG in das Gesetz aufgenommen: »Die Regeln über den Eigenkapitalersatz gelten nicht für den nicht geschäftsführenden Gesellschafter, der mit zehn vom Hundert oder weniger am Stammkapital beteiligt ist.« Dieses sog. *Zwerganteilsprivileg* stellt den nicht geschäftsführenden Kleingesellschafter nicht nur von § 32a GmbHG frei, sondern auch von den Rechtsprechungsregeln über den Eigenkapitalersatz (insbesondere von der Anwendung der §§ 30f. GmbHG). Sie ist als eine bloß »klarstellende«[237], die Handhabung des

---

* Literatur: *Altmeppen,* Verschlimmbesserungen im Kapitalersatzrecht, ZIP 1996, 1455; *Claussen,* Die GmbH braucht eine Deregulierung des Kapitalersatzrechts, GmbHR 1996, 316; *Dauner-Lieb,* Die Freistellung geringfügig beteiligter Gesellschafter von der Kapitalersatzhaftung – Ein Eingriff in die Fortbildungskompetenz der Gerichte? –, DStR 1998, 609; *Gaiser,* Die Freistellung geringfügig beteiligter Gesellschafter von der Außenhaftung nach § 24 GmbHG im Rahmen einer Kapitalerhöhung, GmbHR 1999, 210; *von Gerkan,* Der Entwurf des »Kapitalaufnahmeerleichterungsgesetzes« und das Recht des Eigenkapitalersatzes, GmbHR 1997, 677; *Grunewald,* Sanierung durch Gesellschafterdarlehen, in: Festschrift Bezzenberger, 2000, S. 85; *Hirte,* Das Kapitalersatzrecht nach Inkrafttreten der Reformgesetzgebung, ZInsO 1998, 147; *Karollus,* Zur geplanten Reform des Kapitalersatzrechts, ZIP 1996, 1893; *Obermüller,* Änderungen des Rechts der kapitalersetzenden Darlehen durch KonTraG und KapAEG, ZInsO 1998, 51; *Pape/Voigt,* Einladung zur Umgehung der Eigenkapitalersatzregeln, DB 1996, 2113; *Pentz,* Zur Anwendbarkeit der GmbH-Eigenkapitalersatzregeln auf Leistungen geringfügig beteiligter Gesellschafter, BB 1997, 1265; *ders.,* Die Änderungen und Ergänzungen der Kapitalersatzregeln im GmbH-Gesetz, GmbHR 1999, 437; *Pichler,* Unternehmenssanierung auf Grundlage der geänderten § 32a GmbHG, WM 1999, 411; *Remme/Theile,* Die Auswirkungen von »KonTraG« und »KapAEG« auf die GmbH, GmbHR 1998, 909; *Karsten Schmidt,* Zwerganteile im GmbH-Kapitalersatzrecht, ZIP 1996, 1586; *ders.,* Zurechnungsprobleme um das Zwerganteilsprivileg des § 32a Abs. 3 Satz 2 GmbHG, GmbHR 1999, 1269; *Seibert,* Der Bundestag greift in die Diskussion zum Eigenkapitalersatzrecht ein, GmbHR 1998, 309.

233 3. Aufl., § 37 IV 2; a.M. damals schon *Lutter/Hommelhoff,* 14. Aufl., §§ 32 a, b Rdnr. 56.

234 *Karsten Schmidt,* ZHR 147 (1983), 175.

235 Teleologische Reduktion; vgl. *Karsten Schmidt,* ZHR 147 (1983) 184ff.; selbst hiergegen *Hachenburg/Ulmer,* §§ 32 a, b Rdnrn. 35ff.; *Ullrich,* GmbHR 1983, 142ff.; *Ulmer,* ZIP 1984, 1167.

236 Gesetz vom 20.4.1998, BGBl. I S. 707.

237 BegrRegE, BT-Drucks. 13/7141, S. 9, 13f. = ZIP 1996, 1362.

§ 32 a GmbHG vereinfachende[238] Regelung intendiert. Sie ist aber rechtspolitisch problematisch[239] und auch redaktionell schlecht vorbereitet[240]. Die Gerichtspraxis wird § 32 a III 2 GmbHG beim Wort nehmen müssen[241], wird sich aber mit Zurechnungsproblemen auseinanderzusetzen haben[242], die an folgendem, vom Verfasser auf Tagungen wiederholt vorgetragenen Beispiel verdeutlicht seien:

Beispiel Nr. 47: Schneewittchen (S) und die bekanntlich recht wohlhabenden sieben Zwerge (Z_1–Z_7) haben eine GmbH gegründet. Da Schneewittchen Geschäftsführerin werden soll (also am Privileg des § 32 a III 2 GmbHG bestimmt nicht teilhat), hat der Notar geraten, daß sie 30 % der Geschäftsanteile übernimmt und jeder Zwerg 10 %. Gibt nun Z_1 ein Gesellschafterdarlehen, so ist er vom Eigenkapitalersatzrecht freigestellt. Das kann ihm nicht als Mißbrauch angelastet werden. Schneewittchen wird, selbst wenn sie als Königstochter liquide sein sollte, keine Kredite geben wollen. Schiebt sie einen Z_7 vor, der für ihre Rechnung als Treuhänder oder Strohmann an die Gesellschaft zahlt, so ist dieser Kredit nicht privilegiert (Zurechnung des Kredits gegenüber Schneewittchen). Im Fall einer Krise wird aber vermutlich nicht nur ein Zwerg mit einem Darlehen helfen, sondern es werden mehrere – im Zweifel sogar alle – in einer konzertierten Aktion die Gesellschaft durch Kredite zu sanieren suchen. Dann sind die koordinierten Kredite und damit auch die Zwerganteile zusammenzurechnen. § 32 a GmbHG kommt also zum Zuge. Es wäre ein Trugschluß, wollte man glauben, daß das Eigenkapitalersatzrecht durch bloße Segmentierung der Anteile für eine Gesellschaft gegenstandslos gemacht werden könnte. Handelt es sich bei den Krediten um Finanzplankredite (oben, 18 III 3), so ist überdies zu bedenken, daß § 32 a III 2 GmbHG an der rechtsgeschäftlichen Finanzplanbindung nichts zu ändern vermag.

b) Nicht unproblematisch ist auch das durch das Gesetz zur Kontrolle und Transparenz im Unternehmensbereich (KonTraG)[243] eingeführte *Sanierungsprivileg* des § 32 a III 3 GmbHG: »Erwirbt ein Darlehensgeber in der Krise der Gesellschaft Geschäftsanteile zum Zweck der Überwindung der Krise, führt dies für seine bestehenden oder neugewährten Kredite nicht zur Anwendung der Regeln über den Eigenkapitalersatz.« Der Gesetzgeber wollte auf diesem Wege Sanierungen erleichtern. Versteht man die Eigenkapitalersatzregeln allerdings gerade auch als Regeln für die wirtschaftlich richtige Abgrenzung von Fremdkapital und Risikokapital in Sanierungsfällen, so fügt sich das Sanierungsprivileg des Satzes 3 ebenso schlecht in das System der Eigenkapitalersatzregeln ein wie das Zwerganteilsprivileg des Satzes 2[244]. Der Sache nach will der Gesetzgeber nicht die Vergabe von Darlehen, sondern den Erwerb von Geschäftsanteilen zu Sanierungszwecken erleichtern, indem er den Erwerber von den Eigenkapitalersatzregeln freistellt.

238 *Lutter/Hommelhoff*, §§ 32 a, b Rdnr. 66; *Seibert*, GmbHR 1998, 309; vgl. schon *Claussen*, GmbHR 1996, 316.

239 Vgl. *Scholz/Karsten Schmidt*, §§ 32 a, b Rdnr. 179 mit ausführlichen Nachweisen.

240 Insbesondere die Bedeutung der 25%-Grenze bei *BGHZ* 90, 381 wurde unrichtig eingeschätzt.

241 *Scholz/Karsten Schmidt*, §§ 32 a, b Rdnr. 180; *Dauner-Lieb*, DStR 1998, 609 ff., s. auch *Pentz*, GmbHR 1999, 441.

242 *Scholz/Karsten Schmidt*, §§ 32 a, b Rdnrn. 184 ff.; *Karsten Schmidt*, GmbHR 1999, 1269 ff.

243 Gesetz v. 27.4.1998, BGBl. I S. 786.

244 Insofern wie hier *Grunewald*, in: Festschrift Bezzenberger, a. a. O.; *Barbara Grunewald* begrüßt jedoch im Ergebnis das Privileg als Beginn der von ihr in GmbHR 1997, 1 ff. geforderten Beseitigung der Eigenkapitalersatzregeln.

Beispiel Nr. 48: Die Hausbank H der GmbH sieht ihre Kredite durch die drohende Insolvenz der GmbH gefährdet. Deshalb erwirbt sie eine Mehrheitsbeteiligung an der Gesellschaft und gibt der Gesellschaft zu Sanierungszwecken weitere Kredite. Nach § 32a III 3 GmbH unterliegen dann weder die Altkredite noch die Neukredite den Eigenkapitalersatzregeln. Nicht durch das Privileg ausgeschlossen ist freilich eine durch den Gesellschafterwillen begründete Finanzplanbindung (vgl. zu dieser oben 18 III 3).

Die Vorschrift des § 32 III 3 GmbHG wird der Praxis noch manche Rätsel aufgeben. So steht sie z.B. in einem Wertungswiderspruch zu § 264 III InsO, wonach selbst innerhalb des Kreditrahmens eines Insolvenzplans die Eigenkapitalersatzregeln gelten, während die unter § 32a III 3 GmbHG fallenden Gesellschafter von der Geltung des Eigenkapitalersatzrechts freigestellt bleiben sollen[245]. Ein rechter Sinn ist darin nicht zu erkennen. Auch die zeitliche Grenze des § 32a III 3 GmbHG ist undeutlich. Gewiß kann, wer Anteile in der Krise erwirbt, nicht ad infinitum vom Eigenkapitalersatzrecht freigestellt sein. Man wird davon ausgehen müssen, daß die Freistellung endet, wenn nachhaltige Sanierung eingetreten ist[246]. Das Stehenlassen des Kredits in einer nachfolgenden Krise fällt dann unter § 32a GmbHG.

5. Die Sanktionen

a) Im *Insolvenzverfahren* über das Vermögen der Gesellschaft darf die Forderung aus einem kapitalersetzenden Gesellschafterdarlehn nur als nachrangige Forderung (§ 39 I Nr. 5 InsO) geltend gemacht werden (§ 32a I 1 GmbHG). Nachrangige Forderungen werden nur zur Tabelle angemeldet, wenn das Insolvenzgericht dazu auffordert (§ 174 III InsO). Im praktischen Regelfall sind sie also ebenso verloren wie unter dem alten Konkursrecht, wo eine Anmeldung zur Tabelle ganz ausgeschlossen war. Ebensowenig kann ein Gesellschafter, der aus einer kapitalersetzenden Sicherheit von einem dritten Kreditgeber in Anspruch genommen wurde, mit seinem Regreßanspruch – z.B. als Bürge nach § 774 BGB – im Insolvenzverfahren mit den Gesellschaftsgläubigern konkurrieren[247]. Ein Insolvenzplan kann zwar gegen den Gesellschafter wirken, befreit aber das eigenkapitalersetzende Darlehen nicht aus der Bindung[248]. Das gilt sogar für Darlehen im Kreditrahmen eines Insolvenzplans (vgl. § 264 III InsO).

b) Die *Inanspruchnahme des Gesellschafters wegen Rückzahlung des Gesellschafterdarlehens* oder wegen Befreiung von einer kapitalersetzenden Sicherheit ist in §§ 135 InsO, 6 AnfG, 32b GmbHG in dem Sinne speziell geregelt, daß der Gesellschafter die Beträge zu erstatten hat, wenn binnen Jahresfrist nach dem Rückfluß des Gesellschafterdarlehns bzw. nach der Befreiung die Eröffnung des Insolvenzverfahrens beantragt oder die Rückzahlung ange-

---

245 *Scholz/Karsten Schmidt*, §§ 32 a, b Rdnr. 199.

246 *Lutter/Hommelhoff*, §§ 32 a, b Rdnr. 87; *Scholz/Karsten Schmidt*, §§ 32 a, b Rdnr. 200; *Pentz*, GmbHR 1999, 450; *Pilcher*, WM 1999, 418; a.M. *Obermüller*, ZinsO 1998, 54.

247 So noch ausdrücklich § 32a IV 1 RegE GmbH-Novelle 1977.

248 Klarstellend *BGH*, LM Nr. 24 zu § 32a GmbHG m.Anm. *Wilhelm* = NJW 1995, 1962; *Karsten Schmidt*, ZIP 1995, 969ff.

fochten wird[249]. Diese Anfechtungsregeln mögen für Gesellschafterdarlehen außerhalb des GmbH-Rechts von praktischem Wert sein[250]. Für den Spezialbereich der GmbH, auf den der Gesetzgeber sie zugeschnitten hat, sind sie völlig mißglückt[251], weil sie

- infolge der Jahresfrist zu kurz greifen und
- nur in der Vollstreckung und im Insolvenzverfahren weiterhelfen.

Beispiel Nr. 49: Am 12. Oktober fließt das Gesellschafterdarlehn an den Gesellschafter zurück; es gelingt der Geschäftsführung, den Insolvenzantrag bis zum 13. Oktober des darauffolgenden Jahres hinauszuzögern[252]. Ist der Gesellschafter von der Rückzahlungspflicht frei?

Beispiel Nr. 50: Das Gesellschafterdarlehen ist in der Krise an den kreditgebenden Gesellschafter G zurückgeflossen. Durch gemeinsame Anstrengungen aller anderen Gesellschafter zeichnet sich eine sanierende Kapitalerhöhung ab, sofern es nur gelingt, auch den G zur Rückzahlung in das Gesellschaftsvermögen zu zwingen. Ein Insolvenzverfahren soll also nicht eröffnet, sondern gerade vermieden werden. Gibt es eine Anspruchsgrundlage?

Vor der GmbH-Novelle von 1980 waren diese Fälle ohne weiteres lösbar, weil man mangels besonderer Vorschriften *§ 31 GmbHG* auf die Rückführung kapitalersetzender Gesellschafterdarlehen analog anwandte. Die Anfechtungsvorschriften und insbesondere die Jahresfristen waren vom Gesetzgeber als abschließende Spezialregelungen angelegt[253]. Die Unbrauchbarkeit dieses Konzepts läßt aber den *BGH* an § 31 GmbHG festhalten[254]. Nach nunmehr ständiger Praxis sind die Rechtsprechungsgrundsätze über kapitalersetzende Leistungen neben den Anfechtungsvorschriften der GmbH-Novelle von 1980[255] weiterhin analog anwendbar[256]: Eigenkapitalersatz unterliegt der analog anzuwendenden Ausschüttungssperre des § 30 GmbHG und damit auch den Sanktionen des § 31 GmbHG. Wer als Gesellschafter einer GmbH aus dem für die Deckung des Stammkapitals erforderlichen Vermögen Zinsleistungen oder die Rückzahlung eines eigenkapitalersetzenden Darlehens erhält oder wer als Gesellschafter durch Rückzahlung von einer eigenkapitalersetzenden Sicherheit frei geworden ist, muß analog § 31 GmbHG diesen Betrag in das Gesellschaftsvermögen zurückerstatten, ohne daß es auf eine Insolvenzverfahrenseröffnung oder Zwangsvollstreckung ankäme. Nicht unbedeutend ist insbesondere die Anwendung der §§ 30f. GmbHG auf Zinszahlungen, während der Zinslauf selbst durch § 30

249 Die Neuformulierung der Anfechtungstatbestände (Antragsstichtag) durch die InsO beruht auf Vorschlägen des Verfassers (ZGR 1980, 579), die aber durch *BGHZ* 90, 370, 381 = NJW 1984, 1891 ihr entscheidendes rechtspolitisches Gewicht eingebüßt haben.

250 Dazu die These bei *Karsten Schmidt*, ZIP 1991, 4.

251 Anders *T. Bezzenberger*, in: Festschrift Bezzenberger, a.a.O.

252 Der Fall ist nicht erdacht, sondern er war Gegenstand eines nach deutschem Recht geführten Rechtsstreits bei der Queen's Bench Division in London!

253 Vgl. Begr.RegE GmbH-Novelle 1977, BR-Drucks. 404/77, S. 41.

254 Vgl. *BGHZ* 90, 370, 381 = NJW 1984, 1891; dazu die Glosse des Verf. in JZ 1984, 880; s. auch *Kübler*, in: Festschrift Stimpel, 1985, S. 3ff.

255 Auch § 32b GmbHG ist eine Anfechtungsvorschrift; vgl. *BGHZ* 123, 289; *BGH*, ZIP 1994, 31; *Karsten Schmidt*, DB 1993, 1505f.

256 Näher *Scholz/Karsten Schmidt*, §§ 32a, b Rdnrn. 76ff., 176; a.M. *T. Bezzenberger*, in: Festschrift Bezzenberger, a.a.O., S. 52f.; für direkte Anwendung *Eichele*, a.a.O.

GmbHG nicht gehindert wird[257]: Das eigenkapitalersetzende Darlehen kann als Schuld der Gesellschaft fortlaufend Zinsschulden auslösen, aber bezahlt werden dürfen diese nur aus Mitteln, die nicht nach § 30 I GmbHG gesperrt sind. Auch die Mithaftung der Mitgesellschafter für verbotene Ausschüttungen nach § 31 III GmbHG findet analoge Anwendung, und damit kommt auch die umstrittene Summenbeschränkung dieser Haftung zum Zuge (vgl. oben unter III 3 b):

Beispiel Nr. 51: Sind A, B und C mit Stammeinlagen von je 20000 Euro an einer GmbH beteiligt und hatte A der Gesellschaft ein eigenkapitalersetzendes Darlehen von 100000 Euro zur Verfügung gestellt, mit dem er kurz vor dem Zusammenbruch nach Übersee verschwunden ist, so haften B und C analog § 31 III GmbHG, jedoch nicht in Höhe von 100000 Euro (Auszahlung) oder 60000 Euro (Stammkapital), sondern nur in Höhe von 20000 Euro, denn dies war die Stammeinlage des A (str.).

c) Die Fortgeltung des alten Rechts hat auch Einfluß auf die Behandlung von Sicherheiten. Nach §§ 135 Nr. 1 InsO, 6 Nr. 1 AnfG können Rechtshandlungen, die dem Gläubiger eines kapitalersetzenden Darlehens Sicherung gewähren, mit der Anfechtungsklage bekämpft werden. Das ist geltendes Recht[258], aber es bedarf überhaupt keiner Anfechtungsklage, denn es versteht sich von selbst, daß für einen Kredit, solange er haftendem Kapital gleichgestellt ist, keine von der Gesellschaft bestellte Sicherheit haftet.

Beispiel Nr. 52: Die Gesellschaft hat dem Gesellschafter G für einen kapitalersetzenden Kontokorrentkredit eine Maschine zur Sicherheit übereignet. Im Insolvenzverfahren macht G ein Absonderungsrecht (§ 50 InsO) geltend. Dies ist ihm versagt. Überwiegend wird dieses Ergebnis mit § 242 BGB begründet: Der Gesellschafter handle treuwidrig, da er den Erlös nach § 31 GmbHG ohnedies herausgeben müsse. Die richtige Begründung ist aber viel einfacher: So wenig wie das Einlagekapital kann eine kapitalersetzende Forderung Grundlage einer Sicherheitsverwertung gegenüber der Gesellschaft sein.

d) Von den gesetzlichen Sanktionen ist der *Rangrücktritt* zu unterscheiden (oben, § 18 III 2). Durch ihn wird dem Gesellschafterdarlehn bzw. im Fall des § 32 a II GmbHG dem Regreßanspruch des Sicherungsgebers kraft Rechtsgeschäfts die Eigenschaft einer nachrangigen Forderung gegeben[259]. Nach § 39 II InsO könnte das bedeuten, daß das Darlehen noch hinter die kraft Gesetzes eigenkapitalersetzenden Kredite zurücktritt[260]. Aber das ist im Zweifel nicht gewollt. Gewollt ist vielmehr, daß die Rangstufe des § 39 I Nr. 5 InsO kraft Rechtsgeschäfts klargestellt wird[261]. Ein Rangrücktritt ist selbstverständlich auch bei Krediten möglich, die schon kraft Gesetzes als Eigenkapitalersatz nach §§ 32 a GmbHG, 39 Abs. 1 Nr. 5 InsO nachrangig sind. Ein solcher

---

257 *BGHZ* 109, 55, 66; *BGH*, NJW 1996, 1341; *BFH*, GmbHR 1992, 382, 383 = NJW 1992, 2309; *Hachenburg/Ulmer*, §§ 32 a, b Rdnr. 167; *Scholz/Karsten Schmidt*, §§ 32 a, b Rdnr. 110; *Priester*, DB 1991, 1922 ff.; *Sieker*, ZGR 1995, 250 ff.

258 Wird auf dieser Grundlage auf Beseitigung der Sicherheit geklagt, so wird man das Rechtsschutzinteresse nicht verneinen können.

259 Dazu *Teller*, Rangrücktrittsvereinbarung zur Vermeidung der Überschuldung der GmbH, 2. Aufl. 1995; *Karsten Schmidt*, ZIP 1999, 1241 ff.

260 Zum Rangrücktritt als pactum de non petendo vgl. *Scholz/Karsten Schmidt*, §§ 32 a, b Rdnr. 99 m. w. N.

261 *Scholz/Karsten Schmidt*, §§ 32 a, b Rdnr. 100.

Rangrücktritt dient vor allem dazu, eine Überschuldung der Gesellschaft abzuwenden (dazu sogleich unter IV 6 b).

6. Bilanzielle Behandlung*

a) Im *Jahresabschluß* werden eigenkapitalersetzende Darlehen meist einfach als Verbindlichkeiten gegenüber Gesellschaftern passiviert[262]. Das ist im Grundsatz richtig, denn es handelt sich um Gesellschaftsschulden, die sogar verzinslich sein können (oben unter IV 5b). Für den Fall eines vereinbarten Rangrücktritts wurde hier frühes vorgeschlagen, dann solle die Zwischenstellung zwischen Eigen- und Fremdkapital auch bilanziell zum Ausdruck gebracht werden[263]. Korrekterweise ist, soweit das Darlehen nach der Einschätzung der an der Rechnungslegung und Prüfung Beteiligten unter § 32a GmbHG fällt, dies durch einen Vermerk kenntlich zu machen[264]. Mehr kann aus Sachgründen nicht verlangt werden, denn die verbindliche Einschätzung des Kredits als kapitalersetzend würde die Beteiligten überfordern.

b) Auch bei der *Überschuldungsprüfung* (oben, § 11 VI 3a, b) ist zu unterscheiden: Wo ein sog. Rangrücktritt vereinbart ist (oben, § 18 III 3), dürfen eigenkapitalersetzende Kredite auf der Passivseite des Überschuldungsstatus wie Eigenkapital behandelt und deshalb weggelassen werden, sonst nicht[265]. Das war schon unter dem alten Konkursrecht umstritten[266] und wurde vom *BGH* offengelassen[267]. Der Gesetzgeber der Insolvenzordnung hat die Frage nicht einfacher gemacht, denn jetzt sind auch Eigenkapitalersatzforderungen, wenn auch nur nachrangig, Insolvenzforderungen (§ 39 I Nr. 5 InsO), und die Gesetzesbegründung geht deshalb dahin, daß der Gläubiger auf die

---

* Literatur: *Fleck*, Kapitalersetzende Gesellschafterdarlehen in der GmbH-Bilanz, GmbHR 1989, 313; *Fleischer*, Eigenkapitalersetzende Gesellschafterdarlehen und Überschuldungsstatus, ZIP 1996, 773; *Heymann*, in: Beck'sches Handbuch der Rechnungslegung, Stand Okt. 1996, B 231; *Hommelhoff*, Eigenkapitalersetzende Gesellschafterdarlehen und Konkursantragspflicht, in: Festschrift Döllerer, 1988, S. 245; *Mertens*, Kapitalverlust und Überschuldung bei eigenkapitalersetzenden Darlehen, in: Festschrift Forster, 1992, S. 415; *Priester*, Sind eigenkapitalersetzende Gesellschafterdarlehen Eigenkapital? DB 1991, 1917; *Karsten Schmidt*, Quasi-Eigenkapital als haftungsrechtliches und als bilanzielles Problem, in: Festschrift Goerdeler, 1987, S. 487.

262 Vgl. *BGHZ* 124, 282, 284 = NJW 1994, 724f.; *BFH*, GmbHR 1992, 382f. = NJW 1992, 2309; *Großfeld*, Bilanzrecht, 3. Aufl. 1997, Rdnr. 404; *Roth/Altmeppen*, §§ 32 a, b Rdnr. 48; *Priester*, DB 1991, 1923; *Weber*, BB 1992, 525ff.

263 Vgl. 2. Aufl., § 37 IV 5; näher *Knobbe-Keuk*, ZIP 1983, 127ff.; *Karsten Schmidt*, in: Festschrift Goerdeler, a.a.O., S. 502f.

264 Vgl. *Scholz/Karsten Schmidt*, § 32a, b Rdnr. 108; s. auch *Fleck*, GmbHR 1989, 316f.; einschränkend *Priester*, DB 1991, 1923f.

265 So *Scholz/Karsten Schmidt*, §§ 32 a, b Rdnr. 63; *Altmeppen*, ZHR 164 (2000), 349; *Karsten Schmidt*, GmbHR 1999, 9ff.

266 Nachweise in der 3. Aufl.; wie hier bereits *OLG Hamburg*, GmbHR 1987, 97; *OLG Düsseldorf*, WM 1996, 1922; gegen Passivierung demgegenüber *OLG München*, NJW 1966, 2366; 1994, 3112; *OLG Düsseldorf*, GmbHR 1997, 699 = WM 1997, 1866; *LG Waldshut-Tiengen*, NJW-RR 1994, 105; *Hachenburg/Ulmer*, § 63 Rdnr. 46a; *Hommelhoff*, a.a.O., S. 267; *Groth*, Überschuldung und eigenkapitalersetzende Gesellschafterdarlehen, 1995; *Mertens*, a.a.O., S. 425; *Joecks*, BB 1986, 1681f.; *Fleck*, GmbHR 1989, 322f.; *Fleischer*, ZIP 1996, 777ff.

267 *BGHZ* 124, 282, 285.

Forderung verzichten müsse, wenn sie im Insolvenzstatus weggelassen werden solle[268]. Trotzdem hat es dabei zu bleiben: Der Rangrücktritt ist erforderlich, aber auch ausreichend, um die Eigenkapitalersatzschuld im Überschuldungsstatus zu übergehen[269]. In diesem Sinne hat jetzt auch der *Bundesgerichtshof* entschieden[270] und zwar mit Recht. Einerseits nämlich kann es nicht angehen, die Gesellschaft trotz Rangrücktritts in ein Insolvenzverfahren zu treiben. Nicht überzeugend ist auf der anderen Seite die Auffassung, nach der der Geschäftsführer die Darlehen auf eigene Verantwortung als kapitalersetzend qualifizieren kann. Es macht einen Unterschied, ob ein Darlehen – vielleicht erst in einem langwierigen Prozeß – gegen den Willen des Gesellschafters als eigenkapitalersetzend qualifiziert wird oder ob sich die Beteiligten selbst hierauf berufen wollen. Die hierfür geforderte Klarheit setzt eine ausdrückliche Unterwerfung unter die Kapitalersatzregeln voraus. Da der Geschäftsführer im Überschuldungsfall insolvenzantragspflichtig ist (§ 64 GmbHG und dazu oben, § 36 II 5b), hat er ein gut funktionierendes Druckmittel in der Hand: Er kann die Gesellschafter vor die Wahl stellen, durch eine Rangrücktrittserklärung die Fortführung zu ermöglichen oder die Gesellschaft in das Insolvenzverfahren zu führen, was einen uneinsichtigen Gesellschafter, wenn das Darlehen objektiv kapitalersetzend ist, sogar schadensersatzpflichtig machen könnte.

c) In dem für die Haftung der Gründer maßgebenden *Unterbilanzstatus* (oben, § 34 III 4c) sind eigenkapitalersetzende Darlehen gleichfalls zu passivieren[271]. Hieran kann nicht einmal ein Rangrücktritt etwas ändern[272], denn es kommt bei der Vorbelastungshaftung ja auf die eingetretenen Verluste an und nicht auf die Bedienung der Forderungen im Fall eines Insolvenzverfahrens.

V. Kapitalerhöhung und Kapitalherabsetzung*

Die Bedeutung der Kapitalerhöhung und Kapitalherabsetzung wurde bereits für die Aktiengesellschaft erläutert (oben, § 29 III). Hervorgehoben wurde

268 BegrRegE InsO, BT-Drucks. 12/2443, S. 115.

269 *Scholz/Karsten Schmidt*, §§ 32 a, b Rdnr. 63 m. w. N.; *Karsten Schmidt*, GmbHR 1999, 9ff.; a. M. etwa *Noack*, in: Insolvenzrecht 1996, 1997, S. 209f.; *Hirte*, in: Gesellschaftsrecht 1997, 1998, S. 174f.

270 *BGHZ* 146, 264 = NJW 2001, 1280 = JZ 2001, 1188 m. Anm. *Fleischer*.

271 *BGHZ* 124, 282 = NJW 1994, 724; s. auch zu § 30 GmbHG *OLG München*, NZG 1999, 603.

272 *Scholz/Karsten Schmidt*, §§ 32 a, b Rdnr. 109.

* Literatur (Auswahl): *Brönner*, Kapitalerhöhung aus Gesellschaftsmitteln, 1960; *Ehlke*, Vorausgezahlte Stammeinlage – ein Fall fehlerhafter Kapitalaufbringung? ZGR 1995, 426; *Felix*, Effektive Kapitalherabsetzung der GmbH und eigener Geschäftsanteil, GmbHR 1989, 286; *Geßler*, Die Kapitalerhöhung aus Gesellschaftsmitteln, BB 1960, 6; *Gottschling*, Die Stellung der Minderheit bei der Kapitalerhöhung einer GmbH, GmbHR 1955, 217; *Groß*, Die Umwandlung von Forderungen gegen eine notleidende GmbH in Gesellschaftskapital, GmbHR 1983, 290; *Grothus*, Kapitalerhöhung der GmbH, GmbHR 1959, 129; *Happ*, Kapitalerhöhung mit Sacheinlagen im GmbH-Recht und »Sacherhöhungsbericht«, BB 1985, 1927; *Heinzmann*, Die Neuordnung der Kapitalverhältnisse bei der Sanierung der GmbH, 1992; *Heitsch*, Das Bezugs-

auch, daß zwischen effektiver und nomineller Kapitalerhöhung bzw. Kapitalherabsetzung unterschieden werden muß. Schließlich war davon die Rede, daß mit einer effektiven Kapitalerhöhung eine nominelle Kapitalherabsetzung einhergehen kann und vor allem in Sanierungsfällen einhergehen wird.

Beispiel Nr. 53: Die G-GmbH, bestehend aus den Altgesellschaftern A, B, C, D, E, F, G, H, I und K, gerät in eine Krise. Das Stammkapital von 2 Mio. Euro ist im wesentlichen verbraucht. Nur noch eine Kapitalerhöhung um 3 Mio. Euro kann die drohende Überschuldung und damit den Zusammenbruch aufhalten. Die Verhandlungen mit den finanzstarken Unternehmen X, Y und Z ergeben, daß diese zur Übernahme von Geschäftsanteilen in Höhe von je 1 Mio. Euro bereit wären. Hierzu bedarf es einer effektiven Kapitalerhöhung. Gleichzeitig bedarf es einer nominellen Kapitalherabsetzung auf Kosten der Altgesellschafter, denn wenn jetzt X, Y und Z drei »gute« Geschäftsanteile zu den »schlechten« Geschäftsanteilen der Altgesellschafter hinzutun, muß für dreierlei gesorgt werden: *erstens* dafür, daß die Verluste der Vergangenheit nur von den Altgesellschaftern getragen werden, *zweitens* dafür, daß das Stimmrecht jedes Neugesellschafters nicht bloß ein Fünftel beträgt, und *drittens* dafür, daß künftig zu erwartende Gewinne nicht der Ausschüttungssperre des § 30 GmbHG unterliegen. Dies kann nur durch einen »Kapitalschnitt« bewerkstelligt werden.

1. Effektive Kapitalerhöhung

a) Die effektive Kapitalerhöhung setzt viererlei voraus:
- einen satzungsändernden Kapitalerhöhungsbeschluß und einen Beschluß über die Zulassung zur Übernahme,
- Übernahmeverträge zwischen den Übernehmern und der Gesellschaft,
- die Aufbringung des erhöhten Stammkapitals und
- die Eintragung der vollzogenen Kapitalerhöhung.

aa) Der *Kapitalerhöhungsbeschluß* (§ 55 I GmbHG) ist eine Satzungsänderung. Nach § 53 II GmbHG bedarf die Kapitalerhöhung, falls nicht die Satzung noch zusätzliche Erfordernisse aufstellt, einer Dreiviertelmehrheit und einer notariellen Beurkundung. Das Gesetz klärt nicht, ob auch eine bedingte Kapitalerhöhung dergestalt zulässig ist, daß das Stammkapital bis zu einem Höchstbetrag erhöht wird, sofern sich genügend Übernehmer neuer

---

recht der Gesellschafter der GmbH ..., 1997; *Hirte*, Die vereinfachte Kapitalherabsetzung bei der GmbH, in: Kölner Schrift zur InsO, 2. Aufl. 2000, S. 1253; *Immenga*, Die personalistische Kapitalgesellschaft, 1970; *Graf Kerssenbrock*, Zur zivil- und steuerrechtlichen Behandlung der Kapitalherabsetzung bei einer GmbH, GmbHR 1984, 306; *Lutter*, Kapital, Sicherung der Kapitalaufbringung und Kapitalerhaltung ..., 1964; *ders.*, Gescheiterte Kapitalerhöhungen, in: Festschrift Schilling, 1973, S. 207; *Maser/Sommer*, Die Neuregelung der »sanierenden Kapitalherabsetzung« bei der GmbH, GmbHR 1996, 22; *Munzig*, Das gesetzliche Bezugsrecht bei der GmbH, 1996; *Priester*, GmbH-Kapitalerhöhung im Wege des Ausschüttungs-Rückhol-Verfahrens, ZGR 135, 381; *Rietzsch*, Die Erhöhung des Stammkapitals ..., Diss. Leipzig 1937; *Schaeberle/Meermann*, Die Kapitalerhöhung bei einer GmbH, 1985; *Karsten Schmidt*, Die sanierende Kapitalerhöhung, ZGR 1982, 519; *Sommer*, Die sanierende Kapitalherabsetzung bei der GmbH, 1993; *Ulmer*, Rechtsfragen der Barkapitalerhöhung bei der GmbH, GmbHR 1993, 189; *Weymann*, in: Priester/Mayer, MünchHdb. GesR III, 1996, §§ 54, 55; *Wilhelmi*, Kapitalerhöhung aus Gesellschaftsmitteln, NJW 1960, 169; *Wirth*, Vereinfachte Kapitalherabsetzung zur Unternehmenssanierung, DB 1996, 867; *Wolany*, Rechte und Pflichten des Gesellschafters einer GmbH, 1964; *Zintzen/Halft*, Kapitalerhöhung aus Gesellschaftsmitteln, 1960.

Stammeinlagen finden. Ein solcher Beschluß wird aber überwiegend als zulässig angesehen[273].

bb) Die Gesellschafter entscheiden grundsätzlich frei über die Kapitalerhöhung. Ausnahmsweise können sich aus der Treupflicht *positive Stimmpflichten* ergeben (dazu oben, § 5 IV 5), so u. U. in Fällen objektiv aussichtsreicher Sanierungen[274]. Eine vorübergehende Bedeutung hatte diese Pflicht nach der GmbH-Novelle 1980 und nach dem Einigungsvertrag von 1990 bei der Anpassung von Altgesellschaften an die Mindeststammkapitalregelung des § 5 GmbHG. Im Regelfall besteht bei gesunden Altgesellschaften eine Verpflichtung der Gesellschafter, an einer gesetzlich erzwungenen Kapitalerhöhung mitzuwirken, weil diese Kapitalerhöhung die Geschäftsgrundlage der Gesellschaft nicht ändern, sondern nur den neuen gesetzlichen Mindestanforderungen anpassen soll[275]. Die Problematik wird oben unter § 5 IV, § 35 I 2d und unten unter § 38 IV 5 mit einem Beispiel besprochen.

Positive Stimmpflichten setzen voraus, daß die zu beschließende Maßnahme objektiv erforderlich und dem Gesellschafter subjektiv zuzumuten ist (oben, § 5 IV 5). So wenig wie ein widerstrebender Gesellschafter die Gesellschaft durch seine Ablehnung ruinieren darf, darf ein anderer Gesellschafter eine Kapitalerhöhung mit dem Ziel durchsetzen, sich ohne ein objektives Interesse der Gesellschaft eine Mehrheitsposition zu verschaffen. Es handelt sich naturgemäß stets um eine im Einzelfall zu treffende Abwägung, aber diese kann zu einer Zustimmungspflicht führen, wenn folgende Voraussetzungen gewährleistet sind:

- Die Gesellschaft muß lebensfähig, aber der Kapitalerhöhung bedürftig sein.
- Den Gesellschaftern darf ihr Bezugsrecht nicht streitig gemacht werden, es muß also jedem Gesellschafter Gelegenheit zur Erhaltung seiner Kapitalquote gegeben werden (dazu alsbald unter ee).
- Den Gesellschaftern darf i. d. R. kein neues Ausfallrisiko nach § 24 GmbHG auferlegt werden, so daß ein Widerstrebender regelmäßig nur dann zur Mitwirkung bei dem Kapitalerhöhungsbeschluß verpflichtet ist, wenn die anderen die volle Aufbringung der erhöhten Stammeinlagen vor der Eintragung zusagen.

cc) Zur Übernahme der neuen Stammeinlagen können von der Gesellschaft die bisherigen Gesellschafter oder andere Personen, die dann durch die Übernahme einer Stammeinlage der Gesellschaft beitreten, zugelassen werden (§ 55 II 1 GmbHG). Im Hinblick auf diese Regelung pflegt man den Kapitalerhöhungsbeschluß zweigliedrig zu gestalten. Er besteht dann aus dem eigentlichen Erhöhungsbeschluß und dem sog. Zulassungsbeschluß.

---

273 *RGZ* 85, 205, 207; *Raiser*, Kapitalgesellschaften, § 39 Rdnr. 3; *Rowedder/Zimmermann*, § 55 Rdnr. 17; *Scholz/Priester*, § 55 Rdnr. 34; *Baumbach/Hueck/Zöllner*, § 55 Rdnr. 6; a. M. *Hachenburg/Ulmer*, § 55 Rdnr. 8.

274 Vgl. *Karsten Schmidt*, ZGR 1982, 524f.; vgl. auch für die AG *BGHZ* 129, 136 »Girmes«.

275 *BGHZ* 98, 276 = NJW 1987, 189; *BGH*, NJW 1987, 3192; so auch schon *Karsten Schmidt*, NJW 1980, 1771; Nachweise zum Streitstand vor den BGH-Entscheidungen in der 1. Aufl.

Beispiel Nr. 54: Der Kapitalerhöhungsbeschluß lautet z. B.: »Das Stammkapital der Gesellschaft wird von 25 000 Euro um 25 000 Euro auf 50 000 Euro erhöht ... Die Gesellschafter sind von der Übernahme neuer Stammeinlagen ausgeschlossen.« Oder, wenn A und B bisher mit 30 000 : 20 000 beteiligt waren: »... Gesellschafter A wird zur Übernahme einer Stammeinlage in Höhe von 15 000 Euro zugelassen, Gesellschafter B zur Übernahme einer Stammeinlage in Höhe von 10 000 Euro.«

Nach der herrschenden Ansicht ist dieser Zulassungsbeschluß schlechterdings unentbehrlich[276], nach einer Gegenansicht ist er zwar stets zweckmäßig, muß aber nur dann ausdrücklich gefaßt werden, wenn das Bezugsrecht der Gesellschafter ausgeschlossen werden soll[277]. Diese Auffassung wird sich im Ergebnis als richtig erweisen.

dd) Die Kapitalerhöhung begründet *keine Pflicht* der vorhandenen Gesellschafter *zur Übernahme neuer Stammeinlagen.* Eine solche Pflicht kann nach § 53 III GmbHG zwar durch den Beschluß begründet werden, dies aber nur unter Zustimmung aller Gesellschafter. Der einzelne Gesellschafter *muß* also grundsätzlich nicht mit einer neuen Einlage zur Kapitalerhöhung beitragen[278]. Ob er zur Kapitalerhöhung beitragen *kann*, ist eine Frage des Bezugsrechts (dazu alsbald unter ee).

Unverhoffte Risiken können aber von der *Ausfallhaftung der Mitgesellschafter nach § 24 GmbHG* drohen (dazu bereits unter II 5 d)[279]. Nach der in der Praxis vorherrschenden Meinung haften nicht nur die *Neugesellschafter* bei einer Kapitalerhöhung für alle nicht eintreibbaren Stammeinlagen[280], sondern es haften auch die *Altgesellschafter* für Ausfälle bei neu übernommenen Geschäftsanteilen[281]. Das erste leuchtet als Risikofolge ein, wenn ein Gesellschafter oder ein Dritter sich für den Beitritt zu der GmbH entschließt. Das zweite gerät in Konflikt mit § 53 III GmbHG.

Beispiel Nr. 55: Die GmbH hat ihr Kapital um 100 000 Euro erhöht. Gesellschafter G hatte dagegen gestimmt. Die neue Stammeinlage wurde von der außereuropäischen Gesellschaft X übernommen, aber nicht eingezahlt. Haftet G? *RGZ* 93, 251 ff. bejaht diese Frage und vermißt jeden gesetzlichen Anhalt für eine Verschonung des G. Das gesetzliche Prinzip gehe eben dahin, daß der Gesellschafter u. U. erhebliche Beträge zahlen müsse, ohne das haftungsauslösende Ereignis beeinflussen zu können. Auch im Fall einer verbotenen Ausschüttung an den Neugesellschafter hafte er ja für die neue Stammeinlage nach § 31 III GmbHG. Schließlich sei das Ergebnis auch nicht unbillig, denn die Kapitalerhöhung komme ja auch dem G zugute, so daß er die damit verbundenen Nachteile mittragen solle.

Dieses letzte Argument wirkt allerdings geradezu zynisch, wenn es sich bei der Kapitalerhöhung um einen Sanierungsversuch handelte, vor dem der Gesellschafter gewarnt hatte und aus dem für ihn nichts als eine unwillkommene Haftung herausgekommen ist. Auch der Hinweis auf § 31 III

276 *Hachenburg/Ulmer*, § 55 Rdnr. 33; *Meyer-Landrut*, § 55 Rdnr. 14; *Rowedder/Zimmermann*, § 55 Rdnrn. 30 ff.; *Wegmann*, in: MünchHdbGesR, Band 3, § 54 Rdnr. 15.

277 *Baumbach/Hueck/Zöllner*, § 55 Rdnr. 14; *Lutter/Hommelhoff*, § 55 Rdnr. 25; *Scholz/Priester*, § 55 Rdnr. 40.

278 Über mögliche Ausnahmen vgl. *Scholz/Priester*, § 55 Rdnr. 69.

279 Überblick bei *Baumbach/Hueck/Fastrich*, § 24 Rdnr. 5; *Scholz/Emmerich*, § 24 Rdnrn. 16 f.

280 Auch von Altgesellschaftern; vgl. *RGZ* 82, 116; 132, 392; ausführlicher und zustimmend hier 1. Aufl.

281 Vgl. *RGZ* 93, 251; *LG Mönchengladbach*, NJW-RR 1986, 837 = ZIP 1986, 306.

GmbHG geht fehl. Im Fall der verbotenen Ausschüttung verwirklicht sich nur ein auf die ausgefallene Stammeinlage beschränktes (oben unter III 3b) Risiko, das der Gesellschafter oder sein Rechtsvorgänger übernommen hat, und der Gesellschafter kann von der Geschäftsführung immerhin verlangen, daß sie verbotene Ausschüttungen unterläßt. Es ist also durchaus keine Selbstverständlichkeit, wenn nach der herrschenden Ansicht der Gesellschafter für Einlagen haften soll, die neue Gesellschafter auf das erhöhte Stammkapital übernommen haben. Man hat deshalb vorgeschlagen, denjenigen Minderheitsgesellschafter von der Haftung auszunehmen, der nicht für die Kapitalerhöhung gestimmt hat[282]. Aber der rechtspolitische Nachteil liegt auf der Hand, denn diese Lösung kann die dringendsten und dabei gefährlichsten Kapitalerhöhungen in Gefahr bringen, nämlich die sanierenden Kapitalerhöhungen. Hier muß verhindert werden, daß der Gesellschafter eine Nein-Stimme abgibt, in der Hoffnung, die Kapitalerhöhung werde schon mit den Stimmen der anderen Gesellschafter zustande kommen, so daß er ohne Ausfallhaftungsrisiko am Sanierungserfolg teilhaben kann. Eine nicht in das Gesetz eingegangene Reformentwurfsregelung wollte dem Gesellschafter die Möglichkeit geben, sich unter Preisgabe seiner Anteile von der Haftung zu befreien[283]. De lege lata besteht der vernünftigste Kompromiß dementsprechend in folgendem: Wer der Kapitalerhöhung zustimmt oder sich verschweigt oder sonst in der Gesellschaft verbleibt, haftet für den gesamten Betrag. Wer der Kapitalerhöhung aus sachlichen Gründen widerspricht, kann nach den für das außerordentliche Ausscheiden aus der GmbH entwickelten Grundsätzen (oben, § 35 IV 3) alsbald aus der Gesellschaft austreten und haftet dann nicht für den erhöhten Betrag[284]. Ein für die GmbH fataler Liquiditätsverlust ist deswegen nicht zu befürchten (§ 30 GmbHG!). Die Mehrheit kann den Austritt abwehren, indem sie für Volleinzahlung der neuen Stammeinlagen sorgt und die Besorgnis der persönlichen Haftung beseitigt.

ee) Dem Gesellschafter einer GmbH steht, ähnlich wie dem Aktionär nach § 186 AktG, ein gesetzliches *Bezugsrecht* zu[285]. Wer sich an einer GmbH als Gesellschafter beteiligt, hat nicht weniger, sondern angesichts der typischerweise personalistischen Gesellschaftsstruktur sogar mehr Grund als ein Aktionär, auf der Erhaltung seiner Beteiligungsquote zu bestehen. Freilich steht davon nichts im Gesetz[286], und so wurde das Bezugsrecht des GmbH-Gesell-

---

282 So z.B. *Reinhardt/Schultz*, Rdnr. 784; *Liebmann*, ZHR 75 (1914), 539f.; 77 (1915), 559; vgl. auch *Schuler*, GmbHR 1956, 66; wohl auch *Wiedemann*, in: *Wiedemann/Bär/Dabin*, Die Haftung des Gesellschafters in der GmbH, 1968, S. 46f.

283 § 32 II RegE 1971/73.

284 So mit Unterschieden im einzelnen *LG Mönchengladbach*, NJW-RR 1986, 837 = ZIP 1986, 306; *Baumbach/Hueck/Fastrich*, § 24 Rdnr. 5; *Rowedder*, § 24 Rdnr. 11; krit. *Wiedemann*, in: Wiedemann/Bär/Dabin, Die Haftung des Gesellschafters in der GmbH, 1968, S. 47.

285 Eingehend *Heitsch* und *Munzig*, a.a.O.; zust. *Raiser*, Kapitalgesellschaften, § 39 Rdnr. 6; *Baumbach/Hueck/Zöllner*, § 55 Rdnr. 13; *Lutter/Hommelhoff*, § 55 Rdnr. 20; *Scholz/Priester*, § 55 Rdnrn. 41ff.; s. auch bereits *Wiedemann* I, § 8 III 2b; *Lutter*, AcP 180 (1980), 123.

286 Anders § 161 RefE GmbHG 1969; § 157 RegE GmbHG 1971/73.

schafters herkömmlicherweise verneint[287]. Der Streit um das Bezugsrecht des GmbH-Gesellschafters wird leicht mißverstanden und kann nur richtig entschieden werden, wenn seine materiellen und formellen Komponenten klar voneinander getrennt werden. Es ist heute wohl unbestritten, daß bei einer Kapitalerhöhung nicht nur der Gleichbehandlungsgrundsatz gewahrt werden muß, sondern daß auch das Interesse der Gesellschafter an einer Erhaltung ihres vorhandenen Einflusses angemessen zu berücksichtigen ist[288]. In materieller Hinsicht sind damit die Gesellschafter einer GmbH ähnlich geschützt wie bei der AG die Aktionäre, sofern das Bezugsrecht nicht – bei der GmbH zulässig[289] – in der Satzung ausgeschlossen worden ist. In rechtstechnischer Hinsicht besteht die Frage darin, ob dem einzelnen Gesellschafter – entsprechend der Regelung des § 186 AktG – ein klagbarer Anspruch auf die Zuteilung eines Geschäftsanteils zusteht oder ob das Recht der Gesellschafter nur im Rahmen der Beschlußfassung nach § 55 II GmbHG verwirklicht werden kann. Im ersten Fall könnten übergangene Gesellschafter auf Zuteilung von Geschäftsanteilen klagen[290], im zweiten Fall nur einen ihnen günstigen Zulassungsbeschluß erwirken[291]. Da eine Klage in jedem Fall gegen die Gesellschaft und nicht gegen die Gesellschafter erhoben werden müßte[292], dürfte sich dieser rechtstechnische Unterschied in der Praxis meist von selbst auflösen.

Beispiel Nr. 56: Die Gesellschafter haben nach § 55 I GmbHG die Kapitalerhöhung beschlossen. Einen besonderen Beschluß darüber, wer zur Übernahme von Geschäftsanteilen befugt sein soll, haben sie nicht gefaßt. In diesem Fall kann als beschlossen gelten, daß jeder Gesellschafter eine zur Erhaltung seiner Quote erforderliche Stammeinlage übernehmen kann und daß nur die auf diese Weise nicht übernommenen Stammeinlagen von Mitgesellschaftern oder Dritten gezeichnet werden dürfen. Wird nun ein Gesellschafter nicht bedient, so kann er auf Leistung klagen.

Beispiel Nr. 57: Die kapitaländernde Mehrheit hat nach § 55 II GmbHG beschlossen, daß nur Dritte oder nur der Mehrheitsgesellschafter M oder nur das Auslandsunternehmen A die neuen Stammeinlagen übernehmen können. Macht ein Gesellschafter, der seinen Einfluß nicht verlieren möchte, geltend, hierfür fehle jeder sachliche Grund, so wird er den Beschluß anfechten müssen und kann mit dieser gegen die Gesellschaft zu richtenden Klage den Leistungsantrag auf Zuteilung von Geschäftsanteilen verbinden.

Nicht die Durchsetzung eines Bezugsrechts, sondern die *Praxis eines Bezugsrechtsausschlusses* macht wohl den Schwerpunkt des Meinungsstreits aus. Daß es Gründe geben kann, Gesellschafter vom Bezugsrecht auszuschließen, ist aus der Aktienrechtsdiskussion bekannt (oben, § 36 III 2d). Soll ein solcher Bezugsrechtsausschluß bei einer GmbH durchgeführt werden, so verlangt die neuere

287 Vgl. nur *Immenga*, a.a.O., S. 227ff.; *Meyer-Landrut*, § 55 Rdnr. 19; *Roth/Altmeppen*, § 55 Rdnrn. 18f.; *Rowedder/Zimmermann*, § 55 Rdnrn. 30ff.

288 *Roth/Altmeppen*, § 55 Rdnrn. 22ff.; eingehend *Winter*, Mitgliedschaftliche Treuebindungen im GmbH-Recht, 1988, S. 262ff.

289 Vgl. nur *Lutter/Hommelhoff*, § 55 Rdnr. 21.

290 Vgl. *Baumbach/Hueck/Zöllner*, § 55 Rdnr. 13; *Lutter/Hommelhoff*, § 55 Rdnrn. 24f.; *Scholz/Priester*, § 55 Rdnr. 48.

291 So *Hachenburg/Ulmer*, § 55 Rdnrn. 42, 49; *Wegmann*, in: MünchHdbGesR III, § 54 Rdnr. 15.

292 A.M. *Hachenburg/Ulmer*, § 55 Rdnr. 42.

Lehre, wie bei der Aktiengesellschaft, einen besonderen Beschluß[293]. Sie kann sich hierfür zwar nicht auf den Gesetzeswortlaut, wohl aber auf die Organisationsverfassung der Kapitalgesellschaften berufen, nach der Mitgliedschaftsrechte nicht einfach durch Leistungsverweigerung ausgeschaltet werden können.

b) Die *Übernahme neuer Geschäftsanteile* erfolgt durch einen Vertrag körperschaftlichen Charakters zwischen dem Übernehmer und der GmbH[294]. Dabei muß die Erklärung des Übernehmers als korporatives Beitrittsgeschäft notariell mindestens beglaubigt sein (§ 55 I GmbHG). In kleinen Gesellschaften erfolgt die Beurkundung oder Beglaubigung häufig bei dem auch für den Kapitalerhöhungsbeschluß notwendigen Notartermin. Der Übernahmevertrag begründet alsbald die Einlagepflichten[295], während die mitgliedschaftlichen Rechte erst mit der Eintragung des Kapitalerhöhungsbeschlusses entstehen. Nach *BGHZ* 140, 258 = NJW 1999, 1252 gibt der Übernahmevertrag als solcher, weil von der Wirksamkeit der Kapitalerhöhung abhängig, im Fall ihres Scheiterns nicht einmal Ansprüche auf das positive Interesse des Zeichners[296]. Nach §§ 55 IV, 5 GmbHG muß jede neue Stammeinlage mindestens 100 Euro betragen und in Euro durch 50 teilbar sein. Parteien dieses Vertrags sind der Übernehmer und die Gesellschaft, nicht – wie nach herrschender Auffassung bei der Personengesellschaft – die Mitgesellschafter. Diese wirken aber nach h. M. als Vertreter der Gesellschaft mit[297]. Allerdings können die Geschäftsführer – und zwar häufig auch formlos durch den Zulassungsbeschluß selbst – zur Entgegennahme der Übernahmeerklärungen ermächtigt sein[298]. Die Übernahmeprozedur kann bei der Einpersonen-GmbH Schwierigkeiten machen.

Beispiel Nr. 58 (nach *BGHZ* 49, 117): G, einziger Gesellschafter und Geschäftsführer der GmbH, beschloß, das Stammkapital um 80 000 Euro zu erhöhen und ausschließlich sich selbst zur Übernahme der neuen Stammeinlage zuzulassen. Er erklärte die Übernahme dieses Geschäftsanteils, zahlte dann aber nur 20 000 Euro ein. Gleichzeitig hatte G den P zum Prokuristen bestellt. Dieser erhielt von der GmbH keine Gehaltszahlung. Deshalb ließ er den Einlageanspruch der GmbH auf restliche 60 000 Euro pfänden und klagte gegen G. G wandte ein, die Übernahmeerklärung sei nicht wirksam geworden. Der *BGH* gab dem P Recht. Allerdings genügte ihm nicht die einseitige Übernahmeerklärung des G. Auch konnte G den Vertrag nicht gleichzeitig als Übernehmer und als Vertreter der

293 So namentlich *Scholz/Priester*, § 55 Rdnr. 59; s. auch *Heitsch*, a. a. O., S. 126 ff.; a. M. vor allem *Rowedder/Zimmermann*, § 55 Rdnr. 33, wo aber eher an singuläre Leistungsverweigerungen und nicht an echte Bezugsrechtsausschlüsse gedacht ist.

294 *BGHZ* 49, 117, 119; 140, 258, 260; von einem regelrechten Gesellschaftsvertrag sprach noch *RGZ* 98, 349, 350.

295 Auch dies scheint zweifelhaft nach *BGHZ* 140, 258, 260 = NJW 1999, 1252.

296 Kritisch *Baumbach/Hueck/Zöllner*, § 55 Rdnr. 22; im BGH-Fall war die Stammeinlage allerdings ausdrücklich unter der »Bedingung« der Eintragung des Kapitalerhöhungsbeschlusses übernommen.

297 *BGHZ* 49, 117, 119 f.; *BayObLG*, DB 1978, 578; *OLG Frankfurt*, AG 1981, 230; *Lutter/Hommelhoff*, § 55 Rdnr. 29; *Rowedder/Zimmermann*, § 55 Rdnr. 36; *Scholz/Priester*, § 55 Rdnr. 73; *Wegmann*, in: MünchHdbGesR, Band 3, § 54 Rdnrn. 25, 29; eingehend *Mertens*, AG 1981, 216.

298 Vgl. *BGHZ* 49, 117, 120; *OLG Frankfurt*, AG 1981, 230; *Lutter/Hommelhoff*, § 55 Rdnr. 29; *Rowedder/Zimmermann*, § 55 Rdnr. 40.

GmbH schließen (vgl. §§ 35 IV GmbHG, 181 BGB, wobei freilich zu bemerken ist, daß die Gesellschaft nach h.M. von G als Gesellschafter und nicht als Geschäftsführer vertreten werden mußte). P konnte die GmbH als Prokurist nicht vertreten, weil die Prokura körperschaftliche Geschäfte der Gesellschaft nicht deckt. Der *BGH* zog sich im konkreten Fall mit der Begründung aus der Affäre, daß in der Prokuraerteilung an P zugleich eine zusätzliche Bevollmächtigung zum Abschluß des Übernahmevertrags zwischen der Gesellschaft und G lag. Dann sei auch ein Übernahmevertrag wirksam geschlossen. Das Ergebnis überzeugt. Die etwas gewaltsame Konstruktion gehört zu den Kalamitäten der Einmanngesellschaft.

c) Die *Aufbringung des erhöhten Stammkapitals* folgt nach §§ 56–57b GmbHG den strengen Kapitalaufbringungsvorschriften des Gründungsrechts (dazu oben, § 34 II und § 37 II). Besondere Schwierigkeiten bereiten auch hier das Gebot der »freien Verfügung« der Geschäftsführung über die Einlagen (vgl. §§ 56a, 7 II, 57 II GmbHG) sowie das Verbot der – gerade bei Kapitalerhöhungen verbreiteten – verdeckten (»verschleierten«) Sacheinlagen (dazu oben unter II 4).

Einlageleistungen müssen zur freien Verfügung der Geschäftsführer geleistet werden (oben unter II 1c). Das Gebot der »freien Verfügung« darf, wie schon unter § 29 II 1 dargelegt wurde, nicht als ein Thesaurierungsgebot und als ein Verbot der vorwegbestimmten Mittelverwendung mißverstanden werden[299]. Kapitalerhöhungen sollen durchweg einem ganz bestimmten Liquiditätsbedarf abhelfen, und das Gesetz verbietet es nicht, wenn die Verwendung des Geldes bereits bei der Beschlußfassung feststeht, sofern sich nicht hinter der Prozedur eine verschleierte Sacheinlage verbirgt:

Beispiel Nr. 59: Soll mit der Kapitalerhöhung ein übermäßig gewachsener *Kredit bei der Hausbank* abgebaut werden, so kann eine Barkapitalerhöhung »zur freien Verfügung der Geschäftsführer« bewirkt werden, selbst wenn sich das Eingangskonto bei der Hausbank selbst befindet. Die *Zahlung auf ein debitorisches Bankkonto* der Gesellschaft kann eine befreiende Einlageleistung sein (*BGH*, NJW 1991, 226 = ZIP 1990, 1400; NJW 2002, 1716 = ZIP 2002, 799 [vorgesehen für *BGHZ*]). *BGH* erkannte die befreiende Leistung allerdings bisher nur im Rahmen der von der Bank zur Verfügung gestellten Kreditlinie, weil nur insoweit Liquidität der Gesellschaft geschaffen wird (*BGH*, NJW 1991, 1294; NJW-RR 1996, 1249, 1250; NJW-RR 1996, 1249, 1250; zur AG vgl. *BGHZ* 119, 177, 190 = NJW 1992, 3300). In dem für die amtliche Sammlung vorgesehenen Urteil in NJW 2002, 1716 = ZIP 2002, 799 hat er aber auch diese Beschränkung mit Recht aufgegeben. Soll ein Grundstück von einem Dritten erworben werden, so ist auch diese Vorwegabsprache zulässig. Anders verhält es sich – wegen des Verbots der verdeckten Sacheinlage –, wenn ein Grundstück von einem Gesellschafter erworben werden soll.

Besonders ist auf § 56 GmbHG hinzuweisen, wonach Sacheinlagen im Kapitalerhöhungsbeschluß besonders festzusetzen sind und wonach der Sacheinleger auch hier der Differenzhaftung im Fall der Überbewertung der Sacheinlage unterliegt. Allerdings verlangt das Gesetz nicht in Analogie zum Sachgründungsbericht einen Sachkapitalerhöhungsbericht, denn es ver-

299 Wie hier jetzt *BGH*, NJW 1991, 226, 227 = DB 1990, 2212 = ZIP 1990, 1400; NJW 2002, 1716 = ZIP 2002, 799 (vorgesehen vür *BGHZ*) bedenklich eng zum Gründungsrecht *BayObLG*, GmbHR 1988, 215; *OLG Köln*, GmbHR 1988, 227; ZIP 1989, 238; zum Begriff der »freien Verfügung« vgl. *Karsten Schmidt*, AG 1986, 106ff.; *Hommelhoff/Kleindiek*, ZIP 1986, 477ff.; *Wilhelm*, ZHR 152 (1987), 343ff., insbes. 367f.; *Lutter*, NJW 1989, 2651f.

weist nicht auf § 5 IV GmbHG[300]. Im Rahmen der registergerichtlichen Prüfung können allerdings Angaben verlangt werden, und dem kommen die Beteiligten am besten mit einem Bericht zuvor. Fehlt die besondere Festsetzung der Sacheinlage im Kapitalerhöhungsbeschluß, so befreit eine verschleierte Sacheinlage nicht von der Einlagepflicht (vgl. oben unter II 4). Das gilt besonders auch für die Umwandlung von Kreditkapital in haftendes Kapital.

Beispiel Nr. 60 (nach *OLG Köln*, NJW-RR 1990, 1057 = GmbHR 1990, 510): Wollen die Gesellschafter das Kapital dadurch erhöhen, daß sie ihre Darlehenskonten bei der Gesellschaft als Einlagen stehenlassen, so dürfen sie keine Barkapitalerhöhung, sondern müssen eine Sachkapitalerhöhung durchführen (a. M. wohl *Butzke*, ZHR 154 [1990], 359 f.). Dann muß es ihnen aber konsequenterweise auch verboten sein, sich die Beträge auszahlen zu lassen und sogleich als Einlagen wieder einzuzahlen.

Vor der *Rechtsprechung über »verdeckte Sacheinlagen«* kann gerade im Bereich der Kapitalerhöhung nicht genug gewarnt werden, weil Kaufleute kein schlechtes Gewissen haben, wenn sie eine Kapitalerhöhung beschließen und die GmbH »das Geld schon längst hat« (zur Kritik oben unter II 4). Nach *BGHZ* 113, 335 kann die in der Praxis gebräuchliche Barkapitalerhöhung im Wege des Ausschüttungs-RückholVerfahrens mit ausschüttungsfähigen Gewinnen nur unter Beachtung der Sacheinlagevorschriften durchgeführt werden mit dem unter II 4 diskutierten Risiko, bei deren Nichtbeachtung nochmals zu zahlen[301]. Inzwischenwurde durch *BGHZ* 135, 381 = LM Nr. 5 zu § 57 GmbHG m. Anm. *Sailer/Kübler* klargestellt, daß eine offengelegte Ausschüttungs-Rückhol-Kapitalerhöhung nicht einer Sacheinbringung, sondern einer Kapitalerhöhung aus Gesellschaftsmitteln gleichzuachten ist[302], aber die Offenlegung ist hierfür eben unentbehrlich[303], die Verwendung der Ausschüttungs-Rückhol-Technik also nach wie vor riskant.

d) Erst die *Eintragung* macht die Kapitalerhöhung wirksam (§ 54 III GmbHG). Vor der Anmeldung zur Eintragung müssen der Mindestbetrag der Bareinlagen sowie etwaige Sacheinlagen geleistet sein; auch die abzugebenden Versicherungen und die Haftungsregeln entsprechen im wesentlichen dem Gründungsrecht. Keinen Platz im Kapitalerhöhungsrecht verdient allerdings die sog. Vorbelastungs- oder Unterbilanzhaftung des Gründungsrechts (zu dieser vgl. oben unter II 3)[304].

Beispiel Nr. 61: Am 1.2. wird zu Sanierungszwecken eine Kapitalerhöhung um 50 000 Euro beschlossen, und die zur Übernahme zugelassene B-Bank übernimmt eine Stammeinlage in Höhe dieses Gesamtbetrags, der auch alsbald eingezahlt wird. Als die Kapital-

---

300 Nachweise bei *Rowedder/Zimmermann*, § 56 Rdnr. 22; a. M. *Scholz/Priester*, § 56 Rdnr. 89; *Priester*, DNotZ 1980, 526; *Lutter*, DB 1980, 1319; s. auch *Timm*, GmbHR 1980, 290.

301 Eingehend dazu *Roth*, NJW 1991, 1913 ff.; *Crezelius*, ZIP 1999, 499 ff.; *Becker-Berke*, DNotZ 1992, 701 ff; *Mosthaf*, in: Festschrift Beusch, 1993, S. 605 ff.; *Sernetz*, ZIP 1995, 173 ff.; *Sigel*, GmbHR 1995, 487 ff.; *Lutter/Zöllner*, ZGR 1996, 164 ff.

302 Eingehend *Priester*, ZGR 1998, 856 ff.; *Sieger/Hasselbach*, GmbHR 1999, 205 ff.

303 Zur Eigenartigkeit des Publizitätsreglements vgl. *Priester*, ZGR 1998, 861 f.

304 *Hachenburg/Ulmer*, 7. Aufl., § 56 a Rdnr. 18; *Scholz/Priester*, § 56 a Rdnr. 18; *Karsten Schmidt*, ZGR 1982, 529; *ders.*, AG 1986, 115.

erhöhung am 1.6. eingetragen wird, ist dieser Betrag bereits weitgehend verbraucht. Die Sanierung mißlingt. Der Insolvenzverwalter errechnet den am 1.6. schon verbrauchten Betrag und verlangt Neueinzahlung von den Gesellschaftern. Dieses Verlangen ist unberechtigt. Das wird deutlich, wenn man bedenkt, daß die seit *BGHZ* 80, 129 angenommene »Unterbilanzhaftung« nur eine gründungsrechtliche *Vorbelastungshaftung* ist (oben, § 34 III 4d). So wenig wie es nach älterer Rechtsprechung ein Vorbelastungs*verbot* bei der Kapitalerhöhung gab, darf deshalb die neuere Rechtsprechung über das Vorbelastungs*risiko* vom Gründungsrecht auf das Kapitalerhöhungsrecht übertragen werden.

Nicht mit dieser Frage zu verwechseln ist die gefährliche Vorauseinzahlung auf erhöhtes Stammkapital vor der Beschlußfassung der Gesellschafter (vgl. schon zur AG oben, § 29 III 2a)[305]. Ob eine solche Vorauseinzahlung überhaupt befreiend wirkt, wird bei *BGH*, NJW 2001, 67 offengelassen. Jedenfalls kann eine Befreiung nur in engsten Grenzen anerkannt werden.

Beispiel Nr. 62 (nach *OLG Köln*, ZIP 1991, 928): Im Juli hatten die Gesellschafter zum Ausgleich des debitorischen Bankkontos ihrer Gesellschaft 60 000 Euro auf dieses Konto der GmbH gezahlt und im November die entsprechende Kapitalerhöhung beschlossen. Das reicht nicht aus. Im Gegensatz zum Aktienrecht, wo die Hauptversammlung oft längerer Vorbereitung bedarf, ist das Bedürfnis nach Voreinzahlung bei der GmbH gering, größer dagegen das Bestreben der Gesellschafter, sich nachträglich auf solche »Einlagen« zu berufen (charakteristisch *OLG Düsseldorf*, GmbHR 2000, 565). Allenfalls in engem zeitlichem Zusammenhang kann eine solche Voreinzahlung anerkannt werden (*BGH*, GmbHR 1996, 772), die dann entgegen dem *OLG Köln* allerdings nicht voraussetzen kann, daß die eingezahlten Mittel bei der Beschlußfassung noch unverbraucht zur Verfügung stehen. Hier waren diese Voraussetzungen nicht erfüllt, so daß nochmals gezahlt werden mußte.

2. Nominelle Kapitalerhöhung

Die nominelle Kapitalerhöhung (Kapitalerhöhung aus Gesellschaftsmitteln) war bis 1994 im Gesetz über die Kapitalerhöhung aus Gesellschaftsmitteln und über die Verschmelzung von Gesellschaften m.b.H. von 1959 geregelt[306]. Sie steht seit dem Umwandlungsbereinigungsgesetz in den §§ 57c ff. GmbHG, wird hier aber nicht im einzelnen dargestellt (zur AG vgl. oben, § 29 III 3)[307]. Hervorgehoben sei nur, daß für Kapitalsicherung dadurch gesorgt wird, daß nur bilanziell ausgewiesene Rücklagen in Stammkapital umgewandelt werden können (§ 57d GmbHG). Sie werden innerhalb des Eigenkapitals von den Rücklagenkonten auf das gezeichnete Kapital umgebucht. Die neuen Geschäftsanteile stehen zwingend den bisherigen Gesellschaftern anteilig zu (§ 57j GmbHG).

305 Dazu *BGH*, DStR 1995, 498 m.Anm. *Goette*; GmbHR 1996, 772; GmbHR 2000, 1198 = NJW 2001, 67; *OLG Köln*, ZIP 1991, 928; GmbHR 1999, 291; *OLG Stuttgart*, ZIP 1994, 1532; *OLG Düsseldorf*, GmbHR 1997, 606; 2000, 565; *Baumbach/Hueck/Zöllner*, § 56a Rdnr. 6a; *Ehlke*, ZGR 1995, 426ff.; *Karollus*, DStR 1995, 1065ff.; *Groß*, GmbHR 1995, 845ff.

306 Gesetz über die Kapitalerhöhung aus Gesellschaftsmitteln und über die Verschmelzung von Gesellschaften m.b.H. v. 23.12.1959 (BGBl. I S. 789), geändert u.a. durch die GmbH-Novelle 1980 (BGBl. I S. 836).

307 Verwiesen sei auf *Lutter/Hommelhoff*, *Scholz/Priester* und *Baumbach/Hueck/Zöllner*, jeweils zu §§ 57c ff.

3. Kapitalherabsetzung

a) Bis 1994 regelte das GmbH-Gesetz die Kapitalherabsetzung in § 58 GmbHG noch einheitlich und unterschied nicht zwischen effektiver und nomineller Kapitalherabsetzung. Der Gesetzgeber von 1892 wollte mit einer Vorschrift beides erfassen[308], aber die Einheitsregelung mußte zu Lösungen führen, die nur auf die effektive Kapitalherabsetzung passen. Die effektive Kapitalherabsetzung bewirkt eine Auskehrung gebundenen Kapitals an die Gesellschafter. Deshalb sieht § 58 I GmbHG bei der Kapitalherabsetzung ähnliche Gläubigerschutzregeln vor wie bei der Liquidation. Diese Kapitalherabsetzung setzt nicht nur einen satzungsändernden Beschluß voraus, sondern zusätzlich folgende Sicherungsmaßnahmen:
- dreimalige Bekanntmachung des Beschlusses mit Aufforderung an die Gläubiger, sich zu melden;
- Befriedigung oder Sicherstellung der Gläubiger, die sich melden und der Kapitalherabsetzung nicht zustimmen;
- Registeranmeldung erst nach Jahresfrist;
- Beifügung der Bekanntmachungen und Versicherung, daß die Gläubiger befriedigt oder sichergestellt sind.

All dies paßt ohne weiteres auf die effektive Kapitalherabsetzung, denn hier wird das haftende Gesellschaftsvermögen geschmälert, und die Gläubiger müssen gegen eine Durchbrechung des in § 30 GmbHG enthaltenen Ausschüttungsverbots geschützt werden.

b) Die – in der Praxis weitaus bedeutsamere – *nominelle Kapitalherabsetzung* machte bei der GmbH bis 1994 unverhältnismäßige Schwierigkeiten, weil eine Regelung über die vereinfachte Kapitalherabsetzung fehlte[309]. Seit den 30er Jahren war bekannt, daß § 58 GmbHG bilanzielle Sanierungsmaßnahmen vereiteln konnte[310], und trotzdem stand die sanierende Kapitalerhöhung auf der Verlustliste der GmbH-Reform von 1980[311]. Das Problem sei an folgendem Beispiel verdeutlicht:

Beispiel Nr. 63: Zur Sanierung der GmbH wird deren Stammkapital nominell von 100 000 Euro auf 50 000 Euro herabgesetzt (Kapitalschnitt zu Lasten der Altgesellschafter) und in demselben Beschluß unter Zulassung der B-Bank um 150 000 Euro auf 200 000 Euro erhöht. Obwohl es zu keiner Ausschüttung kommt, verlangte § 58 GmbHG auch hier eine sanierungsfeindliche Publizität und das Abwarten einer Jahresfrist vor der Eintragung der Kapitalherabsetzung. Das *Kammergericht* hatte hieraus sogar gefolgert, daß nun auch die mit der Kapitalherabsetzung einhergehende Kapitalerhöhung erst nach Jahresfrist eingetragen werden könne (*KG*, JW 1930, 2718 m. Anm. *Fischer*).

308 Vgl. Begr. GmbHG 1891, S. 108: »Falls die Herabsetzung nicht etwa bloß zur Beseitigung einer vorhandenen Unterbilanz stattgefunden hat, wird durch die Reduktion des Passivkapitals ein entsprechender Theil des Aktivvermögens verfügbar ...«

309 Eingehende Kritik bei *Karsten Schmidt*, ZGR 1982, 533 f.

310 *Fischer*, JW 1930, 2718; s. auch noch *Hachenburg/Ulmer*, § 58 Rdnr. 77.

311 Vgl. die Angaben bei *Karsten Schmidt*, ZGR 1982, 534.

Dem war schon nach dem bis 1994 geltenden Recht nicht zu folgen[312]. Zur Klarstellung aber wurde die gesetzliche Zulassung einer vereinfachten Kapitalherabsetzung zu Sanierungszwecken, wie sie in §§ 229 ff. AktG angelegt ist, gefordert[313]. Das Einführungsgesetz zur Insolvenzordnung[314] hat sodann die *vereinfachte Kapitalherabsetzung nach §§ 58a – 58f GmbHG* zugelassen[315]: eine nominelle Kapitalherabsetzung ohne Gläubigeraufruf und Sperrjahr, die sogar auf die zurückliegende Jahresbilanz rückwirken kann (§§ 58 e, 58 f GmbHG). Sie darf allerdings nur zur Verlustdeckung nach Auflösung offener Eigenkapitalposten verwendet werden (§§ 58 a I, II, 58 b I GmbHG), und ein auf diese Weise in die Kapitalrücklage eingestellter Betrag unterliegt einer fünfjährigen Ausschüttungssperre (§ 58 b III GmbHG; s. auch § 58 d GmbHG). Damit kann jetzt durch Kombination der effektiven Kapitalerhöhung mit einer vereinfachten nominellen Kapitalherabsetzung ein sanierender Kapitalschnitt wie bei der Aktiengesellschaft durchgeführt werden.

VI. Rechnungslegung und Gewinnverwendung

1. Die Rechnungslegung[*]

a) Das bis 1985 geltende Recht enthielt nur wenige unzureichende Vorschriften über die Buchführung und Rechnungslegung der GmbH. Es galten zunächst die allgemeinen Vorschriften der §§ 38 ff. HGB a. F. (dazu Handelsrecht, § 15 I 3) und daneben die wenigen Regeln der §§ 41–42 a GmbHG a. F., die Grundsätze ordnungsmäßiger Buchführung (zu diesen vgl. Handelsrecht, § 15 I 4) sowie Spezialvorschriften, die sich z. B. aus dem Bankaufsichtsrecht, dem Versicherungsaufsichtsrecht, dem öffentlichen Haushaltsrecht, der Konzernrechnungslegung usw. ergeben. Auch konnten große Gesellschaften m. b. H. bereits dem Publizitätsgesetz (Gesetz über die Rechnungslegung von bestimmten Unternehmen und Konzernen) unterliegen (auch dazu Handelsrecht, § 15 VI). Im übrigen war aber das Rechnungslegungsrecht ungeregelt.

---

312 Vgl. 2. Aufl., § 37 V 3 b; *OLG Dresden*, OLGE 9, 267; *Karsten Schmidt*, ZGR 1982, 533.

313 Vgl. im Anschluß an den Verf.: Erster Bericht der Kommission für Insolvenzrecht, 1985, Leitsatz 2.4.9.4; ausführlich *Karsten Schmidt*, in: Verhandlungen des 54. DJT I, 1982, S. D 110; zum Referentenentwurf sodann *ders.*, Wege zum Insolvenzrecht der Unternehmen, 1990, S. 208.

314 Art. 48 Nr. 4 EGInsO.

315 Eingehend *Heinzmann*, *Hirte* und *Sommer*, alle a. a. O.; *Wirth*, DB 1996, 867.

* Literatur (Auswahl): Beck'scher Bilanzkommentar, 4. Aufl. 1999; *Castan* (Hrsg.), Beck'sches Handbuch der Rechnungslegung, 1987 ff.; *ders.*, Rechnungslegung der Unternehmung, 3. Aufl. 1990; *Federmann*, Bilanzierung nach Handels- und Steuerrecht, 10. Aufl. 1994; *Großfeld*, Bilanzrecht, 2. Aufl. 1990; *Knobbe-Keuk*, Bilanz- und Unternehmenssteuerrecht, 9. Aufl. 1993; *Küting/Weber*, Handbuch der Rechnungslegung, 4. Aufl. 1995; *Winefeld*, Bilanz-Handbuch, 2. Aufl. 2000; *Wöhe*, Die Handels- und Steuerbilanz, 2. Aufl. 1990; WP-Handbuch, 10. Aufl. 1992.

Dieser provisorische Rechtszustand wurde behoben durch das Bilanzrichtliniengesetz von 1985[316]. Dieses Gesetz ist seit dem Geschäftsjahr 1987 zwingend anzuwenden. Es enthält neben allgemeinen Bilanzvorschriften für alle Einzelkaufleute und Handelsgesellschaften (§§ 238 ff. HGB) besondere Bestimmungen für Kapitalgesellschaften (§§ 264 ff. HGB). Bei den Kapitalgesellschaften ist nach § 267 HGB zwischen
- kleinen,
- mittleren und
- großen

Gesellschaften zu unterscheiden, während die unterschiedliche Rechtsform nur noch in einzelnen Punkten eine Rolle spielt. Die Größenklassen sind in § 267 I-III HGB folgendermaßen definiert:

§ 267
Umschreibung der Größenklassen

(1) Kleine Kapitalgesellschaften sind solche, die mindestens zwei der drei nachstehenden Merkmale nicht überschreiten:
1. 3 438 000 Euro Bilanzsumme nach Abzug eines auf der Aktivseite ausgewiesenen Fehlbetrags (§ 268 Abs. 3).
2. 6 875 000 Euro Umsatzerlöse in den zwölf Monaten vor dem Abschlußstichtag.
3. Im Jahresdurchschnitt fünfzig Arbeitnehmer.

(2) Mittelgroße Kapitalgesellschaften sind solche, die mindestens zwei der drei in Absatz 1 bezeichneten Merkmale überschreiten und jeweils mindestens zwei der drei nachstehenden Merkmale nicht überschreiten:
1. 13 750 000 Euro Bilanzsumme nach Abzug eines auf der Aktivseite ausgewiesenen Fehlbetrags (§ 268 Abs. 3).
2. 27 500 000 Euro Umsatzerlöse in den zwölf Monaten vor dem Abschlußstichtag.
3. Im Jahresdurchschnitt zweihundertfünfzig Arbeitnehmer.

(3) Große Kapitalgesellschaften sind solche, die mindestens zwei der drei in Absatz 2 bezeichneten Merkmale überschreiten. Eine Kapitalgesellschaft gilt stets als große, wenn sie einen organisierten Markt im Sinne des § 2 Abs. 5 des Wertpapierhandelsgesetzes durch von ihr ausgegebene Wertpapiere im Sinne des § 2 Abs. 1 Satz 1 des Wertpapierhandelsgesetzes in Anspruch nimmt oder die Zulassung zum Handel an einem organisierten Markt beantragt worden ist.

b) Bestandteile der Rechnungslegung sind der *Jahresabschluß*, bestehend aus
- der Bilanz,
- der Gewinn- und Verlustrechnung und
- dem Bilanzanhang,

sowie der *Lagebericht* (§§ 242 ff., 264 ff. HGB). Das Stammkapital ist als gezeichnetes Kapital auszuweisen (§ 42 GmbHG). Es steht, wie das gesamte Eigenkapital, nach § 266 HGB auf der Passivseite der Bilanz. Wegen weiterer Einzelheiten kann auf die Darstellung des Aktienrechts verwiesen werden (oben, § 29 IV)[317].

316 BGBl. I 1985, S. 2355; dazu *Biener/Berneke*, Bilanzrichtlinien-Gesetz, 1986; *Scholz/Crezelius*, vor § 41 Rdnrn. 1 ff.; *Großfeld*, NJW 1986, 955; *Hommelhoff/Priester*, Bilanzrichtliniengesetz und GmbH-Satzung, ZGR 1986, 463.

317 Speziell zur GmbH *Baumbach/Hueck/Schulze-Osterloh* und *Scholz/Crezelius*, jeweils zu § 42.

Die *Aufstellung des Jahresabschlusses* mit dem Anhang *und des Lageberichts* obliegt den Geschäftsführern (§§ 242, 264 HGB). Nach §§ 316ff. HGB unterliegen der Jahresabschluß und der Lagebericht einer zwingenden *Abschlußprüfung*, sofern es sich nicht um eine kleine Gesellschaft handelt. Handelt es sich um eine mittelgroße Gesellschaft, so unterliegt die Rechnungslegung bereits der Prüfung, dies allerdings mit der Besonderheit, daß außer Wirtschaftsprüfern und Wirtschaftsprüfungsgesellschaften auch vereidigte Buchprüfer und Buchprüfungsgesellschaften zur Abschlußprüfung zugelassen sind (§ 319 I 2 HGB). Erst die großen Gesellschaften m.b.H. sind hinsichtlich der Prüfung den Aktiengesellschaften vollends gleichgestellt. *Die Feststellung des Jahresabschlusses* obliegt den Gesellschaftern, denen die Geschäftsführer den Jahresabschluß mit dem Lagebericht unverzüglich vorzulegen haben (näher §§ 42a, 46 Nr. 1 GmbHG). Für die *Publizität* der Rechnungslegung gelten nunmehr – wie für die Aktiengesellschaft – die §§ 325ff. HGB[318].

2. Die Gewinnverwendung[*]

a) Bis zum Bilanzrichtliniengesetz von 1985 war die Frage der Gewinnverwendung eine der umstrittensten des GmbH-Innenrechts. Der Streitpunkt wird noch über das Jahr 1986 hinweg für Altsachverhalte bedeutsam sein, und seine Kenntnis wird auch künftig dem besseren Verständnis des neuen Rechts dienen. Die Streitfrage lautet: Vollausschüttungsanspruch des GmbH-Gesellschafters? Seit dem Bilanzrichtliniengesetz von 1985 steht fest, daß die *Bildung stiller Rücklagen unzulässig* ist (§ 279 I 1 HGB)[319], und Abschrei-

318 Hierzu *Jansen*, Publizitätsverweigerung und Haftung in der GmbH, 1999.

* Literatur: *Ballerstedt*, Kapital, Gewinn und Ausschüttung bei Kapitalgesellschaften, 1949; *Ehlke*, Ergebnisverwendungsregelungen in der GmbH nach dem BiRiLiG, DB 1987, 671; *Emmerich*, Fortschritt oder Rückschritt? Zur Änderung des § 29 GmbHG, in: Festschrift Seuss, 1987, S. 137; *Falkenstein*, Grenzen für die Entnahmerechte der GmbH-Gesellschafter, 1992; *Goerdeler*, Gewinnverwendung bei der GmbH nach geltendem und künftigem Recht, in: Festschrift Werner, 1984, S. 153; *Großfeld*, Bilanzrecht, 2. Aufl. 1990; *Gutbrod*, Vom Gewinnbezugsrecht zum Gewinnanspruch des GmbH-Gesellschafters, GmbHR 1995, 551; *Hartmann*, Das neue Bilanzrecht und der Gesellschaftsvertrag der GmbH, 1986; *Hommelhoff*, Die Ergebnisverwendung in der GmbH ..., ZGR 1986, 418; *ders.*, Auszahlungsanspruch und Ergebnisverwendungsbeschluß in der GmbH, in: Festschrift Rowedder, 1994, S. 171; *Hommelhoff/Priester*, BiRiLiG und GmbH-Satzung, ZGR 1986, 463ff.; *Hueck*, Minderheitsschutz bei der Ergebnisverwendung in der GmbH, in: Festschrift Steindorff, 1990, S. 45; *Immenga*, Die personalistische Kapitalgesellschaft, 1970, S. 134ff., 201ff.; *Liebs*, Zur Neuregelung der Ergebnisverwendung in der GmbH ..., GmbHR 1986, 146; *ders.*, Die Anpassung des Gesellschaftsvertrags der GmbH an das BiRiLiG, DB 1986, 2421; *Mueller-Thuns*, Gewinnbezugsrecht und bilanzpolitische Gestaltungsmöglichkeiten in der GmbH, 1989; *Priester*, Die Gestaltung von GmbH-Verträgen, 4. Aufl. 1990; *Reuter*, Privatrechtliche Schranken der Perpetuierung von Unternehmen, 1973, S. 398ff.; *Schanze/Habersack/Spindler*, Turbulenzen bei der BiRiLi-GmbH, JA 1989, 171; *Hans Ulrich Schneider*, Der Ausgleich der Gesellschafterinteressen im neuen Gewinnverwendungsrecht der GmbH, 1987; *Sentrup gen. Froning*, Gewinnverwendungsprobleme in der GmbH, 1991; *Teichmann*, Gestaltungsfreiheit in Gesellschaftsverträgen, 1970; *Vonnemann*, Das Entnahmerecht des GmbH-Gesellschafters, BB 1989, 877; *Walk*, Die zweckmäßige Gewinnverwendungsklausel, 1993; *Wolany*, Rechte und Pflichten des Gesellschafters einer GmbH, 1964, S. 195ff.

319 Ebenso schon für das alte Recht die 1. Aufl.; anders die damals h.M.; vgl. *RGZ* 76, 155, 158; s. auch *RGZ* 22, 113, 114 (AG); 37, 62, 64 (AG); *BFH*, GmbHR 1981, 96 (KG); *Immenga*, a.a.O., S. 108ff., *Teichmann*, a.a.O., S. 152ff.

bungen, die sich nachträglich als unbegründet erweisen, unterliegen dem sog. Wertaufholungsgebot des § 280 HGB: Der unbegründete Abschreibungsbetrag ist dem Wert des betreffenden Vermögensgegenstands wieder zuzuschreiben[320]. Die Frage ist aber, inwieweit aus ausgewiesenen Gewinnen offene Rücklagen gebildet werden können.

b) Für *alte Gesellschaften* m. b. H., die bereits am 1. 1. 1986 ins Handelsregister eingetragen waren, gilt weiterhin § 29 I GmbHG a. F. Diese Bestimmung lautete: »Die Gesellschafter haben Anspruch auf den nach der jährlichen Bilanz sich ergebenden Reingewinn, soweit nicht im Gesellschaftsvertrag ein anderes bestimmt ist.« Dieses Vollausschüttungsgebot bedeutete nach der wohl richtigen, wenn auch umstritten gebliebenen Auffassung, daß ohne Zustimmung aller Gesellschafter weder stille noch offene Rücklagen gebildet werden durften[321]. Nur wenn ein einstimmiger Beschluß vorlag oder wenn die Treupflicht eine Thesaurierung gebot oder wenn der Gesellschaftsvertrag eine – heute wie damals unbedingt ratsame! – Klausel über die Bildung offener Rücklagen enthielt, konnten nach diesem Stand Rücklagen gebildet werden[322]. Für *neue Gesellschaften*, die erst seit dem 1. 1. 1986 eingetragen sind, können offene Rücklagen nach § 29 II GmbHG n. F. gebildet und auch von der Gesellschaftermehrheit beschlossen werden, sofern nicht die Satzung einen Vollausschüttungsanspruch begründet[323]. Damit hat sich die Problematik umgedreht: Kann die Mehrheit den Minderheitsgesellschafter »aushungern«, indem sie Gewinnausschüttungen verhindert[324]?

Beispiel Nr. 64 (nach *OLG Hamm*, DB 1993, 2477): Obwohl die Gesellschaft aus vergangenen Geschäftsjahren erhebliche Rücklagen gebildet und im Beschlußgeschäftsjahr einen noch weit darüberhinausgehenden Gewinn von 430 000 Euro nach Steuern erzielt hat, beschließen die Mehrheitsgesellschafter gegen die Stimmen des Minderheitsgesellschafters, diesmal nicht, wie bisher 50 %, sondern 65 % des ausschüttungsfähigen Gewinns zu thesaurieren. Wenn dies nicht betriebswirtschaftlich begründet werden kann, ist der Gewinnverwendungsbeschluß anfechtbar.

c) Der Gesetzgeber hatte noch zu klären, *wie die Altgesellschaften dem neuen Stand anzupassen waren.* Dies regelt die Übergangsvorschrift in Art. 12 § 7 der GmbH-Novelle von 1980[325], die durch das Bilanzrichtliniengesetz auf eigentümliche Weise neu gefaßt worden ist[326]. Die Übergangsregelung beruht auf einem dreifachen Mechanismus:

---

320 Zur Aufdeckung alter stiller Reserven vgl. Art. 24 EGHGB und dazu *Hommelhoff*, ZGR 1986, 458 ff.

321 Vgl. nur *Scholz/Emmerich*, § 29 Rdnr. 69.

322 Ausführlicher noch, auch zur umstrittenen Bedeutung des Urteils *BGH*, LM Nr. 3 zu § 29 GmbHG = BB 1974, 854, hier in der 1. Aufl.

323 Dazu *OLG Köln*, DB 1996, 1713.

324 Dazu *Baumbach/Hueck/Fastrich*, § 29 Rdnrn. 29 f.; *Lutter/Hommelhoff*, § 29 Rdnrn. 25 ff.; *Scholz/Emmerich*, § 29 Rdnrn. 70 ff.; *Hueck*, a. a. O.

325 Gesetz zur Änderung des GmbHG v. 4. 7. 1980, BGBl. I S. 836.

326 Art. 12 § 7 der GmbH-Novelle i. d. F. von Art. 28 II des Bilanzrichtliniengesetzes; dazu *Baumbach/Hueck/Fastrich*, § 29 Rdnrn. 93 ff.; *Geßler*, BB 1986, 227; *Deupmann*, NJW 1986, 1846; *Grunewald*, NJW 1987, 2410.

- *erstens* auf der Fortgeltung des alten Vollausschüttungsgebots, wenn der Gesellschaftsvertrag einer Altgesellschaft keine Regelung enthält (Abs. 1),
- *zweitens* auf der sog. Registersperre, die die Gesellschafter zwingt, bei der nächsten Satzungsänderung auch die Ausschüttungsfrage zu klären (Abs. 2 S. 1),
- *drittens* auf der Befugnis, diese Klärung ausnahmsweise mit einfacher Mehrheit herbeizuführen (Abs. 2 S. 2).

Wie dies genau zusammenhängt, war umstritten. Es wurde die Auffassung vertreten, daß die Registersperre auch dann gelte, wenn der Gesellschaftsvertrag eine Regelung bereits enthalte[327]. Der *Bundesgerichtshof* hat dann aber in *BGHZ* 105, 206 überzeugend entschieden, daß die Registersperre des Art. 12 § 7 II nur im Fall des Art. 12 § 7 I gilt, also nur dann, wenn die Satzung die Gewinnverwendung nicht regelt.

3. Gewinnbezugsrecht, Rückführung ausgeschütteter Gewinne und Vorabausschüttungen

a) Das *Gewinnbezugsrecht* ist zunächst unselbständiger Bestandteil der Mitgliedschaft. Hält die GmbH eigene Anteile, so ruht mit den daraus resultierenden Mitgliedschaftsrechten auch das Gewinnbezugsrecht, so daß es insoweit den Gesellschaftern zuwächst[328]. Mit der Beschlußfassung über die Gewinnverwendung erwächst aus diesem Gewinnbezugsrecht ein selbständiger Anspruch, über den nur noch der Gesellschafter selbst verfügen kann[329]. Dieser Anspruch – nicht schon das Gewinnbezugsrecht im allgemeinen – ist auch pfändbar, denn er ist nicht mehr unselbständiger Teil der Mitgliedschaftsrechte.

Beispiel Nr. 65: Gläubiger G hat gegen seinen Schuldner S einen Titel über 5 000 Euro erwirkt. Er kann nun einen dem S gehörenden GmbH-Anteil pfänden (oben, § 35 II 2), nicht aber das Gewinnbezugsrecht des § 29 I GmbHG. Liegt dagegen ein Gewinnverwendungsbeschluß vor, nach dem 6 000 Euro an S ausgeschüttet werden sollen, so kann G diesen Einzelanspruch als eine normale Geldforderung nach §§ 829, 835 ZPO pfänden und sich zur Einziehung überweisen lassen.

b) Nach dem vor der Einführung den wg. Halbeinkünfteverfahrens (§ 3 Nr. 40 KStG) geltenden Körperschaftsteuerrecht wurden ausgeschüttete Gewinne niedriger besteuert als einbehaltene Gewinne (§ 27 KStG a. F. 2000). Deshalb hatte sich das »Schütt-aus-hol-zurück-Verfahren« eingebürgert, bei dem die Gewinne ausgezahlt, dann aber der Gesellschaft als Zuschüsse oder als Gesellschafterdarlehen wieder zur Verfügung gestellt wurden (über Kapitalerhöhungen vgl. aber oben unter V 1 c)[330]. Seither hat sich die

---

327 Vgl. nur *OLG Karlsruhe*, NJW 1988, 715; *Baumbach/Hueck/Fastrich*, 15. Aufl. 1988, § 29 Rdnr. 97; *Meyer-Landrut*, § 29 Rdnr. 4; *Emmerich*, a. a. O.; *Grunewald*, NJW 1987, 2411 f. m. w. N.

328 *BGH*, NJW 1995, 1027.

329 *RGZ* 87, 383, 387; 167, 65, 68; *BGHZ* 139, 299 = LM Nr. 8 zu § 29 GmbHG m. Anm. *Roth* = NJW 1998, 3646; *Scholz/Emmerich*, § 29 Rdnr. 148; s. auch zur AG *RGZ* 22, 113, 114 f.; 37, 62, 64 f.; *BGHZ* 23, 150, 154; 65, 230, 234.

330 Vgl. nur *Priester*, ZGR 1977, 445; *Esch*, NJW 1978, 2529; *Raupach*, in: Pro GmbH, 1980, S. 216; *Sudhoff*, GmbHR 1984, 79; *Orth*, GmbHR 1987, 195 ff.; *Crezelius*, ZIP 1991, 499; *Mosthaf*, in:

Diskussion vom Gewinneinbehalt stärker auf die Frage verlagert, unter welchen Voraussetzungen die Gesellschafter zur Rückführung ausgeschütteter Gewinne verpflichtet sind. Hierzu bedarf es einer einzelvertraglichen Abrede oder einer entsprechenden Satzungsänderung, die nach § 53 III GmbHG die Zustimmung aller Gesellschafter voraussetzt[331].

c) Der Gewinnauszahlungsanspruch entsteht erst, wenn nach Ablauf des Geschäftsjahrs der Gewinnverwendungsbeschluß gefaßt ist[332]. *Vorabausschüttungen* während des Geschäftsjahrs (sog. Vorausdividenden) sind zulässig[333]. Einer besonderen Zulassung im Gesellschaftsvertrag bedarf es nicht[334]. Selbstverständlich darf dabei nicht gegen die Ausschüttungssperre des § 30 GmbHG verstoßen werden[335]. Außerdem stehen Vorabausschüttungen stets unter dem Vorbehalt, daß auf die Empfänger nach der Jahresbilanz auch ein entsprechender Gewinn entfällt. Soweit dies nicht der Fall ist und ein Ausgleich auch nicht durch Auflösung von Rücklagen stattfindet, ist die Vorabausschüttung zurückzuzahlen[336], sei es aufgrund einer stillschweigenden Rückzahlungsabrede, sei es jedenfalls aufgrund von § 812 BGB.

Beispiel Nr. 66 (nach *RGZ* 85, 43): Die Geschäftsführung der G-GmbH stellt in den ersten drei Vierteljahren eine hervorragende Gewinnentwicklung des Importgeschäfts fest. Deshalb werden aufgrund von Gesellschafterbeschlüssen vom April, Juli und Oktober an jeden der fünf Gesellschafter dreimal 20000 Euro als Teile des zu erwartenden Gewinns ausgeschüttet. Im letzten Quartal wird der Hauptabnehmer der GmbH insolvent, so daß für das Kalenderjahr statt des zu erwartenden Gewinns von 500000 Euro ein Jahresreingewinn von nur 100000 Euro ausgewiesen wird. Hier muß im Fall der Anteilsgleichheit jeder Gesellschafter 40000 Euro zurückzahlen.

Guter Glaube (§ 31 II GmbHG) schützt den Empfänger nicht. Geht man von einem konkludent vereinbarten Rückgewähranspruch aus – was bei Vorabausschüttungen im Regelfall dem Parteiwillen entspricht –, so gibt es auch keinen Entreicherungseinwand. Das *Reichsgericht* stützt den Anspruch auf § 812 I 2, 2. Alt., BGB (condictio causa data causa non secuta), doch liegt ein Wegfall des Rechtsgrundes (auflösende Bedingung) bei Anwendung des § 812 BGB näher. Allerdings ist der Rückforderungsanspruch, sofern nicht § 30

Festschrift Beusch, 1993, S. 605; *Lutter/Zöllner*, ZGR 1996, 164; *Sieger/Hasselbach*, GmbHR 1999, 205; zur förmlichen Kapitalerhöhung im Rahmen des Schütt-aus-hol-zurück-Verfahrens *BGHZ* 135, 381 = NJW 1997, 2516; dazu *Sieger/Hasselbach*, GmbHR 1999, 205.

331 *Rowedder*, § 29 Rdnr. 100ff.; *Lutter/Hommelhoff*, § 56 Rdnr. 17a, § 29 Rdnr. 48; *Priester*, ZGR 1977, 466; s. aber *Lutter*, DB 1978, 1969.

332 *BGHZ* 139, 299 = LM Nr. 8 zu § 29 GmbHG m. Anm. *Roth* = NJW 1998, 3646 m. w. N.

333 *RGZ* 85, 43, 44; 92, 77, 82; *RG*, DR 1942, 40, 41; *BFHE* 122, 43 = BB 1977, 880; *OLG Hamm*, GmbHR 1992, 456; *Lutter*, Kapital, Sicherung der Kapitalaufbringung und Kapitalerhaltung ..., 1964, S. 426ff., 430; *Baumbach/Hueck/Fastrich*, § 29 Rdnrn. 60f.; *Lutter/Hommelhoff*, § 29 Rdnr. 45; *Rowedder*, § 29 Rdnr. 50; *Scholz/Emmerich*, § 29 Rdnr. 139; a. M. *OLG Hamburg*, MDR 1969, 848; 1971, 1015; *Böttcher*, DB 1973, 358f.

334 Vgl. *Götz/Hueck*, ZGR 1975, 151; str.

335 Eine Zwischenbilanz kann deshalb als Absicherung hilfreich sein; nötig ist sie aber nicht; eingehend *Götz/Hueck*, ZGR 1975, 149ff.

336 Im Ergebnis ganz h. M.; vgl. *RGZ* 85, 43, 45; *OLG Hamm*, GmbHR 1992, 456; *Lutter/Hommelhoff*, § 29 Rdnr. 46; *Scholz/Emmerich*, § 29 Rdnr. 157; *Priester*, DB 1973, 2384; *Götz Hueck*, ZGR 1975, 141.

GmbHG berührt ist, nicht zwingend. Vorabausschüttungen können für den Fall, daß keine hinreichenden Gewinne entstehen, als zulässige Entnahmen ausgestaltet werden. Dann besteht der Rückforderungsanspruch nicht. Die GmbH kann auch nachträglich auf ihn verzichten.

d) Von *verdeckten Gewinnausschüttungen* spricht man, wenn die Gesellschaft einzelnen Gesellschaftern oder auch allen außerhalb der förmlichen Gewinnverwendung und ohne angemessene Gegenleistung geldwerte Vorteile aus dem Gesellschaftsvermögen zuwendet[337], sei es zum Vorteil aller – etwa durch ein hohes »Sitzungshonorar« für die Gesellschafterversammlung –, sei es unter Bevorzugung einzelner Gesellschafter – etwa durch überhöhte Vergütungen für Dienstleistungen oder durch unangemessen günstige Vermietung gesellschaftseigenen Wohnraums. Die verdeckte Gewinnausschüttung beschäftigt vor allem die steuerrechtliche Praxis[338]. Ihre gesellschaftsrechtliche Bedeutung für die Unzulässigkeit von Zuwendungen an Gesellschafter kam oben unter III 2c, d zur Sprache. Die meisten Verstöße gegen § 30 GmbHG finden nicht durch Rückzahlung von Einlagen, sondern durch verdeckte Gewinnausschüttungen statt. Auch ohne daß diese strenge Kapitalbindungsvorschrift verletzt ist, muß eine verdeckte Ausschüttung zurückgewährt werden, wenn eine Kompetenzüberschreitung des Geschäftsführers vorliegt, also ein wirksamer – sei es auch formloser – Gesellschafterbeschluß fehlt oder wenn ohne Zustimmung der benachteiligten Gesellschafter gleichheitsnichtige Sondervorteile eingeräumt werden[339].

---

337 Ähnlich die Definition bei *BGH,* LM Nr. 6 zu § 29 GmbHG m. Anm. *Heidenhain* = NJW 1996, 589.

338 Überblick bei *Crezelius,* Steuerrecht II, 2. Aufl. 1994, § 13 Rdnrn. 20ff.; *Knobbe-Keuk,* Bilanz- und Unternehmenssteuerrecht, 9. Aufl. 1993, § 19 I 2; *Scholz/Emmerich,* § 29 Rdnrn. 95ff.; *Wassermeyer,* GmbHR 1998, 157ff.

339 Vgl. *BGH,* LM Nr. 6 zu § 29 GmbHG m. Anm. *Heidenhain* = NJW 1996, 589, 590.

§ 38 Grundlagenänderungen

I. Satzungsänderungen*

1. Die Satzungsänderung im allgemeinen

a) Die Satzung der GmbH (der Gesellschaftsvertrag) ist abänderbar. Zuständig für die Satzungsänderung sind die Gesellschafter (§ 53 I GmbHG). Der Beschluß muß, sofern nicht der Gesellschaftsvertrag weitere Erfordernisse aufstellt, mit einer qualifizierten Mehrheit von 3/4 der abgegebenen Stimmen gefaßt werden (§ 53 II GmbHG). Er bedarf, um wirksam zu sein, der notariellen Beurkundung und der Eintragung in das Handelsregister (§§ 53 II 1, 54 GmbHG). Eine Vermehrung der den Gesellschaftern nach dem Gesellschaftsvertrag obliegenden Leistungen kann nur mit Zustimmung der betroffenen Gesellschafter beschlossen werden (§ 53 III GmbHG). Schon erwähnt wurde die Sonderregelung gemäß Art. 12 § 7 der GmbH-Novelle i. d. F. des Bilanzrichtliniengesetzes von 1985 (oben, § 37 VI 2c). Danach sind Altgesellschaften m.b.H., die bei Inkrafttreten des Bilanzrichtliniengesetzes bereits in das Handelsregister eingetragen sind und keine Regelung über den Bilanzgewinn getroffen haben, zwar nicht gezwungen, eine solche Regelung herbeizuführen, aber solange sie dies nicht tun, wird auch keine andere Satzungsänderung im Handelsregister eingetragen. Ähnlich geregelt ist die Euro-Umstellung bei Altgesellschaften: Diese dürfen ihr auf Deutsche Mark lautendes Stammkapital beibehalten, jedoch längstens nur bis zur nächsten Änderung des Stammkapitals (§ 86 I GmbHG). Seit 2002 darf nämlich eine Kapitaländerung nur noch eingetragen werden, wenn das Kapital auf *Euro* lautet und die in Euro berechneten Nennbeträge der Geschäftsanteile auf mindestens fünfzig Euro lauten und durch zehn teilbar sind (§ 86 I 4 GmbHG).

---

* Literatur: *Boesebeck*, »Satzungsdurchbrechung« im Recht der AG und GmbH, NJW 1960, 2265; *Ganßmüller*, Unechte Satzungsbestandteile, GmbHR 1963, 85; *Habersack*, Unwirksamkeit »zustandsbegründender« Durchbrechungen der GmbH-Satzung, ZGR 1994, 354; *Jung-Senssfelder*, Die Erforderlichkeit einer Gesellschaftsvertragsänderung gemäß § 53 GmbHG, Diss. Köln 1970; *Priester*, Nichtkorporative Satzungsbestimmungen bei Kapitalgesellschaften, DB 1979, 681; *ders.*, Satzungsänderung und Satzungsdurchbrechung, ZHR 151 (1987), 40; *Tieves*, Satzungsverletzende und satzungsdurchbrechende Gesellschafterbeschlüsse, ZIP 1994, 1341; *Winkler*, Der Satzungswortlaut gemäß § 54 GmbHG, DNotZ 1980, 592.

b) Gelegentlich wird auch von »faktischen Satzungsänderungen«, d.h. von »Satzungsänderungen« ohne Beschluß – oder doch ohne Beachtung der §§ 53 ff. GmbHG –, gesprochen. Dieser Begriff ist mißverständlich. Gemeint sind Maßnahmen der Geschäftsführung, die einen satzungswidrigen Zustand herstellen. Sog. »Satzungsdurchbrechungen« sind als ungenehmigte Geschäftsführungsmaßnahmen unzulässig (vgl. auch oben, § 10 II 2a) und können durch Gesellschafterklage unterbunden werden (dazu oben, § 21 V 3). Geschieht die *Satzungsdurchbrechung* durch Beschluß, so kann dies unterschiedliche Folgen haben[1]: Einzelregelungen, die nur die Satzung verletzen, können, sofern sie nicht in Individualrechte einzelner Gesellschafter eingreifen, anfechtbar sein; stimmen alle Gesellschafter zu, so ist eine solche ad-hoc-Abweichung von der Satzung sogar rechtmäßig (z.B. die von der Satzung abweichende Verteilung oder Verwendung eines Jahresgewinns). Dauerregelungen dagegen bedürfen, um wirksam zu sein, aller gesetzlichen Anforderungen, die das Gesetz an eine Satzungsänderung stellt, insbesondere also der Eintragung in das Handelsregister.

Beispiel Nr. 1 (nach *BGHZ* 123, 15 = NJW 1993, 2246; dazu *Habersack*, ZGR 1994, 354; *Tieves*, ZIP 1994, 1343): Nach der GmbH-Satzung werden die Aufsichtsratsvertreter für jeweils drei Jahre gewählt. Kann mit satzungsändernder Mehrheit eine Bestellung für einen längeren Zeitpunkt erfolgen?

Der *Bundesgerichtshof* hat dies verneint und ausgesprochen, daß Satzungsdurchbrechungen, die einen von der Satzung abweichenden rechtlichen Zustand begründen, ohne Einhaltung der für eine Satzungsänderung geltenden Vorschriften unwirksam sind. Nicht die Wahl als solche, wohl aber die mit der Satzung unvereinbare Amtsdauer war also nach seiner Auffassung unwirksam beschlossen (für Nichtigkeit oben, § 30 I 1b).

c) Hiermit nicht zu verwechseln ist die unter § 5 I 5 behandelte Frage, inwieweit eine formlose Übereinkunft unter den Gesellschaftern korporative, also nicht bloß schuldrechtlich bindende und damit »satzungsähnliche« Wirkung haben kann *(Problem der satzungsbegleitenden Nebenabreden)*. Die Frage ist mit dem *Bundesgerichtshof* zu bejahen, aber es sind nur die zustimmenden Gesellschafter gebunden. Die Satzung bleibt unverändert.

2. Kapitalerhöhung und Kapitalherabsetzung

Maßnahmen der Kapitalerhöhung und der Kapitalherabsetzung wurden unter § 37 V eingehend besprochen. Es handelt sich, betriebswirtschaftlich gesehen, um Finanzierungsentscheidungen. Gesellschaftsrechtlich stellen diese Entscheidungen zugleich besondere Formen der Satzungsänderung dar. Das kommt auch in der gesetzlichen Regelung in §§ 55 ff. GmbHG zum Aus-

1 Vgl. *BGHZ* 123, 15 = NJW 1993, 2246; *OLG Hamm*, BB 1992, 2312 = GmbHR 1992, 807; *OLG Köln*, NJW-RR 1996, 1439; näher *Priester*, ZHR 151 (1987), 40ff.; *Habersack*, ZGR 1994, 354; *Scholz/Karsten Schmidt*, § 45 Rdnr. 114; *Scholz/Priester*, § 53 Rdnrn. 26ff.

druck. Die in § 86 GmbHG geregelte Euro-Anpassung wurde bereits unter I 1 a besprochen.

II. Umwandlung*

1. Formwechsel

Die GmbH kann formwechselnd in folgende Rechtsformen umgewandelt werden:
- in eine Personengesellschaft (§§ 228 ff. UmwG),
- in eine Kapitalgesellschaft anderer Rechtsform, also AG oder KGaA (§§ 238 ff. UmwG),
- in eine eingetragene Genossenschaft (§§ 251 ff. UmwG).

Wie unter § 12 IV 2 und § 13 II dargestellt, hat diese Umwandlung keine Auflösung und keinen Rechtsübergang zur Folge, sondern die Gesellschaft besteht unter Wahrung ihrer Identität in neuer Rechtsform fort. Der Umwandlungsbeschluß bedarf mindestens einer satzungsändernden Mehrheit (§ 233 UmwG).

2. Verschmelzung und Spaltung

a) Die grundsätzliche Bedeutung und Handhabung der Verschmelzung wurde unter § 13 III schon erläutert. Durch die §§ 2ff., 46 ff. UmwG sind die Verschmelzungsmöglichkeiten komplettiert und zusammengefaßt. Den Verschmelzungsbeschluß regelt § 50 UmwG.

b) Erst seit dem Umwandlungsgesetz von 1994 besteht auch die Möglichkeit, Gesellschaften m.b.H. nach §§ 123ff., 138 ff. UmwG im Wege der Gesamtrechtsnachfolge zu spalten. Die Notwendigkeit eines Spaltungsbeschlusses folgt aus der Verweisung in § 125 UmwG (näher oben, § 13 IV).

III. Unternehmensverträge**

1. Grundlagen

Gesetzliche Regelungen über Unternehmensverträge der GmbH gibt es nicht. Aber es gibt Rechtsgrundsätze – wenn auch umstrittene Rechtsgrundsätze! –

* Literatur: Vgl. oben, § 12 und § 13 sowie *Dieter Mayer*, in: Priester/Mayer, MünchHdb. GesR III, 1996, § 75.

** Literatur (Auswahl): *Beinert*, Konzernhaftung für die satzungsmäßig abhängig gegründete GmbH, 1995; *Beuthien*, Konzernbildung und Konzernleitung kraft Satzung, ZIP 1993, 1589ff.; *Binneweis*, Konzerneingangskontrolle in der abhängigen Gesellschaft, 1996; *Emmerich*, *Gäbelein*

über Beherrschungs- und Gewinnabführungsverträge, die vor allem dem Schutz der abhängigen Gesellschaft, ihrer Gesellschafter und ihrer Gläubiger dienen (vgl. zum GmbH-Konzernrecht näher unten, § 39 II). Durch den sog. »*Supermarkt*«-Beschluß *BGHZ* 105, 324 = NJW 1989, 295 ist dieser schwierige Bereich einer Klärung nähergebracht worden. Das Grundverständnis besteht darin, daß Unternehmensverträge strukturändernde Maßnahmen und damit Grundlagenänderungen sind. Dies hat erhebliche Auswirkungen auf die Entscheidungszuständigkeit und auf die Publizität.

2. Der Abschluß und die Beendigung des Unternehmensvertrags

a) Der Abschluß eines Beherrschungs- oder Gewinnabführungsvertrags ist ein Organisationsakt. Er wird zwischen den konzernbeteiligten Unternehmen abgeschlossen, aber die allgemeine Organvertretungsmacht der Geschäftsführer reicht zu seinem Wirksamwerden nicht aus[2]. Vielmehr muß der Vertrag von den *Gesellschaftern der GmbH* genehmigt werden. Ist eine GmbH herrschendes Unternehmen, so bedarf es in ihrer Gesellschafterversammlung einer satzungsändernden Mehrheit von 3/4 der abgegebenen Stimmen[3]. Auf der Seite der abhängigen GmbH ist noch nicht endgültig entschieden, ob

---

und *H. P. Westermann*, in: Der GmbH-Konzern, 1976, S. 4, 25, 50; *Emmerich/Habersack*, Aktien- und GmbH-Konzernrecht, 2. Aufl. 2001; *Emmerich/Sonnenschein/Habersack*, Konzernrecht, 8. Aufl. 2001; *Flume*, Der Gewinn- und Verlustübernahmevertrag im GmbH-Recht, DB 1989, 665; *Gäbelein*, Unternehmensverträge mit abhängigen GmbH, GmbHR 1989, 502; *Grauer*, Konzernbildungskontrolle im GmbH-Recht, 1991; *Heckschen*, Gelöste und ungelöste Fragen des GmbH-Konzernrechts, DB 1989, 29; *Hirte* (Hrsg.), Der Vertragskonzern im Gesellschaftsrecht, 1993; *Kort*, Der Abschluß von Beherrschungs- und Gewinnabführungsverträgen im GmbH-Recht, 1986; *ders.*, Handelsregistereintragung bei Unternehmensverträgen im GmbH-Konzernrecht, AG 1988, 369; *ders.*, Rechtsfortbildung im GmbH-Konzernrecht, ZIP 1989, 1309; *Kurz*, Der Gewinnabführungsvertrag im GmbH-Recht aus konzernverfassungsrechtlicher Sicht, 1992; *Liebscher*, Konzernbildungskontrolle, 1995; *Lutter*, Die Rechte der Gesellschafter beim Abschluß fusionsähnlicher Unternehmensverbindungen, 1974; *Martens*, Mehrheits- und Konzernherrschaft in der personalistischen GmbH, 1970; *Priester*, Die Aufhebung des Unternehmensvertrages, ZGR 1996, 189; *Karsten Schmidt*, Konzernrecht, Minderheitenschutz und GmbH-Innenrecht, GmbHR 1979, 121; *Uwe H. Schneider* (Hrsg.), Beherrschungs- und Gewinnabführungsverträge in der Praxis der GmbH, 1989; *ders.*, Die Fortentwicklung des Handelsregisters zum Konzernregister, WM 1986, 181; *Sonnenschein*, Organschaft und Konzerngesellschaftsrecht, 1977; *Sonntag*, Konzernbildungs- und Konzernleitungskontrolle bei der GmbH, 1990; *Stolzenberger-Wolters*, Fehlerhafte Unternehmensverträge im GmbH-Recht, 1990; *Ulmer*, Fehlerhafte Unternehmensverträge im GmbH-Recht, BB 1989, 10; *Timm*, Der Abschluß des Ergebnisübernahmevertrags im GmbH-Recht, BB 1981, 1491; *ders.*, Unternehmensverträge im GmbH-Recht, GmbHR 1989, 11; *Verhoeven*, GmbH-Konzern-Innenrecht, 1978; *Vetter*, Eintragung des Unternehmensvertrags im Handelsregister des herrschenden Unternehmens? AG 1994, 110; *Weigel*, Wirksamkeitserfordernisse für den Abschluß von Unternehmensverträgen zwischen Gesellschaften m.b.H., in: Festschrift Quack, 1991, S. 505; *Zöllner*, Die formellen Anforderungen an Beherrschungs- und Gewinnabführungsverträge bei der GmbH, DB 1989, 913.

2 Vgl. nur *BGHZ* 105, 324, 331 = NJW 1989, 295, 296; *Scholz/Emmerich*, Anhang Konzernrecht Rdnr. 160; heute ganz h.M.; anders noch *OLG Düsseldorf*, unvollständig abgedruckt in BB 1981, 1483; *Meyer-Landrut*, § 53 Rdnr. 10; *Skibbe*, GmbHR 1968, 245.

3 Vgl. *BGHZ* 105, 324, 336 = BB 1989, 95, 98 = NJW 1989, 295, 298; str.

- eine satzungsändernde Mehrheit[4]
- Einstimmigkeit[5] oder
- die Zustimmung aller, auch der in der Versammlung nicht anwesenden oder vertretenen, Gesellschafter erforderlich ist[6].

Die erste Auffassung entspricht dem Aktienrecht und den GmbH-Reformentwürfen von 1969 und von 1971/73. Sie paßt das GmbH-Konzernrecht dem Aktienkonzernrecht an. Solange aber der GmbH-Vertragskonzern keine gesetzliche Legitimationsbasis gefunden hat und sofern nicht die Satzung eine Konzernunterwerfung zuläßt, sprechen gravierende Gründe für die dritte, strengste Auffassung. Die GmbH ist vom historischen Gesetzgeber als personalistische, konzernresistente Kapitalgesellschaft konzipiert. Eine Mehrheit, die zur Änderung der Satzung auf der Basis dieser gesetzlichen GmbH-Verfassung ausreicht, genügt nicht ohne weiteres zu einem Beschluß, mit dem diese Basis verlassen wird (vgl. sinngemäß § 33 I 2 BGB und dazu oben, § 4 II 3a). Soweit im Einzelfall der Abschluß eines Unternehmensvertrags im wohlverstandenen Interesse der Gesellschaft und ihrer Gesellschafter geboten ist, kann aus Gründen der Treupflicht eine Pflicht der Gesellschafter zur Zustimmung bestehen (vgl. hierzu allgemein oben, § 5 IV, § 20 IV, § 21 II 3), aber dies rechtfertigt nicht ohne weiteres ein Abgehen vom Grundsatz der Zustimmung aller Gesellschafter, denn der Abschluß eines Beherrschungsvertrags dient dazu, legitime qualifizierte Herrschaftsmacht über die GmbH zu begründen. Einzuräumen bleibt freilich als Argument für die Zulassung qualifizierter Mehrheitsentscheidungen, daß bei nicht vinkulierten GmbH-Anteilen die Minderheit auch gegen eine AG-Umwandlung nicht geschützt ist[7]. Die weitere Entwicklung bleibt abzuwarten (vgl. auch unter III 3). Sollte sich die Auffassung durchsetzen, die eine Mehrheitsentscheidung zuläßt, so wird die Frage des Stimmrechts und des Schutzes außenstehender Gesellschafter von großer Bedeutung sein: Soweit das herrschende Unternehmen Gesellschafter der GmbH ist – das ist regelmäßig der Fall –, stimmt es bei der Beschlußfassung mit. § 47 IV GmbHG steht nicht entgegen, weil es sich nicht um ein Verkehrsgeschäft der Gesellschaft mit einem Gesellschafter, sondern um eine Organisationsregelung handelt (vgl. dazu oben, § 36 III 3b; unten, § 39 II 2a)[8].

---

4 Vgl. *Lutter*, a.a.O., S. 38; *Grauer*, a.a.O., S. 189ff.; *Roth/Altmeppen*, Anh. § 13 Rdnr. 36; *Kort*, a.a.O., S. 109ff.; *Lutter/Hommelhoff*, Anh. § 13 Rdnr. 54; *Rowedder/Koppensteiner*, Anh. § 52 Rdnr. 40; *Esch*, BB 1986, 272; *Timm*, ZIP 1986, 1387; *Koerfer/Selzner*, GmbHR 1997, 285; *Heckschen*, DB 1989, 29f.; nicht mehr vertreten wird die von *Timm* zunächst vorgeschlagene (BB 1981, 1493f.) 9/10-Mehrheit (vgl. *dens.*, GmbHR 1989, 14; 1992, 215).

5 So etwa *Kübler*, § 29 V 3b; *Martens*, a.a.O., S. 168ff.

6 So bereits *Sonnenschein*, a.a.O., S. 351ff.; für Beherrschungsverträge auch *Karsten Schmidt*, GmbHR 1979, 124; heute wohl h.M.; vgl. *Raiser*, § 54 Rdnr. 26; *Drüke*, a.a.O., S. 99; *Baumbach/Hueck/Zöllner*, KonzernR, Rdnr. 39; *Emmerich/Habersack*, a.a.O., § 293 Rdnr. 43; *Scholz/Emmerich*, Anh. Konzernrecht, Rdnr. 155; *Scholz/Priester*, § 53 Rdnr. 171; *Meyer-Landrut*, § 53 Rdnr. 10; *Emmerich*, JuS 1992, 103; *Zeidler*, NZG 1999, 693.

7 Das könnte für eine differenzierende Betrachtung sprechen: Mehrheit von 3/4 mit Zustimmung unter der nach § 193 II UmwG geschützten Gesellschafter würde genügen.

8 Vgl. nur *OLG Stuttgart*, NZG 1998, 601, 603; *Lutter/Hommelhoff*, Anh. § 13 Rdnr. 54; a.M. *Roth/Altmeppen*, Anh. § 13 Rdnr. 36.

b) In formaler Hinsicht hat der in *BGHZ* 105, 324 veröffentlichte sog. »Supermarkt«-Beschluß die *Notwendigkeit einer Beurkundung und Registereintragung* klargestellt[9]:

»Ein zwischen zwei Gesellschaften mit beschränkter Haftung abgeschlossener Unternehmensvertrag, in dem sowohl eine Beherrschungsvereinbarung als auch eine Gewinnabführungsverpflichtung enthalten ist, wird nur wirksam, wenn die Gesellschafterversammlungen der beherrschten und der herrschenden Gesellschaft dem Vertrag zustimmen und seine Eintragung in das Handelsregister der beherrschten Gesellschaft erfolgt. Der Zustimmungsbeschluß der Gesellschafterversammlung der beherrschten Gesellschaft bedarf der notariellen Beurkundung, nicht hingegen der Unternehmensvertrag und der Zustimmungsbeschluß der Gesellschafterversammlung der herrschenden Gesellschaft. Aus der Eintragung sollen sich Abschluß, Abschlußdatum und Art des Unternehmensvertrages sowie die Tatsache der Zustimmung der Gesellschafterversammlung der beherrschten Gesellschaft und das Datum dieses Zustimmungsbeschlusses ergeben. Wegen des weitergehenden Inhalts kann auf den Unternehmensvertrag sowie die zustimmenden Beschlüsse der Gesellschafterversammlungen der beherrschten und der herrschenden Gesellschaft Bezug genommen werden, die sämtlich in Abschrift der Anmeldung zum Handelsregister beizufügen sind.«

Die Entscheidung ist zunächst auf Kritik gestoßen[10]. Sie hat einer jahrzehntelangen Übung ein Ende bereitet, wird aber der Funktion des Unternehmensvertrags als eines Organisationsvertrags gerecht und fügt sich in das allgemeine Recht der Verbände ein. Die Praxis hat sich daran gewöhnt. Altverträge, die in großer Zahl lediglich schriftlich abgeschlossen worden waren, sind aber nicht nichtig, denn es gelten – wie unter § 6 IV 4 und § 31 III 2b gezeigt wurde – die Grundsätze über fehlerhafte Gesellschaften auch für fehlerhafte Unternehmensverträge[11].

c) Umstritten ist noch die *Aufhebung des Unternehmensvertrags.* Wie unter § 31 III 4c dargestellt, verlangt die überaus problematische Regelung des § 296 AktG hier keine Zustimmung der beteiligten Hauptversammlungen, womit die Frage entstehen mußte, ob dies auch für den GmbH-Konzern gilt[12]. Man sollte die Frage verneinen[13]. Die Auffassung des Gesetzgebers, der die »Rückkehr zur Normalität« durch Aufhebung des Unternehmensvertrags als eine nicht strukturändernde Maßnahme ansah, muß als unrichtig angesehen werden, und vor die Wahl gestellt, ob eine verfehlte Aktienrechtsnorm im Wege der Analogie auf das GmbH-Konzernrecht übertragen werden soll,

---

9 *BGHZ* 105, 324 = BB 1989, 19 = GmbHR 1989, 25 = NJW 1989, 295; umfassende Dokumentation bei *Uwe H. Schneider*, a.a.O.; *Timm*, GmbHR 1989, 11ff.; *Kort*, ZIP 1989, 1309.

10 Vgl. *Flume*, DB 1989, 665ff.; gegen ihn *Zöllner*, DB 1989, 913ff.; krit. aber auch *Gäbelein*, GmbHR 1989, 502; *Bitter*, ZIP 2001, 275f.

11 Näher *BGHZ* 116, 37; *Ulmer*, BB 1989, 10ff.; s. auch *Kleindiek*, ZIP 1988, 613ff.; *Priester*, in: Uwe H. Schneider, a.a.O., S. 37ff.; *Stolzenberg-Wolters*, a.a.O.

12 So z.B. *OLG Frankfurt*, DB 1993, 2478 = NJW-RR 1994, 296; *OLG Karlsruhe*, DB 1994, 1462 = NJW-RR 1994, 1062; *LG Essen*, NZG 1998, 860 m. Anm. *Altmeppen*; *Roth/Altmeppen*, Anh. § 13 Rdnr. 76; *Kallmeyer*, GmbHR 1995, 578f.; *Vetter*, ZIP 1995, 345ff.; s. auch *Bungert*, NJW 1996, 1118ff.

13 So z.B. *LG Konstanz*, ZIP 1992, 1738 (= Vorinstanz zu *OLG Karlsruhe*, DB 1994, 1462); *Scholz/Emmerich*, Anh. Konzernrecht Rdnr. 202; *Ebenroth/Wilken*, WM 1993, 1617ff.; *Ehlke*, ZIP 1995, 355ff.; *Priester*, ZGR 1996, 189ff.

wird der rechtsanwendende Jurist diese Frage verneinen müssen. Die Aufhebung des Unternehmensvertrags bedeutet nicht, daß nun alles gleichsam als ungeschehen anzusehen ist, sondern sie stellt – ganz wie der Abschluß des Unternehmensvertrags – einen Eingriff in die Verfassung der GmbH dar.

3. Ersetzung des Unternehmensvertrags durch satzungsmäßige Abhängigkeit?

Erst in jüngerer Zeit wird die Frage diskutiert, ob der Unternehmensvertrag durch Satzungsklauseln »ersetzt« werden kann[14]. Die Frage ist eigentlich erst durch die seit *BGHZ* 105, 324 (»Supermarkt«) anerkannte Registerpublizität der Unternehmensverträge zu einem Problem geworden, womit sich die satzungsmäßige Konzernunterwerfung wie eine »Umgehung« der strengen Publizität im GmbH-Konzernrecht ausnimmt. Die Zulässigkeit wird hier bejaht (unten, § 39 II 1). Wer Gesellschafter der GmbH ist, kann, wie bei der Personengesellschaft (unten, § 43 III) durch den Gesellschaftsvertrag Herrschafts- oder Gewinnbezugsrechte eingeräumt erhalten. Probleme kann hierin nur sehen, wer die »Supermarkt«-Doktrin des BGH unreflektiert als gesetzliche Untergrenze allen Vertragskonzernrechts bei der GmbH zugrundelegt. Richtigerweise ersetzt nämlich nicht diese Satzungsklausel den Unternehmensvertrag, sondern der Unternehmensvertrag ersetzt die Satzungsklausel. Daß der Unternehmensvertrag heute als gesetzliche Standardform der Konzernbindung erscheint, hat seine Ursache teils im Körperschaftsteuerrecht, teils in der Satzungsstrenge des Aktiengesetzes (oben, § 17 V 1). Soweit die Satzungsfreiheit im Gegensatz zum Aktienrecht (§ 23 V AktG) Vorzugsrechte des Gesellschafters zuläßt (oben, § 19 III 3 c bb), können diese Rechte auch in der Beherrschung der GmbH bzw. in der Abführung von Gewinnen bestehen. Nachträglich können solche Regelungen, weil sie in den Kernbereich der Mitgliedschaft eingreifen, aber nur mit Zustimmung aller Gesellschafter durch Satzungsänderung eingeführt werden.

14 *Beinert*, Konzernhaftung für die satzungsgemäß abhängige GmbH, 1995, S. 38ff.; *Beuthien*, ZIP 1993, 1589ff.

IV. Auflösung und Fortsetzung der GmbH*

1. Grundlagen

a) Nach dem unter § 11 V 3 Gesagten führt die Auflösung grundsätzlich noch nicht zur Beendigung der Gesellschaft. Deshalb muß unterschieden werden zwischen[15]
- der GmbH, die auflösungsreif, aber noch nicht aufgelöst ist,
- der GmbH, die aufgelöst ist, und
- der GmbH, die vollbeendigt ist.

Die *auflösungsreife GmbH* ist formell noch werbende Gesellschaft, weil der Auflösungstatbestand noch nicht vollständig erfüllt ist, z. B. noch die Rechtskraft eines Auflösungsurteils fehlt. Regelmäßig handelt es sich um Fälle, bei denen der materielle Auflösungstatbestand schon vorhanden ist, aber noch ein formelles Schlußstück fehlt. Im Innenverhältnis kann die Auflösungsreife schon Auswirkungen auf die Rechte und Pflichten der Gesellschafter haben, auch wenn die Gesellschaft noch nicht aufgelöst ist. Die *aufgelöste GmbH* ist in aller Regel einem gesellschaftsrechtlichen Liquidationsverfahren unterworfen und besteht als Gesellschaft noch fort (vgl. § 69 GmbHG). Sie ist so lange nicht *vollbeendigt,* wie nicht das Liquidationsverfahren durchgeführt ist (vgl. oben, § 11 V 3b).

b) *Ohne Liquidation* erlischt die Gesellschaft, wenn sie nach § 141a FGG wegen Vermögenslosigkeit im Handelsregister gelöscht wird (§ 60 I Nr. 7 GmbHG und dazu oben, § 11 V 3a). Eine Liquidation findet in diesen Fällen nur statt, wenn sich nachträglich doch noch Vermögen auffindet (§ 66 V GmbHG). Liegt wirklich Vermögenslosigkeit vor, so wäre eine Liquidation gegenstandslos (dazu unter IV 6e). Aus einem anderen Grund führt die Verschmelzung zum Erlöschen des übertragenden Rechtsträgers (§ 20 I Nr. 2 UmwG): Geht eine GmbH im Wege der Verschmelzung in einer anderen Gesellschaft auf, so geht ihr Vermögen mitsamt den Verbindlichkeiten auf den übernehmenden Rechtsträger über (oben, § 13 III).

---

* Literatur (Auswahl): *Josef Bauer*, Auflösung und Liquidation der GmbH, 1904; *Crisolli/Groschuff/Kaemmel*, Umwandlung und Löschung von Kapitalgesellschaften, 2. Aufl. 1934; *Friedrich*, Auflösung einer Kapitalgesellschaft und Übernahme des Vermögens durch einen Gesellschafter, BB 1994, 89; *Hofmann*, Zur Auflösung einer GmbH, GmbHR 1975, 217; *ders.*, Zur Liquidation einer GmbH, GmbHR 1976, 229, 258; *Konow*, Die gerichtliche Auflösung der GmbH, GmbHR 1973, 217; *Karsten Schmidt*, Zur Gläubigersicherung im Liquidationsrecht der Kapitalgesellschaften, Genossenschaften und Vereine, ZIP 1981, 1; *ders.*, Löschung und Beendigung der GmbH, GmbHR 1988, 209; *ders.*, Zur Ablösung des Löschungsgesetzes, GmbHR 1994, 829; *Peter Scholz*, Die Fortsetzung der Liquidations-GmbH, GmbHR 1982, 228; *Wolf Schulz*, Die masselose Liquidation der GmbH, 1986; *Schumann*, Die rechtliche Stellung der Gläubiger einer AG und einer GmbH nach ihrer Liquidation, 1930; *Vomhof*, Die Haftung des Liquidators der GmbH, 1988; *Wimpfheimer*, Die Gesellschaften des Handelsrechts und des bürgerlichen Rechts im Stadium der Liquidation, 1908.

15 Eingehend *Scholz/Karsten Schmidt*, § 60 Rdnrn. 1ff.

2. Die Auflösungstatbestände

a) Zur Abwicklung führende Auflösungstatbestände sind[16]:
- Zeitablauf (§ 60 I Nr. 1 GmbHG),
- ein Auflösungsbeschluß der Gesellschafter, der i.d.R. einer qualifizierten Mehrheit von 3/4 der abgegebenen Stimmen bedarf (§ 60 I Nr. 2 GmbHG),
- ein Auflösungsurteil oder ein auflösender Verwaltungsakt (§ 60 I Nr. 3 GmbHG),
- Eröffnung des Insolvenzverfahrens (§ 60 I Nr. 4 GmbHG),
- Ablehnung der Eröffnung des Insolvenzverfahrens mangels Masse (§ 60 I Nr. 5 GmbHG),
- Feststellung von Satzungsmängeln durch rechtskräftige Verfügung nach §§ 144a, b FGG (§ 60 I Nr. 6 GmbHG),
- Nichtigerklärung der Gesellschaft nach §§ 75 GmbHG, 144 FGG,
- weitere statutarische Auflösungsgründe (§ 60 II GmbHG).

b) Die Einzelprobleme dieser Auflösungstatbestände sind hier nicht vollständig darzustellen. Aber es sollen die bedeutsamsten Fragen ausgewählt werden.

aa) Ein *Auflösungsbeschluß* nach § 60 I Nr. 2 GmbHG stellt i.d.R. keine Satzungsänderung dar[17], sofern nicht der Gesellschaftsvertrag eine feste Dauer festlegt und die Gesellschaft vorzeitig aufgelöst sein soll[18]. Er bedarf also grundsätzlich zwar einer qualifizierten Mehrheit, nicht aber der Eintragung in das Handelsregister. Ein großes Problem ist, inwieweit Auflösungsbeschlüsse einer inhaltlichen Richtigkeitskontrolle durch die Gerichte unterworfen sind[19]. Die Frage wurde praktisch in unserem schon unter § 35 I 2d angesprochenen

Beispiel Nr. 2 (nach *BGHZ* 76, 352): K war mit 10 % an einer GmbH beteiligt. Frau F hielt die anderen 90 % der Geschäftsanteile, und sie war auch Geschäftsführerin. Nach dem Gesellschaftsvertrag konnten Auflösungsbeschlüsse mit 4/5-Mehrheit gefaßt werden. Nachdem es unter den beiden Gesellschaftern zu gegenseitigen schweren Vorwürfen gekommen war, lud Frau F den K zu einer außerordentlichen Gesellschafterversammlung mit dem Tagesordnungspunkt »Auflösung der Gesellschaft« ein. Sodann erklärte sie, ihr Amt als Geschäftsführerin niederzulegen, und zugleich gründete sie eine neue GmbH und traf bereits Maßnahmen mit dem Ziel, den Geschäftsbetrieb auf diese neue GmbH überzuleiten. In der Gesellschafterversammlung wurde die Auflösung gegen die Stimmen des K beschlossen, und es wurde ein Liquidator bestellt. Im Zuge der Abwicklung

---

16 Zur Änderung des § 60 GmbHG durch das EGInsO vgl. *Karsten Schmidt*, GmbHR 1994, 829ff.; zum Übergangsrecht der GmbH-Novelle von 1980 (Auflösung bei Nichtanpassung des Stammkapitals) vgl. 1.–3. Aufl.; zu den Sondertatbeständen des Einigungsvertrages bzw. des DM-BilanzG (Nichterhöhung des Stammkapitals) vgl. *Horn*, Das Zivil- und Wirtschaftsrecht im neuen Bundesgebiet, 2. Aufl. 1993.

17 *RGZ* 65, 264, 266; 101, 78; *KGJ* 45, 179f.; *KG*, OLGE 27, 389.

18 *RGZ* 65, 264, 265; 101, 78; eingehend zur Problematik *Scholz/Karsten Schmidt*, § 60 Rdnr. 14.

19 Vgl. *BGHZ* 76, 352; 103, 184 (AG); *Raiser,* Kapitalgesellschaften, § 41 Rdnr. 4; *Baumbach/Hueck/Schulze-Osterloh*, § 60 Rdnr. 20; *Hachenburg/Ulmer*, § 60 Rdnr. 31; *Scholz/Karsten Schmidt*, § 60 Rdnr. 16; eingehend *Lutter*, ZGR 1981, 171ff.; *Timm*, JZ 1980, 665ff.; *Friedrich*, BB 1994, 89ff.

übertrug dieser das Betriebsvermögen auf die neue GmbH. K focht den Auflösungsbeschluß an. Die Klage war in den Vorinstanzen erfolglos. Der *BGH* gab ihr statt.

Die Schwierigkeiten dieses Falls liegen auf der Hand. Einerseits läuft der Gesamtablauf, wirtschaftlich gesehen, auf eine Ausschließung des K hinaus, denn die Überführung der Gesellschaft auf die neue GmbH stellt im praktischen Ergebnis nichts anderes dar als eine Ausbootung des K. Durch Auflösung und Einzelübertragung wird also das bewerkstelligt, was das Umwandlungsrecht vorerst nicht zuläßt: die Überführung des Unternehmens auf einen neuen Rechtsträger ohne Beteiligung des Minderheitsgesellschafters (vgl. zur Umgehung des Umwandlungsgesetzes schon oben, § 13 I 4). Auf der anderen Seite erkennt das Gesetz der Mehrheit die Befugnis zur Auflösung der GmbH zu, gibt also der Minderheit keine Garantie eines Fortbestands der Gesellschaft. Während die Minderheit nach § 61 GmbHG eine Auflösung nur durchsetzen kann, wenn sie ein unabweisbares objektives Bedürfnis nach Auflösung dartut, ist also eine qualifizierte Gesellschaftermehrheit eo ipso imstande, die Gesellschaft zu zerschlagen. Dies ist gemeint, wenn es im Urteil des *BGH* heißt: »Ein mit der nötigen Mehrheit gefaßter Auflösungsbeschluß bedarf keiner Rechtfertigung; er trägt seine Rechtfertigung in sich.« Damit ist aber nur gesagt, daß eine *positive* sachliche Rechtfertigung im Einzelfall nicht erforderlich und eine allgemeine Inhaltskontrolle nicht angezeigt ist. Das wurde in der aktienrechtlichen »Linotype«-Entscheidung[20] nochmals bestätigt (dazu oben, § 20 IV 2c). Nicht ausgeschlossen ist, daß sich im Einzelfall eine sachliche Beanstandung unter dem Gesichtspunkt der Treupflicht der Gesellschafter (oben, § 20 IV) und dementsprechend aus den Inhaltsgrenzen der Mehrheitsherrschaft ergibt. Die bloße Möglichkeit, daß ein Gesellschafter im Rahmen des Liquidationsverfahrens das Unternehmen an sich bringt, stellt allerdings nach der zutreffenden Auffassung des *BGH* noch keine solche Beanstandung dar[21], und nach dem »Linotype«-Urteil soll nicht einmal die Absicht, wesentliche Teile des Unternehmens an sich zu bringen, einen Mißbrauch der Mehrheitsherrschaft begründen[22]. Man wird einen solchen Mißbrauch aber jedenfalls dann anzunehmen haben, wenn die Auflösung von vornherein auf eine Ausbootung des Minderheitsgesellschafters angelegt ist. Wenn die aufnehmende Gesellschaft an die aufgelöste Gesellschaft nur den Zerschlagungswert zahlt, wird der Minderheitsgesellschafter obendrein nur an diesem Erlös beteiligt, während der volle Ertragswert über die aufnehmende Gesellschaft dem Mehrheitsgesellschafter bleibt. Hier bedarf es des Schutzes. In den Augen des *BGH* können namentlich Vorverhandlungen dem Beschluß das Gepräge einer unzulässigen Verfolgung von Sondervorteilen zum Schaden der Gesellschaft und des Minderheitsgesellschafters geben. Dann ist der Auflösungsbeschluß treuwidrig und anfechtbar.

---

20 *BGHZ* 103, 184 = JZ 1989, 443 m. Anm. *Wiedemann* = JR 1988, 505 m. Anm. *Bommert* = NJW 1988, 1579 m. Anm. *Timm;* eingehend *Friedrich*, BB 1994, 89ff.

21 *BGHZ* 76, 352, 354.

22 *BGHZ* 103, 184, 189f.; *Raiser*, Kapitalgesellschaften, § 41 Rdnr. 4; a.M. *Lutter/Drygala*, in: Festschrift Kropff, 1997, S. 216ff.

bb) Nach *§ 61 GmbHG* kann die GmbH *durch gerichtliches Urteil* aufgelöst werden, wenn die Erreichung des Gesellschaftszwecks unmöglich wird oder wenn andere in den Verhältnissen der Gesellschaft liegende wichtige Gründe für die Auflösung vorhanden sind. Die *Auflösungsklage* als Gestaltungsklage ist das kapitalgesellschaftliche Gegenstück zu § 133 HGB (zu diesem vgl. unten, § 52 III 7). Die Tragweite und die Grenzen dieses Klagrechts lassen sich allerdings nur richtig einschätzen, wenn man beachtet, daß die Gerichtspraxis und die Literatur praeter legem auch Austritts- und Ausschließungsrechte bei der GmbH herausgearbeitet haben (oben, § 35 IV 2). Hieraus und aus dem Übermaßverbot folgt, daß die Auflösungsklage zurücktritt, wenn der wichtige Grund einseitig gelagert ist und deshalb eine Ausschließung rechtfertigt[23].

Beispiel Nr. 3 (nach *BGHZ* 80, 346): Gesellschafter der G-GmbH sind K, A und B zu gleichen Teilen. Wegen unheilbarer persönlicher Zerwürfnisse hat K die Auflösungsklage erhoben. Die Klage hatte beim *LG* und beim *OLG* Erfolg, obwohl die beklagte GmbH sowie die Mitgesellschafter als Streithelfer behauptet hatten, K habe die Zerrüttung verschuldet. Der *Bundesgerichtshof* verwies die Sache an das *OLG* zurück. In den Leitsätzen der Entscheidung heißt es: »Die Auflösungsklage ist abzuweisen, wenn gegen den Auflösungskläger die Ausschließung betrieben wird und gerechtfertigt erscheint.«

Weniger klar ist das Verhältnis zwischen dem Austrittsrecht und der Auflösungsklage nach § 61 GmbHG[24]. Man wird auch hier im Grundsatz davon ausgehen müssen, daß ein Gesellschafter nicht die Auflösung herbeiführen kann, wenn es ihm zuzumuten ist, auszuscheiden und sich zu Liquidationsbedingungen abfinden zu lassen; jedoch kann die Auflösungsklage auf diese Weise nur abgewehrt werden, wenn dem Kläger auch die Unsicherheit seines Austritts- und Abfindungsrechts genommen wird[25]. In aller Regel kann deshalb die Auflösungsklage nicht einfach mit dem Hinweis auf ein Austrittsrecht des Auflösungsklägers abgewiesen werden, wohl aber können die Mitgesellschafter dem Kläger eine Übernahme seines Geschäftsanteils gegen volles Entgelt anbieten und dadurch die Auflösungsklage abwehren[26].

Die Auflösungsklage kann nur erheben, wer allein oder zusammen mit anderen Klägern mindestens ein Zehntel des Stammkapitals hält. Beklagter ist die Gesellschaft. Als Gestaltungsurteil wirkt aber das Auflösungsurteil gegen jedermann, insbesondere auch gegen die weiteren Gesellschafter. Deshalb

23 *RGZ* 164, 257, 258; *BGHZ* 9, 157; 16, 317, 322; 32, 17, 22; 35, 272, 280; 80, 346; *OLG Nürnberg*, BB 1970, 1371; *OLG Frankfurt*, GmbHR 1980, 56, 57; *Raiser*, Kapitalgesellschaften, § 41 Rdnr. 6; *Hachenburg/Ulmer*, 7. Aufl., § 61 Rdnr. 4; *Scholz/Karsten Schmidt*, § 61 Rdnr. 3; *Baumbach/Hueck/Schulze-Osterloh*, § 61 Rdnr. 5; *Rowedder/Rasner*, § 61 Rdnr. 4.

24 Auch hier grundsätzlich für Subsidiarität *Immenga*, Die personalistische Kapitalgesellschaft, 1970, S. 339f.; *Goerdeler*, in: Festschrift Barz, 1974, S. 125f.; *Scholz/Karsten Schmidt*, § 61 Rdnr. 3; *Baumbach/Hueck/Schulze-Osterloh*, § 61 Rdnr. 5; *Hofmann*, GmbHR 1975, 220; a. M. *Hachenburg/Ulmer*, § 61 Rdnr. 4.

25 Insofern berechtigt die Einwände bei *Hachenburg/Ulmer*, § 61 Rdnr. 4; s. auch *Baumbach/Hueck/Schulze-Osterloh*, § 61 Rdnr. 5.

26 Vgl. *Hachenburg/Ulmer* und *Baumbach/Hueck/Schulze-Osterloh*, ebd.

stellt sich – wie bei vielen Gestaltungsklagen[27] – die Frage des rechtlichen Gehörs und der Verfahrensbeteiligung dieser betroffenen Dritten.

Beispiel Nr. 4 (nach *BVerfGE* 60, 7 = NJW 1982, 1635): K und X waren Gesellschafter einer GmbH. K war zugleich alleinvertretungsberechtigter Geschäftsführer. K erhob wegen interner Spannungen gegen die GmbH die Auflösungsklage. In dem Prozeß wurde die GmbH durch Rechtsanwalt R als Prozeßpfleger vertreten. X erfuhr weder etwas von dieser Pflegerbestellung noch von dem Auflösungsprozeß. Das *LG* erkannte auf Aufhebung der GmbH. Kläger K und die durch R vertretene GmbH verzichteten auf Rechtsmittel. Jetzt erst, also nachdem schon die Auflösungswirkungen eingetreten waren, erfuhr X von dem Verfahren. Auf seine Verfassungsbeschwerde wurde das Urteil wegen Verstoßes gegen Art. 103 GG aufgehoben.

cc) Geringe praktische Bedeutung hat *§ 62 GmbHG.* Danach kann eine GmbH, die durch gesetzwidrige Handlungen oder Beschlüsse das Gemeinwohl gefährdet, entschädigungslos aufgelöst werden. Nach der früher einhelligen Meinung geschieht dies durch das Verwaltungsgericht[28], nach der hier vertretenen und inzwischen herrschenden Auffassung durch die Verwaltungsbehörde[29]. Neben den § 62 GmbHG treten als Sondervorschriften die §§ 3, 17 VereinsG, 35, 38 KWG.

dd) Die *Insolvenzverfahrenseröffnung* (§ 60 I Nr. 4 GmbHG) löst nicht das allgemeine gesellschaftsrechtliche Liquidationsverfahren aus, sondern ein Insolvenzverfahren (dazu oben, § 11 VI und alsbald unter IV 6). Auch die *Ablehnung der Insolvenzverfahrenseröffnung mangels Masse* (§ 60 I Nr. 5 GmbHG) ist in Wahrheit ein insolvenzrechtlicher Fall der Auflösung, der nach einer insolvenzrechtlichen Sonderbehandlung verlangt. Das gesellschaftsrechtliche Liquidationsrecht sollte hier nur mit Modifikationen angewandt werden (vgl. oben, § 11 VI und alsbald unter IV 6).

ee) Nach § 60 I Nr. 6 GmbHG führt nicht nur die *Feststellung von Satzungsmängeln* (§ 144 a FGG), sondern auch die *Feststellung eines Verstoßes gegen § 19 IV GmbHG* zur Auflösung (§ 144 b FGG). Nach dieser Vorschrift muß der Gesellschafter alle Geldeinlagen voll einzahlen oder Sicherheit leisten oder einen Geschäftsanteil abtreten, wenn sich innerhalb von drei Jahren nach der Eintragung der GmbH alle Geschäftsanteile in seiner Hand (oder daneben in der Hand der Gesellschaft) vereinigt haben. Geschieht dies nicht, so setzt das Registergericht dem Gesellschafter unter Hinweis auf die Auflösungsfolge eine Frist, nach deren fruchtlosem Ablauf die Gesellschaft aufgelöst ist.

ff) Ein Auflösungstatbestand ist auch die *Nichtigerklärung* der Gesellschaft nach §§ 75 GmbHG, 144 FGG. Die sog. Nichtigkeitsgründe des § 75 GmbHG sind in Wahrheit nur Auflösungsgründe (oben, § 6 II 1 a); die Nichtigkeitsklage ist eine im Gesetz falsch bezeichnete Auflösungsklage[30].

---

27 Vgl. *Schlosser*, Gestaltungsklagen und Gestaltungsurteile, 1966, 188ff.; *Zeuner*, Rechtliches Gehör, materielles Recht und Urteilswirkungen, 1974; *Karsten Schmidt*, JuS 1986, 40f.

28 Vgl. nur *KG*, JW 1937, 1270; *Lutter/Hommelhoff*, § 62 Rdnr. 2.

29 *Scholz/Karsten Schmidt*, § 62 Rdnr. 8; jetzt h. M.; vgl. *Baumbach/Hueck/Schulze-Osterloh*, § 62 Rdnr. 11; *Roth/Altmeppen*, § 62 Rdnr. 3; *Rowedder/Rasner*, § 62 Rdnr. 8.

30 Vgl. *Scholz/Karsten Schmidt*, § 60 Rdnr. 64, § 75 Rdnr. 1 m.w.N.

gg) *Statutarische Auflösungstatbestände* sind nach § 60 II GmbHG zulässig[31]. Es kann z.B. der Tod oder die Insolvenz eines Gesellschafters zum Auflösungsgrund erklärt werden. Häufig sind derartige Klauseln nicht. Kündigungsklauseln zielen im Zweifel nur auf ein Recht des Kündigungsberechtigten zum Ausscheiden aus der Gesellschaft, nicht auf ein Auflösungsrecht (str.)[32].

hh) Ein ungeschriebener gesetzlicher Auflösungsgrund ist der *Erwerb sämtlicher Geschäftsanteile durch die GmbH* (str.; vgl. oben, § 33 V 2b).

c) Keine gesetzlichen Auflösungsgründe sind z.B.: die Vereinigung aller Geschäftsanteile in einer Hand, die Stillegung des Unternehmens oder fehlende Rentabilität. Vorgänge dieser Art können mittelbar zur Auflösung – z.B. zu einem Auflösungsbeschluß oder zum Insolvenzverfahren – führen, aber sie sind deshalb noch nicht selbst Auflösungsgründe.

3. Das Abwicklungsverfahren*

a) Die Auflösung muß nach § 65 GmbHG zum *Handelsregister* angemeldet, eingetragen und bekanntgemacht werden. Die Liquidation findet durch *Liquidatoren* als Geschäftsführungsorgane statt, und dies sind im Regelfall die Geschäftsführer (§ 66 GmbHG)[33]. Auf Antrag von Gesellschaftern, deren Geschäftsanteile zusammen mindestens dem zehnten Teil des Stammkapitals entsprechen, kann das Registergericht nach § 66 II GmbHG Liquidatoren bestellen[34]. Fehlen Liquidatoren und wird die Gesellschaft hierdurch handlungsunfähig, so können hilfsweise auch Notliquidatoren analog §§ 29, 48 BGB durch das Gericht bestellt werden[35]. Die Liquidatoren sind zur Eintragung im Handelsregister anzumelden (§ 67 GmbHG). Sie haben die laufenden Geschäfte zu beenden, die Verpflichtungen der aufgelösten Gesellschaft zu erfüllen, deren Forderungen einzuziehen und das Vermögen in Geld umzusetzen; zur Beendigung schwebender Geschäfte können sie auch neue Geschäfte eingehen; dies alles ist ihr in § 70 GmbHG umschriebener Geschäftsführungsbereich. Sie fungieren nach § 70 GmbHG zugleich als *Ver-*

31 Vgl. im einzelnen *Scholz/Karsten Schmidt*, § 60 Rdnrn. 74ff.; *Baumbach/Hueck/Schulze-Osterloh*, § 60 Rdnr. 50.

32 A.M. *Baumbach/Hueck/Schulze-Osterloh*, § 60 Rdnr. 51.

* Literatur: *Budde/Förschle*, Sonderbilanzen, 2. Aufl. 1999; *Förster*, Die Liquidationsbilanz, 3. Aufl. 1992; *Hofmann*, Zur Liquidation einer GmbH, GmbHR 1976, 229; *Torsten Meyer*, Liquidatorenkompetenzen und Gesellschafterkompetenzen ..., 1996; *Paura*, Liquidation und Liquidationspflichten, Diss. Hamburg 1995; *Scherrer/Heni*, Liquidations-Rechnungslegung, 2. Aufl. 1996; *dies.*, Externe Rechnungslegung bei Liquidation, DStR 1992, 797; *Karsten Schmidt*, Liquidationsbilanzen und Konkursbilanzen, 1989; *ders.*, Liquidationszweck und Vertretungsmacht der Liquidatoren, AcP 174 (1974), 55; *ders.*, Vorfinanzierung der Liquidationsquote im Einklang mit dem Ausschüttungs-Sperrjahr? DB 1994, 2013; *Vomhof*, Die Haftung des Liquidators der GmbH, 1987.

33 Zur mitbestimmten GmbH vgl. *Scholz/Karsten Schmidt*, § 66 Rdnr. 32.

34 Eingehend *Scholz/Karsten Schmidt*, § 66 Rdnrn. 11ff.

35 *BayObLG*, BB 1976, 998 = GmbHR 1977, 201; *Hachenburg/Hohner*, § 66 Rdnr. 35; *Scholz/Karsten Schmidt*, § 66 Rdnrn. 33ff.; *Baumbach/Hueck/Schulze-Osterloh*, § 66 Rdnr. 32.

tretungsorgane der aufgelösten GmbH, und zwar, wie sich aus §§ 69, 35, 37 GmbHG ergibt, mit unbeschränkter und unbeschränkbarer Vertretungsmacht[36]. Im Außenverhältnis ist also ihr Handlungsrahmen nicht auf den Liquidationszweck beschränkt (oben, § 11 V 4d)[37]. Handelt der Liquidator ohne Zustimmung der Gesellschaft entgegen dem Liquidationszweck, so handelt er zwar pflichtwidrig, aber innerhalb seiner Organvertretungsmacht. Es liegt ein Mißbrauch der Vertretungsmacht vor, der Dritten nur entgegengehalten werden kann, wenn dieser Mißbrauch evident ist (dazu oben, § 10 II 2).

Beispiel Nr. 5: Bestellt der Liquidator einer Bau-GmbH noch Baumaterial, so handelt er innerhalb seiner Vertretungsmacht, und es kommt nicht darauf an, ob dieses Material für die Abwicklungsgeschäfte noch erforderlich ist. Erwirbt er im Namen der »GmbH in Liquidation« noch ein Betriebsgrundstück, so handelt er gleichfalls mit Vertretungsmacht, aber das Geschäft kann schwebend unwirksam sein, wenn es – was naheliegt – pflichtwidrig und wenn diese Pflichtwidrigkeit evident war.

Die Liquidatoren haben unter Verwendung der Firma mit Liquidationszusatz zu zeichnen (§ 68 GmbHG). Verstoßen sie hiergegen, so können sie einer Vertrauenshaftung unterliegen und sich auch schadensersatzpflichtig machen, vor allem im Verhältnis zu neuen Vertragspartnern.

Beispiel Nr. 6: Die GmbH ist insolvent und nach § 60 I Nr. 5 GmbHG aufgelöst, nachdem ein beantragtes Insolvenzverfahren mangels Masse abgelehnt worden ist (§ 26 InsO). Wenn nun noch Geschäfte im Namen der GmbH abgeschlossen werden, müssen die Geschäftsführer nicht nur mit »GmbH i.L.« firmieren, sondern sogar auf die Insolvenz hinweisen. Tun sie dies nicht, so machen sie sich gegenüber Geschäftspartnern wegen culpa in contrahendo schadensersatzpflichtig (vgl. auch zur Insolvenzverschleppungshaftung oben, § 36 II 5 c.

b) Die *Aufgabenbeschreibung in § 70 GmbHG* ist mißverständlich und viel zu eng formuliert[38], denn es ist von der Beendigung der laufenden Geschäfte und von der Beendigung schwebender Geschäfte die Rede, während der Sache nach nur eines gemeint sein kann: Die Liquidatoren sind im Innenverhältnis durch den Abwicklungszweck gebunden. Sie können weder aufgrund eigenen Gutdünkens noch aufgrund einer mehrheitlichen Weisung der Gesellschafter, sondern nur mit Zustimmung aller Gesellschafter über den Liquidationszweck hinausgehen. Das kann sehr Unterschiedliches bedeuten.

Beispiel Nr. 7: Keineswegs müssen alle laufenden Verträge um jeden Preis gekündigt und alle Geschäfte stillgelegt werden, sondern es ist für eine Abwicklung zu möglichst günstigen Bedingungen zu sorgen (*Scholz/Karsten Schmidt*, § 70 Rdnr. 7). Eine Klagerhebung wegen unlauteren Wettbewerbs kann zulässig sein, wenn sie dem Liquidationszweck dient (vgl. *RG*, Recht 1924 Nr. 46). Es kann in diesem Rahmen sogar neues Personal eingestellt werden (*Scholz/Karsten Schmidt*, § 70 Rdnr. 16). Dagegen wird der

---

36 Grundlegend *Feine*, in: Ehrenbergs Hdb. III/3, S. 650ff.; eingehend *Karsten Schmidt*, AcP 174 (1974), 73ff.; a.M. noch Amtl. Begr. 1891, S. 112; *RG*, HRR 1940 Nr. 232; *KGJ* 21, 256, 258 = OLGE 3, 67, 68; *Wimpfheimer*, a.a.O., S. 148ff.

37 Str.; vgl. *OLG Stuttgart*, ZIP 1986, 647; *Scholz/Karsten Schmidt*, § 68 Rdnr. 2, § 70 Rdnr. 3; zust. *Baumbach/Hueck/Schulze-Osterloh*, § 70 Rdnr. 2.

38 Vgl. zum folgenden mit eingehenden Nachweisen *Scholz/Karsten Schmidt*, § 70 Rdnrn. 5–17; grundlegend *Wimpfheimer*, a.a.O., S. 158ff.

Erwerb von Grundstücken unter Inanspruchnahme erheblicher Kredite (vgl. *OLG Karlsruhe*, GmbHR 1960, 24) oder der Beitritt der Gesellschaft zu einer neuen GmbH (vgl. *KG*, OLGE 3, 67 = KGJ 21, 256) regelmäßig über den Liquidationszweck hinausgehen.

Zu den Aufgaben der Liquidatoren gehört die Ansammlung eines liquiden Abwicklungsvermögens durch Einziehung von Forderungen der Gesellschaft (auch gegenüber den Gesellschaftern, soweit dies der Liquidationszweck erfordert), außerdem die Versilberung des Aktivvermögens. Dabei wird eine Veräußerung des Unternehmens häufig besseren Ertrag bringen als seine Zerschlagung, denn der Preis wird dann anhand des Fortführungswerts kalkuliert. Einzurechnen ist allerdings die Haftung des Unternehmenserwerbers für Altverbindlichkeiten nach § 25 HGB (dazu Handelsrecht, § 8 II 2). Sie kann nach § 25 II HGB durch Registereintragung vermieden werden. Allerdings wird die Unternehmensveräußerung in Liquidationsfällen oft aus rein kaufmännischen Gründen nicht gelingen, eine Zerschlagung vielmehr unvermeidbar sein, denn wenn mit dem Unternehmen noch etwas anzufangen ist, pflegen die Gesellschafter den Unternehmenswert durch Anteilsabtretung oder durch Umwandlung zu verwerten, nicht im Wege der Liquidation.

c) *Ziel der Liquidation* ist nach § 72 GmbHG die Verteilung des Gesellschaftsvermögens an die Gesellschafter. Wie unter IV 2 zu zeigen sein wird, hat aber der Schutz der Gesellschaftsgläubiger grundsätzlich Vorrang.

d) Die Liquidatoren müssen eine *Liquidationseröffnungsbilanz* mit einem erläuternden Bericht aufstellen, und die Gesellschaft unterliegt weiterhin der Jahresrechnungslegungspflicht (§ 71 GmbHG). Nach hergebrachtem Verständnis war eine Liquidationsbilanz nicht als Erfolgsrechnung zu verstehen, sondern als Vermögensverteilungsbilanz[39]. Deshalb hat die durch das Bilanzrichtliniengesetz neu gefaßte Regelung des § 71 GmbHG, die zur periodischen Rechnungslegung zwingt, seinerzeit Kopfschütteln ausgelöst[40]. Der Sinn der Regelung wird aber verständlich, wenn man die unterschiedlichen Bilanzzwecke in der Liquidation zur Kenntnis nimmt: Die Rechnungslegung *des Liquidators* über den Ablauf des Liquidations*verfahrens* ersetzt nicht die Rechnungslegung des *Unternehmens*, sondern beides tritt nebeneinander[41]. Mit dem Auflösungsstichtag beginnt ein neues Bilanzgeschäftsjahr[42], und die periodische Rechnungslegung des Unternehmens setzt sich

39 *RGZ* 80, 104, 107f.; *BFHE* 113, 112, 114f.; *Förster*, a.a.O., S. 6ff.; *Arians*, Sonderbilanzen, 1984, S. 154ff.; *Hofmann*, GmbHR 1976, 258.

40 Vgl. nur *Förster*, a.a.O., 2. Aufl. 1988, S. 24ff.; *Luik*, in: Festschrift v. Wysocki, 1985, S. 71; *Förster/Grönwoldt*, BB 1987, 579.

41 *Karsten Schmidt*, Liquidationsbilanzen, a.a.O., S. 39ff.; *Scholz/Karsten Schmidt*, § 71 Rdnrn. 3ff.; zust. *Scherrer/Heni*, a.a.O., S. 12ff.; *Lutter/Hommelhoff*, § 71 Rdnrn. 1ff.; *Rowedder/Rasner*, § 71 Rdnr. 7; s. jetzt auch *Förster*, a.a.O., S. 32ff.; a.M. *Baumbach/Hueck/Schulze-Osterloh*, § 71 Rdnr. 6a.

42 *BayObLG*, DB 1994, 523 = GmbHR 1994, 331; *Scholz/Karsten Schmidt*, § 71 Rdnrn. 8, 12.

fort[43]. Ist die Liquidation beendet, so müssen die Liquidatoren den Gesellschaftern Rechnung legen und das Erlöschen der Firma zum Handelsregister anmelden (§§ 6, 29, 31 HGB). Das Erlöschen wird eingetragen. § 74 GmbHG schreibt vor, daß die Bücher und Schriften der Gesellschaft noch zehn Jahre lang zu verwahren sind. Die Eintragung des Erlöschens wirkt nach der hergebrachten Auffassung nur deklaratorisch[44]. Nach einer Gegenauffassung wirkt die Eintragung konstitutiv, beseitigt also die Gesellschaft[45]. Nach der hier seit der ersten Auflage vertretenen Auffassung beruht die Vollbeendigung auf einem Doppeltatbestand[46]: Erforderlich ist sowohl die (insofern konstitutive) Eintragung als auch der (gleichfalls unentbehrliche) Eintritt der Vermögenslosigkeit. Ob dieser Doppeltatbestand auch ausreicht, um das Rechtssubjekt zu beseitigen[47], ist allerdings umstritten (vgl. schon oben, § 11 V 3b).

Beispiel Nr. 8: Stellt sich nachträglich noch das Vorhandensein verwertbaren Aktivvermögens heraus, so fehlt es an dem Doppeltatbestand; die Gesellschaft ist nur scheinbar beendigt; es findet eine Nachtragsliquidation statt (vgl. *RGZ* 92, 77, 84; 109, 387, 391; 134, 91, 94; *BGHZ* 48, 303, 307; 53, 264, 266; *BGH*, LM Nr. 1 zu § 74 GmbHG = WM 1957, 975; *OLG Hamm*, NJW-RR 1990, 255, 256 = DB 1990, 1226). Stellen sich nur neue Verbindlichkeiten heraus, so ändert das nichts an dem Doppeltatbestand; die Gesellschaft ist vollbeendigt. Alle Ansprüche gegen die Gesellschaft sind erloschen; nur Sicherheiten, die Dritte oder die Gesellschafter gegeben haben, haften den Gläubigern weiter (vgl. *BGHZ* 82, 323 = NJW 1982, 875 = ZIP 1982, 294 m. Anm. *Karsten Schmidt).* Am Erlöschen der Gesellschaft kann sich auch dadurch nichts ändern, daß die Gesellschaft verklagt wird (der bloße Kostenerstattungsanspruch im Fall einer Klagabweisung ist kein die Vollbeendigung hinderndes Gesellschaftsvermögen (*BGHZ* 74, 212, 213; a.M. *BGH*, NJW-RR 1991, 660; *OLG Koblenz*, NZG 1999, 637). Dagegen erlischt die Gesellschaft nicht, wenn sie während des laufenden Prozesses gelöscht wird (*BFH* 130, 447; *Scholz/Karsten Schmidt,* § 74 Rdnr. 17). Die Gesellschaft besteht auch fort, wenn sich zugleich mit dem Auftauchen eines neuen Gläubigers auch ein Regreßanspruch der Gesellschaft gegen Gesellschafter oder Liquidatoren ergibt (vgl. *RGZ* 92, 77, 84; 109, 387, 391; *RFHE* 10, 318, 320; 12, 16, 19; *BGHZ* 53, 264, 266). Dann kann eine Nachtragsliquidation stattfinden. Die Anspruchsverjährung ist, solange die Gesellschaft im Handelsregister gelöscht ist, gehemmt *(OLG Hamm*, NJW-RR 1990, 255 = DB 1990, 1226; krit. *Hubert Schmidt*, DB 1990, 1703). Sind dagegen nur noch Abwicklungsmaßnahmen erforderlich, z.B. Löschungsbewilligungen abzugeben oder Dienstzeugnisse zu erteilen, so bedarf es keiner Wiederbelebung der Gesellschaftsorganisation, sondern nur noch einer Restzustän-

---

43 *Scholz/Karsten Schmidt,* § 71 Rdnrn. 7ff.; jetzt h.M.; a.M. *Budde/Förschle/Deubert,* Rdnrn. M 50ff.

44 *RGZ* 109, 387, 391; 134, 91, 94; 149, 293, 297; *BGH*, LM Nr. 1 zu § 74 GmbHG; *BayObLGZ* 1955, 288 = GmbHR 1950, 76 m. Anm. *Gottschling; OLG Stuttgart*, NJW 1969, 1493; *Wimpfheimer*, a.a.O., S. 113; *Bokelmann*, NJW 1977, 1130; wohl auch noch *KG*, NJW-RR 1991, 933.

45 Vgl. vor allem *Buchner*, Amtslöschung ..., 1988, S. 113; *Hönn*, ZHR 138 (1940), 50, 52, 69; *Hüffer*, in: Gedächtnisschrift Schultz, 1987, S. 102ff.; *Hachenburg/Ulmer*, Anh. § 60 Rdnrn. 35ff.

46 *Scholz/Karsten Schmidt*, § 74 Rdnr. 14; eingehend *Karsten Schmidt*, GmbHR 1988, 209ff.; zust. z.B. *BAG*, NJW 1988, 2637; *OLG Köln*, GmbHR 1992, 536; *OLG Koblenz*, NZG 1998, 637 m. Anm. der Schriftleitung; *OLG Stuttgart*, NZG 1999, 31 m. Anm. *Brandes* (AG); *Baumbach/Hueck/Schulze-Osterloh*, § 74 Rdnr. 16 i.V.m. § 60 Rdnrn. 6f.; *Lutter/Hommelhoff*, § 74 Rdnr. 6; *Roth/Altmeppen*, § 65 Rdnr. 16; insoweit ähnlich *Heller*, Die vermögenslose GmbH, 1989, S. 99ff.

47 So *Verf.*, ebd.; anders namentlich *Heller*, Die vermögenslose GmbH, 1989, S. 128ff.; *Hubert Schmidt*, Zur Vollbeendigung juristischer Personen, 1989, S. 138ff.

digkeit, die in Analogie zu § 74 GmbHG zu entwickeln ist (vgl. *Karsten Schmidt*, GmbHR 1988, 212; str., vgl. auch hierzu oben, § 11 V 3 b).

4. Gläubigerschutz und Vermögensverteilung*

a) Das Liquidationsrecht geht davon aus, daß die Gesellschaft nicht etwa insolvent, insbesondere nicht überschuldet ist, denn in diesem Fall soll ja nach § 64 GmbHG ein Insolvenzverfahren stattfinden (zur Abwicklung der GmbH bei Masselosigkeit vgl. alsbald unter IV 6 d). Bei der gesetzestypischen Liquidation prallen deshalb die Befriedigungsinteressen der Gläubiger und das Interesse der Gesellschafter an einer nicht mit Rückzahlungsrisiken belasteten Ausschüttung aufeinander. Das Gesetz löst den Konflikt in folgender Weise: *Zugunsten der Gläubiger* gilt eine *doppelte Gläubigersicherung* (dazu sogleich unter b), und *die Gesellschafter* sind auf der anderen Seite dadurch geschützt, daß eine dem Gesetz entsprechende Vermögensverteilung auch endgültig ist (dazu alsbald unter c).

b) Der *Gläubigerschutz bei der Liquidation* ist kompliziert, weil die tatsächlichen Verhältnisse kompliziert sein können. Die Gläubiger der aufgelösten GmbH müssen nach § 65 II GmbHG mindestens dreimal zur Geltendmachung ihrer Forderungen aufgefordert werden. Nach der dritten Aufforderung muß ein Sperrjahr abgewartet werden, bevor mit der Vermögensverteilung an die Gesellschafter begonnen werden kann (§ 73 I GmbHG). Bekannte Gesellschaftsverbindlichkeiten müssen durch Sicherheitsleistung auch dann berücksichtigt werden, wenn sich die Gläubiger nicht melden (§ 73 II GmbHG). Das Gesetz schreibt damit eine doppelte Gläubigersicherung vor: Voraussetzung der Vermögensverteilung an die Gesellschafter ist einmal die Tilgung bzw. Sicherstellung der bekannten Verbindlichkeiten, zum anderen – zum Schutz unbekannter Gläubiger – der Ablauf eines Sperrjahrs. § 73 GmbHG verbietet während des Sperrjahrs (im Gegensatz zu § 30 GmbHG) nicht nur Auszahlungen aus dem zur Erhaltung des Stammkapitals erforderlichen Vermögen, sondern jede Vorabausschüttung, und die Bestimmung sichert (wiederum im Gegensatz zu § 30 GmbHG) nicht nur den Gesamtvermögensbestand, sondern auch die Liquidität der aufgelösten GmbH. Deshalb ist eine »Vorausfinanzierung der Liquidationsquote« nach richtiger Ansicht verboten[48]:

Beispiel Nr. 9 (vgl. *Holzapfel*, JbFSt 1990/91, S. 307 ff.; *Karsten Schmidt*, DB 1994, 2013 ff.): Vor Ablauf des Sperrjahrs zahlt der Liquidator einer GmbH die geschätzten Mindest-Liquidationsquoten bereits als Darlehen an die Gesellschafter aus und vereinbart mit ihnen, daß der Rückzahlungsanspruch der GmbH als Darlehnsgeberin (§ 607 BGB)

---

* Literatur: *Karsten Schmidt*, Zur Gläubigersicherung im Liquidationsrecht der Kapitalgesellschaften, Genossenschaften und Vereine, ZIP 1981, 1; *ders.*, Vorfinanzierung der Liquidationsquote im Einklang mit dem Ausschüttungs-Sperrjahr? DB 1994, 2013.

48 *Scholz/Karsten Schmidt*, § 73 Rdnr. 2 a; *Karsten Schmidt*, DB 1994, 2013 ff.; zust. *Baumbach/Hueck/Schulze-Osterloh*, § 73 Rdnr. 1; *Lutter/Hommelhoff*, § 73 Rdnr. 2; *Sotiropoùlos*, GmbHR 1996, 657.

mit Ablauf des Sperrjahrs gegen die Ausschüttungsansprüche der Gesellschafter verrechnet werde. Diejenigen, die die Darlehnsgewährung an Gesellschafter auch im Rahmen des § 30 GmbHG als Ausschüttung ansehen, werden die Zulässigkeit dieser Vorausfinanzierung im Lichte des strengeren § 73 GmbHG gewiß verneinen. Aber auch wenn man bei § 30 GmbHG auf eine Vermögensschmälerung abstellt (oben, § 37 III 1 c), wird man diese Maßnahme als unzulässig ansehen. § 73 GmbHG verbietet nicht bloß eine Schmälerung des Vermögens, sondern schon den Mittelabfluß an die Gesellschafter. Der Liquiditätsschutz des § 73 GmbHG läßt es nicht zu, diesen Vorgang als einen neutralen Aktiventausch (Geld gegen Forderung aus § 607 BGB) anzusehen.

Wird unter Verstoß gegen § 73 GmbHG Vermögen an die Gesellschafter verteilt, so sind diese Leistungen nach § 812 BGB an die Gesellschaft zurückzuerstatten[49]; außerdem kann eine Pflicht zur Rückerstattung nach § 31 GmbHG bestehen[50], denn die sich aus § 73 GmbHG ergebende Freistellung vom Ausschüttungsverbot des § 30 GmbHG gilt nur für eine rechtmäßige Abwicklung. Daneben kann gemäß § 73 III GmbHG ein Schadensersatzanspruch gegen die Liquidatoren bestehen, wenn diese schuldhaft gegen § 73 GmbHG verstoßen haben. Auch dieser Anspruch steht nach h. M. der Gesellschaft – und nur der Gesellschaft – zu[51]. Erst seit einigen Jahren wird auch über einen Direktschutz der Gläubiger nachgedacht. Das Konzept ist folgendes[52]: § 73 GmbHG ist Schutzgesetz i. S. v. § 823 II BGB zugunsten der Gesellschaftsgläubiger. Ist die Abwicklung noch nicht beendet bzw. findet eine Nachtragsliquidation oder ein Insolvenzverfahren statt, so wird der Schaden über die Liquidationsmasse abgewickelt, also – wie auch die gegen die Gesellschafter gerichteten Ansprüche aus §§ 812 BGB, 31 GmbHG – von der Gesellschaft geltend gemacht. Außerhalb der Nachtragsliquidation kann aber jeder Gläubiger selbst seinen Schaden gegenüber den Liquidatoren einklagen.

Beispiel Nr. 10: Die Gesellschaft ist gelöscht, das Restvermögen an die Gesellschafter verteilt. Stellt sich jetzt heraus, daß die Liquidatoren den ihnen bekannten Gläubiger G übergangen hatten, so kann eine Nachtragsliquidation stattfinden. G kann aber auch sogleich nach §§ 823 II BGB, 73 GmbHG Schadensersatz von den Liquidatoren verlangen, die sich dann lediglich im Innenverhältnis schadlos halten können.

c) Die Einhaltung der Gläubigerschutzvorschriften *legitimiert die Ausschüttung des Restvermögens* an die Gesellschafter. Sind die Vorschriften des § 73

---

49 Amtl. Begr. 1891, S. 113; *RGZ* 92, 77, 82; 109, 387, 392; 124, 215; *RG*, LZ 1912, 667; *OLG Rostock*, NJW-RR 1996, 1185; *Roth*, § 73 Anm. 4.3; h.M.

50 *RGZ* 92, 77, 81; *RG*, Holdheim 25 (1916), 43, 44 = Recht 1916 Nr. 315; eingehend *Karsten Schmidt*, ZIP 1981, 6.

51 *RGZ* 109, 387, 391; *KG*, RJA 17, 100, 101; *Baumbach/Hueck/Schulze-Osterloh*, § 73 Rdnr. 13; *Hachenburg/Hohner*, § 73 Rdnr. 29; *Rowedder/Rasner*, § 73 Rdnr. 10; *Scholz/Karsten Schmidt*, § 73 Rdnr. 28.

52 Vgl. gegen die damals ganz h.M. *Karsten Schmidt*, ZIP 1981, 8f.; *Scholz/Karsten Schmidt*, § 73 Rdnrn. 29ff.; ebenso jetzt auch *Lutter/Hommelhoff*, § 73 Rdnr. 14; *Roth/Altmeppen*, § 73 Rdnr. 16; *Rowedder/Rasner*, § 73 Rdnr. 10; Kritik aber bei *Vomhof*, a.a.O., S. 75ff., 99: nur mittelbarer Gläubigerschutz mit subsidiärem Klagrecht der Gläubiger; so auch *Baumbach/Hueck/Schulze-Osterloh*, § 73 Rdnr. 22; *Hachenburg/Hohner*, § 73 Rdnr. 40.

GmbHG vor der Schlußverteilung und Löschung eingehalten worden und meldet sich jetzt ein neuer Gläubiger, so bestehen keine Ansprüche mehr[53].

Beispiel Nr. 11 (in Anlehnung an *RGZ* 124, 210): In der Inflationszeit hatte die aufgelöste GmbH die Kredite der Sparkasse S zurückgezahlt; die Liquidatoren hatten das Sperrjahr abgewartet und das Restvermögen an die Gesellschafter verteilt. Aufgrund der damaligen Aufwertungsgesetzgebung stellte sich nachträglich heraus, daß die S mehr hätte verlangen können. Da aber das Verfahren des § 73 GmbHG eingehalten war, nützte dies der S nichts. Die Gesellschafter brauchten die an sie ausgeschütteten Liquidationsgewinne nicht etwa zurückzugeben.

Anders wäre es natürlich gewesen, wenn das Vermögen noch nicht verteilt gewesen wäre. In diesem Fall hätte die noch nicht vollbeendigte GmbH mit dem noch Vorhandenen weitergehaftet. Die Gesellschafter hätten sich dann nicht etwa darauf berufen können, daß das Geld auch an sie hätte ausgeschüttet werden können. Solange es nicht ausgeschüttet ist, besteht die Haftung fort.

5. Die Fortsetzung aufgelöster Gesellschaften m.b.H.*

Die Fortsetzung aufgelöster Gesellschaften galt früher im Grundsatz als ausgeschlossen[54]. Ausdrücklich zugelassen ist sie in § 60 I Nr. 4 GmbHG für den Fall des sanierenden Insolvenzplans im Insolvenzverfahren und in Art. 12 § 1 III der GmbH-Novelle 1980 für den Fall der Auflösung von unterkapitalisierten Altgesellschaften. Diese scheinbaren Ausnahmen sind Ausdruck eines allgemeinen Prinzips. Heute muß von der grundsätzlichen Zulässigkeit der Fortsetzung ausgegangen werden[55]. Nur soweit der Auflösungsgrund selbst irreparabel ist, kann die Gesellschaft nicht mehr in das werbende Stadium überführt werden. Prinzipiell setzt die Fortsetzung dreierlei voraus[56]:
- Der Auflösungsgrund muß behoben werden.
- Es muß ein Fortsetzungsbeschluß mit einer Mehrheit von mindestens 3/4 der abgegebenen Stimmen gefaßt werden.
- Es darf nicht mit der Verteilung des Vermögens begonnen worden sein.

Beispiel Nr. 12: War bei einer Alt-GmbH die nach Art. 12 § 1 GmbH-Novelle von 1980 vorgeschriebene Kapitalerhöhung von 20000 DM auf mindestens 50000 DM bis zum 31.12.1985 versäumt worden, so war die Gesellschaft kraft Gesetzes aufgelöst. Jedoch

---

53 *RGZ* 124, 210, 214f.; *RG*, JW 1930, 2943 m. Anm. *Bing* = Gruch. 71, 524; *Schumann*, a.a.O., S. 65ff., 89; *Scholz/Karsten Schmidt*, § 73 Rdnr. 18.

* Literatur: *Hennrichs*, Fortsetzung einer mangels Masse aufgelösten GmbH, ZHR 159 (1995), 593; *Peter Scholz*, Die Fortsetzung der Liquidations-GmbH, GmbHR 1982, 228.

54 *KGJ* 32, 154; 34, 166; SeuffA 70 (1915) Nr. 252; *BayObLG*, JFG 1, 243; OLGE 42, 226 = DJZ 1922, 634; *Wimpfheimer*, a.a.O., S. 142ff.

55 *RGZ* 118, 337, 339 = JW 1928, 633 m. Anm. *Bing; KG*, JFG 2, 263 = OLGE 44, 238 = JW 1925, 640; JW 1930, 2719; *BGHZ* 8, 35; *Raiser*, Kapitalgesellschaften, § 41 Rdnr. 16; *M. Lehmann*, Die ergänzende Anwendung von Aktienrecht auf die GmbH, 1970, S. 118ff.; *Baumbach/Hueck/Schulze-Osterloh*, § 60 Rdnr. 52; *Lutter/Hommelhoff*, § 60 Rdnr. 28; *Scholz/Karsten Schmidt*, § 60 Rdnrn. 43ff.; *Peter Scholz*, GmbHR 1982, 228ff.

56 *Scholz/Karsten Schmidt*, § 60 Rdnrn. 44ff. m.w.N.; die Einzelheiten sind str.

konnten die Gesellschafter nach Art. 12 § 1 III der GmbH-Novelle 1980 die Fortsetzung beschließen, wenn sie gleichzeitig die Kapitalerhöhung beschlossen und wenn noch nicht mit der Vermögensverteilung begonnen worden war. Dieselben Grundsätze galten auch für die Altgesellschaften aus der DDR (Einigungsvertrag und DM-BilanzG). In diesen Fällen bestand eine Pflicht der Gesellschafter zur Mitwirkung bei diesen Beschlüssen, wenn die Gesellschaft lebensfähig war (vgl. *BGHZ* 98, 276 und dazu oben, § 5 IV 1 b und § 37 V 1 a bb).

Wie unter § 37 V 1 ausgeführt wurde, ist allerdings ein widerstrebender Gesellschafter regelmäßig nur dann zur Zustimmung verpflichtet, wenn ihm sein Bezugsrecht nicht bestritten wird und wenn die Mitgesellschafter, um ihn vor Ausfallhaftungsrisiken nach § 24 GmbHG zu bewahren, zusagen, daß alle Leistungen auf das erhöhte Stammkapital vor der Eintragung erbracht werden.

6. Insolvenzrecht*

a) Die GmbH ist als juristische Person und als Handelsgesellschaft insolvenzrechtsfähig (dazu Handelsrecht, § 5 II 3). Sie ist es auch dann noch, wenn die Gesellschaft schon aufgelöst, ihr Vermögen aber noch nicht verteilt ist (§ 11 III InsO). »Konkursreif« ist die GmbH, wenn entweder Zahlungsunfähigkeit oder Überschuldung eintritt (§§ 17, 19 InsO). Den Eröffnungsantrag kann jeder Gläubiger, jeder Geschäftsführer oder jeder Liquidator stellen (§ 15 InsO). Nach § 18 InsO kann das Insolvenzverfahren auch bei bloß drohender Zahlungsunfähigkeit eröffnet werden, dies aber nur aufgrund eines Eigenantrags des Schuldners (im Fall der GmbH also: der Geschäftsführer). Nach § 64 I GmbHG sind die Geschäftsführer bzw. Liquidatoren im Fall der Zahlungsunfähigkeit bzw. der Überschuldung zur Stellung eines Eröffnungsantrags verpflichtet, sofern es nicht gelingt, die Insolvenz außergerichtlich zu beseitigen (hierzu und zu den Sanktionen vgl. oben, § 36 II 5). Im einzelnen muß unterschieden werden, denn die insolvente Gesellschaft kann

- sanierungsfähig sein (dazu unter b),
- zerschlagungsreif sein (dazu unter c),
- masselos sein (dazu unter d),
- vermögenslos sein (dazu unter e).

b) Kam es nach dem bis 1998 geltenden Insolvenzrecht zur *Eröffnung des gerichtlichen Vergleichsverfahrens*, so war die Gesellschaft nicht aufgelöst.

* Literatur: *Braun/Uhlenbruck*, Unternehmensinsolvenz, 1997; *Gerhard Buchner*, Amtslöschung, Nachtragsliquidation und masselose Insolvenz von Kapitalgesellschaften, 1988; *Ehlers/Drieling*, Unternehmenssanierung, 1998; *Kautz*, Die gesellschaftsrechtliche Neuordnung der GmbH im künftigen Insolvenzrecht, 1995; *Müller*, Der Verband in der Insolvenz, 2002; *Noack*, InsO – Gesellschaftsrecht, 1999; *Karsten Schmidt*, Wege zum Insolvenzrecht der Unternehmen, 1990; *ders.*, Insolvenzordnung und Unternehmensrecht, in: Kölner Schrift zur InsO, 2. Aufl. 2000, S. 1199; *Karsten Schmidt/Uhlenbruck* (Hrsg.), Die GmbH in Krise, Sanierung und Insolvenz, 2. Aufl. 1999; *Wolf Schulz*, Die masselose Liquidation der GmbH, 1986; *Timm/Körber*, Der Konkurs der GmbH, in: Gottwald (Hrsg.), Insolvenzrechtshandbuch, 1990, § 82; *Uhlenbruck*, Gesellschaftsrechtliche Aspekte des Insolvenzrechts, in: Kölner Schrift zur InsO, 2. Aufl. 2000, S. 1157.

Der Vergleichsverwalter (§§ 38 ff. VerglO) verdrängte die Geschäftsführer nicht. Die *Insolvenzordnung* läßt den Insolvenzplan an die Stelle des Vergleichs treten und ermöglicht eine Fortsetzung der durch die Verfahrenseröffnung aufgelösten GmbH. Für Fälle, die eine Sanierung erwarten lassen, läßt sie an Stelle der Einsetzung eines Insolvenzverwalters auch die Eigenverwaltung durch die Geschäftsführer zu (§§ 270 ff. InsO).

c) Die *Eröffnung des Insolvenzverfahrens* löst die GmbH auf (§ 60 I Nr. 4 GmbHG). Sie leitet die Gesellschaft aber nicht in ein gesellschaftsrechtliches, sondern in ein spezifisch insolvenzrechtliches Abwicklungsverfahren über (dazu schon unter § 11 VI 4 b). Sofern nicht Eigenverwaltung nach §§ 270 ff. GmbHG angeordnet wird, werden die Geschäftsführer der GmbH durch einen Insolvenzverwalter aus ihrer Leitungszuständigkeit verdrängt. Sie nehmen nur noch die Schuldnerrechte der GmbH wahr. Der Verwalter agiert nach der herrschenden Meinung als Amtstreuhänder, also materiellrechtlich als Verwalter eines fremden Vermögens im eigenen Namen und prozessual als Partei kraft Amtes (»Amtstheorie«). Nach der hier vertretenen Auffassung ist er Gesellschaftsorgan (oben, § 11 VI 4 b bb). Neben ihm gibt es zwar noch die Geschäftsführer, aber sie nehmen – außer im schon erwähnten Fall der Eigenverwaltung – nur die Schuldnerinteressen der GmbH im Insolvenzverfahren und nicht die Abwicklungsaufgaben wahr[57]. Der Verwalter kann das Unternehmen mit Firma veräußern und der GmbH zu diesem Zweck eine neue Firma geben, falls die Gesellschafter nicht zustimmen (Handelsrecht, § 12 I 3 b)[58]. Das Insolvenzverfahren kann mit der Einstellung mangels Masse und mit der Löschung der GmbH enden (§ 207 InsO); es kann mit der Schlußverteilung und Löschung enden, kann allerdings auch in einen sanierenden Insolvenzplan einmünden (§§ 217 ff. InsO), doch ist dies im Fall der insolventen GmbH bisher eine seltene Ausnahme.

d) *Masselosigkeit der Gesellschaft* hindert eine Insolvenzverfahrenseröffnung. Die Nichteröffnung des Verfahrens mangels einer die Kosten deckenden Masse (§ 26 InsO) ist ein Auflösungstatbestand (§ 60 I Nr. 5 GmbHG)[59]. Sie löst nach der Vorstellung des Gesetzgebers ein Liquidationsverfahren nach dem GmbHG aus, in dem nicht – wie im Insolvenzverfahren – für Gleichbehandlung aller Gläubiger gesorgt wird. In der Praxis führt dies vielfach dazu, daß beachtliche Ansprüche gegen Gesellschafter und Geschäftsführer (diese sind nach § 66 GmbHG i. d. R. selbst Liquidatoren!) brachliegen und daß sich die Gesellschafter und Geschäftsführer aus dem geringen liquiden Vermögen wegen ihrer Gehaltsansprüche usw. schlicht selbst bedienen. Dieses Konzept ist rechtspolitisch in hohem Maße angreifbar[60]. Es handelt sich um ein Problem, das von der insolvenzrechtlichen Literatur in bedenklicher Weise vernachlässigt worden ist. Deshalb wird hier seit der ersten Auflage vor-

57 *Karsten Schmidt*, Wege zum Insolvenzrecht ..., a. a. O., S. 120.
58 Dazu auch *Joussen*, GmbHR 1994, 159 ff.; zuvor bereits *Ulmer*, NJW 1983, 1702 ff.
59 Zur Ablösung des LöschG vgl. *Karsten Schmidt*, GmbHR 1994, 829 ff.
60 Vgl. *Scholz/Karsten Schmidt*, § 60 Rdnr. 97; *ders.*, in: *Karsten Schmidt/Uhlenbruck*, a. a. O., Rdnr. 752; *ders.*, ZIP 1982, 9 ff.

geschlagen, die masselose Liquidation als ein Insolvenzrechtsphänomen zu begreifen und diese Fälle der Abwicklung dem Insolvenzrecht anzunähern[61]. Hierfür besteht ein dringendes rechtspolitisches Bedürfnis, denn die Mehrheit aller GmbH-Insolvenzen wird wegen unzureichender Masse auf diese Weise abgewickelt (vgl. schon oben, § 11 VI 3c). Bedenklich ist auf der anderen Seite, daß die wegen Masselosigkeit aufgelösten Gesellschaften nach der herrschenden Auffassung nicht durch Zuführung neuer Mittel und Fassung eines Fortsetzungsbeschlusses fortgesetzt werden können, obwohl die Auflösung durch Insolvenz geradezu der gesetzliche Grundfall der Fortsetzungsfähigkeit ist (§ 60 I Nr. 4 InsO)[62]. Mit den unter IV 5 dargestellten allgemeinen Grundsätzen verträgt sich dies nicht[63].

e) Von der Masselosigkeit muß die *Vermögenslosigkeit* unterschieden werden. Fehlt der GmbH nicht nur das für die Durchführung eines Insolvenzverfahrens erforderliche Vermögen (Fall der Masselosigkeit), sondern handelt es sich um eine gänzlich vermögenslose GmbH, so wird diese nach dem § 141 a FGG von Amts wegen gelöscht[64]. Sie erlischt dann ohne Liquidation. Das leuchtet ein. Ein Liquidationsverfahren findet nur statt, wenn sich nachträglich herausstellt, daß doch noch Aktivvermögen der Gesellschaft vorhanden ist. Auch das leuchtet ein, denn in diesem Fall kann noch Liquidationsbedarf vorhanden sein, zumal die Vermögensgegenstände nicht gegen den Willen der Beteiligten einfach herrenlos werden können. In einem solchen Fall ist die Gesellschaft nur scheinbar erloschen (vgl. schon unter IV 3 d sowie oben, § 11 V 6).

---

61 *Wolf Schulz*, a. a. O., S. 55 ff., 155 ff.; dazu auch *Scholz/Karsten Schmidt*, § 60 Rdnrn. 97 ff.; *Karsten Schmidt*, Wege zum Insolvenzrecht, a. a. O., S. 184 ff.; abl. *Buchner*, a. a. O., S. 67 ff.

62 *BayObLG*, NJW 1994, 594; NJW-RR 1996, 417.

63 *Scholz/Karsten Schmidt*, § 60 Rdnr. 97; noch weitergehend *Hennrichs*, ZHR 159 (1995), 593 ff.

64 Dazu *Lutter/Hommelhoff*, § 60 Rdnr. 14 ff.; zum alten Löschungsgesetz vgl. *Crisolli/Groschuff/Kaemmel, a. a. O.; Hachenburg/Ulmer*, Anh. § 60, Rdnrn. 14 ff.

§ 39 GmbH-Konzernrecht*

I. Grundlagen

1. Fehlende gesetzliche Regelung

a) Wie unter § 17 III 2 ausgeführt, enthält das GmbH-Gesetz – anders als die Reformentwürfe von 1969 und 1971/73 – keine gesetzlichen Regeln über das Konzernrecht der GmbH. Der Gesetzgeber von 1892 hat sich die GmbH als eine autonome, in sich überschaubare Kapitalgesellschaft vorgestellt, z. B. als eine Familiengesellschaft. Tatsächlich ist aber die Abhängigkeit von Gesellschaften m.b.H. keineswegs seltener, sondern noch häufiger als bei Aktiengesellschaften. Betrachtet man die Gesellschaften aus dem Blickwinkel der gestaltenden Praxis, so erscheint die GmbH geradezu als die ideale Konzern-

---

* Literatur (Auswahl; vgl. auch bei den Einzelabschnitten): *Arbeitskreis GmbH-Reform*, Thesen und Vorschläge zur GmbH-Reform II, 1975; *Bachelin*, Der konzernrechtliche Minderheitenschutz, 1969; *Bitter*, Das »TBB«-Urteil und das immer noch vergessene GmbH-Vertragskonzernrecht, ZIP 2001, 265; *Bungert*, Die Beendigung von Beherrschungs- und Gewinnabführungsverträgen im GmbH-Konzern, NJW 1995, 1118; *Decher*, in: Priester/Mayer (Hrsg.), MünchHdb. GesR III, 1996, §§ 69–72; *Emmerich*, Das GmbH-Konzernrecht, in: Der GmbH-Konzern, 1976, S. 3; *Emmerich/Habersack*, Aktien- und GmbH-Konzernrecht, 2. Aufl. 2001, Anh. § 318; *Emmerich/Sonnenschein/Habersack*, Konzernrecht, 7. Aufl. 2001, §§ 29 ff.; *Grauer*, Konzernbildungskontrolle im GmbH-Recht, 1991; *Hommelhoff*, Die Konzernleitungspflicht, 1982, S. 245 ff.; *Hommelhoff/Semler/Doralt/Roth* (Hrsg.), Entwicklungen im GmbH-Konzernrecht, 1986; *Koppensteiner*, Minderheitenschutz im österreichischen GmbH-Konzern, in: Hommelhoff/Semler/Doralt/Roth, a.a.O., S. 101; *Lutter*, Die Haftung des herrschenden Unternehmens im GmbH-Konzern, ZIP 1985, 1425; *ders.*, 100 Bände BGHZ: Konzernrecht, ZHR 151 (1987), 444; *Martens*, Mehrheits- und Konzernherrschaft in der personalistischen GmbH, 1970; *Raiser*, Kapitalgesellschaften, §§ 51 ff.; *Rehbinder*, Die GmbH als Konzernunternehmen, in: GmbH-Reform, 1970, S. 127; *Röhricht*, Die GmbH im Spannungsfeld zwischen wirtschaftlicher Dispositionsfreiheit ihrer Gesellschafter und Gläubigerschutz, in: Festschrift aus Anlaß des fünfzigjährigen Bestehens von BGH ..., 2000, S. 83; *Schilling*, Grundfragen eines GmbH-Konzernrechts, in: Festschrift Hefermehl, 1976, S. 383; *Karsten Schmidt*, Konzernrecht, Minderheitenschutz und GmbH-Innenrecht, GmbHR 1979, 121; *ders.*, Abhängigkeit, faktischer Konzern, Nichtaktienkonzern und Divisionalisierung im Bericht der Unternehmensrechtskommission, ZGR 1981, 455; *Sonnenschein*, Organschaft und Konzerngesellschaftsrecht, 1976; *Sonntag*, Konzernleitungs- und Konzernbildungskontrolle bei der GmbH, 1990; *Theisen*, Der Konzern, 1991; *Tieves*, Der Unternehmensgegenstand der Kapitalgesellschaft, 1998; *Ulmer* (Hrsg.), Problem des Konzernrechts, 1989; *Verhoeven*, GmbH-Konzern-Binnenrecht, 1978; *H. P. Westermann*, Grundsatzfragen des GmbH-Konzerns, in: Der GmbH-Konzern, 1976, S. 25; *Wiedemann*, Die Unternehmensgruppe im Privatrecht, 1988; *Wiedemann/Hirte*, Konzernrecht, in: 50 Jahre BGH, Festgabe aus der Wissenschaft, Bd. II, 2000, S. 337 ff.

tochter, weil ihre Geschäftsführung – anders als der Vorstand einer Aktiengesellschaft – von den Weisungen der Gesellschafter abhängig ist (dazu oben, § 36 I 2).

Beispiel Nr. 1: Eine Import-Export GmbH will das Exportgeschäft auf eine Tochtergesellschaft auslagern. Gewiß wird sie bestrebt sein, sich bei möglichst geringem Haftungsrisiko möglichst viel Einfluß bei der Tochtergesellschaft zu sichern. Deshalb bietet sich die GmbH als Rechtsform an: Es wird eine Einpersonen-GmbH als Tochtergesellschaft gegründet oder – noch einfacher – der Betriebsteil Export nach §§ 123 ff. UmwG auf eine solche GmbH-Tochter ausgegliedert, deren Geschäftsführer von der Alleingesellschafterin, also von der Muttergesellschaft, bestellt wird und von ihr Weisungen empfängt.

Beispiel Nr. 2: Die X-AG und die Y-GmbH, beides Softwareunternehmen, wollen für den Bereich Forschung ein 50 : 50-Gemeinschaftsunternehmen gründen (die kartellrechtliche Zulässigkeit eines solchen Projekts ist hier nicht zu diskutieren). Da sie sich den Einfluß auf dieses Gemeinschaftsunternehmen sichern, aber nicht für seine Verbindlichkeiten haften wollen, werden sie eine GmbH gründen. Es entsteht ein GmbH-Konzern mit mehreren Müttern. Der Vorteil dieser Gestaltung darf aber nicht nur in der Haftungsbeschränkung gesehen werden, denn die Motive der Rechtsformwahl sind vielfältig (oben, § 5 II 2), und man täte den Mutterunternehmen gewiß unrecht, wenn man nur die Flucht aus der Haftung als Konzernbildungsmotiv ansehen wollte. Die Gründung einer GmbH-Tochter ist eine besonders flexible Möglichkeit, ein Gemeinschaftsunternehmen unter gemeinsamer Leitung zu verselbständigen.

Dieselben Erwägungen, die in organisationsrechtlicher Hinsicht für die Verwendung einer GmbH als abhängiges Unternehmen sprechen, machen nun allerdings auch die Gefahren der Konzernherrschaft über Gesellschaften m.b.H. aus. Soweit nicht steuerliche Gesichtspunkte zur Abfassung von Unternehmensverträgen führen, besteht die Gefahr, daß die GmbH einfach aufgrund der Mehrheitsherrschaft eines anderen Unternehmens ohne die legitimierenden Voraussetzungen eines Unternehmensvertrags zum bloßen Werkzeug eines herrschenden Unternehmens wird, das gleichzeitig seine wirtschaftlichen Risiken auf das Vermögen der abhängigen GmbH beschränkt: Das allein oder mehrheitlich beteiligte Unternehmen kann seine unternehmerischen Eigeninteressen zum Nachteil der Gläubiger und etwaiger Minderheitsgesellschafter der abhängigen GmbH durchsetzen, ohne doch nach dem Gesetz für deren Verbindlichkeiten einstehen zu müssen. Nun ist diese Haftungsbeschränkung, wie § 13 II GmbH zeigt, an und für sich erlaubt und sinnvoll, soweit nur die Normativbestimmungen des GmbH-Gesetzes eingehalten sind (dazu oben, § 8 II 5). Die gesetzliche Normalverfassung einer GmbH läßt auch die Mehrheitsherrschaft eines Gesellschafters zu. Aber die Unterwerfung unter die Eigeninteressen eines Unternehmens löst doch Konflikte eigener Art aus (vgl. eingehend oben, § 17 I).

Die Rechtsentwicklung im Konzernrecht geriet in diesem Licht stark in den Bann rechtspolitischer Schutzstrategien gegen undefinierbare »Konzerngefahren«[1]. Die Unternehmensrechtskommission hatte in ihrem Bericht von 1980 die Frage gestellt, ob das GmbH-Konzernrecht kodifiziert werden

1 Charakteristisch *BGH,* NJW 1994, 446 m. krit. Anm. *Karsten Schmidt;* vgl. auch *ders.,* AG 1994, 194.

müsse[2], und im Jahr 1992 hat sich der Deutsche Juristentag intensiv mit genau dieser Frage befaßt[3]. Für die Zukunft können Praxis und Rechtswissenschaft vielleicht Grundlagen für eine gesetzliche Ordnung des GmbH-Konzernrechts legen. Bisher hat es sich aber als richtig erwiesen, daß der Gesetzgeber die Wege und Irrwege der Rechtswissenschaft nicht festgetreten, sondern Erfahrungen und Entwicklungen der Praxis abgewartet hat. Anders verhält es sich mit der Konzern*rechnungslegung.* Diese ist seit dem Bilanzrichtliniengesetz im HGB rechtsformübergreifend geregelt (dazu Handelsrecht, § 15 VII 2, sowie oben, § 18 V 1, § 31 V).

b) Das Recht der verbundenen Unternehmen ist im Laufe der letzten Jahrzehnte immer stärker in das GmbH-Recht eingedrungen. Es hat vor allem auch das Recht der mittelständischen Unternehmen erfaßt. Warum das so ist, begreift, wer von dem an Großunternehmen erinnernden Schlagwort »Konzernrecht« zum *»Recht der verbundenen Unternehmen«* umdenkt und zur Kenntnis nimmt, daß heute nicht nur in der Großindustrie ganze Gruppen von GmbH-Unternehmen an der Tagesordnung sind. Dabei erweist sich der Vertragskonzern (unter II) vor allem als ein Kind des Steuerrechts (Stichwort: »Organschaft«), der faktische Konzern (unter III) in erster Linie als ein Entdeckungsland der Zivil-Rechtsprechung, die dieses Instrumentarium vor allem auch für den Gläubigerschutz nutzt (dazu unter III 3 und 4): Vertragskonzerne werden mit gestaltender Absicht geschmiedet, die sog. faktischen Konzernlagen dagegen nicht selten zum Erstaunen der Beteiligten erst nachträglich von findigen Juristen »entdeckt«.

2. Begriffliche Grundlagen

a) Zentralbegriffe des GmbH-Konzernrechts wie des Konzernrechts überhaupt sind die *Begriffe des herrschenden und des abhängigen Unternehmens,* während das Phänomen der Gleichordnung erst allmählich wahrgenommen wird (dazu unter IV). Diese Grundbegriffe sind nach ganz herrschender Auffassung dieselben wie im Aktienkonzernrecht (§§ 17, 18 AktG)[4]. Hier wie dort blicken Rechtsprechung und Literatur gebannt auf den »Unternehmensbegriff« als Zauberformel für den Eingang ins Recht der »Konzerne« (dazu schon oben, § 17 II 1 c). Problematisch ist – wie dort – die Frage, ob ein Mehrheits- oder Alleingesellschafter, der selbst kein Unternehmen betreibt, herrschendes Unternehmen im konzernrechtlichen Sinne sein kann. Der *Bundesgerichtshof* hat dies seit dem sog. »Autokran«-Urteil (*BGHZ* 95, 330,

2 Bericht über die Verhandlungen der Unternehmensrechtskommission, 1980, Rdnr. 1653.

3 Verhandlungen des 59. DJT, Bd. 1 (Gutachten *Druey* und *Hommelhoff*) und Bd. 2 (Referat *Zöllner*), 1992; dazu auch *Karsten Schmidt,* JZ 1992, 856ff.; *Timm,* NJW 1992, 2185; Konsequenzen bei *Lutter,* DB 1992, 2429.

4 *BGHZ* 95, 330, 337 = BB 1985, 2065, 2066 = NJW 1986, 188, 189; vgl. *Decher,* a.a.O., § 69 Rdnrn. 23ff.; *Emmerich/Sonnenschein/Habersack,* a.a.O., § 29 III 1; *Raiser,* Kapitalgesellschaften, § 51; *Baumbach/Hueck/Zöllner,* Anh. KonzernR Rdnr. 5; *Hachenburg/Ulmer,* Anh. § 77 Rdnr. 19; *Scholz/Emmerich,* Anh. Konzernrecht Rdnrn. 8, 12f. m.w.N.

337) in ständiger Rechtsprechung bejaht[5]: Herrschendes Unternehmen kann, wie der *II. Senat* im Urteil NJW 1994, 446 zusammengefaßt hat, »auch eine natürliche Person sein, deren anderweitige unternehmerische Betätigung sich in der Einflußnahme auf andere Gesellschaften erschöpft, an denen sie maßgeblich beteiligt ist«. Dasselbe gilt für den Staat[6], der allerdings nach dem »VW/Niedersachsen«-Beschluß *BGHZ* 135, 107 = NJW 1997, 1855 auch bereits unabhängig von Unternehmensaktivitäten Unternehmen im konzernrechtlichen Sinn sein kann (dazu oben, § 17 II 1 c). Dieser *Unternehmensbegriff* ist an den Schutzinteressen des Konzernrechts orientiert. Ihm wurde schon unter § 31 II 1 mit Einschränkungen zugestimmt: Wer unternehmerischen Außeneinfluß in der abhängigen GmbH zum Tragen bringen kann, kann im konzernrechtlichen Sinne herrschendes »Unternehmen« sein. Die Frage ist nur, ob ein herrschender Gesellschafter allein aufgrund dieser Begriffssubsumtion aus der GmbH-rechtlichen Nicht-Haftung in eine rabiate »Konzernhaftung« überwechseln kann. Das war bisher herrschende Meinung, und das bedeutete: Keine Haftung des herrschenden Gesellschafters ohne Konzernrecht!

Nach der hier vertretenen und seit dem »Bremer Vulkan« Urteil (*BGHZ* 149, 10 = NJW 2001, 3266)[7] wohl auch vom *Bundesgerichtshof* geteilten Ansicht kann der Gesellschafter unabhängig vom Konzernrecht seiner Gesellschaft zum Schadensersatz verpflichtet sein, wenn er diese schuldhaft ruiniert (oben, § 37 III 7). Der *Bundesgerichtshof* hatte im »Autokran«-Urteil von 1985 eine solche Haftung bei der Einpersonengesellschaft für schwer begründbar[8] und eine konzernrechtliche Haftung des Alleingesellschafters deshalb für unentbehrlich erklärt. Über den durch dieses Urteil angestoßenen Lauf der Rechtsprechung wird unter III 3 mehr zu sagen sein. Doch sei schon die These festgehalten: Man muß zwischen der Verantwortlichkeit des Mehrheitsgesellschafters (Alleingesellschafters) aus der Mitgliedschaft in der GmbH und der spezifisch konzernrechtlichen (Struktur-)Haftung unterscheiden. Die erste trifft jeden Gesellschafter, der existentiell schädigenden Einfluß auf »seine« GmbH nehmen kann; dafür muß er nicht zum herrschenden »Unternehmen« und die Haftung nicht zu einer spezifisch »konzernrechtlichen« erklärt werden[9]. Ob es daneben noch eine Konzernhaftung eines eine GmbH beherrschenden Unternehmens geben kann, ist eine andere Frage, die eine genaue Vorstellung darüber voraussetzt, was »Konzernhaftung« ist (dazu unter II 3 und 4).

5 *BGHZ* 95, 330, 337 = BB 1985, 2065, 2066; *BGHZ* 115, 187, 189 = NJW 1991, 3142f.; *BGHZ* 122, 123, 127 = NJW 1993, 1200 m. Anm. *Kübler*; *BGH*, NJW 1994, 446 m. Anm. *Karsten Schmidt*; 1994, 2900f.; *BAG*, NJW 1994, 3244, 3245; *Hachenburg/Ulmer*, Anh. § 77 Rdnr. 20; *Lutter/Hommelhoff*, Anh. § 13 Rdnr. 6; *Lutter*, in: Hommelhoff/Stimpel/Ulmer, Heidelberger Konzernrechtstage, 1992, S. 190ff.; *Brandner*, ebd., S. 207ff.

6 *BGHZ* 69, 334, 338 »Veba/Gelsenberg«; *Scholz/Emmerich*, Anh. Konzernrecht Rdnr. 16.

7 Dazu *Altmeppen*, ZIP 2001, 1837; *ders.*, NJW 2002, 321; *Bitter*, WM 2001, 2133, *Karsten Schmidt*, NJW 2001, 3577; *Ulmer*, ZIP 2001, 2021.

8 Vgl. dagegen *Hachenburg/Ulmer*, Anh. § 77 Rdnrn. 75, 87; *Scholz/Emmerich*, Anh. Konzernrecht Rdnr. 90; *Ulmer*, ZHR 148 (1984), 418f.; *Karsten Schmidt*, BB 1985, 2077; *Priester*, ZGR 1993, 521ff.; *Winter*, ZGR 1994, 570ff.

9 Vgl. *Karsten Schmidt*, ZIP 1986, 146; 1991, 1325ff.; 1993, 549ff.; in gleicher Richtung jetzt auch *BGHZ* 149, 10 = NJW 2001, 3266; a.M. *Stimpel*, ZGR 1991, 144ff.

Vor allem darf der Begriff der Abhängigkeit (§ 17 I AktG) den des Unternehmens nicht ersetzen. Ein Mehrheitsgesellschafter wird durch eine noch so intensive Abhängigkeit der GmbH nicht zum herrschenden »Unternehmen«, und man darf seine »Unternehmens«-Qualität nicht schon deshalb herbeireden, weil man nach einer Haftungsgrundlage sucht[10].

b) Die *Methode der Heraus- und Fortbildung des GmbH-Konzernrechts* zielt nicht auf eine pauschale Rechtsanalogie zu den §§ 291 ff., 311 ff. AktG[11]. Während nämlich die §§ 15 ff. AktG als allgemeine begriffliche Grundlagen Geltung auch außerhalb des Aktienkonzernrechts beanspruchen (oben, § 17 III 1), können die besonderen Regeln über Unternehmensverträge und faktische Aktienkonzerne nur nach Maßgabe der besonderen Gegebenheiten des GmbH-Rechts für eine analoge Anwendung herangezogen werden[12]. Vor allem das Recht der faktischen GmbH-Konzerne wird – durchaus unter Nutzbarmachung der aktienkonzernrechtlichen Erfahrungen! – durch rechtsformgerechte Rechtsfortbildung und nicht durch undifferenzierte Analogien zum Aktiengesetz Schritt für Schritt herausgebildet. Es ist gerade deshalb in nahezu jedem Punkt sehr umstritten und, wie gesagt, für eine Konzerngesetzgebung noch nicht reif.

c) Die GmbH kann nicht nur *abhängiges*, sondern auch *herrschendes Unternehmen* sein[13]. Auch dann stellen sich Konzernrechtsprobleme, z. B. bei der Mitwirkung der Gesellschafter an der Konzernbildung[14]. Im folgenden wird es jedoch im wesentlichen um die Rechtslage der abhängigen GmbH gehen. Ihr wird in der Rechtsprechung und Literatur die Hauptaufmerksamkeit gewidmet. Auf das stark vernachlässigte Problem der Gleichordnung im Konzern (vgl. schon oben, § 17 I 5) wird unter IV zurückzukommen sein.

3. Faktische und »vertragliche«, einfache und »qualifizierte« Abhängigkeit

a) Die *Systematik des Konzernrechts* im allgemeinen und des GmbH-Konzernrechts im besonderen ist bisher noch recht unvollkommen. Das hängt mit Unklarheiten im Grundsätzlichen zusammen (oben, § 17 I 1 c). Da üblicherweise im »GmbH-Konzernrecht« nur an die abhängige GmbH gedacht wird (vgl. soeben unter I 2 c) und das Bild des Konzernrechts stark vom Aktiengesetz dominiert wird, wird üblicherweise zwischen dem »Vertragskonzern« (vgl. §§ 291 ff. AktG) und dem »faktischen Konzern« unterschieden. Aus Darstellungsgründen wird dem auch hier gefolgt. Man sollte sich allerdings darüber klar sein, daß das deutsche Konzernrecht überhaupt nicht bei »dem«

10 *Karsten Schmidt*, ZIP 1986, 147, gegen *Priester*, ZIP 1986, 137 ff.

11 Vgl. nur *Scholz/Emmerich*, Anh. Konzernrecht Rdnr. 12.

12 *Emmerich/Sonnenschein/Habersack*, § 29 III 2; insgesamt kritisch gegenüber der Analogie *Bitter*, ZIP 2001, 265 ff.

13 Vgl. *Scholz/Emmerich*, Anh. Konzernrecht Rdnrn. 58, 61 ff.

14 *Rowedder/Koppensteiner*, Anh. § 52 Rdnr. 62 f.; *Lutter/Leinekugel*, ZIP 1998, 231.

Konzern ansetzt und deshalb gar nicht zuläßt, die eine Unternehmensgruppe in toto als »vertraglich« und die andere Unternehmensgruppe als »faktisch« einzuordnen. Ebensowenig kann eine Unternehmensgruppe in toto als »vertikaler« (Abhängigkeits-) oder als »horizontaler« (Gleichordnungs-)Konzern eingeordnet werden (oben, § 17 III 3 b). Vielmehr befaßt sich das Konzerngesellschaftsrecht immer mit dem Verhältnis der einzelnen verbundenen Unternehmen zueinander[15]. So kann eine Gesellschaft G gleichzeitig in vertraglicher Abhängigkeit von einem herrschenden Unternehmen U stehen, selbst eine andere Tochtergesellschaft T faktisch beherrschen und gleichzeitig im Verhältnis der Gleichordnung zu einer Schwestergesellschaft S stehen, die ihrerseits wieder von dem herrschenden Unternehmen U vertraglich oder faktisch abhängig ist. Das macht Differenzierungen unausweichlich.

b) Sodann sollte auch Klarheit darüber bestehen, daß im Fall der Abhängigkeit einer GmbH der wichtigste Schnitt nicht zwischen faktischer und vertraglicher Abhängigkeit, sondern viel eher zwischen einfacher und qualifizierter Abhängigkeit besteht: *Einfache Herrschaft* über eine GmbH (§ 17 AktG) kann ohne »vertragskonzernrechtliche« Legitimation rechtmäßig ausgeübt werden. Im Vertragskonzern entsteht rechtmäßige *qualifizierte Herrschaft* (Konzernherrschaft i. S. von § 18 I AktG). Entsteht ohne Legitimation durch Satzung oder Unternehmensvertrag eine Konzernherrschaft, die dieser Legitimation bedürfte, so liegt das umstrittene Phänomen der »qualifizierten faktischen Abhängigkeit« vor (dazu unter III 3).

II. Der GmbH-Vertragskonzern*

1. Abhängigkeit auf satzungsmäßiger und konzernvertraglicher Grundlage

Wer vom »Vertragskonzern« spricht, pflegt an den Fall des Beherrschungsvertrags zu denken, weil eben der bloß »faktischen« Abhängigkeit die »vertragliche« entgegengesetzt werden müsse (oben, § 17 I 3). Es ist indes zu bedenken, daß der Unternehmensvertrag ein Organisationsvertrag (oben,

15 Eingehend *Karsten Schmidt*, in: Festschrift Lutter, 2000, S. 1167ff.

* Literatur (vgl. zunächst die Angaben unter I sowie oben bei § 38 III): *Beinert*, Konzernhaftung für die satzungsgemäße abhängige GmbH, 1995; *Bitter*, Das TBB-Urteil und das immer noch vergessene GmbH-Vertragskonzernrecht, ZIP 2001, 265; *Emmerich/Sonnenschein/Habersack*, § 32; *Führing*, Sonstige Unternehmensverträge mit einer abhängigen GmbH, 1993; *Grauer*, Konzernbildungskontrolle im GmbH-Recht, 1991; *Hirte*, Der Vertragskonzern im Gesellschaftsrecht, 1993; *Kort*, Der Abschluß von Beherrschungs- und Gewinnabführungsverträgen im GmbH-Recht, 1986; *Kurz*, Der Gewinnabführungsvertrag im GmbH-Recht aus konzernverfassungsrechtlicher Sicht, 1992; *Schwarz*, Die GmbH als Konzerntochtergesellschaft, 1988; *Timm*, Neuere Entwicklungen im GmbH-(Vertrags-)Konzernrecht, GmbHR 1992, 213; *Weigel*, Wirksamkeitserfordernisse für den Abschluß von Unternehmen zwischen GmbH, in: Festschrift Quack, 1991, S. 505; *Zeidler*, Ausgewählte Probleme des GmbH-Vertragskonzerns, NZG 1999, 692; *Zöllner*, Die formellen Anforderungen an Beherrschungs- und Gewinnabführungsverträge bei der GmbH, DB 1989, 913.

§ 31 III 1) und sein Abschluß jedenfalls auf der Seite der abhängigen Gesellschaft eine Strukturänderung ist (oben, § 38 III 1). Deshalb liegt nahe, daß eine solche Strukturänderung ihren Platz ebenso gut – bei Licht betrachtet sogar in erster Linie! – in der Satzung finden könnte, und es wird noch zu zeigen sein, daß bei der Personengesellschaft die vertragliche Abhängigkeit sogar in aller Regel durch den Gesellschaftsvertrag und nicht durch einen Beherrschungsvertrag hergestellt wird (unten, § 43 III). Wenn trotzdem beim GmbH-Vertragskonzern in erster Linie an den Beherrschungsvertrag gedacht wird, so hat dies wohl zwei Gründe: Der eine besteht in der Herkunft des Vertragskonzerns von der steuerlichen Organschaft (§§ 14 ff. KStG), der zweite im Modellcharakter des gesetzlichen Aktienkonzernrechts (oben unter I). Während nun aber die Folgepflicht einer abhängigen AG aufgrund der §§ 23 V, 76 I AktG nicht in der Satzung bestimmt, sondern nur durch Beherrschungsvertrag nach §§ 291 ff. AktG legitimiert werden kann[16], gilt für die GmbH etwas anderes (vgl. schon oben, § 38 III 3). Sie kann auch satzungsmäßig unter die Herrschaft eines Gesellschafters gestellt werden (oben, § 38 III 3)[17].

Beispiel Nr. 3: Die Industrie-AG (I) hält 80 % der Anteile an der Zulieferer-GmbH (Z). Die restlichen 20 % sind in der Hand der durch Erbfälle sehr verstreuten Gründerfamilie. Soll die Z unter die Leitung der I gestellt werden, so kann dies nicht nur durch einen Beherrschungsvertrag bewirkt werden, sondern auch durch eine Satzungsklausel, die der I ein Sonderrecht (Vorzugsrecht) auf Erteilung von Weisungen gibt. Wird die Z-GmbH auf diese Weise unter die einheitliche Leitung der I-AG gestellt (§ 18 I AktG), so wird man allerdings auch einen Verlustausgleich analog § 302 AktG annehmen müssen. Auch müssen für eine abhängigkeitsbegründende Satzungsänderung dieselben Zustimmungserfordernisse gelten wie für den Unternehmensvertrag (dazu § 38 III 3).

2. Abschluß und Beendigung des Unternehmensvertrags

a) Eine GmbH kann als abhängiges Unternehmen mit einem anderen Unternehmen einen *Beherrschungs- oder (und) Gewinnabführungsvertrag* schließen. Da kein Verkehrsgeschäft, sondern ein organschaftlicher Vertrag vorliegt, kann nicht der Geschäftsführer aufgrund seiner Organvertretungsmacht (§§ 35 ff. GmbHG) den Vertrag schließen, sondern es bedarf eines Gesellschafterbeschlusses (näher oben, § 38 III). Bei der Beschlußfassung über diesen Organisationsvertrag ist das herrschende Unternehmen – meist wird es der Mehrheitsgesellschafter sein – nicht nach § 47 IV GmbHG vom Stimmrecht ausgeschlossen[18]. Allerdings kann es die anderen Gesellschafter nicht majorisieren, wenn man mit der unter § 38 III 2 begründeten Auffassung deren Zustimmung als erforderlich ansieht.

---

16 Dazu krit. *Bitter,* ZIP 2001, 265 ff., insbes. S. 277.

17 Vgl. *Beinert*, a. a. O., S. 38 ff.; *Beuthien*, ZIP 1993, 1589 ff.

18 Jetzt h.M.; vgl. *Lutter/Hommelhoff*, Anh. § 13 Rdnr. 54; *Rowedder/Koppensteiner*, Anh. § 52 Rdnr. 43; *Scholz/Karsten Schmidt*, § 47 Rdnr. 115; *Karsten Schmidt*, GmbHR 1979, 124; eingehend *Kort*, a. a. O., S. 105 ff.; anders *Martens*, a. a. O., S. 164; *Baumbach/Hueck/Zöllner*, Anh. KonzernR Rdnr. 40.

b) Der *Unternehmensvertrag* galt nach der früher herrschenden, jedoch unrichtigen und heute überholten Auffassung als formlos wirksam[19]. In der Unternehmenspraxis wurden die Unternehmensverträge allerdings in aller Regel schriftlich geschlossen, weil es den Beteiligten in aller Regel um die steuerliche Anerkennung einer steuerrechtlichen Organschaft geht, und diese setzt die förmliche Abfassung eines Ergebnisabführungsvertrags voraus (§§ 14, 17 KStG)[20]. Aber auch gesellschaftsrechtlich ist mindestens schriftliche Form zu verlangen[21]. Wie unter § 38 III 2 ausgeführt wurde, kann nach dem »Supermarkt«-Beschluß *BGHZ* 105, 324 ein Unternehmensvertrag ohne notariell beurkundeten Gesellschafterbeschluß der abhängigen GmbH und ohne Registereintragung nicht mehr wirksam werden. Hierzu wird ein schriftlicher Abschluß des Vertrags unentbehrlich sein. Formwidrige Altverträge unterliegen den bei § 6 IV 4 dargestellten Grundsätzen über fehlerhafte Unternehmensverträge[22]. Insbesondere befreit die Fehlerhaftigkeit eines Unternehmensvertrags nicht von der Verlustausgleichspflicht[23]. Die Richtigkeit dieser Auffassung ergibt sich schon daraus, daß allemal eine qualifizierte – vertragliche oder faktische – Abhängigkeit gegeben ist.

c) Wegen der *Beendigung des Unternehmensvertrags* kann auf § 38 III 2c verwiesen werden. Mit ihr endet auch die Verlustdeckungspflicht des herrschenden Unternehmens, sofern sich diese nicht aus einer weiterhin bestehenden qualifizierten faktischen Konzernherrschaft ergibt (dazu sogleich unter III 3).

3. Inhalt des Unternehmensvertrags

a) Der Vertragskern besteht beim *Beherrschungsvertrag* darin, daß die GmbH der Leitung durch das herrschende Unternehmen unterstellt wird[24], womit auch eine Führung der GmbH im Interesse des herrschenden Unternehmens legitimiert ist[25]; beim *Gewinnabführungsvertrag* besteht der Vertragskern in der Pflicht der GmbH zur Abführung ihrer Erträge[26]. Analog § 302 AktG muß in beiden Fällen auch die Übernahme der Jahresfehlbeträge im Vertrag festgelegt sein[27]. In aller Regel wird deshalb kein reiner Beherrschungs- oder Gewinnabführungsvertrag geschlossen, sondern ein Beherrschungs- und

19 *Sonnenschein*, a. a. O., S. 353; vgl. seither vor allem noch *Kort*, a. a. O., S. 132f.
20 Vgl. früher ausdrücklich § 17 S. 2 Nr. 1 KStG a.F.
21 Vgl. *Baumbach/Hueck/Zöllner*, Anh. Konzernrecht Rdnr. 38; *Rowedder/Koppensteiner*, Anh. § 52 Rdnr. 45 m. w. N.; strenger *Weigel*, a. a. O.: notarielle Beurkundung; str.; vgl. eingehend *Kort*, a. a. O., S. 132f.
22 Dazu *Baumbach/Hueck/Zöllner*, Anh. Konzernrecht Rdnr. 44; *Hachenburg/Ulmer*, Anh. § 77 Rdnr. 200; *Scholz/Emmerich*, Anhang Konzernrecht Rdnrn. 170ff. m. w. N.
23 Vgl. *BGHZ* 103, 1; 116, 37, 39f.; *Hachenburg/Ulmer*, Anh. § 77 Rdnr. 200.
24 Vgl. nur *BGH*, NJW 1994, 3288, 3291; krit. *Bitter*, ZIP 2001, 273ff.
25 In diesem Punkt ähnlich *Bitter*, ZIP 2001, 274, 278 (»Vorrang des Konzerninteresses«).
26 Eingehend *Kurz*, a. a. O.
27 *Kort*, a. a. O., S. 146ff.; *Emmerich/Sonnenschein/Habersack*, § 32 III 2; *Baumbach/Hueck/Zöllner*, Anh. KonzernR Rdnr. 77; a.M. *Verhoeven*, a. a. O., Rdnr. 415; *Rowedder/Koppensteiner*, Anh. § 52 Rdnr. 67.

Ergebnis(!)abführungsvertrag. Umstritten ist, ob etwa vorhandene Minderheitsgesellschafter analog §§ 304 f. AktG durch Ausgleichszahlungen gesichert werden müssen[28]. Diese Frage und die eines Austrittsrechts von Minderheitsgesellschaftern[29] ist vor allem dann von Bedeutung, wenn man den Abschluß eines Unternehmensvertrags ohne Zustimmung aller Gesellschafter zuläßt (dazu aber oben, § 38 III). Verlangt man eine Zustimmung aller, so können diese Fragen im Einigungswege geklärt werden[30].

b) Ein Unternehmensvertrag kann etwa folgenden Inhalt haben[31]:

»Beherrschungs- und Ergebnisabführungsvertrag zwischen der A-AG und der G-GmbH

§ 1 Die GmbH unterstellt die Leitung ihres Unternehmens der AG. Der AG steht ein Weisungsrecht gegenüber den Geschäftsführern der GmbH zu.

§ 2 Die GmbH verpflichtet sich, ihren nach handelsrechtlichen Vorschriften ermittelten Gewinn an die AG abzuführen. Die GmbH darf Beträge aus dem Jahresüberschuß in Rücklagen einstellen, wenn dies bei vernünftiger kaufmännischer Beurteilung wirtschaftlich begründet ist.

§ 3 Die AG hat der GmbH jeden während der Vertragsdauer entstehenden Jahresfehlbetrag auszugleichen. Es gelten die Regeln des § 302 AktG.

§ 4 Die AG verpflichtet sich, für die Dauer des Vertrags, den außenstehenden Gesellschaftern einen jährlichen Ausgleich von ... zu zahlen.

§ 5 Die AG verpflichtet sich, auf Verlangen eines außenstehenden Gesellschafters der GmbH dessen Geschäftsanteile gegen Barabfindung in Höhe von ... binnen ... zu erwerben.

§ 6 Dieser Vertrag beginnt am ... Er endet ...«

c) Der *Beherrschungsvertrag* ist selbst für einen Mehrheitsgesellschafter der GmbH von Wert. Das Weisungsrecht der Gesellschafter ersetzt ihn nicht ohne weiteres. Die Mehrheitsherrschaft in der GmbH ist eine Herrschaft der jeweils mehrheitlich beschließenden Gesellschaftergesamtheit, während der Beherrschungvertrag eine Ausübung der Leitungsmacht und die Unternehmensführung im Interesse des herrschenden Gesellschafters ohne ständige Befragung der Mitgesellschafter gestattet. Bei der Einpersonen-GmbH, etwa der 100%igen Tochter eines Großunternehmens, legitimiert der Vertrag die mit der Führung der GmbH im Interesse des herrschenden Unternehmens verbundene Vernachlässigung ihrer Eigeninteressen[32].

---

28 Dafür *Kort*, a. a. O., S. 157 ff.; *Hachenburg/Ulmer*, Anh. § 77 Rdnr. 212; *Lutter/Hommelhoff*, Anh. § 13 Rdnr. 66; *Lutter* und *Priester*, in: Hommelhoff/Semler/Doralt/Roth, a. a. O., S. 197 f., 156 ff.; dagegen *Rowedder/Koppensteiner*, Anh. § 52 Rdnr. 66; *Scholz/Emmerich*, Anh. Konzernrecht Rdnr. 165; *Karsten Schmidt*, GmbHR 1979, 133 f.; *Verhoeven*, a. a. O., Rdnr. 413; *Voss*, DB 1971, 1939; *H. P. Westermann*, in: Der GmbH-Konzern, a. a. O., S. 39.

29 Dazu eingehend *Kort*, a. a. O., S. 149 ff.; *Lieb*, in: Festschrift Lutter, 2000, S. 1151 ff.; *Scholz/Emmerich*, Anh. Konzernrecht Rdnr. 166; *Zöllner*, ZGR 1992, 201.

30 Wie hier jetzt auch *Emmerich/Sonnenschein/Habersack*, § 32 II 3; *Scholz/Emmerich*, Anh. Konzernrecht Rdnr. 165.

31 Detaillierteres Beispiel bei *Hoffmann-Becking*, in: Münchener Vertragshandbuch I, 4. Aufl. 1996, IX 8.

32 Gegen Unternehmensverträge bei der Einpersonen-GmbH allerdings *Bitter*, Konzernrechtliche Durchgriffshaftung bei Personengesellschaften, 2000, S. 364 f.; *ders.*, ZIP 2001, 265.

III. Der faktische GmbH-Konzern*

Weitaus bedeutsamer und schwieriger sind die Probleme der abhängigen GmbH im Nicht-Vertragskonzern.

---

* Literatur (Auswahl; vgl. auch die Angaben unter I): *Altmeppen*, Abschied vom »qualifiziert faktischen Konzern«, 1991; *ders.*, Leitungshaftung im Kapitalgesellschaftsrecht, 1998; *ders.*, Gesellschafterhaftung und »Konzernhaftung« in der GmbH, NJW 2002, 321; *ders.*, Ausfall- und Verhaltenshaftung des Mitgesellschafters in der GmbH, ZIP 2002, 961; *Arbeitskreis GmbH-Reform*, Thesen und Vorschläge zur GmbH-Reform II, 1975; *Assmann*, Der faktische GmbH-Konzern, in: Festschrift 100 Jahre GmbHG, 1992, S. 657; *Binneweis*, Die Konzerneingangskontrolle in der abhängigen Gesellschaft, 1996; *Büscher*, Die qualifizierte faktische Konzernierung, 1999; *Drygala*, Der Gläubigerschutz bei der typischen Betriebsaufspaltung, 1991; *ders.*, Verhaltenshaftung im faktischen Konzern, GmbHR 1993, 317; *Deilmann*, Die Entstehung des qualifizierten faktischen Konzerns, 1990; *Drüke*, Die Haftung der Muttergesellschaft für Schulden der Tochtergesellschaft, 1990; *Emmerich/Habersack*, Aktien- und GmbH-Konzernrecht, 2. Aufl. 2001; *Emmerich/Sonnenschein/Habersack*, § 31; *Eschenbruch*, Konzernhaftung, 1996; *Grauer*, Konzernbildungskontrolle im GmbH-Recht, 1991; *Gummert*, Haftung im qualifizierten faktischen GmbH-Konzern, 1994, 217; *Hirte* (Hrsg.), Der qualifizierte faktische Konzern, Bd. I 1992; Bd. II 1993; *Hommelhoff*, Empfiehlt es sich, das Recht faktischer Unternehmensverbindungen neu zu regeln? in: Verhandlungen des 59. DJT I, 1992, S. G 11; *ders.*, Die qualifizierte faktische Unternehmensverbindung, ZGR 1994, 395; *Hommelhoff/Stimpel/Ulmer* (Hrsg.), Heidelberger Konzernrechtstage: Der qualifizierte faktische GmbH-Konzern, 1992; *Holzwarth*, Konzernrechtlicher Gläubigerschutz bei der klassischen Betriebsaufspaltung, 1994; *Ihde*, Der faktische GmbH-Konzern, 1974; *Jahraus*, Ordnung und Haftung im faktischen GmbH-Konzern, Diss. Mannheim 1989; *Jansen*, Konzernbildungskontrolle im faktischen GmbH-Konzern, 1993; *Kern*, Die Unbestimmtheit des selbständigen Konzernhaftungstatbestandes, 1998; *Kleindiek*, Strukturkonzepte für den qualifizierten faktischen GmbH-Konzern, ZIP 1991, 1330; *Koch*, Rechtliche und ökonomische Aspekte des Schutzes von Gläubigern konzernverbundener GmbH, 1997; *Kölling*, Der qualifizierte faktische GmbH-Konzern, NZG 2000, 8; *Kübler*, Haftungsbetreuung und Gläubigerschutz im Recht der Kapitalgesellschaften, in: Festschrift Heinsius, 1991, S. 397; *Lehmann*, Der qualifizierte faktische Konzern – ein Phantom? in: Festschrift Semler, 1993, S. 479; *Limmer*, Die Haftungsverfassung des faktischen GmbH-Konzerns, 1991; *Lutter*, Der qualifizierte faktische Konzern, AG 1990, 179; *Michalski/Zeidler*, Die Ausgleichshaftung im qualifizierten faktischen Konzern, NJW 1996, 224; *Möhring*, Schutz der Gläubiger einer konzernabhängigen GmbH, 1992; *Rehbinder*, Minderheiten- und Gläubigerschutz im faktischen GmbH-Konzern, AG 1986, 85; *Röhricht*, Die GmbH im Spannungsfeld ..., in: Festschrift BGH, 2000, S. 83; *Rowedder*, Bestandsschutz im faktischen GmbH-Konzern, in: Hommelhoff/Semler/Doralt/Roth, Entwicklungen im GmbH Konzernrecht, 1986, S. 20; *Scheel*, Konzerninsolvenzrecht, 1995; *Karsten Schmidt*, Konzernhaftung oder mitgliedschaftliche Haftung des privaten GmbH-Gesellschafters? ZIP 1986, 146; *ders.*, Verlustausgleichspflicht und Konzernleitungshaftung im qualifizierten faktischen GmbH-Konzern, ZIP 1989, 545; *ders.*, Abhängigkeit und faktischer Konzern als Aufgabe der Rechtspolitik, JZ 1992, 856; *ders.*, »Konzernhaftung« nach dem TBB-Urteil, ZIP 1993, 554; *ders.*, Gesellschafterhaftung und »Konzernhaftung« in der GmbH, NJW 2001, 3577; *Uwe H. Schneider*, Neues zum qualifizierten faktischen GmbH-Konzern, WM 1993, 782; *Stein*, Haftung im qualifizierten faktischen GmbH-Konzern, ZGR 1991, 144; *Schwark*, Die Haftung des herrschenden Unternehmens im qualifizierten faktischen GmbH-Konzern, JuS 1987, 443; *Stimpel*, Haftung im qualifizierten faktischen Konzern, ZGR 1991, 144; *Stodolkowitz*, Die Haftung im qualifizierten faktischen GmbH-Konzern, ZIP 1992, 1517; *Timm*, Das Recht der faktischen Unternehmensverbindungen im Umbruch, NJW 1992, 2185; *Timm/Geuting*, Abschied von der Strukturhaftung im qualifizierten faktischen Konzern? ZIP 1992, 694; *Tröger*, Treupflicht im Konzernrecht, 2000; *Ulmer*, Gläubigerschutz im faktischen GmbH-Konzern ..., ZHR 148 (1984), 391; *ders.*, Gläubigerschutz im qualifizierten faktischen GmbH-Konzern, NJW 1986, 1579; *ders.*, Recht der GmbH und GmbH & Co., in: Festgabe 50 Jahre BGH II, 2000, S. 273; *ders.* (Hrsg.), Haftung im qualifizierten faktischen GmbH-Konzern – verbleibende Relevanz nach dem TBB-Urteil? 2002; *Versteegen*, Konzernverantwortlichkeit und Haftungsprivileg, 1993; *Vonnemann*, Die Haftung im qualifizierten faktischen GmbH-Konzern, BB 1990, 217; *Weigl*, Die Haftung im (qualifizierten) faktischen Konzern,

1. Der Tatbestand

Von einer *faktisch abhängigen GmbH* ist zu sprechen, wenn *drei Merkmale* erfüllt sind: Es muß erstens eine GmbH, zweitens ein anderes Unternehmen vorhanden sein, und drittens muß die GmbH von diesem anderen Unternehmen abhängig sein, und zwar ohne Beherrschungsvertrag. Über den Unternehmensbegriff wurde oben unter I 2 bereits das Notwendige gesagt. Der Abhängigkeitsbegriff ergibt sich aus § 17 AktG: Die GmbH ist von dem anderen Unternehmen abhängig, wenn dieses auf die GmbH unmittelbar oder mittelbar einen beherrschenden Einfluß ausüben kann. Diese Abhängigkeit, nicht eine Konzernorganisation, die »gegründet« oder »liquidiert« werden kann, ist die Ausgangssituation des GmbH-»Konzernrechts« (vgl. oben, § 17 I)[33].

2. Wichtigste Rechtsfolgen

Die Rechtslage der faktisch abhängigen GmbH ist im einzelnen umstritten. Im wesentlichen läßt sich folgendes festhalten:

a) Zunächst einmal gibt es zahlreiche Zurechnungsprobleme und Zurechnungsansätze gegenüber dem herrschenden Unternehmen, so z.B. im gestuften Konzern: Beherrscht eine Großmuttergesellschaft ihre Tochtergesellschaft und ist diese als Mutter an einer Enkel-GmbH beteiligt, so können Kredite der Großmutter an die Enkelin unter § 32a III 1 GmbHG fallen (oben, § 37 IV 3 a) und Ausschüttungen der Enkelin an die Großmutter können gegen § 30 I GmbHG verstoßen[34].

b) Etwa vorhandene Minderheitsgesellschafter der abhängigen GmbH sind durch *Treupflichten des herrschenden Unternehmens* geschützt. Das gilt jedenfalls dann, wenn dieses – was der Regelfall ist – Mehrheitsgesellschafter der abhängigen GmbH ist. Die Treupflichten sind keine spezifisch konzernrechtlichen Pflichten (vgl. oben, § 20 IV); der Konzerntatbestand, insbesondere die Unternehmensqualität und die herrschende Rolle des Mehrheitsgesellschafters, hat jedoch Einfluß auf die Intensität der Treupflicht im Einzelfall. Sanktionen der Treupflichtverletzung sind Anfechtungsrechte, soweit treuwidrige Mehrheitsherrschaft in Form von Beschlüssen ausgeübt

---

1996; *Westermann*, Das TBB-Urteil ..., ZIP 1993, 554; *Wiedemann*, Spätlese zu Autokran, ZGR 1986, 656; *Wilken*, Qualifizierter faktischer Konzern und Unterkapitalisierung, WiB 1997, 453; *Ziegler*, Verlustausgleich und Haftungsdurchgriff beim qualifizierten faktischen GmbH-Konzern, WM 1989, 1041; *Ziemons*, Die Haftung der Gesellschafter für Einflußnahmen auf die Geschäftsführung der GmbH, 1996; *Zöllner*, Empfiehlt es sich, das Recht faktischer Unternehmensverbindungen neu zu regeln? in: Verhandlungen des 59. DJT II, 1992, S. R 35.

33 Vgl. zum System des Rechts der verbundenen Unternehmen *Karsten Schmidt*, in: Festschrift Lutter, 2000, S. 1167ff.; vgl. zum Gegenkonzept etwa *Uwe H. Schneider*, Die Gründung von faktischen GmbH-Konzernen, in: Hommelhoff u.a. (Hrsg.), Entwicklungen im GmbH-Konzernrecht, 1986, S. 121.

34 Vgl. BGH, LM Nr. 6 zu § 29 GmbHG m. Anm. *Heidenhain* = NJW 1996, 589, 590.

wird, sowie Unterlassungs- und Schadensersatzansprüche. Standardfall ist die *ITT-Entscheidung des BGH*[35], auf die schon unter § 20 IV 2b eingegangen wurde.

Beispiel Nr. 4 (vereinfacht nach *BGHZ* 65, 15 = BB 1975, 1450 m. Anm. *Schilling* = NJW 1976, 191 m. Anm. *Ulmer* = JuS 1976, 54 m. Anm. *Emmerich*): An der G-GmbH, die Armaturen herstellte, war K (Kläger) mit 15 % und seit einer Reihe von Jahren die B (Beklagte) mit 85 % beteiligt. B gehörte zu einem internationalen Konzern, so daß sich der Anteilserwerb der B wirtschaftlich so darstellte, daß sich »der Konzern« in die G eingekauft hatte. Seither wurde die Geschäftsleitung der G von der Konzernleitung gesteuert. Die G, vertreten durch ihren Geschäftsführer, hatte mit einer ausländischen I-Gesellschaft (I Industries Inc.) einen Dienstleistungsvertrag (Service Agreement) geschlossen. Die I war ihrerseits eine 100%ige Tochtergesellschaft der B. Nach dem Vertrag war die G in den Service der I einbezogen und mußte dafür 1 % ihres Gesamtumsatzes als Konzernumlage abführen. Angenommen, es standen dieser Konzernumlage keine wirklichen Leistungen gegenüber, so wurde die G-GmbH und mit ihr der Minderheitsgesellschafter K durch die Umlage von der Konzernseite her treuwidrig geschädigt. K hatte im vorliegenden Fall gegen B geklagt. Beide Vorinstanzen hatten die Klage abgewiesen. Der *Bundesgerichtshof* hob das klagabweisende *OLG*-Urteil auf. Er bejahte eine Treupflicht der B gegenüber dem Minderheitsgesellschafter K und eine Schadensersatzpflicht im Fall schuldhafter Treupflichtverletzung, übrigens ohne groß vom »Konzernrecht« und vom »herrschenden Unternehmen« zu sprechen.

c) Auch die *abhängige GmbH* selbst ist geschützt, was vor allem dann von Bedeutung ist, wenn das herrschende Unternehmen Alleingesellschafter ist[36]. Allerdings stellt sich dieser Schutz durchaus unterschiedlich dar, je nachdem, ob Minderheitsinteressen im Spiel sind oder nicht. *Umstritten* ist zunächst, ob das herrschende Unternehmen seine Interessen ohne Unternehmensvertrag zum Nachteil der abhängigen GmbH durchsetzen kann, wenn es die Nachteile alsbald ausgleicht[37]. Das wäre zu bejahen, wenn das Privileg des § 311 AktG sinngemäß angewandt werden könnte (vgl. zu § 311 AktG oben, § 31 IV 2). Überwiegend wird diese Frage verneint[38]. Dahinter steckt der Gedanke des Präventivschutzes: Das herrschende Unternehmen soll sich entscheiden, ob es auf die Durchsetzung seiner unternehmerischen Eigeninteressen zum Nachteil der abhängigen GmbH verzichten oder ihre Leitungsmacht durch einen Unternehmensvertrag legitimieren will. Indes sollte dieser auf den Abschluß von Unternehmensverträgen zielende Druck nur für die Ausübung

---

35 *BGHZ* 65, 15 = BB 1975, 1450 m. Anm. *Schilling* = NJW 1976, 191 m. Anm. *Ulmer* = JuS 1976, 54 m. Anm. *Emmerich;* dazu *Scholz/Emmerich*, Anh. Konzernrecht Rdnr. 70; *Brezing*, AG 1976, 5; *Rehbinder*, ZGR 1976, 386; *H. P. Westermann*, GmbHR 1976, 77; *Wiedemann*, JZ 1976, 392.

36 *BGHZ* 149, 10 = NJW 2001, 3266; *Burgard*, ZIP 2002, 827; *Röhricht*, in: Festschrift BGH, a. a. O., S. 83 ff.; *Karsten Schmidt*, in: Hommelhoff/Stimpel/Ulmer, a. a. O., S. 114; *Ulmer*, ZHR 148 (1984), 391 ff.; *Winter*, ZGR 1994, 570 f.

37 Vgl. mit Unterschieden im einzelnen *Reuter*, in: MünchKommBGB, vor § 21 Rdnr. 43; *Emmerich*, in: Der GmbH-Konzern, a. a. O., S. 13 ff.; *ders.*, AG 1975, 287 f.; *Möhring*, a. a. O., S. 239 ff.; s. auch *Martens*, DB 1970, 868 f.

38 Vgl. nur *Emmerich/Sonnenschein/Habersack*, § 31 III; *Hommelhoff*, a. a. O., S. 248 ff.; *Verhoeven*, a. a. O., Rdnrn. 213 ff., 262; *Baumbach/Hueck/Zöllner*, Anh. Konzernrecht Rdnr. 56; *Hachenburg/Ulmer*, Anh. § 77 Rdnr. 56; *Rowedder/Koppensteiner*, Anh. § 52 Rdnr. 53; *Scholz/Emmerich*, Anh. Konzernrecht Rdnr. 75; *Ulmer*, ZHR 148 (1984), 412; *Martens*, GmbHR 1984, 268; abwartend noch *Karsten Schmidt*, GmbHR 1979, 127.

echter Konzernherrschaft gelten, d.h. für die umfassende Ausübung einheitlicher Leitungsmacht (§ 18 I AktG), nicht für nur einzelne Einflußnahmen (vgl. § 311 AktG) aufgrund eines beherrschenden Einflusses (§ 17 I AktG). Die singuläre Nachteilszufügung aufgrund eines solchen Einflusses unter Ausgleich der damit verbundenen Nachteile (vgl. § 311 AktG) ist auch gegenüber einer abhängigen GmbH regelmäßig nicht treupflichtwidrig und damit nicht rechtswidrig[39], kann dies vielmehr nur im Einzelfall sein. Eine Nachteilszufügung ohne Nachteilsausgleich stellt dagegen, wenn sie von einem herrschenden Unternehmen ausgeht, eine Pflichtverletzung dar, die etwaige Beschlüsse und schädigende Maßnahmen rechtswidrig macht und zum Schadensersatz verpflichten kann[40]. Sofern nicht Minderheitengesellschafter betroffen sind, kann allerdings eine Pflichtverletzung gegenüber der GmbH nur bei existenzgefährdenden Eingriffen angenommen werden[41]. Diese Sanktionen knüpfen nicht bei einem Durchgriffskonzept in dem oben bei § 9 dargestellten Sinn an[42], sondern an die Verletzung organisationsrechtlich begründeter Pflichten des herrschenden Gesellschafters. Sie werden teils auf die mitgliedschaftliche Treupflicht des herrschenden Unternehmens gestützt[43], teils wird die Geschäftsführerhaftung des § 43 GmbHG auf das einflußnehmende herrschende Unternehmen ausgedehnt[44]. Beide Lösungen haben Argumente für sich. Die erstere knüpft an die mitgliedschaftliche Sonderrechtsverbindung des herrschenden Unternehmens zu dem abhängigen Unternehmen an, die letztere dehnt die Haftung der Handlungsorgane auf die hinter ihm stehenden Willensbildungsorgane aus. Beiden Lösungsmodellen geht es darum, neben der Geschäftsführerhaftung eine *organisationsrechtliche Verantwortlichkeit* der Gesellschafter zu begründen[45]. Während das zweite eine dem Allein- oder Mehrheitsgesellschafter gerade nicht zukommende Rechtsposition – nämlich die des Geschäftsführers – auf den Gesellschafter ausdehnt[46], knüpft das erste Lösungsmodell bei der Rechtstellung an, die der Gesellschafter hat: bei seiner Mitgliedschaft[47]. Es verdient den Vorzug. Das Sonderrechtsverhältnis zwischen der abhängigen GmbH und dem herrschen-

39 A.M. *Hachenburg/Ulmer*, Anh. § 77 Rdnr. 56.

40 Vgl. *Scholz/Emmerich*, Anh. Konzernrecht Rdnrn. 72ff.

41 *BGHZ* 149, 10 = NJW 2001, 3266; vgl. auch bereits *BGHZ* 142, 92 = NJW 1999, 2817.

42 So aber *Bitter,* WM 2001, 2139; *Hoffmann,* NZG 2002, 71.

43 Eingehend *Ulmer*, ZHR 148 (1984), 420ff.; *Winter*, ZGR 1994, 573ff.; ist die einflußnehmende Gesellschaft ihrerseits nur über Treuhänder oder über Tochtergesellschaften an der GmbH beteiligt, so wird man sie doch kraft Zurechnung haften lassen (vgl. zur Treupflicht im mehrstufigen Konzern *Tröger*, a.a.O., S. 37ff., 281ff.).

44 Vgl., hier stark vereinfacht, *Wilhelm*, Rechtsform und Haftung bei der juristischen Person, 1981, S. 344ff.; *ders.,* DB 1996, 2114; s. auch *Altmeppen,* ZIP 2001, 1843f. mit Rekurs auf den schwerlich passenden § 93 V 2, 3 AktG (dagegen *Karsten Schmidt,* NJW 2001, 3580; *Hofmann,* NZG 2002, 71; Verteidigung gegen die offenkundig als unqualifiziert empfundene Kritik des *Verf.* bei *Altmeppen,* NJW 2002, 323).

45 Hierin erschöpft sich die in NJW 2001, 3579f. angemerkte (von anderen offenbar mißverstandene) Übereinstimmung des Verfassers mit *Wilhelm.*

46 Kritisch dazu auch (vorgesehen für BGHZ) *BGH,* NJW 2002, 1803, 1805 = ZIP 2002, 848, 850f.

47 So der hier seit der 1. Aufl. vertretene Standpunkt (vgl. die Nachweise in NJW 2001, 3580); ebenso *Ulmer,* ZIP 2001, 2026f.; unklar *Altmeppen,* ZIP 2002, 966 (mit Kritik S. 965); abl. *Bitter,* WM 2001, 2138.

den Unternehmen beruht ebenso wie dessen Einflußmöglichkeit auf der Mitgliedschaft. Hier haben deshalb auch Pflichten und Pflichtverletzungen ihren Sitz (vgl. schon oben, § 37 III 7)[48].

Ob neben diese *Sonderrechtsbeziehung aus der Mitgliedschaft* (oben, § 19 III 1) auch eine *Sonderrechtsbeziehung aus der Leitungsmacht* treten kann, ist rechtsdogmatisch noch nicht geklärt. Die abhängige Gesellschaft und etwa vorhandene Minderheitsgesellschafter sind im Fall der Verletzung dieser Sonderrechtsbeziehung durch Schadensersatzansprüche geschützt, wobei zu unterscheiden ist: Der Schutz der Mitgesellschafter setzt schon bei bloßen Schädigungen der Gesellschaft ein (oben, § 37 III 7), der Schutz der Gesellschaft – auch bei der Einpersonengesellschaft und auch bei Einverständnis aller Gesellschafter – erst bei existentiellen Schädigungen[49]. Entgegen der vom *Bundesgerichtshof* noch im »Autokran«-Urteil[50] vertretenen Auffassung greift dieser Schutz auch bei der Einmann-GmbH-Tochter ein (vgl. sogleich unter III 3 sowie unten, § 40 III 2c).

Beispiel Nr. 5: Unterhält eine Mutter-AG M als Konzerntochter eine T-GmbH, so darf sie mit dieser Gewinne oder Verluste machen, darf auch die Tochter-GmbH nach ihrem Willen liquidieren (vgl. § 60 I Nr. 2 GmbHG). Aber eines darf sie nicht: die T-GmbH durch Unterkapitalisierung oder durch Verschleppung von Sanierungs- und Liquidationsmaßnahmen in die Insolvenz treiben. Geschieht dies, so haftet die M der T auf Schadensersatz (oben, § 9 IV 4c), und es macht keinen Unterschied, ob Mitgesellschafter vorhanden sind oder nicht (vgl. unten, § 40 III 3c).

Einen weithin verkannten Ansatz für eine solche Verschuldenshaftung hätte das vieldiskutierte, in seiner Akzentsetzung für die Rechtsentwicklung verhängnisvolle »Autokran«-Urteil des *BGH*[51] bieten können:

Beispiel Nr. 6 (nach BGHZ 95, 330 = BB 1985, 2065 = NJW 1986, 188): B war Alleingesellschafter von sieben Gesellschaften m.b.H. K hatte mit diesen Gesellschaften Leasing-Verträge über 39 Autokräne abgeschlossen. K hatte gegen alle Gesellschaften rechtskräftige Urteile in Höhe von über 700000 DM erwirkt. Die Zwangsvollstreckung blieb erfolglos, weil alle Gesellschaften vermögenslos waren. Daraufhin klagte K gegen B selbst. Das *OLG* hatte die Voraussetzungen einer Durchgriffshaftung wegen Vermögensvermischung in Betracht gezogen. Der *Bundesgerichtshof* würdigte den Fall konzernrechtlich. Er sah den B als herrschendes Unternehmen an, weil er seine wirtschaftlichen Interessen nicht nur in einer Gesellschaft, sondern in sieben Gesellschaften verfolgen konnte (vgl. hierzu oben unter I 2). Der Art der Beherrschung nach sah der *Bundesgerichtshof* – ohne sich diesen Begriff endgültig zu eigen zu machen – den Tatbestand des qualifizierten faktischen Konzerns als erfüllt an, denn B hatte »die Leitungsmacht in allen von ihm

48 Vgl. zur Methode *Karsten Schmidt,* NJW 2001, 3580; ein Gegensatz zu der nach *Altmeppen* vorzugswürdigen »culpa-Haftung« (ZIP 2002, 966) ist schwer erkennbar, eine Haftungsherleitung aus dem »Begriff der Sonderverbindung« (ZIP 2002, 965) selbstverständlich nicht vertretbar.

49 Vgl. *BGHZ* 149, 10 = NJW 2001, 3266; *BGH,* NJW 2002, 1803 = ZIP 2002, 848; richtungsweisend zuvor bereits *BGHZ* 142, 92 = NJW 1999, 2817; dazu krit. *Altmeppen*, ZIP 1999, 1354; *Noack,* JZ 1999, 1173f.; *Wilhelm,* DB 1999, 2349; zur Diskussion um den konzernrechtlichen Schutz der Einpersonengesellschaft vgl. die Angaben bei *Baumbach/Hueck/Zöllner*, Anh. Konzernrecht Rdnr. 83.

50 *BGHZ* 95, 330 = BB 1985, 2065 = NJW 1986, 188.

51 Umfassende Belege zum Echo in der Literatur in der 2. Aufl. sowie bei *Hirte*, a.a.O., Bd. 1; die »fast ausnahmslose Zustimmung« (*Wiedemann/Hirte*, a.a.O., S. 345) resultierte nicht zuletzt daraus, daß man die Folgen dieses bedenklichen Einstiegs nicht erkannte.

abhängigen Gesellschaften uneingeschränkt und vollständig ausgeübt«, und die Konzernierungsstufe war so hoch, »wie sie im Vertragskonzern zulässigerweise überhaupt nur erreicht werden kann«. Unter diesen Voraussetzungen bejahte der *BGH* eine unmittelbare Außenhaftung des herrschenden Unternehmens mit Entlastungsbeweis: »Bei Vermögenslosigkeit einer abhängigen Gesellschaft kommt eine Ausfallhaftung des herrschenden Konzernunternehmens in entsprechender Anwendung der §§ 303, 322 II und III AktG in Betracht, wenn dieses die Geschäfte der abhängigen GmbH dauernd und umfassend selbst geführt hat und nicht dartun kann, daß der pflichtgemäß handelnde Geschäftsführer einer selbständigen GmbH die Geschäfte ebenso geführt hätte.«

Gegen die Lösung des *Bundesgerichtshofs* wurden hier seit der ersten Auflage Einwände vorgebracht[52], weil der *BGH*
- die Haftung ganz auf die Qualifikation des Beklagten als eines angeblichen »Konzernunternehmens« gestützt,
- eine Außenhaftung anstelle der Innenhaftung in den Vordergrund gestellt und
- eine fragwürdige Konzernhaftung analog §§ 303, 322 AktG mit einer mitgliedschaftlich begründeten Verschuldenshaftung vermischt hatte, für die es nicht auf den Unternehmensbegriff ankommen kann.

Sieht man über die angreifbare – zum Schaden der Rechtsentwicklung jahrelang wegweisende – Begründung des Urteils hinweg, so erweist sich die »Autokran«-Konstellation als Grundlage einer für das Konzernrecht bedeutsamen, jedoch nicht spezifisch konzernrechtlich begründbaren Verschuldenshaftung[53]: Ein Gesellschafter, der die eigene Gesellschaft durch rechtswidrige und schuldhafte Ausübung von Leitungsmacht existentiell schädigt, schuldet ihr Schadensersatz. Seit dem »Bremer Vulkan«-Urteil *BGHZ* 149, 10 = NJW 2001, 3266 ist dies auch die Linie der neuesten Rechtsprechung[54]. Handelt es sich bei dem Schädiger um ein herrschendes Unternehmen, so spricht vieles dafür, ihm den Beweis aufzubürden, daß er seine Konzernleitungsaufgaben mit der erforderlichen Sorgfalt wahrgenommen und den entstandenen Schaden nicht schuldhaft herbeigeführt hat[55]. Allerdings hat sich das »TBB«-Urteil von einer solchen Beweislastverteilung distanziert[56].

3. Der qualifizierte faktische Konzern

Ob es sonderrechtliche Regeln für den »qualifizierten faktischen Konzern« gibt, ist umstritten, seit diese Rechtsfigur im Jahr 1975 als Haftungstat-

---

52 Zusammenfassung mit Einzelnachweisen bei *Karsten Schmidt*, ZIP 1989, 547.

53 Vgl. ebd., S. 547f.; ZIP 1993, 551; 1994, 843.

54 Vgl. (vorgesehen für *BGHZ*) *BGH*, NJW 2002, 1803 = ZIP 2002, 848; zur Einordnung des Urteils »Bremer Vulkan« vgl. *Karsten Schmidt*, NJW 2001, 3577 (mit Erwiderung *Altmeppen*, NJW 2002, 321).

55 *Karsten Schmidt*, ZIP 1989, 548 in Anlehnung an *Lutter*, in: Hommelhoff/Semler/Doralt/Roth, a. a. O., S. 208; der *BGH* stellt dagegen auf die Sorgfalt des ordentlichen Geschäftsführers einer nicht abhängigen GmbH ab.

56 *BGHZ* 122, 123 131; dazu *Lutter/Hommelhoff*, Anh. § 13 Rdnrn. 5 f.; krit. *Ulmer*, in: Ulmer (Hrsg.), Haftung im qualifizierten faktischen Konzern, a.a.O., S. 65 f.

bestand, je nach Einschätzung, »entdeckt« oder »erfunden« wurde[57]. Der Tatbestand der qualifizierten Abhängigkeit soll eine Grenze bestimmen, bei der die aus § 13 II GmbHG ablesbare Haftungsbegrenzung endet, die Haftungsrisiken des abhängigen Unternehmens also voll auf das herrschende Unternehmen durchschlagen. Rechtspolitisch, wenn auch nicht rechtstechnisch, ist also der Tatbestand des qualifizierten faktischen Konzerns als eine Durchgriffsschwelle konzipiert (vgl. oben, § 9 IV 3 b). Eineinhalb Jahrzehnte lang, nämlich zwischen »Autokran« (*BGHZ* 95, 330 = NJW 1986, 188) und »Bremer Vulkan« (*BGHZ* 149, 10 = NJW 2001, 3622) hat dieser Tatbestand die Rechtsprechung zur Haftung herrschender GmbH-Gesellschafter in gefährlicher Weise dominiert[58], während die soeben unter § 39 III 2 dargestellte nichtkonzernspezifische Haftung für existentielle Schädigungen vernachlässigt wurde. Seit dem »TBB«-Urteil (*BGHZ* 122, 123 = NJW 1993, 1200) war diese Haftung im angeblich qualifizierten faktischen Konzern im Sinne einer Haftung für schlechte Konzernleitung verwässert worden[59]. Mit dem Urteil »Bremer Vulkan« (*BGHZ* 149, 10 = NJW 2001, 3622) ist die Rechtsprechung gegenüber der früheren Fixierung auf vermeintliche Konzernhaftungstatbestände in das Gegenextrem gefallen und will offenkundig nur noch die unter § 39 III 2 dargestellte Haftung des herrschenden Gesellschafters für existenziell schädigende Eingriffe anerkennen[60]. Ein solcher Richtungswechsel liefe auf einen kompletten Austausch der Konzernhaftung gegen eine nicht-konzernrechtliche Verhaltenshaftung hinaus. Hier wurde demgegenüber durch alle Auflagen einerseits auf die nunmehr anerkannte nicht konzernspezifische Verschuldenshaftung hingewiesen[61], auf der anderen Seite aber die Bedeutsamkeit einer für seltene Extremfälle aufzusparenden Verlustausgleichspflicht herausgestellt[62]. Daran wird festgehalten. Klarheit muß aber darüber bestehen, daß dieses Haftungskonzept beim »qualifizierten Konzern« mit der überholten BGH-Praxis nur den Namen gemein hat.

a) Von einem »qualifizierten« oder »durchgeführten« faktischen Konzern spricht man, wenn das Eigeninteresse der abhängigen GmbH in einem durch Schädigungsverbote und durch individuellen Nachteilsausgleich nicht mehr beherrschbaren Ausmaß nachhaltig beeinträchtigt wird (näher alsbald unter c)[63]. Die bloße Möglichkeit der Einflußnahme (vgl. § 17 I AktG) genügt

57 Arbeitskreis GmbH-Reform, a.a.O., S. 59 f.

58 Charakteristisch Verhandlungen der 59. DJT I, 1992, S. G 1 ff.; II, 1992, S. R 1 ff.; *Hommelhoff/Stimpel/Ulmer,* a.a.O.; krit. hier 3. Aufl., § 39 III 4.

59 Analyse der Rechtsprechung bei *Goette,* in: Ulmer (Hrsg.), Haftung im qualifizierten faktischen GmbH-Konzern, a.a.O., S. 12 ff.; krit. hier 3. Aufl., § 39 III 4.

60 Vgl. (vorgesehen für BGHZ) *BGH,* NJW 2002, 1803 = ZIP 2002, 848; ebenso *Altmeppen,* NJW 2002, 321; *Bitter,* WM 2001, 2133 ff.; *ders.,* WuB II C. § 13 GmbHG 2.02; vgl. demgegenüber *Ulmer,* in: Ulmer (Hrsg.), Haftung im qualifizierten faktischen GmbH-Konzern, a.a.O., S. 70; *Wiedemann,* in: 50 Jahre BGH II, a.a.O., S. 353.

61 Vgl. 3. Aufl., § 39 III 3.

62 Vgl. 3. Aufl., § 39 III 3, 4.

63 Vgl. *Arbeitskreis GmbH-Reform,* a. a. O., S. 59 (§ 255a); ebenso *Flume,* Juristische Person, § 4 IV; *Emmerich/Sonnenschein/Habersack,* § 31 I; *Baumbach/Hueck/Zöllner,* Anh. Konzernrecht Rdnr. 86; *Deilmann,* a. a. O., S. 86 ff.; *Drüke,* a. a. O., S. 153 ff.; *Schilling,* a. a. O., S. 394; *Karsten Schmidt,* GmbHR 1979, 130; *Ulmer,* ZHR 148 (1984), 422; abl. noch *Geßler,* DB 1973, 50.

hierfür ebensowenig wie die bloße Ausübung vorhandener Leitungsmacht. Selbst die Übernahme der Geschäftsführung durch den Alleingesellschafter – ein häufiger, vom Gesetz durchaus respektierter Vorgang – begründet noch keine »qualifizierte« Abhängigkeit. Bei dieser handelt es sich um Fälle, in denen die Abhängigkeit de facto nicht mehr hinter derjenigen zurücksteht, die nur durch einen Beherrschungsvertrag legitimiert werden kann. Dazu genügt es, wohlgemerkt, nicht, wenn die Geschäftsführung der GmbH derjenigen einer vertraglich beherrschten Gesellschaft gleicht[64]. Nicht ausreichend ist m.a.W., daß eine entsprechende Konzernlage *auch* durch einen Beherrschungsvertrag herbeigeführt werden könnte, sondern entscheidend ist, daß ein Beherrschungsvertrag zur Legitimation der ausgeübten Konzernleitungsmacht unentbehrlich wäre. Der Tatbestand des qualifizierten faktischen Konzerns – nicht notwendig jede einzelne Konzernleitungsmaßnahme! – markiert vor allem bei Vorhandensein von Minderheitsgesellschaftern einen kontinuierlich rechtswidrigen Zustand. Minderheitsgesellschafter können gegen die hiermit verbundene faktische Strukturänderung mit Unterlassungsansprüchen vorgehen (dazu sogleich unter III 3 c bb). Aber auch die abhängige Gesellschaft und ihre Gläubigerschaft bedarf des Schutzes gegen den Zustand qualifizierter Abhängigkeit.

Wann nun liegt dieser umstrittene Tatbestand vor? Es geht um die Verfehlung der die Haftungsbeschränkung legitimierenden Normativbestimmungen, also um Fälle, in denen die abhängige Gesellschaft unter vollständiger Vernachlässigung ihrer rechtlichen Selbständigkeit wie eine rechtlich unselbständige Betriebsabteilung des herrschenden Unternehmens, d.h. ohne Respektierung ihrer Eigenausstattung mit Vermögen und Organisation, geführt wird (näher unter III 3 c). Dann muß das herrschende Unternehmen auch die Folgen tragen, und der Schutz der abhängigen Gesellschaft, ihrer Gläubiger und etwa vorhandener Minderheitsgesellschafter darf nicht hinter der Rechtslage bei Bestehen eines Beherrschungsvertrags zurückbleiben. Bei Beginn der hierüber geführten Diskussion wurde von manchen die Auffassung vertreten, in diesen Fällen liege ein konkludent abgeschlossener Beherrschungsvertrag vor[65]. Dieser Auffassung konnte in der Begründung nicht gefolgt werden[66], denn sie verdeckte ein Analogieproblem unter einer Willensfiktion: *Wenn* ein Bedürfnis besteht, Bestimmungen des Vertragskonzernrechts auf Tatbestände der qualifizierten faktischen Abhängigkeit entsprechend anzuwenden, dann sollte dies offen durch Analogiebildung gerechtfertigt werden[67], wobei eine Haftung nach §§ 302, 303 AktG im Nicht-Vertragskonzern alles andere als selbstverständlich ist, weil sie die Analogiefähigkeit dieser Normen[68] und die Präzisierung eines Analogietat-

64 Vgl. *Arbeitskreis GmbH-Reform,* a.a.O., S. 59 (§ 255a); ebenso *Flume*, Juristische Person, § 4 IV; *Deilmann*, a.a.O., S. 86ff.; *Drüke*, a.a.O., S. 153ff.; *Schilling*, a.a.O., S. 394; *Karsten Schmidt*, GmbHR 1979, 130; *Ulmer*, ZHR 148 (1984), 422; abl. noch *Geßler*, DB 1973, 50.

65 *Emmerich*, in: Der GmbH-Konzern, a.a.O., S. 17f.; s. auch *Flume*, Juristische Person, § 4 IV.

66 Vgl. *BGHZ* 95, 330, 342 = BB 1985, 2065, 2067.

67 Näher *Karsten Schmidt*, in: Karsten Schmidt (Hrsg.), Rechtsdogmatik und Rechtspolitik, 1990, S. 29.

68 Kritisch *Bitter*, ZIP 2001, 266ff.

bestands voraussetzt[69]. Rechtssystematisch müssen – andersherum als bei der Anwendung im Einzelfall – diese Tatbestandsvoraussetzungen auf die sich aus §§ 302, 303 AktG ergebenden Rechtsfolgen zugeschnitten werden (dazu unter III 3c und III 4 c)[70].

b) Zwei Grundansätze markieren die *Rechtsfolgen einer qualifizierten faktischen Konzernlage:*
- die Rechtswidrigkeit dieses Zustands, die nur durch seine Beendigung oder durch seine Überführung in eine vertragliche Abhängigkeit beseitigt werden kann, und
- der Eintritt der vertragskonzernrechtlichen Haftungsfolgen bei dem herrschenden Unternehmen, weil diese, wenn schon unter dem legitimierenden Unternehmensvertrag, dann »erst recht« bei Fehlen einer solchen Legitimation eintreten müssen.

Der erste dieser Grundsätze gibt etwa beteiligten Minderheitsgesellschaftern einen Beseitigungsanspruch (dazu unten II 3 c bb), der zweite begründet den Konzernhaftungstatbestand durch analoge Anwendung vertragskonzernrechtlicher Vorschriften auf den Fall qualifizierter faktischer Abhängigkeit. Hauptanwendungsfall dieser Analogie ist die *Verlustausgleichspflicht* gemäß § 302 AktG[71]. Da § 302 AktG ein gesetzliches Schuldverhältnis und kein Vertragsschuldverhältnis begründet[72], taugt die Bestimmung für eine solche Analogie: Eine Lücke ist in dem unter III 3a umrissenen Bereich vorhanden, weil der im faktischen Konzern sonst stattfindende Einzelausgleich der abhängigen Gesellschaft keinen sachgerechten Schutz gegen die dauerhafte Mißachtung ihrer rechtlichen Selbstständigkeit gewährt. Die Eignung von § 302 AktG für die Lückenausfüllung ergibt sich daraus,
- daß die Rechtsform der Tochter (GmbH statt AG) nichts an der Interessenlage ändert und
- daß das Fehlen eines die Konzernherrschaft legitimierenden Unternehmensvertrags schwerlich den Fortfall der Haftung und damit eine Belohnung des herrschenden Unternehmens zur Folge haben kann.

---

69 Auch dazu kritisch *Bitter*, ZIP 2001, 271.

70 Bereits in der 3. Aufl. (§ 39 Fußn. 77) wurde gegenüber dem schulmeisterlichen Einwand, der Tatbestand gehöre vor die Rechtsfolge, darauf hingewiesen, daß die Blickrichtung bei der Konkretisierung offener Tatbestände die umgekehrte ist.

71 Für Verlustausgleichspflicht mit unterschiedlicher Begründung *Emmerich/Habersack*, a. a. O., Anh. II zu § 318 Rdnr. 28; *Emmerich/Sonnenschein/Habersack*, § 31 IV 1; *Flume*, Juristische Person, § 4 IV; *Hachenburg/Ulmer*, Anh. § 77 Rdnrn. 102, 159; *Lutter/Hommelhoff*, Anh. § 13 Rdnr. 24; *Scholz/Emmerich*, Anh. Konzernrecht Rdnrn. 125ff.; *Möhring*, a.a.O., S. 185ff.; *Schilling*, a. a. O., S. 389; *Karsten Schmidt*, in: Hommelhoff/Stimpel/Ulmer, a. a. O., S. 110ff.; *Möhring*, a.a.O., S. 198ff.; *Weigl*, a. a. O., S. 82ff., 204 ff. m. w. N.; s. auch die Durchgriffsüberlegungen bei *Lutter*, ZGR 1982, 263ff.; *Strohn*, Die Verfassung der AG im faktischen Konzern, 1977, S. 172ff.; abl. aber *Gätsch*, a.a.O., S. 190ff.; *Kern*, a.a.O., S. 162ff.; *Versteegen*, a.a.O., S. 238-276; *Rowedder/Koppensteiner*, Anh. § 52 Rdnr. 68; *Koppensteiner*, in: Probleme des Konzernrechts, 1989, S. 302ff.; *Uwe H. Schneider*, ZHR 143 (1979), 512; *ders.*, BB 1981, 258; s. auch für den AG-Konzern *Hommelhoff*, a. a. O., S. 366ff.

72 *Karsten Schmidt*, ZGR 1983, 513ff.

Als Modellfall eignet sich die »Fertighaus«-Entscheidung des Bundesgerichtshofs[73]

Beispiel Nr. 7 (in Anlehnung an *BGHZ* 68, 312 m. Anm. *Karsten Schmidt*, NJW 1977, 1451; *Emmerich*, NJW 1977, 2163; *Lutter/Hommelhoff*, ZGR 1979, 31): Gründet eine Baugesellschaft für einen bestimmten Betriebsteil – im BGH-Fall: Fertighausproduktion – eine unterkapitalisierte GmbH, die ohne eigenes Vermögen und Management auf dem Betriebshof der Baugesellschaft nach deren Weisungen verwaltet wird, so ist dies der klassische Fall einer qualifizierten faktischen Abhängigkeit. Die Muttergesellschaft ist verlustausgleichspflichtig. Der *VIII. Zivilsenat* hat den Fall seinerzeit nur unter dem Gesichtspunkt der Durchgriffshaftung geprüft und diese verneint (vgl. schon oben, § 9 IV 3b).

Eine frühe Tendenz zur Verlustübernahme bei qualifizierter faktischer Abhängigkeit zeigte das – allerdings auf eine GmbH & Co. bezogene – BGH-Urteil im Fall »Gervais-Danone«[74]:

Beispiel Nr. 8 (in Anlehnung an *BGH*, NJW 1979, 2245 = JuS 1980, 152 m. Anm. *Karsten Schmidt)*: In diesem im einzelnen sehr komplizierten und in der Grauzone zwischen vertraglicher und faktischer Abhängigkeit gelegenen Fall hatte eine AG im Zuge einer Sanierungsaktion die Herrschaft über eine insolvente Gesellschaft übernommen. Ohne daß es entscheidend darauf ankam, erwog der *Bundesgerichtshof* hier eine Verlustübernahmepflicht wegen qualifizierter Abhängigkeit (vgl. schon oben, § 17 II 3).

Dieses an § 302 AktG orientierte Haftungskonzept löst, wie dies dem unter § 9 vorgestellten Ansatz entspricht, Durchgriffsprobleme, ohne daß man sich auf das rechtstechnische Abenteuer des Außendurchgriffs einzulassen hätte. Gläubigerin des Anspruchs ist die abhängige GmbH. Geltend gemacht wird der Anspruch regelmäßig durch ihren Insolvenzverwalter. Wenn allerdings eine Insolvenzverfahrenseröffnung daran scheitert, daß die insolvente GmbH-Tochter keine liquide Masse mehr aufweist (§ 26 InsO), dann besteht ein Bedürfnis nach direkten Klagmöglichkeiten der Gesellschaftsgläubiger, denn es wäre unzweckmäßig und rechtspolitisch bedenklich, diese auf eine Klage gegen die GmbH-Tochter und auf eine Pfändung ihrer Verlustausgleichsansprüche zu verweisen[75]. Im Prinzip sollte es jedoch dabei bleiben, daß der GmbH-Tochter ein Anspruch gegen das Mutterunternehmen vorliegt; wird dieser Anspruch nicht geltend gemacht, weil kein Insolvenzverfahren eröffnet wird, so steht den Gläubigern der Tochtergesellschaft analog §§ 309 IV 3, 317 I, IV, 318 IV, 323 I 2 AktG eine subsidiäre Klagebefugnis zu[76]: Sie können den ihnen gebührenden Teil des Verlustausgleichsanspruchs geltend machen, wenn sie von der Gesellschaft keine Befriedigung erlangen

---

73 So hier in allen Auflagen; vgl. auch Karsten Schmidt, NJW 2001, 3581; krit. *Bitter*, Konzernrechtliche Durchgriffshaftung ..., 2000, S. 500ff.; *Altmeppen*, NJW 2002, 321f. m.w.N.

74 *BGH*, NJW 1979, 2245 = JuS 1980, 152 m. Anm. *Karsten Schmidt;* dazu eingehend *Bitter*, Konzernrechtliche Durchgriffshaftung ..., 2000, S. 326ff.; *Raiser*, ZGR 1980, 558; *Uwe H. Schneider*, ZGR 1980, 511.

75 Für regelrechten Durchgriff in diesem Fall *OLG Naumburg*, GmbHG 2002, 112 = ZIP 2002, 631.

76 Vgl. *Rehbinder*, Konzernaußenrecht und allgemeines Privatrecht, 1969, S. 122; *ders.*, ZGR 1976, 394; *Lutter/Hommelhoff*, Anh. § 13 Rdnr. 22; *Schilling*, BB 1975, 1452; *Ulmer*, ZHR 148 (1984), 421; *Karsten Schmidt*, BB 1985, 2078.

können. Aber im Grundsatz wird die Verlustausgleichshaftung von der Gesellschaft – im Insolvenzfall vom Insolvenzverwalter – betrieben.

Zweifelhaft und in der Praxis noch nicht entschieden ist, ob sich die Ausgleichspflicht auf solche Verluste beschränkt, die eine Unterbilanz herbeiführen bzw. verschärfen, also das zur Erhaltung des Stammkapitals erforderliche Vermögen schmälern[77]. Der unter § 31 III 2d geschilderte Normzweck des § 302 AktG spricht gegen eine solche Begrenzung[78]. Allerdings sollte man einen Verzicht der abhängigen Gesellschaft auf die Verlustausgleichsanprüche zulassen, wenn alle Gesellschafter zustimmen und das Stammkapital durch das verbleibende Vermögen gedeckt ist (arg. § 31 IV GmbHG), denn nur zugunsten der Gläubiger wirkt der analog § 302 AktG begründete Kapitalschutz zwingend.

c) Mit der grundsätzlichen Anerkennung der Verlustausgleichspflicht stellt sich allerdings um so drängender die bis hierher in der Schwebe gelassene *Frage nach dem genauen Tatbestand des qualifizierten faktischen Konzerns* (vgl. schon zum Aktienrecht oben, § 31 IV 4). Dazu wurden unter dem Eindruck der zwischen den Urteilen »Autokran« und »Bremer Vulkan« ergangenen Rechtsprechung verschiedene, sich mehr und mehr überschneidende Ansätze herausgearbeitet[79]:

- (1) Teils wird auf die dauernde nachhaltige Schädigung der abhängigen Gesellschaft abgestellt[80], insbesondere darauf, daß das herrschende Unternehmen keine Rücksicht auf die eigenen Belange der abhängigen GmbH nimmt[81].
- (2) Teils ist davon die Rede, daß die Tochtergesellschaft unter Außerachtlassung ihrer rechtlichen Selbständigkeit wie eine bloße Betriebsabteilung geführt wird[82] und ganz auf das Konzerninteresse ausgerichtet ist[83].

---

77 So *Ulmer*, AG 1986, 126ff.; zust. *Baumbach/Hueck/Zöllner*, Anh. KonzernR Rdnrn. 78, 86ff.; *Holzwarth*, a.a.O., S. 207; *Ebenroth/Wilken*, ZIP 1993, 561f.; *Zöllner*, JZ 1992, 383f.; dagegen *Deilmann*, a.a.O., S. 165f.; differenzierend *Hachenburg/Ulmer*, Anh. § 77 Rdnrn. 163f.; s. auch *Basten*, GmbHR 1990, 442ff.

78 *Emmerich/Sonnenschein/Habersack*, § 31 IV 1; *Raiser*, Kapitalgesellschaften, § 53 Rdnr. 69; *Karsten Schmidt*, *Joost* und *Lutter*, in: Hommelhoff/Stimpel/Ulmer, a.a.O., S. 117f., 139f. und 192; *Limmer*, a.a.O., S. 329f.; *Stimpel*, ZGR 1991, 158; *Sonnenschein/Holdorf*, JZ 1992, 719f.

79 Systematisierung in Anlehnung an *Kropff*, in: Festschrift Goerdeler, 1987, S. 264; unveränderte Übernahme bei *Holzwarth*, a.a.O., S. 146; Überblick bei *Decher*, a.a.O., § 71 Rdnrn. 8ff.; praxisnahe Differenzierung bei *Krieger*, in: Hommelhoff/Stimpel/Ulmer, a.a.O., S. 46ff.

80 Vgl. *Lutter*, in: Hommelhoff/Semler/Doralt/Roth, a.a.O., S. 207f.; *Timm*, NJW 1987, 981f.; tendenziell auch *Fleck*, WM 1986, 1212; *Semler*, in: Festschrift Goerdeler, 1987, S. 576; *Weigl*, a.a.O., S. 85ff.

81 *BGHZ* 122, 123, 130 = NJW 1993, 1200, 1203; *Baumbach/Hueck/Zöllner*, Anh. KonzernR Rdnr. 89; *Hachenburg/Ulmer*, Anh. § 77 Rdnr. 129; *Lutter/Hommelhoff*, Anh. § 13 Rdnr. 27; *Decher*, in: MünchHdbGesR III, § 71 Rdnr. 8; *Stimpel* und *Ulmer*, in: Hommelhoff/Stimpel/Ulmer, a.a.O., S. 9 f. und 70; *Hommelhoff*, ZGR 1994, 395ff.

82 Vgl. *BGH*, NJW 1980, 231 = AG 1980, 47, 48; *Priester*, ZIP 1986, 142; *D. Mayer*, DStR 1992, 759; krit. *Westermann*, in: Hommelhoff/Stimpel/Ulmer, a.a.O., S. 32.

83 Vgl. *LG Frankfurt*, NJW-RR 1997, 796; *Scholz/Emmerich*, Anh. Konzernrecht Rdnr. 104; *Hommelhoff*, ZGR 1994, 410; *Kleindiek*, GmbHR 1992, 575f.

– (3) Teils wird darauf abgestellt, daß die Beherrschung eine solche Dichte erlangt haben muß, daß einzelne schädigende Maßnahmen nicht mehr isoliert werden können[84].

aa) Wie unter III 4b noch deutlicher werden wird, beruht der Streit nicht zuletzt darauf, daß an den Tatbestand der »qualifizierten« faktischen Abhängigkeit unterschiedliche, nicht selten unzulässig miteinander vermischte Rechtsfolgen geknüpft wurden: zum einen der strenge Verlustausgleich, von dem hier die Rede war, zum anderen eine Haftung für schlechte Konzernleitung, die seit dem »TBB«-Urteil *BGHZ* 122, 123 ganz in den Vordergrund gerückt war[85]. Schon der »Autokranfall« *BGHZ* 95, 330 wurde unter III 2 c als Fall einer verkappten Verschuldenshaftung angesehen, und auch das auf eine angebliche Konzernhaftung aus Sanierungsbeteiligungen gestützte »Tiefbau«-Urteil *BGHZ* 107, 7 weist Elemente einer Schadensersatzhaftung mit Entlastung bereits auf[86]. Diese *Unklarheiten auf der Rechtsfolgenseite* wirken auf die Tatbestandsseite zurück. Wird nämlich von verschiedenen Rechtsfolgen gesprochen, so können auch die auslösenden Tatbestände nicht dieselben sein, denn alle Tatbestandsmerkmale im Recht sind – ganz besonders erkennbar bei der Entwicklung und Fortbildung offener Tatbestände – rechtsfolgenorientiert. Die Verlustausgleichshaftung beruht auf der qualifizierten Konzern*struktur* (oben I 3), die Haftung für schlechte Konzernführung als Verhaltenshaftung dagegen auf der *Ausübung von Leitungsmacht*[87]. Diese Feststellung wirft ein spezifisches Licht auf die geschilderten Abgrenzungsversuche. Der erste wird nur diejenigen überzeugen, die seit dem »TBB«-Urteil überhaupt nur noch von einer Verhaltenshaftung etwas wissen wollen[88]. Was dagegen den Verlustausgleich anlangt, so ist gegen den ersten Abgrenzungsversuch einzuwenden, daß die zum Verlustausgleich führende qualifizierte Abhängigkeit nur ein organisationsrechtlicher *Zustand* und nicht ein Schadensfall sein kann[89]. Dies verdeutlicht die zweite Abgrenzungsformel am typischen Beispielfall, sie enthält aber keine Definition[90]. Die dritte verdeutlicht besonders gut, warum der Tatbestand der Abhängigkeit (§ 17 AktG) und der damit verbundene Schutz gegen schädigende Maßnahmen nicht ausreichen kann, wobei man sich darüber klar sein muß, daß sich auch eine florierende Gesellschaft im Zustand qualifizierter Abhängigkeit befinden kann und daß es nur darum geht, einen *Zustand*

---

84 Vgl. *BGHZ* 122, 123, 127ff.; *OLG Bamberg*, NJW-RR 1997, 1190; *Emmerich/Sonnenschein/Habersack*, § 31 III 2 m.w.N.; eingehend *Assmann*, in Festschrift GmbHG, a.a.O., S. 699ff.; *Hoffmann-Becking*, in: Probleme des Konzernrechts, 1989, S. 75f.; *Limmer*, a.a.O., S. 303ff.

85 Zum Stand nach »TBB« vgl. *Karsten Schmidt*, ZIP 1993, 549ff.

86 Eingehend 3. Aufl., § 39 III 3b; im »Video«-Urteil *BGHZ* 115, 187, 194 wurde eine solche Differenzierung noch als ein »Mißverständnis« bezeichnet (dazu aber *Karsten Schmidt*, ZIP 1991, 1327); zu *BGHZ* 107, 7 vgl. *Decher*, DB 1989, 965; *Karsten Schmidt*, ZIP 1989, 545; *Stimpel*, ZGR 1991, 144; *Vonnemann*, BB 1990, 217; *Ziegler*, WM 1989, 1041.

87 Zum Gegensatz von Zustandshaftung und Verschuldenshaftung vgl. *Karsten Schmidt*, ZIP 1989, 545ff.; insoweit zust. *Gätsch*, a.a.O., S. 54ff.; anders etwa *Drüke*, a.a.O., S. 173ff.

88 So namentlich *Lutter/Hommelhoff*, Anh. § 13 Rdnr. 25; *Weigl*, a.a.O., S. 82–161; s. auch *Röhricht*, in: Festschrift BGH, 2000, S. 112ff.

89 Vgl. *Karsten Schmidt*, in: Hommelhoff/Stimpel/Ulmer, a.a.O., S. 113.

90 Auch die Vorauflagen nannten sie nur als Beispiel.

vollständigen Autonomieverlusts zu beschreiben[91]. Je strenger man die Haftungsfolgen der qualifizierten Beherrschung sieht – und die Verlustausgleichspflicht ist eine rigide Haftung! –, um so strenger muß auch der Tatbestand begrenzt sein. Nicht ausreichend ist insbesondere die bloße Übernahme der Geschäftsführung durch das herrschende Unternehmen oder durch einen von diesem bestimmten Geschäftsführer, und auch die Ausrichtung auf die Interessen der Muttergesellschaft ist noch nicht haftungsschädlich. Zu weit reicht deshalb auch die Formel von *Marcus Lutter*[92]: »Ein qualifizierter faktischer Konzern liegt vor, wenn eine Gesamtbetrachtung ergibt, daß die Geschäftsführung der abhängigen Gesellschaft in ihrem Kern auf die Muttergesellschaft übergegangen ist.« Nicht die Konzernsteuerung, sondern nur *die Mißachtung der GmbH als selbständiger Rechtsträger* begründet »qualifizierte« Beherrschung im hier diskutierten Sinn (vgl. schon unter III 3 a). Auch in dem lange als grundlegend angesehenen »Tiefbau-Urteil« des *BGH* wurde qualifizierte Beherrschung schwerlich mit Recht angenommen:

Beispiel Nr. 9 (nach *BGHZ* 107, 7 = NJW 1989, 1800): Die beklagte Bank hatte im Zuge eines Sanierungsversuchs über Treuhänder die Anteilsmehrheit an einer insolventen GmbH erworben und über diese Treuhänder auch die Geschäfte der GmbH maßgeblich geführt. Unter diesen Gegebenheiten kam nach der Ansicht des *BGH* eine Verlustausgleichspflicht in Betracht. Sicher ist, daß mit diesem Vorgang ein Abhängigkeitstatbestand geschaffen worden war (§ 17 I AktG). Ob qualifizierte Abhängigkeit, also eine die rechtliche Selbständigkeit mißachtende totale Einbindung der GmbH, vorlag, muß nach dem mitgeteilten Sachverhalt als zweifelhaft angesehen werden. Der *BGH* ließ es ausreichen, daß das herrschende Unternehmen »im finanziellen Bereich die Leitung vollständig an sich gezogen« habe (dazu auch *Stimpel*, ZGR 1991, 161). Dies allein aber rechtfertigt noch nicht, daß das abhängige Unternehmen vollständig für Rechnung des herrschenden Unternehmens agiert.

bb) Begreift man die qualifizierte faktische Abhängigkeit nicht als einen Tatbestand schlechter Konzernleitung, sondern als einen der Legitimation durch einen Beherrschungsvertrag bedürftigen qualifizierten Abhängigkeits*zustand*, so ergibt sich, daß dieser Zustand jedenfalls bei der Mehrpersonengesellschaft ohne Zustimmung aller Gesellschafter *unzulässig* ist. *Außenstehende Gesellschafter* sind – soweit im Fall des qualifizierten faktischen Konzerns solche Minderheitsgesellschafter einmal vorhanden sind – zusätzlich durch ein außerordentliches Austritts- und Abfindungsrecht geschützt[93]. Ihnen gegenüber stellt nämlich die Unterwerfung der Gesellschaft unter qualifizierte Abhängigkeit ohne Beherrschungsvertrag eine rechtswidrige Organisationsmaßnahme dar. Für die Durchführung des Austritts aus der GmbH gelten die oben unter § 35 IV 3 dargestellten Grundsätze. Daneben kommen den Minderheitsgesellschaftern die unter § 21 V geschilderten

91 Vgl. *Karsten Schmidt,* ZIP 1989, S. 549f.
92 AG 1990, 183.
93 Vgl. besonders *Wiedemann*, ZGR 1978, 495f.; s. auch *Verhoeven*, a.a.O., Rdnr. 351; *Rowedder/Koppensteiner*, Anh. § 52 Rdnr. 59; *Karsten Schmidt*, GmbHR 1979, 131; *ders.*, ZGR 1981, 473; *Lutter/Timm*, NJW 1982, 414f.

Abwehrrechte zu[94]: Sie können Beseitigung des rechtswidrigen Zustands verlangen, sei es durch Abschluß eines Beherrschungsvertrags, sei es durch Rückkehr zur einfachen, nicht-qualifizierten faktischen Beherrschung (vgl. schon oben unter III 3a). Aber auch die *Gesellschafter des Mutterunternehmens* sind in dieser Weise zu schützen, denn mit der qualifizierten Beherrschung kommen auf ihre Gesellschaft schwer kalkulierbare Risiken zu.

4. Verlustausgleich als Konzern-Zustandshaftung, Haftung für fehlerhafte Konzernleitung und Einzelausgleich für schädigende Eingriffe: von der BGH-Rechtsprechung zum Dreistufenmodell

a) Die *Haftung im qualifizierten faktischen Konzern* hat Anfang der 90er Jahre für viel Unruhe gesorgt, weil der *Bundesgerichtshof* diese Haftung über Gebühr ausgedehnt und sie erst nachträglich auf eine rechtspolitisch erträgliche, der gebotenen Rechtsklarheit allerdings wenig dienliche Formel zurückgeschnitten hat. Den Höhepunkt der unkontrollierten Ausdehnung stellte das »Video«-Urteil *BGHZ* 115, 187 = NJW 1991, 3142 dar, bei dem es um die Haftung eines offenbar wenig seriösen an mehreren Gesellschaften maßgeblich beteiligten Gesellschafters ging, der zugleich auch als Einzelkaufmann die Errichtung von Videotheken, die Vermittlung von Anzeigen, eine »Werbeagentur«, und den Einzelhandel mit Damenwäsche betrieb. Als eine von ihm allein betriebene Video-Vertriebsgesellschaft zusammenbrach, verurteilten alle Instanzen diesen Gesellschafter zur Begleichung des Forderungsausfalls in Millionenhöhe. Der *II. Senat* entschied damals: »Der Allein- oder Mehrheitsgesellschafter einer GmbH, der gleichzeitig deren alleiniger Geschäftsführer ist und sich außerdem als Einzelkaufmann unternehmerisch betätigt, haftet grundsätzlich nach den Haftungsregeln im qualifizierten faktischen Konzern (Ergänzung zu *BGHZ* 95, 330 und *BGHZ* 107, 7).« Nicht die Sachentscheidung, wohl aber der Ansatz des *II. Senats* im Grundsätzlichen war alarmierend. Die Entscheidungsgründe gipfelten in dem Satz: »Das hat freilich zur Folge, daß bei Gesellschaften m.b.H. der mindestens mehrheitlich beteiligte Gesellschafter, der gleichzeitig alleiniger Geschäftsführer ist, schon immer dann persönlich für die Verluste der Gesellschaft einzustehen und ... unter Umständen den Gläubigern zu haften hat, wenn er sich noch anderweit unternehmerisch betätigt.« Diese Doktrin hat einen beispiellosen Sturm der Entrüstung entfacht und sogar den Ruf nach dem Gesetzgeber laut werden lassen[95]. Der *Bundesgerichtshof* hat dann aber im »TBB«-Urteil *BGHZ* 122, 123 = NJW 1993, 1200 m. Anm. *Kübler* die »Video«-Grundsätze korrigiert und dies durch folgenden Leitsatz zum Ausdruck gebracht[96]: »Der eine GmbH beherrschende Unternehmensgesell-

94 Vgl. m.w.N. *Emmerich/Sonnenschein/Habersack*, § 31 IV 3.

95 Dazu etwa *Sigle*, in: Hommelhoff/Stimpel/Ulmer, a.a.O., S. 179f.; Gesetzgebungsvorschlag bei *Ulmer*, ebd., S. 70; vgl. aber auch *Karsten Schmidt*, JZ 1992, 863.

96 Dazu m.w.N. *Baumbach/Hueck/Zöllner*, Anh. Konzernrecht Rdnrn. 100ff.; *Holzwarth*, a.a.O., S. 146ff.; *Hommelhoff*, ZGR 1994, 395ff.; *Krieger*, ZGR 1994, 375ff.; *Karsten Schmidt*, ZIP 1993, 549ff.; *Versteegen*, DB 1993, 1225; *Westermann*, ZIP 1996, 554ff.

schafter haftet entsprechend den §§ 302, 303 AktG, wenn er die Konzernleitungsmacht in einer Weise ausübt, die keine angemessene Rücksicht auf die eigenen Belange der abhängigen Gesellschaft nimmt, ohne daß sich der ihr insgesamt zugefügte Nachteil durch Einzelausgleichsmaßnahmen kompensieren ließe (Klarstellung zu *BGHZ* 115, 187).« Diese Entscheidung bestimmte fortan das Bild der Judikatur[97]. Sie wurde mit Erleichterung aufgenommen, zumal *Bundesarbeitsgericht* und *Bundessozialgericht* die Entwicklungen mitvollzogen[98]. Mit ihr konnte die Praxis leben[99].

Beispiel Nr. 10: Ein Bekleidungsunternehmer will auf der einen Seite der Hauptstraße eine Boutique, auf der anderen einen Jeans Shop in getrennten Gesellschaften m.b.H. führen. Ein Hotelier führt auf Anraten seines Steuerberaters das Hotel und das Restaurant in getrennten Gesellschaften m.b.H. Ein Bäckermeister hat für seine drei »Stadtbäckerei«-Läden, ein Restaurantgründer für jeden Betrieb seiner Restaurantkette je eine GmbH gegründet. Ein Handwerker, dessen Tochter eine Tischlerlehre und dessen Sohn eine Dachdeckerlehre abgeschlossen hat, hat zur Vereinfachung der künftigen Erbfolge sein Unternehmen bereits auf eine Tischler-GmbH und eine Dachdecker-GmbH aufgeteilt. Diese Unternehmer fragen besorgt, ob die gewählte Gestaltung Haftungsrisiken mit sich bringt.

Wäre es bei der »Video«-Doktrin des *Bundesgerichtshofs* geblieben, so hätte man Gestaltungen dieser Art als verhängnisvolle Kunstfehler bezeichnen müssen, denn unter diesen Umständen sollte ein GmbH-Gesellschafter (wenn auch nur im Innenverhältnis) ähnlich wie ein oHG-Gesellschafter mit seinem Privatvermögen haften. Das war unhaltbar. Soweit zur Vermeidung von Haftungskatastrophen geraten wurde, die Unternehmen in einer einzigen GmbH zusammenzufassen[100] oder eine Holding-Gesellschaft zwischenzuschalten, die dann an Stelle des Gesellschafters unbeschränkt haften solle[101], verrieten diese rein formalen Auswege nur die Unrichtigkeit des ganzen Ansatzes[102]. Die auf eine Konzernleitungshaftung hinauslaufende »TBB« Rechtsprechung (seit *BGHZ* 122, 123) stellte einen tragbaren Kompromiß dar. Die durch »Bremer Vulkan« (*BGHZ* 149, 10) eingeleitete Neubesinnung koppelte die damit vorgedrungene Verhaltenshaftung vom Konzernrecht – insbesondere von seiner Bindung an den »Unternehmensbegriff« – ab (oben unter I 2 a sowie oben, § 37 III). Sie wird in Regelfällen Klarheit schaffen, läßt aber in Extremfällen ein Konzept für Durchgriffsprobleme vermissen.

---

97 *BGH*, NJW 1994, 3288; NJW 1995, 1544; NJW 1996, 1283; NJW 1997, 943; GmbHR 2000, 1263 = NJW 2001, 370.

98 *BAG*, AG 1991, 434 = ZIP 1991, 884 (Anlehnung an »Autokran«); GmbHR 1993, 218 = ZIP 1993, 380 (Anlehnung an »Video«); *BAGE* 76, 79 = NJW 1994, 3244; ZIP 1995, 491 (Anlehnung an »TBB«); *BAG*, GmbHR 1996, 114 = NJW 1996, 1491; *BSG*, ZIP 1994, 1994; 1996, 1134.

99 Vgl. statt vieler *Krieger*, ZGR 1994, 375 ff.; *Versteegen*, DB 1993, 1225 ff.; *Westermann*, ZIP 1993, 554 ff.

100 *Lutter*, ZIP 1985, 1435 (zum »Autokran«-Urteil); zusammenfassend *Priester*, in: Hommelhoff/Stimpel/Ulmer, a. a. O., S. 227.

101 *Priester*, ZIP 1986, 144 f. (gleichfalls zum »Autokran«-Urteil); zusammenfassend *ders.*, in: Hommelhoff/Stimpel/Ulmer, a. a. O., S. 230 f.

102 *Karsten Schmidt*, ZHR 155 (1991), 434 f.; vgl. schon ZIP 1986, 146 ff.; 1989, 548; insoweit zust. *Bitter*, Konzernrechtliche Durchgriffshaftung ..., 2000, S. 51 ff.

b) So groß nun die Erleichterung vor allem in der beratenden Praxis ist, so wenig Klarheit besteht über das nunmehr maßgebliche Haftungskonzept. Das vorliegende Werk geht bisher von einem *Dreistufenmodell der Rechtsfolgen* aus, das von eindeutig geschiedenen Rechtsfolgen und Tatbestandsvoraussetzungen bestimmt wird:

aa) *Höchste Konzernhaftungsstufe*: Ein *echter Verlustausgleich*, der nicht von Schadensberechnungen abhängt und nicht durch Exkulpation ausgeglichen werden kann, ist analog § 302 AktG anzunehmen, wenn die abhängige GmbH ohne jede Rücksichtnahme auf ihre rechtliche Selbständigkeit wirtschaftlich als Bestandteil des herrschenden Unternehmens, also wie eine Betriebsabteilung ohne Eigenvermögen und Eigenverwaltung, geführt wird[103]. Dazu genügt nicht schon die dauerhafte Führung einer Gesellschaft im Konzerninteresse, sondern nur eine de-facto-Fusion. Sachverhalte dieser Art sind *extrem selten.* Es handelt sich dabei um Fälle, die nach angloamerikanischem Recht mit der Durchgriffslehre bewältigt werden müßten, während das deutsche Recht diese Rechtstechnik meidet (oben, § 9 I, II). Der Verlustausgleich analog § 302 AktG ist im Ergebnis nichts als ein »geordneter (d.h. ins Innenverhältnis verlegter) Durchgriff« (oben, § 9 IV 3 b)[104]. Wird ein Insolvenzverfahren mangels Masse abgelehnt, so können ausfallende Gläubiger analog §§ 309 IV 3, 317 I, IV, 318 IV, 323 I 2 AktG direkt gegen das haftende Mutterunternehmen vorgehen[105]. Der unter III 3b geschilderte »Fertighaus«-Fall *BGHZ* 68, 312 erscheint in diesem Licht als ein – damals vom *VIII. Zivilsenat* verkanntes – Musterbeispiel für diesen Haftungstatbestand[106]. Diese Haftung kann nur einen unternehmerisch tätigen Gesellschafter – typischerweise eine Muttergesellschaft – treffen, nicht jeden Gesellschafter, der, ohne selbst operativ tätig zu sein, lediglich an mehreren Gesellschaften maßgeblich beteiligt ist (Holding, natürliche Person, Staat)[107]. Sie hebt die formale Haftungstrennung zwischen rechtlich verselbständigten Unternehmensteilen auf, bleibt aber auch wenigen krassen Fällen vorbehalten. Mit der vom *Bundesgerichtshof* berechtigterweise aufgegebenen »Autokran-«, »Video-« und »TBB«-Rechtsprechung hat dieser Tatbestand nichts zu tun (vgl. schon oben unter III 3).

bb) *Mittlere Konzernhaftungsstufe: Eine Haftung für schlechte, dauerhaft schädigende Konzernleitung* kann dagegen jedes herrschende Unternehmen treffen, wenn es die »Konzernleitungsmacht« in einer Weise ausübt, die keine angemessene Rücksicht auf die eigenen Belange der abhängigen Gesellschaft nimmt, ohne daß sich der ihr insgesamt zugefügte Nachteil durch Einzel-

103 *Karsten Schmidt*, in: Hommelhoff/Stimpel/Ulmer, a.a.O., S. 109ff.

104 *Karsten Schmidt*, in: Hommelhoff/Stimpel/Ulmer, a.a.O., S. 123; *ders.*, ZIP 1993, 552; zust. *Zöllner*, in: Verhandlungen des 59. DJT II, 1992, S. R 39.

105 Wer eine Durchgriffshaftung als Außenhaftung vorsieht, wird zu ähnlichen Ergebnissen gelangen: außerhalb des Insolvenzverfahrens zur direkten Inanspruchnahme durch die Gläubiger, im Insolvenzverfahren zur Verlustdeckung analog § 93 InsO.

106 So hier seit der 1. Aufl.; krit mit Nachweisen *Bitter,* Konzernrechtliche Durchgriffshaftung ..., 2000, S. 500ff.; *Altmeppen,* NJW 2002, 321f.

107 *Karsten Schmidt*, ZIP 1991, 1329f.

maßnahmen kompensieren ließe[108]. Das ist die seit dem Urteil »Bremer Vulkan« (*BGHZ* 149, 10 = NJW 2001, 3266) als überholt gescholtende »*TBB*«-Haftung, die meist mit dem Begriff des qualifizierten faktischen Konzerns identifiziert, hier aber davon unterschieden wird. Der Haftungstatbestand liegt in dem Vorwurf, daß keine angemessene Rücksicht auf die Belange der abhängigen Gesellschaft genommen worden ist[109]. Der *Bundesgerichtshof* stützte diese Haftung im »TBB«-Urteil zu unrecht auf eine Analogie zu §§ 302, 303 AktG[110]. Der analog § 302 AktG begründbare Verlustausgleich (höchste Konzernhaftungsstufe) ist eine von guter oder schlechter Konzernleitung und von einer Kausalität unabhängige Konzern*struktur*haftung, während es sich hier um eine Konzern*verhaltens*haftung für dauerhaft schädigende Ausübung von Leitungsmacht handelt, die eine Kausalität voraussetzt und eine Exkulpation zuläßt. Der mit dem »TBB«-Urteil *BGHZ* 122, 123 eingeleitete Umbruch war deshalb viel radikaler, als aus den Gründen anfangs geschlossen wurde[111], denn der Bundesgerichtshof operierte hier mit einer Haftung, die mit der Anwendung der §§ 302f. AktG auf den qualifizierten faktischen GmbH-Konzern (höchste Konzernhaftungsstufe) nichts mehr zu tun hat, sondern im allgemeinen Verbandsrecht wurzelt: im Schädigungsverbot des herrschenden Gesellschafters (dazu oben, § 20 IV 2b). Die »TBB-Haftung« ist nichts anderes als die unter III 2 dargestellte Haftung für Existenzgefährdungen, bezogen auf Mutterunternehmen. Sie findet in der durch »Bremer Vulkan« präzisierten Verschuldenshaftung (oben, § 37 III) eine bessere, vom konzernrechtlichen Unternehmensbegriff losgelöste Grundlage (oben unter III 2 c): Der Gesellschafter muß seine Gesellschaft(en) m.b.H. nicht künstlich am Leben halten, kann sie vielmehr auflösen und liquidieren (vgl. § 60 I Nr. 1 GmbHG)[112], aber ruinieren darf er sie nicht[113]. Die Rechtsfolge ist ein nach § 287 ZPO zu schätzender, die dauerhafte Schädigung ausgleichender Schadensersatz, nicht ein Verlustausgleich analog § 302 AktG[114].

cc) Hiervon ist wiederum die *Haftung für einzelne schädigende Einflußnahmen* zu unterscheiden. Sie setzt weder den unter (aa) noch den unter (bb) geschilderten Tatbestand voraus und wird im GmbH-Recht nicht auf eine Analogie zu § 317 AktG, sondern auf die allgemeinen verbandsrechtlichen Pflichten des herrschenden Unternehmens gestützt (dazu oben unter III 2).

---

108 *BGHZ* 122, 123 = NJW 1993, 1200; seither std. Rspr. und h.L.; vgl. nur *Hachenburg/Ulmer*, Anh. § 77 Rdnrn. 125ff.; *Lutter/Hommelhoff*, Anh. § 13 Rdnrn. 27ff.

109 *BGHZ* 122, 123 = NJW 1993, 1200; dazu auch *Baumbach/Hueck/Zöllner*, Anh. Konzernrecht Rdnr. 89; *Hachenburg/Ulmer*, Anh. zu § 77 Rdnr. 148.

110 In diesem Sinne wird hier den Gegnern einer Anwendung von § 302 AktG zugestimmt: Was der *BGH* als »qualifizierten faktischen Konzern« betrachtet, rechtfertigt diese Analogie weder im Tatbestand noch in der Rechtsfolge.

111 Vgl. *Röhricht*, in: Festschrift BGH, a.a.O., S. 112; s. auch *Ulmer*, in: Festgabe 50 Jahre BGH, a.a.O., S. 303; zum Standpunkt des Verf. vgl. bereits 3. Aufl., § 39 III 4 b bb; *Karsten Schmidt*, ZIP 1993, 549ff.

112 Vgl. *BGH*, DB 1996, 1028.

113 *Karsten Schmidt*, ZIP 1988, 1497ff.; 1989, 547f.

114 Auch insofern – bezogen auf die »TBB«-Haftung – ist den Gegnern der analogen Anwendung zuzustimmen.

Dieser Schutz umfaßt existenzgefährdende Eingriffe (oben, § 37 III), andere Einzeleingriffe dagegen nur, wenn nicht alle Gesellschafter zustimmen (oben unter III 2 c).

c) Erst in diesem Licht können auch die »Konzernhaftungstatbestände« rechtsfolgengerecht abgegrenzt, also »definiert« werden (vgl. oben unter III 3 a)[115]:

- Die *Haftung für einzelne schädigende Eingriffe* setzt weder die Unternehmenseigenschaft des herrschenden Gesellschafters voraus noch qualifizierte Abhängigkeit; da die Haftung auch aus mitgliedschaftlichen Pflichten ableitbar ist, haftet auch ein herrschender Gesellschafter, der nicht »Unternehmen« ist[116].
- Die *Haftung für dauerhaft schädigende »Konzernleitung«* setzt, soweit auch sie überhaupt konzernrechtlich begründet werden muß (oben unter III 4 b bb), nur eine dauerhafte Leitungsausübung voraus, die über einzelne isolierbare Eingriffe hinausgeht (vgl. § 18 I AktG)[117]. Dies ist die »Konzernhaftung«, die sich seit dem »TBB«-Urteil uneingestanden als Verhaltenshaftung etabliert hatte und seit dem Urteil »Bremer Vulkan« in einer mitgliedschaftlichen Haftung des herrschenden Gesellschafters für existentielle Schädigungen der GmbH aufgeht.
- Bei der *Verlustausgleichshaftung* läßt das Gesetz den rechtsanwendenden Juristen vollends allein und verweist ihn auf den Normzweck des Verlustausgleichs. Weder die Abhängigkeit i.S. von § 17 AktG noch eine Konzernlage i.S. von § 18 I AktG kann hier genügen, also z.B. auch nicht eine personale Verflechtung bei der Organbesetzung. Erforderlich ist vielmehr, daß die juristische Trennung des abhängigen von herrschenden Unternehmen in der betrieblichen Wirklichkeit ohne Entsprechung, die Risikotrennung also nicht mehr gerechtfertigt ist[118]. Verluste der qualifiziert faktisch abhängigen Tochter gehen, wie im Fall des § 670 BGB, auf Rechnung des herrschenden Unternehmens. Ebensowenig wie bei den Begriffen »Herrschaft« (§ 17 AktG) und »einheitliche Leitung« (§ 18 AktG) kann hierfür eine klassifikatorisch-begriffliche Subsumtionsformel geliefert werden, so daß es vorerst bei dem beschreibenden Bild der »Betriebsabteilung« bleiben muß: Wird die Tochtergesellschaft wie eine eigenen Vermögens und eigener Organisation entbehrende »Betriebsabteilung« des herrschenden Unternehmens und nicht als rechtlich selbständige juristische Person geführt, so liegt eine den Verlustausgleich rechtfertigende »qualifizierte Abhängigkeit« vor. Der echte Verlustausgleich ist – anders als das, was unter dem Eindruck der »Autokran-« und »Video«-Doktrin so

115 Das hier vorgetragene Haftungsmodell ist das Resultat folgender Arbeiten des *Verfassers*: GmbHR 1979, 121ff.; BB 1985, 2074ff.; ZIP 1986, 146ff.; 1989, 545ff.; 1991, 1325ff.; 1993, 549ff.; 1994, 1741ff.; NJW 2001, 3577; ferner in Hommelhoff/Stimpel/Ulmer, a.a.O., S. 109ff.

116 *Karsten Schmidt*, in: Hommelhoff/Stimpel/Ulmer, a.a.O., S. 126f.; *ders.*, AG 1994, 195.

117 Die von *Baumbach/Hueck/Zöllner* (Anhang Konzernrecht Rdnr. 87) angenommene Divergenz besteht hier also nicht.

118 Eingehend *Karsten Schmidt*, in: Hommelhoff/Stimpel/Ulmer, a.a.O., S. 109ff.

genannt wurde – überaus selten, dann aber gnadenlos. Von einer Schadensverursachung hängt er nicht ab.

Beispiel Nr. 11: Der unter III 3b geschilderte »Fertighaus«-Fall *BGHZ* 68, 312 wurde oben bereits als ein Musterbeispiel für diese qualifizierte faktische Abhängigkeit vorgestellt. Die Muttergesellschaft hatte der Tochtergesellschaft weder organisatorisch noch finanziell eine Eigenständigkeit eingeräumt, die Vermögens- und Risikotrennung also in keiner Weise organisatorisch umgesetzt. Schon der »Tiefbau«-Fall *BGHZ* 107, 7, bei dem die Hausbank (Sparkasse) Sanierungshelfer eingesetzt hatte, gehörte dagegen wie die Fälle »Autokran«, »Video« und »TBB« (*BGHZ* 95, 330; 115, 187; 122, 123) richtigerweise nur in die zweite Kategorie, so daß die Diskussion um einen strengen Verlustausgleich in diesen Fällen neben der Sache lag. Es bleibt aber dabei: Verlustausgleich und »Konzernleitungshaftung« sind verschiedene Dinge und haben unterschiedliche Voraussetzungen und Rechtsfolgen.

d) Das hier entworfene Modell führt nicht zu der Frage, ob »die Konzernhaftung« *Konzernzustandshaftung (Strukturhaftung)* »oder« *Konzernverhaltenshaftung (Haftung für schädigende Eingriffe)* ist[119], sondern es weist beiden Haftungsformen einen ihnen gemäßen Platz zu. Auch die beratende Praxis hat auf diese Weise eine Formel in der Hand, die bei aller mit der Haftung verbundenen Härte ein hohes Maß an praktischer Plausibilität aufweist. Wer Unternehmensaktivitäten auf eine abhängige GmbH auslagert, dem ist zu raten:

- Respektiere die rechtliche Selbständigkeit dieser Tochter und ihres Vermögens (sie ist keine bloße Betriebsabteilung), denn sonst riskierst Du den gnadenlosen Verlustausgleich analog § 302 AktG (Strukturhaftung)!
- Übe die Leitungsmacht über die Tochtergesellschaft unter Beachtung ihrer existentiellen Interessen aus, denn sonst riskierst Du die zum Schadensersatz verpflichtende »Konzernleitungshaftung« (Verhaltenshaftung)!
- Nimm, wenn es Minderheitsgesellschafter gibt, keine schädigenden Einzeleingriffe vor!

IV. Gleichordnung im GmbH-Konzern*

1. Nachholbedarf der Haftungsdiskussion

a) Die vor allem seit 1990 mit großer Aufregung geführte Diskussion um die Konzernhaftung (oben unter III 4) war von schwierigen Sachproblemen und

119 So aber für viele *Lutter*, in: Hommelhoff/Stimpel/Ulmer, a.a.O., S. 194ff.; *Hommelhoff*, ZGR 1994, 415ff.; *Lutter* kann sich auch bei der Betrachtung des Verlustausgleichs nicht wirklich vom Denken in Schadensersatzkategorien lösen (Strukturhaftung sei Gefährdungshaftung), und *Hommelhoff* sieht die »rechtsdogmatische« Aufgabe lediglich darin, »den in »TBB« entwikkelten Tatbestand rechtsdogmatisch einzuordnen«.

* Literatur: *Gromann*, Der Gleichordnungskonzern im Konzern- und Wettbewerbsrecht, 1979; *Henssler*, Die Betriebsaufspaltung – Konzernrechtliche Durchgriffshaftung im Gleichordnungskonzern? ZGR 2000, 479; *Lutter/Drygala*, Grenzen der Personalverflechtung und Haftung im Gleichordnungskonzern, ZGR 1995, 557; *Milde*, Der Gleichordnungskonzern im Gesellschafts-

folgenreichen Haftungsthesen geprägt. Treu dem Motto »hard cases make bad law« hat sie zur Konsolidierung des Konzernhaftungsrechts wenig beigetragen, weil sie
- Konzernsachverhalte und konzernrechtliche Haftungstatbestände vorschnell in eins setzte (nicht jede Haftung im Konzern muß eine konzernrechtliche sein; vgl. oben unter I 2),
- Verlustausgleichshaftung und Haftung für schlechte Konzernleitung nicht hinreichend trennte (auch dazu schon unter III 4) und
- ausschließlich die Haftung des herrschenden Gesellschafters für Schulden oder Schäden der abhängigen GmbH in den Blick nahm und darüber das Problem der horizontalen Risikosegmentierung außer acht ließ (vgl. schon unter § 17 I 5).

b) Weitgehend aus dem Blick geraten war aus diesem Grund der Tatbestand des sog. Gleichordnungskonzerns (§ 18 II AktG), und weitgehend vernachlässigt wurde der Ansatz des deutschen Konzernrechts, das eben nicht die Unternehmensgruppe in toto zum »Unterordnungskonzern« oder zum »Gleichordnungskonzern« erklärt (oben, § 31 II 3c bb).

Beispiel Nr. 12: Charakteristisch für den »Autokran«-Fall *BGHZ* 95, 330 und für den »Video«-Fall *BGHZ* 115, 187 war die Nebeneinanderschaltung mehrerer Gesellschaften m.b.H. unter der Herrschaft einer natürlichen Person. Der *Bundesgerichtshof* hatte in beiden Fällen über die Haftung des herrschenden Gesellschafters zu entscheiden und glaubte in beiden Fällen, von einer konzernrechtlichen Verlustausgleichspflicht ausgehen zu müssen, von der in der weiteren Rechtsprechung nicht viel übrig geblieben ist (*BGHZ* 122, 123; 149, 10). In der Tat lagen die strengen Voraussetzungen eines vertikalen Verlustausgleichs durch den herrschenden Gesellschafter (oben, III 4b aa) nicht vor (oben, III 3c). Nicht von den Gerichten zu entscheiden, aber im Gesamtzusammenhang nicht zu vernachlässigen, war die Frage, ob auch die Gleichordnung der Gesellschaften untereinander Haftungsfolgen hat.

Die Analyse dieser Fälle (»Autokran« und »Video«) läßt erkennen, daß sich die Konzernrechtsdiskussion ganz erheblich abmüht, um sich durch die Konstruktion eines *Vertikal*konzerns Zugang zum »Konzernhaftungsrecht« zu verschaffen[120]. Einzig zu diesem Zweck sah sie bis zum »Bremer Vulkan«-Urteil *BGHZ* 149, 10 ihre Hauptaufgabe darin, den die Gesellschaften beherrschenden Gesellschafter zum herrschenden »Unternehmen« (oben unter I 2) und den durch die Gleichordnung mehrerer von ihm abhängigen Gesellschaften entstandenen Konzern zu einem »qualifizierten faktischen (*Vertikal*-)Konzern« zu erklären. Auf diesem Ansatz beruhte der dem herrschenden Gesellschafter erteilte Ratschlag, er solle, um der Konzernhaftung zu entgehen, die Gesellschaften zu einer einzigen zusammenfassen[121]. Wenn die »Konzernhaftung« dadurch ausgelöst wird, daß der Gesellschafter »keine angemessene Rücksicht auf die eigenen Belange der abhängigen Gesellschaft

---

recht, 1996; *Karsten Schmidt*, Gleichordnung im Konzern: terra incognita? Vorstudien und Thesen zu einem Recht der Konzernschwestern, ZHR 155 (1991), 417; *ders.*, Horizontaler Haftungsdurchgriff bei der sternförmigen GmbH & Co. KG? in: Festschrift Wiedemann, 2002; *Wellkamp*, Der Gleichordnungskonzern – ein Konzern ohne Abhängigkeit? DB 1993, 2517.

120 Vgl. zum folgenden eingehend *Karsten Schmidt*, ZHR 155 (1991), 417ff.

121 So etwa *Priester*, in: Hommelhoff/Stimpel/Ulmer, a.a.O., S. 227f.

nimmt«[122], sie vielmehr existentiell schädigt[123] ist dieser Ausweg nicht mehr plausibel, denn[124]
- das Schutzbedürfnis der abhängigen Gesellschaften gegenüber dem herrschenden Gesellschafter hängt nicht davon ab, daß dieser mehr als eine Gesellschaft beherrscht;
- der spezifische Schutz der abhängigen Gesellschaften gegen die speziell aus dem Vorhandensein mehrerer Gesellschaften resultierende »Konzerngefahr« kann sich nur in der Ausgestaltung der Verhaltenspflichten des herrschenden Gesellschafters niederschlagen;
- die allgemein diskutierte vertikale Haftungszurechnung ist nur ein Teil des Problems und kann durch eine horizontale Haftungszurechnung ergänzt werden.

Beispiel Nr. 13: Angenommen, im »Autokran«-Fall *BGHZ* 95, 330 wäre dem Alleingesellschafter keine die Gesellschaften schädigende schlechte »Konzernleitung« vorzuwerfen gewesen, aber die Gesellschaften Nr. 1, 2 und 3 wären wegen Zahlungsunfähigkeit eines Bauunternehmers (ihres Auftraggebers) insolvent geworden, so hätte entgegen dem »Video«-Urteil nichts für eine »Konzernhaftung« des Alleingesellschafters gesprochen, wohl aber hätte sich die Frage gestellt, ob er sein Risiko durch Gründung von sieben Schwestergesellschaften m.b.H. erfolgreich segmentiert hatte, also die Gesellschaften Nr. 4-7 retten konnte.

Die jahrzehntelange Vernachlässigung des Rechts der Schwestergesellschaften in der Unternehmensgruppe wird erst allmählich überwunden[125]. Sie ist umso verwunderlicher deshalb, weil der Tatbestand des § 18 II AktG im Kartellrecht schon seit langem eine Rolle spielt[126], was der gesellschaftsrechtlichen Literatur offenkundig entgangen war. Mittlerweile gibt es einzelne Entscheidungen, die sich mit dem Fragenkreis auseinandersetzen[127].

c) Anzumerken ist, daß das *Recht der Konzernschwestern nicht nur Haftungsprobleme, sondern auch Zurechnungsprobleme* mit sich bringen kann. Beispielsweise kann die Kreditvergabe einer Gesellschaft an ihre von einer gemeinsamen Mutter beherrschte Schwester-GmbH als Gesellschafterdarlehen behandelt werden (§ 32a III 1 GmbHG), und es können auch Zahlungen einer Gesellschaft an die andere, obwohl sie gar nicht Gesellschafterin ist, gegen § 30 GmbHG verstoßen.

122 *BGHZ* 122, 123 = NJW 1993, 1200 m. Anm. *Kübler.*
123 *BGHZ* 149, 10 = NJW 2001, 3266; *BGH,* NJW 2002, 1803 = ZIP 2002, 848.
124 *Karsten Schmidt*, ZHR 155 (1991), 424ff.; insoweit wie hier auch *Lutter/Drygala*, ZGR 1995, 562, 576f.
125 Dies war das Anliegen des Beitrags in ZHR 155 (1991), 422ff.
126 Vgl. nur *BGHZ* 121, 137 = WuW/E BGH 2882 »WAZ/IKZ«; NJW-RR 1999, 1407 = ZIP 1999, 331 »Pirmasenser Zeitung«; *BKartA*, AG 1996, 477; eingehend *Karsten Schmidt*, in: Festschrift Rittner, 1991, S. 561ff.
127 Vgl. den GmbH & Co.-Fall *BAG*, RdA 2000, 235 m. Anm. *Windbichler* = ZIP 1999, 723; dazu *Henssler*, ZGR 2000, 479; *AG Eisenach*, AG 1995, 519.

2. Einfache und qualifizierte Gleichordnung

a) Sind rechtlich selbständige Unternehmen, ohne daß das eine Unternehmen von dem anderen abhängig ist, unter einheitlicher Leitung zusammengefaßt, so sind sie im Verhältnis zueinander Konzernunternehmen *(§ 18 II AktG)*. Dieser Tatbestand der konzernrechtlichen Gleichordnung ist in Fällen wie »Autokran« und »Video« erfüllt[128]. § 18 II AktG wurde herkömmlich dahin interpretiert, daß der Gleichordnungskonzern ein Konzern ohne Abhängigkeit sei[129], aber vorausgesetzt ist eben nur, daß die gleichgeordneten Gesellschaften nicht voneinander (!) abhängig sind (oben, § 17 I 5)[130]. In den Fällen »Autokran« und »Video« waren die Gesellschaften von dem herrschenden Gesellschafter abhängig, und dies begründete für ihn selbstverständlich Schutzpflichten, mag man ihn herrschendes »Unternehmen« nennen oder nicht (dazu oben unter III 4b bb). Aber damit ist zunächst nur das Vertikalverhältnis erfaßt.

b) Nicht geregelt ist die Frage, ob die Gleichordnung auch eine Haftungsgemeinschaft der gleichgeordneten Gesellschaften herbeiführt. Grundsätzlich ist das zu verneinen[131]. Soweit eine Haftung im Horizontalverhältnis vorgeschlagen wird, wenn das Leitungsorgan fortgesetzt zum Nachteil einer der parallelgeschalteten Gesellschaften handelt[132], wird nur die seit dem »TBB«-Urteil dominierende Konzernverhaltenshaftung in die Horizontalebene umgeleitet und das Fehlverhalten der Konzernspitze den Gesellschaften im Verhältnis zueinander zugerechnet, womit diese von Schutzsubjekten der Haftung zu Haftungssubjekten werden[133]. Das ist fragwürdig. Unentbehrlich scheint aber – wie im Fall qualifizierter Abhängigkeit – auch hier eine Strukturhaftung (Konzernzustandshaftung): ein horizontaler Verlustausgleich bei qualifizierter faktischer Gleichordnung nach dem Vorbild der §§ 730 ff. BGB, der – wie der Verlustausgleich – die Funktion eines »geordneten Durchgriffs« hat[134]:

Beispiel Nr. 14: Der Schiffahrtsunternehmer S gründet für seine Fährschiffe »Xenia«, »Yvonne« und »Zerlina« drei Gesellschaften m.b.H. Hält er das Management und die Rechtsverhältnisse dieser Gesellschaften nicht auseinander, so führt dies zu einem »horizontalen« Verlustausgleich der Gesellschaften untereinander. Will er also das Risiko

---

128 Eingehend zum folgenden *Karsten Schmidt*, ZHR 155 (1991), 417ff.

129 *Gromann*, a.a.O., S. 3, 48ff.; *Geßler*, in: Geßler/Hefermehl/Eckard/Kropff, § 18 Rdnr. 68; *Koppensteiner*, in: KK, § 18 Rdnr. 5.

130 Eingehend *Karsten Schmidt*, ZHR 155 (1991), 422ff.; zustimmend *Wellkamp*, DB 1993, 2518; s. auch *Milde*, a.a.O., S. 131f.

131 So auch *Lutter/Drygala*, ZGR 1995, 569f., wenn auch mit pointierter Entgegnung auf die – jedoch offenbar mißverstandene – Kritik des *Verf.* an der die Abhängigkeit im Gleichordnungskonzern leugnende »Verharmlosungsstrategie«; mit dieser Kritik wurde nicht bestritten, daß sich die Unternehmen im gesetzestypischen Gleichordnungskonzern auch selbst schützen können.

132 *Lutter/Drygala*, ZGR 1995, 571.

133 Diese Zurechnung (analog § 31 BGB?) wird von *Lutter/Drygala* nicht begründet.

134 Eingehend *Karsten Schmidt*, ZHR 155 (1931), 436ff.; dazu auch *Wellkamp*, DB 1993, 2520f.; abl. *Milde*, a.a.O., S. 207ff.; zust. *AG Eisenach*, GmbHR 1995, 445; dazu aber *Karsten Schmidt*, in: Festschrift Wiedemann, a.a.O.

segmentieren, z. B. im Zusammenbruch einer Gesellschaft die anderen retten, so muß er sie als rechtlich selbständige Unternehmen und nicht bloß wie Betriebsabteilungen führen. Von dieser (!) »Konzernhaftung« wird er frei, wenn er alle Gesellschaften zu einer zusammenführt, denn dann hat er das Geschäftsrisiko ohnedies vergemeinschaftet (zustimmend *AG Eisenach*, AG 1995, 519; zu weitgehend *BAG*, RdA 2000, 235 m. Anm. *Windbichler* = ZIP 1999, 723 m. Anm. *Henssler*, ZGR 2000, 479; zur Abgrenzung vgl. *Karsten Schmidt,* in: Festschrift Wiedemann, a.a.O.).

c) Wiederum können die *Tatbestände der einfachen und der qualifizierten Gleichordnung* erst im Hinblick auf die von ihnen auszulösenden Rechtsfolgen abgegrenzt werden (vgl. schon sinngemäß oben unter III 4 c).
- Einfache Gleichordnung liegt nach § 18 II AktG vor, wenn mehrere Unternehmen, ohne voneinander (!) abhängig zu sein, unter einheitlicher Leitung stehen.
- Qualifizierte Gleichordnung liegt vor, wenn die juristische Selbständigkeit der gleichgeordneten Gesellschaften in der betrieblichen Wirklichkeit keine Entsprechung findet, wozu die bloße Tatsache einer einheitlichen Leitung – insbesondere auch die Identität des Managements – ebensowenig ausreicht wie die ständige einheitliche Leitung der gleichgeordneten Gesellschaften durch die Konzernspitze; viel zu weit ist auch die vom Bundesarbeitsgericht in einem GmbH & Co.-Fall in Anlehung an das *TBB-Urteil* verwendete Formel, wonach ein horizontaler Durchgriff stattfinden soll, wenn nicht für Liquidität der Konzernschwestern gesorgt wird und nicht dargelegt werden kann, daß sich auch eine unabhängige Gesellschaft auf diese Verhaltensweise hätte einlassen können[135]. Die qualifizierte faktische Konzernierung ist hier – wie im Vertikalkonzern – ein enger Extremtatbestand mit gravierenden Folgen.

3. Das Zusammentreffen von horizontaler und vertikaler Konzernierung

Nach dem unter IV 1 Gesagten ist es nicht richtig, ein Konzerngebilde insgesamt als »Unterordnungskonzern« oder als »Gleichordnungskonzern« zu bezeichnen, vielmehr können die Tatbestände der Abhängigkeit und der Gleichordnung durchaus zusammentreffen[136]. Erst aus den Verhältnissen der einzelnen Konzernglieder zueinander ergibt sich ein komplettes und dem deutschen »Recht der verbundenen Unternehmen« entsprechendes Konzernhaftungsmodell.

Beispiel Nr. 15 (in Anlehnung an *BGHZ* 95, 330): Gründet ein Gesellschafter, der mit Autokränen Werkleistungen erbringt, für jeden Autokran eine GmbH und hält er diese Gesellschaften nicht getrennt, so kann er mit dem Privatvermögen für eine existenzvernichtende Schädigung der Gesellschaften haften, wenn er diese durch existenzgefährdende »Konzernleitung« ruiniert (oben unter III 3), während sich die Frage, ob er einen Teil der Gesellschaften auf Kosten der anderen retten kann, aus dem Gleichordnungs-

135 *BAG*, RdA 2000, 235 m. Anm. *Windbichler* = ZIP 1999, 273 m. Anm. *Henssler,* ZGR 2000, 479.
136 *Karsten Schmidt*, in: Hommelhoff/Stimpel/Ulmer, a. a. O., S. 124 ff.; *ders.*, AG 1994, 195; *ders.*, in: Festschrift Lutter, 2000, 1186 f.; vgl. als Beispiel *BAGE* 80, 322 = NJW 1996, 1691, wo freilich die einheitliche Leitung im Ergebnis geleugnet wurde.

verhältnis der Gesellschaften untereinander ergibt. Dasselbe gilt für einen Taxipark, eine Ladenkette usw.

Beispiel Nr. 16: Führt eine »Atlantic Steamship AG« in Hamburg zehn Tochtergesellschaften m.b.H., die je ein Schleppschiff betreiben, so haftet auch sie für schlechte Konzernleitung, wenn sie »keine angemessene Rücksicht auf die eigenen Belange der abhängigen Gesellschaften nimmt« (vgl. *BGHZ* 122, 123) und diese existentiell schädigt (*BGHZ* 149, 10). Führt sie die Tochtergesellschaften wie ihre Betriebsabteilungen ohne eigenes Management und ohne hinreichende Trennung von ihrem Eigenvermögen, so kann sie überdies einer Verlustausgleichshaftung für alle Verluste der Töchter unterliegen (vertikaler Verlustausgleich wegen qualifizierter faktischer Abhängigkeit). Unabhängig hiervon kann es zu einem horizontalen Verlustausgleich kommen, wenn die Schwestergesellschaften untereinander wie bloße Betriebsabteilungen ohne Eigenvermögen und -organisation und nicht wie selbständige Gesellschaften m.b.H. geführt werden (qualifizierte Gleichordnung). Dann kann der Zusammenbruch einer Gesellschaft auch die Schwesterunternehmen mit in den Untergang ziehen. Dazu genügt allerdings nicht, daß der Liquiditätsbedarf einer der Gesellschaften zugunsten der anderen vernachlässigt wurde[137]. Ist dies der Fall, so kommt lediglich eine Haftung der Konzernspitze für existentiell schädigende Konzernleitung in Betracht (dazu oben unter III 4 b bb).

4. Fazit für die Unternehmenspraxis

Das Nebeneinander von vertikaler und horizontaler Verhaltenshaftung und Strukturhaftung bringt keine ungeordneten Rechtsfolgen für Unternehmensgruppen zustande, sondern hält die Verantwortlichen lediglich an, von der Beherrschung abhängiger Gesellschaften (§ 17 AktG) verantwortungsvollen Gebrauch zu machen und die vertikale wie horizontale Eigenständigkeit jeder Gesellschaft als einer eigenständigen Rechtsträgerin zu respektieren. Wer dies beachtet, unterliegt keiner »Konzernhaftung«.

137 Abgrenzungsfragen bei *Karsten Schmidt,* in: Festschrift Wiedemann, a.a.O.

§ 40 Die Einpersonen-GmbH*

I. Grundlagen

1. Die Zulässigkeit und die rechtliche Beurteilung der Einpersonen-GmbH

Die GmbH ist Kapitalgesellschaft und juristische Person. Anders als bei den Personengesellschaften ist der Bestand der Gesellschaft nicht vom Vorhandensein mehrerer Gesellschafter abhängig. Nahezu jede vierte GmbH ist eine sog. »Einmanngesellschaft«[1], wobei man sich darüber klar sein muß, daß der »Einmanngesellschafter« in vielen Fällen weder Mann noch Frau, sondern überhaupt keine natürliche Person ist[2]. Viele Konzerntöchter sind Gesellschaften m.b.H. mit nur einer Gesellschafterin: der Konzernmutter.

Beispiel Nr. 1: Die A-Aktiengesellschaft lagert ihren EDV-Bereich auf eine A-EDV-GmbH aus. Auf diese Weise entsteht eine Einpersonengesellschaft und zugleich ein kleiner GmbH-Konzern.

Die grundsätzliche Zulässigkeit von Einpersonengesellschaften m.b.H. wird heute nicht mehr bestritten und kann auch nicht mehr bestritten werden,

---

* Literatur (Auswahl; vgl. auch die Angaben bei den einzelnen Abschnitten): *Buchmann*, Registerpublizität und Gläubigerschutz bei der Einmanngesellschaft, 1984; *Fauser*, Die Rechtsnatur der Einmanngesellschaft, Diss. Tübingen 1965; *Gottschling*, Die Einmann-GmbH ..., GmbHR 1959, 194; *Griebel*, Die Einmanngesellschaft, 1933; *Großmann-Doerth*, Kampf um die Einmanngesellschaft, DR 1939, 9; *Heidemann*, Rechtsformwahl für ein Ein-Mann-Unternehmen, 1992; *Koppensteiner*, Zur Neuregelung der Einmann-GmbH in Österreich, in: Festschrift Claussen, 1997, S. 213; *Kuhn*, Strohmanngründung bei Kapitalgesellschaften, 1964; *Limbach*, Theorie und Wirklichkeit der GmbH, 1966; *Lindemann*, Die Beschlußfassung in der Einmann-GmbH, 1997; *Meyer-Cording*, Der Kritiker der Einmann-GmbH – ein Rufer in der Wüste? JZ 1978, 10; *Rittner*, Die werdende juristische Person, 1973, S. 237ff.; *Schanze*, Einmanngesellschaft und Durchgriffshaftung, 1975; *Schilling*, Die Einmanngesellschaft und das Einzelunternehmen mbH, JZ 1953, 161; *ders.*, Die »gefährliche« Einmanngesellschaft, JZ 1953, 725; *Karsten Schmidt*, Wohin führt das Recht der Einmanngesellschaft? GmbHR 1974, 178; *Schönle*, Die Einmann- und Strohmanngesellschaft, 1957; *H. Winter*, Gründungs- und Satzungsprobleme bei der Einmanngesellschaft nach der GmbH-Novelle, in: Pro GmbH, 1980, S. 191; *M. Winter*, Eigeninteresse und Treupflicht bei der Einmann-GmbH, ZGR 1994, 570.

1 Vgl. die Angaben bei *Hachenburg/Ulmer*, Einl. Rdnr. 72.

2 Die in Anlehnung an die 12. Richtlinie seit der 3. Auflage geänderte Terminologie soll lediglich einer Verengung des Blicks auf die natürliche Person entgegenwirken und bringt keine Artigkeit gegenüber feministischen Besorgnissen zum Ausdruck. Daß der »Einmann« kein »Mann« sein muß, bezeichnete hier schon die 2. Aufl. als eine Selbstverständlichkeit.

seitdem durch die GmbH-Novelle von 1980 ausdrückliche Regelungen über die Einpersonen-GmbH in das GmbHG aufgenommen worden sind[3]. Hinzuweisen ist vor allem auf die §§ 1, 7 II 3, 8 II 2, 19 IV, 35 IV GmbHG. Auch die Ausgliederungsregeln des Umwandlungsgesetzes (§§ 123 III, 152 ff. UmwG) demonstrieren die Zulässigkeit der Einpersonengesellschaft. Bedenken, wie sie noch 1957 von *Herbert Schönle*[4] und 1978 von *Ulrich Meyer-Cording*[5] vorgetragen worden sind, können heute nur noch als rechtspolitische Kritik eingeordnet werden. Solche Kritik an der Einpersonengesellschaft hat es immer wieder gegeben[6]. Sie beruht nicht so sehr auf begrifflichen oder strukturellen Einwänden – zugegebenermaßen fällt es schwer, bei der Einpersonengesellschaft von einem Verband zu sprechen – wie auf einem rechtspolitischen Unwohlsein. *Hans Berg* kennzeichnet die Einpersonen-GmbH als »eine Schöpfung der Wirtschaftsjuristen, die sich wegen ihrer undurchschaubaren Vermögenslage zu einem Krebsübel unseres Wirtschaftslebens entwickelt hat«[7]. *Meyer-Cording* glaubt darin – mit unverkennbarem Blick auf die natürliche Person – eine verdächtige Doppelexistenz des Alleingesellschafters zu entdecken, deren vermeintliche Immoralität er mit einem Hinweis auf Robert L. Stevensons berühmte Erzählung »Dr. Jekyll und Mr. Hyde« illustriert[8]. Doch ist die Trennung von Privatvermögen und Unternehmensvermögen durch Gründung einer juristischen Person nicht per se etwas Böses, und schon gar nicht kann man die rechtliche Verselbständigung von Unternehmenseinheiten als Tochtergesellschaften grundsätzlich mißbilligen. Zwar liegt auf der Hand, daß die Kombination aus alleiniger Beteiligung, alleiniger Herrschaft und getrennter Vermögenszuständigkeit mißbraucht werden kann und daß die verbandsinternen Kontrollmechanismen hier nicht ohne weiteres mit derselben Leichtigkeit wie bei der Mehrpersonengesellschaft funktionieren[9]. Aber dies ist – zumindest nach geltendem Recht – nur Anlaß, auf Schutzmechanismen zu sinnen, nicht dagegen ein hinreichender Grund, die Einpersonen-GmbH aus dem Rechtsleben auszuschalten. Dies ist wohl auch nicht mehr ernsthaft zu befürchten, seit die 12. gesellschaftsrechtliche Richtlinie die Einpersonengesellschaft europaweit gegen einzelstaatliches Recht absichert, deren Übernahme in das GmbH-Gesetz nur minimale Veränderungen erforderlich machte (vgl. oben, § 2 II 2b)[10]. Unzulässig ist nur die »Keinmann«-GmbH, d.h. die dauernde Innehabung sämtlicher Geschäftsanteile durch die GmbH selbst (dazu oben, § 33 V 2b).

3 *Flume* (DB 1980, 1781) spricht von einer »legitimatio per subsequentem legem«; der Sache nach ähnlich *Kreuzer*, DB 1978, 828; schon vorher hatte der Umwandlungsgesetzgeber die Anerkennung der Einpersonen-GmbH dokumentiert.
4 A.a.O., S. 30, 48.
5 JZ 1978, 10 ff.
6 Vgl. besonders *Großmann-Doerth*, DR 1939, 9.
7 *Berg*, NJW 1974, 935.
8 Vgl. *Meyer-Cording*, JZ 1978, 10; dort wird die Erzählung Edgar Allan Poe zugeschrieben.
9 Dazu eingehend *Ulmer*, ZHR 148 (1984), 391.
10 Gesetz v. 18. 12. 1991 (BGBl. I S. 2206); dazu *Schimmelpfennig/Hauschka*, NJW 1992, 942 ff.

2. Rechtspolitische Folgeprobleme

Damit steht aber auch fest, daß die angedeuteten rechtspolitischen Zweifel nicht ohne Einfluß auf das Recht der Einpersonen-GmbH sein können. Die Anerkennung dieser Gestaltung muß mit verkehrsschützenden Sicherungsmechanismen, insbesondere für die Gläubiger der Gesellschaft, einhergehen. Solche Sicherungsmechanismen sind nur teilweise durch den Gesetzgeber vorgegeben. Es kann nicht verwundern, daß die Einpersonen-GmbH vor allem ein Problemfeld für Durchgriffserwägungen ist und auch die Frage aufwirft, ob das Fehlen von Minderheitsgesellschaftern einen Schutz der GmbH gegen Maßnahmen des herrschenden Gesellschafters überflüssig macht. Auf beide Fragen wird zurückzukommen sein.

3. Einpersonengesellschaft oder Einzelunternehmen m.b.H.?

Die Einpersonengesellschaft ist als GmbH eine Kapitalgesellschaft. Sie ist weder ein bloßes Sondervermögen des Gesellschafters noch ein sich selbst verwaltendes Unternehmen. Grundlage ihrer Verfassung ist die Mitgliedschaft des Gesellschafters in der Gesellschaft. Der in der Vergangenheit mehrfach unternommene Versuch, die »Einmanngesellschaft« durch die Rechtsfigur eines »Einzelunternehmens m.b.H.« zu ersetzen[11], ist so oft gescheitert, wie er unternommen wurde. Das hängt damit zusammen, daß das Unternehmen nach geltendem Recht nicht rechtsfähig ist (Handelsrecht, § 4 IV) und daß die Zuordnung von Rechten und Pflichten stets beim Unternehmensträger – hier: bei der GmbH – stattzufinden hat (Handelsrecht, § 4 IV 2 und § 5). Vor allem aber verbirgt sich hinter diesen Versuchen ein ganz auf die natürliche Person und den Einzelkaufmann verdichtetes Rechtsbild der »Einmanngesellschaft«, das im Organisationsrecht der Unternehmen keinen Platz mehr verdient. Anders ausgedrückt: Was man sich vom »Einzelunternehmen m.b.H.« verspricht, leistet gerade die Einpersonengesellschaft.

II. Die Entstehung der Einpersonengesellschaft

1. Das Zusammenfallen der Geschäftsanteile, insbesondere die Strohmanngründung und die Mantelverwendung

a) Eine bestehende GmbH wird zur Einpersonengesellschaft, wenn sämtliche Geschäftsanteile in der Hand eines Rechtsträgers zusammenfallen.

Beispiel Nr. 2: Ein Gesellschafter erwirbt sämtliche Geschäftsanteile seiner Mitgesellschafter. In einer Zweipersonen-GmbH stirbt ein Gesellschafter und der andere ist sein

11 Vgl. nur *v. d. Goltz* u.a., in: Schubert (Hrsg.), Akademie für Deutsches Recht 1933-1945, Bd. II: Ausschuß für GmbH-Recht, 1986, S. 504f.; *Schilling*, JZ 1953, 161ff.

einziger Erbe. Nachdem die Kartellbehörde die Kooperation der Chemiewerke A und B mittels einer gemeinsamen Forschungs-GmbH (50 : 50-Gemeinschaftsunternehmen) untersagt hat, sieht sich das Werk A gezwungen, den Geschäftsanteil des Werkes B hinzuzuerwerben. Alle diese Fälle haben eines gemeinsam: Im Gegensatz zu den Anteilen an einer Personengesellschaft behalten hier die Geschäftsanteile ihre Selbständigkeit (§ 15 II GmbHG), und die Gesellschaft erlischt nicht. Sie wird zur Einpersonen-GmbH.

b) Diesen Effekt machen sich die Gründer in Fällen der *Strohmanngründung* zunutze. Von einer Strohmanngründung wird gesprochen, wenn mehrere Gründer die GmbH mit dem Ziel gründen, aus der Mehrpersonengesellschaft so rasch wie möglich eine Einpersonengesellschaft zu machen. Dazu bedient sich der künftige Alleingesellschafter eines Treuhänders als Gründungshelfer, gründet mit ihm eine GmbH und läßt sich – oft schon antizipiert auf den Tag der Eintragung der GmbH – dessen Geschäftsanteil abtreten.

Beispiel Nr. 3: Der Notar beurkundet einen GmbH-Gesellschaftsvertrag zwischen dem Gründer Gustav G und seiner Sekretärin Sabine S. Gleichzeitig beurkundet er eine Abtretungserklärung, nach der die S ihren Geschäftsanteil, aufschiebend bedingt durch die Eintragung der GmbH, an Gustav G abtritt. Gustav G verspricht der S, sie von allen Verbindlichkeiten als Gesellschafterin – vor allem also von der Einlageschuld – freizustellen und ihr alle aus der GmbH-Beteiligung entstehenden Aufwendungen zu ersetzen. Hier entsteht zunächst eine Zweipersonen-Vor-GmbH, aus der für die Dauer einer »logischen Sekunde« eine fertige Zweipersonen-GmbH wird. Mit dem Eintritt der Bedingung wird aus dieser Gesellschaft eine Einpersonen-GmbH.

Die Zulässigkeit einer solchen Strohmanngründung ist seit langer Zeit anerkannt[12], und daran hat auch die GmbH-Novelle von 1980 nichts geändert[13]. Das Strohmanngeschäft ist ein Treuhandgeschäft und nicht etwa ein Scheingeschäft[14]. Der Beitritt des Strohmanns – er wird auch euphemistisch als »Gründungshelfer« bezeichnet – ist ernstlich gewollt und im Außenverhältnis sogar mit Risiken für den Strohmann verbunden, denn er ist Schuldner der Einlage und muß im Wege der Ausfallhaftung nach § 24 GmbHG sogar für die Einlageschuld seines Mitgesellschafters geradestehen. Heute hat die Strohmanngründung kaum mehr nennenswerte Vorteile gegenüber der sogleich zu besprechenden Einpersonengründung. Selbst das Volleinzahlungsgebot (§ 7 II 3 GmbHG) kann auf diese Weise nicht ohne weiteres umgangen werden, denn die Beteiligten müßten dann wegen § 19 IV GmbHG mit der Übertragung des Strohmannanteils drei Jahre nach der Eintragung warten[15]. Vereinigen sich vor dem Ablauf von drei Jahren nach der Eintragung der Gesellschaft in das Handelsregister alle Geschäftsanteile in der Hand eines Gesellschafters oder daneben in der Hand der Gesellschaft, so muß der Gesellschafter nämlich nach § 19 IV GmbHG entweder alle Geldeinlagen voll einzahlen oder eine Sicherung bestellen oder einen Teil der

12 Vgl. *BGHZ* 21, 378, 382; 31, 258, 271; Abgrenzungsfragen bei *Kuhn*, a.a.O., S. 153ff.

13 Vgl. mit Hinweis auf § 19 IV GmbHG etwa *Hüffer*, § 33/2b; *H. Winter*, a.a.O., S. 197; *Baumbach/Hueck/Fastrich*, § 1 Rdnr. 40; *Lutter*, DB 1980, 1320.

14 Zur Abgrenzung zwischen Treuhand und Scheingeschäft vgl. *BGH*, NJW 1982, 569 = JuS 1982, 380 m. Anm. *Karsten Schmidt;* dazu ausführlich *Kramer*, JuS 1983, 423.

15 Vgl. *Kreuzer*, ZIP 1980, 723.

Geschäftsanteile an einen Dritten übertragen[16]. Die Geschäftsführer sind nach § 40 II GmbHG verpflichtet, die Vereinigung der Geschäftsanteile unverzüglich zum Handelsregister anzuzeigen.

c) Auch durch *Mantelverwendung* (oben, § 4 III 3) kann eine Einpersonengesellschaft entstehen: Der Erwerber erwirbt sämtliche Geschäftsanteile eines GmbH-Mantels, gibt diesem eine neue Firma und verwendet ihn als Träger eines schon vorhandenen oder noch aufzubauenden Unternehmens. Die Voraussetzungen einer rechtmäßigen Mantelverwendung sind unter § 4 III 3 dargestellt. Sind sie erfüllt, kann selbstverständlich auch ein einziger Gesellschafter dieses Verfahren nutzen.

2. Die Einpersonengründung[*]

a) Nach § 1 GmbHG kann die GmbH durch eine Person allein errichtet werden. Der »Gesellschaftsvertrag« ist dann in Wahrheit eine *einseitige Willenserklärung* vor dem Notar[17]. Diese Erklärung hat allerdings Satzungscharakter, ist also »Gesellschaftsvertrag« i.S. des GmbH-Gesetzes[18]. Durch den Gesellschaftsvertrag entsteht eine *Einpersonen-Vorgesellschaft*, die bereits Trägerin von Rechten und Pflichten sein kann und auch schon handlungsfähig ist (vgl. bereits oben, § 11 IV 3)[19]. Für die Vorgesellschaft gelten die bei § 34 III 3 entwickelten Grundsätze. Eine *Gegenmeinung* vertritt den Stand-

16 Dazu im einzelnen *Stöber*, ZIP 1981, 25ff.

* Literatur (Auswahl; weitere ältere Nachweise in der 2. Aufl.): *Bode*, Die gescheiterte Gründung der Einmann-GmbH, 1994; *Brinkmann*, Begrenzte Haftung bei der Einmann-GmbH in Gründung? GmbHR 1982, 269; *Fezer*, Die Einmanngründung der GmbH, JZ 1981, 608; *Flume*, Die Gründung der Einmann-GmbH nach der Novelle zum GmbH-Gesetz, DB 1980, 1781; *ders.*, Die GmbH-Einmanngründung, ZHR 146 (1982), 205; *Heinrich*, Besonderheiten der Einpersonen-Gründung, in: Priester/Mayer (Hrsg.), MünchHdb. GesR III, 1996, § 10; *Hüffer*, Zuordnungsprobleme und Sicherung der Kapitalaufbringung bei der Einmann-Gründung der GmbH, ZHR 145 (1981), 521; *ders.*, Vorgesellschaft und Einmanngründung, in: Roth (Hrsg.), Die Zukunft der GmbH, 1983, S. 167; *John*, Die Gründung der Einmann-GmbH, 1986; *ders.*, Zur Problematik der Vor-GmbH, insbesondere bei der Einmann-Gründung, BB 1982, 505; *ders.*, Die doppelstöckige Einmann-GmbH-Gründung, BB 1985, 626; *Kusserow*, Die Einmann-GmbH in Gründung, 1986; *Raiser*, Die neuen Gründungs- und Kapitalerhöhungsvorschriften, in: Das neue GmbH-Recht in der Diskussion, 1981, S. 21; *Karsten Schmidt*, Einmanngründung und Einmann-Vorgesellschaft, ZHR 145 (1981), 540; *ders.*, Zur Rechtslage der gescheiterten Einmann-Vorgesellschaft, GmbHR 1988, 89ff.; *Albert Schröder*, Die Einmann-Vorgesellschaft, 1990; *Ulmer*, Die Einmanngründung der GmbH – ein Danaer-Geschenk? BB 1980, 1001; *Ulmer/Ihrig*, Die Rechtsnatur der Einmann-Gründungsorganisation, GmbHR 1988, 373; *Winter*, Gründungs- und Satzungsprobleme bei der Einmanngesellschaft ..., in: Pro GmbH, 1980, S. 191.

17 Vgl. auch gebührenrechtlich *BayObLGZ* 1982, 467; *BayObLG*, GmbHR 1984, 45; *OLG Stuttgart*, DNotZ 1983, 577.

18 Der Regierungsentwurf 1977 enthielt noch die Bezeichnung: »Erklärung über die Errichtung der Gesellschaft«.

19 Vgl. mit Unterschieden im einzelnen *OLG Dresden*, GmbHR 1997, 215, 217 = DZWiR 1997, 200, 203 m. Anm. *Mutter*; *Raiser*, Kapitalgesellschaften, § 26 Rdnr. 87ff.; *ders.*, a.a.O., S. 35ff.; *Scholz/Karsten Schmidt*, § 11 Rdnr. 147, 149ff.; *John*, Gründung, a.a.O., S. 35ff.; *Gummert*, in: Priester/Mayer, HdbGesR III, 1996, § 16 Rdnr. 7; *Koppensteiner*, in: Festschrift Claussen, a.a.O., S. 215f.; *Karsten Schmidt*, NJW 1980, 1774f.; *ders.*, ZHR 145 (1981), 540ff.; ausführlich *Schröder*, a.a.O., S. 84ff., 151ff.; im Ergebnis auch *Baumbach/Hueck/Fastrich*, § 11 Rdnr. 37 und *Rowed-*

punkt, daß es sich nur um ein Sondervermögen des Gründers handle[20]. Diese Auffassung erkennt immerhin schon den Sonderstatus des Gesellschaftsvermögens an, nicht allerdings die Rechtssubjektivität der Einpersonen-Vorgesellschaft. Sie bleibt damit rechtsdogmatisch unbefriedigend, weil sie mit dem nebulösen Begriff des Sondervermögens arbeiten muß, wo es z.B. um Rechtsgeschäfte im Namen der Vor-GmbH und um deren Haftung geht. In den Ergebnissen kann diese provisorische Rechtskonstruktion immerhin Befriedigendes leisten. Nicht mit dem Gesetz vereinbar ist eine *dritte Auffassung*, nach der eine Vermögenssonderung vor der Eintragung aus angeblich unverrückbaren dogmatischen Gründen überhaupt abgelehnt wird[21], worauf dann ein Wehklagen über die vom Gesetz verursachten Schwierigkeiten anhebt[22]. Das ist nicht der adäquate Umgang mit dem positiven Recht. Das Gesetz zwingt den Gründer einer Einpersonengesellschaft, schon vor der Eintragung etwaige Sacheinlagen voll zu bewirken (§ 7 III GmbHG) und Bareinlagen entweder ganz oder teilweise einzuzahlen und im letzten Fall für den Rest eine Sicherung zu bestellen (§ 7 II GmbHG)[23]. Wer jede Vermögenssonderung ablehnt, muß deshalb Hilfslösungen empfehlen, z.B. die Zahlung auf ein Notar-Anderkonto statt an die Gesellschaft oder die Bestellung einer Vormerkung zugunsten der künftigen GmbH statt der Übereignung eines einzubringenden Grundstücks an die Gesellschaft. Dieses Konzept entspricht nicht dem geltenden Recht. Dieses besagt[24]: Mit der Errichtung entsteht die Gesellschaft als Rechtssubjekt (vgl. allgemein oben, § 11 IV 2). Es kann ein Geschäftsführer bestellt werden. Die Vorgesellschaft kann Trägerin von Rechten und Pflichten sein. Sie kann bereits bei Rechtsgeschäften und Prozessen in Erscheinung treten und ist sogar grundbuchfähig[25]. Ein in die Gesellschaft eingebrachtes oder von ihr mit Barmitteln errichtetes Unternehmen wird von der Vorgesellschaft betrieben und nicht von dem Gründer[26]. Bar- und Sacheinlagen können bereits in das Gesellschaftsvermögen eingebracht werden. Für eine Vollstreckung in das Gesellschaftsvermögen ist ein Titel gegen die Vorgesellschaft erforderlich.

Beispiel Nr. 4: Hat G als einziger Gründer eine GmbH gegründet, so ist deren Vermögen von demjenigen des G bereits getrennt. G kann Sachwerte an die Gesellschaft übereignen, und zwar sogar Grundstücke. Er kann auf den Namen der Gesellschaft ein Konto einrichten, das dann kein Treuhandkonto des G, sondern wirklich ein Konto der Gesellschaft ist. Privatgläubiger des G haben keinen Zugriff auf das eingebrachte Vermögen,

---

der/Rittner, § 11 Rdnrn. 132ff., beide mit Sympathien für die Lehre vom Sondervermögen (*Rittner:* Sondervermögen, das der Vorgesellschaft zusteht; vgl. ebd. Rdnr. 59).

20 So namentlich *Flume*, Juristische Person, § 5 IV 1/2; *ders.*, DB 1980, 1783; *ders.*, ZHR 146 (1982), 205ff.; s. auch *Hachenburg/Ulmer*, § 11 Rdnr. 17; *Lutter/Hommelhoff*, § 11 Rdnr. 14; *Roth/Altmeppen,* § 11 Rdnr. 76; *Fezer*, JZ 1981, 608ff.

21 *Hüffer*, § 33/2b; *ders.*, ZHR 145 (1981), 521ff.; *Ulmer*, BB 1980, 1001ff.; vgl. jetzt aber *Hachenburg/Ulmer*, § 11 Rdnr. 17; *Ulmer/Ihrig*, GmbHR 1988, 376ff.

22 Vgl. immer noch *Hüffer*, § 33/2b.

23 Dazu eingehend *Kleberger*, Die rechtliche Behandlung von Sicherungen bei der Gründung der Einmann-GmbH, Diss. Gießen 1986; wird nach Sicherheitsleistung die Einlage voll erbracht, so werden die Sicherheiten frei; vgl. *Deutler*, GmbHR 1980, 146; h.M.

24 Vgl. 3. Aufl., § 40 II 2a sowie *Scholz/Karsten Schmidt,* § 11 Rdnr. 147.

25 Zum Diskussionsstand vgl. *Schröder*, a.a.O., S. 89f., 95ff.

26 A.M. aufgrund der Sondervermögenstheorie *Kraft/Kreutz*, M II 5.

denn nur der Geschäftsanteil an der Vor-GmbH, nicht aber deren Gesellschaftsvermögen, gehört noch zum Privatvermögen des G.

Beispiel Nr. 5: Um ein Maklerunternehmen als GmbH zu betreiben, gründet G die Gustav G Immobilien GmbH, zahlt eine Bareinlage auf das soeben errichtete GmbH-Konto, bestellt sich selbst zum Geschäftsführer, mietet bei V ein Büro an, stellt eine Sekretärin S ein und kauft bei M Möbel. Das Unternehmen beginnt seine Tätigkeit planmäßig am 1. 1., obwohl sich die Eintragung in das Handelsregister noch hinzieht. Vertragspartner von V, S und M ist hier die Gesellschaft, nicht G. Dieser ist freilich gehalten, sein Handeln im Namen der »GmbH in Gründung« erkennbar zu machen (sonst Vertrauenshaftung, die nicht mit der Eintragung erlischt!); selbst dann haftet er bis zur Eintragung als Handelnder und als Gesellschafter persönlich neben der Gesellschaft. Als Gesellschafter hätte er auch gehaftet, wenn nicht er selbst, sondern ein Drittgeschäftsführer D im Namen der Vorgesellschaft kontrahiert hätte (vgl. zum Streitstand oben, § 34 III 3).

b) Die *Haftungsverhältnisse der »Einpersonen-Vorgesellschaft«* folgen den allgemeinen Regeln. Zunächst haftet *die Vorgesellschaft*, weil sie schon Rechtsträgerin ist, selbst; daneben haftet für Rechtsgeschäfte der Vorgesellschaft *der Handelnde* persönlich (§ 11 II GmbHG); daneben haftet schließlich *der Gründer* als Gesellschafter unbeschränkt für alle auf einem Vor-Handeln beruhenden Verbindlichkeiten der Vor-GmbH[27]. Dieses Haftungsmodell ist für diejenigen, die eine unbeschränkte Vor-Gesellschafterhaftung prinzipiell ablehnen oder nur eine Innenhaftung anerkennen, eine Eigentümlichkeit der Einpersonengründung[28], nach der hier vertretenen Ansicht dagegen nichts als die konsequente Übertragung der bereits dargestellten, freilich vom *Bundesgerichtshof* nur im Sinne einer Innenhaftung der Gründer übernommenen, Haftungsgrundsätze der Vor-GmbH (oben, § 34 III 3). Die unbeschränkte persönliche Außenhaftung als Gründer – also unabhängig von der Geschäftsführerstellung – fügt sich nach dem oben bei § 34 III 3 Gesagten in das Gesamtbild des GmbH-Gründungsrechts ein[29].

c) Kommt es anschließend zur *Eintragung der GmbH*, so sind alle Rechte und Pflichten der Vorgesellschaft nunmehr Rechte und Pflichten der fertigen GmbH (oben, § 34 III 4a). Von einem »Übergang« der Rechte und Pflichten sollte man hierbei nicht sprechen (so aber die übliche Formulierung). Die persönliche Außenhaftung des Handelnden aus § 11 II GmbHG erlischt (oben, § 34 III 4b). Die Gesellschafterhandlung geht in eine Innenhaftung für eine etwa durch Vorbelastungen herbeigeführte Unterbilanz über (oben, § 11 IV 2b und § 34 III 4d)[30].

d) *Scheitert die Eintragung*, so ist die Rechtslage zweifelhaft[31]. Nach allgemeinen Grundsätzen müßte die gescheiterte Gründung als Vor-GmbH

27 Das ist wohl unstreitig seit *BGHZ* 134, 333, 341 = NJW 1997, 1507, 1509; vgl. auch *Ulmer*, ZIP 1996, 737; *Lutter*, JuS 1998, 1077.

28 Vgl. *BGHZ* 134, 333, 341 = NJW 1997, 1507, 1509; *Hachenburg/Ulmer*, § 11 Rdnr. 65; *Lutter*, JuS 1998, 1077.

29 Eingehend *Scholz/Karsten Schmidt*, § 11 Rdnr. 82, 155.

30 Näher *John*, Gründung, a.a.O., S. 55; *Karsten Schmidt*, ZHR 145 (1981), 562 m.w.N.

31 Näher *John*, Gründung, a.a.O., S. 55ff.; *Karsten Schmidt*, ZHR 145 (1981), 562ff.; *ders.*, GmbHR 1988, 90; *Hubert Schmidt*, GmbHR 1987, 393; *Ulmer/Ihrig*, GmbHR 1988, 383f.

liquidiert werden. Dagegen spricht, daß der zur Liquidation berufene Geschäftsführer (§ 66 GmbHG) – meist wird es der Gründer selbst sein – gerade in diesen Fällen vielleicht keine Liquidationsmaßnahmen ergreifen wird. Es muß aber verhindert werden, daß die gescheiterte Einpersonengesellschaft auf unabsehbare Zeit Inhaberin des Gesellschaftsvermögens bleibt. Den Vorzug verdient deshalb die Auffassung, daß die Einpersonen-Vor-GmbH liquidationslos erlischt, wenn der Eintragungsantrag rechtskräftig zurückgewiesen oder die Eintragung vom Gründer nicht mehr betrieben wird[32]. In eine oHG kann sich die Gesellschaft – anders als eine Mehrpersonen-Vor-GmbH – in diesen Fällen nicht verwandeln, vielmehr geschieht, was mit einer oHG geschähe, wenn alle Anteile in einer Person zusammenfielen (unten, § 44 II 2): Das eingebrachte Vermögen fällt automatisch im Wege der Gesamtrechtsnachfolge an den Gründer zurück. Auch dieses Ergebnis vermag zwar nicht voll zu befriedigen, weil die Rechtszuordnung wieder unsicher wird. Aber das ist nun einmal der Preis, den – in seltenen Fällen! – das Gesellschaftsrecht für das gesetzliche Experiment der »Einmanngründung« zu zahlen hat.

Beispiel Nr. 6 (vereinfacht nach *BayObLG*, NJW-RR 1987, 812 = GmbHR 1987, 393 m. Anm. *Hubert Schmidt*): Frau H hatte eine Bauunternehmungs-GmbH gegründet. Für diese war zu Lasten eines Kunden-Grundstücks eine Bauhandwerker-Sicherungshypothek nach § 648 BGB im Grundbuch eingetragen. Die Eintragung der GmbH in das Handelsregister scheiterte, womit die Frage entstand, was aus der Vormerkung geworden war. Das Urteil, zu dem sich im einzelnen Kritisches sagen läßt *(Karsten Schmidt*, GmbHR 1988, 89ff.), ging von dem Grundsatz aus: »Eine Vor-GmbH besteht nur so lange, wie die Eintragung der GmbH in das Handelsregister betrieben wird.« Demgemäß kam es darauf an, ob die Vor-GmbH im Zeitpunkt der Grundbucheintragung noch bestand. War das der Fall, so war die Vormerkung auf Frau H übergegangen. War die Vor-GmbH bereits erloschen, so war nach Ansicht des *BayObLG* die Vormerkungseintragung für sie ins Leere gegangen.

e) Für die *Kapitalaufbringung bei der GmbH-Gründung durch nur einen Gesellschafter* gilt eine Reihe von Sonderbestimmungen. Der Gesetzgeber hielt sie vor allem deshalb für notwendig, weil keine gegenseitige Kontrolle unter den Gründern stattfinden kann und eine wechselseitige Ausfallhaftung nach § 24 GmbHG außer Betracht bleibt[33]. So genügt bei Bareinlagen die bloße Teileinzahlung nach § 7 II 1, 2 GmbHG nicht, sondern der Gesellschafter muß entweder die ganze Bareinlage vor der Anmeldung leisten oder für den Rest eine Sicherung bestellen (§§ 7 II 3, 8 II 2 GmbHG). Für einen Umgehungsschutz sorgen die §§ 19 IV und 40 II GmbHG (dazu schon unter II 1b).

32 Näher *Karsten Schmidt*, ZHR 145 (1981), 563f.; *ders.*, GmbHR 1988, 90; jetzt wohl h.M.; vgl. *BGH*, NZG 1999, 962 m. Anm. *Grießenbeck*; *LG Berlin*, GmbHR 1988, 71; *Scholz/Karsten Schmidt*, § 11 Rdnr. 148; *Fichtelmann*, GmbHR 1997, 996.

33 Begr. RegE 1977, BR-Drucks. 404/77 = BT-Drucks. 8/1347, S. 32.

3. Die Entstehung der Einpersonengesellschaft durch Ausgliederung von Vermögensteilen auf eine GmbH

a) Schon nach §§ 56a ff. UmwG 1969/1980 konnte ein Einzelkaufmann ein von ihm betriebenes Unternehmen, dessen Firma in das Handelsregister eingetragen war, auf eine GmbH umwandeln. Diese Umwandlung glich einer Einpersonengründung ohne Einzeleinbringung des Gesellschaftsvermögens: Sie ließ die GmbH erst mit der Eintragung entstehen, und sie ließ die in einer eigens anzufertigenden Übersicht verzeichneten Vermögensgegenstände uno actu im Wege der partiellen Gesamtrechtsnachfolge auf die GmbH übergehen[34]. Eine wesentliche Schwäche bestand allerdings darin, daß das Konzept ganz auf die natürliche Person und ihre »Einmanngesellschaft« beschränkt war und insbesondere einer Handelsgesellschaft nicht erlaubte, Tochtergesellschaften auf dem Wege der Umwandlung ohne Einzeleinbringung zu bilden.

b) Nach dem *Umwandlungsgesetz von 1994* ist dieser Fall in dem allgemeinen Konzept der Spaltung aufgegangen (dazu eingehend oben, § 13 IV und V 1): Nach § 123 III UmwG kann ein Rechtsträger als sog. übertragender Rechtsträger gegen Gewährung von Anteilen einen Teil seines Vermögens nicht nur auf einen schon bestehenden Rechtsträger ausgliedern (Ausgliederung zur Aufnahme), sondern auch auf einen neu entstehenden Rechtsträger (Ausgliederung zur Neugründung). Nach §§ 123, 131, 135, 136, 152ff. UmwG entsteht mit der unter Beachtung der Gründungsvorschriften vorzunehmenden Eintragung der aufnehmende Rechtsträger als neue Gesellschaft, und die im Spaltungsplan bezeichneten Vermögensgegenstände gehen im Wege der »partiellen Universalsukzession« kraft Rechtsgeschäfts auf die neu entstehende Gesellschaft über (oben, § 13 V 1)[35]. Diese nunmehr in das allgemeine Unternehmensrecht integrierte Rechtstechnik kommt allen spaltungsfähigen Rechtsträgern zugute (§ 124 UmwG), und sie erlaubt gegenüber den herkömmlichen Gründungen eine noch weitergehende Vereinfachung, so daß die Einpersonengründung nach § 1 GmbHG wohl in den Hintergrund treten wird.

Beispiel Nr. 7: Erscheint bei dem Notar der Einzelkaufmann E mit der Bitte, »sein Geschäft in eine GmbH umzuwandeln«, so kann der Notar ihm folgende Gestaltungsmöglichkeiten anbieten: die Strohmanngründung, die außer der Einzeleinbringung auch die Beteiligung eines »Gründungshelfers« mit nachträglicher Anteilsübertragung voraussetzt; die Einpersonengründung nach § 1 GmbHG, die die Hinzuziehung eines Strohmanns, nicht aber die Einzeleinbringung der Einlagegegenstände erspart; schließlich die Ausgliederung nach §§ 123 III, 152ff. UmwG, die wie eine Einpersonengründung unter Globaleinbringung der im Spaltungsplan aufzulistenden Gegenstände funktioniert.

Beispiel Nr. 8: Will eine Handelsgesellschaft ihre Auslands- oder ihre Reparaturabteilung (oder beide) auf GmbH-Tochtergesellschaften auslagern, so wird auch sie nicht zögern, den Weg der Ausgliederung zu wählen, der allerdings eine Beschlußfassung nach §§ 13, 125 UmwG erforderlich macht (zur Frage, ob diese durch ein Gründungsgeschäft nach § 1 GmbHG umgangen werden kann, vgl. oben, § 13 I 4).

34 Eingehend 2. Aufl., § 40 II 3; *Karsten Schmidt*, AcP 191 (1991), 512ff.
35 Zum rechtsdogmatischen Konzept vgl. *Karsten Schmidt*, AcP 191 (1991), 510ff.

III. Sonderregeln für die Einpersonen-GmbH*

1. Kapitalaufbringung und Kapitalerhaltung

Es ist eine Selbstverständlichkeit, daß die Vermögenstrennung nicht nur zugunsten, sondern auch zu Lasten des Alleingesellschafters wirkt. Die strengen Grundsätze der Kapitalaufbringung und der Kapitalerhaltung gelten sämtlich auch für ihn. Insbesondere muß er sich an das Ausschüttungsverbot des § 30 GmbHG halten, muß die Gesellschaft im Insolvenzfall sanieren, wenn er nicht der Insolvenzantragspflicht nach § 64 GmbHG unterfallen will, und für seine Darlehen an die Gesellschaft oder Bürgschaften für die Gesellschaft gelten die §§ 32a, b GmbHG. Im Gründungsstadium oder bei nachträglichem Zusammenfall der Anteile gelten die schon besprochenen Sonderregeln der §§ 7 II 3, 8 II 2, 19 IV GmbHG (Volleinzahlungsgebot). Nach §§ 56a, 57 II GmbHG gilt das Volleinzahlungsgebot auch für Kapitalerhöhungen. Vor allem der Umgehungsschutz des § 19 IV GmbHG ist von erheblicher Bedeutung: Vereinigen sich innerhalb von drei Jahren nach der Eintragung der GmbH in das Handelsregister deren Geschäftsanteile in der Hand eines Gesellschafters oder daneben in der Hand der Gesellschaft, so hat der Gesellschafter innerhalb von drei Monaten alle Geldeinlagen voll einzuzahlen oder der Gesellschaft eine Sicherung zu bestellen oder einen Teil der Geschäftsanteile zu veräußern. Geschieht dies nicht, so findet bei dem Registergericht ein gerichtliches Zwangsauflösungsverfahren nach § 144b FGG statt[36].

2. Das Organisationsrecht

a) Der Alleingesellschafter ist »Herr im eigenen Hause«. Dies macht es einerseits schwierig, auf der anderen Seite um so dringender erforderlich, zwischen dem *Vermögen des Gesellschafters und der Gesellschaft* sowie zwischen Rechtsgeschäften des Gesellschafters und der Gesellschaft zu unterscheiden (vgl. auch zu den Durchgriffsproblemen alsbald unter III 3 und 4). Der Alleingesellschafter kann sich – und wird sich häufig – nach §§ 6 III 2, 46 Nr. 5 GmbHG zum Alleingeschäftsführer der Gesellschaft bestellen. Er kann als Gesellschafter über die Geschäftsanteile an der GmbH oder aber als Geschäftsführer der GmbH über deren Vermögen verfügen. In der Verfügung über die Geschäftsanteile ist der Alleingesellschafter auch dann frei, wenn der Gesellschaftsvertrag die Anteilsabtretung gemäß § 15 V

* Literatur: *Buchmann*, Registerpublizität und Gläubigerschutz bei der Einmanngesellschaft, 1984; *Hübner*, Interessenkonflikt und Vertretungsmacht, 1977; *Kreutz*, § 181 BGB im Lichte des § 35 Abs. 4 GmbHG, in: Festschrift Brühl, 1981, S. 425; *Lindemann*, Die Beschlußfassung in der Einmann-GmbH, 1997; *Plander*, Die Geschäfte des Gesellschaftergeschäftsführers der Einmann-GmbH mit sich selbst, 1969; *Ziche*, Die Verweisung des § 35 Abs. 4 GmbHG auf das Verbot der Vornahme von Insichgeschäften, 1991.

36 Vgl. *Scholz/Uwe H. Schneider,* § 19 Rdnr. 97.

GmbHG erschwert hat[37]. Er unterliegt auch, solange er nicht die gesetzlich gewährleisteten Eigenbelange der GmbH (insbesondere § 30 GmbHG) verletzt, keinem generellen Wettbewerbsverbot gegenüber seiner Gesellschaft[38].

b) Rechtsgeschäfte des Alleingesellschafters mit der eigenen GmbH lösen *Probleme des Selbstkontrahierens* nach § 181 BGB aus[39]. Interessenkonflikte und Kollusionsgefahren sind im Verhältnis zwischen dem Alleingesellschafter und seiner Gesellschaft unleugbar. Der *Bundesgerichtshof* hatte in den Jahren vor der GmbH-Novelle die Anwendung des § 181 BGB verneint[40]. Dieser Rechtsprechung wurde vom Gesetzgeber der GmbH-Novelle von 1980 der Boden entzogen: Befinden sich alle Geschäftsanteile der Gesellschaft in der Hand eines Gesellschafters oder daneben in der Hand der Gesellschaft und ist er zugleich deren alleiniger Geschäftsführer, so ist auf seine Rechtsgeschäfte mit der Gesellschaft § 181 des Bürgerlichen Gesetzbuchs anzuwenden (§ 35 IV GmbHG)[41]. Allerdings kann der Gesellschafter-Geschäftsführer durch die Satzung – nicht durch schlichten Beschluß[42] – vom Verbot des Selbstkontrahierens befreit werden. Heute besteht wohl kaum noch eine Einpersonen-GmbH ohne eine solche Vertragsklausel. Wird eine Mehrpersonen-GmbH erst nachträglich zu einer Einpersonengesellschaft, so wirkt eine satzungsmäßige Befreiung fort[43]. Die Befreiung ist eine eintragungsfähige und eintragungspflichtige Tatsache[44]. Ist sie zwar in der Satzung enthalten, aber nicht eingetragen und bekanntgemacht, so kann sich die Gesellschaft nach § 15 I HGB gegenüber Gutgläubigen nicht darauf berufen[45].

c) Mit der GmbH-Novelle neu in Kraft getreten ist das *Schriftformerfordernis bei sog. Einmannbeschlüssen.* § 48 III GmbHG lautet:

»Befinden sich alle Geschäftsanteile der Gesellschaft in der Hand eines Gesellschafters oder daneben in der Hand der Gesellschaft, so hat er unverzüglich nach der Beschlußfassung eine Niederschrift aufzunehmen und zu unterschreiben.«

Das Problem der Beschlußfassung in der Einpersonengesellschaft hat die Rechtsprechung des öfteren beschäftigt[46]. Rechtsdogmatisch ist diese Beschlußfassung ein Kuriosum, weil das Instrument des Beschlusses für die

37 *BGH*, ZIP 1988, 1046, 1048; BB 1991, 1071, 1073.
38 Vgl. im Anschluß an *BGHZ* 122, 333 nunmehr auch *BFH*, NJW 1996, 1559 unter Aufgabe des Standpunkts von *BFHE* 157, 408.
39 Vgl. eingehend *Buchmann*, a.a.O., S. 13 ff.; *Plander*, a.a.O.; *Hübner*, a.a.O., S. 251 ff.; *Kreutz*, in: Festschrift Mühl, 1981, S. 425.
40 *BGHZ* 56, 97 = NJW 1971, 1355 m. krit. Anm. *Winkler; BGHZ* 75, 358; eingehend und krit. *Rob. Fischer*, in: Festschrift Hauß, 1978, S. 61 ff. = Gesammelte Schriften, 1985, S. 225 ff.
41 *BGHZ* 56, 97 = NJW 1971, 1355 m. krit. Anm. *Winkler; BGHZ* 75, 358; eingehend und krit. *Rob. Fischer*, in: Festschrift Hauß, 1978, S. 61 ff. = Gesammelte Schriften, 1985, S. 225 ff.
42 Vgl. *RGZ* 68, 172, 179; 109, 77, 79; *BGHZ* 33, 189, 193; 87, 50, 60; eingehend *Ekkenga*, AG 1985, 46.
43 *BGHZ* 114, 167 = NJW 1991, 1731.
44 *BGHZ* 87, 59; s. auch bereits *BayObLG*, WM 1981, 834; BB 1984, 1117, 1118; *OLG Frankfurt*, OLGZ 1983, 38.
45 *Ekkenga*, AG 1985, 46.
46 *RGZ* 138, 106, 113; 160, 257; *RG*, JW 1938, 1403; *BGHZ* 12, 337, 339; *BGH*, NJW 1968, 396; WM 1968, 1329; 1969, 158, 159; 1988, 1335; 1990, 638.

Willensbildung im Kollektiv geschaffen ist (oben, § 15 I 1), während hier nur ein Zurechnungsproblem bleibt: Wie und wann wird aus der Willensbildung des Gesellschafters ein Beschluß der Gesellschaft[47]? Der alleinige Gesellschafter ist ständig beschlußfähig. Er kann, wo immer er sich befindet, ohne Ladung und Tagesordnung »Vollversammlungsbeschlüsse« fassen, und die Gefahr ist gegeben, daß er sich stets im geeigneten Augenblick auf das Vorhandensein angeblicher Beschlüsse beruft. In der Praxis sind damit die Probleme des »Einmannbeschlusses« ganz überwiegend Formprobleme, und deshalb leuchtet § 48 III GmbHG im Grundsatz ein. Aber das Gesetz läßt – anders als noch der Regierungsentwurf – die Rechtsfolgen eines Verstoßes offen und erklärt einen formlos gefaßten Beschluß nicht für nichtig, weil man befürchtete, daß sich der Einmanngesellschafter im rechten Moment auf die Nichtigkeit beriefe, wenn er sich von den Folgen eines Beschlusses freimachen wolle[48]. Die Praxis wird deshalb klären müssen, welches die Folgen eines Verstoßes sein sollen. Drei Ansätze kommen in Betracht: Man kann § 48 III GmbHG als eine bloße Sollvorschrift lesen[49]. Man kann die Bestimmung weiter als Beweislastregel deuten[50]. Man kann aber auch – strenger – davon ausgehen, daß der Gesellschafter an nachweisbare Beschlüsse in jedem Fall gebunden ist, sich aber zu seinem Vorteil nur auf beurkundete Beschlüsse berufen darf[51]. Der gesetzgeberischen Absicht entspricht wohl der dritte Ansatz.

d) *Konzernrechtsfragen der Einpersonen-GmbH* sind noch wenig geklärt. Ist einziger Gesellschafter einer GmbH ein herrschendes Unternehmen, so gelten zunächst die Grundsätze über die Einpersonengesellschaft, z.B. auch das Verbot des Selbstkontrahierens gemäß § 35 IV GmbHG[52]. Aber die Sonderregeln über Einpersonengesellschaften gewährleisten allein keinen hinreichenden Schutz. Ist ein Unternehmen einziger Gesellschafter, so ist die GmbH in gefährlichem Maße den Fremdinteressen dieses anderen Unternehmens ausgesetzt, da Minderheitsgesellschafter fehlen[53]. Dadurch wird nicht nur die abhängige Gesellschaft erheblich gefährdet, sondern gefährdet sind auch ihre Gläubiger. Ausgleich sollte nicht durch eine allgemeine Durchgriffshaftung des herrschenden Unternehmens gegenüber den Gläubigern der GmbH-Tochter geschaffen werden, sondern[54]

- durch eine mitgliedschaftsrechtliche Verantwortung des herrschenden Unternehmens gegenüber der GmbH-Tochter und

47 Dazu eingehend *Ziche*, a.a.O.

48 Ausschußbericht, BT-Drucks. 8/3908, S. 75.

49 Vgl. *Meyer-Landrut*, § 48 Rdnr. 33.

50 Vgl. *Plander*, a.a.O., S. 71; *ders.*, GmbHR 1971, 154; wohl auch *Baumbach/Hueck/Zöllner*, § 48 Rdnr. 29.

51 Vgl. im Anschluß an *Mertens: Lindemann*, a.a.O., S. 201ff.; *Scholz/Karsten Schmidt*, § 48 Rdnr. 78; zust. *Rowedder/Koppensteiner*, § 48 Rdnr. 23; für Form als Gültigkeitserfordernis anfangs *Lutter*, DB 1980, 1322.

52 Eingehend *Uwe H. Schneider*, BB 1986, 201ff.

53 Vgl. eingehend *Ulmer*, ZHR 148 (1984), 391ff.

54 Vgl. eingehend *Karsten Schmidt*, BB 1985, 2077; *ders.*, ZIP 1986, 147; 1989, 545.

– im Fall des qualifizierten faktischen Konzerns durch eine Verlustdeckungspflicht analog § 302 AktG.

Auf diese Konzernrechtsfragen wurde unter § 39 I 2 und III 2-4 näher eingegangen. Sie spielten eine entscheidende Rolle in den dort schon besprochenen Fällen »Autokran« (*BGHZ* 95, 330), »Video« (*BGHZ* 115, 187) und »TBB« (*BGHZ* 122, 123) in denen der *Bundesgerichtshof* den Alleingesellschafter mehrerer Gesellschaften einer Konzernhaftung ausgesetzt hat. Was das Recht der Einpersonengesellschaft anlangt, so hätte der *Bundesgerichtshof* allerdings viel genauer prüfen müssen, unter welchen engen Voraussetzungen der Gesellschafter als herrschendes Unternehmen einer spezifisch konzernrechtlichen Verlustausgleichshaftung unterliegt (oben, § 39 I 2). Erfüllt der Gesellschafter diese Voraussetzungen nicht, so kann er immer noch der unter § 37 III 7 besprochenen Verschuldenshaftung unterliegen[55]. Diese wird zwar auf existentielle Eingriffe beschränkt (*BGHZ* 142, 92, 95 = NJW 1999, 2817, 2818 und dazu oben, § 37 III 3 c), aber um solche Eingriffe ging es in den vermeintlichen »Konzernhaftungsfällen« auch. Der *Bundesgerichtshof* hatte sich diesen Lösungsweg unnötig verbaut, indem er die Verantwortlichkeit des Gesellschafters für Schädigungen seiner Einmann-GmbH im »Autokran«-Urteil für schwer begründbar erklärt und den Gesellschafter einer viel schwerer begründbaren konzernrechtlichen Durchgriffshaftung unterworfen hat (dazu oben, § 39 III 3 und 4). Seit dem Urteil »Bremer Vulkan« (*BGHZ* 146, 10 = NJW 2001, 3622) besteht Übereinstimmung mit der hier vertretenen Ansicht. Der Alleingesellschafter haftet für existenzielle Schädigungen der Gesellschaft (bestätigend *BGH,* NJW 2002, 1803).

3. Subjekttrennung und Funktionseinheit: »Durchgriff« auf den Alleingesellschafter?[*]

a) Es liegt auf der Hand, daß die Einpersonengesellschaft in besonderem Maße für Durchgriffserwägungen anfällig ist, denn die strikte Trennung zwischen der Gesellschaft und ihrem Alleingesellschafter ist weitaus stärker als bei anderen Gesellschaften dem Einwand des Formalismus ausgesetzt[56]. Die oben unter § 9 gegen die Methode des »Durchgriffs« vorgetragenen Bedenken gelten indessen auch hier: Durchgriffsprobleme sind ernst zu nehmen, aber die Durchgriffs*methode* ist als Rechtsanwendungstechnik dubios. Es geht nicht an, die juristische Person immer dann zu negieren, wenn dies dem Rechtsgefühl entspricht. Vielmehr sind Durchgriffs*probleme*

---

55 Vgl. näher *Karsten Schmidt*, ZIP 1986, 146ff.; 1993, 551; 1994, 843; *Winter*, ZGR 1994, 370, 588ff.; vgl. schon *Ulmer*, ZHR 148 (1984), 418f.

* Literatur: *Hachenburg/Mertens*, Anh. zu § 13; *Reinhardt*, Gedanken zum Identitätsproblem bei der Einmanngesellschaft, in: Festschrift Lehmann II, 1956, S. 576; *Rittner*, Die werdende juristische Person, 1973, S. 273ff.; *Schanze*, Einmanngesellschaft und Durchgriffshaftung, 1975; *Karsten Schmidt*, Wohin führt das Recht der Einmanngesellschaft? GmbHR 1974, 178; *Serick*, Rechtsform und Realität juristischer Personen, 1955, S. 14ff.; *Wilhelm*, Rechtsform und Haftung bei der juristischen Person, 1981.

56 Besonders deutlich *Reinhardt*, a.a.O., S. 590ff.; charakteristisch auch *LG Detmold*, NJW-RR 1990, 995; berechtigte Kritik bei *Rittner*, a.a.O., S. 273.

unter Wahrung der rechtlichen Selbständigkeit der GmbH als Rechtssubjekt zu lösen. Dann zeigt sich zunächst, daß die GmbH jedenfalls nicht für Verbindlichkeiten ihres Alleingesellschafters haftet, denn dem steht schon die gesetzliche Vermögenssicherung entgegen[57]. Wenn der Alleingesellschafter im eigenen Namen und nicht im Namen der GmbH eine Verbindlichkeit eingeht, dann haftet für diese Verbindlichkeit er selbst und nicht auch die GmbH. Der Gläubiger kann nur gegen ihn einen Titel erwirken, kann aus diesem Titel auch den Geschäftsanteil des Alleingesellschafters pfänden, nicht dagegen in das Vermögen der Gesellschaft vollstrecken. Die umgekehrte Zurechnung von der GmbH auf den Gesellschafter ist komplizierter.

b) Vielfach hilft die Vertragsinterpretation oder die Normzwecklehre weiter:

Beispiel Nr. 9 (in Anlehnung an *RGZ* 99, 233): Der Alleingesellschafter B verspricht dem K eine Gewinnbeteiligung an seiner GmbH. Hat er diese Verpflichtung im eigenen Namen übernommen, so ist dies kein Durchgriffsproblem; denn es schuldet dann nicht die GmbH, sondern der B diese Gewinnbeteiligung, und es stellt sich nur noch die Frage, ob dem B die Erfüllung möglich ist. So entschied denn auch richtig das *Reichsgericht*, das die Entscheidung allerdings als ein Sich-Hinwegsetzen über die juristische Person ausgab und mit der üblichen Durchgriffsformel arbeitete, der Richter habe »vor der juristischen Konstruktion die Wirklichkeit des Lebens und die Macht der Tatsachen zu berücksichtigen«. Es handelt sich – wie so oft – um einen methodischen Fehlgriff zur Erzielung eines richtigen Ergebnisses.

Beispiel Nr. 10 (in Anlehnung an *RGZ* 126, 46): Der Alleingesellschafter kann nicht von der eigenen Gesellschaft gutgläubig ein Grundstück nach § 892 BGB erwerben. Das *Reichsgericht* begründete dies aufgrund seiner ständigen Rechtsprechung mit dem Gedanken, »wonach einem Rechtserwerb der Schutz des öffentlichen Glaubens des Grundbuchs nach § 892 BGB dann nicht zustatten kommt, wenn sich auf der Veräußerer- und der Erwerberseite dieselben natürlichen Personen, obgleich in verschiedener rechtlicher Gestalt und Verbundenheit, gegenüberstehen«; dies gelte auch dann, wenn der Grundstückserwerber die GmbH-Geschäftsanteile eigens deshalb erworben hat, um von der GmbH das Grundstück erwerben zu können. Dies ist keine Durchgriffsentscheidung, sondern eine teleologische Reduktion des § 892 BGB (sog. Lehre vom Verkehrsgeschäft; vgl. oben, § 9 III 2d).

Beispiel Nr. 11 (in Anlehnung an *BGHZ* 25, 115): Eine Kommanditgesellschaft hatte die Verkaufsabteilung ihres Unternehmens dergestalt in die Form einer betriebseigenen GmbH gekleidet, daß sich sämtliche Geschäftsanteile der GmbH in der Hand der KG befanden. Es handelte sich wohlgemerkt nicht um eine GmbH & Co. KG, sondern die GmbH war Konzerntochter der Kommanditgesellschaft. Ein Kommanditist verlangte nach § 166 HGB Einsicht in die Bücher und Geschäftspapiere der GmbH. Der *Bundesgerichtshof* entschied: »Wenn eine Kommanditgesellschaft die Verkaufsabteilung ihres Unternehmens in die Form einer betriebseigenen GmbH kleidet, dann haben die Kommanditisten gegenüber der Kommanditgesellschaft das Recht, auch die Bücher und Papiere der GmbH zum Zwecke der Bilanzprüfung nach § 166 HGB einzusehen.« In den Entscheidungsgründen heißt es, daß die rechtliche Verschiedenheit der GmbH und ihres Alleingesellschafters nicht berücksichtigt werden könne, wenn dies gegen Treu und Glauben verstoße und mit der Rechtsordnung unvereinbar sei. Diese typische Durchgriffserwägung ist überflüssig. Es liegt überhaupt kein GmbH-Problem vor, sondern es

57 *BGH*, BB 1990, 730 = GmbHR 1990, 295; *Baumbach/Hueck/Fastrich*, § 13 Rdnr. 18; *Hachenburg/Mertens*, Anh. § 13 Rdnr. 24; *Scholz/Emmerich*, § 13 Rdnr. 96.

geht um die Interpretation des § 166 HGB. Gegenstand der Gesellschafterinformation sind die »Angelegenheiten der Gesellschaft« (oben, § 35 I 4). Dazu gehören auch die Verhältnisse ihrer Tochter-GmbH.

Beispiel Nr. 12 (nach *Huff*, BB 1986, 213): Der Alleingesellschafter einer GmbH fährt mit einem privat geliehenen Wagen gegen den seiner Gesellschaft gehörenden Pkw. Er macht nun im Namen der GmbH den Haftpflichtschaden der Gesellschaft gegen den Haftpflichtversicherer des geliehenen Privat-Pkw geltend. Dieser wendet ein, hier sei kein Schaden zu ersetzen, weil nicht »ein anderer« geschädigt sei (vgl. §§ 823 BGB, 7 StVG): Das ist im Hinblick auf die Trennung der Rechtssubjekte unrichtig. Außerdem macht der Versicherer geltend, hier gehe es um den Schaden einer mitversicherten Person i. S. von § 11 der Allgemeinen Bedingungen für die Kraftfahrtversicherung (AKB): Das ist ein Zurechnungs- und Interpretationsproblem *(Huff*, ebd., spricht sich für eine Zahlungspflicht aus).

c) An die Stelle eines Haftungsdurchgriffs muß eine *Verantwortlichkeit des Alleingesellschafters und – oft dieselbe Person! – des Geschäftsführers gegenüber der GmbH* treten: Der Gesellschafter und der Geschäftsführer (§ 43 GmbHG) haften der Gesellschaft, wenn sie deren Vermögen schuldhaft schädigen[58]; sie haften insbesondere auch, wenn sie durch Unterkapitalisierung oder durch schädigende Maßnahmen den Konkurs der Gesellschaft herbeiführen[59]. Allerdings sind die Sorgfaltsmaßstäbe unterschiedlich: Der Geschäftsführer haftet für jede Verletzung seiner Geschäftsleiterpflichten, der Gesellschafter nur für die Herbeiführung existentieller Schäden[60], und zwar auch bei der Einpersonengesellschaft[61]. In den Worten dieses Buches heißt das: Der Gesellschafter darf seine Gesellschaft zwar nach dem Gesetz liquidieren, nicht aber darf er sie durch schädigende Maßnahmen ruinieren (oben, § 37 III 3). In den extrem seltenen Fällen des qualifizierten faktischen Konzerns (oben, § 39 III 3) ist der Alleingesellschafter der GmbH analog § 302 AktG verlustausgleichspflichtig. Noch einmal muß hier auf die problematischen und lehrreichen Fälle in *BGHZ* 68, 312, *BGHZ* 95, 330, *BGHZ* 115, 187 und *BGHZ* 122, 123 hingewiesen werden (dazu ausführlicher oben, § 9 IV 5, § 37 III 7 und § 39 III 2, 3):

Beispiel Nr. 13 (nach *BGHZ* 68, 312 m. Anm. *Karsten Schmidt*, NJW 1977, 1451; *Emmerich*, NJW 1977, 2163; umfassende Nachweise bei *Lutter/Hommelhoff*, ZGR 1979, 31): Hat eine Baugesellschaft die Fertighausabteilung auf eine unterkapitalisierte, von den Weisungen der Baugesellschaft abhängige und auch nicht mit eigenem Management ausgestattete GmbH ausgelagert und wird diese insolvent, so haftet die Baugesellschaft zwar nicht ohne weiteres im Wege des Haftungsdurchgriffs unter dem Gesichtspunkt der qualifizierten faktischen Konzernherrschaft (insofern richtig der VIII. Zivilsenat des *BGH)*, aber sie kann der Tochtergesellschaft zum Schadensersatz und evtl. sogar zu vollem Verlustausgleich verpflichtet sein, und dies können hilfsweise auch die Gläubiger geltend machen.

---

58 Vgl. im Ergebnis übereinst. *Wilhelm*, a. a. O., S. 344 ff. (Organhaftung); *Ulmer*, ZHR 148 (1984), 420 ff. (Treupflichtverletzung); a. M. *Baumbach/Hueck/Zöllner*, Anh. KonzernR Rdnr. 83 m. w. N.; Bedenken bei *BGHZ* 95, 330, 340.

59 Begründung bei *Karsten Schmidt*, ZIP 1988, 1505 f.

60 Vgl. nur *BGHZ* 146, 10 = NJW 2001, 3622; *BGH*, NJW 2002, 1803.

61 Vgl. demgegenüber noch *BGHZ* 95, 330, 340 = NJW 1986, 188, 190: bei der Einpersonengesellschaft »nicht leicht zu begründen«.

Beispiel Nr. 14 (nach *BGHZ* 95, 330; 122, 123): Die hier verschiedentlich diskutierte Konzernhaftungsrechtsprechung nahm eine, vom *Bundesgerichtshof* konzernrechtlich begründete, Ausfallhaftung des herrschenden Einmanngesellschafters an, wenn er »die Konzernleitungsmacht in einer Weise ausübt, die keine angemessene Rücksicht auf die eigenen Belange der abhängigen Gesellschaft nimmt, ohne daß sich der ihr insgesamt zugefügte Nachteil durch Einzelausgleichsmaßnahmen kompensieren ließe« (Leitsatz *BGHZ* 122, 123; bestätigt z.B. durch *BGH*, NJW 1994, 446; 1995, 1544). Seit dem Urteil »Bremer Vulkan« in *BGHZ* 146, 10 = NJW 2001, 3622 würde der *Bundesgerichtshof* diese Haftung nicht mehr auf das Konzernrecht stützen, sondern auf das Existenzgefährdungsverbot.

Vom Haftungsdurchgriff muß auch hier die Frage unterschieden werden, ob der geschäftsführende Alleingesellschafter wegen Verschuldens bei Vertragsschluß, wegen deliktischer Konkursverschleppung (§§ 823 II BGB, 64 I GmbHG) oder wegen Kredittäuschung haftet, wenn er Rechtsgeschäfte im Namen seiner kreditunwürdigen, vielleicht gar schon überschuldeten, GmbH abschließt (dazu oben, § 36 II 5).

4. Schadensprobleme bei der Geltendmachung von Schäden des Gesellschafters und der Gesellschaft: »Gesellschafterfreundlicher Durchgriff«?*

a) Die Vermögenstrennung zwischen dem Gesellschaftervermögen und dem Gesellschaftsvermögen bereitet nicht nur da Schwierigkeiten, wo der Gesellschafter von der Vermögenstrennung profitiert. Es gibt auch Konstellationen, bei denen verhindert werden muß, daß Dritte – insbesondere solche, die am Vermögen des Gesellschafters oder der Gesellschaft einen Schaden verursacht haben – unverhofft und unverdienterweise von der Vermögenstrennung profitieren. Ausgangspunkt ist die Unterscheidung des Gesellschafterschadens vom Gesellschaftsschaden: Ansprüche wegen eines Eigenschadens des

* Literatur: *Baums*, Ersatz von Reflexschäden in der Kapitalgesellschaft, ZGR 1987, 554; *Berg*, Schadensersatzanspruch des GmbH-Alleingesellschafters bei einem Schaden der Gesellschaft, NJW 1974, 933; *Brandes*, Ersatz von Gesellschafts- und Gesellschafterschaden, in: Festschrift Fleck, 1988, S. 13; *Frank*, Nochmals: Schadensersatzanspruch des GmbH-Alleingesellschafters bei einem Schaden der Gesellschaft, NJW 1974, 2313; *Ganßmüller*, Die Rechtsstellung des Gesellschafters in bezug auf einen Schaden, der am Vermögen der GmbH eintritt, GmbHR 1975, 193; *ders.*, Schaden des Gesellschafter-Geschäftsführers, insbesondere bei der Einmann-GmbH, GmbHR 1977, 265; *Hüffer*, Eigener Schaden des Alleingesellschafters, Drittschadensliquidation oder Vertrag mit Schutzwirkung bei Schädigung der Einmann-GmbH? JuS 1976, 83; *John*, Gesellschafterfreundlicher Durchgriff? JZ 1979, 511; *Kowalski*, Der Ersatz von Gesellschafts- und Gesellschafterschaden, 1990; *Lieb*, Schadensersatzansprüche von Gesellschaftern bei Folgeschäden im Vermögen der Gesellschaft, in: Festschrift Fischer, 1979, S. 385; *Mertens*, Schadensfragen im Kapitalgesellschaftsrecht, in: Festschrift Lange, 1992, S. 561; *Gerd Müller*, Gesellschafts- und Gesellschafterschaden, in: Festschrift Kellermann, 1991, S. 317; *Rehbinder*, Zehn Jahre Rechtsprechung zum Durchgriff im Gesellschaftsrecht, in: Festschrift Fischer, 1979, S. 579, 592ff.; *Schanze*, Einmanngesellschaft und Durchgriffshaftung, 1975, *Karsten Schmidt*, Wohin führt das Recht der Einmann-Gesellschaft? GmbHR 1974, 178; *Schulte*, Die Vermögenseinbuße einer Kapitalgesellschaft – ein ersatzfähiger Schaden des Alleingesellschafters? NJW 1979, 2230; *Schulze*, Der Gesellschafterschaden ..., Diss. Bielefeld 1990; *Seibert*, Die Schädigung des Gesellschafter-Geschäftsführers und seiner Kapitalgesellschaft durch außenstehende Dritte, 1989; *Sterzinger*, Schadensrechtliche Auswirkungen des gesellschaftsrechtlichen Trennungsprinzips, 1976; *Wilhelm*, Rechtsform und Haftung bei der juristischen Person, 1981, S. 379ff.

Gesellschafters können diesem selbst zustehen, Ansprüche wegen eines am Gesellschaftsvermögen erlittenen Schadens dagegen der Gesellschaft[62]. Ob diese klare Zuordnung durchbrochen werden kann, ist umstritten. Die Rechtsprechung hat sich mehrmals mit derartigen Fällen auseinandersetzen müssen. Die Diskussion begann mit einem *BGH*-Urteil[63] zu unserem

Beispiel Nr. 15 (vgl. *BGHZ* 61, 380 = NJW 1974, 134 = JuS 1974, 329 m. Anm. *Emmerich*): K war Alleingesellschafter und Geschäftsführer der G-GmbH. Er wurde privat von Rechtsanwalt R vertreten. Aus einem Verfahren, in dem R für K tätig geworden war, hatte K eine geringfügige Kostenforderung zu begleichen. Durch Versäumnisse des R war es zu einem Offenbarungseidverfahren (heute: eidesstattliche Versicherung) und, weil K im Termin nicht erschienen war, zum Haftbefehl gegen K gekommen, der daraufhin in die Schuldnerkartei nach § 915 I ZPO eingetragen wurde. Aufgrund dieser Eintragung – so die Behauptung des K – war bei der GmbH ein beträchtlicher Schaden entstanden. K klagte diese Summe gegen R ein. Es fragte sich, ob diese Klage schlüssig war.

Der *BGH*, und mit ihm die herrschende Lehre, bejaht diese Frage. Umstritten ist jedoch die Begründung. Grundlage des Anspruchs war eine Schlechterfüllung des zwischen dem K und dem R geschlossenen Vertrags. Geltend gemacht wurde ein Schaden, der am Vermögen der GmbH entstanden war. Das Rechtsgefühl spricht dafür, daß R nicht davon profitieren darf, daß K und die GmbH verschiedene Rechtsträger sind. Die in Betracht kommenden Ansätze sind im wesentlichen die folgenden:
- *Durchgriff zum Vorteil des Gesellschafters*[64]? Nach diesem Ansatz wird die Verschiedenheit der GmbH und des K als zweier Rechtssubjekte geleugnet. So verfuhr unter Zustimmung eines Teils der Literatur[65] der *BGH* in seinem Urteil *BGHZ* 61, 380: »Wird der Alleingesellschafter einer GmbH von einem Dritten schuldhaft verletzt und tritt der Schaden an seinem Sondervermögen »seiner« Gesellschaft ein, so kann es nach Lage des Falles im Verhältnis zum Schädiger so angesehen werden, daß ihn persönlich ein Schaden getroffen hat.« Wie in allen Durchgriffsentscheidungen betont der *BGH*, es dürfe über die rechtliche Verschiedenheit der Rechtssubjekte »nicht leichtfertig und schrankenlos hinweggegangen werden«, aber hier sei ein Rückgriff auf die »tatsächlichen Gegebenheiten« unausweichlich. Das Vermögen der GmbH sei nur ein in besonderer Form verwalteter Teil des dem Alleingesellschafter zustehenden Vermögens.
- *Bejahung eines Eigenschadens des Gesellschafters* deshalb, weil sich eine Vermögenseinbuße bei der GmbH gleichzeitig als Schmälerung seines

62 Vgl. *BGHZ* 65, 15, 21 = NJW 1976, 191 f.; *BGH*, NJW 1992, 368, 369; für die AG *BGHZ* 105, 121, 130 f.; *BGH*, AG 1987, 126 = BB 1987, 335 = NJW 1987, 1077; dazu *Baums*, ZGR 1987, 554 ff.

63 Vgl. zu diesem ersten Urteil *Lange*, Schadensersatz, 2. Aufl. 1990, § 8 I 3; s. ferner die Besprechungen von *Bauschke*, BB 1974, 429; *Frank*, NJW 1974, 2313; *Hüffer*, JuS 1976, 83; *John*, JZ 1979, 511; *Mann* und *Roll*, NJW 1974, 492; *Reinelt*, BB 1974, 1145; *Karsten Schmidt*, GmbHR 1974, 180; *Weber*, LM Nr. 12 zu § 249 (D) BGB.

64 Verf. hat dies in GmbHR 1974, 179 als »gesellschafterfreundlichen Durchgriff« bezeichnet; ebenso seither z.B. *Kübler*, § 23 IV; *Baumbach/Hueck/Fastrich*, § 13 Rdnr. 18; *Hachenburg/Mertens*, Anh. § 13 Rdnr. 15; *Roth/Altmeppen*, § 13 Rdnr. 29; *Scholz/Emmerich*, § 13 Rdnr. 97; *Lutter/Hommelhoff*, § 13 Rdnr. 15; *Kowalski*, a.a.O., S. 32; *John*, JZ 1979, 511.

65 Z.B. *Bauschke*, BB 1974, 429; *Reinelt*, BB 1974, 1145 ff.

Vermögens darstellt[66]? Diese Lösung wird man ohne Durchgriff nur durchhalten können, wenn man entweder aufgrund des »normativen Schadensbegriffs« den Schaden der GmbH negiert[67] oder wenn man beide als geschädigt ansieht: die GmbH (die allerdings in unserem Fall keinen Anspruch hat) und ihren Gesellschafter, dessen Geschäftsanteile in gleichem Umfang entwertet sind wie das Vermögen der GmbH[68].

- *Vertrag mit Schutzwirkung für Dritte*[69]. Nach dieser Lösung hätte nicht der Gesellschafter K den Schaden im eigenen Namen geltend zu machen, sondern der Anspruch stünde der GmbH zu.
- *Drittschadensliquidation*[70].

Gründe der rechtsdogmatischen Seriosität und der Systemstimmigkeit sprechen dafür, auch dieses Problem statt mit der »Durchgriffsmethode« mit traditionellen, zivilrechtlichen Mitteln anzugehen. Unter ihnen erschien dem Verfasser[71] nach dieser ersten Durchgriffsentscheidung des *BGH* die Annahme eines Vertrags mit Schutzwirkung für Dritte am besten geeignet, weil dem R die Existenz der GmbH ebenso bekannt war wie die Verquickung der Vermögensinteressen. Damit ist gewährleistet, daß die Schadensersatzleistung in das Vermögen der GmbH fließt. Die Besonderheiten dieser Lösung – aber auch ihre Schwächen – bestehen darin, daß der Anspruch nicht dem Gesellschafter, sondern der GmbH zusteht und daß ein Ersatz des GmbH-Schadens nur bei Vertragsverletzungen in Betracht kommt. Problematisch ist deshalb unser

Beispiel Nr. 16 (nach *BGH*, NJW 1977, 1283 m. Anm. *Hüffer* und m. Anm. *Mann*, NJW 1977, 2160): K, Alleingesellschafter einer G-GmbH – im Originalfall handelt es sich um eine schweizerische AG, und K hielt 99,15 % der Aktien –, wird durch einen von B verschuldeten Skiunfall erheblich verletzt und vorübergehend arbeitsunfähig. Er macht einen Einnahmeausfall der Gesellschaft im Wege der Schadensersatzklage im eigenen Namen geltend. Mit Recht? Der *Bundesgerichtshof* entschied: »Wird der geschäftsführende Alleingesellschafter einer Kapitalgesellschaft infolge Unfallverletzung arbeitsunfähig und entgeht seiner Gesellschaft dadurch ein Geschäftsgewinn, so kann er diesen Verlust als eigenen Schaden von dem für den Unfall Verantwortlichen ersetzt verlangen.«

Der *Bundesgerichtshof* hat dieses Urteil ausdrücklich als »Bestätigung von BGHZ 61, 380« bezeichnet. Es muß aber folgendes angemerkt werden: Der

---

66 So namentlich *Flume*, Juristische Person, § 3 II (S. 77ff.); *Grunsky*, in: MünchKomm. BGB, vor § 249 Rdnr. 115; *Roth/Altmeppen*, § 13 Rdnr. 30; *Wilhelm*, a.a.O., S. 382ff.; *Lieb*, a.a.O.; *Frank*, NJW 1974, 2314.

67 Vgl. zu dieser Methode *Hagen*, Die Drittschadensliquidation im Wandel der Rechtsdogmatik, 1976, S. 160ff.; *ders.*, JuS 1969, 61ff.

68 Diese mögliche Konsequenz wird bestritten von *Hüffer*, JuS 1976, 84; differenzierend *Schulte*, NJW 1979, 2234.

69 In dieser Richtung *Sterzinger*, a.a.O., S. 132ff.; *Karsten Schmidt*, GmbHR 1974, 179; s. auch *BGHZ* 61, 380, 382f.

70 Vgl. *Hachenburg/Mertens*, Anh. § 13 Rdnr. 27; *Lutter/Hommelhoff*, § 13 Rdnr. 15; *Scholz/Emmerich*, § 13 Rdnr. 97; *Soergel/Mertens*, vor § 249 Rdnr. 257; *Mertens*, a.a.O., S. 570; *Mann*, NJW 1974, 492; *Roll*, NJW 1974, 492f.; *Wiedemann*, WM-Beilage 4/1975, S. 25; *Hüffer*, JuS 1976, 86f.; *ders.*, NJW 1977, 1285; *Weber*, LM Nr. 12 zu § 249 (D) BGB.

71 *Karsten Schmidt*, GmbHR 1974, 178ff.; aus diesem Aufsatz stammt der Terminus »gesellschaftsfreundlicher Durchgriff«.

BGH hat sich formal von der Durchgriffskonstruktion distanziert. Er hat gleichzeitig betont, dies sei kein Fall der Drittschadensliquidation, denn der durch unerlaubte Handlung verletzte Gesellschafter könne nur seinen eigenen Schaden ersetzt verlangen[72]. Einen solchen Eigenschaden des Gesellschafters sieht der *Bundesgerichtshof* dann aber als gegeben an, weil er das Gesellschaftsvermögen als eine Art Sondervermögen des Gesellschafters und den dort entstandenen Schaden im Grunde als Schaden des Gesellschafters ansieht[73]. Schließlich hat er klargestellt, daß Schadensersatz grundsätzlich durch Zahlung in das Gesellschaftsvermögen zu leisten ist. Anders soll es sich aber doch wieder verhalten, wenn – wie im vorliegenden Fall – ein eigener Anspruch der Gesellschaft nicht vorliegt. Es sei dann eine Frage des Innenverhältnisses, ob der Gesellschafter den an ihn gezahlten Betrag wieder an die Gesellschaft abführen müsse. Die Rechtsprechung wurde fortgesetzt im

Beispiel Nr. 17 (BGH, AG 1989, 170 = BB 1989, 1007 = NJW-RR 1989, 684 = ZIP 1989, 98): Der Kläger war Alleingesellschafter einer Corporation mit Sitz in New York, die dort ein Hausgrundstück erworben hatte, das renoviert, ausgebaut und gewerblich genutzt werden sollte. Er war in der Bundesrepublik unberechtigterweise wegen vermeintlicher Steuerdelikte in Haft genommen worden und konnte nach dem Haftentschädigungsgesetz Schadensersatz vom Land Baden-Württemberg verlangen. Der Kläger machte geltend, daß durch seine Verhinderung in New York ein beträchtlicher Schaden entstanden sei. Der *III. Zivilsenat* des *BGH* knüpfte an die vorausgegangenen Entscheidungen an und führte aus, »daß der Alleingesellschafter nur Ersatz für die Nachteile an *seinem* Vermögen verlangen kann, wobei allerdings dieser Schaden durch Einbußen im Gesellschaftsvermögen vermittelt wird. Dabei erscheint die Einmanngesellschaft für die schadensrechtliche Beurteilung praktisch als ein in besonderer Form verwalteter Teil des dem Alleingesellschafter gehörenden Vermögens.«

b) *Stellungnahme:* Im Ausgangspunkt sollte klar zwischen dem Schaden der Gesellschaft und dem Schaden des Gesellschafters unterschieden werden. Sofern der Anspruch ein vertraglicher ist und der zugrundeliegende Vertrag (auch) auf Wahrnehmung der Unternehmerinteressen des Einmanngesellschafters (also Interessen der GmbH!) gerichtet ist, sprechen nach wie vor gravierende Gründe für die Annahme eines Vertrags mit Schutzwirkung für die GmbH. Dann hat die Gesellschaft (jedenfalls auch) einen Eigenanspruch, der auf Leistung in das Gesellschaftsvermögen gerichtet ist und selbst zum Gesellschaftsvermögen gehört. Wo ein solcher Direktanspruch der Gesellschaft nicht besteht, wird man nur dem Gesellschafter einen Anspruch auf Schadensersatzleistung zuerkennen dürfen. Dieser Anspruch geht in den anerkannten Fällen der Drittschadensliquidation auf Beseitigung des Gesellschaftsschadens, sonst auf Beseitigung des Gesellschafterschadens. Soweit dieser – das ist nicht begriffsnotwendig![74] – mit dem Gesellschaftsschaden deckungsgleich ist[75], liegt ein bloßer Reflexschaden vor, dessen Beseitigung in erster Linie durch Leistung an die Gesellschaft und nicht an den Gesell-

72 Dazu aber *Hüffer*, NJW 1977, 1285 m.w.N.
73 Berechtigte Kritik bei *Hopt/Hehl/Vollrath*, Rdnr. 1177 m.w.N.
74 Vgl. *Schulte*, NJW 1979, 2230f.
75 Str.; näher *Ganßmüller*, GmbHR 1977, 265ff.

schafter erfolgt[76]. Verlangt der Alleingesellschafter eine Leistung an sich selbst, so liegt hierin zugleich eine Ausschüttung aus dem Gesellschaftsvermögen, die er in den Grenzen des § 30 GmbHG grundsätzlich frei bestimmen kann[77]. Das bedeutet: Der Gesellschafter kann ohne weiteres die Beseitigung seines Reflexschadens durch Leistung an die Gesellschaft verlangen. Klagt er auf Leistung an sich selbst, so kann dieser Klage nur unter der Voraussetzung stattgegeben werden, daß die Überführung aus dem Gesellschaftsvermögen in das Privatvermögen rechtmäßig ist, insbesondere also nicht das zur Erhaltung des Stammkapitals erforderliche Vermögen angreift (vgl. § 30 GmbHG).

5. Actio pro socio?

Für den Alleingesellschafter gelten an sich, wie für jeden GmbH-Gesellschafter, die Grundsätze der actio pro socio (oben, § 21 IV). Sie kommen indes in der Praxis kaum zum Tragen, denn regelmäßig ist der Gesellschafter selbst Geschäftsführer, und wo er dies nicht ist, kann er den Geschäftsführer abberufen und sich selbst dazu bestellen (§ 46 Nr. 5 GmbHG) und auch die Geltendmachung von Ansprüchen gegen einen Drittgeschäftsführer betreiben (§ 46 Nr. 8 GmbHG). Ansprüche gegen Dritte unterliegen grundsätzlich nicht der actio pro socio (oben, § 21 IV 7). Hier läßt allerdings der *Bundesgerichtshof*, wenig einleuchtend, eine gewillkürte Prozeßstandschaft zu.

Beispiel Nr. 18 (vereinfacht nach *BGH*, NJW-RR 1987, 57 = JuS 1987, 323 m. Anm. *Karsten Schmidt)*: K war Alleingesellschafterin einer GmbH. Von dieser mietete die beklagte Gemeinde B ein Bildschirmtextbanksystem. Nach Beendigung des Mietverhältnisses verlangte K von B Schadensersatz mit der Begründung, das System sei bei der Rückgabe beschädigt und unvollständig gewesen. Der Schadensersatzanspruch stand hier der GmbH zu, so daß die Frage entstand, ob K diesen Schaden ohne Abtretung des Anspruchs einklagen konnte. Der *Bundesgerichtshof* ließ dies unter dem *Gesichtspunkt der gewillkürten Prozeßstandschaft* zu (vgl. auch bereits *BGH*, NJW 1965, 1962): Die GmbH könne ihren Alleingesellschafter ermächtigen, ihre Ansprüche im eigenen Namen einzuklagen. Das von der Rechtsprechung für erforderlich gehaltene eigene rechtliche Interesse des Klägers an der Geltendmachung des Anspruchs leitet der *BGH* in bemerkenswerter Ähnlichkeit mit der Schadensrechtsprechung aus der Sondersituation bei der Einpersonen-GmbH her. Das muß verwundern. Zwar ist es leicht zu erkennen, daß der Alleingesellschafter ein Eigeninteresse daran hat, daß seine Gesellschaft zu ihrem Geld kommt, aber für eine Prozeßstandschaft reicht dieses Interesse nur aus, wenn der Gesellschafter auf die Geltendmachung im eigenen Namen angewiesen ist. Davon kann keine Rede sein.

---

76 Vgl. *BGH*, AG 1987, 126, 128; 1988, 331, 333; eingehend *Kowalski*, a.a.O., S. 122ff.; mit diesem Ausgangspunkt entschärfen sich die in der ersten Auflage geäußerten Bedenken.

77 So schon unter Hinweis auf *BGHZ* 95, 330, 340 die 1. Aufl.

Fünfter Abschnitt: Besondere körperschaftliche Rechtsformen

§ 41 Die eingetragene Genossenschaft*

I. Grundlagen

1. Begriff und Bedeutung

a) Die eingetragene Genossenschaft (eG) ist eine Sonderform des wirtschaftlichen Vereins. Ihre Rechtsverhältnisse sind geregelt im Gesetz betreffend die Erwerbs- und Wirtschaftsgenossenschaften vom 1.5.1889 (RGBl. S. 55)[1], neu

---

* Literatur (Auswahl): *Aschermann*, Die eingetragene Genossenschaft als Beteiligungsunternehmen, 1992; *Aschhoff/Henningsen*, Das deutsche Genossenschaftswesen, 2. Aufl. 1995; *Beuthien*, Genossenschaftsgesetz, 13. Aufl. 2000; *ders.*, Genossenschaftsrecht: woher – wohin? 1989; *ders.* (Hrsg.), Marburger genossenschaftswissenschaftliche Forschung, 1997; *Bialek*, Perspektiven der Genossenschaft als Organisationsform, 1995; *Boettcher/Großfeld/Wagner*, Die Genossenschaftsidee im Widerstreit der Meinungen, 1984; *Bonus/Großfeld/Jäger* (Hrsg.), Die Genossenschaft im Spiegel des Rechts, 1989; *Deumer*, Das Recht der eingetragenen Genossenschaften, 1912; *Draheim*, Die Genossenschaft als Unternehmungstyp, 2. Aufl. 1955; *Engelhardt/Thiemeyer*, Genossenschaft – quo vadis? 1988; *Flieger*, Produktivgenossenschaften in Deutschland, ZGen. 49 (1999), 94; *Forstmoser*, Großgenossenschaften, 1970; *Glaß*, Genossenschaftskunde, 1949; *Glenk*, Die eingetragene Genossenschaft, 1996; *Großfeld*, Genossenschaft und Eigentum, 1975; *Henzler*, Genossenschaftswesen, 1952; *ders.*, Die Genossenschaft – eine fördernde Betriebswirtschaft, 1957; *Hettrich/Pöhlmann/Gräser/Röhrich*, Genossenschaftsgesetz, 2. Aufl. 2001; *Jöstingmeier* (Hrsg.), Aktuelle Probleme der Genossenschaft, 1994; *Keinert*, Genossenschaftsrecht, Wien 1988; *Lang/Weidmüller/Metz/Schaffland*, GenG, 33. Aufl. 1997; *Laurinkari*, Genossenschaftswesen; 1990; *Metz/Schaffland*, GenG, 33. Aufl. 1997; *Klaus Müller*, Kommentar zum GenG 2 Aufl. 1991 ff.; *Münkner*, Die Genossenschaft: neutraler Organisationstyp oder Abbild gesellschaftlicher Grundauffassungen in Europa? 1989; *Parisius/Crüger/Crecelius/Citron*, Das Reichsgesetz betreffend die Erwerbs- und Wirtschaftsgenossenschaften, 12. Aufl. 1932; *Paulick*, Die eingetragene Genossenschaft als Beispiel gesetzlicher Typenbeschränkung, 1954; *ders.*, Das Recht der eingetragenen Genossenschaft, 1956; *Kurt Schmidt*, Die Genossenschaft, 1949; *Schubert* u.a. (Hrsg.), 100 Jahre Genossenschaftsgesetz, 1989; *Dietrich Schultz*, Der Rechtsbegriff der Genossenschaft und die Methode seiner richtigen Bestimmung, Diss. Marburg 1958; *ders.*, Genossenschaftswesen, 1970; *v. Stechow*, (Hrsg.), Aktuelle Entwicklungen des Genossenschaftswesens in Deutschland, 1999; *Steding* (Hrsg.), Genossenschaftsrecht im Spannungsfeld von Bewahrung und Veränderung, 1994; *ders.*, Die eG eine (noch) konkurrenzfähige Rechtsform zwischen Personen- und Kapitalgesellschaften? NZG 1999, 282; *ders.*, Die AG – rechtsförmliche Alternative zur eG? JZ 1995, 591; *Turner*, Die eingetragene Genossenschaft im System des Gesellschaftsrechts, 1992; *Waldecker*, Die eingetragene Genossenschaft, 1916; *Heinz-Otto Weber*, Die eingetragene Genossenschaft als wirtschaftlicher Sonderverein, 1984; *H. Westermann*, Das rechtliche Wesen der Erwerbs- und Wirtschaftsgenossenschaften, in: Vom Wesen der Genossenschaften, 1951, S. 62.

1 Materialiensammlung: *Beuthien/Hüsken/Aschermann*, Materialien zum Genossenschaftsgesetz, I und II, 1989; *Beuthien/Hüsken*, Materialien zum Genossenschaftsgesetz III, 1990; *Beuthien/Brockmeier/Klose*, Materialien zum Genossenschaftsgesetz IV und V, 1997; *Schubert* (Hrsg.), a.a.O., S. 7 ff.

bekanntgemacht am 20. 5. 1898[2], das wiederholt geändert worden ist[3]. Die letzte bedeutende Novellierung stammt aus dem Jahr 1973[4]. Seither haben vor allem das Bilanzrichtliniengesetz von 1985[5] und das Registerverfahrens-Beschleunigungsgesetz[6], das Umwandlungsgesetz[7], die Insolvenzordnung[8], das Gesetz zur Kontrolle und Transparenz im Unternehmensbereich (KontraG)[9] und das Handelsrechts-Reformgesetz[10] Einfluß auf das Gesetz genommen. § 1 GenG beschreibt die Genossenschaften als »Gesellschaften von nicht geschlossener Mitgliederzahl, welche die Förderung des Erwerbes oder der Wirtschaft ihrer Mitglieder mittels gemeinschaftlichen Geschäftsbetriebes bezwecken«. Beispielhaft nennt die Bestimmung:
- Vorschuß- und Kreditvereine,
- Rohstoffvereine,
- Vereine zum gemeinschaftlichen Verkauf landwirtschaftlicher oder gewerblicher Erzeugnisse (Absatzgenossenschaften, Magazinvereine),
- Vereine zur Herstellung von Gegenständen und zum Verkauf derselben auf gemeinschaftliche Rechnung (Produktivgenossenschaften),
- Vereine zum gemeinschaftlichen Einkauf von Lebens- oder Wirtschaftsbedürfnissen im großen und Ablaß im kleinen (Konsumvereine),
- Vereine zur Beschaffung von Gegenständen des landwirtschaftlichen oder gewerblichen Betriebes und zur Benutzung derselben auf gemeinschaftliche Rechnung,
- Vereine zur Herstellung von Wohnungen.

Die besondere Rechtsform der eG beruht auf dem spezifisch *genossenschaftlichen Verbandszweck:* auf dem Gedanken der verbandsmäßig organisierten Selbsthilfe. Es handelt sich also um eine Vereinsform, die nur für einen besonderen Verbandszweck zugelassen und ganz auf den Typus des Selbsthilfeunternehmens zugeschnitten ist[11]. Anders als die Rechtsform der AG oder der GmbH kann also die Rechtsform der eG nicht für jeden beliebigen Zweck, sondern nur für einen spezifisch genossenschaftlichen Zweck gewählt werden[12]. Umgekehrt besteht kein Rechtsformzwang des Inhalts, daß ein genossenschaftlicher Zweck zur Annahme der Rechtsform einer eG zwänge. Vielmehr können genossenschaftliche Zweckverbände auch organisiert sein
- als rechtsfähige Wirtschaftsvereine[13],
- als nichtrechtsfähige Wirtschaftsvereine[14],

---

2 RGBl. S. 369, 810.
3 Überblick bei *Großfeld/Aldejohann*, in: Schubert (Hrsg.), a.a.O., S. 7ff.
4 BGBl. I S. 1451.
5 Dazu *Bergmann*, ZGen. 36 (1986), 85ff.
6 Dazu *Schaffland*, NJW 1994, 503ff.
7 Dazu *Beuthien*, a.a.O., Anh. §§ 190ff. UmwG.
8 Dazu *Terbrack*, Die Insolvenz der eG, 1999; *Scheibner*, DZWiR 1999, 8.
9 Dazu *Gschrey*, ZGen. 48 (1998), 215.
10 Dazu die Angaben bei *Beuthien*, a.a.O., § 3.
11 Dazu besonders *Draheim*, *Henzler* und *Schultz*, alle a.a.O.; *Großfeld/Aldejohann*, in: Schubert (Hrsg.) a.a.O., S. 2ff.
12 Eingehend *Paulick*, Die eingetragene Genossenschaft, a.a.O., § 5 II 1.
13 Dazu *Karsten Schmidt*, Verbandszweck und Rechtsfähigkeit im Vereinsrecht, 1984, S. 150ff.
14 Dazu *Schmidt-Leithoff*, Die Rechtslage der nichteingetragenen Dauergenossenschaft, Diss. Hamburg 1965; *Paulick*, ZGen. 4 (1954), 149.

– als Gesellschaften m.b.H.[15],
– als Aktiengesellschaften[16].
Genossenschaftliche Funktion und genossenschaftliche Rechtsform fallen also nicht in allen Fällen zusammen. Demgemäß wird unterschieden zwischen *Genossenschaften im materiellen oder wirtschaftlichen Sinne* und *Genossenschaften im Rechtssinne*[17]. Genossenschaften im Rechtssinne sind die Erwerbs- und Wirtschaftsgenossenschaften, die die Rechtsfähigkeit nach dem Genossenschaftsgesetz erlangen.

b) Die *historische Wurzel des Genossenschaftswesens* liegt im 19. Jahrhundert[18], in dem sich eine regelrechte Genossenschaftsideologie entwickelte. Diese erkannte zwar traditionsreiche deutschrechtliche Vorbilder im Sippenverband und in den mittelalterlichen Markt- und Zunftordnungen, aber ihr eigentliches Anliegen war sozialpolitischer Art. Der Grundgedanke des Genossenschaftswesens ist der der Selbsthilfe. Notwendig wurde diese Selbsthilfe durch erdrosselnde Auswüchse des liberalen Kapitalismus (sog. Manchesterliberalismus). Ausländische Vorbilder waren vor allem der Konsumverein des Arztes William King in Brighton (1827) sowie der Konsumverein der »Pioniere von Rochdale« (1844), einer Gruppe von armen Flanellwebern. In Deutschland ist zuvörderst *Hermann Schulze-Delitzsch* (1808–1883) als Vorkämpfer der Selbsthilfe von Handwerkern und kleinen Gewerbetreibenden und als Gründer des Deutschen Genossenschaftsverbandes zu nennen, sodann für den Bereich der landwirtschaftlichen Genossenschaften *Friedrich Wilhelm Raiffeisen.* Neben diesen aufopferungsvollen Genossenschaftspraktikern ist als Theoretiker vor allem *Victor Aimé Huber* (1800–1869) zu nennen, ein christlich-monarchisch gesonnener Konservativer mit klarem Blick für soziale Notwendigkeiten, der allerdings gleichsam eine ständische Genossenschaftsorganisation »von oben« wollte. In seiner Konzeption hob sich *Huber* wiederum von *Ferdinand Lassalle* (1825–1864) ab, dem kein romantischer Ständestaat, sondern eine Neuordnung der Gesellschaft aus dem Genossenschaftswesen vorschwebte. Die rechtliche Ordnung des Genossenschaftsrechts war im 19. Jahrhundert ein Politikum ersten Ranges. Möglicherweise wäre die Genossenschaft auch unter der nationalsozialistischen Herrschaft wieder eine hochpolitische Rechtsform geworden[19].

---

15 Dazu *Loidl*, Die GmbH ohne erwerbswirtschaftliche Zielsetzung, 1970, S. 108f.; *Reinhardt/Schultz*, Rdnr. 888; *Wölfle*, Genossenschaftliche GmbH und genossenschaftliche KG, 1996.

16 Dazu *Luther*, Die genossenschaftliche Aktiengesellschaft, 1978.

17 Vgl. nur *Reinhardt/Schultz*, Rdnr. 888; *Paulick*, Die eingetragene Genossenschaft, a.a.O., S. 99ff.; s. auch *Beuthien*, Genossenschaftsrecht – woher, wohin, a.a.O.: wirtschaftlich-soziologischer versus rechtlicher Genossenschaftsbegriff.

18 Literaturauswahl: *Horst Baumann* (Hrsg.), Schulze-Delitzsch: ein Lebenswerk für Generationen, 1987; *Glaeßner*, Arbeiterbewegung und Genossenschaft, 1989; *Kulemann*, Die Genossenschaftsbewegung, Bd. I, Geschichtlicher Teil, 1922; *Wygodzinski/Müller*, Genossenschaftswesen in Deutschland, 2. Aufl. 1929; *Schachtschnabel*, Genossenschaften, ihre Geschichte und ihr Wesen, 1948; *Schütte*, Die Rolle der Genossenschaften bei der Industrialisierung, 1971; *Weuster*, Theorie der Konsumgenossenschaftsentwicklung, 1980.

19 Grundlagenmaterial bei *Schubert* (Hrsg.), Akademie für Deutsches Recht 1933–1945, Protokolle der Ausschüsse, Bd. IV: Ausschuß für Genossenschaftsrecht, 1989.

Im Wirtschaftsleben der Deutschen Demokratischen Republik spielten vor allem die Produktionsgenossenschaften eine bedeutsame Rolle[20]. Heute hat sich der sozial- und wirtschaftspolitische Zug des Genossenschaftsrechts weitgehend verflüchtigt. Die eingetragene Genossenschaft ist nur mehr eine Rechtsform, deren Vor- und Nachteile im Kalkül der Satzungsgestalter abgewogen werden wie bei anderen Rechtsformen auch. Neue Impulse werden vom Europäischen Gesellschaftsrecht erwartet, seit ein Verordnungsvorschlag für eine Europäische Form der Genossenschaft vorliegt[21], und es gibt auch Überlegungen, der Genossenschaftsidee durch eine Reform des Genossenschaftsrechts wieder zu rechtsformspezifischer Durchschlagskraft zu verhelfen[22]. Schritte in dieser Richtung wurden bisher vor allem in Österreich unternommen[23].

c) Die Bedeutung der eG als kooperative Verbandsform im Rechtsleben ist noch immer erheblich[24]. Gemessen an der Vermehrung der Handelsgesellschaften ist jedoch Schlagkraft des Genossenschaftswesens und des Genossenschaftsrechts erkennbar zurückgegangen. Das hängt mit dem schon geschilderten Auseinanderfallen des wirtschaftlichen und des rechtlichen Genossenschaftsbegriffs zusammen, außerdem aber mit der Kompliziertheit des Genossenschaftsrechts[25]. Jeder landwirtschaftliche Maschinenring, jede Einzelhandelskette *könnte* die Rechtsform der eG annehmen, aber in vielen Fällen ziehen die Beteiligten andere Rechtsformen vor. Hinzu kommt, daß die einstmals besonders bedeutsame Gattung der Konsumvereine (Verbrauchergenossenschaften nach § 1 Nr. 5 GenG)[26] ihre sozialpolitische Bedeutung weitgehend eingebüßt hat und durch andere, insbesondere aktienrechtliche, Organisationen mehr und mehr abgelöst worden ist. Auch zeichnete sich schon im 19. Jahrhundert ab, daß der wichtige Typus der Produktionsgenossenschaft nicht die in ihn gesetzten sozialpolitischen Erwartungen erfüllte und eher als Beitrag zur Industrialisierung denn als Selbsthilfeorganisation überzeugt[27]. Ob die Genossenschaftsform für Arbeitnehmerbeteiligungen nutzbar gemacht werden kann[28], erweist sich als fraglich, und auch die »alternativen« Zweckverbände der 80er Jahre scheinen nicht auf eine Belebung des Genossenschaftswesens hinausgelaufen zu sein. Nennenswerte Bedeutung haben aber noch die Kreditgenossenschaften (Volksbanken und

20 Vgl. *Beuthien*, a.a.O., Einl. III 2b; *Horn*, Das Zivil- und Wirtschaftsrecht im neuen Bundesgebiet, 2. Aufl. 1993, § 20; *Dülfer*, ZGen. 45 (1995), 2f.; Materialien bei *Beuthien/Brockmeier/Klose*, a.a.O., Bd. V.

21 Dazu *Beuthien*, a.a.O., § 1 Rdnr. 135; *Großfeld/Fischer*, ZGen. 43 (1993), 57ff.; *Kohte*, ZIP 1991, 905.

22 *Beuthien*, a.a.O., Einl. V; *Bialek*, a.a.O., S. 146ff.

23 Dazu *Dellinger/Oberhammer* (Hrsg.), Referentenentwurf eines neuen österreichischen Genossenschaftsgesetzes, 1996; *dies.*, ZGen. 48 (1998), 278; *Beuthien/Klose*, DB-Beilage 15/1998.

24 *Beuthien*, a.a.O., Einl. IV; *Glenk*, a.a.O., S. 4f.

25 Vgl. auch den Rechtsformvergleich bei *Turner*, a.a.O.

26 Vgl. *Deter*, Deutsche Konsumgenossenschaften, 1968; *Glaeßner*, Arbeiterbewegung und Genossenschaft, 1989; *Weuster*, Theorie der Konsumgenossenschaftsentwicklung, 1980.

27 Eingehend, auch über die Dritte Welt, *Schütte*, Die Rolle der Genossenschaften bei der Industrialisierung, 1971.

28 Dazu *Aschermann*, a.a.O., passim.

Raiffeisenbanken), die Einkaufs-, Absatz-, Dienstleistungs- und Produktivgenossenschaften (Handel, Handwerk und Landwirtschaft) und teilweise auch die Wohnungsbaugenossenschaften (§ 1 Nr. 7 GenG). Auch scheint in den neuen Bundesländern die Tradition der Produktions- und der Konsumgenossenschaften lebendig zu bleiben[29]. Insgesamt wird die Zahl der eingetragenen Genossenschaften der Bundesrepublik Deutschland immerhin mit 6962 angegeben[30].

2. Rechtsnatur

a) Ihrer Grundstruktur nach ist die eingetragene Genossenschaft eine Körperschaft, und zwar eine *Sonderform des rechtsfähigen Wirtschaftsvereins.* Neben dem GenG können deshalb Vereinsvorschriften des BGB lückenergänzend, d.h. analog, herangezogen werden[31]. Die eingetragene Genossenschaft – dies ist das Ergebnis eines mühsamen rechtspolitischen Kampfes im 19. Jahrhundert[32] – ist *juristische Person* (vgl. § 17 I GenG). Sie erlangt die Rechtsfähigkeit mit der Eintragung in das Genossenschaftsregister (§§ 10ff. GenG). Die eingetragene Genossenschaft ist *Formkaufmann* (dazu Handelsrecht, § 10 II 2): Nach § 17 II GenG »gilt« sie als Kaufmann, ohne daß es auf eine gewerbliche Tätigkeit ankommt. Ihre Firma muß den Rechtsformzusatz »eingetragene Genossenschaft« oder »eG« enthalten (§ 3 GenG).
b) Vor der Eintragung in das Genossenschaftsregister hat die Genossenschaft nicht die Rechte einer eG (§ 13 GenG). Die nicht eingetragene Genossenschaft ist entweder Vor-Genossenschaft oder nichtrechtsfähige Dauergenossenschaft. Beide sind nicht gleich zu behandeln[33].

Beispiel Nr. 1: Eine Absatzgenossenschaft unter den Winzern einer Region wird ohne die Absicht der Registereintragung betrieben.

Dies ist eine *nichtrechtsfähige Dauergenossenschaft*, ein nichtrechtsfähiger Wirtschaftsverein, dessen Mitglieder nach h.M. unbeschränkt für die Verbindlichkeiten der Genossenschaft haften[34]. Betreibt die nichtrechtsfähige Dauergenossenschaft – was aber bei genossenschaftlichen Selbsthilfeorganisationen nicht die Regel sein dürfte! – ein kaufmännisches Handelsgewerbe, so ergibt sich dies ohne weiteres aus § 128 HGB und aus dem bereits geschilderten Rechtsformzwang (oben, § 5 II 3)[35]. In allen anderen Fällen ist die Rechtslage immerhin zweifelhaft. Die Frage ist Spiegelbild des allgemeinen Haftungsproblems beim nichtrechtsfähigen Wirtschaftsverein (da-

---

29 Angaben bei *Glenk*, a.a.O., S. 4f.
30 Ermittlung des Statistischen Bundesamtes für das Jahr 1998 anhand der Umsatzsteuerstatistik.
31 Eingehend *Weber*, a.a.O., passim, insbes. S. 27ff., 49ff.; *ders.*, ZGen. 142 (1992), 331ff.
32 Vgl. *Klein*, Schulze-Delitzschs Kampf um die Anerkennung der Erwerbs- und Wirtschaftsgenossenschaften, 1972.
33 Vgl. *Paulick*, Recht der eG, a.a.O., § 9 II 1; *ders.*, ZGen. 4 (1954), 151, 157; *Schmidt-Leithoff*, Die Rechtslage der nichteingetragenen Dauergenossenschaft, Diss. Hamburg 1965, S. 177; a.M. *Klaus Müller*, a.a.O., § 13 Rdnrn. 18f.; *Pohle*, ZGen. 6 (1956), 314.
34 *Paulick*, Recht der eG, a.a.O., § 9 II 3 und III.
35 Vgl. *Beuthien*, a.a.O., § 1 Rdnr. 58.

zu oben, § 25 III 2). Der Vorstand der nichtrechtsfähigen Dauergenossenschaft haftet nach § 54 S. 2 BGB.

Keine nichtrechtsfähige Dauergenossenschaft, sondern eine *Vor-Genossenschaft* liegt dagegen vor, wenn die Gründer einer Genossenschaft das Statut gemäß §§ 5 ff. GenG errichtet haben, aber die Genossenschaft noch nicht eingetragen ist[36]. Nach *BGHZ* 20, 281 = ZGen. 6 (1956), 310 m. Anm. *Pohle* ist sie in diesem Zeitpunkt weder ein nichtrechtsfähiger Verein noch eine Gesellschaft bürgerlichen Rechts, sondern eine werdende juristische Person, für die schon das Recht der eingetragenen Genossenschaft gilt, soweit sich nicht etwas Abweichendes aus dem Fehlen der Rechtsfähigkeit ergibt. Dem ist zuzustimmen (vgl. oben, § 11 IV 2). Überholt ist dagegen der noch auf dem Vorbelastungsverbot beruhende Standpunkt von *BGHZ* 17, 385, wonach die Genossenschaft nach ihrer Eintragung im allgemeinen nur für diejenigen Verbindlichkeiten haftet, die sie durch Genehmigung übernimmt[37]. Die Vor-Genossenschaft ist bereits taugliche Schuldnerin[38]. Sie wird mit der Eintragung zur eG, so daß sich an ihren Verbindlichkeiten nichts ändert (vgl. zur Haftungskontinuität oben, § 11 IV 2 c). Zweifelhaft und umstritten sind die Fragen der persönlichen Haftung. Es muß dabei unterschieden werden zwischen der Haftung des rechtsgeschäftlich Handelnden und der Mitgliederhaftung der Genossen. Wer ohne Vertretungsmacht im Namen der Vor-Genossenschaft handelt, verpflichtet nicht diese, sondern sich selbst (§§ 177, 179 BGB). Wer mit Vertretungsmacht als Organ der Vor-Genossenschaft handelt, verpflichtet die Vor-Genossenschaft und haftet daneben selbst analog §§ 54 S. 2 BGB, 41 I 2 AktG, 11 II GmbHG[39]. Die ganz andere Frage, ob daneben auch die Mitglieder unbeschränkt haften, wurde herkömmlicherweise verneint[40]. Danach sollten die Mitglieder grundsätzlich nicht oder nur in Höhe der versprochenen Einlagen haften[41]. *BGHZ* 20, 281 sagte noch: »Die Gründer einer Genossenschaft können nach § 128 HGB zu haften haben. Das ist aber nicht schon der Fall, wenn sie Geschäfte abschließen, sondern nur dann, wenn sie die geschaffene Rechtsform mißbrauchen.« Nunmehr hat *BGHZ* 149, 273 = NJW 2002, 824 das aus dem GmbH-Recht bekannte Modell der unbeschränkten Innenhaftung hierher übernommen (vgl. schon oben, § 34 III 3). Letztlich hängt die Haftungsproblematik von zwei schwierigen Fragen ab: erstens von der Vertretungsmacht des Vorstands, also von seiner Befugnis, die Genossenschaft zu verpflichten, und zweitens von der Frage, wie bei der nichtrechtsfähigen Dauergenossenschaft gehaftet wird. Die erste Frage ist aus dem Recht der Vor-GmbH bekannt (oben, § 34 III 3 c) und wurde dort schon in dem Sinne

---

36 Dazu die Kommentare zu § 13 GenG; *Beuthien*, ZGen. 46 (1996), 179; *Zülch*, Rechtsnatur und Haftungsverhältnisse der Vor-Genossenschaft, Diss. Hamburg 1964.

37 Wie hier *Beuthien*, a. a. O., § 13 Rdnrn. 4, 10; *Klaus Müller*, a. a. O., § 13 Rdnr. 15; für die wohl noch herrschende Gegenansicht vgl. *Lang/Weidmüller/Metz/Schaffland*, a. a. O., § 13 Rdnr. 11.

38 *Beuthien/Klose*, ZGen. 46 (1996), 179.

39 Vgl. m. Nachw. *Beuthien*, a. a. O., § 13 Rdnr. 12; in der Begründung anders (nur Analogie zu § 54 S. 2 BGB) *Weber*, a. a. O., S. 120 f.

40 *Pöhlmann*, in: *Hettrich/Pöhlmann/Gräser/Röhrich*, a. a. O., § 13 Rdnr. 7; Meinungsüberblick bei *Lang/Weidmüller/Metz/Schaffland*, a. a. O., § 13 Rdnr. 9.

41 *LG Göttingen*, NJW-RR 1995, 1315.

beantwortet, daß das Leitungsorgan schon vor der Eintragung im Außenverhältnis unbeschränkt handeln kann[42]; die Frage der Mitgliederhaftung ist auch im Genossenschaftsrecht im Sinne einer unbeschränkten Gründerhaftung zu beantworten[43], die entgegen der BGH-Rechtsprechung als gesamtschuldnerische Außenhaftung konzipiert ist (oben, § 34 III 3c)[44]. Nimmt man mit der hier vertretenen Auffassung bei unternehmerischer Tätigkeit unter der Rechtsform einer Vorgesellschaft eine grundsätzlich unbeschränkte, nur durch Einzelabrede mit dem Gläubiger beschränkbare, Haftung an (oben, § 34 III 3), so muß dasselbe auch für die Vorgenossenschaft gelten. Die Haftung wird endgültig unbeschränkt, wenn die Eintragung scheitert oder die Eintragungsabsicht aufgegeben wird, denn dann verwandelt sich die Vor-Genossenschaft in eine nichtrechtsfähige Dauergenossenschaft. Dagegen erlischt die Haftung sowohl der handelnden Organe als auch die Außenhaftung der Mitglieder, wenn es zur Eintragung der Genossenschaft kommt[45]. Hieraus ergibt sich die Lösung in unserem

Beispiel Nr. 2 (vereinfacht nach *BGHZ* 20, 281): Eine Genossenschaft zur Gewinnung und zum Vertrieb von Humusdünger war im Mai 1948 errichtet, im Oktober 1948 zur Eintragung angemeldet und im Mai 1949 eingetragen worden. Schon im Juni 1948 hatte die Genossenschaft mit K (Kläger) einen Vertrag über den Abbau von Altmüll geschlossen, diesen Vertrag aber verletzt, so daß K 30000 DM Schadensersatz (damals viel Geld!) verlangen konnte. Die inzwischen eingetragene Genossenschaft fiel in Konkurs. K erhielt von ihr nur 9600 DM und verlangte nunmehr von den Mitgliedern Zahlung. Die Klage war abzuweisen, und zwar nicht deshalb, weil eine persönliche Außenhaftung nicht entstanden war (so der *BGH)*, sondern deshalb, weil sie durch die Eintragung erloschen war. Eine Vorbelastungshaftung der Gründer (oben, § 34 III 3 b) hätte allenfalls vom Verwalter geltend gemacht werden können, nicht vom K. Wäre die Eintragung in das Genossenschaftsregister nicht geglückt oder hätten die Gründer die Eintragungsabsicht aufgegeben, so hätte der Klage stattgegeben werden müssen, denn nur durch das Siegel der Eintragung wird die Haftungsbeschränkung herbeigeführt.

II. Die Verfassung der eG*

1. Das Statut als Verfassungsurkunde

Die Genossenschaft wird von *mindestens sieben Personen* (§ 4 GenG) durch schriftliche Beurkundung eines Statuts, also einer Satzung, errichtet (§ 5

---

42 *Beuthien*, a.a.O., § 13 Rdnr. 5; *Müller*, a.a.O., § 13 Rdnr. 12a; *Beuthien*, ZGen. 46 (1996), 188.
43 So auch *Beuthien*, a.a.O., § 13 Rdnr. 6.
44 Wie hier *Beuthien*, a.a.O., § 13 Rdnr. 7; a.M. *BGHZ* 149, 273 = NJW 2002, 824; *Lang/Weidmüller/Metz/Schaffland*, a.a.O., § 13 Rdnr. 9.
45 Vgl. auch *Hettrich/Pöhlmann/Gräser/Röhrich*, a.a.O., § 13 Rdnr. 7; *Lang/Weidmüller/Metz/Schaffland*, a.a.O., § 13 Rdnr. 12.
* Literatur (Auswahl): *Beuthien*, Die Leitungsmachtgrenzen des Genossenschaftsvorstandes, ZGen. 25 (1975), 180; *Beuthien/Gätsch*, Einfluß Dritter auf die Organbesetzung ..., ZHR 157 (1993), 483; *Blomeyer*, Die Kompetenzen des Vorstands einer Genossenschaft, ZGen. 43 (1993), 287; *Breuer*, Gestaltungsprinzipien der Verfassung der Genossenschaft, Diss. Bonn 1967; *Feuerborn*, Die statutarische Mitgliederbindung aus genossenschaftsrechtlicher Sicht, 1978; *Glenk*, a.a.O., Rdnrn. 283ff.; *Hadding*, Actio pro socio in der eG, ZGen. 43 (1993), 306; *Keßler*, Die Kom-

GenG). Mitglieder können natürliche Personen, Körperschaften und die rechtsfähigen Personengesellschaften (oben, § 8 III), also die sog. Gesamthandsgesellschaften sein (zur Gesellschaft bürgerlichen Rechts vgl. unten, § 60 II 1 a)[46]. Der Mindestinhalt des Statuts – Firma, Sitz, Unternehmensgegenstand, Geschäftsanteile etc. – ergibt sich aus §§ 6 ff. GenG.

2. Die Organe der eG[*]

Das Gesetz schreibt *drei Organe* zwingend vor: den *Vorstand*, den *Aufsichtsrat* und die *Generalversammlung* (§§ 9, 24 ff., 36 ff., 43 ff. GenG). Der *Vorstand* ist das Geschäftsführungs- und Vertretungsorgan[47]. Er besteht aus mindestens zwei Mitgliedern und wird von der Generalversammlung gewählt (§ 24 GenG). Der *Aufsichtsrat* als Überwachungsorgan (§ 38 GenG) besteht aus mindestens drei Mitgliedern (§ 36 GenG). Er überwacht den Vorstand und vertritt gegenüber dem Vorstand die Genossenschaft – auch im Prozeß mit ehemaligen Vorstandsmitgliedern[48]. Die Mitglieder des Vorstands und des Aufsichtsrats müssen nach § 9 II GenG Mitglieder der Genossenschaft sein. Bei Genossenschaften mit mehr als 500 bzw. 2000 Arbeitnehmern sind aber die Vorschriften des § 77 III BetrVG 1952 bzw. der §§ 1, 6 ff. MitbestG zu beachten. Höchstes Willensbildungsorgan der Genossenschaft ist die *Generalversammlung* (§ 43 GenG), bei Genossenschaften mit mehr als 1500 Mitgliedern auch eine satzungsmäßig eingesetzte Vertreterversammlung (§ 43 a GenG), deren Befugnisse derjenigen einer Generalversammlung voll entsprechen[49]. In der Generalversammlung wird, ähnlich wie bei Personengesellschaften, grundsätzlich nach Köpfen und nicht nach Kapitalanteilen abgestimmt; allerdings kann das Statut solchen Genossen ein Mehrstimm-

---

petenzabgrenzung zwischen Vorstand, Generalversammlung und Aufsichtsrat eingetragener Genossenschaften, in: Steding, a. a. O., S. 107; *Reinhardt*, Die Organisation der Genossenschaft als Aufgabe des Rechts, in: Genossenschaften – Demokratie und Wettbewerb, 1972, S. 57; *Staufer*, Die Beschränkung der statutarischen Autonomie durch das Genossenschaftsgesetz, 1971; *Vollmer*, Die kapitalistische Genossenschaft, 1995.

46 Zum Umfang der Vertretungsmacht in der Vor-Genossenschaft *OLG Zweibrücken*, NZG 1999, 172.

* Literatur: *Baums*, Geborene und gekorene Vorstandsmitglieder in der Genossenschaft, in: 175 Jahre OLG Oldenburg, 1989, S. 671; *Beuthien*, Die Vertreterversammlung eingetragener Genossenschaften, 1984; *ders.*, Genossenschaftliche Selbstverwaltung durch Regionalorgane, in: Festschrift A. Weber, 1997, S. 213; *Elfers*, Der Vorstand der Erwerbs- und Wirtschaftsgenossenschaften, 1929; *Frankenberger*, Der Aufsichtsrat der Genossenschaft, 4. Aufl. 1997; *Holzberger*, Die eigenverantwortliche Leitung der eingetragenen Genossenschaft durch den Vorstand, 1987; *Liebhart*, Rechtsgrundlagen der Willensbildung in der Generalversammlung der eG, Diss. Würzburg 1970; *Werner F. Meyer*, Die Verantwortlichkeit des Vorstands einer eG aus § 34 GenG, 1985; *Renate Neumann*, Rechtliche Möglichkeiten der Mitglieder zur Teilnahme an der Willensbildung in der eingetragenen Genossenschaft, 1982; *Steching*, Mitgliederorientierte Demokratie, BB 1992, 937.

47 Vgl. m. w. N. *Beuthien*, a. a. O., § 15 Rdnrn. 3 ff.; speziell zur BGB-Außengesellschaft vgl. *BGH*, NJW 1992, 499.

48 *BGHZ* 130, 108 = *BGH*, LM Nr. 3 zu § 39 GenG m. Anm. *Noack* = NJW 1995, 2559; *BGH*, NJW 1997, 318 = LM Nr. 4 zu § 39 GenG m. Anm. *Gillmaier*; *BGH*, NJW 1998, 1646; zur Reform des genossenschaftlichen Aufsichtsrats *Trescher*, DB 1997, 1551.

49 Vgl. nur *Hettrich/Pöhlmann/Gräser/Röhrich*, a. a. O., § 43 a Rdnr. 3.

recht einräumen, die den Geschäftsbetrieb besonders fördern (§ 43 III GenG). Abgestimmt wird i.d.R. mit einfacher Stimmenmehrheit (§ 43 II GenG; vgl. aber für Satzungsänderungen § 16 GenG). Hinsichtlich fehlerhafter Beschlüsse wird wie im Aktienrecht (oben, § 28 IV 5) zwischen Nichtigkeits- und Anfechtungsgründen unterschieden[50]. Ähnlich wie bei der Aktiengesellschaft (vgl. zum »Holzmüller«-Fall oben, § 28 V 2b und § 30 V 2) kann auch bei der Genossenschaft die Frage entstehen, wie weit der Vorstand, ohne die Versammlung zu befragen, in die Substanz der Mitgliedschaft eingreifen kann, z.B. indem er wesentliche Betriebsteile auslagert oder wesentliche Unternehmensbeteiligungen erwirbt bzw. abstößt. Hier ist zu bedenken, daß die Mitgliederversammlung über § 119 II AktG hinaus immer dann zu berufen ist, wenn dies im Interesse der Genossenschaft erforderlich erscheint (§ 44 II GenG im Gegensatz zu dem auf das »Wohl« der Gesellschaft abstellenden § 121 I AktG). Die »Holzmüller«-Problematik ist hier also eindeutig lösbar: Der Vorstand muß eine solche Frage der Versammlung vorlegen[51]. Delikat kann dagegen die Kompetenz der Vertreterversammlung nach § 43a GenG sein, soweit sie über die Rechte und Pflichten einzelner Genossen befindet. Die »mittelbare Demokratie« in der Genossenschaft darf hier keine Rechtsschutzdefizite entstehen lassen.

3. Die Pflichtprüfung[*]

a) Als Teil der genossenschaftsrechtlichen Verfassung ist auch die Zugehörigkeit jeder Genossenschaft zu einem *Prüfungsverband* anzusehen (§§ 53ff. GenG). Es handelt sich um eine bereits früh in das Gesetz aufgenommene Variante der Pflichtprüfung, wie sie heute z.B. bei der Rechnungslegung der Aktiengesellschaften vorgeschrieben, dort aber durch Abschlußprüfer als unabhängige Dritte vorzunehmen ist. Man sollte diese genossenschaftsrechtliche Pflichtprüfung deshalb als eine Fortsetzung des Selbsthilfegedankens auf der Ebene der Kontrollinstanz ansehen[52], nicht als eine privatrechtliche Variante der Wirtschaftsaufsicht. Der Prüfungsverband soll die Rechtsform eines eV haben (§ 63b I GenG). Das Prüfungsrecht wird ihm vom Staat verliehen (§ 63 GenG). Diese Pflichtmitgliedschaft jeder eG in einem Prüfungsverband zählt zu den organisationsrechtlichen Normativbestimmungen des Genossenschaftsrechts und verstößt nicht gegen die in Art. 9 I GG

50 Vgl. nur *BGHZ* 132, 84 = NJW 1996, 1756 = ZIP 1996, 674.
51 Vgl. *Kessler*, a.a.O.; *Blomeyer*, ZGen. 43 (1993), 287ff.
* Literatur: *Aschermann*, Genossenschaftliche Gründungsprüfung und Aufnahme in den Prüfungsverband, ZGen. 37 (1987), 297; *Beuthien*, Genossenschaftliche Pflichtprüfung und Prüferablehnung, in: Festschrift Wilhelm Weber, Wien 1986, S. 174; *ders.*, Die Verfassungmäßigkeit der Zuordnung jeder eG zu einem genossenschaftlichen Prüfungsverband, WM 1995, 1788; *Gehrlein*, Die Verfassungswidrigkeit des Anschlußzwangs an genossenschaftliche Prüfungsverbände, WM 1995, 1781; *Graumann*, Aktuelle Entwicklungen im Prüfungswesen und das Institut der genossenschaftlichen Pflichtprüfung, ZGen. 48 (1998) 7; *Jäger*, Genossenschaftsdemokratie und Prüfungsverband, ZGen. 35 (1985), 21; *Leitner*, Rechtlicher Vergleich und Würdigung der Pflichtprüfung ..., ZGen. 48 (1998), 23; *Peemöller*, Gefüge des genossenschaftlichen Prüfungswesens, ZGen. 48 (1998), 40.
52 Die Pflichtprüfung war ursprünglich keine gesetzliche, sondern eine statutarische Regelung.

verbürgte negative Vereinigungsfreiheit[53], solange sie auf die Aufgabe beschränkt bleibt, zu verhindern, daß die dem Prüfungsverband zugehörigen Genossenschaften mit den Mitgliedsbeiträgen prüfungsfremde Tätigkeiten mitfinanzieren[54]. Auf der anderen Seite besteht, sofern nicht rechtserhebliche Einwände gegen die Aufnahme vorliegen, ein Anspruch der Genossenschaft auf Aufnahme in einen Prüfungsverband, der vor den ordentlichen Gerichten durch Klage geltend gemacht werden kann[55].

b) *Gegenstand der genossenschaftsrechtlichen Pflichtprüfung* sind die wirtschaftlichen Verhältnisse und die Ordnungsmäßigkeit der Geschäftsführung (§ 53 GenG). Hierzu wird Einsicht in die Geschäftsbücher genommen (§ 57 GenG), und es wird ein Prüfungsbericht erstellt (§ 58 GenG). Die Prüfungsorgane unterliegen nach § 62 GenG einer Haftung gegenüber der Genossenschaft[56].

c) Nicht mit der Pflichtprüfung zu verwechseln ist die *behördliche Auflösung der Genossenschaft* wegen Gesetzwidrigkeit (§ 81 GenG)[57]. Sie entspricht der behördlichen Auflösung einer GmbH nach § 62 GmbHG und spielt in der Praxis keine nennenswerte Rolle.

4. Umwandlung

Die Verschmelzung, die Spaltung und der Formwechsel von Genossenschaften und genossenschaftlichen Prüfungsverbänden ist ausführlich im Umwandlungsgesetz geregelt (§§ 79ff., 105ff., 147f., 150, 251ff., 283ff. UmwG)[58]. Wegen der Grundsatzprobleme der Umwandlung kann auf die Darstellung unter §§ 12 und 13 verwiesen werden.

5. Kartellrecht und Konzernrecht

a) Viel diskutiert worden ist das Problem, wie sich das Genossenschaftsrecht zum *Kartellverbot* verhält. Die genossenschaftliche Kooperation unter konkurrierenden Unternehmen kann wettbewerbsbeschränkende Wirkungen, u.U. sogar konzentrative Wirkungen haben, so daß ein Zielkonflikt zwischen der genossenschaftlichen Kooperationsförderung und dem Recht gegen Wettbewerbsbeschränkungen entstehen kann. Auf dieses wirtschaftsrechtliche

---

53 Vgl. *Kübler*, § 13 II 6b aa; *Reinhardt*, in: Festschrift Draheim, 1968, S. 236; *Beuthien*, a.a.O., § 54 Rdnr. 8; *Beuthien*, WM 1995, 1788ff.; *Steding*, NZG 1999, 140; *Turner*, NJW 1997, 853; a.M. *Gehrlein*, WM 1995, 1781ff.

54 Verfassungskonforme Auslegung; vgl. *BGHZ* 130, 243 = NJW 1995, 2981.

55 *BGHZ* 37, 160; *Kübler*, § 13 II 6b bb; eingehend *Erk*, Pflichtmitgliedschaft und Aufnahme im genossenschaftlichen Prüfungswesen, Diss. Würzburg 1965; *Barth*, Die Mitgliedschaft von Genossenschaften in Prüfungsverbänden, Diss. Fribourg 1964.

56 Hierzu *Großfeld/Rothe*, NZG 1998, 877.

57 Dazu *Büchler*, Eingetragene Genossenschaft und hoheitliche Aufsicht, 1990.

58 Hierzu *Beuthien*, a.a.O., nach § 164 (ausführliche Kommentierung des UmwG); *ders.*, AG 1996, 349; *Wirth*, Spaltungen einer eingetragenen Genossenschaft, 1998.

Problem kann jedoch in einer Darstellung des Gesellschaftsrechts nur hingewiesen werden[59].

Beispiel Nr. 3 (nach *BGHZ* 120, 161 »Taxigenossenschaft II«): Eine Taxizentrale hatte Doppelmitgliedschaften und Tätigkeiten für die Konkurrenz untersagt. Der *BGH* hielt die kartellrechtlichen Grenzen des Wettbewerbsverbots (§ 68 GenG) für überschritten: »Genossenschaftsimmanent ist eine Wettbewerbsbeschränkung nur, wenn sie erforderlich ist, um den Zweck oder die Funktionsfähigkeit der Genossenschaft zu sichern. Das ist unter Berücksichtigung des Geschäftsgegenstandes und der Struktur der betreffenden Genossenschaft generalisierend zu beurteilen. Voraussetzung ist weiter, daß der Zweck und die Struktur der betreffenden Genossenschaft als solche kartellrechtsneutral sind (Ergänzung zu BGH, Beschl. v. 15. April 1986 – KVR 1/85 – Taxigenossenschaft).«

b) Erst in den Anfängen steckt das *Konzernrecht der Genossenschaften* (dazu oben, § 17 IV 4). Nach herkömmlicher Auffassung ist die Genossenschaft konzernresistent und kann nicht verbundenes, jedenfalls nicht abhängiges, Unternehmen sein[60]. Demgegenüber ist festzuhalten, daß die Genossenschaft mindestens herrschendes Unternemen sein[61] und auch in einen Gleichordnungskonzern eingebunden werden kann[62]. Erst in jüngster Zeit wird auch über ihre Eignung als Konzerntochter diskutiert[63]. Im Vergleich mit der GmbH ist zwar die eingetragene Genossenschaft aufgrund ihrer Vereinsstruktur weniger anfällig gegen Majorisierung durch ein herrschendes Unternehmen, aber das schließt nicht jede Abhängigkeit i. S. von § 17 AktG von vornherein aus, und mehr und mehr wird auch die Bildung von Vertragskonzernen durch Beherrschungsverträge zugelassen[64].

III. Mitgliedschaft und Finanzierung[*]

1. Erwerb und Verlust der Mitgliedschaft

Mitglieder einer eingetragenen Genossenschaft können natürliche Personen, Körperschaften und Personengesellschaften sein. Auch die Außengesellschaft

59 Eingehend *Beuthien*, a. a. O., § 1 Rdnrn. 117 ff.; ausführliche Nachweise noch in der 2. Auflage, § 41 Fußn. 17; zur Rechtslage nach dem bis 1998 geltenden Kartellverbotstatbestand *Karsten Schmidt*, Kartellverbot und »sonstige Wettbewerbsbeschränkungen«, 1978, S. 172 ff.

60 Vgl. gegen die eingetragene Genossenschaft als abhängiges Unternehmen *Lang/Weidmüller/Metz*, a. a. O., § 1 Rdnr. 320; im Grundsatz auch *Merle*, AG 1979, 265 ff.; *Großfeld/Berndt*, AG 1998, 120.

61 Dazu *Beuthien*, AG 1996, 349; *Pirner*, Beteiligung von Genossenschaften an Unternehmen anderer Rechtsform, 1993.

62 Vgl. über den Genossenschaftsverbund *Beuthien*, a. a. O., S. 102 f.; *v. Detten*, a. a. O., S. 153 ff.; *Keinert*, Aktuelle Rechtsprobleme des Genossenschaftsverbundes, 1996.

63 *Beuthien*, in: Mestmäcker/Behrens (Hrsg.), Das Gesellschaftsrecht der Konzerne im internationalen Vergleich, 1991, S. 133 ff.

64 *v. Detten*, a. a. O., S. 107 ff., 170 ff.

* Literatur: *Aschermann*, Die eG als Beteiligungsunternehmen, 1992; *Beuthien*, Der genossenschaftliche Geschäftsanteil, AG 2002, 266; *Beuthien/Ernst*, Die Gesellschaft bürgerlichen Rechts als Mitglied einer eG, ZHR 156 (1992), 227; *Blomeyer*, Die institutionelle Problematik der genossenschaftlichen Kapitalversorgung, 1989; *Erich Brazel*, Das Kündigungsrecht des Genossen einer eG, Diss. Mainz 1982; *Margit Brazel*, Die Rechtsstellung der Genossen-Erben ..., Diss. Mainz 1983; *Ferneding*, Verwaltungskosten- und Verlustdeckungsumlagen eingetragener Genos-

bürgerlichen Rechts – z.B. ein Verbund von Privatpersonen oder Unternehmen – ist also taugliches Mitglied (vgl. auch unten, § 43 II 3)[65]. Die Mitgliedschaft wird erworben durch Teilnahme an der Gründung oder durch Eintritt. Verloren wird sie durch Austritt oder durch Ausschluß aus der Genossenschaft (§§ 65 ff. GenG). Mit dem Tod eines Genossen geht die Mitgliedschaft auf seine Erben über, wird von ihnen aber für weitere Geschäftsjahre nur fortgesetzt, wenn die Satzung dies bestimmt (§ 77 GenG). Eine Übertragung der Mitgliedschaft unter Lebenden erkennt die h.M. dagegen nicht an (vgl. über Ersatzformen sogleich unter III 2)[66]. Besonders bedeutsam ist das *Austrittsrecht der Genossen* nach §§ 65 und 67a GenG: Jeder Genosse hat ein ordentliches Austrittsrecht zum Schluß jedes Kalenderjahrs, und eine satzungsmäßige Kündigungsfrist darf höchstens fünf Jahre betragen (§ 65 I, II 1–3 GenG); daneben besteht ein außerordentliches Austrittsrecht (§ 65 II 4 GenG), und zwar insbesondere bei Satzungsänderungen (§ 67a GenG). Diese großzügigen Austrittsrechte demonstrieren den Vereinscharakter der Genossenschaft und ihre Verwurzelung im Gedanken der freiwilligen Kooperation, aber sie sind auch ein Grund für die Flucht der Gestaltungspraxis aus der Genossenschaftsform. Daß nicht das BGB-Modell das sog. »Idealvereins«, sondern das Musterbeispiel eines Wirtschaftsvereins vorliegt, ist am Außenhandelssatzungsanspruch des austretenden Genossen erkennbar. Auf diesen können auch seine Gläubiger zugreifen (§ 66 GenG und dazu oben, § 19 IV 3).

2. Geschäftsanteil, Einlage und Geschäftsguthaben

a) Die Terminologie des Genossenschaftsgesetzes weicht von derjenigen des GmbH-Gesetzes nicht unwesentlich ab. Als *Geschäftsanteil* bezeichnet es den Betrag, bis zu welchem sich die Genossen mit Einlagen beteiligen können (§ 7 Nr. 1 GenG), wobei das Statut die Übernahme mehrerer Geschäftsanteile zulassen oder sogar vorschreiben kann (§ 7a GenG). *Einlage* ist auch hier eine Leistung in das Eigenkapital, wobei das Statut eine Mindesteinlage vorschreiben muß (§ 7 Nr. 1 GenG). Aus den Einlagen und gutgeschriebenen Gewinnen entsteht sodann das *Geschäftsguthaben.* Das Geschäftsguthaben – nicht die Mitgliedschaft als solche – kann gemäß § 76 GenG übertragen werden, wenn der Veräußerer aus der Genossenschaft austritt und der Erwerber an seiner Stelle als Genosse eintritt[67], womit sich die Frage stellt, ob nicht doch

---

senschaften, 1993; *Klose,* Zusatzgrundkapital für eingetragene Genossenschaften, 1998; *Menzel,* Der Ausschluß aus der eG, 1977; *Michel,* Die Fördergeschäftsbeziehung zwischen Genossenschaft und Mitglied, 1987; *Renate Neumann,* Rechtliche Möglichkeiten der Mitglieder zur Teilnahme an der Willensbildung in der eG, 1982; *Schwarzer,* Gleichbehandlung und Mitgliederförderung in der Genossenschaft, Diss. Erlangen-Nürnberg 1993.

65 *BGH,* NJW 1992, 499 und dazu *Beuthien/Ernst,* ZHR 156 (1992), 227ff. (mit Kritik an der Verselbständigung der BGB-Gesellschaft).

66 Vgl. über das Verhältnis von Mitgliedschaft und Geschäftsanteil eingehend *Beuthien,* AG 2002, 277ff.

67 Vgl. ebd.

eine statuarische Übertragung der Mitgliedschaft zugelassen werden sollte[68]. Umstritten ist, ob das Geschäftsguthaben durch Teilübertragung geteilt werden kann. Die herrschende Auffassung lehnt dies ab[69].

Beispiel Nr. 4 (nach *OLG Schleswig*, NJW-RR 1990, 1449): Eine Genossenschaft hatte zur Registereintragung angemeldet, daß ein neues Mitglied Y eingetreten sei und daß das Mitglied X einen Teil seines Geschäftsguthabens in Höhe von 5600 DM auf Y übertragen habe. Angemeldet wurde zugleich, daß das Mitglied A einen Teil seines Geschäftsguthabens in Höhe von 800 DM auf ein neues Mitglied B übertragen habe. Das *OLG* hielt dies mit der h.M. für unzulässig (vgl. nur *RGZ* 143, 296, 301; *KG*, OLGE 19, 361; *Krämer*, Rpfleger 1985, 143; a.M. *Schiemann*, ZGen. 26 [1976], 26ff.). Dieser Standpunkt ist nach heutigem Gesetzes- und Wissenschaftsstand zweifelhaft. Gerade wenn man das Geschäftsguthaben von der Mitgliedschaft trennt, scheint diese »Doktrin von der Einheit des Geschäftsguthabens« veraltet.

b) Im Gegensatz zu den Kapitalgesellschaften hat die Genossenschaft kein festes satzungsmäßiges Stamm- oder Grundkapital, sondern nur die Geschäftsanteile sind satzungsmäßig bestimmt (vgl. §§ 7, 22 GenG) und durch Erlaß- und Auszahlungsverbote gesichert (§ 22 IV, V GenG)[70].

3. Die Inanspruchnahme der Förderungsleistung

Im Genossenschaftsrecht unterscheidet man zwischen dem *Mitgliedergeschäft* und dem *Nichtmitgliedergeschäft.* Ob die Genossenschaft auch Nichtmitglieder bedient – wichtig z.B. bei Konsumvereinen und bei Genossenschaftsbanken! –, richtet sich nach der Satzung (§ 8 I Nr. 5 GenG). Mitglieder haben einen Anspruch auf Teilhabe an den genossenschaftlichen Förderungsleistungen. Diese werden aber nicht auf der Rechtsgrundlage der Mitgliedschaft, sondern auf schuldvertraglicher Basis (Kaufvertrag, Werkvertrag, Dienstvertrag etc.) gewährt.

Beispiel Nr. 5: Eine »Beamteneinkaufsstätte« B ist als eingetragene Genossenschaft organisiert und verschafft ihren Mitgliedern günstigen Einkauf in einer eigens betriebenen Verkaufsstelle. Kauft das Mitglied M bei B eine Kiste Champagner, so ergibt sich für B ein Abschlußzwang aus der Mitgliedschaft des M, aber der Kauf selbst, einschließlich der Erfüllung, Gewährleistung usw., richtet sich nach §§ 433ff. BGB.

4. Die Nachschußpflicht in der Insolvenz

a) Die Haftung und Nachschußpflicht bei den Genossenschaften hat eine sehr wechselhafte Geschichte durchlaufen[71]. Für das geltende Recht kann man

68 *Beuthien* (ebd.) sieht die Mitgliedschaft zwar nicht (wie dieses Buch) als Rechtsgegenstand an, wohl aber als tauglichen Verfügungsgegenstand und sieht nur in § 76 GenG ein gesetzliches Übertragungsverbot.

69 Vgl. *Beuthien*, a.a.O., § 76 Rdnr. 2; *Hettrich/Pöhlmann/Gräser/Röhrich*, a.a.O., § 76 Rdnr. 2; *Müller*, a.a.O., § 76 Rdnr. 2.

70 Näher *Klose*, a.a.O., S. 42ff. (mit Verbesserungsvorschlägen S. 110ff.).

71 Überblick bei *Lehmann/Dietz*, § 56 II, III; *Paulick*, Recht der eG, a.a.O., § 2 IV 4; *W. Blomeyer*, Das Haftungskonzept des Genossenschaftsgesetzes von 1889 und seine weitere Entwicklung, ZGen. 39 (1989), 112.

sagen: Es gibt *keine Außenhaftung der Genossen* - weder als beschränkte noch als unbeschränkte Außenhaftung. Wohl aber können die Genossen nach §§ 105 ff. GenG zu Nachschüssen in die Insolvenzmasse verpflichtet sein, soweit die Gläubiger der Genossenschaft bei der Schlußverteilung in einem Insolvenzverfahren ausfallen. Nach § 6 Nr. 3 GenG gibt es[72]

- Genossenschaften mit unbeschränkter Nachschußpflicht,
- Genossenschaften mit summenmäßig beschränkter Nachschußpflicht und
- Genossenschaften ohne Nachschußpflicht.

Bei der Genossenschaft mit beschränkter Nachschußpflicht darf die Haftsumme im Statut nicht niedriger als der Geschäftsanteil festgesetzt werden.

b) *Insolvenzgrund* ist bei allen eingetragenen Genossenschaften die Zahlungsunfähigkeit (§ 17 InsO) bzw. auch die drohende Zahlungsunfähigkeit (§ 18 InsO), dagegen nur bei den Genossenschaften ohne Nachschußpflicht, bei den Genossenschaften mit beschränkter Nachschußpflicht und bei aufgelösten Genossenschaften auch die Überschuldung (§ 98 I GenG). In Übereinstimmung mit sonstigen gesellschaftsrechtlichen Vorschriften kennt also auch das Genossenschaftsgesetz nicht ausnahmslos den Eröffnungsgrund der Überschuldung (dazu vgl. die rechtspolitische Kritik oben in § 11 VI 3 b). Der Vorstand der Genossenschaft ist verpflichtet, bei Eintritt der Zahlungsunfähigkeit bzw. im Rahmen des § 98 GenG auch der Überschuldung die Eröffnung eines Insolvenzverfahrens zu beantragen (§ 99 GenG). Geschieht dies nicht, so macht sich der Vorstand schadensersatzpflichtig (vgl. sinngemäß oben, § 36 II 5 und § 38 IV 6 a) und ggf. sogar strafbar (§ 148 GenG).

Die Nachschußpflicht der Genossen wird über die Insolvenzmasse abgewickelt und kommt auf diese Weise der Gesamtheit der Gläubiger zugute. Soweit die Genossen Nachschüsse leisten müssen, erstellt der Verwalter zunächst eine Vorschußberechnung (§ 106 GenG), aus der sich ergibt, wieviel die einzelnen Genossen vorschußweise zur Deckung des bilanzmäßig festgestellten Fehlbetrags beizutragen haben. Soweit einzelne Genossen leistungsunfähig sind und hierdurch der Gesamtbetrag nicht gedeckt wird, findet eine Zusatzberechnung statt (§ 113 GenG), im Zuge der Schlußverteilung die endgültige Nachschußberechnung (§ 114 GenG).

c) Von der Nachschußpflicht ist die *Verlustdeckungsumlage* zu unterscheiden, die nicht im Insolvenzverfahren erhoben wird, sondern der Sanierung dient[73]. Nach dem Gesetz werden Verluste nur auf die Konten der Genossen verteilt und hindern dann eine Auszahlung künftiger Gewinne, bis der Geschäftsanteil aufgefüllt ist (§ 19 GenG). Soweit echte Verlustumlagen von der Satzung gedeckt sind und nicht i.S. von § 18 GenG von den Bestimmungen des Gesetzes abweichen, sind sie zulässig, jedoch ist umstritten, ob sie – wie Beitragserhöhungen – auch mit Verpflichtungswirkung für

72 Vgl. auch zur Rechtslage in Österreich *Keinert*, a.a.O., Rdnrn. 33 ff., 741 ff.
73 Vgl. Eingehend *Ferneding*, a.a.O.

eine dissentierende Minderheit beschlossen werden können (vgl. zum Belastungsverbot oben, § 16 III b cc)[74].

74 Dazu *Ferneding*, a.a.O., S. 111f.

§ 42 Der Versicherungsverein auf Gegenseitigkeit*

I. Grundlagen

1. Privatversicherung auf schuldrechtlicher und auf mitgliedschaftlicher Basis

Privatversicherungen können im wesentlichen auf zweierlei Basis aufbauen: auf schuldrechtlicher oder auf mitgliedschaftlicher Basis. Im ersten Fall schließt ein Versicherungsnehmer mit einem Versicherer einen Versicherungsvertrag. Es liegt dann eine *Versicherung auf Prämien* vor[1]. Das Versicherungsgeschäft gehört zu den Handelsgeschäften (Handelsrecht, § 35 IV). Die Kaufmannseigenschaft des Versicherers ergibt sich regelmäßig aus §§ 3 AktG, 6 HGB, denn in den wichtigsten Versicherungszweigen sind nur Aktiengesellschaften als Versicherer gegen Prämien zugelassen (vgl. § 7 I VAG).

Beispiel Nr. 1: V schließt mit der L-Lebensversicherungs-AG einen Versicherungsvertrag. Dieser Vertrag ist auf der Seite der AG ein Handelsgeschäft. Er unterliegt dem Ver-

---

* Literatur: *Baumann*, Der Versicherungsverein auf Gegenseitigkeit mit kooptierter Vertreterversammlung, 1986; *Benkel*, Das Gesellschaftsrecht der großen konzernfreien Versicherungsvereine auf Gegenseitigekeit, 1994; *Brenzel*, Der Versicherungsverein auf Gegenseitigkeit, 1975; *Fahr/Kaulbach*, VAG, 2. Aufl. 1997; *Julius von Gierke,* Die Versicherungsvereine auf Gegenseitigkeit nach deutschem Recht, 1942; *Goldberg/Müller*, Versicherungsaufsichtsgesetz, 1980; *Großfeld,* Der Versicherungsverein auf Gegenseitigkeit im System der Unternehmensformen, 1986; *Hauth,* Unternehmensverfassungsrechtliche Probleme des Versicherungsvereins auf Gegenseitigkeit, 1984; *Heidelbach*, Der kleinere VVaG, 1994; *Kalwar*, Der Versicherungsverein auf Gegenseitigkeit in der Bundesrepublik Deutschland, 1984; *Kisch,* Das Recht des Versicherungsvereins auf Gegenseitigkeit, 1951; *Lorenz-Liburnau,* Die Rechtsordnung des Versicherungsvereins auf Gegenseitigkeit, (österreichische) Versicherungsrundschau 1984, 48; *Moser,* Der Versicherungsvertrag mit Gewinnbeteiligung, 1928; *Müller-Wiedenhorn*, Versicherungsvereine auf Gegenseitigkeit im Unternehmensverbund, 1993; *Peiner* (Hrsg.), Grundlagen des Versicherungsvereins auf Gegenseitigkeit, 1995; *Prölss/Weigel,* Versicherungsaufsichtsgesetz, 11. Aufl. 1997; *Sieg,* Rechtsfragen der Überschußverwendung beim Versicherungsverein auf Gegenseitigkeit, in: Festschrift Reimer Schmidt, 1976, S. 593; *Zier,* Der Versicherungsverein auf Gegenseitigkeit, Diss. Würzburg 1968; *Zinnert,* Gewinnverteilung an Versicherungsnehmer von Versicherungs-Aktiengesellschaften, Diss. Hamburg 1982. Materialien: Entwurf eines Gesetzes über die privaten Versicherungsunternehmungen, Reichstagsdrucksache Nr. 5 der 10. Legislaturperiode II. Session 1900/1901 = (Neuabdruck) Motive zum Versicherungsaufsichtsgesetz, 1963 (zit.: Motive VAG).

1 Vgl. § 1 II Nr. 3 HGB a.F. und dazu Handelsrecht, 4. Aufl., § 10 IV 4.

sicherungsvertragsgesetz (§§ 159ff. VVG) und den Allgemeinen Versicherungsbedingungen der Kapitalversicherung auf den Todesfall (ALB).

Der Versicherungsvertrag ist ein gegenseitiger Vertrag, durch den der Versicherer gegen Prämienzahlung ein Risiko übernimmt (Handelsrecht, § 35 IV 2)[2]. Der vielfach betonte aleatorische Charakter des Versicherungsvertrags[3] – man könnte ihn als eine Art Wette auf den Todesfall, Schadensfall etc. bezeichnen – steht dem nicht entgegen. Gesellschaftsrechtliche Probleme treten nicht auf. Demgegenüber liegt beim VVaG eine *Versicherung auf mitgliedschaftlicher Grundlage* vor. Hier tun sich Rechtssubjekte zusammen, um ihre Risiken zu teilen und Schadensfälle aus einer gemeinsamen Kasse zu decken. Die mitgliedschaftliche Konstruktion der Versicherung kombiniert Versicherung und Mitgliedschaft. Sie beruht auf dem Gedanken der genossenschaftlichen Selbsthilfe.

Beispiel Nr. 2: Um sein Schiff zu versichern, tritt der Reeder R einem sog. »P & I (Protection and Insurance) Club« bei, dem Schutz- und Trutzbund Transatlantic VVaG von 1900. Hier zahlt er der Idee nach nicht Versicherungsprämien als Entgelt für eine Gegenleistung, sondern er tritt einer Risikogemeinschaft bei, die zur Deckung bestimmter Schäden aus Beiträgen ein Vermögen bildet (§§ 15ff. VAG).

2. Relativierung des Gegensatzes

Theoretisch und rechtsdogmatisch ist der Unterschied zwischen beiden Gestaltungen groß. Die schuldrechtliche Versicherungskonstruktion basiert auf einem Gegeneinander, die mitgliedschaftliche auf einem Miteinander. In der Praxis wirkt sich der Unterschied vielfach so wenig aus, daß viele Versicherte überhaupt nicht bemerken, ob sie z.B. bei ihrer Kraftfahrzeugversicherung Vertragspartner einer Versicherungs-AG oder Mitglieder eines VVaG sind. Dafür gibt es verschiedene Gründe. Zunächst einmal gibt es auch beim Versicherungsverein auf Gegenseitigkeit, sofern die Satzung dies zuläßt, das sog. Nichtmitgliedergeschäft (§ 21 II VAG)[4]. Ein weiterer Grund besteht darin, daß Versicherungsvereine und Aktiengesellschaften miteinander in Wettbewerb stehen und deshalb vergleichbare Konditionen anbieten müssen. Daß die Konditionen vergleichbar sind, erkennt man besonders an zwei Phänomenen:

a) Die Gründer eines VVaG müssen einen *Gründungsstock* bilden (§ 22 VAG), und es ist aus dem Geschäftsbetrieb eine Verlustrücklage zu bilden (§ 37 VAG). Wer neu in einen VVaG aufgenommen wird, braucht sich aber in aller Regel nicht an diesem Garantiekapital zu beteiligen; endet die Mitgliedschaft, so wird er auch nicht aus diesem Vermögen abgefunden. Nachteil und Vorteil der spezifisch mitgliedschaftlichen Rechtskonstruktion sind also kaum spürbar.

2 Eingehend dazu *Schmidt-Rimpler,* Die Gegenseitigkeit bei einseitig bedingten Verträgen, 1968; *Schwintowski,* Der private Versicherungsvertrag zwischen Recht und Markt, 1987, S. 45, 59.
3 Vgl. nur *Eichler,* Versicherungsrecht, 2. Aufl. 1979, S. 19ff.
4 Anders bei den kleinen VVaG gemäß § 53 VAG; dazu *Prölss/Weigel,* a.a.O., § 53 Rdnr. 11.

b) Da der VVaG im Gegensatz zu den Versicherungs-Aktiengesellschaften nicht nach Gewinnerzielung strebt, wird ein sich nach der Bilanz ergebender *Überschuß* an die Mitglieder verteilt, soweit er nicht einer Rücklage zuzuführen oder auf das nächste Geschäftsjahr zu übertragen ist (§ 38 VAG). Die Gesetzesbegründung von 1900 leitet aus dem »Wesen der Gegenseitigkeitsversicherung« her, »daß ein *Überschuß* den Mitgliedern wieder zugute kommt, durch deren zu hohe Beiträge er hervorgerufen ist"[5]. Für die Versicherungs-AG gibt es eine solche allgemeine Rechtspflicht gegenüber ihren Versicherungsnehmern nicht[6]. In der Versicherungspraxis aber gibt es seit langem eine Überschußbeteiligung und eine vom Verlauf des Geschäftsjahrs abhängige Rückvergütung von Prämien[7]. Der Wettbewerb hat also dafür gesorgt, daß die Bedingungen einander weitgehend angepaßt sind.

II. Die Verfassung des VVaG

1. Gründung

a) Der VVaG ist ein rechtsfähiger Verein, und zwar eine Sonderform des wirtschaftlichen Vereins. Er unterliegt dem *Konzessionssystem* (vgl. dazu oben, § 8 II 5). Er wird durch notariell zu beurkundende Feststellung einer Satzung errichtet (dazu §§ 17, 18 VAG), aber erst durch behördliche Erlaubnis rechtsfähig (§ 15 VAG). Diese Erlaubnis hat eine doppelte Funktion. Zum einen ist sie eine Maßnahme der Wirtschaftsaufsicht, durch die dem Verein – wie einer Aktiengesellschaft – die Erlaubnis zum Versicherungsbetrieb erteilt wird. Zugleich verleiht sie dem Verein die Rechtsfähigkeit[8]. Diese Verknüpfung von Betätigungsaufsicht und Rechtsformaufsicht ist denn auch der entscheidende Rechtfertigungsgrund für das Konzessionsprinzip beim VVaG (vgl. oben, § 8 II 5c bb).

b) Der VVaG unterliegt dem *Handelsrecht* (§ 16 S. 1 VAG), sofern er nicht zu den kleinen Vereinen mit eng begrenztem Wirkungskreis gehört (§ 53 VAG)[9], und ist auch zur handelsrechtlichen Rechnungslegung verpflichtet (§ 16 S. 2 VAG). Als juristische Person haftet er selbst mit dem Vereinsvermögen für seine Verbindlichkeiten (vgl. § 19 S. 1 VAG). Die Mitglieder haften den Vereinsgläubigern nicht (§ 19 S. 2 VAG).

5 Vgl. Motive VAG, S. 44 = RT-Drucks., a.a.O., Sp. 75.
6 Abwegig *Zinnert*, a.a.O., S. 77ff.
7 Dazu § 56 I VAG; Anlage D (Verbraucherinformation) I 2a zum VAG; *BGHZ* 87, 346; 128, 54.
8 Vgl. Motive VAG, S. 30 = RT-Drucks., a.a.O., Sp. 47; vgl. eingehend *Karsten Schmidt*, Verbandszweck und Rechtsfähigkeit im Vereinsrecht, 1984, S. 67f.
9 Vgl. zu diesen *Heidelbach*, a.a.O.

2. Mitgliedschaft

Mitglied des VVaG kann nur werden, wer ein Versicherungsverhältnis mit dem Verein begründet (§ 20 S. 2 VAG). Soweit die Satzung nichts anderes bestimmt, endet die Mitgliedschaft, wenn das Versicherungsverhältnis aufhört (§ 20 S. 3 VAG). Mitgliederbeiträge und Vereinsleistungen an die Mitglieder dürfen bei gleichen Voraussetzungen nur nach gleichen Grundsätzen bemessen sein (§ 21 I VAG). Es handelt sich um einen gesetzlich anerkannten Anwendungsfall des Gleichbehandlungsgrundsatzes im Privatrecht, der sich nach Auffassung des historischen Gesetzgebers aus dem »Wesen der Gegenseitigkeit« ergibt[10]. Nur wenn die Satzung dies ausdrücklich gestattet, darf der Verein auch Versicherungsgeschäfte mit Nichtmitgliedern betreiben (§ 21 II VAG). Soweit Satzungsbestimmungen das Versicherungsverhältnis betreffen, unterliegen sie der Inhaltskontrolle nach dem AGB-Recht; der Ausnahmetatbestand des § 310 IV BGB (vgl. oben, § 5 III 4b) erfaßt diese Satzungsbestimmungen nicht[11].

3. Organisation und Finanzierung

a) Geschäftsführungs- und Vertretungsorgan des VVaG ist der Vorstand (dazu § 34 I VAG i. V. m. §§ 76ff. AktG). Aufsichtsorgan ist ein Aufsichtsrat. Die Versammlung der Mitglieder oder die Versammlung von Vertretern der Mitglieder wird von § 29 VAG als »oberste Vertretung« oder »oberstes Organ« bezeichnet. Diese Terminologie ist mißverständlich. Die Mitgliederversammlung oder Vertreterversammlung wählt zwar den Aufsichtsrat, der seinerseits – wie bei der AG – den Vorstand bestellt. Keineswegs ist aber die »oberste Vertretung« den anderen Organen in dem Sinne übergeordnet, daß sie ihnen Weisungen erteilen oder Aufgaben an sich ziehen könnte[12]. Beim großen VaG tritt an die Stelle der Mitgliederversammlung meistens die Mitgliedervertretung, die zweckmäßigerweise nicht durch Urwahlen aller Mitglieder bestimmt wird, sondern durch Kooptation[13]. Da Eingriffe in den Kernbereich der Mitgliedsrechte praktisch ausscheiden (zum Kernbereichsschutz vgl. oben, § 16 III 3 b bb), stehen einer solchen Mitgliedervertretung grundsätzliche Bedenken nicht entgegen.

b) Hinsichtlich der Finanzierung ist außer den Regeln über den Gründungsstock und die Verlustrücklage (oben unter I 2 a) zu beachten, daß der VVaG versicherungsrechtlichen Regeln über die Kapitalausstattung und Solvabilität genügen muß (§§ 53c, 54ff. VAG). Für kleine Vereine sind diese Regeln allerdings durch §§ 53, 156a VAG abgeschwächt[14].

---

10 Vgl. Motive VAG, S. 37 = RT-Drucks., a. a. O., Sp. 62.

11 *BGHZ* 136, 394 = NJW 1998, 454.

12 Anders nach §§ 53 II VAG, 40 BGB nur beim sog. kleinen VVaG.

13 Dazu *Prölls/Weigel*, a. a. O., § 29 Rdnr. 12; *Benkel*, a. a. O., S. 165ff.; *Müller-Wiedenhorn*, a. a. O., S. 49ff.; krit. *Hauth*, a. a. O., S. 30ff., 137ff.

14 Dazu *Heidelbach*, a. a. O., S. 151ff.

4. Der VVaG als verbundenes Unternehmen

Wenig durchleuchtet sind bisher die gesellschaftsrechtlichen Probleme der Konzernzugehörigkeit eines VVaG[15]. Das verwundert in Anbetracht der starken Verflechtung in der Versicherungswirtschaft. Bemerkenswerterweise hat allerdings gerade der sonst so vernachlässigte Gleichordnungskonzern (oben, § 17 III 3) viel Aufmerksamkeit in der Versicherungswirtschaft gefunden[16]. Das hängt mit dem aufsichtsrechtlichen Prinzip der Spartentrennung zusammen (§ 8 I a VAG), das viele Versicherungsunternehmen zwingt, für den Betrieb getrennter Versicherungszweige Schwestergesellschaften zu bilden. Auch die Problematik der Versicherungsaufsicht im Zusammenhang mit Versicherungsgruppen ist bereits seit langem Gegenstand der rechtswissenschaftlichen Diskussion[17].

5. Umwandlungsrecht

Die Marktsituation hat immer wieder Umwandlungsvorgänge – vor allem in Gestalt der Verschmelzung oder des Formwechsels in Aktiengesellschaften – beim Versicherungsverein auf Gegenseitigkeit erforderlich gemacht. Allerdings wirft die Verbindung von Mitgliedschaft und Versicherungsanspruch beim VVaG auch spezifische Probleme auf[18]. Deshalb kann ein Versicherungsverein auf Gegenseitigkeit nur mit einem anderen Versicherungsverein auf Gegenseitigkeit oder durch Aufnahme in eine Versicherungsaktiengesellschaft verschmolzen werden (§ 109 UmwG), und durch Formwechsel kann ein Versicherungsverein auf Gegenseitigkeit, der nicht zu den kleinen Vereinen i. S. von § 53 VAG gehört, nur in eine Aktiengesellschaft umgewandelt werden (§ 291 UmwG). Auch bei der Spaltung kommt diese Ausgliederung auf eine GmbH nur in Betracht, wenn damit keine Übertragung von Versicherungsverhältnissen verbunden ist (§ 151 UmwG). Das Umwandlungsgesetz hat sich der Rechtsform des VVaG wegen der hier auftretenden grundsätzlichen Probleme wesentlich umfassender angenommen, als es die Zahl der vorhandenen Versicherungsvereine wohl hätte erwarten lassen (vgl. namentlich §§ 110ff. UmwG zur Verschmelzung, §§ 178ff. UmwG zur Vermögensübertragung und §§ 291ff. UmwG zum Formwechsel).

15 Dazu *Prölss/Weigel,* a. a. O., vor § 15 Rdnrn. 76ff.
16 Angaben bei *Prölss/Weigel,* a. a. O., vor § 15 Rdnrn. 82, 86ff.
17 Vgl. nur *Gromann,* AG 1981, 241ff.
18 Vgl. *Stuirbrink/Geib/Axer,* Wpg. 1991, 29, 68; *Baumann,* VersR 1992, 905.

Dritter Teil
Das Recht der Personengesellschaften

Erster Abschnitt: Grundlagen

§ 43 Gegenstand und Grundlagen des Rechts der Personengesellschaften*

I. Gegenstand

1. Der positivrechtliche Kreis der Personengesellschaften

a) Als wichtigste Personengesellschaften wurden unter § 3 I 2 genannt:
- die *Gesellschaft bürgerlichen Rechts*,
- die *offene Handelsgesellschaft*,
- die *Kommanditgesellschaft* und
- die *stille Gesellschaft.*

Diese Rechtsformen bestimmen den Gegenstand unseres Dritten Teils. Hinzu kommen werden als Sondertypen die *Freiberufliche Partnerschaft* (unten, § 64), die *Partenreederei* (unten, § 65) und die *Europäische Wirtschaftliche Interessenvereinigung* (unten, § 66).

b) Dieser Kreis von Personengesellschaften ist am positiven Recht und damit an den *gesetzlichen Rechtsformen*, nicht an den Realtypen der Gesellschaften orientiert. Wie unter § 3 II dargestellt wurde, müssen Personengesellschaften nicht »personalistisch« organisiert sein. »Körperschaftlich« strukturierte Personengesellschaften, insbesondere die Kapitalgesellschaft & Co. (unten, § 56) und die Publikumspersonengesellschaft (unten, § 57), sind mit zu behandeln.

c) Wie schon in § 3 V angekündigt, ist der Dritte Teil dieses Werks unkonventionell, aber absichtsvoll aufgebaut: Die verselbständigten, der juristischen Person stärker angenäherten Handelsgesellschaften sind vorgezogen (§§ 46–55). Erst mit dem so gewonnenen Rüstzeug wendet sich der Text dem komplizierten und umstrittenen Recht der BGB-Gesellschaft zu (§§ 58ff.). Vor die Klammer gezogen sind allgemeine Regeln, insbesondere

* Literatur (Auswahl): *Flume*, Personengesellschaft; *Hüffer*, 100 Bände BGHZ: Personengesellschaftsrecht, ZHR 151 (1987), 396; *Kellermann/Stodolkowitz*, Höchstrichterliche Rechtsprechung zum Personengesellschaftsrecht, 4. Aufl. 1994; *Welf/Müller/Hoffmann* (Hrsg.), Beck'sches Handbuch der Personengesellschaften, 1999; *Riegger/Weipert* (Hrsg.), Münchener Handbuch des Gesellschaftsrechts, Bd. 1, 1995, Bd. 2, 1991; *Sudhoff*, Personengesellschaften, 7. Aufl. 1999; *Ulmer*, Die Gesellschaft bürgerlichen Rechts (= Sonderausgabe aus: Münchener Kommentar zum BGB), 3. Aufl. 1997; *Westermann*, Hdb. der Personengesellschaften, Stand 2000; *Wiedemann*, Die Personengesellschaft – Vertrag oder Organisation? ZGR 1996, 286.

über die Rechtsformen und die Mitgliedschaft bei Personengesellschaften (§§ 44, 45).

2. Arten von Personengesellschaften

a) Die dargestellte Einteilung der Personengesellschaften nur nach Maßgabe ihrer Rechtsform gibt die Vielfalt des Personengesellschaftsrechts nur sehr unvollkommen wieder. Deshalb pflegt man noch Innengesellschaften und Außengesellschaften sowie Handelsgesellschaften und Nicht-Handelsgesellschaften zu unterscheiden. Aber auch damit ist das Spektrum des Personengesellschaftsrechts noch nicht wirklichkeitsgetreu dargestellt. Die Überlegungen unseres Ersten Teils lassen nämlich erkennen, daß die Differenzierungen mehrschichtig zu sein haben. Man kann die Personengesellschaften nach sehr unterschiedlichen Kriterien gliedern, z.B.

- nach der *rechtlichen Struktur* in Außengesellschaften und Innengesellschaften;
- nach der *Organisation* in zweigliedrige und mehrgliedrige, in rein schuldrechtliche und verbandsmäßige, in personalistische und körperschaftliche Personengesellschaften;
- nach dem *Zweck* in Unternehmensträgergesellschaften (insbesondere Handelsgesellschaften), sonstige wirtschaftliche Gesellschaften und nichtwirtschaftliche Gesellschaften; auf unterschiedlichen gemeinsamen Zwecken beruht auch der Gegensatz zwischen Gelegenheitsgesellschaften und Dauergesellschaften.

b) Diese Differenzierungen spielen eine um so größere Rolle, je weniger eine Rechtsform auf einen bestimmten Typus festgelegt ist (vgl. oben, § 5 II 4). Besonders wird sich dies bei der Darstellung des Rechts der BGB-Gesellschaft zeigen, das viel weiter ausdifferenziert ist, als es der Gesetzestext vermuten läßt. Vor allem aber wird die folgende Darstellung zeigen, daß der entscheidende Schnitt durch das Personengesellschaftsrecht nicht die Gesellschaften des HGB von den Gesellschaften des BGB und des PartGG trennt, sondern der entscheidende Schnitt verläuft zwischen den Außen- und den Innengesellschaften. Offene Handelsgesellschaft, Kommanditgesellschaft, Partnerschaftsgesellschaft, Partenreederei, Europäische Wirtschaftliche Interessenvereinigung und BGB-Außengesellschaft sind recht eigentlich nur Varianten einer einheitlichen Rechtsform: der Personen-Außengesellschaft (unten, § 44 I 2 b). Stille Gesellschaft, BGB-Innengesellschaft und Unterbeteiligungsgesellschaft sind recht eigentlich nur Varianten der Rechtsform Personen-Innengesellschaft (unten, § 44 I 2 a). Das schließt faktische und rechtliche Vielfalt nicht aus.

II. Allgemeine Grundlagen des Rechts der Personengesellschaften

1. Schuldrecht und Verbandsrecht

Das Verhältnis zwischen den schuldrechtlichen und den verbandsrechtlichen Elementen im Gesellschaftsrecht wurde unter § 7 I allgemein erläutert. Jedes Gesellschaftsverhältnis ist mindestens Schuldverhältnis, aber die wichtigsten erschöpfen sich nicht hierin. Das Gesetz bringt diesen Gegensatz nur unklar zum Ausdruck. Der Gesetzgeber hat systematisch den *Grundtypus der Personengesellschaft* – die Gesellschaft bürgerlichen Rechts – im Schuldrecht, nämlich in den §§ 705 ff. BGB, angesiedelt, und zwar zu einer Zeit, da es längst offene Handelsgesellschaften, Kommanditgesellschaften, Partenreedereien, stille Gesellschaften und auch nicht-handelsrechtliche Personengesellschaften gab. Die Ansiedelung der §§ 705 ff. BGB im Recht der Schuldverträge beruht historisch auf dem Stand des Ersten BGB-Entwurfs, der die Gesellschaft bürgerlichen Rechts noch nicht als eine Gesamthand und schon gar nicht als einen organisierten Verband, sondern als reines Schuldverhältnis regeln wollte[1]. Erst der Zweite BGB-Entwurf kombinierte dieses Schuldverhältnis mit dem Gesamthandsprinzip[2] und machte aus einem homogenen Schuldverhältnis ein uneinheitliches Gebilde. Personengesellschaften – gerade auch Gesellschaften bürgerlichen Rechts – können
- Verbände oder reine Schuldverhältnisse,
- Außengesellschaften (Gesamthandsgesellschaften) oder reine Innengesellschaften

sein (dazu auch oben, § 3 I 3). Offene Handelsgesellschaften und Kommanditgesellschaften sind als *Handelsgesellschaften* immer Verbände und Außengesellschaften; dasselbe gilt für die *Freiberufliche Partnerschaftsgesellschaft*, die wie die Handelsgesellschaften unternehmenstragende Gesellschaft ist. Die *stille Gesellschaft* ist immer nur Innengesellschaft, kann allerdings trotzdem Verbandscharakter haben (vgl. oben, § 7 I 2b bb). Die *Gesellschaft bürgerlichen Rechts* erfaßt das gesamte Spektrum. Demgemäß wird uns unter dieser einheitlichen Rechtsform das ausdifferenzierte Recht der Personengesellschaften in seiner ganzen Vielfalt entgegentreten.

2. Die Vermögensordnung

Damit ist auch schon die unterschiedliche Vermögensordnung der Personengesellschaften angedeutet. Diese können
- Außengesellschaften (sog. Gesamthandsgesellschaften) oder
- reine Innengesellschaften

1 §§ 629 ff. BGB-E I; dazu Mot., in: *Mugdan* II, S. 330 ff.; krit. *Otto v. Gierke*, Personengemeinschaften und Vermögensbegriffe in dem Entwurfe eines Bürgerlichen Gesetzbuchs für das Deutsche Reich, 1889, S. 95 ff.

2 Dazu Prot., in: *Mugdan* II, S. 330 ff.; *Karsten Schmidt*, JZ 1985, 909.

sein (näher oben, § 3 I 3 a, unten, § 44 I 2). Die Außengesellschaft ist nach der hier seit der Erstauflage vertretenen Auffassung nicht nur als Bindeglied für ein den Gesellschaftern zustehendes Sondervermögen anzusehen, sondern als ein eigener Rechtsträger (oben, § 8 III). *Flume*[3] hat sie als dem Allgemeinen Teil des BGB – dem Personenrecht – und nicht dem Schuldrecht zugehörig bezeichnet. In der Sprache des vorliegenden Werks läßt sich sagen: Das Recht der sog. Gesamthandsgesellschaften ist Verbandsrecht und handelt von Verbänden als Rechtsträgern. Für die Innengesellschaften gilt anderes: Sie stellen Schuldverhältnisse dar und können nicht Trägerinnen eines Gesellschaftsvermögens sein. Allerdings schließt dies nicht aus, daß die Gesellschafter ein – z.B. treuhänderisch verwaltetes – Sondervermögen für den Gesellschaftszweck bereithalten; wie unter II 1 erwähnt und oben unter § 7 I 2 näher ausgeführt, kann eine Innengesellschaft auch verbandsmäßig strukturiert sein (vgl. auch zur verbandsmäßig strukturierten stillen Gesellschaft unten, § 62 II 2 c). Rechtsfähig wird sie hierdurch aber nicht. Stille Gesellschaft (unten, § 62) und Unterbeteiligungsgesellschaft (unten, § 63) sind klassische Fälle der Innengesellschaft.

3. Die Unterscheidung zwischen Außen- und Innengesellschaften[*]

a) Die Gegenüberstellung von Außengesellschaften und Innengesellschaften genießt nahezu allgemeine Anerkennung[4]. Vereinzelte Kritik an diesem Gegensatz[5] wird kaum noch wahrgenommen. In der Tat ist diese Kritik verfehlt, soweit sie den Gegensatz im Prinzip leugnet. Die kritischen Stimmen sind aber lehrreich, weil sie auf Schwächen in der Begriffsbildung hinweisen. Sie werden uns zu einer *neuen Definition* führen. Üblicherweise wird gesagt, daß die Innengesellschaft im Gegensatz zur Außengesellschaft nicht nach außen hervortritt oder daß es am gemeinsamen Auftreten nach außen fehlt[6]. Diese Definition ist entweder mißverständlich oder regelrecht falsch, denn nicht die wechselnden Gegebenheiten der einzelnen Außengeschäfte[7], sondern nur die Verfassung der Gesellschaft kann den Unterschied bestimmen. Etwas genauer ist schon die Formulierung des *Reichsgerichts* und des *Bundesgerichtshofs*: Kennzeichnend für die Innengesellschaft soll sein, daß eine gemeinsame Vertretung fehlt und daß die Geschäfte im

3 Personengesellschaft, passim.

* Literatur: *Schafheutle*, Gesellschaftsbegriff und Erwerb in das Gesellschaftsvermögen, 1931; *Steckhan*, Die Innengesellschaft, 1966; *H. P. Westermann*, Vertragsfreiheit und Typengesetzlichkeit im Recht der Personengesellschaften, 1970.

4 Vgl. nur *RGZ* 166, 160, 163; std. Rspr.; *BGHZ* 12, 308, 314; *BGH*, NJW 1960, 1851f.; WM 1965, 793; 1973, 296f.; *Flume*, Personengesellschaft, § 1 III; *Ulmer*, Gesellschaft bürgerlichen Rechts, § 705 Rdnrn. 208ff.

5 *Steckhan*, a.a.O., S. 17ff., 54ff., 129; *Paulick*, AcP 167 (1967), 437; dagegen aber ausführlich *H. P. Westermann*, a.a.O., S. 186ff.

6 Vgl. nur *Eisenhardt*, Rdnr. 102; *Grunewald*, Rdnr. 1 A 103; *Hopt/Hehl/Vollrath*, Rdnrn. 27f.; *Hueck*, § 2 III; *Kübler*, § 3 IV; *Wiedemann* I, § 1 V 1 a; *Erman/Westermann*, vor § 705 Rdnr. 24, § 705 Rdnr. 65; eingehend *Breuninger*, Die BGB-Gesellschaft als Rechtssubjekt im Wirtschaftsverkehr, 1991, S. 129ff., gegen die Kritik des Verf. in JuS 1988, 444.

7 Zutreffend *Steckhan*, a.a.O., S. 129; *Paulick*, AcP 167 (1967), 437.

Namen eines Gesellschafters geschlossen werden, der allerdings intern für Rechnung aller Gesellschafter handelt[8]. Auch dies ist allerdings noch zu ungenau. Soll der Unterschied allgemeine rechtliche Folgerungen zulassen, so muß es darauf ankommen, ob die Gesellschaft *als solche* – d.h. als Subjekt! – im Rechtsverkehr in Erscheinung treten kann. *Nicht die Offenlegung des Gesellschaftsverhältnisses, sondern die Rechtsträgerschaft der Gesellschaft macht den Unterschied aus*[9]. Nur die Fähigkeit oder Unfähigkeit der Gesellschaft, *als solche* Trägerin von Rechten und Pflichten zu sein, begründet im Außenverhältnis den gesellschaftsrechtlichen Rechtsstatus. Ist diese Fähigkeit nach Zweck und Rechtsgestalt der Gesellschaft vorhanden, so liegt eine Außengesellschaft vor, und zwar unabhängig davon, ob daneben auch reine Innengeschäfte abgeschlossen werden[10]. Fehlt diese Fähigkeit, so kann nur eine Innengesellschaft vorliegen, auch wenn die Gesellschafter gemeinsam nach außen in Erscheinung treten.

Beispiel Nr. 1: Tritt K neben tausend weiteren Kommanditisten einer Verlustzuweisungsgesellschaft bei, so wird sein Name in Außengeschäften dieser Gesellschaft keine Rolle spielen, und auch K selbst wird, solange es nicht zum Haftungsfall kommt, nur mit der Gesellschaft, aber nicht mit deren Geschäftspartnern etwas zu tun haben. Trotzdem ist K Außengesellschafter, denn die Kommanditgesellschaft ist kraft ihrer Verfassung und Vermögensstruktur eine Außengesellschaft.

Beispiel Nr. 2: Haben die Partner einer nichtehelichen Lebensgemeinschaft durch Abschluß eines Gesellschaftsvertrags einen »Güterstand« untereinander begründet, so ist und bleibt dies eine Innengesellschaft, auch wenn beide gemeinsam eine Wohnung mieten, eine Reise buchen oder zu einem Cocktailempfang einladen.

Beispiel Nr. 3: Haben sich zwei Freunde zusammengetan, um für Segelregatten eine Yacht zu Miteigentum zu erwerben und gemeinsam zu segeln, so wird diese Innengesellschaft nicht dadurch zur Außengesellschaft, daß beide Freunde als Team nach außen gemeinschaftlich auftreten, auch nicht durch ihr Miteigentum an dem Boot (§ 1008 BGB), denn dieses ist Bruchteilseigentum der Gesellschafter, nicht Gesellschaftsvermögen.

Beispiel Nr. 4: Haben sich drei Banken zu einem Konsortium zusammengetan und sich verpflichtet, einem Krisenunternehmen je 1 Mio. Kredit zu geben, so ist dieses Konsortium keine Außengesellschaft, obwohl die Banken – sogar rechtsgeschäftlich! – als Gesellschafter nach außen in Erscheinung treten.

Beispiel Nr. 5 (nach *LG Konstanz*, NJW 1987, 2521; dazu *Karsten Schmidt*, JuS 1988, 444ff.): Tun sich mehrere Nachbarn zur gemeinsamen und dadurch billigeren Bestellung von Heizöl zusammen, so bilden sie eine Innengesellschaft und nicht eine Außengesellschaft (vgl. zu den haftungsrechtlichen Konsequenzen unten, § 60 I 2 a).

Beispiel Nr. 6: Tritt ein Streichquartett seit Jahren gemeinsam auf und hat es sich durch Vertrag auf Jahre hinaus zu gemeinsamem Spiel verpflichtet, so ist es nicht notwendig eine

8 *RGZ* 166, 160, 163; *BGHZ* 12, 308, 314; *BGH*, NJW 1960, 1851; ebenso z.B. *OLG Frankfurt*, BB 1969, 1411.

9 Eingehend *Karsten Schmidt*, JuS 1988, 444; vgl. auch *ders.*, NJW 2001, 993; ebenso *Flume*, Personengesellschaft, § 1 III.

10 Anders *H. P. Westermann*, a.a.O., S. 188, dem es aber gerade nicht um einen tragfähigen Begriff, sondern nur um ein typologisches Bild von der Innengesellschaft geht.

Außengesellschaft. Zwar kommt es den Vertragspartnern entscheidend darauf an, daß genau diese vier Musiker gemeinsam auftreten, trotzdem können sich die Künstler durchaus als einzelne – vielleicht vertreten durch den Primarius oder durch einen Manager – verpflichten, mit den anderen zusammen Konzerte zu geben. Vertragspartner ist in diesem Fall jeder der Musiker, nicht das Quartett. Eine Außengesellschaft liegt nur vor, wenn das Quartett auch »als solches« mitunternehmerisch am Rechtsverkehr teilnimmt (vgl. auch unten, § 58 II 2 a), wobei dann alle persönlich neben der Streichquartett-GbR für deren Leistungsschuld haften (unten, § 60 I 2 b).

Beispiel Nr. 7: Eine Artistenfamilie hat sich durch Gesellschaftsvertrag auf fünf Jahre zu gemeinsamem Auftreten verpflichtet. Auch dies besagt nichts darüber, ob eine Außengesellschaft vorliegt. Vielleicht schließt der Vater und Leiter der Truppe sämtliche Verträge im eigenen Namen. Vielleicht gehört auch die Ausrüstung ihm allein.

Beispiel Nr. 8: Eine Publikumsgesellschaft kann als stille Gesellschaft konzipiert sein (unten, § 57 I 2b und § 62 II 2 d). Sie ist und bleibt dann Innengesellschaft, auch wenn sie noch so intensiv durch Werbung in Erscheinung tritt. Die Anleger treten dieser Gesellschaft bei, aber sie sind eben, wenn sie beigetreten sind, nur Innengesellschafter.

b) Mit der hier zugrunde gelegten Definition der Innengesellschaft im Gegensatz zur Außengesellschaft ist auch die *Stellung der Innengesellschaften im System des Gesellschaftsrechts* festgelegt. Legt man die inzwischen gefestigte Systematik zugrunde, so lassen sich die gesellschaftsrechtlichen Rechtsformen einteilen in
- die juristischen Personen (einschließlich ihrer Vorgesellschaften),
- die rechtsfähigen (»Gesamthands-«)Personengesellschaften und »nichtrechtsfähigen« Vereine,
- die Innengesellschaften,

wobei über die Berechtigung der Zwischenfigur »Gesamthand« mehr und mehr Streit besteht (oben, § 8 III 2). Die juristische Person kann Trägerin von Rechten und Pflichten sein (oben, § 8 II). Dasselbe gilt nach der inzwischen wohl schon gesicherten Auffassung für die Außen-Personengesellschaft (oben, § 8 III). Dagegen kann die Innengesellschaft, auch wenn sie als Verband verfaßt ist, nicht Rechtsträgerin sein. In der Literatur wird teilweise behauptet, auch eine Innengesellschaft könne ein Gesamthandsvermögen bilden[11]. Nach der hier vertretenen Auffassung dagegen *kann eine Innengesellschaft keine »Gesamthandsgesellschaft« und eine »Gesamthandsgesellschaft« keine bloße Innengesellschaft sein* (vgl. auch unten, § 58 II 2)[12]. Da die Gesellschaft bürgerlichen Rechts im Gesetz als Einheits-Rechtsform beschrieben wird – dies ist eine Schwäche des geltenden BGB-Gesellschafts-

11 *Schafheutle*, a.a.O., S. 34ff.; *Steckhan*, a.a.O., S. 74ff., 88f.; *Erman/Westermann*, § 718 Rdnr. 2; Ulmer, Gesellschaft bürgerlichen Rechts, § 705 Rdnr. 234; *H. P. Westermann*, a.a.O., S. 202; wohl auch *Grunewald*, Rdnr. 1 A 103 (»typischerweise«); zu *Westermann* ist zu bemerken, daß eine Gesellschaft, deren Gesellschafter durch Beitragsleistungen ein Gesamthandsvermögen aufbringen sollen, schon eine Außengesellschaft ist; die Einlagenansprüche sind das Gesellschaftsvermögen.

12 So auch, bei unterschiedlichem Ansatz, *BGH*, WM 1973, 296, 297; *Flume*, Personengesellschaft, § 1 III; *Düringer/Hachenburg/Geiler*, Einl. vor § 105 Anm. 316; *Staudinger/Keßler*, 12. Aufl., vor § 705 Rdnr. 92.

rechts![13] –, wird es allerdings für möglich gehalten, daß die Gesellschafter einer Gesellschaft bürgerlichen Rechts von dem einen Status in den anderen überwechseln[14]. Dieser Vorgang sollte aber als Gründung einer neuen Gesellschaft angesehen werden, weil eine Innengesellschaft nicht unter Wahrung ihrer Identität zur Außengesellschaft und damit zur Rechtsträgerin werden kann (vgl. unten, § 44 I 2 b).

Beispiel Nr. 9: Ist die »Arge Brückenbau Hochbrücke Kiel-Holtenau«, bestehend aus der A-AG, der B-GmbH und der C-KG, als rein kooperative Innengesellschaft organisiert und beschließen die Gesellschafter eines Tages, die »Arge« mit einem eigenen Vermögen auszustatten und sie am Rechtsverkehr teilnehmen zu lassen, so ist dies zwar nur eine Änderung des bereits vorhandenen ARGE-Vertrags, ist aber im Rechtssinne nicht bloß eine Änderung der vorhandenen, sondern die Gründung einer neuen BGB-Außengesellschaft. Die Gesellschafter der »Arge« mögen dieselben bleiben, und auch der Name mag beibehalten werden, aber die nunmehr rechtsfähige ARGE (*BGHZ* 146, 341 = NJW 2001, 1056) ist doch eine neue Gesellschaft. Umgekehrt wird auch eine Außengesellschaft nicht dadurch zur Innengesellschaft, daß die Gesellschafter dem geschäftsführenden Gesellschafter das Geschäft überlassen und sich selbst nur noch als »stille Gesellschafter« bezeichnen (*OLG Köln*, WM 1995, 1881). Sie müßten dazu schon aus der Außengesellschaft ausscheiden.

4. Das Außen- und Innenrecht der Personengesellschaften

Der ganz unterschiedlichen Struktur der Personengesellschaften entsprechen unterschiedliche systematische Fragestellungen.

a) Da jedes Gesellschaftsverhältnis mindestens Schuldverhältnis ist, ist allen Gesellschaften ein *geordnetes Innenverhältnis* eigen. Je nachdem, ob sich die Gesellschaft in einem Schuldverhältnis erschöpft oder ob sie eine Verbandsordnung darstellt, sind Gegenstand dieses Innenverhältnisses nur obligatorische Beziehungen, oder es wird eine Verbandsverfassung konstituiert.

b) Ein regelrechtes *Außenrecht* haben nur die Außengesellschaften, mithin die Gesamthandsgesellschaften. Bei ihnen stellen sich insbesondere Fragen
- der Handlungs- und Haftungsfähigkeit des Verbandes,
- der Repräsentation des Verbandes durch Organe, Vertreter und Gehilfen und
- der persönlichen Mitgliederhaftung.

13 Änderungsvorschläge bei *Karsten Schmidt*, in: Gutachten und Vorschläge zur Überarbeitung des Schuldrechts III, 1983, S. 413ff.; dazu aber krit. *Ulmer*, ZGR 1984, 313ff.; *Hüffer*, AcP 184 (1984), 588ff.

14 Vgl. *Düringer/Hachenburg/Geiler*, Einl. vor § 105 Anm. 323.

III. Die abhängige Personengesellschaft*

1. Grundlagen

a) Das *Konzernrecht der Personengesellschaften* war bis in die 80er Jahre hinein noch Entdeckungsland[15], befindet sich – immer noch ohne hinreichendes Anschauungsmaterial in der Rechtsprechung – aber seitdem in bemerkenswerter Fortentwicklung. Wie unter § 17 IV 3 ausgeführt, konnte sich die These von der Konzernresistenz der Personengesellschaften – diese könnten nicht abhängige Unternehmen sein – in der Rechtswirklichkeit nicht behaupten. Wer wollte verbieten oder gar verhindern, daß ein Unternehmen, z.B. durch Mehrheitsbeteiligung, Herrschaft i.S. von § 17 AktG über eine Personengesellschaft erlangt? Wer wollte leugnen, daß Personengesellschaften auch im Konzernverbund i.S. von § 18 AktG stehen können? Die Verbreitung von Unternehmensverbindungen im Personengesellschaftsrecht ist erheblich[16], und erheblich ist auch der Variantenreichtum dieser Konzernwirklichkeit[17]. In Anlehnung an *Ulmer*[18] lassen sich im wesentlichen drei Varianten der Konzernleitungsmacht eines Unternehmens gegenüber einer Personengesellschaft unterscheiden[19]:

---

* Literatur: *Baumgartl*, Die konzernbeherrschte Personengesellschaft, 1986; *Bitter*, Konzernrechtliche Durchgriffshaftung bei Personengesellschaften, 2000; *Burbach*, Das Recht der konzernabhängigen Personenhandelsgesellschaft, 1989; *Ebenroth*, Die Konzernierung der Personengesellschaft zwischen Vertragsfreiheit und Minderheitenschutz, in: Festschrift Boujong, 1996, S. 99ff.; *Emmerich*, Das Konzernrecht der Personengesellschaften – Rückblick und Ausblick, in: Festschrift Stimpel, 1985, S. 743; *Emmerich/Sonnenschein/Habersack*, §§ 33ff.; *Gekeler*, Der personengesellschaftliche Konzern im Licht des aktienrechtlichen Konzernrechts, 1992; *Heck*, Personengesellschaften im Konzern, 1986; *Jaeniche*, Die Dritteinflußnahme bei Personengesellschaften, 1995; *Kleindiek*, Strukturvielfalt im Personengesellschafts-Konzern, 1991; *Laule*, Der herrschende Kommanditist als unbeschränkt haftendes Unternehmen? in: Festschrift Semler, 1993, S. 541; *Limmer*, Die Haftung im qualifizierten faktischen Personengesellschafts-Konzern, GmbHR 1992, 265; *Löffler*, Die abhängige Personengesellschaft, 1988; *Löw*, Die Abhängigkeit der Personenhandelsgesellschaft – Voraussetzungen und Entstehungskontrolle, 1987; *Raiser*, Beherrschungsvertrag im Recht der Personengesellschaften, ZGR 1980, 558; *Reuter*, Ansätze eines Konzernrechts der Personengesellschaft in der höchstrichterlichen Rechtsprechung, AG 1986, 130; *ders.*, Die Personengesellschaft als abhängiges Unternehmen, ZHR 146 (1982), 1; *Schießl*, Die beherrschte Personengesellschaft, 1985; *Uwe H. Schneider*, Die Personengesellschaft als verbundenes Unternehmen, ZGR 1975, 253; *ders.*, Konzernbildung, Konzernleitung und Verlustausgleich im Konzernrecht der Personengesellschaft, ZGR 1980, 511; *ders.*, Die Personengesellschaft als Konzernunternehmen, BB 1980, 1057; *Stehle*, Gesellschafterschutz gegen fremdunternehmerischen Einfluß in der Personenhandelsgesellschaft, 1986; *Stimpel*, Rückblick auf das »Gervais«-Urteil, in: Probleme des Konzernrechts, 1989, S. 11; *Tröger*, Treupflicht im Konzernrecht, 2000; *Ulmer*, Grundstrukturen eines Personengesellschaftskonzernrechts, in: Probleme des Konzernrechts, 1989, S. 26.

15 Frühe verdienstvolle Ansätze fanden sich bei *Uwe H. Schneider*, ZGR 1975, 253ff.; BB 1975, 1353; ZHR 143 (1979), 485; BB 1980, 1057; ZGR 1980, 511.

16 *Schneider*, BB 1980, 1057; *Bitter*, a.a.O., S. 5 m.w.N.; *Emmerich/Sonnenschein/Habersack*, § 33 I.

17 Eingehend *Kleindiek*, a.a.O.

18 *Ulmer*, a.a.O., S. 31; *Staub/Ulmer*, Anh. § 105 Rdnr. 9.

19 Die von *Ulmer* herausgestellten Varianten lauten, mit der Darstellung des Textes nicht vollständig identisch: herrschendes Unternehmen als persönlich haftender Gesellschafter (Typ A), mittelbare Beherrschung über eine Komplementär-GmbH (Typ B), herrschendes Unternehmen als Kom-

- organschaftliche Beherrschung aus der Position eines herrschenden Unternehmens als des persönlich haftenden geschäftsleitenden Gesellschafters,
- sonstige mitgliedschaftliche Beherrschung, z. B. aus der Position des herrschenden Unternehmens als eines Kommanditisten mit Sonderrechten oder aus der Mehrheitsposition, wenn in der Gesellschaft Mehrheitsbeschlüsse gefaßt werden,
- mittelbare Beherrschung, z. B. aus der Position eines Mehrheitsgesellschafters oder Geschäftsführers der Komplementär-GmbH in einer GmbH & Co. KG.

Um nur eine der vielfältigen denkbaren Varianten herauszukehren, mag man sich folgendes Beispiel vor Augen führen:

Beispiel Nr. 10: Gründet die Lukullus-Holding-AG in München als Zentrale der Restaurantkette »Lukullus« (Handelsrecht, § 5 I 2 d) in jeder deutschen Großstadt eine Lukullus KG und wird sie in jeder dieser Kommanditgesellschaften einziger Komplementär, so beherrscht sie eine Vielzahl von Personengesellschaften (§ 17 AktG). Diese stehen jede für sich mit der Münchener Muttergesellschaft in einem Abhängigkeits-Konzernverhältnis (§ 18 I AktG) und untereinander als Konzernschwestern in einem Gleichordnungs-Konzernverhältnis (§ 18 II AktG).
Auch die sternförmige Kapitalgesellschaft & Co. KG (§ 56 II 3 a) bildet einen Konzern[20].

b) Konzernrechtliche Fragen stellen sich nicht nur bei der Personengesellschaft als abhängigem, sondern auch bei der Personengesellschaft als herrschendem Unternehmen[21]. *Herrschendes Unternehmen*, vor allem Konzernspitze mit einheitlicher Leitungsmacht, kann sie grundsätzlich nur werden, wenn dies im Gesellschaftsvertrag zugelassen ist oder wenn alle Gesellschafter zustimmen, denn die Konzernbildung gehört zu den außergewöhnlichen Geschäften i. S. von §§ 116 II, 164 HGB[22]. Und wenn eine herrschende Personengesellschaft außergewöhnliche Geschäfte in einer abhängigen Gesellschaft veranlaßt, dann kann diese Maßnahme ihrerseits ein genehmigungsbedürftiges außergewöhnliches Geschäft bei der herrschenden Personengesellschaft sein[23]. Man sollte sich aber den Fall einer herrschenden Personengesellschaft nicht als Seltenheit vorstellen. Holdingstrukturen sind häufig unter das Dach einer Personengesellschaft gestellt.

c) Auch das bisher wenig beachtete *Problem des sog. Gleichordnungskonzerns nach § 18 II AktG* (dazu oben, § 17 III 3) verdient Beachtung, so z. B. in dem schon genannten Fall der sternförmigen GmbH & Co. KG, bei der dieselbe GmbH Komplementärin mehrerer Kommanditgesellschaften ist (dazu unter III 5 sowie unten, § 56 II 3 a)[24].

---

manditist (Typ C); weiter differenzierend *Bitter*, a. a. O., S. 25 ff.; siehe auch *Mülbert*, in: MünchKommHGB, KonzernR, Rdnrn. 9 ff.

20 Vgl. dazu *Karsten Schmidt*, in: Festschrift Wiedemann, 2002.

21 Dazu *Mülbert*, in: MünchKommHGB, KonzernR, Rdnrn. 65 ff.; *Staub/Ulmer*, Anh. § 105 Rdnrn. 81 ff.; *U. H. Schneider*, ZHR 143 (1979), 485 ff.

22 Vgl. *Staub/Ulmer*, Anh. § 105 Rdnr. 83.

23 *Emmerich/Sonnenschein/Habersack*, § 35 I 1; *Schlegelberger/Martens*, Anh. § 105 Rdnr. 16; *Schneider*, ZHR 143 (1979), 499.

24 Vgl. neuerlich *Karsten Schmidt*, in: Festschrift Wiedemann, 2002.

d) Die folgende Darstellung konzentriert sich auf das *Recht der abhängigen Personengesellschaft.* Als *Schwerpunktprobleme* stellen sich bei der Abhängigkeit von Personengesellschaften heraus:
- Zulässigkeitsfragen (Legitimationsprobleme),
- Konzernleitungsfragen (Zuständigkeits- und Pflichtenprobleme),
- Konzernhaftungsfragen (Probleme der Verschuldenshaftung und der Verlustausgleichspflicht).

Dabei empfiehlt es sich, wie im Recht der GmbH (oben, § 39 I), bei der Formulierung von Grundbegriffen des Konzernrechts von einer *analogen Anwendung der in den §§ 15ff. AktG* enthaltenen Definitionsnormen auszugehen[25], was wiederum bedeutet: Im Zentrum der Betrachtung stehen der Unternehmensbegriff, der Begriff der Abhängigkeit und dann erst der Konzernbegriff. Die materiellen Regeln des Konzern-Personengesellschaftsrechts sind demgegenüber nicht in Analogie zu den §§ 291ff. AktG, sondern aus dem allgemeinen Personengesellschaftsrecht zu entwickeln, was Einzelanalogien nicht ausschließt.

2. Varianten der abhängigen Personengesellschaft

a) Die wohl herrschende Meinung unterscheidet zunächst zwischen *einfacher Abhängigkeit* (§ 17 AktG) und der *Konzernabhängigkeit*, also der Zusammenfassung des herrschenden und des abhängigen Unternehmens unter einheitlicher Leitung (§ 18 I AktG)[26]. Die eigentlichen Probleme beginnen für diese Auffassung nicht schon bei dem Tatbestand der Abhängigkeit, sondern erst bei der Etablierung einheitlicher Konzernleitungsmacht (vgl. aber alsbald unter III 3 b). Nur auf diese bezog sich wohl auch die heute als überholt geltende Lehre, wonach es abhängige Personengesellschaften nicht geben dürfe und könne (vgl. oben, § 17 IV 3).

b) Bei *Kapitalgesellschaften* wird zwischen vertraglicher und faktischer Abhängigkeit unterschieden (oben, § 17 III 3) sowie auch zwischen einfacher und qualifizierter Abhängigkeit (oben, § 17 III 2). Bei *Personengesellschaften* wird die Berechtigung dieses Unterschieds zwischen einfacher und qualifizierter Abhängigkeit verschiedentlich geleugnet, weil jede – nicht nur die qualifizierte – Abhängigkeit einer gesellschaftsrechtlichen Legitimation bedürfe und weil es für diese Legitimation immer auf den Gesellschaftsvertrag bzw. auf einen Gesellschafterbeschluß ankomme[27]. Dem ist nicht zuzustim-

25 *Baumbach/Hopt*, § 105 Rdnr. 101; *Schlegelberger/Martens*, Anh. § 105 Rdnrn. 14ff.; *Bitter*, a.a.O., S. 14 m.w.N.

26 Vgl. nur *Staub/Ulmer*, Anh. § 105 Rdnrn. 27ff.; *Reuter*, AG 1986, 131.

27 Vgl. mit Unterschieden im einzelnen *Staub/Ulmer*, Anh. § 105 Rdnr. 36; *Baumgartl*, a.a.O., S. 73ff.; *Löffler*, a.a.O., S. 52ff.; *Emmerich/Sonnenschein/Habersack*, § 34 II 1 b, haben ihre dahingehende Position nunmehr aufgegeben.

men[28], denn ungeachtet der rechtsformspezifischen Besonderheiten des Personengesellschaftsrechts bleibt es dabei,

- daß Abhängigkeit auf vertraglicher und auf faktischer Grundlage entstehen kann und
- daß das Legitimationsbedürfnis unterschiedlich stark ist, je nachdem, ob einfache Abhängigkeit i.S. von § 17 I AktG oder regelrechte Konzernleitungsmacht i.S. von § 18 I AktG vorliegt.

Der erste Gesichtspunkt entscheidet darüber, ob ein Vertragskonzern oder nur eine faktische Abhängigkeit *vorliegt*, der zweite Gesichtspunkt entscheidet darüber, ob es für legitime Herrschaftsausübung der Begründung eines sog. Vertragskonzerns *bedarf*.

c) *Vertragskonzern und faktische Abhängigkeit* unterscheiden sich dadurch, daß die Konzernleitungsmacht einmal durch einen Organisationsvertrag legitimiert ist, einmal nicht. Der Begriff des »Vertrags«konzerns ist allerdings mißverständlich, denn konzernrechtliche Unternehmensverträge sind im Personengesellschaftsrecht, weil steuerrechtlich ohne größeren Reiz, ungebräuchlich, und Verträge, die eine Abhängigkeit herstellen, ohne sie organisationsrechtlich zu legitimieren, sind keine Unternehmensverträge (vgl. zur Rechtsnatur des Unternehmensvertrags oben, § 31 III 1). Ein Vertrag, der nicht als konzernrechtlicher Unternehmensvertrag taugt, kann keinen »Vertragskonzern« herbeiführen, sondern im konzernrechtlichen Sinne nur eine »faktische« Abhängigkeit. Die Abgrenzungsschwierigkeit wird deutlich an unserem

Beispiel Nr. 11 (nach *BGH*, NJW 1980, 231 = AG 1980, 47): In dem berühmten Fall »Gervais-Danone« ging es um eine sanierungsbedürftige oHG, die von der Gervais-Danone AG aufgrund eines vertraglich ausgearbeiteten Konzepts und mit einem von Gervais-Danone zur Verfügung gestellten Management saniert werden sollte (vgl. schon oben unter § 17 I 3).

Dieser Fall, in dem der *Bundesgerichtshof* von einem »Beherrschungvertrag« sprach, ist bisweilen als Fall eines personengesellschaftlichen Vertragskonzerns eingeordnet worden[29]. Dieser Einordnung ist indes nicht zu folgen. Es handelte sich im konzernrechtlichen Sinne um faktische Abhängigkeit[30]. Soweit von einem »schuldrechtlichen« – im Gegensatz zu einem organisationsrechtlichen – Beherrschungsvertrag die Rede ist[31], besagt dies in Wahrheit dasselbe: Die Leitungsmacht ist nicht durch einen Unternehmensvertrag legitimiert. Ein Vertragskonzern entsteht nur, wenn die Leitungsmacht eines herrschenden Unternehmens durch Organisationsvertrag als unternehmerische Fremdsteuerung legitimiert ist, sei es durch einen Beherrschungsvertrag, sei es durch den Gesellschaftsvertrag der abhängigen Gesellschaft (dazu unter III 3b sowie unter III 4).

28 Vgl. auch *Kleindiek*, a.a.O., S. 29ff.
29 Vgl. *Raiser*, ZGR 1980, 561; s. auch *Stimpel*, a.a.O., S. 14f.
30 Vgl. *Mülbert,* in: MünchKommHGB, KonzernR, Rdnr. 126; *Emmerich*, in: Festschrift Stimpel, a.a.O., S. 754; *Bitter*, a.a.O., S. 326ff. insbes. S. 353; *Schießl*, a.a.O., S. 85; *Lutter*, ZGR 1982, 266.
31 Vgl. *Reuter*, ZHR 146 (1982), 15ff.; vgl. auch *dens.*, AG 1986, 132.

3. Grundprobleme der einfachen Abhängigkeit

a) Die *Konzerneingangskontrolle* ist bei der Personengesellschaft zunächst ein Problem des Gesellschafterschutzes: Sofern die Beherrschung der Personengesellschaft durch ein Unternehmen nicht durch Gesellschaftsvertrag oder Gesellschafterbeschluß legitimiert ist, braucht nur derjenige sie hinzunehmen, der ihr zugestimmt hat[32]. Diese Zustimmung kann auch konkludent durch Beitritt oder durch Anteilserwerb erklärt werden.

Beispiel Nr. 12: Wer in eine Druckhaus-GmbH & Co. KG eintritt, deren Komplementär-GmbH gleichzeitig einen Verlag betreibt, kann sich nicht nachträglich gegen die Beherrschung der Gesellschaft durch die Verlags-GmbH zur Wehr setzen. Werden die Geschäftsanteile der Komplementär-GmbH dagegen erst nachträglich an das Verlagshaus übertragen, so bedarf diese Strukturänderung der Zustimmung der Kommanditisten. Fehlt es daran, so können die Kommanditisten die nunmehr fremdbeherrschte Komplementär-GmbH aus ihrer KG ausschließen.

Wird die Personengesellschaft unter *einheitliche Leitung* gestellt (§ 18 I AktG), so bedarf dies der förmlichen Legitimation. *Legitime Konzernherrschaft* läßt sich herbeiführen
- durch einen, in der Praxis bei Personengesellschaften allerdings seltenen, Unternehmensvertrag (Beherrschungsvertrag)[33],
- durch den Personengesellschaftsvertrag[34],
- durch Beschluß der Gesellschafter[35].

Der qualitative Unterschied dieser Konzernleitungsmacht gegenüber der bereits durch das Gesellschaftsverhältnis legitimierten Leitungsmacht z.B. als Komplementär einer KG besteht darin, daß das Unternehmen im Vertragskonzern nicht nur durch das herrschende Unternehmen, sondern auch in dessen Interesse geführt wird[36].

b) Der *Konzernleitungskontrolle* dienen die Grundsätze der Treupflicht[37]. Treupflichten treffen das herrschende Unternehmen aufgrund der entstehenden organisationsrechtlichen Sonderrechtsverbindung, und zwar unabhängig davon, ob dieses Unternehmen die Personengesellschaft unmittelbar als ihr Mitglied oder nur mittelbar beherrscht[38].

---

32 Ähnlich *Emmerich*, in: Festschrift Stimpel, a.a.O., S. 749; *Baumbach/Hopt*, § 105 Rdnr. 102; enger, nur für echte Konzernherrschaft i.S. von § 18 II AktG, *Staub/Ulmer*, Anh. § 105 Rdnrn. 40, 58ff.; *Schießl*, a.a.O., S. 35ff.; *Reuter*, AG 1986, 131f.

33 Vgl. *Baumbach/Hopt*, § 105 Rdnr. 105; *Emmerich/Sonnenschein/Habersack*, § 34 III; *Heymann/Emmerich*, Anh. § 105 Rdnr. 20; *Kleindiek*, a.a.O., S. 77ff.; *Schießl*, a.a.O., S. 43ff.; *Stimpel*, a.a.O., S. 17f.; a.M. *Burbach*, a.a.O., S. 314ff.; *Schneider*, ZGR 1980, 517ff.; *Reuter*, ZHR 146 (1982), 15f.; Problemdiskussion bei *Kleindiek*, a.a.O., S. 21f.; 71ff.

34 Eingehend *Baumgartl*, a.a.O., S. 87ff.; *Bitter*, a.a.O., S. 332ff.; *Burbach*, a.a.O., S. 100ff.

35 *Staub/Ulmer*, Anh. § 105 Rdnrn. 58ff. mit umfangreichen Nachweisen; über Konzernierungsvorgänge aufgrund qualifizierter Mehrheitsklauseln auch *Ebenroth*, a.a.O.

36 Insofern ähnlich *Bitter*, a.a.O., S. 326ff., 352.

37 Eingehend *Bitter*, a.a.O., S. 272ff.; *Burbach*, a.a.O., S. 345ff.; *Kleindiek*, a.a.O., S. 32ff., 259ff.; *Schießl*, a.a.O., S. 78ff.; *Tröger*, a.a.O.

38 Vgl. in Erweiterung der Überlegungen von *BGHZ* 89, 162 insbes. *Staub/Ulmer*, Anh. § 105 Rdnr. 53; *Stimpel*, AG 1986, 120; eingehend *Mülbert*, in: MünchKommHGB, KonzernR,

Beispiel Nr. 13: Haben die Gesellschafter unserer Druckhaus-GmbH & Co. KG der Leitung durch eine Verlags-GmbH zugestimmt, so können sie sich nicht dagegen wehren, daß die GmbH bei der Leitung des Unternehmens auch ihre Eigeninteressen ins Spiel bringt. Die GmbH darf jedoch ihre Eigeninteressen nicht ohne Rücksicht auf die Interessen der KG und ihrer Minderheitsgesellschafter durchsetzen. Geschieht dies doch, so kommen Klagen nach §§ 117, 127, 140 HGB oder Schadensersatzklagen in Betracht.

Pflichtwidrige Konzernleitung kann Schadensersatzansprüche der abhängigen Gesellschaft auslösen[39], die auch im Wege der actio pro socio geltend gemacht werden können (vgl. zur actio pro socio oben § 21 IV)[40]. § 708 BGB, wonach die Haftung auf eigenübliche Sorgfalt beschränkt wäre, findet auf die Haftung eines herrschenden Unternehmens keine Anwendung[41]. Die konzerninterne Treupflicht zeigt sich auch bei der Handhabung der Wettbewerbsverbote.

Beispiel Nr. 14 (in Anlehnung an *BGHZ* 89, 162 = DB 1984, 495; dazu *Wiedemann/Hirte*, ZGR 1986, 165): Die Minderheitsgesellschafter einer als Werbeagentur operierenden GmbH & Co. KG verlangten von der Beklagten die Unterlassung von Wettbewerbshandlungen. Die Mehrheitsbeteiligung an der KG und an ihrer Komplementär-GmbH war an eine ausländische Gesellschaft veräußert worden, und die Beklagte, eine weltweit arbeitende Werbeagentur, hatte zunächst diese ausländische Gesellschaft übernommen und danach weitere Werbegesellschaften gegründet, die der GmbH & Co. KG Konkurrenz machten. Der *Bundesgerichtshof* entschied: »Einem Wettbewerbsverbot kann auch unterliegen, wer in einer Kommanditgesellschaft mit hoher Mehrheit sowohl am Kommanditkapital als auch am Kapital der Komplementär-GmbH beteiligt ist und aufgrund dieser mehrheitlichen Beteiligungen die Gesellschaft beherrscht. Ist dieser Gesellschafter eine Holding-Gesellschaft, deren sich ihre Muttergesellschaft beim Erwerb jener Mehrheitsbeteiligungen bedient hat, so kann das Wettbewerbsverbot auch gegenüber der Muttergesellschaft durchgreifen.«

4. Die qualifizierte Abhängigkeit

a) Von qualifizierter Abhängigkeit wird in diesem Werk gesprochen, wenn die Konzernleitungsmacht so dicht ist, daß Einzelweisungen und potentielle Einzelschädigungen nicht mehr ausgemacht werden können, insbesondere wenn die abhängige Gesellschaft ohne Wahrung ihrer organisatorischen Eigenständigkeit wie eine Betriebsabteilung des herrschenden Unternehmens in dessen Interesse geführt wird (oben, §§ 17 III 3, 31 IV 4, 39 III 3 a). Die qualifizierte Beherrschung einer Personengesellschaft ist *nicht generell unzulässig*, jedoch nur in Form eines Vertragskonzerns – also aufgrund einer organisationsvertraglichen Regelung (Beherrschungsvertrag oder Gesellschaftsvertrag) – zulässig[42]. Eine solche Legitimation durch einen Organisationsvertrag setzt, sofern nicht schon der Gesellschaftsvertrag mit hinrei-

---

Rdnrn. 206ff.; *Kleindiek*, a.a.O., S. 260f.; *Bitter*, a.a.O., S. 281ff.; *Tröger*, a.a.O., S. 37ff.; a.M. *Löffler*, a.a.O., S. 147; *Schießl*, a.a.O., S. 94ff.

39 Vgl. nur *Heymann/Emmerich*, Anh. § 105 Rdnr. 8; *Schießl*, a.a.O., S. 78ff.

40 *Baumbach/Hopt*, § 105 Rdnr. 103; *Heymann/Emmerich*, Anh. § 105 Rdnr. 9; *Staub/Ulmer*, Anh. § 105 Rdnr. 52; *Kleindiek*, a.a.O., S. 259.

41 Vgl. *Heymann/Emmerich*, Anh. § 105 Rdnr. 8; *Bitter*, a.a.O., S. 278 m.w.N.

42 Zweifelnd wohl *Baumbach/Hopt*, § 105 Rdnr. 104.

chender Bestimmtheit eine Mehrheitsentscheidung zuläßt, die Zustimmung aller Gesellschafter voraus[43]. Die bloße Kenntnis aller Gesellschafter von dem Bestehen qualifizierter Abhängigkeit genügt nur, wenn sie den Willen impliziert, daß diese Abhängigkeit gebilligt wird. Ob eine Eintragung im Handelsregister erforderlich ist, wird unterschiedlich beurteilt[44]. Man wird die Frage in Anlehnung an die Rechtsprechung zum GmbH-Konzernrecht (oben, § 38 III 2 b) in den seltenen Fällen eines Beherrschungsvertrags bejahen können, sollte sie aber in den viel typischeren Fällen der gesellschaftsvertraglichen Regelung verneinen.

b) Unabhängig davon, ob die qualifizierte Beherrschung der Personengesellschaft durch ein Unternehmen legal auf vertraglicher oder auf faktischer Grundlage ausgeübt wird, begründet sie eine – allerdings höchst umstrittene – *Verlustausgleichspflicht* (vgl. schon für die abhängige GmbH oben, § 39 III 3 b)[45]. Daran ändert sich auch dann nichts, wenn das herrschende Unternehmen seine Konzernleitungsmacht als persönlich haftender Gesellschafter ausübt[46], denn die persönliche Haftung besteht nur gegenüber den Gläubigern (§ 128 HGB) und wird nur im Insolvenzfall zugunsten der Masse, also des Gesellschaftsvermögens, eingefordert (§ 93 InsO), während die Verlustausgleichspflicht einen Anspruch der abhängigen Gesellschaft und eine Alimentierungspflicht des herrschenden Unternehmens im Innenverhältnis begründet. Die Verlustübernahmepflicht schützt permanent die Gesellschaft, ihre Gläubiger und ihre Gesellschafter, insbesondere etwa noch vorhandene persönlich haftende Gesellschafter[47]. Im Gegensatz zum Fall des § 302 AktG kann nach bisher h.M. das herrschende Unternehmen durch den Gesellschaftsvertrag oder durch einstimmigen Beschluß von der Verlustausgleichspflicht befreit werden[48], sofern nicht – wie im Recht der GmbH & Co. KG (dazu unten, § 56 V) – zwingende Kapitalerhaltungsregeln entgegenstehen[49]. Dahinter verbirgt sich die schon unter § 18 IV 2c in Frage gestellte Lehre, wonach die Außenhaftung bei einer Personengesellschaft Kapital zu ersetzen vermag. Die Frage ist deshalb nicht ausdiskutiert. Im übrigen führt die Verlustausgleichspflicht zu ganz ähnlichen Risiken wie eine unbeschränkte Komplementärhaftung.

---

43 Vgl. nur *Emmerich/Sonnenschein/Habersack*, § 34 II 1 a und III 2; *Kleindiek*, a.a.O., S. 77ff.

44 Für Eintragungspflicht *Baumbach/Hopt*, § 105 Rdnr. 105; *Emmerich/Sonnenschein/Habersack*, § 34 III 2; *Kleindiek*, a.a.O., S. 242ff.; dagegen *Mülbert*, in: MünchKommHGB, KonzernR, Rdnr. 153.

45 Vgl. mit Unterschieden im einzelnen *BGH*, AG 1980, 47 = NJW 1980, 231; *Baumgartl*, a.a.O., S. 113ff.; *Emmerich/Sonnenschein/Habersack*, § 34 II 1 b und 2; *Emmerich*, in: Festschrift Stimpel, a.a.O., S. 752ff.; *Heymann/Emmerich*, Anh. § 105 Rdnr. 17; *Staub/Ulmer*, Anh. § 105 Rdnr. 75; *Stimpel*, a.a.O., S. 24; a.M. *Schießl*, a.a.O., S. 83ff.

46 Unrichtig *Burbach*, a.a.O., S. 449ff. aufgrund der von *Ulmer* vertretenen These, § 302 AktG sei eine Ausprägung der kapitalgesellschaftlichen Vermögensbindung; dagegen eingehend *Bitter*, a.a.O., S. 396ff.

47 Ein persönlich haftender Gesellschafter ist im Innenverhältnis haftungsfrei zu stellen; vgl. *Emmerich/Sonnenschein/Habersack*, § 34 III 1.

48 Vgl. *Stimpel*, a.a.O., S. 25; näher *Ulmer*, a.a.O., S. 57; *Bitter*, a.a.O., S. 408ff., 477ff.

49 Vgl. *Staub/Ulmer*, Anh. § 105 Rdnr. 76, *Bitter*, a.a.O., S. 478ff.

Beispiel Nr. 15 (in Anlehnung an den GmbH-Fall *BGHZ* 68, 312): Lagert eine im Baugewerbe tätige Gesellschaft ihren riskanten Fertighausbau nicht auf eine GmbH, sondern auf eine Kommanditgesellschaft aus, die von ihr beherrscht und ohne eigenes Management von der Muttergesellschaft bis ins Kleinste in ihrem Interesse geleitet wird, so ist sie – wie nach der wohl richtigen Meinung im GmbH-Recht (oben, § 39 III 3 b) – verlustausgleichspflichtig, steht also im Innenverhältnis für alle Schulden der Tochtergesellschaft gerade. Es kann ihr nichts nützen, wenn sie hierbei die Rolle einer Komplementärin vermeidet.

Eine solche Verlustausgleichshaftung hat der *Bundesgerichtshof* schon in dem unter III 2c besprochenen »Gervais-Danone«-Fall angelegt[50]. Wie unter § 39 III 3 c, 4 für das GmbH-Recht ausgeführt wurde, hat allerdings die Rechtsprechung seit dem »TBB«-Urteil *BGHZ* 122, 123 aus der sog. Konzernhaftung im qualifizierten faktischen Konzern nur noch eine Haftung für eine über Einzelmaßnahmen hinausgehende schädigende Konzernleitung gemacht. Es liegt auf der Hand, daß sich diese GmbH-Konzern-Rechtsprechung sinngemäß im Recht der abhängigen Personengesellschaft fortsetzt[51]. Demgemäß hat das *Bundesarbeitsgericht* entschieden[52]: »Der alleinige Kommanditist und alleinige Gesellschafter der Komplementär-GmbH einer Kommanditgesellschaft ist Unternehmen im konzernrechtlichen Sinne, wenn er sich auch anderweitig unternehmerisch betätigt. ... Die persönliche Haftung des herrschenden Unternehmensgesellschafters setzt voraus, daß er die Konzernleitungsmacht ohne Rücksicht auf die abhängige Gesellschaft ausgeübt hat und die zugefügten Nachteile sich nicht (durch Einzelausgleich) kompensieren ließen.« Es versteht sich, daß diese nicht auf die Herrschaftsstruktur, sondern auf die Ausübung der Konzernherrschaft gestützte Konzernleitungshaftung mit der von den Gerichten immer wieder berufenen Analogie zu § 302 AktG nicht begründbar ist[53]. Das beruht aber nach der hier vertretenen Auffassung nicht darauf, daß diese Analogie in toto unberechtigt wäre[54], vielmehr müssen ganz unterschiedliche Sachverhalte mit ganz unterschiedlichen Rechtsfolgen unterschieden werden (oben, § 39 III 4):

- die Haftung für schädigende Einzeleingriffe,
- die Haftung für dauerhaft schlechte Konzernleitung, von der allein die Gerichte im Zusammenhang mit der angeblichen Analogie zu § 302 sprechen (Konzernverhaltenshaftung), und
- die (seltene!) echte Verlustübernahmepflicht analog § 302 AktG bei qualifizierter faktischer Konzernierung (Strukturhaftung), insbesondere wenn die abhängige Personengesellschaft als bloße Betriebsabteilung des Mutterunternehmens organisiert ist.

Doch ist die Fortentwicklung der Konzernhaftungsrechtsprechung, wie unter § 39 III für die GmbH ausgeführt, überaus zweifelhaft.

---

50 *BGH*, AG 1980, 47 = NJW 1980, 231.
51 Dazu eingehend *Bitter*, a.a.O., S. 469ff.
52 *BAG*, NJW 1996, 1491.
53 Vgl. *Bitter/Bitter*, BB 1996, 2158f.; *Bitter*, a.a.O., S. 493ff.; *ders.*, ZIP 2001, 266ff.
54 So aber *Bitter/Bitter*, BB 1996, 2158f.; *Bitter*, a.a.O., S. 342ff.; *ders.*, ZIP 2001, 266ff.

5. Gleichordnungskonzerne*

Schwierige und ungelöste Fragen löst auch im Personengesellschaftsrecht das *Verhältnis unter Schwestergesellschaften aus* (vgl. bereits § 17 III 3, § 31 II 3 c bb, § 39 IV 1 c). Wie im Kapitalgesellschaftsrecht wird hier viel zu wenig zwischen den Problemen der Abhängigkeit (§§ 17, 18 I AktG) und der Gleichordnung (§ 18 II AktG) unterschieden, ebensowenig zwischen der auf schädigende Konzernleitung gestützten Konzern*leitungs*haftung und der auf Verlustausgleich zielenden Konzern*struktur*haftung. Charakteristisch ist die *Durchgriffsentscheidung des BAG* in unserem, hier vereinfachten,

Beispiel Nr. 16 (nach *BAG*, NJW 1999, 2612 = RdA 2000, 235 m. Anm. *Windbichler*; dazu *Janßen*, DB 1999, 1398; *Henssler*, ZGR 2000, 479; *Karsten Schmidt*, in: Festschrift Wiedemann, 2002): Die »Möbelwerke H-KG« war in zwei Gesellschaften geteilt worden: die »H-Produktions-GmbH & Co. KG« und die »H-Vertriebs-GmbH & Co. KG«. Komplementärin beider Gesellschaften war die »H-Verwaltungsgesellschaft mbH« (vgl. zur sternförmigen GmbH & Co. KG unten, § 56 II 3 g). Die Produktionsgesellschaft arbeitete ohne nennenswerte Eigenmittel auf dem Betriebshof der früheren »H-KG« nur für die Vertriebsgesellschaft zu Preisen, die im Interesse der Vertriebsgesellschaft festgelegt wurden. Im Insolvenzverfahren der Produktionsgesellschaft stellte sich die Frage, ob die Vertriebsgesellschaft für die Betriebsrenten der Arbeitnehmer der Produktionsgesellschaft aufkommen mußte. Das *BAG* sah die Vertriebsgesellschaft als herrschendes Unternehmen an und bejahte eine konzernrechtliche Durchgriffshaftung, weil sich eine selbständige Gesellschaft auf diese Gestaltung nicht eingelassen hätte. Dazu ist zu bemerken: Herrschendes Unternehmen war die GmbH, nicht die Produktionsgesellschaft. Die beiden Kommanditgesellschaften waren einander als Konzernschwestern verbunden und standen nicht in einem Mutter-Tochter-Verhältnis. Der vom *BAG* vorgenommene Durchgriff von der Produktionsgesellschaft auf die Vertriebsgesellschaft war also ein horizontaler Durchgriff und hätte in diesem Sinne gerechtfertigt werden müssen (vgl. zur qualifizierten Gleichordnung oben, § 17 III 3 c). Es wäre auch auf die Besonderheit einzugehen gewesen, daß keine wechselseitige Verlustübernahme vorlag, sondern ein Durchgriff von der »kleinen« auf die »große Schwester«. Daran läßt es die Entscheidung fehlen.

* Lit.: *Henssler*, Die Betriebsaufspaltung – Konzernrechtliche Durchgriffshaftung im Gleichordnungskonzern?, ZGR 2000, 479; *Karsten Schmidt*, Sternförmige GmbH & Co. KG und horizontaler Haftungsdurchgriff, in: Festschrift Wiedemann, 2002.

§ 44 Formzwang und Formwechsel bei Personengesellschaften*

I. Die Rechtsformen

1. Der Rechtsformzwang

Die Bedeutung des Rechtsformzwangs für das Gesellschaftsrecht wurde unter § 5 II 3 allgemein erläutert. Eine Personengesellschaft kann nur nach Maßgabe der gesetzlich anerkannten Rechtsformen begründet werden. Der Rechtsformzwang zwingt gesellschaftsrechtliche Rechtsverhältnisse unter bestimmten gesetzlichen Voraussetzungen in bestimmte Rechtsformen hinein oder aus bestimmten Rechtsformen heraus[1].

Beispiel Nr. 1: Eine nicht nach Maßgabe des GmbH-Gesetzes gegründete Handelsgesellschaft mag sich »GmbH« nennen; sie ist trotzdem eine, wenn auch unrichtig firmierende, oHG *(BGHZ* 22, 240; *OLG Jena,* NJW-RR 2002, 970). Handelt es sich nicht um ein kaufmännisches Handelsgewerbe, so entsteht anstelle einer oHG kraft Rechtsformzwangs eine BGB-Außengesellschaft (vgl. *BAG*, DB 1994, 1782 = JuS 1994, 1074). Der »Alleingesellschafter einer oHG« mag sein Unternehmen unter einer oHG-Firma betreiben; es liegt doch nur ein einzelkaufmännisches Unternehmen mit unzulässiger Firma vor.

2. Die Bedeutung des Gegensatzes zwischen Außengesellschaft und Innengesellschaft

a) Der geschilderte Rechtsformzwang ist ein Spezifikum des Verbandsrechts. Er hängt mit dem unter § 8 II 5 und § 11 III geschilderten, für alle verbandsrechtlichen Rechtsträger – nicht nur für die körperschaftlichen juristischen Personen! – geltenden System der Normativbestimmungen zusammen. Diesem unterliegen entgegen der traditionellen Sicht auch die Personen-Außengesellschaften als sog. Gesamthandsgesellschaften. Die Gesellschafter können

---

* Literatur: *Battes*, Rechtsformautomatik oder Willensherrschaft? AcP 174 (1974), 429; *Beyerle*, Gesetzliche Umwandlung einer oHG und KG in eine Gesellschaft bürgerlichen Rechts, NJW 1972, 229; *Jahnke*, Rechtsformzwang und Rechtsformverfehlung bei der Gestaltung privater Rechtsverhältnisse, ZHR 146 (1982), 595; *Karsten Schmidt*, Zur Stellung der oHG im System der Handelsgesellschaften, 1972; *Wiedemann*, Die Legitimation von Willenserklärungen im Recht der Personengesellschaften, in: Festschrift Westermann, 1974, S. 595.

1 Absorptionsfunktion und Abschichtungsfunktion des numerus clausus; vgl. *Karsten Schmidt*, a. a. O., S. 121 f.; *Jahnke*, ZHR 146 (1982), 597.

nicht privatautonom neue Formen der Gesamthandsgesellschaft erfinden, etwa eine Kommanditgesellschaft ohne Komplementär[2]. Sie können nur den Variantenreichtum des Personengesellschaftsrechts ausnutzen, z.B. indem sie statt einer Kommanditgesellschaft ohne Komplementär eine GmbH & Co. KG gründen. Sie können, wo keine speziellere Form zur Verfügung steht, die Außengesellschaft als Gesellschaft bürgerlichen Rechts betreiben. Dagegen sind Innengesellschaften in beliebiger Vielfalt möglich. So nimmt niemand daran Anstoß, daß zwar die Gesellschaft bürgerlichen Rechts (§§ 705 ff. BGB) und die stille Gesellschaft (§§ 230 ff. HGB) im Gesetz geregelt sind, nicht aber die Unterbeteiligung als stille Beteiligung an einem Gesellschaftsanteil (zu ihr vgl. unten, § 63). Inwieweit auf eine solche Gesellschaft das Recht der BGB-Innengesellschaft oder das Recht der stillen Gesellschaft angewandt wird, ist ein schuldrechtliches Rechtsanwendungsproblem. Die Zulässigkeit eines Unterbeteiligungsvertrags steht dagegen völlig außer Zweifel.

b) Die Bedeutung des Gegensatzes zwischen Außen- und Innengesellschaften wurde bereits unter § 43 II herausgekehrt. Die Vielfalt des Kreises der Personengesellschaften (oben, § 43 I 1) läßt daran denken, ob es sich bei all dem nicht nur um Varianten zweier personengesellschaftsrechtlicher Rechtsformen handelt: Der *Außengesellschaft* und der *Innengesellschaft*. Die Außengesellschaft kann bei solcher Betrachtung in den Varianten der oHG, der KG, der BGB-Außengesellschaft, der Partnerschaftsgesellschaft, der Partenreederei und der EWIV bestehen. Die Innengesellschaft kann zu jedem nach § 705 BGB zulässigen Zweck als schuldrechtliche Gesellschaft eingegangen werden (Gesellschaft bürgerlichen Rechts oder stille Gesellschaft). Üblicherweise werden die einzelnen Varianten der Außengesellschaft als unterschiedliche Rechtsformen verstanden, aber mindestens muß man dann sagen: Sie sind (ganz anders als die Kapitalgesellschaften) untereinander strukturgleich (zum automatischen Formwechsel vgl. alsbald unter III 1). Dies erkennt man auch an § 214 I UmwG, wonach eine Personengesellschaft zwar in eine Kapitalgesellschaft, nicht aber in eine Personengesellschaft anderer Rechtsform umgewandelt werden kann (vgl. demgegenüber zu den Kapitalgesellschaften § 226 UmwG). Die Richtigkeit dieser gesetzgeberischen Entscheidung ergibt sich aus folgendem:

- Das Umwandlungsgesetz braucht den Formwechsel einer Personengesellschaft in eine Personen-Außengesellschaft anderer Rechtsform nicht zuzulassen, denn dieser Formwechsel von einer Variante der Außengesellschaft in eine andere vollzieht sich außerhalb des Umwandlungsrechts (dazu unter III 1).

2 Eine Kommanditgesellschaft ohne Komplementär wurde als Alternative zur GmbH & Co. dem Gesetzgeber (!) vorgeschlagen; vgl. Arbeitskreis GmbH-Reform, Thesen und Vorschläge zur GmbH-Reform, Bd. I, 1971.

– Das Umwandlungsgesetz kann den Formwechsel zwischen Außengesellschaft und Innengesellschaft nicht zulassen, weil ein solcher Formwechsel nicht möglich ist (vgl. schon oben, § 43 II 3 b)[3].

Beispiel Nr. 2: Wird eine kleingewerblich tätige Gesellschaft bürgerlichen Rechts kaufmännisch, so wird sie zur oHG bzw. KG und umgekehrt. Nach § 105 II HGB kann sogar eine nichtgewerbliche »nur eigenes Vermögen verwaltende« Gesellschaft bürgerlichen Rechts als Handelsgesellschaft eingetragen werden (unten, § 46 I 1 c und dazu Handelsrecht, § 10 VII), ohne daß es hierfür eines Blicks in das Umwandlungsgesetz bedürfte. Nimmt eine oHG Kommanditisten auf, so wird sie ohne weiteres Kommanditgesellschaft und umgekehrt. Soll eine Rechtsanwaltssozietät (Gesellschaft bürgerlichen Rechts) als Partnerschaftsgesellschaft fortgeführt werden, so braucht nur der Gesellschaftsvertrag entsprechend geändert und die Gesellschaft in das Partnerschaftsregister eingetragen zu werden. Die Personen-Außengesellschaften sind einander ersichtlich näher als die Körperschaften. Dies muß bedacht werden, auch wenn die h.M. bei der Gesellschaft bürgerlichen Rechts, der oHG, der KG, der Partnerschaftsgesellschaft, der Partenreederei und der EWIV von unterschiedlichen Rechtsformen spricht.

Beispiel Nr. 3: Ist S als stiller Gesellschafter am Unternehmen des Kaufmanns K beteiligt und soll er künftig Kommanditist werden, so ist es nicht möglich, die stille Gesellschaft (Innengesellschaft) in eine Kommanditgesellschaft (Außengesellschaft) umzuwandeln. Vielmehr muß eine Außengesellschaft erst geschaffen werden. K wird also mit S eine Kommanditgesellschaft gründen. Er wird in diese sein einzelkaufmännisches Unternehmen einbringen (Fall des § 28 HGB; dazu Handelsrecht, § 8 III). S seinerseits wird als Kommanditist eine Einlage in die KG einbringen, doch kann dies durch Umbuchung seiner stillen Einlage geschehen.

Beispiel Nr. 4: Sind mehrere stille Gesellschafter an einer »GmbH & Still« beteiligt (dazu unten, § 62 II 2c cc), so wird diese Gesellschaft faktisch einer GmbH & Co. KG strukturähnlich sein, nur daß eben die Anleger statt Kommanditisten stille Gesellschafter sind und die GmbH (nicht die Personengesellschaft) als Unternehmensträgerin fungiert. Trotz dieser strukturellen Gleichartigkeit kann auch die »GmbH & Still« als bloße Innengesellschaft nicht formwechselnd in eine GmbH & Co. KG verwandelt werden, denn sie ist Innengesellschaft. Eine GmbH & Co. kann nur zustandekommen, indem alle Anleger (bisher stille Gesellschafter) mit der GmbH (bisher Unternehmensträgerin) eine KG neu gründen oder indem die GmbH (sie ist Außengesellschaft) nach §§ 228ff. UmwG in eine KG umgewandelt wird und die bisherigen stillen Gesellschafter dieser KG beitreten, wobei sie eine neue GmbH als Komplementärin aufnehmen.

II. Entstehung und Beendigung von Personengesellschaften

1. Der Gegensatz zwischen Innengesellschaften und Außengesellschaften

a) *Innengesellschaften* werden als Schuldverhältnisse begründet und beendet. Ein Gründungsstadium oder eine regelrechte Liquidation gibt es nicht[4]. Die »Einlagen« fließen nicht in ein Gesellschaftsvermögen, sondern sie sind

3 Zur Unmöglichkeit der Umwandlung zwischen Innengesellschaft und Außengesellschaft vgl. auch *OLG Köln*, WM 1995, 1881.

4 Nur im Innenverhältnis kann (z.B. bei einer Bauherrengemeinschaft oder bei einer atypischen stillen Beteiligung) die Zusammenführung der Gesellschafter wie eine Gründung und die Auseinandersetzungsrechnung wie eine Liquidation verlaufen.

Beiträge, die zur Erreichung des gemeinsamen Zwecks unter den Gesellschaftern geleistet werden. Die Innengesellschaft kann nach schuldrechtlichen Regeln ebenso aufgehoben werden wie ein anderer schuldrechtlicher Vertrag, und an die Stelle der Liquidation tritt eine Auseinandersetzung unter den Gesellschaftern. Allerdings kann, wenn die Innengesellschaft als Innen-Verband organisiert ist, das Rechtsverhältnis im Innenverhältnis als das einer »virtuellen Rechtsperson« organisiert, die Gesellschaft also z. B. als Quasi-KG verfasst und finanziert werden (oben, § 7 I 2 b bb; unten, § 62 II 2 e)[5].

b) *Außengesellschaften* werden als verfaßte und vermögensfähige Verbände gegründet, aufgelöst und abgewickelt (näher oben, § 11). Hier geht es um die Begründung bzw. Beendigung eines Rechtsträgers. Rechtspolitisch spricht vieles dafür, alle Gesamthandsgesellschaften in Registern zu erfassen, damit die Publizität der Rechtssubjekte gewahrt ist (vgl. oben, § 8 II 5 c). Im geltenden Recht ist dies vor allem bei der Gesellschaft bürgerlichen Rechts nicht gesichert (dazu unten, § 58 I 3 a). Ist eine Außengesellschaft aufgelöst, so endet sie nicht, sondern sie tritt lediglich in das Abwicklungsstadium ein (dazu oben, § 11 V). Anders verhält es sich in Fällen der Verschmelzung und Spaltung sowie beim Fortfall des letzten Mitgesellschafters. Hier können Außengesellschaften ohne Einzeleinbringung von Gesellschaftsvermögen entstehen und ohne Liquidation des Gesellschaftsvermögens erlöschen. An die Stelle der Einzelübertragung tritt die Gesamtrechtsnachfolge.

Auch der Formwechsel in eine Kapitalgesellschaft war herkömmlich als Gesamtrechtsnachfolge geregelt, weil er so verstanden wurde, als falle das bisher den Gesellschaftern zu gesamter Hand stehende Vermögen nunmehr einer Gesellschaft an[6]. Diese auf einer überholten Gesamthandsdoktrin beruhende Regelung ist seit dem Umwandlungsgesetz von 1994 überholt (dazu oben § 12 II 1).

Beispiel Nr. 5: Wollen die Gesellschafter einer KG das KG-Unternehmen auf eine GmbH überführen, so kam nach bisherigem Recht eine Umwandlung der KG »auf« eine GmbH in Betracht (§§ 46 ff. UmwG 1969/1980). Auch die übertragende Umwandlung einer Kapitalgesellschaft »auf« eine Gesamthands-Personengesellschaft war bereits möglich (§§ 1 ff. UmwG 1969/1980). Nach dem geltenden Umwandlungsrecht wird in beiden Fällen ein bloßer Formwechsel nach §§ 192 ff. UmwG durchgeführt.

2. Vollbeendigung durch Fortfall des letzten Mitgesellschafters

a) Hinsichtlich der Beendigung von Personengesellschaften muß daran erinnert werden, daß es im Recht der Personengesellschaft grundsätzlich keine Einpersonengesellschaft gibt (oben, § 8 IV 2 b). Bleibt von mehreren Gesellschaftern nur einer übrig, so führt dies bei der Gesamthand zur Gesamtrechtsnachfolge, bei der Innengesellschaft zur Konfusion.

Beispiel Nr. 6: Scheidet aus der A & B oHG der Gesellschafter A aus oder überträgt er seine Mitgliedschaft auf den B oder wird B beim Tod des A dessen Alleinerbe, so erlischt

5 Dazu *Karsten Schmidt*, in: MünchKomm HGB, § 230 Rdnr. 81.
6 Eingehende Kritik bei *Karsten Schmidt*, AcP 191 (1991), 505 ff.

die Gesellschaft ohne Liquidation, und B wird Gesamtrechtsnachfolger der Gesellschaft (vgl. *BGHZ* 113, 132 = NJW 1991, 844; *BGH,* NZG 2000, 474; NJW-RR 2002, 704; *OLG Köln*, NJW-RR 1997, 160; näher oben, § 11 V 3 a).

Beispiel Nr. 7 (*nach OLG Düsseldorf*, NJW-RR 1999, 619 = JuS 1999, 917): Ist der Gesellschaftsanteil an einer Grundstücks-Personengesellschaft mit einem Nießbrauch belastet und werden sämtliche Gesellschaftsanteile auf einen bestimmten Gesellschafter übertragen, so erlischt die Gesellschaft und mit ihr erlischt der belastete Anteil, folglich auch der daran bestehende Nießbrauch!

Beispiel Nr. 8: Hatte Kaufmann K seinen Sohn S als stillen Gesellschafter am Unternehmen beteiligt und wird S Alleinerbe des K, so erlischt das Schuldverhältnis der stillen Gesellschaft durch Konfusion (näher unten, § 62 V 1 a).

b) Im Fall der Außengesellschaft (sog. Gesamthand) hat diese Gesamtrechtsnachfolge Verschmelzungseffekte: Die Personengesellschaft wird auf den letztverbleibenden Gesellschafter verschmolzen. Wie unter III 2 a darzustellen sein wird, kann diese *gesetzliche* und zwingende Rechtsnachfolge auch gezielt, indem nämlich der Vollbeendigungstatbestand bewußt herbeigeführt wird, für Verschmelzungszwecke bzw. für Zwecke des Formwechsels verwendet werden.

III. Umwandlungsfragen

1. Der nicht-umwandlungsrechtliche Formwechsel im Recht der Außengesellschaften

Strukturgleiche Rechtsformen sind austauschbar. In diesem Sinne sind
- die rechtsfähige Außengesellschaft bürgerlichen Rechts,
- die offene Handelsgesellschaft und
- die Kommanditgesellschaft

strukturgleich. Hinzu kommen die Partnerschaftsgesellschaft, die Partenreederei und die EWIV (oben unter I 2 b). Zugleich schließen diese Rechtsformen einander aus. Dieselbe Gesellschaft kann nicht im Verhältnis zu einem Gesellschafter oHG, zum anderen KG und zum dritten Gesellschaft bürgerlichen Rechts sein[7], wohl aber kann sie von der einen in die andere Rechtsform überwechseln. Der Wechsel zwischen diesen Rechtsformen geschieht teils automatisch durch Rechtsform*zwang*, teils gezielt durch Rechtsform*wahl.*

a) Die Bedeutung des Rechtsform*zwangs* (oben unter I 1 sowie § 5 II 3) zeigt sich zunächst im *Verhältnis zwischen den Handelsgesellschaften und der Gesellschaft bürgerlichen Rechts:* Eine nicht im Handelsregister als offene Handelsgesellschaft oder Kommanditgesellschaft eingetragene Gesellschaft

7 Kein Widerspruch besteht, wie zu erläutern sein wird, zwischen den Tatbeständen der Gesamthand und der stillen Gesellschaft; es kann sogar derselbe Gesellschafter gleichzeitig Kommanditist und stiller Gesellschafter sein.

kann Handelsgesellschaft nur sein, wenn der gemeinsame Zweck auf den Betrieb eines kaufmännischen Unternehmens gerichtet und dieses Unternehmen in Gang gesetzt ist (§§ 105, 123, 161 HGB). Anlauf- und Abwicklungsgeschäfte können dazu ausreichen; der bloße Zweck genügt entgegen dem mißverständlichen Wortlaut der §§ 105, 161 HGB nicht (vgl. auch oben, § 11 IV 1; unten, § 46 I 1c und II 1). Fehlt es am Betrieb eines kaufmännischen Unternehmens, so ist die Gesellschaft eine BGB-Gesellschaft; entfällt die kaufmännische Qualität, so wird die Gesellschaft automatisch zur BGB-Gesellschaft[8]. Anders verhält es sich, wenn die Gesellschaft eingetragen ist (§§ 105 II, 5 HGB). Dann ist sie Formkaufmann (unten, § 46 I 1 c).

Der automatische *Formwechsel zwischen oHG und KG* beruht auf den Merkmalen des § 161 HGB: Die Personengesellschaft kann eine KG nur sein, wenn und solange sie mindestens einen unbeschränkt haftenden Gesellschafter und mindestens einen Kommanditisten hat. Verliert die Gesellschaft die Kriterien der einen Rechtsform und erfüllt sie die einer anderen, so findet ein automatischer identitätswahrender[9] Rechtsformwechsel statt (dazu vgl. schon im Zusammenhang mit der Umwandlung oben, § 12 I 4). Die Standardfälle seien noch einmal in Erinnerung gerufen:

Beispiel Nr. 9: Betreibt eine Familiengesellschaft eine kleingewerbliche Bäckerei und wächst diese zu einer Brotfabrik heran, so wird aus einer Gesellschaft bürgerlichen Rechts (§ 705 BGB) eine oHG (§ 105 HGB) bzw., wenn die Voraussetzungen des § 161 HGB erfüllt sind, eine KG.

Beispiel Nr. 10: Tritt in eine oHG ein Kommanditist ein, so wird die oHG zur Kommanditgesellschaft (§ 161 HGB); tritt der einzige Kommanditist wieder aus, so wird die Kommanditgesellschaft wieder zur oHG (§ 105 HGB). Fällt der Komplementär fort, so kann die Gesellschaft nur eine aufgelöste KG oder, wenn keine Abwicklung betrieben, sondern die Gesellschaft fortgesetzt wird, eine oHG sein (vgl. *BGH*, NJW 1979, 1705, 1706 und dazu unten, § 53 I 1c).

Auch das Herabsinken der Gesellschaft auf kleingewerbliches Niveau kann einen Rechtsformzwang bewirken. Ist sie nämlich nicht im Handelsregister eingetragen (vgl. über die oHG bzw. KG als Formkaufleute Handelsrecht, § 10 II 3), so wird die Gesellschaft ipso iure zur Gesellschaft bürgerlichen Rechts[10]. Nicht um ein Herabsinken des Gewerbebetriebs, sondern um seine Einstellung ging es im Urteil *BGHZ* 32, 307. Darin wird folgender Standpunkt vertreten: »Geben die Gesellschafter einer offenen Handelsgesellschaft – nicht etwa nur vorübergehend – den Betrieb ihres Handelsgewerbes auf, so wird die Gesellschaft zu einer Gesellschaft bürgerlichen Rechts. Dabei ist es ohne Belang, ob die Aufgabe des Geschäftsbetriebes auf Grund einer freien Entschließung oder unabhängig vom Willen der Gesellschafter eingetreten ist.« Das Urteil enthält viele weiterführende Hinweise und Ausführungen

8 H. M.; anders *Battes*, AcP 174 (1974), 429ff.

9 Dazu eingehend *Müller-Laube*, in: Recht und Rechtserkenntnis, Festschrift Ernst Wolf, 1985, S. 501, 526ff.

10 Ausführlicher vor der Einführung des § 105 II HGB n. F. noch 3. Aufl., § 44 III 1; die Binnenstruktur der Gesellschaft bleibt im Zweifel erhalten; vgl. *BGH*, BB 1971, 974 = NJW 1971, 1698; BB 1972, 61 = WM 1972, 21; dazu kontrovers *Beyerle*, NJW 1972, 229; *Kornblum*, BB 1972, 1032; *Karsten Schmidt*, BB 1973, 1612; *Stimpel*, ZGR 1973, 80ff.

zum Rechtsformzwang bei Personengesellschaften, aber die Anwendung auf den konkreten Fall bleibt doch zweifelhaft. Wird der Geschäftsbetrieb auf Dauer aufgegeben, so wird dies – sofern nicht die Gesellschafter den gemeinsamen Zweck ändern – ein Auflösungsgrund sein, der nur durch Fortsetzungsbeschluß wieder behoben werden kann. Von einer Umwandlung in eine Gesellschaft bürgerlichen Rechts kann z.B. ausgegangen werden, wenn aufgrund einer einverständlichen Zweckänderung einstweilen nur vermögensverwaltende Zwecke verfolgt werden und die Gesellschaft im Handelsregister nicht eingetragen ist.

b) Seit der Handelsrechtsreform von 1998 spielt die Rechtsform*wahl* eine größere Rolle. Zwar ist es dabei geblieben, dass eine Gesellschaft bürgerlichen Rechts durch Rechtsform*zwang* zur Handelsgesellschaft wird, sobald ihre Tätigkeit kaufmännisch ist (§ 105 I HGB). Aber die Außengesellschafter können nach § 105 II HGB auch ohne kaufmännische Tätigkeit die Gesellschaft als oHG oder KG eintragen lassen (Handelsrecht, § 10 VIII; unten, § 46 I 1 c). Demgemäß unterliegt auch umgekehrt eine als oHG oder KG eingetragene Gesellschaft keinem Rechtsformzwang, wenn es an kaufmännischer Tätigkeit fehlt: Sie bleibt Handelsgesellschaft, bis sie auf Betreiben der Gesellschafter gelöscht wird.

2. Umwandlung

Kapitalgesellschaften können nach §§ 226, 228ff. UmwG durch *Formwechsel* in eine Personengesellschaft umgewandelt werden. Nach §§ 214ff., 225a ff. UmwG kann auch eine Handels-Personengesellschaft oder Partnerschaftsgesellschaft durch Formwechsel zu einer Kapitalgesellschaft werden. Bis 1994 ließ das Umwandlungsrecht zwischen Kapitalgesellschaften und Personengesellschaften nur eine »übertragende Umwandlung« zu, weil der Gesetzgeber eine Identität dieser Gesellschaften für ausgeschlossen hielt (oben unter II 1b). Die nunmehr geltende Fassung wurde unter § 12 II 1 und § 13 II näher dargestellt.

a) In der Praxis spielt vor allem die Umwandlung der Kapitalgesellschaft & Co. (oben, § 12 I 4 d) eine erhebliche Rolle. Dabei muß zwischen den in der Praxis gebrauchten Lösungswegen mit und ohne Umwandlungsgesetz genau unterschieden werden[11]:

Beispiel Nr. 11: Eine K-GmbH & Co. KG, bestehend aus der K-Verwaltungs-GmbH und den Kommanditisten X, Y und Z, wird nach §§ 214ff. UmwG in eine K-GmbH umgewandelt. Nach Beendigung dieser Prozedur haben wir eine K-GmbH als Trägerin des Unternehmens vor uns. Gesellschafter dieser K-GmbH sind die K-Verwaltungs-GmbH sowie X, Y und Z. Ob man die jetzt überflüssig gewordene K-Verwaltungs-GmbH uno actu aus der K-Gesellschaft (bisher GmbH & Co. KG, jetzt GmbH) eliminieren kann, ist umstritten (dazu oben, § 13 II 3 e).

11 Vgl. eingehend *Hennerkes/Binz*, in: Festschrift Meilicke, 1985, S. 31ff.

Beispiel Nr. 12: X, Y und Z können, wenn sie gleichzeitig Gesellschafter der K-Verwaltungs-GmbH sind, auch einen ganz anderen Weg gehen. Sie erhöhen das Stammkapital und geben der Gesellschaft die Firma K-GmbH. Im Zuge dieser Transaktion scheiden sie aus der KG aus (was steuerrechtlich fehlerhaft sein kann) oder übertragen ihre Kommanditanteile auf die K-GmbH (dann Vorteil § 20 UmwStG; vgl. oben § 12 I 4d). Nach dem oben unter II 2 Gesagten wird dann die K-GmbH Trägerin des Unternehmens. Das Unternehmen ist auf die bisherige Komplementär-GmbH verschmolzen, die Kommanditgesellschaft erloschen.

Das letzte Beispiel verdeutlicht eine Umwandlungsmethode, von der schon unter § 12 I 4d die Rede war: Die gesetzlich zwingende Rechtsnachfolge bei Fortfall sämtlicher Mitgesellschafter (oben unter II 2) kann in den Dienst von Umwandlungsabsichten gestellt werden. Die Verschmelzungsvariante dieser Strategie läßt sich verdeutlichen mit dem schon unter § 12 I 4c erwähnten

Beispiel Nr. 13: (nach *BGH*, NJW-RR 1990, 798 = JuS 1990, 1020 m.Anm. *Karsten Schmidt*): Das bekannte Unternehmen »Bleyle« wurde in Gestalt einer Betriebsaufspaltung von einer Kommanditgesellschaft betrieben (Betriebsgesellschaft), während das wesentliche Anlagevermögen von der BGB-Gesellschaft »Bleyle Vermögensverwaltung« gehalten wurde (Besitzgesellschaft). Diese Betriebsaufspaltung wurde von den Gesellschaftern wieder beseitigt, indem alle Anteile an der KG auf die »Bleyle Vermögensverwaltung« übertragen wurden, die ihrerseits als KG in das Handelsregister eingetragen wurde. Die Gesellschafter hätten diesen Effekt auch umgekehrt durch Übertragung aller Anteile an der »Bleyle Vermögensverwaltung« auf die Betriebsgesellschaft herbeiführen können. In beiden Fällen wird eine der beiden Gesellschaften Gesamtrechtsnachfolgerin der anderen, und diese erlischt.

b) Die *Umwandlungsvarianten des Umwandlungsgesetzes* sollen hier nicht im einzelnen wiederholt werden (näher oben unter §§ 12 und 13). Hervorgehoben sei nur, daß Personengesellschaften
- durch Verschmelzung erlöschen und ggf. auch entstehen (§§ 2ff., 39ff. UmwG),
- durch Spaltung entstehen und ggf. auch erlöschen (§§ 123ff. UmwG),
- durch Formwechsel zu Kapitalgesellschaften werden können und umgekehrt (§§ 190ff., 214ff. UmwG).

c) *Umwandlungseffekte durch Einzelnachfolge* können wie bei anderen Rechtsformen auch bei Personengesellschaften herbeigeführt werden, womit sich auch hier die Frage nach einem Umgehungsschutz stellt (oben, § 13 I 4). Insbesondere ist darauf hinzuweisen, daß § 179a AktG nach Auffassung des *Bundesgerichtshofs* Ausdruck eines allgemeinen, auch für Personengesellschaften geltenden Grundsatzes ist[12]: Überträgt der vertretungsberechtigte Gesellschafter das Unternehmen einer Personengesellschaft auf eine andere Gesellschaft – z.B. auf eine zu diesem Grundsatz gegründete GmbH-Tochtergesellschaft –, so ist dieser Vorgang nicht nur eine der Zustimmung der Gesellschafter im Innenverhältnis bedürftige außergewöhnliche Maßnahme (§ 116 HGB), sondern das Geschäft ist nur mit Zustimmung der Gesellschafter wirksam.

12 *BGH,* NJW 1995, 596 = JZ 1995, 576 m.Anm. *Grunewald*; dazu eingehend *Karsten Schmidt*, ZGR 1995, 675ff.

§ 45 Die Mitgliedschaft in der Personengesellschaft*

I. Grundlagen

1. Die Gesellschafterstellung als Mitgliedschaft

a) Die Gesellschafterstellung in verbandsmäßig verfaßten Personengesellschaften – das sind vor allem, aber nicht nur, die Außengesellschaften – ist mehr als eine bloße Vertragspartnerstellung. Sie ist eine Mitgliedschaft und unterliegt damit den oben in § 19 dargestellten Lehren. In der Literatur wird darüber gestritten, ob die Mitgliedschaft in der Personengesellschaft ein *Recht* oder ein *Rechtsverhältnis* ist[1]. Der Gegensatz ist irreführend, denn die Mitgliedschaft enthält beide Elemente zugleich: Sie begründet ein Rechtsverhältnis in bezug auf die Gesellschaft und die Mitgesellschafter, und sie ist subjektives Recht in bezug auf den Gesellschafter als Rechtsträger. Der *Bundesgerichtshof* bezeichnet die Mitgliedschaft in der Personengesellschaft als einen Inbegriff von Rechtsverhältnissen und als Verfügungsgegenstand[2].

---

* Literatur: *Ascheuer*, Der Anteil des Gesamthänders am Gesamthandsvermögen, 1992; *Bippus*, Einheitlichkeit der Mitgliedschaft und Selbständigkeit der Beteiligung in der Personengesellschaft, AcP 195 (1995), 13; *Esch*, Einheitlichkeit der Personengesellschaftsbeteiligung, BB 1993, 664; *Flume*, Personengesellschaft, § 9; *Habersack*, Die Mitgliedschaft – subjektives und »sonstiges« Recht, 1996; *Hadding*, Die Mitgliedschaft in handelsrechtlichen Personalgesellschaften ..., in: Festschrift Reinhardt, 1972, S. 249; *Hermanns*, Unverzichtbare Mitverwaltungsrechte des Personengesellschafters, 1993; *Huber*, Vermögensanteil, Kapitalanteil und Gesellschaftsanteil an Personalgesellschaften des Handelsrechts, 1970; *Joussen*, Die einheitliche Mitgliedschaft in Personengesellschaften, DB 1992, 1173; *Kanzleiter*, »Mehrfach-Beteiligung« einer Person an Gesamthand- oder Rechtsgemeinschaft? »Einmann-Gesamthand«?! in: Freundesgabe Weichler, 1997, S. 39; *Lüttge*, Die zulässige Mehrfachbeteiligung an einer Personengesellschaft, NJW 1994, 5; *Lutter*, Theorie der Mitgliedschaft, AcP 180 (1980), 84; *Partikel*, Gesellschafter minderen Rechts im Recht der Personenhandelsgesellschaften, 1993; *Priester*, Die zwingende Einheitlichkeit des Personengesellschaftsanteils – ein überholtes Prinzip, DB 1998, 55; *Schütz*, Sachlegitimation und richtige Prozeßpartei bei innergesellschaftlichen Streitigkeiten, 1994; *Sieveking*, Keine Mehrfachbeteiligung an Personengesellschaften, in: Festschrift Schippel, 1996, S. 505; *Steinbeck*, Zur »Einheitlichkeit« der Mitgliedschaft in einer Personengesellschaft, DB 1995, 761; *Weimar*, Einmann-Personengesellschaften ..., ZIP 1997, 1769; *Wiedemann*, Anteilsumwandlung und Mehrfachbeteiligung in der Personengesellschaft, in: Festschrift Zöllner I, 1998, S. 635; *ders.*, Die Übertragung und Vererbung von Mitgliedschaftsrechten bei Handelsgesellschaften, 1965.

1 Vgl. kontrovers *Flume*, Personengesellschaft, § 9; *Hadding*, a. a. O.

2 *BGHZ* 98, 48, 50.

Darin ist beides enthalten. Materieller Ausdruck der Mitgliedschaft – jedenfalls bei den »gesamthänderisch« beteiligten Gesellschaftern – ist der Anteil[3]. Im Rechtsleben erscheinen »Anteil« und »Mitgliedschaft« häufig als Einheit. Wo Verwechslungen ausgeschlossen sind, kann deshalb einfachheitshalber statt von der Mitgliedschaft auch vom Anteil gesprochen werden, z.B. vom Kommanditanteil. Keine Mitgliedschaft gibt es in rein schuldrechtlich angelegten Innengesellschaften ohne verbandsmäßige Prägung. Bei diesen reinen Schuldverhältnissen kann in der Tat nur von einem Rechtsverhältnis gesprochen werden, nicht von einem Recht, das den Namen »Anteil«, »Beteiligung« oder »Mitgliedschaft« verdient. Wie mehrfach in diesem Buch hervorgehoben, gibt es aber durchaus auch Innengesellschaften, die als Verbände organisiert sind und eine mitgliedschaftliche Verfassung aufweisen, denn es sind zwei unterschiedliche Fragen: ob die Gesellschaft ein Verband mit Mitgliedern ist (oben, § 7 I) oder ob sie als rechtsfähige Personengesellschaft Trägerin von Rechten und Pflichten sein kann (oben, § 8 III).

b) *Rechtsstreitigkeiten über die Mitgliedschaft* – z.B. Feststellungsprozesse darüber, ob ein Gesellschafter wirksam ausgeschlossen ist – werden herkömmlicherweise allein zwischen den Gesellschaftern ausgefochten[4]. Das ist anders als bei den Körperschaften und hängt mit der unterschiedlichen Binnenstruktur von Personengesellschaften und Körperschaften zusammen, kann sich allerdings als eine lästige Komplikation erweisen. Notwendig ist diese Komplikation nach richtiger Auffassung nicht[5]. Vielmehr kann auch die Gesellschaft, soweit sie parteifähig ist (dazu unten, § 46 II 3 und § 60 IV 1) Prozesse über das zwischen ihr und einem Gesellschafter bestehende Rechtsverhältnis führen[6]. Wirkung für und gegen alle Gesellschafter hat ein solcher Prozeß allerdings nur, wenn dies unter den Gesellschaftern vereinbart ist. Derartige Regelungen sind zulässig[7]. Der Gesellschaftsvertrag kann eine Prozeßführung mit der Gesellschaft statt mit allen Mitgesellschaftern anordnen, und bei Publikumsgesellschaften sollte dies sogar als die Regel gelten[8]. Auch der Streit um die Anerkennung von Anfechtungsklagen im Personengesellschaftsrecht spielt hier herein (dazu oben, § 15 II 3, und unten, § 47 V 2c): Wer, ähnlich dem Kapitalgesellschaftsrecht, echte Anfechtungsklagen gegen fehlerhafte Beschlüsse anerkennt, setzt damit auch den Innenprozeß zwischen Gesellschafter und Gesellschaft an die Stelle eines unter allen Gesellschaftern auszutragenden Feststellungsstreits.

---

3 *Huber*, Vermögensanteil, S. 145ff.

4 *BGHZ* 30, 195, 197f.; 48, 175, 177; 81, 263, 264; 91, 132, 133; *BGH*, NJW 1995, 1218, 1219; *Baumbach/Hopt*, § 109 Rdnrn. 38ff.; *Ebenroth/Boujong/Joost*, § 105 Rdnr. 126; *Staub/Ulmer*, § 105 Rdnrn. 212, 212a; eingehend *Schütz*, a.a.O., S. 132ff.

5 Vgl. m.w.N. *Schlegelberger/Karsten Schmidt*, § 105 Rdnr. 149.

6 Str.; eingehend *Bork*, ZGR 1991, 125ff. zu *BGH*, BB 1990, 371 = WM 1990, 309; WM 1990, 675 (abweichende Vertragsregelung möglich).

7 Vgl. *BGH*, NJW-RR 1990, 474; NJW 1995, 1218, 1219.

8 Vgl. m.w.N. *Schlegelberger/Karsten Schmidt*, § 124 Rdnr. 32.

2. Grundsätze der Mitgliedschaft

a) Die *Fähigkeit, Mitglied einer Personengesellschaft zu sein*, ist für natürliche und juristische Personen und wohl auch für Handels-Personengesellschaften unbestritten[9]. Immer noch umstritten ist sie für die *Gesellschaft bürgerlichen Rechts*. Nach hergebrachter Auffassung können also zwar eine oHG oder KG Mitglied einer BGB-Gesellschaft sein, nicht aber würde diese als Mitglied einer oHG, Komplementärin oder Kommanditistin einer KG zugelassen[10], während die Beteiligung einer BGB-Gesellschaft an einer anderen wieder als möglich galt[11]. Nach der jetzt wohl gesicherten Auffassung ist eine BGB-Außengesellschaft ebenso wie eine oHG oder KG als Gesellschafterin einer anderen Personengesellschaft zuzulassen[12]. Drei Aspekte sind zu bedenken[13]: Der erste ist der der Rechtsträgerschaft; eine bloße BGB-Innengesellschaft scheidet als Gesellschafterin einer anderen Gesellschaft zweifellos aus, während die BGB-Außengesellschaft Trägerin von Rechten und Pflichten sein kann (oben, § 8 III 4 d, 5; unten, § 58 I 3). Der zweite Aspekt ist organisations- und haftungsrechtlicher Art. Hier wurden immer wieder Bedenken erhoben, indessen zu Unrecht, denn das Organisationsrisiko tragen die Beteiligten selbst, und für Einlage- und Haftungsschulden der BGB-Gesellschaft als Gesellschafterin haften deren Mitglieder grundsätzlich unbeschränkt[14]. Was schließlich den Publizitätseinwand anlangt[15], so spricht er ebensowenig gegen die Mitgliedsfähigkeit in der Personengesellschaft wie gegen die Mitgliedsfähigkeit in der GmbH (dazu oben, § 34 II 1). Man muß allerdings aus der mangelnden Subjekt-Publizität der BGB-Gesellschaft (unten, § 58 I 3 a) die Folgerung ziehen, daß als Gesellschafter einer oHG bzw. KG nicht einfach die BGB-Gesellschaft selbst eingetragen werden kann, sondern daß deren Gesellschafter »in Gesellschaft bürgerlichen Rechts« – ggf. mit einem die BGB-Gesellschaft kennzeichnenden Namen – eingetragen werden müssen[16]. So ist die Frage jetzt auch in § 162 I 2 HGB geregelt.

---

9 Vgl. statt vieler *Staub/Ulmer*, § 105 Rdnrn. 82ff.

10 Vgl. mit Unterschieden im Detail *RGZ* 123, 366, 369; *BGHZ* 46, 291, 296; *BGH*, WM 1966, 188, 189; 1986, 1280 = NJW-RR 1987, 416; *Alfred Hueck*, oHG, § 23 b; *Flume*, Personengesellschaft, § 4 IV; *Baumbach/Hopt*, § 105 Rdnr. 29; *Heymann/Emmerich*, § 105 Rdnr. 46; *Staub/Ulmer*, § 105 Rdnr. 96; *Hohner*, NJW 1975, 718f.; *Felix*, BB 1987, 1267; vgl. aber für Kommanditbeteiligungen *Hartmann/Hartmann*, in: Festschrift Werner, 1984, S. 217ff.; *Breuninger*, Die BGB-Gesellschaft als Rechtssubjekt im Wirtschaftsverkehr, 1991, S. 71f.

11 *RGZ* 136, 236, 240; 142, 13, 21; *Erman/Westermann*, § 705 Rdnr. 21.

12 Vgl. *BGHZ*, 148, 291; *BayObLG*, BB 2000, 2380; *Brodersen*, Die Beteiligung der BGB-Gesellschaft an den Personengesellschaften, 1988, S. 15ff.; *Schlegelberger/Karsten Schmidt*, § 105 Rdnrn. 70ff.; *Schünemann*, Grundprobleme der Gesamthandsgesellschaft, 1975, S. 203; *Erman/Westermann*, § 705 Rdnr. 21; *Ulmer*, Gesellschaft bürgerlichen Rechts, § 705 Rdnr. 67; *Klamroth*, BB 1983, 796ff.; *Karsten Schmidt*, DB 1990, 95f.; *Habersack*, JuS 1990, 183; *Wertenbruch*, BB 2001, 737; unentschieden *BGH*, NJW-RR 1990, 798, 799 = ZIP 1990, 505.

13 Näher *Karsten Schmidt*, DB 1990, 96.

14 Vgl. in Anlehnung an das GmbH-Urteil *BGHZ* 78, 311 bereits *Karsten Schmidt*, DB 1990, 95f.

15 *Staub/Ulmer*, § 105 Rdnr. 96.

16 Vgl. *Schlegelberger/Karsten Schmidt*, § 105 Rdnr. 72; im Ergebnis auch *Wertenbruch*, BB 2001, 740 mit dem belehrenden Zusatz, damit sei die GbR als solche eingetragen.

Beispiel Nr. 1: Beteiligen sich A und B aufgrund einer schuldrechtlichen Zweckvereinbarung (Innengesellschaft) als Kommanditisten an der K-KG, so können selbstverständlich nur A und B selbst mit je einem Anteil Gesellschafter der KG werden. Die Innengesellschaft ist rechtsunfähig und kann nicht Anteilsinhaberin sein. Die Innengesellschaft schafft nur eine obligatorische Verbindung zwischen den Gesellschaftern A und B. Zulässig ist dagegen, daß A und B durch entsprechenden Vertrag mit den übrigen Gesellschaftern der K-KG dieser Gesellschaft »in Gesellschaft bürgerlichen Rechts« mit einem Kommanditanteil beitreten bzw. daß sie mit Zustimmung der KG-Gesellschafter einen Kommanditanteil »in Gesellschaft bürgerlichen Rechts« von einem Kommanditisten erwerben. Dann steht der Kommanditanteil nicht dem A und dem B, sondern ungeteilt dieser BGB-Gesellschaft zu. Diese ist die Gesellschafterin, und nur aus Publizitätsgründen wird nicht einfach die »Norderstedter Beteiligungsgesellschaft Bürgerlichen Rechts« als Gesellschafterin der KG eingetragen (§§ 106 II, 162 HGB), sondern eingetragen werden als Inhaber des Kommanditanteils A und B »in Gesellschaft bürgerlichen Rechts«, evtl. mit dem Zusatz »Norderstedter Beteiligungsgesellschaft« (so jetzt auch ausdrücklich § 162 I 2 HGB). Diese scheinbare Inkonsequenz beruht allein darauf, daß die Gesamthands-BGB-Gesellschaft kein taugliches Publizitätssubjekt ist; die Verweisung des Handelsregisters auf ein solches Gebilde kann die Aufgaben der Registerpublizität nicht erfüllen (vgl. auch unten, § 58 I 3 a).

b) Das allgemeine Recht der Mitgliedschaft wurde unter §§ 19ff. besprochen. Für Personengesellschaften gilt die – allerdings zunehmend bezweifelte – Besonderheit, daß der Verband nur in der Gruppe der Mitglieder lebt. Es gibt *keine Einmann-Personengesellschaft* (dazu oben, § 8 IV 2 b), und es gibt *grundsätzlich keine Mehrfach-Mitgliedschaft* in einer Personengesellschaft[17]. Die Mitgliedschaft eines Personengesellschafters ist insofern unteilbar. Er hält kein Paket von gestückelten Anteilen, und zwar auch dann nicht, wenn etwa im Gesellschaftsvertrag steht, daß je 100 Euro Kommanditanteil eine Stimme geben. Das gilt selbst für ungleichartige Beteiligungen[18].

Beispiel Nr. 2 (nach *OLG Hamm*, NJW 1982, 835 = JuS 1985, 537 m. Anm. *Karsten Schmidt*): Eine GmbH & Co. KG bestand aus einer Komplementär-GmbH und einem Kommanditisten K. K meldete zur Eintragung in das Handelsregister an, daß er als weiterer Komplementär in die Gesellschaft eingetreten sei. Er wollte also zugleich Komplementär und Kommanditist sein. Diese Eintragung wurde zu Recht abgelehnt. K mußte sich entscheiden, ob er Kommanditist bleiben oder unbeschränkt haftender Gesellschafter werden wollte (was dann zur Umwandlung der Gesellschaft in eine oHG geführt hätte). Aber auch einen zweiten Kommanditanteil hätte K nicht dazuerlangen können, etwa so, wie man Aktien oder GmbH-Geschäftsanteile hinzuerwirbt. Der Personengesellschafter kann zwar seine Beteiligung erhöhen, aber er kann sie nicht vervielfachen. Das ist

17 Vgl. *BGHZ* 24, 106, 108; 58, 316, 318; 66, 98, 101; 101, 123, 129; *BGH*, NJW 1987, 3184, 3186; *Baumbach/Hopt*, § 124 Rdnr. 16; *Schlegelberger/Karsten Schmidt*, § 105 Rdnr. 47; *Staub/Ulmer*, § 105 Rdnr. 71; *Staub/Schilling*, § 161 Rdnr. 38; *Ulmer*, Gesellschaft bürgerlichen Rechts, § 705 Rdnr. 152; *Eckardt*, NZG 2000, 450; *Joussen*, DB 1992, 1174; *Sieveking*, in: Festschrift Schippel, 1996, S. 505ff.; a. M. *Baumann*, BB 1998, 225ff.; *Esch*, BB 1993, 664ff.; *Kanzleiter*, a. a. O.; *Pfister*, Die Einmann-Personengesellschaft, 1999; *T. Schmidt*, Einmann-Personengesellschaften, 1998; *Weimar*, ZIP 1997, 1769; differenzierend *Lüttge*, NJW 1994, 5ff.; *Wiedemann*, in: Festschrift Zöllner, a. a. O., S. 639ff.; *Bippus*, AcP 195 (1995), 21ff. unterscheidet zwischen der unteilbaren »Mitgliedschaft« und der teilbaren »Beteiligung«.

18 A.M. *Grunewald*, in: MünchKommHGB, § 161 Rdnrn. 5f.; *Priester*, DB 1998, 55ff; auf der Ebene der »Beteiligung« auch *Bippus*, AcP 195 (1995), 27, nicht aber auf der »Ebene der Mitgliedschaft« (ebd. S. 31).

anders als bei der körperschaftlich strukturierten KGaA (zu dieser oben, § 32), an der der Komplementär gleichzeitig als Aktionär beteiligt sein kann.

aa) Nur *scheinbare Ausnahmen* von diesem Grundsatz sind die GmbH & Co. und die »gesplittete Kommanditeinlage«.

Beispiel Nr. 3: In einer GmbH & Co. sind alle Kommanditisten zugleich GmbH-Gesellschafter (sog. personengleiche GmbH & Co.; vgl. unten, § 56 II 3 c). In einer anderen sind alle Kommanditisten zugleich als stille Gesellschafter beteiligt (sog. gesplittete Einlagen; vgl. unten, § 62 II 1 a).

In diesen Fällen ist nicht die Mitgliedschaft in einer Gesellschaft geteilt, sondern geteilt sind die Gesellschaften. Die KG und die GmbH bzw. die KG und die stille Gesellschaft sind zwar miteinander verzahnt und stellen wirtschaftlich-praktisch eine Einheit dar, aber es bleibt bei der rechtstechnisch getrennten Zuordnung. Als GmbH-Gesellschafter oder als stille Gesellschafter sind die Kommanditisten eben nicht an der KG beteiligt. In dieser hält jeder nur *eine* einzige Kommanditistenbeteiligung.

bb) *Echte Ausnahmen* von dem hier dargestellten Grundsatz sollten in Fällen der Sonderzuordnung des Anteils anerkannt werden[19].

Beispiel Nr. 4: Ist K Kommanditist und wird er zugleich Vorerbe – jedoch eben nur Vorerbe – eines Mitgesellschafters, so ist davon auszugehen, daß K zwei Mitgliedschaftsrechte verwaltet: das eigene und das Vorerbenrecht. *Baur/Grunsky*, ZHR 133 (1970), 209ff., ziehen hieraus sogar die Folgerung, daß die Gesellschaft vorübergehend als »Einmann-oHG« – jedoch mit zwei getrennten Mitgliedschaftsrechten – bestehen könne, wenn ein Gesellschafter den anderen lediglich als Vorerbe beerbt. Im Nacherbfall fällt dann der ererbte Anteil ohne weiteres an den Nacherben, was bei einem Zusammenfall der Mitgliedschaftsrechte und dem hierdurch bedingten Fortfall der Gesellschaft nicht möglich wäre (im Ergebnis zust. *Marotzke*, AcP 187 [1987], 243; a.M. *Flume*, Personengesellschaft, § 7 III 4; *Staub/Ulmer*, § 105 Rdnr. 69).

Beispiel Nr. 5: Beerbt ein Gesellschafter als Alleinerbe, jedoch beschwert durch eine Testamentsvollstreckung, seinen Mitgesellschafter, so bleiben die Beteiligungen getrennt. Beide stehen dem Erben zu, seine ursprüngliche Beteiligung zur freien Verfügung, die andere unter Verwaltung des Testamentsvollstreckers (wie hier *Lüttge*, NJW 1994, 8; im Ergebnis ebenso *BGH*, NJW 1996, 1284, 1286; dazu *Wiedemann*, in: Festschrift Zöllner I, a.a.O., S. 647).

Beispiel Nr. 6: Angenommen, eine Gesellschaft besteht aus den Gesellschaftern A, B und C, angenommen weiter, A überträgt seinen Anteil treuhänderisch an B, so stehen dem B zwei Anteile zu. Die Sonderzuordnung der Treuhand-Mitgliedschaft läßt ein Zusammenfallen des A-Anteils und des B-Anteils nicht zu (*Schlegelberger/Karsten Schmidt*, § 105 Rdnr. 26).

Beispiel Nr. 7: Angenommen, ein Anteil ist durch ein Pfandrecht oder durch einen Nießbrauch dinglich belastet und fällt – z.B. im Wege der Erbfolge – einem Mitgesellschafter an, so sprechen auch hier gute Gründe dafür, die Anteile in dinglicher Hinsicht getrennt zu behandeln, statt das dingliche Recht quotenmäßig auf den vereinten Anteil zu erstrecken (vgl. *Esch*, BB 1993, 666; *Lüttge*, NJW 1994, 8).

---

19 *Schlegelberger/Karsten Schmidt*, § 105 Rdnr. 26; *Steinbeck*, DB 1995, 761ff.; str.; abl. *Sieveking*, in: Festschrift Schippel, 1996, S. 505ff.; *Buchberger*, Rpfleger 1994, 54ff.

cc) Hiervon zu unterscheiden ist die ganz andere Frage, ob auch in eine einheitliche Mitgliedschaft *im Innenverhältnis* unterschiedliche Rechte und Pflichten eingehen können[20]. Die Frage ist zu bejahen, so daß Problemfälle, bei denen es nur um die Rechte und Pflichten im Innenverhältnis geht, ohne formelle Trennung der Mitgliedschaft gelöst werden können.

Beispiel Nr. 8: Zwei Eheleute und ihr einziges Kind sind neben anderen Gesellschaftern an einer Familiengesellschaft beteiligt: der Vater mit doppeltem Stimmrecht, die Mutter ohne Stimmrecht und das Kind mit einfachem Stimmrecht. Die Mutter hat ihren Anteil zum Jahresende gekündigt (Austrittskündigung). Sterben nun die Eheleute und ist das Kind Alleinerbe, so ändert der Zusammenfall der Anteile nichts daran, daß das Kind mit den Stimmen des Vaters, nicht aber der Mutter abstimmen kann und daß es mit dem von der Mutter herrührenden Teil zum Jahresende abgefunden wird (vgl. jetzt auch *Steinbeck*, DB 1995, 764; im Ergebnis wie hier auch *Lüttge*, NJW 1994, 5ff.)[21].

3. Inhaltsänderungen der Mitgliedschaft*

a) *Die Mitgliedschaft folgt der Rechtsform*, wenn sich die Gesellschaft in eine Personengesellschaft anderer Rechtsform verwandelt (dazu oben, § 44 III 1). Es kann auf diese Weise eine BGB-Gesellschafterstellung zur Mitgliedschaft in einer Handelsgesellschaft (oHG oder KG) werden und umgekehrt, z.B. wenn eine vermögensverwaltende Gesellschaft in das Handelsregister eingetragen oder daraus gelöscht wird (vgl. § 105 II HGB). Eine oHG-Gesellschafterstellung kann, wenn die Gesellschaft zu einer Kommanditgesellschaft wird, zur Komplementärstellung werden und umgekehrt. Das hört sich bedeutender an als es ist. Da die Rechtsform strukturgleich bleibt, liegt kaum mehr als eine Umbenennung und automatische Anpassung der Mitgliedschaft vor.

b) *Gleichzeitig* – dies ist ein Charakteristikum der Personengesellschaft – *folgt die Rechtsform der Mitgliedschaft*, wenn primär die Mitgliedschaft selbst und nicht die Gesellschaft umgewandelt wird. Der bedeutsamste Fall dieser Art ist die Umwandlung einer Komplementär- oder oHG-Gesellschafterstellung in eine Kommanditbeteiligung. Sie geht oft mit der Umwandlung einer oHG oder einer typischen KG in eine GmbH & Co. KG einher.

---

20 Um diesen Gesichtspunkt geht es bei der Trennung von »Mitgliedschaft« und »Beteiligung« bei *Bippus*, a.a.O.

21 Keine Durchbrechung des Grundsatzes der Einheitsmitgliedschaft ist demgegenüber die Teilkündigung durch einen Gesellschafter (unrichtig *Steinbeck*, DB 1995, 765); ihre (Un-)Zulässigkeit ist eine Frage des Gesellschaftsvertrages, nicht eine rechtsdogmatische Frage; durch Vertrag kann sie ebenso zugelassen werden wie eine einverständliche Halbierung der Einlage; dasselbe gilt für die Teilübertragung (richtig *OLG Frankfurt*, NJW-RR 1996, 1123); auch § 727 S. 2 BGB hat mit Ausnahme von der Unteilbarkeit der Mitgliedschaft nichts zu tun; so aber *Wiedemann*, in: Festschrift Zöllner, a.a.O., S. 649f.

* Literatur: *Mayer-Maly*, Die Umwandlung der Gesellschafterstellung, in: Festschrift Westermann, 1974, S. 369; *Saßenrath*, Die Umwandlung von Komplementär- in Kommanditbeteiligungen, 1988; *Wiedemann*, Anteilsumwandlung und Mehrfachbeteiligung in der Personengesellschaft, in: Festschrift Zöllner I, 1998, S. 635.

Beispiel Nr. 9: K ist Komplementär einer KG. Kommanditisten sind X, Y und Z. Da K nicht länger bereit ist, das volle Haftungsrisiko zu tragen, wird eine neu gegründete GmbH als Komplementärin aufgenommen, und K soll künftig nur noch Kommanditist sein. Ähnlich kann, wenn bisher alle Gesellschafter unbeschränkt hafteten, eine oHG in eine (GmbH & Co.-)KG umgewandelt werden.

Dieser Fall wurde in früheren Jahren so vereinbart und eingetragen, daß K als Komplementär »ausgeschieden« (§ 143 II HGB) und als Kommanditist »eingetreten« sei (§ 162 III HGB)[22]. In Wahrheit erhält aber K keine neue Mitgliedschaft, sondern es wird nur seine fortbestehende Mitgliedschaft inhaltlich umgewandelt[23]. Der Gesetzgeber hat allerdings diesen Vorgang in den §§ 107, 143, 162 HGB nicht geregelt. Man kommt deshalb nicht umhin, einzelne Rechtsfolgen des Ausscheidens analog anzuwenden. Das gilt insbesondere für die Haftung. Nach herrschender und jetzt durch den neuen § 160 III HGB bestätigten Ansicht gelten hier die Regelungen über das Ausscheiden von Gesellschaftern sinngemäß[24]: Für Neuverbindlichkeiten wird nur nach dem neuen Haftungsstatus gehaftet, und die unbeschränkte Haftung für Altverbindlichkeiten unterliegt einer Enthaftung wie beim Ausscheiden eines Gesellschafters (§ 160 III HGB und dazu im einzelnen unten, § 51 II).

Beispiel Nr. 10: Ist in unserem vorausgegangenen Beispiel das Zurücktreten des K in die Kommanditistenrolle am 1. 7. eingetragen und bekanntgemacht, so haftet K für alle bis zum 30. 6. begründeten Verbindlichkeiten noch als Komplementär, für die danach begründeten Verbindlichkeiten nur noch als Kommanditist. Nach Ablauf von 5 Jahren ist er auch der Komplementärhaftung für die Altverbindlichkeiten ledig, sofern nicht die Haftungsansprüche gerichtlich gegen ihn geltend gemacht worden sind (Enthaftung nach § 160 III HGB). Er haftet dann für alle Unternehmensverbindlichkeiten nur noch als Kommanditist (§ 160 III 3 HGB).

Eine inzwischen veraltete Rechtsprechung verneinte die Enthaftung allerdings in Fällen, bei denen der Exkomplementär im Unternehmen geschäftsleitend tätig bleibt[25]. Vor allem bei der Umwandlung einer regulären Kommanditgesellschaft in eine GmbH & Co. KG hatte diese Rechtsprechung bei Dauerschuldverhältnissen – insbesondere bei Arbeitsverhältnissen und bei Pensionsverpflichtungen – gravierende Rechtsfolgen, denn hier tritt nicht selten der Komplementär in die Rolle eines Kommanditisten und GmbH-Geschäftsführers zurück[26]. Durch das Nachhaftungsbegrenzungsgesetz von 1994 wurde dann aber klargestellt, was ohnedies schon als geltendes Recht zu

22 So z.B. noch *Baumbach/Hopt*, § 162 Rdnr. 10; *Schilling*, in: Großkomm. HGB, 3. Aufl., § 162 Anm. 9; s. auch *Keidel/Schmatz/Stöber*, RegisterR, 5. Aufl. 1991, Rdnr. 289.

23 *Baumbach/Hopt*, S. 162 Rdnr. 10; *Heymann/Horn*, § 162 Rdnr. 10; *Saßenrath*, a.a.O., S. 26f.; *Schlegelberger/Karsten Schmidt*, § 173 Rdnrn. 9, 47; *Schlegelberger/Martens*, § 161 Rdnr. 59; *Staub/Schilling*, § 162 Rdnr. 12.

24 *BGHZ* 73, 217, 222; 78, 114, 117; *BGH*, NJW 1983, 2940, 2943 = JuS 1983, 964 m.Anm. *Karsten Schmidt; OLG Dresden*, NJW-RR 1997, 162; *Schlegelberger/Karsten Schmidt*, § 159 Rdnr. 9.

25 *BGHZ* 78, 114; *BGH*, NJW 1983, 2256 = JuS 1983, 964 m.Anm. *Karsten Schmidt; BAG*, NJW 1983, 2283 = JuS 1983, 966 m.Anm. *Karsten Schmidt; BAG*, DB 1990, 938 = ZIP 1990, 534; *ArbG Köln*, GmbHR 1985, 400.

26 Eingehende Kritik hier in der 1./2. Aufl., § 45 I 3 b; s. auch *Schlegelberger/Karsten Schmidt*, § 159 Rdnrn. 19ff.

erkennen gewesen wäre: Die Enthaftungsregelung gilt auch, wenn der zum Kommanditisten gewordene Gesellschafter in der Kommanditgesellschaft bzw. in ihrer Komplementär-Gesellschaft geschäftsleitend tätig ist (§ 160 III 2 HGB und dazu unten, § 51 II).

II. Ausscheiden und Eintritt von Gesellschaftern*

1. Zulassung

Verbandsmäßig verfaßte Personengesellschaften sind vom Gesetzgeber nicht – wie Austauschverträge – zweiseitig, sondern mehrseitig angelegt: Es können Gesellschafter ausscheiden (vgl. §§ 736ff. BGB, 131 III, 140, 143 HGB), und es können neue Gesellschafter aufgenommen werden (vgl. § 107 HGB). Die Entscheidung hierüber treffen grundsätzlich die Gesellschafter selbst oder die nach dem Gesellschaftsvertrag zuständigen Organe (vgl. insbes. zur Aufnahme in eine Publikumsgesellschaft unten, § 57 II 1 a). Regelmäßig handelt es sich bei diesen Gesellschaften um rechtsfähige Außengesellschaften. Dann führen diese Vorgänge zur sog. Anwachsung und Abwachsung (dazu sogleich unter II 2): Das Gesellschaftsvermögen gehört nach wie vor der neu zusammengesetzten Personengesellschaft. Bleibt nur ein Gesellschafter übrig, so wird er Alleininhaber des Gesellschaftsvermögens (oben, § 11 V 3). Aber auch Innengesellschaften – also Gesellschaften ohne eigenes Vermögen – können verbandsmäßig verfaßt sein (oben, § 3 I und § 7 I). In diesem Fall kann es auch bei ihnen einen Austritt und Eintritt – dann naturgemäß ohne vermögensmäßige Anwachsung oder Abwachsung – geben.

2. Fälle und Folgen des Ausscheidens

Die Fälle des Ausscheidens sind unter § 50 für den Bereich der Handelsgesellschaften ausführlicher dargestellt. Es handelt sich um
- das Ausscheiden kraft Gesetzes oder kraft Gesellschaftsvertrags,
- den Austritt durch Kündigung und
- die Ausschließung.

Rechtsfolge des Ausscheidens ist die sog. Anwachsung nach § 738 I 1 BGB (dazu unter II 5). Der Ausscheidende nimmt dann nach der gesetzlichen Regelung nur noch am Ergebnis der schwebenden Geschäfte teil (§ 740

* Literatur (Auswahl): *Grunewald*, Der Ausschluß aus Gesellschaft und Verein, 1987; *Hartmann*, Der ausscheidende Gesellschafter in der Wirtschaftspraxis, 4. Aufl. 1983; *Huber*, Vermögensanteil, S. 62ff.; *Piehler*, in: Riegger/Weipert, MünchHdb. GesR I, 1995, §§ 65ff.; *Müller-Laube*, Der Einfluß von Personenwechsel und Gestaltwandel auf die Identität der Personengesellschaft, in: Recht und Rechtserkenntnis, Festschrift Ernst Wolf, 1985, S. 50; *Riegger*, Die Rechtsfolgen des Ausscheidens eines Gesellschafters aus einer zweigliedrigen Personalgesellschaft, 1969; *Sauter*, in Beck'sches HdB. der Personengesellschaften, a.a.O., § 7; *Schöne*, Gesellschafterausschluß bei Personengesellschaften, 1993; *Schulze-Osterloh*, Das Auseinandersetzungsguthaben des ausscheidenden Gesellschafters ..., ZGR 1986, 545.

BGB)[27], und ihm ist dasjenige zu zahlen, was er im Fall der Liquidation erhielte (§ 738 I 2 BGB). Im einzelnen werden die Voraussetzungen und Folgen des Ausscheidens unter § 50 im Rahmen des oHG-Rechts dargestellt. Darzustellen ist insbesondere die Beurteilung von *Ausschließungsklauseln* und *Abfindungsklauseln.* Die Ausführungen gelten auch für das Recht der Kommanditgesellschaft und der Gesellschaft bürgerlichen Rechts.

3. Fälle und Folgen des Eintritts

a) Der Eintritt eines neuen Gesellschafters geschieht grundsätzlich durch *Vertragsschluß mit den vorhandenen Gesellschaftern*[28]. Regelmäßig wird der Vertrag deshalb erst wirksam, wenn der letzte Gesellschafter zugestimmt hat[29]. Eine Rückwirkung des Beitritts, z. B. auf einen Bilanzstichtag, kann nur mit schuldrechtlicher Wirkung verabredet werden[30]. Ein Gesellschafter oder ein Dritter kann für den Vertragsschluß *bevollmächtigt* sein[31]. Für den Fall der Publikumsgesellschaft hat der *Bundesgerichtshof* auch eine Vertragsregelung zugelassen, nach der ein Gesellschafter oder ein Dritter ermächtigt ist, diesen Vertrag im eigenen Namen mit dem Neugesellschafter zu schließen[32] (dazu auch unten, § 57 II 1 a).

b) Die Rechtsfolgen des Eintritts ergeben sich nicht aus dem Gesetz, sondern aus dem Vertrag. Im Regelfall erhält der neu hinzutretende Gesellschafter einen Vermögensanteil, und dies führt für die vorhandenen Gesellschafter zur sog. »Abwachsung«, weil sich ihre verhältnismäßige Vermögensbeteiligung verringert (dazu unter II 5)[33]. Regelmäßig muß der eintretende Gesellschafter hierfür eine Einlage in das Gesellschaftsvermögen leisten. Möglich ist aber auch eine schlichte »Einbuchung« ohne Einlageleistung[34]. Ihr liegt nicht selten eine Schenkung zugrunde, wobei Schenkungs- und Gesellschaftsverhältnis nebeneinandertreten (vgl. oben, § 4 I 1)[35].

---

27 Dazu *BGH*, NJW-RR 1986, 454 = ZIP 1986, 301; *Riegger*, a. a. O., S. 140 ff.; *Roolf/Vahl*, DB 1983, 1964; *Karsten Schmidt*, DB 1983, 2401; *Schulze-Osterloh*, ZGR 1986, 559 f.

28 Vgl. *RGZ* 128, 172, 176; *BGHZ*, 26, 330, 333; *BGH*, BB 1976, 154; *Kübler*, § 6 IV 4 a; *Baumbach/Hopt*, § 105 Rdnr. 67; *Heymann/Emmerich*, § 109 Rdnr. 28; *Schlegelberger/Karsten Schmidt*, § 105 Rdnr. 180.

29 *RGZ* 128, 172, 176; *Westermann* I, § 34 Rdnr. 384; vgl. *BGH*, WM 1989, 1221, 1223 = DB 1989, 1718.

30 *BFHE* 108, 495.

31 Vgl. *BGH*, BB 1976, 154 = JuS 1976, 260 f. m. Anm. *Karsten Schmidt.*

32 *BGH*, NJW 1978, 1000 = JuS 1978, 635 m. Anm. *Karsten Schmidt.*

33 Vgl. zur »Abwachsung« *Huber*, Vermögensanteil, S. 65.

34 Vgl. *Huber*, Vermögensanteil, S. 200 ff.; *Karsten Schmidt*, BB 1990, 1193.

35 *BGHZ* 112, 40 = NJW 1990, 2616; *Alfred Hueck*, DB 1966, 1043 ff.; *Mayer*, ZGR 1995, 93 ff.; *Wiedemann/Heinemann*, DB 1990, 1649 ff.; *Karsten Schmidt*, BB 1990, 1192 ff.; *Jülicher*, ZGR 1996, 82 ff.

4. Die Identität der Gesellschaft

Der Austritt und Eintritt von Gesellschaftern läßt die Identität der Gesellschaft unberührt[36]. Das kann eindeutig aus dem Gesetz erschlossen werden. Für den Fall des Austritts sieht § 738 I 1 BGB die Anwachsung vor, die selbstverständlich den Fortbestand der Gesellschaft voraussetzt; sofern nicht der letzte Mitgesellschafter ausscheidet (oben, § 44 II 2), bleibt die Gesellschaft bestehen. Für den Fall des Eintritts ordnet § 130 HGB an, daß der Neugesellschafter auch für die Altverbindlichkeiten der Gesellschaft haftet (eingehend unten, § 49 IV), und auch dies ist nur erklärlich, wenn die Gesellschaft selbst in ihrer Identität erhalten bleibt. Erst recht gilt dies bei der Anteilsveräußerung, denn hier ändern sich nicht einmal die Mitgliedschaftsrechte, sondern sie gehen nur auf neue Inhaber über (dazu alsbald unter III).

Beispiel Nr. 11: Tritt C in die A & B-oHG ein, so wird aus der Zweipersonengesellschaft eine Dreipersonengesellschaft, aber die oHG bleibt erhalten; steht sie als Eigentümerin des Betriebsgrundstücks im Grundbuch, so bedarf es keiner Änderung. Tritt A aus der oHG aus, so wird aus der Dreipersonen-oHG eine Zweipersonen-oHG, aber wiederum bleibt ihre Identität erhalten. Überträgt A, statt aus der Gesellschaft auszutreten, seine Beteiligung an E, so bleibt die Gesellschaft als Dreipersonen-oHG erhalten, selbstverständlich unter Wahrung ihrer Identität. All das ändert sich nur, soweit lediglich ein Gesellschafter übrig bleibt, denn dann wird er Gesamtrechtsnachfolger, und die Gesellschaft erlischt (oben, § 8 IV 2 und § 44 II 2).

Wenn gleichzeitig alle Gesellschafter aus der Gesellschaft austreten und durch neue Gesellschafter ersetzt werden, kann die Erhaltung der Gesellschaft zweifelhaft sein, aber man wird auch hier den Fortbestand der Gesellschaft bejahen können, wenn die Zahl der Gesellschafter in keinem Augenblick unter zwei sinkt[37]. Dazu genügt, daß die Vorgänge des Austritts und Eintritts nahtlos aneinander anschließen.

Beispiel Nr. 12: Es wird vereinbart, daß aus der ABC-oHG alle Gesellschafter (A, B und C) austreten und daß statt ihrer X, Y und Z simultan eintreten. Diese Fälle sind allerdings selten. Daß sie so viel diskutiert worden sind, beruht lediglich auf der veralteten Praxis, die eine in Wahrheit meist gewollte Anteilsübertragung in einen Austritt und Eintritt umkonstruierte. Schon nach dieser veralteten Praxis nahm aber das *OLG Karlsruhe*, OLGE 41, 200, vernünftigerweise an, daß die Gesellschaft fortbestehe (anders damals zu Unrecht *OLG Dresden*, JW 1935, 2444: Auflösung der ABC-oHG und Gründung einer neuen XYZ-oHG).

Beispiel Nr. 13 (nach *BGHZ* 44, 229): Alle Gesellschafter einer Personengesellschaft – A, B und C – verkaufen und übertragen gleichzeitig ihre Beteiligungen an X, Y und Z. Wirtschaftlich verbirgt sich dahinter meist ein Unternehmenskauf (vgl. über das Verhältnis zwischen Anteilskauf und Unternehmenskauf Handelsrecht, § 6 II 2), rechtlich liegt ein Verkauf und eine Übertragung der Beteiligungsrechte vor. Macht man Ernst mit der Möglichkeit einer echten Anteilsübertragung, so erweist sich der Fortbestand der Gesell-

36 Vgl. statt vieler *Grunewald*, Rdnrn. 1 A, 128f., 134; *Kübler*, § 6 IV 4; *Alfred Hueck*, oHG, § 29 II 1; *Müller-Laube*, a.a.O.; a.M. *v. Stebut*, ZGR 1981, 196ff.

37 Vgl. in Anlehnung an *BGHZ* 44, 229, 231 z.B. *Wiedemann* I, § 5 II 1 c; *Huber*, Vermögensanteil, S. 402ff.; *Alfred Hueck*, oHG, § 27 II 5; s. auch schon *OLG Karlsruhe*, OLGE 41, 200; a.M. *OLG Dresden*, JW 1935, 2444.

schaft als völlig unproblematisch. *BGHZ* 44, 229 sagt im ersten Leitsatz mit Recht: »Eine gleichzeitige Auswechselung aller Gesellschafter einer Personenhandelsgesellschaft ist in der Weise möglich, daß jeder bisherige Gesellschafter seinen Gesellschaftsanteil mit Zustimmung der anderen auf einen Rechtsnachfolger überträgt.« Zu einem Problem wurde dies nur aufgrund des veralteten Dogmas, wonach die Anteilsübertragung in Wahrheit ein Austritt und Eintritt sein sollte. Wie aber das vorausgegangene Beispiel gezeigt hat, war auch auf dieser Basis vom Fortbestand der nur personell neu zusammengesetzten Gesellschaft auszugehen. Wenn die Gesellschaft nicht fortbesteht, verliert die ganze Transaktion ihren Sinn. Es soll ja nicht das Unternehmen von einer Gesellschaft an die andere, sondern es sollen die Anteile verkauft und übertragen werden (kein »asset deal«, sondern ein »share deal«; vgl. Handelsrecht, § 6 II 1 c).

5. Die sog. An- und Abwachsung

Wie unter II 2–4 schon gesagt, führt bei der einer Außengesellschaft das Ausscheiden eines Gesellschafters zur sog. Anwachsung, der Eintritt eines neuen Gesellschafters zur sog. Abwachsung. Das Gesetz beschreibt das Prinzip der Anwachsung mit den Worten, daß der Anteil des Ausscheidenden den übrigen Gesellschaftern zuwächst (§ 738 I 1 BGB). Den Tatbestand der Abwachsung hat der Gesetzgeber wohl deshalb nicht besonders geregelt, weil der Eintritt eines neuen Gesellschafters durch Vertrag mit allen vorhandenen Gesellschaftern zustande gebracht wird und die Vermögensbeteiligung des Neugesellschafters ausgehandelt werden kann. Die *praktische Funktion der An- und Abwachsung* wird bei *Wiedemann* dahin beschrieben, daß nicht jedes Mitglied auf Kosten des Sondervermögens »seine Sachen packen« darf und daß jedes neu eintretende Mitglied auch an dem bereits angesammelten Vermögen teilhaben soll[38]. Wie bei einer juristischen Person solle die Kontinuität des Sondervermögens von einem Mitgliederwechsel unberührt bleiben. Das leuchtet ein. Was »Anwachsung« theoretisch-dogmatisch bedeutet, hat der BGB-Gesetzgeber im unklaren gelassen[39]. Die theoretische Deutung dieser Vorgänge ist Spiegelbild des Streits um die Rechtsfigur der Gesamthand (oben, § 8 III): Die traditionelle Lehre, die im Gesellschaftsvermögen nichts anderes sieht als ein gemeinschaftliches Vermögen der Gesellschafter (vgl. Wortlaut § 718 I BGB), muß den Vorgang als einen Rechtsübergang ansehen: Bei der Anwachsung erwerben die verbleibenden Gesellschafter etwas hinzu, bei der Abwachsung geht von ihrem Anteil am Sondervermögen etwas auf den neuen Gesellschafter über[40]. Sieht man dagegen die Außengesellschaft selbst als Rechtsträgerin an (vgl. Wortlaut des § 124 HGB), so besagt § 738 I 1 BGB nur etwas Selbstverständliches: Wie viele Gesellschafter auch immer beteiligt sind, das Gesellschaftsvermögen gehört doch stets der Gesellschaft, und nur der in Zahlen ausgedrückte Wertanteil des einzelnen verändert sich, wenn aus der Zweipersonengesellschaft eine Dreipersonenge-

38 *Wiedemann* I, § 5 I 2 a.

39 Näher *Karsten Schmidt*, Gesellschaft bürgerlichen Rechts, in: Gutachten und Vorschläge zur Überarbeitung des Schuldrechts III, 1983, S. 473f.

40 Vgl. besonders *Kraft/Kreutz*, C V 1 b, C V 2 b; *Schulze-Osterloh*, Das Prinzip der gesamthänderischen Bindung, 1972, 128ff.; s. auch *Wiedemann* I, § 5 II 1 c; *Romano Kunz*, Über die Rechtsnatur der Gemeinschaft zur gesamten Hand, 1963, S. 159.

sellschaft wird und umgekehrt[41]. In Konsequenz des unter § 8 III Gesagten ist dieser Einordnung des Vorgangs zu folgen (vgl. auch oben, § 8 IV 2 a). Der Gesetzeswortlaut steht nicht entgegen, denn der Gesetzgeber des BGB fand die Gesamthand eben nicht als fertige Rechtsfigur vor und hatte durchaus Grund, eine Rechtsfolge besonders zum Ausdruck zu bringen, die sich von selbst verstanden hätte, wenn man schon damals von der Rechtssubjektivität der Außen-Personengesellschaft hätte ausgehen können.

III. Die Anteilsübertragung*

1. Eintritt, Austritt und Anteilsübertragung

Um die Übertragung der Mitgliedschaft in einer Personengesellschaft einordnen zu können, muß man sie zunächst richtig abgrenzen (vgl. schon oben, § 19 II 1 b, 2 b). Eintritt und Austritt auf der einen Seite und Mitgliedschaftsübertragung auf der anderen Seite sind rechtlich streng voneinander zu unterscheiden[42]. Das eine ist ein Anwachsungs- und Abwachsungsproblem, das andere ein Problem der Rechtsnachfolge. Den Unterschied macht man sich am besten anhand von einfachen Fällen klar[43]:

Beispiel Nr. 14: Scheidet aus der paritätisch zusammengesetzten ABC-Gesellschaft C aus, so wächst nach § 738 I 1 BGB seine Beteiligung (1/3) den Gesellschaftern A und B zu. A und B sind nun Gesellschafter zu 1/2, während C nach § 738 I 2 BGB abzufinden ist (vgl. zur sog. Anwachsung oben unter II 5). Wir wollen annehmen, daß C eine volle Abfindung in Höhe von 100000 Euro erhält. Da die Gesellschaft diese Summe vielleicht gar nicht auszahlen kann, können A und B auch einen D in die Gesellschaft aufnehmen, der hierfür 100000 Euro einlegt. Es kommt dann zur sog. »Abwachsung« (dazu oben unter II 5). A und B sind wieder nur zu 1/3 Gesellschafter, und neben ihnen ist D mit einem weiteren Drittel beteiligt, genau wie zuvor C beteiligt war. Aber D ist nicht Rechtsnachfolger des C, denn er hat nicht die Mitgliedschaft des C erworben, sondern für ihn wurde eine neue Mitgliedschaft begründet, während die Mitgliedschaft des C erloschen ist. Stellt man sich

41 Vgl. *Flume*, Personengesellschaft, § 17 VIII; *Hennecke*, Das Sondervermögen der Gesamthand, 1976, S. 138; *Schünemann*, Grundprobleme der Gesamthandsgesellschaft, 1975, S. 194.

* Literatur: *Flume*, Die Rechtsnachfolge in die Mitgliedschaft in einer Personengesellschaft durch Übertragung der Mitgliedschaft, in: Festschrift Larenz, 1973, S. 769 = Personengesellschaft, § 17; *Habersack*, Die Mitgliedschaft – subjektives und »sonstiges« Recht, 1996; *Hadding*, Verfügungen über Mitgliedschaftsrechte, in: Festschrift Steindorff, 190, S. 31; *Hadding/Schneider*, Gesellschaftsanteile als Kreditsicherheit, 1979; *Michalski*, Der Gesellschafterwechsel bei Personengesellschaften, NZG 1998, 95; *Michel*, Die Einigung bei der Übertragung von Personengesellschaftsanteilen, ZGR 1991, 412ff.; *Müller-Laube*, Der Einfluß von Personenwechsel und Gestaltwandel auf die Indentität der Personengesellschaft, in: Recht und Rechtserkenntnis, Festschrift Ernst Wolf, 1985, S. 50; *Piehler*, Die Übertragung der Gesellschafterstellung, in: MünchHdb. I, 1995, § 66; *Pieper*, Vertragsübernahme und Vertragsbeitritt, 1962; *Karsten Schmidt*, Personengesellschaft und Grundstücksrecht, ZIP 1998, 2; *Wiedemann*, Die Übertragung und Vererbung von Mitgliedschaftsrechten bei Handelsgesellschaften, 1965.

42 Vgl. *Grunewald*, Rdnr. 1 A 142; *Wiedemann*, a.a.O., S. 51ff. ungenau *Kübler*, § 6 IV 4 c: Ein Gesellschaftsanteil kann in der Weise übertragen werden, daß ein Gesellschafter ausscheidet und an seiner Stelle ein neuer in die Gesellschaft eintritt.«

43 Vgl. über Anwendungsfälle der beiden Modelle *Karsten Schmidt*, AcP 182 (1982), 481; *ders.*, BB 1984, 1701.

den Fall in der Praxis vor, so wird wohl der D nicht zufällig daherkommen, sondern der ganze Vorgang wird zwischen den Beteiligten koordiniert sein. Vermutlich wird D auch gar nicht an die Gesellschaft und diese an den C zahlen, sondern D wird unmittelbar an C zahlen, und auch die Summe von 100000 Euro ist vermutlich von vornherein unter Einbeziehung des D ausgehandelt worden. Vielleicht sprechen die Beteiligten sogar davon, dies sei der »Kaufpreis für den Anteil«. Aber das wäre, wenn wirklich ein Eintritt des D vorliegt, eine – juristisch unschädliche – Falschbezeichnung, denn D hat keinen Kaufvertrag mit C abgeschlossen, sondern er ist in die Gesellschaft eingetreten. Durch Zahlung an einen Dritten (den C) tilgt er nach § 362 II BGB seine Einlageschuld, während die Gesellschaft ihre Abfindungsschuld gegenüber dem C gemäß § 267 BGB im Wege der Zahlung durch einen Dritten (den D) tilgt. Wir wollen diese Lösung als *Anwachsungs-Abwachsungs-Lösung* bezeichnen. Die Vorgänge sind rein gesellschaftsrechtlicher Art.

Beispiel Nr. 15: Möglich ist auch, daß C seinen Anteil im Einvernehmen mit A und B auf D überträgt. Kausalgeschäft kann dann eine Schenkung sein (z.B. bei vorweggenommener Erbfolge, wenn D ein Abkömmling des C ist), aber z.B. auch ein Kaufvertrag. Erfüllungsgeschäft ist dann nicht ein Austritt des C aus der Gesellschaft und ein Eintritt des D in die Gesellschaft, sondern eine Übertragung der Mitgliedschaft, also ein Verfügungsgeschäft. Die Beteiligung des C soll gerade nicht untergehen, sondern sie soll im Wege der Einzelrechtsnachfolge auf den D übertragen werden. Verlangt und erhält C hierfür eine Zahlung – z.B. wiederum 100000 Euro –, so ist dies ein Kaufpreis.

Im Zusammenhang mit der Kommanditistenhaftung wird sich zeigen, daß die beiden Gestaltungen, so nahe sie einander aus kaufmännischer Perspektive sein mögen, sehr unterschiedliche Folgen haben können (unten, § 54 IV). Deshalb ist bei der Auslegung des Parteiwillens auf das gewollte Ergebnis zu blicken. Was Kaufleute als »Austritt und Eintritt« bezeichnen, kann ein Anteilskauf sein, was sie als »Kauf« und »Anteilsübertragung« bezeichnen, kann auch als Austritt und Eintritt gewollt sein[44].

2. Die Zulässigkeit der Anteilsübertragung

a) Die Zulässigkeit der Anteilsübertragung war in der Vergangenheit eine der größten Zweifelsfragen des Personengesellschaftsrechts. Unsere *Gesetzesverfasser* haben an eine Übertragbarkeit der Anteile nicht gedacht. Charakteristischerweise schreibt das HGB für den Eintritt und Austritt von Gesellschaftern (§§ 107, 143 HGB), nirgends aber für die Anteilsübertragung die Anmeldung zur Eintragung im Handelsregister vor. Die ältere Praxis sah die Mitgliedschaft als schlechterdings *unübertragbar* an und mußte, wenn die Beteiligten eine Übertragung vereinbart hatten, diese gewollte Anteilsübertragung in einen Austritt und Eintritt umdeuten[45]. Die ältere Lehre sah in § 719 I BGB ein Übertragungshindernis[46]. Darin heißt es, daß der Gesellschafter weder über seinen Anteil am Gesellschaftsvermögen noch über seinen Anteil an den dazu gehörigen Gegenständen verfügen kann. Diese Bestimmung ist nach der älteren Gesamthandslehre Ausdruck der gesamthänderischen Bindung des »gemein-

44 *BGH*, NJW 1995, 3313.

45 So z.B. noch *RGZ* 83, 312, 314f.; 128, 172, 176; *RG*, LZ 1914, 1380; *KG*, JW 1934, 2699.

46 Vgl. besonders *Düringer/Hachenburg/Flechtheim*, Allg. Einleitung Rdnr. 26, § 130 Rdnr. 6 (mit Hinweis auf § 717 BGB); weitere Nachweise bei *Schulze-Osterloh*, Das Prinzip der gesamthänderischen Bindung, 1973, S. 91.

schaftlichen Vermögens der Gesellschafter« (vgl. § 718 BGB). Heute ist festzustellen, daß das Gesellschaftsvermögen schon dadurch gebunden ist, daß es der Gesellschaft selbst und nicht den Gesellschaftern zusteht (oben, § 8 III). Die Auslegung des § 719 I BGB ist durch diese Änderung des grundsätzlichen Standpunkts nicht einfacher geworden. Die einen sehen darin nur noch eine verzichtbare Schutzregel zugunsten der Mitgesellschafter, ohne deren Zustimmung die Übertragung nicht zulässig ist[47]; nach einer anderen, überzeugenderen Deutung befaßt sich § 719 I BGB überhaupt nicht mit der Frage, ob die Beteiligung im ganzen übertragbar ist, sondern stellt nur klar, daß die Vermögensbeteiligung nicht ohne die Mitgliedschaft übertragen werden kann[48]. Im Ergebnis enthält § 719 BGB dann aber, wie die Anwachsungsregel des § 738 I 2 BGB, nur eine in Anbetracht der Vermögenszuständigkeit der Gesellschaft eigentlich überflüssige Klarstellung: Über das Gesellschaftsvermögen kann nur die Gesellschaft verfügen. Unabhängig von dieser theoretischen Kontroverse können *drei gesicherte Regeln* festgehalten werden.

Erste Regel: Kein Gesellschafter kann über einen Bruchteil an einzelnen Gegenständen des Gesellschaftsvermögens verfügen (vgl. § 719 I BGB). Das ist anders als bei der Bruchteilsgemeinschaft (vgl. § 747 BGB). Aber diese Regel versteht sich von selbst, denn Bruchteile an den je einzelnen Gegenständen des Gesellschaftsvermögens stehen den Gesellschaftern nicht zu.

Zweite Regel: Kein Gesellschafter kann das Gesellschaftsvermögen dadurch in Mitleidenschaft ziehen, daß er über seinen Vermögensanteil verfügt (§ 719 I BGB). Der Vermögensanteil existiert überhaupt nur als mitgliedschaftlicher Beteiligungswert, ist also von der Mitgliedschaft nicht zu trennen und deshalb als solcher kein tauglicher Verfügungsgegenstand.

Dritte Regel: Die Verfügung über die Beteiligung als solche hat nichts mit der Bindung des Gesellschaftsvermögens zu tun, sondern hier müssen nur die Mitgesellschafter gegen die Gefahr geschützt werden, daß ohne ihren Willen ein gewollter Gesellschafter gegen einen ungewollten Gesellschafter ausgewechselt wird.

Beispiel Nr. 16: Ist G neben X und Y mit 1/3 an der G & Co. Gemüsegroßhandels-oHG beteiligt, so kann er selbstverständlich nicht »sein Drittel am Geschäfts-Lkw« zur Sicherheit an seine Bank übereignen (erste Regel), und er kann ihr auch nicht »sein Drittel am Gesellschaftsvermögen« zur Sicherheit übertragen (zweite Regel). Was ihm zusteht, ist allein die Mitgliedschaft. Will er sie an die Bank übertragen, so bestehen hiergegen keine vermögensrechtlichen Bedenken. Erforderlich ist nur, daß die Mitgesellschafter X und Y gegen eine ungewollte Übertragung geschützt sind (dritte Regel).

b) Demnach ist eine Anteilsübertragung nach heute gesicherter Auffassung möglich[49]. Sie stellt sich nicht als eine schuldrechtliche Vertragsübernahme

---

47 Vgl. *BGHZ* 13, 179, 183f. = LM Nr. 1 zu § 719 BGB m.Anm. *Robert Fischer* = JZ 1954, 503 m.Anm. *Alfred Hueck; Staudinger/Keßler*, 12. Aufl., § 719 Rdnr. 4; s. auch die bei *Flume*, Personengesellschaft, § 17 I Fußn. 11 nachgewiesene ältere Rechtsprechung.

48 *Flume*, Personengesellschaft, § 17 II; insofern übereinst. *Huber*, Vermögensanteil, S. 369; *Ulmer*, Gesellschaft bürgerlichen Rechts, § 719 Rdnr. 2; vgl. tendenziell sogar *Wiedemann* I, § 5 II 1 b.

49 Vgl. nur *BGHZ* 13, 179, 185; 24, 106, 114; 44, 229, 231 = LM Nr. 21 zu § 105 HGB m.Anm. *Robert Fischer; BGHZ* 45, 221, 222; 81, 82, 84; 98, 48, 50; *Wiedemann*, a.a.O., S. 48ff.; *Huber*, Vermögensanteil, S. 369ff.; *Schlegelberger/Karsten Schmidt*, § 105 Rdnrn. 185ff.; *Staub/Ulmer*,

dar, durch die der Anteilserwerber unter Mitwirkung aller Gesellschafter in die gesellschaftsrechtlichen Vertragsverhältnisse des Anteilsveräußerers eintritt[50], sondern sie ist eine Verfügung über ein einziges Recht: die Mitgliedschaft[51]. *Die Mitgliedschaft ist kein ihrer Art nach unübertragbares Recht*, sondern es müssen nur die Schutzbelange der Mitgesellschafter gewahrt bleiben. Deshalb setzt die Übertragung der Mitgliedschaft voraus, daß sie im Gesellschaftsvertrag zugelassen ist oder daß alle Mitgesellschafter zustimmen[52]. Gesellschaftsvertragliche Regelungen über Anteilsübertragungen können sehr unterschiedlich aussehen.

Beispiel Nr. 17: In einer Familiengesellschaft kann sich vielleicht folgende Klausel empfehlen: »Rechtsgeschäftliche Verfügungen eines Gesellschafters über seinen Gesellschaftsanteil sind zulässig, sofern sie zugunsten eines gesetzlichen Erben erfolgen.« Dann bedürfen alle anderen Verfügungen nach wie vor der Zustimmung aller Gesellschafter. Die Klausel kann auch lauten: »Rechtsgeschäftliche Verfügungen eines Gesellschafters über seinen Gesellschaftsanteil sind nur wirksam, wenn die übrigen Gesellschafter mit der Mehrheit der von ihnen vertretenen Stimmen der Verfügung zustimmen.« Oder: »... sind wirksam, wenn sie allen Gesellschaftern durch eingeschriebenen Brief mitgeteilt sind und kein Gesellschafter binnen einer Frist von einem Monat nach Eingang der Mitteilung widerspricht.« Fehlt jede Vertragsklausel, so bedarf die Anteilsübertragung der Zustimmung der Mitgesellschafter. Nur ganz ausnahmsweise kann eine Versagung der Zustimmung treuwidrig sein.

c) Bemerkenswert ist das *Verhältnis zu den Übertragungsregeln im Recht der GmbH.* Hier erklärt das Gesetz die Geschäftsanteile für veräußerlich und vererblich (§ 15 I GmbHG), aber die Abtretung kann durch den Gesellschaftsvertrag an weitere Voraussetzungen, insbesondere an eine Genehmigung, geknüpft werden (§ 15 V GmbHG, sog. vinkulierter Geschäftsanteil). Man hat sich auf eine Analogie zu § 15 GmbHG berufen, um die Übertragbarkeit von Personengesellschaftsanteilen zu belegen[53]. Für eine solche Analogie besteht kein Bedürfnis[54], und § 15 GmbHG ist hierfür auch ungeeignet[55]. Die Rechtslage im GmbH-Recht und im Personengesellschaftsrecht ist nämlich gar nicht analog, sondern spiegelbildlich verkehrt: GmbH-Geschäftsanteile sind im Grundsatz frei übertragbar, können aber durch den

---

§ 105 Rdnrn. 298ff.; *Ulmer*, Gesellschaft bürgerlichen Rechts, § 719 Rdnrn. 15ff.; zusammenfassend *Michalski*, NZG 1998, 96; eingehende Analyse bei *Flume*, Personengesellschaft, § 17; *ders.*, in: Festschrift Larenz, a.a.O., S. 769ff.; einschränkend *Hadding*, in: Festschrift Reinhardt, a.a.O., S. 256ff.; da *Hadding* die Mitgliedschaft nicht als verfügbares subjektives Recht anerkennt, muß er die Übertragung als Globalübertragung einer Summe von Rechten betrachten.

50 So aber *Hadding*, in: Festschrift Steindorff, a.a.O., S. 39; noch anders *Michel*, ZGR 1991, 412ff.: Verfügung durch Beschluß der Gesellschafter.

51 Vgl. nur *Habersack*, a.a.O., S. 106; s. auch *BFH*, DB 1996, 762: Gesellschaftsanteil als Zuwendungsgegenstand.

52 Vgl. nur *BGHZ* 13, 179, 186; 24, 106, 114; 77, 392, 394f.; 98, 48, 50; *BGH*, WM 1961, 303, 304; h.M.

53 *Huber*, Vermögensanteil, S. 369ff.

54 Vgl. *Flume*, Personengesellschaft, § 17 II; s. jetzt auch *Staub/Ulmer*, § 105 Rdnr. 302 Fußn. 624.

55 Der Schwerpunkt des § 15 GmbHG im Verhältnis zum Personengesellschaftsrecht besteht nicht darin, daß die Vorschrift die Vererblichkeit und Übertragbarkeit der Anteile anordnet; angeordnet wird vielmehr, daß der Erbgang eine GmbH nicht auflöst und daß die Gesellschafter eine Übertragung nicht verhindern können, sofern nicht die Satzung ein anderes bestimmt.

Gesellschaftsvertrag vinkuliert werden; die Beteiligung an einer Personengesellschaft ist im Grundsatz vinkuliert, kann aber durch den Gesellschaftsvertrag frei verfügbar gestellt werden. Vor allem bei der Gestaltung von GmbH & Co.-Verträgen muß auf diese unterschiedlichen Regeln geachtet werden (vgl. unten, § 56 II 3 c).

3. Die Durchführung der Anteilsübertragung

a) Die Anteilsübertragung ist ein *Verfügungsgeschäft* nach § 413 BGB. Dieses Geschäft ist *formlos* wirksam, sofern nicht der Gesellschaftsvertrag eine Form vorschreibt. Das gilt auch dann, wenn sich Grundeigentum oder GmbH-Geschäftsanteile im Gesellschaftsvermögen befinden[56]. Dasselbe gilt für das Grundgeschäft. Auch hier finden die Formvorschriften der §§ 313 BGB, 15 IV GmbHG keine Anwendung, selbst wenn das Gesellschaftsvermögen zu einem erheblichen Teil aus Grundeigentum oder GmbH-Anteilen besteht[57].

Beispiel Nr. 18 (BGHZ 86, 367 = NJW 1984, 1110 = JuS 1983, 633 m. Anm. *Karsten Schmidt):* Ein Architekt A hatte einer KG in einem »Finanzierungsvertrag« die Summe von 5 890 000 DM versprochen und dafür durch Verträge mit den einzelnen Kommanditisten die Berechtigung erhalten, sämtliche Anteile an der KG zu erwerben. Das Gesellschaftsvermögen bestand im wesentlichen aus Grundeigentum. Trotzdem vertrat der *Bundesgerichtshof* die Auffassung, dieser Vertrag sei formfrei wirksam.

Beispiel Nr. 19 (vgl. *Karsten Schmidt*, BB 1983, 1697ff.): Eine aus A, B und C bestehende Personengesellschaft hat die Aufgabe, als Holdinggesellschaft die Geschäftsanteile an Tochtergesellschaften, z. B. an einem Presse-Imperium, zu halten. Die Tochtergesellschaften sind Gesellschaften m.b.H., deren Geschäftsanteile nach § 15 III GmbHG nur in notarieller Form übertragbar sind. Überträgt C seine Beteiligung an dieser Holdinggesellschaft an D, so greift § 15 GmbHG mit seinen strengen Formvorschriften nicht ein.

Obwohl sich diese Vorgänge *wirtschaftlich* als Verfügungen über Grundvermögen bzw. über Beteiligungen an Tochtergesellschaften darstellen, wird hier *rechtlich* nur eine Mitgliedschaft an einer Personengesellschaft übertragen. Diese Einordnung hat gravierende Folgen. Einerseits kann, selbst wenn der Erwerber auf eine unrichtige Grundbucheintragung vertraut, kein gutgläubiger Erwerb nach § 892 BGB eingeleitet werden[58]. Anderseits brauchen – so bedenklich dies ist – grundsätzlich auch nur die Voraussetzungen dieser Anteilsübertragung beachtet zu werden. Nur wenn diese Gestaltungsmöglichkeit geradezu für die Mobilisierung von Grundvermögen und von Geschäftsanteilen mißbraucht wird, tendiert der *BGH* zu einer strengeren

56 *Scholz/Winter*, § 15 Rdnrn. 43f.; *Herbert Schneider*, GmbHR 1964, 158.

57 Vgl. zu § 313 BGB nur *RGZ* 118, 385, 388; *RG*, JW 1925, 1109; *BGHZ* 86, 367 = NJW 1983, 1110 = JuS 1983, 633 m. Anm. *Karsten Schmidt* (dort weitere Nachweise); eingehend *Karsten Schmidt*, AcP 182 (1982), 510ff.; zu § 15 GmbHG *Ulmer*, Gesellschaft bürgerlichen Rechts, § 719 Rdnr. 26 (jedoch differenzierend Rdnrn. 27ff.); eingehend *Karsten Schmidt*, BB 1983, 1697ff.

58 *BGH*, NJW 1997, 860 = JuS 1997, 565 (*Karsten Schmidt); OLG Frankfurt*, NJW-RR 1996, 1123; dazu *Karsten Schmidt*, NJW 1996, 3325.

Auffassung[59]. Dies aber sind Sonderprobleme der BGB-Gesellschaft (dazu unten, § 58 IV 3b aa).

b) Bei den *Handelsgesellschaften* hat die Anerkennung der Anteilsübertragung Einfluß auf die *Handelsregisterpraxis.* Herkömmlich wurde eingetragen, daß der Altgesellschafter »ausgeschieden« und der Neugesellschafter »eingetreten« sei (§§ 143, 107 HGB), und diese – im Fall der Anteilsübertragung genau genommen unrichtige – Eintragung wurde durch einen »Nachfolgezusatz« kompensiert[60]. Heute sollte man den Vorgang von vornherein richtig eintragen: als Anteilsübertragung. Die bloße Eintragung als Austritt und Eintritt kann vor allem für den Veräußerer unliebsame Haftungsfolgen haben; das ergab sich bis zum Juli 2001 aus § 15 I HGB (dazu und zur nunmehrigen Unanwendbarkeit des § 15 I HGB unten, § 54 IV 3).

IV. Die Anteilspfändung*

Nach § 859 I ZPO ist der Anteil des Gesellschafters am Gesellschaftsvermögen der Pfändung unterworfen. Daß der »Anteil eines Gesellschafters an den einzelnen zu dem Gesellschaftsvermögen gehörenden Gegenständen« der Pfändung nicht unterworfen ist (§ 859 I 2 ZPO), versteht sich von selbst: Es gibt diesen Anteil nicht! Die Bestimmung bezieht sich ausdrücklich auf die Gesellschaft bürgerlichen Rechts, aber sie ist aufgrund von §§ 105 II, 161 II HGB auch auf die oHG und auf die KG anzuwenden[61]. Die Bestimmung des § 859 I ZPO ist im Zusammenhang mit § 719 BGB zu lesen. Bei *RGZ* 95, 231, 232 heißt es: »Nach § 719 BGB kann der Gesellschafter über seinen Anteil am Gesellschaftsvermögen nicht verfügen. Gleichwohl kann dieser Anteil nach § 859 ZPO gepfändet werden.« Dieses aus dem Gesetzeswortlaut ersichtliche Spannungsverhältnis hat das Verständnis des § 859 I ZPO nicht eben erleichtert. Das kann nicht

59 Vgl. *BGHZ* 86, 367, 371 = NJW 1984, 1110; zu dieser Lösung schon *Karsten Schmidt*, AcP 182 (1982), 510ff.; *ders.*, BB 1983, 1702; *ders.*, NJW 1996, 3326; *ders.*, ZIP 1998, 6f.; s. auch *Ulmer*, Gesellschaft bürgerlichen Rechts, § 719 Rdnrn. 27f.; *Heckschen*, Die Formbedürftigkeit mittelbarer Grundstücksgeschäfte, 1987, S. 156f.

60 Vgl. *RG*, DNotZ 1944, 195, 199 = WM 1964, 1030, 1033; *BGHZ* 81, 82, 86.

* Literatur: *Anders,* Die Zwangsvollstreckung in Gesellschaftsanteile im deutschen und US-amerikanischen Recht, 2001; *M. Fischer,* Der Anteil an einer Personengesellschaft als Gegenstand der Zwangsvollstreckung ..., 2001; *Furtner*, Pfändung der Mitgliedschaft bei Personengesellschaften, MDR 1965, 613; *Huber*, Vermögensanteil, S. 143; *Paschke*, Zwangsvollstreckung in den Anteil eines Gesellschafters am Gesellschaftsvermögen einer Personengesellschaft, Diss. Berlin 1981; *Rosenberg/Gaul/Schilken*, Zwangsvollstreckungsrecht, 12. Aufl. 1997; *Rupp/Fleischmann*, Probleme der Pfändung an Gesellschaftsanteilen, Rpfleger 1984, 223; *Karsten Schmidt*, Der unveräußerliche Gesamthandsanteil – ein Vollstreckungsgegenstand? JR 1977, 177; *Smid*, Probleme der Pfändung von Anteilen an Personengesellschaften (§ 859 I ZPO), JuS 1988, 613; *Stöber*, Forderungspfändung, 12. Aufl. 1999; *Wiedemann*, Die Übertragung und Vererbung von Mitgliedschaftsrechten bei Handelsgesellschaften, 1965; *Wertenbruch*, Die Haftung von Gesellschaften und Gesellschaftsanteilen in der Zwangsvollstreckung, 2000; *Winnefeld*, Übertragung und Pfändung des Kapital-Entnahmeanspruchs i.S. des § 122 Abs. 1 HGB, DB 1977, 897; *Wössner*, Die Pfändung des Gesellschaftsanteils bei den Personengesellschaften, 2000.

61 *BGH*, WM 1972, 81; h.M.

verwundern, denn die Vorschrift knüpft bei § 719 BGB an, mithin bei einer Bestimmung, deren Zweifelhaftigkeit schon unter III 2 dargelegt wurde.

1. Pfändung von Einzelansprüchen und Anteilspfändung

Zunächst muß streng zwischen der *Pfändung von Einzelansprüchen* und der *Anteilspfändung* unterschieden werden. Nach § 717 Satz 2 BGB können Ansprüche eines Gesellschafters aus der Geschäftsführung, Gewinnansprüche und Auseinandersetzungsansprüche abgetreten werden. Sie können also auch gepfändet werden (vgl. § 851 I ZPO). Diese Pfändung umfaßt auch die künftig entstehenden Gewinn- und Auseinandersetzungsansprüche. Sie hat mit § 859 I ZPO nichts zu tun. Das praktische Problem der Verwertung besteht vor allem darin, daß der Gewinnanspruch und der Auseinandersetzungsanspruch künftige – nach einer Gegenansicht: betagte – Ansprüche sind. Besonders deutlich ist dies beim Auseinandersetzungsanspruch, der nach der ganz herrschenden Auffassung erst mit der Auflösung der Gesellschaft bzw. mit dem Ausscheiden des Gesellschafters entsteht[62]. Die Pfändung eines solchen Anspruchs nützt dem Gläubiger zunächst nicht viel. Deshalb benötigt der Gläubiger zusätzlich das Recht, die Gesellschaft zu kündigen (§§ 725 BGB, 135 HGB). Hinzu kommt, daß der Gesellschafter mit Zustimmung seiner Mitgesellschafter über die Mitgliedschaft verfügen und damit einen Zugriff für die Zukunft vereiteln könnte[63]. Um dies zu verhindern, pfändet der Gläubiger in aller Regel gleichzeitig die Einzelansprüche und, was nach § 859 I ZPO zulässig ist, den »Anteil am Gesellschaftsvermögen«. Der Pfändungsbeschluß kann dann beispielsweise lauten[64]:

»Gepfändet wird der angebliche Anteil des Schuldners als Gesellschafter an dem Gesellschaftsvermögen der von ihm mit ... unter der Firma ... oHG in ... – Drittschuldner – eingegangenen offenen Handelsgesellschaft unter Einschluß des Auseinandersetzungsguthabens sowie

a) der Anspruch des Schuldners auf Auszahlung der von ihm der Gesellschaft – Drittschuldnerin – darlehensweise oder aufgrund anderer Vereinbarung gegebenen oder belassenen Beträge, auch soweit sie auf Privatkonto gebucht sind,

b) der Anspruch des Schuldners auf die ihm als Geschäftsführer aus seiner Geschäftsführung zustehenden Leistungen.«

2. Zur Dogmatik der Anteilspfändung

a) Was die Anteilspfändung genau bedeutet, läßt das Gesetz offen. *Wiedemann*[65] hebt hervor, daß der nach § 859 ZPO pfändbare Gesellschaftsanteil

62 Vgl. nur *Huber*, Vermögensanteil, S. 5f., 158f.; für die Annahme eines betagten, schon mit dem Gesellschaftsvertrag entstehenden Anspruchs *Heckelmann*, Abfindungsklauseln in Gesellschaftsverträgen, 1973, S. 25f.

63 *Ulmer*, Gesellschaft bürgerlichen Rechts, § 717 Rdnr. 40.

64 Vgl. *Stöber*, a.a.O., Rdnr. 1580; der Text zitiert noch die Beschlußempfehlung aus der 10. Aufl. von *Stöber*.

65 A.a.O., S. 422.

nur im Wege der Kündigung nach §§ 725 BGB, 135 HGB – das aber bedeutet: durch Beseitigung des Gesellschaftsanteils! – zugunsten des pfändenden Gläubigers verwertbar ist. In wirtschaftlicher Hinsicht steht der pfändende Gläubiger vor der Wahl: Er kann nach §§ 725 BGB, 135 HGB die Gesellschaft kündigen und sich aus dem Auseinandersetzungsguthaben seines Schuldners befriedigen, er kann aber auch die Gesellschaft bestehen lassen und sich aus den mit der »Anteilspfändung« automatisch mitgepfändeten Gewinnansprüchen befriedigen. *Ulrich Huber*[66] spricht deshalb davon, daß der Gläubiger auf den »Substanzwert« (Auseinandersetzungsguthaben!) oder auf den »Ertragswert« (Gewinnansprüche !) zugreifen kann. Insofern funktioniert die »Anteilspfändung« nach § 859 I ZPO als ein *globaler Zugriff auf die verwertbaren Einzelansprüche des Gesellschafters.* Das kann nicht verwundern, denn der Gesetzgeber ging von der Unübertragbarkeit des Anteils aus. Vom historischen Gesetzgeber ist deshalb die »Anteilspfändung« als globale Forderungspfändung angelegt: als Pfändung aller verwertbaren Einzelansprüche des Gesellschafters[67].

b) Seitdem – entgegen der Vorstellung des historischen Gesetzgebers – die Übertragbarkeit von Personengesellschaftsanteilen anerkannt ist, erscheint auch die Anteilspfändung in einem anderen Licht. Der *BGH* hat ausgesprochen, daß die Pfändung als Zugriff auf das »Wertrecht« des Gesellschafters eine echte Anteilspfändung ist[68]. Schon zuvor hatte *Flume* herausgearbeitet, daß es sich um eine *Pfändung der Mitgliedschaft* handelt[69]. Dieser nunmehr herrschenden Auffassung[70] ist zuzustimmen[71]. Gegenstand des Vollstreckungszugriffs ist der Anteil, vom Gesetzgeber nach der Lesart der alten Gesamthandstheorie unklar als »Anteil am Gesellschaftsvermögen« bezeichnet. Nach heutigem Erkenntnisstand steht aber dem Gesellschafter ein pfändbarer »Anteil am Gesellschaftsvermögen« überhaupt nicht zu (oben, § 8 III 4 d). Angriffsgegenstand ist vielmehr die Mitgliedschaft. Primärer *Verwertungs*gegenstand und Verwertungsziel der »Anteilspfändung« bleiben allerdings die aus der Mitgliedschaft resultierenden Ansprüche auf Gewinn und Liquidationsquote[72].

66 Vermögensanteil, S. 348.

67 *Karsten Schmidt*, JR 1977, 177ff.; zust. *Thomas/Putzo*, ZPO, 22. Aufl. 1999, § 859 Rdnr. 4; s. auch *BGHZ* 116, 222, 229 = NJW 1992, 830, 832; abl. *Flume*, Personengesellschaft, § 17 III; *Ulmer*, Gesellschaft bürgerlichen Rechts, § 725 Rdnr. 7; *Smid*, in: MünchKomm. ZPO, 1992, § 859 Rdnr. 4; *Wössner*, a.a.O., S. 28ff.; zum Standpunkt des *BGH* s. sogleich im Text.

68 *BGHZ* 97, 392 = NJW 1986, 1991 = JR 1987, 63 m. Anm. *Klaus Müller*.

69 *Flume*, Personengesellschaft, § 17 III; zuvor *ders.*, in: Festschrift Larenz, 1973, S. 790ff.

70 Statt vieler *Habersack*, a.a.O., S. 257; *Rosenberg/Gaul/Schilken*, a.a.O., § 58 III 3 a; *Wertenbruch*, a.a.O., S. 496ff., 502ff.; *Wössner*, a.a.O., S. 36ff.; *Erman/Westermann*, § 725 Rdnr. 1; *Smid*, in: MünchKomm. ZPO, § 859 Rdnr. 4; *ders.*, JuS 1988, 615f.; s. auch *Stein/Jonas/Brehm*, ZPO, 21. Aufl. 1994, § 859 Rdnr. 3; *Zöller/Stöber*, ZPO, 22. Aufl. 2001, § 859 Rdnr. 3 (Anteil am Gesellschaftsvermögen).

71 Vgl. auch *Schlegelberger/Karsten Schmidt*, § 135 Rdnrn. 9ff.

72 Deutlich *BGHZ* 116, 222, 229 = NJW 1992, 830, 832.

3. Durchführung der Vollstreckung

a) Die Pfändung erfolgt als *Rechtspfändung* nach §§ 829 ff., 857 ZPO. Entgegen *RGZ* 57, 414, 415 ist der gepfändete »Anteil« kein drittschuldnerloses Recht, das nach § 857 II ZPO nur durch Zustellung an den Schuldner gepfändet wird, sondern der Pfändungsbeschluß ist an den Drittschuldner – die Gesellschaft – zuzustellen[73]. Für die Praxis bedeutet dies, daß eine Zustellung einerseits erforderlich ist, daß aber anderseits die Zustellung zu Händen des geschäftsführenden Gesellschafters genügt[74]. Durch die Pfändung wird der Anteil mit einem Pfändungspfandrecht belastet, jedoch verbleiben die Mitgliedschaftsrechte – z. B. das Stimmrecht – dem Gesellschafter[75]. Auskunftsrechte des Gläubigers gegen die Gesellschaft und gegen den Schuldner-Gesellschafter ergeben sich aus der ZPO (§§ 840, 836 III), nicht aus dem Gesellschaftsrecht [76].

b) Umstritten ist, ob mit der Pfändung eine *Überweisung* verbunden werden kann[77]. Dazu muß man sich klar machen, daß in der Anteilspfändung die Pfändung eines Bündels von Forderungen enthalten ist. Die »Überweisung des Anteils« enthält die Überweisung dieser Forderungen einschließlich der für ihre Geltendmachung auszuübenden Rechte nach § 835 ZPO[78]. Dagegen kann naturgemäß nicht die Rede davon sein, daß der Gläubiger durch den Überweisungsbeschluß zum Gesellschafter gemacht oder sonst zur Ausübung der Gesellschaftsrechte, etwa des Stimmrechts, ermächtigt wird.

c) Die Überweisung macht dem Gläubiger den Zugriff auf die Gewinn- und Auseinandersetzungsansprüche des Gesellschafters möglich (näher § 835 ZPO). Da allerdings der Auseinandersetzungsanspruch erst mit der Auflösung der Gesellschaft bzw. mit dem Ausscheiden des Gesellschafters entsteht[79], genügt die Überweisung allein noch nicht. Das Gesetz gibt dem Gläubiger deshalb ein *Kündigungsrecht.* Die Voraussetzungen dieses Rechts sind im Gesetz uneinheitlich beschrieben. Für die Gesellschaft bürgerlichen Rechts heißt es in § 725 I BGB: »Hat ein Gläubiger eines Gesellschafters die Pfändung des Anteils des Gesellschafters an dem Gesellschaftsvermögen erwirkt, so kann er die Gesellschaft ohne Einhaltung einer Kündigungsfrist kündigen, sofern der Schuldtitel nicht bloß vorläufig vollstreckbar ist.« Für die oHG und die KG lautet die Parallelvorschrift des § 135 HGB: »Hat ein Privatgläubiger eines

---

73 *BGHZ* 97, 392 = NJW 1986, 1991 = JR 1987, 63 m. Anm. *Klaus Müller*; *Wertenbruch*, a. a. O., S. 506 f.; Wössner, a. a. O., S. 150 f.; *Karsten Schmidt*, JR 1977, 178 f.; *Stein/Jonas/Brehm*, § 859 Rdnr. 12; *Furtner*, MDR 1965, 613; nach traditioneller Auffassung sind alle Mitgesellschafter Drittschuldner, wobei nur noch darüber gestritten wird, ob Zustellung an den Geschäftsführer genügt.

74 *BGHZ* 97, 392 = NJW 1986, 1991 = JR 1987, 63 m. Anm. *Klaus Müller*.

75 Eingehend *Wertenbruch*, a. a. O., S. 525 ff.

76 *Wertenbruch*, a. a. O., S. 533 f.

77 Bejahend: *Stöber*, a. a. O., Rdnr. 1560; *Wössner*, a. a. O., S. 218 ff.; *Karsten Schmidt*, JR 1977, 179; *Stein/Jonas/Brehm*, ZPO, 21. Aufl. 1994, § 859 Fußn. 19; *Ulmer*, Gesellschaft bürgerlichen Rechts, § 725 Rdnr. 10; verneinend: *Staudinger/Keßler*, 12. Aufl., § 725 Rdnr. 6.

78 So jetzt auch *BGHZ* 116, 222, 229 f. = NJW 1992, 830, 832; eingehend in vorwiegend theoretischer Abweichung vom Text *Wössner*, a. a. O., S. 218 ff.

79 Vgl. *RG*, HRR 1939 Nr. 937; *BGH*, BB 1965, 844, 845.

Gesellschafters, nachdem innerhalb der letzten sechs Monate eine Zwangsvollstreckung in das bewegliche Vermögen des Gesellschafters ohne Erfolg versucht ist, auf Grund eines nicht bloß vorläufig vollstreckbaren Schuldtitels die Pfändung und Überweisung des Anspruchs auf dasjenige erwirkt, was dem Gesellschafter bei der Auseinandersetzung zukommt, so kann er die Gesellschaft ... sechs Monate vor dem Ende des Geschäftsjahrs für diesen Zeitpunkt kündigen.« Zwei Unterschiede zwischen diesen Vorschriften fallen auf. Zum einen sind die Kündigungsvoraussetzungen des § 135 HGB strenger als die des § 725 BGB; diese Besonderheit beruht auf dem Gesichtspunkt der Unternehmenserhaltung (vgl. dazu unten, § 52 III 8). Zum anderen spricht § 725 BGB von der Pfändung des »Anteils am Gesellschaftsvermögen«, § 135 HGB dagegen von einer Pfändung des Auseinandersetzungsanspruchs. Da aber das Kündigungsrecht nur dem Zugriff auf die Liquidationsquote dient, reicht es für die Ausübung des Kündigungsrechts sowohl im Fall des § 135 HGB als auch im Fall des § 725 BGB aus, daß der Auseinandersetzungsanspruch nach § 829 ZPO gepfändet wurde[80]. Ist allerdings »der Anteil« nach § 859 I ZPO gepfändet, so genügt dies in jedem Fall, denn die Pfändung der Mitgliedschaft umfaßt auch die Pfändung des Auseinandersetzungsanspruchs[81]. Die Überweisung setzt dann den pfändenden Gläubiger instand, auch den Anspruch des Schuldners gegen seine Mitgesellschafter auf Durchführung der Auseinandersetzung auszuüben[82]. Adressat der nach § 725 BGB oder § 135 HGB erfolgenden Kündigung sind nach traditioneller Auffassung die Gesellschafter[83], jedoch sprechen gute Gründe dafür, daß eine Kündigung gegenüber der Gesellschaft vertreten durch den geschäftsführenden Gesellschafter, genügt[84].

d) Sofern die Mitgliedschaft ausnahmsweise frei – d. h. ohne Zustimmung der Mitgesellschafter – übertragbar ist, hat der Gläubiger die Wahl, ob er nach §§ 725 BGB, 135 HGB kündigt oder ob er *die Mitgliedschaft selbst verwertet.* Dies kann geschehen, indem das Gericht nach § 857 V ZPO die Veräußerung der Mitgliedschaft anordnet[85].

e) Durch *gesellschaftsrechtliche Fortsetzungsklausel* kann der Zugriff auf die Mitgliedschaft bzw. jedenfalls die Auseinandersetzung abgewehrt werden[86]: Der Pfändung oder jedenfalls der Gläubigerkündigung kann die Folge beigegeben werden, daß der Schuldner-Gesellschafter aus der Gesellschaft

80 So im Ergebnis *Blomeyer*, Vollstreckungsrecht, 1975, § 65 II 1.

81 Dazu *BGHZ* 116, 222, 229 = NJW 1992, 830, 832; *Baumbach/Hopt*, § 135 Rdnr. 7; *Wössner*, a. a. O., S. 53 ff.; bemerkenswert zur GmbH *BGHZ* 104, 351 mit allerdings umstrittenen Folgerungen; vgl. *Marotzke*, ZIP 1988, 1509 ff.

82 *BGHZ* 116, 222 = NJW 1992, 830; anders noch *RGZ* 95, 231.

83 Vgl. nur *Schlegelberger/Karsten Schmidt*, § 135 Rdnr. 23; *Stein/Jonas/Münzberg*, ZPO, 21. Aufl. 1995, § 859 Rdnr. 5.

84 So *Wertenbruch*, a. a. O., S. 536; das Kündigungsrecht ist dann, wie die Zustellung, Teil des Vollstreckungszugriffs und ein originäres, nicht vom Gesellschafter abgeleitetes Recht.

85 Vgl. *Rupp/Fleischmann*, Rpfleger 1984, 224 f.; *Smid*, JuS 1988, 617 f.; *Wertenbruch*, a. a. O., S. 560, stützt die Verwertung auf § 844 ZPO.

86 Umfassend *Wössner*, a. a. O., S. 102 ff.

ausscheidet, womit dem Gläubiger nur die Verwertung des Abfindungsanspruchs verbleibt.

4. Anwendung auch bei Innengesellschaften?

Umstritten ist, ob die §§ 859 I ZPO, 725 BGB auch auf Innengesellschaften anzuwenden sind. Bei diesen gibt es keinen Anteil an einem Gesellschaftsvermögen, so daß keine der beiden Vorschriften dem Wortlaut nach paßt. Trotzdem sind die Bestimmungen nach richtiger Auffassung anwendbar[87]. Soweit eine Innengesellschaft als Verband verfaßt ist (dazu oben, § 7 I 2 b bb), steht dem Innengesellschafter eine pfändbare Mitgliedschaft zu. Aber auch bei der rein schuldrechtlichen Innengesellschaft bleibt ein Anwendungsbereich für die §§ 859 I ZPO, 725 BGB. Das beruht auf der unter IV 2 geschilderten Funktion der sog. Anteilspfändung. Auch bei der Innengesellschaft hat der Gläubiger ein Interesse an einer globalen Pfändung aller aus dem Gesellschaftsverhältnis resultierenden Ansprüche sowie daran, diese Ansprüche durch Kündigung fällig zu machen. Jedenfalls reicht für das Kündigungsrecht nach § 725 BGB die Pfändung des Auseinandersetzungsanspruchs aus (dazu soeben unter IV 3 c), und eben auf den wird bei der Innengesellschaft zugegriffen.

5. Praktische Anwendungsbeispiele

Einige einfache Anwendungsbeispiele sollen abschließend zeigen, wie die Pfändungs- und Kündigungsmaßnahmen zusammenwirken.

Beispiel Nr. 20: G pfändet nach §§ 717 S. 2 BGB, 829ff. ZPO die Gewinn- und Auseinandersetzungsansprüche seines Schuldners S aus einem Gesellschaftsverhältnis. Diese Ansprüche können ihm nach § 835 ZPO zur Einziehung überwiesen werden. Der Gewinn wird nunmehr an G ausgezahlt. Will G auf den Auseinandersetzungsanspruch zugreifen, so kann er von seinem Kündigungsrecht nach §§ 725 BGB, 135 HGB Gebrauch machen. Daß nur der Auseinandersetzungsanspruch und nicht auch »der Anteil« gepfändet wurde, ist hierfür unschädlich (so ausdrücklich § 135 HGB; für § 725 BGB str.; vgl. oben unter IV 3).

Beispiel Nr. 21: G pfändet nach § 859 I ZPO den »Anteil des S am Gesellschaftsvermögen der ... Gesellschaft«. Diese Pfändung ist möglich ohne Rücksicht darauf, ob die Gesellschaft eine oHG, eine KG, eine BGB-Außengesellschaft oder eine Innengesellschaft ist (str.; liegt eine Innengesellschaft vor, so ist die »Anteilspfändung« nichts anderes als eine globale Forderungspfändung). Der »Anteil« kann dem G – soweit es sich um eine Pauschalbezeichnung für die Einzelansprüche handelt – zur Einziehung überwiesen werden. Damit sind Gewinnanteile künftig an G zu zahlen. Um das Auseinandersetzungsguthaben fällig zu machen, kann G nach § 135 HGB bzw. nach § 725 BGB kündigen. Dies gilt auch dann, wenn sich nunmehr herausstellt, daß nur eine Innengesellschaft vorliegt. Stellt sich – umgekehrt – heraus, daß es sich – ausnahmsweise – um eine Gesellschaft mit frei übertragbaren Anteilen

87 Vgl. *Larenz*, Lehrbuch des Schuldrechts II, 12. Aufl. 1981, § 60 V b; *Ulmer*, Gesellschaft bürgerlichen Rechts, § 725 Rdnr. 2; *Karsten Schmidt*, JR 1977, 181; a.M. *Staudinger/Keßler*, 12. Aufl., vor § 705 Rdnr. 95; *Wössner*, a.a.O., S. 45ff.; *Wernicke*, WM 1981, 863.

handelt, so kann der Gläubiger bei der Verwertung ebenso vorgehen. Er kann aber auch nach § 857 V ZPO die Veräußerung der Mitgliedschaft anordnen lassen.

V. Nachfolgeprobleme beim Tod eines Gesellschafters*

Zu den schwierigsten und lange umstrittenen Problemen im Recht der Personengesellschaften gehört die Abwicklung und Nachfolge im Todesfall.

---

* Literatur: *Behrens*, OHG und erbrechtliche Nachfolge, 1969; *Börner*, Die Erbengemeinschaft als Gesellschafterin einer offenen Handelsgesellschaft, AcP 166 (1966), 426; *Brox*, Erbrecht, 18. Aufl. 2000, § 44; *ders.*, Zweckmäßige Gestaltung der Erbfolge im Unternehmen, JA 1980, 561; *Buchwald*, Gesellschaftsanteil und Erbrecht, AcP 154 (1955), 22; *Crezelius*, Unternehmenserbrecht, 1998; *Ebel*, Nachfolge von Todes wegen in die Personalgesellschaft – ein »Jahrhundertproblem«? Jura 1980, 367; *Ebenroth*, Erbrecht, 1992; *Ebert*, Die rechtsfunktionelle Kompetenzabgrenzung von Gesellschaftsrecht und Erbrecht, 1972; *Eiselt*, Die Vererbung der Beteiligung an einer oHG, AcP 158 (1959/60), 319; *Esch*, Die Nachlaßzugehörigkeit vererbter Personengesellschaftsbeteiligungen, NJW 1984, 339; *Esch/Schulze zur Wiesche*, Handbuch der Vermögensnachfolge, 4. Aufl. 1992; *Finger*, Der Ausschluß von Abfindungsansprüchen bei Nachfolge in Personengesellschaften beim Tod eines Gesellschafters, DB 1974, 27; *Fischer*, Die Geschäfts führungs- und Vertretungsbefugnis eines Erben in einer Personalgesellschaft des Handelsrechts, BB 1956, 839; *Flume*, Die Nachfolge in die Mitgliedschaft in einer Personengesellschaft beim Tode eines Gesellschafters, in: Festschrift Schilling, 1973, 23; *ders.*, Erbrecht und Gesellschaftsrecht als die beiden Momente der Erbennachfolge in die Beteiligung an einer Personengesellschaft, in: 40 Jahre Der Betrieb, 1988, S. 181; *ders.*, Die Erbennachfolge in den Anteil an einer Personengesellschaft und die Zugehörigkeit des Anteils zum Nachlaß, NJW 1988, 161; *ders.*, Die Nachlaßzugehörigkeit der Beteiligung an einer Personengesellschaft ..., ZHR 155 (1991), 501; *Gebel*, Die qualifizierte Nachfolgeklausel, BB 1995, 173; *Göbel*, Gestaltung der Gesellschafternachfolge für den Todesfall, DNotZ 1979, 133; *Alfred Hueck*, Gesellschaftsvertrag und Erbrecht, DNotZ 1952, 550; *Kipp/Coing*, Erbrecht, 14. Aufl. 1990; *Klein*, Der Tod des Gesellschafters, in: Riegger/Weipert, (Hrsg.) Münchener Hdb. I, 1995, §§ 71 ff.; *Knieper/Fromm*, Erbrecht und Gesellschaftsrecht bei der Gesellschafternachfolge, NJW 1980, 2677; *Köbler*, Erbrecht und Gesellschaft, 1974; *Konzen*, Der vermeintliche Erbe in der OHG, ZHR 145 (1981), 29; *Kruse*, Die Vererbung des Mitgliedschaftsrechts an der offenen Handelsgesellschaft im Falle der Nachfolgeklausel, in: Festschrift Laufke, 1971, 179; *Küster*, Gesellschafternachfolge und Erbengemeinschaft bei OHG und KG, 1970; *Kuttler*, Vermögensrechtliche Auswirkungen nachfolgesteuernder Klauseln ..., 1997; *Lange/Kuchinke*, Erbrecht, 4. Aufl. 1995, § 5 VI; *Liebisch*, Über die Rechtsstellung der Erben eines offenen Handelsgesellschafters, ZHR 116 (1954), 128; *Marotzke*, »Höferechtliche Tendenzen« und dogmatische Lösungen bei der Beerbung des Mitglieds einer offenen Handelsgesellschaft, AcP 184 (1984), 541; *ders.*, Die Nachlaßzugehörigkeit ererbter Personengesellschaftsanteile ..., AcP 187 (1987), 223; *Michalski*, Gesellschaftsrechtliche Gestaltungsmöglichkeiten zur Perpetuierung von Unternehmen, 1980; *T.-F. Müller*, in: Beck'sches Hdb. PersG, a. a. O., § 8; *Raddatz*, Die Nachlaßzugehörigkeit vererbter Personengesellschaftsanteile, 1991; *G.* und *D. Reinicke*, Zur Kollision von Gesellschaftsrecht und Erbrecht, NJW 1957, 561; *Reuter*, Gesellschaftsvertragliche Nachfolgeregelung und Pflichtteilsrecht, JuS 1971, 289; *Rokas*, Die Teilhaberschaft an der Offenen Handelsgesellschaft und ihre Vererbung, 1965; *Rüthers*, Die privatautonome Gestaltung der Vererbung des Anteils an einer OHG durch eine beschränkte Nachfolgeklausel, AcP 168 (1968), 263; *Säcker*, Gesellschaftsvertragliche und erbrechtliche Nachfolge in Gesamthandsmitgliedschaften, 1970; *Schauer*, Rechtsprobleme der erbrechtlichen Nachfolge bei Personengesellschaften, Wien 1999; *Schlüter*, Erbrecht, 14. Aufl. 2000; *Schmitz-Herscheidt*, Die Mitgliedschaft in der OHG als Gegenstand der Erbfolge, WM 1971, 1110; *Siebert*, Gesellschaftsvertrag und Erbrecht bei der OHG, 3. Aufl. 1958; *ders.*, Gesellschaftsvertragliche Abfindungsklauseln und Pflichtteilsrecht, NJW 1960, 1033; *Siegmann*, Personengesellschaftsanteil und Erbrecht, 1992; *ders.*, Zur Fortbildung des Rechts der Anteilsvererbung, NJW 1995, 481; *Stodolkowitz*, Nachlaßzugehörigkeit von Personengesellschaftsanteilen, in: Festschrift Kellermann, 1991, S. 439; *Stötter*, Die Nachfolge in Anteile an Personengesellschaften auf Grund Gesellschaftsvertrages oder Erbrechts, DB 1970, 525, 573; *Sudhoff*, Unternehmensnachfolge, 4. Aufl. 2000; *Tiedau*, Gesellschaftsrecht

Wer nur in das Gesetz hineinsieht, wird hierüber staunen, denn daraus scheint sich ganz einfach zu ergeben, daß eine Gesellschaft im Todesfall aufgelöst sein kann (§ 727 BGB), daß der Tod zum Ausscheiden eines Gesellschafters führen kann (§ 131 III Nr. 1 HGB) und daß auch die Fortsetzung mit den Erben möglich ist (§ 177 HGB), je nachdem um welche Gesellschaftsrechtsform es sich handelt. Aus dem Gesellschaftsvertrag kann sich »ein anderes« ergeben, so daß wir es mit klaren dispositiven gesetzlichen Regeln zu tun haben. Trotz dieser vordergründigen Eindeutigkeit der Rechtslage türmen sich die Schwierigkeiten, und die Literatur ist kaum übersehbar. Klarheit gewinnt man nur, wenn man von den Rechtsfolgen her denkt.

1. Die gesetzliche Rechtsfolge des Todes und ihre Steuerung durch Vertragsregelungen

a) Die gesetzlichen Rechtsfolgen sind bei den einzelnen Rechtsformen unterschieden. Die Gesellschaft bürgerlichen Rechts wird im Zweifel durch den Tod eines Gesellschafters aufgelöst (§ 727 BGB). Dasselbe galt – und gilt auch jetzt noch in Österreich[88] – bis 1998 für den Tod eines oHG-Gesellschafters oder Komplementärs (§§ 131 Nr. 4 a.F., 161 II HGB). Der historische Gesetzgeber sah die Gesellschaft als höchstpersönliche, im Zweifel nur auf Lebenszeit eingegangene Verbindung an[89]. Seit dem Handelsrechtsreformgesetz stellt der Tod eines unbeschränkt haftenden Gesellschafters, wenn nicht der Gesellschaftsvertrag dies anders regelt, nicht mehr einen Auflösungsgrund, sondern einen Ausscheidungsgrund dar (§ 131 III Nr. 1 HGB). Die Verfasser der Handelsrechtsreform wollten hierdurch den Bestand von Unternehmen sichern[90]. Überzeugend gelungen ist dies nicht, weil eine unverhofft eintretende Auflösung der Gesellschaft leichter zu beheben ist als das Ausscheiden eines Gesellschafters[91]. Auch nach dem Partnerschaftsgesellschaftsgesetz ist regelmäßige Rechtsfolge des Todes das Ausscheiden aus der Partnerschaft (§ 9 III PartGG und dazu unten, § 64). Der Tod eines Kommanditisten führt dagegen vorbehaltlich abweichender vertraglicher Bestimmung zur Fortsetzung der Gesellschaft mit den Erben (§ 177

---

und Erbrecht, MDR 1978, 353; *ders.*, Die Abfindungs- und Ausgleichsansprüche der von der gesellschaftlichen Nachfolge ausgeschlossenen Erben, NJW 1980, 2446; *Ulmer*, Gesellschafternachfolge und Erbrecht, ZGR 1972, 195, 324; *ders.*, Die Sonderzuordnung des vererbten OHG-Anteils, in: Festschrift Schilling, 1973, 79; *ders.*, Gesellschafternachfolge im Todesfall, BB 1977, 805; *ders.*, Nachlaßzugehörigkeit vererbter Personengesellschaftsbeteiligungen? NJW 1984, 1496; *ders.*, Probleme der Vererbung von Personengesellschaftsanteilen, JuS 1986, 856; *Ulmer/Schäfer*, Die Zugriffsmöglichkeiten der Nachlaß- und Privatgläubiger auf den durch Sondervererbung übergegangenen Anteil an einer Personengesellschaft, ZHR 160 (1996), 413; *H. P. Westermann*, Die höchstrichterliche Regelung der Erbfolge in Beteiligungen an Personengesellschaften JuS 1979, 761; *Wiedemann*, Die Übertragung und Vererbung von Mitgliedschaftsrechten bei Handelsgesellschaften, 1965, S. 151.

88 Eingehend *Schauer*, a.a.O., S. 649ff.

89 Vgl. Mot. Preußischer HGB-Entwurf 1857, S. 64f.

90 Vgl. Begr.RegE HRefG, BT-Dr. 13/8444, S. 66f.

91 Vgl. *Karsten Schmidt*, NJW 1998, 2166.

HGB; vgl. auch § 234 Abs. 2 HGB zur stillen Gesellschaft). Regelmäßige Rechtsfolge ist also nach dem Gesetz
- beim Tod eines BGB-Gesellschafters die Auflösung der Gesellschaft (§ 727 BGB),
- beim Tod eines oHG-Gesellschafters oder Komplementärs das Ausscheiden des Gesellschafters unter Abfindung der Erben (§§ 131 III Nr. 1 HGB, 161 II HGB), ebenso beim Tod eines Partners in der Partnerschaftsgesellschaft (§ 9 III 1 PartGG),
- beim Tod eines Kommanditisten die Fortsetzung der Gesellschaft mit dem oder den Erben (§ 177 HGB), ebenso beim Tod eines stillen Gesellschafters (§ 234 II HGB).

b) aa) *Abweichende Vertragsregeln* müssen von diesen gesetzlichen Regelanordnungen her gesehen und verstanden werden. Wer Gesellschaftsverträge entwirft, muß die gesetzlichen Regeln genau kennen, gerade weil sie häufig den Interessen der Beteiligten nicht entsprechen.
- Soll eine Gesellschaft bürgerlichen Rechts beim Tod eines Gesellschafters fortdauern, so wird man entweder die Fortsetzung mit den Erben vereinbaren (*sog. Nachfolgeklausel*), im Fall einer mehrgliedrigen Gesellschaft evtl. auch die Fortsetzung unter Ausschluß und Abfindung der Erben (*sog. Fortsetzungsklausel*).
- Soll der Tod eines oHG-Gesellschafter, Komplementärs oder Partners nicht zu dessen Ausscheiden führen, so wird man die Fortsetzung mit den Erben anordnen *(sog. Nachfolgeklausel)*, evtl. auch die Auflösung der Gesellschaft im Todesfall *(Auflösungsklausel)*.
- Soll der Tod eines Kommanditisten oder stillen Gesellschafters nicht zur Fortsetzung des Gesellschafters mit den Erben führen, so wird man das Ausscheiden und die Abfindung im Todesfall anordnen *(sog. Fortsetzungsklausel)* oder die Auflösung des Gesellschaftsverhältnisses im Todesfall *(Auflösungsklausel)*.

c) Für die *Klauseltypen der Vertragspraxis* haben sich die soeben bereits verwendeten Bezeichnungen eingebürgert, die teilweise wenig treffend sind und hier nur wegen ihrer Gebräuchlichkeit übernommen werden:
- Soll das Gesellschaftsverhältnis mit dem oder den Erben fortgesetzt werden, so spricht man von einer *Nachfolgeklausel*[92], die besser Fortsetzungsklausel hieße (dazu unter V 3)[93]. Dies ist die für den Tod eines Kommanditisten vom Gesetz vorgesehene Regel (§ 177 HGB). Das Gesellschaftsverhältnis wird mit dem oder den Erben fortgesetzt. Soll nicht jeder Erbe, sondern nur ein bestimmter Erbe die Nachfolge in den Anteil antreten, so wird die Klausel als *qualifizierte Nachfolgekausel* bezeichnet (dazu unter V 5).
- Soll das Gesellschaftsverhältnis von den Erben nicht fortgesetzt werden, sondern sollen die Erben abgefunden werden, so spricht man von einer

92 Vgl. nur *BGHZ* 68, 225, 229; *Crezelius*, a.a.O., Rdnrn. 257ff.; *Schauer*, a.a.O., S. 139ff.; *Sudhoff/Froning*, a.a.O., § 44 Rdnrn. 23ff.
93 Vgl. 3. Aufl., § 45 V 3.

Fortsetzungsklausel (vgl. § 736 BGB)[94]. Der Name Ausschließungsklausel träfe die Sache besser, denn entscheidend ist aus der Sicht der Erben der Ausschließungs- und Abfindungseffekt. Es ist dies die Rechtsfolge, die beim Todes eines oHG-Gesellschafters oder Komplementärs der gesetzlichen Regel des § 131 III Nr. 1 HGB entspricht. Ob die Gesellschaft ohne die Erben fortgesetzt wird, hängt davon ab, ob nach dem Ausscheiden des verstorbenen Gesellschafters mindestens zwei Gesellschafter bleiben (näher unter V 3).
- Von einer *Eintrittsklausel* wird gesprochen, wenn einem Erben oder einem Nichterben ein schuldrechtlicher Anspruch auf den Eintritt in die Gesellschaft zusteht (näher unter V 3).

d) Das Bedürfnis nach solchen Vertragsregelungen hängt von den Interessen der Gesellschafter im Einzelfall ab. Je besser der Gesetzgeber mit den Regelanordnungen die typischen Interessen der Beteiligten getroffen hat, um so geringer ist das Bedürfnis nach solchen Vertragsregeln. Im einzelnen ist zu sagen:
- Für die Gesellschaft bürgerlichen Rechts hat § 727 BGB eine Regel getroffen, die auch im Fall einer bloß zweigliedrigen (Innen-)Gesellschaft passen soll, nämlich die Auflösung der Gesellschaft bei jedem Todesfall. Vor allem bei wirtschaftlich tätigen Gesellschaften empfiehlt sich in aller Regel eine den Bestand der Gesellschaft sichernde (sog. Nachfolge-)Klausel.
- Für die oHG trifft § 131 III Nr. 1 HGB eine Regel, die, beim Wort genommen, einen Abschieds-Symphonie-Effekt auslöst: Die Gesellschaft würde immer kleiner, und es müssten bei jedem Erbfall Erben ausgezahlt werden. Diese Bestimmung verfehlt den regelmäßigen Gesellschafterwillen[95]. In aller Regel bedarf es deshalb einer abweichenden Vereinbarung, meist einer Nachfolgeklausel.
- Dasselbe gilt bei der Kommanditgesellschaft hinsichtlich des Todes des Komplementärs (§§ 13 III Nr. 1, 161 II HGB). Dass ausgerechnet der dominierende Gesellschafter mit seinem Tod ersatzlos wegfällt, wird in aller Regel nicht dem Willen der Gesellschafter entsprechen, so daß vertragliche Vorsorge getroffen werden muß.
- Interessengerecht ist dagegen die Regel des § 177 HGB: Die Kommanditbeteiligung wird, wenn nichts anderes bestimmt ist, mit den Erben fortgesetzt. Besonders vorteilhaft ist dies bei der GmbH & Co., weil die Komplementärin unsterblich ist und beim Tod eines Kommanditisten die Erben nachrücken (zu den besonderen Verzahnungsproblemen hinsichtlich der GmbH- und Kommanditbeteiligung vgl. unten, § 56 II 3 c).

---

94 Vgl. nur BGH, BB 1973, 166 = WM 1973, 37; *Crezelius*, a.a.O., Rdnr. 139; *Schauer*, S. 52ff.; *Sudhoff/Froning*, a.a.O., § 44 Rdnrn. 10ff., § 54 Rdnrn. 101ff.; § 138 HGB a.F. als Parallelnorm zu § 736 BGB wurde im Gefolge der Änderung von § 131 HGB durch das HRefG von 1998 gestrichen.

95 Vgl. *Karsten Schmidt*, DB 1998, 64.

2. Auflösung der Gesellschaft

a) Die Auflösung einer Personengesellschaft durch den Tod eines Gesellschafters kann auf dem Gesetz beruhen (§ 727 BGB) oder auf einer gesellschaftsvertraglichen Auflösungsklausel (so bei der oHG oder KG). Bis 1998 war auch bei der oHG die Auflösung die regelmäßige gesetzliche Folge des Todes, aber das hat sich geändert (oben unter V 1 a).

b) Wird die Gesellschaft aufgelöst, so ist zu unterscheiden: Handelt es sich um eine rein schuldrechtliche Innengesellschaft, so endet dieses Schuldverhältnis mit der Auflösung, und die sich anschließende Auseinandersetzung ist nichts als eine Abrechnung aller Forderungen und Verbindlichkeiten. Handelt es sich um eine Außengesellschaft, so besteht sie einstweilen fort, aber nur als Liquidationsgesellschaft (oben, § 11 V 3). Die Beteiligung des verstorbenen Gesellschafters fällt ungeteilt in den Nachlaß[96]. Hinterläßt er mehrere Erben, so sind nicht die einzelnen Erben als Gesellschafter in die aufgelöste Gesellschaft eingetreten, sondern Gesellschafterin ist die Erbengemeinschaft[97]. Die Gesellschafter haben die Gesellschaft nach allgemeinen Regeln auseinanderzusetzen, können allerdings die Gesellschaft auch durch Fortsetzungsvertrag oder Fortsetzungsbeschluß in das werbende Stadium zurückversetzen, z.B. indem sie der Teilung des vererbten Anteils und der Fortsetzung der Gesellschaft mit allen Erben zustimmen (oben, § 11 V 5). Ist Testamentsvollstreckung angeordnet, so erfaßt sie ohne weiteres auch die vererbte Mitgliedschaft[98]. Eine Nachlaßverwaltung (§ 1981 BGB) erfaßt dagegen nur die Vermögensrechte und nicht auch die Mitgliedschaftsrechte[99].

c) Das Einrücken des Erben bzw. der Erben in die aufgelöste Gesellschaft unterscheidet sich grundlegend von einer schlichten Abfindung, wie sie bei Vereinbarung einer sog. Fortsetzungsklausel Platz greift und nunmehr bei der oHG sogar als gesetzliche Regel bestimmt ist (vgl. § 131 III Nr. 1 HGB und dazu oben, unter V 1 a). Der Erbe bzw. die Erbengemeinschaft ist, gleichwertig neben den überlebenden Gesellschaftern, Mitglied der aufgelösten Gesellschaft und nimmt, wie sie, an der Abwicklung oder Fortsetzung der Gesellschaft teil. Das zeigen deutlich die folgenden Konfliktfälle.

Beispiel Nr. 22: Z, Gesellschafter der XYZ-GbR, ist verstorben. Erbe ist E. Die verbleibenden Gesellschafter X und Y beschließen, die Gesellschaft unter Abfindung des E fortzusetzen. Das ist nicht möglich! E ist vollgültiges Mitglied der aufgelösten Gesell-

96 *RGZ* 106, 63, 65, *RG*, DNotZ 1936, 209; das *RG* beschränkte diese Rechtsfolgen freilich auf die vermögensrechtliche Stellung, dagegen *Ulmer*, Gesellschaft bürgerlichen Rechts, § 727 Rdnr. 9 m.w.N.

97 *RGZ* 72, 119, 121; 106, 63, 65; *BGH*, NJW 1982, 170; *Wiedemann*, a.a.O., S. 171; *Erman/Westermann*, § 727 Rdnr. 3; *Schlegelberger/Karsten Schmidt*, § 131 Rdnr. 25; *Ulmer*, Gesellschaft bürgerlichen Rechts, § 727 Rdnr. 10; *Dütz*, in: MünchKomm. BGB, 3. Aufl. 1997, § 2032 Rdnr. 50; *Staudinger/Marotzke* (2000), § 1922 Rdnr. 177; a.M. *Liebisch*, ZHR 116 (1954), 179.

98 Vgl. *BGH*, WM 1986, 832, 835; der Streit um die Testamentsvollstreckung an Personengesellschaftsanteilen bezog sich nicht auf diesen Fall; vgl. *Schlegelberger/Karsten Schmidt*, § 131 Rdnr. 26.

99 *BGHZ* 47, 293, 295 f. = JZ 1967, 703 m. krit. Anm. *Großfeld/Rohloff*.

schaft. Diese kann zwar die Fortsetzung beschließen (oben, § 11 V 5), aber nicht ohne Mitwirkung des E. Nur wenn E wirksam ausgeschlossen werden kann oder wenn er sich freiwillig abfinden läßt, ist eine Fortsetzung ohne ihn möglich.

Beispiel Nr. 23 (nach *BGH*, WM 1986, 68 = ZIP 1986, 91): Will E nicht, wie in unserem letzten Beispiel, das Gesellschaftsverhältnis fortsetzen, so steht ihm, wie den anderen Gesellschaftern, ein Anspruch auf Abwicklung und auf Auszahlung der Liquidationsquote zu. Möchten allerdings X und Y die Gesellschaft, notfalls auch ohne den E, fortsetzen, so können sie ihm eine Abfindung in Höhe der Liquidationsquote und eine Befreiung von seinen Haftungsverbindlichkeiten anbieten; dann darf E nicht auf der Liquidation der Gesellschaft bestehen, die ihm keinen Vorteil, den Mitgesellschaftern aber erhebliche Nachteile brächte und den Unternehmensbestand gefährdete.

3. Ausschließung und Abfindung des ausscheidenden Erben

a) Eine völlig andere Lösung ist die, daß die Gesellschaft ohne den Erben (die Erben) fortgeführt wird. Diese Lösung ist nunmehr bei der oHG und auch beim Tod eines KG-Komplementärs die gesetzliche (§§ 131 III Nr. 1. 161 II HGB), aber sie kann auch bei jeder anderen Außengesellschaft eingeführt werden. Die Vertragsklausel wird dann üblicherweise als *Fortsetzungsklausel* bezeichnet (terminologische Kritik oben unter V 1 c)[100]. Sie ist ausdrücklich zugelassen in § 736 BGB (vgl. früher auch für die oHG § 138 HGB a. F.): Ist im Gesellschaftsvertrag bestimmt, daß, wenn ein Gesellschafter kündigt oder stirbt oder wenn über sein Vermögen das Insolvenzverfahren eröffnet wird, die Gesellschaft unter den übrigen fortbestehen soll, so scheidet der betreffende Gesellschafter bei Eintritt dieses Ereignisses automatisch aus.

b) *Rechtsfolge* ist die Anwachsung und Abfindung nach § 738 BGB: Der Anteil des verstorbenen Gesellschafters wächst den übrigen Gesellschaftern zu (§ 738 I 1 BGB). Der Auseinandersetzungsanspruch (§ 738 I 2 BGB) fällt in den Nachlaß[101]. Die Frage ist, ob diese Abfindung durch den Gesellschaftsvertrag ausgeschlossen werden kann. Die Praxis bejaht dies[102].

Beispiel Nr. 24 (nach *BGH*, WM 1971, 1338): Im Gesellschaftsvertrag ist vereinbart, daß die Gesellschaft im Todesfall ohne die Erben fortgesetzt wird und daß die Erben auch nicht entschädigt werden. Der *BGH* hielt die Klausel seinerzeit bis zur Grenze des § 138 BGB für zulässig, weil sie der Unternehmenserhaltung diene.

Obwohl der *Bundesgerichtshof* nach dieser Entscheidung im allgemeinen strenger im Umgang mit Abfindungsklauseln geworden ist (dazu vgl. unten, § 50 IV 2), ist dem zuzustimmen[103]. Es handelt sich insbesondere nicht um

---

100 Vgl. nur *BGH*, WM 1973, 37 = BB 1973, 166; *Hueck*, § 16 I 1 a; *Hopt/Hehl/Vollrath*, Rdnr. 611; *Kübler*, § 7 VII 1 einer solchen Klausel ähnelt auch die »gesellschaftsvertragliche Nachfolgeklausel« im Fall *BGH*, NJW-RR 2002, 538, 540.

101 Vgl. *RGZ* 136, 97, 99; *BGHZ* 22, 186, 194; *Flume*, Personengesellschaft, § 18 I; *Hopt/Hehl/Vollrath*, Rdnr. 612; *Leipold*, in: MünchKomm. BGB, 3. Aufl., § 1922 Rdnr. 33; *Dütz*, in: MünchKomm. BGB, 3. Aufl., § 2032 Rdnr. 51; *Staudinger/Marotzke* (2000), § 1922 Rdnr. 57.

102 *BGHZ* 22, 186, 194 f.; *BGH*, WM 1971, 1338; s. auch *BGHZ* 98, 48, 56.

103 Vgl. nur *Huber*, Vermögensanteil, S. 462 ff.; *Schauer*, a. a. O., S. 62 ff.; *Baumbach/Hopt*, § 131 Rdnr. 62; *Klein*, a. a. O., § 72 Rdnr. 11; *Schlegelberger/Karsten Schmidt*, § 138 Rdnr. 66; *Erman/Westermann*, § 738 Rdnr. 13; *Ulmer*, Gesellschaft bürgerlichen Rechts, § 738 Rdnr. 41 m. w. N.;

einen Vertrag zu Lasten eines Dritten, durch den dem Erben für »seinen« Anteil eine Abfindung verwehrt wird, sondern kraft Gesellschaftsvertrags – also durch Geschäft unter Lebenden – wird dafür gesorgt, daß Anteil und Anteilswert mit dem Tod des Gesellschafters automatisch den Mitgesellschaftern zufallen. Dies ist eine Verfügung unter Lebenden – nämlich unter den Gesellschaftern –, die sich im Todesfall automatisch vollzieht und deshalb, auch soweit unentgeltlich[104], nicht nach § 2301 BGB formbedürftig ist[105]. Die Fortsetzungsklausel leitet die Mitgliedschaft am Nachlaß vorbei. Der Abfindungsausschluß hat keine andere Wirkung, als wenn im Gesellschaftsvertrag stünde, daß jeder Gesellschafter für den Todesfall seine Beteiligung auf die jeweiligen Mitgesellschafter nach dem Verhältnis ihrer Anteile überträgt. Das mag in einzelnen Fällen erbrechtliche Folgeprobleme auslösen (vgl. §§ 2287, 2325 BGB). Gesellschaftsrechtlich ist der Vorgang unbedenklich.

c) Man muß sich darüber klar sein, daß eine solche Vereinbarung, wenn sie alle Gesellschafter trifft, eine Art »Russisches Roulette« darstellt[106]: Der am längsten Lebende erhält am Ende alles! Die Klausel wirkt, sofern nichts anderes vereinbart ist, auch dann, wenn am Ende nur noch ein Gesellschafter übrig bleibt und damit das ganze Vermögen an ihn fällt[107]. Das ergibt sich wie von selbst, wenn man statt von einer Fortsetzungsklausel von einer *Ausschließungsklausel* spricht, denn unabhängig von ihrer Formulierung zielt die Klausel nach Sinn und Zweck auf die Ausschließungsfolge. Das vermeidet schwierige Auslegungs- oder gar Umdeutungsprobleme, die in Wahrheit nur Scheinprobleme sind[108].

Beispiel Nr. 25 (in Anlehnung an *BGH*, LM Nr. 2 zu § 138 HGB = WM 1957, 512): Von einer Kommanditgesellschaft waren nur noch zwei Gesellschafter X und Y geblieben. X starb. Die Klausel lautete auf Fortsetzung mit den übrigen Gesellschaftern auch beim Tode des Komplementärs. Nach Auffassung des *Bundesgerichtshofs* war die Klausel für den hier vorliegenden Fall »als ein vertragliches Übernahmerecht für den verbleibenden Gesellschafter anzusehen, wenn eine mehrgliedrige Personalhandelsgesellschaft im Laufe der Zeit zu einer zweigliedrigen Gesellschaft geworden ist. Denn es kann für die Auslegung einer solchen Fortsetzungsklausel keinen Unterschied machen, ob die übrigen Gesellschafter gleichzeitig oder zeitlich hintereinander durch Tod aus der Gesellschaft ausscheiden.«

Im Ergebnis ist dem *Bundesgerichtshof* zuzustimmen, aber in Wahrheit bedurfte es keines Übernahmerechts. Erfaßte die Ausschließungsklausel auch

---

Sudhoff/Froning, a.a.O., § 44 Rdnrn. 86ff.; s. aber *Ebenroth*, a.a.O., Rdnr. 862; *Wiedemann*, a.a.O., S. 188f.; *Heymann/Emmerich*, § 138 Rdnr. 43; *Engel*, NJW 1986, 348.

104 Das ist nach h.M. der Fall, wenn die Regelung nicht für den Tod jedes Gesellschafters gilt.

105 Im Ergebnis h.M.; vgl. *Huber*, Vermögensanteil, S. 462ff.; *Heymann/Emmerich*, § 138 Rdnr. 43; *Schlegelberger/Karsten Schmidt*, § 138 Rdnr. 67; *Erman/Westermann*, § 738 Rdnr. 13; *Ulmer*, Gesellschaft bürgerlichen Rechts, § 738 Rdnr. 49 m.w.N.; *Sudhoff/Froning*, a.a.O., § 44 Rdnr. 88; a.M. *Wiedemann*, a.a.O.; S. 180ff.; *Kuttler*, a.a.O., S. 40ff.

106 *Wiedemann*, a.a.O., S. 136; *Huber*, Vermögensanteil, S. 465f.

107 Vgl. auch *Erman/Westermann*, § 736 Rdnr. 2: »Die Fortsetzungsklausel kann die Funktion einer Übernahmeklausel annehmen.«

108 Vgl. nur *Baumbach/Hopt*, § 138 Rdnr. 6.

den Fall der zweigliedrigen Gesellschaft, dann war X ausgeschieden, und Y war Gesamtrechtsnachfolger der Gesellschaft geworden (dazu oben, § 44 II 2). Er brauchte nichts zu »übernehmen«, sondern es trat dieselbe Rechtsfolge ein, wie wenn X bereits zu Lebzeiten ausgeschieden wäre[109]. Allerdings wird die Frage nicht häufig auftreten, denn das »Russische Roulette« ist bei Gesellschaftern kaum weiter verbreitet als bei den Besitzern von Trommelrevolvern. Fortsetzungsklauseln werden meist nicht für den Tod jedes Gesellschafters, sondern nur für den Tod bestimmter Gesellschafter vereinbart (andernfalls bliebe im Fall der GmbH & Co. KG am Ende oft nur die GmbH übrig).

4. Fortsetzung mit dem Erben bzw. mit sämtlichen Erben

Der Kommanditanteil geht beim Tod eines *Kommanditisten* ohne weiteres auf den oder die Erben über, wenn der Gesellschaftsvertrag keine abweichende Regelung enthält (vgl. § 177 HGB). Bei Komplementär-Anteilen und Anteilen an einer oHG (§§ 131 III Nr. 4, 161 II HGB) oder bei Anteilen an einer Gesellschaft bürgerlichen Rechts (§ 727 BGB) tritt Fortsetzung mit den Erben ein, wenn der Vertrag eine sog. Nachfolgeklausel enthält, die z.B. lauten kann: »Beim Tod eines Gesellschafters geht sein Anteil auf dessen Erben über.« Es tritt dann diejenige Rechtsfolge ein, die beim Tod eines Kommanditisten als gesetzliche Normalregelung gilt: Die Erben sind nicht aus der Gesellschaft ausgeschlossen, und die Gesellschaft ist auch nicht aufgelöst, sondern sie wird mit dem oder den Erben des verstorbenen Gesellschafters fortgeführt. Im Gegensatz zu einer bloßen Eintrittsklausel, über die noch zu sprechen sein wird, bewirkt die Nachfolgeklausel nicht bloß einen Eintritt der Erben in die Gesellschaft[110], sondern die Fortsetzung der Gesellschaft mit den automatisch nachrückenden Erben (weshalb ja die Bezeichnung »Fortsetzungsklausel« vorzuziehen wäre). Üblicherweise wird gesagt, die Nachfolgeklausel mache aus der Mitgliedschaft in der Personengesellschaft ein vererbliches Recht[111]. Das war nach dem bis 1998 geltenden Rechtszustand schlicht unrichtig[112] und ist immer noch ungenau: Die Mitgliedschaft in der Personengesellschaft ist ein vererbliches Recht. Die Nachfolgeklausel verhindert nur, daß sie entweder als Mitgliedschaft in einer

---

109 Auch das »Übernahmerecht« des § 142 HGB a.F. war richtigerweise nichts als eine gesetzliche Ausschließungsfolge (*Karsten Schmidt*, in: Festschrift Frotz, Wien 1993, S. 401); richtig deshalb jetzt § 140 I 2 HGB.

110 So aber *Ebert*, a.a.O., S. 106ff.; nach *Ebert* (S. 142ff.) ist die Mitgliedschaft in der Personengesellschaft unvererblich; der Hauptunterschied zwischen der Nachfolgeklausel und der Eintrittsklausel besteht nur noch darin, daß durch die Nachfolgeklausel i.V.m. dem Testament aus dem Eintrittsrecht auch eine Eintrittspflicht wird (vgl. S. 141).

111 Vgl. nur *BGHZ* 22, 186, 191; 68, 225, 229; *Lange/Kuchinke*, a.a.O., § 5 VI 6 a; *Leipold*, in: MünchKomm. BGB, 3. Aufl., § 1922 Rdnr. 35; *Ulmer*, Gesellschaft bürgerlichen Rechts, § 727 Rdnr. 21; *Soergel/Hadding*, 11. Aufl., § 727 Rdnr. 16; *Hopt/Hehl/Vollrath*, Rdnr. 615; krit. mit Recht *Marotzke*, AcP 184 (1984), 543ff., der auch die terminologische Kritik des Textes teilt; vgl. zuletzt *Staudinger/Marotzke* (2000), § 1922 Rdnr. 171.

112 Vgl. 3. Aufl., § 45 V 3; *Schlegelberger/Karsten Schmidt*, § 139 Rdnr. 16; zust. *Marotzke*, AcP 184(1984), 543ff.; *Siegmann*, NJW 1995, 484.

Liquidationsgesellschaft vererbt wird (§ 727 BGB) oder vor ihrem Übergang auf den Erben erlischt (§ 131 III Nr. 1 HGB). Die Nachfolgeklausel ist sehr verbreitet, beim Kommanditanteil allerdings überflüssig (vgl. § 177 HGB). Sie wird zweckmäßigerweise ohne Benennung eines bestimmten Erben formuliert. Ist ein bestimmter Nachfolger benannt, so handelt es sich um eine qualifizierte Nachfolgeklausel, auf deren Sonderprobleme unter V 5 noch einzugehen sein wird. Aber schon die einfache Nachfolgeklausel wirft rechtspraktische und rechtsdogmatische Probleme auf.

a) Ein *praktisches Problem* mit schwierigen rechtsdogmatischen Folgeproblemen besteht darin, daß der Erblasser in der Mehrzahl der Fälle *mehrere Erben* hinterläßt, die eine Erbengemeinschaft – also eine Gesamthand nach §§ 2032 ff. BGB – bilden. Die Frage ist also, ob der Anteil des Verstorbenen den Erben ungeteilt in Erbengemeinschaft anfällt. Dann wäre die Erbengemeinschaft Gesellschafterin. Eine Erbengemeinschaft kann aber nach herrschender Auffassung nicht Mitglied einer werbend tätigen Gesellschaft sein[113]. Wird eine Gesellschaft durch Tod aufgelöst, so fällt der Anteil des verstorbenen Gesellschafters der Erbengemeinschaft an (vgl. oben unter V 2 b). Anders wird dies beurteilt, wenn die Gesellschaft mit den Erben fortgesetzt werden soll, und genau darum geht es hier. Die herrschende Auffassung steht auf dem Standpunkt, daß mehrere Miterben in einem solchen Fall nicht als Gesamthandsgemeinschaft, sondern als einzelne Gesellschafter Mitglieder der Gesellschaft werden[114]. Die Rede ist hier von der sog. *Sonderzuordnung* des vererbten Anteils. Es kommt zu einem automatischen *Splitting der vererbten Mitgliedschaft.* Zwar ist diese herrschende Meinung bestritten[115], aber sie kann nach *BGHZ* 68, 225, 237 »mangels zwingender gegenteiliger Argumente schon im Hinblick auf die notwendige Kontinuität einer revisionsrechtlichen Rechtsprechung nicht mehr in Frage gestellt werden«. Die Rechtsprechung, von der der *Bundesgerichtshof* spricht, kann in der Tat auf eine einhundertjährige Tradition zurückblicken. Bei *RGZ* 16, 40, 57 ist zu lesen, daß die Erben »von Gesetzes wegen Gesellschafter der offenen Gesellschaft werden«, und zwar offenbar als einzelne, denn eine oHG könne »nur so bestehen, daß *jede* Person, welche Gesellschafter ist, für alle Verbindlichkeiten der Gesellschaft solidarisch

113 *RGZ* 16, 40, 56; *RG*, DR 1943, 1224; *BGHZ* 22, 186, 192; 68, 225, 237; 98, 48, 50 f.; *Grunewald*, Rdnr. 1 A 148; *Kübler*, § 7 VII 3 a; *Erman/Westermann*, § 727 Rdnr. 8; *Ulmer*, Gesellschaft bürgerlichen Rechts, § 705 Rdnr. 69; *Staub/Ulmer*, § 105 Rdnr. 98.

114 *BGHZ* 22, 186, 192; 68, 225, 237; 98, 48, 50; 108, 187, 192; *BGH*, NJW 1983, 2376; 1985, 2592, 2594; 1996, 1284, 1285; 1999, 571, 572; *BayObLG*, BB 1983, 1751 = WM 1983, 1092; *OLG Frankfurt*, OLGZ 1983, 189 = NJW 1983, 1806; *Ebenroth*, Rdnr. 866; *Hopt/Hehl/Vollrath*, Rdnr. 622; *Alfred Hueck*, oHG, § 28 II 2 a; *Kübler*, § 7 VII 3 a; *Lange/Kuchinke*, a. a. O., § 5 VI A 4; *Baumbach/Hopt*, § 139 Rdnr. 14; *Erman/Westermann*, § 727 Rdnr. 8; *Staudinger/Marotzke* (2000), § 1922 Rdnr. 178; *Ulmer*, Gesellschaft bürgerlichen Rechts, § 705 Rdnr. 69, § 727 Rdnrn. 24 ff.; *Crezelius*, a. a. O., Rdnr. 257; grundlegend *Ulmer*, ZGR 1972, 203 ff.; zweifelnd *ders.*, NJW 1990, 76, 83.

115 Für Zulassung der Erbengemeinschaft als Gesellschafterin *Ebert*, a. a. O., S. 114 ff.; *Köbler*, a. a. O., S. 99 ff., 125 ff.; *Börner*, AcP 166 (1966), 447 ff.; *Kruse*, in: Festschrift Laufke, a. a. O., S. 184 ff.; *Stötter*, DB 1970, 528 f.; zwischen der Beteiligung und dem Gesamthandsanteil differenziert *Küster*, a. a. O., S. 47–58; er hält überhaupt nur die (Vermögens-)Beteiligung für vererblich und meint, sie falle in die Erbengemeinschaft; nach geltendem Recht ist aber beides nicht trennbar.

und mit ihrem ganzen Vermögen haftet«. Die umstrittene Frage sollte nicht rechtsdogmatisch, sondern positivistisch beantwortet werden. Ob nicht die Erbengemeinschaft als Gesamthand doch Gesellschafterin sein *könnte* oder ob organisations- und haftungsrechtliche Hindernisse entgegenstehen, ist schwer zu beantworten. Einfach zu erkennen ist aber, daß das Gesetz dies nicht will. Es bringt in § 139 HGB zum Ausdruck, daß jeder Erbe *als einzelner* Mitglied der Personengesellschaft wird, denn nach dieser Bestimmung kann jeder Erbe (!) sein (!) Verbleiben in der Gesellschaft davon abhängig machen, daß ihm eine Kommanditistenstellung eingeräumt wird[116]. Deshalb ist der herrschenden Auffassung zuzustimmen.

Beispiel Nr. 26: Der Gesellschaftsvertrag der G & H oHG enthält eine Nachfolgeklausel. Gesellschafter G (Beteiligung 50%) wird zu je 1/2 von seiner Ehefrau E und den gemeinsamen Kindern A, B, C und D beerbt. Hier tritt nicht die ungeteilte Erbengemeinschaft die Nachfolge in die 50%-Mitgliedschaft an. H hat vielmehr jetzt fünf Mitgesellschafter, die bei gesetzlichem Güterstand und gesetzlicher Erbfolge mit 1/4 (E) bzw. mit 1/16 (A, B, C und D) beteiligt sind (§§ 1371, 1931 BGB).

Diese »Sonderzuordnung« steht nicht im Widerspruch zum Prinzip der erbrechtlichen Universalsukzession (dazu unter V 4 d)[117] und beruht auch nicht auf übergeordneten rechtsdogmatischen Grundsätzen, sondern allein darauf, daß das Gesetz jeden Miterben als Einzelgesellschafter behandelt. Es hat für die Klärung mehr geschadet als genützt, daß man den sich außerhalb der Erbengemeinschaft vollziehenden Anfall der Mitgliedschaft an die Erben in vermeintlichem Gegensatz zur Gesamtrechtsnachfolge als »Sondererbfolge« bezeichnet. Der Rechtsübergang von Todes wegen betrifft die Mitgliedschaft als Ganzes. Das automatische Splitting ist nichts anderes als eine sich kraft Gesetzes vollziehende Teil-Auseinandersetzung der Erbengemeinschaft[118]. Nach richtiger, inzwischen wohl vorherrschender Auffassung ist deshalb kein Raum für die sog. Sonderzuordnung, wenn der Anteil auf einen Alleinerben übergeht[119]. Wird dagegen der Gesellschafter von mehreren Personen beerbt, so zerfällt der vererbte Anteil in so viele Anteile, wie Erben vorhanden sind. Soll beim Anfall an mehrere Miterben eine Atomisierung der Zuständigkeiten vermieden werden, so werden die Gesellschafterrechte

116 Vgl. zur Argumentationskraft des § 139 HGB auch *RGZ* 171, 345, 349; *BGHZ* 68, 225, 237; *Flume*, Personengesellschaft, § 18 II 1; *Hopt/Hehl/Vollrath*, Rdnr. 623; *Düringer/Hachenburg/Flechtheim*, § 139 Anm. 15; a. M. *Ebert*, a. a. O., S. 114ff.; *Liebisch*, ZHR 116 (1954), 130ff.; wohl auch *Wiedemann*, a. a. O., S. 198.

117 So aber *Brox*, a. a. O., Rdnr. 758.

118 *Schlegelberger/Karsten Schmidt*, § 139 Rdnr. 17; zust. *Ebenroth*, a. a. O., Rdnr. 866; *Deckert*, NZG 1998, 45ff.; ähnlich *Rüthers*, AcP 168 (1968), 281; *Bommert*, BB 1984, 181; die von *Müller* (in: Festschrift Wahl, 1973, S. 392) für den Fall der qualifizierten Nachfolgeklausel eingeführte Rechtsfigur der logischen Sekunde wird von *Flume* (Personengesellschaft, § 18 Fußn. 4) als abwegig bezeichnet; die Konstruktion eines Durchgangserwerbs ist in der Tat eine rechtsdogmatische Verrenkung, aber doch als Kontrollüberlegung hilfreich: Die Mitgliedschaft fällt unmittelbar außerhalb der Erbengemeinschaft an, aber so, als hätte eine Teil-Auseinandersetzung stattgefunden.

119 *Erman/Westermann*, § 727 Rdnr. 8; *Schlegelberger/Karsten Schmidt*, § 139 Rdnr. 18 m. w. N.; anders *BGHZ* 22, 186, 193; 91, 132; *Ulmer*, in: Festschrift Schilling, a. a. O., S. 90ff.; *ders.*, ZHR 146 (1981), 559.

zweckmäßigerweise schon im Gesellschaftsvertrag durch eine sog. Vertreterklausel gebündelt (obligatorische Gruppenvertretung; vgl. oben, § 21 II 5).

b) *In rechtsdogmatischer Hinsicht* ist umstritten, ob die Rechtsnachfolge der Erben auf Gesellschaftsrecht oder auf Erbrecht beruht. Eine hier als *gesellschaftsvertragliche Lösung* bezeichnete Auffassung versteht die Nachfolgeklausel als eine Verfügung unter Lebenden auf den Todesfall[120]. Natürlich leugnet diese Auffassung nicht, daß erst der Tod eines Gesellschafters die Nachfolge auslöst und daß der Nachfolger Erbe sein muß, wenn im Gesellschaftsvertrag steht, daß die Gesellschaft mit den Erben fortgesetzt wird. Aber der Tod und die Erbenstellung sind nach der gesellschaftsvertraglichen Lösung nur aufschiebende Bedingungen für einen rechtsgeschäftlichen Anteilserwerb: Der Erbe wird kraft Nachfolgeklausel, nicht kraft Erbrechts, Gesellschafter. Nach der *herrschenden Meinung* liegt dagegen ein erbrechtlicher Erwerb, also eine *Nachfolge von Todes wegen*, vor[121]. Diese herrschende Auffassung wird hier als *erbrechtliche Lösung* bezeichnet.

Stellungnahme[122]. Die *gesellschaftsvertragliche Lösung* wird ohne weiteres mit der gesetzlich gewollten Sonderzuordnung der Mitgliedschaft im Todesfall fertig. Sie bietet eine Erklärung dafür, daß jeder Miterbe als einzelner Gesellschafter werden kann, denn warum sollte eine unter Lebenden erworbene Mitgliedschaft in die Erbengemeinschaft fallen? Auch die Probleme der qualifizierten Nachfolgeklausel, über die noch zu sprechen sein wird, lösen sich leicht, wenn man den Erwerb kraft Nachfolgeklausel als einen Erwerb unter Lebenden betrachtet, denn wer sollte den Erblasser hindern, seine Mitgliedschaft durch Geschäft unter Lebenden nur auf den A zu übertragen, auch wenn er von A und B beerbt wird? Die gesellschaftsrechtliche Theorie braucht nicht einmal auf einen Schutz von Miterben und Pflichtteilsberechtigten zu verzichten, denn ihnen können Ansprüche aus dem Ausgleich von Vorempfängen oder Pflichtteilsergänzungsansprüche zugute kommen[123]. Das sind auf den ersten Blick bedeutsame Vorzüge.

Trotzdem ist der *erbrechtlichen Lösung* zu folgen. Nachdem die Mitgliedschaft in der Personengesellschaft als Verfügungsgegenstand akzeptiert ist (oben unter III), kann es nicht schwer fallen, sie auch als Nachlaßgegenstand anzuerkennen (dazu alsbald unter V 4c). Die gesellschaftsrechtliche Lösung blickt nun gebannt auf die zum Prinzip der Gesamtrechtsnachfolge vermeintlich nicht passende Sonderzuordnung, drängt deshalb den ganzen Vorgang aus dem Erbrecht heraus und erkauft die Flucht in das Gesellschaftsvertragsrecht durch zivilistische Gewalttätigkeiten. Da die Nachfolgeklausel nur unter den Gesellschaftern verabredet wird, muß die gesellschafts-

120 *Flume*, Personengesellschaft, § 18 II; *ders.*, in: Festschrift Schilling, a. a. O., S. 23 ff.; *Brox*, a. a. O., Rdnrn. 754 ff., 758; *Säcker*, a. a. O., S. 43 ff.; *Lange/Kuchinke*, a. a. O., § 5 VI A 6; hinsichtlich des Gesamthandsanteils (nicht der Vermögensbeteiligung) auch *Küster*, a. a. O., S. 54 ff.

121 Vgl. statt vieler *BGHZ* 22, 186, 191; 68, 225, 229 = JZ 1977, 685 m. Anm. *Wiedemann;* dazu auch *Ulmer*, BB 1977, 805 ff.; *H. P. Westermann*, JuS 1979, 761 ff.; h. M.; vgl. nur *Ulmer*, Gesellschaft bürgerlichen Rechts, § 727 Rdnr. 24.

122 Vgl. auch *Schlegelberger/Karsten Schmidt*, § 139 Rdnr. 17.

123 Eingehend *Flume*, Personengesellschaft, § 18 VI.

rechtliche Theorie die Nachfolgeklausel als verfügenden[124] Vertrag zugunsten eines Dritten, nämlich des Erben, ansehen. Nach herrschender, freilich bestrittener Auffassung gibt es solche Verträge nicht[125]. Viel wesentlicher als dieses vielleicht überwindbare Dogma ist aber, daß die einfache Nachfolgeklausel nach ihrem Sinn und Zweck keine Zuwendung von Gesellschaftsanteilen unter Lebenden bewirken, sondern nur die für den Tod eines Kommanditisten schon vom Gesetz vorgesehene Rechtsfolge herbeiführen soll. Der gebräuchliche, aber ganz unglückliche Begriff der »Nachfolgeklausel« und der von diesem Begriff vermittelte Eindruck, daß die Klausel die Nachfolge des Erben herbeiführt, wurde schon kritisiert (unter V 1 c). Die sog. Nachfolgeklausel soll nur die Auflösungs- oder auch Ausscheidensfolge im Todesfall (§§ 727 BGB, 131 III Nr. 1 HGB) vermeiden[126]. Diese Klausel enthält also keine Verfügung über den Anteil, sondern sie stellt nur die Situation her, die beim Tod eines Kommanditisten der gesetzlichen Regel entspricht (§ 177 HGB). Die Erben eines Kommanditisten werden kraft Erbfolge (§ 1922 BGB) Mitglieder einer werbenden Gesellschaft, ohne daß es einer besonderen Vertragsklausel bedürfte (vgl. § 177 HGB). Der Anfall der Mitgliedschaft bei dem oder den Erben ist, ebenso wie im Fall des § 177 HGB, erbrechtlicher Art.

c) Damit vereinfacht sich auch die nächste, lange Zeit besonders umstrittene dogmatische Frage: *Gehört die vererbte Mitgliedschaft zum Nachlaß?* Und im Zusammenhang hiermit: Kann sich eine Testamentsvollstreckung auf den ererbten Anteil erstrecken? Beide Fragen wurden hier in der ersten Auflage ausführlich behandelt und bejaht. Seit dem Urteil *BGHZ* 108, 187 = NJW 1989, 3152 können sie als im Grundsatz geklärt gelten (vgl. zur Testamentsvollstreckung unter V 8). Die Nachlaßzugehörigkeit der vererbten Mitgliedschaft wurde im Hinblick auf die sog. »Sondererbfolge« bestritten[127]. Nach richtiger Auffassung gehört die Mitgliedschaft, auch wenn sie nicht in die Erbengemeinschaft fällt, zum Nachlaß[128]. Ein Begriffsgegensatz zwischen

124 *Flume* (Personengesellschaft, § 18 II) rügt mit Recht, daß immer nur über den »dinglichen« Vertrag zugunsten Dritter debattiert wird.

125 *BGHZ* 68, 225, 232; *Ulmer*, ZGR 1972, 214; *ders.*, BB 1977, 806; eingehende Nachweise bei *Gottwald*, in: MünchKomm. BGB, § 328 Rdnrn. 149ff., 154f.; a.M. *Brox*, a.a.O., Rdnrn. 754, 740; *Säcker*, a.a.O., S. 44ff.

126 Den folgenden Ausführungen zustimmend *Ebenroth*, a.a.O., Rdnr. 865.

127 So vor allem *Düringer/Hachenburg/Flechtheim*, § 139 Anm. 12ff., § 177 Anm. 6; *Ulmer*, Gesellschaft bürgerlichen Rechts, 2. Aufl., § 727 Rdnr. 27; *ders.*, NJW 1984, 1496ff.; *ders.*, ZHR 146 (1982), 560ff.; *ders.*, JuS 1986, 859; s. auch *BGHZ* 22, 186, 193; 91, 132, 135f. (II. Zivilsenat).

128 So *BGHZ* 98, 48, 51 (IVa-Senat) = JuS 1987, 147 m.Anm. *Karsten Schmidt; BGH* (IV a Senat), NJW 1983, 2376; *BGHZ* 108, 187, 192 (II. Senat); *BGH*, NJW 1996, 1284, 1285 (IV. Senat; *Ebenroth*, Rdnr. 867; *Baumbach/Hopt*, § 139 Rdnr. 14; *Erman/Westermann*, § 727 Rdnr. 9; *Palandt/Edenhofer*, § 1922 Rdnr. 20; *Schlegelberger/Karsten Schmidt*, § 139 Rdnr. 17; *Staudinger/Marotzke* (2000), § 1922 Rdnr. 186; *Raddatz*, a.a.O., S. 39ff., 141f.; *Siegmann*, a.a.O., S. 152ff.; *Stodolkowitz*, in: Festschrift Kellermann, a.a.O.; *Brox*, JZ 1984, 892; *Esch*, NJW 1984, 339ff.; *Flume*, NJW 1988, 161ff.; *ders.*, ZHR 155 (1991), 501ff.; *Marotzke*, JZ 1986, 458ff.; *ders.*, AcP 187 (1987), 229; *ders.*, JR 1988, 161ff.; *Siegmann*, NJW 1995, 484; sympathisierend *Rehmann*, BB 1985, 298; wir hier jetzt auch *Ulmer*, Gesellschaft bürgerlichen Rechts, § 727

»Erbschaft« und »Nachlaß«, der nach der Gegenansicht bei der Anteilsvererbung zum Tragen kommen soll[129], ist nicht anzuerkennen[130]. Auch die gesellschaftsrechtliche Besonderheit, daß mehrere Miterben nicht in ungeteilter Erbengemeinschaft, sondern als einzelne die gesetzliche Nachfolge antreten, ist noch kein Grund, eine Gesamtrechtsnachfolge oder die Zugehörigkeit des Anteils zum Nachlaß abzulehnen. Das Prinzip der erbrechtlichen Universalsukzession bedeutet nur, daß der Nachlaß ohne Verfügungsgeschäfte auf die Erben übergeht[131]. Das ist auch bei der Nachfolge in die Mitgliedschaft der Fall. Das erbrechtlich ungewohnte automatische Splitting bei Nachfolge mehrerer Miterben ist nur die praxisgerechte Lösung eines Konflikts zwischen Erbrecht und Gesellschaftsrecht, wonach das Gesetz die Miterben behandelt, als hätte eine Teil-Auseinandersetzung stattgefunden (vgl. bereits unter V 4 a). Mehr ist hinter dem geheimnisvollen Rechtsinstitut der »Sonderzuordnung« vererbter Anteile nicht zu entdecken, und zu dem Einwand, dies sei keine »Universal«-Sukzession ist zu sagen: Wie uns das Recht der Aufspaltung lehrt, verträgt sich der Simultan-Anfall eines Teil-Vermögens an mehrere Rechtsnachfolger durchaus mit dem Rechtsinstitut der Universalsukzession (§§ 123 I, 131 UmwG und dazu oben, § 12 IV 4, § 13 IV)[132].

d) Der Gesellschaftsanteil fällt dem einzelnen Erben ohne sein Zutun und, wenn er nur Erbe ist, ohne Rücksicht auf seinen Willen an. Will er diese Rechtsfolge nicht – auch nicht vorübergehend –, so muß er ggf. die Erbschaft ausschlagen (§ 1953 BGB). Um die Erben eines oHG-Gesellschafters oder Komplementärs nicht in eine unzumutbare Zwangssituation zu versetzen – unbeschränkte Haftung oder Ausschlagung der ganzen Erbschaft –, gibt ihnen § 139 HGB die Möglichkeit, ihr Verbleiben in der Gesellschaft von der Einräumung einer Kommanditistenstellung abhängig zu machen (näher unten, § 52 III 4 und § 54 II 4).

5. Fortsetzung mit einzelnen Erben (sog. qualifizierte Nachfolgeklausel)

a) Eine qualifizierte Nachfolgeklausel liegt vor, wenn nicht alle Erben, sondern nur einer oder einige von ihnen in die Gesellschafterstellung nachrücken sollen[133]. Sie lautet zum Beispiel: »Beim Tod eines Gesellschafters wird die Gesellschaft immer nur mit dem ältesten leiblichen Abkömmling des

---

Rdnr. 27; grundlegend *Wiedemann*, a.a.O., S. 157ff.; zum Anteilserwerb mit Mitteln der Vorerbschaft vgl. *BGHZ* 109, 214 = NJW 1990, 514; dazu eingehend *Martinek*, ZGR 1991, 74ff.

129 *Ulmer*, NJW 1984, 1498; *ders.*, JuS 1986, 859; Kritik bei *Siegmann*, a.a.O., S. 136ff.

130 Vgl. *Marotzke*, AcP 184 (1984), 553f.; 187(1987), 229; s. auch *BGHZ* 98, 48, 53.

131 Deutlich Mot., in: *Mugdan* V, S. 2; bemerkenswerterweise betrachtete der erste Entwurf mehrere Erben noch als Bruchteilsberechtigte, nicht als Gesamthand!

132 Anders z.B. *Kübler*, § 7 VII 3 a: nicht Gesamtrechtsnachfolge, sondern Sondernachfolge; *Ebenroth*, a.a.O., Rdnr. 866: Singularsukzession; ebenso *Hopt/Hehl/Vollrath*, Rdnr. 623; *Klein*, a.a.O., Rdnr. 43.

133 Vgl. nur *BGHZ* 68, 225; *BGH*, NJW 1983, 2376; *BFH*, NJW 1982, 407, 408; *LG Hamburg*, Rpfleger 1999, 388 m.Anm. *Alff*.

Verstorbenen als Nachfolger fortgesetzt.« Der Sinn einer solchen Klausel besteht darin, daß die Mitgliedschaft unmittelbar[134] demjenigen zufallen soll, den die Klausel benennt. Als *Grundfall* diene das

Beispiel Nr. 27: Hinterläßt der mit 50% beteiligte Gesellschafter seine Ehefrau und zwei leibliche Kinder als gesetzliche Erben und ist die Tochter T 25, der Sohn S 20 Jahre alt, so führt eine qualifizierte Nachfolgeklausel zugunsten des »ältesten leiblichen Abkömmlings« dazu, daß die Gesellschaft nur mit der T fortgesetzt wird. T ist, wie ihr Vater, mit 50% beteiligt.

Eine qualifizierte Nachfolgeklausel kann nicht nur einen, sondern auch mehrere Miterben unter Ausschluß der anderen Erben zu Nachfolgern bestimmen[135].

Beispiel Nr. 28 (nach *BayObLG*, MDR 1981, 587): Die Nachfolgeklausel bestimmte, daß der geschäftsführende Gesellschafter das Recht hat, seinen Gesellschaftsanteil auf zwei Kinder zu übertragen, die damit Anrecht auf die Geschäftsführung erwerben. Das *BayObLG* folgerte mit der inzwischen h.M., daß die später namentlich benannten Kinder den Gesellschaftsanteil – unabhängig von ihrer allgemeinen Erbquote – unmittelbar zu gleichen Teilen erworben hatten.

b) Die *rechtsdogmatische Frage*, ob der Erwerb auf dem Geschäft unter Lebenden beruht oder ob eine erbrechtliche Nachfolge stattfindet, ist auch hier wieder umstritten. Die hier als gesellschaftsvertragliche Lösung bezeichnete Lehre kann das Problem konsequent und ohne Bruch lösen[136]. Die vorherrschende und auch hier vertretene erbrechtliche Lösung hat es schwerer. Da aber ihre Grundthesen dahin gehen, daß der Erwerb kraft »Sonderzuordnung« außerhalb der Erbengemeinschaft stattfindet, läßt sich auch die qualifizierte Nachfolgeklausel in das dogmatische Modell einfügen[137]. Anfangs hat allerdings die qualifizierte Nachfolgeklausel der Praxis und Wissenschaft Rätsel aufgegeben, denn wie soll ein *Mit*erbe kraft Erbrechts *alleiniger* Erbe der Mitgliedschaft werden? Das Erbrecht des BGB kennt nicht die Vererbung einzelner Gegenstände, sondern nur die Vererbung des Nachlasses. Das erste Grundlagenurteil in *BGHZ 22*, 186, 194f. meinte deshalb noch, kraft Erbrechts könne einem Miterben nur ein seiner Erbquote entsprechender Teil der Mitgliedschaft zufallen. Das übrige wachse den Mitgesellschaftern an. Diese seien aber aufgrund der qualifizierten Nachfolgeklausel verpflichtet, die ihnen zugewachsene Beteiligung auf den Nachfolger-Erben zu übertragen. In unserem *Grundbeispiel* würde diese Lösung bedeuten, daß die T kraft Erbrechts nur Gesellschafterin zu 1/8 würde. Der Mitgesellschafter wäre verpflichtet, diese Beteiligung auf 1/2 aufzustocken. Diese absonderliche Rechtskonstruktion war der Überzeugungskraft der

134 Als Gegenansicht vgl. wiederum *Ebert*, a.a.O., S. 106ff.
135 Vgl. auch die Nachfolgeregelung in *BGH*, NJW 1983, 2376 = WM 1983, 672.
136 Vgl. *Flume*, Personengesellschaft, § 18 II 2; *Brox*, a.a.O., Rdnrn. 754ff.
137 Vgl. *BGHZ* 68, 225, 237ff.; *Ulmer*, BB 1977, 807; widerstrebend *Marotzke*, AcP 184 (1984), 548ff.

erbrechtlichen Theorie nicht eben zuträglich[138]. Aber damit tat man der erbrechtlichen Lösung Unrecht, denn die alte *BGH*-Meinung war auch nach der erbrechtlichen Theorie verfehlt[139]. Der erbrechtliche Anfall der Mitgliedschaft hat im Vermögen der Mitgesellschafter nichts zu suchen. Eher war schon die Auffassung plausibel, nicht die Mitgesellschafter des Erblassers, sondern alle Miterben würden (in Erbengemeinschaft) Gesellschafter und müßten im Wege der Auseinandersetzung die Mitgliedschaft auf den Nachfolger-Erben übertragen[140]. Aber im Personengesellschaftsrecht können eben ohne Auflösung der Gesellschaft keine unerwünschten Dritten – hier: die durch die Klausel gerade ausgeschlossenen Miterben – Gesellschafter werden. Heute sind die dogmatisch-technischen Schwierigkeiten der qualifizierten Nachfolgeklausel überwunden. Seit dem Grundlagenurteil in *BGHZ* 68, 225, 236ff. = JZ 1977, 635 m. Anm. *Wiedemann* ist anerkannt, daß die Beteiligung dem durch die Nachfolgeklausel benannten Miterben unmittelbar und in vollem Umfang anfällt[141]. Die konsequente Herauslösung der Beteiligung aus der Erbengemeinschaft macht dies möglich. Wiederum ist dies aber kein Grund, die Nachlaßzugehörigkeit der vererbten Mitgliedschaft zu verneinen[142]. Die Mitgliedschaft als Nachlaßgegenstand fällt dem Nachfolge-Erben unmittelbar an, gleich als wäre sie ihm im Wege der Teil-Auseinandersetzung aus der Erbengemeinschaft übertragen worden. Die qualifizierte Nachfolgeklausel funktioniert wie eine dinglich wirkende Teilungsanordnung[143]. Wiederum sollte nicht von einer »Sondererbfolge«, sondern nur von einer »Sonderzuordnung« gesprochen werden.

c) Die qualifizierte Nachfolgeklausel löst schließlich *Abfindungsprobleme* aus, und zwar erbrechtliche, nicht gesellschaftsrechtliche Abfindungsprobleme[144]. In gesellschaftsrechtlicher Hinsicht ändert sich ja nur die Person des Gesellschafters. Zu einer Abfindung besteht also gesellschaftsrechtlich kein Anlaß[145]. In erbrechtlicher Hinsicht stellt sich dagegen die Frage, ob der Nachfolger-Erbe seine Miterben durch einen Ausgleich entschädigen muß. Zweckmäßigerweise wird dies im voraus geregelt, und zwar nicht durch den Gesellschaftsvertrag, sondern durch letztwillige Verfügung[146]. Zweifelhaft ist

138 Vgl. die Einwände bei *Flume*, Personengesellschaft, § 18 II; weitere Nachweise bei *Siegmann*, a.a.O., S. 94; dort auch (S. 96f.) zu der von *Huber* vorgeschlagenen Unterscheidung zwischen der Mitgliedschaft und der »Wertbeteiligung«.

139 Eingehend *Alfred Hueck*, oHG, § 28 II 2c Fußn. 37; *Wiedemann*, a.a.O., S. 193ff.; *Huber*, Vermögensanteil, S. 444ff.; *Ulmer*, ZGR 1972, 211.

140 *Kruse*, in: Festschrift Laufke, a.a.O., S. 187ff.

141 Ebenso *BayObLG*, MDR 1981, 587; *Wiedemann*, a.a.O., S. 193ff.; *Hopt/Hehl/Vollrath*, Rdnr. 628; *Baumbach/Hopt*, § 139 Rdnr. 17; ebenso im Ergebnis die Anhänger der »gesellschaftsrechtlichen« Lösung; vgl. *Flume*, Personengesellschaft, § 18 II 2; *Brox*, a.a.O., Rdnr. 758; *Lange/Kuchinke*, a.a.O., § 5 VI A 4.

142 So aber *Ulmer*, NJW 1984, 1502; dagegen *Schlegelberger/Karsten Schmidt*, § 139 Rdnr. 20.

143 Vgl. im Ergebnis auch *Soergel/Wolf*, § 2032 Rdnr. 25; *Dütz*, in MünchKomm. BGB, 3. Aufl., § 2032 Rdnr. 54.

144 *Ebenroth*, a.a.O., Rdnr. 870; anders anscheinend noch *RGZ* 145, 289, 294; 171, 345, 350f.: Abfindungsklausel erforderlich.

145 Vgl. auch *BGHZ* 50, 316, 318; *BFH*, NJW 1982, 407, 408; *Michalski*, a.a.O., S. 188.

146 *BGHZ* 22, 186, 197.

die Rechtslage, wenn eine letztwillige Regelung fehlt. Kaum als Ausgleichsgrundlage unter Miterben geeignet ist § 1978 BGB, den manche analog anwenden wollen[147]. Die hier abgelehnte gesellschaftsrechtliche Theorie (Nachfolgeklausel als Zuwendung unter Lebenden) prüft einen Erbenausgleich für lebzeitige Zuwendungen nach §§ 2050 ff. BGB[148]. Sogar Befürworter der vorherrschenden erbrechtlichen Theorie prüfen eine – dann nur analoge – Anwendung der §§ 2050 ff. BGB[149]. Auch § 242 BGB wird ins Spiel gebracht[150], schließlich sogar § 812 BGB[151]. Wie so oft tut sich die Juristenzunft schwer, für ein evident vernünftiges Ergebnis die richtige Grundlage zu finden. Abhilfe verspricht die Besinnung darauf, daß die qualifizierte Nachfolgeklausel wie eine mit dem Erbfall automatisch vollzogene Teilungsanordnung funktioniert[152]. Fehlt eine entgegenstehende letztwillige Verfügung (z.B. ein Vorausvermächtnis zugunsten des designierten Nachfolgers), so ist der Wert des Gesellschaftsanteils bei der Erbauseinandersetzung in Ansatz zu bringen, und hierfür bedarf es, weil der Vorwegempfang Bestandteil der Erbteilung ist, überhaupt keiner besonderen Vorschriften. Will der Erblasser den Nachfolger-Erben bevorzugen, ihm also die vererbte Mitgliedschaft vorab zukommen lassen, so muß er dies im Testament zum Ausdruck bringen, und zwar im Wege eines Vorausvermächtnisses[153]. Ist ein Testament vorhanden und verweist es auf die Klausel des Gesellschaftsvertrags, so ist es eine Auslegungsfrage, ob der Erblasser damit hat zum Ausdruck bringen wollen, daß der Nachfolger-Erbe die Beteiligung vorab ohne Ausgleichungspflicht erhalten soll.

Beispiel Nr. 29: Die Tochter T in unserem vorletzten Beispiel erhält zwar allein die Mitgliedschaft ihres Vaters, aber sie muß sich den Wert dieser Mitgliedschaft bei der Erbauseinandersetzung mit Mutter und Bruder anrechnen lassen, sofern nicht durch Vorausvermächtnis ein anderes angeordnet ist.

6. Die Eintrittsklausel und die Anteilszuwendung durch »gesellschaftsrechtliche Nachfolgeklausel«

a) Als *Eintrittsklausel* bezeichnet man eine Vertragsklausel, die einzelnen Erben oder Nichterben ein Recht zum Beitritt zur Gesellschaft gibt. Die Vereinbarung einer Eintrittsklausel ist ein *berechtigender Vertrag zugunsten Dritter* (§ 328 I BGB)[154]. Der Begünstigte kann Aufnahme in die Gesellschaft

147 *Erman/Westermann*, § 727 Rdnr. 10; *Ulmer*, Gesellschaft bürgerlichen Rechts, § 727 Rdnr. 35.

148 *Brox*, a.a.O., Rdnr. 761; vgl. auch *Lange/Kuchinke*, a.a.O., § 15 III 3 b; im Ergebnis verneinend *Flume*, Personengesellschaft, § 18 VI; grundsätzlich auch *Tiedau*, NJW 1980, 2448f.

149 *Palandt/Edenhofer*, § 2050 Rdnr. 18.

150 Vgl. *BGHZ* 22, 186, 196f.; krit. *Marotzke*, AcP 184 (1984), 576.

151 *Staudinger/Marotzke* (2000), § 1922 Rdnr. 183.

152 Vgl. *Schlegelberger/Karsten Schmidt*, § 139 Rdnr. 23; zust. *Crezelius*, a.a.O., Rdnr. 261; *Sudhoff/Froning*, a.a.O., § 44 Rdnr. 40; *Dütz*, in: MünchKomm BGB, § 2032 Rdnr. 54; vgl. im Ansatz schon *Ulmer*, ZGR 1972, 195ff., 326ff.; s. *Rüthers*, AcP 168 (1968), 281.

153 Dazu *BayObLG*, DB 1980, 2028, 2029; *Eisenhardt*, Rdnr. 116; *Sudhoff/Froning*, a.a.O., § 44 Rdnr. 35; näher *Lange/Kuchinke*, a.a.O., § 5 VI 6 d.

154 Statt vieler *Brox*, a.a.O., Rdnr. 749; *Ebenroth*, a.a.O., Rdnr. 883; *Gottwald*, in: MünchKomm. BGB, § 328 Rdnr. 58; *Schauer*, a.a.O., S. 617ff.

verlangen, und zwar von den Mitgesellschaftern. Deshalb enthält die Eintrittsklausel häufig eine stillschweigend vereinbarte sog. Fortsetzungsklausel. Sie kann auch Elemente der qualifizierten Nachfolgeklausel enthalten.

Beispiel Nr. 30: Kann im Fall des Todes des Gesellschafters G dessen Sohn – ob Erbe oder nicht – an Stelle des G in die Gesellschaft eintreten, so wird dies bedeuten, daß die Gesellschaft unter Ausschluß der Erben fortgesetzt werden soll, daß aber die Mitgesellschafter verpflichtet sind, den Sohn aufzunehmen, falls er dies will. Gleichzeitig kann auch gemeint sein, daß der Sohn, falls er Erbe wird, automatisch nachrücken soll (qualifizierte Nachfolgeklausel). Nur für den Fall, daß der Sohn nicht Erbe wird, wirkt dann die Klausel als Fortsetzungs- und Eintrittsklausel.

Es ist nicht leicht, eine gut funktionierende Eintrittsklausel zu formulieren[155]. Das Hauptproblem der Eintrittsklausel besteht in der Abfindungsfrage, denn es kann sein, daß sich die Gesellschafter beim Tod eines Mitgesellschafters dem Eintrittsanspruch eines Dritten und zugleich den Abfindungsansprüchen der weichenden Erben ausgesetzt sehen[156]. Das wird schwerlich dem Willen der Beteiligten entsprechen. Am besten sorgt man durch eindeutige Vertragsabreden für Klarheit. Wenn sie fehlen, wird man wohl differenzieren müssen:

aa) Ist der Eintrittsberechtigte zugleich *Miterbe* und war dies auch so geplant, so ist vorab zu prüfen, ob die Klausel für diesen Fall als qualifizierte Nachfolgeklausel ausgelegt werden kann. Ist dies nicht der Fall, so ist immer noch im Zweifel dasselbe wirtschaftliche Ergebnis gewollt wie bei einer qualifizierten Nachfolgeklausel; nur die Technik des Eintritts ändert sich. Die Gesellschaft braucht die weichenden Erben nicht abzufinden, wohl aber muß sich der begünstigte Erbe den Vorteil bei der Erbauseinandersetzung anrechnen lassen. Durch ein Vorausvermächtnis kann der Berechtigte vor Ausgleichsansprüchen seiner Miterben geschützt werden[157]. Jedenfalls bleibt es dann bei der Ausgleichungsproblematik unter den Miterben.

bb) Ist der Eintrittsberechtigte ein *Dritter*, so steht ihm ein Eintrittsrecht im Zweifel nur zu, wenn er eine Einlage leistet, die dem Abfindungsanspruch der Erben entspricht[158]. Anders verhält es sich, wenn man die Klausel so auslegen kann, daß Abfindungsansprüche der Erben gegen die Gesellschaft ausgeschlossen sind. Dann wird der Anteil auch wertmäßig am Nachlaß vorbeigeführt.

b) *Vermächtnisse* sind ohne weiteres möglich[159]. Das Vermächtnis kann auf Übertragung eines vorhandenen und vererbten Anteils gerichtet, aber auch als Eintrittsvermächtnis ausgestaltet sein (Beispiel hierfür: *BGH*, DB 1984, 1668). Beschwert ist bei einem Vermächtnis immer der Erbe. Nur wer ein

155 Praxishinweise bei *Klein*, a.a.O., § 72 Rdnrn. 89ff.

156 Eingehend *Götte*, Die Gewinn- und Auseinandersetzungsansprüche bei einer Gesellschafternachfolge aufgrund rechtsgeschäftlichen Eintrittsrechtes, DNotZ 1988, 603ff.

157 *Ulmer*, ZGR 1972, 336f.

158 *BGH*, NJW 1978, 264, 266; *Hopt/Hehl/Vollrath*, Rdnr. 663; insofern übereinstimmend *Ulmer*, Gesellschaft bürgerlichen Rechts, § 727 Rdnr. 43.

159 Vgl. nur *Wiedemann*, a.a.O., S. 165f.; *Huber*, Vermögensanteil, S. 458.

Unternehmen oder eine Beteiligung erbt, kann auch im Wege eines Vermächtnisses zur Einräumung oder Übertragung einer Beteiligung verpflichtet werden. Deshalb setzt ein funktionierendes Vermächtnis – außer bei Kommanditanteilen (§ 177 HGB) – eine Nachfolgeklausel voraus.

Beispiel Nr. 31: Gesellschafter G vererbt seine Mitgliedschaft an seine Ehefrau E, seine Tochter T und seinen Sohn S. Im Testament kann er anordnen, daß E und S ihre Mitgliedschaftsrechte auf die T übertragen sollen. Im Gegensatz zur Eintrittsklausel verschafft das Vermächtnis der T nur Rechte gegen die Miterben.

c) Von der nur die Erbfolge steuernden ist die *rein gesellschaftsrechtliche (»rechtsgeschäftliche«) Nachfolgeklausel* zu unterscheiden. Gemeint ist die Zuwendung der Mitgliedschaft durch den Gesellschaftsvertrag als *Geschäft unter Lebenden*, also jene Art Zuwendung, die die hier abgelehnte »gesellschaftsvertragliche Lösung« schon im Normalfall der Nachfolgeklausel für gegeben hält (oben unter V 4 b). Die Frage spielt immer dann eine Rolle, wenn der durch eine qualifizierte Nachfolgeklausel designierte Nachfolger entweder überhaupt nicht Erbe sein soll oder, aus welchen Gründen auch immer, unabhängig von der Erbenstellung Anteilsnachfolger werden soll[160].

Beispiel Nr. 32: In einen Gesellschaftsvertrag soll eine Klausel aufgenommen werden, wonach im Fall des Todes des Gesellschafters X der Y als Nichterbe Gesellschafter sein soll. Oder: Die Nachfolgeklausel in einem Gesellschaftsvertrag bestimmt, daß immer der älteste Sohn, hilfsweise die älteste Tochter, ganz hilfsweise der nächste Verwandte Nachfolger sein soll. Gesellschafter G, der einen Sohn S und eine Tochter T hinterläßt, hat durch Testament die T zur Alleinerbin bestimmt.

In diesen Fällen *kann* die Nachfolge des durch die Klausel bestimmten Nachfolgers keine erbrechtliche sein. Entweder kommt ein Erwerb auf gesellschaftsrechtlicher Basis zustande, oder die Nachfolgeklausel geht ins Leere. Für die hier abgelehnte *gesellschafts*rechtliche Deutung jeder Nachfolgeklausel sind diese Fälle kein Sonderproblem: Beruht der Rechtserwerb auf dem Gesellschaftsvertrag und nicht auf der erbrechtlichen Gesamtrechtsnachfolge, so kann selbstverständlich jede Person zum Nachfolger bestimmt werden[161]. Für die herrschende und auch hier vertretene *erb*rechtliche Deutung der Nachfolge in Personengesellschaftsanteile liegen Sonderfälle vor, die mit dem Normalfall der Nachfolge von Erben nichts zu tun haben: Hier geht es wirklich um die *Nachfolgeklausel als auf den Tod bedingtes Verfügungsgeschäft.* Problemlos ist eine rechtsgeschäftliche Nachfolgeklausel wirksam, wenn der Nachfolger selbst Gesellschafter und damit am Rechtsgeschäft beteiligt ist[162]. Wirksam ist sie außerdem, wenn er zwar nicht Gesellschafter ist, aber der »gesellschaftsrechtlichen Nachfolgeklausel« als Vertragspartner beitritt, denn zwischen dem Gesellschafter und ihm wirkt diese Klausel als aufschiebend bedingte Anteilsübertragung. Die »gesell-

---

160 Vgl. als Beispiele *BGH,* NJW-RR 2002, 538; *BayObLG,* DB 2000, 2119.

161 *Brox,* a.a.O., Rdnr. 759; *Siegmund/van Venrooy,* Rdnrn. 144f.; *Säcker,* a.a.O., S. 44ff.; einschr. *Flume,* Personengesellschaft, § 18 IV; vgl. auch, wegen § 2301 BGB, *Schlegelberger/Karsten Schmidt,* § 139 Rdnr. 27.

162 *BGHZ* 68, 225, 234; *BayObLG,* BB 2000, 2119; *Ulmer,* Gesellschaft bürgerlichen Rechts, § 727 Rdnr. 38; *ders.,* BB 1977, 807f.

schaftsrechtliche Nachfolgeklausel« ist eine bindende Vorwegverfügung unter Lebenden. Sie entzieht den Anteil dem Nachlaß und gibt dem Berechtigten ein nicht mehr durch letztwillige Verfügung entziehbares Recht[163]. Ob das gewollt ist, muß durch Auslegung festgestellt werden[164]. Dabei spricht eine Vermutung dafür, daß die Vertragsregelung eine erbrechtliche und nicht eine gesellschaftsrechtliche Nachfolgeklausel darstellt[165]. Liegt eine gesellschaftsrechtliche Nachfolgeklausel vor und ist der als Nachfolger Berufene weder Gesellschafter noch sonst an dieser Vertragsregelung beteiligt, so wäre die Klausel hinsichtlich der Mitgliedschafts*rechte* ein verfügender Vertrag zugunsten eines Dritten und zugleich hinsichtlich der Mitgliedschafts*pflichten* ein Vertrag zu Lasten eines Dritten; da es beides nicht gibt – jedenfalls ein Vertrag zu Lasten eines Dritten ist indiskutabel! –, ist die Klausel unwirksam[166]. So will es das geltende Recht: Wer nicht schon Gesellschafter ist, kann nicht ohne oder gar gegen seinen Willen in die Gesellschaft hereingezogen werden. Auch im Gesellschaftsrecht bewährt sich also das Abstraktionsprinzip: Einem Dritten kann durch berechtigenden Vertrag das Recht gegeben werden, einer Gesellschaft beizutreten (Eintrittsklausel). Aber dies begründet nur einen schuldrechtlichen Anspruch. Der Beitritt selbst, also der Vollzug, findet nur unter Mitwirkung des Berechtigten, also nur mit seinem Willen statt. Automatisch fällt nur dem Erben eine Mitgliedschaft an, der dafür ein Ausschlagungsrecht hat.

d) Da eine Einbeziehung Dritter in die Gesellschaft durch rein gesellschaftsrechtliche Nachfolgeklauseln abzulehnen ist, *stößt eine Nachfolgeklausel ins Leere, wenn der durch die Klausel zum Nachfolger Berufene nicht Erbe wird.* Das kann ohne weiteres vorkommen, denn oft werden Nachfolgeklauseln Jahrzehnte vor dem Erbfall vereinbart, und oft werden sie für jedem Todesfall formuliert und nehmen keine Rücksicht auf die persönlichen Verhältnisse des einzelnen Gesellschafters. Wird der zum Nachfolger Bestimmte nicht Erbe oder ist niemand vorhanden, auf den eine abstrakt gehaltene Nachfolgeklausel (z.B. »der älteste Abkömmling«) paßt, so kann nur eine Umdeutung helfen, z.B. die Umdeutung in eine Eintrittsklausel[167].

Beispiel Nr. 33 (in Anlehnung an *BGH*, NJW 1978, 264): Der Gesellschaftsvertrag sah vor, daß die Gesellschaft »mit einem leiblichen Erben als Kommanditist« fortgesetzt werden sollte. Kurz vor seinem Tode errichtete der Gesellschafter G jedoch ein Testament, in dem er seine zweite Ehefrau F zur Alleinerbin einsetzte und dem aus der ersten Ehe stammenden Sohn S seinen Anteil als Vermächtnis zuwandte. Hierdurch entstand eine Asymmetrie zwischen Gesellschaftsvertrag und Testament: F war zwar Erbin, aber kein »leiblicher Erbe«, S hingegen zwar »leiblich«, aber kein Erbe, sondern nur Vermächtnisnehmer. Damit konnte die ganze Nachfolge scheitern. Der *BGH* nahm eine ergänzende

163 *BayObLG*, BB 2000, 2119, 2120.
164 *BayObLG*, BB 2000, 2119f.; im Fall *BGH*, NJW-RR 2002, 538, 540 wäre eher von einer sog. Fortsetzungsklausel zu sprechen (Ausschließung der Mitarbeiter).
165 Vgl. *BayObLG*, DB 1980, 2028.
166 *BGHZ* 68, 225, 232; *Schlegelberger/Karsten Schmidt*, § 139 Rdnr. 26; *Ulmer*, Gesellschaft bürgerlichen Rechts, § 727 Rdnr. 37; *ders.*, ZGR 1972, 212; *Rüthers*, AcP 168 (1968), 274; a.M. *Säcker*, a.a.O., S. 44ff., 49ff.
167 Vgl. auch *Crezelius*, a.a.O., Rdnr. 263.

Vertragsauslegung vor und deutete die Nachfolgeklausel als Eintrittsklausel. Demnach hatte S – unabhängig vom Testament – jedenfalls einen schuldrechtlichen Anspruch auf Aufnahme in die Gesellschaft. Die Frage, wer den Eintritt zu finanzieren hatte, erscheint bei diesem Ergebnis als ein Problem der Testamentsauslegung.

7. Haftung des Erben*

Hinsichtlich der Haftung des Erben für Gesellschaftsverbindlichkeiten ist zu unterscheiden: Nach §§ 1967 ff. BGB haftet der Erbe unbeschränkt, aber beschränkbar für Nachlaßverbindlichkeiten. Auch die vom Erblasser herrührende Gesellschafterhaftung gehört dazu, und zwar unabhängig davon, ob der Erbe Gesellschafter wird. Wird das Gesellschaftsverhältnis mit dem Erben fortgesetzt – gleich, ob aufgrund einer Nachfolgeklausel oder Eintrittsklausel –, so haftet er daneben gesellschaftsrechtlich, d.h. ohne erbrechtliche Beschränkungsmöglichkeit, für alle Neuverbindlichkeiten (§ 128 HGB) und Altverbindlichkeiten (§ 130 HGB; vgl. unten, § 49 IV 2). Um den Erben nicht vor die Wahl zu stellen, ob er unbeschränkt haften oder aus Furcht vor der Haftung die Erbschaft ausschlagen soll, gibt ihm das Gesetz die Möglichkeit, die unbeschränkte gesellschaftsrechtliche – nicht die erbrechtliche! – Haftung für die Vergangenheit und für die Zukunft zu beseitigen: Er kann nach § 139 HGB sein Verbleiben in der Gesellschaft davon abhängig machen, daß die Mitgesellschafter seine Stellung in die eines Kommanditisten umwandeln. Geschieht dies binnen drei Monaten, so haftet der Erbe nach Gesellschaftsrecht entgegen dem mißverständlichen Wortlaut des § 139 IV HGB (unten, § 52 III 4 b und § 54 II 4 c) weiter, aber er haftet für Altverbindlichkeiten wie für Neuverbindlichkeiten nur noch als Kommanditist (zur umstrittenen Haftsummenbemessung in diesem Fall vgl. unten, § 54 II 4 c). Wird die Gesellschaft binnen drei Monaten aufgelöst oder scheidet der Erbe fristgemäß aus, so haftet er überhaupt nur noch erbrechtlich für die ererbten Haftungsverbindlichkeiten (vgl. unten, § 52 III 4 b). Es handelt sich um ein Haftungsprivileg, das dem für den Erben des Einzelkaufmanns geltenden § 27 II HGB entspricht: Der Erbe kann die handelsrechtliche, nicht die erbrechtliche, Haftung binnen drei Monaten korrigieren.

8. Testamentsvollstreckung**

a) Der vor allem die 80er Jahre durchziehende Streit um die Zulässigkeit der *Testamentsvollstreckung an Personengesellschaftsanteilen* hat mit dem Urteil

---

* Literatur: vgl. unten, § 54 II 4.

** Literatur: *Bommert*, Neue Entwicklungen zur Frage der Testamentsvollstreckung in Personengesellschaften, BB 1984, 178; *Brandner*, Die Testamentsvollstreckung am Kommanditanteil ist zulässig, in: Festschrift Kellermann, 1991, S. 37; *Buschmann*, Testamentsvollstreckung im Gesellschaftsrecht, 1982; *Buß*, Die Rechte des Testamentsvollstreckers in der werbenden oHG, Diss. Münster 1971; *Crezelius*, a.a.O.; *Damrau*, Zur Testamentsvollstreckung am Kommanditanteil, NJW 1984, 2785; *Dörrie*, Die Testamentsvollstreckung im Recht der Personengesellschaften und der GmbH, 1994; *Donner*, Der Testamentsvollstrecker des eingetragenen Einzelkaufmanns, des offenen Handelsgesellschafters, des Komplementärs und des Kommanditisten, DNotZ 1944, 143; *Durchlaub*, Die Ausübung von Gesellschaftsrechten in Personengesellschaften durch Testa-

BGHZ 108, 187 = NJW 1989, 3152 eine im grundsätzlichen begrüßenswerte Klärung gefunden. Anerkannt war bereits, daß der Anteil an einer durch Tod aufgelösten Gesellschaft der Testamentsvollstreckung unterliegen kann[168]. Auch der Abfindungsanspruch im Fall einer Fortsetzungsklausel kann ohne weiteres der Verwaltung eines Testamentsvollstreckers unterliegen[169]. Hinsichtlich des ererbten Anteils an einer werbenden Personengesellschaft wurden dagegen rechtsdogmatische Einwände erhoben, weil es an der Nach-

---

mentsvollstrecker, DB 1977, 1399; *Ehrl*, Die Verwaltungstestamentsvollstreckung in Kommanditanteile, 1994; *Einmahl*, Die Ausübung der Verwaltungsrechte des Gesellschaftererben durch den Testamentsvollstrecker, AcP 160 (1961), 29; *Emmerich*, Die Testamentsvollstreckung an Gesellschaftsanteilen, ZHR 132 (1969), 297; *Esch*, Zur Zulässigkeit der Testamentsvollstreckung an Kommanditbeteiligungen, NJW 1981, 2222; *Eschelbach*, Die Testamentsvollstreckung am Kommanditanteil, Diss. Bonn 1989; *Gschwendtner*, Testamentsvollstreckung an einem Kommanditanteil, NJW 1996, 362; *Hamann*, Die Rechtsmacht des Testamentsvollstreckers und ihre Grenzen nach Handelsrecht, Diss. Marburg 1963; *Hehemann*, Testamentsvollstreckung bei Vererbung von Anteilen an Personengesellschaften, BB 1995, 1301; *Holch*, Testamentsvollstreckung an einer oHG-Beteiligung, DNotZ 1958, 282; *Hüfner*, Testamentsvollstreckung an Personengesellschaftsanteilen, 1990, *Johannsen*, Führung von Handelsgeschäften und Verwaltung von Gesellschaftsanteilen einer Handelsgesellschaft durch den Testamentsvollstrecker, WM 1970, 570; *Klussmann*, Zur Testamentsvollstreckung bei Beteiligungen auf Personengesellschaften, BB 1966, 1209; Koch, Kommanditanteil und Testamentsvollstreckung, NJW 1983, 1762; *Kretzler*, Testamentsvollstreckung am Kommanditanteil, 1990; *Lenzen*, Die Testamentsvollstreckung bei der GmbH & Co. KG nach höchstrichterlicher Rechtsprechung, GmbHR 1977, 56; *Lorz*, Der Testamentsvollstrecker und der Kernbereich der Mitgliedschaft, in: Festschrift Boujong, 1996, 319; *Marotzke*, Die Mitgliedschaft in einer offenen Handelsgesellschaft als Gegenstand der Testamentsvollstreckung, JZ 1986, 457; *Dieter Mayer*, Testamentsvollstreckung am Kommanditanteil, ZIP 1990, 976; *Muscheler*, Die Haftungsordnung der Testamentsvollstreckung, 1994; *Nordemann*, Zur »Testamentsvollstreckung« an Handelsgeschäften und in Personengesellschaften, NJW 1963, 1139; *Pentz*, Zum Umfang der Verwaltungsbefugnis des Testamentsvollstreckers, NZG 1999, 825; *Quack*, Die Testamentsvollstreckung an Kommanditanteilen, BB 1989, 2271; *Rehmann*, Testamentsvollstreckung an Geschäftsanteilen, BB 1985, 297; *Richardi*, Das Verwaltungsrecht des Testamentsvollstreckers an der Mitgliedschaft in einer Personenhandelsgesellschaft, 1961; *Rowedder*, Die Zulässigkeit der Testamentsvollstreckung bei Kommanditbeteiligung, in: Festschrift Goerdeler, 1987, S. 445; *Schauer*, a.a.O., S. 513ff.; *Schmitz*, Testamentsvollstreckung an Personengesellschaftsanteilen, ZGR 1988, 140; *Schmitz-Herscheidt*, Die Mitgliedschaft in der oHG als Gegenstand der Erbfolge, WM 1971, 1110; *Schmitz-Valckenberg*, Die Testamentsvollstreckung bei der Fortsetzung der oHG oder der KG mit den Erben eines Gesellschafters, Diss. Köln 1961; *Schumacher*, Die Übernahme von Handelsgeschäften und Mitgliedschaften an Personengesellschaften durch den Testamentsvollstrecker, in: Festschrift Knorr, 1968, S. 51; *Sommer*, Der Testamentsvollstrecker im Handelsrecht, DNotZ 1936, 937; *Stimpel*, Testamentsvollstreckung über den Anteil an einer Gesellschaft bürgerlichen Rechts, in: Festschrift Brandner, 1996, S. 779; *Sudhoff*, a.a.O.; *Ulmer*, Testamentsvollstreckung an Kommanditanteilen? ZHR 146 (1982), 555; *ders.*, Testamentsvollstreckung als Kommanditanteil, NJW 1990, 73; *ders.*, Zum Umfang der Testamentsvollstreckung an einem oHG-Anteil, JZ 1998, 468; *Dolf Weber*, Testamentsvollstreckung an Kommanditanteilen? in: Festschrift Stiefel, 1987, 829; *Weidlich*, Die Testamentsvollstreckung im Recht der Personengesellschaften, 1993; *Weiler*, Die Rechtsstellung des Testamentsvollstreckers gegenüber den Erben Hinsichtlich einer personengesellschaftlichen Beteiligung des Erblassers, DNotZ 1952, 283; *Wessels*, Testamentsvollstreckung an einem Kommanditanteil, Diss. Münster 1989; *Winkler*, »Echte« Testamentsvollstreckung am Unternehmen und oHG-Anteil? in: Festschrift Schippel, 1996, S. 519.

168 Vgl. *BGHZ* 98, 48, 58; *BGH*, NJW 1981, 749, 750 (für Gesellschaft bürgerlichen Rechts).

169 Vgl. *BGH*, NJW 1985, 1953, 1954; *Baumbach/Hopt*, § 139 Rdnr. 21; *Schlegelberger/Karsten Schmidt*, § 139 Rdnr. 54.

laßzugehörigkeit fehle[170]. Soweit sich die Praxis hiernach richtete, mußte sie zu Ersatzlösungen, z. B. in Gestalt von Bevollmächtigungen und Verfügungsermächtigungen, greifen[171]. Doch war diesem Ansatz nach dem unter V 3 Gesagten von vornherein nicht zu folgen[172]. Die Testamentsvollstreckung ist – und zwar auch als Dauertestamentsvollstreckung nach § 2209 BGB – im Grundsatz zulässig[173]. Allerdings muß die Verwaltungstestamentsvollstrekkung mit gesellschaftsrechtlichen Grundsätzen, vor allem auch mit dem notwendigen Schutz der Mitgesellschafter, in Einklang gebracht werden.

b) *Die generellen Voraussetzungen* einer zulässigen Verwaltungstestamentsvollstreckung sind im Detail noch nicht ausdiskutiert. Das beginnt schon mit der Frage, ob Testamentsvollstreckung nur bei Kommanditanteilen oder auch an Anteilen unbeschränkt haftender Gesellschafter zulässig ist, und zwar nicht bloß als Auseinandersetzungsvollstreckung, sondern auch als Verwaltungsvollstreckung. Zugelassen wird jedenfalls die Testamentsvollstreckung am Kommanditanteil[174], und zwar selbst dann, wenn die Einlage rückständig ist[175]. Die Verwaltungstestamentsvollstreckung am oHG- oder Komplementäranteil ist nach der hergebrachten, aber längst nicht mehr ungeteilten Auffassung unzulässig[176]. Soweit die haftungsrechtliche Unzumutbarkeit für den Erben eingewendet wird, ist dieses Argument fragwürdig, da der Erbe durch § 139 HGB geschützt ist. Eher überzeugen schon organisationsrechtliche Gründe, denn mit dem Gedanken der Selbstorganschaft bei Personengesellschaften verträgt es sich schwerlich, daß ein Nichtgesellschafter als Testamentsvollstrecker ohne persönliche Haftung Leitungsfunktionen wahrnimmt[177]. Deshalb hat inzwischen der *IV. Senat* ausgesprochen, daß auch bei oHG-Anteilen, Komplementäranteilen und BGB-Gesellschaftsanteilen keine Hindernisse erkennbar sind, wenn sich die Aufgaben des Testamentsvollstreckers auf die Wahrnehmung und Erhaltung der Anteilsrechte beschränken[178]. Der *II. Senat* hat die Testamentsvollstreckung auch am Anteil eines persönlich haftenden Gesellschafters für »nicht schlechthin

---

170 Vgl. besonders *Ulmer*, ZHR 146 (1982), 561 f.; *ders.*, NJW 1984, 1496; *Koch*, NJW 1983, 1763; s. auch *BGH*, NJW 1981, 749, 750 (Gesellschaft bürgerlichen Rechts); *BayObLG*, BB 1983, 1751; *OLG Frankfurt*, NJW 1983, 1806; *OLG Hamburg*, ZIP 1984, 1226, 1227 f.

171 Dazu *Ulmer*, ZHR 146 (1982), 555 ff.

172 Näher *Schlegelberger/Karsten Schmidt*, § 139 Rdnrn. 46 ff., § 177 Rdnrn. 19 ff.

173 *BGHZ* 108, 187, 191 f. = NJW 1989, 3152, 3153; *BGH*, NJW 1996, 1284, 1285; *KG*, WM 1995, 1890, 1891; *Staudinger/Reimann* (1996), § 2205 Rdnrn. 122, 147.

174 *BGHZ* 108, 187 = NJW 1989, 3152; *Heymann/Horn*, § 177 Rdnr. 14; *Schlegelberger/Karsten Schmidt*, § 139 Rdnr. 50, § 177 Rdnrn. 27 ff.; *Rowedder* und *Dolf Weber*, a. a. O.

175 *BGHZ* 108, 187, 197 = NJW 1989, 3152, 3155; *Schlegelberger/Karsten Schmidt*, § 177 Rdnr. 31; *Staub/Schilling*, § 177 Rdnr. 14; einschränkend *Rowedder*, a. a. O., S. 466 f.

176 *RGZ* 170, 392, 394; *BGHZ* 24, 106, 112; 68, 225, 239; *BGH*, NJW 1985, 1953, 1954; für Gesellschaft bürgerlichen Rechts *BGH*, NJW 1981, 749, 750; allgemein *Kübler*, § 7 VII 5; fast allg. M.; anders aber *Hüfner*, a. a. O.; *Muscheler*, a. a. O., S. 549 ff.; *Esch*, NJW 1984, 339 ff.; *Marotzke*, JZ 1986, 457 ff.; *ders.*, AcP 187 (1987), 236 ff.; differenzierend *Heymann/Emmerich*, § 139 Rdnrn. 23 a ff.

177 *Schlegelberger/Karsten Schmidt*, § 139 Rdnr. 51.

178 *BGH*, NJW 1996, 1284, 1285; s. auch *Dörrie*, a. a. O., S. 138 ff.

ausgeschlossen« erklärt, hat sie aber auf die Wahrung der Vermögensrechte beschränkt[179].

Sodann ist zweifelhaft, ob die Testamentsvollstreckung der Zulassung im Gesellschaftsvertrag bedarf und ob, wo es daran fehlt, die Ausübung der Testamentsvollstreckerrechte von der Zustimmung aller Mitgesellschafter abhängt. So sieht es die bisher herrschende Meinung[180], indes wohl zu Unrecht[181]: Wo sich die Gesellschafter gegen den Hinzutritt beliebiger Erben nicht wehren können, besteht keine Grundlage, sie gegen die Rechtsausübung durch den Testamentsvollstrecker zu schützen[182].

c) Zweifelhaft sind noch die *Kompetenzen des Testamentsvollstreckers* (§§ 2203 ff. BGB). Grundsätzlich kann er Verbindlichkeiten nur für den Nachlaß eingehen (§ 2206 BGB), also insbesondere die Kommanditeinlage nicht gegen den Willen des Erben erhöhen[183]. Auch sind Maßnahmen, die nach § 172 IV HGB zur Haftung des Erben-Kommanditisten führen, der Kompetenz des Testamentsvollstreckers entzogen[184]. Nach der herrschenden Meinung ist auch der Kernbereich der Mitgliedschaft (oben, § 16 III 3 b bb) gegen Eingriffe des Testamentsvollstreckers geschützt[185], doch sprechen die besseren Gründe für die Gegenansicht[186]: Der Kernbereichsschutz wirkt im Verhältnis unter den Mitgesellschaftern, und es ist eben der Testamentsvollstrecker, der im Verhältnis zu ihnen die Erbenrechte wahrnimmt. Verfügungen des Testamentsvollstreckers über den Anteil – z. B. auch dessen Veräußerung – sind grundsätzlich möglich (§ 2205 S. 2 BGB) und im Rahmen ordnungsmäßiger Nachlaßverwaltung auch zulässig (§ 2216 BGB), jedoch nur und soweit nicht der Erblasserwille entgegensteht (vgl. § 2208 I 1 BGB).

Beispiel Nr. 34: (nach *LG Mannheim*, NZG 1999, 824 m. Anm. *Pentz*): In einer KG kam die Frage auf, ob der Testamentsvollstrecker bei einer Umwandlung das Stimmrecht aus dem von ihm verwalteten Kommanditanteil ausüben dürfe. Das *LG* bejahte die Frage.

d) Umstritten und wohl zu bejahen ist, ob die Testamentsvollstreckung bei einer Handels-Personengesellschaft im Handelsregister (also konsequenterweise auch bei einer Partnerschaftsgesellschaft im Partnerschaftsregister) vermerkt werden kann oder muß[187]. Alle dem Gesellschafter obliegenden

179 *BGH*, NJW 1998, 1313 = JZ 1998, 468 m. Anm. *Ulmer*.

180 *BGHZ* 68, 225, 241; 108, 187, 191; *BGH*, NJW 1985, 1953, 1954; *Wiedemann*, a. a. O., S. 337.

181 *Karsten Schmidt*, in: MünchKomm HBG, § 177 Rdnr. 27.

182 Nur behutsam in dieser Richtung *Brandner*, in: MünchKomm BGB, § 2205 Rdnr. 37: vermutete Zustimmung bei KG-Anteil.

183 *BGHZ* 108, 187, 198 = NJW 1989, 3152, 3155.

184 *Schlegelberger/Karsten Schmidt*, § 177 Rdnr. 34; im Grundsatz auch *BGHZ* 108, 187, 198 = NJW 1989, 3152, 3155.

185 Vgl. *Baumbach/Hopt*, § 139 Rdnr. 30; *Ulmer*, NJW 1990, 79; *Dieter Mayer*, ZIP 1990, 978.

186 Vgl. *LG Mannheim*, NZG 1999, 824 m. Anm. *Pentz* = ZEV 1999, 443 m. Anm. *Wenninger*; *Dörrie*, a. a. O., S. 122 f.; *Karsten Schmidt*, in: MünchKommHGB, § 177 Rdnr. 31; *Lorz*, in: Festschrift Boujong, a. a. O.; *Schauer*, a. a. O., S. 545 ff.; einschränkend auch *Weidlich*, a. a. O., S. 46 ff.

187 Für Eintragungspflicht *Baumbach/Hopt*, § 139 Rdnrn. 28; *Heymann/Horn*, § 177 Rdnr. 14; *Schlegelberger/Karsten Schmidt*, § 177 Rdnr. 34; *Weidlich*, a. a. O., S. 90 f.; a. M. KG, WM 1995, 1890, 1891; *LG Berlin*, Rpfleger 1992, 25; *Dörrie*, a. a. O., S. 152 f.; unentschieden *BGHZ* 108, 187, 190 = NJW 1989, 3152, 3153.

Handelsregistereintragungen hat im Rahmen seiner Verwaltungszuständigkeit der Testamentsvollstrecker durch Anmeldung herbeizuführen. Insbesondere ist er für die Anmeldung der Gesellschafternachfolge zuständig[188]. Ein Sonderproblem entsteht, wenn der Erbe Mitgesellschafter des Erblassers in derselben Gesellschaft war[189]. Hier droht die Testamentsvollstreckung ins Leere zu gehen, wenn man nicht annimmt, daß der vererbte Kommanditanteil in diesem Fall nach den unter I 2b geschilderten Grundsätzen ausnahmsweise selbständig bleibt[190]. Der IV. Zivilsenat hat mittlerweile ausgesprochen, daß die Testamentsvollstreckung auch in diesem Fall nicht ausgeschlossen sei[191].

9. Vor- und Nacherbfolge

Nach §§ 2100ff. BGB kann der Erblasser anordnen, daß zunächst von einem Vorerben und mit dem Eintritt des Nacherbfalls – z.B. mit dem Tod des Vorerben (§ 2106 I BGB) – von einem Nacherben beerbt wird[192]. Der Vorerbe ist im Verhältnis zu den Mitgesellschaftern vollwertiger Partner und kann als Mitgesellschafter an Verträgen und Beschlüssen mitwirken[193], solange dies nicht unentgeltlich geschieht (§ 2113 II BGB)[194]. Enthält der Gesellschaftsvertrag eine qualifizierte Nachfolgeklausel, so müssen der Vor- und der Nacherbe deren Voraussetzungen erfüllen[195].

188 *BGHZ* 108, 187 = NJW 1989, 3152.
189 Vgl. *Ulmer*, NJW 1990, 76f.
190 Unentschieden *BGHZ* 108, 187, 199 = NJW 1989, 3152, 3155; gegen gesplittete Testamentsvollstreckung *BGHZ* 24, 106, 113; dafür aber *BGH*, NJW 1996, 1284, 1286.
191 *BGH*, NJW 1996, 1284, 1286.
192 Dazu BGHZ 69, 47; 78, 177; zu einem Sonderfall BGHZ 109, 214; *Sudhoff/Scherer*, a.a.O., § 8 Rdnrn. 25ff.
193 BGHZ 78, 177; *Palandt/Edenhofer*, § 2112 Rdnr. 6.
194 BGHZ 69, 47, 50; 78, 177; *Palandt/Edenhofer*, § 2113 Rdnr. 10.
195 *Baumbach/Hopt*, § 139 Rdnr. 19.

Zweiter Abschnitt: Die offene Handelsgesellschaft

§ 46 Die offene Handelsgesellschaft: Begriff und Rechtsnatur*

I. Grundlagen

1. Der Begriff der offenen Handelsgesellschaft

a) Nach *§ 105 I HGB* ist eine Gesellschaft, deren Zweck auf den Betrieb eines Handelsgewerbes unter gemeinschaftlicher Firma gerichtet ist, eine offene Handelsgesellschaft, wenn bei keinem der Gesellschafter die Haftung gegenüber den Gesellschaftsgläubigern beschränkt ist. Gemeint ist: wenn bei keinem der Gesellschafter die gesetzlichen Voraussetzungen der Haftungsbeschränkung erfüllt sind. Nach *§ 105 II HGB* kann eine offene Handelsgesellschaft auch zu kleingewerblichen oder sogar zu nichtgewerblichen Zwecken begründet werden (dazu unter c bb), jedoch setzt dies die Eintragung im Handelsregister voraus. Der Tatbestand des 105 HGB kann nur unter Berücksichtigung des gesellschaftsrechtlichen Rechtsformzwangs (oben, § 5 II 3) richtig verstanden werden[1]. Man muß sich darüber klar sein, daß die Feststellung, ob eine oHG vorliegt, selten Schwierigkeiten bereitet. Trotzdem ist auf eine genaue Definition Wert zu legen, die auch in kritischen Fällen weiterhilft. Im einzelnen kommt es auf folgende Merkmale an:

---

* Literatur: *Lastig*, Die offene Handelsgesellschaft, in: Endemanns Hdb. I, 1881, S. 343ff.; *Happ/Brunkhorst*, Die offene Handelsgesellschaft in: Riegger/Weipert (Hrsg.), MünchHdb. GesR I, 1995, §§ 40ff.; *Gustavus*, Die Neuregelungen im Gesellschaftsrecht nach dem Handelsrechtsreformgesetz, GmbHR 1998, 517; *Alfred Hueck*, Das Recht der offenen Handelsgesellschaft, 4. Aufl. 1971; *Franz Klein*, Die wirtschaftlichen Grundlagen der Erwerbsgesellschaften, 1914; *Michalski*, oHG-Recht, 2000; *Karsten Schmidt*, Zur Stellung der oHG im System der Handelsgesellschaften, 1972; *ders.*, Die Personengesellschaft als Rechtsträger, in: Institut der Wirtschaftsprüfer (Hrsg.), Personengesellschaft und Bilanzierung, 1990, S. 41; *ders.*, HGB-Reform und gesellschaftsrechtliche Gestaltungspraxis, DB 1998, S. 61; *Schön*, Die vermögensverwaltende Personenhandelsgesellschaft, DB 1998, S. 1169; *Schulze-Osterloh*, Das Prinzip der gesamthänderischen Bindung, 1972; *Ulmer*, Hundert Jahre Personengesellschaftsrecht: Rechtsfortbildung bei OHG und KG, ZHR 161 (1997), 102ff.; *Westermann* I 77ff.; *Wertenbruch*, Die Haftung von Gesellschaften und Geschäftsanteilen in der Zwangsvollstreckung, 2000; *Wiedemann*, Gedanken zur Vermögensordnung der Personengesellschaft, in: Festschrift Odersky, 1996, S. 925; *Würdinger*, Gesellschaften, 1. Teil: Recht der Personalgesellschaften, 1937.

1 Eingehend *Karsten Schmidt*, oHG, a. a. O., S. 141–195.

b) Es muß ein *Gesellschaftsvertrag* i.S. von § 705 BGB vorhanden sein, also ein Vertrag, durch den sich mindestens zwei Gesellschafter zur Förderung eines gemeinsamen Zwecks durch Beiträge verpflichten[2]. Auf die Wirksamkeitsvoraussetzungen dieses Vertrags wird unter III 1a eingegangen. Ein fehlerhafter Gesellschaftsvertrag genügt (dazu oben, § 6). Der Gesellschaftsvertrag muß nicht ausdrücklich abgeschlossen werden. Ist ein Unternehmen vorhanden und wird dieses nicht von einem Einzelunternehmer und auch nicht von einem schon vorhandenen Rechtsträger (juristische Person oder Gesamthandsgesellschaft), sondern von mehreren Personen in gewollter Mitunternehmerschaft betrieben, so haben diese Personen eine Gesellschaft gegründet[3]. Anderenfalls fehlte es an einem Unternehmensträger, und ein Unternehmen ohne Unternehmensträger gibt es nicht (Handelsrecht, § 4 IV 2).

Beispiel Nr. 1: Tun sich A, B und C zum gemeinsamen Betrieb eines Restaurants zusammen, so müssen sie sich entscheiden, ob einer von ihnen Einzelkaufmann werden und die anderen nur still beteiligen will. Tun sie dies nicht und werden sie alle mit Außenwirkung mitunternehmerisch tätig, so ist unweigerlich eine Außengesellschaft entstanden, unter den Voraussetzungen des § 1 HGB eine oHG.

Gesellschafter können natürliche Personen, juristische Personen und Außen-Personengesellschaften sein: eine Außengesellschaft bürgerlichen Rechts ebenso wie eine andere oHG oder KG[4]. Das wurde bereits unter § 45 I 2a allgemein für die Personengesellschaft dargelegt. Diese Auffassung hat sich erst langsam gegen eine lange Zeit vorherrschende Gegenansicht durchgesetzt[5]. Neben den bereits behandelten rechtsdogmatischen Bedenken wird gegen die oHG-Beteiligung einer BGB-Gesellschaft deren fehlende Publizität eingewendet[6]. Die Lösung dieses rein praktischen Problems hat ebenso zu lauten wie bei der GmbH-Beteiligung einer BGB-Gesellschaft: Nicht die oHG-Beteiligung der Gesellschaft bürgerlichen Rechts, sondern nur deren Eintragung als Gesellschafterin wird von diesem Einwand betroffen; als Gesellschafter nach § 106 Nr. 1 HGB werden die BGB-Gesellschafter »in

---

2 Eingehend *Alfred Hueck*, oHG, § 1 I a.

3 Näher *Karsten Schmidt*, oHG, a.a.O., S. 185; das Kriterium der gewollten Mitunternehmerschaft soll den objektiven und subjektiven Erklärungstatbestand für den Gesellschaftsvertrag bestimmen, nicht dagegen Bestandteil der Lehre von der fehlerhaften Gesellschaft oder Ersatz für diese Lehre sein; nicht überzeugend deshalb die Einwände von *Wiesner*, Die Lehre von der fehlerhaften Gesellschaft, 1980, S. 56f.

4 Vgl. *BGH*, NJW 2001, 3121; *BayObLG*, NZG 2001, 123; *Brodersen*, Die Beteiligung der BGB-Gesellschaft an den Personengesellschaften, 1988, S. 15ff., 109; *Soergel/Hadding*, 11. Aufl., § 718 Rdnr. 6; *Schlegelberger/Karsten Schmidt*, § 105 Rdnrn. 61ff.; *Ulmer*, Gesellschaft bürgerlichen Rechts, § 705 Rdnr. 67; *Klamroth*, BB 1983, 796ff.; *Karsten Schmidt*, DB 1990, 95.

5 Ablehnend für die Gesellschaft bürgerlichen Rechts noch *RGZ* 123, 366, 369; *BGHZ* 46, 291, 296; *BGH*, WM 1966, 188, 190; 1986, 1280; *OLG Zweibrücken*, OLGZ 1982, 155; *Baumbach/Hopt*, § 105 Rdnr. 29; *Heymann/Emmerich*, § 105 Rdnr. 46; *Schlegelberger/Martens*, § 161 Rdnr. 33 a; *Staub/Ulmer*, § 105 Rdnr. 96; *Westermann* I 166; unentschieden *BGH*, NJW-RR 1990, 798, 799 = ZIP 1990, 505, 507.

6 *Koller/Roth/Morck*, § 105 Rdnr. 19; *Michalski*, § 105 Rdnr. 56; *Staub/Ulmer*, § 105 Rdnr. 96; zustimmend jetzt *Erman/Westermann*, § 705 Rdnr. 21; *Röhricht/v. Westphalen/von Gerkan*, § 105 Rdnr. 64 a.

Gesellschaft bürgerlichen Rechts« eingetragen[7]. Für die bereits anerkannte Kommanditbeteiligung einer BGB-Gesellschaft ist das inzwischen in diesem Sinne geregelt (vgl. § 162 I 2 HGB). Das ist – wie bei der Eintragung von BGB-Gesellschaftern im Grundbuch nach § 47 GBO – ein formales Provisorium, ändert aber nichts daran, daß die (nach gegenwärtigem Stand als solche noch nicht im Handelsregister eintragbare) Gesellschaft bürgerlichen Rechts Rechtsinhaberin – in unserem Beispiel als Gesellschafterin – ist.

c) aa) Das Gesetz unterscheidet zwischen der gewerblichen und der nichtgewerblichen oHG. Ungenau heißt es in § 105 I HGB, *der gemeinsame Zweck* müsse »auf den Betrieb eines Handelsgewerbes unter gemeinschaftlicher Firma gerichtet« sein[8]. Man muß nämlich zwischen dem Bestand des Gesellschaftsvertrags und dem Bestand einer oHG als einer organisierten Rechtsperson unterscheiden: Der gemeinsame Zweck muß auf Unternehmensträgerschaft, also auf den Betrieb eines Unternehmens im Rechtskleid der Außengesellschaft (in gewollter Mitunternehmerschaft), gerichtet sein; das genügt[9]. Damit ist der oHG-Vertrag und der organisatorische oHG-Mantel geschaffen. Für die Vollexistenz der oHG kommt es dann auf das Unternehmen selbst an[10]. Ist dieses – geplant oder ungeplant – kaufmännischer Art, so liegt eine oHG vor, sonst bis zur Eintragung (§ 105 II HGB) nur eine Außengesellschaft bürgerlichen Rechts. Ob das Unternehmen ein kaufmännisches ist oder nicht, hat also nichts mit dem gemeinsamen Zweck zu tun, sondern dies ist das objektive Abgrenzungsmerkmal zwischen der oHG und der Gesellschaft bürgerlichen Rechts; das ergibt sich aus § 123 HGB (vgl. oben, § 11 IV 1b und § 44 III 1).

Beispiel Nr. 2: Gründen A und B durch Gesellschaftsvertrag eine »Brotfabrik«, so ist der gemeinsame Zweck gewiß auf den Betrieb eines kaufmännischen Unternehmens gerichtet, und doch bleibt die Gesellschaft eine Gesellschaft bürgerlichen Rechts, wenn der Betrieb über eine kleine Bäckerei nicht hinauskommt. Das ändert sich erst, wenn die Gesellschaft auf kaufmännisches Niveau wächst (§ 105 I HGB) oder im Handelsregister eingetragen wird (§ 105 II HGB). Hatten die Gründer umgekehrt nur eine kleine Bäckerei gründen wollen und wird diese unversehens zur Großbäckerei oder zur Brotfabrik, so wird aus der Gesellschaft ohne weiteres eine oHG. Dazu bedarf es keiner Änderung des Gesellschaftsvertrags, denn der gemeinsame Zweck braucht in jedem Fall nur auf den Betrieb eines Unternehmens gerichtet zu sein. Die Frage, ob dieses Unternehmen ein kaufmännisches ist oder nicht, ist eine Frage des objektiven oHG-Tatbestands, nicht des vereinbarten Verbandszwecks.

Die handelsgewerbliche Qualität des von der oHG betriebenen Unternehmens kann auf § 1 HGB beruhen oder auf § 2 oder § 3 HGB. Im Fall des § 1

---

7 Vgl. *Brodersen*, Die Beteiligung der BGB-Gesellschaft an den Personengesellschaften, 1988, S. 97ff.; *Karsten Schmidt*, DB 1990, 95; Wertenbruch; BB 2001, 740.

8 Die h.M. hält sich an den Gesetzeswortlaut; vgl. eingehend *Alfred Hueck*, oHG, § 1 I 2.

9 Hier zeigt sich auch im Gesellschaftsrecht die zum Leitgedanken meines Handelsrechts erhobene Verallgemeinerung des Handelsrechts i.S. eines Außenprivatrechts der Unternehmen; vgl. dazu Handelsrecht, §§ 3ff.

10 Irreführend *RGZ* 112, 280, 281, wo aus dem Gesetzeswortlaut abgeleitet wird, es komme auch insoweit nur auf den Gesellschaftszweck an; das *RG* brauchte in Wahrheit nur zu begründen, daß schon ein Gesellschaftsvertrag geschlossen sei.

HGB ist die Gesellschaft auch ohne Eintragung im Handelsregister bereits oHG, in den Fällen der §§ 2 und 3 HGB wird sie es durch Eintragung in das Handelsregister (vgl. dazu Handelsrecht, § 10 IV–VI, vgl. auch zu § 123 HGB sogleich unter III). Das wird für den Fall des § 2 HGB in § 105 II HGB überflüssigerweise noch besonders betont.

bb) Während bis 1998 nur (voll-)kaufmännische Personengesellschaften offene Handelsgesellschaften sein konnten[11], läßt § 105 II HGB seit der Handelsrechtsreform auch die *nichtgewerbliche offene Handelsgesellschaft* zu (Handelsrecht, § 10 VII). Die Bestimmung lautet: »Eine Gesellschaft, deren Gewerbebetrieb nicht schon nach § 1 II Handelsgewerbe ist oder die nur eigenes Vermögen verwaltet, ist eine offene Handelsgesellschaft, wenn die Firma des Unternehmens in das Handelsregister eingetragen worden ist.« § 105 II HGB enthält eine überflüssige und eine höchst bedeutsame Variante. Daß eine kleingewerbliche Personengesellschaft durch Eintragung oHG werden kann, ergibt sich auch ohne die Neuregelung bereits aus der geltenden Fassung der §§ 2, 105 I, 123 HGB. Neu und bedeutsam ist dagegen die zweite Variante: die Zulassung der »nur eigenes Vermögen verwaltenden« Kommanditgesellschaft (vgl. unten, § 53 I 2 c, Handelsrecht § 10 II 3). Diese Gesellschaften – der Gesetzgeber zielte in erster Linie auf Holding- und Besitzgesellschaften, Immobilienverwaltungsgesellschaften, Objektgesellschaften der Bauplanung[12] – mußten bis 1998 auf den Handelsrechtsstatus verzichten oder sich gleichsam »in das Handelsregister hineinlügen«, indem sie eine gewerbliche Tätigkeit darzulegen versuchten. Das ist nicht mehr erforderlich. Leider hat der Gesetzgeber durch die ungeschickte Fassung des Tatbestands neue Abgrenzungsstreitigkeiten ausgelöst[13], denn jetzt ist die Frage entstanden, was unter einer »nur eigenes Vermögen verwaltenden« Personengesellschaft zu verstehen ist[14]. Ist der Akzent auf das »eigene« Vermögen zu legen, so daß die Verwaltung fremden Vermögens ausscheidet[15]? Kommt es auf eine »nur verwaltende« Tätigkeit an[16]? Soll etwa eine konzernleitende Holding-Personengesellschaft gehalten sein, das Registergericht entweder vom Vorhandensein eines eigenen (in Wahrheit fehlenden) Gewerbebetriebs oder von einer (in Wahrheit nicht zutreffenden) Beschränkung auf reine Vermögensverwaltung überzeugen? Wer nicht bloß dem Wortlaut, sondern dem Sinn und Zweck des § 105 HGB auf der Spur ist, wird sich für eine weite Auslegung der Bestimmung entscheiden (Handelsrecht, § 10 VII): Erfaßt sind alle der Innehabung eines Gesellschaftsvermögens fähigen (also Außen-)Personengesellschaften ohne Gewerbebetrieb[17]. Der Handelsregisterrichter muß und wird unsere konzernleitende Holding-Personengesellschaft

11 Näher 3. Aufl., § 46 I.

12 BegrRegE Handelsrechtsreformgesetz, BT-Drucks. 13/8444, S. 40f.

13 Geänderter Gesetzgebungsvorschlag des *Verf.* deshalb bei *Krejci/Karsten Schmidt,* Vom HGB zum Unternehmergesetz, Wien 2002, S. 119.

14 Überblick bei *Baumbach/Hopt,* § 105 Rdnr. 13.

15 So *Schön,* DB 1998, 1169ff.

16 So *Koller/Roth/Morck,* § 105 Rdnr. 10; *Schäfer,* DB 1998, 1273.

17 *Karsten Schmidt,* DB 1998, 62; *ders.* NJW 1998, 2165f.; *ders.,* ZHR 163 (1999), 89f.; der Sache nach ähnlich *BayObLG,* NJW-RR 2002, 968; a.M. *Baumbach/Hopt,* § 105 Rdnr. 13; *Ebenroth/Joost/Boujong,* § 105 Rdnr. 23; *Schäfer,* DB 1998, 1273f.

also eintragen, ohne groß danach zu fragen, ob sie über die Innehabung von Anteilen hinaus Wirtschaftsaktivitäten ausübt. Setzt sich die hier vertretene Auffassung durch, so ist aus der offenen Handelsgesellschaft ein *Kaufmann kraft Rechtsform* geworden (Handelsrecht, § 10 III 3):

- Eine im Handelsregister nicht eingetragene Außengesellschaft kann offene Handelsgesellschaft (§ 105 I HGB) und damit Kaufmann (§ 6 HGB) nur sein, wenn sie ein Handelsgewerbe nach § 1 HGB betreibt.
- Eine im Handelsregister als oHG eingetragene Außengesellschaft dagegen ist Handelsgesellschaft und damit Kaufmann nach § 6 HGB, was immer ihr Zweck und ihre Tätigkeit ist.

d) Irreführend ist auch das *Tatbestandsmerkmal der gemeinsamen Firma* in § 105 HGB[18]. Objektiv bedarf zwar die oHG einer gemeinsamen Firma, aber der gemeinsame Zweck braucht sich nicht auf die Firmenbildung zu beziehen. Handelsunternehmen ohne Firma kann man lange vergeblich suchen. Es gibt Handelsunternehmen mit zulässigen oder unzulässigen Firmen, aber firmenlose Handelsunternehmen sind Erfindungen der juristischen Theorie (vgl. Handelsrecht, § 12 I 1). Deshalb gibt es auch keine Gesellschaft, die mangels gemeinsamer Firma keine oHG ist[19]. Natürlich ist ein oHG-Vertrag ohne Firmenregelung unvollständig, und natürlich kann es sein, daß das Unternehmen unter einem Namen geführt wird, der nicht den §§ 18, 19 HGB entspricht, aber auch dann fehlt es nicht etwa am oHG-Tatbestand, sondern die Gesellschaft kann vom Registergericht zur Annahme einer zulässigen oHG-Firma gezwungen werden[20].

e) Schließlich darf das in § 105 I HGB genannte *Merkmal der unbeschränkten Haftung* nicht falsch verstanden werden[21]. Wie § 128 HGB zeigt, ist die unbeschränkte Haftung nicht Voraussetzung, sondern zwingende Rechtsfolge des oHG-Tatbestandes[22]. Im Lichte des gesellschaftsrechtlichen Rechtsformzwangs (oben, § 5 II 3 b) ist der Schlußteil des § 105 I HGB folgender-

18 Eingehend *Karsten Schmidt*, oHG, a.a.O., S. 149ff.; *Schlegelberger/Karsten Schmidt*, § 105 Rdnrn. 40f.; zust. jetzt *Staub/Ulmer*, § 105 Rdnr. 36; *Westermann* I 83; anders die hergebrachte Auffassung; vgl. *Alfred Hueck*, oHG, § 1 I 3 a; *Heymann/Emmerich*, § 105 Rdnr. 29.

19 Anders *RGZ* 33, 125, 128 und *Alfred Hueck*, oHG, § 1 I 3 a; nach *Alfred Hueck* fehlt es, wenn die Gesellschafter keine gemeinschaftliche Firma angenommen haben, am Begriff der oHG, und die Frage ist nur, ob sie zur Annahme einer gemeinschaftlichen Firma gezwungen werden können. Dem ist nicht zu folgen. Entweder ist die Gesellschaft Unternehmensträgerin, dann hat sie auch eine Firma; oder das Unternehmen wird noch nicht von der Gesellschaft betrieben, dann ist zwar schon der oHG-Vertrag, aber noch keine Handelsgesellschaft vorhanden; oder es liegt, wie in dem von *Hueck* angeführten Fall, *RGZ* 33, 125, 128, in Wahrheit eine Innengesellschaft vor.

20 Das wurde in der 3. Aufl. noch anhand eines Beispiels erläutert, weil unzulässige Firmen nach dem bis 1998 geltenden formalistischen § 19 HGB ein Thema der Praxis waren.

21 Vgl. auch *Alfred Hueck*, oHG, § 1 I 4; *Westermann* I 84.

22 Eingehend *Karsten Schmidt*, oHG, S. 129–138; keine Zustimmung fand bei der Erarbeitung des ADHGB folgende Definition (ADHGB-Protokolle, S. 981): »Eine Handelsgesellschaft ist eine offene, wenn die Gesellschafter nach dem Gesellschaftsvertrag(!) mit ihrem ganzen Vermögen … zu haften haben.«

maßen zu lesen: »... wenn die Gesellschafter nicht durch die Wahl einer anderen zulässigen Rechtsform ihre Haftung beschränkt haben«[23].

f) Damit bleiben folgende Merkmale für den Begriff der oHG übrig:
- ein (nicht notwendig ausdrücklich geschlossener) *Gesellschaftsvertrag*, dessen gemeinsamer Zweck in Abgrenzung zur bloßen Innengesellschaft in der Unternehmensträgerschaft oder Vermögensträgerschaft der Gesellschaft besteht,
- das Fehlen einer den oHG-Tatbestand ausschließenden *Rechtsformwahl* (Abgrenzung zur KG und zu den Kapitalgesellschaften), wobei dieses dritte Merkmal selbstverständlich auch dann gegeben ist, wenn sich die Gesellschafter sogar willentlich für die oHG-Form entschieden haben und
- entweder ein *kaufmännisches Unternehmen* i.S. von § 1 HGB *oder* in den Fällen der §§ 2, 3, 105 II HGB die *Eintragung im Handelsregister*.

2. Geschichte und praktische Bedeutung

a) Die Wurzeln des oHG-Rechts reichen in das Mittelalter zurück[24]. Wie viele andere Institutionen des europäischen Handelsrechts hat sich die oHG vor allem im norditalienischen Handelsverkehr des Spätmittelalters und der Renaissancezeit herausgebildet. In der Tat ist ja in einem arbeitsteilig betriebenen Unternehmen der Gedanke einer Arbeits-, Kapital- und Risikogemeinschaft von Mitunternehmern nur zu naheliegend. In Frankreich brachte dann in der Kodifikationsarbeit unter Ludwig XIV. die Ordonnance sur le commerce von 1673 bereits ein gesetzliches oHG-Recht. Das Regelungsmodell des geltenden Rechts knüpft vor allem an den code de commerce von 1807 (oHG als société en nom collectif) und an die Handelsgesetzbuch-Entwürfe vor 1850 an. Es ist im ADHGB von 1861 bereits weitgehend vorgeprägt und seither nur wenig verändert. Die wichtigsten Änderungen des gesetzlichen oHG-Rechts zielen der Sache nach auf die GmbH & Co. KG (§§ 129a, 130 a, b) oder sind Nebenprodukte der HGB-Reform von 1998 (§§ 105 II, 131 II, III HGB). Sie stehen aus systematischen Gründen im Gesetzeskontext der oHG, werden jedoch überwiegend auf Kommanditgesellschaften angewendet (§ 161 II HGB). In Österreich gilt das HGB seit 1938.

b) Die *Bedeutung der offenen Handelsgesellschaft im Rechtsleben* war vor allem im 19. Jahrhundert erheblich. Die oHG ist zur Grundform der Handels-Personengesellschaften geworden, weil sie seinerzeit auch die Normalform im Rechtsalltag war. So liest man in einem handelsrechtlichen Standardwerk, das während der Gesetzgebungsarbeit am ADHGB erschien,

23 Vgl. den Antrag in ADHGB-Protokolle, S. 977; die Wortfassung versteht sich daraus, daß es die GmbH noch nicht gab und daß die KG als stille Gesellschaft bezeichnet wurde.

24 Vgl. *Goldschmidt*, Universalgeschichte des Handelsrechts I, 1891, S. 271ff.; *Max Weber*, Zur Geschichte der Handelsgesellschaften im Mittelalter, 1889; *Rehme*, in: Ehrenbergs Hdb. I, 1913, S. 167ff.; *Wieland*, S. 521ff.; *Lastig*, ZHR 24 (1879), 387ff.

man müßte die oHG eigentlich als die »ordentliche Handelsgesellschaft« bezeichnen, weil sie die normale Gattung sei[25]. Bei *BGHZ* 38, 306, 312 ist noch von einer »volkswirtschaftlich besonders erwünschten Unternehmensform« die Rede. Es ist unverkennbar, daß die persönliche Haftung aller Gesellschafter der oHG ein hohes Maß an Seriosität verleiht und die Gesellschafter – sofern sie natürliche Personen sind – zu hoher Eigenverantwortung zwingt. Auch in Zeiten der Krisen und Unternehmenszusammenbrüche hat die Rechtsform der oHG verständlicherweise am wenigsten an Prestige verloren, denn bei ihr ist es einfach nicht möglich, daß sich die Gesellschafter auf ihr Privatvermögen zurückziehen, während die Gesellschaft konkursreif ist oder nicht einmal mehr die erforderliche Masse für die Durchführung eines Insolvenzverfahrens aufbringt[26]. Solange der Gesellschafter eine natürliche Person ist und nicht sein Privatvermögen zum Nachteil der Gläubiger auf Dritte verlagert (dann hilft noch das Recht der Insolvenzanfechtung!), trägt er das uneingeschränkte Vermögensrisiko. Genau diese Besonderheit hat aber auch die Bedeutung der oHG schwinden lassen. Vor allem in der Rechtsentwicklung des 20. Jahrhunderts hat eine Flucht aus der unbeschränkten Haftung eingesetzt, die nicht zuletzt aus der Vielzahl von Gesellschaften m.b.H. und GmbH & Co. Kommanditgesellschaften ablesbar ist[27]. Besonders in den 30er Jahren, aber auch bis in die Gegenwart, hat diese Entwicklung heftige Kritik ausgelöst, doch muß sie als Reaktion auf die immer schwerer abschätzbaren Unternehmensrisiken hingenommen werden (s. auch oben, § 18 IV 1b bb). Der Trend zur Haftungsbeschränkung zwingt zu strengen Legitimationsanforderungen vor allem im Recht der GmbH und der GmbH & Co., aber umkehren läßt er sich nach dem gegenwärtigen Stand der Dinge nicht. Es kann jedenfalls nicht mehr die Rede davon sein, daß die oHG im *Rechtsleben* der Normalfall ist. Zwar ist die Zahl der offenen Handelsgesellschaften in den zurückliegenden Jahrzehnten noch allmählich gestiegen – für 1998 wurde eine Anzahl von 251 332 genannt[28] –, aber im Vergleich zur GmbH & Co. KG und zu den Kapitalgesellschaften ist das wenig, und ein Blick auf die Umsatzgrößen zeigt, daß die oHG in der industriellen Wirtschaft zu einer Randfigur geworden ist[29]. Die durch § 105 II HGB ermöglichte Ausweitung auf den nichtgewerblichen Bereich dürfte sich eher bei der Kommanditgesellschaft niederschlagen als bei der offenen Handelsgesellschaft.

c) Trotzdem gehört das Recht der oHG *systematisch* in den Mittelpunkt der Handels-Personengesellschaften[30]. Grundform der Handelsgesellschaften ist die offene Handelsgesellschaft schon im Hinblick auf den zur unbeschränkten Haftung führenden *Rechtsformzwang* (oben, § 5 II 3). Wer diesem Zwang

25 *Heise's* Handelsrecht, 1858, S. 55.
26 Charakteristisch der Rechtsformvergleich bei *Gessner/Rhode/Strate/Ziegert*, Die Praxis der Konkursabwicklung in der Bundesrepublik Deutschland, 1978, S. 177; Masseschmälerungen etwa durch Geschäfte mit Angehörigen gibt es selbstverständlich auch hier.
27 Vgl. dazu *Limbach*, GmbHR 1967, 71 ff.
28 Angaben des Statistischen Bundesamts.
29 Vgl. *Happ/Brunckhorst*, a.a.O., § 40 Rdnr. 15.
30 Vgl. *Karsten Schmidt*, oHG, a.a.O., passim.

ausweichen will, muß eine andere Rechtsform wählen. Gleichzeitig ist die oHG aus Gründen der *gesetzlichen Systematik* rechtliche Grundform der Handels-Personengesellschaften: Für die im Rechtsleben weitaus häufigere Kommanditgesellschaft hat der Gesetzgeber nur wenige Sonderregeln geschaffen und sich im übrigen mit einer Verweisung auf das oHG-Recht begnügt (§ 161 II HGB). Soweit nicht die Sonderstellung des Kommanditisten in Frage steht, lebt also die Kommanditgesellschaft weitgehend nach dem Recht der oHG. Auch die Rechtslage bei der Partnerschaftsgesellschaft (unten, § 64) und bei der Europäischen Wirtschaftlichen Interessenvereinigung (unten, § 66) stellt sich, so unterschiedlich die Regelungen sind, weitgehend als eine Verweisung auf das oHG-Recht dar. Und was schließlich die Gesellschaft bürgerlichen Rechts anlangt, so erweist sich die Verweisungsrichtung des Gesetzes (§ 105 III HGB) als trügerisch, denn auch das BGB-Gesellschaftsrecht bedarf in starkem Maße der Ergänzung durch analog anzuwendendes oHG-Recht (unten, § 58 V 2). Das Recht der offenen Handelsgesellschaft hat deshalb ungeachtet des zahlenmäßigen Schwundes dieser Gesellschaftsform anhaltende Bedeutung. Man sollte sich nur darüber klar sein, daß sich die positiven Regeln des oHG-Rechts in der praktischen Anwendung ganz überwiegend als Vorschriften über Kommanditgesellschaften und ihre Komplementäre darstellen.

II. Die oHG als rechtlich verselbständigte Außengesellschaft

1. Rechtsnatur

Die oHG ist *Personengesellschaft* (oben, § 3 I 2), sie ist *Handelsgesellschaft*, und sie ist als *Außengesellschaft* im Sinne der gebräuchlichen Systematik eine sog. *Gesamthandsgesellschaft*[31]. Jedes dieser drei Merkmale enthält eine eigene Aussage. Als Personengesellschaft steht die oHG in Gegensatz zu den Körperschaften, insbesondere zu den Kapitalgesellschaften: Sie ist ein mitunternehmerischer Verband, nicht eine korporative Einheit. Als Handelsgesellschaft ist sie Kaufmann (vgl. § 6 I HGB), nicht bloß ein Zusammenschluß von Kaufleuten: Die Gesellschafter sind entgegen der hergebrachten Ansicht nicht aufgrund ihrer Zugehörigkeit zur oHG Kaufleute, sondern Kaufmann ist nur die Gesellschaft (vgl. Handelsrecht, § 5 I 1 b). Als Außengesellschaft ist sie fähig, Trägerin von Rechten und Pflichten zu sein, außerdem parteifähig und auch insolvenzrechtsfähig (vgl. oben, § 8 III). Das ergibt sich aus dem positiven Recht, nämlich aus § 124 HGB.

Die Regelung des § 124 HGB hat in der Vergangenheit ein Rätselraten über die Rechtsnatur der oHG ausgelöst. Weil man davon ausging, es könnten nur natürliche Personen und die als juristische Personen anerkannten Körperschaften und Stiftungen rechtsfähig sein, erklärten die einen den § 124 HGB zu einer

31 Vgl. statt vieler *Alfred Hueck*, oHG, § 3 mit umfassenden Nachweisen; aus der älteren Literatur grundlegend *Gierke*, Genossenschaftstheorie, S. 435 ff.

bloßen Fiktion: Da die oHG nicht juristische Person und deshalb nicht rechtsfähig sei, seien in Wahrheit die Gesellschafter Träger des Gesellschaftsvermögens[32]; sie seien auch Schuldner der Gesellschaftsverbindlichkeiten[33]. Die Rechtsnorm des § 124 HGB wurde gleichsam als eine Notlüge des Gesetzes qualifiziert. So heißt es bei *RG*, JW 1901, 576: »Allerdings sind, da der offenen Handelsgesellschaft die Eigenschaft einer juristischen Person nicht zuzuerkennen ist, die Gesellschafter als Eigenthümer der für die Gesellschaft erworbenen Gegenstände anzusehen, wiewohl das Gesetz vom Eigenthum der Gesellschaft spricht. Diese Ausdrucksweise erklärt sich dadurch, daß das Eigenthum den Gesellschaftern nur unter den denkbar weitesten Beschränkungen zusteht, dergestalt, daß nur die Organe der Gesellschaft darüber, im Ganzen oder über reelle oder ideelle Theile disponieren können.« Auch der Umwandlungsgesetzgeber von 1969 meinte noch, das Gesellschaftsvermögen gehöre bei der Personengesellschaft nicht dieser selbst, sondern den Gesellschaftern, weshalb ein Formwechsel zwischen oHG- und Kapitalgesellschaftsform (jetzt § 191 UmwG) »aus rechtssystematischen Gründen« nicht in Betracht komme (vgl. schon oben, § 12 II 1 c)[34]. Eine Gegenansicht machte mit § 124 HGB Ernst und meinte, dafür müsse man die oHG zur juristischen Person erklären[35], wie dies z.B. in Frankreich geschehen ist[36]. Überwiegend half man sich mit der unklaren Formulierung, die oHG sei keine juristische Person, aber sie sei einer solchen durch § 124 HGB angenähert[37]. Es findet sich auch noch bis heute die Formulierung, die Gesellschaft sei Trägerin von Rechten und Pflichten, im Gegensatz zu den juristischen Personen jedoch nicht »als solche«, sondern »als Gemeinschaft der in ihr verbundenen Gesellschafter«[38]. Mit all dem erweist sich die deutsche Doktrin als Gefangene der oben unter § 8 III geschilderten Gesamthandsdiskussion.

Viel anzufangen ist mit solchen Halbheiten nicht. Die inzwischen wohl herrschende Auffassung sieht keinen Widerspruch mehr zwischen den Aussagen: »Die oHG ist keine juristische Person, sondern eine Gesamthand« und: »Diese Gesamthand ist Rechtssubjekt«[39]. Nach den in diesem Buch

---

32 Vgl. nur *RGZ* 3, 57; 5, 51, 57; 139, 252, 254; *Alfred Hueck*, oHG, § 16 m.w.N.

33 Vgl. nur *Huber*, Vermögensanteil, S. 86f.

34 Begr.RegE UmwG, BT-Drucks. V/3165, S. 8f.

35 *Affolter*, ArchBürgR 5 (1891), 1ff., 5ff.; *Kohler*, ArchBürgR 40 (1914), 229ff., 235ff.; *ders.*, ZHR 74 (1913), 456ff.; ähnl., nur terminologisch anders, *Kämmerer*, NJW 1966, 801ff.; historische Analyse bei *Adler*, Zur Entwicklungslehre und Dogmatik des Gesellschaftsrechts, 1895; zum Umwandlungsrecht *Raiser*, AcP 194 (1994), 494ff.

36 Art. 5 I des Gesetzes über die Handelsgesellschaften v. 24.7.1966 (loi no. 66–537) lautet: »Les sociétés commerciales jouissent de la personnalité morale à dater de leur immatriculation au registre du commerce.«

37 Z. B. *RGZ* 30, 33, 34; 118, 295, 298 (für die KG); *BGHZ* 64, 155, 156; 109, 110, 127 = NJW 1990, 1181 = JuS 1990, 1021; *BGH*, NJW 1988, 556; *Hueck*, § 12 II 2; *Alfred Hueck*, oHG, § 3 IV; vgl. dagegen bereits 1887 *Gierke*, Genossenschaftstheorie, S. 462ff.

38 *Huber*, in: Festschrift Lutter, 2000; S. 110; *Wertenbruch*, a.a.O., S. 212.

39 Vgl. bereits *RGZ* 16, 16, 17; 136, 266, 270; 102, 301, 302; *RG*, JW 1902, 78f.; heute z.B. *Fabricius*, Relativität der Rechtsfähigkeit, 1963, S. 163ff.; *Flume*, Personengesellschaft, § 4 II; *Wiedemann* I, § 5 IV 1 c; *Baumbach/Hopt*, § 124 Rdnr. 1; *Heymann/Emmerich*, § 124 Rdnr. 4; *Michalski*, § 124 Rdnr. 2; *Staub/Ulmer*, § 105 Rdnrn. 39ff.; *Schlegelberger/Karsten Schmidt*, § 124 Rdnrn. 1ff.; a.M. heute noch *Bork*, AT, Rdnr. 195.

angestellten Überlegungen ist sogar ernsthaft in Frage zu stellen, ob sich die Rechtsfigur der Gesamthandsgesellschaft dauerhaft neben derjenigen der juristischen Person behaupten wird (vgl. oben, § 8 I 2, 3). Doch sind theoretische Reflexionen dieser Art bei der praktischen Rechtsanwendung im oHG-Recht fehl am Platze. § 124 HGB ist eine klärende Vorschrift von überzeugender Einfachheit, die sich einer rechtsdogmatischen Stellungnahme zum »Wesen« der oHG enthält und sich ohne Umstände umsetzen läßt[40].

2. Gesellschaftsvermögen und Gesellschaftsschulden

a) Die Konsequenzen aus der klärenden Vorschrift des § 124 HGB sind einfach und sollten viel entschiedener, als dies meist noch geschieht, gezogen werden. Das *Gesellschaftsvermögen* ist nicht ein Sondervermögen der Gesellschafter[41], sondern ein Vermögen der Gesellschaft[42]. *Gesellschaftsschulden* sind nicht Schulden der Gesellschafter, sondern ausschließlich Schulden der Handelsgesellschaft[43]; die persönliche Haftung der Gesellschafter begründet eigene, von der Gesellschaftsschuld deutlich getrennte Verbindlichkeiten (§ 128 HGB). Auch im *Prozeß* kann die oHG als Prozeßpartei eindeutig gegen ihre Gesellschafter abgegrenzt werden, und es ist nur konsequent, wenn § 124 II HGB sagt: Zur *Zwangsvollstreckung* in das Gesellschaftsvermögen ist ein gegen die Gesellschaft gerichteter vollstreckbarer Schuldtitel erforderlich[44].

Beispiel Nr. 3: Das Warenlager der Gesellschaft steht im Eigentum der oHG. Das Geschäftskonto steht der oHG zu. Auch Eigentum an einem Grundstück, z.B. am Geschäftsgrundstück, kann die oHG erwerben. Nicht die Gesellschafter werden in das Grundbuch eingetragen, sondern einzutragen ist die Gesellschaft. All das ergibt sich ohne weiteres aus § 124 I HGB. Wollen die Gesellschafter die Gesellschaft auflösen und Miteigentum am Warenlager und am Grundstück oder eine Bruchteilsberechtigung am Geschäftskonto herstellen, so genügt es nicht, daß sie gemeinschaftliche Rechte an den Gegenständen des Gesellschaftsvermögens an sich ziehen, denn solche Rechte gibt es nicht. Die Gesellschaft muß liquidiert werden (dazu unten, § 52 IV). Sie kann dann ihr Vermögen zu ideellen Bruchteilen auf die Gesellschafter übertragen.

Beispiel Nr. 4: Will in unserem vorgenannten Beispiel ein Gesellschaftsgläubiger das Warenlager oder das Geschäftskonto pfänden oder will er das Grundstück zur Zwangsversteigerung bringen, so benötigt er nach § 124 II HGB einen gegen die Gesellschaft gerichteten Vollstreckungstitel. Ein gegen die einzelnen Gesellschafter gerichteter Titel genügt im Gegensatz zur Gesellschaft bürgerlichen Rechts (§ 736 ZPO) nicht.

b) Auch im schulmäßigen Aufbau bei der akademischen Lösung von Fällen spiegelt sich diese Rechtslage wider. Insbesondere ist klar zu unterscheiden

40 Vgl. zu der hier verfochtenen Methode auch *Seibert*, JZ 1996, 785; anders auch hierin *Bork*, AT, Rdnr. 195: § 124 HGB als Beleg für die prinzipielle Rechtsunfähigkeit der Gesamthand.

41 So die traditionelle Auffassung; vgl. z.B. *Hueck*, § 12 II 2; *Kraft/Kreuz*, D I 4 c; *Kübler*, § 7 IV 1.

42 Vgl. besonders *Flume*, Personengesellschaft, § 5; *Schlegelberger/Karsten Schmidt*, § 124 Rdnr. 11; *Staub/Habersack*, § 124 Rdnr. 6; s. auch *Wiedemann*, in: Festschrift Odersky, 1996, S. 297 (»Gesellschaftergesamtheit«).

43 Vgl. eingehend *Flume*, Personengesellschaft, § 16 II.

44 Vgl. auch zur GmbH & Co. *BayObLG*, NJW 1986, 2578 = JuS 1987, 69 m.Anm. *Karsten Schmidt*.

zwischen der Gesellschaftsschuld und der Gesellschafterhaftung für diese Schuld.

Beispiel Nr. 5: Hat der Gesellschafter A der aus A, B und C bestehenden A-oHG im Namen der Gesellschaft für 5000 Euro Waren beim Lieferanten L bestellt und ist nach den Ansprüchen des L gefragt, so beginnt die Prüfung mit den Ansprüchen des L gegen die oHG aus § 433 II BGB, wobei der Abschluß des Kaufvertrags durch den Stellvertreter (§ 164 BGB) zu prüfen ist (vgl. zum rechtsgeschäftlichen Handeln im Namen des Unternehmensträgers Handelsrecht, § 5 III 1, zur Vertretungsbefugnis des A §§ 125, 126 HGB). Sodann ist die Gesellschafterhaftung aus § 128 HGB zu behandeln (dazu unten, § 49). Dieses Nebeneinander von Gesellschaftsschuld und Gesellschafterhaftung wirkt sich auch in der Praxis aus. L kann die Gesellschaft und die Gesellschafter als Streitgenossen verklagen (dazu unten, § 49 VI 1). Er erhält dann ein Urteil gegen alle vier Streitgenossen, und das ist auch notwendig, wenn er in das Vermögen der Gesellschaft und der Gesellschafter vollstrecken will (vgl. §§ 124 II, 129 IV HGB).

3. Die oHG im Prozeß und im Insolvenzverfahren*

Einfach ist demgemäß auch das Verhältnis zwischen der Gesellschaft und ihren Gesellschaftern im Zivilprozeß, in der Zwangsvollstreckung und im Insolvenzverfahren. Jeder führt seinen Prozeß: die Gesellschaft und die Gesellschafter (vgl. zur Streitgenossenschaft unten, § 49 VI 1). Aus einem gegen die Gesellschaft gerichteten Titel kann nur in das Gesellschaftsvermögen, aus einem gegen einen Gesellschafter gerichteten Titel nur in das Gesellschaftervermögen vollstreckt werden (vgl. §§ 124 II, 129 IV HGB). Im Insolvenzfall muß streng zwischen dem Insolvenzverfahren der Gesellschaft und dem Insolvenzverfahren über das Vermögen eines Gesellschafters unterschieden werden. Dies alles ist nur die verfahrensrechtliche Seite einer klaren Trennung der Subjekte, wie § 124 HGB sie anordnet. Aus heutiger Sicht mag erstaunlich anmuten, wie schwer es der Rechtsprechung und Literatur hier gefallen ist, die rechtsdogmatischen und rechtspraktischen Konsequenzen aus der Verselbständigung der Gesellschaft zu ziehen.

a) Das zeigt sich zunächst im *Zivilprozeß.* Aus § 124 I HGB ergibt sich ganz klar, daß die Gesellschaft vor Gericht klagen und verklagt werden kann. Sie ist also parteifähig. Erhebt die Gesellschaft Klage oder wird sie verklagt, so sind alle »rechtsdogmatischen« Überlegungen darüber, wer hier Prozeßpartei ist, verfehlt. Prozeßpartei ist die Gesellschaft und nur die Gesellschaft.

---

* Literatur: *Rob. Fischer*, Die Personenhandelsgesellschaft im Prozeß, in: Festschrift Hedemann, 1958, S. 75 = Gesammelte Schriften, 1985, S. 121; *Henckel*, Parteilehre und Streitgegenstand im Zivilprozeß, 1961; *ders.*, Besprechung der Entscheidung BGHZ 62, 131, ZGR 1975, 233; *Huber*, Vermögensanteil, S. 79ff.; *ders.*, Die Parteifähigkeit der Personengesellschaft des Handelsrechts und ihr Wegfall während des Prozesses, ZZP 82 (1969), 224; *Jaeger*, Der Konkurs der Offenen Handelsgesellschaft, 1897; *ders.*, Die offene Handelsgesellschaft im Zivilprozesse, 1915 (= Festgabe der Leipziger Juristenfakultät für Rudolf Sohm); *Mahr*, Rechtsprobleme bei Vollbeendigung einer Personengesellschaft während eines Rechtsstreits, GesRZ 1990, 148; *Oberhammer*, Die oHG im Zivilprozeß, Wien 1998; *Karsten Schmidt*, Unternehmenskonkurs – Unternehmensträgerkonkurs – Gesellschafterkonkurs, in: Einhundert Jahre Konkursordnung, 1977, S. 247; *ders.*, Wege zum Insolvenzrecht der Unternehmen, 1990; *Wertenbruch*, Die Haftung von Gesellschaften und Geschäftsanteilen in der Zwangsvollstreckung, 2000.

Werden neben der Gesellschaft auch die Gesellschafter verklagt, so liegt eine Streitgenossenschaft vor (unten, § 49 VI 1 b). Statt dies anzuerkennen, hat die herrschende Auffassung lange Zeit wunderliche dogmatische Verrenkungen an den Tag gelegt. Vor allem die ältere Praxis vertrat den Standpunkt, die oHG sei mangels juristischer Personifikation nicht wirklich parteifähig; was wie ein Prozeß der Gesellschaft aussehe, sei in Wahrheit nur ein Prozeß der Gesellschafter unter der gemeinsamen Bezeichnung der oHG-Firma[45]. Dieser Standpunkt war schon im Ansatz verfehlt. Wer auf solche Weise die Rechtsdogmatik über das Gesetz stellt, handelt sich überflüssige Probleme ein. So erklärte *RG*, JW 1914, 532 = LZ 1914, 1202 die Klage einer oHG gegen einen Gesellschafter für unzulässig, weil sonst der Gesellschafter sowohl Kläger als auch Beklagter sei. Diese Auffassung stieß schon damals auf Verwunderung[46]. Heute wird sie nicht mehr ernsthaft vertreten. Die Gesellschaft und ihre Gesellschafter sind verschiedene Rechtsträger[47], und die Zulässigkeit eines Prozesses zwischen beiden steht völlig außer Frage.

Beispiel Nr. 6: Verlangt die Gesellschaft von einem ihrer Gesellschafter Leistung der Einlage, so kann sie ohne weiteres gegen ihn Klage erheben. Hat ein Gesellschafter an die eigene Gesellschaft Waren geliefert oder aufgrund eines Dienstvertrags Dienstleistungen für die Gesellschaft erbracht, so bestehen keine Bedenken dagegen, daß er die Gesellschaft auf Zahlung des Kaufpreises bzw. der Vergütung verklagt.

Vor allem bei drei Konstellationen hat die Parteirolle im Gesellschaftsprozeß Bedeutung erlangt.

aa) Die erste Konstellation ist die der *Vollbeendigung der Gesellschaft während des Rechtsstreits.* Der Akzent liegt auf der Vollbeendigung. Wird die Gesellschaft während des Prozesses lediglich *aufgelöst* (§ 131 I HGB), so entstehen keine nennenswerten Schwierigkeiten, denn die Gesellschaft tritt in diesem Fall nur in das Liquidationsstadium ein (vgl. § 156 HGB) und wird nunmehr durch ihre Liquidatoren vertreten, aber sie erlischt nicht (vgl. oben, § 11 V 3). Sie kann also auch den Prozeß ohne weiteres fortführen. Schwieriger wird die Rechtslage, wenn die Gesellschaft während des Prozesses vollbeendigt und im Handelsregister gelöscht wird oder wenn im Zeitpunkt der Vollbeendigung ein nicht erfüllter Titel gegen die Gesellschaft vorlag. Kann in diesem Fall der Prozeß fortgeführt werden? Kann, wenn ein Titel gegen die nicht mehr existente Gesellschaft vorliegt, aus diesem Titel gegen die Gesellschafter vollstreckt werden, obwohl § 129 IV HGB hierfür einen gegen die Gesellschafter selbst gerichteten Titel verlangt? Das *Reichsgericht* hatte seine Praxis zunächst in *RGZ* 64, 77, 78f. in den Worten zusammengefaßt: »Nach dieser Rechtsprechung treten an die Stelle der aufgelösten Handelsgesellschaft als Prozeßpartei stets ohne weiteres die einzelnen Gesellschafter zusammen, weil sie eben in Wahrheit bisher schon immer die Prozeßpartei, nur allerdings unter einer gewissen, jetzt mit Notwendigkeit

45 *RGZ* 35, 388, 389; 46, 39, 41; 64, 77, 78ff.; 127, 98, 100; 141, 277, 280f.; *RG*, JW 1901, 226f.; 1903, 388; 1906, 477; 1907, 515, 516; 1908, 686, 687; LZ 1914, 851; Warn. 1915 Nr. 35.

46 Vgl. *Jaeger*, Festgabe, a.a.O., S. 41; *Flechtheim*, LZ 1914, 1260ff.

47 Vgl. nur *BGHZ* 62, 131f.; 64, 155f.; *OGH Wien*, GesRZ 1990, 153; 1990, 156; *Oberhammer*, a.a.O., S. 54ff.

wegfallenden Modalität, waren.« In *RGZ* 124, 146ff. hatte das *Reichsgericht* über die Frage zu entscheiden, welche Folgen die während des Rechtsstreits eintretende Vollbeendigung einer oHG auf die Wirksamkeit des Urteils gegen die persönlich haftenden Gesellschafter hat. Es führte aus: »Treten mit der Auflösung der Gesellschaft an deren Stelle ohne weiteres die Gesellschafter, so verhält es sich gerade so, wie wenn im Anwaltsprozeß die verklagte Partei stirbt. Auch wenn der Tod unbekannt bleibt, treten die Rechtsnachfolger einfach an die Stelle des Verstorbenen.« Der *Bundesgerichtshof* ist nach dem Vorgang der Literatur[48] von dieser Praxis abgerückt: »Der Übergang vom Gesellschaftsprozeß zum Gesellschafterprozeß ist entgegen der Rechtsprechung des Reichsgerichts als gewillkürter Parteiwechsel zu beurteilen.«[49] Nach Auffassung des *BGH* hatte das *Reichsgericht* den wesentlichen Unterschied zwischen dem Gesellschaftsprozeß und dem Gesellschafterprozeß verwischt (vgl. oben, § 11 V 6). Der *BGH*, der sich in diesem Urteil noch nicht klar genug von der alten Deutung des § 124 HGB distanzierte, hätte dies auch deutlicher sagen können: Die Praxis des *Reichsgerichts* verstieß gegen § 124 HGB[50]. Dem *BGH* ist im Grundsatz zuzustimmen[51]. Er trennt konsequent zwischen dem Gesellschaftsprozeß und dem Gesellschafterprozeß. Allerdings ist auch bemängelt worden, daß die vom *Reichsgericht* mit herangezogenen Grundsätze über die Rechtsnachfolge im Prozeß (vgl. §§ 239ff. ZPO) nicht mehr herangezogen werden[52]. Die Grundsätze über die Rechtsnachfolge passen aber nur, wo wirklich eine Rechtsnachfolge stattfindet. Nach richtiger Auffassung sind deshalb zwei Fallgruppen zu unterscheiden: der Parteiwechsel und die Gesamtrechtsnachfolge.

Beispiel Nr. 7: Hat K gegen die B-oHG geklagt und will er den Prozeß statt gegen die Gesellschaft nunmehr gegen die Gesellschafter führen, so ist dies ein Parteiwechsel (richtig *BGHZ* 62, 131). Der gewillkürte Parteiwechsel wird von der Gerichtspraxis als Klagänderung[53], von einem Teil der Literatur als Rechtsinstitut eigener Art behandelt[54]. Endet das Liquidationsverfahren und mit ihm die Gesellschaft – was unzulässig ist und vermieden werden sollte – während des Prozesses, so ist umstritten, ob die gegen sie gerichtete Klage unzulässig wird oder ob Erledigung in der Hauptsache eintritt[55]. Aber

48 *Jaeger*, Festgabe, a.a.O., S. 46ff.; *Rob. Fischer*, a.a.O., S. 80 bzw. S. 125; *Huber*, ZZP 82 (1969), 224ff., 244 m.w.N.

49 *BGHZ* 62, 131; ebenso *BGH*, ZIP 1981, 1268, 1269 = NJW 1982, 238; ZIP 1982, 1318, 1319.

50 Kritisch aber *Wertenbruch*, a.a.O., S. 11, 97ff.; ob § 124 I HGB die Parteifähigkeit i.S. *Wertenbruchs* »anordnet« (verneinend *Wertenbruch*, a.a.O., S. 106), scheint für die Feststellung des Textes irrelevant.

51 Ebenso *Flume*, Personengesellschaft, § 4 II; *Oberhammer*, a.a.O., S. 166ff.; *Schlegelberger/Karsten Schmidt*, § 124 Rdnr. 33; *Staub/Habersack*, § 124 Rdnr. 26.

52 Vgl. *Henckel*, ZGR 1975, 232ff.

53 *RGZ* 108, 350, 351; 157, 369, 377; *BGHZ* 40, 185, 189; *BGH*, JuS 1987, 828; 1994, 173; ebenso *Rob. Fischer*, a.a.O., S. 87, 90 bzw. S. 131, 134; *Putzo*, in: Festschrift 50 Jahre BGH, 2000, S. 151f., 160; s. aber auch *BGHZ* 62, 131.

54 Grundlegend *de Boor*, Zur Lehre vom Parteiwechsel und vom Parteibegriff, 1941.

55 Eingehend *Staub/Habersack*, § 124 Rdnrn. 39; die Frage wurde herkömmlich bei den Körperschaften diskutiert; für Unzulässigkeit *BGHZ* 74, 212 = NJW 1979, 1592 (e.V.); *BGH*, NJW 1982, 238 (GmbH); *OGH Wien*, GesRZ 1990, 156 (8. Senat); dagegen für die GmbH *BGH*, NJW-RR 1991, 660; *BAG*, ZIP 1981, 1382 = JZ 1982, 372 m.Anm. *Theil; BFHE* 130, 147; s. auch *Mahr*, GesRZ 1990, 152; für Fortsetzung des Rechtsstreits mit der vollbeendigten Gesellschaft *OGH Wien*, GesRZ 1978, 28; 1990, 153 (1. Senat).

der Prozeß kann nach einem Parteiwechsel gegen die Gesellschafter fortgesetzt werden. Ein automatischer Übergang des Prozeßrechtsverhältnisses auf sie kommt entgegen der Ansicht des *Reichsgerichts* nicht in Betracht. Die Gesellschafter waren weder Parteien des Gesellschaftsprozesses, noch sind sie Rechtsnachfolger der Gesellschaft.

Beispiel Nr. 8: Es kann vorkommen, daß die Gesellschaft während des Prozesses ohne Liquidation erlischt und daß Gesamtrechtsnachfolge eintritt. So, wenn alle Gesellschafter bis auf einen Gesellschafter G austreten oder wenn alle Anteile auf G übertragen werden (dazu oben, § 44 II 2). In beiden Fällen endet die Gesellschaft, und der »Alleingesellschafter«, der nicht mehr Gesellschafter sein kann, wird Inhaber des Gesellschaftsvermögens (auch dazu oben, § 44 II 2). Diese Gesamtrechtsnachfolge rechtfertigt eine analoge Anwendung der §§ 239ff. ZPO. Der Prozeß setzt sich automatisch gegen den G fort[56]. Aber dies beruht eben nicht darauf, daß wahre Parteien des Gesellschaftsprozesses die Gesellschafter waren, sondern nur auf der Gesamtrechtsnachfolge: G tritt im Prozeß an die Stelle der Gesellschaft. Der Rechtsstreit wird bis zu seiner Aufnahme unterbrochen, was teils mit der analogen Anwendung des § 239 ZPO, teils des § 241 ZPO begründet wird[57].

Beispiel Nr. 9 (vgl. *Karsten Schmidt*, in: Festschrift Henckel, 1995, S. 766f.): Eine offene Handelsgesellschaft wird während des Prozesses nach §§ 2ff., 20, 36, 46ff., 56ff. UmwG auf eine schon vorhandene GmbH (Verschmelzung durch Aufnahme) bzw. gemeinsam mit einer weiteren Gesellschaft auf eine neu entstehende GmbH verschmolzen (Verschmelzung durch Neugründung). Diese GmbH setzt dann alle bisherigen Rechtsverhältnisse der Gesellschaft fort (§§ 20, 36 UmwG), wobei lediglich eine Unterbrechung des Rechtsstreits eintritt. Diese wird herkömmlich wegen der Rechtsnachfolge mit § 239 ZPO begründet (*RGZ* 56, 332; 81, 154; *RG*, JW 1932, 175, 176; *BFH*, BStBl. II 1988, 681; ablehnend *Feiber*, in: MünchKomm ZPO, 2. Aufl. 2000, § 239 Rdnr. 17), sollte aber besser auf den Umstrukturierungseffekt und deshalb auf eine analoge Anwendung des § 241 ZPO gestützt werden (*Karsten Schmidt*, a.a.O.).

bb) Die zweite Problemgruppe, bei der die Rechtsprechung gern mit der Überlegung arbeitet, Prozeßpartei im Gesellschaftsprozeß seien die Gesellschafter, ist die *Abgrenzung zwischen Parteivernehmung und Zeugenvernehmung*. Es geht darum, ob im Prozeß der Gesellschaft die eigenen Gesellschafter als Zeugen benannt und vernommen werden können. Noch bei *BGHZ* 34, 293, 297 wird aus der angeblich fehlenden Personifikation der oHG und aus der angeblichen Rechtsträgerschaft der Gesellschafter gefolgert: »Die Gesellschafter können im Prozeß gegen die parteifähige (!) Gesellschaft nicht Zeuge sein, sondern nur als Partei vernommen werden.« Das beruht in den Augen des *BGH* darauf, daß die Personengesellschaft nicht juristische Person und deshalb »von der Persönlichkeit der Gesellschafter nicht zu trennen« ist. Auch diese Begründung ist abzulehnen. Wäre sie richtig, so könnten die Gesellschafter einer GmbH (juristische Person!) im Gesellschaftsprozeß als Zeugen vernommen werden, nicht aber die Gesellschafter einer Personengesellschaft, weil hier die Gesellschafter angeblich selbst Partei sind. Überzeugender scheint demgegenüber die Abgrenzung bei *BGHZ* 42, 230: Die organschaftlichen Vertreter der Gesellschaft können nur als Partei

56 So auch *Rob. Fischer*, a.a.O., S. 92ff. bzw. S. 135ff.; a.M. *Huber*, ZZP 82 (1969), 253ff.: auch hier gewillkürter Parteiwechsel.
57 *Karsten Schmidt*, in: Festschrift Henckel, 1995, S. 768.

vernommen werden, die sonstigen Gesellschafter dagegen als Zeugen[58]. Nur wer von der Vertretungsmacht ausgeschlossen ist (vgl. §§ 125 I, 127 HGB), kann also als oHG-Gesellschafter Zeuge im oHG-Prozeß sein. Das hat mit der Gesamthandsdogmatik nichts zu tun, gilt vielmehr auch für die Körperschaften[59] und ist ein rein prozeßrechtliches Problem. Nach geltendem Zivilprozeßrecht wird die Frage, wer Prozeßpartei *ist* (Prozeßrechtsverhältnis) und wer als Partei *zu vernehmen* ist (Beweisrecht), nicht in jedem Fall einheitlich beantwortet, weshalb insbesondere die gesetzlichen Vertreter einer Prozeßpartei als Partei vernommen werden und nicht als Zeugen. Es besteht also kein Widerspruch zwischen den Sätzen: Klägerin oder Beklagte *ist* die Gesellschaft; als Partei *vernommen* wird der Gesellschafter.

cc) Die dritte Problemgruppe hat noch weniger mit der Parteifähigkeit zu tun: Binnenprozesse werden bei der oHG nach der ständigen Rechtsprechung zwischen den Gesellschaftern ausgetragen und nicht durch Klage gegen die Gesellschaft (näher oben, § 45 I 1 b). Diese Rechtsprechung beruht gerade nicht auf der Vorstellung, der Prozeß gegen die Gesellschaft sei in Wahrheit ein Prozeß gegen die Gesellschafter, sondern sie geht im Gegenteil davon aus, daß die oHG eine von den Gesellschaftern verschiedene und gerade deshalb u. U. falsche Prozeßpartei ist.

b) Auch hinsichtlich der *Insolvenzrechtsfähigkeit* tut sich die Gerichtspraxis schwer, obwohl die Zulässigkeit eines Insolvenzverfahrens über das Vermögen der oHG ausdrücklich geregelt ist (§ 11 II Nr. 1 InsO). So folgerte *BGHZ* 34, 293, 297 noch aus der fehlenden juristischen Personifikation der Gesellschaft: »Im Konkurs der Gesellschaft sind Gemeinschuldner in Wahrheit die Gesellschafter.«[60] Diese traditionelle und wohl immer noch herrschende Auffassung ist mit § 124 HGB nicht vereinbar[61]. Schuldnerin im Insolvenzverfahren über das Vermögen der Gesellschaft ist die Gesellschaft selbst. Daß sie nicht alle daraus resultierenden Rechte und Pflichten selbst wahrnehmen kann, ist zwar ebenso richtig wie die Feststellung, daß die Interessen der Gesellschaft in hohem Maße auf die Eigeninteressen der – ja unbeschränkt haftenden! – Gesellschafter durchschlagen. Aber das ist kein Grund, in einem ausgereiften Verbandsrecht die Gesellschafter anstatt der Gesellschaft selbst zu Insolvenzschuldnern zu erklären.

58 Ebenso *Rob. Fischer*, a.a.O., S. 85 bzw. S. 129; *Barfuß*, NJW 1977, 1273f.; vgl. auch *BAG*, BB 1980, 580 (Leitsatz 2); *LG Oldenburg*, BB 1975, 983; *Baumbach/Hopt*, § 124 Rdnr. 43; *Schlegelberger/Karsten Schmidt*, § 124 Rdnr. 26; *Staub/Habersack*, § 124 Rdnr. 33; überholt *Alfred Hueck*, oHG, § 22 III, demzufolge alle Gesellschafter der Parteivernehmung unterliegen sollen.

59 Zur prozessualen Stellung von Mitgliedern juristischer Personen vgl. *Barfuß*, NJW 1977, 1273f.

60 So zuvor schon *RAG*, HRR 1931, 1147; ebenso *Buchner*, AcP 169 (1969), 508; vgl. auch BFH, ZIP 1995, 1275, 1276; *Häsemeyer*, Insolvenzrecht, 2. Aufl. 1999, Rdnr. 31.10; *Jaeger*, Festgabe, a.a.O., S. 66ff.; *Kuhn/Uhlenbruck*, KO, 11. Aufl. 1994, § 209 Rdnr. 16.

61 Vgl. *Kilger/Karsten Schmidt*, Insolvenzgesetze, 17. Aufl. 1997, § 209 KO Anm. 2c bb; *Karsten Schmidt*, in: Einhundert Jahre Konkursordnung, a.a.O., S. 253; *ders.*, Wege zum Insolvenzrecht, a.a.O., S. 31f.; vgl. auch de lege ferenda *dens.*, ZGR 1986, 185; jetzt wohl h.M.; vgl. *Haas*, in: Gottwald (Hrsg.), Insolvenzrechts-Hdb, 2. Aufl. 2001; § 94 Rdnr. 28; *Staub/Habersack*, § 128 Rdnr. 53.

Beispiel Nr. 10: Haben sich die Gesellschafter vor der Insolvenzverfahrenseröffnung noch aus Restbeständen der Gesellschaftskasse bedient, so kann dies eine nach § 133 InsO anfechtbare Rechtshandlung sein. Gemeinschuldnerin ist die Gesellschaft. Die Gesellschafter sind »der andere Teil« i.S. des § 133 InsO, nämlich der Leistungsempfänger. Sie haften in diesem Fall nicht nur neben der oHG für deren Verbindlichkeiten (§ 128 HGB), sondern sie müssen auch das anfechtbar Empfangene in das Vermögen der Schuldnerin – also in die Masse, d.h. das Gesellschaftsvermögen – zurückerstatten. Beides macht der Insolvenzverwalter der Gesellschaft gegenüber den Gesellschaftern geltend: sowohl die persönliche Haftung (§ 93 InsO) als auch die anfechtungsrechtliche Rückforderung (§ 143 InsO).

Beispiel Nr. 11: Hat ein Gesellschafter vor der Verfahrenseröffnung noch seine Beteiligung oder einen gegen die Gesellschaft gerichteten Darlehnsanspruch schenkweise auf seine Kinder übertragen, so mag dies, wenn der Gesellschafter selbst insolvent wird, eine anfechtbare Schenkung sein. Für die Insolvenzmasse der oHG ist dies irrelevant, und es liegt auch gar keine Schenkung des Gemeinschuldners vor, denn die Gesellschaft – nicht der Gesellschafter – ist Gemeinschuldnerin.

III. Die Entstehung der oHG und die Registerpublizität*

1. Die Entstehung durch Gründung und Umwandlung

a) Die Gründung einer oHG geschieht durch Gesellschaftsvertrag. Eine ausdrückliche Einigung über die Rechtsform ist üblich und ist auch selbstverständlicher Bestandteil eines ordnungsgemäßen oHG-Vertrags, sie ist aber im Hinblick auf den gesellschaftsrechtlichen Rechtsformzwang für die Erfüllung des oHG-Tatbestands nicht erforderlich (oben, § 44 I 1). Der Vertrag ist grundsätzlich formlos wirksam. Ein anderes kann sich aus dem Inhalt der übernommenen Beitragspflichten ergeben, insbesondere aus § 311 b BGB bzw. § 15 IV GmbHG, wenn ein Grundstück oder ein GmbH-Geschäftsanteil einzubringen ist[62]. Kein Fall des § 311 b BGB liegt vor, wenn die Gesellschaft nur Grundstücksgeschäfte abschließen oder Grundstücke verwalten soll[63]. Soll ein verheirateter, im gesetzlichen Güterstand lebender Gesellschafter sein Vermögen im ganzen in die Gesellschaft einbringen, so ist auch § 1365 BGB zu beachten[64]. Sind Geschäftsunfähige oder beschränkt Geschäftsfähige beteiligt, so bedarf der Vertrag nach §§ 1643, 1822 Nr. 3 BGB der vormundschaftsgerichtlichen Genehmigung[65]. Der Zeitpunkt, in dem die Gesellschaft entsteht, wird von den Parteien bestimmt. Nach außen wird die Gesellschaft unwiderruflich wirksam, wenn mit den Geschäften begonnen wird. § 123 HGB, aus dem ein anderes gefolgert werden könnte,

* Literatur: *Beyerle*, Der unbeschränkt haftende Kommanditist, 1976.

62 Vgl. nur zu § 313 BGB *RGZ* 162, 78, 80; *BGHZ* 22, 312, 317; *BGH*, BB 1955, 203; vgl. auch zur Erwerbsverpflichtung *BGH*, NJW 1978, 2505, 2506; NJW-RR 1991, 613; *Baumbach/Hopt*, § 105 Rdnr. 55; *Schlegelberger/Karsten Schmidt*, § 105 Rdnrn. 115ff.

63 BGH, NJW 1996, 1279.

64 Überblick bei *Westermann* I 147ff.

65 Vgl. *Nagel*, Familiengesellschaft und elterliche Gewalt, 1968, S. 60ff., 69f.; *Stahl*, Minderjährigenschutz im Gesellschaftsrecht und vormundschaftsgerichtliche Genehmigung, 1988, S. 85f.

ist, wie unter § 11 IV 1 ausführlicher dargelegt wurde, irreführend formuliert. Nicht die »Wirksamkeit« der Gesellschaft, wie es in § 123 HGB heißt, sondern nur ihre Qualifikation als Handelsgesellschaft kann je nach Art ihres Gegenstands von der Eintragung im Handelsregister abhängen[66]: Fällt die Gesellschaft nicht unter § 1 HGB, so wird sie erst durch Eintragung zur Handelsgesellschaft (Handelsrecht, § 9 III). Vorher ist sie Gesellschaft bürgerlichen Rechts, aber als solche durchaus schon im Verhältnis zu Dritten »wirksam« (zur Änderung der §§ 1, 4, 105 HGB durch das Handelsrechtsreformgesetz v. 22.6.1998 vgl. oben unter I 1 c). Für die Vertretungsverhältnisse gilt, dem Willen der Gesellschafter entsprechend, im Zweifel schon oHG-Recht.

b) Durch *Umwandlung* kann kraft Gesetzes eine oHG entstehen, wenn vorher eine Gesellschaft bürgerlichen Rechts oder eine Kommanditgesellschaft bestand (oben, § 12 I 4a und § 44 III 1).

Beispiel Nr. 12: Eine unter § 2 oder § 3 HGB fallende Gesellschaft (z.B. kleine Gastwirtschaft, Forstwirtschaft etc.) wird als oHG im Handelsregister eingetragen (vgl. § 123 HGB), oder eine nichtgewerbliche Gesellschaft (z.B. Holdinggesellschaft) wird beim Handelsregister angemeldet und eingetragen (vgl. § 105 II HGB); in beiden Fällen verwandelt sich die Gesellschaft von einer Gesellschaft bürgerlichen Rechts in eine offene Handelsgesellschaft.

Beispiel Nr. 13: Aus einer mehrköpfigen Kommanditgesellschaft scheidet der letzte Kommanditist oder Komplementär aus. Sind auf diese Weise nur noch unbeschränkt haftende Gesellschafter vorhanden oder wird die Gesellschaft ohne Liquidation fortgesetzt, obwohl nur noch (vermeintlich) beschränkt haftende »Kommanditisten« vorhanden sind, so wird die Kommanditgesellschaft zur oHG (dazu auch unten, § 53 V 1).

c) Nach dem *Umwandlungsgesetz* in weitem Umfang zulässig ist ein Formwechsel einer juristischen Person in eine Personengesellschaft (§§ 191ff. UmwG) sowie die Verschmelzung bzw. Spaltung zur Neugründung »auf« eine Personengesellschaft (§§ 36ff., 39ff., 123ff., 135ff. UmwG). Im Fall des Formwechsels besteht die Ausgangsgesellschaft als oHG fort, in den anderen Fällen erlischt sie, und uno actu entsteht die oHG als eine neue Gesellschaft (näher oben, § 12 IV 2, 3, § 13 II–IV).

2. Die Eintragung im Handelsregister

a) Jede offene Handelsgesellschaft wird in das *Handelsregister* eingetragen (§§ 1ff., 14, 29, 105 II, 106 HGB). Im Fall des § 1 HGB ist die Eintragung obligatorisch, aber lediglich deklaratorisch. Die Gesellschaft entsteht alsbald als offene Handelsgesellschaft, sofern sie bereits das Unternehmen betreibt. In den Fällen der §§ 2, 3 und 105 II HGB ist die Gesellschaft vor der lediglich

66 *Baumbach/Hopt*, § 123 Rdnr. 3; *Schlegelberger/Karsten Schmidt*, § 123 Rdnrn. 2ff.; *Staub/Habersack*, § 123 Rdnr. 4.

fakultativen Eintragung Gesellschaft bürgerlichen Rechts (vgl. soeben unter III 1; näher § 123 HGB und dazu oben, § 11 IV 1).

b) Die Registeranmeldung ist beim Gericht des Gesellschaftssitzes vorzunehmen (§ 106 I HGB), und zwar durch alle Gesellschafter (§ 108 HGB). Anzumelden und einzutragen sind:
- die Gesellschafter (§ 106 II Nr. 1 HGB),
- Firma und Sitz der Gesellschaft (§ 106 II Nr. 2 HGB),
- der Zeitpunkt, mit welchem die Gesellschaft begonnen hat (§ 106 II Nr. 3 HGB),
- Abweichungen von der Einzelvertretungsmacht jedes Gesellschafters (§ 125 IV HGB).

Als *Änderungen* sind nach §§ 107, 143 HGB anzumelden und einzutragen:
- eine Firmenänderung oder Sitzänderung,
- die Auflösung der Gesellschaft,
- der Eintritt von Gesellschaftern,
- das Ausscheiden von Gesellschaftern.

Bei der Abfassung des HGB wurde noch nicht an die Möglichkeit gedacht, daß ein Gesellschafter seine Mitgliedschaft *überträgt*. Trotz § 139 HGB wurde auch weder die Nachfolge von Todes wegen berücksichtigt noch die Umwandlung der Gesellschafterstellung in eine Kommanditistenstellung (jetzt immerhin erwähnt in § 162 III). Nicht bedacht wurde schließlich, daß die Gesellschaft ohne vorherige Auflösung vollbeendigt sein kann, wenn nur ein Gesellschafter übrigbleibt, der das Unternehmen als Einzelkaufmann fortführt. Auch in der Handelsregisterverfügung fehlen Sonderregelungen. Das führte zu einer Eintragungspraxis, die diese Vorgänge unrichtig wiedergab. Erst allmählich gewöhnt sich die Praxis der Registergerichte hier an eine sachgerechte Eintragung.

Beispiel Nr. 14: Gesellschafter G überträgt seine Beteiligung mit Zustimmung aller Gesellschafter an den Erwerber E. Herkömmlicherweise wurde hier eingetragen, daß G ausgetreten und E eingetreten sei, was vor allem bei der Kommanditgesellschaft zu Haftungsproblemen führte (unten, § 54 IV 3). Um aus der unrichtigen Eintragung eine richtige zu machen, half sich die Praxis seit einem Grundlagenurteil des *Reichsgerichts* (*RG*, DNotZ 1944, 195 = WM 1964, 1139) mit einem »Nachfolgevermerk«, aus dem sich ergab, daß dieser als Austritt und Eintritt eingetragene Vorgang eine Sondernachfolge ist. So ist die Eintragung zwar widersprüchlich, denn dieser »Eintritt« Sondernachfolge kann nicht Austritt und Eintritt sein, aber sie stellt das Ergebnis richtig. Heute sollte man den Vorgang als das eintragen, was er ist: als Rechtsnachfolge (vgl. oben, § 45 III 3 b).

Beispiel Nr. 15: Ist der Gesellschafter G verstorben und wird die Gesellschaft aufgrund einer Nachfolgeklausel mit dem Erben E fortgesetzt, so trug man herkömmlicherweise ein, daß G »durch Tod ausgeschieden« und E »eingetreten« sei. Mehr und mehr wird aber ein solcher Vorgang als das, was er ist, nämlich als Nachfolge von Todes wegen eingetragen.

Beispiel Nr. 16: Gesellschafter G will künftig nur noch als Kommanditist haften. Der Gesellschaftsvertrag wird entsprechend geändert. Herkömmlicherweise wurde eingetragen, G sei aus der Gesellschaft »ausgeschieden« und »als Kommanditist mit einer Einlage von … Euro eingetreten«. Richtig ist die Eintragung einer Umwandlung seiner Gesellschafterstellung in eine Kommanditistenbeteiligung mit einer Haftsumme von … Euro.

Beispiel Nr. 17: Alle Gesellschafter mit Ausnahme des Gesellschafters G scheiden aus der Gesellschaft aus, und G führt das Unternehmen als Einzelkaufmann oder, wenn G eine Kapitalgesellschaft ist, als Handelsgesellschaft anderer Rechtsform fort (oben, § 44 II 2). Im Handelsregister wird dies herkömmlicherweise als Auflösung der oHG (§ 143 HGB) und als Firmenänderung (vgl. § 31 HGB) eingetragen, obwohl überhaupt keine aufgelöste oHG existiert. Richtigerweise sollte im Handelsregister die Vollbeendigung der oHG eingetragen werden.

3. Die Firma der oHG und die Angaben auf Geschäftsbriefen*

Wie unter I 1 c ausgeführt wurde, ist das Vorhandensein einer gemeinschaftlichen Firma entgegen dem Wortlaut des § 105 I HGB kein besonders zu prüfendes Merkmal des oHG-Tatbestands, denn ein kaufmännisches Unternehmen, das nicht unter einer Firma betrieben wird, gibt es nur in der Theorie. Die oHG muß aber eine zulässige Firma annehmen und kann, wenn sie unter einer unzulässigen Firma auftritt, durch Registerzwang zur Bildung einer zulässigen Firma gezwungen werden (eingehend Handelsrecht, § 12 III 1 und § 13 III 1 a).

a) Das Firmenrecht der oHG war bis 1998 kleinlich und kompliziert[67]. Durch das *Handelsrechtsreformgesetz von 1998* wurde es wesentlich vereinfacht (näher Handelsrecht, § 12 III 1): Die Gesellschaft kann eine Personalfirma, eine Sachfirma oder eine Phantasiefirma tragen, wenn diese nur Kennzeichnungs- und Unterscheidungskraft hat (§ 18 I HGB), keine irreführenden Bestandteile enthält (§ 18 II HGB) und einen Rechtsformzusatz enthält (§ 19 HGB).

Beispiel Nr. 18: Besteht die oHG aus Max Maler und Moritz Moll, so kann sie z.B. firmieren: »Maler & Moll oHG«, »Moll oHG« (Personalfirma). Sie kann auch »Marmstorfer Malarbeiten oHG« (Sachfirma) oder »Klecksel oHG« (Phantasiefirma) heißen. Unzulässig, weil mit der Firmenwahrheit unvereinbar, wäre »Maler, Moll & Co.« (vgl. Handelsrecht, § 12 III 1).

Die offene Handelsgesellschaft kann aber nach §§ 21 ff. HGB auch eine *abgeleitete Firma* führen (dazu Handelsrecht, § 12 III 2).

Beispiel Nr. 19: Hieß die Gesellschaft »Maler & Co. oHG« und wird sie unter Eintritt des Martin Mann und unter Ausscheiden des Max Maler fortgesetzt, so kann die alte Firma nach § 24 HGB mit ausdrücklicher Einwilligung des Max Maler fortgeführt werden.

Ist kein Gesellschafter eine natürliche Person, so muß die Gesellschaft nach näherer Maßgabe des § 19 II HGB einen die Haftungsbeschränkung kennzeichnenden Firmenzusatz in die oHG-Firma aufnehmen.

Beispiel Nr. 20: Gründen die A-AG und die B-GmbH eine gemeinsame Tochter-oHG als Importunternehmen, so kann die Gesellschaft z.B. »A-AG & Co. (Import) oHG« oder »A-AG & B-GmbH Import-oHG« heißen. So hat es auch auf den Geschäftsbriefen zu stehen (näher § 125 a HGB). Wird der Hinweis auf die beschränkte Haftung versäumt, so

---

* Literatur: *Bokelmann*, Das Recht der Firmen- und Geschäftsbezeichnungen, 5. Aufl. 1999; *Sauter*, in: Müller/Hoffmann, Beck'sches Handbuch der Personengesellschaften, 1999, § 2 Rdnrn. 153 ff.

67 Vgl. noch 3. Aufl., § 46 III 3.

kann dies zur Vertrauenshaftung der für die oHG Handelnden führen (dazu Handelsrecht, § 5 IV 2).

b) *Angaben auf Geschäftsbriefen* verlangt das Gesetz nicht mehr nur bei einer oHG ohne natürliche Person als Gesellschafter, sondern bei jeder offenen Handelsgesellschaft (§ 125 a HGB und dazu Handelsrecht, § 11 II 2).

§ 47 Das Innenrecht der oHG*

I. Grundlagen

1. Vertragsfreiheit und Gesetzesrecht

Das Innenrecht der oHG ist von dem *Grundsatz der Vertragsfreiheit* beherrscht. Nach § 109 HGB richtet sich das Rechtsverhältnis der Gesellschafter untereinander zunächst nach dem Gesellschaftsvertrag. Die Vorschriften der §§ 110 bis 122 HGB finden nur insoweit Anwendung, als nicht durch den Gesellschaftsvertrag ein anderes bestimmt ist. Es versteht sich von selbst, daß nur wirksame Vertragsbestimmungen dem dispositiven Recht vorgehen. Es gelten die allgemeinen Regeln über die Grenzen der Privatautonomie im Gesellschaftsrecht (vgl. oben, § 5 II und III). Das Gesetzesrecht der offenen Handelsgesellschaft ist nicht nur den §§ 106ff. HGB zu entnehmen, sondern, soweit Sonderregeln fehlen, auch den §§ 705ff. BGB (vgl. § 105 II HGB).

2. Geltung allgemeiner Grundsätze

Die oHG ist die klassische Form eines personalistischen unternehmenstragenden Verbandes. Die *allgemeinen verbandsrechtlichen Grundsätze* wie *Treupflicht, gleichmäßige Behandlung* usw. gelten mit Selbstverständlichkeit auch und gerade im Recht der oHG (dazu oben, §§ 14ff. und 19ff.). Insbesondere die Treupflicht ist bei einer Verbindung mehrerer Gesellschafter in Form einer offenen Handelsgesellschaft schon wegen der allseits unbeschränkten Haftung besonders ausgeprägt (dazu auch unter II 2). Wegen der Parteirollen in innergesellschaftlichen Prozessen ist besonders auf die Ausführungen unter § 15 II 3, § 21 V, § 45 I 1 b und § 46 II 3 a cc hinzuweisen.

---

* Literatur: *Alfred Hueck*, oHG, §§ 9–18; *Westermann* I 234ff.; *Priester*, Gesellschafterschutz in Personengesellschaften, in: Institut der Wirtschaftsprüfer (Hrsg.), Personengesellschaft und Bilanzierung, 1990, S. 63; *Weipert*, Die allgemeinen Rechte und Pflichten aus der Mitgliedschaft, in: Riegger/Weipert (Hrsg.), MünchHdb. GesR I, 1995, §§ 50ff.; *Wiedemann*, Rechte und Pflichten des Personengesellschafters, WM-Sonderbeilage 7/1992.

II. Rechte und Pflichten der Gesellschafter

1. Beitragspflichten

a) Die Gesellschafter sind zur Leistung der vereinbarten Beiträge verpflichtet, insbesondere zur Erbringung vereinbarter Einlagen (zu den Begriffen Beitrag und Einlage vgl. oben, § 20 II). Die *Beiträge* können sehr unterschiedlicher Art sein; sie können in Einlagen, aber auch in Dienstleistungen, Gebrauchsüberlassungen, Lieferungen, Unterlassungen etc. bestehen[1]. Es ist naturgemäß üblich, aber nicht in jedem Fall notwendig, daß jeder Gesellschafter eine *Einlage* leistet. Nur die Förderung des gemeinsamen Zwecks durch Beiträge ist unentbehrlich, nicht dagegen die Leistung einer Einlage. Beispielsweise können auch Angehörige, die im Wege der vorweggenommenen Erbfolge »eingebucht« werden, oHG-Gesellschafter sein. Sie erhalten dann eine Beteiligung ohne Einlageleistung auf Kosten des Schenkers (zum Nebeneinander von Gesellschafts- und Schenkungsrecht vgl. oben, § 4 I 1)[2]. Das Halten einer – sei es auch geschenkten – Beteiligung bei der oHG ist für sich allein bereits eine für den Gesellschaftsbegriff hinreichende Zweckförderung (vgl. oben, § 20 II 2 a). Aber nicht einmal das Halten einer Kapitalbeteiligung ist erforderlich, denn es gibt sogar den »Gesellschafter ohne Kapitalanteil« (vgl. unter III 1 b); ein solcher Gesellschafter hält kein Kapitalkonto bei der Gesellschaft und erhält auch im Liquidationsfall nichts vom Gesellschaftsvermögen. Möglich ist auch, daß ein Gesellschafter nur Dienste leistet, die dann zwar Beiträge, aber keine Einlagen sind (oben, § 20 II 1; str.). Ein hinreichender Beitrag wird schließlich auch darin gesehen, daß der Gesellschafter nach § 128 HGB haftet[3].

Beispiel Nr. 1: Sohn und Tochter werden schenkweise in die Gesellschaft »eingebucht«; eine GmbH wird ohne Kapitalbeteiligung als persönlich haftende Gesellschafterin aufgenommen; der Prokurist wird in die Gesellschaft aufgenommen und soll dafür Dienste leisten und am Gewinn beteiligt sein; ein Gesellschafter (z.B. eine GmbH) tritt der Gesellschaft ausschließlich aus Haftungsgründen bei, ohne eine Einlage leisten zu müssen.

b) Zu einer nachträglichen Erhöhung der versprochenen Beiträge sind die Gesellschafter nach *§ 707 BGB* nicht verpflichtet, sofern sich nicht eine solche Verpflichtung aus einer wirksamen Vertragsregelung ergibt (vgl. zum Belastungsverbot oben, § 16 III 3b cc). § 707 BGB schützt allerdings nicht davor, daß aus der unbeschränkten Haftung im Fall des Ausscheidens oder der Auflösung anteilige Nachschußpflichten der Gesellschafter werden (§§ 105 III HGB, §§ 739, 735 BGB und dazu unten § 52 IV 1 b). Zur Frage, inwieweit die Gesellschafter evtl. zu Vertragsänderungen verpflichtet sein können, vgl. oben, § 5 IV 5 b.

1 Vgl. auch, aber mit unzureichender Trennung von der Einlage, *Alfred Hueck*, oHG, § 14.
2 Vgl. auch zur KG: *BGHZ* 112, 40 = NJW 1990, 2616; *BGH*, NJW 1984, 2290 = JuS 1984, 812 m.Anm. *Karsten Schmidt; Huber*, Vermögensanteil, S. 200ff.; *Karsten Schmidt*, BB 1990, 1992ff.; *Koch*, NJW 1992, 413; *Dieter Mayer*, ZGR 1995, 93ff.; *Jülicher*, ZGR 1996, 82ff.
3 Vgl. *Huber*, Vermögensanteil, S. 294.

2. Das Wettbewerbsverbot und die allgemeine Treupflicht

a) Nach § 112 HGB gilt für die Gesellschafter der oHG ein strenges *Wettbewerbsverbot.* Ein Gesellschafter darf hiernach ohne Einwilligung der anderen Gesellschafter weder in dem Handelszweig der Gesellschaft Geschäfte machen noch an einer anderen gleichartigen Handelsgesellschaft als persönlich haftender Gesellschafter teilnehmen. Wie unter § 20 V 1 näher dargestellt wurde, ist das Wettbewerbsverbot eine Ausprägung und zum Sondertatbestand gediehenen Typisierung der allgemeinen Treupflicht der Gesellschafter[4]. Die Bedeutung der Vorschrift besteht darin, daß gegenüber dem unbeschränkt haftenden Gesellschafter ein der konkurrierenden Tätigkeit bzw. Beteiligung widerstreitendes Interesse der Gesellschaft oder der Mitgesellschafter nicht dargetan werden muß. Ist ein solches Interesse nach Lage des Falls nicht einmal abstrakt gefährdet, ein Interessenkonflikt also nicht vorhanden – das wird eine krasse Ausnahme sein –, so wird man § 112 I HGB nicht anzuwenden und dem Gesellschafter, weil er Klarheit braucht, auch einen Anspruch auf vorsorgliche Billigung seiner Wettbewerbstätigkeit zuzuerkennen haben[5]. Nach § 112 II HGB kann die Einwilligung der Mitgesellschafter auch stillschweigend bei Vertragsschluß erfolgen. Das Verhältnis des gesellschaftsvertraglichen Wettbewerbsverbots zum Kartellverbot wurde oben unter § 20 V 2 behandelt. Nicht von § 112 HGB erfaßt ist der ausgeschiedene Gesellschafter[6]. Er kann also grundsätzlich nur durch besondere Vereinbarung dem Wettbewerbsverbot unterworfen werden[7], aber aus nachwirkenden Treupflichten kann sich von Fall zu Fall auch für ihn eine Unterlassungspflicht ergeben[8].

Verstößt ein Gesellschafter gegen das gesetzliche Wettbewerbsverbot, so kann die Gesellschaft, Verschulden vorausgesetzt, Schadensersatz fordern (§ 113 I HGB). Sie kann statt dessen auch von dem Gesellschafter verlangen, daß er die für eigene Rechnung gemachten Geschäfte als für Rechnung der Gesellschaft eingegangen gelten läßt und eine etwaige Vergütung herausgibt bzw. den Anspruch auf diese Vergütung abtritt (§ 113 I HGB). Dieses sogenannte Eintrittsrecht ist näher besprochen für § 61 HGB im Parallelwerk zum Handelsrecht, § 17 I 2b aa.

b) Von der Frage des Wettbewerbsverbots ist die der *Geschäftschancenlehre* zu unterscheiden (dazu schon oben, § 20 V 3)[9]: Der geschäftsführende

4 *BGHZ* 38, 306, 309; 89, 162, 165; *Hopt/Hehl/Vollrath*, Rdnrn. 397ff.; *Alfred Hueck*, oHG, § 13 II 1; *Baumbach/Hopt*, § 112 Rdnr. 1; *Ebenroth/Boujong/Joost/Goette,* § 112 Rdnr. 1; *Armbrüster*, ZIP 1997, 261; s. aber *Staub/Ulmer*, § 112 Rdnr. 3.

5 Teleologische Reduktion des § 112 HGB.

6 Vgl. *BGH,* WM 1965, 626, 627; *OLG Düsseldorf*, BB 1989, 1576f. = NJW-RR 1989, 1305; *Ebenroth/Boujong/Joost/Goette,* § 112 Rdnr. 19; *Koller/Roth/Morck*, § 113 Rdnr. 2.

7 *Baumbach/Hopt*, § 112 Rdnr. 14; *Ebenroth/Boujong/Joost/Goette,* § 112 Rdnr. 21; *Heymann/Emmerich*, § 112 Rdnr. 7; *Schlegelberger/Martens*, § 112 Rdnr. 7.

8 Vgl. *Westermann* I 459; *Michalski*, § 112 Rdnr. 5.

9 Vgl. zum folgenden wörtlich *BGH*, NJW 1986, 584, 585; *Hopt/Hehl/Vollrath*, Rdnr. 377; *Baumbach/Hopt*, § 109 Rdnr. 26, § 114 Rdnr. 13; *Schlegelberger/Karsten Schmidt*, § 105 Rdnr. 166; s. auch *BGH*, NJW 1989, 2687 und dazu *Kübler/Waltermann*, ZGR 1991, 162ff.

Gesellschafter muß in allen Angelegenheiten, die das Interesse der Gesellschaft berühren, deren Wohl und darf nicht den eigenen Nutzen oder den Vorteil anderer im Auge haben. Er darf Erwerbschancen in diesem Bereich nicht für sich, sondern nur für die Gesellschaft ausnutzen (sog. Geschäftschancenlehre)[10].

Beispiel Nr. 2 (nach *BGH*, NJW 1986, 584): K und B waren in einer Textilhandels-oHG verbunden, die u. a. ein Textilhandelsgeschäft auf einem Grundstück betrieb, das die oHG von einer Erbengemeinschaft gepachtet hatte. Die Erbengemeinschaft bot dieses Grundstück dem B zum Kauf an, worauf die Ehefrau des B das Grundstück käuflich erwarb und B den Kaufpreis bezahlte. K klagte daraufhin gegen B, weil dieser verpflichtet gewesen sei, das Verkaufsangebot der Erbengemeinschaft an die oHG weiterzuleiten und für sie anzunehmen, da die Gesellschaft zum Erwerb bereit und imstande gewesen sei. Der *BGH* entschied, daß unter diesen Umständen ein zum Schadensersatz verpflichtender Verstoß gegen die Treupflicht vorliege. Ganz ähnlich entschied denn das Urteil *BGH*, NJW 1989, 2687 für die Geschäftschancenanmaßung durch einen nicht geschäftsführenden Gesellschafter (es ging um eine KG), der mit Einverständnis des geschäftsführenden und vertretungsberechtigten Gesellschafters über den Ankauf eines dem Betrieb benachbarten Gemeindegrundstücks verhandelt und dieses dann im eigenen Namen erworben hatte (eingehend hierzu *Kübler/Waltermann*, ZGR 1991, 162 ff.; *Merkt*, ZHR 159 [1995], 423 ff.; *Armbrüster*, ZIP 1997, 261 ff.).

3. Sorgfaltsmaßstab

Das Maß der geschuldeten Sorgfalt ergibt sich aus §§ 105 III HGB, 708, 277 BGB. Danach hat der Gesellschafter bis zur Grenze der groben Fahrlässigkeit nur für diejenige *Sorgfalt* einzustehen, *die er in eigenen Angelegenheiten anzuwenden pflegt*[11]. Die Bestimmung des § 708 BGB ist in ihrer Allgemeinheit rechtspolitisch recht fragwürdig und sollte nur noch als eine auf den Normalfall personalistischer Zusammenarbeit zugeschnittene Auslegungsregel verstanden werden (vgl. unten, § 59 III 2). Der Gesetzgeber ist von dem Grundsatz ausgegangen, die Gesellschafter müßten einander so nehmen, wie sie sind[12]. Hinzu kommt die Erwägung, daß sich die gemeinschaftliche und die je eigene Interessensphäre der Gesellschafter schlecht voneinander trennen lassen. Bei der personalistisch strukturierten[13] oHG mag dies im Ansatz noch einleuchten[14], denn hier trägt jeder Gesellschafter auch privates Risiko, so daß man sagen kann, daß alle Angelegenheiten der Gesellschaft zugleich seine eigenen sind.

Beispiel Nr. 3: Ist in der ABC-oHG nur A geschäftsführender Gesellschafter und schließt A aufgrund vorschneller Information ungünstige Auslandsgeschäfte ab, so zeigt schon seine Haftung (§ 128 HGB), daß er zugleich auch in eigener Sache handelt. Praktisch

10 *Baumbach/Hopt*, § 114 Rdnr. 13; *Koller/Roth/Morck*, § 114 Rdnr. 7; einschränkend *Merkt*, ZHR 159 (1995), 434.

11 Vgl. *BGH*, NJW 1997, 314; *Ebenroth/Boujong/Joost/Mayen*, § 109 Rdnr. 4, § 114 Rdnr. 39.

12 Vgl. Prot., in: *Mugdan* II, S. 985; *RGZ* 143, 212, 215.

13 Näher *Baumbach/Hopt*, § 109 Rdnr. 5; *Staub/Ulmer*, § 109 Rdnr. 12; zur Nichtanwendung des § 708 BGB bei Publikumsgesellschaften vgl. *BGHZ* 69, 207, 209 f.; 75, 321, 327; 76, 160, 166; std. Rspr.

14 Die Regelung war für die oHG schon in Art. 94 ADHGB enthalten.

bedeutet dies: Sofern er nicht ganz gegen die eigene Übung handelt, verletzt er bei solchen Geschäften kaum je die eigenübliche Sorgfalt und haftet deshalb nur für grobe Fahrlässigkeit (vgl. § 277 BGB).

Hat allerdings der Gesellschafter hierbei die Grenzen seiner Zuständigkeit verletzt, so läßt der *BGH* den diesbezüglichen Kompetenzverstoß genügen[15]. Das leuchtet im Ergebnis ein und zeigt im Grunde, wie brüchig die Vorstellung vom Handeln in eigener Sache ist.

4. Ansprüche der Gesellschafter

a) *Ansprüche der Gesellschafter* gegen die Gesellschaft *aus dem Gesellschaftsverhältnis* – also die sog. Sozialansprüche (oben, § 19 III 2 b) – können unterschiedlicher Art sein. In Betracht kommen z. B. Gewinnansprüche (§§ 120, 121 HGB), Entnahmerechte (§ 122 HGB), bei Auseinandersetzung und im Fall des Austritts auch Auseinandersetzungs- und Abfindungsansprüche (§§ 734, 738 BGB).

b) *Dienste*, die der Gesellschafter für die Gesellschaft leistet, werden nur vergütet, wenn dies besonders vereinbart ist. Fehlt eine besondere Vereinbarung, so sind die Dienste durch den Gewinnanspruch des Gesellschafters abgegolten[16]. Dasselbe gilt für Gebrauchsüberlassungen. § 733 II 3 BGB zeigt, daß dies der Standpunkt des geltenden Rechts ist. Der Gesetzgeber stellt sich die Personengesellschaft als eine mitunternehmerische Arbeitsgemeinschaft für gemeinsame Rechnung vor. Es empfiehlt sich also, bei Dienstleistungen einen besonderen Dienstvertrag abzuschließen, denn eine Vergütung für geleistete Dienste ist nicht vom Gewinn abhängig, und sie steht dem dienstleistenden Gesellschafter vorab zu.

Beispiel Nr. 4: Hat eine vierköpfige Gesellschaft in einem Geschäftsjahr 200 000 Euro erwirtschaftet, so ist es für den geschäftsführenden Gesellschafter nicht belanglos, ob er hiervon 80 000 Euro vorab und 30 000 Euro Gewinnanteil bezieht oder ob alle Gesellschafter 50 000 Euro Gewinnbeteiligung erhalten. Hat die Gesellschaft Verluste erwirtschaftet, so geht er ohne Dienstvertrag sogar leer aus.

c) Von erheblicher Bedeutung sind die *Ansprüche auf Aufwendungs- und Schadensersatz.* Nach § 110 HGB kann der Gesellschafter für Aufwendungen, die er den Umständen nach für erforderlich halten darf, oder für aus der Geschäftsführungstätigkeit resultierende Schäden Ersatz verlangen[17]. Im Gegensatz zu § 670 BGB, wo das Fehlen eines solchen Zusatzes Kopfzerbrechen bereitet hat, hat der Gesetzgeber hier an die Gleichsetzung von Schäden und Aufwendungen gedacht.

Beispiel Nr. 5: Gesellschafter A hatte Auslagen auf einer Geschäftsreise, Gesellschafter B wurde von einem Gläubiger aus der unbeschränkten Gesellschafterhaftung in Anspruch

15 *BGH,* NJW 1997, 314.
16 *RGZ* 170, 392, 396; *BGHZ* 17, 299, 301; 44, 40, 41; *OLG Hamm,* JuS 1977, 474 m. Anm. *Karsten Schmidt* (KG); vgl. auch *OLG Koblenz,* WM 1986, 590.
17 Dazu näher *Fitz,* Risikozurechnung bei Tätigkeit im fremden Interesse, 1985, S. 139 ff.

genommen, Gesellschafter C erlitt auf einer Geschäftsfahrt einen Unfall. Sie alle können nach § 110 HGB bei der Gesellschaft Regreß suchen.

d) *Für die Ansprüche* der Gesellschafter gegen die Gesellschaft aus dem Gesellschaftsverhältnis, also für die hier besprochenen Sozialverpflichtungen der Gesellschaft, *haftet während des Bestehens der Gesellschaft nur diese selbst;* eine persönliche Haftung der Mitgesellschafter nach § 128 HGB scheidet aus[18]. Jede andere Lösung wäre mit § 707 BGB nicht vereinbar, wonach die Gesellschafter während des Bestehens der Gesellschaft zu Nachschüssen auf die Einlagen nicht verpflichtet sind. Wird die Gesellschaft aufgelöst, so können die Gesellschafter einander nach §§ 105 II HGB, 735 BGB ausgleichspflichtig sein. Sofortigen Ausgleich kann ein Gesellschafter von seinen Mitgesellschaftern u. U. dann verlangen, wenn er nach § 128 HGB einen Gläubiger befriedigt hat (näher unten, § 49 V 2). Aber dabei geht es nur um die Regreßnahme wegen der persönlichen Gesellschafterhaftung, nicht um die Begründung einer alle Gesellschafter treffenden persönlichen Haftung. Mit einer Anwendung des § 128 HGB auf die Sozialverpflichtung der Gesellschaft zum Aufwendungsersatz (§ 110 HGB) hat diese Frage nichts zu tun.

III. Gesellschaftsanteil, Vermögensanteil und Kapitalanteil[*]

1. Grundbegriffe

a) Die Mitgliedschaft oder Beteiligung in einer oHG (Oberbegriff) drückt sich in unterschiedlichen Positionen aus, die klar auseinandergehalten werden müssen. Es haben sich dafür folgende Begriffe eingebürgert[19]:

- Der *»Gesellschaftsanteil«* umfaßt als der Inbegriff der mitgliedschaftlichen Rechte die gesamte Beteiligung des Gesellschafters[20]. Er repräsentiert die Mitgliedschaft in der Personengesellschaft. Einen oHG-Gesellschafter ohne »Gesellschaftsanteil« gibt es nicht. Auch derjenige, der vermögensmäßig nicht an der Gesellschaft beteiligt ist und beispielsweise im Liquidationsfall nichts aus dem Gesellschaftsvermögen erhält, hat einen »Gesellschaftsanteil«.

18 *RGZ* 31, 139, 141; 59, 143; 80, 268, 272f. (GbR); 120, 135, 137f. (KG); 153, 305, 307; 163, 385, 388 (KG); *BGHZ* 37, 299, 301f.; *BGH*, WM 1989, 1021; std. Rspr.; *Alfred Hueck*, oHG, § 18 III 2; *Baumbach/Hopt*, § 128 Rdnr. 22; *Ebenroth/Boujong/Joost/Hillmann*, § 128 Rdnr. 11; *Koller/Roth/Morck*, § 114 Rdnr. 6; *Michalski*, § 128 Rdnr. 20.

* Literatur: *v. Falkenhausen*, Das Gesellschaftsvermögen, in: Riegger/Weipert (Hrsg.), MünchHdb. GesR I, 1995, § 53; *Flume*, Personengesellschaft, § 11; *Gummert*, Das Gesellschaftsvermögen, in: Riegger/Weipert (Hrsg.), MünchHdb. GesR I, 1995, § 9; *Rudolf Heinsheimer*, Über die Teilhaberschaft, 1930; *Huber*, Vermögensanteil, passim; *ders.*, Gesellschafterkonten in der Personengesellschaft, ZGR 1988, 1; *Jäger*, in: Sudhoff, Personengesellschaften, 7. Aufl. 1999, S. 54ff.; *Pauli*, Das Eigenkapital der Personengesellschaften, 1990; *Wiedemann*, Gedanken zur Vermögensordnung in der Personengesellschaft, in: Festschrift Odersky, 1996, S. 925.

19 Vgl. nur *Kübler*, § 7 III 2.

20 Vgl. besonders *Huber*, Vermögensanteil, S. 11; *Michalski*, § 120 Rdnr. 9.

- Der »*Vermögensanteil*« ist demgegenüber das Spiegelbild der vermögensmäßigen Beteiligung[21]; der Gesellschafter hat zwar keinen juristisch faßbaren Anteil an den Gegenständen des Gesellschaftsvermögens (diese gehören ja der Gesellschaft!), aber er ist doch im Regelfall wertmäßig an diesem Vermögen im ganzen beteiligt.
- Nur auf den ersten Blick dasselbe ist der »*Kapitalanteil*«, über den mehr zu sagen sein wird. Der Kapitalanteil ist eine Rechnungs- oder Bilanzziffer, die Aufschluß über den »Vermögensanteil« geben soll, diesen aber nicht unmittelbar abbildet (dazu alsbald unter III 2).

Juristen neigen dazu, sich unter dem »Anteil« ein der Verfügung und Verwertung zugängliches subjektives Recht seines Inhabers vorzustellen. Solchen rechtstechnischen Anforderungen vermag nur der Begriff des »Gesellschaftsanteils« als Ausdruck einer werthaltigen Mitgliedschaft zu genügen, während die Begriffe »Vermögensanteil« und »Kapitalanteil« nur die sich mit dem »Gesellschaftsanteil« verbindende kontentechnisch darzustellende Vermögensposition eines Gesellschafters benennen sollen. Im Rechtssinne hat der Gesellschafter nur einen »Anteil«, nämlich die Mitgliedschaft (den »Gesellschaftsanteil«)[22]. Veräußert ein Gesellschafter seinen »Anteil« – z.B. im Wege der vorweggenommenen Erbfolge an einen Abkömmling –, so tut er dies im Motiv vielleicht um des Vermögensanteils willen, aber Gegenstand der Übertragung ist und bleibt die Mitgliedschaft im ganzen, damit also der Gesellschaftsanteil. Daran ändert sich nichts, wenn im Vertrag vom »Kapitalanteil« oder vom »Vermögensanteil« die Rede ist. Solche Formulierungen sind entweder bedeutungslos (falsa demonstratio non nocet), oder sie geben Aufschlüsse darüber, welche Konten für den Erwerber weitergeführt werden sollen. Wörtlich zutreffend sind sie nicht.

b) *Jeder oHG-Gesellschafter hat zwingend einen Gesellschaftsanteil, und i.d.R. hat er auch einen Vermögensanteil.* Er »hält« eine Beteiligung und damit auch einen Vermögenswert bei der Gesellschaft. Unabdingbar notwendig ist das aber nicht (vgl. auch oben, § 8 IV 2), denn es gibt auch den »Gesellschafter ohne Kapitalanteil«[23]. Man kann auch – präziser – von einem *Gesellschafter ohne Vermögensanteil* (und demgemäß ohne Kapitalkonto) sprechen. Für die traditionelle Gesamthandslehre, die alle Gesellschafter als Inhaber des Gesellschaftsvermögens zur gesamten Hand betrachtet (oben, § 8 III 1, 2 a), muß sich dies befremdlich ausnehmen, denn wie soll ein Gesellschafter mit null Prozent Mitinhaber des Gesellschaftsvermögens sein? Die Lehre von der rechtsfähigen Personengesellschaft schafft bessere Klarheit: Inhaber des Gesellschaftsvermögens ist die Gesellschaft, und die Besonderheit besteht lediglich darin, daß für einen Gesellschafter kein Kapitalkonto geführt wird.

21 Vgl. *Rudolf Heinsheimer*, a.a.O., S. 33.
22 Vgl. auch *Pauli*, a.a.O., S. 34ff.
23 Vgl. *Baumbach/Hopt*, § 120 Rdnr. 23; *Karsten Schmidt*, Zur Stellung der oHG im System der Handelsgesellschaften, 1972, S. 193f.; eingehend *Huber*, Vermögensanteil, S. 289ff.

Als Beispiel wird herkömmlicherweise der Fall genannt, daß ein Dritter geschäftsführungs- und vertretungsberechtigtes Leitungsorgan der Gesellschaft werden soll, dies aber nach dem Grundsatz der Selbstorganschaft (oben, § 14 II 2) nur als Gesellschafter werden kann.

Beispiel Nr. 6: Ein verdienter leitender Angestellter soll in einer Familiengesellschaft die Geschäftsführung und Vertretung übernehmen. Damit er dies kann, macht man ihn zum »Gesellschafter ohne Kapitalanteil«.

In der Praxis ist allerdings der Bedarf nach solchen Regelungen nicht so groß, wie es die Literatur scheinen läßt. Man kann nämlich ohne Verstoß gegen das Prinzip der Selbstorganschaft einen Nichtgesellschafter zum Prokuristen mit Geschäftsführungsbefugnissen bestellen. Diese Lösung ist weitaus einfacher als die einer Aufnahme als Gesellschafter und auch in den Rechtsfolgen besser zu übersehen (verwiesen sei auf die gefährliche Hinauskündigungsrechtsprechung; unten, § 50 III 4). Trotzdem gibt es den »Gesellschafter ohne Kapitalanteil«, allerdings meistens als GmbH[24]. Die GmbH & Co.-Verträge enthalten häufig Vertragsklauseln, die etwa lauten: »Die GmbH leistet keine Einlage; sie hat keinen Kapitalanteil.« Wirtschaftlich sind dann nur die Kommanditisten Inhaber des Gesellschaftsvermögens, und genau dies ist häufig bezweckt (vgl. zur gesellschafteridentischen GmbH & Co. KG unten, § 56 II 3). Im Extremfall kann dies sogar dazu führen, daß einem Gesellschafter im Innenverhältnis »alles gehört«.

Beispiel Nr. 7: Der Einzelkaufmann Kuno K will sein Geschäftsvermögen rechtlich gegen das Privatvermögen abschichten, hat aber nichts gegen seine unbeschränkte Haftung und gegen die Versteuerung der Unternehmensgewinne nach dem Einkommensteuergesetz als Einkünfte aus Gewerbebetrieb. Der wirtschaftliche Sinn dieser Maßnahme kann unterschiedlicher Art sein, z.B. darin bestehen, daß sich das Unternehmen bei seinem Tod in einem Gesellschaftsvermögen und nicht unmittelbar in seinem Nachlaß befindet (vgl. zu den Problemen beim Tod eines Einzelunternehmers Handelsrecht, § 5 I 3 b, § 8 IV). Zu diesem Zweck gründet Kaufmann Kuno K eine Einmann-GmbH und mit dieser GmbH eine Kuno K oHG, in die er sein Unternehmen einbringt. Damit ist die oHG neuer Rechtsträger, aber im Innenverhältnis kann trotzdem Kuno K alleiniger Vermögensträger sein, wenn vereinbart wird, daß die GmbH als »Gesellschafterin ohne Kapitalanteil« nicht am Vermögen beteiligt ist.

2. Der Kapitalanteil im besonderen

a) Der sog. Kapitalanteil ist eine Rechengröße, die Aufschluß über die Vermögensbeteiligung des Gesellschafters geben soll. Er ist nicht mit einem Bruchteil am Gesellschaftsvermögen identisch, und er ist auch keine Forderung des Gesellschafters gegen die Gesellschaft[25]. Der Kapitalanteil ist über-

24 Näher *Huber*, Vermögensanteil, S. 291 f.

25 H.M.; vgl. *RGZ* 117, 238, 242; *RG*, DR 1941, 1084, 1085; 1943, 1228, 1229; *BGH*, NJW 1999, 2438; *Hopt/Hehl/Vollrath*, Rdnr. 420; *Alfred Hueck*, oHG, § 16 V 1; *Huber*, Vermögensanteil, S. 214 ff.; *v. Falkenhausen*, a.a.O., § 55 Rdnr. 25; *Baumbach/Hopt*, § 120 Rdnr. 13; *Heymann/Emmerich*, § 120 Rdnr. 22; *Koller/Roth/Morck*, § 120 Rdnr. 4; *Michalski*, § 120 Rdnr. 9; *Röhricht/v. Westphalen/v. Gerkan*, § 120 Rdnr. 11; a.M. – Kapitalanteil als selbständiges Recht – z.B.

haupt kein Recht, folglich auch kein übertragbares oder pfändbares Recht[26]. Er ist, wie schon erwähnt, auch nicht das, was sich Juristen unter einem »Anteil« vorstellen. Mit *Ulrich Huber*[27] läßt sich der Kapitalanteil definieren als »die Bilanzziffer, die den gegenwärtigen Stand der Einlage des Gesellschafters angibt, so wie er sich nach den Methoden der kaufmännischen Buchführung und Bilanzierung errechnet«. So gesehen ist der »Kapitalanteil« überhaupt nichts anderes als ein bei der Gesellschaft geführtes Konto des Gesellschafters. Daß auch das Gesetz den Kapitalanteil nur als Position auf einem Kapitalkonto betrachtet, erkennt man z.B. an §§ 120 II, 121 HGB.

b) Die rechtliche *Bedeutung des Kapitalanteils* besteht vor allem in folgenden Punkten: Sofern der Gesellschaftsvertrag keine abweichende Regelung enthält, ist der Kapitalanteil maßgebend für die Verteilung einer Vorausdividende, für Entnahmen und für die Berechnung des Auseinandersetzungsguthabens (§§ 121, 122, 155 HGB). Außerdem kann der Kapitalanteil im Gesellschaftsvertrag auch zum Maßstab von sonstigen mitgliedschaftlichen Rechten und Pflichten gemacht werden. Beispielsweise ist eine Vereinbarung gebräuchlich, nach der sich das Stimmrecht der Gesellschafter nach Kapitalanteilen bestimmt, so wie sie sich aus dem Gesellschaftsvertrag (bei festen Kapitalanteilen) oder aus der letzten Bilanzfeststellung (bei beweglichen Kapitalanteilen) ergeben. Man kann also sagen: Der Kapitalanteil ist zwar kein Recht, aber aus ihm können bedeutsame Rechtsfolgen für den Gesellschafter resultieren. Die richtige Bestimmung des Kapitalanteils ist also eine wichtige und folgenreiche Aufgabe der Gesellschaftsrechtspraxis.

c) Soll der Kapitalanteil für die Gewinnbeteiligung, das Entnahmerecht und das Auseinandersetzungsguthaben eines Gesellschafters maßgebend sein, so muß er *möglichst* als *Spiegelbild der Vermögensbeteiligung* des Gesellschafters erscheinen. Scheinbar ist es ganz selbstverständlich, daß der Kapitalanteil als Bilanzziffer auch die Beteiligungsquote wiedergibt. Bei *RGZ* 117, 239, 242 heißt es: »Der Kapitalanteil eines Gesellschafters ist zwar nicht gleichbedeutend mit seinem Anteil am Gesellschaftsvermögen. Er bringt aber doch seine wirtschaftliche Beteiligung am Geschäftskapital zum Ausdruck.« *Alfred Hueck*[28] sagt vom Kapitalanteil, daß er »den Wert der jeweiligen wirtschaftlichen Beteiligung des Gesellschafters am Gesellschaftsvermögen zum Ausdruck bringen soll«. Tatsache ist aber, daß die gesetzliche Regelung über den Kapitalanteil eben dies *nicht* sicherstellt, eben weil sie in Wahrheit nur von einem Konto spricht. Ausgangspunkt bei der Berechnung des Kapitalanteils ist die von einem Gesellschafter geleistete oder die zu seinen Gunsten »eingebuchte« Einlage. Nach § 120 II HGB wird der einem Gesellschafter zukommende Gewinn seinem Kapitalanteil – d.h. also: seinem Kapitalkonto – zugeschrieben. Der auf den Gesellschafter entfallende Verlust wird von dem

---

Wieland I, § 46 II (Forderung); s. auch *Schlegelberger/Geßler*, HGB, 4. Aufl. 1963, § 120 Rdnr. 10; *Fischer*, in: Großkomm. HGB, 3. Aufl. 1973, § 120 Anm. 22 (Beteiligungsrecht).

26 Vgl. *RG*, DR 1941, 1084, 1085; 1943, 1228, 1229; *Huber*, Vermögensanteil, S. 230.

27 Vermögensanteil, S. 228.

28 OHG, § 16 V 1.

Kapitalanteil abgeschrieben. Der Kapitalanteil kann sich also durch weitere Einlagen oder durch Gewinngutschriften vermehren, und er kann sich durch Verluste und Entnahmen vermindern. Sind die Verluste und Entnahmen größer als der Kapitalanteil, so wird dieser negativ. Da nun aber die Jahresbilanz eine Ertragsbilanz und kein Vermögensstatus ist, kann der so berechnete Kapitalanteil nicht wirklich Spiegelbild der Vermögensanteile sein.

aa) Zunächst einmal muß man sich klar machen, daß der sog. Kapitalanteil nicht den absoluten Wert der Beteiligung wiedergeben kann, denn die *Summe der Kapitalanteile* ist *nicht identisch mit dem Wert des Gesellschaftsvermögens*[29].

Beispiel Nr. 8: A und B haben im Jahr 1950 mit je 40000 DM Einlage – damals eine schon sehr beträchtliche Summe! – eine Baumarkt-oHG gegründet. Die Einlage des B bestand in einem mit 40000 DM bewerteten Betriebsgrundstück. A hat immer genau die auf ihn entfallenen Bilanzgewinne entnommen (Kapitalanteil vor der Euro-Umstellung also 40000 DM), B hat 20000 DM mehr entnommen (Kapitalanteil 20000 DM). Daraus darf nicht etwa gefolgert werden, der Wert des Gesellschaftsvermögens betrüge nur 60000 DM, und davon »gehörten« 2/3 dem A. Vielmehr kann sich im Fall einer Auseinandersetzung aufgrund eines Liquidationsstatus durchaus ergeben, daß ein Gesellschaftsvermögen von 600000 DM vorhanden ist, weil etwa allein das Betriebsgrundstück inzwischen 500000 DM wert ist. Die Divergenz beruht auf »stillen Reserven«, die z. B. durch das Ansteigen der Grundstückspreise und durch die schleichende Inflation der DM entstanden sein können (vgl. zur Vermögensbeteiligung bei negativem Kapitalanteil auch *BGHZ* 101, 123, 128 f.). Es könnten deshalb die Kapitalanteile der beiden Gesellschafter sogar negativ sein, ohne daß man folgern müßte, die Gesellschaft wäre überschuldet. So, wenn in unserem Fall jeder Gesellschafter im Laufe der Jahre 50000 DM mehr entnommen hätte, als die Bilanzgewinne betrugen.

bb) Spiegelt das Kapitalkonto nicht zwingend den absoluten Wert der Beteiligung wider, so mag man erwarten, daß sich jedenfalls die *verhältnismäßige Beteiligung* der Gesellschafter am Gesellschaftsvermögen aus ihren Kapitalanteilen ergibt. Auch dies ist aber, wie schon das vorige Beispiel gezeigt hat, nach der gesetzlichen Regel *nicht* der Fall, denn die Kapitalanteile geben eben nicht die verhältnismäßige Beteiligung der Gesellschafter, sondern *nur die absolute Wertdifferenz* zwischen ihren Vermögensbeteiligungen wieder[30].

Beispiel Nr. 9: Beträgt der Kapitalanteil des Gesellschafters A 40000 Euro, der des B 20000 Euro, so kann man daraus folgern, daß A 20000 Euro mehr »in der Gesellschaft stehen hat« als B, nicht aber, daß die Beteiligung des A doppelt so viel wert ist wie die des B, denn es müßte ein Zufall sein, wenn das Aktivvermögen der Gesellschaft gerade 60000 Euro betrüge. Wird die Gesellschaft aufgelöst und sind jetzt 600000 Euro zu verteilen, so erhält A davon nicht 400000 Euro, sondern er erhält 310000 Euro, während 290000 Euro dem B zustehen.

Man sieht: Der vom Gesetz vorgesehene variable »Kapitalanteil« läßt als ein bloßes Kapitalkonto weder den Schluß auf den Wert des Gesellschaftsvermögens noch auf den verhältnismäßigen Wert der Beteiligung zu.

29 Näher *Huber*, Vermögensanteil, S. 222 f.
30 Näher auch zu dem Beispiel *Huber*, Vermögensanteil, S. 183.

d) Weil das so ist und weil die Praxis aus den Kapitalanteilen möglichst eben doch einen Kapitalverteilungsschlüssel ablesen will, hat sich die *Technik der festen Kapitalanteile* eingebürgert[31]. An Stelle der variablen Kapitalanteile werden unveränderliche Kapitalanteile gebildet, deren Summe gleichsam das »Grundkapital« oder »Stammkapital« der Personengesellschaft ergibt (diese Begriffe sind dem Kapitalgesellschaftsrecht entnommen und als termini technici bei einer Personengesellschaft an sich unerlaubt). Das Verhältnis der einzelnen Kapitalanteile zu diesem Festkapital gibt an, in welchem Verhältnis die Gesellschafter an der Gesellschaft beteiligt sind. Durch den »festen Kapitalanteil« wird also, wenn wir in der tradierten Terminologie bleiben, der sog. »Gesellschaftsanteil« wertmäßig in Höhe des »Vermögensanteils« quantifiziert. Um daneben die variablen Größen – stehengebliebene Gewinne, Verluste und Entnahmen – mit zu erfassen, muß neben dem festen Kapitalkonto (Kapitalkonto I) ein zweites, bewegliches Konto geführt werden, das sog. bewegliche Kapitalkonto oder Darlehnskonto oder Kapitalkonto II[32]. Auch Einlagenrückstände werden dann üblicherweise auf dem zweiten Konto gebucht[33]. Die Funktionsweise dieser Kontenteilung zeigt unser

Beispiel Nr. 10: Betragen die festen Kapitalanteile der Gesellschafter A und B 40 000 Euro und 20 000 Euro, so sagt dies zwar immer noch nichts über den Gesamtwert des Gesellschaftsvermögens aus, wohl aber darüber, daß A zu 2/3 und B zu 1/3 beteiligt ist. Im Liquidationsfall sind außerdem die weiteren Konten auszugleichen, die sich beispielsweise durch Entnahmen des A und durch Gewinne, die B stehengelassen hat, unterschiedlich entwickelt haben können. In unserem Baumarkt-Beispiel hätten die Gesellschafter die festen Kapitalanteile gewiß nicht mit 40 : 20, sondern einheitlich mit 40 : 40 festgesetzt, und nur das zweite Kapitalkonto des B wäre um 20 000 Euro mehr belastet. Die in unseren Beispielen für richtig befundenen Ergebnisse schlagen sich dann auch in den Kapitalkonten nieder.

Die Technik der festen Kapitalanteile ist sachgerecht. Wenn nur ein bewegliches Konto besteht, mischen sich auf diesem Positionen unterschiedlicher Qualität, z.B. schuldbegründende Posten – Einlagenrückstände oder unerlaubte Entnahmen – und nicht schuldbegründende Posten, z.B. Verlustanteile. Der Gesellschafter muß keineswegs jedes Debet auf dem beweglichen Konto ausgleichen[34]. Das spricht für eine differenzierte Kontenführung. Manche Gesellschaftsverträge unterscheiden zwischen einem festen Kapitalkonto I, einem beweglichen Kapitalkonto II und einem Privat- oder Darlehnskonto[35]. Der Sinn ist folgender: Auf der einen Seite will man aus den nun schon bekannten Gründen den festen Kapitalanteil. Auf der anderen Seite soll das bewegliche Kapitalkonto II als Eigenkapital bei der Gesellschaft

31 Dazu eingehend *Alfred Hueck*, oHG, § 17 II; *Huber*, Vermögensanteil, S. 236ff.; *Michalski*, a.a.O., § 120 Rdnr. 14; *Pauli*, a.a.O., S. 134ff.; *Wiedemann*, in: Festschrift Odersky, a.a.O., S. 923ff.

32 Näher *Huber*, Vermögensanteil, S. 242ff.; die Bezeichnungen schwanken; vgl. näher *Huber*, ZGR 1988, 47f.

33 *Huber*, ZGR 1988, 49.

34 *BGH*, JZ 1983, 70 = WM 1982, 1311.

35 Vgl. *v. Falkenhausen*, a.a.O., § 55 Rdnrn. 54ff.; *Gummert*, a.a.O., § 9 Rdnr. 76; *Hengeler*, in: Beck'sches Formularbuch, 7. Aufl. 1998, Formular VIII C 1 § 7.

gebunden bleiben, also etwaige Einlagenrückstände ausweisen und, wo ein Aktivsaldo ausgewiesen wird, nicht zu einem Darlehn werden, das der Gesellschafter nach den Regeln der ordentlichen Kreditkündigung frei abziehen kann. Um dies klarzustellen, sorgt man dafür, daß das Kapitalkonto II ein echtes, jedoch bewegliches Kapitalkonto bleibt und nicht zu einem Darlehnskonto wird. Nicht selten werden weitere Konten gebildet, z.B. um den Unterschied zwischen Entnahmen und Verlustvorträgen erkennbar zu machen[36].

Bereits unter § 18 III wurde dargelegt, daß die Gesellschafter Beträge, die sie bei der Gesellschaft »stehen« haben, als haftendes Kapital binden können. Das ist hier geschehen. Daß die Gesellschafterkonten noch weiter ausdifferenziert werden können, indem z.B. noch Rücklagenkonten, Steuerkonten etc. eingerichtet werden, sei nur noch erwähnt[37]. Die Einzelheiten pflegen sich aus dem Gesellschaftsvertrag, bisweilen auch aus einer langjährigen Übung unter den Gesellschaftern, zu ergeben.

IV. Gewinne, Verluste und Entnahmen[*]

1. Gewinnfeststellung

Die Erfolgsrechnung der oHG ist aus dem *Jahresabschluß* ablesbar (vgl. § 120 I HGB), der aus der Bilanz und der Gewinn- und Verlustrechnung besteht (vgl. § 242 III HGB). Für die Aufstellung der Bilanz gelten die allgemeinen handelsrechtlichen Vorschriften (zu ihnen vgl. Handelsrecht, § 15 III 2). Zu unterscheiden ist zwischen der *Aufstellung* und der *Feststellung* des Jahresabschlusses. Die Aufstellung erfolgt durch die geschäftsführenden Gesellschafter und ist Geschäftsführungsmaßnahme[38]. Die Feststellung des Jahresabschlusses ist dagegen ein das Gesellschaftsverhältnis betreffendes Rechtsgeschäft und obliegt, sofern nicht der Gesellschaftsvertrag hiervon abweicht, sämtlichen Gesellschaftern, die hierüber Beschluß fassen[39]. Wie der

36 Vgl. *Baumbach/Hopt,* § 120 Rdnr. 20.

37 Vgl. *Schlegelberger/Martens*, § 120 Rdnr. 39.

* Literatur: Institut der Wirtschaftsprüfer (Hrsg.), Personengesellschaft und Bilanzierung, 1990; *Balthasar*, Die Bestandskraft handelsrechtlicher Jahresabschlüsse, 1999; *Balz*, Entnahme fiktiver Steuern bei der Personengesellschaft, DB 1988, 1305; *Barz*, Die vertragliche Entnahmeregelung bei oHG und KG, in: Festschrift Knur, 1972, S. 25; *Crezelius*, Gesamthandsbilanz und Körperschaftsteuersystem, in: Festschrift Claussen, 1997, S. 621; *Großfeld*, Rücklagenbildung und Minderheitenschutz bei Personenhandelsgesellschaften, Wpg. 1987, 698; *Gummert*, in: Riegger/Weipert (Hrsg.), MünchHdb. GesR I, 1995, § 10; *Hopt*, Bilanz, Reservenbildung und Gewinnausschüttung bei der oHG und KG, in: Festschrift Odersky, 1996, S. 799; *Pauli*, Das Eigenkapital der Personengesellschaften, 1990; *Schön*, Bestandskraft fehlerhafter Bilanzen, in: Festschrift 50 Jahre BGH II, 2000, S. 153; *Selle*, Gewinnverteilung bei der oHG, BB 1993, 2040.

38 *BGHZ* 132, 263 = NJW 1996, 1678 = JuS 1996, 752 (*Karsten Schmidt*); eingehend *Huber*, Vermögensanteil, S. 179ff.

39 Vgl. *BGHZ* 80, 357, 358; 132, 263 = NJW 1996, 1678 = JuS 1996, 752 (*Karsten Schmidt*); *OLG Düsseldorf*, NJW-RR 1994, 1455; *Baumbach/Hopt*, § 114 Rdnr. 3; *Heymann/Emmerich*, § 120 Rdnr. 10; *Michalski*, § 120 Rdnr. 5.

Bundesgerichtshof [40] entschieden hat, können auch Bilanzierungsentscheidungen, die der Sache nach Ergebnisverwendungen sind – etwa die Bildung offener Rücklagen, die Bildung zusätzlicher Abschreibungen nach § 253 Abs. 4 HGB, die Bildung von Aufwandsrückstellungen nach § 249 Abs. 1 Satz 3, Abs. 2 HGB sowie die Bildung steuerlicher Sonderabschreibungen –, grundsätzlich nur durch alle Gesellschafter gemeinschaftlich getroffen werden, soweit der Gesellschaftsvertrag keine anderweitige Regelung enthält. Die Entscheidung über die Ergebnisverwendung steht nicht im Belieben eines jeden Gesellschafters. Vielmehr sind die Ausschüttungsinteressen der einzelnen Gesellschafter gegenüber dem Bedürfnis der Selbstfinanzierung und Zukunftssicherung der Gesellschaft abzuwägen.

2. Gewinnverteilung

Die Verteilung des Gewinns und des Verlustes wird regelmäßig im *Gesellschaftsvertrag* detailliert geregelt. Nach § 121 HGB gilt *bei Fehlen einer gesellschaftsvertraglichen Regelung* der folgende Grundsatz: Vom Jahresgewinn gebühren jedem Gesellschafter zunächst 4 % seines Kapitalanteils als Gewinnvoraus (§ 121 I HGB). Der diesen Betrag übersteigende Gewinn wird nach § 121 III HGB nach Köpfen verteilt. Auch Verluste verteilen sich nach § 121 III HGB nach Köpfen unter die Gesellschafter. *Gesellschaftsvertragliche Regelungen* modifizieren diese Lösung regelmäßig in der Richtung, daß der Kapitalanteil auch für die weitere Gewinnverteilung maßgebend ist. Sinnvoll ist dies, wenn feste Kapitalanteile vereinbart sind. Möglich sind auch Regelungen über eine feste Verzinsung der Kapitalkonten. Geschäftsführende Gesellschafter erhalten regelmäßig außerhalb des Gesellschaftsvertrages aufgrund eines Dienstvertrages eine Festvergütung. Dieser Betrag kommt dann dem geschäftsführenden Gesellschafter vorab zugute und schmälert den Gewinn der Gesellschaft.

3. Entnahmerechte

a) Nicht mit der Gewinnverteilung zu verwechseln ist das *Recht zu Entnahmen.* Gewinne werden den Gesellschaftern zunächst nur auf den Kapitalkonten gutgebracht, nicht ohne weiteres an sie ausgeschüttet. Nach § 122 I HGB ist jeder Gesellschafter berechtigt, Geld bis zum Betrag von 4 % seines für das letzte Geschäftsjahr festgestellten Kapitalanteils zu entnehmen. Das Entnahmerecht der Gesellschafter spielt in der Praxis nicht zuletzt deshalb eine Rolle, weil Gewinne nach § 15 EStG bei den Gesellschaftern besteuert, die Steuern »des Unternehmens« also von ihnen verauslagt werden[41]. Aber

40 *BGHZ* 132, 263 = NJW 1996, 1678 = JuS 1996, 752 (*Karsten Schmidt*); *Hopt*, in: Festschrift Odersky, 1996, S. 802; dazu *Schulze-Osterloh*, BB 1997, 1783.

41 Vgl. *Priester*, in: Festschrift Quack, 1991, S. 394; *Karsten Schmidt*, in: Der Fachanwalt für Steuerrecht, 1999, S. 193ff.; *Schön*, StuW 1988, 258f.; *ders.*, in: Festschrift Beisse, 1997, S. 487f.; Verzug der Gesellschaft kann zum Schadensersatz, z.B. Erstattung von Säumniszuschlägen, führen; vgl. *BGH*, NJW-RR 1990, 170.

das gesetzliche Entnahmerecht ist unabhängig davon, ob ein Gewinn erwirtschaftet wurde. Das hängt damit zusammen, daß sich das Gesetz die oHG als eine Gesellschaft vorstellt, deren Gesellschafter ihren Lebensunterhalt aus dem Geschäftsvermögen bestreiten[42]. Soweit es nicht zum offenbaren Schaden der Gesellschaft gereicht, kann der Gesellschafter nach § 122 I HGB auch über diese 4 % hinaus seinen Jahresgewinnanteil entnehmen. Die Entnahme wird auf dem Kapitalkonto des Gesellschafters verbucht. Wurden Vorschüsse gezahlt und stellt sich heraus, daß die Entnahmevoraussetzungen nicht zustande kommen, so sind die Vorschüsse zurückzuzahlen[43]. Die gesetzliche Entnahmeregelung ist pauschal und für den Einzelfall oft wenig geeignet. Vorrang hat in jedem Fall die Beschlußfassung der Gesellschafter bzw. der Gesellschaftsvertrag. Gute Gesellschaftsverträge enthalten meist genaue Regelungen über die Entnahmerechte und berücksichtigen hierbei das Kapitalerhaltungsinteresse der Gesellschaft ebenso wie das im Einzelfall durchaus unterschiedliche Entnahmeinteresse der Gesellschafter. Im übrigen kann der Treuegedanke für beiderseitigen Interessenausgleich sorgen, wobei die Selbstfinanzierungsinteressen der Gesellschaft und die Ausschüttungsinteressen der Gesellschafter gegeneinander abzuwägen sind[44].

Beispiel Nr. 11: Die Gesellschaft steht am Rande der Illiquidität. Sie macht Verluste, ist bei ihrer Hausbank hoch verschuldet und hat Mühe, die fälligen Bankzinsen aufzubringen. Ein Gesellschafter, dessen fester Kapitalanteil in besseren Tagen auf 400 000 Euro festgelegt worden ist, darf in einer solchen Situation auch die 4 % (16 000 Euro) nicht entnehmen, die ihm das Gesetz grundsätzlich ohne weiteres zubilligt.

Beispiel Nr. 12: Die Gesellschaft hat im vergangenen Geschäftsjahr keine nennenswerten Gewinne gemacht, aber aufgrund einer Betriebsprüfung müssen die Gesellschafter, die ja nach § 15 EStG Steuern auch auf nicht entnommene Gewinne zahlen müssen, Steuernachzahlungen leisten, weil die Gesellschaft reinvestierte Gewinne unberechtigt abgeschrieben hatte. Könnten sie jetzt nur die gesetzlichen Entnahmen vornehmen, so müßten sie u. U. zur Versteuerung dieser ihnen nicht zugeflossenen Gewinne Privatvermögen versilbern. Weil dies nicht angeht, muß ihnen ein außerordentliches Entnahmerecht zugebilligt werden, selbst wenn der Gesellschaftsvertrag schweigt (anders wohl *BGHZ* 132, 263, 277 = NJW 1996, 1678, 1681).

b) Nach §§ 105 III HGB, 717 S. 2 BGB können Ansprüche auf einen Gewinnanteil *abgetreten* werden. Folglich können sie, sobald entstanden, auch gepfändet werden (vgl. § 851 ZPO). Diese Ansprüche sind also nicht mehr unlösbarer Teil der Mitgliedschaft (zur Mitpfändung bei der Anteilspfändung vgl. aber oben, § 45 IV). Gegenstand der Abtretung oder der Pfändung ist der Gewinnanspruch als gegenwärtige oder künftige Geldforderung, also der Anspruch auf Auszahlung des bilanzmäßig festgestellten Gewinns[45]. Der Zessionar oder der pfändende Gläubiger hat nicht etwa ein Recht gegen die oHG auf Gewinnerzielung oder ein Recht gegen die Gesellschafter auf eine bestimmte Gewinnfeststellung, sondern abgetreten oder

42 *Alfred Hueck*, oHG, § 17 III 2.
43 *Baumbach/Hopt*, § 122 Rdnr. 6; *Heymann/Emmerich*, § 122 Rdnr. 6.
44 *BGHZ* 132, 263, 276 f. = NJW 1996, 1678, 1681 = JuS 1996, 752 (*Karsten Schmidt*); *Alfred Hueck*, oHG, § 17 III 2.
45 Näher *Alfred Hueck*, oHG, § 17 IV 2.

gepfändet ist der Gewinnanspruch so, wie er sich aus der Feststellung ergibt. Obwohl der Gewinnanspruch und nicht das Entnahmerecht Pfändungsgegenstand ist, ist die Entnahmeregelung auch für den Zessionar oder pfändenden Gläubiger von Interesse: Soweit Entnahmebeschränkungen bestehen, können sie auch ihm entgegengehalten werden (§ 404 BGB bzw. §§ 404, 1275 BGB, 804 II ZPO).

V. Teilhaberechte

1. Die Geschäftsführung*

Die Geschäftsführung ist die auf Verwirklichung des Gesellschaftszwecks im Innenverhältnis gerichtete Tätigkeit. Rein tatsächliche Maßnahmen (Gespräche, Korrespondenz, Organisation, Werbung etc.) gehören hierzu ebenso wie etwa die Bilanzaufstellung. Auch Rechtsgeschäfte sind Geschäftsführungsmaßnahmen. Im Außenverhältnis sind sie Vertretungsgeschäfte, aber sie stellen zugleich Maßnahmen im Innenverhältnis dar.

a) Die Geschäftsführung obliegt bei der oHG den Gesellschaftern und nur ihnen. Nach dem *Prinzip der Selbstorganschaft* (oben, § 14 II 2) werden die Geschäftsführer nicht bestellt, müssen also auch nicht ein Geschäftsführeramt annehmen und können es nicht einseitig niederlegen[46], sondern der Geschäftsführerstatus ist Bestandteil der Mitgliedschaft. Mit dem Geschäftsführungsrecht geht regelmäßig auch ohne Abschluß eines Dienstvertrags eine – gesellschaftsvertraglich begründete – *Geschäftsführungspflicht* einher[47]. Anders als bei der Gesellschaft bürgerlichen Rechts (§§ 709ff. BGB) geht das Gesetz von der *Einzelgeschäftsführungsbefugnis* der Gesellschafter aus. Nach § 114 I HGB sind zur Führung der Geschäfte alle Gesellschafter berechtigt und verpflichtet. Steht die Geschäftsführung allen oder mehreren Gesellschaftern zu, so ist nach § 115 I HGB jeder von ihnen allein zu handeln berechtigt; nur wenn ein anderer geschäftsführender Gesellschafter einer

* Literatur: *Dellmann*, Die Einräumung von Vertretungs- und Geschäftsführungsbefugnissen in Personenhandelsgesellschaften an gesellschaftsfremde Personen, in: Freundesgabe Hengeler, 1972, S. 64; *v. Ditfurth*, Die Geschäftsführung, in: Riegger/Weipert, MünchHdb. GesR I, 1995, § 47; *Gogos*, Die Geschäftsführung der oHG, 1973; *Helm/Wagner*, Fremdgeschäftsführung und -vertretung bei Personengesellschaften, BB 1979, 225; *Loritz*, Die Mitarbeit Unternehmensbeteiligter, 1984; *Reuter*, Der Beirat der Personengesellschaft, in: Festschrift Steindorff, 1990, S. 229; *Karsten Schmidt*, »Kündigung der Geschäftsführung und Vertretung« durch den Personengesellschafter, DB 1988, 2241; *ders.*, Mehrseitige Gestaltungsprozesse bei Personengesellschaften. Studien und Thesen zur Prozeßführung nach §§ 117, 127, 133, 140, 142 HGB und zur notwendigen Streitgenossenschaft nach § 62 ZPO, 1992; *ders.*, Selbstorganschaft, in: Gedächtnisschrift Knobbe-Keuk, 1997, S. 307; *Thümmel*, Möglichkeiten und Grenzen der Kompetenzverlagerung auf Beiräte ..., DB 1995, 2461; *Westermann/Pöllath*, Abberufung und Ausschließung von Gesellschaftern und Geschäftsführern ..., 4. Aufl. 1988.

46 Kündigt der Gesellschafter aus wichtigem Grund »die Geschäftsführung« (§§ 712 II BGB, 105 III HGB), so betrifft dies die gesellschaftsvertragliche Geschäftsführungs*pflicht*; vgl. *Karsten Schmidt*, DB 1988, 2241ff.; teilweise a.M. *Staub/Habersack*, § 127 Rdnr. 5.

47 Vgl. *RGZ* 142, 13, 18.

Maßnahme widerspricht, muß diese unterbleiben. Handelt es sich allerdings um eine Maßnahme, die für die Mitgesellschafter von erheblicher Bedeutung sein kann, so müssen diese zunächst informiert und evtl. sogar befragt werden; der geschäftsführende Gesellschafter muß dann ihre Stellungnahme abwarten (vgl. auch unter V 1 d)[48].

Der *Gesellschaftsvertrag* kann die Geschäftsführungsbefugnis einzelnen Gesellschaftern übertragen; dann sind die übrigen Gesellschafter von der Geschäftsführung ausgeschlossen (§ 114 II HGB). Der Gesellschaftsvertrag kann auch bestimmen, daß mehrere Gesellschafter nur zusammen handeln können. In diesem Fall bedarf es für jedes Geschäft der Zustimmung aller geschäftsführenden Gesellschafter, es sei denn, daß Gefahr im Verzug ist (§ 115 II HGB). Auch einem von den Gesellschaftern zu bildenden Beirat kann die Geschäftsführung überlassen werden[49]. Mit dem Prinzip der Selbstorganschaft ist es nach herrschender Auffassung sogar vereinbar, daß alle Gesellschafter von der Geschäftsführung – im Gegensatz zur Vertretungsbefugnis – ausgeschlossen werden (oben, § 14 II 2 b). Es kann dann z.B. einem Prokuristen oder Generalbevollmächtigten die Geschäftsführung überlassen sein. Man muß sich aber darüber klar sein, daß die Gesellschafter dann immer noch durch Beschlüsse Weisungen erteilen können[50] und daß jedenfalls die organschaftliche Vertretung einschließlich der Befugnis, die einem »Drittgeschäftsführer« erteilte Vollmacht zu widerrufen, bei den Gesellschaftern liegen muß, denn bei dieser ist Selbstorganschaft zwingend. Überhaupt wird es sich bei der »Drittgeschäftsführung« in der Personengesellschaft nur um eine gesellschaftsvertraglich bestimmte Delegation von Geschäftsführungsaufgaben handeln; organschaftliche Eigenbefugnisse sind dem Drittgeschäftsführer in der Personengesellschaft nicht zuzugestehen.

b) Nicht mit dem gesellschaftsvertraglichen Ausschluß eines Gesellschafters von der Geschäftsführung zu verwechseln ist die *Entziehung einer vorhandenen Geschäftsführungsbefugnis.* Sie ist nach § 117 HGB möglich. Danach kann einem Gesellschafter die Geschäftsführungsbefugnis auf Antrag der übrigen Gesellschafter durch gerichtliche Entscheidung entzogen werden, wenn ein wichtiger Grund vorliegt; als einen solchen Grund nennt das Gesetz insbesondere grobe Pflichtverletzung oder Unfähigkeit zur ordnungsmäßigen Geschäftsführung. Was das bedeuten kann, verdeutlicht unser

Beispiel Nr. 13: Grobe Pflichtverletzung ist z.B. das Unterlassen ordnungsmäßiger Buchführung (vgl. *RGSt.* 45, 387, 388), der Mißbrauch der oHG-Firma zu Privatzwecken (vgl. *ROHGE* 20, 265, 267), der nur aus persönlichen Motiven betriebene Antrag auf Insolvenzverfahrenseröffnung *(OLG Düsseldorf*, JW 1932, 1671 m.Anm. *Roquette).* Überhaupt können grobe Eigenmächtigkeiten und nachhaltig schädigende Geschäftsführungsmaßnahmen zur Entziehung der Geschäftsführungsbefugnis führen. Die Unfähigkeit zur ordnungsmäßigen Geschäftsführung kann verschiedene Gründe haben, z.B. auch Gründe mangelnder fachlicher Fortbildung (vgl. *BGH*, JZ 1952, 276f.). Aber es muß

48 *BGH*, LM Nr. 2 zu § 115 HGB = BB 1971, 759; *OLG Hamm*, BB 1993, 165.
49 Näher *Reuter*, a.a.O., S. 240.
50 *Alfred Hueck*, oHG, § 10 II 2.

eine wirkliche Unfähigkeit vorliegen. Bloße Unzufriedenheit der Mitgesellschafter mit getroffenen Maßnahmen genügt nicht.

Die Entziehung erfolgt durch *Gestaltungsklage und Gestaltungsurteil*, sofern nicht der Gesellschaftsvertrag eine andere Regelung trifft. Der *Gesellschaftsvertrag* kann insbesondere, wie bei der Gesellschaft bürgerlichen Rechts (§ 712 BGB), die Entziehung durch Gesellschafterbeschluß vorsehen; er kann auch die Entziehungsgründe genauer oder enger oder weiter festlegen. Bleibt es bei der gesetzlichen Regelung, so wird die Klage auf Entziehung der Geschäftsführungsbefugnis nicht von der Gesellschaft, sondern von allen Mitgesellschaftern erhoben. *Die Gesellschafter sind notwendige Streitgenossen i.S. von § 62 ZPO*[51]. Umstritten ist, ob die Gesellschafter zur Mitwirkung bei diesem Gestaltungsprozeß verpflichtet sind, wenn ein zur Klageerhebung berechtigender Grund vorliegt und die Entziehung im Interesse der Gesellschaft liegt[52]. Dann würde aus dem Recht zur Entziehungsklage für den Gesellschafter am Ende eine Pflicht zur Entziehungsklage, obwohl doch die Grenzen des § 117 HGB im Einzelfall zweifelhaft und umstritten sein können. Deshalb wird auf die Treupflicht abgestellt[53]. Jeder Gesellschafter ist dann, aber auch nur dann, zur aktiven Mitwirkung am Entziehungsverfahren verpflichtet, wenn der Tatbestand des § 117 HGB erfüllt ist und der Gesellschaft oder den Mitgesellschaftern aus der weiteren Geschäftsführung empfindliche Nachteile drohen. Das wird freilich, wenn der Tatbestand des § 117 HGB erfüllt ist, meistens der Fall sein. Bei *RGZ* 162, 388, 395f. heißt es richtig, daß die Nichtbeteiligung an einer notwendigen oder doch sachdienlichen Entziehung der Geschäftsführungsbefugnis ein Treupflichtverstoß sein kann und dann zum Schadensersatz verpflichtet. Um nicht die Entziehungsklage an der Weigerung eines Gesellschafters scheitern zu lassen, bejaht aber die herrschende Meinung auch einen klagbaren Anspruch auf Mitwirkung an der Gestaltungsklage. Wie bei der Ausschließungsklage (§ 140 HGB) werden dann ggf. beide Klagen verbunden: die (Gestaltungs-)Klage gegen den geschäftsführenden Gesellschafter und die (Leistungs-)Klage gegen den widerstrebenden Mitgesellschafter[54]. Das gegen den Mitgesellschafter ergehende Leistungsurteil ersetzt dann die Mitwirkung des Verurteilten bei der Gestaltungsklage, ohne daß erst die Rechtskraft dieses Leistungsurteils abgewartet werden müßte[55]. Überzeugender ist es, den ganzen Vorgang als eine Klage

51 *BGHZ* 30, 195, 197; *Alfred Hueck*, oHG, § 10 VII 6; *Ebenroth/Boujong/Joost/Mayen*, § 117 Rdnr. 20; s. auch zu § 140 HGB: *RGZ* 122, 312, 315; 146, 169, 173.

52 Bejahend *Zöllner*, Die Schranken mitgliedschaftlicher Stimmrechtsmacht, 1963, S. 347ff.; *Westermann* I 333; *Heymann/Emmerich*, § 117 Rdnr. 12; eingehend *Papst*, Mitwirkungspflichten bei Klagen nach §§ 117, 127, 140 HGB, BB 1977, 1524; a.M. *Alfred Hueck*, oHG, § 10 VII 4.

53 Überblick bei *Ebenroth/Boujong/Joost/Mayen*, § 117 Rdnr. 16.

54 *Baumbach/Hopt*, § 117 Rdnr. 7; *Ebenroth/Boujong/Joost/Mayen*, § 117 Rdnr. 17; *Heymann/Emmerich*, § 117 Rdnr. 13; *Koller/Roth/Morck*, § 117 Rdnr. 4; *Michalski*, § 117 Rdnr. 7; *Schlegelberger/Martens*, § 117 Rdnrn. 27f.; zur Dogmatik dieser subjektiven Klaghäufung vgl. *Schlegelberger/Karsten Schmidt*, § 127 Rdnrn. 20f.

55 Dies wäre bei schulmäßigem Umgang mit § 894 ZPO geboten; die Folge wäre, daß der Prozeß gegen den primären Verfahrensgegner ausgesetzt werden und der materielle Rechtsstreit im Mitwirkungsprozeß gegen den widerstrebenden Mitgesellschafter ausgetragen werden müßte.

mit einem einzigen Streitgegenstand anzusehen[56]: Es wird gegen den geschäftsführenden Gesellschafter und gegen den widerstrebenden Gesellschafter auf Entziehung der Geschäftsführung des ersteren geklagt; beide sind als Beklagte an diesem einheitlichen Prozeß beteiligt, denn das Urteil greift – wenn auch ganz unterschiedlich – in die Mitgliedschaft beider ein[57]. Es gelten dieselben Grundsätze wie bei der Ausschließungsklage (zu dieser vgl. unten, § 50 III).

c) Der *Umfang der Geschäftsführungsbefugnis* ist in § 116 HGB geregelt. Danach erstreckt sich die Befugnis zur Geschäftsführung auf alle Handlungen, die der gewöhnliche Betrieb des Handelsgewerbes der Gesellschaft mit sich bringt (§ 116 I HGB). Zur Vornahme außerordentlicher Geschäfte ist dagegen ein Beschluß sämtlicher Gesellschafter erforderlich (§ 116 II HGB; zu den Rechtsfolgen vgl. alsbald unter V 1 d). Prokuristen dürfen nur mit Zustimmung aller geschäftsführenden Gesellschafter bestellt werden, sofern nicht Gefahr im Verzug ist (§ 116 III 1 HGB). Zum Widerruf der Prokura ist dagegen grundsätzlich jeder geschäftsführende Gesellschafter allein berechtigt (§ 116 III 2 HGB).

Von grundlegender Bedeutung ist hiernach der *Begriff der außerordentlichen oder ungewöhnlichen Geschäfte*, denn er sichert den nicht geschäftsführenden Gesellschaftern eine Restkompetenz. Bei *RGZ* 158, 302, 308 heißt es: »Es kommt darauf an, ob die Handlung nach ihrem Inhalt und Zweck über den Rahmen des Geschäftsbetriebes hinausgeht oder durch ihre Bedeutung und die mit ihr verbundene Gefahr eine Ausnahme darstellt.« Sehr klar ist diese Formulierung nicht. Der HGB-Gesetzgeber[58] wollte in § 116 II HGB nur den alten ADHGB-Text vereinfachen. Art. 103 I ADHGB hatte einen Beschluß aller Gesellschafter für Geschäfte verlangt, »welche über den gewöhnlichen Betrieb des Handelsgewerbes der Gesellschaft hinausgehen oder welche dem Zweck derselben fremd sind«. Man wird also *drei Gruppen von außergewöhnlichen Geschäften* bilden können[59]:
- Geschäfte, die mit dem Gesellschaftszweck unverträglich sind;
- Geschäfte, die mit dem Unternehmensgegenstand unverträglich sind;
- Geschäfte, die zwar mit dem Unternehmensgegenstand verträglich sind, aber außerhalb seines gewöhnlichen Rahmens liegen.

Der Unternehmensgegenstand bleibt also Bezugspunkt. Die »Außergewöhnlichkeit« des Geschäfts als solche ist unschädlich, wenn der gewöhnliche Rahmen des Unternehmensgegenstandes gewahrt bleibt.

---

56 *Karsten Schmidt,* Mehrseitige Gestaltungsprozesse bei Personengesellschaften, a.a.O., S. 107ff.

57 Eingehend *Karsten Schmidt*, Mehrseitige Gestaltungsprozesse bei Personengesellschaften. a.a.O., S. 50ff., 107ff.

58 HGB-Denkschrift, S. 86.

59 Teilweise a.M. *Ebenroth/Boujong/Joost/Mayen,* § 116 Rdnr. 4; *Heymann/Emmerich,* § 116 Rdnr. 3: Ausschluß gesellschaftszweckwidriger Geschäfte aus dem Begriff der Geschäftsführung. Richtig ist, daß Änderungen des Gesellschaftsvertrags keine Geschäftsführungsmaßnahmen sind (*BGHZ* 76, 160, 163 = NJW 1980, 1463, 1464), aber das schließt nicht aus, daß Geschäftsführungsmaßnahmen gesellschaftszweckwidrig sein können.

Beispiel Nr. 14 (nach *BGH*, BB 1954, 143): Die Geschäftsführung entschließt sich, die Waren der Gesellschaft aus einem kriegs- oder katastrophenbedrohten Gebiet auszulagern. Diese Maßnahme mag ungewöhnlich sein. Ein außerordentliches Geschäft i.S. von § 116 II HGB liegt trotzdem nicht vor.

Beispiel Nr. 15 (nach *FG München*, Wpg. 1991, 513): Die Geschäftsführung entschließt sich, den Betrieb im Wege der Betriebsaufspaltung zu verpachten oder das Pachtverhältnis zu beenden. Dadurch wird die bisher operativ tätige Gesellschaft zur bloßen Besitzgesellschaft bzw. eine bloße Besitzgesellschaft wieder zur operativ tätigen Gesellschaft (vgl. zur Betriebsaufspaltung oben, § 12 II 3 d). Das *Finanzgericht* entschied mit Recht, dies sei eine außergewöhnliche Maßnahme i.S. von § 116 HGB.

Beispiel Nr. 16 (vgl. *Karsten Schmidt,* in: Kötz/Rawert/Schmidt/Walz [Hrsg.], Non Profit Law Yearbook 2001, 2002, S. 116ff.): Nimmt der geschäftsführende Gesellschafter wohltätige Zuwendungen aus dem Gesellschaftsvermögen vor, die den alltäglichen Rahmen überschreiten, so handelt es sich um ein außergewöhnliches, also zustimmungsbedürftiges Geschäft. Das gilt für menschenfreundliche Spenden ebenso wie für Parteispenden.

Das Geschäftsführungsrecht ist als Mitgliedschaftsrecht ein *pflichtgebundenes Recht des Gesellschafters* (vgl. allgemein zu den Mitgliedschaftsrechten oben, §§ 19 und 21). Der Gesellschafter muß bei der Ausübung dieses Rechts die Belange der Gesellschaft im Auge haben. Insbesondere gilt auch hier die sog. Geschäftschancenlehre (oben, § 20 V 3). So entschied auch der *Bundesgerichtshof* in dem bereits unter II 2b dargestellten Urteil *BGH*, NJW 1986, 584: »Der geschäftsführende Gesellschafter einer offenen Handelsgesellschaft muß in allen Angelegenheiten, die das Interesse der Gesellschaft berühren, deren Wohl und nicht seinen eigenen Nutzen oder den Vorteil anderer im Auge haben.« Der *BGH* hat diese Rechtsprechung seither fortgeführt[60].

d) Bei all diesen Fragen muß man sich ständig vor Augen führen, daß von dem *Innenverhältnis* der Gesellschaft die Rede ist: von der *Geschäftsführung* und nicht von der Vertretung. Sofern nicht ausnahmsweise ein evidenter Mißbrauch der Vertretungsmacht vorliegt (dazu oben, § 10 II 2) oder der vertretungsberechtigte Gesellschafter das Gesamtvermögen der Gesellschaft überträgt (unten, § 48 II 2 b)[61] oder Struktur der Gesellschaft ändert (z.B. unbefugt neue Gesellschafter aufnimmt)[62], hat also eine Verletzung der hier beschriebenen Grenzen zwar eine Schadensersatzpflicht des eigenmächtig Handelnden (*BGH*, NJW 1997, 314), aber nicht die Unwirksamkeit eines vom Gesellschafter in Vertretung der Gesellschaft abgeschlossenen Geschäfts zur Folge. Beispielsweise braucht sich ein Gericht, bei dem ein Anspruch der Gesellschaft eingeklagt wird, nicht um den Widerspruch eines nicht geschäftsführenden Gesellschafters zu kümmern[63]. Aus diesen Gründen stellt sich die Frage, ob sich die Mitgesellschafter jedenfalls durch Klagen gegen unzulässige Maßnahmen zur Wehr setzen können (vgl. zur negatorischen Klage allgemein oben, § 21 V 3). Nach der hier vertretenen Ansicht sind

60 *BGH*, NJW 1989, 2687 (zur KG); dazu *Kübler/Waltermann*, ZGR 1991, 162ff.; *Merkt*, ZHR 159 (1995), 425ff.; *Armbrüster*, ZVP 1997, 261ff.

61 *BGH,* NJW 1995, 596 = JZ 1995, 576 m.Anm. *Grunewald; Karsten Schmidt,* ZGR 1995, 675ff.

62 Ein solches Rechtsgeschäft liegt außerhalb des Geschäftsführungs- und Vertretungsbereichs; vgl. *BGHZ* 76, 160, 162f. = NJW 1980, 1463, 1464.

63 Vgl. *BGH*, LM Nr. 3 zu § 115 HGB = NJW 1974, 1555.

Klagen gegen bloße Geschäftsführungsmaßnahmen im Grundsatz nicht möglich[64]. Die Unterlassungsklage gegen ein Organhandeln richtet sich nur auf Einhaltung der Organkompetenzen und nicht auf Unterlassung bestimmter einzelner Maßnahmen (vgl. oben, § 21 V 3). Den Unterschied sollen zwei Beispiele verdeutlichen:

Beispiel Nr. 17 (in Anlehnung an *BGHZ* 76, 160 = NJW 1980, 1463): Die nicht geschäftsführungsberechtigten Gesellschafter einer Wohnungsbaugesellschaft wollen verhindern, daß der geschäftsführungsberechtigte Gesellschafter die Wohnungsbauverträge mit ihm nahestehenden Personen abschließt und abwickelt. Sie klagen deshalb gegen den geschäftsführenden Gesellschafter auf Unterlassung. Nach Auffassung des *BGH* können die einzelnen Gesellschafter dem geschäftsführenden Gesellschafter nicht durch Prozesse in die eigenverantwortliche Geschäftsführung hineinreden. Sie sind, wenn die Geschäftsführung unsachgemäß ist, auf Schadensersatzansprüche beschränkt. Dem ist im Grundsatz zuzustimmen. Dem geschäftsführenden Gesellschafter steht, solange ihm nicht die Geschäftsführungsbefugnis entzogen oder durch einen gesellschaftsvertraglichen Mehrheitsbeschluß eine Weisung erteilt wird, ein autonomer Entscheidungsbereich zu, der nur durch § 116 HGB begrenzt ist. Erst wo dieser Autonomiebereich endet (worüber im Einzelfall durchaus gestritten werden kann), beginnt der negatorische Schutz der Gesellschafter, so namentlich bei strukturellen und existentiellen Eingriffen in die Gesellschaft (oben, § 21 V). Innerhalb des Autonomiebereichs ist ein die Maßnahme mißbilligender Gesellschafter auf Feststellungs- oder Schadensersatzklagen zu verweisen.

Beispiel Nr. 18 (in Anlehnung an *RGZ* 163, 35): Nach § 116 II, III HGB ist für außergewöhnliche Geschäfte im Innenverhältnis ein Beschluß aller Gesellschafter erforderlich; Prokuristen dürfen nur mit Zustimmung aller geschäftsführender Gesellschafter gemeinsam bestellt werden; die Prokura kann zwar durch jeden geschäftsführungs- und vertretungsberechtigten Gesellschafter widerrufen werden, aber es kann auch hier – wie im Fall des *RG* – vereinbart werden, daß alle Geschäftsführer oder alle Gesellschafter mitwirken müssen. Durch diese Schranken wird die Geschäftsführungskompetenz begrenzt. Mißachtet der geschäftsführende Gesellschafter diese Grenzen, so bleiben seine Geschäfte aufgrund der Vertretungsmacht im Außenverhältnis wirksam (§ 126 HGB), soweit nicht einer der schon erwähnten Außenwirkungsfälle vorliegt. Aber im Innenverhältnis kann der geschäftsführende Gesellschafter durch Unterlassungs- und Beseitigungsklagen in die Grenzen seiner Kompetenz verwiesen werden. So auch *RGZ* 163, 35, 38f., wo der geschäftsführende Gesellschafter eine Prokura widerrufen hatte, obwohl der Gesellschaftsvertrag hierfür einen Gesellschafterbeschluß verlangte: »Widerruft ein vertretungsberechtigter Gesellschafter die Prokura entgegen dem Gesellschaftsvertrage, so ist das zwar gültig. Er hat aber seinen Mitgesellschaftern gegenüber vertragswidrig gehandelt, und diese können ihm gegenüber ihr vertragsmäßiges Recht geltend machen. Sie können ... Schadensersatzansprüche erheben oder auch unmittelbar auf Erfüllung der Vertragsbestimmung, d.h. auf Wiederbestellung des Prokuristen, klagen.«

e) Pflichtgebunden ist nicht nur die Geschäftsführung selbst, sondern auch die Ausübung der sich aus §§ 115 I, 116 II HGB ergebenden *Entscheidungsbefugnisse von Mitgesellschaftern.* Ein Gesellschafter, der selbst von einer Maßnahme betroffen wäre, kann gegen diese nicht wirksam Widerspruch erheben (Verbot des »Richtens in eigener Sache«; vgl. oben, § 21 II 2 a). Das Problem wird verdeutlicht in unserem

64 Krit. allerdings *Michael Becker,* Verwaltungskontrolle durch Gesellschafterrechte, 1997, S. 560; *Grunewald*, DB 1981, 407ff.

Beispiel Nr. 19 (nach *BGH*, LM Nr. 3 zu § 115 HGB = BB 1974, 996 = NJW 1974, 1555): Der geschäftsführende Gesellschafter erhob gegen einen Mitgesellschafter Klage auf Rückzahlung unzulässiger Entnahmen. Der *BGH* entschied mit Recht, daß der Widerspruch des beklagten Gesellschafters gegen diese Maßnahme unbeachtlich sei.

Soweit die Gesellschafter – insbesondere nach § 116 II HGB – zur Mitsprache bei Geschäftsführungsmaßnahmen berechtigt sind, dürfen sie dieses Recht nicht willkürlich ohne Rücksicht auf die Belange der Gesellschaft und insbesondere nicht aus sachfremden Motiven ausüben[65].

Beispiel Nr. 20: Sollen Umbauinvestitionen vorgenommen werden, die sachdienlich und finanzierbar sind, so kann ein Beschluß nach § 116 II HGB erforderlich sein. Sind die Maßnahmen nicht nur sachdienlich, sondern sogar erforderlich, so wird zwar der geschäftsführende Gesellschafter nach Möglichkeit einen Beschluß nach § 116 II HGB herbeiführen, aber die Mitgesellschafter dürfen, wenn es hart auf hart kommt, nicht widersprechen.

Grundsätzlich liegt jede Beschlußfassung über Geschäftsführungsmaßnahmen im Ermessen der Gesellschafter, und nur wenn dieses Ermessen »auf Null reduziert« ist, wird daraus eine gebundene Entscheidung. Die Gerichte dürfen bei reinen Zweckmäßigkeitsfragen nicht eigenes Gutdünken an die Stelle des Gutdünkens der Gesellschafter setzen[66]. Charakteristisch ist unser

Beispiel Nr. 21 (nach *BGH*, NJW 1986, 844 = JuS 1986, 566 m. Anm. *Karsten Schmidt*): Ein vertretungsberechtigter Gesellschafter hatte eine Gehaltserhöhung für drei Mitarbeiterinnen vorgeschlagen. Ein anderer hatte zunächst ganz widersprochen und dann der Gehaltserhöhung für eine der Mitarbeiterinnen, jedoch nicht für die anderen, zugestimmt. *Landgericht* und *OLG* hatten diesen Widerspruch für unbeachtlich erklärt. Der *BGH* entschied anders: »Der Widerspruch gegen eine Geschäftsführungsmaßnahme ist nur dann unbeachtlich, wenn darin eine pflichtwidrige Verletzung des Gesellschaftsinteresses gesehen werden kann. Bei kaufmännischen Ermessensentscheidungen bleibt dem widersprechenden Gesellschafter ein Beurteilungsspielraum, der gerichtlich nur beschränkt überprüfbar ist.«

2. Gesellschafterbeschlüsse*

a) Beschlüsse der Gesellschafter müssen *im Zweifel einstimmig* gefaßt werden. Nach § 119 I HGB ist die Zustimmung aller zur Mitwirkung bei der

---

65 Vgl. *BGH*, LM Nr. 11 zu § 105 HGB; BB 1971, 759; *OLG Düsseldorf*, MDR 1947, 289 f. m. Anm. *Nickol:* eigennütziger Widerspruch gegen Wohnungsbau für Mitgesellschafter, obwohl der Widersprechende selbst auf dem Betriebsgrundstück wohnt.

66 *RGZ* 109, 56, 59.

* Literatur: *Göbel*, Mehrheitsentscheidungen in Personengesellschaften, 1992; *Goette*, Minderheitenschutz bei gesellschaftsvertraglicher Abweichung vom Einstimmigkeitsprinzip, in: Festschrift Sigle, 2000, S. 145 ff.; *Hermanns*, Unverzichtbare Mitverwaltungsrechte des Personengesellschafters, 1993; *ders.*, Bestimmtheitsgrundsatz und Kernbereichslehre, ZGR 1996, 103; *Alfred Hueck*, Gesellschafterbeschlüsse bei offenen Handelsgesellschaften, in: Beiträge zum Wirtschaftsrecht Bd. II, 1931, S. 700; *Köster*, Anfechtungs- und Nichtigkeitsklage gegen Gesellschafterbeschlüsse bei oHG und KG, 1981; *Leenen*, »Bestimmtheitsgrundsatz« und Vertragsänderungen im Recht der Personengesellschaften, in: Festschrift Larenz, 1983, S. 371; *Lockowandt*, Stimmrechtsbeschränkungen im Recht der Personengesellschaften, Kernbereichslehre und Stimmrechtsausschluß, 1996; *Nitschke*, Die körperschaftlich strukturierte Personengesellschaft, 1970; *Noack*, Fehlerhafte Beschlüsse in Gesellschaften und Vereinen, 1990; *Röttger*, Die Kernbereichslehre im Recht der Personengesellschaften, 1989; *Karsten Schmidt*, Die Beschlußanfechtungsklage bei Personengesellschaften und Vereinen, in: Festschrift Stimpel, 1985, S. 217; *ders.*, Mehrheits-

Beschlußfassung berufenen Gesellschafter erforderlich. Hat nach dem Gesellschaftsvertrag die Mehrheit der Stimmen zu entscheiden, so ist hiermit im Zweifel die Kopfmehrheit und nicht die Kapitalmehrheit gemeint (§ 119 II HGB). Soll also die Kapitalmehrheit entscheiden, so müssen beide Regeln abbedungen werden: die Regel der Einstimmigkeit und die Regel der Kopfmehrheit. Das ist bei vielen Verträgen der Fall. Die Vertragsklausel lautet dann z. B.[67]: »Beschlüsse der Gesellschafter werden mit einfacher Mehrheit der Stimmen aller Gesellschafter gefaßt ... Das Stimmrecht wird nach Festkapitalanteilen ausgeübt.« Zweckmäßig ist der Zusatz: »soweit gesetzlich zulässig«. Beispielsweise schreibt das Gesetz für Umwandlungsbeschlüsse über die Verschmelzung, Spaltung oder über den Formwechsel einer Personengesellschaft eine Mehrheit von mindestens 3/4 vor (§§ 43, 125, 217 UmwG).

b) Bei der Formulierung und Anwendung solcher Mehrheitsklauseln muß an den *Bestimmtheitsgrundsatz* gedacht werden. Eine Mehrheitsklausel gilt im Zweifel nur für die laufenden Angelegenheiten der Gesellschaft, nicht dagegen für Grundlagenbeschlüsse und insbesondere nicht für alle beliebigen Vertragsänderungen[68]. Die Frage, welche Bedeutung dem Bestimmtheitsgrundsatz heute noch zukommt, wurde schon bei den allgemeinen Lehren des Gesellschaftsrechts behandelt (oben, § 16 II 2): Der Bestimmtheitsgrundsatz ist eine formale Schutzregel, die einerseits nicht zur Aufnahme von Beschlußkatalogen in die Gesellschaftsverträge zwingt (eine hinreichend bestimmte abstrakte Regelung genügt), aber auf der anderen Seite keine Inhaltskontrolle erlaubt und deshalb durch Individualschutzregeln wie die *Kernbereichslehre* ergänzt werden muß[69]. Auch eine hinreichend bestimmte Mehrheitsklausel ändert nichts daran, daß ein Eingriff in den Kernbereich der Mitgliedschaft zusätzlicher Legitimation bedarf: sei es der ausdrücklichen Zulassung des Eingriffs durch Mehrheitsbeschluß, oder sogar der Zustimmung des von dem Beschluß betroffenen Gesellschafters[70].

c) Ist ein *Gesellschafterbeschluß rechtswidrig*[71], so gibt es nach der herrschenden Auffassung keine Anfechtungsmöglichkeit, folglich auch kein

regelungen in GmbH & Co.-Verträgen, ZHR 158 (1994), 205; *Spengler*, Mehrheitsbeschlüsse bei Personengesellschaften und deren Schranken, in: Festschrift Möhring, 1965, S. 165; *Ulmer*, Gesellschafterbeschlüsse in Personengesellschaften, in: Festschrift Niederländer, 1991, S. 415; *Vogel*, Gesellschafterbeschlüsse und Gesellschafterversammlung, 2. Aufl. 1986; *Weipert*, Das Stimmrecht, in: Riegger/Weipert (Hrsg.), MünchHdb. GesR I, 1995, § 51; *Zöllner*, Die Schranken mitgliedschaftlicher Stimmrechtsmacht, 1963.

67 *Hengeler/Blaum*, in: Beck'sches Formularbuch, 7. Aufl. 1998, Formular VIII B 2 § 5.

68 *BGHZ* 8, 35, 41 f.; 48, 251, 253 ff.; 66, 83, 85; *BGH*, BB 1976, 948 m. Anm. *Ulmer* (KG); *Kübler*, § 7 II 5; *Uwe H. Schneider*, ZGR 1972, 357, 370 ff.

69 Eingehend *Karsten Schmidt*, ZHR 158 (1994), 206 ff.; ebenso jetzt *Hermanns*, ZGR 1996, 114 f.; *Dürrschmidt*, JuS 1997, 15 ff.; s. auch *BGH*, JZ 1995, 311 m. Anm. *Karsten Schmidt* = NJW 1995, 194; *Goette*, a. a. O.; für Umwandlungsbeschlüsse *Harry Schmidt*, in: Festschrift Brandner, 1996, 133 ff.

70 Eingehend *Ebenroth/Boujong/Joost/Goette*, § 119 Rdnrn. 53 ff.

71 Vgl. zum folgenden eingehend *Köster*, a. a. O.; *Karsten Schmidt*, AG 1977, 251 ff.; *Vogel*, a. a. O., S. 220 ff.

Anfechtungserfordernis, sondern der Beschluß ist ipso iure nichtig bzw. unwirksam[72]. Da das Institut der Anfechtungsklage vor allem dem Bedürfnis nach Rechtssicherheit entspricht, ist diese herrschende Meinung bedenklich, denn sie muß die Wirksamkeit eines unter den Beteiligten umstrittenen Beschlusses in der Schwebe lassen. Für Rechtssicherheit kann die herrschende Ansicht nur sorgen, indem sie eine Heilung fehlerhafter Beschlüsse konstruiert oder die verspätete Geltendmachung der Unwirksamkeit wegen Verwirkung zurückweist[73]. Wo das Einstimmigkeitsprinzip gilt, der Beschluß also vom Willen aller Gesellschafter abhängig ist, mag dieses Korrektiv genügen. Unter der Geltung des Mehrheitsgrundsatzes schafft die bisher herrschende Auffassung Rechtsunsicherheit. Die Rechtsprechung sollte auf längere Sicht einen anderen Weg beschreiten und die Anfechtungsklage bei allen Beschlüssen anerkennen, die in einer parteifähigen Gesellschaft mehrheitlich gefaßt werden können (oben, § 21 V 2). Nach der hier vertretenen Ansicht sind deshalb auch bei der oHG neben nichtigen und unwirksamen Beschlüssen anfechtbare Beschlüsse anzuerkennen[74]. Die Anfechtungsklage ist gegen die Gesellschaft zu richten. Sie muß binnen angemessener Frist erhoben werden. Bei Umwandlungsbeschlüssen verlangen die §§ 14, 36, 125, 195 UmwG eine Klageerhebung vor Ablauf einer Monatsfrist[75]. Im übrigen empfiehlt sich die Aufnahme einer Klagfrist in den Gesellschaftsvertrag, die aber gleichfalls mindestens einen Monat betragen muß[76].

3. Informationsrechte*

Jeder Gesellschafter kann, auch wenn er von der Geschäftsführung ausgeschlossen ist, sich von den Angelegenheiten der Gesellschaft persönlich unterrichten, die Bücher und Papiere der Gesellschaft einsehen und sich aus ihnen eine Bilanz und einen Jahresabschluß fertigen (§ 118 I HGB). Der Gesellschaftsvertrag kann dieses ordentliche Informationsrecht beschränken, entgegen der bisher herrschenden Meinung und in Übereinstimmung mit

---

72 Vgl. *BGH*, BB 1966, 1169; NJW-RR 1990, 474, 475; 1992, 227 = JuS 1992, 435; *KG*, NJW-RR 1995, 1442; *OLG Hamburg*, BB 1967, 1267; *Alfred Hueck*, oHG, § 11 V 2; *Baumbach/Hopt*, § 119 Rdnr. 31; *Ebenroth/Boujong/Joost/Goette*, § 119 Rdnrn. 75 ff.; *Heymann/Emmerich*, § 119 Rdnrn. 10 ff.

73 Charakteristisch *BGH*, NJW 1999, 3113, 3114; *Alfred Hueck*, oHG, § 11 V 2; *Vogel*, a. a. O., S. 223; *Koller/Roth/Morck*, § 119 Rdnr. 11; a. M. für die körperschaftlich strukturierte Gesellschaft *Köster*, a. a. O., S. 115 ff.; kritischer Überblick bei *Karsten Schmidt*, AG 1977, 252 ff. m. w. N.; für eine angemessene Ausschlußfrist jedenfalls bei Publikumsgesellschaften *OLG Celle*, NZG 1999, 64.

74 *Karsten Schmidt*, in: Festschrift Stimpel, a. a. O., S. 217 ff.; krit. *Noack*, a. a. O., S. 170 ff.

75 Zur Rechtsnatur dieser Frist vgl. *Karsten Schmidt*, DB 1995, 1849 ff.

76 *BGH*, NJW 1995, 1218 = EWiR 1995, 485 m. Anm. *Wiedemann* = JuS 1995, 743 m. Anm. *Karsten Schmidt*; *Baumbach/Hopt*, § 119 Rdnr. 32.

* Literatur: *Roitzsch*, Der Minderheitenschutz im Verbandsrecht, 1981; *Schießl*, Die Informationsrechte der Personengesellschafter, GmbHR 1985, 109; *Karsten Schmidt*, Informationsrechte in Gesellschaften und Verbänden, 1984; *Vogel*, Gesellschafterbeschlüsse und Gesellschafterversammlung, 2. Aufl. 1986, S. 110 ff.; *Weipert*, Informationsrechte, in: Riegger/Weipert, MünchHdb. GesR I, 1995, § 52; *Wohlleben*, Informationsrechte des Gesellschafters, 1989.

§ 51 a III HGB aber nicht im Kern ausschließen (vgl. schon § 21 III 1 d)[77]. In jedem Fall kann das Informationsrecht ausgeübt werden, wenn Grund zu der Annahme unredlicher Geschäftsführung besteht (§ 118 II HGB). Da das Gesetz vom Modell einer Geschäftsführung durch alle Gesellschafter ausging, formuliert es das Informationsrecht nur als Einsichtsrecht. Der Gesetzeswortlaut bleibt damit hinter den allgemeinen Grundlagen des am Informationsbedürfnis des Gesellschafters orientierten Informationsrechts (oben, § 21 III) zurück. Die Rechtsentwicklung ist hier nicht stehengeblieben, vielmehr ist das Informationsrecht dahin erweitert worden, daß der Gesellschafter nicht nur Einsichtnahme, sondern im Rahmen seines Informationsbedürfnisses auch Auskunft verlangen kann[78]. Nicht der Wortlaut des § 118 HGB, sondern die institutionelle Anerkennung der Informationsrechte von Gesellschaftern und das konkret festzustellende Informationsbedürfnis bestimmt und begrenzt die Informationsrechte der Gesellschafter[79]. Man wird dieses Informationsrecht sogar als im Kern unentziehbar ansehen müssen[80]. Ist es durch den Gesellschaftsvertrag erweitert, so kann es aufgrund des Kernbereichsschutzes nur noch aus wichtigem Grund ohne Zustimmung des Gesellschafters beseitigt werden[81]. Anspruchsgegner ist die Gesellschaft[82], aber der Anspruch wird naturgemäß durch deren geschäftsführende Gesellschafter erfüllt. Von diesem individuellen Informationsrecht des einzelnen Gesellschafters gegenüber der Gesellschaft ist auch hier das kollektive Informationsrecht der Gesellschaft gegenüber einem geschäftsführenden Gesellschafter zu unterscheiden. Der geschäftsführende Gesellschafter ist seiner Gesellschaft nach §§ 105 II HGB, 713, 666 BGB auskunfts- und berichtspflichtig.

77 Vgl. nur *Koller/Roth/Morck*, § 118 Rdnr. 4; *Wiedemann*, WM-Beilage 7/1992, S. 45; für die bisher vorherrschende Gegenauffassung vgl. *Baumbach/Hopt*, § 118 Rdnr. 17; im Hinblick auf die berechtigten Bedenken bei *BGH*, NJW 1989, 225, 226, bedarf diese h.M. noch der Diskussion; vgl. *Heymann/Emmerich*, § 118 Rdnr. 18; *Schiessl*, NJW 1989, 1597 (zu § 166 HGB).

78 *ROHGE* 25, 344, 345; *RG*, JW 1907, 523; *OLG Hamburg*, JW 1921, 687 m. Anm. *Geiler; Karsten Schmidt*, a.a.O., S. 62ff.; s. auch zur Gesellschaft bürgerlichen Rechts *BGH*, BB 1972, 1245, 1246; bedenkliche Begründung bei *Schießl*, GmbHR 1985, 110f.; krit. *Wohlleben*, a.a.O., S. 84f.

79 *Karsten Schmidt*, a.a.O., unentschieden, wohl tendenziell sympathisierend zu § 166 HGB *BGH*, NJW 1992, 1890, 1891.

80 A.M. *Wohlleben*, a.a.O., S. 85; *Koller/Roth/Morck*, § 118 Rdnr. 4; *Schlegelberger/Martens*, § 118 Rdnrn. 31f.; unentschieden *BGH*, NJW 1989, 225f.; abwägend *Ebenroth/Boujong/Joost/Mayen*, § 118 Rdnr. 33.

81 Vgl. *BGH*, JZ 1995, 311 m. Anm. *Karsten Schmidt* = NJW 1995, 194.

82 *Karsten Schmidt*, a.a.O., S. 65; zum Fall des Konkurses vgl. *OLG Karlsruhe*, NJW-RR 1996, 1058.

§ 48 Das Außenrecht der oHG*

I. Die Verselbständigung der oHG und ihre Teilnahme am Rechtsverkehr

1. Grundlagen

a) Die Fähigkeit der offenen Handelsgesellschaft zur Teilnahme am Rechtsverkehr beruht auf § 124 HGB, der uns schon bekannt ist: Die oHG »kann unter ihrer Firma Rechte erwerben und Verbindlichkeiten eingehen, Eigentum und andere dingliche Rechte an Grundstücken erwerben, vor Gericht klagen und verklagt werden«. Die Bedeutung dieser Norm für die Rechtsnatur der oHG und für den Aufbau von Haftungsfällen wurde schon unter § 46 II 1, 2 und wird noch unter § 49 I 1 a dargestellt. Erwirbt die Gesellschaft Grundeigentum, so wird sie selbst im Grundbuch eingetragen, nicht die Gesamtheit der Gesellschafter als Eigentümer zur gesamten Hand. Die oHG kann auch selbst Gläubigerin sein. Sie wird bei der Geltendmachung ihrer Forderungen durch die vertretungsberechtigten Gesellschafter oder durch Bevollmächtigte vertreten. Das gilt auch im Prozeß (oben, § 46 II 3).

b) Es handelt sich hierbei um einfache und praktikable Rechtsgrundsätze, die positivrechtlich in der Vorschrift des § 124 HGB und rechtsdogmatisch in der Personenlehre verankert sind (vgl. oben, § 8 III 4 a). Darüber, ob die oHG in rechtsdogmatischer Hinsicht als »Gesamthand« oder als juristische Person verselbständigt ist (dazu oben, § 8 I), braucht sich die rechtsanwendende Praxis, solange es um das Außenverhältnis geht, keine Gedanken zu machen[1].

---

* Literatur: *Huber*, Rechtsfähigkeit, juristische Person und Gesamthand, in: Festschrift Lutter, 2000, S. 107; *Alfred Hueck,* Das Recht der oHG, 4. Aufl. 1971; *Ulrich Huber,* Vermögensanteil, Kapitalanteil und Gesellschaftsanteil an Personalgesellschaften des Handelsrechts, 1970; *Kornblum,* Die Haftung der Gesellschafter für Verbindlichkeiten von Personengesellschaften, 1972; *Justus Meyer*, Haftungsbeschränkung im Recht der Handelsgesellschaften, 2000; *Michalski*, oHG-Recht, 1998; *Neubauer*, Die Rechtsbeziehungen der Gesellschaft zu Dritten, in: Riegger/Weipert (Hrsg.), MünchHdb. GesR I, 1995, §§ 61 ff.; *Karsten Schmidt,* Zur Stellung der oHG im System der Handelsgesellschaften, 1972; *ders.,* Die Personengesellschaft als Rechtsträger, in: Institut der Wirtschaftsprüfer (Hrsg.), Personengesellschaft und Bilanzierung, 1990, S. 41; *Seibert*, Die rechtsfähige Personengesellschaft, JZ 1996, 785; *Wertenbruch,* Die Haftung von Gesellschaften und Gesellschaftsanteilen in der Zwangsvollstreckung, 2000; *Westermann* I 684 ff., 726 ff.

1 Insofern wie hier, jedoch auf der Basis der alten Gesamthandlehre, *Kraft/Kreutz*, D I 4; vgl. auch ebd., D III 3: »sie wird insoweit *wie* eine juristische Person behandelt«.

Demgegenüber meint die Rechtsprechung immer wieder, auf die angebliche Rechtszuständigkeit der Gesellschafter zurückkommen zu müssen (vgl. dagegen oben, § 46 II 1). Wo dies notwendig zu sein scheint, handelt es sich aber in Wahrheit um Durchgriffsprobleme (vgl. dazu schon oben, § 9 I 2, insbesondere zum »gesellschafterfreundlichen Durchgriff«), die nach der hier angewandten Methode ohne Verleugnung der Gesellschaft als Rechtssubjekt gelöst werden.

Beispiel Nr. 1 (nach *BGH*, NJW 1988, 556; dazu *Karsten Schmidt*, DStZ 1988, 263): Der Steuerberater einer oHG hatte im Rahmen seiner Tätigkeit Schäden am Gesellschaftsvermögen herbeigeführt, indem er den Gesellschaftern riskante Vermögensanlagen im Ausland empfohlen hatte. Der *IVa-Senat* des *BGH* bejahte seine Haftung gegenüber den Gesellschaftern. Die oHG sei keine juristische Person. Träger der im Namen der Gesellschaft begründeten Rechte und Pflichten seien deshalb die gesamthänderisch verbundenen Gesellschafter. Deshalb komme der Steuerberatungsvertrag zwischen dem Steuerberater und sämtlichen Gesellschaftern zustande. Diese Begründung ist mit § 124 HGB unvereinbar. Richtigerweise konnte es nur darum gehen, ob Steuerberatungsverträge konkludent auch mit den Gesellschaftern abgeschlossen worden waren (Doppelverpflichtung) oder – falls dies zu verneinen war – ob der Steuerberatungsvertrag mit der Gesellschaft Schutzwirkungen auch für die Gesellschafter hatte.

Beispiel Nr. 2 (nach *BGHZ* 110, 127 = NJW 1990, 1181 = JuS 1990, 1021 m. Anm. *Karsten Schmidt*): Eine oHG (im Originalfall war es eine KG) hatte eine Rechtsschutzversicherung abgeschlossen. Da die Gesellschaft insolvent war, hatte ein Gläubiger nicht sie, sondern einen persönlich haftenden Gesellschafter (im Originalfall den Komplementär) verklagt (§§ 128, 161 II HGB). Die Gesellschaft verlangte nunmehr von der Versicherungsgesellschaft Freistellung ihres Gesellschafters von den Kosten dieses Prozesses. Der *IV. Senat* des *BGH* gab ihr Recht. Er begründete dies in erster Linie mit der Überlegung, Träger der im Namen der Gesellschaft begründeten Rechte und Pflichten und damit Versicherungsnehmer seien die Gesellschafter selbst, denn die Gesellschaft sei nicht »ein von den Gesellschaftern verschiedenes Rechtssubjekt«. Zusätzlich kam der *Senat* noch auf die Vertragsauslegung zu sprechen, denn eine Personengesellschaft erwarte von der Rechtsschutzversicherung offensichtlich einen lückenlosen Rechtsschutz, und dazu gehöre auch die Absicherung ihrer persönlich haftenden Gesellschafter. Richtig konnte nur die zweite Begründung sein. Versicherungsnehmerin war die Gesellschaft und nur sie (nicht von ungefähr klagte auch die Gesellschaft die Versicherungsleistung ein). Diese Versicherungsleistung umfaßte aber auch die aufgrund der Gesellschafterhaftung auf den Gesellschafter zukommenden Prozeßkosten.

2. Gesellschaftsschulden und Haftung der Gesellschafter

a) Gesellschaftsschulden treffen *die Gesellschaft selbst*, denn sie ist Trägerin der Gesellschaftsverbindlichkeiten (vgl. § 124 I HGB). Zur Vollstreckung in das Gesellschaftsvermögen bedarf es eines gegen die Gesellschaft gerichteten Vollstreckungstitels (§ 124 II HGB). Einzeltitel gegen die Gesellschafter genügen nicht (oben, § 46 II 2 a).

b) *Neben der Gesellschaft haften die Gesellschafter* den Gläubigern als Gesamtschuldner persönlich und unbeschränkt (§ 128 S. 1 HGB); eine entgegenstehende Vereinbarung im Gesellschaftsvertrag ist Dritten gegenüber unwirksam (§ 128 S. 2 HGB), so daß der Gesellschafter nur durch Abrede mit dem einzelnen Gläubiger aus der Haftung entlassen werden kann[2]. Diese Gesellschafterhaftung wird unten bei § 49 eingehend dargestellt. Schon unter § 46 II 2 wurde betont, daß die Haftungsansprüche der Gläubiger gegen die Gesellschafter mit den Gesellschaftsschulden nicht identisch sind. Verfehlt ist auch die in der Gesamthandlehre anzutreffende Ansicht, es handle sich um eine und dieselbe Verbindlichkeit mit verschiedenen Haftungsmassen (Gesellschaftsvermögen und Privatvermögen)[3]. Diese Sichtweise resultiert aus der schon unter § 8 III kritischen Scheu, den § 124 HGB ernst zu nehmen. Dem Gläubiger stehen unterschiedliche Ansprüche gegen verschiedene Rechtssubjekte zu: gegen die Gesellschaft und gegen die Gesellschafter. Es handelt sich – ähnlich wie im Verhältnis zwischen dem Hauptschuldner und dem Bürgen – um getrennte Verbindlichkeiten unterschiedlicher Schuldner, die durch ein Verhältnis der Akzessorietät miteinander verbunden sind. Nur konsequent sind dann die Vorschriften der §§ 124 II, 129 IV HGB: Wer die Gesellschaftsschuld eingeklagt und einen entsprechenden Titel erwirkt hat, kann nur in das Vermögen der Gesellschaft vollstrecken, wer die Gesellschafterhaftung eingeklagt und Urteile gegen die Gesellschafter erstritten hat, vollstreckt nur gegen die Gesellschafter. Ein um die Realisierung seines Anspruchs besorgter Gläubiger klagt deshalb zweckmäßigerweise alsbald gegen alle (dazu näher unten, § 49 II 1). Auch im Insolvenzverfahren muß unterschieden werden: Wird über das Vermögen der Gesellschaft das Insolvenzverfahren eröffnet, so ist sie und nur sie Insolvenzschuldnerin, während der Gesellschafter in diesem Verfahren nicht als Insolvenzschuldner sondern nur durch die persönliche Haftung involviert sind (vgl. § 93 InsO).

3. Die Gesellschaftsschuld und ihre Zurechnungsprobleme

Gesellschaftsschulden entstehen kraft Gesetzes oder kraft Rechtsgeschäfts nach allgemeinen Grundsätzen. Die Zurechnung verpflichtenden Handelns ist entweder organschaftliche Zurechnung (oben, § 10 II, IV) oder Zurechnung fremden Handelns nach §§ 164, 278, 831 BGB etc.

Beispiel Nr. 3: Stellt der geschäftsführende Gesellschafter einen Prokuristen ein, so vertritt er beim Abschluß des Dienstvertrags und bei der Erteilung der Vollmacht als Organ die oHG. Kauft der Prokurist eine Maschine, so vertritt er als Bevollmächtigter die oHG (Zurechnungsnorm § 164 BGB). Verstößt der geschäftsführende Gesellschafter gegen das UWG, so ist dieses Handeln analog § 31 BGB der oHG zuzurechnen (h.M.; in der Begründung allerdings str.; dazu oben, § 10 IV 2). Täuscht der Prokurist einen Vertragspartner, so begeht die oHG mittels dieses Erfüllungsgehilfen eine culpa in contrahendo (Zurechnungsnorm § 278 BGB). Vernachlässigt der Hausmeister bei Schneefall die Verkehrssicherungspflicht der oHG, so haftet die Gesellschaft unter den Voraussetzungen des § 831 BGB, wobei es auf das Geschäftsherrnverschulden ihrer Organe ankommt (wiederum analog § 31 BGB).

---

2 Vgl. nur *OLG München*, NJW-RR 1995, 1439, 1440 m.w.N.

3 So aber *Kornblum*, a.a.O., S. 115ff.; *Huber*, Vermögensanteil, S. 80; *Kübler*, § 7 V 1 a, b.

II. Die Vertretung*

1. Vertretung durch Organe und durch Bevollmächtigte

a) Die Vertretung der oHG erfolgt in erster Linie durch die Gesellschafter als Organe. Die Grundlagen der organschaftlichen Vertretung sind schon oben unter § 10 II dargestellt. Es gilt der Grundsatz der Selbstorganschaft (oben, § 14 II 2). Nur Gesellschafter, nicht auch Dritte, können organschaftliche Vertreter der oHG sein[4]. Nichtgesellschafter kommen aber als Bevollmächtigte, insbesondere als Prokuristen, in Betracht.

b) Gehandelt wird unter der *Firma der Gesellschaft* (zu dieser Handelsrecht, § 12). Auf Geschäftsbriefen der oHG müssen die in § 125 a HGB vorgeschriebenen Angaben enthalten sein (Handelsrecht, § 11 II 2). Diese Formalien sind aber nicht Voraussetzungen wirksamen Vertreterhandelns. Hierfür genügt vielmehr, daß eine vertretungsberechtigte Person erkennbar für das Gesellschaftsunternehmen kontrahiert (Handelsrecht, § 5 III).

2. Die organschaftliche Vertretungsmacht der Gesellschafter

a) Grundsätzlich ist *jeder Gesellschafter* als organschaftlicher Vertreter der oHG berufen; einzelne Gesellschafter können aber von der Vertretungsmacht ausgeschlossen sein (§ 125 I HGB). Der *Umfang der Vertretungsmacht* erstreckt sich auf alle gerichtlichen und außergerichtlichen Rechtshandlungen einschließlich der Veräußerung und Belastung von Grundstücken sowie der Erteilung und des Widerrufs einer Prokura (§ 126 I HGB). Eine Beschränkung des Umfangs der Vertretungsmacht ist Dritten gegenüber unwirksam (§ 126 II HGB). Aus diesen Regeln folgt zunächst, daß im Recht der oHG ebensowenig wie im Recht der juristischen Personen der ultra-vires-Grundsatz gilt[5]. Dieser Grundsatz wurde schon unter § 8 V 2 allgemein diskutiert.

Beispiel Nr. 4 (in Anlehnung an *RGZ* 125, 380): An der A & B oHG sind die minderjährigen Erben des B beteiligt. A als vertretungsberechtigter Gesellschafter der oHG macht an zwei nichteheliche Kinder des B, die nicht Erben geworden sind, aus dem Gesellschaftsvermögen eine Schenkung. Das *Reichsgericht* entschied, der vertretungsberechtigte Gesellschafter einer oHG könne auch solche Rechtsgeschäfte im Namen der Gesellschaft eingehen, die außerhalb des Handelsgewerbes liegen und die der Vormund eines an der Gesellschaft beteiligten Minderjährigen selbst auf ihre Kosten nicht eingehen könne. Am Ende ließ das *Reichsgericht* die Schenkung am Mangel der gebotenen Form scheitern. Wäre diese gewahrt oder das Schenkungsversprechen erfüllt gewesen, so hätte das Gericht

* Literatur: *v. Ditfurth*, Die Vertretung, in: Riegger/Weipert (Hrsg.), MünchHdb. GesR I, 1995, § 48; *Schlüter*, Die Vertretungsmacht des Gesellschafters und die »Grundlagen der Gesellschaft«, 1965; *Karsten Schmidt*, Selbstorganschaft, in: Gedächtnisschrift Knobbe-Keuk, 1997, S. 307; *Werra*, Zum Stand der Diskussion um die Selbstorganschaft, 1991.

4 *BGHZ* 26, 330, 333; 33, 105, 108; 36, 292, 295; 41, 367, 369; *Alfred Hueck*, oHG, § 20 II 2 a; *Kübler*, § 20 II 2.

5 A.M. vereinzelt *J. v. Gierke*, Handelsrecht und Schiffahrtsrecht, 8. Aufl. 1958, § 34 I 1 b.

allerdings noch einen offenkundigen Mißbrauch der Vertretungsmacht (oben, § 10 II 2) prüfen müssen.

Die unbeschränkte und unbeschränkbare Vertretungsmacht bringt es mit sich, daß pflichtwidriges Handeln eines vertretungsberechtigten Gesellschafters grundsätzlich nur eine Frage des Innenverhältnisses ist und die Vertretungsmacht nicht entfallen läßt. Ist aber die Pflichtwidrigkeit evident, so schlägt sie nach den *Grundsätzen des Mißbrauchs der Vertretungsmacht* doch auf das Vertretergeschäft durch (dazu oben, § 10 II 2).

b) Die Vertretungsmacht der oHG-Gesellschafter umfaßt allerdings nur *Außengeschäfte* – auch mit den Gesellschaftern –, nicht auch *Grundlagengeschäfte*, die das Organisationsverhältnis der Gesellschaft betreffen. Was das bedeutet, soll durch Abgrenzungsbeispiele erläutert werden.

Beispiel Nr. 5: Die oHG, vertreten durch den Gesellschafter A, verkauft und übereignet dem Gesellschafter B ein Fahrzeug aus dem Maschinenpark und mietet von Gesellschafter C ein diesem gehöriges Fahrzeug. Auch wenn ein Gesellschafter D hiermit nicht einverstanden ist, handelt es sich doch um Verkehrsgeschäfte, die – vorbehaltlich der Grundsätze über den Mißbrauch der Vertretungsmacht – von A wirksam im Namen der Gesellschaft abgeschlossen werden können.

Beispiel Nr. 6: Der vertretungsberechtigte Gesellschafter überträgt das Gesellschaftsvermögen im ganzen, sei es an einen Dritten, sei es an eine von ihm selbst im Namen der oHG gegründete Tochter-GmbH. Da § 179a AktG Ausdruck eines allgemeinen Rechtsgrundsatzes ist (oben, § 30 V 2 c; *BGH*, NJW 1995, 596 = JZ 1995, 576 m. Anm. *Grunewald*; *Karsten Schmidt*, ZGR 1995, 675ff.), deckt die organschaftliche Vertretungsmacht dieses Geschäft nicht. Die Übertragungsgeschäfte bleiben zwar wirksam (*BGH*, NJW 1991, 2564), aber das Verpflichtungsgeschäft bedarf der Genehmigung der Gesellschafter. Dasselbe gilt, wenn zwar das Anlagevermögen bei der Gesellschaft belassen, aber die gewerbliche Tätigkeit auf eine Betriebsgesellschaft ausgelagert wird (sog. Betriebsaufspaltung; dazu oben, § 12 II 3 d; unten, § 58 II 4 d).

Beispiel Nr. 7 (nach *BGH*, LM Nr. 1 zu § 126 HGB = NJW 1952, 537): G »ändert« als alleinvertretungsberechtigter Gesellschafter die Gesellschaftsfirma; das kann er nicht. Teilt er die Änderung den Geschäftspartnern mit, so bleibt die mitgeteilte Firma falsch, die unrichtige Mitteilung ist aber der Gesellschaft zuzurechnen.

Beispiel Nr. 8 (nach *RGZ* 91, 412): Der vertretungsberechtigte Gesellschafter nimmt einen neuen Gesellschafter auf. Dies kann er – vor allem bei einer Publikumsgesellschaft – tun, wenn er hierzu besonders bevollmächtigt *(BGH*, WM 1976, 15 = JuS 1976, 260 m. Anm. *Karsten Schmidt)* oder ermächtigt *(BGH*, NJW 1978, 1000 = JuS 1978, 635 m. Anm. *Karsten Schmidt)* ist. Von der organschaftlichen Vertretungsmacht sind derartige Geschäfte dagegen nicht gedeckt *(RGZ* 162, 370, 374) denn es handelt sich um Organisationsakte, nicht um Außengeschäfte.

Beispiel Nr. 9 (nach *RGZ* 153, 371; *BGH*, NJW 1971, 375): Der vertretungsberechtigte Gesellschafter schließt im Namen der oHG einen stillen Gesellschaftsvertrag mit dem stillen Gesellschafter S ab. Dazu ist er nach traditioneller Auffassung befugt, jedoch ist dies nur bei der gesetzestypischen – kreditähnlichen – stillen Beteiligung unproblematisch (vgl. zu den Typen der stillen Beteiligung unten, § 62 II 2). Wenn S Mitgliedschaftsrechte und eine Vermögensbeteiligung erhalten soll, ist dieser Gesellschaftsvertrag von der Vertretungsmacht ebensowenig gedeckt wie eine Aufnahme des S in die Gesellschaft (*Karsten Schmidt*, in: MünchKommHGB, § 230 Rdnrn. 97ff.).

c) Der *Ausschluß* einzelner – nicht aller! – Gesellschafter von der organschaftlichen Vertretungsmacht ist, wie § 125 I HGB zeigt, zulässig. Selbstorganschaft bei der oHG bedeutet, daß immer Gesellschafter als Vertretungsorgane vorhanden sein müssen. Sie bedeutet nicht, daß jeder Gesellschafter auch Vertretungsorgan sein muß. Wer von der Vertretungsmacht ausgeschlossen ist, hat keine Vertretungsbefugnis, auch keine Notvertretungsbefugnis analog § 744 II BGB[6]. Wer sich zur Notgeschäftsführung berufen wird, kann deshalb nach außen nur als falsus procurator handeln oder muß im eigenen Namen auftreten; im ersten Fall kann die Gesellschaft zur Genehmigung nach § 177 BGB, im zweiten zum Aufwendungsersatz nach § 110 HGB verpflichtet sein[7]. Eine andere Frage, die durch Auslegung des Gesellschaftsvertrags zu entscheiden ist, stellt sich, wenn der einzige vertretungsberechtigte Gesellschafter fortfällt: Dem Gesellschafterwillen wird dann in vielen Fällen nicht die Auflösung mit der Folge des § 146 HGB entsprechen, sondern eher das Aufleben der Vertretungsmacht aller oder einzelner Mitgesellschafter[8]. Aus der Treupflicht können sich Vertragsanpassungspflichten ergeben (dazu oben, § 5 IV). Die gerichtliche Bestellung eines Notvertreters analog § 29 BGB ist bei der Personengesellschaft nach h. M. nicht möglich (s. aber unter II 4 a)[9].

3. Einzelvertretung und Gesamtvertretung

a) Im Grundsatz besteht *Einzelvertretungsmacht.* Jeder Gesellschafter kann dann ohne Mitwirkung der anderen wirksam im Namen der oHG handeln. Selbst wenn ein anderer geschäftsführender Gesellschafter widerspricht, gilt nur im Innenverhältnis die Regel, daß das Geschäft unterbleiben muß (§ 115 I HGB). Das Vertretergeschäft ist dann pflichtwidrig, aber – sofern nicht die Pflichtwidrigkeit evident ist (oben, § 10 II 2) – wirksam. Anders natürlich, wenn der Widerspruch des Mitgesellschafters gleichzeitig mit der Willenserklärung des Vertreters nach außen erklärt wird. Bei *RGZ* 81, 92, 95 heißt es richtig: »Dann heben sich allerdings die widersprechenden Erklärungen auf, und es geschieht nichts.« Der vom *Reichsgericht* entschiedene Fall bildet die Grundlage für unser

Beispiel Nr. 10 (nach *RGZ* 81, 92): Die S & T-oHG in Hamburg ist die Exportvertretung der T-oHG in Hagen. Mit dem Tod des Gesellschafters T wurde seine Witwe Alleininhaberin des Geschäfts in Hagen und rückte an Stelle des T auch in die Hamburger S & T-oHG ein. Wegen Unstimmigkeiten kündigte die S & T-oHG, vertreten durch S, der Witwe T in Hagen den Agenturvertrag. Das *RG* hielt diese Kündigung für unwirksam, weil die T zugleich Mitgesellschafterin und Empfängerin des Kündigungsschreibens war.

---

6 *BGHZ* 17, 181, 184; *Heymann/Emmerich,* § 125 Rdnr. 2; *Koller/Roth/Morck,* § 125 Rdnr. 3; *Staub/Habersack,* § 125 Rdnr. 12; zur Anwendung des § 744 II BGB im Innenverhältnis vgl. allerdings *Karsten Schmidt,* in: MünchKomm. BGB, §§ 744, 745 Rdnrn. 37f.

7 Vgl. *v. Ditfurth,* a. a. O., § 48 Rdnr. 10.

8 Vgl. *Schlegelberger/Karsten Schmidt,* § 125 Rdnr. 16.

9 *Baumbach/Hopt,* § 125 Rdnr. 8; *Koller/Roth/Morck,* § 125 Rdnr. 2; *Michalski,* § 125 Rdnr. 6; *Röhricht/v. Westphalen/v. Gerkan,* § 125 Rdnr. 2; *Staub/Habersack,* § 125 Rdnr. 12; str.; unentschieden *BGHZ* 51, 198, 200.

T war mit der Kündigung nicht einverstanden. Also war auch keine wirksame Kündigung erklärt.

b) *Gesamtvertretung* durch mehrere Gesellschafter kann vorgeschrieben werden (§ 125 II HGB). Ist dies ordnungsgemäß eingetragen und bekanntgemacht (§§ 125 IV, 15 I, II HGB!), so ist das Vertretergeschäft nur eines Gesellschafters nach § 177 BGB unwirksam[10]. Es kann durch Genehmigung des mitvertretungsberechtigten Gesellschafters wirksam werden[11]. Auch kann ein gesamtvertretungsberechtigter Gesellschafter von dem oder den anderen nach § 125 II 2 HGB im voraus ermächtigt werden, ein Rechtsgeschäft allein abzuschließen[12]. Nach einem nicht unbestritten gebliebenen Urteil des *Bundesgerichtshofs* kann auf diese Weise vor allem § 181 BGB umgangen werden. In den Augen des *BGH* »erstarkt« mit der Ermächtigung die Gesamtvertretungsmacht zur organschaftlichen Alleinvertretungsmacht und kann auch insoweit ausgeübt werden, als der Ermächtigende selbst nach § 181 BGB von der Vertretung ausgeschlossen wäre[13].

Beispiel Nr. 11 (nach *BGHZ* 64, 72): Die Gesellschafter A und B haben Gesamtvertretungsmacht. A schließt mit der oHG, vertreten durch B, einen Pachtvertrag über ein dem A gehörendes Grundstück. Der *Bundesgerichtshof* hält dies für zulässig und sieht hierin auch keine verbotene Umgehung des § 181 BGB.

Daß § 181 BGB durch eine pure Delegation soll umgangen werden können, ist verwunderlich. Es kann in Wahrheit nur um die im Gesetz nicht geregelte Frage gehen, was aus der Gesamtvertretung wird, wenn von den Gesamtvertretern einer ausfällt[14]. Das ist eine Frage der gesellschaftsvertraglichen Gestaltung und Auslegung. Nach herrschender Auffassung wird im Fall der Verhinderung eines Gesamtvertreters aus der Gesamtvertretungsmacht des verbleibenden Vertreters grundsätzlich keine Alleinvertretungsmacht. Mit *BGHZ* 41, 367, 368f. ist davon auszugehen, daß ein solcher Zuwachs an Vertretungsmacht im Zweifel nicht gewollt ist[15]. Selbst wenn Gefahr im Verzuge ist, bleibt es bei der Gesamtvertretungsmacht, denn die Ausnahmeregelung des § 115 II HGB betrifft nur das Innenverhältnis[16]. Der Gesamtvertreter kann dann nur als falsus procurator allein handeln, worauf er den Geschäftspartner hinweisen wird (§ 179 III 1 BGB!), und die Zustimmung

---

10 Vgl. auch zu prozessualen Konsequenzen (Säumnis der Gesellschaft) *ArbG Düsseldorf*, JuS 1992, 699 m. Anm. *Karsten Schmidt*.

11 Vgl. zur Genehmigung bei der Gesamtvertretung *RGZ* 81, 325; 101, 342; 118, 168; *Flume*, Rechtsgeschäft, § 45/3; ausführlich *Lüdtke-Handjery*, DB 1972, 565ff.

12 Vgl. auch *BGH*, NJW-RR 1986, 778 = JuS 1986, 808 m. Anm. *Karsten Schmidt* (zur BGB-Gesellschaft); zur Rechtsnatur dieser Ermächtigung vgl. *Schlegelberger/Karsten Schmidt*, § 125 Rdnr. 44.

13 *BGHZ* 64, 72, 75ff.; ebenso *Baumbach/Hopt*, § 126 Rdnr. 9; *Ebenroth/Boujong/Joost/Hillmann*, § 125 Rdnr. 35; *Palandt/Heinrichs*, § 181 Rdnr. 12; *Schramm*, in MünchKommBGB, § 181 Rdnr. 20; krit. dagegen *Flume*, Juristische Person, § 10 II 2 b; *Koller/Roth/Morck*, § 125 Rdnr. 4; *Staub/Habersack*, § 125 Rdnr. 51; *Reinicke*, NJW 1975, 1185; *Plander*, DB 1975, 1493; *Klamroth*, BB 1975, 851.

14 Vgl. *Hübner*, Interessenkonflikt und Vertretungsmacht, 1977, S. 236; *Schlegelberger/Karsten Schmidt*, § 125 Rdnr. 45.

15 *RGZ* 103, 417f.; 116, 116, 117; *BGHZ* 41, 367, 368f.; *Alfred Hueck*, oHG, § 20 II 4.

16 *BGHZ* 17, 181, 186f.; 41, 367, 369; *Alfred Hueck*, oHG, § 20 II 2 b.

der Gesellschafter einholen (§ 177 BGB). Aus den Umständen des Falls kann sich aber ergeben, daß die Gesamtvertretungsmacht nach dem Willen der Gesellschafter zur Einzelvertretung erstarkt. Vor allem ist im Zweifel Handlungsfähigkeit der Gesellschaft gewollt[17]. Konstitutionelle Handlungsunfähigkeit – sehr zu unterscheiden von der bloß momentanen Gefahr im Verzuge! – wird schwerlich dem Gesellschafterwillen entsprechen. Der *Bundesgerichtshof*[18] hatte den Fall zu entscheiden, daß bei einer KG von zwei gesamtvertretungsberechtigten Komplementären nur einer übrigbleibt. Dann vertritt nur noch er allein die Gesellschaft, denn aus dem Grundsatz der Selbstorganschaft folgt, daß er und nur er als organschaftlicher Vertreter berufen ist (zur Selbstorganschaft vgl. oben, § 14 II 2). Bei der oHG ist die Frage schwieriger zu entscheiden. Wenn die Gesamtvertretungsmacht den Gesellschafter im Verhältnis zu den Mitgesellschaftern schwächen soll, kann es dem Gesellschafterwillen entsprechen, daß nunmehr der Gesellschafter ganz von der Vertretungsmacht ausgeschlossen ist oder nur mit den anderen gemeinsam handeln kann. Wie bei der KG verhält es sich dagegen, wenn sich aus dem Gesellschaftsvertrag ergibt, daß die Mitgesellschafter definitiv von der Vertretung der Gesellschaft ausgeschlossen sein sollen. Der dauerhafte Fortfall eines Vertreters kann auch Vertragsanpassungspflichten auslösen (zu diesen vgl. oben, § 5 IV).

c) Nach § 125 III HGB kann auch eine *gemischte Gesamtvertretung* vorgesehen werden, bei der ein Gesellschafter nur entweder gemeinsam mit einem anderen Gesellschafter oder in Gemeinschaft mit einem Prokuristen die Gesellschaft vertritt. Die hierbei auftretenden Probleme sind weitgehend Probleme der Prokura, nicht des Gesellschaftsrechts (eingehend Handelsrecht, § 16 III). Die gemischte Gesamtvertretungsmacht darf allerdings nicht dazu führen, daß die organschaftlichen Vertreter handlungsunfähig werden. Aus § 125 III HGB geht eindeutig hervor, daß die Gesellschafter stets auch ohne den Prokuristen handlungsfähig bleiben müssen (»wenn nicht mehrere zusammen handeln«). Ist überhaupt nur ein vertretungsberechtigter Gesellschafter vorhanden, so kann er nicht an die Mitwirkung eines Prokuristen gebunden werden[19]. Auch kann die gemischte Gesamtvertretung den Umfang der Organvertretungsmacht nicht einengen. Sie umfaßt deshalb alle Geschäfte (§ 126 HGB) und ist nicht etwa auf den Umfang des § 49 HGB beschränkt[20].

d) Schwierigkeiten kann bei der Gesamtvertretung die Frage der Wissenszurechnung aufwerfen (dazu oben, § 10 V). Es ist nämlich zweifelhaft, ob es bei Willensmängeln, beim Kennen und beim Kennenmüssen auf das Wissen

---

17 Vgl. *v. Ditfurth*, a.a.O., § 48 Rdnr. 26; *Schlegelberger/Karsten Schmidt*, § 125 Rdnr. 52; *Staub/Habersack*, § 125 Rdnr. 43.

18 *BGHZ* 41, 367; vgl. ohne besondere Ausführungen auch BGHZ 65, 309.

19 *BGHZ* 26, 330, 333; *BGH*, WM 1961, 321, 322; *Alfred Hueck*, oHG, § 20 II 2 c; *Koller/Roth/Morck*, § 125 Rdnr. 4; *Baumbach/Hopt*, § 125 Rdnrn. 19ff.; *Röhricht/v. Westphalen/v. Gerkan*, § 125 Rdnr. 25; *Staub/Habersack*, § 125 Rdnr. 57 (aber auch Rdnr. 60).

20 *RGZ* 134, 303, 306; *BGHZ* 13, 61, 64; 62, 166, 170; *BayObLG*, DB 1973, 1340; *Alfred Hueck*, oHG, § 20 II 2 c; *Schlegelberger/Karsten Schmidt*, § 125 Rdnr. 42; *Staub/Habersack*, § 125 Rdnr. 61; s. auch *v. Ditfurth*, a.a.O., § 48 Rdnr. 6.

aller Vertreter oder nur einzelner Vertreter ankommt. Als Grundsatz ist festzuhalten, daß sich die Gesellschaft auf den Willensmangel nur eines Vertreters berufen kann, sich aber andererseits auch das Wissen oder Wissenmüssen eines Vertreters entgegenhalten lassen muß[21]. Da es nicht genügt, wenn nur ein Vertreter eine wirksame Erklärung abgibt, berechtigt der Irrtum auch nur eines Gesamtvertreters zur Anfechtung. Die nach § 142 BGB eintretende Nichtigkeit seiner Erklärung vernichtet dann das ganze Geschäft. Wo es um Kennen oder Kennenmüssen geht, schadet die Kenntnis eines Gesamtvertreters der oHG[22].

Beispiel Nr. 12: Einer der Gesamtvertreter unterliegt, über das Rechtsgeschäft unrichtig informiert, einem Inhaltsirrtum nach § 119 I BGB. Die Gesellschaft kann das Geschäft anfechten, dies allerdings mit der Folge des § 122 BGB.

Beispiel Nr. 13: Die oHG sendet nach einem Vertragsschluß ein Bestätigungsschreiben an den Vertragspartner V (vgl. zum kaufmännischen Bestätigungsschreiben eingehend Handelsrecht, § 19 III). Weiß auch nur einer der Gesamtvertreter, daß das Bestätigungsschreiben den Inhalt der Abmachungen unrichtig wiedergibt, so kann sich die Gesellschaft nicht auf das Schreiben berufen.

e) Zur *Passivvertretung* bei Erklärungen gegenüber der Gesellschaft ist jeder Gesellschafter allein berufen (§ 125 II 3 HGB). Es genügt also, wenn die Erklärung einem von mehreren Gesellschaftern zugeht.

4. Entziehung der Vertretungsmacht

a) Die Entziehung der Vertretungsmacht kann nach § 127 HGB auf Antrag der übrigen Gesellschafter *durch gerichtliche Entscheidung* ausgesprochen werden, wenn ein wichtiger Grund vorliegt. Als wichtigen Grund nennt das Gesetz insbesondere grobe Pflichtverletzung oder Unfähigkeit zur ordnungsgemäßen Vertretung der Gesellschaft. Das Gericht entscheidet durch *Gestaltungsurteil.* Kläger sind die einzelnen Mitgesellschafter (§ 62 ZPO), Beklagter ist der von der Entziehung betroffene Gesellschafter; Mitgesellschafter, die an der Klage nicht teilnehmen, hierzu aber verpflichtet wären, können mitverklagt werden (vgl. sinngemäß oben, § 47 V 1 b)[23]. Dem einzigen Komplementär einer KG kann nach Ansicht des *BGH* die Vertretungsmacht nicht entzogen werden, weil dies dem Grundsatz der Selbstorganschaft widerspräche (aber zweifelhaft; vgl. dazu unten, § 53 IV 2)[24]. Unzweifelhaft kann dagegen dem einzigen vertretungsberechtigten Gesellschafter einer oHG die

21 Wie hier *Staub/Habersack,* § 125 Rdnr. 24 m. w. N.

22 *Alfred Hueck,* oHG, § 20 II 2.

23 Einzelheiten umstritten; die Klage gegen die Mitgesellschafter ist nach h. M. Leistungsklage (*Staub/Habersack*, § 127 Rdnr. 17 m. w. N.), nach der hier vertretenen Ansicht Gestaltungsklage vgl. *Karsten Schmidt*, Mehrseitige Gestaltungsprozesse bei Personengesellschaften, 1992, S. 107 ff.; *Schlegelberger/Karsten Schmidt,* § 127 Rdnrn. 20 ff.

24 *BGHZ* 51, 198, 200 m. krit. Anm. *Wiedemann,* JZ 1969, 470; *Hueck,* § 18 IV 1; *Kübler,* § 8 II 3 a; *Baumbach/Hopt*, § 127 Rdnr. 3; *Koller/Roth/Morck*, § 127 Rdnr. 1; *Röhricht/v. Westphalen/v. Gerkan*, § 127 Rdnr. 1; a. M. *Westermann* I 344 f.; *Staub/Habersack,* § 127 Rdnr. 8; näher dazu *Schlegelberger/Karsten Schmidt*, § 127 Rdnr. 3.

Vertretungsbefugnis entzogen werden, denn hier stehen die anderen Gesellschafter als geeignete organschaftliche Vertreter gewissermaßen in Reserve. Sie werden in diesem Fall vorbehaltlich einer anderen Auslegung oder Anpassung des Gesellschaftsvertrags Gesamtvertreter der Gesellschaft[25]. Für die Prozeßdauer muß dann aber ein Fremdvertreter bestellt werden (Ausnahme gegenüber dem unter II 2c geschilderten Grundsatz)[26].

b) Der Gesellschaftsvertrag kann die Entziehung der Vertretungsmacht abweichend regeln. Er kann die Entziehungsgründe präzisieren und auch das Entziehungsverfahren abändern.

Beispiel Nr. 14: Nach dem Gesellschaftsvertrag kann einem Gesellschafter die Vertretungsbefugnis mit den Stimmen aller anderen Gesellschafter oder mit qualifizierter Mehrheit oder mit einfacher Mehrheit entzogen werden, wenn ein wichtiger Grund vorliegt.

Derartige Regelungen sind offenbar selten, aber sie sind zulässig. Eine Entziehung der Vertretungsmacht ohne wichtigen Grund wäre schon problematischer (sie könnte u. U. mit dem Recht des Gesellschafters verbunden werden, seine Beteiligung in eine Kommanditistenbeteiligung umzuwandeln). Umstritten ist, ob durch Gesellschaftsvertrag das Recht, dem Gesellschafter die Vertretungsmacht zu entziehen, gänzlich ausgeschlossen werden kann[27]. Man wird dies verneinen müssen, und zwar wohl unabhängig davon, ob im Gesellschaftsvertrag auch die Ausschließung des Gesellschafters aus wichtigem Grund abbedungen ist. Kann der vertretungsberechtigte Gesellschafter nicht ausgeschlossen werden, so ist es für die Mitgesellschafter unannehmbar, daß er weiterhin zu ihren Lasten kontrahieren kann. Könnte er ausgeschlossen werden, so bleibt die Entziehung der Vertretungsmacht als milderes Mittel unverzichtbar.

25 *RGZ* 74, 298, 300f.. (für KGaA); *BGHZ* 33, 105, 108 (für oHG); *Alfred Hueck,* oHG, § 20 IV 3; *Staub/Habersack,* § 127 Rdnr. 7.

26 *BGHZ* 33, 105, 110; *Alfred Hueck,* oHG, § 20 IV 3; *ders.,* JZ 1961, 91.

27 Überblick bei *Schlegelberger/Karsten Schmidt,* § 127 Rdnr. 9.

§ 49 Die Haftung des Gesellschafters für Gesellschaftsverbindlichkeiten*

I. Grundlagen

1. Der Tatbestand des § 128 HGB

a) Nach § 128 HGB haften die Gesellschafter einer oHG den Gläubigern persönlich und gesamtschuldnerisch für die Verbindlichkeiten der Gesellschaft; eine entgegenstehende Vereinbarung ist Dritten gegenüber unwirksam. Der Schutzzweck dieser zwingend unbeschränkten gesetzlichen Haftung wird vom *Bundesgerichtshof* mit der fehlenden Kapitalsicherung in Verbindung gebracht[1]. Die unbeschränkte Haftung ist gleichsam der Preis, den die Gesellschafter dafür zahlen, daß sie keine Gesellschaftsform mit gesetzlicher Kapitalsicherung gewählt haben. Die andere Seite der Medaille heißt: Nur wenn die Normativbestimmungen einer Handelsgesellschaftsform mit Kapitalsicherung erfüllt sind, verzichtet das geltende Recht auf die persönliche Haftung von Gesellschaftern (Kapitalgesellschaftsrecht); und

---

* Literatur (Auswahl): *Altmeppen*, Haftung der Gesellschafter einer Personengesellschaft für Delikte, NJW 1996, 1017; *Beuthien*, Die Haftung von Personengesellschaftern, DB 1975, 725, 773; *Blomeyer*, Die Haftung des Gesellschafters im Konkurs der offenen Handelsgesellschaft, BB 1968, 1461; *Buchner*, Gesellschaftsschuld und Gesellschafterschuld bei der oHG, JZ 1968, 622; *Emmerich*, Erfüllungstheorie oder Haftungstheorie, in: Festschrift Lukes, 1989, S. 639; *Flume*, Gesellschaftsschuld und Haftungsverbindlichkeit des Gesellschafters bei der oHG, in: Festschrift Knur, 1972, S. 125; *ders.*, Der Inhalt der Haftungsverbindlichkeit des Gesellschafters nach § 128 HGB, in: Festschrift Reinhardt, 1972, S. 223; *Hauer*, Rechtsnatur und Schuldinhalt der Haftung des Gesellschafters einer oHG nach § 128 HGB, Diss. Tübingen 1966; *Hermann*, Zur Haftung gemäß § 128 HGB, ecolex 1995, 894; *Alfred Hueck*, oHG, § 21; *John*, Die organisierte Rechtsperson, 1977; *Kornblum*, Die Haftung der Gesellschafter für Verbindlichkeiten von Personengesellschaftern 1972, S. 47 ff.; *ders.*, Die Haftung der Gesellschafter für Unterlassungspflichten der oHG und KG, BB 1971, 1434; *Kühne*, Gläubigersicherung und Gesellschafterschutz im Rahmen der §§ 128, 129 HGB, ZHR 133 (1970), 149; *Lindacher*, Grundfälle zur Haftung bei Personengesellschaften, JuS 1982, 349; *Martensen*, Der Inhalt der unbeschränkten Haftung von Personengesellschaftern, 1989; *Neubauer*, Die Haftung der Gesellschafter, in: Riegger/Weipert (Hrsg.), Münch Hdb GesR I, 1995, § 62; *Reiff*, Die Haftungsverfassungen nichtrechtsfähiger unternehmenstragender Verbände, 1996; *Rüffler*, Zum Inhalt der Haftung gemäß § 128 HGB, JBl. 1999, 222, 293; *Schönewolf*, Die persönliche Haftung der Gesellschafter einer oHG und einer GbR für im Rahmen der Geschäftsführung begangene Delikte, 1989; *Walter*, Der Gesellschafter als Gläubiger seiner Gesellschaft, JuS 1982, 81.

1 Vgl. *BGHZ* 36, 224, 227.

nur ein Personengesellschafter, der sich mit den Rechten und Pflichten eines Kommanditisten begnügt, kann der unbeschränkten Haftung ausweichen (oben, § 18 IV 1 b bb, und unten, § 54 I). Auf der unbeschränkten Gesellschafterhaftung beruht zugleich der Kredit der Personengesellschaft[2]. Die Bestimmung des § 128 HGB kommt in der Praxis nicht häufig direkt zur Anwendung, weil offene Handelsgesellschaften vergleichsweise selten und, wenn schon vorhanden, meist zahlungsfähig sind. § 128 HGB bildet aber zugleich die Grundlage der Komplementärhaftung in der Kommanditgesellschaft (unten, § 53 IV 3) und liefert das Modell auch für die persönliche Haftung in der BGB-Außengesellschaft (unten, § 60 III 2). Die Haftung ist eine *gesetzliche*, auch wenn es um die Haftung für Vertragsverbindlichkeiten geht. Die Haftungsvoraussetzungen des § 128 HGB lauten[3]:
- *Erstens* muß eine oHG vorhanden (bzw. bei der Begründung der Haftung vorhanden gewesen) sein.
- *Zweitens* muß eine Gesellschaftsverbindlichkeit begründet worden sein.
- *Drittens* muß schließlich der Haftungsschuldner bei Begründung der Gesellschaftsverbindlichkeit Gesellschafter der oHG gewesen sein (meist ist er es auch im Zeitpunkt der Inanspruchnahme).

b) In dieser Reihenfolge sind die Voraussetzungen des § 128 HGB zu prüfen, und diese Prüfungsreihenfolge bestimmt auch den zweckmäßigen *Aufbau einer schulmäßigen Fallösung*. Aufbauprobleme, wie sie den Juristen in der Ausbildung oft plagen, sind großenteils Sachprobleme, und es ist nach Möglichkeit ein Aufbau anzustreben, bei dem sich das Spätere aus dem Früheren ergibt. Die Prüfung der Gesellschaftsverbindlichkeit vor der Gesellschafterhaftung ist also nicht deshalb anzustreben, weil die Inanspruchnahme der Gesellschaft für den Gläubiger attraktiver ist, sondern deshalb, weil die Gesellschafterhaftung auf der Gesellschaftsverbindlichkeit aufbaut.

Beispiel Nr. 1: L hat an die A & B-oHG für 5 000 Euro unbezahlte Waren geliefert. A hatte die Waren bestellt. Ist hier einfach nach der »Rechtslage« oder nach den »Ansprüchen des L« gefragt, so wird man im ersten Komplex den Anspruch des L gegen die oHG aus § 433 II BGB und sodann erst die Haftung der Gesellschafter prüfen, denn zu den gesetzlichen Haftungsvoraussetzungen des § 128 HGB gehört das Vorhandensein der oHG und einer Gesellschaftsverbindlichkeit. Im ersten Komplex taucht A als Vertreter der oHG auf (§ 125 HGB), weil hier der Kaufvertrag zu untersuchen ist, während im zweiten Komplex (§ 128 HGB) nur noch die gesetzlichen Haftungskonsequenzen zu ziehen sind; hierbei kann weitgehend auf den ersten Komplex verwiesen werden. Anders ist naturgemäß zu verfahren, wenn die Frage lautet: »Da die oHG insolvent ist, fragt L, ob er A und B in Anspruch nehmen kann.« Dann ist nur § 128 HGB zu prüfen, wobei das Vorhandensein einer oHG und einer Gesellschaftsverbindlichkeit im Wege der Inzidentprüfung untersucht werden muß. Schwieriger sind Deliktsfälle aufzubauen, und zwar vor allem dann, wenn die unerlaubte Handlung von einem Gesellschafter begangen wurde.

Beispiel Nr. 2: Der Hausmeister hatte das Schneefegen auf dem Bürgersteig vor dem Betriebsgrundstück versäumt und hierdurch eine Verletzung des Passanten *P* verursacht. Hier ergeben sich drei Komplexe: Der Anspruch gegen den Hausmeister aus § 823 BGB,

---

2 *BGHZ* 73, 217, 221.
3 Ausführlich *Schlegelberger/Karsten Schmidt*, § 128 Rdnrn. 9ff.

der mögliche Anspruch gegen die oHG aus § 831 BGB und ggf. die Gesellschafterhaftung des A und des B nach § 128 HGB. Jeder dieser Komplexe baut auf dem vorigen auf.

Beispiel Nr. 3: A, der für die technische Sicherheit des Betriebs verantwortliche Gesellschafter, verschuldet fahrlässig eine Explosion, bei der X verletzt wird. Hier bestehen zwei Möglichkeiten. Es kann, wie im Strafrecht, mit dem A als dem unmittelbar Handelnden begonnen werden (§ 823 BGB), sodann wäre im zweiten Komplex die Deliktshaftung der oHG zu untersuchen (§§ 823, 31 BGB; dazu oben, § 10 IV 2c und § 48 I 3), schließlich wäre im dritten Komplex die Haftung der Gesellschafter zu untersuchen (§ 128 HGB). Dieser Aufbau hat die Logik der Normen für sich, denn hier baut eines auf dem anderen auf: die Gesellschaftsverbindlichkeit auf dem Delikt des A (§ 31 BGB als Zurechnungsnorm) und die Gesellschafterhaftung auf der Gesellschaftsverbindlichkeit (§ 128 HGB als Haftungsnorm). Ein Schönheitsfehler besteht darin, daß A in diesem Aufbau zweimal vorkommt. Die zweite Aufbauvariante bestünde darin, auch hier mit der Gesellschaft zu beginnen (§§ 823, 31 BGB), wobei dann die unerlaubte Handlung des A in diesem ersten Abschnitt inzident zu prüfen wäre; im zweiten Abschnitt wären dann die Ansprüche des X gegen die Gesellschafter zu prüfen, und zwar gegen A aus § 823 BGB (Eigenhaftung aus Delikt) und aus § 128 HGB (Gesellschafterhaftung), gegen B nur aus § 128 HGB.

2. Die Gesellschaftsverbindlichkeit im besonderen

a) Unter den drei Tatbestandsmerkmalen des § 128 I HGB – oHG, Gesellschaftsverbindlichkeit und Zugehörigkeit des in Anspruch Genommenen zur Gesellschaft – erweist sich das zweite, die Gesellschaftsverbindlichkeit, meistens als fallentscheidend. Auf die Anspruchsgrundlage kommt es grundsätzlich nicht an[4]. Der Gesellschafter haftet für wirksam entstandene Gesellschaftsverbindlichkeiten kraft Gesetzes auch dann, wenn diese von einem geschäftsführenden Gesellschafter unter Verstoß gegen seine Geschäftsführerpflichten[5] oder gar durch eine der oHG zuzurechnende unerlaubte Handlung[6] begründet worden sind.

Beispiel Nr. 4: Gesellschafter A hatte 1999 sein Unternehmen in die neu gegründete oHG eingebracht (Haftung der Gesellschaft nach § 28 HGB); im Jahr 1999 hatte er als geschäftsführender Gesellschafter einen UWG-Verstoß begangen (Haftung der Gesellschaft nach § 1 UWG), den sodann der Prokurist wiederholt hat (§§ 1, 13 III UWG); im Jahr 2000 blieben Bestellungen des A (§§ 433, 164 BGB, 125 HGB) und eines Handlungsbevollmächtigten (§§ 433, 164 BGB, 54 HGB) unbezahlt, und die Gesellschaft schuldet aus eigenen Lieferungen noch Umsatzsteuer; schließlich wird 2001 dem Bankkonto der oHG durch Fehlbuchung ein ihr nicht zustehender Geldbetrag gutgeschrieben (§ 812 BGB). Für alle diese Verbindlichkeiten haften neben der oHG alle Gesellschafter, darunter auch A.

Die Gesellschaftsverbindlichkeit kann sich auch aus dem öffentlichen Recht ergeben, z.B. als Gebühr, als Ersatzvornahmekostenschuld oder als Erstat-

4 Reichhaltige Übungsbeispiele bei *Hadding*, Die HGB-Klausur, 2. Aufl. 1995, § 12, 4; *Lindacher*, JuS 1981, 578ff.

5 Einschränkend für das Handeln eines nicht alleinvertretungsberechtigten Gesellschafters *Dieckmann*, WM 1987, 1473.

6 Anders *Altmeppen*, NJW 1996, 1019ff.; nicht jede unerlaubte Handlung eines geschäftsführenden Gesellschafters ist allerdings im Rahmen seiner Organkompetenz begangen und deshalb der Gesellschaft nach § 31 BGB zuzurechnen.

tungsverbindlichkeit wegen unrechtmäßig in Anspruch genommener Subventionen[7].

b) Auch *gegenüber einem Mitgesellschafter* (Gesellschafter-Gläubiger) kann die Haftung bestehen, sofern er nur einen Anspruch gegen die Gesellschaft hat[8]. Die Haftung tritt allerdings nur bei »Drittansprüchen« ein, nicht bei »Sozialansprüchen«, die sich aus dem Gesellschaftsverhältnis ergeben (zur Terminologie vgl. oben, § 19 III 2)[9].

Beispiel Nr. 5 (in Anlehnung an *BGH*, NJW-RR 1989, 866 = JuS 1990, 63 m. Anm. *Karsten Schmidt):* Im Gesellschaftsvertrag war einem Gesellschafter ein »Vorweggewinn« als Betriebsrente zugesagt worden. Der *BGH* sah diese Verbindlichkeit als eine Sozialverbindlichkeit an und verneinte die Haftung.

Beispiel Nr. 6: Gesellschafter G, der selbst Großhändler ist, hat die Edmund E Einzelhandels-oHG mit Waren beliefert. Sein Anspruch aus § 433 II BGB ist ein »Drittanspruch« und löst die Haftung der Mitgesellschafter nach § 128 HGB aus. Hatte G außerdem aufgrund seiner persönlichen Haftung einen anderen Lieferanten befriedigt, so kann er hierfür die Gesellschaft in Regreß nehmen (§ 110 HGB). Für diese Gesellschaftsverbindlichkeit, die eine »Sozialverbindlichkeit« ist, haften aber die Mitgesellschafter nicht nach § 128 HGB (vgl. unten unter V 2).

Die unbeschränkte Haftung ist damit für alle Drittansprüche eines Gesellschafter-Gläubigers im Ausgangspunkt zu bejahen. Sie wird allerdings durch die gesellschaftsrechtliche Treupflicht überlagert: Der Gesellschafter kann die Mitgesellschafter nur subsidiär in Anspruch nehmen, also dann, wenn eine Befriedigung aus dem Gesellschaftsvermögen nicht zu erwarten ist[10]. Dies ergibt sich aus der Treubindung des Gesellschafters und kann nach wohl richtiger Auffassung – über § 404 BGB – auch einem Zessionar entgegengehalten werden[11]. Der Umfang der Haftung ist umstritten. Teils wird angenommen, daß die Mitgesellschafter nur pro rata – also nur als Teilschuldner – haften[12]. Dann stünde der Gesellschafter seinen Mitgesellschaftern nur so gegenüber wie ein Gesellschafter, der von einem Drittgläubiger in Anspruch genommen worden ist und Regreß bei seinen Mitgesellschaftern

---

7 Vgl. *OVG Frankfurt*, NJW 1998, 3513 = JuS 1999, 191 *(Karsten Schmidt)*, das *OVG* verlangt allerdings einen Leistungsbescheid gegen den Gesellschafter.

8 Vgl. *RGZ* 36, 60, 63; 120, 135, 137f.; 153, 305, 306f.; *Kraft/Kreutz*, D III 4 d; *Baumbach/Hopt*, §§ 128 Rdnrn. 22ff.; *Heymann/Emmerich*, § 128 Rdnrn. 14ff.; *Koller/Roth/Morck*, §§ 128, 129 Rdnr. 2; *Michalski*, § 128 Rdnr. 20, 23f.; *Staub/Habersack*, § 128 Rdnrn. 12f.; *Neubauer*, a.a.O., § 62 Rdnrn. 63ff.; eingehend *Walter*, JuS 1982, 81 m.w.N.; s. auch für die Gesellschaft bürgerlichen Rechts *BGH*, NJW 1983, 749 = JuS 1983, 307 m. Anm. *Karsten Schmidt.*

9 *BGHZ* 37, 299, 301; *BGH*, NJW-RR 1989, 866; *Baumbach/Hopt*, § 128 Rdnr. 22; *Koller/Roth/Morck*, §§ 128, 129 Rdnr. 2; *Michalski*, § 128 Rdnr. 20; *Schlegelberger/Karsten Schmidt*, § 128 Rdnr. 12; *Staub/Habersack*, § 128 Rdnr. 12f.

10 Vgl. *Kübler*, § 7 V 4 a; *Alfred Hueck*, oHG, § 21 VI; *Baumbach/Hopt*, § 128 Rdnr. 24; *Heymann/Emmerich*, § 128 Rdnr. 16; *Walter*, JuS 1982, 85; *ders.*, JZ 1983, 269 m.w.N.; a.M. *Prediger*, BB 1971, 245.

11 *BGH*, NJW 1983, 749; *Staub/Habersack*, § 128 Rdnr. 26; a.M. noch *Alfred Hueck*, oHG, § 21 V 2; *Kornblum*, a.a.O., S. 144f.; *Schlegelberger/Karsten Schmidt*, § 128 Rdnr. 20; *Walter*, JuS 1982, 87; die 3. Aufl. verwies noch auf § 242 BGB.

12 Vgl. z.B. *Alfred Hueck*, oHG, § 21 V 2; *Kastner/Doralt/Nowotny*, D VII 4f. cc; *Kornblum*, a.a.O., S. 143f.; *Straube/Koppensteiner*, § 128 Rdnr. 19; *Walter*, JuS 1982, 85.

sucht (vgl. dazu unter V 2). Die herrschende, auch vom *Bundesgerichtshof* vertretene Auffassung steht demgegenüber auf dem Standpunkt, daß die Mitgesellschafter dem Gesellschafter-Gläubiger nach § 128 HGB als Gesamtschuldner haften und daß sich der Gesellschafter-Gläubiger nur seinen Verlustanteil abziehen zu lassen braucht[13].

Beispiel Nr. 7 (in Anlehnung an den BGB-Gesellschafts-Fall *BGH*, NJW 1983, 749 = JZ 1983, 258 m. Anm. *Walter* = JuS 1983, 307 m. Anm. *Karsten Schmidt):* Gesellschafter V hat der oHG zum Betrieb ihres Gewerbes Kellerräume vermietet. Neben dem V sind zu gleichen Teilen die Gesellschafter W, X, Y und Z an der Gesellschaft beteiligt. Die Gewerbebehörde hat den Betrieb untersagt, und die annähernd vermögenslose Gesellschaft befindet sich in Liquidation. V kann die Mitgesellschafter wegen seiner Drittforderung heranziehen, weil von der Gesellschaft keine Befriedigung zu erwarten ist. Nach Auffassung des *BGH* muß sich V zwar seinen Verlustanteil anrechnen lassen, aber mit dieser Maßgabe haften ihm die Mitgesellschafter als Gesamtschuldner. V kann also z. B. von 5 000 Euro einen Betrag von 4 000 Euro gegen den Mitgesellschafter W einklagen, der dann seinerseits im Innenverhältnis nur Teilansprüche von je 1 000 Euro gegen X, Y und Z hat (vgl. zum Regreß wiederum unter V 2).

Diese Lösung vermag in ihrer Konsequenz nicht zu befriedigen. Gerechter wäre eine Teilhaftung aller Gesellschafter mit Ausfallgarantie (V könnte dann von jedem Gesellschafter nur 1000 Euro verlangen, aber er könnte, wenn etwa der Z ganz ausfiele, von den anderen je 1250 Euro verlangen)[14]. Eine solche Lösung kann zwar nicht aus dem Buchstaben des Gesetzes, wohl aber aus dem Gedanken der Treupflicht der zu einer Risikogemeinschaft verbundenen Gesellschafter gewonnen werden. Der Gesellschafter-Gläubiger darf seine Mitgesellschafter nur wie Teilschuldner belangen. Das Innenrecht der oHG überlagert das Außenverhältnis.

II. Das Haftungsverhältnis

1. Unmittelbare, primäre und unbeschränkte Haftung

Die Haftung nach § 128 HGB ist eine *unmittelbare* insofern, als sie Direktansprüche der Gläubiger auslöst; es wird nicht das haftende Gesellschaftsvermögen durch Verlustdeckungs- oder Nachschußpflichten erweitert, sondern jeder Gläubiger kann selbst gegen die Gesellschafter vorgehen und auf ihr Vermögen zugreifen (vgl. allerdings im Insolvenzfall § 93 InsO und dazu unter VI 3). Die Haftung ist eine *primäre*, also nicht eine bloß subsidiäre Haftung. Zwar werden die Gesellschafter, solange keine Probleme auftreten,

---

13 *BGH*, NJW 1983, 749 = JZ 1983, 258 m. Anm. *Walter* = JuS 1983, 307 m. Anm. *Karsten Schmidt* (GbR); *Alfred Hueck*, oHG, § 21 V; *Baumbach/Hopt*, § 128 Rdnr. 24; *Heymann/Emmerich*, § 128 Rdnr. 15; *Koller/Roth/Morck*, §§ 128, 129 Rdnr. 2; *Michalski*, § 128 Rdnr. 24; *Staub/Habersack*, § 128 Rdnr. 25.

14 *Schlegelberger/Karsten Schmidt*, § 128 Rdnr. 18; die vormals herrschende Gegenmeinung muß notfalls umgekehrt korrigieren: Der Gesellschafter-Gläubiger müsse sich neben dem eigenen Verlustanteil anteilig auch den Ausfall eines nicht in Anspruch genommenen Mitgesellschafters abziehen lassen; vgl. *Neubauer*, a. a. O., § 62 Rdnr. 67.

mit den Gesellschaftsgläubigern aus faktischen Gründen wenig zu tun haben. Selbst wenn der Gläubiger Klage gegen die oHG erhebt, wird er nicht in jedem Fall die Gesellschafter mitverklagen. Er wird dies vielfach davon abhängig machen, ob er die Gesellschaft nur für zahlungsunwillig oder für zahlungsunfähig hält. Doch ist dies eine Frage der Gläubigerstrategie und ändert nichts an dem Rechtsgrundsatz, daß der Gläubiger alsbald gegen die Gesellschaft und die Gesellschafter vorgehen kann. Nur für einen Gläubiger, der selbst Gesellschafter ist, gilt, wie unter I 2b bemerkt wurde, etwas anderes. Die Haftung ist schließlich *unbeschränkt*. Sie ist weder gegenständlich beschränkt (die Gesellschafter haften mit ihrem ganzen Vermögen), noch ist sie summenmäßig beschränkt (die Gesellschafter haften in unbegrenzter Höhe).

2. Die Nicht-Identität der Haftungsverbindlichkeit mit der Gesellschaftsschuld

Aus dem Gesetz ergibt sich eindeutig, daß Gesellschaftsschuld und Gesellschafterhaftung zweierlei Dinge sind (vgl. §§ 124, 128 HGB). Gesellschaft und Gesellschafter sind verschiedene Rechtssubjekte (vgl. oben, § 46 II 1), weshalb auch zur Durchsetzung der Gesellschaftsschuld ein gegen die oHG, zur Durchsetzung der Gesellschafterhaftung dagegen ein gegen den Gesellschafter gerichteter Titel erforderlich ist (vgl. §§ 124 II, 129 IV HGB). Nach geltendem Recht können deshalb Gesellschaftsschuld und Gesellschafterhaftung nicht als identisch angesehen werden. In der älteren Rechtsprechung findet sich bisweilen die Vorstellung, es handle sich in Wahrheit um *eine* Schuld mit verschiedenen Haftungsmassen[15]. Diese Betrachtungsweise dominierte die Diskussion bis in die 70er Jahre des 20. Jahrhunderts[16]. Sie rührte aus einer eigensinnigen Gesamthandsdoktrin her, die nur die Gesellschafter als Rechts- und Haftungssubjekte anerkannte und selbst aus einfachen Haftungskonstellationen hochkomplizierte dogmatische Streitigkeiten werden ließ. Nach dem, was hier unter § 8 III gesagt wurde, fällt es nicht schwer zu erkennen, daß damit ein heute überholtes Gesamthandsmodell über den klaren Willen des Gesetzes gestellt wurde. Aufgrund von § 124 HGB steht fest: So wenig wie die oHG mit den Gesellschaftern identisch ist, so wenig ist die Gesellschaftsschuld mit der Gesellschafterhaftung identisch[17]. Diese für den heutigen Betrachter nahezu selbstverständliche Feststellung hat nicht nur theoretischen Wert.

---

15 *RGZ* 139, 252, 254; *RG*, JW 1916, 1409, 1410; aus der Literatur vgl. besonders *Düringer/Hachenburg/Flechtheim*, § 124 Anm. 4, § 128 Anm. 1, 5; *Lehmann*, ZHR 79 (1916), 73; unklar z.B. *RG*, Warn. 1913 Nr. 436.

16 *RGZ* 139, 252, 254; *RG*, JW 1916, 1409, 1410; aus der Literatur vgl. besonders *Düringer/Hachenburg/Flechtheim*, § 124 Anm. 4, § 128 Anm. 1, 5; *Lehmann*, ZHR 79 (1916), 73; ebenso die älteren Lehrbücher; unklar z.B. *RG*, Warn. 1913 Nr. 436.

17 Richtig vereinzelt schon *RGZ* 136, 266, 270; s. auch *RG*, JW 1902, 78f.; *RG*, Holdheim 1905, 51; heute wohl allg. M.; *Neubauer*, a.a.O., § 62 Rdnr. 8; grundlegend *Wieland* I, § 53d I; *Flume*, Personengesellschaft, § 16 II 1.

Beispiel Nr. 8 (nach *RGZ* 139, 252): Der Gesellschafter verbürgt sich für eine Verbindlichkeit der Gesellschaft. Diese auf den ersten Blick überflüssige Sicherung hat in der Praxis erhebliche Bedeutung, vor allem in der Insolvenz der Gesellschaft. Diese muß nicht unbedingt mit der konkursmäßigen Abwicklung enden, sondern im Interesse aller Beteiligten kann auch ein Insolvenzplan zustande kommen, der auf Sanierung der Gesellschaft durch Teil-Verzicht und durch Stundung von Gesellschaftsverbindlichkeiten zielt. Ein solcher Insolvenzplan begrenzt nach § 227 InsO auch eine persönliche Haftung der Gesellschafter. Die Rechte gegen Sicherungsgeber wie z.B. Bürgen werden dagegen von diesem Sanierungsverfahren nicht berührt (vgl. § 254 II InsO). Vor allem Großgläubiger bestehen deshalb oft darauf, daß sich der persönlich haftende Gesellschafter zusätzlich für die Gesellschaftsverbindlichkeiten verbürgt.

Daß eine solche Bürgschaft rechtlich möglich ist, weil der Gesellschafter nicht mit der Hauptschuldnerin und seine aus § 128 HGB begründete Haftung nicht mit der Gesellschaftsschuld identisch ist, versteht sich heute nahezu von selbst[18]. Das *Reichsgericht* tat sich aufgrund der älteren Gesamthandslehre noch schwer[19]: »Die Gesellschafter haften nicht neben der Gesellschaft, sondern bloß mit verschiedenen Vermögensmassen ... Gerade diese besondere Gestaltung der Haftung gibt indes die Grundlage dafür, daß im Sinne des § 765 BGB die Gesellschaft dem Gesellschafter gegenüber als Dritter anzusehen ist. Die Bestimmung soll den Bedürfnissen des Verkehrs dienen und erheischt eine ihnen entsprechende Auslegung. Von diesen aus gesehen würde es aber nicht verstanden werden, wenn ihre Anwendbarkeit auf einen Fall wie den zur Entscheidung stehenden verneint würde ...«. Aus heutiger Sicht ist zu sagen: Das *Reichsgericht* hat damit ein selbstgeschaffenes Scheinproblem gelöst.

3. Die Akzessorietät der Gesellschafterhaftung

Als *Akzessorietät* (eigentlich: Zugehörigkeit, Nebensächlichkeit) bezeichnet der Jurist die wechselseitige Abhängigkeit zweckverbundener Rechte[20]. Wir sprechen z.B. bei dinglichen Sicherheiten von akzessorischen Sicherungsrechten, deren Bestand von der gesicherten Forderung abhängig ist (Pfandrecht, Hypothek), und von nicht-akzessorischen Sicherungsrechten, bei denen eine solche Abhängigkeit nicht besteht (Sicherungsübertragung, Grundschuld). Ähnlich können zweckgebundene Ansprüche zueinander im Verhältnis der Akzessorietät oder der Nicht-Akzessorietät stehen. Paradigma einer solchen Akzessorietät ist die Bürgschaft: Für die Verpflichtung des Bürgen ist der jeweilige Bestand der Hauptverbindlichkeit maßgebend (§ 767 I 1 BGB). Paradigma der Nicht-Akzessorietät ist die Gesamtschuld: Rechtsändernde Tatsachen wirken hier grundsätzlich nur für und gegen denjenigen Gesamtschuldner, in dessen Person sie eintreten (§ 425 BGB). Die persönli-

---

18 Vgl. statt vieler *Alfred Hueck*, oHG, § 21 II 6; zu den Folgen des Eintritts und Austritts von Gesellschaftern für die Bürgenhaftung vgl. die vom *Verf.* in JuS 1986, 232f. (Austritt) und 1987, 66 (Eintritt) besprochenen Entscheidungen.
19 *RGZ* 139, 252, 254.
20 Ähnlich *Medicus*, JuS 1971, 497.

che Gesellschafterhaftung nach § 128 HGB ist in demselben Sinne akzessorisch wie die Bürgschaft[21].

a) Die Gesellschafter haften nach § 128 S. 1 HGB »für die Verbindlichkeiten der Gesellschaft«. Jede Haftungsverbindlichkeit des Gesellschafters hat also, wie unter I 1 gezeigt wurde, eine Gesellschaftsverbindlichkeit zur Voraussetzung. Die Bedeutsamkeit dieser scheinbar ganz selbstverständlichen Feststellung zeigt sich in unserem

Beispiel Nr. 9 (modifiziert nach *BGHZ* 47, 376): Rechtsanwalt R hat im Auftrag einer überschuldeten und zu sanierenden oHG mit einem Gläubigerkonsortium verhandelt und hierfür keine Gebühren erhalten. Die Gebührenrechnung hat er der Gesellschaft erlassen, sich aber die Inanspruchnahme der Gesellschafter vorbehalten. G, den er nunmehr in Anspruch nimmt, wendet ein, die Gesellschaftsschuld und damit auch seine Haftung sei durch den Erlaß erloschen.

Das *Reichsgericht* hatte einen solchen Erlaß mit dem Vorbehalt, die Gesellschafter in Anspruch zu nehmen, zugelassen[22]. Das Schrifttum war zerstritten[23]. Der *Bundesgerichtshof* meinte, ein solcher Vorbehalt sei nur mit Zustimmung des Gesellschafters wirksam. Bei einer Gesamtschuld könne der Gläubiger zwar nach § 423 BGB einzelne Schuldner aus der Haftung entlassen, aber im Verhältnis zwischen der Gesellschaft und den Gesellschaftern liefe der nur zugunsten der Gesellschaft vereinbarte Erlaßvertrag »auf eine rechtsgeschäftlich zwischen dem Gläubiger und der Gesellschaft vereinbarte Verschärfung der gesetzlichen Haftung des Gesellschafters hinaus, die vom Haftungszweck der §§ 128 ff. HGB nicht gedeckt wird und die der Gesellschafter nicht hinzunehmen braucht. Der Vorbehalt, den Gesellschafter aus einer der Gesellschaft erlassenen Forderung weiter in Anspruch nehmen zu können, ist daher dem Gesellschaftsgläubiger gegenüber unwirksam.« Aus dieser »Unwirksamkeit des Vorbehalts« leitete der *BGH* sodann die Unwirksamkeit des gesamten Erlaßvertrags her, denn der Gläubiger gehe »von der (objektiv unrichtigen) Erwartung aus, er werde sich wegen der Gesellschaftsschuld weiter an den Gesellschafter halten können. Die Gesellschaft … kennt und billigt die Erwartung des Gläubigers. Dieser beiderseitige Irrtum betrifft eine wesentliche Grundlage des Erlaßvertrages … Der Erlaßvertrag ist in seinem gesamten Umfang wegen Fehlens der Geschäftsgrundlage nichtig.« Diesem Ergebnis ist ebenso wie der dahinterstehenden Interessenbewertung voll und ganz zuzustimmen[24]. Seine Begründung aber ist

21 Vgl. bereits *Wieland* I, § 53 d I 3; heute statt vieler *Flume*, Personengesellschaft, § 16 II 2 a; *Wiedemann* I, § 5 IV 1 c; *Heymann/Emmerich*, §§ 128, 129 Rdnr. 5; *Koller/Roth/Morck*, § 128 Rdnr. 1; *Schlegelberger/Karsten Schmidt*, § 128 Rdnr. 16; *Staub/Habersack*, § 128 Rdnrn. 20 ff.; *Hadding*, Die HGB-Klausur, 2. Aufl. 1995, § 12 Fall 26; *Kornblum*, a. a. O., S. 131 ff.; *Emmerich*, in: Festschrift Lukes, a. a. O., S. 644; *Kühne*, ZHR 133 (1970), 161 ff.; *Hadding*, ZGR 1973, S. 147 ff.; *Lindacher*, JuS 1981, 580; a. M. *Buchner*, JZ 1968, 622 f.

22 *RG*, JW 1928, 2612 m. abl. Anm. *Flechtheim*, JW 1929, 577.

23 Vgl. die Nachweise bei *BGHZ* 47, 376, 378.

24 Im Ergebnis zustimmend denn auch z. B. *Flume*, Personengesellschaft, § 16 II 2 b; *Wiedemann* I, § 5 IV 1 c; *Baumbach/Hopt*, § 129 Rdnr. 1, 3; *Michalski*, § 129 Rdnr. 8; *Schlegelberger/Karsten Schmidt*, § 128 Rdnr. 17; differenzierend *Heymann/Emmerich*, § 128 Rdnrn. 7 f.; a. M. *Alfred*

monströs[25]. Die Gesellschafterhaftung nach § 128 HGB beruht auf dem Gesetz und ist ihrem Inhalt nach akzessorisch. Die Voraussetzungen dieser akzessorischen Haftung können durch Schuldverträge der Gesellschaft mit ihren Gläubigern geschaffen oder durch Erlaßverträge beseitigt werden, aber es kann nicht ernsthaft darüber debattiert werden, ob der Gesellschafter eine rechtsgeschäftliche »Verschärfung der gesetzlichen Haftung« hinnehmen muß[26]. Um eine solche »Verschärfung« ging es denn auch gar nicht, sondern es ging darum, ob die gesetzliche Gesellschafterhaftung unter Fortfall der Gesellschaftsschuld fortbestehen kann. Das ist klar zu verneinen. Hier war entweder ein wirksamer Erlaßvertrag geschlossen worden, was die ungewollte Folge der Haftungsbefreiung mit sich gebracht hätte; oder der Gesellschafter haftete weiter, dies aber nur, wenn kein wirksamer Erlaßvertrag vorlag. *Medicus*[27] sieht insofern den Nichtigkeitsgrund der Perplexität (Widersprüchlichkeit) gegeben, weil die Parteien durch den Erlaßvertrag zwei miteinander unvereinbare Rechtsfolgen herbeiführen wollen. Die Parteien wollen indes nur *eine* rechtsgeschäftliche Rechtsfolge: den Erlaß unter Beibehaltung einer schon kraft Gesetzes bestehenden Haftung. *Flume*[28] will Nichtigkeit deshalb annehmen, weil die Parteien etwas rechtlich Unmögliches wollten. Doch wird man in Anbetracht des ganz eindeutigen Rechtsfolgewillens der Vertragsparteien den Tatbestand eines Erlaßvertrags überhaupt in Frage stellen müssen. So gesehen liegt entweder ein zugunsten der Gesellschaft vereinbartes pactum de non petendo oder die bloße Ankündigung des Gläubigers vor, er werde sich nicht an die Gesellschaft, sondern an den Gesellschafter halten[29].

Beispiel Nr. 10: Angenommen, der Gesellschafter hätte in unserem letzten Beispiel der Vertragsregelung zugestimmt, so geschähe ihm kein Unrecht, und die Regelung wäre wirksam. Das ist im Ergebnis kaum zu bestreiten.

Zweifelhaft ist auch hier die Begründung. Der *Bundesgerichtshof* steht wohl auf dem Standpunkt, nun sei wirklich die Gesellschaftsschuld unter Fortbestand der persönlichen Haftung erloschen. Das ist rechtsdogmatisch nicht nachvollziehbar, denn es gibt nun einmal keine Gesellschafterhaftung ohne Gesellschaftsverbindlichkeit. Aber das richtige Ergebnis läßt sich auch gesetzeskonform begründen. Es liegt eine mehrseitige Vereinbarung vor, die Verschiedenes bedeuten kann: Hier tritt entweder neben den Erlaßvertrag ein Garantieversprechen des Gesellschafters, das die Gesellschafterhaftung ersetzt; oder es bleiben Gesellschaftsschuld und Gesellschafterhaftung auch hier erhalten, aber Gläubiger und Gesellschafter verzichten auf eine Inanspruchnahme oder Inregreßnahme der Gesellschaft (doppelseitiges pactum de non

---

Hueck, oHG, § 21 Fußn. 36; *Tiedtke*, DB 1975, 1109ff.; *Buchner*, JZ 1968, 622f.; *Kühne*, ZHR 133 (1970), 149ff.

25 Vgl. zum folgenden auch *Schlegelberger/Karsten Schmidt*, § 128 Rdnr. 17; grundlegend bereits die Kritik von *Kornblum*, a.a.O., S. 134ff. Fußn. 61.

26 Diese Fehlansiedelung des Problems führte sodann zu auch inhaltlichen Fehlschlüssen im Schrifttum; vgl. *Kühne*, ZHR 133 (1970), 156f.

27 Bürgerliches Recht, 18. Aufl. 1999, Rdnr. 155.

28 Personengesellschaft, § 16 II 2 b; ähnlich *Heymann/Emmerich*, § 128 Rdnr. 7a.

29 Wie hier jetzt *Staub/Habersack*, § 128 Rdnr. 128.

petendo). Beides setzt, wie der *BGH* wertungsmäßig klar gesehen hat, eine eigene Willenserklärung des Gesellschafters voraus.

b) Die *Gesellschafterhaftung* richtet sich *nach dem jeweiligen Stand der Gesellschaftsschuld.* Sie macht also nicht nur deren Auf- und Abwärtsbewegungen – etwa bei einem Kontokorrentkredit (*BGHZ* 50, 277) – mit, sondern sie verändert sich auch inhaltlich mit der Gesellschaftsschuld. Das zeigt sich vor allem an Leistungsstörungsfällen.

Beispiel Nr. 11: Kann eine Bank-oHG die bei ihr deponierten Aktien infolge Verschuldens nicht mehr herausgeben, so haften mit der Gesellschaft auch die Gesellschafter auf Schadensersatz (vgl. *BGHZ* 36, 224). Wird das Insolvenzverfahren eröffnet und lehnt der Verwalter nach § 103 I InsO eine Erfüllung eines gegenseitigen Vertrages ab, so kann der Gläubiger gegenüber seiner Vertragspartnerin, der oHG, als Insolvenzforderung einen Anspruch auf Schadensersatz wegen Nichterfüllung geltend machen (§ 103 II InsO), und hierfür haften die Gesellschafter (vgl. *BGHZ* 48, 203). Es geht dabei, wohlgemerkt, nicht darum, daß irgendein Verschulden, etwa nach § 278 BGB, den Gesellschaftern zugerechnet würde, sondern die Gesellschafterhaftung folgt automatisch der Gesellschaftsschuld. Einer solchen Zurechnung bedürfte es nur, wenn das Prinzip der Nicht-Akzessorietät anwendbar wie unter Gesamtschuldnern (vgl. § 425 BGB). Aber dieses Prinzip gilt im Verhältnis zwischen der Gesellschaft und den Gesellschaftern eben nicht (unnötig komplizierte Interessenanalyse bei *BGHZ* 36, 224, 226 f.).

c) Dem Gesellschafter stehen kraft Akzessorietät alle *Einreden und Einwendungen* zu, die auch die Gesellschaft geltend machen kann. Dieser Grundsatz wird in § 129 I HGB stillschweigend vorausgesetzt. Diese Vorschrift *begründet* keine Einwendungen des Gesellschafters, sondern sie stellt klar, daß der Gesellschafter Einwendungen, die nicht in seiner Person begründet sind, nur geltend machen kann, soweit diese Einwendungen auch (noch) von der Gesellschaft erhoben werden können. Dies spielt, wie noch darzulegen sein wird, insbesondere eine Rolle, wenn die Gesellschaft rechtskräftig zu einer Leistung verurteilt ist. Der in Anspruch genommene Gesellschafter kann dann nicht mehr einwenden, daß die Gesellschaft zu Unrecht verurteilt worden sei.

Einreden unterscheiden sich von Einwendungen dadurch, daß der Schuldner sie geltend machen muß[30]. Hauptbeispiel ist die Verjährung (vgl. § 214 I BGB). Daß der Gesellschafter nicht mehr in Anspruch genommen werden kann, wenn die Gesellschaftsschuld verjährt und von der Gesellschaft, vertreten durch einen vertretungsberechtigten Gesellschafter, die Verjährungseinrede erhoben worden ist, versteht sich aufgrund der Akzessorietät von selbst. Ebenso versteht sich, daß eine gegenüber der Gesellschaft eingetretene Hemmung der Verjährung auch gegen den Gesellschafter wirkt, solange er nicht aus der Gesellschaft ausgeschieden ist[31]. Zweifelhaft ist, inwieweit eine

30 Ob die Einrede deshalb ein regelrechtes Gestaltungsrecht ist, ist allerdings str.; dafür *Jahr*, JuS 1964, 125 ff., 218 ff., 293 ff.

31 *BGHZ* 73, 217, 222 (zur Verjährungsunterbrechung nach altem Schuldrecht); einschränkend, nämlich mit Unterscheidung zwischen der Verjährung der Gesellschaftsschuld und der Gesellschafterhaftungsschuld, *Staub/Habersack*, § 129 Rdnr. 7; die Frage der individuellen Verjährung der Gesellschafterschuld dürfte kaum praktisch werden.

nur gegenüber dem Gesellschafter vorgenommene verjährungshemmende Rechtshandlung ausreichen kann[32]. Es muß auf den Schutzzweck der Verjährungsvorschriften ankommen.

Beispiel Nr. 12 (nach *BGHZ* 104, 76 = NJW 1988, 1976 = JuS 1988, 991 m. Anm. *Karsten Schmidt*): K hatte für die Gesellschaft Reparaturarbeiten durchgeführt. Er hatte gegen den persönlich haftenden Gesellschafter B mit einem am 28. 12. eingegangenen Antrag einen Mahnbescheid erwirkt, der dem B im Januar zugestellt wurde. B wandte ein, daß die Gesellschaftsschuld mit Ablauf des 31. 12. verjährt sei. Der *BGH* ließ dies nicht gelten: »Ein persönlich haftender Gesellschafter, der für eine Gesellschaftsschuld in Anspruch genommen wird, kann nicht einwenden, die Forderung gegen die Gesellschaft sei verjährt, wenn der Gläubiger die Verjährungsfrist gegenüber dem Gesellschafter rechtzeitig unterbrochen (scl. heute: gehemmt) hat.« Das leuchtet ein, denn es ist kein Sinn darin zu sehen, daß der Gläubiger auch gegenüber der – vielleicht vermögenslosen – Gesellschaft eine verjährungshemmende Rechtshandlung vornimmt, nur um sie dem Gesellschafter entgegenhalten zu können (vgl. auch *BGH*, NJW 1981, 2579 und dazu alsbald unter VI 1 a)[33].

Nicht selbstverständlich ist dagegen, daß der Gesellschafter selbst alle der Gesellschaft zustehenden Einreden geltend machen kann (vgl. für den Bürgen § 768 I 1 BGB). Aber auch diese Befugnis ist zu bejahen, solange nicht die Gesellschaft selbst die Einreden verloren hat.

Beispiel Nr. 13: Hatte die Gesellschaft selbst die Verjährungseinrede erhoben, so ist – vorausgesetzt, die Forderung ist wirklich verjährt – auch eine gegen den Gesellschafter gerichtete Klage ohne weiteres abzuweisen. Hält sich der Gläubiger an einen vertretungsberechtigten Gesellschafter, so wird dessen Verjährungseinrede als im Namen der Gesellschaft erhoben anzusehen sein. Auch dann folgt seine Nichthaftung schon aus der Akzessorietät. Ist der Gesellschafter nicht vertretungsberechtigt, so kann er in demselben Umfang wie die Gesellschaft die Verjährungseinrede auch in eigener Sache erheben. Aus § 129 II, III HGB läßt sich auf diesen allgemeinen Rechtsgedanken schließen.

d) Bei den klassischen Gestaltungsrechten – der Anfechtung und der Aufrechnung – hat der Gesetzgeber dieses Problem bedacht und ausdrücklich geregelt. § 129 II, III HGB entspricht im Wortlaut dem § 770 BGB.

Beispiel Nr. 14: Der nicht vertretungsberechtigte Gesellschafter wird aus einem nach § 123 BGB anfechtbaren Rechtsgeschäft in Anspruch genommen, oder er wird wegen einer Geldforderung in Anspruch genommen, obwohl der Gläubiger seinerseits der Gesellschaft eine Geldsumme schuldet. Hinsichtlich der Gesellschaftsverbindlichkeit treten hier die Anfechtungs- oder Aufrechnungsfolgen (§§ 142, 389 BGB) erst ein, wenn *die Gesellschaft* angefochten bzw. aufgerechnet hat (§§ 143, 388 BGB). Dann kommen diese Folgen aufgrund der Akzessorietät ohne weiteres auch dem Gesellschafter zugute. Solange aber noch nicht angefochten oder aufgerechnet wurde, steht dem Gesellschafter nach § 129 II, III HGB ein eigenständiges Leistungsverweigerungsrecht zu. Allerdings gilt auch hier § 129 I HGB: Kann die Gesellschaft ihrerseits nicht oder nicht mehr anfechten bzw. aufrechnen, so sind auch dem Gesellschafter die Einreden des § 129 II, III HGB versagt. Vor allem bei der Irrtumsanfechtung nutzt deshalb § 129 II HGB dem Gesellschafter nicht viel. Ficht nämlich die Gesellschaft unverzüglich mit der Rechtsfolge des § 142 BGB an, so

32 Vgl. *BGHZ* 73, 217, 222; 104, 76, 78; *Baumbach/Hopt*, § 129 Rdnr. 2; *Schlegelberger/Karsten Schmidt*, § 129 Rdnr. 9.

33 Zust. auch *Lieb*, in: Gedächtnisschrift Lüderitz, 2000, S. 468; *Baumbach/Hopt*, § 129 Rdnr. 2; *Schlegelberger/Karsten Schmidt*, § 129 Rdnr. 9; a. M. mit Rücksicht auf die Regreßgefahr aus § 110 *Staub/Habersack*, § 129 Rdnr. 8.

ist § 129 II HGB entbehrlich; versäumt die Gesellschaft die unverzügliche Anfechtung (§ 121 BGB), dann verliert der Gesellschafter auch die Einrede des § 129 II HGB.

Der Grundgedanke des § 129 II, III HGB kommt in der Denkschrift zum HGB klar zum Ausdruck[34]: Der Gesetzgeber wollte dem Gesellschafter einerseits nicht die Befugnis geben, durch Anfechtung oder Aufrechnung im eigenen Namen über Rechte der Gesellschaft zu verfügen, denn diese Befugnis soll ja von den Vertretungsverhältnissen in der Gesellschaft abhängen. Aber er wollte ihm doch das Recht zuerkennen, sich auf die Anfechtungs- oder Aufrechnungsbefugnis der Gesellschaft zu berufen. Allerdings hat der Gesetzgeber die Bestimmungen nicht diesem Normzweck entsprechend formuliert, sondern er hat einfach den Wortlaut des § 770 BGB übernommen. Dies führte zu einem Redaktionsversehen[35]. Während nämlich § 129 II HGB richtig auf die Anfechtungsbefugnis der Gesellschaft abhebt, stellt § 129 III HGB scheinbar auf die Aufrechnungsbefugnis des Gläubigers ab. Dieses Redaktionsversehen muß durch korrigierende, normzweckgerechte Auslegung berichtigt werden: Es kommt auch bei Absatz 3 darauf – und nur darauf! – an, ob *die Gesellschaft* aufrechnen kann[36].

Beispiel Nr. 15 (nach *BGHZ* 42, 396 = LM Nr. 3 zu § 129 HGB m. Anm. *Artl*): Eine Warenlieferantin L nimmt den persönlich haftenden Gesellschafter G wegen unbezahlter Lieferungen an diese Gesellschaft in Anspruch. In den Allgemeinen Geschäftsbedingungen der L ist eine wirksame Regelung enthalten, die den Abnehmern, hier also der Gesellschaft, ein Aufrechnungsverbot auferlegt, was naturgemäß eine Aufrechnung durch L nicht hinderte. G erhob unter Berufung auf einen Anspruch der Gesellschaft gegen L die Einrede des § 129 III HGB, jedoch ohne Erfolg, denn hier hätte zwar L aufrechnen können, nicht aber die Gesellschaft. Mit dieser Entscheidung gab der *Bundesgerichtshof* einer am Sinn und Zweck der Bestimmung orientierten gegenüber einer »sich nur an den Wortlaut klammernden« Auslegung mit Recht den Vorzug.

Die Entscheidung des *BGH* hat in der Literatur Zustimmung gefunden[37], und zwar mit Recht. Die Richtigkeit der vom *Bundesgerichtshof* vertretenen Auffassung ergibt sich aus der Wertung des § 129 I HGB. Der Gesellschafter steht im Lager der oHG, und nur auf ihre Aufrechnungsbefugnis darf er sich berufen. Die Frage hat auch bei Lohnansprüchen Bedeutung, die der Arbeitgeber nicht durch Aufrechnung tilgen darf. Der Gesellschafter kann deshalb die Inanspruchnahme durch einen Arbeitnehmer nicht mit dem Hinweis auf Gegenansprüche der Gesellschaft abwehren.

Beispiel Nr. 16: Angenommen, im vorausgegangenen Fall hätte kein vertragliches Aufrechnungsverbot bestanden und die Gesellschaft hätte gegen L einen Gegenanspruch aus einer vorsätzlichen unerlaubten Handlung gehabt, so hätte nicht L, wohl aber die Gesell-

---

34 HGB-Denkschrift, S. 95.

35 Eingehend *Schlüter*, in: Festschrift Westermann, 1974, S. 509 ff.; ebenso *Bülow*, ZGR 1988, 199 f.

36 *Baumbach/Hopt*, § 129 Rdnrn. 12 f.; *Ebenroth/Boujong/Joost/Hillmann,* § 129 Rdnr. 13; *Michalski*, § 129 Rdnr. 16; *Koller/Roth/Morck*, §§ 128, 129 Rdnr. 3; *Schlegelberger/Karsten Schmidt*, § 129 Rdnrn. 20 ff.; *Röhricht/v. Westphalen/v. Gerken,* § 129 Rdnr. 11; *Staub/Habersack*, § 129 Rdnr. 23.

37 Zust. z. B. *Alfred Hueck*, oHG, § 21 IV 1 b; *Neubauer*, a. a. O., § 62 Rdnr. 59; *Baumbach/Hopt*, § 129 Rdnr. 13; *Ebenroth/Boujong/Joost/Hillmann,* § 129 Rdnr. 12; *Heymann/Emmerich*, § 129 Rdnr. 13; *Koller/Roth/Morck*, §§ 128, 129 Rdnr. 3; *Röhricht/v. Westphalen/v. Gerkan*, § 129 Rdnr. 11; *Michalski*, § 129 Rdnr. 16; *Staub/Habersack*, § 129 Rdnr. 23.

schaft aufrechnen können (§ 393 BGB). Nach dem Wortlaut des § 129 III HGB könnte G dies nicht geltend machen, aber auch dieses Ergebnis wäre mit dem Sinn und Zweck der Bestimmung unvereinbar, denn hier käme das Aufrechnungsverbot demjenigen zugute, gegen den es sich wendet, nämlich der L. Stellt man im Wege der korrigierenden Auslegung auf die Aufrechnungsbefugnis der Gesellschaft ab, so kann G die Einrede des § 129 III HGB erheben[38].

e) *Persönliche Einwendungen* des Gesellschafters sind nach dem klaren Wortlaut des § 129 I HGB von den Einwendungen der Gesellschaft zu unterscheiden. Daß der Gesellschafter persönliche Einwendungen geltend machen kann, wo solche Einwendungen bestehen, versteht sich von selbst. Vor allem bei der Aufrechnung muß unterschieden werden zwischen der Aufrechnung durch die Gesellschaft und durch einen Gesellschafter.

Beispiel Nr. 17: Hat Lieferant L einen Zahlungsanspruch gegen die Gesellschaft und steht dem Gesellschafter G ein Zahlungsanspruch gegen den L zu, so kann nach § 387 BGB nicht die Gesellschaft, wohl aber können L und G untereinander aufrechnen. Das hat nichts mit der Akzessorietät der Haftung, sondern nur mit der Aufrechnungslage (Gegenseitigkeit!) etwas zu tun. Die Aufrechnung wirkt als Erfüllungssurrogat. Sie löst, wie eine Zahlung des Gesellschafters an den L, Regreßansprüche des G gegen die Gesellschaft aus (zu ihnen vgl. unter V).

4. Anwendung von Gesamtschuldregeln?

a) *Die Gesellschafter* haften nach dem klaren Gesetzeswortlaut als Gesamtschuldner. Es gelten also für das Nebeneinander der mehreren Haftungsverhältnisse die §§ 421 ff. BGB: Der Gläubiger kann die Leistung nach seinem Belieben ganz oder zum Teil von jedem Gesellschafter fordern (§ 421 S. 1 BGB). Alle bleiben bis zur Bewirkung der ganzen Leistung verpflichtet (§ 421 S. 2 BGB). Erfüllung und Erfüllungssurrogate wirken zugunsten aller (§ 422 I BGB), aber aufrechnen kann nur der, in dessen Person die Aufrechnungslage besteht (§ 422 II BGB). Der Gläubiger kann – im Außenverhältnis! – einem Gesellschafter die Schuld erlassen, dem anderen nicht (§ 423 BGB). Ein Gläubigerverzug wirkt zugunsten aller (§ 424 BGB). Alle anderen Rechtsfolgen, insbesondere aus Verzug, Verschulden, Verjährung und Rechtskraft, treten nach § 425 BGB für jeden Gesamtschuldner einzeln ein (keine Akzessorietät!). Im Innenverhältnis gleichen sich die Gesamtschuldner nach § 426 BGB pro rata aus (dazu näher unter V 2).

b) Umstritten ist das *Verhältnis zwischen der Gesellschaftsschuld und der Gesellschafterhaftung.* Die Lehre von der Identität beider Schuldverhältnisse wurde bereits als mit dem Gesetz unvereinbar abgelehnt (oben, § 46 II 2), aber es fragt sich, ob ein Gesamtschuldverhältnis vorliegt oder nicht. Die vom *Bundesgerichtshof* angeführte bisher herrschende Ansicht verneint ein Ge-

38 Ebenso *Alfred Hueck*, oHG, § 21 IV 1 b; *Kraft/Kreutz*, D III 4 b cc; *Heymann/Emmerich*, § 129 Rdnr. 13; *Baumbach/Hopt*, § 129 Rdnr. 12; *Ebenroth/Boujong/Joost/Hillmann*, § 129 Rdnr. 12; *Michalski*, § 129 Rdnr. 16; *Röhricht/v. Westphalen/v. Gerkan*, § 129 Rdnr. 11; vgl. dagegen zu § 770 II BGB *RGZ* 137, 34, 36; *Zimmermann*, JR 1979, 495 ff.

samtschuldverhältnis, solange der Gesellschafter Mitglied der oHG ist[39], aber sie bejaht jedenfalls eine partielle Anwendung der Gesamtschuldregeln, wenn der Gesellschafter ausgeschieden ist[40]. Bewußt vermeidet der *Bundesgerichtshof* hierbei eine begriffsjuristische Konstruktionsjurisprudenz[41], doch hat ihn dies nicht vor Fehlargumenten bewahrt (näher unter III und V 1). Das ist kein Zufall. Die Furcht vor begrifflichem Denken gewährleistet eben noch keine sachgerechte Zivilrechtsdogmatik. Rechtsbegriffe sind Funktionsbegriffe und abbreviative Rechtsfolgenverweisungen. In diesem Sinne darf man die Anwendung oder Nichtanwendung bestimmter Rechtsfolgen in einer begrifflichen Aussage zusammenfassen. Da nun ein Verhältnis der Akzessorietät vorliegt, passen die §§ 421 ff. BGB grundsätzlich nicht. In diesem Sinne ist ein Gesamtschuldverhältnis zwischen der Gesellschaft und dem persönlich haftenden Gesellschafter zu verneinen, und zwar auch im Verhältnis zum ausgeschiedenen Gesellschafter[42]. § 426 BGB, um den es bei dieser Diskussion vor allem ging, wird als Regreßnorm nicht benötigt, wenn man die hier entwickelte bürgenähnliche Regreßnahme des haftenden Gesellschafters befürwortet (dazu unter V 1 und unten, § 51 III 2 b)[43]. In diesem – auf die Rechtsfolgen bezogenen – Sinne kann man sagen: *Zwischen der Gesellschaft und den Gesellschaftern besteht kein Gesamtschuldverhältnis.*

c) Eine völlig andere Frage ist die, ob *im Urteilstenor* von einer Gesamtschuld die Rede sein soll. Werden mehrere Beklagte als Gesamtschuldner verurteilt, so haben sie nach § 100 IV 1 ZPO auch die Kosten des Rechtsstreits als Gesamtschuldner zu tragen. Auf Akzessorietät oder Nicht-Akzessorietät kommt es bei diesem »Gesamtschuld«-Begriff nicht an. Deshalb haften Gesellschaft und Gesellschafter nach § 100 IV 1 ZPO für die Kosten gesamtschuldnerisch[44]. Demnach darf auch der Urteilstenor dahin lauten, daß Gesellschaft und Gesellschafter »als Gesamtschuldner« verurteilt werden[45], wenn aus den Entscheidungsgründen die Art der wechselseitigen Abhängig-

39 Vgl. nur *BGHZ* 39, 319, 323; *Alfred Hueck*, oHG, § 21 II 7; *Baumbach/Hopt*, § 128 Rdnr. 19; *Ebenroth/Boujong/Joost/Hillmann*, § 128 Rdnr. 21; *Heymann/Emmerich*, § 128 Rdnrn. 4f.; *Schlegelberger/Karsten Schmidt*, § 128 Rdnr. 19; *Staub/Habersack*, § 128 Rdnrn. 20, 23; a.M. *Flume*, Personengesellschaft, § 16 II 2 a; *Heymann/Kötter*, HGB, 21. Aufl. 1971, § 128 Anm. 1, 5.

40 Vgl. *BGHZ* 39, 319, 323; 44, 229, 233; 48, 203, 204; vgl. auch noch *Baumbach/Hopt*, § 128 Rdnr. 36; *Michalski*, § 128 Rdnrn. 52f.; stark einschränkend jetzt *Heymann/Emmerich*, § 128 Rdnr. 70; entschiedener noch *RG*, JW 1928, 2612; *Düringer/Hachenburg/Flechtheim*, § 128 Anm. 16; *Lehmann*, ZHR 79 (1916), 73ff.

41 *BGHZ* 36, 224, 226f.; 39, 319, 324; 48, 203, 204.

42 Vgl. auch *Alfred Hueck*, oHG, § 21 II 7, § 29 II 4.

43 Vgl. *Kubis*, Der Regreß des Personengesellschafters, 1988, S. 23f., 107ff.; so hier schon die 1. Aufl.; ebenso jetzt *Koller/Roth/Morck*, §§ 128, 129 Rdnr. 12; *Schlegelberger/Karsten Schmidt*, § 128 Rdnrn. 31, 62; *Staub/Habersack*, § 128 Rdnrn. 45f., 20; *Preuß*, ZHR 160 (1996), 173ff.; die vom Verf. in ZHR 137 (1973), 516ff., in Anlehnung an *Flume* vertretene Regreßkonstruktion über § 426 BGB ist insofern als Begründungsmodell, nicht im Ergebnis, überholt; gegen den Rechtsübergang aber *Ebenroth/Boujong/Joost/Hillmann*, § 128 Rdnr. 30; *Röhricht/v. Westphalen/v. Gerkan*, § 128 Rdnr. 7.

44 *OLG Karlsruhe*, NJW 1973, 1202; *Belz*, in: MünchKomm. ZPO, § 100 Rdnr. 11; anders sieht es *BGH*, JZ 1956, 99 m.Anm. *Lauterbach* = NJW 1955, 1398 bei der Bürgschaft.

45 *E. Schneider*, MDR 1957, 356; vgl. dagegen *LG Hamburg*, MDR 1967, 401: Verurteilung, »als wären sie Gesamtschuldner«.

keit deutlich wird. Den Vorzug verdient eine Tenorierung wie: »Die Beklagte zu 1 und als Gesamtschuldner die Beklagten zu 2–4 werden verurteilt, an den Kläger … zu zahlen. Die Beklagten tragen die Kosten des Rechtsstreits als Gesamtschuldner. Das Urteil ist … vorläufig vollstreckbar.« Dieser Tenor macht den Unterschied deutlich: In der Hauptsache besteht eine Gesamtschuld im technischen Sinne nur unter den Gesellschaftern; hinsichtlich der Kosten sind alle Beklagten, die Gesellschaft eingeschlossen, Gesamtschuldner.

III. Der Inhalt der Gesellschafterhaftung

1. Grundlagen

a) Der Inhalt der Gesellschafterhaftung ist seit langem umstritten: Kann der Gesellschaftsgläubiger vom Gesellschafter nur die *Leistung von Geld* verlangen oder hat die Haftungsverbindlichkeit *denselben Inhalt wie die Gesellschaftsschuld?* Die Frage spielt naturgemäß nur eine Rolle, wenn nicht die Gesellschaftsschuld ihrerseits eine Geldschuld ist.

Beispiel Nr. 18: Kauft die A & B-oHG bei V für 10 000 Euro einen Gabelstapler, so kann V von der oHG (§ 433 II BGB) und von den Gesellschaftern A und B (§ 128 HGB) Zahlung von 10 000 Euro verlangen. Es wäre überflüssig und deshalb falsch, auf den Inhalt der Gesellschafterhaftung weitere Gedanken zu verschwenden. Völlig anders verhält es sich, wenn K bei der A & B-oHG einen Gabelstapler kauft und die Lieferung ausbleibt. Soll hier der Rechtsanwalt des K, der ja kein kostenträchtiges Teilunterliegen riskieren will, gegen die oHG oder auch gegen A und B auf Lieferung klagen? Wird das Gericht alle drei zur Lieferung verurteilen?

Beispiel Nr. 19: K behauptet, Eigentümer eines im Besitz der A & B oHG befindlichen und auf ihren Namen im Grundbuch eingetragenen Grundstücks zu sein. Soll er die Klage auf Herausgabe (§ 985 BGB) und auf Bewilligung der Grundbuchberichtigung (§ 894 BGB) nur gegen die oHG oder auch gegen deren Gesellschafter A und B erheben?

b) Man hat den streitenden Auffassungen die Namen »Erfüllungstheorie« und »Haftungstheorie« gegeben[46]. Abgesehen davon, daß nicht jede Rechtsansicht das inflatorisch vergebene Prädikat »Theorie« verdient[47], lassen sich schlechtere Namen schwerlich finden, denn beide sind ja »Haftungstheorien« insofern, als sie den Haftungsinhalt zum Gegenstand haben. Die sog. *»Erfüllungstheorie«* geht davon aus, *daß der Gläubiger vom Gesellschafter dieselbe Leistung wie von der Gesellschaft verlangen kann*, also z.B. Herausgabe einer im Besitz der Gesellschaft befindlichen Sache (§ 985 BGB), Lieferung der von der Gesellschaft verkauften Sache (§ 433 I BGB), Vor-

46 Beispiel für diese Terminologie: *Wiedemann* I, § 5 IV 2 a; *Hueck*, § 15 III; *Kübler*, § 7 V 3; *Neubauer*, a.a.O., § 62 Rdnr. 14; *Emmerich*, in: Festschrift Lukes, a.a.O.

47 Über »Theorien im modernen Zivilrecht« vgl. *Medicus*, in: Wolfgang Thiele, Reden zu seinem Gedächtnis, herausgegeben von der Rechtswissenschaftlichen Fakultät der Universität Kiel, 1984, S. 38ff.

nahme der von der Gesellschaft versprochenen Werkleistung (§ 631 BGB) usw.[48] Die sog. *»Haftungstheorie«* läßt den Gesellschafter *stets nur auf Geld*, bei Nicht-Geldverbindlichkeiten also nur auf Schadensersatz haften[49]. Jedenfalls im Grundsatz herrscht heute die »Erfüllungstheorie« vor. Doch ist manches noch umstritten.

aa) Der Streit um diese Frage setzt schon bei der *Methode* an. Im Anschluß an *Alfred Hueck*[50] meint *BGHZ* 23, 302, 305, die Frage nach dem Haftungsinhalt dürfe nicht von der juristischen Natur der oHG abhängig gemacht werden, und so warnt denn auch die herrschende Lehre vor einer »formellen« Ableitung aus der Rechtsnatur der Gesellschaft oder der Gesellschafterhaftung[51]. Nur noch vereinzelte Stimmen weisen auf die Notwendigkeit hin, sich bei der Klärung dieser Frage auf die dogmatischen Grundlagen zu besinnen[52]. *Flume*[53] meint, Streit und Verwirrung seien »gerade dadurch entstanden, daß man die Problematik nicht rechtsdogmatisch richtig erfaßt hat.« Wer Rechtsdogmatik nicht als orientierungslose Begriffsklauberei mißversteht, sondern in ihr eine Methode systemgerechter Problemsicht erkennt, wird in der Tat feststellen, daß das Problem eine rechtsdogmatische Basis hat: Erst der klare Blick für die Nicht-Identität von Gesellschaftsschuld und Gesellschafterhaftung läßt überhaupt die Frage aufkommen, ob der Inhalt beider derselbe ist. Charakteristisch für diese Frage ist unser

Beispiel Nr. 20 (nach *RG*, JW 1902, 78): Die Gesellschaft hatte sich verpflichtet, ihren geschäftlichen Bedarf an Parkettmaterial ausschließlich bei K zu beziehen. Gesellschafter B – er war im Originalfall aus der Gesellschaft ausgeschieden, was aber nichts an seiner Haftung änderte – gründete ein eigenes Unternehmen und bezog Material bei einem Dritten. K klagte gegen B auf Unterlassung. Das *OLG* gab der Klage statt in der Annahme, »daß nach der Natur der offenen Handelsgesellschaft das in Frage stehende, wenngleich im Namen der Firma getroffene, Abkommen Rechte und Verbindlichkeiten nur für deren Teilhaber ... begründet habe«. Dem trat das *RG* mit Recht entgegen: »Aus den von der Gesellschaft und für dieselbe abgeschlossenen Rechtsgeschäften wird als *Vertragspartei* nur die Gesellschaft als solche berechtigt und verpflichtet. Die Gesellschafter haften allerdings für die Verbindlichkeiten der Gesellschaft solidarisch.«

Mit diesem Ausgangspunkt trifft das Reichsgericht ins Schwarze. Die Antwort steht mit dieser rechtsdogmatisch treffenden Problemsicht allerdings noch nicht fest. *Wieland*, der als Anführer der »Haftungstheorie« gilt, hat gemeint, weil der Gesellschafter wie ein Bürge hafte, könne er nur auf

48 Vgl. nur *BGHZ* 73, 217; *BGH*, NJW 1987, 2367 = JuS 1987, 826 m. Anm. *Karsten Schmidt; Martensen*, a. a. O.; *Grunewald*, Rdnr. 1 B 38; *Hueck*, § 15 III 2; *Hüffer*, § 18 1 a; *Kraft/Kreutz*, D III 4 c bb; *Baumbach/Hopt*, § 128 Rdnr. 8; *Düringer/Hachenburg/Flechtheim*, § 128 Anm. 3; *Ebenroth/Boujong/Joost/Hillmann*, § 128 Rdnr. 22; *Schlegelberger/Karsten Schmidt*, § 128 Rdnr. 24; *Staub/Habersack*, § 128 Rdnrn. 27 ff.

49 Vgl. namentlich *Wieland* I, § 53 d I 3, S. 631, 636 ff.; *Müller-Erzbach*, Handelsrecht, 2./3. Aufl. 1928, S. 205; *John*, a. a. O., S. 250 ff.

50 OHG, § 21 II 3.

51 So und ähnlich *Hueck*, § 15 III 2; *Hopt/Hehl/Vollrath*, Rdnr. 527; *Kübler*, § 7 V 3 c; *Alfred Hueck*, oHG, § 21 II 3; zur Bedeutung des Richterrechts vgl. *Lindacher*, JuS 1982, 352.

52 Neben *Flume* (Personengesellschaft, § 16 III = Festschrift Reinhardt, a. a. O., S. 223 ff.) ist vor allem *John* (a. a. O., S. 248 f.) zu nennen.

53 Ebd.

Geldleistungen in Anspruch genommen werden[54]. Diese Begründung ist so falsch wie ihre Prämisse, wonach man von einem Bürgen dogmatisch zwingend stets nur Zahlung verlangen kann[55]. Die Frage ist ja gerade, ob die Akzessorietät der Haftung auch deren Inhalt bestimmt. Die dergestalt aufbereitete Frage muß nun in der Tat danach beantwortet werden, »welchen Zwecken die Haftung der Gesellschafter für die Verbindlichkeiten der Gesellschaft dient« (*BGHZ* 23, 302, 305). Der *Bundesgerichtshof* meint, die inhaltsgleiche Haftung der Gesellschafter ergebe sich daraus, daß die persönliche Haftung im Interesse der Sicherheit der Gläubiger eingeführt ist und die Kreditfähigkeit der oHG erhöht[56]. Aber diese Allgemeinplätze geben nichts her[57]. Natürlich kann eine inhaltsgleiche Haftung des Gesellschafters nur aus dem Gläubigerinteresse und aus der Haftungsfunktion gerechtfertigt werden, aber dieses Interesse muß eben in praktischer Hinsicht präzisiert werden, bevor es einen Schluß auf den Haftungsinhalt zuläßt. Nach *BGHZ* 73, 217, 222 kann dem Gläubiger ein berechtigtes Interesse daran, auch dem Gesellschafter gegenüber auf der geschuldeten Leistung zu bestehen, nicht abgesprochen werden. Auch im Schrifttum wird dahin argumentiert, der Gläubiger solle, solange er auf Erfüllung Wert lege, den Gesellschafter auch auf Erfüllung und nicht bloß auf Schadensersatz in Anspruch nehmen dürfen[58]. Das ist nicht sehr praktisch gedacht, denn im Ergebnis kann der Gläubiger meist doch Erfüllung nur von der Gesellschaft, vom Gesellschafter dagegen nur das Interesse erwarten. Die Akzentsetzung der herrschenden Auffassung ist deshalb angreifbar und setzt die »Erfüllungstheorie« unnötigen Einwänden aus[59]. Recht theoretisch ist etwa der folgende Fall[60]:

Beispiel Nr. 21 (nach *Raisch*, JuS 1966, 195): In der A, B & C Immobilien oHG sind A und B vertretungsberechtigt, C ist es nicht. Die oHG, vertreten durch A, verkauft einem Interessenten I ein Grundstück. Noch bevor es zur Übereignung kommt, tritt auch der ahnungslose C, dem das Grundstück gefällt, an die oHG heran und läßt sich das Grundstück kaufweise übereignen. I verlangt Erfüllung von C.

Hier besticht in der Tat die Erfüllungstheorie durch die Einfachheit der Lösung. C kann zur Übereignung des von der oHG geschuldeten Grundstücks verurteilt werden. Aber sollen auch A und B als Gesamtschuldner zur Übereignung des Grundstücks verpflichtet sein und vielleicht gar verurteilt werden können?

bb) Die praktischen Fälle liegen meist anders. Es geht um *substituierbare* Leistungen, z. B. um Lieferungen oder Werkleistungen.

---

54 *Wieland* I, § 54 I, S. 636ff.
55 Überzeugend *Flume*, Personengesellschaft, § 16 III 2.
56 *BGHZ* 23, 302, 305; 73, 217, 221.
57 Richtig *John*, a. a. O., S. 251f.
58 *Alfred Hueck*, oHG, § 21 II 3; *Hueck*, § 15 III 2.
59 Charakteristisch der Einwand von *John*, a. a. O., S. 257f.; *John* meint, es werde »leicht übersehen, daß die Frage der Naturalhaftung bei Gattungsschulden nur praktisch durchsetzbare Folgen zeitigt, wenn ein Gesellschafter Gegenstände aus der Gattung tatsächlich besitzt«; dies ist allerdings kaum zu übersehen (vgl. denn auch *Flume*, Personengesellschaft, § 16 III Fußn. 102a); was nicht »übersehen« werden darf, ist, daß hier nicht der Kern des Problems liegt.
60 Der Fall findet sich ohne Quellenhinweis auch bei *Kraft/Kreutz*, D III 4c bb (2).

Beispiel Nr. 22 (in Anlehnung an *BGHZ* 73, 217 = JZ 1980, 193 m. Anm. *Wiedemann* = JuS 1979, 819 m. Anm. *Karsten Schmidt* = JA 1979, 545 m. Anm. *Schulte*): K hat dem Bauunternehmer Balduin B einen Bauauftrag erteilt. Er klagt gegen Balduin B auf Beseitigung von Mängeln. Balduin B war aber bei Auftragserteilung überhaupt nicht mehr Einzelkaufmann, sondern er hatte sein Unternehmen in die Balduin B & Co. oHG eingebracht. Nach dem unternehmensrechtlichen Grundsatz, daß durch unternehmensrechtliche Rechtsgeschäfte der wahre Unternehmensträger verpflichtet wird (Handelsrecht, § 4 III 1), hatte K hier den Vertrag nicht mit B, sondern mit der oHG abgeschlossen. Trotzdem konnte B als Gesellschafter dieser oHG verurteilt werden.

Auch diese hier in Abwandlung des BGH-Falls dargestellte Situation ist allerdings eher noch atypisch. Immerhin wird schon der praktische Vorzug der herrschenden Meinung erkennbar. Typisch ist folgender Fall:

Beispiel Nr. 23: K klagt gegen die B-oHG und ihre Gesellschafter, weil der abgeschlossene Vertrag immer noch nicht erfüllt ist. Die oHG verteidigt sich mit einer ganzen Reihe von Einwänden, darunter die angebliche Unwirksamkeit des Vertrags und ein Unmöglichwerden der versprochenen Leistung, während K die Unmöglichkeit bestreitet.

Für einen solchen Fall gestattet es § 281 I BGB, den Schuldner zur Leistung zu verurteilen und ihm eine angemessene Frist zu bestimmen, nach deren Ablauf nicht mehr Erfüllung, sondern Schadensersatz verlangt wird[61]. Es vereinfacht die Rechtsdurchsetzung, wenn Klagantrag und Urteilstenor im Verhältnis zur Gesellschaft und zu ihren Gesellschaftern einheitlich lauten[62]. Es ist also – selbst wenn im Einzelfall gar keine Erfüllung von seiten des Gesellschafters erwartet werden kann – durchaus ein praktisches Interesse daran erkennbar, daß der Gesellschafter auf dasselbe haftet wie die Gesellschaft. Die »Erfüllungstheorie« führt also im Regelfall zu überzeugenden Ergebnissen, auch wenn sie als »Theorie« schwach begründet ist. Diese »Theorie« ist nichts anderes als ein rechtsdogmatisch ausformuliertes Haftungsmodell für die Praxis, und da sie mit dem Gesetzeswortlaut harmoniert, ist sie als geltendes Recht anzuerkennen.

cc) Daß es sich nur um ein Haftungsabwicklungsmodell handelt, zeigt sich besonders klar, wenn man an den *Insolvenzfall* denkt. Ist das Insolvenzverfahren über das Vermögen der Gesellschaft eröffnet worden, so kann die persönliche Haftung nach § 93 InsO nur von dem Insolvenzverwalter geltend gemacht werden (dazu unter VI 3). Dieser wird selbstverständlich nicht Naturalleistung vom Gesellschafter verlangen, sondern eine Geldleistung. Ginge es bei der »Erfüllungstheorie« um die Doktrin mit materialem Richtigkeitsanspruch, so wäre ihr in § 93 InsO ein kaum übersteigbares Gegenargument erwachsen[63]. Aber es geht eben nur um die Praxis der Haftungsabwicklung, und diese kann im Insolvenzfall ganz anders aussehen, ohne daß deshalb die »Erfüllungstheorie« rechtsdogmatisch »falsch« wäre.

61 Vgl. bis 2001 § 283 BGB a. F. und dazu 3. Aufl., § 49 III 1 b bb; zur Bedeutung für das Problem auch *BGH*, NJW 1987, 2367, 2369 = JuS 1987, 826 m. Anm. *Karsten Schmidt;* eingehend *Karsten Schmidt*, ZZP 87 (1974), 49 ff.

62 Überzeugend *Flume*, Personengesellschaft, § 16 III 3.

63 Der Zusammenhang wird, soweit ersichtlich, bisher nicht diskutiert.

2. Sonderprobleme

Eine fundierte Analyse erklärt auch die *Sonderprobleme bei Ansprüchen auf Abgabe einer Willenserklärung, auf Vornahme unvertretbarer Handlungen und auf Unterlassung.* Gerade hier erweist sich *Flumes* Aufruf zu dogmatisch fundierter Betrachtung als weiterführend, denn es läßt sich erkennen, daß die Problemlage in diesen Fällen eine völlig andere ist. Die »Erfüllungstheorie« führt da – und nur da! – zu gesetzeskonformen Ergebnissen, wo eine Leistung des Gesellschafters mit derjenigen der Gesellschaft inhaltsgleich sein kann. Wo dies nicht der Fall ist, kann der Gesellschafter nicht auf dieselbe Leistung haften wie die Gesellschaft.

a) Deutlich ist dies zunächst bei der *Abgabe einer Willenserklärung*[64].

Beispiel Nr. 24: Kann K von der B-oHG die Übereignung eines Grundstücks verlangen, so klagt er gegen die oHG und nur gegen sie auf Abgabe der Auflassungserklärung und der Eintragungsbewilligung. Beide Erklärungen gelten mit Rechtskraft des Urteils als abgegeben (§ 894 ZPO). Die Gesellschafter zur Abgabe der Erklärungen zu verurteilen, wäre nicht nur praktisch sinnlos (Eigentümerin ist die oHG!), sondern auch rechtsdogmatisch falsch, denn die Abgabe einer Willenserklärung durch einen Gesellschafter ist eben nicht dieselbe Leistung wie die Abgabe einer Willenserklärung durch die oHG.

b) Ist die Gesellschaftsschuld auf die *Vornahme einer Handlung* gerichtet, so muß zwischen vertretbaren und unvertretbaren Handlungen unterschieden werden (vgl. §§ 887, 888 ZPO). Nur wenn eine vertretbare Handlung in Frage steht, kann die Vornahme durch den Gesellschafter im Vergleich mit der Vornahme durch die Gesellschaft als inhaltsgleiche Leistung bezeichnet und nach § 887 ZPO auch vollstreckt werden[65]. Liegt eine *unvertretbare Handlung* vor, so kann der Gläubiger deren Vornahme nur von der Gesellschaft verlangen, und es ist auch kein Sinn darin, dem Gesellschafter eine »Erfüllungsförderungspflicht« gegenüber dem Gläubiger aufzubürden mit dem Inhalt, »dasjenige, was er kraft seiner Gesellschafterstellung hinsichtlich der Bewirkung der nötigen Erfüllungshandlungen zu tun vermag«, als Leistung an den Gläubiger zu erbringen[66]. Es liegt auf der Hand, daß der Gesellschafter allenfalls seiner Gesellschaft, nicht aber dem Gläubiger, zur »Erfüllungsförderung« verpflichtet ist.

Beispiel Nr. 25 (nach *BGHZ* 23, 302): K kann Rechnungslegung von der B & Co. oHG verlangen, klagt aber nicht gegen die oHG, sondern gegen den geschäftsführenden Gesellschafter B.

---

64 Dazu *BGH,* WM 1983, 220; *Flume*, Personengesellschaft, § 16 III 5; *Grunewald*, Rdnr. 1 B VII 42; *Kraft/Kreutz*, D III 4 c bb (2); *Wiedemann* I, § 5 IV 2 b; *Hueck*, § 15 III 2 a; *John*, a.a.O., S. 266; *Baumbach/Hopt*, § 128 Rdnr. 18; *Koller/Roth/Morck*, §§ 128, 129 Rdnr. 5; *Michalski*, § 128 Rdnr. 12; *Schlegelberger/Karsten Schmidt*, § 128 Rdnr. 30; *Staub/Habersack*, § 128 Rdnr. 7; *Hadding*, ZGR 1981, 585 f.; *Lindacher*, JuS 1982, 354; *Rüffler*, JBl. 1999, 301 ff.; s. auch *Emmerich*, in: Festschrift Lukes, a.a.O., S. 653, der hieraus die Geltung der Haftungstheorie ableitet.

65 *Hueck*, § 15 III 2 b aa; *Ebenroth/Boujong/Joost/Hillmann,* § 128 Rdnr. 26; *Staub/Habersack*, § 128 Rdnr. 35; im Ergebnis auch *John*, a.a.O., S. 258 ff., 266 f.; *Hadding*, ZGR 1981, 585.

66 So aber *Lindacher*, JuS 1982, 354 f.; wie hier jetzt *Staub/Habersack*, § 128 Rdnr. 36 m.w.N.

Dieser Fall wurde zu einer Leitentscheidung im Streit um den Haftungsinhalt, jedoch zu Unrecht. Wie bei der Abgabe einer Willenserklärung ist nämlich die Vornahme der Handlung durch B nur scheinbar dasselbe wie die Vornahme durch die Gesellschaft. Allerdings nimmt die oHG die unvertretbare Handlung durch ihr Organ vor, und weil B dieses Organ ist, gewinnt man den Eindruck, die Rechnungslegung durch B sei dasselbe wie die Rechnungslegung durch die Gesellschaft. Zwei Hilfsüberlegungen sollen zeigen, daß ein Problem des § 128 HGB gar nicht vorliegt: Wie wäre es – erstens –, wenn auch ein nicht geschäftsführender Gesellschafter A auf Rechnungslegung verklagt würde? Hier wäre es offenbar, daß eine Rechnungslegung durch A überhaupt nicht dasselbe sein kann wie eine Rechnungslegung durch die oHG. Wie wäre es – zweitens –, wenn die Gesellschaft keine oHG, sondern eine GmbH und B der Geschäftsführer dieser GmbH wäre? Dann läge das Sachproblem ebenso wie im BGH-Fall, obwohl B überhaupt keiner Haftung nach § 128 HGB unterläge. Der *Bundesgerichtshof* hat den B zur Rechnungslegung verurteilt[67]. *Flume* hält entgegen, hier werde in Wahrheit ein geschäftsführender Gesellschafter zu einer Geschäftsführungshandlung verurteilt[68]. Richtig an dieser Kritik ist: Ohne dies auszusprechen, hat der *BGH* § 128 HGB zur Grundlage eines »Durchgriffs« auf den geschäftsführenden Gesellschafter gemacht. Nach dem unter § 9 III Gesagten bedarf eine solche Praxis sehr kritischer Prüfung und Begründung. Sie darf sich nicht hinter § 128 HGB verstecken.

c) Schließlich gehören hierher die praktisch wichtigen Fälle der *Unterlassungspflichten*, die im Wege der Unterlassungsvollstreckung nach § 890 ZPO vollstreckt werden[69]. Bei dem schon besprochenen Fall *RG*, JW 1902, 78 ging es z.B. um die vertraglich eingegangene Verpflichtung, »den Bedarf an Parkettmaterial ausschließlich von der Klägerin zu beziehen«. Dies war eine nach § 890 ZPO zu vollstreckende Unterlassungspflicht[70], denn es war der Gesellschaft verboten, ihr Parkettmaterial bei einem anderen Anbieter zu beschaffen. Das *Reichsgericht* hatte über die Frage zu entscheiden, ob aufgrund dieser Vertragsklausel auch von einem – in casu mittlerweile ausgeschiedenen – Gesellschafter verlangt werden könne, daß er den Bedarf eines von ihm selbst unterhaltenen Unternehmens nur bei dem Vertragsgegner decke. Es verneinte dies, und zwar mit vollem Recht, denn wenn auch das Unternehmen des Gesellschafters Material bei dem Vertragspartner hätte beziehen müssen, so wäre dies *keine Haftung für die oHG-Schuld* mehr gewesen, sondern eine *neue*, *nicht mehr inhaltsgleiche Verbindlichkeit!* Daß dies die entscheidende Begründung ist, wird mehr und mehr erkannt[71], und

---

67 Zust. *Alfred Hueck*, oHG, § 21 II 5; *Wiedemann* I, § 5 IV 2 a aa; *Baumbach/Hopt*, § 128 Rdnr. 10; *Ebenroth/Boujong/Joost/Hillmann,* § 128 Rdnr. 27.

68 *Flume*, Personengesellschaft, § 16 III 5; zust. *Heymann/Emmerich*, § 128 Rdnr. 25.

69 Vgl. zur Abgrenzung *Dietrich*, Die Individualvollstreckung, 1976, S. 127 ff.

70 Richtig *John*, a.a.O., S. 264.

71 Vgl. *Grunewald*, Rdnr. 1 B 40; *Kraft/Kreutz*, D III 4 c; *Heymann/Emmerich*, § 128 Rdnr. 21; *Schlegelberger/Karsten Schmidt*, § 128 Rdnr. 29; *Staub/Habersack*, § 128 Rdnrn. 38 f. (jedoch mit unpassendem Rückgriff auf die Doppelverpflichtungstheorie); *Straube/Koppensteiner*, § 128 Rdnr. 10 a; nach *Rüffler,* JBl. 1999, 294 f., schuldet der Gesellschafter, daß die Gesellschaft unterläßt.

zwar auch bei gesetzlichen Unterlassungspflichten[72]. Besonders häufig tritt die Problematik im Bereich der Wettbewerbsverbote auf.

Beispiel Nr. 26 (nach *RGZ* 136, 266): Die B-oHG, bestehend aus den Gesellschaftern A und B, war Eigentümerin eines Grundstücks. Eine Teilfläche dieses Grundstücks vermietete sie an die K als Tankstellengrundstück und verpflichtete sich in Form einer Dienstbarkeit (§ 1090 BGB), auf dem ganzen Grundstück weder selbst Treibstoff und Öl zu verkaufen noch solchen Handel durch Dritte zuzulassen. Während nun die oHG selbst sich hieran hielt, kauften die Gesellschafter A und B ein Nachbargrundstück, um dort ihrerseits eine Tankstelle zu betreiben. Auf Klage der K wurden sie zur Unterlassung verurteilt. Das Berufungsgericht hatte die Verurteilung auf § 128 HGB gestützt, und zwar aufgrund der überholten Vorstellung, »die Gesellschafter seien die Gesellschaft selbst, die Handlungen der Gesellschafter seien Handlungen der Gesellschaft«. Das *Reichsgericht* sprach in aller Deutlichkeit aus, daß diese Lösung mit § 124 HGB unvereinbar ist und zitierte sich selbst: »Der Vertrag, welchen eine offene Handelsgesellschaft als Vertreterin einer bestimmten Vermögensmasse abschließt, ist ein anderer Vertrag als der der Teilhaber.« Das *RG* prüfte sodann, ob sich die Gesellschaft verpflichtet habe, für die Unterlassung des Wettbewerbs auch durch ihre gegenwärtigen und jeweiligen Mitglieder zu sorgen, aber es hält entgegen, »daß die offene Handelsgesellschaft über die außergesellschaftlichen Belange ihrer Mitglieder nicht verfügen kann, und daß in diesem Fall die durch § 128 HGB vermittelte Haftung aller Gesellschafter für ein außergesellschaftliches Handeln ihres (vielleicht nicht vertretungsberechtigten) Gesellschafters den Gefahrenkreis wesentlich erweitern würde, in den jemand regelmäßig durch das Eingehen einer offenen Handelsgesellschaft eintritt«. Im Ergebnis bezeichnete aber das *RG* das Verhalten der Gesellschafter doch als einen Verstoß gegen Treu und Glauben und gegen die aus § 128 HGB, § 242 BGB erwachsene Pflicht, für die Erfüllung der Gesellschaftsschuld durch die Gesellschaft einzutreten. Es verurteilte die Gesellschafter also in vollem Bewußtsein der Tatsache, daß die Unterlassung von Wettbewerb durch die Gesellschafter eine inhaltlich andere Leistung ist als die Unterlassung von Wettbewerb durch die oHG.

Man ahnt, daß auch dieses Urteil mit der berühmten »Durchgriffs«-Problematik (oben, § 9 III 1) in Zusammenhang steht, und diese Vermutung verdichtet sich, wenn man einmal die Testfrage stellt: Angenommen, es hätte sich um eine personalistische GmbH oder KG gehandelt, hätte dann die Entscheidung anders lauten dürfen? Und: Hätte die Entscheidung dann ebenso gelautet, wäre das nicht ein Beweis dafür, daß sie nichts mit § 128 HGB zu tun hat? Die Vermutung wird zur Gewißheit, wenn man eine Entscheidung betrachtet, in der der *Bundesgerichtshof* ausweislich seines amtlichen Leitsatzes die Rechtsprechung des *RG* fortgeführt hat[73]:

Beispiel Nr. 27 (vereinfacht nach *BGHZ* 59, 64): V überließ dem P durch Pachtvertrag die Kiesausbeutung auf seinem Grundstück. Aus dem Pachtvertrag ergab sich, daß P in einem bestimmten Umkreis keine sonstige Auskiesung vornehmen durfte. P verstarb und wurde von seiner Witwe beerbt. Diese betrieb das Unternehmen zunächst weiter und gründete später mit den gemeinsamen Söhnen eine P-oHG, die die Kiesausbeutung fortführte. Die Beteiligten gründeten sodann noch eine zweite Gesellschaft, die B-oHG. Diese B-oHG übernahm Auskiesungsrechte in dem vertraglich gesperrten Gebiet. V klagte gegen die B-oHG auf Unterlassung, und zwar mit Erfolg. Der *BGH* leitet dies »aus den Grundsätzen von Treu und Glauben« her. Gerade weil nicht die vertraglich verpflichtete P-oHG gegen die Vertragspflichten verstoße, werde V »rechtlos gestellt«, wenn die B-oHG sich

72 Vgl. *OLG Nürnberg*, WM 1996, 399, 402.

73 Dem BGH zustimmend *Ebenroth/Boujong/Joost/Hillmann*, § 128 Rdnr. 29; *Röhricht/v. Westphalen/v. Gerkan*, § 128 Rdnr. 4.

darauf berufen könne, sie selbst sei an die Sperrbezirksklausel nicht gebunden. Entscheidend sei, daß die Gesellschafter beider Gesellschaften dieselben seien. »Zwar sind Verbindlichkeiten einer Handelsgesellschaft nicht ohne weiteres dasselbe wie Verbindlichkeiten der Gesellschafter, wenn diese – Kommanditisten mit den Beschränkungen der §§ 171 ff. HGB – nach § 128 HGB auch für Gesellschaftsschulden persönlich haften (vgl. BGHZ 23, 302, 305 f.). Eine andere Frage ist aber, ob die Rechtsordnung es zulassen kann, daß die Gesellschafter durch ein Handeln außerhalb der Gesellschaft den Zweck eines Vertrages durchkreuzen, den die Gesellschaft mit einem Dritten geschlossen hat. Die Frage ist, jedenfalls in Fällen wie dem vorliegenden, zu verneinen. Zugunsten der Beklagten kann (zwar) davon ausgegangen werden, daß nach den Grundsätzen der Entscheidung BGHZ 23, 302 die Gesellschafter ... nicht Vertragspartner des Klägers ... sind ... Bei der nach Treu und Glauben zu treffenden Entscheidung können jedoch der Sinn und Zweck der Sperrbezirksklausel nicht außer acht gelassen werden. Das führt zu der Schlußfolgerung, daß jedenfalls dann, wenn sämtliche Gesellschafter der unmittelbar verpflichteten Gesellschaft dem vertraglichen Verbot durch Maßnahmen außerhalb der Gesellschaft zuwiderhandeln, dem Verletzten nach § 242 BGB, § 128 HGB der unmittelbare Zugriff auf die Gesellschafter selbst offenstehen muß (so schon das Reichsgericht in *RGZ* 136, 266, 270 ff.) ... Jede andere rechtliche Beurteilung würde der Umgehung der persönlichen Unterlassungspflicht der Gesellschafter Tür und Tor öffnen.«

Ein Wettbewerbsverbot des Gesellschafters läßt sich weder aus der Gesellschafterhaftung noch insbesondere aus der »Erfüllungstheorie« begründen. Das wird deutlich, wenn man die in Betracht kommenden Begründungen einmal durchdenkt.

Erste potentielle Begründung: Die Gesellschaft schuldet Unterlassung von Wettbewerb, also haftet auch der Gesellschafter[74]. Diese Begründung hat sich als falsch erwiesen, denn der Schuldinhalt wäre in Wahrheit gerade nicht derselbe.

Zweite potentielle Begründung: Die oHG schuldet Unterlassung eigenen Wettbewerbs und Unterlassung von Wettbewerb seitens der Gesellschafter, und für diese Gesellschaftsschuld haftet jeder Gesellschafter persönlich. Diese Begründung scheitert an der Höchstpersönlichkeit der Unterlassungspflicht. Der Gesellschafter kann nicht zur Unterlassung von Wettbewerb seitens der oHG verurteilt werden[75], und die oHG kann zwar die Unterlassung von Wettbewerb seitens ihrer Gesellschafter garantieren, nicht jedoch in dem Sinne, daß sie diese Pflicht durch eigenes Unterlassen erfüllt.

Dritte potentielle Begründung: Die beanstandete Handlung wird, obwohl vom Gesellschafter begangen, der Gesellschaft als deren Handlung zugerechnet. Das ist möglich, wenn der Gesellschafter im Geschäftskreis der Gesellschaft gehandelt hat[76], kann aber nicht zu dem Schluß führen, daß jetzt alle Gesellschafter ihrerseits Unterlassung schulden. Die Unrichtigkeit eines solchen Gedankengangs wurde deutlich in unserem zuletzt diskutierten Fall *BGHZ* 59, 64. Hier hatte das *Oberlandesgericht* die beklagte Gesellschaft B als »Erfüllungsgehilfin« der zur Unterlassung verpflichteten Gesellschaft P bezeichnet, aber daraus konnte sich, wie der *BGH* richtig bemerkt, eine

74 In dieser Richtung *Ebenroth/Boujong/Joost/Hillmann,* § 128 Rdnr. 29.

75 In dieser Richtung aber *Rüffler,* JBl. 1999, 294 f.

76 *RG,* Holdheim 14 (1905), 51 f.. hält eine solche Zurechnung für möglich, soweit die Gesellschafter »in Vertretung der oHG handeln«; es lehnt die Zurechnung in concreto ab, weil der Gesellschafter die Handlungen »nicht in Vertretung oder im Interesse von K & Co. begangen« hatte.

eigene Unterlassungspflicht der B nicht ergeben. Auch die Frage, inwieweit der Gesellschafter »seine Privatsphäre in die Gesellschaft eingebracht hat«[77], führt – von ihrer rechtsdogmatischen Nebelhaftigkeit einmal abgesehen – nicht weiter. Wer darauf abstellt, ob die Gesellschafter ihrerseits der Gesellschaft gegenüber zur Unterlassung verpflichtet sind[78], macht im Grunde nur deutlich, daß sein Haftungsmodell das eines »Durchgriffs« ist.

Vierte potentielle Begründung: Zwar ist die Gesellschaft verpflichtet und nicht der Gesellschafter, der die vertragswidrige Handlung begeht, aber der Gesellschafter kann sich nach Treu und Glauben nicht auf diese Nicht-Identität berufen. Diese vor allem bei *RGZ* 136, 266 und bei *BGHZ* 59, 64 anklingende Begründung kommt dem *Sach*problem näher, aber sie ist in ihrer Allgemeinheit den gegen den »Durchgriff« im Gesellschaftsrecht vorgebrachten Einwänden ausgesetzt (vgl. oben, § 9 II 3). Durchgriffsüberlegungen sollte man erst anstellen, wenn der Fall so kompliziert liegt wie bei *BGHZ* 59, 64, wo ja nicht ein Gesellschafter, sondern eine von den Gesellschaftern gegründete dritte Gesellschaft belangt werden sollte. Damit ist der Weg gewiesen für die entscheidende

Fünfte potentielle Begründung: Es gilt, im Einzelfall einen eigenständigen Anspruch gegen den Gesellschafter zu prüfen und ggf. zu begründen. Bei gesetzlichen Unterlassungsansprüchen (z.B. § 1 UWG oder § 14 MarkenG) ist die geprüfte Norm darauf zu befragen, ob sich aus ihr Ansprüche auch gegen die Gesellschafter selbst ergeben (vgl. auch im Rahmen der Durchgriffsdiskussion oben, § 9 III 1)[79]. Bei *vertraglichen* Ansprüchen ist danach zu fragen, ob sich neben der Gesellschaft auch die Gesellschafter selbst der Unterlassungspflicht unterworfen haben. Das kann sich ausdrücklich oder nach §§ 133, 157 BGB auch konkludent aus der Vertragsurkunde und aus den begleitenden Umständen ergeben[80]. Auch kann die Gesellschaft oder ihr geschäftsführender Gesellschafter – ggf. stillschweigend im Wege der Duldungsvollmacht – mit Vertretungsmacht für die am Vertragsschluß nicht persönlich beteiligten Gesellschafter ausgestattet sein, aber dies muß im Einzelfall festgestellt werden[81]. Die sich aus § 125 HGB ergebende Vertretungsmacht reicht hierfür nicht aus. Das ganze Lösungskonzept erscheint damit nicht mehr als ein Problem des § 128 HGB und überhaupt nicht mehr als ein oHG-spezifisches Problem. Es gilt für den GmbH-Gesellschafter und für den Kommanditisten gleichermaßen wie für den oHG-Gesellschafter und den Komplementär. Zugegebenermaßen sind die Abgrenzungsschwierigkeiten im Einzelfall beträchtlich, aber diese Schwierigkeiten beruhen auf der Sache und nicht auf der hier gewählten Rechtskonstruktion. Diese hilft im Gegenteil bei der Abwägung der Interessen. Je näher der betroffene Gesellschafter der Gesellschaft tatsächlich steht, je ausgeprägter also seine Mit-

77 *Kornblum*, BB 1971, 1441.
78 So *Kornblum*, a. a. O., S. 155; ders., BB 1971, 1441 ff. mit schwerlich haltbarem Rekurs auf die dem Schutz des Gläubigers nicht dienende Vorschrift des § 112 HGB.
79 Vgl. *OLG Nürnberg*, WM 1996, 399, 402 (zu § 14 MarkenG).
80 Wie hier jetzt, jedoch unter Rückgriff auf das Prozeßrecht, *Rüffler,* JBl. 1999, 296.
81 Insofern treffend *RG*, JW 1900, 253, 254; ähnlich auch *John*, a. a. O., S. 265; hier liegt der Schwerpunkt des Gesamtproblems nach *Emmerich*, in: Festschrift Lukes, a. a. O., S. 646 ff.

unternehmerschaft und seine faktisch-wirtschaftliche Identifizierung mit dem Gesellschaftsunternehmen ist, um so leichter fällt es, seine persönliche Verpflichtung zu bejahen. Wer nach § 128 HGB unbeschränkt haftet, ist dem Unternehmen i.d.R. nahe verbunden, aber damit wird § 128 HGB noch lange nicht zur Rechtsgrundlage der Unterlassungspflicht.

IV. Die Haftung des eintretenden Gesellschafters*

1. Grundsatz

a) Wer in eine bestehende Gesellschaft eintritt, haftet nach §§ 130, 128f. HGB gleich den anderen Gesellschaftern für die vor seinem Eintritt begründeten Verbindlichkeiten. Die Haftung ist zwingend (§ 130 II HGB) und nicht davon abhängig, ob die Firma fortgeführt wird (§ 130 I HGB a.E.). Die Vorschrift wird bisweilen mit § 28 HGB verwechselt[82]. Deshalb macht man sich die völlig unterschiedliche Funktionsweise beider Normen am besten an einfachen Beispielen klar.

Beispiel Nr. 28: Einzelkaufmann K nimmt seine Tochter T am 1.2. als oHG-Gesellschafterin »in sein Unternehmen« auf. Dies ist der Fall des § 28 HGB, der nur in kaufmännischer Lesart als »Aufnahme in das Unternehmen« oder (Gesetzeswortlaut!) als »Eintritt in das Geschäft« beschrieben werden kann. Juristisch gesehen gründen K und T eine oHG, und K überträgt sein Unternehmen auf diese Gesellschaft. Damit wechselt der Unternehmensträger. § 28 HGB ordnet für diesen Fall an, daß die Gesellschaft – nicht etwa die T! – für die Altverbindlichkeiten (z.B. für eine Lieferung vom Januar) haftet. Die Haftung der T folgt dann aus § 128 HGB (eingehend Handelsrecht, § 8 III 1).

Beispiel Nr. 29: Angenommen, K und T nähmen am 1. 10. auch S, den Sohn des K, als dritten Gesellschafter in die oHG auf. Hier wechselt der Unternehmensträger nicht. Nicht die Haftung der oHG für Altverbindlichkeiten bedarf der Begründung, sondern klärungsbedürftig ist nur die Haftung des Neugesellschafters S für Altverbindlichkeiten. Angenommen, die Gesellschaft bezahlte eine Lieferung des L vom August und eine Reparaturleistung des R vom November nicht, so wären die Ansprüche folgendermaßen zu prüfen: Für L wäre als erstes § 433 II BGB gegen die oHG, seine Vertragspartnerin, zu untersuchen, sodann die Haftung des K und der T nach § 128 HGB und schließlich die Haftung des S nach § 130 HGB. Der Anspruch des R dagegen ist eine Neuverbindlichkeit; zu prüfen ist nur der Anspruch gegen die oHG (§ 631 BGB) und sodann gegen alle Gesellschafter (§ 128 HGB).

b) Aus diesen Anwendungsbeispielen ergibt sich, daß der *Normzweck* des § 130 HGB ein anderer sein muß als der des § 28 HGB. Es geht nicht um unternehmensrechtliche Haftungskontinuität wie bei § 28 HGB (dazu Handelsrecht, § 8 I), sondern das dem § 130 HGB zugrundeliegende Prinzip lautet: Wer Gesellschafter einer oHG ist, haftet zwingend für alle Gesell-

---

* Literatur: *Gerlach*, Die Haftungsordnung der §§ 25, 28, 130 HGB, 1976; *Honsell/Harrer*, Die Haftung für Altschulden nach §§ 28, 130 HGB bei arglistiger Täuschung, ZIP 1983, 259; *Kornblum*, Die Haftung der Gesellschafter für Verbindlichkeiten von Personengesellschaften, 1972; *Vetter*, Altschuldenhaftung auf fehlerhafter Vertragsgrundlage, 1995.

82 Zur Unterscheidung der Sachfrage vgl. die Diskussion in den ADHGB-Protokollen, S. 279f.

schaftsverbindlichkeiten. Zwischen *Neuverbindlichkeiten* (§ 128 HGB) und den *Altverbindlichkeiten* aus der Zeit vor der Beteiligung dieses Gesellschafters (§ 130 HGB) soll im Ergebnis kein Unterschied bestehen[83]. Während ein ausgeschiedener Gesellschafter naturgemäß einwenden darf, daß ihn Neuverbindlichkeiten *nichts mehr* angehen (unten, § 51), darf der an einer oHG beteiligte Gesellschafter nicht einwenden, daß ihn bestimmte alte Gesellschaftsverbindlichkeiten, weil »vor seiner Zeit«, *noch nichts* angingen. Er gehört zum Haftungsverband. Es gilt das Prinzip: mitgefangen, mitgehangen. Der Preußische HGB-Entwurf von 1857, auf den die Bestimmung zurückgeht, begründete die Regelung mit den Worten[84]: »Die Ausscheidung gewisser Forderungen oder Schulden rücksichtlich einzelner Gesellschafter ist mit der Auffassung des Gesellschaftsvermögens als eines für sich bestehenden Rechtsganzen unverträglich und müßte auch praktisch zu ganz unlösbaren Verwickelungen führen.« Wie richtig dies ist, wird nicht zuletzt im Insolvenzfall erkennbar, in dem der Insolvenzverwalter nach § 93 InsO alle Gesellschafter aufs Ganze in Anspruch nimmt (vgl. dazu unter VI 2). Vereinbarungen unter den Gesellschaftern, nach denen die Altverbindlichkeiten der Neugesellschafter nicht treffen sollen, sind selbstverständlich möglich, jedoch ohne Außenwirkung (vgl. § 130 II HGB und dazu unter IV 2).

2. Der Tatbestand des § 130 HGB

Wortlaut und ratio legis lassen folgende Tatbestandsmerkmale erkennen:

a) Es muß schon vor dem Beitritt des Gesellschafters eine *Gesellschaft als Unternehmensträgerin* bestanden haben. Nach der herrschenden Auffassung muß diese Gesellschaft eine oHG bzw. (beim Hinzutritt eines Komplementärs) eine KG sein[85]. Eine Gesellschaft, die nur nach § 5 HGB Handelsgesellschaft ist, genügt[86]. Es genügt sogar eine Gesellschaft bürgerlichen Rechts, die durch den Hinzutritt des Neugesellschafters oder danach – vor allem durch Eintragung in den Fällen der §§ 2, 3, 105 II HGB! – zur Handelsgesellschaft wird[87]. Ob auch die Anwendung auf eine Gesellschaft bürgerlichen Rechts angezeigt ist, was der *Bundesgerichtshof* bisher verneint hat, seit dem die BGB-Gesellschafterhaftung betreffendes Urteil BGHZ 146, 341 = NJW 2001, 1056, aber konsequenterweise nicht mehr verneinen kann, wird später zu prüfen sein (unten, § 60 III 2 d).

83 Vgl. für diese ratio legis *Hueck*, § 15 III 4; ähnlich *Gerlach*, a. a. O., S. 62.

84 Mot. Preußischer Entwurf 1857, S. 48.

85 Gegen eine analoge Anwendung des § 130 HGB auf die BGB-Gesellschaft: *BGHZ* 74, 240 = NJW 1979, 1821 = JuS 1979, 818 m. Anm. *Karsten Schmidt;* zust. *Baumbach/Hopt*, § 130 Rdnr. 3; *Ebenroth/Boujong/Joost/Hillmann,* § 130 Rdnr. 2; *Heymann/Emmerich*, § 130 Rdnr. 5; *Koller/Roth/Morck*, § 130 Rdnr. 1; *Staub/Habersack*, § 130 Rdnr. 5; *Ulmer*, JZ 1980, 354; *Wiesner*, JuS 1981, 335; abl. *Wiedemann*, JZ 1980, 195; *Karsten Schmidt,* NJW 2001, 999; unentschieden *BGH,* NJW 2002, 1642 (Immobilienfonds).

86 Vgl. *BGH*, BB 1981, 1850 = JuS 1982, 142 m. Anm. *Karsten Schmidt.*

87 Vgl. *Schlegelberger/Karsten Schmidt*, § 130 Rdnr. 4.

b) Den *Eintritt* eines neuen Gesellschafters setzt § 130 HGB voraus. Ein fehlerhafter Gesellschafterbeitritt (oben, § 6 V 1) genügt[88].

Beispiel Nr. 30 (nach *BGHZ* 44, 235): Die Beklagten waren der oHG am 26. November beigetreten, hatten diesen Beitritt aber später angefochten und sich mit den Gesellschaftern über ihren Austritt geeinigt. Der Kläger nahm die Beklagten wegen einer vor dem 26. November begründeten Gesellschaftsschuld in Anspruch. Der *Bundesgerichtshof* entschied: »§ 130 HGB findet auch dann Anwendung, wenn ein Gesellschafter rechtlich fehlerhaft in eine voll wirksame Handelsgesellschaft eintritt.«

Da § 130 HGB die Haftung eines Neugesellschafters regelt, ist der Begriff des »Eintritts« untechnisch auszulegen[89]. Wer die Mitgliedschaft durch Anteilsübertragung erwirbt oder als Erbe fortführt oder wer seinen bisherigen Kommanditanteil in den Anteil eines persönlich haftenden Gesellschafters umwandelt, haftet als Neugesellschafter nach § 130 HGB, obwohl im technischen Sinne gerade kein Eintritt in die Gesellschaft vorliegt (oben, § 19 II und § 45 I 3). Da § 130 HGB nur die Altverbindlichkeiten den Neuverbindlichkeiten gleichstellt, kommt es auf diese dogmatischen Feinheiten hier nicht an. Sie waren auch dem HGB-Gesetzgeber nur teilweise bekannt.

Beispiel Nr. 31: In die ABC-oHG ist ein Gesellschafter X durch Aufnahmevertrag aufgenommen worden. Gesellschafter A hat seine Mitgliedschaft an K verkauft und übertragen. Gesellschafter B ist verstorben; aufgrund einer Nachfolgeklausel ist sein Alleinerbe E in die Gesellschafterstellung eingerückt. – Hier liegen drei völlig unterschiedliche Erwerbsarten vor. Nur X ist im technischen Sinne durch Begründung einer neuen Mitgliedschaft in die Gesellschaft »eingetreten«. K hat die Mitgliedschaft des A derivativ durch Geschäft unter Lebenden erworben (dazu oben, § 45 II 3). E ist Rechtsnachfolger von Todes wegen (dazu oben, § 45 V). Trotz dieser Unterschiede in der Erwerbsart fallen alle drei Fälle unter § 130 HGB, denn auf alle drei paßt der Normzweck, daß jeder dieser Gesellschafter für Altschulden ebenso haften soll wie für Neuschulden der Gesellschaft. Im Fall des E folgt aus § 130 HGB, daß die Haftung für Altverbindlichkeiten der Gesellschaft ihn nicht nur als erbrechtlich beschränkbare Nachlaßverbindlichkeit (§§ 128 HGB, 1967 BGB), sondern als eigene Gesellschafterhaftung trifft (deshalb zu § 139 HGB unten, § 52 III 4 b).

3. Die Rechtsfolge

Die Rechtsfolge des § 130 HGB versteht sich aufgrund der Verweisung auf §§ 128f. HGB von selbst. Sämtliche Altverbindlichkeiten der Gesellschaft, gleich ob aus Vertrag oder Gesetz, werden den Neuverbindlichkeiten gleichgestellt. Eine abweichende Vereinbarung hat keine Wirkung gegen die Gläubiger (§ 130 II HGB) und kann auch nicht in das Handelsregister eingetragen werden (vgl. demgegenüber § 28 II HGB). Das Haftungsrisiko beim Eintritt in eine oHG ist also beträchtlich. Darauf, ob der Gesellschafter von der Gesellschaftsschuld weiß oder wissen könnte, kommt es nicht an. Die Praxis der Gesellschafterhaftung wird durch § 130 HGB erheblich vereinfacht. Zwar wird bei rechtsdogmatischer Betrachtung und auch im akademi-

88 Vgl. *Staub/Habersack*, § 130 Rdnr. 8 m.w.N.; anders *Vetter*, a.a.O., S. 207ff., 230ff.

89 Vgl. eingehend *Schlegelberger/Karsten Schmidt*, § 130 Rdnrn. 12ff., § 173 Rdnrn. 3ff.; ebenso jetzt *Staub/Habersack*, § 130 Rdnrn. 7, 9ff.

schen Unterricht klar zwischen dem Fall des § 128 HGB und dem des § 130 HGB unterschieden, aber im Ergebnis macht § 130 HGB diese Unterscheidung gerade überflüssig (vgl. schon unter IV 1 b).

Beispiel Nr. 32: Die oHG wird zahlungsunfähig, obwohl ihr noch am 1. 2. des laufenden Geschäftsjahrs der zahlungskräftige Gesellschafter Z beigetreten ist. Lieferant L nimmt den Z wegen lang aufgelaufener Außenstände in Anspruch. Hier braucht der Praktiker keinen Gedanken darauf zu verschwenden, welche Bestellungen vor und welche seit dem 1. 2. aufgegeben wurden, und es ist auch belanglos, ob vielleicht auch Neubestellungen bei laufender Geschäftsverbindung bereits früher »begründet« waren. Tritt ein Gesellschafter aus, so sind diese Abgrenzungsprobleme unvermeidlich (dazu unten, § 51). Beim neu eingetretenen Gesellschafter sorgt § 130 HGB dafür, daß diese in tatsächlicher Hinsicht oft schwierigen Fragen überhaupt nicht auftreten. Wird jetzt ein Insolvenzverfahren über das Vermögen der Gesellschaft eröffnet, so kann sich auch der Insolvenzverwalter nach § 93 InsO an alle Gesellschafter gleichermaßen halten.

V. Die Regreßnahme des in Anspruch genommenen Gesellschafters*

Es liegt auf der Hand, daß der nach § 128 HGB haftende Gesellschafter im Fall seiner Inanspruchnahme nicht endgültig mit dieser Vermögenseinbuße belastet bleiben soll, denn er tilgt eine Verbindlichkeit, für deren Begleichung in erster Linie die Gesellschaft zuständig ist und für die nicht nur er allein haftet. Deshalb ist zwischen den Regreßansprüchen gegen die Gesellschaft und gegen die Mitgesellschafter zu unterscheiden.

1. Regreß gegenüber der Gesellschaft

Im Verhältnis zur Gesellschaft muß dem Gesellschafter ein *Anspruch auf vollständige Erstattung* gegeben werden. Rechtsgrundlage für einen Anspruch aus dem Gesellschaftsverhältnis ist § 110 HGB[90]: Die Leistung an einen Gläubiger ist eine Aufwendung, die die Gesellschaft zu erstatten hat, soweit der Gesellschafter diese Aufwendung für erforderlich halten darf. Die Frage, ob es neben diesem Anspruch, wie unter Gesamtschuldnern, auch eine cessio legis gibt, ist umstritten, wird aber überwiegend verneint[91]. Zur Begründung wird meistens darauf verwiesen, daß keine Gesamtschuld vor-

* Literatur: *Habersack*, Der Regreß bei akzessorischer Haftung, AcP 198 (1998), 152; *Kubis*, Der Regreß des Personenhandelsgesellschafters aus materiell-rechtlicher und verfahrensrechtlicher Sicht, 1988; *Prediger*, Der Gesamtschuldnerausgleich unter den Gesellschaftern einer offenen Handelsgesellschaft während des Bestehens der Gesellschaft, BB 1970, 868; *Preuß*, Regreßansprüche des ausgeschiedenen Gesellschafters ..., ZHR 160 (1996), 163.

90 Vgl. dazu nur *RGZ* 31, 139 (zum ADHGB); *BGHZ* 37, 299, 301; 39, 319, 324; *BGH,* NJW-RR 2002, 455 (KG); *Alfred Hueck*, oHG, § 15; *Kornblum*, a. a. O., S. 170f.

91 *BGHZ* 39, 319, 323; *Alfred Hueck*, oHG, § 21 II 7; *Hüffer*, § 18/3 a; *Neubauer*, a. a. O., § 62 Rdnr. 32; *Baumbach/Hopt*, § 128 Rdnr. 25; *Ebenroth/Boujong/Joost/Hillmann,* § 128 Rdnr. 30; *Michalski*, § 128 Rdnr. 16; *Röhricht/v. Westphalen/v. Gerkan*, § 128 Rdnr. 7.

liege, so daß § 426 BGB nicht anwendbar sei (vgl. oben unter II 4). Die Bedeutsamkeit der Frage zeigt sich vor allem bei der Fortsetzung laufender Prozesse und bei dem Übergang akzessorischer Sicherheiten.

Beispiel Nr. 33: Gesellschafter G hat den Gesellschaftsgläubiger X befriedigt, für dessen Forderung eine Hypothek bestellt war; er hat außerdem an den Gesellschaftsgläubiger Y gezahlt, der einen rechtskräftigen Titel gegen die Gesellschaft erstritten hatte. Steht jetzt die Hypothek dem G zu (§§ 412, 401 BGB), und kann G den gegen die Gesellschaft gerichteten Vollstreckungstitel zu Regreßzwecken auf seinen Namen umschreiben lassen (§ 727 ZPO)? Beides kann nur bejaht werden, wenn die Forderungen des X und des Y auf G übergegangen sind.

So zweifelsfrei die Anwendung des § 110 HGB ist, so bedenklich ist die Ablehnung einer cessio legis. Der eigene Anspruch des zahlenden Gesellschafters schließt einen Forderungsübergang eben nicht aus[92]. Richtig ist allerdings, daß der Anspruchsübergang im HGB nicht vorgesehen ist. Die Grundlage einer cessio legis wurde anfangs nur in § 426 II BGB gesucht[93]. Nun passen, wie unter II 4 angemerkt wurde, die Vorschriften über die Gesamtschuld nicht auf das akzessorische Haftungsverhältnis zwischen dem Gesellschafter und der Gesellschaft. Das Modell des Totalregresses eines akzessorisch haftenden Schuldners gegen den Hauptschuldner ist vielmehr dem § 774 BGB zu entnehmen. Den Vorzug verdient deshalb ein hier seit der ersten Auflage vorgeschlagener Analogieschluß zu § 774 BGB[94]. Nach dem in dieser Vorschrift angelegten Regreßmodell geht mit der Gläubigerbefriedigung durch einen akzessorisch haftenden Gesellschafter der Anspruch des Gläubigers gegen die oHG auf den Gesellschafter über. Die Haftungsansprüche des befriedigten Gläubigers gegen die Mitgesellschafter gehen dagegen nicht auf den leistenden Gesellschafter über, denn die Mitgesellschafter gleichen sich untereinander analog § 774 II BGB nur als Gesamtschuldner aus.

2. Regreß gegenüber den Mitgesellschaftern

Im Verhältnis der Gesellschafter untereinander gilt § 426 BGB[95]. Eine früher verbreitete Ansicht hat das bestritten; sie meinte, dieser Regreß laufe auf eine

92 Die Argumentation bei *BGHZ* 39, 319, 323f. besteht teils in einer auf S. 324 gerade abgelehnten Begrifflichkeit (keine Gesamtschuld, also kein § 426 II BGB), teils aus einem gedanklichen Fehlschluß, der auch in typischen Fällen des § 426 BGB nicht zutrifft (eigener Regreßanspruch des Zahlenden mache die cessio legis entbehrlich).

93 *Flume*, Personengesellschaft, § 16 II 2c; *ders.*, in: Festschrift Knur, a.a.O., S. 129ff.; *Heymann/Kötter*, § 128 Rdnr. 5a.E.; *Karsten Schmidt*, ZHR 137 (1973), 516ff.

94 *Kubis*, a.a.O., S. 107ff., 120; *Koller/Roth/Morck*, §§ 128, 129 Rdnr. 8; *Schlegelberger/Karsten Schmidt*, § 128 Rdnr. 31; *Staub/Habersack*, § 128 Rdnr. 43; *Habersack*, AcP 198 (1998), 159ff.; im Ergebnis auch *Wiedemann*, WM-Beilage 7/1992, S. 36; es ist bemerkenswert, daß diese bei Erscheinen der 1. Aufl. vereinzelte Auffassung nunmehr weit vorgedrungen ist; vgl. auch *Preuß*, ZHR 160 (1996), 173; ablehnend allerdings *Ebenroth/Boujong/Joost/Hillmann*, § 128 Rdnr. 28; *Röhricht/v. Westphalen/v. Gerkan*, § 128 Rdnr. 7.

95 Überblick bei *Koller/Roth/Morck*, §§ 128, 129 Rdnr. 8; *Schlegelberger/Karsten Schmidt*, § 128 Rdnr. 34; *Michalski*, § 128 Rdnr. 14; *Röhricht/v. Westphalen/v. Gerkan*, § 128 Rdnr. 8; *Staub/Habersack*, § 128 Rdnr. 47; *Prediger*, BB 1970, 868f.; vgl. für die GbR instruktiv *BGH*, NJW

Nachschußpflicht der Mitgesellschafter hinaus, und eine solche komme nach §§ 707, 735 BGB vor der Auflösung der Gesellschaft nicht in Betracht[96]. Der Regreß nach § 426 BGB ist aber nur eine Konsequenz der unmittelbaren Außenhaftung *aller* oHG-Gesellschafter. Richtig ist allerdings, daß der regreßnehmende Gesellschafter die Mitgesellschafter schonen und primär bei der Gesellschaft Regreß suchen muß[97]. Nach *BGH*, NJW 1980, 339 = JuS 1980, 297 [*Karsten Schmidt*] braucht aber der Gesellschafter nicht erst die Vollstreckung bei der Gesellschaft zu versuchen. Stehen der Gesellschaft freie Mittel nicht zur Verfügung, so kann er sich an die Mitgesellschafter halten. Nach § 426 I 1 BGB sind die Gesamtschuldner im Innenverhältnis zu gleichen Anteilen verpflichtet, soweit nicht ein anderes bestimmt ist. Bei der Personengesellschaft ist »ein anderes bestimmt«, denn es gibt einen Schlüssel für die interne Verteilung von Schulden: die Verlustbeteiligung; sie ist auch für den Gesamtschuldregreß unter den Gesellschaftern maßgebend[98]. Die Mitgesellschafter haften nach § 426 I BGB im Regreßwege nur pro rata und nicht als Gesamtschuldner. Der regreßnehmende Gesellschafter kann sie auch nicht etwa nach § 128 HGB auf das Ganze in Anspruch nehmen, denn der Regreßanspruch des Gesellschafters gegen die Gesellschaft aus § 110 HGB begründet nur eine Sozialverbindlichkeit der Gesellschaft, die keine Haftung der Mitgesellschafter begründet[99]. Nur für Drittgläubigerforderungen eines Gesellschafters haften die Mitgesellschafter nach § 128 HGB (oben unter I 1 b).

Zusammenfassend kann damit festgestellt werden, daß der Regreß gegen die Gesellschaft auf § 110 HGB und analog § 774 I BGB auch auf den durch Legalzession übergehenden Anspruch des befriedigten Gläubigers gestützt ist, während die Mitgesellschafter als von der Haftung befreite Gesamtschuldner nur subsidiär und pro rata in Höhe ihrer Verlustbeteiligung in Regreß genommen werden können.

Beispiel Nr. 34: Lieferant L hat gegen die oHG geklagt und für seine Kaufpreisforderung einen rechtskräftigen Titel in Höhe von 50000 Euro erstritten. Da die Gesellschaft nicht zahlt, bedrängt L den Gesellschafter G und erhält von diesem Zahlung. G ist am Verlust der Gesellschaft mit 1/5 beteiligt, zwei andere Gesellschafter dagegen mit je 2/5. – Hier kann G bei der Gesellschaft nach § 110 HGB und analog § 774 I BGB auch aufgrund § 433 BGB in voller Höhe Regreß nehmen (Titelumschreibung nach § 727 ZPO möglich). Erhält er von

---

1980, 339 = JuS 1980, 297 m. Anm. *Karsten Schmidt;* einen Sonderfall betrifft *BGH*, NJW 1981, 1095 (Regreß gegen einen ehemaligen Mitgesellschafter nach Anteilsveräußerung); für Konkurrenz mit dem analog anzuwendenden § 774 BGB i.V.m. § 128 HGB *Habersack,* AcP 198 (1998), 162.

96 Vgl. HGB-Denkschrift, S. 94; *RGZ* 80, 268, 272; s. auch für das ADHGB *RGZ* 31, 139, 141; ferner *Zunft*, NJW 1962, 2148; vgl. dagegen *Siegmund/van Venrooy*, Rdnr. 239; *Walter*, JuS 1982, 83 f. m. w. N.

97 Vgl. statt vieler *Baumbach/Hopt*, § 128 Rdnr. 27; *Heymann/Emmerich*, § 110 Rdnr. 15; Überblick bei *Walter*, JuS 1982, 84.

98 *Alfred Hueck*, oHG, § 18 III 2; *Heymann/Emmerich*, § 110 Rdnr. 15; *Schlegelberger/Karsten Schmidt*, § 128 Rdnr. 34; *Prediger*, BB 1970, 869.

99 *BGHZ* 37, 299, 301; *Schlegelberger/Karsten Schmidt*, 128 Rdnr. 34; *Staub/Ulmer*, § 110 Rdnr. 31; h. M.; anders *Kornblum*, a. a. O., S. 171; unklar, aber mit vorzüglichen Nachweisen, *Walter*, JuS 1982, 83 f.; undeutlich auch *Ebenroth/Boujong/Joost/Hillmann*, § 128 Rdnr. 32.

der Gesellschaft keine Zahlung, so kann er von den Mitgesellschaftern je 10000 Euro verlangen.

VI. Die Gesellschafterhaftung in Prozeß, Vollstreckung und Insolvenz

1. Prozeßprobleme*

Die Gesellschaft und die Gesellschafter sind in Haftungsprozessen verschiedene Parteien (zur Frage, ob Gesellschafter im Gesellschaftsprozeß als Zeugen oder als Partei vernommen werden, vgl. oben, § 46 II 3a bb). Schiedsgerichtsklauseln[100] und Gerichtsstandsvereinbarungen[101] in Verträgen der Gesellschaft gelten im Zweifel auch für den Prozeß gegen einen Gesellschafter[102]. Da die Gesellschafterhaftung eine Primärhaftung ist und nicht erst hilfsweise eingreift, kann der Gesellschaftsgläubiger nach seiner Wahl nur die Gesellschaft, die Gesellschaft und sämtliche Gesellschafter, aber auch einen beliebigen Gesellschafter allein erfolgreich verklagen. Hieraus können sich Koordinationsprobleme ergeben.

a) Verklagt der Gläubiger nur die Gesellschaft oder nur einen Gesellschafter, so stellen sich vor allem Fragen der Rechtshängigkeit und der Rechtskraft[103].

Beispiel Nr. 35: Hat der Gläubiger nur den vermeintlich zahlungskräftigen Gesellschafter A verklagt, so muß er, wenn er doch noch gegen die Gesellschaft oder gegen andere Gesellschafter vorgehen will, nicht nur neue Klagen gegen diese Schuldner erheben (vgl. §§ 124 II, 129 IV HGB), sondern es wird innerhalb dieser Prozesse auch die Frage neu geprüft, ob die Gesellschaftsschuld und die Gesellschafterhaftung überhaupt besteht. Die Rechtskraft eines gegen A ergangenen Urteils hindert abweichende Entscheidungen nicht[104].

---

* Aus der Literatur vgl. *Alfred Hueck*, oHG, § 22 IV; grundlegend *Jaeger*, Die offene Handelsgesellschaft im Zivilprozesse (zugleich: Festgabe der Leipziger Juristenfakultät für Rudolph Sohm) 1915; *Rob. Fischer*, Die Personalhandelsgesellschaft im Prozeß, in: Recht und Wirtschaft, Festschrift Hedemann, 1958, S. 75; aus neuerer Zeit vgl. *Oberhammer*, Die Offene Handelsgesellschaft im Zivilprozeß, Wien 1998; *Torsten Schiller*, Die Rechtsstellung der offenen Handelsgesellschaft im Zivilprozeß, Diss. Frankfurt 1968; *ders.*, Notwendige Streitgenossenschaft bei Klage gegen Gesellschaft und Gesellschafter, NJW 1971, 410; *Wertenbruch*, Die Haftung von Gesellschaften und Gesellschaftsanteilen in der Zwangsvollstreckung, 2000.

100 Vgl. für Schiedsgerichtsklauseln *OLG Köln*, NJW 1961, 1312; *Zöller/Geimer*, ZPO, 22. Aufl. 2001, Rdnr. 65b; *Karsten Schmidt*, DB 1989, 2317f.; einschränkend *Weber/v. Schlabrendorff*, in: Festschrift Glossner, 1994, S. 477ff.

101 Vgl. für Gerichtsstandsvereinbarungen *BGH*, NJW 1981, 2644 = JuS 1982, 385 m. Anm. *Karsten Schmidt; Schlegelberger/Karsten Schmidt*, § 128 Rdnr. 21 a; einschränkend *Weber/v. Schlabrendorff*, in: Festschrift Glossner, 1994, S. 477ff.

102 Zur Begründung vgl. die Ausführungen des *Verf.* in DB 1989, 2318f.

103 Vgl. eingehend *Jaeger*, a.a.O., S. 58ff.; *Schwab*, Rechtskrafterstreckung auf Dritte und Drittwirkung der Rechtskraft, ZZP 77 (1964), 124, 151f.

104 Vgl. *Jaeger*, a.a.O., S. 60; *Schiller*, NJW 1971, 410.

Beispiel Nr. 36: Es wurde nur gegen die Gesellschaft geklagt. Wird hier die Klage rechtskräftig abgewiesen, so kommt die Rechtskraft dieses Urteils auch jedem Gesellschafter zugute.

Dies folgt aus der Haftungsakzessorietät. Der Gesellschafter haftet nur insoweit, als der Gläubiger die Gesellschaft in Anspruch nehmen kann[105]. Eine Rechtskrafterstreckung *zu Lasten* des Gesellschafters kann dagegen nicht ohne weiteres aus der Akzessorietät hergeleitet werden. Wird also der Klage gegen die Gesellschaft rechtskräftig stattgegeben, so hätte dies nach allgemeinen Grundsätzen nur Wirkung unter den Prozeßparteien[106]. Aber § 129 I HGB, wonach die Gesellschafter Einwendungen, die nicht in ihrer Person begründet sind, nur insoweit erheben können, als die Gesellschaft Einwendungen noch geltend machen kann, bezieht sich auch auf rechtskräftige Urteile[107]. So wenig, wie die Gesellschaft jetzt noch den Bestand der Gesellschaftsverbindlichkeit bestreiten kann, kann dies auch der Gesellschafter. Diese Maßgeblichkeit des zwischen dem Gläubiger und der Gesellschaft ergangenen Urteils ist prozeßrechtsdogmatisch als subjektive Erstreckung der materiellen Rechtskraft einzuordnen[108]. Es ist indessen wichtig zu erkennen, daß der Grund dieser Rechtskrafterstreckung nicht allein in der materiellrechtlichen Akzessorietät gesehen werden kann; die Rechtskrafterstreckung zu Lasten des Gesellschafters ist nur gerechtfertigt, weil die Interessen des Gesellschafters im Prozeß der Gesellschaft durch deren Organ repräsentiert werden[109]. Deshalb hängt die Urteilswirkung gegen den Gesellschafter davon ab, daß der Gesellschafter während des Prozesses noch Mitglied der oHG war (vgl. unten, § 51 III 1).

Beispiel Nr. 37: Die oHG ist rechtskräftig zur Zahlung von 15 000 Euro an den Gläubiger G verurteilt. Wird jetzt ein Gesellschafter verklagt, so kann er nicht einwenden, der Anspruch des G sei niemals entstanden oder schon vor Abschluß der letzten mündlichen Verhandlung von der Gesellschaft beglichen worden. Wohl allerdings kann er einwenden, die Gesellschaft habe nach diesem Zeitpunkt an G gezahlt, denn dies könnte auch die Gesellschaft geltend machen (vgl. § 767 II ZPO).

Ausnahmsweise kann ein Gesellschafter der Rechtskrafterstreckung mit dem Arglisteinwand begegnen, wenn der vom Gläubiger gegen die Gesellschaft erwirkte Titel durch Kollusion zwischen dem Gläubiger und der Gesellschaft zustandegebracht worden ist:

---

105 Vgl. *Jaeger*, a.a.O., S. 61; vgl. auch für die Bürgschaft *BGH*, NJW 1970, 279; sog. Drittwirkung der Rechtskraft kraft materiellrechtlicher Abhängigkeit; das Institut ist im einzelnen umstritten; vgl. *Rosenberg/Schwab/Gottwald*, Zivilprozeßrecht, 15. Aufl. 1993, § 156 II.

106 Vgl. für den Bürgen *RGZ* 56, 109, 110f.; *BGHZ* 3, 385, 390; std. Rspr.

107 Vgl. HGB-Denkschrift, S. 95; *RGZ* 102, 301, 302; std. Rspr.; *BGHZ* 3, 385, 391; 54, 251, 255; 64, 155, 156; *Schlegelberger/Karsten Schmidt*, § 129 Rdnrn. 12f.

108 Vgl. *BGHZ* 3, 385, 391 m.w.N.; grundlegend *Jaeger*, a.a.O., S. 61ff.; für bloße Präklusionswirkung *Schwab*, ZZP 77 (1964), 151f.; *Schiller*, NJW 1971, 410ff.; unentschieden *BGHZ* 54, 251, 255; *BGH*, WM 1976, 1085; *Schwabs* Auffassung dürfte maßgeblich auf der Annahme beruhen, der Streitgegenstand im Gesellschafterprozeß sei mit dem des Gesellschaftsprozesses objektiv identisch; die Gesellschaftsschuld ist aber nur Vorfrage der Haftungsverbindlichkeit des Gesellschafters; im Ergebnis sieht auch *Schwab* keinen Unterschied.

109 Vgl. *Karsten Schmidt*, NJW 1981, 160.

Beispiel Nr. 38 (nach *BGH*, NJW 1996, 658): Der Kläger hatte der schon vermögenslosen, von seinem eigenen Anwalt vertretenen Gesellschaft einen Vollstreckungsbescheid zustellen lassen, der rechtskräftig wurde. Gestützt auf diesen Vollstreckungsbescheid nahm er nunmehr die Beklagte, eine nur mit 1 % beteiligte und von der Geschäftsführung ausgeschlossene persönlich haftende Gesellschafterin, in Anspruch. Die Beklagte bestritt die Forderung. Trotzdem hatte das Berufungsgericht sie verurteilt, weil ihr dieser Einwand genommen war. Der *Bundesgerichtshof* hob dieses Urteil auf, weil der Titel unter Ausnutzung der Besonderheiten des Mahnverfahrens unter Kollusion mit dem Vertreter der Gesellschaft mit dem einzigen Ziel herbeigeführt worden war, der Beklagten als Gesellschafterin Einwendungen gegen die Forderung abzuschneiden.

Ein nicht im Gesetz geregeltes Problem tritt auf in unserem

Beispiel Nr. 39 (nach *BGH*, NJW 1981, 2579 = JuS 1981, 922 m. Anm. *Karsten Schmidt*): Die Gesellschaft hatte ihre Geschäftstätigkeit wegen Insolvenz eingestellt. Ein Konkursverfahren wurde mangels Masse nicht eröffnet. Deshalb klagte der Gläubiger nur gegen den Gesellschafter und erhielt einen rechtskräftigen Vollstreckungstitel. Einige Jahre später klagte der Gesellschafter auf Feststellung, daß er wegen Verjährung der Gesellschaftsverbindlichkeit berechtigt sei, die Leistung zu verweigern.

In diesem Fall muß man genau zwischen der Gesellschaftsverbindlichkeit und der Gesellschafterhaftung unterscheiden. Es geht nicht darum, ob der gegen den *Gesellschafter* gerichtete Haftungsanspruch verjährt ist – ein rechtskräftig festgestellter Anspruch verjährt nach § 197 I Nr. 3 BGB erst nach dreißig Jahren! –, sondern es geht darum, ob der Gesellschafter nach rechtskräftiger Verurteilung geltend machen kann, der Anspruch des Gläubigers gegen die *Gesellschaft* sei zwischenzeitlich verjährt (dazu schon unter II 3 c). Da die Gesellschafterhaftung eine akzessorische ist, kann der Gesellschafter grundsätzlich einwenden, der Anspruch gegen die Gesellschaft sei verjährt (vgl. rechtsähnlich § 768 I BGB). Grundsätzlich kann auch ein verurteilter Gesellschafter einwenden, daß seine Haftung nachträglich durch Erfüllung, Aufrechnung oder Erlaß erloschen ist (arg. §§ 767 II, 796 II ZPO). Hieraus könnte man folgern, dann müsse der verurteilte Gesellschafter auch einwenden können, der Anspruch des Gläubigers gegen die Gesellschaft sei nachträglich verjährt. Die Folge wäre, daß der Gläubiger in einem Fall wie diesem auch gegen die Gesellschaft einen Prozeß führen müßte, nur um die Verjährung zu unterbrechen und nicht die Gesellschafterhaftung in Gefahr zu bringen. Der *Bundesgerichtshof* hat mit Recht anders entschieden[110]: Da der Sinn und Zweck der Verjährung nur darin besteht, dem Schuldner nach Ablauf einer bestimmten Zeit die Gewißheit zu geben, er werde nicht mehr in Anspruch genommen, kann sich der rechtzeitig in Anspruch genommene Gesellschafter nach Auffassung des *BGH* nicht darauf berufen, der Gläubiger hätte zur Verjährungsunterbrechung auch die Gesellschaft in Anspruch nehmen müssen. In *BGHZ* 104, 76 = NJW 1988, 1976 (dazu schon unter II 3 c) wurde diese Rechtsprechung konsequent fortgesetzt.

110 Dazu *Baumbach/Hopt*, § 129 Rdnrn. 2, 8; *Ebenroth/Boujong/Joost/Hillmann*, § 129 Rdnr. 4; *Koller/Roth/Morck*, §§ 128, 129 Rdnr. 3; *Michalski*, § 129 Rdnr. 9; *Röhricht/v. Westphalen/v. Gerkan* § 129 Rdnr. 4; *Schlegelberger/Karsten Schmidt*, § 129 Rdnr. 9; *Staub/Habersack*, § 129 Rdnr. 8.

b) Verklagt der Gläubiger die Gesellschaft und die Gesellschafter, so ist nach dem Verhältnis dieser Prozesse zueinander zu fragen. Es geht vor allem darum, ob die durch die Klage gegen mehrere Parteien eintretende *Streitgenossenschaft* (§ 59 ZPO) eine notwendige Streitgenossenschaft i.S.v. § 62 ZPO ist. Bei der einfachen Streitgenossenschaft – z.B. bei einer Klage gegen mehrere Gesamtschuldner – führt jeder Streitgenosse seinen Rechtsstreit für sich, so daß die Prozesse gegen die Streitgenossen unterschiedlich ausgehen können (vgl. § 61 ZPO). Für den Fall der notwendigen Streitgenossenschaft will das Gesetz widersprüchliche Entscheidungen verhindern, indem es ausspricht, daß jeder Streitgenosse, der einen Termin oder eine Frist versäumt, als durch die anderen Streitgenossen vertreten gilt (§ 62 ZPO); auch Prozeßhandlungen wie Anerkenntnis, Klagrücknahme, Verzicht und Vergleich können nur von allen notwendigen Streitgenossen gemeinsam vorgenommen werden. Eine notwendige Streitgenossenschaft liegt nun bestimmt nicht vor, wenn mehrere Personen als gesamtschuldnerisch haftende Gesellschafter nach § 128 HGB verklagt werden, denn diese Klage kann ohne weiteres gegen den einen Beklagten begründet, gegen den anderen dagegen unbegründet sein, z.B. weil er aus der Gesellschaft ausgetreten war, als die Forderung begründet wurde. Die Streitgenossenschaft der Gesellschafter untereinander ist also keine notwendige[111]. Problematisch ist dagegen, ob § 62 ZPO widersprüchliche Entscheidungen im Prozeß gegen *die Gesellschaft und die Gesellschafter* verhindern kann, ob also in *diesem* Verhältnis eine notwendige Streitgenossenschaft vorliegt.

Beispiel Nr. 40 (in Anlehnung an *BGHZ* 54, 251): Eine oHG hat dem Kläger K Geschäftsräume vermietet und ihm durch Nichtbeseitigung von Baumängeln Schaden zugefügt. Der K hat Schadensersatzklage gegen die oHG und ihren Gesellschafter G erhoben. Beide sind in erster Instanz verurteilt. Nur G, nicht aber die Gesellschaft, legt Berufung ein.

Hier wirkt sich der Unterschied zwischen einfacher und notwendiger Streitgenossenschaft erheblich aus. Liegt eine notwendige Streitgenossenschaft vor, so hat das Rechtsmittelgericht über den gesamten Komplex (Gesellschaftsschuld und Gesellschafterhaftung) zu entscheiden; liegt eine einfache Streitgenossenschaft vor, so ist die Gesellschaft bereits rechtskräftig verurteilt, und das Berufungsgericht entscheidet nur noch über die Folgen, die dies für die Haftung des G hat. Das *Reichsgericht* hatte in ständiger Rechtsprechung die Auffassung vertreten, die Klage gegen eine Gesellschaft und ihren persönlich haftenden Gesellschafter begründe eine notwendige Streitgenossenschaft, wenn nicht nach Lage des konkreten Falls eine unterschiedliche Beurteilung möglich sei; bringe der Gesellschafter keine ihm persönlich zustehenden Einwendungen vor, so sei die Streitgenossenschaft wegen § 129 I HGB eine notwendige[112]. In der Literatur und teilweise auch in der Rechtsprechung stieß diese Auffassung auf berechtigte Kritik, weil die Einzelfallbetrachtung zu Zufallsergebnissen führe und auch nicht praktikabel sei, da der Gesell-

111 *Baumbach/Hopt*, § 128 Rdnr. 39; *Ebenroth/Boujong/Joost/Hillmann,* § 128 Rdnr. 59; *Koller/Roth/Morck*, §§ 128, 129 Rdnr. 12; *Schlegelberger/Karsten Schmidt*, § 128 Rdnr. 21.

112 *RGZ* 123, 151; 136, 266; *RG*, JW 1925, 756; HRR 1930 Nr. 808; s. auch *BGH*, BB 1961, 148; unentschieden *BGH*, BB 1961, 426 = WM 1961, 427.

schafter persönliche Einwendungen auch nachträglich erheben oder umgekehrt nachträglich fallenlassen könne[113]. Seit *BGHZ* 54, 251 kann nun als herrschende Auffassung gelten, daß *auch die Streitgenossenschaft zwischen der Gesellschaft und dem Gesellschafter nur eine einfache Streitgenossenschaft ist*[114]: Da dem Gesellschafter nach dem Gesetz persönliche Einwendungen vorbehalten bleiben, die Entscheidung des Rechtsstreits gegen die Gesellschaft und den Gesellschafter also unterschiedlich ausfallen kann, ist es nach Auffassung des *Bundesgerichtshofs* »aus Gründen der Rechtssicherheit und Klarheit geboten, in jedem Falle nur einfache Streitgenossenschaft anzunehmen«. Dieser neueren Auffassung ist zuzustimmen. Auch ein Gesellschafter, der, nicht mitverklagt, der Gesellschaft als Streithelfer im Prozeß beitritt (§ 66 ZPO), ist nur einfacher, nicht notwendiger Streitgenosse[115]. Dies hat vor allem zur Folge, daß ein Gesellschafter, der die Gesellschaft nicht wirksam vertreten kann, aber mitverklagt oder dem Rechtsstreit beigetreten ist, ein Versäumnisurteil nicht abwenden kann, wenn die Gesellschaft im Termin nicht ordnungsmäßig vertreten ist[116].

2. Vollstreckungsprobleme[*]

Zur vollstreckungsmäßigen Geltendmachung der Gesellschafterhaftung bedarf es eines gegen den Gesellschafter selbst gerichteten Titels. Nach § 129 IV HGB findet aus einem gegen die Gesellschaft gerichteten Titel eine Zwangsvollstreckung gegen die Gesellschafter nicht statt. Dies ist eine Konsequenz der durch § 124 HGB dokumentierten Trennung der Gesellschaft von den Gesellschaftern und zugleich die Kehrseite des § 124 II HGB (vgl. zu diesem oben, § 46 II 3). Gerichtsvollzieher und Vollstreckungsgericht werden also einen gegen den Gesellschafter gerichteten Vollstreckungsauftrag nicht ausführen, solange kein Vollstreckungstitel gegen diesen Gesellschafter vorliegt. Problematisch sind die Rechtsfolgen, wenn die Vollstreckung aus einem gegen die Gesellschaft gerichteten Titel doch einmal in das Vermögen des Gesellschafters eingreift.

Beispiel Nr. 41: In den Geschäftsräumen der Isidor I Immobilien-oHG wird aus einem gegen die oHG gerichteten Titel wertvolles Jugendstil-Büromobiliar gepfändet. Der Gesellschafter I macht geltend, er habe das Mobiliar, das ihm gehöre, der Gesellschaft nur zur Nutzung überlassen. Dies will er im Wege der Drittwiderspruchsklage nach § 771 ZPO geltend machen. Mit Recht?

113 Vgl. besonders *OLG Celle*, NJW 1969, 515; *Jaeger*, a.a.O., S. 19; *Nikisch*, Zivilprozeßrecht, 2. Aufl. 1952, § 62 Anm. II 2 c; *Alfred Hueck*, oHG, § 22 IV 3; *Pohle*, JZ 1961, 175; *Klaus Müller*, BB 1969, 1333.

114 Vgl. auch *BGH*, NJW 1988, 2113 = JuS 1989, 234 m.Anm. *Karsten Schmidt; Baumbach/Hopt*, § 128 Rdnr. 39; *Michalski*, § 124 Rdnr. 35; § 128 Rdnr. 31; *Rosenberg/Schwab/Gottwald*, Zivilprozeßrecht, 15. Aufl. 1993, § 49 II 1 d; *Schilken*, in: MünchKommZPO, § 62 Rdnr. 14.

115 Vgl. *ArbG Düsseldorf*, JuS 1992, 698 m.Anm. *Karsten Schmidt.*

116 Vgl. ebd.

* Literatur: *Noack*, Aktuelle Fragen der Zwangsvollstreckung gegen die offene Handelsgesellschaft, DB 1970, 1817; *Wertenbruch*, Die Haftung von Gesellschaften und Gesellschaftsanteilen in der Zwangsvollstreckung, 2000.

Wenn hier die gepfändeten Gegenstände wirklich dem I gehören, ist dies zunächst ein eindeutiger Fall des § 771 ZPO. Nach ständiger höchstrichterlicher Praxis ist aber die Drittwiderspruchsklage abzuweisen, wenn der Kläger – z.B. als Garant, als Bürge oder eben als Gesellschafter – der Titelgläubigerin seinerseits persönlich für die titulierte Forderung haftet, denn dann könne er sich nach § 242 BGB nicht darauf berufen, es fehle an einem gegen ihn selbst gerichteten Vollstreckungstitel[117]. Folgt man dieser nicht unbestrittenen, aber praxisgerechten und in Anbetracht der gerichtlichen Prüfung auch rechtsstaatlich haltbaren Auffassung, so ist die Drittwiderspruchsklage des I abzuweisen. Es wäre wider alle Prozeßökonomie, wollte man vom Gläubiger verlangen, daß er sich im Wege der Widerklage einen Vollstreckungstitel gegen I beschafft. Dies *kann* er vorsorglich tun (das Rechtsschutzinteresse ist zu bejahen), aber er *muß* es nicht tun. Der naheliegende Einwand, hier werde § 129 IV HGB gegenstandslos gemacht, ist nicht begründet. Nur im Prozeß der Drittwiderspruchsklage, nicht auch schon im Vollstreckungsverfahren, läßt sich der Einwand, es fehle an einem gegen den Gesellschafter gerichteten Titel, mit § 242 BGB beiseiteschieben. Deshalb wird der Fall fast ausschließlich bei der Pfändung beweglicher Sachen, die sich im Gewahrsam der Gesellschaft befinden, praktisch (so in unserem Beispiel). Will etwa ein Gesellschaftsgläubiger aufgrund eines gegen die Gesellschaft gerichteten Titels das Sparkonto des Gesellschafters pfänden, so wird ihm dies nur gelingen, wenn er einen gegen den Gesellschafter gerichteten Titel in Händen hat. Anderenfalls wird dem Antrag auf Erlaß eines gegen den Gesellschafter gerichteten Pfändungsbeschlusses nicht stattgegeben. Wurde allerdings das Konto als vermeintlich der Gesellschaft zustehend gepfändet, so ist die Drittwiderspruchsklage eines Gesellschafters, der das Konto als seines reklamiert, auch hier abzuweisen.

3. Die Gesellschafterhaftung in der Insolvenz der Gesellschaft*

Die oHG ist insolvenzrechtsfähig (oben, § 11 VI 2 und § 46 II 3). Entgegen der noch verbreiteten, jedoch überholten Auffassung, die nur die Gesell-

---

117 Vgl. *BGH*, LM Nr. 2 (Ls); a.A. noch *RG*, JW 1891, 199 Nr. 10; zu § 419 BGB mit im einzelnen unterschiedlichen Begründungen: *RGZ* 134, 121, 124; 143, 275, 277; *RG*, JW 1912, 347; *BGHZ* 7, 111, 115f.; 80, 296, 302 = JuS 1982, 137 m.Anm. *Karsten Schmidt;* eingehend *ders.*, in: MünchKomm. ZPO, 2. Aufl. 2000, § 771 Rdnrn. 47ff.; *Büchler*, Die Abweisung der Drittwiderspruchsklage (§ 771 ZPO) nach § 242 BGB, 1994, S. 86ff.; *Arens/Lüke*, JuS 1984, 263ff.; *Prütting/Weth*, JuS 1988, 511.

* Literatur (Auswahl): *Armbruster*, Die Stellung des haftenden Gesellschafters in der Insolvenz der Personenhandelsgesellschaft, 1996; *Jürgen Blomeyer*, Die Haftung des Gesellschafters im Konkurs der offenen Handelsgesellschaft, BB 1968, 1461; *Bork*, Gesamt(schadens)liquidation im Insolvenzverfahren, in: Kölner Schrift zur InsO, 2. Aufl. 2000, S. 1333; *ders.,* Die analoge Anwendung des § 93 InsO auf Parallelsicherheiten, NZI 2002, 362; *Brinkmann,* Die Bedeutung der §§ 92, 93 InsO ..., 2001; *Fuchs,* Die persönliche Haftung des Gesellschafters nach § 93 InsO, ZIP 2002, 1089; *Jaeger*, Der Konkurs der offenen Handelsgesellschaft, 1897; *Mohrbutter*, Zur Einwirkung des Konkurses der oHG auf die persönliche Haftung des Gesellschafters, NJW 1968, 1125; *Klaus Müller*, Die Einwirkung des Konkurses der oHG auf die persönliche Haftung des Gesellschafters, NJW 1968, 225 und 2230; *Oepen*, Massefreie Masse, 2000; *Karsten Schmidt*, Labyrinthus creditorum, ZGR 1996, 209; *Karsten Schmidt/Bitter*, Doppelberücksichtigung,

schafter als Insolvenzschuldner ansieht, kann nach richtiger Ansicht die Gesellschaft selbst Schuldnerin eines Insolvenzverfahrens sein (dazu oben, § 46 II 3 b). Es ist, wie auch § 131 I Nr. 3 und III Nr. 2 HGB zeigt, streng zwischen der Eröffnung des Insolvenzverfahrens über das Vermögen der Gesellschaft und eines Gesellschafters zu unterscheiden.

a) Die *Insolvenz (Zahlungsunfähigkeit) der oHG* und die Eröffnung des Insolvenzverfahrens über das Gesellschaftsvermögen ergreift nicht automatisch auch die Gesellschafter[118]. Solange nicht auch über das Vermögen der Gesellschafter das Insolvenzverfahren eröffnet ist, gibt es nur ein Insolvenzverfahren und nur eine Insolvenzmasse: das Insolvenzverfahren über das Vermögen der Gesellschaft! Daß dies für die Gesellschafter noch lange kein Grund zum Jubeln ist, versteht sich von selbst. Sie haften ja für alle bis zur Eröffnung des Verfahrens begründeten Verbindlichkeiten persönlich[119]. Nach dem bis 1998 geltenden Konkursrecht löste die Insolvenz der Gesellschaft einen Wettlauf der Gläubiger aus, die ungehindert auf das Vermögen der Gesellschafter zugreifen konnten[120]. Fiel auch ein Gesellschafter in Konkurs, so konnten die Gesellschaftsgläubiger in diesem Doppel-Insolvenzverfahren nach § 212 I KO allerdings nur noch den Ausfall geltend machen. Seit 1999 gilt folgende Neuregelung (§ 93 InsO)[121]: »Ist das Insolvenzverfahren über das Vemögen einer Gesellschaft ohne Rechtspersönlichkeit oder einer Kommanditgesellschaft auf Aktien eröffnet, so kann die persönliche Haftung eines Gesellschafters für die Verbindlichkeiten der Gesellschaft während der Dauer des Insolvenzverfahrens nur vom Insolvenzverwalter geltend gemacht werden.« Die Bestimmung bezieht die Gesellschafterhaftung unter Gleichbehandlung der Gläubiger in die insolvenzrechtliche Schuldenabwicklung der oHG ein[122]. Sie liest sich einfach, aber ihre Durchführung ist umstritten: Gewiß hindert § 93 InsO die einzelnen Gläubiger, die Gesellschafterhaftung geltend zu machen, und ermächtigt den Insolvenzverwalter der Gesellschaft, dies zu tun.

Beispiel Nr. 42: K ist Insolvenzverwalter der ABC-oHG. Gesellschafter sind A, B und C. Die Gläubiger X, Y und Z haben begründete Insolvenzforderungen von je 10 000 Euro bei K angemeldet. K und die Gläubiger fragen sich, wie diese Haftung durchgesetzt werden soll.

Ausfallprinzip und Gesellschafterhaftung in der Insolvenz, ZIP 2000, 1077; *Wochner*, Die Haftung des »aufrechtstehenden« Gesellschafters im Konkurse seiner oHG, BB 1983, 517.

118 Vgl. eingehend *Jaeger*, a. a. O.; *ders.*, Die offene Handelsgesellschaft im Zivilprozesse, 1915, S. 71 ff.; die Preußische Konkursordnung von 1855 enthielt noch einen Zwang zur gleichzeitigen Eröffnung des Gesellschafterkonkurses; vgl. dazu *Karsten Schmidt*, in: Einhundert Jahre Konkursordnung, 1977, S. 266 f.

119 *Schlegelberger/Karsten Schmidt*, § 128 Rdnrn. 68 ff.; *Karsten Schmidt*, ZHR 152 (1988), 114 ff.

120 Näher 3. Aufl., § 49 VI 3.

121 Dazu im einzelnen *Bork, Brinkmann, Oepen* und *Bitter/Karsten Schmidt*, a. a. O.; § 93 InsO beruht auf dem Vorschlag von *Karsten Schmidt*, Gutachten D zum 54. DJT, 1982, S. D 47; sie auf einen Schutz der Sanierungsmasse zu reduzieren (in dieser Richtung *Brinkmann,* a. a. O., S. 96 ff.), besteht kein ersichtlicher Anlaß.

122 *Ebenroth/Boujong/Joost/Hillmann,* § 128 Rdnr. 67; *Karsten Schmidt,* ZGR 1996, 209; a. M. *Brinkmann,* a. a. O., S. 101 ff.

Geht man einfach vom Gesetzeswortlaut aus, so müßte K gegen A, B und C als Gesamtschuldner 30 000 Euro geltend machen, genauso wie vor Eröffnung des Insolvenzverfahrens X, Y und Z dies hätten tun können. Nur soweit A, B und C darlegen und beweisen können, daß die Insolvenzmasse ausreicht, um die Forderungen der drei Gläubiger zu bedienen, könnten sie gegenüber einer Haftungsklage des K den Arglisteinwand erheben[123]. Würden unter dem Druck dieser Haftung Insolvenzverfahren auch über das Vermögen von A, B und C eröffnet, so würde K in diesem Insolvenzverfahren je 30 000 Euro anmelden, und wiederum müßte er sich mit den Insolvenzverwaltern des A, des B und des C darüber streiten, wieviel dann in der Gesellschaftsmasse übrig bliebe (Vollanmeldungsmodell)[124]. Wozu das führt, wenn wir nicht drei, sondern dreihundert Gläubiger mit Forderungen nicht von 30 000, sondern von 3 Mio. Euro vor uns haben, läßt sich ausmalen. Sachgerecht ist eine andere Sicht (Ausfallmodell)[125]. Der Insolvenzverwalter der Gesellschaft addiert nicht einfach alle angemeldeten Insolvenzverbindlichkeiten, wie die Gläubiger bei einem direkten Vorgehen gegen A, B und C dies hätten tun können, sondern § 93 InsO ist als eine Verlegung des früheren Ausfallmodells (§ 212 KO) in das Innenverhältnis zu sehen. Das bedeutet:

- Der Insolvenzverwalter der Gesellschaft macht nach § 93 InsO nicht die Summe aller Insolvenzverbindlichkeiten der insolventen oHG gegen die Gesellschafter geltend, sondern die auf den Stichtag der Verfahrenseröffnung berechnete Unterdeckung.
- Wird das Insolvenzverfahren auch über das Vemögen der Gesellschafter eröffnet, so ändert dies grundsätzlich nichts an der Geltendmachung der Ausfallhaftung. Da ein Regreß unter den Massen mehrerer insolventer Gesellschafter ausgeschlossen ist (§ 44 InsO), wird aus ihrer Masse anteilig in die Masse der insolventen Gesellschaft ausgeschüttet.

b) Nach §§ 217ff. InsO kann die insolvenzrechtliche Abwicklung in einem Insolvenzplanverfahren unter Mitwirkung der Gläubiger abweichend von der konkursmäßigen Liquidation gestaltet werden (dazu auch oben, § 11 VI 4 b dd), z. B. um die Gesellschaft zu sanieren. Wird der Insolvenzplan von den Gläubigern angenommen (§§ 235ff. InsO) und vom Insolvenzgericht bestätigt (§§ 248ff. InsO), so treffen für und gegen alle Beteiligten die im gestaltenden Teil des Insolvenzplans festgelegten Wirkungen ein (§§ 254ff. InsO). Soweit die Gesellschaft durch den Insolvenzplan von Restverbindlichkeiten befreit wird, kommt dies auch ihren Gesellschaftern zugute (§ 227 II InsO). Das galt schon für das Zwangsvergleichs- und Vergleichsverfahren im alten Insolvenzrecht (§§ 211 II KO, 109 I Nr. 3 VerglO). Nicht anders ist heute auf Grundlage von § 227 II InsO zu entscheiden, sofern nicht die Gesellschafter im Innenverhältnis etwas anderes vereinbart haben[126], und zwar grundsätzlich auch im Rahmen des Regresses.

---

123 So *Bitter,* ZIP 2000, 1082f.
124 Ebd.
125 *Karsten Schmidt,* ZIP 2000, 1085f.; *ders.,* KTS 2001, 390ff.
126 Vgl. nur *Breuer,* in: MünchKommInsO, 2001, § 227 Rdnr. 12.

Beispiel Nr. 43 (nach *BGHZ* 100, 126 = JuS 1987, 750 m. Anm. *Karsten Schmidt*): Ein Gesellschafter K hatte für Verbindlichkeiten der Gesellschaft zugunsten der Sparkasse S Grundschulden auf seinem Privatgrundstück bestellt. Der Konkurs der Gesellschaft endete mit einem Zwangsvergleich (heute: Insolvenzplan), der die Quote für die nicht bevorrechtigten Gläubiger auf 20 % festlegte. Die S fiel mit 60 000 DM aus und nahm den K in Anspruch. Dieser verlangte Regreß vom Mitgesellschafter B, dies aber erfolglos. Der *Bundesgerichtshof* entschied: »§ 211 II KO bildet auch die Grundlage für die Regelung von Ausgleichsansprüchen der Gesellschafter einer offenen Handelsgesellschaft untereinander. Danach steht dem Gesellschafter gegen seinen Mitgesellschafter jedenfalls dann kein über die Vergleichsquote hinausgehender Ausgleichsanspruch zu, wenn er wegen einer Gesellschaftsverbindlichkeit aus einer dinglichen Sicherheit in Anspruch genommen worden ist, die er ohne Einverständnis seines Mitgesellschafters an einem Gegenstand seines Privatvermögens bestellt hat.«

Das Urteil zeigt, wie folgenreich die Besicherung einer Gesellschaftsverbindlichkeit durch einen Gesellschafter sein kann. Er haftet mit der Sicherheit im schlimmsten Fall ohne jede Regreßmöglichkeit. Die §§ 93 und 227 II InsO erklären auch, warum die Gläubiger einer Personengesellschaft (z. B. Banken) von den unbeschränkt haftenden Gesellschaftern häufig nach Bürgschaften verlangen[127]. Hat sich ein Gesellschafter verbürgt, so können die Gläubiger, ohne durch § 93 lnsO behindert zu sein, auch in der Insolvenz der Gesellschaft auf den Gesellschafter zugreifen[128]. Und wenn der Gesellschaft durch Insolvenzplan Schulden erlassen werden, beeinträchtigt dies die Bürgschaft nach § 254 II InsO nicht.

127 Dazu *Karsten Schmidt*, ZGR 1996, 209.

128 *BGH*, Urt. v. 4.7.2002 (bei Drucklegung noch unveröffentlicht); *Karsten Schmidt/Bitter*, ZIP 2000, 1077; *Bitter*, ZInsO 2002, 557; a.M. *Bork*, NZI 2002, 362.

§ 50 Das Ausscheiden und die Abfindung eines Gesellschafters*

I. Grundlagen

1. Gesetzliche Tatbestände

Vom Ausscheiden eines Gesellschafters sprechen wir, wenn dieser Gesellschafter – z. B. durch Kündigung oder durch Ausschließung – den Verband verläßt und hierdurch seine Mitgliedschaft und folglich auch seine vermögensmäßige Beteiligung verliert. Das Ausscheiden ist das Gegenstück zur Aufnahme eines neuen Gesellschafters in die bestehende Gesellschaft. Während im Fall der Neuaufnahme grundsätzlich eine Einlage geleistet werden muß, führt das Ausscheiden zur Abfindung des ausscheidenden Gesellschafters (§§ 105 III HGB, 738 I BGB und dazu § 8 IV 2 und § 45 II 5). Das Ausscheiden läßt, wie schon unter § 45 II 4 dargelegt wurde, die Identität der Gesellschaft grundsätzlich unberührt[1]. Das Gesellschaftsvermögen bleibt Vermögen der Gesellschaft, was in der Sprache des Gesetzes heißt: zugunsten der Mitgesellschafter kommt es nach §§ 105 III HGB, 738 I 1 BGB zur sog. Anwachsung (dazu oben, § 8 IV 2 und § 45 II 5). Wenn nach dem Ausscheiden kein zweiter Gesellschafter übrigbleibt, erlischt die Gesellschaft, und der verbleibende Gesellschafter wird ihr Gesamtrechtsnachfolger, bei Fortführung eines von der Gesellschaft betriebenen Unternehmens also zum Einzelkaufmann (oben, § 44 II 2). Die Gründe des Ausscheidens können verschiedenartig sein. In Betracht kommt
– eine Befristung der Mitgliedschaft (dazu unter II 2),

---

* Literatur: *Clemm*, Ausscheiden eines Gesellschafters aus der Personengesellschaft, BB 1992, 1959; *Hartmann*, Der ausscheidende Gesellschafter in der Wirtschaftspraxis, 4. Aufl. 1983; *Habersack*, Die Reform des Rechts der Personenhandelsgesellschaften, in: Lieb (Hrsg.), Die Reform des Handelsstandes und der Personengesellschaften, 1999, S. 73; *Piehler*, Das Ausscheiden eines Gesellschafters zu Lebzeiten, in: Riegger/Weipert (Hrsg.), MünchHdb. GesR I, 1995, § 13; *ders.*, Das Ausscheiden eines Gesellschafters, ebd., § 67; *Seibert*, Die Entwicklung des Personengesellschaftsrechts in der Gesetzgebung, in: Lieb (Hrsg.), Die Reform des Handelsstandes und der Personengesellschaften, 1999, S. 119; *Wiedemann*, Die Personenabhängigkeit der Personengesellschaft, in: Gedächtnisschrift Alexander Lüderitz, 2000, S. 839.

1 Ganz h. M.; vgl. nur *Alfred Hueck*, oHG, § 29 II 1; eingehend *Müller-Laube*, in: Recht und Rechtserkenntnis, Festschrift Ernst Wolf, 1985, S. 501 ff.; anders vereinzelt *v. Stebut*, ZGR 1981, 196 ff.

- ein in § 131 III HGB geregelter Ausscheidensfall (Tod eines Gesellschafters, Insolvenzverfahren über sein Vermögen, Austrittskündigung des Gesellschafters, Kündigung durch einen Privatgläubiger oder ein sonstiger im Gesellschaftsvertrag geregelter Fall),
- eine Austrittsvereinbarung mit den verbleibenden Gesellschaftern (dazu unter II 1) oder
- ein Ausschluß des Gesellschafters (dazu unter III).

2. HGB-Reform und Vertragspraxis

a) Im Zuge der *HGB-Reform* von 1998 (Handelsrecht, §§ 2 II 3, 10 I 1) wurden die Ausscheidensgründe erweitert, indem der Gesetzgeber bisherige Auflösungsgründe zu gesetzlichen Ausscheidensgründen erklärt hat (§ 131 III HGB)[2]. Ausscheidensgründe sind nunmehr, sofern nicht der Gesellschaftsvertrag eine andere Regelung enthält, auch:
- der Tod eines persönlich haftenden Gesellschafters,
- die Eröffnung des Insolvenzverfahrens über das Vermögen eines Gesellschafters,
- die Kündigung eines Gesellschafters oder Gesellschaftergläubigers.

b) Diese Regelung wird erhebliche Auswirkungen auf die Vertragsgestaltungspraxis haben, weil durch sie gesellschaftsvertragliche Fortsetzungsklauseln weitgehend entbehrlich werden können, durch die herkömmlich die Auflösung der Gesellschaft vermieden wurde (§§ 138, 141 HGB a.F.)[3]. Eine solche Fortsetzungsklausel lautete z.B.: »Im Fall des Todes eines Gesellschafters, seiner Kündigung, seines Konkurses oder einer Gläubigerkündigung wird die Gesellschaft nicht aufgelöst, sondern unter den übrigen Gesellschaftern fortgesetzt ...« Soweit Klauseln dieses Inhalts noch in Gesellschaftsverträgen von Handelsgesellschaften enthalten sind, haben sie in den jetzt in § 131 III HGB geregelten Fällen keine Bedeutung mehr. Soweit sie in einem Gesellschaftsvertrag fehlen, konnte nach Art. 41 EGHGB jeder Gesellschafter bis zum 31.12.2001 verlangen, daß es bei der Anwendung des alten Rechts bleibe[4]. Im übrigen muß unterschieden werden: Beruhte das Fehlen einer Fortsetzungsklausel auf nachlässiger Vertragsgestaltung, so bleibt es nunmehr bei der Regel des § 131 III HGB. Beruhte das Fehlen darauf, daß die Gesellschafter die bis 1998 im Gesetz vorgesehene Auflösungsfolge billigten, so kann jeder Gesellschafter eine Klarstellung des Gesellschaftsvertrages verlangen (vgl. über Vertragsänderungspflichten oben, § 5 IV 2). Unter Umständen, insbesondere wenn sich Anhaltspunkte aus dem Vertragsganzen oder aus der bisherigen Praxis der Gesellschaft ergeben, kann auch eine ergänzende Vertragsauslegung (oben, § 5 I 4) ergeben, daß es bei der Auflösungsfolge bleibt[5].

2 Eingehend *Habersack*, in: Lieb, a.a.O., S. 83ff.; *Seibert*, in: Lieb, a.a.O., S. 121f.
3 Vgl. zu den Fortsetzungsklauseln, 3. Aufl., § 50 II 1.
4 Näher *Karsten Schmidt*, BB 2001, 2f.
5 Vgl. im einzelnen *Karsten Schmidt*, BB 2001, 6.

c) Rechtspolitisch ist § 131 III HGB n. F. nur teilweise geglückt[6]. Dispositives Recht sollte den regelmäßigen Parteiwillen treffen und schädliche Ergebnisse vermeiden. Daß ausgerechnet ein unbeschränkt haftender Gesellschafter mit seinem Tod ausscheiden, also der Anteil nicht auf die Erben übergehen, sondern den Mitgesellschaftern zuwachsen soll, wird dem Willen der Gesellschafter regelmäßig nicht entsprechen (dazu sogleich unter II 1). Hinzu kommt, daß die Regelung des § 131 III Nr. 1 HGB a. F. im Fall der Zweipersonengesellschaft unversehens zum Erlöschen der Gesellschaft führen kann. Die *Vertragsgestaltungspraxis* kann hierauf auf unterschiedliche Weise reagieren. Sie kann zunächst für *den Todesfall* Vorsorge durch sog. »Nachfolgeklauseln« treffen (dazu sogleich unter II 1). Sie kann außerdem für alle Fälle des § 131 III HGB eine Regelung treffen, die den Blitztod der Gesellschaft vermeidet und etwa lauten kann: »Verbleibt nach dem Ausscheiden eines Gesellschafters nicht mehr als ein Gesellschafter, so wird der ausscheidende Gesellschafter unter Fortfall seiner Gesellschafterrechte auf den Stichtag des Ausscheidens abgefunden. Seine Mitgliedschaft bleibt ohne Kapitalanteil und ohne gesellschaftsrechtliche Mitwirkungsrechte bestehen, bis drei Monate seit dem Ausscheidensstichtag abgelaufen sind oder der verbleibende Gesellschafter erklärt, daß er einen neuen Gesellschafter in die Gesellschaft aufgenommen hat oder auf eine Fortsetzung der Gesellschaft verzichtet.« Denkbar, jedoch noch nicht durch die Praxis abgesichert, ist auch eine Regelung, nach der der letztverbleibende Gesellschafter den Anteil des Ausscheidenden treuhänderisch verwaltet, bis ein neuer Gesellschafter – z. B. in Gestalt einer eigens gegründeten Komplementär-GmbH – in die Gesellschaft aufgenommen ist (zum Nicht-Erlöschen der Gesellschaft in diesen Fällen vgl. oben, § 45 II).

II. Die wichtigsten Fälle des Ausscheidens

1. Tod des Gesellschafters

a) Nach § 131 III Nr. 1 HGB führt der Tod eines persönlich haftenden Gesellschafters (Gegensatz § 177 HGB) mangels abweichender gesellschaftsvertraglicher Bestimmung zu seinem Ausscheiden aus der Gesellschaft[7]. Der Gesetzgeber wollte hierdurch den Bestand der Gesellschaft sichern[8]. Daß ausgerechnet die Erben eines persönlich haftenden Gesellschafters nur einen Abfindungsanspruch erben sollen, wird aber nur selten dem Parteiwillen entsprechen (vgl. bereits oben, § 45 V 3). In vielen Fällen löst die dispositive Regelung des Gesetzes unwillkommene Neuverhandlungen aus, je nachdem, ob die Erben wieder in die Gesellschaft hineindrängen oder ob die Mitgesellschafter, um einen Liquiditätsabfluss durch Abfindungszahlung zu vermei-

6 Vgl. zur Kritik *Habersack*, in: Lieb, a.a.O., S. 85 f.; *Karsten Schmidt*, NJW 1998, 2166; *ders.*, DB 1998, 63 f.; *Bydlinski*, ZIP 1998, 1175.
7 3. Aufl., § 52 III 4.
8 BegrRegE HRefG, BT-Drucks. 13/8444, S. 65; krit. *Wiedemann*, a.a.O., S. 843.

den, die Erben zum Wiedereintritt bewegen wollen. Wird man sich hierüber nicht einig, so ist mit besonders hartnäckigen Abfindungsstreitigkeiten zu rechnen (vgl. zur Abfindung unter IV).

b) Wollen die Gesellschafter die Rechtsfolge des § 131 III Nr. 1 HGB vermeiden, so können sie eine sog. »Nachfolgeklausel« vereinbaren (dazu oben unter § 45 V 4), evtl. in Gestalt einer »kombinierten Nachfolge- und Umwandlungsklausel«, die aus dem oHG-Anteil einen Kommanditanteil macht (auch dazu oben unter § 45 V)[9].

Die sich mit der Nachfolgeregelung verbindende Haftung der Erben für alle Unternehmensverbindlichkeiten ergibt sich aus § 130 HGB (oben, § 45 V 7). Die ist eine gesellschaftsrechtliche Eigenhaftung für Altverbindlichkeiten und deshalb erbrechtlich nicht beschränkbar. Deshalb enthält *§ 139 HGB* eine Sonderregel (dazu näher unter § 54 II 4): Jeder Erbe, der als Nachfolger des verstorbenen Gesellschafters berufen ist, kann sein Verbleiben in der Gesellschaft binnen drei Monaten davon abhängig machen, daß ihm unter Belassung des bisherigen Gewinnanteils die Stellung eines Kommanditisten eingeräumt wird (§ 139 I, III HGB). Der Gesellschaftsvertrag kann dieses Recht nicht ausschließen (§ 139 V HGB). Allerdings hat der Nachfolger *keinen durchsetzbaren gesetzlichen Anspruch* darauf, daß er Kommanditist wird (anders evtl. nach dem Gesellschaftsvertrag; vgl. auch unten, § 54 II 4); nach § 139 I HGB kann er den anderen Gesellschaftern nur ein entsprechendes Vertragsangebot machen und für den Fall der Nicht-Annahme seinen Austritt aus der Gesellschaft ankündigen. Wird die ererbte Mitgliedschaft fristgemäß in einen Kommanditanteil umgewandelt, so haftet der Erbe gesellschaftsrechtlich[10] für Alt- wie für Neuverbindlichkeiten nur noch als Kommanditist (dazu vgl. unten, § 54 II 4)[11]. Scheidet der Erbe binnen der Dreimonatsfrist aus der Gesellschaft aus oder wird diese fristgemäß aufgelöst, so haftet er für die Gesellschaftsschulden nur noch erbrechtlich (§ 139 IV HGB).

Nach dem Wortlaut des § 139 IV HGB kann der Gesellschafter-Erbe, wenn er nicht Kommanditist wird, seine gesellschaftsrechtlich unbeschränkte Haftung nur dadurch ausschließen, daß er fristgemäß ausscheidet oder daß die Gesellschaft fristgemäß aufgelöst wird. Die persönliche Haftung ist aber auch dann nach erbrechtlichen Regeln auf den Nachlaß beschränkbar, wenn die Gesellschaft bereits vor dem Erbfall aufgelöst war[12].

Beispiel Nr. 1 (in Anlehnung an *BGH*, LM Nr. 3 zu § 5 HGB = NJW 1982, 45 = JuS 1982, 142 m. Anm. *Karsten Schmidt*): Am 15. 2. beschließen die Gesellschafter die Liquidation. Am 15.3. verstirbt der Gesellschafter G und hinterläßt den Erben E, der hiervon sogleich erfährt. Der Gesellschaftsvertrag enthält eine Nachfolgeklausel. Am 15.4. wird das von E beantragte Verfahren der Nachlaßverwaltung nach § 1982 BGB abgelehnt, am 15.5. das Nachlaßinsolvenzverfahren eröffnet. Am 15.6. wird das Insolvenzverfahren über das

9 Dazu *Schlegelberger/Karsten Schmidt*, § 139 Rdnrn. 133ff.; *Karsten Schmidt*, BB 1989, 1702ff.
10 Die beschränkbare Erbenhaftung bleibt unberührt; vgl. *Karsten Schmidt*, ZGR 1989, 447f.
11 Das ist in § 139 IV HGB richtig hervorgehoben; vgl. *Karsten Schmidt*, ZGR 1989, 447.
12 *BGH*, LM Nr. 3 zu § 5 HGB = NJW 1982, 45 = JuS 1982, 142 m. Anm. *Karsten Schmidt*; dazu *Baumbach/Hopt*, § 139 Rdnr. 49.

Vermögen der Gesellschaft beantragt, am 15.7., also nach Ablauf der Dreimonatsfrist, wird dieser Antrag mangels Masse abgelehnt. Die Gläubiger der Gesellschaft nehmen nunmehr die Gesellschafter, darunter auch E, in Anspruch.

Hier ist die Dreimonatsfrist des § 139 III HGB abgelaufen, aber die Gesellschaft war schon vor Fristbeginn aufgelöst. E hat also nur in eine Abwicklungsgesellschaft hineingeerbt. Nach Auffassung des *BGH* kommt § 139 HGB überhaupt nicht zum Zuge, weil die gesellschaftsvertragliche Nachfolgeklausel nicht eingreift. Das ist mißverständlich. Da E Mitglied einer Liquidationsgesellschaft geworden ist und da deren Gesellschafter grundsätzlich unbeschränkt haften (dazu alsbald unter IV 3), wird § 139 IV HGB nämlich dringend benötigt. Dem Gesellschafter kommt dieses Haftungsprivileg in erweiternder oder analoger Anwendung zugute, denn wenn der Erbe die Haftung durch rechtzeitige Auflösung beschränken kann (§ 139 IV HGB), dann haftet er erst recht beschränkt, wenn die Gesellschaft im Zeitpunkt des Erbfalls schon aufgelöst ist[13]. Allerdings muß die Abwicklung dann auch betrieben werden. Setzen die Gesellschafter die Gesellschaft unter Beteiligung des E als werbende Handelsgesellschaft fort, so entfällt das Haftungsprivileg rückwirkend. Dann haftet auch E unbeschränkt für alle Gesellschaftsverbindlichkeiten (arg. § 130 HGB).

2. Auflösung einer Gesellschafter-Gesellschaft

Ist der Gesellschafter keine natürliche Person, sondern eine juristische Person oder eine vom Gesetzgeber sog. »Gesellschaft ohne Rechtspersönlichkeit« (zur Systematik vgl. oben, § 8 I 2), so stellt sich die Frage, ob die Rechtsfolge des § 131 III Nr. 1 HGB schon durch Auflösung dieser Gesellschaft eintritt. Für den früheren Auflösungstatbestand (§ 131 Nr. 4 HGB a.F.) wurde dies von der Rechtsprechung verneint, weil erst die Vollbeendigung, nicht aber schon die Auflösung der Gesellschaft dem Tod eines Gesellschafters gleichgestellt werden könne[14].

Die Methode des *BGH* (Vergleich mit dem Tod einer natürlichen Person) war ebenso unrichtig wie das Ergebnis (Geschäftsführung einer nicht aufgelösten Personengesellschaft durch den Liquidator ihrer aufgelösten Gesellschafterin)[15]. Richtigerweise war die Auflösung der persönlich haftenden Gesellschafterin nach dem alten Recht ein Auflösungstatbestand eigener Art[16]. Für § 131 III Nr. 1 HGB stellt sich die Frage neu, weil ja der Tod nach der gesetzlichen Regel nicht mehr zur Auflösung der Gesellschaft, sondern zum Ausscheiden führt. Die h. M. setzt allerdings die bisherige Diskussion einfach fort[17]. Richtig ist aber nur, dass das Nachdenken nicht

---

13 Vgl. *Schlegelberger/Karsten Schmidt*, § 139 Rdnr. 122.

14 *BGHZ* 75, 178 = NJW 1980, 233; *OLG Frankfurt*, DNotZ 1976, 620; BB 1982, 1689; *OLG Hamburg*, NJW 1987, 1896; h.M.

15 3. Aufl., § 56 VI 1 a; *Schlegelberger/Karsten Schmidt*, § 131 Rdnr. 32; *Karsten Schmidt*, BB 1980, 1498; GmbHR 1980, 261 f.

16 Vgl. ebd.

17 BegrRegE HRefG, BT-Drucks. 13/8444, S. 66; *Baumbach/Hopt*, § 131 Rdnr. 20.

aufhören darf. In erster Linie ist hier wie überhaupt im Umfeld des § 131 III Nr. 1 HGB eine klare Vertragsregelung zu empfehlen. Fehlt sie, so sollte man sich nach wie vor darüber klar sein, dass die Frage nicht auf die Anwendbarkeit des § 131 III Nr. 1 HGB zielt. Die bloße Auflösung einer Gesellschaft kann als Zeitpunkt ihres Ausscheidens aus der oHG zu früh sein. Offenbar will die h. M. weiterhin nur die Vollbeendigung der Gesellschaft ausreichen lassen[18]. Die bloße Auflösung kann nach der h. M. nur unter den Voraussetzungen des § 131 III Nr. 5 oder 6 HGB, also nur aufgrund einer gesellschaftsvertraglichen Klausel zum Ausscheiden führen[19]. Aber das kann nicht richtig sein, denn wie soll die aufgelöste Gesellschafter-Gesellschaft vollbeendet werden, ohne daß zuvor über das Schicksal ihrer Beteiligung entschieden worden ist (zur Vollbeendigung von Gesellschaften vgl. oben, § 11 V 6)? Man wird davon ausgehen müssen, daß eine Gesellschafter-Gesellschaft ipso iure aus der oHG ausscheidet, wenn sie unumkehrbar aufgelöst, ihre Fortsetzung (oben, § 11 V 5) also entweder rechtlich unmöglich oder tatsächlich ausgeschlossen ist, z.B. weil die Gesellschafter keine Fortsetzung wollen. Dann tritt in ihrem Liquidationsvermögen ein Abfindungsanspruch an die Stelle des Anteils. Mit § 131 III Nr. 1 HGB hat dies entgegen der h. M. nicht viel zu tun, wie man auch daran erkennt, daß dieser Grundsatz bei einem Kommanditanteil gleichermaßen gelten muß, ohne daß etwa eine Analogie zu § 177 HGB entgegenstünde.

3. Insolvenz eines Gesellschafters

a) Nach *§ 131 III Nr. 2 HGB* führt die Eröffnung des Insolvenzverfahrens über das Vermögen eines Gesellschafters zu dessen Ausscheiden, so daß nicht der Gesellschaftsanteil, sondern der Abfindungsanspruch in die Insolvenzmasse (§ 35 InsO) fällt. Eine abweichende Vereinbarung, die theoretisch zulässig ist, wird es nicht geben, denn wer wird sich schon in Gesellschaftsangelegenheiten statt mit einem Gesellschafter mit einem Insolvenzverwalter herumbalgen wollen? Auch bei § 131 III Nr. 2 HGB handelt es sich um einen Tatbestand, der bis 1998 zur Auflösung der Gesellschaft führte[20] und nunmehr in einen Ausscheidenstatbestand umgewandelt worden ist.

b) Ob auch ein Nachlaßinsolvenzverfahren ausreicht, ist umstritten. Die Frage wird bei der oHG[21] bedeutsam, wenn der Anteil aufgrund einer Nachfolgeklausel auf eine oder mehrere Erben übergegangen ist und nun das Nachlassinsolvenzverfahren eröffnet wird (§§ 315 ff. InsO). Für den alten Tatbestand der Gesellschaftsauflösung durch Gesellschafterkonkurs (§ 131 Nr. 5 HGB a.F.) hatte *BGHZ* 91, 132 entschieden, daß die Eröffnung des Nachlaßinsolvenzverfahrens über das Vermögen eines verstorbenen Gesell-

18 *Baumbach/Hopt*, § 131 Rdnr. 20; *Ebenroth/Boujong/Joost/Lorz*, § 131 Rdnr. 45; *Koller/Roth/Morck*, § 131 Rdnr. 22.
19 *Koller/Roth/Morck*, § 131 Rdnr. 22.
20 Vgl. 3. Aufl., § 52 III 5.
21 Bei der KG ist die Frage wegen § 177 HGB noch bedeutsamer.

schafters der Insolvenz des Gesellschafters selbst nicht gleichstehe, weil sich das Nachlaßinsolvenzverfahren nur auf die Vermögensrechte des Erblassers und nicht auf die durch den Tod übergegangene Mitgliedschaft erstrecke[22]. Dem war bereits nach der alten Fassung des § 131 HGB zu widersprechen[23]. Vollends gilt dies unter der Geltung des neuen § 131 III Nr. 2 HGB[24]. Schon im Originalfall *BGHZ* 91, 132 ging es der Sache nach um ein Ausscheiden aus der Gesellschaft, nicht um den alten Auflösungstatbestand, denn der Gesellschaftsvertrag enthielt eine Regelung, die dem jetzigen § 131 III Nr. 2 HGB entsprach. Die damalige Begründung fußte noch auf der unrichtigen und heute überholten Annahme, der Gesellschaftsanteil gehöre nicht zu dem Nachlaß, auf den allein sich das Nachlaßinsolvenzverfahren erstrecke (vgl. zur Nachlaßzugehörigkeit oben, § 45 V 4 c). Bedenkt man den Sinn des Ausscheidenstatbestandes, daß nämlich die Mitgesellschafter vor einer Einwirkung eines Insolvenzverwalters geschützt werden sollen, so spricht die Interessenlage für eine Anwendung des § 131 III Nr. 2 HGB[25]. Insbesondere genügt nicht, dem Insolvenzverwalter analog § 135 HGB ein Recht zum Austritt aus der Gesellschaft durch Kündigung zu geben[26].

c) Gleichfalls verneint hat der *Bundesgerichtshof* schon unter der alten Fassung des § 131 HGB die Frage, ob eine Konkursablehnung mangels Masse der Verfahrenseröffnung gleichsteht[27]. Das ist auch für § 131 III Nr. 2 HGB n.F. immer noch herrschende Meinung[28]. Sehr oft wird das Problem nicht auftreten, denn das Vorhandensein eines Gesellschaftsanteils wird in der Regel dafür sorgen, daß das Insolvenzverfahren nicht an fehlender Masse scheitert. Anders verhält es sich bei einem Gesellschafter ohne Kapitalanteil (dazu oben, § 47 III 2). Ist dieser Gesellschafter eine Kapitalgesellschaft oder Kapitalgesellschaft & Co., so ist sie allerdings im Fall ihrer masselosen Insolvenz ihrerseits aufgelöst (§§ 262 I Nr. 4 AktG, 60 I Nr. 5 GmbHG, 131 II Nr. 1 HGB) und scheidet nach den unter II 2 genannten Grundsätzen aus der oHG aus. Aber es braucht nur an den Fall gedacht zu werden, daß eine natürliche Person Gesellschafter ohne Kapitalanteil ist und masselos insolvent wird, um den Klärungsbedarf erkennbar zu machen. Hier müßte, wenn nicht der Gesellschaftsvertrag eine klare Lösung enthält, der Gesellschafter in der Gesellschaft geduldet werden, weil auch mit einer Gläubigerkündigung mangels Vermögenssubstanz nicht gerechnet werden kann. Dem

---

22 Zust. *Butzer*, in: MünchHdBGesR I, § 76 Rdnr. 36; *Ulmer*, in: MünchKommBGB, § 728 Rdnr. 6; *Stodolkowitz*, in: Festschrift Kellermann, 1991, S. 454f.; *Flume*, NJW 1988, 162; *ders.*, ZHR 155 (1991), 527.

23 3. Aufl., § 52 III 5 c; *Schlegelberger/Karsten Schmidt*, § 131 Rdnr. 40; *Brox*, JZ 1984, 892; *Marotzke*, AcP 187 (1987), 235; *Klaus Müller*, JR 1986, 508.

24 Wie hier im Ergebnis *Baumbach/Hopt*, § 131 Rdnr. 22; *Koller/Roth/Morck*, § 131 Rdnr. 23; ausführlich *Karsten Schmidt*, in: Insolvenzrecht in Wissenschaft und Praxis, Festschrift Uhlenbruck, 2000, S. 655ff.; a.M. *Ebenroth/Boujong/Joost/Lorz*, § 131 Rdnr. 47.

25 Ausführlich *Karsten Schmidt*, ebd.

26 So aber im Anschluß an *BGHZ* 91, 132, 137 *Ebenroth/Boujong/Joost/Lorz*, § 131 Rdnr. 47.

27 *BGHZ* 75, 178, 179f. = NJW 1980, 233; NJW-RR 1989, 993, 995; krit. *Schlegelberger/Karsten Schmidt*, § 131 Rdnr. 38.

28 *Baumbach/Hopt*, § 131 Rdnr. 22; *Ebenroth/Boujong/Joost/Lorz*, § 131 Rdnr. 48; *Koller/Roth/Morck*, § 131 Rdnr. 23.

Sinn und Zweck des § 131 III Nr. 2 HGB entspricht dies nicht. Das Gesetz sorgt dafür, daß ein insolventer Gesellschafter nicht erst nach § 131 III Nr. 6 HGB ausgeschlossen werden muß. Das muß im Fall der Masselosigkeit ebenso gelten wie im Fall der Insolvenzverfahrenseröffnung. Der Gesellschafter scheidet deshalb spätestens – falls er nicht bereits vorher ausgeschlossen wurde – mit der Rechtskraft eines die Verfahrenseröffnung mangels Masse ablehnenden Beschlusses (§ 26 HGB) ipso iure aus der Gesellschaft aus.

4. Kündigung des Gesellschafters

a) Die Kündigung eines Gesellschafters führt nach § 131 III Nr. 3 HGB gleichfalls zu seinem Ausscheiden. Die Bestimmung regelt nicht die Zulässigkeit einer solchen Kündigung, vielmehr setzt sie voraus, daß der Gesellschafter wirksam gekündigt hat. *Ordentliche Kündigungsfristen* sind i.d.R. in Gesellschaftsverträgen enthalten. Im übrigen ergeben sie sich aus §§ 132, 134 HGB. Die *außerordentliche Kündigung* ist im Gesetz nicht geregelt. Sie wird unter II 4 d geregelt. Nach allgemeinen Grundsätzen ist bei den Personengesellschaften zu unterscheiden[29]: Es gibt

- die auflösende Kündigung (mit Liquidationsfolge),
- die Austrittskündigung (mit der Folge des Ausscheidens und der Abfindung des Kündigenden) und
- die Ausschließungskündigung (mit der Folge des Ausscheidens und der Abfindung des Kündigungsempfängers).

Nach § 131 HGB a.F. war die Kündigung der Gesellschaft eine Auflösungskündigung, sofern nicht der Gesellschaftsvertrag eine sog. Fortsetzungsklausel der Kündigung eine bloße Austrittswirkung gab (§ 138 HGB a.F.)[30]. In zahlreichen Verträgen sind deshalb solche Fortsetzungsklauseln enthalten, wonach im Fall einer Kündigung die Gesellschaft unter den übrigen Gesellschaftern fortgeführt wird. Seit 1998 haben diese Klauseln nur noch deklaratorische Bedeutung, denn Regel und Ausnahme haben sich umgekehrt: Die Kündigung eines Gesellschafters ist Austrittskündigung, sofern die Kündigungsfolge nicht im Gesellschaftsvertrag anders geregelt ist (§ 131 III Nr. 3 HGB).

b) Wegen der Behandlung von Altverträgen ist auf Art. 41 EGHGB zu verweisen (dazu oben unter II 2 b). Die unterschiedlichen Rechtsfolgen der Kündigung nach altem und neuem Recht lassen eine Klärung der Kündigungsfolgen im Gesellschaftsvertrag weiterhin ratsam erscheinen. Die Änderung der Regelrechtsfolge in § 131 HGB kann nämlich für absehbare Zeit Auslegungs- und Irrtumsprobleme auslösen, wenn ein Gesellschafter, ohne das Ziel seiner Kündigung zu nennen, einfach eine »Kündigung« ausspricht[31]. Dies zeigt das keineswegs frei erfundene

29 Vgl. 3. Aufl., § 50 II 3 a; § 52 III 6 a; die hier eingeführte Terminologie hat sich durchgesetzt.
30 3. Aufl., § 50 II 3.
31 *Karsten Schmidt*, BB 2001, 1 ff.

Beispiel Nr. 2: A und B hatten vor 1998 eine Unternehmensberatungs-oHG gegründet. Der Gesellschaftsvertrag gestattete jedem Gesellschafter die Kündigung mit einjähriger Frist. Wegen zunehmender Eigenmächtigkeiten des B kam es zu Spannungen zwischen den beiden Gesellschaftern. Eines Tages schrieb der A an B: »Ich kündige zum nächstzulässigen Termin!« Darauf antwortete B, anwaltlich beraten: »Sehr geehrter Herr A, ich habe Ihre Kündigung empfangen und erkenne sie als wirksam an. Ich werde das Unternehmen ab 2003 alleine fortführen. Wegen der am 1. Januar 2003 fälligen Abfindung verweise ich auf unsere einschlägige Vertragsklausel.« Jetzt erst begreift A, was er angerichtet hat und bittet um anwaltlichen Rat, denn es habe ihm fern gelegen, mit seiner Kündigung »das gemeinsam aufgebaute Unternehmen dem B als Lohn für seine Eigenmächtigkeiten allein zu überlassen«.

Es handelt sich um einen Fall der fehlgehenden Kündigung[32]. Im Jahr 2001 hätte A noch gemeinsam mit der Kündigungserklärung erklären können, daß er auf der Anwendung des alten Rechts – also auf der Auflösungsfolge – bestehe (Art. 41 EGHGB), aber dazu hätte er wohl früher schon anwaltlichen Rat einholen müssen. Soweit die Anwendung des neuen Rechts unumkehrbar ist, kann eine Irrtumsanfechtung nach §§ 119, 142 BGB helfen.

c) Zur Kündigungserklärung muß noch ein Kündigungsgrund hinzukommen. Zu beachten ist insofern, daß nur die *ordentliche Kündigung* im Gesetz geregelt ist (anders in § 723 BGB für die Gesellschaft bürgerlichen Rechts). Die *Voraussetzungen des Kündigungsrechts* sind in § 132 HGB ziemlich unklar geregelt. Nach dieser Vorschrift ist die Gesellschaft, wenn sie für unbestimmte Zeit eingegangen ist, nur mit sechsmonatiger Frist auf das Jahresende kündbar. Für unbestimmte Zeit eingegangen ist die Gesellschaft, wenn weder eine nach dem Kalender bestimmte noch sonst eine feste Mindestdauer vorgeschrieben ist[33]. Als auf unbestimmte Zeit eingegangen gilt nach § 134 HGB auch eine Gesellschaft, die für die Lebenszeit eines Gesellschafters eingegangen ist oder nach dem Ablauf der im Gesellschaftsvertrag bestimmten Zeit stillschweigend fortgesetzt wird. § 132 HGB liest sich zunächst wie eine den kündigungswilligen Gesellschafter belastende dispositive Regelung: Er kann nur zum Ende eines Geschäftsjahres und muß mindestens ein halbes Jahr vor dessen Ablauf ordentlich kündigen. Wie sich aber aus § 134 HGB und aus §§ 105 III HGB, 723 III BGB ergibt, will der Gesetzgeber den Gesellschafter gegen überlange Bindungen schützen. Das Gesetz läßt zwar Regelungen über eine Mindestdauer der (dann auf bestimmte Zeit eingegangenen) Gesellschaft und auch über die Länge der Kündigungsfrist zu (arg. § 723 I 3 BGB), aber das Kündigungsrecht darf dem Gesellschafter in der Substanz nicht genommen werden. Da man nun dem Gesellschafter nicht nur durch ein Kündigungsverbot, sondern z. B. auch durch lange Kündigungsfristen oder durch eine feste Vertragsdauer faktisch jede Kündigungsmöglichkeit nehmen kann, ist die Versuchung groß, das gesetzliche Konzept durch derartige Vertragsregelungen zu unterlaufen. Deshalb fragt sich, wie eine Vertragsklausel zu beurteilen ist, die die Gesellschaft etwa »auf 99 Jahre« oder »bis zum 31. 12. 2099« dauern läßt. Es liegt

32 Eingehend *Karsten Schmidt*, BB 2001, 1 ff.
33 Vgl. *BGHZ* 10, 91, 98; 50, 316, 321 f.

auf der Hand, daß dies nicht mit dem Sinn und Zweck der §§ 134 HGB, 723 III BGB vereinbar ist[34]. Unklar ist aber, was dies im einzelnen bedeutet.

aa) *Umstritten* ist schon, wo der Schutz gegen eine überlange Vertragsdauer rechtsdogmatisch ansetzen soll: bei §§ 132, 105 III HGB, 723 III BGB oder bei § 138 BGB[35]. Nach *Reuter*[36] ist jede Gesellschaft auf unbestimmte Zeit eingegangen, deren Zweck nicht zeitlich begrenzt ist. Das ist bei Handelsgesellschaften die Regel. Nach der Gegenmeinung kommt es darauf an, daß keine feste *Mindest*dauer vereinbart ist[37]. *Nitschke*[38] leitet aus § 624 BGB den Gedanken her, daß ein unbeschränkt haftender Gesellschafter nicht länger als fünf Jahre fest gebunden sein könne, während er für den Kommanditisten von einer Höchstdauer von 10 bis 15 Jahren ausgeht. Nicht mehr vertreten wird wohl die Meinung, daß eine feste Zeitdauer stets unter § 134 HGB fällt, wenn sie die voraussichtliche Lebenszeit aller Gesellschafter übersteigt[39]. Nach der herrschenden Auffassung liegt das Problem einer unlösbaren Bindung bei § 138 BGB[40]. Damit ist dann auch zugleich eine inhaltliche Aussage getroffen, denn es wird auf eine feste Begrenzung bewußt verzichtet. Der Vorzug des § 138 BGB wird gerade darin erblickt, daß alle Umstände des Einzelfalls mit berücksichtigt werden können. Nach *BGH*, WM 1967, 315, 316 ist eine Unkündbarkeit bis zu 30 Jahren grundsätzlich unbedenklich; auf der anderen Seite werden feste Bindungen, die mit Sicherheit über den Tod hinausreichen (z.B. 99 Jahre), als sittenwidrig angesehen.

bb) *Stellungnahme:* Man muß sich darüber klar sein, daß der Gesetzgeber des 19. Jahrhunderts das Bild eines Gesellschafters vor Augen hatte, der als natürliche Person unbeschränkt haftet und seine Beteiligung nicht veräußern kann. Für einen solchen Gesellschafter sollte man die Folgerung ziehen, daß eine *feste Bindung über 30 Jahre* hinaus nach dem Schutzzweck des § 134 HGB unbeachtlich ist[41]. Neben diese starre Grenze tritt ein *flexibler Schutz des Gesellschafters* nach §§ 138, 242 BGB. Gegen eine feste Bindung von weniger als 30 Jahren ist der Gesellschafter damit durch elastische Regeln geschützt[42]. Die unbeschränkt haftende natürliche Person bedarf als Gesellschafter dieses Schutzes.

Anders verhält es sich dagegen, soweit eine juristische Person – z.B. eine GmbH – als Gesellschafterin beteiligt ist[43]. Hier greifen nur die §§ 138, 242 BGB ein (die aber selten praktisch werden), denn die starre Grenze des § 134

34 Überblick bei *Gersch*, BB 1977, 871ff.

35 Überblick bei *Schlegelberger/Karsten Schmidt*, § 132 Rdnr. 31; *Ulmer*, Gesellschaft bürgerlichen Rechts, § 723 Rdnrn. 45ff.

36 Privatrechtliche Schranken der Perpetuierung von Unternehmen, 1973, S. 281ff.

37 *Schlegelberger/Karsten Schmidt*, § 132 Rdnr. 5.

38 Die körperschaftlich strukturierte Personengesellschaft, 1970, § 18 I 3.

39 So früher *Baumbach/Duden/Hopt*, HGB, 27. Aufl. 1987, § 134 Anm. 1; noch strenger wohl *RGZ* 156, 129, 136: Lebenszeit *eines* Gesellschafters genügt.

40 Vgl. *Schlegelberger/Karsten Schmidt*, § 132 Rdnr. 31 m.w.N.

41 Näher *Schlegelberger/Karsten Schmidt*, § 132 Rdnrn. 31f.; ähnlich *Baumbach/Hopt*, § 132 Rdnr. 13; großzügiger *Thünnesen*, a.a.O., S. 95f.

42 Ausführlicher noch 3. Aufl., § 52 III 6 c; ähnlich h.M.; zu den Rechtsfolgen im einzelnen vgl. *Schlegelberger/Karsten Schmidt*, § 132 Rdnr. 33, § 134 Rdnrn. 9f.

43 Ebenso (für § 724 BGB) *v. Gamm*, in: RGRK, § 724 Rdnr. 2.

HGB paßt nicht auf die juristische Person[44]. Vor allem aber darf der Schutzgedanke des § 134 HGB da nicht überzogen werden, wo die Vorschrift auf *Kommanditisten* angewandt wird. Im Grundsatz gilt zwar § 134 HGB nach § 161 II HGB auch für den Kommanditisten. Kann aber der Kommanditist seine Beteiligung nach dem Gesellschaftsvertrag frei veräußern, so ähnelt seine Situation der eines GmbH-Gesellschafters. Die starre Regel des § 134 HGB tritt zurück[45]. Eine Kommanditbeteiligung kann deshalb entgegen der immer noch herrschenden Ansicht ohne Verstoß gegen §§ 132, 134 HGB unkündbar auf unbegrenzte Zeit eingegangen werden, wenn sie ohne Zustimmung der Mitgesellschafter übertragbar ist[46]. Gegen Härten im Einzelfall schützen die elastischen Regeln der §§ 138, 242 BGB. Z.B. kann bei einer unbegrenzten Bindung ein außerordentliches Kündigungsrecht bestehen, wenn sich der Anteil als unverkäuflich erweist.

d) Ein *außerordentliches Austrittsrecht* wurde dem Gesellschafter herkömmlich versagt[47]. Unter der Geltung des alten § 131 HGB mochte dies noch plausibel sein, weil die Kündigung eines Gesellschafters grundsätzlich Auflösungswirkung haben sollte und für die Auflösung aus wichtigem Grund die Auflösungsklage nach § 133 HGB zur Verfügung steht (zu ihr vgl. unten, § 52 III 7). Der durch die Neufassung des § 131 HGB vollzogene Sinnwandel muß sich aber auch hier auswirken: Wenn der Gesetzgeber in § 131 III HGB den Austrittsfolgen Vorrang vor den Auflösungsfolgen gibt, muß auch im Fall eines wichtigen Grundes der ultima ratio des § 133 HGB ein Austritt aus wichtigem Grund zur Seite gestellt werden. In diesem Sinne hat der *BGH* bereits früh bei Publikumsgesellschaften entschieden[48].

Beispiel Nr. 3 (nach *BGHZ* 63, 338 = JuS 1975, 531 m. Anm. *Karsten Schmidt*): Der Bekl. war als Kommanditist in eine Gesellschaft mit über 370 Kommanditisten eingetreten. Später erklärte er die Anfechtung seines Beitritts wegen arglistiger Täuschung und verweigerte die Zahlung der Einlage. Eine ex-tunc-Wirkung dieser Erklärung nach § 142 BGB kam nach den Grundsätzen über die fehlerhafte Gesellschaft (oben, § 6 V 1) nicht in Betracht. Statt dessen hat der *BGH* dem Bekl. in ergänzender Vertragsauslegung ein außerordentliches Kündigungsrecht zuerkannt. Mit dem Gepräge einer Massengesellschaft sei es unvereinbar, einen rein kapitalmäßig beteiligten Gesellschafter auf die Auflösungsklage zu verweisen oder ihn hierzu auch nur zu berechtigen.

Es leuchtet ein, daß das Institut der außerordentlichen Austrittskündigung bei der Publikumsgesellschaft besonders unentbehrlich ist (vgl. unten, § 57 II 1 b). Ob es sich um ein Spezifikum nur dieser Gesellschaften handelt, ist aber doch zweifelhaft. Man wird ein außerordentliches Kündigungsrecht des Gesellschafters auch sonst in Fällen des fehlerhaften Beitritts anerkennen müssen: So, wie die fehlerhafte Gesellschaft grundsätzlich wirksam, aber

---

44 Vgl. auch *Heymann/Emmerich*, § 134 Rdnr. 3.

45 In gleicher Richtung *Nitschke*, Die körperschaftlich strukturierte Personengesellschaft, 1970, § 18 I 3; a.M. *Koller/Roth/Morck*, § 134 Rdnr. 2.

46 Ebenso *Ebenroth/Boujong/Joost/Lorz*, § 132 Rdnr. 28.

47 MünchHdb GesR I, § 67 Rdnr. 8; *Hueck*, § 17 I 4 a.

48 *BGHZ* 63, 338, 345f. = JUS 1975, 531 m. Anm. *Karsten Schmidt*; *BGHZ* 69, 160, 162ff. = JuS 1978, 201 m. Anm. *Karsten Schmidt*; *BGHZ* 73, 294, 300 = NJW 1979, 1503; *BGH*, NJW 1976, 894; 1979, 765.

auflösbar ist, ist auch der fehlerhafte Beitritt zu einer Gesellschaft grundsätzlich wirksam, aber durch Kündigung lösbar (oben, § 6 V 1). Das Kündigungsrecht endet allerdings mit der Auflösung der Gesellschaft, insbesondere im Insolvenzfall[49].

5. Kündigung durch einen Privatgläubiger

a) Nach *§ 135 HGB* kann ein Gesellschaftsgläubiger auf den Auseinandersetzungsanspruch des Gesellschafters zugreifen, indem er dessen Anteil pfändet und das Gesellschaftsverhältnis zum Jahresende kündigt (näher oben, § 19 IV 3). Nach § 131 Nr. 6 HGB a.F. wäre auch dies eine Auflösungskündigung gewesen, doch konnten die Mitgesellschafter die Auflösungsfolge durch einen Fortsetzungsbeschluß abwehren (§ 141 HGB a.F.). Die Vertragsgestaltungspraxis beseitigte dieses Problem bereits damals durch Fortsetzungsklauseln[50]. Das ist nicht mehr erforderlich, denn die Gläubigerpfändung hat nach § 131 III Nr. 4 HGB n.F. auch ohne besondere Vertragsregel nur noch die Wirkung, dass der betroffene Gesellschafter ausscheidet.

b) Die *Voraussetzungen der Kündigung* nach § 135 HGB sind strenger als bei der Gesellschaft bürgerlichen Rechts (vgl. § 725 BGB). Dadurch will der Gesetzgeber dem Bestandsschutz der Handelsgesellschaft entgegenkommen[51]. Im einzelnen kommt es auf folgende Voraussetzungen an: Der pfändende Gläubiger muß einen nicht bloß vorläufig vollstreckbaren Schuldtitel erwirkt haben. Er muß den Auseinandersetzungsanspruch des Gesellschafters gepfändet haben; auch eine Anteilspfändung nach § 859 I ZPO erfüllt diese Voraussetzung, weil in ihr die Pfändung des Auseinandersetzungsanspruchs enthalten ist[52]. Es muß innerhalb der letzten sechs Monate – nicht notwendig von diesem Gläubiger! – eine Zwangsvollstreckung in das bewegliche Vermögen des Gesellschafters ohne Erfolg versucht worden sein. Diese drei Voraussetzungen sind erforderlich, aber auch ausreichend. Auf die Reihenfolge (Vollstreckungsversuch/Rechtskraft des Schuldtitels/Pfändungs- und Überweisungsbeschluß) kommt es entgegen dem Wortlaut des Gesetzes nicht an[53], denn das Gesetz will nur Legitimationsvoraussetzungen nennen, aber keine bestimmte Prozedur vorschreiben.

Beispiel Nr. 4 (nach *BGH*, NJW 1982, 2773 = JuS 1983, 65 m. Anm. *Karsten Schmidt*): Die B-Bank hat gegen den Gesellschafter G am 5. 2. ein vorläufig vollstreckbares Versäumnisurteil erwirkt. Am 4. 5. ließ die B aufgrund dieses Titels den Anteil des G, seine Forderung auf den Gewinnanteil und auf sein Auseinandersetzungsguthaben pfänden und sich zur Einziehung überweisen. Am 25. 5. wurde das Urteil rechtskräftig. Am 8. 6. versuchte die B-Bank vergeblich die Vollstreckung in das bewegliche Vermögen des G. Am 18. 6.

49 *BGHZ* 69, 160 = JuS 1978, 201 m. Anm. *Karsten Schmidt.*
50 Ausführlich noch 3. Aufl., § 52 III 8; vgl. als Beispiel *BGH*, NJW 1982, 2773 = JuS 1983, 65 m. Anm. *Karsten Schmidt.*
51 HGB-Denkschrift, S. 98f.
52 Vgl. im Ergebnis *BGH*, BB 1972, 10f.; *Koller/Roth/Morck*, § 135 Rdnr. 2; zur Begründung vgl. *Schlegelberger/Karsten Schmidt*, § 135 Rdnr. 17; *Karsten Schmidt*, JR 1977, 177.
53 *BGH*, NJW 1982, 2773 = JuS 1983, 65 m. Anm. *Karsten Schmidt*; *Butzer*, a.a.O., § 76 Rdnr. 51.

kündigte sie das Gesellschaftsverhältnis zum 31. 12. Hier waren alle Voraussetzungen des § 135 HGB erfüllt. Nur die Reihenfolge war atypisch und entsprach nicht dem Gesetzeswortlaut. Der *BGH* entschied mit Recht, daß dies unschädlich war.

6. Weitere gesellschaftsvertragliche Fälle, insbesondere die Ausschließung durch Beschluß

Nicht besonders geschickt sind die gleichfalls auf der Handelsrechtsreform von 1998 beruhenden Nrn. 5 und 6 des § 131 III HGB gefaßt.

a) Nach *§ 131 III Nr. 5 HGB* führt auch »der Eintritt von weiteren im Gesellschaftsvertrag vorgesehenen Fällen« zum Ausscheiden eines Gesellschafters. Diese Regel ist überflüssig. Nach § 109 HGB bestimmt der Gesellschaftsvertrag über das Rechtsverhältnis unter den Gesellschaftern. Aus ihm kann sich z.B. ergeben, daß ein in die Gesellschaft aufgenommener Prokurist mit der Beendigung seines Dienstvertrages oder mit dem Erreichen einer Altersgrenze aus der Gesellschaft ausscheidet. Ein Gesellschafter kann »auf 10 Jahre« oder »bis zum Eintritt der Volljährigkeit des X« in die Gesellschaft aufgenommen werden. Das alles ist eine Selbstverständlichkeit und galt auch schon vor der Einführung des neuen § 131 III Nr. 5 HGB[54]. Auch die sog. Fortsetzungsklausel im Todesfall (Ausscheiden des Gesellschafters unter Ausschluß der Erben; vgl. oben § 45 V 3) ist ein im Gesellschaftsvertrag vorgesehener Fall, ohne daß dies betont werden müßte.

b) Regelrecht irreführend ist *§ 131 III Nr. 6 HGB.* Nach dieser Regel führt mangels abweichender vertraglicher Bestimmung auch ein »Beschluß der Gesellschafter« zum Ausscheiden eines Gesellschafters. Das liest sich, als könnte ein Gesellschafter bereits auf Grund des Gesetzes durch Beschluß seiner Mitgesellschafter ausgeschlossen werden. Davon kann aber keine Rede sein. Nach dem Gesetz kann ein Gesellschafter durch Klage nach § 140 HGB ausgeschlossen werden (dazu sogleich unter III 1). Nur wenn der Gesellschaftsvertrag einen Ausschließungsbeschluß an die Stelle der Ausschließungsklage setzt (dazu unter III 2), scheidet der betroffene Gesellschafter aus[55]. Es handelt sich also bei § 131 III Nr. 6 HGB im Grunde nur um eine Variante der Nr. 5.

7. Ausscheidensvertrag

a) Mit Recht nicht im Gesetz erwähnt, jedoch in der Praxis nicht selten, ist das Ausscheiden eines Gesellschafters durch Vertrag mit den übrigen Gesellschaftern. Eine solche vertragliche Vereinbarung (dann meist zugleich über die Höhe und Fälligkeit der Abfindung) kann der Vermeidung oder Beile-

---

54 3. Aufl., § 50 II 2.

55 *Baumbach/Hopt*, § 131 Rdnr. 26; *Ebenroth/Boujong/Joost/Lorz*, § 131 Rdnr. 54; *Wiedemann*, in: Gedächtnisschrift Lüderitz a.a.O., S. 852.

gung von Streitigkeiten unter den Gesellschaftern, insbesondere der Abwendung eines Ausschließungsverfahrens oder einer Austrittskündigung dienen. Die Zulässigkeit eines solchen Vertrags versteht sich von selbst.

b) Aus der Treupflicht der Gesellschafter kann sich u.U. ein auf den Abschluß eines Ausscheidensvertrages gerichteter Abschlußzwang ergeben. Beispielsweise kann sich die Frage stellen, ob im Fall der Auflösung einer Gesellschaft die am Fortbestand interessierten Gesellschafter einen auf Auseinandersetzung dringenden Gesellschafter auf das Recht zum Ausscheiden verweisen und ihm so das Auseinandersetzungsrecht gegen volle Abfindung »abkaufen« können. Eine solche *Abfindungsbefugnis fortsetzungswilliger Gesellschafter* kann bestehen, wenn beachtliche Gründe gegen die Liquidation der Gesellschaft sprechen, der Ausscheidende zum Liquidationswert abgefunden wird und auch sonst keine wesentlichen Nachteile zu erwarten hat[56]. Die Mitgesellschafter können also u. U. die Auseinandersetzung durch das geringere Übel »Abfindung« abwehren.

III. Die Ausschließung eines Gesellschafters*

Unter II 4a wurde hervorgehoben, daß die auflösende Kündigung, die Austrittskündigung und die Ausschließung unterschieden werden müssen.

56 *BGH*, BB 1986, 421 = NJW-RR 1985, 256 = JuS 1986, 407 m. Anm. *Karsten Schmidt*; vgl. auch *KG*, NZG 1999, 1055 m. Anm. *Notthoff*.

* Literatur: *Behr*, Der Ausschluß aus der Personengesellschaft im Spannungsfeld zwischen Vertrag und Status, ZGR 1985, 475; *ders.*, Neue Tendenzen im Recht der Ausschließung aus der Personengesellschaft, ZGR 1990, 370; *Blanke*, Das Recht zur Ausschließung aus der Personengesellschaft ohne Angabe von Gründen, 1994; *Bunte*, Wirksamkeitskontrolle gesellschaftsvertraglicher Hinauskündigungsklauseln, ZIP 1985, 915; *Dißars*, Geschäftsübernahme eines Gesellschafters bei der oHG bzw. KG, DStR 1996, 345; *Flume*, »Hinauskündigung« aus der Personengesellschaft und Abfindung, DB 1986, 629; *Grunewald*, Der Ausschluß aus Gesellschaft und Verein, 1988; *Häuser*, Unbestimmte »Maßstäbe« als Begründungselemente richterlicher Entscheidungen, 1981; *Hartmann*, Der ausscheidende Gesellschafter in der Wirtschaftspraxis, 4. Aufl. 1983; *Huber*, Der Ausschluß des Personengesellschafters ohne wichtigen Grund, ZGR 1980, 177; *Krämer*, Die gesellschaftsvertragliche »Ausschließung« aus der Personengesellschaft, NJW 1981, 2553; *Kreutz*, Hinauskündigungsklauseln im Recht der Personengesellschaften, ZGR 1983, 109; *Kulka*, Die gleichzeitige Ausschließung mehrerer Gesellschafter aus Personengesellschaften und GmbH, 1983; *Lindacher*, Die Klage auf Ausschließung eines OHG- bzw. KG-Gesellschafters, in: Festschrift Paulick, 1973, S. 73; *Loritz*, Vertragsfreiheit und Individualschutz im Gesellschaftsrecht, JZ 1986, 1073; *Manke*, Das Recht zur Ausschließung aus der Personengesellschaft kraft Vertrages, 1978; *Mayer*, Zur Mitwirkungspflicht beim Ausschluß von Personengesellschaftern, BB 1992, 1497; *Merle*, Die Verbindung von Zustimmungs- und Ausschlußklage bei den Personengesellschaften, ZGR 1979, 67; *Müller-Laube/Büsching*, Der grundlose Ausschluß eines Gesellschafters, JA 1989, 1; *Nickel*, Probleme der Ausschlußklage bei oHG und KG, JuS 1977, 14; *Papst*, Prozessuale Probleme bei Rechtsstreitigkeiten wegen Entziehung von Geschäftsführungs- bzw. Vertretungsbefugnis sowie Ausschließung eines Gesellschafters, BB 1978, 892; *Partikel*, Gesellschafter minderen Rechts im Recht der Personengesellschaften, 1993; *Piehler*, Der Ausschluß eines Gesellschafters aus einer Personengesellschaft, DStR 1991, 686, 716; *Sandrock*, Zur Übernahme eines Unternehmens nach § 142 HGB, JR 1969, 323; *Scheifele*, Der Ausschluß aus der Gesellschaft als ultima ratio? BB 1989, 792; *Karsten Schmidt*, Mehrseitige Gestaltungsprozesse bei Personengesellschaften. Studien und Thesen zur Prozeßführung nach §§ 117, 127, 133, 140, 142 HGB ..., 1992; *ders.*, »Übernahmerecht« und »Übernahmeprozeß«

Die Auflösung wird unter § 52 zu behandeln sein. Hier wird es um die Ausschließung gehen: um *das zwangsweise Ausscheiden eines Gesellschafters auf Betreiben der anderen.* Wie schon unter II 6 b festgestellt wurde, muß hier zwischen der gesetzlichen Ausschließungsklage und der Ausschließung durch Beschluß unterschieden werden. Die Ausschließungsklage ist in § 140 HGB geregelt, der Ausschließungsbeschluß in § 131 III Nr. 6 HGB genannt.

1. Die Ausschließungsklage

a) Nach dem Gesetz kann der Gesellschafter einer oHG im Gegensatz zum BGB-Gesellschafter (§ 737 BGB) ohne besondere gesellschaftsvertragliche Regelung, jedoch nicht durch Kündigung ausgeschlossen werden, sondern *die Ausschließung erfolgt nach § 140 HGB durch Ausschließungsklage* und Ausschließungsurteil. Es handelt sich um eine Gestaltungsklage, und das Ausschließungsurteil ist ein Gestaltungsurteil[57]. Tritt in der Person eines Gesellschafters ein Umstand ein, der nach § 133 HGB den übrigen Gesellschaftern ein Auflösungsrecht gäbe, so kann statt der Auflösung der Gesellschaft die Ausschließung des Gesellschafters beantragt und vom Gericht ausgesprochen werden. Die Regelung des § 140 HGB dient im Vergleich mit § 133 HGB dem Ziel der Unternehmenserhaltung. Jeder Gesellschafter kann ausgeschlossen werden, auch der einzige persönlich haftende Gesellschafter einer KG[58]. Wird der einzige persönlich haftende Gesellschafter ausgeschlossen, so ist allerdings die unter den übrigen fortbestehende Gesellschaft aufgelöst. Sie kann – z.B. durch Aufnahme einer Komplementär-GmbH – als KG fortgesetzt werden, ohne Erfüllung der Merkmale des § 161 I HGB allerdings nur als oHG (vgl. oben, § 44 III 1; unten, § 53 V 1 a).

b) Der *Ausschließungsgrund* muß ein wichtiger Grund sein, der ein Verbleiben des Gesellschafters in der Gesellschaft unzumutbar macht. Aus Gründen der Verhältnismäßigkeit ist die Ausschließung nur erlaubt, wenn

---

nach § 142 HGB. Betrachtungen zum Umgang mit mißlungenen Rechtsnormen, in: Festschrift Frotz, Wien 1993, S. 401; *Schöne*, Gesellschafterausschluß bei Personengesellschaften, 1993; *Schönhoff*, Die Zustimmungs- und Ausschließungsklage im Recht der Personengesellschaften, Diss. Freiburg 1992; *Schramm*, Gesellschaftsvertragliche Vereinbarungen über das Verfahren bei der Ausschließung eines Gesellschafters aus der oHG, MDR 1963, 174; *Stauf*, Der wichtige Grund bei der gesellschaftsvertraglichen Auflösungs- und Ausschließungsklage, 1980; *Ulmer*, Gestaltungsklagen im Personengesellschaftsrecht und notwendige Streitgenossenschaft, in: Festschrift Geßler, 1971, S. 269; *H. P. Westermann*, Die Ausschließungsklage gem. § 140 HGB – eine stumpfe Waffe? NJW 1977, 2185; *Westermann/Pöllath*, Abberufung und Ausschließung ... in Personengesellschaften und GmbH, 4. Aufl. 1988; *Wiedemann*, Die Personenunabhängigkeit der Personengesellschaft, in: Gedächtnisschrift Alexander Lüderitz, 2000, S. 839; *Wolf*, Die Hinauskündigung eines Gesellschafters ..., Diss. Mainz 1994.

57 Vgl. *Schlosser*, Gestaltungsklagen und Gestaltungsurteile, 1966, S. 52; *Alfred Hueck*, in: Recht im Wandel (Festschrift Carl Heymanns Verlag) 1965, S. 290; *Karsten Schmidt*, Mehrseitige Gestaltungsprozesse, a.a.O., S. 21ff.; *ders.*, JuS 1986, 36.

58 *BGHZ* 6, 113, 114ff.; 68, 81, 82; *H. P. Westermann*, NJW 1977, 2187.

sich kein anderer zumutbarer Weg findet[59]. *Vorrang* hat jedes mildere – aber zur Bewältigung der eingetretenen Störung geeignete! – Mittel, z.B. eine dem lästigen Gesellschafter anzubietende oder von ihm angebotene *Änderung des Gesellschaftsvertrags*[60] oder *die Entziehung der Geschäftsführungsbefugnis oder der Vertretungsbefugnis nach §§ 117, 127 HGB* (dazu oben, § 47 V 1 und § 48 II 4)[61]. Deshalb muß der wichtige Grund bei § 140 HGB noch »wichtiger« sein als bei §§ 117, 127 HGB[62]. Insofern wird mit Recht gesagt, die Ausschließung müsse das »letzte Mittel« sein. Komplizierter ist schon das *Verhältnis zur Auflösungsklage nach § 133 HGB* (zu ihr vgl. unten, § 52 III 7). Diese Klage ist aus der Sicht des betroffenen Gesellschafters das minder einschneidende Mittel, weil er am Liquidationserlös teilhat und nicht auf eine vertragsmäßige Abfindung angewiesen ist; sie ist aber für das Unternehmen das einschneidendere Mittel, weil sie zur Liquidation der Gesellschaft führt. Eine hergebrachte Auffassung meint, die Ausschließung sei ein besonders schwerwiegender Eingriff und deshalb nur aus besonders gravierenden Gründen zulässig[63]. Dem ist nicht zuzustimmen[64]. Der wichtige Grund bei § 140 HGB unterscheidet sich von dem des § 133 HGB nicht durch seine Schwere, sondern durch seine einseitige Gewichtung: § 140 HGB setzt voraus, daß »gesellschaftsfeindliche« und »gesellschaftsfreundliche« Gesellschafter unterschieden werden können. Es geht um den Fall, daß in Beziehung auf den wichtigen Grund »weiße und schwarze Schafe« unterschieden werden können[65]. Ist dies der Fall, so ist der wichtige Grund ein Ausschließungsgrund. Bei Nähe besehen, verfährt die Praxis auch nach diesem Grundsatz.

Beispiel Nr. 5: Als Ausschließungsgründe hat die Rechtsprechung beispielsweise anerkannt: maßlose Beschimpfungen und Vorwürfe als Ausdruck eines hemmungslosen Hasses gegen den Mitgesellschafter (*BGHZ* 4, 108, 117ff. zu § 142 HGB); Veruntreuungen in der Geschäftsführung (*BGHZ* 6, 113, 116f.; *BGH*, NZG 1999, 988 = ZIP 1999, 1355, 1356 zu § 140 HGB bei der KG); grob schuldhafte Verletzung der Gesellschafterpflichten (*OLG München*, NZG 1999, 591, 593f. zu § 140 HGB bei der KG); die Übervorteilung der Mitgesellschafter bei Steuerhinterziehungen, wobei das schuldhafte Erwecken des begründeten Verdachts eines unredlichen Verhaltens genügen soll (*BGHZ* 31, 295, 302ff.), sofern es sich nicht nach Aufklärung des Sachverhalts schließlich als unbegründet erweist (*BGH*, WM 1971, 20); bewußte Geschäftsschädigung und Kreditgefährdung durch getrennt oder geschieden lebende Ehefrau als Gesellschafterin (*BGHZ* 46, 392, 394ff. zu § 142 HGB a.F. bei der KG); planmäßige schwere gesellschaftswidrige

59 *RGZ* 146, 169, 180; *RG*, JW 1933, 98; 1938, 2212, 2213 (zu § 142 HGB); *BGHZ* 6, 113, 117; 18, 350, 362; *BGH*, BB 1955, 1038; WM 1971, 20; krit. *H. P. Westermann*, NJW 1977, 2187.

60 Dazu *Ebenroth/Boujong/Joost/Lorz*, § 140 Rdnr. 9.

61 Vgl. *RGZ* 146, 169, 180f.; std. Rspr.; *BGHZ* 4, 108, 112 (zu § 142 HGB); std. Rspr.

62 H.M.; vgl. nur *Ebenroth/Boujong/Joost/Lorz*, § 140 Rdnr. 8; krit. *Stauf* a.a.O.

63 *RGZ* 24, 136, 138 (zu Art. 128 ADHGB); *RG*, LZ 1932, 1144, 1145; *OGHZ* 1, 33, 39; *BGH*, WM 1971, 20, 22; 1977, 500, 502f.; *OLG Hamm*, DB 1992, 673; *Alfred Hueck*, oHG, § 29 I 2 c.

64 Vgl. *Rinsche*, Das Verhältnis der materiellrechtlichen Voraussetzungen der Gesellschafterausschließung nach §§ 140, 142 HGB zu denen der Gesellschaftsauflösung nach § 133 HGB, Diss. Münster 1963, S. 28ff.; *Stauf*, a.a.O., S. 47; *Kulka*, a.a.O., S. 98f.; *Karsten Schmidt*, Mehrseitige Gestaltungsprozesse, a.a.O., S. 53f.; *Baumbach/Hopt*, § 140 Rdnr. 3; *Koller/Roth/Morck*, § 140 Rdnr. 2; *Schlegelberger/Karsten Schmidt*, § 140 Rdnr. 6; *Straube/Koppensteiner*, § 140 Rdnr. 7; *Scheifele*, BB 1989, 792ff.

65 *Karsten Schmidt*, Mehrseitige Gestaltungsprozesse, a.a.O., S. 54.

Verstöße eines Gesellschafters, um nach einer von Gläubigern betriebenen Zwangsversteigerung das Unternehmen selbst zu übernehmen (*BGH*, WM 1961, 886 zu § 142 HGB a.F. bei der KG); Zerstörung des Vertrauensverhältnisses durch ein ehewidriges Verhältnis eines Gesellschafters, der erst kurz zuvor durch Einheirat in eine Familiengesellschaft aufgenommen worden war (*BGH*, NJW 1973, 92). Auch gravierende Verstöße gegen die gesellschaftsvertragliche Zuständigkeitsverteilung oder gegen die Informationspflicht können einen Ausschluß aus der Gesellschaft rechtfertigen (*BGH*, NJW-RR 1993, 1123, 1125 zu § 140 HGB bei der GmbH & Co. KG). Dagegen vermögen persönliche Spannungen und gesellschaftsbezogene Meinungsverschiedenheiten die Ausschließung eines Gesellschafters nur in besonders schwerwiegenden Fällen zu rechtfertigen (*BGH*, NJW 1995, 597). Auch die bloße Nichterfüllung einzelner Pflichten, z.B. der Einlageschuld, genügt nicht ohne weiteres (*OLG Hamm*, DB 1992, 673).

c) Das *Verfahren der Ausschließungsklage* ist in § 140 HGB nicht näher geregelt. § 140 I HGB verlangt eine Klage »der übrigen Gesellschafter«, d.h. grundsätzlich *aller* Mitgesellschafter[66]. Die Kläger sind notwendige Streitgenossen i. S. von § 62 ZPO[67]. Nach dem klaren Wortlaut des Gesetzes müssen alle Gesellschafter an dem Prozeß beteiligt sein, was zu bedeuten hat: Wer nicht Beklagter ist, muß als Kläger an dem Prozeß mitwirken[68]. Es kann allerdings gegen mehrere Gesellschafter gleichzeitig auf Ausschließung geklagt werden[69]. Dann brauchen diese nicht gleichzeitig gegenüber dem jeweils anderen Beklagten als Kläger mitzuwirken[70].

Verweigert ein Gesellschafter die Mitwirkung so werden bisher drei mögliche Lösungen erwogen:

- Erstens kann die Ausschließungsklage an der fehlenden Mitwirkung scheitern;
- zweitens kann eine rechtswidrige Weigerung ihrerseits ein Ausschließungsgrund sein und zur Ausschließung auch des widerstrebenden Gesellschafters berechtigen[71];
- drittens kann eine klagbare Pflicht des Widerstrebenden zur Mitwirkung bei der Ausschließungsklage bestehen[72].

In der Praxis sind alle drei Lösungen denkbar, aber die zweite als die am weitesten gehende kommt nach dem Verhältnismäßigkeitsgrundsatz nur

66 *BGHZ* 64, 253, 255 = NJW 1975, 1410 m. Anm. *Kollhosser*, NJW 1976, 144 = JZ 1976, 95 m. Anm. *Ulmer; Ulmer*, a.a.O., S. 276f.; *Lindacher*, a.a.O., S. 73; einschr. *RGZ* 146, 169, 173 (keine Beteiligung dessen, der sich verpflichtet, bei erfolgreicher Klage mit auszuscheiden); *BGHZ* 68, 81, 84f. = JuS 1977, 686 m. Anm. *Karsten Schmidt* (keine Beteiligung dessen, der auf Mitwirkung verklagt ist).

67 *RGZ* 122, 312, 315; *BGHZ* 30, 195, 197; *Ulmer*, a.a.O., S. 278f.

68 Einschränkend *BGH,* LM Nr. 18 zu § 133 HGB = NJW 1998, 146: keine Mitwirkung derer, die der Prozeßführung zustimmen; zu dieser Rechtsprechung vgl. kritisch *Karsten Schmidt,* Mehrseitige Gestaltungsprozesse, a.a.O., S. 79ff.

69 *RGZ* 146, 169, 171f.; *BGHZ* 64, 253, 255; *Kulka*, a.a.O., passim.

70 Vgl. *Karsten Schmidt,* Mehrseitige Gestaltungsprozesse, a.a.O., S. 77ff.

71 So *Kollhosser*, NJW 1976, 144f.

72 *BGHZ* 64, 253 = NJW 1975, 1410 m. krit. Anm. *Kollhosser*, NJW 1976, 144 = JZ 1976, 95 m. Anm. *Ulmer; BGHZ* 68, 81 = NJW 1977, 1013 = JuS 1977, 686 m. Anm. *Karsten Schmidt;* vgl. zu diesen Entscheidungen eingehend *Nickel*, JuS 1977, 14ff.; *Haarmann/Holtkamp*, NJW 1977, 1396.

ausnahmsweise in Betracht. In jedem Fall müssen zwei Fragen unterschieden werden:
- die Frage nach der sog. Mitwirkungspflicht (aa) und
- die Frage nach den Folgen ihrer Verletzung (bb).

aa) Ob und unter welchen Voraussetzungen eine sog. *Mitwirkungspflicht* besteht, ist umstritten[73]. Nach *BGHZ* 64, 253 kann der einzelne Gesellschafter auch ohne besondere gesellschaftsvertragliche Regelung verpflichtet sein, zu einer Ausschließungsklage seine Zustimmung zu geben. In der Literatur wird großenteils zur Vorsicht bei der Annahme solcher Mitwirkungspflichten geraten. Sicherlich muß bedacht werden, daß die Ausschließung überhaupt nur unter strengen Voraussetzungen jedoch zulässig ist (oben unter b). Sind diese Voraussetzungen jedoch in der Person eines Gesellschafters erfüllt, so wird häufig die Ausschließung so eindeutig dem objektiven Gesellschaftsinteresse entsprechen, daß den Mitgesellschaftern nur die Wahl bleibt, die Gesellschaft aufzulösen, aus ihr auszutreten oder an der Ausschließung mitzuwirken. Wer unter solchen Umständen Gesellschafter bleiben will, wird regelmäßig verpflichtet sein, die Beseitigung des Auflösungsgrundes, also die Ausschließung des Störenfrieds mit zu betreiben oder jedenfalls hinzunehmen[74]. Das ist gemeint, wenn von einer »Mitwirkungspflicht« gesprochen wird. Eine andere Frage ist, was im Prozeß mit dieser »Mitwirkungspflicht« anzufangen ist.

bb) Besteht die sog. Mitwirkungspflicht, so stellt sich die schwierige Frage nach ihrer Durchsetzung. Nach der vom *Bundesgerichtshof*[75] im Grundsatz vertretenen Auffassung kann gegen den widerstrebenden Gesellschafter im Wege der Leistungsklage auf Zustimmung zu der Gestaltungsklage geklagt werden; Folge soll sein, daß das Leistungsurteil die Mitwirkung bei der Gestaltungsklage nach § 894 ZPO ersetzt.

Beispiel Nr. 6 (nach *BGHZ* 64, 253 = NJW 1975, 1410): In einer Familiengesellschaft wurde gegen zwei Geschwister die Ausschließungsklage erhoben, weil sie ihre gesellschaftsrechtlichen Befugnisse mißbraucht hätten. Kläger waren alle anderen Gesellschafter bis auf die Beklagte zu 3. Diese hatte die Mitwirkung am Ausschließungsverfahren verweigert und war deshalb auf Zustimmung zur Ausschließung verklagt worden. Erhoben war also eine Ausschließungsklage gegen die auszuschließenden Gesellschafter und gleichzeitig eine Leistungsklage gegen die widerstrebende Gesellschafterin. Der *BGH* hat dieses Verfahren gebilligt. Bemerkenswert ist, daß der Antrag gegen die Beklagte zu 3 in erster Linie auf Verurteilung zur Zustimmung und nur hilfsweise auf ihre Ausschließung gerichtet war. Die Kläger können in einem solchen Fall natürlich auch umgekehrt verfahren, also primär auf Ausschließung und hilfsweise – falls die Gründe zur Ausschließung der Beklagten zu 3 nicht ausreichen – auf Mitwirkung bei der Ausschließungs-

73 Überblick bei *Grunewald*, a.a.O., S. 102; *Holtkamp*, Mitwirkungsprobleme bei Ausschluß und Entziehungsklagen im Recht der Personengesellschaften, Diss. Münster 1979, S. 106ff.; *Nickel*, JuS 1977, 16f.; *Papst*, BB 1978, 892; *Dieter Mayer*, BB 1992, 1497.

74 Vgl. nur *Baumbach/Hopt*, § 140 Rdnr. 20; *Ebenroth/Boujong/Joost/Lorz*, § 140 Rdnr. 30; zur Zustimmungspflicht bei Ausschließungsbeschlüssen vgl. *BGH*, NJW-RR 1997, 925, 926.

75 *BGHZ* 64, 253 = NJW 1975, 1410 m. Anm. *Kollhosser*, NJW 1976, 144; *BGHZ* 68, 81 = JuS 1977, 686 m. Anm. *Karsten Schmidt* = NJW 1977, 1013 m. Anm. *Haarmann/Holtkamp*, NJW 1977, 1396; *Baumbach/Hopt*, § 140 Rdnr. 20; *Ebenroth/Boujong/Joost/Lorz*, § 140 Rdnr. 29; eingehend *Nickel*, JuS 1977, 14ff.; *Papst*, BB 1978, 892ff.; *Merle*, ZGR 1979, 67ff.

klage gegen die Beklagten zu 1 und 2 klagen. Das wird von der Lage des Einzelfalls abhängen, denn das Prozeßrisiko wird bei diesem letzten Antrag evtl. hoch sein, weil die Gerichte zuerst über den Ausschließungsantrag befinden müssen und diesen vielleicht als unbegründet ablehnen werden.

Insgesamt baut die Lösung des *Bundesgerichtshofs* auf einer klagbaren Mitwirkungspflicht der Gesellschafter auf. Es droht allerdings eine lästige Komplikation, denn nach § 894 ZPO müßte, genau genommen, die Rechtskraft des Leistungsurteils abgewartet werden, bevor über die Ausschließungsklage entschieden werden kann. Nun wäre es unökonomisch und unvernünftig, zunächst einen Mitwirkungsprozeß gegen den Mitgesellschafter und erst danach den eigentlich ausschlaggebenden Ausschließungsprozeß zu führen. Diese Frage klärte der *Bundesgerichtshof*[76] in unserem

Beispiel Nr. 7 (nach *BGHZ* 68, 81 = JuS 1977, 687 m. Anm. *Karsten Schmidt* = NJW 1977, 1013 m. Anm. *Haarmann/Holtkamp*, NJW 1977, 1396): 30 Kommanditisten einer Publikumsgesellschaft klagten unter Berufung auf schwere Pflichtverletzungen gegen die Komplementär-GmbH auf Ausschließung. Zugleich war gegen zwei nicht als Kläger auftretende Kommanditisten Klage auf Zustimmung zur Ausschließung der GmbH erhoben worden. Der *BGH* betonte, die Beteiligung aller Gesellschafter an der Ausschließungsklage nach § 140 HGB solle nur eine einheitliche Entscheidung und eine Anhörung aller Beteiligten sicherstellen. Beides sei auch dann gewährleistet, wenn die Ausschließungsklage mit einer Mitwirkungsklage verbunden werde. Keiner der Klagen könne stattgegeben werden, wenn die andere abgewiesen werde.

Das ist eine praxisgerechte Lösung. Man sollte allerdings zugeben: Was hier als Verbindung einer Gestaltungs- und einer Leistungsklage gegen unterschiedliche Beklagte ausgegeben wird, ist *ein einziger Gestaltungsprozeß*, an dem alle Gesellschafter beteiligt sind: Der auf Ausschließung gerichteten Gestaltungsklage kann nur stattgegeben werden, wenn alle Gesellschafter am Prozeß beteiligt sind. Wer nicht klagt, muß verklagt werden, denn die Ausschließung auch nur eines Gesellschafters ist ein Eingriff in die Rechtsverhältnisse aller[77]. Aus der angeblich einklagbaren Mitwirkungspflicht der untätig bleibenden Gesellschafter wird eine schlichte Einbeziehung in den auf *alle* Gesellschaftsverhältnisse einwirkenden Prozeß. Die gegen die Mitgesellschafter gerichtete Klage zielt nicht darauf, daß sie sich auf der Klägerseite am Prozeß beteiligen sollen, sondern schlicht darauf, daß sie die Rechtsgestaltung hinnehmen müssen.

Beispiel Nr. 8: In unserem letzten Beispiel klagen die Kommanditisten K 1 – K 30, wenn sie der h.M. folgen, gegen die GmbH auf Ausschließung und gegen die Kommanditisten K 31 und K 32 auf Mitwirkung bei der Ausschließung der GmbH. Nach der hier vertretenen Auffassung wird einfach gegen die GmbH sowie gegen K 31 und K 32 auf Ausschließung (nur) der GmbH geklagt, denn die Rechtsgestaltung greift in die Gesellschafterstellung jedes Gesellschafters ein. Allerdings hat die h.M., weil jeder Anwalt auf den sicheren Weg bedacht ist, ein natürliches Beharrungsvermögen.

---

76 Dazu näher *Schönhoff*, a.a.O., S. 99ff.; *Merle*, ZGR 1979, 80ff.; *Papst*, BB 1978, 894f.

77 *Karsten Schmidt*, Mehrseitige Gestaltungsprozesse, a.a.O., S. 76ff.; *Schlegelberger/Karsten Schmidt*, § 140 Rdnr. 46; in ähnlicher Richtung schon *Lindacher*, in: Festschrift Paulick, a.a.O.; dazu auch *Piehler*, in: MünchHdb. I, § 67 Rdnr. 38.

Wie einfach und sachgerecht die hier vertretene Auffassung ist, zeigt sich vor allem bei der gegen mehrere – aber nicht alle! – Mitgesellschafter gerichteten Ausschließungsklage[78].

Beispiel Nr. 9 (nach *BGHZ* 64, 253): Die Gesellschafter X, Y und Z klagen gegen die Gesellschafter A und B auf Ausschließung. Es erweist sich, daß hinsichtlich dem Bösewicht B ein wichtiger Ausschließungsgrund besteht, nicht aber hinsichtlich des A. Die wunderliche Konsequenz lautet nach *BGHZ* 64, 253: »Die Klage ist ... gegen alle Gesellschafter abzuweisen, wenn sie sich auch nur gegen einen als unbegründet erweist« (zust. *Michalski,* § 140 Rdnr. 9). Man muß wohl hinzufügen: es sei denn, die Kläger hätten gegen den A nicht nur auf Ausschließung, sondern hilfsweise auch auf Zustimmung zur Ausschließung des B geklagt. Der Praktiker wird also eine solche Zustimmungsklage nachlegen. Doch ist das Ergebnis evident unverhältnismäßig (*Karsten Schmidt,* Mehrseitige Gestaltungsprozesse, a.a.O., S. 77ff.). Die richtige Lösung lautet anders. Es ergeht gegenüber allen Beklagten das Urteil: »B wird aus der Gesellschaft ausgeschlossen. Im übrigen wird die Klage abgewiesen«/abd. S. 190).

d) Die Ausschließung wird *erst mit Rechtskraft* wirksam. Bis dahin ist der Auszuschließende Gesellschafter. Soll Schaden von der Gesellschaft abgewendet werden, so können die Kläger ihm bestimmte Verhaltensweisen durch einstweilige Verfügung verbieten lassen. Abfindungsstichtag ist allerdings der Zeitpunkt der Klageerhebung (§ 140 II HGB und dazu alsbald unter IV 1 c).

e) *Der Ausschließungsklage steht nicht entgegen, dass nach der Ausschließung nur ein Gesellschafter verbleibt* (§ 140 I 2 HGB). Diese Neufassung des § 140 HGB durch das Handelsrechtsreformgesetz von 1998 entspricht einer in diesem Buch erhobenen Forderung[79]. Bis 1998 war die Frage in § 142 HGB a.F. geregelt. Danach handelte es sich in der Zweipersonengesellschaft nicht um eine Ausschließungsklage, sondern um eine Klage eigener Art: eine »Übernahmeklage«. Nach § 142 I HGB a.F. erklärte das Gericht den klagenden Gesellschafter für berechtigt, »das Geschäft ohne Liquidation mit Aktiven und Passiven zu übernehmen«. So wurde in der Praxis auch der Klageantrag formuliert, und auch der Tenor eines der Klage stattgebenden Urteils wurde – weil das Gesetz es so vorsah – als »Übernahmeurteil« und nicht als Ausschließungsurteil gefaßt. Diese verunglückte Bestimmung war das Produkt einer ebenso unglücklichen Vorgeschichte[80]. Bereits das ADHGB hatte die jetzt in § 140 HGB geregelte Ausschließungsklage zugelassen (Art. 128 ADHGB). Die Nürnberger ADHGB-Kommission hatte durchaus das Problem gesehen, ob die Ausschließung mutatis mutandis auch zugelassen werden solle, »wenn die Gesellschaft nur aus zwei Personen besteht, oder, falls ihrer mehrere sind, das Geschäft nur von einem Gesellschafter fortgesetzt wird«[81]. Sie hatte sich jedoch über den Grundgedanken der Ausschließung nicht einigen können, nämlich über die Frage, was bei der Ausschließung erhalten bleibt: die Gesellschaft oder das Unternehmen? Weil

78 *Karsten Schmidt,* Mehrseitige Gestaltungsprozesse, a.a.O., S. 77ff., 190.

79 Vgl. 3. Aufl., § 50 III 2; *Karsten Schmidt*, Mehrseitige Gestaltungsprozesse, a.a.O., S. 98ff.; *ders.*, in: Festschrift Frotz, a.a.O.

80 Ausführlich noch 3. Aufl., § 50 II 2; vgl. für Österreich noch *Krejci/Karsten Schmidt,* Vom HGB zum Unternehmergesetz, Wien 2002, S. 143ff.

81 ADHGB-Protokolle, S. 249, 1009.

dies offen geblieben war, setzte sich die aus heutiger Sicht unrichtige Auffassung durch, eine Ausschließung setze das Übrigbleiben mehrerer Gesellschafter voraus[82]. Dies wurde verständlicherweise als ein Mangel empfunden. Der HGB-Gesetzgeber von 1897 wollte deshalb dafür sorgen[83], daß auch in einem solchen Fall dem betreffenden Gesellschafter die Möglichkeit gegeben werde, die Liquidation des Geschäfts durch Übernahme desselben mit Aktiven und Passiven unter Abfindung des anderen Gesellschafters zu verhüten.« Das war die Geburtsstunde der sog. »Übernahmeklage« nach § 142 HGB a.F. Diese war nach richtiger Auffassung von Anfang an nichts als ein *Spezialfall des § 140 HGB*[84]: eine Gestaltungsklage[85], und zwar eine ganz normale Ausschließungsklage. Schloß der Kläger den einzigen Mitgesellschafter oder alle Mitgesellschafter durch »Übernahmeklage« aus, so wurde er mit der Rechtskraft des Urteils *automatisch* zum Einzelkaufmann[86]. Für den Beklagten entstand automatisch ein Abfindungsanspruch. Irgendeiner Vollzugshandlung des Klägers bedurfte es nicht. Der Kläger hatte auch nicht die Wahl, ob er das Unternehmen übernehmen wollte oder nicht. Es fiel ihm im Wege der Gesamtrechtsnachfolge ohne sein weiteres Zutun an[87]. Leider hatte weder der HGB-Gesetzgeber von 1897 noch die Rechtsprechung und Lehre zu § 142 HGB a.F. diesen einfachen Mechanismus durchschaut, so daß diese Variante der Ausschließungsklage zu einem Rechtsinstitut eigener Art aufgebauscht wurde: eben zur »Übernahmeklage«. Das hat zu unendlichen Schwierigkeiten geführt, insbesondere hinsichtlich folgender Fragen[88]:

- Setzte § 142 HGB a.F. wirklich eine Zweipersonengesellschaft voraus (so der Wortlaut), oder konnte die Vorschrift auch eingreifen, wenn in der Mehrpersonengesellschaft ein Gesellschafter gegen alle anderen auf »Übernahme« klagte (hierfür richtig *OGH Wien*, RdW [Recht der Wirtschaft] 1985, 180; *OLG Stuttgart*, DB 1961, 1644; *Kulka*, a.a.O., S. 20ff.).
- War der erforderliche »wichtige Grund« im Fall des § 142 HGB a.F. ein anderer als im Fall des § 140 HGB (so *BGHZ* 4, 108, 110; eingehende Kritik in der 3. Aufl., § 50 III 2 c).
- War der Streitgegenstand der Klage nach § 142 HGB a.F., weil auf »Übernahme« und nicht bloß auf Ausschließung gerichtet, ein anderer als bei der Klage nach § 140 HGB (dagegen bereits *Karsten Schmidt*, in: Festschrift Frotz, a.a.O., S. 401ff.).

82 *ROHGE* 11, 160; *Puchelt*, ADHGB, 3. Aufl. 1882, Art. 128 Anm. 5.

83 HGB-Denkschrift, S. 102.

84 3. Aufl., § 50 III 2 b; *Karsten Schmidt*, Mehrseitige Gestaltungsprozesse, a.a.O., S. 7; *Schlegelberger/Karsten Schmidt*, § 142 Rdnrn. 3ff., 25ff.; *Sandrock*, JR 1969, 329.

85 Vgl. *Alfred Hueck*, in: Recht im Wandel (Festschrift Carl Heymanns Verlag), 1965, S. 290; *Karsten Schmidt*, Mehrseitige Gestaltungsprozesse, a.a.O., S. 27ff.

86 *RGZ* 65, 227, 237f.; 68, 410, 414f.; 101, 242, 243f.; *BGHZ* 50, 307, 308f.; *BGH*, DB 1956, 1009; *Schlegelberger/Karsten Schmidt*, § 142 Rdnrn. 25ff.

87 Vgl. 3. Aufl., § 50 III 2 b.

88 Vgl. ebd.; *Schlegelberger/Karsten Schmidt;* § 142 Rdnrn. 4ff.; 16ff.; *Karsten Schmidt,* in: Festschrift Frotz, a.a.O.; *ders.,* in: *Krejci/Karsten Schmidt,* Vom HGB zum Unternehmergesetz, Wien 2002, S. 143ff.

Mit der *Streichung des § 142 HGB* sind die sich hieraus ergebenden schwierigen Scheinprobleme erledigt. Wie groß die Vereinfachung ist, erkennt man aus folgendem

Beispiel Nr. 10: (vgl. *Karsten Schmidt,* in: Festschrift Frotz, a.a.O., S. 409): Angenommen, in der ABC-oHG will A den B und den C ausschließen, so kann er das nach § 140 I 2 HGB ohne weiteres tun, sofern nur ein hierfür ausreichender wichtiger Grund vorhanden ist; bis 1998 hätte A eine »Übernahmeklage« nach § 142 HGB a.F. erhoben (anders der Wortlaut des § 142 HGB a.F., der eine Zweipersonengesellschaft vorauszusetzen schien). Angenommen, das Gericht stellt einen hinreichenden Grund nur bei B, nicht aber bei C fest, so wird es der Ausschließungsklage gegen B stattgeben, während es die gegen C gerichtete Ausschließungsklage abweist. Die Praxis zu § 142 HGB a.F. stand hier vor der unsinnigen Frage, ob nun vielleicht auch die Klage gegen B abgewiesen werden müsse, weil keine »Übernahmeklage« i.S. von § 142 HGB a.F. gestützt werden müsse, wenn C in der Gesellschaft bleibe. Ein weiteres Scheinproblem konnte sich daraus ergeben, daß A es versäumt hatte, den C auf Mitwirkung beim Ausschluß des B zu verklagen. All diese Scheinprobleme lassen sich wegwischen: Es liegt ein einziger Mehrpersonenprozeß vor, gerichtet auf Ausschluß des B und des C. Diesen Prozeß, an dem alle Gesellschafter beteiligt sind, gewinnt A, soweit es um die Ausschließung geht. Er verliert ihn hinsichtlich der Ausschließung des C.

Auch die *Frage des wichtigen Grundes* ist keine andere als sonst bei der Anwendung des § 140 HGB. Naturgemäß kann die Zahl der Beteiligten oder ihre Parteiung im Einzelfall Einfluß auf die Beurteilung des »wichtigen Grundes« haben, denn § 140 I 2 HGB stellt das Gericht vor die schwierige Frage, wer ein würdiger (Mit-)Inhaber des Unternehmens ist und wer hierfür ausscheidet. Stiftet ein Gesellschafter in einer zehnköpfigen Gesellschaft unheilbar Unfrieden, so fällt die Ausschließungsentscheidung nicht schwer, und eine Auflösung der Gesellschaft wäre unverhältnismäßig. Ist, wie bei *BGHZ* 4, 108, eine zweiköpfige Gesellschaft zerstritten, so kann eben diese Entscheidung außerordentlich schwierig sein, denn die für § 140 HGB charakteristische Unterscheidung zwischen »schwarzen« und »weißen Schafen« ist verständlicherweise besonders schwierig, wenn nur ein Gesellschafter als angeblich einziges »weißes Schaf« das Unternehmen an sich nehmen will. Vielleicht erhebt ja sogar der Beklagte Widerklage auf Ausschließung des Klägers. Daß aber dies kein Spezifikum der Zweipersonengesellschaft ist, läßt sich ohne weiteres feststellen, wenn man den BGH-Fall nur unwesentlich abwandelt.

Beispiel Nr. 11: Kaufmann K ist von A und B, seinen Kindern aus erster Ehe, sowie von X und Y, seinen Kindern aus zweiter Ehe, zu gleichen Teilen beerbt worden. Zwischen A und B einerseits sowie zwischen X und Y anderseits, besteht unheilbarer Streit, der vor allem von A und B auch durch öffentliche Beschimpfungen ausgetragen wird. Wenn jetzt X und Y auf Ausschließung des A und des B klagen, spitzt sich die Problematik ebenso zu wie im Fall des § 142 I 2 HGB.

2. Ausschließungsbeschluß und Ausschließungserklärung

a) An die Stelle des Ausschließungsurteils kann nach dem Gesellschaftsvertrag auch ein *Ausschließungsbeschluß* der Gesellschafter oder eine *Ausschlie-*

ßungserklärung eines Organs treten. Die Vertragsklausel lautet dann z.B.: »Die Gesellschafter können jederzeit die Ausschließung eines Gesellschafters beschließen, wenn ein wichtiger Grund für die Ausschließung (§ 140 HGB) vorliegt.« Der praktische Effekt besteht darin, daß nicht erst ein Gestaltungsurteil nach § 140 HGB abgewartet werden muß. Soll über die Wirksamkeit der Ausschließung prozessiert werden, so wird nachträglich ein Feststellungsprozeß ausgetragen. Die Technik des § 140 HGB heißt: »Erst der Prozeß, dann die Gestaltung.« Die Technik der Ausschließung durch Beschluß besagt: »Erst die Gestaltung, dann der Prozeß.« Die Vertragsregelung bewirkt also, daß über den Ausschließungsgrund, also über die Wirksamkeit der Ausschließung, nicht im voraus gestritten werden muß. Die ältere Rechtsprechung hielt eine solche Regelung für unwirksam[89]. Die jüngere Praxis ließ dann aber den Ausschließungsbeschluß zu, wenn er vertraglich vorgesehen ist[90]. Spätestens seit 1998 ist dies durch § 131 III Nr. 6 HGB auch gesetzlich außer Streit gestellt[91]. Bei Publikumsgesellschaften wird man die Ersetzung der Ausschließungklage durch den Ausschließungsbeschluß sogar als die Regel anzusehen haben[92]. Die Zulässigkeit eines Ausschließungsbeschlusses an Stelle der Ausschließungsklage ergibt sich aber nicht direkt aus dem Gesetz, sondern es bedarf einer entsprechenden Klausel im Gesellschaftsvertrag (oben unter II 6). Auch die Frage, ob eine Mehrheitsentscheidung ausreicht, muß im Gesellschaftsvertrag klargestellt sein[93]. Unter den Voraussetzungen der Mitwirkungspflicht (oben unter III 1c) sind die Mitgesellschafter verpflichtet, für die Ausschließung zu stimmen[94]. Der auszuschließende Gesellschafter wirkt bei der Beschlußfassung nicht mit (oben, § 21 II 2). Die Ausschließungsklausel sollte klarstellen, ob bereits der Beschluß oder erst dessen Mitteilung an den Gesellschafter Ausschließungswirkung hat (die Mitteilung kann also deklaratorische oder konstitutive Wirkung haben).

b) Auch eine »Übernahmeerklärung« durch einen Gesellschafter kann zugelassen werden[95]. Das kann nach den hier angestellten Überlegungen nicht überraschen, denn wenn der Ausschließungsklage nicht entgegensteht, daß nach der Ausschließung nur ein Gesellschafter verbleibt (§ 140 I 2 HGB n.F.), steht eben auch der Ausschließung ohne vorherigen Prozeß nicht entgegen, daß nur ein Gesellschafter die Ausschließung seines einzigen

89 *ROHGE* 21, 84; *RGZ* 38, 119, 122f.; 109, 80, 82; einschränkend aber schon *RG*, ZAkDR 1938, 818; DR 1943, 808 m. Anm. *Barz*.

90 Vgl. *BGHZ* 31, 295, 300; 47, 293, 302; 68, 212, 214; 81, 263, 265f.; 107, 351, 356; *BGH*, LM Nr. 30 zu § 161 HGB = NJW 1973, 1606; eingehend *Wiedemann* I, § 7 III 2; *Manke*, a.a.O., S. 143ff.; *Schöne*, a.a.O., S. 31ff.

91 Schon vor 1998 konnte auf § 141 HGB a.F. hingewiesen werden; vgl. 3. Aufl., § 50 III 3a; zum geltenden Recht vgl. ausführlich *Wiedemann*, a.a.O., S. 846ff.

92 Vgl. *Grunewald*, a.a.O., S. 106; *Schlegelberger/Karsten Schmidt*, § 140 Rdnr. 74; s. zu entsprechenden Vertragsklauseln auch *G. A. Wilhelm*, Die Problematik der Massen-KG, Diss. Tübingen 1980, S. 182ff.

93 Entgegen *Wiedemann* (in: Gedächtnisschrift Lüderitz, a.a.O., S. 852) gibt es keinen Zwang zur qualifizierten Mehrheit analog §§ 43 II, 217 I UmwG.

94 *BGH* NJW-RR 1997, 925, 926.

95 *RGZ* 65, 227, 239; 68, 410, 415f.; *RG*, ZAkDR 1938, 818, 819; *BGHZ* 50, 307, 308f.; *BGH*, DB 1956, 1009; a.M. noch *RGZ* 109, 80, 82.

Mitgesellschafters (bzw. aller Mitgesellschafter) erklärt und daß demgemäß kein Beschluß erforderlich ist. Die »Übernahmeerklärung« ist der Sache nach eine Hinauskündigung aller Mitgesellschafter bzw. des einzigen Mitgesellschafters durch einseitige Willenserklärung. Sie ist zwar in § 131 III Nr. 6 HGB nicht besonders erwähnt, aber wie § 140 ist auch § 131 III Nr. 6 HGB sinngemäß durch § 140 I 2 HGB zu ergänzen. Eine Ausschließungsklausel im Gesellschaftsvertrag kann durchaus so auszulegen sein, daß auch die »Übernahmeerklärung« möglich ist, wenn im Fall der Ausschließung nur noch einer der Gesellschafter verbleibt. Einer besonderen »Übernahme« des Handelsgeschäfts bedarf es ebensowenig wie bei der »Übernahmeklage« nach § 142 HGB a.F.; das Handelsgeschäft fällt dem »übernehmenden« Gesellschafter auch hier automatisch an (oben unter III 2). Naturgemäß werden die Gerichte in einem solchen Fall besonders kritisch prüfen, ob ein wichtiger Ausschlußgrund i. S. d. § 140 HGB gegeben ist.

Beispiel Nr. 12: Der Gesellschaftsvertrag der A&B-oHG gestattet die Ausschließung eines Gesellschafters ohne Beschluß bzw., sofern nur ein Mitgesellschafter vorhanden ist, durch Erklärung gegenüber dem Mitgesellschafter, sofern ein wichtiger Ausschließungsgrund vorhanden ist. Nach längeren Streitigkeiten hat A den B durch eingeschriebenen Brief fristlos ausgeschlossen, worauf B den A postwendend durch eingeschriebenen Brief fristlos ausschloß. Im Wege der Klage und Widerklage beantragen jetzt A und B die Feststellung, daß der jeweilige Kläger Alleininhaber des Unternehmens und der jeweilige Beklagte nicht mehr Gesellschafter ist. Hier wird das Gericht sehr genau prüfen, ob ein wichtiger Grund bestand und ob einer von beiden das »weiße« und der andere das »schwarze« Schaf ist. Nur wenn es dies feststellen kann, wird das Gericht einen der Gesellschafter obsiegen lassen und ihm damit das Unternehmen zusprechen. Anderenfalls wird es beide Klagen abweisen, sei es daß ein wichtiger Grund gar nicht bestand, sei es daß er zwar bestand, aber kein Gesellschafter als »weißes Schaf« dasteht. Im letzten Fall haben die Gesellschafter die Wahl, ob sie sich wieder zusammenraufen oder die Gesellschaft nach § 133 HGB zur Auflösung bringen wollen.

3. Die Ausschließung ohne wichtigen Grund

a) Von der bloß technischen Erleichterung der Ausschließung – Ausschließungsbeschluß bzw. Ausschließungserklärung statt Ausschließungsklage – ist die Verminderung der Ausschließungsvoraussetzungen zu unterscheiden. Umstritten ist, ob ein Gesellschafter auch ohne wichtigen Grund ausgeschlossen werden kann. Die Rechtsprechung kann nicht eben als geradlinig bezeichnet werden[96]. Die ältere Praxis des *Reichsgerichts* stand der Ausschließungsmöglichkeit feindlich gegenüber. Das änderte sich mit *RG*, ZAkDR 1938, 818. Nach dieser Entscheidung kann der Gesellschaftsvertrag die Ausschließung in das Belieben der Mitgesellschafter stellen[97]. Der *Bun-*

96 Überblick bei *Blanke*, a.a.O., S. 2ff.; *Kulka*, a.a.O., S. 49ff.; *Schöne*, a.a.O., S. 38ff.; *Huber*, ZGR 1980, 180ff.; *Flume*, DB 1986, 629ff.

97 Zust. z.B. *Nitschke*, Die körperschaftlich strukturierte Personengesellschaft, 1970, S. 87f., 390ff.; *H. P. Westermann*, Vertragsfreiheit und Typengesetzlichkeit im Recht der Personengesellschaften, 1970, S. 246.

desgerichtshof setzte diese Praxis zunächst fort[98]. Das bedeutet nicht, daß er etwa dem betroffenen Gesellschafter jeden Schutz versagt hätte. Dieser Schutz konzentrierte sich aber auf die Modalitäten des Ausschlusses[99]: Die *Ausübung* des Ausschließungsrechts kann auch nach diesem Standpunkt der früheren BGH-Rechtsprechung im Einzelfall treuwidrig sein[100], und vor allem konnten Abfindungsklauseln beanstandet werden, die dem Gesellschafter auch bei der Ausschließung ohne wichtigen Grund nur den Buchwert zukommen lassen[101]. Seit 1977 schlägt der *Bundesgerichtshof* wieder eine schärfere Linie ein. Nach der inzwischen gefestigten Rechtsprechung ist eine Vertragsklausel, die den Ausschluß ohne wichtigen Grund zuläßt, überhaupt nur noch dann zulässig, wenn für eine solche Regelung wegen außergewöhnlicher Umstände sachlich gerechtfertigte Gründe bestehen[102]. Fehlt es daran, so kann eine Hinauskündigungsklausel nur in dem Sinne aufrechterhalten werden, daß sie zur Ausschließung aus wichtigem Grund berechtigt[103]. Grundlage dieser Rechtsprechung ist § 138 BGB[104]. Der *Bundesgerichtshof* sieht in dem »Damoklesschwert der Hinauskündigung«[105] ein der »Willkürherrschaft«[106] dienendes »Disziplinierungsmittel«[107], dem er präventiv zu begegnen sucht. Eine bloß nachträgliche Kontrolle der Rechts*ausübung* genügt ihm als Schutz des Gesellschafters ebensowenig wie eine hinreichende Abfindung. Was dies bedeutet, zeigt unser

Beispiel Nr. 13 (nach *BGHZ* 81, 263 = JuS 1982, 65 m. Anm. *Karsten Schmidt*): Der Kläger trat 1963 als Erbe seines Vaters die Nachfolge in dessen Kommanditanteil an. Im Gesellschaftsvertrag stand die Klausel: »Den persönlich haftenden Gesellschaftern steht das Recht der Kündigung gegenüber einem oder einigen Kommanditisten mit der Folge des Ausscheidens der gekündigten Kommanditisten zu.« 1976 kündigten die Komplementäre das Gesellschaftsverhältnis mit dem Kläger auf. Die Klage auf Feststellung des Fortbestands der Gesellschaftereigenschaft hatte in allen Instanzen Erfolg.

Nach diesem Standpunkt der Rechtsprechung stellt sich die Frage: Unter welchen Voraussetzungen hat eine Ausschließungsklausel ausnahmsweise Bestand? Der *BGH* verlangt, wohlgemerkt, keinen »wichtigen« Grund, der schon nach § 140 HGB zur Ausschließung berechtigt, sondern »sachliche

98 Z.B. *BGHZ* 34, 80.

99 Geprüft wurde allerdings immer wieder auch, ob die Einräumung des Rechts sittenwidrig sei; vgl. *BGHZ* 31, 295, 299f.; *BGH*, WM 1968, 532.

100 Vgl. *BGHZ* 34, 80, 83 = WM 1961, 171; *BGH*, WM 1968, 532; dazu eingehend *Manke*, a.a.O., S. 111ff.

101 Vgl. nur *BGH*, WM 1962, 462; 1968, 532; NJW 1973, 651 = WM 1973, 326; NJW 1973, 1606 = WM 1973, 842; eingehende Analyse bei *Huber*, ZGR 1980, 177ff.

102 *BGHZ* 68, 212; 81, 263; 104, 50, 57ff.; 105, 213; 107, 351; *BGH*, NJW 1985, 2421 = JZ 1985, 1105 m. Anm. *Flume;* vgl. auch zur GmbH *BGHZ* 112, 103 = NJW 1990, 2622; zur atypischen stillen Gesellschaft *BGHZ* 125, 74 = NJW 1994, 1156.

103 *BGHZ* 107, 351 = NJW 1989, 2681 = JuS 1990, 228 m. Anm. *Karsten Schmidt* (geltungserhaltende Reduktion); dazu *Fastrich* ZGR 1991, 306.

104 So jetzt wohl auch *BGHZ* 105, 213, 217 = NJW 1989, 834; dazu *Behr*, ZGR 1990, 370ff.; eingehend *Schöne*, a.a.O., S. 56ff.; die methodische Diskussion der ersten Auflage scheint damit erledigt.

105 *BGHZ* 81, 263, 268 = NJW 1981, 2565, 2566.

106 *BGHZ* 112, 103, 107 = NJW 1990, 2622, 2623.

107 *BGHZ* 81, 263, 268 = NJW 1981, 2565, 2566.

Gründe« genügen[108]. Fest steht zunächst, daß bestimmte Ereignisse, die sogar die automatische Beendigung des Gesellschaftsverhältnisses rechtfertigen (§ 131 III Nr. 5 HGB), Anknüpfungspunkt für ein Ausschließungsrecht sein können. Wenn beispielsweise nach § 131 III Nr. 1 HGB eine Fortsetzung ohne die Erben zur gesetzlichen Regel erhoben worden ist (vgl. zu dieser Änderung oben, § 45 V 3)[109], dann muß der Gesellschaftsvertrag den Mitgesellschaftern auch das Recht geben können, die Erben binnen angemessener – etwa dreimonatiger – Frist hinauszukündigen[110]. Auch hat der Bundesgerichtshof erkennen lassen, daß die einem Dritten gemeinsam mit einer Vertrauensposition – z. B. als geschäftsführender Gesellschafter – eingeräumte Beteiligung diesem Dritten ohne wichtigen Grund wieder entzogen werden kann, wenn die Vertrauensposition endet[111]. So kann es sich etwa verhalten, wenn ein leitender Angestellter zum »angestellten Komplementär« aufgewertet wird und mit dem Ausscheiden aus dem Dienst auch aus der Gesellschaft ausscheiden soll. Im übrigen hat es der *BGH* bisher vermieden, die zum Ausschluß ohne wichtigen Grund berechtigenden Sonderfälle zu präzisieren. Die Tatsache allein, daß der Gesellschafter nur als Erbe in die Gesellschaft eingetreten ist, genügt ihm ersichtlich nicht. Herkömmlich wurde die Ausschließung ohne wichtigen Grund allerdings für solche Fälle zugelassen, bei denen die Beteiligung dem Gesellschafter – z. B. im Wege der vorweggenommenen Erbfolge – schenkweise zugewendet worden ist[112].

Beispiel Nr. 14: Nimmt Kaufmann K Sohn und Tochter ohne jede Gegenleistung als Kommanditisten »in das Unternehmen« auf, so soll er mit beiden die Ausschließung ohne wichtigen Grund vereinbaren können.

Ob es hierbei bleiben wird, ist zweifelhaft, seitdem der *Bundesgerichtshof* in einem Abfindungsprozeß eine *gesellschaftsrechtliche* Schmälerung der Rechte des Schenkungsempfängers abgelehnt hat[113]. Daß Grund zu solchem Zweifel besteht, zeigt sich, wenn mehrere Gesellschafter vorhanden sind, aber nur einer den Anteil geschenkt hat. Nach den unter § 4 I 1 angestellten Überlegungen sind *Schenkungs-* und *Gesellschaftsrecht* auseinanderzuhalten. Der Schenker kann nach §§ 530f. BGB den Anteil wegen groben Undanks zurückfordern[114], und es kann auch ein Widerrufsvorbehalt in den Schenkungsvertrag aufgenommen werden[115]. Das Gesellschaftsrecht kann beides nicht hindern, weil das schenkungsrechtliche Kausalverhältnis neben das Gesellschaftsverhältnis tritt (auch dazu oben, § 4 I 1). Aber hieraus erwachsen *ausschließlich dem Schenker* ausschließlich schenkungsrechtliche Rechte,

108 *BGHZ* 112, 103, 108 = NJW 1990, 2622, 2623.

109 Die 3. Aufl. argumentierte vor dem Handelsrechtsreformgesetz von 1998 sachlich ähnlich mit § 138 HGB a.F.

110 Vgl. zum Rechtszustand vor der Neufassung des § 131 HGB *BGHZ* 105, 213 = NJW 1989, 834.

111 *BGHZ* 112, 103, 110f. = NJW 1990, 2622, 2623 (betr. GmbH); dazu auch *Ebenroth/Boujong/Joost/Lorz*, § 140 Rdnr. 55.

112 Vgl. bereits *BGHZ* 34, 80 = NJW 1961, 504; *BGH*, WM 1962, 462; 1968, 532; ebenso *Eiselt*, in: Festgabe v. Lübtow, 1980, S. 656.

113 *BGH*, NJW 1989, 2685, 2686; bestätigt in *BGHZ* 112, 40, 48 = NJW 1990, 2616, 2618.

114 *BGHZ* 112, 40, 48 = NJW 1990, 2616, 2618.

115 *Karsten Schmidt*, BB 1990, 1992ff.; s. jetzt auch *Dieter Mayer*, ZGR 1995, 98ff.; *Jülicher*, ZGR 1996, 88ff.; krit. *Schöne*, a.a.O., S. 89ff. im Anschluß an *Heinemann*, ZHR 155 (1991), 447ff.

während sich ein gesellschaftsvertragliches Hinauskündigungsrecht *der Mitgesellschafter* so nicht begründen läßt[116]. – Auch bei der *Treuhand am Anteil* (unten, § 61 III), die gelegentlich als Beispiel einer zulässigen Hinauskündigungsklausel genannt wird, ist zwischen der schuldrechtlichen und der organisationsrechtlichen Ebene zu unterscheiden: Mag bei einer Verwaltungstreuhand dem Treugeber ein Recht eingeräumt werden, den Anteil ohne Angabe von Gründen wieder an sich zu ziehen, so rechtfertigt sich noch lange kein Recht der Mitgesellschafter, den Anteil ohne Angabe von Gründen gegen Abfindung zu beseitigen.

b) Die geschilderte Rechtsprechung hat den *Schutz von Gesellschaftern* erheblich erweitert. Sie stellt aber auch einen tiefen *Eingriff in die kautelarjuristische Praxis* dar, und sie hat dementsprechend ein sehr unterschiedliches Echo hervorgerufen[117]. Die Gestaltungspraxis muß sich auf diese Rechtsprechung einrichten[118]. Das kann dazu führen, daß Dritte eher als typische stille Gesellschafter aufgenommen werden, damit man einer überlangen Bindung an lästige Gesellschafter entgeht, wobei es sich aber um typische stille Beteiligungen ohne korporative Rechte und Pflichten handeln muß (vgl. zur Abgrenzung unten, § 62 II 2). Eine Beteiligung als atypischer stiller Gesellschafter unterläge dagegen ihrerseits den vom *Bundesgerichtshof* entwickelten Schutzregeln[119]. Sie ist also kein Ausweg.

c) Umstritten ist vor allem, ob ein Gesellschafter als *»Gesellschafter minderen Rechts«* der Gesellschaft beitreten und dann der freien Ausschließung unterliegen kann[120]. Die *Rechtsprechung* wird dies nach dem gegenwärtigen Diskussionsstand schwerlich anerkennen[121]. In einer auf Egalität bedachten Zeit mag der Begriff des »Gesellschafters minderen Rechts« rechtspolitisch verfänglich sein, weil schon die Formulierung Schutzinstinkte weckt. Aber es geht um nichts anderes als um die Konditionen, die für eine Gesellschaftsbeteiligung vereinbart werden können[122]. Einer sachgerechten Vertragsgestaltungspraxis wäre wohl besser gedient, wenn es »Gesellschafter minderen Rechts« jedenfalls bei solchen Beteiligungen geben dürfte, die ohne Zustimmung aller Mitgesellschafter nicht vererblich und nicht übertragbar sind. Es liegt dann im Verhältnis zu dem betreffenden Gesellschafter nur der Status

---

116 Insoweit ähnlich jetzt *Schöne*, a.a.O., S. 89ff.

117 Zust. z.B. *Flume*, Personengesellschaft, § 10 III (allerdings mit der sogleich anzusprechenden Sonderbehandlung des »Gesellschafters minderen Rechts«); *Wiedemann* I, § 7 III 2; *ders.*, in: Festschrift Rob. Fischer, 1979, S. 897; *ders.*, ZGR 1980, 150ff.; *Baumbach/Hopt*, § 140 Rdnr. 31; *Ebenroth/Boujong/Joost/Lorz*, § 140 Rdnrn. 53ff.; *Schlegelberger/Karsten Schmidt*, § 140 Rdnr. 79; *Rob. Fischer*, ZGR 1979, 263; *Behr*, ZGR 1990, 377f.; *Heinemann*, ZHR 155 (1991), 457ff.; krit. *Blanke*, a.a.O., S. 64ff., 124ff., 141ff.; *Krämer*, NJW 1981, 2553; *Kreutz*, ZGR 1983, 109; *Bunte*, ZIP 1983, 8; 1985, 915.

118 Dazu auch *Piehler*, in: MünchHdb. I, § 67 Rdnrn. 51ff.

119 *BGHZ* 125, 74 = NJW 1994, 1156.

120 So namentlich *Flume*, Personengesellschaft, § 10 III, § 12 III; *ders.*, NJW 1979, 902ff.; *ders.*, DB 1986, 633; *Partikel*, a.a.O., S. 41ff., 116ff.; ausführliche Kritik bei *Huber*, ZGR 1980, 191ff.

121 Ablehnend *BGH*, NJW 1989, 2685, 2686; ebenso *BGHZ* 112, 40, 48 = NJW 1990, 2616, 2618.

122 Für die Zulassung eines freien Ausschließungsrechts bei kleinen Personengesellschaften *Grunewald*, a.a.O., S. 221ff.; s. auch *Koller*, DB 1984, 545ff.

einer »Vertragsgesellschaft« und nicht der Status einer »Satzungsgesellschaft« vor (oben, § 5 I 2b), und in einem solchen Vertragsverhältnis ist nun einmal die Vertragsfreiheit größer. Erst recht sollte es möglich sein, einen Kommanditisten im Innenverhältnis nicht als Mitunternehmer, sondern nur wie einen typischen stillen Gesellschafter – etwa nur am Gewinn, aber nicht an der Substanz des Unternehmens – zu beteiligen, womit der uneingeschränkte mitgliedschaftliche Schutz entfallen könnte[123]. Die tendenziell starre höchstrichterliche Praxis will nicht recht zu dem verbandsrechtlichen Grundsatz passen, daß nur die Rechtsformen unbeweglich, das Innenverhältnis aber jedenfalls bei den Personengesellschaften weitgehend variabel ist (oben, § 5 III).

Insgesamt ist die Problematik schwierig und noch nicht endgültig geklärt. Das versteht sich insbesondere in Anbetracht des komplizierten Verhältnisses zwischen der Ausschließung und der sogleich zu besprechenden Abfindung des ausscheidenden Gesellschafters.

IV. Auseinandersetzung und Abfindung beim Ausscheiden eines Gesellschafters

1. Die Auseinandersetzung nach gesetzlichen Regeln[*]

Scheidet ein Gesellschafter aus, so hat sich die Gesellschaft mit ihm auseinanderzusetzen. Zu diesem Zweck wird eine sog. *Abschichtungsbilanz* (Auseinandersetzungsbilanz) erstellt[124]. Der Gesetzgeber behandelt diese Auseinandersetzung als eine Teilliquidation der Gesellschaft. Wie § 738 I BGB zeigt, soll der ausscheidende Gesellschafter nach der Vorstellung des Gesetzgebers so gestellt werden, als wäre die Gesellschaft aufgelöst und als würde ihr

123 Ähnlich *Flume*, Personengesellschaft, § 12 III.

* Literatur: *Arians*, Sonderbilanzen, 1984 (2. unv. Aufl. 1985); *Fröhlich*, Der Shareholder Value als Abfindungsmaßstab bei Familienpersonengesellschaften, 1997; *Großfeld*, Unternehmens- und Anteilsbewertung im Gesellschaftsrecht, 3. Aufl. 1994; *Hartmann*, Der ausscheidende Gesellschafter in der Wirtschaftspraxis, 4. Aufl. 1983; *Hirte*, Der Abfindungsanspruch des ausscheidenden Kommanditisten, JuS 1986, 504; *Hoerstel*, Der Auseinandersetzungsanspruch bei Ausscheiden einzelner Gesellschafter ..., NJW 1994, 2268; *Hüttemann*, Unternehmensbewertung als Rechtsproblem, ZHR 162 (1998), 563; *Michalski*, Feststellung des Abfindungsguthabens des aus der oHG ausgeschiedenen Gesellschafters durch einen Sachverständigen, ZIP 1994, 914; *Neuhaus*, Unternehmensbewertung und Abfindung, 1990; *Nonnenmacher*, Anteilsbewertung bei Personengesellschaften, 1981; *Piehler*, Die Folgen des Ausscheidens, in: Riegger/Weipert, MünchHdb. GesR I, 1995, § 68; *Piltz*, Die Unternehmensbewertung in der Rechtsprechung, 3. Aufl. 1994; *Reinicke/Tiedtke*, Die Ausschließung der Ertragswertmethode bei der Berechnung des Auseinandersetzungsguthabens, DB 1984, 703; *Riegger*, Die Rechtsfolgen des Ausscheidens eines Gesellschafters aus einer zweigliedrigen Gesellschaft, 1969; *Roolf/Vahl*, Die Beteiligung eines Gesellschafters am Ergebnis der schwebenden Geschäfte, DB 1983, 1964; *Karsten Schmidt*, Abfindung, Unternehmensbewertung und schwebende Geschäfte, DB 1983, 2401; *Schönle*, Der Abfindungsanspruch eines ausgeschiedenen oHG-Gesellschafters, DB 1979, 1427; *Schulze-Osterloh*, Das Auseinandersetzungsguthaben des ausscheidenden Gesellschafters ..., ZGR 1986, 545; *Wagner/Nonnenmacher*, Die Abfindung bei der Ausschließung aus der Personengesellschaft, ZGR 1981, 574.

124 Vgl. *Arians*, a.a.O., S. 58ff.; *Piehler*, in: MünchHdb. I, § 13 Rdnrn. 35ff.

Vermögen liquidiert. Dabei entsteht aus einer Summe einzelner Rechnungsposten ein *Abfindungsguthaben*, das im Wege der *Gesamtabrechnung* ermittelt wird. Die einzelnen Rechte und Verbindlichkeiten verlieren ihre Selbständigkeit. Sie können nicht mehr selbständig geltend gemacht werden, sondern gehen als Rechnungsposten in die Abschichtungsbilanz ein[125]. Die Ansprüche des ausscheidenden Gesellschafters richten sich, soweit nicht das Gesellschaftsvermögen einem allein verbleibenden Gesellschafter anfällt (dazu oben, § 44 II 2), gegen die fortbestehende Gesellschaft.

a) Dem Ausscheidenden sind *Gegenstände*, die er der Gesellschaft nur zur Benutzung überlassen hat, *zurückzugeben* (§§ 105 III HGB, 738 I 2 BGB). Das gilt, wohlgemerkt, nur für die zur Benutzung überlassenen Gegenstände, nicht auch für Gegenstände, die im Wege der Sacheinlage in die Gesellschaft eingebracht sind und dieser verbleiben (vgl. zur Einbringung quoad usum im Gegensatz zur Einbringung quoad dominium oben, § 20 II 2 d).

b) Der Ausscheidende ist *von den gemeinschaftlichen Schulden zu befreien* (§§ 105 III HGB, 738 I 2 BGB)[126]. Der aus dem alten Gesamthandsmodell stammende Begriff der »gemeinschaftlichen Schulden« paßt nicht in das moderne Verständnis der Personen-Außengesellschaft. Gemeint sind die Gesellschaftsschulden, und zu befreien ist der Ausscheidende nicht eigentlich von den Gesellschaftsschulden, sondern von seiner Gesellschafterhaftung, die ihn für Altverbindlichkeiten der Gesellschaft im Außenverhältnis weiterhaften läßt (dazu vgl. unten, § 51 I). Sind gemeinschaftliche Schulden noch nicht fällig, so kann der Gesellschafter verlangen, daß ihm Sicherheit geleistet wird (§§ 105 III HGB, 738 I 3 BGB). Reicht der Wert des Gesellschaftsvermögens zur Deckung der gemeinschaftlichen Schulden und der Einlagen nicht aus, so muß der Ausscheidende – wie im Fall der Liquidation (§ 735 BGB) – hierfür nach Maßgabe seines Verlustanteils aufkommen (§§ 105 III HGB, 739 BGB). Das kann nicht nur seine Abfindung schmälern, sondern bei einem unbeschränkt haftenden Gesellschafter u.U. sogar zu einer Nachschußpflicht führen (vgl. auch zum Fall der Auflösung unten, § 52 IV 1 b). Da es sich hierbei um die Abgeltung des Anteils an seiner unbeschränkten, durch Aufwendungsersatz nach § 110 HGB nicht abzudeckenden persönlichen Haftung handelt, ist diese Nachschußpflicht des unbeschränkt haftenden Gesellschafters nicht mit § 707 BGB unvereinbar.

c) Dem Ausscheidenden gebührt, wenn nicht das Gesellschaftsvermögen durch Verluste verbraucht ist, eine *Abfindung*. Ihm ist dasjenige zu zahlen, was er im Fall der Liquidation erhielte (§§ 105 II HGB, 738 I 2 BGB). Der Anspruch entsteht mit dem Ausscheidenszeitpunkt[127]. *Stichtag* für die Ab-

---

125 Vgl. *RGZ* 118, 295, 299; *BGH*, WM 1959, 719, 722; 1959, 886; 1961, 323, 325; 1971, 130, 131; für die stille Gesellschaft z.B. *BGH*, WM 1976, 1030, 1032 – JuS 1977, 264 m. Anm. *Karsten Schmidt*.

126 Vgl. als Anwendungsbeispiel *BGH*, LM Nr. 24 zu § 738 BGB = NJW 2000, 1641.

127 *BGHZ* 88, 205, 206f.; *BGH*, NJW 1989, 453; eingehend *Schlegelberger/Karsten Schmidt*, § 138 Rdnr. 44.

findung ist grundsätzlich der Stichtag des Ausscheidens. Aber es gibt eine Ausnahme: Ist der Gesellschafter durch Klage aus der Gesellschaft ausgeschlossen worden, so ist für die Auseinandersetzung die Vermögenslage der Gesellschaft im Zeitpunkt der Klageerhebung maßgebend (§ 140 II HGB). Das versteht sich nicht von selbst, denn die Ausschließung erfolgt im Fall des § 140 HGB erst mit der Rechtskraft des Ausschließungsurteils. Die gesetzliche Regelung beruht auf dem vernünftigen Gedanken, daß die Ausschließungsklage wirtschaftlich nichts anderes darstellt als eine formalisierte Hinauskündigung, deren Wirksamkeit bis zur Gerichtsentscheidung suspendiert ist. Der Unterschied gegenüber der Kündigung besteht einfach darin, daß das Ausschließungsrecht im vorhinein – nicht, wie bei einer Hinauskündigung, erst im nachhinein – gerichtlich geprüft werden muß. § 140 II HGB geht davon aus, daß ein bei Klageerhebung vorhandener Ausschließungsgrund auch den Abfindungszeitpunkt bestimmen muß. Deshalb bedarf § 140 II HGB der Korrektur, wenn die Auflösungsklage erst aufgrund nachgeschobener Gründe Erfolg hat[128]. Unrichtig entschied das *Reichsgericht* in unserem

Beispiel Nr. 15 (nach *RGZ* 101, 242): Die Kl. hatte von ihrem ersten Ehemann ein Unternehmen ererbt. Sie hatte später den Bekl. als geschäftsführenden Gesellschafter aufgenommen (genau genommen also: mit ihm eine oHG gegründet und das Unternehmen in die oHG eingebracht). Wegen angeblicher Pflichtwidrigkeiten hatte sie dann aber wieder auf Ausschließung des Bekl. (»Übernahme des Geschäfts«) geklagt. Im Laufe des Rechtsstreits machte sie noch weitere Pflichtverletzungen geltend. Nach Ansicht des *RG* kann auch eine Verurteilung aufgrund dieser nachgeschobenen Gründe nach § 140 II HGB »immer nur dahin führen, daß die Auseinandersetzung nach der Vermögenslage der Gesellschaft zur Zeit der Klageerhebung stattzufinden hat. Durch die Vorschrift des § 140 II HGB hat ... eine einheitliche und leicht festzustellende zeitliche Grundlage geschaffen werden sollen ... Für die Entscheidung über die Ausschließung oder die Übernahme kommt es nur darauf an, daß zur Zeit ihres Erlasses ein erheblicher Grund vorliegt, nicht auch darauf, in welchem Zeitpunkte dieser Grund eingetreten oder wann er im Prozesse zuerst vorgebracht worden ist. Wäre dies für die Auseinandersetzung von Belang, so würde es vielfach erst noch besonderer Feststellungen bedürfen, die Prozesse würden also verdoppelt oder doch wesentlich erschwert werden.«

Diesen Ausführungen ist nicht zu folgen, denn § 140 II HGB dient nicht der Erleichterung der Prozesse, sondern nur der Anpassung der Abfindung an den Kündigungscharakter der Ausschließungsklage. Es kann deshalb erst derjenige Zeitpunkt maßgeblich sein, in dem die Klage zu einer begründeten Klage wurde. Handelt es sich bei den nachgeschobenen Ausschließungsgründen um neu eingetretene Tatsachen, so ist die Lösung des *Reichsgerichts* auch im Ergebnis eindeutig abzulehnen. Aber dasselbe wird auch für den – allein zweifelhaften – Fall gelten müssen, daß die Auflösungsgründe schon bei Klageerhebung vorhanden waren, aber erst nachträglich in den Prozeß eingeführt wurden. Im Streitfall muß eben geprüft werden, von wann an der Klägervortrag für eine Ausschließung ausreichte.

128 *Alfred Hueck*, oHG, § 29 I 2 c; *Piehler*, in: MünchHdb. I, § 68 Rdnr. 31; *Baumbach/Hopt*, § 140 Rdnr. 25; Meinungsüberblick bei *Hartmann*, a.a.O., S. 50.

d) Die *Berechnung des Abfindungsguthabens* ist nur scheinbar eine einfache Aufgabe. Die Schwierigkeit liegt in der Unternehmensbewertung (dazu allgemein Handelsrecht, § 4 II 2). Überwiegend wird heute die Auffassung vertreten, daß nicht der Substanzwert, sondern der *Ertragswert des Unternehmens* den Ausschlag gibt, der nicht im Wege der Bewertung der einzelnen Vermögensgegenstände, sondern im Wege der Gesamtbewertung festgestellt wird[129]. Der Wert eines Anteils stellt sich dann regelmäßig – freilich nicht zwingend – als quotale Beteiligung am Unternehmensgesamtwert dar[130].

Der *Bundesgerichtshof* hat treffend hervorgehoben, daß der Wert der Beteiligung an einem Gesellschaftsunternehmen nicht einzeln aus Buchwerten und stillen Reserven zusammengerechnet werden darf, sondern sich aus der einheitlichen Bewertung des Gesamtunternehmens errechnet und i.d.R. durch Sachverständigengutachten ermittelt werden muß[131]. Die anzuwendenden betriebswirtschaftlichen Methoden sind vielfältig und umstritten und werden in der Rechtsprechung des *Bundesgerichtshofs* großenteils in den Bereich der Tatsachenfeststellung verlegt, also nicht in »rechtlich richtige« und »rechtlich falsche« Methoden eingeteilt[132]. Sie können hier nicht im einzelnen dargestellt werden. Darzustellen sind aber die für eine Unternehmensbewertung vom *Recht* vorgegebenen Regeln. Da Bewertungsprobleme, wo immer sie *Rechts*folgen auslösen, *Rechts*probleme sind (Handelsrecht, § 4 II 2)[133], muß dies juristisch-teleologisch entschieden werden. Man darf also nicht abstrakt danach fragen, welche Art der Unternehmensbewertung »betriebswirtschaftlich richtig« ist. Erst wenn das Bewertungs*ziel* feststeht, hilft der Blick auf die Bewertungs*methoden* weiter, und dann zeigt sich, daß das Recht doch zwischen »richtigen« und »falschen« Methoden zu unterscheiden weiß.

Die rechtlichen Vorgaben für die Bewertung im Fall des § 738 BGB sind nun folgende: Das Stichtagsprinzip bildet den Ausgangspunkt[134]. Maßgebend ist die Vermögenslage der Gesellschaft im Zeitpunkt des Ausscheidens[135], im Sonderfall des § 140 II HGB die Vermögenslage bei Klageerhebung. Bis zu diesem Zeitpunkt nimmt der Ausscheidende noch an den konkreten Erträgen teil, an künftigen Erträgen nur noch im Rahmen des Unternehmenswerts. Die *Ertragsfähigkeit* des Unternehmens steht nach heutigem Stand der Betriebs-

129 Vgl. *Piehler*, in: MünchHdb. I, § 13 Rdnr. 34; eingehend und zusammenfassend *Ebenroth/Boujong/Joost/Lorz*, § 131 Rdnrn. 68–95; *Ballwieser*, Unternehmensbewertung und Komplexitätsreduktion, 3. Aufl. 1990; *Großfeld*, a.a.O., S. 28; *Neuhaus*, a.a.O., S. 72ff.; *Piltz*, a.a.O., S. 135; *Hüttemann*, ZHR 162 (1998), 582.

130 Str.; vgl. *Ebenroth/Boujong/Joost/Lorz*, § 131 Rdnrn. 94f.

131 *BGHZ* 116, 359, 371 (GmbH); *BGH*, NJW 1985, 192 = WM 1985, 1506 m.w.N.

132 *BGHZ* 116, 359, 371 (GmbH); *BGH*, NJW 1991, 1547, 1548; 1993, 2101, 2103; dazu *Piehler*, in: MünchHdb. I, § 68 Rdnrn. 23, 37ff.

133 Über Unternehmensbewertung als Rechtsproblem vgl. auch *Neuhaus*, a.a.O., S. 64f.; *Großfeld*, JZ 1981, 641; *Hüttemann*, ZHR 162 (1998), 563.

134 *Großfeld*, a.a.O., S. 28ff.; *Piehler*, in: MünchHdb. I, § 68 Rdnr. 13; *Karsten Schmidt*, DB 1983, 2401.

135 So ausdrücklich noch Art. 130 ADHGB; § 658 I BGB-E I zur Änderung des § 738 BGB vgl. *Karsten Schmidt*, DB 1983, 2403.

wirtschaftslehre im Mittelpunkt der Unternehmensbewertung[136] und muß auch im Rahmen der Abfindung nach § 738 BGB berücksichtigt werden[137]. Das auf die Liquidationshypothese abstellende Gesetz steht nicht entgegen, denn auch wenn die Gesellschaft aufgelöst wäre, könnte der Ertragswert eines fortführungswürdigen Unternehmens durch dessen Veräußerung realisiert werden[138]. Mehr und mehr gehen deshalb auch die Gerichte dazu über, nur noch eine Ertragswertbewertung als »richtig« anzuerkennen.

Um sich wenigstens über das Verfahren der Unternehmensbewertung und Abfindungsermittlung zu einigen, nehmen die Gesellschafter nicht selten *Schiedsgutachterklauseln* in die Verträge auf[139]. Dies sind keine Schiedsgerichtsvereinbarungen i.S. von §§ 1025 ff. ZPO, sondern der Schiedsgutachter hat die Höhe des Abfindungsguthabens nach billigem Ermessen zu bestimmen (§ 317 BGB). Nur wenn das Ergebnis offenbar unbillig ist, kann es dann nach § 319 I BGB vor den Gerichten angegriffen werden.

e) *Nach §§ 105 III HGB, 740 BGB nimmt der Ausgeschiedene noch an den schwebenden Geschäften teil.* Es handelt sich hierbei nach der gesetzlichen Regelung um einen besonderen, von dem globalen Abfindungsanspruch zu unterscheidenden Anspruch, der fällig wird, wenn das Ergebnis eines schwebenden Geschäfts feststeht[140]. Der Grundgedanke des § 740 BGB besteht darin, daß das Gesetz den Gewinn und Verlust aus schwebenden Geschäften nicht als Teil des Unternehmenswerts betrachtet und trotzdem sicherstellen will, daß der Gesellschafter noch an denjenigen Gewinnen und Verlusten teilhat, die noch gemeinsame Angelegenheiten sind. Dieser Ansatz ist in doppelter Hinsicht veraltet: Zum einen ging der Gesetzgeber des 19. Jahrhunderts noch von einem Mitunternehmermodell aus, nach dem die Geschäfte einer Personengesellschaft Geschäfte ihrer Gesellschafter – im Fall des § 740 BGB auch des ausgeschiedenen Gesellschafters – sind; zum anderen fehlte dem Gesetzgeber der heute selbstverständliche Blick dafür, daß die Ertragskraft des Unternehmens schon bei der Abfindung abgegolten wird. Im Hinblick auf die moderne Ertragswertmethode wird heute mit guten Gründen die Auffassung vertreten, der Ertrag der schwebenden Geschäfte sei bereits in der Ertragswertberechnung mit erfaßt und dürfe deshalb nicht noch einmal in Ansatz gebracht werden[141]. Das ist indes nicht das Konzept des

---

136 Vgl. zum IdW-Standard zur Durchführung von Unternehmensbewertungen *Feldhoff*, DB 2000, 1237.

137 Str.; vgl. eingehend *Arians*, a.a.O., S. 69 ff.; *Neuhaus*, a.a.O., S. 72 ff.; *Piehler*, in: MünchHdb. I, § 68 Rdnr. 39; *Sauter*, in: Beck'sches HdbPersG, 1999, § 7 Rdnr. 137 m.w.N.

138 Vgl. zur Ertragswertmethode auch *BGHZ* 116, 359, 370 f. (GmbH); *Erman/Westermann*, § 738 Rdnr. 5.

139 Näher *Hartmann*, a.a.O., S. 62 f.; s. auch *Michalski*, ZIP 1991, S. 917 ff.

140 *BGH*, NJW 1993, 1194, 1195.

141 Vgl. *Dörner*, in: WP-Handbuch 1996, Bd. II, Rdnrn. A 736 ff.; *Baumbach/Hopt*, § 131 Rdnr. 45; *Ebenroth/Boujong/Joost/Lorz*, § 131 Rdnr. 104; *Michalski*, § 131 Rdnr. 32; *Theis*, in: Fünfzig Jahre Wirtschaftsprüferberuf, 1981, S. 280; *Großfeld*, a.a.O., S. 37; *Piltz*, a.a.O., S. 68 f.; *Gamon*, Buchwertklauseln ..., 1989, S. 32 ff.; vgl. auch die bei *Arians*, a.a.O., S. 73 mitgeteilten Stimmen.

Gesetzes[142]. Nur die Ertrags*fähigkeit* schlägt sich in der Abschichtungsbilanz und damit im Abfindungswert nieder. Daneben tritt, getrennt von der Abschichtungsbilanz, die Teilnahme am konkreten Gewinn und Verlust aus den schwebenden Geschäften. Es handelt sich also um ein Korrektiv, das die Mitberücksichtigung einzelner, beim Unternehmenswert nicht berücksichtigter Gewinne erlaubt. Wer die gesetzlich gebotene Komplikation verhindern will, sollte die Beteiligung an den schwebenden Geschäften im Gesellschaftsvertrag ausschließen[143]. Das ist bei vielen Verträgen der Fall und wird vielfach schon als schlüssig vereinbart angesehen[144].

Der *Begriff der schwebenden Geschäfte* wird meistens dahingehend beschrieben, daß es sich um Geschäfte handeln muß, aus denen die Gesellschaft am Abfindungsstichtag schon berechtigt und verpflichtet war, die aber noch von keiner Seite erfüllt waren[145]. Nach der ratio legis des § 740 BGB läßt sich der Begriff folgendermaßen präzisieren[146]:

- Es muß sich *erstens* um rechtsgeschäftliche Vorgänge handeln; es genügen also nicht irgendwelche unabgewickelten Forderungen und Verbindlichkeiten[147].
- Es muß sich *zweitens* um unternehmensbezogene – die h.M. sagt: unmittelbar auf Erwerb gerichtete – Rechtsgeschäfte handeln[148].
- Die Rechtsgeschäfte müssen *drittens* schweben, d.h. die Gesellschaft muß am Abfindungsstichtag bereits aus den Geschäften verpflichtet sein[149].
- *Dauerschuldverhältnisse*, insbesondere mitgliedschaftliche Rechtsverhältnisse (Beteiligungen der Gesellschaft an Drittunternehmen!), scheiden aus[150].

Wie unglücklich aus heutiger Sicht die Sonderbehandlung der schwebenden Geschäfte ist, läßt sich aus der BGH-Rechtsprechung ablesen.

Beispiel Nr. 16 (in Anlehnung an *BGH*, NJW 1993, 1194): Die Gesellschaft – im Originalfall des *BGH* eine Gesellschaft bürgerlichen Rechts – erbrachte Ingenieurleistungen. Bei der Berechnung des Abfindungsanspruchs eines ausscheidenden Gesellschafters waren »unfertige Arbeiten« in die Abfindungsberechnung nach §§ 105 III HGB, 738 BGB eingestellt worden. Dies entsprach nicht der Vorstellung des Gesetzgebers. Der *Bundesgerichtshof* entschied, daß auch Teilleistungen aus schwebenden Geschäften, die am Abfindungsstichtag bereits erbracht waren, nicht in die Auseinandersetzungsbilanz einzustellen, sondern bei der Beendigung der jeweils schwebenden Geschäfte besonders

---

142 *Piehler*, in: MünchHdbGesR II, § 68 Rdnr. 61; eingehend *Karsten Schmidt*, DB 1983, 2403; krit. aber *Schulze-Osterloh*, ZGR 1986, 559f.; mißverständliche Darstellung, aber gute Nachweise bei *Neuhaus*, a.a.O., S. 131ff.

143 Vgl. *Sudhoff/Hörstel*, Personengesellschaften, 7. Aufl. 1999, Rdnr. II R 18.

144 Vgl. *Erman/Westermann*, § 740 Rdnr. 1.

145 Vgl. *OLG Naumburg*, OLGE 28, 367, 368; *OLG Celle*, BB 1954, 757; *Alfred Hueck*, oHG, § 29 II 5 d; *Schlegelberger/Karsten Schmidt*, § 138 Rdnr. 34.

146 Eingehend zum folgenden *Karsten Schmidt*, DB 1983, 2404ff.; vgl. seither *Schlegelberger/Karsten Schmidt*, § 138 Rdnrn. 34–39.

147 H.M.; anders *Riegger*, a.a.O., S. 140ff., 143.

148 Vgl. nur *Hartmann*, a.a.O., S. 70; *Neuhaus*, a.a.O., S. 141; wie hier (»unternehmensbezogen«) jetzt *BGH*, NJW 1993, 1194; a.M. *Riegger*, a.a.O., S. 143f.

149 Vgl. *OLG Naumburg*, OLGE 28, 367, 368; *OLG Celle*, BB 1954, 757.

150 *Karsten Schmidt*, DB 1983, 2405f.; zust. *BGH*, NJW-RR 1986, 454 = BB 1986, 635 = ZIP 1986, 301, 303; *Neuhaus*, a.a.O., S. 140; a.M. *Roolf/Vahl*, DB 1983, 1964ff.

abzurechnen sind. Die Sonderbehandlung von Dauerschuldverhältnissen ergibt sich aus dem folgenden

Beispiel Nr. 17 (nach *BGH*, NJW-RR 1986, 454 = BB 1986, 635 = ZIP 1986, 301): K, der Kläger im Prozeß des *Bundesgerichtshofs*, war aus einer Gesellschaft ausgeschieden, die aus Verträgen zum Abbau von Sandvorkommen berechtigt war. Der zu entscheidende Fall war insofern atypisch, als die Beteiligung des ausscheidenden Gesellschafters an schwebenden Geschäften ausgeschlossen war und darüber gestritten wurde, welche Bedeutung die Abbaurechte im Rahmen der Unternehmensbewertung hatten. Aber zum Begriff der schwebenden Geschäfte entschied der *BGH* im Einklang mit der hier vertretenen Ansicht: »Verträge, durch die der Eigentümer eines Grundstücks einer Personengesellschaft die Ausbeutung der Bodenbestandteile überläßt, sind keine schwebenden Geschäfte, an deren Gewinn oder Verlust ein ausgeschiedener Gesellschafter zu beteiligen wäre; ihr Wert ist bei der Höhe der Abfindung zu berücksichtigen.« Wörtlich heißt es in den Gründen: »Das Berufungsgericht geht allerdings zutreffend davon aus, daß schwebende Geschäfte i.S.d. § 740 BGB solche sind, an die im Zeitpunkt des Ausscheidens des Gesellschafters die Gesellschaft schon gebunden war, die aber beide Vertragspartner bis dahin noch nicht voll erfüllt hatten ... Das träfe auch für die hier zu beurteilenden Sandabbauverträge zu; die Anwendung des § 740 BGB auf diese Verträge würde aber deren Eigenart und Bedeutung für das Unternehmen nicht gerecht ... Würden die Verträge unter diesen Voraussetzungen zu den schwebenden Geschäften i.S.d. § 740 BGB gerechnet, hätte das zur Folge, daß der Ausgeschiedene am Erfolg oder Mißerfolg der Gesellschaft über Jahre weiterhin so beteiligt wäre, als gehöre er der Gesellschaft nach wie vor an ... Der Gesetzgeber hat, worauf Karsten Schmidt (DB 1983, 2401, 2405) zutreffend hinweist, nur Geschäfte als schwebend angesehen, die ihrer Art nach bereits am Abfindungstag Zug um Zug hätten abgewickelt sein können und nur nach konkreter Lage der Dinge noch nicht abgewickelt waren; Dauerrechtsverhältnisse, die ihrer Natur nach schweben, rechnen im allgemeinen nicht dazu ... Geschäfte dieser Art sind keine schwebenden i.S.d. § 740 BGB und deshalb mit dem Wert, den sie am Bilanzstichtag hatten, in die Abfindungsbilanz einzusetzen.«

Unverkennbar macht die Sonderabrechnung schwebender Geschäfte praktische Schwierigkeiten, die der modernen Ertragswertabfindung schwerlich noch angemessen sind. Viel spricht dafür, § 740 BGB in dem Sinne teleologisch zu reduzieren, daß die Vorschrift nur noch für solche Gesellschaften gilt, bei denen es keine Beteiligung an einem Unternehmenswert gibt. Dann wäre § 740 BGB auf Handelsgesellschaften nicht mehr anwendbar. Solange die Rechtsprechung den § 740 BGB nicht in dieser Weise beiseite schiebt, bleibt es bei der Empfehlung, die Beteiligung an schwebenden Geschäften im Gesellschaftsvertrag auszuschließen und die pauschale Abgeltung schwebender Geschäfte in die Abfindung einzubeziehen. Da fast ausnahmslos über die Höhe der Abfindung verhandelt und im Fall einer Einigung jeder weitere Anspruch ausgeschlossen wird, kann auch noch im akuten Abfindungsfall eine solche Einbeziehung der schwebenden Geschäfte in die Ertragswertabfindung vereinbart werden. Allerdings bleibt dann § 740 BGB ein Datum für die Vergleichsverhandlungen.

2. Abfindungsklauseln*

a) Die geschilderten Schwierigkeiten können durch Abfindungsklauseln behoben oder doch verringert werden. Allerdings erkauft man sich diese Erleichterung, wie sogleich zu zeigen sein wird, durch neue Probleme.

---

* Literatur (Auswahl): *Bernert*, Die Abfindung ... Zur Zulässigkeit von Buchwertklauseln in den Verträgen der oHG und KG, Diss. Augsburg 1988; *Brückner*, Die Kontrolle von Abfindungsklauseln in Personengesellschafts- und GmbH-Verträgen, 1995; *Bunte*, Ausschließung und Abfindung ..., ZIP 1983, 8; *Büttner*, Flexible Grenzen der Durchsetzbarkeit von Abfindungsbeschränkungen in Personengesellschaften, in: Festschrift Nirk, 1992, S. 119; *Dauner-Lieb*, Abfindungsklauseln bei Personengesellschaften, ZHR 158 (1994), 271; *dies.*, Angemessenheitskontrolle privatautonomer Selbstbindung des Gesellschafters? GmbHR 1994, 836; *Ebenroth/Müller*, Die Abfindungsklauseln im Recht der Personengesellschaften und der GmbH, DB 1993, 1153; *Eiselt*, Zum Ausschluß des Gesellschafters minderen Rechts unter Buchwertabfindung, in: Festgabe v. Lübtow, 1980, S. 643; *Engel*, Abfindungsklauseln – eine systematische Übersicht, NJW 1986, 345; *Erman*, Einige Fragen zur gesellschaftsvertraglichen Abfindung ..., in: Festschrift Westermann, 1974, S. 75ff.; *Esch*, Gesellschaftsvertragliche Buchwertabfindung im Falle der Ausschließungskündigung, NJW 1979, 1390; *Flume*, Die Abfindungsklauseln beim Ausscheiden eines Gesellschafters aus einer Personengesellschaft, in: Festschrift Ballerstedt, 1975, S. 197; *ders.*, Die Abfindung nach der Buchwertklausel für den Gesellschafter minderen Rechts einer Personengesellschaft, NJW 1979, 902; *Gamon*, Buchwertklauseln ..., 1989; *Großfeld*, Die Abfindung bei der Ausschließung aus einer Personengesellschaft, ZGR 1982, 141; *ders.*, Zweckmäßige Abfindungsklauseln, AG 1988, 217; *Grunewald*, Die Ausschließung aus Gesellschaft und Verein, 1987, S. 150ff.; *Haack*, Renaissance der Abfindung zum Buchwert? GmbHR 1994, 439; *Hartmann*, Der ausscheidende Gesellschafter in der Wirtschaftspraxis, 4. Aufl. 1983; *Hekkelmann*, Abfindungsklauseln in Gesellschaftsverträgen, 1973; *Heller*, Das »Stuttgarter Verfahren« in Abfindungsklauseln, GmbHR 1999, 594; *Hennerkes/Binz*, Die Buchwertabfindung – ein Fossil unserer Zeit? DB 1983, 2669; *Hülsmann*, Abfindungsklauseln: Kontrollkriterien der Rechtsprechung, NJW 2002, 1673; *Mark*, Zweckmäßige Abfindungsklauseln ..., Diss. Münster 1994; *Michalski*, Gesellschaftsrechtliche Gestaltungsmöglichkeiten bei der Perpetuierung von Unternehmen, 1980; *Möhring*, Zur Zulässigkeit von Abfindungsklauseln in den Verträgen der Handelsgesellschaften, in: Festschrift Barz, 1974, S. 50; *Gerd Müller*, Die Buchwertklausel – ein Dauerthema, ZIP 1995, 1561; *Neuhaus*, Unternehmensbewertung und Abfindung, 1990, S. 155ff.; *Piehler*, Das Ausscheiden eines Gesellschafters zu Lebzeiten, in: Riegger/Weipert (Hrsg.), MünchHdb. GesR I, 1995, § 13 Rdnrn. 46ff.; *Piltz*, Rechtspraktische Überlegungen zu Abfindungsklauseln in Gesellschaftsverträgen, BB 1994, 1021; *van Randenborgh*, Abfindungsklauseln in Gesellschaftsverträgen, BB 1986, 75; *Rasner*, Abfindungsklauseln in oHG- und KG-Verträgen, NJW 1983, 2905; *ders.*, Abfindungsklauseln bei Personengesellschaften, ZHR 158 (1994), 292; *Reimann*, Gesellschaftsvertragliche Bewertungsvorschriften in der notariellen Praxis, DNotZ 1992, 472; *Reinhardt*, Zum Ausscheiden und zur Abfindung von Gesellschaftern, ZGR 1975, 366; *Reinicke/Tiedtke*, Die Ausschließung der Ertragswertmethode ..., DB 1984, 703; *Reuter*, Privatrechtliche Schranken der Perpetuierung von Unternehmen, 1973; *Sanfleber*, Abfindungsklauseln in Gesellschaftsverträgen, 1990; *Schilling*, Zur Abfindung bei der Ausschließung ohne wichtigen Grund aus einer Personengesellschaft, ZGR 1979, 419; *Schöne*, Wirksamkeits- und Angemessenheitskontrolle von Abfindungsklauseln ..., in: Jahrbuch Junger Zivilrechtswissenschaftler 1995, S. 117; *Sigle*, Gedanken zur Wirksamkeit von Abfindungsklauseln, ZGR 1999, 659; *Spliedt*, Die Kündigungs- und Abfindungsrechte des Personengesellschafters und die Zulässigkeit Ihrer Beschränkungen, 1990; *Theis*, Kritische Anmerkungen zu Abfindungsregelungen in Gesellschaftsverträgen, in: 50 Jahre Wirtschaftsprüferberuf, 1981, S. 277; *Ulmer*, Wirksamkeitsschranken gesellschaftsvertraglicher Abfindungsklauseln, NJW 1979, 81; *ders.*, Abfindungsklauseln in Personengesellschafts- und GmbH-Verträgen. Plädoyer für die Ertragswertklausel, in: Festschrift Quack, 1991, S. 477; *Ulmer/Schäfer*, Die rechtliche Beurteilung vertraglicher Abfindungsbeschränkungen bei nachträglich eintretenden grobem Mißverhältnis, ZGR 1995, 134; *Volmer*, Vertragspaternalismus im Gesellschaftsrecht? – Neues zu Abfindungsklauseln, DB 1998, 2507; *Wagner/Nonnenmacher*, Die Abfindung bei der Ausschließung aus einer Personengesellschaft, ZGR 1981, 674; *Wangler*, Abfindungsklauseln in Gesellschaftsverträgen ..., DB 2001, 1763.

Abfindungsklauseln sind vertragliche Regelungen über die Höhe des Abfindungsbetrages, seine Feststellung und seine Zahlung. Sie treten in vielfältigen Variationen auf. Ihre Probleme macht man sich am besten an üblichen Standardklauseln klar:

Beispiel Nr. 18: Häufig werden Zahlungsmodalitäten vereinbart. Die Klausel kann dann etwa lauten: »Die Abfindung ist in fünf Jahresraten zu zahlen. Die erste Rate wird sechs Monate nach dem Ausscheiden fällig, die weiteren jeweils am 31.12. der darauf folgenden Jahre. Das Abfindungsguthaben wird mit einem Zinssatz von ... verzinst.«

Diese Regelungen sollen uns hier nicht im einzelnen beschäftigen. Sie beschneiden nicht die Abfindungsforderung als solche, sondern verzögern nur die Auszahlung. Klauseln dieser Art sind unbedenklich, soweit sie nicht – was sich aus der Befristung und aus der Verzinsung ergeben kann – den Abfindungsanspruch in der wirtschaftlichen Substanz einschränken (dazu alsbald unter IV 2 c cc). Meistens gehen allerdings diese Klauseln mit einer inhaltlichen Beschränkung des Abfindungsanspruchs einher.

Beispiel Nr. 19: Die Teilnahme am Gewinn und Verlust der schwebenden Geschäfte wird häufig ausgeschlossen. Die Klausel lautet dann etwa: »Am Ergebnis der schwebenden Geschäfte nimmt der ausgeschiedene Gesellschafter nicht mehr teil.«

Eine solche Klausel ist nach dem unter IV 1 Gesagten ratsam und im Grundsatz unproblematisch[151]. Sie schließt eine Einbeziehung schwebender Geschäfte in die Ertragsbewertung des Unternehmens nicht ohne weiters aus und wird uns hier nicht mehr weiter beschäftigen.

Beispiel Nr. 20: Nahe liegt es, die Abfindung auf den »Buchwert« zu beschränken. Eine solche »Buchwertklausel« findet sich in vielen Gesellschaftsverträgen. Sie lautete z.B. im Fall *BGH*, BB 1978, 1333 = WM 1978, 1044 (insoweit nicht in NJW 1979, 104): »Für die Auseinandersetzung mit ausscheidenden Gesellschaftern ist ... die ... Bilanz des Ausscheidensstichtages maßgebend. Das Guthaben des Ausscheidenden entspricht seinem in dieser Bilanz ausgewiesenen Kapitalanteil.«

Eine solche Buchwertklausel macht, wenn man sie als wirksam ansieht, jede Unternehmensbewertung entbehrlich. Der Abfindungsbetrag wird einfach aus der Jahresbilanz abgelesen. Die stillen Reserven und der sog. Firmenwert bleiben unberücksichtigt. Das ist eine wesentliche und insofern begrüßenswerte Erleichterung, aber die Buchwertklausel kann – vor allem bei Gesellschaften, die jahrzehntelang bestanden haben – zu einer erheblichen Diskrepanz zwischen der klauselmäßigen und der gesetzlichen Abfindung führen. Wie weit diese Diskrepanz reicht, hängt von den Umständen des Einzelfalls, aber auch von der Formulierung und Auslegung der Klausel ab. Nach Auffassung des *BGH*[152] kann eine Buchwertklausel »im allgemeinen nicht dahin verstanden werden, daß neben dem Gewinn für das laufende Geschäftsjahr nur der auf dem Kapitalkonto verbuchte Betrag der Festeinlage

151 Vgl. *Knöchlein*, DNotZ 1960, 452ff.; *Roolf/Vahl*, DB 1983, 1968; *Karsten Schmidt*, DB 1983, 2403f.

152 *BGH*, BB 1978, 1333 = WM 1978, 1044, 1045 (insoweit nicht in NJW 1979, 104); ebenso *Ulmer*, NJW 1979, 84; *Esch*, NJW 1979, 1391; dazu auch *Rasner*, NJW 1983, 2906f.; *Hennerkes/Binz*, DB 1983, 2669.

auszuzahlen ist ... Im Regelfalle ... ist ... davon auszugehen, daß ... nur die stillen Reserven und der Firmenwert nicht erfaßt werden sollen, wohl aber die offenen Rücklagen wie überhaupt alle in der Bilanz ausgewiesenen Posten mit Rücklagencharakter.«

Beispiel Nr. 21: Ein ähnlicher Effekt wie mit einer Buchwertklausel läßt sich erzielen, wenn eine Abfindungsberechnung nach dem steuerlichen Einheitswert des Betriebsvermögens erfolgt (vgl. *Neuhaus*, a.a.O., S. 199ff.).

Beispiel Nr. 22: Bisweilen wird die Abfindung sogar ganz ausgeschlossen. Die Klausel lautet dann z.B.: Verstirbt ein Gesellschafter (oder: ein Kommanditist), so scheidet er aus der Gesellschaft aus. Die Gesellschaft wird unter den verbleibenden Gesellschaftern fortgesetzt. Eine Abfindung findet nicht statt« (zur Zulässigkeit des Abfindungsausschlusses im Zusammenhang mit einer sog. Fortsetzungsklausel vgl. oben, § 45 V 3 b). Oder: »Ein Gesellschafter kann aus der Gesellschaft ausgeschlossen werden, wenn ... Eine Abfindung findet in diesem Fall nicht statt.«

b) Der *Sinn und Zweck von Abfindungsklauseln* kann unterschiedlicher Art sein. In Betracht kommen vor allem folgende Aspekte, die sich häufig mischen[153]:
- Es sollen *aufwendige gerichtliche Streitigkeiten* und aufwendige Begutachtungen des Unternehmenswerts vermieden werden.
- Es soll der *Bestand des Unternehmens* gesichert, die Gesellschaft also gegen die Belastung mit hohen Abfindungsforderungen geschützt werden. Der Effekt einer Abfindungsklausel kann insofern ein doppelter sein, weil nicht nur ein nicht mehr vermeidbarer Austritt eines Gesellschafters für die Gesellschaft »billiger« wird, sondern gleichzeitig ein mittelbarer Zwang auf die Gesellschafter ausgeübt wird, in der Gesellschaft zu bleiben.
- Es soll, wie in unserem letzten Beispiel, in einem Ausscheidensfall die Gesellschaftsbeteiligung wertmäßig am ausgeschiedenen Gesellschafter bzw. an seinen Erben vorbeigesteuert und *dem Unternehmen voll erhalten* bleiben, was allerdings einen *Vermögenszuwachs bei den verbleibenden Gesellschaftern* bewirkt.

Die funktionelle und rechtspolitische *Beurteilung von Abfindungsklauseln* ist umstritten. Die Verteidiger der Abfindungsklauseln pflegen die Vermeidung von Wertermittlungsstreitigkeiten in den Vordergrund zu stellen[154]. Gegner der Abfindungsklauseln dagegen neigen eher dazu, diese Klauseln als Mittel der Disziplinierung der Gesellschafter und den mit einer solchen Klausel versehenen Gesellschaftsvertrag als eine Art goldenen Käfig hinzustellen[155]. Insgesamt ist vor Pauschalurteilen zu warnen. Schon unsere Standardfälle unter IV 2 a weisen hier Unterschiede auf: Beim Ausschluß von den schwebenden Geschäften steht die Vereinfachungsaufgabe ganz im Vordergrund. Der totale Abfindungsausschluß steht primär im Dienste der Unternehmenserhaltung, evtl. auch – wo er für die Ausschließung aus wichtigem

153 Empirische Untersuchungen bei *Baumann*, Abfindungsregelungen ..., Diss. rer. pol. Stuttgart 1987.

154 Charakteristisch *Flume*, Personengesellschaft, § 12 II (insbes. Fußn. 16); krit. zu solcher Akzentsetzung *Karsten Schmidt*, FamRZ 1974, 518.

155 Charakteristisch *Reuter*, a.a.O., S. 288ff.; *ders.*, in: Verhandlungen des 55. DJT I, 1984, S. B 18.

Grund vereinbart wird – der Disziplinierung der Gesellschafter, und wo er zum Zuge kommt, bewirkt er eine Enteignung des ausscheidenden Gesellschafters zugunsten der verbleibenden[156]. Die Buchwertklausel als der am meisten diskutierte Fall weist beide Funktionen auf.

c) Aus dieser Sachlage ergibt sich auch das *Zentralproblem der Abfindungsklauseln:* das Problem ihrer *Zulässigkeit und Wirksamkeit.* Wie alle Probleme der gesellschaftsrechtlichen Privatautonomie (oben, § 5 III) ist auch dieses zunächst von grundsätzlichen Positionen abhängig. Die Abfindungsklausel ist sogar ein besonders charakteristisches Problem der Privatautonomie im Verbandsrecht, denn gerade bei ihnen tritt das Phänomen der »Satzungsgesellschaften« in den Vordergrund (dazu oben, § 5 I 2 b): Die Klausel wird zwischen den Gründern vereinbart, aber sie wirkt überindividuell. Abfindungsvereinbarungen wirken sich typischerweise nicht – oder: nicht nur – zu Lasten derer aus, die am Vertragsschluß beteiligt sind, sondern sie treffen auch die Rechtsnachfolger der Vertragschließenden und vor allem auch neu hinzutretende Gesellschafter. Soweit dies der Fall ist, scheint es unangemessen, die Abfindungsbeschränkung als eine Schenkung des von ihr Betroffenen an die verbleibenden Gesellschafter einzuordnen und Problemlösungen aus diesem angeblichen Schenkungssachverhalt abzuleiten[157]. Solche Überlegungen passen beim Abfindungsausschluß im Todesfall (oben, § 45 V 3 b)[158]. Sie mögen ausnahmsweise auch sonst in Fällen reiner »Vertragsgesellschaften« weiterhelfen (zu diesem Begriff oben, § 5 I 2 b), bei denen wirklich der einzelne Gesellschafter durch die Abfindungsklausel eine individualrechtliche Zuwendung vornimmt. Im Grundsätzlichen aber verfehlt die Schenkungskonstruktion den Sachverhalt. Es geht nicht um eine schuldvertragliche Zuwendung des Ausscheidenden an die Gesellschaft oder an die verbleibenden Gesellschafter, vielmehr liegt ein verbandsrechtliches Problem der Vertragsfreiheit vor. Der Ausgangspunkt ergibt sich deshalb aus dem hier unter § 5 III Gesagten: Es muß festgehalten werden, *daß Abfindungsklauseln – insbesondere Buchwertklauseln – im Grundsatz zulässig sind*[159]. Diese Festlegung von Regel und Ausnahme ist nicht statistisch gemeint, also nicht in dem Sinne, daß die meisten Klauseln unangreifbar sind. Aber sie hat erhebliche Bedeutung: Nicht die Wirksamkeit, sondern stets nur die Unwirksamkeit einer individualvertraglich vereinbarten Abfindungsbeschränkung bedarf der Begründung. Sibyllinisch sagt der Bundesgerichtshof, gerade »im Hinblick auf den dispositiven Charakter des § 738 I 2 BGB« bedürfe die Zulässigkeit von Abfindungsklauseln einer eingehenden Prüfung[160]. Im einzelnen ist zu differenzieren:

156 Der vom Gesetzgeber der Handelsrechtsreform unterstrichene Gedanke der Unternehmenserhaltung (BT-Drucks. 13/8444, S. 19ff., 65f.) vermag deshalb Abfindungsklauseln nicht zu rechtfertigen.

157 So aber *Heckelmann*, a.a.O., passim, insbes. S. 45ff.; abl. *Flume*, Personengesellschaft, § 12 II; *Reinhardt*, ZGR 1975, 379ff.

158 Über den Abfindungsausschluß bei der Festsetzungsklausel als Schenkung an die Mitgesellschafter vgl. *Ebenroth/Boujong/Joost/Lorz*, § 131 Rdnr. 120.

159 Vgl. *BGHZ* 17, 130, 136; *BGH*, NJW 1979, 104; 1985, 192; *Rasner*, NJW 1983, 2905ff.; h.M.

160 *BGHZ* 135, 387, 389f. = LM Nr. 21 zu § 738 BGB m. Anm. *Wilhelm* = NJW 1997, 2592f.

aa) *Drittbeeinträchtigende Abfindungsklauseln* können sittenwidrig und damit nach § 138 BGB nichtig sein. Eine Abfindungsbeschränkung, die nur für den Fall einer Gesellschafterinsolvenz (§ 131 III Nr. 2 HGB) bzw. eines Zugriffs von Privatgläubigern des Gesellschafters (§§ 725 BGB, 135 HGB) gilt, ist wegen Gläubigergefährdung sittenwidrig und nichtig[161]. Der Gläubigerschutz durch Anfechtung im Insolvenzverfahren und in der Vollstrekkung (§§ 129ff. InsO, 3ff. AnfG) reicht hier als Schutzinstrumentarium nicht aus[162]. Grundsätzlich wirksam ist dagegen eine Abfindungsbeschränkung und selbst ein völliger Abfindungsausschluß beim Tod eines Gesellschafters (näher oben, § 45 V 3 b).

bb) Die Abfindungsklausel kann außerdem wegen *Knebelung* sittenwidrig sein[163]. Das ist bei Buchwertklauseln jedenfalls dann grundsätzlich nicht der Fall, wenn der Gesellschafter nur aus wichtigem Grund (§ 140 HGB) aus der Gesellschaft ausgeschlossen werden kann[164]. Eben dies ist aber – wie unter III 4 ausgeführt wurde – in aller Regel die Rechtslage, so daß auch unter *diesem* Gesichtspunkt grundsätzlich nichts gegen Abfindungsklauseln einzuwenden ist (zu dem Gesichtspunkt der §§ 723 III BGB, 133 III HGB vgl. alsbald unter cc). Anders kann es sich bei einem Gesellschafter verhalten, der – soweit dies als zulässig erachtet werden kann – ohne wichtigen Grund aus der Gesellschaft ausgeschlossen wird (zu diesen problematischen Fällen vgl. oben unter III 4) und dann mit der Gesellschaft nur noch über die Abfindung streitet[165].

Beispiel Nr. 23 (nach *BGH*, NJW 1979, 104): Die K war Kommanditistin in der B-KG. Sie war aufgrund einer Ausschließungsklausel ohne wichtigen Grund aus der Gesellschaft ausgeschlossen worden und verlangte nun über die gesellschaftsvertraglich festgelegte Buchwertabfindung hinaus eine »angemessene« Abfindung in Höhe des fast dreifachen Betrages. Der *BGH* betonte, daß die Buchwertklausel grundsätzlich zulässig ist, fügte aber hinzu, dies könne nicht ohne weiteres bei der Ausschließung ohne wichtigen Grund gelten. Hier könne ein rechtlich vertretbarer Interessenausgleich nur dann als gegeben angesehen werden, wenn dem Ausscheidenden eine »angemessene« Entschädigung zugebilligt werde. Grundsätzlich sei bei der Ausschließung ohne wichtigen Grund eine Abfindungsklausel nur dann »angemessen«, wenn sie »im Kern der gesetzlichen Regelung entspricht und im wesentlichen zur Abgeltung des vollen Wertes des Gesellschaftsanteils führt«. Denn: »Regelungen, die von diesen Grundsätzen zum Nachteil der von der Ausschließung ohne wichtigen Grund betroffenen Gesellschafter abweichen, führen zu einer Bereicherung der bevorzugten Gesellschafter und begründen damit einen besonderen Anreiz und die Gefahr, daß die Mehrheit der Gesellschafter oder die persönlich haftenden Gesellschafter von ihren Ausschließungsrechten aus sachfremden Erwägungen und willkürlich Gebrauch machen.« Deshalb sei eine solche Abfindungsregelung grundsätzlich nach § 138 BGB nichtig. Nur ausnahmsweise erkennt der *BGH* an, »daß die besondere

161 Vgl. nur *BGHZ* 65, 22, 28; *Alfred Hueck*, oHG, § 24 II 4; *Ulmer*, NJW 1979, 83; a.M. wegen Spezialität der Anfechtungstatbestände *Heckelmann*, a.a.O., S. 116ff.; *Möhring*, a.a.O., S. 63ff.

162 A.M. *Heckelmann*, a.a.O., S. 120ff.

163 Eingehend *Heckelmann*, a.a.O., S. 111ff.

164 Im Ergebnis übereinstimmend *Huber*, Vermögensanteil, S. 329ff.; strenger *Reuter*, a.a.O., S. 300ff.

165 Vgl. *Huber*, ZGR 1980, 190 (Regel Nr. 2); zu eng *Kreutz*, ZGR 1983, 122; *BGH*, NJW 1979, 104 geht für diesen Fall ohne Sachdiskussion von der Rechtswirksamkeit der »Hinauskündigung« aus.

Situation der Gesellschaft oder ihrer Gesellschafter eine Abfindungsklausel rechtfertigen könnte, die nur einen Abfindungsanspruch begründet, der wesentlich vom wirklichen Wert des Anteils abweicht«.

Dieser Standpunkt ist umstritten[166] und in seiner Allgemeinheit bedenklich. Eine Würdigung der Entscheidungsgründe sollte nicht über die Besonderheit hinwegsehen lassen, daß im BGH-Fall schon die Ausschließung als solche problematisch war und daß sich der Streit nur deshalb auf die Abfindung verlagert hatte, weil die Parteien selbst die Ausschließung als wirksam hingenommen hatten. Auch der *Bundesgerichtshof* hat das Spezifikum jener Entscheidung inzwischen herausgestellt[167]. Aus ihr kann nicht generell die Unwirksamkeit von Buchwertklauseln abgeleitet werden, sofern nicht die Ergebnisse im Einzelfall zu einem unverhältnismäßig geringen Abfindungsbetrag führen[168]. Ähnliches läßt sich über Einheitswertklauseln sagen, sofern bei vorhandenem Grundbesitz dessen Verkehrswert mitberücksichtigt wird[169].

cc) Im Ergebnis führt aber der Bundesgerichtshof doch eine Angemessenheitskontrolle durch[170]. Lange Zeit hat er diese Kontrolle auf den Gedanken der *Einkerkerung von Gesellschaftern* zurückgeführt[171]. Nach §§ 723 III BGB, 133 III HGB sind Vereinbarungen, die das gesetzliche Kündigungsrecht oder das Recht zur Erhebung der Auflösungsklage ausschließen oder beschränken, nichtig. Diese Regeln genießen Umgehungsschutz. Die jedenfalls bis 1993 vorherrschende Praxis und Lehre erklärte deshalb eine Abfindungsregelung analog §§ 723 III BGB, 133 III HGB für nichtig, wenn im Zeitpunkt der beabsichtigten Kündigung[172] die Diskrepanz zwischen der klauselmäßigen und der gesetzlichen Abfindung so empfindlich ist, daß sie typischerweise geeignet ist, den Gesellschafter von einer Kündigung oder Auflösungsklage abzuhalten.

Diese Anknüpfung bei den §§ 723 III BGB, 133 III HGB war *methodisch angreifbar*[173]. Der *Bundesgerichtshof* hat dies in seinem Grundlagenurteil *BGHZ* 123, 281 = NJW 1993, 3193 insoweit erkannt, als sich aus den Bestimmungen eine nachträgliche Nichtigkeit oder Wirksamkeit ergeben sollte, je nachdem, wie weit sich der Anteilswert im Laufe der Zeit von dem Klauselwert entfernt. Er hat deshalb entschieden, daß eine gesellschaftvertragliche Abfindungsklausel nicht allein aufgrund einer solchen nachträg-

166 Krit. *Flume*, NJW 1979, 904; *Esch*, NJW 1979, 1390; *Hirtz*, BB 1981, 764f.
167 *BGH*, NJW 1989, 2685, 2686.
168 *BGH*, NJW 1985, 192; *Neuhaus*, a.a.O., S. 197; strenger *Heymann/Emmerich*, § 138 Rdnr. 41.
169 *Neuhaus*, a.a.O., S. 200.
170 Nachweise bei *BGHZ* 135, 387, 390 = LM Nr. 21 zu § 738 BGB m. Anm. *Wilhelm* = NJW 1997, 2592f. (nur Ausnahme für nicht-wirtschaftliche Personengesellschaft); *Hülsmann*, NJW 2002, 1673ff.
171 Vgl. *RGZ* 162, 388, 392f.; *BGH*, NJW 1973, 651, 652; 1985, 192; *Heckelmann*, a.a.O., S. 141ff.; *Michalski*, a.a.O., S. 294ff.; *Möhring*, a.a.O., S. 61ff.; *Ulmer*, NJW 1979, 82f.; *ders.*, in: Festschrift Quack, a.a.O., S. 488.
172 *BGH*, NJW 1973, 651, 652; *Flume*, Personengesellschaft, § 12 IV; *Heckelmann*, a.a.O., S. 145; *Ulmer*, NJW 1979, 82f.; a.M. *Möhring*, a.a.O., S. 61.
173 Vgl. auch *Schlegelberger/Karsten Schmidt*, § 138 Rdnrn. 63, 70, 78; *Büttner*, a.a.O.; *Rasner*, NJW 1983, 2908; *Flume*, DB 1986, 634.

lichen Änderung nichtig, sondern ggf. im Wege der ergänzenden Vertragsauslegung zu korrigieren sei[174]. Indes hat er damit der hier geübten Kritik nur teilweise Rechnung getragen, denn diese beschränkt sich nicht auf die Frage des Nichtigkeitszeitpunkts, sondern sie ist grundsätzlicher Art. Die §§ 723 III BGB, 133 III HGB wenden sich nicht gegen jede Einkerkerung des Gesellschafters in einer Gesellschaft durch vertragliche Einschüchterung, sondern sie sollen verhindern, daß ein Gesellschaftsverhältnis durch Vertrag unauflöslich gemacht wird[175]. Es ist zwar richtig, daß auch eine Einkerkerung durch prohibitiv wirkende Abfindungsklauseln mit dem Geist des geltenden Rechts unvereinbar ist, aber der Geist des geltenden Rechts rechtfertigt noch nicht eine Überdehnung starrer Verbotsnormen. Der gesetzliche Anknüpfungspunkt sollte – durchaus unter Einbeziehung der aus §§ 723 III BGB, 133 III HGB sprechenden Wertung – dem flexibleren § 138 BGB entnommen werden. Zusätzlich sollte nach der Rechtsprechungsänderung von 1993 unterschieden werden zwischen Abfindungsklauseln, die ein für allemal nichtig sind, und solchen, deren Anwendung nach Jahr und Tag Rechtsausübungsprobleme aufwirft. Insofern ist dem im Tatbestand flexiblen, jedoch in der Rechtsfolge starren § 138 BGB die noch flexiblere Regel von Treu und Glauben vorgeschaltet (§§ 157, 242 BGB). Die Rechtsprechung führt so zu einer abgestuften Kontrolle. Sie hat, so umstritten sie ist, Vernunftgründe für sich[176]. Es geht nicht an, daß die Mitgesellschafter um ein Vielfaches besser dastehen, wenn sie einen Minderheitsgesellschafter zum Austritt aus der Gesellschaft drängen, als wenn sie ihm seinen Anteil abkaufen.

Für die Praxis sind die *Abgrenzungskriterien* wichtiger als der methodische Ansatz[177]. Der Bundesgerichtshof hält grundsätzlich daran fest, daß ein Ausschluß oder eine erhebliche Beschränkung der gesetzlichen Abfindung nur in Ausnahmefällen zulässig ist[178]. Dagegen heißt es bei *Flume*[179]: »Die beschränkende Abfindungsklausel ist nur eine Ergänzung zu der Vereinbarung über den Fortbestand der Gesellschaft im Fall der Kündigung. Mit dieser Vereinbarung erkennt jeder Gesellschafter für die anderen Gesellschafter das Bestandsinteresse an.« Richtig scheint: Eine Abfindung unter dem Buchwert ist grundsätzlich unzulässig[180]. Erhält ein Gesellschafter mindestens den Wert der von ihm oder seinem Rechtsvorgänger geleisteten Einlage, vermehrt um stehengelassene Gewinne und gemindert um nicht ausgeglichene Verluste, als Abfindung, verstößt die Klausel in aller Regel nicht gegen § 138 BGB bzw., nach der traditionellen Begründung, nicht gegen

174 *BGHZ* 123, 281 = NJW 1993, 3193; dazu *Dauner-Lieb*, ZHR 158 (1994), 271ff.; *Rasner*, ZHR 158 (1994), 292ff.; *Ulmer/Schäfer*, ZGR 1995, 134ff.

175 Vgl. Mot., in *Mugdan* II, S. 347.

176 Grundsatzkritik freilich bei *Flume,* Personengesellschaft, § 12 IV (S. 187 Fußn. 51); *Büttner,* in: Festschrift Nirk, 1992, S. 129.

177 Überblick bei *Hülsmann,* NJW 2002, 1673ff.

178 *BGHZ* 135, 387, 390 = LM Nr. 21 zu § 738 BGB m. Anm. *Wilhelm* = NJW 1997, 2592f.

179 *Flume*, Personengesellschaft, § 12 IV.

180 Ebenso *Ebenroth/Boujong/Joost/Lorz,* § 131 Rdnr. 122, der allerdings unter besonderen Umständen einzelfallabhängige Ausnahmen zulassen will.

die §§ 723 III BGB, 133 III HGB[181]. Mit zu beachten ist, daß nicht jeder Gesellschafter in gleicher Weise an der Vermögenssubstanz der Gesellschaft beteiligt ist. Der Gesellschafter »ohne Kapitalanteil« (oben, § 47 III 1) muß es hinnehmen, wenn er auch von der Abfindung ausgeschlossen ist[182], ebenso der Gesellschafter, der – z.B. als gewinnbeteiligter Prokurist – nur auf Zeit und ohne Beteiligung am Substanzwert in die Gesellschaft aufgenommen worden ist[183]. Bei typisch beteiligten Gesellschaftern muß eine angemessene Beteiligung auch an den stillen Reserven gewährleistet sein[184]. Deshalb wird auch eine am anteiligen Ertragswert, also an der »vollen« Abfindung, orientierte Vertragsklausel mit einem maßvoll pauschalierten Abzug vorgeschlagen – z.B.: anteiliger Ertragswert minus 20 % –[185], deren Nachteil freilich darin besteht, daß sie den Beteiligten nicht den Streit um den genauen Ertragswert erspart.

Bei der Abgrenzung sind sämtliche Besonderheiten des Einzelfalls mit zu bedenken. Insbesondere können belastende *Auszahlungsmodalitäten* im Verein mit der Beschränkung des Abfindungsanspruchs ein verbotenes Kündigungshindernis sein. Die herrschende Ansicht verlangt, daß sich eine Regelung der Auszahlungsmodalitäten »im Rahmen des Üblichen« halten muß[186]. Das wird bedeuten, daß sie das Interesse der Unternehmenserhaltung nicht einseitig über das Abfindungsinteresse des Ausscheidenden stellen und nicht dazu führen darf, daß aus der Einlage des Ausscheidenden gegen seinen Willen ein dauerhafter Kredit wird. Nach *RG*, DNotZ 1931, 378 dürfen die Raten nicht so klein sein, daß der Gesellschafter erst nach Jahrzehnten ausgezahlt ist. *RGZ* 162, 388, 393 zweifelt, ob eine Buchwertabfindung, die in zehn Jahresraten zu zahlen ist, noch mit §§ 723 III BGB, 133 III HGB vereinbar ist. In der Tat wird man als grobe Richtschnur anzusehen haben, daß eine Auszahlungsdauer bis zu etwa fünf Jahren bei angemessener Verzinsung in aller Regel zulässig ist[187], eine Dauer bis zu etwa zehn Jahren nach Lage des Falls gleichfalls zulässig sein kann, während ein sich über mehr als zehn Jahre erstreckender Zeitraum besonderer Rechtfertigung bedarf[188]. Hinzu kommt dabei stets die bewegliche Schranke des § 242 BGB (dazu sogleich unter IV 2 c ee).

dd) Ist eine Abfindungsklausel unwirksam, so läßt die Praxis in weitem Maße eine *ergänzende Vertragsauslegung* zu mit der Folge, daß nicht eine Abfindung nach § 738 I 2 BGB stattfindet, sondern eine den Vertragsinhalt

181 Insofern ähnlich *Flume*, Personengesellschaft, § 12 IV.
182 Dies ist im Grunde kein Problem der Abfindungsklausel, denn auch nach der gesetzlichen Regel erhielte ein solcher Gesellschafter keine Abfindung!
183 Vgl. auch für den GmbH-Geschäftsführer *OLG Celle*, DStR 1997, 336 m. Anm. *Goette*.
184 Vgl. *BGHZ* 126, 226, 233 = NJW 1994, 2536, 2537 (GmbH).
185 Vgl. *Ulmer*, in: Festschrift Quack, a.a.O., S. 477ff., 490ff., 500.
186 *Alfred Hueck*, oHG, § 24 I 5; *Huber*, Vermögensanteil, S. 330.
187 A.M. *Reuter*, a.a.O., S. 302f.: 2 Jahre als Regelgrenze mit Treupflichtvorbehalt für den Ausgeschiedenen; charakteristisch für die Praxis die Regelung im Fall *BGHZ* 123, 281 = NJW 1993, 3193: fünf Jahresraten mit Verzinsung.
188 Vgl. auch *BGH*, NJW 1989, 2685, 2686; Meinungsstand bei *Hülsmann*, NJW 2002, 1678.

berücksichtigende, aber »angemessene Abfindung«[189]. Man kann insofern von einer am Maßstab vom Treu und Glauben und § 157 BGB orientierten geltungserhaltenden Reduktion der Abfindungsklausel sprechen. Im Grundsatzurteil *BGHZ* 123, 281 = NJW 1993, 3193 hat sich der *Bundesgerichtshof* der ergänzenden Vertragsauslegung auch für den Fall bedient, daß die Abfindungsklausel nicht nichtig, das Ergebnis ihrer Anwendung indes wegen des im Laufe der Zeit eingetretenen Mißverhältnisses zwischen der Klauselabfindung und dem wirklichen Anteilswert unbillig ist[190]. Dann sei der Abfindungsbetrag durch ergänzende Vertragsauslegung nach dem Grundsatz von Treu und Glauben unter angemessener Abwägung der Interessen der Gesellschaft und des ausscheidenden Gesellschafters entsprechend den veränderten Verhältnissen neu zu ermitteln. Die Flexibilität dieses Urteils ist als ein Fortschritt gegenüber der vorhergegangenen Rechtsprechung anzusehen, aber die Rechtskonstruktion der ergänzenden Vertragsauslegung ist kein Allheilmittel[191]. Da die ergänzende Auslegung eine Lücke im Vertragswerk voraussetzt, könnte die Gestaltungspraxis versucht sein, lückenlose Abfindungsklauseln zu vereinbaren, die auch im Fall eines unbilligen Abfindungsergebnisses gelten sollen und hierdurch »ergänzungsfest« sind[192]. Das kann nicht im Sinn der neuen Rechtsprechung sein, die dann wohl auf § 138 BGB zurückgreifen müßte. Besser scheint es, dem Anliegen der neuen Rechtsprechung mit der beweglichen Schranke des § 242 BGB zu entsprechen (dazu sogleich unter ee)[193].

ee) Zu den starren Schranken der §§ 138 BGB, 723 III BGB, 133 III HGB[194] tritt als *bewegliche Schranke* eine Ausübungskontrolle nach § 242 BGB hinzu[195]. Die Gesellschaft kann nach Lage des Einzelfalls auch bei einer wirksamen Abfindungsklausel gehindert sein, sich auf die Klausel in vollem Umfang zu berufen. Zu denken ist zunächst an den Fall, daß der ausscheidende Gesellschafter aus wichtigem Grund gekündigt hat oder hierzu berechtigt gewesen wäre[196]. Bei der Buchwertklausel steht der Fall im Mittelpunkt, daß durch die Bilanzierungspraxis oder durch Wertveränderungen ein grobes Mißverhältnis zwischen dem Buchwert und dem gesetzlichen Abfindungsguthaben entstanden ist. Dann müßte der Gesellschaftsvertrag nach den oben unter § 5 IV dargestellten Grundsätzen angepaßt werden, und die Abfindung ist unter Berücksichtigung der veränderten Verhältnisse und des wirklichen oder mutmaßlichen Parteiwillens entsprechend den Regeln über

189 Vgl. *BGH*, NJW 1985, 192, 193; vgl. zur Methode der geltungserhaltenden Reduktion auch *BGHZ* 107, 351 = NJW 1989, 2681 = JuS 1990, 228 m. Anm. *Karsten Schmidt* (betr. Ausschließungsklausel).

190 Dazu etwa *Ebenroth/Boujong/Joost/Lorz*, § 131 Rdnr. 129.

191 *Ulmer/Schäfer*, ZGR 1995, 140ff.

192 Vgl. *Ebenroth/Müller*, BB 1993, 1160; *Rasner*, ZHR 158 (1994), 300.

193 *Ulmer/Schäfer*, ZGR 1995, 144ff.; deutlich auch *BGH*, NJW 1993, 2101; *BGHZ* 126, 226, 234 = NJW 1994, 2536, 2537 (GmbH).

194 Starr sind diese Schranken im Hinblick auf die Rechtsfolge (Nichtigkeit), nicht, wie gezeigt wurde, im Hinblick auf die Tatbestandsvoraussetzungen.

195 *H. P. Westermann*, AcP 175 (1975), 423; *Ulmer*, NJW 1979, 83; *ders.*, in: Festschrift Quack, a.a.O., S. 489ff.; *Rasner*, NJW 1983, 2908.

196 Vgl. auch *Flume*, Personengesellschaft, § 12 IV (S. 186).

die Veränderung der Geschäftsgrundlage zu berechnen[197]. Als *Faustregel* sollte gelten, daß der Abfindungswert nicht unter 50–60 % des anteiligen Ertragswerts liegen darf[198]. Auch die soeben unter dd in ihre Grenzen verwiesene Methode der »ergänzenden Vertragsauslegung« hat i.d.R. hier ihren richtigen Sitz[199]. Es ist also zu unterscheiden zwischen
- Fällen abstrakter Sittenwidrigkeit einer Klausel und
- Fällen konkreter Vertragsanpassung,

wobei nach der neuen Rechtsprechung die zweiten im Vordergrund stehen. Ein absolutes Maß gibt es weder für die Nichtigkeitsgrenze[200] noch für die Anpassungsgrenze[201]. Nicht nur bei Bewertungsklauseln, sondern auch bei Stundungsklauseln kann § 242 BGB zum Zuge kommen. Ist die Gesellschaft zur Auszahlung ohne weiteres in der Lage, hat sie vielleicht anstelle des Ausgeschiedenen einen neuen Gesellschafter mit einer das Abfindungsguthaben übersteigenden Einlage aufgenommen, so bedarf es möglicherweise des mit der Stundungsklausel beabsichtigten Schutzes nicht.

ff) Der Ansatz bei den §§ 157, 242 BGB kann im Einzelfall auch eine *Korrektur zugunsten der Gesellschaft und der verbleibenden Gesellschafter* rechtfertigen, wenn der Klauselwert den sich aus dem anteiligen Unternehmenswert ergebenden Abfindungsbetrag unsachgemäß übersteigt[202] oder die alsbaldige Fälligkeit der Abfindung die Gesellschaft in unvorhersehbare Liquiditätsschwierigkeiten bringt und dem Ausgeschiedenen die Abfindung in wenigen Jahresraten zuzumuten ist[203].

---

197 Vgl. *BGH*, NJW 1993, 2101; der Sache nach ähnlich *BGH*, NJW 1994, 2540 = ZIP 1994, 1179; dazu *Ulmer/Schäfer*, ZGR 1995, 148; a.A. *Müller*, ZIP 1995, 1568 ff.

198 Näher *Ulmer/Schäfer*, ZGR 1995, 134; Überblick bei *Hülsmann*, NJW 2002, 1676; die verwunderlich scheinende Unbestimmtheit der hier empfohlenen Untergrenze (50–60 %) erklärt sich aus der Mitberücksichtigung aller Einzelumstände und aus dem fortbestehenden Ziel der Abfindungsklausel, eine Unternehmensbewertung auf Heller und Pfennig zu vermeiden.

199 Vgl. *Ulmer/Schäfer*, ZGR 1996, 144 ff.

200 So auch – zu §§ 723 III BGB, 133 III HGB – *Flume*, Personengesellschaft, § 12 IV; *Heckelmann*, a.a.O., S. 154; *Erman*, a.a.O., S. 79; wohl auch *BGH*, NJW 1973, 651, 652.

201 Konkretisierungsversuche bei *Ulmer/Schäfer*, ZGR 1996, 148 ff.

202 Vgl. *OLG Bamberg*, NZG 1998, 897 m. Anm. *v. Reinersdorff; Engel*, NJW 1986, 347; *Sigle*, ZGR 1999, 659 f.; zur Abgrenzung vgl. *BGH*, NJW 2000, 2276.

203 Überblick über den Stand zur Klauselkorrektur bei *Hülsmann*, NJW 2002, 1674.

§ 51 Die Haftung des ausgeschiedenen Gesellschafters*

I. Forthaftung für Altverbindlichkeiten

1. Grundlagen

a) Der ausgeschiedene Gesellschafter haftet für die bei seinem Ausscheiden bereits begründeten Verbindlichkeiten weiter. Dieser selbstverständliche

---

* Literatur (vgl. zunächst die Angaben bei § 49 sowie ältere Angaben in den Vorauflagen): *Altmeppen,* Zur Enthaftung des ausscheidenden Personengesellschafters, NJW 2000, 2529; *Armbrüster*, Zur Nachhaftung ausgeschiedener Gesellschafter von Personengesellschaften, DZWir 1997, 55; *Büscher/Klusmann*, Forthaftung und Regreß ausgeschiedener Personengesellschafter, ZIP 1992, 11; *Hadding*, Zur Haftung des ausgeschiedenen oHG-Gesellschafters, ZGR 1973, 137; *ders.*, Zum Rückgriff des ausgeschiedenen haftenden Gesellschafters einer oHG oder KG, in: Festschrift Stimpel, 1985, S. 139; *Hardt*, Nachhaftungsbegrenzungsgesetz und Deliktsrecht, 1999; *Hohlfeld*, Die Nachhaftung des ausgeschiedenen Gesellschafters aus Dauerschuldverhältnissen, 1983; *Honsell/Harrer*, Die Haftung des ausgeschiedenen Gesellschafters bei Dauerschuldverhältnissen, ZIP 1986, 341; *Jürgens*, Der Umfang der Haftung eines ausgeschiedenen Gesellschafters für betriebliche Ruhegeldzusagen, DB 1992, 1629; *Kainz*, Das Nachhaftungsbegrenzungsgesetz, DStR 1994, 620; *Kollbach*, Die Neuregelung der Nachhaftung ausgeschiedener persönlich haftender Gesellschafter, GmbHR 1994, 164; *Koch*, Grenzen der gesellschafterlichen Nachhaftung aus Dauerschuldverhältnissen, NJW 1984, 833; *Kornblum*, Die Haftung der Gesellschafter für Verbindlichkeiten von Personengesellschaften, 1972; *Lehmann*, Die Enthaftung des ausgeschiedenen Gesellschafters der offenen Handelsgesellschaft von Verbindlichkeiten aus schwebenden Lieferungsverträgen, ZHR 79 (1916), 57; *Lieb*, Haftungsklarheit für den Mittelstand? GmbHR 1994, 657; *Neef*, Der Umfang der Haftung eines ausgeschiedenen Gesellschafters für betriebliche Ruhegeldzusagen, DB 1992, 1933; *Piehler*, Die Folgen des Ausscheidens, in: Riegger/Weipert, MünchHdb. GesR I, 1995, § 68; *Priester/Karsten Schmidt*, Unbegrenzte Nachhaftung des geschäftsführenden Gesellschafters? ZIP 1984, 1064; *Reichold*, Die Haftung des ausgeschiedenen Gesellschafters für Ruhegeldverbindlichkeiten, 1986; *ders.*, Das neue Nachhaftungsbegrenzungsgesetz, NJW 1994, 1617; *Römer*, Die Auswirkungen des Kontokorrents auf die Haftung ausgeschiedener Personenhandelsgesellschafter, 1991; *Saßenrath*, Die Umwandlung von Komplementärbeteiligungen in Kommanditbeteiligungen, 1988; *Karsten Schmidt*, Gesellschaftsrechtliche Grundlagen eines Nachhaftungsbegrenzungsgesetzes, DB 1990, 2357; *ders.*, Das neue Nachhaftungsbegrenzungsrecht, ZIP 1994, 243; *Seibert*, Nachhaftungsbegrenzungsgesetz – Haftungsklarheit für den Mittelstand, DB 1994, 461; *Siems/Maaß,* Die Begrenzung der Nachhaftung gem. §§ 160 HGB, 736 Abs. 2 BGB, WM 2000, 2328; *v. Stebut*, Die Haftung ausgeschiedener Gesellschafter für Gesellschaftsverbindlichkeiten aus Dauerschuldverhältnissen, ZGR 1981, 183; *Steinbeck*, Das Nachhaftungsbegrenzungsgesetz, WM 1996, 2041; *Ulmer*, Die zeitliche Begrenzung der Haftung von Gesellschaftern beim Ausscheiden aus einer Personengesellschaft sowie bei der Umwandlung in eine Kapitalgesellschaft, BB 1983, 1865; *Ulmer/Wiesner*, Die Haftung ausgeschiedener Gesellschafter bei Dauerschuldverhältnissen, ZHR 144 (1980), 393; *Ulmer/Timmann*, Die Enthaftung ausgeschiedener Gesellschafter, ZIP 1992, 1; *Waldner*, Das neue Nachhaftungsbegrenzungsgesetz, WiB 1994, 297.

Grundsatz wird in § 160 HGB unverkennbar vorausgesetzt[1] und beiläufig klargestellt. Es liegt denn auch auf der Hand und bedarf keiner besonderen Regelung, daß der Gesellschafter nicht die schon begründeten Haftungsverbindlichkeiten abschütteln kann, indem er sich von der Gesellschaft löst. Haftungsgrundlage bleibt § 128 HGB[2]. Bleibt nach dem Ausscheiden eine Mehrpersonengesellschaft erhalten, so ändert sich die Identität dieser Gesellschaft, wie schon unter § 50 bemerkt wurde, nicht[3]. Neben der Gesellschaft haften aber nicht nur ihre gegenwärtigen, sondern auch die ausgeschiedenen Gesellschafter für die Altverbindlichkeiten.

Beispiel Nr. 1: L hat im Jahr 2000 Waren an die oHG geliefert und keine Zahlung erhalten. Die Gesellschaft bestand seinerzeit aus den Gesellschaftern X, Y, Z und A, aber im Zeitpunkt der Inanspruchnahme ist A ausgeschieden. Ist in diesem Fall nach sämtlichen Ansprüchen des L gefragt, so verläuft die Prüfung wie folgt: Es wird zunächst der Anspruch gegen die oHG untersucht, deren Identität sich durch den Austritt des A nicht verändert hat. Sodann kann für X, Y und Z gemeinsam die gesamtschuldnerische Haftung untersucht werden (§ 128 HGB). Schließlich ist in einem dritten Komplex die Haftung des A zu prüfen. Auch sie ergibt sich aus § 128 HGB (nur klarstellend § 160 I 1 HGB!).

Die Forthaftung des Ausscheidenden besteht *unabhängig davon, ob die Gesellschaft selbst fortbesteht.* So wie die persönliche Haftung bei Auflösung der Gesellschaft weiterbesteht (s. auch § 159 HGB), besteht sie selbstverständlich auch dann fort, wenn die Gesellschaft durch das Ausscheiden des letzten Mitgesellschafters erloschen ist (vgl. zu diesen Fällen oben, § 44 II 2). Die Gesellschaftsschuld geht dann im Wege der Gesamtrechtsnachfolge auf den verbleibenden Gesellschafter über (oben, § 11 IV 3 a), und neben ihm haftet der ausgeschiedene Gesellschafter.

Beispiel Nr. 2 (nach *BGHZ* 48, 203): Die Friedrich W-oHG bestand aus den Gesellschaftern W und X. X schied aus der Gesellschaft aus. Hierdurch wurde W automatisch zum Einzelkaufmann, und das Gesellschaftsvermögen ging mit allen Verbindlichkeiten auf W über, der alsbald insolvent wurde. Der *BGH* bejahte ohne Anstand die Haftung des X für die vor seinem Ausscheiden begründeten Verbindlichkeiten. Zur Enthaftung in diesem Fall vgl. unter II 1 b.

Für den *Haftungsinhalt* gelten weiterhin die unter § 49 III 1 geschilderten Grundsätze. Dies hat der *Bundesgerichtshof* ausdrücklich entschieden in unserem

Beispiel Nr. 3 (nach *BGH*, NJW 1987, 2367 = JuS 1987, 826 m. Anm. *Karsten Schmidt*): Gegen die ehemals unbeschränkt haftenden Gesellschafter wurden Ansprüche auf Herausgabe (§ 985 BGB) bzw. Rückgabe (§ 556 BGB) gemieteter Druckereimaschinen geltend gemacht. Der *BGH* bestätigte die Verurteilung im Anschluß an *RGZ* 125, 417: Auch ein ausgeschiedener Gesellschafter haftet nicht nur auf Geldleistung und kann auf Herausgabe verurteilt werden, wenn das Mietverhältnis vor oder während seiner Zugehörigkeit zur Gesellschaft begründet worden ist.

---

1 S. auch zu § 159 HGB a.F. *BGHZ* 59, 267, 269.

2 Vgl. zum Rechtszustand vor der Neufassung *BGHZ* 36, 224, 225; *Hardt,* a.a.O., S. 26ff.; *Piehler,* a.a.O., § 68 Rdnr. 68; *Schlegelberger/Karsten Schmidt,* § 128 Rdnr. 41.

3 *Alfred Hueck,* oHG, § 29 II 1; h.M.; ausführlich *Müller-Laube,* in: Recht und Rechtserkenntnis, Festschrift Ernst Wolf, 1985, S. 501ff.; anders in jüngerer Zeit wohl nur *v. Stebut,* ZGR 1981, 196ff.

b) *Thema des § 160 HGB* ist nach all dem nicht eigentlich die Begründung einer Forthaftung des ausgeschiedenen Gesellschafters, sondern seine *Enthaftung binnen fünf Jahren.* Diese Enthaftung war bis 1994 in Gestalt einer fünfjährigen Sonderverjährung in § 159 HGB a.F. geregelt[4]. Die Regelung versagte allerdings in dem wichtigen Bereich der Dauerschuldverhältnisse, insbesondere Arbeitsverhältnisse und Pensionszusagen. Da eine Verjährungsfrist nicht vor der Fälligkeit einer Forderung beginnen kann (ausdrücklich § 159 III HGB a.F.), entstand hier die Frage, ob noch auf einen vor Jahrzehnten ausgeschiedenen Gesellschafter unverjährte Haftungsansprüche z. B. aus Pensionszusagen zukommen konnten. Da dies nicht im Sinne der Enthaftungsregelungen sein konnte, konstruierte die Gerichtspraxis im Anschluß an Literaturstimmen neben der gesetzlichen Sonderverjährung praeter legem eine Enthaftungsregel, so daß Nachhaftungsansprüche nach fünf Jahren nicht mehr neu entstehen, die letzten Nachhaftungsforderungen also nach spätestens zehn Jahren verjährt waren (Angaben dazu alsbald unter I 3 b). Das wurde hier bis zur 2. Auflage unter § 51 II 2 eingehend dargestellt und spielt aufgrund der Übergangsregelungen für Altverbindlichkeiten auch weiterhin noch eine Rolle (dazu unter II 4).

2. Die Abgrenzung der Altverbindlichkeiten

Die Haftung besteht nur für solche Verbindlichkeiten, die schon im Zeitpunkt des Ausscheidens begründet waren (§ 160 I 1 HGB)[5]. Nur wenn das Ausscheiden nicht eingetragen und bekanntgemacht worden ist, haftet der Gesellschafter aufgrund von § 15 I HGB auch für Neuschulden der Gesellschaft. Eine Verbindlichkeit ist i.S. von § 160 I 1 HGB schon bei dem Ausscheiden begründet, wenn die Rechtsgrundlage bereits gelegt war, auch wenn der gegen die Gesellschaft gerichtete Anspruch selbst erst später fällig wird[6].

Beispiel Nr. 4 (nach *BGHZ* 55, 267): Im Dezember 1959 hatte die Gesellschaft die B-Bauunternehmung mit Bauarbeiten beauftragt. Anfang 1960 schied der Gesellschafter G aus. Erst danach erbrachte die B ihre Bauleistungen. Trotzdem haftete G für ihre Werklohnforderung, denn es ging um die Erfüllung eines vor dem Ausscheiden geschlossenen Vertrags.

Beispiel Nr. 5: Der Gesellschaft wurden vor dem Ausscheiden Wertpapiere in Verwahrung gegeben (vgl. *RGZ* 125, 417), oder sie hatte vor dem Ausscheiden Maschinen gemietet (vgl.

4 § 159 HGB a.F. lautete: (1) Die Ansprüche gegen einen Gesellschafter aus Verbindlichkeiten der Gesellschaft verjähren in fünf Jahren nach der Auflösung der Gesellschaft oder nach dem Ausscheiden des Gesellschafters, sofern nicht der Anspruch gegen die Gesellschaft einer kürzeren Verjährung unterliegt.
(2) Die Verjährung beginnt mit dem Ende des Tages, an welchem die Auflösung der Gesellschaft oder das Ausscheiden des Gesellschafters in das Handelsregister des für den Sitz der Gesellschaft zuständigen Gerichts eingetragen wird.
(3) Wird der Anspruch des Gläubigers gegen die Gesellschaft erst nach der Eintragung fällig, so beginnt die Verjährung mit dem Zeitpunkte der Fälligkeit.

5 So schon nach altem Recht *RGZ* 86, 60, 61; std. Rspr.

6 *BGHZ* 55, 267, 269; *Alfred Hueck*, oHG, § 29 II 4; *Piehler*, a.a.O., § 68 Rdnrn. 68ff.; *Staub/Habersack*, § 160 Rdnrn. 9ff. m.w.N.

BGH, NJW 1987, 2367 = JuS 1987, 826 m. Anm. *Karsten Schmidt*). Dann haftet auch der ausgeschiedene Gesellschafter für den Rückgabeanspruch des Vertragspartners.

Beispiel Nr. 6 (nach *BGHZ* 50, 277): Die oHG nahm Kontokorrentkredit bei der Sparkasse S in Anspruch. Gesellschafter B schied am 3.5. aus, was auch am selben Tag in das Handelsregister eingetragen wurde. Aus dem Tagesauszug an diesem Tag ergab sich ein Debetsaldo der oHG von 4 300 DM. Der Saldo sank am 4.11. um 700 DM. Bei Ablauf der Rechnungsperiode am 31.12. betrug der Saldo 3 600 DM. Hier meint der *BGH*, die Haftung sei in doppelter Weise begrenzt: Nach Gesellschaftsrecht sei sie begrenzt durch den Tagesauszug vom 3.5., außerdem nach Kontokorrentrecht auf den Saldo bei Abschluß der Rechnungsperiode am 31.12. Der niedrigste dieser Beträge (hier also 3 600 DM) bestimme den Haftungsumfang. Das Urteil wird im »Handelsrecht« unter § 21 V 2 kritisch besprochen (vgl. auch *Römer*, a.a.O.; *Nasall*, WM 1991, 1977ff.; zur Bürgenhaftung *BGH*, NJW 1985, 3007 = WM 1985, 969).

In gleicher Weise wie für die Primäransprüche haftet der ausgeschiedene Gesellschafter auch für nachträgliche Forderungsverletzungen.

Beispiel Nr. 7 (nach *BGHZ* 36, 224): Bankkunde K hatte Aktien in das Girosammeldepot der B-Bank oHG gegeben. Aus der oHG ist der Gesellschafter G ausgeschieden, was auch sogleich in das Handelsregister eingetragen wurde. Drei Jahre danach veräußerte die B-Bank die Girostücke im Auftrag eines Nichtberechtigten und händigte diesem den Erlös aus. Der *BGH* entschied, daß G für die Vertragsverletzung nach § 128 HGB hafte. Dazu genüge, daß aus einem vor dem Ausscheiden des G geschlossenen Vertrag gehaftet werde.

Beispiel Nr. 8 (nach *BGHZ* 48, 203): K hatte der X-oHG im April 1956 eine Druckmaschine verkauft. Im November 1956 war der Gesellschafter B ausgeschieden. Die Gesellschaft fiel 1959 in Konkurs. Der Konkursverwalter lehnte nach § 17 KO (nunmehr § 103 I InsO) die Erfüllung des Kaufvertrages ab, was gegenüber der oHG einen Anspruch auf Schadensersatz wegen Nichterfüllung auslöste (vgl. § 26 S. 2 KO bzw. § 103 II InsO). Der *BGH* entschied, daß der ausgeschiedene Gesellschafter B für diese Schadensersatzverbindlichkeit haftete.

Für die Haftung aus gesetzlichen Schuldverhältnissen gilt im Ergebnis nichts anderes.

Beispiel Nr. 9 (nach *BGH*, NJW 1986, 1690 = JuS 1986, 813 m. Anm. *Karsten Schmidt*): Ein Dritter D hatte vor dem Ausscheiden des Gesellschafters G eine Sicherungsgrundschuld zur Sicherung von Bankverbindlichkeiten der Gesellschaft bestellt und diese Grundschuld nach dem Ausscheiden des G durch Zahlung an die Bank abgelöst. Der *Bundesgerichtshof* entschied mit Recht, daß der Aufwendungsersatzanspruch des D gegen die oHG aus §§ 670, 677, 683 BGB schon vor dem Ausscheiden des G begründet war. G haftete also für diese Gesellschaftsverbindlichkeit.

Beispiel Nr. 10 (in Anlehnung an den Umwandlungsfall *OVG Koblenz*, NJW 1986, 2129 = JuS 1987, 68 m. Anm. *Karsten Schmidt*): Der oHG war – wie sich jetzt herausstellt: zu Unrecht – eine Subvention gewährt worden, die nach dem Ausscheiden des Gesellschafters zweckwidrig verwendet wurde. Der Rückforderungsanspruch wurde als Altverbindlichkeit angesehen, für die der ehemals unbeschränkt haftende Gesellschafter haftete.

Neu begründete, die Haftung nachträglich erweiternde Verbindlichkeiten lassen dagegen den ausgeschiedenen bzw. nicht mehr persönlich haftenden Gesellschafter nicht mehr unbeschränkt haften, auch wenn es sich um Abreden mit vorhandenen Vertragspartnern handelt.

Beispiel Nr. 11: Der Abschluß eines Sozialplans für Arbeitnehmeransprüche ist eine Neuverbindlichkeit (*BAG*, NJW 1992, 3255 = ZIP 1992, 1554), ebenso eine nachträgliche Erhöhung der Kreditlinie bei der Hausbank, während die revolvierende ständig neue Inanspruchnahme der vor dem Ausscheiden begründeten Kreditlinie Altverbindlichkeiten begründet.

3. Das Sonderproblem der Dauerschuldverhältnisse

a) Dauerschuldverhältnisse folgen in mancherlei Hinsicht besonderen Regeln, denn bei ihnen entstehen aus einem einmal begründeten Stammrecht ständig neue Einzelansprüche. *Otto von Gierke* spricht in seinen grundlegenden Ausführungen über »Dauernde Schuldverhältnisse« von selbständigen Forderungsrechten, die sich »zur bestimmten Zeit als reife Frucht vom Stammrecht lösen«[7]. Man mag solche Bildersprache amüsant finden. Sie verdeutlicht aber jene Besonderheit, die das Dauerschuldverhältnis für den Ausgeschiedenen gefährlich macht: War das Stammrecht schon vor dem Ausscheiden vorhanden, so begründen Ansprüche aus dem Dauerschuldverhältnis Altverbindlichkeiten, auch wenn die Einzelansprüche erst nach dem Ausscheiden zur Entstehung kommen bzw. fällig werden. Das Dauerschuldverhältnis bringt m.a.W. ständig »neue Altverbindlichkeiten« hervor[8].

Beispiel Nr. 12: Nach *RGZ* 140, 12ff. haftet der ausscheidende Gesellschafter beim Mietvertrag der Gesellschaft nicht nur für die geschuldeten Mietzinsen, sondern auch für den Schaden, der sich ergibt, wenn die Gesellschaft in Vergleich geht und das Mietverhältnis kündigt. Nach *RGZ* 86, 60 haftet er, wenn das Mietverhältnis befristet ist und nachträglich verlängert wird, nur für die vor der Verlängerung liegenden Verbindlichkeiten. Das gilt aber nicht für Mietverträge mit Verlängerungsautomatik, die nur durch fristgerechten Widerspruch enden (*BGH,* NJW 2002, 2170 [vorgesehen für BGHZ] in vermeintlicher Ablehnung der hier vertretenen Ansicht).

Beispiel Nr. 13 (in Anlehnung an *BGHZ* 70, 132 = NJW 1978, 636 m. Anm. *Karsten Schmidt*): Die X-oHG betreibt den Ratskeller in M. Der Gesellschafter G scheidet aus der oHG aus. Als die Gesellschaft Energie- und Wasserlieferungen der Stadtwerke nicht mehr bezahlt, verlangen diese Zahlung von G. Auch dies ist eine Altverbindlichkeit.

b) In der *Praxis* geht es vor allem um die Nachhaftung des ausgeschiedenen Gesellschafters – bzw. des Gesellschafters nach haftungsbeschränkender Umwandlung der Mitgliedschaft (dazu oben, § 45 I 3, sowie alsbald unter II 3) – für arbeitsrechtliche Dauerschuldverhältnisse und hier vor allem für Pensionszusagen.

Beispiel Nr. 14 (abgewandelt nach *BAG*, AP Nr. 1 zu § 128 HGB m. Anm. *Wiedemann* = NJW 1978, 391): B war bis 1974 als Buchhalterin bei der Xaver X oHG beschäftigt. 1971 war der Gesellschafter G aus dieser Gesellschaft ausgetreten. Das wurde ordnungsmäßig bekanntgemacht und eingetragen. 1976 klagte die B gegen G auf Erfüllung unbeglichener Ansprüche aus dem beendeten Arbeitsverhältnis.

Beispiel Nr. 15 (abgewandelt nach *BAG*, NJW 1983, 2283 = JuS 1983, 966 m. Anm. *Karsten Schmidt*): Im Jahr 1964 schloß die oHG einen Arbeitsvertrag mit dem A und

7 *Otto v. Gierke*, JherJb 63 (1914), 374; vgl. jetzt auch *OLG Dresden*, NJW-RR 1997, 162, 163.
8 So im Ergebnis die h.M.; anders *Honsell/Harrer*, ZIP 1986, 344; dazu aber *Reichold*, JuS 1987, 777.

versprach ihm ein Ruhegehalt. Anfang 1974 trat der Gesellschafter G aus der Gesellschaft aus. Im Dezember 1979 trat A in den Ruhestand. Da die Gesellschaft zahlungsunfähig war, klagte er gegen G.

Beispiel Nr. 16 (abgewandelt nach *BAG*, DB 1990, 938 = ZIP 1990, 534): 1959 hatte die Gesellschaft Leistungen der betrieblichen Altersversorgung zugesagt. Auch hierfür hatte der ehemals persönlich haftende Gesellschafter nach der Umwandlung der Gesellschaft in eine GmbH & Co. KG einzustehen.

Wie unter I 1 b schon bemerkt, hielt § 159 HGB in der bis 1994 geltenden Fassung zugunsten des ausgeschiedenen Gesellschafters auch für diese Fälle nur eine Sonderverjährungsregel bereit, die niemals vor der Fälligkeit zum Zuge kommen konnte (§ 159 III HGB a.F.). Deshalb schien sich aus dem Gesetz zu ergeben, daß der ausgeschiedene oder in die Kommanditistenhaftung zurückgetretene Gesellschafter ad infinitum für »neue Altverbindlichkeiten« haften müsse[9]. Das entsprach schwerlich dem Willen des ADHGB-Gesetzgebers, der eine Vorschrift hatte statuieren wollen, nach der ausgeschiedene Gesellschafter »von aller Haftung aus den Geschäften ihrer Mitgesellschafter frei seien«[10]. Die Rechtsprechung entwarf deshalb einen doppelten Forthaftungsschutz: Bei Nicht-Arbeitsverhältnissen begrenzte sie die Nachhaftung auf die bis zum nächsten ordentlichen Kündigungstermin fällig werdenden Verbindlichkeiten[11], und generell stellte sie der Sonderverjährung nach § 159 HGB a.F. im Wege der Rechtsfortbildung[12] eine fünfjährige Enthaftungsfrist zur Seite[13]. Die ersten – nämlich die schon beim Ausscheiden fälligen – Haftungsverbindlichkeiten verjährten also mit Ablauf der Fünfjahresfrist, die letzten – nämlich die kurz vor Ablauf der Fünfjahresfrist in die Nachhaftung fallenden – Verbindlichkeiten vor Ablauf von zehn Jahren (eingehend 2. Aufl., § 51 II 2). Seit 1994 ist die Enthaftung in § 160 HGB geregelt (dazu sogleich), und die Rechtsprechung zur Enthaftung bei Dauerschuldverhältnissen hat nur noch für die Haftung für Altverträge aus der Zeit bis 1994 eine Bedeutung (dazu unter II 4).

---

9 *BAG*, AP Nr. 1 zu § 128 HGB m. Anm. *Wiedemann* = NJW 1978, 391; vgl. dazu: *Reichold*, a.a.O., S. 1 ff.; *Ulmer/Wiesner*, ZHR 144 (1980), 393 ff.; einlenkend *BAG*, NJW 1983, 2283 = JuS 1983, 966 m. Anm. *Karsten Schmidt.*

10 ADHGB-Protokolle, S. 260.

11 *BGHZ*, 70, 132, 137; *BGH*, NJW 1985, 1899 = GmbHR 1985, 147 m. abl. Anm. *Hohlfeld*; der *BGH* hätte richtigerweise auf ein Kündigungsrecht der Gesellschaft, nicht des Gesellschafters abstellen müssen; vgl. *Schlegelberger/Karsten Schmidt*, § 128 Rdnr. 54.

12 Grundlegend *Ulmer/Wiesner*, ZHR 144 (1980), 407 ff.; ähnlich schon *Reinhardt*, Gesellschaftsrecht, 1973, Rdnr. 148.

13 Std. Rspr. seit *BGHZ* 87, 286 und *BGH*, NJW 1983, 2943; dazu *Schlegelberger/Karsten Schmidt*, § 159 Rdnr. 36.

II. Die zeitlichen Grenzen der Forthaftung

1. Grundlagen der seit 1994 geltenden Regelung

a) Der ausgeschiedene Gesellschafter haftet für die Altverbindlichkeiten der Gesellschaft nur, wenn diese Verbindlichkeiten vor dem Ablauf von fünf Jahren nach dem Ausscheiden fällig und daraus Ansprüche festgestellt worden sind oder Vollstreckungshandlungen betrieben werden (§ 160 I 1 HGB; unten, 2 c). Die Frist beginnt am Ende des Tages, an dem das Ausscheiden in das Handelsregister eingetragen wird (§ 160 I 2 HGB). Fristlauf und Fristberechnung sind weitgehend durch Verweisung auf das Recht der Verjährung geregelt (§ 160 I 3 HGB). Einer Feststellung gemäß § 197 I Nr. 3–5 BGB bedarf es nicht, soweit der Gesellschafter den Anspruch schriftlich anerkannt hat (§ 160 II HGB). Das Gesetz operiert also nicht mehr, wie § 159 HGB a.F., mit einer Sonderverjährung, sondern mit einer Ausschlußfrist, für deren Wahrung jedoch – insofern ähnlich wie bei der Verjährung – eine Unterbrechungshandlung erforderlich ist (zu dieser vgl. unter II 2 c, d). Diese Rechtstechnik paßt auch auf Dauerschuldverhältnisse, so daß die unter I 3 b geschilderten Rechtsprechungslösungen künftig entfallen[14].

b) § 160 HGB ist Teil eines allgemeinen Enthaftungskonzepts und insofern Bestandteil der in diesem Buch so nachhaltig betriebenen Institutionenbildung (oben, § 3 III 2): Das Enthaftungskonzept gilt allgemein für das Zurücktreten aus der (mit-) unternehmerischen unbeschränkten Haftung[15]. Es gilt sinngemäß gleichermaßen
- für die Enthaftung unbeschränkt haftender Alt-Gesellschafter bei haftungsbeschränkender Umwandlung z.B. durch Formwechsel einer oHG in eine GmbH (§§ 224, 249, 257 UmwG) oder durch Verschmelzung einer Personengesellschaft auf eine GmbH (§ 45 UmwG),
- für die Enthaftung des Altunternehmers bei Unternehmensveräußerung (§ 26 HGB) oder bei der Ausgliederung aus dem Vermögen eines Einzelkaufmanns (§ 157 UmwG),
- für das Ausscheiden eines oHG-Gesellschafters oder Komplementärs (vgl. § 161 II HGB) aus der Gesellschaft (§ 160 I HGB),
- für die Übertragung des Anteils eines unbeschränkt haftenden Gesellschafters,
- für das Zurücktreten eines oHG-Gesellschafters oder Komplementärs (vgl. § 161 II HGB) in die Kommanditistenhaftung (vgl. § 160 III HGB) und
- für die Nachhaftung eines ausgeschiedenen BGB-Gesellschafters (§ 736 II BGB).

---

14 Zum Wegfall der sog. »Kündigungstheorie« *BGHZ* 142, 324 = NJW 2000, 208 = GmbHR 1999, 1287 m. krit. Anm. *Emde*; *OLG Dresden*, NJW-RR 1997, 162 = ZIP 1996, 1868; *Staub/Habersack*, § 160 Rdnr. 34; *Armbrüster*, DZWir 1997, 58; Krit. *Altmeppen*, NJW 2000, 2529ff.

15 Vgl. bereits die Forderung des *Verfassers* in DB 1990, 2358ff.; insofern zust. auch *Ulmer/Timmann*, ZIP 1992, 2; dazu auch *Reichold*, NJW 1994, 1620.

Auch der Fall, daß ein Gesellschafter alle Anteile erwirbt oder daß alle Mitgesellschafter ausscheiden, ist ein Fall des § 160, nicht des § 159 HGB, obwohl die Gesellschaft erlischt (dazu oben, § 44 II 2; unten, § 52 IV 3 d).

Beispiel Nr. 17: Eine oHG kann auf verschiedene Weise in eine GmbH umgewandelt werden. Geschieht dies durch Formwechsel nach dem Umwandlungsgesetz, so gilt für die Fortdauer und Begrenzung der persönlichen Haftung der dem § 160 HGB angepaßte § 224 UmwG. Überträgt die oHG das Unternehmen im Wege der Einzelübertragung mit Aktiven und Passiven auf eine von den Gesellschaftern gegründete GmbH, so regelt sich die Enthaftung der Gesellschaft vorbehaltlich des § 159 HGB nach § 26 HGB, und auf das Erlöschen der Haftung nach fünf Jahren können sich auch die persönlich haftenden Gesellschafter berufen (§ 129 I HGB und dazu oben, § 49 II 3 c). Übertragen alle Gesellschafter ihre oHG-Anteile auf die von ihnen gegründete GmbH oder nehmen sie die GmbH in die oHG auf, worauf sie selbst aus dieser austreten, so wird die GmbH Gesamtrechtsnachfolgerin der erlöschenden oHG (oben, § 12 IV 3), und die Gesellschafter haften nach § 160 HGB. Mit § 159 HGB hat der Fall nichts zu tun (zu dieser Bestimmung vgl. unten, § 52 IV 3).

c) Rechtspolitisch geht § 160 HGB auf einen Vorschlag von *Ulmer* zurück[16], der unter Berücksichtigung von Verbesserungsvorschlägen[17] deutliche Spuren im Gesetzeswortlaut hinterlassen hat. Die Neufassung stellt einen klaren Fortschritt gegenüber dem bis 1994 geltenden § 159 HGB a.F. dar[18]. Selbstverständlich kann über die Lösung des Konflikts zwischen den Forthaftungsinteressen der Altgläubiger und den Enthaftungsinteressen des ausscheidenden oder seine Haftung begrenzenden Gesellschafters rechtspolitisch immer gestritten werden. In rechtstechnischer Hinsicht ist eines zu bemängeln: Während § 159 HGB a.F. nur auf die Sonderverjährung abhob, die Enthaftung vernachlässigte und durch die rechtsfortbildende Enthaftungsrechtsprechung ergänzt werden mußte, setzt § 160 HGB n.F. ebenso einseitig auf die Enthaftung, ohne zwischen den beiden Fragen zu unterscheiden[19]: Wie lange lösen die vor dem Ausscheiden begründeten Verbindlichkeiten noch eine Gesellschafterhaftung aus? Und: Wie kurzfristig müssen diese Verbindlichkeiten geltend gemacht werden? Zweckmäßiger als die gegenwärtige Fassung wäre das Hintereinanderschalten einer fünfjährigen Enthaftungsfrist und einer – evtl. nur einjährigen – Sonderverjährungsfrist gewesen, etwa in dem Sinne: Der Ausgeschiedene haftet für die vor seinem Ausscheiden begründeten Verbindlichkeiten nur, soweit sie binnen fünf Jahren nach der Eintragung seines Ausscheidens fällig werden. Die Haftungsverbindlichkeit verjährt vorbehaltlich einer früheren Verjährung der Gesellschaftsschuld spätestens sechs Jahre nach der Eintragung des Ausscheidens.

Die Frage hat ganz entscheidenden Einfluß auf die Gläubigerstrategie und die Grenzen dieser Gläubigerstrategie bei der Wahrung der Nachhaftung[20]:

16 *Ulmer*, BB 1983, 1865ff.

17 *Karsten Schmidt*, DB 1990, 2357ff.; *Ulmer/Timmann*, ZIP 1992, 1ff.; *Lieb*, GmbHR 1992, 561ff.

18 Eingehend *Reichold*, NJW 1994, 1617ff.; *Seibert*, DB 1994, 461ff.; Würdigung durch den *Verf.* in ZIP 1994, 243f.

19 Kritik am Entwurf insoweit bei *Karsten Schmidt*, DB 1990, 2359; zust. *Lieb*, GmbHR 1992, 564f.; s. aber *Ulmer/Timmann*, ZIP 1992, 8ff.

20 Dazu auch *Ebenroth/Boujong/Joost/Seibert*, § 160 Rdnrn. 10f.

Beispiel Nr. 18: Im fünften Jahr nach dem Ausscheiden des Gesellschafters G steht es um die Liquidität der Gesellschaft zunehmend schlecht. Der Verpächter des Betriebsgrundstücks, der bisher regelmäßig Zahlung erhalten hat, sollte sich nicht darauf verlassen, daß G bis zum Ablauf des fünften Jahres haftet, sondern er sollte von G ein schriftliches Haftungsanerkenntnis verlangen und, soweit er dies nicht erhält, gegen G auf Feststellung seiner Haftung klagen, denn hierfür ist es nach Ablauf des fünften Jahres zu spät. Wäre in § 160 HGB die Enthaftung mit einer Sonderverjährung verbunden, so könnte der Verpächter noch nach Ablauf des fünften Jahres die bis dahin unbeglichenen Verbindlichkeiten (nicht auch die späteren) einklagen, müßte sich allerdings damit wegen der Sonderverjährung beeilen. Noch deutlicher ist das bewußt auf die Spitze getriebene.

Beispiel Nr. 19: Das Ausscheiden des Gesellschafters G aus der X & Co. Disco oHG ist am 31.12.1998 in das Handelsregister eingetragen worden. Am 31.12.2003 veranstaltet die oHG ohne Einhaltung feuerpolizeilicher Auflagen ein Silvesterfeuerwerk, bei dessen Vorbereitung das vom Verpächter V gepachtete Gebäude abbrennt. Die hierdurch begründete Haftungsverbindlichkeit der oHG ist zwar Altverbindlichkeit (oben unter I 2), aber die Haftung für diese Altverbindlichkeit setzt eine Geltendmachung vor Ablauf der Fünfjahresfrist voraus, und diese kann nicht gewahrt werden. Hätte der Gesetzgeber die fünfjährige Nachhaftungsbegrenzung mit einer, z.B. nach sechs Jahren endenden, Verjährungsfrist gekoppelt, so würde eine Geltendmachung Anfang des Jahres 2004 genügen.

Die Praxis muß auf die in diesem Punkt unzweckmäßige Gesetzeslage reagieren[21]. Gläubiger, die der Solvenz der Gesellschaft nicht trauen, werden möglicherweise schon vor einer Zahlungsstockung ein schriftliches Anerkenntnis des ausgeschiedenen Gesellschafters verlangen und, wenn sie es nicht erhalten, auf Feststellung der Haftung oder auf künftige Leistung klagen (§§ 256, 259 ZPO). Der Verpächter V in unserem letzten Beispiel könnte sogar schon in den Pachtvertrag die von allen Gesellschaftern zu unterschreibende Klausel aufnehmen, daß beim Austritt eines Gesellschafters aus der oHG, seiner Pächterin, bzw. im Fall einer haftungsbeschränkenden Umwandlung oder Unternehmensveräußerung jeder Gesellschafter die Haftung für die binnen fünf Jahren fällig werdenden Verpächteransprüche anerkennt. Für Ansprüche, die später fällig werden, nützt diese Strategie allerdings nichts[22].

2. Die Enthaftungskriterien im einzelnen

a) *§ 160 gilt nur für die gesetzliche Haftung des Ausscheidenden als Gesellschafter*, nicht auch für eine etwa vertraglich versprochene besondere Haftung z.B. als Bürge oder aufgrund einer Schuldmitübernahme[23]. Selbstverständlich kann eine entsprechende Beschränkung der Haftung auch zugunsten eines Bürgen vereinbart werden. Auch kann der sich verbürgende Gesellschafter bei seinem Ausscheiden nach Lage des Einzelfalls hinsichtlich der Neuverbindlichkeiten einen Anspruch auf Befreiung aus der Bürgschaft wegen Wegfalls der Geschäftsgrundlage oder ein Recht zur außerordentlichen

---

21 Zust. *Staub/Habersack,* § 160 Rdnr. 28.
22 *Staub/Habersack,* § 160 Rdnr. 28.
23 *Baumbach/Hopt*, § 160 Rdnr. 2; *Leverenz*, ZHR 160 (1996), 87; a.M. *Baumbach/Hopt*, § 160 Rdnr. 3 mit Hinweis auf *BGHZ* 42, 382.

Kündigung einer Kontokorrentbürgschaft haben[24]. Für den Regelfall stellt aber § 160 HGB neben der insolvenzrechtlichen Verschiedenbehandlung von Gesellschafterhaftung und Bürgschaft (oben, § 49 VI 3) einen weiteren Grund für die Gesellschaftsgläubiger dar, selbst von unbeschränkt haftenden Gesellschaftern eine Bürgschaft oder eine Schuldmitübernahme zu verlangen.

b) Die *Enthaftungsfrist* beträgt fünf Jahre und beginnt mit dem Ende des Tages, an dem das Ausscheiden in das Handelsregister eingetragen wird (§ 160 I 2 HGB), sofern der Ablauf nicht ausnahmsweise entsprechend §§ 204, 206, 210, 211 BGB (203, 206, 207 a.F.) gehemmt ist (§ 160 I 3 HGB). Die Wahrung der Enthaftungsfrist setzt ein Doppeltes voraus: das Fälligwerden des Anspruchs und eine Unterbrechungshandlung. Beide Voraussetzungen müssen, weil § 160 HGB nicht mehr zwischen der Enthaftung und der Sonderverjährung unterscheidet (oben unter II 1 c), vor Ablauf der Frist erfüllt sein.

c) Als *Unterbrechungshandlung* erkennt das Gesetz in der auf dem SchuldrechtsmodernisierungsG von 2001 beruhenden Neufassung[25] die Feststellung von Ansprüchen gemäß § 197 I Nrn. 3–5 BGB an (rechtskräftige Feststellung, Ansprüche aus vollstreckbaren Vergleichen oder Urkunden und die im Insolvenzverfahren erfolgte, vollstreckbar gewordene Feststellung). Eine Unterbrechung tritt außerdem ein, wenn gerichtliche oder behördliche Vollstreckungsmaßnahmen vorgenommen bzw. beantragt werden. Bei öffentlichrechtlichen Verbindlichkeiten genügt der Erlaß eines Verwaltungsakts (§ 160 I 1 HGB). Ein schriftliches Anerkenntnis des Gesellschafters reicht ebenfalls aus (§ 160 II HGB). Wie sich aus § 160 I 3 HGB ergibt, genügen aber auch insbesondere die in § 204 I BGB genannten Methoden der Rechtsverfolgung, außer der Klageerhebung also z.B. auch die Geltendmachung im Mahnverfahren, die Anmeldung im Insolvenzverfahren, die Prozeßaufrechnung und die Streitverkündung[26]. Diese und weitere Einzelheiten ergeben sich aus der gesetzlichen Verweisung auf die §§ 204, 206, 210, 211, 212 II, III BGB. Für die Fristwahrung genügt, wenn die Zustellung an den ausgeschiedenen Gesellschafter demnächst erfolgt, die Einreichung der Klage oder des Mahnbescheids beim Gericht (vgl. §§ 270 III, 693 II ZPO). Immer muß es sich aber um eine Unterbrechungshandlung im Verhältnis zum Gesellschafter handeln. Eine nur gegen die Gesellschaft gerichtete Klage oder Anmeldung zur Tabelle in der Insolvenz der Gesellschaft genügt nicht, ebensowenig z.B. der gegen die Gesellschaft gerichtete Gewerbesteuerbescheid.

d) Ein vom Gesellschafter schriftlich erteiltes – nicht notwendig vertragliches – *Anerkenntnis* der Haftungsforderung ersetzt die Feststellung nach § 197 I Nrn. 3–5 BGB (§ 160 II HGB). Nur ein in der Form des § 126 BGB erklärtes Anerkenntnis des Gesellschafters ersetzt die Klage des Gläubigers. Insbeson-

24 Dazu vgl. *BGH* und *OLG Zweibrücken*, JuS 1986, 232 m. Anm. *Karsten Schmidt.*
25 BGBl. I S. 3138; zum Zweck dieser Änderungen vgl. BegrRegE, BT-Drucks. 14/6040, S. 280.
26 Vgl. bereits für das alte Recht, wo ein ausdrücklicher Verweis auf § 209 BGB a.F. fehlte, *Baumbach/Hopt*, § 160 Rdnr. 3.

dere genügt auch nicht, wie nach § 212 I Nr. 1 BGB, ein konkludentes Anerkenntnis z.B. durch eine Abschlagszahlung[27]). Das Anerkenntnis muß, um die rechtzeitige Klage zu ersetzen, vor Ablauf der fünf Jahre erklärt sein. Ein danach erteiltes Anerkenntnis muß aber darum nicht wertlos sein: Es kann, wenn vom Gläubiger angenommen, als deklaratorisches Schuldanerkenntnis den Enthaftungseinwand ausschalten, und es könnte sogar von Fall zu Fall als Schuldmitübernahme oder als Garantievertrag auszulegen sein.

e) § 160 HGB ist *nicht zwingend*[28]. Eine Vereinbarung im Gesellschaftsvertrag, wonach ein ausgeschiedener Gesellschafter nicht mehr haften soll, wäre allerdings dem Gläubiger gegenüber unwirksam (§ 128 S. 2 HGB) und könnte nur als Wiederholung des Befreiungsanspruchs nach § 738 I 2, 3 BGB betrachtet werden (zu diesem vgl. oben, § 50 IV 1 b). Eine Vereinbarung, wonach der Ausgeschiedene über fünf Jahre hinaus haften soll, ist im Gesellschaftsvertrag unwahrscheinlich und könnte auch Ansprüche der Gläubiger nur erhalten, wenn sie als Vertrag zugunsten Dritter angesehen werden könnte (§ 328 BGB). Praktisch von Interesse sind nur Einzelabreden mit einzelnen Gläubigern. Sie sind zulässig, und zwar sowohl im Sinne einer Verkürzung der gesetzlichen Nachhaftung als auch im Sinne ihrer Verlängerung, die praktisch wahrscheinlicher ist. Denn wenn der Gesellschafter durch ein schriftliches Anerkenntnis die gerichtliche Geltendmachung entbehrlich machen, die Frist zur Geltendmachung folglich auch durch Vertrag verlängern kann, muß die Nachhaftung auch ihrem Umfang nach ausdehnbar sein. Selbstverständlich bleibt es den Beteiligten unbenommen, diesen Effekt durch die Vereinbarung einer Bürgschaft, eines Garantievertrags oder einer Schuldmitübernahme herbeizuführen, aber das Recht verweist sie nicht auf diesen Weg[29]. Allerdings wird man hierfür analog § 160 II HGB eine schriftliche Erklärung des Ausgeschiedenen verlangen müssen.

Beispiel Nr. 20: Der bisherige Hauptgesellschafter, die A-AG, soll im Zuge einer Konzern-Umstrukturierung aus der oHG ausscheiden. V, der Verpächter des Betriebsgrundstücks, steht auf dem Standpunkt, daß das Ausscheiden dieser Gesellschafterin in die Geschäftsgrundlage des Pachtverhältnisses eingreift und droht mit Kündigung des Pachtvertrages. Darauf vereinbart die A-AG mit V, daß sie für die Dauer des Pachtverhältnisses über die Fünfjahresfrist hinaus als ausgeschiedene Gesellschafterin weiterhaftet. Wird diese Erklärung der A-AG schriftlich erteilt (§ 160 II HGB in analoger Anwendung), so ist die Vereinbarung wirksam. Einen Bürgschaftsvertrag könnte die AG sogar formlos abschließen (§ 350 HGB).

27 *Baumbach/Hopt*, § 160 Rdnr. 6.

28 *Baumbach/Hopt*, § 160 Rdnr. 8; *Heymann/Sonnenschein/Weitemeyer*, § 160 Rdnr. 23; *Kollbach*, GmbHR 1994, 165; *Reichold*, NJW 1994, 1619; *Hardt*, a.a.O., § 54ff.; a.M. *Leverenz*, ZHR 160 (1996), 75ff.

29 A.M. *Leverenz*, ZHR 160 (1996), 87.

3. Anwendung der Enthaftungsregeln auf das Zurücktreten in die beschränkte Haftung

Scheidet ein Gesellschafter nicht aus der offenen Handelsgesellschaft aus, sondern wandelt er seine Mitgliedschaft in die eines Kommanditisten um, so finden die Enthaftungsregeln des § 160 I HGB entsprechende Anwendung (§ 160 III 1 HGB)[30]. Die Haftung als Kommanditist bleibt hiervon selbstverständlich unberührt (§ 160 III 3 HGB). Gesetzlich geklärt ist seit 1994 auch das Problem der Forthaftung des geschäftsleitenden Gesellschafters (oben, § 45 I 3 b). *Bundesgerichtshof* und *Bundesarbeitsgericht* hatten entschieden, daß einem Gesellschafter, der der Gesellschaft weiterhin als geschäftsleitender Kommanditist angehört, die Enthaftung nicht zugutekomme[31]. Dieser verfehlten Rechtsprechung ist nunmehr die Grundlage entzogen: Die Enthaftungsregeln gelten auch für einen solchen Gesellschafter (§ 160 III 2 HGB). An einem Beispiel erläutert, bedeutet dies:

Beispiel Nr. 21: Wird die oHG dadurch in eine GmbH & Co. umgewandelt, daß eine Komplementär-GmbH in die Gesellschaft aufgenommen und die Mitgliedschaft aller oHG-Gesellschafter in eine Kommanditistenstellung umgewandelt wird, so endet die unbeschränkte Althaftung der Gesellschafter nach den hier diskutierten Regeln (vgl. § 160 III 1 HGB). Daneben bleibt eine etwa nach § 171 I oder § 172 IV HGB begründete Kommanditistenhaftung der Gesellschafter für alte wie für neue Gesellschaftsverbindlichkeiten bestehen (§ 160 III 3 HGB). Wird einer der bisherigen oHG-Gesellschafter, der vielleicht bisher schon die Geschäfte führte, Geschäftsführer der Komplementär-GmbH, so ändert dies nichts an diesen Enthaftungsregeln (§ 160 III 2 HGB). Entgegen der bis 1994 andauernden Gerichtspraxis wird einem solchen Gesellschafter die Enthaftung nicht deshalb versagt, weil er das Unternehmen weiterführt.

4. Das Übergangsrecht

Die Regelungen des Nachhaftungsbegrenzungsgesetzes brachten gegenüber dem früheren Rechtszustand beträchtliche Änderungen mit sich. In Kraft getreten sind sie am 26.3.1994[32]. Da aber die Nachhaftung stets Altverbindlichkeiten betrifft, genügt dieser Stichtag allein nicht, um die Übergangsprobleme zu lösen. Man braucht nur etwa an eine Pensionszusage aus dem Jahr 1993, an ein Ausscheiden des Gesellschafters im Jahr 2000 und an eine Fälligkeit der Pension im Jahr 2004 zu denken, um die Vielfalt möglicher

30 Vgl. für die Abgrenzung von Alt- und Neuverbindlichkeiten *BGHZ* 70, 132, 135 – NJW 1978, 636 m. Anm. *Karsten Schmidt;* für die Sonderverjährung *BGHZ* 73, 217, 222 = NJW 1979, 1361; für die Enthaftung bei Dauerschuldverhältnissen *BGH*, NJW 1983, 2943 = JuS 1983, 965 m. Anm. *Karsten Schmidt.*

31 *BGH*, NJW 1983, 2256; *BAG*, NJW 1983, 2283; DB 1990, 938 = ZIP 1990, 534; *OLG Köln*, GmbHR 1994, 553; *ArbG Köln*, GmbHR 1985, 400; s. auch bereits *BGHZ* 78, 114 und dazu krit. *Karsten Schmidt*, NJW 1981, 159 gegen diese Rechtsprechung *Reichold*, a.a.O., S. 187ff.; *Schlegelberger/Karsten Schmidt*, § 159 Rdnrn. 19ff.; *Koch*, NJW 1984, 833; *Priester/Karsten Schmidt*, ZIP 1984, 1064; *Lieb*, ZGR 1985, 124; *Reuter*, JZ 1986, 75.

32 Art. 3 Nachhaftungsbegrenzungsgesetz v. 18.3.1994 (BGBl. I S. 560).

Interessenkonflikte zu erkennen. Deshalb ist das Übergangsrecht noch immer von Interesse[33].

a) Zunächst gelten folgende in den Übergangsregelungen nicht besonders hervorgehobene Grundregeln: Neues Recht gilt, wenn das Ausscheiden des Gesellschafters nach dem 26.3.1994 eingetragen und die haftungsbegründende Verbindlichkeit nach diesem Zeitpunkt begründet ist (arg. e contrario aus Art. 35 S. 1 EGHGB); altes Recht gilt, wenn das Ausscheiden des Gesellschafters vor dem 26.3.1994 eingetragen war[34] (arg. e contrario aus Art. 35 Nr. 1 EGHGB).

b) Nach Art. 35 EGHGB ist § 160 HGB n.F. auf die vor dem 26.3.1994 entstandenen Verbindlichkeiten anzuwenden, wenn (1) das Ausscheiden des Gesellschafters oder sein Wechsel in die Rechtsstellung eines Kommanditisten nach dem 26.3.1994 in das Handelsregister eingetragen worden ist und (2) die Verbindlichkeit nicht später als vier Jahre nach der Eintragung fällig wird. Auf später fällig werdende Verbindlichkeiten ist das bisher geltende Recht mit der Maßgabe anwendbar, daß die Verjährungsfrist ein Jahr beträgt[35].

Beispiel Nr. 22: V hat der Gesellschaft im Jahr 1993 auf fünfzehn Jahre ein Grundstück verpachtet. Am 31.12.1994 ist das Ausscheiden eines Gesellschafters in das Handelsregister eingetragen worden. Dann gilt für die bis 1998 fällig werdenden Pachtzinsen § 160 HGB n.F. Für die 1999 fällig werdenden Pachtzinsen haftet der ausgeschiedene Gesellschafter nach der zu § 159 HGB a.F. herausgebildeten Rechtsprechung weiter, jedoch mit der Maßgabe, daß diese Haftungsforderung gegen ihn mit Ablauf des Jahres 2000 verjährt (§ 159 HGB a.F. i.V.m. Art. 35 S. 2 EGHGB). Für Pachtzinsen, die danach fällig werden, haftet er nicht mehr. Das ergibt sich zwar weder aus § 160 HGB n.F. (nach Art. 35 EGHGB unanwendbar) noch aus § 159 HGB a.F. (diese Pachtzinsen konnten nach § 159 III HGB a.F. noch nicht verjähren), wohl aber aus der rechtsfortbildenden Enthaftungsrechtsprechung des *Bundesgerichtshofs* (dazu oben, I 3 b).

c) Im Hinblick auf die in diesem Buch schon nach altem Recht bekämpfte Rechtsprechung über die Nicht-Enthaftung des geschäftsleitenden Kommanditisten (oben unter II 3) enthält Art. 36 EGHGB eine Sonderregelung für Forderungen aus Arbeitsverhältnissen[36]: Während Art. 35 S. 2 EGHGB für die erst nach vier Jahren fällig werdenden Verbindlichkeiten auf das alte Recht verweist, sorgt das Übergangsrecht dafür, daß die Gerichte demjenigen Altgesellschafter, der dem Unternehmen noch als geschäftsleitender Kommanditist verbunden bleibt, die Enthaftung auch insoweit nicht streitig machen (Art. 36 I EGHGB). Nur für Arbeitsentgelte, für die der Arbeitnehmer kein Insolvenzgeld erhält, bleibt es bei dem bisher anwendbaren Recht (Art. 36 II EGHGB).

33 Ausführlicher noch 3. Aufl., § 51 II 4.
34 Zu der Ausnahme für Verbindlichkeiten aus fortbestehenden Arbeitsverhältnissen vgl. aber Artt. 36 II 2, 37 III 2 EGHGB und dazu *Lieb*, GmbHR 1994, 665.
35 Dazu *Lieb*, GmbHR 1994, 658f.; *Steinbeck*, WM 1996, 2045.
36 Dazu eingehend *Lieb*, GmbHR 1994, 661f.

Beispiel Nr. 23: Die A & Co. oHG, bestehend aus den Gesellschaftern A, B und C, wurde 1994 in eine GmbH & Co. KG umgewandelt. Alle Gesellschafter wurden Kommanditisten, und Komplementärin wurde eine GmbH, an der A, B und C als Gesellschafter beteiligt sind. Geschäftsführer der Komplementär-GmbH ist A. Hier gilt für die im Laufe von vier Jahren nach der Eintragung fällig werdenden Arbeitsentgelte § 160 HGB n.F. (vgl. Art. 35 I EGHGB), für die danach fällig werdenden Arbeitsentgelte dagegen das alte Recht (vgl. Art. 35 S. 2 EGHGB), jedoch mit der Maßgabe, daß die Enthaftung in den Grenzen des Art. 36 EGHGB auch dem A als geschäftsführenden Kommanditisten zugutekommt (vgl. § 160 III 2 HGB n.F.). Hat die Gesellschaft etwa einem Angestellten im Jahr 1990 eine Pensionszusage gegeben und wird dieser Angestellte die Pensionsgrenze im Jahr 2010 erreichen, so braucht kein Gesellschafter eine persönliche Haftung hierfür zu befürchten.

III. Prozeß- und Regreßprobleme

1. Die Haftung des Ausgeschiedenen im Prozeß

Die Prozeßprobleme der Gesellschafterhaftung sind im Ausgangspunkt dieselben wie bei der Inanspruchnahme eines noch in der Gesellschaft befindlichen Gesellschafters (vgl. dazu oben, § 49 VI 1). Verklagt ein Gesellschaftsgläubiger die Gesellschaft, einen Gesellschafter und einen ausgeschiedenen Gesellschafter als Streitgenossen (§§ 59ff. ZPO), so liegt eine einfache, nicht eine notwendige Streitgenossenschaft vor[37]. Eine Besonderheit gilt für die Rechtskraftwirkung eines gegen die Gesellschaft gerichteten Urteils. Wie unter § 49 VI ausgeführt wurde, muß der oHG-Gesellschafter ein solches Urteil aufgrund von § 129 I HGB grundsätzlich gegen sich gelten lassen, aber diese Rechtslage ändert sich mit dem Ausscheiden aus der Gesellschaft.

Beispiel Nr. 24 (in Anlehnung an den Anteils-Übertragungsfall *BGHZ* 44, 229): K klagt gegen den ausgeschiedenen Gesellschafter B auf Begleichung einer angeblichen Gesellschaftsschuld. B wendet ein, die angebliche Gesellschaftsschuld bestehe nicht. K hat allerdings ein Versäumnisurteil gegen die Gesellschaft erstritten, das rechtskräftig geworden ist. Wird das Gericht aufgrund dieses Urteils die Gesellschaftsschuld als vorhanden unterstellen, oder wird es sie neu prüfen?

Das Gericht wird neu prüfen, ob eine Gesellschaftsschuld besteht. Das gegenüber der Gesellschaft ergangene rechtskräftige Urteil wirkt nach § 129 I HGB nicht schon deshalb gegen den Gesellschafter, weil die Gesellschafterhaftung eine akzessorische ist, sondern die Rechtskrafterstreckung rechtfertigt sich durch den Gedanken, daß in dem vom vertretungsberechtigten Gesellschafter geführten Gesellschaftsprozeß jeder Mitgesellschafter durch ein auch in »seiner Sache« handelndes Organ repräsentiert ist[38]. Das ist nicht mehr der Fall, wenn der Gesellschafter schon bei Klageerhebung ausgeschieden war[39]. Kein Ausscheiden im technischen Sinne liegt allerdings dann vor,

37 Vgl. *Stein/Jonas/Bork*, ZPO, 21. Aufl. 1992, § 62 Rdnr. 12.
38 Vgl. *Schlegelberger/Karsten Schmidt*, § 129 Rdnrn. 14f.; *Karsten Schmidt*, NJW 1981, 160.
39 *Ebenroth/Boujong/Joost/Hillmann*, § 129 Rdnr. 7; *Schlegelberger/Karsten Schmidt*, § 129 Rdnr. 15.

wenn der Gesellschafter lediglich seine Gesellschafterstellung umgewandelt hat und der Gesellschaft – z.B. als Kommanditist – verbunden bleibt (vgl. zu diesen Umwandlungsfällen oben, § 45 I 3). Dies ist der Fall in unserem

Beispiel Nr. 25 (nach *BGHZ* 78, 114 = JuS 1981, 227 m. Anm. *Karsten Schmidt*): Die Gesellschaft ist dadurch in eine GmbH & Co. umgewandelt worden, daß eine GmbH als Komplementärin eingetreten ist, während K als persönlich haftender Gesellschafter »ausgetreten« und als Kommanditist in die Gesellschaft »eingetreten« ist. Nachdem dies vollzogen und in das Handelsregister eingetragen ist, wird die GmbH & Co. KG von einem Gläubiger G verklagt und antragsgemäß verurteilt. Damit ist auch im Verhältnis zu K rechtskräftig festgestellt, daß die Gesellschaftsschuld besteht.

Daß dies rechtspraktisch richtig ist, wird sofort deutlich, wenn man erkennt, daß der Ausgeschiedene nur deshalb privilegiert ist, weil im Prozeß nicht mehr »sein Mann« – nämlich das Vertretungsorgan der Gesellschaft – auftritt. Daß die Lösung des *BGH* auch rechtsdogmatisch unabweisbar ist, ergibt sich, wenn man bedenkt, daß die Umwandlung der Gesellschafterstellung eben kein Ausscheiden ist (oben, § 45 I 3) und daß § 129 HGB als Grundlage der Rechtskrafterstreckung auch für einen Kommanditisten gilt[40].

2. Die Freistellungs- und Regreßansprüche des ausgeschiedenen Gesellschafters

a) Nach §§ 105 III HGB, 738 I 2 BGB steht dem ausscheidenden Gesellschafter im Innenverhältnis ein *Freistellungsanspruch* zu. Der Anspruch richtet sich gegen die Gesellschaft[41], obwohl § 738 I 2 BGB die verbleibenden Gesellschafter als Verpflichtete nennt. Die Freistellung erfolgt durch Tilgung der Gesellschaftsverbindlichkeiten oder dadurch, daß die Gesellschaft mit dem Gläubiger einen Schuldentlassungsvertrag zugunsten des ausgetretenen Gesellschafters abschließt[42]. Im Grunde besagt § 738 I 2 BGB nichts besonders Erstaunliches, denn schon während seiner Zugehörigkeit zu der Gesellschaft kann der Gesellschafter im Innenverhältnis Schuldbefreiung verlangen (oben, § 49 V 1). Die Besonderheit im Ausscheidensfall kann eigentlich nur darin bestehen, daß der Gesellschafter – theoretisch! – *sofortige* Schuldbefreiung auch von betagten Gesellschaftsschulden verlangen kann und daß deshalb – praktisch! – die Belastung mit diesem Haftungsrisiko bei der Abfindung außer Ansatz bleibt. Reicht der Wert des Gesellschaftsvermögens zur Deckung der gemeinschaftlichen Schulden und der Einlagen nicht aus, so muß der Ausscheidende nach § 739 BGB anteilig (im Zweifel nach seinem Verlustanteil) für den Fehlbetrag aufkommen.

b) *Leistet der Ausgeschiedene im Rahmen seiner Außenhaftung* an einen Gesellschaftsgläubiger, so kann er *Regreß* bei der Gesellschaft suchen.

40 Vgl. näher *Karsten Schmidt*, NJW 1981, 160.

41 Vgl. *Erman/Westermann*, § 738 Rdnr. 8; anders naturgemäß, wenn nur ein bisheriger Mitgesellschafter übrigbleibt und die Rechte und Verbindlichkeiten der Gesellschaft auf ihn übergehen; in diesem Fall richtet sich der Anspruch gegen diesen bisherigen Mitgesellschafter (*RGZ* 132, 29, 31).

42 *RGZ* 132, 29, 31.

Bemerkenswerterweise konstruiert die herrschende Ansicht den Regreß des ausgeschiedenen Gesellschafters völlig anders als den des noch beteiligten Gesellschafters (dazu oben, § 49 V 1): Soll der noch beteiligte Gesellschafter einen Regreßanspruch gegen die Gesellschaft aufgrund § 110 HGB und angeblich nur aufgrund dieser Vorschrift haben, so gesteht die herrschende Auffassung dem Ausgeschiedenen einen Regreß gegenüber der Gesellschaft nur aufgrund von § 426 BGB zu[43]. Jede Anwendung des § 110 HGB scheidet nach *BGHZ* 39, 319, 323 ff. aus[44]:

»Denn die Anwendung dieser Vorschrift setzt voraus, daß die Aufwendung von einem der Gesellschaft noch angehörenden Gesellschafter erbracht wird. Auch würde die Anwendung des § 110 HGB der hier gegebenen Interessenlage nicht gerecht, weil für den Erstattungsanspruch nach § 110 HGB gesellschaftsrechtliche Gesichtspunkte maßgeblich sind, die zu einer Einschränkung dieses Anspruchs nach Maßgabe der für das Gesellschaftsverhältnis geltenden Vorschriften führen können (vgl. *BGHZ* 37, 301, 302). Das aber paßt nicht für den Erstattungsanspruch des ausgeschiedenen Gesellschafters, der – jedenfalls insoweit – irgendwelchen gesellschaftlichen Bindungen nicht mehr unterliegt. Unter diesem Gesichtspunkt ist es gerechtfertigt, dem ausgeschiedenen Gesellschafter, der einen Altgläubiger befriedigt, wie einem zahlenden Gesamtschuldner das Recht aus § 426 II BGB zuzubilligen.«

Mit diesen rechtsdogmatisch wohl bewußt nebulös gehaltenen Ausführungen gelangte der *BGH* im Jahr 1963 zur Anwendung des Gesamtschuldregresses, obwohl er die Begründung, es handle sich um eine Gesamtschuld, ausdrücklich als »rein begrifflich« zurückweist. Die Annahme, es könne nur eine Art des Regresses – den Regreß aus eigenem Recht oder die cessio legis – geben, läßt sich so nicht begründen. Aber nicht nur wegen ihrer methodischen Standortlosigkeit, sondern auch rechtsdogmatisch und rechtspraktisch ist diese Auffassung unhaltbar. Sowohl von § 426 II BGB als auch von § 774 I BGB ist bekannt, daß die cessio legis sehr häufig mit einem Freistellungs- und Regreßanspruch einhergeht, der sich aus einem Sonderrechtsverhältnis ergibt. Die Vorstellung, es könne nur das eine oder das andere gegeben sein, wurde schon oben als unrichtig erkannt (§ 49 II 4). Für den noch an der Gesellschaft beteiligten Gesellschafter wurde hier der Regreß gegen die Gesellschaft sowohl über § 110 HGB als auch über eine Analogie zu § 774 I BGB (cessio legis!) begründet, während unter den Gesellschaftern hilfsweise ein Gesamtschuldregreß (§ 426 BGB) stattfindet. An dieser Situation ändert sich mit dem Ausscheiden nur wenig. § 110 HGB wird als Regreßnorm durch § 738 I 2 BGB ersetzt. Für den ausgeschiedenen Gesellschafter ergibt sich im Regelfall aus § 738 I 2 BGB im Innenverhältnis ein Freistellungsanspruch gegen die

43 Vgl. außer dem *BGH* etwa *Baumbach/Hopt*, § 128 Rdnr. 36; *Heymann/Emmerich*, § 110 Rdnr. 16, § 128 Rdnr. 70; *Schlegelberger/Martens*, § 110 Rdnr. 4; *Staub/Habersack*, § 160 Rdnr. 37; *Staub/Ulmer*, § 110 Rdnr. 11; §§ 683, 670 BGB neben § 426 BGB nennen *Heymann/Emmerich*, § 110 Rdnr. 16 und *Büscher/Klusmann*, ZIP 1992, 16 f.

44 Vgl. auch *Ebenroth/Boujong/Joost/Goette*, § 110 Rdnr. 8; für Anwendung des § 110 HGB aber *Schumann*, JZ 1958, 427; *Hadding*, JuS 1978, 27; *ders.*, in: Festschrift Stimpel, a.a.O., S. 153 f.; *Preuß*, ZHR 160 (1996), 165.

Gesellschaft[45], der sich in einem Erstattungsanspruch fortsetzt[46], wenn der Gesellschafter aus der Haftung in Anspruch genommen wurde. Neben diesen Erstattungsanspruch tritt die analog § 774 I BGB zu begründende cessio legis (oben, § 49 V 1)[47]. Der ausgeschiedene Gesellschafter kann also, wenn er die Leistung an den Gesellschaftsgläubiger für erforderlich halten durfte[48], sowohl aus eigenem Recht (vgl. § 738 I 2 BGB) als auch aus dem auf ihn übergegangenen Anspruch des Gesellschaftsgläubigers (Analogie zu § 774 I BGB) gegen die Gesellschaft vorgehen, womit auch akzessorische Sicherheiten auf ihn übergehen können (§§ 401, 412 BGB). Gegen seine ehemaligen Mitgesellschafter kann der Ausgeschiedene nach der h.M. gesamtschuldnerisch vorgehen[49]. Die verbliebenen Gesellschafter haften ihm also auf das Ganze, nicht bloß anteilig. Das ist in Anbetracht der von §§ 774 II, 426 BGB bekannten Regeln keine Selbstverständlichkeit, aber es ist zu bedenken, daß die verbleibenden Gesellschafter dem Ausgeschiedenen als eine Haftungseinheit gegenüberstehen, weil der Ausgeschiedene jedenfalls von den bekannten Verbindlichkeiten vollständig entlastet bleiben soll (Ausnahme: § 739 BGB). Aus der nachwirkenden Treupflicht ist er allerdings zur Schonung der Gesellschafter verpflichtet[50].

Beispiel Nr. 26: Die Verluste in der Gesellschaft waren im Verhältnis 40 : 40 : 20 auf die Gesellschafter X, Y und G verteilt. G ist aus der Gesellschaft ausgeschieden. Bei der Berechnung des Auseinandersetzungsanspruchs wurde eine Verbindlichkeit von 25 000 Euro gegenüber dem Lieferanten L berücksichtigt. Nimmt nun der L den G in Anspruch, so kann G bei der Gesellschaft Regreß über § 738 I 2 BGB und über §§ 433 II, 774 I BGB analog nehmen. Von X und Y kann er nur hilfsweise Zahlung verlangen.

c) Seltener wird die Frage auftreten, ob umgekehrt der Ausgeschiedene in Regreß genommen werden kann, wenn die verbleibenden Gesellschafter für eine Gesellschaftsschuld einstehen müssen, für die auch der ausgeschiedene Gesellschafter im Außenverhältnis haftet[51]. Eine solche Regreßnahme der Gesellschaft oder der verbliebenen Gesellschafter gegen den ausgeschiedenen Gesellschafter kommt grundsätzlich nur in Betracht, soweit das Gesellschaftsvermögen für die Deckung der Verbindlichkeiten nicht ausreicht

45 *Schlegelberger/Karsten Schmidt*, § 128 Rdnr. 62.

46 Dies kann man mit Surrogation begründen, womit § 738 I 2 BGB Anspruchsgrundlage bliebe (so offenbar *Kornblum*, a.a.O., S. 192; *Habersack*, AcP 198 [1998], 164), oder mit §§ 683, 670 BGB (nur auf § 670 BGB verweist *Baumbach/Hopt*, § 128 Rdnr. 36), schwerlich mit § 738 I 2 BGB »i.V.m.« § 110 HGB (so *Preuß*, ZHR 160 [1996] 165).

47 Ausführlich wie hier jetzt *Preuß*, ZHR 160 (1996), 173ff.; ebenso *Koller/Roth/Morck*, §§ 128, 129 Rdnr. 12; gegen die Analogie aber *Ebenroth/Boujong/Joost/Hillmann*, § 128 Rdnr. 30; *Röhricht/v. Westphalen/v. Gerkan*, § 128 Rdnr. 7.

48 Dazu *Preuß*, ZHR 160 (1996), 166ff.

49 Wie hier *Baumbach/Hopt*, § 128 Rdnr. 36; näher *Schlegelberger/Karsten Schmidt*, § 128 Rdnr. 63; *Fischer*, in: Großkomm. HGB, § 128 Anm. 60; *Kornblum*, a.a.O., S. 192f.; *Kubis*, Der Regreß des Personengesellschafters ..., 1988, S. 130; *Flume*, in: Festschrift Knur, 1972, S. 143; aber zweifelhaft; vgl. *BGH*, NJW 1980, 340 und 1981, 1093 für die Gesellschaft bürgerlichen Rechts; dem zust. *Koller/Roth/Morck*, §§ 128, 129 Rdnr. 12; krit. *Hadding*, in: Festschrift Stimpel, a.a.O., S. 147ff.; *Hadding/Häuser*, WM 1988, 1590.

50 A.M. *Koller/Roth/Morck*, §§ 128, 129 Rdnr. 12.

51 Der Fall *BGH*, NJW 1981, 1095 betrifft nicht den Fall des Ausscheidens, sondern den der Anteilsübertragung.

(§ 739 BGB), denn offene Gesellschaftsverbindlichkeiten sind bereits bei der Abfindung zu berücksichtigen[52]. Wohl kann es allerdings zum Gesamtschuldregreß ausgeschiedener Gesellschafter untereinander kommen[53].

Beispiel Nr. 27: Sind aus der oHG die Gesellschafter X und Y ausgeschieden und hat ein Gläubiger G, nachdem weder bei der Gesellschaft noch bei den verbliebenen Gesellschaftern A, B und C etwas zu holen war, den X voll in Anspruch genommen, so kann X bei Y Teilregreß nehmen.

52 Zur nachträglichen Korrektur der Abfindung im Hinblick auf unbekannt gebliebene Verbindlichkeiten vgl. *BGH*, DB 1973, 563, 565; AG 1984, 216, 218; *Schlegelberger/Karsten Schmidt*, § 138 Rdnr. 57.

53 Näher *Hadding*, in: Festschrift Stimpel, a.a.O., S. 161 f.

§ 52 Beendigung der oHG*

I. Auflösung, Vollbeendigung und Fortsetzung

1. Grundlagen

a) Die unter § 11 V erarbeiteten Grundsätze über die Auflösung, die Vollbeendigung und die Fortsetzung gelten auch für die oHG. Die Auflösung überführt die Gesellschaft in das *Auflösungsstadium*, läßt aber die Gesellschaft noch nicht erlöschen (vgl. § 156 HGB). Die aufgelöste oHG unterliegt einem besonderen Status. Sie ist nach handelsrechtlichen – im Fall ihrer Insolvenz nach insolvenzrechtlichen – Regeln abzuwickeln, wobei allerdings der Gesetzeswortlaut unsachgemäß zwischen der »Liquidation« und einer »anderen Art der Auseinandersetzung« unterscheidet (dazu unter IV 1 a). Richtigerweise ist zu unterscheiden zwischen
- der Liquidation nach Gesellschaftsrecht,
- der Abwicklung nach der InsO und
- dem liquidationslosen Erlöschen einer Gesellschaft (vgl. unter I 2 b sowie schon oben unter § 11 V 3 a).

Die Auflösung der Gesellschaft ist nach § 143 I HGB von sämtlichen Gesellschaftern zur *Eintragung im Handelsregister* anzumelden[1]. Nur wenn die Auflösung auf der Eröffnung des Insolvenzverfahrens über das Vermögen der Gesellschaft beruht, bedarf es der Anmeldung nicht, denn hier findet die Eintragung von Amts wegen statt (§§ 32 HGB, 31 InsO). Unterbleibt die Anmeldung und Eintragung, so kann § 15 HGB zur Anwendung kommen (zu

* Literatur: *Butzer*, Die Auflösung der oHG, in: Riegger/Weipert (Hrsg.), MünchHdb. GesR I, 1995, § 76; *ders.*, Die Liquidation der oHG, ebd., § 76; *ders.*, Die Liquidation von Personengesellschaften, Jura 1994, 628; *Dellinger,* Rechtsfähige Personengesellschaften in der Liquidation, Wien 2001; *Ensthaler*, Die Liquidation von Personengesellschaften, 1985; *Grziwotz*, Die Liquidation von Personengesellschaften, DStR 1992, 1365; *Hillers*, Personengesellschaft und Liquidation, 1989; *Hintzen*, Auflösung und Liquidation von Personengesellschaften, 1965; *Messer*, Gesellschaftsbezogene Forderungen als unselbständige Rechnungsposten in der Auseinandersetzungsrechnung der Gesellschaft, in: Festschrift Stimpel, 1985, S. 205; *Karsten Schmidt*, Die Handels-Personengesellschaft in Liquidation, ZHR 153 (1989), 270; *ders.*, Wege zum Insolvenzrecht der Unternehmen, 1990; *ders.*, Mehrseitige Gestaltungsprozesse bei Personengesellschaften. Studien und Thesen zur Prozeßführung nach §§ 117, 127, 133, 140, 142 HGB ..., 1992; *Thünnesen*, Gesetzliche und vertragliche Kündigungsbeschränkungen bei der GdbR, oHG und KG, 1988; *Wimpfheimer*, Die Gesellschaften des Handelsrechts und des Bürgerlichen Rechts im Stadium der Liquidation, 1908.

1 Näher *Alfred Hueck*, oHG, § 23 IV.

den Voraussetzungen vgl. Handelsrecht, § 14 II 2). An der Auflösung selbst ändert die fehlende Eintragung nichts. Sie hat lediglich deklaratorische Wirkung.

b) Bis zur Vollbeendigung der oHG ist noch eine *Fortsetzung der Gesellschaft* möglich, wenn der Auflösungsgrund beseitigt und die Fortsetzung vereinbart oder beschlossen ist. Auch dies wurde unter § 11 V 5 näher besprochen. Einen Fortsetzungsbeschluß ohne Einstimmigkeit sieht das Gesetz i.d.R. nicht vor (§ 119 I HGB). Eine Vertragsklausel, die Mehrheitsentscheidungen zuläßt, erfaßt nach dem unter § 16 II 2 c diskutierten Bestimmtheitsgrundsatz nicht ohne weiteres auch die Fortsetzungsentscheidung[2]. Häufig verbindet sich der Fortsetzungsvertrag oder Fortsetzungsbeschluß mit Änderungen im Gesellschafterbestand, Einlagenerhöhungen oder sonstigen Vertragsänderungen, z.B. in Sanierungsfällen.

Grundsätzlich sind die Gesellschafter in dem Willen, eine aufgelöste Gesellschaft fortzusetzen oder zu liquidieren, frei. Ausnahmen können sich aus der Treupflicht – hier in Gestalt einer Vertragsanpassungspflicht – nur ganz ausnahmsweise ergeben, so vor allem, wenn die Auflösung der Gesellschaft eine von den Vertragschließenden so nicht gewollte »Panne« darstellt (vgl. oben, § 5 IV). Allerdings wird eine Pflicht, selbst an der Gesellschaft auf Dauer wieder beteiligt zu sein, bei einer oHG kaum in Betracht kommen. Eher kommt schon eine Pflicht in Betracht, auszuscheiden und den fortsetzungswilligen Mitgesellschaftern die Fortsetzung zu ermöglichen. Der Gesellschafter steht dann vor der Wahl, entweder selbst bei der Fortsetzung mitzuwirken oder sich abfinden zu lassen (vgl. schon oben, § 50 II 3 c).

Beispiel Nr. 1 (nach *BGH*, WM 1986, 68 = BB 1986, 421 = JuS 1986, 407 m. Anm. *Karsten Schmidt*): Die Gesellschaft war, was nach § 131 HGB a.F. der gesetzlichen Regel entsprach, durch den Tod eines Gesellschafters aufgelöst. Die Witwe und Alleinerbin bestand auf dieser Auflösung. Da die Mitgesellschafter die Fortsetzung wollten, entschied der *Bundesgerichtshof:* »Ist ein Gesellschafter einer (scl.: aufgelösten) offenen Handelsgesellschaft nicht bereit, diese als werbende Gesellschaft fortzusetzen, so kann ihm die gesellschaftliche Treuepflicht gebieten auszuscheiden, falls beachtliche Gründe gegen eine Abwicklung sprechen und durch das Ausscheiden kein anerkennenswertes Interesse des Gesellschafters berührt, er insbesondere von seiner Haftung für die Gesellschaftsverbindlichkeiten befreit und ihm als Abfindung der volle, also auch nicht hinter dem voraussichtlichen Liquidationserlös zurückbleibende Wert seines Anteils angeboten wird.« Bei Vertragsverhandlungen mit einem fortsetzungsunwilligen Gesellschafter kommt auch das Angebot in Betracht, er könne mit geringerem Gewinn- und Verlustanteil als Kommanditist beteiligt bleiben.

c) Die Fortsetzung der aufgelösten Gesellschaft kann auch mit der *Ausschließung eines Gesellschafters* einhergehen, sofern ein Ausschließungsgrund gegeben ist (dazu oben, § 50 III 1). Unter dem Stichwort »Fortsetzung der Gesellschaft« werden häufig auch diejenigen Vertragsklauseln diskutiert, die die Auflösung verhindern sollen[3]. Sie stellen Ausscheidungsgründe nach § 131 III Nr. 5 HGB dar. So kann der Gesellschaftsvertrag für den Fall der Auflösungsklage (§ 133 HGB) vorsehen, daß der Kläger aus der Gesellschaft

2 *Alfred Hueck*, oHG, § 23 V; *Schlegelberger/Karsten Schmidt*, § 131 Rdnr. 64.
3 *Alfred Hueck*, oHG, § 23 V 2 c.

ausscheidet (dazu unter III 4 d)[4]. Solche »Fortsetzungsklauseln« setzen nicht eine aufgelöste Gesellschaft fort, sondern sie verhindern die Auflösung und hätten besser den Namen »Ausschließungsklauseln« verdient. Ihre Bedeutung ist seit 1998 stark zurückgegangen, weil das Handelsrechtsreformgesetz viele frühere Auflösungsgründe zu bloßen Ausscheidensgründen erklärt hat (siehe § 131 III HGB und dazu oben, § 45 V 2, § 50 I).

2. Umwandlung und Gesamtrechtsnachfolge

Von der Abwicklung zu unterscheiden sind die Fälle einer identitätswahrenden Umwandlung oder der schlagartigen, zur Gesamtrechtsnachfolge führenden Vollbeendigung der Gesellschaft. Diese Vorgänge führen nicht zur Liquidation. Nach dem, was schon unter § 12 hierüber ausgeführt wurde, brauchen diese Vorgänge nur noch in Erinnerung gerufen zu werden:

a) Nach dem *Umwandlungsgesetz* kann ein Formwechsel ohne Liquidation stattfinden (oben, § 13 II) oder das gesamte Gesellschaftsvermögen kann durch Verschmelzung oder durch Aufspaltung zur Neugründung uno actu auf neue Rechtsträger übergehen, so daß die Gesellschaft liquidationslos erlischt (§ 13 III, § 13 IV).

b) Vergleichbare Vorgänge gibt es bei der oHG als Personengesellschaft aber auch außerhalb des Umwandlungsgesetzes:

aa) Wird die Gesellschaft im Handelsregister gelöscht, so wird sie vorbehaltlich des § 1 HGB zur Gesellschaft bürgerlichen Rechts (oben, § 44 III 1). Es liegt keine Auflösung der Gesellschaft vor – diese bleibt als werbende Gesellschaft in ihrer Identität erhalten –, sondern nur ein Statuswechsel.

bb) Tritt ein Kommanditist in die Gesellschaft ein oder wird die Beteiligung eines Gesellschafters in einen Kommanditanteil umgewandelt, so wird die oHG zur KG (oben, § 44 III 1). Auch dies ist ein Statuswechsel und keine Auflösung der Gesellschaft.

cc) Bleibt von den Gesellschaftern nur noch einer übrig – z.B. weil alle anderen freiwillig oder unfreiwillig ausscheiden oder weil der verbleibende Gesellschafter die Anteile der übrigen erwirbt –, so wird dieser eine Gesellschafter Gesamtrechtsnachfolger, und die Gesellschaft erlischt ohne Liquidation (oben, § 44 II 2).

3. Erlöschen bei Vermögenslosigkeit

Nach § 141 a FGG kann eine Gesellschaft, an der keine natürliche Person als persönlich haftender Gesellschafter beteiligt ist, im Fall ihrer Vermögens-

4 *Alfred Hueck*, oHG, § 25 V 1 b; *Schlegelberger/Karsten Schmidt*, § 133 Rdnr. 67; soweit diese Folge unzumutbar ist, muß der Gesellschafter stattdessen auf Ausschließung aller Mitgesellschafter klagen (§ 140 I 2 HGB).

losigkeit gelöscht werden. Dieser Tatbestand wird in § 131 II Nr. 2 HGB als Auflösungstatbestand bezeichnet, führt aber zur Abwicklung nur in dem Fall, daß sich doch noch vorhandenes Vermögen herausstellt (§ 145 III HGB). Grundsätzlich erlischt eine solche Gesellschaft mit ihrer Löschung im Handelsregister (vgl. oben, § 11 V 3 a cc).

II. Die Auflösungsgründe

1. Gesetzliche Auflösungsgründe

a) Die gesetzlichen Auflösungsgründe sind in § 131 HGB aufgezählt. Die Aufzählung ist nach der herrschenden Auffassung abschließend[5]. Weitere Auflösungsgründe können sich zwar für Sonderbereiche aus neueren speziellen Gesetzen – im Bankenbereich z.B. aus dem Kreditwesengesetz – ergeben[6], nach der herrschenden Ansicht aber nicht aus dem HGB oder BGB. Richtig und für das Recht der (GmbH & Co.-) KG folgenreich ist demgegenüber, daß auch der Fortfall der für die Gesellschaft geltenden Normativbestimmungen die Gesellschaft zur Auflösung bringt (oben, § 11 V 2; zur GmbH & Co. unten, § 56 VI)[7]. Die gesetzlich benannten Auflösungsgründe des § 131 I HGB sind:
- Zeitablauf,
- Auflösungsbeschluß der Gesellschafter,
- Insolvenzverfahren über das Vermögen der Gesellschaft,
- gerichtliche Auflösungsentscheidung nach § 133 HGB.

b) Kein Auflösungsgrund ist die Erreichung oder die Vereitelung des vereinbarten Gesellschaftszwecks. § 726 BGB, wonach eine Gesellschaft bürgerlichen Rechts endigt, wenn der vereinbarte Zweck erreicht oder dessen Erreichung unmöglich geworden ist, gilt nicht für die oHG[8]. Der numerus clausus der Auflösungsgründe sperrt eine Verweisung des § 105 III HGB auf 726 BGB. Dem Gesetzgeber lag gerade daran, diesen für eine Handelsgesellschaft viel zu unbestimmten Auflösungsgrund nicht zuzulassen und auch der Auflösung aus wichtigem Grund eine Gestaltungsklage (§ 133 HGB) vorzuschalten[9].

5 Numerus clausus der gesetzlichen Auflösungsgründe; vgl. *BGHZ* 75, 178, 179; s. auch HGB-Denkschrift, S. 97; *Butzer*, a.a.O., § 76 Rdnr. 9; *Heymann/Emmerich*, § 131 Rdnr. 28.
6 Vgl. *Butzer*, a.a.O., § 76 Rdnr. 54; *Alfred Hueck*, oHG, § 23 III 1 b.
7 Beispiele bei der oHG wären etwa: Auflösung sämtlicher Gesellschafter, wenn diese keine natürlichen Personen sind; Umwandlung sämtlicher Beteiligungen in Kommanditbeteiligungen.
8 *Alfred Hueck*, oHG, § 23 III 1 a; *Ebenroth/Boujong/Joost/Lorz*, § 131 Rdnr. 27.
9 HGB-Denkschrift, S. 98.

2. Vertragliche Regelungen

Der Gesellschaftsvertrag kann beliebige weitere Auflösungsgründe schaffen[10]. Das ergibt sich ohne weiteres schon daraus, daß nach § 131 I Nr. 1 HGB außer Zeitbestimmungen auch auflösende Bedingungen zulässig sind[11]. Ein aufgrund anwaltlicher oder notarieller Beratung formulierter Gesellschaftsvertrag kann auch zweifelhafte gesetzliche Auflösungsgründe klarstellen[12]. Möglich, wenn auch i.d.R. nicht ratsam, ist auch eine Regelung, die den Gesellschaftern anstelle der Auflösungsklage (§ 133 HGB) ein Recht zur Auflösung der Gesellschaft durch außerordentliche Kündigung gibt (dazu unter III 4 d)[13]. Der Pferdefuß einer solchen Vertragsklausel besteht darin, daß im Fall einer Kündigungserklärung darüber prozessiert wird, ob die Kündigung wirksam, die Gesellschaft aufgelöst ist. Vernünftiger ist i.d.R. das Konzept des § 133 HGB: erst der Prozeß, dann die Auflösung (vgl. unter III 4 a).

III. Die gesetzlich benannten Auflösungsgründe

1. Zeitablauf

Die Beendigung durch Zeitablauf (§ 131 I Nr. 1 HGB) spielt praktisch kaum eine nennenswerte Rolle. Während eine nach dem Kalender bestimmte *Mindest*dauer, womit nur die Kündigung untersagt sein soll, bisweilen vorkommt[14], ist die Vereinbarung einer festen Höchstdauer für unternehmerisch tätige Gesellschaften eine krasse Ausnahme. Eher findet sich einmal die Vereinbarung einer auflösenden Bedingung oder Befristung, z. B. wenn die Dauer der Gesellschaft von der Dauer eines gewerblichen Schutzrechts abhängen soll. Die auflösende Bedingung steht bei § 131 Nr. 1 HGB einer Befristung gleich[15].

Beispiel Nr. 2: Gesellschafter P hat eine Patentlizenz in die Gesellschaft eingebracht, und die Gesellschafter wollen nach Ablauf der Schutzdauer untereinander im Wettbewerb frei sein. Hier ist es denkbar, daß die Gesellschaft mit Ablauf der Schutzdauer aufgelöst sein soll.

---

10 Vgl. *Baumbach/Hopt*, § 131 Rdnr. 25; *Ebenroth/Boujong/Joost/Lorz*, § 131 Rdnr. 28; *Schlegelberger/Karsten Schmidt*, § 131 Rdnr. 6.

11 Vgl. nur *Alfred Hueck*, oHG, § 23 III 1 c.

12 Für das alte Insolvenzrecht empfahl sich z. B. eine Regelung, wonach im Vergleichsverfahren über das Vermögen eines Gesellschafters die Erfüllungsablehnung des Gesellschafters als Vergleichsschuldner nach § 50 VerglO die Gesellschaft auflöst (dazu 3. Aufl., § 52 Fußn. 11).

13 *BGHZ* 31, 295, 300; *BGH*, LM Nr. 6 zu § 140; *Baumbach/Hopt*, § 133 Rdnr. 18; *Ebenroth/Boujong/Joost/Lorz*, § 133 Rdnr. 44.

14 Beispiele: *RGZ* 82, 395; 156, 129.

15 Vgl. *RG*, JW 1906, 741; LZ 1911, 298; *BGHZ* 10, 91, 98; 50, 316, 321; *Alfred Hueck*, oHG, § 23 II 1; *Koller/Roth/Morck*, § 131 Rdnr. 2.

2. Auflösungsbeschluß und Auflösungsvertrag

a) Der *Auflösungsbeschluß* (§ 131 I Nr. 2 HGB) muß grundsätzlich einstimmig gefaßt werden (§ 119 I HGB), oder es müssen jedenfalls alle Gesellschafter, die nicht für die Auflösung gestimmt haben, dem Beschluß nachträglich zustimmen. Der Sache nach liegt dann ein Auflösungsvertrag vor. Der Gesellschaftsvertrag kann Mehrheitsbeschlüsse zulassen[16]. Eine allgemeine Mehrheitsklausel im Vertrag, die nicht eindeutig auch die Auflösungsentscheidung erfaßt, genügt hierfür aber nicht (vgl. zum Bestimmtheitsgrundsatz oben, § 16 II 2 c). Wenn die Auflösung sachlich geboten ist, kann sich aus der Treuepflicht der Gesellschafter die Verpflichtung ergeben, der Auflösung zuzustimmen[17]. Einer hierauf gerichteten Klage würde allerdings das Rechtsschutzinteresse fehlen, weil das Gesetz die Auflösungsklage zur Verfügung stellt (§ 133 HGB). Vorrang haben zudem Vertragsänderungspflichten, so daß die unfreiwillige Auflösung ultima ratio ist (vgl. dazu unter III 4).

b) Nicht besonders im Gesetz erwähnt ist der *Auflösungsvertrag.* Aber er ist, wie schon das Beispiel des einstimmigen Beschlusses zeigt, selbstverständlich zulässig und kann auch konkludent abgeschlossen werden[18].

Beispiel Nr. 3: Schließen die Gesellschafter einen Vertrag, durch den sie das Unternehmen mit Aktiven und Passiven an einen Dritten veräußern, so ist dies eine Abwicklungsmaßnahme und schließt i.d.R. die Auflösung der Gesellschaft in sich (*BGH*, WM 1958, 1105, 1106; NJW 1960, 434). Schließen sie mit den Gläubigern einen Liquidationsvergleich, nach dem sie das gesamte Gesellschaftsvermögen den Gläubigern zur Abfindung überlassen, so haben sie gleichzeitig die Gesellschaft aufgelöst (*BGHZ* 26, 126, 128 = JZ 1958, 401 m. Anm. *Alfred Hueck*). Anders dagegen, wenn sie nur den Unternehmensgegenstand ändern, z.B. den Erlös aus dem Unternehmensverkauf gemeinschaftlich verwalten oder das Unternehmen der oHG lediglich verpachten; dann bleibt die Gesellschaft erhalten, sei es als eine nach § 105 II HGB eingetragene nichtgewerbliche oHG, sei es als Gesellschaft bürgerlichen Rechts (dazu oben, § 46 I 1 c).

3. Insolvenz der Gesellschaft

a) Die Auflösung der Gesellschaft durch Eröffnung des Insolvenzverfahrens (vgl. oben, § 11 VI) – vom Gesetz in § 131 I Nr. 3 HGB scheinbar den anderen Auflösungsgründen gleichgestellt – führt nicht zu einem gesellschaftsrechtlichen Liquidationsverfahren, sondern zum Sonderverfahren nach der Insolvenzordnung[19]. *Insolvenzgrund* ist die *Zahlungsunfähigkeit* der Gesellschaft (§ 17 InsO), beim Eigenantrag auch die drohende Zahlungsunfähigkeit (§ 18 InsO). Nur wenn kein Gesellschafter der oHG eine natürliche Person ist, kann

---

16 Vgl. *Alfred Hueck*, oHG, § 23 II 2; *Ebenroth/Boujong/Joost/Lorz*, § 131 Rdnr. 15; *Schlegelberger/Karsten Schmidt*, § 131 Rdnr. 12.

17 *BGHZ* 64, 253, 257 f.; *Ebenroth/Boujong/Joost/Lorz,* § 131 Rdnr. 16.

18 Eingehend *Alfred Hueck*, oHG, § 23 II 2; *Schlegelberger/Karsten Schmidt*, § 131 Rdnr. 12.

19 Vgl. *Noack*, InsO/Gesellschaftsrecht, Kapitel 10; *Karsten Schmidt*, Wege zum Insolvenzrecht, a.a.O., S. 99; zum alten Insolvenzrecht (Konkurs- und Vergleichsverfahren) vgl. noch 3. Aufl., § 52 III 3.

das Verfahren auch wegen Überschuldung eröffnet werden (§ 19 InsO)[20]. Mit der Verfahrenseröffnung geht die Befugnis, über das Gesellschaftsvermögen zu verfügen, von den vertretungsberechtigten Gesellschaftern auf den Insolvenzverwalter über (§ 80 InsO). Das Gesellschaftsvermögen ist Insolvenzmasse (§ 35 InsO).

b) Die Eröffnung des Insolvenzverfahrens über das Vermögen der Gesellschaft erstreckt sich *nicht automatisch* auf das *Vermögen aller Gesellschafter*[21], obwohl in Anbetracht der unbeschränkten Haftung nach § 128 HGB regelmäßig auch eine Insolvenzsituation der Gesellschafter eintritt. Aber unabhängig von der Frage, ob außer dem Gesellschafts-Insolvenzverfahren auch Gesellschafter-Insolvenzverfahren eröffnet werden, bedarf es einer koordinierten Haftungsabwicklung. Hier brachte die Insolvenzrechtsreform entscheidenden Fortschritt:

Beispiel Nr. 4: Wird die ABC-oHG insolvent, so können hieraus vier Insolvenzverfahren resultieren: das Gesellschaftsinsolvenzverfahren und die Privatinsolvenzverfahren über das Vermögen des A, des B und des C. Zwingend notwendig ist dies nicht. Auch kann es sein, daß eines dieser Verfahren mangels Masse nicht eröffnet oder eingestellt wird, während die übrigen Verfahren durchgeführt werden. Rechtspolitisch vernünftig ist es in solchen Fällen, alle Gesellschaftsschulden im Gesellschaftsinsolvenzverfahren abzuwickeln und alle Haftungsansprüche gegen die Gesellschafter (§ 128 HGB) zur Masse zu ziehen[22]. Dies regelt § 93 InsO[23]. Die Praxis der Haftungsabwicklung nach dieser Bestimmung ist allerdings überaus umstritten (dazu oben, § 49 VI 3 a).

c) Die *Ablehnung der Insolvenzverfahrenseröffnung mangels Masse* (§ 26 InsO bzw. bisher § 107 KO) steht der Verfahrenseröffnung nach h.M. nicht gleich[24], obwohl sie richtigerweise als Insolvenz- und Auflösungsfall begriffen werden sollte[25]. Seit dem Inkrafttreten der Insolvenzordnung wird dieser Auflösungsfall jedenfalls für die oHG ohne natürliche Person als Komplementär vom Gesetzgeber anerkannt (§ 131 II Nr. 1 HGB).

20 Rechtspolitische Kritik bei *Karsten Schmidt*, Wege zum Insolvenzrecht, a.a.O., S. 59ff.; zuvor schon *ders.*, Gutachten D zum 54. DJT, 1982, S. D 64; *ders.*, JZ 1982, 171; 1985, 302f.; *ders.*, ZGR 1986, 189.

21 Dazu eingehend *Karsten Schmidt*, in: Einhundert Jahre KO, 1977, S. 266f. mit historischen Hinweisen.

22 Vgl. in Erweiterung des Prinzips des § 171 II HGB *Karsten Schmidt*, Gutachten D zum 54. DJT, 1982, S. D 46f.; zu eng Leitsätze 6ff. im Ersten Bericht der Kommission für Insolvenzrecht, 1985; dazu *Karsten Schmidt*, ZGR 1986, 205.

23 Dazu *Armbruster*, Die Stellung des haftenden Gesellschafters in der Insolvenz der Personenhandelsgesellschaft nach geltendem und künftigem Recht, 1996, 141ff.; *Bork*, in: Kölner Schrift zur InsO, 2. Aufl., 2000, S. 1333ff.; *Oepen*, Massefremde Masse, 2000; *Karsten Schmidt*, Wege zum Insolvenzrecht, a.a.O., S. 81f.; *ders.*, ZGR 1996, 216ff.

24 *BGHZ* 75, 178, 180; *BGH*, NJW-RR 1989, 993, 995.

25 *Schlegelberger/Karsten Schmidt*, § 131 Rdnr. 50.

4. Außerordentliches Auflösungsrecht (Auflösung durch gerichtliche Entscheidung)

a) Neben der ordentlichen Kündigung pflegt es bei Dauerschuldverhältnissen – auch bei Gesellschaften (vgl. § 723 BGB) – die außerordentliche Kündigung aus wichtigem Grund zu geben. Bei der oHG tritt an die Stelle der außerordentlichen Kündigung die *Auflösungsklage* nach § 133 HGB, also eine *Gestaltungsklage*[26]. Damit will der Gesetzgeber der Verkehrssicherheit dienen[27]. Der praktische Unterschied zwischen der Kündigung und der Gestaltungsklage besteht nämlich darin, daß die Wirksamkeit einer Kündigung jahrelang – bis zur rechtskräftigen Entscheidung eines Feststellungsstreits – umstritten sein kann, während der Gestaltungsgrund bei einer Gestaltungsklage vorweg geprüft wird. Im Gegensatz zur Kündigung, die häufig nachfolgende Prozesse auslöst, lautet die Devise bei der Auflösungsklage: Erst der Prozeß und dann die Gestaltung![28]

b) *Der wichtige Grund* muß auf die Rechtsfolge der Auflösung zugeschnitten sein. Erforderlich ist, daß der Gesellschaftszweck nachhaltig beeinträchtigt und eine Fortsetzung der Gesellschaft unzumutbar ist[29]. Dabei ist die Gesamtheit der Umstände in Betracht zu ziehen, z. B. auch die Dauer der Gesellschaft. Eine junge Gesellschaft ist leichter auflösbar als eine schon lang andauernde Gesellschaft[30]. Auflösungsgrund kann z. B. eine Fehlerhaftigkeit des Gesellschaftsvertrags sein (oben, § 6 III 2) oder ein unheilbares Zerwürfnis aller Gesellschafter[31]. Vor allem aber ist die Vereitelung des Gesellschaftszwecks, die eine Gesellschaft bürgerlichen Rechts sogar automatisch auflöst, ein wichtiger Auflösungsgrund[32]. Dazu genügt allerdings nicht, daß die Gesellschaft vorübergehend keine Gewinne macht. Wohl aber kann eine andauernde Ertragsunfähigkeit die Auflösung rechtfertigen.

Beispiel Nr. 5 (nach *RG*, JW 1913, 265): A, der sich mit der Herstellung automatischer Apparate beschäftigte, hatte sich gegenüber B verpflichtet, seine Produkte nur an diesen zu liefern. B hingegen sollte nur die Apparate des A vertreiben; der Gewinn sollte zwischen A und B geteilt werden. Da B binnen eines Jahres nach Vertragsschluß bei A nur 13 Apparate geordert hatte, »kündigte« A das Gesellschaftsverhältnis mit B. Das *Reichsgericht* bejahte den außerordentlichen Auflösungsgrund wegen unzumutbarer Unrentabilität.

Die bereits oben erwähnte Unterscheidung zwischen der Auflösung, dem Austritt und der Ausschließung ist für die Frage des wichtigen Grundes in § 133 HGB von gravierender Bedeutung. Ist die Fortsetzung der Gesellschaft nur *einem* Gesellschafter unzumutbar, so wird man ihm ein außerordentli-

26 Dazu *Schlosser*, Gestaltungsklagen und Gestaltungsurteile, 1966; *Alfred Hueck*, in: Recht im Wandel (Festschrift Carl Heymanns Verlag), 1965, S. 287.
27 HGB-Denkschrift, S. 98.
28 *Karsten Schmidt*, JuS 1986, 36.
29 Vgl. *RG*, LZ 1916, 40; JW 1929, 1360f.; *BGHZ* 4, 108, 113; ausführliche Kasuistik bei *Butzer*, a.a.O., § 76 Rdnr. 41; *Schlegelberger/Karsten Schmidt*, § 133 Rdnrn. 13ff., 23ff., 34ff.
30 Vgl. *BGH*, WM 1969, 526, 527; 1976, 1030, 1032.
31 Vgl. *RG*, JW 1929, 1360; *BGHZ* 4, 108, 113; *BGH*, LM Nrn. 4 und 6 zu § 133 HGB.
32 *Alfred Hueck*, oHG, § 23 III 1 a.

ches Austrittsrecht (§ 131 III Nr. 3 HGB), nicht aber ein Auflösungsrecht zugestehen. Liegt der wichtige Grund für die Lösung des Gesellschaftsverhältnisses nur in der Person *eines* Gesellschafters, so wird die Ausschließung dieses Gesellschafters Vorrang vor der Auflösung haben, wenn sich das Existenzproblem der Gesellschaft auf diese Weise aus der Welt schaffen läßt. Es gilt das Prinzip der Verhältnismäßigkeit. Nach der herrschenden Auffassung führt eine Steigerungsstufe von den Gestaltungsklagen der §§ 117, 127 HGB (Entziehung der Geschäftsführungs- und Vertretungsbefugnis) über die §§ 140, 142 HGB (Ausschließungs- und Übernahmeklage) hin zu § 133 HGB (Auflösungsklage)[33]. Wie schon unter § 50 III 1 b, 2 c angemerkt wurde, trifft dies ohne weiteres nur auf das Verhältnis zwischen den §§ 117, 127 und den §§ 140, 142 HGB zu, während die Abgrenzung zwischen diesen Bestimmungen auf der einen und § 133 HGB auf der anderen Seite davon abhängt, ob der wichtige Grund auf alle Gesellschafter oder nur auf einzelne »schwarze Schafe« bezogen ist. Allerdings wird als wichtiger Auflösungsgrund in § 133 II HGB der Fall besonders genannt, daß ein Gesellschafter eine ihm nach dem Gesellschaftsvertrag obliegende wesentliche Verpflichtung vorsätzlich oder grob fahrlässig verletzt oder daß ihm die Erfüllung einer solchen Verpflichtung unmöglich wird. Gerade in diesem Fall ergibt sich indes aus §§ 117, 127, 133, 140 HGB eine Steigerungsstufe, die nicht im Gesetzeswortlaut verdeutlicht, aber in der Funktion dieser Gestaltungsklagen angelegt ist (vgl. schon oben, § 50 III 1 b, 2 c).

Beispiel Nr. 6: Mißbraucht ein geschäftsführender Gesellschafter eigennützig seine Geschäftsführungs- und Vertretungskompetenzen, so kann dies in erster Linie ein Grund sein, ihm die Geschäftsführungs- und Vertretungsbefugnis zu entziehen (§§ 117, 127 HGB; vgl. dazu oben, § 47 V 1 und § 48 II 4). Ist die Vertrauensbasis unter den Gesellschaftern hierdurch unheilbar belastet, so kann er auch ausgeschlossen werden (§ 140 HGB; dazu oben, § 50 III). Nur wenn eine sinnvolle Fortsetzung der Gesellschaft nicht mehr möglich oder zumutbar ist, kommt eine Auflösungsklage nach § 133 HGB in Betracht. Gegen den Willen der Mitgesellschafter kann aber die Gesellschaft in einem solchen Fall nur aufgelöst werden, wenn dem wichtigen Grund nicht auch durch einseitige Maßnahmen nur gegen den Betroffenen Rechnung getragen werden kann. Vor allem die in § 133 II HGB genannte Unmöglichkeit der Erfüllung wesentlicher Gesellschafterpflichten ist ein denkbar schlechtes Beispiel für die Auflösung. Natürlich kann es ein Auflösungsgrund sein, wenn etwa ein Gesellschafter ein gewerbliches Schutzrecht nicht mehr zur Verfügung stellen kann, das die Basis des Unternehmens bildet, oder wenn ausgerechnet der Gesellschafter ausfällt, von dessen Know-how die Gesellschaft lebt. Wird dagegen z. B. ein geschäftsführender Gesellschafter gebrechlich, so stellt dies die oHG in aller Regel nicht vor die Existenzfrage; das ist kein Auflösungsgrund.

c) Die Auflösungsklage steht – im Gegensatz zur Ausschließungsklage nach § 140 HGB[34] – jedem einzelnen Gesellschafter zu. Das leuchtet ein, denn die Klage ersetzt ja die auflösende Kündigung. Grundsätzlich müssen aber doch – wie bei einem Ausschließungsprozeß – alle Gesellschafter an dem Rechts-

33 Vgl. *RGZ* 146, 169, 180; std. Rspr.; *BGHZ* 4, 108, 110f.; 6, 113, 116f.; 18, 350, 362ff.; std. Rspr.; krit. *Stauf*, Der wichtige Grund bei der personengesellschaftlichen Auflösungs- und Ausschließungsklage, 1980, passim.

34 Vgl. Wortlaut § 140 I HGB.

streit als Kläger oder Beklagte teilnehmen, weil die Entscheidung als Gestaltungsurteil einheitlich ergehen muß. Im Grundsatz gilt also, daß der Auflösungskläger alle Mitgesellschafter verklagt. Es liegt ein Fall der notwendigen Streitgenossenschaft nach § 62 ZPO vor[35]. Nach herrschender Auffassung genügt allerdings auch ein außergerichtliches bindendes Einverständnis eines Mitgesellschafters[36]. Dadurch unterwirft dieser sich gleichsam der Gestaltungswirkung des Urteils. In der Praxis muß also der Kläger die Auflösungsklage gegen alle Mitgesellschafter erheben, die nicht entweder gleichfalls (als seine Streitgenossen) klagen oder sich bindend mit der Auflösung der Gesellschaft einverstanden erklärt haben[37]. Man wird zweifeln dürfen, ob diese herrschende Meinung auf Dauer befriedigt, denn § 130 HGB ist nun einmal – ganz wie die §§ 117, 127, 140 HGB – auf einen mehrseitigen Prozeß zugeschnitten, an dem sich alle Gesellschafter entweder als Kläger oder als Beklagte zu beteiligen haben, was für den oder die Kläger bedeuten müßte: Wer sich nicht als Kläger am Prozeß beteiligt, wird verklagt[38]. Nicht selten ist in der Praxis die Auflösungsklage die Antwort des Beklagten auf eine Entziehungsklage nach §§ 117, 127 HGB oder auf eine Ausschließungsklage nach § 140 HGB[39].

Beispiel Nr. 7: Die Mitgesellschafter A, B und C machen dem geschäftsführenden Gesellschafter G den Vorwurf unredlicher Geschäftsführung und klagen in erster Linie auf Ausschließung des G (§ 140 HGB), hilfsweise auf Entziehung der Geschäftsführungs- und Vertretungsbefugnis (§§ 117, 127 HGB). Hier kann der G im Wege der Widerklage (vgl. §§ 33, 301 ZPO) auf Auflösung der Gesellschaft nach § 133 HGB klagen und diese Klage gegen A, B und C als Streitgenossen richten. Schon im Hinblick auf sein Auseinandersetzungsguthaben kann G ein beträchtliches Interesse daran haben, nicht ausgeschlossen zu werden, sondern die Gesellschaft aufzulösen, weil er dann den Folgen einer Abfindungsklausel entgeht und sich vielleicht sogar Hoffnungen darauf macht, das Unternehmen aus der Liquidationsmasse zu erwerben. Das Gericht wird nun über den Antrag des G zuerst entscheiden, weil dies der weitestgehende Gestaltungsantrag ist. Weist es die Widerklage des G ab, so wird es nach der Reihenfolge Hauptantrag/Hilfsantrag über die Klaganträge der Gesellschafter A, B und C entscheiden.

Die Konstellation kann auch umgekehrt aussehen, nämlich so, daß die Gesellschafter durch Ausschließungs-Widerklage die Auflösungsklage eines Gesellschafters abwehren.

Beispiel Nr. 8 (in Anlehnung an den GmbH-Fall *BGHZ* 80, 346 = NJW 1981, 2302 = ZIP 1981, 985): In unserem letzten Beispiel kann es sich etwa so verhalten, daß G auf Auflösung der Gesellschaft klagt und daß A, B und C im Wege der Widerklage die Ausschließung des G verlangen. Nach dem zum GmbH-Recht ergangenen Urteil des *BGH* ist die Auflösungsklage abzuweisen, wenn gegen den Auflösungskläger die Ausschließung betrieben wird und gerechtfertigt erscheint.

---

35 *BGHZ* 30, 195, 197; h.M.; eingehend *Ulmer*, in: Festschrift Geßler, 1971, S. 269ff.

36 *BGH*, LM Nr. 3 zu § 133 HGB; *OGHZ* 2, 253, 255f.; *OLG Hamm*, MDR 1964, 330; *Alfred Hueck*, oHG, § 25 III 3; h.M.; im Ergebnis auch *Schlegelberger/Karsten Schmidt*, § 133 Rdnr. 46.

37 Näher *Schlegelberger/Karsten Schmidt*, § 133 Rdnr. 46.

38 *Karsten Schmidt*, Gestaltungsprozesse, a.a.O., S. 70ff., wo auf S. 146ff. auch die Möglichkeit eines Frontenwechsels im Prozeß entwickelt wird.

39 Vgl. *Alfred Hueck*, oHG, § 10 VII 9.

d) Eine *außerordentliche Kündigung anstelle der Auflösungsklage* kann im *Gesellschaftsvertrag* vereinbart sein. § 133 III HGB steht nicht entgegen[40], denn hierdurch wird das Auflösungsrecht nicht beschränkt, sondern sogar vereinfacht. Die Vertragspraxis macht von der Möglichkeit, die außerordentliche Auflösungskündigung zuzulassen, aber verständlicherweise nur wenig Gebrauch, denn das Leben und Wirtschaften einer Gesellschaft wird erheblich beeinträchtigt, wenn bei jeder Unstimmigkeit die Frage droht, ob die Gesellschaft durch Kündigung aufgelöst ist. Soll ein auflösungswilliger Gesellschafter auf die Austrittsmöglichkeit verwiesen werden, so geschieht dies am besten, indem für den Fall der Auflösungsklage oder Auflösungskündigung eine Fortsetzungsklausel – praktisch also: ein Abfindungsrecht der Mitgesellschafter – vereinbart wird, wobei aber im Hinblick auf § 133 III HGB mindestens eine Abfindung zum Liquidationswert gewährleistet sein muß[41]. Unter dieser Voraussetzung ist die Vertragsklausel wirksam (oben unter I 1c). Der naheliegende Einwand, so werde u.U. der »gute« Gesellschafter gezwungen, das Unternehmen den »bösen« zu überlassen, geht fehl, denn er hat ggf. die Wahl, statt dessen auf Ausschließung aller anderen zu klagen (vgl. § 140 I 2 HGB).

IV. Die Liquidation

1. Liquidation und Liquidationszweck

a) Nach Auflösung der Gesellschaft findet die Abwicklung oder Liquidation der Gesellschaft statt (§ 145 HGB). Die Liquidation ist ein der Vollbeendigung dienendes Verfahren. *Zweck der Liquidation* ist eine vermögensmäßige Abwicklung der Gesellschaft bis hin zur Vollbeendigung. Die herrschende Meinung identifiziert diesen Verfahrenszweck mit dem *Zweck der Gesellschaft* und erklärt deshalb, der gemeinsame Zweck der Gesellschaft sei nicht mehr derselbe wie vor der Auflösung[42]. Dem ist, wie unter § 11 V 4 c gesagt wurde, nicht zu folgen, vielmehr überlagert der Liquidationszweck nur die Rechte und Pflichten der Beteiligten[43]. Liquidation der Gesellschaft bedeutet nicht notwendig Zerschlagung des Unternehmens. Es ist vielmehr möglich und häufig sachdienlich oder sogar bezweckt, das Unternehmen ganz oder in Teilen an Dritte oder an einen Gesellschafter zu veräußern. Für diesen Fall spricht § 145 HGB davon, daß keine Liquidation, sondern eine »andere Art der Auseinandersetzung« stattfindet, die von den Gesellschaftern vereinbart werden kann, allerdings im Verhältnis zu Dritten die Geltung von Liquida-

40 So auch *Baumbach/Hopt*, § 133 Rdnrn. 18ff.; sowie *Butzer*, a.a.O., § 76 Rdnr. 43 unter Berufung auf das zu § 140 HGB ergangene Urteil *BGHZ* 31, 295.
41 Vgl. *Schlegelberger/Karsten Schmidt*, § 133 Rdnr. 71.
42 Vgl. *RGZ* 123, 151, 155; *Hillers*, a.a.O., S. 57f.; *Alfred Hueck*, oHG, § 23 I, § 32 I; *Baumbach/Hopt*, § 145 Rdnr. 4; *Ebenroth/Boujong/Joost/Hillmann*, § 145 Rdnr. 12; *Heymann/Sonnenschein/Weitemeyer*, § 145 Rdnr. 5; *Staub/Habersack*, § 145 Rdnr. 16.
43 *Karsten Schmidt*, Wege zum Insolvenzrecht, a.a.O., S. 99f.; *ders.*, ZHR 153 (1989), 281.

tionsregeln nicht ausschließt (§ 158 HGB). Das ist mißverständlich. Die Terminologie des Gesetzes unterscheidet nicht hinreichend zwischen der Gesellschaft als Unternehmensträgerin und dem Unternehmen (zum Verhältnis beider zueinander vgl. Handelsrecht, § 4 IV 2)[44]. Die »andere Art der Auseinandersetzung« kann zweierlei sein: eine Auseinandersetzung ohne Liquidationsverfahren oder eine Liquidation der Gesellschaft ohne Liquidation des Unternehmens[45].

Beispiel Nr. 9: Einigen sich die Liquidationsgesellschafter A, B und C dahin, daß A die anderen auszahlt und alle Anteile übernimmt, so haben sie die Liquidation durch eine »andere Art der Auseinandersetzung« ersetzt, und das Unternehmen fällt ohne weitere Abwicklungshandlung an A, der die anderen auszahlt. Verkauft die Abwicklungsgesellschaft das Unternehmen an einen Dritten oder an A, so ist diese »andere Art der Auseinandersetzung« immer noch eine Liquidation der Gesellschaft, für die selbstverständlich die Liquidationsregeln gelten (vgl. §§ 145, 158 HGB).

b) Die *Grenzen des Liquidationszwecks* werden von der bisher herrschenden Meinung zu eng gezogen[46]. Der Gesetzgeber hat die Liquidation als ein Verfahren ausgestaltet, das der Vermögensverwertung und Vermögensverteilung dient[47].

Die Liquidation findet nach h.M. nur statt, wenn und solange noch Aktivvermögen der Gesellschaft vorhanden ist[48]. Reicht dieses für die Haftungsabwicklung nicht aus, so haften zwar die Gesellschafter persönlich nach § 128 HGB, aber diese Haftung wird grundsätzlich im Verhältnis zwischen den Gläubigern und den Gesellschaftern abgewickelt und nicht über das Gesellschaftsvermögen[49]. Nach herrschender Auffassung rechtfertigt die Abwicklung der persönlichen Haftungsverhältnisse sowie des Ausgleichs unter den Gesellschaftern allein noch nicht die Durchführung eines Liquidationsverfahrens[50].

Dieser herrschenden Auffassung ist *nicht zu folgen*[51]. Sie beruht auf einem überholten Verständnis der Personengesellschaft (dazu vgl. oben, § 8 III), wonach die Liquidation nur als Abwicklung eines Sondervermögens der Gesellschafter erscheint. Demgegenüber haben folgende Grundsätze zu gelten: Die Gesellschaft ist auch im Liquidationsstadium als Rechtsträgerin

---

44 Näher *Karsten Schmidt*, ZHR 153 (1989), 275ff.; jetzt auch *Dellinger,* a.a.O., S. 47ff.

45 Vgl. ebd., S. 276f.; dazu jetzt auch *Butzer*, a.a.O., § 77 Rdnr. 1.

46 Eingehend ebd., S. 283f., 293ff.

47 Das ist in den Fällen masseloser Gesellschaften bedenklich; vgl. *Karsten Schmidt*, ZIP 1982, 5; *ders.*, ZHR 153 (1989), 284f.; s. allerdings *Hillers*, a.a.O., S. 230f.

48 *RGZ* 40, 29, 31; *BGHZ* 26, 126, 130; *BGH*, BB 1957, 489; *Alfred Hueck*, oHG, § 32 II 3; *Ebenroth/Boujong/Joost/Hillmann*, § 145 Rdnr. 8; *Heymann/Sonnenschein/Weitemeyer*, § 145 Rdnr. 3; *Staub/Habersack*, § 145 Rdnr. 16.

49 Rechtspolitische Kritik für das Insolvenzrecht bei *Karsten Schmidt*, Gutachten D zum 54. DJT, 1982, S. D 46f.

50 *RGZ* 40, 29, 31; *RG*, LZ 1914, 1030; *BGH*, LM Nrn. 5 und 8 zu § 149 HGB; WM 1966, 706; *OLG Hamburg*, HRR 1929 Nr. 626; *Baumbach/Hopt*, § 149 Rdnr. 3; Einzelheiten bei *Butzer*, a.a.O., § 77 Rdnrn. 27ff., 33.

51 Eingehend *Schlegelberger/Karsten Schmidt*, § 149 Rdnrn. 22, 29, § 155 Rdnrn. 2, 16ff.; *Karsten Schmidt*, ZHR 153 (1989), 270ff.; im wesentlichen zust. *Staub/Habersack*, § 145 Rdnr. 9; vgl. jetzt auch *Dellinger,* a.a.O.

ernst zu nehmen[52]. Das Liquidationsverfahren umfaßt die gesamte Abwicklung dieser Rechtsträgerin[53]. Soweit das liquide Gesellschaftsvermögen für die Begleichung der gemeinsamen Schulden und zur Rückerstattung der Einlagen nicht ausreicht, müssen die Gesellschafter nach §§ 735 BGB, 105 III HGB für den Fehlbetrag aufkommen, und zwar grundsätzlich durch Einzahlung in das zu liquidierende Gesellschaftsvermögen und nur hilfsweise – insbesondere bei allseitigem Einverständnis – durch Ausgleich untereinander[54]. Die Liquidatoren dürfen die Gläubigerbefriedigung nicht auf Einzelprozesse der Gläubiger mit den Gesellschaftern abwälzen, und der Innenausgleich unter den Gesellschaftern darf nur mit deren Einverständnis außerhalb der Liquidation stattfinden (über Ausnahmen vgl. oben, § 21 IV 5)[55], z. B. wenn sie die Beendigung der Liquidation beim Handelsregister angemeldet haben.

c) Im Zuge der Liquidation können sich zahlreiche *Einzelansprüche und Einzelverbindlichkeiten* der Gesellschafter ergeben: Ansprüche auf Auszahlung von Liquidationsgewinnen und Liquidationsquoten, Ansprüche auf Erstattung von Aufwendungen nach § 110 HGB, Pflichten zur Zahlung in die Liquidationsmasse nach § 735 BGB usw. Grundsätzlich können Sozialansprüche der Gesellschafter nicht selbständig – z. B. im Wege der Klage – geltend gemacht werden, sondern sie *gehen in einen Liquidationsplan ein*[56]. Auch kann der Gesellschafter einen Anspruch auf Vorweg-Ausschüttung geltend machen, wenn er darlegen kann, daß diese Forderung – wie immer die Liquidation im einzelnen verlaufen mag – bestimmt aus der Liquidationsmasse beglichen werden kann und muß[57]. In Wahrheit ist dies keine Ausnahme vom Prinzip der Gesamtabrechnung, sondern es geht dabei um eine vorläufige Verteilung nach § 155 II HGB[58]. Diese ist Teil der planmäßigen Vermögensabwicklung.

2. Die Verfassung der aufgelösten Gesellschaft und das Liquidationsverfahren

a) Die aufgelöste Gesellschaft besteht als *Rechtsträgerin* fort (vgl. oben, § 11 V 4), und zwar entgegen der herrschenden Doktrin *mit unverändertem Verbandszweck*, wenn auch unter dem Regime des Auflösungsrechts (vgl.

52 *Karsten Schmidt*, ZHR 153 (1989), 275.

53 Ebd., S. 283.

54 Ebd., S. 294 ff.

55 Noch weitergehend in Konsequenz der hier entwickelten Auffassung *Staub/Habersack*, § 149 Rdnr. 25: Ausgleich unter den Gesellschaftern ohne Liquidatoren nur, wenn die Gesellschafter selbst als Abwickler tätig werden.

56 Ständige Praxis des *BGH*; vgl. nur *BGHZ* 37, 299, 304 ff.; 114, 138, 149 (betr. Reederei); *BGH*, ZIP 1993, 919 f.; 1993, 1307, 1309; NJW 1999, 3557; DStR 2002, 228 m. Anm. *Goette;* dazu eingehend *Hillers*, a.a.O., S. 119 ff.; *Messer*, a.a.O.

57 *BGHZ* 37, 299, 305; std. Rspr.; *BGH*, ZIP 1993, 919, 920; 1995, 1085; *Ensthaler*, a.a.O., S. 14, 17; *Messer*, a.a.O., S. 209; zur Begründung vgl. *Hillers*, a.a.O., S. 111 ff., 128 ff.

58 Vgl. *Hillers*, a.a.O., S. 212; *Schlegelberger/Karsten Schmidt*, § 149 Rdnr. 44; *Staub/Habersack*, § 155 Rdnrn. 18 ff.; *Karsten Schmidt*, ZHR 153 (1989), 292 f.

soeben unter IV 1 a). Die Liquidation erfolgt grundsätzlich durch sämtliche Gesellschafter als geborene *Liquidatoren* (§ 146 I 1 HGB). Mehrere Erben eines Gesellschafters haben einen gemeinsamen Vertreter zu bestellen (§ 146 I 2 HGB). Im Insolvenzverfahren eines Gesellschafters handelt an seiner Stelle der Insolvenzverwalter. Durch den Gesellschaftsvertrag oder durch Beschluß der Gesellschafter kann die Liquidation auch einzelnen Gesellschaftern und selbst Dritten[59] übertragen werden (§ 146 I 1 HGB), aber diese besondere Regelung hat speziell für die Liquidation zu erfolgen. Die Tatsache allein, daß ein Gesellschafter in der werbenden Gesellschaft von der Geschäftsführung und Vertretung ausgeschlossen war, ändert nichts daran, daß er zu den geborenen Liquidatoren gehört. Die Liquidatoren haben die laufenden Geschäfte zu beenden, die Forderungen einzuziehen, das übrige Vermögen in Geld umzusetzen, die Gläubiger zu befriedigen und das Restvermögen zu verteilen (§§ 149, 155 HGB). Daß entgegen der herrschenden Auffassung auch der Innenausgleich unter den Gesellschaftern Bestandteil des Liquidationsverfahrens ist, wurde bereits unter IV 1 b ausgeführt. Die Vertretungsmacht der Liquidatoren ist trotz des unklaren Wortlauts des § 149 HGB nicht auf Liquidationsgeschäfte beschränkt (oben, § 11 V 4 d)[60]. Nur im Innenverhältnis sind die Liquidatoren durch den Liquidationszweck gebunden. Prokuren erlöschen entgegen der vor dem Erscheinen dieses Buchs noch herrschenden Ansicht nicht automatisch und können sogar noch neu erteilt werden[61].

b) Für den Zweck der Liquidation können die Liquidatoren auch noch *Einlagen* von den Gesellschaftern einziehen. Dabei kommt es immer wieder zum Streit darüber, ob die Einforderung der Einlagen trotz der Auflösung noch verlangt werden kann. Bei Sacheinlagen, die im Rahmen der Liquidation nicht mehr benötigt werden, kann dies zweifelhaft sein. Geldeinlagen können grundsätzlich eingefordert werden, sofern nicht unstreitig oder beweisbar ist, daß sie für die Gläubigerbefriedigung nicht benötigt werden[62]. Selbst wenn eine erhöhte Bareinlage für den Zweck einer Sanierung versprochen worden war und die Sanierung scheitert, kann der Gesellschafter noch zur Leistung dieser Einlage verpflichtet sein[63]. Anders, wenn die Einziehung nur noch dazu dienen soll, die Aktiv- und Passivsalden der Gesellschafter untereinander auszugleichen. Hier müssen die Liquidatoren grundsätzlich einen Auseinandersetzungsplan erstellen und dürfen Einlageleistungen von den Gesellschaftern nur dann noch verlangen, wenn auf diese Weise ein Passiv-

59 Zum Verständnis vgl. *Karsten Schmidt*, ZHR 153 (1989), 288.
60 *Schlegelberger/Karsten Schmidt*, § 149 Rdnr. 53; *Staub/Habersack*, § 149 Rdnrn. 46ff.; *Karsten Schmidt*, AcP 184 (1984) 528ff.
61 *Karsten Schmidt*, BB 1989, 233f.; so jetzt auch *Koller/Roth/Morck*, § 48 Rdnr. 2; *Staub/Joost*, § 48 Rdnr. 13, § 52 Rdnr. 49; a.M. heute noch *Ebenroth/Boujong/Joost/Hillmann*, § 149 Rdnr. 27.
62 *BGH*, LM Nr. 6 zu § 149 HGB = BB 1978, 1133 = WM 1978, 898; NJW 1984, 435 = ZIP 1984, 49, 53f.; *Schlegelberger/Karsten Schmidt*, § 149 Rdnrn. 19f.; *Staub/Habersack*, § 149 Rdnr. 26.
63 *BGH*, ZIP 1980, 192, 193f.

saldo des betreffenden Gesellschafters festgestellt ist[64]. Erst recht gilt dies für die Einforderung von Nachschüssen nach § 735 BGB.

c) Nach § 154 HGB haben die Liquidatoren bei Beginn und Beendigung der Liquidation eine Bilanz aufzustellen. Herkömmlich wurde gesagt, daß wegen dieser vermeintlichen Spezialregelung keine Jahresrechnungslegung der Gesellschaft mehr stattfindet[65]. Dem ist nicht zu folgen, denn § 154 HGB befaßt sich überhaupt nur mit der Rechnungslegung der Liquidatoren gegenüber den Beteiligten und beseitigt die Rechnungslegungspflicht der Gesellschaft nicht[66].

d) Mit der Schlußverteilung tritt *Vollbeendigung der Gesellschaft* ein. Bis dahin wird die Gesellschaft als Handelsgesellschaft nach dem HGB abgewikkelt, auch wenn vielleicht schon das Unternehmen veräußert ist[67]. Diese hier seit der ersten Auflage vertretene Ansicht versteht sich wie von selbst, wenn man die eingetragene oHG oder KG seit dem Handelsrechtsreformgesetz von 1998 als Formkaufmann einordnet (dazu oben, § 46 I 1 c sowie Handelsrecht, § 10 III 3). Nach Vollbeendigung ist gemäß § 157 HGB das »Erlöschen der Firma« von den Liquidatoren zum Handelsregister anzumelden. Sind noch Passiva vorhanden, so rechtfertigt dies keine Fortsetzung oder Wiederaufnahme des Liquidationsverfahrens. Die Frage, ob auch laufende Prozesse automatisch beendet sind, wurde oben unter § 11 V 6 c besprochen. Nicht automatisch beendet ist eine akzessorische Haftung von Gesellschaftern oder Dritten (z.B. Bürgen). Diese persönlich Haftenden dürfen also nicht etwa darauf verweisen, daß nun keine Hauptverbindlichkeit mehr vorhanden sei. Für die Gesellschafter ergibt sich dies aus § 159 HGB, aber auch die Haftung eines Bürgen erlischt nicht[68].

Beispiel Nr. 10 (nach *BGHZ* 82, 323 = ZIP 1982, 294 m. Anm. *Karsten Schmidt*): Eine Möbelhandelsgesellschaft mbH & Co. hatte bei V Geschäftsräume gemietet. B verbürgte sich für die Verbindlichkeiten aus dem Mietverhältnis. Die Gesellschaft geriet in Vermögensverfall, wurde aufgelöst und im Handelsregister gelöscht. Der *BGH* entschied mit Recht, daß B nicht etwa aufgrund der Akzessorietät (§ 767 BGB) frei geworden sei, denn dies liefe dem Sicherungszweck der Bürgschaft zuwider. Der Bürge müsse im Insolvenzfall haften. Genüge das Gesellschaftsvermögen nicht einmal für die Durchführung eines Insolvenzverfahrens, so könne der Bürge nicht besser stehen.

e) Von der Frage der Schuldenhaftung für die vollbeendigte Gesellschaft muß die ganz andere Problematik unterschieden werden, die entsteht, *wenn sich*

64 Vgl. zu diesem Grundsatz *BGH*, BB 1978, 13 = NJW 1978, 424 = JuS 1978, 275 m. Anm. *Karsten Schmidt*; NJW 1984, 435 = ZIP 1984, 49, 53 f.

65 Vgl. statt vieler *Heymann/Sonnenschein/Weitemeyer*, § 154 Rdnr. 6 mit Hinweis auf *BGH*, NJW 1980, 1522, 1523.

66 Eingehend *Karsten Schmidt*, Liquidationsbilanzen und Konkursbilanzen, 1989, S. 56–69; zustimmend *Scherrer/Heni*, Liquidationsrechnungslegung, 2. Aufl. 1996, S. 5 f.; s. auch *Butzer*, a.a.O., § 77 Rdnrn. 57 ff. m.w.N.; *Ebenroth/Boujong/Joost*, § 154 Rdnr. 6; *Schlegelberger/Karsten Schmidt*, § 154 Rdnrn. 3 ff., 31; *Staub/Habersack*, § 131 Rdnrn. 7 ff.

67 Vgl. *KG*, DR 1940, 806; *Schlegelberger/Karsten Schmidt*, § 156 Rdnrn. 8 f. m.w.N.

68 Vgl. *BGHZ* 82, 323 = ZIP 1982, 294 m. Anm. *Karsten Schmidt*; *Enneccerus/Lehmann*, Schuldrecht, 15. Aufl. 1958, § 195 I; *Staudinger/Horn*, 12. Aufl., § 767 Rdnrn. 10, 22 ff. m.w.N.

nachträglich noch Aktivvermögen ergibt. In diesem Fall ist die Gesellschaft nur scheinbar beendet (vgl. oben, § 11 V 6 b). Selbst wenn sie im Handelsregister gelöscht ist, besteht die Gesellschaft fort, und sogar die Vertretungsbefugnis der Liquidatoren besteht dann weiter.

Beispiel Nr. 11 (nach *BGH*, NJW 1979, 1987 = JuS 1979, 905 m. Anm. *Karsten Schmidt*): Eine oHG hatte eine Bank betrieben, bis sie im Zuge der nationalsozialistischen Verfolgung die Bankgeschäfte hatte einstellen müssen. Nach Gründung der Bundesrepublik Deutschland konnten der Gesellschaft wieder Aktiva, nämlich Wiedergutmachungsansprüche, zustehen. Deshalb wurde ein Nachtragsliquidator bestellt. Dieser klagte vor dem *LG* mit Erfolg, vor dem *OLG* dagegen erfolglos eine Wiedergutmachung ein, worauf die oHG auf Antrag des Nachtragsliquidators gelöscht wurde. Trotzdem konnte die oHG, vertreten durch den Liquidator, Revision einlegen, denn *wenn* sie noch eine Wiedergutmachungsforderung hatte – eben dies wurde ja mit der Revision geltend gemacht –, dann war sie nicht wirklich erloschen.

3. Die Haftung der Gesellschafter nach der Auflösung*

a) Für die *Schuldenhaftung während der Auflösungsphase* ist zunächst klarzustellen, daß die Gesellschafter auch für Verbindlichkeiten, die erst nach Auflösung der Gesellschaft, z. B. durch Liquidatorengeschäfte, begründet werden, unverändert weiterhaften[69]. Hiervon zu unterscheiden ist das Problem der *Enthaftung.* Bis zum Nachhaftungsbegrenzungsgesetz von 1994[70] war die Nachhaftungsbegrenzung für den Fall des Ausscheidens eines Gesellschafters und der Auflösung der Gesellschaft einheitlich durch eine Sonderverjährung geregelt und war für Fälle der Nachtragsliquidation im Wege der Rechtsfortbildung durch eine Enthaftung bei Dauerschuldverhältnissen zu ergänzen (vgl. sinngemäß oben, § 51 I 3 b). Das Nachhaftungsbegrenzungsgesetz hat für Fälle des Ausscheidens die Sonderverjährung durch die Enthaftungslösung des § 160 HGB n.F. ersetzt (dazu oben, § 51 II). Für den Auflösungsfall hat es die alte Regelung unverändert gelassen und nur den § 160 HGB a.F. als neuen Abs. 4 in den § 159 HGB aufgenommen. Nach § 159 I HGB verjähren Ansprüche gegen einen Gesellschafter aus Verbindlichkeiten der Gesellschaft binnen fünf Jahren nach der Auflösung der Gesellschaft, sofern nicht der Anspruch gegen die Gesellschaft einer kürzeren Verjährung unterliegt. Nach § 159 II HGB beginnt die Verjährung mit dem Ende des Tages, an dem die Auflösung in das Handelsregister eingetragen worden ist, nach § 159 III HGB jedoch nicht vor dem Zeitpunkt der Fälligkeit. Der Neubeginn der Verjährung richtet sich nach §§ 212 ff. BGB und tritt insbesondere durch gerichtliche Geltendmachung ein. Die Unterbrechung gegenüber der aufgelösten Gesellschaft wirkt auch gegenüber den

---

* Literatur (vgl. zunächst die Angaben zum Nachhaftungsbegrenzungsgesetz unter § 51 II): *Eckert*, Begrenzung der Nachhaftung ausgeschiedener Gesellschafter, RdA 1994, 215; *Karsten Schmidt*, Zur Haftung und Enthaftung der persönlich haftenden Gesellschafter bei Liquidation und Konkurs der Personengesellschaft, ZHR 152 (1988), 105.

69 Vgl. *Karsten Schmidt*, ZHR 152 (1988), 111 f.

70 Gesetz zur zeitlichen Begrenzung der Nachhaftung von Gesellschaftern (NachBG) vom 18. 3. 1994, BGBl. I S. 560; dazu *Steinbeck*, WM 1996, 2041 ff.

Gesellschaftern, die der Gesellschaft zur Zeit der Auflösung angehört haben (§ 159 IV HGB).

b) Rechtstechnisch ist § 159 HGB *wenig geglückt*, weil sich der Zeitpunkt der Auflösung als Beginn der Sonderverjährung kaum eignet[71]. Die Auflösung der Gesellschaft schließt weder deren Fortsetzung aus (oben unter I 1 b), noch ändert sie etwas daran, daß die Gesellschafter für Neuverbindlichkeiten persönlich haften[72]. Wer aber noch neuen Haftungsverbindlichkeiten ausgesetzt ist, kann kaum darauf rechnen, daß zu seinen Gunsten schon die Sonderverjährung läuft. Die Regelung des § 159 HGB geht auf das ADHGB zurück[73], also auf eine Zeit, da man sich der Tragweite des Liquidationsverfahrens und der Verfassung aufgelöster Gesellschaften noch nicht voll bewußt war (vgl. zur Dogmatik der Auflösung oben, § 11 V) und sich die Auflösung gleichsam als ein Ausscheiden aller Gesellschafter vorstellte (erkennbar auch am Wortlaut von § 159 IV HGB). Aus § 159 IV HGB (früher § 160 HGB) folgt nur, daß der Gesetzgeber, obwohl er die Liquidationsgesellschafter wie ausgeschiedene Gesellschafter behandeln wollte, Unterbrechungshandlungen gegen eine aufgelöste Gesellschaft auch gegen sie wirken läßt[74]. Diese Gleichstellung des Liquidationsgesellschafters mit einem ausgeschiedenen Gesellschafter war unberechtigt, denn der Liquidationsgesellschafter lebt noch unter dem Haftungsstatus des § 128 HGB. Erst die *Eintragung der Vollbeendigung* (§ 157 HGB) und nicht der Auflösung (§ 143 HGB) sollte deshalb den Ausschlag geben[75]. Jetzt erst ist der Haftungsstatus des § 128 HGB verlassen. Jetzt erst verdient es der Gesellschafter, einem ausgeschiedenen Gesellschafter gleichgesetzt zu werden, und dies spricht für eine an § 160 HGB orientierte Nachhaftungsbegrenzung ab Löschung der Gesellschaft. Ist die Fünfjahresfrist nach der Vollbeendigung abgelaufen und stellt sich nun noch Gesellschaftsvermögen heraus, so kann selbstverständlich auf dieses zugegriffen werden[76], aber nicht mehr auf das Privatvermögen der nunmehr enthafteten Gesellschafter. Das ist ein plausibles Enthaftungsmodell, jedoch nicht das des Gesetzes. Streiten kann man darüber, *ob der klare Gesetzeswortlaut eine Korrektur ohne Gesetzesänderung zuläßt*. Die herrschende Meinung hat dies vor den hier angestellten Überlegungen[77]

71 *Schlegelberger/Karsten Schmidt*, § 159 Rdnr. 14; eingehend *Karsten Schmidt*, ZHR 152 (1988), 116ff.; insoweit zust. *Staub/Habersack*, § 159 Rdnr. 16; a.M. *Ebenroth/Boujong/Joost/Seibert*, § 159 Rdnr. 4.

72 *Schlegelberger/Karsten Schmidt*, § 156 Rdnr. 18 m.w.N.

73 Art. 146 ADHGB; dazu ADHGB-Protokolle, S. 261ff.; s. auch die Motive zum Preußischen ADHGB-Entwurf 1857, mitgeteilt in ZHR 152 (1988), 109.

74 *Karsten Schmidt*, ZHR 152 (1988), 119f.

75 *Karsten Schmidt*, ZHR 152 (1988), 116ff.

76 Der Sache nach treffend Art. 147 ADHGB: »Ist noch ungetheiltes Gesellschaftsvermögen vorhanden, so kann dem Gläubiger die fünfjährige Verjährung nicht entgegengesetzt werden, sofern er seine Befriedigung nur aus dem Gesellschaftsvermögen sucht.«

77 2. Aufl., § 52 IV 3 a; *Schlegelberger/Karsten Schmidt*, § 159 Rdnr. 14; *Karsten Schmidt*, ZHR 152 (1988), 121f.; Verf. behält sich eine neuerliche Prüfung vor.

überhaupt nicht erwogen[78] und hat die Frage sodann verneint[79]. Ungeachtet der hier in der 2. Auflage vorgetragenen systematischen und historischen Argumente ist heute zu sagen, daß der Gesetzgeber den Ratschlag, den Gesetzeswortlaut bei Gelegenheit des Nachhaftungsbegrenzungsgesetzes klarstellend zu ändern[80], mangels Dringlichkeit vernachlässigt hat[81]. Man mag darüber streiten, ob er damit den Wortlaut positiv in seinen Willen aufgenommen oder schlicht gar nichts getan hat. Richtig scheint jedenfalls, daß eine Abweichung vom Gesetzeswortlaut nunmehr aus rein formalen Gründen kaum noch begründbar ist[82]. Die Praxis wird sich deshalb mit dem Gesetzeswortlaut arrangieren und die Gläubiger einer aufgelösten Personengesellschaft anhalten, sich während des Laufs der Liquidation um eine Verjährungsunterbrechung gegenüber der Gesellschaft (§ 159 IV HGB) zu bemühen, wofür im Gegensatz zum Insolvenzverfahren die bloße Anmeldung der Forderungen bei den Liquidatoren nicht genügt. Ein Gläubiger, der nicht alsbald befriedigt wird und die Gesellschaft nicht verklagen will, sollte deshalb nachdrücklich darauf bestehen, daß die Gesellschaft die Forderung anerkennt (§ 208 BGB).

c) Nicht geregelt ist die *Gesellschafterhaftung im Insolvenzverfahren der Gesellschaft.* Die Praxis wendet auch hier § 159 II HGB an[83]. Hier paßt die Regelung, denn im eröffneten Insolvenzverfahren haftet der Gesellschafter nicht für Neuverbindlichkeiten, die der Verwalter begründet hat[84]. Im Gegensatz zum Liquidationsfall und ähnlich wie im Fall des Ausscheidens aus der Gesellschaft ändert sich also der Haftungsstatus, so daß die Fünfjahresfrist hier mit der Eintragung der Insolvenzverfahrenseröffnung beginnt[85]. Aus § 159 IV HGB folgt, daß eine dem Verwalter gegenüber vorgenommene Unterbrechungshandlung – insbesondere auch eine Anmeldung der Forderung zur Tabelle – Unterbrechungswirkung auch gegenüber dem persönlich haftenden Gesellschafter hat[86]. Wird die Gesellschaft – z.B. im Insolvenzverfahren – saniert und das Insolvenzverfahren beendet, so haften alle an ihr noch beteiligten Gesellschafter allerdings wieder unbeschränkt für alle noch nicht verjährten Gesellschaftsverbindlichkeiten.

d) Kein Fall des § 159 HGB, sondern ein *Fall des § 160 HGB* liegt vor, *wenn die Gesellschaft durch Zusammenfallen aller Anteile liquidationslos erlischt,*

78 *BGH*, NJW 1982, 2443; 1983, 2258, 2259; *Baumbach/Duden/Hopt*, 27. Aufl., § 159 Anm. 3 A; vgl. noch *Baumbach/Hopt*, § 159 Rdnr. 6; *Koller/Roth/Morck*, § 159 Rdnr. 4.

79 Vgl. etwa *OLG Celle*, NJW-RR 1995, 735; *Heymann/Sonnenschein/Weitemeyer*, § 159 Rdnr. 5; *Staub/Habersack*, § 159 Rdnr. 16.

80 *Karsten Schmidt*, DB 1990, 2359f.; zust. *Lieb*, GmbHR 1992, 566.

81 Dafür bereits *Ulmer/Timmann*, ZIP 1992, 10; dem Gesetz zustimmend *Seibert*, DB 1994, 461; *Reichold*, NJW 1994, 1619; krit. *Karsten Schmidt*, ZIP 1994, 244.

82 Vgl. nur *Butzer*, a.a.O., § 76 Rdnr. 68; *Staub/Habersack*, § 159 Rdnr. 16.

83 *BGH*, NJW 1982, 2443.

84 Grundlegend *Sieveking*, Die Haftung des Gemeinschuldners für Masseansprüche, 1937, S. 25ff.; Folgerungen bei *Karsten Schmidt*, ZHR 152 (1988), 113ff.

85 Ebd., S. 118f.

86 Vgl. zu § 160 HGB a.F. *Schlegelberger/Karsten Schmidt*, § 160 Rdnr. 6 mit Hinweis auf *BGH*, NJW 1982, 2443.

z. B. indem eine GmbH alle Anteile an der Gesellschaft erwirbt und dadurch Gesamtrechtsnachfolgerin einer oHG – oder in der Praxis meist: der KG – wird (oben, § 51 II 1 b). Jede andere Lösung wäre systematisch und rechtspolitisch nicht plausibel, denn das Vermögen einer oHG kann auf verschiedene Weise auf eine GmbH oder auf einen anderen Unternehmensträger überführt werden: durch Formwechsel (dann §§ 224, 249, 257 UmwG), durch Verschmelzung (dann § 45 UmwG) oder außerhalb des UmwG durch Übertragung aller Anteile auf den neuen Rechtsträger bzw. falls er selbst Mitglied der Gesellschaft ist, auch durch Austritt aller Mitgesellschafter (oben, § 12 I 4 b, § 44 II 2). Die akzessorische Forthaftung der Personengesellschafter für Altverbindlichkeiten ist dann nach dem Enthaftungskonzept des § 160 HGB, nicht nach dem Verjährungskonzept des § 159 HGB beschränkt.

Dritter Abschnitt: Die Kommanditgesellschaft

§ 53 Begriff und Rechtsverhältnisse der KG*

I. Grundlagen

1. Begriff der Kommanditgesellschaft

Die Kommanditgesellschaft ist eine *Modifikation der oHG*, bei der zwei Arten von Gesellschaftern unterschieden werden: Der *Komplementär* oder, wie das Gesetz ihn nennt: der persönlich haftende Gesellschafter – haftet unbeschränkt, der *Kommanditist* dagegen haftet – jedenfalls in der Regel – nur beschränkt. Eine gesetzliche Begriffsbestimmung enthält § 161 I HGB. Aus ihr ergeben sich folgende Begriffsmerkmale:

a) Es muß eine *Gesellschaft* vorhanden sein. Wegen der Formerfordernisse und wegen der familienrechtlichen Besonderheiten des Güterstands- und Vormundschaftsrechts (§§ 1365, 1643, 1822 Nr. 3 BGB) ist auf die Ausführungen über die oHG zu verweisen (oben, § 46 III 1). Ist der Vertrag fehlerhaft, so gelten die Grundsätze über die fehlerhafte Gesellschaft (oben, § 6).

b) Aus § 161 I HGB geht weiter hervor, daß *der gemeinsame Zweck* auf den *Betrieb eines kaufmännischen Handelsgewerbes* unter gemeinschaftlicher Firma gerichtet sein muß. In dieser Hinsicht ist die Formulierung des § 161 I HGB ebenso ungenau wie die des § 105 I HGB. Festzuhalten ist auch hier: Es kommt nicht auf einen kaufmännischen gemeinsamen Zweck, sondern auf die Unternehmensträgerschaft an. Damit eine Handelsgesellschaft, also eine KG und nicht bloß eine Gesellschaft bürgerlichen Rechts, vorliegt, muß das

---

* Literatur: *Brandes*, Die Rechtsprechung des BGH zur offenen Handelsgesellschaft und Kommanditgesellschaft, ohne GmbH & Co. KG, WM-Sonderbeilage 1/1986; *ders.*, Die Rechtsprechung des BGH zur offenen Handels-, Kommandit- und Publikumsgesellschaft, WM 1990, 1221; *ders.*, Die Rechtsprechung des BGH zur Personengesellschaft, WM 1994, 569; *Geck*, Die Kommanditgesellschaft, NWB (Neue Wirtschafts-Briefe) 1991, 1781 = Fach 18/3115; *Müller/Hoffmann* (Hrsg.), Beck'sches Handbuch der Personengesellschaften, 1999; *Renaud*, Das Recht der Commanditgesellschaften, 1881; *Riegger/Weipert* (Hrsg.), Münchener Handbuch des Gesellschaftsrechts, Bd. II, KG und stille Gesellschaft, 1991; *Sudhoff*, Personengesellschaften, 7. Aufl. 1999; *Veltins*, Der Gesellschaftsvertrag der KG, 1992; *Wendt*, Die Kommanditgesellschaft, in: Endemanns Hdb. I, 1881, S. 428 ff.; *Westermann* (Hrsg.), Handbuch der Personengesellschaften, Stand 2001, Rdnrn. 787 ff.; *Wieland* I, S. 731.

von der Gesellschaft betriebene Unternehmen grundsätzlich ein kaufmännisches sein. Doch wird hiernach nur gefragt, solange die Gesellschaft nicht im Handelsregister steht (§§ 1, 161 I HGB). Eine eingetragene Kommanditgesellschaft ist nämlich seit 1998 »Formkaufmann«, also Handelsgesellschaft kraft Rechtsform (Handelsrecht, § 10 II 3; VI; str.). Außer der gewerblichen gibt es seit 1998 nämlich auch die *klein- und die nichtgewerbliche Kommanditgesellschaft*: Eine Gesellschaft, deren Unternehmen kleingewerblicher Art ist oder die »nur eigenes Vermögen verwaltet«, kann nach §§ 105 II, 161 II durch Eintragung Kommanditgesellschaft werden. Hinsichtlich dieser Fragen gilt das zur oHG Gesagte auch für die Kommanditgesellschaft (oben, § 46 I 1).

c) Es müssen *mindestens zwei Gesellschafter* vorhanden sein (vgl. oben, § 8 IV 2 b und §§ 44 II 2, 45 I 2 b); mindestens einer dieser Gesellschafter muß *Komplementär* und mindestens einer muß *Kommanditist* sein.

Beispiel Nr. 1 (in Anlehnung an *BGHZ* 6, 113): Die Kommanditisten einer KG klagen wegen festgestellter Veruntreuungen entsprechend § 140 HGB auf Ausschließung des einzigen Komplementärs. Das ist an sich zulässig (insofern bestätigend *BGHZ* 51, 198, 200f.). Aber die Gesellschaft kann nach Ausschließung des einzigen Komplementärs nicht als KG weiterbestehen. Sie ist dann eine aufgelöste KG, und es ist Sache der verbleibenden Gesellschafter, ob sie die Gesellschaft abwickeln oder als oHG oder mit einem neuen Komplementär als KG fortführen wollen (vgl. *BGH*, NJW 1979, 1705, 1706; *Schlegelberger/Karsten Schmidt*, § 131 Rdnr. 43). Bleiben sie werbend tätig, ohne sich um einen Komplementär zu bemühen, so wird aus der Gesellschaft kraft Rechtsformzwangs eine oHG (vgl. *BGH*, NJW 1979, 1705, 1706; *KG*, NJW-RR 1995, 1442, 1443; zu diesem Rechtsformzwang allgemein s. oben, § 5 II 3 und § 44 III 1).

Beispiel Nr. 2: Der Gesellschaftsvertrag einer Kommanditgesellschaft enthält keine Nachfolgeregelung. Der einzige Komplementär stirbt. Nach § 131 III Nr. 1 HGB in der seit 1998 geltenden Fassung führt dies nicht zur Vererbung des Komplementäranteils (zur Kritik vgl. oben, § 45 V 1 a)[1]. Deshalb ist die Gesellschaft aufgelöst und kann nur durch Aufnahme eines neuen Komplementärs oder dadurch fortgesetzt werden, daß ein Kommanditist in die Komplementärrolle überwechselt.

Die Frage wird nicht nur bei der Ausschließung eines Komplementärs praktisch, sondern auch dann, wenn der Komplementär durch Umwandlung seiner Gesellschafterstellung in die Kommanditistenrolle zurücktritt.

Beispiel Nr. 3: In einer Familien-KG einigt man sich nach einschlägiger Beratung dahin, daß der einzige Komplementär nunmehr Kommanditist werden solle (vgl. zur Umwandlung der Mitgliedschaft oben, § 45 I 2). Oder: Der einzige Erbe des einzigen Komplementärs verlangt nach § 139 HGB, daß er künftig nur als Kommanditist beteiligt ist, und die Mitgesellschafter stimmen dem zu. In diesen Fällen muß ein neuer Komplementär gewonnen werden, z.B. eine von den Gesellschaftern eigens für diesen Zweck gegründete GmbH.

1 Die Erben sind also auch nicht Mitglieder der aufgelösten KG; anders, jedoch schwerlich zu Recht, *Frey/v. Bredow*, ZIP 1998, 1621ff.

Ein Gesellschafter kann immer nur Komplementär oder Kommanditist sein, aber nicht beides zugleich. Das beruht auf der – allerdings bestrittenen – Einheit der Mitgliedschaft bei Personengesellschaften (vgl. oben, § 45 I 2).

Beispiel Nr. 4 (nach *OLG Hamm*, NJW 1982, 835 = JuS 1982, 537 m. Anm. *Karsten Schmidt*): Es wurde zum Handelsregister angemeldet, daß der Kommanditist K nunmehr zusätzlich auch als weiterer Komplementär in die Gesellschaft eingetreten sei. Eine solche Doppelmitgliedschaft in der Kommanditgesellschaft ist nach h. M. nicht möglich (vgl. nur *BGHZ* 101, 123, 129), also auch nicht eintragbar (a. M. z. B. *Grunewald*, in: MünchKommHGB, § 161 Rdnrn. 4ff.; *Bippus*, AcP 195 (1995), 13ff.; *Priester*, DB 1998, 55ff. m.w.N.).

Als Komplementäre und als Kommanditisten kommen außer natürlichen Personen auch andere Rechtsträger in Betracht (hierzu näher oben, § 45 I 2a und § 46 I 1b). Auf der Zulassung der *juristischen Person als Komplementärin* beruht das Phänomen der GmbH & Co. (dazu unten, § 56): Eine GmbH wird Komplementärin. Auf diese Weise ist sogar eine »Einpersonen-GmbH & Co.« möglich:

Beispiel Nr. 5: K gründet nach § 1 GmbHG eine Einpersonen-GmbH. Mit dieser schließt er sodann einen KG-Vertrag, wonach er selbst Kommanditist und die GmbH Komplementärin wird. Dies ist keine unzulässige Einpersonen-Personengesellschaft (dazu oben, § 8 IV 2 b), sondern eine Zweipersonen-KG, bestehend aus einer natürlichen und einer juristischen Person: der Einmann-GmbH.

Daß auch eine Gesellschaft bürgerlichen Rechts Kommanditistin sein kann, steht seit *BGHZ* 148, 291 fest und wird durch § 162 I 2 HGB neuerdings bestätigt (dazu unter II 2).

2. Geschichte, Rechtsnatur und praktische Bedeutung

a) Die *Geschichte der Kommanditgesellschaft*[2] reicht in das mittelalterliche Recht zurück, das bereits dem Bedürfnis nach unterschiedlicher Verteilung von Herrschaft und Haftung unter den Gesellschaftern personengesellschaftlicher Unternehmen Rechnung trug. Auch die Herausbildung kapitalistisch strukturierter Kommanditgesellschaften mit großer Mitgliederzahl – oft als eine Erfindung der letzten Jahrzehnte ausgegeben – hat Tradition. Berühmt ist das Beispiel der Großen Ravensburger Gesellschaft, die im 15. Jahrhundert als Familiengesellschaft gegründet wurde und auf über 50 Mitglieder anwuchs. Noch bemerkenswerter aber sind wohl die frühkapitalistischen Varianten der Publikums-Kommanditgesellschaft, die erhebliche Bedeutung hatten, bevor der Gesetzgeber das Aktienrecht endgültig ordnete[3]. Für das geltende, auf dem ADHGB von 1861 beruhende Recht ist von besonderem Interesse, daß Kommanditgesellschaft und stille Gesellschaft erst im Laufe

2 Vgl. *Goldschmidt*, Universalgeschichte des Handelsrechts, Bd. I, 1891, S. 254ff.; *Renaud*, a.a.O., S. 1ff.; *Wieland* I, S. 734ff.; *Wendt*, a.a.O., S. 428ff.; *Lastig*, Beiträge zur Geschichte des Handelsrechts, ZHR 24 (1897), 387, 390ff.; *Lübbert*, Die rechtliche Natur der stillen Gesellschaft unter besonderer Berücksichtigung ihrer historischen Entwicklung, ZHR 58 (1906), 464ff.

3 Vgl. *Renaud*, Das Recht der Actiengesellschaften, 1875, S. 17ff.

der Gesetzgebungsarbeiten voneinander getrennt wurden[4]. Unstimmigkeiten im Gesetzesrecht der Kommanditgesellschaft haben nicht zuletzt hierin eine Ursache.

b) Ihrer *Rechtsnatur* nach ist die Kommanditgesellschaft eine zur Rechtsträgerin verselbständigte Personengesellschaft (im Sinne der geläufigen Systematik also »Gesamthandsgesellschaft«). Sie kann Trägerin von Rechten und Pflichten sein, ist parteifähig und insolvenzrechtsfähig (vgl. §§ 161 II, 124 HGB, 11 II Nr. 1 InsO). Sie haftet analog § 31 BGB für unerlaubte Handlungen ihrer Organe, was normalerweise bedeutet: des Komplementärs (vgl. zur Zurechnung oben, § 10 IV). Für die Lösung von Fällen aus dem Außenrecht der Kommanditgesellschaft bedeutet dies, daß ohne aufwendige rechtsdogmatische Diskussion mit Ansprüchen der Gesellschaft und mit Ansprüchen gegen die Gesellschaft operiert werden kann.

Beispiel Nr. 6: Eine aus dem persönlich haftenden Gesellschafter P und dem Kommanditisten K bestehende P-KG hat bei V Waren bestellt. Sind die beiderseitigen Ansprüche zu untersuchen, so können im ersten Teil Ansprüche der KG gegen V aus § 433 I BGB untersucht werden. Der zweite Teil wird dergestalt untergliedert, daß zunächst der Anspruch des V gegen die Gesellschaft geprüft wird (§ 433 II BGB), dann der Haftungsanspruch gegen P (§§ 161 II, 128 HGB) und schließlich ein etwaiger Haftungsanspruch gegen den Kommanditisten K (§§ 171 f. HGB).

c) Die *praktische Bedeutung* der Kommanditgesellschaft im Rechtsleben ist außerordentlich groß. Das rechtstatsächliche *Erscheinungsbild* ist vielgestaltig. Insbesondere reicht es von kleinen Familiengesellschaften und sonstigen personalistischen, meist mittelständischen, Mitunternehmerschaften hin zu großen Organisationen: den unter § 57 näher geschilderten Publikums-Kommanditgesellschaften. Dem Gesetzesrecht des HGB liegt das Leitbild einer personalistischen Kommanditgesellschaft zugrunde, nicht das Leitbild eines körperschaftlich strukturierten Verbandes. Aber schon der HGB-Gesetzgeber hat die Rechtsstellung des Kommanditisten schwach ausgebildet, ihn gleichsam nur als Kapitalgeber behandelt (vgl. §§ 164, 165, 166, 170 HGB). Die Dehnbarkeit der Rechtsform hat sodann gezeigt, daß das Kommanditgesellschaftsrecht das eine wie das andere Modell zu tragen vermag. Wesentlichen Anteil an der Verbreitung der Kommanditgesellschaft hat schließlich die Zulassung der juristischen Person als Komplementärin. Die geradezu überwältigende Karriere der GmbH & Co. KG nach dem Zweiten Weltkrieg hat die Kommanditgesellschaft in der Praxis zu einer gleichwertigen Rechtsform neben der GmbH werden lassen (vgl. zur GmbH & Co. im einzelnen unten, § 56). Ob von den Gesellschaftern die eine oder die andere Rechtsform gewählt wird, hängt vielfach nur vom Gutdünken steuerlicher und notarieller Berater ab. Erheblichen Einfluß auf die weitere Verbreitung der Kommanditgesellschaft dürfte die Einführung des § 105 II HGB im Jahr 1998 haben, der gemäß § 161 II HGB auch – und für die Praxis: fast ausschließlich! – bei Kommanditgesellschaften Anwendung findet: Es gibt seither neben der

4 Vgl. ADHGB-Protokolle, S. 1077 ff.

gewerblichen auch die *nichtgewerbliche Kommanditgesellschaft*, z.B. als Holding- oder Objektgesellschaft (dazu Handelsrecht, § 10 II).

3. Rechtsgrundlagen

Soweit nicht Sonderbestimmungen in den §§ 161–177a HGB enthalten sind, finden nach § 161 II HGB die für die oHG geltenden Vorschriften Anwendung, also die §§ 105–160 HGB. Wie bereits unter § 46 I 2b bemerkt wurde, sind die weitaus meisten Anwendungsfälle des oHG-Rechts heute KG-Fälle. Die Sonderregeln der §§ 162ff. HGB befassen sich hauptsächlich mit dem Kommanditisten, so daß für die Gesellschaft selbst und für den Komplementär das Recht der oHG maßgeblich bleibt. Soweit auch hier keine besonderen Bestimmungen enthalten sind, ist nach § 105 II HGB auf die Regelungen des BGB-Gesellschaftsrechts zurückzugreifen. Es gelten also
- primär die §§ 161–177a HGB,
- sekundär die §§ 105–160 HGB und
- hilfsweise die §§ 705ff. BGB.

Vorschriften über die KG enthält außerdem das Umwandlungsgesetz (dazu oben, § 13). Auch das PublizitätsG kann auf große Gesellschaften anwendbar sein (vgl. zu den Größenmerkmalen Handelsrecht, § 15 VI 2).

II. Entstehung und Publizität*

1. Die Entstehung der KG durch Gründung und Umwandlung

a) Die Gesellschaft entsteht, wie eine oHG (oben, § 46 III 1), regelmäßig durch *Gründung*, also durch den Abschluß eines Gesellschaftsvertrags[5]. Eine solche Gründung wird häufig Hand in Hand gehen mit einer Unternehmensgründung, aber Unternehmen und Unternehmensträgerschaft müssen voneinander unterschieden werden (Handelsrecht, § 4 IV 2). Häufig sind Gründungsvorgänge, bei denen ein schon vorhandenes Unternehmen im Wege der Sachgründung in eine neugegründete KG eingebracht, diese also zur Unternehmensträgerin gemacht wird.

Beispiel Nr. 7: Kaufmann K will seine Kinder als Kommanditisten »in das Unternehmen aufnehmen«. Wie schon bemerkt wurde, ist dies der Fall des § 28 HGB. Die Kinder treten nicht, wie es das Gesetz in § 28 HGB ungenau ausdrückt, in das Geschäft des K ein, sondern alle Beteiligten gründen eine KG, und K bringt sein Unternehmen in diese Gesellschaft ein (Handelsrecht, § 8 III).

---

* Literatur: *Bezzenberger*, *Happ* und *Mattfeld*, in: Riegger/Weipert (Hrsg.), MünchHdb. GesR II, 1991, §§ 1ff.; *Karsten Schmidt*, Handelsregisterpublizität und Kommanditistenhaftung, ZIP 2002, 413ff.

5 Eingehend *Ebenroth/Boujong/Joost/Weipert*, § 161 Rdnrn. 17ff.; *Grunewald*, in: MünchKommHGB, § 161 Rdnrn. 21ff.; *Schlegelberger/Martens*, § 161 Rdnrn. 48ff.

Beispiel Nr. 8: Kaufmann K möchte sein Unternehmen »in eine GmbH & Co. KG umwandeln«, weil er das Risiko der unbeschränkten Haftung scheut. Dritte will er nicht beteiligen. Dann wird Kaufmann K eine GmbH gründen (§ 1 GmbHG). Mit dieser GmbH (als Komplementärin) wird er (als Kommanditist) einen Gesellschaftsvertrag über die Errichtung einer Kommanditgesellschaft abschließen, in die er sodann sein Unternehmen einbringt. Rechtlich darf man hier weder von einer Umwandlung des Unternehmens noch davon sprechen, daß die KG durch Umwandlung entsteht. Es liegt der klassische Fall einer Sachgründung vor. Die Haftung der Gesellschaft für Altschulden ergibt sich wiederum aus § 28 HGB.

b) Auch durch *Umwandlung* kann ein Unternehmen auf eine Kommanditgesellschaft überführt, deren Gründung also durch das Umwandlungsgesetz ersetzt werden, denn dieses Gesetz erfaßt u.a. den
- Formwechsel (oben, § 13 II), die
- Verschmelzung durch Neugründung (oben, § 13 III) und die
- Spaltung durch Neugründung (oben, § 13 IV).

Beispiel Nr. 9: Eine GmbH soll in eine KG umgewandelt werden (§§ 228ff. UmwG), zwei Gesellschaften m.b.H. sollen auf eine KG verschmolzen werden (§§ 36ff. UmwG), oder es soll der Betriebsteil auf eine noch nicht bestehende KG abgespalten oder ausgegliedert werden (§§ 123ff., 135ff. UmwG). In diesen Fällen erspart das Umwandlungsgesetz die umständliche Gründung einer KG und Bildung eines Gesellschaftsvermögens durch Einzeleinbringung.

c) Von der nach dem Umwandlungsrecht vollzogenen Umwandlung ist die auf dem Rechtsformzwang des Personengesellschaftsrechts beruhende *gesetzliche Umwandlung* einer oHG oder einer Gesellschaft bürgerlichen Rechts in eine Kommanditgesellschaft zu unterscheiden. Beide Fälle sind häufig: sowohl das »Aufsteigen« einer BGB-Gesellschaft in das Handelsrecht[6] als auch die Verwandlung einer oHG in eine Kommanditgesellschaft[7]. Diese Umwandlungen erklären sich aus den schon unter § 44 III 1 dargestellten Grundsätzen. Sie werden, obwohl im Rechtssinne als »gesetzliche« Umwandlungen einzuordnen, für gezielte Unternehmensgestaltung genutzt.

Beispiel Nr. 10: Eine als Kommanditgesellschaft gegründete Objektgesellschaft – sie betreibt kein Gewerbe und kann nicht schon nach §§ 1, 161 I HGB Kommanditgesellschaft sein – wird in das Handelsregister eingetragen. Hierdurch wird die Gesellschaft bürgerlichen Rechts zur KG i.S. von § 161 HGB (§§ 105 II, 161 II HGB).

Beispiel Nr. 11: Die Gesellschafter der Bauunternehmung Kuno K-oHG – K, X, Y und Z – befürchten einen Verfall der Baukonjunktur und möchten unabsehbaren Haftungsrisiken entgehen. K, der bisher schon die Geschäfte führte, soll persönlich haftender Gesellschafter bleiben, aber die anderen sollen nur noch als Kommanditisten beteiligt sein. Hier wird durch Änderung des Gesellschaftsvertrags die Mitgliedschaft der drei Mitgesellschafter in eine Kommanditbeteiligung umgewandelt, womit die Gesellschaft zur KG wird (zur Nachhaftung für Altverbindlichkeiten vgl. oben, § 51 II). Will auch K nicht Komplementär werden, so können sie statt der gesetzestypischen Kommanditgesellschaft die Variante der GmbH & Co. KG wählen. Sie werden dann eine GmbH gründen, diese

6 Siehe auch *BGHZ* 59, 179; 61, 59; 63, 45; 69, 95; *Ulrich Huber*, in: Festschrift Hefermehl, 1976, 132ff.
7 Vgl. z.B. *BGH*, NJW 1983, 2943 = JuS 1983, 965 m. Anm. *Karsten Schmidt.*

durch Änderung des oHG-Vertrages als persönlich haftende Gesellschafterin aufnehmen und ihre eigenen Mitgliedschaftsverhältnisse in Kommanditbeteiligungen umwandeln. Die sich dabei ergebenden Nachhaftungsprobleme hinsichtlich der Ex-Komplementäre wurden unter § 51 II 3 dargestellt.

In diesen Fällen wird oft ungenau davon gesprochen, daß die Kommanditgesellschaft »durch Umwandlung entsteht«. Vor allem bei der Verwandlung einer Gesellschaft bürgerlichen Rechts in eine Kommanditgesellschaft spricht ja auch das Gesetz davon, daß die »Wirksamkeit der Kommanditgesellschaft« mit der Eintragung eintritt (§§ 161 II, 123 HGB). Daß diese Formulierung unglücklich ist, wurde bereits bei der Besprechung des oHG-Rechts gesagt (oben, § 11 IV 1 b und § 46 III 1). Das zeigt sich auch hier. In allen drei Beispielfällen existierte die Gesellschaft bereits, und sie verwandelte sich kraft Gesetzes in dem Augenblick in eine KG, in dem alle Voraussetzungen des KG-Tatbestandes erfüllt waren. Was hier »Umwandlung« genannt wird, ist eine gesetzliche Verwandlung der bereits existenten Gesellschaft bürgerlichen Rechts in eine Kommanditgesellschaft. Folgerichtig hat auch das *Bayerische Oberste Landesgericht* entschieden, daß für eine unter § 2 HGB fallende und noch nicht in das Handelsregister eingetragene Kommanditgesellschaft schon eine Auflassungsvormerkung im Grundbuch eingetragen werden kann, denn die Gesellschaft ist schon vorhanden, wenn auch noch nicht als grundbuchfähige Kommanditgesellschaft[8]. Dasselbe gilt, wenn für ein land- oder forstwirtschaftliches Unternehmen (§ 3 HGB) oder für eine Vermögensverwaltung (§ 105 II HGB) eine Kommanditgesellschaft gegründet, aber erst nachträglich (konstitutiv) eingetragen wird.

2. Registerpublizität

Jede Kommanditgesellschaft, gleich welcher Art ihr Handelsgewerbe ist, unterliegt der Registerpublizität (vgl. zu dieser allgemein Handelsrecht, § 13). Grundsätzlich gelten die für die oHG dargestellten Regeln (oben, § 46 III 2). Die Eintragung in das Handelsregister ist im Fall des § 1 HGB obligatorisch, hat aber nur deklaratorische Wirkung (Handelsrecht, § 10 I 1). In den Fällen der §§ 2, 3, 105 II HGB ist sie fakultativ und hat konstitutive Wirkung (die Gesellschaft wird erst durch die Eintragung zur KG i.S.d. Handelsgesetzbuchs). Die Anmeldung zum Handelsregister richtet sich nach §§ 162 I, 161 II, 106 HGB. Ist eine Gesellschaft bürgerlichen Rechts Kommanditistin, so sind deren Gesellschafter mit zu benennen (§ 162 I 2 HGB)[9]. Für die Bekanntmachung gelten die Regeln der §§ 10, 162 II HGB. Als Besonderheit ist zu betonen, daß die Anmeldung die Haftsummen (»Betrag der Einlage«) der einzelnen Kommanditisten benennen muß und daß bei der Bekannt-

8 *BayObLG*, JZ 1986, 108; die Entscheidung betrifft § 2 HGB a.F.; sie paßt aber im Grundsätzlichen auch auf die Kleinunternehmen nach § 2 HGB n.F.

9 Gesetz vom 10.12.2001 (BGBl. I S. 3422); dazu *Heil*, DNotZ 2002, 60ff.; vgl. bereits *BGHZ* 148, 291; dazu kritisch *Ulmer*, ZIP 2001, 1714ff.

machung keine Angaben über die Kommanditisten mehr gemacht werden (§ 162 II HGB)[10].

3. Die Firma der KG

Die ursprüngliche Firma einer Kommanditgesellschaft muß den Anforderungen des § 18 HGB entsprechen (näher Handelsrecht, § 18 III) und den Firmenzusatz »Kommanditgesellschaft« oder »KG« enthalten (§ 19 I Nr. 3 HGB). Die lästigen Schwierigkeiten des bis 1998 geltenden Firmenrechts[11] haben sich durch die HGB-Reform von 1998 erledigt[12]. Für die abgeleitete Firma einer KG gelten die §§ 21 ff. HGB. Die Gesellschaft kann z.B. nach § 24 HGB auch den Namen eines schon ausgeschiedenen Gesellschafters führen (Handelsrecht, § 12 III 2), und das kann auch die Firma einer ausgeschiedenen Handelsgesellschaft sein, soweit nicht § 30 HGB verletzt wird.

Beispiel Nr. 12 (nach *BGHZ* 68, 271): Aus der Union-Bau Altona GmbH & Co. KG war die Union-Bau Altona GmbH als bisherige Komplementärin ausgeschieden. Komplementär wurde Holger E. Nach § 24 HGB kann in einem solchen Fall die Kommanditgesellschaft gemäß § 24 HGB mit Zustimmung der GmbH deren alte Sachfirma fortführen. Bis 1998 war das ein bemerkenswertes Privileg, denn nach § 19 HGB a.F. war für die Kommanditgesellschaft eine Personalfirma vorgeschrieben.

III. Das Innenrecht der Kommanditgesellschaft*

1. Mitgliedschaft

a) Für die Mitgliedschaft in der Kommanditgesellschaft gelten zunächst die unter § 45 dargestellten *allgemeinen Grundsätze.* Sie sind für die Mitgliedschaft des Kommanditisten teilweise modifiziert. Vor allem die Grundlagen der Mitgliedschaft und des Minderheitenschutzes (oben, § 16 III und § 21) haben für den Kommanditisten erhebliche Bedeutung. Der Kommanditist ist durch Treupflichten gebunden, aber auch geschützt. Eine *Übertragung der Mitgliedschaft* eines Komplementärs oder eines Kommanditisten ist nach

---

10 Gesetz vom 18.01.2001 (BGBl. I S. 123); dazu *Karsten Schmidt,* ZIP 2002, 413 ff.

11 Eingehend *Bezzenberger*, in: MünchHdb. GesR II, § 1 Rdnrn. 233 ff.; *Westermann*, in: HdbPersG, Rdnrn. I 797 ff.; *Bokelmann*, in: MünchKommHGB, § 19 Rdnrn. 39 ff.; *Heymann/Horn*, § 161 Rdnrn. 5 ff.; *Schlegelberger/Martens*, § 161 Rdnrn. 10 ff.

12 Zur Firma der KG vgl. *Sudhoff/Jäger,* a.a.O., 2/B Rdnrn. 33 ff.

* Literatur: *Barbasch*, Ausgewählte Probleme der »großen Familienkommanditgesellschaft«, 1989; *Emde*, Die Klage der Kommanditisten auf Rücknahme kompetenzwidrig vorgenommener Geschäftsführungsmaßnahmen, WM 1996, 1205; *Hermanns*, Unverzichtbare Mitverwaltungsrechte des Personengesellschafters, 1993; *Nitschke*, Die körperschaftlich strukturierte Personengesellschaft, 1970; *Immenga*, Die Minderheitsrechte des Kommanditisten, ZGR 1974, 385; *Sester*, Treupflichtverletzung bei Widerspruch und Zustimmungsverweigerung im Recht der Personenhandelsgesellschaften, 1996; *Sudhoff*, Rechte und Pflichten des Kommanditisten, 3. Aufl. 1986; *Klingberg*, Mitarbeitende Kommanditisten im Gesellschaftsrecht, 1990.

allgemeinen Regeln möglich, wenn der Gesellschaftsvertrag die Übertragung zuläßt oder wenn alle Gesellschafter zustimmen (oben, § 19 IV und § 45 III). Die Übertragung der Kommanditbeteiligung löst besondere Haftungsprobleme aus (dazu unten, § 54 IV 3 und § 55 II 2). Der *Tod eines Komplementärs* hat nach §§ 161 II, 131 III Nr. 1 HGB dessen Ausscheiden aus der Gesellschaft zur Folge, sofern nicht der Gesellschaftsvertrag – was zu empfehlen ist – eine abweichende Regelung enthält (vgl. vor allem über die kombinierte Nachfolge- und Umwandlungsklausel unten, § 54 II 4 d). Beim *Tod eines Kommanditisten* wird dagegen die Gesellschaft nach § 177 HGB auch ohne Nachfolgeklausel mit den Erben fortgesetzt. Die Probleme der Rechtsnachfolge und der Zuordnung der ererbten Beteiligung sind unter § 45 V dargestellt worden.

b) Auch die allgemeinen Grundsätze über den *Eintritt* und das *Ausscheiden von Gesellschaftern* (oben, § 45 II und § 50 II) finden Anwendung. Hinzuweisen ist insbesondere auf die Probleme der *Ausschließung aus der Gesellschaft* und der *Abfindung des ausgeschiedenen Gesellschafters* (oben, § 50 II–IV). Sie sind zwar aus systematischen Gründen im allgemeinen Recht der Personengesellschaften und im Recht der oHG dargestellt worden, aber das praktische Anwendungsfeld dieser Probleme liegt in erster Linie bei der – zahlenmäßig häufigeren – Kommanditgesellschaft. Der Gesellschaftsvertrag kann dem Kommanditisten ein Austrittsrecht einräumen. Dies ist besonders bedeutsam, wenn es sich um einen langfristigen KG-Vertrag handelt (oben, § 52 III 6 c bb).

2. Kompetenzverteilung

a) Nach § 164 HGB sind die Kommanditisten von der *Geschäftsführung* ausgeschlossen. Die §§ 114 ff. HGB gelten also nur für den Komplementär bzw. die Komplementäre, die einer strengen Treupflicht unterworfen sind und sich vor allem die Geschäftschancen der Gesellschaft nicht eigenmächtig zunutze machen dürfen (zur Geschäftschancenlehre vgl. oben, § 20 V 3). Doch ist diese Kompetenzverteilung nicht zwingend[13]. Der Gesellschaftsvertrag kann hiervon abweichen und dem Kommanditisten Geschäftsführungsrechte – nicht dagegen organschaftliche Vertretungsmacht! – verleihen (vgl. zum Prinzip der Selbstorganschaft oben, § 14 II 2). Diese Kompetenzerweiterung schlägt sich allerdings auch in erweiterten Treupflichten nieder[14]. Soll der Kommanditist die Gesellschaft auch vertreten dürfen, so kann ihm nach §§ 48 ff. HGB Prokura erteilt werden[15]. Beides – das Geschäftsführungsrecht und die Prokura – kann im Gesellschaftsvertrag angeordnet

13 Vgl. eingehend *Baumbach/Hopt*, § 164 Rdnr. 6 f.; *Ebenroth/Boujong/Joost/Weipert*, § 164 Rdnrn. 19 ff.; *Grunewald*, in: MünchKommHGB, § 164 Rdnrn. 21 ff.; *Heymann/Horn*, § 161 Rdnrn. 22 ff.; *Schlegelberger/Martens*, § 164 Rdnrn. 22 ff.; *Staub/Schilling*, § 164 Rdnrn. 7 ff.; *Wirth*, in: MünchHdb. GesR II, 1991, § 3 Rdnrn. 61 ff.

14 Vgl. zur Geschäftschancenlehre *BGH*, NJW 1989, 2687 und dazu *Kübler/Waltermann*, ZGR 1991, 162.

15 Vgl. *RGZ* 31, 33, 39; *BGHZ* 17, 392; *BGH*, BB 1972, 726 = WM 1972, 615.

werden[16]. Es ist also möglich, dem Kommanditisten im Innenverhältnis ein Recht auf Vertretungsmacht zuzugestehen (vgl. über Vorzugs- oder Sonderrechte oben, § 19 III 3). Dann kann dem Kommanditisten das Geschäftsführungsrecht, soweit der Vertrag die Frage nicht abweichend regelt, nur durch Klage nach § 117 HGB entzogen werden[17]. Eine Prokura erlischt zwar ohne Klage durch Widerruf (vgl. § 168 S. 2 BGB), aber wenn dem Kommanditisten die Prokuristenstellung als gesellschaftsvertragliches Sonderrecht (Vorzugsrecht) eingeräumt worden ist, kann dieses ihm nur aus wichtigem Grund entzogen werden (oben, § 16 III 3, § 19 III 3; Handelsrecht, § 16 III 5 b).

b) Erkennt der Gesellschaftsvertrag dem Kommanditisten keine Mitverwaltungsrechte zu, so kann der Kommanditist nach § 164 HGB den Handlungen des Komplementärs nicht widersprechen, es sei denn, die Handlung ginge über den gewöhnlichen Betrieb des Handelsgewerbes der Gesellschaft hinaus (vgl. über den Begriff der ungewöhnlichen Geschäfte oben, § 47 V 1). Das Gesetz drückt sich unklar aus. Es sagt nur etwas über die Grenzen des Widerspruchsrechts, schweigt aber über die Frage, ob der Komplementär für außergewöhnliche Geschäfte eines Beschlusses sämtlicher Gesellschafter bedarf, denn § 164 S. 2 HGB läßt ausdrücklich nur den § 116 III HGB, nicht auch den § 116 II HGB unberührt. Die Bedeutung dieser Frage zeigt unser

Beispiel Nr. 13 (nach *RGZ* 158, 302): Während sich der Kommanditist im Ausland befand, ging der Komplementär im Namen der Gesellschaft eine hohe Bürgschaftsverpflichtung ein und veräußerte, als die Gesellschaft infolge der Bürgschaft in Schwierigkeiten geriet, den Grundbesitz der KG unter Wert. Im *Außenverhältnis* waren diese Geschäfte wirksam, denn einem Komplementär steht – vorbehaltlich des Mißbrauchs der Vertretungsmacht – eine umfassende Organvertretungsmacht zu (oben, § 48 II 2), aber im *Innenverhältnis* kam es für die vom Kommanditisten erhobene Schadensersatzklage darauf an, ob dem Kommanditisten bei ungewöhnlichen Geschäften nur ein Widerspruchsrecht zusteht oder ob nach §§ 161 II, 116 II HGB das Geschäft unterbleiben muß, wenn der oder die Kommanditisten nicht zustimmen.

Das *Reichsgericht* fand eine zerstrittene Literatur hierüber vor[18]. Es hat sich für eine Anwendung des § 116 II HGB auf außergewöhnliche Geschäfte entschieden[19]: »Diese Auffassung wird auch den praktischen Bedürfnissen … gerecht … Ein Grund dafür, den Kommanditisten schlechter zu stellen als den von der Geschäftsführung ausgeschlossenen offenen Handelsgesellschafter, ist nicht ersichtlich. Das Widerspruchsrecht allein gibt dem Kommanditisten keine genügende Sicherheit gegen ein eigenmächtiges Verhalten des persönlich haftenden Gesellschafters und eine Gefährdung seiner Einlage durch Handlungen, die über den gewöhnlichen Betrieb des Unternehmens und den Gesellschaftszweck hinausgehen.« Mit Recht stimmt die herrschende

16 Beispiel: *BGH*, BB 1976, 526; eingehend *Klingberg*, a.a.O., S. 32ff.

17 Vgl. *RGZ* 110, 420; *OGHZ* 1, 33; *Baumbach/Hopt*, § 164 Rdnr. 7; *Grunewald*, in: MünchKommHGB, § 164 Rdnr. 22; *Heymann/Emmerich*, § 117 Rdnr. 2 a; *Röhricht/v. Westphalen/v. Gerkan*, § 164 Rdnr. 11; *Staub/Schilling*, § 164 Rdnr. 10; *Schlegelberger/Martens*, § 164 Rdnr. 33; *Bork*, AcP 184 (1984), 469ff.

18 Überblick bei *Schlegelberger/Martens*, § 164 Rdnr. 16.

19 *RGZ* 158, 302, 307.

Auffassung diesem Grundlagenurteil zu[20]. § 164 HGB kann im Schutzinteresse der Kommanditisten nicht als eine abschließende Regelung angesehen werden, so daß über § 161 II HGB der § 116 II HGB anwendbar bleibt. Der Komplementär überschreitet also seinen Kompetenzrahmen, wenn er ungewöhnliche Geschäfte ohne Zustimmung der Kommanditisten vornimmt. Er ist folglich verpflichtet, Maßnahmen ungewöhnlicher Art den Kommanditisten zur Beschlußfassung vorzulegen. Für den besonderen Fall der Vermögensveräußerung – z.B. der Einbringung des Gesellschaftsvermögens in eine andere Gesellschaft – folgt aus der aus § 179a AktG ersichtlichen, über das Aktienrecht hinausweisenden gesetzgeberischen Wertung sogar, daß ohne einen solchen Beschluß das Verpflichtungsgeschäft, nicht auch jedes Verfügungsgeschäft, unwirksam ist (dazu oben, § 30 V 2c)[21].

Es ist wichtig, diese Kompetenzgrenzen von der Verpflichtung des Komplementärs zur Beachtung der Sorgfalt eines ordentlichen Geschäftsleiters zu unterscheiden. Auch bei gewöhnlichen Geschäften kann sich der Komplementär schadensersatzpflichtig machen, wenn er seine Pflicht zu ordnungsmäßiger Geschäftsführung verletzt (zum Problem des Verschuldensmaßstabs vgl. § 708 BGB und dazu unten, § 59 III 2). Er kann aus diesem Grund ein eigenes Interesse daran haben, den oder die Kommanditisten vorab zu befragen; aber seinen Kompetenzrahmen überschreitet er in diesen Fällen nicht. Die Unterscheidung hat erhebliche Bedeutung, denn nur wenn der Komplementär seinen Kompetenzrahmen überschreitet, steht dem Kommanditisten ein negatorischer Unterlassungsanspruch zu (oben, § 21 V 3)[22].

Beispiel Nr. 14 (vereinfacht nach *BGHZ* 76, 160): Die Kommanditisten klagten gegen den Komplementär, weil er in ihren Augen überhöhte Geschäftsführer- und Prokuristengehälter auszahlte. Der *Bundesgerichtshof* entschied: »Die nicht geschäftsführungsberechtigten Gesellschafter können die Unterlassung einer einfachen Geschäftsführungsmaßnahme auch nicht mit der Behauptung verlangen, daß der geschäftsführungsberechtigte Gesellschafter mit der Vornahme der beanstandeten Handlung seine Pflicht zur ordnungsmäßigen Geschäftsführung verletzen würde.«

c) Auch die *Mitwirkung des Kommanditisten bei der Rechnungslegung und Gewinnverwendungsentscheidung* wurde erst nach jahrzehntelangem Streit anerkannt. Die Aufstellung des Jahresabschlusses obliegt den Komplementären. Sie haben auch nach § 245 HGB den Jahresabschluß zu unterzeichnen. Aber die *Fest*stellung des Jahresabschlusses und die Entscheidung über die Verwendung des Gewinns muß als Rechtsgeschäft aller Gesellschafter – auch

20 Vgl. nur *Grunewald*, Rdnr. 1C 14; *Hueck*, § 18 V 1; *Kraft/Kreutz*, E II 2a; *Kübler*, § 8 II 1; *Baumbach/Hopt*, § 164 Rdnr. 2; *Grunewald*, in: MünchKommHGB, § 164 Rdnr. 10; *Heymann/Horn*, § 164 Rdnr. 4; *Koller/Roth/Morck*, § 164 Rdnr. 4; *Röhricht/v. Westphalen/v. Gerkan*, § 164 Rdnr. 4; *Schlegelberger/Martens*, § 164 Rdnr. 16; *Staub/Schilling*, § 164 Rdnr. 2.

21 *BGH*, NJW 1995, 596 = JZ 1995, 576 m. Anm. *Grunewald*; dazu *Ebenroth/Boujong/Joost/Weipert*, § 164 Rdnr. 11; *Karsten Schmidt*, ZGR 1995, 675ff.

22 Gegen diese Begrenzung allerdings *Grunewald*, Die Gesellschafterklage ..., 1990, S. 82ff.; *Becker*, Verwaltungskontrolle durch Gesellschafterrechte, 1997, S. 592f.; zur Abgrenzung *Emde*, WM 1996, 1205ff.

der Kommanditisten – angesehen werden[23]. Nach dem Grundlagenurteil *BGHZ* 132, 263 = NJW 1996, 1678 erstreckt sich die Feststellungskompetenz der Gesellschafter – also auch der Kommanditisten – auch auf Bilanzierungsentscheidungen, die, wie die Bildung von Rücklagen, Aufwandsrückstellungen und steuerlichen Sonderabschreibungen, der Sache nach Ergebnisverwendungsentscheidungen sind, wobei die Gesellschafter in Bezug auf die Thesaurierungspolitik der Gesellschaft treupflichtgebunden sind (dazu oben, § 47 IV 3).

3. Informationsrechte*

a) Die Kontrollrechte des Kommanditisten sind im Handelsgesetzbuch sehr *unbefriedigend geregelt* (vgl. zu den Informationsrechten auch bereits oben, § 21 III 1). Nach *§ 166 I HGB* ist der Kommanditist nur berechtigt, die abschriftliche Mitteilung des Jahresabschlusses zu verlangen und seine Richtigkeit unter Einsicht der Bücher und Papiere zu prüfen. Selbst die Kontrollrechte, die einem von der Geschäftsführung ausgeschlossenen oHG-Gesellschafter zustehen, sind ihm nach *§ 166 II HGB* versagt. Wenn wichtige Gründe vorliegen, kann zwar das Gericht nach *§ 166 III HGB* die Mitteilung einer Bilanz und eines Jahresabschlusses oder sonstiger Aufklärungen sowie die Vorlegung der Bücher und Papiere jederzeit anordnen; aber wenn man mit dem Gesetzeswortlaut Ernst macht, muß dies bedeuten, daß selbst ein außerordentliches Informationsrecht erst durch gerichtliche Gestaltungsverfügung im Einzelfall begründet wird, und eine solche – obendrein mit der sofortigen Beschwerde nach § 146 II FGG angreifbare – gerichtliche Verfügung käme häufig zu spät.

Das Informationsrecht des Kommanditisten ist vereinzelt als zu weitgehend kritisiert worden[24]. In Wahrheit ist es vom Gesetzgeber nicht bedenk-

---

23 *BGHZ* 132, 263 = NJW 1996, 1678 = JuS 1996, 752 m. Anm. *Karsten Schmidt*; jetzt h.M.; vgl. *Baumbach/Hopt*, § 164 Rdnr. 3; *Ebenroth/Boujong/Joost/Weipert*, § 164 Rdnrn. 12ff.; *Heymann/Horn*, § 164 Rdnr. 3; *Röhricht/v. Westphalen/v. Gerkan*, § 164 Rdnr. 6; vgl. bereits *Schlegelberger/Martens*, § 167 Rdnr. 6; *Staub/Schilling*, § 167 Rdnrn. 3f.; *Muth*, Die Bilanzfeststellung bei Personenhandelsgesellschaften …, 1986, S. 71ff.; *Weilinger*, Die Aufstellung und Feststellung des Jahresabschlusses, Wien 1997, S. 630ff.; grundlegend *Ulmer*, in: Festschrift Hefermehl, 1976, S. 207ff.; *Buchwald*, JR 1948, 65ff.; *Schulze-Osterloh*, BB 1980, 1404; *ders.*, BB 1995, 2519; a.M. z.B. noch *Huber*, Vermögensanteil, S. 341f.

* Literatur: *Becker*, Verwaltungskontrolle durch Gesellschafterrechte, 1997, S. 689ff.; *Goerdeler*, Das allgemeine Informationsrecht des Kommanditisten in bezug auf den Jahresabschluß, in: Festschrift Kellermann, 1991, S. 77; *Grunewald*, Zum Informationsrecht in der GmbH & Co. KG, ZGR 1989, 545; *Hahn*, Das Informationsrecht des Kommanditisten, BB 1997, 741; *Huber*, Das Auskunftsrecht des Kommanditisten, ZGR 1982, 539; *Immenga*, Die Minderheitsrechte des Kommanditisten, ZGR 1974, 385; *Krug*, Das Auskunfts- und Einsichtsrecht des Kommanditisten, Diss. Mannheim 1991; *Roitzsch*, Der Minderheitenschutz im Verbandsrecht, 1981; *Schiessl*, Abdingbarkeit der Kontrollrechte des Kommanditisten aus § 166 HGB? NJW 1989, 1597; *Karsten Schmidt*, Informationsrechte in Gesellschaften und Verbänden, 1984; *Veltins/Hikel*, Zur Einschränkung bzw. Erweiterung der Informationsrechte des Kommanditisten, DB 1989, 465; *Weipert*, Das Informationsrecht, in: MünchHdb. GesR II, 1991, § 11; *Wohlleben*, Informationsrechte des Gesellschafters, 1989.

24 *Ebenroth*, Die Kontrollrechte der GmbH-Gesellschafter, 1971, S. 41f.

lich weit, sondern bedenklich eng ausgestaltet worden[25]. Nicht nur das jedem von der Geschäftsführung ausgeschlossenen oHG-Gesellschafter oder Komplementär zuerkannte Informationsrecht ist nach dem Gesetzeswortlaut dem Kommanditisten versagt (vgl. § 166 II HGB), sondern das Informationsrecht bleibt sogar hinter demjenigen des BGB-Gesellschafters (§ 716 BGB) zurück. Der Gesetzgeber hat einfach den Art. 160 ADHGB in das HGB übernommen, ohne für Koordination mit dem BGB zu sorgen[26]. Man kann auch nicht mit *Ulrich Huber*[27] aus der Verweisungskette der §§ 161 II, 105 II HGB, 713, 666 BGB ein allgemeines Informationsrecht des Kommanditisten herleiten, denn aus den §§ 713, 666 BGB ergibt sich nur ein »kollektives Informationsrecht« der Gesellschaft gegen ihr Geschäftsführungsorgan, nicht ein »individuelles Informationsrecht« des Einzelgesellschafters gegen die Gesellschaft[28]. Der *Bundesgerichtshof* hat offen gelassen, inwieweit dieses Recht auch von einzelnen Kommanditisten im Wege der actio pro socio (oben § 21 IV) geltend gemacht werden kann, hat aber dieses Recht jedenfalls deutlich von dem des § 166 HGB unterschieden[29]. Der Mangel des § 166 HGB ist damit unleugbar. Er zeigt sich vor allem im Recht der GmbH & Co. KG[30].

Beispiel Nr. 15: Begehrt Kommanditist K in einer GmbH & Co. Auskunft über Exportgeschäfte der Gesellschaft, so behandelt ihn das Gesetz, je nachdem, ob er auch einen Geschäftsanteil an der GmbH hält, völlig unterschiedlich. Als bloßer Kommanditist soll er diese Informationen nur aus wichtigem Grund aufgrund Gerichtsbeschlusses zugesprochen erhalten (§ 166 III HGB); hierzu müßte er z.B. vortragen, daß der Exporthandel schuldhaft vernachlässigt wird oder daß er risikoreich oder – man denke an Waffengeschäfte – in sonstiger Hinsicht bedenklich ist. Ist der Kommanditist dagegen auch Gesellschafter der GmbH, so kann er unverzüglich Auskunft über die Angelegenheiten der Gesellschaft verlangen (§ 51a GmbHG), und alle Angelegenheiten der KG sind natürlich auch Angelegenheiten ihrer Komplementär-GmbH (vgl. unten, § 56 IV 1 d).

b) Abhilfe kann nur eine *Fortbildung des Informationsrechts* schaffen[31]. Nach allgemeinen verbandsrechtlichen Regeln besteht ein Informationsrecht, das durch das Informationsbedürfnis des Gesellschafters begründet und begrenzt ist (oben, § 21 III 1). Das Rechtsbild des Kommanditisten hat sich gewandelt. Aus einem rechtlosen Kapitalgeber ist längst ein mitgliedschaftlicher Partner geworden, und der kann seine Rechte nur als informiertes Mitglied ausüben. Jedem Kommanditisten ist ein ordentliches und daneben ein unabdingbares außerordentliches Informationsrecht zuzuerkennen, das nicht mehr von einer besonderen gerichtlichen Anordnung nach § 166 III HGB abhängig gemacht

---

25 Eingehend *Karsten Schmidt*, a.a.O., S. 65ff. m.w.N.

26 Ein charakteristischer Mangel des HGB! Vgl. *Karsten Schmidt*, Das HGB und die Gegenwartsaufgaben des Handelsrechts, 1983.

27 ZGR 1982, 539ff.; zust. *Koller/Roth/Morck*, § 166 Rdnr. 2; *Röhricht/v. Westphalen/v. Gerkan*, § 166 Rdnr. 33.

28 Vgl. *Karsten Schmidt*, a.a.O., S. 15f., 28f., 66f.; s. auch *BGH*, NJW 1992, 1890, 1891f.; *Heymann/Horn*, § 166 Rdnr. 20; *Schlegelberger/Martens*, § 166 Rdnr. 17.

29 *BGH*, NJW 1992, 1890, 1892.

30 Vgl. bereits *Karsten Schmidt*, in: Das neue GmbH-Recht in der Diskussion, 1981, S. 113.

31 Vgl. im einzelnen *Nitschke*, a.a.O., S. 203f.; *Wiedemann* I, § 7 II 2 a bb; zum Standpunkt des Textes vgl. ausführlicher *Karsten Schmidt*, a.a.O., S. 68ff.

werden sollte[32]. Diese Auffassung hat sich inzwischen durchgesetzt[33]. Da das Informationsrecht durch das Informationsinteresse begrenzt und insofern funktionsgebunden ist[34], kann es allerdings nicht als Hebel für die Ausdehnung weiterer Kompetenzen, z.B. im Bereich der laufenden Geschäftsführung, verwendet werden, die das Gesetz dem Kommanditisten nicht zugesteht[35].

c) Die Durchsetzung des Informationsrechts erfolgt im Zivilprozeß, denn nur in engen Grenzen wird die Zuständigkeit der ordentlichen Gerichte nach §§ 166 III HGB, 145 FGG durch ein Streitverfahren der freiwilligen Gerichtsbarkeit verdrängt. Ist das Informationsrecht durch das Informationsinteresse gerechtfertigt und begrenzt, so können sich im Prozeß Probleme ergeben:

Beispiel Nr. 16 (vereinfacht nach *BGHZ* 25, 115): Der Kommanditist verlangt nach § 166 I HGB Einsicht der Bücher und Papiere der Gesellschaft. Das Gericht möchte der Klage stattgeben, steht aber vor der Frage, ob es den Urteilstenor auf bestimmte Bücher und Papiere beschränken muß. Nach Auffassung des *BGH* braucht es dies nicht zu tun. Grundsätzlich erstreckt sich das Einsichtsrecht des § 166 I HGB auf alle Bücher und Papiere der Gesellschaft, und entsprechend wird diese auch verurteilt. Das Gericht verurteilt also nicht zur Gewährung der Einsicht in ganz bestimmte Unterlagen, sondern pauschal zur Einsicht in die Bücher und Papiere der Gesellschaft. Ein Einsichtsrecht ist zwar nicht gegeben, soweit die Einsicht für eine sachgerechte Prüfung der Bilanz nicht erforderlich ist, aber dies kann die Gesellschaft noch im Vollstreckungsverfahren geltend machen.

Bildet man das Informationsrecht in dem hier dargestellten Sinne fort und läßt man auch Informationsklagen des Kommanditisten zu, so stellt sich die Frage, was aus dem Sonderverfahren der §§ 166 III HGB, 145 FGG wird. Die Anordnung einer Informationserteilung durch das Gericht der freiwilligen Gerichtsbarkeit hat nicht mehr die Bedeutung, die der historische Gesetzgeber ihr beimaß. Am besten sieht man § 166 III HGB heute als eine *Verfahrensregel für den einstweiligen Rechtsschutz* an[36]: Will der Gesellschafter im Wege des einstweiligen Rechtsschutzes sein Informationsrecht durchsetzen, so geschieht dies nicht im Wege der einstweiligen Verfügung nach § 940 ZPO[37], sondern im Wege einer richterlichen Anordnung nach §§ 166 III HGB, 145 FGG. Als Antragsgegner wurde herkömmlich nur der geschäftsführende Gesellschafter angesehen, aber richtigerweise kann der Antrag jedenfalls auch gegen die Gesellschaft selbst gerichtet werden[38].

---

32 A.M. *Schlegelberger/Martens*, § 166 Rdnr. 23; unklar *Grunewald*, in: MünchKommHGB, § 166 Rdnrn. 30 ff.

33 Vgl. nur *Baumbach/Hopt*, § 166 Rdnr. 11; *Ebenroth/Boujong/Joost/Weipert*, § 166 Rdnr. 23; *Hahn*, BB 1997, 741 ff.

34 Vgl. zu diesem Konzept *Karsten Schmidt*, a.a.O.; ebenso *Ebenroth/Boujong/Joost/Weipert*, § 166 Rdnr. 27; *Hahn*, BB 1997, 744 f.

35 *BGH*, NJW 1992, 1890, 1891.

36 *Karsten Schmidt*, a.a.O., S. 72 ff.; dazu auch *Ebenroth/Boujong/Joost/Weipert*, § 166 Rdnr. 45; *Weipert*, a.a.O., § 11 Rdnr. 54.

37 Vgl. *Baumbach/Hopt*, § 166 Rdnr. 15; *Koller/Roth/Morck*, § 166 Rdnr. 5.

38 Nachweise bei *BayObLG*, NJW-RR 1995, 299.

d) Nicht selten werden die Rechte des § 166 HGB im Gesellschaftsvertrag erweitert. Dann ist diese Regelung maßgebend. Der *Bundesgerichtshof* zählt die einem Kommanditisten zugestandenen Informationsrechte zum Kernbereich der Mitgliedschaft, so daß ihm diese gesellschaftsvertraglichen Rechte ohne seine Zustimmung nur aus wichtigem Grund und nur unter Wahrung des Verhältnismäßigkeitsgrundsatzes wieder entzogen werden können (zur Kernbereichslehre vgl. oben, § 16 III 3 b bb)[39]. Soweit das Informationsrecht außerhalb des einem Kommanditisten zwingend zugewiesenen Kernbereichs einem Beirat zugewiesen ist, kann der einzelne Kommanditist dieses Recht allerdings nicht geltend machen, und zwar auch nicht im Wege der actio pro socio[40]. Problematisch ist, ob der Gesellschaftsvertrag die gesetzlichen Informationsrechte auch beschränken kann[41].

Beispiel Nr. 17 (nach *BGH*, NJW 1989, 225 = JuS 1989, 328 m. Anm. *Karsten Schmidt*): Nach dem Gesellschaftsvertrag konnte der Kommanditist nicht die eigene Prüfung des Jahresabschlusses durch Einsicht der Bücher, sondern nur Aushändigung des vom Steuerberater oder Wirtschaftsprüfer der Gesellschaft bestätigten Jahresabschlusses verlangen. Der *Bundesgerichtshof* äußerte erhebliche Bedenken gegen die Abdingbarkeit des gesetzlichen Informationsrechts.

Man wird differenzieren müssen: Das außerordentliche Informationsrecht ist ganz bestimmt unabdingbar. Aber auch das ordentliche Informationsrecht ist in seiner Substanz zwingend[42]. Doch kann das Informationssystem in der Gesellschaft vertraglich in dem Sinne geregelt werden, daß dem Informationsbedürfnis des Kommanditisten – insbesondere bei der Publikumsgesellschaft – anders als durch jederzeitige Auskunft oder Einsicht entsprochen werden kann[43]. Dies geschieht z.B. durch die Einrichtung eines Gesellschafterbeirats oder durch die Einführung von Berichtspflichten der Geschäftsführung. Jede Vertragsregelung muß aber daran gemessen werden, ob sie dem Informationsbedürfnis des Gesellschafters genügt. Eine Abbedingung des in § 166 I HGB ausgesprochenen Rechts auf Abschrift des Jahresabschlusses und auf die Möglichkeit, diesen zu prüfen, wird nicht anerkannt werden können.

4. Wettbewerbsverbot*

Nach § 165 HGB trifft den Kommanditisten *kein gesetzliches Wettbewerbsverbot.* Die Motive zum Preußischen Entwurf eines ADHGB von 1857

39 *BGH*, NJW 1995, 194 = JuS 1995, 267 m. Anm. *Karsten Schmidt.*

40 *BGH*, NJW 1992, 1890.

41 Für Beschränkbarkeit *Baumbach/Hopt*, § 166 Rdnr. 18; *Ebenroth/Boujong/Joost/Weipert,* § 166 Rdnr. 17; *Heymann/Horn*, § 166 Rdnr. 28; *Schlegelberger/Martens*, § 166 Rdnr. 40; *Staub/Schilling*, § 166 Rdnr. 15; *Hahn*, BB 1997, 742; gegen Beschränkbarkeit *Koller/Roth/Morck*, § 166 Rdnr. 7; *Grunewald*, in: MünchKommHGB, § 166 Rdnr. 48; *dies.*, ZGR 1989, 550; *Schiessl*, NJW 1989, 1597f.

42 *Baumbach/Hopt*, § 166 Rdnr. 18; *Koller/Roth/Morck*, § 166 Rdnr. 7.

43 Ähnlich *Veltins/Hikel*, DB 1989, 465ff.

* Literatur: *Mattfeld*, in: MünchHdb. GesR II, 1991, § 12; *Kübler/Waltermann*, Geschäftschancen der Kommanditgesellschaft, ZGR 1991, 162.

begründeten dies mit der Überlegung, daß der Grund eines solchen Verbots, nämlich die Gefährdung des Gesellschaftshandels zugunsten eigener Betätigung, beim Kommanditisten mangels Einflusses auf die Geschäftsführung entfalle[44]. Aber ein Wettbewerbsverbot des Kommanditisten kann im Einzelfall unentbehrlich sein, und es wäre verfehlt, wollte man aus § 165 HGB folgern, daß es ein solches Verbot nicht gebe. Diese Bestimmung gibt nur die vom Gesetz zugrunde gelegte Normalsituation wieder. Der Gesellschaftsvertrag kann den Gesellschaftern ein Wettbewerbsverbot auferlegen, was auch häufig geschieht. Die Frage, inwieweit dies mit § 1 GWB vereinbar ist, wurde schon unter § 20 V 2 dargestellt. Auch unabhängig von einer Vertragsabrede kann sich ein Wettbewerbsverbot aus der allgemeinen Treupflicht ergeben (vgl. auch dazu oben, § 20 V 1)[45]. Es muß darauf ankommen, ob eine »wirkliche«, d.h. mitunternehmerische Beteiligung des Kommanditisten vorliegt oder ob dieser dem Unternehmen als bloß kapitalmäßig beteiligter Anteilsinhaber fern steht[46]. Jedenfalls für einen Kommanditisten, der in der Gesellschaft einen beherrschenden Einfluß hat, wird ein Wettbewerbsverbot auch vom *Bundesgerichtshof* bejaht (dargestellt oben, § 20 V 1 b)[47]. § 165 HGB besagt also nur, daß das Wettbewerbsverbot des Kommanditisten von Fall zu Fall einer positiven Begründung bedarf und nicht – wie beim Komplementär (§§ 161 I, 112f. HGB) – eine generelle Regelung darstellt.

5. Vermögensrechte*

a) Das *Gesellschaftsvermögen* steht der Gesellschaft und nicht den Gesellschaftern zu (oben, § 46 II 2). Das Vermögensrecht der Gesellschafter hinsichtlich des Gesellschaftsvermögens wird, rechtstechnisch ungenau, als *Vermögensanteil* bezeichnet (oben, § 47 III 1). Im Verhältnis der Gesellschafter untereinander wird es dargestellt durch den sog. *Kapitalanteil* (oben, § 47 III 2). Wie bei der oHG sind die Kapitalanteile nach dem Gesetz veränderliche Größen, aber in der Vertragsgestaltungspraxis herrscht die *Technik der »festen Kapitalanteile«* vor. Es wird dann durch gesellschaftsvertragliche Regelung aus einer Summe vertraglich fixierter Kapitalanteile gleichsam ein »Grundkapital« der Personengesellschaft gebildet, und die

44 Vgl. Begründung Preußischer Entwurf 1857, S. 80.

45 Vgl. *Kardaras*, Das Wettbewerbsverbot in den Personengesellschaften, 1967, S. 34; *Sudhoff*, a.a.O., S. 32ff.

46 Auf den Umfang der Informationsrechte abstellend: *Schlegelberger/Martens*, § 165 Rdnrn. 8ff.

47 *BGHZ* 89, 162 = NJW 1984, 1351; *Mattfeld*, a.a.O., § 12 Rdnrn. 35ff.; *Ebenroth/Boujong/Joost/Weipert*, § 165 Rdnr. 4; *Grunewald*, in: MünchKommHGB, § 165 Rdnr. 5; enger *OLG Frankfurt*, GmbHR 1992, 668: »nur« der beherrschende Kommanditist.

* Literatur: *v. Falkenhausen*, in: Riegger/Weipert (Hrsg.), MünchHdb. GesR II, 1991, §§ 19ff.; *Freidank*, Der Ausweis des Eigenkapitals bei Personengesellschaften ..., Wpg 1994, 397; *Huber*, Vermögensanteil, Kapitalanteil und Gesellschaftsanteil an Personalgesellschaften des Handelsrechts, 1970; *ders.*, Gesellschafterkonten in der Personengesellschaft, ZGR 1988, 1; *ders.*, Freie Rücklagen in Kommanditgesellschaften, in: Gedächtnisschrift Knobbe-Keuk, 1997, S. 203; *Pauli*, Das Eigenkapital der Personengesellschaften, 1990; *Schulze-Osterloh*, Handelsrechtliche Ergänzungsbilanzen der Gesellschafter einer Personengesellschaft, ZGR 1991, 488; *Sudhoff*, Rechte und Pflichten des Kommanditisten, 3. Aufl. 1986, S. 11ff.; *Wiedemann*, Gedanken zur Vermögensordnung der Personengesellschaft, in: Festschrift Odersky, 1996, S. 925.

festen Kapitalanteile geben definitiv an, in welchem Verhältnis der einzelne Gesellschafter vermögensmäßig an der Gesellschaft beteiligt ist. Der feste Kapitalanteil wird auf einem unbeweglichen »Kapitalkonto I« abgebildet (»festes Kapitalkonto«). Daneben wird dann ein durch die dem Kommanditisten zugeschriebenen Gewinne, Verluste und Entnahmen veränderliches »Kapitalkonto II« (»bewegliches Kapitalkonto«) geführt[48]. Dieses zweite Kapitalkonto gibt die unter den Gesellschaftern auszugleichenden Spitzen wieder (oben, § 47 III 2 d). Auf diese Weise wird gesichert, daß das »Kapitalkonto I« die verhältnismäßige Beteiligung an der Gesellschaft unverzerrt darstellt. Aber auch wenn keine festen Kapitalanteile vereinbart sind, werden Gewinne dem Kapitalanteil eines Kommanditisten nur so lange zugeschrieben, bis der Betrag der Kommanditeinlage erreicht ist (§ 167 II HGB). Wie unter § 47 III 2 d ausgeführt wurde, kann das veränderliche Konto als Kapitalkonto oder als Darlehnskonto geführt werden, also als Eigenkapital gebunden oder als Fremdkapital verfügbar sein. Den Vorzug verdient die Führung dreier Konten: eines festen »Kapitalkontos I«, eines beweglichen »Kapitalkontos II« und eines echten »Darlehnskontos«. Das Darlehnskonto ist i.d.R. verzinslich. Soll die Verzinslichkeit vermieden werden, so ist die Gutschrift auf »Kapitalkonto II« oder auf einem Rücklagenkonto vorzuziehen, das jedoch ohne gesellschaftsvertragliche Grundlage nicht gegen den Willen der Gesellschafter eingerichtet werden kann[49]. Will man verhindern, daß die Kapitalkonten (und das Darlehnskonto) negativ werden und so ihren Charakter als Ausweis von Forderungen verlieren, so empfiehlt sich zusätzlich noch die Bildung eines sog. Verlustsonderkontos[50].

b) Über die *Verteilung von Gewinn und Verlust* enthalten die §§ 167f. HGB einige Sonderregeln, die allerdings abdingbar sind und meistens durch Vertragsregelungen modifiziert werden. Vom Jahresgewinn gebührt allen Gesellschaftern, auch den Kommanditisten, zunächst ein Anteil in Höhe von 4 % ihres Kapitalanteils (§ 168 I HGB). Weiterer Gewinn wird in einem »angemessenen Verhältnis«, also nicht gleichmäßig nach Köpfen, verteilt (§ 168 II HGB). Auch die Verlustverteilung erfolgt in einem »angemessenen Verhältnis« (§ 168 II HGB). Naturgemäß enthalten alle guten Gesellschaftsverträge klarere Regelungen.

Sind die Kapitalanteile beweglich, so wird der Verlust vom Kapitalkonto abgeschrieben. Haben die Gesellschafter die Technik der festen Kapitalanteile gewählt, so erfolgen diese Veränderungen auf dem Kapitalkonto II. Sofern nicht ein Verlustsonderkonto gebildet wurde, kann das Kapitalkonto durch Verluste passiv werden (sog. negatives Kapitalkonto)[51].

---

48 Vgl. *Huber*, Vermögensanteil, S. 236ff.; *ders.*, ZGR 1988, 7ff., 29ff., 47ff.; *ders.*, in: Gedächtnisschrift Knobbe-Keuk, a.a.O., S. 204.

49 Dazu *Westermann*, in: HdbPersG, Rdnr. I 587.

50 Vgl. *v. Falkenhausen*, a.a.O., § 19 Rdnr. 59; *Westermann*, in: HdbPersG, Rdnr. I 589.

51 Dazu besonders *Raupach*, Das negative Kapitalkonto des Kommanditisten, 1978; *Schulze-Osterloh*, Steuerliche Hauptprobleme der Abschreibungsgesellschaften und ihrer Gesellschafter, insbesondere das negative Kapitalkonto, in: Kruse, Die Grundprobleme der Personengesellschaft im Steuerrecht, 1979, S. 161ff.

Der Kommanditist nimmt nach § 167 III HGB am Verlust nur bis zum Betrage seines Kapitalanteils und seiner noch rückständigen Einlage teil. Diese Regelung ist mißverständlich. Sie besagt nur, daß der Kommanditist Verluste, die über diesen Betrag hinausgehen, nicht endgültig tragen muß, also insbesondere in der Liquidation insoweit nicht nach § 735 BGB nachschußpflichtig ist (über abweichende Abreden vgl. alsbald unter III 6)[52]. In der Handelsbilanz werden dagegen die Verluste vom Kapitalanteil des Kommanditisten auch dann abgeschrieben, wenn der Kapitalanteil dadurch negativ wird[53]. Der Verlust ist in diesem Fall aus späteren Gewinnen durch Gutschrift auszugleichen (§§ 161 II, 120 HGB). Bis zur Einführung des geltenden § 15a EStG konnten die auf dem negativen Kapitalkonto verbuchten Verluste von anderweitigen Einkommen des Kommanditisten ohne weiteres abgezogen, also steuersparend mit effektiv erzielten Gewinnen verrechnet werden[54]. Hiervon machte die Steuersparbranche der sog. Verlustzuweisungsgesellschaften lebhaften Gebrauch. Der Gesetzgeber ist dagegen gezielt eingeschritten[55]. Heute begrenzt § 15a EStG diese Abschreibungsmöglichkeit auf die Höhe der Kommanditistenhaftung am Bilanzstichtag. Die hochkomplizierte Regelung ist hier nicht näher darzustellen[56].

c) Von der Gewinnbeteiligung ist das *Entnahmerecht* zu unterscheiden. Während der Komplementär nach §§ 161 II, 122 HGB unabhängig vom Gewinn ein Entnahmerecht in Höhe von 4 % seines Kapitalanteils hat, steht dem Kommanditisten ein solches Recht nicht zu. Der Kommanditist kann nur die Auszahlung von Gewinnanteilen verlangen und auch dies nur, solange sein Kapitalanteil nicht unter den Einlagebetrag gemindert ist oder durch die Auszahlung gemindert würde (§ 169 I HGB). Gewinn, den der Kommanditist auf diese Weise bezieht, braucht er in späteren Verlustjahren nicht zurückzuzahlen (§ 169 II HGB). Auch das Entnahmerecht der Gesellschafter wird allerdings in guten Gesellschaftsverträgen meistens besonders geregelt, und dies ist vor allem deshalb bedeutsam, weil den Gesellschaftern ein Entnahmerecht in Höhe der auf thesaurierte Gewinne zu entrichtenden Einkommensteuer zugestanden werden muß (dazu auch unten § 54 III 3 a; über Gewinnverwendungsentscheidungen der Gesellschafter vgl. oben unter III 2 c)[57].

52 Dazu auch *v. Falkenhausen*, a.a.O., § 21 Rdnr. 47.

53 Vgl. *Huber*, Vermögensanteil, S. 263 ff.; *Grunewald,* in: MünchKommHGB, § 167 Rdnr. 18; *Staub/Schilling* § 167 Rdnr. 8; *Schlegelberger/Martens*, § 167 Rdnr. 13.

54 *BFHE* 132, 244 = BStBl. II 1981, 164.

55 Vgl. Begründung des Regierungsentwurfs, BT-Drucks. 8/3648, S. 15 f.

56 Literatur (Auswahl): *Knobbe-Keuk*, Bilanz- und Unternehmenssteuerrecht, 9. Aufl. 1993, § 11a; *Ludwig Schmidt*, EStG, 20. Aufl. 2001; *Schulze-Osterloh*, in: Herrmann/Heuer/Raupach, Einkommensteuer- und Körperschaftsteuergesetz, Kommentierung zu § 15 a EStG, alle m.w.N.

57 Nach *BGHZ* 132, 263, 277 = NJW 1996, 1678, 1681 ergibt sich aus dem Gesetz kein Steuererstattungsanspruch; vgl. demgegenüber *Schön,* in: Festschrift Beisse, 1997, S. 484 ff.; *Karsten Schmidt,* in: Freundesgabe Haas, 1996, S. 313 ff.

6. Das Problem der Binnenhaftung des Kommanditisten*

Die praktisch-kaufmännische Bedeutung von Verlustbeteiligungsabreden ist wohl auf Anhieb erkennbar. Aufmerksamkeit verdient aber auch der Haftungsaspekt: Wer sich als Kommanditist beteiligt, tut dies nicht zuletzt um der beschränkten Haftung willen (dazu unten, § 54). Die Haftungsbeschränkung gegenüber den Gläubigern nutzt dem Kommanditisten jedoch im Ergebnis nichts, wenn statt der Außenhaftung eine Binnenhaftung der Kommanditisten eingreift: Wäre der Kommanditist für unbeglichene Verbindlichkeiten im Innenverhältnis nachschußpflichtig, so könnte jeder unbefriedigte Gläubiger aus einem gegen die Gesellschaft gerichteten Titel den Nachschußanspruch pfänden, und bei Insolvenz der Gesellschaft könnte der Verwalter diese Ansprüche gegen die Kommanditisten geltend machen und den Erlös für die Gläubigerbefriedigung verwenden. Deshalb ist jede Vertragsregelung gefährlich, die die Beschränkung der Verlustbeteiligung nach § 167 III HGB in Gefahr bringt (dazu oben unter III 5 b). Aber nicht nur die Kommanditgesellschaft, auch der Komplementär kann vertragliche Freistellungsansprüche gegen die Kommanditisten haben. Grundsätzlich sind diese ebenso beschränkt wie die Kommanditistenhaftung selbst[58]. Verpflichten sich aber die Kommanditisten vertraglich zur Freistellung des Komplementärs, so kann dies im Ergebnis zur Binnenhaftung der Kommanditisten für alle ungedeckten Gesellschaftsverbindlichkeiten führen. Das mag steuerliche Vorteile haben (Nichtanwendung des § 15 a EStG?). Das Haftungsrisiko ist jedoch beträchtlich.

Beispiel Nr. 18 (nach *BGH*, DB 1995, 419 = JuS 1995, 460 m. Anm. *Karsten Schmidt*): Zur Sanierung einer KG war der persönlich haftende Gesellschafter ausgeschieden und durch eine von den Kommanditisten selbst gegründete Komplementär-GmbH ersetzt worden. In einem die Sanierung begleitenden »Vorvertrag« hatte es geheißen: »Alle Gesellschafter stellen die GmbH im Innenverhältnis von der Haftung frei. Die GmbH nimmt an etwaigen Verlusten nicht teil.« Die Klägerin, eine Gläubigerin der KG, hatte diese Freistellungsansprüche aus einem gegen die Komplementär-GmbH gerichteten Titel pfänden und sich zur Einziehung überweisen lassen. Die Vorinstanzen hatten die Klage abgewiesen. Der *BGH* verwies die Sache an das *OLG* zurück, sah also die Klage nicht als abweisungsreif an. Die Entscheidungsgründe des *BGH* lassen sich zu folgendem Leitsatz zusammenfassen (vgl. *Verf.* in JuS 1995, 460): »Verpflichten sich die Kommanditisten persönlich zur Freistellung der Komplementär-GmbH, so kann dies nach Lage des Falls dazu führen, daß sie im Innenverhältnis unbeschränkt haften.«

Das Urteil verdeutlicht, wie weit sich die Freistellung des Komplementärs durch die Kommanditisten im Fall einer Krise einer ungewollten Haftung für alle Gesellschaftsschulden nähert: Jeder Gesellschaftsgläubiger kann durch Pfändung und Überweisung auf diesen Anspruch zugreifen, und im Insolvenzfall zeigt sich vollends, daß das Ergebnis der Ausgleichspflicht eine in das Innenverhältnis verlegte Schuldenhaftung der Kommanditisten ist. Dies kann z.B. in Betracht kommen, wenn die Gesellschafter einer Familien-KG einen

---

* Literatur: *Karsten Schmidt*, Grenzen und Risiken der Binnenhaftung von Kommanditisten, DB 1995, 381; *Weimar*, Haftung und Verlustbeteiligung des Kommanditisten, DStR 1997, 1730.

58 Vgl. *OLG Koblenz*, WM 1995, 765.

familienfremden Dritten zum Unternehmensleiter machen und ihn aufgrund der personengesellschaftlichen Selbstorganschaft (oben, § 14 II 2) als »angestellten Komplementär« in die Gesellschaft aufgenommen haben[59]. Hier kann vereinbart werden, daß er nicht nur von der Gesellschaft (§§ 161 II, 110 HGB), sondern nötigenfalls auch von den Kommanditisten von jeder persönlichen Haftung freigestellt werden soll. Für die Komplementär-GmbH gilt dies nicht ohne weiteres: Entgegen einer früher verbreiteten Auffassung[60] führt insbesondere die Nichtteilnahme der Komplementär-GmbH an den Gewinnen und Verlusten der KG noch nicht zur Haftungsüberwälzung auf die Kommanditisten, denn eine über § 167 III HGB hinausgehende Binnenhaftung der Kommanditisten kann nur bei unmißverständlichen Regelungen als vereinbart gelten[61]. Regelmäßig wird es nicht Wille der Gesellschafter sein, daß sich im Zusammenbruch der Gesellschaft die GmbH auf Kosten der Kommanditisten soll schadlos halten und diese mit in den Ruin soll ziehen können. Im Ausgangsfall des *BGH* war aber die GmbH eigens zu Sanierungszwecken von den Kommanditisten ins Leben gerufen und als Vollhafterin in die KG aufgenommen worden. Deshalb mußte tatrichterlich geprüft werden, ob die Kommanditisten ihr eine regelrechte Dauer-Alimentierung zugesagt hatten[62]. Das Beispiel zeigt, daß das vertragliche Binnenhaftungsrisiko die gesetzliche Haftungsbeschränkung im praktischen Ergebnis nutzlos machen kann. Hierauf muß bei der Vertragsformulierung geachtet werden.

IV. Das Außenrecht der Kommanditgesellschaft*

1. Die Kommanditgesellschaft als Rechts- und Unternehmensträgerin

Die Kommanditgesellschaft ist nach §§ 161 II, 124 HGB, 11 II Nr. 1 InsO rechtsfähig, parteifähig und insolvenzrechtsfähig (vgl. oben, § 46 II). Sie haftet analog § 31 BGB für Deliktshandlungen ihrer Organe, i.d.R. also des Komplementärs (oben, § 10 IV 2). Sie genügt damit den allgemeinen Anforderungen, die an den Träger eines Unternehmens zu stellen sind (Handelsrecht, § 5 II).

2. Die Vertretungsordnung

a) Organschaftliche Vertreter der Gesellschaft sind die Komplementäre und nur die Komplementäre (Prinzip der Selbstorganschaft; dazu oben, § 14 II 2).

59 Dazu *Barbasch*, a.a.O., S. 195 ff.
60 Vgl. nur *Hesselmann*, Handbuch der GmbH & Co., 16. Aufl. 1980, Rdnrn. 240 f.
61 *BGH*, WM 1982, 1311, 1312; *OLG Karlsruhe*, BB 1982, 340; *Binz*, Die GmbH & Co., 8. Aufl. 1992, § 7 Rdnr. 115; *Hesselmann/Tillmann*, Handbuch der GmbH & Co., 18. Aufl. 1997, Rdnr. 505; *Uhlenbruck*, Die GmbH & Co. KG in Krise, Konkurs und Vergleich, 2. Aufl. 1988, S. 880.
62 *Karsten Schmidt*, DB 1995, 1383.
* Literatur: *Neubauer*, in: Riegger/Weipert (Hrsg.), MünchHdb. GesR II, 1991, §§ 25 ff.

Der Kommanditist ist von der Vertretung der Gesellschaft gesetzlich ausgeschlossen (§ 170 HGB). Ihm kann zwar Prokura erteilt werden (dazu oben unter III 2 a), aber er kann nicht als organschaftlicher Vertreter an die Stelle des Komplementärs gesetzt werden[63]. Deshalb kann die Kommanditgesellschaft, wenn der einzige persönlich haftende Gesellschafter austritt oder ausgeschlossen wird, als solche nur fortbestehen, wenn sie den Fortbestand beschließt und einen neuen Komplementär gewinnt (vgl. schon unter I 1 c), und deswegen kann auch der einzige persönlich haftende Gesellschafter nicht von der Vertretung ausgeschlossen werden (dazu auch oben, § 48 II 4 a)[64]:

Beispiel Nr. 19 (nach *BGHZ* 51, 198 = JZ 1969, 469 m. Anm. *Wiedemann;* beiläufig bestätigend *BGH,* NJW-RR 2002, 540): Die Adam A KG besteht aus zwei Brüdern, dem Komplementär Adam und dem Kommanditisten Alois A. Zwischen beiden besteht ein tiefes Zerwürfnis. Alois ist der Ansicht, Adam sei als Geschäftsführer und Vertreter nicht mehr tragbar, deshalb erhebt er nach §§ 161 II, 117, 127 HGB Klage auf Entziehung der Geschäftsführungsbefugnis und der Vertretungsmacht.

Die Problematik ist schon im allgemeinen Zusammenhang mit der Selbstorganschaft bei Personengesellschaften besprochen worden (oben, § 14 II 2). Nach der ganz herrschenden, auch vom *BGH* vertretenen Auffassung kann dem einzigen persönlich haftenden Gesellschafter zwar die das Innenverhältnis betreffende Geschäftsführungsbefugnis entzogen werden, nicht jedoch kann ihm die organschaftliche Vertretungsmacht entzogen werden, denn eine Handelsgesellschaft ohne Vertretungsorgan kann es nicht geben (vgl. schon oben, § 48 II 4 a). Die klagenden Kommanditisten müssen nach der h.M. in einem Fall wie diesem entweder einen Schritt zurückgehen und sich auf den Entzug der Geschäftsführungsbefugnis beschränken, oder sie müssen einen Schritt weiter gehen und eine Auflösungsklage (§ 133 HGB), Übernahmeklage (§ 142 HGB) oder im Fall einer mehrgliedrigen Gesellschaft eine Ausschließungsklage (§ 140 HGB) erheben (zur Ausschließung des einzigen Komplementärs vgl. oben unter I 1 c). Im letzten Fall ist zwar die Kommanditgesellschaft mit dem Ausscheiden des einzigen Komplementärs auch wieder aufgelöst (dazu alsbald unter V 1), aber die Kommanditisten können einen neuen Komplementär – z.B. eine GmbH – hinzugewinnen und sich über die Fortsetzung der Gesellschaft einigen. Diese Möglichkeit wirft die Frage auf, ob die Kommanditisten wirklich gezwungen sein sollen, Ausschließungsklage gegen den Komplementär zu erheben, nur weil die Entziehung der Vertretungsmacht unzulässig sein soll. Geht eine Ausschließungsklage nach Lage des Falls zu weit, eine Klage auf Entziehung der Geschäftsführungsbefugnis nicht weit genug, so wird man den Kommanditisten das Recht zugestehen müssen, Vertragsänderung zu verlangen und ggf. einzuklagen (dazu oben, § 5 IV 3), etwa in dem Sinne, daß der bisherige Komplementär Kommanditist und ein Kommanditist bzw. eine neu auf-

63 Vgl. allerdings zur »faktischen Drittorganschaft« geschäftsleitender Kommanditisten *Barbasch*, Ausgewählte Probleme der »großen Familienkommanditgesellschaft«, 1989, S. 195 ff.

64 Vgl. *BGH,* NJW-RR 2002, 540; *H. P. Westermann*, Vertragsfreiheit und Typengesetzlichkeit im Recht der Personengesellschaften, 1970, S. 258 ff.; a.M. *Werra*, Zum Stand der Diskussion um die Selbstorganschaft, 1991, S. 82 ff.; einschränkend *Brox*, in: Festschrift Westermann, 1974, S. 21 ff.; *Karsten Schmidt*, in: Gedächtnisschrift Knobbe-Keuk, 1997, S. 309.

zunehmende GmbH Komplementär wird[65]. Lehnt der Komplementär oder das angegangene Gericht diese Möglichkeit ab, so kann hilfsweise auf die Ausschließungsmöglichkeit zurückgegriffen werden.

b) Die Vertretungsordnung der §§ 125, 170 HGB gilt bei einer Kommanditgesellschaft von Anfang an, auch wenn die Gesellschaft noch nicht eingetragen – in den Fällen der §§ 2, 3 und 105 II HGB also zunächst sogar nur eine Gesellschaft bürgerlichen Rechts – ist[66]. Daran ändert auch das Risiko der Gesellschafter, nach § 176 HGB bzw. nach BGB-Gesellschaftsrecht unbeschränkt zu haften, nichts[67]. Es verhält sich hier ähnlich wie bei der Vor-GmbH (vgl. zu dieser oben, § 34 III 3): Das Risiko der Gründer, unbeschränkt zu haften, kann nicht durch Beschränkung der Vertretungsmacht auf die Gläubiger der Gesellschaft übergewälzt werden. Es ist Aufgabe der Gesellschafter, den Komplementär von einer evtl. unerwünschten Begründung von Gesellschaftsverbindlichkeiten abzuhalten[68].

3. Die Gesellschafterhaftung

Neben der Kommanditgesellschaft, die ja nur eine Modifikation der oHG ist, haften die Gesellschafter.

a) Für den *Komplementär* gelten nach § 161 II HGB die §§ 128–130 HGB. Er haftet für die Verbindlichkeiten den Gläubigern der Gesellschaft zwingend persönlich, unmittelbar, primär und unbeschränkt (§ 128 HGB). Einwendungen und Einreden, die nicht in seiner Person begründet sind, kann er nur nach Maßgabe des § 129 HGB geltend machen. Wer in eine bestehende Gesellschaft als Komplementär eintritt, haftet auch für die schon vor seinem Eintritt begründeten Verbindlichkeiten zwingend unbeschränkt (vgl. § 130 HGB). Für den ausgeschiedenen Komplementär gelten die Grundsätze des § 160 HGB (dazu oben, § 51 II). Tritt der Komplementär nicht aus der Gesellschaft aus, tritt er aber in die Kommanditistenrolle zurück, so gelten diese Grundsätze nur für die unbeschränkte Haftung (§ 160 III HGB): Der Ex-Komplementär haftet dann für Altverbindlichkeiten wie ein ausgeschiedener oHG-Gesellschafter und für Neuverbindlichkeiten wie ein eingetretener Kommanditist (vgl. zur Nachhaftung für Altverbindlichkeiten näher § 51 I und II). Auch hinsichtlich des Inhalts der Komplementärhaftung gelten dieselben Grundsätze wie bei der oHG. Auf die Darstellung oben bei § 49 und § 51 ist zu verweisen.

---

65 Problemdiskussion bei *Schlegelberger/Karsten Schmidt*, § 127 Rdnr. 3.

66 Vgl. *BGH*, WM 1972, 21; *Stimpel*, ZGR 1973, 79ff.

67 A.M. *Dauner-Lieb*, in: Festschrift Lutter, 2000, S. 842f.

68 Das Erfordernis einer Zustimmung zum Geschäftsbetrieb (§ 176 I HGB) spricht nicht für, sondern gegen eine Beschränkung der Komplementär-Vertretungsmacht. Es begrenzt die unbeschränkte Kommanditistenhaftung, nicht die Verpflichtung der Gesellschaft.

b) Der *Kommanditist* haftet den Gläubigern der Gesellschaft dagegen grundsätzlich nur *beschränkt nach Maßgabe der in das Handelsregister einzutragenden Haftsumme*, und er haftet auch insoweit nur, soweit er seine Einlage nicht erbracht oder zurückerhalten hat (vgl. §§ 171 I, 172 IV HGB). Diese summenmäßig beschränkte Kommanditistenhaftung geht im Gegensatz zur Haftung des oHG-Gesellschafters und des Komplementärs stets nur auf eine Geldleistung[69]. Sie wird unter § 54 eingehend behandelt.

Wer als Kommanditist in eine bestehende Personengesellschaft *eintritt* – diese kann eine KG, kann aber auch eine sich durch den Beitritt in eine KG umwandelnde andere Personengesellschaft sein[70] –, haftet nach § 173 HGB in gleicher Weise für die vor seinem Eintritt begründeten Verbindlichkeiten der Gesellschaft. Wegen der Bedeutung dieser Vorschrift gilt sinngemäß das zur Haftung des Neugesellschafters nach § 130 HGB Gesagte (dazu oben, § 49 IV), nur ist eben die Haftung – wenn der Kommanditist eingetragen ist – summenmäßig beschränkt. Tritt der Kommanditist aus der Gesellschaft aus, so haftet er nach den unter § 51 dargestellten Grundsätzen für Altverbindlichkeiten weiter, freilich – wenn er eingetragen war – auch jetzt noch summenmäßig beschränkt.

Beispiel Nr. 20: Die Konrad K KG besteht aus dem Komplementär Konrad K und aus den Kommanditisten X, Y und Z. Von den Kommanditisten hat X seine Einlage nicht erbracht, Y und Z haben sie erbracht, aber Z ist am 1. 10. gegen Abfindung aus der Gesellschaft ausgetreten. Neu in die Gesellschaft eingetreten ist am 1. 6. der Gesellschafter N, gleichfalls als Kommanditist mit einer noch nicht geleisteten Einlage. Alles ist alsbald ordnungsgemäß im Handelsregister eingetragen und bekanntgemacht worden. Hat nun der Lieferant L für eine am 1. 3. bestellte Lieferung keine Zahlung erhalten, so richten sich die Ansprüche
gegen die Gesellschaft nach § 433 II BGB,
gegen Konrad K nach §§ 161 II, 128 HGB,
gegen X nach § 171 I HGB (beschränkte Haftung),
gegen Y nach § 171 I HGB (Haftung durch Einlageleistung ausgeschlossen),
gegen Z nach § 172 IV HGB (beschränkte Haftung),
gegen N nach § 173 HGB (beschränkte Haftung).

War N nicht durch Beitritt zur KG, sondern als Erbe des X Gesellschafter geworden, so muß unterschieden werden: N haftet dann nach den §§ 1967 BGB, 171 I HGB erbrechtlich für die Verbindlicheiten, die schon den X getroffen haben, und daneben ist § 173 HGB auch auf den durch Erbfolge »eintretenden« Gesellschafter anwendbar (vgl. schon zu § 130 HGB oben, § 49 IV). Die Haftung aus § 173 HGB ist eine Eigenhaftung des N und deshalb erbrechtlich nicht beschränkbar[71]. Nur für den Fall, daß die Gesellschaft im Todeszeitpunkt schon aufgelöst war, hat der *BGH* anders ent-

---

69 Vgl. *Wiedemann* I, § 5 IV 2 a bb; *Heymann/Horn*, § 171 Rdnr. 6; *Staub/Schilling*, § 171 Rdnr. 4; *Karsten Schmidt*, in MünchKommHGB, §§ 171/172 Rdnr. 16; *Kornblum*, Die Haftung der Gesellschafter für Verbindlichkeiten von Personengesellschaften, 1972, S. 291 ff.; a.M. *Flume*, Personengesellschaft, § 161 III 2.

70 Vgl. *Karsten Schmidt*, in: MünchKommHGB, § 173 Rdnr. 14.

71 Insofern richtig *OLG Hamburg*, ZIP 1994, 297 (aufgehoben durch *BGH*, NJW 1995, 3314); eingehend *Karsten Schmidt*, in: MünchKommHGB, § 173 Rdnr. 44.

schieden[72]. Dann ist nicht nur die Haftung für die Einlageschuld und für die schon vor dem Todeszeitpunkt entstandenen Einlageverbindlichkeiten des Erblassers erbrechtlich beschränkbar, sondern erbrechtlich beschränkbar ist dann auch seine Kommanditistenhaftung.

c) Eine *unbeschränkte Kommanditistenhaftung* ergibt sich aus § 176 HGB, wenn eine *nicht in das Handelsregister eingetragene Kommanditgesellschaft* ihre Geschäfte mit Zustimmung des Kommanditisten bereits vor der Eintragung begonnen hat (§ 176 I HGB) oder wenn der *Eintritt eines Kommanditisten* in eine bestehende Handelsgesellschaft *nicht eingetragen* ist (§ 176 II HGB). Diese unbeschränkte Kommanditistenhaftung beruht auf dem Grundgedanken, daß die Haftungsbeschränkung erst durch die Eintragung im Handelsregister gesichert ist. Sie wird unter § 55 eingehend dargestellt.

d) Sehr umstritten ist, ob und unter welchen Voraussetzungen der Kommanditist außerhalb von § 176 HGB einer unbeschränkten Haftung unterworfen ist. Ohne weiteres kann dies bejaht werden, wenn ein Kommanditist gegenüber Vertragsgläubigern den Anschein erweckt, er sei Komplementär, oder wenn er es als Geschäftsführer einer GmbH & Co. KG versäumt, durch korrekte Firmenbezeichnung auf die beschränkte Haftung hinzuweisen (vgl. hierzu unten IV 3e). Aber das ist keine Kommanditistenhaftung. Über diese Rechtsscheinfälle hinaus hat man erwogen, ein Kommanditist müsse unbeschränkt haften, wenn er die Haftungsbeschränkung »mißbraucht«. Demgemäß wurde darüber gestritten, ob und wann ein solcher »Mißbrauch« anerkannt werden soll[73]. Soll es etwa genügen, daß der Kommanditist wie ein Komplementär die Geschäfte führt? Wie oben bei § 5 III 1 c dargelegt wurde, hat der *Bundesgerichtshof* im »Rektorfall« *BGHZ* 45, 204 eine unbeschränkte Haftung des atypischen, mit der Machtfülle eines Komplementärs ausgestatteten Kommanditisten mit Recht abgelehnt[74]. Auch eine materielle Unterkapitalisierung vermag die Haftungsverfassung der Kommanditgesellschaft nicht in dem Sinne zu ändern, daß die Kommanditisten allen Gläubigern unbeschränkt haften[75]. Der »Rektorfall« sei zur Erläuterung noch einmal in die Erinnerung gerufen.

Beispiel Nr. 21 (nach *BGHZ* 45, 204): Schulrektor R gründete gemeinsam mit der vermögenslosen Zuschneiderin Z eine Kommanditgesellschaft, in der die Z Komplementärin, der R dagegen nur Kommanditist mit einer Einlage und Haftsumme von 10 000 DM wurde. Die Einlage war erbracht. Das Unternehmen, das von R allein geleitet worden war,

---

72 Vgl. *BGH*, NJW 1995, 3314 = JuS 1996, 362 m. Anm. *Karsten Schmidt.*

73 Vgl. die Darstellung bei *Bitter,* Konzernrechtliche Durchgriffshaftung bei Personengesellschaften, 2000, S. 140ff.

74 Vgl. eingehend *H. P. Westermann*, Vertragsfreiheit und Typengesetzlichkeit ..., 1970, S. 288; *Teichmann*, Gestaltungsfreiheit in Gesellschaftsverträgen, 1970, S. 106f.; *Elsing*, Erweiterte Kommanditistenhaftung und atypische Kommanditgesellschaft, 1977, S. 45ff.; *Spies*, Die über die Haftsumme des § 171 HGB hinausgehende Kommanditistenhaftung, 1983, S. 52ff.

75 Str.; vgl. eingehend *Elsing*, ebd., S. 115ff.; *Spies*, ebd., S. 107ff.; für eine Bindung des vom Kommanditisten beigetragenen Vermögens über § 172 IV HGB hinaus immerhin *Boerner*, Die Haftung des herrschenden Kommanditisten, 1985, S. 145ff.

brach zusammen. Die Vorinstanzen hatten den R verurteilt, Gesellschaftsschulden der Kommanditgesellschaft gegenüber einem Lieferanten zu begleichen. Der *BGH* hob diese Urteile auf und entschied: »Ein Kommanditist haftet nicht schon dann unbeschränkt, wenn er wirtschaftlich gesehen der alleinige Inhaber des Handelsgeschäfts ist und der persönlich haftende Gesellschafter mittellos ist.«

Der Fall und das Urteil haben seinerzeit Verwunderung ausgelöst. Gleichwohl ist dem *Bundesgerichtshof* zu folgen (vgl. bereits oben unter § 5 III 1 c). Insbesondere für die Fortentwicklung des Rechts der GmbH & Co. wäre es verhängnisvoll gewesen, wenn der *BGH* den geschäftsleitenden Kommanditisten hätte unbeschränkt haften lassen. Nochmals muß aber auch betont werden, daß es ergänzende Haftungsgrundlagen gibt, die keinen Durchgriff darstellen:

- die Rechtsscheinhaftung, wenn sich der Kommanditist als Alleininhaber oder als unbeschränkt haftender Gesellschafter geriert (insbesondere bei unrichtiger Firmenführung im Fall der GmbH & Co.; vgl. Handelsrecht, § 5 IV 2 und § 12 III 1);
- die Verschuldenshaftung, insbesondere auch auf der Grundlage des – im Rektorfall durchaus naheliegenden! – § 826 BGB (oben, § 14 V 2 und § 18 II 4);
- die Inanspruchnahme eigenkapitalersetzender Leistungen des Kommanditisten (oben, § 18 III 4 a).

Die Tragweite dieser Haftungsgrundlagen ist allerdings im einzelnen noch sehr umstritten. Insbesondere gilt dies für das Recht der kapitalersetzenden Kredite, das von der herrschenden Ansicht noch immer auf Kapitalgesellschaften und auf die Kapitalgesellschaft & Co. beschränkt wird (§§ 32 a, b GmbHG, 172 a HGB). Hier wird dagegen für eine Ausdehnung auch auf eigenkapitalersetzende Kommanditistendarlehen bei der KG und natürlichem Komplementär gestritten (oben, § 18 III 4 a). Dies ist aber kein Durchgriff und führt nicht zu einer unbeschränkten Kommanditistenhaftung, sondern nur zur Inanspruchnahme des Darlehns als Haftkapital.

Beispiel Nr. 22: Im »Rektorfall« *BGHZ* 45, 204 hatte der Schulrektor als Kommanditist nicht nur die vermögenslose Zuschneiderin als Komplementärin vorgeschickt, sondern er hatte auch Gesellschafterdarlehen in Höhe von 83 000 DM zur Abwendung der Finanzkrise gegeben. Diese Darlehen hätte er nach der hier vertretenen Ansicht nicht im Konkurs der Gesellschaft anmelden können. Mit einer unbeschränkten Gesellschafterhaftung aber hat dies nichts zu tun.

e) Selbstverständlich muß der Kommanditist, um die Haftungsbeschränkung zu sichern, eine *Rechtsscheinhaftung* vermeiden. Dazu muß er nicht nur auf die Handelsregistereintragung (vgl. § 176 HGB)[76], sondern auch auf die Verwendung einer korrekten, den Anschein unbeschränkter Haftung vermeidenden Firma achten (vgl. insbesondere für die GmbH & Co. KG unten, § 56 II 2 sowie Handelsrecht, § 5 IV 2 und § 12 III 1). Doch ist vor einem Übermaß an Rechtsscheinschutz zu warnen. Übermäßig streng war insofern das ADHGB. Hier galt die Regel, daß ein Kommanditist, der für die Gesellschaft Geschäfte abschließt, ohne sich ausdrücklich als deren Prokurist oder Bevollmächtigter zu bezeichnen, wie ein Komplementär unbeschränkt

76 Dagegen wurde § 15 I HGB durch Gesetz vom 18.01.2001 (BGBl. I S. 123) für unanwendbar erklärt; dazu *Karsten Schmidt*, ZIP 2002, 413 ff.

haftet (Art. 167 III ADHGB). Auch die Aufnahme des Namens eines Kommanditisten in die KG-Firma konnte nach dem ADHGB zur unbeschränkten Haftung dieses Kommanditisten führen (Art. 168 ADHGB). Eine solche Regelung wäre folgenreich, weil durch Firmenfortführung (vgl. § 24 HGB) durchaus der Name eines Kommanditisten in einer abgeleiteten Firma auftauchen kann (näher Handelsrecht, § 12 III 2). Weder die eine noch die andere Rechtsscheinvorschrift ist aber in das HGB übernommen worden. Eine Vertrauenshaftung kann nicht auf so pauschale Tatbestände gestützt werden, sondern es kann nur darauf ankommen, ob der Kommanditist im konkreten Fall den Rechtsschein unbeschränkter Haftung in zurechenbarer Weise herbeigeführt, unterhalten oder geduldet hat. Handelt es sich um eine GmbH & Co., so kann gegenüber gutgläubigen Vertragspartnern eine Rechtsscheinhaftung auch für diejenigen eintreten, die bei schriftlichen Abschlüssen von einem warnenden Firmenzusatz gemäß § 19 II HGB keinen Gebrauch machen (vgl. unten, § 56 II 2, und Handelsrecht, § 12 III 1). Vor dieser Haftung schützt die Verwendung ordnungsmäßiger Geschäftsbriefe (§§ 37a, 125a, 177a HGB).

V. Die Beendigung der Kommanditgesellschaft*

1. Auflösung und Umwandlung

a) Die *Auflösungsgründe* ergeben sich aus §§ 161 II, 131 HGB. Eine Besonderheit besteht darin, daß der *Tod eines Kommanditisten* die Gesellschaft im Gegensatz zu § 727 BGB *nicht* auflöst, und im Gegensatz zu § 131 III Nr. 1 HGB ist der Todesfall auch kein gesetzlicher Ausscheidensgrund (§ 177 HGB). Es treten also auch ohne Vertragsregelung dieselben Folgen ein wie bei Vorhandensein einer Nachfolgeklausel im Gesellschaftsvertrag (oben, § 45 V 3). Natürlich kann der Gesellschaftsvertrag bestimmen, daß beim Tod eines Kommanditisten oder eines bestimmten Kommanditisten die Gesellschaft aufgelöst sein oder der Erbe abgefunden werden soll. Auch kann der Gesellschaftsvertrag statt der gesetzlich vorgesehenen Nachfolge aller Erben eine sog. Fortsetzungsklausel, eine qualifizierte Nachfolgeklausel oder eine Eintrittsklausel für den Todesfall vorsehen (dazu oben, § 45 V 4, 5). Die Kommanditgesellschaft kann auch kündbar sein. Hierzu wird auf die Ausführungen über die offene Handelsgesellschaft (oben, § 52 III 6) verwiesen.

Nicht im Gesetz erwähnt ist die Auflösung der Kommanditgesellschaft bei *Fortfall des letzten Komplementärs oder Kommanditisten*[77]. Das Problem

---

* Literatur: *Dellinger*, Rechtsfähige Personengesellschaften in der Liquidation, Wien 2001; *Ensthaler*, Die Liquidation von Personengesellschaften, 1985; *Hillers*, Personengesellschaft und Liquidation, 1989; *Schmid*, in: Riegger/Weipert (Hrsg.), MünchHdb. GesR II, 1991, §§ 49ff.; *Karsten Schmidt*, Die Handels-Personengesellschaft in Liquidation, ZHR 153 (1989), 270ff.

77 Vgl. auch zum Tod des einzigen Komplementärs *Frey/v. Bredow*, ZIP 1998, 1621ff.; die dort vertretene Annahme, die Erben des Komplementärs seien Mitglieder der Liquidations-KG,

stellt sich nur, wenn jedenfalls zwei bisherige Kommanditisten oder Komplementäre übrigbleiben, denn anderenfalls fällt die Gesellschaft von allein in sich zusammen und der Übriggebliebene wird ihr Gesamtrechtsnachfolger (oben, § 44 II 2 a). Sind noch mehrere Gesellschafter vorhanden, so stellt sich die Frage, ob die Gesellschaft automatisch zur offenen Handelsgesellschaft wird oder ob sie in Auflösung tritt. Man wird unterscheiden müssen:

- *Bleiben nur noch Komplementäre übrig*, so wird die Gesellschaft zur oHG, denn alle noch vorhandenen Gesellschafter sind mitunternehmerisch mit unbeschränkter Haftung beteiligt. Stellt der Fortfall des Kommanditisten aus Gründen des Einzelfalls für die persönlich haftenden Gesellschafter einen wichtigen Auflösungsgrund dar, so können sie die Auflösung beschließen (§ 131 Nr. 2 HGB) oder auf Auflösung klagen (§ 133 HGB).
- *Bleiben nur noch Kommanditisten übrig*, so wird die Gesellschaft nicht automatisch zur oHG, sondern sie ist eine aufgelöste Kommanditgesellschaft. Die Kommanditisten können entweder die Auflösung der Gesellschaft betreiben oder die Gesellschaft in das werbende Stadium zurückführen (oben, § 11 V 5). Dazu müssen sie allerdings entweder einen neuen Komplementär aufnehmen (z.B. eine Komplementär-GmbH gründen!) oder die Fortsetzung als oHG beschließen. Kraft Rechtsformzwangs wird aus der aufgelösten Kommanditgesellschaft eine oHG, wenn die bisherigen Kommanditisten, ohne die Liquidation oder die Fortsetzung zu betreiben, weiterhin werbend tätig sind (vgl. *BGH*, NJW 1979, 1705, 1706; dazu schon oben unter I 1c sowie allgemein zum Rechtsformzwang oben, § 5 II 3).

b) Von der Auflösung ist auch hier wieder die *Umwandlung* zu unterscheiden. Zur gesetzlichen Umwandlung in eine oHG oder in eine Gesellschaft bürgerlichen Rechts wurde unter § 44 III 1 das Nötige gesagt. Hervorgehoben wurde auch, daß die Geschäftsführungs- und Vertretungsbefugnis nach ständiger Rechtsprechung des *Bundesgerichtshofs* unverändert dem Komplementär verbleibt, wenn aus der Kommanditgesellschaft eine Gesellschaft bürgerlichen Rechts wird (oben unter I 1b). Die formwechselnde Umwandlung einer Personengesellschaft in eine Kapitalgesellschaft oder Genossenschaft ist in §§ 214ff. UmwG geregelt (dazu oben, § 12 II 1 und § 13 II). Durch Verschmelzung und ggf. auch durch Aufspaltung auf neue Rechtsträger kann die Gesellschaft unter Gesamtrechtsnachfolge liquidationslos erlöschen: Ihr Vermögen wir uno actu auf eine Zielgesellschaft überführt.

c) Zur *Gesellschaft bürgerlichen Rechts* wird die Kommanditgesellschaft, wenn sie die Qualität als Handelsgesellschaft verliert. Dazu kann es kommen, wenn die Gesellschaft

- entweder nicht mehr gewerblich, sondern nur noch vermögensverwaltend
- oder nur noch kleingewerblich, also ohne das Erfordernis kaufmännischer Einrichtungen

tätig ist. Ist die Kommanditgesellschaft – wie dies ja die Regel ist – im Handelsregister eingetragen, so muß allerdings die Löschung im Handelsregister dazukommen, sonst bleibt die Gesellschaft KG (arg. §§ 2, 5, 105 II

---

entsprach der bis 1998 geltenden Rechtslage (Auflösung nach § 131 Nr. 4 HGB a.F.), nicht der von *Frey/v. Bredow* behandelten Neufassung (Ausscheiden des Komplementärs der KG nach § 131 III Nr. 1 HGB).

HGB). Wird auf diese Weise aus der KG eine BGB-Gesellschaft, so bleiben nach ständiger Rechtsprechung des *Bundesgerichtshofs* die Geschäftsführungs- und Vertretungsverhältnisse erhalten; es kommt nicht zur Gesamtgeschäftsführung und zur Gesamtvertretung, wie sie nach §§ 709, 714 BGB die Regel sein müßte, sondern der Komplementär ist und bleibt geschäftsführender und vertretungsberechtigter Gesellschafter[78]. Grundlage hierfür ist die Auslegung des Gesellschaftsvertrags. Durch die Wahl der KG-Form haben die Gesellschafter zum Ausdruck gebracht, daß sie diese Kompetenzverteilung wollen.

2. Die Verfassung der aufgelösten Kommanditgesellschaft

Die *Kompetenzen in der Kommanditgesellschaft* ändern sich im Augenblick ihrer Auflösung grundlegend. Nach §§ 161 II, 146 I HGB sind im Zweifel alle Gesellschafter – die Kommanditisten wie die Komplementäre – als Liquidatoren berufen. Bei Kommanditgesellschaften, die nicht personalistisch verfaßt sind, wird dies zweckmäßigerweise anders geregelt, denn die Vorschrift des § 146 HGB ist historisch nicht auf die Kommanditgesellschaft zugeschnitten (vgl. auch zur Nichtanwendung auf die GmbH & Co. KG unten, § 56 VI 1 b, c)[79]. Die Liquidatoren haben die laufenden Geschäfte zu beendigen, die Forderungen einzuziehen, das Vermögen in Geld umzusetzen und die Gläubiger zu befriedigen (§§ 161 II, 149 HGB). Sie müssen insbesondere ausstehende Kommanditeinlagen einfordern, soweit dies nicht für die Befriedigung der Gläubiger entbehrlich ist. Diese Befugnis der Liquidatoren spielt vor allem bei gescheiterten Publikumsgesellschaften eine erhebliche Rolle[80]. Da der Kommanditist nach § 167 III HGB nur bis zum Betrag seines Kapitalanteils am Verlust teilnimmt, braucht er in der Liquidation grundsätzlich keine Nachschüsse nach § 735 BGB zu leisten. Im übrigen kann sinngemäß auf die Darstellung des Rechts der oHG verwiesen werden (oben, § 52 IV)[81]. Das gilt insbesondere für die Vollbeendigung, für die Nachtragsliquidation und für die Beendigung der persönlichen Haftung.

3. Die Kommanditgesellschaft im Insolvenzverfahren

Auch die Eröffnung des Insolvenzverfahrens über das Gesellschaftsvermögen löst die Kommanditgesellschaft auf (§§ 131 I Nr. 3 HGB). Die Gesellschaft

78 Vgl. *BGH*, BB 1971, 973 = NJW 1971, 1698; zust. *Palandt/Sprau*, vor § 709 Rdnr. 5; *Ulmer*, Gesellschaft bürgerlichen Rechts, § 709 Rdnrn. 18f.; *Stimpel*, ZGR 1973, 80ff.; abl. *Beyerle*, NJW 1972, 229; BB 1973, 1376; *Kornblum*, BB 1972, 1032; differenzierend noch *Karsten Schmidt*, DB 1971, 2345; *ders.*, BB 1973, 1612.

79 Näher *Karsten Schmidt*, ZHR 153 (1989), 290f.

80 Vgl. nur *BGH*, NJW 1978, 424; LM Nr. 6 zu § 149 HGB = BB 1978, 1133; LM Nr. 8 zu § 149 HGB = NJW 1984, 435; NJW 1984, 2290 = JuS 1984, 812 m. Anm. *Karsten Schmidt; Schlegelberger/Karsten Schmidt*, § 149 Rdnr. 21.

81 Wegen allgemeiner Grundsätze der Liquidation vgl. *Dellinger*, a.a.O.; *Karsten Schmidt*, ZHR 153 (1989), 270ff.

wird dann nicht von den Gesellschaftern als Liquidatoren abgewickelt, sondern vom Insolvenzverwalter (zu seiner Stellung vgl. oben, § 11 VI 4). Nach den für das Eigenkapital geltenden allgemeinen Regeln (oben, § 18 II 2) kann der Kommanditist im Insolvenzverfahren der Gesellschaft nicht die Rückzahlung der Einlage als Insolvenzgläubiger verlangen, und zwar auch insoweit nicht, als eine Rückzahlung nach § 172 IV HGB haftungsunschädlich wäre[82]. Die Einlagen werden nur nach Befriedigung aller Gläubiger, also im Insolvenzfall allenfalls theoretisch, zurückgezahlt (vgl. § 199 Satz 2 InsO). Sonderprobleme löst die persönliche Haftung des Kommanditisten im Insolvenzverfahren aus. Auf sie wird unter § 54 V näher eingegangen.

82 Vgl. zur Publikumsgesellschaft *BGHZ* 93, 159 = NJW 1985, 1468.

§ 54 Die beschränkte Kommanditistenhaftung und die Einlage des Kommanditisten*

I. Das Prinzip

1. Gesellschaftsschuld und summenmäßig beschränkte Kommanditistenhaftung

a) Die Haftung des Kommanditisten ist nach § 161 I HGB »auf den Betrag einer bestimmten Vermögenseinlage beschränkt«. Das ist ungenau. Bisweilen

* Literatur: *v. Braunbehrens*, Die Haftung des Kommanditisten, DR 1941, 1134; *Canaris*, Die Rückgewähr von Gesellschaftseinlagen durch Zuwendungen an Dritte, in: Festschrift Robert Fischer, 1979, S. 31; *Durchlaub*, Haftung des Kommanditisten einer GmbH & Co. bei Einlagenrückzahlung, BB 1979, 143; *Elsing*, Erweiterte Kommanditistenhaftung und atypische Kommanditgesellschaft, 1977; *v. Falkenhausen*, Die Aufbringung des »Kapitals« in der KG, DStR 1992, 186; *Felix*, Haftsumme der Kommanditisten und Sacheinlage, NJW 1973, 491; *Furrer*, Die Haftung des Kommanditisten im Vergleich zur Haftung des Komplementärs, 1902; *Gramlich*, Einlageforderung der Kommanditgesellschaft gegen einen Kommanditisten als Kreditsicherungsmittel, NJW 1967, 1447; *Gursky*, Risikokumulation für den Kommanditisten mit Sacheinlagepflicht? DB 1978, 1261; *Häsemeyer*, Kommanditistenhaftung und Insolvenzrecht, ZHR 149 (1985), 42; *Harrer*, Leistung der Einlage und Aufrechnung im Recht der KG, GesRZ 1997, 65; *Huber*, Vermögensanteil, Kapitalanteil und Gesellschaftsanteil an Personalgesellschaften des Handelsrechts, 1970, S. 191 ff.; *Immenga*, Besprechung der Entscheidung BGHZ 60, 324, ZGR 1975, 487; *Jacobi*, Die Haftung des Kommanditisten und die Eintragung der Haftung ins Handelsregister, JherJb 70 (1921), 300; *Keuk*, Die Haftung des Kommanditisten für die Schulden der Gesellschaft, ZHR 135 (1971), 410; *Kirsch*, Einlageleistung und Einlagenrückgewähr im System der Kommanditistenhaftung, 1995; *Klamroth*, Erweitertes Haftungsrisiko der Kommanditisten in der GmbH & Co. KG, BB 1972, 428; *Koller*, Sicherung des Eigenkapitals bei der gesetzestypischen Kommanditgesellschaft, in: Festschrift Heinsius, 1991, S. 357; *Konietzko*, Zur Haftung des Kommanditisten, 1979; *Kornblum*, Die Haftung der Gesellschafter für Gesellschaftsverbindlichkeiten bei Personengesellschaften, 1972; *Mossmann*, Die Haftung des Kommanditisten in der unterkapitalisierten KG, Diss. Heidelberg 1978; *Müller-Graff*, Die Außenhaftung des Kommanditisten bei fehlerhaftem KG-Eintritt, JuS 1979, 24; *Müßigbrodt*, Die haftungsbefreiende Aufrechnung des Kommanditisten, Diss. Münster 1980; *ders.*, Haftungsbefreiende Nennwertaufrechnung und Gläubigerschutz bei Sanierungsgründungen von Kommanditgesellschaften, BB 1982, 338; *Mundry*, Darlehen und stille Einlagen im Recht der Kommanditgesellschaft, 1992; *Neubauer*, Die Haftung des Kommanditisten, in: Rieger/Weipert (Hrsg.), MünchHdb. GesR II, 1991, § 27; *Neumann-Duesberg*, Die Außenhaftung des Kommanditisten, DB 1965, 769; *Petzold*, Die Haftung des Kommanditisten nach Leistung seiner Einlage durch den Komplementär, DNotZ 1975, 529; *Priester*, Ausschüttungen bei Abschreibungsgesellschaften und Wiederaufleben der Kommanditistenhaftung, BB 1976, 1004; *ders.*, Haftungsgefahren bei Zahlung von Geschäftsführerbezügen an Kommanditisten? DB 1975, 1878; *Riegger*, Geschäftsführervergütung und persönliche Haftung des Kommanditisten, DB 1983, 1909; *ders.*, Die Rückgewähr der Einlage eines Kommanditisten aus dem Privatvermögen eines Gesellschafters,

heißt es, der Kommanditist hafte beschränkt »mit seiner Einlage«[1]. Das ist geradezu falsch. Der Kommanditist haftet niemals »mit seiner Einlage«, vielmehr ergibt sich aus §§ 171 I, 172 IV HGB für die beschränkte Kommanditistenhaftung der folgende Grundsatz[2]: *Der Kommanditist haftet summenmäßig beschränkt mit seinem gesamten Vermögen (§ 171 I HGB, 1. Halbsatz). Soweit er eine Einlage bei der Gesellschaft hält, haftet er überhaupt nicht, denn die im Gesellschaftsvermögen vorhandene Einlage ersetzt seine Haftung (§ 171 I HGB, 2. Halbsatz). Durch Rückführung der Einlage aus dem gebundenen Vermögen lebt die beschränkte Haftung wieder auf (§ 172 IV HGB).*

b) Das Prinzip der beschränkten Kommanditistenhaftung basiert
– auf der rechtlichen Verselbständigung der Kommanditgesellschaft als Haftungssubjekt und
– auf der Technik summenmäßiger Haftungsbegrenzung.

Dazu ist folgendes zu bemerken: Die Kommanditgesellschaft ist Rechtsträgerin (§§ 161 II, 124 HGB). Die Gesellschaftsschulden sind Schulden der Kommanditgesellschaft. Dagegen resultieren aus der Kommanditistenhaftung – sofern sich nicht der Kommanditist nach Maßgabe des § 171 I HGB von der Haftung befreit hat – summenmäßig begrenzte Schulden des Kommanditisten. Im Gegensatz zur gegenständlichen Haftungsbeschränkung (Beispiel: §§ 1975ff. BGB) werden die Gläubiger bei der summenmäßigen Haftungsbeschränkung nicht auf bestimmte Vermögensgegenstände oder auf ein Sondervermögen – z.B. auf einen Nachlaß – verwiesen, sondern ihnen haftet das ganze Kommanditistenvermögen, dies jedoch nur bis zu einer bestimmten Summe[3].

BB 1975, 1282; *ders.*, Zur Haftung des Kommanditisten vor der Eintragung ins Handelsregister, BB 1979, 1380; *Karsten Schmidt*, Kommanditisteneinlage Kapitalaufbringung und Kapitalerhaltung in der KG, ZGR 1976, 307; *ders.*, Neues zur Haftung bei der Schein-KG und zur Kommanditistenhaftung bei Sanierungsgründungen, JZ 1974, 219; *ders.*, Einlage und Haftung des Kommanditisten, 1977; *ders.*, Zur Haftsumme des Kommanditisten bei Sacheinlageversprechen, DB 1977, 2813; *ders.*, Zur Bareinlage durch Verrechnung und Aufrechnung in der KG, ZGR 1986, 152; *Herbert Schneider/Uwe H. Schneider*, Die neuere Entwicklung der Rechtsprechung des Bundesgerichtshofes zur Kommanditgesellschaft, ZGR 1972, 52; *Steckhan*, Gesellschaftsvermögen der Kommanditgesellschaft und Privatvermögen des Komplementärs, DNotZ 1974, 69; *Sudhoff*, Rechte und Pflichten des Kommanditisten, 3. Aufl. 1986; *Ullrich*, Grundstücke im Gesellschafts- und im Betriebsvermögen einer Kommanditgesellschaft, NJW 1974, 1486; *Wallenhorst*, Haftungsumfang und steuerliche Verlustbeteiligung der Kommanditisten, BB 1978, 1508; *Wertenbruch*, Die Haftung von Gesellschaften und Gesellschaftsanteilen in der Zwangsvollstreckung, 2000; *H. Westermann*, Ausgleichsansprüche des Kommanditisten, dessen Haftsumme die Pflichteinlage übersteigt, bei Inanspruchnahme von Gläubigern der KG, in: Festschrift Barz, 1974, S. 81.

1 So z.B. noch *Schlegelberger/Geßler*, HGB, 4. Aufl. 1965, § 171 Rdnr. 2.

2 Vgl. zum folgenden ausführlich *Karsten Schmidt*, in: MünchKommHGB, §§ 171/172 Rdnrn. 4ff.

3 Mit dem Prinzip der summenmäßig beschränkten Haftung unvereinbar ist das Haftungsmodell von *Häsemeyer*, ZHR 149 (1985), 48f.; nach *Häsemeyer* sind das Gesellschaftsvermögen und das Kommanditistenvermögen »zwar der (aktiven) Vermögenszuordnung nach voneinander getrennt, aber haftungsrechtlich ist das Kommanditistenvermögen dem Gesellschaftsvermögen zugewiesen und bis zur Höhe der Haftsumme wie Gesellschaftsvermögen zu behandeln«.

Beispiel Nr. 1: Kommanditist X hat seine Einlage nicht an die Gesellschaft geleistet. Er haftet mit seinem ganzen Vermögen, muß also die Zwangsvollstreckung in sein Hausgrundstück, in sein Bankkonto, in seinen Privatwagen usw. hinnehmen, dies allerdings nur bis zur Höhe der in das Handelsregister eingetragenen Summe.

c) Die beschränkte Kommanditistenhaftung, von der hier die Rede ist, muß von der Frage unterschieden werden, unter welchen Voraussetzungen der Kommanditist ausnahmsweise unbeschränkt haftet. Von dieser Frage ist unter § 53 IV 3d die Rede sowie unter § 55. Hier geht es nur um die beschränkte Kommanditistenhaftung.

2. Einlage und Haftsumme

a) Um das System der Kommanditistenhaftung zu verstehen, muß man zunächst genauer, als aus dem Gesetzestext ersichtlich, zwischen den Begriffen der *Einlage* und der *Haftsumme* unterscheiden[4]. Der Einlagebegriff ist uns bereits bekannt (oben, § 20 II 1). Die *Einlage* ist ein durch Einbringung in das Gesellschaftsvermögen zu leistender Beitrag. Sie kann Geld- oder Sacheinlage sein. Welche Leistungen Einlagen darstellen können – insbesondere bei Dienstleistungen ist dies zu verneinen[5] –, ergibt sich aus den unter § 20 II 1 angestellten Überlegungen. Diese Fragen sind zunächst nur im Verhältnis zwischen der Gesellschaft und dem Gesellschafter (Kommanditisten) von Interesse.

Beispiel Nr. 2: Kommanditist K hat eine Einlage in Höhe von 50 000 Euro zu erbringen. Leistet er nicht, so kann die Gesellschaft, vertreten durch ihren Komplementär, Zahlung verlangen (Bareinlage). Soll er einen Drehkran einbringen, so kann die Gesellschaft verlangen, daß er ihr Besitz und Eigentum an dem Kran verschafft (Sacheinlage). Soll der Kommanditist die Geschäfte führen, so ist dies sein Beitrag, aber nicht seine Einlage. Mit der Haftung des Kommanditisten hat dies zunächst nichts zu tun.

Die *Haftsumme* ist der Höchstbetrag, bis zu dem der eingetragene Kommanditist den Gläubigern persönlich haftet. Im Gesetz kommt der Begriff nicht vor, aber wenn nach § 162 I HGB die »Einlage« des Kommanditisten in das Handelsregister einzutragen ist und wenn nach § 172 I HGB »im Verhältnisse zu den Gläubigern« die Einlage durch den eingetragenen Betrag bestimmt wird, dann handelt es sich um die Haftsumme. Die Haftsumme bestimmt, ganz im Gegensatz zur Einlage, nicht eine Schuld des Kommanditisten gegenüber der Gesellschaft, sondern sie ist nur eine abstrakte Rechnungsgröße für die summenmäßig beschränkte Haftung. Deshalb kann die Haftsumme – gleichgültig, ob etwa in unserem Beispiel ein Geldbetrag oder ein Drehkran eingelegt werden soll – stets nur in Geld ausgedrückt werden. Die Haftsumme wird, da sie das Außenverhältnis betrifft, in das Handelsregister eingetragen (§ 162 I HGB). Der eingetragene Betrag ist für ihre Höhe

4 Heute der Sache nach wohl unstreitig; dies war das Hauptanliegen meiner Schrift »Einlage und Haftung des Kommanditisten«, a.a.O.; zusammenfassend jetzt *Kirsch*, a.a.O., S. 6ff.; reserviert *Wertenbruch*, a.a.O., S. 453f.

5 A.M., jedoch unter Verwechselung der Begriffe Beitrag und Einlage, *Schlegelberger/Martens*, § 161 Rdnr. 28; *Staub/Schilling*, § 161 Rdnr. 19.

grundsätzlich verbindlich (vgl. §§ 172 I, II, 174f. HGB). Es wäre konsequent, wenn bei fehlender Eintragung der Kommanditist allen Gläubigern der Gesellschaft ohne jede Beschränkungsmöglichkeit haftete. Dies ist aber, wie § 176 HGB zeigt, nur im Verhältnis zu Gutgläubigen der Fall. Einem Gläubiger gegenüber, der die Kommanditistenstellung des Gesellschafters kennt, kann sich der nicht eingetragene Kommanditist auf die vereinbarte Haftsumme berufen, auch wenn sie nicht im Handelsregister steht (vgl. unten, § 55 II 1 d).

b) Die genaue *Unterscheidung zwischen Einlage und Haftsumme* fehlt im Gesetzestext. Das HGB spricht von der »Einlage« in durchaus unterschiedlichem Sinn. Das hat dazu geführt, daß vielfach zwischen der »Pflichteinlage« und der »Hafteinlage« unterschieden wird[6]. Unter der »Pflichteinlage« wird dann die Leistung verstanden, die der Kommanditist der Gesellschaft schuldet, während als »Hafteinlage« die Summe bezeichnet wird, bis zu deren Höhe der Kommanditist persönlich haftet, soweit er nicht seine »Pflichteinlage« erbracht hat. Diese tradierte Terminologie ist irreführend. Nur die »Pflichteinlage«, die der Kommanditist wirklich »einlegen« bzw. jedenfalls bei der Gesellschaft halten muß, stellt eine Einlage im Rechtssinne dar (vgl. zum Einlagebegriff oben, § 20 II 1). Der Begriff »Hafteinlage« ist nur als ein Versuch erklärlich, den Doppelsinn des Einlagebegriffs im HGB zu vertuschen. Im Interesse einer möglichst einfachen, für die Rechtsanwendung hilfreichen Terminologie wird hier seit der ersten Auflage zwischen der Einlage (sog. »Pflichteinlage«) und der Haftsumme (sog. »Hafteinlage«) unterschieden. Diese Terminologie hat sich weitgehend durchgesetzt[7].

c) Die *unscharfe Terminologie des Gesetzes* verleitet zu Mißverständnissen, denen man am besten durch klare Unterscheidung von Einlage und Haftsumme begegnet. So etwa bei § 172 III HGB:

Beispiel Nr. 3: Der Kommanditist K soll den mit 50 000 Euro bewerteten Drehkran, den er noch selbst benötigt, erst am 1. 1. des Folgejahres zu Eigentum einbringen. Gesellschaftsgläubiger G pfändet aus einem gegen die Gesellschaft gerichteten Vollstreckungstitel den Anspruch der Gesellschaft auf Lieferung des Krans und verlangt sofortige Erfüllung, denn die Stundung der Einlage sei ihm gegenüber nach § 172 III HGB unwirksam und K müsse die Vollstreckung in den Kran dulden. Scheinbar ist G im Recht, denn nach § 172 III HGB ist die Stundungsvereinbarung »den Gläubigern gegenüber unwirksam«. In Wahrheit besagt aber die Vorschrift nur, daß sich der Kommanditist nur durch Leistung der Einlage von der Haftung befreien kann. Die Stundung der Einlage ist den Gläubigern gegenüber weder wirksam noch unwirksam, denn sie geht die Gläubiger im Rahmen der Kommanditistenhaftung nichts an. K braucht die Einlage nicht vor dem 1. 1. zu leisten. Allerdings haftet er, solange er sie nicht leistet, nach § 171 I HGB in Höhe von 50 000

6 Vgl. nur *Hueck*, § 18 VI 3; *Reinhardt/Schultz*, Rdnr. 275; *Kornblum*, a.a.O., S. 207; *Sudhoff*, a.a.O., S. 19; vgl. auch noch *Heymann/Horn*, § 161 Rdnrn. 77ff.; *Straube/Koppensteiner*, § 161 Rdnr. 9; krit. schon *Jacobi*, JherJb 70 (1921), 300; seither z.B. *Keuk*, ZHR 135 (1971), 427f.; *Karsten Schmidt*, ZGR 1976, 311.

7 Vgl. *BGH*, NJW 1992, 241, 242; *Hopt/Hehl/Vollrath*, Rdnr. 743; *Hüffer*, § 23/1 b; *Kirsch*, a.a.O., S. 6ff.; *Baumbach/Hopt*, § 171 Rdnr. 1; *Koller/Roth/Morck*, §§ 171, 172, Rdnr. 4; *Röhricht/v. Westphalen/v. Gerkan*, § 171, Rdnr. 6; *Karsten Schmidt*, in: MünchKommHGB, §§ 171, 172 Rdnr. 7; *Staub/Schilling*, § 161 Rdnr. 16.

Euro für die Gesellschaftsverbindlichkeiten. G kann also verlangen, daß K an ihn zahlt. Er kann den K auch zur Zahlung verurteilen und dann den Kran – ebenso wie das Bankkonto oder das Auto des K – pfänden lassen. Ob K der Gesellschaft den Kran als Einlage zur Verfügung stellen muß, richtet sich allein nach den internen Abreden (anders § 19 V GmbHG; dazu oben, § 37 II 3). Hat G, was die herrschende Auffassung zuläßt (dazu unter II 2 b), den auf die Einlageleistung gerichteten Anspruch der Gesellschaft gepfändet, so kann K ihm die Stundung entgegenhalten (vgl. §§ 804 ZPO, 1275, 404 BGB).

d) Vor allem bei der Anwendung der *Grundlagenbestimmung des § 171 I HGB* hilft nur eine klare Unterscheidung von Einlage und Haftsumme. Der Kommanditist haftet den Gläubigern gegenüber nicht, wie es das Gesetz ausdrückt, »bis zur Höhe seiner Einlage«, sondern er haftet summenmäßig beschränkt nach Maßgabe seiner Haftsumme (falsche Terminologie im 1. Halbsatz); er kann diese Haftung, wie es das Gesetz sodann richtig sagt, durch Leistung seiner Einlage ausschließen (richtige Terminologie im 2. Halbsatz). Dieses Zusammenspiel zwischen Haftung und Einlage bildet die Grundlage der beschränkten Kommanditistenhaftung.

In Anbetracht der schiefen Begriffsbildung des Gesetzes kann es nicht verwundern, daß auch in *Gesellschaftsverträgen* stets genau geprüft werden muß, was ihre Verfasser jeweils mit der »Einlage« gemeint haben. Ein perfekt gezimmerter KG-Vertrag sollte beides genau regeln: die Einlage und die Haftsumme. Oft fehlt diese Unterscheidung. Dann gilt die *Auslegungsregel, daß die bei der Einlage genannte Geldsumme zugleich auch die Haftsumme darstellt*[8]. Zum Verständnis zunächst einige Fälle:

Beispiel Nr. 4: Im Gesellschaftsvertrag wird eine Einlage von 50 000 Euro für den Kommanditisten K vereinbart. Hier ist davon auszugehen, daß diese Einlage in Geld zu erbringen ist und daß auch die für den K einzutragende Haftsumme 50 000 Euro betragen soll. Der Registerrichter kann ohne weiteres den Betrag als Haftsumme eintragen, der als Einlage genannt ist (vgl. *OLG Celle*, OLGZ 1975, 385). Die Gesellschafter hätten allerdings auch die Haftsumme auf 25 000 Euro begrenzen können. In diesem Fall wäre ein Betrag von 50 000 Euro als Einlage an die Gesellschaft zu zahlen gewesen, während die Haftung den Gläubigern gegenüber auf 25 000 Euro begrenzt gewesen wäre. Ein solches Auseinanderfallen von Einlage und Haftsumme ist nicht ohne weiteres eine verbotene Gesetzesumgehung oder eine unerlaubte Gläubigerbenachteiligung[9]. Vor allem bei Sachgründungen oder bei Kapitalerhöhungen unter Umwandlung von Fremdkapital in Eigenkapital kann ein guter Sinn darin bestehen, im Innenverhältnis die ganze Leistung zu binden, im Außenverhältnis dagegen das Risiko einer Überbewertung (vgl. unter II 3) zu begrenzen.

Beispiel Nr. 5: Der Kommanditist soll einen gebrauchten Drehkran einbringen, den die Beteiligten mit 50 000 Euro bewerten. Im Zweifel soll dies auch die Haftsumme sein, aber der Zusammenhang ist wiederum nicht zwingend.

Beispiel Nr. 6: Bei der Kommanditgesellschaft stehen hohe Forderungen der Kommanditisten aus nicht entnommenen Gewinnanteilen auf Darlehnskonten. Um die Gesellschaft

8 Vgl. HGB-Denkschrift I, S. 111; *BGH*, LM Nr. 4 zu § 176 HGB = NJW 1977, 1820, 1821; *Ebenroth/Joost/Stohn*, § 171 Rdnr. 8; *Staub/Schilling*, § 161 Rdnr. 17.

9 Extremfällen wie der Eintragung einer pro-forma-Haftsumme von 1 Euro kann im Eintragungsverfahren begegnet werden; vgl. näher *Karsten Schmidt*, in: MünchKommHGB, §§ 171/172 Rdnr. 22.

vor dem raschen Abzug dieser Beträge zu schützen, beschließen die Gesellschafter, daß die Einlage jedes Kommanditisten um 100 000 Euro erhöht wird und aus seinem Darlehnskonto erbracht wird. Die Haftsumme bleibt unverändert. Eine solche Finanzierungsmaßnahme ist zulässig.

Beispiel Nr. 7 (in Anlehnung an *BGH*, LM Nr. 4 zu § 176 HGB = NJW 1977, 1820): G betrieb einen Getränkegroßhandel mit einer kleinen Limonadenfabrikation. Um sich aus dem aktiven Geschäftsleben zurückzuziehen, gründete er durch privatschriftlichen Vertrag eine Kommanditgesellschaft, in die er sein mit 1 Mio. Euro bewertetes Unternehmen einschließlich Grundeigentum einbringen sollte, wobei der Wert des Grundeigentums 500 000 Euro betrug. Dieser Vertrag war nach §§ 125, 311 b BGB jedenfalls insoweit nichtig, als es um das Grundeigentum ging. Außer dem Problem des fehlerhaften Gesellschafterbeitritts (dazu oben, § 6 V 1) trat deshalb die Frage auf, ob nun auch die Haftsumme entsprechend zu kürzen war. Der *Bundesgerichtshof* bejahte dies, weil Haftsumme und Einlage einander im Zweifel entsprächen. Statt 1 Mio. Euro sei also eine Haftsumme von nur 500 000 Euro vereinbart.

Die Entscheidung ist abzulehnen[10]. Die Haftsumme richtet sich nach dem Parteiwillen, im Zweifel nach dem im Gesellschaftsvertrag genannten Geldbetrag. Wenn Haftsumme und Einlage einander im Zweifel entsprechen, so ist dies nur eine Auslegungsregel und bedeutet nicht, daß eine Nichtigkeit des Einlageversprechens auch die Haftsumme – im Extremfall auf Null! – schrumpfen läßt. Tritt also ein Kommanditist der Gesellschaft mit einer Haftsumme von 1 Mio. Euro bei und ist sein Einlageversprechen zur Hälfte nach §§ 125, 311 b BGB nichtig, so bleibt die Haftsumme 1 Mio. Euro. Vorbehaltlich einer Vertragsänderung ist es dann Sache des Kommanditisten, wie er die Haftsumme abdeckt: durch Zahlung oder – was ihm nach wie vor freisteht – durch Übereignung des Grundstücks. Nur einen klagbaren Anspruch auf die Grundstücksübereignung hat die Gesellschaft nicht.

e) Der Gesellschaftsvertrag ist nur bis zur Eintragung maßgeblich für die Höhe der Haftsumme. Ist die Haftsumme in das Handelsregister eingetragen, so wirken Erhöhungen und Herabsetzungen grundsätzlich erst ab Eintragung zugunsten bzw. zu Lasten der Gesellschaftsgläubiger (näher §§ 172 II, 174 HGB).

3. Haftungsausschluß durch Einlageleistung und durch Einlagenerhaltung

a) Das System der beschränkten Kommanditistenhaftung nach §§ 171 I, 172 IV 1 HGB wurde schon unter I 1 a formuliert: Der Kommanditist haftet persönlich mit seinem gesamten Vermögen, aber summenmäßig beschränkt durch den Haftsummenbetrag (§ 171 I HGB, 1. Halbsatz). Er beseitigt seine Haftung, soweit er die der Gesellschaft geschuldete Einlage leistet (§ 171 I HGB, 2. Halbsatz). Seine Haftung lebt wieder auf, soweit er die Einlage

10 Vgl. zur Kritik *Karsten Schmidt*, in: MünchKommHGB, §§ 171/172 Rdnr. 23; *Karsten Schmidt*, DB 1977, 2314 f.; *Riegger*, BB 1979, 1382; s. auch *Müller-Graff*, JuS 1979, 27.

zurückerhält (§ 172 IV HGB). Dies sollen einige einfache erläuternde Fälle verdeutlichen.

Beispiel Nr. 8: Als Einlage und Haftsumme des Kommanditisten K sind 10 000 Euro vereinbart. K hat noch keine Einlage an die Gesellschaft geleistet. Der Gesellschaftsgläubiger G klagt gegen die Gesellschaft und gegen K eine Forderung von 8 000 Euro ein. Beide werden verurteilt. Beliefe sich die Forderung und die Klage des G auf 16 000 Euro, so würde die Gesellschaft zur Zahlung von 16 000 Euro, K dagegen zur Zahlung von 10 000 Euro verurteilt. Aus diesem Titel könnte in das gesamte Vermögen des K vollstreckt werden. Die Haftung ist gegenständlich unbeschränkt, aber summenmäßig beschränkt. Von einer Haftung des K »mit seiner Einlage« kann keine Rede sein.

Beispiel Nr. 9: K hatte seine Einlage durch Zahlung von 10 000 Euro geleistet. Hier würde die Klage des G gegen K abgewiesen. Wiederum darf aber nicht davon gesprochen werden, daß K »mit seiner Einlage« haftet, vielmehr haftet er überhaupt nicht. Es haftet nur die Gesellschaft.

Beispiel Nr. 10: K ist nach langen, erfolgreichen Jahren aus der Gesellschaft ausgeschieden und mit 50 000 Euro abgefunden worden. Dies ist eine Einlagenrückgewähr i.S. von § 172 IV 1 HGB. Hier wäre es vollends unsinnig, von einer Haftung des K »mit seiner Einlage« zu sprechen, denn es gibt keine Kommanditeinlage mehr. K haftet nach § 172 IV 1 HGB so, als hätte er keine Einlage geleistet. Er wird also in Höhe von 10 000 Euro verurteilt.

b) Um §§ 171 I, 172 IV HGB hat es einen »Theorienstreit« gegeben, der im Anschluß an *Wiedemann* mit den Schlagworten *»Vertragstheorie«* und *»Verrechnungstheorie«* gekennzeichnet wird[11]. Es geht dabei formal um den Begriff der haftungsbefreienden Einlageleistung und der haftungsschädlichen Einlagenrückgewähr; der Sache nach geht es um das teleologische und wirtschaftliche Verständnis des gesetzlichen Haftungsmechanismus. Die »Vertragstheorie« stellt ganz auf die Vereinbarungen unter den Beteiligten ab[12], die »Verrechnungstheorie« dagegen ganz auf die Mehrung oder Minderung des Gesellschaftsvermögens[13]. Die »Vertragstheorie« rechnet nur solche Leistungen als haftungsausschließend oder als haftungsbegründend an, die der Kommanditist durch Vereinbarung mit der Gesellschaft »als Einlage« einbringt oder zurückerhält. Die »Verrechnungstheorie« verrechnet dagegen alle Vermögenszuwendungen zwischen dem Kommanditisten und der Gesellschaft. Was das bedeutet, läßt sich am besten an Extremfällen verdeutlichen[14]:

Beispiel Nr. 11 (zu § 171 I HGB): Der Kommanditist K mit einer Haftsumme von 50 000 Euro hat seine Bareinlage von 50 000 Euro zur Hälfte geleistet. Ein Gläubiger nimmt ihn nach § 171 I HGB in Höhe von 25 000 Euro in Anspruch. K verteidigt sich mit folgender Behauptung: Er habe im letzten Jahr Waren zum Preise von 200 000 Euro an die Gesellschaft geliefert, deren wahrer Wert 225 000 Euro betragen habe. Nach der »Vertragstheorie« kann ihm das nichts nützen, weil eben seine Einlage von 50 000 Euro nur zur

11 *Wiedemann*, in: Festschrift Bärmann, 1975, S. 1041; Überblick: *Konietzko*, a.a.O., S. 78ff.; nochmals zusammenfassend *Kirsch*, a.a.O., S. 23ff.

12 Konsequenteste Vertreterin: *Keuk*, ZHR 135 (1971), 416ff.

13 Konsequentester Vertreter: *Furrer*, Die Haftung des Kommanditisten im Vergleich zur Haftung des Komplementärs, 1902; in dieser Richtung aber z.B. auch *BGHZ* 39, 319, 329; unstimmig *Koller/Roth/Morck*, §§ 171, 172 Rdnr. 12.

14 Ausführlich mit eingehenden Nachweisen noch in der 1.–3. Auflage, § 54 I 3.

Hälfte geleistet ist. Die »Verrechnungstheorie« würde ihm zugutehalten, daß er die Gesellschaft um 50 000 Euro reicher gemacht hat: 25 000 Euro Bareinlage und 25 000 Euro Warenwert. Aber die herrschende Auffassung sieht die Warenlieferung nicht als haftungsbefreiend an[15].

Beispiel Nr. 12 (zu § 172 IV HGB): Der Insolvenzverwalter der Gesellschaft stellt fest, daß die Gesellschaft dem Kommanditisten K im letzten Jahr Waren im Werte von 50 000 Euro für den Preis von nur 25 000 Euro zugeschanzt hat (verdeckte Gewinnausschüttung). Er steht auf dem Standpunkt, daß nunmehr die Haftung in Höhe der Wertdifferenz von 25000 Euro wieder aufgelebt sei. Die »Verrechnungstheorie« würde die Haftung eindeutig bejahen, weil der Kommanditist die Gesellschaft um 25000 Euro erleichtert hat, während die »Vertragstheorie« einwenden könnte, daß doch keine Einlage zurückgezahlt, sondern nur ein für die Gesellschaft ungünstiges Geschäft zwischen ihr und dem Kommanditisten abgewickelt worden ist. Aber die herrschende Auffassung sieht den Vorgang als haftungsschädlich an[16].

c) *Stellungnahme*[17]: Wer unvoreingenommen an diese Fälle herangeht, wird der herrschenden Auffassung spontan zustimmen. Der Kommanditist unseres Beispiels Nr. 11 darf sich nicht mit haftungsbefreiender Wirkung darauf berufen, daß die Gesellschaft mit ihm gute Geschäfte gemacht hat, und in unserem Beispiel Nr. 12 darf er sich nicht darauf berufen, daß ihm die Vorteile, nicht »als Einlage« zurückgewährt worden sind. Wer dem »Theorienstreit« nachgeht, wird im *Beispiel Nr. 11* den Eindruck gewinnen, daß die Vertragstheorie vorherrscht, während im *Beispiel Nr. 12* die Verrechnungstheorie als herrschend und als vernünftig erscheint. Die Erklärung liegt darin, daß keine der Theorien richtig ist, weil beide eine eindimensionale Lösung für alle Vermögensbewegungen anstreben. Um sich Klarheit zu verschaffen, darf man nicht wie gebannt auf die Vielfalt der Vermögensbewegungen sehen. Man muß sich den *Zustand der beschränkten Kommanditenhaftung* vor Augen führen und nach der Legitimation einer Haftungsbefreiung fragen. Nur durch Wahrung von Normativbestimmungen und durch effektive Risikobeteiligung kann sich ein Handelsgesellschafter den Haftungsausschluß verdienen (oben, § 18 IV 1). *Der Kommanditist verdient sich die Haftungsbefreiung, indem er bei der Gesellschaft haftendes Kapital als Kommanditisteneinlage hält.* Folglich muß die Einlage der Gesellschaft *als solche* zur Verfügung stehen (dies ist der richtige Kern der Vertragstheorie), *und* es muß für objektive Wertdeckung gesorgt sein (dies ist der richtige Kern der Verrechnungstheorie). Nur wenn und solange beide Erfordernisse erfüllt sind, ist der Kommanditist von der Haftung befreit. Damit können auch die *Beispiele Nr. 11 und 12* beurteilt werden:

15 Statt vieler: *Neubauer*, a.a.O., § 27 Rdnr. 32; *Staub/Schilling*, § 171 Rdnrn. 5f.; nur dem Leitsatz, aber nicht den Gründen nach a. M. OLG München, BB 1990, 1924 = ZIP 1990, 1266.

16 Vgl. *Keuk*, ZHR 135 (1971), 420; selbst der eigenmächtige Griff des Kommanditisten in die Gesellschaftskasse löst nach *Keuk* keine Kommanditistenhaftung nach § 172 IV HGB, wohl allerdings Ansprüche der Gesellschaft gegen den Kommanditisten aus.

17 Eingehend *Karsten Schmidt*, Einlage und Haftung, a.a.O., S. 25ff.; *Karsten Schmidt*, in MünchKommHGB, §§ 171/172 Rdnrn. 46ff.; *ders.*, ZGR 1976, 317f.

In unserem *Beispiel Nr. 11* ist eine haftungsbefreiende Leistung zu verneinen. Die Bereicherung der Gesellschaft durch den günstigen Ankauf von Waren stellt keine Einlageleistung dar. Hätte die Gesellschaft die Waren für 225 000 Euro bei K gekauft und ihm hiervon 25 000 Euro als Einlageleistung gutgeschrieben, so hätte es anders ausgesehen, vorausgesetzt allerdings, daß die Waren auch wirklich einen Wert von 225 000 Euro hatten. Es ist eben zweierlei für die Haftungsbefreiung erforderlich: die Leistung »als Einlage« *und* die objektive Vermögensdeckung.

In unserem *Beispiel Nr. 12* ist eine haftungsschädliche Einlagenrückgewähr zu bejahen, denn um den Haftungsvorteil des § 171 I HGB, 2. Halbsatz entfallen zu lassen, genügt es, wenn *eines* der beiden Merkmale entfällt. Jede dem K in seiner Gesellschaftereigenschaft (»causa societatis«) zufließende Leistung kann »Rückzahlung der Einlage« sein. Hier hatte K zwar nicht die Leistung »als Einlage« zurückerhalten, wohl aber hatte er die objektive Vermögensdeckung durch das verdeckte Geschäft beseitigt.

Viel einfacher war naturgemäß unser *Beispiel Nr. 10:* Der Kommanditist hatte den Betrag »als Einlage« zurückerhalten, denn die Abfindung war selbstverständlich eine »causa societatis« geleistete Zahlung.

4. Akzessorietät und Haftungsinhalt

a) Sieht man von der summenmäßigen Beschränkung ab, so unterscheidet sich die Kommanditistenhaftung zunächst nicht von der Haftung des oHG-Gesellschafters und damit des Komplementärs. Sie ist, wie diese, eine *primäre und akzessorische Haftung.* Soweit der Kommanditist nach § 171 I oder § 172 IV HGB haftet, kann er sich gegenüber der Klage eines Gläubigers nicht mit dem Einwand verteidigen, der Gläubiger solle zuerst das Gesellschaftsvermögen in Anspruch nehmen. Ist er verurteilt, so kann er sich (solange er nicht die Einlage in das Gesellschaftsvermögen leistet) nicht gegen die Vollstreckung in sein Privatvermögen zur Wehr setzen, denn er haftet nur summenmäßig, aber nicht gegenständlich beschränkt. Dagegen kann er Einwendungen und Einreden der Gesellschaft in demselben Umfang geltend machen wie ein oHG-Gesellschafter oder Komplementär (vgl. dazu oben, § 49 II 3).

b) Der Inhalt der Kommanditistenhaftung war ähnlich umstritten wie der Haftungsinhalt bei der unbeschränkten Gesellschafterhaftung (dazu oben, § 49 III). Haftet der Kommanditist unbeschränkt nach § 176 HGB (dazu unten, § 55), so haftet er nach der herrschenden Meinung auch inhaltlich ebenso wie ein oHG-Gesellschafter oder Komplementär, also auf Erfüllung und nicht nur auf Geldleistung[18]. Sobald aber der Kommanditist summenmäßig beschränkt haftet – und dies ist die Regel –, geht seine Haftung nur auf eine Geldleistung[19]. Dies ist keine Frage der unter § 49 III diskutierten »Erfüllungstheorie« oder »Haftungstheorie«, sondern einfach die Konsequenz der summenmäßig begrenzten Haftung.

18 *BGHZ* 73, 217 = JZ 1980, 193 m. Anm. *Wiedemann* = JuS 1979, 819 m. Anm. *Karsten Schmidt* = JA 1979, 545 m. Anm. *Schulte.*

19 *Wiedemann* I, § 5 IV 2 a bb; *Ebenroth/Boujong/Joost/Stohn,* § 171 Rdnr. 12; *Karsten Schmidt*, in MünchKommHGB, §§ 171/172 Rdnr. 16; jetzt h.M.; a.M. *Flume*, Personengesellschaft, § 16 III 2.

Beispiel Nr. 13: Verlangt die Bank B von der KG die Rückzahlung eines Kredits, so kann sie neben der Gesellschaft auch einen Kommanditisten in Anspruch nehmen, soweit er seine Einlage nicht erbracht oder soweit er sie zurückerhalten hat. Er haftet hier auf dasselbe wie die Gesellschaft, nämlich auf Geld. Verklagt ein Vertragspartner P die Kommanditgesellschaft und die Gesellschafter auf Bauleistungen, so kann neben der Gesellschaft zwar der Komplementär zur Erbringung der vertragsmäßigen Leistung verurteilt werden (oben, § 49 III), nicht aber ein beschränkt haftender Kommanditist. Es kommt nicht etwa darauf an, ob der Wert der Bauleistungen unter der Haftsumme liegt. Der Kommanditist haftet zwar gleichfalls dem P, aber er muß erst leisten, wenn die Gesellschaft Geld – z.B. als Schadensersatz wegen Nichterfüllung – schuldet.

5. Der Regreß des in Anspruch genommenen Kommanditisten

Ein von den Gläubigern in Anspruch genommener Kommanditist kann, wie ein oHG-Gesellschafter, nach §§ 110, 161 II HGB bei der Gesellschaft Regreß nehmen (vgl. oben, § 49 V 1)[20]. Auch für den Regreß der Gesellschafter untereinander gelten sinngemäß die aus dem oHG-Recht bekannten Regeln (oben, § 49 V 2), jedoch kommt dieser Regreß nur zum Zuge, soweit die Mitgesellschafter ihrerseits haften. Ein anderer Kommanditist, der die Einlage haftungsbefreiend geleistet und nicht haftungsschädlich zurückerhalten hat, kann deshalb vom in Anspruch genommenen Kommanditisten nicht als Gesamtschuldner nach § 426 BGB in Regreß genommen werden[21].

II. Voraussetzungen der Haftungsbefreiung nach § 171 I HGB

1. Grundsatz

Soweit der Kommanditist seine Einlage leistet, befreit er sich nach § 171 I HGB von der beschränkten Kommanditistenhaftung. Was das im einzelnen bedeutet, steht nach den unter I 3 zur »Vertragstheorie« und zur »Verrechnungstheorie« angestellten Überlegungen fest: Es muß eine Leistung auf die Einlageschuld erbracht worden sein (erstes Erfordernis), und es muß für objektive Wertdeckung gesorgt sein (zweites Erfordernis).

2. Das erste Erfordernis der Haftungsbefreiung: Leistung »auf die Einlage«

Nur was der Gesellschaft als Einlage zugeführt worden ist, wirkt haftungsbefreiend. Sonstige Bereicherungen des Gesellschaftsvermögens genügen nicht.

20 Vgl. nur *BGH,* NJW-RR 2002, 455; *Neubauer*, a.a.O., § 27 Rdnr. 58.
21 Insoweit zutreffend *OLG Koblenz*, NJW-RR 1995, 486.

a) Zunächst einmal muß klar unterschieden werden zwischen einer Leistung »auf die Einlage« und einer Leistung »auf die Haftung«[22]:

Beispiel Nr. 14: Angenommen, der Kommanditist K ist mit einer Haftsumme und einer noch nicht geleisteten Einlage von 10 000 Euro beteiligt und wird von den Gesellschaftsgläubigern G_1 und G_2 bedrängt, die jeder 20 000 Euro von der Gesellschaft verlangen können. K hat hier die Wahl. Er kann seine Einlage einzahlen, womit seine Haftung gegenüber den Gläubigern erlischt. Er kann aber auch an die Gläubiger »auf die Haftung« zahlen. Zahlt er etwa 10 000 Euro an G_1, so kann G_2 nichts mehr von ihm verlangen. Der Grund besteht aber nicht darin, daß K seine Einlage geleistet hätte, sondern er besteht in der summenmäßig beschränkten Kommanditistenhaftung. Die Haftsumme des K ist verbraucht. Eine ganz andere Frage ist, ob die Gesellschaft von K noch die Einlage verlangen kann.

Vielfach heißt es, der Kommanditist, der an einen Gesellschaftsgläubiger zahle, leiste hierdurch die Einlage[23]. Unterscheidet man richtig zwischen Einlage und Haftung, so wird man erkennen, daß die Zahlung an den Gläubiger keine Leistung »auf die Einlage« darstellt. Die »auf die Haftung« an einen Gläubiger geleistete Zahlung beseitigt oder mindert zwar die summenmäßig beschränkte Gesellschafterhaftung gegenüber den Gesellschaftsgläubigern[24], aber die Gesellschaft hat noch ihre Einlageforderung gegen den Kommanditisten. Dieser kann seinerseits nach §§ 110, 161 II HGB von der Gesellschaft Regreß in Höhe von 10 000 Euro verlangen (oben unter I 5). Er kann sich deshalb nach §§ 387, 389 BGB durch Aufrechnung von der Einlageschuld befreien[25], und zwar zum Nennwert (vgl. dazu unter II 3 c).

Beispiel Nr. 15 (nach *BGH*, NJW 1984, 2290 = JuS 1984, 812 m. Anm. *Karsten Schmidt*): Der Kommanditist K war mit einer Einlage von 100 000 Euro in eine Kommanditgesellschaft eingetreten. Später war seine Einlage auf 200 000 Euro erhöht worden. Die Gesellschaft, die ein Motorschiff hatte betreiben sollen, war gescheitert. K hatte 120 000 Euro bar eingezahlt. Im übrigen war in Höhe von 80 000 Euro ein Bankkredit der Gesellschaft auf Kosten des K abgelöst worden. Der *Bundesgerichtshof* entschied, daß zwar nicht die Gläubigerbefriedigung selbst eine Einlageleistung sei, aber der Kommanditist könne, wenn er einen Gläubiger – hier die Bank – befriedigt habe, seine Bareinlage dadurch erbringen, daß er mit seinem Erstattungsanspruch gegen die Gesellschaft aufrechnet.

Beispiel Nr. 16 (Anlehnung an *OLG Hamm*, NJW-RR 1995, 489): Hatte sich K der Bank gegenüber verbürgt und aus diesem Grunde 80 000 Euro gezahlt, so konnte diese Zahlung selbstverständlich keine Einlageleistung sein, aber das schließt eine befreiende Aufrechnung mit dem aus der Gläubigerbefriedigung resultierenden Rückgriffsanspruch nicht aus. Anders kann es sich selbstverständlich verhalten, wenn die Bürgschaft im Innenverhältnis als zusätzliche Beitragsleistung zur Stützung der Gesellschaft vereinbart war.

22 Vgl. *Karsten Schmidt*, Einlage und Haftung, a.a.O., S. 43 ff., mit Nachweisen zur Gegenansicht.

23 *RG*, LZ 1907, 500; Recht 1909 Nr. 140; *BGHZ* 39, 319, 328; *Kübler*, § 8 III 2 b; *Kraft/Kreutz*, E III 3 b (3); *Staub/Schilling*, § 171 Rdnr. 2; krit. *Gursky*, DB 1978, 1262.

24 Dazu *Baumbach/Hopt*, § 171 Rdnr. 8; *Koller/Roth/Morck*, §§ 171, 172 Rdnr. 16; *Röhricht/v. Westphalen/v. Gerkan*, § 171 Rdnr. 15; *Karsten Schmidt*, in MünchKommHGB, §§ 171, 172 Rdnrn. 14, 50.

25 Vgl. *BGHZ* 63, 338, 342 = JuS 1975, 531 m. Anm. *Karsten Schmidt*; *BGH*, NJW 1984, 2290 = JuS 1984, 812 m. Anm. *Karsten Schmidt*; *Koller/Roth/Morck*, §§ 171, 172 Rdnr. 16; *Karsten Schmidt*, in MünchKommHGB, §§ 171, 172 Rdnrn 50, 60; *Neubauer*, a.a.O., § 27 Rdnr. 46.

Das ist ein klares Ergebnis. Aber kritisch wird die Rechtslage, wenn der Kommanditist eine Sacheinlage schuldet. Dann steht ihm keine Aufrechnungsbefugnis, sondern nur ein Zurückbehaltungsrecht zu[26]. Kritiker sehen darin eine für den Kommanditisten unzumutbare »Risikokumulation«[27], aber der Kommanditist hat es selbst in der Hand, diese »Risikokumulation« abzuwenden. Statt an den Gläubiger zu zahlen, kann er die Sacheinlage an die Gesellschaft leisten und sich nach § 171 I HGB von der Haftung befreien.

b) Die *tilgende Leistung auf die Einlageschuld* ist entscheidend für die Haftungsbefreiung. Das ist regelmäßig, aber nicht notwendig, eine Leistung der Kommanditisten an die Gesellschaft. Nach § 267 BGB kann auch ein Dritter, z.B. ein Mitgesellschafter, die Einlage leisten (dazu unter II 2 d), und nach § 362 II BGB kann die Gesellschaft auch einen Dritten, z.B. einen Gesellschaftsgläubiger, zur Entgegennahme ermächtigen. Nach herrschender Auffassung ist die Einlageforderung sogar abtretbar, pfändbar und verpfändbar[28]. Schon im Zusammenhang mit der GmbH wurde jedoch das hieraus resultierende Kapitalaufbringungsproblem verdeutlicht: Soll es das Gesellschaftsrecht hinnehmen, daß Einlageleistungen auf diese Weise in die Hand eines Dritten, z.B. eines Einzelgläubigers, geraten (oben, § 37 II 2f)? Während der *Bundesgerichtshof* bei der GmbH grundsätzlich streng darauf sieht, daß der Gegenwert für die Einlageleistung voll in das Gesellschaftsvermögen fließt, ist die Praxis im Recht der KG weniger streng[29]. Die Bedeutsamkeit dieser Frage macht man sich am besten anhand von Beispielen klar:

Beispiel Nr. 17 (in Anlehnung an *BGHZ* 63, 338): K war einer Kommanditgesellschaft mit einer Einlage und Haftsumme von 5 000 Euro beigetreten. Die Gesellschaft hatte ihre Einlageforderung an Zahlungs Statt (§ 364 I BGB) oder zur Sicherung an einen Gläubiger G abgetreten. Dieser verlangte Zahlung von K. Da G Gesellschaftsgläubiger war, ist es wichtig, hier genau zwischen der Einlageschuld und der Haftung zu unterscheiden. Zum einen haftete K nach § 171 I HGB dem G, wie er allen Gläubigern haftete[30], und zum anderen hatte G durch die vom *BGH* zugelassene Abtretung auch die Einlageforderung gegen K erworben. G hätte also den K auch aus der Kommanditistenhaftung gemäß § 171 I HGB in Anspruch nehmen können; diese wäre freilich erloschen, wenn K an irgendeinen Gesellschaftsgläubiger – nicht notwendig an G – in Höhe der offenen Haftsumme geleistet hätte. Im Fall des *BGH* ging G aus der Einlageforderung gegen K vor. K konnte aber auch hier an einen beliebigen Gläubiger »auf die Haftung« zahlen und dann gegenüber dem G mit dem gegen die Gesellschaft gerichteten Regreßanspruch aus §§ 110, 161 II HGB aufrechnen (§ 406 BGB; vgl. *BGH*, a.a.O., gegen *Gramlich*, NJW 1967, 1447ff.).

26 *Karsten Schmidt*, Einlage und Haftung, a.a.O., S. 45; *Karsten Schmidt*, in MünchKommHGB, §§ 171/172 Rdnr. 50.

27 So *Gursky*, DB 1978, 1262f.

28 *BGHZ* 63, 338 = JuS 1975, 531 m. Anm. *Karsten Schmidt; BGH*, LM Nr. 19 zu § 171 HGB = NJW 1982, 35; NJW 1984, 874 = ZIP 1984, 171; *OLG Hamburg*, ZIP 1983, 59, 63; *Wertenbruch*, a.a.O., S. 456ff.; *Baumbach/Hopt*, § 171 Rdnr. 9; *Ebenroth/Boujong/Joost/Stohn*, § 171 72, 75; *Heymann/Horn*, § 171 Rdnr. 23; *Röhricht/v. Westphalen/v. Gerkan*, § 171 Rdnr. 14; *Staub/Schilling*, § 171 Rdnr. 11.

29 Überblick bei *Karsten Schmidt*, ZHR 157 (1993), 304ff.

30 Nicht haltbar ist die Ansicht von *Gramlich*, NJW 1967, 1447ff., nach der der Gegenwert der Abtretung dem Kommanditisten als haftungsbefreiende Einlage zugute kommt.

Beispiel Nr. 18 (nach *BGH*, LM Nr. 19 zu § 171 HGB = NJW 1982, 35 = JuS 1982, 215 m. Anm. *Karsten Schmidt*): Der Komplementär läßt sich von der Gesellschaft die gegen den Kommanditisten gerichtete Einlageforderung abtreten. Da er seinerseits an die Gesellschaft einen Betrag in gleicher Höhe gezahlt hatte, hielt der *Bundesgerichtshof* auch diese Abtretung für wirksam. Deshalb wird aus diesem Urteil nicht selten, aber schwerlich zu Recht, gefolgert, die *BGH*-Rechtsprechung verlange wie bei der GmbH, daß ein Gegenwert für die Einlage in das Vermögen der Gesellschaft geflossen ist.

Beispiel Nr. 19 (in Anlehnung an *BGH*, NJW 1984, 874): Kommanditist K hatte seine Einlage noch nicht geleistet. Die Gesellschaft trat die Einlageforderung an den Gläubiger G ab, der sie seinerseits an den K abtrat. Da eine Forderung durch Konfusion erlischt, wenn Gläubiger- und Schuldnerstellung in einer Person zusammenfallen, war hier nach Auffassung des *BGH* der K von seiner Einlagepflicht und damit nach § 171 I HGB auch von seiner Haftung befreit. Der Gläubiger G hätte nach Ansicht des *BGH* dem K die Einlageschuld erlassen können, und ebenso konnte ohne jegliche Leistung des K dessen Verpflichtung durch Konfusion erlöschen (anders in der Vorinstanz *KG*, ZIP 1983, 593).

Diese Praxis steht in einem Kontrast zu der strengeren Praxis im GmbH-Recht (oben, § 37 II 2f)[31]. Die ersten Auflagen dieses Buches tendierten deshalb dazu, die Abtretbarkeit und Pfändbarkeit in Anlehnung an die GmbH-Rechtsprechung weiter zu beschränken[32], weil die Einlage des Kommanditisten das haftende Kapital mehren und im Insolvenzfall in die Masse fließen, nicht dagegen einem Einzelgläubiger oder gar dem Kommanditisten selbst zugute kommen solle. Die besseren Gründe sprechen indes für eine umgekehrte Anpassung des Kapitalaufbringungsrechts bei der GmbH in Richtung auf die Rechtsprechung zur Kommanditgesellschaft (oben, § 37 II 2f)[33]: Nur die Kommanditisten und ihnen nahestehende Personen sind an das Gebot der objektiven Wertdeckung gebunden (dazu alsbald unter II 3), während Dritte als Abtretungsempfänger oder pfändende Gläubiger keine Aufbringung von Eigenkapital versprochen haben, also auch nicht auf die Eigenkapitalaufbringung verpflichtet werden können. Die Einlageforderung ist, nicht anders als die schon auf dem Girokonto der Gesellschaft befindliche Einlage, ein verwertbarer Gegenstand des Gesellschaftsvermögens, und wenn sich einzelne Gläubiger durch den Zugriff auf diese Forderung einen Vorteil verschaffen, so ist dies ein Problem der Gläubigerkonkurrenz (ggf. der Insolvenzanfechtung), nicht der Eigenkapitalaufbringung. Selbstverständlich ändert dies nichts daran, daß eine Forderungsabtretung im Einzelfall als sittenwidrige Aushöhlung des Gesellschaftsvermögens nach § 138 BGB nichtig sein kann, z.B. wenn sämtliche Einlageforderungen an eine Factor-Bank abgetreten werden, die auf der Basis von 37 % Effektivzins mit der Gesellschaft abrechnet[34].

---

31 Eingehend *Karsten Schmidt*, ZHR 157 (1993), 291ff., insbes. S. 308f.

32 Vgl. 2. Aufl., § 54 II 2 b; *Karsten Schmidt*, Einlage und Haftung, a.a.O., S. 63ff., 115ff.; s. gegen diese Bedenken aber *BGH*, NJW 1984, 874.

33 *Karsten Schmidt*, ZHR 157 (1993), 310ff.; zust. *Wertenbruch*, a.a.O., S. 464ff.; *Koller/Roth/Morck*, §§ 171, 172 Rdnr. 17.

34 Vgl. *BGH*, WM 1978, 1400; vgl. schon *LG München II*, DB 1977, 443.

c) Auch dann, wenn der Kommanditist Leistungen gegenüber der Gesellschaft erbracht hat, muß genau unterschieden werden, ob dies Leistungen *»auf die Einlage«* sind oder nicht.

Beispiel Nr. 20 (nach *LG Hamburg*, ZIP 1982, 1328): Der Kommanditist hatte der Gesellschaft erhebliche Darlehnsbeträge zur Verfügung gestellt und meinte nun, er habe sich hierdurch von der persönlichen Haftung befreit. Da keine Leistung »auf die Einlage«, sondern eine Darlehnsgewährung vorlag, konnte hiervon keine Rede sein.

Das *Erfordernis einer Leistung »auf die Einlage«* hat bei Gesellschaftsverträgen mit »gesplitteter Einlage« erhebliche Schwierigkeiten bereitet[35]. Diese Schwierigkeiten beruhen darauf, daß Kommanditisten gerade im Bereich der Publikumsgesellschaften bisweilen geradezu abenteuerlich gefährliche Verträge unterschrieben haben.

Beispiel Nr. 21 (nach *BGH*, LM Nr. 21 zu § 171 HGB = NJW 1982, 2253 m. Anm. *Karsten Schmidt* = JuS 1982, 861; *OLG Köln*, ZIP 1982, 310): Bei der W-KG, einer Publikums-Kommanditgesellschaft, bestimmte der Gesellschaftsvertrag, daß die Haftsumme zu durch »Kommanditeinlagen« und zu durch »Darlehen« belegt werden sollte. Kapitalanleger K trat mit einer Haftsumme von 40 000 Euro in die Gesellschaft ein und zahlte diesen Betrag. Es liegt auf der Hand, daß die Gesellschaft darüber hinaus keine Leistungen verlangen konnte, denn K hatte gezahlt, was er schuldete. Anders kann es mit der Haftung aussehen. Kommt man hier zu dem Ergebnis, daß K wirklich nur 10 000 Euro als Einlage geleistet hat, so haftet er den Gläubigern noch in Höhe von 30 000 Euro, wodurch sich sein Insolvenzrisiko im Ergebnis auf 70 000 Euro erhöht hätte (die Gesellschaft im Originalfall des *BGH* war in Konkurs gefallen!). Der *Bundesgerichtshof* kam zu folgender Lösung: »Ist in einer Publikums-KG vereinbart, daß sich die im Handelsregister einzutragende Haftsumme aus einer Kommanditeinlage und einem Darlehen zusammensetzt, so sind auch Zahlungen auf das Darlehen als Leistungen auf die Haftsumme anzurechnen.« Der *BGH* begründet diese Lösung mit der Erwägung, im Innenverhältnis sei der Gesellschafterbeitrag zwar in »Einlage« und »Darlehen« zerlegt, aber er sei in bezug auf die Haftsumme als »Gesamtbeitrag« und als »einheitliche Einlageleistung« gedacht. Dieser Entscheidung ist im Ergebnis zuzustimmen. Schon unter § 18 III wurde ausgeführt, daß haftendes Kapital und Fremdkapital von den Vertragsbeteiligten nicht immer präzis bezeichnet werden. Trennt man genau zwischen der Einlage und dem Beitrag des Gesellschafters (oben, § 20 II 1), so läßt sich die Begründung präzisieren: Nicht der *Beitrags*charakter, sondern der *Einlage*charakter des »Darlehns« gab den Ausschlag. Auch ein reguläres Darlehn, das keine haftungsbefreiende Wirkung hat, kann Beitragsleistung sein. Hier aber war das »Darlehn« eine falsch bezeichnete Einlage. Der Kommanditist hatte zwei Einlagen zu leisten: eine feste Einlage (die »Kommanditeinlage« des Gesellschaftsvertrags) und eine bewegliche Einlage (das sog. »Darlehn«). K hatte also in Wahrheit eine Einlage in Höhe von 40 000 Euro geleistet und sich damit von der Haftung befreit. Entsprechend sind Fälle zu lösen, bei denen die Haftsumme teils durch eine »Kommanditeinlage«, teils durch eine »stille Einlage« abgedeckt wird.

d) Festzuhalten ist noch, *daß nicht der Kommanditist selbst die Einlage zu erbringen braucht*[36]. Zunächst ist es eine Selbstverständlichkeit, daß statt des Kommanditisten auch ein Dritter für Rechnung des Kommanditisten an die

---

35 Dazu näher *Kirsch*, a.a.O., S. 126ff.; *Mundry*, a.a.O., S. 125ff.; *Karsten Schmidt*, in MünchKommHGB, §§ 171/172 Rdnr. 49.

36 OLG Düsseldorf, GmbHR 1959, 114; *OLG Köln*, OLGZ 1976, 306; *Ebenroth/Boujong/Joost/Strohn*, § 171 Rdnrn. 66ff.; *Koller/Roth/Morck*, §§ 171, 172 Rdnr. 18; *Karsten Schmidt*, in Münch-

Gesellschaft leisten kann (§ 267 BGB). Aber auch aus Mitteln, die sich schon bei der Gesellschaft befinden, oder aus Mitteln des Komplementärs kann die Einlage erbracht werden. Sie wird dann beispielsweise vom Darlehnskonto eines Mitgesellschafters abgebucht oder vom Komplementär eingezahlt. Man spricht dann von der *»Einbuchung«* der Kommanditbeteiligung (dazu alsbald unter II 4).

3. Das zweite Erfordernis der Haftungsbefreiung: objektive Wertdeckung

a) Der Kapitalaufbringungsgrundsatz im Recht der Kommanditgesellschaft läßt eine objektive Wertdeckung als Voraussetzung einer haftungsbefreienden Einlageleistung erscheinen (oben unter I 3). Wenn eine *Bareinlage (besser: Geldeinlage) durch Zahlung* erbracht wird und dieser Vorgang weder unmittelbar noch mittelbar auf Kosten der Gesellschaft geht, spielt das Problem der Wertdeckung keine Rolle.

Beispiel Nr. 22: Der Kommanditist überweist die Einlagesumme von 10 000 Euro auf das Bankkonto der Gesellschaft. Er hat hierdurch genau die versprochene Mehrung des Vermögens bewirkt.

b) Anders verhält es sich bei *Sacheinlagen* (vgl. auch schon zu den Kapitalgesellschaften oben, § 20 III 4a, § 29 II 1b, § 37 II 3c). Sind sie überbewertet[37], so wird der Kommanditist nur nach Maßgabe des effektiv eingebrachten, nicht des vereinbarten, Werts von der Haftung frei[38]. Bei einer Sacheinlage des Kommanditisten findet also – ähnlich wie bei Kapitalgesellschaften – eine Vollwertigkeitsprüfung statt.

Beispiel Nr. 23: Kommanditist K (Einlage und Haftsumme 10 000 Euro) soll einen gebrauchten Kleintransporter einbringen, der mit 10 000 Euro bewertet wird. Hat das Fahrzeug nur einen objektiven Wert von 8 000 Euro, so ist K nur in dieser Höhe von der Haftung befreit.

Beispiel Nr. 24 (in Anlehnung an *BGHZ* 60, 324): K hatte als Sacheinlage sein kleines Unternehmen mit Aktiven und Passiven eingebracht, das mit 10 000 Euro bewertet wurde. In Wahrheit standen Passiven in Höhe von 25 000 Euro nur 20 000 Euro an Aktiven gegenüber, so daß das Unternehmen rechnerisch um 5 000 Euro überschuldet war. K hatte hier »weniger als nichts«, nämlich ein überschuldetes Unternehmen, eingebracht, denn die Gesellschaft haftete für die zum Unternehmen gehörenden Verbindlichkeiten (eingehend

---

KommHGB, §§ 171/172 Rdnr. 44; *Staub/Schilling*, § 171 Rdnrn. 6f.; s. aber auch *OLG Frankfurt*, NJW 1963, 545.

37 War die Einlage unterbewertet, so befreit dies den Kommanditisten nur nach Maßgabe des Wertansatzes; *Karsten Schmidt*, Einlage und Haftung, a.a.O., S. 42; *ders.*, in: MünchKommHGB, §§ 171, 172 Rdnr. 48; a.M. *Kornblum*, a.a.O., S. 256; *Baumbach/Hopt*, § 171 Rdnr. 6; *Ebenroth/Boujong/Joost/Strohn*, § 171 Rdnr. 58; *Koller/Roth/Morck*, §§ 171, 172 Rdnr. 14; *Röhricht/v. Westphalen/v. Gerkan*, § 171 Rdnr. 46; *Felix*, NJW 1973, 491f.

38 *RGZ* 63, 265, 266; BGHZ 39, 319, 329f.; *BGH* WM 1977, 167 = DB 1977, 394; *OLG Nürnberg*, WM 1961, 124, 125; *Kübler*, § 8 III 2a; *Koller/Roth/Morck*, § 171, 172 Rdnr. 14; *Huber*, Vermögensanteil, S. 210; *Neubauer*, a.a.O., § 27 Rdnr. 32; *Karsten Schmidt*, Einlage und Haftung, a.a.O., S. 46; *Konietzko*, a.a.O., S. 126ff.

Handelsrecht, § 8). K befreite sich durch diese Sacheinlage nicht von der Haftung. Die Haftung blieb aber, wie der *BGH* betont, auch auf die Haftsumme beschränkt und erhöhte sich nicht etwa um weitere 5 000 Euro. Ob sich die Gesellschaft auch noch 5 000 Euro bei K wiederholen kann, ist in einem derartigen Fall eine Frage des Innenverhältnisses (vgl. zur Haftung des Sacheinlegers oben, § 20 III).

Es leuchtet ein, daß auch durch verdeckte Sacheinlagen dieser Schutz nicht umgangen werden kann (vgl. zum Tatbestand der verdeckten Sacheinlage oben, § 29 II 1c und § 37 II 4)[39]. Verdeckte Sacheinlagen sind im Recht der Kommanditgesellschaft allerdings nicht, wie im Kapitalgesellschaftsrecht, verboten. Das Gesetz hält die Gesellschafter zwar an, die Einlagen und Haftsummen vertraglich festzulegen, aber es steht nichts entgegen, wenn der Kommanditist sich seine Bareinlage z.B. durch das Stehenlassen eines Gehalts oder eines Kaufpreises verdient. Aber haftungsbefreiend wirkt eben ein solcher Vorgang nur, wenn die in das Gesellschaftsvermögen gelangende Gegenleistung vollwertig ist. Zahlt K die 10 000 Euro als Bareinlage ein und kauft ihm die Gesellschaft mit diesem Geld seinen Transporter oder sein Unternehmen ab, so entgeht K hierdurch nicht der Vollwertigkeitsprüfung.

c) Der Vollwertigkeitsprüfung unterliegt auch die *Aufrechnung bei der Geldeinlage*[40]. Hat der Kommanditist 10 000 Euro als Einlage einzuzahlen und kann er seinerseits 10 000 Euro von der Gesellschaft verlangen, so kann er, sofern nicht der Gesellschaftsvertrag dies ausschließt, nach § 387 BGB aufrechnen, statt zu zahlen (vgl. dagegen zur Rechtslage bei der GmbH oben, § 37 II 2). Nach dem schuldrechtlichen Modell des BGB erlöschen durch die Aufrechnung gemäß §§ 387, 389 BGB die einander gegenüberstehenden Forderungen nach Maßgabe ihres Nennwerts. Der besondere Vorzug der Aufrechnungslage besteht nach allgemeinem Schuldrecht gerade darin, daß sich auch derjenige durch Aufrechnung befriedigen und befreien kann, der von seinem Schuldner nicht viel zu erwarten hat. Ebenso sah es im Ausgangspunkt die bei Erscheinen der ersten Auflage dieses Buches wohl noch herrschende Auffassung bei der Kommanditgesellschaft[41]. Nach ihr sollte sich der Kommanditist selbst in der Krise der KG noch durch Aufrechnung zum Nennwert befreien können. Die richtige und inzwischen gesicherte Gegenansicht stellt dagegen bei Aufrechnungsvorgängen ebenso wie bei einer Sacheinlage darauf ab, in welcher Höhe das Vermögen der Gesellschaft effektiv vermehrt worden ist[42]. Eine Hilfsüberlegung zeigt, warum die Aufrechnung wie eine Sacheinlage behandelt werden muß:

---

39 *Karsten Schmidt*, ZGR 1986, 157; die Ansiedelung des Problems bei § 171 I oder bei § 172 IV HGB oder im haftungsrechtlichen Gesamtkonzept dieser Vorschriften bedarf noch der Klärung.

40 Vgl. eingehend *v. Gerkan*, in: Festschrift Kellermann, 1991, S. 67ff; *Kirsch*, a.a.O. S. 54–76; *Konietzko*, a.a.O., S. 132ff.; *Müßigbrodt*, a.a.O.; *ders.*, BB 1982, 338ff.; *Mundry*, a.a.O., S. 29ff.; *Karsten Schmidt*, Einlage und Haftung, a.a.O., S. 47ff.; *ders.*, ZGR 1976, 320ff.; 1986, 152ff.; *Stimpel*, ZGR 1973, 95ff.; *Wiedemann*, in: Festschrift Bärmann, 1975, S. 1042ff.

41 *RGZ* 63, 265, 267; *BGHZ* 51, 391, 394; 58, 72, 76; s. auch *BGH*, NJW 1976, 418, 419; *Konietzko*, a.a.O., S. 132ff.; seither noch *Mundry*, a.a.O., S. 29ff. (mit Ausnahme im Konkurs der Gesellschaft).

42 *BGHZ* 95, 188 = NJW 1985, 2947 m. Anm. *Karsten Schmidt*, ZGR 1986, 152; *Baumbach/Hopt*, § 171 Rdnr. 7; *Ebenroth/Boujong/Joost/Strohn*, § 171 Rdnrn. 48f.; *Heymann/Horn*, § 171

Beispiel Nr. 25: Hat der Kommanditist als Einlage eine Forderung von 10 000 Euro gegen X durch Abtretung einzubringen, so ist dies eine Sacheinlage, die nach allgemeinen Grundsätzen bewertet wird. Ist X am Einbringungsstichtag solvent, so ist die Forderung vollwertig, ist X insolvent, so ist sie es nicht. – Ist vereinbart, daß der Kommanditist seine Einlage erbringen soll, indem er auf eine ihm gegen die Gesellschaft zustehende Forderung in Höhe von 10 000 Euro verzichtet oder indem er diese Forderung an die Gesellschaft mit Konfusionsfolge abtritt, so ist auch dies eine Sacheinlage. Nur wenn die Forderung des Kommanditisten gegen die Gesellschaft vollwertig ist, kann sie ihm zum Nennwert als Sacheinlage gutgebracht werden. – Gehen nun die Beteiligten einen rechtlich anderen Weg und leistet der Kommanditist eine Bareinlage, indem er mit einem gegen die Gesellschaft gerichteten Gegenanspruch aufrechnet, so ist der wirtschaftliche Effekt derselbe. Die Haftungsfolgen der Aufrechnung müssen deshalb ebenso beurteilt werden wie bei einer Sacheinlage: *Nur soweit die Forderung des Kommanditisten im Zeitpunkt der Aufrechnungserklärung vollwertig, die Gesellschaft also gesund ist, befreit sich der Kommanditist in Höhe des Aufrechnungsnennwerts von der Haftung.* Die Vollwertigkeit muß im Streitfall vom Kommanditisten bewiesen werden. Fehlt sie, so ist die Aufrechnung nicht etwa ausgeschlossen (unrichtig oder mißverständlich *OLG Hamm*, GmbHR 1983, 817f.), aber sie befreit nur, soweit die Forderung vollwertig war.

aa) Wie von allein erweist sich damit die Richtigkeit folgender, damals mühsam begründeter Entscheidungen:

Beispiel Nr. 26 (nach *BGHZ* 61, 59; s. auch *BGH*, DB 1977, 394; *Karsten Schmidt*, JZ 1974, 219; *Müßigbrodt*, BB 1982, 341): Die G-GmbH war in finanziellen Schwierigkeiten. Ihre Großgläubiger versuchten, die GmbH durch folgende Sanierungsgründung zu retten: Sie gründeten eine GmbH & Co. KG mit der G-GmbH als Komplementärin. Die GmbH brachte das Unternehmen mit Aktiven und Passiven in die Kommanditgesellschaft ein, und jeder Gläubiger übernahm eine Einlage und Haftsumme in der Höhe seiner Forderung. Die Einlagen wurden erbracht, indem die Gläubiger mit ihren Forderungen gegen ihre Einlageschulden aufrechneten. Diese Aufrechnung mit den in Wahrheit wertlosen Forderungen wirkte nicht haftungsbefreiend. Als die Sanierung scheiterte, stellte sich heraus, daß die Gläubiger nicht nur ihre Forderungen verloren hatten, sondern obendrein in gleicher Höhe noch einmal hafteten.

Beispiel Nr. 27 (nach *BGH*, LM Nr. 15 zu § 171 HGB = NJW 1976, 418): Der Kommanditist, der seine Einlage noch nicht erbracht hatte, ließ sich in der Krise der Gesellschaft die Forderung eines Gesellschaftsgläubigers G abtreten und rechnete mit dieser Forderung auf. Da die erworbene Forderung wertlos war, gab der *BGH* der Haftungsklage eines Gläubigers statt. Der Kommanditist, der hier die Aufrechnungslage erst künstlich geschaffen hatte, hatte der Gesellschaft keinen Vermögenswert zugeführt.

bb) Die Vollwertigkeit bestimmt sich nach dem Aufrechnungszeitpunkt, nicht nach dem für die Aufrechnungswirkungen nach § 389 BGB maßgeblichen Zeitpunkt. Dies muß selbst dann gelten, wenn die Aufrechnung nur die Konsequenz einer der Gesellschaft zugute gekommenen Vermögensbewegung ist.

Rdnr. 20; *Karsten Schmidt*, in: MünchKommHGB, §§ 171, 172 Rdnrn. 59f.; *Koller/Roth/Morck*, §§ 171, 172, Rdnr. 15; *Neubauer*, a.a.O., § 27 Rdnr. 37; *Röhricht/v. Westphalen/v. Gerkan*, § 171 Rdnr. 49; *Staub/Schilling*, § 171 Rdnr. 10; ebenso bereits *LG Hamburg*, ZIP 1982, 1328, 1329; *Wiedemann*, in: Festschrift Bärmann, 1975, S. 1043; *Karsten Schmidt*, Einlage und Haftung, a.a.O., S. 47ff.

Beispiel Nr. 28: Kommanditist A hat der Gesellschaft Waren im Werte von 10 000 Euro geliefert, Kommanditist B hat ihr ein Darlehn in Höhe von 10 000 Euro gewährt. Können beide noch in der Krise der Gesellschaft mit haftungsbefreiender Wirkung ihre Bareinlagen durch Aufrechnung mit diesen Forderungen erbringen?

Eine jahrzehntelange Rechtsprechung neigte dazu, eine solche Aufrechnung als befreiende Einlageleistung anzuerkennen[43]. Dieser »Surrogationsgedanke«[44] führte im Ergebnis dazu, daß der Kommanditist eine ehemals vollwertige Leistung (Lieferung, Werkleistung, Darlehn etc.) nachträglich in eine haftungsbefreiende Einlage umwidmen konnte. Er war mit dem Kapitalaufbringungsgrundsatz unvereinbar und gehört seit dem Urteil *BGHZ* 95, 188 = NJW 1985, 2947 der Vergangenheit an[45].

cc) So bleibt nur noch die Frage, ob und in welchen Fällen ausnahmsweise eine haftungsbefreiende Aufrechnung zum Nennwert noch immer anzuerkennen ist, weil die Aufrechnung nach dem System der §§ 171 I, 172 IV HGB haftungsrechtlich neutral ist. Zwei Beispiele wurden erwogen[46]:

Beispiel Nr. 29: Gläubiger G hält sich an den haftenden Kommanditisten K, der seine Einlage noch nicht geleistet hat. Leistet K nun an G den Betrag seiner Haftsumme, so endet damit die Kommanditistenhaftung. Folglich sollte auch unter Haftungsgesichtspunkten kein Einwand dagegen bestehen, daß K seine fortbestehende Einlageschuld zum Erlöschen bringt, indem er mit seinem Regreßanspruch (§§ 161 II, 110 HGB) aufrechnet. Eine in solchen Fällen oft vorliegende Insolvenz der Gesellschaft scheint unschädlich (vgl. auch unter III 2 a aa). Ob im Fall eines nachfolgenden Insolvenzverfahrens eine anfechtbare Vorwegbefriedigung des Gläubigers G auf Kosten der Masse vorliegt, ist eine andere Frage, die den K nicht betrifft. Das *OLG Hamm* (NJW-RR 1995, 489) hat dieses Aufrechnungskonzept sogar auf den Fall ausgedehnt, daß der Kommanditist in der Gesellschaftsinsolvenz als Bürge oder Mitschuldner an den Gläubiger zahlt, weil er diese Zahlung – anders als die Zahlung als haftender Kommanditist – auch im Insolvenzverfahren nicht verweigern könne (nicht unbedenklich, weil eine Bürgenhaftung des Gesellschafters die Befriedigungschancen anderer Gläubiger unberührt lassen sollte).

Beispiel Nr. 30: Ein ausgeschiedener Kommanditist hat sein Abfindungsguthaben als Darlehn bei der Gesellschaft stehenlassen. Entgegen *BGHZ* 39, 319, 331 ist dies eine »Rückzahlung« der Einlage i.S. von § 172 IV HGB (Begründung alsbald unter III 2 a aa). Die Kommanditistenhaftung lebt nach § 172 IV HGB wieder auf, aber der Kommanditist kann sie selbst noch im Insolvenzfall (vgl. § 171 II HGB!) durch Aufrechnung zum Erlöschen bringen. Denn der Gesichtspunkt, daß keine Haftungsmasse entzogen wurde, kann durch die Anwendung des § 172 IV nicht außer Betracht bleiben.

43 *RGZ* 63, 265, 267; *BGHZ* 51, 391, 394; 58, 72, 76; *BGH*, LM Nr. 15 zu § 171 HGB = NJW 1976, 418, 419; für den Fall, daß die Forderung des Kommanditisten vor seinem Beitritt begründet war, auch *Müßigbrodt*, a.a.O., S. 81 ff.

44 Terminologie: *Karsten Schmidt*, Einlage und Haftung, a.a.O., S. 52 f.; *ders.*, ZGR 1976, 323.

45 Näher *Karsten Schmidt*, ZGR 1986, 152 ff.

46 Vgl. *Karsten Schmidt*, in: MünchKommHGB, §§ 171/172 Rdnrn. 50, 60, 111; *Karsten Schmidt*, ZGR 1986, 157; Verf. behält sich eine neuerliche Prüfung dieser Ausnahmen vor; nur mit der Nennwertaufrechnung gegenüber dem Gesellschaftsgläubiger befaßt sich der Beitrag von *v. Gerkan*, in: Festschrift Kellermann, 1991, S. 67 ff.

4. »Einbuchung«, »Umbuchung« und das Erbenprivileg des § 139 IV HGB*

a) Von »Einbuchungsfällen« wird gesprochen, wenn ein Kommanditist ohne eigene Einlageleistung, dafür unter Gutschrift der Einlage auf seinem Konto, in die Gesellschaft aufgenommen wird[47]. Regelmäßig verbindet sich mit diesem Vorgang eine Schenkung an den Kommanditisten, z.B. im Zuge einer vorweggenommenen Erbfolge (vgl. oben, § 47 II 1 a).

Beispiel Nr. 31 (vgl. *OLG Köln*, OLGZ 1976, 306): In die Alois A GmbH & Co. KG sollen im Wege der vorweggenommenen Erbfolge die Kinder des Alois A, S und T, als Kommanditisten aufgenommen werden, und zwar dergestalt, daß die Kommanditeinlagen von zweimal 10 000 Euro vom Darlehnskonto des Alois A auf Einlagekonten der Kinder S und T übertragen werden. Sind S und T nach § 171 I HGB von der Haftung befreit? Wie, wenn keine GmbH & Co. KG, sondern eine reguläre KG vorlag, in der A als Komplementär fungierte? Wie schließlich, wenn Alois A Einzelunternehmer war und seine Kinder im Wege der vorweggenommenen Erbfolge durch »Einbuchung« als Kommanditisten beteiligen will (Fall des *OLG Köln*)?

Dies sind typische »Einbuchungsfälle«. Wie gesagt kann die Kommanditeinlage – nicht anders als grundsätzlich jede geschuldete Leistung (vgl. § 267 BGB) – auch von einem Dritten, z.B. also von einem anderen Kommanditisten, erbracht werden. Dieser Kommanditist muß sich nur in acht nehmen, daß er *aus ungebundenem Kapital* – hier z.B. aus dem eigenen Darlehnskonto – leistet, um sich nicht seinerseits der Haftung nach § 172 IV HGB auszusetzen.

Gestritten hat man über die *Einlageleistung aus dem Vermögen eines persönlich haftenden Gesellschafters.* In diesem Fall werden Vermögensgegenstände nur aus einem haftenden Vermögen (dem Komplementärvermögen) in ein anderes (das Gesellschaftsvermögen) überführt, so daß die den Gläubigern haftende Gesamtvermögensmasse überhaupt nicht vermehrt wird. Deshalb ist die Auffassung vertreten worden, auf diese Weise könne keine Kommanditeinlage aufgebracht werden[48]. Die herrschende Meinung steht mit Recht auf einem anderen Standpunkt[49]. Es liegt nämlich doch eine wesentliche Ver-

---

* Literatur (Auswahl): *Buchner*, Die Kommanditistenhaftung bei Rechtsnachfolge in Gesellschaftsanteile, DNotZ 1988, 467; *Crezelius*, Unternehmenserbrecht, 1998; *Emmerich*, Die Haftung des Gesellschaftererben, ZHR 150 (1986), 193; *Herfs*, Haftung des Erben als Nachfolger eines Kommanditisten, DB 1991, 1713; *ders.*, Haftung des Erben als Nachfolger eines Komplementärs bei Umwandlung des Komplementäranteils in einen Kommanditanteil, DB 1991, 2021; *Huber*, Vermögensanteil, S. 419ff.; *Saßenrath*, Die Umwandlung von Komplementär- in Kommanditbeteiligungen, 1988; *ders.*, Die Kommanditistenhaftung des ehemaligen Komplementärs und seiner Rechtsnachfolger, BB 1990, 1209; *Karsten Schmidt*, Kommanditisteneinlage und Haftsumme des Gesellschaftererben, ZGR 1989, 445; *ders.*, Zur kombinierten Nachfolge- und Umwandlungsklausel …, BB 1989, 1702; *Sudhoff*, Unternehmensnachfolge, 4. Aufl. 2000.

47 *OLG Düsseldorf*, GmbHR 1959, 114; *OLG Köln*, OLGZ 1976, 306; *Heymann/Horn*, § 171 Rdnr. 18; *Karsten Schmidt*, in: MünchKommHGB, §§ 171, 172 Rdnr. 44; *Staub/Schilling*, § 171 Rdnrn. 6f.; s. aber auch *OLG Frankfurt*, NJW 1963, 545; zum ganzen eingehend *Huber*, Vermögensanteil, S. 200ff.; *Karsten Schmidt*, BB 1990, 1993.

48 *Steckhan*, DNotZ 1974, 69ff.;

49 Vgl. *BGHZ* 93, 246, 251 = NJW 1985, 1767, 1777 = JuS 1985, 733; *OLG Köln*, OLGZ 1976, 306, 308; *Huber*, Vermögensanteil, S. 202; *Karsten Schmidt*, Einlage und Haftung, a.a.O., S. 99f.; *Baumbach/Hopt*, § 171 Rdnr. 6; *Ebenroth/Boujong/Joost/Strohn*, § 171, Rdnr. 70; *Heymann/*

änderung vor: Vermögensgegenstände werden aus ungebundenem Komplementärvermögen in gebundenes Gesellschaftsvermögen überführt. Dasselbe gilt, wenn ein Einzelkaufmann Angehörige als Kommanditisten »einbucht« (*OLG Köln*, OLGZ 1976, 306, 308). Auch hier wird die Kommanditeinlage zwar aus einem Vermögen aufgebracht, das schon bisher dem Gläubigerzugriff offenstand, aber sie wird erst jetzt im Gesellschaftsvermögen haftungsrechtlich gebunden. Das genügt. Wäre es anders, so müßte man sogar zweifeln, ob der Kommanditist selbst seine Einlage haftungsbefreiend vor seiner Handelsregistereintragung leisten kann, weil er ja selbst zunächst unter den Voraussetzungen des § 176 HGB unbeschränkt haften kann (dazu unten § 55). Aber es genügt eben, daß freies Vermögen dem Kapitalkonto des Kommanditisten zugeführt wird. Keine Haftungsbefreiung tritt dagegen ein, wenn der Einlagebetrag aus gebundenem Gesellschaftsvermögen stammt. Als Demonstrationsfall aus der Praxis[50] diene unser

Beispiel Nr. 32 (nach *BGH*, BB 1973, 862): Herr B war Komplementär der B-KG, Frau B war als Kommanditistin mit 250 000 Euro Einlage und Haftsumme in die Gesellschaft eingetreten. Die Einlageleistung wurde in Höhe von 50 000 Euro durch Umbuchung von dem Kapitalkonto des Herrn B bei der Gesellschaft bewirkt. Insofern erkannte der *BGH* die Einlageleistung unter der Voraussetzung an, daß das Konto des Herrn B bei der Gesellschaft dieses Guthaben auch aufwies und daß Herr B zur Entnahme dieses Betrags berechtigt war. In Höhe von 200 000 Euro hatte Herr B einen Bankkredit aufgenommen und diesen Betrag von seinem Bankkonto für Rechnung seiner Frau an die Gesellschaft überwiesen. Auch dies konnte eine haftungsbefreiende Einlageleistung zugunsten Frau B sein. Hatte allerdings, wie im Prozeß vorgetragen war, Herr B der Bank zur Absicherung seines Kredits den Zugriff auf das Geschäftskonto der Gesellschaft gegeben, so belastete der Kredit das Gesellschaftsvermögen. Das konnte keine (haftungs-)befreiende Einlageleistung sein.

b) Von einem »Umbuchungsvorgang« kann man sprechen, wenn die Position eines unbeschränkt haftenden Gesellschafters in die eines Kommanditisten umgewandelt wird (vgl. dazu schon oben, § 45 I 3 b). Dann wird für ihn eine Haftsumme in das Handelsregister eingetragen, und das Kapitalkonto des Gesellschafters wird als das eines Kommanditisten weitergeführt[51]. Der bisherige Komplementär haftet nur noch den Altgläubigern nach §§ 161 II, 128 HGB unbeschränkt (vgl. § 160 IV HGB und dazu oben, § 51 II 3), den Neugläubigern dagegen beschränkt nach §§ 171, 172 HGB. Um die Kommanditistenhaftung nach § 171 I HGB, 2. Halbsatz, auszuschließen, wird der bisherige Komplementär entweder ein Festkapitalkonto als Kommanditist in Höhe der Haftsumme bilden oder ein vorhandenes Festkapitalkonto in das eines Kommanditisten »umwidmen«. Ob wirklich Haftungsbefreiung ein-

Horn, § 171 Rdnr. 18; *Koller/Roth/Morck*, §§ 171, 172 Rdnr. 12; *Röhricht/v. Westphalen/v. Gerkan*, § 171 Rdnr. 43; *Karsten Schmidt*, in: MünchKommHGB, §§ 171, 172 Rdnrn. 44, 47; *Staub/Schilling*, § 171 Rdnr. 7; im Ergebnis auch *BGH*, LM Nr. 19 zu § 171 HGB = NJW 1982, 35.

50 Im Fall des *BGH* klagte nicht ein Gläubiger aufgrund der Haftung, sondern es klagte die Kommanditgesellschaft die Einlage ein.

51 Dazu auch *Saßenrath*, a.a.O., S. 30 ff.

tritt, bestimmt sich nach der Werthaltigkeit des Kapitalanteils am Umbuchungsstichtag[52]:

Beispiel Nr. 33 (vereinfacht nach *OLG Hamburg*, ZIP 1983, 59ff.): Der Kaufmann H war Komplementär der Z-KG. Im Zuge einer Sanierung wurde die Gesellschaft dergestalt umstrukturiert, daß eine Komplementär-GmbH aufgenommen und H mit einer Einlage und Haftsumme von 125 000 Euro Kommanditist wurde. Eine Einlage leistete H nicht, wohl aber wurde sein Kapitalkonto fortgeführt. Dieses Konto war negativ. Das *OLG Hamburg* entschied: »Wechselt der Gesellschafter einer KG von der Stellung eines Komplementärs in die eines Kommanditisten, so muß er ... eine wertmäßig erfaßbare Einlage auf den Kommanditanteil leisten oder geleistet haben, um gemäß § 171 Abs. 1 Halbs. 2 HGB in seiner Haftung beschränkt zu sein. Die Leistung der Kommanditeinlage kann in diesem Fall durch Gutschreiben des bisherigen Kapitalanteils ... erfolgen ...« Diesen Leitsätzen ist, wenn man von Formulierungsfragen absieht, zuzustimmen. Kritik verdient aber die folgende Einschränkung in den Leitsätzen des *OLG* (vgl. *Karsten Schmidt*, in: MünchKommHGB, §§ 171/172 Rdnr. 45): »Ist das Kapitalkonto beim Wechsel in die Kommanditistenstellung negativ, so kann die Einlage nicht durch bloße Übertragung des Kapitalkontos erbracht werden ...« Der *Bundesgerichtshof* hat inzwischen diese Einschränkung mit vollem Recht aufgegeben (*BGHZ* 101, 123, 126f. = NJW 1987, 3184; dazu *Blaurock/Suttmeyer*, JuS 1989, 96; insoweit zust. auch *Karsten Schmidt*, BB 1989, 1706). Das negative Kapitalkonto besagt nicht, daß der Kommanditanteil nichts wert ist (vgl. oben, § 47 III 2c), und es bedarf entgegen dem *OLG Hamburg* auch nicht der Auflösung stiller Rücklagen, um aus dem negativen Kapitalkonto eine Kommanditeinlage zu machen. Nur eines ist richtig: Hätte H im OLG-Fall die stillen Rücklagen aufgelöst, so hätte er sich und seinen Erben haftungsrechtliche Probleme erspart. Nun mußte die Werthaltigkeit des Anteils mühsam nachgewiesen werden.

c) Besondere Regeln gelten, wenn eine vererbte oHG- oder Komplementärbeteiligung *nach § 139 HGB in eine Kommanditbeteiligung umgewandelt* wird (dazu vgl. oben, § 45 V 6 und § 52 III 4 b). Nach dem Wortlaut des § 139 IV HGB haftet dann der Erbe für die bis dahin entstandenen Gesellschaftsschulden nur nach §§ 1967ff. BGB, also erbrechtlich beschränkbar. Das ist irreführend, denn der Erbe haftet, wenn er Kommanditist wird, auch gesellschaftsrechtlich für alle Alt- und Neuverbindlichkeiten, nur eben als Kommanditist, also nicht unbeschränkt (vgl. bereits oben, § 45 V 6)[53]. Die Vorschrift begründet ein Haftungsprivileg: Der Erbe haftet nicht strenger, als er haften würde, wenn er einen Kommanditanteil geerbt hätte[54]. Die Einzelheiten sind restlos umstritten. Streitig ist vor allem die Höhe der Haftsumme im Fall des § 139 IV HGB[55]. Nach der herrschenden Meinung kommt es auf das im Todeszeitpunkt bestehende Kapitalkonto des Erblassers

52 *BGHZ* 101, 123, 126f. = NJW 1987, 3184; *OLG Düsseldorf*, GmbHR 1959, 114; *OLG Köln*, OLGZ 1976, 306, 308; *Saßenrath*, a.a.O., S. 112f.; *Huber*, Vermögensanteil, S. 201f.; *Baumbach/Hopt*, § 171 Rdnr. 6; *Karsten Schmidt*, in MünchKommHGB, §§ 171, 172 Rdnr. 45, § 173 Rdnr. 9; *Blaurock/Suttmeyer*, JuS 1989, 99ff.

53 *Saßenrath*, a.a.O., S. 43; *Ebenroth/Boujong/Joost/Lorz*, § 139 Rdnr. 121; *Karsten Schmidt*, in: MünchKommHGB, §§ 171, 172 Rdnr. 45, § 173 Rdnr. 44; *Emmerich*, ZHR 150 (1986), 210f.; *Karsten Schmidt*, ZGR 1989, 448ff.; a.M. *Baumbach/Hopt*, § 139 Rdnr. 47.

54 Zur Entwicklung dieses Konzepts vgl. *Karsten Schmidt*, ZGR 1989, 450; zust. *Herfs*, DB 1991, 2122f.; Konsequenzen bei *Schlegelberger/Karsten Schmidt*, § 139 Rdnrn. 94ff.

55 Überblick bei *Karsten Schmidt*, ZGR 1989, 452–454.

an[56]. Schwierigkeiten bereitet diese herrschende Meinung, wenn das Kapitalkonto negativ ist, denn die Haftsumme darf nicht negativ sein[57]. Vorgeschlagen wird hier eine freie Wahl der Haftsumme[58] oder die Eintragung einer Haftsumme von 1 Euro[59]. Diese Vorschläge beruhen auf dem verständlichen Bestreben, den Erben als Kommanditisten einerseits vor einer in sein Privatvermögen einschlagenden persönlichen Haftung nach §§ 171 I, 173 HGB zu bewahren und anderseits dem Erfordernis der objektiven Wertdeckung zu genügen, weil ja grundsätzlich jeder neu eintretende Kommanditist seine Haftsumme wertmäßig abdecken muß und anderenfalls haftet. Genau dies ist aber ein Mißverständnis, denn das Haftungsprivileg verbietet es, den Erben wie einen mit einer neu einzuzahlenden Einlage eintretenden Kommanditisten zu behandeln[60]. Der Gesellschaftererbe wird ja behandelt, als wäre der Erblasser schon Kommanditist gewesen. So wenig wie der Erbe eines Kommanditisten persönlich haftet, wenn der ererbte Kommanditanteil im Zeitpunkt des Erbfalls im Wert unter der Haftsumme liegt, haftet der Erbe eines Komplementärs im Fall des § 139 IV HGB[61]. Er ist von persönlicher Haftung nicht deshalb frei, weil seine Einlage am Stichtag vollwertig ist, sondern er ist es deshalb, weil sie nicht mehr vollwertig zu sein braucht. Als Kommanditeinlage ist der Betrag festzuhalten, den schon der Erblasser ohne Entnahmemöglichkeit in der Gesellschaft hielt, zuzüglich einer etwa noch geschuldeten Einlage bzw. unzulässiger Entnahmen[62]. Ausschüttungen an den Kommanditisten sind erst zulässig, wenn dieser Betrag angespart ist (vgl. §§ 167 II, 169 I HGB)[63]. Auch als Haftsumme ist dieser Betrag einzutragen, und zwar selbst im Fall eines negativen Kapitalkontos[64]. Das Haftungsprivileg des § 139 IV HGB sorgt dafür, daß hierdurch selbst im Fall eines negativen Kapitalkontos keine persönliche Haftung ausgelöst wird, soweit nicht die Einlage rückständig ist[65]. Voraussetzung ist allerdings, daß der Vorgang korrekt in das Handelsregister eingetragen wird[66]: nicht als Neueintritt des Erben mit der aus dem Handelsregister ersichtlichen Einlage, sondern als Anteilsumwandlung nach § 139 HGB.

Beispiel Nr. 34: Hatte der Erblasser als unbeschränkt haftender Gesellschafter eine Einlage von 10 000 Euro geleistet und nur Gewinne entnommen, so ist dies auch die Einlage und Haftsumme des Kommanditisten, mag das Kapitalkonto im Zeitpunkt des Erbfalls 10 000,

56 Vgl. nur *Baumbach/Hopt*, § 139 Rdnr. 44; *Ebenroth/Boujong/Joost/Lorz*, § 139 Rdnr. 106; *Heymann/Emmerich*, § 139 Rdnr. 43 a; *Koller/Roth/Morck*, § 139 Rdnr. 9; *Alfred Hueck*, oHG, § 28 III 3; *Huber*, Vermögensanteil, S. 428 ff.

57 Ablehnend *Alfred Hueck*, oHG, § 28 III 3.

58 Vgl. *Heymann/Emmerich*, 1. Aufl., § 139 Rdnr. 45 (wie hier jetzt Heymann/Emmerich).

59 Vgl. (sämtlich noch bezogen auf 1 DM) *Baumbach/Hopt*, § 139 Rdnr. 42; *Ebenroth/Boujong/Joost/Lorz*, § 139 Rdnr. 107; *Koller/Roth/Morck*, § 139 Rdnr. 9; *Huber*, Vermögensanteil, S. 436; *Saßenrath*, BB 1990, 1210.

60 Charakteristische Verkennung dieses Prinzips bei *Saßenrath*, BB 1990, 1209 ff.

61 *Karsten Schmidt*, ZGR 1989, 466; zust. *Heymann/Emmerich*, § 139 Rdnr. 45; *Herfs*, DB 1991, 2122.

62 *Karsten Schmidt*, ebd., S. 460 f.

63 Ebd., S. 461.

64 Ebd., S. 464 f; jetzt auch *Heymann/Emmerich*, § 139 Rdnr. 45 b.

65 Ebd., S. 465.

66 Ebd., S. 465 f.

5 000 oder minus 5 000 Euro betragen haben. Bei richtiger Eintragung droht keine persönliche Haftung. Allerdings darf der Erbe als Kommanditist Gewinnanteile so lange nicht entnehmen, bis sein Kapitalkonto 10 000 Euro erreicht.

d) Diese Regeln gelten auch dann, wenn die Umwandlung des ererbten Anteils in einen Kommanditanteil aufgrund einer gesellschaftsvertraglichen Klausel automatisch geschieht (*kombinierte Nachfolge- und Umwandlungsklausel*)[67]:

Beispiel Nr. 35 (vereinfacht nach *BGHZ* 101, 123; dazu *Buchner*, DNotZ 1988, 467; *Frey*, ZGR 1988, 281; *Blaurock/Suttmeyer*, JuS 1989, 96; *Karsten Schmidt*, BB 1989, 1702): Nach dem Gesellschaftsvertrag sollte die Gesellschaft durch den Tod eines unbeschränkt haftenden Gesellschafters nicht aufgelöst sein, sondern mit seinen Erben als Kommanditisten fortgesetzt werden. Die E wurde Erbin und wurde als Kommanditistin mit einer Haftsumme (»Einlage«) von 10 000 Euro in das Handelsregister eingetragen, obwohl das Kapitalkonto des Erblassers negativ war. Im Insolvenzverfahren der Gesellschaft stellte sich die Frage, ob die E haftete. Das *OLG* hatte dies bejaht (§§ 173, 171 I HGB), weil das Kapitalkonto negativ war. Der *BGH* machte die Haftung davon abhängig, ob der Anteil im Zeitpunkt des Erbfalls trotz des negativen Kontos einen Wert von 10 000 Euro hatte.

Hätte es sich um den Normalfall eines Gesellschafterbeitritts gehandelt oder hätte die E, nachdem sie persönlich haftende Gesellschafterin geworden war, ihren Anteil erst nachträglich umgewandelt, so wäre dem *BGH* zu folgen gewesen (vgl. oben unter II 4b). Hier aber mußte das Privileg des § 139 IV HGB beachtet werden. Wenn nicht eine Falscheintragung der E als neu eingetretener Kommanditistin vorlag, dann haftete die E überhaupt nicht, denn im Gegensatz zu einer neu eintretenden Kommanditistin brauchte sie sich die Haftungsfreiheit nicht erst durch die Leistung einer Einlage zu verdienen.

III. Haftungsschädliche Einlagenrückgewähr (§ 172 IV HGB)

1. Grundsatz

a) Nach § 172 IV 1 HGB gilt die Einlage den Gläubigern gegenüber als nicht geleistet, soweit sie »zurückbezahlt« wird. Was dies in der Rechtsfolge bedeutet, machen die folgenden Beispiele deutlich:

Beispiel Nr. 36: Der Kommanditist hat seine Einlage von 10 000 Euro geleistet. Er erhält 5 000 Euro zurück. Beträgt seine Haftsumme 10 000 Euro, so haftet er doch nur in Höhe von 5 000 Euro (§§ 172 IV, 171 I HGB). Nur in dieser Höhe ist die Einlage mit haftungsschädlicher Wirkung zurückgeführt worden.

Beispiel Nr. 37: Der Kommanditist erhält bei seinem Ausscheiden 15 000 Euro ausgezahlt. Beläuft sich die Haftsumme auf 10 000 Euro, so haftet er nur in dieser Höhe (§§ 172 IV,

67 Zum folgenden *Crezelius*, a.a.O., Rdnr. 302; *Sudhoff*, a.a.O., § 12 Rdnr. 18; *Karsten Schmidt*, BB 1989, 1702ff.; dagegen *Saßenrath*, BB 1990, 1209ff.

171 I HGB). Es bleibt ja bei der summenmäßigen Begrenzung der Kommanditistenhaftung.

b) Die Haftung nach § 172 IV 1 HGB trifft auch – und in der Praxis sogar besonders oft! – den *ausgeschiedenen Kommanditisten.* Ihm kommt allerdings die fünfjährige Enthaftung nach §§ 161 II, 160 HGB und die Enthaftung bei Dauerschuldverhältnissen zugute (dazu oben, § 51 II). Außerdem muß bedacht werden, daß der ausgeschiedene Kommanditist nur für Altverbindlichkeiten haftet[68].

Beispiel Nr. 38: Aus einer Publikumsgesellschaft ist Kommanditist K im Jahr 1996 ausgeschieden. Dies wurde alsbald eingetragen und bekanntgemacht. Die Haftsumme betrug 10 000 Euro, der Abfindungsbetrag 5 000 Euro. Im Jahr 2002 klagen zwei Gesellschaftsgläubiger je 1 000 Euro gegen ihn ein, und zwar G1 wegen einer Forderung von 1995, G2 wegen einer Forderung von 1997. Hier ist die Klage des G2 schon deshalb abzuweisen, weil K für diese Neuverbindlichkeit überhaupt nicht haftet. Die Klage des G1 ist ebenfalls abzuweisen (§§ 160, 161 II HGB).

2. Einlagenerhaltung und Kapitalerhaltung

a) Der Tatbestand des § 172 IV 1 HGB ist im einzelnen umstritten[69]. »Rückzahlung der Einlage« ist nach der herrschenden Auffassung jede Zuwendung an den Kommanditisten, durch die dem Gesellschaftsvermögen Vermögenswerte ohne angemessene Gegenleistung entzogen werden[70]. Der Wortgebrauch des Gesetzes ist ungenau. Z.B. bezweifelt niemand, daß auch Sachleistungen unter § 172 IV 1 HGB fallen können[71]. Auch muß es sich nicht um eine »auf die Einlage« geleistete Rückzahlung handeln[72]. Der richtige Anwendungsbereich des § 172 IV 1 HGB kann sich nicht aus dem verunglückten Wortlaut, sondern nur aus dem *Sinn und Zweck der Bestimmung* ergeben, und das bedeutet nach dem oben unter I 3 Gesagten: Wenn *entweder* die Einlage »als solche« beseitigt *oder* aus gebundenem Vermögen »causa societatis« an den Kommanditisten geleistet wird, haftet der Kommanditist wieder persönlich. Es gibt also *zwei Fallgruppen* der »Rückzahlung« i.S. von § 172 IV 1 HGB: die Beseitigung der Kapitalbindung (dazu sogleich unter aa) und die Zuwendung aus gebundenem Vermögen (dazu alsbald unter bb).

---

68 Abgrenzungsbeispiel bei *BFH*, DB 1986, 2419.

69 Vgl. zum folgenden ausführlicher *Karsten Schmidt*, in: MünchKommHGB, §§ 171/172 Rdnrn. 66ff.; eingehende Aufbereitung des Meinungsstandes jetzt bei *Kirsch*, a.a.O., S. 90ff.; *Koller*, in: Festschrift Heinsius, a.a.O., S. 357ff.

70 Vgl. *BGHZ* 39, 319, 331; *BAG*, ZIP 1983, 170, 172; *OLG Düsseldorf*, GmbHR 1959, 114; *OLG Hamm*, NJW-RR 1995, 489, 490; *Ebenroth/Boujong/Joost/Strohn*, § 172 Rdnr. 21; *Röhricht/v. Westphalen/v. Gerkan*, § 172 Rdnr. 19; *Karsten Schmidt*, in: MünchKommHGB, §§ 171, 172 Rdnr. 66; *Staub/Schilling*, § 172 Rdnr. 9.

71 Vgl. nur *Heymann/Horn*, § 172 Rdnr. 10; *Staub/Schilling*, § 172 Rdnr. 9.

72 A.M. vereinzelt *Keuk*, ZHR 135 (1971), 420.

aa) »Rückzahlung« ist zunächst die *Beseitigung der Kapitalbindung*, also die Entnahme vom Einlagekonto[73]. Diese Kapitalbindung kann nicht nur durch Auszahlung aufgehoben werden, sondern es genügt, daß der Betrag frei verfügbar wird. Wandelt der Kommanditist sein Einlagekonto in ein Darlehnskonto um, das seinerseits nicht mehr der Kapitalsperre des § 172 IV HGB unterliegt, so ist die Einlage beseitigt, also i.S. von § 172 IV 1 HGB »zurückbezahlt«. Bedeutsam ist dies vor allem für den *ausscheidenden Kommanditisten.* Auch wenn er sein Abfindungsguthaben als Darlehn oder als stille Beteiligung stehenläßt, stellt die Umwandlung des Kapitalkontos in ein Darlehnskonto i.S. von § 172 IV 1 HGB eine »Rückzahlung« dar. Allerdings ist dieser Standpunkt bisher nicht der herrschende. So heißt es bei *BGHZ* 39, 319, 331: »Der Senat schließt sich der herrschenden Lehre an ..., wonach die Umwandlung der Einlage oder des Auseinandersetzungsguthabens in ein Darlehen nicht als Rückgewähr im Sinne von § 172 IV 1 HGB anzusehen ist, solange nicht die Darlehensschuld beglichen ist. Rückzahlung im Sinne von §§ 172 IV 1, 171 I HGB ist nur eine Zuwendung an den Kommanditisten, durch die dem Gesellschaftsvermögen Vermögenswerte ohne eine entsprechende Gegenleistung entzogen werden ...; denn nur durch eine solche Zuwendung wird die Fähigkeit der Gesellschaft zur Gläubigerbefriedigung gemindert, und nur einer solchen Minderung soll durch § 172 HGB vorgebeugt werden.« Diese auf den ersten Blick einleuchtende Auffassung wird überwiegend geteilt[74]. Sie vernachlässigt aber den Unterschied zwischen Eigenkapital und Fremdkapital. Bilanziell wird die stehengebliebene Abfindungsforderung als schlichter Kredit behandelt, und zwar mit gutem Grund. Fremdkapital kann der Gesellschaft zwar Liquidität, aber kein haftendes Vermögen verschaffen, und das Darlehn des ausgeschiedenen Gesellschafters ist Fremdkapital. So wenig, wie der Kommanditist die Gewährung eines Darlehns als haftungsbefreiende Einlageleistung gelten lassen kann (§ 171 I HGB), kann er auf die Belassung des Kredits verweisen, wenn es darum geht, ob seine Einlage noch ein Gesellschaftsvermögen ist. Daß die Lösung des *BGH* auch juristisch nicht »aufgeht«, zeigt das folgende[75].

Beispiel Nr. 39: Der Kommanditist K ist im Jahr 1999 nach erfolgreichen Geschäftsjahren aus der Gesellschaft ausgeschieden und erhält eine Abfindungsgutschrift von 50 000 Euro. Wegen eines Liquiditätsengpasses der Gesellschaft wird vereinbart, daß der Kommanditist diese Summe für drei Jahre als Darlehn stehenläßt (sog. Vereinbarungsdarlehn nach § 607 II BGB a.F.). Seine Haftsumme beträgt 10 000 Euro. Im Jahr 2001 bricht die Gesellschaft zusammen. Der Insolvenzverwalter verlangt Zahlung von 10 000 Euro (vgl. § 171 II HGB). Die Lösung des *BGH* vermag hier zu erklären, daß der Kommanditist nur den Verlust seines Darlehns, nicht aber weitere Inanspruchnahme zu befürchten hat. Was aus der Differenz von 40 000 Euro zwischen Darlehnsvaluta und Haftsumme wird, bleibt aber unklar. Soll es sich um eine nicht entnommene Einlage handeln? Richtig scheint die

73 *Karsten Schmidt*, Einlage und Haftung, a.a.O., S. 72ff.; *ders.*, ZGR 1976, 330ff.

74 Vgl. nur *Fischer*, LM Nrn. 2, 3, 4 zu § 172 HGB; *Siegmund/van Venrooy*, Rdnr. 320; *Ebenroth/Boujong/Joost/Strohn*, § 172 Rdnr. 39; *Hopt/Hehl/Vollrath*, Rdnr. 743; *Joost*, JZ 1995, 13f.; *Baumbach/Hopt*, § 172 Rdnr. 7; *Heymann/ Horn*, § 172 Rdnr. 10; *Röhricht/v. Westphalen/v. Gerkan*, § 172 Rdnr. 29; *Staub/Schilling*, § 172 Rdnrn. 14, 17.

75 Vgl. *Karsten Schmidt*, Einlage und Haftung, a.a.O., S. 74f., 158f.

folgende Lösung: Die Umwandlung der Einlage in ein Darlehn ist eine Einlagenrückgewähr. Der Insolvenzverwalter kann nach § 171 II HGB Zahlung in Höhe der Haftsumme verlangen. K seinerseits hat eine Insolvenzforderung von 50 000 Euro. In Höhe von 10 000 Euro wird er sie zur Aufrechnung verwenden (§§ 94ff. InsO), und zwar zum Nennwert (dazu schon unter II 3 c cc). Den verbleibenden Betrag von 40 000 Euro kann er als Insolvenzforderung zur Tabelle anmelden.

bb) »Rückzahlung« ist sodann *jeder Kapitalrückfluß an den Kommanditisten oder für seine Rechnung an einen Dritten*, der nicht aus dem Darlehnskonto des Kommanditisten oder aus entnahmefähigen Gewinnen erfolgt[76]. Der Rechtsgrund der Rückzahlung ist grundsätzlich ohne Belang[77]. Allerdings muß es sich um »causa societatis« erbrachte Leistungen handeln. Angemessen abgewickelte Verkehrsgeschäfte begründen keine Einlagenrückgewähr.

Beispiel Nr. 40: Der Kommanditist liefert an die Gesellschaft zu einem angemessenen Preis Waren bzw. bezieht von der Gesellschaft Waren und zahlt einen angemessenen Preis. Oder: Der Kommanditist erhält aufgrund eines Anstellungsvertrags eine angemessene Tätigkeitsvergütung. Oder: Zu einem angemessenen Zins gewährt der Kommanditist der Gesellschaft ein Darlehn oder läßt es sich gewähren. Oder: Der Kommanditist vermietet der Gesellschaft zu einem angemessenen Preis Geschäftsräume bzw. mietet von ihr Geschäftsräume und zahlt einen angemessenen Mietzins.

Es leuchtet ein, daß diese Kapitalbewegungen keine Einlagenrückgewähr darstellen. Das gilt entgegen einer vielfach vertretenen Auffassung[78] auch für die Darlehnsgewährung der Gesellschaft an den Kommanditisten, wenn die Rückzahlung ernstlich gewollt und der Rückzahlungsanspruch vollwertig, der Gesellschafter also zahlungsfähig ist (vgl. zum Parallelproblem bei § 30 GmbHG oben, § 37 III 1 c). Anders verhält es sich *bei verdeckten Gewinnausschüttungen*[79]. Hier finden unter dem Deckmantel eines Verkehrsgeschäfts haftungsschädliche Eingriffe in gebundenes Vermögen statt. Erkennbar ist dies daran, daß das Geschäft einem »Drittvergleich« nicht standhält, d. h. mit einem Nichtgesellschafter so nicht abgeschlossen worden wäre.

Beispiel Nr. 41: Der Kommanditist gibt der Gesellschaft ein Darlehn und erhält das Doppelte des für den gegebenen Kredit angemessenen Zinses; diese Überzahlung ist Einlagenrückgewähr. Oder: Der Kommanditist erhält von der Gesellschaft ein Darlehn und zahlt nur die Hälfte des verkehrsüblichen Zinses. Auch dies ist eine verdeckte Einlagenrückgewähr.

b) Schwierig ist die Problematik der Tätigkeitsvergütung[80]. Soweit es sich um verdeckte Ausschüttungen handelt – z.B. um unangemessen dotierte »Bera-

---

76 Vgl. *OLG Hamm*, NJW-RR 1995, 489. *Karsten Schmidt*, Einlage und Haftung, a.a.O., S. 78ff.; *Karsten Schmidt*, in: MünchKommHGB, §§ 171/172 Rdnr. 70.

77 A.M. vereinzelt *Keuk*, ZHR 135 (1971), 420.

78 *Kirsch*, a.a.O., S. 110f.; *Mundry*, a.a.O., S. 71ff.; wohl auch *OLG Hamm*, NJW-RR 1995, 489, 490.

79 Eingehend *Konietzko*, a.a.O., S. 113ff.

80 Vgl. zur Abgrenzung *BAG*, WM 1983, 514 = ZIP 1983, 170; *Priester*, DB 1975, 1878ff.; s. auch *Kirsch*, a.a.O., S. 111ff.; *Klingberg*, Mitarbeitende Kommanditisten im Gesellschaftsrecht, 1990, S. 152ff.; *Riegger*, DB 1983, 1909; *Bork*, AcP 184 (1984), 465ff.; *Ebenroth/Boujong/Joost/Strohn*, § 172 Rdnrn. 28ff.

terverträge« für Kommanditisten – ist auch hier eine Einlagenrückgewähr anzunehmen. Unschädlich war die Zahlung in unserem

Beispiel Nr. 42 (nach *BAG*, WM 1983, 514 = ZIP 1983, 170): Der Kommanditist in einer GmbH & Co., der gleichzeitig als Geschäftsführer der Komplementär-GmbH tätig war, hatte in Verlustjahren ein Geschäftsführergehalt von der Kommanditgesellschaft bezogen. Mit Recht sprach hier das *Bundesarbeitsgericht* aus, daß die Zahlung einer dem Einsatz des Kommanditisten angemessenen Vergütung keine haftungsschädliche Einlagenrückgewähr ist.

Voraussetzung ist allerdings, daß wirklich eine dienstvertragliche Tätigkeitsvergütung und nicht etwa ein Gewinnvoraus vorliegt. Aus § 733 II 3 BGB kann gefolgert werden, daß der Gesellschafter einer Personengesellschaft, solange seine Tätigkeit Gesellschafterbeitrag ist, grundsätzlich keine Tätigkeitsvergütung erhält (vgl. oben, § 47 II 4 b). Diese Bestimmung hindert nicht den Abschluß eines Dienstvertrags zwischen der Gesellschaft und dem Gesellschafter[81]. Fehlt es daran, so kann dies Haftungsprobleme auslösen[82].

Beispiel Nr. 43 (nach *OLG Celle*, OLGZ 1973, 343; *OLG Hamm*, DB 1977, 717 = JuS 1977, 474 m. Anm. *Karsten Schmidt*): Es wurde festgestellt, daß der in der Gesellschaft tätige Gesellschafter auch in Verlustjahren vereinbarungsgemäß eine Festvergütung erhalten hatte. Die Gerichte folgerten aus § 733 II 3 BGB, daß diese Festvergütung im Zweifel nur ein Gewinnvoraus sei (vgl. auch *OLG Koblenz*, WM 1986, 590, 591). Derartige Zahlungen führen nach dieser Auffassung zum Wiederaufleben der Kommanditistenhaftung. Die Gestaltungspraxis sollte dem durch klare Vereinbarungen begegnen.

c) Nicht jede Rückzahlung aus dem Gesellschaftsvermögen ist haftungsschädlich. Nach herrschender, wenngleich zweifelhafter, Auffassung ist die Auszahlung an einen Kommanditisten so lange haftungsunschädlich, wie sie das Kapitalkonto nicht unter die Einlagesumme fallen läßt[83]. Diese herrschende Auffassung führt zu der weiteren Frage, in welcher Weise dies festzustellen ist: unter Fortführung der Buchwerte oder durch Erstellung eines Status? Die Frage ist praktisch von höchster Brisanz, denn es geht darum, ob stille Rücklagen eine Ausschüttung haftungsunschädlich machen. Der *Bundesgerichtshof* ist – ähnlich wie im Fall des § 30 GmbHG – der strengeren Losung gefolgt[84]:

Beispiel Nr. 44 (vereinfacht nach *BGHZ* 109, 334 = NJW 1990, 1109 = JuS 1990, 668 m. Anm. *Karsten Schmidt*): Die Kommanditgesellschaft betrieb ein Handelsschiff, das sie jährlich mit 7,14 % der Herstellungskosten abschrieb. Sie machte jahrelang in fünf- bis sechsstelliger Höhe Verluste, in einzelnen Jahren Gewinne. In Gewinnjahren schüttete die Gesellschaft insgesamt 27 600 Euro an die Kommanditistin B aus. Die Gesellschaft brach nun zusammen. Der Verwalter im Insolvenzverfahren der Gesellschaft verlangte von B

81 Vgl. *BGH*, LM Nr. 17 zu § 66 BEG 1956; *Götz Hueck*, DB 1962, 1363 ff.; *Priester*, DB 1975, 1879.

82 Krit. *Priester*, DB 1975, 1878 ff.; für die GmbH & Co. vgl. *Riegger*, DB 1983, 1911; im Ergebnis zustimmend aber *Bork*, AcP 184 (1984), 486.

83 Vgl. nur *Ebenroth/Boujong/Joost/Strohn*, § 172 Rdnr. 22; *Koller/Roth/Morck*, §§ 171, 172 Rdnr. 22; *Karsten Schmidt*, in: MünchKommHGB, §§ 171, 172 Rdnr. 64; *Staub/Schilling*, § 172 Rdnr. 10.

84 Vgl. zum Streitstand die Nachweise bei *BGHZ* 109, 334 = NJW 1990, 1109; s. auch *BGHZ* 132, 263, 274; *BGH*, NJW-RR 1996, 458 = GmbHR 1996, 296; zust. Baumbach/Hopt, § 172 Rdnr. 8; differenzierend *Ebenroth/Boujong/Joost/Strohn*, § 172 Rdnr. 23.

Rückzahlung der Ausschüttungen aufgrund von §§ 171 II, 172 IV HGB. Die Bekl. machte geltend, die Auszahlungen seien nicht haftungsschädlich gewesen. Zwar seien durch sie in den Jahresbilanzen die Kapitalkonten negativ geworden, aber dies habe nur auf den zu Buchverlusten führenden steuerlichen Sonderabschreibungen beruht. Bei Auflösung der stillen Reserven ergebe sich, daß das Kommanditkapital unangetastet geblieben sei. Der *Senat* hat sich dieser Rechtsansicht nicht angeschlossen: »Aufgrund einer Erfolgsbilanz zu fortgeführten Buchwerten ist zu beurteilen, ob im Zeitpunkt der Entnahme, die ein Kommanditist tätigt, dessen Kapitalanteil durch Verluste unter den Betrag der geleisteten Haftsumme herabgesetzt war oder durch die Entnahme herabgesetzt wird. Das gilt auch für Verlustzuweisungsgesellschaften, die durch Ausnutzung steuerlicher Sonderabschreibungen stille Reserven gebildet haben.«

Diese recht zweifelhafte Lösung bedeutet für die Praxis, daß den Kommanditisten selbst der Beweisantritt für ein ihre Haftsummen deckendes Reinvermögen nichts hilft. Um haftungsunschädlich ausschütten zu können, muß die Gesellschaft die negativen Kapitalkonten beseitigen, d.h. stille Rücklagen aufdecken. Befriedigend ist das nicht.

3. Haftungsfolgen der Entnahme von Gewinnen und von Scheingewinnen

a) Aus *§ 172 IV 2 HGB* ergibt sich, daß die Gewinnentnahme haftungsschädlich ist, wenn der Kapitalanteil des Kommanditisten durch Verlust unter den Betrag der Haftsumme[85] herabgemindert ist oder durch die Entnahme unter diesen Betrag gemindert wird. Diese Vorschrift ist im Zusammenhang mit § 169 HGB zu lesen. Danach hat der Kommanditist Anspruch auf Auszahlung des ihm zukommenden Gewinns (§ 169 I 2 HGB, 1. Halbsatz). Er braucht den Gewinn auch in späteren Verlustjahren nicht zurückzuzahlen (§ 169 II HGB). Soweit aber sein Kapitalanteil durch Verlust unter den auf die bedungene Einlage geleisteten Betrag herabgemindert ist, kann er keine Auszahlung verlangen (§ 169 I 2 HGB, 2. Halbsatz), vielmehr wird der Gewinnanteil dann seinem Kapitalkonto gutgeschrieben. § 172 IV 2 HGB stellt die haftungsrechtliche Konsequenz dieser Regelung dar.

Umstritten ist, ob Steuerentnahmen vom Kapitalkonto haftungsschädlich oder haftungsunschädlich sind[86]. Nach § 15 EStG werden Gewinne der Gesellschaft nicht bei dieser selbst, sondern bei den Gesellschaftern als Mitunternehmern besteuert. Damit diese Steuern nicht aus dem Privatvermögen der Gesellschafter gezahlt werden müssen, ist ein Steuerentnahmerecht der Personengesellschafter anzuerkennen (str.; vgl. oben § 53 III 5 c). Sind bei negativem Kapitalkonto Steuern auf Gewinne zu zahlen, so hat die Gesellschaft dem Kommanditisten hierauf zu zahlende Steuern zu erstatten[87]. Nur der Gewinn nach Steuern sollte nicht als »Rückzahlung der Einlage« i. S.

---

85 Mit der »geleisteten Einlage« meint das Gesetz die Haftsumme; vgl. *Konietzko*, a.a.O., S. 112.

86 Dazu *Karsten Schmidt*, in: MünchKommHGB, §§ 171, 172 Rdnr. 70; verneinend *BGHZ* 132, 263, 277 = NJW 1996, 1678, 1681; *Ebenroth/Boujong/Joost/Weipert*, § 189 Rdnr. 25.

87 Im einzelnen ist die Frage komplex, weil an die Steuerprogression bei der Kommanditistenbesteuerung ebenso zu denken ist wie an die haftungsschädliche steuerliche Geltendmachung von Verlusten durch den Kommanditisten.

von § 172 IV HGB gelten, obwohl er als Entnahme dem Konto des Kommanditisten als Entnahme belastet wird.

b) Die *Behandlung von Scheingewinnen* ist in § 172 V HGB geregelt: Was ein Kommanditist aufgrund einer in gutem Glauben errichteten Bilanz in gutem Glauben als Gewinn bezieht, ist er in keinem Falle zurückzuzahlen verpflichtet. Vergleicht man diese Bestimmung mit den Parallelvorschriften im Aktien- und GmbH-Recht (§§ 62 I 2 AktG, 31 II GmbHG), so erweist sich, daß sie den Kommanditisten nur unzureichend schützt und auch Auslegungsprobleme aufwirft[88]. Wie schwach der Vertrauensschutz ist, zeigt sich in unserem

Beispiel Nr. 45 (nach *BGHZ* 84, 383 = NJW 1982, 2500 m. Anm. *Karsten Schmidt*): Die Bilanzen einer Publikums-Kommanditgesellschaft, die sämtlich von einer Wirtschaftsprüfungsgesellschaft geprüft und als ordnungsgemäß bestätigt worden waren, wiesen drei Jahre lang Scheingewinne aus. Auf diese Weise wurden die Kommanditisten in Sicherheit gewogen, und es wurden die bilanzmäßigen Gewinnanteile an die Kommanditisten ausgezahlt. Später stellte der Konkursverwalter diesen Sachverhalt fest und machte gegenüber den Kommanditisten die durch die Auszahlungen wieder aufgelebte Kommanditistenhaftung geltend. Der *BGH* bestätigte die Verurteilung, denn nach § 172 V HGB könne der gute Glaube den Kommanditisten nichts nützen, wenn die Geschäftsführung der Gesellschaft die Bilanz in bösem Glauben aufgestellt hatte.

Das Ergebnis der Entscheidung ist fragwürdig. Bei der Publikums-KG sollte entgegen der Auffassung des *BGH* eine analoge Anwendung des § 62 I 2 AktG erwogen werden[89]. Bei der Publikumspersonengesellschaft kann es dem Kommanditisten nicht angelastet werden, wenn er von einem bösgläubigen Management bei der Aufstellung der Bilanz getäuscht wird. Aber selbst wenn § 172 V HGB eingreift, ist der Schutz des Kommanditisten umstritten. Nach der wohl herrschenden Auffassung ist dann der gutgläubige Gewinnbezug zwar nicht haftungsschädlich (dies ergibt sich aus dem Zusammenhang mit § 172 IV HGB), aber im Innenverhältnis bleibt der Kommanditist zur Rückgabe von Scheingewinnen nach § 812 BGB verpflichtet[90]. Diese Auffassung ist weder mit dem Wortlaut noch mit dem Sinn und Zweck des § 172 V HGB vereinbar[91]. Das Gesetz schützt den Kommanditisten gerade auch gegen einen Rückzahlungsanspruch der Gesellschaft[92].

---

88 Vgl. im einzelnen *Karsten Schmidt*, in: MünchKommHGB, §§ 171/172 Rdnrn. 81ff.; *Karsten Schmidt*, BB 1984, 1588ff.

89 *Karsten Schmidt*, BB 1984, 1593; *Karsten Schmidt*, in: MünchKommHGB, §§ 171/172 Rdnr. 87; der Standpunkt des *BGH* wird verteidigt von *Kellermann*, in: Festschrift Stimpel, 1985, S. 304.

90 *Baumbach/Hopt*, § 172 Rdnr. 9; *Ebenroth/Boujong/Joost/Weipert*, § 169, Rdnr. 16; *Ebenroth/Boujong/Joost/Strohn*, § 172, Rdnr. 54; *Heymann/Horn*, § 172 Rdnr. 23; *Koller/Roth/Morck*, §§ 171, 172 Rdnr. 25; *Schlegelberger/Martens*, § 169 Rdnr. 16; *Wiedemann*, WM-Beilage 7/1992, S. 34; vgl. aber *Schön*, in: Festgabe BGH II, 2000, S. 177f., weil die »subjektiv richtige« Bilanz im Innenverhältnis den Rechtsgrund für den Gewinnbezug und damit den Kondiktionsausschluß gewährleiste.

91 Ausführliche Begründung bei *Karsten Schmidt* in: MünchKommHGB, §§ 171/172 Rdnr. 94; *Karsten Schmidt*, BB 1984, 1592f.; zust. *Grunewald*, 1 c VIII Rdnr. 42; *Staub/Schilling*, § 172 Rdnr. 16.

92 Nach der von *Schön* vertretenen Auffassung resultiert dieser Kondiktionsausschluß aus der Bilanzfeststellung, nicht aus § 172 V HGB.

Beispiel Nr. 46: Der nach dem Zusammenbruch der Gesellschaft eingesetzte Insolvenzverwalter stellt fest, daß der mit einer Haftsumme von 5 000 Euro beteiligte Kommanditist K zu Unrecht (wenn auch gutgläubig) aufgrund objektiv unrichtiger (wenn auch gutgläubig aufgestellter) Bilanzen in den letzten Jahren 20 000 Euro an scheinbaren Gewinnanteilen ausgezahlt erhalten hat. Angenommen, die Beteiligten wären wirklich, wie es das Gesetz verlangt, gutgläubig gewesen, so ist nach der herrschenden Meinung K dagegen geschützt, daß ihn der Verwalter in Höhe von 5 000 Euro aus der Haftung in Anspruch nimmt (§§ 171 II, 172 IV HGB), während ein ungehinderter Anspruch der Gesellschaft aus § 812 BGB in Höhe von 20 000 Euro besteht. Das ist mit dem Gesetz nicht vereinbar.

Nicht durch § 172 V HGB ausgeschlossen sind etwaige Ansprüche der Gesellschafter untereinander auf Neuverteilung unrichtig bezogener Gewinne[93]. Dies ist eine Frage der internen Bindung an den Feststellungsbeschluß und etwaiger Änderungsansprüche. Mit § 172 V HGB hat die Frage nichts zu tun.

4. Auszahlungen aus dem Komplementärvermögen

a) Verschiedentlich ist die Auffassung vertreten worden, daß auch Zahlungen aus dem Komplementärvermögen haftungsschädlich seien[94]. Dahinter verbirgt sich die unter II 2 d schon besprochene Auffassung, daß das Komplementärvermögen gemeinsam mit dem Gesellschaftsvermögen eine Haftungsmasse darstellt. Wollte man mit dieser Auffassung Ernst machen, so hätte dies in der Tat zur Folge, daß zwischen Auszahlungen der Gesellschaft und des Komplementärs kein Unterschied mehr bestünde. Man muß aber bedenken, daß nur das Gesellschaftsvermögen der durch Haftung sanktionierten Kapitalbindung unterliegt. Es ist deshalb nicht dasselbe, ob Zahlungen aus einem den Gläubigern haftenden Privatvermögen vorgenommen worden sind oder aus dem Gesellschaftsvermögen. Aus genau diesem Grund hat der *Bundesgerichtshof* entschieden[95]: »Die Haftung eines ausgeschiedenen Kommanditisten lebt nicht wieder auf, wenn ihm der persönlich haftende Gesellschafter aus eigenem Vermögen eine Leistung an Gesellschaftsgläubiger vergütet und aus rechtlichen oder tatsächlichen Gründen bei der Kommanditgesellschaft nicht Rückgriff nehmen kann«. Dem ist zuzustimmen.

Beispiel Nr. 47: Hat Kaufmann K (bisher Einzelkaufmann, jetzt Komplementär) Sohn S und Tochter T als Kommanditisten am Unternehmen beteiligt, so darf nicht jede weitere

93 Dies zu dem Einwand bei *Ebenroth/Boujong/Joost/Weipert*, § 169 Rdnr. 17.

94 Bejahend *OLG Frankfurt*, NJW 1963, 545f.; *Kübler*, § 8 III 4 b; *Kornblum*, a.a.O., S. 257; *Steckhan*, DNotZ 1974, 73; *Riegger*, BB 1975, 1284 (mit Ausdehnung auch auf Zahlungen eines haftenden Kommanditisten); dagegen *Staub/Schilling*, § 172 Rdnr. 13; *Karsten Schmidt*, Einlage und Haftung, a.a.O., S. 100ff.; differenzierend *Bälz*, BB 1977, 1481ff.; allgemein unentschieden *BGH*, WM 1977, 917, 919; nicht um die Haftungsproblematik, sondern um die Frage, ob die Einlage (sog. Hafteinlage) an die Gesellschaft rückerstattet werden muß, geht es bei *BGH*, WM 1978, 1228.

95 *BGHZ* 93, 246 = NJW 1985, 1776 = JuS 1985, 733 m. Anm. *Karsten Schmidt*; zust. *Baumbach/Hopt*, § 172 Rdnr. 6; *Ebenroth/Boujong/Joost/Strohn*, § 172 Rdnr. 32; *Heymann/Horn*, § 172 Rdnr. 13; *Koller/Roth/Morck*, §§ 171, 172, Rdnr. 25; *Röhricht/v. Westphalen/v. Gerkan*, § 172 Rdnr. 26; *Karsten Schmidt*, in: MünchKommHGB, §§ 171/172 Rdnr. 71; *Kirsch*, a.a.O., S. 149f.; *Koller*, in: Festschrift Heinsius, a.a.O., S. 368ff.

Schenkung, die K aus seinem Privatvermögen dem S oder der T zuwendet, als eine Einlagenrückgewähr angesehen werden, denn nur das Gesellschaftsvermögen, nicht das haftende Privatvermögen des K, unterliegt der gesetzlichen Kapitalsicherung.

b) Bei all dem kommt es nicht darauf an, wer die Zahlung vornimmt, sondern darauf, für wessen Rechnung die Zahlung vorgenommen wird.

Beispiel Nr. 48: Zahlt der Komplementär für Rechnung der Gesellschaft an den Kommanditisten, kann er also nach § 110 HGB von der Gesellschaft Aufwendungsersatz verlangen, so liegt auch nach *BGHZ* 93, 246 eine haftungsschädliche Auszahlung vor. Zahlt umgekehrt die Kommanditgesellschaft, dies aber aus einem ungebundenen Darlehnskonto, das der Komplementär jederzeit selbst hätte abziehen können, so ist dies nach *BGHZ* 112, 31 = NJW 1990, 3145 = JuS 1991, 155 m. Anm. *Karsten Schmidt* keine Einlagenrückgewähr an den Kommanditisten.

c) Diese Praxis des *BGH* stößt allerdings auf Schwierigkeiten, wenn die Sonderung von Gesellschaftsvermögen und Komplementärvermögen im Zusammenhang mit dem Zahlungsvorgang beendigt wird.

Beispiel Nr. 49 (nach *BGHZ* 61, 149): A als Komplementär und K als Kommanditist mit einer Haftsumme von 100 000 Euro gründeten eine KG. Später vereinbarten sie, daß K wieder aus der Gesellschaft ausscheiden und hierfür 70 000 Euro aus dem Vermögen des A erhalten solle. Die Besonderheit dieses Falls bestand darin, daß mit dem Ausscheiden des letzten Mitgesellschafters die Gesellschaft nicht als Einmanngesellschaft in der Hand des A fortbestehen konnte, vielmehr automatisch erlosch; A war im Wege der Universalsukzession Alleininhaber des Gesellschaftsvermögens und Einzelkaufmann geworden (vgl. oben, § 44 II 2 a). Deshalb meint der *BGH*, die von A geleisteten Zahlungen seien »auch dann als Rückgewähr der Einlage anzusehen, wenn man im übrigen den ... Standpunkt einnimmt, die Gesellschaftsgläubiger seien ... nicht allgemein gegen eine Schmälerung der ihnen zur Verfügung stehenden Vermögensmasse (einschließlich der Privatvermögen der persönlich haftenden Gesellschafter), sondern nur dagegen geschützt, daß das Gesellschaftsvermögen zugunsten eines Kommanditisten gemindert wird ... Denn eine solche Begrenzung ist nicht mehr möglich, wenn ein rechtlich selbständiges Gesellschaftsvermögen nicht mehr vorhanden, sondern mit dem Privatvermögen des persönlich haftenden Gesellschafters in dessen Hand vereinigt worden ist.«

Dieser Fall muß nachdenklich machen. Formal bleibt die Sonderung des Gesellschaftsvermögens vom Komplementärvermögen (nur) so lange erhalten, wie noch zwei Gesellschafter vorhanden sind, und sei der zweite Gesellschafter auch eine GmbH ohne Kapitalanteil (oben, § 47 III 1 b). Eine formale Betrachtungsweise würde deshalb darauf abstellen, ob A als Komplementär vor oder nach dem Erlöschen der Gesellschaft an K gezahlt hat. Solcher Formalismus überzeugt nicht. Ließe man auf der anderen Seite jede haftungsrechtliche Vermögensbindung entfallen, so würde ein gut beratener A nach dem Erlöschen der Gesellschaft an K zahlen, der sich dann darauf beriefe, es habe kein gesichertes KG-Vermögen, also auch keine haftungsschädliche Auszahlung mehr gegeben. Zur Diskussion gestellt sei deshalb, daß auch hier zwischen gebundenem und nicht gebundenem Vermögen unterschieden wird. Die Zahlung ist haftungsunschädlich, wenn sie vor oder nach dem Erlöschen der Kommanditgesellschaft aus dem Privatvermögen des A, also weder aus dem Vermögen der noch bestehenden KG noch aus dem von ihr herrührenden Vermögen, erfolgt. Die Beweislast trägt K. Er muß also die Herkunft der Mittel in nachweisbarer Weise dokumentieren, um sein Prozeßrisiko einzudämmen.

IV. Haftung des ausgeschiedenen Kommanditisten und Haftungsprobleme beim Kommanditistenwechsel*

1. Haftungsfolgen des Ausscheidens

Nach dem, was unter III 1b gesagt wurde, stehen die Haftungsfolgen des Ausscheidens bereits fest: Soweit der ausgeschiedene Kommanditist eine Abfindung ausgezahlt oder auch nur als Forderung gutgebracht erhält, liegt eine »Rückzahlung der Einlage« i.S. des § 172 IV HGB vor (str.). Im Innenverhältnis kann der Ausgeschiedene Haftungsbefreiung verlangen (§ 738 I 2 BGB), aber im Außenverhältnis haftet er nach Maßgabe der Haftsumme. Für die zeitliche Begrenzung der Haftung gilt das oben bei § 51 II Gesagte.

2 Kombination von Austritt und Eintritt

Tritt ein Kommanditist aus, ein anderer ein, so haftet der neue Kommanditist nach § 173 HGB für alte und neue Verbindlichkeiten. Der alte Kommanditist

* Literatur: *Adel*, Kommanditistenwechsel und Haftung, DStR 1994, 1580; *Buchner*, Die Kommanditistenhaftung bei Rechtsnachfolge in Gesellschaftsanteile, DNotZ 1988, 467; *Dietrich*, Die materiellrechtliche Bedeutung der Rechtsnachfolge im Handelsregister bei Kommanditistenwechsel, DR 1943, 1201; *Donner*, Eintragung der Rechtsnachfolge im Handelsregister bei Kommanditistenwechsel, DR 1943, 971; *Eckert*, Rechtsfolgen des Kommanditistenwechsels, ZHR 147 (1983), 545; *Gerken*, Haftungsfragen beim Kommanditistenwechsel, Rpfleger 1988, 129; *Groschuff*, Eintragung der Rechtsnachfolge im Handelsregister bei Kommanditistenwechsel, DR 1943, 975; *Huber*, Vermögensanteil, S. 398ff.; *ders.*, Eintragungsfehler bei der Abtretung von Kommanditanteilen, ZGR 1984, 146; *Eduard P. H. Hüffer*, Die Haftung des Kommanditisten bei der Übertragung seines Kommanditanteils auf einen Dritten, Diss. Münster 1996; *Jeschke*, Der Rechtsnachfolgevermerk im Handelsregister bei der Übertragung von Mitgliedschaftsrechten an Kommanditgesellschaften, DB 1983, 541; *Kellert*, Eintragung der Rechtsnachfolge beim Kommanditistenwechsel, Rpfleger 1951, 427; *Kirsch*, Einlageleistung und Einlagenrückgewähr im System der Kommanditistenhaftung, 1995, S. 174ff.; *Kornblum*, Die Haftung der Gesellschafter für Verbindlichkeiten von Personengesellschaften, 1972, S. 238ff.; *Michel*, Die Inanspruchnahme des Veräußerers und des Erwerbers eines Kommanditanteils im Konkurs der KG, KTS 1991, 67; *ders.*, Die Rechtsfolgen von Vermögensverschiebungen nach einer Kommanditanteilsübertragung, ZGR 1993, 118; *v. Olshausen*, Haftungsprobleme beim Kommanditistenwechsel unter Lebenden, in: Gedächtnisschrift Knobbe-Keuk, 1997, S. 247; *Piehler*, Die Übertragung der Gesellschafterstellung, in: Riegger/Weipert (Hrsg.), MünchHdb. GesR II, 1991, § 33 Rdnrn. 36ff.; *Richert*, Der Kommanditistenwechsel und seine Erscheinungsform im Handelsregister, NJW 1958, 1472; *Karsten Schmidt*, Einlage und Haftung des Kommanditisten, 1977, S. 108ff.; *ders.*, Kommanditistenwechsel und Nachfolgevermerk, GmbHR 1981, 253; *ders.*, Handelsregisterpublizität und Kommanditistenhaftung, ZIP 2002, 413; *Spindelhirn*, Der Rechtsnachfolgevermerk im Handelsregister, DB 1983, 271; *Weipert*, Zur Haftung des ausgeschiedenen Kommanditisten im Falle des Gesellschafterwechsels durch Allgemein- oder Sonderrechtsnachfolge, DR 1943, 270; *Wiedemann*, Die Übertragung und Vererbung von Mitgliedschaftsrechten bei Handelsgesellschaften, 1965, S. 232ff.

haftet gemäß § 172 IV HGB, wenn die Einlage an ihn zurückgeführt wurde. Häufig sehen die Fälle so aus, daß der Altkommanditist keine Abfindung von der Gesellschaft erhält, wohl aber eine Zahlung vom Neukommanditisten. Dies führt in aller Regel zur persönlichen Haftung des Altkommanditisten[96].

Beispiel Nr. 50: Altkommanditist A hat seine Einlage von 10 000 Euro geleistet. Tritt er aus und tritt Neukommanditist N in die Gesellschaft ein, so müßte die Gesellschaft den A abfinden, und N hätte seinerseits eine Einlage zu erbringen. Im Ergebnis hätte dies zur Folge, daß N enthaftet ist, während A nach § 172 IV HGB haftet. Zahlt – was jedenfalls bei Fehlen einer Abfindungsklausel in der Praxis die Regel sein wird – N unmittelbar an A (§§ 267, 362 II BGB), so bleibt das Ergebnis dasselbe.

3. Anteilsübertragung

Die persönliche Haftung des Altkommanditisten kann vermieden werden, wenn statt des Austritts und Eintritts der Weg einer Anteilsübertragung gewählt wird (vgl. zur grundsätzlichen Unterscheidung dieser Lösungswege oben, § 45 III 1). Die unwillkommene Haftungsfolge bei der Kombination von Austritt und Eintritt beruht ja darauf, daß die Kommanditeinlage zweimal erbracht und erhalten sein müßte – nämlich für A und für N –, aber nur einmal erbracht ist. Nach der älteren Praxis, die noch keine Anteilsübertragung zuließ, galt dies als unausweichlich[97]. Wenn die Beteiligten eine Anteilsübertragung vereinbarten, wurde dies zwar »kaufmännisch« als eine Anteilsübertragung, aber »juristisch« als eine Kombination von Austritt und Eintritt angesehen. Heute wird die Anteilsübertragung zugelassen, sofern der Gesellschaftsvertrag eine solche Übertragung zuläßt oder alle Mitgesellschafter zustimmen (oben, § 45 III 2). Ob ein Austritt und Eintritt oder eine Anteilsübertragung stattfindet, hängt vom Willen der Vertragsbeteiligten ab, der bei Unklarheiten durch Auslegung zu ermitteln ist[98]. Das hat gravierende Folgen für die Haftung, denn *die Kommanditeinlage braucht im Fall einer Anteilsübertragung nicht mehr doppelt, sondern nur noch einmal abgedeckt zu sein.* Allerdings muß der Vorgang richtig im *Handelsregister* als Rechtsnachfolge – und nicht als bloßer Austritt und Eintritt – eingetragen sein[99]. Auf diese Eintragung wurde schon unter § 45

96 *Karsten Schmidt*, Einlage und Haftung, a.a.O., S. 108.
97 Vgl. nur *KG*, JW 1934, 2699; *Düringer/Hachenburg/Flechtheim*, § 130 Anm. 5, 7; *Dietrich*, DR 1943, 1201ff.
98 Dazu *BGH*, NJW 1995, 3313 = JuS 1996, 269 m. Anm. *Karsten Schmidt*.
99 *RG*, DNotZ 1944, 195, 199 = WM 1964, 1130, 1133; *BGHZ* 81, 82, 86; *Huber*, Vermögensanteil, S. 401; *ders.*, ZGR 1984, 159f.; *Michel*, Die Kommanditanteilsübertragung auf einen Dritten, 1990, S. 78ff.; *Baumbach/Hopt*, § 173 Rdnr. 11; *Ebenroth/Boujong/Joost/Strohn*, § 173 Rdnrn. 23f.; *Heymann/Horn*, § 161 Rdnr. 110; *Koller/Roth/Morck*, §§ 171, 172 Rdnr. 26; *Röhricht/v. Westphalen/v. Gerkan*, § 173 Rdnr. 10; *Karsten Schmidt*, in: MünchKommHGB, § 173 Rdnrn. 26ff.; *Staub/Schilling*, § 173 Rdnr. 7; *Karsten Schmidt*, GmbHR 1981, 255; *Eckert*, ZHR 147 (1983), 566f.; *Jeschke*, DB 1983, 541; grundlegend *Weipert* und *Donner*, DR 1943, 274, 973; unrichtig *Spindelhirn*, DB 1983, 271.

III 3 b eingegangen. Dazu verlangen die Gerichte die Versicherung, daß der Altkommanditist keine Abfindung aus dem Gesellschaftsvermögen erhält[100].

Beispiel Nr. 51: In unserem letzten Beispiel hat A seinen voll eingezahlten Kommanditanteil für 30 000 Euro an N verkauft und mit Zustimmung aller Gesellschafter veräußert. Im Handelsregister wird als sog. Nachfolgevermerk eingetragen: »Der Kommanditanteil des Kommanditisten A ist im Wege der Sonderrechtsnachfolge auf den Kommanditisten N übergegangen.«

In diesem Fall haftet weder A noch N persönlich, denn A hat nur einen Kaufpreis und keine Einlagenrückgewähr erhalten, und N hat einen voll eingezahlten Anteil erworben. Anders verhält es sich nur, wenn die Einlage nicht voll eingezahlt war[101] oder wenn sie nachträglich an N zurückbezahlt wird[102]. Ist dagegen der Vorgang zu Unrecht als Austritt des A und als Eintritt des N eingetragen, so kann eine *Rechtsscheinhaftung* des A eintreten[103].

Beispiel Nr. 52 (in Anlehnung an *BGHZ* 81, 82): Der voll eingezahlte Kommanditanteil mit einer Haftsumme von 1,3 Mio. Euro war zunächst von einer ausländischen Gesellschaft A als Treuhänderin gehalten worden. Diese hatte ihn auf die B-Gesellschaft übertragen, diese wieder an den N. Die Vorgänge waren nicht richtig eingetragen worden. Angemeldet war vielmehr nur, daß die A mit einer Kommanditeinlage von 1,3 Mio. Euro aus der Gesellschaft »ausgetreten« und N als Kommanditist mit einer Einlage von 1,3 Mio. Euro in die Gesellschaft »eingetreten« sei. Wegen förmlicher Mängel war der »Austritt« der A nicht eingetragen worden, wohl aber der »Eintritt« des N. Die Gesellschaft wurde danach insolvent.

Der *BGH* hatte zu entscheiden, ob nun N in Höhe der Haftsumme persönlich haftete. Er hat dies verneint. Zwar war die Eintragung unrichtig, so daß – ganz wie bei der Kombination von Austritt und Eintritt – die Haftsumme doppelt hätte abgedeckt sein müssen. Aber dies ging nicht zu Lasten des N, denn *einmal* war ja die Haftsumme abgedeckt, und dies kam nun – ganz wie bei der Kombination von Austritt und Eintritt – dem N zugute. Anders wäre – mindestens nach dem seinerzeitigen Rechtszustand – ein Prozeß gegen A oder B ausgegangen, denn ihre Einlage galt nunmehr

100 *RG*, DNotZ 1944, 195, 200 = WM 1964, 1130, 1133; *OLG Köln*, DNotZ 1953, 435; *OLG Oldenburg*, DB 1990, 1909 = NJW-RR 1991, 292; *LG München*, DB 1990, 1814; str.; vgl. die Nachweise bei *Piehler*, a.a.O., § 33 Rdnr. 58; *Karsten Schmidt*, in: MünchKommHGB, §§ 171/172 Rdnr. 27; verneinend seither noch *Koller/Roth/Morck*, §§ 171, 172 Rdnr. 26; *Michel*, DB 1988, 1985 ff.

101 Dann haften beide bis zur Einzahlung; *RG*, DNotZ 1944, 195, 199 = WM 1964, 1130, 1133; *BGHZ* 81, 82, 85; vgl. auch *BayObLG*, BB 1983, 334; ferner *Heymann/Horn*, § 172 Rdnr. 20; *Staub/Schilling*, § 173 Rdnr. 8; für Subsidiarität der Erwerberhaftung *Michel*, KTS 1991, 79 ff.

102 Dann haften nach der bei Erscheinen der 1. Aufl. noch ganz h.M. wiederum beide; vgl. *RG*, DNotZ 1944, 195, 199 = WM 1964, 1130, 1133; *BGH*, NJW 1976, 751, 752; *Flume*, Personengesellschaft, § 17 IV; *Heymann/Horn*, § 172 Rdnr. 20; *Karsten Schmidt*, in: MünchKommHGB, § 173 Rdnr. 33; *Staub/Schilling*, § 173 Rdnr. 8; dagegen aber *Baumbach/Hopt*, § 173 Rdnr. 12; *Koller/Roth/Morck*, §§ 171, 172 Rdnr. 26; *Kirsch*, a.a.O., S. 184; *Michel*, ZGR 1993, 119 ff.; zur gesamtschuldnerischen Haftung von N und A bei nachträglicher Rückzahlung an A vgl. *Baumbach/Hopt*, § 173 Rdnr. 11; *Heymann/Horn*, § 172 Rdnr. 20.

103 *BGHZ* 81, 82, 89; zu dem Urteil besonders *Karsten Schmidt*, GmbHR 1981, 258; *Eckert*, ZHR 147 (1983), 571; *v. Olshausen*, a.a.O.; *Huber*, ZGR 1984, 154 ff., der die Haftung unabhängig vom Rechtsschein in Ergänzung des § 172 IV HGB entwickeln will.

entsprechend § 172 IV HGB den Altgläubigern der Gesellschaft gegenüber als nicht mehr geleistet[104]. Ob es bei dieser Vertrauenshaftung des Anteilsveräußerers bleiben kann, ist allerdings überaus zweifelhaft, seitdem durch Neufassung des § 162 II HGB § 15 I HGB hinsichtlich der Kommanditistenhaftung außer Anwendung gesetzt worden ist[105].

V. Die Kommanditistenhaftung in der Insolvenz*

1. Grundlagen

a) Die Rechtsfolge der beschränkten Kommanditistenhaftung besteht darin, daß jeder einzelne Gläubiger gegen den Kommanditisten vorgehen kann, dies allerdings nur bis zur Höhe der Haftsumme. Diese Art der Haftungsverwirklichung ist nicht besonders praktisch, wie folgendes Beispiel zeigen soll:

Beispiel Nr. 53: K haftet als Kommanditist nach § 171 I HGB in Höhe von 10 000 Euro. Klagen die Gesellschaftsgläubiger A, B und C mit Forderungen von 4 000, 6 000 und 10 000 Euro gegen den K, so stellt sich erst in der Vollstreckung heraus, wer Geld von K erhalten wird. K kann auch nach seiner Wahl freiwillig an jeden die Hälfte zahlen, oder er kann 10 000 Euro an C zahlen und hierdurch A und B klaglos stellen. Schließlich kann er auch den Betrag in das Gesellschaftsvermögen einzahlen[106], womit dann die Klagen aller Gesellschaftsgläubiger abzuweisen wären. Beseitigt K die persönliche Haftung erst, nachdem bereits A, B und C Titel gegen ihn erwirkt haben, so kann er den Haftungsausschluß nunmehr nach § 767 ZPO geltend machen.

Diese Schwierigkeiten machen es verständlich, daß Haftungsklagen der Gläubiger gegen einen beschränkt haftenden Kommanditisten in der Rechtspraxis nur bei zwei Konstellationen eine nennenswerte Rolle spielen: zum

---

104 *BGHZ* 81, 82, 89; *Ebenroth/Boujong/Joost/Strohn*, § 173 Rdnr. 24; vgl. zu den Voraussetzungen des § 15 I HGB in diesen Fällen allerdings ausführlich *v. Olshausen*, a.a.O., S. 266; s. auch *Karsten Schmidt*, in: MünchKommHGB, § 173 Rdnr. 36.

105 Näher *Karsten Schmidt,* in: MünchKommHGB, § 173 Rdnrn. 36f.; *ders.*, ZIP 2002, 413ff.

* Literatur (vgl. zunächst die allgemeinen Angaben oben vor I; ältere Angaben in der 3. Aufl., § 54 V): *Armbruster*, Die Stellung des haftenden Gesellschafters in der Insolvenz der Personenhandelsgesellschaft nach geltendem und künftigem Recht, 1996; *v. Gerkan,* Zur Aufrechnung des Kommanditisten in Konkurs der Gesellschaft, in: Festschrift Kellermann, 1991, S. 67; *Haas,* Insolvenz der Personengesellschaften, in: Gottwald (Hrsg.), Insolvenzrechtshandbuch, 2. Aufl. 2001, § 94; *Häsemeyer*, Kommanditistenhaftung und Insolvenzrecht, ZHR 149 (1985), 42; *Leven*, Zur persönlichen Haftung des Kommanditisten im Gesellschaftskonkurs, Diss. Köln 1966; *Lichtenberg*, Das Erfordernis der Gegenseitigkeit bei der Konkursaufrechnung durch einen Kommanditisten gegen die Inanspruchnahme aus § 171 Abs. 2 HGB, Diss. Freiburg 1981; *Michel*, Die In anspruchnahme des Veräußerers und des Erwerbers eines Kommanditanteils im Konkurs der KG, KTS 1991, 67; *H.-F. Müller,* Der Verband in der Insolvenz, 2002; *Noack*, InsO-Gesellschaftsrecht, 1999; *Oepen,* Massefremde Masse, 1999; *Schlitt*, Die GmbH & Co. KG in der Insolvenz nach neuem Recht, NZG 1998, 755; *Karsten Schmidt*, § 171 II HGB eine Bestimmung nur für den Konkurs der Kommanditgesellschaft? JR 1976, 278; *ders.*, Labyrinthus creditorum, ZGR 1996, 209; *v. Gerkan*, Zur Aufrechnung des Kommanditisten gegen den Haftungsanspruch im Konkurs der Gesellschaft, in: Festschrift Kellermann, 1991, S. 67.

106 Man sollte ihm diese Möglichkeit sogar dann offenhalten, wenn K z.B. als ausgeschiedener Kommanditist keine Einlage mehr schuldet; vgl. *Karsten Schmidt*, Einlage und Haftung, a.a.O., S. 119ff.

einen bei der Inanspruchnahme ausgeschiedener Gesellschafter, zum zweiten bei Insolvenz der Gesellschaft. Gerade in der Insolvenz aber ist dieses Modell besonders bedenklich, denn hier muß entweder für eine Sanierung der Gesellschaft (z. B. durch Insolvenzplan) oder für eine zwangsweise Abwicklung unter Gleichbehandlung der Gläubiger (Regelinsolvenzverfahren) gesorgt werden (vgl. zum Insolvenzrecht der Unternehmen näher oben, § 11 VI). In diesen Fällen wäre es bedenklich, wenn einzelne Gläubiger nach dem Prioritätsprinzip vorgehen dürften und wenn der Kommanditist nach seiner Wahl bestimmte Gesellschaftsgläubiger befriedigen könnte, so daß dann von der summenmäßig beschränkten Haftung nichts für die anderen bliebe. Dem soll die Vorschrift des § 171 II HGB entgegenwirken: »Ist über das Vermögen der Gesellschaft das Insolvenzverfahren eröffnet, so wird während der Dauer des Verfahrens das den Gesellschaftsgläubigern nach Abs. 1 zustehende Recht durch den Insolvenzverwalter oder Sachverwalter ausgeübt.«

b) Wie schon unter § 52 III 3 b bemerkt, hat der Gesetzgeber das zu eng geratene Konzept des § 171 II HGB durch § 93 InsO auch auf die Fälle unbeschränkter Gesellschafterhaftung ausgedehnt[107]: »Ist das Insolvenzverfahren über das Vermögen einer Gesellschaft ohne Rechtspersönlichkeit oder einer Kommanditgesellschaft auf Aktien eröffnet, so kann die persönliche Haftung eines Gesellschafters für Verbindlichkeiten der Gesellschaft während der Dauer des Insolvenzverfahrens nur vom Insolvenzverwalter geltend gemacht werden.« § 171 II HGB ist mit dem Inkrafttreten der Insolvenzordnung aber nicht außer Kraft gesetzt, sondern nur dem Text der Insolvenzordnung angepaßt worden. Für die beschränkte Haftung des Kommanditisten gilt also nach wie vor § 171 II HGB, nicht § 93 InsO.

2. Die Sonderregel des § 171 II HGB

a) Die Vorschrift des § 171 II HGB kann nur richtig verstanden werden, wenn man richtig zwischen der *Einlage* und der *Haftung* unterscheidet und sich den Normzweck des § 171 II HGB vor Augen führt[108]. Nach § 171 II HGB zieht der Verwalter nicht die Einlage des Kommanditisten ein[109], denn dafür bedürfte es des § 171 II HGB nicht. Als Verwalter des Gesellschaftsvermögens kann der Insolvenzverwalter selbstverständlich eine vom Kommanditisten etwa noch geschuldete Einlageleistung, soweit sie nicht für die Abwicklung überflüssig geworden ist[110], beim Kommanditisten wie bei jedem Gesellschafter, der der Gemeinschuldnerin noch die Einlage schuldet,

107 Vgl. bereits den Vorschlag des Verf. in: Verhandlungen des 54. DJT I, 1982, S. D 46f.; JZ 1985, 303f.; ZGR 1986, 205; zum neuen Recht nunmehr *Armbruster*, a.a.O., S. 141ff.; *Bork*, in: Kölner Schrift zur Insolvenzverordnung, 2. Aufl. 2000, S. 1333; *Karsten Schmidt*, ZGR 1996, 216ff.

108 Zum folgenden vgl. eingehend *Karsten Schmidt*, Einlage und Haftung, a.a.O., S. 124ff.

109 So aber noch *RGZ* 51, 33, 38; *OLG Stuttgart*, NJW 1995, 1928; besser, jedoch terminologisch unklar, wird bisweilen von der rückständigen »Hafteinlage« gesprochen; vgl. *BGHZ* 58, 72, 74; *Kornblum*, a.a.O., S. 220f.

110 Vgl. zur Liquidation *BGH*, NJW 1978, 424 = JuS 1978, 275 m. Anm. *Karsten Schmidt;* std. Rspr.

einziehen[111]. § 171 II HGB befaßt sich nicht mit der Einlage, sondern mit der Haftung des Kommanditisten[112]. Sinn und Zweck der Bestimmung ist der folgende: Das Insolvenzrecht steht – jedenfalls im theoretischen Ausgangspunkt – unter dem Prinzip der Gleichbehandlung der Gläubiger (par condicio creditorum). Dieser Grundsatz sichert die Gläubiger dagegen, daß die Masse – also das Gesellschaftsvermögen – ungleich auf die Insolvenzgläubiger verteilt wird. Sie können deshalb ihre Forderungen nur nach insolvenzrechtlichen Regeln und nicht mehr durch Einzelklagen durchsetzen (§ 87 InsO), und wenn sie bereits einen Titel haben, dürfen sie aus ihm nicht vollstrecken (§ 89 InsO). Aber das gilt nur im Verhältnis zwischen den Gläubigern und dem Gemeinschuldner (im Gesellschaftskonkurs also: der Gesellschaft), während die Gläubiger mithaftende Dritte weiterhin in Anspruch nehmen können. Wie bedenklich dies im Fall der Kommanditistenhaftung wäre, zeigt das folgende

Beispiel Nr. 54: Die G-KG besteht aus dem P als persönlich haftendem Gesellschafter und dem Kommanditisten K. K haftet nach § 171 HGB in Höhe von 10 000 Euro. Gegenüber der Sparkasse S hatte sich B, ein Bruder des P, für die Kredite der G-KG in Höhe von insgesamt 50 000 Euro verbürgt. Wird nun über das Vermögen der Gesellschaft das Insolvenzverfahren eröffnet, so leuchtet es ein, daß die S als Einzelgläubigerin gegen den B als Bürgen vorgehen kann. Den Wettlauf um das Vermögen des unbeschränkt haftenden P verhindert seit 1999 § 93 InsO (dazu oben § 52 III 3 b). Vollends unerträglich wäre aber der Einzelzugriff gegenüber dem beschränkt haftenden Kommanditisten, denn nach allgemeinen Regeln könnte sich der Kommanditist durch Zahlung an einen beliebigen Gläubiger mit Wirkung gegen alle Gläubiger von der Haftung befreien. In unserem Beispiel könnte also nicht nur die S, hätte sie einen Titel gegen K, in Höhe von 10 000 Euro in das Vermögen des K vollstrecken, sondern K könnte sogar von sich aus 10 000 Euro an die S zahlen und wäre damit von der Haftung frei. Dies wäre für K besonders vorteilhaft, wenn etwa K seinerseits aus einem anderen Rechtsgrund 10 000 Euro von der S verlangen könnte, denn dann bräuchte er nur aufzurechnen und hätte damit alles geleistet, was die Gläubiger von ihm verlangen können. Genau dies will § 171 II HGB verhindern.

Damit stehen der *Normzweck und* die *Funktionsweise des § 171 II HGB* fest: Die Vorschrift koordiniert die Haftungsansprüche der Gläubiger gegen den beschränkt haftenden Kommanditisten und dehnt den Gedanken der par condicio creditorum auf die beschränkte Kommanditistenhaftung aus. Ein Wettlauf der Gläubiger wird ebenso verhindert wie eine willkürliche Bevorzugung eines Einzelgläubigers durch den Kommanditisten. Dazu ordnet § 171 II HGB an, daß die Haftungsansprüche durch den Konkursverwalter ausgeübt werden. Hierin kommen *zwei Funktionen* des § 171 II HGB zum Ausdruck, nämlich die »Sperrfunktion« und die »Ermächtigungsfunktion«[113]. Die *Sperrfunktion* besteht darin, daß die einzelnen Gläubiger nicht mehr gegen den Kommanditisten vorgehen können und daß auch der

111 Vgl. *Karsten Schmidt*, in: MünchKommHGB, §§ 171/172 Rdnr. 108.

112 Vorbildlich klar *OLG Hamburg*, HRR 1934 Nr. 1043; nach Häsemeyer, ZHR 149 (1985), 55f., schreibt § 171 II HGB die (angebliche) haftungsrechtliche Zuweisung des Kommanditistenvermögens zum Gesellschaftsvermögen konkursrechtlich fest.

113 *Karsten Schmidt*, Einlage und Haftung, a.a.O., S. 124ff.; diese Terminologie hat sich durchgesetzt; vgl. *Armbruster*, a.a.O., S. 38ff.; *Ebenroth/Boujong/Joost/Strohm*, § 171 Rdnr. 94.

Kommanditist seinerseits nicht mehr befreiend an Einzelgläubiger leisten kann[114]. Auch eine Aufrechnung ist im Verhältnis zwischen dem Einzelgläubiger und dem Kommanditisten nicht mehr möglich[115]. Die *Ermächtigungsfunktion* besteht darin, daß nun der Verwalter die Haftung geltend macht. Die Rechtskonstruktion des § 171 II HGB ist dogmatisch umstritten. Nach der herrschenden Auffassung liegt keine cessio legis vor[116], sondern eine Art Treuhandschaft des Insolvenzverwalters für die Gläubiger[117]. Am besten spricht man wohl von einer bloßen Einziehungsermächtigung[118]: Der Verwalter macht hier ausnahmsweise nicht Rechte der Gemeinschuldnerin geltend, sondern Rechte ihrer Gläubiger[119]. Wichtiger als diese rechtstechnische Einordnung ist die materielle Begrenzung der Ermächtigung durch den Zweck, Haftungsansprüche der Gläubiger gegen den Kommanditisten abzuwickeln. Da der Verwalter nur diese Haftungsansprüche nach § 171 II HGB geltend macht, kann er von diesem Recht nur insoweit Gebrauch machen, als die Inanspruchnahme des Kommanditisten für die Befriedigung von Insolvenzgläubigern benötigt wird[120].

b) Die *Tatbestandsvoraussetzungen des § 171 II HGB* sind vom Gesetz nur sehr ungenau beschrieben. Vorausgesetzt ist als erstes ein Insolvenzverfahren und als zweites eine summenmäßig beschränkte, also nicht nach § 176 HGB unbeschränkte, Kommanditistenhaftung (»das den Gläubigern nach Abs. 1 zustehende Recht«). Im Fall des § 176 HGB gilt nicht § 171 II HGB[121], sondern § 93 InsO (dazu oben, § 49 VI 3 a). Schwierigkeiten bereitet die erste Tatbestandsvoraussetzung. Aus ihr wurde herkömmlicherweise gefolgert, daß § 171 II HGB nur im Insolvenzverfahren einer Kommanditgesellschaft gilt[122]. Dies ist natürlich der Hauptanwendungsfall des § 171 II HGB, aber heute ist anerkannt, daß § 171 II eine allgemeine Bestimmung über die beschränkte Kommanditistenhaftung im Insolvenzverfahren ist[123]. Dieses inzwischen vom *Bundesgerichtshof* übernommene Verständnis des § 171 II HGB wirkt sich immer dann aus, wenn die Kommanditgesellschaft selbst nicht mehr vorhanden ist.

---

114 Vgl. *RGZ* 37, 82, 86; *BGHZ* 58, 72, 75.

115 *BGHZ* 42, 192, 194 = NJW 1964, 2407, 2409; *BFH*, WM 1985, 429.

116 Vgl. *BGHZ* 42, 192, 193f. = NJW 1964, 2407, 2409; *Lichtenberg*, a.a.O., S. 50, 54; a.M. *Leven*, a.a.O., S. 36ff.

117 *Baumbach/Hopt*, § 171 Rdnr. 11; *Karsten Schmidt*, in: MünchKommHGB, §§ 171/172 Rdnr. 108; *Keuk*, ZHR 135 (1971), 430.

118 So auch *Ebenroth/Boujong/Joost/Strohn*, § 171 Rdnr. 94.

119 Deshalb hat die Frage nichts mit den Konkursverwaltertheorien zu tun, denn diese können nur die Geltendmachung des Einlageanspruchs der Gesellschaft und nicht die Geltendmachtung der Haftungsansprüche der Gläubiger betreffen; unklar *Armbruster*, a.a.O., S. 48 Fußn. 129.

120 *RGZ* 51, 33, 38; *BGH*, LM Nr. 1 zu § 171 HGB = JZ 1958, 699 m. Anm. *Schumann; Karsten Schmidt*, Einlage und Haftung, a.a.O., S. 134f.; *Keuk*, ZHR 135 (1971), 430f.; *Ebenroth/Boujong/Joost/Strohn*, § 171 Rdnr. 96.

121 *BGHZ* 82, 209, 214; *BGH*, BB 1983, 1561, 1562.

122 Vgl. nur *BGH*, LM Nr. 16 zu § 171 HGB = NJW 1976, 751.

123 Vgl. *BGHZ* 112, 31 = NJW 1990, 3145 = JuS 1991, 155 m. Anm. *Karsten Schmidt*; ausführlich *Armbruster*, a.a.O., S. 69ff.; zuvor bereits *Karsten Schmidt*, Einlage und Haftung, a.a.O., S. 131f.; *ders.*, JR 1976, 278ff.; *Schlegelberger/Karsten Schmidt*, §§ 171/172 Rdnr. 100; *Staub/Schilling*, § 171 Rdnr. 17.

Beispiel Nr. 55: K war aus der X-KG ausgeschieden. In der Gesellschaft blieben die Komplementäre Y und Z. Da nur noch unbeschränkt haftende Gesellschafter vorhanden waren, wurde die Gesellschaft hierdurch automatisch zur oHG, für deren Altverbindlichkeiten aber der K als ausgeschiedener Kommanditist beschränkt nach §§ 171 I, 172 IV HGB weiterhaftet. Wird nun über das oHG-Vermögen das Insolvenzverfahren eröffnet, so ist dies bezüglich des K ein Anwendungsfall des § 171 II HGB. K kann sich nicht durch Leistung an einen beliebigen Altgläubiger befreien, und auch ein Wettlauf der Altgläubiger muß nach § 171 II HGB verhindert werden (eingehend *Karsten Schmidt*, JR 1976, 278f.; a.M. *OLG Hamburg*, OLGE 32, 109). – Hätte die Kommanditgesellschaft nur einen Komplementär, den X, gehabt, so wäre dieser mit dem Austritt des K automatisch zum Einzelkaufmann geworden, für dessen Altverbindlichkeiten allerdings K als ausgeschiedener Kommanditist nach §§ 172 IV, 171 I HGB gehaftet hätte. Im Fall einer Insolvenz des X wäre dann wiederum § 171 II HGB – mindestens analog – anzuwenden (a.M. *OLG Hamburg*, OLGE 32, 109).

Beispiel Nr. 56 (vereinfacht nach *BGH*, LM Nr. 16 zu § 171 HGB = NJW 1976, 751; dazu eingehend *Karsten Schmidt*, JR 1976, 278ff.): Die Stadt S hatte für 538 000 Euro Grundstücke an die H-GmbH & Co. KG verkauft und nur eine Kaufpreisrate erhalten. Zwischenzeitlich waren sämtliche Kommanditisten ausgetreten, so daß die GmbH alleinige Unternehmensträgerin geworden war (vgl. zu dieser »Umwandlung« der KG oben, § 12 I 4 d, § 34 I 1 c). Die GmbH wurde insolvent. Die S nahm nunmehr die ausgetretenen, nach § 172 IV HGB beschränkt haftenden Kommanditisten wegen ihrer Kaufpreisforderung in Anspruch. Diese Klage hätte nach der mindestens analog anzuwendenden Regel des § 171 II HGB abgewiesen werden müssen, denn wenn noch andere Altgläubiger vorhanden waren, mußte ihnen allen die beschränkte Kommanditistenhaftung zugute kommen. Anders entschied damals der *BGH*, »weil der frühere Kommanditist in diesen Fällen keine Pflichteinlage mehr schuldet.« Er führte damit genau jenen Gläubigerwettlauf herbei, der durch § 171 II HGB verhindert werden soll. Heute würde auch der *BGH* § 176 II HGB mindestens analog anwenden.

Beispiel Nr. 57 (modifiziert nach *BGHZ* 112, 31 = NJW 1990, 3145 = JuS 1991, 155 m. Anm. *Karsten Schmidt*): Eine Kommanditgesellschaft war nach dem Umwandlungsgesetz in eine GmbH umgewandelt worden (jetzt §§ 190ff. UmwG). Über deren Vermögen wurde später das Insolvenzverfahren eröffnet. Der Insolvenzverwalter machte geltend, daß eine Gesellschafterin nach § 172 IV HGB allen Gesellschaftsgläubigern hafte (vgl. jetzt § 224 UmwG; im Originalfall handelte es sich um eine ausgeschiedene Kommanditistin). Nach der früher zu Unrecht herrschenden Meinung wäre er nicht zur Klage befugt gewesen. Aber der *BGH* schloß sich unter Aufgabe seiner bisherigen Rechtsprechung der hier vertretenen Ansicht an und entschied: »Wird über das Vermögen eines Rechtsträgers, für dessen Verbindlichkeiten ein Kommanditist summenmäßig beschränkt haftet, das Konkursverfahren eröffnet, so werden für die Dauer dieses Verfahrens die den Gläubigern zustehenden Rechte selbst dann vom Konkursverwalter ausgeübt, wenn die Gemeinschuldnerin keine Kommanditgesellschaft ist.«

c) Da § 171 II HGB nur die Haftung und nicht die Einlage des Kommanditisten betrifft, muß noch geklärt werden, wie sich *Einlage und Haftung im Insolvenzverfahren* zueinander verhalten. Die Frage spielt keine Rolle, wenn der Schuldner nur noch als Kommanditist haftet, aber keine Kommanditeinlage mehr schuldet. Nicht von ungefähr werden in der Praxis meist ausgeschiedene Kommanditisten, die keine Kommanditeinlage mehr schulden, nach § 171 II HGB in Anspruch genommen. Dann bereitet die Anwendung dieser Bestimmung nur geringe Schwierigkeiten. Abgrenzungsprobleme ergeben sich, wenn der Kommanditist nicht nur gegenüber den Gläubigern haftet, sondern auch noch die Einlage schuldet. Hier ist von einem Vorrang der Einlageschuld auszugehen[124], weshalb auch der Kommanditist, wenn er noch die Einlage schuldet, eine ihm zustehende, aber im Insolvenzfall entwertete Forderung gegenüber der Gesellschaft nicht etwa verwenden kann, um gegen sie aufzurechnen[125]. Allerdings ist die Frage, wie fast alle Probleme um Einlage und Haftung des Kommanditisten, umstritten. Recht unproblematisch ist noch unser

Beispiel Nr. 58: K tritt mit einer Haftsumme von 50 000 Euro einer Kommanditgesellschaft bei und sagt eine ebenso hohe Einlageleistung zu. Diese hat er im Zeitpunkt der Konkurseröffnung noch nicht erbracht. Der Verwalter verlangt Zahlung von 50 000 Euro. Grundlage hierfür ist nicht § 171 II HGB, sondern das Leistungsversprechen des K. Wenn K zahlt, leistet er seine Einlage und beseitigt dadurch automatisch auch seine Haftung (vgl. § 171 I HGB, 2. Halbsatz).

Erweckt der Fall einer Bareinlage noch den Eindruck, es handle sich dabei um ein recht theoretisches Problem, so bekommt die Frage praktisches Gewicht, sobald eine Sacheinlage in Rede steht.

Beispiel Nr. 59 (nach *OLG Celle*, NJW 1952, 427): K tritt als Kommanditist mit einer Haftsumme von 20 000 Euro einer Kommanditgesellschaft bei. Vereinbart wird, daß er seine Einlage in Höhe von 5 000 Euro in bar, im übrigen dagegen durch Einbringung einer von ihm betriebenen kleinen Weinhandlung erbringen soll. Noch bevor dies geschehen ist, wird über das Vermögen der Gesellschaft das Insolvenzverfahren eröffnet. Der Insolvenzverwalter verlangt Zahlung von 20 000 Euro, während K nur 5 000 Euro zahlen will. Das *OLG Celle* gab hier dem Zahlungsantrag aufgrund von § 171 II HGB statt. Es bemerkte, insoweit mit Recht: »Dieser Anspruch geht stets auf Zahlung einer Geldsumme, unabhängig davon, was der Kommanditist nach dem Gesellschaftsvertrag zu leisten hatte.« Die Frage war aber, ob nicht der Verwalter die versprochene Sacheinlage – und nur sie! – verlangen konnte.

Drei Ansichten werden vertreten. Das *OLG Celle* geht von einem Vorrang des § 171 II HGB aus. Nach seiner Auffassung kann sich der Kommanditist im Insolvenzverfahren »nicht mehr durch tatsächliche Bewirkung der Einlage befreien«, was mit der unrichtigen Annahme begründet wird, »daß nach Konkurseröffnung die Einlage im Gewerbebetrieb nicht mehr werbend tätig sein kann.« Eine andere, wohl herrschende Auffassung gibt dem Verwalter ein Wahlrecht; nach ihr kann er entweder die Sacheinlage oder den Haftungsbetrag einfordern[126]. Rechtspraktisch geht diese Lösung in die richtige Richtung, jedoch fehlt das dogmatische Konzept. Dieses hat folgendermaßen auszusehen[127]: Solange die Einforderung der Sacheinlage – z.B. für die Fortführung des Unternehmens und hier insbesondere bei angestrebtem

124 *Karsten Schmidt*, Einlage und Haftung, a.a.O., S. 128ff.; *ders.*, in: MünchKommHGB, §§ 171/172 Rdnr. 99; a.M. *Michel*, KTS 1991, 73f.

125 Im Ergebnis richtig deshalb *v. Gerkan*, in: Festschrift Kellermann, 1991, S. 67ff., der das Vollwertigkeitsprinzip auf § 171 II HGB ausdehnen will.

126 *Koller/Roth/Morck*, §§ 171, 172 Rdnr. 9; *Röhricht/v. Westphalen/v. Gerkan*, §§ 171, 172 Rdnr. 73; *Staub/Schilling*, § 171 Rdnr. 19; *Haas*, a.a.O., Rdnr. 79; *Neubauer*, a.a.O., § 27 Rdnr. 81; *Keuk*, ZHR 135 (1971), 434.

127 *Karsten Schmidt*, zuletzt in: MünchKommHGB, §§ 171/172 Rdnr. 99; zust. *Heymann/Horn*, § 171 Rdnr. 30; ausführlich *Armbruster*, a.a.O., S. 44ff.; differenzierend *Ebenroth/Boujong/Joost/*

Insolvenzplan – auch mit dem Insolvenzverfahrenszweck vereinbar ist, kann und muß der Verwalter die Einlage einfordern (Vorrang der Einlageschuld). Bedarf es dagegen für die insolvente Gesellschaft – wie im Fall des *OLG Celle* – nicht mehr der Sacheinlage, so kann der Verwalter diese nicht mehr verlangen, und der Gesellschafter darf sie dem Verwalter auch nicht mehr aufdrängen. An Stelle der Einlage hat dann der Kommanditist nach § 171 II HGB die noch nicht abgedeckte Haftsumme zu zahlen. Diese Überlegung macht auch verständlich, wie sich die Vorstellung von einem Wahlrecht des Verwalters so weit hat durchsetzen können. Da die Frage, was mit dem Zweck der Schuldenabwicklung in der Insolvenz vereinbar ist und was nicht, sehr weitgehend von der unternehmerischen Strategie des Verwalters abhängt, muß in der Praxis der Eindruck entstehen, der Verwalter übe ein »Wahlrecht« aus. In Wahrheit besteht ein solches nicht.

d) Der Insolvenzverwalter kann das ihm in § 171 II HGB zugesprochene Recht im Wege der Leistungsklage gegen den Kommanditisten durchsetzen. Hatte der Gläubiger schon gegen den Kommanditisten geklagt und wird während des Prozesses das Insolvenzverfahren über das Gesellschaftsvermögen eröffnet, so braucht weder die Klage abgewiesen noch die Hauptsache für erledigt erklärt zu werden. In Analogie zu § 17 AnfG wird vielmehr der Rechtsstreit unterbrochen und kann vom Verwalter aufgenommen werden[128].

e) Die rechtliche Zuordnung dessen, was der Verwalter nach § 171 II HGB eingefordert hat, ist umstritten. Nach h.M. handelt es sich um eine *»Sondermasse«*, die neben der Insolvenzmasse besteht[129]. Insolvenzmasse ist im Gesellschaftskonkurs das Gesellschaftsvermögen (oben, § 11 VI 4 b aa). Zum Gesellschaftsvermögen gehört z.B. ein noch offener Einlageanspruch, und deshalb ist auch das, was ein Gesellschafter im Insolvenzverfahren noch als Einlage zu Händen des Verwalters zu leisten hat, Gesellschaftsvermögen und Masse. Aber das ist nicht der Fall des § 171 II HGB. Die Haftung des Kommanditisten nach § 171 I HGB ist nicht Haftung mit dem Gesellschaftsvermögen, sondern Haftung mit dem Privatvermögen, und nur diese Haftung, nicht die zum Gesellschaftsvermögen gehörende Einlageforderung, wird durch § 171 II HGB zugunsten einer Vielzahl von Gläubigern kanalisiert. Diese sind bezüglich des Haftungsanspruchs Gläubiger des Kommanditisten, die Gesellschaft selbst ist dies nicht. Insofern kann man davon sprechen, daß, während eine Einlage des Kommanditisten in die Masse fällt, eine aufgrund von § 171 II HGB an den Insolvenzverwalter erbrachte Leistung nicht Teil des Gesellschaftsvermögens wird und deshalb als »Sondermasse« zugunsten des Haftungsgläubigers zu verwalten ist. Man muß sich aber darüber klar sein, daß die Sonderzuordnung im Ergebnis nur der

Strohn, § 171 Rdnr. 98: kein Wahlrecht, wenn ein Gesellschaftsgläubiger an der Einlageforderung ein Absonderungsrecht (§§ 50 I, 51 Nr. 1 InsO) hat.

128 So überzeugend zum alten AnfG *BGHZ* 82, 209, 216 = NJW 1982, 883, 885 m. Anm. *Karsten Schmidt;* BGH, ZIP 1982, 566f.

129 Vgl. nur *Armbruster*, a.a.O., S. 83ff.; *Kornblum*, a.a.O., S. 243f.; *Jaeger/Weber*, a.a.O., §§ 209, 210 Anm. 33, 35; str.; a.M. *Leven*, a.a.O., S. 18ff.; *Michel*, KTS 1991, 72.

unterschiedlichen Zweckbindung der vom Verwalter betreuten Vermögensbestände dient und sich deshalb nur beim ausgeschiedenen Kommanditisten nennenswert auswirkt: Dieser haftet nicht allen Gläubigern, sondern nur den Altgläubigern (oben, § 51 I), und deshalb darf hier die »Sondermasse« auch nur den Altgläubigern zugute kommen und darf nicht in der Masse aufgehen, weil sie dann allen Gläubigern zugute käme (s. sogleich unter V 3).

3. Der ausgeschiedene Kommanditist im Insolvenzverfahren

a) Der ehemalige (insbesondere ausgeschiedene) Kommanditist *haftet nur den Altgläubigern*, deren Forderungen vor seinem Ausscheiden – bzw. vor der Eintragung und Bekanntmachung – begründet worden sind (oben, § 51 I). Das gilt außer im Ausscheidungsfall auch im Fall des Formwechsels, z. B. aus der KG die GmbH (vgl. § 224 UmwG). Da § 171 II HGB nur dazu dienen soll, die Kommanditistenhaftung zu verwirklichen, darf es hier nicht zu einer Haftungserweiterung kommen. Deshalb kann der ausgeschiedene Kommanditist nur nach § 171 II HGB in Anspruch genommen werden, wenn der Insolvenzverwalter mit dem Haftungsbetrag Altgläubiger zu bedienen hat, denen der ausgeschiedene Kommanditist haftet[130]. Dies kann im Extremfall ein einziger Gläubiger – z.B. ein Grundstücksvermieter oder ein Betriebspensionär – sein[131]. Ist der ausgeschiedene Kommanditist sicher, so kann er nach h.M. auf eigene Gefahr selbst diesen Gläubiger befriedigen[132]. Er geht dann aber das Risiko ein, daß der Verwalter weitere Altgläubiger ausfindig macht und nun doch aus § 171 II HGB gegen den Kommanditisten vorgeht. Im Grundsatz bleibt es dabei, daß der Altkommanditist nach § 171 II HGB an den Verwalter leisten kann und muß, solange er auch nur einem einzigen Gesellschaftsgläubiger haftet. Die herrschende Meinung läßt sich nur daraus erklären, daß der Insolvenzverwalter bei Vorhandensein nur eines Gläubigers seine Zustimmung zu einer Direktleistung nicht versagen darf.

b) Nimmt der Insolvenzverwalter nach § 171 II HGB einen Altkommanditisten in Anspruch, der nicht allen Insolvenzgläubigern haftet, so hat er eine *»Sondermasse«* zu bilden, aus der er die Altgläubiger bedient[133]. Die Bedeutung dieser »Sondermasse« wurde schon unter V 2 e betont.

---

130 *BGHZ* 27, 51, 56 = LM Nr. 1 zu § 172 HGB m. Anm. *Fischer; BGH*, LM Nr. 1 zu § 171 HGB = JZ 1958, 699 m. Anm. *Schumann; BGHZ* 71, 296, 305 = JuS 1978, 668 m. Anm. *Karsten Schmidt; OLG Stuttgart*, NJW 1955, 1928; *Baumbach/Hopt*, § 171 Rdnr. 14; *Heymann/Horn*, § 171 Rdnr. 35; *Koller/Roth/Morck*, §§ 171, 172 Rdnr. 9; *Karsten Schmidt*, in: MünchKommHGB, §§ 171/172 Rdnr. 116; *Staub/Schilling*, § 171 Rdnr. 18.

131 *Karsten Schmidt*, Einlage und Haftung, a.a.O., S. 136; *Ebenroth/Boujong/Joost/Strohn*, § 171, Rdnr. 108; a.M. *Robert Fischer*, LM Nr. 1 zu § 172 HGB; *Unger*, KTS 1960, 37; unentschieden *BGH*, LM Nr. 1 zu § 171 HGB = JZ 1958, 699, 700 m. Anm. *Schumann.*

132 *Karsten Schmidt*, in: MünchKommHGB, §§ 171, 172 Rdnr. 116.

133 Vgl. nur *Armbruster*, a.a.O., S. 85 ff.; *Baumbach/Hopt*, § 171 Rdnr. 14; *Röhricht/v. Westphalen/v. Erkan*, § 171 Rdnr. 79; *Karsten Schmidt,* in: MünchKommHGB, §§ 171, 172 Rdnr. 116; *Keuk*, ZHR 135 (1971), 431.

Beispiel Nr. 60: K1 ist Mitte 1998 aus der Kommanditgesellschaft ausgeschieden und hat umgerechnet 10 000 Euro Abfindung erhalten; K2 ist noch Kommanditist und hat verdeckte Ausschüttungen in Höhe von 5 000 Euro empfangen; K3 ist im Jahr 2000 eingetreten und hat seine Einlage noch nicht erbracht, weil er die drohende Insolvenz bemerkte. Im Januar 2001 wird über das Vermögen der Gesellschaft das Insolvenzverfahren eröffnet. Hier wird der Insolvenzverwalter von K3 die geschuldete Einlage einfordern; sie fällt in die Masse und kommt allen Gläubigern zugute. Von K2 wird der Insolvenzverwalter aufgrund von §§ 172 IV, 171 I, II HGB Zahlung von 5 000 DM verlangen, wenn auch die Haftsumme des K2 mindestens 5 000 DM beträgt. Auch dieser Betrag kommt allen Gläubigern zugute. K1 schließlich kann nur nach § 171 II HGB in Anspruch genommen werden, wenn noch unbefriedigte Altgläubiger vorhanden sind, denen K1 haftet. Angenommen, diese Forderungen machen mindestens 10 000 DM aus, so wird der Insolvenzverwalter den Haftungsbetrag von K1 schleunigst (vgl. § 160 I HGB) einfordern und aus ihm eine »Sondermasse« bilden, die nur den Altgläubigern zugute kommt.

4. Zweifelsfragen bei masseloser Liquidation und im Insolvenzplanverfahren

a) *Nicht anzuwenden* ist § 171 II HGB *in der masselosen Liquidation* einer insolventen Gesellschaft[134]. Das Problem der masselosen Liquidation besteht darin, daß unser geltendes Recht keine insolvenzrechtliche Schuldenabwicklung sicherstellt, wenn die Masse die Kosten eines Insolvenzverfahrens nicht deckt (dazu krit. oben, § 11 VI 5 a). In diesen Fällen besteht sogar ein Interesse daran, daß die Einzelgläubiger das Recht behalten, auf die Kommanditistenhaftung zuzugreifen.

b) Umstritten ist die *Frage, welche Wirkung ein Insolvenzplan auf den Umfang der Kommanditistenhaftung hat.* Das Insolvenzplanverfahren nach §§ 217ff. InsO ist – jedenfalls in der Regel – ein insolvenzrechtliches Sanierungsverfahren. Inhalt des Plans pflegt ein teilweiser Erlaß und eine teilweise Stundung der Verbindlichkeiten zu sein. Naturgemäß stellt sich dabei die Frage, ob Erlaß und Stundung auch den Gesellschaftern im Hinblick auf ihre Haftung zugute kommen. Nach § 227 II InsO wirken die Regelungen des Insolvenzplans auch zugunsten eines persönlich haftenden Gesellschafters. Ob dies auch für den Kommanditisten gilt, ist umstritten. Die wohl noch *herrschende Auffassung* verneint die Frage[135]. Sie stützt sich zum einen auf den Wortlaut (der Kommanditist ist in der Sprache des HGB kein persönlich haftender Gesellschafter), zum anderen auf historische und teleologische Argumente. Im Vordringen befindet sich aber die hier bereits in den Vorauflagen vertretene Gegenansicht, die auch den Kommanditisten an den Erlaß- und Stundungswirkungen teilhaben läßt[136]. Die Problematik wird

134 Vgl. auch zu § 93 InsO *Karsten Schmidt*, ZGR 1996, 219ff.

135 *RGZ* 150, 163ff.; *BGH*, BB 1970, 941 = NJW 1970, 1921; *Armbruster*, a.a.O., S. 131ff.; *Baumbach/Hopt*, § 171 Rdnr. 15; *Koller/Roth/Morck*, §§ 171, 172 Rdnr. 9; *Graf Lambsdorff*, MDR 1973, 364; *Kuhn*, WM-Sonderbeilage 1/1978, S. 8ff.; *Schlitt*, NZG 1998, 761.

136 Vgl. *Haas*, a.a.O., Rdnr. 80; so auch bereits die Vorauflagen zum alten Recht; *Heymann/Horn*, § 171 Rdnr. 39; *Röhricht/v. Westphalen/v. Gerkan*, § 172 Rdnr. 87; *Karsten Schmidt*, in: Münch-

bisweilen mißverstanden. Es steht ganz außer Frage, daß die Einlagepflicht und die Haftsumme durch den Insolvenzplan unberührt bleiben. Wer klar zwischen der Einlageschuld und der Haftung unterscheidet, wird aber erkennen, daß die persönliche Haftung – im Gegensatz zur Einlageschuld – sehr wohl von der Insolvenzplanwirkung erfaßt werden kann und auch erfaßt werden sollte[137].

Beispiel Nr. 61: Der Kommanditist K1 hat seine Einlage noch nicht eingezahlt. Der Kommanditist K2 hat verdeckte Ausschüttungen in Höhe von 5 000 Euro erhalten. Die Haftsumme beider Kommanditisten beträgt 10 000 Euro. In einem Insolvenzplan werden der KG alle Verbindlichkeiten zu 1/3 erlassen und zu 1/3 gestundet. Gläubiger G nahm mit einer unbeglichenen Forderung von 9 000 Euro am Insolvenzplan teil. – Hier steht völlig außer Frage, daß K1 nach wie vor seine ganze Einlage erbringen muß. Außer Frage steht auch, daß sich die Haftsummen beider Kommanditisten nicht ändern; das Gesamthaftungsrisiko gegenüber den Gläubigern bleibt also unverändert. Will nun aber G nach Beendigung des Insolvenzverfahrens den K1 gemäß § 171 I HGB oder den K2 gemäß § 172 IV HGB in Anspruch nehmen, so können ihm die Kommanditisten entgegenhalten, daß G aufgrund der Vergleichswirkung nur noch eine fällige Forderung von 3 000 DM geltend machen kann. Diese Veränderung kommt entgegen der h.M. auch den Kommanditisten zugute. G darf sich nicht bei den Kommanditisten holen, was er von der Gesellschaft nicht mehr verlangen kann.

Umstritten ist noch, ob die Insolvenzplanwirkung auch einem ausgeschiedenen Kommanditisten zugute kommt. Die herrschende Auffassung verneint diese Frage[138]. Der ausgeschiedene Gesellschafter haftet nach dieser Auffassung wie ein Bürge[139]. Zweifelsfrei ist dieses Ergebnis nicht[140].

KommHGB, §§ 171, 172 Rdnr. 120; *Staub/Schilling*, § 171 Rdnr. 24; *Kilger/Karsten Schmidt*, Insolvenzgesetz, 17. Aufl. 1997, § 211 KO Anm. 3a, § 109 VerglO Anm. 5b mit umfassenden Nachweisen.

137 *Karsten Schmidt*, Einlage und Haftung, a.a.O., S. 127ff.; *ders.*, in: MünchKommHGB, §§ 171, 172 Rdnr. 120; zust. *H.-F. Müller*, a.a.O., S. 426.

138 Vgl. *Karsten Schmidt*, Einlage und Haftung, a.a.O., S. 171ff.; s. allgemein für ausgeschiedene Gesellschafter *RGZ* 29, 38, 39f.; 56, 362, 366; 142, 206, 208; *BGH*, BB 1970, 941 = NJW 1970, 1921; allerdings str.

139 Vgl. *Karsten Schmidt*, in: MünchKommHGB, §§ 171/172 Rdnr. 120.

140 Beachtlich *H.-F. Müller*, a.a.O., S. 422ff.

§ 55 Die unbeschränkte Kommanditistenhaftung nach § 176 HGB*

I. Grundlagen

1. Die Bedeutung und Dogmatik des § 176 HGB

Nach *§ 176 I HGB* haftet der Kommanditist einer nicht in das Handelsregister eingetragenen Kommanditgesellschaft, wenn er dem Geschäftsbeginn zugestimmt hat, wie ein persönlich haftender Gesellschafter, also unbeschränkt, es sei denn, daß seine Beteiligung als Kommanditist dem Gläubiger bekannt war. Ebenso haftet nach *§ 176 II HGB* ein Kommanditist, der in eine

* Literatur: *Axer*, Abstrakte Kausalität – ein Grundsatz des Handelsrechts? 1986; *Barella*, Durchbrechung der Haftungsbeschränkung des Kommanditisten, DB 1952, 465; *Beyerle*, Der unbeschränkt haftende Kommanditist, 1976; *Binz*, Haftungsverhältnisse im Gründungsstadium der GmbH & Co. KG, 1976; *v. Braunbehrens*, Die Haftung des Kommanditisten, DR 1941, 1134; *Crezelius*, Zur Stellung des § 176 HGB im Handels- und Gesellschaftsrecht, BB 1983, 5; *Dauner-Lieb*, Die Kommanditistenhaftung vor Eintragung, in: Festschrift Lutter, 2000, S. 835; *Eckert*, Rechtsfolgen des Kommanditistenwechsels, ZHR 147 (1983), 565; *Emmel*, Die Haftung des nicht eingetragenen Kommanditisten unter besonderer Berücksichtigung von gesetzlichen Verbindlichkeiten der KG, Diss. Mainz 1982; *G. Fischer*, Rechtsscheinhaftung bei nicht eingetragener KG, NJW 1973, 2188; *Göppert*, Eintragung in das Handelsregister von besonderer Eigenart (§ 25 Abs. 2, §§ 176, 5, 200 HGB), 1934; *Hofmann*, Die Haftung des Kommanditisten aus § 176 HGB bei der GmbH & Co. KG, GmbHR 1970, 182; *Huber*, Eintragungsfehler bei der Abtretung von KG-Anteilen, ZGR 1984, 146; *ders.*, Haftungsprobleme der GmbH & Co. KG im Gründungsstadium, in: Festschrift Hefermehl, 1976, S. 127; *Hüffer*, Gesellschafterhaftung und Geschäftsführerhaftung in der Vor-GmbH & Co. KG – Begründung und zeitliche Haftungsgrenzen, JuS 1980, 485; *Jacobi*, Die Haftung des Kommanditisten und die Eintragung der Haftung ins Handelsregister, JherJb 70 (1921), 300; *Knobbe-Keuk*, Die unbeschränkte Kommanditistenhaftung nach § 176 HGB, in: Festschrift Stimpel, 1985, S. 187; *Kollhosser*, Besprechung der Entscheidung BGHZ 61, 59, ZGR 1976, 231; *Kornblum*, Die Haftung der Gesellschafter für Verbindlichkeiten von Personengesellschaften, 1972, S. 246ff.; *Kuhn*, Zur werdenden GmbH & Co. KG, in: Festschrift Hefermehl, 1976, S. 159; *Lieb*, Der unbeschränkt haftende Kommanditist, ZHR 141 (1977), 374; *Limbach*, Die Haftung des Kommanditisten einer GmbH & Co. KG vor der Eintragung, GmbHR 1967, 165; *Müller-Graff*, Die Außenhaftung des Kommanditisten bei fehlerhaftem KG-Eintritt, JuS 1979, 24; *Neubauer*, in: Riegger/Weipert (Hrsg.), MünchHdb. GesR II, 1991, § 27 Rdnrn. 86ff.; *Priester*, Unbeschränkte Kommanditistenhaftung bei Firmenänderung, BB 1980, 911; *Riegger*, Zur Haftung des Kommanditisten vor der Eintragung ins Handelsregister, BB 1979, 1380; *Schilling*, Zur Haftung des Erben nach §§ 139, 176 Abs. 2, 15 Abs. 1, 128 HGB – Besprechung der Entscheidung BGHZ 66, 98 , ZGR 1978, 173; *Karsten Schmidt*, Anwendungsgrenzen des § 176 Abs. 2 HGB, ZHR 144 (1980), 192; *ders.*, Haftung des Gesellschafters oder Einzelkaufmanns für Altverbindlichkeiten nach haftungsbeschränkender Umwandlung, NJW 1981, 159; *ders.*, Neues zur Haftung bei der Schein-

bestehende Handelsgesellschaft eingetreten, aber noch nicht eingetragen ist. Was das in der praktischen Anwendung bedeutet, sei zunächst an ganz einfachen Beispielen aus dem Bereich der vorweggenommenen Erbfolge verdeutlicht:

Beispiel Nr. 1: K bringt sein kaufmännisches Unternehmen (§ 1 HGB) in eine Kommanditgesellschaft ein, die er als Komplementär gemeinsam mit seinem Sohn S gründet (Fall des § 28 HGB; vgl. Handelsrecht, § 8 III). Die Einlage schenkt er dem S, der also zu nichts verpflichtet werden soll. Die Kommanditgesellschaft setzt sogleich die Geschäfte des K fort, wird aber erst nach Monaten eingetragen. S, der natürlich nicht persönlich haften sollte, haftet nach Maßgabe des § 176 I HGB unbeschränkt.

Beispiel Nr. 2: Die Gesellschaft ist mittlerweile eingetragen. Am 1. 1. des Folgejahres nehmen K und S auch noch T, die Tochter des K, als zweite Kommanditistin in Gestalt einer Schenkung in die Gesellschaft auf. Eingetragen wird die T erst am 1.8. Nach Maßgabe des § 176 II HGB haftet die T, die nach dem Willen der Beteiligten zu nichts verpflichtet werden sollte, unbeschränkt.

Diese unbeschränkte Haftung wird nach *BGHZ* 78, 114, 117 vielfach als »überzogen streng« angesehen[1]. Dieser Standpunkt ist mindestens für § 176 I HGB überholt[2], denn die Bestimmung gestattet eine Haftungsbeschränkung durch Gläubigerinformation[3]. § 176 I HGB enthält eine doppelte Botschaft an die Praxis: Erst die Eintragung, nicht schon die Anmeldung zum Handelsregister[4], sichert dem Kommanditisten die nach §§ 171 I, 172 IV HGB beschränkte Haftung; aber der Kommanditist haftet nicht unbeschränkt gegenüber denjenigen Gläubigern, die von seiner Kommanditisteneigenschaft wissen.

a) Zunächst liegt eine Parallele zum Haftungsstatut der Vor-AG und der Vor-GmbH, also zu der in §§ 41 AktG, 11 GmbHG nicht geregelten Gesellschafterhaftung vor Eintragung einer Kapitalgesellschaft, nahe (vgl. dazu oben, § 27 II 4c, § 34 III 3). Dann müßte man sagen, daß sich die Kommanditisten wie Kapitalgesellschafter die Haftungsbeschränkung erst durch eine konstitutive Eintragung verdienen[5]. Auch die Gesetzesverfasser bezeichneten die unbeschränkte Haftung als ein »Mittel, um die schleunige Eintragung in das Handelsregister und hierdurch eine sichere Grundlage für das Verhältnis zu Dritten herbeizuführen«[6]. Neben der Aufgabe eines

KG und zur Kommanditistenhaftung bei Sanierungsgründungen, JZ 1974, 219; *ders.*, Was wird aus der unbeschränkten Kommanditistenhaftung nach § 176 HGB? GmbHR 2002, 341; *Spies*, Die über die Haftsumme des § 171 HGB hinausgehende Kommanditistenhaftung, 1983; *Teichmann/Schick*, Haftung bei einer als KG auftretenden BGB-Gesellschaft, JuS 1975, 18.

1 In dieser Richtung vor allem *Fleck*, LM Nr. 19 zu § 128 HGB; *Huber*, ZGR 1984, 162f.; a.M. *Knobbe-Keuk*, in: Festschrift Stimpel, a.a.O., S. 188.

2 Insofern wie hier *Dauner-Lieb*, in: Festschrift Lutter, a.a.O.; eingehend *Karsten Schmidt*, GmbHR 2002, 341ff.

3 Vgl. *Karsten Schmidt*, in: MünchKommHGB, § 176 Rdnr. 3.

4 *ROHGE* 23, 280; allg. M.

5 In dieser Richtung *Flume*, Personengesellschaft, § 16 IV 5; *Siegmund/van Venrooy*, Rdnr. 331; besonders entschieden *Knobbe-Keuk*, in: Festschrift Stimpel, a.a.O.; s. auch *BGHZ* 82, 209, 213 = LM Nr. 8 zu § 176 HGB m. Anm. *Brandes* = NJW 1982, 883, 884 m. Anm. *Karsten Schmidt; Beyerle*, a.a.O., S. 69-73; *Crezelius*, BB 1983, 10.

6 HGB-Denkschrift, S. 118.

aktuellen Gläubigerschutzes hat also § 176 HGB, ganz wie die §§ 41 AktG, 11 GmbHG, in den Augen des historischen Gesetzgebers Druckfunktion[7]. In der Praxis ist denn auch bisweilen davon die Rede, daß die Haftung eine zivilistische »Strafe« für die Nichteintragung ist[8], oder besser: ein zivilrechtlicher »Nachteil«[9]. Rechtspolitisch rückt § 176 HGB damit in der Tat nahe an das oben geschilderte Modell der Haftung in werdenden Kapitalgesellschaften heran. Aber im Gegensatz zu diesen Haftungsregeln stellt § 176 HGB auf den guten Glauben der zu schützenden Gläubiger ab. Zwar braucht der Gläubiger nicht auf eine unbeschränkte Haftung positiv vertraut zu haben, aber positive Kenntnis von der nur beschränkten Haftung beseitigt – ganz im Gegensatz zum Recht der Vor-AG oder Vor-GmbH – den Tatbestand der unbeschränkten Kommanditistenhaftung. Die Vorschrift besagt also nicht, daß jede nicht eingetragene Kommanditgesellschaft konstitutionell eine Gesellschaft mit unbeschränkter Haftung ist. Ordnet man § 176 I HGB in das allgemeine Haftungsrecht ein, so erscheint die Bestimmung eher als Privileg denn als Haftungsverschärfung. Das Gesellschaftsrecht läßt nämlich eine Haftungsbeschränkung ohne Registerpublizität grundsätzlich nicht zu. Deshalb ist die Gründerhaftung bei Kapitalgesellschaften unbeschränkt (vgl. oben § 34 III 3 c), und dasselbe ist seit dem Urteil BGHZ 142, 315 auch für die Gesellschaft bürgerlichen Rechts anerkannt (vgl. unten, § 60 III 2). § 176 I HGB läßt demgegenüber einen Kommanditisten schon vor der Eintragung beschränkt haften, wenn dem Gläubiger bekannt ist, daß es sich nur um einen Kommanditisten handelt[10]. Anstatt den Kommanditisten unbeschränkt haften zu lassen als das, was er ist, nämlich als nicht eingetragenen Gesellschafter, unterwirft ihn das Gesetz einer bloßen Vertrauenshaftung[11].

b) § 176 HGB ist eine *Verkehrsschutznorm*[12], jedoch eine Vertrauensschutznorm besonderer Art, die Ähnlichkeit mit § 15 I HGB aufweist (zu dieser Bestimmung vgl. Handelsrecht, § 14 II): Es kommt nicht darauf an, ob der zu schützende Gläubiger positiv auf die unbeschränkte Haftung der Gesellschafter vertraute. Der Gläubiger braucht nicht einmal gewußt zu haben, daß eine Handels-Personengesellschaft vorliegt (vgl. zum rechtsgeschäftlichen Handeln im Namen des Unternehmensträgers Handelsrecht, § 5 III 1) oder daß der Kommanditist überhaupt ihr Gesellschafter ist[13]. Die unbeschränkte Kommanditistenhaftung ist nach § 176 HGB nur dann ausgeschlossen, wenn

---

7 Vgl. auch *Priester*, BB 1980, 912.

8 *RGZ* 128, 178, 181; *OLG Frankfurt*, BB 1972, 333; dazu wenig weiterführend *Bayerle*, DB 1973, 557 ff.

9 *ROHGE* 25, 114, 117.

10 *Karsten Schmidt*, in: MünchKommHGB, § 176 Rdnr. 3; *ders.*, GmbHR 2002, 341 ff.

11 Daß überhaupt noch von einer solchen gesprochen werden kann, bestreitet *Dauner-Lieb*, a.a.O. S. 836.

12 Vgl. *BGHZ* 66, 98, 101 f.; 82, 209, 212 f. = LM Nr. 8 zu § 176 HGB m. Anm. *Brandes* = NJW 1982, 883, 884 m. Anm. *Karsten Schmidt; BAG*, AP Nr. 2 zu § 176 HGB = BB 1980, 383 = NJW 1980, 1071; *Göppert*, a.a.O., S. 6 f.; *Schlegelberger/Karsten Schmidt*, § 176 Rdnr. 1 m.w.N.; *Staub/Schilling*, § 176 Rdnr. 1; *Heymann/Horn*, § 176 Rdnr. 1; wenig hilfreich demgegenüber die Polemik von *Axer*, a.a.O., S. 196 ff., der im Ergebnis einen »Verkehrsschutz durch Offenlegung und Sicherstellung der absoluten Richtigkeitsgewähr des Registers« annimmt (S. 307).

13 Vgl. *BGH*, NJW-RR 1987, 416 = WM 1986, 1280 = JuS 1987, 495 m. Anm. *Karsten Schmidt.*

dem Gläubiger die Beteiligung als Kommanditist bekannt war (vgl. § 176 I 1 HGB). Das gilt, wie der *BGH* klargestellt hat, für § 176 II HGB ebenso wie für § 176 I HGB[14]. Im Hinblick auf diese Besonderheit des Haftungstatbestandes kann man, wie bei § 15 I HGB (Handelsrecht, § 14 II 2b), von einem *abstrakten Vertrauensschutz* sprechen[15]. Auch rechtspolitisch bestehen Parallelen zu § 15 I HGB: So, wie diese Bestimmung die Beteiligten anhalten soll, in eigener Sache die Richtigkeit des Handelsregisters zu überwachen (Handelsrecht, § 14 II 1b), hält § 176 HGB die Beteiligten zur Publizität ihrer Haftungsverhältnisse an. Eine Divergenz besteht allerdings insofern, als § 15 HGB seit 2001 nicht mehr zum Nachteil von Kommanditisten gilt (oben, § 53 II 2), wohl allerdings § 176 HGB.

Der *Sinnwandel des § 176 I HGB* von einer »Strafnorm« zu einem Haftungsprivileg für nicht eingetragene Kommanditisten kann nicht ohne Einfluß auf die Praxis bleiben. Solange die Vorschrift als Verschärfung der Kommanditistenhaftung angesehen wurde, war beispielsweise ihre Nichtanwendung auf die Fälle der §§ 2 und 3 HGB (§ 176 I 2 HGB) durchaus plausibel. Das hat sich durch die Neubesinnung grundlegend geändert. Auch die Anwendung auf bloße Schein-Kommanditgesellschaften erscheint in einem völlig neuen Licht (dazu sogleich).

2. § 176 I 2 HGB und der neue Geltungsbereich des § 176

a) Nach § 176 I 2 HGB finden die Bestimmungen des § 176 keine Anwendung in den Fällen der §§ 2 und 105 II HGB[16]. § 3 HGB ist dabei hinzuzudenken[17]. In diesen Fällen ist die Gesellschaft bis zu ihrer Eintragung nur Gesellschaft bürgerlichen Rechts. Vertreten wird allerdings, daß die Haftungsbeschränkung durch Kundbarmachung der Kommanditistenhaftung sinngemäß auch für die Gesellschaft bürgerlichen Rechts Geltung beansprucht[18]. Mit dem Wortlaut des § 176 I 2 HGB läßt sich das nicht vereinbaren, und doch geht diese Ansicht in die richtige Richtung[19]. Es liegt ein Wandel der Normsituation vor. Der Gesetzgeber von 1897 sah § 176 HGB noch als Haftungsverschärfung an, und selbst die HGB-Reform von 1998 ging noch von der Annahme aus, § 176 I 2 HGB erspare den BGB-Gesellschaftern die Last dieser Haftung. Erst das Urteil *BGHZ* 142, 315 vom 27.9.1999 konnte der Praxis die Augen dafür öffnen, dass die BGB-Gesellschafterhaftung schärfer, die Anwendung des § 176 HGB also für die nicht eingetragenen Gesellschafter ein Privileg ist. Dieser Wandel der Normsitua-

---

14 *BGHZ 82, 209,* 212f. = LM Nr. 8 zu § 176 HGB m. Anm. *Brandes* = NJW 1982, 883, 884 m. Anm. *Karsten Schmidt;* a.M. *Priester*, BB 1980, 913.

15 *Karsten Schmidt*, ZHR 144 (1980), 194; jetzt h.M.; krit. *Axer*, a.a.O., S. 191ff.; ablehnend *Dauner-Lieb*, a.a.O., S. 836.

16 *BGHZ* 59, 179, 181; 61, 59, 65f.; 73, 217, 220; allg. M.; vgl. z.B. *Baumbach/Hopt*, § 176 Rdnr. 5; *Ebenroth/Boujong/Joost/Strohn*, § 176 Rdnr. 2.

17 *Hueck*, § 18 VI 3 e; *Ebenroth/Boujong/Joost/Strohn*, § 176 Rdnr. 2; *Heymann/Horn*, § 176 Rdnr. 8; *Karsten Schmidt*, in: MünchKommHGB, § 176 Rdnr. 3.

18 *Mülbert*, AcP 199 (1999), 96ff.; abl. *Dauner-Lieb*, a.a.O., S. 847.

19 *Karsten Schmidt*, in: MünchKommHGB, § 176 Rdnr. 6f.; *ders.*, GmbHR 2002, 341ff.

tion gebietet eine den Wortlaut des § 176 I 2 HGB übersteigende Fortbildung des Haftungsrechts: In den Fällen der §§ 2, 3 und 105 II HGB ist § 176 HGB analog anwendbar, sobald eine als Kommanditgesellschaft eintragungsfähige Gesellschaft gebildet ist und das Eintragungsverfahren betrieben wird. Die Botschaft des § 176 I 2 HGB kehrt sich hierdurch um.

Beispiel Nr. 3: Der Landwirt Leopold L gründet mit seinen Kindern eine Kommanditgesellschaft und meldet sich zur Eintragung im Handelsregister an. Im Vertrag sind die Einlagen und Haftsumme der Kommanditisten festgelegt. Der Vertrag wurde der Hausbank bei der Umstellung des Kontos vorgelegt. Auch die Lieferanten des Landwirts wissen, dass die Kinder Kommanditisten sind. Obwohl die Gesellschaft erst durch die Registereintragung zur KG werden kann, sollte dies für die Haftungsbeschränkung genügen.

b) In einem neuen Licht erscheint auch die Anwendung des § 176 HGB auf die Mitglieder einer bloßen Schein-KG. Der *Bundesgerichtshof* hat hier die analoge Anwendung in ständiger Rechtsprechung verneint[20]. Er ist damit auf Kritik gestoßen[21], und zwar auch in diesem Lehrbuch (3. Aufl., § 55 II). Diese Kritik war berechtigt, solange § 176 HGB als Haftungsverschärfung angesehen wurde, denn warum sollte, wer sich als Kommanditist geriert, von der Haftung als nicht eingetragener Kommanditist frei sein? Nun aber, da die Vorschrift als Haftungsprivileg verstanden werden muss, ist das Urteil *BGHZ* 142, 315 beim Wort zu nehmen: Die Haftung eines Gesellschafters, der nicht Kommanditist ist, kann nicht durch einen Namenszusatz oder einen anderen auf Haftungsbeschränkung hinweisenden Hinweis beschränkt werden, sondern nur durch Vereinbarung mit dem Gläubiger. Die bloße Mitteilung an die Gläubiger »Ihr sollt mich als Kommanditist behandeln« genügt nicht für eine Haftungsbeschränkung. Das bedeutet:.

Beispiel Nr. 4: Gesellschafter, die keine eintragungsfähige Kommanditgesellschaft gegründet haben, sondern sich nur als Kommanditisten bezeichnen, haften als oHG-Gesellschafter oder als BGB-Gesellschafter unbeschränkt. Es genügt nicht, dass sie sich als Kommanditisten gerieren.

c) Damit ist der Geltungsbereich des § 176 HGB geklärt. Die Bestimmung gilt nicht nur für Gesellschaften, die ohne Eintragung bereits Kommanditgesellschaften sind (Fall des § 1 HGB), sondern auch für solche, die durch Eintragung Kommanditgesellschaften werden können (§§ 2, 3, 105 II HGB).

---

20 Gegen die Anwendung: *BGHZ* 61, 59, 66f; 69, 95, 98f.; *KG,* JW 1924, 1181 m.Anm. *Fischer; Emmel,* a.a.O., S. 73; *Spies,* a.a.O., S. 31; *Düringer/Hachenburg/Flechtheim,* § 176 Anm. 8; *Baumbach/Hopt,* § 176 Rdnr. 7; *Ebenroth/Boujong/Joost/Strohn,* § 176 Rdnr. 4; *Heymann/Horn,* § 176 Rdnr. 10; *Staub-Schilling,* § 176 Rdnr. 14; *Huber,* in: Festschrift Hefermehl, a.a.O., S. 134f.; *Canaris,* NJW 1974, 455; *Kollhosser,* ZGR 1976, 235f.; *Teichmann/Schick,* JuS 1975, 22; *Wakkerbarth,* ZGR 1999, 384; s. auch für die bloße Scheingesellschaft (zum Begriff vgl. Handelsrecht, § 10 VIII 2) *BGH,* WM 1978, 1151; unentschieden *BGH,* ZIP 1991, 233, 234f.

21 Vgl. *Flume,* Personengesellschaft, § 16 IV 5; *ders.,* in: Festschrift Westermann, 1974, 135ff.; *Beyerle,* a.a.O., S. 161; *ders.,* BB 1975, 944; *Koller/Roth/Morck,* § 176 Rdnr. 7; *Schlegelberger/Karsten Schmidt,* § 176 Rdnr. 5; *G. Fischer,* NJW 1973, 2189; *Karsten Schmidt,* JZ 1974, 220; s. auch *Crezelius,* BB 1983, 7; *Flume,* ebd., tritt im Ergebnis nicht für eine Anwendung des § 176 HGB kraft Rechtsscheins ein, sondern er entwickelt eine mit § 176 HGB stimmige Haftung aus dem Recht der BGB-Gesellschaft.

Voraussetzung hierfür ist, dass eine als KG eintragungsfähige Gesellschaft gegründet ist und deren Eintragung betrieben wird (näher unter II 1 a). Die bloße Vorspiegelung eines solchen Tatbestandes genügt nicht.

3. Der Kreis der geschützten Gläubiger

Auch der Kreis der geschützten Gläubiger muß im Lichte der Neuinterpretation des § 176 HGB abgegrenzt werden. Für die als streng empfundene Vertrauenshaftung wurde – ganz wie bei § 15 I HGB – verlangt, daß jedenfalls typischerweise vertraut werden kann (vgl. zu § 15 I HGB die Ausführungen im »Handelsrecht«, § 14 II)[22]. Trotz bestehender Zweifel sollte man es dabei jedenfalls hinsichtlich des § 176 II HGB belassen. Dazu einige Beispiele:

Beispiel Nr. 5: L hat einem als »Carlo Cimarosa & Co. Cash and Carry« firmierenden Lebensmittelmarkt Waren geliefert, die unbezahlt geblieben sind. Er stellt jetzt fest, daß sich hinter der Firma eine nicht in das Handelsregister eingetragene Kommanditgesellschaft mit Carlo Cimarosa als Komplementär und den Geschwistern Klara und Kuno K als Kommanditisten verbirgt. Hier hat L zunächst einen Anspruch gegen die Kommanditgesellschaft (§ 433 II BGB), denn sie war als Trägerin des Unternehmens seine Vertragspartnerin (vgl. Handelsrecht, § 5 III 1). Sodann kann L nach §§ 161 II, 128 HGB den C als Komplementär in Anspruch nehmen. Schließlich haften ihm auch beide Kommanditisten nach § 176 II HGB unbeschränkt.

Beispiel Nr. 6 (modifiziert nach der zu § 15 HGB ergangenen Entscheidung *RGZ* 127, 98; s. auch Handelsrecht, § 14 II 3): Der Lieferwagen der aus dem letzten Beispiel bekannten »Carlo Cimarosa & Co.« stößt mit dem Motorrad des M zusammen. Wegen seiner Ansprüche aus §§ 831 BGB, 7 StVG kann sich M sicherlich an die KG und nach §§ 161 II, 128 HGB auch an C als Komplementär halten. Die beiden Kommanditisten dagegen haften ihm nur beschränkt nach Maßgabe der §§ 171, 172 HGB, nicht unbeschränkt nach § 176 HGB. Der Gläubiger eines Deliktsanspruchs genießt keinen Verkehrsschutz (*BGHZ* 82, 209, 215 = LM Nr. 8 zu § 176 HGB m. Anm. *Brandes* = NJW 1982, 883 m. Anm. *Karsten Schmidt;* vgl. zuvor schon *Priester*, BB 1980, 914).

Beispiel Nr. 7: Auch Steuerschulden und öffentlich-rechtliche Beitrags- und Gebührenverbindlichkeiten der Gesellschaft sind zu bezahlen. Haften hierfür die Kommanditisten unbeschränkt? Der *BGH* hat diese Frage unentschieden gelassen. Sie ist zu verneinen. Für § 15 I HGB ist schon entschieden worden, daß Steuerforderungen nicht erfaßt sind (*BFH*, BB 1978, 1051 = NJW 1978, 1944; s. Handelsrecht, § 14 II 3). Das wurde bisher auf § 176 HGB übertragen (3. Aufl., § 55 I 2; *FG Berlin*, EFG 1983 Nr. 437; *Karsten Schmidt*, in: MünchKommHGB, § 176 Rdnr. 37, im Anschluß an *Schlegelberger/Karsten Schmidt*, § 176 Rdnr. 36; jetzt h.M.; vgl. *Ebenroth/Boujong/Joost/Strohn*, § 176 Rdnr. 14; *Koller/Roth/Morck*, § 176 Rdnr. 5; a.M. *BSG*, MDR 1976, 259 und 962; Emmel, a.a.O., S. 141 ff.).

---

22 Vgl. *BGHZ* 82, 209, 215f. = LM Nr. 8 zu § 176 HGB m. Anm. *Brandes* = NJW 1982, 883, 885 m. Anm. *Karsten Schmidt; LG Osnabrück*, NdsRpfl. 1959, 274f.; *Hueck*, § 18 VI 3 e; *Baumbach/Hopt*, § 176 Rdnr. 1; *Koller/Roth/Morck*, § 176 Rdnr. 5; *Karsten Schmidt*, in: MünchKommHGB § 176 Rdnr. 36 m.w.N.; *Staub/Schilling*, § 176 Rdnr. 7 (mit wiederum bedenklicher Beschränkung nur auf rechtsgeschäftliche Verbindlichkeiten); anders aber *BSG*, MDR 1976, 259f.; 1976, 962; *Kornblum*, a.a.O., S. 250; *Knobbe-Keuk*, in: Festschrift Stimpel, a.a.O., S. 189ff.; *Spies*, a.a.O., S. 11; *Crezelius*, BB 1983, 11.

Für das neue Verständnis des § 176 HGB ist diese Beschränkung des § 176 HGB allerdings zweifelhaft.

4. Teleologische Reduktion des § 176 HGB?

Von § 15 I HGB wissen wir, daß der abstrakte Vertrauensschutz zu absonderlichen Ergebnissen führen kann, weil dem nichtsahnenden, konkret also gar nicht schutzwürdigen Gläubiger ein Schuldner wie vom Himmel in den Schoß fallen kann (dazu Handelsrecht, § 14 II 2). Ganz ähnlich liegen die Probleme bei § 176 HGB[23], soweit dieser – das betrifft seinen Abs. 2 – noch als Haftungsverschärfung wirkt. Für diese kommt es nicht darauf an, ob der Gläubiger von der Existenz des Kommanditisten überhaupt etwas wußte[24]. Beweiserhebungen hierüber finden im Haftungsprozeß nicht statt. Wie bei § 15 I HGB (Handelsrecht, § 14 II 2c) ist allerdings eine teleologische Reduktion des § 176 II HGB für den Fall zu erwägen, daß der Beitritt des Kommanditisten überhaupt nicht »in der Welt« war[25].

Beispiel Nr. 8: A in Aachen erklärt als 510. Kommanditist am 1.2. seinen Beitritt zur »Karl K. Kapitalanlage-Kommanditgesellschaft« in Berlin. Am 1.4. ficht er den Beitritt wegen arglistiger Täuschung an und weigert sich, seine Einlage zu zahlen. Hilfsweise kündigt er. Daraufhin unterbleibt seine Anmeldung beim Handelsregister. Nachdem die Beteiligten lange darüber gestritten haben, ob Anfechtung und Kündigung berechtigt waren, kommt es am 15.12. zu folgender vertraglicher Einigung: »A verläßt die Gesellschaft mit Wirkung vom heutigen Tage. Beiderseitige Ansprüche bestehen nicht.« Nachdem die Gesellschaft zusammengebrochen ist, stellen die Gläubiger diesen Sachverhalt in den Gesellschaftsakten fest und nehmen den A aus der unbeschränkten Kommanditistenhaftung wegen derjenigen Forderungen in Anspruch, die nach dem 1.2. entstanden sind. Hier könnte es darauf ankommen, ob der Kommanditistenbeitritt rückwirkend beseitigt ist (§ 142 BGB), ob A durch die Kündigung am 1.4. oder erst am 15.12. ausgeschieden ist usw. Nach den Grundsätzen des fehlerhaften Gesellschafterbeitritts, die nach herrschender Auffassung keine Vertrauensgrundsätze sind (oben, § 6 V 1 a), kann A möglicherweise seinen Pflichten als Kommanditist nicht gänzlich entgehen, aber eine Vertrauenshaftung nach § 176 HGB ist nicht am Platze, wo selbst für einen abstrakten Vertrauensschutz nach Lage des Falls jede mögliche Grundlage fehlt (*Karsten Schmidt,* in: MünchKommHGB, § 176 Rdnr. 32). Das wird hier zur Diskussion gestellt.

---

23 Vgl. zu den Parallelen *Karsten Schmidt*, NJW 1982, 884.

24 Das gilt nicht nur für Abs. 1, sondern auch für Abs. 2; vgl. *BGHZ* 82, 209, 212 = LM Nr. 8 zu § 176 HGB m. Anm. *Brandes* = NJW 1982, 883 m. Anm. *Karsten Schmidt;* a.M. *Priester*, BB 1980, 913.

25 Vgl. *Karsten Schmidt*, in: MünchKommHGB § 176 Rdnr. 32.

II. Tatbestandsvoraussetzungen

1. Die Haftung bei nicht eingetragener Gesellschaft (§ 176 I HGB)

a) Das *erste Erfordernis* besteht darin, daß trotz fehlender Eintragung eine *Kommanditgesellschaft* vorhanden sein muß. Das ist nicht in jedem Fall selbstverständlich, weil nach §§ 161, 1 ff. HGB *eine Kommanditgesellschaft i.S. des HGB vor der Eintragung nur vorliegen kann, wenn das von der Gesellschaft betriebene Gewerbe unter § 1 II HGB fällt.* Ein unter § 2 HGB fallendes Gewerbe scheidet nach dem klaren Wortlaut des § 176 I 2 HGB aus[26], und dasselbe gilt naturgemäß für ein Gewerbe nach § 3 HGB[27], denn auch hier bewirkt erst die Eintragung, daß ein für § 161 I HGB ausreichendes Handelsgewerbe vorliegt (vgl. über die konstitutive Eintragung Handelsrecht, § 9 III). Hier überall fehlt es an dem vom Gesetzgeber vorausgesetzten Merkmal, daß die Gesellschaft, obwohl noch nicht eingetragen, bereits Kommanditgesellschaft i.S. von § 161 HGB ist. Nach dem Gesetzeswortlaut ist deshalb § 176 HGB nur auf Gewerbebetriebe anzuwenden, die kaufmännisch nach § 1 HGB sind.

aa) Nach dem unter I 1 c geschilderten Wandel der Normsituation ist aber der Anwendungsbereich des Abs. 1 zu korrigieren[28]: Es genügt, daß eine eintragungsfähige Kommanditgesellschaft gegründet ist und die Eintragung betrieben wird[29]. Dann können auch zwei umstrittene BGH-Fälle sinnvoll gelöst werden[30]. Als *Sachverhalte* sind die Beispiele heute überholt, denn seit der Handelsrechtsreform wären die Bauunternehmen kaufmännisch nach § 1 HGB, die Gesellschaften also auch ohne Eintragung bereits Kommanditgesellschaften. Es läge ein unmittelbarer Anwendungsfall des § 176 I HGB vor. Das in diesen Entscheidungen diskutierte *Rechtsproblem* bestand aber in der unter I 2 diskutierten Frage, ob § 176 HGB für Gesellschaften gilt, die überhaupt erst durch konstitutive Registereintragung Kommanditgesellschaften werden.

Beispiel Nr. 9 (in Anlehnung an *BGHZ* 61, 59): Es wurden Wechsel im Namen einer »G & Co. GmbH KG« gezeichnet, die ein Bauunternehmen betrieb, aber nicht im Handelsregister eingetragen war. Da es sich um ein unter § 2 HGB a.F. fallendes Gewerbe handelte, war diese Gesellschaft mangels Eintragung (noch) eine Gesellschaft bürgerlichen Rechts. Der *BGH* entschied, daß die Kommanditisten nicht unbeschränkt nach § 176 I HGB hafteten.

Beispiel Nr. 10 (nach *BGHZ* 69, 95): K hatte 1969 an die »W-KG Fassaden-Beschichtungs- und Restaurierungs-GmbH & Co.« Baugerüste und Zubehör geliefert. B war Komman-

---

26 *BGHZ* 59, 179, 181; 61, 59, 65 f.; 73, 217, 220; allg. M.; vgl. z.B. *Baumbach/Hopt*, § 176 Rdnr. 5, *Ebenroth/Boujong/Joost/Strohn*, § 176 Rdnr. 2.

27 *Hueck*, § 18 VI 3 e; *Ebenroth/Boujong/Joost/Strohn*, § 176 Rdnr. 2; *Heymann/Horn*, § 176 Rdnr. 8; *Karsten Schmidt*, in: MünchKommHGB § 176 Rdnr. 3.

28 Vgl. *Karsten Schmidt,* GmbHR 2002, 343.

29 *Dauner-Lieb,* a.a.O., S. 846, verlangt sogar, daß der Eintragungsantrag bereits gestellt ist.

30 Teilweise übereinstimmend, noch aus der alten Deutung des § 176 HGB heraus, die 3. Aufl., § 55 II 1 a.

ditist dieser Gesellschaft. Erst 1970 wurde die Kommanditgesellschaft in das Handelsregister eingetragen, verwandelte sich also nach § 2 HGB a.F. erst in diesem Zeitpunkt aus einer Gesellschaft bürgerlichen Rechts in eine handelsrechtliche KG. 1972 war sie bankrott. K verlangte Zahlung von B.

Der *BGH* hat die Anwendbarkeit des § 176 I HGB in beiden Fällen damals verneint. In *BGHZ* 61, 59 führte er aus: Objektiv liege noch keine KG vor, und wenn man die Gesellschaft kraft Rechtsschutzes wie eine KG behandeln wolle, dann nur als eingetragene KG. Alles andere wäre nach Auffassung des *BGH* ein »Trugschluß«. Als »Trugschluß« läßt sich aber gerade die Argumentation des *BGH* bezeichnen, weil sie mit dem Rechtsscheinschutz ungenau operiert (vgl. auch zum Problem der »Rosinentheorie« bei § 15 I HGB Handelsrecht, § 14 II 4)[31]. § 176 I HGB beruht nicht auf dem Gedanken, daß sich die Gesellschaft als schon eingetragen ausgibt. Damit eine Gesellschaft dem § 176 I 1 HGB unterliegt, muß sie vorhanden sein, muß nicht eingetragen, aber als Kommanditgesellschaft eintragbar sein.

Auch das Urteil *BGHZ* 69, 95 hielt § 176 I HGB wegen Abs. 1 Satz 2 für unanwendbar. Bereits damals hätte aber alles für eine Anwendung des § 176 I HGB gesprochen. Die Klageabweisung hätte nicht darauf gestützt werden dürfen, daß § 176 HGB unanwendbar war, sondern allenfalls darauf, daß die Verwendung der GmbH & Co.-Firma genügt, um die Haftung auszuschließen (dazu unter V 1)[32]. Seit § 176 I HGB als *Privileg* angesehen werden muß, ist die Frage neu zu stellen: Eintragungs*fähigkeit* der Gesellschaft genügt nur, wenn die Eintragung auch betrieben wird.

bb) *Aus heutiger Sicht* gilt: Der jetzt als Haftungsprivileg funktionierende § 176 I 1 HGB ist entgegen § 176 I 2 HGB analog auch auf gegründete Kommanditgesellschaften mit einem unter § 2 HGB oder unter § 3 HGB fallenden Geschäftsbetrieb oder mit einem unter § 105 II HGB fallenden nichtgewerblichen Zweck anzuwenden, sofern das Eintragungsverfahren betrieben wird[33]. Jede andere Sicht liefe im Lichte der neuen Funktion des § 176 I HGB auf eine Schlechterstellung der unter §§ 2, 3, 105 II HGB fallenden, bloß eintragungsfähigen Gesellschaften gegenüber den Eintragungspflichtigen Gesellschaften hinaus. Da dies mit Art. 3 GG unvereinbar wäre, ist *§ 176 I 2 HGB nicht mehr anzuwenden*[34].

b) aa) *Weiteres Erfordernis* für die Haftung ist nach dem Wortlaut des § 176 I 1 HGB, daß die Gesellschaft schon vor der Eintragung mit ihren Geschäften begonnen hat und daß der Kommanditist dem Geschäftsbeginn zugestimmt hat. Geschäftsbeginn der Gesellschaft liegt vor, wenn sie bereits als Trägerin des Unternehmens fungiert. Dazu genügen Anlaufgeschäfte[35]. Daß schon

31 Zur Kritik vgl. 3. Aufl., § 55 II 1 a; *Flume,* Personengesellschaft, § 16 IV 5; *ders.*, in: Festschrift Westermann, 1974, S. 135 ff.; *Beyerle*, BB 1975, 944 ff., hatte geradezu von einem »Rechtsschein zu Lasten des Verkehrs« gesprochen.

32 Vgl. 3. Aufl., § 55 II 1 a.

33 Vgl. *Karsten Schmidt*, GmbHR 2002, 346; einen Eintragungantrag verlangt *Dauner-Lieb*, a.a.O., S. 846.

34 *Karsten Schmidt,* GmbHR 2002, 347.

35 *Karsten Schmidt*, in: MünchKommHGB, § 176 Rdnr. 11.

unter der künftigen Gesellschaftsfirma gehandelt wird, ist nicht Voraussetzung der Haftung[36], auch wenn ein solches Auftreten die Regel ist. Vor allem dann, wenn ein Einzelkaufmann einen Kommanditisten »aufnimmt« (§ 28 HGB; dazu Handelsrecht, § 8 III 1), kann sogar ein gemeinschaftliches Auftreten unter der alten Firma des Einzelkaufmanns als Geschäftsbeginn der Gesellschaft genügen[37]. Die Zustimmung des Kommanditisten muß nicht ausdrücklich erfolgt sein. Sie kann auch in schlüssiger Weise erteilt werden[38]. Vor allem gilt dies bei Sachgründungen, bei denen kein Kommanditist erwarten kann, daß ein Unternehmen, das schon in die Gesellschaft eingebracht worden ist, vorübergehend stillgelegt wird.

bb) Seit § 176 I HGB als ein Haftungsprivileg eingeordnet werden muß (dazu unter I 1 c), erscheint auch dieses Merkmal in neuem Licht: Soll der Gesellschafter einer nicht eingetragenen Kommanditgesellschaft die sich aus § 176 I HGB ergebende Haftungsvergünstigung verlieren, wenn er mit der Aufnahme von Geschäften nicht einverstanden gewesen ist? Richtigerweise wird man die Frage zu verneinen haben[39]. Das Merkmal der Zustimmung in § 176 I 1 HGB ist dem Wandel der Normsituation zum Opfer gefallen[40].

c) Für den *Ausschluß* der Haftung genügt, daß dem Gläubiger die Beteiligung als Kommanditist bekannt war; die Beweislast trägt der Kommanditist[41]. Art. 163 III ADHGB hatte dies noch deutlicher dahingehend formuliert, daß der Kommanditist den Gesellschaftsgläubigern unbeschränkt haftet, »wenn er nicht beweist, daß denselben seine beschränkte Beteiligung bei der Gesellschaft bekannt war«. Das entspricht geltendem Recht[42]. Kennenmüssen beseitigt die Haftung nicht[43]. Aber es genügt, daß der Gläubiger den oder die persönlich haftenden Gesellschafter kennt und weiß, daß es sonst nur Kommanditisten gibt (vgl. zur GmbH & Co. KG alsbald unter V 1 b)[44]. Es ist nicht erforderlich, daß dem Gläubiger auch die Höhe der Einlage oder der Haftsumme bekannt ist. Belanglos ist auch, woher der Gläubiger seine Kenntnis hat[45]. Kennt der Gläubiger die Kommanditistenstellung, so entscheidet nunmehr mangels Eintragung die vereinbarte Haftsumme[46]. Auf die Kenntnis des Gläubigers von der Höhe der Haftsumme kommt es nicht an. Der Gläubiger muß sich nötigenfalls Gewißheit verschaffen, wobei gerade das Handelsregister als Informationsquelle ausscheidet. Wiederum zeigt sich,

36 *Karsten Schmidt*, in: MünchKommHGB, § 176 Rdnr. 11; a.M. *Priester*, BB 1980, 912f.
37 *RG*, DNotZ 1931, 557.
38 *RGZ* 128, 172, 180; allg. M.; s. auch *BGHZ* 82, 209, 211 = LM Nr. 8 zu § 176 HGB m. Anm. *Brandes* = NJW 1982, 883, 884 m. Anm. *Karsten Schmidt.*
39 Unklar noch *Karsten Schmidt*, in: MünchKommHGB, § 176 Rdnr. 12.
40 A.M. *Dauner-Lieb*, a.a.O, S. 843.
41 Vgl. *BGHZ* 82, 209, 212f. = LM Nr. 8 zu § 176 HGB m. Anm. *Brandes* = NJW 1982, 883, 884 m. Anm. *Karsten Schmidt; OLG Nürnberg*, WM 1961, 124, 126; *OLG Köln*, OLGZ 1973, 468, 471.
42 *RGZ* 128, 172, 183.
43 *RGZ* 128, 172, 182; *OLG Nürnberg*, WM 1961, 124, 126.
44 Vgl. *BGH*, NJW-RR 1987, 416 = WM 1986, 1280 = JuS 1987, 495 m. Anm. *Karsten Schmidt.*
45 *RGZ* 12, 135; 128, 172, 183.
46 *BGH*, LM Nr. 4 zu § 176 HGB = BB 1979, 855 = NJW 1979, 1821; NJW-RR 1987, 416; *Riegger*, BB 1979, 1381.

daß eine dem Recht der Vor-AG oder Vor-GmbH entsprechende Vorschrift, nach der erst die Eintragung die unbeschränkte Haftung beseitigt, sinnvoller wäre. Aber § 176 HGB enthält eben ein – systematisch schwer einzuordnendes – Privileg.

2. Die Haftung bei nicht eingetragenem Neueintritt (§ 176 II HGB)

§ 176 II HGB ist in der Praxis weitaus gefährlicher als § 176 I HGB, denn während die Haftungsrisiken bei einer nichteingetragenen Gesellschaft kaum übersehen werden, wird beim Eintritt neuer Kommanditisten das Haftungsrisiko häufig verkannt. Vor allem aber ist § 176 II HGB, anders als der durch die Rechtsentwicklung verwandelte Abs. 1 (oben unter I 1 c) noch immer eine echte Haftungsverschärfung und Haftungsgefahr. Die Bestimmung setzt folgendes voraus:

a) *Erstes Erfordernis:* Es muß eine Handelsgesellschaft vorhanden sein, und zwar eine *Personengesellschaft.* Diese kann eine oHG oder eine Kommanditgesellschaft sein[47], denn in beide kann ein Kommanditist eintreten (im Fall einer oHG wird diese zu einer KG, in der die bisherigen oHG-Gesellschafter Komplementäre sind).

b) *Zweites Erfordernis:* Es muß ein Kommanditist »eintreten«. Was das bedeutet, ist umstritten[48]. Wie unter § 45 III 1 ausgeführt wurde, muß streng zwischen dem Eintritt eines Gesellschafters und dem derivativen Anteilserwerb unterschieden werden. Allerdings ist zu beachten, daß der HGB-Gesetzgeber diesen Unterschied noch nicht kannte (vgl. insbesondere die weite Auslegung der §§ 130, 173 HGB; oben, § 49 IV 2). In den Worten des *Reichsgerichts*[49] geht es bei § 176 II HGB um die Ausdehnung des § 176 I HGB auf eine »erweiterte, wenn auch nicht neue Gesellschaft«. Gemäß dieser treffenden Schilderung haben bereits die Vorauflagen die strenge Haftung nach § 176 II HGB auf den Fall beschränkt, *daß die Gesellschaft durch Bildung eines neuen Anteils erweitert wird.* Zu ähnlichen Ergebnissen führt die neue Deutung. Sind alle Kommanditanteile und damit auch alle Haftsummen eingetragen, so ist für den strengen § 176 HGB kein Raum. Die teilweise abweichende Rechtsprechung stellt die Praxis vor unnötige, durch den Normzweck des § 176 HGB nicht gerechtfertigte Schwierigkeiten. Einige Beispiele sollen die Problemlage und die Problemlösungen verdeutlichen.

aa) Gesicherter Anwendungsfall des § 176 II HGB ist die echte *Neuaufnahme eines Kommanditisten* mit neuem Anteil:

Beispiel Nr. 11: K wird im Wege eines Aufnahmevertrags (dazu oben, § 45 II 3) mit sofortiger Wirkung in die S-KG aufgenommen, aber erst nach Monaten eingetragen.

47 *RGZ* 128, 172, 174.
48 Vgl. eingehend *Karsten Schmidt,* in: MünchKommHGB, § 176 Rdnrn. 19ff.; zur Kritik der traditionellen Auffassung vgl. *dens.* ZHR 144 (1980), 192ff.
49 RGZ 128, 172, 180.

Auch ein fehlerhafter Kommanditistenbeitritt genügt nach den allgemein für fehlerhafte Beteiligungen entwickelten und unter § 6 V 1 dargestellten Regeln.

bb) Umstritten ist schon der Fall der *Anteilsumwandlung:*

Beispiel Nr. 12: Ein häufiger Vorgang ist die »Umwandlung« einer regulären KG in eine GmbH & Co. KG. Dann wird eine GmbH als Komplementärin aufgenommen, und der Anteil eines persönlich haftenden Gesellschafters wird in einen Kommanditanteil umgewandelt.

Dieser Vorgang nicht selten als »Austritt« des persönlich haftenden Gesellschafters und als »Eintritt« desselben Gesellschafters als Kommanditist zum Handelsregister angemeldet, aber bei *BGHZ* 66, 98, 101 wird dies mit Recht als mißverständlich bezeichnet (vgl. schon oben, § 45 III 3 b). Ein Eintritt im technischen Sinn liegt nicht vor, und deshalb wurde § 176 II HGB hier bis zur 3. Auflage für unanwendbar erklärt[50]. Dieser Standpunkt ist herrschende Ansicht[51], aber im Lichte der Neubesinnung des § 176 II HGB (oben unter I) ist er diskussionsbedürftig. Er kann nur aufrechterhalten werden, wenn § 176 II HGB im Gegensatz zu Abs. 1 noch als Haftungsverschärfung gelten kann und nicht als Haftungsprivileg.

cc) Nicht im Gesetz geregelt ist der *Fall, daß bei der Gründung der Kommanditgesellschaft ein Kommanditist nicht eingetragen wurde.* Hier ist § 176 II HGB analog anzuwenden[52].

dd) Die *Anteilsübertragung* – oft unsachgemäß noch als »Austritt« des einen und »Eintritt« des anderen Gesellschafters angemeldet und eingetragen – ist nach richtiger Auffassung kein Fall des § 176 II HGB[53]. Anders sieht es bisher noch der *Bundesgerichtshof*[54].

Beispiel Nr. 13 (nach *BGH*, LM Nr. 9 zu § 176 HGB = NJW 1983, 2259 m. Anm. *Karsten Schmidt*): An der X-GmbH & Co. KG war anfänglich T1 als Treuhänder für K beteiligt und als Kommanditist eingetragen. T1 trat den Kommanditanteil an K ab, was aber nicht eingetragen wurde. Später trat K die Anteile wieder ab, und zwar an T2 als neuen Treuhänder. Zwischenzeitlich hatte die Gesellschaft Wechsel akzeptiert, aus denen nun K als nicht eingetragener Kommanditist in Anspruch genommen wurde.

---

50 3. Aufl., § 55 II 2 b bb.

51 *BGHZ* 66, 98, 101; *Baumbach/Hopt*, § 176 Rdnr. 10; *Koller/Roth/Morck*, § 176 Rdnr. 9; *Karsten Schmidt*, in: MünchKommHGB, § 176 Rdnr. 21; *Kornblum*, a.a.O., S. 249; Mayer-Maly, in: Festschrift Westermann, 1974, S. 379; *Karsten Schmidt*, ZHR 144 (1980), 196; eingehend *Saßenrath*, Die Umwandlung von Komplementär- in Kommanditbeteiligungen, 1988, S. 30ff.

52 Vgl. *Karsten Schmidt*, in: MünchKommHGB, § 176 Rdnr. 10; s. im Ergebnis auch *Jacobi*, JW 1930, 3746.

53 Richtig schon *OGH Wien*, GesRZ 1977, 97; eingehend *Karsten Schmidt*, ZHR 144 (1980), 192ff.; *Karsten Schmidt*, in: MünchKommHGB, § 176 Rdnr. 26 m. w. N.; zust. *Baumbach/Hopt*, § 176 Rdnr. 11; *Ebenroth/Boujong/Joost/Strohn*, § 176 Rdnr. 27; *Heymann/Horn*, § 176 Rdnr. 14; *Röhricht/v. Westphalen/v. Gerkan*, § 176 Rdnr. 37; *Staub/Schilling*, § 176 Rdnr. 15; *Crezelius*, BB 1983, 12; *Eckert*, ZHR 147 (1983), 572; *Huber*, ZGR 1984, 160ff.; *Knobbe-Keuk*, in: Festschrift Stimpel, a.a.O., S. 191; *Herfs*, DB 1991, 1715f.; *Wienberg*, DB 1992, 722.

54 BGH, LM Nr. 9 zu § 176 HGB = NJW 1983, 2259 m. Anm. *Karsten Schmidt*; zust. *Koller/Roth/Morck*, § 176 Rdnr. 9.

Hier lag kein Eintritt des K in eine Kommanditgesellschaft vor, sondern es wurde im Wege der Einzelrechtsnachfolge der Kommanditanteil von T1 an K und sodann von K an T2 abgetreten (vgl. zu diesem Vorgang oben, § 45 III). Dem *Bundesgerichtshof* ist deshalb zu widersprechen, wenn er in seinem Leitsatz an der Auffassung festhält: »Unbeschränkt haftet auch derjenige im Handelsregister nicht eingetragene Kommanditist, der seinen Gesellschaftsanteil durch Abtretung erworben hat.« Der Erwerber eines eingetragenen Kommanditanteils muß aber nur den Rechtsschein vermeiden, daß es zwei Kommanditanteile gibt: den des Veräußerers und des Erwerbers. Besteht ein solcher Rechtsschein nicht, so kommt ihm die Eintragung des Anteils zugute.

ee) Unanwendbar ist § 176 II HGB schließlich in Fällen der *Nachfolge von Todes wegen*[55].

Beispiel Nr. 14: Kommanditist K stirbt, und seine eingetragene Kommanditistenbeteiligung geht auf den Erben E über, was allerdings erst nach geraumer Zeit eingetragen wird.

Die Nichtanwendung des § 176 II HGB auf diesen Fall erklärt sich daraus, daß aus dem Geltungsbereich des § 176 II HGB jede Rechtsnachfolge und damit auch jede Nachfolge von Todes wegen ausscheidet[56]. Der derivative Erwerb einer Beteiligung ist kein Eintritt in die Gesellschaft. Selbstverständlich kann auch ein Erbe nach § 176 II HGB haften, wenn er einen nach § 176 II HGB haftenden Erblasser beerbt, denn er übernimmt die ererbte Beteiligung so, wie sie ist, und haftet, wenn und weil sein Rechtsvorgänger nach § 176 II HGB haftete. Die Nachfolge des Erben selbst ist dagegen kein Anwendungsfall der Bestimmung. Allerdings sieht eine – bei Erscheinen der Erstauflage sogar noch herrschende – Gegenauffassung die Nachfolge von Todes wegen als »Eintritt« des Erben in die Gesellschaft an[57]. Die von dieser Auffassung ausgelösten Schwierigkeiten zeigen sich deutlich an unserem

Beispiel Nr. 15 (in Anlehnung an *BGHZ* 66, 98 = JuS 1976, 539 m. Anm. *Karsten Schmidt*): Die X-KG hatte zwei persönlich haftende Gesellschafter, den X und den Y. Y war verstorben. Aufgrund einer qualifizierten Nachfolgeklausel ging der Gesellschaftsanteil mit dem Tod »bei gleichzeitiger Umwandlung in einen Kommanditanteil« auf die E als Ehefrau und Erbin des Y über, was nicht sogleich eingetragen wurde. Lieferant L, der die Gesellschaft nach dem Tod des Y beliefert hatte, nahm die E als unbeschränkt haftende Gesellschafterin in Anspruch. Macht es einen Unterschied, wenn E auch vor dem Tod des Y schon Kommanditistin und als solche im Handelsregister eingetragen war?

Der *Bundesgerichtshof* löste diesen etwas kompliziert gelagerten Fall damals folgendermaßen: § 176 II HGB greife auch ein, wenn ein Nichtgesellschafter kraft Erbrechts den Anteil eines persönlich haftenden Gesellschafters unter

55 Wie hier jetzt auch *BGHZ* 108, 187, 197 = BB 1989, 1840 = NJW 1989, 3152; *Baumbach/Hopt*, § 176 Rdnr. 12; *Ebenroth/Boujong/Joost/Strohn*, § 176 Rdnr. 27; *Heymann/Horn*, § 171 Rdnr. 15, wo dies nunmehr als »fast unstreitig« bezeichnet wird; *Karsten Schmidt*, in: MünchKommHGB, § 176 Rdnr. 22; vgl. aber noch *Koller/Roth/Morck*, § 176 Rdnr. 9; *Röhricht/v. Westphalen/v. Gerkan*, § 176 Rdnr. 39.

56 *Karsten Schmidt*, in: MünchKommHGB, § 176 Rdnrn. 22 ff.; *Karsten Schmidt*, ZHR 144 (1980), 197 ff.; *Huber*, ZGR 1984, 161; zweifelhaft ist dagegen die Rechtslage im Fall der Eintrittsklausel; vgl. *Schlegelberger/Karsten Schmidt*, § 176 Rdnr. 24.

57 *BGHZ* 66, 98, 100 = JuS 1976, 539 m. Anm. *Karsten Schmidt*.

Umwandlung in einen Kommanditanteil erwerbe. Unanwendbar sei § 176 II HGB dagegen, wenn – wie es sich in casu tatsächlich verhielt – der Erbe bereits vor dem Erbfall Kommanditist derselben Gesellschaft und als solcher auch eingetragen gewesen sei, denn dann ändere sich nur der »Inhalt der Mitgliedschaftsrechte«. Heute würde der *BGH* diese Begründung wohl so nicht mehr wiederholen. Eine Nachfolge in die Mitgliedschaft ist kein Eintritt i.S. des § 176 II HGB. Anknüpfungspunkt für eine Anwendung des § 176 II HGB könnte allenfalls die Umwandlung der Mitgliedschaft sein (dazu oben unter II 2 b bb), während § 15 I HGB, auf den die Vorauflagen hinwiesen, nicht mehr anwendbar ist (§ 162 II HGB).

ff) Im Hinblick auf *§ 162 I 2 HGB n.F.* wird neuerdings überlegt, ob BGB-Gesellschafter haften, wenn eine Gesellschaft bürgerlichen Rechts Kommanditistin ist und ein *Mitgliederwechsel* in der BGB-Gesellschaft nicht eingetragen ist[58]. Die Frage ist zu verneinen, weil der Kommanditanteil und seine Inhaberin, die Gesellschaft bürgerlichen Rechts, eingetragen ist.

c) *Drittes Erfordernis:* Nichtkenntnis des Gläubigers von der Kommanditisteneigenschaft wird auch bei § 176 II HGB vorausgesetzt. Ebensowenig wie bei § 176 I HGB kommt es dagegen darauf an, ob der Gläubiger von der Existenz des Gesellschafters etwas wußte und positiv auf eine unbeschränkte Kommanditistenhaftung vertraute (vgl. oben unter I 1 b).

d) Zweifelhaft ist, ob eine *Zustimmung des Kommanditisten* zur Fortsetzung des Geschäftsbetriebs erforderlich ist. Traditionellerweise wurde die Verweisung auf Absatz 1 dahin verstanden, daß die Haftung aufgrund einer solchen Zustimmung eintritt[59]. In der Praxis ist dieses Merkmal bedeutungslos. *RGZ* 128, 172, 180f. sieht schon in dem Aufnahmevertrag die Zustimmung des Kommanditisten, wenn nicht der Kommanditist einen Vorbehalt in den Vertrag aufnehmen läßt. In Wahrheit hat der in eine tätige Gesellschaft eintretende Kommanditist überhaupt nicht die Wahl, ob er der Fortsetzung des Geschäftsbetriebs zustimmen oder die Fortsetzung verbieten will. Der Beitritt zu der bereits werbend tätigen Handelsgesellschaft trägt deshalb – anders als im Fall des § 176 I HGB – die Haftungslegitimation schon in sich[60]. Im Anschluß an die hier vertretene Auffassung verzichtet nunmehr auch der Bundesgerichtshof bei § 176 II HGB mit Recht auf eine besondere Zustimmung[61].

58 Dazu *Ulmer,* ZIP 2002, 1714ff.

59 *RGZ* 128, 172, 180; *Düringer/Hachenburg/Flechtheim,* § 176 Anm. 9; *Schilling,* in: Großkomm. HGB, § 176 Anm. 21.

60 *Baumbach/Hopt,* § 176 Rdnr. 9; *Röhricht/v. Westphalen/v. Gerkan,* § 176 Rdnr. 49; *Karsten Schmidt,* in: MünchKommHGB, § 176 Rdnr. 28; *Karsten Schmidt,* ZHR 144 (1980), 195; *Staub/Schilling,* § 176 Rdnr. 23.

61 *BGHZ* 82, 209, 211f. = LM Nr. 8 zu § 176 HGB m. Anm. *Brandes* = NJW 1982, 883, 884 m. Anm. *Karsten Schmidt.*

III. Rechtsfolgen des § 176 HGB

1. Unbeschränkte Haftung

Der Kommanditist haftet grundsätzlich wie ein Komplementär nach §§ 161 II, 128 HGB[62]. Die Regeln der §§ 171, 172 HGB greifen nicht ein. Im übrigen bleibt es jedoch bei der Kommanditistenstellung. Die allgemeinen Rechte und Pflichten eines Komplementärs stehen dem Kommanditisten auch im Fall des § 176 HGB nicht zu.

2. Rechtsfolgen der Eintragung

Von der unbeschränkten Haftung der Gesellschafter und der Handelnden in der nicht eingetragenen AG oder GmbH (oben, § 27 II 4 und § 34 III 3) wissen wir, daß sie mit der Eintragung der Gesellschaft endet, sich allerdings als interne Vorbelastungshaftung fortsetzt. Bei § 176 HGB ist dies anders[63]. Die durch diese Vertrauensschutznorm geschützten Gläubiger können den Kommanditisten auch noch nach der Eintragung in Anspruch nehmen. Allerdings läuft entsprechend § 160 III HGB eine fünfjährige Enthaftungsfrist[64]. Die unter § 51 II dargestellten Grundsätze gelten hier also sinngemäß.

Beispiel Nr. 16: Kommanditist K ist am 1.1.1997 der Gesellschaft mit einer Einlage und Haftsumme von 10 000 DM beigetreten. Er hat 5 000 DM Einlage geleistet. Am 30.12.1997 wurde er eingetragen. G1 und G2 erheben wegen unverjährter Forderungen gegen die KG aus dem Jahr 1995 in Höhe von je 5 000 Euro (ca. 10 000 DM) Klage gegen K, und zwar klagt G1 im Jahr 2002, G2 erst im Jahr 2003. Hier haftet K, obwohl längst eingetragen, dem G1 in voller Höhe. Gegenüber dem G2 kann er die Enthaftung analog § 160 III HGB geltend machen. Allerdings gilt dies nur für die unbeschränkte Haftung nach § 176 HGB. Da K die Haftsumme nur zur Hälfte durch Einlageleistung abgedeckt hat, haftet er dem G2 – wie allen Gläubigern der Gesellschaft – nach § 171 I HGB noch in Höhe der ungedeckten Haftsumme.

---

62 Nicht nach § 130 HGB! Die Haftung eines eintretenden Kommanditisten für Altverbindlichkeiten richtet sich, da § 176 HGB als Vertrauenshaftung konzipiert ist, auch im Fall des § 176 II HGB nach § 173 HGB; vgl. *Karsten Schmidt*, in: MünchKommHGB, § 176 Rdnr. 40; *Staub/Schilling*, § 176 Rdnr. 24.

63 *Neubauer*, a.a.O., § 27 Rdnr. 105; *Schlegelberger/Karsten Schmidt*, § 176 Rdnr. 41; a.M. *Siegmund/van Venrooy*, Rdnr. 336.

64 Vgl. bereits zu dem bis 1994 bestehenden Rechtszustand vor dem Nachhaftungsbegrenzungsgesetz *BGH*, NJW 1983, 703; NJW 1983, 2813; *Kornblum*, a.a.O., S. 202; *Staub/Schilling*, § 176 Rdnr. 9; *Karsten Schmidt*, NJW 1981, 161; unentschieden noch *BGHZ* 78, 114, 117 = NJW 1981, 175.

IV. Abhilfe durch schützende Vereinbarungen

1. Fall des § 176 I HGB

Nach dem Wortlaut des § 176 I HGB können sich die Kommanditisten schützen, indem sie vereinbaren, daß die bereits gegründete Gesellschaft mit ihren Geschäften erst mit der Eintragung beginnen soll. Das kann sehr unpraktisch sein und nützt nach der hier nunmehr vertretenen Auffassung nichts, wenn die Gesellschaft, vertreten durch den Komplementär, doch schon ins Leben tritt (oben unter II 1 b). Die Kommanditisten müssen vielmehr dafür sorgen, daß der Komplementär vorläufig im eigenen Namen handelt. Im Fall einer Sachgründung (Einbringung des lebenden Unternehmens in die Gesellschaft) kann insbesondere vereinbart werden, daß das Unternehmen bis zur Eintragung der KG noch treuhänderisch vom Einleger fortgeführt werden soll, denn im Gegensatz zur GmbH kann die KG eingetragen werden, auch ohne daß alle Sacheinlagen schon erbracht sind. Während nun aber nach dem Wortlaut des § 176 II HGB schon die Abrede hilft, daß der Komplementär die KG-Geschäfte noch nicht aufnehmen *darf*, nützt dies nach dem neuen Verständnis der Vorschrift nur, wenn er sich hieran auch hält[65].

Beispiel Nr. 17: Das Unternehmen des Einzelkaufmanns E soll mit den Kommanditisten X, Y und Z fortgeführt werden (Fall des § 28 HGB). Dazu gründen diese Gesellschafter als Kommanditisten mit dem E als Komplementär eine KG und vereinbaren, daß E das Unternehmen ab heute für Rechnung der KG führt und es nach deren Eintragung in die Gesellschaft einbringt. Hält E sich hieran, so ist die Haftung aus § 176 I HGB vermieden, und doch nehmen die Gesellschafter der KG sogleich an den Erträgen der Gesellschaft teil.

Wollen die Mitgesellschafter sicher gehen und unabhängig von der Folgsamkeit des E der Gesellschafterhaftung ausweichen, so können sie die Gründung durch aufschiebende Bedingung auf den Zeitpunkt der Eintragung verlegen.

2. Fall des § 176 II HGB

a) Im Fall des § 176 II HGB ist entgegen *RGZ* 128, 172, 181 ein Vorbehalt des Eintretenden dahin, »daß der Geschäftsbeginn für die erweiterte Gesellschaft erst mit seiner Eintragung als begrenzt haftender Kommanditist beginnen dürfe«, nicht möglich. Entweder ist der Neukommanditist beigetreten – dann ist nunmehr die »erweiterte Gesellschaft« Trägerin des Unternehmens, oder der Eintritt selbst wird hinausgeschoben. Die schützende Klausel muß also dahin zielen, daß der Kommanditistenbeitritt erst mit der Eintragung wirksam werden soll[66]. Dies ist eine aufschiebende Bedingung. Soll der Neukommanditist sofort am Gewinn und Verlust beteiligt werden, so empfiehlt sich die Kombination mit einer auflösend bedingten stillen Beteiligung: Der Eintretende tritt mit dem Zeitpunkt der Eintragung als Kommanditist bei;

---

65 A.M. *Dauner-Lieb*, a.a.O., S. 843 f.: Gesamtvertretungsmacht der Gründer.

66 *BGHZ* 82, 209, 212 = LM Nr. 8 zu § 176 HGB m. Anm. *Brandes* = NJW 1982, 883, 884 m. Anm. *Karsten Schmidt; ders.*, GmbHR 2002, 347.

zu denselben Bedingungen tritt er sofort als atypischer stiller Gesellschafter bei (vgl. zur atypischen stillen Gesellschaft unten, § 62 II 2 c)[67].

b) Ist der Neukommanditist Rechtsnachfolger eines eingetragenen Kommanditisten, so greift § 176 II HGB nach richtiger Auffassung nicht ein, und schützende Vertragsklauseln sind überflüssig (dazu schon unter II 2). Da der BGH anderer Auffassung ist, empfiehlt er auch hier die Vereinbarung einer aufschiebenden Bedingung[68]. Soll der Rechtsnachfolger sogleich wie ein Kommanditist an Ertrag und Risiko beteiligt sein, so empfiehlt sich eine Treuhandvereinbarung: Der Anteilsveräußerer bleibt bis zur Eintragung Kommanditist, dies aber nur als Treuhänder des Erwerbers[69].

V. Sonderprobleme

1. Publikums-KG und GmbH & Co.

a) § 176 HGB gilt *auch in der Publikums-KG* (vgl. zu dieser unten, § 57)[70]. Vor allem § 176 II HGB stellt also eine erhebliche Gefahr für die Anleger dar. Die Vertragspraxis muß sie durch die geschilderten Vertragsklauseln schützen. Im Einzelfall kann auch die unter I 3 erwogene teleologische Restriktion helfen.

b) *Auch für die GmbH & Co. KG* gilt § 176 HGB[71]. Die unter § 56 beschriebene Institutionalisierung der GmbH & Co. kann nicht die Grundlage abgeben, um § 176 HGB ohne gesetzgeberisches Einschreiten außer Kraft zu setzen, denn nicht als Rechtsform sui generis, sondern als Sondertypus der Kommanditgesellschaft ist die GmbH & Co. institutionalisiert. Das Problem besteht nicht darin, ob § 176 HGB für die GmbH & Co. »gilt«, sondern darin, ob die Verwendung einer dem § 19 II HGB entsprechenden GmbH & Co.-Firma ausreicht, um die Haftung nach § 176 HGB abzuwen-

67 *Karsten Schmidt*, ZHR 144 (1980), 201.

68 *BGH*, NJW 1983, 2258, 2259 m. Anm. *Karsten Schmidt;* zust. *Knobbe-Keuk*, in: Steuerberater-Jahrbuch 1983/84, S. 77.

69 Vgl. *Karsten Schmidt*, in: MünchKommHGB, § 176 Rdnr. 31.

70 *BGHZ* 82, 209, 213 = LM Nr. 8 zu § 176 HGB m. Anm. *Brandes* = NJW 1982, 883, 884 m. Anm. *Karsten Schmidt.*

71 *BGH*, NJW 1980, 54 = JuS 1980, 67; LM Nr. 9 zu § 176 HGB = NJW 1983, 2258 m. Anm. *Karsten Schmidt; Heymann/Horn*, § 176 Rdnr. 11; *Röhricht/v. Westphalen/v. Gerkan*, § 176 Rdnr. 55; *Karsten Schmidt*, in: MünchKommHGB, § 176 Rdnr. 50; *Scholz/Karsten Schmidt*, § 11 Rdnr. 166; a.M. *Priester*, BB 1980, 913f.; die von *Crezelius* (BB 1983, 8) angemerkte Widersprüchlichkeit der hier vertretenen Auffassung beruht auf einer Mißdeutung.

den. Das ist umstritten[72]. Nach richtiger Auffassung genügt das Auftreten als »GmbH & Co.«, um den Vertrauensschutz zu überwinden[73].

Beispiel Nr. 18 (nach *BGH*, LM Nr. 7 zu § 176 HGB = NJW 1980, 54 = JuS 1980, 67 m. Anm. *Karsten Schmidt;* vgl. ausführlich *dens.*, ZHR 140 [1980], 203 ff.): Die K-Fertigbau GmbH & Co. KG hatte unter dieser Firma Wechsel akzeptiert. Der Wechselinhaber nahm einen Kommanditisten in Anspruch, der vor der Wechselannahme der Gesellschaft beigetreten und erst danach eingetragen worden war.

Der *Bundesgerichtshof* hat damals die unbeschränkte Haftung bejaht, weil die GmbH & Co. KG nicht schon aufgrund ihrer »Institutionalisierung« von § 176 HGB ausgenommen werden könne. Dieser Standpunkt war bereits damals verfehlt[74]. Nach dem Sinnwandel des § 176 HGB ist sie vollends unhaltbar. Die entscheidende Frage besteht ja nur darin, ob die Verwendung der GmbH & Co.-Firma genügt, um die unbeschränkte Gesellschafterhaftung auszuschließen. Das ist der Fall, denn nach aller Lebenserfahrung wird dann nicht mehr damit gerechnet, daß eine natürliche Person unbeschränkt haftet. Die Verwendung der GmbH & Co.-Firma ist also nicht nur erforderlich, um die Haftungsbeschränkung sicherzustellen (§ 19 II HGB und dazu Handelsrecht, § 5 IV 2 a), sondern sie ist hierfür auch ausreichend. Dann braucht der Gläubiger auch nicht die genaue Höhe des Kommanditkapitals zu kennen (vgl. oben unter II 1 c). Der BGH-Fall war deshalb falsch entschieden. Ohne dies einzugestehen, hat der *BGH* später eingelenkt[75]: Er stellte in Aussicht, die unbeschränkte Haftung sei bei Verwendung einer GmbH & Co.-Firma »möglicherweise für Rechtsgeschäfte zu verneinen, die nach Inkrafttreten des § 19 II HGB (damals § 19 V HGB a.F.) – also seit 1981 – abgeschlossen worden sind«. Heute kann als feststehend gelten: Wurde dem Gläubiger gegenüber die korrekte GmbH & Co.-Firma verwendet, so scheidet eine Haftung nach § 176 HGB aus.

2. Analoge Anwendung des § 176 HGB bei Firmenänderung?

Nach einem Urteil des *Bundesarbeitsgerichts* kann auch die bloße Firmenänderung zur Haftung analog § 176 I HGB führen:

Beispiel Nr. 19 (nach *BAG*, AP Nr. 2 zu § 176 HGB = BB 1980, 383 = NJW 1980, 1071; dazu *Priester*, BB 1980, 911): Die B. D. GmbH & Co. stellte Kleincomputer her. Sie wurde durch notarielle Änderung des Gesellschaftsvertrags in B. C. GmbH & Co. umbenannt. Dies wurde zunächst nicht eingetragen. Ein Gläubiger, mit dem die Gesellschaft unter der Firma »B. C.« einen Vertrag abgeschlossen hatte, nahm einen Kommanditisten aus

72 Ablehnend *BGH*, NJW 1980, 54 = JuS 1980, 67 m. Anm. *Karsten Schmidt; Flume*, Personengesellschaft, § 16 IV 5; *Knobbe-Keuk*, in: Festschrift Stimpel, a.a.O., S. 192 ff.; *Spies*, a.a.O., S. 9; *Hofmann*, GmbHR 1970, 186; *Crezelius*, BB 1983, 6 f.

73 Vgl. zuerst *Limbach*, GmbHR 1967, 165 f.; sodann: *Binz*, a.a.O., S. 27; *ders.*, GmbHR 1976, 33; *Huber*, in: Festschrift Hefermehl, a.a.O., S. 131; *ders.*, ZGR 1984, 166; *Karsten Schmidt*, ZHR 144 (1980), 202 ff.; umfangreiche Nachweise bei *Neubauer*, a.a.O., § 27 Rdnr. 90; *Karsten Schmidt*, in: MünchKommHGB, § 176 Rdnr. 50.

74 Vgl. *Karsten Schmidt*, ZHR 140 (1980), 203 ff.

75 *BGH*, LM Nr. 9 zu § 176 HGB = NJW 1983, 2258 m. Anm. *Karsten Schmidt;* dazu noch ausführlicher in der ersten Auflage.

unbeschränkter Haftung in Anspruch. Das *BAG* gab dieser Klage analog § 176 HGB statt, weil sich die »Gesamtsituation... nach Interessenlage, Vertretenmüssen und Anscheinsgrundsätzen kaum von den Situationen unterscheidet, von denen § 176 Abs. 1 und Abs. 2 HGB ausgeht«.

Dieser Auffassung war schon nach der herkömmlichen Deutung des § 176 HGB nicht zu folgen[76]. Seitdem § 176 I HGB als Haftungsprivileg einzuordnen ist, liegt sie vollends neben der Sache. Die Verwendung einer unzulässigen und täuschenden Firma kann stets nur konkreten Rechtsscheinschutz zugunsten vertrauender Dritter auslösen. Wird durch Neubildung der Firma der Anschein erweckt, es sei neben der alten Gesellschaft eine neue gegründet, so kann dies ein Rechtsscheinfall sein. Für den konkreten Fall hat das *BAG* betont, daß sich die Änderung der alten Firma nicht herumgesprochen habe und daß die beiden Firmen so unterschiedlich gewesen seien, daß auch das Handelsregister im Fall einer Anfrage nicht von sich aus auf die Identität der Gesellschaft hingewiesen hätte. Eine solche Situation mag im Einzelfall ein schutzwürdiges Vertrauen begründen. Mit § 176 HGB hat die Frage nichts zu tun.

3. Änderung des § 176?

Man kann darüber streiten, ob die Bestimmung heute noch am Platze ist. Im Hinblick auf ihren Sinnwandel bedürfte sie wenigsten einer redaktionellen Überarbeitung[77]. Vor allem das Verhältnis der Absätze 1 und 2 zueinander sowie die Zukunft des nicht mehr passenden § 176 I 2 HGB sollte genauer diskutiert werden.

76 Näher *Karsten Schmidt*, in: MünchKommHGB, § 176 Rdnr. 48.
77 Vorschlag bei *Karsten Schmidt*, GmbHR 2002, 348.

Vierter Abschnitt: Sondertypen der Personengesellschaft

§ 56 Die Kapitalgesellschaft & Co.*

I. Grundlagen

1. Die Kapitalgesellschaft & Co. im allgemeinen und die GmbH & Co. im besonderen

a) Die Kapitalgesellschaft & Co. ist ein Beispiel für das Phänomen, das seit *Zielinski* (1925) als »Grundtypvermischung« bezeichnet wird[1]: eine Personengesellschaft mit einer geschäftsleitend tätigen Kapitalgesellschaft als Mitglied. Hauptbeispiel ist die GmbH & Co., weshalb auch im folgenden exemplarisch von der GmbH & Co. gesprochen werden soll. Vor allem die Praxis spricht kaum von der »Kapitalgesellschaft & Co.«, sondern durchweg von der GmbH & Co., und so soll es auch hier sein. Man muß sich dabei nur darüber klar sein, daß damit die rechtstatsächliche Typik über die rechtswissenschaftliche Genauigkeit gestellt wird und daß die Rechtsprobleme der GmbH & Co., soweit sie nicht ausgesprochene GmbH-Probleme sind,

---

* Literatur: Arbeitskreis GmbH-Reform, Thesen und Vorschläge zur GmbH-Reform, Bd. 1 1971, Bd. 2 1972; *Arnold*, Die GmbH & Co. KG im österreichischen Recht, GmbHR 1994, 371; *Barz*, Das Ende der GmbH & Co. KG, NJW 1972, 465; *Binz*, Die GmbH & Co., 8. Aufl. 1992; *Beckmann*, Die AG & Co. KG, 1992; *Brandes*, Die Rechtsprechung des BGH zur GmbH & Co. KG und zur Publikumsgesellschaft, WM-Beil. 1/1987; *Brönner/Rux/Wagner*, Die GmbH & Co. KG, 8. Aufl. 1998; *Cahn*, Die GmbH & Co. Kommanditgesellschaft, 1922; *Fichtelmann*, Die GmbH & Co. KG im Steuerrecht, 7. Aufl. 1994; *Julius v. Gierke*, Handelsrecht und Schifffahrtsrecht, 8. Aufl. 1958; *Hesselmann*, Die GmbH & Co. KG – verfremdete GmbH? in: Pro GmbH, 1980, S. 81; *ders.*, Die Auswirkungen der GmbH-Gesetz-Novelle auf die GmbH & Co., in: Das neue GmbH-Recht in der Diskussion, 1981, S. 120; *Hesselmann/Tillmann*, Handbuch der GmbH & Co., 18. Aufl. 1997; *Klauss/Birle*, Die GmbH & Co., 7. Aufl. 1988; *Knobbe-Keuk*, Das Steuerrecht – eine unerwünschte Rechtsquelle des Gesellschaftsrechts, 1986; *Knur*, Die GmbH & Co., in: GmbH-Reform, 1970, S. 164; *Mertens*, GmbH & Co. und Gesellschaftsrechtsdogmatik, GmbHR 1967, 45; *Priester*, Vertragsgestaltung bei der GmbH & Co., 2. Aufl. 1991; *Schilling*, Rechtspolitische Gedanken zur GmbH & Co., in: Festschrift Kunze, 1969, S. 189ff.; *Karsten Schmidt*, Die GmbH & Co. – eine Zwischenbilanz, GmbHR 1984, 272; *Schulze-Osterloh*, Kapitalgesellschaft & Co. – Handelsgesellschaft kraft Rechtsform? NJW 1983, 1281; *Sommer*, Die Gesellschaftsverträge der GmbH & Co. KG, 1992; *Sudhoff*, GmbH & Co. KG, 5. Aufl. 2000; *Uhlenbruck*, Die GmbH & Co. KG in Krise, Konkurs und Vergleich, 2. Aufl. 1988; *Ulmer*, Recht der GmbH und GmbH & Co. nach 50 Jahren BGH-Rechtsprechung, in: Festschrift BGH II, 2000, S. 273; *Watermeyer*, in: Beck'sches Handbuch der Personengesellschaften, 1999, 12; *H. P. Westermann*, Die GmbH & Co. KG im Lichte der Wirtschaftsverfassung, 1973; *Wiethölter*, Die GmbH & Co. KG – Chancen und Grenzen, in: Aktuelle Probleme der GmbH & Co. KG, 1967, S. 11; *Zielinski*, Grundtypvermischungen und Handelsgesellschaftsrecht, 1925.

1 *Zielinski*, a.a.O.

Fragen der Kapitalgesellschaft & Co. darstellen[2]. Für die AG & Co. KG lassen sich sogar, so selten diese Gestaltung ist, prominente Beispiele anführen. Genau genommen ist selbst die Bezeichnung als »Kapitalgesellschaft & Co.« noch zu eng, denn die Anerkennung der hier diskutierten Grundtypvermischung strahlt längst schon in andere Bereiche aus: Unter VI wird von Problemen der »Personengesellschaft & Co.« (doppelstöckige GmbH & Co. KG) sowie der »Stiftung & Co.« die Rede sein. Die GmbH & Co. bleibt aber der exemplarische Fall.

b) Die *GmbH & Co.* ist eine Personengesellschaft, an der eine GmbH als geschäftsführende Gesellschafterin beteiligt ist. Meistens ist sie eine Kommanditgesellschaft, sie kann aber auch eine oHG oder sogar eine Gesellschaft bürgerlichen Rechts sein.

Beispiel Nr. 1: Eine Publikumspersonengesellschaft wird regelmäßig als GmbH & Co. KG gestaltet, bei der die GmbH Komplementärin ist und möglichst viele Kommanditisten hinzuwirbt. Auch die personalistische GmbH & Co., insbesondere die Familiengesellschaft, ist in aller Regel Kommanditgesellschaft. Offene Handelsgesellschaften als Gesellschaften mbH & Co. sind weitaus seltener, aber es gibt sie immerhin. Sie kommen vor allem als kooperative Gemeinschaftsunternehmen vor. So etwa, wenn sich zwei mittelgroße Verlage, die X-GmbH und die Y-GmbH, in Form einer oHG zu einem Unternehmen zusammentun, das einen Großkommentar und eine juristische Zeitschrift herausbringt. Auch eine Projektgesellschaft, die kein Gewerbe betreibt, kann von unseren Gesellschaften m.b.H. als offene Handelsgesellschaft gegründet und betrieben werden (§ 105 II HGB). In jedem dieser Fälle entsteht eine GmbH & Co. oHG. Wird die Projektgesellschaft nicht im Handelsregister eingetragen, so kann sie mangels gewerblicher Tätigkeit nur Gesellschaft bürgerlichen Rechts sein (zu dieser vgl. §§ 58ff.). Es entsteht dann eine »GmbH & Co. GbR, jedoch ohne gesicherte Haftungsbeschränkung bei den »Kommanditisten« (unten, § 60 III 2 c).

In der Praxis überwiegt ganz eindeutig die *GmbH & Co. KG*. Nur sie wird hier besonders besprochen, denn nur sie hat in der Praxis die typischen GmbH & Co.-Probleme aufgeworfen. Die Probleme der *GmbH & Co. oHG* – insbesondere die Probleme der Firmierung, der Angaben auf Geschäftsbriefen, der Gesellschafterdarlehen und der Insolvenzantragspflicht (§§ 19 II, 125a, 129a, 130a, b HGB) – werden dabei inzident mitgeklärt.

c) Es wird hier also der Fragenkreis der Kapitalgesellschaft & Co. exemplarisch am *Standardfall der GmbH & Co. KG* entwickelt, was eine doppelte Beschränkung mit sich bringt: Nicht die geschäftsleitende Beteiligung irgendeiner Kapitalgesellschaft, sondern die geschäftsleitende Beteiligung einer GmbH steht in Rede, und nicht um die Beteiligung an irgendeiner Personengesellschaft, sondern um die Beteiligung der GmbH als Komplementärin einer KG soll es gehen. Wer die Probleme dieser Gestaltung lösen kann, wird mit anderen Fällen der Kapitalgesellschaft & Co. keine Schwierigkeiten haben.

2 Allgemein von der Kapitalgesellschaft & Co. spricht *Raiser*, Kapitalgesellschaften, § 1 Rdnrn. 5ff.; § 42 Rdnrn. 1ff.; speziell zur AG & Co. vgl. die Arbeit von *Beckmann*, a.a.O.

2. Die Herausbildung und zivilrechtliche Anerkennung der GmbH & Co.

a) Die GmbH & Co. ist ein Produkt der unter § 5 II 4 diskutierten Typenfreiheit im Gesellschaftsrecht, rührt also an Grundprobleme unserer Materie. Bereits im 19. Jahrhundert wurde darüber gestritten, ob eine Kapitalgesellschaft Gesellschafter oder gar geschäftsführender Gesellschafter einer Personengesellschaft sein könne[3]. *Holdheim* bezeichnete die Kapitalgesellschaft & Co. als ein »juristisches Monstrum«[4]. Große Bedeutung gewann die Frage erst mit der Einführung der Doppelbelastung der Kapitalgesellschaften und ihrer Mitglieder durch Körperschaftsteuer und Einkommensteuer[5]. Um diese Doppelbelastung zu vermeiden, schossen plötzlich Gesellschaften mbH & Co. aus dem Boden: Personengesellschaften ohne unbeschränkte Gesellschafterhaftung. Sie wurden zuerst 1912 vom *BayObLG*[6], dann auch vom *Kammergericht*[7] und schließlich, gegen den Widerstand des *OLG Hamburg*[8], auch vom *Reichsgericht* in seinem berühmten Beschluß *RGZ* 105, 101ff. vom 4.7.1922 anerkannt. In den 1930er Jahren wurde die GmbH & Co. aufgrund des damals herrschenden politischen Klimas ebenso bekämpft wie die GmbH (dazu oben, § 33 II 2). Nicht zuletzt von nationalsozialistischer Seite wurden die heftigsten Einwände erhoben[9]. Aber die Gerichtspraxis nahm die Zulässigkeit dieser Gestaltung mehr und mehr diskussionslos hin, und so konnte die GmbH & Co. in der Nachkriegszeit einen regelrechten Siegeszug antreten, obgleich vor allem in den 1950er Jahren noch lebhafte Kritik geäußert wurde[10]. Man kann schwerlich sagen, daß diese Kritik neben der Sache lag. Solange die GmbH & Co. nicht durch bewährte Normativ- und Haftungsregeln institutionalisiert war, stellte sie einen Fremdkörper im System und ein Einfallstor für Mißbräuche dar. Heute ist die GmbH & Co. durch eine ganze Reihe gesetzlicher Vorschriften konkludent anerkannt (vgl. §§ 19 II, 125a, 129a, 130a, b, 131 II, 172 VI, 172a, 177a, 264a HGB, § 4 MitbestG, § 19 III InsO). An ihrer Zulässigkeit ist de lege lata nicht zu zweifeln.

b) Die *Gestaltungspraxis* macht heute von der GmbH & Co. Gebrauch wie von einer gesetzlichen Rechtsform. Trotzdem ist und bleibt die GmbH & Co. ein Fall der Grundtypvermischung und ein künstliches Gebilde, bei dem zwei Handelsgesellschaften für die Organisation eines Unternehmens verwendet

---

3 Vgl. *KGJ* 11, 20ff.; *OLG Hamburg*, HansGZ 1891, 22.

4 *Holdheim*, Holdheims Wochenschrift für Aktienrecht und Bankwesen 1 (1892), 195.

5 Ein reichseinheitliches Körperschaftsteuerrecht gab es erst ab 1920; die Entwicklung begann, als von Preußen (1906) und Bayern (1910) aus die Einkommensteuerregelungen i.S. einer Doppelbelastung geändert wurden.

6 OLGE 27, 331 = DJZ 1913, 647 = SeuffA 67 (1912) Nr. 263.

7 *KG*, DJZ 1913, 1500; *KGJ* 51 A 122 = Recht 1919 Nr. 124; *KGJ* 51 A 125; s. auch *KGJ* 52 A 90; *KG*, OLGE 42, 214.

8 HansGZ 1922, Hauptblatt 97.

9 Vgl. besonders *Friedrich Schönle*, Das Problem der Grundtypenvermischung im neuen Recht, 1938; vernünftig abwägend demgegenüber *Boesebeck*, Die kapitalistische Kommanditgesellschaft, 1938, S. 76ff.

10 *J. v. Gierke*, a.a.O., § 37 IV 4; *Haupt/Reinhardt*, Gesellschaftsrecht, 4. Aufl. 1952, § 20 IV 5 a; *Lehmann*, Gesellschaftsrecht, 2. Aufl. 1959, § 24 I 3.

werden. Die Standardisierung von GmbH & Co.-Verträgen in Handbüchern macht aus der GmbH & Co. noch *keine eigene Rechtsform*[11]. Eine dispositive gesetzliche Normalverfassung gibt es für die GmbH & Co. nicht, vielmehr muß diese von Mal zu Mal kunstvoll geschaffen werden. Eine neue Rechtsform anstelle der GmbH & Co. wurde im Jahr 1971 vom *Arbeitskreis GmbH-Reform* in Gestalt einer »Handelsgesellschaft auf Einlagen« vorgeschlagen, die wie eine Kommanditgesellschaft ohne Komplementär verfaßt sein sollte[12]. Dieser Vorschlag ließ daran erinnern, daß auch die echte GmbH im Vorentwurf von 1884 nicht als eine Kapitalgesellschaft, sondern als eine Personengesellschaft ohne unbeschränkt haftenden Gesellschafter konzipiert war[13]. Hätte der Gesetzgeber den Entwurf einer »Handelsgesellschaft auf Einlagen« im Jahr 1971 aufgegriffen, so hätte es künftig zwei Gesellschaften mit beschränkter Haftung gegeben: die kapitalgesellschaftliche GmbH und die personengesellschaftliche »Handelsgesellschaft auf Einlagen«. Vermutlich hätten aber daneben doch noch die Gesellschaften mbH & Co. fortbestanden, und so kann nicht verwundern, daß sich der Gesetzgeber den Vorschlag einer »Handelsgesellschaft auf Einlagen« nicht zu eigen machte.

c) Ist die GmbH & Co. nach wie vor ein Fall der Grundtypvermischung auf der Basis der Kommanditgesellschaft, so ist sie auch nach wie vor eine *Personengesellschaft*[14]. Natürlich darf man den Blick nicht davor verschließen, daß die GmbH & Co., obgleich Personengesellschaft, kapitalgesellschaftlichen Zwekken dient. Wer aber darum die GmbH & Co. ausschließlich kapitalgesellschaftlichen Regeln unterwerfen will, bricht mit dem geltenden Recht.

3. Die rechtspolitische Beurteilung der GmbH & Co.

a) Die GmbH & Co. ist, ungeachtet ihrer Anerkennung durch die Gerichte und durch den Gesetzgeber, rechtspolitisch umstritten geblieben. Nicht wenige sehen in ihrer Zulassung einen Sündenfall des deutschen Gesellschaftsrechts. *Brodmann*[15] hat schon zu Beginn der Entwicklung die Leichtigkeit beklagt, »mit der man hier sich über wichtigste Bestimmungen des Gesetzes hinwegsetzt, nur um einer Gesellschaftsform zum Dasein zu verhelfen, deren Künstelei jedem unbefangenen und natürlichen Empfinden widerstrebt«. *Julius von Gierke*[16] sprach von einer »grotesken Verrenkung« der KG, und in der Unternehmensrechtskommission war von einer »perver-

11 Vgl. *Karsten Schmidt*, GmbHR 1984, 273f.

12 Arbeitskreis GmbH-Reform, Die Handelsgesellschaft auf Einlagen. Eine Alternative zur GmbH & Co. KG, 1971; dazu *Barz*, NJW 1972, 465; *Raisch*, Unternehmensrecht I, 1973, S. 186ff.; *Schilling*, BB 1972, 3; *H. P. Westermann*, ZRP 1972, 93.

13 Entwurf einer Gesellschaft mit beschränkter Haftbarkeit von *Oechelhäuser*, 1884; Wortlaut bei *Schilling*, in: Festschrift Kunze, a.a.O., S. 205f.

14 Vgl. *Schilling*, in: Festschrift Kunze, a.a.O., S. 190; *Karsten Schmidt*, GmbHR 1984, 274; a.M. *Raiser*, Kapitalgesellschaften, § 42 Rdnr. 1; s. auch *Kübler*, § 21 III.

15 Gesetz betreffend die Gesellschaften mit beschränkter Haftung, Kommentar, 1924, § 13 Anm. 1.

16 A.a.O., § 37 IV 4.

tierten Formenkombination« die Rede[17]. Dem immer wieder vorgebrachten Hinweis auf technische Vorteile bei der Unternehmensorganisation[18] hält *Reuter*[19] entgegen, die Existenz eines Interesses an solcher Gestaltung mache dieses Interesse noch lange nicht unabweisbar. *Kübler*[20] warnt vor den Möglichkeiten der Gesetzesumgehung, *Großfeld*[21] vor einem gestaltungspolitischen Versagen des Zivilrechts. Naturgemäß ist die GmbH & Co. auch in den Strudel der »wirtschaftsverfassungsrechtlichen« Diskussion gegen die Haftungsbeschränkung geraten (dazu vgl. oben, § 18 IV 1 b), wogegen *Harm Peter Westermann*[22] sie eingehend verteidigt hat. Regelrecht gefeiert wird sie bisweilen von Praktikern, die sich der GmbH & Co. möglichst uneingeschränkt – i.d.R. für durchaus achtenswerte Gestaltungsziele! – bedienen wollen, und gefeiert wir sie auch in einer geistreichen Gesellschaftsrechts-Morphologie aus der Feder von *Rudolf Wiethölter*[23]. Darin wird die GmbH & Co. als ein Instrument bezeichnet, in dem sich »die Objektivation des Kapitalismus, die Versachlichung der Vermögensanlage, die Perpetuierung und Erhaltung vorhandener Unternehmen über die Klippen von Generationen hinweg, die Entpersönlichung höchstpersönlicher Unternehmen« verwirkliche.

b) Eine *Stellungnahme*[24] sollte einerseits nichts beschönigen, sie sollte jedoch auf der anderen Seite nicht das rechtspolitische Augenmaß außer acht lassen.

aa) Die GmbH & Co. KG hat im allgemeinen Rechtsverkehr wohl unter allen gesellschaftsrechtlichen Gestaltungen die *schlechteste Reputation*[25]. Vor allem juristische Laien denken, wenn sie eine GmbH & Co.-Firma entdecken, alsbald an eine böswillige Schädigung der Gläubiger, vielleicht auch – bei Publikumspersonengesellschaften! – der Kommanditisten. Solche Pauschalverdächtigungen sind einerseits erklärlich, doch genügt anderseits ein bloßes Unbehagen nicht, sie zu begründen. Wenn eine Rechtsgestaltung in der Praxis als die billigste, risikoloseste und elastischste propagiert wird, dann ist dieser Ruf naturgemäß nicht dazu angetan, unseriöse Geschäftsleute oder gar Wirtschaftskriminelle von dieser Gesellschaftsform fernzuhalten. Diese Interessenten werden dann aber nicht erst durch die Wahl der GmbH & Co.-Form zu Kriminellen, und ebensowenig besteht Anlaß, wegen derartiger schwarzer Schafe die GmbH & Co. als Institution zu verdammen oder gar die Teilhaber einer solchen Gesellschaft schon um der Rechtsform willen zu verdächtigen. Die Mehrzahl der Gesellschaften mbH & Co. sind Handelsgesellschaften wie andere auch, oft Familiengesellschaften, die ohne weiteres auch in Form einer regulären GmbH oder KG betrieben werden könnten.

17 Bericht über die Verhandlungen der Unternehmensrechtskommission, 1980, Rdnr. 828.
18 Z.B. *Hesselmann*, in: Pro GmbH, a.a.O., S. 84.
19 Privatrechtliche Schranken der Perpetuierung von Unternehmen, 1973, S. 239f.
20 § 21 II 4 b.
21 Zivilrecht als Gestaltungsaufgabe, 1977, S. 33ff.
22 A.a.O.
23 A.a.O., S. 32.
24 Vgl. zum folgenden auch *Karsten Schmidt*, GmbHR 1984, 275ff.
25 Vgl. auch *Hueck*, § 37 I 4.

bb) Entwicklungsgeschichtlich ist die GmbH & Co. KG allerdings ein *Kind der Gesetzesumgehung.* Sie hat sich eingebürgert, weil Gesellschafter die Haftungsvorteile einer Kapitalgesellschaft mit Vorteilen der Personengesellschaften – vor allem im Steuerrecht, zunächst auch im Mitbestimmungsrecht und im Bilanzrecht (dazu unter IV 6)[26] – verbinden wollten. Unrichtig wäre jedoch die Annahme, daß im normalen *Einzelfall* der Umgehungszweck das beherrschende Moment dieser Vertragsgestaltung wäre. Die *GmbH & Co. als Institution*, nicht dagegen jede einzelne Gesellschaft dieses Typus, kann als ein Kind der Gesetzesumgehung bezeichnet werden. Bei der konkreten Vertragsgestaltung stehen meistens die Probleme der Mittelaufbringung, der Willensbildung, des Eintritts und Austritts von Gesellschaftern und der Unternehmenserhaltung im Vordergrund, und gerade insofern kann sich eine gute GmbH & Co.-Konstruktion als überaus zweckmäßig erweisen[27]. Oft sind es denn auch gar nicht die Gründer selbst, die auf der Rechtsform der GmbH & Co. bestehen, sondern die Rechtsformwahl geht auf Ratschläge der von den Gründern zu Rate gezogenen Fachleute (Steuerberater, Unternehmensberater, Rechtsanwälte und Notare) zurück. Diese Berufsgruppen sehen eine ihrer Aufgaben darin, ihren Mandanten neben einer funktionsgerechten Gestaltungsform möglichst viele Vorteile mitzuliefern. Der »Belastungsvergleich« beherrscht die Rechtsformwahl (vgl. dazu oben, § 5 II 2), und hierauf sowie auf der Flexibilität des Personengesellschaftsrechts beruht die massenhafte Ausbreitung der GmbH & Co. Nicht von ungefähr kommt deshalb die GmbH & Co. je nach dem Stand der Steuer-, Bilanz- und Mitbestimmungsgesetzgebung mehr oder weniger in Mode oder außer Mode. Sie kann sich für Familiengesellschaften ebenso empfehlen wie für Publikumsgesellschaften, die nicht an die Börse gehen (dazu unten, § 57 I 2).

cc) Der *Umgehungsaspekt* schreckt den Laien mehr als den Sachkenner. Es gibt *zulässige und* es gibt *unzulässige Umgehungsstrategien*; es gibt auch *umgehungsanfällige und umgehungsfeste Normen.* Wenn der Gesetzgeber Vorschriften schafft, die durch eine GmbH & Co.-Gestaltung umgangen werden können, darf man sich von Rechts wegen nicht beklagen, wenn dies auch geschieht. Das Gesellschaftsrecht erweist sich als dehnbar, solange nicht unübersteigbare Schutzinteressen betroffen sind. Deshalb endet diese Nachgiebigkeit da, wo der *Verkehrsschutz* beginnt. Wer eine Unternehmensträgerin aus einer KG und einer GmbH zusammenbaut, darf nicht mit KG-Strategien den gesetzlichen Schutz des GmbH-Gesetzes und auch nicht mit GmbH-Strategien den gesetzlichen Schutz des Handelsgesetzbuchs umgehen. Diese Rechtsnormen müssen also umgehungsfest gehandhabt werden. Eine *strenge Handhabung des zwingenden Rechts* hat eine Doppelfunktion: Individuell wirkt sie mißbräuchlichen Praktiken entgegen, und institutionell

---

26 Zur Behandlung im Bilanzrichtlinien-Gesetz vgl. kritisch *Lutter/Mertens/Ulmer*, BB 1983, 1737; *Biener*, GmbHR 1983, 253 f.; *Kübler*, NJW 1984, 1864; zu der noch nicht umgesetzten GmbH & Co. KG-Richtlinie (90/605/EWG, ABl. Nr. L 317 v. 16.11.1990, S. 60) vgl. *Lutter*, Europäisches Unternehmensrecht, 4. Aufl. 1996, S. 143 ff.

27 Vgl. nur *Hesselmann/Tillmann*, a.a.O., Rdnrn. 52 ff., 59 ff.; *Hesselmann*, in: Pro GmbH, a.a.O., S. 84.

trägt sie zur Rechtfertigung der GmbH & Co. bei. In der folgenden Darstellung wird wiederholt deutlich werden, daß Gerichtspraxis und Gesetzgebung dieser Aufgabe in den wesentlichen Punkten bereits entsprochen haben.

dd) Die GmbH & Co.-Praxis tritt uns in den juristischen Zeitschriften in erster Linie als *Gerichtspraxis* entgegen. Sie ist aber in erster Linie ein Problem der *Kautelarjurisprudenz* (vgl. zur Bedeutung der Vertragsgestaltungspraxis oben, § 2 I 3). Diese weiß mit Stolz von raffinierten, oft in hohem Maße interessegerechten Vertragsgestaltungen zu berichten. Aber hier liegt ein Problem: Während ein schlichter GmbH- oder KG-Vertrag ohne überragende Künste hingezimmert werden kann, bedarf es schon einiger Virtuosität, um eine sich auf Dauer bewährende GmbH & Co. zusammenzubauen. Wer sich als Gesellschafter in die Hände schwacher Berater begibt, kann sich mit der vom Gesetzgeber als Modell nicht vorgeprägten GmbH & Co. unliebsame Probleme aufladen. Undurchdachte Vertragsgestaltungen bergen hier große Gefahr. Auf der anderen Seite gibt es Gestaltungsformen, die den Eindruck hinterlassen, als wäre die Virtuosität mit ihren Erfindern durchgegangen (vgl. zu den Typen der GmbH & Co. alsbald unter II 3). Wildwuchs im Unternehmensrecht kann aber zu Dauerschäden führen. Nach langen – nicht immer schmerzlosen – Erfahrungen scheint freilich auch dieses Problem im Grundsatz bewältigt. Die Formularbücher sorgen inzwischen dafür, daß nicht nur Gestaltungsvirtuosen ohne größeren Schaden für die Beteiligten eine GmbH & Co.-Verfassung zimmern können.

ee) Die GmbH & Co. wird, wenn sie nicht aus der Mode kommt, weiterhin *Unbehagen* bereiten. Ob ihre Anerkennung ein Fehlgriff war, ist heute nicht mehr zu entscheiden. Sie hat jedenfalls eine Kette von Folgeproblemen ausgelöst und Grundsatzprozesse notwendig gemacht, die eine Belastung für den Rechtsverkehr und für die gestaltende und gerichtliche Praxis waren. Sieht man nach jahrzehntelangen Erfahrungen die Probleme des Gläubigerschutzes und des Gestaltungsrechts als geordnet an, so schwinden für die Zukunft die Bedenken gegen die GmbH & Co. Aber die Gesellschaftsrechtslehre sollte nicht vergessen, daß der Weg hierher dornenreich war und mit schmerzhaften Erfahrungen freigekämpft werden mußte. Wie unter VI zu zeigen sein wird, ist auch mit weiteren, noch ungelösten Folgeproblemen zu rechnen.

4. Gestaltungsvorteile

Es wurde hervorgehoben, daß eine gut konzipierte GmbH & Co. eine Unternehmensorganisation gewährleisten kann, die – unabhängig von etwaigen Umgehungsabsichten – besonders vorteilhaft ist[28]. Solche Vorteile bestehen vor allem in einer Kombination von Rechtsgrundsätzen der Kommanditgesellschaft mit solchen der GmbH[29]:

---

28 Vgl. auch *Kübler*, § 21 I 2.
29 *Binz*, a.a.O., § 2.

a) Es liegt eine *Kommanditgesellschaft mit dem dazugehörigen Vorteil einfacher Kapitalbeschaffung durch Eintritt und Einlagenerhöhung vor, deren Komplementär unsterblich ist und in der keine natürliche Person unbeschränkt haftet.* Der für die Personengesellschaft charakteristische Vorteil formloser Kapitalbeschaffung trifft also mit den für die Kapitalgesellschaft charakteristischen Vorteilen der Haftungsbeschränkung und der Unternehmenserhaltung im Todesfall zusammen. Auch sonst wird die Gesellschaft nicht so leicht handlungsunfähig wie eine gesetzestypische KG, denn der Geschäftsführer der Komplementär-GmbH ist leichter zu ersetzen als ein natürlicher Komplementär.

b) Es liegt eine *Kommanditgesellschaft* vor, *deren Management in der Hand eines GmbH-Geschaftsführers liegt.* Trotz des Grundsatzes der Selbstorganschaft (oben, § 14 II 2) kann also ein Kommanditist oder sogar ein Dritter geschäftsleitend in der Gesellschaft tätig sein und die organschaftliche Vertretung wahrnehmen. In der Familiengesellschaft ist dies häufig ein Kommanditist (»der Chef«), in einer Publikumsgesellschaft häufig ein Dritter, der die Unternehmung initiiert und betreut, aber selbst allenfalls an der GmbH beteiligt ist und andere Personen als Kommanditisten wirbt.

5. Rechtstatsachen

Die Zahl der Kapitalgesellschaften & Co. oder auch nur der Gesellschaften mbH & Co. ist aus handelsregisterrechtlichen Gründen nicht präzis erfaßt. Die Unternehmensrechtskommission[30] sprach 1980 von über 40000 Gesellschaften, der Deutsche Industrie- und Handelstag im Jahr 1999 von über 60000[31]. Heute wird in Deutschland mit etwa 100000 Gesellschaften zu rechnen sein[32]. Andere Varianten der Kapitalgesellschaft & Co. treten dahinter zurück[33]. Hinter diesen Zahlen verbergen sich durchaus unterschiedliche Phänomene: wenige Großunternehmen und zahlreiche mittelständische und kleine Unternehmen, marktschreierische Publikumsgesellschaften, in denen kein Kommanditist den anderen kennt, und biedermeierliche – bisweilen freilich auch arg zerstrittene – Familienunternehmen.

II. Die Grundstruktur der GmbH & Co.

Bevor auf die teilweise schwierigen Probleme der GmbH & Co. eingegangen wird, macht man sich zweckmäßigerweise die Grundstruktur dieser künst-

30 Bericht über die Verhandlungen der Unternehmensrechtskommission, 1980, Rdnr. 825.
31 *Sudhoff/Liebscher*, a.a.O., § 2 Rdnr. 2.
32 *Hesselmann/Tillmann*, a.a.O., Rdnr. 4; *Strobel*, DB 2000, 53; *Strobel*, BB 1999, 1054 geht anhand der Umsatzsteuerstatistikzahlen von etwa 100000 Kapitalgesellschaften-&-Co.-Konstruktionen aus.
33 *Beckmann* (a.a.O., S. 5) geht von 350 AG & Co. KG aus.

lichen Schöpfung klar. Diese ist gekennzeichnet durch die *Einheit des Unternehmens* und das *Nebeneinander zweier Gesellschaften.*

1. Kaufmannseigenschaft und Haftung

a) *Unternehmensträgerin ist in der gewerblichen GmbH & Co. die Kommanditgesellschaft*, nicht die GmbH (vgl. auch Handelsrecht, § 5 I 3). Das ist von erheblicher Bedeutung im Hinblick auf den Grundsatz, wonach unternehmensbezogene Rechtsgeschäfte im Zweifel im Namen des – auch ungenannten – Unternehmensträgers abgeschlossen werden (Handelsrecht, § 5 III 1). Dies ist die Kommanditgesellschaft! An ihr sind die GmbH als Komplementärin und daneben der Kommanditist oder die Kommanditisten lediglich als Gesellschafter beteiligt. Da nicht die GmbH, sondern die KG Trägerin des Unternehmens ist, liegt eine handelsrechtliche GmbH & Co. KG nur vor, wenn entweder ein Handelsgewerbe i.S. des § 1 Abs. 2 HGB betrieben wird oder die Gesellschaft eingetragen ist[34]. Ist weder das eine noch das andere der Fall, so handelt es sich nur um eine Gesellschaft bürgerlichen Rechts[35], also eine »GmbH & Co. GbR« mit allen daraus resultieremden Problemen (dazu bereits oben unter I 1 b). Nach dem bis 1998 geltenden »alten« Handelsrecht warf dies die unangenehmsten Probleme auf, denn[36]:

- Eine nicht in das Handelsregister eingetragene »GmbH & Co. KG« war nur Kommanditgesellschaft, wenn ihr Gewerbe unter den veralteten Katalog des § 1 II HGB a.F. fiel. Fiel sie, wie z.B. eine Bauunternehmung, nicht darunter, so war sie selbst im Fall eines großen Unternehmens nur BGB-Gesellschaft[37].
- Eine in das Handelsregister eingetragene »GmbH & Co. KG« mußte vom Registergericht gelöscht und dadurch zwangsweise in den Status der BGB-Gesellschaft zurückversetzt werden, wenn das Unternehmen nach Art oder Umfang ein bloßes Kleingewerbe war (§§ 2, 4 HGB a.F.).
- Gleichfalls gelöscht werden mußten Gesellschaften, die als »GmbH & Co. KG« eingetragen waren, aber selbst gar kein Gewerbe betrieben. Diese Gesellschaften waren trotz Eintragung überhaupt bloße »Schein-Kommanditgesellschaften« und objektiv nur Gesellschaften bürgerlichen Rechts. Vor allem traf dies die reinen Objektgesellschaften ohne Gewerbebetrieb[38], die Komplementärgesellschaften bei der »doppelstöckigen GmbH & Co. KG« (zu ihr unter II 3f.) und die sog. Besitzgesellschaften, die das Unternehmen nicht selbst führen, sondern nur Verpächterinnen des Anlagevermögens sind.

All diese Probleme hat der Gesetzgeber mit der Handelsrechtsreform von 1998 gelöst (zu dieser Reform vgl. oben, § 46 I 1 c bb sowie Handelsrecht, § 10 I): Auch kleingewerbliche Gesellschaften (§ 2 HGB) und auch Gesellschaften, die kein Gewerbe betreiben (§ 105 II HGB), sondern nur ihr Vermögen verwalten, können als offene Handelsgesellschaften (§ 105 II HGB) und damit auch als Kommanditgesellschaften (§§ 161 II, 105 II HGB)

---

34 *Watermeyer*, a.a.O., § 12 Rdnr. 14.
35 Vgl. *BGHZ* 59, 179, 184; 61, 59, 62; 69, 95, 97.
36 Dazu noch 3. Aufl., § 56 II 1 a.
37 *BayObLG*, BB 1985, 78 = JuS 1985, 416 m.Anm. *Karsten Schmidt;* a.M. *Schulze-Osterloh*, NJW 1983, 1281ff. m.w.N.; gegen ihn *Karsten Schmidt*, GmbHR 1984, 275.
38 Vgl. 3. Aufl., § 56 II 1 a.

in das Handelsregister eingetragen werden. Damit ist die eingetragene Kommanditgesellschaft Formkaufmann (Handelsrecht, § 10 II 3). Die praktischen Auswirkungen sollen folgende Beispiele zeigen:

Beispiel Nr. 2: Die GmbH & Co. KG soll im Handelsregister gelöscht werden, weil sie kein kaufmännisches Unternehmen betreibt. Diese Löschung wäre nach nunmehr geltendem Recht unzulässig.

Beispiel Nr. 3: Komplementärin einer GmbH & Co. KG soll eine weitere GmbH & Co. KG sein: Der Registerrichter verweigert die Eintragung dieser zweiten (Komplementär-)GmbH & Co. KG, weil nur die erste ein Handelsgewerbe betreibt. Die Weigerung ist aus heutiger Sicht unbegründet.

Beispiel Nr. 4: Eine GmbH & Co. KG verpachtet ihr Anlagevermögen oder sogar ihren ganzen Geschäftsbereich. Auch sie kann eingetragen werden und bleiben und ist, anders als nach dem bis 1998 geltenden Recht, auch als bloße Vermögensverwalterin und Verpächterin Handelsgesellschaft (oben, § 12 II 3 d; unten, § 58 II 4 d)[39].

b) Die *Komplementär-GmbH* ist nicht Trägerin des Unternehmens, sondern sie fungiert nur als persönlich haftende Gesellschafterin der GmbH & Co. Die Komplementär-GmbH *kann* zwar ihrerseits Trägerin eines eigenen Unternehmens sein[40], aber normalerweise erschöpft sich ihre Aufgabe in der Komplementär-Rolle. Daß sie trotzdem Handelsgesellschaft ist, beruht auf § 13 III GmbHG. Als unbeschränkt haftende Gesellschafterin der GmbH & Co. ist die GmbH zugleich ihr Vertretungsorgan (§§ 161 II, 125 ff. HGB). Für sie handeln ihre Geschäftsführer (§§ 35 ff. GmbHG). Die GmbH & Co. wird also durch die GmbH, diese vertreten durch ihren Geschäftsführer, vertreten. Der Geschäftsführer der GmbH handelt dabei nicht im Namen der GmbH, sondern im Namen der KG. Trotzdem ist der *Grundsatz der Selbstorganschaft* in der KG formal gewahrt, und zwar auch dann, wenn der GmbH-Geschäftsführer gar nicht selbst an der Kommanditgesellschaft oder an der GmbH beteiligt ist.

Beispiel Nr. 5: Die Alfons A GmbH & Co. KG, die ein Reisebüro betreibt, besteht aus der Travelling GmbH sowie aus den Kommanditisten A, B und C. Geschäftsführer der GmbH ist G. G hat im Namen der GmbH & Co. ein Flugzeug für 100 000 Euro gechartert, aber nicht bezahlt. Sollen hier die Ansprüche des Vercharterers geprüft werden, so ist die Lösung, da im Namen der Unternehmensträgerin kontrahiert wurde (Handelsrecht, § 5 III), folgendermaßen zu entwickeln:

1. Der Anspruch gegen die KG ist als Erfüllungsanspruch davon abhängig, daß die KG durch die GmbH (§ 125 HGB) und diese durch den Geschäftsführer G (§ 35 GmbHG) wirksam vertreten wurde.
2. Die GmbH haftet als Komplementärin nach §§ 161 II, 128 HGB.

---

39 Vgl. *Bentler*, Das Gesellschaftsrecht der Betriebsaufspaltung, 1986; *Brandmüller*, Die Betriebsaufspaltung nach Handels- und Steuerrecht, 7. Aufl. 1997; *Dehmer*, Die Betriebsaufspaltung, 2. Aufl. 1987; *Donath*, Die Betriebsaufspaltung, 1991; *Fichtelmann*, Betriebsaufspaltung im Steuerrecht, 10. Aufl. 1999; *Kaligin*, Die Betriebsaufspaltung, 1984; *Kern*, Die Aufspaltung mittelständischer Unternehmen in ein Besitz- und ein Betriebsunternehmen, 1987; *Knoppe*, Betriebsverpachtung, Betriebsaufspaltung, 7. Aufl. 1985; *Priester/Timm* (Hrsg.), Abschied von der Betriebsaufspaltung? 1990; *Karsten Schmidt*, in: Gutachten und Vorschläge zur Überarbeitung des Schuldrechts III, 1983, S. 513 ff.; *ders.*, DB 1990, 94; *Schulze-Osterloh*, NJW 1983, 1282.

40 Über mögliche Konsequenzen konzernrechtlicher Art vgl. *Ulmer*, NJW 1986, 1585 f.

3. Ob A, B und C persönlich haften, ergibt sich aus §§ 171 f. HGB.
4. G ist nicht Gesellschafter. Da er mit Vertretungsmacht gehandelt hat (sonst § 179 BGB!), haftet er nicht.

c) Die Unterscheidung der beiden Gesellschaften spielt im Haftungs- und Zwangsvollstreckungsrecht eine beträchtliche Rolle, denn für die Vollstrekkung in das Unternehmensvermögen, also in das Gesellschaftsvermögen der Kommanditgesellschaft, ist ein gegen diese gerichteter Titel erforderlich (§ 124 II HGB), während in das Vermögen der Komplementär-GmbH nur aufgrund eines gegen diese gerichteten Titels vollstreckt werden darf (§ 129 IV HGB).

Beispiel Nr. 6 (nach *BayObLG*, NJW 1986, 2578 = JuS 1987, 69 m. Anm. *Karsten Schmidt*): Ein Bauunternehmer hatte Bauarbeiten auf dem Grundstück einer GmbH & Co. KG ausgeführt. Er hatte wegen unbezahlter Forderungen eine einstweilige Verfügung, gerichtet auf Eintragung einer Vormerkung für die Eintragung einer Bauhandwerker-Sicherungshypothek, gegen die GmbH erwirkt (§§ 648, 885 BGB, §§ 750 I, 928, 936 ZPO). Der Antrag auf Eintragung dieser Vormerkung blieb ohne Erfolg, weil aus einem gegen die Komplementär-GmbH gerichteten Titel nicht in das Gesellschaftsvermögen der KG vollstreckt werden kann.

2. Firma*

Die GmbH und die KG sind Handelsgesellschaften. Jede dieser Gesellschaften muß eine Firma führen (Handelsrecht, § 12 I). Das mag als leerer Formalismus erscheinen, denn im äußeren Auftreten spielt normalerweise nur die KG-Firma eine Rolle, weil nur die KG Unternehmensträgerin ist (vgl. oben unter II 1). Auch die GmbH ist aber als Formkaufmann Handelsgesellschaft. Zu ihrer Ausstattung gehört deshalb auch eine Firma.

a) Die *Firma der Komplementär-GmbH* wird nach § 4 GmbHG als Personal-, Sach- oder Phantasiefirma gebildet und muß einen Rechtsformzusatz enthalten. Die GmbH kann also z.B. heißen: »Samuel Schmidt GmbH« oder »Hotelbetriebs-GmbH« oder »Komplementär-GmbH Ringstraße 6«.

b) Die *Firma der Kommanditgesellschaft* kann eine ursprüngliche Firma sein, die dann nach §§ 18, 19 HGB gebildet wird. Sie mußte nach altem Handelsrecht aus dem Namen des Komplementärs (also der GmbH!) gebildet werden. Die Firma konnte aber bereits eine abgeleitete Firma i.S. von § 24 HGB sein (dazu Handelsrecht, § 12 III 2). Dies ist im täglichen Leben häufig der Fall, weil viele Gesellschaften mbH & Co. aus Anlaß eines Erbfalls oder einer Umwandlung entstanden sind.

Beispiel Nr. 7: Der Hotelunternehmer Heinrich H wandelt sein Einzelunternehmen (Firma: »Heinrich H«) in eine GmbH & Co. um. Dazu gründet er eine »Hotelbetriebs-

* Literatur (Auswahl): *Ebenroth/Boujong/Joost/Henze*, Anh. A nach § 177a Rdnr. 7; *Sudhoff/Liebscher*, a.a.O., § 13; zum alten Recht *Aschenbrenner*, Die Firma der GmbH & Co. KG, 1976; *Beckmann*, a.a.O., S. 66ff.; *Binz*, a.a.O., § 11; *Wessel*, Probleme bei der Firmierung der GmbH & Co., BB 1984, 1710.

gesellschaft mbH« und schließt, selbst als Kommanditist, mit ihr einen KG-Vertrag. Oder: Heinrich H hatte schon mit seinen künftigen Erben eine »Heinrich H KG« gebildet, deren Komplementär er selbst war. Nach seinem Tode will keiner der Erben und Kommanditisten die unbeschränkte Haftung übernehmen, weshalb eine »Hotelbetriebsgesellschaft mbH« gegründet und als Komplementärin aufgenommen wird. In beiden Fällen kann die KG künftig die Firma »Heinrich H GmbH & Co. KG« führen, obwohl es einen Komplementär Heinrich H nicht gibt.

c) Das Firmenrecht der GmbH & Co. hat vor 1998 vor allem zwei Hauptprobleme aufgeworfen, die heute als im Grundsatz geklärt zu betrachten sind: das *Problem der Firmenunterscheidbarkeit* (§ 30 HGB) und das *Problem des Rechtsformzusatzes* (jetzt § 19 II HGB).

aa) Das *Problem der Unterscheidbarkeit* (§ 30 HGB) stellte sich vor allem bei Neugründungen[41]. Hier kam es nach dem bis 1998 geltenden Recht zu einem Konflikt zwischen der Firmenunterscheidbarkeit und der Firmenwahrheit kommen (vgl. zu diesem Grundsatz Handelsrecht, § 12 III). Nach § 19 II HGB a.F. mußte die KG-Firma aus dem Namen des Komplementärs (hier also der GmbH) gebildet werden, aber nach § 30 I HGB muß sich jede Firma (z.B. also die der KG) von jeder anderen an demselben Ort bestehenden Firma (z.B. also von der der GmbH) deutlich unterscheiden. Der Grundlagenbeschluß *BGHZ* 46, 7 erkennt für die GmbH & Co. keine Ausnahme an, und es genügt für die Unterscheidbarkeit nicht, daß die eine Gesellschaft den Zusatz »GmbH« und die andere den Zusatz »GmbH & Co. KG« erhält. Später hat der *Bundesgerichtshof*[42] dies offengelassen, zugleich aber die Voraussetzungen dafür geschaffen, daß die Firmenunterscheidbarkeit schon nach altem Firmenrecht auf einfache Weise herbeigeführt werden konnte[43]:

Beispiel Nr. 8 (nach *BGHZ* 80, 353 = NJW 1981, 2746 = JuS 1982, 385 m. Anm. *Emmerich*): Neu gegründet werden soll die »Betten S GmbH & Co. KG«. Um die KG einerseits nach der Komplementärin zu benennen und anderseits für Firmenunterscheidbarkeit zu sorgen, hält es der *BGH* für zulässig, der GmbH eine mit einem Zusatz versehene Firma zu geben und diesen Zusatz bei der KG-Firma wegzulassen. Im Fall des *BGH* hieß die GmbH »S Verwaltungs-GmbH«, die KG »Betten S GmbH & Co. KG«.

Viele alte GmbH & Co.-Firmen finden hierin ihre Erklärung. Aber seit 1998 ist die Firmenbildung weitaus einfacher geworden. Denn die KG-Firma muß zwar noch von derjenigen der GmbH unterscheiden (§ 30 HGB), aber sie muß überhaupt nicht mehr der Komplementär-Firma entlehnt sein. Sie kann eine beliebige Sach-, Personal- oder Phantasiefirma sein, wenn sie nur Kennzeichnungs- und Unterscheidungskraft aufweist und keine täuschenden Angaben enthält (§ 18 HGB). Der Beschluß *BGHZ* 80, 353 markiert also nur noch das Mindestmaß an Unterscheidbarkeit. Die Firmen können aber auch vollständig verschieden aussehen. Die »Münchener Management GmbH« kann Komplementärin der »Microchip GmbH & Co KG München« sein.

41 Eingehend *Binz*, a.a.O., § 11 I 2.

42 NJW 1981, 2746, 2747 = GmbHR 1981, 292, 293 (insoweit nicht in *BGHZ* 80, 353ff.).

43 Vgl. dazu *Baumbach/Hopt*, § 19 Rdnr. 5; *Binz*, a.a.O., § 11 Rdnrn. 5ff.; *Bokelmann*, in: MünchKomm. HGB, § 19 Rdnrn. 64ff.; *Hesselmann/Tillmann*, a.a.O., Rdnr. 224; krit. die Besprechung von *Bokelmann*, GmbHR 1983, 236ff.

bb) Geklärt ist auch die *Frage des Rechtsformzusatzes*[44]. Gleichgültig, ob die Firma der Kommanditgesellschaft eine ursprüngliche oder abgeleitete ist, sie muß doch in jedem Fall einen warnenden Firmenzusatz wie »GmbH & Co.« tragen (§ 19 II HGB; näher Handelsrecht, § 12 III 1). Dies ist seit 1980 gesetzlich angeordnet[45], war aber seit *BGHZ* 62, 216 bereits für die Praxis geklärt. Seit 1998 genügt nach § 19 I Nr. 3 HGB nicht mehr die Bezeichnung als »GmbH & Co.«, sondern es muß die Bezeichnung »Kommanditgesellschaft« oder »KG« hinzukommen[46]. Der Firmenzusatz ist nicht nur Gegenstand der Handelsregistereintragung, sondern sein Nichtgebrauch kann auch eine Vertrauenshaftung auslösen (auch dazu näher Handelsrecht, § 5 IV 2). Wer im einzelnen dieser Haftung unterliegen kann:
- nur der Geschäftsführer?
- jeder Gesellschafter?
- auch der im Namen der GmbH & Co. ohne Firmenzusatz handelnde Angestellte?,

ist noch wenig geklärt[47]. Geklärt ist aber, daß nicht schon jede mündliche Erklärung ohne Rechtsformzusatz die Rechtsscheinhaftung begründet[48].

Beispiel Nr. 9: Wer für die »Reederei Rudolf R GmbH & Co. KG« telefonisch ein Bergungsschiff ordert, braucht grundsätzlich nur für die »Reederei R« anzurufen. Wird der Auftrag schriftlich erteilt, so ist der Firmenzusatz vonnöten, sofern nicht der Vertragspartner die Haftungsverfassung der Gesellschaft kennt. Regelmäßig genügt die schriftliche Bestellung diesen Anforderungen, indem ein den §§ 125a, 177a HGB entsprechender Geschäftsbogen verwendet wird.

3. Typen der GmbH & Co.

a) Rechtstatsächlich kann die GmbH & Co. sehr unterschiedlich ausgestaltet sein. Hier soll im wesentlichen von der *typischen GmbH & Co.* die Rede sein, die durch folgende Merkmale gekennzeichnet ist:
- Es ist nur ein Komplementär vorhanden, nämlich die GmbH.
- Zweck und Betätigung der GmbH erschöpfen sich darin, Komplementärin dieser einen GmbH & Co. zu sein.

Notwendig ist beides nicht. Es kann auch ein weiterer Komplementär vorhanden sein[49], aber das ist ein seltener Fall. Es kann auch ohne weiteres eine GmbH als Komplementärin fungieren, die selbst ein Unternehmen betreibt oder in mehreren Kommanditgesellschaften als Komplementärin fungiert (zu diesem Typus der »sternförmigen GmbH & Co. KG« vgl. unter II 3 g). Solche Fälle, die ggf. mit allgemeinen Überlegungen lösbar sind, werden hier gegenüber der »typischen« GmbH & Co. KG zurückgestellt. Es

44 Eingehend *Kübler*, § 21 III 1; *Binz*, a.a.O., § 11 I 3; *Sudhoff/Liebscher,* a.a.O., § 13 Rdnr. 21.
45 Bis 1998 § 19 V HGB a.F., jetzt § 19 II HGB.
46 Vgl. statt vieler *Bokelmann*, GmbHR 1998, 59; *Schäfer*, DB 1998, 1272.
47 Überblick bei *Binz*, a.a.O., § 11 IV.
48 *BGH*, NJW 1981, 2569 = JuS 1981, 918 m. Anm. *Karsten Schmidt.*
49 Vgl. *BGH*, NJW 1980, 54 mit bedenklichen Folgerungen.

zeigt sich aber, daß sogar diese »typische« GmbH & Co. in verschiedenen Variationen auftritt und damit ganz unterschiedliche »Typen« aufweist.

b) *Personalistische und kapitalistische Gesellschaften* sind zu unterscheiden. Besonders deutlich wird dies im Vergleich der Publikumsgesellschaften mit den Familiengesellschaften. Der Problemkreis der Publikumsgesellschaften wird unter § 57 gesondert dargestellt.

Beispiel Nr. 10: Eine Abschreibungs-GmbH & Co. KG mit mehr als 100 Kommanditisten ist notwendigerweise anders organisiert und wirft andere Rechtsfragen auf als eine Familiengesellschaft.

c) Zu unterscheiden sind die *personengleiche* und die *nicht personengleiche GmbH & Co.* Die Besonderheit einer personengleichen GmbH & Co. besteht darin, daß alle Kommanditisten zugleich auch Gesellschafter der GmbH sind. *Wiethölter*[50] bezeichnet die personengleiche GmbH & Co. als oHG mit beschränkter Haftung, womit gesagt sein soll, daß hier mehrere gleichgeordnete Personengesellschafter vorhanden sind, von denen keiner gegenüber den Gläubigern unbeschränkt haftet. Der Umgehungscharakter der GmbH & Co. wird durch diese Bezeichnung besonders deutlich, die historische Kritik an ihrer Anerkennung besonders plausibel[51]. Die personengleiche GmbH & Co. findet sich vor allem bei Familiengesellschaften, während bei Publikumsgesellschaften regelmäßig nur die Initiatoren und nicht auch die zahlreichen Anleger an der Komplementär-GmbH beteiligt sind. Aber auch die Familien-GmbH & Co. ist nicht in jedem Fall eine personengleiche GmbH & Co., vielmehr kann sie ganz unterschiedlich ausgestaltet sein. Meistens entscheidet die Vorgeschichte des Vertrags über die Typenwahl.

Beispiel Nr. 11: Viele Gesellschaften mbH & Co. entstehen aus Anlaß von Erbfällen. Stirbt in einer Familien-KG der Senior S, der bisher Komplementär war, und wird er von den Kommanditisten – der Ehefrau E, dem Sohn S und der Tochter T – beerbt, so kann es sein, daß keiner der Kommanditisten bereit ist, die Rolle des unbeschränkt Haftenden zu übernehmen. Auf notariellen Rat hin werden dann die Kommanditisten eine personengleiche GmbH gründen und diese als Komplementärin in die KG aufnehmen. – Ganz anders kann es sich verhalten, wenn der Senior S Einzelkaufmann war und die GmbH & Co. gegründet hat, um bereits eine Gesellschaft als Rechtsträgerin für die Zeit nach seinem Tod zu schaffen und um Frau und Kinder im Wege der vorweggenommenen Erbfolge schon jetzt daran zu beteiligen. Hier liegt es nahe, daß S einziger Gesellschafter der Komplementär-GmbH wird, während er seine Frau und seine Kinder nur als Kommanditisten in die KG aufnimmt. S wird im Zweifel auch einziger Geschäftsführer der Komplementär-GmbH sein. Er wird sich zugleich als Kommanditist beteiligen und durch entsprechende Nachfolgeregelungen dafür sorgen, daß nach seinem Tod die GmbH-Beteiligung und seine Kommanditistenbeteiligung in übereinstimmendem Verhältnis auf seine Ehefrau und Kinder übergehen. Dann ist die GmbH & Co. KG zu Lebzeiten des S nicht personengleich. Er behält das Management allein. Im Zeitpunkt seines Todes aber wird aus dem Unternehmen eine personengleiche GmbH & Co KG.

---

50 A.a.O., S. 32.
51 Vgl. *Reuter*, Privatrechtliche Schranken der Perpetuierung von Unternehmen, 1972, S. 239f.

Die personengleiche GmbH & Co. KG nimmt sich auf den ersten Blick als ein völlig unkompliziertes Gebilde aus. Jedoch der Schein trügt. Bedenkt man nämlich, daß die gesellschaftsvertragliche Gestaltung dem Unternehmen eine möglichst dauerhafte Verfassung geben soll, so erweist sich, daß die Gründung einer personengleichen GmbH & Co. KG schwierige Verzahnungsprobleme hervorruft; denn es muß verhindert werden, daß sich die Beteiligungsverhältnisse an der einen oder anderen Gesellschaft verselbständigen[52].

Beispiel Nr. 12: Sind A, B und C GmbH-Gesellschafter und Kommanditisten zu gleichen Teilen, so könnte mangels besonderer Verzahnung ein Gesellschafter seinen GmbH-Anteil frei übertragen, seinen Kommanditanteil dagegen nur mit Zustimmung der Mitgesellschafter (dafür ohne die notarielle Form des § 15 GmbHG; vgl. *Schultze*, NJW 1991, 1936f.; a.M. *Kempermann*, NJW 1991, 684f.). Es muß also die Übertragung der GmbH-Beteiligungen an eine Zustimmung gebunden (§ 15 V GmbHG) oder die freie Übertragung der Kommanditanteile zugelassen werden. Außerdem muß auch dafür gesorgt werden, daß keine Verfügung wirksam ist, sofern nicht gleichzeitig wirksam über die korrespondierende andere Beteiligung verfügt wird. Will ein Gesellschafter seinen Anteil teilweise übertragen, z.B. an mehrere Kinder im Wege der vorweggenommenen Erbfolge, so muß auch sichergestellt werden, daß die Stückelung der GmbH-Anteile noch mit § 5 III 2 GmbHG übereinstimmt (dazu *OLG Schleswig*, NJW-RR 1995, 554).

Beispiel Nr. 13: Nach § 140 HGB kann ein Gesellschafter aus der Kommanditgesellschaft ausgeschlossen werden. Es kann auch sein, daß ein Gesellschafter durch Kündigung austritt (dazu oben, § 45 II 2). In beiden Fällen kommt es in der KG zur Anwachsung (§ 738 I 1 BGB). Es muß dann verhindert werden, daß dieser Gesellschafter an der GmbH beteiligt bleibt. Da das GmbH-Recht keine Anwachsung kennt (oben, § 8 IV 2a), wird in den Vertrag zweckmäßigerweise eine Regelung aufzunehmen sein, wonach bei jedem Ausscheiden aus der Kommanditgesellschaft – wohl zu unterscheiden von der Anteilsübertragung! – der GmbH-Geschäftsanteil des betreffenden Kommanditisten zu teilen und auf die verbleibenden Kommanditisten zu übertragen ist.

d) Die *»Einpersonen«-GmbH & Co.*[53] ist eine Personengesellschaft, hinter der sich eine einzige natürliche Person verbirgt: Derselbe Gesellschafter ist einziger Gesellschafter der Komplementär-GmbH und einziger Kommanditist. Nach § 1 GmbHG kann er die Einpersonen-GmbH sogar ohne Strohmann alleine gründen (näher oben, § 40 II 2). Das kann sich dann etwa folgendermaßen abspielen:

Beispiel Nr. 14: Um seine Haftung zu beschränken, gründet Einzelkaufmann K eine Einpersonen-GmbH, die wiederum als Komplementärin mit K als Kommanditist eine Kommanditgesellschaft gründet. K bringt sein Unternehmen in die KG ein. Diese haftet damit nach § 28 HGB für die unternehmensbezogenen Altverbindlichkeiten des K. K selbst haftet für diese Altverbindlichkeiten weiterhin unbeschränkt, jedoch kommt ihm nach fünf Jahren die Enthaftungsregelung der §§ 26, 28 III HGB zugute. Sie kommt ihm nach der klarstellenden Regelung des § 28 III 2 HGB auch dann zugute, wenn K als Geschäftsführer der Komplementär-GmbH weiterhin geschäftsleitend tätig ist[54]. Für Neuverbindlichkeiten, die nach der Veränderung im Namen der GmbH & Co. einge-

52 *Binz*, a.a.O., § 5.
53 Dazu *Brönner/Rux/Wagner*, a.a.O., Rdnr. 26; *Sudhoff/Liebscher*, a.a.O., § 3 Rdnr. 6; *Ebenroth/Boujong/Joost/Henze*, Anh. A nach § 177a Rdnr. 16; *Mertens*, NJW 1966, 1049.
54 Das wurde hier bereits für den bis 1994 geltenden Rechtszustand vertreten; vgl. *Karsten Schmidt*, NJW 1981, 160; *Priester/Karsten Schmidt*, ZIP 1984, 1064; a.M. *BGH*, NJW 1981, 175, 176.

gangen werden, haftet K nur noch nach §§ 171, 172 HGB (vgl. § 28 III 3 HGB), sofern nicht die Eintragung oder die Verwendung der GmbH & Co.-Firma versäumt wurde.

Die Anerkennung der Einpersonen-GmbH & Co. verstößt nicht gegen den Grundsatz, wonach es keine Einmann-Personengesellschaft gibt (dazu oben, § 8 IV 2b). Das Erfordernis mehrerer Gesellschafter beruht nicht auf dem Gedanken, eine Personengesellschaft setze das Vorhandensein von mindestens zwei Interessenträgern voraus, sondern es beruht einfach darauf, daß für das Gesellschaftsverhältnis der Personengesellschaft die Beteiligung von mindestens zwei Rechtssubjekten technische Notwendigkeit ist. Diese technische Notwendigkeit ist erfüllt, wenn eine GmbH und ein Kommanditist vorhanden sind. Es ist sogar zulässig, die GmbH von der Beteiligung am Vermögen der Kommanditgesellschaft ganz auszuschließen (vgl. zum Gesellschafter ohne Kapitalanteil oben, § 47 III 1 b), womit nur der Kommanditist ein Kapitalkonto bei der Gesellschaft hält und im Liquidationsfall das ganze Vermögen als seines reklamieren kann. Dieser einzige Kommanditist und GmbH-Gesellschafter kann eine natürliche Person sein. Er kann aber auch seinerseits eine Gesellschaft, z.B. eine Holding-Gesellschaft, sein[55]. Schwierigkeiten kann bei der »Einmann«-GmbH & Co. naturgemäß die Bestimmung des § 181 BGB bereiten, der nach § 35 IV GmbHG auf Rechtsgeschäfte eines Einmann-Gesellschafters mit seiner Gesellschaft Anwendung findet (vgl. zu dieser Vorschrift oben, § 40 III 2). Zweckmäßigerweise wird in den Gesellschaftsvertrag der GmbH eine Befreiung von § 181 BGB aufgenommen[56], die nach h.M., um wirksam zu sein, in das Handelsregister einzutragen ist[57].

e) Nicht mit der »Einmann«-GmbH & Co. zu verwechseln ist die *Einheits-GmbH & Co.*[58]. Bei ihr ist die *Kommanditgesellschaft Alleingesellschafterin ihrer Komplementär-GmbH.* Alle GmbH-Geschäftsanteile werden also von den Gründern auf die KG übertragen. Die Einheits-GmbH & Co. wird vor allem verwendet, um die Verzahnungsprobleme der GmbH & Co. zu vereinfachen, denn wirtschaftlich gibt es bei ihr nur noch eine Art von Gesellschaftern: die Kommanditisten. Deshalb wird die Einheits-GmbH & Co. als *Vereinheitlichungsmodell* gefeiert[59]. Die Einheits-GmbH & Co. – dies ist der Grundgedanke – fügt die in zwei Gesellschaften zersplitterte Unter-

---

55 Vgl. dazu *Binz*, a.a.O., § 5 Rdnrn. 38ff.

56 Ob auch ein schlichter Beschluß genügt, ist str.; vgl. *Binz*, a.a.O., § 4 I 3.

57 *BayObLG*, BB 1980, 597; DB 1984, 1517; GmbHR 1987, 429; 1990, 213; *OLG Köln*, BB 1980, 797; 1981, 143; *Hesselmann/Tillmann*, a.a.O., Rdnr. 422.

58 Literatur: *Binz*, a.a.O., § 14; *Sudhoff/Liebscher*, a.a.O., § 3 Rdnrn. 7ff.; *Bülow*, Zur wechselseitigen Beteiligung bei der GmbH & Co. KG – Institutionsmißbrauch oder institutionsgerechter Gebrauch? DB 1982, 527; *Esch*, Die GmbH & Co. als »Einheitsgesellschaft«, BB 1991, 1129; *Fleck*, Die Einheitsgesellschaft – ein funktionsfähiges Gebilde? in: Festschrift Semler, 1993, S. 115; *Hunscha*, Die GmbH & Co. KG als Alleingesellschafterin ihrer GmbH-Komplementärin, 1974; *Ippen*, Die GmbH & Co. KG als Inhaberin sämtlicher Geschäftsanteile ihrer allein persönlich haftenden GmbH-Komplementärin, Diss. Münster 1967; *v. Oppenfeld*, Die Einheitsgesellschaft, Diss. Heidelberg 1975; *Schilling*, Die GmbH & Co. KG als Einheitsgesellschaft, in: Festschrift Barz, 1974, S. 67.

59 Vgl. *Schilling*, in: Festschrift Kunze, a.a.O., S. 197, allerdings mit relativierenden Bemerkungen auf S. 194.

nehmensorganisation wieder zusammen. Ihre rechtliche Zulässigkeit ist nicht zu bestreiten (vgl. auch § 172 VI HGB!). Aber zum Feiern besteht wenig Grund, wenn die Einheit der Handelsgesellschaft, die durch die Gestaltung als GmbH & Co. absichtsvoll zerstört worden ist, nun durch diese absonderliche Verschachtelung wiederhergestellt wird. Die Einheitsgesellschaft, bisweilen als Patentlösung gepriesen, ist keine wirkliche Vereinfachung, sondern eine hypertrophe Rechtskonstruktion. Diese angebliche Vereinfachung kann eher den Eindruck verstärken, im Bereich der GmbH & Co. sei die Phantasie der Kautelarjuristen mit den Gesellschaftsformen durchgegangen. Aber auch gegenüber ihrer praktischen Nützlichkeit ist Skepsis geboten. Daß das Konzept der Einheitsgesellschaft nicht alle Probleme löst, zeigt sich vor allem im Bereich der Gesellschafterbeschlüsse. Da die Beschlüsse in der Komplementär-GmbH von ihrer Gesellschafterin, der Kommanditgesellschaft, gefaßt werden, die ihrerseits von der Komplementärin bzw. von deren Geschäftsführer vertreten wird[60], hebt diese Rechtskonstruktion die Kompetenzgrenzen zwischen Geschäftsführung und Gesellschafterversammlung tendenziell auf. Vor allem im Bereich der Stimmverbote (oben, § 21 II 2) führt dies zu Problemen:

Beispiel Nr. 15: Über die Entlastung des GmbH-Geschäftsführers oder über seine Abberufung aus wichtigem Grund entscheiden – auch bei einer Komplementär-GmbH – die Gesellschafter (§ 46 Nr. 5 GmbHG). Im Fall der Einheitsgesellschaft wäre das die Kommanditgesellschaft als Alleingesellschafterin der GmbH. Die Kommanditgesellschaft aber wird durch ihren Komplementär, also die GmbH, vertreten, und diese durch den Geschäftsführer. Gerade er ist aber nach § 47 IV GmbHG von der Ausübung des Stimmrechts ausgeschlossen (dazu oben, § 36 III 3 b).

Die Praxis hilft sich, indem sie den Kommanditisten Vollmacht zur Ausübung des Stimmrechts gibt[61]. Ob die Stimmabgabe der Kommanditisten dann die Ausübung *eines* Stimmrechts – des Stimmrechts der Kommanditgesellschaft als Alleingesellschafterin – ist oder ob man die Kommanditistenversammlung als Organ der das ganze Gebilde umschließenden Einheitsgesellschaft ansehen darf[62], ist umstritten. Die Zulässigkeit dieser Vollmacht ist aber anerkannt, und man wird, wenn eine besondere Bevollmächtigung fehlt, sogar annehmen müssen, daß den Kommanditisten bei der Einheitsgesellschaft das Recht zur Stimmrechtsausübung jedenfalls insoweit automatisch zuwächst, als der Geschäftsführer der GmbH nach § 47 IV GmbHG von der Ausübung dieses Rechts im Namen der KG ausgeschlossen ist (ergänzende Vertragsauslegung)[63]. Eine Gegenansicht will ihnen nur einen schuldrechtlichen Anspruch gegen die GmbH auf Ausübung des Stimmrechts

---

60 Vgl. *BGH*, WiB 1995, 507 m. Anm. *Schüpper*.

61 Vgl. *Scholz/Karsten Schmidt*, Anh. § 45 Rdnr. 59; *Staub/Schilling*, § 161 Rdnr. 35; eingehend *Hunscha*, Die GmbH & Co. KG als Alleingesellschafterin ihrer GmbH-Komplementärin, 1974, S. 30ff.; *v. Oppenfeld*, Die Einheitsgesellschaft, Diss. Heidelberg 1975, S. 74ff.; *Bülow*, GmbHR 1982, 123.

62 Vgl. *Schilling*, in: Festschrift Barz, 1974, S. 72f.

63 *Scholz/Karsten Schmidt*, Anh. § 45 Rdnr. 59; *Karsten Schmidt*, in: Steuerrecht und Gesellschaftsrecht als Gestaltungsaufgabe, Freundesgabe Haas, 1996, S. 314.

zubilligen[64]. Deutlich wird jedenfalls, welcher Kraftaufwand erforderlich ist, um die Einheits-GmbH & Co. funktionsfähig zu machen.

f) Ein Sondertypus ist weiter die *doppelstöckige oder mehrstufige GmbH & Co. KG*[65]. Es handelt sich hier um die Kombination von (mindestens) drei Gesellschaften dergestalt, daß eine GmbH Komplementärin einer Kommanditgesellschaft ist und daß diese GmbH & Co. KG ihrerseits wieder Komplementärin einer weiteren KG ist. Hier sind also nicht nur zwei, sondern drei Gesellschaften zu unterscheiden: die unternehmenstragende Kommanditgesellschaft, die zwischengeschaltete Komplementär-Personengesellschaft und die Komplementär-GmbH dieser Personengesellschaft. Auch diese Gestaltung ist zulässig[66]. Bis zur Handelsrechtsreform war allerdings sehr umstritten, ob die zwischengeschaltete Komplementär-Personengesellschaft überhaupt als KG in das Handelsregister eingetragen werden durfte und jedenfalls hierdurch echte Kommanditgesellschaft wurde, denn sie ist ja nicht Trägerin eines handelsgewerblichen Unternehmens (vgl. schon unter II 1 a)[67]. Seit der Handelsrechtsreform von 1998 kann aber auch eine reine Komplementär-Personengesellschaft eingetragen werden (§§ 161 II, 105 II HGB)[68]. Die doppelstöckige GmbH & Co. ist ihrem Ursprung nach ein Kind eines unvollkommenen Steuer- und Umwandlungsrechts[69]. Aus heutiger Sicht handelt es sich um eine Hypertrophie der Kautelarpraxis, aber doch um eine zulässige Gestaltungsvariante.

g) Als *sternförmige GmbH & Co. KG* bezeichnen wir eine Gestaltung, bei der ein und dieselbe GmbH Komplementärin mehrerer Kommanditgesellschaften ist[70]. Diese Gestaltung kann Basis eines Gleichordnungskonzerns unter Personengesellschaften unter der einheitlichen Leitung einer GmbH sein (dazu oben, § 43 III 5). Sie ist damit aber auch potentielles Einfalltor für Haftungsdurchgriffe zwischen den Kommanditgesellschaften (oben, § 17 III 3)[71].

---

64 Vgl. *Binz*, a.a.O., § 14 Rdnr. 11; *Fleck*, in: Festschrift Semler, a.a.O., S. 128f.

65 Dazu *Sudhoff/Liebscher*, § 3 Rdnrn. 18ff.; *Karsten Schmidt*, Handelsrechtliche Probleme der doppelstöckigen GmbH & Co. KG, DB 1990, 93.

66 Vgl. nur *Hesselmann/Tillmann*, a.a.O., Rdnr. 25; *Binz*, a.a.O., § 13 II; a.M. *Klamroth*, BB 1977, 305.

67 *Schlegelberger/Martens*, § 161 Rdnr. 103; *Hesselmann/Tillmann*, a.a.O., Rdnr. 137; eingehend *Karsten Schmidt*, DB 1990, 95ff.

68 Vgl. auch *Ebenroth/Boujong/Joost/Henze*, Anh. A nach § 177a Rdnr. 19; *Grunewald*, in: MünchKommHGB, § 161 Rdnr. 100.

69 § 1 II 1 UmwG 1969 ließ die Umwandlung einer GmbH in eine »echte« GmbH & Co. KG noch nicht zu.

70 Vgl. *Karsten Schmidt*, in: Festschrift Wiedemann, 2002.

71 *BAG*, NJW 1999, 2612; *OLG Dresden*, NZG 2000, 598; *AG Eisenach*, GmbHR 1995, 445; *Karsten Schmidt*, in: Festschrift Wiedemann, a.a.O.

III. Die Gründung der GmbH & Co.*

1. Unterschiedliche Gestaltungen

a) Die *Gründung der GmbH & Co.* kann sich auf unterschiedliche Weise vollziehen. Sie kann eine Neugründung zweier Gesellschaften – der Kommanditgesellschaft und der Komplementär-GmbH – sein, aber es kann sich z.B. auch so verhalten, daß eine GmbH ihre Gesellschafter, wie es in § 28 HGB ungenau heißt, »in ihr Handelsgeschäft aufnimmt«, d.h. mit ihren Gesellschaftern einen KG-Vertrag schließt und ihr Unternehmen in die Kommanditgesellschaft einbringt (vgl. zu diesem Vorgang Handelsrecht, § 8 III). Im folgenden soll davon ausgegangen werden, daß beide Gesellschaften neu gegründet werden: die Kommanditgesellschaft und ihre Komplementär-GmbH. Dabei ist zu bedenken, daß jede GmbH & Co. KG zwei voneinander zu trennende, aber miteinander zu verzahnende, Gesellschaftsverträge voraussetzt. Die herrschende Meinung macht sich die Verzahnung bisweilen unnötig schwer, z.B. bei satzungsmäßigen Schiedsklauseln, die im GmbH-Vertrag zulässig, im KG-Vertrag dagegen unzulässig sein sollen (vgl. demgegenüber oben, § 5 I 2a).

b) Von der Gründung der GmbH & Co. ist ihre Entstehung durch *Umwandlung*, z.B. durch Formwechsel aus der GmbH-Form, zu unterscheiden. Die spezifischen Probleme des Formwechsels in die Rechtsform der GmbH & Co. KG sind oben unter § 13 II 4c bb dargestellt worden. Insbesondere geht es dabei um die Frage, ob die vor der Umwandlung vielfach an der Gesellschaft noch nicht beteiligte Komplementär-GmbH schon vor dem Vollzug der Umwandlung in die umzuwandelnde Gesellschaft aufgenommen werden muß (was hier verneint wird).

2. Die Gründung der Komplementär-GmbH

Die Komplementär-GmbH wird nach den unter § 34 dargestellten Regeln des GmbH-Rechts gegründet. Das bedeutet vor allem, daß die Gesellschaft in notarieller Form errichtet (§ 2 GmbHG), auf die Stammeinlagen ein Betrag von mindestens 12500 Euro eingezahlt (§ 7 II 2 GmbHG) und die Gesellschaft nach § 10 GmbHG in das Handelsregister eingetragen werden muß. Die Bezeichnung des Unternehmensgegenstands im Gesellschaftsvertrag (§ 3 I Nr. 2 GmbHG) muß darauf hinweisen, daß sich die Gesellschaft als

* Literatur (vgl. auch die Angaben oben vor I): *Binz*, Die GmbH & Co., 8. Aufl. 1992, § 3; *ders.*, Haftungsverhältnisse im Gründungsstadium der GmbH & Co. KG, 1976; *ders.*, Haftungsverhältnisse bei werbender Tätigkeit der Vor-GmbH & Co. KG, GmbHR 1976, 29; *Huber*, Haftungsprobleme der GmbH & Co. KG im Gründungsstadium, in: Festschrift Hefermehl, 1976, S. 127; *Hüffer*, Gesellschafterhaftung und Geschäftsführerhaftung in der Vor-GmbH & Co. KG – Begründung und zeitliche Haftungsgrenzen, JuS 1980, 485; *Kuhn*, Zur werdenden GmbH & Co. KG, in: Festschrift Hefermehl, 1976, S. 159; *Karsten Schmidt*, Die Vor-GmbH als Unternehmerin und als Komplementärin, NJW 1981, 1345; *Sudhoff/Ihrig*, a.a.O., § 9.

persönlich haftende Gesellschafterin an Handelsgesellschaften beteiligen soll. Dagegen muß entgegen der Auffassung mancher Gerichte nicht auf einen bestimmten Geschäftsbetrieb hingewiesen werden[72]. Vor der Eintragung in das Handelsregister »besteht die Gesellschaft mit beschränkter Haftung als solche nicht« (§ 11 I GmbHG), aber aus den unter § 11 IV 2 angestellten Überlegungen ergibt sich, daß sie in Wahrheit doch schon existiert: nämlich als sog. Vorgesellschaft. Auch die Fähigkeit der Vor-GmbH, bereits am Rechtsverkehr teilzunehmen, braucht nur in Erinnerung gerufen zu werden (oben, § 34 III 3). Wie bei der reinen GmbH-Gründung kann nun auch bei der GmbH & Co. ein Bedürfnis danach bestehen, daß sie bereits vor Eintragung der GmbH unternehmerisch tätig wird. Demgemäß wurde diskutiert, *ob die Vor-GmbH bereits Komplementärin dieser Kommanditgesellschaft sein kann*[73]. Im Zuge der Aufwertung der Vor-GmbH wird dies heute allgemein bejaht[74].

Der *Bundesgerichtshof* stellt allerdings die Vor-GmbH einer eingetragenen Gesellschaft noch nicht endgültig gleich: Während bei Sachgründungen die Vertretungsmacht der GmbH-Geschäftsführer schon vor der Eintragung den vollen unternehmerischen Betrieb deckt, verlangt der *BGH* hierfür bei der Bargründung und damit auch bei der Gründung einer Komplementär-GmbH eine besondere »Ermächtigung« seitens der Gesellschafter[75]. Dieser Standpunkt wurde hier als ein Rückfall in das ultra-vires-Denken kritisiert (oben, § 8 V 2 und § 34 III 3b bb):

Beispiel Nr. 16 (nach *BGHZ* 80, 129): Der Komplementär F einer »B.F. KG« war verstorben. Da niemand, auch keiner seiner Rechtsnachfolger, weiterhin Komplementär sein wollte, gründete die Ehefrau und Miterbin des F gemeinsam mit einem Steuerbevollmächtigten eine GmbH als Komplementärin, und die KG-Firma erhielt den Zusatz »GmbH & Co.«. Schon vor der Eintragung der GmbH gab diese als Komplementärin im Namen der KG eine Stahlkonstruktion in Auftrag.

Die Komplementär-Vor-GmbH kann durch ihre Geschäftsführer oder Bevollmächtigten bereits nach §§ 161 II, 125f. HGB, 164 BGB die KG verpflichten, und zwar richtigerweise auch ohne besondere Ermächtigung seitens der GmbH-Gesellschafter oder Kommanditisten. Das Handeln im Namen einer Vor-GmbH & Co. KG ist dann nicht etwa ein Handeln ohne Vertretungsmacht, das eine falsus-procurator-Haftung auslöst[76], sondern ein wirksames Vertreterhandeln für die Kommanditgesellschaft. Ist die KG

---

72 *Schlegelberger/Martens*, § 161 Rdnr. 107 in Auseinandersetzung mit der abweichenden Gerichtspraxis; zu dieser vgl. *BayObLG*, DB 1976, 355; *OLG Hamburg*, BB 1968, 267 m. Anm. *Grobe;* tendenziell großzügiger jetzt auch BayObLG, GmbHR 1995, 722; 1996, 360.

73 Nachweise zur Entwicklung bei *Karsten Schmidt*, NJW 1981, 1345.

74 *BGHZ* 80, 129; 117, 323, 326; *Binz*, GmbH & Co., a.a.O., § 3 Rdnr. 13; *Hesselmann/Tillmann*, a.a.O., Rdnr. 173; eingehend *Ebenroth/Boujong/Joost/Henze*, Anh. A nach § 177a Rdnrn. 309ff.

75 *BGHZ* 80, 129, 139; *Ebenroth/Boujong/Joost/Henze*, Anh. A nach § 177a Rdnr. 34; ganz ähnlich schon *John*, Die organisierte Rechtsperson, 1977, S. 320, 323f., 345; das ist nach dem Konzept des *BGH* kein Überbleibsel des Vorbelastungsverbots, sondern ein Schutz gegen die drohende Vorbelastungs- oder Unterbilanzhaftung.

76 So aber noch *BGHZ* 63, 45; zust. *Kuhn*, in: Festschrift Hefermehl, a.a.O., S. 164f.; abl. *Karsten Schmidt*, NJW 1975, 666; richtig seither *BGHZ* 69, 95, 101f. = NJW 1977, 1683 m.Anm. *Karsten Schmidt.*

verpflichtet, so haftet für deren Verbindlichkeiten die Vor-GmbH als Komplementärin (§§ 161 II, 128 HGB). Wird später die GmbH in das Handelsregister eingetragen, so setzt sich die Haftungsverbindlichkeit der Vor-GmbH als Haftungsverbindlichkeit der mit dieser identischen Komplementär-GmbH fort (oben, § 34 III 3 c). Für die Haftungsverbindlichkeit der Vor-GmbH haftet bis zu ihrer Eintragung nach § 11 II GmbHG der handelnde GmbH-Geschäftsführer persönlich. Unbeschränkt haften aber auch die Vorgesellschafter, und zwar bis zur Eintragung nach außen und nach der Eintragung nach innen (str.; vgl. oben, § 34 III 3c).

Beispiel Nr. 17: In unserem an *BGHZ* 80, 129 angelehnten Beispiel wäre die Haftungssituation in folgender Reihenfolge zu untersuchen:

1. Der Anspruch des Werkunternehmers gegen die KG beruht auf § 631 BGB. Zu untersuchen ist hier, daß eine KG vorhanden ist, daß diese bereits durch die Vor-GmbH als Komplementärin vertreten werden konnte und wirksam vertreten worden ist.
2. Der Anspruch gegen die Vor-GmbH beruht auf §§ 161 II, 128 HGB. Die Vor-GmbH, vertreten durch ihren Geschäftsführer bzw. Bevollmächtigten, hat nicht im eigenen Namen, wohl aber wirksam im Namen der KG gehandelt, für deren Verbindlichkeit sie als Komplementärin haftet.
3. Die Kommanditisten haften nur unter den Voraussetzungen der §§ 171, 172 HGB.
4. Die Haftung eines handelnden GmbH-Geschäftsführers ergibt sich aus § 11 II GmbHG (vgl. *KG*, GmbHR 1996, 56). Sie erlischt, wenn die GmbH eingetragen wird.
5. Ob jeder GmbH-Gesellschafter auch unbeschränkt für die Haftungsverbindlichkeiten der Vor-GmbH gegenüber den Gläubigern der Gesellschaft haftet, war lange umstritten. Seit dem Urteil BGHZ 134, 333, 335 = NJW 1997, 1507 wird eine solche Haftung nunmehr anerkannt, aber sie wird vom *BGH* – wohl zu Unrecht – als reine Innenhaftung angesehen, während die Gründer nach der hier vertretenen Ansicht direkt gegenüber den Gläubigern haften (näher oben, § 34 III 3c). Mit der Eintragung der GmbH wird aus dieser vom *BGH* abgelehnten Außenhaftung die vom *BGH* angenommene Vorbelastungs-Innenhaftung (oben, § 34 III 4d).

3. Der Status der Kommanditgesellschaft im Gründungsstadium

Steht einmal fest, daß die Vor-GmbH Komplementärin sein kann, so ergeben sich die Konsequenzen für den Status der Kommanditgesellschaft aus den allgemeinen personengesellschaftsrechtlichen Regeln:

a) Ist die *Kommanditgesellschaft ihrerseits schon im Handelsregister eingetragen*, so unterliegt sie dem Recht der Kommanditgesellschaft (vgl. §§ 161 II, 123 I HGB; dazu oben, § 53 II 1). Die ältere Praxis ließ eine Eintragung der Kommanditgesellschaft so lange nicht zu, wie nicht auch die Komplementär-GmbH in das Handelsregister eingetragen war[77]. In der Tat mag man zweifeln, ob es denn das formelle Registerrecht zulassen kann, daß eine GmbH, die noch nicht selbst im Handelsregister (Abteilung B) steht, schon in Abteilung A als Komplementärin einer KG eingetragen werden kann. Aber der *Bundesgerichtshof* erkennt mit der Komplementärfähigkeit der Vor-

77 Vgl. *BayObLG*, GmbHR 1967, 9, 10; 1969, 22, 23; *OLG Hamm*, DB 1976, 1859 = GmbHR 1976, 241.

GmbH auch diese Eintragung an[78]. Er meint, daß die Komplementär-GmbH vor ihrer eigenen Eintragung zwar nicht als »GmbH«, wohl aber schon als »GmbH in Gründung« unter den eingetragenen Gesellschaftern einer KG auftauchen könne. Wird dann auch die GmbH in das Handelsregister eingetragen, so braucht die Bezeichnung in Abteilung A des Registers nur noch berichtigt zu werden.

Beispiel Nr. 18: Am 1. 2. werden der GmbH-Vertrag und der KG-Vertrag vor dem Notar geschlossen. Am 1. 3. wird die Kommanditgesellschaft mit den Kommanditisten sowie der »GmbH i. G.« als Komplementärin in Abteilung A des Handelsregisters eingetragen. Gelingt endlich am 1. 6. auch die Eintragung der GmbH in Abteilung B, so kann nunmehr das »i. G.« bei der Eintragung als Komplementärin in Abteilung A entfallen.

b) Ist die *Kommanditgesellschaft noch nicht im Handelsregister eingetragen*, liegt aber ein Handelsgewerbe nach *§ 1 II HGB* vor, so ist die Gesellschaft nach §§ 123 II, 161 II HGB gleichfalls schon eine Kommanditgesellschaft und nicht bloß eine Gesellschaft bürgerlichen Rechts (dazu oben, § 53 II 1).

Beispiel Nr. 19 (nach *BGH*, NJW 1985, 736 = WM 1985, 165): Gegenstand des Gesellschaftsunternehmens war eine Mühle mit Mehl- und Futterhandel. Über die Zeit vor der Eintragung beider Gesellschaften führt der *Bundesgerichtshof* aus: »Es trifft zu, daß zunächst nur die Vor-GmbH Komplementärin der Kommanditgesellschaft war. Das Unternehmen hatte jedenfalls im Hinblick auf den Mehl- und Futterhandel ein Grundhandelsgewerbe i.S. des § 1 HGB (scl.: a.F.) zum Gegenstand, so daß die Kommanditgesellschaft nach §§ 123 II, 161 II HGB bereits mit dem … Zeitpunkt ihres Beginns … entstanden ist …« (die etwas störende Formulierung beruht auf der unter § 46 III 1 kritisierten Fassung des § 123 HGB).

Die *Haftungsprobleme* dieser GmbH & Co. in Gründung entsprechen den schon besprochenen, dies allerdings mit einer bedeutsamen Variante: Es kommt das Sonderproblem des § 176 I HGB hinzu (zu dieser Vorschrift vgl. eingehend oben, § 55). Diese Vorschrift gilt auch für die GmbH & Co.[79] Aber die unbeschränkte Haftung ist ausgeschlossen, wenn dem Gläubiger die Beteiligung als Kommanditist bekannt war. Die Verwendung einer GmbH & Co.-Firma genügt, um diese unbeschränkte Kommanditistenhaftung auszuschließen[80]. Haben also die GmbH-Geschäftsführer unter Verwendung der GmbH & Co.-Firma vor der Eintragung der KG kontrahiert, so droht den Kommanditisten keine unbeschränkte Haftung (oben, § 55 V 1 b). Haben es die GmbH-Geschäftsführer versäumt, auf die Haftungsbeschränkung hinzuweisen, so ist § 176 I HGB einschlägig. Die Kommanditisten können dann ggf. von den Geschäftsführern Schadensersatz verlangen.

---

78 *BGH*, NJW 1985, 737 = WM 1985, 165; heute h.M.; vgl. *Hachenburg/Ulmer*, § 11 Rdnr. 133 (in Fortsetzung der bereits zuvor vertretenen Auffassung); *Scholz/Karsten Schmidt*, § 11 Rdnr. 162.

79 *BGH*, NJW 1980, 54 in Fehldeutung der vom Verf. vertretenen, insoweit übereinstimmenden Auffassung; a.M. *Priester*, BB 1980, 913f.

80 So mittlerweile auch *BGH*, NJW 1983, 2258 m.Anm. *Karsten Schmidt*, freilich mit unrichtiger Argumentation aus § 19 V HGB a.F.; seither h.M.; zuvor bereits *Limbach*, GmbHR 1967, 165f.; *Huber*, in: Festschrift Hefermehl, a.a.O., S. 131; *Karsten Schmidt*, ZHR 144 (1980), 202ff.; *Hüffer*, JuS 1980, 488; *Binz*, GmbHR 1983, 233; a.M. noch *BGH*, NJW 1980, 54; *Flume*, Personengesellschaft, § 16 IV.

c) Ist die *Kommanditgesellschaft noch nicht eingetragen* und fällt ihr Gewerbe unter den bisherigen *§ 2 HGB oder* unter *§ 3 HGB oder* schließlich unter *§ 105 II HGB n.F.*, so liegt einstweilen keine Kommanditgesellschaft vor, sondern eine Gesellschaft bürgerlichen Rechts[81]. Sie ist eine Mitunternehmer-BGB-Gesellschaft und unterliegt damit den unter § 58 V dargestellten Regeln. Die Haftungslage im einzelnen ist problematisch.

Beispiel Nr. 20 (nach *BGHZ* 69, 95 = NJW 1977, 1683): B gründete im September zusammen mit seiner Frau F die »Bertold B Fassaden-Beschichtungs- und Restaurierungs-GmbH & Co.«. Noch bevor die GmbH oder die KG eingetragen war, wurden im Namen der GmbH & Co. KG Baugerüste bestellt, die dann nicht bezahlt werden konnten.

Diese Gesellschaft wäre heute auch ohne Eintragung bereits eine echte KG nach §§ 1 II, 161 HGB, womit für sie die soeben unter III 3 b dargestellten Grundsätze gelten würden. Nach damaligem Recht war die Gesellschaft mangels Eintragung nur Gesellschaft bürgerlichen Rechts, und sie wäre es heute noch, wenn sie eine kleingewerbliche Gesellschaft gewesen wäre. Die Haftung bei einer »GmbH & Co. GbR« ist umstritten. Der *Bundesgerichtshof* folgerte seinerzeit aus § 176 I 2 HGB, daß eine Haftung nach dieser Bestimmung nicht in Betracht kommt[82]. Dieser schon nach damaligem Recht zweifelhafte Standpunkt[83] muß neu überdacht werden, nachdem § 176 HGB nicht mehr als Haftungsverschärfung, sondern als Haftungsprivileg verstanden werden muß. Die besseren Argumente sprechen für eine analoge Anwendung (vgl. oben, § 55 II 1 a): Die Gründer einer GmbH & Co. KG können bereits vor der Eintragung die Haftung beschränken, indem sie eine GmbH & Co.-Firma verwenden.

IV. Die Organisation der GmbH & Co.[*]

1. Die rechtliche Stellung der Gesellschafter

a) Das Innenrecht der GmbH & Co. ist durch das Gegenüber der *GmbH-Komplementärin* auf der einen Seite und der *Kommanditisten* auf der anderen

81 Statt aller *Binz*, Haftungsverhältnisse im Gründungsstadium, a.a.O., S. 28 ff.

82 *BGHZ* 61, 59, 65 ff. = LM Nr. 19 zu § 128 HGB m. Anm. *Fleck*; *BGHZ* 69, 95, 98 f.; *Baumbach/Hopt*, § 176 Rdnr. 5; *Kuhn*, in: Festschrift Hefermehl, a.a.O., S. 162 f.

83 Vgl. 3. Aufl., § 56 III 3 c; *Schlegelberger/Karsten Schmidt*, § 176 Rdnr. 5.

* Literatur (vgl. auch die Angaben vor I): *Britsch*, Die Rechte der Kommanditisten bei der Bestellung und Abberufung des Geschäftsführers der Komplementär-GmbH, Diss. Mainz 1976; *v. Dellinghausen*, Innere Strukturen der GmbH & Co. KG, Diss. Münster 1981; *Eickhoff*, Die Praxis der Gesellschafterversammlung bei GmbH und GmbH & Co., 3. Aufl. 2001; *Erhardt*, Die GmbH & Co. KG aus konzernrechtlicher Sicht, 1996; *Esch*, Weisungsrechte der Gesellschafter in der GmbH & Co. KG, NJW 1988, 1533; *Fleck*, Die sog. Einheitsgesellschaft – ein funktionsfähiges Gebilde? in: Festschrift Semler, 1993, S. 115; *Grunewald*, Zum Informationsrecht in der GmbH & Co. KG, ZGR 1989, 545; *Krebs*, Geschäftsführungshaftung bei der GmbH & Co. KG und das Problem der Haftung für sorgfaltswidrige Leitung, 1991; *Karsten Schmidt*, Mehrheitsregelungen in GmbH & Co.-Verträgen, ZHR 158 (1994), 205; *ders.*, Gesellschafterbeschlüsse in der typischen GmbH & Co. KG, in: Steuerrecht und Gesellschaftsrecht als Gestaltungsaufgabe, Freundesgabe für Haas, 1996, S. 313; *Schneider/Schneider*, Die Organisation der Gesellschafter-

Seite gekennzeichnet. Die GmbH ist Komplementärin und führt durch ihren Geschäftsführer die Geschäfte der Kommanditgesellschaft[84]. Die Kommanditisten müssen nach allgemeinen Grundsätzen Einlagen leisten. Ob dies Bareinlagen oder Sacheinlagen sind, richtet sich nach dem Vertrag. Es gilt dasselbe wie bei jeder anderen Kommanditgesellschaft. Die GmbH wird häufig im Innenverhältnis von der Einlagepflicht, von jeder Vermögensbeteiligung und vom Gewinn und Verlust ausgeschlossen und erhält nur eine Vergütung dafür, daß sie die Haftung übernimmt[85]. Die GmbH ist dann »Gesellschafter ohne Kapitalanteil« (vgl. dazu oben, § 47 III 1). Die Vertragsregelung lautet beispielsweise:

»§ X: Die Komplementärin erbringt keine Einlage. Sie hat keinen Kapitalanteil.

§ Y: An dem Gewinn und Verlust nehmen die Gesellschafter nach dem Verhältnis ihrer Kapitalanteile teil.

§ Z: Die Komplementärin erhält für die Geschäftsführung eine Vorabvergütung von ...; ihr werden außerdem alle Aufwendungen erstattet, die sie aus der Geschäftsführung hat.«

Die *Haftungskonsequenzen* einer solchen Nichtbeteiligung der GmbH an den Ergebnissen sind deshalb umstritten, weil aus der Nichtbeteiligung eines Gesellschafters am Verlust ein Freistellungsanspruch gegen die anderen resultieren kann. Man hat aus diesem Grund darüber gestritten, ob eine solche Vertragsklausel die Haftungsbeschränkung in Gefahr bringt.

Beispiel Nr. 21: In der ABC-GmbH & Co. KG nimmt die ABC Beteiligungs-GmbH an den Verlusten nicht teil. Die GmbH & Co. wird zahlungsunfähig. Daraufhin läßt Gläubiger G die KG und die Komplementär-GmbH auf Zahlung von 30000 Euro verurteilen und läßt aufgrund dieses Titels die angeblichen Freistellungsansprüche der GmbH gegen die Kommanditisten X, Y und Z in Höhe von je 10000 Euro pfänden und an sich überweisen (§§ 829, 835 ZPO). – Oder: Über das Vermögen der KG und der GmbH wird das Insolvenzverfahren eröffnet. Der Verwalter stellt ein Aktivvermögen von 50000 Euro und Schulden in Höhe von 350000 Euro fest. Daraufhin klagt er gegen die Kommanditisten X, Y und Z auf Zahlung von je 100000 Euro an die Komplementär-GmbH, weil diese ja von den Verlusten freizuhalten sei.

Wie man sieht, würde die Bejahung eines Regreßanspruchs der GmbH die Haftungsbeschränkung bei den Kommanditisten im Ergebnis zunichte machen. Denn die Haftungsbeschränkung im Außenverhältnis nützt einem Kommanditisten nichts, wenn er über die interne Ausgleichspflicht voll in Anspruch genommen werden kann (vgl. zum Binnenhaftungsrisiko bei der Kommanditgesellschaft auch oben, § 53 III 6). Das wird nicht dem Willen der Gesellschafter entsprechen. Trotzdem wurde die Ansicht vertreten, daß aus der Nicht-Ergebnisbeteiligung der GmbH ein solcher Freistellungs- oder

versammlung bei Personengesellschaften, in: Festschrift Möhring, 1975, S. 271; *Weiskopf*, Das ordentliche Lösungsrecht des Gesellschafters einer GmbH & Co. KG, 1992; *Wilm*, Die Haftung des Geschäftsführungsorgans in der GmbH & Co. KG, Diss. Bonn 1991; *Zoller*, Die Rechte der Kommanditisten hinsichtlich der Geschäftsführung einer GmbH & Co. KG, 1990.

84 Vgl. *Raiser*, Kapitalgesellschaften, § 44 Rdnr. 6.

85 Vgl. *Binz*, GmbH & Co., a.a.O., § 18 Rdnr. 139.

Regreßanspruch folgt, wenn er nicht besonders ausgeschlossen ist[86]. Diese Auffassung hat sich mit Recht nicht durchzusetzen vermocht[87]. Insbesondere ist § 167 III HGB, wonach ein Kommanditist nur bis zum Betrag seines Kapitalanteils und seiner rückständigen Einlage am Verlust teilnimmt, mit dieser Vertragsregelung nicht ohne weiteres abbedungen (zur Abgrenzung vgl. unter V 2 c)[88]. Die typische, nur in den Dienst einer einzigen Kommanditgesellschaft gestellte Komplementär-GmbH hat i.d.R. kein Eigenleben außerhalb der KG und kein Eigeninteresse an der Freihaltung von Gesellschaftsschulden. Im Verhältnis zu den Kommanditisten trägt sie als Komplementärin das Haftungsrisiko, weshalb sie auch – vorwiegend aus Gründen der steuerlichen Anerkennung – eine Risikoprämie zu erhalten pflegt. Kein Beteiligter hat also Anlaß, die Kommanditisten mit einer Regreßhaftung gegenüber der GmbH zu belasten. Am besten stellt man dies bei der Vertragsgestaltung durch eine besondere Vertragsklausel klar, aber unabdingbar notwendig ist das nicht.

b) Für den *Eintritt und Austritt* von *Kommanditisten* sowie für die Anteilsübertragung gelten keine besonderen Regeln. Es kann deshalb auf die Ausführungen unter § 19 II, IV sowie unter § 45 II, III und § 50 verwiesen werden: Insbesondere gilt für die Übertragung der GmbH-Geschäftsanteile § 15 GmbHG, während die Übertragung der Kommanditanteile eine entsprechende Klausel im Gesellschaftsvertrag oder die Zustimmung der Mitgesellschafter voraussetzt, dafür aber formfrei möglich ist (oben unter II 3 c)[89].

Allerdings muß bei all dem an die schon erwähnten Verzahnungsprobleme gedacht werden (oben unter II 3 c). Es kann z.B. bei der personengleichen GmbH & Co. in den GmbH-Vertrag und in den KG-Vertrag eine Klausel aufgenommen werden, nach der Geschäftsanteil und Kommanditanteil nur gemeinsam übertragen werden können. Oder es kann – auch bei einer nicht personengleichen GmbH & Co. – jede Verfügung über einen Kommanditanteil von der Zustimmung der Komplementär-GmbH abhängig gemacht werden.

c) Ein *Wettbewerbsverbot* trifft nach dem Gesetz die Komplementär-GmbH (§§ 161 II, 112 f. HGB), nicht dagegen den Kommanditisten (§ 165 HGB). Aus dem Gesellschaftsvertrag, u.U. auch aus der Treupflicht der Gesellschafter, kann sich allerdings auch ein Wettbewerbsverbot für den Kommanditisten ergeben (dazu oben, § 53 III 4). Umgekehrt kann die Komplementär-GmbH von dem Wettbewerbsverbot befreit werden. Dazu kann

86 *Hesselmann*, Handbuch der GmbH & Co., 16. Aufl. 1980, Rdnrn. 240 f.; *Weber/Jansen*, NJW 1971, 1678 ff.; *Klamroth*, BB 1972, 430; unhaltbar ist die Auffassung von *Buchheister* (BB 1973, 687 f.), der eine unbeschränkte *Außen*haftung der Kommanditisten konstruiert und folgert, eine solche Gesellschaft dürfe nicht als KG eingetragen werden.

87 Vgl. im Ergebnis *Baumbach/Hopt*, Anh. § 177 a Rdnr. 43; *Binz*, GmbH & Co., a.a.O., § 7 Rdnr. 115; *Hesselmann/Tillmann*, a.a.O., Rdnr. 505; *Huber*, Vermögensanteil, S. 308 f.; *Heinze/Rieker*, NJW 1972, 472; *Ganßmüller*, NJW 1972, 1034 f.; *Horn*, GmbHR 1972, 287; *Karsten Schmidt*, DB 1973, 2228; *ders.*, GmbHR 1984, 280; *Fehl*, BB 1976, 112.

88 Vgl. *OLG Karlsruhe*, BB 1982, 328; unrichtig *Weber/Jansen*, NJW 1971, 1678 ff.; zur Abgrenzung vgl. *Karsten Schmidt*, DB 1995, 1381 ff.

89 Dazu *Schultze*, NJW 1991, 1936 f., gegen *Kempermann*, NJW 1991, 684.

Anlaß bestehen, wenn die GmbH neben ihrer Komplementärstellung eigene Unternehmenstätigkeiten fortsetzen oder entfalten oder an mehreren Gesellschaften beteiligt sein soll[90]. Ein allgemeiner Grundsatz, wonach die Komplementär-GmbH bei einer kapitalistischen GmbH & Co. vom Wettbewerbsverbot ohne weiteres befreit wäre, existiert nicht[91].

d) Das *Informationsrecht der Gesellschafter*[92] in der GmbH & Co. ist im Gesetz unzureichend und widerspruchsvoll geordnet[93]: Dem GmbH-Gesellschafter steht das zu weit umschriebene Informationsrecht des § 51 a GmbHG zu, das ggf. im Verfahren nach § 51 b GmbHG durchgesetzt werden kann (dazu näher oben, § 35 I 4). Da die GmbH nach §§ 161 II, 128 HGB für alle Verbindlichkeiten der Kommanditgesellschaft unbeschränkt haftet, sind alle Angelegenheiten der KG zugleich Angelegenheiten der GmbH, unterliegen also in vollem Umfang dem Auskunftsrecht nach § 51 a GmbHG[94]. Dem *Kommanditisten* steht nur das im Gesetz viel zu eng umschriebene Informationsrecht des § 166 HGB zu, das ggf. im Zivilprozeß, evtl. auch im Verfahren nach § 166 III HGB durchgesetzt werden muß (dazu oben, § 53 III 3). In der personengleichen GmbH & Co. bestehen beide Informationsrechte nebeneinander, aber der Gesellschafter wird dem § 51 a GmbHG den Vorzug geben. Das Informationsrecht des Nur-Kommanditisten kann nur auf § 166 HGB gestützt werden[95] und richtet sich dann gegen die Kommanditgesellschaft, nicht gegen die Komplementär-GmbH oder gegen ihren Geschäftsführer[96], doch ist dies kein Grund, das ordentliche Informationsrecht des Kommanditisten auf die Befugnis zur Prüfung der Jahresbilanz zu beschränken. Die Situation bei der GmbH & Co. verdeutlicht nur, daß dieses Informationsrecht im Wege der Rechtsfortbildung ausgedehnt werden muß (dazu oben, § 53 III 3 a)[97].

---

90 Vgl. *Binz*, a. a. O., § 6 Rdnr. 36.

91 *Hesselmann/Tillmann*, a. a. O., Rdnr. 400; *Sudhoff/Schlitt*, a.a.O., § 25 Rdnr. 4; *Ebenroth/Boujong/Joost/Henze*, Anh. A nach § 177 a Rdnr. 90; a. M. *OLG Frankfurt*, BB 1982, 1383 f.; dagegen mit Recht *Riegger*, BB 1983, 90 f.

92 Schrifttum: *Binz*, a. a. O., § 7 Rdnrn. 71 ff.; *Sudhoff/Schlitt*, a.a.O., § 24; *Binz/Freudenberg/Sorg*, Informationsrechte in der GmbH & Co., BB 1991, 785; *Ebenroth*, Die Kontrollrechte der GmbH-Gesellschafter, 1971; *Huber*, Das Auskunftsrecht des Kommanditisten, ZGR 1982, 539; *Karsten Schmidt*, Das neue Auskunfts- und Einsichtsrecht, in: Das neue GmbH-Recht in der Diskussion, 1981, S. 112 ff.; *ders.*, Informationsrechte in Gesellschaften und Verbänden, 1984, S. 76 ff.; *Wohlleben*, Informationsrechte des Gesellschafters, 1989.

93 Kritik an der GmbH-Novelle bei *Karsten Schmidt*, in: Das neue GmbH-Recht in der Diskussion, 1981, S. 112 ff.

94 Vgl. *OLG Hamm*, NJW 1986, 1693 = ZIP 1986, 709; *OLG Düsseldorf*, BB 1990, 1998 = NJW-RR 1991, 620 = WM 1990, 1823.

95 Vgl. *Karsten Schmidt*, Informationsrechte in Gesellschaften und Verbänden, 1984, S. 77 f.; unklar insofern *Ebenroth/Boujong/Joost/Henze*, Anh. A nach § 177 a Rdnr. 101.

96 Wie hier *BayObLG*, NJW-RR 1995, 299.

97 Vgl. zum Stand der Diskussion *Sudhoff/Schlitt*, a.a.O., § 24 Rdnr. 30.

2. Die Gesellschafterversammlung

a) Die Willensbildung in der GmbH & Co. bereitet deshalb Probleme, weil die *Willensbildung in zwei Gesellschaften* unterschieden werden muß. Dafür besteht aber aus der kaufmännischen Sicht der Gesellschafter nur ein Bedürfnis, wenn keine personengleiche GmbH & Co. vorliegt oder wenn die GmbH andere, nicht nur auf die Komplementärtätigkeit in einer einzigen KG beschränkte Zwecke verfolgt (vgl. über solche Fälle bereits unter II 1b).

Beispiel Nr. 22: Besteht in einer Publikums-GmbH & Co. KG die GmbH aus den Initiatoren X und Y, die KG dagegen aus der GmbH sowie aus den Kommanditisten K1-K200, so wird jeder einsehen, daß es GmbH-Beschlüsse und KG-Beschlüsse geben muß. Dasselbe gilt, wenn die GmbH an mehreren Kommanditgesellschaften als Komplementärin beteiligt ist. In der personengleichen GmbH & Co. verhält es sich anders. Hier werden die Gesellschafter vielleicht nur bei der Bilanzfeststellung eine Vorstellung darüber haben, wann sie GmbH-Beschlüsse und wann sie KG-Beschlüsse fassen. Hat die GmbH keinen eigenen Kapitalanteil an der KG, so schließt man sie zweckmäßigerweise vom Stimmrecht in der Kommanditgesellschaft aus. Die KG-Beschlüsse sind dann eine reine Kommanditistenangelegenheit. Aber es bleibt natürlich der etwas künstliche Unterschied zwischen GmbH- und KG-Beschlüssen.

Bei personalistischen Gesellschaften – namentlich bei Familiengesellschaften – erscheint die Notwendigkeit, GmbH-Beschlüsse und KG-Beschlüsse zu unterscheiden, als eine Last und überfordert außer bei der Beschlußfassung über die beiden Bilanzen oft die Gesellschafter. Hier muß die Vertragsgestaltungspraxis helfen[98]. Man macht es den Gesellschaftern bei einer personengleichen GmbH & Co. am leichtesten, wenn man folgende Voraussetzungen sicherstellt[99]:
- dauerhafte personelle Verzahnung, also gleiche Beteiligungsverhältnisse in beiden Gesellschaften,
- Ausschluß der GmbH vom Stimmrecht in der KG,
- gleiche Mehrheitserfordernisse bei GmbH-Beschlüssen und KG-Beschlüssen,
- einheitliches Einberufungs- und Beschlußverfahren sowohl in der GmbH als auch in der KG.

Wenn für diese Voraussetzungen Sorge getragen wird – dazu gehört eine weitgehende Ausrichtung des KG-Vertrags am Recht der GmbH –, kann jeder in GmbH-Zuständigkeit gefaßte Beschluß als GmbH-Beschluß angesehen werden und jeder in KG-Zuständigkeit gefaßte Beschluß als Kommanditistenbeschluß. Die Gesellschafter brauchen dann in ihrer Versammlung um die richtige Zuordnung der Beschlüsse nicht besorgt zu sein. Entgegen der herkömmlichen Auffassung steht insbesondere der Bestimmtheitsgrundsatz einer Vertragsregelung nicht entgegen, die wegen der Mehrheitserfordernisse in der Kommanditistenversammlung generalklauselhaft auf die für die Komplementär-GmbH geltenden Regeln verweist (vgl. zum

98 Ausführlich jetzt *Sudhoff/Schlitt*, a.a.O., § 16 Rdnrn. 12ff.
99 *Karsten Schmidt*, in: Freundesgabe Haas, a.a.O.

Bestimmtheitsgrundsatz oben, § 16 II 2)[100]. Wenn ein Beschluß fehlerhaft ist, meint zwar die herrschende Ansicht, er könne nur als GmbH-Beschluß, nicht aber als KG-Beschluß der Anfechtungsklage unterliegen; aber diese herrschende Meinung muß aus schon geschilderten Gründen revidiert werden (vgl. oben, § 15 II 3 und § 47 V 2). Gerade der Fall der GmbH & Co. KG zeigt, daß auch der Mehrheitsbeschluß einer Personengesellschaft dem Anfechtungsprinzip unterworfen werden sollte: Ein mit der gesetzlichen bzw. gesellschaftsvertraglich vorgeschriebenen Mehrheit zustande gekommener Beschluß ist, sofern nicht ein die Unwirksamkeit oder Nichtigkeit begründender schwerer Mangel vorliegt, vorbehaltlich seiner gerichtlichen Aufhebung wirksam, und es geht schwerlich an, die Frage der Beschlußwirksamkeit für GmbH-Beschlüsse und für KG-Beschlüsse unterschiedlich zu beantworten[101]. Da aber die herrschende Meinung diesen einfachen und doch wohl einleuchtenden Gedanken nicht mitvollzieht, muß sie durch Vertragsklauseln im KG-Vertrag – z.B. durch die Befristung von Beschlußmängelklagen – für eine jedenfalls annäherungsweise Angleichung des Beschlußrechts in der KG an das Beschlußrecht in der GmbH sorgen[102].

b) Nicht zuletzt um diese Probleme mit einem Schlag zu lösen, wird oft die *Einheits-GmbH & Co. empfohlen*, bei der die Kommanditgesellschaft zugleich einzige Gesellschafterin ihrer Komplementär-GmbH ist (oben unter II 3). Da nicht der Geschäftsführer der GmbH im Namen der KG GmbH-Beschlüsse fassen kann, werden dann alle Kommanditisten ermächtigt, im Namen der KG deren Stimmrecht in der GmbH auszuüben. Wie unter II 3 e ausgeführt, ist aber von derart komplizierten Vertragskonstruktionen eher abzuraten.

3. Die Geschäftsführung und Vertretung

a) Wie bei jeder Außengesellschaft muß auch bei der GmbH & Co. zwischen der *Geschäftsführung* und der *Vertretung* unterschieden werden (vgl. dazu oben, § 7 I 3). Geschäftsführungs- und vertretungsberechtigter Gesellschafter ist in der KG nur der *Komplementär* (§§ 161 II, 114, 125, 164, 170 HGB), hier also die Komplementär-GmbH. Diese wird bei Geschäftsführungs- und Vertretungshandlungen des Komplementärs durch ihren Geschäftsführer vertreten (§§ 35, 37 GmbHG). Am Rechtsverkehr nimmt also die GmbH & Co., organschaftlich vertreten durch die GmbH als Komplementärin, diese vertreten durch ihren Geschäftsführer, teil. Der GmbH-Geschäftsführer ist also zwar Organ der GmbH, aber er handelt in deren Organzuständigkeit auch für die KG. Nicht nur sein Handeln, sondern auch sein Wissen ist der

---

100 *Karsten Schmidt*, ZHR 157 (1994), 207; ebenso jetzt *Hermanns*, ZGR 1996, 104ff.
101 Vgl. *Scholz/Karsten Schmidt*, Anh. § 45 Rdnrn. 52ff.
102 *Eickhoff*, Gesellschafterversammlung, 3. Aufl. 2001, Rdnr. 359; *Hesselmann/Tillmann*, a.a.O., Rdnr. 338; *Sudhoff/Liebscher*, a.a.O., § 17 Rdnrn. 83ff.

KG ebenso wie der GmbH zuzurechnen (dazu oben, § 10)[103]. Selbstverständlich kann er im Namen der KG auch Vollmachten erteilen, z. B. in Form einer Prokura an einen Kommanditisten (oben, § 53 III 2). Dann kann dieser die GmbH & Co. vertreten, jedoch eben nur als Bevollmächtigter und nicht als organschaftlicher Vertreter. Im Innenverhältnis bedarf eine solche Stärkung der Kommanditistenrechte der Zustimmung der Gesellschafterversammlung. Die GmbH als Komplementärin ist der Kommanditgesellschaft wie ein natürlicher Komplementär für ordentliche Geschäftsführung verantwortlich. Sie haftet hierbei für Pflichtverletzungen ihres Geschäftsführers analog § 31 BGB.

b) Die *Geschäftsführerhaftung gemäß § 43 GmbHG* (oben, § 36 II 4) ist hiervon zu unterscheiden. Diese Haftung trifft nicht die GmbH, sondern ihren Geschäftsführer persönlich, und zwar – eine Besonderheit der GmbH & Co. – *auch gegenüber der Kommanditgesellschaft*[104]. Das ist praktisch von erheblicher Bedeutung, denn der GmbH-Geschäftsführer handelt in der GmbH & Co. als Manager der Kommanditgesellschaft, und bei dieser Gesellschaft – nicht bei der GmbH – pflegen die Schäden aus schuldhaft schlechter Geschäftsführung einzutreten. Diese Haftung gegenüber der Kommanditgesellschaft leuchtet im Ergebnis ein, ist aber nicht einfach zu begründen. Einfach ist die Begründung nur, soweit die Haftung auf ein Dienstverhältnis gestützt ist, das zwischen dem Geschäftsführer und der Kommanditgesellschaft vereinbart sein kann[105] oder als Vertrag mit Schutzwirkung zu ihren Gunsten wirkt[106]. Schwieriger verhält es sich mit der gesetzlichen Geschäftsführerhaftung aus § 43 GmbHG (zu ihr vgl. oben, § 36 II 4 a). Versteht man sie als eine gesetzliche Haftung, so steht die Konstruktion eines *Vertrags* mit Schutzwirkung zugunsten eines Dritten – der KG! – auf schwachen Füßen. Im Ergebnis kann aber der herrschenden Ansicht gefolgt werden. Die rechtsdogmatische Begründung ist in einer GmbH-&-Co.-spezifischen Fortbildung des § 43 GmbHG zu einem Sonderrechtsverhältnis mit Schutzwirkung zugunsten der Kommanditgesellschaft zu erblicken[107]. Umstritten war, ob sich der Geschäftsführer auch zu seinen Gunsten auf § 43 GmbHG, nämlich auf die kurze Verjährung dieses Schadensersatzanspruchs, berufen darf. Das war klar zu bejahen, wenn keine andere Haftungsgrundlage als die des § 43 GmbHG vorhanden ist, aber

103 Zwischen der Zurechnung von Geschäftsführerwissen und Angestelltenwissen unterscheidet *BGH*, NJW 1996, 1205.

104 *BGHZ* 75, 321 (Publikumsgesellschaft); 76, 326, 337 f.; *BGH*, GmbHR 1981, 191; NJW 1982, 2689 m. Anm. *H. P. Westermann;* eingehend *Krebs*, a. a. O., S. 55 ff., 87 ff., 113 ff.; *Grunewald*, BB 1981, 581 ff.; vgl. schon *Reinfeld*, Die Haftung des Geschäftsführers der GmbH & Co., Diss. Hamburg 1970, S. 75 ff.

105 Vgl. *Hesselmann/Tillmann*, a. a. O., Rdnr. 288.

106 Vgl. *BGH*, NJW-RR 2002, 965; *Ebenroth/Boujong/Joost/Henze*, Anh. A nach § 177 a Rdnr. 206; *Hüffer*, ZGR 1981, 354 ff.

107 *Karsten Schmidt*, GmbHR 1984, 279; a. M. *Krebs*, a. a. O., S. 149 ff. (mangels Schutzwürdigkeit), der statt dessen auf eine Gesamtanalogie zu §§ 309 II, 317 III, 323 I 2 AktG setzt (aber der GmbH & Co.-Geschäftsführer ist mittelbarer Geschäftsführer der KG, nicht bloß Organ einer die KG beherrschenden Dritt-Gesellschaft).

problematisch, wenn der Geschäftsführer daneben auch als Gesellschafter haftet.

Beispiel Nr. 23 (nach *BGH*, NJW 1982, 2869 m. Anm. *H. P. Westermann*): Der Beklagte (B) war Kommanditist einer GmbH & Co. und gleichzeitig Geschäftsführer der Komplementär-GmbH. In dieser Eigenschaft entnahm er im Jahr 1974 für die Geschäftsführung der GmbH 174 000 DM aus dem KG-Vermögen, obgleich die Kommanditisten der GmbH nur 60 000 DM für Geschäftsführungszwecke zugebilligt hatten. Nach über fünf Jahren klagte die KG gegen den inzwischen als Geschäftsführer entlassenen B. Dieser erhob die Verjährungseinrede, weil nach § 43 IV GmbHG die Ansprüche aus § 43 GmbHG in fünf Jahren verjähren. Der *BGH* entschied: »Der Gesellschafter-Geschäftsführer der Komplementär-GmbH einer GmbH & Co. KG kann sich gegenüber Schadensersatzansprüchen der KG nicht auf die fünfjährige Verjährung berufen, wenn er mit der Verletzung von Geschäftsführerpflichten zugleich grob fahrlässig gegen ihm als Kommanditisten der Gesellschaft obliegende Pflichten verstoßen hat.«

Harm Peter Westermann hat diese reichlich pauschale Entscheidung mit Recht kritisiert. Auch bei der reinen GmbH wird ja nicht danach gefragt, ob gesetzlich oder vertraglich gehaftet wird und ob der Geschäftsführer zugleich Gesellschafter ist. Sollte der *Bundesgerichtshof* auf seinem Standpunkt beharren, so müßte er konsequenterweise den Gesellschafter-Geschäftsführer einer reinen GmbH entsprechend behandeln, während er eine selbständig verjährende dienstvertragliche Haftung eines GmbH-Geschäftsführers dort gerade verneint (oben, § 36 II 4 a).

4. Beiratsverfassung*

Obligatorische Organe der GmbH & Co. sind nur die Gesellschafter als Kollektiv (die Gesellschafterversammlung) und der Komplementär (im Fall der GmbH & Co. also die Komplementär-Kapitalgesellschaft, die ihrerseits mit Gesellschaftsorganen ausgestattet ist). Daneben kann der KG-Vertrag einen *Beirat (Verwaltungsrat, Gesellschafterausschuß)* installieren, bei dem vor allem Kontrollbefugnisse der Gesellschafter koordiniert sein können (vgl. zur Beiratsverfassung bereits oben, § 14 III 3). Gerade bei Publikumsgesellschaften spielen diese Gestaltungen eine beträchtliche Rolle (vgl. unten, § 57 II 2). Wie weit die Befugnisse eines solchen Beirats gehen können, ist im einzelnen umstritten[108]. Jedenfalls wird man, wenn die Befugnisse über geschäftspolitische Maßnahmen hinausgehen, den Bestimmtheitsgrundsatz anwenden müssen (zu diesem vgl. oben, § 16 II 2). Der Beirat unterliegt

---

* Literatur (Auswahl): *Binz*, a. a. O., § 10; *Hesselmann/Tillmann*, a.a.O., Rdnrn. 355 ff.; *Buth/Hermanns*, Unternehmenspolitische Erwägungen zum Beirat ..., DStR 1996, 597; *Haak*, Der Beirat der GmbH & Co. KG, BB 1993, 1607; *Hesselmann/Tillmann*, a. a. O., Rdnrn. 339 ff.; *Hölters*, Der Beirat der GmbH und GmbH & Co. KG, 1979; *ders.*, Sonderprobleme des Beirats der GmbH & Co. KG, DB 1980, 2225; *Reuter*, Der Beirat der Personengesellschaft, in: Festschrift Steindorff, 1990, S. 229; *Rohleder*, Die Übertragbarkeit von Kompetenzen auf GmbH-Beiräte, 1991; *Sigle*, Beiräte, NZG 1998, 619; *Voormann*, Der Beirat im Gesellschaftsrecht, 2. Aufl. 1990.

108 Überblick bei *Grunewald*, in: MünchKommHGB, § 161 Rdnrn. 159 ff.; *Schlegelberger/Martens*, § 161 Rdnrn. 114 ff.; *BGH*, NJW 1985, 972.

– ähnlich wie nach §§ 116, 93 AktG, 52 GmbHG ein Aufsichtsrat – einer Haftung gegenüber der Gesellschaft[109].

5. Mitbestimmung*

a) Die Kommanditgesellschaft als solche unterliegt nicht der Mitbestimmung, und zwar auch dann nicht, wenn es sich um eine GmbH & Co. handelt. Das geltende Recht unterwirft Personengesellschaften nicht einer mitbestimmten Organisation[110]. Das Gesetz trägt aber dem Phänomen der Kapitalgesellschaft & Co. auf mittelbare Weise Rechnung: Es siedelt die *Mitbestimmung bei der Komplementär-Kapitalgesellschaft* an (§ 1 I Nr. 1 MitbestG) und rechnet die Arbeitnehmer der Kommanditgesellschaft dieser Kapitalgesellschaft zu (§ 4 I MitbestG)[111]. Das gilt richtigerweise auch für die unter II 3e beschriebene sog. Einheitsgesellschaft[112]. Wörtlich lautet § 4 MitbestG[113]:

»(1) Ist ein in § 1 Abs. 1 Nr. 1 bezeichnetes Unternehmen persönlich haftender Gesellschafter einer Kommanditgesellschaft und hat die Mehrheit der Kommanditisten dieser Kommanditgesellschaft, berechnet nach der Mehrheit der Anteile oder der Stimmen, die Mehrheit der Anteile oder der Stimmen in dem Unternehmen des persönlich haftenden Gesellschafters inne, so gelten für die Anwendung dieses Gesetzes auf den persönlich haftenden Gesellschafter die Arbeitnehmer der Kommanditgesellschaft als Arbeitnehmer des persönlich haftenden Gesellschafters, sofern nicht der persönlich haftende Gesellschafter einen eigenen Geschäftsbetrieb mit in der Regel mehr als 500 Arbeitnehmern hat. Ist die Kommanditgesellschaft persönlich haftender Gesellschafter einer anderen Kommanditgesellschaft, so gelten auch deren Arbeitnehmer als Arbeitnehmer des in § 1 Abs. 1 Nr. 1 bezeichneten Unternehmens. Dies gilt entsprechend, wenn sich die Verbindung von Kommanditgesellschaften in dieser Weise fortsetzt.

(2) Das Unternehmen kann von der Führung der Geschäfte der Kommanditgesellschaft nicht ausgeschlossen werden.«

---

109 Vgl. auch für die Publikums-Kommanditgesellschaft: *BGH*, WM 1984, 1640 = ZIP 1985, 31.

* Literatur: *Bäumer*, Die Anwendung des Mitbestimmungsgesetzes auf Kommanditgesellschaften, 1978; *Beinert/Hennerkes/Binz*, Die GmbH & Co. – ein mitbestimmungspflichtiger Insich-Konzern? DB 1979, 68; *Binz*, a.a.O., § 16; *Großmann*, Die GmbH & Co. KG im Spannungsfeld zwischen § 4 und § 5 Mitbestimmungsgesetz, BB 1976, 1391; *Hesselmann/Tillmann*, a.a.O., Rdnrn. 343ff.; *Hölters*, Mehrheitsidentität im Sinne des § 4 MitbestG bei der GmbH & Co. KG, DB 1977, 2232; *ders.*, Freiwillige Gesellschaftsorgane bei der mitbestimmten GmbH und GmbH & Co. KG, GmbHR 1980, 50; *Klamroth*, Auswirkung des MitbestG auf die GmbH & Co. KG, BB 1977, 305; *Kober*, Auswirkungen des Mitbestimmungsgesetzes auf das Recht der konzernfreien GmbH & Co. KG, Diss. Köln 1977; *Kunze*, Der Geltungsbereich des § 4 Abs. 1 S. 1 MitbestG, ZGR 1978, 321; *Uwe H. Schneider*, GmbH und GmbH & Co. KG in der Mitbestimmung, ZGR 1977, 335; *Wiesner*, Aktuelle Probleme der Mitbestimmung in der GmbH & Co. KG, GmbHR 1981, 36; *Zöllner*, GmbH und GmbH & Co. KG in der Mitbestimmung, ZGR 1977, 319.

110 Vgl. aber rechtspolitisch: Bericht über die Verhandlungen der Unternehmensrechtskommission, 1980, S. 382ff.; dazu *H. P. Westermann*, ZGR 1981, 413.

111 Vgl. zu den Voraussetzungen des § 4 MitbestG im einzelnen *Bäumer*, a.a.O., S. 18ff.; *Binz*, a.a.O., § 16 Rdnrn. 18ff.; *Raiser*, MitbestG, 3. Aufl. 1998, § 4 Rdnrn. 5ff.; *Schlegelberger/Martens*, § 161 Rdnrn. 186ff.

112 Vgl. nur *OLG Celle*, DB 1979, 2502; *OLG Bremen*, DB 1980, 1332; *Ebenroth/Boujong/Joost/Henze*, Anh. A nach § 177a Rdnr. 163; h.M.; anders *Binz*, a.a.O., § 16 Rdnrn. 31ff.

113 Dazu näher *Hueck*, § 37 II 3.

b) Dagegen *unterliegt* die typische GmbH & Co. *nicht* in dem Sinne *der Konzernmitbestimmung* (§ 5 MitbestG), daß die GmbH als herrschendes, die KG dagegen als abhängiges Unternehmen anzusehen wäre[114]. § 5 MitbestG kann allenfalls dann auf das Verhältnis der GmbH zur KG anwendbar sein, wenn die GmbH nicht nur Komplementärin, sondern auch selbst Trägerin eines eigenen Unternehmens ist[115]. Eine andere Frage ist, ob die ganze GmbH & Co. herrschendes Unternehmen i.S. der Konzernmitbestimmung sein kann. Diese Frage ist, wie § 5 II MitbestG zeigt, selbstverständlich zu bejahen[116]. Auch abhängiges Unternehmen kann die GmbH & Co. sein (oben, § 17 II 3 und § 43 III)[117]. Dann werden nach § 5 I 2 MitbestG nicht nur die Arbeitnehmer der Kommanditgesellschaft, sondern auch etwa vorhandene Arbeitnehmer der Komplementär-Kapitalgesellschaft dem konzernherrschenden Unternehmen mitbestimmungsrechtlich mit zugerechnet.

6. Rechnungslegung[*]

Die Rechnungslegung der GmbH & Co. KG war Gegenstand rechtspolitischen Streits, bis die einschlägige Richtlinie von 1990[118] durch das Kapitalgesellschaften- und Co.-Richtlinie-Gesetz (KapCoRiLiG) vom 24.2.2000[119] in deutsches Recht umgesetzt worden war (oben unter I 3b bb). Die bilanzrechtliche Rechtslage war bis zum Jahr 2000 bei der GmbH & Co. nun die, daß die GmbH der Rechnungslegung i.d.R. nur als kleine Kapitalgesellschaft unterlag, während die Kommanditgesellschaft sich an die Vorschriften über Kapitalgesellschaften überhaupt nicht zu halten brauchte. Nach § 264a HGB sind nunmehr die Vorschriften über die Rechnungslegung von Kapitalgesellschaften auch auf Handels-Personengesellschaften anzuwenden, bei denen keine natürliche Person unbeschränkt haftet. Hiervon freigestellt ist die

---

114 So aber z.B. *Raiser*, MitbestG, 3. Aufl. 1998, § 5 Rdnrn. 20f. mit reichen Nachweisen.

115 Vgl. *Schlegelberger/Martens*, § 161 Rdnr. 196 m.w.N.

116 Vgl. *Bäumer*, a.a.O., S. 118ff.

117 Vgl. *Bäumer*, a.a.O., S. 154ff.

* Literatur (Auswahl): *Barth*, Die Publizitäts- und Prüfungspflicht der GmbH & Co. KG ..., BB 1987, 1045; *ders.*, Publizitätspflicht für mittelständische Unternehmen und GmbH & Co. KG, BB 1988, 2343; *Everling*, Die Unzulässigkeit von Übergangsmaßnahmen für Abschlußprüfer bei der Umsetzung der GmbH & Co. KG-Richtlinie, ZGR 1993, 153; *Helmrich*, Der Jahresabschluß der GmbH & Co. KG, in: 40 Jahre Der Betrieb, 1988, S. 1; *Hesselmann*, Die Komplementär-GmbH einer GmbH & Co. nach dem Bilanzrichtlinien-Gesetz, BB 1987, 1770; *Klatte*, Die Rechnungslegung der GmbH & Co. KG, 1991; *Kübler*, Gesellschaftsrecht im Spannungsfeld überlieferter Rechtsformen und moderner Regelungsprobleme, NJW 1984, 1857; *Lutter/Mertens/Ulmer*, Die GmbH & Co. KG und das Bilanzrichtlinie-Gesetz, BB 1983, 1737; *Schaller*, Die Nichteinbeziehung der GmbH & Co. KG in die strengen Rechnungslegungsvorschriften des Bilanzrichtliniengesetzes, RIW 1988, 632; *Strobel*, Die Neuerungen des KapCoRiLiG ..., DB 2000, 53; *Theile*, Publizität des Einzel- oder Konzernabschlusses ..., GmbHR 2000, 215; *Zimmer*, Das Kapitalgesellschaften & Co. Richtlinie-Gesetz, NJW 2000, 1362.

118 Richtlinie 90/605/EWG, ABl. Nr. L 317 v. 6.11.1990, S. 60; EuGH, Slg. 1999 I-2175 = ZIP 1999, 923; dazu *Lutter*, Europäisches Unternehmensrecht, 4. Aufl. 1996, S. 143ff.; *Everling*, ZGR 1993, 153ff.

119 BGBl. I S. 154; dazu BegrRegE, BT-Drucks. 14/1806; Beschlußempfehlung und Bericht des Rechtsausschusses, BT-Drucks. 14/2353; *Sudhoff/Düll*, a.a.O., § 22 Rdnrn. 16ff.; *Beater*, in: MünchKommHGB, §§ 264a–264c.

Personengesellschaft nach näherer Maßgabe des § 264 b HGB nur dann, wenn sie in den Konzernabschluß entweder eines Mutterunternehmens mit Sitz im EG-Raum oder des Komplementär-Unternehmens einbezogen ist. In der Bilanz der Komplementär-GmbH schlagen sich die Verbindlichkeiten der Kommanditgesellschaft als Gesellschaftsverbindlichkeiten nieder, werden aber durch einen Aktivposten ausgeglichen, der auf dem Freistellungs- und Regreßanspruch der GmbH gegen die KG (§ 110 HGB) beruht.

V. Kapitalsicherung und Haftung

1. Kapitalaufbringung und Kapitalerhaltung*

Die Kapitalsicherung in der GmbH & Co. hat zu erheblichen Problemen geführt. Viele Einzelprobleme sind noch offen. Aber die grundsätzlichen Fragen sind geklärt.

a) Zur *Kapitalaufbringung* ist zu beachten, daß die GmbH-Regeln und die KG-Regeln nebeneinander eingehalten werden müssen. Die Einlagen bei der GmbH sind nach § 19 GmbHG aufzubringen (dazu näher oben, § 37 II). Daneben muß jeder Kommanditist seine Einlage erbringen, um nicht nach § 171 I HGB persönlich für die Verbindlichkeiten der Gesellschaft zu haften[120]. Das macht man sich am besten anhand eines problemlosen Beispiels klar:

Beispiel Nr. 24: Die Grundstücksmakler A, B, C, D und E gründen eine X-GmbH & Co. KG, in der sie je einen 5 000 Euro-Geschäftsanteil als GmbH-Gesellschafter und eine Kommanditeinlage und Haftsumme von 10 000 Euro übernehmen. Das bedeutet, daß jeder

* Literatur: *Brandi*, Unerlaubte Erstattung von Eigenkapitalersatz und Rückgewähr kapitalersetzender Gebrauchsüberlassungen bei GmbH und GmbH & Co. KG, ZIP 1995, 1391; *Carlé*, Kapitalersatz, insbes. Gesellschafterdarlehen bei der GmbH und GmbH & Co. KG, in: Kölner Steuerdialog, 1987, S. 6743; *Eltermann*, Der verdeckte, Kapitalentzug in der GmbH & Co. KG, Diss. Köln 1972; *Fromm*, Gläubigerschutz durch Kapitalaufbringung und Kapitalerhaltung in Kommanditgesellschaft und Gesellschaft mit beschränkter Haftung, Diss. Bonn 1979; *Grunewald*, Die Finanzierungsverantwortung des Kommaditisten, in: Festschrift Großfeld 1998, S. 281; *Günter*, Die Aufbringung und Erhaltung des Haftkapitals in KG und GmbH unter besonderer Berücksichtigung der GmbH & Co. KG, Diss. Hamburg 1975; *Hunscha*, Die Anwendung der §§ 30 Abs. 1, 31 GmbHG auf Zahlungen der GmbH & Co. KG an ihre Kommanditisten, GmbHR 1973, 257; *ders.*, Gläubigerschutz und wechselseitig beteiligte GmbH & Co. KG, GmbHR 1975, 145; *Immenga*, Besprechung der Entscheidung BGHZ 60, 324, ZGR 1975, 487; *Körmann*, Zur Haftung bei Einlagenrückgewähr in der KG, besonders in der GmbH & Co. KG, 1981; *Kuhn*, Haftungsprobleme bei der GmbH & Co., in: Ehrengabe Heusinger, 1968, S. 203; *Mielk*, Kapitalerhaltungsregeln in der GmbH & Co. KG, 1992; *Schilling*, Die GmbH & Co. KG als Einheitsgesellschaft, in: Festschrift Barz, 1974, S. 67; *Karsten Schmidt*, Einlage und Haftung des Kommanditisten, 1977; *ders.*, Kapitalaufbringung, Kapitalerhaltung und Unterkapitalisierung bei der GmbH & Co., DB 1973, 2227; *ders.*, Kapitalsicherung in der GmbH & Co. KG: Schlußbilanz oder Zwischenbilanz einer Rechtsfortbildung? GmbHR 1989, 141; *Schnelle*, Haftung des Nur-Kommanditisten nach §§ 30, 31 GmbHG, GmbHR 1995, 853; *Uhlenbruck*, Die GmbH & Co. KG in Krise, Konkurs und Vergleich, 2. Aufl. 1988; *Winkler*, Die Haftungsverfassung der GmbH & Co., NJW 1969, 1009; *Zacher*, Kapitalsicherung und Haftung bei der GmbH & Co. KG, 1992; *Zanner*, Rechtsfolgen eigenkapitalersetzender Gesellschafterdarlehen bei der GmbH & Co. KG, 1989.

120 Eingehend *Karsten Schmidt*, Einlage und Haftung, a.a.O., S. 38f.

der Gründer 5 000 Euro in die GmbH einzahlen muß (vor der Anmeldung insgesamt mindestens 12 500 Euro, vgl. § 7 II 3 GmbHG). Ist dies geschehen, so haftet jeder immer noch als Kommanditist nach § 171 I HGB in Höhe von 10 000 Euro für die Verbindlichkeiten der Gesellschaft. Diese Haftung ist erst ausgeschlossen, wenn jeder seine Einlage in Höhe von 10 000 Euro an die KG gezahlt hat. Den Gläubigern steht also ein Ausgangskapital von 75 000 Euro, nicht bloß von 50 000 Euro, zur Verfügung.

Das Nebeneinander einer doppelten Kapitalaufbringung kann auch bei der Einheits-GmbH & Co. nicht umgangen werden. Dieser schon vorher anerkannte Grundsatz[121] steht seit 1980 als § 172 VI 1 HGB im Gesetz: »Gegenüber den Gläubigern einer Gesellschaft, bei der kein persönlich haftender Gesellschafter eine natürliche Person ist, gilt die Einlage eines Kommanditisten als nicht geleistet, soweit sie in Anteilen an den persönlich haftenden Gesellschaftern bewirkt ist.«

Beispiel Nr. 25: Gäbe es den soeben besprochenen Grundsatz nicht, so müßte befürchtet werden, daß ein findiger Jurist unseren Grundstücksmaklern A, B, C, D und E zu folgender Gestaltung riete: Die Gesellschafter würden ihre GmbH-Einlagen einzahlen und als Sacheinlagen oder an Zahlungs Statt ihre GmbH-Geschäftsanteile im Werte von je 5 000 Euro in die KG einbringen. Sie hätten dann die Haftungsbeschränkung zum halben Preis, weil sie mit *einer* Bareinlage zwei Einlageschulden belegt und in Höhe von je 5 000 Euro auch ihre Kommanditistenhaftung beseitigt hätten. Genau dies verhindert § 172 VI HGB!

Was das Gesetz allerdings nicht verhindert, ist, daß Haftsummen und Kommanditeinlagen unverhältnismäßig gering angesetzt werden, denn im Gegensatz zum GmbHG kennt das HGB für die KG kein Mindestkapital[122].

Beispiel Nr. 26: Um nicht je 15 000 Euro aufbringen zu müssen, vereinbaren unsere Gründer A, B, C, D und E eine Kommanditeinlage und Haftsumme von je 1 000 Euro. Dann braucht jeder nur insgesamt 6 000 Euro zu zahlen, um sich die beschränkte Haftung zu verdienen.

Die doppelte Kapitalaufbringung in der KG und der GmbH zwingt stets zu der Prüfung, ob die Kommanditeinlage auch dem KG-Vermögen und die GmbH-Einlage auch dem GmbH-Vermögen zufließt. Wer alles auf ein GmbH-Konto einzahlt, ist von der Kommanditistenhaftung erst frei, wenn die GmbH diesen Teil als Einlage des Kommanditisten – nicht etwa als ihre eigene Komplementär-Einlage – an die KG weiterleitet[123]. Häufiger – vor allem bei Kapitalerhöhungen – tritt wohl das umgekehrte Problem auf: Da in der typischen GmbH & Co. KG die GmbH für juristisch nicht versierte Gesellschafter unsichtbar bleibt, hat diese Gesellschaft in vielen Fällen kein eigenes Bankkonto. Da ohnedies alles GmbH-Vermögen – sei es als Einlage, sei es, bei der Komplementär-GmbH ohne Kapitalanteil, als Kredit – in die Kommanditgesellschaft fließt, pflegen die Gesellschafter zwischen Einlageleistungen in die GmbH und in die KG nicht zu unterscheiden. Die »Gesell-

121 *Hunscha*, GmbHR 1973, 257ff.; 1975, 146ff.; *Schilling*, in: Festschrift Barz, a. a. O., S. 75; *Karsten Schmidt*, Einlage und Haftung, a. a. O., S. 106ff.; *ders.*, DB 1973, 2231.

122 Zur Frage, ob es »unterkapitalisierte« Kommanditgesellschaften mit zu geringer Haftsumme gibt, vgl. *Karsten Schmidt*, Einlage und Haftung, a. a. O., S. 30ff.; zur Ablehnung der Registereintragung bei unhaltbar niedrigen Haftsummen vgl. *Karsten Schmidt*, in: MünchKommHGB, §§ 171/172 Rdnr. 22.

123 *OLG Hamm*, NJW-RR 1996, 27.

schaftskasse« ist für sie nur bei der Kommanditgesellschaft vorhanden. Soll nun eine Stammeinlage in die GmbH eingezahlt werden, so wird ein fürsorglich denkender Notar dazu raten, ad hoc ein Bankkonto der GmbH einzurichten und die Zahlungen auf dieses Konto vorzunehmen. Die GmbH kann dann die Zahlungen an die KG weiterleiten, worauf das GmbH-Konto wieder aufgelöst werden kann. Diese – etwas umständliche – Prozedur kann die Gesellschafter vor lästigen Haftungsprozessen bewahren. Nicht immer wird aber an solche Vorsorge gedacht.

Beispiel Nr. 27 (nach *BGH*, NJW 1986, 989 und *OLG Stuttgart*, DB 1985, 1985 m. Anm. *Karsten Schmidt*): Zum 31.12.1985 hatten Tausende von Komplementär-Gesellschaften m.b.H. das sich auf 20 000 DM belaufende Stammkapital auf 50 000 DM zu erhöhen (Art. 12 § 1 II der GmbH-Novelle 1980; dazu oben, § 33 II 2b). In vielen Fällen wird sich das so abgespielt haben, daß die Beteiligten beim Notar förmlich die Kapitalerhöhung beschlossen, sodann die neuen Stammeinlagen auf das Konto der Kommanditgesellschaft eingezahlt und anschließend die Kapitalerhöhung zur Eintragung angemeldet haben. Folgt man dem *OLG Stuttgart*, so wirkt eine solche Einzahlung nicht befreiend, weil die Zahlung auf ein KG-Konto nur eine Sacheinlage, nicht aber eine Bareinlage an die GmbH darstellt. Diese Auffassung entspricht weder den Bedürfnissen der Praxis, noch ist sie durch zwingende Gläubigerschutzerwägungen geboten. Bei der typischen GmbH & Co., deren GmbH keine anderen Funktionen hat, als Komplementärin in dieser einen Gesellschaft zu sein, kann das KG-Konto als Zahlstelle auch für die GmbH betrachtet werden, denn die Kommanditgesellschaft verwaltet treuhänderisch auch das GmbH-Vermögen. Der *Bundesgerichtshof* hat sich weder diesem Standpunkt noch dem des *OLG Stuttgart* angeschlossen. Er sieht die Zahlung der GmbH-Einlage an die KG als Zahlung an einen Dritten i. S. von § 362 II BGB an, die nach gesellschaftsrechtlichen Grundsätzen dann – aber auch nur dann – befreiend wirkt, wenn die Forderung dieses Dritten – hier: die Einlageforderung der KG – gegen die GmbH fällig, liquide und vollwertig ist. Jedenfalls in der Mehrzahl der Fälle gelangt damit der *BGH* zu einem Ergebnis, das der Praxis gerecht werden kann: Sind beide Gesellschaften gesund, so schadet es nicht, wenn statt an die GmbH unmittelbar an die KG gezahlt wird.

b) Das *Kapitalerhaltungsrecht bei der GmbH & Co.* ist durch die Schwierigkeit gekennzeichnet, daß es ein gesetzlich geregeltes Ausschüttungs*verbot* nur bei der GmbH gibt (§ 30 GmbHG; dazu oben, § 37 III 1), während bei der GmbH & Co. alle wirtschaftlichen Vorgänge über das Vermögen der Kommanditgesellschaft abgewickelt zu werden pflegen[124]. Auszahlungen aus dem KG-Vermögen sind aber nach § 172 IV HGB nicht verboten, sondern nur mit der Kommanditistenhaftung bedroht (dazu oben, § 54 III). Bei der GmbH & Co. können aus dem KG-Vermögen geleistete Zahlungen jedoch mittelbar auch auf Kosten der Komplementär-GmbH gehen und damit die Rechtsfolgen der §§ 30, 31 GmbHG auslösen.

Beispiel Nr. 28 (nach *BGHZ* 60, 324): Der einzige Kommanditist einer GmbH & Co. KG war zugleich Gesellschafter der GmbH als der persönlich haftenden Gesellschafterin der KG (Stammkapital nach damaligem Recht 20 000 DM). Die KG hatte aus gebundenem Vermögen in Höhe von rund 115 000 DM persönliche Steuerschulden des Kommanditisten aus der Zeit vor Gründung der GmbH & Co. getilgt. Die Gesellschaft brach zusammen. Der Konkursverwalter verlangte Rückzahlung dieses Betrages. Mit Recht?

---

124 Vgl. zum folgenden eingehend *Hunscha*, GmbHR 1973, 260; *Karsten Schmidt*, DB 1973, 2229f.; *ders.*, Einlage und Haftung, a. a. O., S. 38f.

Fest steht nach dem klaren Gesetzeswortlaut, daß die Auszahlung aus dem KG-Vermögen an einen Kommanditisten diesen unter den Voraussetzungen des § 172 IV HGB haften läßt. Aber seit längerem kann als geklärt gelten, daß eine Auszahlung aus dem KG-Vermögen (auch) gegen § 30 GmbHG verstoßen kann, soweit durch diese Auszahlung mittelbar das zur Erhaltung des GmbH-Stammkapitals erforderliche Vermögen beeinträchtigt wird[125]. Der sich aus § 31 GmbHG ergebende Rückforderungsanspruch steht dann der Kommanditgesellschaft und nicht der GmbH zu[126]. Zweifelhaft blieb zunächst, ob auch derjenige Kommanditist dem Anspruch aus § 31 GmbHG ausgesetzt sein kann, der zwar Kommanditist, nicht aber auch GmbH-Gesellschafter ist[127].

Beispiel Nr. 29: Ist in einer Familien-GmbH & Co. der Vater V alleiniger GmbH-Gesellschafter und die Tochter T Kommanditistin mit 20000 Euro Haftsumme, so ist eine aus gebundenem Vermögen erfolgende Auszahlung an die Tochter nach § 172 IV HGB nur in dieser Höhe haftungsschädlich. Erhält die T aber 50000 Euro, so fragt sich, ob sie nach §§ 30f. GmbHG den Gesamtbetrag zurückgewähren muß.

Ersichtlich kann man sich hier nicht mehr damit begnügen, die §§ 30f. GmbHG auf mittelbare Vermögensschmälerungen der Komplementär-GmbH anzuwenden, sondern es geht um die Frage, ob diese Bestimmungen auf die GmbH & Co. und ihre Gesellschafter *selbst* – also auf die *Personen*gesellschaft – analog angewandt werden können[128]. Das *OLG Hamburg* hatte die Frage verneint[129], und für diese zunächst herrschende Auffassung sprachen beachtliche Gründe, denn nur der GmbH-Gesellschafter verspricht Kapitalerhaltung nach §§ 30f. GmbHG. Gleichwohl und mit Recht hat der *Bundesgerichtshof* die Anwendbarkeit der §§ 30f. GmbHG, freilich mit Blick auf die »mittelbaren Minderungen des Gesellschaftsvermögens der GmbH«, im Ergebnis bejaht[130]: »Für die Ausstattung der Gesellschaften mit haftendem Kapital ist auch der Nur-Kommanditist verantwortlich, wenn keine natürliche Person unbeschränkt haftet.« Dem ist zuzustimmen, jedoch sollte man nun auch den qualitativ entscheidenden Schritt tun und erkennen, daß dies nicht mehr ein mittelbarer Kapitalschutz der Komplementär-GmbH, sondern ein *eigener Kapitalschutz der GmbH & Co.-Kommanditgesellschaft* ist. Dieser greift ein, sobald durch Schmälerungen des KG-Vermögens eine Unterbilanz der Komplementär-GmbH herbeigeführt oder verstärkt wird[131].

125 Grundlegend *BGHZ* 60, 324; 69, 274; h.M.; krit. aber *Fromm*, a.a.O., S. 257ff.

126 *BGHZ* 60, 324, 329f.; 69, 274, 280; heute h.M.; grundlegend bereits *Kuhn*, in: Ehrengabe Heusinger, a.a.O., S. 215; a.M. noch *Winkler*, NJW 1969, 1011.

127 Vgl. *Hunscha*, GmbHR 1973, 260f.; zur Einheits-GmbH & Co. vgl. *Schilling*, in: Festschrift Barz, a.a.O., S. 77f.; s. auch *Stimpel*, in: 25 Jahre BGH, 1975, S. 15; abl. *OLG Hamburg*, ZIP 1983, 573.

128 Dazu *Karsten Schmidt*, in: MünchKommHGB §§ 171/172 Rdnr. 128; *Karsten Schmidt*, GmbHR 1986, 341; 1989, 143.

129 *OLG Hamburg*, ZIP 1983, 573; GmbHR 1986, 232; s. auch *v. Gerkan*, GmbHR 1986, 224.

130 Vgl. *BGHZ* 110, 342 = NJW 1990, 1725; bestätigend *BGH*, NJW 1995, 1960 = WM 1995, 922 = ZIP 1995, 736; dazu *Ebenroth/Boujong/Joost/Henze*, Anh. A nach § 177a Rdnr. 192.

131 Noch nicht anerkannt und de lege lata auch fragwürdig ist ein weitergehender Kapitalschutz, der schon bei der Unterbilanzfeststellung bei dem KG-Vermögen ansetzen, also die Aktiven mit der Summe aus GmbH-Stammkapital und Kommanditistenhaftsummen vergleichen könnte; dann würde aus § 172 IV HGB bei der GmbH & Co. KG ein echtes Ausschüttungsverbot.

c) Die Regeln der §§ 32 a, b GmbHG über *kapitalersetzende Kredite* gelten nach § 172 a HGB auch für die GmbH & Co., wobei als Gesellschafter ausdrücklich sowohl die Gesellschafter der GmbH (»Gesellschafter der persönlich haftenden Gesellschafter«) als auch die Kommanditisten gelten. Die Bestimmung des § 172 a HGB wurde 1980 im Zuge der GmbH-Novelle in das Gesetz eingefügt. Es war aber bereits vorher – spätestens seit dem Grundsatzurteil *BGHZ* 67, 171 – anerkannt, daß die für die GmbH entwickelten Grundsätze über kapitalersetzende Darlehen auch auf die GmbH & Co. anzuwenden seien[132]. Ein erheblicher Teil der BGH-Rechtsprechung über gesplittete Einlagen (oben, § 18 III 3) und Gesellschafterdarlehen, übrigens auch das Ausgangsurteil über die kapitalersetzende Nutzungsüberlassung (dazu oben, § 37 IV 3 b), betrifft nicht GmbH-Fälle, sondern GmbH & Co.-Fälle. Auch bei der GmbH & Co. können also Kredite, die im Stadium der Kreditunwürdigkeit gegeben oder verlängert wurden, vom Gesellschafter nicht zurückgefordert werden, solange die Gesellschaft nicht wieder kreditwürdig ist. Sind sie trotzdem zurückgezahlt worden, so läßt § 172 a HGB die Sanktion offen. Dies dürfte auf einem Redaktionsversehen beruhen[133], das durch die Neufassung der Anfechtungsvorschriften in §§ 135 InsO, 6 AnfG richtiggestellt ist (die Vorschriften verweisen nicht mehr auf § 32 a GmbHG). Aber schon vor dem Inkrafttreten der Insovenzordnung kamen Ansprüche analog §§ 32 a KO, 3 b AnfG a.F. in Betracht und daneben Ansprüche aus § 31 GmbHG[134]. In der Praxis steht § 31 GmbHG als die schlagkräftigere Bestimmung im Vordergrund (vgl. schon zur GmbH oben, § 37 IV 5). Bereits vor 1980 hatte *BGHZ* 67, 171 = NJW 1977, 104 [*Karsten Schmidt*] den § 31 GmbHG auch auf die Rückzahlung eines kapitalersetzenden Gesellschafterdarlehns an einen Kommanditisten angewandt, der gleichzeitig Gesellschafter der Komplementär-GmbH war. Seit dem Grundsatzurteil *BGHZ* 110, 342 = NJW 1990, 1725 steht fest, daß für einen Nur-Kommanditisten nichts anderes gilt[135].

Beispiel Nr. 30: Der Verwalter in dem am 1.10.2002 eröffneten Konkurs einer GmbH & Co. stellt fest, daß der Kommanditist A im Juli 2002, der Kommanditist B im Januar 2001 ein kapitalersetzendes Darlehn aus dem Vermögen der kreditunwürdigen Gesellschaft zurückerhalten hat. Sind A und B zugleich GmbH-Gesellschafter, so greifen gegenüber dem A die § 135 InsO und 31 GmbHG ein, und zwar auch dann, wenn einer von beiden nur Kommanditist ist.

2. Die Haftung für Gesellschaftsverbindlichkeiten

Die Haftungsstruktur der GmbH & Co. wurde bereits unter II 1 b grundsätzlich besprochen.

132 Grundlegend *Ulmer*, in: Festschrift Duden, 1977, S. 681 ff.; zur Würdigung der GmbH-Novelle vgl. *dens.*, in: Das neue GmbH-Recht in der Diskussion, 1981, S. 69 f.

133 *Binz*, a.a.O., § 12 Rdnr. 47; *Ulmer*, in: Das neue GmbH-Recht in der Diskussion, 1981, S. 70; a.M. *Deutler*, ebd., S. 77.

134 Eingehend *Karsten Schmidt*, in: MünchKommHGB, § 172 a Rdnrn. 50 ff.; *Scholz/Karsten Schmidt*, §§ 32 a, b Rdnrn. 170 ff. m.w.N.

135 Bestätigend *BGH*, NJW 1995, 1960 = ZIP 1995, 736; *Ebenroth/Boujong/Joost/Henze*, Anh. A nach § 177 a Rdnr. 192; speziell zum Eigenkapitalersatz *Baumbach/Hopt*, § 172 a Rdnrn. 37 f.

a) *Ansprüche gegen die Kommanditgesellschaft* ergeben sich nach allgemeinen Regeln aus Rechtsgeschäft oder Gesetz. Für ein Verschulden des Geschäftsführers der Komplementär-GmbH haftet die KG nach § 31 BGB (dazu vgl. allgemein oben, § 10 IV 2).

b) *Neben der KG haftet die GmbH unbeschränkt* (§§ 161 II, 128 HGB), *die Kommanditisten* nur unter den Voraussetzungen der §§ 171, 172 HGB. Ist die Kommanditgesellschaft oder ist ein neu eingetretener Kommanditist nicht im Handelsregister eingetragen, so findet § 176 HGB Anwendung (zu dieser Vorschrift vgl. näher oben unter § 55). Aber die Verwendung der GmbH & Co.-Firma genügt, um diese unbeschränkte Kommanditistenhaftung auszuschließen (oben unter III 3 c; str.). Umgekehrt droht auch noch nach der Eintragung der KG eine Vertrauenshaftung, wenn die warnende GmbH & Co.-Firma im Rechtsverkehr nicht verwendet wird (oben unter II 2 c bb). Der Kommanditist haftet auch dann nicht unbeschränkt, wenn er geschäftsleitend tätig ist[136]. Das ist jetzt durch § 160 III 2 HGB mittelbar klargestellt. Die Kombination von Geschäftsleitung und Risikobeschränkung ist sogar ein wesentlicher Anreiz für die Bildung von Gesellschaften mbH & Co.

Beispiel Nr. 31: Gründet der bisherige Einzelkaufmann E eine GmbH & Co. (Beispiel unter II 3 d) oder zieht sich der bisherige Komplementär K durch Umwandlung der KG in eine GmbH & Co. in die Kommanditistenrolle zurück (vgl. oben, § 45 I 3 b), so will er der unbeschränkten Haftung entgehen, behält aber die Geschäftsleitung, wenn er Geschäftsführer der GmbH wird. Für Altverbindlichkeiten haftet er dann allerdings bis zum Ablauf der Enthaftungsfrist nach §§ 26, 28 III, 160 HGB weiter (dazu oben, § 51 II 3).

c) Nach den Ausführungen unter IV 1 a muß allerdings nochmals auf die *Frage der Binnenhaftung von Kommanditisten* eingegangen werden (vgl. schon oben, § 53 III 6). Eine solche die Haftungsbeschränkung konterkarierende Verlustausgleichshaftung besteht zwar nicht schon deshalb, weil die GmbH nach dem Gesellschaftsvertrag nicht am Verlust beteiligt ist, wohl aber kann nach Lage des Einzelfalls eine Freistellungspflicht der Kommanditisten gegenüber der Komplementär-GmbH verabredet werden, die dann in der Tat zur unbeschränkten Binnenhaftung führt[137].

Beispiel Nr. 32 (in Anlehnung an *BGH*, DB 1995, 419 = NJW-RR 1995, 226): Im Zuge einer Sanierung treten der GmbH & Co. KG Kommanditisten bei, die der GmbH – z. B. auf Verlangen der Kreditgeber – Freistellung von der persönlichen Haftung zusagen. Hier soll die GmbH offenbar nicht nur im Verhältnis zu der Kommanditgesellschaft (§§ 110, 161 II HGB), sondern auch auf Kosten der einzelnen Kommanditisten von der Haftung freigestellt sein. Dann haben diese eine Art Patronatserklärung abgegeben und haften zwar nicht direkt gegenüber den Gesellschaftsgläubigern, wohl aber gegenüber der GmbH auf Befreiung von allen Haftungsverbindlichkeiten.

136 Vgl. *BGHZ* 45, 204; *Karsten Schmidt*, GmbHR 1984, 283 f.
137 Näher *Karsten Schmidt*, DB 1995, 1381 ff.

VI. Auflösung, Liquidation und Insolvenz*

1. Auflösung

a) Im Grundsatz hat bei der GmbH & Co. *jede Gesellschaft* ihre Auflösungsgründe und ihr Liquidationsverfahren. Die gesetzlichen Auflösungsgründe ergeben sich für die Kommanditgesellschaft aus §§ 161 II, 131 I, 177 HGB, für die GmbH aus § 60 GmbHG. Schwierigkeiten bereitet auch hier die »Verzahnung« der Gesellschaften. Nach Möglichkeit sollte durch die Gesellschaftsverträge dafür gesorgt werden, daß die Auflösungsgründe koordiniert werden[138]. Vielfach fehlt es daran, weil die Gesellschafter und ihre Berater beim Abschluß des Vertrages selten an die Auflösung denken. Dann stellt sich die *Frage, ob die Auflösung der einen Gesellschaft die andere infiziert.*

Beispiel Nr. 33 (nach *OLG Frankfurt*, DNotZ 1976, 619; BB 1982, 1689): Die Komplementär-GmbH wird wegen Vermögenslosigkeit nach §§ 141 a FGG, 60 I Nr. 7, 66 V GmbHG gelöscht (dazu oben, § 11 VI 5 b).

Damit verliert die KG ihren Komplementär und ist aufgelöst[139]. Eine werbend tätige KG ohne Komplementär gibt es nicht (vgl. oben, § 53 V 1 a). Selbst wenn die Komplementär-GmbH nur vermeintlich vermögenslos ist, ist sie durch ihre Löschung im Handelsregister, wenn auch nicht erloschen, so doch mindestens aufgelöst (oben, § 11 V 6). Aufgelöst ist dann auch die Kommanditgesellschaft, denn jede Auflösung der Komplementär-GmbH versetzt auch die KG in das Auflösungsstadium[140]. Allerdings ist dies bestritten.

Beispiel Nr. 34 (nach *BGHZ* 75, 178 = NJW 1980, 233): Die Eröffnung eines beantragten Insolvenzverfahrens über das Vermögen der GmbH wird mangels Masse abgelehnt. Folge ist nach § 60 I Nr. 5 GmbH, daß die GmbH aufgelöst ist (oben, § 38 IV 2). Das bedeutet aber nach Auffassung des *BGH* nicht, daß auch die Kommanditgesellschaft aufgelöst wäre.

Beispiel Nr. 35 (nach *OLG Hamburg*, NJW 1987, 1896): Die Komplementär-GmbH war kraft Gesetzes aufgelöst, weil sie nicht vor dem 1. 1. 1986 ihr Stammkapital von 20 000 DM auf 50 000 DM erhöht hatte (vgl. zu diesem Auflösungsgrund oben, § 38 IV 2 b bb). Das *OLG Hamburg* hatte zu entscheiden, ob damit auch die Kommanditgesellschaft aufgelöst war. Es hat dies verneint.

Hinter dieser Auffassung verbarg sich ein Streit um die Auslegung des § 131 Nr. 4 HGB in der bis 1998 geltenden Fassung, wonach der Tod des per-

* Literatur (Auswahl; vgl. auch die Angaben vor I): *Sudhoff/Schlitt*, a.a.O., §§ 45–48; *Hachenburg/Ulmer*, § 60 Rdnrn. 113 ff., § 63 Rdnrn. 128 ff.; *Dellinger*, Die rechtsfähige Personengesellschaft in der Liquidation, Wien 2001; *Karsten Schmidt*, Zum Liquidationsrecht der GmbH & Co., GmbHR 1980, 261; *ders.*, Löschungsgesetz und GmbH & Co., BB 1980, 1497; *ders.*, Die Handels-Personengesellschaft in Liquidation, ZHR 153 (1989), 270; *Uhlenbruck*, Die GmbH & Co. KG in Krise, Konkurs und Vergleich, 2. Aufl. 1988.

138 Vgl. *Scholz/Karsten Schmidt*, § 60 Rdnr. 67; *Karsten Schmidt*, GmbHR 1980, 261.

139 *OLG Frankfurt*, BB 1982, 1689; *Koller/Roth/Morck*, § 131 Rdnr. 5; *Scholz/Karsten Schmidt*, Anh. § 60 Rdnr. 29; *Karsten Schmidt*, BB 1980, 1501; GmbHR 1980, 262; vgl. auch *Schlegelberger/Karsten Schmidt*, § 131 Rdnr. 31.

140 Ausführlich *Karsten Schmidt*, BB 1980, 1497 ff.; *ders.*, GmbHR 1980, 261 ff.; vgl. jetzt *Heymann/Emmerich*, § 131 Rdnr. 22; *Roth*, § 60 Anm. 7; *Schlegelberger/Karsten Schmidt*, § 131 Rdnr. 32; *Scholz/Karsten Schmidt*, § 60 Rdnr. 66, Anh. § 60 Rdnr. 29.

sönlich haftenden Gesellschafters als gesetzlicher Auflösungstatbestand galt[141]. Dieser Meinungsstreit war im Ansatz schon damals unglücklich angelegt[142]. Es geht überhaupt nicht um eine Auslegung des § 131 HGB, sondern um die Ausfüllung einer Gesetzeslücke. Ist eine GmbH einziger unbeschränkt haftender Gesellschafter einer GmbH & Co. und wird sie aufgelöst – folglich nunmehr von einem Liquidator vertreten –, so ist auch die Kommanditgesellschaft aufgelöst. Sie kann fortgesetzt werden, wenn die Kommanditisten die Fortsetzung beschließen und einen neuen Komplementär gewinnen oder für Fortsetzung der GmbH sorgen. Im Beispielfall des *OLG Hamburg* konnte hierfür die Verbindung des Fortsetzungsbeschlusses mit einer Kapitalerhöhung bei der GmbH genügen, und zu dieser Kapitalerhöhung konnten die Gesellschafter aufgrund der Treupflicht sogar verpflichtet sein (vgl. oben, § 5 IV 1b und § 21 II 3c). Der Fall ließ sich also lösen, ohne daß es der irrigen Annahme bedurft hätte, die KG bestehe ohne Auflösung fort[143].

b) *Liquidatoren* sind bei der Komplementär-GmbH im Zweifel die Geschäftsführer (§ 66 GmbHG). Bei der Personengesellschaft – auch bei einer KG! – sind grundsätzlich alle Gesellschafter als Liquidatoren berufen (§ 146 HGB), jedoch paßt diese Zweifelsregelung nicht zur Verfassung der GmbH & Co. KG[144]. Bei dieser ist und bleibt die Komplementär-GmbH als Geschäftsführungs- und Leitungsorgan zuständig, wird also auch alleinige Liquidatorin[145]. Damit ist auch ein Problem gelöst, um das es in Wahrheit im Beispielfall des *Bundesgerichtshofs* ging: Gestritten wurde darum, ob die Kommanditgesellschaft durch sämtliche Gesellschafter oder weiterhin durch die, allerdings aufgelöste, GmbH vertreten wurde. Der *BGH* kam mit Recht zu dem zweiten Ergebnis. Die Richtigkeit dieses Ergebnisses beruht aber entgegen seiner Auffassung nicht darauf, daß die Kommanditgesellschaft nicht aufgelöst gewesen wäre, sondern darauf, daß der Liquidator der GmbH beide Gesellschaften vertritt: die Komplementär-GmbH und die KG[146].

c) Nach §§ 131 II, 161 II HGB führt die *Ablehnung eines Insolvenzverfahrens mangels Masse* zur Auflösung der GmbH & Co. KG. Eine *vermögenslose GmbH & Co. KG* kann nach §§ 131 II, 161 II HGB, 141a FGG im Handelsregister gelöscht werden mit der Folge, daß sie erlischt (dazu oben, § 11 V 3 a).

---

141 *BGHZ* 75, 178, 181f.; *BGH*, BB 1980, 11; *OLG Hamburg*, NJW 1987, 1897; *OLG Frankfurt*, BB 1982, 1689; DNotZ 1976, 620f.; WM 1982, 1266f.

142 Vgl. 3. Aufl., § 56 VI 1.

143 Vgl. *Karsten Schmidt*, ZHR 153 (1989), 280.

144 Vgl. *Karsten Schmidt*, ZHR 153 (1989), 291; s. auch *dens.*, in: *Schlegelberger* (§ 146 Rdnr. 14) und *Scholz* (§ 66 Rdnr. 54).

145 Vgl. ebd.; sympathisierend *BayObLG*, NJW-RR 1993, 359, 360; auch *Hesselmann/Tillmann*, a.a.O., Rdnr. 679, halten § 146 HGB für unpassend, befürworten aber eine – der Kautelarpraxis aus Sicherheitsgründen in der Tat anzuratende! – Vertragsregelung.

146 *Scholz/Karsten Schmidt*, § 60 Rdnr. 66, § 66 Rdnr. 54.

2. Insolvenz

In der Insolvenz müssen zwei Insolvenzverfahren nebeneinander durchgeführt werden, die aber regelmäßig in der Hand desselben Insolvenzverwalters liegen[147]. Der Verwalter muß dann acht geben, inwieweit er als GmbH-Verwalter und inwieweit er als KG-Insolvenzverwalter handelt.

Beispiel Nr. 36: Gesellschafter G hatte seine GmbH-Einlage in Höhe von 10000 Euro durch eine verbotene und unwirksame Aufrechnung geleistet (vgl. § 19 II 2 GmbHG). Von seiner Kommanditeinlage von 10000 Euro hat er vor der Verfahrenseröffnung 5000 Euro zurückerhalten (Folge: §§ 172 IV, 171 II HGB). Hier kann im Konkurs der Verwalter nicht *eine* Klage auf Zahlung von 15000 Euro erheben, sondern er wird als GmbH-Insolvenzverwalter 10000 Euro und als KG-Insolvenzverwalter 5000 Euro einklagen.

VII. Folgeprobleme: von der Kapitalgesellschaft & Co. zur Komplementärfähigkeit jedes Rechtsträgers?

1. Problemlage

a) Die nicht mehr korrigierbare – und, für sich gesehen, auch nicht mehr korrekturbedürftige! – Zulassung der GmbH & Co. KG hat sich inzwischen als ein *Sündenfall des Gesellschaftsrechts* mit gravierenden Folgen erwiesen (oben unter I 3). Schon die Beispiele der Einheits-GmbH & Co. KG (oben unter II 3 e) und der doppelstöckigen GmbH & Co. KG (oben unter II 3 f) haben gezeigt, daß das Recht der Kapitalgesellschaft & Co. zu Wucherungen neigt: Ist eine Kapitalgesellschaft taugliche Komplementärin, warum dann nicht auch eine im Alleinbesitz der KG stehende Kapitalgesellschaft und warum nicht auch eine Kapitalgesellschaft & Co. als Personengesellschaft? Die Diskussion ging einst von dem theoretisch zugespitzten Problem aus, ob eine juristische Person Komplementärin sein kann (vgl. oben unter I 2 a). Die Entwicklung hat aber gelehrt, daß es nicht bloß um ein »Ja« oder »Nein« zu dieser theoretisch-dogmatischen Frage ging, sondern um die Herausbildung von Normativbestimmungen für die Kommanditgesellschaft (zur Geltung des Systems der Normativbestimmungen auch für die Gesamthandsgesellschaften vgl. oben, § 11 III 1). Es geht um die Fragen: Wie muß ein Rechtsträger beschaffen sein, um den Anforderungen des Kommanditgesellschaftsrechts zu genügen? Und: Wie muß ein Kommanditgesellschaftsrecht beschaffen sein, um die Probleme zu meistern, die die Beteiligung eines nicht-natürlichen Komplementärs auslöst?

b) Diese Fragen gilt es in Erinnerung zu behalten, wo das Recht der Kommanditgesellschaft mit *Weiterungen* konfrontiert wird, die von der Anerkennung der GmbH & Co. KG nicht ohne weiteres getragen sind (vgl.

147 Vgl. im einzelnen *Sudhoff/Schlitt,* a.a.O., § 48; *Uhlenbruck*, a.a.O., S. 479ff.

auch zum Problem der GmbH & Co. KGaA oben, § 32 III 2 a). Bestünde das Problem abstrakt in der Anerkennung eines nicht-natürlichen Rechtsträgers als Komplementär und hielte man diese Frage für definitiv beantwortet, so wäre das Kommanditgesellschaftsrecht gegenüber unkontrollierbaren Weiterungen wehrlos. Das sollte es nicht sein. Dies soll anhand zweier umstrittener Phänomene gezeigt werden: der Auslandsgesellschaft & Co. (sogleich unter VII 2) und der Stiftung & Co. (sodann unter VII 3).

2. Die Auslands-Kapitalgesellschaft & Co.*

Die aktuellste Kraftprobe des KG-Rechts auf diesem Gebiet ist der Streit um die Anerkennung der »Auslands-Kapitalgesellschaft« & Co. KG (vgl. schon oben, § 1 II 8 a):

Beispiel Nr. 37 (nach *BayObLGZ* 1986, 61 = NJW 1986, 3029): Die Gerichte hatten darüber zu entscheiden, ob eine Kommanditgesellschaft mit einer englischen limited company als Komplementärin unter der Firma »Landshuter Druckhaus Ltd. & Co. KG« in das Handelsregister einzutragen war.

Die Gerichtspraxis hat die Eintragungsfähigkeit dieser Gesellschaften verschiedentlich bejaht[148]. Sie ist auf Kritik gestoßen[149]. Man wird zwei Fragen zu unterscheiden haben. Die eine ist international-privatrechtlicher Art und besteht darin, ob eine Auslands-Kapitalgesellschaft als Rechtsträgerin anerkannt wird und damit als Gesellschafterin in Betracht kommt; sie ist zu bejahen (oben, § 1 II 8 b). Die andere ist eine Frage des deutschen Kommanditgesellschaftsrechts und besteht darin, unter welchen Voraussetzungen die Normativbestimmungen des KG-Rechts erfüllt sind (vgl. zu den Normativbestimmungen oben, § 11 III 1). Dazu ist zu sagen: Nur eine Kapitalgesellschaft, die einen dem deutschen GmbH-Recht gleichwertigen Gläubigerschutz gewährleistet, ist als Komplementärin anzuerkennen. Ein Stammkapital von 25 000 Euro muß also entweder gesetzlich vorgeschrieben oder satzungsmäßig bedungen sein, und ein den §§ 30 f. GmbHG entsprechender Gläubigerschutz ist gleichfalls unentbehrlich, denn dies sind die Kautelen, unter denen die GmbH als Komplementärin hingenommen wird[150]. Dem Kapitalerhaltungsschutz kann es dienen, wenn mit der hier vertretenen Auffassung ein den §§ 30 f. GmbHG entsprechendes Prinzip für

* Literatur: *Duys*, Auslands-Kapitalgesellschaft & Co. KG, 2001; *Ebenroth/Auer*, Die ausländische Kapitalgesellschaft & Co. KG, DNotZ 1990, 139; *Ebenroth/Eyles*, Die Beteiligung ausländischer Gesellschaften an einer inländischen Kommanditgesellschaft, DB-Beilage 2/1988; *Ebenroth/Hopp*, Die ausländische Kapitalgesellschaften KG, JZ 1989, 883; *Ebke*, Die »ausländische Kapitalgesellschaft & Co. KG« und das europäische Gemeinschaftsrecht, AG 1987, 261; *Großfeld*, Die ausländische juristische Person & Co. KG, IPRax. 1986, 351; *Grothe*, Die »ausländische Kapitalgesellschaft & Co.«, 1989; *Haidinger*, Die »ausländische Kapitalgesellschaft & Co. KG«, 1990; *Kieser*, Die Typenvermischung über die Grenze, Diss. Konstanz 1988.

148 *BayObLGZ* 1986, 61 = NJW 1986, 3029; *OLG Saarbrücken*, DB 1989, 1076 = DNotZ 1990, 194; ebenso *Hesselmann/Tillmann*, a. a. O., Rdnrn. 139 ff.; *Grothe*, a. a. O., S. 252 ff.; *Haidinger*, a. a. O., S. 109 ff.

149 Vgl. *Ebenroth/Eyles*, DB-Beilage 2/1988, S. 16 ff.; *Ebke*, ZGR 1987, 245 ff.; *Großfeld*, AG 1987, 263 f.

150 Eine körperschaftliche Struktur (?) verlangt darüber hinaus *Haidinger*, a. a. O., S. 111 ff., 175.

die Kapitalgesellschaft & Co. KG als solche – also nicht bloß für ihre GmbH-Komplementärin – anerkannt wird (vgl. oben unter V 1b). Unabhängig von den Regeln des jeweils für die Komplementär-Gesellschaft maßgeblichen Rechts wird man hiernach ein Ausschüttungsverbot anzunehmen haben, wenn Auszahlungen aus dem Vermögen der KG eine Unterbilanz herbeiführen oder verschärfen (vgl. näher zu §§ 30f. GmbHG oben, § 37 III), und wird der KG einen Rückforderungsanspruch analog § 31 GmbHG zuerkennen müssen, wenn hiergegen verstoßen wird (vgl. oben unter V 1b). Hinzu kommen Publizitätsprobleme. So hat das *OLG Saarbrücken*[151] hervorgehoben, daß der bei der GmbH & Co. notwendige Firmenzusatz (§ 19 II HGB) einen klarstellenden Hinweis auf die besondere Rechtslage der Komplementärin erfordere. Die Firma einer Kommanditgesellschaft mit einer Auslandskapitalgesellschaft als Komplementärin dürfe hiernach z.B. nicht einfach heißen »XY Vermögensverwaltung AG & Co. KG«, sondern sie muß etwa heißen »XY Vermögensverwaltung AG schweizerischen Rechts & Co.«. Dem ist zuzustimmen. Insgesamt muß jedenfalls festgehalten werden, daß die Eintragungsfähigkeit der Auslandsgesellschaft & Co. KG von einer doppelten Voraussetzung abhängt: nicht nur von der international-privatrechtlichen Anerkennung der Komplementärin, sondern auch von der Verträglichkeit der konkreten Gestaltung mit dem nationalen KG-Recht. Diese Auffassung ist mit EG-Recht vereinbar[152].

3. Die Stiftung & Co.*

Als haftungsrechtlich, bilanzrechtlich und mitbestimmungsrechtlich besonders attraktiv wird seit den 80er Jahren die Rechtsgestaltung der Stiftung & Co. KG empfohlen, bei der eine rechtsfähige, aber vom Vorhandensein eines Garantiekapitals unabhängige Stiftung als unbeschränkt haftende Gesellschafterin fungiert. Die Problematik dieser Gestaltung ist eine stiftungsrechtliche und eine gesellschaftsrechtliche. *Stiftungs*rechtlich ist zu bedenken, daß die Stiftung als privilegierte Rechtsform von einem zulässigen Stiftungszweck abhängt. Die Gründung einer Stiftung mit dem einzigen Zweck, als Komplementärin zu dienen, ist stiftungsrechtlich unzulässig[153] und nicht geneh-

151 DB 1989, 1076 = DNotZ 1990, 194.

152 Eingehend *Duys*, a.a.O. S. 88ff.

* Literatur: *Binz*, a.a.O., S. 27; *Delp*, Die Stiftung & Co. KG, 1991; *Hennerkes*, Die Stiftung & Co. – eine interessante Alternative zur GmbH & Co., in: Steuerberater-Jahrbuch 1984/85, S. 70; *Hennerkes/Binz/Sorg*, Die Stiftung als Rechtsform für Familienunternehmen, DB 1986, 2217, 2269; *Höfner/Byok*, Die Stiftung & Co. KG, 1996; *Schiffer/Schubert*, Stiftung und Unternehmensnachfolge – Verständnis und Mißverständnisse, BB 2002, 267; *Karsten Schmidt*, Wohin steuert die Stiftungspraxis? DB 1987, 261; *ders.*, Brave New World: Deutschland und seine Unternehmen auf dem Weg in ein Stiftungs-Dorado? ZHR 166 (2002), 145; *Stengel*, Stiftung und Personengesellschaft, 1993; *Schulze zur Wiesche*, Die Stiftung & Co.-KG – eine attraktive Unternehmensform, Wpg. 1988, 128; *Schwarz*, Die Stiftung als Instrument für die mittelständische Unternehmensnachfolge, BB 2001, 2381; *Weimar/Delp*, Die Stiftung & Co. KG – ein dauerhafter Schutz gegen Bilanzeinsicht? DB 1987, 1707; *Weimar/Geitzhaus/Delp*, Die Stiftung & Co. als Rechtsform der Unternehmung, BB 1986, 1999.

153 Vgl. *Karsten Schmidt*, DB 1987, 261ff.; *ders.*, ZHR 166 (2002), 145ff.

migungsfähig (vgl. zur Konzession bzw., nach neuem Recht zur »Anerkennung« der Stiftung oben, § 7 II 1c). Stiftungsrechtlich zulässig und konzessionsfähig ist allerdings nach der Praxis einiger Bundesländer eine Stiftung, die im Interesse des Stiftungszwecks als Komplementärin Unternehmensaktivitäten ausübt[154]. Dann stellt sich die Frage, ob das Kommandit*gesellschafts*recht für das Problem hinreichend gerüstet ist[155]. Dies kann nur unter den schon angedeuteten Voraussetzungen bejaht werden: Der Handelsregisterrichter kann und muß prüfen, ob die Kapitalausstattung der Stiftung derjenigen einer GmbH gleichwertig ist, und für Kapitalerhaltung sorgt ein an §§ 30f. GmbHG angelehntes Ausschüttungsverbot (vgl. oben unter V 1b).

154 Die Stiftungsbehörden mehrerer Länder lassen auch dies nicht zu.
155 Bejahend mit umfangreichen Nachweisen *Stengel*, a.a.O., S. 49ff.; wenig Problemsicht bei *Delp*, a.a.O.

§ 57 Die Publikumspersonengesellschaft*

I. Grundlagen

1. Das Rechtsphänomen der Publikumspersonengesellschaft

a) Die Publikumspersonengesellschaft ist eine auf Beitritt zahlreicher Kapitalanleger angelegte Personengesellschaft. Dieser Sondertypus der kapitalistischen Personengesellschaft beschäftigt die Rechtsprechung vor allem seit Mitte der 70er Jahre. Wer nur den heutigen Stand zur Kenntnis nimmt, wird es als Normalität betrachten, daß neben den gesetzestypischen Personengesellschaften ein weiter Bereich von Publikumspersonengesellschaften besteht und von der Vertragsgestaltungs- und Gerichtspraxis bewältigt wird. Wer nur die Entwicklung der letzten Jahrzehnte verfolgt, wird geneigt sein, hierin einen revolutionären Strukturwandel des Personengesellschaftsrechts zu se-

---

* Literatur (Auswahl): *Assmann/Schütze,* Handbuch des Kapitalanlagerechts, 2. Aufl. 1997; *Boesebeck,* Die kapitalistische Kommanditgesellschaft, 1938; *Brandes,* Die Rechtsprechung des BGH zur GmbH & Co. KG und zur Publikumsgesellschaft, WM-Beil. 1/1987; *ders.,* Die Rechtsprechung des BGH zur Personengesellschaft, WM 1994, 578; *Dietrich,* Die Publikums-KG und die gesellschaftsrechtlich geschützten Interessen, 1988; *Ebenroth/Autenrieth,* Gesellschaftsrechtliche Besonderheiten der Publikums-KG, JA 1980, 8ff.; *Färber,* Die Publikumsgesellschaft, 1990; *Grote,* Anlegerschutz bei der Publikums-KG durch Einrichtung eines Beirats, 1995; *Heid,* Mehrheitsbeschluß und Inhaltskontrolle als Instrumentarium des Kapitalanlegerschutzes in der Publikums-GmbH & Co. KG, 1986; *Henze,* Die Publikumskommanditgesellschaft, in: *Ebenroth/Boujong/Joost,* Anh. B nach § 177a; *Kellermann,* Zur Anwendung körperschaftsrechtlicher Grundsätze und Vorschriften auf die Publikums-Kommanditgesellschaft, in: Festschrift Stimpel, 1985, S. 295; *Knobbe-Keuk,* Das Steuerrecht – eine unerwünschte Rechtsquelle, des Gesellschaftsrechts? 1986; *Kraft,* Die Rechtsprechung des Bundesgerichtshofs zur Publikums-KG zwischen Vertragsauslegung und Rechtsfortbildung, in: Festschrift Rob. Fischer, 1979, S. 321; *Krieger,* Empfiehlt sich eine gesetzliche Regelung der Publikums-KG? in: Festschrift Stimpel, 1985, S. 307; *Lenz,* Publikums-KG und KG auf Aktien, 1986; *Nitschke,* Die körperschaftlich strukturierte Personengesellschaft, 1970; *Picot,* Mehrheitsrechte und Minderheitenschutz in der Personengesellschaft unter besonderer Berücksichtigung der Publikums-KG, BB 1993, 13; *Reusch,* Die stille Gesellschaft als Publikumspersonengesellschaft, 1989; *Sauer,* Die Publikums-Kommanditgesellschaft, 2. Aufl. 1989; *Schiefer,* Rechtsformen der Publikumsgesellschaften und Sonderrecht der Publikums-KG, DStR 1997, 119, 154; *Schlarmann,* Die Rechtsprechung des BGH zu Publikumspersonengesellschaften, BB 1979, 192; *Uwe H. Schneider,* Sonderrecht für Publikumspersonengesellschaften, ZHR 142 (1978), 228; *Uhlenbruck,* Abschreibungsgesellschaften, 1974; *Watermeyer,* in: Beck'sches Handbuch der Personengesellschaften, 1999, 16; *Wawrzinek,* Unternehmensinterner Anlegerschutz im Recht der Publikums-KG 1987; *G. A. Wilhelm,* Die Problematik der Massen-KG, Diss. Tübingen 1980; *Wüst,* Vom Präjudiz zur Prinzipienbildung bei der Publikums-KG, ZHR 152 (1988), 215.

hen. Wer über die Jahrhundertgrenzen hinweg auf die Aktienrechtsgeschichte blickt, wird allerdings entdecken, daß das Phänomen der Publikumspersonengesellschaft älter ist als die Aktiengesetzgebung (oben, § 26 II 1 a)[1]. Die Publikumspersonengesellschaft wurde zunächst durch die Aktiengesellschaft als kapitalgesellschaftliche Großorganisation verdrängt und trat wieder in Erscheinung, als ein Bedürfnis nach flexibleren Gestaltungsformen für die Ansammlung von Risikokapital entstand. Es ist nämlich nicht einfach so, daß das Recht der Publikumspersonengesellschaft dieselben Zwecke erfüllt wie das Aktienrecht. Das Aktienrecht stellt den Gründern eine fertige Rechtsform für konsolidierte Dauergebilde mit kapitalmarktfähigen Anteilen zur Verfügung, das Recht der Publikumspersonengesellschaft taugt zunächst für bewegliche Sammelstellen von Risikokapital, die allerdings durch Verwendung der GmbH & Co. organisatorisch stabilisiert werden können. Das Aktienrecht ist durch ein Jahrhundert der Reformen institutionell immer weiter verfestigt und dadurch für die Anleger wie für den Rechtsverkehr sicherer – wenn man so will: »seriöser« –, aber dadurch auch unbeweglicher geworden[2]. Das Ausweichen der Praxis in Formen der Publikumspersonengesellschaft erscheint so als unliebsame Neben- und Folgeerscheinung einer Perfektionierung des Aktienrechts. Es ist sicher kein Zufall, daß neue Aktiengesellschaften vielfach durch Umwandlung zustande kommen, während die Neugründung von Publikumsgesellschaften häufig auf der Basis der Personengesellschaft erfolgt.

Beispiel Nr. 1: Man kann sich gut vorstellen, daß ein etabliertes Elektronikunternehmen, das bisher in Form einer Familien-GmbH oder GmbH & Co. geführt wurde, in eine Aktiengesellschaft umgewandelt wird, wenn im Zuge der Expansion dieser Branche die Investitionen vergrößert und die Anteile durch Ausgabe von Aktien börsengängig gemacht werden sollen. Wird dagegen ein völlig neues Projekt in die Wege geleitet – z. B. ein Sporthotel oder ein Ferienzentrum oder ein geschlossener Immobilienfonds –, so kann ein Interesse daran bestehen, die Geschäftsleitung im Gründungsstatut fest zu bestimmen, jedoch die Zahl der Anleger und den Investitionsbedarf beweglich zu halten. Dazu bedarf es einer Rechtsform, die das Kapital auf einfache Weise heraufsetzen oder herabsetzen und beliebig viele neue Mitgliedschaftsrechte begründen kann. Dies kann in Gestalt einer Publikumspersonengesellschaft geschehen.

b) Die Publikumspersonengesellschaft ist vor allem – aber nicht ausschließlich! – ein Kind der Abschreibungsbranche. Diese hat vom Typus der Publikumspersonengesellschaft den lebhaftesten Gebrauch gemacht, solange die Geltendmachung von negativen Kapitalanteilen und Verlustzuweisungen noch unbeschränkt möglich war (d. h. vor der Einführung des § 15 a EStG). Auch wenn seither die Neugründung von Publikumspersonengesellschaften beträchtlich zurückgegangen ist[3], ist mit einem Aussterben dieser Spezies auf absehbare Zeit nicht zu rechnen. Die Abschreibungsbranche hat durch unsichere und teils unseriöse Publikumspersonengesellschaften den Anlegern und dem Rechtsverkehr beträchtliche Schäden zugefügt. Die hohe Flexibilität

1 Auch die KGaA war im 19. Jahrhundert eine Variante der KG; vgl. Artt. 173 ff. ADHGB.
2 Auch das Gesetz für kleine Aktiengesellschaften und zur Deregulierung des Aktienrechts vom 2.8.1994 hat hieran nicht viel geändert.
3 Vgl. *Schlegelberger/Martens*, § 161 Rdnr. 133.

im Vergleich mit der Aktiengesellschaft als gesellschaftsrechtlicher Rechtsform und mit dem Börsenhandel als Kapitalmarktgeschehen ging in vielerlei Hinsicht auf Kosten der Seriosität. Die *Aufgabe der Rechtsprechung* gegenüber dem Phänomen der Publikumspersonengesellschaft[4] war eine doppelte:

- Zum einen mußte das Personengesellschaftsrecht in mehrfacher Hinsicht dem Zweck der Massenbeteiligung angepaßt, also modifiziert werden.
- Zum anderen mußte ein Schutzinstrumentarium für die Anleger entwickelt werden, das die fehlende gesetzliche Regelung nach Kräften ersetzte.

Das positive Recht enthält kein geregeltes Sonderrecht der Publikumspersonengesellschaften[5]. Im Anschluß an die Arbeiten des 51. Deutschen Juristentags von 1976[6] hatte die Bundesregierung im Jahr 1977 den Entwurf eines Gesetzes über den Vertrieb von Vermögensanlagen vorgelegt[7]. Dieser Entwurf ist aber nicht zu einem Gesetz gediehen[8], vielmehr sind nur Detailregelungen zustande gekommen[9]. Auch das Wertpapierhandelsgesetz von 1994 erfaßt nicht den Handel mit Anteilen an Publikums-Personengesellschaften[10]. Die seit 1977 ergangene Rechtsprechung zeigt denn auch, daß sich ein System des Kapitalanlegerschutzes erst allmählich nach langjährigen Erfahrungen herauskristallisiert. Das gilt sowohl für die gesellschaftsrechtlichen als auch die kapitalmarktrechtlichen Probleme der Publikumsgesellschaften. Solange dieser Vorgang nicht abgeschlossen ist, ist der Kapitalanlegerschutz – und erst recht der Gesamtkomplex der Publikumspersonengesellschaft – bei der Rechtsprechung in besseren Händen als beim Gesetzgeber[11].

2. Rechtsformen

a) Wer von der Publikumspersonengesellschaft spricht, denkt *in aller Regel* an *Kommanditgesellschaften*, vor allem in Gestalt der GmbH & Co. In der Tat lassen sich bei der GmbH & Co. KG drei Vorzüge miteinander verbinden: die steuerrechtlichen Besonderheiten der Personengesellschaft auf Seiten der Anleger, die organisatorischen und haftungsrechtlichen Vorzüge der Kapitalgesellschaft auf Seiten des Managements und die Publizitätsvorzüge der Handelsgesellschaft im Gegensatz zur Gesellschaft bürgerlichen Rechts. Es handelt sich bei einer solchen Anleger-GmbH & Co. in der Regel um kapitalgesellschaftlich organisierte, im Anlegerkreis offene Kommanditgesellschaften, bei denen die Kommanditisten nicht gleichzeitig an der Komplementär-GmbH und damit am Management beteiligt sind. Damit zeichnet sich auch schon die *besondere Interessenlage* ab: Die Kommanditi-

4 Vgl. besonders *Kellermann*, in: Festschrift Stimpel, a. a. O.
5 Dazu rechtspolitisch *Kübler*, § 20 III 5.
6 Gutachten von *Hopt*, Referat von *Mertens*, Empfehlung in: Verhandlungen des 51. DJT II, 1976, S. P 207f.; vgl. auch *Peltzer*, NJW 1976, 1615.
7 BT-Drucks. 8/1405; dazu z.B. *Ulmer/Dopfer*, BB 1978, 461.
8 Eingehend dazu *Krieger*, a. a. O., m. w. N.
9 Überblick bei *Assmann/Schütze*, a. a. O., § 1 Rdnr. 17.
10 Selbst verbriefte Kommanditanteile fallen nicht unter den Wertpapierbegriff des § 2 I WpHG.
11 *Krieger* (a. a. O., S. 332f.) meint sogar, daß ein Ruf nach dem Gesetzgeber allenfalls angebracht wäre, wenn man sich an ein Verbot der GmbH & Co. heranwagen wollte.

sten sind einerseits Glieder der Gesellschaft und Träger des Unternehmensrisikos; sie sind auf der anderen Seite aus der Sicht des Managements zugleich »Kunden« des Anlagegeschäfts, die angeworben werden und dem Management als Empfänger eines Leistungspakets gegenüberstehen. Die Kommanditisten stehen einerseits untereinander in einem Gesellschaftsverhältnis, aber dieses Band ist auf der anderen Seite so unpersönlich, daß die typisch personengesellschaftliche Beziehung der Gesellschafter untereinander von der typisch kapitalgesellschaftlichen Beziehung der Gesellschafter als Anteilsinhaber zur Gesellschaft überlagert wird.

Beispiel Nr. 2: Soll ein Sporthotel als Publikums-GmbH & Co. KG finanziert und organisiert werden, so werden die Initiatoren eine GmbH gründen, die ihrerseits mit jedem Anleger einen Kommanditgesellschaftsvertrag schließt, ihn also nach einem bereits vorgefertigten Gesellschaftsvertrag in die Kommanditgesellschaft aufnimmt.

b) Die Publikumspersonengesellschaft muß naturgemäß keine GmbH & Co. KG sein. Gesichtspunkte des Gesellschaftszwecks oder der individuellen Interessenlage können auch zu anderen Gestaltungen führen. Die Vertragsgestaltungspraxis hat hier eine bemerkenswerte Phantasie bewiesen.

Beispiel Nr. 3: Im Fall *BGH*, NJW 1982, 2253 m. Anm. *Karsten Schmidt* war über die »gesplittete« Einlage in einer Publikums-KG zu entscheiden. Die Beteiligungsbeträge waren in »Kommanditeinlagen« (25 %) und »Darlehen« (75 %) aufgeteilt. Es ging darum, ob sich die Kommanditisten auch durch Zahlung auf die Darlehen von der Kommanditistenhaftung nach § 171 I HGB befreien konnten oder ob sie im Fall des Zusammenbruchs der Kommanditgesellschaft insoweit noch einmal zahlen mußten. Die W-KG, um die es hierbei ging und die mit Millionenschulden zusammengebrochen war, war eine *Kommanditgesellschaft mit natürlichem Komplementär*, einem Herrn W. Gerade diese Publikumsgesellschaft hat eine Fülle von Prozessen ausgelöst (z. B. auch *BGH*, NJW 1979, 765).

Beispiel Nr. 4: Um eine *Publikumsgesellschaft bürgerlichen Rechts* ging es bei *BGHZ* 148, 201 = NJW 2001, 2718 (dazu auch unter IV 2 b). Bei *BGH*, LM Nr. 9 zu § 709 BGB = NJW 1982, 877 über die Frage zu entscheiden, ob die Geschäftsführung – nicht die organschaftliche Vertretung! – in einer BGB-Publikumsgesellschaft durch Gesellschaftsvertrag einem Treuhänder übertragen werden kann. Der *BGH* hat diese Frage bejaht, weil der Grundsatz der Selbstorganschaft (oben, § 14 II 2) nur den Ausschluß aller Gesellschafter von der organschaftlichen Vertretung verbiete, aber kein Hindernis dafür sei, einen Dritten im Gesellschaftsvertrag mit Geschäftsführungsaufgaben zu betrauen und ihn mit einer umfassenden Vollmacht zu versehen. BGB-Publikumsgesellschaften sind keine Seltenheit (vgl. z. B. auch *OLG Köln*, NJW-RR 1994, 491). Ginge es nicht um Steuervorteile, so würde man eine solche Gesellschaft allerdings zweckmäßig entweder als Innengesellschaft organisieren oder sie nach §§ 105 II, 161 II HGB als Kommanditgesellschaft eintragen lassen.

Auch die Rechtsform der *Partenreederei* (unten, § 65) und sogar die *Rechtsform der stillen Gesellschaft* läßt sich als Instrument für das Massen-Anlagegeschäft am Kapitalmarkt verwenden (unten, § 62 II 2 d). Es kommt außerdem vor, daß die Publikumsgesellschaft zwar als Kommanditgesellschaft – meist sogar als GmbH & Co. – organisiert ist, daß aber die Anleger nicht selbst als Kommanditisten beitreten, sondern nur im Wege der *Innengesell-*

schaft mit einem Treuhand-Kommanditisten[12] *oder stillen Treuhand-Gesellschafter*[13] verbunden sind[14]. Bei der Treuhand-KG hält der Treuhand-Kommanditist – z.B. eine GmbH – einen Kommanditanteil für eine Vielzahl von Anlegern. Im Außenverhältnis und im Verhältnis zum Komplementär hat der Treuhänder die Rechte und Pflichten eines Kommanditisten. Im Innenverhältnis zwischen ihm und den Anlegern liegt ein Treuhandverhältnis vor (§ 675 BGB), kraft dessen der Treuhandkommanditist berechtigt, aber auch verpflichtet ist, die Anleger wie Kommanditisten zu stellen: Er schreibt ihnen Gewinne gut, belastet sie mit Verlusten usw. Die Hauptprobleme der Treuhand-KG bestehen naturgemäß in der Koordination des Treuhandvertrags zwischen der Treuhandkommanditistin und dem Anleger auf der einen Seite und des Gesellschaftsverhältnisses der Treuhandkommanditistin innerhalb der KG auf der anderen Seite; sie bestehen außerdem in der Frage, ob die Anleger zu ihrem Vorteil oder Nachteil wie Kommanditisten behandelt werden können (Durchgriffsproblem). Die Rechtsprechung hat sich wiederholt mit diesen Gesellschaften befaßt.

Beispiel Nr. 5: Der *Bundesgerichtshof* hatte in *BGHZ* 76, 127 = NJW 1980, 1163 = JuS 1980, 611 m.Anm. *Karsten Schmidt* über die Haftungsverhältnisse bei einer Treuhand-KG zu entscheiden. Der Treuhänder hatte einen Kommanditanteil von 8 Mio. DM übernommen. Im Außenverhältnis mußte er als Kommanditist für diese Einlage geradestehen. Im Innenverhältnis dagegen hatte sich eine Vielzahl von Anlegern beteiligt, die schuldrechtlich den Gewinn und das Risiko von Kommanditisten übernommen hatten.

Beispiel Nr. 6: In *BGHZ* 84, 141 wurde über eine Abschreibungsgesellschaft entschieden, die das »Ferienzentrum Süd-Kreta« errichten sollte. Auch hier war als Kommanditistin eine Treuhandgesellschaft beteiligt, und die Anleger standen als Treugeber in Einlageverhältnissen lediglich zur Treuhandgesellschaft, waren allerdings organisatorisch in die Gesamtgesellschaft eingebunden.

---

12 Beispiele: *BGHZ* 76, 127; 84, 141; 104, 50; *BGH*, NJW 1987, 2677; DB 1995, 921; dazu *Grunewald*, in: MünchKommHGB, § 161 Rdnr. 103; *Karsten Schmidt*, ebd., vor § 230 Rdnr. 44.

13 Beispiele: *BGHZ* 102, 172 = NJW 1988, 969; *BGHZ* 125, 74 = NJW 1994, 1156; *BGH*, NJW 1995, 1353; *Karsten Schmidt*, in: MünchKommHGB, § 230 Rdnrn. 88f.

14 Vgl. dazu *Albracht*, Die stille Gesellschaft im Recht der Publikumspersonengesellschaften, 1990; *Bälz*, Der Treuhandkommanditist, ZGR 1980, 1; *Beuthien*, Treuhand an Gesellschaftsanteilen, ZGR 1974, 26; *Blaurock*, Unterbeteiligung und Treuhand an Gesellschaftsanteilen, 1981, insbes. S. 123ff.; *Gieseke*, Besondere Probleme bei der »mittelbaren Beteiligung« an einer Publikums-KG durch einen Treuhandkommanditisten, DB 1984, 970; *Kapitza*, Die Rechtsstellung der Treugeber in geschlossenen Immobilienfonds in der Form der kupierten Publikumskommanditgesellschaft, 1996; *Kraft*, Beendigung des Treuhandverhältnisses bei der treuhänderisch organisierten Publikums-KG, ZGR 1980, 399; *Krenzel*, Treuhand an Kommanditanteilen, 1991; *Kümmerlein*, Erscheinungsformen und Probleme der Verwaltungstreuhand bei Personengesellschaften, Diss. Münster 1971; *Lotze*, Kapitalbeteiligungsgesellschaften als stille Gesellschaften, Diss. Hannover 1993; *Markwardt*, Rechtsgeschäftliche Treuhandverhältnisse bei Personenhandelsgesellschaften, Diss. Marburg 1973; *Maulbetsch*, Beirat und Treuhand in der Publikumspersonengesellschaft, 1984, S. 114ff.; *Reusch*, Die stille Gesellschaft als Publikumspersonengesellschaft, 1989; *Sauer*, a.a.O., S. 34f.; *Karsten Schmidt*, Sozialansprüche und actio pro socio bei der »GmbH & Still«, in: Festschrift Bezzenberger, 2000, S. 401; *Tebben*, Unterbeteiligung und Treuhand an Gesellschaftsanteilen, 2000; *Weipert*, Zum Problem der Bedingungskongruenz zwischen Publikums-Kommanditgesellschaft, Treuhandkommanditist und Kapitalanleger, ZHR 157 (1993), 513; *H. J. Wolff*, Der Treuhänderkommanditist, Diss. Köln 1966.

Beispiel Nr. 7: In dem Urteil *BGH*, NJW 1987, 2677 hatte der *II. Zivilsenat* über die Haftung eines Gründergesellschafters gegenüber den Anlegern zu entscheiden. Der zweite Leitsatz des Urteils lautet: »Der Gesellschaftsvertrag einer Publikumsgesellschaft kann die über einen Treuhandkommanditisten nur mittelbar beteiligten Anleger im Innenverhältnis unter den Gesellschaftern so stellen, als seien sie Kommanditisten.«

Beispiel Nr. 8: Im Fall *BGH*, LM Nr. 110 zu § 161 HGB = NJW 1991, 2906 ging es u.a. darum, unter welchen Voraussetzungen die Treuhandkommanditistin der KG ihre Leistungsansprüche gegen die Anleger abtreten kann und inwieweit die Anleger Einwendungen aus dem Verhältnis zur Treuhandkommanditistin geltend machen können.

Beispiel Nr. 9: Das Urteil *BGH*, LM Nr. 112 zu § 161 HGB = NJW-RR 1992, 930 befaßt sich mit der Frage, ob der Insolvenzverwalter einer Publikums-KG nicht nur den Treuhandkommanditisten, sondern ggf. auch die Kapitalanleger, obwohl diese formell nur der Treuhandkommanditistin und nicht der Kommanditgesellschaft zur Einlagebeziehung verpflichtet sind, direkt in Anspruch nehmen kann (dazu auch *Weipert*, ZHR 157 [1993], 513).

Daß die Publikums-Treuhandgesellschaft überhaupt nicht KG, sondern auch BGB-Gesellschaft sein kann, zeigt beispielhaft das Urteil *BGHZ* 148, 201 = NJW 2001, 2718.

c) Wie bereits angedeutet, gibt es auch *Mischformen*, bei denen der Anleger zwar als Kommanditist beteiligt wird, seine Kapitalanlage aber nur *teilweise als Kommanditeinlage, im übrigen dagegen als Darlehn oder als stille Einlage* zur Verfügung stellt. Es liegt dann zwar ein einheitliches Gesellschaftsverhältnis vor, zugleich aber die schon erwähnte Konstellation einer »gesplitteten Einlage«.

Beispiel Nr. 10: Im Fall *BGHZ* 69, 160 hatte der Anleger bei einer Publikumspersonengesellschaft eine Kommanditistenbeteiligung von 13200 DM und zugleich eine stille Beteiligung von 52 800 DM gezeichnet. Im Fall *BGHZ* 70, 61 bestand der Beitrag des Anlegers in einer Kommanditeinlage von 2000 DM und einem Darlehn von 8000 DM. Bei *BGHZ* 93, 159 ging es um 2000 DM Kommanditeinlage und 80000 DM Darlehn. Um 7500 DM Kommanditeinlage und 22500 DM Darlehn ging es im Fall *BGH*, NJW 1982, 2253. Im Fall *BGHZ* 104, 33 = NJW 1988, 1841 waren die Kommanditisten verpflichtet, jeweils Darlehen in Höhe von 80% ihrer Festkapitalkonten bei der Gesellschaft zu halten. Ersichtlich sind also gerade die Darlehnspositionen beträchtlich.

Es wird noch zu zeigen sein, daß die »gesplittete Einlage« Koordinationsprobleme mit sich bringt, denn die Parteien unterstellen – zumindest ausdrücklich – nur einen Teil ihrer Beitragsleistung dem Status einer Kommanditeinlage, und doch dient die ganze Beitragsleistung dem Anlagezweck des Kommanditisten und dem Finanzierungszweck der Kommanditgesellschaft.

3. Rechtsprobleme

a) Die *Zulässigkeit von Publikumspersonengesellschaften* ergibt sich aus der allgemeinen Zulässigkeit atypischer Gestaltungen im Gesellschaftsrecht (oben, § 5 III), insbesondere kapitalistisch strukturierter Personengesellschaften (oben, § 3 II und § 5 III 4c). Zwar wird immer wieder Unbehagen gegenüber der Publikumspersonengesellschaft artikuliert[15], aber solange der – insbesondere steuerliche – Anreiz zur Bildung solcher Gesellschaften nicht beseitigt ist, wird die Publikumspersonengesellschaft ihren Stellenwert in der Rechtswirklichkeit behaupten.

b) Die *Sonderprobleme der Publikumspersonengesellschaft* sind zahlreich und kaum übersehbar. Hier gilt ähnliches wie bei der GmbH & Co. im allgemeinen (oben, § 56). Die Zulassung atypischer Gestaltungsformen ist für die Gestaltungspraxis von Vorteil, aber sie produziert ständig neue Rechtsprobleme und ist insofern rechtspolitisch folgenreich. Die Sonderbehandlung der Publikumspersonengesellschaft beginnt bereits bei der *Auslegung der Gesellschaftsverträge*, die nach der ständigen Rechtsprechung – der Funktion der Gesellschaften am Kapitalmarkt entsprechend – als objektive Satzungsauslegung gehandhabt wird (vgl. auch oben, § 5 I 4)[16]. Hinzu kommen vor allem Probleme

- des Organisationsrechts,
- der Kapitalsicherung,
- des Anlegerschutzes.

II. Organisationsrecht

1. Eintritt und Austritt von Kommanditisten*

a) Der *Eintritt von Neugesellschaftern* geschieht in der Personengesellschaft grundsätzlich durch Vertragsschluß zwischen dem Neugesellschafter und den vorhandenen Gesellschaftern. Für die Publikumsgesellschaft ist dieses Verfahren evident ungeeignet. Deshalb findet sich in den Gesellschaftsverträgen von Publikumsgesellschaften häufig ein Passus, nach dem die Personengesellschaft oder die Komplementär-GmbH oder schließlich ihr Geschäftsführer zur Aufnahme neuer Kommanditisten »ermächtigt« ist (vgl. auch oben, § 45 II 3).

Beispiel Nr. 11: Im Fall *BGH*, WM 1976, 15 = JuS 1976, 260 m. Anm. *Karsten Schmidt* verweigerte der Kommanditist die Einlageleistung u. a. unter Berufung auf die Fehlerhaftigkeit des Beitrittsvertrages. Er hatte diesen Beitritt mit der Komplementär-GmbH vereinbart, die nach dem Gesellschaftsvertrag »ermächtigt« war, weitere Kommanditisten aufzunehmen.

---

15 Vgl. besonders *Großfeld*, Zivilrecht als Gestaltungsaufgabe, 1977, S. 42 ff.; *Reuter*, Verhandlungen des 55. DJT I, 1984, S. B 59; *ders.*, in: Festschrift Stimpel, 1985, S. 661 ff.; s. auch *Dietrich*, a. a. O., S. 19 ff.; *Krieger*, a. a. O., S. 332; *Karsten Schmidt*, JZ 1984, 779, 781.

16 Vgl. *BGH*, NJW 1979, 2102; NJW 1982, 877, 878; BB 1984, 170; NJW-RR 1992, 930, 931; *OLG Hamburg*, NJW-RR 1996, 1436; *Ebenroth/Boujong/Joost/Henze*, Anh. B nach § 177 a Rdnr. 20; *Grunewald*, in: MünchKommHGB, § 161 Rdnr. 108; *Heymann/Horn*, § 161 Rdnr. 159; *Staub/Schilling*, Anh. § 161 Rdnr. 20.

* Überblick bei *Sauer*, Die Publikums-Kommanditgesellschaft, 2. Aufl. 1989, S. 46 ff., 78 ff.; *Watermeyer* , a. a. O., § 16, Rdnrn. 45 ff. *Wawrzinek*, a. a. O., S. 222 ff.; *Heymann/Horn*, § 161 Rdnrn. 189 ff.; *Loritz*, NJW 1981, 369.

In *BGHZ* 26, 330, 333f. hatte der *Bundesgerichtshof* noch ausgesprochen, daß der Aufnahmevertrag in jedem Fall mit den vorhandenen Gesellschaftern und nicht mit der Gesellschaft abgeschlossen werde. Zwar könne der Gesellschaftsvertrag den persönlich haftenden Gesellschafter »ermächtigen«, mit weiteren Kommanditisten den Beitritt zu vereinbaren; die »Ermächtigung« sei dann aber als eine Vollmacht anzusehen, Beitrittsverträge im Namen aller übrigen Gesellschafter abzuschließen. Vertragspartner bleiben dann die Mitgesellschafter. Später hat dann der *Bundesgerichtshof* diese Rechtskonstruktion aufgegeben und entschieden[17]: »Die Gesellschafter einer handelsgesellschaftlichen Personengesellschaft können die Gesellschaft selbst ermächtigen, Aufnahmeverträge mit weiteren Kommanditisten im eigenen Namen mit Wirkung für alle Gesellschafter abzuschließen.« Vertragspartner ist dann also die Kommanditgesellschaft, so daß damit wirklich von einer echten Ermächtigung – nicht bloß von einer Bevollmächtigung – gesprochen werden kann. Daraus ergab sich die weitere Frage, ob auch die Komplementär-GmbH oder ihr Geschäftsführer zum Abschluß von Aufnahmeverträgen im eigenen Namen ermächtigt werden kann. Für die Komplementär-GmbH hat der *Bundesgerichtshof* dies bereits ausgesprochen[18]. Die Komplementär-GmbH einer Publikumsgesellschaft soll vice versa auch ermächtigt werden können, die *Beteiligungssumme eines Kommanditisten* durch Vertrag mit ihm herabzusetzen[19], was im Ergebnis bedeutet, daß die Konditionen der Beteiligung nicht mehr durch eine Organisationsvereinbarung der Gesellschafter untereinander, sondern durch Absprache jedes Gesellschafters mit einem Gesellschaftsorgan festgelegt werden. Damit stößt allerdings die Ermächtigungskonstruktion an besonders deutlich sichtbare Grenzen: Sie ist nur noch eine Konzession an tradiertes Personengesellschaftsrecht.

b) Für den *Austritt von Kommanditisten* gelten im Grundsatz die allgemeinen Regeln (vgl. oben, § 45 II 2). Liegt ein wichtiger Grund i.S. von § 133 HGB vor, so gibt aber der *Bundesgerichtshof* dem Kommanditisten an Stelle der im Gesetz vorgesehenen Auflösungsklage ein Austrittsrecht, auch wenn ein solches im Vertrag nicht verankert ist[20]. Das Recht des Kommanditisten, sein Beteiligungsverhältnis ohne Auflösung der gesamten Gesellschaft durch Kündigung zu lösen, ist vor allem in Fällen der arglistigen Täuschung gegeben. Charakteristisch ist der unter § 50 II 3 geschilderte Fall *BGHZ* 63, 338. Der *BGH* hob hier hervor, daß die arglistige Täuschung nach den Grundsätzen über fehlerhafte Gesellschaften nicht zur Anfechtung ex tunc, sondern nur zur Kündigung ex nunc berechtige und daß bei einer Publikums-KG nicht deren Auflösung, sondern nur der Austritt des Kommanditisten in

---

17 *BGH*, NJW 1978, 1000.
18 *BGH*, NJW 1983, 1117; dazu *Henze*, a.a.O., Rdnr. 12.
19 Über Angebot und Annahme vgl. *BGH*, NJW-RR 1994, 1185.
20 *BGHZ* 63, 338, 345 = JuS 1975, 531 m. Anm. *Karsten Schmidt; BGHZ* 69, 160, 163 = JuS 1978, 201 m. Anm. *Karsten Schmidt; BGH*, NJW 1973, 1604; 1975, 1700; 1976, 894; WM 1981, 452; *Baumbach/Hopt*, Anh. § 177a Rdnr. 58; *Ebenroth/Boujong/Joost/Henze* Anh. B nach § 177a Rdnr. 114; *Heymann/Horn*, § 161 Rdnr. 193; *Schlegelberger/Martens*, § 161 Rdnrn. 152ff.

Frage komme. Später hat er entschieden[21]: »Für den auf arglistiger Täuschung beruhenden Beitritt zu einer bestehenden KG gelten die für die fehlerhafte Gesellschaft geltenden Grundsätze. Der Eintritt des Kommanditisten ist deshalb trotz erklärter Anfechtung wirksam. Handelt es sich um eine Massengesellschaft, so kann das Gesellschaftsverhältnis bei Vorliegen eines wichtigen Grundes für die Zukunft beendet werden. Eine Auflösungsklage ist hier nicht erforderlich.« Auf der gleichen Linie liegt das Urteil *BGH*, NJW 1975, 1700: »In einer Massengesellschaft ist die Erklärung eines Kommanditisten, er fechte seinen Beitritt zur Gesellschaft wegen arglistiger Täuschung an, im Zweifel dahin aufzufassen, daß er – zumindest hilfsweise – sein Gesellschaftsverhältnis aus wichtigem Grund fristlos kündigen wolle.«

In der Treuhand-Anlagegesellschaft kann auch das Verhalten des Treuhand-Kommanditisten ein wichtiger Austrittsgrund für die Kommanditisten sein.

Beispiel Nr. 12 (nach *BGHZ* 73, 294 = JuS 1979, 742 m. Anm. *Karsten Schmidt*): Die X-AG war Treuhand-Kommanditistin in einer Publikums-GmbH & Co. Sie teilte den Anlegern mit, daß der Treuhänder ausgewechselt werde und daß nunmehr der Geschäftsführer der Komplementär-GmbH gleichzeitig Treuhänder sein solle. Daraufhin kündigte der Anleger A und verweigerte die Zahlung der Einlage. Der *BGH* gab ihm Recht. Er räumte ein, daß die X-AG wohl rechtlich in der Lage gewesen sei, mit dem Einverständnis des einzelnen Anlegers (und der Mitgesellschafter in der GmbH & Co.) die Treuhandstellung auf einen Dritten zu übertragen. Aber gerade in der beabsichtigten Übertragung an den Geschäftsführer liege eine Gefährdung der Anlegerinteressen und damit ein wichtiger Austrittsgrund für den A.

Allerdings kommt das Austrittsrecht nur in Betracht, solange der wichtige Grund die Individualrechte des Anlegers und nicht die Interessen aller Gesellschafter betrifft und solange eine Fortsetzung der Gesellschaft durch die anderen Gesellschafter gewährleistet ist.

Beispiel Nr. 13 (*BGHZ* 69, 160 = JuS 1978, 201 m. Anm. *Karsten Schmidt*): Der Kommanditist war einer Publikums-KG beigetreten, hatte aber nur die Hälfte der gezeichneten Bareinlage eingezahlt und verweigerte weitere Zahlungen unter gleichzeitiger Kündigung des Beteiligungsverhältnisses. Als Kündigungsgrund gab er an, daß der Gesellschaftszweck (Grundstückserwerb und Durchführung von Bauten) durch die schlechte finanzielle Lage der KG unmöglich geworden sei. Hier lag zwar ein wichtiger Grund vor, jedoch ein alle Gesellschafter gemeinsam betreffender Grund, der zur Auflösung der Gesellschaft, aber nicht zum Austritt führen konnte. Nur wenn die Mehrheit der Gesellschafter in einer derartigen Situation die Fortsetzung beschließt, gibt der *BGH* dem Minderheitsgesellschafter wieder das Austrittsrecht.

Das Austrittsrecht findet eine Grenze auch, wenn die Gesellschaft aufgelöst oder insolvent ist (vgl. oben, § 50 II 3 b).

Beispiel Nr. 14 (nach *BGH*, LM Nr. 10 zu § 133 HGB = NJW 1979, 765): Der Insolvenzverwalter eine Publikums-GmbH & Co. verlangte vom Kommanditisten K, der einen Teil der gezeichneten Einlage eingezahlt hatte, die Zahlung des Restbetrags. K weigerte sich und kündigte seine Beteiligung aus wichtigem Grund unter Berufung auf arglistige Täuschung. Der *BGH* hielt folgendes entgegen: Das Austrittsrecht eines durch arglistige Täuschung zum Eintritt in eine Personengesellschaft bewogenen Kommanditisten rechtfertige sich grundsätzlich nur durch das Interesse der Mitgesellschafter am Fortbestand der Gesellschaft,

21 *BGH*, NJW 1976, 894; für Anfechtung ex tunc *OLG Celle*, ZIP 1999, 1128, 1130.

welche eine Auflösungsklage nach § 133 HGB verbiete. Sei dagegen die Gesellschaft schon durch Eröffnung eines Insolvenzverfahrens aufgelöst, so könne es kein gesondertes Ausscheiden des Kommanditisten mehr geben.

2. Die Organe der Publikumspersonengesellschaft*

a) *Leitungsorgan ist* – wenn man vom Modellfall der Publikums-KG ausgeht – *der Komplementär*, in aller Regel also die Komplementär-GmbH, die ihrerseits wiederum durch ihren Geschäftsführer handelt. Der Geschäftsführer der Komplementär-GmbH ist unmittelbar auch der Kommanditgesellschaft – also nicht nur der GmbH – nach § 43 GmbHG verantwortlich (vgl. oben, § 56 IV 3).

b) *Repräsentationsorgan* ist oft eine regelrechte *Kommanditistenversammlung*, vielfach auch ein Kommanditistenausschuß[22]. Die Mitglieder eines solchen Kommanditistenausschusses haben nicht das Gesellschaftsinteresse im allgemeinen, sondern speziell die Kommanditisteninteressen zu wahren. Sie haften den Kommanditisten bei schuldhafter Pflichtverletzung.

Es kann auch – muß aber nicht[23] – ein *Aufsichtsorgan* gebildet werden. Kommanditistenausschüsse, Beiräte, Verwaltungsräte und ähnlich bezeichnete Gremien haben häufig ähnliche Funktionen wie der Aufsichtsrat einer Kapitalgesellschaft[24]. Ist dies der Fall, so bejaht der *Bundesgerichtshof* mit Recht auch eine Haftung in entsprechender Anwendung der §§ 52 GmbHG, 116, 93 AktG[25]. Diese Schadensersatzansprüche verjähren allerdings auch analog § 93 VI AktG binnen einer Frist von fünf Jahren[26]. Dagegen gilt die Haftungsbeschränkung nach § 708 BGB auch dann nicht, wenn das Mitglied des Gremiums gleichzeitig Kommanditist ist[27]. Charakteristisch für derartige Haftungsfälle ist unser

* Literatur (Auswahl; vgl. auch oben vor Fußn. 1): *Assmann/Schütze/Wagner,* a.a.O., § 22 Rdnrn. 96ff.; *Grote*, Anlegerschutz bei der Publikums-KG durch Einrichtung eines Beirats, 1995; *Hüffer*, Der Aufsichtsrat in der Publikumsgesellschaft, ZGR 1980, 320; *ders.*, Organpflichten und Haftung in der Publikums-Personengesellschaft, ZGR 1981, 348; *Immenga*, Die Minderheitsrechte des Kommanditisten, ZGR 1974, 391ff.; *Nitschke*, a.a.O., S. 102ff.; *Reusch*, a.a.O., S. 196ff.; *Uwe H. Schneider*, Die Haftung von Mitgliedern des Beirates einer Personengesellschaft, DB 1973, 953; *Wiedemann*, Verbandssouveränität und Außeneinfluß, in: Festschrift Schilling, 1973, S. 105ff.

22 Vgl. zur Repräsentativverfassung *Immenga*, *Nitschke*, *Schneider*, alle ebd.; *H. P. Westermann*, Vertragsfreiheit und Typengesetzlichkeit ..., 1970, S. 341ff.; *Wiedemann*, Die Übertragung und Vererbung von Mitgliedschaftsrechten, 1965, S. 385ff.

23 A.M. *Grote*, a.a.O., S. 85ff., 91ff.

24 *BGHZ* 69, 207, 220f.; 87, 84, 87 = NJW 1983, 1675; *BGH*, DB 1980, 71ff.; *Grote*, *Hüffer*, *Nitschke*, *Reusch*, *Schneider*, *Wiedemann*, alle ebd.

25 *BGHZ* 64, 238, 244 = NJW 1975, 1318; *BGHZ* 69, 207, 213 = NJW 1977, 2311 = JuS 1978, 198 m.Anm. *Karsten Schmidt; BGH*, NJW 1978, 425; DB 1980, 71; *Baumbach/Hopt*, Anh. § 177a Rdnr. 75; *Ebenroth/Boujong/Joost/Henze*, Anh. B nach § 177a Rdnr. 89; *Hopt/Hehl/Vollrath*, Rdnr. 820; ausführlich *Hüffer*, ZGR 1980, 349ff.; *ders.*, ZGR 1981, 348ff.; *Uwe H. Schneider*, DB 1973, 956ff.

26 *BGHZ* 64, 238, 244; 87, 84, 87f. = NJW 1983, 1675.

27 *BGHZ* 69, 207, 208ff.; 75, 321, 327; *Kellermann*, in: Festschrift Stimpel, a.a.O., S. 299.

Beispiel Nr. 15 (nach *BGHZ* 69, 207 = NJW 1977, 2311 = JuS 1978, 198 m. Anm. *Karsten Schmidt*): Die Publikums-KG, vertreten durch den inzwischen ausgeschiedenen persönlich haftenden Gesellschafter X, hatte sich verlustreich an der Sanierung einer Kaffee-Großrösterei beteiligt. X hatte aus dem Vermögen der von 300 Kommanditisten mit 14 Mio. DM finanzierten KG außerdem übermäßige Entnahmen getätigt. Zu den Kommanditisten gehörte Rechtsanwalt R, der auch in den gesellschaftsvertraglich vorgesehenen Verwaltungsrat der KG hineingewählt wurde. Nach dem Ausscheiden des X klagte die KG gegen R auf Schadensersatz, und zwar mit Erfolg. Der Leitsatz des *BGH* lautete: »Der Gesellschafter, der die Stellung eines Aufsichtsratsmitglieds in einer Publikumsgesellschaft erlangt hat, kann sich nicht auf die Haftungsbeschränkung des § 708 BGB berufen. Er hat bei der Erfüllung seiner Verpflichtungen vielmehr die im Verkehr erforderliche Sorgfalt zu beachten und haftet in entsprechender Anwendung der §§ 116, 93 AktG.«

Hat der Beirat – im Gegensatz zu einem reinen Kommanditistenausschuß – volle Aufsichtsratsfunktionen und ist er nicht bloß ein zur Wahrnehmung von Kommanditistenrechten bestelltes Organ, so stehen Schadensersatzansprüche aus der Schädigung des Gesellschaftsvermögens nicht den Kommanditisten zu, sondern der Gesellschaft[28].

c) Die *Kompetenzen der Gesellschafterversammlung* sind im Grundsatz allumfassend. Sie werden meist in den Gesellschaftsverträgen präzisiert. Das Hauptproblem der Versammlungskompetenzen besteht in der Zulassung von Mehrheitsentscheidungen. Als Personengesellschaften unterliegen auch die Publikumspersonengesellschaften dem Einstimmigkeitsprinzip (oben, § 16 II 2), so daß die Zulassung von Mehrheitsbeschlüssen eine entsprechende Vertragsregelung voraussetzt[29]. Nun gilt für Mehrheitsklauseln in Gesellschaftsverträgen von Personengesellschaften grundsätzlich – wenn auch nicht mehr unbestrittenermaßen – der sog. Bestimmtheitsgrundsatz, wonach nur über die von der Mehrheitsklausel bestimmten Beschlußgegenstände Mehrheitsbeschlüsse gefaßt werden können (oben, § 16 II 2). Auf die Publikumspersonengesellschaft, die naturgemäß auf Mehrheitsbeschlüsse angewiesen ist, wird der Bestimmtheitsgrundsatz aber von einer gefestigten Rechtsprechung nicht angewandt[30], denn eine Publikumsgesellschaft wäre unter der Geltung des Einstimmigkeitsprinzips nicht handlungsfähig[31].

Beispiel Nr. 16 (nach *BGHZ* 66, 82 = JuS 1976, 538 m. Anm. *Karsten Schmidt;* eingehend besprochen von *Wiedemann*, ZGR 1977, 690): Im Gesellschaftsvertrag der Kommanditgesellschaft hieß es: »Beschlüsse der Gesellschaft werden in allen Angelegenheiten, auch solchen von besonderer Bedeutung, auch hinsichtlich weiterer Kapitalerhöhungen, mit einfacher Stimmenmehrheit gefaßt ...« Der *Bundesgerichtshof* entschied, daß aufgrund dieser Klausel zwar kein Kommanditist gegen den eigenen Willen zu Nachschüssen gezwungen werden könne, daß er aber die mehrheitliche Kapitalerhöhung hinnehmen

---

28 *BGH*, NJW 1985, 1900 = ZIP 1985, 31.

29 Das wird wohl bedauert bei *Kübler*, § 20 III 4; anderes gilt für die Abberufung des Geschäftsführers aus wichtigem Grund; vgl. *BGHZ* 102, 172 = NJW 1988, 969.

30 Vgl. *BGHZ* 66, 82; 71, 53; 85, 350; *BGH*, BB 1985, 423, 424; *OLG Köln*, NJW-RR 1994, 491; Überblick bei *Kübler*, § 20 III 4; *Baumbach/Hopt*, Anh. § 177a Rdnr. 69; *Ebenroth/Boujong/Joost/Henze*, Anh. B nach § 177a Rdnr. 34; *Schlegelberger/Martens*, § 161 Rdnrn. 149ff.; *Kellermann*, in: Festschrift Stimpel, a.a.O., S. 301ff.; m.w.N.; Bedenken bei *Uwe H. Schneider*, ZHR 147 (1978), 253.

31 So die treffende Quintessenz bei *Wüst*, ZHR 152 (1988), 225.

müsse: »Der Gesellschaftsvertrag einer Kommanditgesellschaft kann vorsehen, daß über die Erhöhung der Kapitalbeteiligungen durch Mehrheitsbeschluß der Gesellschafter entschieden wird. Eine solche Regelung ist auch ohne Festsetzung einer Obergrenze für die Kapitalerhöhung zulässig, wenn es sich um eine Gesellschaft handelt, die auf den Beitritt weiterer Kommanditisten zugeschnitten ist, der Beschluß nur das Recht zur erhöhten Kapitalbeteiligung begründet und dieses Recht jedem Kommanditisten entsprechend der Höhe seiner bisherigen Beteiligung eingeräumt wird.«

Beispiel Nr. 17 (nach *BGHZ* 71, 53 = NJW 1978, 1382 = JuS 1978, 857 m. Anm. *Karsten Schmidt*): Eine dem Kur- und Fremdenverkehr gewidmete GmbH & Co. KG hatte aufgrund einer Mehrheitsklausel bedeutsame Satzungsänderungen beschlossen. Der Gegenstand des Unternehmens war tatsächlichen Veränderungen angepaßt worden, und die bisherige Komplementär-AG war gegen eine Komplementär-GmbH ausgetauscht worden. Der *BGH* entschied: »In der Publikumspersonengesellschaft sind vertragsändernde Mehrheitsbeschlüsse grundsätzlich auch dann zulässig, wenn der Gesellschaftsvertrag das vorsieht, ohne die Beschlußgegenstände näher zu bezeichnen.« Der *BGH* machte in dieser Entscheidung deutlich, daß mit dem Abbau des Bestimmtheitsgrundsatzes eine Inhaltskontrolle der Beschlüsse einhergehen muß. Der Minderheitsgesellschafter wird in der Publikumsgesellschaft zwar nicht gegen die Zulassung von Mehrheitsbeschlüssen geschützt, wohl aber gegen einen Mißbrauch der Mehrheitsherrschaft.

Diese Rechtsprechung, die später auch auf kapitalistisch strukturierte Gesellschaften ohne Kapitalanlagecharakter ausgedehnt wurde[32], hat zu der Frage geführt, ob der Bestimmtheitsgrundsatz im Personengesellschaftsrecht gänzlich außer Geltung gesetzt sein soll. Das ist zu verneinen (oben, § 16 II 2) und kann nach dem hier vertretenen Verständnis des Bestimmtheitsgrundsatzes auch ohne Bedenken verneint werden, weil dieser Grundsatz umfassende Mehrheitsklauseln nicht hindert und insbesondere nicht zu langen Katalogen in den Gesellschaftsverträgen zwingt (auch dazu oben, § 16 II 2b). Für strukturändernde Beschlüsse wird man allerdings mindestens eine ¾-Mehrheit verlangen müssen (so ausdrücklich die §§ 43 II 2, 217 I 3 UmwG).

Als unpraktisch und unsinnig kann sich bei der Personengesellschaft die Rechtsprechung erweisen, die für Beschlußmängelklagen verlangt, daß der betreffende Gesellschafter Klage gegen alle Mitgesellschafter erhebt, die den Beschluß für wirksam halten. Einen solchen Feststellungsprozeß verlangt die herrschende Meinung[33]. Die hier vertretene Auffassung – Anfechtungsklage gegen die Gesellschaft (oben, § 21 V 2) – vermag auch dieses Problem sinnvoll zu lösen, ohne daß die Passivlegitimation der Gesellschaft – wie in der bisherigen Judikatur[34] – mühsam aus dem Gesellschaftsvertrag herausgelesen werden muß.

d) Eine weitere Besonderheit zeigt sich bei der *Durchsetzung der Treupflicht von Minderheitsgesellschaftern* im Fall notwendiger Vertragsänderungen.

Beispiel Nr. 18 (nach *BGH*, NJW 1985, 974 = JuS 1985, 554 m. Anm. *Karsten Schmidt*): Eine Publikums-GmbH & Co. KG, die ein Krankenhaus betrieb, war in eine Krise geraten. Die Kommanditisten hatten neben den Kommanditeinlagen auch verzinsliche

32 *BGHZ* 85, 350 = NJW 1983, 1056.
33 *OLG Frankfurt*, DB 1993, 2172 = NJW-RR 1994, 727; krit. dazu *Karsten Schmidt*, DB 1993, 2167f.; sympathisierend *Heymann/Horn*, § 161 Rdnr. 188.
34 So insbesondere *BGH*, NJW 1999, 3113, 3115.

Darlehen gegeben. Im Hinblick auf die Liquiditätslage hatte die Gesellschafterversammlung mit satzungsändernder ¾-Mehrheit auf eine Verzinsung der Darlehen verzichtet. Der *Bundesgerichtshof* betonte, auf Zinsforderungen könnten nur deren Gläubiger, hier also die Kommanditisten, als einzelne verzichten, aber die Versammlung könne den Gesellschaftsvertrag ändern und damit den Zinsansprüchen die Grundlage entziehen. Die Zuständigkeit der Versammlung stand damit fest, aber zweifelhaft war, ob auch die widersprechenden Kommanditisten diesen Eingriff in ihre Rechte hinnehmen mußten oder ob es der Zustimmung jedes einzelnen bedurfte. Nun kann, wie unter § 5 IV ausgeführt wurde, die Treupflicht eine Pflicht der Gesellschafter begründen, ihre Zustimmung zu Vertragsänderungen zu geben, und hier stand die Existenz des Unternehmens auf dem Spiel. Der *Bundesgerichtshof* entschied: »Beschließen die Gesellschafter einer Publikumsgesellschaft mit der für Vertragsänderungen gesellschaftsvertraglich vorgeschriebenen ¾-Mehrheit, die Verpflichtung zur Verzinsung von Kapitaleinlagen aufzuheben, so ist dieser Beschluß wirksam, wenn die nicht zustimmenden Gesellschafter aufgrund der gesellschaftlichen Treuepflicht zustimmen müßten.«

Die Besonderheit dieses Urteils liegt nicht so sehr in der Anerkennung der Vertragsänderungspflicht wie im Vollzugsmechanismus. Wer zur Abgabe einer Willenserklärung verpflichtet ist, muß grundsätzlich im Weigerungsfall erst rechtskräftig zur Abgabe verurteilt werden, bevor die Erklärung als erteilt gilt (§ 894 ZPO; vgl. auch oben, § 5 IV 3b). Hiervon macht der *Bundesgerichtshof* aber bei einem existenzwichtigen Mehrheitsbeschluß in der Publikumsgesellschaft eine Ausnahme. Das Interesse an der Funktionsfähigkeit der Publikumsgesellschaft spreche nicht nur gegen die Anwendung des Einstimmigkeits- und Bestimmtheitsgrundsatzes, sondern hier führe die aus dem Treuegebot resultierende Zustimmungspflicht ohne weiteres dazu, die widerstrebenden Kommanditisten zu behandeln, als hätten sie dem Beschluß pflichtgemäß zugestimmt.

III. Kapitalsicherung*

1. Grundsatz

Die Kapitalsicherung in der Publikumspersonengesellschaft folgt, wenn es sich um eine Kommanditgesellschaft handelt, den allgemeinen Regeln der §§ 171 f. HGB; handelt es sich, wie in der Regel, um eine GmbH & Co., so kommen noch die §§ 30 ff. GmbHG, 172 a HGB hinzu. Auf das unter § 56 V 1 b, c Gesagte kann verwiesen werden.

* Literatur (vgl. zunächst die Angaben unter I): *Assmann/Schütze/Wagner*, a.a.O., § 23 Rdnrn. 153 ff.; *Kuhr*, Eigenkapitalersatz bei Publikumspersonengesellschaften mit gesplitteter Einlage, 1996.

2. Problemfälle

Einige Besonderheiten sind aber doch zu bemerken. Im Kapitalsicherungsrecht stoßen die Schutzinteressen der Kommanditisten und die Schutzinteressen des allgemeinen Rechtsverkehrs besonders deutlich aufeinander.

a) Die *Kapitalaufbringung* bereitet vor allem beim sog. »Einlagensplitting« Schwierigkeiten, bei dem der Kommanditist einen Teil seiner Kapitalanlage als Kommanditeinlage, einen anderen Teil dagegen als Darlehn oder als stille Einlage erbringt. Der einheitliche Gesellschaftsvertrag verbindet beide Leistungen zu einer zweckfördernden Beitragsleistung. Schon in *BGHZ* 70, 61 wurde der *Bundesgerichtshof* mit der Frage befaßt, ob das mit der Kommanditeinlage verbundene Darlehn unabhängig von der Mitgliedschaft gekündigt werden kann. Er verneinte dies mit der zutreffenden Begründung, die Darlehnszahlung habe nicht auf einer »allgemeinen schuldrechtlichen«, sondern auf einer »gesellschaftlichen« Verpflichtung beruht. Bei *BGH*, NJW 1980, 1522 ging es um die Frage, ob der Kommanditist den als stille Einlage (oder Darlehn) versprochenen Teil auch noch in der Liquidation der Gesellschaft einzahlen müsse. Der *BGH* bejahte dies, wiederum mit der treffenden Begründung, der Kommanditist habe die Leistung »nicht als Außenstehender« übernommen. Kann man hiernach die gesamte Leistung des Kommanditisten als *Beitrag* qualifizieren, so ist es eine viel schwierigere Frage, ob dieser Beitrag zum Vorteil und Nachteil des Anlegers auch wie eine Kommandit*einlage* behandelt werden darf (zum Verhältnis von Beitrag und Einlage vgl. oben, § 20 II 1). Zwei Fragen sind dabei zu klären: *Erstens* die Frage, ob das Darlehn bzw. die stille Einlage wie die Kommanditeinlage *Eigenkapital*charakter hat; *zweitens* die Frage, ob diese Eigenkapitalleistung zusätzlich zur Kommanditeinlage zu leisten oder auf diese anzurechnen ist.

Beispiel Nr. 19 (nach *BGH*, NJW 1981, 2251): Der Kommanditist hatte 5000 DM als Kommanditeinlage und 20000 DM als stille Einlage geleistet. Die Gesellschaft fiel in Konkurs. Nun kann nach dem Gesetz zwar nicht die Kommanditeinlage, wohl aber die stille Einlage (§ 236 I HGB) als Insolvenzforderung angemeldet werden. Hier aber versagte der *BGH* dem Anleger die Geltendmachung als Insolvenzforderung mit der Begründung, es liege eine gesellschaftsvertraglich geschuldete stille Einlage mit Eigenkapitalcharakter vor.

Beispiel Nr. 20 (nach *BGH*, LM Nr. 21 zu § 171 HGB = NJW 1982, 2253 m. Anm. *Karsten Schmidt*): Im Fall der Berliner W-KG, einer Pharma-Gesellschaft, die in Vermögensverfall geriet, waren die Beteiligungsbeträge der Kommanditisten in Einlagebeträge und (sogenannte!) Darlehnsbeträge gesplittet. Wer hier z. B. (in heutiger Währung) mit 100000 Euro beitrat, hatte 25000 Euro »Kommanditeinlage« und 75000 Euro »Darlehen« einzuzahlen. Im Insolvenzverfahren trat dann die Frage auf, ob ein solcher Kommanditist, wenn er voll eingezahlt hatte, den verlorenen 100000 Euro noch einmal 75000 Euro nachwerfen mußte, weil nur eine Einlageleistung, nicht aber eine Darlehnsgewährung haftungsbefreiend wirkt (§ 171 I, II HGB). Der *BGH* entschied hier zugunsten der Kommanditisten. Er betrachtete die *ganze* Zahlung als eine Einlageleistung, die nur in zwei unterschiedlich zu behandelnde Teilbeträge »gesplittet« war (vgl. auch oben, § 54 II 2c). Die Bezeichnung als »Darlehen« für einen Teil dieser Einlage war also nach dem Urteil des *BGH* eine juristische Falschbezeichnung.

b) Als *Kapitalerhaltungsprobleme* treten bei der Publikums-Kommanditgesellschaft meist die schon bekannten Fragen um die §§ 172 HGB, 30f. GmbHG auf (oben, § 37 III, § 54 III, § 56 V 1). Spezifische Probleme der Publikums-KG entstehen wiederum bei der »gesplitteten Einlage«:

Beispiel Nr. 21 (nach *BGHZ* 104, 33 = NJW 1988, 1841): Der Anleger hatte neben einer Kommanditeinlage von über 1 Mio. DM ein Darlehn in noch größerer Höhe gegeben. Er hatte den Darlehnsanspruch an eine Bank abgetreten. Im Insolvenzverfahren der Gesellschaft meldete das Bankhaus diese Darlehnsforderung zur Tabelle an. Der *Bundesgerichtshof* entschied: »Hat der Kommanditist einer GmbH & Co. KG der Gesellschaft neben seiner Kommanditeinlage als Teil seiner gesellschaftsvertraglichen Einlagepflicht ein Darlehen zu gewähren, das nach der ihm zugedachten Funktion Eigenkapitalcharakter hat, so gehört das Darlehen zur Haftungsmasse der Kommanditgesellschaft, die deren Gläubigern zur Verfügung stehen muß. Der Anspruch auf Rückgewähr des Darlehens kann deshalb im Konkurs der Gesellschaft nicht geltend gemacht werden. Dies gilt auch dann, wenn der Kommanditist den Rückgewähranspruch vor Konkurseröffnung an einen Dritten abgetreten hat, der nicht Gesellschafter ist.« Nach den oben bei § 18 III 3 angestellten Betrachtungen zu den sog. Finanzplankrediten ist dem Urteil zuzustimmen (vgl. auch bereits *BGHZ* 93, 159 = NJW 1985, 469). Problematisch ist demgegenüber unser

Beispiel Nr. 22 (nach *BGHZ* 84, 383 = NJW 1982, 2500 m. Anm. *Karsten Schmidt*): In den Bilanzen einer Publikumsgesellschaft waren für drei Geschäftsjahre aufgrund von Inventarfälschungen Gewinne ausgewiesen. Dadurch vertuschte der Geschäftsführer der Komplementär-GmbH die wahre Ertragslage. Die von einer Wirtschaftsprüfungsgesellschaft testierten und sodann von den Kommanditisten durch Beschluß festgestellten Bilanzen wiesen also Gewinne aus, während die Gesellschaft in Wahrheit Verluste gemacht hatte. Die Scheingewinne wurden an die Kommanditisten ausgekehrt. Während nun in der Aktiengesellschaft ein gutgläubiger Aktionär beim Empfang von Scheingewinnen geschützt ist (§ 62 I 2 AktG), schützt § 172 V HGB den gutgläubigen Kommanditisten nur, wenn auch die Bilanz in gutem Glauben aufgestellt worden ist. Der Konkursverwalter der inzwischen zusammengebrochenen Publikums-KG klagte deshalb erfolgreich auf Rückzahlung. Der *BGH* lehnte eine analoge Anwendung des § 62 I 2 AktG ab, weil eine Analogie zum Kapitalgesellschaftsrecht nicht auf Kosten des Gläubigerschutzes gehen dürfe.

Dieser Standpunkt ist fragwürdig[35]. In § 172 V HGB werden dem Kommanditisten Bilanzmanipulationen zugerechnet, weil das Gesetz bei der typischen KG von einem Näheverhältnis zwischen dem Komplementär und dem Kommanditisten ausgeht. Daran fehlt es bei der Publikumsgesellschaft (vgl. schon oben, § 54 III 3 b).

3. Treuhand-KG*

Bei der Treuhand-Kommanditgesellschaft (vgl. oben unter I 2) muß zwischen dem Außenverhältnis und dem Innenverhältnis unterschieden werden. Im Außenverhältnis steht der Treuhänder als Kommanditist in der Kommanditistenhaftung, aber *im Innenverhältnis tragen die Anleger das Kommanditistenrisiko.*

35 Eingehende Kritik bei *Karsten Schmidt*, in: MünchKommHGB, §§ 171, 172 Rdnr. 87; BB 1984, 1593; Verteidigung des Urteils bei *Heymann/Horn*, § 172 Rdnr. 25; *Ebenroth/Boujong/Joost/Strohn*, § 172 Rdnr. 52; *Kellermann*, in: Festschrift Stimpel, a. a. O., S. 303f.

* Literatur: *Hopt,* in: 50 Jahre BGH II, 2000, S. 520ff.

Beispiel Nr. 23 (nach *BGH*, LM Nr. 62 zu § 161 HGB = NJW 1980, 1162 = BB 1980, 549): Die T-GmbH war Treuhand-Kommanditistin für eine Vielzahl von Kapitalgebern in der F-KG. Nachdem die F-KG zusammengebrochen war, hielten die Anleger der T-GmbH entgegen, sie habe die Einzahlungen nicht mehr an die KG weiterleiten dürfen, als sich deren Insolvenz abzeichnete. Der Fall zeigt sehr deutlich den Konflikt der Treuhänderpflichten, denn einerseits verwaltet der Treuhänder fremdes Vermögen, und anderseits ist er berechtigt und verpflichtet, die Anleger wie Kommanditisten zu stellen. Hier lag der Schwerpunkt des Falls: Die Anleger hatten ein mittelbares Kommanditistenrisiko übernommen. Der *BGH* lehnte den Standpunkt der Anleger ab, »daß T nach dem Treuhandvertrag den Anlegern etwa verpflichtet gewesen wäre, die Gelder zurückzuhalten ... Wer sich nur mittelbar über einen Treuhandkommanditisten an einer Publikumsgesellschaft beteiligt, darf zwar grundsätzlich ... nicht schlechter stehen, als wenn er selbst Kommanditist wäre; es gibt aber auch keinen Grund, ihn besser zu stellen, als wäre er unmittelbar beteiligt.«

Beispiel Nr. 24 (nach *BGHZ* 76, 127 = NJW 1980, 1163 = JuS 1980, 611 m. Anm. *Karsten Schmidt*): Die Treuhand-Kommanditistin K in einer Treuhand-Publikumsgesellschaft hielt eine Einlage von 8 Mio. DM. X hatte sich mit 100000 DM als Anleger beteiligt, hatte dann aber von einem Kündigungsrecht Gebrauch gemacht und von der Kommanditgesellschaft 100000 DM zurückerhalten. Daraufhin verlangten die Kreditgeber der Gesellschaft von der K 100000 DM wegen wieder aufgelebter Kommanditistenhaftung (§ 172 IV HGB). Die K verlangte den geleisteten Betrag von X erstattet.

Mit den schon unter I 2b erwähnten Urteilen LM Nr. 110 und 112 zu § 161 hat der *Bundesgerichtshof* die Rechtsprechung zur Kapitalaufbringung und -erhaltung bei der Treuhand-KG fortgesetzt. Unsere Beispiele sind charakteristisch für die Konstruktion der Treuhand-Publikumsgesellschaft. Kommanditistin war die K. Die Anleger waren selbst nicht an der Kommanditgesellschaft beteiligt, sondern nur durch schuldrechtliche Verträge mit der K verbunden und im Innenverhältnis als Treugeber wie Kommanditisten gestellt. Deshalb führte die Teilauszahlung der Kommanditeinlage – auch wenn sie an X erfolgte – im Außenverhältnis dazu, daß die Haftung der K nach § 172 IV HGB wieder auflebte. Im Innenverhältnis konnte sich aber die K bei X nach §§ 675, 670 BGB schadlos halten. Ob direkt auf die Treugeber-Anleger durchgegriffen werden kann, ist noch wenig geklärt (vgl. zur Treuhand bei der GmbH unten, § 61 III 3b)[36]. Hiermit hängt auch die schwierige Frage zusammen, ob sich der in Anspruch genommene Anleger, wenn noch die Einlage zu leisten ist, auf Einwendungen und Ersatzansprüche gegen den Treuhänder berufen kann[37].

36 Ablehnend *Weipert*, ZHR 157 (1993), 515; wohl auch *Henze*, a.a.O., Rdnr. 100.
37 Verneinend *Heymann/Horn*, § 161 Rdnr. 176.

IV. Anlegerschutz*

Neben den organisationsrechtlichen Sonderproblemen der Publikumspersonengesellschaft und den Problemen der Kapitalsicherung steht der Anlegerschutz im Vordergrund. Genau genommen müßte man zwischen dem durch die Vertragsgestaltung zu gewährleistenden »institutionellen« oder »organisatorischen« Anlegerschutz, z. B. durch Einrichtung von Kontrollorganen[38], und dem »korrigierenden« Anlegerschutz, z. B. durch Gerichte, unterscheiden. Üblicherweise denkt, wer vom Anlegerschutz bei der Publikumspersonengesellschaft spricht, aber nur an das zweite. Die Abschreibungsbranche dürfte vor allem in den Jahren nach 1970 Milliardenschäden am Vermögen von Anlegern angerichtet haben. Das rechtspolitische Signal ist hierbei mehrschichtig: So wenig einerseits übersehen werden darf, daß die Vermögensanlage am sog. »grauen Kapitalmarkt« risikobehaftet ist[39], so wenig darf auf der anderen Seite den Anlegern jegliche Schutzbedürftigkeit mit dem Argument abgeschnitten werden, sie hätten ja nur Steuern sparen wollen[40], denn dies liefe auf ein juristisch inakzeptables »Geschieht-Euch-ganz-recht«-Argument hinaus.

1. Vertragsform und Inhaltskontrolle**

a) Es gibt *keine gesetzlichen Formvorschriften* für den Gesellschaftsvertrag einer Personengesellschaft. Aber der Eigenart einer solchen Gesellschaft als »Satzungsgesellschaft« (oben, § 5 I 2) und dem Gebot eines Schutzes der Gesellschafter entsprechend verlangt die Gerichtspraxis für allseits bindende Regelungen regelmäßig eine schriftliche Vertragsregelung bzw. einen förmlich dokumentierten Mehrheitsbeschluß[41]. Der für Personengesellschaften sonst geltende Grundsatz, daß die widerspruchslose Hinnahme einer vom

* Literaturangaben bei den einzelnen Gliederungspunkten sowie oben vor I; einführender Überblick bei *Hopt/Hehl/Vollrath*, Rdnrn. 815 ff.; *Kübler*, § 20 III; Rechtsprechungsüberblick bei *Kellermann*, in: Festschrift Stimpel, a. a. O.; umfassend *Hopt*, in: 50 Jahre BGH II, 2000, S. 497 ff.; 508 ff.

38 Vgl. dazu *Grote* und *Wawrzinek*, a. a. O.

39 Dazu *Crezelius*, BB 1985, 215.

40 Dazu *Heymann/Horn*, § 161 Rdnr. 156.

** Literatur: *Dannecker*, Die richterliche Inhaltskontrolle der Gesellschaftsverträge von Personengesellschaften, 1992; *Fastrich*, Richterliche Inhaltskontrolle im Privatrecht, 1992, S. 124 ff.; *Heid*, Mehrheitsbeschluß und Inhaltskontrolle als Instrumentarien des Kapitalanlegerschutzes in der Publikums-GmbH & Co. KG, 1986; *Hille*, Die Inhaltskontrolle der Gesellschaftsverträge von Publikums-Personengesellschaften, 1986; *Reuter*, Richterliche Kontrolle der Satzung von Publikums-Kommanditgesellschaften, AG 1979, 321; *Uwe H. Schneider*, Die Inhaltskontrolle von Gesellschaftsverträgen, ZGR 1978, 1; *H. P. Westermann*, Kautelarjurisprudenz, Rechtsprechung und Gesetzgebung im Spannungsfeld zwischen Gesellschafts- und Wirtschaftsrecht, AcP 175 (1975), 375; *ders.*, Die geltungserhaltende Reduktion im System der Inhaltskontrolle im Gesellschaftsrecht, in: Festschrift Stimpel, 1985, S. 69; *Wiedemann*, Die Legitimationswirkung von Willenserklärungen im Recht der Personengesellschaften, in: Festschrift Westermann, 1974, S. 585.

41 Vgl. nur *BGH*, NJW 1976, 1451; 1978, 755; 1979, 419; *Kraft/Kreutz*, E V 3 b.

Gesellschaftsvertrag abweichenden Praxis im Zweifel eine bindende Vertragsänderung erkennen läßt (oben, § 5 I 4 c), wird hier nicht anerkannt[42].

Beispiel Nr. 25 (nach *BGH*, LM Nr. 2 zu § 230 HGB = NJW 1990, 2684): Die Geschäftsführung und die Versammlung hatten jahrelang eine vom Vertrag abweichende Ausschüttung praktiziert. Eine solche Praxis bindet grundsätzlich nur im konkreten Fall und wirkt nicht als Vertragsänderung für die Dauer.

b) Schon unter § 5 III 4 wurde das Problem der Inhaltskontrolle von Gesellschaftsverträgen besprochen. Es betrifft gerade die Publikumspersonengesellschaften[43]:

Beispiel Nr. 26 (nach *BGHZ* 64, 238): Hier nahm der Konkursverwalter einer Kapitalbeteiligungs-GmbH & Co. die Aufsichtsratsmitglieder wegen unzulässiger Gewinnausschüttung und wegen sonstiger Sorgfaltsverletzungen in Anspruch. Der Gesellschaftsvertrag enthielt eine Klausel, wonach Ersatzansprüche gegen die GmbH oder gegen Aufsichtsratsmitglieder wegen Pflichtverletzungen in drei Monaten (!) verjähren sollten. Der *BGH* entschied: »Gesellschaftsverträge von sog. Publikums-Kommanditgesellschaften unterliegen der Inhaltskontrolle nach § 242 BGB. Wird in einer solchen Gesellschaft eine mit Geschäftsführungs- und Überwachungsaufgaben betrauter Aufsichtsrat gebildet, so kann die Verjährungsfrist für Schadensersatzansprüche ... nicht unter fünf Jahre herabgesetzt werden.«

Beispiel Nr. 27: Nachschuß- und Verlustausgleichspflichten[44], die im Innenverhältnis ein über die Einlage hinausgehendes Kommanditistenrisiko mit sich bringen, müssen in verständlicher, nicht nur versteckter Weise aus dem Gesellschaftsvertrag hervorgehen (*BGH*, DB 1979, 1499; BB 1982, 2007 = ZIP 1982, 1442). Vertragsregelungen sind im Zweifel dahin auszulegen, daß eine Erhöhung der Kommanditeinlagen nur gefordert werden kann, solange das zusätzliche Kapital dem Gesellschaftszweck zu dienen bestimmt ist (*BGH*, NJW 1979, 419). Aber selbst eine eindeutige Nachschußregelung kann als überraschende Klausel unwirksam sein, so nach *KG*, DB 1978, 1922 im Fall einer Vertragsklausel, wonach die Publikumskommanditisten auf Verlangen der Hausbank zur Erhöhung ihrer Einlagen verpflichtet sein sollten.

Beispiel Nr. 28 (nach *BGHZ* 84, 11): Der Gesellschaftsvertrag einer Grundstücksverwaltungs-GmbH & Co. in Berlin enthielt eine Vertragsklausel, nach der die Komplementär-GmbH einseitig befugt sein sollte, die Anteile der Kommanditisten gegen Abfindung selbst zu übernehmen oder auf Dritte zu übertragen. Der *BGH* entschied mit Recht: »Bei einer Publikums-Kommanditgesellschaft ist eine gesellschaftsvertragliche Bestimmung, die der Komplementär-GmbH einseitig das Recht einräumt, die Kommanditbeteiligungen nach freiem Ermessen zu übernehmen, unwirksam (Inhaltskontrolle nach § 242 BGB).«

Beispiel Nr. 29 (nach *BGHZ* 104, 50 = NJW 1988, 1903): Bei einer Treuhand-Publikumsgesellschaft enthielt der Gesellschaftsvertrag eine Regelung, wonach den persönlich haftenden Gesellschaftern das Recht eingeräumt wurde, die Treuhand-Kommanditbeteiligung nach freiem Ermessen zu übernehmen. Diese Regelung war unwirksam.

Beispiel Nr. 30 (nach *BGHZ* 102, 172 = NJW 1988, 969): Im Gesellschaftsvertrag war festgelegt, daß der Gesellschafter-Geschäftsführer und Treuhänder nur mit Zustimmung

42 *BGH*, LM Nr. 2 zu § 230 HGB = NJW 1990, 2684.

43 Std. Rspr.; *BGHZ* 64, 238, 241; 84, 11, 14; *BGH*, NJW 1991, 2906, 2907; dazu auch *Kraft/Kreutz*, E V 3 a; *Baumbach/Hopt*, Anh. § 177a Rdnr. 68; *Heymann/Horn*, § 161 Rdnrn. 160ff.; *Hopt/Hehl/Vollrath*, Rdnr. 818; abl. *Hille*, a.a.O., passim.

44 Dazu *Kaligin*, Nachschußklauseln in Gesellschaftsverträgen von Publikumspersonengesellschaften, DB 1981, 1172.

aller Gesellschafter abberufen werden könne. Diese Regelung scheiterte an der richterlichen Inhaltskontrolle, weil den Anlegern einer Publikumsgesellschaft die Beibehaltung eines ihnen aufgezwungenen Geschäftsführers nicht zugemutet werden kann (vgl. zur Inhaltskontrolle bei der Treuhand-Publikums-KG auch *OLG München*, NJW-RR 1987, 925).

c) Um ein Problem der Inhaltskontrolle handelt es sich auch bei der Begrenzung von Schiedsvertragsabreden[45]:

Beispiel Nr. 31 (nach *BGH*, NJW 1980, 1049): Der Gesellschaftsvertrag einer Publikumspersonengesellschaft enthielt eine Schiedsklausel, wonach alle Streitigkeiten mit den Anlegern durch ein Schiedsgericht entschieden werden sollten. Im Prozeß vor dem ordentlichen Gericht wurde die Schiedsvertragseinrede erhoben (§ 1032 ZPO). Der *Bundesgerichtshof* hielt diese Einrede mit Recht für unbegründet, bejahte also die Zuständigkeit der ordentlichen Gerichte. Er begründete dies mit der herrschenden, aber nicht zutreffenden Auffassung, wonach Schiedsklauseln bei Personengesellschaften – anders als bei Kapitalgesellschaften (§ 1066 ZPO) – nur in der Form des § 1031 I ZPO vereinbart werden können (dagegen oben, § 5 I 1 c, 2a). Richtig wäre die Begründung gewesen: Die formell wirksame Schiedsklausel scheiterte an der Inhaltskontrolle (*Karsten Schmidt*, DB 1989, 2317).

d) Nicht mit der Inhaltskontrolle zu verwechseln, aber neben ihr als Schutzinstrument wirksam ist die objektive Auslegung der Gesellschaftsverträge (dazu oben, § 5 I 4): Die Verträge dieser Gesellschaften werden vom *BGH* objektiv – d.h. auch: ohne verbindliche Vorgaben seitens der Tatsacheninstanzen – ausgelegt[46].

2. Austrittsrecht, Haustürwiderrufsrecht*

a) Bereits erwähnt wurde das Austrittsrecht des Kommanditisten bei wichtigem Grund (oben unter II 1b). Im wichtigen Fall der arglistigen Täuschung ist dieses Austrittsrecht allerdings kein Sonderinstitut des Kommanditistenschutzes in der Publikumspersonengesellschaft, sondern nur ein Anwendungsfall des Instituts des fehlerhaften Beitritts zu einer Gesellschaft (oben, § 6 V 1): Der getäuschte Anleger kann unter den Voraussetzungen den § 123 BGB ex nunc aus der Gesellschaft austreten. Wichtiger ist das sich im Wege des Schadensersatzes ergebende Austrittsrecht im Fall einer schuldhaften Fehlberatung (zu den Schadensersatzansprüchen vgl. sogleich unter IV 3)[47]. Nicht ausreichend für den Austritt aus wichtigem Grund ist die bloße Erfolglosigkeit der Gesellschaft. Auf das Urteil *BGHZ* 104, 50, wonach der Anleger umgekehrt gegen einen willkürlichen Ausschluß geschützt ist, wurde gleichfalls schon hingewiesen (soeben unter IV 1b). Gäbe es diesen Schutz nicht, so blieben die Anleger in einer defizitären Gesellschaft eingesperrt,

45 Vgl. *Karsten Schmidt*, DB 1989, 2317; BB 2001, 1862f.
46 *BGH*, NJW 1982, 877; 1991, 2906.
* Literatur: vgl. die Angaben unter II 1.
47 Dazu *BGHZ* 115, 213 = NJW 1992, 228; s. auch zum Aktienvertrieb am »grauen Markt« BGHZ 123, 106 = NJW 1993, 2865 (Leitsatz 2); *Lorenz*, Der Schutz vor dem unerwünschten Vertrag, 1997, S. 389.

würden aber aus einem mit ihren Einlagen florierenden Projekt alsbald ausgeschlossen werden können[48].

b) In *BGHZ* 148, 201 = NJW 2001, 2718 hat der *Bundesgerichtshof* auch das Haustürwiderrufsrecht des § 312 BGB (damals noch: Haustürwiderrufsgesetz) auf die Beteiligung an einer Treuhand-Publikumsgesellschaft angewandt.

3. Schadensersatzansprüche*

Die Schadensersatzprozesse wegen Fehlberatung beim Beitritt zu einer Publikumspersonengesellschaft nehmen einen breiten Raum ein, zumal sich das Wertpapierhandelsgesetz der Publikumspersonengesellschaften nicht angenommen hat (oben unter I 1b). Die Dogmatik dieser Schadensersatzhaftung ist Gegenstand einer kontrovers geführten Diskussion, die hier nicht aufgegriffen werden soll[49]. Schon unter § 1 II 2d wurde nämlich ausgeführt, daß es sich bei dem Fragenkreis der Anlagen- und Prospekthaftung zwar in aller Regel um *Sachverhalte aus der Gesellschaftsrechtspraxis*, aber nicht um

48 Dazu vgl. *Heymann/Horn*, § 161 Rdnr. 190.

* Literatur: *Assmann*, Prospekthaftung, 1985; *ders.*, Entwicklungslinien und Entwicklungsperspektiven der Prospekthaftung, in Freundesgabe Kübler, 1997, S. 317; *ders.*, Entwicklungstendenzen der Prospekthaftung, WM 1983, 138; *v. Bar*, Vertrauenshaftung ohne Vertrauen, ZGR 1983, 476; *Braumann*, Anlegerschutz bei Abschreibungsgesellschaften, 1988; *Coing*, Haftung aus Prospektwerbung für Kapitalanlagen in der neueren Rechtsprechung des Bundesgerichtshofs, WM 1980, 206; *Eisenhardt*, Kapitalanlegerschutz und Schadensersatz nach geltendem Recht, 1978; *Grotherr*, Alternative Anlegerschutzmöglichkeiten auf dem freien Kapitalmarkt, DB 1988, 1001; *Hartmann*, Haftung für Vermögensschäden im Zusammenhang mit der Herausgabe von Prospekten über Abschreibungsgesellschaften, Diss. Passau 1991; *Hoegen*, Einzelfragen zur Haftung bei Anlagevermittlung und Anlageberatung, in: Festschrift Stimpel, 1985, S. 247; *Hopt*, Inwieweit empfiehlt sich eine allgemeine gesetzliche Regelung des Anlegerschutzes? Gutachten G zum 51. DJT, 1976; *ders.*, Haftung der Banken bei der Finanzierung von Publikumsgesellschaften und Bauherrenmodellen, in: Festschrift Stimpel, 1985, S. 265; *ders.*, Die Verantwortlichkeit der Banken bei Emissionen, 1991; *ders.*, Kapitalmarktrecht (mit Prospekthaftung) in der Rechtsprechung des BGH, in: 50 Jahre BGH II, 2000, S. 497; *Hüffer*, Die Publikumspersonengesellschaft und das Problem des Anlegerschutzes, JuS 1979, 457; *Kiehte*, Prospekthaftung und grauer Kapitalmarkt, ZIP 2000, 216; *Köndgen*, Zur Theorie der Prospekthaftung, 1983; *Lutter*, Zur Haftung des Emissionsgehilfen im grauen Kapitalmarkt, in: Festschrift Bärmann, 1975, S. 605; *Moll*, Anlegerschutz und Gläubigerschutz, BB-Beilage 3/1982; *Pleyer*, Zur Grundlage des Schadensersatzanspruches wegen fehlerhafter Prospekte beim Vertrieb von Anteilen an einer Publikums-KG in der Rechtsprechung des BGH, in: Festschrift Stimpel, 1985, S. 338; *Schäfer*, Haftung für fehlerhafte Anlageberatung und Vermögensverwaltung, 2. Aufl. 1995; *Uwe H. Schneider*, Sonderrecht für Publikumspersonengesellschaften, ZHR 142 (1978), 228; *Schwark*, Kapitalanlegerschutz im deutschen Gesellschaftsrecht, ZGR 1976, 271; *ders.*, Die Haftung aus dem Prospekt über Kapitalanlagen, BB 1979, 897; *Stimpel*, Anlegerschutz durch Gesellschaftsrecht in der Publikums-Kommanditgesellschaft, in: Festschrift Rob. Fischer, 1979, S. 771; *Ulmer/Dopfer*, Anlegerschutz und Gesellschaftsrecht, BB 1978, 461; *Wiedemann/Schmitz*, Kapitalanlegerschutz bei unrichtiger oder unvollständiger Information, ZGR 1980, 129; *Wiengarten*, Anlegerschutz beim Vertrieb von Anteilen an Publikums-Personengesellschaften, Diss. Münster 1987; *Wüst*, Präventiver und repressiver Rechtsschutz bei Anlegerwerbung und Anlagevermittlung, JZ 1989, 67.

49 Vgl. namentlich *Assmann*, *v. Bar*, *Coing*, *Köndgen* und *Lutter*, alle ebd.; rechtspolitische Kritik bei *Knobbe-Keuk*, a.a.O., S. 10f.

einen Gegenstand der *Wissenschaft vom Gesellschaftsrecht* handelt. Das vorliegende Werk soll deshalb hierzu – anders als zu den genuin gesellschaftsrechtlichen Fragen – keinen eigenen Beitrag leisten, sondern nur referieren, was der Benutzer billigerweise an Information erwarten darf[50].

a) In *tatsächlicher Hinsicht* sind die eindeutigen Täuschungsfälle und evidenten Beratungsfehler auf der einen Seite und die Fälle unvorhersehbarer Fehlspekulation auf der anderen Seite jedenfalls vom Rechtsgefühl her eindeutig zu entscheiden. Dazwischen liegt eine Grauzone, in der der Umfang der Informations- und Beratungspflichten schwer abzugrenzen ist[51]. Es liegt auf der Hand, daß für skandalöse Fehlberatungen gehaftet wird, und jedem leuchtet auch ein, daß der ordentlich beratene Anleger das Anlagewagnis selbst auf sich nehmen muß. Der Anlegerschutz kann nicht dazu führen, das Risiko von Fehlspekulationen auf die Anlageberater oder auf das Management der Gesellschaft abzuwälzen. Auf der anderen Seite gibt es Hinweis- und Beratungspflichten, deren Vernachlässigung zur Schadensersatzhaftung führen kann. So muß auf Sondervorteile hingewiesen werden, die den Gründungsgesellschaftern gewährt werden[52], und es kann eine Pflicht bestehen, die steuerliche Anerkennung von Verlustzuweisungen zu prüfen[53]. Ein Anlagevermittler, der vom Anleger um Anlageberatung gebeten wird, genügt seinen Beratungspflichten nicht schon dadurch, daß er dem Anleger schriftliche Unterlagen überläßt, aus denen der Anleger selbst die richtigen Schlüsse ziehen müßte[54]. Auf der anderen Seite begründet nicht schon jede vielleicht ganz unbedeutende Unrichtigkeit oder Unvollständigkeit des Prospekts eine Haftung, sondern entscheidend ist, daß die für die Anlageentscheidung wesentlichen Punkte richtig und vollständig mitgeteilt werden[55]. Die Kasuistik ließe sich fortführen und immer weiter ausdifferenzieren. Nicht nur die Prospekte und die an eine Kapitalanlage gestellten Erwartungen sind ja von Fall zu Fall sehr verschieden, sondern man wird auch zwischen den Adressatenkreisen und Beratungssituationen unterscheiden müssen. Vor allem im Bereich gezielter Wagnisanlagen[56] übernimmt der Anleger zweifellos größere Risiken als bei dem Streben nach einer »sicheren steuergünstigen Anlage«.

---

50 Mehr hierüber bei *Kübler*, § 31; *Hopt,* in: Festgabe 50 Jahre BGH II, a.a.O., S. 528ff.; krit. Überblick bei *Pleyer/Hegel*, ZIP 1986, 681.

51 Überblick bei *Assmann*, a.a.O., S. 313ff.; *Heymann/Horn*, § 161 Rdnr. 200; *Schlegelberger/Martens*, § 161 Rdnrn. 169ff.

52 Vgl. *BGH*, WM 1985, 533, 534; NJW 1995, 130.

53 *BGH*, NJW 1984, 863.

54 *BGH*, NJW 1983, 1730f.

55 *BGHZ* 116, 7, 12 m.w.N.; *BGH* ZIP 2000, 1296, 1297.

56 Dazu etwa *Kau*, Venture Capital and Going public, 1983; *Merkle*, Venture Capital als Instrument des Technologie-Managements, BB 1984, 1060; *Hartmut Schmidt*, Venture Capital und Eigenfinanzierung kleiner Unternehmen im Wege der öffentlichen Emission als komplementäre Alternativen, in: Albach/Held, Betriebswirtschaftslehre mittelständischer Unternehmen, 1984, S. 297.

b) In *rechtsdogmatischer Hinsicht* ist bemerkenswert, daß die Haftung von Prospektverfassern und Anlageberatern ursprünglich aus rein zivilrechtlichen Instituten entwickelt wurde: aus der Konstruktion konkludenter Beratungsverträge und aus der Eigenhaftung des Vertreters oder Vermittlers wegen culpa in contrahendo. Die Haftungsgrundlagen haben sich dann aber gegenüber diesen Instituten mehr und mehr verselbständigt.

aa) Einen selbständigen Auskunftsvertrag hat der *Bundesgerichtshof* bei der Zwischenschaltung eines Vermittlers von Kapitalanlagen angenommen[57]: »Nach gefestigter Rechtsprechung des Bundesgerichtshofs ist eine Haftung aus einem (stillschweigend abgeschlossenen) Beratungsvertrag immer dann zu bejahen, wenn Auskünfte erteilt werden, die für den Empfänger von erkennbar erheblicher Bedeutung sind und die dieser zur Grundlage wesentlicher Entschlüsse oder Maßnahmen machen will. Das gilt insbesondere dann, wenn der Auskunftgeber für die Erteilung der Auskunft sachkundig ist oder wenn bei ihm ein eigenes wirtschaftliches Interesse im Spiel ist. Das Fehlen sonstiger vertraglicher Beziehungen schließt einen solchen haftungsbegründenden Auskunftsvertrag nicht aus; dieser kommt gerade mit der Erteilung der Auskunft zustande ...« Die Konstruktion eines Auskunftsvertrags ist eine in der Rechtsprechung verbreitete Methode zur Begründung nicht-deliktischer Schadensersatzansprüche bei schuldhaft fehlerhafter Information[58]. Ob es dafür der Annahme besonderer Auskunftsverträge bedarf und ob diese Konstruktion dem Sachproblem gerecht wird, wird mit gravierenden Argumenten bestritten[59]. An der Richtigkeit der Ergebnisse ändert das nichts.

bb) Aus Verschulden bei Vertragsverhandlungen (culpa in contrahendo) haftet, wer als Anlagevermittler[60], als Treuhand-Kommanditist[61] oder als Mitglied des Managements der Gesellschaft und Werbeträger[62] selbst Träger des Anlegervertrauens ist und seine Beratungs- und Informationspflichten schuldhaft verletzt[63]. Dogmatische Grundlage dieser Rechtsprechung ist die vor allem von *Ballerstedt*[64] herausgearbeitete Lehre, wonach nicht notwendig der künftige Vertragspartner, sondern derjenige aus culpa in contrahendo

57 *BGHZ* 74, 103, 106 = NJW 1979, 1449; dazu *Röhricht/v. Westphalen/v. Gerkan*, § 161 Rdnr. 156; *Hoegen*, in: Festschrift Stimpel, a.a.O., S. 248; s. auch *BGH*, NJW 1982, 1095, 1096; OLG Düsseldorf, NZG 1999, 609 m. Anm. *Wagner.*

58 Überblick bei *Karsten Schmidt*, in: Rechtsdogmatik und Rechtspolitik, 1990, S. 26.

59 Kritik bei *Assmann*, a.a.O., S. 252; *Köndgen*, Selbstbindung ohne Vertrag, 1981, S. 352ff.

60 Vgl. im Ergebnis *BGHZ* 74, 103, 109; *BGH*, NJW 1982, 1095; 1984, 2524.

61 Vgl. *BGHZ* 84, 141; 116, 7, 11f.; *BGH*, NJW 1995, 130; *OLG Hamm*, NZG 1998, 911.

62 Vgl. *BGHZ* 71, 284, 286ff.; 72, 382, 384f.; 76, 231, 233; *BGH*, NJW 1984, 865; 1984, 2523; 1984, 2524.

63 Dazu m.w.N. *Heymann/Horn*, § 161 Rdnr. 197; s. auch Grigoleit, Vorvertragliche Informationshaftung, 1997, S. 242ff.; die Arbeit befaßt sich im Kern mit der Emanzipation der Informationshaftung von einem angeblich im BGB (nämlich in den §§ 123, 826) angelegten, eine vorvertragliche Fahrlässigkeitshaftung ausschließenden »informationellen Vorsatzdogma«.

64 AcP 151 (1950/51), 501ff.; vgl. besonders noch *Canaris*, in: Festschrift Larenz II, 1983, S. 90ff.; *Bohrer*, Die Haftung des Dispositionsgaranten, 1980; *Erich Schmitz*, Dritthaftung aus culpa in contrahendo, 1980.

haftet, der vorvertragliches Vertrauen in Anspruch genommen hat[65]. Bei *BGH*, LM Nr. 83 zu § 161 HGB = NJW 1984, 865 wird betont, daß diese Haftung nicht nur die Initiatoren, Gründer und Manager der Publikumsgesellschaft trifft, sondern auch Personen, »die in anderer Weise in die Gestaltung des Prospekts ... einbezogen sind und durch ihr nach außen in Erscheinung tretendes Mitwirken einen besonderen Vertrauenstatbestand schaffen und Erklärungen abgeben«. Gleiches gilt nach *BGH*, LM Nr. 109 zu § 161 HGB = NJW 1991, 1608 für einen Kommanditisten, der der Gesellschaft nicht, wie die anderen, als bloßer Anleger beigetreten ist, sondern die Publikumsgesellschaft durch Bürgschaften am Leben hält und deshalb im Lager der Initiatoren steht. Diese Personen haften nach § 278 BGB nicht nur für eigenes Verschulden, sondern auch für ein Verschulden ihrer Erfüllungsgehilfen (vgl. zur Haftungsabgrenzung zwischen den Gründungs- bzw. Geschäftsführungsgesellschaftern und den nicht haftenden Anlegern *BGH*, NJW-RR 1991, 804; 1992, 542). Leichter fällt die Begründung, wenn der Vertrauensträger auch selbst Vertragspartner wird. In NJW 1985, 380 hat der *Bundesgerichtshof* die Haftung eines Gründungsgesellschafters, der selbst Vertragspartner der Beitrittsverträge wurde, für ein Verschulden der zu diesen Beitrittsverträgen ermächtigten Komplementär-GmbH und ihrer Organe bejaht. Bei einer Treuhand-Publikumsgesellschaft (oben unter II 1 b) ist zwar nur der Treuhänder Vertragspartner der Anleger, aber auch die Gründergesellschafter können aus Verschulden bei Vertragsverhandlungen haften, zumal wenn die Anleger, worauf der *Bundesgerichtshof* in NJW 1987, 2677 abgestellt hat, im Innenverhältnis Rechte und Pflichten wie Kommanditisten auch gegenüber den Gründungsgesellschaftern haben. Die Haftungsansprüche gegen diesen Personenkreis verjähren nach der – freilich sehr umstrittenen – Rechtsprechung erst nach Ablauf von 30 Jahren[66].

Daneben gibt es nach der Rechtsprechung des *BGH* das Sonderinstitut einer an Spezialgesetze (BörsG, KAGG, AuslInvestmG) angelehnten *Prospekthaftung*[67]. Nach *BGHZ* 83, 222 verjähren diese Ansprüche binnen sechs Monaten seit dem Zeitpunkt, in dem der Gesellschafter von der Unrichtigkeit oder Unvollständigkeit des Prospekts Kenntnis erlangt, spätestens jedoch in drei Jahren seit dem Beitritt zur Gesellschaft. Diese besondere Prospekthaftung, deren Dogmatik noch recht umstritten ist, löst sich immer deutlicher von der Haftung wegen Verschuldens bei Vertragsverhandlungen und wird zu einem spezifisch kapitalmarktrechtlichen Schutzinstrument[68]. Ihr unterliegen die Veranlasser des Prospekts, und zwar auch dann, wenn sie gegenüber dem Anleger selbst gar nicht in Erscheinung treten. Schließlich kommt auch ein Schutz über §§ 823 II BGB, 264 a StGB in Betracht. Der Straftat-

65 Überblick bei *Ebenroth/Boujong/Joost/Henze,* Anh. B nach § 177 a Rdnr. 61, WM-Beil. 1/1987, S. 17; *Heymann/Horn*, § 161 Rdnrn. 197 ff.; Kritik dieser Praxis z. B. bei *Assmann*, a. a. O., S. 230 ff.; Verteidigung bei *Pleyer*, in: Festschrift Stimpel, a. a. O., S. 335 ff. m. w. N.

66 *BGHZ* 83, 222, 227; 84, 141, 149; *BGH*, NJW 1984, 2523 und 2524; 1987, 2677; 1995, 130; *Kraft/Kreutz*, E V 3 e; *Ebenroth/Boujong/Joost/Henze*, Anh. B nach § 177 a Rdnrn. 44 ff.; *Röhricht/v. Westphalen/v. Gerkan*, § 161 Rdnr. 168; zur Kritik vgl. nur *Köndgen*, a. a. O., S. 50.

67 Einzelheiten str.; vgl. *BGHZ* 79, 337, 340 ff.; 83, 222, 223 ff.; *BGH*, NJW 1984, 2523 = ZIP 1984, 1086, 1087; Überblick bei *Kraft/Kreutz,* E V 3 f.

68 Eingehend *Hopt,* in: Festgabe 50 Jahre BGH II, a. a. O., S. 525 ff.

bestand des Kreditbetruges nach § 264a StGB ist Schutzgesetz i.S. von § 823 II BGB zugunsten der Anleger[69].

4. Rechnungslegung*

In den Vorauflagen wurde an dieser Stelle bemängelt, daß das Bilanzrichtliniengesetz die GmbH & Co. KG den Kapitalgesellschaften bei der Rechnungslegung nicht gleichgestellt hatte und daß die GmbH & Co. KG-Richtlinie von 1990[70] im Jahr 1996 noch immer nicht umgesetzt war[71]. Dieser Mangel des deutschen Rechnungsrechts wurde bei den Publikumsgesellschaften in besonderer Weise deutlich[72]. Mit dem Inkrafttreten des Kapitalgesellschaften & Co.-Richtlinien-Gesetzes ist er behoben (dazu oben, § 56 IV 6).

69 *BGHZ* 116, 7 = NJW 1992, 241.

* Literatur: *Dietrich*, Die Publikums-KG und die gesellschaftsrechtlich geschützten Interessen, 1988, S. 205ff.

70 Richtlinie 90/605/EWG, Abl. EG Nr. L 317 v. 16.11.1990, S. 60.

71 Dazu *Lutter*, Europäisches Unternehmensrecht, 4. Aufl. 1996, S. 143ff.

72 Treffend *Wüst*, ZHR 152 (1988), 233ff.

Fünfter Abschnitt: Die Gesellschaft bürgerlichen Rechts

§ 58 Grundlagen*

I. Das Gesetz und die Aufgaben der Rechtsanwendung

1. Die Definition der BGB-Gesellschaft

a) Wie sich aus § 705 BGB ergibt, ist die Gesellschaft bürgerlichen Rechts eine *vertragliche Verbindung mehrerer Personen zur Förderung eines gemeinsamen Zwecks.* Damit stehen die entscheidenden *Merkmale der Gesellschaft* fest:
– das Vorhandensein mehrerer Gesellschafter (es gibt keine Einpersonen-BGB-Gesellschaft; vgl. oben, § 8 IV 2 b),

---

* Literatur (Auswahl): *Aderhold*, Das Schuldmodell der BGB-Gesellschaft, 1981; *Alberts*, Die Gesellschaft bürgerlichen Rechts im Umbruch, 1994; *Altmeppen*, Zur Rechtsnatur der Gesellschaft bürgerlichen Rechts sowie zur persönlichen Haftung der Gesellschafter für Gesellschaftsschulden, ZIP 1999, 1758; *Barner*, Die Arbeitsgemeinschaft in der Bauwirtschaft als besonderer gesellschaftsrechtlicher Typus, Diss. Mannheim 1971; *Baumann*, Rechtsnatur und Haftungsverfassung der Gesellschaft bürgerlichen Rechts ..., JZ 2001, 895; *Breuninger*, Die BGB-Gesellschaft als Rechtssubjekt im Wirtschaftsverkehr, 1991; *Dauner-Lieb*, Die BGB-Gesellschaft im System der Personengesellschaften, in: Die Reform des Handelsstandes und der Personengesellschaften, 1999, S. 95; *dies.*, Ein neues Fundament für die BGB-Gesellschaft, DStR 2001, 356; *dies.*, Das »Weiße Roß«-Urteil des BGH ..., in: VGR 5 (2002), S. 117; *Derleder*, Die Aufgabe der monistischen Struktur der Gesellschaft bürgerlichen Rechts ..., BB 2001, 2485; *Lutz Fischer*, Die Gesellschaft Bürgerlichen Rechts, 1977; *Geiler*, Die Gesellschaft bürgerlichen Rechts (= Sonderausgabe aus: Düringer/Hachenburg, HGB, Bd. II/1, 3. Aufl.), 1932; *Groth*, Die analoge Anwendung von oHG-Recht auf BGB-Gesellschaften, 1994; *Gummert*, Das »Weiße Roß«-Urteil des BGH ..., in: VGR 5 (2002), S. 141; *Habersack*, Zur Rechtsnatur der Gesellschaft bürgerlichen Rechts, JuS 1990, 179; *Hennecke*, Das Sondervermögen der Gesamthand, 1976; *John*, Die organisierte Rechtsperson, 1977; *Kirberger*, Die BGB-Gesellschaft auf dem Weg zur Rechtspersönlichkeit, in: Festschrift Leser, 1998, S. 219; *Knoke*, Das Recht der Gesellschaft nach dem Bürgerlichen Gesetzbuch für das Deutsche Reich, 1901; *Kornblum*, Die Haftung der Gesellschafter für Verbindlichkeiten der Gesellschaft, 1972; *Lach*, Formen freiberuflicher Zusammenarbeit, Diss. München 1970; *Michalski*, Das Gesellschafts- und Kartellrecht der berufsrechtlich gebundenen freien Berufe, 1989; *Nicknig*, Die Haftung der Mitglieder einer BGB-Gesellschaft für Gesellschaftsschulden, 1972; *Schafheutle*, Gesellschaftsbegriff und Erwerb in das Gesellschaftsvermögen, 1931; *Karsten Schmidt*, Gesellschaft bürgerlichen Rechts, in: Gutachten und Vorschläge zur Überarbeitung des Schuldrechts III, 1983, S. 413; *ders.*, Zur Vermögensordnung der Gesamthands-BGB-Gesellschaft, JZ 1985, 909; *ders.*, Die Personengesellschaft als Rechtsträger, in: Institut der Wirtschaftsprüfer (Hrsg.), Personengesellschaft und Bilanzierung, 1990, S. 41; *ders.*, Die BGB-Außengesellschaft: rechts- und parteifähig!, NJW 2001, 993; *Schücking*, Entwicklung, Bedeutung und Erscheinungsformen der BGB-Gesellschaft, in: Riegger/Weipert (Hrsg.), Münchener Handbuch des Gesellschaftsrechts I, 1995, §§ 1 ff.; *Schünemann*, Grundprobleme der Gesamthandsgesellschaft, 1975; *Schulze-Osterloh*, Das Prinzip der gesamthänderischen Bindung, 1972; *ders.*, Der gemeinsame Zweck der Personengesellschaften,

- das Vorhandensein eines Gesellschaftsvertrags (es gibt keine »faktische«, wohl allerdings eine fehlerhafte Gesellschaft; vgl. oben, § 6 I 2),
- das Vorhandensein eines gemeinsamen Zwecks (dazu näher oben, § 4 I, II) und
- eine Förderungspflicht der Parteien (vgl. zum Beitragsbegriff oben, § 20 II).

Faßt man die Aufgabe einer Definition als Aufzählung derjenigen Merkmale auf, die erforderlich und ausreichend sind, so genügt allerdings diese Definition nicht, denn auch andere Personengesellschaften pflegen die geschilderten Merkmale aufzuweisen. Man wird also als negatives Merkmal hinzufügen müssen, daß keine Körperschaft und keine spezialgesetzlich geregelte Personengesellschaft vorliegen darf (also keine oHG, KG, stille Gesellschaft, Partnerschaftsgesellschaft, EWIV oder Partenreederei), muß sich allerdings auch darüber klar sein, daß diese Sonderrechtsformen nur Ausprägungen der in §§ 705 ff. BGB enthaltenen Grundmodelle sind: der Außengesellschaft und der Innengesellschaft. Einzelheiten über den Tatbestand der Gesellschaft bürgerlichen Rechts werden unter § 59 I mitgeteilt.

b) In den bisher vorhandenen Darstellungen des Gesellschaftsrechts wird die hiermit definierte Gesellschaft bürgerlichen Rechts meist als erste unter allen Gesellschaftsformen besprochen, weil die BGB-Gesellschaft – nicht ohne Grund, wie gezeigt werden soll – als Grundform der Personengesellschaften, wenn nicht all der gesellschaftsrechtlichen Gebilde überhaupt, angesehen wird. Bereits unter § 3 V ist darauf hingewiesen worden, warum die vorliegende Darstellung einen anderen Weg gehen muß. Der Grund liegt im *Fortbildungsbedarf des BGB-Gesellschaftsrechts.* Das Recht der BGB-Gesellschaft ist vielleicht nicht das bedeutsamste, aber doch wohl das schwierigste Gebiet des Besonderen Gesellschaftsrechts[1], weil

- das Gesetzesrecht der §§ 705 ff. BGB fragmentarisch,
- die Vielfalt der Gestaltungen verwirrend und
- eine systematische und praktikable Ordnung dieser Vielfalt dem Gesetzesrecht nicht zu entnehmen ist.

Solange es bei dem gegenwärtigen Stand der Gesetzgebung bleibt[2], setzt deshalb die Lösung von Problemen der Gesellschaft bürgerlichen Rechts souveräne Kenntnis des Personengesellschaftsrechts und der allgemeinen Lehren voraus.

1973; *Steckhan*, Die Innengesellschaft, 1966; *Thiery*, Die Gesellschaft bürgerlichen Rechts als Unternehmer, Wien 1989; *Timm*, Die Rechtsfähigkeit der Gesellschaft bürgerlichen Rechts und ihre Haftungsverfassung, NJW 1995, 3209; *Ulmer*, Gesellschaft bürgerlichen Rechts (= Sonderausgabe aus: Münchener Kommentar zum BGB), 3. Aufl. 1997; *ders.*, Die höchstrichterlich »enträtselte« Gesellschaft bürgerlichen Rechts, ZIP 2001, 585; *ders.*, Grundbuchfähigkeit einer rechts- und parteifähigen GbR, NJW 2002, 330; *H.P. Westermann*, Handbuch der Personengesellschaften, Rdnrn. I 27 ff.; *ders.*, Vertragsfreiheit und Typengesetzlichkeit im Recht der Personengesellschaften, 1970; *Zöllner*, Rechtsfähigkeit der BGB-Gesellschaft – ein Sachverstands- oder Kommunikationsproblem? in: Festschrift Kraft, 1998, S. 701.

1 Vgl. *Karsten Schmidt*, JZ 1985, 909.

2 Änderungsvorschläge des Verfassers im Gutachten, a. a. O.; dagegen *Ulmer*, ZGR 1484, 313.

2. Einheit und Vielfalt im Recht der BGB-Gesellschaft

a) Der Gesetzgeber des BGB hat in §§ 705ff. »die« Gesellschaft bürgerlichen Rechts als einheitliche Rechtsform geregelt. Da unter diese formale Einheitsrechtsform eine ganze *Vielfalt* von tatsächlichen Erscheinungen mit ganz unterschiedlichen Rechtsproblemen fällt, besteht eine wesentliche Aufgabe darin, diese Vielfalt zu ordnen und dabei rechtsrelevante Strukturunterschiede aufzuzeigen (vgl. zur Typengesetzlichkeit schon oben, § 5 II 4). Die hieraus resultierende Flut von Problemen wird aus zwei Quellen gespeist.

aa) In *rechtstatsächlicher* Hinsicht muß zunächst die immense Zahl und die Vielfalt der Erscheinungsformen hervorgehoben werden. Die unter §§ 705ff. BGB fallenden Rechtsverhältnisse sind nicht zu zählen, und sie unterscheiden sich qualitativ stärker als bei irgendeiner anderen gesellschaftsrechtlichen Rechtsform. Wenn der gemeinschaftliche Kauf eines Lotterieloses ebenso Gesellschaftsgegenstand sein kann wie ein auf Jahrzehnte geschlossener Kooperationsvertrag unter Großunternehmen, ein Bankenkonsortium, ein Immobilienfonds oder eine aus 40 Partnern bestehende Anwaltssozietät, dann liegt die Streubreite des BGB-Gesellschaftsrechts klar auf der Hand.

bb) In *rechtssystematischer* Hinsicht fällt auf, daß sich der Gesetzgeber in §§ 705ff. BGB trotz der tatsächlichen Uneinheitlichkeit seines Regelungsgegenstandes ein Einheitsgebilde vorzustellen scheint. Dieses »Prinzip der Universalität«[3] ist einerseits von großem Nutzen, denn auf diese Weise kann eine große Lebensvielfalt ohne kapitale Gesetzeslücken eingefangen und flexibel geordnet werden. Auf der anderen Seite nötigt dieses Prinzip zur Differenzierung, denn die Fülle der Erscheinungen kann eben nicht mit wenigen unveränderbaren Regeln erfaßt werden. Das Gesetzesrecht der BGB-Gesellschaft liefert der Rechtsanwendung nur einen losen Rahmen.

Beispiel Nr. 1: Drei Arbeitnehmer schließen miteinander einen »Fahrgemeinschafts-Vertrag«, in dem sich jeder verpflichtet, den Aufwand aus gemeinsamen Fahrten zur Arbeitsstätte zu gleichen Teilen mitzutragen und hierfür turnusmäßig den eigenen Pkw zur Verfügung zu stellen. Dies ist eine Gesellschaft bürgerlichen Rechts.

Beispiel Nr. 2: Eine Forstwirtschafts-GmbH & Co. KG wird mit Wirkung vom 1. 1. eines Jahres gegründet und beginnt am 2. 1. mit ihren Geschäften, obwohl die Kommanditgesellschaft erst am 1.4. in das Handelsregister eingetragen wird. Da das forstwirtschaftliche Gewerbe diese Gesellschaft nur zum »Kannkaufmann« macht (Handelsrecht, § 10 VI), ist diese Gesellschaft bis zum 31.3. noch keine Kommanditgesellschaft, sondern eine Gesellschaft bürgerlichen Rechts (§§ 3, 123, 161 II HGB und dazu oben, § 53 II 1).

Wir haben hier zwei Gesellschaften gleicher Rechtsform vor uns, doch ein größerer Unterschied zwischen zwei personengesellschaftsrechtlichen Gestaltungen läßt sich kaum denken: einmal ein bloßes Schuldverhältnis ohne Gesellschaftsvermögen und ohne jedes Auftreten im Außenverhältnis, einmal eine unternehmenstragende Gesellschaft, die wie jeder Unternehmensträger fähig sein muß, ein Unternehmensvermögen zu haben und nach außen hin rechtlich wirksam zu handeln (Handelsrecht, § 5 II 1).

---

3 Dazu *Karsten Schmidt*, Gutachten, a.a.O., S. 460ff.

b) Die Systemfragen des BGB-Gesellschaftsrechts werden dadurch nicht einfacher, daß der Gesetzgeber das in sich inhomogene Recht der BGB-Gesellschaft auch noch zum *Sitz grundlegender Regelungen* gemacht hat, die systematisch zum allgemeinen Gesellschaftsrecht oder doch zu den allgemeinen Regeln des Personengesellschaftsrechts gehören, vom Gesetzgeber aber im Sonderrecht der BGB-Gesellschaft verstreut worden sind. Hervorzuheben sind etwa

- der Grundbegriff des gemeinsamen Zwecks (§ 705 BGB; dazu oben, § 4 I),
- der Grundsatz, daß ohne besondere Regelung keine Nachschüsse geschuldet werden (§ 707 BGB; dazu oben, § 16 III 3b cc),
- das Verbot der Abspaltung von Mitgliedschaftsrechten (§ 717 BGB; dazu oben, § 19 III 4),
- das Prinzip der Abfindung ausscheidender Gesellschafter und der sog. Anwachsung (§ 738 BGB; dazu oben, § 45 II 5).

Die Betrachtung der Gesellschaft bürgerlichen Rechts als Grundform aller Personengesellschaften kommt insofern nicht von ungefähr. Die §§ 705ff. BGB gelten subsidiär auch für die offene Handelsgesellschaft (§ 105 III HGB), für die Kommanditgesellschaft (§§ 105 III, 161 II HGB), für die EWIV (§§ 1 EWIV-AusführungsG, 105 III HGB), aber auch für die stille Gesellschaft, obwohl § 230 HGB dies nicht ausspricht (unten, § 62 I 1c).

3. Die Vermögensordnung der BGB-Gesellschaft

Wie oben (§ 3 I 3 und § 7 I) entwickelt wurde, kann eine Gesellschaft

- Schuldverhältnis,
- Verband und
- Rechtsträger

sein. Jede Gesellschaft begründet mindestens – aber nicht unbedingt ausschließlich – schuldrechtliche Beziehungen. Jede Gesellschaft – gleich, ob Außengesellschaft oder bloße Innengesellschaft – kann als Verband von Mitgliedern verfaßt sein; die Außengesellschaft (dazu unter II 2) ist stets – wenn auch mehr oder weniger ausgeprägt – verbandsrechtlich strukturiert, die Innengesellschaft kann verbandsmäßig strukturiert sein, wenn sie sich nicht – was der Regelfall ist – in einem bloßen Schuldverhältnis erschöpft (vgl. auch oben, § 7 I 2). Aber nicht jede Gesellschaft kann Trägerin eines Gesellschaftsvermögens sein. Diese schwierigen Strukturfragen des Gesellschaftsrechts gehen mitten durch das Recht der BGB-Gesellschaft hindurch. Vor allem ihre Vermögensordnung ist deshalb vielschichtig und schwierig[4]. Das hat verschiedene Gründe.

a) Der erste Grund besteht in dem *Aufeinandertreffen von Innenrecht und Außenrecht.* Die Gesellschaft kann reine Innengesellschaft sein. Sie beschränkt sich dann regelmäßig auf ein Schuldverhältnis, aber selbst wenn sie als Verband ausgestaltet ist – z.B. Organe hat und Beschlüsse faßt –, besteht doch ein mitgliedschaftliches Organisationsverhältnis nur unter den

4 Dazu *Karsten Schmidt*, Gutachten, a.a.O., S. 460ff.

Gesellschaftern. Ein Gesellschaftsvermögen und ein Außenhandeln gibt es bei einer solchen Gesellschaft nicht. Nach dem Ersten Entwurf des BGB sollte die Gesellschaft auf diese Gestaltung beschränkt bleiben[5]. Nach der dann verabschiedeten Gesetzesfassung[6] kann die Gesellschaft auch eine sog. Gesamthandsgesellschaft sein und hat dann eine eigene Vermögensordnung. Hier zeigt sich deutlich die oben angemerkte Inhomogenität dieser Rechtsform: Jede Gesellschaft hat ein den §§ 705 ff. BGB unterliegendes Innenrecht, aber die Gesellschafter können eine von einer bloßen Innengesellschaft kraß abweichende Rechtszuordnung schaffen, indem sie die Gesellschaft als eine Organisation mit eigenem Vermögen ausgestalten. Bedenklich ist, daß sich diese Bildung eines besonderen Rechtsträgers in Form einer BGB-Gesellschaft entgegen den Grundregeln des Gesellschaftsrechts jeder Kontrolle und Publizität entzieht: Strenge Normativbestimmungen brauchen die Gesellschafter für die Begründung einer BGB-Außengesellschaft nicht einzuhalten. Sie brauchen dies nur zu wollen und ein »gemeinschaftliches Vermögen der Gesellschafter« zu bilden (§ 718 I BGB), das dann der Verfügungsmacht des Einzelgesellschafters entzogen ist. Die Gesellschaft bürgerlichen Rechts unterliegt als Rechtsträgerin weder dem Konzessionssystem (dazu oben, § 8 II 5) noch dem Registrierungssystem (dazu oben, § 8 II 5). Das Entstehen und die Beendigung der sog. Gesamthands-BGB-Gesellschaft entbehrt auch jeglicher Publizität, denn ein Register für BGB-Außengesellschaften gibt es nicht. Dabei hat die Willkürentscheidung der Gesellschafter gravierende Rechtsfolgen.

Beispiel Nr. 3: Die Radamateure A, B und C sowie ihr Trainer T tun sich zu einem »Rennstall« in Gestalt einer Gesellschaft bürgerlichen Rechts zusammen. T stellt seinen Transporter zur Verfügung, A, B und C dagegen je zwei Fahrräder. Angenommen, ein Gläubiger G des A pfändete die von A gefahrenen Räder, so kann sich die Rechtslage sehr unterschiedlich darstellen. Liegt eine reine Innengesellschaft vor, und hat A nur seine sportlichen Leistungen in den Dienst der Gesellschaft gestellt, so bestehen gegen die Pfändung keine Bedenken. Die Fahrräder sind dann ja Eigentum des A geblieben. Befinden sich dagegen die Fahrräder im Gesellschaftsvermögen, so genügt nach § 736 ZPO ein nur gegen den Gesellschafter A ergangenes Urteil nicht. Da G ein gegen die Gesellschaft oder gegen alle Gesellschafter gerichtetes Urteil weder hat noch bekommt, käme gegen eine etwa erfolgende Pfändung der zum Gesellschaftsvermögen gehörenden Räder die Drittwiderspruchsklage (§ 771 ZPO) zum Zuge. Aus einem nur gegen den A gerichteten Titel könnte G dann nicht die Fahrräder, sondern nur den Anteil des A pfänden (§ 859 ZPO) und das Gesellschaftsverhältnis kündigen (§ 725 BGB).

Ersichtlich ist die Begründung eines Gesellschaftsvermögens folgenreich, und zwar auch für Dritte. Der Fall verdeutlicht auch, daß das Fehlen jeglicher Publizität der BGB-Außengesellschaft für den Rechtsverkehr Nachteile mit sich bringt (vgl. näher unter IV 2, 3). Schon die Gesellschafter sind mit der Rechtszuordnung oft überfordert, weil das Gesetz ihnen keine klare Entscheidung für die Innen- oder Außengesellschaft abnötigt. Und der Gläubiger kann die bestehende Vermögenslage erst recht nicht durchschauen. Hinzu kommt die fehlende Publizität eines Rechtsübergangs. Selbst wenn ein

5 §§ 629 ff. BGB-E I.
6 Zur Einführung des Gesamthandsprinzips vgl. Prot., in: *Mugdan* II, S. 988 ff.

Grundstück für mehrere Gesellschafter »in Gesellschaft bürgerlichen Rechts« eingetragen ist, kann das Grundbuch im Zeitpunkt des Vollstreckungszugriffs längst unrichtig sein, weil z.B. die Gesellschaftsanteile übertragen worden sind oder die BGB-Gesellschaft erloschen ist, ohne daß dies irgendwo erkennbar gemacht wäre (vgl. unten unter IV 3).

b) Hinzu tritt eine andere Komplikation. *Selbst wenn feststeht, daß eine BGB-Außengesellschaft vorliegt, beginnen die eigentlichen Schwierigkeiten erst.* Die Gesellschaft bürgerlichen Rechts ist nicht Keimzelle des Rechtsinstituts Gesamthand, wohl aber Keimzelle des Theorienstreits um die Gesamthand (zu diesem vgl. oben, § 8 III). Das hat nicht bloß theoretische, sondern durchaus praktische Gründe. Wenn eine Gesellschaft bürgerlichen Rechts vorliegt, werden selbst einfach gelagerte Fälle so kompliziert, daß immer wieder der *Bundesgerichtshof* bemüht werden muß, und zwar bei Rechtsfragen, die den Aufwand eines Grundsatzprozesses eigentlich nicht rechtfertigen können. Ausgewählte Beispielfälle, auf die zurückzukommen sein wird, sollen dies zeigen.

Beispiel Nr. 4 (vgl. *BGHZ* 56, 355; 70, 247; s. auch *BGH*, NJW 1991, 49, 50; 1991, 1225): Mandant M der Anwaltssozietät »Dr. A und Partner GbR« erleidet einen Schaden dadurch, daß einer der Anwaltssozien eine Frist versäumt. Wer ist Vertragspartner des M? Wer haftet?

Beispiel Nr. 5 (vgl. *BGH*, NJW 1983, 1905 = JuS 1983, 804 m. Anm. *Karsten Schmidt*): X und Y betreiben in Gestalt einer Gesellschaft bürgerlichen Rechts ein kleines Filmtheater. Aufgrund eines unwirksamen Vertrags hat Filmverleiher F Leistungen an die Gesellschaft erbracht. Wer ist Leistungsempfänger i.S. von § 812 BGB? Wer haftet?

Beispiel Nr. 6 (nach *BGHZ* 45, 311): Kunde K bringt seinen Wagen in die Kraftfahrzeugwerkstatt G & T, eine Gesellschaft bürgerlichen Rechts. T verschuldet durch schlechte Reparatur einen Sach- und Körperschaden des K. Wer haftet?

Beispiel Nr. 7 (vgl. *BFHE* 145, 13; *BFH*, NJW 1990, 2086 = JuS 1990, 760; *OLG Hamm*, NJW-RR 1990, 615 = JuS 1990, 760 m. Anm. *Karsten Schmidt*): Die Gesellschaft begleicht Umsatz- und Gewerbesteuerschulden nicht. Haften die Gesellschafter?

Beispiel Nr. 8 (vgl. *BGH*, NJW 1996, 2859 = JuS 1996, 1130 m. Anm. *Karsten Schmidt*): A und B praktizieren gemeinsam als Rechtsanwälte. Mandant M bezahlt das von der Sozietät in Rechnung gestellte Honorar nicht. Kann A (auch wenn er aus der Sozietät ausgeschieden ist?) dieses Honorar als Gesamtgläubiger des M nach § 428 BGB einklagen (dazu unten, § 60 II 1 b)?

Beispiel Nr. 9 (nach *BGHZ* 142, 315 = NJW 1999, 3443): Die Gesellschafter einer unternehmerisch tätigen Gesellschaft bürgerlichen Rechts hatten diese als »GbR mbH« bezeichnet. Hafteten sie trotzdem unbeschränkt aus einem für die Gesellschaft geschlossenen Mietvertrag über eine Maschine (dazu unten, § 60 III 2 c)?

Beispiel Nr. 10 (nach *BGHZ* 146, 341 = NJW 2001, 1056): Kann eine Arbeitsgemeinschaft im Baugewerbe (ARGE) aus einem in ihrem Namen gekennzeichneten Wechsel verklagt und verurteilt werden, und haften die Gesellschafter für diese Wechselschuld auch persönlich (dazu unten, § 60 III 2)?

Keiner dieser Fälle würde auch nur geringe Schwierigkeiten bereiten, wenn eine oHG vorläge. Das Vorhandensein einer Gesellschaft bürgerlichen Rechts macht aus ihnen schwierigste Problemfälle. Nicht die Fälle sind aber so kompliziert, sondern es ist nur das Gesetzesrecht der Gesellschaft bürgerlichen Rechts so mangelhaft (näher unter IV).

II. Die rechtlichen Strukturtypen

Aus der tatsächlichen Vielfalt der Erscheinungsformen ragen zunächst Strukturtypen[7] heraus, deren unterschiedliche Gestalt sich unmittelbar rechtlich niederschlagen muß.

1. Dauergesellschaft und Gelegenheitsgesellschaft

Die Gegenüberstellung von Dauergesellschaften und Gelegenheitsgesellschaften[8] verdeutlicht bereits von den Rechtstatsachen her die Spannbreite der von §§ 705 ff. BGB zu erfassenden Rechtsverhältnisse. Das Schrifttum verzichtet durchweg auf eine genaue Abgrenzung. Man wird nicht auf die tatsächliche Dauer der Gesellschaft abstellen dürfen, sondern nur auf den *Gesellschaftszweck*. Gelegenheitsgesellschaften sind solche Gesellschaftsvertragsverhältnisse, die nach dem einverständlichen Willen der Parteien durch Zweckerreichung oder Zweckerledigung enden sollen (vgl. § 726 BGB). Auch Dauergesellschaften können zwar auf diese Weise beendigt werden (vgl. § 726 BGB), aber bei ihnen ist dies ein unprogrammäßiges Ende der Gesellschaft. Konsortien und ähnliche ad-hoc-Kooperationsverhältnisse sind klassische Gelegenheitsgesellschaften, unternehmenstragende Gesellschaften dagegen sind typische Dauergesellschaften. Nach der rein zahlenmäßigen Häufigkeit könnte man die Gelegenheitsgesellschaft geradezu als den wichtigsten Fall der Gesellschaft bürgerlichen Rechts bezeichnen. Ihre Sonderbehandlung ergibt sich aber meistens ohne weiteres aus der Lage des Einzelfalls und bereitet keine grundsätzlichen Schwierigkeiten.

2. Außengesellschaft und Innengesellschaft, Gesellschaften mit und ohne Gesellschaftsvermögen

a) Ein für die Ordnung der Gesellschaften ebenso wie für den Rechtsverkehr bedeutsames Unterscheidungskriterium ist das zwischen *Außengesellschaften*

---

7 Vgl. zum folgenden *Karsten Schmidt*, Gutachten, a.a.O., S. 448ff.; übereinst. *Soergel/Hadding*, 11. Aufl., vor § 705 Rdnrn. 27ff.

8 Vgl. nur *Bick*, Die Gelegenheitsgesellschaft, 1957, S. 9ff.; *Schücking*, a.a.O., § 4 Rdnrn. 7ff.; *Bick* (S. 20) unterscheidet noch zwischen »offenen« und »stillen« Gelegenheitsgesellschaften; ob die Gelegenheitsgesellschaft als Außengesellschaft vorkommt, mag zweifelhaft sein; regelrechte Gesamthand wird sie schwerlich sein.

und Innengesellschaften[9]. Als Außengesellschaften bezeichnet man diejenigen, die nach den unter den Gesellschaftern getroffenen Vereinbarungen als solche am Rechtsverkehr teilnehmen, also nach außen in Erscheinung treten sollen[10]. Innengesellschaften bleiben dagegen auf die interne Vereinbarung beschränkt und treten als solche nach außen nicht in Erscheinung[11]. Selbst so »handelsrechtlich« scheinende Gebilde wie die stille Gesellschaft (unten, § 62) und die Unterbeteiligungsgesellschaft (unten, § 63) sind nichts als Varianten der Innengesellschaft bürgerlichen Rechts[12]. Handelsgesellschaften können sie nicht sein, weil sie als Innengesellschaften keine Rechts- und Handelssubjekte sind. – Die rechtliche Sonderbehandlung der Außengesellschaften gegenüber den Innengesellschaften ist eine schlichte Notwendigkeit. Ob sich die Rechtsverhältnisse der Gesellschaft nur unter den Gesellschaftern abspielen oder auch im Verhältnis zu Dritten, kann nicht ohne rechtliche Folgen sein. Die *Abgrenzung* ist im Einzelfall vielfach schwieriger, als es die unproblematisch scheinende Abgrenzungsformel der herrschenden Lehre vermuten läßt[13]. Schon unser *Beispiel Nr. 3* hat dies verdeutlicht. Nach der hier vertretenen Auffassung kann es für den Tatbestand einer Außengesellschaft nicht genügen, wenn die Gesellschaft nach außen erkennbar gemacht wird, sondern eine Außengesellschaft liegt nur vor, wenn die Gesellschaft »als solche« – also als Rechtsträgerin – am Rechtsverkehr teilnimmt (oben, § 7 I 2b und § 43 II 3; unten, § 60 I 2)[14]: Das Streichquartett oder das private Rennteam kann – obwohl hörbar und sichtbar nach außen in Erscheinung tretend – eine Innengesellschaft sein, wenn nicht »die Gesellschaft« am Rechtsverkehr teilnimmt, sondern nur die ihr zugehörigen Einzelpersonen. Auch bei der Beteiligung an einem Unternehmen kommt es auf die jeweilige Gestaltung an: Ein Unternehmer kann Einzelunternehmer bleiben, auch wenn sich ein Dritter mit einer Einlage an seinem Unternehmen und am Gewinn beteiligt (dann Innengesellschaft), aber beide können sich auch zu einer unternehmenstragenden Gesellschaft (dazu alsbald unter V) zusammentun (dann Außengesellschaft)[15]. Im Einzelfall kann die Abgrenzung aber sehr schwierig sein, weil z.B. unser Streichquartett alle Verträge mit dem Gesamtnamen (»Quakenbrücker Quartett«) und allen Unterschriften zeichnet. Das macht den Rechtsverkehr mit einer Gesellschaft bürgerlichen Rechts nicht einfacher (vgl. zu den Prozeßproblemen deshalb unten, § 60 IV).

b) Ebenso wichtig wie die Unterscheidung zwischen Außengesellschaften und Innengesellschaften ist diejenige zwischen *Gesellschaften mit und ohne*

---

9 Vgl. nur *Schücking*, a.a.O., § 3 Rdnrn. 10ff.; *Ulmer*, Gesellschaft bürgerlichen Rechts, vor § 705 Rdnr. 69; *Staudinger/Keßler*, 12. Aufl., vor § 705 Rdnrn. 90ff.; krit. *Steckhan*, a.a.O., S. 17f. und passim; ihm folgend *Schünemann*, a.a.O., S. 182ff.; dazu *Flume*, Personengesellschaft, § 1 III: »seltsame Übersteigerung des Gesamthandsprinzips«.

10 *Ulmer*, Gesellschaft bürgerlichen Rechts, vor § 705 Rdnr. 69.

11 *RGZ* 166, 160, 163; *BGHZ* 12, 308, 314f.

12 Vgl. *Karsten Schmidt*, in: MünchKommHGB, § 230 Rdnr. 6 (stille Gesellschaft), 194 (Unterbeteiligung); zur Unterbeteiligungsgesellschaft auch *Erman/Westermann*, vor § 705 Rdnr. 35.

13 Vgl. *BGH*, LM Nr. 11 zu § 705 BGB = WM 1960, 863; WM 1965, 1134; DB 1966, 336 = DNotZ 1966, 502 = WM 1966, 31.

14 Näher *Karsten Schmidt*, JuS 1988, 445; a.M. *Breuninger*, a.a.O., S. 129ff.

15 Zur Abgrenzung vgl. *OLG Köln*, NJW-RR 1996, 27, 28.

Gesellschaftsvermögen. In rechtsdogmatischer Hinsicht ist umstritten, ob Außengesellschaften notwendig »Gesamthandsgesellschaften« und ob Innengesellschaften niemals »Gesamthandsgesellschaften« sind. Die heute herrschende Auffassung erkennt ein solches Junktim nicht an: Außengesellschaften müssen nach ihr kein Gesellschaftsvermögen haben[16], und Innengesellschaften – dieser Punkt blieb umstritten[17] – können nach verbreiteter Auffassung ein Gesellschaftsvermögen haben[18]. Nach der hier vertretenen Auffassung (oben, § 7 I 2 und § 43 II 3b) besteht im Personengesellschaftsrecht folgende Gesetzmäßigkeit[19]:

- Die sog. Gesamthandsgesellschaften mit eigenem Gesellschaftsvermögen sind immer Außengesellschaften.
- Innengesellschaften sind niemals sog. Gesamthandsgesellschaften.
- Außengesellschaften – allein dies scheint wirklich zweifelhaft – sind immer sog. Gesamthandsgesellschaften, denn nur Gesellschaften mit einem eigenen Vermögen können »als solche«, also als Rechtsträger, am Rechtsverkehr teilnehmen.

c) Dem entspricht die *unterschiedliche Behandlung der Außen- und Innengesellschaften im Fall der Auflösung:* Eine aufgelöste Außengesellschaft muß als Rechtsträgerin liquidiert und zur Vollbeendigung gebracht werden, eine aufgelöste Innengesellschaft wird nur durch Verrechnung der unter den Gesellschaftern bestehenden Ansprüche abgewickelt[20].

3. »Personalistische« und »kapitalistische« Gesellschaft

Die Gesellschaft ist nach der gesellschaftsrechtlichen Systematik Personengesellschaft (oben, § I 1 b). Auch im Detail ist sie vom Gesetz »personalistisch« konzipiert, d. h. als eine kooperative Verbindung eines geschlossenen Vertragspartnerkreises (deutlich §§ 709–714 BGB). Das Vordringen »körperschaftlicher« Strukturen in das Recht der Personengesellschaften (oben, § 5 II 4) hat jedoch vor dem Recht der BGB-Gesellschaft nicht halt gemacht. War es zunächst vor allem die Kommanditgesellschaft, die als Kapitalsammelbecken und Publikumsgesellschaft dienen konnte (näher oben, § 57 I 2), so hat die Entwicklung über die stille Gesellschaft (dazu unten, § 62 II 2d) und die Unterbeteiligung (vgl. unten, § 63 I 2b) auch den Regelungsbereich der Gesellschaft bürgerlichen Rechts erfaßt (vgl. auch oben, § 57 I

16 *RGZ* 80, 268, 271; 92, 341, 342; 142, 13, 20f.; *OLG München*, NJW 1968, 1384, 1385; *Geiler*, a.a.O., Anm. 53; *Ulmer*, Gesellschaft bürgerlichen Rechts, § 705 Rdnr. 209; *Erman/Westermann*, vor § 705 Rdnr. 24; *Staudinger/Keßler*, 12. Aufl., vor § 705 Rdnrn. 85ff.; *Soergel/Hadding*, 11. Aufl., vor § 705 Rdnr. 28.

17 Die traditionelle Lehre verneint; vgl. nur *Geiler*, a.a.O., Anm. 316; *Flume*, Personengesellschaft, § 1 III.

18 Vgl. *Steckhan*, a.a.O., S. 74ff.; *Koenigs*, Die stille Gesellschaft, 1961, S. 37f.; *H. P. Westermann*, a.a.O., S. 187f., 201ff.; *Ulmer*, Gesellschaft bürgerlichen Rechts, § 705 Rdnr. 234.

19 Zust. *Timm*, NJW 1995, 3216.

20 Vgl. *BGH*, NJW 1990, 573ff.

2b)[21]. Es ist nicht zu verkennen, daß die Herausbildung dieser dem historischen Gesetzgeber unbekannten Erscheinung nicht mehr allein mit dem geltenden Gesetzesrecht der §§ 705ff. BGB, sondern nur noch im Zusammenwirken mit allgemeinen verbandsrechtlichen Schutzmechanismen bewältigt werden kann. Das Recht der BGB-Gesellschaft spielt sich dann zunehmend außerhalb der §§ 705ff. BGB ab. Eine Sonderbehandlung gerade der *Publikumsgesellschaft bürgerlichen Rechts* ist also gleichfalls unvermeidlich (näher oben, § 57).

4. Schlicht zivilistische Gesellschaft und Mitunternehmer-BGB-Gesellschaft

a) Von der bisher herrschenden Auffassung vernachlässigt, aber für die rechtsfortbildende Praxis unentbehrlich ist der Unterschied zwischen schlicht zivilistischen und unternehmenstragenden Gesellschaften[22]. Dieser an anderer Stelle ausführlich entwickelte Gegensatz kommt zwar im Gesetz nicht zum Ausdruck, aber er erweist sich immer wieder als eine sachgerechte Differenzierung für die Ordnung und Fortbildung des Rechts der BGB-Gesellschaft. Hat man einmal erkannt, daß es »die« Gesellschaft bürgerlichen Rechts weder tatsächlich noch rechtlich als Einheitsinstitut gibt, so stehen Praxis und Wissenschaft vor der Frage, ob in der Rechtsfortbildung reine Kasuistik den Ausschlag geben soll oder ob nicht vorgeprägte Rechtstypen der BGB-Außengesellschaft herausgebildet werden können. Sonderregeln wurden in diesem Werk seit der ersten Auflage entwickelt für die Gesellschaft, die Unternehmensträgerin ist. Eine solche Gesellschaft wurde im 19. Jahrhundert als »Erwerbsgesellschaft« bezeichnet[23], hier dagegen als »Mitunternehmer-BGB-Gesellschaft«[24] oder – präziser – als »unternehmenstragende Gesellschaft bürgerlichen Rechts«[25]. Eine solche Mitunternehmer-BGB-Gesellschaft ist *als Außengesellschaft Trägerin eines Unternehmens* (Handelsrecht, § 5 I 3)[26]. Die notwendige Sonderbehandlung der Mitunter-

21 Vgl. als Beispielfall der Publikums-BGB-Gesellschaft *BGH*, LM Nr. 9 zu § 709 BGB = NJW 1982, 877.

22 So die immer wieder erhobene Forderung des Verfassers; vgl. insbesondere JuS 1973, 85; Gutachten, a.a.O., S. 449ff.; JZ 1985, 910ff.; Festschrift Fleck, 1988, S. 271ff.; JBl. 1988, 745ff.; zust. *Thiery*, a.a.O., S. 127ff.; *Schücking*, a.a.O., § 3 Rdnr. 3; *H. P. Westermann*, a.a.O., Rdnr. I 54; *Reiff*, NZG 2000, 281ff.; krit. *Breuninger*, a.a.O., S. 120ff.; *Dauner-Lieb*, in: VGR 5 (2002), 134ff.; *Timm*, NJW 1995, 1216.

23 Dresdener Entwurf eines Allgemeinen Deutschen Gesetzes über Schuldverhältnisse von 1866, Nachdruck 1973, Artt. 810ff.; Entwurf eines Bürgerlichen Gesetzbuches für das Königreich Bayern 1861–1864, Nachdruck 1973, Art. 540; s. auch § 1366 des Sächsischen BGB von 1863/1865; die BGB-Redaktorvorlage von *v. Kübel* übernahm noch die Regeln des Dresdener Entwurfs.

24 *Karsten Schmidt*, Gutachten, a.a.O., S. 449f.; erstmals *ders.*, JuS 1973, 85; s. auch *BGHZ* 61, 59, 69; *Schücking*, a.a.O., § 3 Rdnr. 3.

25 So jetzt auch *Reiff*, Die Haftungsverfassungen nichtrechtsfähiger unternehmenstragender Verbände, 1996, S. 30, 159ff., 183ff.

26 Vgl. zum folgenden auch *Karsten Schmidt*, Gutachten, a.a.O., S. 450; für das österreichische Recht *ders.*, JBl. 1988, 745ff.; für das geltende Recht *ders.*, JZ 1985, 910ff. m.w.N.

nehmer-BGB-Gesellschaft ergibt sich aus der im Handelsrecht (§ 5 II) entwickelten Forderung, daß jeder Unternehmensträger
- rechtsfähig,
- handlungsfähig,
- parteifähig und
- insolvenzrechtsfähig

sein muß. Diese Merkmale werden der Gesellschaft bürgerlichen Rechts erst seit dem Urteil *BGHZ* 146, 341 = NJW 2001, 1056 zuerkannt, allerdings ohne Beschränkung auf unternehmenstragende Gesellschaften (dazu unten V 1, 2). Daß sie bei der unternehmenstragenden BGB-Gesellschaft gegeben sind, wird hier seit der ersten Auflage vertreten.

Die *Abgrenzung der Mitunternehmer-BGB-Gesellschaft* ist positiv vorgegeben durch den handelsrechtlichen Unternehmensbegriff (Handelsrecht, § 4 I 2, 5 I 3) und durch den Begriff der Unternehmensträgerschaft (Handelsrecht, § 4 IV 2, 5 I 3), denn die Gesellschaft selbst (»als solche«) muß Trägerin des Unternehmens sein. Negativ ist der Begriff durch den Kaufmannsbegriff abgegrenzt (Handelsrecht, §§ 9f.). Kaufmännisch tätige Personengesellschaften unterliegen dem handelsrechtlichen Rechtsformzwang (oben, § 5 II 2). Sie sind offene Handelsgesellschaften oder Kommanditgesellschaften. Dem Typus der Mitunternehmer-BGB-Gesellschaft gehören deshalb in Konsequenz des handelsrechtlichen Kaufmannsbegriffs folgende Varianten zu:
- Gesellschaften mit nichtgewerblichen, insbesondere freiberuflichen und künstlerischen Unternehmen;
- Gesellschaften mit Unternehmen, die kleingewerblichen Charakter haben und nicht im Handelsregister eingetragen sind (vgl. §§ 1 II, 2, 105 II HGB);
- Gesellschaften mit unter § 3 HGB fallenden Unternehmen, die als Land- und Forstwirtschaftsunternehmen zwar eintragungsfähig, aber nicht eingetragen sind.

b) Die *schlicht zivilistische Gesellschaft*, für die diese Charakteristika nicht gelten, unterscheidet sich von der unternehmenstragenden Gesellschaft nicht durch ihren ideellen Zweck – sie kann vielmehr ganz auf wirtschaftliche Zweckverfolgung ausgerichtet sein –, sondern durch fehlende Unternehmensträgerschaft. Nicht nur die private Zweckverfolgung, sondern z.B. auch die Kooperation mehrerer Unternehmen oder die Vereinigung zu einer Bauherrengemeinschaft kann hierher gehören. Obwohl das Bürgerliche Gesetzbuch – bedauerlicherweise! – den Unterschied nicht erkennbar werden läßt (näher unter IV 3), hat dieser Unterschied doch nicht nur rechtspolitische Bedeutung (vgl. dagegen zum österreichischen Recht unter V 3). Er hat auch Bedeutung für die Rechtsanwendung, denn:
- die schlicht zivilistische Gesellschaft kann Innen- oder Außengesellschaft sein, die Mitunternehmer-BGB-Gesellschaft dagegen nur Außengesellschaft;
- die schlicht zivilistische Gesellschaft kann (muß aber nicht) ein Gesellschaftsvermögen haben, die Mitunternehmer-BGB-Gesellschaft ist als Außengesellschaft notwendig eine sog. »Gesamthand«;

– selbst wenn die schlicht zivilistische Gesellschaft als Außengesellschaft und »Gesamthand« ausgestaltet ist – was ohne weiteres zulässig, aber wohl in der Praxis eher die Ausnahme als die Regel ist –, bedarf noch der Diskussion, inwieweit sie der Mitunternehmer-BGB-Gesellschaft nicht ohne weiteres gleichsteht, wie vor allem bei den Fragen des Außenhandels und der persönlichen Haftung deutlich werden soll (unten, § 60 III).

Der zwischen mehreren Landwirten als BGB-Gesellschaft organisierte Maschinenring gehört ebenso hierher wie z.B. das rechtsverbindlich zusammengeschlossene Rennteam oder die Regatta-Crew sowie die Gesellschaft, die sich im Halten und Verwalten eines Gegenstands erschöpft, mag dies ein Gebäude, ein Kunstgegenstand oder ein Stadtdenkmal sein.

c) Die *Unterscheidung zwischen der »schlicht zivilistischen« und der »unternehmenstragenden« Gesellschaft* war nach dem Stand der Vorauflage in ihrem Grundgedanken und ihren Folgerungen einfach: Die unternehmenstragende Gesellschaft wurde gleichsam als »kleine Schwester der oHG« und als »Zwillingsschwester der Partnerschaftsgesellschaft« verstanden, während die »schlicht zivilistische« Gesellschaft, weil weder gewerblich noch freiberuflich, der Eintragung in das Handels- oder Partnerschaftsregister unfähig war. Durch die *Handelsrechtsreform von 1998* hat diese Trennung an Prägnanz und Plausibilität eingebüßt. Nunmehr ist nämlich auch eine Außengesellschaft, die nur ein eigenes Vermögen verwaltet, als Handelsgesellschaft eintragbar (§ 105 II HGB). Das gilt nicht nur für wirtschaftlich agierende Objekt- oder Besitzgesellschaften (dazu unter III), sondern für eine Vielzahl auch »schlicht zivilistischer« Gesellschaften mit einem Gesellschaftsvermögen (oben, § 46 I). Es kann also nicht mehr davon gesprochen werden, nur unternehmenstragende BGB-Gesellschaften dürften als »kleine Schwestern der oHG« betrachtet werden (vgl. auch unten, § 60 III 1 e). Daß damit aus allen BGB-Außengesellschaften in jeder Hinsicht ein Einheitstypus geworden wäre, steht gleichwohl noch nicht fest. Die Frage wird sich im Zusammenhang mit der Rechtsfähigkeit der Außengesellschaften als bedeutsam erweisen.

5. Ideal- und Wirtschaftsgesellschaften

Im wesentlichen auf *Flume* zurückzuführen ist die Unterscheidung von »Idealgesellschaften« und Gesellschaften mit wirtschaftlichem Geschäftstrieb[27]. Diese an die Unterscheidung der Vereinsklassen nach §§ 21, 22 BGB erinnernde Unterscheidung (vgl. oben, § 23 III) kann allerdings im Recht der BGB-Gesellschaft weder die Trennschärfe noch die Relevanz aufweisen, die ihr im Recht der Vereine zukommt, weil sie nicht rechtsformbestimmend ist. *Flume* mißt der Unterscheidung Bedeutung für die Zulässig-

27 *Flume*, Personengesellschaft, § 12 III (zur Abfindung), § 16 IV 5 (zur Haftung).

keit von Haftungsbeschränkungen[28] und Abfindungsbeschränkungen[29] bei. In der Tat hat der *Bundesgerichtshof* ausgesprochen, daß die Abfindung ausscheidender Gesellschafter bei einer Gesellschaft, die einen rein ideellen Zweck verfolgt, eingeschränkt oder ausgeschlossen werden kann, ohne daß die in diesem Punkt restriktive Rechtsprechung (oben, § 50 IV 2) zum Zuge käme[30]. Ob es sich bei dieser Gesellschaft, einer Initiative für alternatives Wohnen, nicht eher um einen nicht eingetragenen Verein handelte, scheint zweifelhaft (oben, § 25 I 2). Jedenfalls spielt die »ideelle« Funktion eher bei Einzelwertungen eine Rolle denn als systembildendes Merkmal[31].

III. Überblick über rechtstatsächliche Gestaltungen

Die rechtlichen Strukturtypen der Gesellschaft bürgerlichen Rechts decken ein Feld von unüberschaubarer tatsächlicher Vielfalt ab, von dem hier nur ein unvollkommener Eindruck vermittelt werden kann[32].

1. Arbeitsgruppen (Teamarbeit)

In Form einer Gesellschaft bürgerlichen Rechts können sich mehrere Personen mit dem Ziel gemeinsamer Arbeitsleistung oder Kreativitätsentfaltung, z.B. auf dem Urheber- oder Erfindungssektor, zusammentun. Auch die sog. Eigengruppe im arbeitsrechtlichen Gruppenarbeitsverhältnis kann eine Gesellschaft bürgerlichen Rechts sein, ebenso die Zusammenarbeit von Künstlern, Schaustellern etc.[33]

2. Bauherrengemeinschaften und Immobilienfonds

a) Gesellschaft bürgerlichen Rechts ist nach den üblich gewordenen Gestaltungsformen die *Bauherrengemeinschaft*[34]. Die Bauherrengemeinschaft kann Außengesellschaft oder Innengesellschaft sein. Die Innengesellschaft mit dem Zweck der Bauwerkserrichtung und der Bildung von Wohnungseigentum ist

---

28 *Flume*, Personengesellschaft, § 16 IV 5.

29 *Flume*, Personengesellschaft, § 12 III im Anschluß an *Nitschke*, Die körperschaftlich strukturierte Personengesellschaft, 1970, S. 338f.

30 *BGHZ* 135, 387 = LM Nr. 21 zu § 738 m.Anm. *Wilhelm* = JuS 1997, 1135 *(Karsten Schmidt)*.

31 Distanziert schon die 3. Aufl., § 58 II 4a.

32 Vgl. bereits *Karsten Schmidt*, Gutachten, a.a.O., S. 450ff.; jetzt auch *Schücking*, a.a.O., § 4; *Soergel/Hadding*, 11. Aufl., vor § 705 Rdnrn. 41ff.

33 *Schücking*, a.a.O., § 4 Rdnrn. 44ff.

34 Vgl. statt vieler *Goldbeck/Uhde*, Das Bauherrenmodell in Recht und Praxis, 1984, Rdnrn. 519ff.; *Reithmann/Brych/Manhart*, Kauf vom Bauträger, 7. Aufl. 1995, Rdnrn. D160ff.; *Schücking*, a.a.O., § 4 Rdnrn. 62ff.; *Weitnauer*, Wohnungseigentumsgesetz, 8. Aufl. 1995, Anh. § 3 Rdnrn. 1ff.; *Erman/Westermann*, vor § 705 Rdnrn. 33f.; *Ulmer*, Gesellschaft bürgerlichen Rechts, vor § 705 Rdnrn. 33f.; *Soergel/Hadding*, 11. Aufl., vor § 705 Rdnr. 52; *Breuninger*, a.a.O., S. 159ff.; *Brych*, Jura 1981, 248; *Dörfelt*, DB 1979, 1153f.; *Lauer*, WM 1980, 786f.; *ders.*, WM 1982, 1346.

wohl die häufigere Variante[35]. Typisch ist etwa folgende Gestaltung[36]: Die Bauherren erwerben ein Grundstück zu Miteigentum und schließen »Betreuungsverträge« mit einem sog. Generalunternehmer, der sich zur schlüsselfertigen Errichtung des Gebäudes verpflichtet, dieses aber nicht selbst liefert, sondern nur als Bevollmächtigter der Bauherren die Verträge mit Architekten, Ingenieuren und Bauunternehmungen abschließt[37]. Diese Vertragsabschlüsse im Namen der Bauherren sind aus steuerlichen Gründen erforderlich, denn die Bauherreneigenschaft der einzelnen Gesellschafter ist Voraussetzung dafür, daß ihre negativen Einkünfte aus Vermietung und Verpachtung bei der Einkommenbesteuerung gegen ihre steuerpflichtigen Einnahmen gegengerechnet werden. Die Bauherren und ihre Vertreter werden deshalb auch von der zivilistischen Rechtsprechung beim Wort genommen, so daß die Bauherren selbst aus den Verträgen verpflichtet werden[38]. Die Haftung ist nach der überzeugend begründeten Auffassung des *Bundesgerichtshofs* keine gesamtschuldnerische[39]. Um dies, also bloße Teil-Schuldhaftung, sicherzustellen, müssen die Bauherren selbst Vertragspartner werden, denn im Fall des Vertragsschlusses im Namen der Bauherrengemeinschaft als Gesellschaft bürgerlichen Rechts müssen sie mit einer unbeschränkten akzessorischen Gesellschafterhaftung rechnen (unten, § 60 III). Der zu erwerbende Grund und Boden kann als Gesellschaftsvermögen nach §§ 718 f. BGB, kann aber auch in bloßer Bruchteilsgemeinschaft erworben werden[40].

b) Der *geschlossene Immobilienfonds* ist eine Kapitalanlagegesellschaft mit einem festen Investitionsvolumen und Anlegerkreis zum Zweck der Errichtung und Verwaltung von Immobilienobjekten[41]. Sofern der Fonds nicht nach § 105 II HGB in das Handelsregister eingetragen ist, handelt es sich um eine BGB-Außengesellschaft. Diese wird vom *BGH* haftungsrechtlich anders behandelt als eine Mitunternehmer-BGB-Gesellschaft (vgl. dazu auch unten § 60 III)[42].

3. Arbeitsgemeinschaften im Baugewerbe (»Arge«)

a) Einen Übergang zur Mitunternehmerschaft bildet die Mischform der Arbeitsgemeinschaft[43]. Die Arbeitsgemeinschaft ist der *Zusammenschluß*

35 So *BGH*, NJW-RR 1996, 869.
36 Vgl. *Crezelius*, JuS 1981, 494.
37 Vgl. *BGHZ* 67, 334; 76, 86; dazu *Crezelius*, JuS 1981, 494 ff.
38 *BGHZ* 67, 334; 76, 86.
39 *BGHZ* 75, 26; *BGH*, NJW 1980, 992, insoweit nicht in *BGHZ* 76, 86; NJW 2002, 1642 (vorgesehen für BGHZ).
40 *Ulmer*, Gesellschaft bürgerlichen Rechts, vor § 705 Rdnr. 32; s. auch *Lauer*, WM 1982, 1346 ff. zur Beteiligung von Personenmehrheiten innerhalb einer Bauherrengemeinschaft.
41 *BGH*, NJW 2002, 1642 (vorgesehen für BGHZ).
42 Ebd.
43 Aus der Rechtsprechung: *BGHZ* 61, 338; 72, 267 = JuS 1979, 590 *(Karsten Schmidt)*; *BGHZ* 146, 341 = NJW 2001, 1056 = JuS 2001, 509 *(Karsten Schmidt)*; *BGH*, DB 1983, 932 = WM 1983, 213; DB 1983, 930 = NJW 1983, 1114 = ZIP 1983, 438; NJW-RR 1991, 1381; 1993, 1444; aus der Literatur: *Lutz Fischer*, a.a.O., S. 190 ff.; *Barner*, a.a.O., S. 16 ff.; *Breuninger*, a.a.O., S. 193 ff.;

rechtlich selbständiger Unternehmen zur Erbringung einer einzigen Werkleistung oder einer begrenzten Zahl von Werkleistungen. Motiv für die Bildung von Arbeitsgemeinschaften ist meist das Volumen eines Auftrags (z.B. Brückenbau oder Straßenbau), häufig auch die Notwendigkeit kooperativen Zusammenwirkens mehrerer Fachunternehmen. Üblich geworden ist die Arbeitsgemeinschaft vor allem im Bauwesen. Es hat sich dort der Begriff der »Arge« eingebürgert, und es ist im Hinblick auf die große Bedeutung der Arbeitsgemeinschaften in der Bauwirtschaft vom Hauptverband der Deutschen Bauindustrie ein »Arge-Mustervertrag« entwickelt worden, der gegenwärtig in der Fassung von 1987 angewendet wird[44].

b) Die Präambel des Mustervertrags verweist ausdrücklich auf die Geltung der §§ 705ff. BGB. Die »Arge« führt einen Namen; sie hat einen vertraglich bestimmten Sitz und eine Postanschrift (§ 2). Ihr Zweck wird durch ein vertraglich bestimmtes Werk umschrieben, z.B. »Arbeitsgemeinschaft Kennedy-Brücke, X-KG, Y-AG, Z-GmbH«. Eine Haftungsbeschränkung im Außenverhältnis besteht nicht (§ 3 Abs. 2). Zwar hatte der *Bundesgerichtshof*[45] bei einem Bereicherungsanspruch die Haftung auf das bereicherte Gesellschaftsvermögen beschränkt, aber diese Haftungsbeschränkung scheint durch die neuere Rechtsprechung überholt (vgl. unten, § 60 III 2 c)[46]. Die Gesellschafterbeiträge werden in § 4 des Mustervertrags festgehalten. Regelungen über die Beisteuerung der finanziellen, personellen und sächlichen Mittel enthalten die §§ 11, 12 und 14. Die Laufzeit des Vertragsverhältnisses beginnt mit der Aufnahme der gemeinsamen Geschäftstätigkeit (§ 22). Die »Organe« der »Arge« sind: die Gesellschafterversammlung (»Aufsichtsstelle«) als das höchste Organ (§ 6), die technische Geschäftsführung (§ 7), die kaufmännische Geschäftsführung (§ 8) und die Bauleitung (§ 9).

c) Als »Unternehmen auf Zeit« hat die »Arge« eine charakteristische *Zwischenstellung* zwischen Mitunternehmerschaft und Unternehmenskooperation. Trägerin eines Unternehmens ist sie im hergebrachten Sinne nicht[47]. Sie kann aber als Außengesellschaft mit eigenem Vermögen organisiert sein und ist dann nach *BGHZ* 146, 341 = NJW 2001, 1056 rechts- und parteifähig, hat eigene Arbeitnehmer usw. Nach § 105 II HGB kann sie seit 1998 sogar als oHG oder KG in das Handelsregister eingetragen werden, doch wird man diesen Schritt wohl nur bei lang andauernden Arbeitsgemeinschaften tun. Regelmäßig ist und bleibt die »Arge« Gesellschaft bürgerlichen Rechts.

Fahrenschon/Burchardt, Arge-Kommentar, 2. Aufl. 1982 (mit Ergänzung 1990); *Giefers*, Arbeitsgemeinschaften, 1966, S. 11ff.; *Kleine-Möller*, Bau-Arbeitsgemeinschaften, in: MünchHdb. GesR I, 1995, § 20; *Schücking*, a.a.O., § 4 Rdnr. 30; *H. P. Westermann*, a.a.O., Rdnr. I 62; *Erman/Westermann*, vor § 705 Rdnr. 32.

44 Hauptverband der deutschen Bauindustrie (Hrsg.), Arge-Mustervertrag, 1987.

45 *BGHZ* 61, 338; dazu *H. P. Westermann*, ZGR 1977, 552ff.

46 Vgl. speziell zur Arbeitsgemeinschaft im Baugewerbe *BGHZ* 146, 341 = NJW 2001, 1056.

47 Vgl. *Barner*, a.a.O., S. 76ff.; immerhin zweifelhaft; vgl. zum folgenden eingehend *Karsten Schmidt*, Gutachten, a.a.O., S. 454f.

4. Mitunternehmergesellschaften

a) Im Hinblick auf die Sonderstellung der unternehmenstragenden Gesellschaft (vgl. oben unter II 4) ist ein Blick auf den rechtstatsächlichen Befund hier von besonderer Wichtigkeit. Anschauungstypen der Mitunternehmer-BGB-Gesellschaft finden sich in vielfältiger Gestalt. Die unternehmenstragende BGB-Gesellschaft erscheint vor allem im Bereich der nicht im Handelsregister eingetragenen kleinen und deshalb *nichtkaufmännischen Gewerbebetriebe*, z. B. als kleinhandwerklicher Betrieb[48], als Dienstleistungsbetrieb, im Bauwesen, als Warenhandlung, in der Urproduktion, im Bereich der Gastronomie oder des Freizeitgewerbes. Hingewiesen wurde auch schon auf die *Fälle der nicht im Handelsregister eingetragenen kleinen bzw. land- und forstwirtschaftlichen und mangels Eintragung nichtkaufmännischen Betriebe* (oben unter II 4 a)[49]. Gerade der Bereich der Land- und Forstwirtschaft kann seinerseits wieder als Beleg für die Typenvielfalt der zivilistischen Gesellschaft dienen. Hier kommt die Gesellschaft bürgerlichen Rechts nicht nur als Grundlage der unterschiedlichsten Kooperationsformen ohne oder mit Rechtsfähigkeit – Maschinenringe, Mähdreschgemeinschaften, genossenschaftsähnliche Distributionsstellen usw. – in Betracht, sondern auch als Trägerin land- und forstwirtschaftlicher Unternehmen[50], die nach Art oder Umfang keinen in kaufmännischer Weise eingerichteten Geschäftsbetrieb erfordern und nicht nach § 3 II HGB für die Eintragung in das Handelsregister optiert haben. All diese Gesellschaften sind selbst dann Gesellschaften bürgerlichen Rechts und keine Handelsgesellschaften, wenn an ihnen Kapitalgesellschaften als vertretungsberechtigte Gesellschafterinnen beteiligt sind (vgl. zur sog. Kapitalgesellschaft & Co. GbR oben, § 56 I 1). Wichtiger als diese Gesellschaften sind aber noch die Freiberufler-BGB-Gesellschaften, von denen sogleich unter III 5 zu handeln sein wird.

b) Es ist nicht immer leicht, die *Mitunternehmergesellschaft* als unternehmenstragende Außengesellschaft *von der bloßen Innengesellschaft zu unterscheiden*. Beispielsweise kann bei der Ehegattengesellschaft (unten, § 59 I 2b aa) im kleingewerblichen Bereich durchaus zweifelhaft sein, ob eine Außengesellschaft oder eine bloße Innengesellschaft vorliegt, zumal die Beteiligten bisweilen im Zivilrechtsverkehr, in den Steuererklärungen und gegenüber den Sozialversicherungsträgern ganz unterschiedlich auftreten. Aber dieselbe Schwierigkeit kann auch bei anderen Kooperationsverhältnissen auftauchen, z. B. bei der Arbeitsgemeinschaft im Baugewerbe (vgl. soeben unter III 3), bei der Kooperation von Freiberuflern (vgl. dazu unter III 5) oder etwa in unserem

---

48 *BGH*, NJW 1955, 1393; VersR 1962, 733; WM 1970, 90; *OLG Stuttgart*, MDR 1954, 169; *Muschiol*, Die Ausbildung des Handwerks durch juristische Personen und Personengesellschaften ..., Diss. Berlin 1980, S. 154 ff.

49 Weitere Kasuistik in der 3. Aufl. (§§ 58 III 4 Fußn. 42–47) beruhte auf dem seit 1998 überholten Kaufmannsbegriff der §§ 1–4 HGB a. F.

50 Dazu *Upmeier zu Belzen*, Die landwirtschaftliche Familiengesellschaft als Gesellschaft bürgerlichen Rechts, 1966; *Schücking*, a. a. O., § 4 Rdnrn. 22 ff.; *H. P. Westermann*, a. a. O., Rdnr. I 56; *Klausing*, ArchBürgR 43 (1919), 155; *Storm*, AgrarR 1976, 188.

Beispiel Nr. 11 (nach *BAG*, NJW 1989, 3034 = AP Nr. 4 zu § 705 BGB m. Anm. *Karsten Schmidt*; eingehend *Habersack*, JuS 1990, 179): Die Deutsche Oper in D wird aufgrund eines Theatergemeinschaftsvertrages zwischen den Städten D und S in der Rechtsform einer BGB-Gesellschaft betrieben. Die Klägerin, die zwanzig Jahre lang als Opernsoubrette bei der Deutschen Oper tätig gewesen und danach Gesangsprofessorin geworden war, verlangte die Mitberücksichtigung dieses Opernengagements bei der Festsetzung ihres Besoldungsdienstalters. Das *BAG* gab ihr Recht. Diese Entscheidung war vermutlich deshalb im Ergebnis zutreffend, weil die Tätigkeit unabhängig von der Rechtskonstruktion dem öffentlichen Dienst zugerechnet werden konnte. Das *BAG* meinte aber, dies auch gesellschaftsrechtlich begründen zu können, und führte hierzu aus, mangels Rechtsfähigkeit könne nicht die Gesellschaft bürgerlichen Rechts Arbeitgeberin gewesen sein, sondern dies seien die beiden Städte gewesen. Diese Begründung ist abzulehnen (eingehend *Habersack*, JuS 1990, 179ff.). Auf gesellschaftsrechtliche Erwägungen hätte das *BAG* sein Urteil nur stützen können, wenn es dargelegt hätte, daß die »Theatergemeinschaft« ausschließlich eine kooperative Innengesellschaft unter den Städten war, denn dann wären die Städte Arbeitgeberinnen gewesen. Betrieb dagegen die Theatergemeinschaft selbst die Deutsche Oper, so war sie auch Arbeitgeberin.

5. Mitunternehmerschaft bei Apotheken und freien Berufen

a) *Apotheken* dürfen nach § 8 ApothG von mehreren gemeinschaftlich nur in der Rechtsform der oHG oder der Gesellschaft bürgerlichen Rechts betrieben werden. Da der Apothekenbetrieb gewerblicher Art ist (Handelsrecht, § 9 IV), liegt eine Gesellschaft bürgerlichen Rechts nur dann vor, wenn das Unternehmen kleingewerblich und nicht eingetragn ist (§ 1 II, 2, 105 II HGB). Für Mitunternehmer-BGB-Gesellschaften ist hier also wenig Raum.

b) Ganz anders verhält es sich bei den freien Berufen[51]. Die *Ausübung eines freien Berufs* – insbesondere als Arzt, Zahnarzt, Rechtsanwalt, Notar, Steuerberater oder Architekt – ist kein Gewerbe (Handelsrecht, § 9 IV 2), so daß eine Personengesellschaft unter Freiberuflern stets nur eine Gesellschaft bürgerlichen Rechts sein kann (oben, § 5 II 2a), es sei denn, sie wäre als Partnerschaftsgesellschaft im Partnerschaftsregister eingetragen (dazu unten, § 64 II) oder man ließe entgegen der herrschenden Auffassung ihre Eintragung in das Handelsregister nach § 105 II HGB n.F. zu (dazu oben, § 46 I)[52]. Es muß aber hier deutlich unterschieden werden zwischen der »Berufsausübungsgesellschaft«[53] oder Mitunternehmerschaft mehrerer Freiberufler[54] einerseits und der bloßen »Organisationsgesellschaft«[55] anderseits, nämlich

51 Vgl. zum folgenden eingehend *Breuninger*, a.a.O., S. 197ff.; *Kaiser/Bellstedt*, Die Anwaltssozietät, 2. Aufl. 1995; *Kilimann*, Der Gesellschaftsvertrag der Anwaltssozietät: eine rechtstatsächliche Untersuchung, 2000; *Lach*, a.a.O.; *Michalski*, a.a.O., S. 93ff.; *Karsten Schmidt*, Gutachten, a.a.O., S. 456f.; *Schücking*, a.a.O., § 4 Rdnrn. 18ff.; *Westermann*, a.a.O., Rdnrn. I 57ff.

52 Nach der hier vertretenen Auffassung kann dem nur das Berufsrecht entgegenstehen, nicht das Handelsrecht (vgl. nur *Karsten Schmidt*, NJW 1998, 2162); für die entgegenstehende h.M. *Ebenroth/Boujong/Joost*, § 105 Rdnrn. 12, 15.

53 *Lutz Fischer*, a.a.O., S. 127; *Lach*, a.a.O., S. 61; *Michalski*, a.a.O., S. 95f.; *Schmid*, in: MünchHdb. GesR I, § 19 Rdnr. 2.

54 So die Bezeichnung des Verf.; vgl. Gutachten, a.a.O.

55 *Michalski*, a.a.O., S. 95.

der Kooperation mehrerer Freiberufler, die gemeinsame Räume mieten, Anlagen nutzen etc.

Beispiel Nr. 12: Tun sich Rechtsanwälte zu einer Sozietät – also zu einer sog. »Anwaltsfirma« – zusammen, so gründen sie eine unternehmenstragende Gesellschaft. Um einen ganz anderen Fall handelt es sich, wenn sie ihre Praxen getrennt führen und hierfür nur gemeinsam in »Bürogemeinschaft« eine Altbauwohnung mieten, gemeinsam Bücher, Computer etc. anschaffen oder überregional nur im Innenverhältnis zusammenarbeiten. Dann dürfen sie, ganz abgesehen von der Sonderregel des § 11 PartGG, nicht einen gemeinsamen Briefkopf als »Sozietät« oder »Partner« führen (*OLG Karlsruhe*, NJW 1990, 3093).

Demgemäß wird etwa im *Architektenbereich*[56] unterschieden zwischen dem Sozienvertrag, dessen gemeinsamer Zweck in der gemeinschaftlichen Berufsausübung besteht, und der Bürogemeinschaft, die ausschließlich darauf abstellt, bei freier selbständiger Berufsausübung jedes beteiligten Architekten die äußeren Einrichtungen gemeinschaftlich zu nutzen. Die *Kooperation unter Ärzten und Zahnärzten* findet auf der Basis der *Gemeinschaftspraxis* oder der *Praxisgemeinschaft* statt[57]. Die Gemeinschaftspraxis – sie ist uns heute vertraut, hat sich aber berufsrechtlich nur zögernd durchsetzen können – entspricht dem Bild der Berufsausübungsgesellschaft, während sich die Praxisgemeinschaft wiederum in der Kooperation erschöpft. Die Gemeinschaftspraxis ist ein als Einheit auftretender Zusammenschluß mehrerer Ärzte bzw. Zahnärzte zur gemeinsamen Berufsausübung, mithin eine Mitunternehmer-BGB-Gesellschaft[58]. Die Praxisgemeinschaft dagegen beschränkt sich auf die gemeinschaftliche Nutzung von Einrichtungen; jeder Arzt oder Zahnarzt behält hierbei seinen Patientenstamm, seine Krankenblattführung, sein Praxisschild und seine Abrechnung. *In der anwaltlichen Kooperation* wird, wie bemerkt, zwischen *Sozietäten und Bürogemeinschaften* unterschieden[59]. Auch § 59a der Bundesrechtsanwaltsordnung (BRAO)[60] unterscheidet zwischen der Sozietät und der Bürogemeinschaft. Die Sozietät hat eine gemeinsame Kanzlei (§ 59a II BRAO) und darf gemeinschaftliche Drucksachen, Stempel und Praxisschilder verwenden. Sie nimmt grundsätzlich die Aufträge und Entgelte gemeinschaftlich entgegen. Das kollektive Auftreten macht sie zur »Berufsausübungsgesellschaft« und damit zur Mitunternehmer-BGB-Gesellschaft. Die Bürogemeinschaft (§ 59a IV BRAO) ist dadurch gekennzeichnet, daß nur Einrichtungen und Aufwendungen mehrerer unabhängig voneinander praktizierender Anwälte vergemeinschaftet werden. Es handelt sich damit um eine schlicht kooperative Gesellschaft. Die Unterscheidung zwischen Sozietät und Bürogemeinschaft gilt auch für die *partnerschaftlichen Verbindungen unter Notaren*.

56 Eingehend *Lach*, a.a.O., S. 117ff.

57 Eingehend *Lach*, a.a.O., S. 77ff.; *Narr*, Ärztliches Berufsrecht, 1973, S. 205ff.; *Michalski*, a.a.O., S. 136, 181ff.; weitere Nachw. bei *Karsten Schmidt*, Gutachten, a.a.O., S. 457.

58 Vgl. auch für Heilpraktiker *BSG*, NJW 1996, 3228.

59 Vgl. *Lach*, a.a.O., S. 41ff.; *Steindorff*, in: Festschrift Rob. Fischer, 1979, 746, 750.

60 Bundesrechtsanwaltsordnung, geändert durch das Gesetz zur Neuordnung des Berufsrechts der Rechtsanwälte und der Patentanwälte von 1994, BGBl. I S. 2278; Gesetz zur Umsetzung von Richtlinien der EG auf dem Gebiet des Berufsrechts der Rechtsanwälte von 2000, BGBl. I S. 182.

c) Auch *Wirtschaftsprüfer und Steuerberater* können Praxisgemeinschaften oder aber Sozietäten in der Form bürgerlich-rechtlicher Gesellschaften bilden[61]. Eigentümlich ist diesen Berufen aber die Unterscheidung zwischen der schlichten Sozietät und der Wirtschaftsprüfungsgesellschaft bzw. der Steuerberatungsgesellschaft. Wirtschaftsprüfungsgesellschaften und Steuerberatungsgesellschaften bedürfen der Anerkennung (§ 1 III 1 WPO, § 32 III 1 StBerG), und diese wird nach näherer Maßgabe der §§ 28ff. WPO, §§ 50ff. StBerG nur Handelsgesellschaften erteilt (§ 27 I WPO, § 49 I StBerG). Die Wirtschaftsprüfungs- und Steuerberatungsgesellschaften sind deshalb keine Gesellschaften bürgerlichen Rechts[62].

d) Es ist wichtig, bei den Freiberuflergesellschaften klar zwischen den *Aspekten des Gesellschaftsrechts und des Berufsrechts* zu unterscheiden[63]. Beispielsweise setzt das Berufsrecht der Kooperation von Angehörigen verschiedener Freier Berufe Grenzen[64]. Auch die Zulassung überörtlicher Rechtsanwaltssozietäten war ein berufsrechtliches Thema[65]. Das Gesellschaftsrecht macht die Zusammenarbeit mehrerer Anwälte mit unterschiedlichem Sitz in Gestalt einer Sozietät oder in Gestalt einer bloß dauernden Kooperation und Arbeitsteilung im Innenverhältnis möglich[66]. Das Berufsrecht kann das eine oder das andere oder beides zulassen oder verbieten. Die Praxis ist inzwischen zur Zulassung überörtlicher Sozietäten übergegangen[67]. Schließlich ist hiervon wieder die Postulationsfähigkeit zu unterscheiden, die nach dem bis 2001 geltendem Recht eine Tätigkeit außerhalb des eigenen Gerichtssprengels nicht zuließ (sog. Lokalisationsprinzip)[68]. Auch außerhalb des Berufsrechts kann es *öffentlich-rechtliche Hindernisse* für die Begründung von BGB-Gesellschaften geben, so, wenn ein öffentlich-rechtlich konzessionierter Unternehmer mit einem nicht konzessionierten Kollegen zusammenwirken will[69].

e) Inzwischen ist der Freiberufler-BGB-Gesellschaft in Gestalt der *Partnerschaftsgesellschaft* eine Konkurrentin erwachsen (dazu unten, § 64): Nach § 1 PartGG können personengesellschaftlich verbundene Freiberufler gemeinschaftlich statt in Form einer Gesellschaft bürgerlichen Rechts auch in der Rechtsform der Partnerschaftsgesellschaft handeln, die erhebliche Züge des hier entwickelten Typus der Mitunternehmer-BGB-Gesellschaft aufweist. Nach geltendem Recht können die Freiberufler bei ihrem Zusam-

---

61 Vgl. *Lach*, a. a. O., S. 102ff.; s. auch *Erman/Westermann*, vor § 705 Rdnr. 28.
62 Krit. *Karsten Schmidt*, Gutachten, a. a. O., S. 458f.
63 So kann gesellschaftsrechtlich »die Sozietät« Vertragspartnerin der Mandanten sein, und doch kann sich das Standesrecht und die Zulassung bei einem Gericht auf jeden Rechtsanwalt einzeln beziehen.
64 *Westermann*, a. a. O., Rdnrn. I 57f.; zur interprofessionellen Zusammenarbeit von Rechtsanwälten vgl. *BVerfGE* 54, 237; 80, 269; *BVerfG*, NJW 1997, 45; *Michalski*, NJW 1996, 3233ff.
65 Vgl. Nachweise in der 2. Aufl., § 58 III 5.
66 Dazu *BGH*, NJW 1991, 49.
67 Vgl. *BGHZ* 108, 290 = NJW 1989, 2890; 119, 225 = NJW 1993, 196; § 59a I BRAO.
68 Vgl. jetzt aber § 78 ZPO i.d.F. des Gesetzes vom 17.12.1999, BGBl. I S. 2448.
69 Vgl. für Vermessungsingenieure *BGHZ* 97, 243 = NJW 1987, 65.

menschluß zwischen der Rechtsform der Gesellschaft bürgerlichen Rechts (Gemeinschaftspraxis, Sozietät) und der Partnerschaftsgesellschaft wählen (dazu auch unter V 4). Zur zunehmenden Bedeutung auch der Kapitalgesellschaften im Freiberuflerbereich vgl. oben, § 33 I 1.

6. Erscheinungsformen der Gelegenheitsgesellschaft

Besonders vielfältig ist, wie gesagt, das Erscheinungsbild der Gelegenheitsgesellschaften.

a) Hier fallen zunächst die *Gelegenheitsgesellschaften des Alltags* ins Auge. Personen, die sich rechtsverbindlich zum gemeinsamen Kauf einer Sache zusammentun, bilden eine Gesellschaft bürgerlichen Rechts[70]. Lottogemeinschaften und sonstige Wettgemeinschaften gehören, wenn rechtsverbindlich abgesprochen, ebenso hierher[71] wie etwa Fahrgemeinschaften[72]. Die entscheidende Rechtsfrage in allen diesen Fällen ist, ob der Zweck ein gemeinsamer und ob die Zweckförderung Gegenstand verbindlich bedungener Rechtspflichten ist. Ist beides der Fall, so liegt eine Gesellschaft bürgerlichen Rechts – durchweg als Innengesellschaft – vor.

Beispiel Nr. 13: Die Mitglieder eines Kegelklubs verabreden außerhalb des Vereinszwecks – und deshalb nur durch besonderen Vertrag und nicht etwa aufgrund eines Mehrheitsbeschlusses! –, die Klubkasse auf einer gemeinsamen Kenia-Reise zu verjubeln, die unter Beteiligung aller Klubmitglieder als Pauschalreise gebucht werden soll. Dies ist, wenn eine rechtsverbindliche Absprache außerhalb des Vereinszwecks vorliegt, eine Gelegenheitsgesellschaft bürgerlichen Rechts. Die Gesellschaft endet nach § 726 BGB, wenn die Reise beendet und abgerechnet ist oder wenn – z. B. wegen politischer Unruhen in Kenia – die Reise scheitert.

Beispiel Nr. 14 (nach *LG Konstanz*, NJW 1987, 2521; dazu *Karsten Schmidt*, JuS 1988, 444): Tun sich mehrere Nachbarn zu einer Sammelbestellung von Heizöl zusammen, so kann dies ohne rechtsgeschäftlichen Bindungswillen der Nachbarn untereinander geschehen. Ist ein Bindungswille vorhanden, so wird es sich um eine Innengesellschaft handeln, und zwar, wenn keine dauerhafte Bindung gewollt ist, um eine Gelegenheitsgesellschaft. Diese endet nach § 726 BGB, wenn die Lieferungen erfolgt sind.

b) Aber die Gelegenheitsgesellschaft als Erscheinungsform der Gesellschaft bürgerlichen Rechts geht weit über diese Alltäglichkeiten hinaus. Beispiele liefern *Planungsgesellschaften, Konsortien und Pools.* Von einer Planungsgesellschaft kann man sprechen, wenn ein Objekt – z. B. ein Vermietungsobjekt oder ein gemeinschaftlich zu erschließendes Bauvorhaben – für gemeinschaftliche Rechnung der Gesellschafter (also nicht als Bau-ARGE)

---

70 *Ballerstedt*, JuS 1963, 260

71 Vgl. *BGH*, WM 1968, 376; NJW 1974, 1705; *BayObLG*, JR 1971, 429; *OLG Braunschweig*, MDR 1954, 354; *OLG Düsseldorf*, WM 1982, 969; *OLG Karlsruhe*, NJW-RR 1988, 1266; *LG Kassel*, MDR 1954, 38; *Schücking*, a. a. O., § 4 Rdnr. 102; *Ulmer*, Gesellschaft bürgerlichen Rechts, vor § 705 Rdnr. 84; *Kornblum*, JuS 1976, 571.

72 Dazu *BGHZ* 46, 313, 315 = NJW 1967, 558 = VersR 1967, 233 = DB 1967, 330; *BGH*, VersR 1960, 802 m. Anm. *Böhmer* S. 943; *BGH* JZ 1979, 101; *Weimar*, DAR 1975, 34 f.

erstellt werden und dann gemeinschaftlich verwertet (also nicht in der Gesellschaft belassen) werden soll. Als Konsortien bezeichnet man Gelegenheitsgesellschaften[73] mit dem wirtschaftlichen Zweck einer meist bankrechtlichen Transaktion[74]. Sie finden sich namentlich als *Emissionskonsortien* zur Plazierung von Aktien oder Obligationen[75], aber auch *Finanzierungskonsortien*[76], und hier nicht zuletzt als Sanierungskonsortien, sind Gelegenheitsgesellschaften. Außerhalb des Bankwesens treten Konsortien z.B. bei koordinierten Planungen, Importgeschäften oder Exportgeschäften in Erscheinung. Auch *Poolverträge*, die sogleich unter III 7 d bei den Innengesellschaften zu beschreiben sein werden, können Gelegenheitsgesellschaften sein[77]. Nicht selten handelt es sich aber auch um Dauergesellschaften, so etwa bei der Vereinbarung von Konzerngesellschaften über einen Finanzpool (dazu sogleich unter III 7 d sowie näher oben, § 18 V).

7. Sonstige Innengesellschaften

Bei der Innengesellschaft ist wohl die Formenvielfalt am größten. Aus der unübersehbaren Vielfalt seien hier besonders wichtige Fälle herausgegriffen.

a) *Stille Gesellschaft und Unterbeteiligung* sind auf Dauer angelegte Innengesellschaften. Die stille Beteiligung an einem Unternehmen ist – ebenso wie die Unterbeteiligung am Gesellschaftsanteil – eine Form der Innengesellschaft, nicht eine Mitunternehmer-BGB-Gesellschaft und erst recht keine Handelsgesellschaft[78]. Diese Rechtsformen werden unten bei § 62 und § 63 besprochen.

b) *Metaverbindungen* werden vom *Bundesgerichtshof*[79] definiert als »eine Verbindung, die zwei oder mehrere Personen in der Absicht, einen hälftig zu teilenden Gewinn zu erzielen, auf gewisse Zeit zur Ausführung einer unbestimmten Anzahl von Umsatzgeschäften eingehen, die auf gemeinschaftliche Rechnung, nach außen aber von jedem Teilhaber im eigenen Namen abge-

---

73 Als Begriff der Praxis wird die Bezeichnung »Konsortium« freilich bisweilen auch für Dauergesellschaften wie »Beteiligungskonsortien« gebraucht; vgl. alsbald unter III 7 d.

74 Vgl. *Scholze*, Das Konsortialgeschäft der deutschen Banken, Bd. I 1973, S. 1ff.; *Lutz Fischer*, a.a.O., S. 178ff.; *Ulmer*, Gesellschaft bürgerlichen Rechts, vor § 705 Rdnrn. 36ff.; *Erman/Westermann*, vor § 705 Rdnrn. 42ff.; *Staudinger/Keßler*, 12. Aufl., vor § 705 Rdnr. 153.

75 Eingehend *Canaris*, Bankvertragsrecht, 2. Aufl. 1981, Rdnrn. 2248, 2304ff.; *Schücking*, a.a.O., § 4 Rdnr. 32 und § 26; *Ulmer*, Gesellschaft bürgerlichen Rechts, vor § 705 Rdnrn. 37ff.; *H. P. Westermann*, AG 1967, 285ff.

76 Vgl. *Lutz Fischer*, a.a.O., S. 178ff.; *Scholze*, Das Konsortialgeschäft der deutschen Banken, Bd. I 1973, S. 60ff.; *Erman/Westermann*, vor § 705 Rdnr. 42; *Ulmer*, Gesellschaft bürgerlichen Rechts, vor § 705 Rdnrn. 43ff.; *Staudinger/Keßler*, 12. Aufl., vor § 705 Rdnr. 153.

77 Vgl. *Erman/Westermann*, vor § 705 Rdnrn. 40f.; *Lutz Fischer*, a.a.O., S. 178ff.; *Scholze*, Das Konsortialgeschäft der deutschen Banken, Bd. I 1973, S. 60ff.; *Ulmer*, Gesellschaft bürgerlichen Rechts, vor § 705 Rdnrn. 43ff.; *Staudinger/Keßler*, 12. Aufl., vor § 705 Rdnr. 153.

78 Zu den betriebswirtschaftlichen Grundlagen vgl. eingehend *Lutz Fischer*, a.a.O., S. 218ff.

79 *BGH*, BB 1964, 12 = DB 1964, 67; WM 1982, 1403; s. zum Metageschäft auch *BGH*, NJW 1990, 573.

schlossen werden«. Es handelt sich auch hierbei um Innengesellschaften[80]. Überhaupt sind die meisten Gelegenheitsgesellschaften Innengesellschaften.

c) Um Innengesellschaften handelt es sich auch bei der nur *schuldrechtlichen Beteiligung naher Angehöriger am Ertrag einer Berufstätigkeit oder eines Unternehmens* (Ehegatteninnengesellschaft, Vermögensbeteiligung bei Lebensgemeinschaften etc.; dazu näher unten, § 59 I 2). Als Innengesellschaften unter nahen Angehörigen seien nur die folgenden Beispiele genannt[81]:

- Kinder werden im Wege der vorweggenommenen Erbfolge als Gesellschafter schuldrechtlich am Unternehmen beteiligt.
- Ehegatten schließen miteinander Innengesellschaftsverträge, und zwar nicht selten um steuerlicher Vorteile willen, bisweilen auch in Verbindung mit Gütertrennung, um die Verteilung des Zugewinns zu steuern.
- Die nichteheliche Lebensgemeinschaft kann Grundlage nicht nur stillschweigend geschlossener Gesellschaftsverträge sein. Sie kann durch gezielte gesellschaftsvertragliche Ordnung einen privatautonom geschaffenen Güterstand erhalten. Verträge dieser Art werden bereits in Formularbüchern empfohlen.

d) *Poolverträge* – ihre Abgrenzung gegenüber Konsortien und Interessengemeinschaften ist nicht mit begrifflicher Schärfe möglich – stellen meist Gesellschaften bürgerlichen Rechts dar. Das gilt namentlich für den *Sicherheitenpoolvertrag in der Insolvenz*[82], der allerdings von manchen als schlichte Rechtsgemeinschaft eingeordnet wird[83]. Von einem *Versicherungspool* wird gesprochen, wenn ein Versicherer die Prämieneingänge und das versicherte Risiko im Innenverhältnis auf mehrere vertraglich verbundene Versicherungsgesellschaften verteilt[84]. *Stimmrechtspools*[85] dienen der Fraktionenbildung in Gesellschaften: Sie zielen auf Koordination des Stimmrechts der angeschlossenen Gesellschafter, ohne daß die Anteile selbst, aus denen das Stimmrecht ausgeübt wird, in ein Gesamthandsvermögen übertragen werden.

---

80 Vgl. *Reichsschuldenverwaltung*, JW 1928, 1249; *BGH*, WM 1982, 1403; BB 1964, 12 = DB 1964, 67; *LG Berlin*, WM 1951, 808.

81 *Karsten Schmidt*, Gutachten, a.a.O., S. 451; ebenso und ausführlich seither *Soergel/Hadding*, 11. Aufl., vor § 705 Rdnr. 53ff.

82 Vgl. *BGH*, NJW 1989, 895; *BFH*, ZIP 1996, 510; *Bohlen*, Der Sicherheiten-Pool, 1984, S. 10f.; *Beuck*, Poolvereinbarungen bei Unternehmensinsolvenz, Diss. Kiel 1985; *Burgermeister*, Der Sicherheitenpool im Insolvenzrecht, 2. Aufl., 1996; *Eyles*, Kreditkonsortien und Sicherheitenpools, in: MünchHdb. GesR I, 1995, § 25; *Gottwald* (Hrsg.), Insolvenzrechtshandbuch, 2. Aufl. 2001, § 44 Rdnr. 1ff.; *Lwowski*, Das Recht der Kreditsicherung, 8. Aufl. 2000, Rdnr. 205; *Obermüller*, Insolvenzrecht in der Baupraxis, 5. Aufl. 1997, S. 728ff.; *Schröter/v. Westphalen*, Sicherheiten-Poolverträge der Banken und Warenlieferanten, 1986; *v. Westphalen*, in: Münchener Vertragshandbuch III, 3. Aufl. 1992; *Jauernig*, ZIP 1980, 319.

83 Vgl. *Weitnauer*, in: Festschrift Baur, 1981, S. 709ff.; *Stürner*, ZZP 94 (1981), 263, 275f.; ohne klare Stellungnahme *Marx*, NJW 1978, 246ff.

84 *Schücking*, a.a.O., § 4 Rdnr. 78.

85 Vgl. *RGZ* 133, 90, 93; *BGH*, WM 1970, 962; NJW 1987, 890; *BGHZ* 119, 346, 354; *Weipert*, in: MünchHdb. GesR I, 1995, § 28; *Overrath*, Die Stimmrechtsbindung, 1972, S. 1ff.; *Janberg/Schlaus*, AG 1967, 34; *Habersack*, ZHR 164 (2000), 1ff.

Konzerngesellschaften bilden nicht selten auch *Cash-Pools*[86]. Sie dienen der gemeinschaftlichen Liquiditätsverwaltung für mehrere Konzerngesellschaften und werfen Probleme nicht als Gesellschaften bürgerlichen Rechts, wohl aber unter dem Gesichtspunkt der kapitalgesellschaftsrechtlichen Kapitalbindung auf (dazu oben, § 18 II).

Ein Pool und im Sinne der hier verwendeten Terminologie kein Konsortium – weil keine bloße Gelegenheitsgesellschaft – ist auch der *Schutzgemeinschaftsvertrag* (sog. Beteiligungskonsortium)[87]. Der Schutzgemeinschaftsvertrag zielt auf die gemeinsame Verwaltung und Kontrolle der Beteiligung an einer Handelsgesellschaft durch gemeinsames Halten und Verwalten von Anteilen. Vor allem die Verwaltung von Gemeinschaftsunternehmen (sog. Joint Ventures) über zwischengeschaltete Gesellschaften bürgerlichen Rechts[88] kann über Stimmrechtspools oder über Schutzgemeinschaftsverträge erfolgen. Die Schutzgemeinschaftsverträge können ihrerseits rein schuldrechtlich oder auf Einbringung der Anteile zur gesamten Hand angelegt sein[89]. Im letzten Fall haben sie gleichzeitig Holdingfunktionen.

e) *Interessengemeinschaften und Kartelle* sind – soweit rechtsgeschäftlich bindend – klassische Anwendungsfälle der §§ 705 ff. BGB im Unternehmensbereich[90]. Der tatsächliche Anwendungsbereich der sog. Interessengemeinschaft ist weit gezogen und reicht von losen Interessenverbindungen – Werbegemeinschaften etc. – bis hin zum marktordnenden Kartell[91] oder zu konzentrativen Verbindungen, die dem Recht der verbundenen Unternehmen, also dem sog. Konzernrecht, angehören[92]. Kartellvereinbarungen sind nur im Rahmen von Art. 81 EG bzw. §§ 1 ff. GWB wirksam. In aller Regel handelt es sich bei diesen Gestaltungen um Innengesellschaften.

---

86 Dazu *Hormuth*, Recht und Praxis des konzernweiten Cash Managements. Diss. Dresden 1997; *Zeidler*, Zentrales Cashmanagement in faktischen Aktienkonzernen. Diss. Bayreuth 1999; *Römermann*, GmbHR 2001, 1015; *Cahn*, ZHR 166 (2002), 278 ff.

87 Dazu im einzelnen *RGZ* 111, 405; 161, 296; *Rasch*, Deutsches Konzernrecht, 5. Aufl. 1974, S. 71; *Schücking*, a. a. O., § 4 Rdnr. 88; *Erman/Westermann*, vor § 705 Rdnr. 40; *Schrötter*, NJW 1979, 2592 ff.

88 Vgl. über die verschiedenen Gesellschaftsverhältnisse bei der Gründung von Gemeinschaftsunternehmen *Baumanns*, in: MünchHdb. GesR I, 1995, § 22; *Gansweid*, Gemeinsame Tochtergesellschaften im deutschen Konzern- und Wettbewerbsrecht, 1976, S. 60 ff.

89 *Schrötter*, NJW 1979, 2592 ff.

90 Eingehend etwa *Fikentscher*, Die Interessengemeinschaft, 1966, passim; *Geiler*, a. a. O., Anm. 324 ff.; *Lutz Fischer*, a. a. O., S. 223 ff.; *Ulmer*, Gesellschaft bürgerlichen Rechts, vor § 705 Rdnr. 47; *Staudinger/Keßler*, 12. Aufl., vor § 705 Rdnr. 154.

91 Über die Gesellschaft bürgerlichen Rechts als Rechtsform für Kartelle vgl. *Held*, Rechtsformen zulässiger Kartelle, 1963, S. 53.

92 Vgl. *Rasch*, Deutsches Konzernrecht, 5. Aufl. 1974, S. 87; *Würdinger*, § 65 IV 2; *Mattfeld*, in: MünchHdb. GesR I, 1995, § 27.

IV. Rechtspolitisches

Ob das Recht der BGB-Gesellschaft der Reform bedarf, ist umstritten[93]. Einzelheiten gehören nicht in dieses dem geltenden Recht gewidmete Buch. Aber rechtspolitische Kritik kann auch das Bewußtsein für Probleme des geltenden Rechts und für notwendige Lösungsansätze schärfen. Sie darf insoweit nicht nur den Gesetzgeber hellhörig machen, sondern sie wirft auch Fragen der Rechtsfortbildung auf. Deshalb muß hier ein kritischer Blick auf das gesetzliche Konzept der §§ 705 ff. BGB geworfen werden.

1. Das Innenrecht

Keine grundlegenden Mängel weist das Innenrecht der BGB-Gesellschaft auf[94]. Es beschränkt sich auf einzelne Grundregeln, und seine Flexibilität reicht weitgehend aus, um die vorhandene Erscheinungsvielfalt in den Griff zu bringen. Soweit die Rechtsregeln lückenhaft oder überholt scheinen, können Vertragsgestaltung und Vertragsauslegung gegensteuern.

2. Das Rechtsbild der sog. Gesamthandsgesellschaft in §§ 718 ff. BGB

a) Wird ein Gesellschaftsvermögen gebildet, so liegt das vor, was wir in hergebrachter Dogmatik eine »Gesamthandsgesellschaft« nennen (oben, § 8 III). Die einschlägigen Vorschriften des BGB sind nicht hinreichend durchdacht[95]. Nach der modernen, hier seit der ersten Auflage vertretenen Gesamthandlehre steht das Vermögen der Gesamthand und nicht den Gesamthändern zu (oben, § 8 III)[96]. Der Gesetzeswortlaut klärt diese Frage nicht. Das Gesetz definiert das »Gesellschaftsvermögen« geradezu als »gemeinschaftliches Vermögen der Gesellschafter« (§ 718 I BGB)[97]. Demgemäß spricht § 719 BGB vom Anteil des Gesellschafters am Gesellschaftsvermögen und an den einzelnen dazu gehörenden Gegenständen und verbietet dem Gesellschafter die Verfügung über diesen Anteil. Wenn aber das Gesellschaftsvermögen der Gesellschaft gehört, dann gibt es solche Anteile nicht, so

93 Umfassende Vorschläge bei *Karsten Schmidt*, Gutachten, a.a.O.; krit. *Ulmer*, ZGR 1984, 313 ff.; *Hüffer*, AcP 184 (1984), 584 ff.; *Schwichtenberg*, BB 1985, 429 ff.

94 Nur Einzelverbesserungen enthalten die Vorschläge des *Verf.* im Gutachten, a.a.O.

95 Eingehend *Karsten Schmidt*, Gutachten, a.a.O., S. 480 ff.

96 Vgl. speziell für die Gesellschaft bürgerlichen Rechts vor allem *Flume*, Personengesellschaft, § 16 IV 2; *Grunewald*, Rdnr. 1 A 95; *Ulmer*, Gesellschaft bürgerlichen Rechts, § 714 Rdnr. 7; *Soergel/Hadding*, 11. Aufl., § 718 Rdnr. 3; *Schünemann*, a.a.O., S. 110 ff.; *Hennecke*, a.a.O., S. 61 ff.; *Aderhold*, a.a.O., S. 146 ff.; *Karsten Schmidt*, in: Personengesellschaft und Bilanzierung, a.a.O., S. 41 ff.; *ders.*, JZ 1985, 909 ff.; *Habersack*, JuS 1990, 181; str.; a.M. z.B. *Hueck*, § 3 II; *Kraft/Kreutz*, C II 5; *Kübler*, § 6 III 3 c; *Wiedemann* I, § 5 I 1 a; *Weber-Grellet*, AcP 182 (1982), 316 ff.; *Zöllner*, in: Festschrift Gernhuber, 1993, 569 ff.; *ders.*, in: Festschrift Kraft, 1998, S. 701 ff., 718; im Ansatz auch *Erman/Westermann*, vor § 705 Rdnr. 15.

97 Das Charakteristische an dieser Lesart wird heruntergespielt von *Flume*, Personengesellschaft, § 5 (S. 74); nach dem klaren Wortlaut des Gesetzes soll das »Gesellschaftsvermögen« (rein terminologisch) nur die Abbreviatur für das »gemeinschaftliche Vermögen der Gesellschafter« sein.

daß § 719 BGB nur besagt, daß nicht sein darf, was ohnehin nicht sein kann. In § 738 I 1 BGB sagt das Gesetz, daß beim Ausscheiden eines Gesellschafters dessen »Anteil am Gesellschaftsvermögen« den verbleibenden zuwächst. Der Sache nach ist es dasselbe, wenn man mit der hier vertretenen Lehre sagt: Das Gesellschaftsvermögen gehört der Gesellschaft, und hieran ändert sich nichts, wenn ein Gesellschafter austritt.

Der auf das Jahr 1896 zurückgehende Gesetzeswortlaut ist also Ausdruck rechtsdogmatischer Halbherzigkeit: Der Gesetzgeber spricht in den Worten der traditionellen Gesamthandslehre. Er trifft aber Regelungen, die sich mit der hier vertretenen Lehre viel einfacher formulieren lassen. Man sollte die Verfasser des Bürgerlichen Gesetzbuchs hierfür nicht voreilig schelten. Sie fanden noch keine ausgereifte Gesamthandlehre vor[98], und der Gesetzgeber soll der anwendenden Praxis Regelungen, nicht dogmatische Modelle vorlegen (lex moneat, non doceat). Das ist immerhin geschehen. Im Mittelpunkt der gesetzgeberischen Überlegungen stand dreierlei: Durch § 718 BGB sollte ein regelrechtes Gesellschaftsvermögen anerkannt werden, während der Erste Entwurf noch zum Ausdruck gebracht hatte, daß es »kein Eigentum der Gesellschaft im Gegensatz zu den Gesellschaftern« geben sollte[99]; dem wird man am besten gerecht, wenn man das Gesellschaftsvermögen auch wirklich als Vermögen der Gesellschaft qualifiziert. Im gleichen Zuge hat der Gesetzgeber in § 738 BGB die Anwachsung eingeführt; während nach dem Ersten Entwurf ein ausscheidender Gesellschafter nur verpflichtet sein sollte, seinen Anteil an den gemeinschaftlichen Gegenständen den übrigen Gesellschaftern zu übertragen[100], bleibt aufgrund der Anwachsung das Gesellschaftsvermögen vom Ausscheiden eines Gesellschafters unberührt; auch diesem Gesetzgeberwillen wird man am konsequentesten gerecht, wenn man die Gesellschaft selbst als Inhaberin des Gesellschaftsvermögens ansieht, auch wenn bei dieser Betrachtung die auf die verbleibenden Mitgesellschafter bezogene »Anwachsung« als eine überflüssige, in rechtsdogmatischer Sicht gar »falsche« Rechtskonstruktion erscheint. Schließlich wollte der Gesetzgeber mit § 719 I BGB dem nach dem Ersten Entwurf noch rein obligatorischen Verfügungsverbot dadurch »Nachdruck« geben, daß er Verfügungen der Einzelgesellschafter über das Gesellschaftsvermögen ausschloß[101]: Auch diesem Gesetzgeberwillen entspricht es am besten, wenn man die Gesellschaft selbst als Vermögensträgerin behandelt. Die »gesamthänderische Bindung« ist dann kein bloßes Verfügungsverbot[102], sondern sie wird durch echte Vermögenstrennung hergestellt. Wiederum mag man aus akademischer Sicht die gesetzliche Lösung als rechtsdogmatisch »falsch« kritisieren (der Gesetzgeber verbietet den Gesellschaftern die Verfügung über Vermögensgegenstände, die es »nicht gibt«), aber es genügt, wenn wir zu Lösungen finden, die den Anordnungen des Gesetzgebers in praktischer Hinsicht gerecht werden.

Die Unentschiedenheit des Gesetzgebers kann also mit dogmatischen Mitteln ausgeglichen werden. Die Lehre von der »Gesamthand als Rechtsträgerin« – moderner: die Lehre von der rechtsfähigen Personengesellschaft (oben, § 8 I) – erweist sich hierbei – weit über ihre rein theoretische Aufgabe hinaus – als tragfähig. Sie liefert den auf einer anderen Basis *formulierten* Vorschriften des Bürgerlichen Gesetzbuchs ein rechtsdogmatisches Konzept nach, verträgt sich mit der hinter diesen Bestimmungen stehenden rechtspolitischen Entscheidung

98 Vgl. die Nachweise bei *Karsten Schmidt*, Gutachten, a.a.O., S. 472f. (zum Gesamthandsvermögen), 473f. (zur Anwachsung), 474f. (zur gesamthänderischen Bindung).

99 Mot., in: *Mugdan* II, S. 335.

100 § 658 IV BGB-E I.

101 Prot., in: *Mugdan* II, S. 991.

102 So mit der herkömmlichen Gesamthandslehre z.B. *Schulze-Osterloh*, Prinzip, a.a.O., S. 167; *Huber*, Vermögensanteil, S. 119; *Weber-Grellet*, AcP 182 (1982), 326.

des Gesetzgebers[103] und versöhnt die §§ 718 ff. BGB mit dem neuen § 14 BGB[104], in dem der Gesetzgeber von »rechtsfähigen Personengesellschaften« spricht (vgl. auch § 1059 a II BGB)[105].

b) Allerdings wäre die Annahme verfehlt, der rechtsanwendende Dogmatiker könne mit einem Federstrich alle vom Gesetzgeber ungelösten Probleme der BGB-Außengesellschaft lösen, wenn er sich nur der »richtigen« Gesamthandstheorie anschließt. Die Schwierigkeiten lassen sich am einfachen *Beispiel der Stellvertretung und Haftung* verdeutlichen. Hier hat der Gesetzgeber die Probleme überhaupt nicht zur Kenntnis genommen, die sich aus der Übernahme des Gesamthandsprinzips in die §§ 705 ff. BGB ergaben. Nach § 714 BGB ist der geschäftsführende Gesellschafter »im Zweifel auch ermächtigt, die anderen Gesellschafter Dritten gegenüber zu vertreten«. Folgt man dem, so würde bei Rechtsgeschäften der Außengesellschafter im Namen aller Gesellschafter kontrahiert. Aus der Verweisung des § 714 BGB auf § 709 BGB ergibt sich außerdem, daß diese »Vertretung« im Zweifel nur allen gemeinsam zusteht, was im Ergebnis bedeuten müßte, daß alle in Gemeinschaft, jedoch je im eigenen Namen handeln. Die Haftungskonsequenzen ergeben sich nach diesem – wie sich zeigen wird: überholten! – Konzept aus § 427 BGB: Es haften im Zweifel alle Gesellschafter als Gesamtschuldner. Eine spezifisch gesellschaftsrechtliche Lösung des Problems bietet der Gesetzgeber nicht an. Auch dies kann in Anbetracht der mangelnden Durchdringung des Gesamthandsprinzips nicht verwundern. Aber die Rechtsanwendungspraxis steht heute vor der Aufgabe, zwischen der Haftung der Gesellschaft und der persönlichen Haftung der Gesellschafter zu unterscheiden. Demgemäß werden im Gesellschaftsrecht drei ganz unterschiedliche Lösungsansätze diskutiert, die uns bei den Haftungsfragen wieder begegnen werden (unten, § 60 III 3 a)[106]:

- die »individualistische« Lehre, nach der die Gesellschafter, und nur sie, Vertragsparteien sind,
- die »kollektivistische« Lehre, nach der die Gesellschaft als Gesamthand vertreten wird,
- die Lehre von der »Doppelverpflichtung«, nach der im Namen sowohl der Gesellschaft als auch der Gesellschafter gehandelt wird.

Nach den hier angestellten Überlegungen wird nur die »kollektivistische Lösung« Bestand haben können (auch dazu unten, § 60 III 2 a). Auch die *neueste Rechtsprechung des Bundesgerichtshofs* findet in ihr ihre Grundlage. Aber das ändert nichts an der Feststellung, daß die Unklarheiten und Halbherzigkeiten des gesetzlichen BGB-Gesellschaftsrechts die Rechtsentwicklung belastet haben: Sie machen selbst aus einfachen Fällen große juristische

103 So bereits 1.–3. Aufl., § 58 IV 2 b.

104 Gesetz v. 27.6.2000, BGBl. I S. 897.

105 Vgl. zur »rechtsfähigen Personengesellschaft« nach § 14 BGB *Palandt/Heinrichs*, § 14 Rdnr. 3.

106 Überblick bei *Karsten Schmidt*, Gutachten, a.a.O., S. 475 f.; *Wiesner*, JuS 1981, 331 ff.; dort weitere Nachweise; seither mit Nachweisen *Ingo Wolf*, Vertragliche Haftungsbeschränkungen der Gesellschaft bürgerlichen Rechts ..., 1990, S. 28 ff.; *Soergel/Hadding*, 11. Aufl., § 714 Rdnrn. 1 ff., 29 ff.

Probleme, und dies stellt dem Gesetzgeber kein gutes Zeugnis aus (vgl. schon unter I 3 b).

c) Vor allem *im formellen Recht* hat der Gesetzgeber die Gesamthands-BGB-Gesellschaft nicht mit den Merkmalen der Rechtsträgerschaft ausgestattet[107]:
- Die Gesellschaft ist nach dem Konzept des Gesetzes *nicht formell grundbuchfähig*[108]. Aufgrund von § 47 GBO werden nach der vorerst die Gesellschafter »in Gesellschaft bürgerlichen Rechts« in das Grundbuch eingetragen und nicht die Gesellschaft (unten, § 60 II 1 a)[109]. Diese ist nach Möglichkeit selbst zu benennen, damit die Zuordnung, falls die Gesellschafter etwa mehrere BGB-Gesellschaften gebildet haben, unterscheidbar ist. Das Grundbuch ist also zu berichtigen, wenn Gesellschaftsanteile übertragen werden.
- Nichts anderes gilt für die Eintragung in das Handelsregister: Ist eine Gesellschaft bürgerlichen Rechts oHG-Gesellschafterin, Komplementärin oder Kommanditistin, so genügt nicht die Eintragung der Gesellschaft, sondern alle Gesellschafter sind zu nennen[110]. Für die Kommanditbeteiligung einer BGB-Gesellschaft ist dies inzwischen geregelt in § 162 I 2 HGB.
- Die Gesellschaft ist nach dem Willen des historischen Gesetzgebers und nach hergebrachter Auffassung[111] auch *nicht parteifähig* (zum Diskussionsstand unten, § 60 IV 1), doch hat hier der *Bundesgerichtshof* bereits gegengesteuert (*BGHZ* 146, 341 = NJW 2001, 1056).
- Nach § 736 ZPO ist für die *Vollstreckung in das Vermögen der Gesellschaft* ein gegen alle Gesellschafter gerichteter Titel »erforderlich«[112]. Dies galt als die vollstreckungsrechtliche Konsequenz der fehlenden Parteifähigkeit[113], bis *BGHZ* 146, 341 = NJW 2001, 1056 die Parteifähigkeit der Gesellschaft anerkannte. Seither wird man § 736 ZPO in dem Sinne korrigierend zu

---

107 Ausführliches Material bei *Karsten Schmidt*, Gutachten, a. a. O., S. 477 ff.

108 Die Gegenansicht von *Flume* (Personengesellschaft, § 5) und *Wertenbruch* (Haftung von Gesellschaften und Gesellschaftsanteilen in der Zwangsvollstreckung, 2000, S. 261 ff.) besagt nur, daß die Gesellschaft unter Hinzufügung der Namen der Gesellschafter im Grundbuch eingetragen werden kann. Das ist richtig, spricht aber nach der hier verwendeten Terminologie nicht für die Grundbuchfähigkeit (krit. auch *Heil,* NJW 2002, 2158). Für echte Grundbuchfähigkeit dagegen *Ulmer/Steffek*, NJW 2002, 330 ff.

109 Nach der GBO-Denkschrift sind Bruchteilsgemeinschaft und Gesamthand nur Varianten der Rechtsgemeinschaft, die sich in der Verfügungsbefugnis der Gemeinschafter unterscheiden; vgl. Denkschrift zur Grundbuchordnung, in: *Hahn/Mugdan*, Die Gesammten Materialien zu den Reichs-Justizgesetzen, Bd. V, Materialien zum ZVG und zur GBO, 1897, S. 167 f.

110 *BGHZ* 148, 291 = NJW 2001, 3121.

111 Materialien zu den Reichs-Justizgesetznovellen I, 1898, S. 210; *BGHZ* 17, 340, 342; 23, 307, 313; 80, 222, 227; für die vor *BGHZ* 146, 341 = NJW 2001, 1056 ganz h. L. vgl. nur *Stein/Jonas/Bork*, ZPO, 21. Aufl. 1992, § 50 Rdnr. 17; *Heller*, Der Zivilprozeß der Gesellschaft bürgerlichen Rechts, 1989, S. 52 ff., 95 ff., 113 ff., 246; a. M. bereits *Schünemann*, a. a. O., S. 208 ff.; *Lindacher*, in: MünchKommZPO, 2. Aufl., § 50 Rdnr. 27; unklar noch Prot., in: *Mugdan* II, S. 994.

112 Eingehend *Karsten Schmidt*, Gutachten, a. a. O., S. 478 f.

113 Vgl. zum Diskussionsstand vor *BGHZ* 146, 341 = NJW 2001, 1056 die Angaben in der 3. Aufl., § 58 IV 2, sowie bei *Karsten Schmidt*, NJW 2001, 1000; krit. *Schünemann*, a. a. O., S. 224 ff.; *Aderhold*, a. a. O., S. 165 ff.; *Wertenbruch*, a. a. O., S. 122 ff.; s. auch bereits *Seuffert*, ZZP 22 (1896), 361 ff.

lesen haben, daß die Bestimmung einen gegen alle Gesellschafter gerichteten Titel nicht mehr voraussetzt, aber ausreichen läßt (zum Stand der Rechtsfortbildung unten, § 60 IV 2).

- Schließlich galt die Gesellschaft bürgerlichen Rechts nach herkömmlicher Auffassung als *konkursunfähig*[114]: In Konkurs fallen konnten angeblich nur die Gesellschafter. Erst die Insolvenzrechtsreform hat diesen Mangel behoben (§ 11 II Nr. 1 InsO und dazu unten, § 60 IV 3).

Die Gesamthands-BGB-Gesellschaft ist also vom Gesetzgeber in formeller Hinsicht durchaus mangelhaft ausgestaltet. Das leuchtet ein für den Bereich des Grundbuchwesens, denn solange die BGB-Gesellschaft nicht selbst registriert ist (Publizität des Subjekts), kann es nicht zugelassen werden, daß die Gesellschaft ohne Benennung der einzelnen Gesellschafter als Grundbucheigentümerin eingetragen wird (Publizität des Objekts). Dagegen stieß die bisherige Ablehnung jeder Partei- und Konkursfähigkeit auf *zunehmende Kritik*. Nach der hier bereits bis zur dritten Auflage vertretenen Auffassung konnte und mußte sie jedenfalls bei der Mitunternehmer-BGB-Gesellschaft überwunden werden (dazu sogleich unter IV 3a und V 1). Doch ist die Entwicklung dabei nicht stehengeblieben (unten, § 60 II).

3. Bedenken gegen die Einheits-Gesamthand in §§ 718ff. BGB

Nicht nur das unvollkommene Rechtsbild der Gesamthands-BGB-Gesellschaft verdient rechtspolitische Kritik, sondern solche Kritik muß auch dem sich dahinter verbergenden Einheitsmodell gelten. Das Instrumentarium des BGB ist, m. a. W., nicht nur lückenhaft, sondern auch viel zu undifferenziert. Jede Gesellschaft bürgerlichen Rechts kann, wenn die Beteiligten dies wollen, ohne jede Publizität als Außengesellschaft ein eigenes Gesellschaftsvermögen bilden (vgl. schon oben unter I 3a). Für manche Gesellschaften ist das traditionelle Gesamthandskonzept zu wenig, für andere ist das neue Bild der rechtsfähigen Außengesellschaft zuviel an Verselbständigung.

a) Von der *unternehmenstragenden BGB-Gesellschaft* wird hier seit der ersten Auflage gesagt, daß sie als Außengesellschaft selbst Trägerin eines Unternehmens ist (oben unter II 4). Hervorgehoben wurde auch das Postulat, daß jeder Unternehmensträger
- rechtsfähig,
- handlungsfähig,
- parteifähig und
- insolvenzrechtsfähig

114 Vgl. nur *BGHZ* 23, 307, 313; *OLG Neustadt*, MDR 1956, 240; *Baur/Stürner*, Zwangsvollstreckungs-, Konkurs- und Vergleichsrecht, Bd. II, Insolvenzrecht, 12. Aufl. 1990, Rdnr. 7. 23; *Jauernig*, Zwangsvollstreckungs- und Insolvenzrecht, 21. Aufl. 1999, § 40 I; *Jaeger/Henckel*, KO, 9. Aufl. 1977ff., § 1 Rdnr. 151; a.M. *Karsten Schmidt*, in: Einhundert Jahre Konkursordnung, 1977, S. 255ff.; *Neumann*, Der Konkurs der BGB-Gesellschaft, 1986; Überblick bei *Haas*, in: Gottwald (Hrsg.), Insolvenzrechtshandbuch, 2. Aufl. 2001, § 94 Rdnr. 92.

sein muß (Handelsrecht, § 5 II). Auch für die unternehmerische Haftung müssen unternehmensrechtliche Regeln, nämlich die sinngemäß anzuwendenden §§ 128ff. HGB gelten (unten, V 2 und § 60 III 2). Der Gesetzgeber sollte ausdrückliche Sonderregeln schaffen[115]. Aber schon das geltende Recht gibt uns die Aufgabe auf, geeignete Sonderregeln für die Mitunternehmer-BGB-Gesellschaft zu entwickeln[116]. Seit den Urteilen *BGHZ* 142, 315 und *BGHZ* 146, 341 ist die Verselbständigung im Außenverhältnis weitgehend vollzogen (dazu unter V 1 b), und zwar ohne Beschränkung auf unternehmenstragende Gesellschaften[117].

b) Was bei den Mitunternehmer-Gesellschaften zu wenig ist, ist bei anderen Gesellschaften zu viel[118]. Indem es der Gesetzgeber den Beteiligten gestattet, jede Gesellschaft bürgerlichen Rechts – weit über Mitunternehmergesellschaften hinaus – mit einem eigenen Vermögen zu versehen, bringt er die Publizität der Rechtszuordnung in Gefahr. Extremfälle – aber nicht die einzigen Fälle! – bilden die *Gesellschaften, die sich auf das Halten und Verwalten von Vermögensgegenständen, evtl. eines einzigen Grundstücks, beschränken.* Dies ist nach ganz herrschender Auffassung zulässig[119]. Mehrere Berechtigte können also statt einer Bruchteilsgemeinschaft (§§ 741ff. BGB) zu diesem begrenzten Zweck auch eine Außengesellschaft bilden. Auf die bedenklichen Konsequenzen muß kurz eingegangen werden.

aa) In manchen Bundesländern ist es seit Jahrzehnten üblich, mehrere *Erwerber eines Grundstücks »in Gesellschaft bürgerlichen Rechts«* in das Grundbuch einzutragen[120]. Der *Bundesgerichtshof* hat diese Eintragungsform ausdrücklich anerkannt[121]. Die Erwerber haben also die Wahl, ob sie Miteigentümer nach §§ 1008ff., 741ff. BGB oder Eigentümer »in Gesellschaft bürgerlichen Rechts« werden wollen. Das zweite Modell läuft auf die Etablierung einer BGB-Außengesellschaft nur um des gemeinsamen Eigentums willen hinaus. Ursprünglich verbarg sich hinter dieser wunderlichen Rechtsgestaltung der listenreiche Wunsch nach Ersparnis von Notargebühren und Grunderwerbsteuer[122]. So gesehen, wirkte die Gestaltung wie ein wenig sympathischer Trick. Eine günstige – und billigenswerte! – Folge besteht aber

115 Vgl. die Vorschläge bei *Karsten Schmidt*, Gutachten, a.a.O., S. 496ff.
116 Vgl. *Karsten Schmidt*, JZ 1985, 912.
117 Dazu mit Nachweisen zum Streitstand *Dauner-Lieb*, in: VGR 5 (2002), S. 134 f.; läßt man mit der hier vertretenen Auffassung eine Eintragung jeder Außengesellschaft als oHG nach § 105 II HGB zu, so ist eine Begrenzung auf unternehmenstragende Gesellschaften in der Tat seit 1998 kaum noch begründbar.
118 Vgl. *Karsten Schmidt*, Gutachten, a.a.O., S. 484ff. und JZ 1985, 912; krit. hierzu *Jaschke*, Gesamthand und Grundbuchrecht, 1991, S. 52.
119 *BGH*, NJW 1982, 170 = JuS 1982, 300 m.Anm. *Karsten Schmidt*; *Flume*, Personengesellschaft, § 3 III; *ders.*, DB 1973, 2470; NJW 1996, 3325; ZIP 1998, 5ff.; *Ulmer*, Gesellschaft bürgerlichen Rechts, vor § 705 Rdnr. 102, § 705 Rdnr. 112; *Karsten Schmidt*, in: MünchKomm.BGB, § 741 Rdnr. 5; *Petzoldt*, DNotZ 1973, 92; *ders.*, BB 1973, 1332; a.M. *OLG Düsseldorf*, BB 1973, 1325 und DNotZ 1973, 91.
120 Vgl. zum folgenden ausführlich *Karsten Schmidt*, AcP 182 (1982), 481ff.
121 *BGH*, NJW 1982, 170 = JuS 1982, 300 m.Anm. *Karsten Schmidt*.
122 Vgl. *Dörfeldt*, DB 1979, 1153; s. aber auch *BFHE* 130, 188; 130, 422.

darin, daß die Eintragung »in Gesellschaft bürgerlichen Rechts« *wie ein dingliches Veräußerungsverbot* wirkt: Während beim Miteigentum jeder Miteigentümer über seinen Bruchteil verfügen kann (§ 747 S. 1 BGB), ist dies bei der Gesellschaft bürgerlichen Rechts nicht möglich (§ 719 I BGB). Für eine solche Bindung kann ein schützenswertes Interesse bestehen[123].

Beispiel Nr. 15: Stehen Eheleute als Miteigentümer im Grundbuch, so können sie zwar über das gemeinschaftliche Haus nur gemeinschaftlich verfügen, aber jeder kann selbst über seinen Miteigentumsanteil verfügen (§ 747 BGB), und hiergegen gibt es keinen dinglich wirksamen Schutz (vgl. § 137 BGB). Beispielsweisel kann der Ehemann seine ideelle Grundstückshälfte seiner Freundin oder im schlimmeren Fall einer dubiosen Sekte übereignen. Hiergegen schützen sich die Eheleute, wenn sie das Grundstück in Gesellschaft bürgerlichen Rechts erwerben. Denn über das Grundstück kann dann als Eigentümerin nur die aus beiden Eheleuten bestehende BGB-Gesellschaft verfügen. Jedem Ehepartner steht zwar ein Gemeinschaftsanteil zu, aber über diesen kann er wirksam nur mit Zustimmung des anderen Ehegatten verfügen (dazu oben, § 45 II).

In mancherlei Hinsicht sind aber die Rechtsfolgen für den Rechtsverkehr und die Vollstreckung bedenklich. Denn solange sich die Gesellschafter (z. B. also die »in Gesellschaft bürgerlichen Rechts« eingetragenen Eheleute) über alle Verfügungen Maßnahmen einig sind, können sie eine *Mobilisierung des Bodens* bewirken[124], indem die formgerechte Verfügung über Grundstücksrechte nach § 873 BGB durch formlose Verfügungen über Mitgliedschaftsrechte verdrängt wird. Dieser Effekt der Entwertung des Grundbuchs sei zuerst an erdachten, dann an tatsächlich aufgetretenen Fällen verdeutlicht[125]:

Beispiel Nr. 16: Sind die Eheleute X als Miteigentümer des Grundstücks Goethestraße eingetragen und wollen sie das Grundstück an die Eheleute Y übereignen, so geschieht dies nach §§ 747 S. 2, 873, 925 BGB durch Auflassung und Eintragung. Sind sie dagegen »in Gesellschaft bürgerlichen Rechts« eingetragen, so sind drei Übereignungsarten möglich: Die Eheleute X können das Grundstück nach §§ 873, 925 BGB »in Gesellschaft bürgerlichen Rechts« an die Eheleute Y übereignen (sachenrechtliches Verfügungsmodell); sie können statt dessen auch ihre Gesellschaftsanteile auf die Eheleute Y übertragen (gesellschaftsrechtliches Verfügungsmodell); sie können schließlich die Eheleute Y in ihre Gesellschaft aufnehmen und selbst aus ihr ausscheiden (Abwachsungs-Anwachsungs-Modell). Die beiden letzten Lösungen sind formlos durchführbar (Mobilisierung des Bodens!). Das Grundbuch wird unrichtig. Es kann nachträglich berichtigt werden ... irgendwann einmal!

Beispiel Nr. 17: Sind die Eheleute Y ihrerseits im Grundbuch eines Grundstücks Schillerstraße eingetragen und sollen die Grundstücke getauscht werden, so sieht die Lösung entsprechend aus. Handelt es sich um Miteigentum nach § 1008 BGB, so müssen die Grundstücke nach §§ 747 S. 2, 873, 925 BGB übereignet werden. Sind dagegen beide Ehepaare »in Gesellschaft bürgerlichen Rechts« eingetragen, so sind wieder drei Lösungswege möglich: Übereignung nach §§ 873, 925 BGB aus einer BGB-Gesellschaft in die andere (sachenrechtliches Verfügungsmodell); wechselseitige Übertragung der Gesellschaftsanteile (gesellschaftsrechtliches Verfügungsmodell); wechselseitiger Austritt und Eintritt bei der Goethestraßengesellschaft und bei der Schillerstraßengesellschaft (Abwachsungs-Anwachsungs-Modell). Wiederum sind die beiden letzten Lösungen formlos möglich; das Grundbuch wird nur nachträglich berichtigt (Mobilisierung des Bodens!).

---

123 *Karsten Schmidt*, JZ 1985, 910; *ders.*, NJW 1996, 3326.
124 *Karsten Schmidt*, NJW 1996, 3325ff.
125 Vgl. *Karsten Schmidt*, AcP 182 (1982), 490f.; *ders.*, NJW 1996, 3326; *ders.*, ZIP 1998, 6.

Beispiel Nr. 18 (nach *BGH*, NJW 1997, 860 = JuS 1997, 564 [*Karsten Schmidt*]): X und Y waren im Zuge der Grundstücksbereinigungen nach der deutschen Wiedervereinigung »in Gesellschaft bürgerlichen Rechts« im Grundbuch eingetragen worden. Wahrer Eigentümer war E. X und Y verkauften und übertrugen ihre Anteile an die gutgläubigen Käufer A und B. Diese waren nach dem zutreffenden Urteil des *BGH* nicht in ihrem guten Glauben geschützt. § 892 BGB konnte nicht angewendet werden, denn es hatte eben nicht die Gesellschaft bürgerlichen Rechts über angebliches Grundeigentum verfügt, sondern verfügt hatten die Gesellschafter über ihre Gesellschaftsanteile. Diese Anteile brauchten nicht gutgläubig erworben zu werden. Sie standen X und Y ja zu, waren aber wertlos.

Beispiel Nr. 19: Wollen die Eheleute X Alleineigentum von Frau X am Grundstück Goethestraße begründen, so ist in gleicher Weise zu unterscheiden. Sind beide als Miteigentümer eingetragen, so muß Herr X seine Miteigentumshälfte nach §§ 747 S. 1, 925, 873 BGB an seine Frau auflassen und dies im Grundbuch eintragen lassen. Sind dagegen beide »in Gesellschaft bürgerlichen Rechts« eingetragen, so genügt es, daß Herr X seinen Gesellschaftsanteil an Frau X überträgt oder aus der Gesellschaft ausscheidet. In beiden Fällen erlischt die Gesellschaft, und Frau X wird (formlos!) zur Alleineigentümerin (oben, § 44 II 2). Das Grundbuch wird nachträglich nur berichtigt. Es ist danach richtig, wenn die Annahme, daß Frau X den Anteil erworben hat, zutrifft. – Wenn nun die Eheleute der doch so praktischen BGB-Gesellschaft nachtrauern (vielleicht hat ein Rechtsanwalt oder Steuerberater sie auf diesen Gedanken gebracht), so sollte man erwarten, daß sie eine neue Gesellschaft gründen und das Grundstück an sie auflassen. Vielleicht können sie aber das Grundbuchamt davon auch überzeugen, daß Frau X, woran sie sich jetzt erst »erinnert«, ihren Anteil zur Hälfte formlos an das gemeinsame Kind K übertragen hatte und daß Frau X nach dem Erwerb von Herrn X »in Wahrheit« doch noch einen Mitgesellschafter, nämlich K, hatte. Dann wird das Grundbuch erneut »berichtigt«, denn wenn die »Erinnerung« von Frau X zutrifft, war sie niemals (Allein-)Eigentümerin des Grundstücks (lehrreich *OLG Frankfurt*, NJW-RR 1996, 1123 und dazu *Karsten Schmidt*, NJW 1996, 3325ff.).

Beispiel Nr. 20 (nach einem unveröffentlichten Urteil des *OLG Hamburg*; vgl. AcP 182 [1982], 512 Fußn. 138): Angenommen, ein Gläubiger G wollte aus einem gegen Herrn X gerichteten Titel dessen Grundstücksbeteiligung zur Zwangsversteigerung bringen, so bräuchten die Eheleute nur einen rückdatierten Vertrag vorzuweisen und die Eintragung der Frau X als Eigentümerin zu betreiben. Da der rückdatierte Vertrag unentgeltlich sein wird, empfiehlt sich die Wahl eines mindestens vier Jahre zurückliegenden Zeitpunkts (vgl. § 4 AnfG). Wer das Papier nicht als Fälschung entlarvt (und welcher Richter wollte dies dem X in das Urteil schreiben?), ist gegen solche Manipulationen machtlos.

Beispiel Nr. 21 (nach einem in JZ 1985, 911 mitgeteilten bayerischen Fall): Im Rahmen eines Bauherrenmodells hatte die Generalunternehmerin – eine Einpersonen-GmbH – gemeinschaftlich mit ihrem Alleingesellschafter »in Gesellschaft bürgerlichen Rechts« Wohnungen erworben. Als die Bauhandwerker eine Bauhandwerkersicherungshypothek eintragen ließen (§ 648 BGB), legte der Alleingesellschafter eine Urkunde vor, nach der er seine Gesamthandsanteile bereits vor der Hypothekeneintragung an seine Ehefrau übertragen hatte, und betrieb die Grundbuchberichtigung.

Diese Mobilisierung des Bodens beseitigt die Publizität des Grundstücksrechts und bringt den Rechtsverkehr in Gefahr. Je mehr diese Gestaltungen Schule machen, um so weniger kann sich der Rechtsverkehr auf das Grundbuch verlassen. Die Gesellschaft bürgerlichen Rechts ist ein flüchtiges Gebilde ohne Registerpublizität. Je länger sie bestanden hat, um so schwerer ist oft auszumachen, ob sie überhaupt noch existiert und wer ihre Gesellschafter sind. Der Fall des *OLG Frankfurt*, NJW-RR 1996, 1123 lehrt sogar, daß man sich nicht einmal dann auf das Grundbuch verlassen kann, wenn früher einmal – keineswegs jetzt! – eine Eintragung »in Gesellschaft bürgerlichen Rechts« vorgelegen hat. Diese Tendenz ist bedenklich. Man wird ihr nur begegnen können, wenn man in diesen Fällen jedenfalls das schuldrechtliche Geschäft unter die Formvorschrift des § 311 b BGB fallen läßt[126]. Aber auch die Zwangsvollstreckung in Grundeigentum steht hier vor unbewältigten Schwierigkeiten, denn wenn ein Gläubiger eines Gesellschafters nach §§ 725 BGB, 859 ZPO auf dessen Gesamthandsanteil zugreifen kann, ermöglicht dies noch nicht ohne weiteres den Zugriff auf das Grundeigentum[127].

bb) Auch *Gesellschaftsanteile* lassen sich durch Einbringung in eine Gesellschaft bürgerlichen Rechts mobilisieren[128].

Beispiel Nr. 22: Wird ein Beteiligungspool als Gesellschaft bürgerlichen Rechts organisiert, so kann jeder Poolbeteiligte formlos in den Pool eintreten oder aus ihm austreten oder seine Beteiligungsrechte ohne förmlichen Publizitätsakt übertragen, auch wenn sich im Pool Aktien oder vinkulierte GmbH-Geschäftsanteile befinden.

cc) Ersichtlich hat der Gesetzgeber für diese Fälle mit dem Gesamthandsmodell zu hoch gegriffen. Es hätte genügt, wenn er den Gesellschaftern die Begründung eines dinglich gebundenen Miteigentums gestattet hätte[129]. Dann könnte über die Gegenstände dieses »Gesellschaftsvermögens« nur gemeinschaftlich, aber auch nur nach den für sie geltenden Vorschriften verfügt werden, über Grundeigentum also nur unter Beachtung der sachenrechtlichen Grundsätze, über GmbH-Geschäftsanteile nur unter Beachtung des § 15 GmbHG.

V. Der Sonderstatus der unternehmenstragenden BGB-Gesellschaft

1. Die Verselbständigung

a) Wie unter IV 3 a ausgeführt, müssen für die Mitunternehmer-BGB-Gesellschaft Sonderregeln gelten[130]. Als Bestandteil dieser Sonderregeln wurde hier seit der ersten Auflage – also fünfzehn Jahre vor der durch *BGHZ* 142, 315

126 Vgl. *Karsten Schmidt*, AcP 182 (1982), 510ff.; *ders.*, NJW 1996, 3326f.; ebenso *Heckschen*, Die Formbedürftigkeit mittelbarer Grundstücksgeschäfte, 1987, S. 163f.; s. auch *Ulmer*, Gesellschaft bürgerlichen Rechts, § 719 Rdnrn. 27f.; sympathisierend *BGHZ* 86, 367, 371 = NJW 1983, 1110, 1111; ablehnend *Jaschke*, Gesamthand und Grundbuchrecht, 1991, S. 56ff.; *Kanzleiter*, in: MünchKommBGB, § 313 Rdnr. 14; unentschieden *Erman/Westermann*, § 719 Rdnr. 10.

127 Näher *Karsten Schmidt*, JZ 1985, 911f.

128 *Karsten Schmidt*, BB 1983, 1697ff.; dagegen *Schwichtenberg*, BB 1985, 429ff.

129 So die Vorschläge bei *Karsten Schmidt*, Gutachten, a.a.O., S. 492ff.

130 Vgl. rechtspolitisch *Karsten Schmidt*, Gutachten, a.a.O., S. 496ff.; de lege lata *ders.*, JZ 1985, 912ff.; für das österreichische Recht *Thiery*, a.a.O.; *Karsten Schmidt*, JBl. 1988, 746f.; s. auch *Loukakos*, Die Mitunternehmer-BGB-Gesellschaft ..., 1989; *Groth*, Die analoge Anwendung von oHG-Recht auf BGB-Gesellschaften, 1994; *Reiff*, Die Haftungsverfassungen nichtrechts-

und 146, 341 vollzogenen Wende der Rechtsprechung – eine *konsequente Verselbständigung dieser Außengesellschaft* angenommen. Das läuft im wesentlichen auf folgende, heute überwiegend schon anerkannte Thesen hinaus:
- Die Mitunternehmer-BGB-Gesellschaft ist uneingeschränkt Trägerin von Rechten und Pflichten.
- Die Mitunternehmer-BGB-Gesellschaft nimmt, vertreten durch ihre geschäftsführenden Gesellschafter, am Rechtsverkehr teil, ist z. B. auch wechselrechtsfähig.
- Die Mitunternehmer-BGB-Gesellschaft ist deliktsfähig (Zurechnung analog § 31 BGB).
- Die Mitunternehmer-BGB-Gesellschaft ist parteifähig und insolvenzrechtsfähig.

b) Die Rechtsprechung ging *herkömmlich* von der Rechtsunfähigkeit[131], der Deliktsunfähigkeit[132], der Parteiunfähigkeit[133] und der Insolvenzrechtsunfähigkeit[134] aus. So wurde in den Urteilen *BGHZ* 59, 1 und 61, 59 die Zeichnung von Wechseln im Namen einer unternehmenstragenden Gesellschaft bürgerlichen Rechts nur anerkannt, wenn sie sich »scheinkaufmännisch« geriert, z. B. die Wechsel mit dem Zusatz »GmbH & Co. KG« gezeichnet hatte. Auch die Prozeßführung und Vollstreckung wurde durch das Urteil *BGH*, NJW 1980, 784 nur zugelassen, weil sich die BGB-Gesellschaft als Handelsgesellschaft, nämlich als »J & Co. KG Patentverwertung« aufgespielt hatte. Auch ein Insolvenzverfahren wurde nach *BGHZ* 113, 216 *nur unter Rechtsscheingesichtspunkten* anerkannt (zu all dem krit. Handelsrecht, § 5 II)[135]. *Heute* können wir als gesichert festhalten:
- Die Außengesellschaft ist rechtsfähig und nimmt, vertreten durch ihre vertretungsberechtigte Gesellschaft am Rechtsverkehr teil (*BGHZ* 146, 341 = NJW 2001, 1056).
- Die Außengesellschaft ist auch parteifähig, kann also klagen und verklagt werden, und es ist die Vollstreckung aus einem gegen sie gerichteten Titel möglich (*BGHZ* 146, 341 = NJW 2001, 1056).
- Der Bundesgerichtshof wird nicht mehr umhin können, auch ihre Deliktsfähigkeit anzuerkennen (anders noch *BGHZ* 45, 311).
- Die Insolvenzrechstfähigkeit der Gesellschaft ist nunmehr gesetzlich geklärt (§ 11 II Nr. 1 InsO).

Abhilfe schafft nicht der Rechtsschein, sondern die objektive Verselbständigung der BGB-Außengesellschaft (näher unten, § 60 II 1 a). Diese Verselbständigung ist, wie hier in den Vorauflagen immer wieder dargelegt, bei unternehmenstragenden Gesellschaften unabweisbar. Seit dem Urteil *BGHZ*

---

fähiger unternehmenstragender Verbände, 1996, S. 159 ff., 183 ff.; *Erman/Westermann*, vor § 705 Rdnr. 23.

131 *BGHZ* 59, 179; 61, 59, 62.

132 *BGHZ* 45, 311.

133 *BGHZ* 30, 195, 197; *BGH*, NJW 1991, 101; 1997, 1236.

134 *BGHZ* 23, 307, 313; *OLG Neustadt*, MDR 1956, 240.

135 Eingehende Kritik in der 3. Aufl., § 58 V 1 b; *Karsten Schmidt*, JZ 1985, 913.

146, 341 = NJW 2001, 1056 (»Weißes Roß«) ist sie anerkannt, und zwar ohne Beschränkung auf unternehmenstragende Gesellschaften.

2. Analoge Anwendung von HGB-Regeln

a) Eine Reihe von Regeln des oHG-Rechts sollte auf die Mitunternehmer-BGB-Gesellschaft entsprechend angewandt werden. Abgesehen von den *Haftungsregeln der §§ 128–130, 160 HGB*[136], auf die zurückzukommen ist (unten, § 60 III 2), sind *folgende Vorschriften* zu nennen[137]: Aufwendungsersatz und Verzinsungspflicht nach §§ 110f. HGB, das Wettbewerbsverbot einschließlich seiner Sanktionen (§§ 112f. HGB), das Prinzip der Einzelgeschäftsführung und Einzelvertretung der §§ 115, 125 HGB sowie ihr Umfang (zweifelhaft für § 126 HGB), das Informationsrecht (§ 118 HGB), die Gewinn- und Verlustbeteiligung sowie das Entnahmerecht (§§ 120–122 HGB), die vom BGB-Gesellschaftsrecht abweichende Unterscheidung von Auflösung und Austritt (§ 131 HGB), die erschwerte Kündigung durch Gesellschafter und Gläubiger (§§ 132–135 HGB), die Ausschließungs- und Übernahmemöglichkeiten nach § 140 HGB (hier allerdings zweifelhaft ob mit oder ohne Gestaltungsklage).

Die Bedeutung – aber auch die Problematik! – dieser hier vorgeschlagenen Analogie sei an wenigen Beispielen aufgezeigt:

Beispiel Nr. 23 (Wettbewerbsbeispiel): In einer kleinunternehmerischen Bäckerei-Gesellschaft stellt sich heraus, daß einer der Gesellschafter in einem Nachbarhaus einen Laden gemietet hat und gleichfalls eine Bäckerei beginnt. Das Wettbewerbsverbot (§ 112 HGB analog) kann hier schon der allgemeinen Treupflicht entnommen werden (oben, § 20 V 1b), aber wenn der ungetreue Gesellschafter bereits Gewinne mit dem Nachbargeschäft gemacht hat, verhilft die Analogie zu § 113 HGB der Gesellschaft zu einem sog. Eintrittsrecht (vgl. zu diesem oben, § 47 II 2a).

Beispiel Nr. 24 (Vertretungsbeispiel): Hat in unserem Beispiel einer der Gesellschafter den Kredit bei der Hausbank des kleinen Unternehmens überzogen, so dürfen sich die Mitgesellschafter im Zweifel nicht auf dessen fehlende Alleinvertretungsmacht berufen, denn analog § 125 HGB besteht (im Gegensatz zu §§ 714, 709 BGB) im Zweifel Alleinvertretungsmacht (nicht unbestritten!).

Beispiel Nr. 25: Ist in unserem Wettbewerbsbeispiel der ungetreue Gesellschafter von seinen Konkurrenzplänen nicht abzubringen, so kann sich die Frage stellen, ob er ausgeschlossen werden darf. Nach § 737 BGB dürfte dies nur geschehen, wenn im Gesellschaftsvertrag eine Klausel enthalten ist, nach der die Gesellschaft im Kündigungsfall unter den verbleibenden Gesellschaftern fortbestehen soll. Analog § 140 HGB muß aber das Ausschließungsrecht bei einer Mitunternehmer-BGB-Gesellschaft als Regel bezeichnet werden. Es ist zwar zweifelhaft, ob sich die Gerichte sogar auf eine Gestaltungsklage analog § 140 HGB bei der Gesellschaft bürgerlichen Rechts einlassen werden

136 Vgl. zu §§ 128ff. HGB *Schlegelberger/Karsten Schmidt*, § 105 Rdnr. 245, § 128 Rdnr. 3, § 159 Rdnr. 4; *Karsten Schmidt*, in: Festschrift Fleck, 1988, S. 271ff.; zust. *Reiff*, Die Haftungsverfassungen nichtrechtsfähiger unternehmenstragender Verbände, 1996, S. 220ff., 288ff., 302ff., 323ff.; s. auch *Timm*, NJW 1995, 3216f.; zu § 159 HGB a.F. *Wiedemann/Frey*, DB 1989, 1809ff.

137 Dazu im einzelnen die Kommentierung der Bestimmungen bei *Schlegelberger/Karsten Schmidt*, Bd. III/3; für § 132 HGB vgl. auch *Strothmann/Vieregge*, in: Festschrift Oppenhoff, 1985, S. 471.

(solange das hier vertretene Analogiemodell nicht herrschende Meinung ist, besteht hier kaum Aussicht), aber dann wird man jedenfalls die §§ 737 BGB, 140 HGB dahingehend kombinieren müssen, daß eine Ausschließungskündigung bei der Mitunternehmer-BGB-Gesellschaft auch ohne besondere Vereinbarung möglich ist, wenn die Voraussetzungen des § 140 HGB erfüllt sind.

Beispiel Nr. 26 (in Anlehnung an *OLG Hamm*, NJW-RR 1993, 1383 = JuS 1994, 170 m. Anm. *Karsten Schmidt*): Die Vertragsparteien hatten eine nach damaligem Recht »minderkaufmännische« Importgesellschaft gegründet, aber ein Vertragspartner hatte diese alsbald gekündigt. Das *OLG* entschied, daß ein solcher Vertrag im Zweifel nicht gemäß § 723 I BGB jederzeit kündbar ist. Das überzeugt. Richtigerweise ist von dem analog anwendbaren § 132 HGB auszugehen.

Beispiel Nr. 27: Wurde das für die Gesellschaft bei einer Bank geführte Girokonto überzogen, so haftet zunächst die Gesellschaft, denn sie ist als Unternehmensträgerin Vertragspartner der Bank (unten, § 60 II 1). Die persönliche Haftung der Gesellschafter folgt also nicht daraus, daß die Gesellschafter Vertragspartner sind (so aber die traditionelle Auffassung), sondern sie muß in Analogie zu § 128 HGB entwickelt werden (näher unten, § 60 II 2 und III 2).

Beispiel Nr. 28: Angenommen, ein Gesellschafter wäre erst nach der Kreditbegründung in die Gesellschaft aufgenommen worden. Wendet man mit der hier vertretenen Auffassung § 130 HGB analog auf die unternehmenstragende Gesellschaft an, so haftet der neu hinzugetretene Gesellschafter entgegen dem veralteten Standpunkt von *BGHZ* 74, 240 auch für diese Altverbindlichkeit (näher unten, § 60 III 2 d).

b) Diese Auffassung mochte *in den ersten Auflagen des vorliegenden Werks revolutionär* scheinen, weil sie der Verweisungsrichtung des § 105 III HGB entgegendeklamiert und bis zum Erscheinen dieses Buchs so pointiert nirgends vertreten wurde[138]. Aber es ist zu bedenken, daß sich das Recht der oHG als der gesetzliche Normalstatus der Mitunternehmer-Personengesellschaft herausgebildet hat, während das Recht der BGB-Gesellschaft eben gerade nicht für diese Zwecke, sondern als ein elastisches Allerwelts-Rechtskleid geschaffen worden ist und durch unternehmensrechtliche Regeln ergänzt werden muß. Daß diese zunächst im oHG-Recht zu suchen sind, hat der Gesetzgeber bei der Formulierung des Partnerschaftsgesellschaftengesetzes gezeigt (zu diesem vgl. unten, § 64). Auch die Rechtsprechung, die natürlich nicht prinzipiell, sondern punktuell entscheidet, weist Indizien für die hier vertretene Ansicht auf. Das wird vor allem unter § 60 III 2 für die Gesellschafterhaftung zu zeigen sein. Vorerst genüge unser umstrittenes[139]

Beispiel Nr. 29 (vereinfacht nach *BGHZ* 32, 307): Gesellschafter K und Gesellschafter B betrieben eine Wäscherei in Gesellschaft bürgerlichen Rechts. B versuchte, das Unternehmen eigennützig und rechtswidrig an sich allein zu bringen. K erhob daraufhin Klage mit dem Antrag, ihn für berechtigt zu erklären, das Geschäft ohne Liquidation mit Aktiven und Passiven zu übernehmen (§ 142 HGB a.F.). Es geht aus heutiger Sicht um die analoge Anwendung des § 140 I 2 HGB: um die Ausschließung des einzigen Mitgesellschafters

138 Vgl. jetzt aber *Reiff*, Die Haftungsverfassungen nichtrechtsfähiger unternehmenstragender Verbände, 1996, S. 220ff., 302ff.

139 Wie *BGHZ* 32, 307 auch *BGH*, LM Nr. 2 zu § 737 BGB; *BGH*, NJW 1966, 872; *Rimmelspacher*, AcP 173 (1973), 8ff.; Einwände bei *Ulmer*, Gesellschaft bürgerlichen Rechts, § 730 Rdnr. 62; *Canter*, NJW 1965, 1553ff.

durch Klage. Der *Bundesgerichtshof* entschied in diesem umstrittenen Fall: »Die entsprechende Anwendung des Rechtsgedankens des § 142 HGB (scl. § 140 I 2 HGB) auf die bürgerlich-rechtliche Gesellschaft ist zulässig.«

Das Urteil bemüht sich um den Beweis, der auf die Unternehmenserhaltung zielende Gedanke des heutigen § 140 I 2 HGB nicht auf die Handelsgesellschaften beschränkt bleiben könne, »weil auch die bürgerlich-rechtliche Gesellschaft nicht selten ein gewerbliches Unternehmen zum Gegenstand hat und hier der Bestandsschutz dann eine entsprechende Bedeutung wie bei den Personalhandelsgesellschaften gewinnen kann«. Das ist genau der Gedanke, um den es hier geht: die analoge Anwendung auf die Mitunternehmer-BGB-Gesellschaft[140]. Hierzu paßt auch ein in NJW-RR 2002, 704 veröffentlichtes Urteil, in dem der *Bundesgerichtshof* anerkennt, daß ein Steuerberater den anderen aus wichtigem Grund aus einer Zweipersonensozietät hinauskündigen kann mit der Folge, daß er die Steuerberaterpraxis allein weiterführt. Der *Bundesgerichtshof* hat vor der Einführung des neuen § 736 II BGB auch die Nachhaftungsbegrenzungsrechtsprechung zu § 159 HGB a. F. bereits sinngemäß auf die Gesellschaft bürgerlichen Rechts ausgedehnt[141].

3. Die Erwerbsgesellschaft österreichischen Rechts und die Partnerschaftsgesellschaft[*]

a) In die hier aufgezeigte Richtung weist – nicht zufällig[142] – das österreichische Bundesgesetz über eingetragene *Erwerbsgesellschaften* (EEG) von 1990[143]. Dieses Gesetz definiert die unternehmenstragende Gesellschaft bürgerlichen Rechts als »eine Gesellschaft, die auf einen gemeinschaftlichen Erwerb unter gemeinsamer Firma gerichtet ist, zu deren Zweck jedoch eine offene Handelsgesellschaft oder Kommanditgesellschaft nicht gegründet werden kann« (§ 1). Die Gesellschaft kann »offene Erwerbsgesellschaft« oder »Kommandit-Erwerbsgesellschaft« sein. Sie erhält eine dementsprechende Firma, die auch »OEG« oder »KEG« abgekürzt werden kann (§ 2), und wird mit dieser Firma im Handelsregister eingetragen (§ 3). Die für die oHG

140 Vgl. *Schlegelberger/Karsten Schmidt*, § 142 Rdnr. 9; ganz ähnlich *Gieser*, Das gesetzliche Recht auf Übernahme des Gesellschaftsvermögens ..., Diss. Hamburg 1967, S. 118ff.; *Wagner*, JuS 1961, 125; *Raisch*, JuS 1967, 539; gegen diese Einengung *Rimmelspacher*, AcP 173 (1973), 7.

141 *BGHZ* 117, 168 = NJW 1992, 1615.

* Literatur: *Krejci*, Erwerbsgesellschaftengesetz, Wien, 1991; *Reiff*, Die eingetragene Erwerbsgesellschaft, ZVglRWiss. 90 (1991), 130; *Roth*, Die kleine Erwerbsgesellschaft zwischen bürgerlichem Recht und Handelsrecht, ZHR 155 (1991), 24; *ders.*, Die neue Erwerbsgesellschaft im System der Handelsgesellschaften, in: Festschrift Kastner zum 90. Geburtstag, Wien 1992, S. 383; *Karsten Schmidt*, Der Partnerschaftsgesetzentwurf ..., JBl. 1988, 745; *Thiery*, Die Gesellschaft bürgerlichen Rechts als Unternehmer, Wien 1989; *ders.*, Zum Anwendungsbereich der eingetragenen Erwerbsgesellschaft (EEG), in: Festschrift Kastner zum 90. Geburtstag, Wien 1992, S. 431.

142 Verf. hatte auf dem Österreichischen Juristentag von 1988 in Ablehnung des damaligen Partnerschaftsgesetzentwurfs (dazu auch *Krejci*, in: 10. Österreichischer Juristentag I/1, 1988, S. 21ff.) die Übernahme der bereits im Gutachten, a. a. O., erarbeiteten Regeln in das österreichische Recht gefordert; vgl. *Karsten Schmidt*, JBl. 1988, 745ff.

143 Bundesgesetzblatt für die Republik Österreich, 114. Stück v. 18. 5. 1990, Nr. 257; dazu auch *Roth*, ZHR 155 (1991), 24ff.; *Reiff*, ZVglRWiss. 90 (1991), 130ff. m. w. N.

bzw. KG geltenden Vorschriften finden entsprechende Anwendung. Ganz Ähnliches wurde vor vielen Jahren für das Recht der Bundesrepublik vorgeschlagen[144]. Daß das Konzept zunächst in Österreich gesetzliche Anerkennung fand, ist insofern kein Zufall, als die österreichischen Regeln über die Gesellschaft bürgerlichen Rechts[145] für die Bewältigung des Problems der unternehmenstragenden Gesellschaft besonders ungeeignet sind[146], während sich das deutsche Recht mit dem um Analogien zum HGB ergänzten BGB-Gesellschaftsrecht behelfen kann. Damit ist aber das zuvor noch besonders rückständige österreichische Gesellschaftsrecht in puncto Publizität der unternehmenstragenden Gesellschaft und der Haftungsbeschränkung dem Recht der Bundesrepublik beträchtlich voraus[147]. Es bleibt abzuwarten, ob die Erwerbsgesellschaft durch Modernisierung des österreichischen Handelsgesetzbuchs vollends in das allgemeine Unternehmensrecht integriert werden kann[148].

b) Eine spezielle Variante der Mitunternehmergesellschaft, die nicht von ungefähr wie eine Freiberufler-oHG ausgestaltet ist, ist auch die 1994 neu geschaffene *Partnerschaftsgesellschaft* (dazu vgl. im einzelnen unten, § 64). Im Gegensatz zum österreichischen Gesetzgeber hat aber der deutsche Gesetzgeber nicht der oHG und KG eine nichtkaufmännische unternehmenstragende Gesellschaft zugeordnet, sondern eine Spezialrechtsform nur für die Freien Berufe geschaffen. Damit konnte er dem bestehenden rechtspolitischen Bedarf nur sehr beschränkt Rechnung tragen. Das Versäumte ist nun im Rahmen der HGB-Reform nachgeholt worden: § 105 wurde in der Weise ergänzt, daß auch kleingewerbliche unternehmenstragende Personengesellschaften als oHG bzw. KG eingetragen werden können (dazu oben, § 46 I 1 c). Damit ist auch für nicht eingetragene Mitunternehmergesellschaften ein Fingerzeig gegeben, mehr allerdings nicht.

---

144 *Karsten Schmidt*, Gutachten, a.a.O., S. 496ff.

145 §§ 1175ff. des Allgemeinen Bürgerlichen Gesetzbuchs.

146 Vgl. *Thiery*, a.a.O., S. 64ff., 107ff.; *Karsten Schmidt*, JBl. 1988, 748.

147 Weitere Modernisierungsvorschläge des Verfassers bei *Krejci/Karsten Schmidt,* Vom HGB zum Unternehmergesetzbuch, Wien 2002, S. 116ff.

148 Im Jahr 2002 arbeitet in Wien eine Reformkommission.

§ 59 Das Innenrecht der BGB-Gesellschaft*

I. Der Tatbestand der BGB-Gesellschaft**

Die *Tatbestandsmerkmale* wurden schon unter § 58 I 1 genannt. Es müssen mehrere Gesellschafter einen Vertrag zu einem gemeinsamen Zweck schließen, in dem sie sich zu Zweckförderungsleistungen (Beiträgen) verpflichten, und es darf sich nicht um eine Körperschaft oder um eine Handels-Personengesellschaft handeln.

1. Die Gesellschafter

a) *Mindestens zwei Gesellschafter* sind für die Gesellschaft bürgerlichen Rechts erforderlich. Eine Einpersonen-BGB-Gesellschaft gibt es nicht (oben, § 45 I 2a und § 8 IV 2b). Auch bei nachträglichem Fortfall aller weiteren Gesellschafter erlischt die Gesellschaft ohne weiteres (oben, § 44 II 2). Eine Obergrenze für die Gesellschafterzahl gibt es im Grundsatz nicht (vgl. schon zur Publikumsgesellschaft bürgerlichen Rechts oben, § 57 I 2b). Eine rechtsdogmatische Frage ist, ob auch eine Innengesellschaft mehr als zwei Gesellschafter haben kann (dazu oben, § 7 I 2b). Es geht dabei nicht um die rechtstatsächliche Frage, ob es mehrgliedrige Innengesellschaften in der Lebenswirklichkeit »geben« kann, sondern allein um die juristische Frage, ob in einem solchen Fall *ein* Gesellschaftsverhältnis gegeben ist oder ob es sich um *mehrere* zusammenhängende Gesellschaftsverhältnisse handelt. Dies ist umstritten. Die Antwort lautet:

– Selbstverständlich hindert niemand die Gesellschafter, mehrere Innengesellschaftsverträge so zu koordinieren, daß jeder Innengesellschafter nur einen Vertragspartner hat (vgl. unten, § 62 II).
– Da es mehrgliedrige Schuldverhältnisse geben kann, kann eine Innengesellschaft aber auch mehr als zwei Gesellschafter (Vertragspartner) haben.
– Da es sogar »Innenverbände«, also Verbände ohne Rechtsträgerschaft, gibt (vgl. oben, § 3 I 3, § 7 I 2; zur stillen Gesellschaft als »Innenverband« vgl.

* Literatur: Vgl. die Angaben bei § 58 sowie bei den einzelnen Teilen des § 59.

** Literatur: Vgl. außer den Angaben bei § 58 *Müller/Hoffmann* (Hrsg.), Beck'sches HdbPersG, 1999; *Happ/Brunkhorst* und *Weipert*, in: Riegger/Weipert (Hrsg.), MünchHdbGesR I, 1995, §§ 5 und 6; *Westermann*, in: HdbPersG Rdnrn. I 27ff.

unten, § 62 I 1 e), sind sogar Innengesellschaften möglich, die mit Organen ausgestattet und auf die Beteiligung vieler Gesellschafter zugeschnitten sein können.

b) *Gesellschafter* einer Gesellschaft bürgerlichen Rechts können natürliche Personen, juristische Personen[1] und sog. »Gesamthandsgesellschaften« sein[2], und zwar auch in Form von Außengesellschaften bürgerlichen Rechts (vgl. bereits oben, § 45 I 2 a)[3].

Beispiel Nr. 1: An einer Kooperation in Gesellschaft bürgerlichen Rechts können der Kaufmann K, die G-GmbH, die O-oHG sowie auch die B-BGB-Gesellschaft beteiligt sein.

Geschäftsunfähige (§ 104 BGB) oder in der Geschäftsfähigkeit beschränkte Personen (§§ 106, 114 BGB) können durch Vertrag Gesellschafter werden, jedoch muß der gesetzliche Vertreter nach allgemeinen Regeln mitwirken. Ist Zweck der Gesellschaft der Betrieb eines Erwerbsgeschäfts, so bedarf es auch der familien- bzw. vormundschaftsgerichtlichen Genehmigung (§§ 1822 Nr. 3, 1643 BGB)[4]. Die Frage, ob bei Fehlen dieser Voraussetzungen die Regeln über fehlerhafte Gesellschaftsverhältnisse zum Zuge kommen können, ist streitig, aber zu bejahen (oben, § 6 III 3).

2. Der Gesellschaftsvertrag

a) Erforderlich ist ein *Vertrag unter den Gesellschaftern.* Es gibt keine rein »faktischen« – also vertragslosen – Gesellschaften, wohl allerdings gibt es Gesellschaften auf fehlerhafter Vertragsgrundlage (dazu oben, § 6 I 2). Im Fall der unternehmenstragenden Gesellschaft ist an den schon unter § 5 II 3 und § 44 I behandelten Rechtsformzwang zu erinnern. Die Mitunternehmer-BGB-Gesellschaft kann aufgrund dieses Rechtsformzwangs, wie eine oHG, bereits dadurch entstehen, daß mehrere Personen im Außenverhältnis gemeinschaftlich ein nichtvollkaufmännisches Unternehmen betreiben, ohne daß eine andere Rechtsform der Unternehmensträgerschaft zur Verfügung steht:

Beispiel Nr. 2 (nach *BAG*, DB 1994, 1782 = NJW 1994, 2973 = JuS 1984, 1074 m. Anm. *Karsten Schmidt*): Beteiligt sich der Dachdeckermeister D als »Konzessionsträger« an dem Unternehmen des X, weil diesem der Betrieb eines Dachdeckerunternehmens ohne Beteiligung eines Dachdeckermeisters handwerksrechtlich nicht gestattet ist, so kann hierdurch, auch wenn D nur »Konzessionsträger« sein will, eine unternehmenstragende

---

1 *RGZ* 105, 101, 102 ff.; unstr.

2 Für Handels-Personengesellschaften vgl. *RGZ* 142, 13, 21; *BGH*, WM 1959, 288.

3 Vgl. *RGZ* 136, 236, 240 f.; 142, 13, 21; *BGH*, NJW 1998, 376; *Happ/Brunkhorst*, a. a. O., § 5 Rdnr. 11; *Ulmer*, Gesellschaft bürgerlichen Rechts, § 705 Rdnr. 67; *Erman/Westermann*, § 705 Rdnr. 21; *Soergel/Hadding*, 11. Aufl., § 705 Rdnr. 24; *Hohner*, NJW 1975, 719; *Klamroth*, BB 1983, 796; anders das obiter dictum bei *BGHZ* 46, 291, 296; von der Erbengemeinschaft heißt es meist, sie könne nicht Gesellschafterin sein (vgl. nur *Happ/Brunkhorst*, a. a. O., § 5 Rdnr. 23); a. M. mit Nachweisen *Ann*, Die Erbengemeinschaft, 2001, S. 358 f.); diese h. M. stammt von den Handelsgesellschaften her und gilt nicht für die BGB-Innengesellschaft; unfähig zur Beteiligung ist die Gütergemeinschaft.

4 Eingehend *Westermann*, in: HdbPersG, Rdnrn. I 145 ff.; *Winkler*, ZGR 1973, 177 ff.

Gesellschaft entstehen, für deren Verbindlichkeiten D unbeschränkt haftet. Diese Gesellschaft ist, sofern kaufmännisch, offene Handelsgesellschaft, sonst Gesellschaft bürgerlichen Rechts.

Der Gesellschaftsvertrag kann grundsätzlich formlos, also auch konkludent, abgeschlossen werden[5]. Nur im Einzelfall kann sich aus dem Vertragsinhalt eine Formbedürftigkeit ergeben, so z. B. bei Grundstücksgesellschaften aus § 311 b BGB, bei Poolgesellschaften zur Einbringung von GmbH-Anteilen am § 15 IV GmbH oder bei Vorgründungsgesellschaften (vgl. oben, § 11 II 2 b) aus § 2 GmbHG[6]. Bei der Anwendung des § 311 b BGB ist streng darauf zu achten, daß nur die Verpflichtung, ein bestimmtes Grundstück zu veräußern oder zu erwerben, unter diese Formvorschrift fällt.

Beispiel Nr. 3: Soll ein Gesellschafter ein Grundstück in die Gesellschaft einbringen (nicht bloß zur Nutzung überlassen!), erwerben oder einem Dritten übereignen, so ist dies ein Fall des § 311 b BGB[7]. Kein Anwendungsfall des § 311 b BGB liegt dagegen vor, wenn nur der Gesellschaftszweck oder der Gegenstand des Unternehmens allgemein darin besteht, Grundstücke zu erwerben oder zu veräußern[8]. Dasselbe gilt für Verträge über die Beteiligung und deren Übertragung bei einer Grundstücksgesellschaft (zum Sonderfall der nur auf ein Grundstück bezogenen Gesellschaft vgl. allerdings oben, § 58 IV 3 b)[9]. Soll ein Grundstück nicht übereignet, sondern nur »dem Werte nach eingebracht« werden (dazu oben, § 20 II 2 d), so ist auch diese Verpflichtung nicht beurkundungspflichtig[10].

Auch sonst ist bei Formvorschriften genau auf deren Zweck und Begrenzung zu achten. Verpflichten sich GmbH-Gesellschafter, ihre Geschäftsanteile in eine BGB-Gesellschaft einzubringen, so bedarf dieser Vertrag der notariellen Form.

b) Die *Abgrenzung konkludent abgeschlossener Gesellschaftsverträge* kann erhebliche Schwierigkeiten bereiten[11]. Hier muß ein rechtsgeschäftlicher Wille festgestellt werden; dieser Wille braucht einerseits kein juristisch fixierter Wille zu sein, doch darf er auf der anderen Seite den Parteien nicht durch Fiktion unterstellt werden. Das richtige Maß zu finden, ist schwer. Es gibt zunächst Fälle, bei denen man sehr schnell versucht ist, einen Verpflichtungswillen zu verneinen und hierdurch eine Reihe von Folgeproblemen mit einem Schlage zu lösen.

Beispiel Nr. 4: Bei *BGHZ* 39, 156 ging es um die Verschuldenshaftung zwischen Fahrer und Beifahrer in einem Rallye-Team; der *Bundesgerichtshof* entschied, die nur »auf kameradschaftlicher Grundlage« basierende Teilnahme an einer Sportveranstaltung begründe kein Gesellschaftsverhältnis. Bei *BGH*, NJW 1974, 1705 war über die Haftung unter den Mitgliedern einer Lottospielgemeinschaft zu entscheiden; der *Bundesgerichtshof*

---

5 Vgl. *Westermann*, Rdnrn. I 121 ff.

6 Umfassender Überblick bei *Happ/Brunkhorst*, a. a. O., § 5 Rdnrn. 51 ff.; *Westermann*, Rdnrn. I 125 ff.

7 *RGZ* 68, 260, 262; 162, 78, 82 f.; *BGH*, NJW 1978, 2505, 2506; zur Heilung nach § 313 S. 2 BGB a.F. vgl. *BGH*, NJW-RR 1991, 613.

8 *RGZ* 68, 260, 262; *BGH*, NJW 1996, 1279; *Erman/Westermann*, § 705 Rdnr. 10; str.; differenzierend *Ulmer*, Gesellschaft bürgerlichen Rechts, § 705 Rdnr. 35.

9 *BGHZ* 86, 367 = NJW 1983, 1110.

10 *OLG Hamburg*, NJW-RR 1996, 803 (oHG).

11 *Erman/Westermann*, § 705 Rdnr. 7.

entschied, wer in einer solchen Lottospielgemeinschaft die Lottoscheine ausfülle und einreiche, übernehme insoweit i.d.R. keine rechtsgeschäftliche Verpflichtung gegenüber den Beteiligten (dazu aber auch unter III 2 c). Baut ein Lieferunternehmen mit einer Vielzahl von Vertriebsunternehmen ein Vertriebsnetz auf, dem die einzelnen Unternehmen »beitreten« und aus dem sie »ausscheiden« können, so fragt sich, ob das hierdurch entstehende Netzwerk eine vielgliedrige Gesellschaft darstellt oder ob jeder Vertriebshändler nur mit dem Lieferanten kontrahiert (vgl. grundsätzlich *Lange*, Das Recht der Netzwerke, 1998; *Windeler*, Unternehmensnetzwerke, 2001; *Teubner*, ZHR 154 [1990], 295ff.; *ders.*, ZHR 165 [2001], 550ff.). Der *Bundesgerichtshof* beurteilt auch dies sehr zurückhaltend und stellt auf den Einzelfall ab (vgl. *BGH*, EWiR 1985, 665 m.Anm. *Bunte*, gegen *OLG Hamm*, EWiR 1985, 281 m.Anm. *Crezelius*).

Diese Entscheidungen werden uns bei der Behandlung des in § 708 BGB festgelegten Haftungsmaßstabs teilweise wieder beschäftigen. Im Grundsatz wird man dem *BGH* darin zustimmen müssen, daß ein rein tatsächliches Miteinander noch keinen Gesellschaftsvertrag ausmacht. Aber die Ablehnung eines gesellschaftsrechtlichen Verpflichtungswillens stößt jedenfalls dann auf Bedenken, wenn nach dem Willen der Beteiligten eben doch Vertragspflichten entstehen sollten, gerichtet z.B. auf Teilnahme an Sportveranstaltungen oder auf Beiträge zu den für gemeinsame Rechnung abgeschlossenen Lottoverträgen. Es liegen dann Gesellschaftsverhältnisse vor, und die Haftungsproblematik kann nicht schon im Vorfeld abgeschnitten werden (vgl. näher unter III 2).

Umgekehrt gibt es Fallgruppen, die zur Konstruktion von Gesellschaftsverträgen – oder, boshaft gesprochen: zu deren nachträglicher Erfindung? – einladen, weil auf diese Weise unter den Beteiligten *eine Art Zugewinngemeinschaft* geschaffen werden kann[12]. Denn wenn eine Innengesellschaft beendet wird, müssen sich die Gesellschafter nach §§ 731ff. BGB auseinandersetzen, also einen Vermögensausgleich schaffen. Ein solcher Ausgleich kommt nicht selten dem Rechtsgefühl entgegen.

aa) Lücken – oder vermeintliche Lücken! – im *Ehegüterrecht* stehen meist bei der Rechtsprechung zur konkludent entstandenen Ehegatten-Innengesellschaft[13] in Frage. Ehegatten-Innengesellschaften können ausdrücklich – z.B. aus Steuergründen – vereinbart werden oder konkludent nach dem ex-post-Urteil der Juristen zustandekommen. Bei der ersten Fallgruppe stellt sich häufig die Frage, ob das Vereinbarte wirtschaftlich gewollt ist[14], bei der zweiten fragt sich nicht selten, ob das wirtschaftlich Gewollte vertraglich

---

12 Vgl. zum folgenden bereits *Karsten Schmidt*, Gutachten, a.a.O., S. 462ff.

13 Vgl. dazu *BGHZ* 8, 249, 253ff.; 31, 197; 47, 157, 162ff.; 142, 137 = LM Nr. 73 zu § 705 BGB m.Anm. *Hohloch* = NJW 1999, 2962 = JuS 2000, 116 (*Karsten Schmidt*); *BGH*, NJW 1974, 2278 = JuS 1975, 188 (*Karsten Schmidt*); NJW-RR 1990, 736 und 1090; WM 1990, 1463; NJW 1995, 3383; *BSG*, FamRZ 1975, 162 und 337; 1976, 276; *OLG Schleswig*, FamRZ 1958, 109; *OLG Köln*, NJW-RR 1995, 930; *Ulmer*, Gesellschaft bürgerlichen Rechts, vor § 705 Rdnrn. 53ff.; *Erman/Westermann*, vor § 705 Rdnr. 45f., § 705 Rdnr. 20; *Erman/Heckelmann*, § 1356 Rdnrn. 26ff.; *Soergel/Hadding*, 11. Aufl., vor § 705 Rdnrn. 54ff.

14 Vgl. zur »Anerkennung« von Innengesellschaften *BFH*, BStBl. II 1988, S. 247; FR 1989, 499; BStBl. II 1990 S. 10; FR 1993, 226; *Ludwig Schmidt*, EstG, § 15 Rdnr. 740 m.w.N.

vereinbart ist[15]. Der dann von der Rechtsprechung konstruierte Innenausgleich nach §§ 731 ff. BGB wirft die Frage auf, ob es erlaubt ist, durch Konstruktion von (stillschweigend geschlossenen) Gesellschaftsverträgen individuelle Ausgleichsverhältnisse – etwa bei Vermögensaufwendungen und bei Arbeitsleistungen – zu schaffen, die das Ehegüterrecht nicht hergibt. Die Rechtsprechung versucht zu differenzieren. Sie unterscheidet zwischen »ehebedingten Zuwendungen«, die keine Gesellschaft begründen, aber der Rückforderung im Scheidungsfall unterliegen können[16], und Ehegatten-Innengesellschaften[17].

Beispiel Nr. 5 (nach *BGH*, NJW 1974, 2278 = JuS 1975, 188 m. Anm. *Karsten Schmidt*): Hier hatten die Eheleute anfangs ein Hotel betrieben und sich dann gemeinsam durch Grundstückserwerb eine arbeitsfreie Einnahmequelle verschafft. Wiederum hatte der Ehemann die Einnahmen kassiert, und wiederum klagte nach Scheidung die Ehefrau trotz vereinbarter Gütertrennung auf eine Ausgleichszahlung. Der *BGH* hatte unmittelbar zuvor die bloße Mithilfe beim Aufbau einer Arztpraxis nicht für eine Innengesellschaft ausreichen lassen (*BGH*, NJW 1974, 2045). Hier nun bejahte er das Vorliegen eines Gesellschaftsverhältnisses, weil ein über die eheliche Lebensgemeinschaft hinausgehender gemeinsamer Zweck verfolgt worden sei. Diese Rechtsprechung betrifft naturgemäß nicht nur die Teilung von Gewinnen, sondern auch die gemeinsame Verlustbeteiligung, und sie gilt auch, wenn ein Ehegatte die Finanzierung, der andere die Tätigkeit der Gesellschaft dominiert hat (vgl. für den Betrieb eines Kindermodengeschäfts *OLG Köln*, NJW-RR 1995, 930).

Beispiel Nr. 6 (nach *BGHZ* 84, 361): Der Ehemann hatte durch Geldzuwendungen und Eigenleistungen das auf dem Grundstück der mit ihm in Gütertrennung lebenden Ehefrau stehende Haus mitfinanziert. Nach der Scheidung verlangte er finanziellen Ausgleich. Der *X. Senat* des *Bundesgerichtshofs* verneinte den Abschluß eines Gesellschaftsvertrags, sah aber in den über die eheliche Lebensgemeinschaft weit hinausgehenden Aufwendungen den Abschluß eines »besonderen familienrechtlichen Vertrages« und gestand dem Ehemann nach dem Scheitern der Ehe Ansprüche wegen Wegfalls der Geschäftsgrundlage zu. Im Fall *BGHZ* 127, 48 hat der *XII. Senat* diese Praxis fortgeführt und sie auf die Mitarbeit im Unternehmen des Ehepartners ausgedehnt. Der Tatbestand eines Gesellschaftsvertrags wurde auch hier wieder wegen Fehlens eines über die Lebensgemeinschaft hinausgehenden Zwecks verneint. Der *Bundesgerichtshof* hat mehrfach betont, daß eine Innengesellschaft nicht in Widerspruch zum erklärten Parteiwillen konstruiert werden darf (*BGHZ* 84, 361, 367; *BGH*, NJW-RR 1988, 260 und 1990, 1090; NJW 1995, 3383).

Beispiel Nr. 7 (nach *BGHZ* 142, 137 = LM Nr. 73 zu § 705 BGB m. Anm. *Hohloch* = NJW 1999, 2962 = JuS 2000, 187 m. Anm. *Karsten Schmidt*): Die Eheleute hatten 1951 geheiratet. Die Ehe dauerte über 30 Jahre. In dieser Zeit hatte die Ehefrau zunächst unbebaute Grundstücke erworben und unter Mitverwendung von Mitteln des Ehemannes durch Bebauung dieser Grundstücke ein Millionenvermögen zustandegebracht. Der Bundesgerichtshof gestand der Erbin des Ehemanns Ausgleichsansprüche nach §§ 730 ff. BGB zu und führte aus, daß die planmäßige Ansammlung eines Familienvermögens mit Geld-, Sach- und Arbeitsleistungen für den konkludenten Abschluß eines Innengesellschaftsvertrags sprechen.

15 Vgl. krit. *Gernhuber/Coester-Waltjen*, Familienrecht, 4. Aufl., 1994, § 20 III 6; *Lieb*, Die Ehegattenmitarbeit ..., 1970, S. 153 ff., 170 ff., 185 ff.

16 Dazu *BGHZ* 115, 132, 136; 116, 167, 169; 127, 48, 50; *Conradt*, Unbenannte Zuwendungen, 1998; *Lipp*, JuS 1993, 89 ff.; *Langenfeld*, JuS 1998, 324.

17 Dazu *BGHZ* 142, 137 = LM Nr. 73 zu § 705 BGB m. Anm. *Hohloch* = NJW 1999, 2962 = JuS 2000, 186 *(Karsten Schmidt)*.

Inwieweit die Rechtsprechung die Partner einer *eingetragenen Lebenspartnerschaft*[18] insofern wie Eheleute behandeln wird, bleibt abzuwarten.

bb) Bei der Rechtsprechung über *stillschweigend geschlossene Gesellschaftsverträge unter den Partnern einer nichtehelichen Lebensgemeinschaft*[19] geht es um ein Güterstandssurrogat[20]. Selbstverständlich können die Partner einer nichtehelichen Lebensgemeinschaft ebenso wie irgendwelche Dritte ausdrückliche oder stillschweigende Gesellschaftsverträge abschließen, z.B., indem sie ein gemeinsames Unternehmen eröffnen. Auch können sie – am besten schriftlich – durch Innengesellschaftsvertrag einen Quasi-Güterstand begründen. Zweifelhaft ist aber die in der Rechtsprechung deutlich gewordene Tendenz, ihnen dies aus Billigkeitsgründen zu unterstellen[21]. Während man Aufwendungsersatzansprüche dessen, der etwa einen Kredit im eigenen Namen für gemeinsame Rechnung aufgenommen hat, auch mit konventionellen Rechtskonstruktionen begründen kann[22], bedarf eine auf §§ 730ff. BGB gestützte Teilung des Zugewinns schon einer nachhaltigen Begründung, und diese fällt nach dem Gesetz schwer. Die Tendenz der Rechtsprechung geht nunmehr dahin, daß eine güterstandsähnliche allgemeine Vermögensgemeinschaft ohne nachweisbare Vertragsabrede abgelehnt wird[23], während eine Vermögensgemeinschaft hinsichtlich bestimmter gemeinschaftlich erwirtschafteter Vermögensobjekte vergleichsweise großzügig – also auch ohne Gesellschaftsvertrag – angenommen wird.

Beispiel Nr. 8 (nach *BGHZ* 84, 388 = NJW 1982, 2863 = FamRZ 1982, 1065 m. abl. Anm. *Bosch* = JuS 1983, 145 m. Anm. *Karsten Schmidt*): Ingenieur O war zu der B gezogen und hatte in den Räumen der B, die ihm auch half, eine Spezialwerkstatt aufgebaut. Nach dem Tode des O behielt die B das von O verdiente Geld für sich. Die Erben des O, seine Witwe

18 Lebenspartnerschaftsgesetz v. 16.2.2001, BGBl. I S. 266; dazu *Dethloff*, NJW 2001, 2598.

19 Vgl. etwa *BGHZ* 77, 55ff. = FamRZ 1980, 664; *BGHZ* 84, 388 = NJW 1982, 2863; *BGH*, FamRZ 1981, 530 = NJW 1981, 1502; NJW 1982, 2863f.; NJW 1983, 2375; LM Nr. 57 zu § 705 BGB m. Anm. *Langenfeld* = NJW 1992, 906; NJW 1997, 3371 = JuS 1997, 267 *(Karsten Schmidt)*; *OLG Schleswig* SchlHA 1969, 198; *OLG Saarbrücken*, FamRZ 1979, 796 = NJW 1979, 2050; *OLG Düsseldorf*, FamRZ 1979, 581 = NJW 1979, 1509, *OLG Hamm*, NJW 1980, 1530 (zur Rechtskraft NJW 1981, 304), *OLG Frankfurt*, FamRZ 1982, 265 m. Anm. *Bosch* = NJW 1982, 1885; ein Gesellschaftsverhältnis bei gleichgeschlechtlichen Partnern bejahend *KG*, NJW 1982, 1886; zum ganzen auch *Battes*, Nichteheliches Zusammenleben im Zivilrecht, 1983, Rdnrn. 9ff.; *Burhoff*, Handbuch der nichtehelichen Lebensgemeinschaft, 2. Aufl. 1998; *Coester-Waltjen*, NJW 1988, 2085; *Eser* (Hrsg.), Die nichteheliche Lebensgemeinschaft, 1985; *Gernhuber/Coester-Waltjen*, Lehrbuch des Familienrechts, 4. Aufl. 1994, §§ 41ff.; *Grziwotz*, Nichteheliche Lebensgemeinschaft, 3. Aufl. 1999; *Hausmann*, Nichteheliche Lebensgemeinschaften und Vermögensausgleich, 1989; *Hausmann/Hohloch* (Hrsg.), Das Recht der nichtehelichen Lebensgemeinschaft, 1999; *Landwehr* (Hrsg.), Die nichteheliche Lebensgemeinschaft, 1978; *Lieb*, in: Verhandlungen des 57. DJT I, 1988, S. A 1ff.; *Schreiber*, Die nichteheliche Lebensgemeinschaft, 2. Aufl. 2000; *Schumann*, Die nichteheliche Familie, 1998; *Zwißler*, Die nichteheliche Lebensgemeinschaft, 1999.

20 Treffend *Strätz*, FamRZ 1980, 434, 436f.

21 Vgl. zur Methodenkritik *Strätz*, FamRZ 1980, 305f.; *Lipp*, AcP 180 (1980), 567ff.; *ders.*, JuS 1982, 17ff.

22 Vgl. *OLG Frankfurt*, NJW 1985, 810 = JuS 1985, 554 m. Anm. *Karsten Schmidt*; *OLG Koblenz*, NJW-RR 1998, 1227; *OLG Saarbrücken*, FamRZ 1998, 738.

23 Vgl. nur *BGH*, NJW 1996, 2727; 1997, 3371; OLG Hamm, NJW-RR 1990, 1223 = JuS 1991, 75 (*Karsten Schmidt*); dazu auch *Erman/Westermann*, vor § 705 Rdnr. 47.

und seine Kinder, verlangten Herausgabe. Nach Auffassung des *BGH* durfte die B als gesellschaftsrechtliche Abfindung einen Anteil behalten. Das Gericht meint, daß die gemeinsame Beteiligung am Aufbau eines Unternehmens auch dann ein stillschweigendes Gesellschaftsverhältnis unter Nichtverheirateten begründen kann, wenn die Mitarbeit nicht über das hinausgeht, was unter Eheleuten üblich ist.

Beispiel Nr. 9 (nach *BGH*, LM Nr. 57 zu § 705 BGB = NJW 1992, 906): Die K und der B, beide noch verheiratet, waren in eine Wohnung gezogen, die die K erworben, die aber der B großenteils finanziert hatte. B kehrte zu seiner Ehefrau zurück, und K blieb in der Wohnung. Obwohl die K dinglich Alleineigentümerin war und B bei seinen Finanzierungszuwendungen stets von »Schenkungen« gesprochen hatte, hielt der Gesellschaftsrechtssenat nach Lage des Falls einen Ausgleich nach gesellschaftsrechtlichen Grundsätzen für möglich (enger noch *BGHZ* 77, 55, 57 = NJW 1980, 1520; *BGH*, NJW 1983, 2375).

In methodischer Hinsicht ist vor allem das Urteil von 1982 insofern bemerkenswert, als der *Bundesgerichtshof* – und zwar der Gesellschaftsrechtssenat! – den Vermögensausgleich bei der nichtehelichen Lebensgemeinschaft nur noch in den Rechtsfolgen, aber nicht mehr in den Voraussetzungen gesellschaftsvertraglich einordnet. Wenn beide Partner durch gemeinschaftliche Leistungen einen Vermögensgegenstand erworben und hierbei die Absicht verfolgt haben, einen – wenn auch nur wirtschaftlich! – gemeinschaftlichen Wert zu schaffen, haben sie sich nach dieser Rechtsprechung gemäß den Regelungen des Gesellschafts- oder Gemeinschaftsrechts auseinanderzusetzen, auch wenn eine rechtsgeschäftlich verbindliche Vereinbarung der Geschäftspartner nicht vorliegt. Damit weicht der *Bundesgerichtshof* dem Einwand der Willensfiktion aus, indem er Gesellschaftsverträge (und damit auch deren Fiktion) schlicht für entbehrlich erklärt. Diese Rechtsprechung hat sich fortgesetzt. Nach einer weiteren BGH-Entscheidung[24] haben sich Partner einer nichtehelichen Lebensgemeinschaft, die während ihres Zusammenlebens durch gemeinschaftliche Leistungen Renditeobjekte (hier: zwei Dreifamilienhäuser) geschaffen haben, auch dann gemäß den §§ 730ff. BGB auseinanderzusetzen, wenn zwischen den Parteien kein Gesellschaftsvertrag zustandegekommen ist. Wenn man dieser Rechtsprechung im Ergebnis folgt, wird man darüber streiten können, ob es sich

- in Wahrheit doch um stillschweigend geschlossene Innengesellschaftsverträge,
- in Wahrheit um eine analoge Anwendung von Gesellschaftsrecht auf die nichteheliche Lebensgemeinschaft als eine Nicht-Gesellschaft oder
- in Wahrheit um die Konstruktion einer Als-ob-Gemeinschaft entsprechend den §§ 741ff., 1008ff. BGB handelt, weil die wirtschaftlich-schuldrechtliche Gemeinschaft hierbei auf bestimmte Objekte bezogen wird.

Der Begründung nach hat jedenfalls diese Rechtsprechung den Kontext des Gesellschaftsrechts verlassen. Das ist im Interesse der Methodenehrlichkeit zu begrüßen, auch wenn man über die Einzelergebnisse der Rechtsprechung weiterhin streiten kann[25]. Aus gesellschaftsrechtlicher Sicht kann nur festgehalten werden, daß aus Anlaß einer ehelichen oder nichtehelichen Lebens-

24 *BGH*, NJW 1986, 51 = JuS 1986, 232 m. Anm. *Karsten Schmidt*.
25 Vgl. zum methodischen Stellenwert der BGH-Praxis *Karsten Schmidt*, in: Rechtsdogmatik und Rechtspolitik, 1990, S. 26ff.

gemeinschaft ausdrückliche oder auch stillschweigende Gesellschaftsverträge abgeschlossen werden können. Aber die Tatsache des Zusammenlebens und des gemeinsamen Wirtschaftens allein genügt hierfür ebensowenig wie das unbestimmte Rechtsgefühl des Betrachters. Die Lebensgemeinschaft als solche bringt ebensowenig wie das eheliche Zusammenleben ein Gesellschaftsverhältnis unter den Partnern zustande. Unter Ehegatten wäre ein Vertrag des Inhalts, eine Lebensgemeinschaft zu begründen, in Anbetracht des § 1353 BGB sogar gegenstandslos[26]. Es kann sich also stets nur um abgrenzbare Vermögensgemeinschaften *innerhalb* der allgemeinen Lebensgemeinschaft handeln.

c) Der Gesellschaftsvertrag ist einerseits *Schuldvertrag*, und insofern ist er mit Recht im Besonderen Schuldrecht des BGB geregelt. Aber hierauf beschränkt er sich regelmäßig nicht. Soweit das Gesellschaftsverhältnis Organisationselemente enthält – und dies ist auch bei Innengesellschaften vielfach der Fall (oben, § 3 I 3a und § 7 I 2b) –, ist der Gesellschaftsvertrag auch *Organisationsvertrag*. Die durch ihn begründeten Rechte und Pflichten erschöpfen sich nicht in einem gegenseitigen Leistungsaustausch. Neben die bloßen Leistungspflichten tritt die Mitgliedschaft, neben den Schuldverhältnischarakter des inneren Gesellschaftsrechts treten Züge eines Organisationsverhältnisses. Deshalb sind die Bestimmungen des allgemeinen Schuldrechts über die Folgen von Forderungsverletzungen für gegenseitige Verträge (bis 2001: §§ 320–326 BGB a. F.) nach der herrschenden Auffassung nicht anwendbar[27]. Dem ist jedenfalls insoweit zuzustimmen, als es um den Bestand des Gesellschaftsverhältnisses, also insbesondere um die Rücktrittsbestimmungen, geht. Die Frage kann nur sein, ob nicht die auf Austauschverhältnisse gemünzten Regeln des BGB innerhalb des Gesellschaftsverhältnisses auf die wechselseitigen Beitragspflichten anzuwenden sind und welche Bedeutung die Vorschriften bei reinen Innengesellschaften haben. Dazu wurde unter § 20 III 1, 2 eingehend Stellung genommen.

3. Der gemeinsame Zweck*

a) Gemeinsamer Zweck i.S. von § 705 BGB kann *jeder zulässige Zweck* sein[28]: ein gemeinsamer Geschäftsbetrieb, eine Kooperation, eine Investition,

---

26 *Staudinger/Keßler*, 12. Aufl., § 705 Rdnr. 100; abzulehnen sind allerdings die hieraus vom *OLG Köln*, DNotZ 1967, 501 m. abl. Anm. *Faßbender* gezogenen Folgerungen; vgl. näher *Karsten Schmidt*, AcP 182 (1982), 505 ff.

27 Näher *Hueck*, § 6 II 3; *Ulmer*, Gesellschaft bürgerlichen Rechts, § 705 Rdnrn. 139 ff.; *Soergel/Hadding*, 11. Aufl., § 705 Rdnr. 44; *Ballerstedt*, JuS 1963, 259; konzeptionell gegen die h. L. *Hüttemann*, Leistungsstörungen bei Personengesellschaften, 1998, S. 485 ff.; differenzierend *Westermann*, Rdnrn. I 136 ff.

* Literatur: Vgl. die Angaben bei § 4; s. auch *Böhmer*, Die Vereinbarung eines gemeinsamen Zwecks bei der Gesellschaft bürgerlichen Rechts, JZ 1994, 982; *Kellermann*, Der Zweck insbesondere der Gesellschaft bürgerlichen Rechts, Diss. Kiel 1988; *Weipert*, in: Riegger/Weipert (Hrsg.), MünchHdb. GesR I, 1995, § 6.

28 Mot., in: *Mugdan* II, S. 332; *Westermann*, in: HdbPersG, Rdnr. I 35; *Ballerstedt*, JuS 1963, 254; *Böhmer*, JZ 1994, 983.

ein gemeinschaftlicher Werbefeldzug, ein gemeinschaftliches Risiko, ein gemeinschaftlicher Musterprozeß, einzelne gemeinschaftliche Geschäfte usw. Die Beteiligung sämtlicher Gesellschafter an den Vorteilen und Erträgen des Gesellschaftsverhältnisses ist nicht erforderlich (vgl. oben, § 4 I 1). Allerdings muß der gemeinsame Zweck darauf gerichtet sein, das Rechtsverhältnis unter den Beteiligten einem vertraglichen und nicht einem gesetzlichen Regelungswerk zu unterstellen. Die eheliche Lebensgemeinschaft (§ 1353 BGB) oder das Halten von Vermögensgütern in einer dem Gesetz unterstellten Bruchteilsgemeinschaft, insbesondere als Miteigentum (§§ 741 ff., 1008 ff. BGB), stellt an sich noch kein Gesellschaftsverhältnis her[29]. Natürlich schließt weder die Ehe noch das Bruchteilseigentum den Abschluß eines Gesellschaftsvertrages aus, aber der gemeinsame Zweck muß dann über die Ehe- oder Bruchteilsgemeinschaft hinausgehen.

Beispiel Nr. 10: Sparen zwei Seglerfreunde gemeinsam auf ein Boot, so wird dies – wenn überhaupt eine rechtsverbindlich vereinbarte Gesellschaft – eine auf den Erwerb des Bootes gerichtete Gelegenheitsgesellschaft sein, die nach § 726 BGB endet, wenn beide zu Miteigentum das Boot erwerben (§§ 741, 1008 BGB). Wenn sie dann nur noch die Benutzung regeln, ist dies keine Gesellschaft (vgl. §§ 744 f. BGB). Anders wird es sich etwa verhalten, wenn sich die beiden Partner mit verpflichtender Wirkung zu einem Segelteam zusammentun oder wenn ihr Ziel in der Vermietung des Boots besteht. Dann ist der gemeinschaftliche Erwerb nur ein Teilschritt zur Verwirklichung des Zwecks einer Dauergesellschaft. Das Boot kann durchaus Miteigentum bleiben (muß also nicht Gesellschaftsvermögen sein). Dann bestehen Gesellschaft und Miteigentum nebeneinander.

Mehrere Personen können überdies nach ganz herrschender Auffassung dadurch Gesamthandseigentum anstelle von Bruchteilseigentum schaffen, daß sie eine Gesellschaft bürgerlichen Rechts mit dem Zweck des Haltens und Verwaltens von Eigentum begründen[30]. Dann entsteht echtes Gesellschaftsvermögen und gerade keine Bruchteilsgemeinschaft nach §§ 741 ff., 1008 ff. BGB. So groß die rechtspolitischen Probleme dieser Gestaltungsmöglichkeit sind (oben, § 58 IV 3 b), bleibt doch festzuhalten, daß die Rechtsgemeinschaft nach geltendem Recht zwar nicht ausreicht, um einen Gesellschaftszweck zu begründen, daß die Beteiligten aber die Rechtsform der Gesellschaft wählen können, wenn sie dies wollen.

Beispiel Nr. 11 (vgl. *BGH*, FamRZ 1982, 141 = NJW 1982, 170 = JuS 1982, 300 m. Anm. *Karsten Schmidt*): Die Eheleute E haben ein Hausgrundstück »in Gesellschaft bürgerlichen Rechts« erworben und sind nach § 47 GBO mit diesem Zusatz in das Grundbuch eingetragen worden. Sie haben sich dann für den Erwerb »zur gesamten Hand« entschieden, was – wie ausgeführt wurde – gravierende Folgen für den Rechtsverkehr hat (oben, § 58 IV 3 b aa). Gemeinsamer Zweck ist hier das »Halten und Verwalten« von

29 Vgl. zur Ehe *BGHZ* 84, 361, 366; *BGH*, FamRZ 1989, 147; *Staudinger/Keßler*, § 705 Rdnr. 100; zum Miteigentum *Ballerstedt*, JuS 1963, 260.

30 *BGH*, FamRZ 1982, 141 m. Anm. *Bosch* = NJW 1982, 170 = JuS 1982, 300 m. Anm. *Karsten Schmidt*; *OLG Frankfurt*, NJW-RR 1996, 1123; *Flume*, Personengesellschaft, § 3 III; *Hamann*, in: Riegger/Weipert, a. a. O., § 21; *Erman/Westermann*, § 705 Rdnr. 28; *Ulmer*, Gesellschaft bürgerlichen Rechts, § 705 Rdnr. 112; *Karsten Schmidt*, in: MünchKommBGB, § 741 Rdnr. 5; *ders.*, AcP 182 (1982), 506 f.; *ders.*, NJW 1996, 3325 ff.; *ders.*, ZIP 1998, 5 ff.; a. M. *OLG Düsseldorf*, BB 1973, 1325 und DNotZ 1973, 91 m. abl. Anm. *Petzoldt*.

Grundeigentum. Hätten die Eheleute das Grundstück dagegen zu Miteigentum erworben, so hätte »das gemeinschaftliche Eigentum« als gemeinsamer Zweck nicht ausgereicht.

Beispiel Nr. 12: Eine Holdinggesellschaft, die Anteile an Tochterunternehmen hält (oben, § 3 II 2d), kann selbstverständlich als Gesellschaft bürgerlichen Rechts organisiert sein (*Kraft*, in: Lutter [Hrsg.], Holding-Handbuch, 3. Aufl. 1998, Rdnr. B 5), und niemand wird einwenden, es fehle an einem über eine Gemeinschaft (§ 741 BGB) hinausgehenden gemeinsamen Zweck der Gesellschaft. Die in eine solche Holding eingebrachten Anteile werden nicht Bruchteilseigentum der Gesellschafter, sondern ungeteiltes Gesellschaftseigentum der Holdinggesellschaft.

b) Die *»Gemeinsamkeit« des Zwecks* unterscheidet die Gesellschaft von den reinen Austauschverhältnissen. Das Merkmal wurde oben unter § 4 ausführlich untersucht. Es bereitet, so schwierig es im Grundsätzlichen ist, bei der praktischen Rechtsanwendung nur geringe Schwierigkeiten. Ein Rechtsverhältnis, das sich in einer einseitigen Zuwendung (Schenkung) oder in einem Leistungsaustausch (Kauf, Tausch, Werkvertrag) erschöpft oder sonst nicht über ein besonderes Schuldverhältnis hinausgeht (Arbeitsverhältnis, Mietverhältnis etc.), ist keine Gesellschaft. Aber das gilt – wie hervorgehoben wurde – eben nur, wenn sich der Vertragszweck wirklich auf ein solches Zuwendungs- oder Austauschverhältnis beschränkt. Die Kombination eines solchen Rechtsverhältnisses mit einer Gesellschaft ist ohne weiteres möglich und sogar häufig.

Beispiel Nr. 13: Eine Person kann durch Schenkung Gesellschafter werden, etwa indem sie im Wege der vorweggenommenen Erbfolge in eine Gesellschaft »eingebucht« wird (oben, § 20 II 2a). Schenkungsgegenstand ist dann die Beteiligung. Hier ist nicht, wie fälschlich behauptet worden ist, zu prüfen, ob eine Schenkung *oder* eine Gesellschaft vorliegt, sondern beides paßt ohne weiteres zueinander (der Beitrag des Beschenkten zur Gesellschaft liegt dann im Halten der Beteiligung bei der Gesellschaft; vgl. § 4 II).

Beispiel Nr. 14: Auch ein Kauf-, Werk-, Miet- oder Arbeitsvertrag kann sich ohne weiteres mit einem Gesellschaftsvertrag verbinden. Es ist nicht nur möglich, daß ein Gesellschafter gegenüber der Gesellschaft solche entgeltlichen Sach- oder Arbeitsleistungen wie ein Dritter erbringt (oder von ihr empfängt), sondern dies kann sogar Gesellschafterbeitrag sein (oben, § 20 II 2 b, c).

Für die »Gemeinsamkeit« des Zwecks bedarf es nicht in jedem Fall einer Teilhabe jedes Gesellschafters an den Ergebnissen – etwa an den Gewinnen – der Gesellschaft[31]. Ebensowenig muß ein identisches Ziel die Gesellschafter zu einem gemeinsamen Zweck verbinden[32]. Auch ist nicht erforderlich, daß alle in gleicher Weise zum Gesellschaftszweck beitragen. Wie unter § 4 I 2 näher ausgeführt wurde, muß hinsichtlich des »gemeinsamen Zwecks« im Personengesellschaftsrecht unterschieden werden: Bei Gesellschaften mit Verbandsstruktur – insbesondere bei Außengesellschaften – kommt es nur

---

31 A.M. *Schulze-Osterloh*, Der gemeinsame Zweck, a.a.O., passim, insbes. S. 13ff., 18ff., 37; nach *Schulze-Osterloh* (S. 66) kann bei auf Gewinnerzielung ausgerichteten Gesellschaften Gesellschafter nur sein, wer am Gewinn und Verlust teilnimmt; bei anderen Gesellschaften kommt es auf die Art des verfolgten Zwecks an; allgemein gilt nach *Schulze-Osterloh:* »Der verfolgte Zweck ist nur für diejenigen Beteiligten ein gemeinsamer, die das jeweils erzielte Ergebnis sowohl in positiver als auch in negativer Hinsicht gleichartig trifft.«

32 Kaum hilfreich deshalb *Böhmer*, JZ 1994, 984.

darauf an, daß sich die Gesellschafter auf einen Verbandszweck geeinigt haben, also auf einen überindividuellen Zweck der Gesellschaft selbst. Nur bei rein schuldrechtlichen Innengesellschaften kommt es auf die Gemeinschaftlichkeit der individuellen Zwecke der Partner und auf den Gegensatz zu einem Austauschvertrag, insbesondere zu einem partiarischen Rechtsverhältnis, an.

4. Die Beitragspflicht

Jeden Gesellschafter trifft eine Zweckförderungspflicht (Beitragspflicht). Ohne Beitragspflichten aller Beteiligten kommt keine Gesellschaft zustande[33], aber es genügt jede Verpflichtung zur Zweckförderung[34]. Dieser ganz herrschenden Auffassung ist nach dem, was unter § 20 II über »Beitrag« und »Einlage« gesagt wurde, zuzustimmen. Eine Einlagepflicht ist nicht Begriffsmerkmal der Gesellschaft bürgerlichen Rechts. Begriffsmerkmal ist aber die Beitragspflicht (dazu auch unter III 1). Die Variationsbreite der möglichen Beitragspflichten ergibt sich aus unserem

Beispiel Nr. 15: Als Beiträge anerkannt wurden nicht nur Geldleistungen, Arbeitsleistungen (*RGZ* 142, 13, 21) oder Werkleistungen (*BGH*, WM 1980, 402, 403), sondern z.B. auch: die Überlassung von Absatz- und Bezugsquellen (*RGZ* 95, 147, 150), die Hergabe eines kreditwürdigen Namens (*RGZ* 37, 58, 61), aber auch bloße Unterlassungen wie z.B. die Verpflichtung, Preisgrenzen und Produktionskontingente einzuhalten (*RGZ* 148, 278). Selbst das bloße Dabeisein, das Halten einer Beteiligung bei der Gesellschaft oder die Mithaftung für Gesellschaftsverbindlichkeiten kann ohne weiteres Beitrag i.S. des § 705 BGB sein.

II. Die Entstehung der Gesellschaft und die Mitgliedschaft in der Gesellschaft

1. Die Entstehung durch Gründung, Umwandlung und Rechtsformverfehlung

a) Die Eingehung eines BGB-Gesellschaftsverhältnisses kann sehr unterschiedliche Bedeutung haben. Diese reicht von der bloßen Begründung eines Schuldverhältnisses (Innengesellschaft) bis zur Schaffung einer Außengesellschaft, also eines Rechtsträgers (dazu oben, § 8 III). Eine Registerpublizität gibt es in keinem dieser Fälle[35]. Die Gesellschaft bürgerlichen Rechts entsteht vorbehaltlich der Grundsätze über fehlerhafte Gesellschaften (oben, § 6) mit dem Abschluß und Wirksamwerden des Gesellschaftsvertrags[36]. Bedarf z.B.

33 Vgl. Mot., in: *Mugdan* II, S. 332; *OLG München*, NJW 1968, 1384, 1385; mißverständlich *Erman/Westermann*, § 705 Rdnr. 31.
34 *RGZ* 80, 268, 271; *RG*, JW 1937, 2970.
35 Rechtspolitische Kritik bei *Karsten Schmidt*, Gutachten, a.a.O., S. 500; *ders.*, BB 1983, 1697; dagegen *Schwichtenberg*, BB 1985, 429.
36 Vgl. *BGH*, NJW 1952, 1220 (oHG); *BGHZ* 11, 190, 191 (oHG).

der Vertrag der familien- oder vormundschaftsgerichtlichen Genehmigung nach § 1822 Nr. 3 BGB oder der kartellrechtlichen Freistellung nach Art. 81 III EG oder §§ 2ff. GWB, so entsteht auch die Gesellschaft mit der Genehmigung[37]. Der Gesellschaftsvertrag kann auch aufschiebend bedingt oder betagt abgeschlossen werden. Eine Verabredung, nach der die Gesellschaft »rückwirkend entsteht«, ist schuldrechtlich – aber auch nur schuldrechtlich – wirksam[38]. Die Parteien haben einander im Innenverhältnis dann so zu stellen, als hätte die Gesellschaft schon vor dem Vertragsschluß bestanden. Ein Fall aus dem Bereich der Arbeitsgemeinschaft im Baugewerbe (oben, § 58 III 3) diene uns als

Beispiel Nr. 16: Beginnen die Straßenbau- und Brückenbauunternehmen ab Januar mit der Tätigkeit am Bau einer Autobahn, kommt aber nach vielerlei Vorverhandlungen erst im März der »Arge«-Gesellschaftsvertrag unter ihnen zustande, so kann es in diesem Vertrag durchaus heißen: »Die Gesellschaft besteht ab 1. 1.« Diese Klausel ist schuldrechtlich wirksam, auch wenn sie naturgemäß nichts daran ändern kann, daß die Gesellschaft als Rechtsverhältnis unter den Teilhabern oder gar als Außengesellschaft eben doch erst ab März bestand.

b) Eine Gesellschaft bürgerlichen Rechts kann durch Umwandlung und Rechtsformverfehlung entstehen. Nach § 191 II Nr. 1 UmwG kann die Gesellschaft bürgerlichen Rechts Ziel-Rechtsform beim *Formwechsel* sein (vgl. zum Formwechsel oben, § 13 II). Bedeutsamer ist aber *der personengesellschaftsrechtliche Rechtsformzwang* (oben, § 44). Eine nicht im Handelsregister eingetragene offene Handelsgesellschaft oder Kommanditgesellschaft ist Gesellschaft bürgerlichen Rechts, solange es am Betrieb eines kaufmännischen Unternehmens fehlt (dazu oben, § 46 III, § 53 II 1). Eine im Handregister nicht eingetragene oHG oder KG wird automatisch zur Gesellschaft bürgerlichen Rechts[39], wenn der Betrieb eines kaufmännischen Unternehmens aufgegeben wird, weil
- das Unternehmen auf nichtkaufmännisches Niveau »schrumpft« oder
- das Unternehmen aufgegeben oder an eine Betriebsgesellschaft verpachtet oder auf Tochtergesellschaften ausgelagert wird[40].

Die Gesellschaft ist voll wirksam, auch wenn sie eine von den Parteien vielleicht so nicht beabsichtigte Form hat (vgl. zum Rechtsformzwang oben, § 5 II 3). Es liegt nicht etwa eine nichtige und regelmäßig auch keine aufgelöste Gesellschaft vor[41]. Soweit der Gesellschaftsvertrag auf Errichtung einer oHG oder KG gerichtet war, kann diesem Vertragswillen im Rahmen des dispositiven Rechts Rechnung getragen werden, insbesondere bei der

37 Vgl. etwa zur vormundschaftsgerichtlichen Genehmigung bei Errichtung einer KG *BGHZ* 17, 160, 165; zu den Folgen der Genehmigung vgl. § 1829 BGB.
38 *BGH*, WM 1976, 972, 974 (KG); NJW 1978, 264, 266 (KG); Grundgedanke auch in § 159 BGB.
39 Vgl. nur *BGH*, BB 1971, 974 = NJW 1971, 1698; *OLG Koblenz*, NJW-RR 1996, 744 (Verpachtung); *BayObLG*, NJW-RR 1996, 487 (Betriebsverkleinerung); *OLG Hamm*, NJW-RR 1996, 1446 (Betriebsaufgabe).
40 Vgl. nur *Kraft/Kreutz*, D I 5 a; *Baumbach/Hopt*, § 105 Rdnr. 8.
41 Unrichtig *Battes*, AcP 174 (1974), 434f.: Nichtigkeit nach § 134 BGB und Aufrechterhaltung nur unter den Voraussetzungen der §§ 139, 140 BGB.

Geschäftsführungs- und Vertretungsregelung (vgl. die Darstellung bei § 44 III 1). Die unfreiwillige Umwandlung einer bereits vorhandenen oHG oder KG in eine Gesellschaft bürgerlichen Recht kann allerdings seit 1998 als Seltenheit gelten, denn durch § 105 II HGB sind diese Gesellschaften zu Formkaufleuten geworden (Handelsrecht, § 10 III und VII) sowie oben, § 46 I): Eine eingetragene oHG oder KG wird durch Zweckänderung nur zur Gesellschaft bürgerlichen Rechts, wenn sie auch im Handelsregister gelöscht wird.

2. Erwerb und Verlust der Mitgliedschaft*

Der mitgliedschaftliche Charakter der Beteiligung an einer Gesellschaft bürgerlichen Rechts ist bei den variationenreichen Typen der Gesellschaft sehr unterschiedlich ausgeprägt. Das kann nicht verwundern, weil ja die Gesellschaft bürgerlichen Rechts sehr heterogene Gebilde erfaßt (oben, § 58 I 4) und weil unterschieden werden muß zwischen

- Innengesellschaften und Außengesellschaften (sog. Gesamthandsgesellschaften) sowie, was nicht immer dasselbe ist, zwischen
- rein schuldrechtlich angelegten und verbandsmäßig strukturierten Gesellschaften.

Diese Unterschiede wurden bereits oben entwickelt (§ 3 I 3, § 7 I, § 58 II 2). Das Gesetz, das in erster Linie die BGB-Gesellschaft als Schuldvertragstyp im Auge hat, spricht nicht von einer Mitgliedschaft in der Gesellschaft bürgerlichen Rechts. Immerhin regelt es in §§ 706 ff. BGB auch mitgliedschaftliche Rechte und Pflichten, und es sorgt durch §§ 717, 719 BGB dafür, daß die zur Mitgliedschaft gehörenden einzelnen Rechte und Pflichten nicht von der Mitgliedschaft getrennt werden können[42]. Das Gesetz geht davon aus, daß man durch *Beteiligung am Vertragsschluß* – auch durch *nachträglichen Hinzutritt* zu einem Gesellschaftsvertrag! – Gesellschafter werden und umgekehrt aus der Gesellschaft *ausscheiden* kann (vgl. § 738 I 1 BGB). Daneben ist heute die *Übertragung der Mitgliedschaft* anerkannt (vgl. oben, § 45 III). Von ihr ist wiederum der Gläubigerzugriff zu unterscheiden, und Fragen wirft auch die Nachfolge von Todes wegen auf. Nach der Behandlung der Handels-Personengesellschaften brauchen diese Fragen nur kurz angesprochen zu werden.

a) Der *Eintritt in eine vorhandene Gesellschaft* bürgerlichen Rechts wurde in der älteren Praxis als Abschluß eines Gesellschaftsvertrags mit allen bereits vorhandenen Gesellschaftern eingeordnet[43]. Richtigerweise handelt es sich

* Literatur (Auswahl): *Ascheuer*, Der Anteil des Gesamthänders am Gesamthandsvermögen, 1992; *Lutz Fischer*, Die Gesellschaft Bürgerlichen Rechts, 1977, S. 71 ff.; *Huber*, Vermögensanteil, Kapitalanteil und Gesellschaftsanteil an Personalgesellschaften des Handelsrechts, 1970; *Wiedemann*, Die Übertragung und Vererbung von Mitgliedschaftsrechten bei Handelsgesellschaften, 1965.

42 Zur Deutung der §§ 717, 719 BGB als Abspaltungsverbot vgl. *Flume*, Personengesellschaft, § 17 II.

43 Vgl. *RGZ* 52, 161, 162; 82, 160, 161 (oHG); 128, 172, 176; RG, JW 1921, 1239 (oHG).

um einen Vertragsbeitritt zu der bereits vorhandenen Gesellschaft[44]. Ist ein Gesellschaftsvermögen vorhanden, so führt der Eintritt zur sog. »Abwachsung« (dazu oben, § 45 II 3, 5). Der Gesellschaftsvertrag kann zulassen, daß neue Gesellschafter durch Einigung nur mit dem geschäftsführenden Gesellschafter beitreten (vgl. zur Publikumspersonengesellschaft oben, § 57).

b) Das *Ausscheiden aus der Gesellschaft bürgerlichen Rechts* geschieht durch Austrittsvereinbarung, durch Austrittskündigung (insbesondere bei Gesellschaften mit einer sog. Fortsetzungsklausel gemäß § 736 BGB) oder durch Ausschluß (§ 737 BGB). Handelt es sich um eine Außengesellschaft, so führt das Ausscheiden eines Gesellschafters zur sog. »Anwachsung« (§ 738 I 1 BGB; dazu oben, § 45 II 2, 5). Nach §§ 738 I 2, 739, 740 BGB findet eine Auseinandersetzung mit dem Ausscheidenden statt. Nicht zuletzt beim Ausscheiden aus einer Freiberufler-Gesellschaft mit oder ohne Mitnahme von Mandaten kann dies schwierige Bewertungsprobleme aufwerfen[45]. Das Problem der Abfindungsklauseln, in erster Linie bei den Handelsgesellschaften diskutiert (oben, § 50 IV 2), kann damit auch hier auftreten. Allerdings hat der *Bundesgerichtshof* den Abfindungsausschluß bei einer nicht auf wirtschaftliche Beteiligung zielenden rein »ideellen« Gesellschaft zugelassen[46]. Über schwebende Geschäfte, an denen der ausscheidende Gesellschafter nach seinem Ausscheiden weiterhin teilnimmt, wird nach § 740 BGB abgerechnet, falls nicht der Gesellschaftsvertrag dies anders bestimmt[47].

Bei der *Kündigung des Gesellschaftsverhältnisses* muß nach dem unter § 50 II 3 a Gesagten klar unterschieden werden zwischen der auflösenden Kündigung (vgl. § 723 BGB), der Austrittskündigung und der Ausschließungskündigung. Die Kündigung einer rein schuldvertraglichen Innengesellschaft kann nur die Auflösung dieses Vertragsverhältnisses bedeuten, aber bei einer verbandsmäßig strukturierten – selbst zweigliedrigen[48]! – Gesellschaft muß im Einzelfall feststehen, ob die Kündigungserklärung auf Auflösung, Austritt oder Ausschließung zielt[49]. Der Kündigende sollte dies möglichst klar zum Ausdruck bringen. Ob die Kündigung die beabsichtigte Wirkung hatte, müssen dann nötigenfalls die Gerichte entscheiden. Die Unterscheidung ist durch die HGB-Novelle (vgl. oben, § 50 I 2) eher erschwert als erleichtert worden. Während nämlich nach § 131 III Nr. 3 HGB die Kündigung einer oHG im Zweifel nur Austrittskündigung ist (oben, § 50 II 3), hat es der Gesetzgeber dabei belassen, daß die Kündigung die Gesellschaft auflöst, und zwar sogar in dem Fall, daß der Gesellschafter das 18. Lebensjahr vollendet hat und sich vor der unbeschränkten Haftung schützen will (§ 723 Abs. 1 Nr. 3 und dazu oben, § 50 II 3). Die Unstimmigkeit zwischen § 131 HGB und § 723 BGB beruht auf der Vielfalt der BGB-Gesellschaften. Im Fall einer

44 Vgl. *Pieper*, Vertragsübernahme und Vertragsbeitritt, 1963, S. 82, der von einem »Gesellschaftsbeitritt« spricht.
45 Vgl. *BGH*, NJW 1995, 1551; NJW 1999, 2438; über Mandantenschutzklauseln vgl. *BGH*, LM Nr. 76 zu § 705 m. Anm. *Henssler/Strohe* = NJW 2000, 2584 = JuS 2000, 1226 (*Karsten Schmidt*).
46 *BGH*, NJW 1997, 2592.
47 Vgl. zur Abgrenzung *BGH*, NJW 1993, 1192 m. w. N.; *Karsten Schmidt*, DB 1983, 2401 ff.
48 Vgl. dazu *BGH*, NJW-RR 2002, 704.
49 Das wird nur scheinbar bestritten bei *BGH*, NJW-RR 2002, 704.

unternehmenstragenden Gesellschaft sollte in Analogie zu § 131 III Nr. 3 HGB die Kündigung im Zweifel als Austritt aus der Gesellschaft gewertet werden (vgl. unten, § 58 V). Ein *Ausschluß aus der Gesellschaft bürgerlichen Rechts* wegen eines vom Gesellschafter gesetzten wichtigen Ausschließungsgrundes ist nach § 737 BGB nur möglich, wenn der Gesellschaftsvertrag die Fortsetzung der Gesellschaft unter den übrigen vorsieht. Schon unter § 58 V 2 wurde aber ausgeführt, daß jedenfalls bei der Mitunternehmer-Gesellschaft die Ausschließung aus wichtigem Grund analog § 140 HGB allgemein anerkannt werden muß, weil hier das Bestandsinteresse des Unternehmens zum Tragen kommt.

c) Eine *Übertragung der Mitgliedschaft* ist, wie bei den Handels-Personengesellschaften, möglich, wenn sie im Vertrag zugelassen ist oder wenn alle Gesellschafter zustimmen. Handelt es sich um eine rein schuldrechtliche Innengesellschaft, so ist die Übertragung eine Vertragsübernahme[50]. Liegt eine Außengesellschaft vor, so stellt die Übertragung, wie bei den Handelsgesellschaften, eine Anteilsübertragung dar[51]. Erfolgt die Übertragung unentgeltlich, so bedarf sie doch keiner Form, denn die formlose Verfügung stellt sich dann als Schenkungsvollzug dar[52]. Durch die Anteilsübertragung ändert sich am Gesellschaftsvermögen unmittelbar nichts. Deshalb kann auch durch den Erwerb von Gesellschaftsanteilen kein gutgläubiger Grundstückserwerb nach § 892 BGB eingeleitet werden, selbst wenn die veräußernden BGB-Gesellschafter fälschlich als Eigentümer im Grundbuch eingetragen sind[53].

Beispiel Nr. 17: (nach *BGH*, NJW 1997, 860 = JuS 1997, 564 (*Karsten Schmidt*)): X und Y standen »in Gesellschaft bürgerlichen Rechts« im Grundbuch. Sie verkauften die Gesellschaftsanteile an A und B, die auch im Grundbuch eingetragen wurden. Wahrer Eigentümer war allerdings E, dessen Erbe nun auf Berichtigung des Grundbuchs klagte. Mit Erfolg, denn es war nicht über Grundeigentum verfügt worden, sondern über Anteile an einer BGB-Gesellschaft. Die Umschreibung von X und Y auf A und B war nur eine Umbenennung der Gesellschaft bürgerlichen Rechts im Grundbuch.

d) Von der Übertragung der Mitgliedschaft ist der *Gläubigerzugriff* gegenüber dem Gesellschafter zu unterscheiden. Es handelt sich hierbei nicht um die Frage, unter welchen Voraussetzungen ein Gesellschaftsgläubiger in das Gesellschaftsvermögen vollstrecken kann (dazu unten, § 60 IV 2), sondern es geht um den *Zugriff eines Privatgläubigers* auf die dem Gesellschafter zustehenden Rechte. Insofern gilt folgendes:

aa) Selbständig übertragbar und pfändbar (vgl. § 851 ZPO) sind nach § 717 BGB die Ansprüche des Gesellschafters auf Geschäftsführungsvergütung, auf

50 Vgl. *Pieper*, Vertragsübernahme und Vertragsbeitritt, 1963, S. 210ff.
51 Vgl. *Ulmer*, Gesellschaft bürgerlichen Rechts, § 719 Rdnrn. 15, 19; *Erman/Westermann*, § 719 Rdnrn. 7ff.; *Soergel/Hadding*, 11. Aufl., § 719 Rdnrn. 11ff. mit rechtsdogmatischer Modifikation.
52 Vgl. *OLG Frankfurt*, NJW-RR 1996, 1123.
53 Vgl. zu *BGH*, NJW 1997, 860: *Karsten Schmidt*, ZIP 1998, 4.

Gewinnanteile und auf Zuteilung der Liquidationsquote im Fall der Auseinandersetzung[54].

bb) Um die Gesellschaft kündigen und auf diese Weise das Auseinandersetzungsguthaben verwerten zu können, kann der Gläubiger eines Gesellschafters nach §§ 859 ZPO, 725 BGB den »Anteil an dem Gesellschaftsvermögen« pfänden (vgl. später unter III 4c). Die Kündigung muß gegenüber allen Gesellschaftern erklärt werden bzw. wenigstens, wenn sie dem geschäftsführenden Gesellschafter gegenüber erklärt wurde, allen Gesellschaftern zur Kenntnis gelangen[55]. Dem Wortlaut nach paßt § 725 BGB nur auf sog. Gesamthandsgesellschaften[56]. Die Bestimmung ist aber auch bei Innengesellschaften anwendbar[57]. Eine rechtsdogmatisch nicht einfache Frage ist zwar, ob die in § 859 ZPO zugelassene »Anteilspfändung« als eine Pfändung der Mitgliedschaft oder der mitgliedschaftlichen Vermögensrechte oder als eine globale Forderungspfändung anzusehen bist (dazu näher oben, § 45 IV 2). Der praktische Sinn und Zweck des § 725 BGB steht aber fest: Der Gläubiger eines Gesellschafters läßt nach § 859 ZPO den »Anteil am Gesellschaftsvermögen« pfänden und kann dann das Gesellschaftsverhältnis kündigen, um auf die Vermögensrechte des Gesellschafters zugreifen zu können. Das BGB mißt der Gläubigerkündigung Auflösungswirkung bei. In ausformulierten Gesellschaftsverträgen ist meist die Regel enthalten, daß die Kündigung nur Ausscheidens- und Abfindungsfolgen hat. Bei einer unternehmenstragenden Gesellschaft wird man eine solche Regelung als Normalfall ansehen dürfen (arg. § 131 III Nr. 3 HGB). Die Kündigung wird nach dem Konzept des Gesetzes gegenüber allen Mitgesellschaftern erklärt[58], aber eine Erklärung gegenüber der Gesellschaft genügt, wenn die Mitgesellschafter davon Kenntnis erlangen[59]. Hat er sich das gepfändete Recht des Gesellschafters überweisen lassen, so kann er auch dessen Anspruch auf Durchführung der Auseinandersetzung geltend machen[60]. Es kann wegen dieser Fragen auf die Ausführungen unter § 45 IV verwiesen werden.

e) Die *Vererbung* gestaltet sich unterschiedlich, je nachdem, ob eine Innengesellschaft oder eine Außengesellschaft vorliegt. In beiden Fällen muß unterschieden werden, ob sich die Gesellschaft mit dem Tod auflöst (§ 727 I BGB) oder ob sie fortgesetzt wird.

aa) Bei der *Innengesellschaft* – jedenfalls wenn sie rein schuldrechtlich und nicht verbandsrechtlich strukturiert ist – geht es um die ganz normale Gesamtrechtsnachfolge nach § 1922 BGB. Je nachdem, ob die Gesellschaft

---

54 Vgl. *Rosenberg/Gaul/Schilken*, Zwangsvollstreckungsrecht, 11. Aufl. 1997, § 58 III 3; *Stöber*, Forderungspfändung, 12. Aufl. 1999, Rdnrn. 1576ff.; *Zöller/Stöber*, ZPO, 21. Aufl. 1999, § 859 Rdnr. 5.

55 *RGZ* 21, 93, 95; *BGH*, NJW 1993, 1002.

56 Vgl. *BGH*, WM 1956, 1026, 1027; *Staudinger/Keßler*, 12. Aufl., § 725 Rdnr. 19.

57 *Karsten Schmidt*, JR 1977, 181; str.; vgl. *Stein/Jonas/Brehm*, § 859 Rdnr. 2.

58 A. M. *Wertenbruch*, Die Haftung von Gesellschaften und Gesellschaftsanteilen in der Zwangsvollstreckung, 2000, S. 535ff.

59 *BGH*, NJW 1993, 1002.

60 *BGHZ* 116, 222 = NJW 1992, 830.

fortbesteht oder nicht, tritt der Erbe (treten die Miterben) in das fortbestehende Gesellschafts-Schuldverhältnis oder in die aus der Auflösung resultierenden Rechte und Pflichten ein. Nach § 727 I BGB ist die Auflösung die Regel. Der Vertrag kann auch dem Erben das Recht geben, die Fortsetzung des Gesellschaftsverhältnisses zu verlangen.

bb) Bei der *Außengesellschaft* treten die unter § 45 V geschilderten Nachfolgeprobleme auf. Im Fall der Auflösung (§ 727 I BGB) wird die Gesellschaft liquidiert. Enthält der Vertrag eine Nachfolgeklausel und sind mehrere Erben vorhanden, so fällt die Mitgliedschaft den Erben nicht in Erbengemeinschaft, sondern im Wege der sog. Sondernachfolge an[61]. Im Fall der qualifizierten Nachfolgeklausel geht sie ohne weiteres – also ohne den Umweg über die Erbengemeinschaft und deren Auseinandersetzung – auf den zur Nachfolge berufenen Erben über (oben, § 45 V 4 b). Testamentsvollstreckung am Anteil ist nach den unter § 45 V 7 besprochenen Grundsätzen zulässig[62]. Der Gesellschaftsvertrag kann aber auch vorsehen, daß der Gesellschafter im Fall seines Todes ausscheidet und die Gesellschaft unter den übrigen Gesellschaftern fortgesetzt wird (sog. Fortsetzungsklausel, besser: Ausschließungsklausel; vgl. oben, § 45 V 3). In den Nachlaß fallen dann lediglich Abfindungsansprüche der Erben, falls nicht auch sie ausgeschlossen sind.

III. Rechte und Pflichten der Gesellschafter[*]

1. Pflichten der Gesellschafter

a) Die Gesellschafter sind einander zur *Leistung der Beiträge* verpflichtet (vgl. § 705 BGB). Die Beiträge können Einlagen oder sonstige Beiträge sein (vgl. zum Verhältnis dieser Begriffe zueinander oben, § 20 II 1), z. B. auch Dienstleistungen (vgl. § 706 III BGB) oder die Überlassung von Sachen nur zum Gebrauch (vgl. § 706 II BGB). Sind vertretbare oder verbrauchbare Sachen beizutragen oder werden die Sachen nach einem Schätzwert eingebracht, so ist im Zweifel anzunehmen, daß sie zu Eigentum einzubringen sind (§ 706 II BGB). Die Beitragsleistung als Zweckförderungsleistung wird regelmäßig Vermögenswert haben, aber auch dies ist nicht notwendig (dazu schon unter I 4)[63].

Eine *Nachschußpflicht* besteht grundsätzlich nicht: »Zur Erhöhung des vereinbarten Beitrags oder zur Ergänzung der durch Verlust verminderten

61 *BGHZ* 22, 186, 192f. (oHG); 55, 267, 269 (KG); 68, 225, 237 (KG); *BGH*, WM 1983, 672 (KG); *Ulmer*, Gesellschaft bürgerlichen Rechts, § 727 Rdnr. 26; *Erman/Westermann*, § 727 Rdnr. 8; *Soergel/Hadding*, 11. Aufl., § 727 Rdnrn. 18ff. m. w. N.; ganz h.M.

62 Vgl. speziell zur BGB-Gesellschaft *BGH*, NJW 1996, 1284.

* Literatur: Vgl. die Angaben bei § 58 sowie *v. Ditfurth*, *Weipert* und *Gummert*, in: Riegger/Weipert (Hrsg.), MünchHdbGesR I, 1995, §§ 7ff.

63 Überflüssig deshalb die Unterscheidung von Beiträgen im weiteren und im engeren Sinn bei *Soergel/Hadding*, 11. Aufl., § 706 Rdnrn. 1ff.

Einlage ist ein Gesellschafter nicht verpflichtet« (§ 707 BGB). In dieser Bestimmung kommt das sog. Belastungsverbot zum Ausdruck, das oben unter § 16 III 3b cc eingehender besprochen wurde. Selbstverständlich müssen die Gesellschafter mit erhöhten Beiträgen rechnen, wenn und soweit eine wirksame Klausel im Vertrag Nachschußleistungen vorsieht[64]. Hierzu bedarf es einer klaren Vereinbarung, erst recht wenn die Gesellschafter durch Mehrheitsbeschluß zu Nachschüssen verpflichtet werden sollen (vgl. zum Bestimmtheitsgrundsatz oben, § 16 II 2). Insbesondere eine Verpflichtung der Gesellschafter zum Ausgleich von Verlusten besteht während des Bestehens der Gesellschaft nur, wenn dies im Gesellschaftsvertrag unmißverständlich zum Ausdruck gebracht ist[65]. Nach dem Gesetz kommen Verluste erst in der Abwicklung zum Ausgleich (§§ 735, 739 BGB)[66]. Soweit allerdings ein Gesellschafter aus persönlicher Haftung von einem Gläubiger in Anspruch genommen worden ist, kann er nicht nur bei der Gesellschaft (vgl. §§ 713, 670 BGB), sondern, wenn deren Vermögen nicht ausreicht, auch nach § 426 BGB bei den gleich ihm haftenden Mitgesellschaftern Regreß nehmen[67].

b) *Nebenpflicht* der Gesellschafter ist vor allem die *Treupflicht* (oben, § 20 IV). Jeder Gesellschafter hat zur Verwirklichung des gemeinsamen Zwecks beizutragen und dabei die Belange der Gesellschaft und seiner Mitgesellschafter zu berücksichtigen[68]. Hieraus können sich Unterlassungspflichten, z. B. Wettbewerbsverbote, von Fall zu Fall aber auch Pflichten zu positivem Tun (Vertragsanpassung etc.) ergeben (vgl. zur Anpassung insbesondere oben, § 5 IV). Treupflichtig ist vor allem – aber nicht nur! – der geschäftsführende Gesellschafter[69].

2. Der Sorgfaltsmaßstab

a) Nach *§ 708 BGB* hat ein Gesellschafter bei der Erfüllung der ihm obliegenden Verpflichtungen nur für diejenige Sorgfalt einzustehen, die er in eigenen Angelegenheiten anzuwenden pflegt. Die Regel gilt auch und gerade für den geschäftsführenden Gesellschafter[70], und sie gilt auch dann, wenn mit dem Geschäftsführer ein besonderer Dienstvertrag abgeschlossen ist[71]. Die Regel geht zurück auf das gemeine Recht[72]. Ausländische Rechtsordnungen enthalten teilweise entsprechende Regeln, teilweise haben sie sich von diesem romanistischen Relikt getrennt[73].

---

64 Vgl. nur *BGHZ* 23, 17, 30; *BGH*, NJW 1983, 164 = JuS 1983, 223 m. Anm. *Karsten Schmidt*.
65 Vgl. *BGH*, NJW 1983, 164 = JuS 1983, 223 m. Anm. *Karsten Schmidt*.
66 Dazu *BGH*, NJW 1999, 2438f.; *Baumbach/Hopt*, § 120 Rdnrn. 12ff.
67 Eingehend *Hadding/Häuser*, WM 1988, 1585ff.; s. auch *BGHZ* 103, 72 = NJW 1988, 1375.
68 Eingehend *Soergel/Hadding*, 11. Aufl., § 705 Rdnrn. 58ff.
69 Vgl. zur oHG *BGH*, NJW-RR 1986, 256 = JuS 1986, 407 m. Anm. *Karsten Schmidt*.
70 Vgl. nur *Staudinger/Keßler*, 12. Aufl., § 713 Rdnr. 5.
71 Anders, wenn der Gesellschafter wie ein Dritter für die Gesellschaft tätig ist; *Soergel/Hadding*, 11. Aufl., § 708 Rdnr. 4.
72 Vgl. *Windscheid/Kipp*, Lehrbuch des Pandektenrechts II, 9. Aufl. 1906 (Nachdruck 1963), S. 781.
73 Hierzu und zum folgenden *Karsten Schmidt*, Gutachten, a. a. O., S. 525f.

Die Beurteilung des § 708 BGB war schon im Gesetzgebungsverfahren kontrovers[74], und die Kritik ist auch in der Folgezeit nicht verstummt. Völlig grundlos ist die Regelung allerdings nicht in das Gesetz gelangt. Zwei Gesichtspunkte werden für die Haftungsbeschränkung genannt. Der eine – auf ihn stützte sich der Gesetzgeber[75] – besteht darin, Gesellschafter müßten einander nehmen, wie sie sind; der zweite, vor allem von *Ulmer*[76] vorgetragene Gesichtspunkt besteht darin, daß alle Angelegenheiten der Gesellschaft stets auch eigene Angelegenheiten jedes Gesellschafters sind. Heute überwiegt aber die rechtspolitische Kritik[77]. *De lege ferenda* ist eine *Abschaffung des § 708 BGB* zu empfehlen[78]. Wo nach Lage des Einzelfalls eine Haftungsmilderung notwendig ist, hilft eine Auslegung des Vertrags besser als die starre Regelung des Gesetzes. Solange indes § 708 BGB nicht beseitigt oder geändert ist, muß die Rechtsanwendungspraxis mit der Vorschrift leben und sich um einen sachgerechten Umgang mit ihr bemühen. Hierfür gibt es unterschiedliche Ansätze.

b) Die *Rechtsprechung* hat das Prinzip des § 708 BGB in ganz wesentlichen Fällen zurückgedrängt: Bei der Publikumsgesellschaft – und wohl überhaupt bei kapitalistischen, von persönlichen Bindungen unabhängigen Gesellschaftsverhältnissen[79] – wird § 708 BGB im Wege der teleologischen Reduktion ausgeschlossen[80]. Auf partielle Nichtanwendung des § 708 BGB lief auch schon eine bis heute umstrittene[81] Rechtsprechung des *Reichsgerichts* hinaus: Bei schuldhafter[82] Überschreitung von Geschäftsführungsbefugnissen nahm das *Reichsgericht* Zuflucht zu einer Verschuldenshaftung wegen Geschäftsführung ohne Auftrag[83]. Ersetzt man die problematische Begründung durch eine teleologische Reduktion des § 708 BGB, so erweist sich die Lösung des

74 Vgl. Prot., in: *Mugdan* II, S. 984f.

75 Prot., in: *Mugdan* II, S. 985; *RGZ* 143, 212, 215.

76 Gesellschaft bürgerlichen Rechts, § 708 Rdnr. 1; in ähnlicher Richtung schon *Ballerstedt*, JuS 1963, 258.

77 Vgl. *Alfred Hueck*, oHG, § 9 IV Fußn. 10; *Rother*, Haftungsbeschränkung im Schadensrecht, 1965, S. 192, 196; *Hauss*, in: Festschrift Möhring, 1965, S. 361; *Hoffmann*, NJW 1967, 1207ff.; *ders.*, AcP 167 (1967), 396; *Müller-Graff*, AcP 191 (1991), 475; weitgehend auch *Teubner*, in: AK BGB, § 708 Rdnrn. 2f.; einschränkend *Erman/Westermann*, § 708 Rdnr. 1; referierend *Staudinger/Keßler*, 12. Aufl., § 708 Rdnr. 4.

78 Vgl. *Schlechtriem*, in: Gutachten und Vorschläge zur Überarbeitung des Schuldrechts, Bd. II, 1981, S. 1622f.; *Karsten Schmidt*, Gutachten, a.a.O., S. 526f.

79 Vgl. *Erman/Westermann*, § 708 Rdnr. 3; *Ulmer*, Gesellschaft bürgerlichen Rechts, § 708 Rdnr. 5; a.M. *Grunewald*, Rdnr. 1 A 12.

80 *BGHZ* 69, 207, 210 = WM 1977, 1221 = NJW 1977, 2311; *BGH*, WM 1980, 30, 31; *KG*, NZG 1999, 199; vgl. *Grunewald*, in: Festschrift Kropff, 1997, S. 91f.; *Uwe H. Schneider*, ZGR 1978, 31f.

81 Krit. z.B. *Erman/Westermann*, § 708 Rdnr. 7; eingehend *Ulmer*, Gesellschaft bürgerlichen Rechts, § 708 Rdnrn. 8ff. m.w.N.

82 So einschränkend *RGZ* 158, 302, 313.

83 *RGZ* 158, 302, 312f.; *RG*, LZ 1914, 580; JW 1930, 705.

Reichsgerichts als plausibel[84]. Beim Handeln im Straßenverkehr[85] schaltet eine in der Literatur[86] überwiegend begrüßte Rechtsprechung den § 708 BGB gleichfalls aus[87]. In der Literatur wird darüber hinaus sogar die Auffassung vertreten, § 708 BGB gelte nur für die Verwirklichung des Gesellschaftszwecks und nicht für Neben- bzw. Schutzpflichten und ihre Verletzung[88].

c) Ein praktisch wie dogmatisch haltbarer Weg zur Restriktion des § 708 BGB läßt sich aufzeigen, wenn man die Bestimmung nur mehr als eine *Auslegungsregel* begreift. Diese teleologische Reduktion des § 708 BGB scheint rechtspolitisch geboten und in Anbetracht der Verwandtschaft zwischen dem dispositiven Gesetzesrecht und dem regelmäßigen Parteiwillen auch zulässig[89]. Die Bestimmung hält fest, was auch ohne sie gelten würde: Wo immer die Gesellschafter einander – in den Worten der BGB-Protokolle – »so nehmen wollen, wie sie einmal sind«, läßt sich im Wege der ergänzenden Vertragsauslegung eine stillschweigende Haftungsbeschränkung bejahen. Der Gesetzgeber sah dies als Normalsachverhalt an, und tatsächlich *kann* es sich so verhalten. Ein solcher Wille entspricht vor allem da der Lebenserfahrung, wo gemeinsame Risiken eingegangen wurden[90] – etwa bei einer Rallye-Mannschaft[91] oder bei Teilnehmern einer Expedition[92] – oder wo – wie im Lotteriespiel[93] – unbedeutende Nachlässigkeiten vorhersehbarerweise unverhältnismäßige Schäden nach sich ziehen können, die billigerweise gemeinsam getragen werden sollten. Auch im Unternehmensbereich kann es nicht darum gehen, jedem Gesellschafter jede zugleich in eigener Sache begangene einfache Fahrlässigkeit durchgehen zu lassen, sondern es geht um die Frage, welche Risiken die Gesellschafter gemeinsam tragen wollen. Wer in einer Familiengesellschaft einem Angehörigen gegen einen geringen Gewinnvoraus das Ruder in die Hand gibt, gesteht ihm vielleicht einen weiten Beurteilungsspielraum zu, während der professionelle Manager einer kapitalistisch strukturierten Gesellschaft nur Vertrauen genießt, wenn er auch voll verantwortlich ist. Reduziert man § 708 BGB auf eine Auslegungsregel, so

---

84 Vgl. im Ergebnis auch *BGH*, NJW 1997, 314 (wo die Reduktion des § 708 BGB verschwiegen wird).

85 Unentschieden im Luftverkehr: *BGH*, LM Nr. 1a zu § 708 BGB = JZ 1972, 88, 89; dazu *Brandenburg*, JuS 1974, 16.

86 Zust. etwa *Larenz*, in: Festschrift Westermann, 1974, S. 306f.; *Hauss*, in: Festschrift Möhring, 1965, S. 361f.; krit. z.B. *Medicus*, Bürgerliches Recht, 18. Aufl. 1999, Rdnr. 930; *Deutsch*, JuS 1967, 496ff.

87 *BGHZ* 46, 313, 317; *BGH*, VersR 1967, 882; vgl. auch zu § 1359 BGB *BGHZ* 43, 72; 53, 352, 355.

88 Vgl. *Larenz*, in: Festschrift Westermann, 1974, S. 307; zu Gefälligkeitsverhältnissen *Schwerdtner*, NJW 1971, 1673, 1675; mit Recht kritisch *Ulmer*, Gesellschaft bürgerlichen Rechts, § 708 Rdnr. 7.

89 Krit. aber *Erman/Westermann*, § 708 Rdnr. 1.

90 Überblick bei *Staudinger/Schiemann* § 254 Rdnrn. 62ff.; *Palandt/Heinrichs*, § 254 Rdnrn. 70ff.; der Fragenkreis wird meist nur unter dem Gesichtspunkt der erforderlichen Sorgfalt, der Einwilligung und des »Handelns auf eigene Gefahr« behandelt; vgl. nur *BGHZ* 39, 156; 63, 140; *BGH*, VersR 1976, 591; *Grunsky*, JZ 1975, 109ff.

91 Zur Abgrenzung vgl. *RG*, JW 1926, 2535; *BGHZ* 39, 156 m.Anm. *Schöpe*, NJW 1963, 1606; *Böhmer*, JR 1964, 174; *Stoll*, JZ 1964, 61; *OLG Braunschweig*, DAR 1976, 71.

92 Zur Abgrenzung vgl. *OLG Karlsruhe*, NJW 1978, 705.

93 Vgl. *BGH*, NJW 1974, 1705f.; dazu *Kornblum*, JuS 1976, 571; krit. *Plander*, AcP 176 (1976), 425ff.

gelangt man auch nach geltendem Recht zu angemessenen Ergebnissen, denn es gibt zweifellos Fälle, in denen eine Haftungsbeschränkung vonnöten ist. Einige praktische Beispiele sollen zeigen, wie das Konzept funktioniert.

Beispiel Nr. 18 (nach *BGHZ* 39, 156): A und B tun sich als Rallye-Team zu der vom ADAC veranstalteten und behördlich genehmigten Zuverlässigkeitsfahrt »Rund um den Braunschweiger Löwen« zusammen. B stellt seinen Fiat-Pkw zur Verfügung. Gefahren wird abwechselnd. In einer durch Nässe und Rübenerde glatten Rechtskurve verliert B die Gewalt über sein Fahrzeug, fährt gegen einen Baum und verletzt hierdurch den A. A verlangt Schadensersatz.

Der *Bundesgerichtshof* hat in seiner Entscheidung geprüft, »ob die Voraussetzungen des § 254 BGB vorliegen oder ob sich aus dem besonderen Charakter der Zuverlässigkeitsfahrt eine Haftungsfreistellung oder Haftungsminderung herleiten läßt«. § 708 BGB hat er nicht angewandt, weil »die auf kameradschaftlicher Grundlage beruhende Teilnahme an einer Sportveranstaltung nicht als Eingehung eines Gesellschaftsvertrages aufgefaßt werden« könne. Das scheint nicht unzweifelhaft. Wäre es etwa um den Ausgleich von Aufwendungen gegangen (§§ 713, 670 BGB), so hätte der *BGH* vielleicht doch bereitwillig ein Gesellschaftsverhältnis bejaht. Auch wäre zu überlegen, ob nicht gerade die gemeinsame Ausübung einer Risikosportart eine Haftungsbeschränkung nahelegt. Richtig ist aber, daß die Frage des Haftungsumfangs nicht von einer blinden Gefolgschaft gegenüber dem Gesetzeswortlaut, sondern von der gewollten Risikoverteilung abhängen muß. Das zeigt auch unser

Beispiel Nr. 19 (nach *BGH*, LM Nr. 6 zu § 276 [Da] BGB = JZ 1979, 101): Der *Bundesgerichtshof* entschied einen Rechtsstreit aus einer gemeinsam unternommenen Urlaubsfahrt, bei der ein Partner das Steuer übernommen und durch Unachtsamkeit einen Unfall verursacht hatte, bei dem ein anderer Partner – er war zugleich Eigner und Halter des Fahrzeugs – verletzt worden war. Der *VI. Senat* übernahm vom *OLG* die tatsächliche Würdigung, daß ein über Gefälligkeiten des täglichen Lebens hinausgehendes »gesellschaftsähnliches Rechtsverhältnis« vorgelegen habe. Der *Senat* beharrte auf der Auffassung, daß § 708 BGB im Straßenverkehr keine Anwendung finde, meinte aber, »derartiges« (m.a.W. eine dem § 708 BGB entsprechende Haftungsbeschränkung) könne vertraglich vereinbart werden und sei auch vereinbart, soweit der Fahrer keinen Versicherungsschutz genieße.

Beispiel Nr. 20 (nach *BGH*, NJW 1974, 1705; dazu *Kornblum*, JuS 1976, 571; *Plander*, AcP 176 [1976], 425ff.): X, Y, Z sowie O und B hatten sich zu einer Lottospielgemeinschaft zusammengeschlossen, die mit 50 DM Wocheneinsatz und mit festgelegten Zahlenreihen am Zahlenlotto teilnahm. Die Zettel auszufüllen, war Sache des B. Als in einer Woche B diese Aufgabe versäumte, entging der Lottogemeinschaft ein Gewinn von 10 550 DM. X, Y und Z klagten darauf gegen B, jeder auf Zahlung von 2 110 DM.

Der *Bundesgerichtshof* ließ offen, ob eine Gesellschaft bürgerlichen Rechts vorlag, und meinte, jedenfalls das Ausfüllen und Einreichen der Lottoscheine sei nicht Gegenstand einer rechtsgeschäftlichen Bindung gewesen. Weder aufgrund Gesellschaftsvertrags noch aufgrund Auftrags sei also eine rechtsgeschäftliche Verpflichtung des B zum Ausfüllen der Scheine herzuleiten. Das ist sehr zweifelhaft. Hätte B etwa Vorschüsse einziehen wollen oder Aufwendungsersatz verlangt oder wäre es um seine Auskunftspflicht gegangen, so hätte man vermutlich durchaus das Vorliegen einer Gesellschaft bejaht. Wiederum ist die bessere Lösung in einem stillschweigenden Haftungsausschluß zu sehen[94]. Darauf, ob ein Gesellschaftsvertrag oder ein Auftrag vorlag, kam es viel weniger an als auf die Frage, ob nicht die Beteiligten das Risiko der hier durch B verschuldeten Panne gemeinsam tragen wollten. Im Ergebnis mit Recht haben deshalb alle Instanzen die Klage gegen B abgewiesen.

d) Schaltet ein geschäftsführender Gesellschafter *Gehilfen* ein, so ist zu unterscheiden[95]: Gehilfen, die er im Namen der Gesellschaft eingestellt hat, sind ihre, nicht seine Gehilfen, so daß er (ggf. in den Grenzen des § 708 BGB) nur für eigenes Auswahlverschulden haftet, während ihm ein Verschulden solcher Personen, die er in die Wahrnehmung seiner Geschäftsführerpflichten einschaltet, nach § 278 BGB wie eigenes Verschulden zugerechnet wird.

3. Teilhaberechte der Gesellschafter

a) Die *Geschäftsführung* steht nach § 709 I BGB den Gesellschaftern im Zweifel gemeinschaftlich zu. Für jedes Geschäft ist im Zweifel die Zustimmung aller Gesellschafter erforderlich. Entscheiden die Gesellschafter nach dem Gesellschaftsvertrag mit Stimmenmehrheit, so gibt nach § 709 II BGB im Zweifel die Kopfmehrheit den Ausschlag. Dieses gesetzliche Konzept, nach dem alle gemeinsam handeln, paßt nicht auf organisierte Gesellschaften, aber man muß eben bedenken, daß der BGB-Gesetzgeber gerade auch Gelegenheitsgesellschaften des täglichen Lebens mit erfassen mußte.

Der *Gesellschaftsvertrag* kann von diesen Regeln abweichen. Bei den meisten schriftlich abgefaßten Verträgen ist dies der Fall. Es kann Einzelgeschäftsführung jedes Gesellschafters vorgesehen werden, und es kann die Geschäftsführung einem Gesellschafter oder einer Gruppe von Gesellschaftern oder bestimmten Gesellschaftern je einzeln überlassen werden (vgl. dazu die Auslegungsregel des § 710 BGB). Im Fall der Alleingeschäftsführungsbefugnis gibt § 711 BGB den jeweils anderen Gesellschaftern ein Widerspruchsrecht, aber auch dieses kann abbedungen werden. Bei Gesellschaften, die als oHG oder KG verfaßt, aber mangels Eintragung Gesellschaften bürgerlichen Rechts sind, geht die Rechtsprechung davon aus, daß im Innenverhältnis das Recht der oHG bzw. KG gilt (oben, § 44 I). Darüber hinaus sollte die Rechtsprechung bei Mitunternehmer-Gesellschaften den § 115 HGB analog anwenden (oben, § 58 V 2).

Der geschäftsführende Gesellschafter kann sich seiner Geschäftsführeraufgaben durch einseitige Erklärung gegenüber den Mitgesellschaftern entledigen, wenn ein wichtiger Grund hierfür vorliegt (§ 712 II BGB). Das Gesetz spricht von einer »Kündigung« seitens des geschäftsführenden Gesellschafters, meint aber damit eine Niederlegung des Amtes[96]. Bei wichtigem Grund

94 So auch *Kornblum*, JuS 1976, 571 f.
95 Vgl. *v. Ditfurth*, a. a. O., § 7 Rdnr. 58.
96 Vgl. *Karsten Schmidt*, DB 1988, 2241; mißverständlich *Erman/Westermann*, § 712 Rdnr. 10.

– insbesondere wenn sich grobe Pflichtverletzungen oder die Unfähigkeit des Geschäftsführers herausstellen – kann ihm die Geschäftsführungsbefugnis umgekehrt auch durch Beschluß entzogen werden (§ 712 I BGB).

Die *Rechte und Pflichten der geschäftsführenden Gesellschafter* folgen nach § 713 BGB dem Auftragsrecht. Ihre Aufgaben sind im Zweifel persönlich zu erfüllen (§ 664 BGB), sie dürfen von Weisungen nur nach Maßgabe des § 665 BGB abweichen, schulden Auskunft und Rechenschaft[97] und haben nach §§ 669, 670 BGB Ansprüche auf Vorschuß und Aufwendungsersatz. Ein Entgelt für die Geschäftsführungstätigkeit ist nicht vorgesehen. Aus § 733 II 3 BGB kann im Gegenteil gefolgert werden, daß die geschäftsführende Tätigkeit eines Gesellschafters im Zweifel als dessen Beitrag durch die Erträge aus der Gesellschaft mit abgegolten sein soll (vgl. oben, § 47 II 4 b). Selbst wenn dem geschäftsführenden Gesellschafter ein bestimmter Betrag zustehen soll, ist stets noch zu prüfen, ob dies eine Gehaltsvereinbarung ist oder nur ein Gewinnvoraus[98]. Aber die Beteiligten können selbstverständlich ein Dienstverhältnis vereinbaren.

b) Die *Willensbildung durch Gesellschafterbeschlüsse* (oben, § 15) ist im Recht der BGB-Gesellschaft nicht besonders geregelt. Der Grund besteht in dem gesetzlichen Modell der Gesamtgeschäftsführung (§ 709 BGB). Wenn alle Gesellschafter gemeinschaftlich an der Geschäftsführung teilhaben, besteht kein Unterschied zwischen der Geschäftsführung und der Beschlußfassung der Gesellschafter, folglich auch kein Anlaß für formalisierende Regeln über eine Gesellschafterversammlung[99]. Soweit Einzelgeschäftsführung vorgesehen ist, haben die Mitgesellschafter immer noch das Widerspruchsrecht des § 711 BGB. Der Gesellschaftsvertrag kann hiervon jedoch abweichen, und dazu besteht vor allem dann ein Anlaß, wenn die Geschäftsführung – besonders bei größeren Gesellschaften – deutlich von der Mitgliedergesamtheit abgehoben werden soll.

Beispiel Nr. 21: Die Arbeitsgemeinschaft im Baugewerbe (»Arge«) wird üblicherweise so organisiert, daß eine Gesellschafterversammlung (»Aufsichtsstelle«) höchstes Gesellschaftsorgan ist und daß hiervon die »kaufmännische Geschäftsführung« und die »Bauleitung« streng getrennt sind.

Auch andere Gesellschaften sind oft so organisiert, daß die Geschäftsführung einem bestimmten Gesellschafter oder einem von der Versammlung zu wählenden Gesellschafter zugewiesen wird. Daran kann sich dann eine Vertragsklausel über »Gesellschafterbeschlüsse« anschließen[100], die beispielsweise folgendermaßen lautet: »Über die vom Gesetz oder von diesem Gesellschaftsvertrag den Gesellschaftern zugewiesenen Maßnahmen entscheiden die Gesellschafter durch Beschluß mit einfacher Mehrheit. Die Mehrheit berechnet sich nach den festen Kapitalanteilen der abstimmenden Gesellschafter.

97 Diese Informationspflicht darf nicht mit dem individuellen Auskunftsrecht der Gesellschafter verwechselt werden; vgl. *Karsten Schmidt*, Informationsrechte in Gesellschaften und Verbänden, 1984, S. 15 f.

98 Vgl. *OLG Koblenz*, WM 1986, 590, 591.

99 Vgl. auch zur Einberufung der Gesellschafter *BGH*, LM Nr. 6 zu § 705 BGB.

100 Vgl. etwa *Marsch-Barner*, in: Münchener Vertragshandbuch I, 5. Aufl. 2000, Formular I 4.

Der Zustimmung aller Gesellschafter bedürfen Beschlüsse über ... (folgt Aufzählung).« Die Mehrheitsherrschaft in der Personengesellschaft ist freilich nicht unbegrenzt. Dem stehen vor allem der Bestimmtheitsgrundsatz und der Kernbereichsschutz der Minderheitsgesellschafter entgegen (dazu oben, § 16 II 2). Die Fehlerhaftigkeit eines Gesellschafterbeschlusses wird nach der ständigen Praxis durch Feststellungsklagen, nicht durch Anfechtungsklagen, geltend gemacht[101]. An die Institutionalisierung einer gegen die Gesellschaft zu richtenden Anfechtungsklage (dazu oben, § 15 II 3) ist erst zu denken, seit die Parteiunfähigkeit der Gesellschaft bürgerlichen Rechts überwunden ist (dazu unten, § 60 II). Aber die bisher h. M. hat auch bei der oHG und bei der (GmbH & Co.-)KG deren Parteifähigkeit nicht ausreichen lassen, um eine Beschlußanfechtungsklage nach dem Muster des GmbH-Rechts anzukennen (vgl. oben, § 15 II 3).

c) Das *Informationsrecht der Gesellschafter* ist in § 716 BGB geregelt[102]. Danach kann ein Gesellschafter, auch wenn er von der Geschäftsführung ausgeschlossen ist, sich von den Angelegenheiten der Gesellschaft persönlich unterrichten, die Geschäftsbücher und die Papiere der Gesellschaft einsehen und sich aus ihnen eine Übersicht über den Stand des Gesellschaftsvermögens anfertigen; nach § 716 II BGB ist diese Regelung zwingend in dem Sinne, daß dem Gesellschafter ein außerordentliches Informationsrecht beim Verdacht unredlicher Geschäftsführung nicht genommen werden kann. Die gesetzliche Regelung ist allerdings, wie die des § 118 HGB, veraltet und zu eng insofern, als sie dem Gesellschafter nur ein Einsichtsrecht und kein Auskunftsrecht zuzubilligen scheint. Ungeachtet dessen ist auch ein Auskunftsrecht des Personengesellschafters anerkannt[103]. Man sollte dies nicht mit einer Analogie zu § 51 a GmbHG begründen[104], sondern mit einer Besinnung auf die allgemeine Institution der Mitgliedschaftsrechte (oben, § 21 III 1): Das Auskunftsrecht ist Bestandteil dieses allgemeinen Informationsrechts.

d) Die *Gesellschafterklage* (*actio pro socio*) steht dem Gesellschafter nach allgemeinen Regeln zu (dazu oben, § 21 IV). Der Gesellschafter kann *Ansprüche, die der Gesellschaft bzw. allen Gesellschaftern gegen Mitgesellschafter aus dem Gesellschaftsverhältnis zustehen* (*Sozialansprüche*), selbst geltend machen, sofern eine Geltendmachung durch die Gesellschaft nicht stattfindet[105]. In Betracht kommen vor allem Ansprüche auf Beitragsleistun-

---

101 Vgl. *BGH*, NJW-RR 1992, 227; *Erman/Westermann*, § 709 Rdnrn. 38f.

102 Vgl. zum folgenden *Karsten Schmidt*, Informationsrechte in Gesellschaften und Verbänden, 1984, S. 61ff.; *Weipert*, a. a. O., § 8.

103 Vgl. (großenteils zu § 118 HGB) *ROHGE* 25, 344, 345; *RG*, JW 1907, 523; *BGH*, BB 1972, 1245, 1246; 1984, 1271, 1272; *OLG Hamburg*, JW 1921, 687 m. Anm. *Geiler*; zurückhaltend *Erman/Westermann*, § 716 Rdnr. 1; *Ulmer*, Gesellschaft bürgerlichen Rechts, § 716 Rdnr. 9.

104 So aber der Ansatz von *Roitzsch*, Der Minderheitenschutz im Verbandsrecht, 1981, S. 161; abl. auch *Wohlleben*, Informationsrechte des Gesellschafters, 1989, S. 82ff.

105 *BGH*, NJW 2000, 505; eingehend jetzt *Grunewald*, Die Gesellschafterklage in der Personengesellschaft und der GmbH, 1990, S. 4ff.; zum Fortfall der Klagebefugnis nach Ausscheiden aus der Gesellschaft vgl. *OLG Karlsruhe*, NJW 1995, 1296; dazu abl. *Hörstel*, NJW 1995, 1271f.; richtigstellend *Früchtl*, NJW 1996, 1327f.

gen sowie Ansprüche auf Schadensersatz wegen Verletzung von Geschäftsführungspflichten.

Nicht mit der Geltendmachung von Sozialforderungen zu verwechseln ist die Frage, ob der einzelne Gesellschafter auch die gegen einen Dritten gerichtete Forderung im eigenen Namen einklagen kann. Seit dem Urteil *BGHZ* 146, 341 = NJW 2001, 1056 ist davon auszugehen, daß es im Verhältnis zu Dritten nur einen »richtigen« Kläger geben kann: die jetzt als parteifähig anerkannte Gesellschaft (vgl. unten, § 60 IV 1). Aber schon vor diesem Urteil wurde die Klagebefugnis einzelner Gesellschafter bei Gesellschaften mit einer geregelten Vertretungsordnung grundsätzlich verneint (oben, § 21 IV 7):

Beispiel Nr. 22 (nach *BGHZ* 39, 14): K und S waren Gesellschafter. Die Geschäftsführung und Vertretung stand ihnen gemeinschaftlich zu. Gleichwohl klagte K eine Gesellschaftsforderung allein ein und trug vor, S weigere sich grundlos, an der Geltendmachung der Forderung mitzuwirken. Er beantragte, den Beklagten zur Zahlung des geschuldeten Geldbetrages an ihn und S zu verurteilen. Der *Bundesgerichtshof* wies die Klage ab: »Ein Gesellschafter ist im allgemeinen nicht befugt, eine Gesellschaftsforderung gegen einen Dritten im eigenen Namen gemäß § 432 BGB geltend zu machen. Eine solche Befugnis wird durch die in § 709 I BGB getroffene Regelung oder eine im Gesellschaftsvertrag getroffene Bestimmung über die Geschäftsführungsbefugnis ausgeschlossen.« Anders hat der *BGH* nur entschieden, wenn der Gesellschafter an der Geltendmachung ein berechtigtes Interesse hat, wenn die anderen Gesellschafter die Einziehung der Forderung aus gesellschaftswidrigen Gründen verweigern und der Gesellschaftsschuldner an dem gesellschaftswidrigen Verhalten der anderen Gesellschafter beteiligt ist (*BGHZ* 12, 308; 17, 340).

Eine ganz andere Frage ist, ob alle Gesellschafter einen einzelnen ermächtigen können, die Forderung im eigenen Namen einzuklagen. Eine Bevollmächtigung ist zweifellos möglich, aber sie führt nicht zu einer Klage des Gesellschafters im eigenen Namen. Nicht zu vergessen ist aber, daß die Praxis eine sog. *gewillkürte Prozeßstandschaft* anerkennt, mit der ein hierzu ermächtigter Kläger eine fremde Forderung im eigenen Namen geltend machen kann, wenn er ein eigenes rechtliches Interesse an der Geltendmachung des Anspruchs im eigenen Namen hat[106]. Diese, freilich umstrittene, Rechtsfigur leistete im Recht der BGB-Gesellschaft herkömmlich – nämlich vor der Anerkennung ihrer Parteifähigkeit – gute Dienste[107]:

Beispiel Nr. 23 (nach *BGH*, NJW 1988, 1585): Für eine vielköpfige BGB-Gesellschaft soll ein Anspruch auf Rückgewähr von Grundeigentum geltend gemacht werden. Die Klage wird im Namen zweier Gesellschafter erhoben, die von den anderen hierzu ermächtigt sind. Nach bisher h.M. ist diese Klage zulässig. Doch wird diese Praxis nicht fortgesetzt werden können, denn seit dem Urteil *BGHZ* 146, 341 = NJW 2001, 1056 fehlt für sie jedes Bedürfnis. Geklagt wird im Namen der Gesellschaft, und wenn alle Gesellschafter einverstanden sind, können sie bei unklaren Vertretungsverhältnissen anstelle der Prozeßstandschaft Vertretungsmacht erteilen.

---

106 *RGZ* 166, 218, 238; *BGHZ* 4, 153, 165; 30, 162, 166; 48, 12, 15; 92, 347, 349; std., Rspr.; h.L.; krit. einzelne Stimmen in der Literatur: *Frank*, ZZP 92 (1979), 330ff.; *Koch*, JZ 1984, 809ff.

107 *BGH*, NJW 1988, 1585; *OLG Düsseldorf*, ZIP 1985, 1000.

4. Vermögensrechte der Gesellschafter

a) Die *Vermögensrechte der Gesellschafter* dürfen nicht mit der *Vermögenszuständigkeit* hinsichtlich der dem Gesellschaftszweck dienenden Vermögensgegenstände verwechselt werden. Diese *Vermögenszuständigkeit* hängt von der Vermögensstruktur der Gesellschaft ab, und zwar von folgenden Fragen:

- Liegt eine Außengesellschaft oder eine reine Innengesellschaft vor (dazu oben, § 58 II 2)? Nur im ersten Fall kann man von einem echten Gesellschaftsvermögen sprechen (vgl. alsbald unter IV 2). Im zweiten Fall gibt es kein Gesellschaftsvermögen, sondern nur Einzelvermögensmassen der Gesellschafter; das gilt selbst dann, wenn die Gesellschafter zur Erfüllung des Gesellschaftszwecks Miteigentum an einzelnen Sachen begründet haben.
- Welche Vermögensgegenstände sind, wenn eine Außengesellschaft vorliegt, in das Gesellschaftsvermögen eingebracht oder in dieses hinzuerworben worden? Diese Gegenstände – und nur sie – stellen das Gesellschaftsvermögen dar, das streng vom Vermögen der Gesellschafter getrennt werden muß (vgl. alsbald unter IV).
- Sind für die Gesellschafter Gesellschafterkonten gebildet worden, auf denen die sog. Kapitalanteile dokumentiert werden (unten, § 47 III)?

b) *Die wichtigsten mitgliedschaftlichen Vermögensrechte* sind der Gewinnanspruch und der Anspruch auf das Auseinandersetzungsguthaben im Ausscheidens- oder Auflösungsfall. Der *Gewinn und Verlust* wird im Zweifel nach gleichen Anteilen verteilt (§ 722 BGB), doch weichen die Gesellschaftsverträge hiervon vielfach ab. Handelt es sich um eine unternehmenstragende BGB-Gesellschaft, so wird der Vertrag wohl ausnahmslos eine Regelung über die Gewinn- und Verlustverteilung sowie über Entnahmerechte enthalten. Fehlt es daran, sind nach der hier vertretenen Ansicht die §§ 120ff. HGB entsprechend anzuwenden (oben, § 58 V 2). In der unternehmenstragenden Gesellschaft werden auch – schon aus steuerlichen Gründen – regelrechte Jahresbilanzen aufgestellt und von den Gesellschaftern beschlossen. Die Regelung des BGB über die Rechnungslegung ist dagegen ganz vom Modell einer Gesellschaft geprägt, die nichts als ein Schuldverhältnis mit oder ohne Vermögensgemeinschaft darstellt (oben, § 58 I 2). Nach § 721 I BGB kann ein Gesellschafter bei der Gelegenheitsgesellschaft den Rechnungsabschluß erst nach der Auflösung der Gesellschaft verlangen; ist die Gesellschaft von längerer Dauer, so wird im Zweifel nach dem Abschluß jedes Geschäftsjahrs abgerechnet (§ 721 II BGB). Der Anspruch auf das Auseinandersetzungsguthaben im Auflösungsfall ergibt sich aus § 733 BGB.

c) Nach § 717 S. 2 BGB sind die *Gewinnansprüche* und der *Auseinandersetzungsanspruch* eines Gesellschafters übertragbar. Folglich sind sie auch verpfändbar (vgl. § 1274 II BGB) und pfändbar (vgl. § 851 ZPO). Allerdings ist der Auseinandersetzungsanspruch erst mit der Auflösung fällig; um ihn fällig zu stellen, empfiehlt es sich für einen Gläubiger des Gesellschafters, nach §§ 859 ZPO, 725 BGB den »Anteil des Gesellschafters an dem Gesellschaftsvermögen« zu pfänden und dann zu kündigen (vgl. zur Dogmatik dieser Anteilspfändung oben, § 45 IV 2). Meist geschieht beides nebeneinander. Der Pfändungsbeschluß lautet dann[108]:

»Gepfändet werden
1. der angebliche Anteil des Schuldners als Gesellschafter einer nach § 705 BGB am ... mit ... eingegangenen Gesellschaft sowie
2. die angeblichen Ansprüche des Schuldners auf
   a) fortlaufende Zahlung des Gewinnanteils,
   b) das Auseinandersetzungsguthaben,
   c) Zahlung der ihm als Gesellschafter aus der Geschäftsführung zustehenden Leistungen.«

Der Beschluß braucht nicht allen Mitgesellschaftern zugestellt zu werden, sondern es genügt die Zustellung an den geschäftsführenden Gesellschafter[109]. Dieser Gläubigerzugriff wurde bereits unter II 2d sowie ausführlich oben unter § 45 IV dargestellt. Gehört Grundvermögen zum Gesellschaftsvermögen, so ist und bleibt doch die Anteilspfändung eine Mobiliarvollstreckung. Das *OLG Hamm*[110] hat entschieden, daß die Pfändung nicht einmal im Grundbuch vermerkt wird.

5. Binnenprozesse der Gesellschafter

Solange die Parteifähigkeit der Gesellschaft bürgerlichen Rechts – auch der Gesamthandsgesellschaft – nicht anerkannt war (unten, § 60 IV 1), konnten Binnenprozesse in der Gesellschaft – z.B. Prozesse über Leistungspflichten oder über Gesellschafterbeschlüsse – nur Prozesse der Gesellschafter untereinander sein. Aber die Rechtsprechung sieht dies bei parteifähigen Personengesellschaften im Ergebnis nicht anders (oben, § 46 II). Meist handelt es sich um Feststellungsprozesse, an denen alle Gesellschafter beteiligt sind[111], aber es kommen auch Leistungsklagen, insbesondere im Wege der actio pro socio, in Betracht (dazu oben unter III 3d).

108 Vgl. *Stöber*, Forderungspfändung, 12. Aufl. 1999, Rdnrn. 1552ff.; dort auch zu den vollstreckungsrechtlichen Einzelheiten.
109 *BGHZ* 97, 392, 395 = NJW 1986, 1991, 1992; dazu *Smid*, JuS 1988, 617.
110 OLGZ 1987, 175 = NJW-RR 1987, 723 = JuS 1987, 994 m.Anm. *Karsten Schmidt*.
111 Vgl. nur *BGH*, NJW-RR 1992, 227 (Gesellschafterbeschluß); NJW 1993, 459 (Feststellungsinteresse).

IV. Das Gesellschaftsvermögen*

1. Abgrenzung

Von einem *Gesellschaftsvermögen* sollte man bei der Gesellschaft bürgerlichen Rechts nur sprechen, wenn diese *als Außengesellschaft* ein ihr selbst zustehendes (»Gesamthands«-)Vermögen hat[112]. Wie unter § 58 I 3a ausgeführt wurde, läßt das Gesetz ein solches Gesellschaftsvermögen ohne weiteres zu, aber es muß davor gewarnt werden, jedes »Zweckvermögen« einer Gesellschaft vorschnell zu einem »Gesamthandsvermögen« zu erklären. Es kommt auf den Einzelfall an. Die Gesellschafter einer Gesellschaft bürgerlichen Rechts können Vermögensgegenstände dem gemeinsamen Zweck auch widmen, ohne daß sie ein Gesellschaftsvermögen bilden. Die Gesellschafter können an gemeinschaftlich genutzten Sachen Miteigentum bilden (§§ 741ff., 1008ff. BGB), das dann ihnen selbst zu Bruchteilen zusteht[113]. Es kann auch ein Gesellschafter Gegenstände nur »zur Nutzung« oder »dem Werte nach« zur Verfügung stellen (vgl. zu diesen Formen der »Einbringung« oben, § 20 II 2d); dies ist ein tauglicher Gesellschafterbeitrag[114]. Dann werden die im Miteigentum der Gesellschafter oder im Alleineigentum eines Gesellschafters stehenden Sachen für den gemeinsamen Zweck genutzt, sind aber gleichwohl kein Gesellschaftsvermögen im technischen Sinne[115]. Da die Mehrzahl der BGB-Gesellschaften rein schuldrechtlich strukturiert ist – statistische Angaben fehlen –, dürften diese Fälle häufig sein, aber bei beweglichem Vermögen ist es nicht immer leicht, festzustellen, was vereinbart worden ist.

Beispiel Nr. 24: Tun sich die Radrennfahrer A und B zu einem Amateurteam zusammen und stellt nur A, nicht der vermögenslose B, das gesamte Material, so wird dies ein Beitrag des A sein, nicht aber eine Einlage in ein Gesellschaftsvermögen. Die Fahrräder gehören im Zweifel allein dem A.

Beispiel Nr. 25: Haben A und B gemeinsam ein Tandem-Fahrrad erworben und verbinden sie sich nun zu einem Rennteam, so kann es sich so verhalten, daß das Fahrrad

* Literatur: *Ascheuer*, Der Anteil des Gesamthänders am Gesamthandsvermögen, 1992; *Flume*, Gesellschaft und Gesamthand, ZHR 136 (1972), 177; *Gummert*, Das Gesellschaftsvermögen, in: Riegger/Weipert (Hrsg.), MünchHdb. GesR I, 1995, § 9; *Habersack*, Zur Rechtsnatur der Gesellschaft bürgerlichen Rechts, JuS 1990, 179; *Huber*, Vermögensanteil, Kapitalanteil und Gesellschaftsanteil an Personalgesellschaften des Handelsrechts, 1970; *Jaschke*, Gesamthand und Grundbuchrecht, 1991; *Mülbert*, Die rechtsfähige Personengesellschaft, AcP (1999), 38; *Schafheutle*, Gesellschaftsbegriff und Erwerb in das Gesellschaftsvermögen, 1931; *Karsten Schmidt*, Die Personengesellschaft als Rechtsträger, in: Institut der Wirtschaftsprüfer (Hrsg.), Personengesellschaft und Bilanzierung, 1990, S. 41; *ders.*, Personengesellschaft und Grundstücksrecht, ZIP 1998, 2; *ders.*, Die (Außen-)Gesellschaft bürgerlichen Rechts: rechts- und parteifähig, NJW 2001, 993; *Schulze-Osterloh*, Das Prinzip der gesamthänderischen Bindung, 1972; *Wertenbruch*, Die Haftung von Gesellschaften und Gesellschaftsanteilen in der Zwangsvollstreckung, 2000; *Zöllner*, Rechtsfähigkeit der BGB-Gesellschaft – ein Sachverstands- oder Kommunikationsproblem?, in: Festschrift Kraft, 1998, 701.

112 Vgl. *Flume*, Personengesellschaft, § 5.

113 Vgl. *Karsten Schmidt*, in: MünchKommBGB, § 741 Rdnr. 4.

114 Vgl. *Ulmer*, Gesellschaft bürgerlichen Rechts, § 706 Rdnrn. 11f.

115 Vgl. zur Einbringung dem Werte nach auch *OLG Hamburg*, NJW-RR 1996, 803 (oHG).

Miteigentum des A und des B ist, nicht aber Gesellschaftsvermögen. Gesellschafterbeitrag des A und des B ist es dann, dieses Miteigentum zu erhalten (also nicht etwa den Miteigentumsbruchteil zu veräußern!), gemeinsam Rennen zu fahren usw. – Ein Gesellschaftsvermögen ist auch in diesem Fall nicht entstanden.

Beispiel Nr. 26: Allerdings *können* A und B gemeinsames Material auch in die Gesellschaft einbringen und ein Gesamthandsvermögen bilden, wenn sie dies wollen (vgl. schon oben, § 58 I 3a). Ein solcher Parteiwille ist z.B. dann anzunehmen, wenn sie einen ganzen Fahrzeugpark mit wechselndem Materiallager gemeinsam anschaffen und unterhalten.

Das Gesellschaftsvermögen, vom Gesetz als »gemeinschaftliches Vermögen der Gesellschafter« bezeichnet, gehört nach der hier vertretenen, nunmehr herrschenden Lehre nicht den einzelnen Gesellschaftern, sondern der Gesellschaft selbst (oben, § 8 III). Das Miteigentum in unserem vorletzten Beispiel gehört den Gesellschaftern zu ideellen Bruchteilen. Im Beispiel davor gehört das »Zweckvermögen« nur einem Gesellschafter allein.

2. Verfügung und Vollstreckung

a) *Über die Gegenstände des Gesellschaftsvermögens kann nur die Gesellschaft*[116] – nach der traditionellen Gesamthandlehre: nur die Gesamtheit der Gesellschafter[117] – *verfügen.* Der einzelne Gesellschafter kann es nicht (vertritt er wirksam die Gesellschaft, so verfügt sie und nicht er!). Er kann nach § 719 I BGB auch nicht »über seinen Anteil an den dazu gehörenden Gegenständen« verfügen. Die traditionelle Gesamthandslehre sieht hierin ein gesetzliches Veräußerungsverbot und versteht dieses als Ausdruck der »gesamthänderischen Bindung« des angeblich den Gesellschaftern gehörenden Vermögens[118]. Sieht man die Gesellschaft als Inhaberin des Gesellschaftsvermögens an, so bedarf es keines Veräußerungsverbots, und man wird § 719 I BGB nur als eine schief formulierte Klarstellungsregel anzusehen haben[119]: § 719 I BGB hält nur fest, daß den Gesellschaftern Bruchteile an den einzelnen Vermögensgegenständen, über die sie verfügen können, nicht zustehen (oben, § 58 IV 2a).

b) Für die *Vollstreckung in das Gesellschaftsvermögen* ist nach § 736 ZPO ein gegen alle Gesellschafter ergangenes Urteil erforderlich. Die Vorschrift wird unter § 60 IV 2 eingehend besprochen. Sie versteht sich als das vollstreckungsrechtliche Gegenstück zu § 719 BGB[120]: So wenig wie die Gesellschafter als einzelne über das Gesellschaftsvermögen verfügen können, können ihre einzelnen Gläubiger auf diese Vermögensgegenstände zugreifen. Zugleich basiert § 736 ZPO auf der Prämisse, daß es einen gegen die Gesell-

116 Vgl. insbes. *Flume*, Personengesellschaft, § 5.
117 Vgl. besonders *Schulze-Osterloh*, Prinzip, a.a.O., S. 23.
118 Vgl. *Schulze-Osterloh*, Prinzip, a.a.O., S. 13, 167.
119 Der Wortlaut des § 719 wie des § 718 BGB bietet sich als Einwand gegen die hier vertretene Gesamthandslehre an. Es gilt aber der Grundsatz: »Lex moneat, non doceat«. Das hier vertretene Modell steht zu den Rechtsfolgenanordnungen des Gesetzes nicht in Widerspruch.
120 Vgl. *Hahn*, Materialien zu den Reichs-Justizgesetzen, Bd. VIII, 1898, S. 138; dazu *Wertenbruch*, a.a.O., S. 122ff.

schaft gerichteten Titel nicht geben kann[121], während sich das vorliegende Werk für echte Parteifähigkeit der unternehmenstragenden BGB-Gesellschaft aussprach. Für die Mitunternehmer-BGB-Gesellschaft wurde diese Annahme hier bereits seit der Erstauflage bestritten (oben, § 58 V 1). Die Rechtsprechung hatte zunächst nur eine Schein-Handelsgesellschaft als Prozeßpartei anerkannt[122], während sich das vorliegende Werk für echte Parteifähigkeit der unternehmenstragenden BGB-Gesellschaft aussprach. Das Urteil *BGHZ* 146, 341 = NJW 2001, 1056 ist hierüber noch hinausgegangen und hat sich für die Parteifähigkeit von BGB-Außengesellschaften im allgemeinen ausgesprochen (Würdigung dieses Urteils unter § 60 III). Wer gegen sie einen solchen Titel erstritten hat, kann also in das Gesellschaftsvermögen vollstrekken, doch wird man vorerst auch einen gegen alle Gesellschafter gerichteten Titel genügen lassen müssen[123]. Es käme ja einer Rechtsverweigerung gleich, wollte man in der Zwangsvollstreckung einen Vollstreckungstitel verlangen, den der Gläubiger von den Prozeßgerichten – sei es auch zu Unrecht! – bisher gar nicht erhielt (unten, § 60 IV 2c).

3. Der Erwerb in das Gesellschaftsvermögen

a) Nach § 718 I BGB werden die Beiträge der Gesellschafter und die durch die Geschäftsführung *für die Gesellschaft erworbenen Gegenstände* Bestandteile des Gesellschaftsvermögens. Mit den Beiträgen sind hier die Einlagen gemeint (zur Terminologie vgl. oben, § 20 II 1). Der Gesetzeswortlaut läßt offen, ob sich dieser Erwerb ohne jede Offenkundigkeit vollzieht[124]. Das würde bedeuten, daß es nicht auf eine rechtsgeschäftliche Übertragung des betreffenden Gegenstands in das Gesellschaftsvermögen ankäme. Vor allem ein Erwerb durch die Geschäftsführer würde zum Erwerb in das Gesellschaftsvermögen führen, sofern nur der Erwerb dem gemeinsamen Zweck diente; darauf, ob der geschäftsführende Gesellschafter im eigenen Namen oder im Namen der Gesellschaft handelte, käme es nicht an. Das wäre mit den Grundlagen des bürgerlichen Rechts unvereinbar. Nach richtiger Auffassung muß der Erwerb in das Gesellschaftsvermögen erkennbar vollzogen werden[125]. Nur auf diese Weise kann ja die oben aufgezeigte Unterscheidung von Alleineigentum (das nur zur Nutzung zur Verfügung gestellt wird), Mit-

121 Diese dem § 736 ZPO zugrundeliegende Annahme bestreitet *BGHZ* 146, 341, 353 = NJW 2001, 1056, 1059 im Anschluß an *Wertenbruch*, a. a. O., S. 122ff.; damit läßt sich indes der Rechtsfortbildungsschritt des *Bundesgerichtshofs* nicht, wie offenbar beabsichtigt, verbergen (*Karsten Schmidt*, NJW 2001, 997).

122 *BGH*, NJW 1980, 784 = JuS 1980, 453 m. Anm. *Karsten Schmidt*.

123 Näher *Karsten Schmidt*, NJW 2001, 1000; vgl. insoweit auch *Hüffer*, in: Festschrift Stimpel, 1985, S. 184.

124 So *Schafheutle*, a. a. O., S. 69ff.; *Lehmann/Dietz*, § 13 III 2; *Enneccerus/Lehmann*, Recht der Schuldverhältnisse, 15. Aufl. 1958, § 179 I 2; *Manfred Wolf*, JuS 1975, 714.

125 *RGZ* 54, 103, 105f.; *OLG Hamburg*, OLGE 10, 185ff.; *v. Gamm*, in: RGRK, § 718 Rdnr. 5; *Kraft/Kreutz*, C II 5b aa, bb; *Erman/Westermann*, § 718 Rdnr. 5; *Ulmer*, Gesellschaft bürgerlichen Rechts, § 718 Rdnr. 14; *Staudinger/Keßler*, 12. Aufl., § 718 Rdnr. 4; *Palandt/Sprau*, § 718 Rdnr. 1; *Karsten Schmidt*, Gutachten, a. a. O., S. 534.

eigentum der Gesellschafter und echtem Gesellschaftsvermögen durchgeführt werden.

Beispiel Nr. 27: Zweck einer Gesellschaft ist die gemeinsame Benutzung eines Karpfenteichgeländes. Wenn der geschäftsführende Gesellschafter G ein solches Gelände und notwendige Geräte im eigenen Namen erwirbt (auch selbst im Grundbuch eingetragen wird!), wird er Alleineigentümer, auch wenn diese Gegenstände »durch die Geschäftsführung für die Gesellschaft« erworben sein mögen. Nur wenn G im Namen der Gesellschaft (nach herkömmlicher Lehre: im Namen der Gesellschafter) handelt oder wenn er das im eigenen Namen Erworbene aufgrund der §§ 713, 667 BGB an die Gesellschaft weiterübereignet, wird hieraus Gesellschaftsvermögen.

Der Wortlaut des § 718 I BGB erweist sich also als unklar. Erkennt man dies, so ist auch zu verstehen, warum die Vertrauensschutznorm des § 720 BGB so geringe Bedeutung hat[126]. Sie wird deshalb hier nicht erläutert.

b) Nach § 718 II BGB werden die Surrogate des Gesellschaftsvermögens automatisch Bestandteile dieses Vermögens (*dingliche Surrogation*). Sieht man das sog. Gesamthandsvermögen richtig als Vermögen der Gesellschaft – nicht der Gesellschafter – an, so versteht sich diese Surrogation von selbst[127]. Die Regelung des § 718 II BGB basiert erkennbar noch auf dem alten Gesamthandsverständnis und will dafür sorgen, daß die »gesamthänderische Bindung« des vermeintlich den Gesellschaftern zustehenden Gesellschaftsvermögens an dessen Surrogaten fortsetzt. Aus heutiger Sicht ist die Regel entbehrlich.

Beispiel Nr. 28: Zerstört X eine der ABC-Gesellschaft gehörende Maschine, so steht der Schadensersatzanspruch (§ 823 BGB) ohne weiteres der Gesellschaft zu, nicht anders als bei einer Handelsgesellschaft.

Die dingliche Surrogation nach § 718 II BGB läßt heute einfache Dinge schwieriger scheinen, als sie sind. Beispielsweise genügt es für die dingliche Surrogation nicht, wenn ein Gegenstand mit Mitteln des Gesellschaftsvermögens erworben worden ist (vgl. demgegenüber §§ 2019, 2111 BGB). Wie sich aus den allgemeinen Grundsätzen des Zivilrechts ergibt, fordert der rechtsgeschäftliche Erwerb in das Gesellschaftsvermögen also auch hier, daß im Namen der Gesellschaft gehandelt wird. Vor allem der Erlös bei der Veräußerung von Gesellschaftsgegenständen fällt nicht automatisch in das Gesellschaftsvermögen[128].

Beispiel Nr. 29: Verkauft und veräußert Gesellschafter A im eigenen Namen (§ 185 BGB!) die der Gesellschaft gehörende Maschine und läßt er sich den Kaufpreis auszahlen, so ist A zwar zur Weiterleitung an die Gesellschaft verpflichtet, aber nur der Anspruch auf den Erlös fällt in das Gesellschaftsvermögen. Der Erlös selbst gehört einstweilen dem A. In das Gesellschaftsvermögen fällt er nur, wenn A z.B. den Anspruch abgetreten oder die Zahlung auf ein der Gesellschaft zustehendes Konto veranlaßt hat. Anders verhält es sich,

126 Näher *Karsten Schmidt*, Gutachten, a.a.O., S. 535.

127 Über den Zusammenhang zwischen »dinglicher Surrogation« und mehrheitlicher Rechtszuständigkeit vgl. *Strauch*, Mehrheitlicher Rechtsersatz, 1972, S. 99, der (S. 96) denn auch die Teilrechtsfähigkeit der Gesamthand ablehnt.

128 Richtig z.B. *Reinhardt/Schultz*, Rdnr. 82; *Ulmer*, Gesellschaft bürgerlichen Rechts, § 718 Rdnr. 16; a.M. *Manfred Wolf*, JuS 1975, 714; 1976, 105; wie hier sogar *Schafheutle*, a.a.O., S. 75.

wenn das ganze Geschäft im Namen der Gesellschaft abgewickelt wurde. Aber in diesen Fällen beruht der unmittelbare Erwerb der Gesellschaft nicht auf § 718 II BGB, sondern auf § 164 BGB: A hat dann die Gesellschaft berechtigt und verpflichtet, und er hat auch dinglich einen direkten Erwerb der Maschine nach §§ 929, 164 BGB eingeleitet.

V. Auflösung und Beendigung der Gesellschaft*

1. Auflösungsgründe

Die Gesellschaft wird aufgelöst
- durch Ablauf der Zeit, für welche sie eingegangen ist,
- durch endgültige Erledigung des vereinbarten Zwecks, insbesondere durch seine Erreichung oder Vereitelung (§ 726 BGB),
- durch Vertrag bzw. Beschluß der Gesellschafter,
- durch die Eröffnung des Insolvenzverfahrens über das Vermögen der (Außen-)Gesellschaft (§ 728 I BGB),
- durch den Tod eines Gesellschafters, sofern sich nicht aus dem Gesellschaftsvertrag ein anderes ergibt (§ 727 I BGB),
- durch Eröffnung des Insolvenzverfahrens über das Vermögen eines Gesellschafters (§ 728 II BGB),
- durch Kündigung (§§ 723ff. BGB).

a) Der *Zeitablauf* kann bei der BGB-Gesellschaft häufiger als bei Handelsgesellschaften eine Rolle spielen. Nicht selten sind vor allem Innengesellschaften von vornherein zeitlich begrenzt.

b) *Zweckerreichung* (§ 726 BGB) ist ein bedeutsamer Auflösungsgrund bei Gelegenheitsgesellschaften. Nur auf sie, vor allem auf rein schuldrechtliche Innengesellschaften, ist § 726 BGB gemünzt, wie man schon daran erkennt, daß § 726 BGB nicht von der Auflösung der Gesellschaft spricht, sondern davon, daß sich die Gesellschaft »endigt«.

Beispiel Nr. 30: War nur der Kauf eines Gemäldes, die Finanzierung eines Projekts, die Gründung einer GmbH oder sonst ein abgegrenztes Ziel der gemeinsame Zweck, so endet die Gesellschaft, wenn das Gemälde gekauft, das Projekt finanziert oder die GmbH gegründet ist. Wenn mehrere Personen gemeinsam ein Los kaufen, ist nicht der Gewinn, sondern der Loskauf ihr gemeinsamer Zweck, denn das Glück liegt nicht mehr in der Hand der Beteiligten. Die Gesellschaft endet, wenn Miteigentum an dem Los begründet worden ist, nicht erst, wenn der Hauptgewinn oder die Niete feststeht.

Selten ist die *Auflösung durch Zweckvereitelung* (§ 726 BGB). Nach *RGZ* 164, 129, 142 muß die Unmöglichkeit der Zweckerreichung »eine offenbare, ausgemachte sein, wenn die schwere Folge der Auflösung der Gesellschaft

* Literatur: *Gummert*, Die Auflösung, Auseinandersetzung und Beendigung der BGB-Gesellschaft, in: Riegger/Weipert (Hrsg.), MünchHdb. GesR I, 1995, § 16; *Strothmann/Vieregge*, Gesellschaft bürgerlichen Rechts und ordentliche Kündigung, in: Festschrift Oppenhoff, 1985, S. 451.

daran geknüpft werden soll«. Das leuchtet ein, denn Hindernisse der Zweckerreichung berechtigen grundsätzlich allenfalls zur Kündigung und können aus Gründen der Rechtssicherheit für eine *automatische* Auflösung nicht genügen.

Beispiel Nr. 31 (nach *BGHZ* 24, 279): Im Jahr 1926 hatten die IG Farben AG, die L-Bank und die R-AG mit Sitz in Halle einen Interessengemeinschaftsvertrag auf etwa 100 Jahre über ihren Aktienbesitz geschlossen. Die R-Werke wurden nach dem Zweiten Weltkrieg von der Sowjetbesatzungsmacht entschädigungslos enteignet. Dasselbe geschah mit dem Ostvermögen der IG Farben. Trotzdem entschied der *Bundesgerichtshof* im Jahr 1957, die Interessengemeinschaft sei nicht nach § 726 BGB beendet. Der *BGH* verlangte, ganz wie das *Reichsgericht*, eine »dauernde, offenbare und ausgemachte« Unmöglichkeit und ließ eine bloß vorübergehende Unmöglichkeit nicht ausreichen. Es lasse sich noch nicht ausmachen, ob die Ostenteignungen noch für Jahrzehnte Bestand haben würden. Die für kaum ein Unternehmen vorhersehbare Entwicklung seit 1989 auf dem Boden der ehemaligen DDR zeigt, wie recht der *BGH* mit dieser vorsichtigen Einschätzung hatte.

Ein Fall des § 726 BGB läge dagegen vor, wenn sich mehrere Personen für die Ersteigerung eines Kunstwerks zusammengetan hätten, das dann aber vor dem Versteigerungsgermin bereits in Fremde Hände verkauft worden wäre.

c) Die *Auflösung durch Vertrag oder durch Beschluß* kennt keine besonderen Probleme. Über Treupflichten bei Auflösungsentscheidungen wurde schon in anderem Zusammenhang gesprochen (oben, § 38 IV 2b).

d) Die *Auflösung durch Gesellschaftsinsolvenz* (§ 728 I BGB) ist neu. Sie basiert auf der durch § 11 InsO nunmehr anerkannten Insolvenzrechtsfähigkeit der BGB-Außengesellschaft (dazu § 11 VI und § 60 IV) und kann sich nur auf Außengesellschaften mit eigenem Vermögen beziehen.

e) Der *Tod eines Gesellschafters* ist nach § 727 I BGB ein gesetzlicher, aber kein zwingender Auflösungsgrund. Im Gegensatz zu § 131 III Nr. 1 HGB geht das BGB im Regelfall von der Auflösung der Gesellschaft, nicht von der Abfindung der Erben aus[129]. Der Gesellschaftsvertrag kann eine sog. Fortsetzungsklausel (besser: Ausschließungsklausel) enthalten (§ 736 BGB), und auch Nachfolgeklauseln und Eintrittsklauseln sind zulässig[130]. Es gelten sinngemäß die bei § 45 V dargestellten Grundsätze. Nachfolgeklauseln sind vor allem bei Mitunternehmer-BGB-Gesellschaften verbreitet.

f) Die *Eröffnung des Insolvenzverfahrens über das Vermögen eines Gesellschafters* löst die Gesellschaft auf (§ 728 II BGB). Ähnlich wie das Kündigungsrecht des § 725 BGB soll diese Auflösung den Zugriff auf den Vermögenswert der Beteiligung für die Gläubiger des Gesellschafters eröffnen. Die Auseinandersetzung vollzieht sich dann außerhalb des Insolvenzverfahrens nach gesellschaftsrechtlichen Grundsätzen (§ 84 InsO). Auch hier ist

129 Vgl. zu der seit 1998 bestehenden Unstimmigkeit *T.-F. Müller*, in: Müller/Hoffmann (Hrsg.), Beck'sches HdbPersG, § 8 Rdnrn. 5ff.

130 Eingehend *Ulmer*, Gesellschaft bürgerlichen Rechts, § 727 Rdnrn. 20ff.

eine sog. Fortsetzungsklausel zulässig und empfehlenswert (§ 736 BGB). Bei einer unternehmenstragenden Gesellschaft wird man von einer analogen Anwendung des § 131 III Nr. 2 und 3 HGB ausgehen dürfen (oben, § 58 V).

g) Das *Kündigungsrecht* ist in §§ 723ff. BGB recht kompliziert geregelt. Kündigen kann der Gesellschafter, im Fall des § 725 BGB auch ein pfändender Gläubiger (dazu unter III 4c). Die Regelungen über das Kündigungsrecht des Gesellschafters sind nicht nur sehr kompliziert, sondern auch inhaltlich fragwürdig[131].

aa) Nach § 723 I 1 BGB kann *eine auf unbestimmte Zeit eingegangene Gesellschaft jederzeit gekündigt* werden. Dasselbe gilt nach § 724 BGB für eine Gesellschaft, die auf Lebenszeit eingegangen ist oder nach Zeitablauf stillschweigend fortgesetzt wird. Die Bestimmung ist zwingend (§ 723 III BGB). Zwar darf die Kündigung nach § 723 II 1 BGB nicht grundlos zur Unzeit geschehen. Ein Verstoß hiergegen macht die Kündigung aber nicht unwirksam, sondern er verpflichtet nur zum Schadensersatz (§ 723 II 2 BGB). Nur wenn die Gesellschaft auf feste Zeit eingegangen ist, bedarf es für die Kündigung eines wichtigen Grundes. Ist keine feste Dauer oder keine Kündigungsfrist verabredet, so ist demnach die Gesellschaft jederzeit von der Auflösung bedroht. Deshalb ist es üblich, eine feste Vertragsdauer und Kündigungsfristen festzulegen. Wird allerdings eine extrem lange Vertragsdauer oder eine extrem lange Kündigungsfrist vereinbart, so ist diese Regelung nach § 723 III BGB nichtig[132], und es bleibt dann wieder bei der freien Kündigungsmöglichkeit (vgl. zu §§ 132–134 HGB oben, § 52 III 6c). Selbst mittelbar einschüchternde Regelungen, die die Ausübung des Kündigungsrechts erschweren, können nach der Rechtsprechung als mit § 723 III BGB unvereinbar nichtig sein (zur berechtigten Einschränkung dieser Praxis bei Abfindungsklauseln vgl. aber unten, § 50 IV 2)[133]. Es ist deshalb nicht leicht, eine Gesellschaft kündigungsfest auszugestalten. Immerhin wird die Vertragsgestaltungspraxis mit dem Problem fertig.

Rechtspolitisch bleibt festzuhalten, daß § 723 III BGB mißglückt ist[134]. Nur das Recht zur Kündigung aus wichtigem Grund sollte unabdingbar sein. Auch ist zu bedenken, daß der ganze § 723 BGB auf die Vielfalt der »schlicht zivilistischen« Gesellschaften zugeschnitten ist, nicht aber auf unternehmenstragende BGB-Gesellschaften[135].

---

131 Vgl. die Angaben bei *Karsten Schmidt*, Gutachten, a.a.O., S. 539f.; Beifall finden die Regelungen bei *Reuter*, Privatrechtliche Schranken der Perpetuierung von Unternehmen, 1973, S. 140.

132 Vgl. für lange Vertragsdauer *BGH*, WM 1967, 315, 316; für lange Kündigungsfrist *BGHZ* 10, 91, 98; 50, 316, 320ff.; *Erman/Westermann*, § 723 Rdnr. 20; *Gummert*, a.a.O., § 16 Rdnr. 37; *Alfred Hueck*, ZGR 1978, 33f.

133 Zu den berechtigten Grenzen dieser Rechtsprechung vgl. *BGHZ* 126, 226, 237: nur in Fällen, in denen die Entscheidungsfreiheit des Ausscheidenswilligen in schwerwiegender Weise beeinträchtigt wird.

134 *Karsten Schmidt*, Gutachten, a.a.O., S. 539f., 562; a.M. *Reuter*, Privatrechtliche Schranken der Perpetuierung von Unternehmen, 1973, S. 140.

135 Vgl. eingehend, auch zu den historischen Vorbildern, Mot., in: *Mugdan* II, S. 345ff.

Nach geltendem Recht ist im Bereich des § 723 BGB eine behutsame Korrektur möglich. Eine treuwidrig zur Unzeit erfolgte Kündigung kann trotz der weiten Regelung des § 723 BGB im Einzelfall unwirksam sein[136]. Sehr viel weiter geht die hier vorgeschlagene Lösung für die Mitunternehmer-BGB-Gesellschaft (oben, § 58 V). Auf sie sollte § 132 HGB analog angewendet werden. Das Konzept des BGB, wonach nur eine fest vereinbarte Dauer die Gesellschaft kündigungsfest macht, paßt nicht für unternehmenstragende Gesellschaften.

bb) Von der ordentlichen ist die *außerordentliche Kündigung* zu unterscheiden. Sie wird durch § 723 I 2 BGB zugelassen, wenn
- die Erfüllung wesentlicher Verpflichtungen unmöglich wird oder ein Mitgesellschafter einen wichtigen Kündigungsgrund zu vertreten hat[137] oder wenn
- der Gesellschafter das 18. Lebensjahr vollendet hat (vgl. zu der in diesem Fall eintretenden Haftungsbeschränkung § 1629 a BGB).

cc) Auflösungsfolgen hat allerdings nur die *auflösende Kündigung* (zur Abgrenzung oben unter II 2 b). Eine Austritts- oder Ausschließungskündigung führt entweder zum Fortbestand der Gesellschaft unter den verbleibenden Gesellschaftern oder, wenn nur ein Gesellschafter übrigbleibt, zum Anfall des Vermögens an ihn und zum Erlöschen der Gesellschaft[138].

2. Die Auflösungsfolgen

Die Rechtsfolgen der Auflösung richten sich in erster Linie nach vertraglichen Regeln, in zweiter Linie nach den Sonderbestimmungen der §§ 730 ff. BGB, in dritter Linie schließlich nach dem Recht der Bruchteilsgemeinschaft (§ 731 BGB). Es muß aber zwischen der Außengesellschaft (sog. Gesamthandsgesellschaft) und der Innengesellschaft unterschieden werden.

a) Die *Auseinandersetzung der Außengesellschaft* ist eine Liquidation. Die Gesellschaft besteht mit Liquidationszweck fort (vgl. § 730 II 1 BGB und allgemein oben, § 11 V 3). Sie kann nach den unter § 11 V 5 entwickelten Regeln sogar fortgesetzt, d.h. in das werbende Stadium zurückversetzt werden, doch darf den Gesellschaftern ein solcher Wille nicht schon dann unterstellt werden, wenn die Liquidation ins Stocken gerät[139]. Die Befugnis zur Geschäftsführung und damit auch zur Vertretung (vgl. § 714 BGB) steht jetzt im Zweifel den Gesellschaftern auch dann gemeinschaftlich zu, wenn dies bei der werbenden Gesellschaft anders geregelt war. Einzelansprüche auf Auszahlung von Einlagen, Erstattung von Aufwendungen etc. können die Gesellschafter grundsätzlich nicht geltend machen, sondern diese Ansprüche sind – vorbehaltlich der Geltendmachung eines schon feststellbaren Mindest-

136 Näher *Ulmer*, Gesellschaft bürgerlichen Rechts, § 723 Rdnrn. 32 ff., 38 ff.
137 Zu der in diesem Fall anzustellenden Gesamtbetrachtung vgl. *BGH*, NJW 2000, 3491.
138 Charakteristisch *BGH*, NJW-RR 2002, 704.
139 Vgl. *BGH*, NJW 1995, 2843 (Obstruktion eines Mitgesellschafters).

auszahlungsanspruchs[140] – Bestandteil der planmäßigen Abwicklung (vgl. oben, § 52 IV 1 c)[141]. Das gilt, soweit nicht die Beträge für die Befriedigung von Gläubigern benötigt werden, auch für Ansprüche gegen die Gesellschafter[142]. Die *Reihenfolge der Liquidationsmaßnahmen* ist folgende[143]:

- Die schwebenden Geschäfte werden beendet (§ 730 II BGB).
- Gegenstände, die ein Gesellschafter der Gesellschaft nur zur Benutzung überlassen hat, werden zurückgegeben (§ 732 BGB); dagegen besteht grundsätzlich kein Anspruch auf Rückübereignung eingebrachter Gegenstände, denn diese sind Gesellschaftsvermögen und unterliegen der Liquidation nach §§ 733, 731 S. 2, 752ff. BGB.
- Die gemeinschaftlichen Schulden werden aus dem Gesellschaftsvermögen berichtigt (§ 733 I BGB).
- Die Einlagen werden in Geld zurückerstattet (§ 733 II BGB).
- Der Überschuß wird verteilt (§ 734 BGB).

Die Aufbringung dieser Leistungen erfolgt aus dem Gesellschaftsvermögen. Soweit dieses nicht ausreicht, um die Schulden zu begleichen und die Einlagen zurückzuerstatten, sind die Gesellschafter zum Nachschuß verpflichtet (§ 735 BGB). Ist Gesellschaftsvermögen vorhanden, das aber nicht liquide ist, so wird dieses in Geld umgesetzt, soweit das zur Berichtigung der Gesellschaftsverbindlichkeiten und zur Rückerstattung der Einlage erforderlich ist (§ 733 III BGB). Was bleibt, wird entweder in Natur geteilt oder gleichfalls verkauft (§§ 731 S. 2, 752f. BGB). Diese Regeln sind allerdings abdingbar[144].

b) Für die *Innengesellschaft* passen die §§ 730ff. BGB nicht ohne weiteres[145]. Ist hier nichts Abweichendes vereinbart, so gleichen sich die Gesellschafter untereinander nur finanziell aus[146]. Nur soweit die §§ 732ff. BGB kein Gesellschaftsvermögen voraussetzen, können sie angewandt werden[147]. Insbesondere kann auch der Innengesellschafter Gegenstände herausverlangen, die er zur Benutzung zur Verfügung gestellt hat (§ 732 BGB), und es sind die auf gemeinsame Rechnung gehenden Schulden vorab zu begleichen[148]. Handelt es sich bei der Innengesellschaft um eine mittelbare Unternehmensbeteiligung (insbesondere um eine atypische stille Beteiligung oder Unterbeteiligung), so wird der Innengesellschafter wie ein ausscheidender Gesell-

---

140 Dazu *BGH*, NJW-RR 1988, 997; DStR 2002, 228 m. Anm. *Goette.*

141 Vgl. auch *BGH*, NJW-RR 1988, 447 und 1379; 1993, 1187; NJW 1995, 188.

142 Vgl. *BGH*, LM Nr. 12 zu § 730 BGB = NJW-RR 1992, 543.

143 Eingehend jetzt *Gummert*, a. a. O., § 16 Rdnrn. 96ff.

144 Vgl. etwa *BGH*, NJW 1994, 796 (Praxisauflösung).

145 Vgl. *RGZ* 166, 160, 164; *BGH*, NJW 1983, 2375 = JuS 1983, 962 m. Anm. *Karsten Schmidt.*

146 Vgl. *BGH*, BB 1961, 1292; WM 1966, 639, 640; 1973, 1242, 1243; NJW 1983, 2375 = JuS 1983, 962 m. Anm. *Karsten Schmidt*; NJW 1990, 573.

147 Im Grundsatz für Anwendung der §§ 730ff. BGB: *BGH*, WM 1960, 1121, 1122; NJW 1974, 2278 = JuS 1975, 188 m. Anm. *Karsten Schmidt.*

148 Der Begriff der »gemeinschaftlichen Schulden« in §§ 733, 735 BGB ist untechnisch zu verstehen und nicht auf Gesamthandsverbindlichkeiten beschränkt; vgl. *Karsten Schmidt*, Gutachten, a. a. O., S. 545 m. w. N.

schafter abgefunden[149]. Darauf wird bei der stillen Gesellschaft und bei der Unterbeteiligung zurückzukommen sein (unten, § 62 V 1 b und § 63 V 1 c). Soll der Innengesellschafter sonst an Vermögenswerten beteiligt werden, so geschieht auch dies grundsätzlich nur durch Geldleistung. Eine Versilberung der Vermögensgegenstände nach § 733 III BGB kann er grundsätzlich nicht verlangen[150].

Beispiel Nr. 32 (nach *BGH*, NJW 1983, 2375 = JuS 1983, 962 m. Anm. *Karsten Schmidt*): Schlossermeister S hatte in nichtehelicher Lebensgemeinschaft mit B (der Beklagten) zusammengelebt. Die B hatte ein Grundstück erworben, dieses mit Hilfe des S bebaut und gemeinsam mit ihm bewohnt. Nach dem Tod des S verlangten die Söhne und Erben des S, daß die B in die Verwertung des Grundstücks einwillige. Der *Bundesgerichtshof* ließ unentschieden, ob eine Innengesellschaft vorlag. Er befand, daß auch in diesem Fall nur ein Anspruch auf eine Ausgleichszahlung bestehe, nicht dagegen auf Versilberung des Hausgrundstücks. Zwar könne vereinbart werden, daß das Grundstück wie Gesellschaftsvermögen versilbert werden müsse, aber eine solche Vereinbarung liege nicht vor, und sie hätte auch der Form des § 311 b BGB bedurft. Dem ist zuzustimmen.

3. Automatische Vollbeendigung

Da die Gesellschaft nur als Mehrpersonengesellschaft bestehen, folglich nicht als »Einpersonengesellschaft« fortbestehen kann, führt der Fortfall des Mehrpersonenverhältnisses zur automatischen Vollbeendigung (oben, § 44 II 2).

Beispiel Nr. 33: Aus der Zweipersonengesellschaft tritt ein Gesellschafter aus, oder es überträgt ein Gesellschafter seine Mitgliedschaft auf den anderen oder einer wird Alleinerbe des anderen.

Hier tritt im Fall einer rein schuldrechtlichen Innengesellschaft Konfusion ein, im Fall einer Außengesellschaft Gesamtrechtsnachfolge des verbleibenden Gesellschafters in das Gesellschaftsvermögen. Die Gesellschafter können auch vereinbaren, daß eine solche Übernahme im Auflösungsfall an die Stelle des Liquidationsverfahrens treten soll[151]. Dann tritt an die Stelle einer Abwicklung der aufgelösten Gesellschaft eine Abfindung der nicht zur Übernahme berechtigten Gesellschafter nach den unter § 59 II 2 b dargestellten Grundsätzen.

149 Vgl. *RGZ* 166, 160, 164 f.; *BGH*, WM 1956, 1026, 1027; 1960, 1121, 1122.

150 *RGZ* 166, 164; *BGH*, NJW 1974, 2278 = JuS 1975, 188 m. Anm. *Karsten Schmidt*; NJW 1983, 2375, 2376 = JuS 1983, 962 m. Anm. *Karsten Schmidt*.

151 *BGH*, NJW-RR 1993, 1443.

§ 60 Das Außenrecht der BGB-Gesellschaft*

I. Grundlagen und Typenunterschiede

1. Grundlagen

a) Im Hinblick auf die grundsätzlichen Unklarheiten im Konzept der §§ 705 ff. BGB (oben, § 58 I, IV, V) kann nicht verwundern, daß die *Außenbeziehungen* der Gesellschaft bürgerlichen Rechts *wenig geklärt* sind. Es gibt – nicht zuletzt wegen der mangelhaften gesetzlichen Regelung – eine Flut von Gerichtsentscheidungen selbst in Fällen, deren Lösung man etwa bei einer oHG oder KG ohne weiteres aus dem Gesetz ablesen könnte. Ein

* Literatur (vgl. auch die Angaben bei den einzelnen Gliederungspunkten): *Altmeppen*, Zur Rechtsnatur der Gesellschaft bürgerlichen Rechts sowie zur persönlichen Haftung der Gesellschafter für Gesellschaftsschulden, ZIP 1999, 1758; *Baumann*, Rechtsnatur und Haftungsverfassung der Gesellschaft bürgerlichen Rechts, JZ 2001, 895; *Breuninger*, Die BGB-Gesellschaft als Rechtssubjekt im Wirtschaftsverkehr, 1991; *Creutzfeld*, Entwicklung und Kritik der Lehren vom Rechtssubjekt. Zugleich ein Beitrag zur Rechtsstellung der Gesellschaft bürgerlichen Rechts, Diss. Trier 1992; *Dauner-Lieb*, Die BGB-Gesellschaft im System der Personengesellschaften, in: Die Reform des Handelsstandes und der Personengesellschaften, 1999, S. 95; *dies.*, Ein neues Fundament für die BGB-Gesellschaft, DStR 2001, 356; *dies.*, Das »Weiße Roß«-Urteil des BGH ..., in: VGR 5 (2002), S. 117; *Derleder*, Die Aufgabe der monistischen Struktur der Gesellschaft bürgerlichen Rechts, BB 2001, 2485; *Fabricius*, Relativität der Rechtsfähigkeit, 1963, S. 158 ff.; *Flume*, Personengesellschaft, § 4 und § 16; *Lutz Fischer*, Die Gesellschaft bürgerlichen Rechts, 1977, S. 65 ff.; *Gesmann-Nuissl*, Die Rechts- und Parteifähigkeit sowie Haftungsverfassung der GbR, WM 2001, 973; *Gummer*, Das »Weiße Roß«-Urteil des BGH ..., in: VGR 5 (2002), S. 141; *Habersack*, Die Anerkennung der Rechts- und Parteifähigkeit der GbR und der akzessorischen Gesellschafterhaftung durch den BGH, BB 2001, 477; *Hennecke*, Das Sondervermögen der Gesamthand, 1976, S. 72 ff.; *Huber*, Rechtsfähigkeit, juristische Person und Gesamthand, in: Festschrift Lutter, 2000, S. 107; *Jaschke*, Gesamthand und Grundbuchrecht, 1991; *John*, Die organisierte Rechtsperson, 1977, S. 150 ff.; *Kirberger*, Die BGB-Gesellschaft auf dem Weg zur Rechtspersönlichkeit, in: Festschrift Leser, 1998, S. 219; *Lang/Fraenkel*, Die Gesellschaft bürgerlichen Rechts, WM 2002, 260; *Mülbert*, Die rechtsfähige Personengesellschaft, AcP 199 (1999), 38; *Peifer*, Rechtsfähigkeit und Rechtssubjektivität der Gesamhand – die GbR als oHG? NZG 2001, 296; *Reiff*, Haftungsverfassungen nichtrechtsfähiger unternehmenstragender Verbände, 1996; *Karsten Schmidt*, Gesellschaft bürgerlichen Rechts, in: Gutachten und Vorschläge zur Überarbeitung des Schuldrechts III, 1983, S. 423, insbes. S. 532 f.; *ders.*, Die Personengesellschaft als Rechtsträger, in: IdW (Hrsg.), Personengesellschaft und Bilanzierung, 1989, S. 41; *ders.*, Die BGB-Außengesellschaft: rechts- und parteifähig, NJW 2001, 993; *Schünemann*, Grundprobleme der Gesamthandsgesellschaft, 1975, S. 135 ff.; *Steindorff*, Die Anwaltssozietät, in: Festschrift Rob. Fischer, 1979, S. 748; *Thiery*, Die Gesellschaft bürgerlichen Rechts als Unternehmer, Wien 1989; *Ulmer*, Die höchstrichterlich »enträtselte« Gesellschaft bürgerlichen Rechts, ZIP 2001, 585; *Wertenbruch*, Die Haftung von Gesellschaften und Gesellschaftsanteilen in der Zwangsvollstreckung, 2000; *Westermann*, Erste Folgerungen aus

überreiches Schrifttum kommt hinzu. Insgesamt ist die Rechtslage – bedingt durch den mangelhaften Stand der Gesetzgebung – in den Grundlagen unklar und in den Einzelheiten umstritten. Das vorliegende Werk will seit der ersten Auflage nicht nur Vorhandenes referieren, sondern es soll unter ständiger Berücksichtigung der höchstrichterlichen Rechtsprechung leisten, was die von Fall zu Fall judizierenden Gerichte nicht können: Es soll Grundlagen für systemgerechte Lösungen entwickeln, die über bloße Kasuistik hinausgehen. Die Entwicklung zeigt inzwischen, daß sich dies lohnt.

b) Dabei erweist sich die *Fragestellung* als wichtig. Vielfach wird noch die Frage gestellt, ob »*die* Gesellschaft bürgerlichen Rechts« Vertragspartner, Prozeßpartei oder Gemeinschuldner im Konkurs sein kann, oder es wird untersucht, wie »*die* Gesellschafter einer BGB-Gesellschaft« haften. Neuerdings verfährt selbst der Gesetzgeber nach dieser Methode, indem er die Eröffnung des Insolvenzverfahrens über das Vermögen »einer Gesellschaft ohne Rechtspersönlichkeit«, darunter *die* »Gesellschaft bürgerlichen Rechts« zuläßt (§ 11 II Nr. 1 InsO und dazu hier unter IV 3b). Mit dem Variationenreichtum, der in § 58 festgestellt wurde, ist all dies unvereinbar. Freilich geht es auf der anderen Seite auch nicht an, für jede der in § 58 III vorgestellten Typusvarianten ein eigenes Haftungsregime zu entwerfen, denn dies würde nicht – was gerade das Ziel ist! – aus der kasuistischen Unübersehbarkeit herausführen. Die zu unterscheidenden Typen müssen vielmehr gerade aus dem Blickwinkel des Außenverhältnisses geordnet werden[1]. Seit dem Grundlagenurteil *BGHZ* 146, 341 = NJW 2001, 1056 wird auch jedem Skeptiker klar sein, daß ein tiefer Graben zwischen den rechtsfähigen Außengesellschaften und den nicht rechtsfähigen Innengesellschaften verläuft. Die formale Unterscheidung zwischen Außen- und Innengesellschaften ist absolute Notwendigkeit. Sie macht aus *Außen- und Innengesellschaften* BGB-Gesellschaften verschiedener Rehtsform! Ob es mit dieser Unterscheidung getan ist, ist demgegenüber eine schwierige Frage, weil das Recht der BGB-Gesellschaft bei den Außengesellschaften keine einheitliche Mindestorganisation voraussetzt. Wie in den Vorauflagen wird deshalb hier nach den Ausführungen unter § 58 II unterschieden zwischen
- Innengesellschaften,
- »schlicht zivilistischen« Gesamthandsgesellschaften und
- organisierten Außengesellschaften, insbesondere unternehmenstragenden Gesellschaften (Mitunternehmer-BGB-Gesellschaften).

c) *In systematischer Hinsicht* – aber durchaus auch mit praktischen Folgen – muß Klarheit bestehen über das Verhältnis dieser Varianten der BGB-Gesell-

der Anerkennung der Rechtsfähigkeit der BGB-Gesellschaft, NZG 2001, 289; *Wiedemann*, Zur Selbständigkeit der BGB-Gesellschaft, in: Festschrift Kellermann, 1991, S. 529; *ders.*, Rechtsverhältnisse der BGB-Gesellschaften zu Dritten, WM-Sonderbeilage Nr. 4/1994; *Zöllner*, Rechtssubjektivität von Personengesellschaften? in: Festschrift Gernhuber, 1993, S. 563; *ders.*, Rechtsfähigkeit der BGB-Gesellschaft – ein Sachverstands- oder Kommunikationsproblem? In Festschrift Kraft, 1998, S. 701.

1 Um Grundlagen hat sich *Verf.* de lege ferenda bemüht im Gutachten, a.a.O., S. 491ff.; vgl. auch de lege lata JZ 1985, 909ff.

schaft zueinander[2]. *Ist die Gesellschaft bürgerlichen Rechts noch Einheitsrechtsform mit Gestaltungsfreiheit, oder zerfällt sie in zwei oder mehrere Rechtsformen?* Insofern gilt: Eine Einheitsrechtsform hat es niemals gegeben, ebensowenig aber auch eine unendliche Rechtsformenvielfalt. Als *Rechtsformen* sind nur zu unterscheiden: die *Außengesellschaft* und die *Innengesellschaft*[3]. Innerhalb dieser spielt sich der Variantenreichtum des BGB-Gesellschaftsrechts ab. Auch die »schlicht zivilistische« Gesamthandsgemeinschaft ist nur eine Spielart der Außengesellschaft, und zwar eine schwächer entwikkelte Spielart ohne organschaftliche Verfassung. Nicht wegen ihrer spezifischen Rechtsformqualität, sondern wegen der Art ihres äußeren Auftretens wird sie hier von der organisierten, insbesondere unternehmenstragenden, Außengesellschaft unterschieden. Sie ist nur ein besonderen Regeln unterworfener Typus der Außengesellschaft, und sie ist als Außengesellschaft streng von den Innengesellschaften zu unterscheiden. Am besten erkennt man dies an der Durchlässigkeit der Gestaltungen: Eine Innengesellschaft kann nicht unter Wahrung ihrer Identität zur Außengesellschaft werden, kann nicht nach §§ 105 II, 123 HGB durch Eintragung zur Handelsgesellschaft werden und kann auch nicht Zielrechtsform beim umwandlungsrechtlichen Formwechsel nach § 191 II Nr. 1 UmwG sein. Jeder Wechsel von der Innengesellschaft zur Außengesellschaft, auch wenn er sich stillschweigend vollzieht, ist Gründungsgeschäft: Gründung einer Außengesellschaft als Rechtsträgerin (vgl. auch zum Verhältnis zwischen Vorgründungsvertrag und Vorgesellschaft im Kapitalgesellschaftsrecht oben, § 11 IV 2). Dagegen besteht Durchlässigkeit zwischen den Varianten der Außengesellschaft. Die »schlicht zivilistische« Gesamthandsgesellschaft kann identitätswahrend zur organisierten Rechtsträgerin werden, etwa wenn Eheleute, die ihr Grundstück »in Gesellschaft bürgerlichen Rechts« halten und verwalten, der Gesellschaft einen Namen, eine Vertretungsordnung und vielleicht gar einen neuen Zweck geben (z. B. den Betrieb einer Hotelpension). Jede Außengesellschaft, die »schlicht zivilistische« wie die organisierte Gesellschaft, kann nach § 105 II HGB durch Eintragung in das Handelsregister zur oHG oder KG werden (str.; vgl. oben, § 46 I). Eine Kapitalgesellschaft kann nach § 191 I 2, II 1 UmwG in jedwede Variante der BGB-Außengesellschaft umgewandelt werden: in eine »schlicht zivilistische« ebenso wie in eine unternehmenstragende oder sonst organisierte Gesellschaft. Der Unterschied zwischen den organisierten und den »schlicht zivilistischen« Außengesellschaften ist also nicht ein solcher der Rechtsform, sondern er reduziert sich auf die unterschiedlichen Regeln über das Außenhandeln dieser Gesellschaften (näher unter II 4 und III 1 a).

---

2 Dazu *Karsten Schmidt*, NJW 2001, 1001.

3 Der Sache nach übereinstimmend *Habersack*, BB 2001, 478f.; die früher vom Verf. postulierte Sonderbehandlung der unternehmenstragenden Gesellschaft ist insofern durch Änderung der Normsituation überholt: durch § 105 II HGB und durch Rechtsfortbildung (*BGHZ* 146, 341).

2. Innengesellschaften, schlicht zivilistische Gesamthandsgesellschaften und Mitunternehmergesellschaften als gegensätzliche Grundtypen*

Die Bedeutung der hier zugrundegelegten Typenordnung läßt sich am besten an den Haftungsverhältnissen erkennen.

a) Ein »*Außenverhältnis der Innengesellschaft*« kann es – genau genommen – nicht geben. Das versteht sich von selbst, wenn man mit der vorherrschenden Terminologie nur solche Gesellschaften als Innengesellschaften bezeichnet, die nicht nach außen hervortreten. Hier wird dagegen jede Gesellschaft eine Innengesellschaft genannt, die nicht »als solche« – also als Rechtsträger – nach außen in Erscheinung tritt. Dies schließt, wie ausgeführt wurde, nicht aus, daß die *Gesellschafter* auch im Außenverhältnis solidarisch auftreten. Naturgemäß müssen sie dies nicht tun.

aa) Tritt eine Innengesellschaft nach außen nicht in Erscheinung, so stellen sich schuldrechtliche, nicht aber gesellschaftsrechtliche Haftungsprobleme. Zunächst kann es sein, daß überhaupt nur ein Gesellschafter im Außenverhältnis im eigenen Namen handelt:

Beispiel Nr. 1: Legen X und Y einen Geldbetrag zusammen, mit dem X im eigenen Namen für gemeinsame Rechnung ausländische Wertpapiere kauft, so bestehen nur Außenbeziehungen des X. Er zahlt den Kaufpreis, er muß die Wertpapiere nach § 812 BGB zurückgeben, wenn der Kaufvertrag nichtig ist, etc. Y haftet im Außenverhältnis nicht beschränkt oder unbeschränkt, sondern überhaupt nicht.

Beispiel Nr. 2: Tun sich die Bergsteiger A, B und C zu einer gemeinsamen Dolomitenreise zusammen und bestellt A im eigenen Namen für gemeinsame Rechnung den Gasthof und den Bergführer, so liegt der Fall entsprechend.

bb) Möglich ist aber auch, daß alle Gesellschafter einer Innengesellschaft nach außen in Erscheinung treten (zur Berechtigung der Bezeichnung als Innengesellschaft in diesem Fall vgl. oben, § 58 II 2). Dann kommen als Schuldner von vornherein nur die Gesellschafter in Betracht. Besonders deutlich zeigt sich dies beim Vertragsschluß[4]: Handeln alle, so kontrahieren sie jeweils im eigenen Namen, bestimmt jedenfalls nicht im Namen der Gesellschaft. Handelt einer allein, so kommt es darauf an, ob er im eigenen Namen (nur für gemeinschaftliche Rechnung) oder im Namen aller handelt.

Beispiel Nr. 3 (nach *BGH*, WM 1978, 899): Eine zehnköpfige Reisegruppe, darunter D, nahm an einer Reise nach Martinique teil. Ein Mitglied der Gruppe namens F erledigte die Bestellungen im allseitigen Auftrag und unterschrieb als »Kunde«. D blieb den Restpreis schuldig und wurde verklagt. Das *OLG* hatte die Klage abgewiesen, weil nicht D, sondern F den Preis schulde. Es hatte den Vertrag also so ausgelegt, daß F im eigenen Namen gehandelt, sich also im Außenverhältnis ausschließlich selbst (mit Regreßmöglichkeit gegenüber dem D) verpflichtet habe. Anders entschied mit Recht der *BGH*, weil es der Lebenserfahrung widerspreche, daß sich F selbst in Höhe des zehnfachen Reisepreises

* Literatur: *Karsten Schmidt*, Zum Haftungsstatus unternehmenstragender BGB-Gesellschaften, in: Festschrift Fleck, 1988, S. 271; *ders.*, Zur »Außenhaftung der Innengesellschaft«, JuS 1988, 444.

4 Vgl. *Karsten Schmidt*, JuS 1988, 445f.

habe verpflichten wollen. Der *BGH* sah also jeden einzelnen Innengesellschafter als Vertragspartner des Veranstalters an.

cc) Ist im Namen aller Gesellschafter gehandelt worden, so stellt sich noch immer die weitere Frage, ob diese als Gesamtschuldner oder als Teilschuldner haften[5]:

Beispiel Nr. 4 (nach *OLG Saarbrücken*, NJW 1985, 811): Tun sich Kegelbrüder zu einer gemeinsamen Pauschalreise zusammen, die unter Nennung aller Namen gebucht wird, so tritt nicht eine Gesellschaft als Vertragspartner auf, sondern Vertragspartner sind die Gesellschafter. Es ist dann eine Frage des Parteiwillens, ob sie als Gesamtschuldner kontrahieren (§ 427 BGB) oder, was in diesem Fall näher liegt, als Teilschuldner. Ähnliches gilt bei der Durchführung einer Klassenreise (vgl. *OLG Frankfurt*, NJW 1986, 1941).

Beispiel Nr. 5: Gehen zwei Freunde, die sich zum Kauf eines Segelboots zusammengetan haben, gemeinsam zum Verkäufer V und schließen einen Kaufvertrag, so tritt nicht »die Gesellschaft« als Käufer auf, sondern Käufer sind die beiden Freunde. Aus § 427 BGB ergibt sich, daß sie sich im Zweifel als Gesamtschuldner verpflichtet haben.

Beispiel Nr. 6: Nehmen die beiden Freunde als fest verbundenes Team an einer Regatta teil und müssen sie ein Startgeld bezahlen, so tritt jeder als einzelner Sportler auf, und es schließt nicht etwa »die Gesellschaft« einen Vertrag mit der Rennleitung.

Beispiel Nr. 7: Eine Bauherrengemeinschaft kann als Innengesellschaft organisiert sein. Schließt dann der Baubetreuer »im Namen der Bauherrengemeinschaft W, X, Y und Z« einen Vertrag mit der Bauunternehmung B, so kann nicht die Gesellschaft Vertragspartnerin sein, sondern Vertragspartner sind die Bauherren W, X, Y und Z. Da § 427 BGB nur »im Zweifel« eine Gesamtschuld vorsieht, und da jeder Bauherr erkennbar nur seine Wohnung bezahlen will, werden W, X, Y und Z nur als Teilschuldner verpflichtet (*BGHZ* 75, 26; 76, 86, 90; *BGH,* NJW 2002, 1642, 1643; ständige Rechtsprechung; vgl. dazu unter III 3d). Diese Haftung kann allerdings, wenn für »die Bauherrengemeinschaft« ein Treuhänder als Stellvertreter gehandelt hat, auch einen nachträglich hinzutretenden Bauherren treffen, weil dann hinsichtlich seines Anteils auch in seinem Namen gehandelt worden ist (*BGH*, NJW-RR 1987, 1233; zur Abgrenzung gegen *BGHZ* 74, 240 vgl. *Karsten Schmidt*, JuS 1988, 446).

Beispiel Nr. 8 (nach *LG Konstanz*, NJW 1987, 2521 = JuS 1988, 72; dazu eingehend *Karsten Schmidt*, JuS 1988, 444ff.): B hatte, wie schon jahrelang zuvor, für sich und die Nachbarn X und Y zu einem Sammelpreis Heizöl bei K bestellt, das auch geliefert wurde. Jeder der Nachbarn erhielt eine Rechnung, aber X zahlte nicht. Darauf verklagte K den B. Das *LG* verurteilte den B, weil er als Gesellschafter unbeschränkt hafte. Dem ist zu widersprechen. Da nur eine Innengesellschaft vorlag, war die Haftungsfrage überhaupt keine gesellschaftsrechtliche, sondern eine rein schuldrechtliche: Hatten sich alle Nachbarn (B im eigenen Namen, X und Y vertreten durch B) gesamtschuldnerisch verpflichtet (§ 427 BGB) oder jeder nur für seine Lieferung? Da das zweite richtig scheint, hätte die Klage abgewiesen werden müssen.

dd) Ersichtlich bestimmen sich die Haftungsverhältnisse bei den Innengesellschaften nicht nach gesellschaftsrechtlichen Grundsätzen. Gesellschaftsrecht spielt sich bei ihnen im Innenverhältnis ab. Die Rechtsverhältnisse im Außenverhältnis sind keine Rechtsverhältnisse »der Gesellschaft«, sondern

5 Vgl. ebd.

nur Rechtsverhältnisse der Gesellschafter. Was sich im Außenverhältnis abspielt, ist allgemeines Zivilrecht (Schuldrecht)[6].

b) Vollkommen anders verhält es sich bei den *Außengesellschaften.* Sie können »als solche« – also als Rechtsträger[7] – am Rechtsverkehr teilnehmen (oben, § 8 III sowie alsbald unter II)[8]. Allerdings muß dies nicht notwendig in jedem Einzelfall so sein, vielmehr können auch hier die Gesellschafter als Einzelpersonen handeln. Vor allem bei den »schlicht zivilistischen« Gesellschaften kann dies als Regelfall gelten.

Beispiel Nr. 9: Sieht man es mit der herrschenden Ansicht als zulässig an, daß mehrere Personen Grundeigentum gesamthänderisch »in Gesellschaft bürgerlichen Rechts« erwerben, halten und verwalten (oben, § 58 IV 3b aa), so wird doch kein Bauhandwerker, Dachdecker oder Schornsteinfeger einen Vertrag mit der »BGB-Gesellschaft Goethestraße 3« schließen. Die Hauseigentümer selbst werden einzeln oder als Gesamtschuldner (§ 427 BGB) als Vertragspartner auftreten, wenn dies einmal so vereinbart sein sollte, gar nur als Teilschuldner. Das leuchtet ein. Die »Gesamthand« hat in diesen Fällen keine soziale Funktion, die über das gemeinschaftliche Halten und Verwalten von Eigentum hinausgeht. Es wird sich wohl niemand auf eine solche Gesellschaft als Vertragspartner einlassen. Wie in unserem Beispiel Nr. 8 ist dann die persönliche Haftung der Gesellschafter kein gesellschaftsrechtliches, sondern ein rein schuldrechtliches Problem.

Die Beispiele lassen sich vermehren:
- Ist etwa ein Streichquartett als Innengesellschaft organisiert, so kann der Vertrag mit einem Konzertveranstalter nur von den einzelnen Künstlern oder von einem Künstler für gemeinschaftliche Rechnung abgeschlossen werden. Hat das Quartett eine Außengesellschaft gebildet, so kann der Vertrag mit dieser Gesellschaft abgeschlossen werden. Das schließt aber nicht aus, daß die Konzertagentur mit den einzelnen Künstlern kontrahiert oder nur mit dem Primarius, der den Vertrag für alle gemeinschaftlich abschließt und im eigenen Namen die Verpflichtung eingeht, daß das gesamte Quartett auftritt (vgl. auch unter II).
- Eine Bauherrengemeinschaft z. B. muß nicht schon dann Vertragspartnerin sein, wenn sie als Außengesellschaft verfaßt ist, sondern es kann sich durchaus so verhalten, daß gegenüber den Gewerken die Bauherren als teil- oder gesamtschuldnerische Vertragspartner auftreten (vgl. zu ihrer Haftung unten unter III).

Die Verselbständigung der BGB-Außengesellschaft im Außenverhältnis schlägt sich also nicht in jedem Einzelfall praktisch nieder. Die Außengesellschaft ist eben nur *fähig*, Rechtsträgerin und Vertragspartnerin zu sein, aber sie muß diese Rolle keineswegs immer ausüben.

---

6 Vgl. ebd.

7 Gegen die relativistische Formel, die Gesellschaft sei Rechtsträgerin, jedoch nicht »als solche«, vgl. *Karsten Schmidt*, NJW 2001, 997.

8 *BGHZ* 146, 341 = NJW 2001, 1056 = LM Nr. 52 zu § 50 ZPO m. Anm. *Wilhelm* = DB 2001, 423 m. Anm. *Römermann* = JZ 2001, 655 m. Anm. *Wiedemann*; jetzt h.M.; vgl. nur *Gummert*, in: MünchHdbGesR I, § 9 Rdnr. 9; *Altmeppen*, NJW 1996, 1017ff.; *Mülbert*, AcP 199 (1999), 38ff.; *Timm*, NJW 1995, 3210f.; dazu *Seibert*, JZ 1996, 785; a. M. noch *Hueck*, § 5 I 5; *Kraft/Kreutz*, C I d dd; *Kübler*, § 4 III, 6 III 3 c; *Zöllner*, a. a. O.; *Beuthien*, ZIP 1996, 307f.; *Berndt/Boin*, NJW 1998, 2854; *Cordes*, JZ 1998, 545; *Heil*, NZG 2001, 300ff.; wie hier bereits die Vorauflagen dieses Buches.

c) Demgegenüber tritt die *unternehmenstragende Gesellschaft bürgerlichen Rechts (Mitunternehmer-BGB-Gesellschaft)* verselbständigt als Trägerin eines Unternehmens in Erscheinung (oben, § 58 V sowie Handelsrecht, § 5 I 3 und II). Die unternehmenstragende BGB-Gesellschaft ist Musterbeispiel einer organisierten Personengesellschaft. Hier ist die rechtliche Verselbständigung der Gesamthandsgesellschaft praktisch unumgänglich und besonders folgenreich[9]. Auch die Verselbständigung dieses Typus der BGB-Gesellschaft war zwar jahrzehntelang umstritten, aber sie entspricht nicht nur dem hier vertretenen Verständnis der Personengesellschaft, sondern auch dem im »Handelsrecht« ausführlich entwickelten Modell der kollektiven Unternehmensträgerschaft. Handels- und Gesellschaftsrecht begegnen sich bei der Konstituierung einer verselbständigten personengesellschaftlichen Wirkungseinheit, und der identitätswahrende Formwechsel zwischen der unternehmenstragenden BGB-Gesellschaft und den Handelsgesellschaften unterstreicht noch, daß diese Gesellschaften nicht minder verselbständigt sind als die oHG. Sie werden auch durchweg als Vertragspartner akzeptiert (vgl. zum Handeln im Namen des Unternehmensträgers Handelsrecht, § 5 III).

Beispiel Nr. 10: Die kleine, im Handelsregister nicht eingetragene, also in Gesellschaft bürgerlichen Rechts betriebene »ABC-Galerie« mit den Gesellschaftern Alfons A, Bertold B und Cäcilie C kauft Bilderrahmen. In diesem Fall ist man sich zwar weitgehend darüber einig, daß die Gesellschafter grundsätzlich unbeschränkt haften, aber man streitet darüber, wer im Rechtssinne Käufer ist: die Gesellschaft oder nach § 427 BGB sämtliche Gesellschafter. Bei anderen Konstellationen – insbesondere bei der Deliktshaftung – schlägt dann die Theorie der Gesamthand auch auf das Ergebnis durch (dazu unten, II 4 und III 5). Nach der hier vertretenen, seit dem Urteil *BGHZ* 146, 341 = NJW 2001, 1056 wohl endlich gesicherten Auffassung tritt die Gesellschaft – nicht die Summe der einzelnen Gesellschafter – als Vertragspartnerin auf. Bedeutsam und praktisch notwendig ist auch, daß die ABC-Galerie als Gesellschaft bürgerlichen Rechts verklagt werden und daß gegen sie ein Insolvenzantrag gestellt werden kann (oben, § 58 V sowie hier unter IV). Natürlich muß auch bei der unternehmenstragenden Gesellschaft geprüft werden, ob im Einzelfall namens der Gesellschaft gehandelt wurde, aber das ist im Zweifel der Fall, wenn der Handelnde erkennbar »für das Unternehmen« kontrahiert hat (Handelsrecht, § 5 III).

Es leuchtet ein, daß die persönliche Gesellschafterhaftung ganz unterschiedlich begründet werden muß, je nachdem, wer Primärschuldner ist: die Gesellschafter oder – was nur bei der Außengesellschaft möglich ist – die Gesellschaft. Wer die erste Lösung vertritt, hat mit der persönlichen Gesellschafterhaftung keine Schwierigkeiten (§ 427 BGB), kann dann aber die Haftung »der Gesellschaft« nur damit begründen, daß diese ein Sondervermögen der schuldenden Gesellschafter ist. Wer die zweite Lösung vertritt, hat keine Mühe, die Gesamthandsschuld zu begründen, hat dann aber Mühe mit der persönlichen Gesellschafterhaftung.

---

9 Diese hier und im »Handelsrecht« seit den ersten Auflagen vertretene These stieß zunächst auf vielfache Kritik; zustimmend jetzt aber *Reiff*, a. a. O., S. 159 ff.; heute stellt sich die gegenüber der damaligen umgekehrte Frage, ob nicht-unternehmenstragende Gesellschaften von der nunmehr anerkannten Rechtssubjektivität auszunehmen sind; verneinend *Wertenbruch*, NJW 2002, 328 mit umfangreichen Angaben.

3. Der Name der Gesellschaft

a) Die äußere »Identitätsausstattung« einer Gesellschaft[10] besteht im wesentlichen in ihrem Namen[11]. Ein idealer Gesetzgeber hätte wohl dafür sorgen müssen, daß jede Außen- und Gesamthandsgesellschaft einen die Zuordnung klärenden unterscheidungskräftigen Namen erhält. Eine solche Regelung fehlt, und so lassen der Name und die Namensverwendung keine sicheren Schlüsse auf die Relevanz eines Rechtshandelns zu. Naturgemäß ist zu ganz klaren Vereinbarungen zu raten, aber die Klarheit ist nicht selten nur scheinbar vorhanden.

Beispiel Nr. 11: Schließen drei Bauherren einen Werkvertrag mit dem Tiefbauunternehmer T, so mag als Besteller die »Bauherrengemeinschaft Goethestraße 15« angegeben sein, aber es kann auch heißen, Besteller seien »die Bauherren Abel, Bertram und Curtius«. Es liegt auf der Hand, daß diese oft zufällige Wahl der Formulierung keinen endgültigen Aufschluß darüber gibt, ob T nun mit einer Gesellschaft oder mit drei Bauherren kontrahiert hat. Im Zweifel wird das letzte der Fall sein.

Beispiel Nr. 12: Dasselbe gilt füt das schon unter § 58 II 2 als Beispiel genommene »Quakenbrücker Quartett«. Wer dieses Quartett für ein Konzert unter Vertrag nimmt, kontrahiert vielleicht auch dann mit den vier Musikern, wenn sich das Quartett als Außengesellschaft erweist, der Vertrag also durchaus auch mit nur einem Partner geschlossen sein könnte: dem Quartett. Wiederum kommt es nicht unbedingt auf die Wortwahl, sondern auf die Parteiinteressen an.

b) Ganz und gar anders verhält es sich bei der unternehmenstragenden BGB-Gesellschaft, auf deren Sonderstellung schon unter § 58 II 4 und V sowie oben unter I 2 hingewiesen wurde. Die Mitunternehmer-BGB-Gesellschaft ist Trägerin eines Unternehmens und damit niemals namenlos (Handelsrecht, § 12 I 1). Ihr Name wird bisweilen als »Minderfirma« bezeichnet (vgl. Handelsrecht, § 12 I 2). Immer häufiger findet sich dabei – auch im Bereich der freien Berufe – das traditionell kaufmännische &-Zeichen, z.B.: »Kunstgalerie Xaver X & Ypsilander Y«, »Designatlier Donald D & Friends« oder »Roland R & Partner GbR, Rechtsanwälte«[12]. Es gibt eine engherzige Gerichtspraxis, die diesen nichtkaufmännischen Gesellschaften Bezeichnungen verbieten will, die »firmenähnlich« sind; eine Gesellschaft darf nach ihr keinen Namen führen, der auch von einem Vollkaufmann als Firma geführt werden könnte[13].

Beispiel Nr. 13 (nach *OLG Karlsruhe*, BB 1985, 2196 = NJW-RR 1986, 582): Ein Taxiunternehmen wird unter der Bezeichnung »Taxendienst Theobald T und Partner« betrieben. Das *OLG* hielt eine solche Geschäftsbezeichnung für unzulässig. Es meinte, bei gewerblicher Tätigkeit sei eine solche Geschäftsbezeichnung unzulässig, »da der unzutreffende Eindruck erweckt wird, die Geschäfte der Taxi-Unternehmer würden in der Rechtsform

10 Terminologie nach *John*, a.a.O., S. 92ff., 242f.

11 Dazu etwa *Holstein*, Der Name der BGB-Gesellschaft, Diss. Münster 1968; *Breuninger*, a.a.O., S. 21; *Lutz Fischer*, a.a.O., S. 29; *John*, a.a.O., S. 159; *Zwernemann*, BB 1987, 774.

12 Hinsichtlich des Zusatzes »Partnerschaft« oder »und Partner« ist das seit Juli 1995 geltende Verbot des § 11 PartGG zu beachten; dem wirkt der GbR-Zusatz entgegen.

13 *BGH*, BB 1957, 9; *OLG Frankfurt*, BB 1975, 247; *OLG Karlsruhe*, BB 1978, 519; 1985, 2196; *Soergel/Hadding*, 11. Aufl., § 705 Rdnr. 68; *Wessel*, DB 1987, 1673.

einer Personenhandelsgesellschaft abgewickelt, während in Wirklichkeit ... man sich zu einer Gesellschaft bürgerlichen Rechts zusammengeschlossen hat.«

Diese Praxis der Gerichte ist abzulehnen (Handelsrecht, § 12 I 2)[14]. Auch nichtkaufmännische und deshalb dem Firmenrecht des HGB nicht unterliegende Unternehmen bedürfen einer für den Rechtsverkehr kennzeichnenden Geschäftsbezeichnung, und es ist nicht zu beanstanden, wenn diese Bezeichnung sogar den Anforderungen an eine personengesellschaftliche Firma genügt. Zusätze wie »oHG«, »KG«, »Handelsgesellschaft« oder andere täuschende Zusätze – insbesondere die Vorspiegelung einer nicht vorhandenen Größe – sind selbstverständlich unzulässig. Die Unternehmenspraxis weicht der engherzigen Rechtsprechung am besten aus, indem dem Gesellschaftsnamen eine Branchenbezeichnung und ein Zusatz wie »Gesellschaft bürgerlichen Rechts« hinzugesetzt wird. Der Name der Gesellschaft ist gemäß den §§ 12 BGB, 15 MarkenG geschützt (Handelsrecht, § 7 IV). Nur der spezielle Firmenschutz des HGB greift nicht ein.

II. Das materielle Außenrecht der BGB-Gesellschaft

Unter I 2 wurde gezeigt, daß die Verselbständigung der BGB-Gesellschaft als Rechtsträgerin nur bei Außengesellschaften möglich und nur bei unternehmenstragenden Gesellschaften eine praktisch unabweisbare Notwendigkeit ist. In diesem Bereich spielen sich auch die meisten der folgenden Fälle ab.

1. Die Gesellschaft als Rechtsträger, als Gläubiger und als Schuldner

a) Die BGB-Außengesellschaft ist fähig, *Trägerin von Rechten und Pflichten* zu sein (oben, § 8 III)[15]. Sie ist rechtsfähig, und wenn es heißt, im Gegensatz zu den juristischen Personen sei sie dies nicht »als solche«[16], dann ist das lediglich Ausdruck terminologischer Halbherzigkeit und sachlicher Festlegung auf einen vermeintlich vorgegebenen Gegensatz zwischen Juristischer Person und Gesamthand. Wer es mit der Verselbständigung der Außengesell-

---

14 Vgl. auch *Karsten Schmidt*, DB 1987, 1181f., 1674f.; im Ergebnis auch *Ebenroth/Boujong/Joost/Zimmer*, § 17 Rdnr. 9.

15 *BGHZ* 146, 341 = LM Nr. 52 zu § 50 ZPO m.Anm. *Wilhelm* = NJW 2001, 1056 = DB 2001, 423 m.Anm. *Römermann* = JZ 2001, 655 m.Anm. *Wiedemann*; dazu *Baumann*, JZ 2001, 895; *Dauner-Lieb*, DStR 2001, 356; *Habersack*, BB 2001, 477; *Hadding*, ZGR 2001, 712; *Heil*, NZG 2001, 300; *Peifer*, NZG 2001, 296; *Karsten Schmidt*, NJW 2001, 993; *Ulmer*, ZIP 2001, 585; *Wertenbruch*, NJW 2002, 324; *Westermann*, NZG 2001, 289; a.M. noch *Hueck*, § 5 I; *Kraft/Kreutz*, C I 1 d; *Kübler*, § 4 III, 6 III 3 c; *Zöllner*, a.a.O.; *Berndt/Boin*, NJW 1998, 2854; *Cordes*, JZ 1998, 545.

16 So namentlich *Wertenbruch*, Haftung von Gesellschaften und Gesellschaftsanteilen ..., 2000, S. 349ff.; *Huber*, in: Festschrift Lutter, a.a.O., S. 110.

schaft ernst meint, wird ihr »als solcher« die Rechtsträgerschaft zuerkennen[17]. Sachen, die zu Eigentum in die Gesellschaft eingebracht werden, sind *Eigentum der Gesellschaft.* Das gilt auch für Grund- und Wohnungseigentum[18]. Nur formellrechtlich verlangt die bisherige Praxis unter Berufung auf § 47 GBO noch die Eintragung aller Gesellschafter »in Gesellschaft bürgerlichen Rechts«[19]. Dies beruht aber nicht auf einem »Dogma« des Grundbuchverfahrensrechts[20], vor allem auch nicht auf irgendwelchen Überlegungen rechtsdogmatischer Folgerichtigkeit[21], sondern auf der Sorge um die Publizitätsaufgabe des Grundbuchs. Diese kann durch Eintragung einer Gesellschaft bürgerlichen Rechts ohne Angabe der Gesellschafter nur eingeschränkt erfüllt werden, denn es gibt keine Publizität des Objekts ohne Publizität des Subjekts, und an dieser fehlt es bei einer Gesellschaft bürgerlichen Rechts (vgl. oben, § 58 IV 2c)[22]. Die BGB-Gesellschaft kann, anders als etwa eine Vor-GmbH oder eine eintragungspflichtige oHG, auf Dauer bestehen, ohne daß es für sie ein Register gibt. Ihr Entstehen oder ihre Beendigung wird ebensowenig publiziert wie ein Wechsel im Gesellschafterbestand[23]. Die Eintragung im Grundbuch erfolgt mit einem das Rechtsverhältnis unter den Gesellschaftern andeutenden Zusatz, also z.B. »Alois A und Beate B in Gesellschaft bürgerlichen Rechts«. Materiellrechtlich ist dann das Eigentum der Gesellschaft, nicht der Gesellschafter, eingetragen. Ändern sich die Beteiligungsverhältnisse an der Gesellschaft, so braucht nur die Bezeichnung der Gesellschafter berichtigt zu werden[24]. Die Eintragung mit einem Namen der Gesellschaft (»Grömitzer Grundstücksverwaltungs-GbR«) ist nach bisheriger Praxis weder ausreichend noch auch nur erforderlich, denn es gibt keinen Zwang, der Gesellschaft einen Namen zu geben, und zwar selbst dann nicht, wenn Alois A und Beate B mehrere BGB-Gesellschaften gebildet haben, deren Grundstückseigentum materiellrechtlich getrennt ist. Der Zusatz eines Gesellschaftsnamens »GbR Goethestraße 3« ist zweck-

---

17 Näher *Karsten Schmidt*, NJW 2001, 997.

18 Vgl. ohne rechtsdogmatische Festlegung zum Grundeigentum *BGH*, NJW 1982, 170 = JuS 1982, 300 m.Anm. *Karsten Schmidt*; s. auch *BGH*, NJW-RR 1990, 867 = JuS 1990, 1018 m.Anm. *Karsten Schmidt* (Besitzgesellschaft); für Wohnungseigentum *BayObLG*, NJW-RR 1991, 215 = JuS 1991, 512 m.Anm. *Karsten Schmidt.*

19 *KG*, JuS 1993, 160 m.Anm. *Karsten Schmidt*; BayObLG, NJW-RR 1996, 486, 487; *OLG Stuttgart*, NJW 1997, 1991; *LG Wuppertal*, EWiR 1996, 1119; *LG Stuttgart*, NJW-RR 1999, 743; *Karsten Schmidt*, NJW 2001, 1002. – Der Gesellschaft fehlt also die formelle Grundbuchfähigkeit; a.M. *Ulmer/Steffek*, NJW 2002, 330ff.; nur scheinbar a.M. *Flume*, Personengesellschaft, § 5; *Jaschke*, a.a.O., S. 65f.; *Wertenbruch*, a.a.O., S. 172f.; *Huber*, a.a.O., S. 128; *Soergel/Hadding*, 11. Aufl., § 718 Rdnr. 4; diese Autoren sprechen in Wahrheit nicht vom formellen, sondern vom materiellen Recht; sie leugnen nicht, daß eine Eintragung der Gesellschafter erforderlich ist, sehen hierin indes aus Gründen der Gesamthandsdogmatik eine Eintragung der Gesellschaft.

20 So mißverständlich *Ulmer/Steffek*, NJW 2002, 331.

21 Die Konvergenz mit dem materiellen Recht spricht unzweifelhaft für die Grundbuchfähigkeit; vgl. im Anschluß an *Eickmann* insbesondere *Ulmer/Steffek*, NJW 2002, 331.

22 *Karsten Schmidt*, ZIP 1998, 7; *ders.*, NJW 2001, 1002.

23 Der Blick in die Grundakten ersetzt die Publizität des Subjekts nicht (a.M. *Ulmer/Steffek*, NJW 2002, 335ff.), zumal auch er nur auf die Gesellschafter verweist, nicht auf die Gesellschaft als Rechtsträgerin.

24 Vgl. *Bay ObLG*, NJW-RR 1992, 228; *Gummert*, a.a.O., S. 177; zum Verzicht auf Voreintragung nach § 40 GBO vgl. *KG*, NJW-RR 1993, 151.

mäßig, kann aber nach dem Gesetz nicht verlangt werden. Zugegebenermaßen ist auch dies nur ein Kompromiß. Das zeigt sich, wenn etwa drei Grundstücke für »Alois A und Beate B in Gesellschaft bürgerlichen Rechts« eingetragen sind und man nicht zwingend ersieht, ob es sich um eine, um zwei oder um drei Eigentümer-Gesellschaften handelt. Insofern spricht viel für die Eintragung der Gesellschaften selbst. Ob sich für organisierte BGB-Gesellschaften mit einem Namen als Identitätsausstattung, insbesondere für unternehmenstragende Gesellschaften, ähnlich wie bei den nicht eingetragenen Vereinen (oben, § 25 II 1), eine solche Eintragungspraxis entwickelt, bleibt abzuwarten. Auch dann bleibt aber die Eintragung der Gesellschafter mit dem auf die Gesellschaft hinweisenden Zusatz mindestens zulässig. Tritt zwischen Auflassung und Eintragung ein neuer Gesellschafter hinzu, so bedarf es keiner neuen Auflassung an ihn, sondern er wird einfach mit eingetragen, weil das Grundstück an die Gesellschaft aufgelassen und durch die Eintragung aller Gesellschafter das Eigentum der Gesellschaft zu dokumentieren ist[25]. Wollen die Gesellschafter sich und dem Grundbuchamt den mit der Eintragung aller Gesellschafter verbundenen Aufwand ersparen, so können sie die Gesellschaft nach § 105 II HGB als oHG oder KG eintragen lassen. Dann steht ihre Grundbuchfähigkeit außer Frage.

Die Rechtsfähigkeit der Außengesellschaft bürgerlichen Rechts beschränkt sich nicht auf die Fähigkeit, Eigentümerin beweglicher oder unbeweglicher Sachen zu sein[26]. Die Gesellschaft ist taugliche Inhaberin von Forderungen und anderen Rechten, sie ist markenrechtsfähig i. S. v. § 7 Nr. 3 MarkenG[27], und sie kann als solche Mitglied eines Vereins[28], einer Genossenschaft[29], einer Aktiengesellschaft[30], einer GmbH[31], einer Personenhandelsgesellschaft[32] oder wiederum einer Gesellschaft bürgerlichen Rechts[33] sein[34]. Soweit es hierfür einer Registrierung bedarf – z. B. beim Bundespatentamt[35] oder beim Handelsregister[36] durch Eintragung oder durch Eintragung in eine Gesell-

---

25 *BayObLG*, DB 1991, 2329 = JuS 1992, 257 m. Anm. *Karsten Schmidt.*

26 *BGHZ* 116, 86, 88 = NJW 1992, 499.

27 *Fezer*, in: Festschrift Boujong, 1996, S. 129; *Karsten Schmidt*, NJW 2001, 998; *Wertenbruch*, DB 2001, 419; a. M. noch *BGH*, LM Nr. 1 zu § 7 MarkenG = NJW-RR 2001, 2117.

28 A.M. noch *LG Bonn*, JuS 1988, 816 *(Karsten Schmidt).*

29 *BGHZ* 116, 86 = NJW 1992, 499; *LG Regensburg*, ZGen. 41 (1991), 62 m. Anm. *Hadding*; a. M. noch *OLG Schleswig*, NJW-RR 1990, 742.

30 *BGHZ* 118, 83 = NJW 1992, 2222.

31 *BGHZ* 78, 311 = NJW 1981, 682; *BGHZ* 116, 86, 88 = NJW 1992, 499; *OLG Hamm*, NJW-RR 1996, 482.

32 *BGH*, NJW 1998, 376; NJW 2001, 3121 = JuS 2002, 84 m. Anm. *Karsten Schmidt*; BayObLG, NZG 2001, 123; *Karsten Schmidt*, DB 1990, 93 ff.

33 *BGHZ* 118, 83 = NJW 1992, 2222.

34 Literatur: *Beuthien/Ernst*, Die Gesellschaft bürgerlichen Rechts als Mitglied einer eingetragenen Genossenschaft, ZHR 156 (1992), 227; *Brodersen*, Die Beteiligung der BGB-Gesellschaft an den Personengesellschaften, 1988; *Heil,* Die Gesellschaft bürgerlichen Rechts als Kommanditistin ..., DNotZ 2002, 60; *Koch*, Die Beteiligung einer Gesellschaft bürgerlichen Rechts an der GmbH-Gründung, ZHR 146 (1982), 188; *Timm/Schöne*, Zwingend gesamtschuldnerische Haftung der Mitglieder eines Übernahmekonsortiums? ZGR 1994, 113.

35 Vgl. §§ 32 ff. MarkenG.

36 Vgl. § 106 HGB; dazu *Karsten Schmidt*, DB 1990, 95 sowie nunmehr § 162 I 2 HGB n. F.

schafterliste[37] – werden, ähnlich wie im Grundbuch, die Gesellschafter »in Gesellschaft bürgerlichen Rechts« eingetragen[38]. Hiermit übereinstimmend lautet der neu eingeführte § 162 I 2 HGB[39]: »Ist eine Gesellschaft bürgerlichen Rechts Kommanditist, so sind auch deren Gesellschafter entsprechend § 106 II und spätere Änderungen in der Zusammensetzung der Gesellschafter zur Eintragung anzumelden.« Diese provisorische Eintragung der Gesellschaft als Rechtsinhaberin ist aus den auch für das Grundbuch geltenden Gründen einstweilen geboten. Sie bleibt auch zulässig, wenn sich allmählich die Eintragungsfähigkeit organisierter, insbesondere unternehmenstragender BGB-Gesellschaften unter Angabe ihres Namens durchsetzen sollte.

b) Die BGB-Außengesellschaft kann folgerichtig auch *Gläubigerin und Schuldnerin* sein[40]. Überholt ist die traditionelle Konstruktion, Ansprüche der »Gesamthand« als gesamthänderisch gebundene Ansprüche der Gesellschafter und Gesamthandsschulden als gemeinschaftliche Schulden der Gesellschafter einzustufen[41], denn es verbirgt sich dahinter das unter § 8 III abgelehnte traditionelle Modell der Gesamthandsgesellschaft. Steht der Gesellschaft ein Anspruch auf Leistung in das Gesellschaftsvermögen zu, so ist die Gesellschaft selbst Gläubigerin. Ebenso kann die Gesellschaft selbst Schuldnerin sein. Das gilt nicht nur für vertragliche Schuldverhältnisse, sondern auch für Ansprüche aus dem Gesetz[42].

Beispiel Nr. 14: Gesellschafter A, der in Wahrheit nur gemeinsam mit den Gesellschaftern B und C zur Vertretung befugt war, hat den Pkw der Gesellschaft an K verkauft und übereignet. Die Gesellschaft kann von K Rückgewähr verlangen (§§ 985, 812 BGB). Anders natürlich, wenn sich A als Eigentümer ausgegeben hat und K den Wagen gutgläubig erworben hat (§ 932 BGB), aber dann hat K nicht von der Gesellschaft erworben, sondern von A.

Beispiel Nr. 15: V hat der Gesellschaft einen Pkw verkauft und übereignet. Nachträglich ficht er den Kaufvertrag und die Übereignung wegen arglistiger Täuschung an. Hier ist die Gesellschaft zur Herausgabe verpflichtet (§§ 985, 812 BGB). Ob hierfür die Gesellschafter haften, wird unter III zu behandeln sein.

Beispiel Nr. 16: Gesellschafter A hat in die ABC-Kraftfahrzeugreparaturgesellschaft bürgerlichen Rechts einen Abschleppwagen eingebracht. Die Gesellschaft ist Halterin und haftet für Unfälle gemäß § 7 StVG.

Beispiel Nr. 17: Aus §§ 2 I UStG, 5 I 3 GewStG ergibt sich, daß eine unternehmenstragende Gesellschaft bürgerlichen Rechts umsatz- und gewerbesteuerpflichtig ist. Diese Rechtslage ist der entscheidende Ausgangspunkt für den Streit um die persönliche Haftung der Gesellschafter für diese gesetzlichen Gesellschaftsschulden (dazu später unter III 5).

---

37 Vgl. § 67 AktG (Aktienregister), § 40 GmbHG (Liste der Gesellschafter); vgl. *OLG Hamm*, NJW-RR 1996, 482; *Karsten Schmidt*, BB 1983, 1700.

38 *Karsten Schmidt*, NJW 2001, 1002.

39 Gesetz vom 10.12.2001, BGBl. I S. 3422.

40 Grundlegend *Flume*, Personengesellschaft, § 16 IV.

41 Vgl. nur *Huber*, Vermögensanteil, S. 86f.; *Buchner*, AcP 169 (1969), 489f.

42 Eingehend *Soergel/Hadding*, 11. Aufl., § 718 Rdnr. 23.

c) Die Rechtsfähigkeit schlägt *auch im öffentlichen Recht* durch. Beispielsweise kann die Gesellschaft nach *OVG Bautzen,* NJW 2002, 1361 Bauherrin i.S. des öffentlichen Baurechts sein.

2. Rechtsgeschäfte der Gesellschaft

a) Wenn die BGB-Außengesellschaft fähig ist, Trägerin von Rechten und Pflichten zu sein, ist auch eine rechtsgeschäftliche Vertretung der Gesellschaft möglich[43]. Auch dies ist im Einklang mit der hier vertretenen Auffassung seit dem Urteil *BGHZ* 146, 341 = NJW 2001, 1056 geklärt. Aber wir lesen auch schon bei *BGHZ* 72, 267, 271 f.: »Vertragspartnerin ... war die Arge Fassade B. Diese Arge war eine BGB-Gesellschaft.« Und bei *BGH*, NJW 1996, 2859 ist vom »Vertrag einer Anwaltssozietät« die Rede. Mit Recht hat der *Bundesgerichtshof* in *BGHZ* 136, 254 = NJW 1997, 2754 auch die Wechsel- und Scheckfähigkeit der BGB-Außengesellschaft anerkannt. Die traditionelle Gesamthandlehre sieht dagegen die einzelnen Gesellschafter als Vertragsparteien an[44]. Der Vertragsschluß der Gesellschaft ist nach ihr ein Fall des § 427 BGB. Handeln alle, so handelt jeder im eigenen Namen; handelt ein Gesellschafter als Vertreter, so handelt er im eigenen Namen und zugleich im Namen der Mitgesellschafter. Insbesondere beim Wechsel und Scheck führte diese Lehre zu Schwierigkeiten, weil die Gesellschaft selbst als »wechselrechtsunfähig« eingeschätzt wurde[45] und die Deutung des Papiers als Wechsel oder Scheck der Gesellschafter mit den Formprinzipien der »Wechselstrenge« nicht leicht in Einklang zu bringen war[46]. Dieses traditionelle Verständnis der Rechtsgeschäfte einer BGB-Außengesellschaft paßt auf Fälle, in denen die Gesellschafter als Einzelpersonen – auch als verbundene Einzelpersonen – kontrahieren (vgl. oben unter I 2), aber sie paßt nicht auf Verträge der Gesellschaft. Sie ist nunmehr endgültig überholt. Vertragspartnerin, Erklärungsgegnerin, Wechselausstellerin oder Wechselakzeptantin ist die Gesellschaft, vertreten entweder durch alle Gesellschafter oder durch einen alleinvertretungsberechtigten Gesellschafter[47].

Beispiel Nr. 18: Kunde K bringt sein Motorrad in die im Handelsregister nicht eingetragene kleine Reparaturwerkstatt »A & B«. Werkunternehmerin und Vertragspartnerin des K ist die Gesellschaft. Die persönliche Haftung der Gesellschafter wird unter III 2 besprochen.

---

43 Vgl. mit Nachweisen zum damaligen Streitstand bereits die Vorauflagen.

44 Charakteristisch *Lehmann/Dietz*, § 14 I; *Kraft/Kreutz,* C III 2 c; s. auch *BGH*, NJW 1990, 826 (Steuerberatersozietät); Rückfall in diese Lehre selbst noch bei der Handels-Personengesellschaft bei *BGH*, NJW 1988, 556; 1990, 1181 = JuS 1990, 1021 m. Anm. *Karsten Schmidt.*

45 *BGHZ* 59, 179, 184; 61, 59, 68 f.; damals h.M.; dagegen aber bereits hier die Vorauflagen sowie *Flume*, Personengesellschaft, § 7 III 6; *Karsten Schmidt*, JuS 1973, 83 ff.

46 Charakteristisch *OLG Düsseldorf*, JuS 1992, 1064 m. Anm. *Karsten Schmidt.*

47 Vgl. hier bereits 1.-3. Aufl. (§ 60 II 2); *Grunewald*, Rdnr. 1 A 54; *Flume*, Personengesellschaft, § 10 I; *Hüffer*, § 7 4; *Ulmer*, Gesellschaft bürgerlichen Rechts, § 714 Rdnr. 6, § 718 Rdnrn. 14, 31; *Soergel/Hadding*, 11. Aufl., § 714 Rdnrn. 1 ff.; *Aderhold*, a. a. O., S. 180; *Gummert*, a.a.O., S. 161; *Karsten Schmidt*, in: Institut der Wirtschaftsprüfer (Hrsg.), Personengesellschaft und Bilanzierung, 1990, S. 48 ff.; *Wiedemann*, in: Festschrift Kellermann, a. a. O., S. 539.

Beispiel Nr. 19: Bauherr B läßt im Architekten- und Ingenieurbüro »A & I« eine Planung erstellen. Mandant M konsultiert Rechtsanwalt R in der Sozietät »R, S und T, Rechtsanwälte«. Klient K läßt sich von Steuerberater S in der Praxis »S & Partner GbR« steuerlich beraten. Patient P konsultiert den Arzt A in der Gemeinschaftspraxis »A, B und C«.

Traditionellerweise wurden diese Fälle so gesehen, daß der Bauherr, Mandant, Klient oder Patient nur mit »seinem« Architekten, Rechtsanwalt, Steuerberater oder Arzt einen Dienstvertrag schließt, aus dem allerdings i.d.R. zugleich auch die anderen Anwälte, Steuerberater oder Ärzte als Gesamtschuldner verpflichtet werden[48]. Begeht einer dieser Techniker, Anwälte, Steuerberater oder Ärzte gegenüber dem Bauherrn, Mandanten oder Patienten eine Forderungsverletzung – z.B. durch technische Fehler, durch Versäumung einer Rechtsmittelfrist oder durch einen Aufklärungsfehler –, so haften entgegen dem Grundsatz des § 425 BGB nach der längst schon herrschenden Auffassung alle füreinander[49]. Das mag damit begründet werden, daß jeder dieser Gesamtschuldner zugleich Erfüllungsgehilfe der anderen nach § 278 BGB ist[50]. Hierdurch gelangt man zu vernünftigen Ergebnissen, wenn wirklich der einzelne Gesellschafter Vertragspartner des Bauherrn, Mandanten, Klienten oder Patienten ist, und so können es die Parteien nach dem oben unter I 2b Gesagten vereinbaren, wenn dies ihrem wirklichen Willen entspricht. Für den Regelfall ist diese meist auf dem überholten Bild der BGB-Gesellschaft basierende Deutung des Rechtsgeschäfts indes fragwürdig[51]. Zu klaren Lösungen und lebensgerechten Konstruktionen führt die Annahme einer Vertragspartnerschaft der unternehmenstragenden BGB-Gesellschaft: Es liegt ein unternehmensbezogenes Rechtsgeschäft vor (dazu Handelsrecht, § 5 III 1). Wenn die Anwälte als Sozietät – und nicht nur in Bürogemeinschaft – praktizieren, kontrahiert der Mandant im Zweifel nicht mit R, sondern mit der Sozietät (deutlich jetzt § 51a II 1 BRAO). Ob er verlangen kann, daß ihn R persönlich betreut, ist nicht eine Frage der Vertragspartei, sondern eine Frage des *Vertragsinhalts*[52]. Ähnlich verhält es sich in unserem Arztfall. Zwar mag es sein, daß der Patient auf einer Betreuung durch den A bestehen kann, aber den Vertrag hat er im Zweifel mit der Gemeinschaftspraxis und nicht bloß mit A geschlossen. Demgemäß kann hier zunächst nur die *Haftung der Gesellschaft als Vertragspartnerin* begründet werden. Die Frage, ob auch die Gesellschafter – also die Architekten, Rechtsanwälte, Steuerberater bzw. Ärzte – persönlich haften, wird

48 Vgl. *BGHZ* 56, 355, 359; 70, 247, 249; 97, 273, 279f.; *BGH*, VersR 1971, 1119, 1120; 1973, 231, 232; 1975, 1028f.; NJW-RR 1988, 1299; NJW 1990, 827; 1991, 49, 50; 1991, 1225; *OLG Hamm*, NJW 1970, 1791, 1792; *Klaus Müller*, NJW 1969, 904f.; *ders.*, NJW 1969, 1416; *Kornblum*, BB 1973, 224; zuvor bereits *Oertmann*, LZ 1916, 202; a.M. *Arndt*, NJW 1969, 1200.

49 *RGZ* 85, 306, 307; *BGHZ* 56, 355, 362f.; 70, 247, 252; *BGH*, NJW 1990, 827: auch beim bloßen Anschein einer Sozietät.

50 So denn auch *OLG Hamm*, NJW 1970, 1791, 1793; *Klaus Müller*, NJW 1969, 906; *ders.*, NJW 1969, 1416; *Beuthien*, DB 1975, 774.

51 Vgl. 3. Aufl., § 60 II 2a; *Kornblum*, BB 1973, 225ff.; s. auch *Steindorff*, in: Festschrift Fischer, a.a.O., S. 756f.

52 *Boergen*, Die vertragliche Haftung des Rechtsanwalts, 1968, S. 23ff.; *Karsten Schmidt*, a.a.O., S. 505.

später unter III besprochen. Dabei wird sich erweisen, daß auch die persönliche Haftung eines erst nach dem Abschluß des Patienten- oder Mandantenvertrages hinzugekommenen Partners – ein Fall, der der Rechtsprechung erhebliche Schwierigkeiten bereitet hat – auf einfache und praxisgerechte Weise geklärt werden kann (unter III 2d). Die hier seit der ersten Auflage vertretene Lösung erschien anfangs im freiberuflichen Bereich als unkonventionell und mit standesrechtlichen Überlieferungen schwer vereinbar, aber es ist nun einmal nicht dasselbe, ob Freiberufler nur ihre Einrichtungen gemeinsam benutzen oder ob sie – wie in unseren Fällen – zu einer unternehmenstragenden Gesellschaft zusammengeschlossen sind. Auch für Freiberufler gelten nun einmal die im Parallelwerk zum »Handelsrecht« entwickelten Lehren über Unternehmen und Unternehmensträger (vgl. Handelsrecht, § 4 I und § 5). Die Richtigkeit des hier vertretenen Ansatzes wird mittlerweile auch durch ein *BGH*-Urteil dokumentiert, das nicht mit der Schuldnerstellung, sondern mit der *Gläubigerstellung der freiberuflich unternehmenstragenden BGB-Gesellschaft* zu tun hat:

Beispiel Nr. 20 (nach *BGH*, NJW 1996, 2859 = JuS 1996, 1030 m. Anm. *Karsten Schmidt*): K und A hatten als Anwälte eine Sozietät betrieben. Die Sozietät hatte dem Mandanten B eine Honorarrechnung erteilt, die unbezahlt geblieben war. K war aus der Sozietät ausgetreten und klagte nunmehr als vermeintlicher Gesamtgläubiger nach § 428 BGB das Honorar gegen B ein. Dazu wäre er nach der traditionellen Rechtsprechung, die die Anwaltssozien als Vertragspartner des Mandanten betrachtete, gemäß § 428 BGB berechtigt gewesen (*BGH*, NJW 1963, 1301; 1980, 2407). Nunmehr weist aber der *II. Zivilsenat* die Klage ab und formuliert folgenden Leitsatz: »Honorarforderungen aus einem Vertrag mit einer Anwaltssozietät stehen den Sozietätsanwälten zur gesamten Hand und nicht als Gesamtgläubigern zu.« Dem ist mit der Maßgabe zuzustimmen, daß es richtigerweise heißen müßte: »Honorarforderungen ... stehen der Sozietät und nicht den Anwälten als Gesamtgläubigern zu.«

Nur zur Klarstellung ist festzuhalten, daß ein Anwalt, der einer Sozietät angehört, natürlich auch im eigenen Namen und dann nur für sich einen Anwaltsvertrag schließen und diesen allein erfüllen *kann*[53]. Dann treten gesellschaftsrechtliche Gläubiger- oder Haftungsfragen nicht auf. Ob der Anwalt nach dem Gesellschaftsvertrag einen solchen Vertrag schließen *darf* oder ob er sich hierdurch schadensersatzpflichtig macht, ist allerdings eine Frage des Gesellschaftsrechts, aber sie betrifft nur das Innenverhältnis.

b) Die Außengesellschaft wird bei ihren Rechtsgeschäften *durch Organe oder Bevollmächtigte vertreten* (oben, § 10). Die organschaftliche Vertretungsmacht steht nur den Gesellschaftern zu (Selbstorganschaft; dazu oben, § 14 II 2). Sie ist nach der hergebrachten Praxis beschränkbar (*BGH*, WM 1996, 2233), doch wird man eine solche Beschränkung jedenfalls bei unternehmenstragenden Gesellschaften von Publizitätsanforderungen abhängig machen. Nach der Auslegungsregel des § 714 BGB korrespondiert die Vertretungsmacht im Zweifel mit der Geschäftsführungsbefugnis. Aber bei der unternehmenstragenden Gesellschaft sollte man sich an § 125 HGB orientieren (oben, § 58 V 2). Im Zweifel gilt also das Prinzip der Einzelvertretungsmacht,

53 *Steindorff*, in: Festschrift Fischer, a. a. O., S. 761.

und hierauf sollte sich der Rechtsverkehr auch verlassen dürfen[54]. Nur für nicht-unternehmenstragende Gesellschaften wird man deshalb anerkennen dürfen, daß der Vertragspartner der BGB-Gesellschaft ein von nur einem Gesellschafter abgeschlossenes Geschäft nach § 174 BGB zurückweisen darf, wenn ihm nicht Einzelvertretungsmacht oder eine Vollmacht aller Mitgesellschafter nachgewiesen wird[55]. Der hilfreiche Grundsatz, daß ein Gesamtvertreter den anderen zum Alleinhandeln ermächtigen kann, gilt auch im Recht der BGB-Gesellschaft[56].

c) Gibt es Schuldverträge der Außengesellschaft, so gibt es auch *Forderungsverletzungen der Außengesellschaft.* Die Außengesellschaft haftet hierfür nach § 31 bzw. nach § 278 BGB (zum umstrittenen Verhältnis zwischen diesen Bestimmungen vgl. oben, § 10 IV 3).

Beispiel Nr. 21: Angenommen, die Anwaltssozietät R, S und T in unserem Beispiel Nr. 19 läßt den Fall des Mandanten M von einem Referendar X betreuen, der eine falsche Berufungsfrist vormerken läßt und auf diese Weise die Rechtsmittelfrist versäumt. Nach der traditionellen Sicht der Dinge muß hier begründet werden, daß X Erfüllungsgehilfe des R, des S und des T ist[57]. Sieht man dagegen »die Kanzlei«, also die Gesellschaft, als Vertragspartner des M an, so genügt, daß X *Erfüllungsgehilfe der Gesellschaft* ist. Die Gesellschaft schuldet Schadensersatz wegen positiver Vertragsverletzung. Darüber, ob M auch die Gesellschafter in Anspruch nehmen kann, vgl. unten unter III 2.

Hätte einer der Anwälte selbst die Fristversäumung verschuldet, so ist es eine theoretisch reizvolle, praktisch allerdings belanglose Frage, ob § 31 oder § 278 BGB die richtige Zurechnungsnorm ist (vgl. oben, § 10 IV 3); die Gerichtspraxis wendet § 278 BGB an. Wesentlich ist aber, daß man eines erkennt: Es geht um Zurechnung gegenüber der Gesellschaft, nicht gegenüber den Gesellschaftern. Die Frage der Gesellschafterhaftung stellt sich erst, wenn die Gesellschaftsschuld feststeht.

d) Auch *dingliche Verträge* können mit der Gesellschaft geschlossen werden[58]. Besonders deutlich ist dies bei der Einbringung von Gegenständen.

Beispiel Nr. 22: Das Zeller Zimmertheater wird von A, B, C und D in Gesellschaft bürgerlichen Rechts betrieben. Tritt ein neuer Gesellschafter E der Gesellschaft bei und hat er eine elektronische Anlage einzubringen, so übereignet E die Anlage nach § 929 BGB an die Gesellschaft. Die Einigung findet zwischen E und der Gesellschaft, vertreten durch einen vertretungsberechtigten Gesellschafter, statt.

e) Entgegen einer bisher vom *Bundesarbeitsgericht* vertretenen Auffassung[59] kann die Gesellschaft bürgerlichen Rechts, sofern wirklich Außengesellschaft

---

54 Diese Fragen sind ungeklärt.

55 So für eine Grundstücksgesellschaft im Ergebnis zu Recht *BGH,* NJW 2002, 1194; krit. *Häublein,* NJW 2002, 1398.

56 Vgl. *BGH,* NJW-RR 1986, 778 = JuS 1986, 808 m. Anm. *Karsten Schmidt.*

57 *BGHZ* 56, 355, 358 f.; dazu ausführlich *Kornblum,* BB 1973, 218 ff.

58 Vgl. zur »Verfügungsfähigkeit« *Wiedemann,* in: Festschrift Kellermann, a. a. O., S. 540 f.

59 *BAG,* NJW 1989, 3034 = AP Nr. 4 zu § 705 BGB m. Anm. *Karsten Schmidt*; dazu *Habersack,* JuS 1990, 179.

und Unternehmensträgerin, Arbeitgeberin sein[60]. Der vom *BAG* entschiedene, in Wahrheit rein besoldungsrechtliche Fall wurde schon unter § 58 III 4 b geschildert. Die Annahme des *BAG*, eine von zwei Städten gebildete Opern-BGB-Gesellschaft könne mangels Rechtsfähigkeit nicht Arbeitgeberin sein, trifft nur im Fall einer Innengesellschaft zu.

3. Der Besitz der Gesellschaft

Die Außengesellschaft kann Besitzerin sein[61]. Sie übt diesen Besitz durch ihre geschäftsführenden und vertretungsberechtigten Gesellschafter aus. Allerdings muß mit Nachdruck darauf hingewiesen werden, daß wiederum nur von der Außengesellschaft und nicht von der Innengesellschaft die Rede ist und daß auch die Außengesellschaft nicht schon deshalb, weil sie Besitzerin sein *kann,* auch in jedem Fall Besitzerin sein *muß.* Es ist also sorgsam zu differenzieren.

Beispiel Nr. 23: Haben mehrere Radsportamateure einen Rennstall als Gesellschaft bürgerlichen Rechts aufgezogen, so kann dies zunächst eine Innengesellschaft sein. Hier kommt ein »Gesamthandsbesitz« von vornherein nicht in Frage, sondern es ist nur zu prüfen, ob einzelne Gegenstände (z.B. das Transportfahrzeug und die Rennräder) im Mitbesitz der Gesellschafter oder im Alleinbesitz je eines Gesellschafters stehen (vgl. auch zur Eigentumslage oben, § 58 I 3).

Liegt dagegen eine Außengesellschaft – insbesondere eine Mitunternehmergesellschaft – vor, so kann die Gesellschaft als solche Besitzerin sein (oben, § 10 III 3). Aber es sind verschiedene Gestaltungen möglich.

- Erstens kann *Alleinbesitz der Gesellschaft* vorliegen. Solcher Besitz wird insbesondere begründet, wenn Gegenstände zu Eigentum oder zur Nutzung in das Gesellschaftsvermögen eingebracht werden, z.B. indem das Transportfahrzeug unseres Rennstalls nach § 929 BGB als Gesellschaftseigentum erworben wird und jeder Gesellschafter sein Rennrad mit Ausrüstung und Ersatzteilen zu gemeinschaftlichem Gebrauch zur Verfügung stellt. Dann erwirbt die Gesellschaft Eigenbesitz am Transportfahrzeug und Fremdbesitz an dessen Inhalt.
- Es kann auch bei einer Außengesellschaft *Alleinbesitz der einzelnen Gesellschafter* vorliegen. Wenn jeder »sein« Rennrad und »sein« Trikot behält, spricht dies für Alleinbesitz, wenn auch nicht zwingend, denn es kann sich auch um eine Verwaltungsregelung innerhalb der Gesellschaft unter Aufrechterhaltung des Gesamthandsbesitzes handeln. Es kommt darauf an, ob trotz des gemeinschaftlichen Transportfahrzeugs jeder auf die eigene Sachherrschaft Wert legt oder ob es den Gesellschaftern genügt, daß die gemeinschaftlich verwalteten Sachen immer von dem »richtigen«

60 Eingehend *Habersack*, JuS 1990, 179ff.

61 So *Flume*, in: Freundesgabe Hengeler, 1972, S. 79ff.; *ders.*, Personengesellschaft, § 6 II; *Schünemann*, a.a.O., S. 270ff.; *Ulmer*, Gesellschaft bürgerlichen Rechts, § 718 Rdnrn. 28f.; *Soergel/Hadding*, 11. Aufl., § 718 Rdnrn. 17ff.; jetzt wohl auch *Palandt/Bassenge*, § 854 Rdnr. 14; anders die traditionelle Gesamthandslehre; vgl. nur *Klett*, Die Besitzverhältnisse bei der Personengesellschaft, Diss. Freiburg 1989; *Staudinger/Bund*, 2000, § 866 Rdnr. 15 m.w.N.

Gesellschafter gebraucht werden. Hat jeder Rennfahrer ein Maskottchen, so hat er daran gewiß Alleinbesitz. Aber es kann sogar Alleinbesitz *eines* Gesellschafters an gemeinschaftlich genutzten Sachen vorliegen, z.B. wenn ein Gesellschafter die ständige Obhut über das Transportfahrzeug erhält und dieses auch privat nutzen kann, so daß er nicht Organbesitz der Gesellschaft, sondern individuellen unmittelbaren Besitz ausübt.

- Kompliziert wird die Besitzlage dadurch, daß man daneben auch einen *Mitbesitz der Gesellschafter* zulassen muß. Das ist dann aber nicht der »Mitbesitz zur gesamten Hand«, von dem die Gegner eines echten Gesellschaftsbesitzes sprechen (dagegen oben, § 10 III 3), sondern hierbei kann es nur um den schlichten Mitbesitz nach § 866 BGB gehen. Es kommt darauf an, ob die Gesellschafter eine ungeteilte Allein-Sachherrschaft ihrer Gesellschaft oder eine koordinierte, jedoch geteilte Sachherrschaft aller Gesellschafter vorziehen. Haben etwa unsere Rennfahrer das Transportfahrzeug als Miteigentümer (§ 1008 BGB) erworben und benutzen sie es teils abwechselnd mit ihren Familien als Campingwagen, teils dagegen für ihren Rennstall, so wird schlichter Mitbesitz vorliegen, denn der Wagen wurde weder zu Eigentum noch zur Nutzung der Gesamthand zur Verfügung gestellt. Für ungeteilten Gesellschaftsbesitz würde es dagegen sprechen, wenn ein geschäftsführender Gesellschafter für das Fahrzeug verantwortlich ist.

Wir sehen: Die Erkenntnis, daß die Außengesellschaft bürgerlichen Rechts Besitzerin sein *kann,* ist das Ergebnis rechtsdogmatischen Fortschritts. Die Frage, ob die Außengesellschaft im Einzelfall Besitzerin *ist,* muß durch genaue Würdigung der Fakten im Einzelfall entschieden werden. Je ausgeprägter die Organisation der Gesellschaft ist, umso mehr spricht dies für einen Besitz der Gesellschaft (etwa wenn ein einziger geschäftsführender Gesellschafter alle Sachen verwaltet). Je mehr es an einer Organisation fehlt, umso unwahrscheinlicher ist echter Gesellschaftsbesitz. Die bei § 58 IV besprochenen Ehegattengesellschaften, Fälle gemeinschaftlichen Eigenheimeigentums »in Gesellschaft bürgerlichen Rechts«, legen i.d.R. die Annahme von Mitbesitz nahe, nicht von Organbesitz einer Gesellschaft bürgerlichen Rechts.

Was hier zum sog. »Gesamthandbesitz« gesagt wurde, entspricht dem unter § 10 III entwickelten Standpunkt, ist aber umstritten. Nach herkömmlicher Auffassung und nach der bisherigen Rechtsprechung des *Bundesgerichtshofs* wird der Besitz bei der Gesellschaft bürgerlichen Rechts – anders als bei der oHG – nicht von einem Gesellschaftsorgan für die Gesellschaft, sondern von den Gesellschaftern als Mitbesitzern ausgeübt[62].

Beispiel Nr. 24 (nach *BGHZ* 86, 300 = NJW 1983, 1114 und *BGHZ* 86, 340 = NJW 1983, 1123 = JuS 1983, 637 m.Anm. *Karsten Schmidt*): In den Musterverträgen der baugewerblichen Arbeitsgemeinschaften (»Arge«) ist eine Vertragsklausel über ein Pfandrecht an den zur Verfügung gestellten Baumaschinen enthalten. Dazu muß man wissen, daß die an einer

62 *BGHZ* 86, 300, 307 = NJW 1983, 1114, 1115; *BGHZ* 86, 340, 344 = NJW 1983, 1123, 1124 = JuS 1983, 637 m.Anm. *Karsten Schmidt*; *BGH*, LM Nr. 7 zu § 987 BGB = WM 1963, 560; eingehend *Staudinger/Bund*, § 866 Rdnrn. 15f.

»Arge« beteiligten Bauunternehmen die Baugeräte nach diesen Musterverträgen nicht zu Eigentum einbringen, sondern mietweise überlassen. Für den Fall, daß ein Gesellschafter aus der »Arge« ausscheidet, heißt es dann in den Verträgen: »Die von dem ausgeschiedenen Gesellschafter im Rahmen der vereinbarten Mietverhältnisse der Arge überlassenen Geräte und Stoffe sind der Arge gegen Zahlung der in diesem Vertrag vereinbarten Mieten so lange zu belassen, wie sie von der Arge ... benötigt werden. Unabhängig davon steht den anderen Gesellschaftern an den in ihrem Mitbesitz befindlichen Geräten und Stoffen wegen aller aus diesem Vertrag bestehenden Ansprüche gegen den ausscheidenden Gesellschafter ein Pfandrecht zu.«

Der *Bundesgerichtshof* hatte in beiden Fällen zu entscheiden, ob durch Zurverfügungstellung von Baumaschinen ein solches Pfandrecht entstanden war (§§ 1204 ff. BGB). Im ersten der beiden Fälle kam als Schwierigkeit noch hinzu, daß die Baumaschine – ein Kran – in Wahrheit im Sicherungseigentum eines Dritten stand und daß deshalb nur ein gutgläubiger Pfandrechtserwerb nach § 1207 BGB in Frage kam. Nach § 1205 I 1 BGB erfolgt die Verpfändung einer beweglichen Sache dadurch, daß der Eigentümer die Sache dem Gläubiger übergibt und beide darüber einig sind, daß dem Gläubiger das Pfandrecht zustehen soll (Faustpfandprinzip). Der Verpfänder muß also den Besitz aufgeben (dies ist ja bekanntlich ein Grund, weshalb die Praxis auf die Sicherungsübereignung ausweicht). Nach § 1206 BGB genügt aber die Einräumung von Mitbesitz, wenn die Besitzverhältnisse so beschaffen sind, daß der Pfandbesteller die Sache nicht mehr allein an sich nehmen kann[63]. Diese Gestaltung lag hier nach Auffassung des *VIII. Zivilsenats* des *BGH* vor: Das einzelne »Arge«-Mitglied habe die Geräte auf die Baustelle oder auf einen Betriebshof der »Arge« verbracht, und hierdurch sei Mitbesitz aller Gesellschafter entstanden, wobei es dem *BGH* nicht darauf ankam, ob der Mitbesitz in gesamthänderischer Verbundenheit ausgeübt worden sei. Entscheidend für § 1206 BGB war, daß nur noch die Aufsichtsstelle der »Arge« Dispositionen über die eingesetzten Geräte treffen konnte.

Stellungnahme: Diese Rechtsprechung entspricht der traditionellen Lehre vom »gesamthänderischen Mitbesitz«, aber sie läßt eine klare rechtliche Einordnung vermissen. Die entscheidende Frage muß darin bestehen, ob die Pfandrechte Ansprüche der *Gesellschaft* oder Ansprüche der *Gesellschafter* sichern sollen. Von den herkömmlichen Formulierungen des »Arge«-Vertrags wird man eine Klärung dieser schwierigen Rechtsfrage nicht erwarten können. Wenn hier von Ansprüchen und Pfandrechten »der Gesellschafter« die Rede ist, so kann dies allenfalls ein unverbindliches Indiz sein. Nach richtiger Ansicht muß man unterscheiden: Entweder ist die »Arge« als Außengesellschaft verfaßt, oder sie ist es nicht, was nicht immer leicht unterschieden werden kann (oben, § 58 II 2). Im Fall einer bloßen Innengesellschaft ist dem *Bundesgerichtshof* zuzustimmen. Ist die Gesellschaft als Außengesellschaft verfaßt, so können auch Ansprüche der Gesellschafter untereinander bestehen; aber dem Zweck der Abrede wird dann entsprechen, daß es um die Sicherung von Ansprüchen der Gesellschaft gehen soll, die allerdings einem einzelnen Gesellschafter zufallen können, wenn er allein

63 Das meint § 1206 BGB mit dem »Mitverschluß«; vgl. *BGH*, LM Nr. 7 zu § 987 BGB = WM 1963, 560, 561; *Palandt/Bassenge*, § 1206 Rdnr. 2.

nach dem Ausscheiden übrig bleibt (so in unserem Beispielfall *BGHZ* 86, 340 = NJW 1983, 1123 = JuS 1983, 637 m. Anm. *Karsten Schmidt*). Gerade für die Arbeitsgemeinschaft im Baugewerbe hat die Grundsatzentscheidung *BGHZ* 146, 341 = NJW 2001, 1056 entschieden, daß sie selbst Trägerin von Rechten und Pflichten, folglich auch Vertragspartnerin sein kann. Es galt also in unseren Ausgangsfällen, Ansprüche der »Arge«, nicht ihrer Mitglieder, zu sichern. Dafür bedurfte es dann aber einer Verpfändung an die Gesellschaft, und diese erforderte einen Besitz der Gesellschaft. Der abweichende Vertragswortlaut durfte dem nicht entgegengehalten werden. Da es bei schwierigen Fragen der Rechtszuordnung auf die Bezeichnung im Vertrag nicht entscheidend ankommt, können die mit einer solchen Rechtsfrage überforderten Beteiligten selbst nichts falsch machen, solange sie nur erkennen lassen, was sie wirtschaftlich wollen. Es geht einzig und allein darum, das von den Parteien vernünftigerweise Gewollte richtig einzuordnen. Die hier seit der ersten Auflage vertretene Auffassung fügt sich in das Bild der geläuterten Rechtsprechung zur BGB-Außengesellschaft auf das Beste ein.

4. Die Deliktsfähigkeit der Gesellschaft*

a) Zu den besonders umstrittenen Fragen des Gesellschaftsrechts gehört immer noch die nach der *Deliktsfähigkeit der BGB-Gesellschaft* oder – wie es meist formuliert wird – nach der Anwendung des § 31 BGB auf die Gesellschaft bürgerlichen Rechts. Nach dem, was schon über die Deliktsfähigkeit der Verbände gesagt wurde (oben, § 10 IV), dürfte feststehen, daß es nicht um eine Deliktsfähigkeit im naturalistischen Sinne geht. Wer fragt, ob die Gesellschaft wie ein Mensch unerlaubte Handlungen begehen kann, kommt dem entscheidenden Zurechnungsproblem nicht auf die Spur. Insofern ist es richtig, wenn die Diskussion ganz positivistisch bei § 31 BGB anknüpft, auch wenn man sich darüber klar sein muß, daß es sich hierbei um ein Wertungsproblem handelt, nicht um kleinliches Hantieren mit einem BGB-Paragraphen. Die Frage lautet: Gibt es, wie bei den juristischen Personen und bei den Handels-Personengesellschaften, auch bei der Gesellschaft bürgerlichen Rechts eine Zurechnung des Organverschuldens? Die Frage ist mit der mittlerweile wohl vorherrschenden Auffassung zu bejahen[64]. In

---

* Literatur (vgl. auch oben vor I): *Flume*, Personengesellschaft, § 16 IV; *Aderhold*, Das Schuldmodell der BGB-Gesellschaft, 1981, S. 213 ff.; *Altmeppen*, Haftung der Gesellschafter einer Personengesellschaft für Delikte, NJW 1996, 1071; *Beuthien*, Die Haftung von Personengesellschaften, DB 1975, 725 ff., 773 ff.; *Fabricius*, Zur Haftung der BGB-Gesellschaft für unerlaubte Handlungen aus der Geschäftsführung von Gesellschaftern, in: Gedächtnisschrift Rudolf Schmidt, 1966, S. 171; *Kornblum*, Die Haftung der Gesellschafter für Verbindlichkeiten von Personengesellschaften, 1972, S. 40 ff.; *Lipp*, Zwischen Gesamthand und Gesamtschuld, BB 1982, 74; *Martinek*, Repräsentantenhaftung, 1979, S. 121 ff.; *Nicknig*, Die Haftung der Mitglieder einer BGB-Gesellschaft für Gesellschaftsschulden, 1972, S. 34 ff.; *Reuber*, Die haftungsrechtliche Gleichstellung von Unternehmensträgern, 1990; *Schmiedel*, Die sogenannte Organhaftung und die Gesellschaft bürgerlichen Rechts, in: Gedächtnisschrift Rödig, 1978, S. 261; *Sellert*, Zur Anwendung der §§ 831, 31 BGB auf die Gesellschaft bürgerlichen Rechts, AcP 175 (1975), 77.

64 Grundlegend *Fabricius*, in: Gedächtnisschrift Rudolf Schmidt, a. a. O.; für die heute h. M. vgl. *Eisenhardt*, Rdnr. 88; *Flume*, Personengesellschaft, § 16 IV 1; *Grunewald*, Rdnr. 1 A 110; *Karsten*

Fällen der Mitunternehmer-BGB-Gesellschaft ist die Unrichtigkeit eines anderen Standpunkts mit Händen zu greifen (Handelsrecht, § 5 II 4).

Beispiel Nr. 25 (nach *BGHZ* 45, 311): Der Kunde K hatte seinen Wagen zur Reparatur in eine Werkstatt gegeben, die von G und T in Gesellschaft bürgerlichen Rechts betrieben wurde. Daß die Gesellschaft wirklich nur BGB-Gesellschaft und nicht etwa oHG war, war seinerzeit einfach mit ihrer fehlenden Eintragung zu begründen (§ 2 HGB a.F.). Aus heutiger Sicht müßten wir den Sachverhalt modifizieren: Die Werkstatt war klein und nicht im Handelsregister eingetragen. Da T das Bremsventil nicht ordnungsgemäß zugeschraubt hatte, floß die Bremsflüssigkeit aus. Als K bremsen mußte, kam es zu einem Zusammenstoß, bei dem K verletzt wurde. Während der materielle Schaden schon aufgrund Schlechterfüllung zu ersetzen war (die traditionelle Auffassung sieht T insofern als Erfüllungsgehilfen des G an), konnte K Schmerzensgeld nach § 847 BGB nur wegen unerlaubter Handlung verlangen. Verklagt war nicht die Gesellschaft, die ja nach h.M. parteiunfähig ist, sondern es wurde gegen die Gesellschafter geklagt. Während nun T ohne weiteres nach § 823 BGB verurteilt werden konnte, suchte der *BGH* hinsichtlich des G nach einer Zurechnungsnorm. Er lehnte § 831 BGB zutreffend ab, denn zwischen G und T, die einander gleichgeordnet waren, fehlte es an dem für die Verrichtungsgehilfenschaft erforderlichen Über-Unterordnungsverhältnis. Über § 31 BGB heißt es sodann in bezug auf die Gesellschaft bürgerlichen Rechts: »Auf eine solche Gesellschaft ist die Vorschrift des § 31 BGB nach allgemeiner Ansicht nicht anwendbar. Die Gesellschaft bürgerlichen Rechts ist, anders als die offene Handels- und die Kommanditgesellschaft ..., zu wenig körperschaftlich organisiert, als daß man die für sie handelnden Gesellschafter als ihre Organe bezeichnen könnte. Aus § 31 BGB läßt sich also eine Haftung des Beklagten G für die unerlaubte Handlung seines Mitgesellschafters T nicht begründen.«

Die Entscheidung steht seit 1966 ungeprüft als Standpunkt des *Bundesgerichtshofs* im Raum. Sie stößt mittlerweile ganz überwiegend auf Ablehnung[65]. Aber sie ist ein unglücklicher Anknüpfungspunkt für die Diskussion, denn es ging um die Klage gegen den Mitgesellschafter G. Dessen persönliche Haftung aber ließ sich bestimmt nicht auf § 31 BGB oder auf das hinter dieser Norm stehende allgemeine Prinzip stützen[66], denn § 31 BGB handelt nur von der Verschuldenszurechnung gegenüber dem Verband (oben, § 10 IV). Nahe liegt denn auch die Annahme, daß die heute überholte Lehre von der fehlenden Parteifähigkeit der Mitunternehmer-BGB-Gesellschaft mitursächlich für das bedenkliche BGH-Urteil war. Hätte K – was er vor dem Urteil

---

Schmidt, NJW 2001, 998; *Ulmer*, Gesellschaft bürgerlichen Rechts, § 705 Rdnrn. 215ff.; *Erman/Westermann*, § 705 Rdnr. 64; *Soergel/Hadding*, 11. Aufl., § 718 Rdnr. 22; *Staudinger/Weick*, § 31 Rdnr. 45; *Kornblum*, a.a.O., S. 46; *Nicknig*, a.a.O., S. 43f.; *Aderhold*, a.a.O., S. 213ff.; *Breuninger*, a.a.O., S. 92f.; *Reuber*, a.a.O., S. 138ff., 198f.; *Wiedemann*, in: Festschrift Kellermann, a.a.O., S. 543; *Beuthien*, BB 1975, 729f.; *Karsten Schmidt*, NJW 2001, 998; im Ergebnis übereinst. vom Standpunkt der traditionellen Gesamthandslehre aus *Hueck*, § 9 IV 3 b; *Kübler*, § 6 III 4b bb; im Ergebnis auch *Martinek*, a.a.O., S. 116ff. nach methodischer Kritik auf S. 67ff.; stark einschränkend (nach der Geschäftsführungsregelung differenzierend) *Sellert*, AcP 175 (1975), 77ff.; *Spindler*, Unternehmensorganisationspflichten, 2001, S. 628ff.

65 Sie wird noch als h.M. bezeichnet bei *Ingo Wolf*, a.a.O., S. 74; wie der *BGH* noch *Kraft/Kreutz*, S. 146; *Palandt/Heinrichs*, § 31 Rdnr. 3.

66 H.M.; vgl. *Flume*, Personengesellschaft, § 16 IV 6; *Nicknig*, a.a.O., S. 44; *Aderhold*, a.a.O., S. 220, 227; *Hueck*, § 9 IV 3 b; *Fabricius*, in: Gedächtnisschrift Rudolf Schmidt, a.a.O., S. 196; *Ulmer*, Gesellschaft bürgerlichen Rechts, § 705 Rdnr. 219, § 714 Rdnr. 53; a.M. *Kornblum*, a.a.O., S. 46; *Zöllner*, in: Festschrift Gernhuber, S. 575; *Sellert*, AcP 175 (1975), 107; unrichtig *Lipp*, BB 1982, 77 Fußn. 40, der aber im Text erkennt, daß, wer die Rechtssubjektivität der Gesamthand vertritt, folgerichtig zur Zurechnung gegenüber der Gesellschaft gelangt.

BGHZ 146, 341 = NJW 2001, 1056 nicht wagen konnte – gegen die Gesellschaft geklagt, so wäre wohl die Anwendung des § 31 BGB gar nicht schwer gefallen, denn die Gesellschaft war gewiß ebenso »körperschaftlich organisiert« wie eine oHG (vgl. schon oben, § 10 IV 2). Die Gesellschaft im Originalfall *BGHZ* 45, 311 wäre heute vielleicht sogar bereits oHG gewesen (Neufassung des § 1 HGB), womit die Anwendbarkeit des § 31 BGB vollends unstreitig gewesen wäre. Die Frage der persönlichen Haftung der Gesellschafter wäre damit weder positiv noch negativ entschieden gewesen[67], sondern sie hätte als akzessorische Haftung der Gesellschafter neben der Gesellschaft begründet werden müssen (dazu unter III). Die Fragestellung des *BGH*, ob sich aus § 31 BGB eine Haftung des einen *Gesellschafters* für die unerlaubte Handlung des anderen begründen lasse, lag also neben der Sache, denn wer die Haftungsfrage so unsinnig stellt, hat sie schon im vorhinein verneint. Bei einer Anwendung des § 31 BGB kann es nur darum gehen, ob und unter welchen Voraussetzungen *der Gesellschaft* ein Verschulden ihrer geschäftsführenden Gesellschafter zugerechnet werden kann. Es ist an der Zeit, daß der Bundesgerichtshof einmal Gelegenheit bekommt, das bereits seinerzeit unrichtige und nach heutigem Stand in seiner Unsinnigkeit allseits erkennbare Urteil *BGHZ* 45, 311 zu revidieren[68]. Wie bei der oHG liegt die Schwierigkeit einzig und allein in der Frage, unter welche Voraussetzungen die Gesellschafter als Organe der BGB-Außengesellschaft agieren. Hier wird auch der richtige Platz für eine Sonderbehandlung der nicht-unternehmenstragenden BGB-Außengesellschaft sein, die nach dem Stand der Rechtsfortbildung gleichfalls delikts*fähig* ist, aber nur im Fall des Organhandelns. Läßt im Fall eines »in Gesellschaft bürgerlichen Rechts« eingetragenen Einfamilienhauses der Vater und Ehemann bei einer Dachreparatur Ziegel auf einen Spaziergänger fallen, so handelt er nicht als Organ der Gesellschaft und haftet nur selbst (vgl. auch unter III 4 c).

b) Die Gesellschaft kann aber nicht nur aus §§ 823, 31 BGB, sondern nach Lage des Falls *auch aus § 831 BGB* haften[69]. Aus *BGHZ* 45, 311, 313 folgt nicht etwa das Gegenteil, denn dort ist nur gesagt, daß der geschäftsführende Gesellschafter nicht Verrichtungsgehilfe ist. Er ist, wie wir gesehen haben, Organ der Gesellschaft und fällt unter den analog anzuwendenden § 31 BGB. Das Organverschulden (§ 31 BGB) kann allerdings seinerseits in der schlechten Auswahl oder Beaufsichtigung von Verrichtungsgehilfen bestehen[70]. Was das bedeutet, erkennt man am besten, wenn man den in *BGHZ* 45, 311 entschiedenen Fall modifiziert.

67 Unrichtig *Schmiedel*, a. a. O., S. 269 f., der insbesondere *Flumes* Standpunkt mißdeutet; *Flume* (in: Festschrift Westermann, 1974, S. 142 und Personengesellschaft, § 16 IV 6) verneint zwar bei Deliktsschulden die persönliche Haftung, dies aber nicht, weil er § 31 BGB als haftungsbeschränkende Norm ansähe; dies auch gegen *Lipp*, BB 1982, 77 Fußn. 40.

68 *Karsten Schmidt*, NJW 2001, 998.

69 Str.; wie hier *Kornblum*, a. a. O., S. 40 f.; *Aderhold*, a. a. O., S. 228 f.; im Ergebnis auch *Beuthien*, DB 1975, 775 f.; a. M. *Sellert*, AcP 175 (1975), 79 ff., 107.

70 Richtig *Aderhold*, a. a. O., S. 229.

Beispiel Nr. 26: G und T, die Gesellschafter der Kfz-Reparatur-Gesellschaft, haben den Pkw des Kunden K nicht selbst repariert, vielmehr hat dies der Lehrling L getan, ohne daß sich G und T um dessen Arbeit pflichtgemäß gekümmert hätten. Wiederum verunglückt K wegen schlechter Reparatur, und wiederum geht es um's Schmerzensgeld (§ 847 BGB).

Hier geht es nicht um die Frage, ob die Gesellschaft für ihre Gesellschafter nach § 831 BGB haftet, sondern es geht um die Frage, wer Geschäftsherr des L ist: die Gesellschaft oder jeder einzelne Gesellschafter. Herkömmlicherweise sah man die geschäftsführenden Gesellschafter als Geschäftsherren an. Aber Geschäftsherrin ist die Gesellschaft als Trägerin des Unternehmens. Das Auswahl- und Aufsichtsverschulden ihrer geschäftsführenden Gesellschafter wird ihr nach § 31 BGB auch im Rahmen des § 831 BGB zugerechnet.

5. Die Wissenszurechnung*

Nachdem die Zurechnung des Organwissens gegenüber einem Verband in diesem Buch nicht auf § 166 BGB gestützt, sondern näher an § 31 BGB herangerückt wurde (oben, § 10 V 2), liegt es auf der Hand, daß auch diese Zurechnung auf die Außengesellschaft bürgerlichen Rechts übertragen werden muß[71]. Der Gesellschaft bürgerlichen Rechts wird das Wissen ihrer geschäftsführenden Gesellschafter überall da, wo es auf das »Wissen der Gesellschaft« ankommt, unweigerlich zugerechnet[72], etwa wenn es sich um den gutgläubigen Erwerb von Sachen, um den Ausschluß von Einreden handelt usw. Daneben bleibt der andersartige § 166 BGB anwendbar, wenn die Gesellschaft einer dritten Person Vollmacht gegeben hat. Die Unterscheidung zwischen der Zurechnung des Organwissens und des Stellvertreterwissens ist nicht bloß theoretischer Art: Nach § 166 BGB wird der Gesellschaft das Wissen eines als Stellvertreter agierenden Bevollmächtigten zugerechnet. Die Organzurechnung dagegen ist nicht abhängig davon, ob das betreffende Organ rechtsgeschäftlich gehandelt hat (vgl. bereits oben, § 10 IV). Mit Recht wurde bei *BGHZ* 140, 54 = NJW 1999, 284 für die Kenntnis einer BGB-Gesellschaft vom insolvenzrechtlichen Verfügungsverbot entschieden: »Die Vermutung des § 8 III KO ist von einer Gesellschaft bürgerlichen Rechts mit mehreren einzelvertretungsberechtigten Gesellschaftern regelmäßig nur zu widerlegen, wenn keinem von ihnen das Verfügungsverbot (die Konkurseröffnung) bekannt war.

* Literatur: *Reischl*, »Wissenszurechnung« auch bei Personengesellschaften? JuS 1997, 783; *Spindler*, Unternehmensorganisationspflichten, 2001, S. 628ff.

71 A.M. *Reischl*, JuS 1997, 787 mit Hinweis auf die zur GmbH & Co. KG ergangene Entscheidung *BGH*, NJW 1995, 2159, 2160.

72 A.M. *Reischl*, JuS, 1997, 787.

6. Gesellschaften zum Halten und Verwalten von Vermögensgegenständen

a) Die herrschende Auffassung läßt Gesellschaften zu, die als Außengesellschaften (»Gesamthandsgesellschaften«) keinen anderen Zweck haben als den, einen Gegenstand oder bestimmte einzelne Gegenstände gemeinschaftlich als Gesellschaftsvermögen zu halten oder zu verwalten (vgl. oben, § 59 I 3)[73]. Der Haupteffekt dieser Gesellschaften und ihr vernünftiger Sinn besteht in der Vermögensbindung[74]: Wer einen Gegenstand als Gesellschaftsvermögen (§ 718 BGB) und nicht in Bruchteilsgemeinschaft (§§ 741, 1008 BGB) hält, kann nicht über einen Bruchteil daran verfügen (§ 719 BGB gegenüber § 747 BGB), ist also nicht nur durch eine schuldrechtliche Bindung (§ 137 BGB), sondern dinglich gegen Verfügungen anderer Beteiligter geschützt. Diese Gestaltung findet ihre Hauptbedeutung im Grundstücksrecht[75], läßt sich jedoch auf alle der Einbringung in eine Gesellschaft fähigen Rechtsgüter übertragen, insbesondere auch auf Gesellschaftsanteile[76].

Beispiel 27 (vgl. *BGH* NJW 1982, 170 = JuS 1982, 300 m.Anm. *Karsten Schmidt*; *OLG Frankfurt*, NJW 1996, 1123): Die Eheleute E haben ein Hausgrundstück »in Gesellschaft bürgerlichen Rechts« erworben und sind nach § 47 GBO mit diesem Zusatz in das Grundbuch eingetragen worden. Sie haben sich dann für den Erwerb »zur gesamten Hand« entschieden, was – wie ausgeführt wurde – gravierende Folgen für den Rechtsverkehr hat (oben, § 58 IV 3b aa). Gemeinsamer Zweck ist hier das »Halten und Verwalten« von Grundeigentum.

Beispiel 28: Der *Bundesgerichtshof* läßt die Beteiligung einer Gesellschaft bürgerlichen Rechts an einer GmbH (*BGHZ* 78, 311 = NJW 1981, 682), an einer AG (*BGHZ* 118, 83 = NJW 1992, 2222), an einer Genossenschaft (*BGHZ* 116, 86 = NJW 1992, 499), an einer Kommanditgesellschaft (*BGHZ 148, 291 = NJW 2001, 3121) und auch an einer anderen Gesellschaft bürgerlichen Rechts zu (BGH,* NJW 1998, 376). In Kombination mit der Zulassung einer Gesellschaft bürgerlichen Rechts zum Halten und Verwalten bedeutet das, daß eine Gesellschaft bürgerlichen Rechts auch eigens zu dem einzigen Zweck gebildet werden kann, gemeinschaftlich einen solchen Anteil zu halten. So können z.B. unsere Eheleute E, statt eine Zweipersonen-GmbH zu gründen, auch eine Einpersonen-GmbH gründen, deren einziger Gesellschafter eine von ihnen gegründete Gesellschaft bürgerlichen Rechts ist.

b) Der Effekt dieser Gestaltung besteht nicht nur in der gewollten und einleuchtenden wechselseitigen Vermögensbindung, sondern auch in einer rechtspolitisch fragwürdigen Verflüchtigung von Rechten, im Fall der Grundstücksgesellschaft in einer regelrechten Mobilisierung des Bodens (dazu auch unten, III)[77].

---

73 *BGH*, NJW 1982, 170 = JuS 1982, 300 (*Karsten Schmidt*); *OLG Frankfurt*, NJW 1996, 1123; *Flume*, Personengesellschaft § 3 III; *ders.*, DB 1973, 2470; *Petzoldt*, BB 1973, 1332; *Karsten Schmidt*, AcP 182 (1982), 481ff.; *ders.*, ZIP 1998, 2ff.; a.M. *OLG Düsseldorf*, BB 1973, 1325; DNotZ 1973, 91.

74 *Karsten Schmidt*, NJW 1996, 3326; *ders.*, ZIP 1998, 5.

75 *Karsten Schmidt*, ZIP 1998, 2ff.

76 *Ulmer*, Gesellschaft bürgerlichen Rechts, § 719 Rdnrn. 19ff.

77 *Karsten Schmidt*, NJW 1996, 3326.

Beispiel Nr. 29: Wollen die Eheleute E »ihren« Grundbesitz bzw. »ihre« GmbH-Beteiligungen im Wege der vorweggenommenen Erbfolge auf ihre Kinder S (Sohn) und T (Tochter) übertragen, so übertragen sie nur nach wirtschaftlicher, nicht aber in juristischer Betrachtung Grundstücks- bzw. GmbH-Anteile. Da das Grundstück bzw. der GmbH-Geschäftsanteil Gesellschaftsvermögen der BGB-Gesellschaft ist, brauchen die Eltern den Kindern nur ihre Anteile an der Gesellschaft bürgerlichen Rechts zu übertragen, so daß nunmehr S und T Gesellschafter der beiden BGB-Gesellschaften sind, denen das Grundstück bzw. der GmbH-Geschäftsanteil gehört. Wirtschaftlich betrachtet, ist das Grundstück und das GmbH-Vermögen in neue Hände übergegangen, ohne daß das Grundbuch (§§ 873, 925 BGB) oder der Notar (§ 15 GmbHG) bemüht worden wäre. Es besteht sogar die Gefahr, diese Mobilisierung des Vermögens für rückdatierte Fälschungen zu nutzen.

c) Wie schon unter II 1 a für das Grundbuchrecht angedeutet, ändert die Rechtsträgerschaft der BGB-Gesellschaft nichts daran, daß jede Form der *Publizität* mangels eigener Publizität der Gesellschaft die Gesellschafter einbeziehen muß. Ist die Gesellschaft Grundeigentümerin, so werden in das Grundbuch nach § 47 GBO die Gesellschafter mit dem Rechtsformzusatz eingetragen; der Name der Gesellschaft – nicht jede BGB-Gesellschaft hat einen individualisierbaren Namen! – sollte, muß aber nicht ausnahmslos hinzugesetzt werden (vgl. oben unter II 1 b)[78]. Ist eine BGB-Gesellschaft an einer GmbH beteiligt, so werden ihre Gesellschafter »in Gesellschaft bürgerlichen Rechts« in die Gesellschafterliste gemäß §§ 8, 40 GmbHG eingetragen[79]. Ist eine BGB-Gesellschaft an einer Handels-Personengesellschaft beteiligt, so werden nach §§ 106, 107, 162 HGB die BGB-Gesellschafter jedenfalls neben dem Namen der BGB-Gesellschaft als persönlich haftende Handelsgesellschafter bzw. Kommanditisten eingetragen (vgl. jetzt § 162 I 2 HGB)[80]. Aber diese Eintragung beruht nicht auf höherer dogmatischer Erkenntnis, sondern einzig darauf, daß die BGB-Außengesellschaft, obwohl Rechtsinhaberin, im Gegensatz zur Handels-Personengesellschaft (oben, § 46 III), zur Partnerschaftsgesellschaft (unten, § 64 II 3) und zur EWIV (unten, § 66 II 1 f.) nicht registerfähig und deshalb selbst kein vollwertiges Publizitätssubjekt ist. Es handelt sich um ein rein formalrechtliches Provisorium (oben unter II 1 a).

III. Die persönliche Gesellschafterhaftung*

1. Grundlagen

a) In Anbetracht der schon in den Grundlagen bestehenden Unklarheiten um das Haftungsmodell der BGB-Gesellschaft kann es nicht verwundern, daß die

78 A.M. *Ulmer/Steffek*, NJW 2002, 330ff.: Außen-BGB-Gesellschaft sei grundbuchfähig.
79 Vgl. *OLG Hamm*, NJW-RR 1996, 482; *Karsten Schmidt*, BB 1983, 1700.
80 Vgl. *Karsten Schmidt*, DB 1990, 95.
* Literatur (vgl. zunächst unter I): *Aderhold*, Das Schuldmodell der BGB-Gesellschaft, 1981; *Altmeppen*, Haftung der Gesellschafter einer Personengesellschaft für Delikte NJW 1996, 1017; *App*, Haftung der Gesellschafter für Steuerschulden einer aufgelösten BGB-Gesellschaft, NJW 1994, 2878; *Beuthien*, Die Haftung von Personengesellschaftern, DB 1975, 725ff.; *Ernst*, Schuld

Frage der persönlichen Gesellschafterhaftung schwierig und umstritten ist. Um Klarheit zu schaffen, soll zunächst an die hier zugrundegelegte Haftungssystematik erinnert werden (vgl. oben unter I):

- Es besteht ein strenger Unterschied zwischen dem Haftungsrecht der Innengesellschaft und der Außengesellschaft. Wo keine Außengesellschaft vorhanden ist, ist auch eine Haftung der Gesellschaft gegenüber den Gläubigern nicht möglich. Die Haftung der Gesellschafter kann in einem solchen Fall keine Haftung für Gesellschaftsverbindlichkeiten sein. Sie ist ganz einfach ein Problem des allgemeinen und besonderen Schuldrechts, nicht des Gesellschaftsrechts (oben unter I 2a).
- Ganz anders ist der Ausgangspunkt bei der Außengesellschaft, weil diese Gesellschaft selbst Schuldnerin sein kann (oben, § 8 III). Ob sie im konkreten Fall Schuldner ist, ergibt sich im Einzelfall aus dem Vertrag oder aus dem gesetzlichen Haftungstatbestand (dazu oben unter I 2b und

---

und Haftung bei der BGB-Gesellschaft, Diss. Heidelberg 1973; *Blenske*, Die Haftung der Gesellschafter einer GbR mbH, NJW 2000, 3170; *Frangenberg*, Haftungsbeschränkung bei der unternehmerisch tätigen GbR, Diss. Bonn 1996; *Grunewald*, Folgerungen aus der Aufgabe der »Doppelverpflichtungstheorie« für die Sozietäten der Freiberufler, in: Festschrift Peltzer, 2001, S. 129; *Gummert*, Die Haftung für gemeinschaftliche Schulden, in: Riegger/Weipert (Hrsg.), MünchHdb. GesR I, 1995, § 12; *ders.*, Zur Zulässigkeit einseitiger Haftungsbeschränkungen auf das Vermögen der Handelsgesellschaft, ZIP 1993, 1063; *Habersack*, Die Haftungsverfassung der Gesellschaft bürgerlichen Rechts, JuS 1993, 1; *ders.*, Die Anerkennung der Rechts- und Parteifähigkeit der GbR und der akzessorischen Haftung durch den BGH, BB 2001, 477; *Hadding*, Haftungsbesschränkung in der unternehmerisch tätigen Gesellschaft bürgerlichen Rechts, in: Festschrift Rittner, 1991, S. 133; *Heckelmann*, Die GbRmbH als (neue) Gesellschaftsform? in: Festschrift Quack, 1991, S. 243; *Heermann*, Haftungsbeschränkungen in der BGB-Außengesellschaft, BB 1994, 2421; *Hommelhoff*, Wider das Akzessorietätsdogma in der Gesellschaft bürgerlichen Rechts, ZIP 1998, 8; *Huep*, Die Haftungsbeschränkung zugunsten der Gesellschafter einer BGB-Gesellschaft, NZG 2000, 285; *Kindl*, Der Streit um die Rechtsnatur der GbR und seine Auswirkungen auf die Haftung der Gesellschafter für rechtsgeschäftlich begründete Gesellschaftsverbindlichkeiten, NZG 1999, 517; *Kornblum*, Die Haftung der Gesellschafter für Verbindlichkeiten der Gesellschaft, 1972, S. 29ff.; *Kowalski*, Zur Bereicherungshaftung in Gesellschaften bürgerlichen Rechts, NJW 1991, 3183; *Lehmann*, Die Haftung des BGB-Gesellschafters für Steuerschulden der Gesellschaft, DB 1991, 2407; *Justus Meyer*, Haftungsbeschränkung im Recht der Handelsgesellschaften, 2000; *Mülbert*, Die rechtsfähige Personengesellschaft, AcP 199 (1999), 38; *Nicknig*, Die Haftung der Mitglieder einer BGB-Gesellschaft für Gesellschaftsschulden, 1972; *Paulus*, Die GbR als Steuerschuldner, DStR 1994, 544; *Peifer*, Der BGH und die GbRmbH, NZG 2001, 193; *Petersen/Rothenfußer*, Privatautonomie und Verkehrsschutz bei der GbR mbH, GmbHR 200, 757; *Reiff*, Die Haftungsverfassungen nichtrechtsfähiger unternehmenstragender Verbände, 1996; *ders.*, Gesellschafterhaftung in der Gesellschaft bürgerlichen Rechts: Durchbruch der Akzessorietätstheorie, ZIP 1999, 554; *ders.*, Unbeschränkte Gesellschafterhaftung in der Gesellschaft bürgerlichen Rechts, ZGR 2000, 339; *Karsten Schmidt*, Zum Haftungsstatus unternehmenstragender BGB-Gesellschaften, in: Festschrift Fleck, 1988, S. 271; *Schwark*, Voraussetzungen und Grenzen der persönlichen Gesellschafterhaftung in der GbR, in: Festschrift Heinsius, 1991, S. 753; *Thielmann*, Bereicherung des Gesellschaftsvermögens und der Eigenvermögen der Gesellschafter, ZHR 136 (1972), 397; *Timm*, Die Rechtsfähigkeit der Gesellschaft bürgerlichen Rechts und ihre Haftungsverfassung, NJW 1995, 3209; *Timm/Schöne*, Zwingend gesamtschuldnerische Haftung der Mitglieder eines Übernahmekonsortiums? ZGR 1994, 113; *Ulmer*, Vertretung und Haftung bei der Gesellschaft bürgerlichen Rechts, in: Festschrift Rob. Fischer, 1979, S. 785; *Wellkamp*, Risikobegrenzung in der Unternehmer-BGB-Gesellschaft, NJW 1993, 2715; *Wunderlich*, Das Ende der Doppelverpflichtungstheorie? WM 2002, 271; *Wiesner*, Die Haftungsordnung der BGB-Gesellschaft, JuS 1981, 331; *Ingo Wolf*, Vertragliche Haftungsbeschränkungen der Gesellschafter bürgerlichen Rechts gegenüber gesellschaftsexternen Gläubigern, 1990.

II). Nur wenn dies festgestellt ist, sind die folgenden Fragen zu prüfen. Die Problemabgrenzung muß nochmals an Beispielen verdeutlicht werden.

Beispiel Nr. 30: Kaufen zwei Freunde im Rahmen einer Gelegenheitsgesellschaft ein Segelboot, so haften sie nach §§ 433, 427 BGB im Zweifel als Gesamtschuldner. Beschädigen sie bei einem Manöver gemeinsam das Nachbarboot am Liegeplatz, so haften sie gleichfalls als Gesamtschuldner (§§ 823, 830, 840 BGB). Dies sind, wie ausgeführt wurde, zwar Fragen der persönlichen Haftung, aber nicht eigentlich Fragen des Gesellschaftsrechts. Es liegen allgemeine schuldrechtliche Haftungsfragen vor.

Beispiel Nr. 31: Kauft die im Handelsregister nicht eingetragene kleine ABC-Galerie Material und wird die Galerie als Gesellschaft bürgerlichen Rechts betrieben, so ist die Gesellschaft selbst Vertragspartnerin und Schuldnerin nach § 433 BGB. Ob daneben die Gesellschafter A, B und C persönlich haften, ist eine gesellschaftsrechtliche Frage.

Beispiel Nr. 32: Hat der Gesellschafter C das Material im eigenen Namen gekauft, so ist er selbst der Vertragspartner, nicht – obwohl sie es sein könnte – die Gesellschaft. Selbstverständlich schuldet er jetzt den Kaufpreis, aber wiederum ist das keine Gesellschaftsrechtsfrage.

Beispiel Nr. 33 (in Anlehnung an *BGHZ* 75, 26): In Düsseldorf wurde mit einem Aufwand von 4 Mio. eine Wohnanlage mit 25 Wohneinheiten von einer Bauherrengemeinschaft errichtet. Die R GmbH & Co. KG als Baubetreuerin schloß im Namen der Bauherrengemeinschaft die für den Bau erforderlichen Verträge. Die Bauunternehmung B verlangte von den Bauherren als Gesamtschuldnern einen noch offenen Betrag aus der Schlußrechnung. Der *BGH* entschied zu Recht, daß die Bauherren nur pro rata haften, denn jedermann wird einsehen, daß der einzelne Bauherr sich durch seine Beteiligung nach dem Wert seiner Wohnung verschulden will, nicht dagegen in Höhe von 4 Mio. Das beruht aber nicht auf einer Haftungsbeschränkung für Schulden der BGB-Gesellschaft, sondern darauf, daß die Bauherren als einzelne Vertragspartner sind, und zwar in Abweichung von § 427 BGB als Teilschuldner. Die haftungsrechtliche Sonderstellung, die der *Bundesgerichtshof* in NJW 2002, 1642 = ZIP 2002, 851 nach wie vor den Bauherrengemeinschaften und Immobilienfonds einräumt, erweist sich in diesem Licht nicht als ein gesellschaftsrechtliches Haftungsprivileg, sondern als bloße Konsequenz aus der richtigen Vertragspartnerbestimmung.

Beispiel Nr. 34 (nach *BGHZ* 74, 240 = JR 1979, 504 m. Anm. *Hommelhoff* = JZ 1979, 540 m. Anm. *Wiedemann*, JZ 1980, 195 = JuS 1979, 817 m. Anm. *Karsten Schmidt*): Handwerker H hatte Arbeiten an dem Bauvorhaben einer Bauherrengemeinschaft ausgeführt. Bei Abschluß des Werkvertrags war G Gesellschafter der Bauherrengemeinschaft. Nachträglich übertrug G seine Beteiligung auf die Beklagte B. Der *BGH* hatte zu entscheiden, ob B für die Werkvertragsschuld hafte. Er verneinte dies, indem er § 130 HGB für unanwendbar erklärte: »Wer in eine Gesellschaft bürgerlichen Rechts eintritt, haftet für deren vorher begründete Verbindlichkeiten nur kraft besonderer Vereinbarung mit dem Gläubiger.« Diesem Urteil wird hier, was die Allgemeingültigkeit seiner Aussage betrifft, widersprochen, denn für die Schulden einer BGB-Außengesellschaft gilt eben doch § 130 HGB analog (dazu unter III 2 d). Es wurde jedoch schon betont, daß das Ergebnis im konkreten Fall überzeugt: Wenn hier nicht die Gesellschaft, sondern jeder Gesellschafter Vertragspartner war, konnte B ohne Schuldübernahme nicht in die Verbindlichkeit des G eintreten.

Beispiel Nr. 35: Das Ehepaar Manfred und Friederike ist »in Gesellschaft bürgerlichen Rechts« als Eigentümer im Grundbuch eingetragen, bildet also eine Außengesellschaft zum Halten und Verwalten des Grundstücks. Wenn es darum geht, ob für Reparaturrechnungen »die Gesellschaft« oder/und M und F als Gesamtschuldner haften, darf die Frage nicht sein, wie »die Gesellschafter einer BGB-Gesellschaft« haften. Diese Frage stellt sich nur, wenn die Reparaturarbeiten im Namen der Gesellschaft bestellt worden sind (was bei einer unternehmenstragenden Gesellschaft die Regel wäre). Da kein unternehmensbezogenes Handeln »im Namen des Hauses« vorliegt, kann es gut sein, daß nur M oder nur F oder beide als Teil- oder Gesamtschuldner verpflichtet sind. Das ist dann eine Vertragsauslegungsfrage, keine Gesellschaftsrechtsfrage.

b) Damit bestätigt sich die unter I 1 dargestellte Grundposition: Es ist nicht richtig, wenn einfach gefragt wird, wie »die Gesellschafter einer Gesellschaft bürgerlichen Rechts« aus Vertrag, aus unerlaubter Handlung, aus ungerechtfertigter Bereicherung usw. haften. Ein solcher Ansatz entsprach zwar bis zu den Vorauflagen der wohl einhelligen Praxis und Standardliteratur[81]. Demgegenüber wird hier unterschieden zwischen
- Innengesellschaften,
- Außengesellschaften im allgemeinen und
- organisierten, insbesondere unternehmenstragenden Gesellschaften im besonderen.

Die Darstellung wird mit der Gesellschafterhaftung für Schulden der BGB-Außengesellschaft beginnen. Sie läuft auf ein Konzept hinaus, das bei Erscheinen der ersten Auflagen dieses Buchs in seiner Grundsätzlichkeit neu war und an die unter § 58 II 4 dargestellte Unterscheidung zwischen unternehmenstragenden und »schlicht zivilistischen« Gesellschaften anknüpfte: die oHG-ähnliche Gesellschafterhaftung bei unternehmenstragenden Gesellschaften[82]. Als sog. »Akzessorietätstheorie hat sich dieses vor allem auf *Flume* zurückgehende Haftungsmodell durchgesetzt, und zwar ohne Beschränkung auf unternehmenstragende Gesellschaften übernommen (dazu sogleich unter III 2)[83].

2. Die akzessorische Gesellschafterhaftung analog §§ 128ff. HGB

Der Gesetzgeber hat die Frage der persönlichen Gesellschafterhaftung für Schulden der Gesamthandsgesellschaft bürgerlichen Rechts nicht geklärt. Das hängt damit zusammen, daß er bei der Anerkennung der Gesamthands-BGB-Gesellschaft nicht voraussah, was für ein Gebilde er in die Welt setzte (oben, § 58 I, IV). Bei *BGHZ* 61, 338, 343 – einer auf die Bereicherungshaftung der Gesellschafter bezogenen Entscheidung – findet sich die nüchterne Feststellung: »Eine dem § 128 HGB ähnliche Vorschrift, nach der bei der offenen Handelsgesellschaft die Gesellschafter für alle Arten von Gesellschaftsschulden voll haften, fehlt.« Auch *BGHZ* 117, 168, 176 = NJW 1992, 1615 sowie in NJW 1998, 2904f. hat eine »akzessorische« Gesellschafterhaftung analog

---

81 Vgl. statt vieler *Grunewald*, 2. Aufl. 1996, Rdnrn. 1 A 10ff.; *Hueck*, § 9 IV; *Hüffer*, 4. Aufl. 1996, § 12; *Kübler*, § 6 III 4; *Siegmund/van Venrooy*, Rdnrn. 114ff.; ausdrücklich gegen die hier vorgenommene Differenzierung *Plambeck*, Die Vereinbarung der Haftungsbeschränkung in der Gesellschaft bürgerlichen Rechts, 1993, S. 63ff.

82 3. Aufl., § 60 III; s. auch *Reiff*, NZG 2000, 283; *Ulmer*, ZIP 1999, 561ff.

83 Vgl. dazu *Dauner-Lieb* und *Gummert*, in: VGR 5 (2002), S. 134 und 163; hält man mit der hier vertretenen Auffassung jede Außengesellschaft für nach § 105 II HGB eintragungsfähig, so scheint die Basis der hier früher vertretenen Begrenzung als seit 1998 entfallen.

§§ 128 ff. HGB noch klar abgelehnt. Demgegenüber wurde hier seit der ersten Auflage eine durch analoge Anwendung der §§ 128 ff. HGB[84] zu füllende Gesetzeslücke[85] konstatiert. Inzwischen hat der *Bundesgerichtshof* in *BGHZ* 142, 315 = NJW 1999, 3483 ausgesprochen, daß die Gesellschafterhaftung eine gesetzliche ist, und der dritte Leitsatz bei *BGHZ* 146, 341 = NJW 2001, 1056 lautet: »Soweit der Gesellschafter für Verbindlichkeiten der GbR persönlich haftet, entspricht das Verhältnis zwischen der Verbindlichkeit der Gesellschaft und der Haftung des Gesellschafters derjenigen bei der offenen Handelsgesellschaft (Akzessorietät)«[86]. Ein größerer Umschwung der Rechtsprechung läßt sich schwer denken. Für unternehmenstragende, z. B. freiberufliche Gesellschaften, die nur aufgrund des zu engen Kaufmannsbegriffs (Handelsrecht, § 9 I) aus dem unmittelbaren Anwendungsbereich des HGB herausfallen[87], war diese Besinnung auf die haftungsrechtlichen Grundlagen des Unternehmensrechts überfällig. Daß die unternehmenstragende Personengesellschaft auch nach der Vorstellung des Gesetzgebers dem strengen Haftungsregime analog §§ 128 ff. HGB zu unterliegen hat, zeigt insbesondere § 8 I des Partnerschaftsgesellschaftengesetzes (dazu unten, § 64 IV). § 128 HGB ist Ausdruck eines Grundsatzes, wonach die Gesellschafter einer unternehmerisch tätigen Gesellschaft unbeschränkt haften, sofern sie sich nicht besonderer, mit gesetzlichen Vorkehrungen für den Gläubigerschutz ausgestatteter Rechtsformen für die Haftungsbeschränkungen bedienen[88]. Die Haftung ist eine gesetzliche, gleichgültig, ob die Gesellschaftsschuld auf einem Rechtsgeschäft oder auf dem Gesetz beruht[89]. Sie braucht nicht durch Abrede mit dem einzelnen Gläubiger begründet zu werden, und sie kann nur durch Abrede mit dem einzelnen Gläubiger ausgeschlossen werden (§ 128 S. 2 HGB analog)[90]. Einer besonderen positiven Begründung der Haftung in jedem Einzelfall bedarf es nicht[91], soweit §§ 128 ff. HGB

---

84 *Wiedemann*, WM-Sonderbeilage 4/1975, S. 42; *Eisenhardt*, Rdnr. 82; *Flume*, Personengesellschaft, § 16 IV 3; *Grunewald*, Rdnr. 1 A 104; *Timm*, NJW 1975, 3215 f; a. M. *Ulmer*, Gesellschaft bürgerlichen Rechts, § 714 Rdnr. 30; differenzierend *H. P. Westermann*, ZGR 1977, 558 ff.

85 Wie hier jetzt *Reiff*, a. a. O., S. 220; *Ulmer*, ZIP 1999, 546; a. M. noch *Ulmer*, Gesellschaft bürgerlichen Rechts, § 714 Rdnr. 30; *ders.*, in: Festschrift Fischer, a. a. O., S. 794; *Habersack*, JuS 1993, 3; *Hadding*, in: Festschrift Rittner, a. a. O., S. 145.

86 Dazu zust. *Dauner-Lieb*, in: VGR 5 (2002), S. 124; *dies.*, DStR 2001, 356; *Gummert*, in: VGR 5 (2002), S. 162 f.; *Habersack*, BB 2001, 477; *Hadding*, ZGR 2001, 727; *Karsten Schmidt*, NJW 2001, 993; *Ulmer*, ZIP 2001, 585; *Westermann*, NZG 2001, 289; krit. *Heil*, NZG 2001, 300.

87 Eingehend *Karsten Schmidt*, in: Festschrift Fleck, 1988, S. 271 ff.; in gleicher Richtung *Wiedemann* I, § 5 IV 1 c; *Nicknig*, a. a. O., S. 46 ff.; *Aderhold*, a. a. O., S. 258; *Schünemann*, a. a. O., S. 145; *Thiery*, a. a. O., S. 152 ff.; *Reiff*, a. a. O., S. 220 ff., 288 ff., 302 ff.; *Reinhardt*, JZ 1974, 770; *Beuthien*, DB 1975, 775 Fußn. 69; *H. P. Westermann*, ZGR 1977, 562 f.; *Lindacher*, JuS 1982, 40; s. auch zur Anwaltssozietät *Steindorff*, in: Festschrift Fischer, a. a. O., S. 756 f.

88 Vgl. *Karsten Schmidt*, Zur Stellung der oHG im System der Handelsgesellschaften, 1972, S. 103 ff.; § 128 HGB knüpft entgegen *Altmeppen* (NJW 1996, 1023) nicht an die Erwartung an, die Personengesellschaft sei solvent.

89 Überzeugend jetzt *BGHZ* 146, 341 = LM Nr. 52 zu § 50 ZPO m. Anm. *Wilhelm* = NJW 2001, 1056 = JZ 2001, 655 m. Anm. *Wiedemann*.

90 Überzeugend jetzt *BGHZ* 142, 315 = NJW 1999, 3483; dazu eingehend *Ulmer*, ZGR 2000, 339 ff.

91 A.M. *Grunewald*, 2. Aufl. Rdnrn. 1 A 10 ff.; *Kraft/Kreutz*, C 3 b bb; *Hadding*, in: Festschrift Rittner, a. a. O., S. 148; nur mit einer Vermutung operierte bisher *Ulmer*, Gesellschaft bürgerlichen Rechts, § 714 Rdnr. 35; *ders.*, in: Festschrift Fischer, a. a. O., S. 797 f.

analog anwendbar sind. Es gelten, auch hinsichtlich des Haftungsinhalts, die unter § 49 III dargestellten Grundsätze. Damit löst sich ein erheblicher Teil der schon angesprochenen Fälle[92]:

Beispiel Nr. 36 (Erfüllungshaftungsfall): Wenn eine Gesellschaft bürgerlichen Rechts Geräte mietet (vgl. *BGHZ* 142, 315 = NJW 1999, 3483) oder Wechsel zeichnet (*BGHZ* 146, 341 = NJW 2001, 1056), hätte die bis 1999 dominierende Rechtsprechung gefragt, ob sich die Gesellschafter gemeinschaftlich nur als »Gesamthänder« oder auch als »Gesamtschuldner« nach § 427 BGB persönlich verpflichtet haben (*BGHZ* 136, 254, 258f. = NJW 1997, 2754, 2755; vgl. zur sog. Doppelverpflichtungstheorie alsbald unter III 2). Heute würde der *Bundesgerichtshof* richtig entscheiden: Mieterin bzw. Wechselakzeptantin ist die Gesellschaft, und die Gesellschafter haften daneben analog § 128 HGB persönlich.

Beispiel Nr. 37 (*Vertragsverletzungsfall* nach *BGHZ* 97, 273 = NJW 1986, 2364 = JuS 1987, 235 m. Anm. *Karsten Schmidt*): Eine Patientin P begab sich wegen eines Krampfaderleidens in das von den Ärzten A und B betriebene »Institut für Röntgen- und Nuklearmedizin«. Durch ein Verschulden des A erlitt sie erhebliche Schäden. Das *OLG* hatte nur den A für schadensersatzpflichtig gehalten. Der *BGH* verurteilte beide. Ähnlich war schon in *BGHZ* 56, 355 für die Anwaltssozietät entschieden worden. Dieses überzeugende Ergebnis läßt sich plausibel begründen, wenn man mit der hier unter II 2 vertretenen Ansicht davon ausgeht, daß bei der Anwaltssozietät oder Gemeinschaftspraxis der Vertrag nicht mit den einzelnen Anwälten oder Ärzten, sondern mit der Gesellschaft geschlossen wird. Daß jeder Gesellschafter auf Erfüllung verklagt werden kann oder neben der Gesellschaft auf Schadensersatz wegen Nichterfüllung haftet, folgt aus der analogen Anwendung des § 128 HGB. Auch bei der *Rechtsscheinhaftung eines ausgeschiedenen Gesellschafters* sind die Unterschiede nur rechtskonstruktiver Art. Im Fall *BGH*, NJW 1991, 1225 wurde ein bei Übernahme des Mandats bereits ausgeschiedener Rechtsanwalt aus der Vertragshaftung verurteilt, weil sein Name weiterhin auf dem Praxisschild und den Briefbögen der Kanzlei erschienen war. Der *BGH* begründete dieses Ergebnis mit einer Anscheinsvollmacht: Der Mandant habe auf diese Weise den Anwaltsvertrag auch mit dem ausgeschiedenen Sozius abgeschlossen. Das richtige Ergebnis läßt sich mit der hier vertretenen Auffassung folgendermaßen begründen: Der Ausgeschiedene war nicht als Vertragspartner des Mandanten, sondern als Schein-Gesellschafter der Vertragspartnerin, eben der vertragsschließenden Sozietät, zu verurteilen.

Beispiel Nr. 38 (*Deliktshaftungsfall* nach *BGHZ* 45, 311): Der Deliktsfall des *BGH* ist uns schon aus den Ausführungen unter II 4 bekannt: Kunde K gibt sein Fahrzeug in die Reparaturwerkstatt G & T. Weil T das Bremsventil offenläßt, verunglückt K. Dies ist nicht nur eine Forderungsverletzung der Gesellschaft, sondern auch eine unerlaubte Handlung der Gesellschaft, die sich ein Organverschulden des T zurechnen lassen muß (§ 31 BGB; allerdings kann man füglich darüber streiten, ob T hier wirklich als Organ und nicht vielleicht doch nur in seiner Eigenschaft als Gehilfe der Gesellschaft handelte). Für beide Verbindlichkeiten haftet nicht nur T, sondern auch G persönlich analog § 128 HGB (a. M. *Altmeppen*, NJW 1996, 1017ff.). Indem der *BGH* die Klage gegen den G hinsichtlich der unerlaubten Handlung abwies, entschied er den Fall unrichtig.

Beispiel Nr. 39 (*Bereicherungsfall* nach *BGH*, NJW 1983, 1905 = JuS 1983, 804 m. Anm. *Karsten Schmidt*): Eine nicht im Handelsregister eingetragene und deshalb nach damaligem Stand des HGB nicht kaufmännische Kino-Gesellschaft hatte aufgrund eines unwirksamen Filmverleihvertrags Leistungen entgegengenommen. Gefragt war nach Ansprüchen des Filmverleihunternehmens gegen die Gesellschafter. Sieht man mit der hier vertretenen Auffassung nicht die Gesellschafter, sondern die Gesellschaft als Leistungsempfänger und Kondiktionsschuldner an (oben, Beispiele Nrn. 10, 18, 19, 31), so stellt sich die Frage nach

92 Übereinstimmend bereits vor dem Umschwung der Rechtsprechung die Vorauflagen.

der persönlichen Gesellschafterhaftung. Sie beantwortet sich in Analogie zu § 128 HGB. Auch der *Bundesgerichtshof* gelangte bereits zur unbeschränkten Haftung, wenn auch aufgrund von Einzelfallüberlegungen (gegen eine gesellschaftsrechtliche »Überlagerung« der Bereicherungshaftung offenbar auch *Kowalski*, NJW 1991, 3183ff.).

Beispiel Nr. 40 (*Bereicherungsfall* nach *BGH*, NJW 1985, 1828 = JuS 1985, 728 m.Anm. *Karsten Schmidt*): Die Mitinhaber einer in BGB-Gesellschaft betriebenen Diskothek hatten aufgrund eines nach damaligem Recht formnichtigen Darlehnsvertrags (§§ 34 GWB a.F., 125 BGB) ein Darlehn von 250 000 DM entgegengenommen. Der *Bundesgerichtshof* hat hier im Ergebnis mit Recht eine unbeschränkte Haftung der Gesellschafter angenommen. Er hat sie damals mit komplizierten Erwägungen über die Empfangszuständigkeit der Gesellschafter und über die Haftungserwartung des Vertragspartners begründet. Nach dem Umschwung der Rechtsprechung würde nun wohl auch der Bundesgerichtshof die Haftung wiederum einfach aus einer analogen Anwendung des § 128 HGB herleiten.

Beispiel Nr. 41 (*Umsatzsteuerfall* nach *BFH*, BB 1986, 2969; BB 1986, 121; NJW 1990, 2086 = JuS 1990, 760 m.Anm. *Karsten Schmidt*; NJW 1990, 3294): Immer wieder mußte der *Bundesfinanzhof* entscheiden, ob die Gesellschafter einer gewerblich tätigen BGB-Gesellschaft für deren Umsatzsteuerschulden haften. Er hatte diese Haftung zunächst mit § 427 BGB begründet, aus dem sich aber keine Haftung für gesetzliche Schulden der Gesellschaft ableiten läßt (abl. deshalb *App*, BB 1986, 643f.; *Preisser*, NJW 1986, 3188; *Tiedtke*, BB 1987, 1746). Die richtige Begründung besteht in der analogen Anwendung des § 128 HGB (*Karsten Schmidt*, in: Festschrift Fleck, 1988, S. 284f.; *Paulus*, DStR 1994, 545f.; *Stirnberg*, DB 1990, 1634ff.; abl. *Kraft/Kreutz,* C III 3 a; Rdnr. A 109; *Hadding*, in: Festschrift Rittner, a.a.O., S. 144; *Lehmann*, DB 1991, 2409f.; *Tiedtke*, DStZ 1993, 76).

Beispiel Nr. 42 (*Gewerbesteuerfall* nach *OLG Hamm*, NJW-RR 1990, 615 = JuS 1990, 760 m.Anm. *Karsten Schmidt*): Eine Gemeinde nahm die Gesellschafter einer Gesellschaft bürgerlichen Rechts, die Montagebau betrieb, für deren Gewerbesteuerschulden in Anspruch. Das *OLG* bejahte die Haftung und leitete sie im Einklang mit der auch hier vertretenen Ansicht aus einer analogen Anwendung des § 128 HGB her. Inzwischen hat auch das *Bundesverwaltungsgericht* entschieden, daß die Gesellschafter einer inzwischen vermögenslosen BGB-Gesellschaft kraft Gesetzes für die Gewerbesteuerschulden der Gesellschaft gesamtschuldnerisch haften (*BVerwG*, NJW 1994, 602). Es hat diese gesetzliche Haftung allerdings in Übernahme der *BFH*-Rechtsprechung wieder unrichtig mit §§ 714, 427 BGB begründet (krit. deshalb, freilich im Ergebnis zu Unrecht, *App*, NJW 1994, 2878). Diese Begründung ist überholt. Das Ergebnis war und ist richtig.

Die bisherige Rechtsprechung – und mit ihr die bislang herrschende Lehre – pflegte diese und ähnliche Fälle nur unter der Fragestellung zu prüfen: Wie haften Gesellschafter bürgerlichen Rechts nach den Regeln des Vertrags-, Delikts- oder Bereicherungsrechts? Der hier gewählte Ansatz fügt sich in die neue, die Praxis seit 1999 bestimmende Rechtsprechung ein und ist in den Rechtsfolgen zugleich geschlossener: In allen diesen Fällen liegt eine *gesetzliche*, in Analogie zu § 128 HGB zu entwickelnde Haftung vor. Es bedarf deshalb auch bei Verträgen der Gesellschaft nicht der Konstruktion einer Doppelvertretung der Gesellschaft und der Gesellschafter (vgl. zu dieser Konstruktion unter III 4).

b) Wie bei der oHG (oben, § 49 I 2) ist die Haftung auch hier eine *Frage des Außenverhältnisses*. Die Grundsätze über die Gesellschafterhaftung gelten nur für *Drittgläubigerforderungen*, nicht für Sozialforderungen aus dem Gesellschaftsvertrag. Ganz wie bei der oHG kann es aber vorkommen, daß der Drittgläubiger zugleich Gesellschafter ist.

Beispiel Nr. 43 (nach *BGH*, NJW 1983, 749 = JuS 1983, 307 m. Anm. *Karsten Schmidt*): Drei Ärzte gründeten eine Gesellschaft bürgerlichen Rechts zum gewinnbringenden Betrieb eines medizinischen Bades. Einer der Ärzte vermietete der Gesellschaft Kellerräume, erhielt aber nicht den Mietzins. Der *Bundesgerichtshof* entschied – wie bei der oHG –, daß der Vermieter als Inhaber einer »Drittgläubigerforderung« nicht nur von der Gesellschaft, sondern auch von den Mitgesellschaftern als Gesamtschuldnern Zahlung verlangen könne; allerdings müsse er sich im Verhältnis zu seinen Mitgesellschaftern den eigenen Verlustanteil anrechnen lassen. Angenommen also, die Mietzinsforderung betrüge 3 000 Euro und die Gesellschafter nähmen im Innenverhältnis zu gleichen Teilen an den Verlusten teil, so könnte der Vermieter von der Gesellschaft 3 000 Euro, von den Gesellschaftern als Gesamtschuldnern dagegen nur 2 000 Euro verlangen. Die Analogie zum oHG-Recht wäre komplett gewesen, wenn der *BGH* die Gesellschafterhaftung schon damals auf den Gedanken des § 128 HGB gestützt hätte. Stattdessen hat er gesagt: »Der Gläubiger, der zugleich Gesellschafter ist (sog. Gesellschafter-Gläubiger), kann aus einem vom Gesellschaftsverhältnis verschiedenen Rechtsverhältnis seine Forderung sowohl der Gesellschaft als auch einzelnen Gesellschaftern gegenüber geltend machen. Die einzelnen Gesellschafter haften ihm nach § 427 BGB als Gesamtschuldner.« Hier hätte es richtig geheißen: »analog § 128 HGB«, denn Vertragspartner war die Gesellschaft, nicht jeder einzelne Gesellschafter. Zur Frage, ob die gesamtschuldnerische Inanspruchnahme mit der Treupflicht vereinbar ist, vgl. allerdings oben, § 49 I 2 b.

c) Ein erhebliches Problem liegt bei der *Frage der Haftungsbeschränkung*. Gilt § 128 HGB analog, so ergibt sich bei der Mitunternehmer-BGB-Gesellschaft die *unbeschränkte* Haftung generell wie von selbst, und nur die Haftungs*beschränkung* muß von Fall zu Fall geprüft und legitimiert werden. Die bloße Vereinbarung der Gesellschafter untereinander, z. B. im Gesellschaftsvertrag, genügt hierfür unzweifelhaft nicht (vgl. sinngemäß § 128 S. 2 BGB)[93]. Ebenso zweifellos kann die akzessorische Gesellschafterhaftung durch Vereinbarung mit dem Gläubiger abbedungen werden[94]. Nicht ausreichend ist bei der oHG dagegen der bloß einseitige Hinweis auf fehlenden Haftungswillen. Genau in diesem Sinne hat inzwischen der *Bundesgerichtshof* im Fall eines von einer BGB-Gesellschaft abgeschlossenen Mietvertrags entschieden. Nach *BGHZ* 142, 315 = NJW 1999, 3483 kann die gesetzliche Haftung der Gesellschafter für die im Namen der Gesellschaft eingegangenen Verbindlichkeiten nur durch individuelle Vereinbarung mit dem Gläubiger beschränkt werden, nicht schon durch einen Hinweis der Gesellschafter auf die gewollte Haftungsbeschränkung, insbesondere also nicht durch den Namenszusatz »Gesellschaft bürgerlichen Rechts mit beschränkter Haftung«[95]. Das ist so plausibel, daß man sich zunächst verwundert fragen wird, wieso dies zuvor nicht herrschende Auffassung war. Die zuvor vor allem in der Praxis h. M. ließ eine Haftungsbeschränkung durch deren schlichte Kundbarmachung zu[96] und sah

93 Vgl. auch *BGHZ* 146, 341 = NJW 2001, 1056; *BFH*, NJW 1990, 3294.

94 Eingehend *Flume*, Personengesellschaft, § 16 IV 4; insoweit ganz h.M.; *Kübler*, § 6 III 4 b aa (2); *Soergel/Hadding*, 11. Aufl., § 714 Rdnr. 31.

95 Dazu *Ulmer*, ZGR 2000, 339 ff.

96 Vgl. *RGZ* 155, 75, 87; *BGHZ* 61, 59, 67; *BGH*, NJW 1971, 1698; 1979, 2304, 2306; 1985, 619 = JuS 1985, 643 m. Anm. *Karsten Schmidt*; NJW-RR 1990, 701, 702; *OLG Hamm*, NJW 1985, 1846 = WM 1985, 644; *Ulmer*, Gesellschaft bürgerlichen Rechts, § 714 Rdnrn. 32 ff.; *Kornblum*, a. a. O., S. 47 ff.; *Nicknig*, a. a. O., S. 18 ff.; *Soergel/Hadding*, 11. Aufl., § 714 Rdnrn. 31 ff. m. w. N.; zuletzt *Petersen/Rothenfußer*, GmbHR 2000, 801 ff.; abl. *Flume*, Personengesellschaft, § 16 IV 5.

dies als offengelegte Vertretungsbeschränkung für die vertretungsberechtigten Gesellschafter an[97]. So begegnete man vor allem bei Existenzgründern der Ausgestaltung und »Firmierung« als »Kommanditgesellschaft bürgerlichen Rechts«[98] oder als »GbRmbH«[99]. Nach damals ständiger *BGH*-Praxis hafteten die Gesellschafter nicht unbeschränkt, wenn der Rechtsverkehr nicht mit einer unbeschränkten Haftung rechnen konnte, insbesondere wenn eine noch nicht eingetragene und deshalb nach § 2 HGB a.F. in der Rechtsform der BGB-Gesellschaft geführte Gesellschaft als »Kommanditgesellschaft« am Rechtsverkehr teilnahm (*BGHZ* 61, 59, 65ff.; 69, 95, 100f.; 113, 216, 219). Rechtsdogmatisch war diese Auffassung damals bereits kaum begründbar und nur rechtspolitisch zu verstehen: Es gab bis zur Handelsrechtsreform von 1998 die sog. Minderkaufleute, denen die Eintragungsfähigkeit und damit die Rechtsform der Kommanditgesellschaft ganz versagt war (§ 4 HGB a.F.)[100]. Damit diese den vom Gesetz bezweckten Schutz des Kleinunternehmers nicht mit der zwingend unbeschränkten Haftung bezahlen mußten, konzedierte man ihnen eine Art »Notwehr gegen den Unverstand des Gesetzgebers«. Als Mittel der Haftungsbeschränkung sah die Rechtsprechung eine Vertretungsbeschränkung an: Dem vertretungsberechtigten Gesellschafter wurde im Gesellschaftsvertrag die Befugnis abgesprochen, die Mitgesellschafter auch persönlich zu verpflichten, und wenn dies auf Briefköpfen oder sonst bei der »Firmierung« der Gläubigen kundgetan werde, ließ man dies gelten. Diese Auffassung war allerdings schon rechtsdogmatisch angreifbar[101]. Erstens basierte sie auf der verfehlten Annahme, die persönliche Haftung für Vertragsschuldverhältnisse ergebe sich daraus, daß die *Gesellschafter* – und nicht, oder doch nicht nur, die Gesellschaft! – als Vertragspartner vertreten werden; nur auf diese Weise läßt sich ja eine Haftungsbeschränkung durch Vollmachtsbeschränkung bewerkstelligen (§ 177 BGB). Zweitens funktionierte der Rechtsgedanke nur bei der Haftung aus Rechtsgeschäften. Drittens setzte die Haftungsbeschränkungspraxis bei einem Internum, der angeblichen Vollmachtsbeschränkung, an und fragte, ob diese entgegen § 177 BGB publik gemacht werden müsse. Nach der jetzt endlich auch vom BGH anerkannten an § 128 orientierten Haftungsgrundlage – Gesellschafterhaftung als akzessorische Haftung kraft Gesetzes – hat eine verdeckte Haftungsbeschränkung durch Vollmachtsbeschränkung bei unternehmenstragenden Gesellschaften keine Berechtigung. Aber nicht nur die Rechtskonstruktion war verfehlt und ist durch spätere Einsichten des Bundesgerichtshofs überholt, sondern über-

97 Vgl. *BGH*, NJW 1985, 619 = JuS 1985, 643 m.Anm. *Karsten Schmidt*; NJW-RR 1990, 701, 702; 1990, 867 = JuS 1990, 1018 m.Anm. *Karsten Schmidt*; a.M. *Soergel/Hadding*, 11. Aufl., § 714 Rdnr. 32 m.w.N.; Überblick bei *Aderhold*, a.a.O., S. 191; *Ingo Wolf*, a.a.O., S. 39ff.

98 *Karsten Schmidt*, DB 1973, 653ff., 703ff.; ablehnend *Flume*, Personengesellschaft, § 16 IV 5; *Heermann*, BB 1994, 2430f.; zur GmbH & Co. GbR vgl. *Heckelmann*, in: Festschrift Quack, 1991, S. 243ff.; differenzierend *Ulmer*, in: Festschrift Fischer, a.a.O., S. 797ff.

99 Vgl. *Wellkamp*, NJW 1993, 2715ff.; über die unzulässige Anwaltssozietät »m.b.H.« im Fall *BGH*, NJW 1992, 3037; *OLG Düsseldorf*, NJW 1990, 2133.

100 Ausführlicher noch 3. Aufl., 60 III 2 c.

101 Vgl. ebd.

holt ist auch die rechtspolitische Basis dieser selbstgestrickten Haftungsbeschränkung. Bis 1998 war nicht nur Freiberuflern, sondern auch allen Kleinunternehmern der Weg in das Handelsregister und damit in die Haftungsbeschränkung versperrt. Das hat sich geändert, seit oHG und KG durch die Einführung des neuen § 105 II HGB (dazu oben, § 46 I) Formkaufleute geworden sind (Handelsrecht, § 10 II 3). Unternehmenstragende Gesellschaften, denen das Handels- und Gesellschaftsrecht[102] die Eintragung als Kommanditgesellschaft in das Handelsregister versagt, gibt es nicht mehr[103]. Deshalb kann, wer ohne individuelle Zustimmung seiner Gläubiger die Haftung beschränken will, dies durch Eintragung als Kommanditgesellschaft im Handelsregister erreichen. Mit Recht hatte der *Bundesgerichtshof* schon 1992 entschieden, daß der zwischen anderen Angaben versteckt auf dem Briefbogen einer Freiberufler-Kanzlei angebrachte Hinweis »Gesellschaft bürgerlichen Rechts mit beschränkter Haftung« nicht für die Haftungsbeschränkung ausreicht und den Gesellschaftern sogar den Vorwurf unlauteren Wettbewerbs einbringen kann[104]. Die bereits herausgestellte Grundsatzentscheidung aus dem Jahr 1998 zog dann endlich die vollen Konsequenzen. Die Information der Gläubiger über die Haftungsbeschränkung genügt nur noch, wo das Gesetz dies zuläßt, nämlich im Fall des § 176 I HGB (dazu oben, § 55 I).

Beispiel Nr. 44 (nach *BGHZ* 142, 315 = NJW 1999, 3483; dazu eingehend *Ulmer,* ZGR 2000, 339ff.): Eine inzwischen aufgelöste Gesellschaft bürgerlichen Rechts (nach der HGB-Reform von 1998 wäre sie wohl eine oHG gewesen!) hatte eine Deponie- und Bauschuttrecyclinganlage sowie die Vermarktung von Recycling-Baustoffen unter dem Namenszusatz »GbR mbH« betrieben. Die Vermieterin einer Betonbrecheranlage verklagte die Gesellschafter auf Zahlung der Mietzinsen. Ob die Gesellschafter persönlich hafteten, hing von der Tragweite der im Gesellschaftsvertrag vereinbarten und durch die Namensgebung kundgetanen Haftungsbeschränkung ab. Der Bundesgerichtshof entschied entgegen der vorausgegangenen Rechtsprechung: »Für die im Namen einer Gesellschaft bürgerlichen Rechts begründeten Verpflichtungen haften die Gesellschafter kraft Gesetzes auch persönlich. Die Haftung kann nicht durch einen Namenszusatz oder einen anderen, den Willen, nur beschränkt für diese Verpflichtungen einzustehen, verdeutlichenden Hinweis beschränkt werden, sondern nur durch eine individualvertragliche Vereinbarung ausgeschlossen werden.«

Mit der individualvertraglichen Vereinbarung ist ein Doppeltes gemeint: Es muß eine Vereinbarung mit dem Gläubiger vorliegen; eine Haftungsbegrenzung im Gesellschaftsvertrag genügt nicht. Und die Vereinbarung mit dem Gläubiger muß auf beiderseitigem Konsens beruhen. Eine nur durch Allgemeine Geschäftsbedingungen der Gesellschaft bürgerlichen Rechts herbeigeführte Haftungsbeschränkung scheitert an § 307 BGB (früher § 9 AGBG)[105], doch erkennt der *Bundesgerichtshof* für Bauherrengemeinschaf-

102 Ob eine (GmbH & Co.-)KG berufsrechtlich für Freiberufler zulässig ist, ist, wie bei der GmbH, eine berufsrechtliche, nicht eine gesellschaftsrechtliche Frage; vgl. *Karsten Schmidt*, DB 1998, 62.

103 So die vom *Verfasser* in DB 1998, 62 ausführlicher begründete Auffassung; für eine engere Deutung des § 105 II HGB z. B. *Ebenroth/Boujong/Joost*, § 105 Rdnr. 16; *Schön*, DB 1998, 1169.

104 *BGH*, NJW 1992, 3037.

105 *OLG Stuttgart,* DB 2002, 366 = JuS 2002, 499 (*Karsten Schmidt*).

ten und Immobilienfonds (zu ihren Besonderheiten vgl. schon unter I 2 b) eine Ausnahme an[106].

d) Tritt ein neuer Gesellschafter in die Gesellschaft ein, so ergibt sich seine persönliche Haftung aus einer analogen Anwendung des § 130 HGB[107]. Der *Bundesgerichtshof* vertritt jedenfalls der Formulierung nach eine andere Auffassung. Der Leitsatz in *BGHZ* 74, 240 = JuS 1979, 818 m. Anm. *Karsten Schmidt* lautet wörtlich: »Wer in eine Gesellschaft bürgerlichen Rechts eintritt, haftet für deren vorher begründete Verbindlichkeiten nur kraft besonderer Vereinbarung mit dem Gläubiger.« Dieses für Bauherrengemeinschaften inzwischen nochmals bekräftigte[108] Urteil ist teils zustimmend, teils ablehnend aufgenommen worden[109]. Bei Nähe besehen ist es als Entscheidung des konkreten Falls richtig, aber in seiner Grundsätzlichkeit falsch, denn wieder einmal wird nur über »die« Haftung bei »der« BGB-Gesellschaft im allgemeinen und nicht über den Sondertypus der Mitunternehmer-BGB-Gesellschaft nachgedacht. In den Entscheidungsgründen heißt es, eine entsprechende Anwendung des § 130 HGB »auf die bürgerlich-rechtliche Gesellschaft« scheide aus. Eine Gegenansicht meint, auch bei »der« Gesellschaft bürgerlichen Rechts hafte ein neu eintretender Gesellschafter für Altverbindlichkeiten[110]. Zu entscheiden war aber nicht über den Beitritt zu einer Mitunternehmergesellschaft, sondern zu einer Bauherrengemeinschaft, bei der zweifelhaft sein kann, ob sie überhaupt als Außengesellschaft am Rechtsverkehr teilnimmt (oben unter I 2)[111]. Liest man die Ablehnung eines den §§ 128 ff. HGB entsprechenden Haftungsmodells in dem Urteil genau, so fällt die Formulierung ins Auge, es sei »weder möglich noch sachgerecht, das Haftungsrecht des gesamten (!) Personengesellschaftsrechts in dieser Weise nach dem Maßstab des Handelsrechts zu vereinheitlichen«. Dem ist zuzustimmen, aber das ändert nichts daran, daß § 130 HGB auf die organschaftlich vertretene, insbesondere auf die unternehmenstragende Gesellschaft paßt[112]. Hier ist der Leitsatz des Urteils *BGHZ* 74, 240 geradezu umzudrehen: Nicht die Begründung einer dem § 130 HGB entsprechenden Haftung, sondern deren Ausschluß bedarf einer besonderen Vereinbarung mit dem Gläubiger[113].

Beispiel Nr. 45: Dr. A wird in eine Gemeinschaftspraxis aufgenommen; R, der bisher als angestellter Anwalt in einer Anwaltssozietät tätig war, erhält einen Sozietätsvertrag; S tritt als Steuerberater in eine schon bestehende Sozietät ein; die Kraftfahrzeugmechaniker G

106 *BGH,* NJW 2002, 1642 = ZIP 2002, 851 (vorgesehen für *BGHZ*).

107 Für § 130 HGB ohne Beschränkung auf die Mitunternehmer-Gesellschaft *Flume*, Personengesellschaft, § 16 IV 7.

108 *BGH,* NJW 2002, 1642 = ZIP 2002, 851, 853 (vorgesehen für *BGHZ*).

109 Zustimmend *Ulmer*, Gesellschaft bürgerlichen Rechts, § 714 Rdnr. 65; *ders.*, JZ 1980, 354 f.; *Wiesner*, JZ 1981, 331; krit. *Wiedemann*, JZ 1980, 196 f.; *Karsten Schmidt*, JuS 1988, 446; *ders.*, NJW 2001, 999.

110 Vgl. nur *Grunewald*, Rdnr. I A 126.

111 Zur Haftung des in eine Bauherrengemeinschaft Eintretenden für ein im Namen aller, auch der künftigen, Bauherren abgeschlossenes Geschäft vgl. *BGH*, NJW-RR 1987, 1233.

112 Vgl. *Karsten Schmidt*, a. a. O., S. 497; *ders.*, in: Festschrift Fleck, 1988, S. 290 f.

113 *Karsten Schmidt,* NJW 2001, 999.

und T unseres Beispielfalls unter II 4 nehmen den Mechanikergesellen M als dritten Gesellschafter auf. Hier haftet analog § 130 I HGB Dr. A bzw. R bzw. S bzw. M neben den bisherigen Gesellschaftern für die Altschulden der Gesellschaft (so nunmehr die nicht rechtskräftige Entscheidung *OLG Hamm,* NJW-RR 2002, 495; vgl. auch im Fall einer Partnerschaftsgesellschaft § 8 I 2 PartGG).

Auch diese Lösung entspricht durchaus nicht der hergebrachten Ansicht. Die bisher herrschende Meinung muß, wenn sie konsequent bleibt, eine Haftung des neu eintretenden Partners für Altverbindlichkeiten verneinen[114]. Gleichwohl neigt die Praxis dazu, den neuen Partner haften zu lassen: bei Vertragsverhältnissen durch die weitherzige Konstruktion eines Vertragsbeitritts[115], bei gesetzlichen Schuldverhältnissen durch zweifelhafte Rechtsscheinkonstruktionen[116]. Die hier vertretene Lösung schien bisher unkonventionell, aber sie fügt sich in das hier unter § 58 V entworfene Modell der unternehmenstragenden Gesellschaft ein, vermeidet methodische Unaufrichtigkeit, ist rechtspraktisch sinnvoll. Sie harmoniert auch mit der seit *BGHZ* 142, 315 = NJW 1999, 3483 und *BGHZ* 146, 341 = NJW 2001, 1056 endlich durchgedrungenen Auffassung, daß die persönliche Haftung für Verbindlichkeiten der Gesellschaft derjenigen bei der oHG entspricht[117]. Der sich aus §§ 128 ff. HGB ergebende Haftungsstatus trifft – dies ist der Normzweck des § 130 HGB – einen Neugesellschafter ebenso wie die Altgesellschafter. Es soll im Haftungsprozeß nicht darüber gestritten werden, ob diese Verbindlichkeit diesen Gesellschafter etwas angeht oder nicht. Daß dieses Haftungskonzept für Personen-Außengesellschaften verallgemeinerungsfähig ist, zeigt neben § 173 HGB vor allem auch § 8 I 2 PartG, denn die Partnerschaftsgesellschaft ist sachlich nichts anderes als ein zur gesetzlichen Rechtsform hypostasierter Fall der unternehmenstragenden Nicht-Handelsgesellschaft (näher unten, § 64). Vollends unentbehrlich war die Mithaftung des neu hinzutretenden Gesellschafters, solange die Gerichtspraxis die Parteifähigkeit der BGB-Gesellschaft noch nicht anerkannte (dazu oben, § 58 II 4 und hier unter IV 1 c): Für eine Vollstreckung in das Gesellschaftsvermögen benötigt der Gläubiger nach dem Wortlaut des § 736 ZPO auch einen Titel gegen den neuen Gesellschafter. Der *BGH* läßt zwar nunmehr auch einen gegen die Gesellschaft gerichteten Titel ausreichen (dazu unter IV), immer noch aber kann auch mit einem gegen alle Gesellschafter gerichteten Titel vollstreckt werden (auch dazu unter IV). Wendet man § 130 HGB an, so erhält der Gläubiger auch gegen den Neugesellschafter einen Gesamtschuldtitel (zum Unterschied vgl. unten, IV 2). Der neue Gesellschafter wird einfach mitverklagt und mitverurteilt.

e) Nicht endgültig gesichert ist, für welche Außengesellschaften das an §§ 128 ff. HGB orientierte strenge Haftungsregime gelten soll. *Flume,* einer der Begrün-

114 Vgl. für Anwaltshaftung *OLG Bamberg*, NJW-RR 1989, 223.
115 Vgl. für Steuerberatervertrag *BGH*, NJW 1990, 827.
116 Vgl. für § 812 BGB (Rückzahlung überzahlten Honorars) *OLG Frankfurt*, NJW 1986, 3144.
117 Vgl. *Schlegelberger/Karsten Schmidt,* § 130 Rdnr. 5; *Karsten Schmidt,* NJW 2001, 999; vgl. insoweit auch *Habersack*, BB 2001, 482; *Hadding,* ZGR 2001, 740; *Ulmer,* ZIP 2002, 598; a.M. *Wiedemann,* JZ 2001, 664; abwartend *Westermann,* NZG 2001, 294 f.

der der auch hier vertretenen Akzessorietätstheorie, will die akzessorische Haftung auf wirtschaftliche Gesellschaften beschränken[118], folglich nur nichtwirtschaftliche Gesellschaften von dieser Haftung ausnehmen[119]. Hier wurden bis zur dritten Auflage genau diejenigen Gesellschaftstypen erfaßt, mit denen sich auch die neuen Grundsatzentscheidungen auseinanderzusetzen hatten[120]: die unternehmenstragende Gesellschaft (vgl. jetzt *BGHZ* 142, 315 = NJW 1999, 3483)[121], die Besitzgesellschaft bei der Betriebsaufspaltung[122] und die Arbeitsgemeinschaft im Baugewerbe (vgl. jetzt *BGHZ* 146, 341 = NJW 2001, 1056)[123]. Aber die Entwicklung geht weiter. In *BGHZ* 142, 315, 319ff. = NJW 1999, 3483, 3484f. ist die Rede von einem allgemeinen Grundsatz des Bürgerlichen Rechts und des Handelsrechts, wonach »derjenige, der als Einzelperson oder in Gemeinschaft mit anderen Geschäfte betreibt, für die daraus entstehenden Verpflichtungen mit seinem gesamten Vermögen haftet, solange sich aus dem Gesetz nichts anderes ergibt oder mit dem Vertragspartner keine Haftungsbeschränkung vereinbart wird«. Auch in dem eine Arbeitsgemeinschaft im Baugewerbe betreffenden Urteil *BGHZ* 146, 341 = NJW 2001, 1056 ist von einer Beschränkung auf unternehmenstragende oder sonst wirtschaftlich tätige Gesellschaften nicht die Rede[124]. Das paßt in das durch den neuen § 105 II HGB veränderte Bild des Personengesellschaftsrechts: Konnte bis 1998 nur eine unternehmenstragende, wenn auch nicht kaufmännische, Gesellschaft als »kleine Schwester der oHG« betrachtet werden, so ist nun für generelle Durchlässigkeit zwischen BGB-Außengesellschaften und Handels-Personengesellschaften gesorgt (vgl. schon oben, § 58 II 4 c). Jede BGB-Außengesellschaft unterliegt als potentielle oHG deren Haftungsstatus[125]. Das oHG-Haftungsrecht wird als Ausdruck allgemeiner Lehren gleichsam »nach unten« in das BGB-Gesellschaftsrecht verlängert, immer freilich vorausgesetzt, es besteht eine Gesellschaftsverbindlichkeit.

3. Das Scheitern der traditionellen Haftungskonstruktion

Nach den Ausführungen unter § 8 III und unter § 58 I 2 und IV 1 kann nicht verwundern, daß das BGB auf die Haftung der Gesellschafter bei der BGB-Außengesellschaft schlecht präpariert ist. Da sich der Gesetzgeber die Gesellschaft bürgerlichen Rechts nicht als Rechtssubjekt vorzustellen vermochte, folglich stets nur die Gesellschafter als Zurechnungssubjekte ansah,

---

118 *Flume*, Personengesellschaft, § 16 IV 5; s. auch *Wiedemann*, § 5 IV 1 c.

119 Schwerlich konsequent dann aber die Sonderbehandlung der gesetzlichen Schuldverhältnisse bei *Flume*, Personengesellschaft, § 16 IV 6.

120 3. Aufl., § 60 III 2 e.

121 *Karsten Schmidt*, in: Festschrift Fleck, a.a.O.

122 Vgl. den vom Verfasser vorgeschlagenen § 105 II HGB, in: Gutachten, a.a.O., S. 565.

123 Eingehend *Barner*, Die Arbeitsgemeinschaft in der Bauwirtschaft als besonderer gesellschaftsrechtlicher Typus, Diss. Heidelberg 1971, S. 145ff.; *Karsten Schmidt*, a.a.O., S. 515ff.; a.M. *BGHZ* 61, 338, 342.

124 Vgl. *Dauner-Lieb*, in: VGR 5 (2002) 134ff.; *Gummert*, ebd., S. 151ff.; *Wertenbruch*, NJW 2002, 328.

125 So auch *Habersack*, BB 2001, 478; radikal a.M., jedoch schwerlich haltbar und durch die Rechtsprechung überholt *Hommelhoff*, ZIP 1998, 8ff.

war ihm ein diesbezügliches Regelungsbedürfnis fremd. Solange der Bundesgerichtshof eine den §§ 128 ff. HGB entsprechende Haftung ablehnte[126], ergab sich, daß die herrschende Meinung die Haftung insbesondere
- aus Verträgen,
- aus ungerechtfertigter Bereicherung und
- aus unerlaubter Handlung

getrennt diskutiert.

a) Rechtsgeschäftliche Verbindlichkeiten sind noch am einfachsten zu beurteilen, aber die Schwierigkeiten sind hier schon erheblich. Die Rechtslage hängt, wie schon unter II 2 angedeutet wurde, im Ausgangspunkt davon ab, wen man als Vertragspartner ansieht: die Gesellschaft, die Gesellschafter oder beide. Drei Lösungen werden angeboten (vgl. schon oben, § 58 IV 2 b)[127]: die »individualistische« Auffassung, die »kollektivistische« Auffassung und die »Lehre von der Doppelverpflichtung«.

aa) Die herkömmliche, eine Rechtssubjektivität der Gesamthand verneinende Gesamthandslehre führt zu einer *»individualistischen« Auffassung.* Nach ihr gibt es kein Handeln im Namen der Gesellschaft und damit keine Begründung regelrechter Gesellschaftsschulden im technischen Sinne. Vertragssubjekte sind die Gesellschafter, und es ist nur eine Frage der haftenden Vermögensmassen, ob die Gesellschafter außer mit dem Gesellschaftsvermögen auch mit dem Privatvermögen haften[128]. Die Haftungsproblematik spielt sich auf der Ebene des § 427 BGB ab. *Wiedemann* spricht von der »Theorie der selbständigen Einzelverpflichtung«. Eine »Gesellschaftsschuld« im technischen Sinne gibt es genau genommen nicht, aber wenn sich alle Gesellschafter verpflichten (»Gesamtschuld«), und zwar »als solche« gerade in ihrer Gesellschaftergemeinschaft (»Gesamthandsschuld«) kann der Gläubiger nicht nur auf das Vermögen der Gesellschafter zugreifen, sondern auch auf das Gesellschaftsvermögen (vgl. § 736 ZPO).

bb) Die *»kollektivistische« Lehre* in ihrer konsequenten Form (sog. Akzessorietätstheorie) sieht das Haftungsmodell ähnlich wie bei §§ 124, 128 HGB: Vertragspartner und Schuldner ist die Gesellschaft und nur sie; die Frage, ob neben ihr die Gesellschafter akzessorisch haften[129], ist kein Vertragsproblem,

126 *BGHZ* 61, 338, 342 = NJW 1974, 451.

127 Vgl. den Überblick bei *Hopt/Hehl/Vollrath*, Rdnrn. 176 ff.; *Wiedemann* I, § 5 IV 1; *Wiesner*, JuS 1981, 331 ff.

128 *BGHZ* 23, 307, 313; *OLG Düsseldorf*, MDR 1980, 679; *Ernst*, a. a. O., S. 81 ff.; *Kraft/Kreutz*, C II 3 a cc; *Huber*, Vermögensanteil, S. 86 f.; *Hopt/Hehl/Vollrath*, Rdnr. 177; *Ingo Wolf*, a. a. O., S. 28 ff.; *Buchner*, AcP 169 (1969), 489 f., 498 f.; vgl. auch noch *Hüffer*, JuS 1978, 233, jedoch aufgegeben in ZHR 144 (1980), 520 Fußn. 8; unklar *BGHZ* 17, 340, 342 f.; *Staudinger/Keßler*, 12. Aufl., § 714 Rdnr. 14.

129 Dafür jetzt *BGHZ* 146, 341 = NJW 2001, 1056; *Eisenhardt*, Rdnrn. 82 f.; *Grunewald*, Rdnr. 1 A 104 ff.; grundlegend *Flume*, Personengesellschaft, § 16 IV 3; konsequent auch *Hennecke*, a. a. O., S. 74 ff.; *Aderhold*, a. a. O., S. 146 ff.; *Timm*, NJW 1995, 3215 f.; ferner *Kornblum*, a. a. O., S. 29 ff., insbes. S. 40 für vertragliche Verbindlichkeiten und S. 46 für deliktische Verbindlichkeiten; *Wiedemann* I, § 5 IV 1 c; *ders.*, WM-Beil. 4/1975, S. 43; *ders.*, JZ 1980, 196; *Dauner-Lieb*, DStR 1998, 1018; *Mülbert*, AcP 1999 (1999), 69; *Karsten Schmidt*, NJW 2001, 998 f.; für den Typus der Mitunternehmer-BGB-Gesellschaft: *Nicknig*, a. a. O., S. 46 ff. (deliktische Verbindlichkeiten);

sondern eine Frage der gesetzlichen (wenn auch im Wortlaut des BGB nicht geregelten) Gesellschafterhaftung.

cc) Nach der in *BGHZ* 136, 254, 258f. = NJW 1997, 2754, 2755 noch als gesichert bezeichneten *Lehre von der »Doppelverpflichtung«* begründet ein »namens der Gesamthand« eingegangenes Verpflichtungsgeschäft bereits unmittelbar Verbindlichkeiten sowohl der Gesamthand als auch der Gesamthänder[130]. Hierdurch soll eine gesamtschuldnerische Haftung auch für Forderungsverletzungen und auch im Rahmen von Rückabwicklungsverhältnissen entstehen[131].

Die Auswahl zwischen den drei Lösungen ist mit den hier angestellten Überlegungen schon weitgehend vorentschieden. Die erste (individualistische) Lösung basiert auf der Auffassung, es könnten nur die Gesellschafter als »Gesamthänder« Vertragspartner sein, aber nicht die »Gesamthand«. Diese Prämisse ist abzulehnen (oben, § 8 III). Die zweite (kollektivistische) Lösung ist im Recht der offenen Handelsgesellschaft vorgeprägt. Sie bewährt sich vor allem bei Mitunternehmergesellschaften, hat sich aber, wie nun schon bekannt, nach jahrzehntelanger Rechtsunsicherheit generell durchgesetzt. Die dritte Lösung (Doppelvertretung) hat die Diskussion ein Vierteljahrhundert lang dominiert[132]. Aber sie ist rechtsdogmatisch ein Provisorium[133] und wurde im vorliegenden Werk seit der ersten Auflage bekämpft. Heute kann sie als durch die Rechtsprechung überholt gelten[134]. Um mit dem vom Gesetz nicht gelösten Problem der Gesellschafterhaftung fertig zu werden, konstruiert diese Lehre einen Vertrag des Geschäftspartners sowohl mit der Gesellschaft als auch mit den Gesellschaftern, obwohl einleuchten müßte, daß die Vertragsbeteiligten – wie bei der oHG – *einen* Vertrag und nicht um der objektiv-rechtlich gebotenen Haftung willen eine Vielzahl von Verträgen schließen. Auch zielt die Doppelverpflichtungslehre nicht einfach auf eine Gesamtschuld von Gesellschaft und Gesellschaftern nach § 427 BGB, sondern – wie bei der oHG – auf eine akzessorische Haftung der nur untereinander gesamtschuldnerisch haftenden Gesellschafter für die Schulden der Gesellschaft (dazu oben, § 49 II)[135]. Solange aber die herrschende Meinung eine Haftung analog §§ 128ff. HGB nicht anerkennen wollte, konnte die

---

Reiff, a.a.O., S. 220ff., 288ff., 302ff.; *Karsten Schmidt*, in: Festschrift Fleck, a.a.O., S. 282ff.; *H. P. Westermann*, ZGR 1977, 562; vgl. auch *BGHZ* 72, 267, 271 = JuS 1979, 590 m.Anm. *Karsten Schmidt*.

130 *BGHZ* 74, 240, 241f. = JuS 1979, 817 m.Anm. *Karsten Schmidt*; *BGHZ* 117, 168, 176 = NJW 1992, 1615, 1617; *BGH*, NJW 1981, 1213f.; 1983, 749 = JuS 1983, 307 m.Anm. *Karsten Schmidt*; NJW-RR 1990, 701, 702; *Kübler*, § 6 III 4 a; *Grunewald*, 2. Aufl., Rdnr. 1 A 56; *Hüffer*, § 12; *Ulmer*, Gesellschaft bürgerlichen Rechts, § 714 Rdnrn. 26ff.; *ders.*, in: Festschrift Fischer, a.a.O., S. 790ff.; *ders.*, ZIP 1999, 509ff. (aber auch S. 534ff.); *Erman/Westermann*, § 714 Rdnr. 10; *Wiesner*, JuS 1981, 333f.; *Habersack*, JuS 1993, 3; *Beuthien*, DB 1975, 728; *Thielmann*, ZHR 136 (1972), 400f.; *Hommelhoff*, ZIP 1998, 8ff.; vgl. sogar *Schünemann*, a.a.O., S. 192.

131 Vgl. *Habersack*, JuS 1993, 4 und 5; zur Bereicherungshaftung *Kowalski*, NJW 1991, 3187f.

132 Eingehende Nachweise noch in den Vorauflagen.

133 Vgl. die Kritik bei *Karsten Schmidt*, in: Festschrift Fleck, a.a.O., S. 477.

134 Sinneswandel bei *BGHZ* 142, 315 = 1999, 3483; *BGHZ* 146, 341 = NJW 2001, 1056; *Grunewald*, in: Festschrift Peltzer 2001, S. 129ff.; *Ulmer*, ZIP 1999, 554ff.

135 *Habersack*, JuS 1993, 6.

Annahme einer Doppelvertretung immerhin zu akzeptablen Lösungen führen.

b) Endlich kann jetzt auch die Praxis klar *unterscheiden zwischen Rechtsgeschäften der Gesellschaft und Rechtsgeschäften der* Gesellschafter. Für die ersteren gelten die »kollektivistische Lehre« und die »Akzessorietätstheorie«. Haben Gesellschafter selbst kontrahiert, so haften nur sie, dies aber nicht, weil die »individualistische Theorie« richtig wäre, sondern weil keine Gesellschaftsschuld begründet werden sollte. Auch dies kann bedeuten, daß der Vertragspartner alle Gesellschafter mit Erfolg verklagen kann, wenn alle am Rechtsgeschäft teilgenommen haben oder wirksam vertreten worden sind. Aber das ist keine »Gesellschafterhaftung«, sondern eine Vertragspartnerhaftung. Es ist wichtig, diese Unterscheidungen zu erkennen. Viele BGH-Entscheidungen, die sich als Urteile über die »Haftungsbeschränkung bei der BGB-Gesellschaft« ausgeben, erscheinen dann nur als Konsequenz daraus, daß die Gesellschafter verpflichtet worden sind und nicht die Gesellschaft (oben unter I 2 b, III 1 a). Vor allem bei Bauherrengemeinschaften, die häufig gar keine Außengesellschaften darstellen (oben, § 58 III 2), ergibt sich nach der ständigen Rechtsprechung des *BGH*, daß die Bauherren nur pro rata haften wollen[136]. Aber das setzt voraus, daß sie selbst Vertragspartner sind und nicht die Gesellschaft.

Beispiel Nr. 46 (nach *BGH*, NJW-RR 1990, 867 = JuS 1990, 1018 m. Anm. *Karsten Schmidt*): Zweck der Gesellschaft war es, ein Grundstück in Berlin zu erwerben, es zu bebauen und zu bewirtschaften. Nach § 9 V des Gesellschaftsvertrags war die Haftung der Gesellschafter aus Rechtsgeschäften mit Dritten auf das Gesellschaftsvermögen beschränkt, und hierauf wurde auch auf allen Briefbögen hingewiesen. Diese »Haftungsbeschränkung« wurde vom *BGH* seinerzeit anerkannt. Sie ist aber nach der neuen Rechtsprechung unwirksam (*BGHZ* 142, 315 = NJW 1999, 3483). Die Gesellschafter können mit dem Gläubiger vereinbaren, daß sie Teilschuldner oder Gesamtschuldner sind (vgl. nochmals zu den Immobilienfonds und Bauherrengemeinschaften *BGH*, NJW 2002, 1642). Immer aber hängt dies von der Vereinbarung mit dem Gläubiger ab, und nicht anders verhält es sich, wenn eine Schuld der Gesellschaft begründet und die persönliche Haftung ausgeschlossen wird.

4. Gesetzliche Schuldverhältnisse

Die Haftungsverhältnisse bei gesetzlichen Schuldverhältnissen sind noch bedeutend schwieriger als die bei Vertragsschuldverhältnissen. Hier haben es nämlich nicht die Gesellschafter in der Hand, die Haftung durch Abreden oder durch Vollmachtsbeschränkungen unbeschränkt oder beschränkt zu gestalten[137], sondern die Lösung muß sich aus dem Gesetz selbst ergeben. Die traditionelle Lehre versagt.

136 *BGHZ* 75, 26; 76, 86, 90; *BGH*, NJW 2002, 1642 = ZIP 2002, 851; zuvor schon *BGH*, NJW 1977, 294, 295; zust. *Maser*, NJW 1980, 966; *Crezelius*, JuS 1981, 498.
137 Deshalb wenig weiterführend *Ingo Wolf*, a.a.O., S. 79ff., 110ff.

a) Die *Haftung der Gesellschafter in Fällen ungerechtfertigter Bereicherung*[138] wird herkömmlicherweise – was nicht mehr verwundern kann – unter der hier abgelehnten Fragestellung diskutiert, unter welchen Voraussetzungen »die« Gesellschafter in »der« BGB-Gesellschaft nach §§ 812 ff. BGB haften. Bei einer Außengesellschaft, insbesondere einer Mitunternehmer-BGB-Gesellschaft sorgt aber nicht § 812 BGB, sondern das Gesellschaftsrecht für die persönliche Haftung.

Beispiel Nr. 47: Der *Bundesgerichtshof* hat in NJW 1983, 1905 = JuS 1983, 804 und in NJW 1985, 1828 = JuS 1985, 728 ausgesprochen, daß die Gesellschafter einer Kino-Gesellschaft bzw. einer Diskothek als Gesamtschuldner für Verbindlichkeiten aus ungerechtfertigter Bereicherung der Gesellschaft haften. Er hat in beiden Fällen – es ging um Fälle der Leistungskondiktion – wesentlich darauf abgestellt, daß der Leistende mit unbeschränkter Haftung gerechnet habe. In beiden Fällen ging es jedoch um unternehmenstragende Gesellschaften, so daß sich die Richtigkeit des Ergebnisses schon nach der hier seit der ersten Auflage vertretenen Ansicht in analoger Anwendung des § 128 HGB ergab (3. Aufl., § 60 Beispiel Nr. 42): Der Anspruch aus § 812 BGB richtete sich allein gegen die Gesellschaft, aber für deren Schuld hafteten die Gesellschafter.

Bei der schlicht zivilistischen Gesellschaft – also der Gesellschaft ohne Unternehmen – zeigt sich die Schwierigkeit der Situation[139]. Als Grundsatz galt schon bisher die Doppelverpflichtung bei der Leistungskondiktion[140]: Soweit Leistungen ohne Rechtsgrund als Vertragsleistungen an die Gesellschaft fließen, haften die Gesellschafter in demselben Maße unbeschränkt wie bei einer Vertragshaftung[141]. Nach *BGHZ* 61, 338, 344 f. führt allerdings eine sachgerechte Anwendung der §§ 818 ff. BGB dazu, daß die gesamte Haftung entfällt, wenn keine Bereicherung mehr im Gesellschaftsvermögen oder im Vermögen der Gesellschafter vorhanden ist. Konduktionsschuldnerin ist aber die Gesellschaft. Die Wertsteigerung der Beteiligung ändert noch nichts daran, daß die Gesellschaft und nicht der einzelne Gesellschafter bereichert ist[142]. Eine Gesellschafterhaftung ergibt sich also nicht unmittelbar aus § 812 BGB, aber sie kann sich doch nur aus dem Gesetz ergeben: eben aus dem Rechtsgedanken des § 128 HGB. Der *Bundesgerichtshof* hat eine Festlegung lange vermieden[143]. Ein charakteristischer Problemfall[144] ist damit unser

Beispiel Nr. 48 (in Anlehnung an *BGHZ* 61, 338): Die Bauunternehmung B war neben den Bauunternehmen C, D, E und F an einer Arbeitsgemeinschaft für einen Autobahn-

138 Dazu namentlich *Nicknig*, a.a.O., S. 56 ff.; *Aderhold*, a.a.O., S. 59 ff., 171 ff.; *Thielmann*, ZHR 136 (1972), 379; *H. P. Westermann*, ZGR 1977, 553; *Crezelius*, JuS 1986, 685; *Kowalski*, NJW 1991, 3183.

139 Vgl. 3. Aufl., § 60 III 5 a.

140 Vgl. ebd.

141 Deutlich *BGHZ* 61, 338, 343; *BGH*, NJW 1983, 1905, 1907 f. = JuS 1983, 804 m. Anm. *Karsten Schmidt*; *Ulmer*, Gesellschaft bürgerlichen Rechts, § 714 Rdnr. 56; a. M. *H. P. Westermann*, ZGR 1977, 556 ff.

142 Vgl. 3. Aufl., § 60 III 5 a; im Ansatz bedenklich *Hoffmann*, NJW 1969, 726; *Thielmann*, ZHR 136 (1972), 402 f.; dagegen richtig *Kornblum*, a.a.O., S. 47; *Kowalski*, NJW 1991, 3184.

143 *BGHZ* 61, 338; *BGH*, NJW 1983, 1905 = JuS 1983, 804 m. Anm. *Karsten Schmidt*; *BGH*, NJW 1985, 1828 = JuS 1985, 728 m. Anm. *Karsten Schmidt*; dazu besonders *Soergel/Hadding*, 11. Aufl., § 714 Rdnr. 42.

144 Vgl. aus damaliger Sicht die Anmerkungen von *Meincke*, DB 1974, 1001; *Reinhardt*, JZ 1974, 768; *H. P. Westermann*, ZGR 1977, 553.

abschnitt beteiligt. Nach der Schlußrechnung wurde die Arbeitsgemeinschaft aufgelöst, und die Gesellschafter erhielten die Überschüsse ausgezahlt. In einem Rechtsstreit zwischen B und dem Land L machte L geltend, es habe versehentlich eine Überzahlung von 161 000 DM geleistet, und B müsse dafür aufkommen. Der *Bundesgerichtshof* befand, daß es keine dem § 128 HGB entsprechende Regelung gebe, daß aber die Gesellschafter jedenfalls bei der Leistungskondiktion und jedenfalls nach Auflösung der Gesellschaft und Verteilung des Gesellschaftsvermögens in entsprechender Anwendung des § 427 BGB auch für Kondiktionsschulden unbeschränkt haften; jedoch könne der in Anspruch genommene Gesellschafter in sachgerechter Anwendung der §§ 818ff. BGB einwenden, die Bereicherung sei bereits im Gesamthandsvermögen, bei seinen Mitgesellschaftern oder bei ihm selbst ganz oder teilweise entfallen.

Seit dem Urteil *BGHZ* 146, 341 = NJW 2001, 1056 ist die Lösung dieses Falls einfach: Sofern nicht nur das Privatvermögen eines Gesellschafters, sondern das Gesellschaftsvermögen bereichert ist, ist die Gesellschaft Bereicherungsschuldnerin, und neben ihr haften gesamtschuldnerisch die Gesellschafter. Das gilt eindeutig bei der unternehmenstragenden, nach dem Ansatz des BGH aber auch bei jeder anderen BGB-Außengesellschaft, selbst bei derjenigen, die sich auf das Halten und Verwalten eines Gegenstandes beschränkt (dazu § 58 II sowie unter II 6).

Beispiel Nr. 49: Bei Arbeiten an dem »in Gesellschaft bürgerlichen Rechts« für das Ehepaar Hermann und Dorothea eingetragenen Grundstück sind Bauteile eingebaut worden, die nicht dem Bauunternehmer B gehörten, sondern Eigentum des E waren. Nach § 946 BGB sind diese Bauteile Eigentum der Gesellschaft geworden. Für die sich daraus ergebende Gesellschaftsverbindlichkeit (§ 951 BGB) haften die Eheleute kraft Gesetzes unbeschränkt als Gesellschafter.

b) Ähnliche Probleme wie bei der Bereicherungshaftung ergeben sich bei Steuerschulden der Gesellschaft (oben unter III 2), bei sonstigen öffentlichrechtlichen Verbindlichkeiten (z.B. Ersatzvornahmekosten), bei Verfahrenskosten oder bei Verbindlichkeiten aus der *Geschäftsführung ohne Auftrag*. Wie bei der Mitunternehmer-BGB-Gesellschaft wird nach der durch *BGHZ* 146, 341 = NJW 2001, 1056 eingeleiteten Rechtsprechung entsprechend den aus §§ 128ff. HGB ablesbaren Grundsätzen persönlich gehaftet.

c) Die *persönliche Haftung* für Deliktsverbindlichkeiten ist gleichfalls umstritten[145], doch muß auch hier beachtet werden, daß auch diese Frage durch die analoge Anwendung der §§ 128ff. HGB vorentschieden ist (oben unter III 2)[146]. Es wurde schon kritisch angemerkt, daß die Problematik bei *BGHZ* 45, 311 in falscher Beleuchtung erscheint, wenn es dort heißt, daß eine Haftung des einen Gesellschafters für die unerlaubte Handlung des anderen »aus § 31 BGB« abzulehnen ist. Aus § 31 BGB kann sich überhaupt keine Haftung der Gesellschafter, sondern nur eine Haftung der Gesellschaft ergeben[147]. Anspruchsgrundlage ist dann z.B. § 823 BGB. Soweit nicht

145 Eingehend *Aderhold*, a.a.O., S. 226ff.

146 Gegen die Anwendung auf Deliktsverbindlichkeiten freilich *Altmeppen*, NJW 1996, 1017ff.

147 Insoweit übereinstimmend *Flume*, Personengesellschaft, § 16 IV 6; *ders.*, in: Festschrift Westermann, 1974, S. 142f.; a.M. *Kornblum*, a.a.O., S. 46; *Zöllner*, in: Festschrift Gernhuber, a.a.O., S. 575.

– wie nach der hier vertretenen Auffassung – § 128 HGB eingreift, ist deshalb eine persönliche Haftung aller Gesellschafter kaum begründbar[148]. Seit dem Urteil *BGHZ* 146, 341 = NJW 2001, 1056 ist auch für diese Gestaltung die richtige Haftungsgrundlage gefunden: Die Gesellschaft haftet entgegen *BGHZ* 45, 311 analog § 31 BGB für Geschäftsführerverschulden (vgl. oben unter II 4)[149]. Die Gesellschaft kann auch nach § 831 BGB als Geschäftsherrin haften[150]. Die Gesellschafter haften hier nicht nach § 831 BGB – dies würde voraussetzen, daß sie selbst die Geschäftsherrn sind[151] –, sondern sie haften kraft Gesetzes entsprechend § 128 HGB, vorausgesetzt, es ist wirklich die Gesellschaft selbst die Geschäftsherrin.

Beispiel Nr. 50: Wird eine Autobahnbrücke in Arbeitsgemeinschaft von der A-AG, der G-GmbH und der K-KG gebaut und liegt die Geschäftsführung und Bauleitung bei der A-AG, so wird jede der beteiligten Handelsgesellschaften ihre Gehilfen haben, für die sie nach § 831 BGB haftet. Hat die »Arge« eigene Arbeitnehmer oder haben die beteiligten Handelsgesellschaften Arbeitnehmer zur »Arge« abgeordnet, so haftet die »Arge«, wenn sie eine Außengesellschaft ist, selbst aus § 831 BGB. Kann sie sich nicht entlasten, so haften für die sich aus § 831 BGB ergebende Gesellschaftsverbindlichkeit auch die A, G und K als Gesellschafterinnen der »Arge«.

Beispiel Nr. 51: Besteht die Außengesellschaft nur aus einem vom Ehepaar Hermann und Dorothea »in Gesellschaft bürgerlichen Rechts« erworbenen Eigenheim und hat Dorothea einen unausgebildeten Schwarzarbeiter als Gärtner, Koch und Hausmeister engagiert, so ist nur sie Geschäftsherrin. Für Handlungen des Gehilfen haftet also auch nur sie nach § 831 BGB, nicht auch Hermann. Der Fall hat mit dem Gesellschaftsrecht und mit der Gesellschafterhaftung nichts zu tun, weil es keine Gesellschaftsverbindlichkeit aus § 831 gibt (vgl. auch schon zum Eigenhandeln der Gesellschafter oben unter II 4 a).

5. Der Regreß des Gesellschafters

Für den Regreß des persönlich in Anspruch genommenen Gesellschafters gelten bei der unternehmenstragenden Gesellschaft die für den oHG-Gesellschafter entwickelten Regeln sinngemäß (dazu oben, § 49 V). Insbesondere gilt dies für den hier entwickelten, mehr und mehr akzeptierten Forderungsübergang analog § 774 BGB. Nach den unter § 49 V dargestellten Regeln kann der BGB-Gesellschafter auch bei mithaftenden Gesellschaftern gemäß § 426 BGB Regreß nehmen[152].

148 So im Ergebnis auch *Flume*, ebd.; *Grunewald*, 2. Aufl. Rdnr. 1 A 114; *Hueck*, § 9 IV 3 b; *Kübler*, § 6 III 4 b bb; *Nicknig*, a. a. O., S. 44; *Aderhold*, a. a. O., S. 213 ff., 220, 227; *Ulmer*, Gesellschaft bürgerlichen Rechts, § 705 Rdnr. 219, § 714 Rdnr. 53; *Fabricius*, in: Gedächtnisschrift Rudolf Schmidt, 1966, S. 196; *Beuthien*, DB 1975, 773, 775; *Altmeppen*, NJW 1996, 1023 f.; a. M. *Kornblum*, a. a. O., S. 46 (s. auch S. 41 Fußn. 35 zur Haftung aus § 831 BGB).

149 Vgl. zur diesbezüglichen Konsequenz der neuen Rechtsprechung *Karsten Schmidt*, NJW 2001, 998; ebenso die in diesem Werk seit der ersten Auflage vertretene Auffassung.

150 *Ulmer*, Gesellschaft bürgerlichen Rechts, § 705 Rdnr. 216, § 718 Rdnr. 36.

151 *Aderhold*, a. a. O., S. 229; *Ulmer*, Gesellschaft bürgerlichen Rechts, § 718 Rdnr. 36; *Habersack*, JuS 1993, 3.

152 Einzelheiten sind str., eingehend *Hadding/Häuser*, WM 1988, 1585 ff.

6. Haftung und Enthaftung des ausgeschiedenen Gesellschafters

Entsprechend den schon unter § 51 dargestellten Grundsätzen haftet ein ausgeschiedener Gesellschafter nur noch für Altverbindlichkeiten. Anderes kann sich unter Rechtsscheingesichtspunkten ergeben, z. B. wenn ein ausgeschiedener Rechtsanwalt nicht dafür sorgt, daß sein Name vom Praxisschild und von den Briefbögen der Kanzlei verschwindet[153]. Für die Enthaftung hat der *Bundesgerichtshof* bereits vor dem Nachhaftungsbegrenzungsgesetz (zu diesem oben, § 51 II) eine analoge Anwendung des § 159 HGB a. F. bejaht[154]. Dessen bedarf es nach dem 1994 neu eingeführten § 736 II BGB nicht mehr[155]: »Die für Personenhandelsgesellschaften geltenden Regelungen über die Begrenzung der Nachhaftung gelten sinngemäß.« Für den Lauf der Nachhaftungsfrist kommt es, da es keine Registereintragung gibt, auf die Kenntnis des Gläubigers vor dem Ausscheiden an[156].

IV. Prozeß, Vollstreckung und Insolvenz*

1. Prozeß

a) Die Gesellschaft bürgerlichen Rechts galt ein Jahrhundert lang als *parteiunfähig*[157]. Ein Prozeß »der Gesellschaft« konnte danach stets nur ein Prozeß

153 *BGH*, NJW 1991, 1225 = JuS 1991, 692 m. Anm. *Karsten Schmidt*.

154 *BGHZ* 117, 168; vgl. schon *Wiedemann/Frey*, DB 1989, 1809 und hier die 2. Aufl., § 60 III 2e.

155 Auch die zur Haftungsbegrenzung vor 1994 von der Rechtsprechung entwickelte sog. Kündigungstheorie (Haftung bei Dauerschuldverhältnissen nur bis zum nächsten Kündigungstermin) ist überholt; *OLG Dresden*, ZIP 1996, 1868.

156 Vgl. statt vieler *Palandt/Sprau*, § 736 Rdnr. 14 mit Hinweis auf das zu § 159 HGB a.F. ergangene Urteil *BGHZ* 117, 168; s. auch *OLG Dresden*, NJW-RR 1997, 162.

* Literatur (Auswahl; vgl. zunächst die Angaben eingangs dieses Paragraphen): *Gummert*, in: Riegger/Weipert (Hrsg.), MünchHdb. GesR I, 1995, § 9 Rdnrn. 36f., 46ff., § 12 Rdnrn. 56ff.; *Heller*, Der Zivilprozeß der Gesellschaft bürgerlichen Rechts, 1989; *Hüffer*, Die Gesamthandsgesellschaft in Prozeß, Zwangsvollstreckung und Konkurs, in: Festschrift Stimpel, 1985, S. 165; *Lindacher*, Die Scheinhandelsgesellschaft im Prozeß und in der Zwangsvollstreckung, ZZP 96 (1983), 486; *Lüke*, Prozeßführung bei Streitigkeiten im Innenverhältnis der BGB-Gesellschaft, ZGR 1994, 266; *Michelfelder*, Einzelzwangsvollstreckung und Konkurs beim Vermögen der BGB-Gesellschaft, Diss. Freiburg 1983; *Neumann*, Der Konkurs der BGB-Gesellschaft, 1986; *Noack*, Die Gesellschaft bürgerlichen Rechts in der Zwangsvollstreckung, MDR 1974, 811; *Oehlerking*, Die Auswirkungen des Konkurses der Gesellschafter einer BGB-Gesellschaft auf die Stellung der Konkursgläubiger, KTS 1980, 14; *Reichert*, Die BGB-Gesellschaft im Zivilprozeß, 1988; *Karsten Schmidt*, Unternehmenskonkurs – Unternehmensträgerkonkurs – Gesellschaftskonkurs, in: Einhundert Jahre KO, 1977, S. 247; *ders.*, Die BGB-Außengesellschaft: rechts- und parteifähig, NJW 2001, 993; *Wertenbruch*, Die Haftung von Gesellschaften und Gesellschaftsanteilen in der Zwangsvollstreckung, 2001; *ders.*, Die Parteifähigkeit der GbR, NJW 2002, 324; *Winter*, Haftung des Gesamthandsvermögens der Gesellschaft bürgerlichen Rechts für Gesellschafterschulden? KTS 1983, 349.

157 Vgl. nur *BGHZ* 81, 222, 227; *Heller*, a. a. O., S. 54ff.; *John*, a. a. O., S. 159; *Rosenberg/Schwab/Gottwald*, Zivilprozeßrecht, 15. Aufl. 1993, § 43 II 8; *Stein/Jonas/Bork*, ZPO, 21. Aufl. 1992, § 50 Rdnr. 17; *Ulmer*, Gesellschaft bürgerlichen Rechts, § 718 Rdnrn. 42ff.; *Lüke*, ZGR 1994, 278ff.; vgl. auch für das Steuerrecht, wenn auch mit irreführendem Leitsatz, *BFH*, NJW 1987, 1719.

der Gesellschafter sein. Nach dem unter I Gesagten versteht sich, daß man über die Parteiunfähigkeit der bloßen Innengesellschaft nicht zu diskutieren braucht. Für die Außengesellschaft ist die Diskussion überholt. Nach *BGHZ* 146, 341 = NJW 2001, 1056 ist die BGB-Außengesellschaft, soweit sie durch Teilnahme am Rechtsverkehr Rechte und Pflichten begründet, auch im Zivilprozeß aktiv und passiv parteifähig[158]. Ähnlich der materiellen Rechtsfähigkeit wurde auch diese Auffassung in der Literatur vorbereitet[159]. *Hüffer*[160] hatte dieses Modell folgendermaßen formuliert: »Parteifähig ist jede Gesellschaft bürgerlichen Rechts, die ein Gesamthandsvermögen hat und es derart verwaltet, daß sich ein bestimmter räumlicher Mittelpunkt für diese Tätigkeit bestimmen läßt (Verwaltungssitz).« Gleichwohl traf die *Anerkennung der Parteifähigkeit durch den Bundesgerichtshof* die Praxis und Doktrin des Prozeßrechts ziemlich überraschend[161]. Bis dahin hatte insbesondere der Bundesgerichtshof eine Gesellschaft bürgerlichen Rechts nur dann als parteifähige Schein-Handelsgesellschaft anerkannt, wenn sie kaufmännisch, also z.B. als GmbH & Co. KG aufgetreten war[162]. Hier war seit der ersten Auflage die Parteifähigkeit der Gesellschaft bürgerlichen Rechts gefordert worden (vgl. auch Handelrecht, § 5 II 2)[163], nicht dagegen die Parteifähigkeit jeder BGB-Außengesellschaft[164]. Voraussetzung hierfür sei nämlich ein Mindestmaß an *Publizität des Subjekts*[165], und diese sei nicht schon dadurch gewährleistet, daß die Gesellschafter ihrer Gesellschaft Sitz und Namen geben. Die »schlicht zivilistische« Gesellschaft (zur Abgrenzung vgl. oben, § 58 II 4) sei für die Parteifähigkeit ein zu flüchtiges Gebilde.

Beispiel Nr. 52: Eine Bürgerinitiative, die nicht als Verein, sondern als Gesellschaft bürgerlichen Rechts organisiert ist, mag einen Namen, ein Gesellschaftsvermögen und einen Sitz haben. Sei sie als Prozeßpartei anzuerkennen? Gehe es an, daß eine »Bürgerinitiative Pinneberg Süd« als Klägerin auftritt, die vielleicht nur auf dem Papier existiert, deren Gesamthandsvermögen (Gesellschaftskasse!) eine schlichte Fiktion darstellen kann und die vielleicht längst verschwunden ist, wenn sie den Prozeß verloren hat und Prozeßkosten erstatten soll? Auch die Frage, ob die Gesellschaft überhaupt eine Außengesellschaft oder eine – gewiß nicht parteifähige – Innengesellschaft ist (dann steht die Gesellschaftskasse im Miteigentum oder im Treuhandeigentum des Kassenwarts), sei vielfach schwer feststellbar.

---

158 Dazu eingehend *Wertenbruch*, NJW 2002, 324ff.; bestätigend *BGH*, NJW 2002, 1207 = JuS 2002, 713 *(Karsten Schmidt).*

159 *Schünemann*, a.a.O., S. 212ff.; *Aderhold*, a.a.O., S. 165ff; *Breuninger*, a.a.O., S. 88; *Wertenbruch*, a.a.O., S. 122ff, 211ff; *Wertenbruch*, a.a.O., S. 122ff., 211ff.; *Hüffer*, § 72; *ders.*, in: Festschrift *Stimpel*, a.a.O.; *Lindacher*, in: MünchKommZPO, 2. Aufl. 2000, § 50 Rdnr. 27; *Reichert*, a.a.O., S. 109ff.; *Soergel/Hadding*, 11. Aufl., § 714 Rdnrn. 51ff.; *Wieczorek/Hausmann*, ZPO, 3. Aufl. 1994, § 50 Rdnr. 34; *Kornblum*, ZZP 91 (1978), 346f.; 104 (1991), 93ff.; *Lindacher*, JuS 1982, 592f.

160 In: Festschrift Stimpel, a.a.O., S. 181.

161 Vgl. nur *Jauernig*, NJW 2001, 2231.

162 *BGH*, NJW 1980, 784 = JuS 1980, 453 *(Karsten Schmidt).*

163 3. Aufl., § 60 IV 1 c.

164 *Karsten Schmidt*, JZ 1985, 913.

165 Vgl. zum Standpunkt des *Verf.* näher die Darstellung in NJW 1984, 2249ff. (zum nichtrechtsfähigen Verein).

Der vom *Bundesgerichtshof* entschiedene Fall *BGHZ* 146, 341 = NJW 2001, 1056 befaßte sich mit einer BGB-Gesellschaft anderen Kalibers: der »Arge Weißes Roß«, bei der solche Bedenken nicht getestet werden konnten[166]. Gewiß wäre es für die Praxis einfacher gewesen, wenn der Bundesgerichtshof vorerst nur den unternehmenstragenden oder sonst mit einer Außenorganisation ausgestatteten Gesellschaft die Parteifähigkeit zuerkannt hätte[167]. Aber eine solche Beschränkung hat er nicht ausgesprochen und hatte sie wohl auch nicht im Sinn. Insbesondere hinsichtlich der auf das Halten und Verwalten eines einzigen Gegenstandes – vielleicht eines Hauses, vielleicht eines Rennpferdes, vielleicht auch nur eines Dackelhundes – beschränkten Gesellschaft fragt sich, ob durch sie ein parteifähiger Rechtsträger entstehen soll. Von dieser noch offenen Frage abgesehen folgt aber aus dem neuen Urteil: Das Prozeßrecht der BGB-Außengesellschaft entspricht im Grundsätzlichen dem der oHG (dazu oben, § 46 II 3, § 49 VI 1)[168]:

Beispiel Nr. 53: Die Anwaltssozietät Dres. X, Y und Z kann verklagt werden. Verklagt ein Gesellschaftsgläubiger auch die Gesellschafter aufgrund ihrer persönlichen Haftung, so hat er es mit vier – nicht bloß drei – Streitgenossen zu tun (vgl. oben § 49 VI 1). Verklagt er zunächst nur die Gesellschaft, so hat das Urteil Bindungswirkung im Prozeß gegen die Gesellschafter (vgl. § 129 HGB).

b) In der akademischen Diskussion mag es nun scheinen, als sei bei der Außengesellschaft notwendig die *Gesellschaft* Prozeßpartei (dazu unter c). Das ist aber nach dem gegenwärtigen Stand der Rechtsfortbildung nicht so. In vielen Fällen wird der Prozeßgegner nämlich gar nicht leicht feststellen können, ob die Gesellschaft Außengesellschaft im Rechtssinne und damit taugliche Prozeßpartei ist. Ist sie eine Innengesellschaft, so kann er keine zulässige Klage gegen die Gesellschaft erheben. Ist es eine jeglicher Außenorganisation entbehrende Außengesellschaft, so wird er eine solche Klage, obwohl sie zulässig wäre, nicht erheben wollen, selbst wenn ihm an der Vollstreckung in das Gesellschaftsvermögen liegt. Nicht einmal auf Seiten der Gesellschaft besteht immer Klarheit darüber, ob die konkrete Gesellschaft Prozeßpartei sein kann und ob sie ggf. Partei sein soll. Bisher ist es für den Praktiker noch geradezu eine Selbstverständlichkeit, daß er im Namen aller Gesellschafter oder gegen alle Gesellschafter einer BGB-Gesellschaft Klage erhebt. Diese Praxis ist jedenfalls bei Gesellschaften, die kein Unternehmen betreiben, nach wie vor zulässig[169] und auch sachlich akzeptabel (vgl. zum Fortgang der Rechtsfortbildung später unter IV 1 c). Dann wird von allen Gesellschaftern bzw. gegen alle Gesellschafter prozessiert. Es geht dabei nicht – wie von manchen behauptet wird[170] – nur um eine Verwendung der Gesellschafternamen als Parteibezeichnung für die Gesellschaft, sondern *die*

166 Herausstellen sollte sich allerdings, daß die vom *Senat* für parteifähig erklärte Gesellschaft erloschen war, vgl. *BGH*, NJW 2002, 1207 = JuS 2002, 713 *(Karsten Schmidt).*

167 *Karsten Schmidt*, NJW 2001, 1000f.; ähnlich *Ulmer*, ZIP 2001, 592ff.

168 Ausführlich *Wertenbruch*, NJW 2002, 324ff.

169 *Karsten Schmidt*, NJW 2001, 1000f.; a.M. *Habersack*, BB 2001, 481.

170 Vgl. *Soergel/Hadding*, 11. Aufl., § 714 Rdnr. 53.

Gesellschafter selbst sind Prozeßparteien[171]. Das versteht sich bei Binnenstreitigkeiten in der Gesellschaft bürgerlichen Rechts nach bisherigem Verständnis von selbst: Sie werden unter den Gesellschaftern ausgetragen (zu den Parteirollen im Binnenstreit bei der parteifähigen Personengesellschaft vgl. allerdings oben, § 45 I 1 b)[172]. Aber das gilt auch für den Außenprozeß der Gesellschaft. Ihn können nach wie vor auch die Gesellschafter führen. Erst die weitere Rechtsfortbildung kann ihnen das versagen.

Im *Aktivprozeß* klagen die Gesellschafter auf Leistung »in das Gesamthandsvermögen« oder, was der hier vertretenen Lehre besser entspricht, einfach auf Leistung »an die Gesellschaft«. Daß ein solcher Aktivprozeß möglich ist, ergibt sich aus den Ausführungen unter § 21 IV 3. Im *Passivprozeß* ist das seit dem Urteil *BGHZ* 146, 341 = NJW 2001, 1056 dominierende Verständnis des § 736 ZPO zu beachten[173]: Für die Vollstreckung in das Gesellschaftsvermögen ist ein Titel gegen alle Gesellschafter zwar nicht erforderlich, wohl aber ausreichend. Die Literatur unterscheidet insofern zwischen der »Gesamthandsklage« und der »Gesamtschuldklage«[174]. Einmal steht die Gesellschaftsschuld in Frage, ein andermal die persönliche Haftung. Beide Klagen unterscheiden sich nach Streitgegenstand und Rechtskraft[175]. Die strenge Unterscheidung ist allerdings eher theoretischer Natur und kommt in der Praxis nur ausnahmsweise zum Tragen. Regelmäßig klagt der Gläubiger einfach gegen die Gesellschafter als Gesamtschuldner, ohne im Klagantrag deutlich zu machen, ob er neben der persönlichen »Gesamtschuld« auch die »Gesamthandsschuld« der Gesellschaft einklagen will. Das kann darauf beruhen, daß er einen Anspruch sowohl gegen die Gesamthand als auch gegen die Gesamthänder persönlich verfolgen will[176]. Öfter beruht es aber wohl darauf, daß sich der Gläubiger um die »Gesamthand« überhaupt nicht kümmert, vielleicht gar nicht feststellen kann, ob die Gesellschaft eine rechtsfähige Außengesellschaft ist. Es wäre z.B. ein Irrtum zu glauben, seit dem Urteil *BGHZ* 146, 341 = NJW 2001, 1056 sei jede Bau-»Arge« unterschiedslos als Außengesellschaft und damit als parteifähiges Rechtssubjekt anzusehen. Eben deshalb wird voraussichtlich weiterhin auch bei Außengesellschaften bisweilen gegen die Gesellschafter selbst prozessiert. Die Gerichte brauchen sich dann über die Unterscheidung kaum besondere Gedanken zu machen.

Beispiel Nr. 54: Der Insolvenzverwalter einer Aktiengesellschaft klagt gegen die Mitglieder eines Bankenkonsortiums; der Vermieter klagt gegen zwei kleine Häusermakler, die ihr Büro in gemeinsam gemieteten Räumen betreiben; der Verkäufer eines Pkw verklagt die beiden Gesellschafter, die als Käufer unterschrieben haben; ein Bundesland als Bauherr klagt gegen die an der »Arge Hochbrücke Levensau« beteiligten Bauunternehmen. Dies

171 *BGHZ* 80, 222, 227; *Stein/Jonas/Bork*, ZPO, 21. Aufl. 1991, § 50 Rdnr. 17 a.

172 Eingehend *Lüke*, ZGR 1994, 266 ff.

173 Vgl. *Karsten Schmidt*, NJW 2001, 1000; *Wertenbruch*, NJW 2002, 128; a.M. *Habersack*, BB 2001, 481.

174 Vgl. eingehend *Ulmer*, Gesellschaft bürgerlichen Rechts, § 718 Rdnrn. 49 ff.; *Michelfelder*, a.a.O., S. 78 ff.; kritischer Überblick bei *Hüffer*, in: Festschrift Stimpel, a.a.O., S. 168 ff. m.w.N.

175 Vgl. auch *BGH*, NJW-RR 1990, 701: Die rechtskräftige Feststellung eines Mietverhältnisses mit der Gesellschaft klärt nicht die persönliche Haftung.

176 So *Ulmer*, Gesellschaft bürgerlichen Rechts, § 718 Rdnr. 49.

geschieht meistens nicht mit dem erklärten Ziel, eine Gesellschaftsverbindlichkeit und die Privathaftung durchzusetzen, sondern einfach deshalb, weil der Kläger einen Titel gegen alle Gesellschafter erstreiten will.

Liegt in diesen Fällen eine Außengesellschaft vor, so enthält eine solche Klage zwei Prozesse: die sog. *Gesamtschuld*klage gegen die Gesellschafter persönlich und die gleichfalls gegen die Gesellschafter gerichtete sog. *Gesamthandsschuld*klage[177]. Das Gesetz verlangt (auch wenn dies zweckmäßig sein kann) vom Kläger nicht, daß er dies besonders erkennbar macht und etwa gegen die Gesellschafter A, B und C den Antrag stellt: »die Beklagten als Gesamtschuldner und als Gesellschafter der ABC-Gesellschaft zu verurteilen, an den Kläger 10 000 Euro zu zahlen«. Das Gericht verurteilt einfach die Gesellschafter »als Gesamtschuldner«, und es mag sich dann in der Vollstreckung erweisen, ob nur eine Vollstreckung je in das Privatvermögen jedes Gesamtschuldners in Betracht kommt oder ob auch ein Gesamthandsvermögen vorhanden ist, in das nach § 736 ZPO vollstreckt werden kann. Natürlich liegt eine reine »Gesamtschuldklage« und keine »Gesamthandsklage« vor, wenn eine Privatschuld der Gesellschafter eingeklagt wird, die nichts mit der Gesellschaft zu tun hat. Umgekehrt liegt eine reine »Gesamthandsschuldklage« vor, wenn die Klage von vornherein nur auf Leistung aus dem Gesellschaftsvermögen zielt, beispielsweise dann, wenn die persönliche Haftung der Gesellschafter durch Abrede mit dem Kläger ausgeschlossen ist. Der Kläger prozessiert dann gegen die Gesellschafter A, B und C mit dem Antrag, »die Beklagten zu verurteilen, aus dem Vermögen der zwischen ihnen bestehenden Gesellschaft bürgerlichen Rechts 10 000 Euro zu zahlen«. Bei der reinen Gesamthandsschuldklage läßt es die Praxis bisher sogar zu, daß der Kläger gegen »die (zunächst unbenannten) Gesellschafter, vertreten durch den geschäftsführenden Gesellschafter A« klagt und daß die Identität der Gesellschafter im Rechtsstreit geklärt wird[178]. Aber in einem solchen Fall wird der Kläger seit dem Urteil *BGHZ* 146, 341 = NJW 2001, 1056 Klage gegen die parteifähige Gesellschaft erheben. Hat der Gläubiger beantragt, die Gesellschafter als Gesamtschuldner zu verurteilen, kommt aber das Gericht zu der Überzeugung, daß sie nicht persönlich für die Gesellschaftsschuld haften, so weist das Gericht die Gesamtschuldklage ab und gibt dem in dem Gesamtschuldantrag stillschweigend mitenthaltenen Gesamthandsschuldantrag statt[179]. Das sieht dann so aus: »Die Beklagten werden verurteilt, aus dem Vermögen der zwischen ihnen bestehenden Gesellschaft bürgerlichen Rechts 10 000 Euro zu zahlen. Im übrigen wird die Klage abgewiesen.« Die »Gesamthandsklage« erscheint hiernach als eine Frage des richtigen Klagantrags.

Beispiel Nr. 55: Kann die Gesellschaft bürgerlichen Rechts von V die Lieferung einer Kaufsache verlangen, so klagt entweder die nunmehr als parteifähig anerkannte Gesellschaft (oben unter IV 1 a) oder es klagen die Gesellschafter auf Leistung »an die Gesellschaft« (oder: »in das Gesellschaftsvermögen«).

177 Zust. *BGH*, NJW-RR 1990, 867 = JuS 1990, 1018 m. Anm. *Karsten Schmidt*.
178 *BGH*, NJW-RR 1990, 867 = ZIP 1990, 715 (insoweit nicht in JuS 1990, 1018).
179 Ebd.

Beispiel Nr. 56: Haben die Gesellschafter gegenüber einem Gläubiger ihre Haftung auf das Gesellschaftsvermögen beschränkt (dazu oben unter III 2 c), so klagt der Gläubiger entweder gegen die nunmehr als parteifähig anerkannte Gesellschaft (oben unter IV 1 a) oder – was nach den hier angestellten Überlegungen weiterhin zulässig ist – gegen alle Gesellschafter. Um eine Kostenteilung zu vermeiden, wird er aber in diesem zweiten Fall auf Leistung aus dem Gesellschaftsvermögen klagen. Klagt er gegen die Gesellschafter »als Gesamtschuldner«, so ist diese Klage nach dem soeben Gesagten weder unzulässig noch ganz unbegründet, aber sie wird – unter Teilung der Kosten – teilweise abgewiesen.

c) Sobald die Gesellschafter als Prozeßpartei auftreten (und nicht die Gesellschaft), ergeben sich *Probleme der Streitgenossenschaft.* Auch hier ist zu unterscheiden.

aa) Der »gesamthänderische« *Aktivprozeß aller Gesellschafter* ist ein Fall notwendiger Streitgenossenschaft i.S. von § 62 I ZPO[180]. Da die geltendgemachte Forderung nicht den einzelnen Gesellschaftern, sondern der Gesamthand zusteht, ist die von allen Gesellschaftern erhobene Klage eine notwendig gemeinschaftliche.

Beispiel Nr. 57: Kann die Gesellschaft von einem Dritten Zahlung von 10000 Euro verlangen, so müssen, wenn nicht die Gesellschaft als Klägerin auftritt, alle Gesellschafter klagen, und zwar mit einem Antrag, der etwa lauten kann: Der Beklagte wird verurteilt, 10000 Euro nebst ... Zinsen seit ... an die unter den Klägern bestehende Gesellschaft »gallery of modern art« in Leer/Ostfriesland zu zahlen.

Wie unter § 59 III hervorgehoben wurde, können sich Ausnahmen ergeben, wenn ein Gesellschafter die Gesamthandsforderung für alle in Prozeßstandschaft einklagt: bei Sozialansprüchen der Gesellschaft im Wege der actio pro socio (oben, § 21 IV), bei Ansprüchen gegen Dritte im Wege der Ermächtigung[181].

bb) Sehr viel komplizierter ist die Rechtslage im »gesamthänderischen« *Passivprozeß aller Gesellschafter.* Das hängt damit zusammen, daß im Passivprozeß die Gesamtschuld der *Gesellschafter* leicht mit der »gesamthänderischen« Schuld der *Gesellschaft* durcheinandergeworfen wird. Gesamtschuldner sind nur einfache Streitgenossen, und so wird behauptet, daß auch die Gesellschafter einer BGB-Gesellschaft als einfache Streitgenossen verklagt und verurteilt werden[182]. Diese herkömmliche Betrachtung stößt auf zunehmenden Widerstand[183]. Diese Kritik ist berechtigt. Naturgemäß kann, wer nur auf die Einzelvermögen der Gesellschafter zugreifen will, nach seiner Wahl gegen einen oder mehrere Gesellschafter klagen[184], wobei dann ganz belanglos sein kann, ob überhaupt eine Gesamthands-(Außen-)Gesellschaft vorliegt (oben unter I 2). Will sich der Gläubiger aber nicht auf eine

180 *BGHZ* 30, 195, 197; *BayObLGZ* 1990, 263; *Heller*, a.a.O., S. 61ff.; *Ulmer*, Gesellschaft bürgerlichen Rechts, § 718 Rdnr. 45; *Stein/Jonas/Bork*, ZPO, 21. Aufl. 1992, § 62 Rdnrn. 8, 18.

181 *BGH*, LM Nr. 12 zu § 709 BGB; *OLG Hamm*, ZIP 1985, 1000.

182 Dazu *Wieczorek/Schütze*, ZPO, 3. Aufl. 1994, § 62 Rdnr. 48; s. auch *RGZ* 68, 221, 223 für die Miterben.

183 Für notwendige Streitgenossenschaft z.B. *Heller*, a.a.O., S. 76f.; *v. Gamm*, in: RGRK, § 714 Rdnr. 10; *Ulmer*, Gesellschaft bürgerlichen Rechts, § 718 Rdnrn. 46f.; *Kornblum*, BB 1970, 1454.

184 Vgl. *Stein/Jonas/Bork*, ZPO, 21. Aufl. 1992, § 62 Rdnr. 20a.

persönliche Inanspruchnahme der Gesellschafter beschränken, so verbirgt sich hinter der scheinbaren Gesamtschuld zugleich eine Gesamthandsschuld.

Beispiel Nr. 58: Erhebt ein Gesellschaftsgläubiger Klage gegen die Gesellschafter auf Leistung aus dem Gesellschaftsvermögen, so begründet diese »Gesamthandsklage« eindeutig eine notwendige Streitgenossenschaft. Klagt der Gläubiger einfach gegen die Gesellschafter als Gesamtschuldner, so will er im Zweifel nicht nur die Gesellschafter mit ihrem Privatvermögen in Anspruch nehmen, sondern in dieser »Gesamtschuldklage« verbirgt sich im Zweifel zugleich die »Gesamthandsklage«; denn mit einem Titel gegen alle Gesellschafter kann der Gläubiger nach § 736 ZPO in das Gesellschaftsvermögen vollstrecken. Nur wenn eine reine »Gesamtschuldklage« vorliegt – die Gesellschaft ist etwa gar keine Außengesellschaft –, handelt es sich um eine einfache Streitgenossenschaft.

c) *Vollkommen anders* gestaltet sich die Rechtslage, wenn – wie seit dem Urteil *BGHZ* 146, 341 = NJW 2001, 1056 zugelassen – die *Gesellschaft selbst als Klägerin oder Beklagte* auftritt. Im *Aktivprozeß* gibt es dann überhaupt nur eine Klägerin: die Gesellschaft. Und im *Passivprozeß* können neben der Gesellschaft die Gesellschafter – ganz wie bei der oHG – als einfache Streitgenossen verklagt und verurteilt werden[185]. Diese *klare Trennung zwischen Gesellschaftsprozeß und Gesellschafterprozeß* (vgl. §§ 124 Abs. 2, 129 Abs. 4 HGB) ist ein Rechtsfortbildungsziel. Es kann also sein, daß die soeben unter (aa) und (bb) geschilderten Komplikationen mit der Zeit überwunden werden. Einstweilen sind sie nicht überwunden, weil es eben noch keinen Zwang gibt, die Parteifähigkeit der BGB-Außengesellschaft in jedem Fall auch zu nutzen. Voraussichtlich wird sich die Prozeßführung gegen BGB-Gesellschaften zunächst bei den unternehmenstragenden BGB-Gesellschaften (z.B. Rechtsanwaltssozietäten, ärztlichen Gemeinschaftspraxen, Architektenbüros) durchsetzen, für die hier seit der 1. Auflage die Parteifähigkeit gefordert wurde[186]. Eine Beschränkung der Parteifähigkeit auf diese Gesellschaften hat der *BGH* nicht anerkannt[187].

2. Vollstreckung

a) Eine *Vollstreckung zugunsten der Gesellschaft bürgerlichen Rechts* ist möglich, wenn ein Vollstreckungstitel auf Leistung an die Gesellschaft als Außengesellschaft vorliegt. Seit dem Urteil *BGHZ* 146, 341 = NJW 2001, 1056 kann die Gesellschaft einen solchen Titel selbst erstreiten. Auch vollstreckbare Prozeßvergleiche oder vollstreckbare Urkunden können nunmehr auf die Gesellschaft als Titelgläubigerin lauten. Nach den Ausführungen unter IV 1b muß aber – zumindest einstweilen – auch noch ein von den Gesellschaftern oder von einem einzelnen Gesellschafter erstrittener Titel auf Leistung »an die Gesellschaft« oder »in das Gesellschaftsvermögen« oder »an die Gesellschafter zur gesamten Hand« oder »in das gemeinschaftliche Vermögen der Gesellschafter« ausreichen. Gläubiger im vollstreckungsrecht-

185 *Wertenbruch*, NJW 2002, 324ff.
186 Vgl. zum folgenden *Karsten Schmidt*, JZ 1985, 913; zust. *Thiery*, a.a.O., S. 164ff.; krit. *Heller*, a.a.O., S. 29f., 34.
187 *Wertenbruch*, NJW 2002, 328.

lichen Sinne können also die Gesellschaft, ein Gesellschafter, alle Gesellschafter oder Dritte sein. Gerade die erwähnten Fälle der Prozeßstandschaft (actio pro socio oder Prozeßführungsermächtigung) belegen, daß durchaus einmal ein Gesellschafter oder ein Dritter einen Titel auf Leistung an die Gesellschaft erwirken kann.

b) Bei der *Vollstreckung gegen die Gesellschaft und ihre Gesellschafter* muß man genau unterscheiden:

aa) Eine Vollstreckung in das Vermögen eines Gesellschafters ist ohne weiteres zulässig, wenn er Titelschuldner ist. Nur bei einem reinen »Gesamthandstitel«, der nur auf Leistung aus dem Gesellschaftsvermögen lautet, scheidet eine Vollstreckung in das private Gesellschaftervermögen aus[188]. Zum Vermögen des Gesellschafters gehört dabei auch der nach § 859 I ZPO pfändbare Gesellschaftsanteil[189]. Ob das Privatvermögen dem Vollstreckungszugriff unterliegt, ergibt sich aus dem Inhalt des Titels.

Beispiel Nr. 59: Gesellschafter G hat sein Auto bei A zur Reparatur gegeben und ist zur Zahlung von 500 Euro Werklohn verurteilt worden. B hat wegen eines Anspruchs gegen die Gesellschaft den G zur Zahlung von 1000 Euro verurteilen lassen; C, ein anderer Gesellschaftsgläubiger, hat gegen alle Gesellschafter einen Vollstreckungstitel erwirkt, der nur auf Leistung aus dem Gesellschaftsvermögen lautet. Hier können A und B in das Privatvermögen des G vollstrecken. C kann es nicht.

bb) Für die Vollstreckung in das *Gesellschaftsvermögen* ist nach dem Wortlaut des § 736 ZPO ein gegen alle Gesellschafter gerichteter Titel erforderlich. Daraus spricht die für den Gesetzgeber des 19. Jahrhunderts noch nahezu selbstverständliche Prämisse, daß es einen Titel gegen die Gesellschaft selbst nicht geben kann[190]. Seit *BGHZ* 146, 341 = NJW 2001, 1056 die Parteifähigkeit der Gesellschaft anerkennt, ist diese Prämisse überholt[191]. Aber damit kehrt sich der Inhalt des § 736 ZPO noch lange nicht i.S. des § 124 II HGB um, wo es für die oHG heißt[192]: »Zur Zwangsvollstreckung in das Gesellschaftsvermögen ist ein gegen die Gesellschaft gerichteter vollstreckbarer Schuldtitel erforderlich«. Vielmehr muß mindestens vorerst von dem unter VI 1 bereits zugrundegelegten Stand der Rechtsfortbildung ausgegangen werden: Ein gegen die Gesellschaft gerichteter Schuldtitel genügt allemal, aber ausreichend ist auch der in § 736 ZPO apostrophierte Titel gegen sämtliche Gesellschafter[193].

---

188 Selbst hier a.M. *Kornblum*, a.a.O., S. 63f.

189 *Stein/Jonas/Münzberg*, ZPO, 21. Aufl. 1994, § 736 Rdnr. 4.

190 *Karsten Schmidt* NJW 2001, 997; *BGHZ* 146, 341, 354 = NJW 2001, 1056, 1059f.; betont im Anschluß an *Wertenbruch* (a.a.O., S. 122ff.), § 736 ZPO sei nur eine Parallelnorm zu § 719 BGB und wolle nur verhindern, daß aus einem gegen einzelne Gesellschafter gerichteten Titel zugegriffen werde; diese aus den Materialien belegbare Deutung ändert aber nichts daran, daß ein gegen die Gesellschaft gerichteter Titel nicht im historischen Modell der BGB-Gesellschaft angelegt war.

191 Das Urteil hat das Recht in diesem Punkt fortgebildet, nicht wie es vorgibt, nur nach 100 Jahren richtig erkannt.

192 So auch für die BGB-Gesellschaft *Habersack*, BB 2001, 481.

193 *Karsten Schmidt*, NJW 2001, 1000; *Wertenbruch*, NJW 2002, 328f.

Dieser Titel muß nach hergebrachter Auffassung nicht ein »Gesamthandsschuldtitel« sein[194]. Diese Meinung bedarf der Präzisierung. Richtig ist, daß eine Haftung der Gesamthand in dem Titel nicht besonders benannt sein muß. Solange nicht die Gesellschaft als parteifähig anerkannt ist, kann vom Gläubiger nicht erwartet werden, daß er bei der Klage gegen die Gesellschafter noch besonders beantragt, das Urteil solle ihm auch die Vollstreckung in das Gesellschaftsvermögen zuerkennen. Enthält die Gesamtschuldklage im Zweifel auch die Gesamthandsklage[195], so enthält der Gesamtschuldtitel im Zweifel auch den Gesamthandsschuldtitel. Dagegen ist die Vollstreckung materiell unzulässig, wenn die Gesamthand nach materiellem Recht für die Verbindlichkeit überhaupt nicht haftet[196]. Herkömmlicherweise sah man dies anders: Es genüge, wenn der Gläubiger irgendwelche Titel gegen alle Gesellschafter habe[197]. Damit wurde die Funktion des § 736 ZPO verkannt. § 736 ZPO soll nur dafür sorgen, daß trotz der vom ZPO-Gesetzgeber als selbstverständlich unterstellten Parteiunfähigkeit der Gesellschaft in das Gesellschaftsvermögen vollstreckt werden kann, dies aber nicht schon aufgrund eines nur gegen einzelne Gesellschafter gerichteten Titels. Dagegen soll § 736 ZPO nicht etwa dazu führen, daß das Gesellschaftsvermögen für Privatschulden der Gesellschafter haftet. Der Übergriff der Vollstreckung wird nicht im Wege der Erinnerung nach § 766 ZPO geltend gemacht[198], sondern im Wege der Drittwiderspruchsklage[199]. Die Gesellschafter brauchen sich auch nicht den Einwand des § 242 BGB entgegenhalten zu lassen[200]. Nur über Anteilspfändungen nach § 859 I ZPO kann ein Privatgläubiger der Gesellschafter mittelbar auf das Gesellschaftsvermögen zugreifen[201].

Beispiel Nr. 60: Die im Handelsregister nicht eingetragene kleine Restaurateurwerkstatt A, B & C hat das Gemälde des Gemäldesammlers G versehentlich einem Dritten ausgehändigt. G (Gläubiger) erwirkt gegen A, B & C als Gesamtschuldner einen Vollstreckungstitel auf Schadensersatz in Höhe von 10000 Euro. Mit diesem Titel kann er nicht nur in das private Girokonto eines der Gesellschafter, sondern auch in das Geschäftskonto vollstrecken.

---

194 *Kornblum*, a.a.O., S. 62; *Heßler*, in: MünchKommZPO, 2. Aufl. 2000, § 736 Rdnr. 8; *Stein/Jonas/Münzberg*, ZPO, 21. Aufl., 1994, § 736 Rdnr. 5; *Ulmer*, Gesellschaft bürgerlichen Rechts, § 718 Rdnrn. 44, 54; *Brehm*, KTS 1983, 32; *Winter*, KTS 1983, 364f.; a.M. *Schünemann*, a.a.O., S. 227; *Aderhold*, a.a.O., S. 167f.; *Heller*, a.a.O., S. 228ff.; *Lindacher*, JuS 1982, 595.

195 Dem Text zustimmend *BGH*, NJW-RR 1990, 867 = ZIP 1990, 715.

196 *Ulmer*, Gesellschaft bürgerlichen Rechts, § 718 Rdnrn. 44, 54; *Nicknig*, a.a.O., S. 132f.; *Aderhold*, a.a.O., S. 167ff.; *Heller*, a.a.O., S. 232; *Kornblum*, BB 1970, 1450f.; *Winter*, KTS 1984, 349ff.

197 Statt vieler: *Blomeyer*, Vollstreckungsverfahren, 1975, § 17 IV; *Noack*, MDR 1974, 812; *Oehlerking*, KTS 1980, 15; schwankend jetzt *Stein/Jonas/Münzberg*, ZPO, 21. Aufl. 1994, § 736 Rdnr. 6.

198 Dagegen jetzt auch *Ulmer*, Gesellschaft bürgerlichen Rechts, § 718 Rdnrn. 54f.

199 *Heßler*, in: MünchKommZPO, 2. Aufl. 2000, § 736 Rdnr. 40; *Brehm*, KTS 1984, 33f.; *Hüffer*, in: Festschrift Stimpel, a.a.O., S. 184f.

200 Der Fall liegt insofern anders als bei § 129 IV HGB; wenn sich hinter dem Gesamtschuldtitel eine Gesamthandsschuld verbirgt, liegt die Normalsituation des § 736 ZPO vor, und es bedarf nicht des Rückgriffs auf § 242 BGB, um die Drittwiderspruchsklage der Gesellschaft abzuweisen; unrichtig *Winter*, KTS 1984, 367.

201 *Wertenbruch*, NJW 2002, 328.

Beispiel Nr. 61: Völlig anders verhält es sich, wenn A, B und C sich als Mitbürgen (§ 769 BGB) für die Schuld ihres Freundes F gegenüber einem Gläubiger G verbürgt haben und G gegen die Mitbürgen als Gesamtschuldner einen Vollstreckungstitel erwirkt. Hier kann G nur in die Privatvermögensmassen vollstrecken, zu denen freilich auch die Anteile an der Gesellschaft gehören (§ 859 I ZPO). Läßt G auch hier wieder das Geschäftskonto pfänden, so können A, B und C für die Gesellschaft Drittwiderspruchsklage nach § 771 ZPO erheben (weil parteifähig, könnte die Gesellschaft auch selbst die Klage erheben).

Das Ergebnis mag bei konservativer Betrachtung überraschen, denn wenn man das Gesellschaftsvermögen als »gemeinschaftliches Vermögen der Gesellschafter« ansieht (§ 718 I BGB), scheint es, als bräuchten sich diese nicht zu beklagen, wenn wegen einer Gesamtschuld auf dieses Vermögen zugegriffen wird. Aber das wäre eine Verkennung der Haftungssituation. Aus dem Gesellschaftsvermögen müssen die Gesellschaftsgläubiger bedient werden, und deshalb läuft der Zugriff auf das Gesellschaftsvermögen keineswegs auf dasselbe hinaus, als wenn unser G – was zulässig ist – sämtliche Gesellschaftsanteile pfändet. Man stelle sich folgende Situation vor: Die Gesellschaft hat Aktiva in Höhe von 10 000 Euro, darunter ein aktivisches Girokonto von 5 000 Euro. Dem stehen unbezahlte Gesellschaftsverbindlichkeiten von 12 000 Euro gegenüber. Pfändet G, der kein Gesellschaftsgläubiger ist, in unserem letzten Beispiel nach § 859 I ZPO die Anteile der Gesellschafter, so hätte er nichts gewonnen, was ihm nicht zusteht. Greift er nun auf das Bankkonto zu, so erhält er einen Vermögenswert, der ihm nicht zusteht.

c) Zusammengefaßt ergibt sich auch nach dem Urteil *BGHZ* 146, 341 = NJW 2001, 1056 noch immer ein zwiespältiges Bild. Im Hinblick auf die praktischen Schwierigkeiten, parteifähige und parteiunfähige Gesellschaften in jedem Fall klar zu trennen, liefe es auf praxisfernen Purismus hinaus, wollte man schlagartig die §§ 124 II, 129 IV HGB in aller Konsequenz analog anwenden (vgl. schon oben unter IV 1). Solange nicht die Parteifähigkeit dieser Gesellschaften in jedem Fall klar ausgemacht werden kann, müssen folgende Grundsätze gelten:
- Hat die Gesellschaft als Gläubigerin einen Titel erwirkt, so kann sie selbstverständlich auch die Vollstreckung betreiben.
- Haben die Gesellschafter entsprechend der traditionellen Praxis einen auf Leistung an die Gesellschaft lautenden Titel erstritten, so können selbstverständlich auch sie die Vollstreckung betreiben.
- Liegt ein Vollstreckungstitel gegen die Gesellschaft vor, so kann daraus ohne weiteres auch in das Gesellschaftsvermögen vollstreckt werden.
- Hat der Gläubiger nur einen Titel gegen alle Gesellschafter, nicht aber gegen die Gesellschaft in Händen, so muß nach § 736 ZPO auch die Vollstreckung in das Gesellschaftsvermögen zulässig sein, denn jedes andere Ergebnis liefe im Hinblick auf die bisherige Gerichtspraxis und auf die mangelnde Publizität der Rechtsverhältnisse auf Rechtsverweigerung hinaus.

3. Insolvenz

a) Nach traditioneller Auffassung war die Gesellschaft bürgerlichen Rechts unter der Geltung der *Konkursordnung* nicht konkursfähig[202]. Wenn das Gericht die Gesellschaft allerdings für eine Handelsgesellschaft – z. B. für eine GmbH & Co. KG – gehalten und demgemäß über diese vermeintliche Handelsgesellschaft das Insolvenzverfahren eröffnet hatte, wurde der Eröffnungsbeschluß anerkannt und das Verfahren durchgeführt[203]. Doch gab es schon vor der Insolvenzordnung eine Gegenansicht, die entweder die Gesellschaft zur tauglichen Gemeinschuldnerin erklären oder doch jedenfalls einen Separatkonkurs über dieses »Sondervermögen der Gesellschafter« zulassen wollte[204]. Nunmehr kann das Insolvenzverfahren nach § 11 II Nr. 1 InsO auch »über das Vermögen einer Gesellschaft ohne Rechtspersönlichkeit«, darunter die Gesellschaft bürgerlichen Rechts, eröffnet werden. Wie schon an anderer Stelle erweist es sich aber auch hier als schädlich, wenn immer nur darüber diskutiert wird, ob »die Gesellschaft bürgerlichen Rechts« parteifähig, konkursfähig usw. ist. Im geltenden wie im früheren Insolvenzrecht sollte vielmehr unterschieden werden zwischen
- Innengesellschaften,
- »schlicht zivilistischen« Gesellschaften und
- organisierten, insbesondere unternehmenstragenden Gesellschaften[205].

Im ersten dieser Fälle bleibt eine Insolvenzrechtsfähigkeit evidentermaßen außer Betracht[206]. Eine für die Praxis unstreitbare Notwendigkeit und hier schon vor der Insolvenzrechtsreform durch alle Vorauflagen des »Handelsrechts« und des vorliegenden Werks gefordert[207] ist die Insolvenzrechtsfähigkeit der unternehmenstragenden BGB-Gesellschaft[208]. Diese kann, wie jeder Unternehmensträger, unzweifelhaft Subjekt eines Insolvenzverfahrens sein (Handelsrecht, § 5 II 3). Dasselbe gilt für andere Gesellschaften, die, obwohl nicht im Handelsregister eingetragen, eine oHG-ähnliche Organisation aufweisen. Zweifelhaft ist die Rechtslage bei denjenigen Außengesellschaften, bei denen es hieran fehlt.

---

202 Vgl. nur *BGHZ* 23, 307, 313; *BFH*, NJW-RR 1997, 28; *OLG Neustadt*, MDR 1956, 240; *Baur/Stürner*, Zwangsvollstreckungs-, Konkurs- und Vergleichsrecht, Bd. II, 12. Aufl. 1990, Rdnr. 33.1; *Jaeger/Weber*, KO, 8. Aufl. 1973, vor § 707 Rdnr. 12; *Jaeger/Henckel*, KO, 9. Aufl. 1977 ff., § 1 Rdnr. 151; *Soergel/Hadding*, 11. Aufl., § 728 Rdnr. 1; Kritik schon bei *Karsten Schmidt*, in: Einhundert Jahre KO, a. a. O., S. 256 ff. m. w. N.

203 *BGHZ* 113, 216 = NJW 1991, 922; dazu näher 3. Aufl., § 60 IV 3 a; *Kilger/Karsten Schmidt*, a. a. O., § 209 Anm. 4 a.

204 Vgl. mit Unterschieden im einzelnen *Kohler*, Lehrbuch des Konkursrechts, 1891, S. 81 f.; *Seuffert*, Deutsches Konkursprozeßrecht, 1899, S. 71 ff.; *Graßhoff*, in: Festschrift Heinitz, 1926, S. 124 ff.; *Heller*, a. a. O., S. 237 ff.; *Hüffer*, in: Festschrift Stimpel, a. a. O., S. 186; *Michelfelder* und *Neumann*, a. a. O.; unentschieden *BGHZ* 113, 216 = NJW 1991, 922, 923.

205 Näher *Karsten Schmidt*, JZ 1985, 914 (de lege lata) und ZIP 1985, 717 (de lege ferenda); vgl. auch *dens.*, in: Verhandlungen des 54. DJT I, 1982, S. D 45 (de lege ferenda); krit. allerdings *Prütting*, ZIP 1997, 1725 ff.

206 Krit. *Prütting*, ZIP 1997, 1729.

207 3. Aufl., § 60 IV 3 a; Handelsrecht, § 5 II 3.

208 So erstmals *Karsten Schmidt*, in: Einhundert Jahre KO, a. a. O., S. 257 f., und seither öfter.

Beispiel Nr. 62: Wenn Eheleute ihr Hausgrundstück »in Gesamthandsgesellschaft bürgerlichen Rechts« halten und verwalten (oben, § 58 IV 3, § 59 I 3), ist diese Außengesellschaft eine fragwürdige Insolvenzschuldnerin und das Haus eine wunderliche Insolvenzmasse. Ohne weiteres kann ein Insolvenzverfahren über das Vermögen des Ehemannes oder der Ehefrau eröffnet werden, auch eine Zwangsversteigerung des Hauses ist ein nachvollziehbarer Vorgang, aber wozu dient hier ein Insolvenzverfahren der Gesellschaft als Gesamthand? Oder: Wenn mehrere Bürger eine nicht vereinsrechtlich organisierte Bürgerinitiative mit einer gemeinsamen Kasse gründen, wenn mehrere Landwirte oder mehrere Pferdeliebhaber in Gesellschaft bürgerlichen Rechts einen Mähdrescher oder einen Traber halten, wird man ein Insolvenzverfahren über dieses Gesellschaftsvermögen nicht recht verstehen.

Man wird gleichwohl nicht umhin können, jetzt alle BGB-Außengesellschaften für insolvenzrechtsfähig zu erklären. Sie alle könnten von heute auf morgen als offene Handelsgesellschaften eingetragen werden (vgl. § 105 II HGB und dazu oben unter I 1 c). Und man wird darauf bauen müssen, daß Gesellschaften des letztgenannten Typus in der Praxis so selten mit Insolvenzverfahren überzogen werden wie mit Klagen (vgl. oben unter IV 1 c), denn ohne Insolvenzgläubiger wird es kein Insolvenzverfahren geben.

b) Mit der praktischen Durchführung des Insolvenzverfahrens verhält es sich hiernach folgendermaßen:

– Es kann über das Vermögen jeder Außengesellschaft das Insolvenzverfahren eröffnet werden (§ 11 II Nr. 1 InsO). In diesem Verfahren ist die Gesellschaft Schuldnerin und nur sie. Als Gläubiger beteiligt sind die Gesellschaftsgläubiger und nur sie. Die Gesellschaft ist aufgelöst (§ 728 I 1 BGB), wird aber nicht nach gesellschaftsrechtlichen, sondern nach insolvenzrechtlichen Regeln abgewickelt (vgl. oben, § 11 VI). Die persönliche Haftung der Gesellschafter für die Schulden der insolventen Gesellschaft (oben unter III) wird nach § 93 InsO nicht von den einzelnen Gesellschaftsgläubigern geltend gemacht, sondern von dem Insolvenzverwalter (vgl. dazu sinngemäß § 49 VI.). Die Zulässigkeit dieses Verfahrens hängt von Rechts wegen nicht davon ab, ob eine organschaftlich organisierte Gesellschaft, insbesondere eine unternehmenstragende Gesellschaft, vorliegt. In der Praxis dürfte sich allerdings die Stellung von Insolvenzanträgen über das Vermögen von BGB-Gesellschaften im wesentlichen auf derartige Fälle beschränken.
– Es kann auch das Insolvenzverfahren über das Vermögen einzelner oder aller Gesellschafter beantragt und eröffnet werden. Auch dann ist die Gesellschaft aufgelöst (§ 728 II BGB), aber die Abwicklung findet – selbstverständlich unter Beteiligung der Insolvenzverwalter – außerhalb des Insolvenzverfahrens statt (§ 84 InsO). Das Gesellschaftsvermögen ist nicht Insolvenzmasse, aber zur Insolvenzmasse jedes einzelnen Gesellschafters gehört sein Anteil und damit auch sein Anteil am Liquidationserlös. Bei Gesellschaften, die weder unternehmenstragend tätig noch sonst mit einer Außenorganisation versehen sind, wird dies und nicht die Gesellschaftsinsolvenz nach § 11 II Nr. 1 InsO die Regel sein. Das gilt insbesondere auch für unser Beispiel Nr. 59.

Sechster Abschnitt: Mittelbare Unternehmensbeteiligung

§ 61 Mittelbare Beteiligung an Unternehmen: Nießbrauch, Treuhand und Innengesellschaft*

I. Grundlagen

1. Unmittelbare und mittelbare Beteiligung

Unternehmensbeteiligungen können auf sehr verschiedene Weise eingegangen werden. Die bedeutsamste Unterscheidung besteht in der Beteiligung als Mitglied einer *Außengesellschaft* (Personengesellschaft oder Kapitalgesellschaft) auf der einen und der nur internen – meist rein schuldrechtlichen – Beteiligung durch *Nießbrauch, Treuhand oder Innengesellschaft* auf der anderen Seite. Die erste Form der Unternehmensbeteiligung wird hier als »unmittelbare« bezeichnet, die zweite als »mittelbare«[1].

a) Die Begriffe der unmittelbaren und mittelbaren Unternehmensbeteiligung markieren einen rechtstechnischen Gegensatz, nicht weniger, aber auch nicht mehr. Darin liegt ihre Stärke, aber darin liegen auch ihre Grenzen. Man muß sich bei der Rechtsanwendung im Einzelfall darüber klar sein, daß die tatsächliche Ausgestaltung Variationen und Übergänge kennt und daß manchmal der »mittelbar« am Unternehmen Beteiligte dem Unternehmen näher steht als ein »unmittelbar« Beteiligter. Das ist kurz zu erläutern.

aa) Die »unmittelbare« Unternehmensbeteiligung reicht von der Beteiligung als unbeschränkt haftender und geschäftsführender Gesellschafter einer Personengesellschaft bis zur Beteiligung als unbedeutender Minderheitsaktionär an einem Großunternehmen. Ein Aktionär kann an der Gesellschaft »unternehmerisch« beteiligt sein[2], aber er kann der Gesellschaft auch als schlichter Anleger von Vermögen und Teilnehmer am Kapitalmarkt gegenüberstehen. Ähnlich kann der Kommanditist in einer Familiengesellschaft an bedeutsamen Unternehmensentscheidungen mitwirken, während er in einer Publi-

* Literatur (Auswahl; eingehende Nachweise bei *Karsten Schmidt,* in: MünchKommHGB, vor § 230): *Blaurock,* Unterbeteiligung und Treuhand an Gesellschaftsanteilen, 1981; *Eden,* Treuhandschaft an Unternehmen und Unternehmensanteilen, 2. Aufl. 1989.

1 Die Systematisierung stammt aus den Kommentierungen des Verfassers in den Einleitungen vor § 230 HGB (vgl. *Schlegelberger/Karsten Schmidt,* vor § 335 a.F. = vor § 230 n.F. Rdnr. 1; *Karsten Schmidt,* in: MünchKommHGB, vor § 230 Rdnr. 1).

2 *BGHZ* 90, 381.

kums-KG den operativen Entscheidungen fernsteht. Es ist das rein formale Moment der Außengesellschaft, das diese »unmittelbaren« Unternehmensbeteiligungen vereint.

bb) Auch die mittelbare Beteiligung an Unternehmen weist eine erhebliche Variationsbreite auf. Wer z.B. als Treugeber an einer Gesellschaft mittelbar beteiligt ist (dazu unter III), kann ein unbedeutender Kapitalanleger, kann aber auch faktisch der Herr des Unternehmens sein, wenn der Treuhänder nur sein Strohmann ist. Noch ausgeprägter sind die Variationsmöglichkeiten bei der stillen Gesellschaft. Typischerweise stellt man sich den stillen Gesellschafter als einen bloßen Kapitalgeber mit Gewinnbeteiligung vor, aber der stille Gesellschafter ist vielleicht nur im Außenverhältnis »still« und hat im Innenverhältnis Rechte wie ein Kommanditist oder gar Geschäftsführungsrechte (vgl. zur atypischen stillen Gesellschaft unten, § 62 II 2c).

cc) Offenkundig besagt die *Formenwahl der Beteiligten* nicht unbedingt endgültig etwas über die tatsächlichen Verhältnisse im Unternehmen. Wenn es richtig ist, daß der »unmittelbar« Beteiligte dem Unternehmen durchaus fernstehen kann und daß der »mittelbar« Beteiligte dem Unternehmen sehr nahe verbunden sein kann, dann liegt es auf der Hand, daß eine bestimmte Art der wirtschaftlichen Beteiligung in technisch ganz unterschiedlicher Weise – einmal als unmittelbare, einmal als mittelbare Beteiligung – herbeigeführt werden kann.

Beispiel Nr. 1: In einer Familien-KG sollen aus steuerlichen Gründen nach dem Willen des Gründers und Komplementärs schon die Enkel vermögensrechtlich – aber auch nur vermögensrechtlich – beteiligt werden. Dies läßt sich im Wege der Vertragsgestaltung sowohl in Form einer unmittelbaren Unternehmensbeteiligung (Einräumung von Kommanditanteilen) als auch im Wege der mittelbaren Unternehmensbeteiligung bewerkstelligen (stille Beteiligung, Unterbeteiligung). Der Einfluß der Enkel auf das Unternehmen kann in beiden Fällen unbedeutend gering gehalten werden.

Beispiel Nr. 2: Wer eine Publikumspersonengesellschaft organisiert, kann die Anleger im Wege der »unmittelbaren« Beteiligung als Kommanditisten in die Gesellschaft aufnehmen, aber auch im Wege der »mittelbaren« Beteiligung, etwa indem der Kommanditanteil von einer Treuhandkommanditistin – meist einer Gesellschaft – gehalten wird, die nur treuhänderische Unterbeteiligungsverhältnisse zu den Anlegern eingeht (vgl. auch unten, § 63 I 2b). Wie groß der Einfluß der Anleger auf die Unternehmensgestaltung ist, hängt nicht endgültig von dieser Formenwahl ab, sondern von der Vertragsgestaltung.

b) Es muß also Klarheit darüber bestehen, daß der Unterschied zwischen unmittelbarer und mittelbarer Unternehmensbeteiligung nichts Endgültiges über die Struktur des Unternehmens und die wirtschaftliche Bedeutung der Beteiligung aussagt. Trotzdem hat die Unterscheidung rechtliche Relevanz. Nur der unmittelbar Beteiligte hat bei Kapitalgesellschaften Teil an der vom Gesetzgeber vorgegebenen unternehmenstragenden Korporation, nimmt an Hauptversammlungen, Gesellschafterversammlungen teil, hat Gewinnansprüche gegen die Kapitalgesellschaft, ist Adressat der Kapitalsicherungsvorschriften usw. Nur der unmittelbar Beteiligte unterliegt bei Handels-Personengesellschaften der Haftung gegenüber den Gläubigern, steht im Handelsregister usw. Bei der mittelbaren Unternehmensbeteiligung läßt sich eine gleichartige Stellung nur erreichen, indem der mittelbare Teilhaber besonders – und zwar eben auf mittelbarem Wege – in die Organisations- und Haftungsverfassung einbezogen wird.

Beispiel Nr. 3: Wer als stiller Gesellschafter am Unternehmen einer Personengesellschaft beteiligt ist, ist nicht schon kraft Gesetzes an Gesellschafterbeschlüssen der Personengesellschafter (§ 119 HGB) beteiligt, sondern dieses Recht muß ihm erst eingeräumt werden, womit dann die Handelsgesellschaft und die stille Gesellschaft zu einem atypischen Verband zusammengefaßt werden (dazu unten, § 62 II 2 c bb).

Beispiel Nr. 4: Wer nur über einen Treuhandkommanditisten an einer Publikums-Personengesellschaft beteiligt ist, haftet den Gläubigern nicht nach §§ 171 I, 172 IV HGB, sondern er unterliegt nur den Regreßansprüchen des haftenden Treuhandkommanditisten (*BGHZ* 76, 127 = JuS 1980, 611 m. Anm. *Karsten Schmidt*).

2. Rechtsformen mittelbarer Unternehmensbeteiligung

a) Als Formen der mittelbaren Teilhabe an Unternehmen werden hier behandelt
- der Nießbrauch (§§ 1030 ff. BGB),
- die Treuhand und
- die Innengesellschaft.

Der Nießbrauch ist eine dingliche Belastung der Mitgliedschaft (§§ 1030 ff. BGB); bei der Treuhand ist ein Gesellschafter bloß ein Treuhänder, dessen Rechtsmacht im Innenverhältnis durch einen Treuhandvertrag begrenzt ist. Bei der Innengesellschaft beteiligt sich ein Dritter aufgrund eines Gesellschaftsvertrags »still« am Unternehmen oder an einem Anteil.

Beispiel Nr. 5: In einer Kommanditgesellschaft hat der Kommanditist A dem N einen Nießbrauch bestellt, damit N die Nutzungen aus dem Anteil zieht. Der Kommanditist B ist nur Treuhandkommanditist und hält den Anteil für Rechnung des im Hintergrund bleibenden Treugebers T. Der Kommanditist C hat mit einem U ein Unterbeteiligungsverhältnis verabredet, so daß U »still« an dem Anteil des C beteiligt ist; im Verhältnis zur Gesellschaft bleibt die Beteiligung dagegen ungeteilt bei C. Schließlich hat die Kommanditgesellschaft selbst mit dem S als stillem Gesellschafter ein Gesellschaftsverhältnis vereinbart, das aber den S nicht zum Mitglied der KG macht, sondern ihn nur »still« am Unternehmen beteiligt.

b) Diese Rechtsformen werden üblicherweise nicht vergleichend dargestellt, und es wird davon ausgegangen, daß sie unverbunden nebeneinanderstehen. Damit werden wichtige Zusammenhänge verdeckt. Z. B. kann ein Treuhandverhältnis Nießbrauchsfunktionen haben (dazu sogleich unter II 1 b), und es können Treuhand und Innengesellschaft zusammenfallen (dazu unter III 1 c). Die folgende Darstellung beschränkt sich auf die Grundzüge der mittelbaren Unternehmensbeteiligung[3].

3 Ausführlicher *Karsten Schmidt,* a. a. O.

II. Mittelbare Beteiligung durch Nießbrauch*

1. Abgrenzungsfragen

a) Der Nießbrauch ist eine dingliche Belastung einer Sache, eines Rechts oder eines Vermögens, kraft deren derjenige, zu dessen Gunsten die Belastung erfolgt, berechtigt ist, die Nutzungen zu ziehen (§§ 1030, 1068, 1085 BGB). Die mittelbare Unternehmensbeteiligung aufgrund eines Nießbrauchs spielt in der Unternehmenspraxis eine erhebliche Rolle[4]. Dabei muß zwischen dem *Nießbrauch am Unternehmen* und dem *Nießbrauch an Beteiligungen* unterschieden werden. Der Nießbrauch am Unternehmen ist eine dingliche Variante der Unternehmensüberlassung; der Nießbraucher wird Unternehmensträger (vgl. eingehend Handelsrecht, § 6 III 3). Der Nießbrauch an Beteiligungen ist dagegen ein Fall der mittelbaren Unternehmensertragsbeteiligung: Ein Anteilsinhaber bestellt einem Dritten, dem Nießbraucher, das ausschließliche Nutzungsrecht an seiner Beteiligung. Wirtschaftlich können der Nießbrauch am Unternehmen und der Nießbrauch an der Beteiligung nahe beieinander liegen, aber selbst dann bleibt der rechtliche Unterschied wie bei der Treuhand (dazu unter III 1 a) noch bedeutsam.

---

* Literatur (Auswahl; vollständiger bei *Karsten Schmidt,* in: MünchKommHGB vor § 230 Rdnr. 7): *Bechtold,* Der Nießbrauch am Kommanditanteil, 1991; *Blaurock,* Unterbeteiligung und Treuhand an Gesellschaftsanteilen, 1981; *Eden,* Treuhandschaft an Unternehmen und Unternehmensanteilen, 2. Aufl. 1989; *von Godin,* Nutzungsrecht am Unternehmen und Unternehmensbeteiligungen, 1949; *Geschwendtner,* Nießbrauchbestellung am Anteil einer Personengesellschaft, NJW 1995, 1875; *Haas,* Nießbrauch an Gewinnanteilen an Personengesellschaften, in: Festschrift Ludwig Schmidt, 1993, S. 315; *Hadding,* Pfandrecht und Nießbrauch an der Mitgliedschaft in einer oHG oder KG als Kreditsicherheit, in: Hadding/Uwe H. Schneider (Hrsg.), Gesellschaftsanteile als Kreditsicherheit, 1979, S. 37; *Hepp-Schwab,* Die Mitgliedschaft des Personengesellschafters und der Nießbrauch, 1998; *Hoyer,* Der Nießbrauch an einem Gesellschaftsanteil, BB 1978, 1459; *Kreifels,* Nießbrauch am Anteil von Personengesellschaften, in: Freundesgabe Hengeler, 1972, S. 158; *Lohr,* Der Nießbrauch an Unternehmen und Unternehmensanteilen ..., 1989; *Horst Müller,* Probleme des Nießbrauchs an Anteilen von Personengesellschaften, DB 1972, 1693; *Nasse,* Nießbrauch und Aktienbezugsrecht, LZ 1920, 916; *Petzoldt,* Nießbrauch an Kommanditanteilen und GmbH-Geschäftsanteilen, GmbHR 1987, 381, 433; *ders.,* Nießbrauch an Personengesellschaftsanteilen, DStR 1992, 1171; *Reichert/Schlitt,* Nießbrauch an GmbH-Geschäftsanteilen, in: Festschrift Flick, 1997, S. 217; *Reichert/Schlitt/Dill,* Die gesellschafts- und steuerrechtliche Gestaltung des Nießbrauchs an GmbH-Anteilen, GmbHR 1998, 565; *Rodin,* Die Belastung von Gesellschaftsanteilen, in: Riegger/Weipert (Hrsg.), MünchHdbGesR I, 1995, § 60; *Scharff,* Nießbrauch an Aktien im Zivil- und Steuerrecht, 1982; *Schön,* Der Nießbrauch am Gesellschaftsanteil, ZHR 158 (1994), 229; *Karsten Schmidt,* Stimmrecht beim Anteilsnießbrauch, ZGR 1999, 601; *Schulze zur Wiesche,* Der Nießbrauch am Kommanditanteil, DB 1970, 171; *ders.,* Nießbrauch am Gesellschaftsanteil, DB 1983, 2538; *Sudhoff,* Der Nießbrauch am Geschäftsanteil einer GmbH, GmbHR 1971, 53; *ders.,* Der Nießbrauch am Anteil einer Personengesellschaft, NJW 1971, 481; *ders.,* Nochmals: Der Nießbrauch am Gesellschaftsanteil, NJW 1974, 2205; *Teichmann,* Der Nießbrauch an Gesellschaftsanteilen, ZGR 1972, 1; 1973, 24; *Ulmer,* Zur Bedeutung des gesellschaftsrechtlichen Abspaltungsverbots für den Nießbrauch ..., in: Festschrift Fleck, 1988, S. 383; *Weber,* Der Nießbrauch an Gesellschaftsanteilen – Steuerrechtliche Behandlung – 1. Kapitalgesellschaften, ZGR 1972, 24; *Weber/Luther,* Der Nießbrauch an Gesellschaftsanteilen – Steuerrechtliche Behandlung – 2. Teil. Personengesellschaften, ZGR 1973, 45; *Wiedemann,* Die Übertragung und Vererbung von Mitgliedschaftsrechten bei Handelsgesellschaften, 1965, S. 397ff.

4 Anders noch *Teichmann,* ZGR 1972, 1.

Beispiel Nr. 6: Besteht eine GmbH & Co. KG aus dem Kommanditisten K und aus der G-GmbH, die keinen »Kapitalanteil« hat (oben, § 56 IV 1 a), so ist es zunächst eine Frage der Rechtstechnik, ob die KG einen Nießbrauch am Unternehmen oder der Kommanditist einen Nießbrauch am Kommanditistenanteil bestellt. Trotzdem ergeben sich weittragende Unterschiede, nicht zuletzt bei der Frage, wer künftig Träger des Unternehmens ist (vgl. Handelsrecht, § 6 III 3).

b) Der *Nießbrauch an einer Beteiligung* muß von der *Unterbeteiligung* und von der *Treuhand* unterschieden werden[5]. Es handelt sich um eine dingliche Belastung der Mitgliedschaft, also um mehr als einen bloß schuldrechtlichen Vertrag mit einem Gesellschafter (Unterbeteiligung) und um weniger als eine Übertragung der Mitgliedschaft zur Nutzung (Treuhand). Vor allem in der Abgrenzung zwischen Nießbrauch und Treuhand dürfen Vertrags*gestaltung* und Vertrags*zweck* nicht miteinander verwechselt werden. Das ist deshalb so wichtig, weil Treuhandverhältnisse in der Praxis oft Nießbrauchszwecken dienen (sog. Nutzungstreuhand). Nach *BGH*, LM Nr. 12 zu § 109 HGB = BB 1975, 295 f. kann bei der Nießbrauchsbestellung der Gesellschafter auch seine volle Rechtsstellung als Gesellschafter dem »Nießbraucher« übertragen, der dann aber schuldrechtlich nur Nießbrauchsrechte hat[6].

Beispiel Nr. 7: Gesellschafter G überträgt seinen Anteil auf den T, und beide vereinbaren, daß T den Anteil »nur als Nießbraucher« oder »zur Nutzung« auf Lebenszeit halten soll. Eine solche Gestaltung ist verbreitet und zulässig.

Diese zulässige Gestaltung ist im rechtstechnischen Sinne kein Nießbrauch, sondern eine eigennützige (Nutzungs-)Treuhand[7]. Wie unter III 1 c auszuführen sein wird, können mit der Rechtstechnik der Treuhand an Gesellschaftsanteilen ganz unterschiedliche Zwecke, darunter eben auch Nießbrauchszwecke, verfolgt werden. Für Personengesellschaften wurde vereinzelt die Ansicht vertreten, die »Nießbrauchsbestellung« an Gesellschaftsanteilen sei überhaupt nur in dieser Form möglich[8]. Das würde im Klartext bedeuten, daß es keinen echten Nießbrauch an der Beteiligung gibt. Nach richtiger Auffassung haben die Beteiligten die Wahl[9]: Sie können sich für die *echte Nießbrauchslösung* oder die *Treuhandlösung* entscheiden. Bei der echten Nießbrauchslösung wird ein Gesellschaftsanteil nach sachenrechtlichen Grundsätzen mit einem dinglichen Recht, dem Nießbrauch, belastet, aber Gesellschafter bleibt der Nießbrauchsbesteller. Bei der Treuhandlösung

5 Näher *Karsten Schmidt*, in: MünchKommHGB, vor § 230 Rdnrn. 10ff.

6 Ebenso z.B. *Wiedemann*, a.a.O., S. 401; *Blaurock*, a.a.O., S. 77; *Eden*, a.a.O., S. 32f.; *Kreifels*, in: Freundesgabe Hengeler, a.a.O., S. 162f.

7 Ebenso z.B. *Flume*, Personengesellschaft, § 17 IV; *Wiedemann*, a.a.O., S. 401; *Huber*, Vermögensanteil, S. 414; *Blaurock*, a.a.O., S. 77f., 137.

8 Vgl. *v. Godin*, a.a.O., S. 87f.; *Alfred Hueck*, oHG, § 27 II 8; bisher vor allem auch *Petzoldt*, in: MünchKommBGB, 2. Aufl., § 1068 Rdnr. 14; *ders.*, GmbHR 1987, 383; vgl. jetzt aber *dens.*, DStR 1992, 1171.

9 Vgl. m.w.N. *BGHZ* 108, 187, 189; *BFHE* 175, 231, 238 = NJW 1995, 1918, 1919; *Haas*, a.a.O.; *Hepp-Schwab*, a.a.O., S. 168ff.; *Rodin*, a.a.O., § 60 Rdnr. 13; *Heymann/Horn*, § 230 Rdnr. 76; *Karsten Schmidt*, in: MünchKommHGB, vor § 230 Rdnr. 9; *Staub/Ulmer*, § 105 Rdnrn. 115, 119; *Staudinger/Frank*, Anh. §§ 1068, 1069 Rdnr. 67; jetzt auch *Petzold*, in: MünchKommBGB, § 1068 Rdnrn. 16ff.; *Haas*, a.a.O.; *Gschwendtner*, NJW 1995, 1876; *Karsten Schmidt*, ZGR 1999, 601f.; *BFHE* 175, 231, 238 = NJW 1995, 1918, 1919.

wird der »Nießbraucher« selbst zum treuhänderischen Gesellschafter. Dieser Lösung wird man den Vorzug geben, wenn Streitigkeiten über Teilhaberechte des »Nießbrauchers« (Stimmrecht, Anfechtungsrecht, Klagrechte etc.) ausgeschlossen werden sollen. Da der Treuhänder im Außenverhältnis Inhaber des Vollrechts ist, wird man einem Treuhand-»Nießbraucher« die Teilhaberechte eines Gesellschafters – z.B. ein Stimmrecht in der Gesellschafterversammlung – im Grundsatz nicht abstreiten können. Ganz anders ist das natürlich bei einem echten Nießbrauch, denn hier steht dem Nießbraucher ja nicht die Mitgliedschaft selbst, sondern nur ein Recht an der Mitgliedschaft zu (dazu sogleich unter II 3).

2. Die Bestellung des Nießbrauchs

Der Nießbrauch an Personengesellschaftsanteilen wird als Nießbrauch an einem Recht nach § 1069 I BGB bestellt[10]. Voraussetzung ist, wie bei der Anteilsübertragung, daß diese Verfügung im Gesellschaftsvertrag zugelassen ist oder daß die Mitgesellschafter zustimmen[11]. An GmbH-Geschäftsanteilen wird ein Nießbrauch nach §§ 1069 BGB, 15 III GmbHG in notarieller Form bestellt, an Inhaberaktien nach §§ 1069, 929, 1081 II BGB[12].

3. Rechtsfolgen der Nießbrauchbestellung

Die Rechtsfolgen der Nießbrauchbestellung sollen hier nur in Umrissen und ohne die praktisch wichtigen Steuerrechtsfolgen[13] dargestellt werden[14]. Handelt es sich – wovon hier ausgegangen wird – um einen Nießbrauch im Rechtssinne und nicht um die unter II 1b dargestellte Treuhandlösung, so erhält der Nießbraucher ein dingliches Nutzungsrecht, wird aber nicht zum Gesellschafter oder Aktionär. Er haftet also auch nicht als Gesellschafter. Inhalt des Nießbrauchs sind die Nutzungen der Mitgliedschaft, vor allem also ihre Früchte (§ 100 BGB). In der Regel beschränkt sich das Fruchtziehungsrecht auf die entnahmefähigen Erträge[15]. Umstritten ist die Frage, inwieweit dem Nießbraucher eigene Teilhaberechte zustehen. Herkömmlicherweise werden solche Rechte verneint[16]. Deshalb gibt man dem Nießbraucher zweckmäßigerweise eine Vollmacht zur Ausübung des Stimmrechts. Damit

---

10 *OLG Hamm,* OLGZ 1977, 283, 288; *Rodin,* a.a.O., § 60 Rdnrn. 14ff.

11 Vgl. *Karsten Schmidt,* in: MünchKommHGB, vor § 230 Rdnr. 7ff.; *Staub/Ulmer,* § 105 Rdnr. 119; *Schön,* ZHR 158 (1994), 238f.

12 Eingehend *Scharff,* a.a.O., S. 13ff.

13 Dazu (Mitunternehmerschaft) *BFHE* 175, 231 = NJW 1995, 1918; *Rodin,* a.a.O., § 60 Rdnrn. 27ff.; *Geschwendtner,* NJW 1995, 1875.

14 Ausführlich *Blaurock,* a.a.O., S. 138ff.; *Rodin,* a.a.O., § 60 Rdnrn. 18ff.; *Staudinger/Frank,* Anh. zu §§ 1068, 1069; *Karsten Schmidt,* in: MünchKommHGB, vor § 230 Rdnrn. 3ff.

15 Für Personengesellschaft: *RGZ* 170, 358, 369; *BGHZ* 58, 316, 317ff.; für GmbH: *RG,* JW 1916, 409, 410; für die AG ergibt sich dies schon aus dem strengen § 58 AktG, zum Ausgleich für stehengebliebene Gewinne vgl. *Schön,* ZHR 158 (1994), 242f.

16 Vgl. nur *OLG Koblenz,* NJW 1992, 2163, 2164; *Karsten Schmidt,* in: MünchKommHGB, vor § 230 Rdnr. 21; *Scholz/Winter,* § 15 Rdnr. 192; *Staudinger/Frank,* Anh. zu §§ 1068, 1069 Rdnr. 70; *Blaurock,* a.a.O., S. 142ff.; *Teichmann,* ZGR 1972, 9ff.; *Karsten Schmidt,* ZGR 1999, 607ff.

sind dann die Rechtsverhältnisse in aller Regel in einer den Rechtsklarheitsbedürfnissen der Beteiligten entsprechenden Weise geordnet. Der Vertragspraxis ist demgemäß zu solchen Gestaltungen zu raten. Wem das nicht genügt, kann selbstverständlich die unter II 1 dargestellte Treuhandlösung wählen, die den »Nießbraucher« zum treuhänderischen Gesellschafter macht. Vertreten wird aber auch, daß die Teilhaberechte beim Anteilsnießbrauch vom Gesellschafter (Aktionär) und vom Nießbraucher gemeinschaftlich ausgeübt werden müssen[17] oder daß sich die Teilhaberechte zwischen dem Gesellschafter (Aktionär) und dem Nießbraucher aufspalten[18]. Nach dieser Auffassung handelt jeder in eigener Rechtszuständigkeit: der Nießbraucher, soweit es um die Nutzungsrechte geht, der Gesellschafter, soweit es um die Substanz der Mitgliedschaft geht. Diese Lösung befindet sich im Vordringen, seit der *Bundesgerichtshof* in seinem Grundlagenurteil *BGHZ* 108, 187 = NJW 1989, 3152 m. Anm. *Ulmer* entschieden hat, daß das Abspaltungsverbot der Ausübung von Drittverwaltungsrechten nicht generell entgegensteht[19]. Erwägenswert scheint, dem Nießbraucher am GmbH- oder Personengesellschaftsanteil ein eigenes Informationsrecht neben dem Gesellschafter zu geben[20]. Alle im weiteren Sinne mit Entscheidungen und Gestaltungen verbundenen Mitverwaltungsrechte sollten dagegen aus Gründen der klaren Zuordnung dem Gesellschafter (Aktionär) verbleiben[21]. In bemerkenswerter Übereinstimmung mit den hier aufgestellten Überlegungen hat der *BGH* in NJW 2002, 1647[22] auch für die Wohnungseigentümerversammlung entschieden, daß das Stimmrecht dem Teilhaber selbst zusteht und nicht auch einem Dritten, der Nießbrauchsrechte am Wohnungseigentum hat. Auch Verfügungen über die Mitgliedschaft trifft nicht der Nießbraucher, sondern als Rechtsinhaber der Gesellschafter (Aktionär). Noch weniger hat der Nießbraucher mit Verfügungen über die Gegenstände des Gesellschaftsvermögens zu tun, denn Inhaber dieser Gegenstände ist die Gesellschaft. Der Nießbrauch am Anteil ist nicht ein Nießbrauch am Gesellschaftsvermögen, sondern ein Nießbrauch an der Mitgliedschaft. Das leuchtet bei Kapitalgesellschaften jedem ein, gilt aber auch bei Personengesellschaften. Daß der Nießbraucher im Innenverhältnis zum Nießbrauchsbesteller Schutzrechte, insbesondere aus dem zwischen ihnen bestehenden Schuldverhältnis, hat, steht auf einem anderen Blatt.

---

17 *Schön*, ZHR 158 (1994), 260f.

18 Vgl. *Flume*, Personengesellschaft, § 17 VI; *Wiedemann*, a.a.O., S. 411ff.; *Baumbach/Hopt*, § 105 Rdnr. 46; *Koller/Roth/Morck*, § 105 Rdnr. 22; *Staub/Ulmer*, § 105 Rdnrn. 124ff.; *Bechtold*, a.a.O.; S. 160ff.; *Gschwendtner*, NJW 1995, 1876; bei der AG tritt eine verbreitete Auffassung sogar für ein Stimmrecht des Nießbrauchers oder für ein gemeinsames Stimmrecht ein; vgl. etwa *v. Godin/Wilhelm*, AktG, 4. Aufl. 1971, § 134 Rdnr. 4; *Sudhoff*, NJW 1974, 2208.

19 Zur Bedeutung des Urteils für den Anteilsnießbrauch vgl. *Petzold*, in: MünchKommBGB, § 1068 Rdnr. 17; *Gschwendtner*, NJW 1995, 1876; zur Treuhand vgl. *OLG Köln*, DB 1996, 2123.

20 Vgl. *Karsten Schmidt*, in: MünchKommHGB, vor § 230 Rdnr. 27.

21 Eingehend *Karsten Schmidt*, ZGR 1999, 601ff.

22 Vorgesehen für BGHZ.

III. Mittelbare Beteiligung durch Treuhand an Anteilen*

1. Grundlagen

a) Auch bei der treuhänderischen Unternehmensbeteiligung muß – ähnlich wie beim Nießbrauch – rechtlich klar zwischen der Treuhand am Unternehmen und der Treuhand an Beteiligungen unterschieden werden. Als Treuhand (Vollrechtstreuhand) bezeichnet man die Innehabung eines subjektiven Rechts für einen anderen. Bei der Treuhand am Unternehmen ist der Treuhänder Träger des Unternehmens, nach Maßgabe der §§ 1 ff. HGB also Kaufmann (Handelsrecht, § 5 I 1), bei der Treuhand am Anteil ist er Gesellschafter. Wirtschaftlich kann beides – ähnlich, wie es beim Nießbrauch gezeigt wurde – nahe beieinander liegen, aber der rechtliche Unterschied bleibt auch dann noch bedeutsam: Es ist nicht dasselbe, ob der Treuhänder Unternehmensträger wird oder – bei der Treuhand an einer Beteiligung – nur Gesellschafter. Der Unterschied ist wirtschaftlich am geringsten bei der Einpersonengesellschaft, aber selbst dann ist er nicht etwa belanglos (vgl. schon zum Nießbrauch unter II 1 a).

Beispiel Nr. 8: Ist E der einzige Gesellschafter und Geschäftsführer der E-GmbH und soll T »das Unternehmen« als Treuhänder führen, so kann eine Unternehmenstreuhand vereinbart werden. Dann wird – evtl. im Zuge einer Satzungsänderung – die E-GmbH, vertreten durch E, das Unternehmen unter Beachtung des Spezialitätsgrundsatzes auf den T übertragen, und T wird nun selbst in Abteilung A des Handelsregisters als Kaufmann eingetragen. Viel näher liegt aber, daß lediglich E im eigenen Namen nach § 15 GmbHG

---

* Literatur (Auswahl): *Armbrüster*, Die treuhänderische Beteiligung an Personengesellschaften, 2001; *Bälz*, Treuhandkommanditist, Treuhänder der Kommanditisten und Anlegerschutz – Für eine organschaftliche Publikumstreuhand, ZGR 1980, 1; *Beuthien*, Treuhand an Gesellschaftsanteilen, ZGR 1974, 26; *Blaurock*, Unterbeteiligung und Treuhand an Gesellschaftsanteilen, 1981; *Coing*, Publizität und Außenwirkung bei der Treuhand. Zu BGHZ 61, S. 72, in: Festschrift Bärmann, 1975, S. 203; *ders.*, Die Treuhand kraft privaten Rechtsgeschäfts, 1973; *Eden*, Treuhandschaft an Unternehmen und Unternehmensanteilen, 2. Aufl. 1989; *Ehlke*, Zur Behandlung von Treugeber und Treuhänder an einem GmbH-Anteil, DB 1985, 795; *Grundmann*, Der Treuhandvertrag, 1997; *Heider*, Treuhandverhältnisse im Steuerrecht, 1994; *John*, Die treuhänderische Übertragung von Anteilen an einer handelsrechtlichen Personengesellschaft, in: Hadding/Uwe H. Schneider (Hrsg.), Gesellschaftsanteile als Kreditsicherheit, 1979, S. 83; *Kapitza*, Die Rechtsstellung der Treugeber in geschlossenen Immobilienfonds in der Form der kupierten Publikumskommanditgesellschaft, 1996; *Kötz*, Trust und Treuhand, 1963; *Kraft*, Beendigung des Treuhandverhältnisses bei der treuhänderisch organisierten Publikums-KG – Besprechung der Entscheidung BGHZ 73, 294 –, ZGR 1980, 399; *Krenzel*, Treuhand an Kommanditanteilen, 1991; *Kümmerlein*, Erscheinungsformen und Probleme der Verwaltungstreuhand bei Personenhandelsgesellschaften, Diss. Münster 1971; *Ottmar Kuhn*, Strohmanngründung bei Kapitalgesellschaften, 1964; *Maulbetsch*, Beirat und Treuhand in der Publikumspersonengesellschaft, 1984; *Mathews/Liebich*, Treuhand und Treuhänder in Recht und Wirtschaft, 2. Aufl. 1983; *Klaus Müller*, Die Sicherungsübertragung von GmbH-Anteilen, 1969; *Roth/Thöni*, Treuhand und Unternehmensbeteiligung, in: Festschrift 100 Jahre GmbHG, 1992, S. 245; *Schaub*, Treuhand an GmbH-Anteilen, DStR 1996, 65; *Schiemann*, Haftungsprobleme bei der Treuhand an Gesellschaftsanteilen, in: Festschrift Zöllner I, 1998, S. 503; *Tebben*, Unterbeteiligungen und Treuhand an Gesellschaftsanteilen, 2000; *Ulmer*, Zur Treuhand an GmbH-Anteilen: Haftung des Treugebers für Einlageansprüche der GmbH? ZHR 156 (1992), 376; *ders.*, Zur Treuhand an GmbH-Anteilen, in: Festschrift Odersky, 1996, S. 873; *Vossius*, Sicherungsgeschäfte bei der Übertragung von Gesellschaftsanteilen, BB 1988, Beilage 5.

seine Geschäftsanteile auf den T überträgt. T wird hierdurch nicht Kaufmann, sondern Alleingesellschafter, der sich auch zum Geschäftsführer bestellen kann (§ 46 Nr. 5 GmbHG). Unternehmensträgerin bleibt die in Abteilung B des Handelsregisters eingetragene GmbH. In beiden Fällen geht die Unternehmensleitung im Wege der Treuhand auf den T über, aber die rechtlichen Unterschiede – auch in der Haftung! – sind beträchtlich.

b) *Terminologisch* wird bei der Treuhand zwischen der fiduziarischen Vollrechtstreuhand, der Ermächtigungstreuhand und der Vollmachtstreuhand unterschieden[23]. Hinter diesen Bezeichnungen verbergen sich rechtlich unterschiedliche Gestaltungen. Bei der Ermächtigungs- und bei der Voll*machts*treuhand werden einem »Treuhänder« treuhänderische Befugnisse verliehen, die er in eigenem bzw. fremdem Namen ausüben kann. Nur bei der Voll*rechts*treuhand wird der Treuhänder auch Inhaber des von ihm zu verwaltenden Rechts. Im vorliegenden Text wird als Treuhand an Beteiligungen nur die fiduziarische Vollrechtstreuhand behandelt. Ein solches Treuhandverhältnis liegt vor, wenn ein Gesellschafter (als Treuhänder) Inhaber eines Anteils mit der Maßgabe ist, daß er die Rechte aus der Beteiligung nur unter Beachtung eines mit einem Treugeber beschlossenen Treuhandvertrags ausüben darf[24]. Solche Treuhandverhältnisse kommen bei allen übertragbaren Mitgliedschaftsverhältnissen vor, vor allem also bei Aktien, GmbH-Geschäftsanteilen und bei übertragbaren Personengesellschaftsanteilen[25].

c) Die *Zwecke der Treuhand* sind sehr unterschiedlich. Zu unterscheiden sind zunächst die eigennützige Treuhand und die fremdnützige Treuhand. Die eigennützige Treuhand ist meist eine Sicherungstreuhand; Gesellschaftsanteile können der Kreditsicherung dienen[26]. Die eigennützige Treuhand kann aber auch eine Nutzungstreuhand sein. Sie dient dann Nießbrauchszwecken (oben unter II 1 b). Die fremdnützige Treuhand ist meist Verwaltungstreuhand, und bei ihr paßt das Wort von der mittelbaren Unternehmensbeteiligung besonders gut: Der Treuhandgesellschafter vermittelt dem Treugeber eine wirtschaftliche Beteiligung an der Gesellschaft. Auch die Verwaltungstreuhand kann allerdings wiederum ganz unterschiedliche Zwecke haben. Herkömmlicherweise dachte man vor allem an Strohmanngeschäfte, bei denen der Treuhänder den Anteil für Rechnung einer bestimmten Einzelperson hält.

Beispiel Nr. 9: Um sich unauffällig am Unternehmen der X-GmbH zu beteiligen, schickt deren Konkurrent K den Treuhänder T als Gesellschafter vor (verdeckte Treuhand).

Beispiel Nr. 10: Um eine Einpersonen-GmbH zu gründen, schließt Gesellschafter G mit dem Bürovorsteher B des Notars einen GmbH-Vertrag und vereinbart zugleich mit dem B, daß dessen Geschäftsanteil auf ihn übergehen soll, sobald die GmbH eingetragen ist

23 Grundlegend *Siebert,* Das rechtsgeschäftliche Treuhandverhältnis, 1933, S. 146 ff., 294 ff.; *Coing,* Treuhand, a. a. O., S. 90, 94 ff.

24 Vgl. m. w. N. *Karsten Schmidt,* in: MünchKommHGB, vor § 230 Rdnrn. 35 ff.

25 Vgl. für Aktien: *RGZ* 111, 405, 407 f.; 118, 330, 331 f.; für Geschäftsanteile: *RGZ* 103, 195, 199; 138, 106, 108; 153, 350, 352; *BGHZ* 19, 69; für Personengesellschaftsanteile: *BGHZ* 3, 354; 73, 294.

26 Eingehend *Hadding/Uwe H. Schneider* (Hrsg.), Gesellschaftsanteile als Kreditsicherheit, 1979.

(aufschiebende Bedingung). Diese und ähnliche Formen der Strohmanngründung waren außerordentlich verbreitet, bevor der Gesetzgeber die Einpersonengründung zuließ (dazu oben, § 40 II). Sie sind auch heute noch zulässig (offene Treuhand).

Immer häufiger aber findet sich auch die mehrgliedrige Treuhand[27]. Vor allem die Welle der Gründungen von Publikumspersonengesellschaften hat solche Gebilde geschaffen, bei denen sich Elemente der Treuhand mit solchen der Unterbeteiligung mischen[28]. Entgegen verbreiteter Ansicht schließen nämlich Treuhand und Unterbeteiligung einander nicht aus[29]: Ein Treuhandgesellschafter ist Hauptgesellschafter für Rechnung zahlreicher Treugeber, diese Treugeber sind zugleich unterbeteiligt am Anteil des Treuhandgesellschafters.

2. Begründung des Treuhandverhältnisses

Die fiduziarische Vollrechtstreuhand hat ein »dingliches« und ein obligatorisches Element[30]: Das »dingliche« Element bestimmt die Rechtszuordnung; der Treuhänder muß Gesellschafter sein. Das schuldrechtliche Element bestimmt die interne Bindung des Treuhänders; neben das »dingliche« Element muß deshalb ein schuldrechtlicher Treuhandvertrag zwischen Treuhänder und Treugeber treten, ein meist entgeltliches (§ 675 BGB) Auftragsverhältnis, das den §§ 662ff. BGB unterliegt[31]. Das dingliche Rechtsverhältnis kann auf unterschiedliche Weise zustande kommen, nämlich

- als »Übertragungstreuhand«, wenn der Treugeber seine Beteiligung treuhänderisch auf den Treuhänder überträgt;
- als »Vereinbarungstreuhand«, wenn ein Gesellschafter mit einem Dritten vereinbart, er werde seine Beteiligung künftig als Treuhänder für diesen Dritten halten (hierunter fällt z.B. die Teilnahme eines Strohmanns an einer Gesellschaftsgründung oder die Publikums-Treuhandgesellschaft);
- als »Erwerbstreuhand«, wenn der Treuhänder die Beteiligung für Rechnung und im Auftrag eines Treugebers von einem Dritten erwirbt.

Inwieweit bei diesen Verträgen Formvorschriften beachtet werden müssen, ist im einzelnen streitig. Daß die Übertragungstreuhand an einem GmbH-Anteil nur in der Form des § 15 GmbHG begründet werden kann, versteht sich von selbst. Mit Recht hat aber *BGHZ* 141, 207 = NJW 1999, 2594 entschieden, daß für eine Vereinbarungstreuhand dasselbe gilt[32]. Auch die für die Übertragung

27 Vgl. bereits aus der älteren Praxis *RG*, Warn. 1918 Nr. 79; s. auch *BGHZ* 10, 44, 49; *OGHZ* 2, 253.

28 Vgl. *BGHZ* 73, 294; *BGH*, NJW 1978, 755; 1991, 2906; NJW-RR 1992, 930; *Bälz*, ZGR 1980, 1ff.; *Kraft*, ZGR 1980, 399.

29 Wie hier jetzt auch *BGH*, NJW 1994, 2886, 2887; NJW-RR 1995, 165; *Heymann/Horn*, § 230 Rdnr. 75.

30 Vgl. zum folgenden eingehend *Karsten Schmidt*, in: MünchKommHGB, vor § 230 Rdnrn. 50ff. m.w.N.

31 Vgl. *RGZ* 153, 366, 369; *BGH*, BB 1969, 1154; *Coing*, Treuhand, a.a.O., S. 91ff.; *Karsten Schmidt* in: MünchKommHGB, vor § 230 Rdnr. 51.

32 Dazu auch *Armbrüster*, a.a.O., S. 122; *Karsten Schmidt*, in: MünchKommHGB, vor § 230 Rdnr. 54; *Wagner*, NZG 1999, 657f.

von Anteilen etwa erforderliche Zustimmung der Mitgesellschafter ist nicht nur bei der Übertragungstreuhand vonnöten, sondern auch bei der Vereinbarungstreuhand[33]. Zwar wird hier (vorerst) gar kein Anteil übertragen, aber die Abrede, daß der Gesellschafter den Anteil nur noch für den Treugeber halten will, und den Anteil bei Beendigung des Treuhandverhältnisses sogar an ihn übertragen muß, löst ein gleiches Schutzbedürfnis aus.

3. Der Treuhänder als Gesellschafter und die Rechtsstellung des Treugebers

a) Der *Treuhänder* ist *Träger der Mitgliedschaft.* Er ist Gesellschafter[34]. Ihn treffen im Verhältnis zu den Mitgesellschaftern und zu Dritten die Pflichten eines Gesellschafters. Er wird bei Handelspersonengesellschaften in das Handelsregister eingetragen. Er übt Stimmrechte und Anfechtungsrechte aus[35]. Er kann als Rechtsinhaber auch im eigenen Namen über die Beteiligung verfügen[36] und benötigt im Außenverhältnis nicht eine Genehmigung nach § 185 BGB. Ein im Treuhandvertrag vereinbartes Veräußerungsverbot wirkt nach § 137 BGB nur schuldrechtlich[37]. Allerdings sind, wenn der Treuhänder verbotswidrig verfügt, die *Grundsätze über den Mißbrauch der Vertretungsmacht* (dazu Handelsrecht, § 16 III 4 sowie oben, § 10 II 2) nach einer verbreiteten Auffassung analog anzuwenden[38]. Dieser Auffassung ist im Ergebnis zuzustimmen. Es bringt wenig ein, darüber nachzudenken, ob dies nun Gesetzesanalogie oder Rechtsanalogie ist, denn die analoge Anwendung eindeutiger Gesetzesnormen steht nicht infrage. Die Analogie, von der hier die Rede ist, besteht in der Verallgemeinerung eines Rechtsgedankens: des Gedankens der Außenwirkung interner Beschränkungen bei evident pflichtwidrigem Verhalten. Weiß der Dritte um die bloße Treuhänderschaft des Gesellschafters, und ist der Mißbrauch der Rechtsmacht für ihn unverkennbar, so ist die Verfügung des Treuhänders unwirksam, sofern nicht der Treugeber zustimmt. Anders entscheidet der *Bundesgerichtshof.* Er stützt sich auf das Formalargument, der Treuhänder handle im eigenen Namen und

---

33 Vgl. *RGZ* 159, 272, 280f.; *OLG Hamburg*, BB 1983, 1030; *Karsten Schmidt*, in: MünchKommHGB, vor § 230 Rdnr. 54; a.M. *Armbrüster*, a.a.O., S. 119ff.; *Staub/Ulmer*, § 105 Rdnr. 103.

34 Vgl. *RGZ* 138, 106, 108; 153, 350, 352; 159, 272, 281; *BGHZ* 3, 354, 360; 21, 378, 382; 31, 258, 264; 32, 17, 29; 105, 168, 174f.; std. Rspr.

35 Eingehend *Karsten Schmidt*, in: MünchKommHGB, vor § 230 Rdnrn. 57ff.; über anderslautende Vertragsregelungen vgl. *OLG Koblenz*, BB 1989, 170.

36 *RGZ* 159, 272, 281; *Blaurock*, a.a.O., S. 127f.

37 Vgl. *BGH*, JZ 1968, 428 = NJW 1968, 1471; WM 1977, 525; *Staudinger/Schilken*, § 167 Rdnr. 99; *Armbrüster*, a.a.O., S. 163; *Coing*, Treuhand, a.a.O., S. 161f.; *Blaurock*, a.a.O., S. 128f.; *Beuthien*, ZGR 1974, 59f.; *Henssler*, AcP 196 (1996), 67.

38 So *Coing*, Treuhand, a.a.O., S. 164ff.; *Kötz*, a.a.O., S. 141; *Blaurock*, a.a.O., S. 133; *Baumbach/Hopt*, § 105 Rdnr. 33; *Karsten Schmidt*, in: MünchKommHGB, vor § 230 Rdnr. 69; *Hans Schlosser*, NJW 1970, 681ff.; *Wank*, JuS 1979, 402ff.

nicht, wie ein Vertreter, in fremdem Namen[39]. Nach Auffassung des *Bundesgerichtshofs* ist der Treugeber gegen einen Mißbrauch der Treuhand im Außenverhältnis nur nach Maßgabe der §§ 138, 823 II, 826 BGB geschützt.

Beispiel Nr. 11: (nach *BGH,* JZ 1968, 428 m. zust. Anm. *Huber,* JZ 1968, 791 = NJW 1968, 1471 m. abl. Anm. *Kötz*): Der *BGH* hatte darüber zu entscheiden, ob die Ehefrau des Gesellschaftsgründers, wenn sie nur als Treuhänderin für ihn und später für seine Erben beteiligt war, durch Vereinbarung mit den Mitgesellschaftern, ohne Zustimmung der Treugeber, die Beteiligungsverhältnisse ändern konnte. Er bejahte dies und hielt eine Anwendung der Grundsätze über den Mißbrauch der Vertretungsmacht für ausgeschlossen: »Der Vertreter handelt im Namen des Vertretenen. Gegen dessen Willen kann das Geschäft für ihn nicht wirksam werden, wenn dem Vertragspartner dieser abweichende Wille bekannt war oder bekannt sein mußte. Beim Treuhandverhältnis handelt der Treuhänder im eigenen Namen und verfügt über ein eigenes Recht.«

Beispiel Nr. 12: (nach *BGH,* WM 1977, 525): V hatte zwei Töchter: K und B. V und B waren Gesellschafter einer oHG. Mit K schloß V im Wege der vorweggenommenen Erbfolge einen »Unterbeteiligungsvertrag«. B wußte davon. Später wandelten V und B die Gesellschaft in eine GmbH & Co. um, an der nur noch B beteiligt war. K hielt diese Vertragsänderung wegen Mißbrauchs des Treuhandverhältnisses für unwirksam. Der *BGH* ließ unentschieden, ob wirklich ein Treuhandverhältnis vorlag (damals hielt der *BGH* Treuhand und Innengesellschaft noch für streng abgrenzbare Rechtsinstitute). Jedenfalls bestätigte er seine Rechtsprechung, wonach ein Mißbrauch des Treuhandverhältnisses Außenwirkung nur unter den strengen Voraussetzungen der §§ 138, 823, 826 BGB habe.

Diese Rechtsprechung kann nicht überzeugen. Sie beruft sich auf den unleugbaren Gegensatz zwischen Treuhand und Vertretung, ohne die für das konkrete Problem entscheidende Parallele zur Kenntnis zu nehmen. Der Gegensatz zwischen der Treuhand und der Stellvertretung trifft nicht den hier entscheidenden Aspekt. Auch der Mißbrauch der Vertretungsmacht kommt nur in Fällen zum Tragen, bei denen der Vertreter intern pflichtwidrig, jedoch im Rahmen seiner formalen Machtvollkommenheit handelt (innerhalb des rechtlichen Könnens, aber außerhalb des rechtlichen Dürfens), und es geht – wie in unseren Fällen – darum, unter welchen Voraussetzungen der interne Pflichtverstoß nach außen durchschlägt. Dies muß bei evidentem Machtmißbrauch bejaht werden.

b) Da der Treuhänder Gesellschafter ist, trifft eine *Haftung als Gesellschafter* – sei es im Verhältnis zu Dritten, sei es im Verhältnis zur Gesellschaft oder den Mitgesellschaftern – ihn und zunächst nur ihn[40]. Er kann hinsichtlich der Gesellschafterhaftung nicht auf den Treugeber verweisen[41]. Ein Haftungs-

39 *BGH,* JZ 1968, 428 = NJW 1968, 1471; WM 1977, 525; zust. *Armbrüster,* a.a.O., S. 163; *Medicus,* Bürgerliches Recht, 18. Aufl., 1999, Rdnr. 502; *Erman/Brox,* § 137 Rdnr. 8; *Huber,* JZ 1968, 791; *Beuthien,* ZGR 1974, 60f.; *Henssler,* AcP 196 (1996), 67.

40 *Blaurock,* a.a.O., S. 213ff.

41 Vgl. auch zum Eigenkapitalersatz *BGHZ* 105, 168, 174f. = NJW 1988, 3143, 3145 m.Anm. *Karsten Schmidt.*

durchgriff auf den Treugeber ist im Außenverhältnis, insbesondere gegenüber den Gläubigern der Gesellschaft, grundsätzlich abzulehnen[42].

Beispiel Nr. 13: Ist T in einer oHG Treuhandgesellschafter für X, Y und Z, so haftet T nach § 128 HGB den Gläubigern, nicht aber haften X, Y und Z.

Allerdings ergibt sich im Innenverhältnis zwischen dem Treuhänder und dem Treugeber ein Freistellungs- oder Regreßanspruch[43].

Beispiel Nr. 14 (nach *BGHZ* 76, 127 = JuS 1980, 611 m. Anm. *Karsten Schmidt*; bestätigt durch *BGHZ* 93, 246 = WM 1985, 455): Der Treuhandgesellschafter, insbesondere der Treuhandkommanditist, der den Gläubigern der Gesellschaft nach § 128 HGB oder § 171 I HGB oder § 172 IV HGB haftet, hat gegen den oder die Treugeber einen Anspruch auf Aufwendungsersatz nach §§ 675, 670 BGB (über besondere Vertragsregeln vgl. *BGH*, NJW-RR 1992, 930 und dazu *Weipert*, ZHR 157 [1993], 513 ff.; vgl. oben, § 57 I 2 b).

Im Verhältnis zur Gesellschaft haben allerdings die Gerichte verschiedentlich den *Treugeber* selbst in Anspruch genommen. In der Tat ist hier die Rechtslage schwieriger als im Außenverhältnis.

Beispiel Nr. 15 (nach *BGHZ* 31, 258): Eine Luftverkehr-GmbH fiel in Konkurs. Gründer der GmbH waren E und G. Beide waren Strohmänner des B. Die Rechtsbeziehungen zwischen B als Treugeber und E und G als Treuhändern waren in einem Treuhandvertrag geregelt. B hatte der Gesellschaft Sanierungsdarlehen gegeben. Der *Bundesgerichtshof* behandelte diese Darlehen als kapitalersetzende Gesellschafterdarlehen, obwohl B nicht selbst Gesellschafter war. Das entspricht heute der ganz herrschenden Auffassung (vgl. § 32 a III GmbHG), denn der B als Treugeber hatte *selbst* die Darlehen gegeben, und es ging nur darum, daß er als Treugeber und Finanzier der Gesellschaft ebenso nahe stand wie ein unmittelbar beteiligter Gesellschafter. Der viel zu weitgehende Leitsatz des *BGH* lautete aber: »Wer zur Gründung einer GmbH einen Strohmann benutzt, ist hinsichtlich der §§ 30, 31, 24 und 19 II GmbHG wie ein Gesellschafter zu behandeln. Auf ihn ist § 39 V AktG 1937 (heute: § 46 V AktG) entsprechend anwendbar.«

Diese Auffassung ist auf erhebliche Kritik gestoßen[44]. Sie wurde aber konsequent fortgeführt[45]. Der Leitsatz des Urteils *BGHZ* 118, 107 = NJW 1992, 2023 lautet wörtlich: »Wer zur Gründung einer Gesellschaft mit beschränkter Haftung sich eines Strohmannes bedient, ist auch hinsichtlich der aus § 19 GmbHG und § 24 GmbHG folgenden Verpflichtungen zur Aufbringung des Stammkapitals wie ein Gesellschafter zu behandeln.« Im Ausgangsfall des *Bundesgerichtshofs* war nach dem Klägervortrag von zwei GmbH-Gesellschaftern einer nur Treuhänder für den anderen und dieser wieder mit beiden Beteiligungen nur Treuhänder für die Beklagte. Wirt-

---

42 *OLG Düsseldorf*, DB 1991, 1274; *Armbrüster*, a. a. O., S. 420 f.; *Karsten Schmidt*, in: MünchKommHGB, vor § 230 Rdnr. 60; a. M. *Ottmar Kuhn*, a. a. O., S. 199 ff., 230 ff.

43 Vgl. *Heymann/Horn*, § 161 Rdnr. 62; *Karsten Schmidt*, in: MünchKommHGB, vor § 230 Rdnr. 59, 75.

44 Vgl. *Armbrüster*, a. a. O., S. 382 ff.; *Ballerstedt*, JZ 1960, 513 ff.; *Ottmar Kuhn*, a. a. O., S. 95 ff.; *Michael Lehmann*, Die ergänzende Anwendung von Aktienrecht auf die GmbH, 1970, S. 46 ff.; *Hachenburg/Ulmer*, § 2 Rdnrn. 62 ff.; *Ulmer*, ZHR 156 (1992), 386 ff.; *ders.*, in: Festschrift Odersky, a. a. O., S. 892 f.

45 *BGHZ* 118, 107 = NJW 1992, 2023 (dazu *Ulmer*, ZHR 156 [1992], 377 ff.); zuvor schon, hier in der 2. Aufl. ausführlicher referiert, *OLG Hamburg*, BB 1984, 1253 = DB 1984, 1515 (dazu *Ehlke*, DB 1985, 795 ff.).

schaftlich war also die Beklagte Alleingesellschafterin, während formell zwei von ihr verschiedene Gesellschafter vorhanden waren. Nicht zuletzt hierin wird der wahre Grund für diese Durchgriffsentscheidung gesehen[46]. Insgesamt sollte eine Durchgriffshaftung des Treugebers auf alle Fälle beschränkt bleiben, in denen dem Treugeber Weisungsrechte gegen den Treuhänder zustehen[47].

c) Die *Ausübung der Gesellschafterrechte durch den Treuhänder* – Stimmabgabe, Ausübung von Informations- und Klagrechte usw. – geschieht im eigenen Namen. Der Treuhänder selbst ist z.B. als Gesellschafter zur Anfechtung von Beschlüssen legitimiert[48]. Aber seine Rechtsausübung ist pflichtgebundene Rechtsausübung. Vor allem gilt dies bei der fremdnützigen Treuhand. Der Treuhänder ist durch den Treuhandvertrag an Weisungen gebunden. Insbesondere sind schuldrechtliche Stimmrechtsbindungen (oben, § 21 II 4) hier unentbehrlich und gerechtfertigt[49]. Eine gespaltene Stimmabgabe – sie kann von Bedeutung sein, wenn es mehrere Treugeber gibt – ist nach herrschender Auffassung nur möglich, wenn der Gesellschaftsvertrag dies zuläßt oder wenn der Treuhänder mehrere stimmberechtigte Anteile hält[50]. Dem ist jedenfalls bei der typischen Treuhand zuzustimmen, während die Rechtslage bei mehrgliedrigen Treuhandverhältnissen, die auf die mittelbare Beteiligung zahlreicher Treugeber angelegt sind, für eine stillschweigende Gestattung der Stimmrechtsspaltung sprechen mag. Der Treuhänder kann dem Treugeber auch eine Stimmrechtsvollmacht erteilen[51]. Unmittelbare eigene Mitgliedschaftsrechte des Treugebers sind dagegen im Grundsatz zu verneinen. Auch das allgemeine Informationsrecht des Gesellschafters (insbesondere aus §§ 131 AktG, 51a GmbHG, 166 HGB; dazu oben, § 21 III 1) steht dem Treuhänder als Gesellschafter und nicht statt seiner dem Treugeber zu. Bei offengelegten Treuhandverhältnissen, vor allem bei verbandsmäßig angelegten Publikums-Treuhandgesellschaften, kann allerdings daneben (!) ein außerordentliches Informationsrecht des Treugebers bestehen[52]. Vor allem gilt dies, wenn die mittelbare Beteiligung von Treugebern am Unternehmen geradezu geplant ist wie bei Publikumsgesellschaften. Hier ist der einzelne Anleger nicht auf Informationsrechte gegen seinen Treuhandgesellschafter beschränkt, denn er gehört – wenn auch nur mittelbar – der Gesamtorganisation und damit – untechnisch! – »der Gesellschaft« an. Darüber hinaus können, ohne daß das Abspaltungsverbot entgegenstünde, einzelne Mitgliedschaftsrechte durch den Gesellschaftsvertrag auf den Treugeber erstreckt werden (vgl. schon zum Nießbrauch oben unter II 3)[53].

46 Eingehend *Ulmer*, ZHR 156 (1992), 386ff.; den Grundtenor der Rechtsprechung lehnt *Ulmer* nach wie vor ab.
47 *Karsten Schmidt*, in: MünchKommHGB, vor § 230 Rdnr. 60.
48 *BGHZ* 24, 119, 124; *BGH,* LM Nr. 5 zu § 47 GmbHG = BB 1962, 385, 386; Nr. 8 zu § 47 GmbHG = NJW 1966, 1458, 1459.
49 Vgl. *RGZ* 111, 403, 408; 157, 52, 55; *Eden,* a.a.O., S. 60f.
50 Str.; vgl. *Karsten Schmidt,* in: MünchKommHGB, vor § 230 Rdnr. 62.
51 Vgl. *Eden,* a.a.O., S. 66; *Klaus Müller,* a.a.O., S. 39ff.; *Beuthien,* ZGR 1974, 53.
52 *Karsten Schmidt,* in: MünchKommHGB, vor § 230 Rdnr. 67.
53 Vgl. zum Stimmrecht und zum Anfechtungsrecht *OLG Köln*, DB 1996, 2123.

d) In der *Zwangsvollstreckung* gegen den Treuhänder und im Insolvenzverfahren des Treuhänders bedarf der Treugeber des Schutzes[54]. Hier muß die wirtschaftliche Zuordnung des Anteils den Ausschlag geben. Bei der fremdnützigen Treuhand steht das Treugut den Gläubigern des Treuhänders nicht als Zugriffsmasse zur Verfügung, denn es ist nur formal dem Treuhänder zugeordnet. Der Treugeber kann Vollstreckungsmaßnahmen der Privatgläubiger seines Treuhänders durch Drittwiderspruchsklage abwehren (§ 771 ZPO[55]). Im Insolvenzverfahren des Treuhänders steht ihm ein Aussonderungsrecht zu (§ 47 InsO)[56].

Beispiel Nr. 16: Anleger A hat, vom Management der Treuhandkommanditistin (T-GmbH) arglistig getäuscht, Beteiligungen an einer Publikumstreuhandgesellschaft gezeichnet und hierdurch Schaden erlitten (vgl. zur Treuhand-Publikumsgesellschaft oben, § 57 I 2 b). Hat er einen Vollstreckungstitel gegen die Treuhandkommanditistin erstritten, so kann er mit diesem Titel in das Vermögen der T-GmbH vollstrecken, aber nicht in deren Kommanditanteil, denn dieser steht haftungsrechtlich und wirtschaftlich den Anlegern zu.

4. Die Beendigung des Treuhandverhältnisses und das Ausscheiden aus der Gesellschaft

a) Die *Beendigung des Treuhandverhältnisses* kann gesellschaftsrechtliche Gründe haben; meist liegen die Gründe dagegen im schuldrechtlichen Treuhandverhältnis begründet[57]. Handelt es sich um eine fremdnützige (Verwaltungs-)Treuhand, steht den Treugebern gegen den Treuhänder ein außerordentliches Kündigungsrecht zu, wenn der Treuhänder seine Befugnisse mißbraucht oder sonst einen wichtigen Lösungsgrund setzt[58]. Die Beendigung führt i.d.R. nicht zum automatischen Rückfall des Anteils an den Treugeber, sondern sie gibt ihm nur einen schuldrechtlichen Übertragungsanspruch. Die Realisierung dieses Anspruchs kann allerdings Schwierigkeiten bereiten, wenn die Anteilsübertragung der Zustimmung der Gesellschaft oder der Gesellschafter bedarf und diese nicht schon bei der Begründung des Treuhandverhältnisses ihre Zustimmung erteilt haben.

b) Das *Ausscheiden aus der Gesellschaft* muß stets unter Berücksichtigung der Gesellschafterstellung des Treuhänders geschehen. Da allein der Treuhänder im Verhältnis zu den Mitgesellschaftern der Gesellschafter ist, kommt es auf sein Ausscheiden an.

Beispiel Nr. 17: Hält T als Verwaltungstreuhänder des G einen Anteil und will sich G aus dem Engagement lösen, so wird T auf Weisung des G aus der Gesellschaft ausscheiden. Die ihm zufallende Abfindung steht im Innenverhältnis dem G zu. Die Gesellschafter

54 Eingehend *Blaurock,* a.a.O., S. 242ff.; *Eden,* a.a.O., S. 91ff.; *Karsten Schmidt,* in: MünchKommHGB, vor § 230 Rdnrn. 80ff.; *Beuthien,* ZGR 1974, 65ff.

55 Vgl. *Karsten Schmidt,* in: MünchKommZPO, § 771 Rdnr. 25.

56 Vgl. *Kilger/Karsten Schmidt,* Insolvenzgesetze, 16. Aufl. 1997, § 43 KO Anm. 9.

57 Eingehend *Karsten Schmidt,* in: MünchKommHGB, vor § 230 Rdnrn. 87ff. m.w.N.

58 Vgl. auch für die Publikumstreuhandgesellschaft *OLG Köln,* ZIP 1987, 1120 und dazu *Decher,* ZIP 1987, 1097.

haben es in der Gesellschaft nur mit T zu tun, und auf der anderen Seite ist auch Vertragspartner des G im Innenverhältnis nur der T.

Kompliziert kann es sich verhalten, wenn die Treuhand mehrgliedrig ist (oben unter III 1c) und wenn die Treugeber gleichzeitig Gesellschafter sind. Beide Komplikationen können sogar zusammentreffen. Dies verdeutlicht unser

Beispiel Nr. 18: Eine Kommanditgesellschaft bestand aus drei Familienstämmen: dem A-Stamm, dem B-Stamm und dem C-Stamm. Komplementäre waren Alfons A, Bertold B und Curt C. Kommanditisten waren ihre Angehörigen, im Fall des A seine Frau F, sein Sohn S und seine Tochter T. A verstarb und wurde von F, S und T zu je 1/3 beerbt. Da grundsätzlich niemand gleichzeitig Kommanditist und Komplementär sein kann (oben, § 45 I 2b), übertrugen F, S und T die von A ererbten Mitgliedschaftsrechte auf einen Verwandten V als Verwaltungstreuhänder. Nach einiger Zeit schied T aus der Gesellschaft aus und wurde mit 8 Mio. Euro abgefunden. Nach dem Willen der Beteiligten sollte sie damit »sowohl für den Kommanditanteil als auch für den Komplementäranteil« abgefunden sein. Tatsächlich hatte aber nur hinsichtlich des Kommanditanteils eine automatische Anwachsung stattgefunden (§ 738 I 2 BGB). Der Komplementäranteil stand nach wie vor allein dem V zu. Eine richtige Lösung konnte folgendermaßen aussehen: Wenn der Komplementäranteil des V unverändert bleiben sollte, mußte die T auch aus dem Treuhandverhältnis ausscheiden und war für 1/3 Komplementäranteil von F und S abzufinden, nicht von der Kommanditgesellschaft. Sollte T dagegen in vollem Umfang von der Gesellschaft abgefunden werden, so mußte V mit 1/3 seiner Treuhandbeteiligung aus der KG ausscheiden, denn nur so ließ sich die Anwachsungsfolge auch im Verhältnis zu allen Mitgesellschaftern herstellen.

IV. Mittelbare Beteiligung durch Innengesellschaftsverträge

1. Stille Gesellschaft

Die stille Gesellschaft ist die mittelbare Unternehmensbeteiligung aufgrund eines Gesellschaftsvertrags mit dem Träger des Unternehmens. Sie wird sogleich in § 62 eingehend dargestellt.

2. Unterbeteiligung

Die Unterbeteiligung ist die mittelbare Unternehmensbeteiligung durch Innengesellschaftsvertrag mit einem Gesellschafter. Sie läßt sich als stille Beteiligung an einer Beteiligung bezeichnen. Der Unterbeteiligungsgesellschaft ist der § 63 dieses Buchs gewidmet.

3. Abgrenzung

Wie unter § 63 I 2a zu zeigen sein wird, können stille Gesellschaft und Unterbeteiligung wirtschaftlich nahe beieinander liegen: Ist G Alleingesellschafter der G-GmbH und soll D als Dritter an dem Unternehmen und seinen Erträgen mittelbar beteiligt werden, so steht beider zur Wahl. Die GmbH, evtl. vertreten durch G als Geschäftsführer, kann mit D eine stille Beteiligung vereinbaren. Möglich ist aber auch, daß G als Alleingesellschafter das Kapital der GmbH erhöht und in Höhe seiner erhöhten Stammeinlage dem D eine Unterbeteiligung anbietet, so daß in diesem Fall nicht die GmbH, sondern G einen Teil seines Gewinns an D abführt.

§ 62 Die stille Gesellschaft*

I. Rechtsnatur und Funktionen der stillen Gesellschaft

1. Begriff und Rechtsnatur der stillen Gesellschaft

a) Das Recht der stillen Gesellschaft ist in *§§ 230ff. HGB* geregelt. Die Vorschriften galten von 1900 bis 1985 als §§ 335ff. HGB. Die Umstellung im

* Literatur (Auswahl): *Albracht*, Die stille Gesellschaft im Recht der Publikumspersonengesellschaften, 1990; *Aulinger*, Die atypische stille Gesellschaft, 1955; *Bachmann/Veil*, Grenzen atypisch stiller Beteiligungen an einer Aktiengesellschaft, ZIP 1999, 348; *Bauer*, Die stille Gesellschaft als Finanzierungsinstrument, Wien 2001; *Blaurock*, Handbuch der stillen Gesellschaft, 5. Aufl. 1998; *Böttcher/Zartmann/Faut*, Stille Gesellschaft und Unterbeteiligung, 3. Aufl. 1978; *Bornemann*, Stille Publikumsgesellschaften im Spannungsfeld von Gesellschafts- und Bankaufsichtsrecht, ZHR 166 (2002), 211; *Bucher*, Das Recht der stillen Gesellschaft, Diss. Leipzig 1908; *Carlé*, GmbH & atypisch Still im Steuerrecht und Gesellschaftsrecht, KÖSDI 1999, 189; *Erkens*, Die stille Gesellschaft bei der Unternehmensübertragung sowie die stille Gesellschaft und die Unterbeteiligung in der Unternehmensumwandlung, 2000; *Fichtelmann*, Die GmbH & Still im Steuerrecht, 2. Aufl. 1983; *Robert Fischer*, Fragen aus dem Recht der stillen Gesellschaft, JR 1962, 201; *Groh*, Das negative Kapitalkonto des stillen Gesellschafters, in: Festschrift Ludwig Schmidt, 1993, S. 439; *ders.*, Die atypische stille Gesellschaft als fiktive Gesamthandsgesellschaft, in: Festschrift Kruse, 2001, S. 417; *Grüthling*, Die Haftung des stillen Gesellschafters, Diss. Rostock 1935; *Hense*, Die stille Gesellschaft im handelsrechtlichen Jahresabschluß, 1990; *Herrmann*, Sogenannte Schenkung stiller Beteiligungen, ZHR 147 (1983), 313; *Horn/Maertius*, Die steuerliche atypische stille Beteiligung an der GmbH, GmbHR 1994, 147; *Alfred Hueck*, Die stille Beteiligung bei Handelsgesellschaften, in: Festschrift Lehmann, 1937, S. 239; *Klauss/Mittelbach*, Die stille Gesellschaft, 2. Aufl. 1980; *Koenigs*, Die stille Gesellschaft, 1961; *Krejci/van Hansen*, Über Genußrechte, Gesellschaftsähnlichkeit, stille Gesellschaften und partiarische Darlehen, GesRZ 2000, 54; *Kulemann/Harle*, GmbH & Still, StBP 2000, 12; *Lang*, Die Typen der stillen Gesellschaft und die Anwendung gesellschaftsrechtlicher Normen auf sie, Diss. Freiburg 1930; *Lastig*, Die stille Gesellschaft, in: Endemanns Hdb., Bd. I, 1881, S. 704; *Lübbert*, Die rechtliche Natur der Stillen Gesellschaft, Diss. Breslau 1906 = ZHR 58 (1906), 464; *Neu*, Stille Gesellschaft, in: Müller/Hoffmann, Beck'sches Handbuch der Personengesellschaften, 1999, § 13; *Post*, Die stille Beteiligung am Unternehmen der Kapitalgesellschaft, 2. Aufl. 1984; *Rasner*, Die atypische stille Gesellschaft, 1961; *Renaud*, Das Recht der stillen Gesellschaft, 1885; *Reusch*, Die stille Gesellschaft als Publikumspersonengesellschaft, 1989; *Riegger/Weipert* (Hrsg.), Münchener Handbuch des Gesellschaftsrechts, Bd. II, KG und stille Gesellschaft, 1991; *Saenger*, Die stille Gesellschaft, 1924; *Harry Schmidt*, Stille Gesellschaft und AGB-Gesetz, ZHR 159 (1995), 734; *Karsten Schmidt*, Die Kreditfunktion der stillen Einlage, ZHR 140 (1976), 475; *ders.*, Die Vertragsparteien bei der stillen Beteiligung, DB 1976, 1705; *ders.*, Das Vollstreckungs- und Insolvenzrecht der stillen Gesellschaft, KTS 1977, 1, 65; *ders.*, Konzernrechtliche Wirksamkeitsvoraussetzungen für typische stille Beteiligungen an Kapitalgesellschaften? ZGR 1984, 295; *ders.*, Sozialansprüche und actio pro socio bei der »GmbH & Still«, in: Festschrift Bezzenberger, 2000, S. 401; *ders.*, Formfreie Schenkung von stillen Beteiligungen …, DB 2002, 829; *Schneider/Reusch*, Die Vertretung und die Mitwirkung der

Aufbau des Gesetzes gilt seit 1986 und beruht auf dem Bilanzrichtliniengesetz von 1985[1]. Rechtsgrundlagen der stillen Gesellschaft sind neben den §§ 230ff. HGB die §§ 705ff. BGB. Eine Verweisung wie in § 105 II HGB gibt es zwar nicht, aber die §§ 230ff. HGB stellen nur eine fragmentarische Regelung dar und konzentrieren sich auf wenige Besonderheiten, insbesondere auf die Behandlung der stillen Einlage, während das Gesellschaftsverhältnis allgemeinen Grundsätzen unterliegt.

b) Im Gegensatz zum ADHGB enthält das HGB keine *Definition* der stillen Gesellschaft. Der ungeschriebene Grundtatbestand der §§ 230ff. HGB lautet[2]: Ist zwischen einem Unternehmensträger (das HGB sagt: Inhaber des Handelsgeschäfts) und einem stillen Gesellschafter zur Erreichung eines gemeinsamen Zwecks ein Gesellschaftsvertrag geschlossen worden, kraft dessen der stille Gesellschafter ohne Bildung eines Gesellschaftsvermögens mit einer Einlage am Unternehmen (das HGB sagt: Handelsgewerbe) beteiligt ist und eine Gewinnbeteiligung erhält, so liegt eine stille Gesellschaft vor.

c) Ihrer *Rechtsnatur* nach ist die stille Gesellschaft eine Personengesellschaft in Gestalt einer Innengesellschaft. Die stille Gesellschaft weist alle Merkmale des § 705 BGB auf, ist also *stets eine Gesellschaft im Rechtssinne*[3]. Sie ist ausnahmslos Innengesellschaft[4]. Sie kann also nicht Trägerin von Rechten und Pflichten sein, folglich auch nicht Prozeßpartei oder Schuldnerin in einem Insolvenzverfahren, und es kann kein Gesellschaftsvermögen im technischen Sinne gebildet werden[5]. Natürlich hindert niemand die Gesellschafter einer Innengesellschaft, für den gemeinsamen Zweck ein Sondervermögen zu bilden, aber dieses kann der (hierzu unfähigen) Innengesellschaft nicht zustehen; regelmäßig wird dann eine Bruchteilsgemeinschaft unter den Gesellschaftern vorliegen[6]. Aber auch dies ist ein eher seltener Fall. Üblicher-

---

Gesellschafter bei der Gründung einer GmbH & Still, DB 1989, 713; *Schön*, Die stille Beteiligung an dem Handelsunternehmen einer Kommanditgesellschaft, ZGR 1990, 220; *ders.*, Gibt es das partiarische Darlehen? ZGR 1993, 210; *Schulze-Osterloh*, Das Recht der Unternehmensverträge und die stille Beteiligung an einer Aktiengesellschaft, ZGR 1974, 427; *ders.*, Die atypische stille Gesellschaft ist der typische stille Gesellschafter, in: Festschrift Kruse, 2001, S. 377; *Schulze zur Wiesche*, Die GmbH & Still, 3. Aufl. 1997; *Siebert*, Zur atypischen stillen Gesellschaft, NJW 1953, 806; *Steckhan*, Die Innengesellschaft, 1966; *Wachter*, Die Gewinnermittlung und Gewinnverwendung in der stillen Gesellschaft, 1996; *Klaus Weber*, Die Bedeutung der Geschäftsführer-Tätigkeit für die Annahme einer atypischen GmbH & Still, GmbHR 1994, 144; *Horst S. Werner*, Die stille Unternehmensbeteiligung, 1990; *Zacharias/Hebig/Rinnewitz*, Die atypische stille Gesellschaft, 2. Aufl. 2000.

1 Gesetz vom 19.12.1985, BGBl. I, S. 2355; in Österreich gilt noch die alte Zählung der Paragraphen.

2 *Karsten Schmidt*, in: MünchKommHGB, § 230 Rdnr. 2.

3 *RGZ* 77, 223, 227; 80, 268, 270ff.; *BGHZ* 3, 75, 79; 7, 378, 382; h.M.; anders noch *Lastig*, in: Endemanns Hdb. I, a.a.O., S. 704ff.; *Grüthling*, a.a.O., S. 15ff.; *Lübbert*, ZHR 58 (1906), 502ff.; differenzierend *Lang*, a.a.O., S. 35ff.; *Schulze-Osterloh*, Der gemeinsame Zweck der Personengesellschaften, 1973, S. 37; s. auch *Krejci/van Hansen*, GesRZ 2000, 54, 60.

4 H.M.; anders *Hoeniger*, ZHR 84 (1921), 462ff.; relativistisch *Saenger*, a.a.O., S. 3ff.; gegen die Unterscheidung *Steckhan*, a.a.O., passim.

5 *Blaurock*, a.a.O., Rdnr. 131; *Karsten Schmidt*, in: MünchKommHGB, § 230 Rdnr. 9; dort Auseinandersetzung mit folgenden Gegenstimmen: *Koenigs*, a.a.O., S. 337; *Schafheutle*, Gesellschaftsbegriff und Erwerb in das Gesellschaftsvermögen, 1931, S. 37ff.; *Steckhan*, a.a.O., S. 74ff., 82.

6 *RGZ* 45, 34, 38f.; *BGHZ* 8, 157, 161.

weise wird überhaupt kein gemeinschaftliches Vermögen gebildet. Wo doch von einem solchen gesprochen wird, pflegt es sich um atypische stille Gesellschaften und ein »virtuelles Gesellschaftsvermögen« zu handeln (vgl. dazu unter IV 1 b).

d) Als Innengesellschaft kann die stille Gesellschaft nicht Trägerin eines Unternehmens sein (Handelsrecht, § 5 I 3). Das Handelsgesetzbuch zählt sie deshalb nicht zu den »Handelsgesellschaften«. Eine Eintragung der Gesellschaft in das Handelsregister findet nicht statt. Eingetragen wird nur »der Kaufmann«, also das kaufmännische Unternehmen, an dem sich der stille Gesellschafter auf der Grundlage eines (Innen-)Gesellschaftsvertrages beteiligt.

Beispiel Nr. 1: Wer einem Familienunternehmen als Kommanditist beitritt, wird Handelsgesellschafter und wird auch in das Handelsregister eingetragen. Wer nur als stiller Gesellschafter beitritt, wird nur Vertragspartner des Unternehmensträgers. Dieser – nicht die stille Gesellschaft und schon gar nicht der stille Gesellschafter – steht im Handelsregister.

e) Als Innengesellschaft stellt die stille Gesellschaft so, wie sie im Handelsgesetzbuch vorgedacht ist, in erster Linie ein *Schuldverhältnis* dar, nicht eine Organisation. Das HGB stellt den vermögensrechtlichen Aspekt ganz in den Vordergrund. Der stille Gesellschafter verbindet sich mit dem Träger des Unternehmens – z.B. einem Einzelkaufmann, einer KG oder einer GmbH – zu einem Schuldverhältnis, leistet eine Vermögenseinlage und bezieht Gewinne. Ohne besondere Vereinbarung geht die stille Beteiligung über dieses schuldrechtliche Konzept nicht hinaus. Das schließt aber nicht aus, daß die Beteiligten der stillen Gesellschaft durch den Gesellschaftsvertrag Verbandscharakter und der stillen Beteiligung ein mehr oder weniger ausgeprägtes mitgliedschaftliches Gepräge geben (näher oben unter § 3 I 3b, § 7 I 2b bb sowie hier unter II 2c)[7].

Beispiel Nr. 2: Um die rechtsformbedingten Unausgewogenheiten unseres letzten Beispiels zu mildern, können die Beteiligten der Gesellschaft eine Organisationsverfassung geben. Sie können mehrere stille Gesellschafter einbeziehen, ihnen Stimmrechte oder eine Repräsentationsverfassung geben usw. Sie können sogar die pauschale Regelung treffen, daß die stillen Gesellschafter intern wie Kommanditisten behandelt werden.

2. Funktionen der stillen Gesellschaft

a) Die stille Beteiligung an einem Unternehmen kann sehr unterschiedliche Funktionen haben:
- Sie kann sich auf ein *qualifiziertes Kreditverhältnis* beschränken (der stille Gesellschafter stellt dem Unternehmen Mittel zur Verfügung und bedingt sich dafür auf gesellschaftsvertraglicher Grundlage eine Teilnahme am

7 Zur stillen Gesellschaft mit Verbandscharakter vgl. jetzt auch *Bezzenberger*, in: MünchHdbGesR II, § 2 Rdnrn. 14f.; *Blaurock*, a.a.O., Rdnr. 227ff.

Gewinn und Verlust aus); dies sah der historische Gesetzgeber als den Normalfall an.

- Sie kann mit einer *quasi-handelsgesellschaftlichen* Position des stillen Gesellschafters, insbesondere mit einer intern vereinbarten Vermögensbeteiligung verbunden sein, u. U. auch mit intensiven Mitspracherechten des stillen Gesellschafters (dazu unter II 2c bb).
- Sie kann umgekehrt – gerade als Publikumsgesellschaft – für Spareinlagen ohne Verlustbeteiligung, z.B. zur Altersvorsorge, verwendet werden, womit die Ausgabe stiller Beteiligungen zum erlaubnispflichtigen Baugeschäft werden kann[8].
- Sie kann sogar intern als *mehrgliedrige* Organisation – bis hin zur Publikumsgesellschaft – mit Beschlußorganen und Teilhaberechten der stillen Gesellschafter ausgestaltet sein (dazu unter II 2c cc).
- Sie kann auf diese Weise sogar zu einer »Innen-KG« hochstilisiert sein: zu einer Gesellschaft, die vom Inhaber (z.B. einer GmbH) geführt wird, als handle er als Komplementär einer – im Außenverhältnis gar nicht existierenden – Kommanditgesellschaft (dazu vgl. unter IV 1 b).

Ihrer *wirtschaftlichen Funktion* nach kann also die stille Gesellschaft auf der einen Seite einem Kreditverhältnis, auf der anderen Seite einer Handelsgesellschaft nahestehen. Demgemäß haben wir es in der Praxis der stillen Gesellschaft mit einem weit ausdifferenzierten Rechtsgebilde zu tun. Bedenklich pauschal ist deshalb die Auffassung des *Bundesgerichtshofs*, § 310 IV BGB (damals noch § 23 AGBG) schließe bei formularmäßiger Verwendung stiller Gesellschaftsverträge eine Anwendung der §§ 305ff. BGB unabhängig vom Typus der stillen Beteiligung aus (oben, § 5 III 4b)[9]. Ist sie eine Publikumsgesellschaft, so unterliegt ihr Gesellschaftsvertrag einer vom Sonderrecht der Allgemeinen Geschäftsbedingungen unabhängigen Inhaltskontrolle (vgl. oben § 57 IV 1). Überhaupt ist zu bedenken, daß eine stille Beteiligung sogar Spekulationsobjekt und Angebot am Kapitalmarkt sein kann[10].

b) Über dieser Vielgestaltigkeit darf aber niemals vergessen werden, *daß jede stille Gesellschaft Innengesellschaft* ist und bleibt. Träger des Unternehmens im handelsrechtlichen Sinne ist und bleibt derjenige, den das Gesetz als den »Inhaber des Handelsgeschäfts« bezeichnet. Nur wer dies beachtet, wird auch den juristischen *Unterschied zwischen einer GmbH & Co. KG und der sog. »GmbH & Still«* (zu dieser vgl. unter II 2e) erkennen. Unternehmensträger ist bei der GmbH & Co. KG die Kommanditgesellschaft, bei der »GmbH & Still« dagegen die GmbH. Das ist ein bedeutsamer Unterschied.

---

8 So gegen die herkömmliche Auffassung *Bornemann,* ZHR 166 (2002), 211ff.; vgl. demgegenüber noch *BGHZ* 90, 310.

9 *BGHZ*, 127, 176 = NJW 1995, 192 = JuS 1995, 268 m.Anm. *Karsten Schmidt*; dazu eingehend *Karsten Schmidt*, in: MünchKommHGB, § 230 Rdnr. 122ff.; *Harry Schmidt*, ZHR 159 (1995), 734ff.

10 Über Aufklärungspflichten vgl. *OLG Köln*, NJW-RR 1996, 871; zum Bankaufsichtsrecht *Bornemann,* ZHR 166 (2002), 211ff.

Beispiel Nr. 3: Will Kaufmann K seine Ehefrau E und seine Kinder S und T am Unternehmen beteiligen, ohne das Steuer aus der Hand zu geben, so mögen seine Berater eine GmbH & Co. KG empfehlen. In diesem Fall wird das Unternehmen in die Kommanditgesellschaft eingebracht, die von der Komplementär-GmbH, vertreten durch K als Geschäftsführer, gesteuert wird. Dann ist die Kommanditgesellschaft Rechtsträgerin, Vertragspartei, Prozeßpartei usw. in allen äußeren Angelegenheiten des Unternehmens. Sie ist nicht nur Organisation, sondern Rechtsträgerin und kann, z.B. nach §§ 190ff. UmwG in eine Handelsgesellschaft anderer Rechtsform umgewandelt werden. Wird dagegen dem K zu einer »GmbH & Still« geraten, so wird er eine Einmann-GmbH gründen und das Unternehmen in diese Gesellschaft einbringen. E, S und T gehen sodann stille Beteiligungsverhältnisse mit der GmbH ein. Dritte haben ausschließlich mit der GmbH zu tun, selbst wenn die Rechte der stillen Gesellschafter denen von Kommanditisten angenähert sind. Es kann auch nur die GmbH, nicht die stille Gesellschaft nach §§ 190ff. UmwG in einen Rechtsträger anderer Art umgewandelt werden.

c) Sodann ist es bei der stillen Gesellschaft unentbehrlich, stets sorgsam zwischen dem *Gesellschaftsverhältnis* und dem *Einlageverhältnis* zu unterscheiden[11]:
- Das *Einlageverhältnis* betrifft die Guthaben und Leistungen unter den Vertragsbeteiligten; das Einlageverhältnis läßt sich bilanziell ausdrücken; je mehr sich die stille Gesellschaft einem Kreditverhältnis nähert, um so deutlicher steht es im Vordergrund.
- Das *Gesellschaftsverhältnis* ist das den Leistungen und Maßnahmen in der stillen Gesellschaft zugrunde liegende Vertragsverhältnis (bzw. Organisationsverhältnis); es rückt stärker in den Vordergrund, wenn die stille Gesellschaft mitgliedschaftlich organisiert ist.

Bei jeder stillen Gesellschaft sind beide Komponenten vorhanden. Das Nebeneinander dieser Komponenten muß schon bei der gesetzestypischen stillen Gesellschaft beachtet werden: Der Gesetzgeber hat das Schuldverhältnis als eine Gesellschaft, aber das Einlageverhältnis als einen qualifizierten Kredit konzipiert[12]. In der Rechtswirklichkeit sieht dies oft anders aus (dazu unter IV 1d), und dann wird es nur noch wichtiger, richtig zwischen dem Einlageverhältnis und dem Gesellschaftsverhältnis zu unterscheiden.

II. Begriff und Typen der stillen Gesellschaft

1. Der Begriff der stillen Gesellschaft im einzelnen

Eine stille Gesellschaft ist eine Innengesellschaft, bei der ein Gesellschafter am Unternehmen eines anderen mit einer Einlage beteiligt ist und eine Gewinnbeteiligung erhält (näher oben unter I 1b).

11 *Karsten Schmidt*, in: MünchKommHGB, § 230 Rdnr. 19; vgl. schon *Karsten Schmidt*, DB 1976, 1705; zust. *Reusch*, a.a.O., S. 68f.; abl. *Staub/Zutt*, § 230 Rdnr. 48.

12 *Karsten Schmidt*, ZHR 140 (1976), 475ff.; ähnlich *Heymann/Horn*, § 236 Rdnr. 10; *Röhricht/v. Westphalen/v. Gerkan*, § 230 Rdnr. 22; *Staub/Zutt*, § 236 Rdnr. 6.

a) Ein *Unternehmen* muß vorhanden sein (zum Unternehmensbegriff vgl. Handelsrecht, § 4 I). Das Gesetz spricht in § 230 I HGB enger vom »Handelsgewerbe, das ein anderer betreibt«. Deshalb ist nach der vorherrschenden Ansicht eine stille Beteiligung i. S. des § 230 HGB nur bei einem kaufmännischen Unternehmen möglich[13]. Aber die §§ 230 ff. HGB finden auf jede stille Beteiligung an einem Unternehmen Anwendung: unmittelbar, wenn das Unternehmen ein Handelsgewerbe i. S. der §§ 1 ff. HGB ist, in anderen Fällen analog[14]. Es kommt auch nicht darauf an, ob ein Einzelunternehmer oder eine Gesellschaft Träger des Unternehmens ist. Der auf das ADHGB zurückgehende Wortlaut des § 230 HGB läßt leicht die Vorstellung aufkommen, als beteilige sich der stille Gesellschafter im Normalfall am Unternehmen eines Einzelkaufmanns, aber in der Rechtswirklichkeit wird es sich meistens um eine stille Beteiligung bei einer Handelsgesellschaft handeln[15]. Der Stille kann sogar zugleich Gesellschafter dieser Handelsgesellschaft sein[16].

Beispiel Nr. 4: S kann sich als stiller Gesellschafter nicht nur am Unternehmen des Einzelkaufmanns K, sondern z. B. auch am Unternehmen einer Kommanditgesellschaft oder einer GmbH beteiligen. Es kann sogar der Kommanditist K oder der GmbH-Gesellschafter G gleichzeitig mit der eigenen KG oder GmbH durch ein stilles Gesellschaftsverhältnis verbunden sein.

Diese Kombinationsmöglichkeit von Außen- und Innengesellschaft[17] ist keineswegs nur eine theoretische Spitzfindigkeit, sondern durchaus auch ein Phänomen der Rechtspraxis.

Beispiel Nr. 5: Bei den Publikumsgesellschaften hat man sich diese Technik in Form der »gesplitteten Einlage« zunutze gemacht: Der Anleger übernimmt eine Kommanditisteneinlage und in Verbindung damit eine stille Einlage (z. B. *BGHZ* 69, 160; *BGH,* NJW 1980, 1522; 1981, 2251; s. auch oben, § 57 I 2 und III 2). Hier werden Kommanditistenbeteiligung und stille Beteiligung, obwohl als Rechtsformen voneinander getrennt, zu einer Funktionseinheit verbunden. Es wird ein gesellschaftsrechtliches Band um die Kommanditisten und stillen Gesellschafter geschlungen. Auch das ist zulässig (vgl. unter II 2 e; zu den Haftungsfolgen oben, § 18 III 2, § 54 II 2 c).

Beispiel Nr. 6: Aber auch die typische, als Kreditzuführung angelegte stille Gesellschaft kann in Kombination mit der Gesellschafterstellung beim »Geschäftsinhaber« auftreten. So kann z. B. bei Sanierungsanstrengungen in einer GmbH oder GmbH & Co. die Methode gewählt werden, daß die Gesellschafter statt Darlehen stille Einlagen zuführen, die ihnen keinen Festzins, aber die Beteiligung an Sanierungsgewinnen versprechen. Diese Einlagen sind dann – wie reguläre Kredite – Eigenkapitalersatz (vgl. § 32 a III 1 GmbHG).

b) *Vertragsparteien der stillen Gesellschaft* sind der Stille auf der einen Seite und der Unternehmensträger (i. d. R. Kapitalgesellschaft, Personengesellschaft

---

13 *OLG Köln*, WM 1995, 1881; *Blaurock*, a. a. O., Rdnr. 187; *Bezzenberger*, in: MünchHdbGesR II, § 5 Rdnrn. 1 ff.

14 *Karsten Schmidt,* in: MünchKommHGB, § 230 Rdnrn. 23 ff.; *Raisch*, ZHR 130 (1968), 198; *Karsten Schmidt*, DB 1976, 1705; str.

15 So bereits *Alfred Hueck*, in: Festschrift Lehmann, a. a. O.

16 Vgl. *Karsten Schmidt,* in: MünchKommHGB, § 230 Rdnr. 35; *Schön*, ZGR 1990, 239 ff.; *Wilken*, ZIP 1996, 61 ff.

17 Näherer Erklärung und Rechtfertigung bedarf es nicht mehr; vgl. dazu noch 3. Aufl., § 62 II 1 a.

oder Einzelunternehmer) auf der anderen. Stiller Gesellschafter kann jeder sein, der sich durch schuldrechtliche Verträge verpflichten kann: eine natürliche Person, eine juristische Person oder eine Personen-Außengesellschaft[18]. Auch eine Erbengemeinschaft kann stiller Gesellschafter sein[19]. Der »andere« i.S. des § 230 HGB muß nach dem Gesetzeswortlaut Kaufmann i.S. der §§ 1–6 HGB sein. Formkaufmannseigenschaft (Handelsrecht, § 5 I 3) genügt[20]; betreibt eine Kapitalgesellschaft oder Genossenschaft ausnahmsweise kein Unternehmen, so ist doch eine Innenbeteiligung eines Dritten in Form einer stillen Gesellschaft möglich[21]. Ist umgekehrt ein Unternehmen vorhanden, ist es aber nicht kaufmännisch i.S. der §§ 1ff. HGB, so gelten die §§ 230ff. HGB entsprechend[22].

Beispiel Nr. 7: Wer sich still an einem Spezialitätenrestaurant beteiligt, geht ein stilles Gesellschaftsverhältnis ein, auch wenn das Unternehmen vorerst noch klein ist (§ 2 HGB!) und nicht im Handelsregister steht. Wird das Unternehmen eingetragen, so ist und bleibt die Gesellschaft stille Gesellschaft. Seit der HGB-Reform von 1998 wird man dasselbe sogar von der Beteiligung an einer gemäß § 105 II HGB eintragungsfähigen Objektgesellschaft zu sagen haben.

Spezialgesetzlich verboten und nichtig ist allerdings die stille Beteiligung an einer Apotheke (§§ 8, 12 Apothekengesetz i.d.F. von 1980).

c) Ein *Gesellschaftsverhältnis* muß vorhanden sein. Nur wenn der Stille und der Träger des Unternehmens untereinander ein Gesellschaftsverhältnis eingehen, kommt auch eine stille Gesellschaft zustande. Darin sind zwei Elemente enthalten.

aa) Zum einen muß ein *Vertrag* vorhanden sein, denn Gesellschaftsverhältnisse auf rein faktischer Grundlage sind nicht anzuerkennen (oben, § 6 I 2). Der Vertrag unterliegt, was seine Wirksamkeit anlangt, den allgemeinen Grundsätzen; ob und unter welchen Voraussetzungen die *Grundsätze über fehlerhafte Gesellschaften* anwendbar sind, ist umstritten (näher unter § 6 II 3).

bb) Sodann muß es sich um einen *Gesellschafts*vertrag handeln, nicht um ein Schuldverhältnis anderer Art. Dogmatisches Kriterium der Abgrenzung gegen sonstige Schuldverhältnisse ist das Merkmal des gemeinsamen Zwecks (dazu oben, § 4). Für die Abgrenzung im praktischen Einzelfall ist damit freilich nicht viel gesagt. Besonders schwierig ist die *Abgrenzung zwischen der stillen Gesellschaft und den sog. partiarischen Rechtsverhältnissen*[23]. Das sind vertragliche Rechtsbeziehungen nichtgesellschaftsrechtlicher Art, bei denen eine Gewinn-

18 *Karsten Schmidt,* in: MünchKommHGB, § 230 Rdnrn. 29ff.

19 *RGZ* 126, 386, 390; *Baumbach/Hopt*, § 230 Rdnr. 6.

20 *BGH*, BB 1983, 1515 = GmbHR 1983, 281; BB 1994, 592; *Blaurock*, a.a.O., Rdnr. 199; *Staub/Zutt*, § 230 Rdnr. 37; *Schulze-Osterloh*, ZGR 1974, 428; die hier früher vertretene Gegenansicht wird im Hinblick auf § 105 II HGB n.F. aufgegeben; vgl. *Karsten Schmidt*, in: MünchKommHGB, § 230 Rdnrn. 19f.

21 Näher *Karsten Schmidt,* in: MünchKommHGB, § 230 Rdnr. 20.

22 *Karsten Schmidt,* in: MünchKommHGB, § 230 Rdnr. 14; a.M. *OLG Köln*, WM 1995, 1881, 1882.

23 Vgl. zum folgenden eingehend *Bezzenberger*, in: MünchHdbGesR II, § 3 Rdnrn. 9ff.; *Koenigs*, a.a.O., S. 28ff.; *Blaurock*, a.a.O., Rdnrn. 378ff.; *Karsten Schmidt,* in: MünchKommHGB, § 230 Rdnrn. 54ff.; krit. *Schön*, ZGR 1993, 210ff.

beteiligung vereinbart ist[24]: partiarische Dienstverhältnisse (Dienstleistung gegen Gewinnbeteiligung), partiarische Miet- und Pachtverhältnisse, Lizenzverhältnisse usw. (Überlassung gegen Gewinnbeteiligung) und partiarische Darlehnsverhältnisse (Kredit gegen Gewinnbeteiligung). Das Merkmal des gemeinsamen Zwecks vermag hierbei nur den dogmatischen Sitz des Problems zu benennen[25], liefert aber kein klares Kriterium, mag dieses Merkmal auch immer wieder als entscheidend bezeichnet werden[26]. Doch ist die Unterscheidung oft weniger schwierig, als sie scheint, denn häufig helfen äußere Merkmale: Wer außer am Gewinn auch am Verlust beteiligt ist, kann nur Gesellschafter sein[27]; ein partiarisches Rechtsverhältnis scheidet in diesen Fällen aus. Wer keine bilanziell darstellbare Einlage bei dem Unternehmen halten soll – so meist bei der Gewinnbeteiligung für Dienstleistungen oder Gebrauchsüberlassungen –, kann nicht stiller Gesellschafter sein[28]. Die Hauptschwierigkeit liegt bei denjenigen Fällen, in denen Mittel gegen eine Gewinnbeteiligung zur Verfügung gestellt wurden, ohne daß eine Verlustbeteiligung vereinbart ist[29]. Die Rechtsprechung stellt auf das von den Parteien wirtschaftlich Gewollte ab[30] und sieht die gewählte Bezeichnung des Vertrags nur als Indiz für den Parteiwillen an. Die Vereinbarung von Kontroll- und Mitwirkungsrechten kann für eine stille Gesellschaft sprechen[31]. Erst recht gilt dies für die Vereinbarung von Mitwirkungspflichten[32]. Auch die Dauer der Bindung, das Fehlen jeglicher Sicherheit für die zur Verfügung gestellten Mittel und die Beschränkung der Rechtsübertragung auf nahe Angehörige spricht für das Vorliegen einer stillen Gesellschaft[33]. Vollends ist eine stille Gesellschaft anzunehmen und ein Kreditverhältnis abzulehnen, wenn intern eine gesellschaftsrechtliche Organisation – z. B. Beiratsverfassung oder sogar eine rechnerische Beteiligung am Vermögen – vereinbart ist.

---

24 Dazu *Wieland* I, § 37 IV; *Crome*, Die partiarischen Rechtsgeschäfte, 1897, S. 24ff.; *Huffer*, Das partiarische Geschäft als Rechtstypus, Diss. München 1971; *Silberschmidt*, ZHR 96 (1931), 267; ablehnend (für Anwendung der §§ 230ff. HGB) *Schön*, ZGR 1993, 210ff., 244.

25 Vgl. *RGZ* 77, 223, 227f.; 99, 161, 163; 141, 143, 145; *RG*, JW 1912, 462, 463f.; *BGHZ* 3, 75, 81; *BGH*, LM Nr. 1 zu § 335 HGB m. Anm. *Rob. Fischer*; LM Nr. 8 zu § 335 HGB = BB 1967, 349; *BGHZ* 127, 176 = NJW 1995, 192 = JuS 1995, 268 m. Anm. *Karsten Schmidt*; *BFHE* 124, 374f.; *OLG Nürnberg*, DB 1968, 166; h.M.

26 Vgl. besonders *BGHZ* 127, 176 = NJW 1995, 192 = JuS 1995, 268 m. Anm. *Karsten Schmidt*; zu dem Urteil eingehend *Harry Schmidt*, ZHR 159 (1995), 734ff.

27 *BGH*, WM 1957, 1336; 1965, 1052, 1053; h.M.

28 Eingehend *Karsten Schmidt,* in: MünchKommHGB, § 230 Rdnrn. 55f.

29 Eingehend *Blaurock*, a. a. O., Rdnrn. 382ff.; *Karsten Schmidt,* in: MünchKommHGB, § 230 Rdnrn. 51ff. m. w. N.

30 *RG*, JW 1912, 462, 463; *BGH*, BB 1967, 349; NJW 1990, 573, 574; ZIP 1994, 1847; *BFHE* 124, 374, 379 = BStBl. 1978 II, 286; std. Rspr.; *Karsten Schmidt*, in: MünchKommHGB, § 230 Rdnr. 61.

31 *ROHGE* 12, 98, 100; *RGZ* 31, 33, 34; 57, 175, 177; 99, 161, 163; 122, 70, 72; std. Rspr.; aber kein zwingendes Abgrenzungsmerkmal (vgl. nur *RGZ* 57, 175, 177; *BGH*, WM 1958, 293, 294; *BFHE* 124, 374, 375).

32 Vgl. für die atypische stille Gesellschaft *BGH*, NJW 1992, 2697 = JuS 1993, 343 m. Anm. *Karsten Schmidt.*

33 *BGHZ* 127, 176, 178 = NJW 1995, 192 = JuS 1995, 268 m. Anm. *Karsten Schmidt.*

d) *Mit einer Vermögenseinlage* muß der stille Gesellschafter beteiligt sein. Eine Beteiligung, die keine vermögensmäßige Beteiligung ist, kann keine stille Gesellschaft begründen. Nur wer Inhaber einer bilanziell darstellbaren Einlage ist, kann stiller Gesellschafter sein[34]. Man hat viel darüber gerätselt, ob es eine »einlagelose stille Gesellschaft« gibt[35]. Diese Frage ist aber nichts als ein durch terminologische Unklarheit hervorgerufenes Scheinproblem[36]. Klarheit gewinnt, wer folgende Dinge unterscheidet (vgl. oben, § 20 II sowie hier unter I 2c):
- den Gesellschafterbeitrag, ohne den es keine Gesellschaft gibt,
- die Einlage als Leistungsgegenstand und
- die Einlage als Beteiligungsverhältnis.

Entscheidend ist nicht, daß der Stille eine Einlage *leistet*, wohl aber, daß er eine Einlage *hält*. Der mißverständlich formulierte § 230 I HGB besagt nicht, daß niemand stiller Gesellschafter werden kann, ohne selbst eine Einlage zu leisten. Gesagt wird nur, daß eine Einlageleistung, *wenn* sie stattfindet, nicht in das Vermögen der Gesellschaft erfolgen kann – diese ist ja reine Innengesellschaft –, sondern in das Vermögen des Unternehmensträgers zu erbringen ist. Insbesondere kann eine stille Beteiligung auch durch Schenkung entstehen[37].

Beispiel Nr. 8: Kaufmann K will seinen Sohn S bereits zu Lebzeiten als stillen Gesellschafter beteiligen. Er kann ihm zu diesem Zweck die stille Einlage schenkweise durch »Einbuchung« zuwenden: S wird dann stiller Gesellschafter, ohne doch selbst eine Einlage zu leisten. Sein Gesellschafterbeitrag besteht darin, daß er die ihm zugewendete Einlage dem Unternehmen beläßt. Auch in eine Handelsgesellschaft kann ein stiller Gesellschafter »eingebucht« werden, etwa wenn unser K Kommanditist und Geschäftsführer einer GmbH & Co. KG ist und unter Verwendung seines Kommanditisten-Darlehenskontos die stille Einlage des S finanziert. Eine ganz andere Frage ist, ob die der »Einbuchung« zugrunde liegende Schenkung nach §§ 125, 518 BGB formnichtig ist (dazu unter III 1a).

e) Unverzichtbares Merkmal der stillen Gesellschaft ist schließlich die *Gewinnbeteiligung*[38]. Die Vereinbarung einer festen Gewinngarantie schadet

---

34 So schon *Karsten Schmidt*, in: MünchKommHGB, § 230 Rdnr. 33; *Karsten Schmidt*, ZHR 140 (1976), 486 mit Nachweisen; jetzt h.M.; vgl. *Blaurock*, a.a.O., Rdnr. 239; *Bezzenberger*, in: MünchHdbGesR II, § 1 Rdnr. 6; *Heymann/Horn*, § 230 Rdnr. 44; *Röhricht/v. Westphalen/v. Gerkan*, § 230 Rdnr. 30; *Karsten Schmidt*, in: MünchKommHGB, § 230 Rdnr. 37.

35 Verneinend *RG*, ZHR 48 (1899), 344; JW-Beilage 1903, 16f.; Holdheims Monatsschrift 1906, 308; LZ 1908, 158; *Koenigs*, a.a.O., S. 8; *Post*, a.a.O., S. 24; *Ebenroth/Boujong/Joost/Gehrlein*, § 230 Rdnrn. 14ff.; *Schlegelberger/Karsten Schmidt*, § 341 a.F. = § 230 n.F. Rdnr. 33; vgl. dagegen z.B. *Huber*, Vermögensanteil, S. 194; *H. P. Westermann*, Vertragsfreiheit und Typengesetzlichkeit im Recht der Personengesellschaften, 1970, S. 319, 322; *Herbert Schneider*, in: Festschrift Möhring, 1965, S. 115; *Rob. Fischer*, JR 1962, 202.

36 Eingehend *Karsten Schmidt*, in: MünchKommHGB, § 230 Rdnr. 37, 143ff.; *Karsten Schmidt*, ZHR 140 (1976), 486.

37 *BGHZ* 7, 174, 179; 7, 378 = LM Nr. 1 zu § 705 BGB m.Anm. *Rob. Fischer*; *BFH*, NJW-RR 1990, 1056; *Koenigs*, a.a.O., S. 74ff.; *Karsten Schmidt*, in: MünchKommHGB, § 230 Rdnr. 48f.; *Hengeler*, ZHR 147 (1983), 329ff.; a.M. *Elke Herrmann*, ZHR 157 (1983), 313ff.

38 *RG*, DJZ 1932, 95; JW 1936, 921; *BGH*, BB 1954, 172; *OLG Hamburg*, MDR 1950, 229; *Blaurock*, a.a.O., Rdnr. 322; ganz h.M.; s. aber *Schulze-Osterloh*, Der gemeinsame Zweck der Personengesellschaften, 1973, S. 32.

nicht[39]. Ist aber die »Einlage« fest verzinslich, so liegt ein Darlehn vor und keine stille Gesellschaft[40]. Nur die Beteiligung am Verlust kann nach § 231 II HGB ausgeschlossen werden. Die Gewinnbeteiligung muß eine Beteiligung am Bilanzgewinn des Unternehmens sein[41]. Sie kann sich auf einen Unternehmensteil oder auf einen Gewerbezweig des Unternehmens – z.B. auf eine Filiale oder auf eine inländische Niederlassung – beschränken[42], nicht aber auf bestimmte einzelne Geschäfte. Keine stille Gesellschaft, sondern eine BGB-Innengesellschaft ist deshalb das sog. Metageschäft (a conto metà = für hälftige Rechnung), bei dem sich die Vertragspartner zu bestimmten Geschäften verbinden, um den Gewinn zu teilen[43].

f) Die vorgenannten Tatbestandsmerkmale einer stillen Gesellschaft kommen im Gesetz, das ja keine Definition dieser Rechtsform enthält, nicht zum Ausdruck. Insbesondere sind die Grundsätze, von denen in § 230 HGB die Rede ist, nicht Voraussetzungen, sondern *Rechtsfolgen* des stillen Gesellschaftsverhältnisses als einer Innengesellschaft. Diese Rechtsfolgen verstehen sich nahezu von selbst:
– Leistet der stille Gesellschafter seine Einlage, so geht sie in das Vermögen des Unternehmensträgers über (§ 230 I HGB); dies macht eben das Besondere der stillen Beteiligung aus: daß kein Gesellschaftsvermögen entsteht.
– Aus den im Betriebe geschlossenen Geschäften wird der Inhaber allein berechtigt und verpflichtet (§ 230 II HGB); dies ist die adäquate Folge davon, daß nicht die stille Gesellschaft, sondern nur der »Inhaber« Träger des Unternehmens ist.

2. Typen der stillen Gesellschaft

a) Als bloße Innengesellschaft unterliegt die stille Gesellschaft in noch weiterem Umfang als die Handelsgesellschaften des HGB dem Grundsatz der Vertragsfreiheit (vgl. allgemein oben, § 5 III). Folge ist eine breite *Typenvielfalt* (vgl. schon unter I 2)[44]. Hierauf beruht die Unterscheidung zwischen der »typischen« und der »atypischen« stillen Gesellschaft, wobei das Wort »typisch« den gesetzlichen Idealtypus bezeichnen soll, nicht unbedingt den empirischen Häufigkeitstypus.

39 *Karsten Schmidt,* in: MünchKommHGB, § 230 Rdnr. 38.
40 *RGZ* 122, 387, 390; *BGH*, LM Nr. 8 zu § 139 BGB; Nr. 8 zu § 335 HGB = BB 1967, 349; *Staub/Zutt*, § 230 Rdnr. 17.
41 *Karsten Schmidt,* in: MünchKommHGB, § 230 Rdnr. 35.
42 *RG*, Holdheims Monatsschrift 1906, 308; *BFHE* 115, 518, 521 = GmbHR 1975, 187f.; *OLG Düsseldorf*, JW 1929, 2169; *Neu*, a.a.O., § 13 Rdnr. 2.
43 Vgl. *BGH*, BB 1964, 12; WM 1982, 1403; s. auch *BGH*, NJW 1990, 573.
44 *Böttcher/Zartmann/Faut*, a.a.O., S. 127ff.; *Koenigs*, a.a.O., S. 17ff.; *Rasner*, a.a.O., S. 43ff.

b) Die *typische stille Gesellschaft* ist durch folgende Merkmale gekennzeichnet:
- Sie ist zweigliedrig (*ein* Unternehmensträger und *ein* stiller Gesellschafter)[45].
- Sie gibt dem stillen Gesellschafter keine Rechte, die wesentlich über die gesetzlichen Regeln der §§ 230ff. HGB hinausgehen[46].
- Das Einlageverhältnis zwischen dem stillen Gesellschafter und dem Unternehmensträger ist ein qualifiziertes Kreditverhältnis; die stille Einlage ist Fremdkapital, nicht Eigenkapital[47].

c) Von diesem gesetzlichen Regeltypus kann die stille Gesellschaft in mehrfacher Hinsicht abweichen. Bei bestimmten, in der Praxis häufiger auftretenden Varianten wird dann von »der« *atypischen stillen Gesellschaft* gesprochen, obwohl es »die« atypische stille Gesellschaft im Grunde nicht geben kann[48]. Die wichtigsten gesellschaftsrechtlichen Varianten atypischer Gestaltungen sind
- die rechnerische Beteiligung des stillen Gesellschafters am Unternehmensvermögen (dazu unter aa),
- die Geschäftsführungsbefugnis des stillen Gesellschafters (dazu unter bb),
- die mehrgliedrige Organisation (dazu unter cc),
- die Verknüpfung der stillen Beteiligung mit einer Kommanditbeteiligung (dazu unter d).

Diese Merkmale können einzeln oder gehäuft auftreten. Demgegenüber muß sich die Steuerrechtspraxis um einen konsolidierten Tatbestand der atypischen stillen Gesellschaft bemühen, denn für sie geht es darum, Einkünfte aus Kapitalvermögen (§ 20 I Nr. 4 EStG) und Einkünfte als Mitunternehmer (§ 15 I 1 Nr. 2 EStG) zu unterscheiden[49]. Eine steuerlich atypische Gesellschaft und damit eine Mitunternehmerschaft setzt Mitunternehmerinitiative und Mitunternehmerrisiko voraus[50], weshalb es in steuerrechtlicher Hinsicht auf die ersten der genannten Merkmale ankommt: auf die Vermögensbeteiligung oder die Beteiligung an Unternehmensentscheidungen[51].

aa) *Die Beteiligung des stillen Gesellschafters am Unternehmensvermögen* wird häufig vereinbart[52]. Diese Vereinbarung führt nicht zur Bildung eines

---

45 Vgl. *RGZ* 25, 41, 44f.; *Blaurock*, a.a.O., Rdnr. 225; s. auch *Karsten Schmidt*, DB 1976, 1705f.

46 Vgl. *Blaurock*, a.a.O., Rdnr. 29.

47 *Karsten Schmidt*, ZHR 140 (1976), 475ff.

48 Vgl. zum folgenden eingehend *Karsten Schmidt,* in: MünchKommHGB, § 230 Rdnrn. 74ff. m.w.N.

49 Vgl. zusammenfassend *BFHE* 178, 180, 183; std. Rspr.; eingehend *Ludwig Schmidt*, EStG, 20. Aufl. 2001, § 15 Rdnrn. 340ff.; krit. zur Kasuistik (nur bei kommanditistenähnlicher Rechtsstellung) *Knobbe-Keuk*, Bilanz- und Unternehmenssteuerrecht, 9. Aufl. 1993, § 9 II 4c dd.

50 Vgl. *Ludwig Schmidt*, EStG, 20. Aufl. 2001, § 15 Rdnrn. 263ff.

51 Vgl. *BFHE*, 145, 408; 163, 336; *Ludwig Schmidt*, EStG, 20. Aufl. 2001, § 15 Rdnrn. 342f.; eingehend *Joost*, Die steuerliche Abgrenzung zwischen typischen und atypischen stillen Gesellschaften, 1999.

52 Vgl. *RGZ* 126, 386, 390; *RG*, SeuffA 81 Nr. 207; *BGHZ* 7, 174, 177f.; 8, 157, 160; *BFHE* 157, 192, 196; 170, 345, 349; *Blaurock*, a.a.O., Rdnr. 29; *Aulinger*, a.a.O., S. 19ff.; *Rasner*, a.a.O., S. 60ff.; *Baumbach/Hopt*, § 230 Rdnr. 51; *Heymann/Horn*, § 230 Rdnr. 51.

regelrechten Gesellschaftsvermögens, wohl aber wird der stille Gesellschafter schuldrechtlich so gestellt, als wäre er gleich einem Kommanditisten auch an der Vermögenssubstanz des Unternehmens beteiligt. Er nimmt dann an Wertveränderungen nicht nur des Umlaufvermögens, sondern auch des Anlagevermögens, des inneren Geschäftswerts und aller Rücklagen teil wie ein Handelsgesellschafter, ohne doch »dinglich« beteiligt zu sein. Diese Variante der atypischen stillen Gesellschaft weist also Treuhandelemente auf. Nach außen hin ist der Geschäftsinhaber alleiniger Inhaber des Unternehmensvermögens, aber im Innenverhältnis haben die Vertragspartner einander so zu stellen, als wäre der stille Gesellschafter mit einem Vermögensanteil (oben, § 47 III 1) am Unternehmen beteiligt. Er kann im Innenverhältnis z.B. wie ein Kommanditist gestellt werden (vgl. zur »Innen-KG« unter IV 1 b), im Schiffahrtsbereich z.B. auch wie ein Mitreeder (vgl. zur »stillen Reederei« unten, § 65 I 1 c)[53].

bb) Die *Verleihung von Geschäftsführungsbefugnissen an den stillen Gesellschafter* – oft verbunden mit der Vermögensbeteiligung – ist die zweite Variante der atypischen stillen Gesellschaft[54]. Art und Umfang dieser Rechte können sehr verschieden sein. Sie können von Widerspruchsrechten, Zustimmungsrechten über Weisungsrechte bis hin zur Wahrnehmung regelrechter Geschäftsführungsfunktionen gehen[55]. Dem stillen Gesellschafter kann auch Vertretungsmacht gegeben werden, allerdings nicht als organschaftliche Vertretung »der stillen Gesellschaft« (diese bleibt ja Innengesellschaft!), sondern nur in Gestalt einer Vollmacht zur Vertretung des Geschäftsinhabers, z.B. in Gestalt einer Prokura oder Handlungsvollmacht[56]. Das Recht auf diese Geschäftsführungs- und Vertretungsbefugnisse wird im Gesellschaftsvertrag nach Art eines Vorzugsrechts des stillen Gesellschafters abgesichert (vgl. zu den sog. Vorzugsrechten oben, § 19 III 3 c bb).

cc) Eine *mehrgliedrige stille Gesellschaft* galt nach der traditionellen Auffassung als rechtlich unmöglich; nach dieser Ansicht ist die stille Gesellschaft als Innengesellschaft und als bloßes Schuldverhältnis notwendig zweigliedrig; beteiligen sich mehrere stille Gesellschafter an demselben Unternehmen, so liegen so viele stille Gesellschaften vor, wie es stille Gesellschafter gibt[57].

---

53 Dazu *Karsten Schmidt*, in: MünchKommHGB, § 230 Rdnr. 81; *ders.*, in: Festschrift Bezzenberger, 2000, S. 406 ff.; *Groh*, in: Festschrift Kruse, 2001, S. 417 ff.

54 Dazu *BGHZ* 8, 157, 160; *BGH*, WM 1960, 863, 864; 1966, 29, 30; *BFHE* 135, 297; *Bezzenberger*, in: MünchHdbGesR II, § 2 Rdnr. 11; *Blaurock*, a.a.O., Rdnrn. 29, 184; *Aulinger*, a.a.O., S. 27 ff.; *Rasner*, a.a.O., S. 75; *H. P. Westermann*, a.a.O., S. 314 ff.; *Baumbach/Hopt*, § 230 Rdnr. 3; *Röhricht/v. Westphalen/v. Gerkan*, § 230 Rdnr. 68; *Staub/Zutt*, § 230 Rdnr. 31.

55 Überblick über die Rechtsprechung bei *Karsten Schmidt*, in: MünchKommHGB, § 230 Rdnr. 77.

56 Vgl. *BGH*, WM 1961, 574 = BB 1961, 583; WM 1966, 29, 30; *Blaurock*, a.a.O., Rdnr. 676; *Röhricht/v. Westphalen/v. Gerkan*, § 230 Rdnr. 69; *Karsten Schmidt*, in: MünchKommHGB, § 230 Rdnr. 78.

57 *RGZ* 25, 41, 44 f.; *Bucher*, a.a.O., S. 40; *Saenger*, a.a.O., S. 59; *Koenigs*, a.a.O., S. 4, 228; *Lübbert*, ZHR 58 (1906), 505 ff.

Nach der hier vertretenen, nunmehr herrschenden Gegenansicht kann eine stille Gesellschaft auch mehrgliedrig sein[58], wobei zu unterscheiden ist[59]:

- Das im Mittelpunkt der HGB-Regelungen stehende stille *Einlage*verhältnis ist immer nur zweigliedrig,
- aber das *Gesellschafts*verhältnis, das von dem Einlageverhältnis unterschieden werden muß, kann ein bloßes *Schuld*verhältnis sein; es kann aber auch ein *Organisations*verhältnis und als solches mehrgliedrig sein; dann wird aus dem bloßen Schuldverhältnis »stille Gesellschaft« ein Verband.

Ob mehrere stille Gesellschafter durch ein einheitliches Gesellschaftsverhältnis verbunden sein sollen oder nicht, ist Frage der Vertragsauslegung[60]. Es kann z. B. sein, daß eine Handelsgesellschaft, um Kapitalbedarf zu decken, mehrere stille Beteiligungsverhältnisse begründet, ohne daß die stillen Gesellschafter einander kennen. Es kann aber auch sein, daß ein Gesamtverband entstehen soll. Besonders eindeutig liegen Fälle, bei denen eine Gesamtorganisation geschaffen wird, die eine Mehrzahl von stillen Gesellschaftern in ein organisatorisches Ganzes einbezieht. Das kann nach h. M. auf zweierlei Weise geschehen: entweder durch Abschluß eines mehrgliedrigen stillen Gesellschaftsvertrages (Beispiel Nr. 9) oder durch zweigliedrige stille Gesellschaftsverträge, die durch eine mehrgliedrige BGB-Gesellschaft zusammengefaßt sind (Beispiel Nr. 10).

Beispiel Nr. 9 (nach *BGHZ* 106, 7 = BB 1989, 100): An einer GmbH waren stille Gesellschafter derart beteiligt, daß das Ergebnis und das Vermögen einschließlich der stillen Reserven auch ihnen zustand. Die stillen Gesellschafter waren durch einen Beirat repräsentiert, und Maßnahmen von größerer wirtschaftlicher Tragweite durften nur mit Zustimmung dieses Beirats vorgenommen werden. Der *Bundesgerichtshof* entschied: »Aus dieser Vertragsgestaltung folgt, daß die Stillen in den mitgliedschaftlichen Verband der Beklagten einbezogen sind und eine Rechtsstellung haben, die denen der GmbH-Gesellschafter vergleichbar ist.« Auch sonst kann eine »GmbH & Still« so verfaßt sein, daß die GmbH mit allen stillen Gesellschaftern zu einem organisierten Verband zusammengeschlossen ist, in dem es vielleicht sogar »Kapitalmehrheiten« und Mehrheitsbeschlüsse gibt. Dies ist eine mehrgliedrige stille Gesellschaft, und erst hier paßt eigentlich die an die »GmbH & Co.« gemahnende Kollektivbezeichnung als »GmbH & Still« (näher alsbald unter e).

Beispiel Nr. 10 (nach *BGHZ* 125, 74 = NJW 1994; *BGH*, NJW 1988, 413; 1990, 2684; 1995, 1353; 1998, 1946): Unternehmensgegenstand einer GmbH war die Beteiligung an einem Hotelprojekt in den USA. Die GmbH hatte mit zahlreichen Anlegern stille Gesellschaftsverhältnisse abgeschlossen. Der *BGH* sah diese stillen Gesellschaftsverhältnisse als zweigliedrig und gemäß den Gesellschaftsverträgen durch eine vielgliedrige BGB-Gesellschaft

58 *BGHZ*, 127, 176, 179 = NJW 1995, 192; *OLG Düsseldorf*, WM 1994, 2489, 2490; *Wieland* I, § 73 II 4; *Blaurock*, Unterbeteiligung und Treuhand, a. a. O., S. 100 ff.; *ders.*, Handbuch der stillen Gesellschaft, Rdnr. 227; *Bezzenberger*, in: MünchHdbGesR II, § 2 Rdnr. 14, § 5 Rdnr. 61; *Lang*, a. a. O., S. 38 f.; *Alfred Hueck*, in: Festschrift Lehmann, a. a. O., S. 241 f.; *Baumbach/Hopt*, § 230 Rdnr. 7; *Koller/Roth/Morck*, § 230 Rdnr. 9; *Röhricht/v. Westphalen/v. Gerkan*, § 230 Rdnr. 70; *Karsten Schmidt*, in: MünchKommHGB, § 230 Rdnrn. 83 ff.; *Staub/Zutt*, § 230 Rdnrn. 44 ff. m. w. N.

59 Vgl. *Karsten Schmidt*, DB 1976, 1705; *Karsten Schmidt*, in: MünchKommHGB, § 230 Rdnr. 73; zust. *Bezzenberger*, in: MünchHdbGesR II, § 2 Rdnrn. 14 ff.; *Reusch*, a. a. O., S. 66 ff.; krit. *Staub/Zutt*, § 230 Rdnr. 48.

60 Vgl. *BGHZ* 106, 7, 10; *BGH*, BB 1980, 958.

verbunden an. Das erscheint zweifelhaft, denn gewollt war offenbar die Herstellung einer »virtuellen Kommanditgesellschaft« auf Basis der »GmbH & Still« (dazu sogleich unter II 2e sowie *Karsten Schmidt,* in: Festschrift Bezzenberger, 2000, S. 405ff.).

d) Wie schon unter § 57 I 2 angemerkt wurde, spielt die Rechtsform der stillen Gesellschaft auch bei den *Publikumsgesellschaften* eine erhebliche Rolle[61]. Daß diese Rechtsform aus der Sicht des HGB atypisch ist, liegt auf der Hand. Häufig zeichnen dieselben Anleger ihre Beteiligungen gleichzeitig als Kommanditeinlagen und daneben (etwa im Verhältnis 1:1 oder 1:3) als stille Einlagen[62]. Man spricht dann von einer »gesplitteten Einlage«. Jeder Gesellschafter ist gleichzeitig Kommanditist und stiller Gesellschafter (dazu näher oben unter II 1a). Die Gesellschaft funktioniert als eine einheitliche Organisation, aber sie enthält nebeneinander ganz verschiedene rechtliche Einlageverhältnisse: Kommanditistenverhältnisse und stille Gesellschaftsverhältnisse.

Kompliziert sind auch solche Publikumsgesellschaften, bei denen sich die einen Anleger als Kommanditisten, die anderen als stille Gesellschafter an einem Unternehmen beteiligen können[63]. Auch hier wird ein organisatorisches Band – »die Gesellschaft« – um eine Vielzahl von Kommanditbeteiligungen und stillen Beteiligungen geschlungen. Unterscheidet man, wie dies hier geschieht, klar zwischen dem Gesellschaftsverhältnis und dem Einlageverhältnis, so läßt sich diese Konstellation auch rechtskonstruktiv einordnen (oben unter II 1a).

Ganz anders sehen wiederum jene Publikumsgesellschaften aus, in denen die Anleger gerade nicht wie Kommanditisten, sondern wie partiarische Kreditgeber um einer sicheren Rendite willen ohne Verlustbeteiligung angeworben werden[64].

e) Zu einem Sondertypus entwickelt sich auch die schon erwähnte – steuerlich »atypische«[65] – »GmbH & Still«[66]. Als »GmbH & Still« sollte nicht schlechthin jede stille Beteiligung an einer GmbH bezeichnet werden, *sondern nur die gezielte Kombination von GmbH und stiller Gesellschaft* zu einer Einheitsorganisation (vgl. schon unter II 2c cc): Die stillen Teilhaber (es kann auch ein einziger Teilhaber sein) schließen mit einer zu diesem Zweck geschaffenen GmbH (an der sie nicht notwendig, aber häufig selbst beteiligt sein werden) stille Gesellschaftsverträge zum gemeinsamen Betrieb eines Unternehmens.

---

61 Vgl. nur *BGHZ* 125, 74 = NJW 1994, 1156; *BGHZ* 127, 176 = NJW 1995, 192; *BGH*, NJW 1990, 2684; 1994, 1156 = JuS 1994, 711 m.Anm. *Karsten Schmidt*; NJW 1995, 1353; *OLG Düsseldorf*, NJW-RR 1995, 420; eingehend *Albracht, Bornemann* und *Reusch*, a.a.O.

62 Vgl. *BGHZ* 69, 160 = JuS 1978, 201 m.Anm. *Karsten Schmidt*; *BGH*, NJW 1980, 1522; 1981, 2251.

63 So im Fall *BGH*, BB 1985, 372 = NJW 1985, 1079 = JuS 1985, 557 m.Anm. *Karsten Schmidt.*

64 Dazu eingehend *Bornemann,* ZHR 166 (2002), 211ff.

65 Vgl. über die »typische« und die »atypische« GmbH & Still *Ludwig Schmidt*, EStG, 20. Aufl. 2001, § 15 Rdnrn. 361, 355ff.

66 Dazu *Fichtelmann*, a.a.O.; *Schulze zur Wiesche*, a.a.O.; *Schwedhelm*, Die GmbH & Still als Mitunternehmerschaft, 1987; *Bitsch*, GmbHR 1983, 56; *Blaurock*, BB 1992, 1969; *Costede*, StuW 1983, 308; *Karsten Schmidt*, in: Festschrift Bezzenberger, 2000, S. 405ff.; *Weimar*, ZIP 1993, 1509; *Woltmann*, GmbHR 1974, 156.

Ähnlich wie bei der GmbH & Co. will man auf diese Weise steuerliche Vorteile der Personengesellschaft – Gewinnminderung bei der GmbH durch die Gewinnansprüche der mitunternehmerisch besteuerten Personengesellschafter – mit gesellschaftsrechtlichen Vorteilen der GmbH – Ausschluß der persönlichen Haftung – kombinieren. Die »GmbH & Still« funktioniert in ihrer reinen Form als eine »virtuelle Kommanditgesellschaft«[67]: Die GmbH steht als Unternehmensträgerin im Handelsregister und wickelt nach außen die Geschäfte im eigenen Namen ab, aber sie handelt im Innenverhältnis nur treuhänderisch und hat, obwohl nach außen Geschäftsinhaberin, die Pflichten als Komplementärin einer im Außenverhältnis gar nicht existierenden (»virtuellen«) Kommanditgesellschaft, in der die stillen Gesellschafter Rechte und Pflichten als Quasi-Kommanditisten haben. Besonders deutlich wurde dies bei einer Reihe von Urteilen, die sich sämtlich mit Publikumsgesellschaften in Gestalt der »GmbH & Still« befaßten, deren Geschäftsbetrieb in der Beteiligung an US-amerikanischen Hotels bestand:

Beispiel Nr. 11: (nach *BGH*, NJW 1988, 413). Die stillen Gesellschafter hatten dem Gründer und Geschäftsführer der GmbH zum Vorwurf gemacht, das Unternehmen durch übermäßige Vergütungen geschädigt zu haben. Das LG hatte die Klage wegen fehlender Aktivlegitimation abgewiesen, das OLG hatte ihr stattgegeben. Der *BGH* bejahte die Schadensersatzpflicht, verneinte aber eine Schadensersatzleistung an die Kläger selbst. Der Geschäftsführer sei nur verpflichtet, das Vermögen der GmbH wiederherzustellen, müsse also an diese leisten. Dem ist zuzustimmen. Die unter den Gesellschaftern gebildete »virtuelle KG« bestand ja darin, daß die GmbH das Unternehmensvermögen im eigenen Namen für Rechnung der Anleger wie eine Komplementärin verwaltete. Es galt also, das Treuhandvermögen, d.h. das Vermögen der »virtuellen KG«, wiederherzustellen. Mit dieser Maßgabe sind die stillen Gesellschafter in den Schutzbereich der Geschäftsführerpflichten aus § 43 GmbHG einbezogen und können, ganz ähnlich wie bei der GmbH & Co. KG (oben, § 56 IV 3), Schadensersatzansprüche geltend machen (vgl. insoweit auch *BGH*, NJW 1995, 1353). Individuelle Ausschüttungsansprüche machen dagegen die stillen Gesellschafter im eigenen Namen – ggf. auch in Prozeßstandschaft für ihre Mitgesellschafter – geltend (*BGH*, NJW 1995, 1353, 1355).

Beispiel Nr. 12 (nach *BGH*, NJW 1995, 1353): Da niemand die Haftungsansprüche gegen den Geschäftsführer der GmbH geltend macht, klagen einzelne stille Gesellschafter diese Ansprüche ein. Dies ist eine gesellschaftsrechtliche actio pro socio (vgl. zu dieser allgemein oben, § 21 IV) Der *BGH* will das zwar bei der rein schuldrechtlichen Innengesellschaft nicht anerkennen und leitet die Prozeßführungsbefugnis der stillen Gesellschafter aus einer gewillkürten Prozeßstandschaft her. Das überzeugt nicht (*Karsten Schmidt*, in: Festschrift Bezzenberger, 2000, S. 401 ff.): Die »GmbH & Still« ist als »virtuelle Kommanditgesellschaft« konstruiert, so daß jeder stille Gesellschafter unter denselben Voraussetzungen wie ein Kommanditist das Recht der actio pro socio ausüben kann. Die Klage kann nur eben nicht auf Zahlung an die Personengesellschaft gerichtet sein (sie ist nur »Innen-KG« und als stille Gesellschaft nicht Rechtsträgerin. Geklagt wird vielmehr auf Leistung an die GmbH als Treuhänder-Komplementärin der »virtuellen Kommanditgesellschaft«.

67 Dazu *Karsten Schmidt*, in: MünchKommHGB, § 230 Rdnr. 81; *ders.*, Festschrift Bezzenberger, 2000, S. 405 ff.; Verf. bereitet eine umfassendere Untersuchung über »virtuelle Rechtsträger« vor.

III. Vertragsschluß und Vertragspflichten

1. Der Gesellschaftsvertrag

a) Der *Gesellschaftsvertrag* ist ein rein schuldrechtlicher Vertrag. Die Frage, ob er den Bestimmungen über Allgemeine Geschäftsbedingungen unterliegen kann, wurde unter I 2 a behandelt. Eine Form schreibt das Gesetz nicht vor. Allerdings kann § 311 b BGB einschlägig sein, wenn der Stille nach § 230 I HGB zur *Übertragung von Grundeigentum* oder die Gesellschaft *zum Erwerb von Grundeigentum* verpflichtet ist oder wenn der Inhaber des Handelsgeschäfts verpflichtet sein soll, bei Beendigung des Gesellschaftsverhältnisses Betriebsgrundstücke zu versilbern[68].

Umstritten ist das Formbedürfnis bei der *Schenkung stiller Einlagen*[69]. Selbstverständlich bedarf das Schenkungsversprechen der Form des § 518 I 1 BGB. Umstritten ist aber, ob die schenkweise »Einbuchung« einer stillen Einlage ein heilender Schenkungsvollzug i.S. von § 518 II BGB ist. Das wird in einer seit langem nicht überprüften Rechtsprechung des *Bundesgerichtshofs*[70] verneint[71]. Ein Teil der Literatur billigt diese Rechtsprechung[72], aber es überwiegt die entschiedene Ablehnung[73].

Beispiel Nr. 13: Kaufmann K schenkt ohne Hinzuziehung eines Notars durch Einbuchung seinem Sohn S eine Geldsumme, die dieser als stille Einlage bei K verwendet. Seiner Tochter T schenkt er eine stille Beteiligung, indem er sie als stille Gesellschafterin in sein Unternehmen »einbucht«, ihr also eine stille Einlage gutschreibt. Folgt man dem *BGH*, so ist die Schenkung an den S eine vollzogene, die Schenkung an die T eine nicht vollzogene und damit formnichtige Schenkung.

Stellungnahme[74]: Der *Bundesgerichtshof* begründet seine Auffassung mit der Erwägung, daß die Einbuchung einer stillen Einlage »nur die formlose Verpflichtung durch eine andere ersetzt«[75] und daß es an einer Vermögensübertragung fehle[76]. Die Kritiker halten entgegen, wer ohne Entgelt eine stille Beteiligung verspreche, könne für den Vollzug der Schenkung nicht mehr tun, als dem Empfänger die stille Beteiligung einzuräumen. Das ist nun

68 Vgl. *RGZ* 162, 78; 166, 160, 165; *Blaurock*, a.a.O., Rdnrn. 255ff.

69 Gegen die Möglichkeit einer Schenkung stiller Einlagen vereinzelt *Elke Herrmann*, ZHR 147 (1983), 313ff.; dagegen mit Recht *Hengeler*, ZHR 147 (1983), 329ff.

70 Vgl. die Andeutung bei *BGHZ* 112, 40, 46; für gefestigt wird die Rechtsprechung gehalten bei *Bezzenberger*, in: MünchHdbGesR II, § 7 Rdnr. 9

71 *BGHZ* 7, 174, 179; 7, 378, 380 = NJW 1953, 138, 139 m.Anm. *Alfred Hueck* = JR 1953, 98 m.Anm. *v. Godin* = JZ 1953, 225 m.Anm. *Würdinger*.

72 Z.B. *Huber*, Vermögensanteil, S. 154ff.; *Erman/Seiler*, § 518 Rdnr. 5; *Rob. Fischer*, JR 1962, 202f.; *Jebens*, BB 1980, 408.

73 Vgl. nur *Blaurock*, a.a.O., Rdnr. 259; *ders.*, Treuhand und Unterbeteiligung, a.a.O., S. 156 (anders dann aber bei der Unterbeteiligung, S. 157); *Koenigs*, a.a.O., S. 74f.; *Nagel*, Familiengesellschaft und elterliche Gewalt, 1968, S. 85f.; *Rasner*, a.a.O., S. 96ff.; *Baumbach/Hopt*, § 230 Rdnr. 10; *Ebenroth/Boujong/Joost/Gehrlein*, § 230 Rdnr. 23; *Koller/Roth/Morck*, § 230 Rdnr. 14; *Staub/Zutt*, § 230 Rdnr. 82; *Brox*, in: Festschrift Bosch, 1977, S. 86f.

74 Ausführlicher *Karsten Schmidt*, in: MünchKommHGB, § 230 Rdnrn. 98ff.; *ders.*, DB 2002, 829ff.

75 *BGHZ* 7, 174, 179.

76 *BGHZ* 7, 378, 380.

allerdings richtig. Aber nicht jede Erfüllung des Schenkungsversprechens ist ein heilender Schenkungsvollzug[77], insbesondere nicht die schenkweise Begründung einer Forderung (vgl. § 518 I 2 BGB). Deshalb kann man dem *BGH*, so formalistisch seine Rechtsprechung scheinen mag, zustimmen, solange sich die »eingebuchte« stille Beteiligung in einem qualifizierten Kreditverhältnis erschöpft. Wenn K in unserem Beispiel der T lediglich eine Forderung gutgeschrieben hat, ist dies nach dem Konzept des § 518 I 2 BGB kein Schenkungsvollzug. Schenkungsvollzug ist dagegen zu bejahen, wenn die stille Beteiligung als Mitgliedschaft ausgestaltet ist, insbesondere wenn sie dem Stillen eine kommanditistenähnliche Beteiligung verschafft[78]. Im übrigen spielt die ganze Frage nur in den seltenen Fällen eine Rolle, in denen eine typische stille Beteiligung bei einem Einzelkaufmann (nicht: einer Handelsgesellschaft) durch »Einbuchung« neu geschaffen (nicht: übertragen) wird[79], und genau hier ist das klärende Formerfordernis auch am Platz.

b) Ist der stille Gesellschafter *nicht voll geschäftsfähig*, so müssen die §§ 1643, 1822 Nr. 3 BGB beachtet werden. Danach bedarf ein »Gesellschaftsvertrag, der zum Betrieb eines Erwerbsgeschäfts eingegangen wird« der vormundschaftsgerichtlichen Genehmigung. Die Anwendung dieser Bestimmung auf stille Gesellschaftsverträge kann weder generell bejaht[80] noch generell verneint werden[81]. Die Vorschrift ist anzuwenden, wenn der stille Gesellschafter als »Innen-Kommanditist« am Unternehmensvermögen oder jedenfalls am Verlust beteiligt ist[82].

c) *Auf der Seite des Geschäftsinhabers* können Vertretungsprobleme auftreten, und zwar vor allem dann, wenn er eine *Handelsgesellschaft* ist. Dann fragt sich nämlich, ob die Vertretungsorgane der Handelsgesellschaft ohne Zustimmung der Gesellschafter stille Gesellschaftsverträge mit Dritten abschließen können. Im Grundsatz wird dies von der herrschenden Auffassung bejaht[83].

Beispiel Nr. 14: Der Geschäftsführer der G-GmbH oder der Komplementär der K-KG hat im Namen der Gesellschaft mit S ein stilles Gesellschaftsverhältnis vereinbart, das den S zur Leistung einer Einlage verpflichtet und dafür zum Gewinnbezug berechtigt. Es steht außer Frage, daß der Geschäftsführer im Innenverhältnis verpflichtet sein kann, für dieses außergewöhnliche Geschäft den Gesellschafter um Zustimmung nachzusuchen. Aber der Vertragsschluß selbst ist nach h.M. wirksam, sofern nicht ein evidenter Mißbrauch der Vertretungsmacht vorliegt (dazu oben, § 10 II 2).

77 Unrichtig *Brox*, in: Festschrift Bosch, 1977, S. 87.
78 *Karsten Schmidt*, in: MünchKommHGB, § 230 Rdnr. 103.
79 Vgl. ebd., Rdnrn. 98ff., 103.
80 So z.B. *Koenigs*, a.a.O., S. 82; *Soergel/Damrau*, § 1822 Rdnr. 27.
81 So z.B. *Nagel*, Familiengesellschaft und elterliche Gewalt, 1968, S. 73f.
82 Vgl. eingehend *Karsten Schmidt*, in: MünchKommHGB, § 230 Rdnr. 106; ähnlich *Blaurock*, a.a.O., Rdnr. 458; *Heymann/Horn*, § 230 Rdnr. 23.
83 *RGZ* 153, 371 = JW 1937, 1492 m.Anm. *Boesebeck*; *BGH*, WM 1957, 544; 1960, 187; 1962, 1353; *Bezzenberger*, in: MünchHdbGesR II, § 7 Rdnrn. 15ff.; *Blaurock*, a.a.O., Rdnr. 463; *Alfred Hueck*, in: Festschrift Lehmann, a.a.O., S. 247; *Koenigs*, a.a.O., S. 86f.; *Koller/Roth/Morck*, § 230 Rdnr. 12; *Röhricht/v. Westphalen/v. Gerkan*, § 230 Rdnr. 15; *Staub/Zutt*, § 230 Rdnr. 62; anders früher noch *ROHGE* 13, 63, 64f.; *RG*, JW 1921, 1239 m.Anm. *Pinner*.

Der herrschenden Auffassung kann grundsätzlich zugestimmt werden[84]. Es handelt sich nicht, wie die ältere Rechtsprechung annahm[85], um die Aufnahme des Stillen in die Gesellschaft, sondern um den Abschluß eines schuldrechtlichen Vertrages. Da der Abschluß schuldrechtlicher Verträge von der Organvertretungsmacht gedeckt ist, ist der stille Gesellschaftsvertrag in unserem Beispiel wirksam. *Zwei Ausnahmen* sind aber hervorzuheben:

- Atypische stille Gesellschaftsverträge, die dem stillen Gesellschafter kommanditistenähnliche Rechte geben – Mitverwaltungsrechte, Vermögensbeteiligung –, sind wegen ihres organisationsrechtlichen Charakters von der Vertretungsmacht nicht gedeckt[86].
- Bei der Aktiengesellschaft – nicht, wie neuerdings behauptet wird[87], bei der GmbH[88] – bedarf darüber hinaus auch die typische stille Beteiligung als Teilgewinnabführungsvertrag der Zustimmung der Hauptversammlung nach §§ 292 I Nr. 2, 293 I AktG[89].

d) Umstritten ist, ob die *Grundsätze über fehlerhafte Gesellschaften* auf die stille Gesellschaft Anwendung finden können (vgl. zu diesen Grundsätzen oben, § 6 II 3). Der *Bundesgerichtshof* bejaht diese Frage[90]. Er findet darin teils Zustimmung[91], teils Ablehnung[92]. Eine differenzierende Auffassung unterscheidet im Anschluß an die Anfangsrechtsprechung des *BGH* zwischen typischen und atypischen stillen Gesellschaften und wendet die Grundsätze über fehlerhafte Gesellschaften auf atypische, nicht aber auf typische fehlerhafte Gesellschaften an[93]. Nach dem unter § 6 I zu den Grundlagen des Instituts Gesagten wird man bei dieser differenzierenden Ansicht anzusetzen haben[94]: Die Grundsätze über fehlerhafte Verbände sind auf solche stillen Gesellschaften anzuwenden, die eine über ein bloßes Schuldverhältnis hinausgehende Vermögens- und Organisationsstruktur aufweisen (näher unter § 6 II 3).

---

84 Ausführlich *Karsten Schmidt,* in: MünchKommHGB, § 230 Rdnrn. 109ff.

85 Deutlich *ROHGE* 13, 63, 64.

86 Ähnlich *Blaurock*, a.a.O., Rdnrn. 475ff.; zust. *Koller/Roth/Morck*, § 230 Rdnr. 12.

87 *Kai Mertens*, AG 2000, 37; *Weigl*, DStR 1999, 1572f.

88 *Karsten Schmidt*, in: MünchKommHGB, § 230 Rdnr. 114.

89 *Schulze-Osterloh*, ZGR 1974, 427ff.; *Karsten Schmidt*, ZGR 1984, 299ff.; jetzt h.M.; vgl. *OLG Celle*, AG 1996, 370; *Baumbach/Hopt*, § 230 Rdnr. 5; *Koller/Roth/Morck*, § 230 Rdnr. 12; *Karsten Schmidt*, in: MünchKommHGB, § 230 Rdnr. 116; *Koppensteiner*, in: KK, § 292 Rdnr. 53; *Jebens*, BB 1996, 701.

90 *BGHZ* 55, 5; 62, 234, 237; *BGH*, WM 1973, 900; 1977, 196, 197; NJW 1993, 2107; vgl. auch *OLG Hamm*, NJW-RR 1999, 1415, 1416.

91 Vgl. nur *Blaurock*, a.a.O., Rdnr. 564; *Baumbach/Hopt*, § 230 Rdnr. 11.

92 Vgl. nur *Bälz*, in: MünchHdbGesR II, § 31 Rdnr. 16; *Koenigs*, a.a.O., S. 111ff.; *Rasner*, a.a.O., S. 103ff.; *Ulmer*, in: Festschrift Flume II, 1978, S. 318; *Wiesner*, Die Lehre von der fehlerhaften Gesellschaft, 1980, S. 162ff.

93 Vgl. *BGHZ* 8, 157; *OLG Nürnberg*, BB 1961, 1341, 1342; *Siebert*, BB 1958, 1068; *Rob. Fischer*, JR 1962, 204; *Brox*, BB 1964, 527.

94 *Karsten Schmidt,* in: MünchKommHGB, § 230 Rdnrn. 132ff.

2. Leistungspflichten der Parteien

a) *Der stille Gesellschafter* muß seine Beiträge – meist eine Einlage – leisten. Beitrag und Einlage sind auch bei der stillen Gesellschaft zu unterscheiden (vgl. oben unter II 1 d). Der Beitrag kann in jeder Leistung bestehen, und er muß keineswegs, wie man dem § 230 I HGB entnehmen könnte, in das Vermögen des Geschäftsinhabers übergehen. Für die Einlageleistung des Stillen gilt dagegen nach § 230 I HGB: Was als Einlage »quoad dominium« geleistet werden soll (dazu oben, § 20 II 2 d), ist nicht in ein Gesellschaftsvermögen einzubringen, sondern auf den Geschäftsinhaber zu übertragen.

Beispiel Nr. 15: Beteiligt sich S still am Unternehmen des K, so kann er zu unterschiedlichen Beiträgen verpflichtet sein. Der Beitrag des S kann darin bestehen, daß er Geld, Sachen oder Rechte bei K »einlegt«. Er hat dann an K zu zahlen bzw. ihm die Sachen oder Rechte zu übertragen. Der Beitrag des S kann aber auch darin bestehen, daß er Dienste leistet oder die Nutzung eines Grundstücks oder Patents gestattet. Er kann schließlich auch darin liegen, daß S eine ihm schenkweise »eingebuchte« Einlage dem Unternehmen beläßt. Begriffsnotwendig ist nur, daß irgendwelche Beiträge geleistet werden und daß S mit einer Einlage am Unternehmen beteiligt wird.

b) Der *Beitrag des Geschäftsinhabers* besteht darin, daß er das Unternehmen für gemeinsame Rechnung führt. Veräußert er das Unternehmen oder verändert er es in einer die Interessen des Stillen berührenden Weise, so kann dies eine Vertragsverletzung sein[95]: Pflichtverletzungen machen den Geschäftsinhaber schadensersatzpflichtig[96]. Schwierigkeiten der Schadensabwicklung erkennt man an der schon aus unseren Beispielen Nr. 11 und 12 bekannten Rechtsprechung zum Schadensersatz bei der »GmbH & Still«:

Beispiel Nr. 16: (nach *BGH*, NJW 1988, 413 = BB 1987, 2043 m. Anm. *Windbichler*, ZGR 1989, 434): Die stillen Gesellschafter einer Hotel-GmbH machten die GmbH und ihre Geschäftsführer für Schäden verantwortlich, die diese dem Unternehmen zugefügt hatten. Der *Bundesgerichtshof* entschied: »Verwendet der Inhaber des Unternehmens die Einlage des stillen Gesellschafters nicht bestimmungsgemäß oder entzieht er dem Unternehmen bestimmungswidrig Vermögen, so verletzt er seine gesellschaftsvertraglichen Pflichten und macht sich gegenüber dem stillen Gesellschafter schadensersatzpflichtig. Dieser hat einen Anspruch darauf, so gestellt zu werden, als sei die schädigende Handlung nicht vorgenommen worden.« Gleichwohl wies er die Klage ab, weil bei der atypischen stillen Gesellschaft der Schadensersatz nicht durch Leistung an die stillen Gesellschafter, sondern nur durch Wiederherstellung des Gesellschaftsvermögens zu leisten sei.

Beispiel Nr. 17: (nach *BGH*, NJW 1995, 1353): In einem anderen, gleichfalls eine Publikumsgesellschaft betreffenden Fall hat der *Bundesgerichtshof* erkannt, daß die Pflichten des Geschäftsführers einer auf Beteiligung stiller Gesellschafter angelegten GmbH Schutzwirkung auch zugunsten der stillen Gesellschafter haben können, so daß diese ihre Eigenschäden durch Inanspruchnahme des Geschäftsführers geltend machen können (zum Problem der actio pro socio vgl. oben, Beispiel Nr. 12).

---

95 *RGZ* 126, 386, 391; *BGH*, BB 1963, 1277 = WM 1963, 1209, 1210.

96 *RGZ* 89, 398, 399; 92, 292, 294; *RG*, Warn. 1917 Nr. 289; *BGH*, NJW 1988, 413 = BB 1987, 2043; dazu *Windbichler*, ZGR 1989, 434; *Karsten Schmidt*, in: Festschrift Bezzenberger, 2000, S. 401 ff.

IV. Die Organisations- und Finanzverfassung

1. Unternehmensträgerschaft und Vermögensstruktur

Indem das Gesetz die stille Gesellschaft als reine Innengesellschaft konzipiert hat, hat es Grundentscheidungen für einen Regeltypus der stillen Gesellschaft geschaffen, die aus dem Gesetz ablesbar sind.

a) Die Gesellschaft kann als *Innengesellschaft* nicht Trägerin von Rechten und Pflichten sein, sie ist im Zivilprozeß nicht parteifähig und nicht insolvenzrechtsfähig. Im Außenverhältnis macht es deshalb einen großen Unterschied, ob bei sonst gleicher Interessenlage eine Kommanditgesellschaft oder eine stille Gesellschaft gegründet wird (vgl. schon unter I 2b und II 2e). Die *Vermögensstruktur* ist damit im Außenverhältnis ebenfalls eindeutig: Die schuldrechtlich-rechnerische Beteiligung des stillen Gesellschafters schlägt sich nicht in der »dinglichen« Vermögenszuständigkeit nieder.

Beispiel Nr. 18: Angenommen, ein Gesellschafter S hat sich still am Unternehmen des Kaufmanns K beteiligt und dem Unternehmen vertragsgemäß einen Lkw zur Verfügung gestellt. Pfändet ein Gläubiger des K – vielleicht sogar ein Privatgläubiger – diesen Lkw, so ist ein Interventionsrecht des S nach § 771 ZPO nur zu bejahen, wenn S den Lkw zur Nutzung »eingebracht« hat. Hat dagegen S den Lkw durch Leistung der Einlage nach § 230 II HGB zu Eigentum eingebracht, so gehört das Fahrzeug weder dem S noch »der Gesellschaft«, sondern allein dem K. Selbst wenn der Gläubiger Gesellschaftsgläubiger ist, kann er doch keinen Vollstreckungstitel gegen die Gesellschaft (§ 124 II HGB) erwirken, sondern er vollstreckt aufgrund eines gegen K gerichteten Titels. Eine Drittwiderspruchsklage des S gemäß § 771 ZPO verspricht keinen Erfolg.

Auch das *Risiko des stillen Gesellschafters* ist durch die Vermögensstruktur der stillen Gesellschaft vorgegeben. Da die gesetzestypische stille Einlage nichts anderes ist als ein qualifizierter Kredit mit gesellschaftsvertraglichem Rechtsgrund[97], ist die Einlage des Stillen nach dem gesetzlichen Modell nicht Haftkapital in der stillen Gesellschaft, sondern Fremdkapital im Vermögen des Geschäftsinhabers. Als solches erscheint die typische stille Einlage auch in seiner Bilanz[98]. Am deutlichsten erkennt man den Fremdkapitalcharakter der gesetzestypischen stillen Einlage an § 236 HGB: Sofern sie nicht eigenkapitalersetzenden Charakter hat (dazu oben, § 37 IV 3b) oder als atypische stille Einlage dem haftenden Kapital zuzurechnen ist, kann die stille Einlage im Fall der Unternehmensinsolvenz wie ein Darlehn als Insolvenzforderung angemeldet werden (dazu auch unter V 2).

b) Das alles kann sich ändern, wenn der stille Gesellschafter »atypisch«, nämlich im Innenverhältnis wie ein Kommanditist, beteiligt ist (auch dazu unter V 2b), und solche »atypischen« Gestaltungen sind mehr und mehr »typisch« geworden. Eine Außenhaftung des stillen Gesellschafters gibt es –

97 *Karsten Schmidt*, ZHR 140 (1976), 475ff.; str.; a.M. z.B. *Kühn*, in: MünchHdbGesR II, § 17 Rdnr. 22.
98 Vgl. *Blaurock*, a.a.O., Rdnr. 779; *Winnefeld*, Bilanz-Handbuch, 2. Aufl. 2000, Rdnrn. 241ff.

Rechtsscheinfälle ausgenommen – auch hier nicht[99]. Eine Rechtsscheinhaftung im Außenverhältnis kommt in Betracht, wenn der stille Gesellschafter den Rechtsschein hervorruft oder unterhält, er sei Geschäftsinhaber oder persönlich haftender Gesellschafter[100]. Dagegen führt die vertragsmäßige Gleichstellung des stillen Gesellschafters mit einem Kommanditisten dazu, daß sich die stille Einlage von einer Fremdkapitalforderung in haftendes Kapital verwandelt. In der Bilanz des Geschäftsinhabers erscheint sie als Eigenkapital[101], und es können – wie bei einem Kommanditisten – sogar Eigenkapitalkonten gebildet werden[102]. Nach der eingehenden Darstellung unter § 18 III 3 braucht die Rechtsprechung zu dieser Frage nur noch in Erinnerung gebracht zu werden[103]: Der *Bundesgerichtshof* lehnt die Geltendmachung im Insolvenzverfahren bei einer gesplitteten Einlage ab, weil die stillen Einlagen ebenso wie die Kommanditeinlagen »zum Gesellschaftskapital« gehören[104]. Aber auch bei einem stillen Gesellschafter, der nicht zugleich Kommanditist ist, behandelt der *Bundesgerichtshof* die stille Einlage als haftendes Kapital, wenn der stille Gesellschafter im Innenverhältnis Rechte wie ein Kommanditist hat[105].

Beispiel Nr. 19: Wir wissen schon von unserem Beispiel Nr. 10, daß eine »GmbH & Still« als »Innen-KG« konzipiert sein kann: Die GmbH hat, obwohl im Außenverhältnis Trägerin des Unternehmens, im Innenverhältnis die Rechte und Pflichten einer Quasi-Komplementärin einer »virtuellen Kommanditgesellschaft«. In dieser haben die stillen Gesellschafter Quasi-Kommanditanteile. Für sie werden Kapitalkonten geführt, die in der Bilanz der GmbH beim Eigenkapital rangieren, nicht als Verbindlichkeiten beim Fremdkapital.

2. Die Organisation

Die *Geschäftsführung* ist grundsätzlich Sache des Geschäftsinhabers. Selbst bei ungewöhnlichen Geschäften hat der typische stille Gesellschafter grundsätzlich kein Widerspruchsrecht[106]. Das Gesetz gesteht dem stillen Gesellschafter in § 233 HGB auch nur ein sehr unvollkommenes Informationsrecht zu. Er kann nach dieser Vorschrift die Abschrift des Jahresabschlusses verlangen und dessen Richtigkeit unter Einsicht der Bücher und Papiere prüfen; ein weitergehendes außerordentliches Informationsrecht kann ihm nach dem Gesetzeswortlaut nur ad hoc vom Gericht zuerkannt werden. Jedenfalls bei atypischen Gesellschaften mitgliedschaftlicher Prägung steht diese Vorschrift in krassem Widerspruch zu dem unter § 21 III herausgearbeiteten allgemeinen Institut eines mitgliedschaftlichen Informationsrechts. Hier wird man dieses Recht deshalb – ähnlich wie das Informationsrecht des

---

99 *BGH*, WM 1964, 296, 297 = BB 1964, 327; WM 1966, 1219, 1221 = JuS 1967, 87 m. Anm. *Emmerich*; *Koenigs*, a. a. O., S. 237 f.; *Karsten Schmidt*, in: MünchKommHGB, § 230 Rdnr. 13.
100 *RGZ* 39, 33, 39; *BAG*, JZ 1955, 582; *BGH*, BB 1964, 327.
101 Vgl. *Winnefeld*, Bilanz-Handbuch, 2. Aufl. 2000, Rdnr. 245.
102 *Karsten Schmidt*, in: MünchKommHGB, § 230 Rdnr. 171.
103 Vgl. auch *Reusch*, BB 1989, 2358 ff.
104 *BGH*, LM Nr. 3 zu § 155 HGB = NJW 1981, 2251.
105 *BGH*, NJW 1985, 1079 = JuS 1985, 557 m. Anm. *Karsten Schmidt*.
106 *Koenigs*, a. a. O., S. 154.

Kommanditisten (oben, § 53 III 3) – ausdehnen müssen[107]. Überhaupt kann sich im Organisationsrecht wieder das Bild einer »Innen-KG« bemerkbar machen, wenn »atypische stille Gesellschafter« mit Rechten als Quasi-Kommanditisten ausgestattet sind[108].

Beispiel Nr. 20: In unserem letzten Beispiel können die stillen Gesellschafter als Quasi-Kommanditisten durch einen Beirat repräsentiert oder sogar in einer Gesellschafterversammlung vertreten sein, in der sie, wenn der Gesellschaftsvertrag dies zuläßt, sogar Mehrheitsbeschlüsse nach »Kapitalanteilen« fassen können. Dies sind nicht Beschlüsse der GmbH-Gesellschafterversammlung, wohl aber Beschlüsse der »virtuellen KG« mit entsprechender Wirkung für ihre »Komplementärin«.

b) Die *Willensbildung der Gesellschafter* findet nach der Vorstellung des Gesetzgebers durch bloße Einigung statt, denn in der zweigliedrig gedachten rein schuldrechtlichen Innengesellschaft bildet sich kein Verbandswille. Sobald aber die stille Gesellschaft als mehrgliedriger Verband organisiert ist, kann es Gesellschaftsversammlungen und Gesellschafterbeschlüsse geben[109]. Für die Willensbildung gelten dann dieselben Grundsätze wie sonst für (Publikums-)Personengesellschaften: Es gilt das Einstimmigkeitsprinzip, aber der Gesellschaftsvertrag kann Mehrheitsbeschlüsse zulassen[110].

c) Die stille Beteiligung ist *grundsätzlich* nicht übertragbar. Übertragbar sind nur die Gewinnansprüche des stillen Gesellschafters sowie, z.B. nach einer Kündigung, sein Rückzahlungsanspruch. Soll der stille Gesellschafter gegen einen anderen ausgewechselt werden, so bedarf es einer Vertragsübernahme. Aber die Beteiligten können vereinbaren, daß die stille Beteiligung übertragbar ist[111]. Vor allem bei atypischen Gesellschaftsverhältnissen, die eine KG-ähnliche Organisation begründen (oben unter II 2c), kann eine solche Gestaltung naheliegen. Dann geht mit der Übertragung nicht nur eine Forderung des stillen Gesellschafters, sondern ein Mitgliedsverhältnis auf den Erwerber über. Deshalb wird man bei einer atypischen stillen Gesellschaft auch mit gleicher Strenge wie bei der Übertragung eines Personengesellschaftsanteils (oben, § 45 III 2) die Zustimmung nicht nur des »Geschäftsinhabers«, sondern, wenn dies eine Personengesellschaft ist, auch etwa vorhandener Gesellschafter verlangen, sofern diese Zustimmung nicht gesellschaftsvertraglich vorweggenommen ist. Die Übertragung der atypischen stillen Beteiligung stellt nämlich einen Eingriff in die Gesamtorganisation dar.

d) Die stille Gesellschaft ist als Innengesellschaft nach dem Handelsgesetzbuch *nicht rechnungslegungspflichtig*. Bilanzierungspflichtig ist aber i.d.R.

---

107 Vgl. *Karsten Schmidt*, Informationsrechte in Gesellschaften und Verbänden, 1984, S. 29f., 78f.; *Karsten Schmidt*, in: MünchKommHGB, § 233 Rdnrn. 16ff.

108 Auch hier macht sich wieder das Konzept der »virtuellen Kommanditgesellschaft« bemerkbar; Verf. bereitet eine Arbeit über virtuelle Rechtsträger vor; vgl. einstweilen *Karsten Schmidt*, in: MünchKommHGB, § 233 Rdnr. 19, § 230 Rdnr. 81.

109 Dazu *BGH*, LM Nr. 7 zu § 230 HGB m. Anm. *Roth* = NJW 1998, 1946.

110 Vgl. dazu eingehend *Reusch*, a.a.O., S. 131ff.

111 Vgl. *Blaurock*, a.a.O., Rdnr. 524; *Reusch*, a.a.O., S. 238f.; *Ebenroth/Boujong/Joost/Gehrlein*, § 230 Rdnr. 64; *Karsten Schmidt*, in: MünchKommHGB, § 230 Rdnr. 175.

der Geschäftsinhaber, und er hat auch für das Verhältnis zum stillen Gesellschafter eine Bilanz aufzustellen. Darin erscheint die gesetzestypische stille Einlage als eine Schuld des Geschäftsinhabers[112]. Soweit von der »Rechnungslegung der stillen Gesellschaft« gesprochen wird, ist deshalb in erster Linie die bilanzrechtliche Behandlung der stillen Beteiligung in der Bilanz des Geschäftsinhabers gemeint[113]. Die eigentliche »Rechnungslegung der stillen Gesellschaft« ist dann nur eine »Nebenrechnung«, aus der sich in der Bilanz des Geschäftsinhabers der Stand der stillen Einlage und der Gewinnanspruch des Stillen ergibt[114]. Charakteristischerweise spricht § 232 HGB denn auch nicht von einer regelrechten Rechnungslegung der Gesellschaft, sondern nur davon, daß der Geschäftsinhaber den Gewinn und Verlust im Verhältnis zum stillen Gesellschafter »berechnet«. Handelt es sich um eine atypische stille Gesellschaft, so muß jedoch für diese – insbesondere für die schon mehrfach erwähnte »virtuelle KG« – eine mitunternehmerische Steuerbilanz erstellt werden[115]. Hieran anknüpfend entwickelt sich sogar die Praxis einer »Handelsbilanz der stillen Gesellschaft«.

Beispiel Nr. 21: In der »GmbH & Still« unserer letzten Beispiele wird es wie bei einer GmbH & Co. KG zwei Rechnungslegungen geben: die Rechnungslegung der GmbH und die Rechnungslegung der »virtuellen KG«, über die die stillen Gesellschafter als Quasi-Kommanditisten sogar Beschluß fassen werden.

3. Gewinn- und Verlustbeteiligung

a) Die Berechnung des auf den stillen Gesellschafter entfallenden Gewinns und Verlustes ist im einzelnen umstritten und kann sehr schwierig sein, wenn keine klare vertragliche Regelung vorliegt. Das gilt zunächst für die Festlegung des Gewinnanteils[116], denn wenn hier keine Regelung getroffen ist, gilt ein den Umständen nach angemessener Anteil als bedungen (§ 231 I HGB). Nun dürfte in stillen Gesellschaftsverträgen kaum je eine Regelung über die Gewinnbeteiligungsquote fehlen, aber was häufig fehlt, ist eine Klärung der Gewinnberechnung. Soll der stille Gesellschafter an jedem Zuwachs auch der stillen Reserven teilnehmen? Oder nur an dem Zuwachs aus Umsatzgeschäften? Oder nur am Bilanzgewinn?

Beispiel Nr. 22: Die Jahresbilanz einer Hotel-oHG weist einen Gewinn von 100 000 Euro aus. Der stille Gesellschafter S behauptet, der Gewinn sei doppelt so hoch und nur durch stille Reserven verschleiert. Er behauptet außerdem, das auf Sylt gelegene Betriebsgrundstück habe im vergangenen Jahr einen Wertzuwachs von wenigstens weiteren 100 000 Euro erfahren. Insgesamt sei also seine Gewinnbeteiligung aus 300 000 Euro und nicht aus 100 000 Euro zu errechnen.

Man wird die Ergebnisbeteiligung des typisch stillen Gesellschafters nach dem Gesetz auf das ganze »Betriebsergebnis« zu erstrecken, aber auch zu begrenzen

112 *Neu*, a.a.O., Rdnr. 26.
113 Eingehend *Bezzenberger*, in: MünchHdbGesR II, § 18; *Hense*, a.a.O., passim.
114 Vgl. *Groh*, in: Festschrift Kruse, 2001, S. 422.
115 Vgl. *Groh*, ebd., S. 422ff.
116 Dazu eingehend *Karsten Schmidt*, in: MünchKommHGB, § 231 Rdnrn. 4ff.

haben[117]. Bleibt es dabei, so bleiben Wertveränderungen des Anlagevermögens unberücksichtigt[118], und stille Reserven sind im Verhältnis zum stillen Gesellschafter nur in den Grenzen »kaufmännischer Übung« zugelassen[119]. Deshalb ist eine klare Vertragsregelung zu empfehlen, z.B. eine Verweisung auf die Handelsbilanz. Anders verhält es sich auch hier wieder bei der atypischen stillen Gesellschaft mit Beteiligung am Vermögen, insbesonders in Gestalt einer »Innen-KG« (dazu oben unter II 2c). Hier ist von Grundsätzen auszugehen, wie sie für die Kommanditgesellschaft gelten. Der stille Gesellschafter nimmt dann – in Übereinstimmung auch mit seiner Steuerpflicht als Mitunternehmer nach § 15 EStG – an der Bilanzfeststellung teil (vgl. sinngemäß oben, § 53 III 2c). Er kann grundsätzlich die Auszahlung seiner Gewinnanteile verlangen. Thesaurierter Gewinn, der nicht zum Ausgleich eines negativen Einlagenkontos verwendet werden muß, bleibt aber nur auf einem Darlehnskonto stehen und erhöht nicht die stille Einlage (§ 232 III HGB). Natürlich gilt anderes, wenn dies im Gesellschaftsvertrag vereinbart ist.

b) Am *Verlust* nimmt der stille Gesellschafter nur mit seiner eingezahlten oder rückständigen Einlage teil (§ 232 II 1 HGB). Das ist vom Gesetzgeber ähnlich mißverständlich formuliert wie im Fall eines Kommanditisten (§ 167 III HGB). Das Einlagekonto eines stillen Gesellschafters kann – jedenfalls bei der »Innen-KG«[120] – durch die Verbuchung von Verlustanteilen negativ werden, so daß künftige Gewinnanteile zu deren Ausgleich verwendet und nicht ausgezahlt werden[121]. Aber der stille Gesellschafter braucht in Verlustjahren weder nachzuschießen, noch braucht er einmal bezogenen Gewinn zurückzuzahlen (§ 232 II 2 HGB).

V. Auflösung, Auseinandersetzung und Insolvenz

1. Auflösung der stillen Gesellschaft

a) Allgemein muß im Gesellschaftsrecht und vor allem bei Personengesellschaften zwischen der *Auflösung* und dem *Erlöschen* des Gesellschaftsverhältnisses unterschieden werden (oben, § 11 V 3). Allerdings ist zu bedenken, daß die stille Gesellschaft kein Rechtsträger ist. Automatisches Erlöschen tritt,

117 *RGZ* 120, 410, 411; std. Rspr.; *Blaurock*, a.a.O., Rdnrn. 869f.; *Baumbach/Hopt*, § 232 Rdnrn. 1f.; *Ebenroth/Boujong/Joost/Gehrlein*, § 232 Rdnr. 10; *Karsten Schmidt*, in: MünchKommHGB, § 232 Rdnrn. 5ff.; a.M. *Schulze-Osterloh*, in: Festschrift Kruse, 2001, S. 379ff., 392f.

118 Vgl. die angegebenen Fundstellen m.w.N.; anders *Aulinger*, a.a.O., S. 23ff.; *Zinkeisen*, Der Umfang der Gewinnbeteiligung und des Auseinandersetzungsguthabens des stillen Gesellschafters, Diss. Hamburg 1972, S. 36ff.; *Schulze-Osterloh*, a.a.O.; *Sudhoff*, NJW 1960, 2123; differenzierend *Bezzenberger*, in: MünchHdbGesR II, § 20 Rdnr. 2.

119 Vgl. *Karsten Schmidt*, in: MünchKommHGB, § 232 Rdnr. 15.

120 Zur typischen stillen Gesellschaft vgl. die Bedenken bei *Groh*, in: Festschrift Kruse, a.a.O., S. 439ff.

121 *OLG Brandenburg*, NJW-RR 1996, 156; *Koller/Roth/Morck*, § 232 Rdnr. 8.

wie bei allen Schuldverhältnissen, ein, wenn Gläubiger- und Schuldnerstellung zusammenfallen (Konfusion). Hierher gehört z.B. der Fall, daß der typische stille Gesellschafter (Allein-!)Erbe des Geschäftsinhabers wird. Die Gesellschaft wird aufgelöst

- durch Zeitablauf, auflösende Bedingung oder Aufhebungsvertrag,
- durch den Tod des Geschäftsinhabers, nicht dagegen durch den Tod des stillen Gesellschafters (§§ 727 BGB, 234 II HGB),
- durch Zweckerreichung oder Zweckvereitelung (§ 726 BGB),
- durch Insolvenz eines Gesellschafters (§ 728 BGB),
- durch Kündigung.

Im einzelnen können die Auflösungstatbestände schwierige, im Gesetz nicht geklärte Detailfragen aufwerfen[122]. Das gilt beispielsweise für die Frage der Unternehmensveräußerung, die richtigerweise nur ein Kündigungsgrund und nicht ein automatisch wirkender Auflösungsgrund ist[123]. Im Detail recht umstritten ist auch die Tragweite von Grundlagenänderungen in einer Handelsgesellschaft – Formwechsel, Verschmelzung oder Spaltung – für das Schicksal stiller Beteiligungen[124]. Für den Zweck der vorliegenden Darstellung sollen diese komplizierten Detailfragen nicht aufgegriffen werden. Nähere Betrachtung verdient aber jedenfalls die Kündigung. Die Kündigung kann von dem Inhaber, vom stillen Gesellschafter oder von einem vollstreckenden Gläubiger ausgesprochen werden. Die Kündigung richtet sich teilweise nach oHG-Recht (vgl. § 234 I HGB), im übrigen nach § 723 BGB. Bei einer atypischen, insbesondere nach dem Vorbild einer (Publikums-)Kommanditgesellschaft organisierten, stillen Gesellschaft kann dem Geschäftsinhaber ebensowenig wie bei einer Handelsgesellschaft das Recht eingeräumt werden, den stillen Gesellschafter nach freiem Ermessen »hinauszukündigen« (vgl. sinngemäß oben, § 50 III 4)[125]. Ein Übernahmerecht entsprechend § 140 I 2 HGB hat der stille Gesellschafter grundsätzlich nicht[126]. Auch wenn der Hauptgesellschafter kündigt, wächst ja das Unternehmen nicht dem stillen Gesellschafter zu. Ein Übernahmerecht kann allerdings – vor allem bei einer atypischen stillen Gesellschaft – vereinbart werden[127]. Bei der »GmbH & Still« kann es sich sogar so verhalten, daß die stillen Gesellschafter berechtigt sind, den als »Innenkomplementär« tätigen Geschäftsinhaber abzulösen[128].

---

122 Eingehend *Polzer*, in: MünchHdbGesR II, § 27; *Karsten Schmidt*, in: MünchKommHGB, § 234 Rdnrn. 5ff.

123 Dazu *Blaurock*, a.a.O., Rdnrn. 601ff.; *Karsten Schmidt*, in: MünchKommHGB, § 234 Rdnr. 39; *Erkens*, a.a.O.; *Wolany*, JZ 1962, 248.

124 Dazu *Theil*, Das rechtliche Schicksal der stillen Beteiligung und Unterbeteiligung bei der Umwandlung des Unternehmens, 1982; *Erkens*, a.a.O.; *Karsten Schmidt*, in: MünchKommHGB, § 234 Rdnrn. 30ff.; zum Fall der Spaltung vgl. *Jung*, ZIP 1996, 1734.

125 *BGHZ* 125, 74 = NJW 1994, 1156 = JuS 1994 m.Anm. *Karsten Schmidt.*

126 *RGZ* 165, 265.

127 Vgl. nur *Blaurock*, a.a.O., Rdnr. 1185; *Koenigs*, a.a.O., S. 269; *Karsten Schmidt*, in: MünchKommHGB, § 234 Rdnr. 55.

128 Vgl. *BGH*, NJW 2001, 1270 = WM 2001, 314.

b) Die *Auflösungsfolgen* lassen wieder sehr klar die Struktur der stillen Gesellschaft als einer Innengesellschaft erkennen. Die Auflösung der stillen Gesellschaft führt nicht zu einer Liquidation, wohl aber zu einer Auseinandersetzung zwischen dem Inhaber und dem stillen Gesellschafter (§ 235 HGB). Vergleicht man die *typische* stille Gesellschaft mit einer Gesamthandsgesellschaft, so ist die Parallele nicht bei deren Auflösung zu suchen, sondern beim Ausscheiden eines Gesellschafters aus der Gesamthandsgesellschaft[129]. Auch hier wird ja nicht liquidiert, sondern es wird eine Schlußabrechnung im Verhältnis zu einem Gesellschafter vorgenommen (§§ 738–740 BGB). Es ist das Guthaben des stillen Gesellschafters zu errechnen (§ 235 I HGB). Dies geschieht, wie beim Ausscheiden aus einer Handelsgesellschaft, im Wege einer Gesamtabrechnung: Der Stille kann nicht unmittelbar nach dem Ausscheiden jede einzelne sich aus dem Gesellschaftsverhältnis ergebende Forderung einklagen, sondern sein Guthaben ergibt sich erst aus der bilanzmäßigen Berechnung[130]. Nur wenn ein Mindestbetrag schon feststeht, kann der stille Gesellschafter diesen Betrag sogleich geltend machen[131]. Die Bemessung des Auseinandersetzungsguthabens hängt entscheidend davon ab, ob der stille Gesellschafter schuldrechtlich am Geschäftswert teilhaben soll. Sie wirft viele schwierige Fragen auf[132] und sollte im Gesellschaftsvertrag möglichst genau klargestellt werden.

Neuerlich gelten besondere Regeln für einen *atypischen stillen Gesellschafter* mit kommanditistenähnlicher Vermögensbeteiligung (oben unter II 2c aa), denn er wird auch im Fall der Auflösung wie ein Kommanditist behandelt[133]. Das bedeutet: Die »virtuelle Kommanditgesellschaft« kann nach Liquidationsgrundsätzen auseinandergesetzt werden[134], und im Fall des Ausscheidens eines stillen Gesellschafters ist er gegen beschränkende Abfindungsklausen (oben, § 50 IV 2) ebenso geschützt wie ein ausscheidender Kommanditist[135].

c) *Unternehmensveräußerung und Umwandlung* können unterschiedliche Rechtsfolgen für den Bestand der stillen Gesellschaft haben[136]. Typische stille Gesellschaftsverhältnisse gehen im Fall der Unternehmensveräußerung gemäß § 25 HGB auf den Erwerber über (vgl. zum Übergang von Rechtsverhältnissen Handelsrecht, § 8)[137]. Eine mitgliedschaftlich organisierte atypische stille Beteiligung kann dagegen nur durch Vertragsveränderung unter

129 *Karsten Schmidt*, in: MünchKommHGB, § 235 Rdnr. 2.
130 *BGH*, WM 1972, 1056; 1976, 1030, 1032 = JuS 1977, 264 m. Anm. *Karsten Schmidt*; *Heymann/Horn*, § 235 Rdnrn. 7ff.; *Karsten Schmidt*, in: MünchKommHGB, § 235 Rdnr. 18; a.M. noch *BGH*, BB 1968, 268.
131 *BGH*, BB 1961, 583; WM 1976, 1030 = JuS 1977, 264 m. Anm. *Karsten Schmidt*; *BGH*, WM 1977, 973.
132 Vgl. nur *Karsten Schmidt*, in: MünchKommHGB, § 235 Rdnrn. 20ff. m.w.N.; *Sudhoff*, NJW 1960, 2121ff.
133 *BGH*, NJW-RR 1995, 1061.
134 *Karsten Schmidt*, in: MünchKommHGB, § 235 Rdnr. 65.
135 Ebd., Rdnr. 64.
136 Vgl. eingehend, nicht durchweg mit dem Text übereinstimmend, *Erkens*, a.a.O., S. 79ff.
137 Ablehnend freilich *Erkens*, a.a.O., S. 45ff. mit Nachweisen zum Streitstand.

Mitwirkung des Erwerbers auf diesen überführt werden[138]. In beiden Fällen können dem stillen Gesellschafter Kündigungsrechte zustehen[139]. Bei den Umwandlungen nach dem Umwandlungsgesetz gelten ähnliche Grundsätze[140]: Typische stille Beteiligungen bleiben bestehen und gehen im Fall der Verschmelzung auf den neuen Unternehmensträger über. Atypische stille Beteiligungen, insbesondere solche mit Verbandscharakter, bleiben dagegen nur im Fall des Formwechsels unberührt. Fand die Umwandlung ohne oder gegen den Willen des stillen Gesellschafters statt, so kann diesem ein außerordentliches Kündigungsrecht zustehen.

2. Die stille Gesellschaft in der Insolvenz*

Wer vom »Insolvenzrecht der stillen Gesellschaft« spricht, kann nur vom Schicksal der stillen Beteiligung im Insolvenzverfahren sprechen, weil es ein Insolvenzverfahren der Gesellschaft selbst ja nicht geben kann (oben unter I 1 c). Von Interesse ist deshalb nur die Insolvenz des sog. Geschäftsinhabers[141].

a) Im *Insolvenzfall* kommt die wirtschaftliche Funktion der stillen Beteiligung besonders deutlich zum Tragen: Nach der Vorstellung des Gesetzgebers ist die stille Einlage nicht Haftkapital im Unternehmen, sondern sie ist ein qualifizierter Kredit auf gesellschaftsvertraglicher Grundlage[142]. Ganz anders als ein Kommanditist kann deshalb der typische stille Gesellschafter seine Einlageforderung als Gläubiger zur Insolvenztabelle anmelden, soweit die Einlage nicht durch Verlustanteile aufgezehrt ist (§ 236 I HGB)[143]. Das ist vor allem für den stillen Gesellschafter interessant, der nicht am Verlust beteiligt ist.

Beispiel Nr. 23 (nach *BGH*, NJW 1983, 1855 = JuS 1983, 718 m. Anm. *Karsten Schmidt*): Die Pharmagesellschaft B fiel in Konkurs. Die A, eine Apothekerin, war als stille Gesellschafterin an der B beteiligt. Sie hatte eine stille Einlage von 20000 DM geleistet. Die A schuldete der B noch 12580,17 DM aus Medikamentenlieferung. Der Konkursverwalter klagte diese Forderung gegen die A ein. Im Wege der Konkursaufrechnung (§§ 53 ff. KO) rechnete die A mit ihrer Gegenforderung von 20000 DM auf. Mit Erfolg! Da der stille Gesellschafter die typische stille Einlage nach § 236 HGB als Insolvenzforderung anmelden kann, kann er sie auch zur Aufrechnung verwenden.

Auch eine rückständige Einlage braucht der typische stille Gesellschafter nur in der Höhe zu zahlen, in der sein Verlustanteil gedeckt werden muß (§ 236 II HGB). Das *Insolvenzrisiko des gesetzestypischen stillen Gesellschafters* läßt

---

138 *Karsten Schmidt,* in: MünchKommHGB, § 234 Rdnr. 40.
139 Eingehend *Karsten Schmidt*, in: MünchKommHGB, § 234 Rdnrn. 39 f.
140 Eingehend *Erkens*, a. a. O. , S. 79 ff.
* Literatur: *Knobbe-Keuk*, Stille Beteiligung und Verbindlichkeiten mit Rangrücktrittsvereinbarung ..., ZIP 1983, 127; *Karsten Schmidt*, Das Vollstreckungs- und Insolvenzrecht der stillen Gesellschaft, KTS 1977, 1, 65; *Wagner*, Der atypische stille Gesellschafter im Konkurs der Massengesellschaft, KTS 1979, 53; *ders.*, Der stille Gesellschafter im Vergleichsverfahren des Geschäftsinhabers, KTS 1980, 203.
141 Zur Insolvenz des stillen Gesellschafters als Auflösungsgrund vgl. *Blaurock*, a. a. O., Rdnr. 1080.
142 *Karsten Schmidt*, ZHR 140 (1976), 475 ff.; str.
143 Eingehend *Karsten Schmidt*, KTS 1977, 13 ff.

sich hiernach folgendermaßen zusammenfassen: Verluste, die er nach dem Vertrag tragen muß, trägt er endgültig. Soweit er keine Verluste zu tragen hat, steht er da wie ein Kreditgeber. Was er eingezahlt hat, kann er als Insolvenzforderung anmelden (§ 236 HGB), was er gar nicht erst eingezahlt hat, kann er behalten.

Beispiel Nr. 24: X ist als stiller Gesellschafter, Y als Kommanditist am Unternehmen einer KG beteiligt. Bevor noch beide die geschuldeten Einlagebeträge von je 10 000 Euro gezahlt haben, wird über das Vermögen der KG das Insolvenzverfahren eröffnet. X kann nunmehr jede Leistung verweigern, während Y seine Einlage leisten muß.

Die Sonderbehandlung der stillen Einlage in der Insolvenz wird auch an § 136 InsO erkennbar. Nach diesem Insolvenzanfechtungstatbestand muß der stille Gesellschafter seine Einlage wieder in die Masse zurückzahlen, wenn er sie aufgrund einer im letzten Jahr vor dem Antrag auf Verfahrenseröffnung getroffenen Vereinbarung zurückerhalten hat oder wenn ihm Verlustanteile erlassen worden sind[144]. Die Vorschrift erfaßt eine Rückzahlung nicht, wenn sie nicht auf Vereinbarung, sondern auf der Nichtigkeit oder Kündigung des Vertrags beruht[145]. Auch muß der Insolvenzgrund schon bestanden haben (§ 136 II InsO)[146]. Im übrigen ähnelt sie auf den ersten Blick dem § 172 IV HGB, dies aber nur auf den ersten Blick. Im Gegensatz zu einem Kommanditisten kann nämlich der typische stille Gesellschafter die aufgrund der Rückzahlungspflicht wieder einzuzahlende Einlage alsbald als Insolvenzgläubiger zur Tabelle anmelden.

b) All das gilt aber nicht, wenn die stille Einlage
– durch Vereinbarung einer Beteiligung am Gesellschaftsvermögen,
– durch Finanzplanabrede oder Rangrücktrittserklärung oder
– als kapitalersetzende stille Einlage
Eigenkapitalcharakter erhält (eingehend oben, § 18 III). Dann ist sie auch im Insolvenzverfahren als haftendes Kapital zu behandeln[147]. Der Stille kann dann nicht – nach der InsO: nur nachrangiger – Insolvenzgläubiger sein.

Neben der stillen Einlage können auch sonstige Finanzierungsleistungen des atypischen stillen Gesellschafters zum Risikokapital gezogen werden.

Beispiel Nr. 25: (nach *BGHZ* 106, 7 = BB 1989, 100): Der Kläger war stiller Gesellschafter einer GmbH. Er hatte neben der stillen Einlage Bürgschaften für die GmbH übernommen, war aus diesen in Anspruch genommen worden und klagte jetzt auf Erstattung. Der *BGH* wies die Klage ab, weil § 30 GmbHG entgegenstehe: »Zwar ist ein stiller Gesellschafter nicht an der GmbH beteiligt, so daß er regelmäßig nicht verpflichtet ist, deren Stammkapital zu erhalten (vgl. Sen. Urt. vom 21. März 1983 – II ZR 139/82, WM 1983, 594, 595). Das gilt aber uneingeschränkt nur für den typischen stillen Gesellschafter, der im Konkurs des Geschäftsinhabers seine Einlage wie ein Kreditgeber als Konkursgläubiger geltend machen kann, soweit sie nicht durch seine Beteiligung am Verlust aufgezehrt ist (§ 236

144 Ausführlich *Karsten Schmidt*, KTS 1977, 67ff.
145 Vgl. *BGH*, NJW 2001, 1270 = WM 2001, 314.
146 In dieser Hinsicht ist § 136 InsO schwächer als früher § 237 HGB a.F.
147 Näher *Karsten Schmidt*, in: MünchKommHGB, § 236 Rdnrn. 25ff.; vgl. auch *OLG Hamm*, NJW-RR 1994, 672; *OLG Köln*, NJW-RR 1996, 871 (jeweils zum Rangrücktritt).

Abs. 1 HGB). Abweichend von diesem gesetzlichen Leitbild kann das stille Gesellschaftsverhältnis vertraglich in dem Sinne atypisch ausgestaltet sein, daß die stille Einlage Teil der Eigenkapitalgrundlage einer als Geschäftsherrin beteiligten Kommanditgesellschaft oder GmbH wird und damit deren Gläubigern als Haftungsmasse zur Verfügung stehen muß (vgl. Sen. Urt. vom 9. Februar 1981 – II ZR 38/80, WM 1981, 761; vom 17. Dezember 1984 – II ZR 36/84, WM 1985, 284; *BGHZ* 83, 341, 345). Der Stille kann auch mit dem Geschäftsherrn vereinbaren, daß sonstige Leistungen, die er diesem gewährt, eigenkapitalersetzenden Charakter haben sollen.«

§ 63 Die Unterbeteiligung*

I. Begriff, Funktionen und Typen

1. Der Begriff der Unterbeteiligung

Die Unterbeteiligung ist die *stille Beteiligung an einem Gesellschaftsanteil*[1]: Eine Unterbeteiligung ist vorhanden, wenn aufgrund des zwischen dem Gesellschafter einer Kapital- oder Personengesellschaft (dem Hauptbeteiligten) und einem Unterbeteiligten zur Erreichung eines gemeinsamen Zwecks geschlossenen Gesellschaftsvertrags der Unterbeteiligte ohne Bildung eines

---

* Literatur (Auswahl): *App*, Unternehmerische Kapitalanlage durch Unterbeteiligung, DStR 1994, 291; *Bärwald*, Unterbeteiligung, in: Müller/Hoffmann, Beck'sches Handbuch der Personengesellschaften, 1999, § 14; *Blaurock*, Handbuch der stillen Gesellschaft, 5. Aufl. 1998; *ders.*, Unterbeteiligung und Treuhand an Gesellschaftsanteilen, 1981; *Blaurock/Berninger*, Unterbeteiligung an einem GmbH-Anteil, GmbHR 1990, 87; *Böttcher/Zartmann/Faut*, Stille Gesellschaft und Unterbeteiligung, 3. Aufl. 1978; *Costede*, Der Unterbeteiligte als Mitunternehmer, ZGR 1976, 188; *Durchlaub*, Überlegungen zur Unterbeteiligung an Unternehmen, DB 1978, 873; *Erkens*, Die mittelbaren Unternehmensbeteiligungen bei der Unternehmensübertragung und Unternehmensumwandlung, 2000; *Esch*, Die Unterbeteiligung an Handelsgesellschaftsanteilen, NJW 1964, 902; *Friehe*, Die Unterbeteiligung bei Personengesellschaften, 1974; *Gummert*, Die Abgrenzung von Treuhand und Unterbeteiligung an Gesellschaftsanteilen, WiB 1994, 775; *Henn*, Die Unterbeteiligung in der GmbH, 1996; *Herzfeld*, Die Unterbeteiligung, AcP 137 (1933), 270; *Gerd Meyer*, Die Unterbeteiligung an Handelsgesellschaftsanteilen, Diss. Münster 1971; *Obermüller/Obermüller*, Die Unterbeteiligung im Bankengeschäft, in: Festschrift Werner, 1984, S. 607; *Paulick*, Die Unterbeteiligung in gesellschaftsrechtlicher und steuerrechtlicher Sicht, ZGR 1974, 253; *Riegger/Weipert* (Hrsg.), Münchener Handbuch des Gesellschaftsrechts, Bd. I, BGB-Gesellschaft, Offene Handelsgesellschaft, PartG und EWIV, 1995; *Roth/Thöni*, Treuhand und Unterbeteiligung, in: Lutter/Zöllner/Ulmer (Hrsg.), 100 Jahre GmbH-Gesetz, 1992, S. 245; *Schimke*, Die historische Entwicklung der Unterbeteiligungsgesellschaft in der Neuzeit, 1991; *Herbert Schneider*, Über die Unterbeteiligung an Anteilen an einer Personengesellschaft als stille Gesellschaft, in: Festschrift Möhring 1965, S. 115; *Tebben*, Unterbeteiligung und Treuhand an Gesellschaftsanteilen, 2000; *Thomsen*, Die Unterbeteiligung an einem Personengesellschaftsanteil, 1978; *Ulbrich*, Die Unterbeteiligungsgesellschaft an Personengesellschaftsanteilen, 1981; *Udo Wagner*, Die Unterbeteiligung an einem oHG-Anteil, 1975; *Winterstein*, Die Unterbeteiligung an oHG- und KG-Anteilen als stille Gesellschaft, Diss. Hamburg 1969; *Zapp*, Die Unterbeteiligung am mittelständischen Unternehmen, 1990.

1 Wörtlich zustimmend *Heymann/Horn*, § 230 Rdnr. 65; anders in den Formulierungen, aber übereinstimmend in der Sache, die h.M.; vgl. *BGHZ* 50, 316, 319; *BGH*, WM 1959, 595, 596; 1966, 188, 190; 1967, 685; eingehend *Karsten Schmidt*, in: MünchKommHGB, § 230 Rdnr. 192.

Gesellschaftsvermögens mit einer Einlage an dem Gesellschaftsanteil beteiligt ist und eine Gewinnbeteiligung erhält[2]. Darin stecken folgende Merkmale[3]:

- Es muß eine *Hauptbeteiligung* vorliegen, an der die Unterbeteiligung begründet wird (Aktie, GmbH-Geschäftsanteil oder Beteiligung an einer Personengesellschaft, selbst eine, dann meist atypische, stille Beteiligung aber auch z.B. eine Schiffspart); die »Unterbeteiligung« an einem anderen Vermögensgut (etwa an einem Rentenpapier oder einem Lotterielos) ähnelt nicht der stillen Gesellschaft[4].
- Es muß ein *Gesellschaftsvertrag* zwischen dem Hauptbeteiligten und dem Unterbeteiligten geschlossen sein, dessen gemeinsamer Zweck das Halten und die Nutzung der Hauptbeteiligung ist (vgl. sinngemäß oben, § 62 II 1 c); nicht jede Drittberechtigung an den Erträgen eines Gesellschaftsanteils bringt also eine Unterbeteiligungsgesellschaft zustande[5].
- Der Unterbeteiligte muß, wie ein stiller Gesellschafter (oben, § 62 II 1 d), mit einer bilanzmäßig darstellbaren *Einlage* beteiligt sein; nicht jeder Zuschuß zur Anteilsfinanzierung fällt also darunter[6].
- Der Unterbeteiligte muß am *Gewinn* des Hauptbeteiligten beteiligt sein (auch hierzu vgl. sinngemäß oben, § 62 II 1 e), denn nur unter diesen Voraussetzungen entspricht das Rechtsverhältnis einer stillen Gesellschaft[7].

2. Abgrenzungsfragen

Die Abgrenzung der Unterbeteiligung zu ähnlichen Rechtsverhältnissen kann in Einzelfällen Schwierigkeiten bereiten.

a) Von der *stillen Gesellschaft* unterscheidet sich die Unterbeteiligungsgesellschaft in der Person des Vertragspartners und im Gegenstand der Beteiligung. Der stille Gesellschafter steht in einem Gesellschaftsverhältnis (Innengesellschaft) zum Träger des Unternehmens, der Unterbeteiligte dagegen zu einem Gesellschafter. Gegenstand der Beteiligung ist bei der stillen Gesellschaft das Unternehmen, bei der Unterbeteiligung dagegen die Hauptbeteiligung, also eine Mitgliedschaft (ein Anteil)[8]. Die Abgrenzungsfrage kann sich zuspitzen, wenn eine Einpersonengesellschaft vorliegt.

Beispiel Nr. 1: Die G-GmbH ist eine Tochtergesellschaft der A-AG. Diese ist einziger Gesellschafter der G-GmbH. Soll die B-AG mittelbar an der G-GmbH beteiligt werden, was praktisch nur unter Mitwirkung der A-AG zustandekommen wird, so können ganz unterschiedliche Methoden gewählt werden. Die B-AG kann durch Vertrag mit der

---

2 *Karsten Schmidt*, in: MünchKommHGB, § 230 Rdnr. 192; zur Rechtsentwicklung *Schimke*, a.a.O.
3 Eingehend *Karsten Schmidt*, in: MünchKommHGB, § 230 Rdnrn. 193ff. m.w.N.; gegen das Erfordernis einer Gewinnbeteiligung *Tebben*, a.a.O., S. 43ff.
4 *Karsten Schmidt*, in: MünchKommHGB, § 230 Rdnr. 195.
5 Ebd., Rdnr. 196.
6 Ebd., Rdnr. 197.
7 Ebd., Rdnr. 198; a.M. *Tebben*, a.a.O., S. 43ff.
8 Vgl. *BGH*, WM 1966, 188, 190; *Blaurock*, Handbuch, a.a.O., Rdnr. 1875; *Riegger*, in: MünchHdbGesR II, § 24 Rdnr. 11; *Obermüller/Obermüller*, in: Festschrift Werner, a.a.O., S. 611; *Paulick*, ZGR 1974, 259.

G-GmbH deren stiller Gesellschafter oder durch Vertrag mit der A-AG deren Unterbeteiligter werden. Wirtschaftlich kann beides auf nahezu dasselbe hinauslaufen, aber die B-AG erhält ihre Gewinnbeteiligung einmal von der A-AG.

b) Das *Verhältnis zur Treuhand* wird unterschiedlich gesehen. Die bei Erscheinen der Vorauflagen noch herrschende Auffassung sieht Treuhand und Unterbeteiligung als streng voneinander scheidbare Rechtsverhältnisse an[9]. Dasselbe Rechtsverhältnis kann nach dieser Auffassung nur entweder Treuhand oder Unterbeteiligung sein. Nach der nun auch vom *Bundesgerichtshof*[10] vertretenen und jetzt mit Recht herrschenden Gegenansicht kann beides zusammentreffen (oben, § 61 III 1 c)[11]. Die Treuhand bezeichnet einen Vertragszweck, die Unterbeteiligung dagegen eine Technik der mittelbaren Beteiligung. Beides trifft vor allem bei Publikumsgesellschaften häufig zusammen (vgl. auch oben, § 57 I 2):

Beispiel Nr. 2: Eine verbreitete Variante der Publikums-GmbH & Co. ist so konzipiert, daß nur ein Treuhandkommanditist an der KG beteiligt ist, während die Anleger nur schuldrechtliche Verträge mit diesem Treuhandkommanditisten schließen (*BGHZ* 73, 294; *BGH*, DB 1980, 872). Sie sind dann als Treugeber unterbeteiligt.

Beispiel Nr. 3: Treuhand und Unterbeteiligung können auch bei anderen Gesellschaften zusammentreffen (*BGH*, NJW-RR 1995, 165), insbesondere wenn ein Gesellschafter seine Mitgliedschaft teils für eigene Rechnung, teils dagegen für Rechnung eines Dritten hält (vgl. *OLG Hamburg*, DB 1984, 1515). Ist dagegen im Innenverhältnis *nur* der Dritte Gesellschafter, so liegt keine Unterbeteiligung vor, sondern ein reines Treuhandverhältnis.

3. Typische und atypische Unterbeteiligung

a) Es gibt, wie bei der stillen Gesellschaft, typische und atypische Unterbeteiligungsverhältnisse[12]. Von einer atypischen Unterbeteiligung kann man sprechen,

- wenn das Gesellschaftsverhältnis mehrgliedrig ist (dazu oben, § 62 II 2c cc), oder
- wenn der Unterbeteiligte schuldrechtlich so gestellt wird, als sei er Mitinhaber des Hauptgesellschaftsanteils (Unterbeteiligung mit Treuhandelementen), oder
- wenn der Unterbeteiligte maßgeblichen Einfluß auf das Schicksal der Beteiligung ausüben kann.

---

9 Vgl. nur *Wiedemann*, Die Übertragung und Vererbung von Mitgliedschaftsrechten bei Handelsgesellschaften, 1965, S. 387; *Böttcher/Zartmann/Faut*, a.a.O., S. 58f.; *Eden*, Treuhandschaft an Unternehmen und Unternehmensanteilen, 2. Aufl. 1989, S. 29; *Ulbrich*, a.a.O., S. 84ff.; s. auch *Blaurock*, Unterbeteiligung, a.a.O., S. 108, 115; vgl. seither wieder *Tebben*, a.a.O., S. 68ff.; gegen diese begriffliche Trennung bereits *Schlegelberger/Karsten Schmidt*, vor § 335 a.F. = vor § 230 n.F. Rdnr. 38, § 335 a.F. = § 230 n.F. Rdnrn. 185ff., 196f., 201.

10 *BGH*, NJW-RR 1995, 165 m.w.N.

11 Vgl. nur *Armbrüster*, Die treuhänderische Beteiligung an Gesellschaften, 2001, S. 23.

12 Vgl. nur *Blaurock*, Unterbeteiligung, a.a.O., S. 115f.; *Ulbrich*, a.a.O., S. 4ff.; *Karsten Schmidt*, in: MünchKommHGB, § 230 Rdnrn. 207ff. m.w.N.

Insbesondere kann eine atypische Unterbeteiligung – wie eine atypische stille Beteiligung – mitgliedschaftliche Züge aufweisen. Durch Verknüpfung einer mehrgliedrigen Unterbeteiligungsgesellschaft mit einer Handelsgesellschaft kann sogar eine Gesamtorganisation geschaffen werden, bei der die Unterbeteiligten, obwohl nicht Handelsgesellschafter, durch Beiräte oder Versammlungen mitgliedschaftlich in die Unternehmensorganisation einbezogen werden (vgl. allgemein oben, § 7 I 1; zur stillen Gesellschaft oben, § 62 II 2). Die Unternehmensorganisation kann sogar, ähnlich wie bei der »GmbH & Still« (oben, § 62 II 2 e) so verfaßt sein, daß die Anleger, obwohl im technischen Sinne nur unterbeteiligt, im Innenverhältnis Kommanditistenrechte haben und daß sich neben der »Außen-KG« eine alle Anleger umfassende »virtuelle (Innen-)KG« bildet.

Beispiel Nr. 4: Eine Publikumsgesellschaft hat die Rechtsform der GmbH & Co. KG. Einziger Kommanditist ist eine Treuhandgesellschaft, die den Kommanditanteil für viele Anleger hält. Technisch kann man diese Organisation in eine Vielzahl von Gesellschaftsverhältnissen zerlegen: in die GmbH, die zweigliedrige KG und eine Vielzahl von Unterbeteiligungsverhältnissen. Aus allen Gesellschaftsverhältnissen kann aber eine alle Unterbeteiligten als Quasi-Kommanditisten umfassende Organisation gemacht werden: eine vielköpfige »virtuelle GmbH & Co.«, so daß die GmbH die Gesellschaft regiert, als hätte sie es direkt mit den vielen Anlegern als Quasi-Kommanditisten zu tun.

b) Möglich ist auch eine gestufte Unterbeteiligung: Ist U am Gesellschaftsanteil des G typisch oder atypisch unterbeteiligt, so kann wiederum X mit dem U ein Unterbeteiligungsverhältnis vereinbaren, womit er dann weder zur Hauptgesellschaft noch zu dem Hauptbeteiligten G in einem Vertragsverhältnis steht.

II. Rechtsgrundlagen und Rechtsnatur

1. Anwendbare Bestimmungen

Das Gesellschaftsrecht der Unterbeteiligung ist nirgends besonders geregelt. Einschlägig sind *teils die analog anzuwendenden §§ 230ff. HGB, teils, soweit Sonderregeln fehlen, die §§ 705ff. BGB*[13]. Es ist zwar umstritten, ob die Unterbeteiligungsgesellschaft als stille Gesellschaft oder als Innengesellschaft bürgerlichen Rechts[14] einzuordnen ist[15], aber dieser Streit liegt neben der Sache[16]. Er führt einfach deshalb nicht weiter, weil die stille Gesellschaft selbst nichts anderes ist als eine Variante der Innengesellschaft bürgerlichen

13 So mit Unterschieden im einzelnen auch *BGHZ* 50, 316, 321; *BGH*, NJW-RR 1995, 165; *OLG Hamm*, NJW-RR 1994, 999; *BFH*, BStBl. 1974 II, 414, 415; *Ulbrich*, a.a.O., S. 68ff.; *Heymann/Horn*, § 230 Rdnr. 67; *Bilsdorfer*, NJW 1980, 2785.

14 Für Einordnung als Gesellschaft bürgerlichen Rechts *BGHZ* 50, 316, 320; *BGH*, NJW 1994, 2886, 2887; *Ebenroth/Boujong/Joost/Gehrlein*, § 230 Rdnr. 85; h.M.

15 Für Einordnung als stille Gesellschaft *Herbert Schneider* und *Winterstein*, a.a.O.; dagegen *Obermüller/Obermüller*, in: Festschrift Werner, a.a.O., S. 616 m.w.N.

16 So jetzt auch *Blaurock*, Handbuch, a.a.O., Rdnr. 1889: »Streit um Worte«.

Rechts (oben, § 62 I 1 c) und weil es nicht um Begriffe, sondern um die Anwendung von Rechtsnormen geht[17]. *BGHZ* 50, 316, 320, 323 sagt: »Die Unterbeteiligung ist eine bürgerlichrechtliche (Innen-)Gesellschaft ... Die Unterbeteiligung an einem Gesellschaftsanteil steht aber als eine Art von mittelbarer Beteiligung an einem Handelsgeschäft der stillen Gesellschaft in mehrfacher Hinsicht nahe.« Richtig ist, daß diese Gesellschaft eine Variante der Innengesellschaft bürgerlichen Rechts ist (also §§ 705 ff. BGB), für die eine Reihe von Sonderregeln in analoger Anwendung der §§ 230 ff. HGB entwickelt werden kann. Es werden also beide Normenpakete benötigt.

2. Die Rechtsnatur der Unterbeteiligung

a) Die Unterbeteiligungsgesellschaft ist eine *Innengesellschaft*[18]. Sie ist folglich nicht Trägerin eines Gesellschaftsvermögens[19]. Die Unterbeteiligungsgesellschaft ist nicht rechtsfähig, nicht parteifähig und nicht insolvenzrechtsfähig[20]. Es gibt deshalb auch keine Vertretung der Unterbeteiligungsgesellschaft[21], wohl aber kann es Geschäftsführungsregelungen unter den Gesellschaftern geben. Aus der Besonderheit der Unterbeteiligungsgesellschaft, die aus einem Hauptgesellschafter und einem Unterbeteiligten besteht, ergibt sich, daß die Geschäftsführungsbefugnis im Zweifel bei dem Hauptbeteiligten liegt[22].

b) Die fehlende Rechtsfähigkeit der Unterbeteiligungsgesellschaft schließt, wie unter I 3 a ausgeführt, eine schuldrechtlich-treuhänderische Beteiligung des Unterbeteiligten am Hauptgesellschaftsanteil nicht aus. Die Rechte und Pflichten des oder der Unterbeteiligten können sogar so ausgestaltet werden, als wäre er oder als wären sie direkt an der Hauptgesellschaft beteiligt, aber das betrifft nur das Innenverhältnis.

Beispiel Nr. 5: Die Gesellschaft in unserem Beispiel Nr. 4 kann so gestaltet sein, daß die Unterbeteiligten als Quasi-Kommanditisten nicht bloß der Treuhänder-Kommanditistin (ihrer Vertragspartnerin) Weisungen erteilen können, sondern es kann durch Verzahnung der Verträge eine Gesellschafterversammlung eingerichtet werden, die Weisungen direkt an die Komplementär-GmbH und ihren Geschäftsführer geben kann.

Auf diese Weise kann auch ein »virtuelles Gesellschaftsvermögen« gebildet werden, das nicht durch Rechtsinhaberschaft, sondern durch treuhänderische Pflichten definiert ist: Die Kommanditistin oder sogar die Komplementärin ist dann verpflichtet, den Kommanditanteil oder sogar das ganze Unternehmensvermögen zu verwalten, als gehöre es

17 Näher *Karsten Schmidt*, in: MünchKommHGB, § 230 Rdnr. 204.

18 Vgl. nur *BGHZ* 50, 316, 320; *Friehe*, a.a.O., S. 20 ff.; *Ulbrich*, a.a.O., S. 49 ff.; *Paulick*, ZGR 1974, 259.

19 Vgl. *Blaurock*, Handbuch, Rdnr. 1868; *ders.*, Unterbeteiligung, a.a.O., S. 93 ff.; a.M. *Herzfeld*, AcP 137 (1933), 315.

20 *Karsten Schmidt*, in: MünchKommHGB, § 230 Rdnr. 194.

21 Vgl. *RGZ* 166, 160, 163; *BGHZ* 12, 308, 314; *OLG Frankfurt*, BB 1969, 1411.

22 H.M.; vgl. *Blaurock*, Handbuch, a.a.O., Rdnr. 1907; *Karsten Schmidt*, in: MünchKommHGB, § 230 Rdnr. 225 m.w.N.

einer Unterbeteiligte mit erfassenden Gesellschaft. Aber dieses Gesellschaftsvermögen ist eben nur »virtuell«. Im Außenverhältnis erweist es sich als inexistent.

III. Vertragsschluß und Vertragspflichten

1. Der Unterbeteiligungsvertrag

Die Unterbeteiligung kommt durch Vertrag zustande. Der Vertrag ist ein *Gesellschaftsvertrag* (Innengesellschaft). Eine Zustimmung der Mitgesellschafter in der Hauptgesellschaft ist bei der typischen Unterbeteiligung i. d. R. für die Wirksamkeit nicht erforderlich[23]. Die Einräumung von Unterbeteiligungsverhältnissen ohne Zustimmung der Mitgesellschafter kann aber vertragswidrig sein. Wird die Unterbeteiligung dem Unterbeteiligten vom Hauptbeteiligten schenkweise eingeräumt, so bedarf es grundsätzlich der Form des § 518 BGB, und die Einräumung der Unterbeteiligung ist noch kein heilender Schenkungsvollzug[24], sofern sich mit ihr nicht die mitgliedschaftliche Position eines atypisch Unterbeteiligten verbindet (vgl. dazu unter I 3)[25]. Die Rechtslage entspricht insofern der bei der stillen Gesellschaft (oben, § 62 III 1 a). Sie ist allerdings auch fast ebenso umstritten wie dort. Auch wegen der Streitfragen, ob der Vertragsschluß eines Minderjährigen der vormundschaftsgerichtlichen Genehmigung bedarf und ob die Grundsätze über fehlerhafte Gesellschaften anwendbar sind, kann auf das zur stillen Gesellschaft Gesagte verwiesen werden (oben, § 62 III 1 b).

2. Die Pflichten der Vertragsparteien

Beitrag, *Einlage* und *Einlageleistung* müssen, wie bei der stillen Gesellschaft (oben, § 62 II 1 d), deutlich unterschieden werden[26].

a) Die *Beitragsleistung des Hauptbeteiligten* besteht darin, daß er die Hauptbeteiligung hält und dadurch zugleich den gemeinsamen Zweck fördert[27]. Der Hauptbeteiligte hat in diesem Zusammenhang eine ganze Reihe von Haupt- und Nebenpflichten, gerichtet insbesondere auf Wahrnehmung der gemeinsamen Interessen in der Hauptgesellschaft, auf Gewinnberechnung, Gewinnauszahlung usw. Besonders bedeutsam sind die Beitragspflichten des Hauptbeteiligten bei den unter I 3 behandelten atypischen Gestaltungen,

23 *OLG Frankfurt*, GmbHR 1992, 668; *Blaurock*, a. a. O., S. 153; *Riegger*, in: MünchHdbGesR II, § 24 Rdnr. 27; *Karsten Schmidt*, in: MünchKommHGB, § 230 Rdnr. 221.

24 *BGH*, WM 1967, 685; *BFH*, DB 1967, 1258 f.; wie der *BGH* hier auch *Blaurock*, Unterbeteiligung, a. a. O., S. 156 f.; a. M. *Staub/Zutt*, § 230 Rdnr. 111; *Friehe*, a. a. O., S. 53 f.; *Ulbrich*, a. a. O., S. 101 ff.

25 Vgl. zu dieser Differenzierung *Karsten Schmidt*, in: MünchKommHGB, § 230 Rdnr. 224.

26 *Karsten Schmidt*, in: MünchKommHGB, § 230 Rdnr. 230; ungenau *Blaurock*, Unterbeteiligung, a. a. O., S. 110 f.

27 Vgl. *Blaurock*, Unterbeteiligung, a. a. O., S. 109; *Ulbrich*, a. a. O., S. 40; *Paulick*, ZGR 1974, 259.

denn hier ist vielfach der Hauptbeteiligte verpflichtet, den Anteil im Interesse der Unterbeteiligten zu verwalten.

b) Der *Unterbeteiligte* hält eine *Einlage* bei dem Hauptbeteiligten; dies ist ein für den Begriff der Unterbeteiligungsgesellschaft erforderlicher, aber auch ausreichender[28] Beitrag zum gemeinsamen Zweck[29]. In der Praxis beschränkt sich der Beitrag allerdings selten hierauf, nämlich in den schon erwähnten Fällen der Schenkung. Im Regelfall erhält der Unterbeteiligte seine Beteiligung nur gegen Leistung einer Bareinlage. Daneben können im Gesellschaftsvertrag beliebige Beiträge vereinbart sein, auch Sachleistungen, Dienstleistungen, Wettbewerbsverbote, Lieferpflichten. Soll der Unterbeteiligte aus seinem Vermögen eine Einlage leisten, so leistet er sie in das Vermögen des Hauptbeteiligten (vgl. sinngemäß § 230 I HGB). Auf die Darstellung unter § 20 II 2a kann auch hier wegen der Einzelheiten verwiesen werden.

Beispiel Nr. 6: Vereinbart Gesellschafter G mit seinem Sohn S und seiner Tochter T, daß diese an seinem Kommanditanteil in der Gustav-G-GmbH & Co. KG mit je 100 000 Euro unterbeteiligt sein sollen, so kann die Vereinbarung so aussehen, daß S und T an G je 100 000 Euro Einlage leisten müssen (vgl. sinngemäß § 230 I HGB). Im Verhältnis des G zur Kommanditgesellschaft kann ein solcher Vorgang mit der Erhöhung seiner Kommanditeinlage einhergehen. Möglich ist aber auch, daß G seinen Kindern die Unterbeteiligung im Wege der vorweggenommenen Erbfolge schenkweise zuwendet (zum Formproblem vgl. oben unter III 1). Dann leisten sie keine Vermögenseinlage, aber ihr Beitrag besteht mindestens darin, daß sie die Unterbeteiligung bei G »halten« und diese Summe nicht abziehen.

IV. Die Stellung des Unterbeteiligten im Verhältnis zum Hauptbeteiligten und zur Hauptgesellschaft

1. Die Position des Unterbeteiligten

a) Durch das Rechtsverhältnis der Innengesellschaft ist der Unterbeteiligte mit dem Hauptgesellschafter – und prinzipiell nur mit ihm – vertraglich verbunden. Rechtsverhältnisse zwischen dem Unterbeteiligten und der Hauptgesellschaft oder den Gesellschaftern der Hauptgesellschaft bestehen bei einem typischen Unterbeteiligungsverhältnis nicht[30]. Es können sich aber aus der Verknüpfung der Unterbeteiligung mit der Mitgliedschaft des Hauptgesellschafters in der Hauptgesellschaft drittschützende Treupflichten ergeben[31]. Der Unterbeteiligte ist verpflichtet, die Interessen der Hauptgesellschaft und ihrer Gesellschafter in angemessener Weise zu berücksichtigen und zu schonen, und ein treuwidriges Verhalten ihnen gegenüber kann

28 A.M. *Blaurock*, Unterbeteiligung, a.a.O.
29 Vgl. *Karsten Schmidt*, in: MünchKommHGB, § 230 Rdnr. 230; richtig *G. Meyer*, a.a.O., S. 15; gegen ihn aber *Paulick*, ZGR 1974, 261.
30 Vgl. *BGH*, WM 1959, 595, 596; *Böttcher/Zartmann/Faut*, a.a.O., S. 93; *Esch*, NJW 1964, 903; *Paulick*, ZGR 1974, 257; *H. P. Westermann*, ZHR 141 (1977), 82.
31 Vgl. *Karsten Schmidt*, in: MünchKommHGB, § 230 Rdnr. 233.

Schadensersatzpflichten auslösen. Ein in der Hauptgesellschaft bestehendes Wettbewerbsverbot (dazu oben, § 20 V) trifft ohne weiteres den Hauptbeteiligten, aber es schlägt nicht generell auf den Unterbeteiligten durch[32]. Dieser unterliegt nach der gesetzlichen Regel keinem Wettbewerbsverbot[33], jedoch wird sich ein solches vor allem bei atypischen Unterbeteiligungsverhältnissen häufig aus der gesellschaftsrechtlichen Treupflicht ergeben (vgl. oben, § 20 V 1).

b) Auch diese Fragen beantworten sich anders, wenn eine atypische Treuhand-Unterbeteiligung vorliegt und dem oder den Unterbeteiligten eine Quasi-Kommanditistenstellung eingeräumt worden ist. Dann kann eine verbandsrechtliche Beziehung über den Hauptbeteiligten hinweg zu dem oder den Unterbeteiligten begründet werden.

Beispiel Nr. 7: In der Gesellschaft unserer Beispiele Nr. 4 und 5 können die Unterbeteiligten wie Kommanditisten Beschlüsse fassen und sogar der Komplementär-GmbH Weisungen erteilen. Allerdings genügt dazu nicht eine Treuhandbeziehung zwischen der Treuhandkommanditistin und dem Unterbeteiligten, sondern es muß ein alle Gesellschafter (auch die Komplementär-GmbH) umspannendes Organisationsverhältnis begründet sein.

2. Die Position des Hauptbeteiligten

a) Die Rechte und Pflichten eines Gesellschafters in der Hauptgesellschaft stehen dem Hauptbeteiligten, und nur ihm, zu[34]. Das gilt im Innenverhältnis ebenso wie im Außenverhältnis: Der Hauptbeteiligte übt das Stimmrecht aus, ihm stehen die Informationsrechte, Klagrechte usw. in der Hauptgesellschaft zu, und er haftet auch den Gläubigern der Hauptgesellschaft, sofern es hier eine Gesellschafterhaftung gibt. Der Hauptgesellschafter steht in einem doppelten Rechtsverhältnis[35]: Er ist durch den Hauptgesellschaftsvertrag mit der Hauptgesellschaft und ihren Gesellschaftern und durch den Unterbeteiligungsvertrag mit dem Unterbeteiligten verbunden.

b) Wiederum gelten Besonderheiten bei einer als »virtueller KG« verfaßten atypischen Unterbeteiligungsgesellschaft, weil hier eine alle Gesellschafter der Haupt- und Unterbeteiligungsgesellschaft umspannende verbandsrechtliche Sonderrechtsbeziehung besteht.

3. Koordinationsprobleme

a) Die gleichzeitige Trennung und Verknüpfung der Gesellschaftsverhältnisse – Hauptgesellschaft und Unterbeteiligungsgesellschaft – löst Koordinations-

32 *Karsten Schmidt*, in: MünchKommHGB, § 230 Rdnr. 244; a.M. *Kardaras*, Das Wettbewerbsverbot in den Personengesellschaften, 1967, S. 44.
33 *BGHZ* 50, 316, 324; h.M.; vgl. aber *Tebben*, a.a.O., S. 293.
34 Eingehend *Karsten Schmidt*, in: MünchKommHGB, § 230 Rdnr. 232.
35 Vgl. *Tebben*, a.a.O., S. 79.

probleme aus, die sich am Beispiel des Informationsrechts verdeutlichen lassen[36]. Grundsätzlich sind die sich aus der Hauptgesellschaft und der Unterbeteiligungsgesellschaft ergebenden Rechtsverhältnisse getrennt zu halten[37]. Das Informationsrecht in der Hauptgesellschaft steht dem Hauptbeteiligten zu. Das Informationsrecht des Unterbeteiligten richtet sich gegen den Hauptbeteiligten[38]. Die herrschende Auffassung wendet auf dieses Informationsrecht nicht § 716 BGB an, sondern § 233 HGB[39], wobei die Einzelheiten oft vertraglich geregelt werden[40]. Die Schwierigkeit liegt aber bei der inhaltlichen Ausgestaltung des Informationsrechts in der Unterbeteiligungsgesellschaft.

Beispiel Nr. 8: (nach *BGHZ* 50, 316, 323 ff.): K klagte als Unterbeteiligte auf Informationserteilung gegen die Hauptbeteiligte B. Die Hauptgesellschaft war eine oHG. Der *Bundesgerichtshof* führte aus: Gegenstand der Unterbeteiligung sei der Anteil des Hauptgesellschafters, und deshalb erstrecke sich das Informationsrecht des Unterbeteiligten auf den Stand und die Erträgnisse des Hauptgesellschaftsanteils. Entsprechend § 233 HGB könne der Unterbeteiligte vom Hauptbeteiligten die Mitteilung einer Jahresbilanz verlangen, aus der er insbesondere auch die auf die Hauptbeteiligung entfallenden Erträgnisse und deren Zusammensetzung sowie die Entwicklung des Kapitalkontos ersehen könne. Die Mitteilung der Bilanzen und Unterlagen der Hauptgesellschaft könne der Unterbeteiligte aber nur verlangen, wenn die Hauptgesellschaft dem Hauptgesellschafter die Weitergabe gestattet habe.

Ersichtlich will damit der *Bundesgerichtshof* die Interessen der Hauptgesellschaft und des Unterbeteiligten aufeinander abstimmen. Darin ist ihm zuzustimmen. Die Lösung ist aber ungenau. Das Informationsrecht des Unterbeteiligten ist in seinem Kern unbegrenzt. Die Hauptgesellschaft darf die Weitergabe nicht grundlos verweigern, und der Hauptgesellschafter muß sich um ihre Zustimmung bemühen. Enthält die Unterbeteiligung Treuhandelemente, so stellen sich die unter § 61 III 3 behandelten Zurechnungsfragen.

b) Es wird nicht überraschen, wenn auch diese Fragen bei einer verbandsmäßig strukturierten Treuhand-Unterbeteiligungsgesellschaft anders gesehen werden müssen. Bestehen in Fällen wie denen unserer Beispiele verbandsrechtliche Sonderrechtsverbindungen zwischen den Hauptgesellschaftern und allen Unterbeteiligten, so werden die Unterbeteiligungsgesellschafter als Quasi-Kommanditisten Auskunftsrechte auch in der Hauptbeteiligungsgesellschaft ausüben können. Darüber hinaus läßt die *Vertragsgestaltung* bei den bereits unter I 4 und II 2b behandelten Varianten der atypischen Unterbeteiligung die Schaffung einer Gesamtorganisation zu. So wenig der Unterbeteiligte zum Gesellschafter der Hauptgesellschaft und damit zum Mitglied ihrer Haupt- oder Gesellschafterversammlung werden kann, so sehr ist doch eine übergreifende Gesamtorganisation möglich, die den Unterbe-

36 Vgl. hierzu *Blaurock*, Unterbeteiligung, a.a.O., S. 182 ff.; *Tebben*, a.a.O., S. 272 ff.; *Ulbrich*, a.a.O., S. 123 ff.; *Karsten Schmidt*, Informationsrechte in Gesellschaften und Verbänden, 1984, S. 80 ff.

37 Für ein weitgehendes »Überwirken« allerdings *Tebben*, a.a.O., S. 82 ff., 103 ff., 175 ff.

38 Charakteristisch *LG Bremen*, GmbHR 1991, 269.

39 *BGHZ* 50, 316, 323; *BGH*, NJW-RR 1995, 165.

40 Vgl. *BGH*, NJW-RR 1995, 165, 166.

teiligungsgesellschaften durch Beiräte oder Versammlungen – juristisch gesehen: nur mittelbar – Einfluß auf die Hauptgesellschaft geben kann[41].

V. Auflösung, Auseinandersetzung und Insolvenz

1. Die Auflösung

a) Auflösungsgründe sind[42]:
- Zeitablauf, Eintritt einer auflösenden Bedingung oder Aufhebungsvertrag,
- Tod des Hauptgesellschafters (§ 727 BGB),
- Zweckerreichung oder Zweckvereitelung (§ 726 BGB), wobei die Auflösung der Hauptgesellschaft noch nicht ohne weiteres als Zweckvereitelung anzusehen ist,
- die Insolvenz eines Beteiligten (§ 728 BGB),
- die Konfusion von Hauptbeteiligung und Unterbeteiligung,
- die ordentliche Kündigung analog § 234 HGB und
- die außerordentliche Kündigung nach § 723 BGB.

Veräußert der Hauptbeteiligte die Beteiligung an einen Dritten, ohne daß auch das Unterbeteiligungsverhältnis auf diesen übergeht, so kann dies eine Verletzung des Unterbeteiligungsverhältnisses und zugleich ein wichtiger Kündigungsgrund sein[43].

b) Keine gesetzlichen Auflösungsgründe sind:
- der Tod des Unterbeteiligten (vgl. § 234 II HGB),
- Formwechsel der Hauptgesellschaft,
- Vergleich und Nachlaßverwaltung.

c) Im Fall der Auflösung findet eine Auseinandersetzung statt. Sie entspricht im wesentlichen der Rechtslage beim Ausscheiden eines BGB-Innengesellschafters[44]. Es gilt sinngemäß, was unter § 62 V 1 für die stille Gesellschaft ausgeführt wurde[45]. Zur Vollbeendigung ohne Auseinandersetzung kommt es im Fall der Konfusion.

Beispiel Nr. 9: Hatte der Ehemann M seiner Ehefrau F zu Lebzeiten eine Unterbeteiligung an seinem GmbH-Geschäftsanteil eingeräumt und wird die F seine Alleinerbin, so erlischt das Unterbeteiligungsverhältnis.

Handelt es sich bei einer Treuhand-Unterbeteiligung um eine Innen-KG nach dem Muster unserer Beispiele 7 und 8, so ergibt sich aus dem allseitigen Verbandsverhältnis, daß die »virtuelle Kommanditgesellschaft« schuldrecht-

---

41 Vgl. dazu *Karsten Schmidt*, in: MünchKommHGB, § 230 Rdnrn. 211 ff.

42 Einzelheiten str.; vgl. eingehend *Riegger*, in: MünchHdbGesR I, § 24 Rdnrn. 24 ff.; *Karsten Schmidt*, in: MünchKommHGB, § 234 Rdnrn. 64 ff.

43 *Karsten Schmidt*, in: MünchKommHGB, § 234 Rdnr. 73.

44 Eingehend *Karsten Schmidt*, in: MünchKommHGB, § 235 Rdnrn. 68 ff.

45 Vgl. zur Anwendung des § 235 HGB *OLG Hamm*, NJW-RR 1994, 999.

lich nach den Liquidationsregeln des Kommanditgesellschaftsrechts abgewikkelt wird.

d) Die Umwandlung der Hauptgesellschaft nach dem Umwandlungsgesetz, insbesondere der Formwechsel und die Spaltung ist i.d.R. kein Auflösungsgrund[46]. Die Unterbeteiligung setzt sich am neuen Anteil des Hauptgesellschafters fort. Der Vollzug der Umwandlung kann aber für den Unterbeteiligten ein Grund zur fristlosen Kündigung sein.

2. Kündigung durch Gläubiger

Für die Kündigung durch einen Gläubiger des Unterbeteiligten gilt entsprechend § 234 HGB nicht § 725 BGB, sondern § 135 HGB[47]. Damit ist für besseren Bestandsschutz gesorgt, und unvorhergesehene Kapitalrückflüsse werden vermieden.

3. Insolvenzfragen

Im *Insolvenzverfahren* des Hauptgesellschafters gelten für die typische Unterbeteiligung die §§ 236 HGB, 136 InsO sinngemäß[48]. Für § 136 InsO ist dies umstritten[49]. In der Tat kann man über die Analogie streiten, denn im unmittelbaren Anwendungsfall der Bestimmung kommt die Rückführung der Einlage in die Masse den Unternehmensgläubigern zugute, im Fall der Unterbeteiligung dagegen der Masse und den Gläubigern des Hauptbeteiligten. Man sollte die entsprechende Anwendung des § 136 InsO auf die Fälle beschränken, in denen der Hauptgesellschafter – z.B. als Komplementär – auch für die Verbindlichkeiten der Hauptgesellschaft haftet oder die Rückzahlung der Einlage unmittelbar oder mittelbar aus dem Vermögen der Hauptgesellschaft stammt[50]. Wird über das Vermögen des Unterbeteiligten das Insolvenzverfahren eröffnet, ist das Gesellschaftsverhältnis gleichfalls aufgelöst, so daß eine Auseinandersetzung stattfindet[51].

46 Eingehend *Erkens*, a.a.O., S. 211ff.

47 Vgl. *Baumbach/Hopt*, § 105 Rdn. 43; *Karsten Schmidt*, in: MünchKommHGB, § 234 Rdnr. 72; *Friehe*, a.a.O., S. 72f.; *Ulbrich*, a.a.O., S. 150; *Udo Wagner*, a.a.O., S. 122f.; *Esch*, NJW 1964, 905; *Paulick*, ZGR 1974, 279; a.M. z.B. *Blaurock*, a.a.O., S. 172; *G. Meyer*, a.a.O., S. 144f.

48 Eingehend *Karsten Schmidt*, in: MünchKommHGB, § 236 Rdnr. 45, § 237 Rdnr. 31.

49 Verneinend *Ebenroth/Boujong/Joost/Gehrlein*, § 237 Rdnr. 29; für § 237 HGB a.F. *Heymann/Horn*, § 237 Rdnr. 16; *Koller/Roth/Morck*, § 237 Rdnr. 7; *Staub/Zutt*, § 237 Rdnr. 2; *Blaurock*, Unterbeteiligung, a.a.O., S. 279; *Ulbrich*, a.a.O., S. 156; *Paulick*, ZGR 1974, 283f.

50 Näher *Karsten Schmidt*, in: MünchKommHGB, Anh. § 236 Rdnr. 31.

51 Näher *Karsten Schmidt*, in: MünchKommHGB, § 236 Rdnrn. 46 i.V.m. 43f.

Siebenter Abschnitt: Sonderrechtsformen

§ 64 Die Freiberufliche Partnerschaftsgesellschaft*

I. Grundlagen

1. Begriff und Bedeutung

Die Partnerschaftsgesellschaft ist eine Gesellschaft, in der sich Angehörige Freier Berufe zur Ausübung ihrer Berufe zusammenschließen (§ 1 I 1 PartGG). Sie wurde aufgrund einer Koalitionsvereinbarung von 1991 und einer Entschließung des Deutschen Bundestages von 1992 als neue Sonderrechtsform für freiberufliche Selbständige geschaffen[1] und steht für diese, soweit nicht das Berufsrecht entgegensteht, neben den allgemeinen Rechtsformen – insbesondere neben der Gesellschaft bürgerlichen Rechts und neben

---

* Literatur (Auswahl; Literatur aus der Entstehung des PartGG noch in der 3. Aufl.): *Bärwaldt*, Partnerschaftsgesellschaft, in: Beck'sches Handbuch der Personengesellschaften, 1999, § 18; *Bösert*, Das Gesetz zur Schaffung von Partnerschaftsgesellschaften, ZAP 1994, 765; *Castan*, Die Partnerschaftsgesellschaft, 2. Aufl. 1997; *Damm*, Gesellschaftsrecht der Freien Berufe im Wandel, in: Festschrift Brandner, 1996, S. 31; *Donath*, Rechtsberatungsgesellschaften, ZHR 156 (1992), 134; *Eggensiecker*, Die Partnerschaftsgesellschaft für Freie Berufe, 1996; *Feddersen/Meyer-Landrut*, Partnerschaftsgesellschaftsgesetz, 1995; *Henssler*, PartGG, Kommentar zum Partnerschaftsgesellschaftsgesetz, 1997; *ders.*, Die Haftung der Partnerschaft und ihrer Gesellschafter, in: Festschrift Vieregge, 1995, S. 361; *Knoll/Schüppen*, Die Partnerschaftsgesellschaft, DStR 1995, 608; *Lenz*, Die Partnerschaft – alternative Gesellschaftsform für Freiberufler? MDR 1994, 741; *Leutheusser-Schnarrenberger*, Die Partnerschaftsgesellschaft, in: Festschrift Helmrich, 1994, S. 677; *Mahnke*, Das Partnerschaftsgesellschaftengesetz, WM 1996, 1029; *Meilicke/v. Westphalen/Hoffmann/Lenz*, PartGG, 1995; *Meurer*, Die Partnerschaftsgesellschaft, 1997; *Michalski*, Zum Regierungsentwurf eines Partnerschaftsgesetzes, ZIP 1993, 1210; *Michalski/Römermann*, PartGG, 2. Aufl. 1999; *Reiff*, Die Haftungsverfassungen nichtrechtsfähiger unternehmenstragender Verbände, 1996, S. 333ff.; *Römermann*, Neues Recht der Partnerschaftsgesellschaft, NZG 1998, 675; *Salger* (gemeinsam mit *Seibert*), Die Partnerschaftsgesellschaft, in: Riegger/Weipert (Hrsg.), MünchHdbGesR I, 1995, §§ 30ff.; *Scharlach/Hoffmann*, Die Partnerschaftsgesellschaft – auf Umwegen zum Erfolg, WM 2000, 2082; *Schaub*, Das neue Partnerschaftsregister, NJW 1996, 625; *Karsten Schmidt*, Partnerschaftsgesetzgebung zwischen Berufsrecht, Schuldrecht und Gesellschaftsrecht, ZIP 1993, 633; *ders.*, Die Freiberufliche Partnerschaft, NJW 1995, 1; *Seibert*, Die Partnerschaft, 1994; *ders.* (gemeinsam mit *Salger*), Die Partnerschaftsgesellschaft, in: Riegger/Weipert (Hrsg.), MünchHdbGesR I, 1995, §§ 30ff.; *ders.*, in: Ebenroth/Boujong/Joost, HGB, 2001; *Sommer*, Anwalts-GmbH oder Anwalts-Partnerschaft? GmbHR 1995, 249; *Stuber*, Die Partnerschaftsgesellschaft, 1995; *ders.*, Das Partnerschaftsgesellschaftsgesetz, WiB 1994, 705; *Ulmer*, PartGG, in: MünchKommBGB, 3. Aufl. 1997; *Ulmer/Habersack*, Die Haftungsverfassung der Partnerschaftsgesellschaft, in: Festschrift Brandner, 1996, S. 151; *Wertenbruch*, Partnerschaftsgesellschaft und neues Umwandlungsrecht, ZIP 1995, 712.

1 Vgl. zur Vorgeschichte *Michalski/Römermann*, a.a.O., Einl. Rdnrn. 1ff..; *Seibert*, a.a.O., Einleitung; *ders.*, in: MünchHdbGesR I, a.a.O., § 30; *Ulmer*, a.a.O., vor § 1 PartGG Rdnrn. 4ff.

der GmbH[2] – zur Wahl (vgl. zur Freiberufler-GmbH oben, § 33 I 1; zur Berufsausübung in Form der Gesellschaften bürgerlichen Rechts oben, § 58 III 5). Das Gesetz ist durch das Handelsrechtsreformgesetz von 1998, durch eine Verbesserung im Umwandlungsrecht von 1998 (dazu oben § 13)[3] und durch das Zweite Gesetz zur Änderung der Finanzgerichtsordnung von 2000 geringfügig geändert worden.

2. Rechtspolitische Beurteilung

Das PartGG und die durch dieses Gesetz geschaffene Rechtsform kann nicht als geglückt bezeichnet werden.

a) Die *Sonderbehandlung der Freien Berufe* ist als rechtspolitische Grundsatzentscheidung problematisch (vgl. auch Handelsrecht, § 9 IV 2). Besser hätte der Gesetzgeber getan, hätte er nach dem Vorbild des österreichischen Erwerbsgesellschaftengesetzes (oben, § 58 V 3)[4] die unternehmenstragende Gesellschaft bürgerlichen Rechts für alle nicht dem HGB unterfallenden oder nur minderkaufmännischen Unternehmen als eintragungsfähige »kleine oHG« oder »kleine KG« zugelassen[5] und dieser im Fall freiberuflicher Tätigkeit die Bezeichnung »Partnerschaft« gegeben[6]. Aus heutiger Sicht scheint die Schaffung einer besonderen Rechtsform besonders wunderlich, denn eine unbefangene Auslegung des § 105 II HGB läßt die Wahl der Handels-Personengesellschaften auch für Freiberufler zu, sofern nicht deren Berufsrecht einen solchen Zusammenschluß verbietet (oben, § 46 I). Überlegungen dieser Art hatten aber in Anbetracht der unter I 1 erwähnten Koalitionsvereinbarung wohl keine politische Chance.

b) Nachdem nun feststand, daß eine Sonderrechtsform für die Freien Berufe geschaffen werden sollte, hätte sich der Gesetzgeber mit der Abgrenzung dieses Grundbegriffs Mühe geben müssen, hat aber genau dies nicht getan. In der ursprünglichen Fassung hat das Gesetz den *Kreis der Freien Berufe* überhaupt nur in einem an § 18 EStG (unter Auslassung der Notare) angelehnten Katalog beschrieben[7]. Dieser nunmehr in § 1 II 2 PartGG enthaltene Katalog umfaßt die Berufe der »Ärzte, Zahnärzte, Tierärzte, Heilpraktiker, Krankengymnasten, Hebammen, Heilmasseure, Diplompsy-

2 Dazu *BGHZ* 124, 224 = NJW 1994, 786; *BayObLG*, NJW 1995, 199; §§ 59 cff. BRAO, §§ 52 cff. PatAnwO, § 49 I StBerG, § 27 I WPO; *Boin*, NJW 1995, 371; *Dauner-Lieb*, GmbHR 1995, 259; *Henssler*, NJW 1999, 241; *Taupitz*, NJW 1995, 369.

3 Vgl. *Karsten Schmidt*, DB 1998, 62; *ders.*, NJW 1998, 2165; für die vorerst entgegenstehende h.M. vgl. *Ebenroth/Boujong/Joost*, § 105 Rdnr. 23.

4 Bundesgesetz über eingetragene Erwerbsgesellschaften (EEG) vom 25.4.1990, öBGBl. 1990, 257; dazu *Krejci*, Erwerbsgesellschaftengesetz, 1991; *Reiff*, ZVglRWiss. 90 (1991), 130; *Roth*, ZHR 155 (1991), 24.

5 Vgl. §§ 1ff. EEG.

6 Vgl. § 6 EEG; zur Empfehlung des Verf. vgl. *Karsten Schmidt*, ZIP 1994, 636; auch an den Vorbereitungen des österreichischen EEG war der Verf. beteiligt; vgl. den Beitrag in JurBl. 1988, 745ff.

7 Krit. *Karsten Schmidt*, NJW 1995, 2.

chologen, Mitglieder der Rechtsanwaltskammern, Patentanwälte, Wirtschaftsprüfer, Steuerberater, beratenden Volks- und Betriebswirte, vereidigten Buchprüfer (Vereidigte Buchrevisoren), Steuerbevollmächtigten, Ingenieure, Architekten, Handelschemiker, Lotsen, hauptberuflichen Sachverständigen, Journalisten, Bildberichterstatter, Dolmetscher, Übersetzer und ähnlicher Berufe sowie der Wissenschaftler, Künstler, Schriftsteller, Lehrer und Erzieher« (vgl. für Steuerberater und Wirtschaftsprüfer auch die Änderungen der §§ 49, 53 StBerG, §§ 27, 31 WPO). Damit geht das Gesetz über die traditionell nichthandelsgewerblichen, berufsrechtlich geprägten Freien Berufe weit hinaus. Es stellt diesen Berufen, denen die Rechtsform einer oHG oder KG verschlossen ist (Ärzte, Zahnärzte, Architekten, Notare, Rechtsanwälte, Steuerberater, Wirtschaftsprüfer), ganz andere Berufsgruppen gleich, z. B. die Lotsen, Journalisten, Bildberichterstatter, Repetitoren, Übersetzer, Fahrlehrer und Tanzlehrer, und erklärt sie für nichthandelsgewerblich, obwohl diese Unternehmer im handelsrechtlichen Sinne als Gewerbetreibende, wenn auch evtl. Kleingewerbetreibende, anzusehen sind. Eine im Jahr 1998 vorangestellte »Definition« der freien Berufe macht die legislatorische Peinlichkeit eher noch größer[8]. Nach § 1 II 1 PartGG haben die freien Berufe »im allgemeinen (?) auf der Grundlage besonderer beruflicher Qualifikation oder schöpferischer Begabung (?) die persönliche, eigenverantwortliche und fachlich unabhängige Erbringung von Dienstleistungen höherer Art im Interesse der Auftraggeber und der Allgemeinheit zum Inhalt«. Die sonderbare Konsequenz besteht darin, daß ein Teil der in § 1 II PartGG genannten Berufe nach Handelsrecht als gewerblich betrachtet werden muß[9] und nach §§ 105 I, 161 I HGB auch die reguläre OHG oder KG wählen kann[10]. Um so nachhaltiger ist zu betonen, daß diese durch die Wahl der Rechtsform der Partnerschaftsgesellschaft nicht den Regeln des Handelsrechts ausweichen können (über die Erstreckung dieser Regeln vgl. Handelsrecht, § 3 II, III)[11].

Beispiel Nr. 1: Gründen A, B und C gemeinschaftlich eine Fahrschule mit drei Fahrschulfahrzeugen, so mögen sie entscheiden, ob sie diese Gesellschaft als GmbH (dann Formkaufmann nach § 13 III GmbHG) oder als oHG oder KG in das Handelsregister eintragen lassen (dann Handelsgesellschaft nach § 6 I HGB) oder ob sie eine Partnerschaftsgesellschaft gründen und in das Partnerschaftsregister eintragen lassen (dann nach § 1 I 2 PartGG keine Handelsgesellschaft). Kauft diese Fahrschule das Gestühl für den Unterrichtsraum, so muß sie die gelieferten Waren prüfen und ggf. rügen. § 377 HGB ist in den ersten beiden Fällen unmittelbar anwendbar, aber auch im dritten Fall richtigerweise analog anwendbar (zur Methode vgl. Handelsrecht, § 3 II 3).

c) Um die Nichtgewerblichkeit der Freien Berufe zu unterstreichen, hat das Gesetz ein besonderes *Partnerschaftsregister* eingeführt (§§ 4 PartGG, 160b

8 Vgl. zur Wertlosigkeit der Definition *Michalski/Römermann*, a. a. O., § 1 Rdnr. 31 a; *Ebenroth/Boujong/Joost/Seibert*, § 1 PartGG Rdnr. 11; *Römermann*, NZG 1998, 676 f.
9 *Karsten Schmidt*, in: MünchKommHGB, § 1 Rdnr. 27.
10 *Ulmer*, a. a. O., § 1 PartGG Rdnrn. 16 ff.
11 *Karsten Schmidt*, in: MünchKommHGB, § 1 Rdnr. 27; *ders.*, NJW 1995, 3.

FGG)[12]. Das Ergebnis besteht darin, daß jetzt die Europäische Wirtschaftliche Interessenvereinigung als nichtunternehmenstragende Personengesellschaft im Handelsregister steht (unten, § 66 II 1f.), während für die Partnerschaft als unternehmenstragende Gesellschaft ein neues Spezialregister für Kliniken, Anwaltsbüros, Repetitorien, Tanzschulen usw. geführt wird. Das ist konzeptlos und wunderlich und mit nichts anderem zu erklären als mit der traditionellen Furcht der Freiberufler, sie könnten mit gewerbesteuerpflichtigen Kaufleuten verglichen werden[13].

d) Auch die *Gesetzestechnik* ist unzweckmäßig[14]. Während das EWIV-AusführungsG in § 1 auf das Recht der oHG verweist, finden auf die (unternehmenstragende!) Partnerschaftsgesellschaft nach § 1 IV PartGG die Vorschriften über die Gesellschaft bürgerlichen Rechts Anwendung, und unentbehrliche oHG-Regeln müssen durch umständliche Kataloge im Gesetz nachgetragen werden, weil eben die Generalverweisung statt auf die oHG auf die BGB-Gesellschaft zielt. Damit verweist das PartGG nicht automatisch auf andere, außerhalb des HGB stehende Vorschriften über die oHG. Bis zur Nachbesserung des Gesetzes im Jahr 1998 war auch ihre Umwandlungsfähigkeit nach § 1 UmwG nicht gewährleistet (vgl. zum gegenwärtigen Stand unter III 4b)[15].

e) Die *Attraktivität* der neuen Rechtsform ist schwer abzuschätzen. Für die klassischen Freiberufler (z.B. für Architekten, Ärzte, Anwälte und Steuerberater) sollte nach der Intention des Gesetzgebers die Möglichkeit einer Haftungsbeschränkung nach § 8 II, III PartGG von Interesse sein (dazu unter IV 4). Aber die formularmäßige Haftungsbeschränkung hängt nach den neu gefaßten §§ 51a BRAO, 67a StBerG nicht von der Wahl dieser Gesellschaftsrechtsform ab, und eine Neufassung des § 8 II, III PartGG hat für zusätzliche Anreize durch Haftungserleichterungen gesorgt (auch dazu unter IV 4)[16]. Ob das neue Gesetz nach dieser Veränderung einschlägt, ist offen. Bis 1996 war die Akzeptanz gering. Abzuwarten bleibt auch, ob sich die in erster Linie angesprochenen klassischen Freiberufler oder statt dessen z.B. Fahr-, Privat- oder Tanzschulen unter dem Dach des Partnerschaftsgesellschaftsgesetzes einfinden werden[17]. Das Bundesjustizministerium hat sich bemüht, durch Nachbesserungen an dem wenig gelungenen Gesetzeswerk mehr für die Attraktivität der neuen Rechtsform zu tun.

---

12 Dazu Partnerschaftsregisterverordnung v. 6.6.1995 (BGBl. I S. 808); *Henssler*, a.a.O., § 4 Rdnrn. 5ff.; *Hornung*, Rpfleger 1995, 481; 1996, 1; *Schaub*, NJW 1996, 625ff.

13 Vgl. *Karsten Schmidt*, NJW 1995, 3.

14 Vgl. ebd., S. 7.

15 Vgl. ebd., S. 7; *Henssler*, a.a.O., § 7 Rdnr. 44, § 10 Rdnr. 38; eingehend *Wertenbruch*, ZIP 1995, 712ff.

16 Dazu *Ebenroth/Boujong/Joost/Seibert*, § 8 PartGG Rdnrn. 2ff.; *Römermann*, NZG 1998, 676; *Scharlach/Hoffmann*, WM 2000, 2082ff.

17 *Karsten Schmidt*, NJW 1995, 6.

II. Gründung und Eintragung

1. Die Gründer

Die Partnerschaftsgesellschaft muß von *mindestens zwei* Personen gegründet werden. Diese müssen natürliche Personen und *Angehörige Freier Berufe* sein (§ 1 I 3 PartGG). Auf den Katalog des § 1 II PartGG wurde schon kritisch hingewiesen[18]. Es ist nicht erforderlich, daß die Partner denselben Freien Beruf ausüben. Beispielsweise können, soweit nicht das Berufsrecht entgegensteht, Ärzte, Heilmasseure und Krankengymnasten oder Wirtschaftsprüfer und Steuerberater in einer Partnerschaft kooperieren. Das PartGG regelt nur die gesellschaftsrechtliche, nicht die berufsrechtliche Zulässigkeit der Rechtsform und der Zusammenarbeit mit Angehörigen anderer Freier Berufe[19]. Das für die Freien Berufe geltende Berufsrecht kann die Berufsausübung in der Rechtsform der Partnerschaftsgesellschaft ausschließen oder von besonderen Voraussetzungen abhängig machen (§ 1 III PartGG). Schon unter § 58 III 5 d wurde betont, daß Berufsrecht und Gesellschaftsrecht auseinanderzuhalten sind.

2. Der Partnerschaftsvertrag

a) Die Partnerschaftsgesellschaft kommt durch einen *Partnerschaftsvertrag* zustande. Dieser bedarf der Schriftform (§ 3 I PartGG) und muß den Namen und Sitz der Partnerschaftsgesellschaft, den Gegenstand der Partnerschaft und die Namen und Berufe aller Partner enthalten (§ 3 II PartGG).

b) Die *Schriftform* nach § 3 I PartGG ist nach h.M. gesetzliche Form i.S. von § 125 BGB, deren Verletzung zur Nichtigkeit des Vertrages führt[20]. Das ist zu bezweifeln[21], und zwar wegen des unter § 5 besprochenen Verhältnisses der Personengesellschaftsformen untereinander. Die Partnerschaftsgesellschaft ist zweckidentisch mit einer unternehmenstragenden Gesellschaft bürgerlichen Rechts, deren Gründung formlos möglich ist. Der schriftliche Vertrag nach § 3 PartGG hat deshalb nur die *Funktion der Rechtsformwahl*: Durch ihn und durch die Eintragung im Register wird die unternehmenstragende Personengesellschaft (Berufsausübungsgesellschaft) zur Partnerschaftsgesellschaft nach dem PartGG. Fehlt es daran, so bleibt die Berufsausübungsgesellschaft Gesellschaft bürgerlichen Rechts[22], und zwar

---

18 Eingehend *Michalski/Römermann*, a.a.O., § 1 Rdnrn. 42ff.; *Ulmer*, a.a.O., § 1 PartGG Rdnrn. 40ff.

19 Dazu *Seibert*, in: MünchHdbGesR I, a.a.O., § 34; *Bärwaldt*, a.a.O., § 18 Rdnr. 3; für Rechtsanwälte *Michalski/Römermann*, NJW 1996, 3233ff.

20 *Ebenroth/Boujong/Joost/Seibert*, § 3 PartGG Rdnr. 2; *Henssler*, a.a.O., § 3 Rdnr. 18; *Meilicke*, a.a.O., § 3 Rdnr. 10; *Michalski/Römermann*, a.a.O., § 3 Rdnr. 7; *Ulmer*, a.a.O., Rdnr. 7.

21 Zum Meinungsstand vgl. ausführlich *Michalski/Römermann*, a.a.O., § 3 Rdnrn. 5ff.

22 *Karsten Schmidt*, NJW 1995, 3; zust. *Salger*, a.a.O., § 32 Rdnr. 11; a.M. *Meilicke*, a.a.O., § 3 Rdnr. 10; *Ulmer*, a.a.O., § 3 Rdnr. 7.

richtigerweise wohl auch, wenn sie trotz fehlender Schriftform eingetragen wird[23]. Die Rechtsformverfehlung kann aber durch schriftlichen Neuabschluß oder durch Abwicklung der Gesellschaft behoben werden. Eine Parallelnorm zu § 5 HGB, wonach die Eintragung die Rechtsformverfehlung behöbe, besteht nicht[24].

3. Die Eintragung

a) Die Partnerschaftsgesellschaft ist zur Eintragung in das *Partnerschaftsregister* anzumelden (§ 4 PartGG), das im wesentlichen nach den Regeln des Handelsregisterrechts geführt wird (§ 5 PartGG)[25]. Auch die Vertrauensschutznormen des § 15 HGB finden nach § 5 II PartGG Anwendung (vgl. zu diesen Vorschriften Handelsrecht § 14).

b) Nach *§ 7 I PartGG* wird die Partnerschaftsgesellschaft im Verhältnis zu Dritten mit ihrer Eintragung in das Partnerschaftsregister wirksam. Die Bestimmung ist ebenso mißverständlich wie § 123 HGB, an den sie sich anlehnt (zu dieser Vorschrift vgl. oben, § 46 III 1). Als unternehmenstragende Gesellschaft kann die Partnerschaftsgesellschaft auch vor der Eintragung schon bestehen, Rechte erwerben, Verbindlichkeiten eingehen usw. Aber sie unterliegt im Außenverhältnis noch dem Recht der Gesellschaft bürgerlichen Rechts[26].

III. Das Innenverhältnis

1. Geschäftsführung

Das Rechtsverhältnis der Partner untereinander unterliegt, wie auch sonst im Personengesellschaftsrecht, weitgehender Vertragsfreiheit. In § 6 I PartGG wird betont, daß die Partner ihre beruflichen Leistungen (wie man wohl hofft) unter Beachtung des für sie geltenden Berufsrechts erbringen. Kein Partner kann ganz – nämlich auch für den von ihm ausgeübten Beruf – von der Geschäftsführung ausgeschlossen werden (§ 6 II PartGG), während im übrigen wegen der Rechte und Pflichten im Innenverhältnis, insbesondere wegen des Wettbewerbsverbots (§§ 112f. HGB), wegen der Geschäftsführung (§§ 114 bis 117 HGB), der Kontrollrechte (§ 118 HGB) und der

---

23 Str.; vgl. nur *Ulmer*, a.a.O., § 3 Rdnr. 8: nur im Fall der Umdeutung; sonst fehlerhafte Personengesellschaft.

24 Vgl. *Ulmer*, a.a.O., § 7 Rdnr. 6, a.M. *Michalski/Römermann*, § 7 Rdnr. 3.

25 Dazu auch Partnerschaftsregisterverordnung v. 6.6.1995 (BGBl. I S. 808); dazu *Michalski/Römermann*, a.a.O., Rdnrn. 12ff.; *Schaub*, NJW 1996, 625ff.

26 *Henssler*, a.a.O., § 7 Rdnr. 6; *Meilicke*, a.a.O., § 7 Rdnr. 2; *Ulmer*, a.a.O., § 7 Rdnr. 2; *Karsten Schmidt*, NJW 1995, 3f.; für eine besondere Vor-Partnerschaft dagegen *Michalski/Römermann*, § 7 Rdnr. 5.

Beschlußfassung der Partner (§ 119 HGB) auf das Recht der oHG verwiesen wird (dazu oben, § 47 V).

2. Veränderungen im Gesellschafterbestand

a) Daß *neue Partner* in eine vorhandene Partnerschaftsgesellschaft eintreten können, sofern sie nur zu dem in § 1 II PartGG beschriebenen Kreis der Freiberufler gehören, versteht sich nach den allgemeinen Grundsätzen des Personengesellschaftsrechts von selbst. Ohne weiteres möglich ist auch der vertragsmäßige Austritt aus der Partnerschaft. Solange mindestens zwei Partner übrigbleiben, besteht die Partnerschaftsgesellschaft fort (zur Gesamtrechtsnachfolge bei Wegfall dieser Voraussetzung vgl. oben, § 44 II). Das unabdingbare Recht jedes Partners, seine Beteiligung an der Partnerschaftsgesellschaft aus wichtigem Grund zu lösen, wird nach der gesetzlichen Regel nicht durch Kündigung, sondern durch Klage ausgeübt (§ 9 I PartGG i. V. m. § 133 HGB)[27]. Die Ausschließung eines Partners aus wichtigem Grund – und damit auch die Übernahme der Praxis durch den alleinverbleibenden Partner – ist nach dem Gesetz gleichfalls nur im Wege der Ausschließungs- bzw. Übernahmeklage möglich (§ 9 I PartGG i. V. m. §§ 140, 142 HGB)[28]. Die prozessualen Schwierigkeiten dieses Konzepts wurden oben unter § 50 III geschildert. Der Partnerschaftsvertrag kann ein vereinfachtes Austritts- und Ausschließungsverfahren vorsehen. Automatisch scheidet nach § 9 III PartGG aus der Partnerschaftsgesellschaft aus, wer die etwa erforderliche Zulassung zu dem in der Partnerschaft ausgeübten Freien Beruf verliert. Wegen der entstehenden Abfindungsprobleme ist auf § 50 IV zu verweisen.

b) Unklar ist, ob Anteile an der Partnerschaftsgesellschaft *übertragbar* sind. Aus allgemeinen Grundsätzen ergibt sich nur, daß die Übertragung ohne gesellschaftsvertragliche Zulassung bzw. ohne Zustimmung aller Partner nicht wirksam sein kann (oben, § 45 III). Generelle Bedenken gegen die Übertragbarkeit einer Partnerschaftsbeteiligung sind ebensowenig wie aus heutiger Sicht bei sonstigen Personengesellschaften ersichtlich. Allerdings darf die Übertragung nicht mit speziellen Anliegen des PartGG kollidieren. Das Gesetz läßt erkennen, daß es die Beteiligung eines für die Ausübung des Freien Berufs nicht zugelassenen Partners nicht hinnehmen will (§ 9 III, IV PartGG). Ob die Aufnahme oder der Anteilserwerb eines nach § 1 II PartGG für die Beteiligung ungeeigneten Partners nichtig sein oder nur einen Ausschlußgrund bilden soll, läßt es offen[29]. Dem Normzweck entspricht die Annahme, daß der Beteiligungserwerb nichtig ist[30].

27 *Henssler*, a. a. O., § 7 Rdnrn. 16 ff.; *Salger*, a. a. O., § 38 Rdnr. 21.
28 *Salger*, a. a. O., § 38 Rdnrn. 34 ff.
29 Vgl. *Stuber*, WiB 1994, 706 f.; *Karsten Schmidt*, NJW 1995, 4.
30 *Ulmer*, a. a. O., § 9 PartGG Rdnr. 32; *Knoll/Schüppen*, DStR 1995, 649.

3. Unvererblichkeit der Beteiligung

a) Nach *§ 9 IV 1 PartGG* ist die Beteiligung an einer Partnerschaftsgesellschaft nicht vererblich[31]. Grundsätzlich tritt nach § 9 I PartGG i.V.m. § 131 III Nr. 1 HGB die schon aus dem oHG-Recht bekannte Rechtsfolge ein (oben, § 45 V 1): Der verstorbene Partner scheidet aus, und die Partnerschaft wird, sofern mehrere Partner verbleiben, mit diesen fortgesetzt. Unklar ist, ob durch den Gesellschaftsvertrag eine Abfindung ausgeschlossen werden kann. Da die Praxis dies früher im Fall einer sog. Fortsetzungsklausel zuließ[32], war bis 1998 anzunehmen, daß durch den Partnerschaftsvertrag die Erben eines Partners von der Beteiligung am »Firmenwert« (nicht auch von der Geltendmachung gutgeschriebener Gewinne) ausgeschlossen werden konnten[33]. Die Frage, ob diese Praxis nach der HGB-Reform fortgesetzt werden kann, ist zweifelhaft (vgl. oben, § 45). Man wird dies aber bei der auf persönliche Teilhabe an den Erträgen ausgerichteten Partnerschaft nach wie vor bejahen können[34].

b) Der *Partnerschaftsvertrag* kann bestimmen, daß die Beteiligung an Dritte vererblich ist, die als Freiberufler Partner sein können (§ 9 IV 2 PartGG)[35]. Eine solche Vertragsregelung wird im Zweifel dahingehend ausgelegt werden müssen, daß der Nachfolger denselben Beruf ausübt wie der Erblasser, jedenfalls einen in der Partnerschaft vertretenen Beruf. Auch die Vererblichkeit zugunsten bestimmter Personen kann im Vertrag geregelt werden[36]. Die Regelung funktioniert wie eine qualifizierte Nachfolgeklausel (dazu oben, § 45 V 4): Die Beteiligung fällt dem qualifizierten Nachfolger, sofern er nur (Mit-)Erbe ist, unmittelbar und ungeteilt zu. Wer als tauglicher Erbe die Nachfolge in die Partnerschaftsgesellschaft antritt, kann binnen drei Monaten seinen Austritt aus der Partnerschaft erklären und haftet dann nur noch nach den Grundsätzen der beschränkbaren Erbenhaftung, nicht dagegen unbeschränkt nach gesellschaftsrechtlichen Grundsätzen für die Verbindlichkeiten der Partnerschaft (§ 9 IV 3 PartGG i.V.m. § 139 I, III, IV HGB)[37]. Eintrittsklauseln zugunsten Dritter, die selbstverständlich taugliche Partner sein müssen, dürften eher die seltene Ausnahme sein[38].

---

31 Eingehend *Heydn*, Die erbrechtliche Nachfolge in Anteile an Partnerschaftsgesellschaften, 1999, S. 7ff.
32 Vgl. 3. Aufl., § 45 V 2 b.
33 *Karsten Schmidt*, NJW 1995, 5; zur Frage, ob eine Schenkung i.S. von § 2325 BGB vorliegt, vgl. *Henssler*, a.a.O., § 9 Rdnr. 51.
34 Vgl. auch *Michalski/Römermann*, a.a.O., § 9 Rdnr. 35.
35 Dazu *Michalski/Römermann*, § 9 Rdnrn. 29ff.; *Salger*, a.a.O., § 38 Rdnr. 46.
36 *Ebenroth/Boujong/Joost/Seibert*, § 9 Rdnr. 6.
37 Dazu *Ulmer*, a.a.O., § 9 PartGG Rdnr. 29.
38 Zu ihrer Zulässigkeit vgl. *Michalski/Römermann*, a.a.O., § 9 Rdnr. 31.

4. Auflösung, Vollbeendigung und Umwandlung

a) Nach §§ 9 I, 10 I PartGG gelten für die Auflösung und Liquidation die *Vorschriften des oHG-Rechts*. Auch für die Nachhaftung der Partner für Verbindlichkeiten gelten die §§ 159, 160 HGB sinngemäß (§ 10 II PartGG).

b) Die Umwandlung der Partnerschaftsgesellschaft war bis 1998 nicht geregelt[39]. Das wurde geändert durch das Gesetz zur Änderung des Umwandlungsgesetzes, des Partnerschaftsgesellschaftsgesetzes und anderer Gesetze vom 22.7.1998[40]. Seitdem ist die Partnerschaftsgesellschaft für Formwechsel, Verschmelzung und Spaltung tauglicher Rechtsträger (vgl. §§ 191 I Nr. 1, 3 I Nr. 1, 124 UmwG). Um so genauer muß allerdings zwischen Umwandlungen nach dem Umwandlungsgesetz und solchen außerhalb des Umwandlungsgesetzes unterschieden werden. Da § 1 II UmwG die Umwandlung nur in den ausdrücklich zugelassenen Fällen zuläßt, wird daraus gefolgert, daß die Partnerschaftsgesellschaft nicht nach diesem Gesetz umgewandelt werden kann[41]. Umwandlungsunfähig ist sie aber nicht[42]. Vielmehr wird man sich auf die allgemeinen Grundsätze des Personengesellschaftsrechts zu besinnen haben, deren Verwendung zu Umwandlungszwecken schon unter § 12 I 4, § 44 III 2a geschildert wurde[43]:

Beispiel Nr. 2: Die Anwälte A und B haben eine Anwaltskanzlei in der Rechtsform der Partnerschaftsgesellschaft eröffnet. Erkennen sie jetzt deren Unzweckmäßigkeit, so können sie ihren Gesellschaftsvertrag ändern und die Gesellschaft im Partnerschaftsregister löschen lassen. Damit verwandelt sich die Partnerschaftsgesellschaft in eine Gesellschaft bürgerlichen Rechts. Sie darf allerdings den Namen der Partnerschaft nur noch mit einem klarstellenden Zusatz fortführen. Eines Formwechsels nach §§ 191 ff. UmwG bedarf es nicht.

Beispiel Nr. 3: Die Steuerberater X, Y und Z wollen ihre Partnerschaftsgesellschaft ohne Abwicklung in eine Steuerberatungs-GmbH umwandeln. Sie können die GmbH gründen und simultan alle Anteile an der Partnerschaftsgesellschaft auf diese GmbH übertragen. Da die Partnerschaftsgesellschaft durch diesen Vorgang erlischt, steht § 1 I 3 PartGG dieser Übertragung nicht entgegen (*Karsten Schmidt*, NJW 1995, 7). Alle Rechte und Pflichten der Partnerschaft gehen dann kraft Gesetzes auf die GmbH über (oben, § 12 I 4). Sehr viel einfacher ist aber der nunmehr zugelassene Formwechsel nach §§ 191 ff. UmwG.

Beispiel Nr. 4: Sollen die Partnerschaftsgesellschaften der Anwälte A und B sowie der Anwälte C und D miteinander verschmolzen werden, so können die Partner dies jetzt nach §§ 2 ff. UmwG bewerkstelligen. Sie können aber auch der übernehmenden Partnerschaftsgesellschaft beitreten und uno actu ihre bisherigen Anteile auf die übernehmende Partnerschaftsgesellschaft übertragen (*Karsten Schmidt*, NJW 1995, 7). Dann geht das Vermögen der erlöschenden Partnerschaftsgesellschaft auf die übernehmende Partnerschaft über.

---

39 Krit. *Karsten Schmidt*, NJW 1995, 7; *ders.*, in: Festschrift Kropff, 1997, S. 259.
40 Gesetz vom 22.7.1998, BGBl. I S. 1878.
41 *Wertenbruch*, ZIP 1995, 712 ff.
42 A.M. *Knoll/Schüppen*, DStR 1995, 650 f.
43 *Karsten Schmidt*, NJW 1995, 7; ebenso jetzt *Seibert*, in: MünchHdbGesR I, a.a.O., § 39 Rdnrn. 2 ff.

IV. Das Außenverhältnis

1. Selbständigkeit und Vertretungsordnung

a) Das Außenverhältnis ist von der *Verweisung auf die §§ 124ff. HGB* gekennzeichnet: Die Partnerschaftsgesellschaft kann unter ihrem Namen Rechte erwerben und Verbindlichkeiten eingehen, Eigentum und andere Rechte an Grundstücken erwerben, vor Gericht klagen und verklagt werden (§ 7 II PartGG i.V.m. § 124 HGB). Eine anwaltliche Partnerschaftsgesellschaft kann als Prozeß- oder Verfahrensbevollmächtigter bestellt werden und ist als solche postulationsfähig (§ 7 IV PartGG). Die Insolvenzrechtsfähigkeit der Partnerschaftsgesellschaft ist durch § 11 InsO klargestellt.

b) Die Partnerschaft wird *von den Partnern organschaftlich vertreten*, und zwar im Zweifel von jedem Partner in Einzelvertretungsmacht (§ 7 III PartGG i.V.m. § 125 I, II HGB). Der Ausschluß eines Partners von der Vertretung, die Anordnung einer Gesamtvertretung sowie jede Änderung der Vertretungsmacht bedarf der registerrechtlichen Anmeldung und Eintragung (§ 7 III PartGG i.V.m. § 125 IV HGB). Der Umfang der Vertretungsmacht ist gesetzlich umschrieben und umfaßt ohne Beschränkungsmöglichkeit – naturgemäß unter dem ungeschriebenen Vorbehalt eines evidenten Mißbrauchs der Vertretungsmacht – alle gerichtlichen und außergerichtlichen Geschäfte und Rechtshandlungen (§ 7 III PartGG i.V.m. § 126 HGB). Prokuristen und Handlungsbevollmächtigte kann die Partnerschaftsgesellschaft als Nichthandelsgesellschaft nicht bestellen, aber das hindert selbstverständlich nicht die Erteilung mehr oder weniger dauernder und umfassender Vollmachten. Aus dem Partnerschaftsregister sind diese allerdings nicht zu ersehen.

2. Name und Namensprivileg

a) Das *Namensrecht der Partnerschaftsgesellschaft* stellt dem Gesetz ein besonders schlechtes Zeugnis aus. Die beklemmende Kleinlichkeit des bis 1998 im HGB enthaltenen Firmenrechts, von der sich die Handelsrechtspraxis frohen Herzens verabschieden dürfte (Handelsrecht, §§ 11ff.), ist hier liebevoll konserviert. Der *Name der Partnerschaftsgesellschaft* muß den unverkürzten[44] Nachnamen mindestens eines Partners (nicht seinen Vornamen), den Zusatz »und Partner« oder »Partnerschaft« sowie die Berufsbezeichnungen aller in der Partnerschaft vertretenen Berufe enthalten und darf weder den Namen eines Dritten noch einen irreführenden Zusatz enthalten (§ 2 I, II PartGG i.V.m. §§ 18 II HGB)[45]. Sach- und Phantasie-

44 *OLG Karlsruhe*, NJW 1999, 2284: Auch Doppelname muß komplett verwendet werden.
45 Vgl. *OLG Frankfurt*, NJW-RR 2002, 459 (»Institut« für Gemeinschaftspraxis).

bezeichnungen sind unzulässig[46]. Anwendung finden allerdings auch die vernünftigen und fortbestehenden Grundsätze des HGB-Firmenrechts. So muß sich der Name von den an demselben Ort oder in derselben Gemeinde bestehenden eingetragenen Firmen oder Partnerschaftsnamen hinreichend unterscheiden (§ 2 II PartGG i.V. mit § 30 HGB). Die Namensfortführung im Fall einer Namensänderung, einer Übertragung der Praxis oder des Ateliers oder einer Änderung im Gesellschafterbestand, insbesondere auch die Namensfortführung nach dem Tod des namengebenden Partners ist zulässig (§ 2 II PartGG i.V. mit §§ 21, 22 I, 24 HGB)[47]. Unzulässig ist dagegen die Namensübertragung ohne Mitübergang der Praxis, des Ateliers etc. (§ 2 PartGG i.V. mit § 23 HGB). Die Haftungsfolgen einer Praxisübertragung sind ungeklärt, da nicht auf §§ 25 ff. HGB verwiesen wird. Nach der hier vertretenen (freilich nicht herrschenden) Auffassung finden die §§ 25 ff. HGB auf die Übertragung nichtkaufmännischer Unternehmen analoge Anwendung (Handelsrecht, § 8 II 1 a und § 8 III 1 a bb).

b) Die Bezeichnung »Partnerschaft« oder »und Partner« ist durch das in § 11 PartGG enthaltene *Namensprivileg* den Partnerschaftsgesellschaften vorbehalten. Neue Firmen- und Namensbildungen mit einem solchen Zusatz sind unzulässig, und zwar sogar bei einer Handelsgesellschaft – z.B. GmbH –, die in ihrer Firma einen klarstellenden Rechtsformzusatz führen muß[48]. Altgesellschaften können den Zusatz im Fall eines Formwechsels in die neue Rechtsform mitnehmen[49]. Nicht zulässig ist dagegen die Übertragung der Bezeichnung auf einen neuen Rechtsträger, wenn das Freiberuflerunternehmen mit seiner Geschäftsbezeichnung auf eine Nachfolgergesellschaft übertragen wird[50]. Der Gesetzgeber wollte mit dem *Namensprivileg* das Renommee des Partnerschaftsnamens sicherstellen und ausnutzen. Das wenig befriedigende Ergebnis besteht jetzt darin, daß sich eine als BGB-Gesellschaft organisierte Anwaltskanzlei oder Gemeinschaftspraxis nicht mehr einfach »und Partner« nennen darf, wohl aber eine als Partnerschaftsgesellschaft organisierte Fahr- oder Tanzschule.

3. Die Haftung der Partner

a) Für die Verbindlichkeiten der Partnerschaftsgesellschaft haften den Gläubigern neben dem Vermögen der Partnerschaftsgesellschaft die Partner als Gesamtschuldner *(§ 8 I 1 PartGG)*. Dem liegt die treffende – im Recht der Sozietäten und Gemeinschaftspraxen bisher freilich nicht herrschende – Vorstellung zugrunde, daß der Anwalts-, Arzt-, Architektenvertrag usw.

46 Selbst die bloße Hinzufügung eines Phantasieworts ist umstritten; befürwortend *OLG Karlsruhe*, NJW 2001, 1584 (bei Drucklegung noch nicht rechtskräftig).
47 *BGH*, NJW 1997, 3236; *BayObLG*, NJW 1998, 1158; *Notthoff*, NZG 1998, 123; *Römermann*, NZG 1998, 121.
48 *BGHZ* 135, 257 = NJW 1997, 1891; dazu *Hülsmann*, NJW 1998, 35; *Weber/Jacob*, ZGR 1998, 142.
49 *OLG Frankfurt*, NJW 1999, 2285.
50 *OLG Karlsruhe*, NJW 1998, 1160.

zwischen dem Mandanten, Patienten oder Klienten und der Partnerschaftsgesellschaft, nicht zwischen ihm und den einzelnen Partnern geschlossen, die Vertragsschuld also eine Gesellschaftsverbindlichkeit ist (oben, § 60 II 2). § 8 I 1 PartGG ist nichts als die sinngemäße Wiederholung des § 128 HGB, der nach richtiger Ansicht schon jetzt für unternehmenstragende – auch freiberufliche – BGB-Gesellschaften sinngemäß gilt (oben, § 60 III 2). Die Akzessorietät der Gesellschafterhaftung ist in § 8 PartGG durch eine Verweisung auf § 129 HGB klargestellt. Aufsehenerregender – und nur zu berechtigt! – ist die Verweisung auf § 130 HGB[51]: Während der *BGH* die Anwendung dieser Norm auf die BGB-Gesellschaft in der Vergangenheit standhaft abgelehnt hat, spricht die Verweisung auf § 130 HGB demgegenüber das aus, was nach wohl richtiger Auffassung bereits für die unternehmenstragende (auch freiberufliche) Gesellschaft bürgerlichen Rechts gilt (oben, § 60 III 2 d): Auch der neu eintretende Partner haftet persönlich für Altverbindlichkeiten.

b) *Ausgeschiedene Partner* haften nach allgemeinen Grundsätzen nur für Altverbindlichkeiten der Partnerschaftsgesellschaft, und nach § 10 II PartGG kommt ihnen auch die Nachhaftungsbegrenzung des § 160 HGB zugute.

4. Die Haftungsbeschränkung

Eine Novität und nach der Vorstellung der Gesetzesverfasser wohl der entscheidende Anreiz für die Wahl der Partnerschaftsform ist die Eröffnung von Haftungsbeschränkungsmöglichkeiten in *§ 8 II und III PartGG*[52]. Die Bedeutung dieser Bestimmungen wird besonders klar, wenn man von dem für das Partnerschaftsgesellschaftengesetz maßgeblichen Haftungsmodell der oHG ausgeht. Eine Haftungsbeschränkung durch bloße Vollmachtsbeschränkung ist nicht möglich[53]. Selbstverständlich kann – wie bei der oHG – durch Vereinbarung mit dem einzelnen Gläubiger die persönliche Haftung der Partner beschränkt werden, aber im übrigen gilt, obwohl im Gesetz nicht ausdrücklich klargestellt, der Grundsatz des § 128 S. 2 HGB sinngemäß: Eine die Haftung beschränkende Vereinbarung unter den Gesellschaftern ist den Gesellschaftsgläubigern gegenüber unwirksam. Da die Haftung, wie bei der oHG, eine gesetzliche akzessorische Haftung für alle Gesellschaftsverbindlichkeiten ist, folgt dies bereits aus der Natur der Sache.

a) Durch das Gesetz zur Änderung des Umwandlungsgesetzes und des Partnerschaftsgesellschaftsgesetzes von 1998[54] hat der Gesetzgeber den § 8 PartGG auf eine völlig neuartige, die akzessorische Gesellschafterhaftung nach § 8 I PartGG durchbrechende[55] Grundlage gestellt: § 8 II PartGG n. F. hat aus dieser Haftung eine Handelndenhaftung gemacht. Danach haften,

51 Dazu *Seibert*, in: MünchHdbGesR I, § 37 Rdnr. 3; *Henssler*, a. a. O., § 8 Rdnr. 20; *v. Westphalen*, in: Meilicke, a. a. O., § 8 Rdnrn. 26ff.
52 § 8 II PartGG neugef. durch Art. 11 HRefG v. 22.06.1998 (BGBl. I S. 1474).
53 *Reiff*, a. a. O., S. 338f.
54 Gesetz vom 22.7.1998, BGBl. I S. 1878.
55 *Mülbert*, AcP 1999 (1999), 96.

wenn nur einzelne Partner mit der Bearbeitung eines Auftrags befaßt werden, nur sie gemäß § 8 I PartGG neben der Partnerschaft, und auch dies nur, wenn ihr Bearbeitungsbeitrag nicht bloß untergeordneter Art war. Diese singuläre Handelndenhaftung[56] wird Folgen für die Innenorganisation von Partnerschaftsgesellschaften haben, denn eine klare Handlungsordnung kann auch die Haftungsordnung verändern. Klarheit muß allerdings darüber bestehen, daß eine Eigenhaftung nicht ausgeschlossen ist und daß unter § 8 II PartGG nicht nur derjenige Partner fällt, der vom Patienten oder Mandanten beauftragt worden ist.

Beispiel Nr. 5: Patientin P befindet sich in der von den Partnern X, Y und Z betriebenen Rehabilitationsklinik. Sie hatte sich bei der Aufnahme die Behandlung durch Z zusichern lassen, der jedoch bei Urlaubsabwesenheit durch Y vertreten wurde. Während des Sommerurlaubs verwechselten X und Y schuldhaft Laborbefunde, weshalb Frau P von Y ein in ihrem Fall schädliches Medikament erhielt. Hier haftet neben der Partnerschaftsgesellschaft Y, nicht Z, nach § 8 PartGG. X haftet nicht nach dieser Vorschrift, unterliegt aber einer Direkthaftung nach § 823 BGB.

b) Nach *§ 8 III PartGG* kann für einzelne Berufe auch durch Gesetz eine Haftungsbeschränkung für Ansprüche aus Schäden wegen fehlerhafter Berufsausübung auf einen bestimmten Höchstbetrag zugelassen werden, wenn zugleich eine Pflicht zum Abschluß einer Berufshaftpflichtversicherung der Partner oder der Partnerschaftsgesellschaft begründet wird. Was diese – standespolitisch schnell begreifbare – Regelung mit dem Gesellschaftsrecht zu tun hat, ist kaum nachzuvollziehen[57]. Welcher Grund soll bestehen, einem einzeln bzw. in bloßer Büro- oder Praxisgemeinschaft praktizierenden Freiberufler ein Haftungsprivileg zu versagen, das der Partnerschaft zugebilligt wird? Konsequenter ist dann schon § 51a I Nr. 2 BRAO, wonach die Haftung eines jeden Rechtsanwalts – und damit auch einer Partnerschaft oder Sozietät – durch vorformulierte Vertragsbedingungen für Fälle einfacher Fahrlässigkeit auf den vierfachen Betrag der Mindestversicherungssumme begrenzt werden kann, wenn insoweit Versicherungsschutz besteht. Spätestens mit § 8 III PartGG erweist sich das Partnerschaftsgesellschaftengesetz als eine standespolitische List, die schlecht in das Bild der gesellschaftsrechtlichen Gesetzgebung des letzten Jahrzehnts paßt.

V. Gesamtwürdigung

Damit schließt sich der Kreis. Nicht die rechtspolitische Kritik dieser oder jener Einzelregelung, sondern die aus dem Gesamtbild sprechende Methode der Gesetzgebung – z. B. im Umgang mit dem Sonderstatus der »Freien Berufe«, mit der Registerpublizität und mit der Haftung – läßt das Partnerschaftsgesellschaftengesetz als ein Produkt kurzsichtiger rechtspolitischer

56 Vgl. *Ebenroth/Boujong/Joost/Seibert*, § 8 PartGG Rdnrn. 3 ff.
57 Vgl. nur *Michalski/Römermann*, a. a. O., § 8 Rdnr. 45; *Karsten Schmidt*, NJW 1995, 6; s. auch *Ulmer/Habersack*, a. a. O., S. 156 f.

Begehrlichkeiten erscheinen. Hier hat die Furcht der Freiberuflerverbände, mit gewerbesteuerpflichtigen Unternehmen in einen Topf geworfen zu werden, Einfluß auf das System des Gesellschaftsrechts genommen. Die Partnerschaftsgesellschaft wird als die erste positivrechtliche Neuschöpfung einer Organisationsform im deutschen Gesellschaftsrecht des 20. Jahrhunderts gefeiert[58]. Im Schlußteil eines Werkes, das gemeinsam mit Gesetzgebung und Rechtsprechung zur Institutionenbildung im Gesellschaftsrecht beizutragen sucht, nötigt aber gerade diese gesetzgeberische Neuschöpfung zu der Feststellung, daß sich die den Text dieses Buches bestimmende Aufgabe der Institutionenbildung offenbar noch lange nicht erledigt hat. Ein Anknüpfungspunkt für die Institutionenbildung mag bei der Partnerschaftsgesellschaft darin gefunden werden, daß der Gesetzgeber hier die Verallgemeinerungsfähigkeit des aus dem HGB herrührenden Konzepts von Rechtsträgerschaft und Haftung bei Partnerschaftsgesellschaften demonstriert hat, bevor der *Bundesgerichtshof* im Recht der BGB-Gesellschaft mit viel größerer Entschlossenheit denselben Weg gegangen ist (dazu oben, § 60 II, III). In puncto Haftungsbeschränkung hat sich die Partnerschaftsgesellschaft als ein Experimentierfeld erwiesen, und es bleibt abzuwarten, ob weitere Akzeptanz finden wird, was hier als Privileg für die freien Berufe begonnen hat.

58 *Seibert*, a.a.O., S. 39.

§ 65 Die Partenreederei*

I. Begriff, Bedeutung und Rechtsnatur

1. Begriff

a) Die Partenreederei ist eine *eigentümliche Gesellschaftsform des Seehandelsrechts.* § 489 I HGB definiert sie folgendermaßen: »Wird von mehreren Personen ein ihnen gemeinschaftlich zustehendes Schiff zum Erwerbe durch die Seefahrt verwendet, so besteht eine Reederei.« Zur Klarstellung fügt § 489 II HGB hinzu: »Der Fall, wenn das Schiff einer Handelsgesellschaft gehört, wird durch die Vorschriften über die Reederei nicht berührt.« Gemeint ist folgendes:

Beispiel Nr. 1: R betreibt mit dem Schiff »Ariadne« den Erwerb durch die Seefahrt. R ist keine Reederei, sondern R ist Einzelkaufmann und Reeder (§ 484 HGB).

Beispiel Nr. 2: X, Y und Z gründen eine oHG, KG oder GmbH, die das Schiff »Ariadne« erwirbt und ein Schiffahrtsunternehmen betreibt. Auch hier entsteht keine Reederei, sondern die oHG, KG oder GmbH ist als Handelsgesellschaft Kaufmann (§ 6 HGB) und Reeder (§ 484 HGB).

Die meisten Schiffahrtsunternehmen sind heute Handelsgesellschaften, z.B. Aktiengesellschaften. Im kaufmännischen Verkehr – auch in der Firma! – werden diese Handelsgesellschaften häufig als »Reedereien« bezeichnet. Das ist als Kennzeichnung des Unternehmensgegenstandes durchaus zutreffend. Man muß sich aber merken, daß eine solche Handelsgesellschaft mit dem gesellschaftsrechtlichen Begriff der Reederei nichts zu tun hat. Von der bloßen Branchenbezeichnung »Reederei« ist die Reederei i.S. des § 489 I HGB zu unterscheiden. Sie ist eine eigene gesellschaftsrechtliche Rechtsform.

---

* Literatur: *Abraham*, Das Seerecht, 4. Aufl. 1974; *Bals*, Die Finanzierung von Seeschiffen durch Beteiligungsgesellschaften, 1988; *Bote*, Die Partenreederei, in: MünchHdbGesR I, 1995, §§ 80ff.; *Dißars/Dißars*, Die Partenreederei als Gesellschaftsform in handels- und steuerrechtlicher Hinsicht, RIW 1997, 754ff.; *Herber*, Seehandelsrecht, 1998; *v. Laun*, Partenreederei, »Stille« Partenreederei und Bruchteilseigentum am Schiff, MDR 1953, 467; *Puttfarken*, Seehandelsrecht, 1997; *Rabe*, Seehandelsrecht, 4. Aufl. 2001; *Röhreke*, Die Gründung der Partenreederei und ihre registerliche Ersteintragung, Hansa 1953, 1035, 1098; *Ruhwedel*, Die Partenreederei, 1973; *Schaps/Abraham*, Seerecht, 4. Aufl. 1978; *Schlegelberger/Liesecke*, Seehandelsrecht, 2. Aufl. 1964; *Karsten Schmidt*, Die Partenreederei als Handelsgesellschaft, 1995; *Wüstendörfer*, Das Schiffahrtsrecht, in: Ehrenbergs Hdb. VII/2, 1923; *ders.*, Neuzeitliches Seehandelsrecht, 2. Aufl. 1950.

Beispiel Nr. 3: A, B und C erwerben, ohne eine oHG, KG oder Kapitalgesellschaft zu gründen, gemeinsam das Schiff »Ariadne«, mit der sie ein Schiffahrtsunternehmen betreiben. Dies ist eine Partenreederei. Jeder der Mitreeder hält einen Anteil an diesem einen Schiff, eine sog. Schiffspart.

b) Im einzelnen ergeben sich aus § 489 I HGB folgende Begriffsmerkmale[1]: Es müssen erstens *mehrere Personen* – nicht notwendig natürliche Personen! – beteiligt sein. Die Reederei ist Personengesellschaft; eine Einpersonenreederei gibt es also nicht. Vereinigen sich die Schiffsparten durch »Rechtsgeschäft oder durch Erbfolge«, so endet die Partenreederei[2]; der Inhaber aller Anteile wird zum Alleinreeder i.S. von § 484 HGB. *Gemeinsamer Zweck der Partenreederei* - dies ist das zweite Merkmal – muß der Erwerb durch die Seefahrt für gemeinschaftliche Rechnung sein. Als *Vermögenssubstanz* der Reederei muß drittens ein Schiff vorhanden sein: nach dem historischen Konzept des HGB nicht weniger, aber auch nicht mehr als ein Schiff. Die strikte Bindung der Reederei an das Eigentum an einem – aber auch nur einem einzigen – Schiff macht das Sonderbare an dem traditionellen Rechtsbild der Reederei aus.

Beispiel Nr. 4: In unseren Fällen 1–3 wird die »Ariadne« zur Sicherheit an die B-Bank übereignet. Nach der Begriffsbildung des Seerechts ist dann in den Beispielen 1 und 2 der R bzw. die Handelsgesellschaft zwar nicht mehr Reeder (§ 484 BGB), wohl aber noch Ausrüster (§ 510 HGB). Diese seerechtliche Eigenwilligkeit ist aber für das allgemeine Handels- und Gesellschaftsrecht bedeutungslos: R bzw. die Handelsgesellschaft bleibt Schiffahrtsunternehmer und Kaufmann, denn das Schiffahrtsunternehmen wird ja weiterbetrieben, und es kommt für die Unternehmensträgerschaft nicht darauf an, wem das Anlagevermögen gehört (Handelsrecht § 5 I). Völlig anders verhält es sich dagegen nach dem tradierten Rechtsbild der Partenreederei. Sie ist auf ein Schiff und nur auf dieses Schiff zugeschnitten[3]. Der Verlust dieses Schiffs – gleich aus welchem Grund – führt zur Auflösung der Reederei[4].

Beispiel Nr. 5: Angenommen, in unseren Fällen 1–3 soll zu der »Ariadne« auch noch die »Theseus« hinzuerworben werden. Auch dies hat nach der dem HGB zugrundeliegenden Auffassung ganz unterschiedliche Rechtsfolgen. Im Beispiel Nr. 1 bleibt R Einzelkaufmann und Reeder, allerdings nunmehr Reeder zweier Schiffe. Im Beispiel Nr. 2 bleibt die oHG, KG oder GmbH Handelsgesellschaft und Reeder. Weder das Gesellschaftsrecht noch das Seehandelsrecht hindert den Einzelkaufmann oder die Handelsgesellschaft, *ein* Schiffahrtsunternehmen mit mehreren Schiffen zu betreiben. Völlig anders wird bisher auch dies bei der Partenreederei gesehen: Da sie ganz auf ein bestimmtes Schiff, hier die »Ariadne«, zugeschnitten ist, kann sie kein zweites Schiff hinzuerwerben. Selbst wenn, bezogen auf unser Beispiel Nr. 3, dieselben Mitreeder mehrere Schiffe in Partenreederei betreiben, kann es sich doch stets nur um mehrere Reedereien handeln. Es entstehen so viele Reedereien, wie Schiffe vorhanden sind (vgl. *OLG Kiel*, HansRGZ 1934 [B], 337).

c) *Keine Reederei* i.S. des § 489 HGB ist entgegen verbreiteter Ansicht[5] die sog. »stille Reederei«.[6] Eine solche liegt vor, wenn ein Reeder (Schiffahrts-

1 Eingehend jetzt *Bote*, a.a.O., § 80 Rdnrn. 8ff.
2 *OLG Hamburg*, HansRGZ 1938 B Nr. 11; *Ruhwedel*, a.a.O., S. 434.
3 *Abraham*, a.a.O., § 13 III 1; *Herber*, a.a.O., § 16 III 1; *Puttfarken*, a.a.O., Rdnr. 540.
4 *RGZ* 11, 192, 194; 42, 69, 74f.; *RG*, JW 1933, 55; *Ruhwedel*, a.a.O., S. 433.
5 Vgl. *Wüstendörfer*, in: Ehrenbergs Hdb. VII/2, S. 501ff.; *ders.*, Seehandelsrecht, a.a.O., S. 170.
6 Insofern wie hier *Puttfarken*, a.a.O., Rdnr. 537.

unternehmen) einen oder mehrere Dritte dergestalt beteiligt, daß im Innenverhältnis – damit aber nur schuldrechtlich! – das Rechtsverhältnis einer Partenreederei hergestellt wird.

Beispiel Nr. 6 (nach *RGZ* 126, 40): Die Gesellschaft SMRM betrieb – vor allem im Mittelmeer – die Schiffahrt mit einer Reihe von Seeschiffen. Ihre Schiffe waren, wie das *Reichsgericht* ausführt, zum Teil »Partenschiffe«, zum Teil »partenfreie Schiffe«, die im Eigentum der SMRM standen. Über die »Partenschiffe« heißt es in dem Urteil: »Die wegen der Partenschiffe bestehende Partenreederei sei allerdings aus dem Schiffsregister nicht ersichtlich gewesen, da dort die Beklagte als alleinige Eigentümerin der Partenschiffe eingetragen gewesen sei. Hierdurch seien aber im Innenverhältnis die Rechtsbeziehungen der einzelnen Parteninhaber zueinander und zum Korrespondentreeder nicht berührt worden.«

Man wird dieser Beurteilung im Ergebnis sicherlich zustimmen können, aber das bedeutet nicht, daß hier der gesetzliche Tatbestand der Partenreederei erfüllt ist. Es liegt eine atypische Innengesellschaft (atypische stille Gesellschaft) vor, bei der einer der Gesellschafter – im RG-Fall die SMRM-Gesellschaft – als Geschäftsinhaber fungiert. Die Vertragsfreiheit im Recht der stillen Gesellschaft (oben, § 62 I 2a) gestattet es, die Rechte im Innenverhältnis wie bei einer Reederei auszugestalten, und es ist auch möglich, die atypischen stillen Gesellschafter »schuldrechtlich am Vermögen zu beteiligen« (oben, § 62 I 2c aa). So, wie eine stille Gesellschaft intern-schuldrechtlich entsprechend einer Kommanditgesellschaft ausgestaltet sein kann, kann sie auch wie eine Partenreederei ausgestaltet sein. Die §§ 489ff. HGB gelten dann, soweit sie das Innenverhältnis betreffen, kraft Vereinbarung auch für diese »Innenreederei«[7]. Der gesetzliche Tatbestand des § 489 HGB ist aber nicht erfüllt.

2. Bedeutung

Es fällt auf, daß die Reederei gemäß ihrem hergebrachten Rechtsbild ein Fremdkörper im modernen Unternehmens- und Gesellschaftsrecht ist[8]. Insbesondere das Umwandlungsgesetz und das Nachhaftungsbegrenzungsgesetz – beide von 1994 – haben gezeigt, daß die Partenreederei in der unternehmensrechtlichen Gesetzgebung kaum noch wahrgenommen wird[9]. Das hängt damit zusammen, daß die Partenreederei vom historischen Gesetzgeber gleichsam sachenrechtlich – nämlich als ein bloßes Finanzierungs- und Beteiligungsinstrument[10] – vorgedacht ist und doch als Trägerin von Unternehmensgeschäften fungiert[11]. Eine Gesellschaft, die zwar ein Schiffahrts-

7 Das meint wohl *Rabe*, a.a.O., § 489 Rdnr. 22: »Im Innenverhältnis ist die stille Reederei eine echte Partenreederei ...«.

8 Vgl. auch *Ruhwedel*, a.a.O., S. 28, 93.

9 Vgl. *Karsten Schmidt*, a.a.O., S. 123ff.; *ders.*, Die Partenreederei – Stiefkind des Unternehmensrechts? Schriften des Deutschen Vereins für Internationales Seerecht, Heft 89, 1996.

10 Charakteristisch *Puttfarken*, a.a.O., Rdnr. 540.

11 Insofern wie hier *Herber*, a.a.O., § 16 III 2; vgl. auch *Rabe*, a.a.O., § 489 Rdnr. 3 (»Partenreederei betreibt ... ein Handelsgewerbe«); a.M. *Puttfarken*, a.a.O., Rdnr. 540, der aber die Antwort auf die Frage schuldig bleibt, wer denn Unternehmensträger sein soll.

unternehmen betreiben, aber kein Schiff hinzuerwerben und das vorhandene Schiff nicht gegen ein anderes austauschen kann, eine Gesellschaft, die so sterblich ist wie das Schiff selbst, paßt nicht in ein Unternehmensrecht, das auf umfassende Rechtsfähigkeit und Kontinuität des Unternehmensträgers angelegt ist (vgl. zu den Grundlinien der Unternehmensträgerschaft Handelsrecht, § 5). Es handelt sich um ein seit dem römischen und dem mittelalterlichen Recht historisch gewachsenes, aber auch historisch überlebtes Rechtsinstitut[12]. Traditionellerweise stellt das Seehandelsrecht das Schiff und seinen Reeder in den Mittelpunkt (§ 484 HGB), und so kann es nicht verwundern, daß der Gesetzgeber des HGB die Reederei im 19. Jahrhundert nicht als Schiffahrtsunternehmen, sondern als gemeinschaftliches Eigentum an einem Schiff konzipiert hat[13]. Man sollte erwarten, daß eine derart veraltete Rechtsform nur noch auf dem Papier des Gesetzbuchs existiert. Tatsache ist aber, daß die Partenreederei vor allem in den 70er Jahren eine erstaunliche, freilich steuerlich bedingte Karriere gemacht hat (vgl. schon unter § 5 II 2b) und daß sie sich als Grundlage der Schiffsfinanzierung auch sonst noch behauptet[14].

3. Rechtsnatur und Rechtsfortbildung

a) Die *Rechtsnatur der Partenreederei* ist umstritten. Eine traditionelle Ansicht sieht die Reederei als eine Bruchteilsgemeinschaft an, also als einen Sonderfall des Miteigentums nach §§ 1008, 741 BGB[15]. Die Schiffspart eines Mitreeders ist nach dieser Auffassung nicht ein Gesellschaftsanteil oder ein Anteil am Reedereivermögen, sondern ein Eigentumsbruchteil am Schiff (vgl. *RGZ* 71, 26, 27). Gegenüber dieser »sachenrechtlichen« Einordnung setzt sich aber mittlerweile eine »gesellschaftsrechtliche« Einordnung durch: Die Partenreederei ist eine Personen-Außengesellschaft, also eine sog. Gesamthand (vgl. zu deren Rechtsnatur oben, § 8 III)[16]. Damit ist zwar nicht ein begrifflich zwingendes Lösungsschema für ungeklärte Rechtsfragen vorgegeben, wohl aber können die Fragen der Zuordnung von Rechten und Pflichten jedenfalls sach- und funktionsgerecht gestellt werden: Das »sachenrechtlich« konzipierte Recht der Partenreederei wird mit den gesellschaftsrechtlichen Aufgaben der Reederei versöhnt. Die Reederei kann als handlungsfähiger Verband in das Gesellschaftsrecht eingeordnet werden. An der unter I 2

12 Vgl. zur Geschichte der Partenreederei *Ruhwedel*, a. a. O., S. 28–90.

13 Vgl. zu diesen Systemfragen des Seehandelsrechts *Karsten Schmidt*, Seerechtswissenschaft – Seerechtspraxis – Seerechtspolitik, Schriften des Deutschen Vereins für Internationales Seerecht, Reihe A/53, 1985, S. 11ff., 15ff.; *ders.*, in: Gedächtnisschrift Markianos, Athen 1988, S. 35ff.

14 Nach einer 1994 beim Verband deutscher Reeder eingeholten Information wurden 44 von 282 registrierten Seeschiffen in Form der Partenreederei betrieben.

15 *Wüstendörfer*, Seehandelsrecht, a. a. O., § 15 VI 4; *Puttfarken*, a. a. O., Rdnr. 540; *Schaps/Abraham*, a. a. O., § 468 Rdnr. 13; *Schlegelberger/Liesecke*, a. a. O., § 489 Rdnr. 1.

16 Vgl. *Bote*, a. a. O., § 80 Rdnr. 23; *Ruhwedel*, a. a. O., S. 124, 135; *Karsten Schmidt*, a. a. O., S. 13ff.; *Schulze-Osterloh*, Das Prinzip der gesamthänderischen Bindung, 1972, S. 137ff.; *Rabe*, a. a. O., § 489 Rdnr. 7; *Karsten Schmidt*, in: MünchKommBGB, § 1008 Rdnr. 38; *Röhreke*, Hansa 1933, 1036.

getroffenen Feststellung, daß dieser Verband eine Anomalie im Gesellschaftsrecht darstellt, ändert dies allerdings nichts.

b) Nach heute fast einhelliger Meinung kann die Partenreederei *Trägerin von Rechten und Pflichten* sein[17]. Sie kann vor Gericht klagen und verklagt werden[18], und sie ist auch insolvenzrechtsfähig[19]. Damit weist sie wesentliche Merkmale auf, die auch für die Unternehmensträgerschaft notwendig sind (dazu Handelsrecht, § 5 II). Eine Einzelzwangsvollstreckung in das Reedereivermögen findet aufgrund eines gegen die Reederei – nicht gegen die Mitreeder – gerichteten Titels statt. Wird über das Vermögen der Partenreederei das Insolvenzverfahren eröffnet, dann sind nicht Miteigentumsanteile der Mitreeder konkursbefangen, sondern das Vermögen der Partenreederei bildet die Insolvenzmasse.

c) Die Fortbildung der früher als Bruchteilsgemeinschaft eingeschätzten Partenreederei zur Personengesellschaft wirft die Frage auf, ob die Neubesinnung hier stehenbleiben kann. Hier wird im Anschluß an Vorarbeiten vorgeschlagen, *die Partenreederei als unternehmenstragende Gesamthand den bisher anerkannten Handelsgesellschaften zur Seite zu stellen*[20]*:* Es bleibt zwar dabei, daß diese Rechtsform den Schiffahrtsunternehmen mit eigenen Schiffen vorbehalten bleibt; ist aber erkannt, daß die Partenreederei nicht Bruchteilsgemeinschaft an einem Schiff, sondern Personengesellschaft mit eigenem Gesellschaftsvermögen ist, so ist nicht einzusehen, warum sie schicksalhaft an ein einziges Fahrzeug gebunden sein und gleichsam mit ihm verrosten und verrotten muß. Regelmäßig wird es zwar dabei bleiben, daß der gemeinsame Zweck auf den Betrieb eines einzigen Schiffes gerichtet ist, aber entgegen der bisher allgemeinen Meinung muß es als zulässig angesehen werden, daß die Partenreederei ein Schiff gegen ein anderes austauscht oder sogar weitere Schiffe hinzuerwirbt[21]. Ob diese hier vertretene Auffassung Eingang in die Praxis finden wird, muß freilich in Anbetracht der Starrheit, mit der bisher noch das Modell der herrschenden Meinung vertreten wird[22], vorerst offen gelassen werden, denn die Einschiffs-Reederei, die selbstverständlich zulässig bleibt, hat steuerliche Vorteile, und selbst wenn man diese vernachlässigt, wird die Vertragsgestaltungspraxis Experimente scheuen.

---

17 *OLG Hamburg*, OLGE 23, 91; *Bote*, a.a.O., § 84 Rdnrn. 1ff.; *Herber*, a.a.O., § 16 IV; *Ruhwedel*, a.a.O., S. 334; *Karsten Schmidt*, a.a.O., S. 41ff.; *Dißars/Dißars*, a.a.O., S. 754; vgl. zum folgenden auch *Rabe*, a.a.O., § 489 Rdnrn. 13ff.

18 Vgl. im Ergebnis *RGZ* 42, 69, 70; 71, 26, 27; 82, 131, 132; *RG*, Recht 1919 Nr. 1570; JW 1933, 55; *BGH*, MDR 1960, 665; *Bote*, a.a.O., § 84 Rdnr. 6; *Rabe*, § 489 Rdnr. 14.

19 Vgl. § 11 II Nr. 1 InsO; *Rabe*, a.a.O., § 489 Rdnr. 21; zum alten Insolvenzrecht bereits *Ruhwedel*, a.a.O., S. 365ff.; *Wüstendörfer*, Seehandelsrecht, a.a.O., § 15 III 4; *Abraham*, a.a.O., § 13 III 6; *Karsten Schmidt*, a.a.O., S. 43f.

20 Deshalb der gegenüber dem Wortlaut von § 489 HGB provozierende Titel bei *Karsten Schmidt*, a.a.O.; scharf ablehnend *Herber*, a.a.O., § 16 II; *Puttfarken*, a.a.O., Rdnr. 540; *Rabe*, a.a.O., § 489 Rdnrn. 3ff.

21 Ebd., S. 88ff.

22 Vgl. jetzt wieder *Rabe*, a.a.O., § 489 Rdnr. 12: »Mutsprung ohne Netz«.

d) Umstritten ist, ob die Reederei als solche *Kaufmann* ist und in das Handelsregister eingetragen werden kann. Nach ganz herrschender Auffassung sind nur die Mitreeder Kaufleute[23], nicht dagegen ist die Reederei Kaufmann i.S. der §§ 1 ff. HGB, und auch eine Eintragung in das Handelsregister scheidet aus[24]. Diese herrschende Auffassung versäumt es, die notwendigen Konsequenzen aus der Aufwertung der Partenreederei von der Bruchteilsgemeinschaft zur Außengesellschaft zu ziehen. Vom Gesetzgeber, dem diese Aufwertung fern lag, kann eine solche Entscheidung nicht erwartet werden. Sie ergibt sich aber aus der Systematik des allgemeinen Handelsrechts (vgl. zu dieser Handelsrecht, § 3 und § 5). Die Partenreederei ist, sofern sie sich nicht auf die bloße Finanzierung und Verwaltung des Schiffs beschränkt (vgl. sinngemäß § 105 II HGB), Unternehmensträgerin (vgl. oben unter I 2). Im ersten Fall ist sie dann aber auch Kaufmann[25] und entgegen der vorherrschenden Praxis und Lehre nicht nur fähig, sondern sogar verpflichtet zur Eintragung in das Handelsregister[26]. Die herrschende Lehre vermißt jegliche Stütze dieser Auffassung im Firmenrecht und hilft sich mit einer analogen Anwendung handelsrechtlicher Normen[27]. Aber wer ein kaufmännisches Unternehmen betreibt, ist nun einmal in das Handelsregister eintragbar (§ 29 HGB). Man muß sich nur an den Gedanken gewöhnen, daß – wie bei der Handels-Personengesellschaft (Handelsrecht, § 5 I 1 b und 3 a) – die Personengesellschaft Rechts- und Unternehmensträgerin ist und nicht jeder an ihr beteiligte »Mitunternehmer«[28]. Wollte man die Eintragung nicht zulassen und die Partenreederei nicht als Unternehmensträgerin anerkennen, so müßte man die Mitreeder in diesen Fällen kraft Rechtsformzwangs (oben, § 5 II 3, § 44 I) ohne weiteres zu oHG-Gesellschaftern erklären und sie zur Eintragung in dieser Form anhalten[29]. Das kann aber nicht Sinn und Ziel dieser Rechtsform sein.

e) Im Lichte des § 105 II HGB und der Fortbildung im Recht der sog. »Gesamthandsgesellschaften« könnte am Ende ein zweigeteiltes Recht der Partenreedereien stehen[30]:

- Soweit diese als Schiffahrtsunternehmen fungieren, sind sie nach dem hier vorgestellten Konzept zur Eintragung im Handelsregister verpflichtet und stellen eine eigene Variante der Handels-Personengesellschaft dar.
- Soweit eine Partenreederei nur der Verwaltung und Vercharterung eines Schiffes dient, ist sie zur Eintragung in das Handelsregister nicht verpflichtet und versteht sich nur als Variante der vermögensverwaltenden Personengesellschaft (vgl. zu dieser oben, § 60 II 6).

---

23 Auch hiergegen *Rabe*, a.a.O., § 489 Rdnr. 3.

24 *Herber*, a.a.O., § 16 IV; *Ruhwedel*, a.a.O., S. 159 ff.; *Dißars/Dißars*, a.a.O., S. 754.

25 Richtig *J. v. Gierke*, Handelsrecht und Schiffahrtsrecht, 8. Aufl. 1958, § 82 I 2 b.

26 *Karsten Schmidt*, a.a.O., S. 48 ff.

27 Vgl. *Rabe*, a.a.O., § 489 Rdnr. 3.

28 Vgl. dazu *Karsten Schmidt*, in: MünchKommHGB, § 1 Rdnr. 54.

29 So in der Tat *Puttfarken*, a.a.O., Rdnr. 540; noch bedenklicher *Herber*, a.a.O., § 16 V: Durch die hier geforderte Eintragbarkeit müsse auch aus der Partenreederei eine oHG werden; genau das Gegenteil entspricht dem Text.

30 Verf. wird dieser Frage ausführlicher nachgehen.

II. Gründung und Verfassung

1. Der Gesellschaftsvertrag

a) Die Partenreederei ist *Gesellschaft.* Sie wird durch einen Gesellschaftsvertrag errichtet. In diesem Vertrag muß der Wille zum Ausdruck kommen, eine Reederei i.S. des § 489 HGB – und keine Handelsgesellschaft! – zu gründen. Außerdem müssen die Beteiligungsverhältnisse klargestellt werden. Die Einordnung als Personengesellschaft statt als bloße Miteigentümergemeinschaft hat auch hier durchaus grundsätzliche Bedeutung: Wird eine Partenreederei in Gang gesetzt, obwohl der Vertrag unwirksam war, so gelten die Grundsätze über fehlerhafte Gesellschaften (vgl. zu diesen oben, § 6 III).

b) Vereinigen sich mehrere Personen zum Bau eines Seeschiffes für gemeinsame Rechnung, so entsteht nach § 509 HGB eine sog. *Baureederei*, auf die die meisten für die Reederei geltenden Vorschriften entsprechend anzuwenden sind. Die sonderbare Bestimmung erklärt sich aus der veralteten Vorstellung des Gesetzgebers, die Partenreederei sei die Bruchteilsgemeinschaft an einem Schiff, woraus sich zu ergeben schien, daß vor dem Schiff keine Partenreederei vorhanden sein könne[31]. Aus heutiger Sicht bedarf es der Baureederei als einer besonderen Rechtsform nicht. Sie ist nichts anderes als die Partenreederei vor der Fertigstellung des Schiffes[32]. Sie ist gewissermaßen die Vor-Reederei, die sich nach der Fertigstellung des Schiffes ohne irgendwelche Übertragungsakte identitätswahrend fortsetzt.

2. Die Schiffspart

Die Beteiligung des einzelnen Mitreeders wird als *Part* bezeichnet. Die Schiffspart wurde herkömmlich als ein Anteil am Schiff betrachtet, ist aber ein Mitgliedschaftsrecht an der Reederei, zu dem auch eine Beteiligung an ihrem Vermögen, darunter das Schiff, gehört. Die Part ist nach Maßgabe des § 503 HGB übertragbar[33], mithin auch verpfändbar und aus einem gegen den Mitreeder gerichteten Titel *pfändbar*[34]. Hiervon zu unterscheiden ist die Verfügung über das Schiff, die der Reederei selbst zusteht und einen Beschluß der Mitreeder voraussetzt, den das Gesetz einem Auflösungsbeschluß gleichstellt (§ 506 I 2 HGB)[35].

Beispiel Nr. 7 (nach *BGHZ* 114, 138 = NJW 1991, 3148): Drei Mitreeder hatten für den Bau und Betrieb eines Frachtcontainerschiffs eine Partenreederei gegründet (»Reederei alt«). Da Finanzierungsprobleme auftraten, hatten sie gemeinsam mit zwei weiteren Mitreedern eine neue Partenreederei gegründet (»Reederei neu«), an der sie selbst nur

31 Näher *Karsten Schmidt*, a.a.O., S. 103ff.
32 *Bote*, a.a.O., § 81 Rdnrn. 13f.; *Karsten Schmidt*, a.a.O., S. 106.
33 Dazu *BGH*, BB 1969, 153; *Ruhwedel*, a.a.O., S. 371ff.; *Rabe*, a.a.O., § 503 Rdnr. 2.
34 Eingehend *Ruhwedel*, a.a.O., S. 411ff.; weitere Nachweise bei *Karsten Schmidt*, in: MünchKommBGB, § 1008 Rdnr. 39.
35 Eingehend *Karsten Schmidt*, a.a.O., S. 83ff.

noch mit je 1/30 beteiligt waren. Hier konnte das Schiff von der »Reederei alt« auf die »Reederei neu« übertragen werden. § 506 I 2 HGB, der einen Veräußerungsbeschluß einem Auflösungsbeschluß gleichstellt, verbietet eine solche Veräußerung nicht. Solange die Partenreederei als Bruchteilsgemeinschaft am Schiff verstanden wurde, mußte dies als etwas Besonderes erscheinen (es gibt keine Veräußerung von einer Miteigentums-Bruchteilsgemeinschaft an eine schon bestehende andere). Für die Partenreederei als Gesamthand versteht sich die Zulässigkeit einer solchen Veräußerung dagegen fast von selbst.

Gewinn und Verlust werden gemäß § 502 HGB entsprechend der Größe der Schiffsparten verteilt. Eine bedeutsame Eigentümlichkeit im Recht der Partenreederei ist die *Nachschußpflicht* des § 500 I HGB. Während die Gesellschafter nach allgemeinem Gesellschaftsrecht keiner Nachschußpflicht unterliegen, wenn nachträglich ein Kapitalbedarf auftritt (§ 707 BGB; vgl. auch oben, § 16 III 3b cc), muß nach § 500 I HGB jeder Mitreeder nach dem Verhältnis seiner Schiffspart zu den Ausgaben der Reederei, insbesondere zu den Kosten der Ausrüstung und Reparatur des Schiffes, beitragen[36]. Der Mitreeder kann sich nach § 501 HGB durch ein Austrittsrecht, das sog. Abandonrecht, gegen die Inanspruchnahme zur Wehr setzen.

3. Organe

Von Organen der Partenreederei wird herkömmlicherweise nicht gesprochen. Erkennt man aber, daß es sich um ein rechtsfähiges und damit notwendig handlungsfähiges Gebilde handelt, so wird man auch von Organen der Reederei sprechen müssen (vgl. zu den Grundlagen oben, § 10). Willensbildungsorgan ist die *Gesamtheit der Mitreeder*. Diese entscheiden grundsätzlich mehrheitlich nach der Größe ihrer Schiffsparten (§ 491 HGB). Die Geschäftsführung und Vertretung liegt grundsätzlich bei den Mitreedern (Prinzip der Selbstorganschaft)[37]. Da die gemeinschaftliche Geschäftsführung und Vertretung die Reederei sehr schwerfällig machen würde, werden diese Aufgaben zweckmäßigerweise in die Hand eines sog. *Korrespondentreeders* gelegt, der durch Mehrheitsbeschluß bestellt werden kann (§ 492 HGB). Durch einstimmigen Beschluß kann sogar ein Nichtreeder als Korrespondentreeder bestellt werden (§ 492 I 2 HGB)[38], z.B. eine Schiffsagentur, bei der es sich auch um eine Handelsgesellschaft handeln kann[39].

36 Dazu eingehend *Bote*, a.a.O., § 83 Rdnrn. 54ff.; *Ruhwedel*, a.a.O., S. 282ff.; *Dißars/Dißars*, a.a.O., S. 756.

37 Eingehend *Bote*, a.a.O., § 82 Rdnrn. 1ff.

38 Das Prinzip der Selbstorganschaft besagt nach der hier vertretenen Auffassung in erster Linie nur, daß die Personengesellschaft geborene Organe hat.

39 *Rabe*, a.a.O., § 492 Rdnr. 2.

III. Außenverhältnis

1. Vertretung und Haftung der Reederei

Macht man mit der Verselbständigung der Reederei Ernst, so erkennt man, daß stets zunächst sie der haftende Schuldner ist[40]. Sie wird durch ihre Organe (oben unter II 3) rechtsgeschäftlich vertreten, und sie muß auch nach § 31 BGB für unerlaubte Handlungen des Korrespondentreeders einstehen (vgl. zur Allgemeingültigkeit dieses Haftungskonzepts oben, § 10 IV 2). Auch aus anderen gesetzlichen Schuldverhältnissen – Geschäftsführung ohne Auftrag, Bereicherung, Gefährdungshaftung, Bergung und Hilfeleistung etc. – haftet die Reederei nach allgemeinen Grundsätzen.

2. Die Haftung der Mitreeder

Die Haftung der Mitreeder ähnelt der Haftung bei der oHG (oben, § 49)[41]: Sie ist eine akzessorische und primäre Haftung. Ein wesentlicher Unterschied besteht aber darin, daß die Mitreeder nicht als Gesamtschuldner, sondern nur als Teilschuldner haften (§ 507 I HGB). Der Erwerber einer Schiffspart haftet nach dem Rechtsgedanken des § 130 HGB auch für Altverbindlichkeiten[42], während dem Veräußerer einer Schiffspart rechtsähnlich § 736 II BGB eine fünfjährige Enthaftung zugute kommt[43]. Wo nach dem Seehandelsrecht ein Reeder nur mit dem Schiffsvermögen haftet, haften auch die Mitreeder einer Partenreederei nicht persönlich[44].

IV. Die Beendigung der Reederei

1. Auflösungstatbestände

Die wichtigsten Auflösungstatbestände sind[45]
- der Auflösungsbeschluß der Mitreeder (§ 506 HGB),
- der Verlust des Schiffes und
- das Insolvenzverfahren der Reederei.

Im Fall der Veräußerung oder des Verlusts des Schiffes läßt die herrschende Meinung nicht einmal die Fortsetzung der Reederei mit einem neuen Schiff zu, während nach der hier vertretenen Ansicht die Reederei sogar von vornherein für mehrere Schiffe eingegangen werden kann, wenn die Betei-

40 Grundlegend *OLG Hamburg*, OLGE 23, 91.
41 Näher *Bote*, a. a. O., § 84 Rdnrn. 11 ff.
42 Näher *Karsten Schmidt*, a. a. O., S. 75 ff.; a. M. *Rabe*, a. a. O., § 507 Rdnr. 7; § 504 HGB betrifft nur das Innenverhältnis.
43 *Karsten Schmidt*, a.a.O., S. 78 ff.; zust. *Dißars*, TranspR 1998, 79; a.M. *Rabe*, a.a.O., § 507 Rdnr. 7.
44 *Herber*, a. a. O., § 16 VII.
45 Eingehend *Bote*, a. a. O., § 86 Rdnrn. 2 ff.

ligten dies wollen (oben unter I 3c). Hinzu kommt als ein Tatbestand des automatischen Erlöschens die Vereinigung aller Schiffsparten in einer Hand (vgl. oben unter I 1b). Dagegen führt der Tod oder der Vermögensverfall eines Mitreeders nicht zur Auflösung (§ 505 II HGB), und das Gesetz gibt den Mitreedern auch kein Recht, die Reederei durch ordentliche Kündigung aufzulösen (§ 505 III HGB). Die herrschende Meinung gibt dem Reeder nicht einmal das Recht zur außerordentlichen Kündigung und verweist ihn auf das Abandonrecht des § 501 HGB[46]. Auch ein Recht, einen Mitreeder aus wichtigem Grund auszuschließen, besteht nach § 505 III HGB nicht. Ob es hierbei bleiben kann – dies ist die herrschende Auffassung –, erscheint fragwürdig, seitdem z.B. im Recht der GmbH ein Ausschließungsrecht rechtsfortbildend entwickelt worden ist (oben, § 35 IV 2). Dem institutionellen Ansatz des vorliegenden Buchs (oben, § 3 III 2) entspricht die Zuerkennung eines Austrittsrechts und auch eines Ausschließungsrechts aus wichtigem Grund als verbandsrechtlicher Mindeststandard[47]. Im Gesellschaftsvertrag sollten diese offenen Fragen geklärt werden.

2. Die Liquidation

In Fällen der Auflösung – das automatische Erlöschen ausgenommen – kommt es zu einem Liquidationsverfahren: im Insolvenzfall zur insolvenzmäßigen Liquidation der Reederei (vgl. oben, § 11 VI 4b), in den anderen Fällen zu einer gesellschaftsrechtlichen Liquidation. Diese erfolgt, soweit die §§ 489ff. HGB keine Sondervorschriften enthalten, nach den für Personengesellschaften allgemein geltenden Grundsätzen[48]. Die hierbei verbleibenden Liquidationsquoten der einzelnen Mitreeder bestimmen sich nach ihren Schiffsparten[49]. Durch Vertrag kann dies – wie auch die Auflösung der Reederei – anders geregelt werden. Für die Enthaftung der Mitreeder von Altverbindlichkeiten gelten im Liquidationsfall sinngemäß die Regeln des § 159 HGB (vgl. zu diesen oben, § 51)[50].

---

46 Vgl. *Rabe*, a.a.O., § 505 Rdnr. 7

47 Vgl. *Ruhwedel*, a.a.O., S. 423ff.; *Karsten Schmidt*, a.a.O., S. 58ff.

48 *BGHZ* 114, 138 = NJW 1991, 3148; *Karsten Schmidt*, a.a.O., S. 91f.; *Dißars/Dißars*, a.a.O., S. 757.

49 Vgl. *Ruhwedel*, a.a.O., S. 444; *Rabe*, a.a.O., § 506 Rdnr. 14; unentschieden *OLG Hamburg*, VersR 1969, 537, 538.

50 Vgl. insofern auch *Rabe*, a.a.O., § 506 Rdnr. 15.

§ 66 Die Europäische Wirtschaftliche Interessenvereinigung*

I. Einführung

1. Entstehungsgeschichte

Während Versuche, der in §§ 705 ff. BGB geregelten Gesellschaft bürgerlichen Rechts besondere *kooperationserleichternde Rechtsformen* zur Seite

---

* Literatur (Auswahl): *Abmeier*, Die EWIV und nationales Recht, NJW 1986, 2987; *Autenrieth*, Die Europäische Wirtschaftliche Interessenvereinigung, 1990; *ders.*, Die inländische EWIV als Gestaltungsmittel, BB 1989, 305; *Bach*, Die BGB-Gesellschaft als Mitglied einer EWIV? BB 1990, 1432; *Bärwaldt*, Europäische wirtschaftliche Interessenvereinigung, in: Beck'sches Handbuch der Personengesellschaften, 1999, § 19; *W. Blomeyer*, Neue Impulse für den Genossenschaftsgedanken: Die EWIV, ZGen. 1987, 144; *Funkat*, Die praktische Akzeptanz der EWIV als Gesellschaftsform, EWS 998, 122; *Ganske*, Die Europäische wirtschaftliche Interessenvereinigung (EWIV), DB-Beilage 20/85; *ders.*, Das Recht der EWIV, 1988; *Gleichmann*, Europäische Wirtschaftliche Interessenvereinigung, ZHR 149 (1985), 633; *Gloria/Karbowski*, Die EWIV, WM 1990, 1313; *Grüninger*, Aspekte, Strategien und Möglichkeiten einer EWIV von Rechtsanwälten, AnwBl. 1992, 111; *Hartard*, Die Europäische wirtschaftliche Interessenvereinigung ..., 1991; *Hatzig*, Die Europäische wirtschaftliche Interessenvereinigung, 1990; *v.d. Heydt/v. Rechenberg*, Die EWIV ..., 1991; *Israël*, Une avancée du droit communautaire: Le groupement européen d'intérêt économique, Revue du Marché Commun 1985, 645; *Krabbe*, Steuerliche Behandlung der Europäischen Wirtschaftlichen Interessenvereinigung aus deutscher Sicht, DB 1985, 2585; *Lentner*, Das Gesellschaftsrecht der EWIV, 1994; *Lenz*, Die EWIV mit dem Sitz in der BRD vor Eintragung, 1997; *Löffler*, Die EWIV in Österreich, Wien 1998; *Meyer-Landrut*, Europäische Wirtschaftliche Interessenvereinigung, 1988; *Müller-Gugenberger*, EWIV – Die neue europäische Gesellschaftsform, NJW 1989, 1449; *Müller-Gugenberger/Schotthöfer* (Hrsg.), Die EWIV in Europa, 1995; *de Puiferrat*, Vers l'institution d'un groupement européen de coopération, Revue du Marché Commun 1983, 422; *v. Rechenberg*, Die EWIV – ihr Sein und Werden, ZGR 1992, 299; *Salger/Neye*, Die Europäische wirtschaftliche Interessenvereinigung, in: Riegger/Weipert (Hrsg.), Münchener Handbuch des Gesellschaftsrechts, Band 1, BGB-Gesellschaft, offene Handelsgesellschaft, PartG, EWIV, 1995, §§ 87 ff.; *Scirba*, Die Europäische wirtschaftliche Interessenvereinigung, 1988; *Selbherr/Manz* (Hrsg.), Kommentar zur EWIV, 1995; *Weimar*, Die Europäische wirtschaftliche Interessenvereinigung im Gründungsstadium, DZWiR 1997, 441; *ders.*, Rechtsfragen der Europäischen wirtschaftlichen Interessenvereinigung, NWB, Fach 18 (1989), 3031; *Wooldridge*, The Draft Regulation on the European Economic Interest Grouping, The Journal of Business Law 1985, 70; *Zettel*, Die Europäische wirtschaftliche Interessenvereinigung (EWIV) – ihre Grundlagen und Struktur, DRiZ 1990, 161; *Zuck*, Die Europäische Wirtschaftliche Interessenvereinigung als Instrument anwaltlicher Zusammenarbeit, NJW 1990, 954.

zu stellen[1], bis zum Erlaß des Partnerschaftsgesetzes von 1994 (dazu oben, § 64) gescheitert waren[2], hat der Ministerrat der Europäischen Gemeinschaften am 25.7.1985 die Verordnung über die Schaffung einer Europäischen Wirtschaftlichen Interessenvereinigung (EWIV) verabschiedet[3]. Diese Verordnung ist bereits 1985 in Kraft getreten (Art. 43 I) und ist eine unmittelbar anwendbare Rechtsquelle. Allerdings »gilt« sie erst ab 1.7.1989 (Art. 43 II). Mit dieser sonderbaren Formulierung soll gesagt sein, daß Europäische Wirtschaftliche Interessenvereinigungen erst von diesem Zeitpunkt an bestehen und in das Register eingetragen werden können. Die Modalitäten der Eintragung richten sich nach dem Gesetz zur Ausführung der EWG-Verordnung über die Europäische Wirtschaftliche Interessenvereinigung (EWIV-Ausführungsgesetz) vom 14.4.1988[4].

2. Eine Spezialrechtsform für die Kooperation

Vorbild der Europäischen Wirtschaftlichen Interessenvereinigung ist die seit 1967 in Frankreich bestehende Rechtsform des »Groupement d'intérêt économique«[5]. Nach dem Willen ihrer Schöpfer soll ein einfach zu handhabendes und *flexibles Instrument für die wirtschaftliche Kooperation* zur Verfügung gestellt werden[6]. Die der Verordnung vorausgestellte Begründung betont, daß die Entwicklung des Wirtschaftslebens in der Europäischen Gemeinschaft von der Errichtung und dem Funktionieren eines Gemeinsamen Marktes abhängt, der ähnliche Bedingungen wie ein nationaler Binnenmarkt bietet. Zu diesem Zweck wurde eine Rechtsform geschaffen, die eine Kooperation auch über die Grenzen hinweg erleichtern kann, und zwar eine individuelle, nicht-genossenschaftliche Kooperation[7]. Vor allem die Rechtsanwaltschaft macht von der EWIV als Rechtsform grenzüberschreitender Zusammenarbeit Gebrauch[8]. Im übrigen kommt besonders die Forschungs-, Dienstleistungs- und Vertriebskooperation in Betracht[9], wobei freilich neben den gesellschaftsrechtlichen Grundlagen auch kartellrechtliche

---

1 Vgl. insbesondere die früheren Entwürfe eines Partnerschaftsgesetzes: BT-Drucks. VI/2047; 7/4089; BB 1975, 1549; dazu *Thümmel*, Wpg. 1971, 399; *Müller-Gugenberger*, DB 1972, 1517; *Sandberger/Müller-Graff*, ZRP 1975, 8.

2 Dazu *Karsten Schmidt*, in: Gutachten und Vorschläge zur Überarbeitung des Schuldrechts III, 1983, S. 502f.

3 ABl. Nr. L 199 v. 31.7.1985, S. 1; die im folgenden ohne Zusatz angeführten Art. beziehen sich auf diese Verordnung.

4 BGBl. I S. 514.

5 Dazu etwa *Hanns J. Schlüter*, Das groupement d'intérêt économique, Diss. Köln 1973; *Wüllrich*, Das »groupement d'intérêt économique«: Ein deutsch-französisches Kooperationsmodell auf dem Wege zur europäischen Integration im Gesellschaftsrecht? Diss. Bonn. 1973; *Herzog*, Das französische groupement d'intérêt économique, Diss. Zürich 1977.

6 Vgl. *Ganske*, a.a.O., S. 2; *Gleichmann*, ZHR 149 (1985), 634.

7 Richtig *Müller-Gugenberger*, NJW 1990, 1454.

8 Eingehend *Zuck*, NJW 1990, 954ff.; Zahlenangaben bei *v. Rechenberg*, ZGR 1992, 301.

9 Vgl. *Baumbach/Hopt*, Anh. § 160 Rdnr. 2; *Bärwaldt*, a.a.O., § 19 Rdnr. 13; *Salger/Neye*, a.a.O., § 87 Rdnr. 29; *v. Rechenberg*, ZGR 1992, 301.

Grenzen zu beachten sind[10]. Die Tätigkeit der Interessenvereinigung soll Hilfstätigkeit bleiben und muß deshalb mit der wirtschaftlichen Tätigkeit der Mitglieder verknüpft sein, darf aber – wie es die Begründung formuliert – »nicht an deren Stelle treten«. Das wird dahin zu verstehen sein, daß die Interessenvereinigung im Unterschied zu der unter § 64 besprochenen Partnerschaftsgesellschaft nicht selbst Trägerin eines Unternehmens sein soll, sondern sich auf kooperative Zwecke zu beschränken hat[11]. Die EWIV ist also keine geeignete Rechtsform für transnationale Unternehmen[12]. Gleichzeitig betont die Begründung, daß eine weitgehende Offenlegung und eine unbeschränkte Haftung der Mitglieder gesichert werden muß. Bei einer Gesellschaftsform, der das Recht die Unternehmensträgerschaft versagt, wäre ein solches Maß an Verkehrsschutz nicht unbedingt nötig gewesen. Das mag ein Grund für die vergleichsweise schleppende Akzeptanz der EWIV in der Wirtschaftspraxis[13] sein: Die bloße Kooperation läßt sich auch ohne die Charakteristika einer Außengesellschaft (Publizität und persönliche Gesellschafterhaftung) organisieren.

3. Das anwendbare Recht

Die Verordnung ist unmittelbar anwendbares Recht[14]. Soweit sie keine Regelungen enthält, ist nach ihrem Art. 2 I das innerstaatliche Recht des Staates anzuwenden, in dem die Vereinigung ihren Sitz hat[15]. Das gilt, wie die Verordnung hervorhebt, sowohl für den Gründungsvertrag als auch für die innere Verfassung der Vereinigung. Nach deutschem Recht unterliegt die EWIV den für die gesamthänderisch verselbständigte Personengesellschaft geltenden Grundsätzen. Gemäß § 1 EWIV-AusführungsG sind auf die EWIV die für die oHG geltenden Vorschriften anzuwenden; die Vereinigung gilt als Handelsgesellschaft. Sie unterliegt damit auch dem Rechnungslegungsrecht des HGB[16], und auch die oHG-Regeln des Umwandlungsgesetzes sind auf sie anwendbar (oben, § 13 I 3c und II 1b aa).

10 Art. 81 EGV, § 1 GWB; vgl. *Rübesamen*, Die EWIV im deutschen und europäischen Wettbewerbsrecht, 1995.
11 Nach *Salger/Neye*, a.a.O. § 87 Rdnr. 28 mit Fußn. 38 ist dies »zu eng«; ähnlich *Baumbach/Hopt*, Anh. § 160 Rdnr. 5; *v. Rechenberg*, ZGR 1992, 304.
12 Vgl. nur *Ebenroth/Boujong/Joost/Hakenberg*, Anh. nach § 160 Rdnr. 18.
13 Nach *v. Rechenberg* (ZGR 1992, 300f.) waren es europaweit bis 1991 224 Gründungen, davon 21 in Deutschland; Ende 1993 waren es 471, davon 36 in Deutschland (*Klein-Blenkers*, DB 1994, 2224).
14 Dazu *Gleichmann*, ZHR 149 (1985), 648f.
15 Vorbildliche Sammlung der Rechtsquellen bei *Müller-Gugenberger/Schotthöfer*, a.a.O.
16 *Fey*, DB 1992, 233ff.

II. Das Gesellschaftsrecht der EWIV

1. Die Gründung

a) *Mitglieder* können nach Art. 4 I der Verordnung vorbehaltlich einzelstaatlicher Beschränkungen (Art. 4 IV) sein
- Gesellschaften i.S. des Art. 48 II EGV (also Handelsgesellschaften, Genossenschaften und Gesellschaften bürgerlichen Rechts mit Ausnahme derer, die keinen Erwerbszweck verfolgen) sowie »andere juristische Einheiten des öffentlichen oder des Privatrechts, die nach dem Recht eines Mitgliedstaats gegründet worden sind und ihren satzungsmäßigen oder gesetzlichen Sitz und ihre Hauptverwaltung in der Gemeinschaft haben«,
- natürliche Personen, die ein Unternehmen betreiben (in den Worten der Verordnung: »die eine gewerbliche, kaufmännische, handwerkliche, landwirtschaftliche oder freiberufliche Tätigkeit in der Gemeinschaft ausüben oder dort andere Dienstleistungen erbringen«).

Für die freiberufliche Kooperation, insbesondere für die grenzüberschreitende Kooperation von Rechtsanwälten, ist festzuhalten, daß nicht nur Einzelpersonen, sondern auch Sozietäten, Partnerschaftsgesellschaften und etwa vorhandene Freiberufler-Kapitalgesellschaften Mitglieder der EWIV sein können[17]. Es können sich also ein Einzelanwalt in Kronberg und eine Anwaltssozietät in Düsseldorf mit einer Anwaltsfirma in Paris oder Brüssel zu einer EWIV zusammenschließen. Die Mitgliedsfähigkeit der BGB-Gesellschaft in der Personengesellschaft wurde schon unter § 45 I 2a und § 60 II 6a klargestellt[18].

b) Die *Zahl der Mitglieder* beträgt mindestens zwei (näher Art. 4 II der Verordnung). Das Recht der Mitgliedstaaten kann vorsehen, daß die in ihren Registern eingetragenen Vereinigungen nicht mehr als zwanzig Mitglieder haben dürfen (näher Art. 4 III der Verordnung).

c) Der Mitgliederkreis muß innerhalb der Europäischen Union *grenzüberschreitend* sein. Mindestens zwei Mitglieder müssen ihre Hauptverwaltung oder Haupttätigkeiten in verschiedenen Mitgliedstaaten haben (Art. 4 II der Verordnung). Ist dies der Fall, so schadet es nicht, wenn die übrigen Mitglieder und die Hauptaktivitäten der EWIV inländisch sind[19]. Es können also z.B. zwanzig deutsche Anwälte mit einem spanischen Anwalt in Form einer EWIV kooperieren, aber dieser einzige Ausländer ist dann unentbehrlich (Art. 4 II der Verordnung). Unzulässig ist auf der anderen Seite die Einbeziehung eines Nicht-EU-Inländers[20].

---

17 *Salger/Neye*, a.a.O., § 89 Rdnr. 2; eingehend *Grüninger*, DB 1990, 1449ff.; vgl. auch *Zuck*, NJW 1990, 956; a.M. *Müller-Gugenberger*, NJW 1989, 1456.

18 Eingehend für die EWIV *Breuninger*, Die BGB-Gesellschaft als Rechtssubjekt im Wirtschaftsverkehr, 1991, S. 76ff.; *Bach*, BB 1990, 1432ff.

19 Eingehend *Autenrieth*, BB 1989, 305ff.

20 *Baumbach/Hopt*, Anh. § 160 Rdnr. 14.

d) Wie jede Gesellschaft und jeder Verband muß die Vereinigung einen *gemeinsamen Zweck* haben (dazu oben, § 4 I 1). Im Gegensatz zum Recht der BGB-Gesellschaft, die ein Universalgebilde ist und ohne weiteres auch für die Unternehmenskooperation in Betracht kommt (oben, § 58 I 2a aa), ist der gemeinsame Zweck hier aber festgelegt. Die Vereinigung hat nach Art. 3 I der Verordnung den Zweck, die wirtschaftliche Tätigkeit ihrer Mitglieder zu erleichtern oder zu entwickeln sowie die Ergebnisse dieser Tätigkeit zu verbessern oder zu steigern; sie hat nicht den Zweck, Gewinn für sich selbst zu erzielen. Die Tätigkeit der Vereinigung muß deshalb im Zusammenhang mit der wirtschaftlichen Tätigkeit ihrer Mitglieder stehen und darf nur eine Hilfstätigkeit hierzu bilden. Für Freiberufler bedeutet dies, daß die EWIV nicht Grundlage einer überörtlichen Sozietät (»Berufsausübungsgesellschaft«), sondern nur Grundlage einer überörtlichen Kooperation (»Organisationsgesellschaft«) sein kann (vgl. zu diesem Unterschied oben, § 58 III 5b). Nach Art. 3 II darf die Vereinigung[21]
- keine Leitungsmacht über Unternehmen ausüben,
- keine Anteile an einem Mitgliedsunternehmen halten,
- nicht mehr als 500 Arbeitnehmer beschäftigen,
- nicht dazu benutzt werden, dem Leiter einer Gesellschaft Darlehen zu gewähren, die nach Gesellschaftsrecht unzulässig sind,
- nicht Mitglied einer anderen Europäischen Wirtschaftlichen Interessenvereinigung sein.

Die Vereinigung darf sich gemäß Art. 23 der Verordnung nicht öffentlich am Kapitalmarkt finanzieren.

e) Der *Gründungsvertrag* muß mindestens folgende Angaben enthalten:
- den Namen der Vereinigung mit dem Zusatz »Europäische Wirtschaftliche Interessenvereinigung« oder kurz: »EWIV«,
- den Sitz der Vereinigung,
- den Unternehmensgegenstand,
- Angaben über die Mitglieder,
- Angaben über die Dauer, sofern die Vereinigung nicht für unbestimmte Zeit eingegangen ist.

f) Für *Publizität der Vereinigung* wird durch eine Registereintragung in dem Staat, in dem die Vereinigung ihren Sitz hat, gesorgt (Art. 6 der Verordnung). Die Art des Registers und das Registerverfahren sowie die Bekanntmachung der Eintragungen wird von den Einzelstaaten bestimmt (Art. 39 der Verordnung). In der Bundesrepublik Deutschland ist dies nach dem EWIV-AusführungsG das Handelsregister. Einzutragen sind Firma, Sitz, Unternehmensgegenstand, Mitglieder und Geschäftsführer der EWIV (§ 2 II EWIV-AusführungsG). Als zulässige Firma kann nach dem neuen Firmenrecht der §§ 18ff. HGB (Handelsrecht, § 12) auch eine Sachfirma anerkannt werden, was unter dem bis 1998 geltenden Firmenrecht unsinnigerweise

21 Näher *Salger/Neye*, a.a.O., § 87 Rdnrn. 31ff.

bezweifelt wurde[22]. Registeranmeldungen erfolgen durch die Geschäftsführer (§ 3 EWIV-AusführungsG). Bei dem Register (in Deutschland also bei dem Registergericht) ist auch der Gründungsvertrag sowie eine Reihe bedeutsamer Anlagen zu hinterlegen (Art. 7 der Verordnung).

g) Nach Art. 1 II der Verordnung hat die Vereinigung »von der Eintragung nach Artikel 6 an die Fähigkeit, im eigenen Namen *Träger von Rechten und Pflichten* jeder Art zu sein, Verträge zu schließen oder andere Rechtshandlungen vorzunehmen und vor Gericht zu stehen«. Der Rechtsstatus vor der Eintragung ist in der Verordnung nicht geregelt. Es ist zu erwarten, daß sich hier nun die Diskussion um die Vorgesellschaft (oben, § 11 IV) auf dem Gebiet einer Personengesellschaft wiederholt. Soweit auf die Vereinigung deutsches Recht anzuwenden ist, wird man aufgrund der Gesamthandsdiskussion die Fähigkeit, Träger von Rechten und Pflichten zu sein, schon auf die errichtete, aber noch nicht eingetragene Vereinigung erstrecken können.

2. Das Innenrecht der EWIV

a) Die *Organisation der Vereinigung* ist nur sehr vage festgelegt, weil die neue Rechtsform flexibel sein soll. Notwendige Organe sind nach Art. 16 I der Verordnung die gemeinschaftlich handelnden Mitglieder und der oder die Geschäftsführer; der Gründungsvertrag kann andere Organe vorsehen.

b) *Geschäftsführungsorgan* sind die Geschäftsführer. Die Verordnung schreibt nicht vor, daß sie Mitglieder der Vereinigung sein müssen[23]. Demgemäß gibt es nicht – wie bei den Personengesellschaften des deutschen Rechts – »geborene« Geschäftsführer (über geborene und gekorene Organe vgl oben, § 14 III 1 b). Die Geschäftsführer werden vielmehr, ähnlich wie bei einer GmbH (§§ 6, 46 Nr. 5 GmbHG), durch den Gründungsvertrag oder durch einen Beschluß der Mitglieder bestellt (Art. 19 I der Verordnung). Diese Abweichung von dem aus dem oHG-Recht bekannten strengen Prinzip der Selbstorganschaft (oben, § 14 II 2) rechtfertigt sich aus dem ausschließlich kooperativen Zweck der EWIV. Die Geschäftsführer sind der EWIV im Fall schuldhafter Pflichtverletzung verantwortlich (§ 5 EWIV-AusführungsG).

---

22 Richtig für Zulässigkeit bereits *LG Bonn*, EuZW 1993, 550 (»Euro Pool«); *Wöbke/Danckwerts*, DB 1994, 413 ff.; a. M. zu Unrecht *OLG Frankfurt*, DB 1993, 1182 = DZWiR 1993, 425 m. Anm. *Hartard* (»Euro Advokaten«); *OLG Frankfurt*, EuZW 1997, 285; die Eurokonformität dieser überholten Rechtsprechung wurde bestätigt durch *EuGH*, NJW 1998, 972 = JuS 1998, 563 (*Karsten Schmidt*).

23 *Bärwaldt*, a. a. O., § 19 Rdnr. 72; *Salger/Neye*, a. a. O., § 90 Rdnr. 2; *Gleichmann*, ZHR 149 (1985), 643.

c) Die *Mitgliederversammlung* (genauer: die Gemeinschaft der Mitglieder)[24] ist das übergeordnete Organ[25]. Sie kann nach Art. 16 II der Verordnung jeden der Verwirklichung »des Unternehmensgegenstandes« (besser wohl: des Gesellschaftszwecks; vgl. oben, § 4 II 3) dienenden Beschluß fassen. In der Versammlung hat jedes Mitglied eine Stimme, aber der Gründungsvertrag kann einzelnen Mitgliedern ein Mehrstimmrecht unter der Bedingung gewähren, daß ein einziges Mitglied nicht die Stimmenmehrheit besitzt. Bestimmte qualifizierte Beschlüsse können nur einstimmig gefaßt werden, nämlich Beschlüsse über

- Änderungen des Unternehmensgegenstands,
- Änderungen des Stimmrechts,
- Änderungen der Bedingungen der Beschlußfassung,
- Verlängerung der Dauer der Vereinigung,
- Beitragsänderungen,
- sonstige Änderungen der Mitgliederpflichten und sonstige Vertragsänderungen, sofern nicht der Vertrag einen Mehrheitsbeschluß vorsieht.

d) Die *Mitgliedschaft* ist nach Art. 22 der Verordnung übertragbar, aber die Abtretung wird erst wirksam, wenn alle Mitglieder zugestimmt haben[26]. Das entspricht dem für Personengesellschaften geltenden deutschen Recht (oben, § 45 III 2). Eine Fortsetzung mit den Erben einer verstorbenen natürlichen Person findet – auch dies eine Übereinstimmung mit dem Personengesellschaftsrecht! – nur statt, wenn der Gründungsvertrag dies vorsieht oder wenn alle anderen Mitglieder zustimmen (Art. 28 II der Verordnung). Die Mitglieder können *neue Mitglieder* aufnehmen (Art. 26 der Verordnung). Auch können Mitglieder ausscheiden oder ausgeschlossen werden (näher Artt. 27ff. der Verordnung). Die Abfindung ist in Artt. 33ff. geregelt. *Gewinne aus Tätigkeiten der Vereinigung* gelten als Gewinne der Mitglieder und sind auf diese nach dem im Gründungsvertrag vorgesehenen Verhältnis aufzuteilen, bei Fehlen einer Vertragsregelung zu gleichen Teilen (Art. 21 I der Verordnung). Entsprechendes gilt für die *Verlustbeteiligung*, die nach Art. 21 II der Verordnung schon während des Bestehens der Vereinigung zu einer Nachschußpflicht führen kann (anders im Grundsatz das deutsche Recht; vgl. oben, § 16 III 3b cc)[27].

---

24 Die Mitglieder müssen nicht in Versammlungen abstimmen und werden dies bei transnationaler Kooperation wohl auch selten tun.

25 *Gleichmann*, ZHR 149 (1985), 642.

26 Daß damit eine echte Anteilsübertragung gemeint ist, scheint nicht zweifelhaft (vgl. aber *Meyer-Landrut*, RIW 1986, 109f.); man wird eine »Entvinkulierung« im Gründungsvertrag, wie bei den deutschen Personengesellschaften, zulassen; nach dem Verordnungswortlaut ist dies freilich zweifelhaft, denn im Gegensatz zur Belastung der Mitgliedschaft als Sicherheit (Art. 22 II) fehlt der Zusatz, daß der Gründungsvertrag etwas anderes bestimmen kann.

27 Zust. *Kraft/Kreutz*, I III 2b.

3. Das Außenrecht der EWIV

a) Die eingetragene Vereinigung kann nach Art. 1 II der Verordnung *Trägerin von Rechten und Pflichten* sein, Verträge schließen oder andere Rechtshandlungen vornehmen und vor Gericht stehen (oben unter II 1 g[28]). Sie ist damit
- rechtsfähig,
- parteifähig und
- insolvenzrechtsfähig (vgl. ausdrücklich § 11 II Nr. 1 InsO).

Nach Art. 1 III der Verordnung bestimmen die Mitgliedstaaten, ob die eingetragenen Vereinigungen Rechtspersönlichkeit haben. Nach dem Inhalt des Art. 1 II überrascht dieser Vorbehalt. Ob ihm praktische Bedeutung zukommen wird, muß sich noch erweisen[29]. Bedeutsam scheint, daß die steuerliche Zurechnung vom nationalen Gesetzgeber geordnet werden kann[30], während die gesellschaftsrechtlichen Zuordnungsprobleme nicht wesentlich von dieser Frage abhängen dürften. Es dürfte wohl insofern mehr um die dogmatische Zuordnung der Vereinigung als um eine Frage von großer praktischer Relevanz gehen (vgl. zum Verhältnis zwischen Gesamthand und juristischer Person oben, § 8 I 2, 3 und IV). Die Regelung des Art. 1 III erklärt sich offenbar aus der unterschiedlichen gesetzlichen Handhabung der Personengesellschaften durch die nationalen Gesetzgeber. In Frankreich[31] gilt sogar für Gesellschaften bürgerlichen Rechts der Grundsatz: »Les sociétés ... jouissent de la personnalité morale à compter de leur immatriculation« (Art. 1842 I Code Civil). Auf eine solche Gleichstellung der EWIV mit den nach deutschem Recht anerkannten juristischen Personen ist bisher weder die deutsche Gesetzgebung (vgl. nur § 11 II Nr. 1 InsO) noch die deutsche Gesamthandslehre vorbereitet (vgl. oben, § 8 I und III), und die pragmatische Formulierung des Art. 1 II, die jener des § 124 HGB ähnelt, macht einen solchen Kraftakt auch entbehrlich. Nach § 1 EWIV-AusführungsG gilt denn auch § 124 HGB entsprechend, womit sich Grundsatzdiskussionen erübrigen (vgl. auch zu § 124 HGB oben, § 46 II 1 und § 48 I 1 a).

b) Die Vereinigung muß einen *Sitz in der Gemeinschaft* haben[32]; sie tritt unter ihrem Namen auf. Ihre Briefe, Bestellscheine und ähnlichen Schriftstücke müssen nach Art. 25 der Verordnung den Namen der Vereinigung mit Rechtsformzusatz, die Registrierung, die Anschrift und ggf. bestimmte ergänzende Angaben aufweisen.

28 Zum Außenrecht der EWIV vor der Eintragung *Lenz*, a.a.O., S. 239ff.

29 Auch *Gleichmann* (ZHR 149 [1985], 641) bezeichnet diese Regelung als »etwas merkwürdig«.

30 Vgl. *Ganske*, a.a.O., S. 2f.; zur steuerlichen Behandlung in Deutschland vgl. *Saler/Neye*, a.a.O., § 91; *Krabbe*, DB 1985, 2585ff.; *Weimar/Delp*, Wpg. 1989, 96ff.

31 Vgl. *Bastian/Germain*, in: Jura Europae, Droit des Sociétés/Gesellschaftsrecht I, Stand 1982, Rdnrn. 30.00/31ff.; *Müller-Gugenberger*, Gesellschaft, société und groupement als Rechtsformen zur Unternehmenskooperation, 1976, S. 298f.; *ders.*, ZHR 142 (1978), 606.

32 Näher *Salger/Neye*, a.a.O., § 88 Rdnrn. 20ff.; *Gleichmann*, ZHR 149 (1985), 647; *Israël*, a.a.O., S. 648f.

c) Die *Vertretung der Vereinigung* obliegt den Geschäftsführern, und zwar im Zweifel jedem Geschäftsführer allein (Art. 20 I, II der Verordnung). Schon unter II 2b wurde angemerkt, daß das Prinzip der Selbstorganschaft (oben, § 14 II 2) hier keine Geltung hat. Ist Gesamtvertretung angeordnet, so kann dies Dritten nur entgegengehalten werden, wenn die Gesamtvertretung bekanntgemacht worden ist (Art. 20 II der Verordnung). Andere Beschränkungen der Befugnisse können Dritten nach Art. 20 I überhaupt nicht entgegengesetzt werden. Man wird diese Regelung allerdings unter den Vorbehalt eines Mißbrauchs der Vertretungsmacht stellen müssen (dazu oben, § 10 II 2)[33]. Bemerkenswert ist die klare Ablehnung der ultra-vires-Doktrin in Art. 20 I: »Jeder der Geschäftsführer verpflichtet die Vereinigung, wenn er in ihrem Namen handelt, gegenüber Dritten, selbst wenn seine Handlungen nicht zum Unternehmensgegenstand der Vereinigung gehören, es sei denn, die Vereinigung beweist, daß dem Dritten bekannt war oder daß er darüber nach den Umständen nicht in Unkenntnis sein konnte, daß die Handlung die Grenzen des Unternehmensgegenstandes der Vereinigung überschritt ...« Diese Regelung entspricht den hier unter § 10 II 2 entwikkelten allgemeinen Grundsätzen. Art. 20 der Verordnung regelt nur die organschaftliche Vertretungsmacht und schließt die Erteilung einer Vollmacht – auch einer Prokura! – nicht aus.

d) Die *persönliche Mitgliederhaftung* ist unbeschränkt[34]. Nach Art. 24 I 1 der Verordnung haften die Mitglieder unbeschränkt und gesamtschuldnerisch für die Verbindlichkeiten der Vereinigung, allerdings – anders als bei der oHG – nur subsidiär: Der Gläubiger muß zunächst die Vereinigung zur Zahlung auffordern und eine angemessene Frist abwarten (Art. 24 II der Verordnung). Die Haftungsfolgen bestimmen sich nach dem einzelstaatlichen Recht (Art. 24 I 2 der Verordnung). Nach § 1 EWIV-AusführungsG sind, soweit die Verordnung schweigt, die §§ 128f. HGB lückenfüllend entsprechend anzuwenden[35]. Ein neu eintretendes Mitglied haftet gemäß Art. 26 II der Verordnung auch für Verbindlichkeiten, die sich aus der Tätigkeit der Vereinigung vor seinem Beitritt ergeben (Parallelnorm zu § 130 HGB!).

4. Auflösung und Liquidation

a) Die Vereinigung wird nicht – wie nach § 723 BGB die Gesellschaft bürgerlichen Rechts – durch Kündigung eines Mitglieds aufgelöst[36], sondern durch *Auflösungsbeschluß* oder durch *gerichtliche Auflösungsentscheidung*.

33 Übereinstimmend *Gleichmann*, ZHR 149 (1985), 644.

34 Ausführlich *Ganske*, a.a.O., S. 8; *Israël*, a.a.O., S. 651f.

35 Deshalb ist zweifelhaft, ob die Haftung nur auf Geld gehen kann (so die h.M.; vgl. *Salger/Neye*, § 89 Rdnr. 31; dagegen *v. Rechenberg*, ZGR 1992, 306); dafür kann nicht schon der Begriff »Zahlung« in Art. 24 II der Verordnung, sondern im Unterschied zur oHG allenfalls die Subsidiarität der Haftung sprechen.

36 So jedenfalls, wenn man die Kündigung des nicht klar gefaßten Art. 27 I der Verordnung nur als eine Austrittserklärung versteht.

Die Auflösungstatbestände stellen eine abschließende Regelung dar[37]. Ein Auflösungsbeschluß ist – grundsätzlich einstimmig – jederzeit möglich (Art. 31 I der Verordnung). Ein Auflösungsbeschluß ist geboten, wenn festgestellt wird, daß die Dauer der Vereinigung abgelaufen oder der Unternehmensgegenstand (besser: Gesellschaftszweck) verwirklicht oder vereitelt ist; geboten ist der Auflösungsbeschluß außerdem, wenn die Vereinigung nicht mehr aus mindestens zwei Mitgliedern in mindestens zwei Mitgliedstaaten besteht (näher Art. 31 II und III der Verordnung). Fallen die Anteile in einer Person zusammen, so bedarf es des Auflösungsbeschlusses nicht, weil nach deutschem Rechtsverständnis die Gesellschaft automatisch erlischt[38]. Bei einem wichtigen Auflösungsgrund kann außerdem das Gericht die Auflösung auf Antrag aussprechen (näher Art. 32 der Verordnung), wobei wiederum die §§ 133ff. HGB subsidiär eingreifen. Im Vergleich mit der BGB-Gesellschaft fällt auf, daß eine automatische Beendigung der Vereinigung aus Gründen der Rechtssicherheit vermieden wird.

b) Die *Liquidation* unterliegt dem einzelstaatlichen Recht (Art. 35 II der Verordnung). Die Verordnung geht in Art. 35 IV offenbar davon aus, daß im Zweifel die Geschäftsführer (vgl. § 66 GmbHG) und nicht alle Mitglieder (vgl. § 146 HGB) als Abwickler berufen sind. So ist es auch in § 10 I EWIV-AusführungsG geregelt (eine sachgerechte Abweichung von § 146 HGB!).

c) Auch ein *Insolvenzverfahren* (bisher Konkurs- oder Vergleichsverfahren) wird nach nationalem Recht durchgeführt (Art. 36 der Verordnung). Es erstreckt sich, wie die Verordnung klarstellt, nicht ohne weiteres auch auf die Mitglieder[39]. Die Parallele zum Insolvenzrecht der offenen Handelsgesellschaft ist unverkennbar (vgl. oben, § 52 III 3 und 5). § 11 II Nr. 1 InsO stellt die Insolvenzrechtsfähigkeit der EWIV ausdrücklich klar. Sind an der EWIV ausschließlich juristische Personen oder Gesellschaften ohne unbeschränkte Mitgliederhaftung beteiligt, so unterliegen die Geschäftsführer der sog. Insolvenzantragspflicht, wenn die EWIV zahlungsunfähig oder überschuldet ist (§§ 130a HGB, 11, 15 EWIV-AusführungsG).

---

37 *Bärwaldt*, a.a.O., § 19 Rdnr. 82; *Ganske*, a.a.O., S. 9.
38 Für eine EWIV auch als Einpersonengesellschaft vgl. demgegenüber *Weimar*, ZIP 1997, 1769.
39 Eingehend *Israël*, a.a.O., S. 652f.

Paragraphenregister*

AGBG a. F.

AktG

* Die Zahlen verweisen auf Seiten des Buchs; Hauptfundstellen kursiv.

AO

ApothG

BetrAVG

BetrVG

BGB

BörsenzulassungsVO

BRAO

DepotG

DMBilanzG

EGAktG

EGV

EStG

EWIV-AusführungsG

FGG

GmbHG

GVG

GWB

HGB

BGHZ-Register

Sachregister

A

C

D

E

F

G

H

I

J

K

L

M

N

O

P

Q

R

S

T

U

V

W

Z